Cet ouvrage a pour auteur

Bruno GOUTHIÈRE

Avocat au Barreau des Hauts-de-Seine
Ancien élève de l'ENA
Ancien Administrateur civil au Service de la Législation fiscale
(Relations internationales)
Associé - CMS Francis Lefebvre Avocats

ÉDITIONS FRANCIS LEFEBVRE
42, rue de Villiers 92300 Levallois-Perret

Bruno Gouthière

LES IMPÔTS DANS LES AFFAIRES INTERNATIONALES

30 ÉTUDES PRATIQUES

16e édition

À jour au 1er septembre 2022

EDITIONS
FRANCIS LEFEBVRE

Avant-propos

Il est aujourd'hui banal de constater l'internationalisation des affaires et l'interdépendance grandissante des économies. La banalité de ce constat n'ôte rien à sa justesse ; il n'est guère d'opération d'envergure qui ne doive désormais être **pensée en termes internationaux**.

On songe d'abord, bien sûr, à toutes les activités d'exportation, d'implantation, d'investissement ou de placement à l'étranger, qui ont nécessairement des prolongements en fiscalité internationale ; mais l'expérience montre aussi que des questions purement internes peuvent trouver leur résolution dans la structuration d'opérations internationales et que la variable fiscale doit, là aussi, être prise en considération.

L'évolution et l'élargissement de l'**Union européenne** ont en outre largement conduit les entreprises à prendre en compte les possibilités offertes par les législations des autres pays membres ; la réalisation du grand marché intérieur, grâce à la suppression des frontières fiscales en matière de TVA puis à la mise en place de l'euro, pour une partie des États membres, a pris, de ce point de vue, la valeur d'un symbole. La disparition presque totale du contrôle des changes a permis le développement, sans contrainte, des investissements hors de France et les investisseurs étrangers sont presque totalement libres de placer leurs capitaux dans notre pays. Bien plus, l'évolution des esprits et des législations, plus favorables dans l'ensemble aux non-résidents qu'aux résidents, incite les personnes et les entreprises, résidentes d'un État, à investir dans un autre État, où elles sont mieux traitées, étant non résidentes.

Les pays de l'OCDE et de l'Union européenne, cependant, ont pris conscience des **dommages** que peut infliger à leurs économies la multiplication des avantages fiscaux offerts non seulement par les « paradis fiscaux » traditionnels, mais aussi, entre eux-mêmes, par leurs propres législations destinées à attirer les capitaux internationalement mobiles ; c'est pourquoi ils ont réagi, au cours de ces dernières années, en durcissant les **règles anti-évasion fiscale** et en favorisant les **échanges d'informations**, tout en tentant d'éviter le « dumping fiscal » et la « concurrence fiscale déloyale » par la définition de normes communes insérées dans des « codes de conduite » plus ou moins contraignants, notamment dans le cadre de l'Union européenne. La lutte contre les « paradis fiscaux » a pris un élan considérable en réaction à la crise survenue à partir de la fin de l'année 2008, avec la multiplication des listes de pays plus ou moins « coopératifs » et des accords d'échange de renseignements destinés à freiner l'évasion et la fraude fiscales internationales. Depuis 2014, le mouvement vers l'échange automatique d'informations a encore été renforcé, sous la pression des États-Unis, à telle enseigne que l'échange automatique des principales données bancaires et financières relatives aux capitaux placés par les contribuables en dehors de leur État de résidence est devenu la norme mondiale. Enfin, dans le sillage des travaux de l'OCDE, les États membres de l'Union européenne ont, depuis 2016, pris des mesures significatives pour lutter contre l'érosion de l'assiette imposable et les transferts de bénéfices (« Beps ») et, depuis juillet 2021, 137 membres du « Cadre inclusif » (sur 141) ambitionnent de répartir différemment une partie de **l'assiette imposable** des plus grands groupes multinationaux et de faire en sorte que leurs profits fassent l'objet d'une **imposition minimale** de 15 %.

L'ouverture sur l'extérieur offre donc des **opportunités** en matière de stratégie fiscale internationale, à condition toutefois que soient prises en considération les **restrictions** et **limites** qui peuvent avoir été introduites par les législations nationales pour freiner le recours aux zones dites de « basse pression fiscale » (ou autres « trous noirs de la fiscalité internationale »).

Autant dire que les questions de fiscalité internationale sont aujourd'hui incontournables et se placent au premier plan, avec les questions commerciales, financières ou purement juridiques, des préoccupations des entreprises et des personnes physiques. Or, ces questions restent bien souvent obscures ou faussement simples, pour le profane et aussi parfois pour l'expert. Cette obscurité vient de ce que deux États au moins interviennent, celui dit « de la **source** » et celui dit « de la **résidence** », et que leurs législations respectives doivent être combinées dans le cadre des conventions fiscales internationales. L'analyse fiscale internationale oblige donc à prendre en compte un très grand nombre de variables, issues du droit interne des États et des conventions fiscales, qui sont des traités conclus entre eux. Beaucoup dépend de l'art et de la manière d'analyser les conventions fiscales, en général rédigées dans une langue lourde et compliquée, et de les combiner avec le droit interne.

C'est ce que l'on s'efforcera de faire et d'expliquer dans cet ouvrage, en étant aussi concret et aussi peu théorique que possible. À cette fin, les principaux sujets sont présentés sous forme d'études regroupées en **six ensembles** cohérents : les fondements, les affaires, les personnes, les placements, l'évasion et la fraude, les questions communes. Les études peuvent très largement être comprises indépendamment les unes des autres, sous réserve des renvois aux mécanismes de base qui sont communs, car elles combinent toutes, chacune pour ce qui la concerne, les solutions du droit interne et celles des conventions fiscales. Elles sont donc d'une utilisation que l'on espère pratique et aisée, présentant les problèmes tels qu'ils se posent quotidiennement et les solutions qui peuvent leur être apportées.

Plan général

Les chiffres renvoient aux pages.

1e PARTIE Les fondements

13 Les sources de la fiscalité internationale
48 La territorialité de l'impôt sur le revenu
210 La territorialité de l'impôt sur les sociétés
253 Le traitement des doubles impositions
275 Comment lire une convention fiscale ?

2e PARTIE Les affaires

335 L'implantation à l'étranger
350 L'établissement stable
458 Les redevances
489 Les prestations de services
523 Les groupes internationaux
588 Les quartiers généraux
608 Les sociétés de personnes
660 Les opérations internationales et la TVA

3e PARTIE Les personnes

699 La notion de résidence
759 Les salariés expatriés
829 Les artistes et les sportifs
874 Les successions internationales
908 Les trusts
959 L'imposition de la fortune

4e PARTIE Les placements

995 Les dividendes
1059 Les intérêts
1089 La gestion internationale des placements en valeurs mobilières
1134 Les opérations immobilières

5e PARTIE L'évasion et la fraude

1233 Les paradis fiscaux
1260 Le contrôle des opérations internationales
1431 Les prix de transfert

6e PARTIE Questions communes

1549 Le principe de non-discrimination
1668 Modalités d'application de la fiscalité internationale
1730 Le règlement des difficultés d'application des conventions fiscales
1775 L'harmonisation fiscale européenne

7e PARTIE Annexes

1866 Modèles OCDE
1881 Liste des conventions fiscales

*
* *

1886 Table alphabétique
1912 Sommaire analytique

Principales abréviations

AN Assemblée nationale.

Art. Article.

BA Bénéfices agricoles.

BIC Bénéfices industriels et commerciaux.

BNC Bénéfices non commerciaux.

BODGI Ancien Bulletin officiel de la direction générale des impôts.

BOFiP Bulletin officiel des finances publiques.

BOI Bulletin officiel des impôts.

CAA Cour administrative d'appel.

Cass. Arrêt de la Cour de cassation.

CE Décision du Conseil d'État.

Circ. Circulaire.

CGI Code général des impôts.

CJCE Cour de justice des Communautés européennes (aujourd'hui, Cour de justice).

CJUE Cour de justice de l'Union européenne.

Comm. OCDE Commentaires du comité des affaires fiscales de l'OCDE sur le modèle de convention fiscale proposé par cette organisation.

D. adm. Ancienne documentation administrative de la Direction générale des finances publiques. Cette documentation a disparu à l'automne 2012 pour être remplacée par une base de données en ligne.

DGFiP Direction générale des finances publiques.

DINR Direction des impôts des non-résidents

ENR Enregistrement.

Inst. Instruction administrative.

IR Impôt sur le revenu.

IS Impôt sur les sociétés.

IFI Impôt sur la fortune immobilière.

ISF Ancien impôt de solidarité sur la fortune.

JO Journal officiel.

LPF Livre des procédures fiscales.

Sén. Sénat.

TA Tribunal administratif.

TGI Tribunal de grande instance.

Trib. jud. Tribunal judiciaire.

Trib. UE Tribunal (de l'Union européenne).

TVA Taxe sur la valeur ajoutée.

PREMIÈRE PARTIE

Les fondements

CHAPITRE 1

Les sources de la fiscalité internationale

Plan du chapitre §§

SECTION 1 **Le droit interne des États**	800	**SECTION 2** **Le droit conventionnel**	1280
A Les sources externes à l'administration	920	A Le développement historique des conventions fiscales	1400
B Les sources internes à l'administration	1040	B Remarques générales sur les conventions fiscales	1480
C Le rôle de la jurisprudence	1120	C Les tendances récentes de la politique conventionnelle	1560

Objet du droit fiscal international

Le droit fiscal international détermine les **conditions d'imposition** des opérations interna- 100
tionales, c'est-à-dire des opérations faites par un résident d'un État sur le territoire d'un autre État ou avec un résident d'un autre État, et fixe les règles relatives à l'imposition des biens ou du capital détenus par un résident d'un État sur le territoire d'un autre État. Les États utilisent également, de plus en plus, le droit fiscal international comme un instrument de **lutte contre la fraude** et l'évasion fiscales internationales, notamment grâce aux mécanismes d'échanges d'informations dont l'utilisation s'est considérablement accrue au cours de ces dernières années, particulièrement avec le développement d'échanges automatiques et systématiques en ce qui concerne les comptes financiers (nº 74344).

Concurrence des souverainetés fiscales

Par définition, il n'y a de question de fiscalité internationale que si une opération ou un 200
bien donnés sont susceptibles d'être soumis à deux souverainetés fiscales distinctes et concurrentes. Chaque État conserve, en effet, son entière souveraineté en matière fiscale. Il n'existe pas d'autorité supérieure capable de limiter leur pouvoir d'imposer. Les seules limites à ce pouvoir sont celles que les États consentent volontairement à s'imposer par le biais de traités bilatéraux ou multilatéraux et notamment des conventions fiscales.

Sources

Le droit fiscal international puise à deux sources : 300
– le **droit interne** des États dans ses incidences internationales, c'est-à-dire le corps de règles internes aux États et qui émanent de leur entière souveraineté ;
– les **conventions fiscales** tendant à l'élimination des doubles impositions, qui expriment le désir des États de limiter leurs propres pouvoirs en matière fiscale afin d'éviter qu'une même opération ou un même bien soit doublement imposé et de favoriser le commerce international.

Précisions Au sein des **pays membres de l'Union européenne**, il existe également un corps de règles qui a aujourd'hui une importance considérable compte tenu de la multiplication des textes d'harmonisation et de l'évolution de la jurisprudence de la Cour de justice de l'Union européenne (nºs 81400 s. et 87400 s.).

SECTION 1

Le droit interne des États

800 Dans un État de droit, l'administration et les contribuables doivent agir conformément au **principe de légalité**, qui exprime la conformité au droit et la régularité juridique. Les uns et les autres doivent respecter un corps de règles hiérarchisées, la règle de niveau inférieur devant respecter celle qui lui est supérieure en force juridique.

Cette **hiérarchie**, qui est fonction des autorités publiques desquelles les règles émanent, est, en France, la suivante : Constitution, traités, lois, règlements. Par ailleurs, le principe de légalité exige que l'administration se soumette aux règles qu'elle a elle-même élaborées et aux décisions de justice.

A. Les sources externes à l'administration

1. La Constitution

920 La Constitution, en France celle du 4 octobre 1958, modifiée de nombreuses fois depuis lors, est le corps de règles supérieur à tous les autres. Il n'est évidemment pas question d'étudier ici cette source qui relève du droit public. On rappellera simplement qu'elle peut jouer un rôle en matière de fiscalité internationale comme dans d'autres domaines, à la fois par les principes qu'elle pose, y compris dans les Préambules (égalité devant la loi, etc.) et par les règles d'organisation des pouvoirs publics qu'elle fixe (compétence de la loi, par exemple).

Au cours de ces dernières années, l'ombre portée des principes constitutionnels s'est clairement étendue en matière fiscale, notamment par le jeu des questions prioritaires de constitutionnalité (QPC) et par les conséquences à tirer de l'interdiction des « **discriminations à rebours** » : si une imposition n'est pas conforme au droit de l'Union européenne, et n'est donc pas exigible dans une situation transfrontalière au sein de l'Union européenne, elle est susceptible de ne pas l'être non plus dans un cadre purement interne ou à l'égard d'États tiers (n° 81415).

2. Les traités

940 Les traités ont une importance particulière en fiscalité internationale. Leur nature juridique, leur force (inférieure à celle de la Constitution mais supérieure à celle de la loi) et les problèmes qu'ils posent au juge de l'impôt sont exposés plus loin, à propos des conventions fiscales (n° 1480). Le **droit de l'Union européenne** a également pris une très grande importance, qu'il s'agisse des conséquences à tirer des grandes libertés de circulation posées par les traités ou des directives européennes et du droit dérivé (nos 81400 s.).

D'une façon générale, le Conseil d'État estime qu'il appartient au juge administratif de donner, dans toute la mesure du possible, aux textes de droit interne une interprétation conforme aux sources de droit supérieures dans la hiérarchie des normes (en ce sens, CE 22 décembre 1989 n° 86113, Ass., Cercle militaire mixte de la Caserne Mortier : RJF 2/90 n° 190, jugeant implicitement que les dispositions réglementaires nationales doivent être interprétées, dans toute la mesure du possible, à la lumière des objectifs fixés par les directives européennes pertinentes). Cette manière de voir explique que la jurisprudence n'hésite pas à retenir une **interprétation neutralisante** lorsque le droit de l'Union européenne est en cause, par exemple à propos des dispositifs anti-abus codifiés aux articles 123 bis (n° 74005, Précisions b), 155 A (n° 46380) et 209 B (n° 73255) du CGI. Les autorités nationales étant censées respecter le droit de l'Union européenne, le juge de l'impôt, avant de constater une contradiction, recherche systématiquement l'interprétation constructive et conciliatrice qui lui permettra, si possible, d'éviter un tel constat. Ce n'est cependant possible que lorsque la rédaction de la loi le permet ; tel n'a pas été le cas, par exemple, en ce qui concerne l'application du prélèvement de l'article 244 bis B du CGI aux sociétés européennes avant que la loi soit modifiée en juillet 2021 (CE 14 octobre 2020 n° 421524, 10e et 9e ch., Sté AVM International Holding : RJF 1/21 n° 42 ; voir n° 65895) ; selon ce qu'indique le rapporteur public dans cette affaire (conclusions à la même RJF, C 42), il n'était pas possible d'adopter une interprétation neutralisante, contrairement à ce que soutenait l'administration, car la loi, dans sa rédaction de l'époque, ne laissait pas une **marge d'interprétation** suffisante. Comme, ainsi que le souligne également le rapporteur public, « à défaut de pouvoir interpréter, il faut écarter », la loi devait être écartée, la **doctrine administrative** étant impuissante à fonder l'imposition, même pour corriger une discrimination contraire au droit de l'Union européenne (l'administration ne peut pas recourir à des instructions administratives pour faire en sorte de rendre la loi compatible avec le droit de l'Union européenne).

Précisions Pour un autre exemple, concernant l'**ancien ISF**, voir n° 52669 la décision du 19 septembre 2018 par laquelle le Conseil d'État, face à un texte et des travaux préparatoires imprécis, a retenu une interprétation évitant que la loi ne soit pas conforme au principe de libre circulation des capitaux.

3. La loi

Principes

Les dispositions législatives sont la principale source du droit fiscal international, comme du droit fiscal en général. En effet, conformément à l'article 34 de la Constitution, « la **loi fixe les règles** concernant l'assiette, le taux et les modalités de recouvrement des impositions de toutes natures ». En principe, la loi fixe donc seulement les règles et se borne à renvoyer, pour les modalités, à des décrets ou arrêtés. **960**

Codification

Compte tenu du très grand nombre de dispositions législatives, il a été décidé, en 1948, de constituer un **Code général des impôts** (CGI) qui comporte plus de deux mille articles d'origine législative ; ce Code est accompagné d'annexes qui rassemblent les dispositions d'origine réglementaire et d'un Livre des procédures fiscales (LPF). **980**

La codification est assurée par les services du ministère chargé du budget ; elle n'a pas, en elle-même, force de loi. Il importe donc toujours de se référer aux textes de base, comme le fait systématiquement le Conseil d'État.

Ainsi, c'est à la loi qu'il faut revenir lorsqu'il apparaît qu'une disposition a été incorrectement codifiée.

Textes législatifs de base

Dans le domaine de la fiscalité internationale, la loi intervient régulièrement pour fixer les règles essentielles ; pour ne prendre que quelques exemples parmi de nombreux autres, sont ainsi à signaler : **1000**

– la grande loi « de base » du 29 décembre 1976 sur la **territorialité** de l'impôt sur le revenu, codifiée notamment aux articles 4 A, 4 B, 164 A, 164 B, 182 A, 182 B, etc., du CGI ;

– la loi du 31 mai 1933 relative aux **prix de transfert**, codifiée à l'article 57 du CGI, et légèrement modifiée ensuite pour tenir compte de l'évolution générale du contexte international ;

– la loi n° 73-1150 du 27 décembre 1973, codifiée, notamment à l'**article 238 A** du CGI et la loi n° 80-30 du 18 janvier 1980, dont l'article 70 a été codifié à l'**article 209 B** du même Code (textes ultérieurement modifiés, notamment pour tenir compte de l'évolution de la jurisprudence) ;

– la loi n° 82-1126 du 29 décembre 1982, créant, en particulier, la **taxe patrimoniale de 3 %** (taxe sur la valeur vénale des immeubles), codifiée aux articles 990 D à H du CGI et entièrement refondue par l'article 20 de la loi de finances rectificative pour 2007 ;

– la loi n° 98-1266 du 30 décembre 1998 prévoyant notamment l'imposition des revenus accumulés dans certaines **sociétés étrangères** de **gestion de portefeuille** (CGI art. 123 bis) et modifiant les règles de territorialité en matière de droits de mutation à titre gratuit ;

– la loi n° 2009-1674 du 30 décembre 2009, relative, notamment, aux **États ou territoires non coopératifs** (ETNC ; n°s 71550 s.) ;

– la loi n° 2011-900 du 29 juillet 2011 de finances rectificative pour 2011, réintroduisant un mécanisme d'imposition de certaines plus-values latentes en cas de **transfert de domicile** hors de France et mettant en place un dispositif spécial sur les **trusts** étrangers.

Pôle de stabilité dans cet ensemble législatif mouvant, la loi n° 59-1472 du 28 décembre 1959 prévoyant l'imposition en France des revenus dont l'imposition est attribuée à la France par une **convention internationale**, codifiée aux articles 4 bis, 165 bis et 209, I du CGI, n'a pas été modifiée depuis l'origine.

B. Les sources internes à l'administration

1. Le règlement

1040 Assez souvent, les dispositions de nature législative ne sont pas suffisamment complètes en elles-mêmes pour être directement applicables. Elles sont donc complétées par des règlements d'application (décrets).

Curieusement, en matière internationale, la règle fiscale n'est **pas systématiquement précisée** par des **décrets**. Il y a tout de même quelques exemples, comme la loi de finances pour 2005 qui a refondu l'article 209 B (n° 73100), et qui a été complétée par un décret en Conseil d'État du 25 octobre 2006 fixant ses conditions d'application, et notamment les modalités permettant d'éviter la double imposition des bénéfices effectivement distribués et les obligations déclaratives (articles 102 SA à 102 ZB de l'annexe II au CGI).

Lorsqu'il n'existe pas de décret, ou lorsqu'il faut encore préciser les décrets, c'est par voie de publication dans la base BOFiP (n° 1072) que l'administration fait connaître la manière dont elle interprète la loi.

2. Les instructions administratives

Notion

1060 D'une façon générale, les instructions ou circulaires administratives sont les textes par lesquels l'administration fait connaître les « règles du jeu », à l'intention de ses propres agents et des contribuables (du moins, les règles qu'elle entend voir respecter, sous le contrôle du juge de l'impôt). En matière fiscale, les interprétations administratives se retrouvent actuellement dans la base documentaire **BOFiP** (n° 1072).

Précisions L'administration publie parfois ses commentaires les plus importants sous forme de **projets soumis à consultation publique** pendant une certaine période ; ces commentaires sont opposables à l'administration jusqu'à parution des commentaires définitifs. Ils peuvent naturellement être ensuite modifiés mais les contribuables peuvent s'en prévaloir jusqu'à leur éventuelle révision à l'issue de la consultation (par exemple, consultation publique du 9 mars 2020 concernant l'obligation de déclaration de dispositifs transfrontières potentiellement agressifs ; nos 71815 s.).

Légalité

1065 Les instructions administratives doivent, bien entendu et à peine de nullité, respecter les normes juridiques de niveau supérieur (décret, le cas échéant, loi, traité, Constitution).

Un contribuable peut ainsi invoquer l'illégalité d'une instruction administrative à l'appui d'une réclamation contentieuse, ou bien encore exercer un **recours pour excès de pouvoir** contre une interprétation administrative dont il conteste la légalité ; les dispositions impératives à caractère général d'une circulaire ou d'une instruction doivent, en effet, être regardées comme faisant grief, tout comme le refus de les abroger (en ce sens, notamment, CE 18 décembre 2002 n° 233618, Sect., Duvignères : RJF 5/03 n° 688), alors même qu'elles se borneraient à réitérer une règle déjà contenue dans une norme juridique supérieure, le cas échéant en en reprenant les termes exacts (CE 2 juin 2006 n° 275416, 3e et 8e s.-s., Chauderlot : RJF 8-9/06 n° 1035).

Ce principe s'applique à tous les textes susceptibles d'être invoqués sur le fondement de l'article L 80 A du LPF, y compris les **réponses ministérielles** si elles contiennent une interprétation de la loi fiscale pouvant être opposée à l'administration sur ce fondement (CE 16 décembre 2016 n° 272618, Sté Friadent : RJF 3/06 n° 294). Tel n'est pas le cas, en revanche, si elles

ne contiennent pas de disposition impérative à caractère général ; ne pouvaient pas, par exemple, faire l'objet d'un recours pour excès de pouvoir :
– la « **foire aux questions** » qui avait été publiée par l'administration dans le cadre de l'ancien dispositif de traitement des déclarations régularisant les avoirs non déclarés à l'étranger (CE 17 mai 2017 n° 404270, 8e et 3e ch. : RJF 8-9/17 n° 859 ; voir n° 1922, Précisions b) ;
– les fiches insérées dans la **carte des pratiques et montages abusifs** (CE 12 juillet 2017 n° 401997, 8e et 3e ch. : RJF 11/17 n° 1109 ; voir n° 71000, Précisions b) ;
– un **courrier électronique** émanant de la direction nationale des vérifications de situations fiscales et adressé à l'Institut des avocats conseils fiscaux à propos des conséquences que l'ancien service de traitement des déclarations rectificatives (STDR ; n° 1922) tirait de l'inconstitutionnalité de l'ancienne amende forfaitaire pour non-déclaration des comptes étrangers (CE 7 février 2018 n° 402034, 9e et 10e ch. : RJF 5/18 n° 532) ; en sens inverse, un courriel adressé à une personne physique lui indiquant qu'elle bénéficie d'un crédit d'impôt égal à l'impôt français a été jugé opposable, alors même qu'il était clair que cette position était erronée (TA Paris 23 juin 2021 n° 1905234, 1e sect., 2e ch. : RJF 11/21 n° 1058, jugement définitif ; voir n° 23680 k) ;
– une **réponse ministérielle** qui se bornait à rappeler le champ de la jurisprudence de la Cour de justice en ce qui concerne le droit au remboursement des prélèvements sociaux (CE 16 avril 2019 n° 423584, 8e et 3e ch. : RJF 7/19 n° 698) ;
– une **instruction administrative** en tant qu'elle ne se prononce pas sur une situation, en l'espèce la cession de l'ancienne résidence principale après transfert du domicile hors de France (CE 9 juillet 2020 n° 438072, 8e ch. : RJF 11/20 n° 896 ; voir également n° 67607).

Les contribuables peuvent exercer un recours pour excès de pouvoir contre une interprétation administrative dont ils contestent la légalité dans les deux mois de la mise en ligne au BOFiP des commentaires attaqués (CE 13 mars 2020 n° 435634, Sect., Sté Hasbro European Trading BV : RJF 5/20 n° 487 ; voir n° 1072, Précisions d) ; cela étant, un contribuable qui n'a pas attaqué une instruction fiscale dans le délai de deux mois après sa mise en ligne peut en principe demander ultérieurement au ministre l'abrogation des énonciations de l'instruction qu'il estime illégales et former ensuite un recours pour excès de pouvoir contre la décision de refus d'abrogation, explicite ou implicite, qui lui aura éventuellement été opposée.

Bien entendu, la légalité des instructions administratives doit non seulement être examinée au regard de la loi mais aussi du **droit de l'Union européenne** ; par exemple, il a été jugé que les anciennes instructions des 25 février et 28 avril 2005, relatives aux retenues à la source exigibles en cas de versement de dividendes à certains fonds de pension étrangers, étaient entachées d'excès de pouvoir en tant qu'elles ne prévoyaient pas de neutraliser l'application de la retenue à la source au paiement de dividendes de source française à des fonds de pension néerlandais qui auraient bénéficié, s'ils avaient été établis en France, de l'exonération d'impôt sur les sociétés prévue à l'article 206, 5-c du CGI (CE 13 février 2009 n° 298108, 3e et 8e s.-s., Sté Stichting Unilever Pensioenfonds Progress et a. : RJF 5/09 n° 525 ; nos 61075 et 82070).

Précisions Pour un exemple particulièrement éclairant de recours pour excès de pouvoir contre une instruction administrative commentant une **convention fiscale**, voir CE 26 juillet 2006 n° 284930, 8e et 3e s.-s., Sté Natexis Banques Populaires : RJF 11/06 n° 1421, aux conclusions Pierre Collin au BDCF 11/06 n° 142 (n° 8135 et n° 10705) ; cette décision réaffirme que « les dispositions impératives à caractère général d'une circulaire ou d'une instruction doivent être regardées comme faisant grief, tout comme le refus de les abroger » et « qu'il en va de même s'il est soutenu à bon droit que l'interprétation qu'elles prescrivent d'adopter, soit méconnaît le sens et la portée des stipulations conventionnelles ou des dispositions législatives ou réglementaires qu'elle entendait expliciter, soit réitère une règle contraire à une norme juridique supérieure » (à propos d'une ancienne instruction du 5 décembre 1997 rapportant une solution plus favorable donnée par une précédente instruction du 8 décembre 1972, alors même que la convention fiscale n'avait pas fait l'objet de modifications ; dans cette affaire, le Conseil d'État a admis le bien-fondé de la nouvelle interprétation administrative).

Opposabilité

En matière fiscale, les instructions et la doctrine administratives sont opposables à l'administration ; celle-ci est tenue de se conformer à l'interprétation qu'elle a donnée d'un texte de loi, aussi longtemps qu'elle n'a pas elle-même modifié sa propre interprétation. **1068**

L'article L 80 A du LPF (alinéa 3) prévoit en effet que « lorsque le redevable a appliqué un texte fiscal **selon l'interprétation que l'administration avait fait connaître** par ses instructions ou circulaires publiées et qu'elle n'avait pas rapportée à la date des opérations en cause, elle ne peut poursuivre aucun rehaussement en soutenant une interprétation différente » (sur la façon dont l'administration interprète ce texte, voir BOI-SJ-RES-10-10). La doctrine administrative est opposable à l'administration lorsqu'elle interprète un « texte fiscal » au sens large, ce qui inclut naturellement les **conventions fiscales** internationales ; en ce sens, par exemple, conclusions Benoît Bohnert sous CE 16 mars 2016 n° 376141, 8e et 3e s.-s., Sté Autophon Funk AG : RJF 6/16 n° 547 (conclusions à la même RJF C 547, à propos d'une société suisse qui mettait un bien immobilier gratuitement à la disposition de ses actionnaires ; voir également n° 67270 f) et conclusions Émilie Bokdam-Tognetti sous CE 23 novembre 2020 n° 427182, 9e et 10e ch. : RJF 2/21 n° 197, à propos de l'interprétation commune franco-suisse relative à l'exclusion des contribuables assujettis à certains forfaits d'imposition (n° 41305 ; ces conclusions rappellent que l'interprétation donnée par l'administration fiscale des stipulations d'une convention fiscale entre dans le champ de la garantie offerte par l'article L 80 A du LPF car les conventions sont un « texte fiscal » au sens de ces dispositions).

Le Conseil d'État juge traditionnellement que la doctrine administrative **ne s'interprète pas**. Mais cela ne signifie pas, ainsi qu'il a été précisé, à propos de l'interprétation commune franco-suisse précitée, qu'il ne faille pas faire une « **application** non pas constructive, mais **intelligente** de la doctrine [...] en lui restituant sa portée exacte à la lumière, le cas échéant, de son environnement ou de son contexte, notamment de sa structure » (conclusions Romain Victor sous CE 25 juin 2021 n° 442790, 8e et 3e ch. : RJF 10/21 n° 950 ; voir nos 10685 et 41305).

En tout état de cause, la doctrine administrative n'est pas opposable lorsqu'elle est « **contradictoire et ambiguë** ». Pour un exemple de doctrine jugée non opposable, en matière internationale, voir CAA Versailles 2 octobre 2018 n° 16VE01910 : RJF 2/19 n° 158 (n° 3680), à propos du champ d'application de l'exit tax (pourvoi non admis par CE 10 juillet 2019 n° 427623, 8e ch.) ; voir aussi CAA Versailles 23 mai 2006 n° 03VE03874, 4e ch., min. c/ Sté EMC² (arrêt définitif ; n° 76760, Précisions b).

Précisions **a.** La garantie contre les changements de doctrine permet à un contribuable de **se prévaloir d'une doctrine qui lui est favorable** même si elle est contraire à la loi ; un contribuable peut également demander par la voie du recours pour excès de pouvoir **l'annulation** d'une doctrine contraire à la loi lorsqu'elle lui est défavorable (s'il a intérêt à agir, il peut aussi obtenir l'annulation d'une instruction illégale favorable à des contribuables appartenant au même cercle d'intérêts mais dont il ne bénéficie pas directement). Mais, selon le Conseil d'État, il ne peut pas obtenir **l'extension** d'une doctrine administrative illégale dès lors que la doctrine administrative, qui n'est qu'une garantie, n'est pas une norme de droit (CE 29 octobre 2012 n° 337253, 9e et 10e s.-s., Sté Crédit Agricole SA : RJF 1/13 n° 84, à propos de l'imputation de crédits d'impôts étrangers, la doctrine administrative refusant aux revenus européens équivalents un avantage accordé à certains revenus de source française ; sur l'évolution de la jurisprudence sur la question de fond soulevée dans cette affaire, voir n° 83670). Un **« recours de jalousie »** peut permettre de priver des contribuables de droits qui leur ont été illégalement conférés mais non d'obtenir l'extension d'une telle illégalité.

b. Sur la possibilité qu'a l'administration d'invoquer un **abus de droit** pour imposer des contribuables ayant fait application d'instructions ou circulaires de l'administration fiscale, voir n° 72625.

Réponses ministérielles

1070 L'interprétation officielle est parfois donnée non pas par des instructions ou circulaires, mais par des réponses ministérielles, c'est-à-dire les réponses que font les ministres (en pratique, pour ce qui concerne les questions fiscales, le ministre chargé de l'économie ou celui qui est chargé du budget ou des finances publiques) aux questions écrites des parlementaires, députés ou sénateurs.

Ces réponses, dont il sera souvent question dans la suite de cet ouvrage, sont publiées sur le site internet de chaque assemblée. Lorsqu'elles portent sur l'interprétation de textes existants, elles ont la même **force juridique** que les circulaires administratives (elles valent **interprétation formelle** de la loi fiscale opposable à l'administration sur le fondement de l'article L 80 A du LPF ; en ce sens, CE 26 mars 1990 n° 58399, 9e et 7e s.-s., Ehinger : RJF 5/90 n° 507).

Il n'en va pas de même, en principe, des réponses orales faites par les ministres à l'occasion des débats parlementaires lors de l'adoption de projets ou propositions de lois, sauf éventuellement lorsque ces réponses sont suffisamment précises pour valoir interprétation formelle.

Bien entendu, le juge peut écarter une interprétation administrative ou ministérielle qu'il estime non conforme à la loi.

Doctrine administrative

Depuis le 12 septembre 2012, l'ensemble de la documentation administrative est regroupé dans une base documentaire mise en ligne sur le site internet du ministère des finances (**base BOFiP-Impôts** accessible sur le site « bofip.impots.gouv.fr ») ; cette base documentaire, qui forme un « corpus » consolidé et constamment actualisé, a été créée par un arrêté du 10 septembre 2012 (JO du 11 septembre 2012 p. 14519). L'instruction administrative 13 A-2-12 du 7 septembre 2012, qui avait annoncé sa création, a **rapporté** pour l'avenir l'ensemble de la doctrine publiée antérieurement (documentation de base, instructions publiées au Bulletin officiel des impôts, réponses ministérielles, rescrits de portée générale et réponses apportées dans le cadre du comité fiscal de la mission d'organisation administrative). **1072**

Si cette base a été présentée à l'époque comme constituée à doctrine constante, certaines **omissions**, volontaires ou non, ont pu être relevées. Ces omissions sont importantes car le Conseil d'État juge qu'une instruction non reprise au BOFiP est inapplicable depuis le 12 septembre 2012 alors même qu'il ne s'agirait que d'une inadvertance et non d'une intention délibérée (CE 27 février 2013 n° 357537, 8e et 3e s.-s : RJF 5/13 n° 520, à propos d'un ancien commentaire administratif de la convention fiscale franco-monégasque ; incidemment, cette décision pose la question de la validité des solutions omises entre septembre 2012 et la date de leur éventuelle reprise ultérieure au BOFiP).

La **mise à jour** de la base est effectuée en continu par voie de modification des commentaires y figurant ou par intégration directe de nouveaux commentaires (il en va de même pour les rescrits de portée générale qui ne sont plus publiés de façon séparée sur le portail « impots.gouv.fr »). Toute modification des commentaires existants ou publication de nouveaux commentaires est signalée par un message d'information dans la rubrique « Actualités » du site. La date de publication de ces messages d'actualité constitue la date d'opposabilité de la nouvelle doctrine (les instructions intéressant les entreprises et les professionnels sont, depuis le 1er janvier 2019, publiées tous les mercredis et non plus, comme précédemment, le premier mercredi de chaque mois ; les autres sont publiées au fil de l'eau).

La **doctrine antérieure** reste cependant accessible ; les différentes versions de la doctrine administrative restent consultables sur le même site, s'agissant d'éléments de doctrine applicables pour le passé, notamment en cas de contentieux.

Le contenu de cette base documentaire est opposable à l'administration pour l'avenir, dans les conditions prévues par l'article L 80 A du LPF. Comme antérieurement, cette doctrine constitue, en effet, une **interprétation formelle** de la loi fiscale au sens des garanties accordées aux contribuables (CE 27 avril 1981 n° 12785, 8e et 9e s.-s. : RJF 7/81 n° 664, transposable à la situation actuelle), sous réserve qu'elle comporte une interprétation formelle du texte fiscal et que la situation du contribuable soit conforme à ses prévisions (n° 1068). En revanche, les messages d'actualité qui annoncent les modifications des commentaires administratifs ne peuvent pas faire l'objet d'un recours pour excès de pouvoir car ils sont dépourvus de caractère normatif (CE 26 avril 2018 nos 417809, 418030, 418031, 418032 et 418033, 8e et 3e ch. : RJF 7/18 n° 720).

Si elle est intéressante, la doctrine administrative n'est pas toujours incontestable, car il arrive que, sous couvert d'interpréter, elle ajoute en réalité à la loi (auquel cas, elle est illégale, ayant un caractère réglementaire). On s'efforcera de signaler, dans la suite de cet ouvrage, les points où il peut sans doute y avoir hésitation. Cela dit, l'administration ne peut jamais se prévaloir de sa propre doctrine pour l'opposer aux contribuables.

La doctrine administrative est à distinguer de la **« doctrine »**, c'est-à-dire de l'ensemble des opinions et commentaires formulés par les auteurs à propos des textes ou de la jurisprudence. Cette « doctrine » n'est pas une source de droit, bien qu'elle puisse, le cas échéant, avoir une influence sur la résolution des questions fiscales.

Précisions **a.** Des instructions ministérielles **contraires à la loi** ne peuvent pas servir de base légale à l'impôt, même si le contribuable peut les invoquer à son avantage ; bien que le contribuable ait opté pour un régime illégal admis par l'administration, il peut tout de même demander au juge de l'impôt l'application de la loi (CE 12 juin 1987 n° 41369, 9e et 7e s.-s. : RJF 8-9/87 n° 902).

b. Pour un exemple d'application de l'article L 80 A du LPF en fiscalité internationale, voir CE 12 mai 1997 n° 140887, Moussali : RJF 7/97 n° 646 (conclusions François Loloum au Droit fiscal 1997, n° 40, comm. n° 1018), décidant que la lettre du 15 juillet 1986 du ministre du budget à l'ambassadeur du Liban en France, prévoyant un **régime dérogatoire pour les Libanais** réfugiés en France, constitue une interprétation formelle de la loi fiscale. Également, CAA Lyon 29 juin 1999 n° 96-267, 2e ch., Huchaima : RJF 1/00 n° 2 (un pourvoi avait été formé contre cet arrêt mais il n'a pas été admis par CE (na) 28 juillet 2000 n° 212169, 8e s.-s.).

c. Le décret n° 2012-1025 du 6 septembre 2012 relatif à la publication des instructions et circulaires (JO n° 0208 du 7 septembre 2012) précise que des **circulaires et instructions ministérielles** publiées ailleurs que sur le site « http://circulaire.legifrance.gouv.fr » pourront produire les mêmes effets que si elles étaient publiées sur ce site en cas de mise en ligne sur une base de données de l'administration présentant des garanties en termes d'exhaustivité, d'accessibilité et de fiabilité ; tel est le cas de la base BOFiP-Impôts (arrêté du 10 septembre 2012, JO n° 0211 du 11 septembre 2012 p. 14519).

d. La mise en ligne sur le site internet « bofip.impots.gouv.fr » d'une instruction, d'une circulaire ou de tout autre document émanant de l'administration fiscale, constitue un acte de publication ; le délai réglementaire dont un contribuable dispose pour former un **recours pour excès de pouvoir** à l'encontre de tout commentaire par lequel l'administration prescrit l'interprétation de la loi fiscale court à compter du jour de cette mise en ligne (CE 13 mars 2020 n° 435634, Sect., Sté Hasbro European Trading BV : RJF 5/20 n° 487).

3. Les solutions particulières ou « rulings »

a. En général

1080 Les solutions administratives particulières ne sont pas, en tant que telles, une source de droit ; elles n'ont pas d'effet « erga omnes », mais simplement à l'égard de la personne concernée. Elles ont toutefois une grande importance pratique.

La notion de « ruling » (ou décision préalable ou « rescrit ») a connu un grand développement dans les pays anglo-saxons avant de s'introduire en France, sous une forme un peu différente.

Notion

1085 La technique du « ruling » s'est développée dans certains pays, notamment aux États-Unis et aux Pays-Bas, d'abord dans un souci de **protection** des contribuables et de renforcement de la **sécurité juridique**.

D'une façon générale, il s'agit de **décisions administratives préalables** qui décrivent et garantissent le traitement fiscal applicable à une opération ou à un contribuable désignés et qui sont prises au vu d'une situation de fait précisément décrite ; en cas de difficulté, elles peuvent ensuite être **opposées** à l'administration par les contribuables qui en bénéficient, dans la mesure, naturellement, où les faits auront réellement été ceux qui ont été décrits et qui ont fait l'objet de la décision.

Les décisions, valables pour une durée variable, en général de l'ordre de quatre ou cinq ans, sont parfois publiées, éventuellement après avoir été rendues anonymes ; mais elles ne peuvent généralement être invoquées que par leurs destinataires, sauf lorsqu'elles prennent la forme de décisions de caractère général et sont, en quelque sorte, publiées comme des circulaires administratives.

En fiscalité internationale, le terrain d'élection des rulings est le régime des sociétés **holdings**, celui des sociétés de **financement** intragroupe et des sociétés de redevances, ainsi que le mode de détermination des **prix de transfert** (Advance Pricing Agreements ou Accords Préalables de Prix, APP ; nos 77050 s.).

Critique

1090 La pratique, cependant, s'est progressivement dévoyée et la technique du ruling est également devenue un moyen d'accorder des **avantages fiscaux** à des contribuables non résidents qui peuvent chercher à y prétendre compte tenu de l'importance des investissements qu'ils sont prêts à réaliser sur place ou de leur intérêt pour l'économie nationale.

Les « rulings » sont assez vite devenus, pour certains, dérogatoires et, comme tels, nécessairement critiquables sur le terrain de la **concurrence fiscale dommageable**. Ces pratiques, notamment, avaient été fustigées par la commission Primarolo dans le cadre des travaux sur le code de conduite européen (nº 88530) et elles font l'objet d'examens approfondis par la Commission européenne sur le terrain des aides d'État (nº 87687).

C'est pour cette raison qu'il est aujourd'hui plus difficile d'obtenir des « rulings », même dans les pays qui leur sont traditionnellement favorables comme les **Pays-Bas** ; la politique néerlandaise en la matière est devenue nettement plus restrictive, sous la pression des autres États membres de l'Union européenne et de l'OCDE. Il en va de même dans les autres pays traditionnellement ouverts sur ce point, comme le Luxembourg, la Belgique et l'Irlande ; les conditions de délivrance des rulings y sont beaucoup plus strictes que dans le passé.

Il reste que des rulings peuvent toujours être délivrés, qu'ils peuvent procurer des avantages fiscaux par une interprétation bienveillante de la loi ou des circonstances, et qu'ils peuvent donc faire l'objet d'un examen critique, notamment sous l'angle de la réglementation relative aux aides d'État comme ceux qui avaient été accordés par l'Irlande à Apple, le Luxembourg à Fiat Finance and Trade et les Pays-Bas à Starbucks (nº 87687) ; pour accroître la transparence dans ce domaine et pour faciliter le contrôle fiscal international, un mécanisme de **communication automatique** des rulings transfrontaliers a d'ailleurs été mis en place au sein de l'Union européenne (nº 74207).

b. En France

Rescrit

La technique du « ruling » s'est développée en France sous la forme du rescrit, pour l'essentiel depuis une loi du 8 juillet 1987 ; cette technique s'est avérée très positive et c'est la raison pour laquelle la tendance est aujourd'hui au développement des dispositifs de cette nature, qui sont considérés comme essentiels au renforcement de la sécurité juridique des contribuables. Dans cette perspective, une nouvelle série dédiée à la publication des rescrits fiscaux de portée générale a été créée le 7 juin 2018 dans la base documentaire BOFiP (Division RES). **1095**

En fiscalité internationale, la loi a mis en place des dispositifs de rescrit en ce qui concerne, par exemple, l'existence ou non d'un **établissement stable** (nºs 17830 s.) et le mode de détermination des **prix de transfert** (nºs 77050 s.).

Précisions **a.** La pratique du rescrit existait en France avant 1987 sous forme de **décisions d'agrément préalables**, exigées par la loi pour la réalisation de certaines opérations, par exemple, dans le passé, en cas d'apports par des personnes morales françaises à des personnes morales étrangères (nº 27055). Cette pratique n'est évidemment pas remise en cause. Il en va de même des « **lettres de confort** » qui peuvent être délivrées par la Direction de la législation fiscale ou le Service de la sécurité juridique et du contrôle fiscal en réponse à des demandes écrites des contribuables.

b. Sur la procédure de **rescrit fiscal** en général, voir BOI-SJ-RES-10-20.

c. L'article 1er de la loi nº 2013-1005 du 12 novembre 2013 prévoit que, par principe, le **silence** gardé pendant deux mois par l'autorité administrative sur une demande vaut décision d'acceptation ; cette règle n'est toutefois que très rarement applicable en matière fiscale.

Rescrit « abus de droit »

L'article L 64 B du LPF prévoit que, sous certaines conditions, la procédure de répression des abus de droit prévue par l'article L 64 du LPF (nº 72623) ne pourra pas être mise en œuvre à l'encontre des contribuables qui auront consulté l'administration centrale sur la portée d'un contrat ou d'une convention sans recevoir de réponse dans un délai de **six mois**. Une procédure de même nature a été mise en place pour l'application de l'article 205 A du CGI, introduisant une clause anti-abus générale en matière d'impôt sur les sociétés (nº 72655, Précisions a). **1098**

Ce type de rescrit, applicable également en fiscalité internationale, n'est cependant guère utilisé par les contribuables qui préfèrent généralement ne pas courir le risque d'une réponse négative.

Prise de position formelle de l'administration

L'**article L 80 B, 1 du LPF** étend la garantie prévue à l'article L 80 A du LPF (nº 1068), interdisant à l'administration de procéder à un rehaussement fondé sur une interprétation **1100** du droit autre que celle qu'elle avait primitivement admise, à l'appréciation formelle des **situations de fait au regard d'un texte fiscal** (procédure générale de rescrit). Cela dit, l'administration n'a ni l'obligation de prendre position, ni celle de respecter un délai de réponse, sauf si, exceptionnellement, la loi elle-même le prévoit (par exemple, nos 17830 s. en ce qui concerne le rescrit « établissement stable »). En termes d'organisation administrative, le Service de la sécurité juridique et du contrôle fiscal de la DGFiP traite la généralité des demandes de rescrit alors que la Direction de la législation fiscale est chargée des demandes qui appellent une position juridique nouvelle ne figurant ni dans les textes législatifs et réglementaires, ni dans la doctrine administrative, ou portant sur des questions inédites (rapport 2017 sur l'activité en matière de rescrit, publié en mars 2019).

Si elle a pris position et si elle peut toujours **modifier** son analyse d'une situation de fait, l'administration ne peut le faire que pour l'avenir, sans pouvoir revenir rétroactivement sur une appréciation du contribuable conforme à la position qu'elle avait prise antérieurement.

Bien entendu, la garantie tombe dès lors que la situation de fait n'est plus strictement identique à celle qui a fait l'objet d'une appréciation formelle par l'administration (qui peut être l'administration centrale ou le service local).

Enfin, qu'il s'agisse ou non de fiscalité internationale, **l'absence de rectification** lors d'un contrôle fiscal ne vaut pas prise de position formelle sur une situation de fait au sens de l'article L 80 B du LPF (nombreuses décisions en ce sens ; par exemple, CE 28 mars 2012 nº 323852, 10e et 9e s.-s., Cerovic : RJF 6/12 nº 554). De même, une décision non motivée par laquelle **l'administration abandonne** un redressement fondé sur l'article 209 B du CGI ne constitue pas une prise de position formelle opposable lors d'un contrôle ultérieur (CE 4 juillet 2014 nos 357264 et 359924, Plén., Sté Bolloré : RJF 10/14 nº 880 ; conclusions Marie-Astrid Nicolazo de Barmon au BDCF 10/14 nº 92). Cela étant, en matière internationale comme dans l'ordre interne, il résulte des articles 9 et 11 de la loi nº 2018-727 du 10 août 2018 pour un État au service d'une société de confiance que les contribuables peuvent :
– se prévaloir des positions prises par l'administration à l'issue d'un contrôle fiscal externe, non seulement sur les points qui ont fait l'objet d'une rectification, mais également sur les **points examinés au cours du contrôle** et qui n'ont pas donné lieu à rectification (LPF art. L 80 A, al. 2) ;
– solliciter une prise de position, en cours de vérification ou d'examen de comptabilité, sur tous les **points couverts** par l'avis de vérification ou d'examen de comptabilité et qui n'ont pas fait l'objet, à l'initiative de l'administration, d'un échange entre le service vérificateur et le contribuable (LPF art. L 80 B, 10º).

Précisions **a.** La cour administrative d'appel de Bordeaux a, de manière peut-être exagérément libérale, fait application de l'article L 80 B au cas d'un contribuable qui avait obtenu une décision de dégrèvement au titre, à l'époque, de l'**article 81 A** II du CGI (aujourd'hui article 81 A I ; nº 42570) et qui s'était ensuite vu redresser pour les années postérieures au motif que le dispositif n'était pas applicable. L'imposition a été annulée sur le fondement de l'article L 80 B du CGI, alors même que la Cour a reconnu que l'activité de l'intéressé n'entrait pas dans le champ cet article (CAA Bordeaux 11 mars 1993 nº 91-95, 2e ch., Martin : RJF 8-9/93, nº 1186 ; arrêt définitif).

b. La garantie peut jouer pour la localisation du **domicile fiscal** d'un contribuable et la reconnaissance de sa qualité de résident ou de non-résident (BOI-SJ-RES-10-20-10 nº 200 ; nº 2552).

c. Pour un exemple de **lettre du Service de la législation fiscale** (aujourd'hui Direction) qui n'a pas été considérée comme une prise de position formelle sur la domiciliation d'un contribuable, compte tenu de son caractère conditionnel, voir CE 12 janvier 2005 nº 248627, 10e et 9e s.-s., Latécoère : RJF 4/05 nº 290 ; voir aussi nº 41290 d.

d. Le Conseil d'État a admis, sous certaines conditions, qu'un **recours pour excès de pouvoir** soit possible contre une décision de rescrit si elle fait grief et si elle entraîne des effets notables autres que fiscaux (CE 2 décembre 2016 nos 387613, 387631, 387632, 387633, 387635, 387636, 387637 et 387638, Sect., min. c/ Sté Export Press : RJF 2/17 nº 168, à propos de la décision par laquelle l'administration avait refusé à une société d'édition l'application du taux réduit de TVA de 5,5 %).

C. Le rôle de la jurisprudence

1120 Le respect des règles fiscales est assuré par les tribunaux de l'ordre administratif (avec, au sommet, le **Conseil d'État**) pour les impôts directs et les taxes sur le chiffre d'affaires, et par les tribunaux de l'ordre judiciaire (avec, au sommet, la **Cour de cassation**) pour les droits d'enregistrement et l'IFI (et l'ex-ISF). Dans chaque espèce contentieuse, la chose jugée par le juge administratif ou judiciaire a force de vérité légale, soit entre les parties, soit « erga omnes » ; toutes les autorités de l'État, et notamment les autorités administratives, doivent donc s'y conformer.

Il convient de distinguer l'autorité des décisions de justice de l'autorité du « droit jurisprudentiel ».

Précisions Depuis le 1er janvier 2020, le « tribunal judiciaire » a remplacé le tribunal de grande instance et les tribunaux d'instance de son ressort.

1. L'autorité des décisions de justice

Principes

Lorsqu'une décision de justice est définitive, c'est-à-dire insusceptible de recours (parce **1180**
que les voies de recours sont épuisées ou qu'il n'en a pas été fait usage dans les délais requis), elle acquiert l'**autorité de la chose jugée**. Elle a donc une force de vérité légale. Ce qui a été jugé définitivement ne peut plus être remis en question. Pour un exemple de conséquence en matière fiscale de l'autorité de la chose jugée au pénal, voir n° 17813.

Mais l'autorité de la chose jugée est normalement relative, c'est-à-dire qu'elle ne s'applique qu'aux parties à l'instance. Il n'en va différemment que des **décisions d'annulation d'actes administratifs** prononcées par le juge administratif (par exemple, annulation d'instructions administratives dans le cadre de recours pour excès de pouvoir).

Par ailleurs, en principe, l'autorité de la chose jugée ne concerne que le dispositif du jugement et non pas ses motifs.

Autant dire que, normalement, une décision de justice n'est pas une source du droit, et notamment du droit fiscal. Il ne faut cependant pas méconnaître l'autorité du droit jurisprudentiel (n° 1200).

Recours formés par les non-résidents

Les non-résidents ont évidemment accès aux tribunaux français de la même façon que **1183**
les résidents. Il y a cependant quelques particularités en ce qui les concerne.

Précisions Une application informatique a été mise en place au cours du premier trimestre 2016 (application « e-contacts ») pour permettre aux contribuables domiciliés à l'étranger d'introduire leurs **réclamations auprès des services des impôts par voie électronique** ; un accusé de réception est généré à l'issue de l'enregistrement de la demande (réponse Premat n° 93123 : JOAN 24 janvier 2017 p. 595).

Délai de recours Les contribuables qui demeurent à l'étranger disposent d'un délai **1185**
de **quatre mois** (délai de deux mois augmenté d'un délai supplémentaire de distance) pour attaquer les décisions administratives, même lorsque la notification a été faite en France (CE 5 février 1986 n° 34256, 8e et 9e s.-s : RJF 5/86 n° 562 ; CE 17 novembre 1986 n° 27684, 8e et 9e s.-s. : RJF 1/87 n° 114 et CE 7 janvier 2004 n° 253457, 3e s.-s., Planet : RJF 4/04 n° 408).

Selon la jurisprudence de la Cour de cassation, le délai n'est toutefois que de **deux mois** lorsque la réclamation a été introduite par le mandataire en France d'une société domiciliée à l'étranger qui était tenue d'élire domicile en France en vertu de l'article R 197-5 du LPF (Cass. com. 19 novembre 1991 n° 1438 D, Sté Soreco AG : RJF 2/92 n° 273). Cette solution s'explique par le fait que l'article 647 du nouveau Code de procédure civile dispose que, « lorsqu'un acte destiné à une partie domiciliée en un lieu où elle bénéficierait d'une prorogation de délai est notifié à sa personne en un lieu où ceux qui y demeurent n'en bénéficieraient point, cette notification n'emporte que les délais accordés à ces derniers ».

La solution retenue par le Conseil d'État est différente, car l'article 647 du nouveau Code de procédure civile n'est pas applicable à la procédure suivie devant le juge administratif. Il a ainsi été jugé que, même si elle avait désigné un mandataire en France, une société allemande disposait d'un délai de quatre mois à compter du rejet de sa réclamation pour saisir le tribunal administratif (TA Montreuil 4 avril 2017 nos 1603036, 1603585 et 1603623, Sté Airbus Helicopters Tiger GmbH : RJF 11/17 n° 1042 ; ce jugement, concernant des remboursements de crédits de TVA, a fait l'objet d'un appel mais le ministre s'est ensuite désisté selon ce qu'indique CAA Versailles Ord. 15 mars 2018 n° 17VE02613, 1e ch.).

Précisions **a.** Le délai ouvert aux contribuables pour contester une imposition ne commence à courir qu'à compter du jour où ils ont eu **connaissance de la mise en recouvrement du rôle**, aucune distinction ne devant être faite, pour déterminer si la charge de la preuve de la réception ou de l'envoi d'un avis d'imposition incombe au contribuable ou à l'administration, entre les impositions périodiquement émises et les impositions consécutives à un redressement (CE 16 décembre 1992 n° 123268, 7e et 9e s.-s., Liviana Anstalt : RJF 2/93 n° 195) ; dans cette affaire, le Conseil d'État juge à propos d'une Anstalt du Liechtenstein qui possédait des biens immobiliers en France, que le délai de réclamation n'avait pour elle commencé à courir qu'à compter de la date à laquelle son représentant fiscal avait reçu le **commandement de payer** les impositions réclamées par l'administration, dès lors qu'il résultait d'un ensemble de présomptions précises et concordantes qu'elle n'avait pas reçu les avis d'imposition mentionnant les impositions mises en recouvrement par rôles.

b. La **qualité pour agir** au nom d'une société étrangère s'apprécie au regard du **droit de l'État** sous la loi duquel la société a été constituée ; par suite, l'administrateur d'une société anonyme belge qui produit un extrait du registre du commerce et des sociétés émis par le greffe d'un tribunal de commerce français dont il résulte qu'il est désigné comme étant « **fondé de pouvoir** » de la société a qualité pour présenter une réclamation au nom de la succursale française, dépourvue de la personnalité morale, de cette société (CAA Douai 13 novembre 2008 n° 08-218 et 08-610, 2e ch., Sté Favier et min. c/ Sté Favier : RJF 4/09 n° 383 ; arrêt définitif). Dans le même sens, à propos d'une société allemande dont les gérants n'avaient pas besoin d'un mandat pour présenter une requête devant le tribunal administratif, voir CAA Versailles 15 octobre 2015 n° 14VE00129, 7e ch., SEB Investment GmbH : RJF 1/16 n° 83 (cet arrêt a été annulé sur le fond par CE 9 décembre 2016 n° 395015, 8e et 3e ch., min. c/ Sté Savills Fund Management GmbH [anciennement SEB Investment GmbH] : RJF 3/17 n° 234 ; voir n° 5592).

c. Aucune règle générale de procédure n'interdit au juge de tenir compte d'une pièce rédigée en **langue étrangère** (par exemple, CE 17 décembre 2010 n° 306174, 10e et 9e s.-s., Leostic : RJF 3/11 n° 264 ; CE 7 décembre 2016 n° 369814, 9e et 10e ch., Sté eBay France : RJF 3/17 n° 212) ; il peut en exiger la traduction lorsque cela lui est nécessaire pour procéder à un examen éclairé des conclusions de la requête mais il n'en a pas l'obligation (voir aussi n° 17810, Précisions b).

1187 **Élection de domicile en France** Aux termes de l'article R* 197, 5 du LPF, tout réclamant domicilié hors de France doit faire élection de domicile en France, c'est-à-dire indiquer les coordonnées (identité et adresse) d'une personne domiciliée en France qui recevra les **notifications** et **communications** relatives à la réclamation.

Lorsqu'un réclamant domicilié hors de France donne **mandat** à un tiers pour le représenter auprès de l'administration fiscale et que ce **mandataire** est lui-même **domicilié à l'étranger**, il doit faire élection de domicile en France (CE 23 avril 2008 n° 290093, 9e et 10e s.-s., Béguin : RJF 7/08 n° 883). Cette décision juge également que la réclamation ne satisfaisant pas à l'article R* 197, 5 du LPF est irrecevable lorsque l'irrégularité dont elle est entachée n'a pas été régularisée dans les trente jours suivant l'invitation faite par le service au mandataire de faire élection de domicile en France ; ce vice de forme ne peut être couvert dans la demande adressée au tribunal administratif.

Précisions **a.** La condition d'élection de domicile est réputée remplie lorsque la réclamation est présentée par un **avocat** pour le compte d'un non-résident, sous réserve que cet avocat soit établi en France.

b. L'administration a précisé que l'élection de domicile peut être faite **chez toute personne** physique (par exemple, des parents) ou morale (par exemple, une association) et que, depuis l'entrée en vigueur du décret n° 2015-1145 du 15 septembre 2015 (JO du 17 septembre 2015), elle peut se faire **sur tout le territoire** de la République et non plus dans le seul ressort du tribunal (réponse Le Borgn', n° 85530 : JOAN 8 mars 2016 p. 2046).

2. L'autorité du droit jurisprudentiel

1200 Il ne s'agit pas de l'autorité de la chose jugée, mais du fait que, lorsqu'une règle est affirmée avec une certaine constance dans une **suite de décisions concordantes** ou dans une décision **« de principe »**, elle sera, selon toute probabilité, appliquée dans d'autres espèces.

1205 Officiellement, le juge interprète les textes et ne crée pas de règle de droit. Le Code civil, d'ailleurs, prohibe les arrêts de règlement (C. civ. art. 5).

Mais il est clair que lorsqu'une juridiction, surtout une juridiction suprême (Conseil d'État, Cour de cassation) a affirmé une règle de façon réfléchie et constante ou bien d'une façon solennelle compte tenu de la formation du jugement (plénière fiscale ou assemblée du Conseil d'État, par exemple), celle-ci « **fait jurisprudence** » et s'impose dans les faits.

Cela ne signifie pas que le juge soit lié et qu'il doive toujours juger, dans une espèce nouvelle, comme il l'a fait dans le passé. Bien au contraire, la jurisprudence peut changer (on parle alors de **« revirement » de jurisprudence**). Mais il faut essayer de distinguer dans les arrêts et les décisions rendus ceux qui sont « d'espèce » et ceux qui sont « de principe », en particulier à l'aide des considérants ou des attendus qui motivent le jugement.

Le **« droit jurisprudentiel »** est, en pratique, fort important, surtout dans le domaine international où beaucoup de textes sont finalement assez imprécis. C'est pourquoi on s'efforcera, dans la suite de cet ouvrage, d'éclairer les principes par des décisions de justice, notamment par celles rendues par le Conseil d'État. **1210**

Précisions **a.** Lorsque le Gouvernement n'est pas satisfait d'une décision de justice, il peut proposer au Parlement de valider par la loi une interprétation administrative déclarée illégale (cela arrive régulièrement). Il peut aussi, lorsque c'est la loi qui a été interprétée d'une certaine manière, obtenir du Parlement une **modification « interprétative »**, c'est-à-dire rétroactive, de la loi.

b. Cette solution a été, à de multiples reprises, validée par le **Conseil constitutionnel** qui considère qu'il est possible de modifier rétroactivement les règles que l'administration et le juge ont pour mission d'appliquer, pourvu que les contribuables ne se voient pas infliger des **sanctions** du fait d'agissements antérieurs à la publication des nouvelles dispositions qui ne tombaient pas également sous le coup de la loi ancienne et que l'application rétroactive de la loi fiscale ne porte pas préjudice aux contribuables dont les droits ont été reconnus par une décision de justice passée en force de **chose jugée** (par exemple, Décision n° 89268 DC du 29 décembre 1989, notamment à propos de la taxe patrimoniale de 3 % ; n°s 68220 s.).

SECTION 2

Le droit conventionnel

Conventions fiscales

Le droit conventionnel, c'est-à-dire le corps de règles issues des conventions fiscales, a pris une importance croissante avec le développement des échanges internationaux et les facilités accordées à la circulation des hommes, des marchandises et des capitaux. **1280**

Il est ainsi devenu une **source majeure** de la fiscalité internationale, qui s'ajoute et se superpose au droit interne des États, mais sans s'y substituer. Autrement dit, les deux sources du droit fiscal international se combinent et, en principe, ne s'opposent pas, sous réserve de la primauté du droit conventionnel sur le droit interne.

Les conventions fiscales internationales sont des **traités internationaux** dont l'objet est purement fiscal. Elles règlent les relations entre deux États pour tout ce qui concerne les impôts sur le revenu et sur la fortune (en général) et (parfois) les droits de succession, de donation et de timbre.

Elles ne traitent pas, cependant, des taxes sur le chiffre d'affaires, ni des droits indirects (sauf exception), car l'application de ces impôts est normalement limitée au territoire national, ce qui évite, en principe, toute double imposition.

Les conventions fiscales doivent être distinguées des autres traités qui peuvent comporter des dispositions fiscales.

Autres accords internationaux

Il arrive que des dispositions fiscales soient incluses dans d'autres traités, par exemple les accords de coopération, les conventions consulaires et certains accords de coopération culturelle, scientifique ou technique. Il y a également les accords de siège concernant les organisations internationales. Ces textes sont spécifiques et n'ont par conséquent qu'une portée strictement limitée à leur objet. **1285**

Ainsi, il a été jugé que la **convention de protection d'investissements** conclue entre la France et l'ex-Zaïre est sans incidence sur l'imposition en France d'un ressortissant français, résident de France, au titre de **revenus fonciers** retirés de la location d'un immeuble situé au Congo (ex-Zaïre ; CE 8 octobre 2010 n° 323046, 8e et 3e s.-s., Sabatier : RJF 1/11 n° 4, conclusions Laurent Olléon au Droit fiscal 2010 n° 50, comm. n° 599) ; en particulier, les stipulations de cette convention n'ont ni pour objet ni pour effet de prévoir que les ressortissants français disposant de biens au Congo seraient imposés selon les mêmes règles que les ressortissants congolais disposant de biens en France (les requérants demandaient que leurs revenus soient exonérés comme ceux d'un résident du Congo, non imposable au Congo sur des revenus fonciers imposés en France). La convention prévoit seulement que la loi fiscale de chacun des États assure un traitement au moins aussi favorable aux ressortissants de l'autre État, disposant d'investissements dans cet État, qu'à ses propres ressortissants se trouvant dans la même situation et que les ressortissants qui disposent d'investissements dans l'autre État bénéficient des dispositions de la loi fiscale de cet État lorsqu'elles sont ou seraient plus favorables que celles prévues par la convention.

Précisions Il y a aussi, bien entendu, le **droit de l'Union européenne**, dont l'importance est aujourd'hui considérable en ce qui concerne tant les impôts directs que la TVA.

Conventions d'établissement

1300 Les traités ou conventions d'établissement peuvent avoir une incidence en tant qu'ils posent, notamment, des principes de non-discrimination ou d'égalité de traitement.

Par exemple, le Conseil d'État avait fait application de l'ancienne convention d'établissement signée entre la France et **le Panama**, pays avec lequel il n'existait pas, à l'époque, de convention fiscale, à propos de l'imposition en France d'une société panaméenne propriétaire d'un immeuble en France (CE 16 décembre 1991 n° 54611, 7e et 8e s.-s., Ressources Management Corporation : RJF 2/92 n° 245, concernant l'ancien article 209 A du CGI, « ancêtre » de la taxe patrimoniale de 3 % ; n° 68220). Pour un autre exemple, voir CE 28 mars 2008 n° 281405, 10e et 9e s.-s., SARL TBF : RJF 6/08 n° 714, à propos de convention d'établissement entre la France et **Saint-Marin**.

À l'occasion de leur renégociation, ou de la conclusion de nouvelles conventions fiscales, ces conventions d'établissement sont cependant **progressivement vidées** de leur **portée fiscale**. Tel est le cas avec le Panama (accord d'avril et juillet 1995) et les États-Unis (convention fiscale du 31 août 1994 modifiée).

A. Le développement historique des conventions fiscales

Origine

1400 On s'accorde généralement à considérer que la première convention de nature fiscale est une convention franco-belge de 1843, mais cette convention n'avait qu'un objet très limité (elle concernait seulement la transmission de documents d'enregistrement) ; la première convention traitant de la répartition des droits d'imposer serait une convention conclue en 1872 entre la Grande-Bretagne et la Suisse. En fait, le véritable début des réflexions sur la fiscalité internationale se situe plutôt aux lendemains de la Première Guerre mondiale. C'est en effet en 1921 que le Comité financier de la **Société des Nations** (ancêtre de l'ONU) a lancé une étude sur les aspects économiques de la double imposition internationale.

Ce Comité, composé au départ de représentants des États-Unis, du Royaume-Uni, des Pays-Bas et de l'Italie, s'est progressivement étoffé en intégrant des représentants de Belgique, de France, de Suisse, de Tchécoslovaquie, d'Allemagne, d'Argentine, du Japon, de Pologne et du Venezuela. Ses travaux avaient abouti à quatre propositions de conventions qui montrent que les préoccupations actuelles étaient déjà présentes à l'époque (travaux de la Conférence de Genève, réunissant vingt-sept pays en 1928) : une convention sur l'élimination de la double imposition, une convention particulière sur l'élimination de la double imposition en matière de droits de succession, une convention sur l'assistance administrative en matière fiscale et une convention sur l'assistance judiciaire en matière de recouvrement des impôts (voir, sur ce point, les rapports d'avril 1927 et octobre 1928 de la Société des Nations : League of Nations, « Double taxation and tax evasion report presented by the Committee of Technical Experts on Double Taxation and Tax Evasion » et « Report presented by the General Meeting of Government Experts on Double Taxation and Tax Evasion »).

Un Comité fiscal permanent a ensuite été créé au sein de la Société des Nations, dont l'objet était de formuler des règles fiscales pour l'imposition du revenu des entreprises exerçant leur activité dans plusieurs pays. Un projet de convention a été établi en 1935, puis révisé lors d'une conférence tenue à Mexico en 1943.

Mais le **modèle de Mexico**, élaboré pour l'essentiel par des représentants de pays en développement, faisait, pour les pays développés, la part trop belle à l'État « de la source » des revenus (c'est-à-dire celui dans lequel les revenus naissent) ; il a donc été amendé par une nouvelle conférence tenue à Londres en 1946. Cependant, le **modèle de Londres** a inversement été jugé trop favorable aux pays développés ; les discussions entre pays développés et pays en développement ont donc continué, pour s'interrompre en 1954, date à partir de laquelle les travaux se sont concentrés au sein d'une instance ne réunissant que des pays « développés », l'OECE (devenue ensuite l'OCDE).

Travaux de l'OCDE

Entre 1955 et 1961, le **comité fiscal de l'OECE** a réfléchi à la question de l'élimination **1403**
des doubles impositions et rédigé quatre rapports sur ce thème. Ces rapports ont abouti à un premier projet important de convention de double imposition concernant le **revenu** et la **fortune**, publié en 1963, dans le cadre de l'**OCDE** (Organisation de coopération et de développement économiques) qui, en 1961, a pris la suite de l'OECE. Par ailleurs, un projet de convention tendant à éviter la double imposition en matière d'impôts sur les **successions** et sur les héritages a été publié en 1966.

En 1967, le comité fiscal, devenu le « **comité des affaires fiscales** » en 1971, a entrepris de réviser son premier modèle et ses travaux ont abouti au modèle de 1977. Depuis lors, le comité des affaires fiscales de l'OCDE se réunit périodiquement afin d'examiner les nouvelles tendances de la fiscalité internationale et de proposer des adaptations au modèle.

Le modèle de convention fiscale de l'OCDE

Poursuivant ses travaux, le comité des affaires fiscales de l'OCDE a publié un nouveau **1405**
modèle de convention fiscale concernant le revenu et la fortune en septembre 1992 et l'a ensuite actualisé à de multiples reprises (en 1994, 1995, 1997, 2000, 2002, 2005, 2008, 2014 et 2017). La **dernière mise à jour**, celle qui a été adoptée par le Conseil de l'OCDE le 21 novembre 2017, a eu essentiellement pour objet d'intégrer dans le modèle de convention fiscale et dans les commentaires explicatifs diverses modifications résultant des travaux relatifs à l'érosion de l'assiette imposable et aux transferts de bénéfices, notamment les recommandations principales issues des rapports finaux sur les Actions 2, 6, 7 et 14 du plan « anti-Beps » (n° 1560).

Si, en lui-même, le modèle de l'OCDE n'a pas de valeur juridique, du moins en France, il n'est pas sans valeur, car il sert de guide pour l'interprétation des conventions fiscales, lorsqu'elles le reprennent, et traduit au moins un engagement politique de la part des États membres. Cet engagement résulte en particulier d'une **recommandation** du Conseil de l'OCDE du 23 octobre 1997 invitant les États membres, lorsqu'ils concluent ou révisent leurs conventions fiscales, à se conformer au modèle à la lumière de l'interprétation qui en est donnée dans les commentaires et compte tenu des réserves qui y figurent ; le Conseil a également recommandé aux administrations fiscales de suivre les **commentaires**, tels qu'ils peuvent être modifiés au fil du temps mais sous réserve des observations qu'elles ont pu formuler, lorsqu'elles sont appelées à appliquer et interpréter les stipulations de leurs conventions fiscales qui reprennent le modèle. Enfin, cette recommandation a chargé le comité des affaires fiscales « de poursuivre son examen des situations dans lesquelles les dispositions figurant dans le modèle de convention fiscale ou les commentaires s'y rapportant peuvent nécessiter des modifications à la lumière de l'expérience acquise par les pays membres et de faire toutes propositions utiles pour des mises à jour périodiques ». Sur les travaux actuels de l'OCDE en matière fiscale, voir nos 1560 s.

Précisions **a.** L'**OCDE** est une organisation internationale dont le siège est à Paris et qui compte aujourd'hui **38 membres** : l'Allemagne, l'Australie, l'Autriche, la Belgique, le Canada, le Chili, la Colombie (membre depuis le 28 avril 2020), la Corée, le Costa Rica (membre depuis le 25 mai 2021), le Danemark, l'Espagne, l'Estonie, les États-Unis, la Finlande, la France, la Grèce, la Hongrie, l'Irlande, l'Islande, Israël, l'Italie, le Japon, la Lettonie, la Lituanie (membre depuis le 5 juillet 2018), le Luxembourg, le Mexique, la Norvège, la Nouvelle-Zélande, les Pays-Bas, la Pologne, le Portugal, la République slovaque, la République tchèque, le Royaume-Uni, la Slovénie, la Suède, la Suisse et la Turquie (la Commission européenne participe aussi aux travaux de l'OCDE) ; l'Argentine est membre associé depuis le 26 juin 2014. Sont seulement « **observateurs** » l'Afrique du Sud, la Chine, l'Inde et la Fédération de Russie (le conseil de l'OCDE a décidé, le 8 mars 2022, de suspendre la participation de la Russie en réaction à l'agression de l'Ukraine par la Russie). L'OCDE a ouvert, le 25 janvier 2022, des **discussions d'adhésion** avec l'Argentine, le Brésil (qui avait officiellement demandé son adhésion le 29 mai 2017), la Bulgarie, la Croatie, le Pérou (la candidature du Pérou avait été soutenue par la France ; réponse Poniatowski, nº 02441 : JO Sénat, 22 février 2018 p. 838) et la Roumanie. L'OCDE cherche aussi à renforcer ses relations avec l'Afrique du Sud, la Chine, l'Inde et l'Indonésie et des programmes par pays spécifiques ont été lancés avec le Kazakhstan, le Maroc et le Pérou (manifestement, l'OCDE souhaite accroître la diversité de ses membres et renforcer son rôle d'instance mondiale de normalisation et de « centre de bonnes pratiques »).

b. Les commentaires du modèle de convention fiscale incluent les **observations, réserves et positions** de plusieurs États membres et non membres, article par article.

c. Dans la suite de cet ouvrage, les références aux « **Commentaires OCDE** » renvoient aux commentaires des articles des deux modèles de conventions fiscales publiés par l'OCDE, concernant respectivement les impôts sur le revenu et sur la fortune, et les impôts sur les successions ou donations (ces modèles sont disponibles auprès de cette organisation, en ligne ou en version imprimée).

d. L'OCDE n'est pas un législateur supranational mais c'est une organisation internationale qui participe tout de même à l'élaboration du « **droit souple** » (ou « soft law »). L'étude annuelle 2013 du Conseil d'État définit le droit souple comme un ensemble d'instruments qui ne créent pas par eux-mêmes de droits et d'obligations ; certains types de droit souple sont néanmoins susceptibles de recours ou invocables devant le juge administratif, comme les cahiers des clauses administratives générales (CCAG) des marchés publics ou certaines directives par lesquelles l'administration se donne une ligne de conduite non impérative (voir notamment CE 21 mars 2016, Ass., Sté Fairvesta international GMBH et même jour nº 390023, Sté Numericable).

Le modèle de convention fiscale de l'ONU

1407 De leur côté, les pays en développement ne sont pas restés inactifs et un regain d'intérêt pour les discussions entre pays développés et pays en développement s'est manifesté vers le milieu des années 1960. En 1967, l'opportunité d'encourager la conclusion de conventions fiscales bilatérales entre ces pays a été reconnue par le Conseil économique et social des Nations unies. Un groupe de travail spécial, composé d'experts et de fonctionnaires des services fiscaux « proposés par les gouvernements, mais agissant à titre personnel », a ainsi élaboré un « Manuel de négociations » des conventions fiscales bilatérales entre pays développés et pays en développement et un modèle de convention fiscale, qui a été publié en 1980 et ensuite révisé en mai 2001 et en mars 2003.

Depuis cette date, les travaux se sont poursuivis au sein d'un nouveau comité d'experts qui a été créé par une résolution du Conseil économique et social du 11 novembre 2004 (résolution 2004/69) et qui a remplacé le précédent « comité ad hoc ». Le **Comité d'experts de la coopération internationale en matière fiscale** se compose de 25 membres choisis par les gouvernements pour leur compétence en matière de politique ou d'administration fiscale et représentatifs de différents systèmes fiscaux et de différentes zones géographiques ; siégeant à titre individuel, ils sont nommés par le Secrétaire général pour un mandat de quatre ans (les membres actuels ont été nommés par le Secrétaire général le 21 juillet 2021 pour la période 2021-2025 ; il n'y a pas de Français). Agissant en tant qu'experts, ils sont chargés de revoir et d'amender, en tant que de besoin, le modèle de convention fiscale et le manuel de négociation.

Le comité d'experts se réunit deux fois par an (depuis 2016 ; précédemment, il ne se réunissait qu'une fois par an), à New York ou à Genève et il est notamment chargé de la rédaction du modèle de convention des Nations unies concernant les doubles impositions entre pays développés et pays en développement (« United Nations Model Double Taxation Convention between Developed and Developing Countries », Department of Economic & Social Affairs) ; la dernière version de ce modèle, résultant d'une mise à jour de 2021, a été publiée en avril 2022 (les précédentes avaient été publiées en 2012 et en 2018).

Le Comité d'experts (Comité fiscal des Nations unies) a tenu en ligne sa 23e session, du 19 au 22 octobre et du 25 au 28 octobre 2021, et sa **24e session**, du 4 au 12 avril 2022. Il a notamment consacré ses travaux aux relations entre les accords fiscaux, commerciaux et d'investissement, à la fiscalité environnementale et à la taxe carbone (avec, notamment, le lancement d'un nouveau manuel sur la taxation du carbone pour les pays en développement), aux questions fiscales liées à l'économie numérisée et mondialisée, aux échanges d'informations entre États, à l'imposition de la fortune pour lutter contre les inégalités, aux droits d'accise sur le tabac, l'alcool et les boissons sucrées (en tant qu'elles contribuent à la réalisation d'un objectif de développement durable), aux questions de fiscalité indirecte (TVA et taxe sur les produits et services), à la fiscalité des industries extractives et au règlement et à la prévention des différends.

En ce qui concerne le modèle de convention fiscale, les principales modifications résultant des dernières mises à jour concernent la création d'un nouvel article 12A sur la rémunération des **services techniques**, destiné à donner davantage de droits d'imposer au pays de la source (n° 22520), l'ajout d'une **clause anti-abus** (mécanisme de limitation des avantages conventionnels), l'introduction d'une clause relative aux **entités** fiscalement **transparentes**, la modification de la règle d'élimination des cas de double résidence des personnes morales, l'extension de la notion d'**établissement stable** afin d'éviter que les entreprises s'organisent artificiellement pour l'éviter, l'introduction d'une condition de durée de détention pour l'obtention du taux réduit de retenue à la source en ce qui concerne les **dividendes** et l'imposition des **plus-values** de cession de parts ou actions de sociétés à prépondérance immobilière. Toutes ces modifications sont directement inspirées des travaux de l'OCDE sur la lutte contre le « Beps » (n° 72410).

L'introduction d'un nouvel article 12B dans le modèle de convention fiscale (revenus des **services numériques automatisés** ; voir n° 20040, Précisions c) a également été approuvée en 2021 et les réflexions se poursuivent sur la modification éventuelle du modèle, en ce qui concerne, notamment, l'introduction **d'une clause d'assujettissement à l'impôt**, l'inclusion des paiements pour les **logiciels** dans la définition des redevances, l'imposition des **cryptoactifs**, les prix de transfert (particulièrement dans le contexte de l'épidémie de Covid-19), les véhicules d'investissement collectifs, les fonds de pension, les fonds d'investissement immobilier, les transferts indirects offshore et la notion d'établissement stable.

Enfin, une troisième édition du manuel pratique en matière de **prix de transfert** pour les économies en développement a été publiée en 2021 (n° 75800, Précisions), la dernière révision du manuel des Nations unies sur le **règlement des différends** a été adoptée en 2021 et la mise à jour du manuel pour la négociation des conventions fiscales entre pays développés et pays en développement est en cours, afin de tenir compte des dernières modifications apportées au modèle lui-même.

Conformément aux orientations internationales actuelles, la présentation officielle des travaux du comité souligne désormais que son objectif est d'éviter tant la double imposition (imposition dans deux États du contribuable ou de contribuables associés) que la non-imposition (imposition des revenus ou profits dans aucun État).

Précisions **a.** Les **commentaires** du modèle ONU reprennent souvent ceux de l'OCDE, mais ce n'est pas systématique ; par exemple, les commentaires de l'ONU ne reprennent pas ceux de l'OCDE sur l'établissement stable tels qu'ils résultent des modifications apportées depuis 2008 à la manière d'attribuer des profits aux établissements stables (nos 18442 s.). Les règles particulières qui ont été proposées par l'ONU dans la version 2017/2018 du modèle de convention fiscale en ce qui concerne les **prestations de services techniques** n'ont pas non plus d'équivalent dans le modèle de l'OCDE (n° 22520).

b. La **périodicité** de mise à jour du modèle ONU est nettement plus lente que celle du modèle OCDE, quoiqu'elle se soit accélérée au cours de ces dernières années.

Importance des modèles de convention fiscale

À l'heure actuelle, les modèles de conventions de l'OCDE (Publications de l'OCDE, 2, rue André-Pascal, 75775 Paris Cedex 16) et éventuellement de l'ONU (Publications des Nations unies, New York) sont la **référence indispensable** des négociateurs des conventions fiscales. Les pays développés s'efforcent, même dans leurs relations avec les pays en développement, de faire prévaloir le modèle de l'OCDE, plus favorable à leurs intérêts (notamment en ce qu'il restreint, davantage que le modèle ONU, les droits d'imposer de l'État de la source). **1410**

Précisions Les modèles de l'OCDE sont donnés en annexes A et B à la fin du présent ouvrage.

Le réseau conventionnel français

1430 La France a une politique très ouverte au développement des conventions fiscales et dispose de l'un des réseaux conventionnels **les plus étendus** (125 conventions fiscales selon le rapport 2020 du Gouvernement sur la situation des Français établis hors de France, émanant du ministère des affaires étrangères ; la liste en est donnée au BOI-ANNX-000306).

La France a signé des conventions fiscales avec la plupart des pays importants (annexe C), les principales lacunes se situant, malgré des progrès continus, en Amérique latine et en Afrique anglophone et lusophone.

Les conventions fiscales reprennent, en général, le **modèle** établi par l'**OCDE**, avec quelques **variantes** liées aux particularités du système fiscal français (nos 1590 s.).

Précisions **a.** La Direction de la législation fiscale a mis au point son propre **modèle** de convention fiscale, mais le garde confidentiel ; il n'est **pas publié**, à la différence, par exemple, du modèle américain.

b. Sur le rôle des modèles OCDE et ONU dans l'interprétation des conventions fiscales, voir nos 10580 s.

B. Remarques générales sur les conventions fiscales

1. Nature juridique

Principes

1480 Les conventions fiscales sont des **traités internationaux**. Elles sont donc soumises au même formalisme et en ont la même **force juridique**, supérieure à la loi et inférieure à la Constitution. La Constitution française prévoit, en effet, dans son **article 55**, que les traités ou accords régulièrement ratifiés et publiés ont une autorité supérieure à celle des lois, sous réserve de leur application par l'autre partie.

Absence de contrôle juridictionnel sur la conclusion des conventions fiscales

1482 Aucun contrôle juridictionnel ne peut être exercé sur la conclusion des conventions fiscales et les actes qui s'y rattachent. Il s'agit d'une prérogative des autorités françaises et étrangères dont le juge n'a pas à connaître (théorie des « **actes de gouvernement** »).

Mais l'absence de contrôle sur la validité des conventions fiscales n'empêche pas qu'un contrôle soit exercé sur l'existence d'un élément nécessaire à la réception de la convention en droit français ; le juge administratif ne contrôle pas la régularité de la ratification, mais doit constater son existence ou son inexistence. Il peut exercer un **contrôle de régularité** sur les opérations de **publication**, dès lors qu'il s'agit d'une opération purement interne qui ne met pas en cause les rapports internationaux.

Précisions **a.** Pour un exemple, en matière fiscale, de décision appliquant une **convention irrégulièrement ratifiée**, voir, à propos de la convention de l'ONU sur les privilèges et immunités, CE 6 mai 1996 no 132330, 8e et 9e s.-s., Guerhia : RJF 6/96 no 698 (conclusions Jacques Arrighi de Casanova au Droit fiscal 1996 no 39, comm. 1149).

b. Un **simple accord entre administrations fiscales**, qui n'a pas fait l'objet des procédures d'approbation parlementaire et de ratification, ne peut être considéré comme modifiant le champ d'application d'une convention fiscale ; à propos de la convention fiscale franco-monégasque du 1er avril 1950 en matière de droits de succession, la Cour de cassation s'était trompée sur ce point (Cass. com. 9 octobre 2012 no 11-22.023 F-PB : RJF 1/13 no 103), mais cette erreur est finalement restée sans conséquence (no 48125).

Interprétation par le juge de l'impôt

1484 La question de la compétence du juge pour interpréter les conventions fiscales se pose dans les mêmes termes que pour tous les traités.

À cet égard, la **Cour de cassation** s'est longtemps reconnue davantage de pouvoirs que le **Conseil d'État** ; mais le Conseil d'État estime aujourd'hui que le juge administratif n'est pas tenu de renvoyer pour interprétation au ministre des affaires étrangères une stipulation conventionnelle dont le sens n'est pas clair, ni, lorsque le ministre a été amené à exprimer son opinion, de s'y conformer ; cet important revirement de jurisprudence a été effectué à propos d'un litige non fiscal (CE 29 juin 1990 n° 78519, Ass., Gisti : RJF 8-9/90 n° 1096 ; nos 10600 s.).

Contrôle juridictionnel de l'application des conventions fiscales

La question du contrôle de l'application des conventions fiscales et notamment du respect de leurs stipulations par la loi et l'administration a longtemps posé des problèmes assez délicats, heureusement résolus depuis que le Conseil d'État se reconnaît compétent pour examiner si une **loi** est **compatible** avec un traité antérieur (CE 20 octobre 1989 n° 108243, Ass., Nicolo : RJF 11/89 n° 1266 ; n° 10945). **1486**

La problématique n'a pas, bien entendu, été la même en ce qui concerne le contrôle des décisions administratives que le juge administratif a toujours accepté de censurer en cas de non-respect d'un traité.

Responsabilité de l'État

La responsabilité éventuelle de l'État du fait des conventions fiscales pourrait être éventuellement recherchée sur le terrain de la **rupture de l'égalité** devant les charges publiques, même en l'absence de faute, à condition que ni la convention fiscale ni la loi de ratification ne puissent être interprétées comme ayant entendu exclure toute indemnité et que le préjudice dont il est demandé réparation soit d'une **gravité suffisante** et présente un **caractère spécial** (jurisprudence générale). **1488**

Dans le domaine des conventions fiscales, cependant, on imagine mal un cas d'application de ce principe traditionnel.

Précisions Il a été jugé que, compte tenu des difficultés particulières d'appréciation de la situation du contribuable, l'administration ne commet pas de **faute lourde** de nature à engager la responsabilité de l'État en imposant des revenus de source allemande qui avaient déjà fait l'objet d'une imposition en Allemagne et en ne donnant pas suite à la demande du contribuable de mettre en œuvre la procédure amiable, le dégrèvement des sommes litigieuses ayant, d'ailleurs, été prononcé ultérieurement (CE (na) 6 avril 2007 n° 289514, 8e s.-s., Consorts Chartron : RJF 12/07 n° 1478).

2. Élaboration des conventions fiscales

Compétence administrative

Dès lors que les conventions fiscales sont des traités internationaux, il est naturel qu'elles soient élaborées conformément aux principes du droit international public. **1500**

Du côté français, comme d'ailleurs dans la quasi-totalité des pays, deux administrations interviennent :
– le **ministère des affaires étrangères**, chargée de l'aspect « politique » et « diplomatique » des négociations et du suivi des procédures d'approbation parlementaire et de ratification. C'est, par exemple, pour des raisons diplomatiques que la France n'a pas, pendant longtemps, signé de convention fiscale avec l'Afrique du Sud, aucune raison technique ne s'y opposant, bien évidemment. Des négociations sont intervenues depuis la normalisation de la situation de ce pays dans les relations internationales, et une convention fiscale a été signée le 8 novembre 1993 ;
– la **Direction de la législation fiscale** (Sous-direction E), chargée de l'aspect « technique » des négociations.

En pratique, les négociations débutent normalement par l'échange des **modèles nationaux**, plus ou moins calqués sur ceux de l'OCDE et de l'ONU ; elles se poursuivent ensuite au cours de séances de **discussion**, alternativement dans un État et dans l'autre, et s'achèvent par la mise au point d'un texte « paraphé », sur lequel les deux délégations s'accordent sur le plan technique (n° 10120).

Consultation des entreprises

L'administration n'est pas seule à intervenir ; en principe, les contribuables, notamment les entreprises, sont (ou devraient être) **consultés avant la négociation**, afin que les autorités compétentes soient informées des problèmes et des difficultés rencontrés sur le terrain, et même **en cours de négociation**, afin de permettre aux négociateurs de faire **1505** en connaissance de cause les choix et les concessions imposés par tout processus de discussion.

Certains pays, comme les Pays-Bas ou le Canada, poussent assez loin la consultation de leurs entreprises en publiant des avis d'ouverture de négociations et en demandant systématiquement l'avis des contribuables. La France consulte généralement les organismes représentatifs des entreprises avant l'ouverture de négociations et parfois en cours de négociation, lorsque des choix s'imposent.

Précisions Il a été annoncé que, même si des données fiables et exhaustives sur les flux financiers entre États peuvent manquer, notamment du fait de l'état lacunaire des systèmes statistiques, des travaux étaient en cours pour améliorer les **outils d'évaluation** et pour solliciter de façon systématique les **acteurs économiques** concernés (réponse Le Nay, n° 12341 : JO Sénat du 27 février 2020 p. 1014) ; cette annonce a été faite à propos d'un **référé de la Cour des comptes** du 31 mai 2019 recommandant la mise en place d'une cellule de veille stratégique associant notamment la DGFiP, la Direction générale du Trésor et la Banque de France pour analyser les enjeux liés à la fiscalité internationale et identifier les intérêts de la France, afin de renforcer le volet économique des dossiers de négociation et des études d'impact présentés au ministre et au Parlement.

Rôle du Parlement

1510 La souveraineté nationale a également l'occasion de s'exprimer puisqu'une convention fiscale ne peut être ratifiée que si le Président de la République en a reçu l'autorisation du Parlement.

En effet, les traités ou accords qui engagent les finances de l'État, ce qui est le cas des conventions fiscales, ne peuvent être **ratifiés ou approuvés** qu'en vertu d'une loi (article 53 de la Constitution). En général, il faut bien reconnaître qu'il s'agit là, du moins en France, d'une formalité assez rapidement expédiée, même si les travaux parlementaires sont plus approfondis aujourd'hui que dans le passé (l'instrument multilatéral, par exemple, a fait l'objet de sérieuses analyses et débats parlementaires ; nos 1650 s.).

Aux États-Unis, le Sénat exerce son pouvoir avec une grande vigilance et va parfois jusqu'à exiger du Gouvernement la reprise des négociations sur certains points précis.

Précisions **a.** L'opération de ratification, comme celle de la signature, n'est **pas contrôlée** sur le fond par le juge de l'impôt, qui n'en vérifie que l'existence.

b. Sur les notions de **paraphe**, **signature**, **ratification**, **entrée en vigueur** et **prise d'effet** des conventions fiscales, voir n° 10120.

3. Le rôle des conventions fiscales

1520 D'une manière générale, on peut reconnaître un triple rôle aux conventions fiscales.

Élimination de la double imposition

1522 Les conventions fiscales ont évidemment, comme leur titre l'indique, pour objet d'éliminer la double imposition entre les deux États que l'on distingue traditionnellement comme étant, l'un celui de la source et l'autre celui de la résidence.

Ces deux notions, État de la source et État de la résidence, sont essentielles ; on les retrouvera constamment dans la suite de cet ouvrage, puisque c'est sur elles, notamment, que repose le droit fiscal international :
– **État de la source** : celui de l'origine du revenu, c'est-à-dire du lieu de situation du bien qui produit le revenu ou celui dans lequel une activité est exercée, ou encore le lieu de résidence du débiteur d'une rémunération ;
– **État de la résidence** : celui dans lequel le bénéficiaire du revenu a son domicile, sa résidence, ou encore son siège de direction effective, dans le cas d'une entreprise.

Pour éliminer la double imposition entre ces deux États, la convention peut accorder à l'un (source ou résidence) un **droit exclusif** d'imposer ou bien reconnaître un droit d'imposer aux deux États, mais en prévoyant que l'impôt payé dans l'un (source) constitue un **crédit d'impôt** imputable sur l'impôt dû dans l'autre (résidence).

C'est bien entendu sur les règles d'imposition des différentes catégories de revenu selon l'une ou l'autre de ces modalités que se concentre l'essentiel des discussions entre les délégations des États.

Précisions Sur la notion de **double imposition** et les méthodes appliquées pour l'**éliminer** ou l'atténuer, voir nos 7550 s.

Lutte contre la fraude et l'évasion fiscales

Les conventions fiscales établissent les bases d'une coopération entre les États afin de leur permettre de lutter contre l'évasion et la fraude fiscales internationales. Pour cela, elles prévoient, en général, un **échange de renseignements** (nos 74200 s.) et, éventuellement, une **assistance au recouvrement** (nos 74450 s.). **1524**

Pour manifester encore plus clairement ce second objet des conventions fiscales, qui s'ajoute à la volonté d'éliminer les doubles impositions, le titre et le préambule du modèle de convention fiscale de l'OCDE ont été modifiés en 2017 pour préciser qu'une convention fiscale n'a pas seulement pour objet d'éliminer la double imposition mais qu'elle cherche aussi à éviter les cas de **non-imposition** ou d'imposition réduite par le jeu de l'évasion et de la fraude fiscales (no 9350, Précisions). L'instrument multilatéral destiné à introduire dans les conventions fiscales diverses mesures anti-abus (nos 1650 s.) va également dans ce sens.

Précisions Les conventions fiscales fixent également le cadre dans lequel les États vont coopérer pour assurer une correcte application de la convention, pour en **interpréter** les dispositions obscures ou imprécises et, en définitive, pour assurer une correcte assiette de l'impôt.

Protection des contribuables

Les conventions fiscales protègent les contribuables contre certaines conséquences négatives du droit interne de l'autre État (ou, en tout cas, cherchent à les protéger) en fixant le régime fiscal applicable à une transaction, à une opération ou à un investissement déterminés. Elles leur permettent de connaître à l'avance le **régime fiscal** et donc les conséquences financières de leurs activités. En outre, elles contiennent normalement une clause de **non-discrimination** (nos 80540 s.) qui vise à protéger les nationaux français ainsi que les entreprises contrôlées par des nationaux français contre les discriminations de nature fiscale qu'ils pourraient subir dans l'autre État du fait de leur nationalité (et réciproquement). **1530**

Précisions Sur la portée et les limites des conventions fiscales, voir nos 10920 s.

4. Les conventions fiscales, incitation au développement des échanges et des activités

Développement des entreprises à l'étranger

D'un point de vue général, les conventions fiscales sont certainement un facteur favorable à l'implantation des entreprises à l'étranger. En particulier, les règles qu'elles fixent pour l'imposition des bénéfices des activités industrielles ou commerciales (no 16600 s.) ont une grande importance pratique. **1540**

Instrument d'aide au développement

Les conventions fiscales sont parfois (mais c'est aujourd'hui devenu marginal) un moyen pour les pays développés d'aider les pays en développement, notamment, grâce aux clauses de **crédit forfaitaire** (nos 8120 s.). Ces clauses permettent aux pays développés qui les acceptent (cas de la France, du moins dans le passé) d'accompagner l'effort budgétaire effectué par les pays en développement qui consentent des sacrifices fiscaux afin d'attirer des entreprises étrangères. **1542**

Développement des relations financières entre États

Les conventions fiscales permettent le développement des relations financières entre les États, notamment par la réduction ou la suppression des retenues à la source qui sont souvent de nature à créer des surcharges fiscales ou des doubles impositions. **1545**

Précisions Par exemple, sans que l'on puisse vraiment en mesurer l'impact, il est probable que la politique conventionnelle de transfert de l'**avoir fiscal** aux non-résidents a eu un effet favorable au développement de la place de Paris, avant que son coût budgétaire ne conduise à la suppression pure et simple de l'avoir fiscal décidée par la loi de finances pour 2004.

Instrument de la présence culturelle française à l'étranger

1548 Les conventions fiscales sont un élément parmi d'autres de la politique de développement de l'influence culturelle française à l'étranger. De nombreuses conventions prévoient par exemple l'exonération de toute imposition à la source sur les **droits d'auteur** (nº 20910). De même, elles prévoient souvent des exonérations d'impôt pendant une période temporaire (deux ou trois ans) pour les **enseignants**, **chercheurs** ou **étudiants** qui se rendent de France dans un État étranger afin d'y exercer leur activité. Par là, les conventions sont un peu plus qu'un simple outil d'élimination des doubles impositions.

C. Les tendances récentes de la politique conventionnelle

1. Poursuite des réflexions de l'OCDE

Révisions périodiques du modèle de convention fiscale

1560 Le modèle de l'OCDE est périodiquement révisé, pour tenir compte de l'expérience acquise par les États membres dans l'application et l'interprétation des conventions fiscales.

La **dernière édition** est celle qui a été adoptée par le Conseil de l'OCDE le 21 novembre 2017 (communiqué de l'OCDE du 23 novembre 2017) ; cette dernière mise à jour a eu essentiellement pour objet d'intégrer dans le modèle et les commentaires diverses modifications résultants des **travaux relatifs à l'érosion de l'assiette imposable et aux transferts de bénéfices** (« Beps » ; nº 72410), notamment en ce qui concerne :
- la neutralisation des effets des dispositifs hybrides (Action 2) ;
- la volonté d'empêcher l'octroi inapproprié des avantages prévus par les conventions fiscales (Action 6) ;
- la lutte contre les stratégies visant à éviter la création d'un établissement stable (Action 7) ;
- l'accroissement de l'efficacité des mécanismes de règlement des différends (Action 14).

Cette dernière version, préparée par le groupe de travail nº 1 du comité des affaires fiscales de l'OCDE, avait été publiée sous forme de projet le 11 juillet 2017 ; elle avait fait l'objet d'un appel à commentaires limité aux modifications qui n'avaient pas déjà été approuvées dans le cadre du « paquet Beps ».

Les **principales modifications** issues de la révision de 2017 sont les suivantes :
- clarification des règles applicables aux entités transparentes ou semi-transparentes ;
- affirmation du principe de la résidence fiscale des fonds de pension ;
- clarification de certains commentaires sur la détermination de la résidence des personnes physiques (logement loué et séjour habituel) ;
- modification des règles applicables en cas de double résidence des personnes morales ;
- élargissement du concept d'établissement stable (réduction du champ des activités préparatoires ou auxiliaires et extension des cas où des agents peuvent constituer des établissements stables) ;
- modification de l'expression « trafic international » et modifications corrélatives des règles d'imposition des équipages des navires ou aéronefs exploités en trafic international ;
- introduction d'une condition de durée minimum de détention de trois cent-soixante-cinq jours pour l'application du taux réduit de retenue à la source de 5 % sur les dividendes ;
- introduction d'une clause de limitation générale des avantages de la convention (ajout d'un nouvel article 29 intitulé « Droit aux avantages prévus par la convention » dans le modèle lui-même) et nombreux commentaires nouveaux sur l'usage incorrect des conventions fiscales ;
- petites modifications d'ordre pratique en ce qui concerne la procédure amiable et l'arbitrage (notamment, révision du « Modèle d'accord amiable sur l'arbitrage »).

En mars 2021, le comité des affaires fiscales de l'OCDE a indiqué travailler à une (légère) modification des commentaires concernant l'article 9 du modèle de convention, relatif aux entreprises associées (consultation publique du 29 mars 2021 ; voir n° 75810), et, dans un souci de cohérence, de ceux qui concernent les articles 7 (bénéfices des entreprises), 24 (non-discrimination) et 25 (procédure amiable). Ces travaux ne se sont pas encore concrétisés.

Précisions Un communiqué de l'OCDE du 18 décembre 2017, à l'occasion de la publication du modèle 2017 en anglais, avait indiqué que **plus de trois mille conventions fiscales** sont fondées sur le modèle OCDE.

Forum de discussions et d'élaboration de recommandations et de plans d'actions

L'OCDE est traditionnellement une sorte de forum où les représentants des pays membres discutent de questions générales de politique fiscale ; sous l'impulsion du G20 et dans le cadre des travaux relatifs à l'érosion de l'assiette imposable et aux transferts de bénéfices (« Beps » ; n° 72410), cependant, son comité des affaires fiscales se concentre aujourd'hui quasi exclusivement sur l'élaboration de normes destinées à lutter contre **l'évasion et la fraude fiscales** internationales : **1562**

– mise au point de normes internationales d'échange de renseignements de plus en plus denses et automatiques et, notamment, réflexions sur l'élaboration d'un nouveau cadre de soutien à l'échange international d'informations fournies par les opérateurs de **plate-formes électroniques** ;

– pression sur les États pour qu'ils démantèlent les régimes fiscaux considérés comme « fiscalement dommageables », c'est-à-dire nuisibles aux autres États, et réflexions et propositions de modification des règles fiscales applicables aux grandes **entreprises multinationales** (Piliers 1 et 2 ; n°s 16650 s.) ;

– réflexions sur la mise au point d'un nouveau cadre de déclaration fiscale pour les **cryptoactifs** ;

– recherche de normes pour la perception effective de la TVA sur les **ventes en ligne** de biens, de services et de produits numériques ;

– réflexions sur la mise en place d'un nouveau cadre inclusif sur la tarification du **carbone** (annonce faite par l'OCDE en février 2022).

La nécessité d'améliorer les mécanismes d'élimination des doubles impositions reste certes un objectif, qui a d'ailleurs trouvé un prolongement dans l'instrument multilatéral et dans la version 2017 du modèle de convention fiscale, mais l'impression demeure qu'il s'agit d'un objectif de second rang, affirmé plutôt pour des raisons d'équilibre et sans grande conviction.

Enfin, il est clair que l'OCDE cherche aujourd'hui à étendre son influence dans le monde par l'élaboration de normes qui ont vocation à s'étendre aux **États non membres** ; a ainsi été mis au point, notamment, un « **Cadre inclusif** », réseau à vocation mondiale qui a pour objet de faciliter la mise en œuvre des mesures contre l'évasion fiscale et les transferts de bénéfices et de promouvoir une « bonne gouvernance mondiale » en matière fiscale. Ce réseau est dit « inclusif » dans la mesure où peuvent également y participer des États non membres de l'OCDE, tous étant en principe traités sur un pied d'égalité (n° 72410, Précisions b). On trouve également la trace de cette volonté d'influence mondiale dans la création du Forum mondial (n° 70575) ou dans la multiplication des accords à vocation mondiale sur les échanges de données entre États (données financières, rulings et déclarations « pays par pays », notamment).

Précisions **a.** Le comité des affaires fiscales a créé un groupe de travail sur la **TVA** (GT 9) et un autre sur les pratiques de **planification fiscale agressive** (GT 11).

b. L'OCDE a publié diverses informations et recommandations concernant les mesures prises par les États en réponse à la crise résultant de l'épidémie de **Covid-19** ; une page dédiée a été ouverte sur son site Internet et, notamment, des lignes directrices ont été publiées le 3 avril 2020, puis les 21 janvier (en anglais) et 16 février 2021 (en français), en ce qui concerne certaines conséquences des mesures de confinement et de restriction de circulation pour l'application des conventions fiscales (« OECD Secretariat Analysis of Tax Treaties and the Impact of the COVID-19 Crisis » ; « Updated guidance on tax treaties and the impact of the COVID-19 pandemic » ; « Mise à jour des orientations sur les conventions fiscales et l'impact de la crise COVID-19 »). Il s'agit de **lignes directrices** qui ne sont pas un rapport officiel de l'OCDE mais un simple rapport du secrétariat de l'OCDE, même si elles sont approuvées par le Groupe de travail n° 1 dans son cadre inclusif (ces rapports traitent notamment de la question de l'établissement stable, de la détermination de la résidence fiscale et des revenus d'emploi, dans le contexte de l'épidémie de Covid-19). Le site de l'OCDE publie également les lignes directrices émises sur ce point par certaines administrations.

2. Politique française actuelle

1565 La **France** poursuit sa politique d'**extension** et de **modernisation** de son réseau conventionnel ; l'administration cherche, en effet, à adapter les textes applicables en fonction des recommandations de l'OCDE et de leur évolution, sous réserve qu'elle les approuve, ainsi qu'à tenir compte des évolutions législatives et à combler les vides lorsque l'introduction de relations conventionnelles avec de nouveaux États s'avère utile, notamment aux entreprises.

Précisions **a.** La **liste des conventions fiscales** est régulièrement mise à jour au BOI-ANNX-000306. Il peut être utile, également, de consulter la « base Pacte » du ministère des affaires étrangères (« Base des traités et accords de la France »).

b. La convention fiscale du 8 février 1957 avec le **Danemark** a, le 10 juin 2008, été dénoncée par le Danemark qui n'acceptait plus de limitation à son pouvoir d'imposer les retraites privées de source danoise versées à des retraités danois résidents de France (décret du 13 janvier 2009 publié au JO du 15 janvier 2009 p. 793). Cette convention a cessé de produire ses effets au 1er janvier 2009 et les deux pays ne sont donc plus liés par une convention fiscale, dans l'attente de l'entrée en vigueur de la nouvelle convention qui a été signée entre les deux pays le 4 février 2022. Tant que cette convention ne sera pas en vigueur, les relations entre les deux pays ne seront régies que par le droit de l'Union européenne, qu'il s'agisse des directives européennes ayant des effets fiscaux ou des exonérations pouvant résulter de l'application des libertés de circulation au sein de l'Union européenne, ainsi que par les dérogations administratives destinées à atténuer les frottements fiscaux résultant de l'absence de convention fiscale (BOI-INT-CVB-DNK ; de son côté, le Danemark avait indiqué que la dénonciation ne modifiait pas l'imposition des retraités danois résidant déjà en France à l'époque).

c. Pour un autre exemple de **dénonciation** d'une convention fiscale, émanant cette fois de la France, voir n° 46710 en ce qui concerne la **convention fiscale franco-suisse** du 31 décembre 1953 en matière de successions.

d. La convention franco-soviétique du 4 octobre 1985 a cessé d'être applicable au **Tadjikistan** depuis le 1er janvier 2015 (Décret n° 2015-238 du 2 mars 2015 au JO du 4 mars 2015 p. 40989 et rectificatif au JO du 21 mars 2015 p. 5208 ; le BOI-INT-CVB-TJK n° 5 indique que la convention a cessé de produire ses effets dans les relations avec le Tadjikistan le 31 décembre 2014). Il a été précisé que la décision de ne plus appliquer la convention émane du Tadjikistan et que la négociation d'une nouvelle convention fiscale supposerait que ce pays adhère aux principes internationaux de l'assistance mutuelle (réponse Garriaud-Maylam, n° 17182 : JO Sénat 10 mars 2016 p. 979).

Conventions et avenants récemment entrés en vigueur

1570 En ce qui concerne les modifications apportées, entre septembre 2021 et septembre 2022, au réseau conventionnel français, seule est à signaler l'entrée en vigueur, le 1er janvier 2022, de la convention **franco-colombienne** du 25 juin 2015 relative aux impôts sur le revenu et sur la fortune (convention nouvelle ; la ratification de cette convention avait été autorisée en France par la loi n° 2016-1325 du 7 octobre 2016 mais le processus de ratification a été très long en Colombie).

Précisions **a.** L'expression « **convention nouvelle** » désigne le cas où les deux pays n'étaient pas déjà liés par une convention fiscale ; l'expression « **nouvelle convention** » désigne le cas où une nouvelle convention a été signée, qui remplace l'ancienne. Sur la différence entre « **entrée en vigueur** de la convention » et « date de première application », voir nos 10125 et 10128.

b. En ce qui concerne **Taïwan**, territoire avec lequel il n'est pas possible de conclure une convention fiscale car, pour la France, il ne s'agit pas d'un État, une « quasi-convention fiscale » a été introduite en droit interne par l'article 77 de la loi n° 2010-1658 du 29 décembre 2010 de finances rectificative pour 2010 ; le décret n° 2010-1721 du 30 décembre 2010 (JO du 31 décembre 2011) précise que ce texte s'applique aux impôts dont le fait générateur est intervenu depuis le 1er janvier 2011 (BF 3/11 n° 340).

c. La convention fiscale du 28 mars 1974 entre la France et l'ex-Yougoslavie puis poursuivie avec l'Union de Serbie-et-Monténégro est applicable au **Monténégro** (accord des 30 septembre 2010 et 13 juin 2011 sous forme d'échange de lettres relatif à la succession en matière de traités bilatéraux conclus entre la France et l'Union de Serbie-et-Monténégro) ; ce texte est également applicable au **Kosovo** (accord des 4 et 6 février 2013 : BF 6/13 n° 565).

d. En ce qui concerne la **Hongrie**, des erreurs matérielles dans l'article 24 de la convention fiscale ont été corrigées par un échange de lettres des 31 mars et 6 mai 2004 publié seulement en mars 2013 (BF 5/13 n° 451).

Conventions et avenants signés mais non encore en vigueur

Il s'agit des textes suivants : 1572
– **Argentine** : signature, le 6 décembre 2019, d'un avenant à la convention fiscale du 4 avril 1979 (revenus et fortune) ; en France, la loi d'approbation n° 2022-90 du 31 janvier 2022 a été publiée au JO du 1 février 2022, texte n° 1 ;
– **Belgique** : signature d'une nouvelle convention fiscale le 9 novembre 2021 (revenus et fortune) ; le communiqué de presse franco-belge n° 1631 du 9 novembre 2021 indique que cette nouvelle convention modernise les règles prévues par la convention du 10 mars 1964, qui n'étaient plus en ligne avec les derniers standards internationaux, « notamment les avancées du projet **"**BEPS**"** de l'OCDE (érosion de la base d'imposition et le transfert des bénéfices), auxquels les deux États sont mutuellement attachés » ;
– **Danemark** : signature, le 4 février 2022, d'une nouvelle convention fiscale entre les deux pays (revenus) ;
– **Grèce** : signature d'une nouvelle convention fiscale le 11 mai 2022 (revenus) ;
– **Moldavie** : signature, le 15 juin 2022, d'une convention nouvelle en matière d'impôt sur le revenu (une convention avait précédemment été signée le 30 octobre 2006 mais elle n'a jamais été ratifiée, le processus de ratification ayant été bloqué par la France pour des raisons tenant à une insuffisante adhésion de la Moldavie aux principes internationaux de l'assistance mutuelle) ; la doctrine administrative prévoyant que l'ancienne convention fiscale franco-soviétique était demeurée applicable aux échanges avec la Moldavie jusqu'en 2012 a été jugée opposable sur le fondement de l'article L 80 A du LPF (CAA Versailles 9 février 2021 n°s 18VE04115 et 19VE00405, Société Générale et min. c/ Société Générale ; pourvoi enregistré sous le n° 451466).

Précisions En ce qui concerne la **Suisse**, une nouvelle convention en matière d'impôt sur les successions avait été signée le 11 juillet 2013 mais elle a fait l'objet de décisions de rejet des autorités législatives suisses ; à la suite de ces décisions, la France a, le 17 juin 2014, dénoncé la convention du 31 décembre 1953 en matière d'impôts sur les **successions** (cette convention a donc cessé de produire ses effets au 31 décembre 2014). La **dénonciation** de la convention franco-suisse du 31 décembre 1953 est, à notre connaissance, la première dénonciation d'une convention fiscale par la France.

États avec lesquels des négociations sont en cours

Les principaux États avec lesquels des conventions fiscales ou avenants sont en discussion, à des stades plus ou moins avancés, sont les suivants : l'**Angola** (des discussions difficiles sont, semble-t-il, en cours depuis 2019), la **Biélorussie** (négociations relancées en 2018 mais blocage probable pour des raisons politiques), la **Bulgarie**, **Chypre**, la **Corée du Sud** (ouverture de négociations en octobre 2018 mais peu de progrès pour le moment), **Cuba** (apparemment au point mort mais relance possible), **Djibouti** (Précisions a, ci-dessous), **Hong Kong** (projet de renégociation), l'**Inde** (retenues à la source, clause de non-discrimination et question de la clause de la nation la plus favorisée ; négociations difficiles), l'**Irak**, le **Kirghizistan** (relance des négociations en novembre 2021), le **Malawi** (une convention nouvelle aurait été paraphée), le **Maroc** (négociations en cours mais peu de progrès), le **Mexique** (demande mexicaine), le **Mozambique**, la **Norvège** (révision d'ensemble en cours de négociation), le **Pakistan** (révision d'ensemble), le **Panama** (renégociation sur demande française, à la suite de l'affaire des « Panama Papers » ; n° 71000, Précisions c), les **Pays-Bas** (annonce en janvier 2018 de la reprise de discussions anciennes), le **Pérou** (voir infra, Précisions c), la **Pologne** (texte paraphé), le **Portugal** (négociation sur les règles conventionnelles applicables aux personnes physiques, essentiellement), le **Rwanda** (négociations apparemment assez actives), **Saint-Barthélemy**, le **Tadjikistan** (voir n° 1565, Précisions d), la **Tunisie** (redevances), la **Turquie** (une demande turque a été exprimée en janvier 2018 mais les négociations sont suspendues pour des raisons politiques) et la **Zambie** (texte paraphé). 1575

Précisions **a.** Il n'existe toujours pas de convention avec **Djibouti** malgré les propositions françaises de 1985 et 1990 ; il y a seulement une convention relative au concours de personnel apporté par la France à Djibouti (BF 10/10 n° 925). Des négociations ont cependant été ouvertes en 2020 et une réunion de négociation s'est, semble-t-il, tenue en décembre 2021.

b. La France a décidé de ne pas donner suite à des demandes d'ouverture de négociations d'ensemble avec les **Comores**, l'**Ouganda** et le **Guatemala**. Il a de même été précisé que la négociation d'une convention fiscale avec le **Liechtenstein** n'est pas envisagée, compte tenu des législations fiscales respectives des deux États, des caractéristiques de leurs relations économiques et des risques de situations dommageables de sous-imposition (réponse Schmid n° 81653 : JOAN 20 septembre 2016 p. 8478 ; également, réponse Son-Forget, n° 12100 : JOAN 8 janvier 2019 p. 107, rappelant cependant que la France et le Liechtenstein sont liés par un accord d'échange de renseignements et que les deux États collectent auprès de leurs institutions financières un large éventail d'informations concernant les comptes de leurs clients et se les transmettent automatiquement).

c. En ce qui concerne le **Pérou**, les discussions sont apparemment bien avancées (le blocage antérieur tenait à ce que le Pérou ne satisfaisait pas les critères français en matière d'échange de renseignements ; sur ce point, réponse Merceron, n° 01795 : JO Sénat 1er novembre 2012 p. 2481).

Accords d'échange de renseignements

1580 De nombreux accords spéciaux en matière d'échanges d'informations ont été conclus en 2008/2009, avec, en particulier, Andorre, Anguilla, Antigua-et-Barbade, les ex-Antilles néerlandaises (à la suite d'une évolution institutionnelle intervenue le 10 octobre 2010, Curaçao, Sint-Maarten et les Caraïbes néerlandaises, à savoir Bonnaire, Saba, Saint-Eustache, ont succédé à ce territoire et, à ce titre, sont désormais couverts par cet accord), Aruba, les Bahamas, Belize, les Bermudes, le Costa Rica, la Dominique, Gibraltar, Grenade, Guernesey, les îles Caïmans, les îles Cook, l'île de Man, les îles Turques et Caïques, les îles Vierges britanniques, Jersey, le Liberia, le Liechtenstein, Saint-Christophe-et-Niévès, Saint-Marin, Saint-Vincent-et-les-Grenadines, Sainte-Lucie, l'Uruguay et le Vanuatu. Aucun nouvel accord de ce type n'a été conclu récemment, sans doute en raison de leur relative inutilité, désormais, compte tenu de l'extension des textes multilatéraux (n° 74220). Un rapport annexé au projet de loi de finances pour 2022 indique que la France dispose de 27 accords d'échange de renseignements, tous signés avant 2014, couvrant 29 États ou territoires.

Tous ces accords ont pour objectif de permettre à la France de mieux **lutter contre l'évasion et la fraude fiscales**. Ils ont aussi témoigné de la volonté de ces États ou territoires de se mettre en conformité avec les standards internationaux en matière de transparence et d'échange d'informations fiscales (nos 74260 s.). Comme ils ne visent qu'à l'échange de renseignements et non à l'élimination des doubles impositions, ce ne sont pas des conventions fiscales. La liste en est donnée au BOI-ANNX-000307 (Liste des accords relatifs à l'échange de renseignements en matière fiscale conclus par la France ; version à jour au 21 juin 2019, incluant la convention concernant l'assistance administrative mutuelle en matière fiscale du 25 janvier 1988 modifiée, mentionnée au n° 74220).

Précisions **a.** Un accord avait été signé avec **Brunei** le 30 décembre 2010 mais son entrée en vigueur a été bloquée par la France dans l'attente d'une modification du droit interne de Brunei.

b. L'État a signé avec **Saint-Martin**, le 23 décembre 2009, un accord sur l'assistance administrative mutuelle en matière fiscale ; des accords sur l'assistance administrative mutuelle en matière fiscale ont également été signés avec les collectivités de **Saint-Barthélemy** (14 septembre 2010) et de **Polynésie française** (29 décembre 2009). Ces textes ont été approuvés par la loi organique 2011-416 du 19 avril 2011 tendant à l'approbation d'accords entre l'État et les collectivités territoriales de Saint-Martin, de Saint-Barthélemy et de Polynésie française.

Politique conventionnelle française actuelle

1590 La politique conventionnelle de la France a subi au cours de ces dernières années une certaine évolution en fonction des nouvelles questions posées et du contexte international en général. Certes, le **modèle de convention fiscale de l'OCDE** constitue toujours la référence des négociateurs français. Mais il faut l'interpréter à la lumière des réserves faites par la France et des observations que lui inspirent certains des commentaires qui l'accompagnent.

Les tendances récentes de la politique conventionnelle française, ou des réflexions de la Direction de la législation fiscale sur les nouvelles questions posées par la fiscalité internationale, se manifestent notamment sur les points suivants.

1591 **Volonté de réduire ou d'annuler les retenues à la source** L'administration reconnaît que les retenues à la source peuvent créer des frottements fiscaux nuisibles aux échanges internationaux, dans la mesure où elles ne constituent pas nécessairement des crédits d'impôt intégralement imputables dans le pays de résidence du bénéficiaire. La France suit donc les souhaits des entreprises, en général, et demande à ses partenaires conventionnels de les annuler ou de les réduire significativement (par exemple, avenant du 13 janvier 2009 avec les États-Unis ; convention du 26 novembre 2013 avec la Chine ; convention franco-colombienne du 25 juin 2015).

Désir d'introduire une clause de la nation la plus favorisée La France souhaite, avec les pays qui refusent les exonérations à la source, l'introduction de clauses de la nation la plus favorisée permettant de revendiquer l'application de taux de retenue à la source inférieurs à ceux prévus dans la convention fiscale lorsque le pays partenaire a accepté des taux plus faibles avec d'autres pays avec lesquels la France est en situation de concurrence (en général, pays de l'OCDE) ; ces clauses jouent notamment en ce qui concerne les dividendes, intérêts et redevances avec une quinzaine de pays, comme, par exemple, l'**Inde** (BOI-INT-CVB-IND nos 20 s.) et le **Mexique** (BOI-INT-CVB-MEX nos 20 s.) ; selon les cas, l'application du taux plus faible est automatique ou suppose un accord entre les États. Voir également, par exemple, l'article 28 de la convention fiscale franco-kényane du 4 décembre 2007, à propos des dividendes, intérêts et redevances, au cas où un accord ou une convention entre le **Kenya** et un État membre de l'OCDE entrerait en vigueur après la date d'entrée en vigueur de la convention et prévoirait une exonération ou des taux plus faibles de retenue à la source. 1594

En sens inverse, la convention **franco-colombienne** du 25 juin 2015 stipule que, si un traité ou accord bilatéral auquel les États sont parties, autre que la convention fiscale, comporte une clause de la nation la plus favorisée, cette clause n'est pas applicable aux impôts visés par la convention (article 23 § 6).

Précisions Par une mise à jour de la base BOFiP du 4 novembre 2016, l'administration a tiré les conséquences de la **mise en œuvre de la clause de la nation la plus favorisée** contenue dans les conventions fiscales conclues par la France avec l'Arabie saoudite (BOI-INT-CVB-SAU nos 50 et s.), la Bolivie (BOI-INT-CVB-BOL no 20), le Chili (BOI-INT-CVB-CHL no 20), l'Égypte (BOI-INT-CVB-EGY no 20), l'Estonie (BOI-INT-CVB-EST no 20), l'Inde (BOI-INT-CVB-IND nos 20 s.), la Libye (BOI-INT-CVB-LBY no 20), l'Ouzbékistan (BOI-INT-CVB-UZB-20 nos 85 s.) et le Vietnam (BOI-INT-CVB-VNM nos 20 s.), en raison des conventions fiscales signées par ces États avec des États tiers ; pour l'essentiel, les conséquences de la mise en œuvre de la clause de la nation la plus favorisée se traduisent par des **taux plus faibles de retenue à la source** sur les dividendes, intérêts ou redevances.

Attention portée aux sociétés à prépondérance immobilière Dans le souci de préserver son droit interne, la France porte traditionnellement une grande attention aux sociétés à prépondérance immobilière, compte tenu de l'étendue du dispositif français d'imposition en matière de plus-values et d'ISF. L'idée est de couvrir le plus grand nombre de situations possibles (détention indirecte, trust, etc.) afin d'éviter que les règles applicables aux biens immobiliers détenus en France par des non-résidents ne soient contournées par l'interposition de structures de toute nature. 1596

Faciliter les restructurations Afin de ne pas pénaliser les restructurations au sein des groupes internationaux, la France admet parfois que soient mis en place des dispositifs de neutralisation des plus-values (voir, par exemple, la convention franco-espagnole du 10 octobre 1995) ; en simplifiant, il s'agit de prévoir que si le pays de la résidence n'impose pas la plus-value dans le cadre d'un régime de faveur, le pays de la source ne l'impose pas non plus. 1598

Éviter les doubles exonérations La France accorde une grande attention au traitement fiscal des personnes exonérées d'impôt dans le pays de leur résidence. L'administration considère, d'une façon générale, que ces personnes ne doivent pas bénéficier des conventions fiscales, puisque celles-ci ont pour objet l'élimination d'une double imposition qui, par hypothèse, n'existe pas dans ces circonstances (voir, par exemple, la convention avec les États-Unis de 1994, ou l'avenant de 1997 à la convention franco-suisse) ; certains États peuvent adopter, sur ce point, une manière de voir plus favorable (Commentaires OCDE, C (4), nos 8.1 s.). 1600

Dans le cadre de l'Union européenne, la France considère que « le droit européen ne peut se satisfaire d'éliminer les doubles impositions ; il doit assurer qu'un profit ou un revenu est **imposé au moins une fois**, et à un taux adéquat, au sein de l'Union » (réponse Morel-A-L'Huissier, no 60408 : JOAN 4 août 2015 p. 5997). Pour la France, comme d'ailleurs pour plupart des autres pays, il n'y a pas lieu d'admettre les situations de « double non-imposition » ; il « ne faut pas que les profits soient taxés deux fois, mais il faut qu'ils soient taxés au moins une fois » (communiqué du ministre des finances français n° 462 du 6 octobre 2015 à la suite de l'accord européen sur la « transparence des rulings » ; n° 74207).

1602 **Traitement des sociétés de personnes** Compte tenu de son droit interne, la France demande généralement que soit reconnue la qualité de **résident** des sociétés de personnes françaises. Ces sociétés doivent, en principe, bénéficier en tant que telles et d'une façon générale, de la protection conventionnelle, et doivent ainsi être visées dans la catégorie des « résidents » (en général, article 4 des conventions fiscales ou protocole annexé) ; l'administration accepte cependant, avec les pays importants (États-Unis, Japon, Royaume-Uni, notamment), de reconnaître la transparence fiscale des sociétés de personnes du pays partenaire, sous certaines conditions.

1604 **Élimination des doubles impositions** La France souhaite que soit modifiée la clause habituelle, telle qu'elle est prévue par le modèle OCDE, pour que soit mis en place un mécanisme de **crédit d'impôt égal à l'impôt français**, au lieu du mécanisme d'exonération (cas des revenus pour lesquels il n'est pas prévu un crédit d'impôt égal à l'impôt étranger).

Ce mécanisme est destiné à remplacer l'ancien système du **taux effectif** qui continue de produire ses effets dans nombre de conventions fiscales signées par la France ; ce changement dans le mécanisme d'élimination des doubles impositions n'a pas pour objet, sauf cas particulier, de modifier la situation fiscale des contribuables, mais simplement de la rendre plus claire, dès lors qu'il est apparu que le mécanisme du taux effectif était imparfaitement compris de la généralité des contribuables (n° 8160).

1606 **Insertion de dispositions anti-abus** Pour tenir compte de l'évolution de son droit interne, dans ses aspects répressifs, la France cherche à préserver l'application de certains dispositifs anti-abus, comme l'article **209 B** du CGI (nos 73100 s.).

Cet objectif se traduit par l'introduction de clauses spécifiques (ou, en ce qui concerne l'article 209 B, par une habile rédaction de l'article relatif à l'élimination des doubles impositions). De même, la France ne reprend pas exactement la définition des dividendes proposée par l'OCDE, afin de pouvoir y englober les **revenus réputés distribués** (nos 60680 s.).

Par ailleurs, reprenant les recommandations internationales, la France introduit dans ses conventions fiscales une déclaration de portée générale reprise de l'instrument multilatéral, comme dans le préambule de la convention franco-colombienne du 25 juin 2015 ; il y est précisé que les deux États ont entendu « conclure une convention pour l'élimination des doubles impositions en matière d'impôts sur le revenu et sur la fortune sans créer de possibilités de **non imposition ou d'imposition réduite** par l'évasion ou la fraude fiscale (y compris par le biais du chalandage fiscal permettant d'obtenir des allègements prévus dans la présente convention au bénéfice indirect de résidents d'États tiers) ».

1608 **Portée de la clause de non-discrimination** Afin de tenir compte de l'évolution de la jurisprudence sur la portée des clauses de non-discrimination incluses presque systématiquement dans les conventions fiscales, la France cherche à les circonscrire pour tenter d'éviter les conséquences d'une assimilation éventuelle entre « **étrangers** » et « **non-résidents** » (nos 80540 s.).

1610 **Échange d'informations** L'administration insiste pour que les conventions fiscales facilitent le **contrôle fiscal** au moyen des mécanismes d'échanges de renseignements entre les États. La France ne donne plus, aujourd'hui, son accord sur des conventions qui ne reprendraient pas l'intégralité de ce qui est proposé par l'article 26 du modèle OCDE (nos 74260 s.) ; c'est, par exemple, ce qui a bloqué certaines négociations, notamment avec Hong Kong avant que le ralliement de ce territoire à la « norme » OCDE de l'époque ne permette la conclusion d'une convention fiscale.

1612 Bien entendu, tous ces points ne sont pas systématiquement repris dans les conventions fiscales, car celles-ci résultent de **négociations bilatérales** entre États et supposent, par construction, l'accord des deux parties.

On les prendra simplement comme une indication générale des tendances qu'il peut être utile d'avoir présentes à l'esprit pour anticiper l'évolution des solutions données à une question particulière.

3. L'instrument multilatéral « anti-Beps »

Présentation

Afin de mettre en œuvre certaines des mesures proposées dans le cadre du plan de lutte contre l'érosion de l'assiette imposable et les transferts de bénéfices (Action 15 du plan anti-« Beps » ; n° 72410), un **instrument multilatéral** (en anglais, « Multilateral Instrument », ou MLI) a été mis au point dans le cadre de l'OCDE, la « convention multilatérale pour la mise en œuvre des mesures relatives aux conventions fiscales pour prévenir l'érosion de la base d'imposition et le transfert de bénéfices ». **1650**

Préparée dans le cadre d'un **groupe de travail** comprenant des représentants d'une centaine de pays en vertu d'un mandat confié par les ministres des finances et gouverneurs des banques centrales des pays du G20 au cours d'une réunion de février 2015, cette convention a été **signée** le 7 juin 2017 à Paris par 68 États ou territoires ; en étaient à l'époque signataires tous les États membres de l'Union européenne ainsi que de nombreux autres pays, tels Monaco, la Suisse, le Canada, l'Argentine, le Chili, le Mexique, la Chine, le Japon, l'Australie, la Nouvelle-Zélande, etc., à l'exception notable du Brésil et des États-Unis (les représentants de l'administration américaine avaient déclaré, dès octobre 2015, qu'ils participeraient à l'élaboration du texte mais que cela ne signifiait pas que les États-Unis le signeraient). Au 21 avril 2022, cette convention avait été signée par **99 États ou territoires** ; selon un communiqué de l'OCDE du 1er juin 2022, elle impactait les conventions bilatérales des 74 États qui l'avaient ratifiée, acceptée ou approuvée à cette date et elle concernait plus de 880 conventions fiscales, 940 conventions supplémentaires devant être modifiées après ratification par tous les signataires, affectant ainsi plus de 1 820 conventions dans le monde.

L'instrument multilatéral est **entré en vigueur** le 1er juillet 2018 ; il a pris effet le 1er janvier 2019 à l'égard de 47 conventions fiscales conclues par les 15 États ou territoires ayant déposé à cette date leur instrument de ratification.

En France, la **ratification** de cette convention multilatérale a été autorisée par la loi n° 2018-604 du 12 juillet 2018 (JO du 13 juillet 2018, texte n° 1). Son texte a été publié par le décret n° 2019-6 du 4 janvier 2019 (JO du 6 janvier 2019, texte n° 2), qui précise que la convention est entrée en vigueur le 1er janvier 2019 et que la liste des conventions fiscales couvertes ainsi que les notifications comprenant les options et réserves formulées par les autres États parties sont disponibles sur le site internet de l'OCDE (le décret publie également la liste des conventions fiscales couvertes ainsi que les réserves et options formulées par la France) ; l'instrument de ratification français a été déposé auprès de l'OCDE le 26 septembre 2018 et la convention a pris **effet au 1er janvier 2019** en ce qui concerne les conventions fiscales signées par la France avec les États suivants : Australie, Autriche, Israël, Japon, Lituanie, Nouvelle-Zélande, Pologne, Royaume-Uni, Slovaquie, Slovénie et ex-Yougoslavie (Serbie et Monténégro). Les effets de la convention multilatérale se sont ensuite progressivement étendus à de nombreuses autres conventions fiscales, comme celles conclues avec l'Irlande, Monaco et les Pays-Bas. La France a enfin, le 22 septembre 2020, élargi le champ d'application de la convention multilatérale, qui couvre, à cette date, 120 conventions fiscales.

Tel que l'énonce son préambule, cet instrument multilatéral part du principe que les États « subissent d'importantes pertes de recettes au titre de l'impôt sur les bénéfices des sociétés liées à la mise en place de **planifications fiscales agressives** ayant pour conséquence de transférer artificiellement des bénéfices vers des destinations où ils ne sont pas imposés ou sont soumis à une imposition réduite » ; le préambule souligne également que « les problématiques liées à l'érosion de la base d'imposition et au transfert de bénéfices (ci-après dénommés « Beps ») revêtent un caractère d'urgence non seulement pour les pays industrialisés, mais également pour les économies émergentes et les pays en développement ».

Ce texte, qui, comme l'indique l'OCDE, « marque un tournant dans l'histoire des conventions fiscales », a pour objet de **modifier les conventions fiscales** sans que des négociations bilatérales entre les parties soient nécessaires. Les parties signataires ont chacune fait la liste des « conventions fiscales couvertes », c'est-à-dire des conventions fiscales qu'elles souhaitent modifier deux à deux. Les conventions fiscales que les parties signataires veulent couvrir doivent être notifiées au **dépositaire**, à savoir l'OCDE, institué « dépositaire » de l'instrument multilatéral ; c'est sur le site internet de l'OCDE qu'il est donc possible d'identifier les conventions fiscales couvertes et de prendre la mesure des modifications effectuées (les parties aux conventions fiscales couvertes sont appelées « juridictions contractantes »).

Précisions **a.** Le **texte de la convention**, la note explicative et des informations générales sont disponibles sur le site Internet de l'OCDE. La convention multilatérale a été rédigée en français et en anglais, qui sont les deux langues officielles de l'OCDE.

b. Les informations nécessaires sur la portée de l'instrument multilatéral, la liste des signataires et les textes modifiés sont disponibles sur le site Internet de l'OCDE ; des orientations pour l'élaboration des « **textes de synthèse** » ayant pour objet de refléter les effets de l'instrument multilatéral dans chacune des conventions fiscales qu'il modifie ont été publiées le 14 novembre 2018, l'OCDE souhaitant évidemment que toutes les parties prenantes puissent préparer ces textes de la même manière (la Pologne a été le premier État à publier un texte de synthèse sur son site web, en septembre 2018). Ces « Orientations » et la « Note du Secrétariat » de l'OCDE s'ajoutent à la « Boîte à outils » et aux « documents clés sur l'Instrument multilatéral » incluant la « Base de données sur l'Instrument multilatéral ».

c. La date d'**entrée en vigueur** de l'instrument multilatéral avait été fixée au 1er jour du mois suivant trois mois calendaires à compter de la date de dépôt du cinquième instrument de ratification. La convention est ainsi entrée en vigueur dans les cinq premiers pays signataires au 1er juillet 2018. Elle entre ensuite en vigueur, pour chaque partie signataire, le premier jour du mois qui suit l'expiration d'une période de trois mois calendaires à compter de la date de dépôt, par cette partie, de son instrument de ratification, d'acceptation ou d'approbation. Quant à la **prise d'effet** de la convention, elle dépend, pour chaque convention fiscale, de la dernière date d'entrée en vigueur dans chaque « juridiction contractante ». L'OCDE a publié, le 25 mars 2021, un avis de la Conférence des Parties de la convention multilatérale sur la question de l'entrée en vigueur de l'instrument multilatéral en ce qui concerne les retenues à la source, lorsque la dernière des dates d'entrée en vigueur est fixée au 1er janvier d'une année civile donnée.

d. L'OCDE a créé une **base de données** présentant les conséquences pratiques des positions des parties signataires : http://www.oecd.org/fr/fiscalite/conventions/base-de-donnees-pour-l-appariement-de-l-im.htm.

e. Toute Partie peut, à tout moment, **se retirer** de la convention multilatérale en notifiant son retrait à l'OCDE, la prise d'effet du retrait étant fixée à la date de réception de la notification par cette organisation.

Contenu

1660 L'instrument multilatéral met en œuvre les **normes minimums** adoptées pour prévenir l'utilisation abusive des conventions fiscales et pour améliorer les mécanismes de règlement des différends ; il prévoit à cette fin des mesures obligatoires (« standards minimums ») visant à modifier le préambule des conventions fiscales (article 6), à insérer une clause anti-abus de portée générale (article 7) et à moderniser la procédure de règlement des différends (article 16). Les autres stipulations sont optionnelles, les États signataires pouvant les assortir de réserves et d'options en fonction de leur réseau de conventions fiscales et de leur politique générale en ce qui concerne les conventions fiscales.

L'instrument multilatéral contient des mesures permettant d'atteindre les objectifs suivants :

a. La lutte contre les **dispositifs hybrides** (partie II de la convention) :
– modification des règles applicables aux entités transparentes (article 3 ; n° 31552) et aux entités doublement résidentes (article 4 ; n° 41405) ;
– proposition d'options pour éviter les doubles exonérations (article 5, sur la méthode pour éliminer la double imposition).

b. La lutte contre **l'utilisation abusive des conventions fiscales** (Partie III, qui fait partie des normes minimales) :
– modification de l'objet des conventions fiscales (article 6) : il est précisé que l'objectif d'élimination de la double imposition doit être atteint sans que soient créées des possibilités de non-imposition ou d'imposition réduite au moyen de pratiques d'évasion ou de fraude fiscale ou « d'évitement fiscal » (n° 10530) ;

– limitation de la possibilité de tirer avantage de la convention (article 7) : conformément aux orientations internationales, que l'on retrouve dans le modèle de convention fiscale de l'OCDE depuis la révision de 2017, l'instrument multilatéral contient une clause anti-abus générale et prévoit l'application alternative de clauses d'exclusion spécifiques dans le cadre d'une « règle simplifiée de limitation des avantages » (nº 74575) ;
– introduction d'une condition de durée de détention pour l'octroi des taux réduits de retenue à la source sur les dividendes (article 8 ; nº 61065) ;
– durcissement des règles relatives à l'appréciation de la prépondérance immobilière (article 9 ; nº 67860) ;
– introduction de règles anti-abus visant les établissements stables situés dans des « juridictions tierces » (article 10 ; nº 74575) ;
– précision selon laquelle une « convention fiscale couverte » n'affecte pas l'imposition par une « juridiction contractante » de ses résidents, sauf exceptions, notamment en ce qui concerne le principe de non-discrimination ou les ajustements corrélatifs (article 11).

c. Les mesures « visant à **éviter le statut d'établissement stable** » (Partie IV ; la rédaction est maladroite car ces mesures visent, en réalité, à éviter la mise en place de schémas visant à éviter la création d'établissements stables) :
– renforcement des conditions à satisfaire pour qu'un agent ne soit pas considéré comme un établissement stable (article 12 ; nº 17670) ;
– réduction du champ des exceptions à la notion d'établissement stable par la modification des règles relatives aux installations préparatoires ou auxiliaires (article 13, proposant deux options A et B ; nº 17542) ;
– dispositif anti-fractionnement des contrats concernant les chantiers de construction ou de montage et assimilés (article 14 ; nº 17630).

d. L'amélioration des **mécanismes de règlement des différends** (Partie V, qui fait partie des normes minimales) :
– mise en place obligatoire d'un mécanisme de procédure amiable reprenant le texte du modèle actuel de convention fiscale de l'OCDE (article 16 ; nºs 84005 s.) ;
– règlement des ajustements corrélatifs (article 17 ; nº 85723).

e. L'**arbitrage** (Partie VI, entièrement optionnelle) : les articles 18 à 26 de l'instrument multilatéral proposent un mécanisme d'arbitrage au choix des parties (l'article 18 s'intitule « choix d'appliquer la partie VI ») et en fixent les modalités (nº 85925).

Enfin, la partie VII contient diverses dispositions finales et précise, notamment, les réserves autorisées (article 28), les modalités d'entrée en vigueur et de prise d'effet, et le rôle du **dépositaire**, à savoir le secrétaire général de l'OCDE (article 39).

Pour chacune des conventions fiscales couvertes, les signataires doivent indiquer les **options** de mise en œuvre qu'ils retiennent, tant au regard des clauses « obligatoires » (normes minimales) que de celles qui sont facultatives. Ils peuvent également émettre des **réserves** dans la mesure permise par la convention multilatérale, sachant qu'une réserve peut ne pas concerner toutes les conventions fiscales couvertes. Les réserves doivent être émises lors de la signature de la convention multilatérale et confirmées lors du dépôt de l'instrument de ratification ; elles doivent indiquer les conventions fiscales visées, une réserve s'appliquant à la partie qui l'a émise et à l'autre partie concernée.

Précisions **a.** L'instrument multilatéral a été élaboré dans le cadre de discussions confidentielles et n'a pas fait l'objet de consultations publiques d'ensemble, contrairement à ce qui avait été fait pour les travaux sur le Beps.

b. Préalablement à la signature, chaque État a fait part à l'OCDE de sa position au regard des dispositions contenues dans la convention multilatérale, avec la **liste de ses réserves, options et notifications** provisoires. Ces notifications, qui **ont pu évoluer** ensuite, ne sont devenues définitives qu'au moment du dépôt de l'instrument de ratification. Une réserve peut être retirée ou remplacée par une autre de portée plus limitée par voie de notification, postérieurement à la ratification de la convention. Une partie à l'instrument multilatéral peut à tout moment opter pour une application plus large mais ne peut revenir sur l'application de stipulations sauf à dénoncer la convention multilatérale elle-même. Une partie à la convention peut par ailleurs notifier à tout moment de nouvelles conventions fiscales couvertes.

Interprétation

Le texte de l'instrument multilatéral est assez confus bien qu'il soit éclairé par une **note** 1663
explicative qui a été adoptée en même temps que la convention et qui doit servir de

guide d'interprétation (« Note explicative portant sur la convention multilatérale pour la mise en œuvre des mesures relatives aux conventions fiscales pour prévenir l'érosion de la base d'imposition et le transfert de bénéfices »).

Cette note, qui a pour objet de préciser comment la convention modifie les conventions fiscales couvertes, indique que les dispositions de l'instrument multilatéral doivent être interprétées conformément au **principe ordinaire d'interprétation des traités**, c'est-à-dire de bonne foi suivant le sens ordinaire à attribuer aux termes dans leur contexte et à la lumière de l'objet et du but poursuivi (point 12 de la note explicative) ; elle ajoute que les **commentaires élaborés dans le cadre du « Projet Beps »** et inclus dans « l'Ensemble final Beps » sont particulièrement pertinents pour l'interprétation des articles 3 à 17 (les articles 18 à 26, relatifs à l'arbitrage, doivent en revanche être interprétés conformément à la note explicative). Dans le même sens, les Parties à la Convention multilatérale ont adopté le 3 mai 2021, par voie de procédure écrite, un avis énonçant certains **principes d'interprétation** :
– l'instrument multilatéral doit être interprété à la lumière de son objet et de son but, qui est de mettre en œuvre les « mesures Beps » relatives aux conventions fiscales ;
– chaque disposition de l'instrument multilatéral doit être interprétée et mise en œuvre à la lumière des objectifs politiques de la « mesure Beps » pertinente relative aux conventions fiscales mise en œuvre par le biais de l'instrument multilatéral ;
– l'instrument multilatéral s'applique parallèlement aux conventions fiscales existantes dont il modifie l'application afin de mettre en œuvre les « mesures Beps » relatives aux conventions fiscales, en application du principe selon lequel lorsque deux règles portent sur la même matière, la règle postérieure prévaut ; dans la mesure où elles sont incompatibles, les dispositions de l'instrument multilatéral prévalent sur celles des conventions fiscales couvertes ;
– l'instrument multilatéral doit être interprété à la lumière du consentement donné par chaque « juridiction contractante » à modifier les conventions fiscales couvertes, en fonction des positions prises sur l'instrument multilatéral ;
– les clauses de compatibilité définissent si, et dans quelle mesure, les dispositions de l'instrument multilatéral interagissent avec celles des conventions fiscales couvertes ;
– les clauses de notification permettent d'identifier clairement et de manière transparente les stipulations des conventions fiscales couvertes qui sont modifiées par l'instrument multilatéral.

Cela étant, l'instrument multilatéral ne renvoie pas lui-même aux rapports relatifs aux différentes actions du projet de lutte contre le Beps, ce qui posera certainement au contentieux la question de la valeur juridique réelle de ces rapports.

Précisions Les **commentaires administratifs** de la convention multilatérale (qui sont essentiellement de la paraphrase) sont rassemblés au BOI-INT-DG-20-25.

Combinaison avec les conventions fiscales

1665 Bien que l'instrument multilatéral ait pour objet de modifier les conventions fiscales bilatérales couvertes, il n'agit pas comme un avenant, au sens classique du terme, et ne modifie donc pas directement le texte des conventions fiscales ; il s'applique cependant aux stipulations existantes dont il modifie sur certains points le contenu et la portée en application des **clauses de compatibilité** qu'il contient.

D'une façon générale, deux situations doivent être distinguées :
– si la convention fiscale ne contient pas de stipulation analogue à celle de l'instrument multilatéral, la clause multilatérale est ajoutée à la convention ;
– si la convention fiscale contient une stipulation de même nature, la clause conventionnelle a en principe vocation à être remplacée par celle de l'instrument multilatéral, à moins qu'elle soit considérée comme équivalente et que les parties décident de la conserver ; si les notifications des deux parties sont différentes, le dispositif de la convention multilatérale reste applicable seulement s'il est incompatible avec les dispositions prévues par la convention fiscale liant les deux parties.

Les stipulations de l'instrument multilatéral **coexistent** ainsi avec celles des conventions fiscales bilatérales tout en adaptant leur contenu et leur portée ; la France n'a donc pas à négocier des avenants aux conventions fiscales existantes. L'application de l'instrument multilatéral à une convention fiscale bilatérale suppose seulement que l'autre État ait également notifié son intention en ce sens et que les réserves, options et notifications des deux parties le permettent. Dans ces conditions, comme les États n'ont pas l'obligation de produire une **version consolidée** de leurs conventions fiscales, telles que modifiées par la convention multilatérale, il n'est pas toujours simple de savoir quel est finalement le texte conventionnel applicable.

Précisions **a.** Comme l'indique l'exposé des motifs du projet de loi de ratification, les effets de l'instrument multilatéral obéissent, sur le fondement du principe repris par l'article 30 de la convention de Vienne de 1969 sur le droit des traités (n° 10525), au principe général selon lequel, lorsque deux règles portent sur la même matière, c'est la **règle postérieure** qui prévaut (exposé des motifs du projet de loi de ratification ; Sénat, session ordinaire de 2017-2018, n° 227).

b. L'administration a publié, à l'adresse https://www.impots.gouv.fr/portail/les-conventions-internationales, des **versions** présentées comme **consolidées** (c'est-à-dire telles que modifiées par l'instrument multilatéral) des conventions fiscales conclues par la France avec l'Albanie, Andorre, l'Arabie saoudite, l'Australie, l'Autriche, la Belgique, la Bosnie-Herzégovine, le Burkina Faso, le Cameroun, le Canada, le Chili, Chypre, la Corée, la Croatie, l'Égypte, les Émirats arabes unis, l'Espagne, la Finlande, la Géorgie, la Grèce, la Hongrie, l'Inde, l'Indonésie, l'Irlande, l'Islande, Israël, le Japon, la Jordanie, le Kazakhstan, la Lettonie, la Lituanie, la Malaisie, Malte, l'île Maurice, Monaco, la Nouvelle-Zélande, Oman, le Pakistan, le Panama, les Pays-Bas, la Pologne, le Portugal, le Qatar, la République tchèque, le Royaume-Uni, la Russie, la Serbie, Singapour, la Slovaquie, la Slovénie et l'Ukraine. Ces textes sont destinés à « **faciliter la lecture** » des conventions fiscales concernées compte tenu des modifications apportées par l'instrument multilatéral ; ils tiennent compte des réserves, options et notifications des États contractants. Les modifications sont présentées sous forme d'encadrés dans les dispositions pertinentes de la convention fiscale, ce qui ne fait pas de ces textes, en réalité, de véritables versions consolidées mais des **versions juxtaposées**. Il est précisé que ces versions ne se substituent pas aux textes de la convention fiscale et de l'instrument multilatéral qui font foi et qui demeurent les seuls instruments juridiques applicables.

c. Selon ce qu'indiquent les travaux parlementaires de ratification au Sénat (rapport Montgolfier n° 410, présenté le 11 avril 2018 au nom de la commission des finances du Sénat), les versions publiées par l'administration ne lui sont **pas opposables** sur le terrain de l'article L 80 A du LPF. L'avis rendu au nom de la commission des finances de l'Assemblée nationale au cours des travaux de ratification indiquait également que si l'administration publiera bien les **versions modifiées** des conventions fiscales, celles-ci ne lui seront pas opposables étant donné que l'article L 80 A du LPF ne joue que pour l'application et l'interprétation d'un texte et non sur son contenu, à savoir sur la consistance même de la norme (Avis n° 1093 du 20 juin 2018 de la commission des finances de l'Assemblée nationale à propos du projet de loi de ratification de l'instrument multilatéral, p. 112).

Évolution

Le mécanisme de l'instrument multilatéral est évolutif ; chaque année, le Gouvernement doit informer le Parlement, dans une annexe au projet de loi de finances, de sa mise en **1670**
œuvre et notamment de la liste des conventions fiscales couvertes, **au fur et à mesure des ratifications** des autres États et, le cas échéant, de la modification des options et réserves retenues par la France (exposé des motifs du projet de loi de ratification ; Sénat, session ordinaire de 2017-2018, n° 227).

La liste des conventions fiscales couvertes évoluera ainsi à l'avenir, dans la limite des conventions fiscales en vigueur pour la France ; les **nouvelles conventions fiscales**, celles qui seront signées postérieurement au dépôt de l'instrument de ratification, ne seront, en tout état de cause, pas concernées ; elles devraient cependant reprendre les stipulations recommandées par l'instrument multilatéral, sous réserve de leur acceptation par les deux parties (en ce sens, étude d'impact accompagnant le projet de loi de ratification déposé au Sénat le 17 janvier 2018).

Position de la France

La France a signé la convention multilatérale le 7 juin 2017 en fournissant une première **1680**
liste des **conventions fiscales couvertes** ; à cette date, elles étaient au nombre de quatre-vingt-huit mais leur nombre a été porté à quatre-vingt-onze lors du dépôt de l'instrument de ratification le 26 septembre 2018, par ajout de l'Algérie, d'Oman et du Panama (bien entendu, la liste des conventions fiscales couvertes est variable selon les stipulations conventionnelles en cause). La France avait également fourni diverses précisions le 7 juin 2017 mais celles-ci ont été légèrement modifiées lors du dépôt du 26 septembre 2018.

1680 (suite) En reprenant l'ordre de l'instrument multilatéral, les précisions apportées par la France sont les suivantes :

– **entités transparentes** (article 3) : la France se réserve le droit de ne pas appliquer à ses conventions fiscales couvertes l'intégralité de cet article ; cette réserve est cohérente avec la jurisprudence qui veut que les sociétés de personnes françaises translucides soient des « résidents » pour l'application des conventions fiscales (nº 31555) ;

– **entités ayant une double résidence** (article 4) : par cohérence avec sa position traditionnelle, la France se réserve le droit de ne pas appliquer à ses conventions fiscales couvertes l'intégralité de l'article 4 (nº 41450) ;

– **application des méthodes d'élimination des doubles exonérations** (article 5) : la France se réserve le droit de ne pas appliquer à toutes ses conventions fiscales couvertes l'intégralité de l'article 5, estimant qu'elle a déjà inséré dans un grand nombre de ses conventions fiscales des mécanismes d'élimination de la double imposition répondant à l'objectif d'éviter les doubles exonérations (en ce sens, étude d'impact accompagnant le projet de loi de ratification déposé au Sénat le 17 janvier 2018) ;

– **objet d'une convention fiscale couverte** (article 6) : la France n'a pas formulé de réserve et a précisé qu'elle retenait la formule « Soucieux de promouvoir leurs relations économiques et d'améliorer leur coopération en matière fiscale, » ;

– **prévention de l'utilisation abusive des conventions** (article 7) : la France n'a pas formulé de réserve et n'a pas notifié qu'elle appliquerait la règle simplifiée de limitation des avantages ; notre pays s'en tiendra, par conséquent, à l'application de la clause générale anti-abus de l'article 7 § 1 de l'instrument multilatéral, qui est compatible avec la pratique française de l'abus de droit (nº 74575) ; voir également nº 74820 ;

– **transactions relatives au transfert de dividendes** (article 8) : la France n'a pas formulé de réserve et fourni la liste (importante) des conventions fiscales modifiées ; cette stipulation permettra de limiter les prises de participations qui interviennent peu avant le versement des dividendes aux seules fins de bénéficier des avantages conventionnels (en ce sens, étude d'impact précitée) ;

– **gains en capital** tirés de l'aliénation d'actions, de droits ou de participations dans des entités tirant leur valeur principalement de biens immobiliers (article 9) : la France n'a pas formulé de réserve et a indiqué qu'elle optait pour le paragraphe 4, incluant les sociétés de personnes, fiducies et trusts (la France a également fourni une importante liste des conventions modifiées) ; cette pratique est conforme à la politique conventionnelle française (en ce sens, étude d'impact précitée) ;

– règle anti-abus visant les **établissements stables situés dans des « juridictions tierces »** (article 10) : la France se réserve le droit de ne pas appliquer l'intégralité de l'article 10 à ses conventions fiscales couvertes ; cette réserve est motivée par les difficultés d'articulation que cette règle ferait naître avec l'application des stipulations des conventions fiscales dans le cas des établissements stables (situations « triangulaires »), la France entendant pallier ce type de situation en appliquant la mesure anti-abus prévue à l'article 7, qui constitue une réponse aux pratiques d'optimisation reposant sur la localisation d'un établissement stable ou d'une entité (en ce sens, étude d'impact précitée) ;

– application des conventions fiscales pour **limiter le droit d'une partie d'imposer ses propres résidents** (article 11) : la France se réserve le droit de ne pas appliquer l'intégralité de l'article 11 à ses conventions fiscales couvertes, au motif que les dispositifs d'élimination de la double imposition figurant dans un grand nombre des conventions fiscales conclues par la France offrent des garanties équivalentes contre la fraude et l'évasion fiscales tout en étant adaptés à sa situation et à celles de ses partenaires (en ce sens, étude d'impact précitée) ;

– mesures visant à éviter artificiellement le statut d'établissement stable par des **accords de commissionnaire et autres stratégies similaires** (article 12) : la France n'a pas formulé de réserve et a fourni les listes des conventions fiscales modifiées (nº 17670) ;

– mesures visant à éviter artificiellement le statut d'établissement stable par le recours aux **exceptions applicables à certaines activités spécifiques** (article 13) : la France n'a pas formulé de réserve et a fourni la liste des conventions fiscales modifiées ; c'est l'option B qui a été retenue (nº 17542) ;

– **fractionnement des contrats** (article 14) : la France n'avait pas initialement formulé de réserve mais elle en finalement introduit une lors du dépôt de l'instrument de ratification (nº 17630) ;

– définition d'une **personne étroitement liée** à une entreprise (article 15 ; voir nº 17542, Précisions) : la France n'a pas formulé de réserve ; 1680 (suite)
– **procédure amiable** (article 16) : la France n'a pas formulé de réserve et fourni plusieurs listes des conventions fiscales modifiées, en fonction des différentes stipulations contenues dans l'instrument multilatéral ;
– **ajustements corrélatifs** (article 17) : la France n'a pas formulé de réserve et fourni la liste des conventions fiscales modifiées ;
– **arbitrage** (article 18) : la France a choisi d'appliquer la partie VI de l'instrument multilatéral, relative à l'arbitrage (nº 86065).

CHAPITRE 2

La territorialité de l'impôt sur le revenu

Plan du chapitre §§

	SECTION 1 Règles concernant les personnes fiscalement domiciliées en France	1915
A	Personnes concernées	1915
B	Modalités d'imposition	1918
	SECTION 2 Règles applicables aux personnes non domiciliées en France	2830
A	Le principe de l'obligation fiscale restreinte	2845
B	La notion de revenus de source française	2875
C	Détermination de l'assiette de l'impôt sur le revenu	3075
D	Calcul de l'impôt	3130
E	Mécanisme de la retenue à la source sur les salaires, traitements, pensions et rentes viagères (CGI art. 182 A)	3200
F	Gains de stock-options et assimilés (CGI art. 182 A ter)	3340
G	Mécanisme de la retenue à la source sur certains revenus non salariaux (CGI art. 182 B)	3410
H	Établissement de l'impôt sur le revenu	3600
I	Contrôle fiscal des personnes physiques non résidentes	3734
J	Remarques sur la territorialité des prélèvements sociaux	3770

Généralités

1900 Par territorialité de l'impôt sur le revenu, on entend l'ensemble des règles de droit interne français qui régissent l'imposition des résidents de France (personnes physiques) ayant des revenus de source étrangère et l'imposition des non-résidents de France qui disposent de revenus de source française.

Il s'agit exclusivement des règles de droit interne, dont il faut savoir qu'elles ne s'appliquent, le cas échéant, que sous réserve des conventions fiscales internationales.

L'expression **« sous réserve »** signifie qu'en cas de contradiction entre une règle de droit interne et une stipulation d'une convention fiscale, cette dernière doit prévaloir. Mais lorsque la convention fiscale est muette ou lorsqu'elle donne à la France le droit d'imposer, ce droit est exercé conformément aux dispositions internes françaises.

Principe général

1903 Les règles actuelles de territorialité de l'impôt sur le revenu sont issues d'une loi du 29 décembre 1976. Elles n'ont pas été modifiées depuis lors.

Le principe de base est que les personnes physiques dont le domicile fiscal est situé en France sont passibles de l'impôt à raison de l'ensemble de leurs revenus, que ceux-ci soient de source française ou étrangère, alors que celles dont le domicile fiscal est situé hors de France ne sont passibles de l'impôt qu'à raison de leurs seuls revenus de source française.

Définition de la France

1905 Pour l'application de l'impôt sur le revenu, la **France** s'entend exclusivement (BOI-IR-CHAMP-10 n° 50) :
- de la France continentale, des îles du littoral et de la Corse ;
- des départements d'outre-mer (Guadeloupe, Martinique, Guyane, Mayotte et Réunion).

Précisions **a.** Dans les **départements d'outre-mer**, il y a quelques particularités concernant principalement le calcul de l'impôt.

b. Mayotte qui était antérieurement une collectivité d'outre-mer régie par l'article 74 de la Constitution, est devenue, le 31 mars 2011, le **cent-unième département français** et le cinquième département d'outre-mer (collectivité unique, à la fois département et région, régie par l'article 73 de la Constitution ; article 63 de la loi organique n° 2009-969 du 3 août 2009 relative à l'évolution institutionnelle de la Nouvelle-Calédonie et à la départementalisation de Mayotte, JO du 6 août 2009 p. 13095, faisant suite au référendum du 29 mars 2009 par lequel la départementalisation avait été approuvée par plus de 95 % des électeurs). Le **Code général des impôts** et les autres dispositions de nature fiscale en vigueur dans les départements et régions d'outre-mer sont applicables à Mayotte depuis le 1er janvier 2014 (l'ordonnance n° 2013-837 du 19 septembre 2013 a adapté à Mayotte le Code général des impôts, le Livre des procédures fiscales et d'autres dispositions législatives fiscales et douanières) ; corrélativement, la **convention fiscale** des 27 mars et 8 juin 1970 a cessé d'être applicable (BOI-INT-CVB-MYT n° 1). Mayotte est devenue une région ultrapériphérique et a cessé d'être un PTOM.

c. La **Guyane** et la **Martinique** sont chacune une **collectivité territoriale de la République**, régie par l'article 73 de la Constitution, qui exerce les compétences attribuées à un département d'outre-mer et à une région d'outre-mer (Loi n° 2011-884 du 27 juillet 2011 relative aux collectivités territoriales de Guyane et de Martinique).

Territoires exclus

Ne font pas partie de la France, au sens fiscal, les **collectivités d'outre-mer** qui sont soumises à une souveraineté fiscale distincte et qui ont chacune un budget propre et un régime fiscal spécifique, à savoir : **1906**
– Saint-Pierre-et-Miquelon, Wallis-et-Futuna, la Polynésie française ;
– la Nouvelle-Calédonie ;
– les Terres australes et Antarctiques Françaises (TAAF) ;
– l'île de Saint-Barthélemy et la partie française de l'île de Saint-Martin, qui appartenaient autrefois au département de la Guadeloupe, et qui sont devenues des collectivités d'outre-mer dotées de l'autonomie, notamment fiscale (Loi organique n° 2007-223 du 21 février 2007). L'île de **Saint-Barthélemy** a changé de statut le 1er janvier 2012, à la suite de la décision du Conseil européen du 29 octobre 2010 (Décision 2010/718/EU) acceptant qu'elle devienne un pays et territoire d'outre-mer (PTOM), bénéficiant de ce fait d'un statut d'associé aux États membres de l'Union européenne et ne faisant plus partie intégrante du territoire de l'Union européenne (sur les échanges de renseignements concernant la fiscalité de l'épargne et la coopération administrative, voir n° 88025, Précisions c ; pour quelques exemples de conséquences tirées par la jurisprudence, voir n° 31310, n° 61002, Précisions c et n° 61032, Précisions c).

Ces territoires n'appartiennent pas à la « France fiscale » mais peuvent être liés à la « France » par des **accords fiscaux**, qu'il s'agisse de conventions fiscales ou d'accords fiscaux particuliers ; tel est le cas, par exemple, avec la Nouvelle-Calédonie ou Saint-Pierre-et-Miquelon. L'État a également signé, le 21 décembre 2010, une convention en vue d'éviter les doubles impositions et de prévenir l'évasion et la fraude fiscales, de type « convention fiscale », avec la collectivité territoriale de **Saint-Martin** ainsi que, le 23 décembre 2009, un accord sur l'assistance administrative mutuelle en matière fiscale ; ces textes ont été approuvés par la loi organique n° 2011-416 du 19 avril 2011 tendant à l'approbation d'accords entre l'État et les collectivités territoriales de Saint-Martin, de Saint-Barthélemy et de Polynésie française.

Des accords sur l'assistance administrative mutuelle en matière fiscale ont aussi été signés avec les collectivités territoriales de **Saint-Barthélemy** (14 septembre 2010) et de **Polynésie française** (29 décembre 2009). Ces textes ont été approuvés par la loi organique mentionnée précédemment.

Précisions **a.** L'expression « **territoire d'outre-mer** » est souvent utilisée par commodité mais ne recouvre plus aujourd'hui une réalité juridique.

b. Les dispositions applicables à la France métropolitaine et aux DOM ne s'étendent pas aux **collectivités d'outre-mer**, qui n'appartiennent pas à la « France fiscale », mais qui ne sont pas pour autant des territoires « étrangers », par exemple pour l'application des articles 4 B, 2 et 167, 1 du CGI ; il a cependant été jugé que la **Polynésie** était un territoire fiscal « étranger » pour l'application de l'article 221, 2 du CGI relatif, notamment, au transfert du siège à l'étranger (CE 30 décembre 2002 n° 215459, 3e et 8e s.-s., Cordier et Monnet : RJF 3/03 n° 275 et CE 5 février 2001 n° 215592, 3e et 8e s.-s., Zucchet : RJF 4/01 n° 459).

c. La loi organique n° 2007-223 du 21 février 2007 portant dispositions statutaires et institutionnelles relatives à l'outre-mer a transféré une **compétence en matière fiscale** aux collectivités de **Saint-Martin**

et Saint-Barthélemy et une compétence en matière fiscale et de prélèvements sociaux à la collectivité de **Saint-Pierre-et-Miquelon**. Cependant, l'État reste compétent pour déterminer les règles applicables en matière de prélèvements sociaux sur le territoire des collectivités de Saint-Martin et Saint-Barthélemy et les règles d'imposition aux contributions additionnelles au prélèvement social en vue du financement du revenu de solidarité active (RSA) sur le territoire de la collectivité de Saint-Pierre-et-Miquelon. Les personnes physiques résidant à **Saint-Barthélemy** sont redevables des **prélèvements sociaux** car elles demeurent des personnes qui, si elles remplissent les conditions fixées par l'article 4 B du CGI, doivent être regardées comme ayant leur domicile fiscal en France en vue de l'établissement, du recouvrement et du contrôle de toute imposition ou prélèvement obligatoire relevant du domaine de compétence retenu par les autorités nationales (Avis CE 20 novembre 2013 n° 369796, 10e et 9e s.-s., Deluen : RJF 2/14 n° 197, indiquant que figurent au nombre de ces impositions et prélèvements obligatoires les prélèvements destinés à financer la protection sociale et à amortir la dette sociale).

d. Les personnes physiques sont considérées comme domiciliées en France si leur **domicile fiscal est établi à Saint-Barthélemy** depuis moins de cinq ans ou si, étant précédemment domiciliées fiscalement en métropole ou dans un département d'outre-mer, leur domicile fiscal est établi à **Saint-Martin** depuis moins de cinq ans (articles LO 6214-4 et LO 6314-4 du Code général des collectivités territoriales). La notice 2041-E, relative à l'imposition des non-résidents, rappelle que la règle de domiciliation fiscale de cinq ans n'est applicable que pour les personnes qui ont transféré leur domicile fiscal dans les collectivités de Saint-Barthélemy et Saint-Martin après le 15 juillet 2007 (les règles ne sont pas tout à fait identiques en ce qui concerne les deux collectivités). Pour un exemple d'application de la convention fiscale entre l'État et Saint-Martin, voir CAA Marseille 9 juin 2022 n° 19MA03861, 3e ch., rejetant la prétendue domiciliation fiscale du contribuable à Saint-Martin.

1910 On examinera successivement les règles concernant les personnes fiscalement domiciliées en France et celles qui concernent les personnes qui n'ont pas en France leur domicile fiscal.

Précisions En pratique, l'expression **« hors de France »** est souvent remplacée par celle d'« **étranger** » pour simplifier la rédaction. Dans ce cas, ces deux expressions doivent normalement être considérées comme équivalentes (mais elles ne le sont pas lorsque le mot « étranger » fait effectivement référence à la nationalité). Les expressions « résident » et « fiscalement domicilié », ainsi que « non résident » et « non fiscalement domicilié » sont largement synonymes (le mot « domicile » est plutôt utilisé en droit interne français et celui de « résidence » en droit conventionnel).

SECTION 1

Règles concernant les personnes fiscalement domiciliées en France

A. Personnes concernées

1915 Le domicile fiscal n'est pas, en France, fonction de la **nationalité** du contribuable ; il n'est pas non plus nécessairement identique au **domicile civil** ou au domicile que le contribuable considère spontanément comme étant le sien au sens de sa résidence effective et habituelle.

Les critères déterminant le domicile fiscal sont autonomes par rapport au sens commun. Conformément à l'article 4 B du CGI, ils sont actuellement les suivants (**critères alternatifs**) :
– foyer ou lieu de séjour principal en France ;
– exercice en France d'une activité professionnelle non accessoire ;
– localisation en France du centre des intérêts économiques.

Par ailleurs, les agents de l'État en service à l'étranger (c'est-à-dire, selon la jurisprudence du Conseil d'État, en dehors de la « République française » et non pas « hors de France » au sens fiscal, contrairement aux principes habituels) et qui ne sont pas soumis dans le pays où ils exercent leur activité à un impôt personnel sur l'ensemble de leurs revenus sont considérés comme domiciliés en France.

Sur ces différents points, on se reportera à l'étude d'ensemble sur la notion de résidence (nos 40000 s.).

Précisions Par différence avec la France, les États-Unis appliquent le principe de l'imposition sur la base de la citoyenneté, celle-ci pouvant s'acquérir par la seule naissance sur le sol américain. Cette règle soulève des difficultés pour les « **Américains accidentels** », tels que les citoyens français ayant également la nationalité américaine, notamment du fait de leur naissance sur le sol américain, mais n'ayant pas d'autres liens avec les États-Unis ; ceux-ci sont tenus par le droit américain de procéder à une déclaration de leurs revenus auprès des services fiscaux américains et d'acquitter les impôts dus (sur ce point, par exemple, réponse Regnard n° 07585 : JO Sénat 24 décembre 2020 p. 6227). Cette question et celle de l'application de l'accord Fatca aux Américains accidentels (n° 74235) ont fait l'objet d'interventions politiques du Gouvernement français et certaines solutions ont fini par leur être apportées en 2019/2020, grâce à diverses évolutions de la position des autorités fiscales américaines ; ces dernières ont notamment admis que la CSG et la CRDS soient couvertes par la convention fiscale (n° 3775, Précisions c), accepté de mettre en place une procédure d'amnistie fiscale et clarifié les obligations des institutions financières en matière de collecte et de transmission du numéro d'identification fiscale des contribuables (plusieurs réponses ministérielles en ce sens, notamment réponse Canevet n° 02851 : JO Sénat 20 février 2020 p. 889 ; réponse Babary n° 12890 : JO Sénat 2 janvier 2020 p. 52). De nombreuses réponses ministérielles ont été publiées sur le sujet en 2021, notamment réponse Teissier n° 40477 : JOAN 24 août 2021 p. 6458, réponse Mahjoubi n° 38208 : JOAN 15 juin 2021 p. 4913 et réponse Marie n° 21520 : JO Sénat 1er avril 2021 p. 2206, signalant l'existence d'un service de l'ambassade des États-Unis en France chargé des **renonciations** à la nationalité américaine et précisant que des questions peuvent être posées sur ce point à l'adresse citizeninfo@state.gov (dans le même sens, réponse Procaccia n° 21975 : JO Sénat 8 avril 2021 p. 2395 ; réponse à question d'actualité n° 1761G : JO Sénat 1er avril 2021 p. 2375). Il a en outre été indiqué que l'administration américaine s'est déclarée ouverte à l'idée d'apporter des clarifications supplémentaires sur les diligences attendues des institutions financières et que la France continue de rechercher des avancées complémentaires en termes de réciprocité des échanges d'informations fiscales avec les États-Unis et de facilitation des démarches pour les Américains accidentels (réponses Marilossian, n° 39882, et Tamarelle-Verhaeghe, n° 39754 : JOAN 3 août 2021 p. 6232). L'amélioration de la situation des « Américains accidentels » a même été présentée comme un sujet de préoccupation central de la France (en ce sens, notamment, réponses Janssens n° 24120 : JO Sénat 31 mars 2022 p. 1750 et Turquois n° 36267 : JOAN 5 avril 2022 p. 2245).

B. Modalités d'imposition

Principe de l'obligation fiscale illimitée

Les personnes physiques qui ont en France leur domicile fiscal sont assujetties à l'impôt sur le revenu dans les conditions de droit commun à raison de **l'ensemble de leurs revenus**, que ceux-ci soient de source française ou étrangère (sous réserve, naturellement, des conventions fiscales). Ce principe est posé par l'article 4 A du CGI. **1918**

Il est applicable même si les revenus ont déjà supporté un **impôt à l'étranger**. En ce sens, par exemple, CE 8 octobre 2010 n° 323046, 8e et 3e s.-s., Sabatier : RJF 1/11 n° 4, à propos d'un résident de France imposé à la fois en France et au Congo sur des revenus fonciers de source congolaise (voir nos 1285 et 67410) ; autre exemple, la circonstance, à la supposer établie, que des contribuables auraient déjà été imposés au Royaume-Uni ne saurait remettre en cause le bien-fondé de leur imposition en France (CAA Versailles 6 novembre 2018 n° 17VE02696, 1e ch. : RJF 4/19 n° 335, arrêt définitif ; voir n° 42940). De même, les **salaires** reçus par un électricien qui exerce son activité à Jersey mais dont il s'avère qu'il est fiscalement domicilié en France sont imposables en France alors même qu'ils ont déjà été imposés par voie de retenue à la source à Jersey (CAA Nantes 25 avril 2019 n° 18NT02849, 1e ch., arrêt définitif rendu sur renvoi après cassation par CE 18 juillet 2018 n° 409035, 8e et 3e ch. : RJF 11/18 n° 1061 ; voir n° 40952).

L'imposition est indépendante de la **nationalité** des contribuables ; l'administration admet d'ailleurs que tous les étrangers soumis à l'impôt sur le revenu en France puissent bénéficier des avantages familiaux et notamment du **quotient familial** (BOI-IR-LIQ-10-10-10-40 n° 10), alors pourtant que l'article 199 du CGI permettrait d'imposer les ressortissants des États n'ayant pas conclu avec la France un traité qui interdit les discriminations fondées sur la nationalité comme des célibataires n'ayant pas d'enfants à charge, quelles que soient leur situation et leurs charges de famille (l'assimilation des étrangers aux Français est admise si les États concernés procèdent de même à l'égard des Français et la réciprocité de fait est présumée si rien n'infirme cette présomption). Sur la prise en compte de membres du foyer qui ne résident pas en France pour l'application du quotient familial, voir nos 40957 et 40960.

1918 (suite) Aux fins du contrôle fiscal, une particularité est à noter en ce qui concerne les contribuables qui se sont abstenus de répondre aux demandes d'éclaircissements ou de justifications prévues à l'article L 16 du LPF (nº 3735) ; l'article 151 du CGI prévoit que, pour l'application de l'article L 69 du LPF, selon lequel ces contribuables sont taxés d'office à l'impôt sur le revenu, l'impôt sur les **revenus des avoirs à l'étranger** est établi sur le produit du montant de ces avoirs par la moyenne annuelle des taux de rendement brut à l'émission des obligations des sociétés privées. Ces dispositions ne méconnaissent pas les principes d'égalité devant la loi et devant les charges publiques (CE QPC 25 novembre 2011 nº 345602, 10e s.-s., Jauny : RJF 2/12 nº 154 refusant de renvoyer au Conseil constitutionnel la question prioritaire de constitutionnalité soulevée à l'encontre de ces dispositions). Il a en outre été jugé que l'administration est fondée à estimer, au moyen de la méthode prévue à l'article 151 du CGI, l'évolution d'avoirs bancaires dissimulés à l'étranger pour effectuer des rectifications en matière d'ISF, dès lors que le redevable n'a produit aucun élément permettant d'évaluer ces avoirs ou d'apporter la démonstration du caractère erroné du montant retenu par l'administration (Cass. com. 14 avril 2021 nº 18-24.058 FS-D : RJF 8-9/21 nº 874).

Enfin, l'administration était autorisée à adresser à une personne physique domiciliée en France, bénéficiaire effectif de comptes ouverts au nom d'une société panaméenne, des demandes d'éclaircissements et de justifications et à appliquer l'article 151 du CGI, alors même que les sommes en cause étaient créditées auprès de comptes détenus non par elle-même mais par la société et sans égard au fait que la taxation de ces comptes pouvait relever de l'article 123 bis du même Code (CAA Paris 24 février 2021 nº 16PA00417, 7e ch., ayant fait l'objet d'un pourvoi non admis par CE (na) 18 février 2022 nº 452010, 8e ch. ; voir également nº 3735, Précisions) ; dans sa décision de non-admission, le Conseil d'État n'admet pas, notamment, le moyen selon lequel l'administration aurait dû établir la fictivité des sociétés et l'éventuelle confusion de leur patrimoine avec celui de la requérante (en appel, il avait également jugé que l'administration avait pu valablement se fonder sur des pièces issues d'une procédure pénale faisant suite à la communication de la liste HSBC ; nº 2586, Précisions a).

Précisions **a.** Le **quotient familial** est applicable à un ressortissant marocain (TA Cergy-Pontoise 30 mars 2010 nº 07-7161, 2e ch., Alaoui : RJF 12/10 nº 1133 ; ce jugement a fait l'objet d'un appel sur un autre point, voir nº 40952 Précisions b). Cela étant, il incombe au contribuable qui s'est vu confier une responsabilité sur des enfants selon les **règles en vigueur dans un pays étranger** et qui demande la prise en compte de ces enfants au titre du quotient familial d'établir qu'il en résulte un véritable lien de filiation (CE 24 août 2011 nº 320321, 10e et 9e s.-s., Zaman : RJF 11/11 nº 1122).

b. Les **pensions alimentaires** versées à un créancier d'aliments non résident sont déductibles en France, si elles satisfont aux conditions de fond posées par le Code civil français, même si l'obligation alimentaire n'est pas déterminée par le droit civil français (CE 10 janvier 2007 nº 264821, 10e et 9e s.-s., Boulkhemair : RJF 4/07 nº 384, jugeant que les pensions alimentaires, y compris lorsqu'elles sont dues en vertu d'une loi étrangère, doivent répondre aux conditions fixées par le Code civil) ; la circonstance que le bénéficiaire d'une pension soit de nationalité étrangère ou domicilié à l'étranger ne fait pas, en principe, obstacle à la déduction lorsque peuvent être produites toutes justifications utiles sur le caractère alimentaire des dépenses, sur leur réalité et sur les besoins du créancier (BOI-IR-BASE-20-30-20-10 nº 50). Également CE 28 mars 2012 nº 323852, 10e et 9e s.-s., Cerovic (RJF 6/12 nº 554), jugeant que les conditions fixées par le Code civil sont applicables même si les pensions sont **versées à l'étranger** et qu'un contribuable n'est pas fondé à demander, sur le fondement des dispositions de l'article 156 du CGI, que soient déduites de son revenu imposable les pensions alimentaires qu'il dit avoir **versées à une sœur et à un frère**. Lorsque les bénéficiaires sont non-résidents, la preuve de leur **état de besoin** doit être apportée dans les mêmes conditions que pour les bénéficiaires résidents (CE 7 mars 2022 nos 439597 et 439603, 3e ch. : RJF 5/22 nº 422, jugeant en l'espèce la preuve apportée au cas de parents résidant au Liban au cours des années 2010 à 2014).

c. Une **pension alimentaire** versée en exécution d'une décision de justice marocaine, en vue de pourvoir aux besoins de toute nature d'enfants mineurs est déductible du revenu imposable du contribuable ; la circonstance que l'acte ne soit pas assorti de l'exequatur ne saurait, à elle seule, permettre de remettre en cause la déductibilité des sommes versées (CAA Marseille 18 novembre 2010 nº 08-1326, 3e ch., Bouod : RJF 7/11 nº 773 ; arrêt définitif).

d. Les contribuables fiscalement domiciliés en France qui sont passibles de l'impôt sur le revenu et qui disposent de revenus de source française ou étrangère entrant dans la composition du revenu fiscal de référence supérieurs aux seuils d'imposition sont redevables de la **contribution exceptionnelle sur les hauts revenus** (CGI art. 223 sexies ; voir nº 3132 en ce qui concerne les non-résidents) ; les revenus exonérés d'impôt sur le revenu en France en application des conventions fiscales, y compris ceux pris en compte pour le calcul du taux effectif, en sont cependant exonérés (précision apportée par le BOI-IR-CHR nº 280, qui constitue une interprétation formelle de la loi fiscale opposable à l'administration ainsi que l'a jugé TA Paris 20 mai 2015 n° 1408607, 1e sect., 1e ch. : RJF 12/15 n° 1048 ; dans cette affaire, qui avait d'autres aspects, le contribuable a ensuite obtenu un dégrèvement comme indiqué n° 83800). Cela étant, le fait que les revenus de source étrangère exonérés d'impôt sur le revenu en vertu d'une convention fiscale soient également exonérés de la contribution n'interdit pas de les prendre en compte pour la détermination du taux d'imposition appliqué aux revenus qui y sont soumis lorsque la convention le permet (CE 10 juillet 2019 n° 412624, 9e et 10e ch. : RJF 11/19 n° 1017). Cette contribution entre dans le champ des conventions fiscales (BOI préc. n° 270) ; les modalités conventionnelles d'élimination de la double imposition sont donc applicables (imputation des impôts étrangers, notamment). Sur les difficultés d'application des conventions fiscales en la matière, voir cependant nos 10168 et 83780.

e. Les partenaires ayant conclu un **partenariat à l'étranger** doivent prouver que celui-ci est juridiquement assimilable à un Pacs (BOI-IR-CHAMP-20-10 nos 160 s. dressant la liste des cas où l'administration s'est déjà prononcée en ce sens). Sur la prise en compte de **régimes matrimoniaux étrangers**, voir également n° 40952, Précisions b.

f. Le dispositif de **validation tacite de la déclaration de revenus** prévu par l'article 171 du CGI (cas où l'administration dispose des informations nécessaires à l'établissement de la déclaration et où le contribuable n'y a apporté aucun complément ou rectification) n'est pas applicable, notamment, lorsque l'impôt sur le revenu de l'année précédente a été établi en intégrant des revenus de source étrangère ou lorsque le contribuable a, au cours de l'avant-dernière année, ouvert, détenu, utilisé ou clos un compte, un contrat ou un placement mentionnés aux articles 1649 A et 1649 AA du CGI, ou lorsqu'il était non-résident au 31 décembre de l'avant-dernière année (CGI Ann. III art. 46-0 A).

Absence de condition de rapatriement

Les revenus réalisés à l'étranger sont imposables même s'ils n'ont pas été transférés en France. Le fait d'encaisser un revenu à l'étranger et de ne pas le rapatrier en France est **sans importance** au regard de l'obligation fiscale du bénéficiaire (en ce sens, par exemple, décision du Conseil d'État du 21 mars 1960, n° 43229, RO p. 46, citée au BOI-IR-CHAMP-10 n° 20). **1920**

Par exemple, un **salarié** domicilié en France qui se ferait verser une partie de son revenu à l'étranger resterait imposable en France, sous réserve des conventions fiscales, même sur la partie « étrangère » de sa rémunération. De même, le fait pour un salarié domicilié hors de France d'encaisser une partie de son revenu en France et une autre partie à l'étranger ne le rend pas pour autant imposable à due concurrence en France et exonéré à l'étranger, du moment que la part « française » ne correspond pas à une activité exercée en France.

Ce principe a ainsi des conséquences en cas de mise en place d'un mécanisme de « **split payroll** » (n° 71300). Si, par exemple, un salarié français détaché à l'étranger, auprès de la filiale locale de la société française qui l'emploie quitte la France avec sa famille, il deviendra normalement non résident de France et ne devra plus l'impôt en France sur ses salaires, même s'il se fait rémunérer pour partie dans notre pays, dès lors qu'il n'exerce plus d'activité en France. Il devra payer un impôt à l'étranger, conformément au droit local, même sur la partie de sa rémunération qui lui est versée en France (en présence d'une convention d'assistance administrative, l'État étranger peut d'ailleurs obtenir des autorités fiscales françaises des informations sur le montant des rémunérations payées en France, afin de contrôler les déclarations ; nos 74200 s.).

Précisions **a.** L'absence de pertinence du critère du **rapatriement financier** est assez générale (sauf dans les pays comme le Royaume-Uni, qui pratiquent la « remittance basis » sous certaines conditions ; n° 41308) ; on doit donc s'attendre à devoir l'appliquer non seulement en France mais aussi dans la plupart des autres pays, en tant qu'État du domicile.

b. L'absence de déclaration spontanée des revenus étrangers peut entraîner des pénalités de **mauvaise foi** (pour manquement délibéré) si le contribuable avait reçu des **formulaires conventionnels** ; en ce sens, CE 29 juin 2001 n° 197909, 9e et 10e s.-s., Salomon : RJF 10/01 n° 1241, à propos d'un dirigeant de sociétés qui recevait d'une entreprise allemande qui lui versait des revenus de valeurs mobilières des attestations destinées aux services fiscaux français ; l'absence de déclaration spontanée de ces revenus a suffi à établir la mauvaise foi, étant donné le caractère volontaire de la pratique qui lui était reprochée.

c. L'administration peut, même en l'absence de poursuites pénales à l'encontre d'un contribuable à raison des mêmes faits, lui appliquer la pénalité pour **manœuvres frauduleuses** à raison de la taxation des sommes qu'il s'est abstenu de déclarer et qui ont été perçues sur un compte bancaire ouvert à son nom en Suisse et non déclaré (CE 13 juin 2016 n° 384789, 10e et 9e ch. : RJF 10/16 n° 856).

Solde débiteur d'un compte courant dans une société étrangère

1921 Lorsqu'une société de droit étranger réalise **l'intégralité de ses opérations en France** par l'intermédiaire d'un établissement stable passible de l'impôt sur les sociétés, le solde débiteur d'un compte courant détenu par un associé domicilié fiscalement en France dans les écritures de cette société est imposable sur le fondement des dispositions de l'article 111, a du CGI (CE 24 novembre 2010 n° 308646, 8e et 3e s.-s., Seguin : RJF 2/11 n° 163 ; solution retenue à la suite de la décision Stamping international citée n° 17390, Précisions, l'intéressée étant la dirigeante de cette société).

Dans cette affaire, le Conseil d'État a tranché un cas particulier, celui où la société étrangère réalise la totalité de son chiffre d'affaires et de son résultat en France ; la question est réservée lorsque cette condition n'est pas remplie. Comme le dit le rapporteur public Laurent Olléon (conclusions au BDCF 2/11 n° 20), il y aurait lieu de vérifier que les sommes en cause **proviennent bien de l'activité en France de l'établissement stable** ; selon lui, en effet, « il faut lire l'article 111 a) en liaison avec l'article 108, qui en déclenche l'application. Or nous avons vu que l'article 108 vise les revenus distribués par les personnes morales passibles de l'impôt sur les sociétés. Une société étrangère n'étant passible de l'impôt sur les sociétés en France qu'à raison des bénéfices réalisés par l'intermédiaire de l'établissement stable dont elle dispose en France, il serait *contra legem* d'imposer en France des revenus distribués par cette société qui ne se rattachent pas à l'activité en France de l'établissement stable. »

Bien entendu, l'associé peut toujours apporter la preuve contraire de la présomption de distribution posée par l'article 111, a du CGI.

En l'absence d'établissement stable, le solde débiteur d'un compte courant ouvert au nom d'un résident de France dans les écritures d'une société étrangère doit être imposé sur le fondement de l'article 120, 3° du CGI (CAA Paris 5 décembre 2016 n° 15PA00419, 7e ch., ayant fait l'objet d'un pourvoi non admis par CE (na) 16 novembre 2016 n° 398552, 8e ch. : RJF 4/17 n° 329, à propos de sommes portées au crédit des comptes courants d'associés ouverts au nom d'un résident de France dans des sociétés belges qui ne disposaient pas d'un établissement stable en France).

Précisions **a.** Les **comptes courants d'associés** créditeurs représentent une dette de la société envers l'associé prêteur et figurent au passif du bilan de la société ; les comptes débiteurs caractérisent un prêt de la société à un associé et figurent à l'actif du bilan.

b. À propos de contribuables qui disposaient d'un compte courant d'associé dans une société luxembourgeoise, il a été précisé qu'en cas de **variation du solde** d'une année civile sur l'autre seule la différence positive entre les deux soldes peut être incluse dans le revenu imposable de l'associé, actionnaire ou porteur de parts pour l'année en cause (CE 27 décembre 2019 n° 420478, 3e et 8e ch. : RJF 3/20 n° 224).

Régularisations des avoirs étrangers non déclarés

1922 Il n'y a plus, aujourd'hui, de procédure particulière pour les contribuables qui souhaitent régulariser des avoirs étrangers non déclarés. Le dispositif qui avait été mis en place en 2013 a, en effet, pris fin au 31 décembre 2017. Antérieurement, deux dispositifs spéciaux avaient temporairement été applicables :
– entre avril et décembre 2009, une **cellule de régularisation** avait été créée afin de permettre aux personnes physiques domiciliées en France de régulariser leur situation fiscale à raison des avoirs non déclarés détenus à l'étranger (en fait, cette « cellule » avait continué de fonctionner jusqu'en octobre 2012) ; les contribuables avaient été tenus au paiement des droits et pénalités mais aucune poursuite pénale pour fraude fiscale n'avait été diligentée, compte tenu du caractère volontaire de la démarche entreprise par les intéressés ;
– entre 2013 et 2017, un **service de traitement des déclarations rectificatives** (**STDR**) avait été ouvert pour permettre aux personnes physiques domiciliées fiscalement en France et n'ayant pas déclaré leurs avoirs à l'étranger de régulariser leur situation dans des conditions légèrement plus favorables que le droit commun, en ce qui concerne les pénalités et amendes.

Un communiqué du 15 septembre 2017 avait annoncé la **fermeture du STDR** et précisé que les contribuables avaient jusqu'au 31 décembre 2017 pour régulariser leur situation (la fermeture du STDR a officiellement été motivée par l'entrée en vigueur, le 30 septembre 2017, de l'échange automatique d'informations en matière bancaire et financière). Les dossiers déposés avant le 1er janvier 2018 et non traités au 31 décembre

2017 ont cependant pu bénéficier des conditions de régularisation antérieures. Depuis le 1er janvier 2018, les déclarations rectificatives sont traitées sans remise de pénalités dans les conditions de droit commun. **1922** (suite)

Le dispositif qui avait fonctionné entre juin 2013 et décembre 2017 présentait, pour l'essentiel, les caractéristiques suivantes. Une circulaire ministérielle du 21 juin 2013 (mise en ligne sur impots.gouv.fr) avait permis aux personnes physiques domiciliées fiscalement en France et n'ayant pas déclaré leurs avoirs à l'étranger de régulariser leur situation auprès des services fiscaux, moyennant des amendes et pénalités allégées (ces amendes et pénalités avaient été révisées par une circulaire du 12 décembre 2013, afin de prendre en compte les majorations décidées à la fin de l'année 2013, et par une circulaire du 14 septembre 2016 pour tenir compte de l'impossibilité d'appliquer l'amende proportionnelle de 5 % pour non-déclaration des comptes étrangers en raison de la jurisprudence du Conseil constitutionnel ; n° 2440).

La procédure de régularisation concernait les personnes physiques qui détenaient des avoirs à l'étranger non déclarés (**comptes bancaires**, **contrats d'assurance-vie**, **titres** de sociétés, biens **immobiliers**, biens ou droits en **trusts**). Ces personnes étaient invitées à se faire connaître de l'administration fiscale afin de rectifier spontanément leur situation fiscale passée ; il n'y avait pas de phase préparatoire de caractère anonyme et, en application d'une circulaire du 10 décembre 2014, les contribuables qui avaient formulé une demande de mise en conformité disposaient ensuite d'un délai de six mois pour fournir l'ensemble des déclarations nécessaires au traitement de leur dossier.

En étaient **exclues** les personnes qui faisaient l'objet d'un examen de situation fiscale personnelle, de contrôles relatifs aux droits d'enregistrement ou d'une procédure engagée par l'administration ou les autorités judiciaires portant sur des actifs et comptes non déclarés à l'étranger (y compris des procédures douanières), ou lorsque les avoirs avaient pour origine une activité occulte (mais pas en présence d'une simple minoration de recettes). Il a été jugé que cette exclusion était personnelle et qu'elle ne pouvait pas viser une épouse qui n'avait pas fait l'objet d'investigations pénales contrairement à son mari (TA Paris 12 février 2019 n° 1708941 : RJF 1/20 n° 47, jugement définitif annulant la décision par laquelle l'administration avait refusé de minorer les amendes au motif que la demande de régularisation était postérieure à une enquête pénale diligentée contre l'époux).

Les contribuables devaient déposer des **déclarations rectificatives** couvrant toute la période non prescrite ; l'administration avait précisé que le **délai de reprise de dix ans** prévu en cas d'avoirs à l'étranger non déclarés s'appliquait à toutes les régularisations présentées dans ce cadre, que les avoirs fussent ou non détenus dans un État lié à la France par une clause d'assistance administrative.

Les déclarations rectificatives devaient être accompagnées de tout justificatif exposant de manière précise et circonstanciée le montant et l'origine des avoirs étrangers et d'un formulaire n° 3911-SD (« Dossier de mise en conformité d'avoirs détenus à l'étranger ») ; les contribuables devaient attester que leur dossier de régularisation était sincère et qu'il portait sur l'intégralité des comptes et avoirs non déclarés détenus à l'étranger (une circulaire du 10 décembre 2014 avait précisé que les justificatifs éventuellement demandés par l'administration devaient être fournis dans un délai de soixante jours suivant la demande). Lorsque les avoirs avaient pour origine une succession ou une donation, il devait être justifié du fait que le compte bancaire n'avait pas été alimenté postérieurement à la succession ou à la donation.

Les contribuables devaient acquitter intégralement les **impositions supplémentaires** à leur charge ainsi que les pénalités (intérêt de retard, majorations et amendes). Les **amendes** étaient toutefois applicables à un taux réduit, dans le cadre d'une transaction, pour tenir compte du caractère spontané de la démarche ; pour les demandes de mise en conformité déposées à partir du 14 septembre 2016, elles étaient les suivantes, en distinguant selon que la fraude était « passive » ou « active » et en tenant compte de ce que l'amende proportionnelle pour non-déclaration d'un compte bancaire à l'étranger n'était plus applicable (n° 2440) :

– **fraude « passive »** : si les avoirs avaient été reçus dans le cadre d'une succession ou d'une donation ou s'ils avaient été constitués par le contribuable lorsqu'il était non résident, la majoration pour manquement délibéré était appliquée au taux de 25 % (contre

1922 (suite) 15 % avant la circulaire précitée, du 14 septembre 2016) et l'amende pour non-déclaration des comptes bancaires ainsi que l'amende pour non-déclaration des contrats d'assurance-vie étaient plafonnées à 1,5 % de la valeur des avoirs au 31 décembre de l'année concernée (en ce qui concerne les trusts, l'amende fixe ou proportionnelle était plafonnée à 3,75 % de la valeur des biens ou droits placés dans le trust ainsi que des produits capitalisés) ;

– **fraude « active »** : dans les autres cas (par exemple, si les avoirs avaient été constitués lorsque le contribuable était fiscalement domicilié en France), la majoration pour manquement délibéré était appliquée au taux de 35 % (30 % avant la circulaire du 14 septembre 2016) et l'amende fixe pour non-déclaration des comptes bancaires ainsi que l'amende pour non-déclaration des contrats d'assurance-vie étaient plafonnées à 3 % de la valeur des avoirs au 31 décembre de l'année concernée (en ce qui concerne les trusts, l'amende fixe ou proportionnelle était plafonnée à 7,5 % de la valeur des biens ou droits placés dans le trust ainsi que des produits capitalisés).

La transaction conclue entre l'administration et le contribuable pouvait cependant être ultérieurement remise en cause si les déclarations du contribuable n'étaient pas sincères. En principe, la régularisation ainsi pratiquée ne devait pas s'accompagner de **poursuites pénales** pour fraude fiscale, bien que cela ne ressorte pas explicitement des circulaires ministérielles (au demeurant, des poursuites pénales pour blanchiment ou abus de biens sociaux peuvent toujours être décidées sans intervention préalable de l'administration fiscale). Sur les poursuites pénales, voir n° 72665.

Précisions **a.** La procédure de régularisation était gérée par le **service de traitement des déclarations rectificatives** (STDR) de la direction nationale des vérifications de situations fiscales (DNVSF), 17 place de l'Argonne, 75938 Paris Cedex 19 et par sept pôles interrégionaux déconcentrés.

b. L'administration avait mis en ligne sur le portail impots.gouv.fr un espace dédié au contrôle fiscal (http://www.economie.gouv.fr/dgfip/controle-fiscal-et-lutte-contre-fraude) ; on y trouvait notamment une Foire aux questions pratiques sur la **procédure à suivre avec le STDR** (http://www.economie.gouv.fr/dgfip/actualites-et-reponses-aux-questions : Droit fiscal 2014 n° 30, comm. n° 458). Cette foire aux questions ne pouvait pas faire l'objet d'un **recours pour excès de pouvoir** dès lors qu'elle ne contenait aucune disposition impérative à caractère général (CE 17 mai 2017 n° 404270, 8e et 3e ch. : RJF 8-9/17 n° 859, à propos de certaines conditions d'application de l'article 123 bis du CGI dans le cadre des procédures de régularisation).

c. Plus de 50 000 demandes avaient été déposées auprès du STDR et des pôles de régularisation déconcentrés pour **plus de 32 Md€ d'avoirs**. Les montants recouvrés par l'État s'établissaient à 7,8 Md€ au 31 août 2017. Ce dispositif avait fait l'objet d'un rapport de la **Cour des comptes** d'octobre 2017 qui indiquait notamment que la procédure avait « surtout permis de « solder le passé » en réglant le problème des « héritiers », même s'il est probable que tous n'ont pas procédé à la régularisation ». Ce rapport ajoutait que la procédure n'avait « pas permis en revanche de véritablement s'attaquer à la fraude internationale organisée reposant sur les montages les plus sophistiqués » (p. 77).

d. Il a été jugé qu'un contribuable qui déposait des déclarations rectificatives et qui se voyait refuser l'allégement des pénalités au motif que sa démarche n'était pas spontanée ne pouvait **demander au juge l'annulation** de la « décision » rejetant sa demande car celle-ci ne pouvait être regardée que comme une **demande gracieuse** faite à une date où aucune pénalité n'avait encore été mise à sa charge ; la position prise par l'administration sur la demande prématurée du contribuable avait été regardée comme constituant tout au plus un acte préparatoire insusceptible de faire grief et inattaquable par la voie de l'excès de pouvoir (TA Nancy 28 avril 2016 Ord. Prés. 2e ch., n° 1601000 : RJF 1/17 n° 68 ; jugement définitif).

e. Le **durcissement des sanctions** résultant de la circulaire précitée du 14 septembre 2016 a suscité un recours pour excès de pouvoir qui a été rejeté par CE 18 juillet 2018 n° 417266, 8e et 3e ch. : RJF 11/18 n° 131. Les contribuables n'ont, en effet, aucun droit au maintien des conditions dans lesquelles l'administration fiscale envisage d'user de la faculté que lui donne la loi de conclure des transactions ; en outre, la **modulation des pénalités** reposait sur des critères objectifs et rationnels en rapport avec l'objectif poursuivi par l'exercice par l'administration de son pouvoir de transiger.

f. Un contribuable qui avait accepté et exécuté une **transaction** n'était pas fondé à présenter ensuite une réclamation (CAA Paris 4 mars 2021 n° 20PA02292, 5e ch. ; arrêt définitif) ; il s'agissait d'avoirs non déclarés, correspondant à trois comptes détenus en Suisse par une fondation du Liechtenstein et qui avaient fait l'objet du dépôt d'un dossier de régularisation dans le cadre de la circulaire précitée du 21 juin 2013. Dans le même sens, CAA Versailles 5 octobre 2021 n° 20VE01721, 1e ch., arrêt définitif jugeant que des contribuables qui avaient signé en mars 2016 une transaction définitive ne pouvaient se prévaloir de l'inconstitutionnalité de l'amende résultant de la décision n° 2016-554 QPC du 22 juillet 2016 du Conseil constitutionnel (n° 2440).

1. Détermination des revenus de source étrangère

a. Généralités

Principe de l'application des règles françaises

Le montant imposable des revenus étrangers est, en principe, déterminé de la **même manière** que pour les revenus de **source française** (CGI art. 158, 1). 1925

Les revenus étrangers sont donc pris en compte pour leur **montant net**, conformément à l'article 13 du CGI selon lequel le revenu imposable « est constitué par l'excédent du produit brut, y compris la valeur des profits et avantages en nature, sur les dépenses effectuées en vue de l'acquisition et de la conservation du revenu ».

Les **charges déductibles** peuvent être évaluées forfaitairement lorsque la loi le prévoit, par exemple pour les frais professionnels des salariés ou en matière de revenus fonciers.

Les pensions et les rentes viagères constituées à titre gratuit bénéficient également de l'**abattement de 10 %** (CGI art. 158, 5-a).

Enfin, un contribuable exerçant à l'étranger une activité individuelle peut, sous certaines conditions, échapper à la **majoration** applicable aux **BIC, BNC et BA**, prévue par l'article 158, 7 du CGI (application d'un coefficient de majoration qui a longtemps été fixé à 1,25 et qui a été réduit, par la loi n° 2020-1721 du 29 décembre 2020 de finances pour 2021, à 1,2 pour l'imposition des revenus de l'année 2020, à 1,15 pour l'imposition des revenus de l'année 2021 et à 1,1 pour l'imposition des revenus de l'année 2022 ; il sera supprimé à compter de l'imposition des revenus de l'année 2023). Il résulte, en effet, de l'article 37 de la loi n° 2015-1786 du 29 décembre 2015 de finances rectificative pour 2015 que la dispense de majoration est accordée, pour les revenus provenant d'un État membre de l'Union européenne ou d'un autre État partie à l'accord sur l'Espace économique européen ayant conclu avec la France une convention d'assistance administrative en vue de lutter contre la fraude et l'évasion fiscales (Islande, Liechtenstein et Norvège), aux contribuables qui font appel à un **certificateur à l'étranger** (un arrêté du 2 février 2017, au JO du 10 mars 2017 texte n° 14, a fixé le modèle de convention conclue entre les certificateurs à l'étranger et l'administration) ; cette dispense s'applique également aux revenus encaissés à l'étranger visés par un **organisme de gestion agréé** ou un professionnel de l'expertise comptable (la loi a sur ce point légalisé la doctrine administrative telle qu'elle résultait d'une modification doctrinale du 26 janvier 2015, traduite, notamment, au BOI-IR-BASE-10-10-20 n° 135 ; sur les certificateurs à l'étranger, CGI art. 1649 quater N et 1649 quater O). L'administration a retenu cette solution à la suite d'une décision rendue en ce sens à propos d'un avocat domicilié en France et associé d'un cabinet d'avocats britannique (CAA Paris 9 mai 2014 n° 11PA03316, 7e ch. : RJF 11/14 n° 1041 ; arrêt définitif). Naturellement, le coefficient multiplicateur ne s'applique pas non plus pour la détermination du **crédit d'impôt** auquel ouvrent droit les revenus de source étrangère concernés en vertu d'une convention fiscale qui prévoit l'imputation d'un crédit d'impôt égal à l'impôt français (CE 10 juillet 2019 n° 412624, 9e et 10e ch. : RJF 11/19 n° 1017 ; décision rendue à propos d'un avocat associé d'un cabinet britannique sous l'empire de la législation applicable avant 2015 mais transposable à la situation actuelle).

Précisions **a.** Par exception au principe de la détermination du revenu imposable conformément aux règles françaises, l'**évaluation forfaitaire** des bénéfices des entreprises et exploitations situées hors de France n'est pas possible. Ces bénéfices doivent toujours être retenus pour leur montant réel (CGI art. 158, 1-2e alinéa).

b. L'abattement de 40 %, concernant les dividendes soumis au barème et non au prélèvement forfaitaire unique, n'est pas systématiquement applicable aux dividendes étrangers (n° 1958).

c. Le principe général d'imposition d'un revenu disponible peut s'effacer devant l'article 155 A du CGI, en présence d'une **société étrangère interposée**, dans certaines conditions ; si ce texte vise, au premier chef, les artistes et les sportifs, il s'applique, d'une façon générale, à toutes les professions (nos 45780 s.).

d. Les **intérêts** perçus par un contribuable résident de France au titre de fonds placés sur des comptes à vue ouverts dans un établissement bancaire situé à l'étranger sont imposables entre ses mains en vertu des dispositions combinées de l'article 4 A ainsi que du 2° et du 4° de l'article 124 du CGI (CE 31 juillet 2009 n° 290355, 9e et 10e s.-s., Vyskoc : RJF 12/09 n° 1088).

e. Une personne physique domiciliée en France ne peut, pour contester l'imposition en France de revenus de source libanaise, exciper de ce que, selon la législation libanaise, les **charges** afférentes aux revenus d'une profession non commerciale sont forfaitairement fixées à 50 % du revenu brut (TA Paris 24 juin 2009 n° 04-21888, 07-2874 et 07-2876, 1e sect., 1e ch., Iskandar : RJF 2/10 n° 95 ; jugement définitif).

f. La **Commission européenne** a indiqué avoir demandé à la France de modifier certaines dispositions relatives à la méthode de calcul de l'impôt sur le revenu des personnes physiques (MEMO/17/1935 du 13 juillet 2017) ; sont notamment en cause un traitement différent concernant certains revenus de source française et européenne et le refus de certains remboursements ou reports de crédits d'impôts pour des revenus provenant de sources étrangères lorsque le contribuable est déficitaire. La procédure engagée est toujours en cours (procédure d'infraction INFR(2013)4287).

g. Les résidents de France peuvent, dans certaines limites, déduire les **frais de garde des enfants à l'étranger**, à condition que les sommes soient versées à des personnes ou établissements établis dans un autre État membre de l'Union européenne qui satisfont à des réglementations équivalentes à celles applicables en France (CGI art. 200 quater B) ; une fiche de la DINR du 12 avril 2021 indique que la mesure s'applique également à l'Espace économique européen, en Suisse ou à Monaco, et précise que, s'il n'est pas possible d'établir l'existence de normes équivalentes à celles applicables en France, cette condition est considérée comme satisfaite si la personne ou l'organisme assurant la garde atteste qu'elle/il exerce son activité conformément aux lois et règlements en vigueur dans le pays de sa résidence ou de son établissement.

Élimination de la double imposition

1930 Afin d'atténuer la double imposition, il est admis que les impôts acquittés à l'étranger sur les revenus de source étrangère puissent être déduits de la base d'imposition (ancienne D. adm. 5 B 1122 n° 4, non reprise au BOFiP sauf en ce qui concerne les revenus de capitaux mobiliers ; n° 83400, Précisions). En présence d'une convention fiscale, les solutions sont différentes (nos 7780 s.).

Précisions Il existait, avant le 1er janvier 1979, un régime particulier réservé aux **étrangers domiciliés en France** ; ceux-ci pouvaient exclure de leur revenu imposable les revenus de source étrangère à raison desquels ils justifiaient avoir été soumis à un impôt personnel sur le revenu global dans le pays d'où ils étaient originaires (ancien article 164, 1 du CGI). Cette disposition a été abrogée par la loi du 29 décembre 1976 qui a mis en place les règles actuelles de territorialité de l'impôt sur le revenu.

Incidences du prélèvement à la source de l'impôt sur le revenu

1932 Depuis le 1er janvier 2019 et la mise en place du prélèvement à la source de l'impôt sur le revenu, certains **revenus étrangers** des résidents de France font l'objet d'un prélèvement contemporain de la perception des revenus ; tel est le cas lorsque ces revenus sont effectivement imposables en France, c'est-à-dire lorsqu'il s'agit de revenus imposables en France sans ouvrir droit à un crédit d'impôt égal à l'impôt français en application des conventions fiscales.

En pratique, un mécanisme de prélèvement contemporain (**retenue à la source** prélevée par le débiteur ou **acompte** calculé et prélevé directement par la DGFiP sur le compte bancaire du contribuable ; voir infra, Précisions b) s'applique dans les conditions suivantes lorsque les revenus concernés bénéficient à des personnes physiques domiciliées en France (voir notamment BOI-IR-PAS-10-10-10 et BOI-ANNX-000473 présentant un tableau de synthèse sur les règles de territorialité) :
– les salaires perçus en contrepartie d'une **activité exercée à l'étranger** et versés à un contribuable domicilié fiscalement en France donnent lieu, sous réserve des conventions fiscales, à l'application de la retenue à la source s'ils sont effectivement imposables en France et s'ils sont versés par un **débiteur établi** en France (BOI-IR-PAS-10-10-10 n° 90, citant comme exemple les rémunérations versées au titre d'une mission temporaire exercée à l'étranger) ;
– les salaires perçus en contrepartie d'une activité exercée à l'étranger et versés par un **débiteur non établi** en France à un contribuable fiscalement domicilié en France ne sont pas soumis à la retenue à la source, mais donnent lieu au versement de l'acompte y compris s'ils ouvrent droit à un crédit d'impôt égal à l'impôt étranger (CGI art. 204 C et BOI-IR-PAS-10-10-20 n° 100 ; les revenus qui ouvrent droit à un crédit d'impôt égal à l'impôt français sont, en tout état de cause, placés hors du champ du prélèvement à la source) ; il s'agit essentiellement des salaires des travailleurs frontaliers (nos 43480 s.) ; ce mécanisme est également applicable, notamment, aux contribuables fiscalement domiciliés en France et travaillant à Monaco (réponse Ardisson, n° 9837 : JOAN 28 août 2018 p. 7599) ;
– les salaires versés à un contribuable fiscalement domicilié en France au titre d'une **activité exercée en France** par un débiteur non établi en France sont soumis à la retenue à la source lorsqu'ils sont effectivement imposables en France, sous réserve notamment des conventions fiscales (BOI-IR-PAS-10-10-10 n° 60) ; selon sa localisation géographique, l'employeur a l'obligation ou la faculté de désigner un représentant fiscal en France qui doit se charger d'accomplir les formalités requises (nos 83180 s.) ;

– les **pensions** et rentes viagères versées par des débiteurs établis hors de France à un contribuable domicilié fiscalement en France ne sont pas soumises à la retenue à la source, mais donnent lieu au versement de l'acompte (BOI préc. n° 100).

Les rémunérations exonérées d'impôt sur le revenu en application du droit interne, des conventions fiscales ou d'un accord international ne sont pas soumises à la retenue à la source, même lorsqu'elles sont prises en compte pour le calcul de l'impôt sur le revenu du foyer (BOI préc. n° 90).

Sont soumis à l'acompte les autres revenus des contribuables fiscalement domiciliés en France, de source étrangère et inclus dans le champ du prélèvement à la source, parmi lesquels les **revenus fonciers** et ceux des **travailleurs indépendants**, ouvrant droit, en application d'une convention fiscale, à un crédit d'impôt égal à l'impôt étranger (BOI-IR-PAS-10-10-20 n° 110). Les revenus de source étrangère sont placés hors du champ du prélèvement à la source de l'impôt sur le revenu s'ils ont la même nature que les revenus français placés hors champ (gains d'actionnariat salarié, dividendes, intérêts, plus-values de cession de valeurs mobilières ou immobilières, notamment ; BOI-ANNX-000473).

Il a, enfin, été précisé que **l'assiette de l'acompte** des revenus de source étrangère versés par un débiteur établi hors de France et imposables en France suivant les règles applicables aux salaires, aux pensions ou rentes viagères, identique à celle des revenus de même nature de source française, correspond au montant net imposable à l'impôt sur le revenu (BOI-IR-PAS-20-10-20-40 n° 40) ; elle est donc constituée du montant des revenus après prise en compte, notamment, de l'abattement forfaitaire de 10 % pour frais professionnels ou du montant réel et justifié des frais professionnels.

Précisions **a.** Le **prélèvement à la source** de l'impôt sur le revenu et des prélèvements sociaux a été mis en œuvre par l'article 60 modifié de la loi n° 2016-1917 du 29 décembre 2016, de finances pour 2017 ; il devait s'appliquer à compter du 1er janvier 2018 mais son entrée en vigueur avait été reportée au **1er janvier 2019** par l'ordonnance n° 2017-1390 du 22 septembre 2017. Il s'agit d'un prélèvement afférent à l'impôt sur le revenu, contemporain de la perception des revenus et destiné à supprimer le décalage d'une année entre la perception des revenus et le paiement de l'impôt correspondant ; il ne modifie pas les règles de calcul de l'impôt sur le revenu.

b. Le prélèvement à la source de l'impôt sur le revenu concerne les revenus perçus depuis le 1er janvier 2019 ; il prend la forme d'une **retenue à la source** opérée, sur les salaires et les revenus de remplacement, par l'employeur ou l'organisme versant les revenus considérés ou celle d'un **acompte** liquidé et prélevé par l'administration sur le compte bancaire des titulaires de bénéfices professionnels, de revenus fonciers et de pensions alimentaires. Il est calculé en appliquant un taux propre au contribuable ou un taux par défaut et il peut être actualisé pour tenir compte de changements de situation de famille ou de variations de revenus.

c. L'imposition des revenus courants de l'année 2018, s'ils entraient dans le champ d'application du prélèvement à la source, était neutralisée, sauf exceptions, par l'octroi d'un **crédit d'impôt modernisation du recouvrement** (CIMR).

d. Les revenus de source étrangère qui ouvrent droit, en application d'une convention fiscale internationale, à un **crédit d'impôt** égal à l'impôt français correspondant à ces revenus ne sont pas soumis au prélèvement à la source ; en revanche, les revenus qui ouvrent droit à un crédit d'impôt égal à l'impôt étranger correspondant à ces revenus sont dans le champ de la retenue à la source ou de l'acompte (BOI-IR-PAS-10-20 n° 70).

e. Les revenus de source étrangère exonérés d'impôt en France en application des conventions fiscales internationales sont placés hors du champ du prélèvement à la source de l'impôt sur le revenu même s'ils sont pris en compte pour le calcul du **taux effectif** (BOI-ANNX-000473).

f. Un formulaire n° 2043-SD a été mis au point pour les primo-déclarants, notamment pour les contribuables qui n'étaient **pas précédemment domiciliés en France** ; il permet l'attribution d'un numéro fiscal et le calcul d'un taux personnalisé de prélèvement à la source en fonction de la situation des intéressés et de leurs revenus de l'année en cours.

b. Signes extérieurs de richesse

Principes

En cas d'imposition selon les signes extérieurs de richesse (CGI art. 168), la jurisprudence a confirmé la doctrine administrative selon laquelle il convient de prendre en compte les **éléments de train de vie** dont le contribuable a la disposition, même lorsque ceux-ci sont situés **à l'étranger**, pour établir la « disproportion marquée » entre le train de vie du contribuable et ses revenus (BOI-CF-IOR-60-20-10-10). **1935**

Cette solution, qui pourrait surprendre au premier abord, s'explique par la philosophie de l'article 168 qui se réfère aux éléments de train de vie non pas en ce qu'ils procurent des revenus imposables, mais en ce qu'ils en révèlent l'existence. La circonstance qu'ils soient situés à l'étranger ne doit donc pas constituer un obstacle à leur prise en compte.

Notion de « revenu exonéré »

1937 La jurisprudence a précisé la notion de « revenu exonéré » qu'il convient de rajouter au revenu net global déclaré pour établir la base de comparaison par rapport aux éléments de train de vie, et, par suite, l'existence ou non d'une disproportion entre ces deux éléments.

Il a ainsi été jugé que doivent être considérés comme des revenus exonérés **ceux qui ne peuvent faire l'objet d'une imposition** en France (CE 24 juillet 1987 n° 57320 et 66206, 8e et 9e s.-s. : RJF 11/87 n° 1065) ; l'administration indique, dans le même sens, que les revenus dont l'imposition est réservée à un pays étranger par une convention fiscale doivent être considérés comme des revenus exonérés (BOI-CF-IOR-60-20-10-10 n° 90).

Encore faut-il, cependant, que le contribuable puisse **justifier** qu'il a disposé de tels revenus, et que ceux-ci aient fait l'objet d'une imposition effective et n'aient pas, par exemple, été compensés par des reports déficitaires. Le Conseil d'État a, par exemple, jugé que les revenus provenant de **biens immobiliers** imposables **en Suisse** en vertu de la convention fiscale franco-suisse du 9 septembre 1966 doivent effectivement être considérés comme des revenus exonérés au sens de l'article 168 du CGI dans la mesure où ils sont exclus du revenu imposable en France, mais seulement si le contribuable peut apporter la preuve qu'il a disposé de tels revenus (CE 7 avril 1993 n° 77587, 8e et 9e s.-s., Andretto : RJF 6/93 n° 768). En l'espèce, dès lors que l'intéressé n'établissait ni même n'alléguait que l'immeuble dont il était copropriétaire en Suisse lui aurait procuré des revenus, alors même que les attestations fiscales qu'il était en mesure de produire faisaient apparaître une cotisation d'impôt sur le revenu nulle en Suisse, il ne pouvait invoquer l'existence de revenus exonérés susceptibles de venir en déduction de la base d'imposition forfaitaire.

Prise en compte du domicile

1939 L'article 168 du CGI, dans la mesure où il tend à déterminer une base d'imposition réelle, ne concerne pas les **non-résidents** (BOI-CF-IOR-60-20-10-10 n° 40). Il avait en outre été jugé qu'un contribuable ne pouvait être imposé au titre de l'article 168 du CGI s'il n'était pas domicilié fiscalement en France au titre de l'année précédant l'année d'imposition et s'il n'y avait été imposé qu'en application de l'ancien article 164 C du même Code, dans la mesure où l'appréciation de la disproportion entre le train de vie et les revenus doit être effectuée sur deux années (CAA Paris 6 juin 2003 n° 98-278, 2e ch. B, Stevens : RJF 11/03 n° 1198, aux conclusions Bataille au BDCF 11/03 n° 131 ; arrêt définitif).

Cette solution n'a cependant plus guère d'actualité dans la mesure où la loi de finances pour 2004 a limité la période de référence à la seule année d'imposition.

c. Dividendes de source étrangère

Application du prélèvement forfaitaire unique (PFU)

1950 D'une façon générale, pour les impositions dont le fait générateur est intervenu depuis le 1er janvier 2018, les revenus et gains en capital (revenus du capital, intérêts et plus-values) réalisés par les personnes physiques domiciliées en France sont assujettis à un prélèvement forfaitaire unique au taux global de **30 %** (Loi n° 2017-1837 du 30 décembre 2017 de finances pour 2018, art. 28 ; CGI art. 200 A) ; ce taux correspond à l'addition des taux de 12,8 % et 17,2 % applicables respectivement à l'impôt sur le revenu et aux prélèvements sociaux.

Le prélèvement forfaitaire unique est applicable aux revenus distribués de source française ou étrangère (CGI art. 200 A, 1-A-1), à savoir :
– les produits d'actions et de parts sociales (**dividendes**) et, de manière plus générale, l'ensemble des revenus distribués, y compris les revenus réputés distribués (à l'exception, notamment, d'une fraction des revenus mobiliers des impatriés ; n° 2305) ;
– les rémunérations alloués aux membres du conseil d'administration ou du conseil de surveillance des sociétés anonymes (autrefois appelés « jetons de présence » ordinaires, non imposables en tant que traitements et salaires) ;

– les sommes réparties par les **FCP** et les revenus d'actifs mobiliers des FPI ;
– les produits résultant de la première cession d'**usufruit temporaire** qui se rattachent à la catégorie des revenus mobiliers.

Le prélèvement de 30 % est applicable à ces produits sans déduction de l'**abattement** de 40 % sur les dividendes d'actions et revenus assimilés (n° 1958) ni des **dépenses** engagées pour l'acquisition ou la conservation des revenus ni de la CSG. En cas d'option pour le barème progressif, voir n° 1955. En cas de paiement dans un **ETNC**, voir n° 1975. Sur la combinaison avec le prélèvement forfaitaire obligatoire non libératoire, voir n° 1965.

Précisions **a.** La **contribution exceptionnelle** sur les hauts revenus de 3 % ou 4 % est applicable, le cas échéant (n° 1918, Précisions d).

b. Les revenus mobiliers (dividendes, intérêts, etc.) et les plus-values de cession de titres sont exclus du champ d'application du **prélèvement à la source de l'impôt sur le revenu** (n° 1932) ; les revenus mobiliers et les gains mobiliers n'étaient donc pas concernés par « l'année blanche » en 2018.

Imputation éventuelle de la retenue à la source étrangère

L'impôt retenu à la source à l'étranger sur les produits distribués à une personne physique domiciliée en France est imputable sur le prélèvement forfaitaire unique dans la limite du **crédit d'impôt** auquel il ouvre droit dans les conditions prévues par les conventions fiscales. **1952**

À notre avis, la retenue à la source étrangère est imputable non seulement sur la fraction du prélèvement calculée au taux de 12,8 %, correspondant à l'impôt sur le revenu, mais également sur la fraction calculée au taux de 17,2 %, correspondant aux prélèvements sociaux ; ceux-ci sont en effet considérés, sauf exception, comme des impôts sur le revenu pour l'application des conventions fiscales (n° 3775).

Option possible pour le barème ordinaire

Sur option expresse et irrévocable, les revenus mobiliers de source étrangère peuvent être soumis au barème progressif de l'impôt sur le revenu (CGI art. 200 A, 2) ; ils sont alors pris en compte dans le revenu net global (en pratique, cette option peut s'avérer avantageuse pour les contribuables les plus modestes). **1955**

Il n'est cependant pas possible de limiter l'option aux seuls revenus de source étrangère ; l'option revêt nécessairement un caractère global et porte sur **l'ensemble des revenus**, gains nets, profits et créances entrant dans le champ d'application du prélèvement forfaitaire unique. L'option peut être exercée chaque année lors du dépôt de la déclaration de revenus et, au plus tard, avant la date limite de déclaration. Dans ce cas, les revenus mobiliers sont imposables pour leur montant net et après application, le cas échéant, de l'**abattement de 40 %** (n° 1958). En ce qui concerne les modalités d'imposition, voir n° 61205.

Précisions L'option pour le barème progressif étant **globale**, il n'est pas possible de bénéficier de l'abattement de 40 % pour les dividendes (n° 1958) et du taux de 12,8 % pour les autres revenus mobiliers ou plus-values.

Abattement de 40 %

En cas d'option pour le barème ordinaire, les dividendes de source étrangère bénéficient, comme les dividendes de source française, d'un abattement de 40 % destiné à atténuer la double imposition économique résultant du cumul de l'impôt sur les sociétés et de l'impôt sur le revenu (CGI art. 158, 3-2 ; BOI-RPPM-RCM-20-10-30-10). **1958**

Pour y être éligibles, les dividendes étrangers doivent toutefois respecter certaines conditions :
– les distributions doivent être effectuées par des sociétés résidentes d'un État membre de l'**Union européenne** ou d'un État lié à la France par une **convention fiscale** contenant une clause d'assistance administrative en vue de lutter contre la fraude ou l'évasion fiscale ; sont donc notamment exclus les revenus distribués par des sociétés établies dans des États ou territoires n'ayant conclu aucune convention fiscale avec la France (BOI préc. n° 100, renvoyant aux BOI-ANNX-000306 et BOI-ANNX-000082 ; ce dernier est le plus intéressant, mais il n'est pas à jour car il fournit une liste datée du 15 février 2000), de même que ceux qui proviennent d'États ou territoires qui auraient conclu avec la France une convention fiscale qui ne serait pas une convention d'assistance administrative (n° 74082) ;

– la société étrangère distributrice doit être passible d'un **impôt équivalent à l'impôt sur les sociétés** ; l'administration a précisé (BOI préc. n° 80) qu'il s'agit des impôts de quotité exprimés en unité monétaire, assis sur le résultat fiscal, non déductibles de ce résultat et qui sont versés à titre définitif et sans contrepartie au profit d'États souverains, d'États membres d'États fédéraux ou confédérés ou autres subdivisions politiques d'un État (cantons) ou de territoires non souverains jouissant de l'autonomie financière par rapport à l'État souverain dont ils dépendent (territoires et collectivités territoriales d'outre-mer…) ; une liste des impôts équivalents à l'impôt sur les sociétés français pour différents pays, y compris ceux qui sont membres de l'Union européenne ou de l'Espace économique européen, est donnée au BOI-ANNX-000071 (ne constituent pas des impôts équivalents à l'impôt sur les sociétés, notamment, les impôts assis sur le capital, les impôts fonciers ou les impôts comparables à l'ancienne taxe professionnelle ou à la contribution économique territoriale) ;
– les dividendes doivent être distribués en vertu d'une **décision régulière** des organes compétents des sociétés concernées (y compris en ce qui concerne le boni de liquidation et les distributions exceptionnelles de réserves) ; selon l'administration, lorsque la distribution provient d'une société établie hors de France, il convient d'examiner les conditions dans lesquelles la distribution a été effectuée au regard de la réglementation en vigueur dans l'État ou territoire concerné et d'apprécier la régularité de la distribution **par analogie** avec les règles françaises (BOI préc. n° 320).

Précisions **a.** Les **rémunérations et avantages occultes**, les rémunérations des **administrateurs** et des membres du conseil de surveillance (autrefois appelés « jetons de présence »), et les revenus imposables au titre de l'article **123 bis** du CGI (nos 73670 s.) ne sont pas éligibles à l'abattement de 40 %, ni ceux distribués par les **SIIC** ou les **sociétés d'investissement étrangères** de même nature que les sociétés françaises du type Sicav (nos 1960 s.) ou SCR, par exemple.

b. Pour déterminer si une distribution réalisée à l'étranger est **régulière**, il faut d'abord examiner si elle l'est au regard du droit étranger qui la régit et, plus précisément, si elle a respecté un minimum de formalités, permettant de qualifier ensuite l'opération au regard du droit français. Une décision de l'**assemblée générale** ne peut être exigée si le droit de l'État de résidence de la société distributrice ne l'impose pas ; mais l'administration estime que si le droit étranger subordonne la qualification de la distribution à la réalisation d'une formalité, il convient de s'assurer que celle-ci a été respectée (BOI-RPPM-RCM-20-10-30-10 n° 330). Si le droit étranger n'exige aucun **formalisme** en matière de décision de distribution (par exemple, une distribution décidée de son propre chef par le dirigeant de la société sans même une consignation sur un registre ou un procès-verbal), et si la décision de distribution n'a été mentionnée sur aucun document, la distribution n'ouvre pas droit à l'abattement (BOI préc. n° 340). Si, au contraire, un minimum de formalisme a été respecté (par exemple consignation sur un registre ou un procès-verbal), l'abattement est applicable.

c. À titre d'exemple, l'administration a indiqué que les règles relatives aux dividendes de source française s'appliquent aux dividendes versés par des sociétés **botswanaises** (BOI-INT-CVB-BWA-20 n° 200) et **ouzbèkes** (BOI-INT-CVB-UZB-20 n° 100).

d. Les dividendes distribués par des sociétés **monégasques** relevant de l'impôt sur les bénéfices (ISB) à des bénéficiaires domiciliés en France au sens de l'article 4 B du CGI ou qui y sont fiscalement domiciliés en vertu de l'article 7 § 1 de la convention franco-monégasque (n° 3610) sont éligibles à l'abattement de 40 % (BOI-INT-CVB-MCO-10 n° 250) ; celui-ci s'applique également aux revenus distribués de **source suisse** perçus depuis le 1er janvier 2010 (BOI-RPPM-RCM-20-10-30-10 n° 120 ; sous l'empire de la convention fiscale franco-suisse avant l'entrée en vigueur de l'avenant du 27 août 2009, la non-application de l'abattement avait été confirmée par CAA Paris 6 avril 2017 n° 17PA00043, 2e ch., arrêt définitif).

Fonds étrangers

1960 En cas d'option globale pour le barème progressif, l'abattement de 40 % s'applique aux revenus distribués perçus par l'intermédiaire de certains organismes de placement collectif ou sociétés d'investissement assimilées (CGI art. 158, 3, 4°) et aux entités européennes similaires (Loi n° 2017-1837 du 30 décembre 2017 de finances pour 2018, art. 28) :
– organismes de placement collectif en valeurs mobilières (Sicav et FCP), fonds d'investissement alternatifs (FIA) prenant la forme de Sicav ou FCP, sociétés de capital-risque ou de fonds de placement immobilier (CGI art. 158, 3, 4°-a) ;
– organismes et sociétés similaires constitués sur le fondement d'un droit étranger et établis dans un autre État membre de **l'Union européenne** ou dans un autre État partie à l'accord sur l'Espace économique européen ayant conclu avec la France une convention d'assistance administrative en vue de lutter contre la fraude et l'évasion fiscales (Islande, Liechtenstein et Norvège) sous réserve que soient ventilées par les organismes ou sociétés concernés leurs distributions ou répartitions en fonction de leur nature et origine (**couponnage** des distributions ; CGI art. 158, 3, 4°-b à d).

Incidences du prélèvement non libératoire

Les revenus mobiliers sont soumis, sous réserve de certaines exceptions, à un prélèvement forfaitaire non libératoire perçu à titre d'**acompte** (CGI art. 117 quater) ; ils sont ensuite soumis à l'impôt sur le revenu (prélèvement forfaitaire unique ou, sur option globale, barème progressif), sous déduction de l'impôt initialement prélevé à la source. Le prélèvement forfaitaire non libératoire est, depuis le 1er janvier 2018, prélevé au même taux que celui du prélèvement forfaitaire unique, soit 12,8 % (CGI art. 117 quater, I-1 ; en sus du prélèvement de 12,8 %, les prélèvements sociaux sont dus au taux de 17,2 %). Le prélèvement est restituable en cas d'excédent par rapport à l'impôt sur le revenu. 1965

En ce qui concerne les **dividendes de source étrangère**, le prélèvement s'applique sur le montant brut des revenus déduction faite de l'impôt perçu à l'étranger mais augmenté du crédit d'impôt correspondant (BOI-RPPM-RCM-30-20-30 n° 10 ; en pratique, l'assiette du prélèvement ne tient donc pas compte des retenues à la source étrangères) ; les crédits d'impôt correspondant aux retenues à la source étrangères ne sont pas imputables sur le prélèvement mais sur le montant de l'impôt finalement exigible (n° 1952).

Précisions Si l'**établissement payeur** est établi hors de France, les bénéficiaires ne sont pas soumis au prélèvement lorsqu'ils appartiennent à un foyer fiscal dont le revenu fiscal de référence de l'avant-dernière année est inférieur à 50 000 € pour les contribuables célibataires, divorcés ou veufs et à 75 000 € pour les contribuables soumis à imposition commune (BOI-RPPM-RCM-30-20-10 n° 350) ; lorsque l'établissement payeur est établi en France, ils sont en principe soumis au prélèvement mais peuvent demander à en être dispensés.

Modalités pratiques D'une façon générale, le prélèvement forfaitaire non libératoire est effectué (BOI-RPPM-RCM-30-20-50 n° 20) : 1967

– **par l'établissement payeur** des revenus, lorsque celui-ci est établi en France ou lorsqu'il est établi hors de France dans un État partie à l'accord sur l'Espace économique européen (EEE) ayant conclu avec la France une convention d'assistance administrative en vue de lutter contre la fraude et l'évasion fiscales (Union européenne, Islande, Liechtenstein et Norvège) et qu'il a été mandaté par le contribuable à cet effet ;

– ou **par le contribuable** lui-même, lorsque l'établissement payeur des revenus est établi hors de France dans un État partie à l'accord sur l'EEE et que le contribuable ne l'a pas mandaté à cet effet, ou lorsque l'établissement payeur est établi dans un État non partie à l'accord sur l'EEE.

Le contribuable reste toujours le redevable légal du prélèvement, ainsi que des prélèvements sociaux correspondants.

Précisions **a.** L'**établissement payeur** des revenus désigne la personne qui **assure le paiement** des revenus distribués ; en pratique, il s'agit de l'établissement financier teneur du compte de titres du contribuable ou, à défaut, de la société distributrice.

b. L'établissement payeur est **considéré comme établi** en France lorsqu'il a en France son siège social ou un établissement stable (par exemple, la succursale française d'une banque dont le siège est situé hors de France) ; dans cette dernière situation, le compte de titres du contribuable doit toutefois être géré par cet établissement stable.

Prélèvement effectué par le contribuable Lorsque le contribuable se charge lui-même des obligations déclaratives et de paiement du prélèvement forfaitaire non libératoire et des prélèvements sociaux correspondants, il est tenu de souscrire, dans les quinze premiers jours du mois qui suit celui du paiement des revenus, une **déclaration** spécifique n° 2778-DIV-SD, intitulée « Prélèvement forfaitaire et prélèvements sociaux sur les revenus distribués payés par une personne établie hors de France » (BOI-RPPM-RCM-30-20-50 n° 290). Cette déclaration doit mentionner le montant des revenus distribués soumis au prélèvement obligatoire et aux prélèvements sociaux, ainsi que le montant de ces prélèvements ; elle doit être déposée, accompagnée du paiement des impôts dus, au service des impôts du domicile du contribuable. 1968

Ces règles sont notamment applicables lorsque **l'établissement payeur** des revenus distribués est établi hors de France dans un État non partie à l'accord sur l'Espace économique européen (BOI préc. n° 410).

Prélèvement effectué par un établissement payeur européen Le contribuable peut **mandater** l'établissement payeur pour qu'il s'acquitte, en son nom et pour 1970 son compte, des obligations déclaratives et de paiement, sous réserve que cet établissement payeur soit établi dans un autre État de l'Union européenne ou de l'Espace économique européen (nº 1967 ; BOI-RPPM-RCM-30-20-50 nºs 320 s.) ; dans ce cas, le contribuable doit être en mesure de produire le mandat à l'administration, sur sa demande.

C'est alors l'établissement payeur qui s'acquitte des **obligations déclaratives** et de **paiement** du prélèvement obligatoire et des prélèvements sociaux correspondants ; il doit déposer une déclaration nº 2778-DIV-SD, pour le compte et au nom du contribuable, en mentionnant le montant des revenus distribués soumis au prélèvement et aux prélèvements sociaux, ainsi que le montant de ces prélèvements, dans les quinze premiers jours du mois qui suit celui du paiement des revenus. La déclaration doit être déposée, assortie du paiement du prélèvement forfaitaire obligatoire et des prélèvements sociaux dus, à la recette des non-résidents de la Direction des impôts des non-résidents (nº 2840, Précisions b).

Les formalités déclaratives et de paiement peuvent être effectuées par l'établissement payeur :
– soit **individuellement**, pour chacune des personnes physiques qui l'ont mandaté ;
– soit **globalement**, pour l'ensemble des personnes physiques qui l'ont mandaté ; pour pouvoir déposer une déclaration globale, l'établissement payeur européen doit avoir conclu une convention avec l'administration fiscale française (CGI art. 117 quater, III-3) ; cette convention doit être établie conformément à un modèle reproduit au BOI-LETTRE-000036 (BOI-RPPM-RCM-30-20-50 nº 380).

Précisions L'établissement payeur européen est tenu de **transmettre à l'administration**, sur sa demande, les **mandats** qu'il a conclus avec les contribuables fiscalement domiciliés en France ainsi que les renseignements nécessaires à l'établissement des impositions dues (prélèvement forfaitaire et prélèvements sociaux (BOI-RPPM-RCM-30-20-50 nº 470).

Dividendes encaissés dans un État ou territoire non coopératif

1975 Il résulte de l'article 22 de la loi nº 2009-1674 du 30 décembre 2009 de finances rectificative pour 2009 que les dividendes **de source française** qui sont **payés hors de France** dans un État ou territoire non coopératif au sens de l'article 238-0 A du CGI (nºs 71555 s.), autre que ceux mentionnés au 2º du 2 bis de l'article 238-0 A du CGI (nº 71562), sont passibles de la **retenue à la source**, indépendamment de la résidence du bénéficiaire (CGI art. 119 bis, 2) ; ce texte, qui s'applique notamment lorsque le bénéficiaire est fiscalement domicilié en France, concerne les dividendes payés depuis le 1er mars 2010. La retenue à la source est prélevée au taux de **75 %** (CGI art. 187, 2 ; voir également nº 60973, Précisions c).

Sommes mises à disposition par une société étrangère

1977 L'imposition au titre des revenus de capitaux mobiliers de sommes versées par une société étrangère à une personne physique domiciliée en France a donné lieu à divers développements jurisprudentiels :
– des sommes figurant sur le compte bancaire personnel d'un contribuable dirigeant d'une **société de droit américain** et provenant de cette dernière ont été considérées comme des revenus de capitaux mobiliers imposables sur le fondement de l'article 120, 3º du CGI (TA Paris 13 décembre 2012 nº 1104980, 2e sect., 3e ch., Langsdorff : RJF 7/13 nº 726 ; jugement devenu définitif à la suite d'un appel suivi d'un désistement) ; l'intéressé n'avait pu justifier qu'il s'agissait d'un prêt ;
– des sommes figurant au **crédit du compte courant d'associé** d'un résident de France dans une **société britannique** et versées par deux autres sociétés en remboursement de frais engagés pour le compte de ces dernières ne peuvent être regardées comme des revenus distribués au sens de l'article 120, 3º du CGI dès lors que ces sommes n'ont pas été versées par ces sociétés à l'un de leurs associés et qu'elles n'ont fait que transiter par le compte courant d'associé dans la société britannique (CAA Bordeaux 7 novembre 2013 nº 11BX02331, 4e ch., Boden : RJF 5/14 nº 456 ; arrêt définitif). La Cour juge également qu'il ne s'agissait pas de **rémunérations ou avantages occultes** sur le fondement de l'article 111 du CGI car cet article n'était pas applicable, la société britannique n'étant pas soumise à l'impôt sur les sociétés en France (CGI art. 108) ;
– les sommes versées à un actionnaire domicilié en France par une société luxembourgeoise sont imposables sur le fondement de l'article 120, 3º du CGI alors même que leur mise à disposition n'a pas été décidée par **l'assemblée générale des actionnaires** (CE 11 octobre 2017 nº 399011, 3e et 8e ch. : RJF 1/18 nº 35) ;

– une personne physique domiciliée en France n'a pu échapper à l'imposition, dans la catégorie des revenus de capitaux mobiliers, de sommes mises à sa disposition par une société luxembourgeoise en 2008 et 2009 en se bornant à **alléguer qu'il s'agissait de prêts**, sans produire de convention de prêt ni aucun document prévoyant des modalités de remboursement (CAA Paris 3 décembre 2020 n° 20PA00247, 2e ch. ; cet arrêt a fait l'objet d'un pourvoi qui n'a pas été admis sur ce point par CE 2 février 2022 n° 449408, 9e ch. ; sur un autre aspect de cette affaire, voir n° 73865) ; la seule circonstance que des intérêts aient été calculés dans la comptabilité de la société ne permettait pas d'établir l'existence d'opérations de prêts, dès lors que cette société, directement ou indirectement contrôlée par l'intéressé, n'était pas indépendante de ce dernier ; en outre, la circonstance que des remboursements de prêts auraient été constatés en 2018 ne pouvait valablement être invoquée, les versements en cause étant intervenus après le début du contrôle.

Instruments financiers à terme

Sous réserve des dispositions propres aux bénéfices industriels et commerciaux, aux bénéfices non commerciaux et aux bénéfices agricoles, les profits nets réalisés, directement, par personne interposée ou par l'intermédiaire d'une fiducie, lors du dénouement ou de la cession à titre onéreux d'instruments financiers à terme au sens de l'article L 211-1, III du Code monétaire et financier (**warrants, swaps**, etc.), par des personnes physiques fiscalement domiciliées en France sont imposés selon le régime des plus-values mobilières (CGI art. 150 ter). Il en va ainsi quel que soit le lieu de réalisation de l'opération, en France ou hors de France. **1978**

Pour les profits réalisés depuis le 1er janvier 2017, lorsque le teneur de compte ou, à défaut, le cocontractant a son domicile fiscal ou est établi dans un **État ou un territoire non coopératif** (n° 71560), l'imposition est toutefois établie au taux forfaitaire de 50 % (les pertes demeurent imputables dans les conditions de droit commun ; BOI-RPPM-PVBMI-70-20 n° 255). Il en va différemment, et les profits réalisés sont alors imposés dans les conditions de droit commun, s'il s'agit d'un ETNC qui figure sur la liste en application des critères posés par l'article 238-0 A, 2 bis-2° du CGI (le taux majoré ne s'applique donc qu'en présence d'un ETNC qui figure sur la liste en application des critères « français » ou des critères « européens » autres que ceux tenant aux « montages extraterritoriaux » au sens indiqué n° 71555) ; en outre, le droit commun est également applicable si le contribuable démontre que les opérations auxquelles se rapportent ces profits correspondent à des opérations réelles qui n'ont ni pour objet ni pour effet de permettre, dans un but de fraude fiscale, leur localisation dans un tel État ou territoire (CGI art. 150 ter, 3 dans sa rédaction issue de l'article 36 de la loi n° 2016-1918 du 29 décembre 2016 de finances rectificative pour 2016).

Précisions Selon la doctrine administrative (BOI-RPPM-PVBMI-70 n° 1), les instruments financiers à terme sont des contrats qui engagent deux parties, un vendeur et un acheteur, à la réalisation d'une **opération future fondée sur un actif sous-jacent** (action, obligation, indice boursier, devise, matière première, un autre produit dérivé etc.), qui ne requiert qu'une faible mise de fonds initiale et dont le règlement s'effectue à une date déterminée ou non par le contrat. Ces contrats (opérations réalisées sur les marchés à terme d'instruments financiers, options et bons d'options) peuvent couvrir un risque financier (risque de change, de taux ou de cours des matières premières) ou permettre de réaliser des gains en spéculant sur l'évolution des marchés.

d. Intérêts de source étrangère

Prélèvement forfaitaire unique

L'ensemble des produits de **placement à revenu fixe** (obligations, créances, dépôts, cautionnements, titres de créances négociables, bons de caisse, comptes courants...) entre, pour les impositions dont le fait générateur est intervenu depuis le 1er janvier 2018, dans le champ d'application du prélèvement forfaitaire unique de **30 %** (Loi n° 2017-1837 du 30 décembre 2017 de finances pour 2018, art. 28). **1980**

Par conséquent, les règles mentionnées au n° 1950 sont applicables aux intérêts de source étrangère bénéficiant aux personnes physiques fiscalement domiciliées en France.

Prélèvement forfaitaire non libératoire

L'institution du mécanisme du prélèvement forfaitaire unique, depuis le 1er janvier 2018, n'a pas fait disparaître le mécanisme du prélèvement forfaitaire non libératoire applicable **1982** depuis le 1er janvier 2013 et désormais calculé au même **taux** que celui du prélèvement forfaitaire unique (CGI art. 125 A, III bis).

Ce prélèvement s'applique aux **intérêts** et à certains autres produits de même nature versés aux personnes physiques domiciliées en France, que ces produits soient de source française ou étrangère et que l'établissement payeur soit établi en France ou hors de France ; il n'a qu'un caractère d'acompte (les principes indiqués au n° 1965 sont transposables). Lorsque l'**établissement payeur** est établi **hors de France**, le prélèvement est déclaré et acquitté :
– soit par le contribuable lui-même ;
– soit par la personne qui assure le paiement des revenus, produits et gains lorsqu'elle est établie hors de France dans un État membre de l'Union européenne, ou dans un autre État partie à l'accord sur l'Espace économique européen ayant conclu avec la France une convention administrative en vue de lutter contre la fraude et l'évasion fiscales (Islande, Liechtenstein et Norvège), et qu'elle a été mandatée à cet effet par le contribuable.

Le **redevable légal** du prélèvement reste le contribuable domicilié en France qui perçoit les revenus (BOI-RPPM-RCM-30-20-20 n° 90).

Enfin, pour les revenus de source étrangère, le montant brut des produits imposables comprend, le cas échéant, le **crédit d'impôt** conventionnel. Ce crédit d'impôt n'est pas imputable sur le prélèvement, mais il le sera sur le montant de l'impôt sur le revenu qui sera ensuite liquidé au vu de la déclaration d'ensemble des revenus comprenant les revenus soumis au prélèvement (BOI-RPPM-RCM-30-20-30 nos 10 et 20).

Précisions **a.** Lorsque l'**établissement payeur** est établi hors de France, les bénéficiaires d'intérêts et assimilés de source étrangère appartenant à un foyer fiscal dont le revenu fiscal de référence de l'avant-dernière année est inférieur à 25 000 € pour les contribuables célibataires, divorcés ou veuf et à 50 000 € pour les contribuables soumis à imposition commune ne sont pas soumis à ce mécanisme d'acompte sans avoir à demander à en être dispensés (BOI-RPPM-RCM-30-20-10 n° 220).

b. Dès lors que, comme les OPCVM français, les OPCVM européens agréés conformément à la directive 2009/65/CE « OPCVM IV » ou « UCITS IV » ainsi que les FIA relevant de la directive 2011/61/UE du 8 juin 2011 (directive AIFM), similaires à des Sicav ou FCP de droit français, sont en mesure d'individualiser leurs distributions (**« couponnage » des distributions**), les produits de placements à revenu fixe sont soumis au prélèvement prévu au I de l'article 125 A du CGI et les revenus distribués sont soumis au prélèvement prévu au I de l'article 117 quater du CGI (BOI-RPPM-RCM-30-20-10 n° 400).

c. L'impôt sur le revenu sur lequel le prélèvement est **imputable** s'entend de la cotisation liquidée sur le revenu net global du contribuable (CGI, art. 193), la base d'imposition comprenant le montant brut des revenus et produits soumis au prélèvement (c'est-à-dire le montant net perçu par le contribuable auquel il convient d'ajouter le montant du prélèvement acquitté lors de la perception du revenu). En cas d'insuffisance, le prélèvement est **restituable** si le contribuable est domicilié en France.

Assurance-vie et bons ou contrats de capitalisation étrangers

1983 Les règles applicables aux produits des contrats d'assurance-vie et des bons ou contrats de capitalisation sont généralement les mêmes que ces produits soient de source française ou étrangère.

Les produits des contrats d'assurance-vie (ou bons ou contrats de capitalisation) attachés à des primes versées depuis le 27 septembre 2017 font l'objet du **prélèvement forfaitaire non libératoire** (n° 1982) au taux de 7,5 % si la durée du contrat est supérieure ou égale à huit ans et au taux de 12,8 % si la durée est inférieure (contrats souscrits depuis le 1er janvier 1990 ; antérieurement le critère de durée était de six ans). Ce prélèvement s'applique aux bons ou contrats souscrits auprès d'entreprises françaises ou étrangères (CGI art. 125-0A, II-2). Il est imputable sur l'impôt sur le revenu dû l'année suivante, calculé au taux du **prélèvement forfaitaire unique** (ou au barème progressif, en cas d'option globale ; n° 1955) sous déduction de l'impôt prélevé à la source.

Le **taux** du prélèvement forfaitaire unique est, pour les produits des contrats d'une durée inférieure à huit ans, de 12,8 % (barème progressif de l'impôt sur le revenu, en cas d'option globale). Le prélèvement forfaitaire non libératoire prélevé à la source s'impute sur l'impôt sur le revenu dû au titre de l'année au cours de laquelle il a été opéré. S'il excède l'impôt dû, l'excédent est restitué.

Pour les contrats d'une durée supérieure ou égale à huit ans, le taux du prélèvement forfaitaire unique est variable selon le montant de l'encours (CGI art. 200 A, 1-B-2°). Il est de

7,5 % lorsque le montant total de l'encours n'excède pas 150 000 € ; lorsque le montant de l'encours dépasse ce seuil, le taux de 7,5 % s'applique au prorata de l'encours ne dépassant pas 150 000 €, la fraction excédentaire étant soumise au taux de 12,8 %.

Sur tous ces points, les produits des bons ou contrats de capitalisation ou d'assurance-vie sont traités de la même manière, qu'ils soient français ou étrangers ; en outre, s'ils sont attachés à des bons ou contrats souscrits auprès d'entreprises d'assurance **établies hors de France** dans un État membre de l'Union européenne ou dans un autre État partie à l'accord sur l'Espace économique européen ayant conclu avec la France une convention d'assistance administrative en vue de lutter contre la fraude et l'évasion fiscales (Islande, Liechtenstein et Norvège), ces produits bénéficient, en application de l'article 122 du CGI, de **l'abattement annuel** de 4 600 € pour les personnes seules et de 9 200 € pour les couples mariés ou pacsés. Cet abattement, qui concerne les contrats d'une durée au moins égale à huit ans (en général), s'applique dans les mêmes conditions que pour les contrats souscrits en France ; il se calcule **en totalisant les produits** passibles de l'impôt sur le revenu des contrats de plus de huit ans souscrits en France et hors de France auprès d'entreprises d'assurances établies dans un État de l'Union européenne ou dans un autre État partie à l'accord sur l'Espace économique européen (BOI-RPPM-RCM-20-10-20-50 n° 410).

Comme pour les produits des bons ou contrats de capitalisation et d'assurance-vie souscrits auprès d'une entreprise d'assurance établie en France, sont **exonérés** d'impôt sur le revenu les produits des bons ou contrats de capitalisation et d'assurance-vie souscrits auprès d'une entreprise d'assurance établie dans un État partie à l'accord sur l'Espace économique européen :
– avant le 1er janvier 1983, s'ils sont attachés à des primes versées antérieurement au 10 octobre 2019 ;
– après le 1er janvier 1983 et d'une durée égale ou supérieure à huit ans (six ans pour les contrats souscrits entre le 1er janvier 1983 et le 31 décembre 1989), pour la part des produits acquis ou constatés au 31 décembre 1997 et pour la part des produits acquis ou constatés depuis le 1er janvier 1998 et afférents à des versements effectués avant le 26 septembre 1997 (BOI-RPPM-RCM-10-30-10-10 n° 200). L'exonération n'est toutefois possible que si les bons ou contrats en cause présentent des **caractéristiques similaires** aux placements éligibles souscrits auprès d'une entreprise d'assurance établie en France et si l'entreprise d'assurance étrangère présente des caractéristiques semblables à celles des entreprises d'assurance établies en France (BOI préc.).

Pour ces bons ou contrats, les **prélèvements sociaux** sont toutefois dus lors de leur dénouement (rachat partiel ou total). L'assiette des prélèvements sociaux est la même que celle prévue pour les bons ou contrats exonérés d'impôt sur le revenu et souscrits auprès d'une entreprise d'assurance établie en France.

Précisions **a.** Comme pour les bénéficiaires d'intérêts, les personnes dont le revenu fiscal de référence est inférieur à 25 000 € (célibataires, divorcés, veufs) ou 50 000 € (contribuables soumis à imposition commune) peuvent demander à être **dispensées** du prélèvement forfaitaire non libératoire. Le prélèvement forfaitaire non libératoire n'est pas applicable aux produits payés par un établissement établi hors de France à des personnes dont le revenu fiscal de référence est inférieur aux montants mentionnés ci-dessus (CGI art. 125 D, I).

b. Les produits des contrats d'assurance-vie (et bons de capitalisation) se rattachant à des **primes versées jusqu'au 26 septembre 2017** sont soumis à l'impôt sur le revenu selon le barème progressif ou sur option du contribuable à un prélèvement forfaitaire libératoire au taux de 35 % si la durée du contrat est inférieure ou égale à quatre ans, 15 % si cette durée est supérieure ou égale à quatre ans et inférieure à huit ans et 7,5 % si la durée est égale ou supérieure à huit ans. Le prélèvement forfaitaire unique n'est pas applicable à ces produits.

c. Les **gains nets de cession** de bons ou contrats de capitalisation, qu'ils aient été souscrits auprès d'une entreprise établie en France ou hors de France, sont imposables selon les mêmes règles que les produits.

d. Un modèle de convention relative à la **déclaration** et au **paiement** des prélèvements forfaitaires et des prélèvements sociaux dus sur les revenus, produits et gains des placements à revenu fixe et des bons et contrats de capitalisation et d'assurance-vie de source européenne est donné au BOI-LETTRE-000037.

Produits versés dans un ETNC

Un prélèvement obligatoire libératoire est maintenu pour les produits de placement à revenu fixe dont le débiteur est établi en France et qui sont payés hors de France dans un État ou territoire non coopératif (ETNC, au sens indiqué n° 71555), autre que ceux **1988** mentionnés au 2° du 2 bis de l'article 238-0 A du CGI (n° 71562), sauf si le débiteur démontre que les opérations auxquelles correspondent ces produits ont principalement un objet et un effet autres que de permettre leur localisation dans un ETNC (CGI art. 125 A, III et V, al. 2). Le taux du prélèvement est de 75 % depuis le 1er janvier 2013 et la retenue à la source opérée le cas échéant, conformément à l'article 119 bis, 1 du CGI, est imputable sur le prélèvement.

La loi n° 2017-1837 du 30 décembre 2017 de finances pour 2018 (art. 28) a précisé que ce prélèvement obligatoire s'applique quels que soient la qualité du bénéficiaire et le lieu de son domicile fiscal ou de son siège social (CGI art. 125 A, III-al. 2).

e. Plans de stock-options émis par des sociétés étrangères

2000 Rien ne s'oppose à ce qu'un plan de stock-options accordé par une société étrangère soit **éligible** aux avantages prévus par le droit interne français sous réserve du respect des conditions mentionnées nos 2002 et 2005 (CGI art. 80 bis III, prévoyant que le régime s'applique, sous certaines conditions, lorsque l'option est accordée par une société dont le siège est situé à l'étranger).

Conditions tenant à la société émettrice

2002 Si les options sont accordées par une société étrangère, celle-ci doit être mère ou fille de la société française dans laquelle le salarié exerce son activité, par référence à un **seuil de 10 %** du capital (directement ou indirectement ; BOI-RSA-ES-20-10-10 n° 330).

Il est admis que le régime soit applicable aux options sur titres consenties par une société dont le siège est situé à l'étranger aux salariés employés en France au sein d'un **établissement stable** ou d'un **quartier général**, ou au sein d'un établissement stable d'une autre société dont le siège est situé à l'étranger et qui lui est liée, dès lors que cet établissement ou quartier général s'acquitte des obligations déclaratives requises. Par exemple, les salariés d'une succursale française de la filiale britannique d'une société américaine peuvent bénéficier des options sur les titres de cette dernière dans le cadre du régime de faveur (BOI préc.).

Précisions La limite spécifique d'attribution prévue par l'article L 255-186-1 du Code de commerce pour les sociétés cotées doit être respectée par les sociétés étrangères qui attribuent des options sur titres aux **dirigeants** de leurs filiales dont le siège social est situé en France ou à ceux de leurs succursales situées en France (BOI-RSA-ES-20-10-10 n° 335). Dans ce cas, le respect de la condition tenant à l'attribution, la mise en place ou l'amélioration des dispositifs d'actionnariat salarié et d'épargne salariale au profit de l'ensemble des salariés de la société cotée et d'au moins 90 % de l'ensemble des salariés de ses filiales s'apprécie au regard des filiales et succursales françaises de la société étrangère attributrice. Ces dispositions s'appliquent aux attributions d'options sur titres autorisées par les AGE réunies à compter du 4 décembre 2008. Lorsque la durée de validité de l'autorisation donnée par l'AGE (ou l'organe équivalent) est supérieure à trente-huit mois sans que soit remis en cause le bénéfice du régime fiscal spécifique (n° 2005), ces dispositions s'appliquent aux attributions d'options sur titres réalisées au plus tard le 4 décembre 2014 si elles sont réalisées sur la base d'une autorisation de l'AGE antérieure au 4 décembre 2008.

Conditions tenant aux caractéristiques des options

2005 Les options doivent être offertes dans le cadre de plans dont les caractéristiques respectent la législation française ; il en va ainsi notamment de la condition selon laquelle le **prix d'exercice** de l'option doit être fixé à la date de l'attribution des options ainsi que des conditions relatives au **rabais**, aux limitations touchant au pourcentage de détention du capital, aux règles relatives aux mandataires sociaux et à l'homogénéité des règles d'évaluation lorsque les options portent sur des titres de sociétés non cotées.

L'administration précise que la procédure formelle prévue de l'article L 225-177 du Code de commerce à l'article L 225-186 du même Code (décision de l'assemblée générale extraordinaire) doit être adaptée aux règles de droit commercial applicables à la société émettrice étrangère ; ainsi, **la décision d'autorisation** doit être prise par l'organe ad hoc de la société étrangère habilité, lequel peut être différent de celui qui a compétence en matière de décision relative au capital (BOI-RSA-ES-20-10-10 n° 350).

En ce qui concerne la **validité de l'autorisation** donnée par l'organe habilité, en principe limitée à trente-huit mois, l'administration admet, pour les sociétés étrangères, que les autorisations données, conformément à la législation commerciale étrangère applicable, pour une **durée** supérieure à trente-huit mois, ne fasse pas obstacle à l'application du régime spécifique attaché aux options sur titres, à condition toutefois que cette autorisation ait été donnée pour une durée déterminée raisonnable. À titre de règle pratique, une durée d'autorisation égale à soixante-seize mois peut être considérée comme une durée limitée raisonnable (BOI préc. n° 360).

Au-delà de cette limite, le régime fiscal spécifique des options sur titres ne saurait en principe s'appliquer ; cela étant, dans cette situation, l'éligibilité des options attribuées au régime défini à l'article 80 bis du CGI n'est pas remise en cause, toutes conditions étant par ailleurs remplies, si la société attributrice est soumise à des **règles qui apportent les mêmes garanties** que la législation commerciale française en matière de protection des actionnaires et de transparence de l'activité du conseil d'administration ou de l'organe équivalent. Tel est notamment le cas des sociétés qui sont soumises à la loi américaine « Securities Exchange Act of 1934 » et dont les titres sont admis au Nyse ou au Nasdacq (BOI préc.). Il en va de même des marchés hors de l'Espace économique européen régis par des règles analogues.

Le suivi nominatif des titres doit être assuré par le caractère nominatif des titres ou par leur individualisation dans un compte-titres spécifique.

Dans l'hypothèse où le plan ne serait pas éligible au régime de faveur, il est possible de mettre en place un « **sous-plan** » respectant les caractéristiques de la loi française et qui n'est applicable qu'aux seuls salariés résidents de France, à condition que ce sous-plan soit adopté par l'organe social étranger compétent en matière de modification du capital social. L'administration indique qu'il n'est pas nécessaire que, dans le cadre de son adaptation au Code de commerce français, le plan (ou le sous-plan) étranger reprenne in extenso les dispositions pertinentes de ce Code ; en revanche, il doit mentionner expressément les modifications dont ses dispositions dérogatoires au Code de commerce font l'objet pour s'y conformer (BOI préc. n° 380).

Obligations déclaratives

Les obligations qui incombent normalement à la société qui consent les options sont mises à la charge de la **société mère française** (**ou** de la **filiale française**) qui emploie les salariés bénéficiaires. **2008**

La société française doit donc être tenue **informée** des dates d'attribution et de levée des options ainsi que de celle des transferts de propriété.

De leur côté, les bénéficiaires sont astreints aux mêmes obligations déclaratives qu'en ce qui concerne les options accordées par des sociétés françaises.

Précisions **a.** Un raisonnement par **assimilation** avait été fait par d'anciennes décisions de rescrit concernant des opérations de réorganisation de sociétés étrangères ayant émis des plans (BF 8-9/06 n°s 865 et 866).

b. Sur les questions liées aux **activités transfrontalières** et au changement de domicile des bénéficiaires, voir n°s 42900 s.

c. En ce qui concerne les opérations de **restructuration de sociétés étrangères**, voir n° 2024, Précisions g.

Actions acquises à un prix préférentiel hors régime légal

Les avantages qui résultent de l'attribution d'options sur titres qui ne respectent pas les conditions fixées par le Code de commerce (« **plans non qualifiés** ») constituent en principe un **complément de salaire** imposable dans les conditions de droit commun. La circonstance que des options d'achat d'actions ou des bons de souscription d'actions ont été acquis ou souscrits à un **prix préférentiel** est, en effet, de nature à révéler l'existence d'un avantage qui, lorsqu'il trouve essentiellement sa source dans l'exercice par l'intéressé de ses fonctions de dirigeant ou salarié, est imposable dans la catégorie des **traitements et salaires** ; ce principe s'applique notamment lorsqu'un contribuable lève une option d'achat d'actions qui lui a été consentie en dehors du régime de faveur prévu par la loi et en cas d'exercice de bons de souscription d'actions lorsque les gains trouvent essentiellement leur source dans l'exercice de fonctions salariées (CE 13 juillet 2021 n°s 428506, 435452 et 437498, Plén. : RJF 10/21 n°s 922, 923 et 924, trois décisions rendues à propos de l'imposition des gains de « management **2012** package », dans l'ordre interne) ; les gains sont normalement imposables au titre de l'année d'acquisition ou de souscription des options ou des bons (le caractère préférentiel du prix est sans incidence sur la nature des gains réalisés ultérieurement par le contribuable lors de l'exercice des options ou bons, lors de la cession des titres ainsi acquis ou lors de la cession des bons). Les principes posés par ces décisions ont ensuite été repris à propos de cadres d'un groupe ayant bénéficié d'un mécanisme reposant notamment sur la constitution d'une holding luxembourgeoise et leur garantissant le prix de cession de titres à des conditions avantageuses trouvant essentiellement leur source dans l'exercice de leurs fonctions de salarié (CE 17 novembre 2021 n° 439609, 8e ch. : RJF 2/22 n° 147) et à propos d'un dirigeant qui avait en outre constitué une holding belge exonérée d'impôt sur les plus-values de cession (CE 28 janvier 2022 n° 433965, 10e et 9e ch. : RJF 4/22 n° 353 ; voir n° 72640 I).

Précédemment, un salarié domicilié en France qui avait acquis des actions de son employeur suisse à un **prix nettement inférieur à celui résultant du marché** a été considéré comme bénéficiant d'un avantage en argent imposable sur le fondement de l'article 82 du CGI, qui prévoit que, pour la détermination des bases d'imposition, il est notamment tenu compte du montant net de tous les avantages en argent ou en nature accordés aux contribuables en sus des salaires proprement dits (CAA Nancy 16 mai 2007 n° 05NC00560, 2e ch., arrêt définitif réformant partiellement TA Strasbourg 8 mars 2005 n° 01-3211, 1e ch., Weingaessel : RJF 4/06 n° 383, à propos d'un frontalier travaillant en Suisse mais imposable en France). Dans cette affaire, la Cour juge que les actions acquises étaient devenues immédiatement la propriété du contribuable, **nonobstant leur indisponibilité convenue** et leur gestion par une fondation, et que par suite l'avantage était acquis dès la date d'achat ; l'administration ne pouvait donc, sans méconnaître l'article 12 du CGI, soumettre cet avantage à l'impôt sur le revenu au titre de l'année au cours de laquelle le salarié avait effectivement disposé des actions (il ne résultait pas de l'instruction, et l'administration ne le soutenait d'ailleurs pas, qu'il avait vendu au cours de cette année les actions achetées et qu'il devait en conséquence être imposé au titre d'une plus-value de cession de valeurs mobilières).

f. Attributions gratuites d'actions par des sociétés étrangères

2020 Les **avantages** fiscaux liés à l'attribution d'actions gratuites aux salariés et aux mandataires sociaux sont **applicables** lorsque l'attribution est effectuée, dans les mêmes conditions que celles prévues par le droit français, par une société étrangère qui est mère ou filiale de l'entreprise dans laquelle l'attributaire exerce son activité (BOI-RSA-ES-20-20-10-20 n° 380, précisant que la notion de relation « mère-fille » s'entend d'un lien établissant une détention directe ou indirecte du capital ou des droits de vote de 10 % entre les sociétés concernées).

Précisions **a.** Le **gain d'acquisition** réalisé lors de la cession d'actions dont l'attribution a été autorisée par une décision de l'assemblée générale extraordinaire **postérieure au 31 décembre 2017** est imposé selon les modalités suivantes (CGI art. 200 A, 3 dans sa rédaction issue de la loi n° 2017-1837 du 30 décembre 2017 de finances pour 2018) :
– le gain ou la fraction du gain n'excédant pas 300 000 € est soumis à l'impôt sur le revenu au barème progressif après application d'un **abattement de 50 %**, indépendamment de la durée de détention (ou, le cas échéant, de l'abattement de 500 000 € (n° 65725) et, pour le surplus, d'un abattement de 50 %) ; les prélèvements sociaux sont applicables (au taux global de 17,2 % sur les revenus du patrimoine) ;
– la fraction du gain excédant 300 000 € est imposée comme un **salaire** selon le barème progressif de l'impôt sur le revenu, sans application d'aucun abattement, et soumise aux prélèvements sociaux sur les revenus d'activité au taux global de 9,7 % et à la contribution salariale au taux de 10 % (le taux de la contribution patronale est de 20 % pour les actions gratuites dont l'attribution est autorisée par une décision de l'assemblée générale extraordinaire postérieure à la publication de la loi).

b. La **plus-value de cession** est passible du prélèvement forfaitaire unique au taux de 30 %.

Nature des sociétés émettrices

2022 Il y a en principe lieu de raisonner **par analogie**, étant observé que les titres attribués doivent être de véritables **titres de capital** au rendement aléatoire (BOI-RSA-ES-20-20-10-20 n° 390) ; les salariés ne doivent, pendant la période d'acquisition, être titulaires que d'un simple droit de créance (BOI préc. n° 450).

Conditions

2024 Dans la mesure où il s'agit de plans étrangers, certaines conditions formelles peuvent être adaptées pour tenir compte de la législation, notamment commerciale, applicable à la société étrangère ; il en va ainsi, par exemple, des conditions tenant à la compétence des **organes sociaux** habilités à autoriser l'attribution d'actions gratuites ou à y procéder effectivement. Mais les conditions de fond d'application du dispositif doivent impérativement être respectées (BOI-RSA-ES-20-20-10-20 n° 420). Le cas échéant, comme pour les plans de stock-options, un « **sous-plan** » français peut cependant être mis en place.

En ce qui concerne la **validité de l'autorisation** donnée par l'organe habilité, en principe limitée à trente-huit mois, l'administration admet, pour les sociétés étrangères, qu'une autorisation donnée, conformément à la législation commerciale étrangère applicable, pour une **durée** supérieure à trente-huit mois, ne fasse pas obstacle à l'application du régime spécifique attaché aux actions gratuites, à condition toutefois que cette autorisation ait été donnée pour une durée déterminée raisonnable. À titre de règle pratique, une durée d'autorisation égale à soixante-seize mois peut être considérée comme une durée limitée raisonnable (BOI-RSA-ES-20-20-10-20 n° 470).

Au-delà de cette limite, le régime spécifique ne saurait en principe s'appliquer ; cela étant, dans cette situation, l'éligibilité des actions gratuites attribuées au régime défini à l'article 80 quaterdecies du CGI n'est pas remise en cause, toutes conditions étant par ailleurs remplies, si la société attributrice est soumise à des **règles qui apportent les mêmes garanties** que la législation commerciale française en matière de protection des actionnaires et de transparence de l'activité du conseil d'administration ou de l'organe équivalent. Tel est notamment le cas des sociétés qui sont soumises à la loi américaine « Securities Exchange Act of 1934 » et dont les titres sont admis au Nyse ou au Nasdacq (BOI préc.).

Précisions **a.** L'administration indique qu'en pratique **l'autorisation d'attribuer** des actions gratuites est donnée par l'organe ad hoc de la société étrangère habilité, lequel peut être différent de celui qui a compétence en matière de décision relative au capital ; s'agissant de la décision d'attribution, en l'absence de conseil d'administration ou de directoire, cette décision est prise par l'organe habilité équivalent (BOI-RSA-ES-20-20-10-20 n° 460).

b. Les **« American depositary receipts »** (ADR) sont considérés comme des titres éligibles sous certaines conditions (BOI préc. n° 390).

c. L'administration admet, pour les sociétés étrangères dont la législation exige une **participation financière** des attributaires, que les titres puissent être attribués moyennant le versement d'une somme symbolique. Le caractère symbolique de la contrepartie s'apprécie en fonction de la valeur réelle de l'action, c'est-à-dire de son cours de bourse si elle est cotée, au moment de son attribution ; une participation financière des attributaires qui n'excède pas 5 % de la valeur réelle des titres au jour de l'attribution revêt un caractère symbolique, même si elle correspond à la valeur nominale des titres. Cette participation symbolique s'impute sur le montant imposable du gain d'acquisition (BOI préc. n° 390).

d. Les sociétés étrangères qui attribuent des actions gratuites doivent en principe respecter les règles applicables en vertu du Code de commerce, en distinguant selon qu'il s'agit ou non de sociétés dont les titres sont **admis aux négociations sur un marché réglementé** (BOI préc. n° 400).

e. Le régime fiscal et social spécifique est applicable aux actions gratuites attribuées par une société dont le siège est situé à l'étranger aux salariés employés en France au sein d'un **établissement stable** ou d'un quartier général, ou au sein d'un établissement stable d'une autre société dont le siège est situé à l'étranger et qui est mère ou filiale de la société attributrice (BOI préc. n° 410).

f. Le plan (ou sous-plan) étranger doit prévoir des périodes d'incessibilité des actions cotées dites **« fenêtres négatives »**. Toutefois, le strict respect de ces périodes n'est pas exigé lorsque la législation locale applicable aux sociétés étrangères prévoit elle-même des périodes d'interdiction de revente des actions qui, sans correspondre exactement à celles prévues par le Code de commerce, offrent des garanties équivalentes (BOI préc. n° 450).

g. En ce qui concerne les **opérations de restructuration engagées par les sociétés étrangères**, l'administration admet qu'elles présentent un caractère intercalaire si elles respectent les conditions cumulatives suivantes :
– la restructuration est réalisée conformément à l'un des cas prévus par la législation territorialement applicable ;
– les salariés bénéficiaires d'actions gratuites subissent l'opération ;
– l'échange est réalisé sans soulte, et aucune indemnité, à titre de rompus ou autres, ne doit être perçue par les attributaires lors de l'échange ;
– et les ajustements opérés sur les actions ne procurent aucun gain à leurs titulaires (BOI préc. n° 240).

Cas où les conditions ne sont pas remplies

Dans ce cas, les avantages accordés sont considérés comme des **salaires** imposables dans les conditions de droit commun (BOI-RSA-ES-20-20-20 n° 10). Le gain est imposé au titre de 2026 l'année au cours de laquelle les actions sont définitivement acquises (et non au titre de l'année de la cession des titres).

Sur cette question, voir également n° 2012.

g. Attributions de BSPCE par des sociétés étrangères

2030 Le régime particulier d'imposition des gains de cession de titres souscrits en exercice de bons de souscription de parts de créateur d'entreprise (BSPCE), codifié à l'article 163 bis G du CGI, est applicable aux sociétés étrangères pour les bons attribués depuis le 1er janvier 2020 (Loi n° 2019-1479 du 28 décembre 2019 de finances pour 2020, art. 11 ; BOI-RSA-ES-20-40-10 n° 20).

Sont concernés les BSPCE attribués, dans les mêmes conditions que celles applicables aux sociétés françaises, par une société dont le siège est établi dans un État ou territoire quelconque, pourvu qu'il ait conclu avec la France une **convention fiscale** contenant une **clause d'assistance administrative** en vue de lutter contre la fraude ou l'évasion fiscale (n° 74082 ; y compris, en tant que tels, les États membres de l'Union européenne).

La condition d'**assujettissement à l'impôt** sur les sociétés de la société émettrice est réputée remplie lorsque celle-ci est passible d'un impôt équivalent à l'impôt sur les sociétés dans l'État ou territoire où son siège social est situé.

Précisions **a.** La société étrangère doit être inscrite dans un registre équivalent au registre du commerce et des sociétés depuis **moins de quinze ans** ; en l'absence de registre équivalent, elle doit être en mesure de fournir des éléments de preuve pertinents justifiant qu'elle a été créée depuis moins de quinze ans (cette justification peut être apportée par la date de constitution figurant dans les statuts de la société authentifiés ou enregistrés auprès de l'administration concernée ; BOI-RSA-ES-20-40-10 n° 110).

b. Sont exclues les sociétés étrangères qui entrent dans le champ d'application de l'impôt sur les sociétés mais qui en sont **exonérées** totalement ou partiellement de façon permanente par une disposition particulière (celles qui sont seulement temporairement exonérées restent éligibles ; BOI préc. n° 130).

c. Les règles relatives aux **délais d'exercice** des bons et aux modalités de **fixation du prix** d'acquisition des titres souscrits en exercice des BSPCE doivent être respectées ; les **organes sociaux** habilités à autoriser l'attribution des BSPCE et à en fixer les modalités, ainsi que les organes sociaux délégataires de ces compétences, peuvent être adaptés pour tenir compte de la législation applicable à la société étrangère (BOI-RSA-ES-20-40-20 n° 200).

2. Allégements en faveur des salariés envoyés à l'étranger (expatriés)

2050 Afin de faciliter la présence française à l'étranger, l'article 9 de la loi du 29 décembre 1976, codifié sous l'article 81 A du CGI, a mis en place un régime fiscal favorable pour les salariés qui sont **envoyés à l'étranger** mais qui conservent leur domicile fiscal en France. Tel peut être le cas, par exemple, d'un salarié qui part à l'étranger mais dont le foyer reste en France. Il est alors domicilié en France et donc imposable en France, bien que son activité soit exercée à l'étranger, même si sa rémunération est totalement ou partiellement payée à l'étranger (sous réserve des conventions fiscales). Les personnes qui remplissent les conditions requises peuvent être exonérées d'impôt en France, soit totalement, soit partiellement (nos 42430 s.).

3. Allégements en faveur des salariés venant de l'étranger (« impatriés »)

2200 Afin de réduire le coût lié à l'**installation en France** de salariés ou dirigeants non résidents, dans le cadre d'un plan destiné à rendre la France plus attrayante pour les investisseurs internationaux, l'article 23 de la loi n° 2003-1312 du 30 décembre 2003 de finances rectificative pour 2003 a créé un dispositif spécial relatif à ce qu'il est convenu désormais d'appeler les « impatriés ». Ce dispositif a été encore amélioré par l'article 121 de la loi n° 2008-776 du 4 août 2008 (Loi de modernisation de l'économie), qui concerne les personnes qui ont pris leurs fonctions en France depuis le 1er janvier 2008 (CGI art. 155 B).

En substance, l'avantage se traduit par l'exonération des suppléments de rémunération liés à leur installation en France, pour une durée maximale de six ou neuf ans (selon la date de leur installation en France ; n° 2320). Ce dispositif vise, en réalité, moins à accorder un avantage aux salariés qu'à leurs employeurs qui devraient autrement compenser le surcoût lié à leur installation en France.

Précisions Les suppléments de rémunération versés aux impatriés dont la prise de fonctions en France est intervenue depuis le 6 juillet 2016 sont, le cas échéant, exonérés de la **taxe sur les salaires** à raison des rémunérations versées depuis le 1er janvier 2017 (CGI art. 231 bis Q, dans sa version issue de l'article 71 de la loi n° 2016-1917 du 29 décembre 2016 de finances pour 2017 ; BOI-TPS-TS-20-20 n° 203). L'impatrié doit informer son employeur de son éligibilité au bénéfice du régime de l'impatriation.

a. Revenus d'activité

D'une façon générale, les impatriés sont exonérés d'impôt sur les **suppléments de rémunération** liés à leur installation en France et imposables sur une assiette réduite sur certains de leurs revenus passifs de source étrangère. Ceux qui ont pris leurs fonctions en France depuis le 6 juillet 2016 bénéficient de ces avantages jusqu'au 31 décembre de la huitième année civile suivant celle de leur prise de fonctions, au titre des années à raison desquelles ils sont fiscalement domiciliés en France (Loi n° 2016-1917 du 29 décembre 2016 de finances pour 2017, art. 71). Pour les autres, la durée des avantages n'est que de cinq ans (n° 2320). **2202**

Ce dispositif vise à accorder des avantages fiscaux aux salariés, dans certaines conditions, en ce qui concerne les éléments de la rémunération qui leur est versée et qui sont liés à l'impatriation, afin de favoriser l'installation ou le retour en France de cadres de haut niveau ou d'investisseurs.

Précisions **a.** Afin d'évaluer l'impact de ce dispositif, la loi prévoit que le Gouvernement devait présenter au Parlement un **rapport d'évaluation** détaillé avant le 31 décembre 2011 ; si ce rapport a été déposé, il n'a pas été rendu public.

b. Afin que Paris reste le siège mondial de la **Chambre de commerce internationale**, l'article 16 de la loi n° 2010-1658 du 29 décembre 2010 de finances rectificative pour 2010 exonère d'impôt sur le revenu, sous certaines conditions et pendant une période maximale de cinq ans, les traitements et salaires perçus par les salariés et dirigeants venant de l'étranger occuper un emploi auprès de la Chambre de commerce internationale en France depuis le 1er janvier 2011 (CGI art. 81 D). L'exonération porte sur la totalité des traitements et salaires et non sur le seul supplément de rémunération.

Champ d'application

Le régime de faveur concerne non seulement les **salariés** proprement dits mais aussi les **mandataires sociaux** fiscalement assimilés aux salariés ; les intéressés peuvent être de nationalité française ou étrangère et la nature de leurs fonctions est indifférente. **2205**

Le champ d'application du dispositif s'étend aux personnes assimilées aux salariés en vertu de l'article 80 ter, b-1, 2 et 3 du CGI, à savoir :
– dans les sociétés anonymes et dans les SAS, le président du conseil d'administration, le directeur général, le directeur général délégué, l'administrateur provisoirement délégué, les membres du directoire ainsi que tout administrateur ou membre du conseil de surveillance chargé de fonctions spéciales ;
– dans les SARL, les gérants minoritaires ou égalitaires ;
– dans les autres entreprises ou établissements passibles de l'impôt sur les sociétés, les dirigeants soumis au régime fiscal des salariés.

Précisions Une **indemnité de rupture transactionnelle**, dont le montant est déterminé en fonction de l'ancienneté du salarié dans la société et non en considération de circonstances particulières liées au statut d'impatrié, ne correspond pas à une somme perçue en contrepartie d'un travail ou d'un service fourni par le salarié, dès lors qu'elle a pour objet de l'indemniser pour la perte de son contrat de travail ; elle n'est donc pas éligible au bénéfice du régime des impatriés (CAA Versailles 18 novembre 2021 n° 19VE02459, 3e ch. : RJF 4/22 n° 354 ; arrêt définitif).

Condition de domiciliation

Sont éligibles les salariés et assimilés qui remplissent les conditions de domiciliation suivantes : **2208**
– ils ne doivent pas avoir été fiscalement domiciliés en France au cours des **cinq années civiles précédant** celle de leur prise de fonctions ; la condition de non-résidence fiscale en France s'apprécie, selon l'administration, au regard du droit interne et des conventions fiscales (BOI-RSA-GEO-40-10-10 n° 140) ;

– ils doivent être domiciliés en France au sens des a et b du 1 de l'article 4 B du CGI (nos 40605 s.) ; par conséquent, seules sont concernées les personnes qui ont leur **foyer** (centre des intérêts familiaux et lieu d'habitation normale) en France et qui y exercent leur **activité professionnelle** principale.

En sont ainsi exclues non seulement les personnes qui restent non résidentes de France mais également celles qui ne seraient domiciliées en France que sur le fondement de la localisation en France du **centre de leurs intérêts économiques** ; cette exclusion tient sans doute au caractère trop ténu des liens qu'une telle localisation manifesterait avec la France en termes de contribution à l'activité économique et à l'emploi.

Précisions **a.** La **date de prise de fonctions** s'entend de celle à laquelle commence effectivement l'exécution du contrat, soit de travail, soit de mandat social, au sein de l'entreprise située en France.

b. Les impatriés ne peuvent bénéficier du dispositif **qu'au titre** des **années** à raison desquelles ils sont fiscalement **domiciliés** en France au sens des a et b du 1 de l'article 4 B. Lorsque la condition liée à la résidence en France n'est pas respectée au titre d'une année, le dispositif ne s'applique pas au titre de cette année. Toutefois, le non-respect de ces conditions au titre d'une année ne remet pas en cause le bénéfice du régime pour les années antérieures ou postérieures, si les conditions sont remplies. La durée de l'exonération est toujours déterminée à partir de la date de la prise de fonctions.

c. Sont exclus les **fonctionnaires** et agents de l'État en service à l'étranger qui sont domiciliés en France sur le fondement de l'article 4 B, 2 du CGI (no 2400).

d. L'administration considère que si, en application d'une **convention fiscale**, l'impatrié n'est pas résident de France au sens de la convention, alors même qu'il serait considéré comme domicilié en France au regard des a et b du 1 de l'article 4 B, le régime de faveur n'est pas applicable (BOI-RSA-GEO-40-10-10 no 220) ; il en est de même des personnes dont la résidence en France résulte uniquement de l'application des conventions fiscales mais n'est pas établie au regard des a et b du 1 de l'article 4 B.

e. Il a été jugé, pour l'application de la condition de non-domiciliation antérieure en France, qu'une personne accomplissant un volontariat international à l'étranger en entreprise (**VIE**) aux États-Unis devait être regardée comme domiciliée en France sur le fondement de l'article 4 B, 2 du CGI, s'agissant d'un agent de l'État chargé de mission dans un pays étranger (TA Paris 23 mai 2017 no 1612516, 1e sect., 2e ch. : RJF 12/17 no 1189 ; jugement définitif).

2212 **Cas particulier de l'année de prise de fonctions** L'administration admet que les contraintes notamment professionnelles (période d'essai de l'intéressé, situation professionnelle du conjoint…) ou familiales (scolarité des enfants…) justifient qu'un **délai raisonnable de quelques mois** soit admis entre la prise de fonctions de l'impatrié et l'installation en France de son foyer (BOI-RSA-GEO-40-10-10 no 240).

Elle précise donc que, par mesure de tolérance, le non-respect de la condition prévue au a du 1 de l'article 4 B et de la condition de résidence en France au sens des conventions fiscales ne fait pas obstacle à l'application du dispositif dans le respect des conditions suivantes :
– si **l'installation en France du foyer** intervient au cours de l'année civile de sa prise de fonctions ou de l'année suivante, l'impatrié peut prétendre au bénéfice de l'exonération sur les rémunérations perçues depuis sa prise de fonctions, si les conditions sont réunies (mais les revenus passifs et les plus-values visés au nos 2300 s. ne sont pas concernés par cette tolérance) ;
– si l'installation en France de son foyer est **retardée au-delà de la fin de l'année civile** qui suit celle de la prise de fonctions, l'impatrié ne perd pas définitivement le bénéfice du régime, mais peut, si les conditions sont remplies, en revendiquer l'application à compter de l'année où la condition de domiciliation en France sera respectée.

Condition d'emploi

2215 Le dispositif concerne les personnes **appelées** par une entreprise étrangère auprès d'une entreprise établie en France ainsi que celles qui sont **recrutées directement** à l'étranger par une entreprise établie en France. La loi prévoit que les intéressés doivent être appelés à occuper un emploi dans une entreprise établie en France pendant une période limitée, mais l'administration ne reprend pas cette condition ; elle précise, au contraire, que les salariés ou dirigeants peuvent être appelés à occuper un emploi pendant une **période déterminée ou indéterminée** (BOI-RSA-GEO-40-10-10 no 10). Il a cependant été jugé, en sens contraire, que le dispositif n'est pas applicable à une personne recrutée pour une durée indéterminée et non « pour une période limitée » (CAA Versailles 21 novembre 2017 no 16VE01414,

1e ch. : RJF 8-9/18 n° 851 ; arrêt définitif) ; il est dommage que cet arrêt soit définitif car, même si la solution retenue peut s'autoriser d'une interprétation littérale de la loi, elle n'est pas conforme à la doctrine administrative, qui est plus favorable, et elle conduirait, si elle était fondée, à priver du bénéfice du régime de l'impatriation un très grand nombre de salariés. **2215** (suite)

L'administration avait initialement pris une position stricte en cas de **changement d'employeur**, même au sein du groupe ; elle estimait, en effet, qu'un tel changement équivalait toujours à une nouvelle prise de fonctions au titre d'un nouveau contrat de travail. Le dispositif a cependant été assoupli par l'article 263 de la loi n° 2015-990 du 6 août 2015 pour la croissance, l'activité et l'égalité des chances économiques ; l'article 155 B du CGI, dans sa rédaction applicable depuis le 7 août 2015, précise désormais que le bénéfice du régime d'exonération est conservé en cas de **changement de fonctions** au cours de la période d'éligibilité (n° 2320), si ce changement intervient soit au sein de l'entreprise française concernée soit au sein d'une autre entreprise établie en France appartenant au **même groupe** (le groupe s'entend de l'ensemble formé par une entreprise établie en France ou hors de France et les entreprises qu'elle contrôle dans les conditions définies à l'article L 233-3 du Code de commerce, à savoir notamment en application d'un critère de détention directe ou indirecte de la majorité des droits de vote).

L'administration en a tiré les conséquences en prévoyant qu'en cas de changement de fonctions, les modalités de détermination de la prime d'impatriation exonérée s'appliquent à la date du changement ; la doctrine administrative ajoute qu'à titre de règle pratique, il est admis que si le montant du salaire attribué à la suite du changement de fonctions est au moins égal à ce qu'il était dans l'emploi précédent, le montant de la **nouvelle prime d'impatriation** est présumé être au moins égal à celui constaté au titre de l'emploi antérieur (BOI-RSA-GEO-40-10-20 n° 105 applicable aux changements de fonctions intervenus depuis le 7 août 2015). La **date du changement** de fonctions s'entend de la date de la prise de fonctions, c'est-à-dire de la date à laquelle commence effectivement l'exécution du nouveau contrat de travail ou du nouveau mandat social au sein de l'entreprise située en France (BOI-RSA-GEO-40-10-10 n° 280).

Le régime de faveur peut donc **continuer de s'appliquer** au cours de la période d'éligibilité à compter de l'installation initiale si le salarié vient à travailler auprès d'une entreprise du groupe autre que celle pour laquelle il s'est installé en France ou si l'entreprise étrangère met fin à son détachement et si le salarié signe un contrat de travail avec la société française dans laquelle il exerce ses fonctions. Le régime est également maintenu si une entreprise étrangère met fin au détachement d'un salarié et si ce dernier signe un contrat de travail ou un mandat social avec l'entreprise établie en France dans laquelle il exerce ses fonctions (BOI-RSA-GEO-40-10-10 n° 250).

Bien entendu, le maintien du régime en cas de changement de fonctions n'a pas pour effet de proroger sa **durée** ; l'avantage reste applicable jusqu'au 31 décembre de la cinquième ou de la huitième année civile suivant celle de la première prise de fonctions dans l'entreprise établie en France (n° 2320). Lorsque l'impatrié est amené à exercer ses fonctions en France au-delà de cette période, l'ensemble de sa rémunération est alors imposable dans les conditions de droit commun (BOI-RSA-GEO-40-10-10 n° 270).

Le dispositif n'a pas été modifié, en revanche, en cas de **changement d'employeur hors groupe** ; dans ce cas, le régime de faveur n'est plus applicable. En ce sens, il a, par exemple, été jugé qu'un salarié détaché en France par une société de travail temporaire de droit allemand n'a pas droit à l'exonération dès lors qu'il a conclu un nouveau contrat de travail avec un autre employeur et qu'à la date à laquelle ce nouveau contrat a été conclu, il était déjà domicilié en France (TA Pau 10 avril 2014 n° 1201806, 1e ch. : JurisData n° 2014-016218 ; jugement définitif).

Précisions **a.** L'entreprise au sein de laquelle l'impatrié exerce son activité doit être **établie en France** ; l'employeur doit donc disposer en France de son siège social ou d'un établissement stable.

b. La **forme juridique** de l'entreprise d'accueil est sans importance. Mais le dispositif ne s'applique qu'aux seuls salariés des entreprises du secteur marchand et non pas aux contractuels de la **fonction publique** (en ce sens, à propos de médecins de nationalité roumaine recrutés par des centres hospitaliers régionaux, CE QPC 20 mai 2015 n° 388480, 8e et 3e s.-s. : RJF 8-9/15 n° 724, refusant de transmettre au Conseil constitutionnel la question de l'exclusion du champ de l'exonération prévue par l'article 155 B du CGI des salariés recrutés à l'étranger pour occuper un emploi en France dans des établissements publics administratifs) ; dans ses conclusions, le rapporteur public indiquait qu'à son sens « la **notion d'entreprise** mentionnée à l'article 155 B du CGI doit s'entendre de toute unité de production juridiquement autonome, à but essentiellement lucratif, et destinée à produire des biens ou des services à destination de clients ou d'usagers. S'agissant du secteur public, cette définition inclut l'ensemble des entreprises publiques, y compris les établissements publics industriels et commerciaux. En sont en revanche exclus les administrations des collectivités publiques ainsi que les établissements publics administratifs (...) » (conclusions Benoît Bohnert au BDCF 8-9/15 n° 110).

c. Pour les salariés et mandataires sociaux appelés par une entreprise établie hors de France à exercer une activité dans une entreprise établie en France avec laquelle elle possède des liens, l'administration admet que l'entreprise d'accueil puisse ne pas exister juridiquement à la date de la prise de fonctions de l'impatrié, si l'objet de sa venue en France est la **création de cette entreprise** (BOI-RSA-GEO-40-10-10 n° 120).

d. Le dispositif antérieur, concernant les impatriations intervenues **entre le 1er janvier 2004 et le 31 décembre 2007** (CGI art. 81 B, abrogé par l'article 71 de la loi n° 2016-1917 du 29 décembre 2016 de finances pour 2017), n'était pas applicable aux recrutements directs à l'étranger (en ce sens, CAA Douai 9 février 2016 n° 14DA01150 et n° 14DA01004, 2e ch. : RJF 5/16 n° 430, à propos d'un joueur de football professionnel transféré d'un club serbe à un club français ; cet arrêt a fait l'objet de pourvois enregistrés sous les nos 398646 et 398647, qui n'ont pas été admis en cassation).

2218 **Impatriés appelés par une entreprise étrangère** Il s'agit des personnes préalablement employées par une entreprise établie hors de France, qui sont appelées à exercer une activité dans une entreprise établie en France ; cette dernière doit posséder des liens avec l'entreprise d'origine, que ces liens soient de nature capitalistique, juridique ou commerciale (par exemple, salariés détachés dans le cadre d'une **mobilité intragroupe**).

L'appréciation du caractère intragroupe de la mobilité doit être effectuée de façon réaliste et en tenant compte de l'intention des parties ; ainsi constitue une mobilité intragroupe et non pas un recrutement direct à l'étranger le recrutement d'un salarié envoyé en France par une banque britannique auprès de la filiale française de la banque, même si l'intéressé a rompu son contrat de travail avec la société mère et conclu un contrat de travail à durée indéterminée avec la filiale française, dès lors qu'il a continué à travailler au sein du même groupe et qu'il a bénéficié, lors de son embauche en France, d'une dispense de **période d'essai**, ainsi que de la reprise intégrale de son **ancienneté** dans le groupe (CE 22 décembre 2020 n° 427536, 10e et 9e ch. : RJF 3/21 n° 274) ; en l'espèce, l'intéressé s'était d'ailleurs lui-même prévalu, dans un courrier adressé à l'administration fiscale, d'avoir fait l'objet d'une mobilité intragroupe, ce qui, selon le rapporteur public, représentait un indice fort en ce sens (conclusions Laurent Domingo : RJF 3/21 C 274). Sur renvoi, la requête du contribuable, qui réclamait le bénéfice de la prime forfaitaire de 30 %, a été rejetée, car son embauche en France résultait bien d'une mobilité au sein du groupe et non pas d'un recrutement direct à l'étranger (CAA Paris 27 janvier 2022 n° 20PA04266, 5e ch. ; arrêt définitif concernant un contribuable qui s'était installé en France en 2010 et ne pouvait donc pas bénéficier du dispositif décrit n° 2240).

La forme juridique de l'entreprise d'origine importe peu mais elle doit former une entité juridique existante, qui peut être, par exemple, un établissement stable, une succursale ou un bureau de liaison, à la date de la prise de fonctions du salarié ou du mandataire social.

2220 **Impatriés recrutés directement à l'étranger** Il s'agit des personnes recrutées directement à l'étranger par une entreprise établie en France. Au moment du recrutement, ces personnes peuvent déjà être employées dans une entreprise établie à l'étranger, exercer une activité à titre indépendant, ou ne pas avoir d'activité (par exemple, étudiants accédant à un premier emploi).

Ainsi qu'il a été opportunément jugé, les dispositions relatives aux impatriés recrutés directement à l'étranger n'ont pas pour objet et ne sauraient avoir pour effet d'exclure du régime fiscal qu'elles instituent les contribuables ayant, depuis l'étranger, **postulé à une offre d'emploi** publiée en France, ou **recherché activement un emploi** en France (CAA Paris 10 juin 2022 n° 20PA02279, 9e ch.) ; cet arrêt a annulé un jugement qui avait, à tort, refusé le bénéfice du dispositif à un ressortissant suédois qui, alors qu'il était domicilié au Royaume-Uni, avait été recruté par une société française en 2016 et qui avait déménagé à Paris à cette fin, au motif qu'il n'avait pas justifié de l'existence d'une « sollicitation de son employeur » depuis l'étranger ni apporté la preuve que son employeur s'était « tourné spontanément vers lui » pour lui demander de venir travailler en France. Ces exigences sont, en effet, dépourvues de pertinence au regard de l'intention du législateur.

En revanche, les personnes qui ont déjà établi leur domicile en France lors du recrutement en sont exclues.

L'intéressé doit être en mesure d'apporter la **justification** que, lorsqu'il a été recruté, son domicile réel était toujours fixé à l'étranger et qu'il ne l'avait pas déjà transféré en France ; cette justification peut résulter, par exemple, de pièces attestant des contacts avec l'entreprise, de justificatifs de domiciliation, de justificatifs des déplacements effectués, de sa situation familiale ou autre.

Exonération du supplément de rémunération lié à l'impatriation

Les salariés et dirigeants impatriés ne sont pas soumis à l'impôt à raison des éléments de leur rémunération directement liés à leur impatriation (prime d'impatriation ; CGI art. 155 B, I). L'exonération s'applique jusqu'au 31 décembre de la cinquième ou de la huitième année suivant celle de leur prise de fonctions en France (n° 2320). **2230**

Précisions **a.** La prime est exonérée sans que l'impatrié ait à justifier de son **objet**.

b. Le cumul de ce régime avec celui des **quartiers généraux** et des **centres de logistique** n'est pas autorisé à raison des indemnités liées au surcoût du logement et au supplément d'impôt et de cotisations sociales (nos 29440 s.) ; ainsi, un impatrié qui réunit à la fois les conditions pour bénéficier de ce régime et de celui des quartiers généraux ou des centres de logistique doit effectuer, au plus tard lors du dépôt de la déclaration annuelle des revenus souscrite au titre de la première année de mise en œuvre du dispositif, une **option irrévocable** pour l'un ou l'autre de ces régimes.

c. L'exonération des indemnités considérées comme **représentatives de frais** est acquise dans le cadre du régime de l'impatriation sur le fondement du 1° de l'article 81 (n° 2360).

Premier cas : prime préalablement prévue dans le contrat de travail ou le mandat social (sous réserve du n° 2240) Dans ce cas, la prime, qui correspond aux **suppléments de rémunération**, en espèces ou en nature, directement liés à l'exercice temporaire de l'activité professionnelle en France, est exonérée d'impôt sur le revenu pour son montant réel (sous réserve du n° 2245). **2235**

Bien entendu, seuls les suppléments de rémunération directement liés à l'impatriation sont susceptibles d'être exonérés ; l'exonération ne s'étend pas aux autres éléments de la rémunération prévus dans le contrat.

Le montant réel de la prime doit apparaître distinctement dans le contrat de travail ou de mandat des personnes concernées ou, le cas échéant, dans un avenant à celui-ci, **établi préalablement** à la prise de fonctions en France.

Précisions Lorsque la « prime d'impatriation » ne peut être préalablement fixée pour son montant réel à l'euro près, soit par nature, soit eu égard à ses modalités de calcul, il suffit qu'elle soit **déterminable** au vu du contrat de travail ou du mandat social ; tel serait le cas d'une « prime d'impatriation » consistant en la mise à disposition d'un logement en France ou fixée en pourcentage de la rémunération de base de l'impatrié comportant elle-même une part variable.

Deuxième cas : prime forfaitaire de 30 % Les impatriés **recrutés directement à l'étranger** par une entreprise établie en France (n° 2220) peuvent opter pour l'évaluation forfaitaire de leur prime d'impatriation, y compris lorsque le montant de cette prime est précisé dans leur contrat de travail ou de mandat social. La même option est ouverte aux personnes **appelées par une entreprise étrangère** auprès d'une entreprise établie en France (n° 2218) mais seulement si leur prise de fonctions est intervenue depuis le 16 novembre 2018 et, dans ce cas, seulement pour les rémunérations qui leur sont dues depuis le 1e janvier 2019 (Loi n° 2018-1317 du 28 décembre 2018 de finances pour 2019, art. 6). **2240**

En cas d'option, la prime d'impatriation est réputée égale à 30 % de la rémunération nette totale, entendue de la rémunération nette de cotisations sociales et de la part déductible de la contribution sociale généralisée (CSG), mais avant application de la déduction forfaitaire pour frais professionnels de 10 % ou, le cas échéant, de la déduction des frais réels. Cette rémunération inclut la totalité des primes et indemnités prévues dans le contrat et imposables selon les règles applicables aux traitements et salaires dans les conditions de droit commun, à l'exception notamment des sommes versées ou des gains réalisés dans le cadre des dispositifs d'épargne salariale ou d'actionnariat salarié.

Précisions Les sommes versées au titre de l'**intéressement** collectif des salariés à l'entreprise et les gains issus de la levée d'options sur titres (« **stock-options** ») ne constituent pas des rémunérations pour l'évaluation forfaitaire de la prime d'impatriation. Il en est de même des avantages résultant de l'attribution d'actions gratuites relevant des dispositions de l'article 80 quaterdecies du CGI.

2245 **Plafond** Si la part de la rémunération soumise à l'impôt sur le revenu est inférieure à la rémunération versée au titre de fonctions analogues dans l'entreprise ou, à défaut, dans des entreprises similaires établies en France, la différence doit être réintégrée dans le revenu imposable.

La **rémunération de référence** est, en principe, celle versée au titre de fonctions analogues l'année civile au cours de laquelle l'impatrié a pris ses fonctions en France (le cas échéant, elle est ajustée prorata temporis). Pour la détermination du **caractère analogue des fonctions** exercées, il y a lieu de tenir compte de leur nature mais non pas des caractéristiques propres des individus qui les exercent (voir Précisions c, ci-dessous). La comparaison s'effectue sur des rémunérations annuelles imposables nettes. En pratique, il s'agit des rémunérations portées par l'employeur dans la déclaration des traitements et salaires, correspondant au montant net des rémunérations imposables selon les règles applicables aux traitements et salaires à l'exception, notamment, des sommes versées ou des gains réalisés dans le cadre des dispositifs d'épargne salariale ou d'actionnariat salarié (BOI-RSA-GEO-40-10-20 n° 140).

En outre, afin de tenir compte de la difficulté pratique à choisir des termes de comparaison pertinents, notamment en cas de forte individualisation des rémunérations, l'administration a admis plusieurs mesures d'assouplissement (BOI préc. n° 150) :
– alors même que des fonctions analogues à celles de l'impatrié seraient exercées dans l'entreprise, la « rémunération de référence » peut être celle servie au titre de l'exercice de telles fonctions dans des **entreprises similaires** établies en France à un salarié ayant une expérience professionnelle comparable ;
– cette « rémunération de référence » peut être égale à **la plus faible** des rémunérations perçues par un salarié ayant une expérience comparable à celle de l'impatrié et exerçant des fonctions analogues au sein de l'entreprise ou d'une entreprise similaire établie en France, au cours de l'année considérée ou des trois années précédentes ;
– dans le cas où le montant de la prime d'impatriation est déterminé et fixe (et non lorsque la prime est évaluée forfaitairement) sous réserve de l'application de clauses d'**indexation** sur le coût de la vie ou sur l'indice de la rémunération de base du salarié impatrié, l'administration admet que la comparaison de la rémunération du salarié avec celle perçue au titre de fonctions analogues par un autre salarié de l'entreprise ou d'une entreprise similaire puisse être appréciée **au titre de la seule année d'installation** de l'impatrié. Dans ce cas, la condition tenant au plafond est réputée vérifiée pour toute la période si elle est vérifiée au titre de l'année d'installation, sous réserve que les fonctions de l'intéressé n'évoluent pas durant la période d'impatriation.

Précisions **a.** Les impatriés doivent être en mesure de **justifier** par tous moyens du respect de la condition tenant au plafond, par exemple en produisant une attestation de leur employeur.

b. Pour prétendre au bénéfice des assouplissements précités, l'impatrié doit produire une **attestation de son employeur** précisant la méthode selon laquelle il a déterminé la rémunération de référence. L'employeur doit disposer d'éléments précis et justifiés, qui doivent pouvoir être produits sur demande. En l'absence d'attestation ou, le cas échéant, faute de réponse aux demandes de l'administration, l'impatrié ne peut bénéficier de ces assouplissements.

c. Il a été jugé qu'un **footballeur international** jouant au Paris-Saint-Germain (PSG) avait démontré que la condition tenant à la rémunération minimale était satisfaite au titre des années 2009, 2010 et 2011 par la production d'une attestation établie par son club selon laquelle la rémunération imposable moyenne de sept joueurs professionnels exerçant au PSG était inférieure à sa rémunération nette imposable après déduction de l'indemnité d'impatriation (CAA Paris 16 mars 2021 n° 19PA00956, 7e ch. : RJF 7/21 n° 715 ; arrêt définitif) ; l'argument du ministre, qui soutenait que les joueurs identifiés n'exerçaient pas des **fonctions analogues**, dès lors qu'ils ne disposaient pas d'une notoriété et d'une expérience comparables, a été rejeté car les critères avancés ne se bornaient pas à définir les fonctions mais ajoutaient à la loi en exigeant la prise en compte de caractéristiques propres aux individus exerçant les fonctions ; la Cour a comparé les fonctions en distinguant défenseurs, milieux de terrain et attaquants, ce qui montre que, si les caractéristiques propres des individus exerçant les fonctions ne peuvent être prises en compte, les différences de nature entre les types de fonctions doivent l'être.

2250 **Exemple** L'administration donne, au BOI-RSA-GEO-40-10-20 n° 190, l'exemple d'un cadre employé par une société américaine et qui est détaché par son entreprise auprès d'une entreprise française pour exercer son activité en France sur la base d'un contrat prévoyant une rémunération annuelle nette de 200 000 €, dont une « prime d'impatriation » de

60 000 €. Dans ce cas, le « supplément de salaire lié à l'impatriation », soit 60 000 €, est exonéré :
– soit en totalité si l'impatrié justifie que la « rémunération de référence » en France est égale ou inférieure à sa rémunération nette hors prime (140 000 €) ;
– soit dans la limite de 50 000 € si, par exemple, le salaire net comparable en France est de 150 000 € ; en effet, le salaire imposable en France ne peut être inférieur à celui versé au titre de fonctions analogues par l'entreprise française ou, à défaut, par des entreprises similaires établies en France.

Exonération de la fraction de la rémunération se rapportant à l'activité exercée à l'étranger

La fraction de la rémunération correspondant à l'activité exercée à l'étranger par les impatriés est exonérée d'impôt en France si les séjours réalisés à l'étranger sont effectués **dans l'intérêt direct et exclusif de l'employeur**. Cette mesure vise notamment les impatriés amenés à effectuer des déplacements réguliers dans leur pays d'origine ou dans un autre pays, y compris pour des séjours d'une durée inférieure à vingt-quatre heures. **2255**

La fraction de rémunération ainsi exonérée est celle versée en contrepartie de l'activité exercée à l'étranger (salaire de base et, le cas échéant, suppléments de rémunération liés à l'expatriation). Il a été jugé que la fraction du **bonus** minimum garanti correspondant à l'activité exercée à l'étranger bénéficie de cette exonération (CAA Paris 18 novembre 2015 n° 14PA02254, 2e ch. ; arrêt définitif) ; dans cette affaire, le bonus accordé en 2009 au titre de l'année 2008 ne pouvait être regardé comme discrétionnaire et modulable car il était inséparable de la rémunération de base, alors même qu'il pouvait être accordé au titre des années suivantes pour des montants différents et qu'il était conditionné à la présence du salarié dans l'entreprise au moment de son versement.

La doctrine administrative indique que, dans la mesure où l'article 155 B du CGI ne fixe aucune règle pour l'évaluation de cette fraction de rémunération, elle peut être fixée par le contrat de travail ou de mandat social, ou être déterminée à l'occasion des déplacements ou encore être évaluée forfaitairement, sous réserve qu'elle soit **en rapport avec le nombre, la durée et le lieu** des déplacements à l'étranger (BOI-RSA-GEO-40-10-20 n° 240). L'administration se réserve cependant la possibilité de remettre en cause l'exonération en cas de disproportion caractérisée entre le montant de la rémunération de l'activité exercée à l'étranger et le montant de la rémunération exercée en France.

À titre de règle pratique, et en l'absence d'éléments permettant de l'identifier, l'administration admet que la fraction de la rémunération correspondant à l'activité exercée à l'étranger puisse être déterminée en tenant compte du nombre de jours d'activité à l'étranger rapporté au nombre total de jours d'activité effective dans l'année. Pour déterminer le nombre de jours d'activité à l'étranger, les temps de transport pour se rendre à l'étranger et en revenir ne sont pas pris en compte (BOI préc.).

Précisions **a.** Les impatriés doivent être en mesure de **justifier** que la rémunération en cause résulte de séjours effectués dans l'intérêt direct et exclusif de leur employeur ; cette justification peut être apportée par tous moyens (notes d'hôtel, notes de frais, cartes d'embarquement ou autres titres de transport, etc.).

b. Le **cumul** de ce régime avec celui de l'**article 81 A** (nos 42640 s.) n'est **pas permis**. Si un impatrié remplit les conditions pour bénéficier des deux dispositifs, il doit **opter**, au plus tard lors du dépôt de la déclaration annuelle des revenus souscrite au titre de sa prise de fonctions, pour l'un ou l'autre de ces régimes. Cette option est **définitive** pour la durée d'application du régime de l'impatriation ; elle se matérialise par une mention portée dans la rubrique « autres renseignements » de la déclaration d'ensemble des revenus n° 2042, ou sur un papier libre annexé à cette déclaration.

Plafonnement en cas d'exercice d'une activité à la fois en France et à l'étranger

Les impatriés ont, chaque année, un **choix** à faire pour l'application du mécanisme de plafonnement prévu par la loi ; sur option : **2260**
– la fraction de la rémunération exonérée, au titre à la fois des activités françaises et étrangères, est limitée à 50 % de la rémunération totale ;
– ou la fraction de la rémunération exonérée au titre de leur activité à l'étranger (n° 2255) est limitée à 20 % de la rémunération imposable au titre de l'activité exercée en France nette de la prime d'impatriation.

2265 **Premier cas : plafonnement global** Dans ce cas, l'exonération de la prime d'impatriation et de la part de rémunération correspondant à l'activité exercée à l'étranger **ne peut excéder 50 %** de la rémunération totale de l'intéressé.

La rémunération totale à prendre en compte pour déterminer ce plafond correspond à la rémunération nette totale imposable selon les règles des traitements et salaires au titre de l'année considérée, y compris la prime d'impatriation et la rémunération se rapportant à l'activité exercée à l'étranger. Elle ne prend pas en compte, en revanche, les indemnités exonérées sur le fondement du 1° de l'article 81 (nº 2360), ni les sommes versées ou les gains réalisés dans le cadre des dispositifs d'épargne salariale ou d'actionnariat salarié.

2270 **Deuxième cas : plafonnement partiel** Alternativement, l'exonération de la part de rémunération correspondant à l'activité exercée à l'étranger **ne peut excéder 20 %** de la rémunération imposable de l'impatrié. Cette rémunération inclut l'ensemble des éléments de rémunération imposables selon les règles applicables aux traitements et salaires, à l'exception de la prime d'impatriation dans la limite, le cas échéant, de la rémunération servie au titre de fonctions analogues (nº 2245) ; elle ne prend pas en compte les sommes versées ou les gains réalisés dans le cadre des dispositifs d'épargne salariale ou d'actionnariat salarié.

Obligations de l'employeur et incidence du prélèvement à la source de l'impôt sur le revenu

2275 Lorsqu'il est tenu, en application de l'article 87 du CGI, de porter sur la déclaration des traitements et salaires les rémunérations versées aux impatriés, l'employeur doit **mentionner distinctement**, d'une part, le montant des salaires soumis à l'impôt sur le revenu et, d'autre part, le montant de ceux qui en sont exonérés. Il doit indiquer, dans la case « sommes exonérées au titre du régime des impatriés », le montant total correspondant à la somme de la prime d'impatriation et de la fraction de la rémunération perçue à raison de l'activité exercée à l'étranger, qui bénéficie de l'exonération en application du I de l'article 155 B du CGI. Il doit en informer l'impatrié.

Par ailleurs, les primes d'impatriation versées aux salariés et dirigeants impatriés ne sont pas comprises dans l'assiette du **prélèvement à la source** de l'impôt sur le revenu (nº 1932). L'administration a précisé que, pour les salariés recrutés directement à l'étranger par une entreprise établie en France, quelle que soit la date de leur prise de fonctions, il est admis que le montant de la prime puisse être forfaitairement évalué à 30 % de la rémunération versée pour la détermination de l'assiette du prélèvement (BOI-IR-PAS-20-10-10 nº 50 ; cette tolérance a été étendue aux rémunérations dues depuis le 1er janvier 2019 aux salariés appelés par une entreprise étrangère auprès d'une entreprise établie en France dont la prise de fonction en France est intervenue depuis le 16 novembre 2018). L'administration rappelle à cette occasion que, dans tous les cas, l'exclusion de la prime d'impatriation de l'assiette du prélèvement ne peut conduire à retenir dans cette assiette une rémunération inférieure à celle versée au titre de fonctions analogues aux autres salariés dans l'entreprise ou dans des entreprises similaires établies en France.

Obligations déclaratives de l'impatrié

2280 Les avantages dont bénéficient les salariés impatriés ne sont pas soumis à un agrément préalable ; ils s'appliquent **de plein droit**. Toutefois, les intéressés doivent faire expressément état, le cas échéant :
– de leur option pour **l'évaluation forfaitaire** de la prime d'impatriation ;
– de leur option pour l'un ou l'autre des mécanismes de **plafonnement** de l'exonération (nos 2265 et 2270).

L'exercice de ces options se matérialise par des mentions portées dans la rubrique « autres renseignements » de la déclaration d'ensemble des revenus (modèle nº 2042), notamment en cas de déclaration souscrite par voie électronique, ou sur un papier libre annexé.

Précisions L'impatrié doit également mentionner les salaires et primes exonérés en ligne 1DY ou 1EY de sa déclaration complémentaire nº 2042 C ; cette mention n'est pas destinée à soumettre les revenus en cause à l'impôt sur le revenu, mais à permettre le calcul du **revenu fiscal de référence**.

Exonération de certains revenus passifs provenant de l'étranger

Les salariés impatriés sont exonérés d'impôt à hauteur de **50 %** du montant de certains « revenus passifs » de source étrangère, limitativement énumérés par la loi (CGI art. 155 B, II). 2300

L'exonération de ces revenus et gains est réservée à ceux qui remplissent l'ensemble des conditions leur permettant de bénéficier de l'article 155 B, I du CGI sur leurs revenus d'activité (nos 2205 à 2220) ; elle ne s'applique que pendant la même période, soit au plus tard jusqu'au 31 décembre de la cinquième ou de la huitième année suivant celle de leur prise de fonctions en France (no 2320).

Le bénéfice de ce dispositif n'est pas compatible avec celui qui s'applique aux nouveaux résidents qui détiennent des parts ou actions de « **carried interest** » dans des fonds étrangers (no 65742).

Précisions **a.** Ces revenus ne sont pas exonérés des **prélèvements sociaux** additionnels. Pour la détermination de l'assiette des prélèvements sociaux, sont pris en compte les revenus, les produits et gains, pour leur montant avant application de l'exonération de 50 %, ainsi que les moins-values de cession pour leur montant avant réduction de 50 % (BOI-RSA-GEO-40-10-40 no 20).

b. Le Conseil d'État a annulé la doctrine administrative énonçant que l'exonération partielle des revenus passifs étrangers ne peut s'appliquer qu'aux impatriés qui **perçoivent effectivement des suppléments de rémunération** bénéficiant du régime de faveur (BOI-RSA-GEO-40-10-30-10 nos 80 et 90) ; cette annulation a été prononcée au motif que, eu égard à l'objectif poursuivi par le législateur, la loi ne pose pas comme condition que le contribuable bénéficie effectivement d'une exonération à raison de sa rémunération d'activité (CE 21 octobre 2020 no 442799, 8e et 3e ch. : RJF 1/21 no 4).

c. L'exonération partielle est applicable aux revenus perçus et aux gains nets de cession réalisés par la seule personne qui, au sein du foyer fiscal, bénéficie du régime spécial d'imposition des impatriés ; elle n'est pas applicable aux revenus perçus et gains nets réalisés par les **autres membres** de son **foyer fiscal**, qui demeurent soumis à l'impôt sur le revenu dans les conditions de droit commun.

d. L'exonération partielle est applicable lorsque les « revenus passifs » ou le prix de cession des titres cédés sont **encaissés à l'étranger**, même si les sommes correspondantes sont par la suite versées sur un compte en France.

Revenus de capitaux mobiliers Sont exonérés à hauteur de 50 % les revenus de capitaux mobiliers dont le paiement est assuré par une personne établie **hors de France** dans un État ou territoire ayant conclu avec la France une convention fiscale qui contient une clause d'assistance administrative en vue de lutter contre la fraude ou l'évasion fiscale. En dépit de la lettre de la loi, l'administration étend l'exonération en présence d'un simple accord d'échange de renseignements, qui n'est pas une convention fiscale (BOI-RSA-GEO-40-10-30-20 no 200). 2305

Cette mesure s'applique notamment aux revenus distribués par des sociétés françaises (si l'établissement payeur n'est pas établi en France) ou étrangères (distributions de **dividendes** ou d'acomptes sur dividendes, distributions de réserves, etc.) ainsi qu'aux produits de placement à revenu fixe dont le débiteur est établi en France ou à l'étranger (**intérêts** d'obligations, revenus de créances, dépôts et cautionnement, intérêts de comptes courants, etc.) et aux produits des bons ou contrats de capitalisation et des placements de même nature (produits des contrats d'**assurance-vie**, par exemple) ; elle ne s'applique pas aux revenus réputés distribués ni à ceux qui sont mentionnés à l'article 123 bis (nos 73670 s.).

La **restriction géographique** concerne seulement l'**établissement qui assure le paiement** des revenus, et non pas l'émetteur des titres ouvrant droit à dividendes (qui peut être une société française) ; l'exonération partielle n'est pas applicable lorsque l'établissement qui assure le paiement des revenus est établi en France ou si, étant établi hors de France, il a son siège dans un État ou territoire n'ayant pas conclu avec la France une convention fiscale qui contient une clause d'assistance administrative en vue de lutter contre la fraude ou l'évasion fiscale, ou, si l'on invoque la doctrine administrative précitée, un accord d'échange de renseignements fiscaux (ou si le compte-titres est géré par un établissement stable dans un tel État ou territoire).

L'exonération est applicable, toutes conditions étant satisfaites, quelles que soient les modalités d'imposition à l'impôt sur le revenu (imposition forfaitaire ou barème progressif). Lorsque le contribuable opte pour le barème progressif, l'exonération est calculée sur une base nette après déduction des dépenses effectuées en vue de l'acquisition ou de la conservation du revenu, notamment des frais d'encaissement et droits de garde (BOI-RSA-GEO-40-10-30-20 n° 240). Depuis le 1er janvier 2018, la fraction imposable des revenus de capitaux mobiliers des impatriés entre dans le champ du prélèvement forfaitaire unique (n° 1950), alors que la fraction exonérée en est exclue.

Précisions **a.** Les **dépenses** effectuées en vue de l'acquisition ou de la conservation de ces revenus doivent être déclarées pour la totalité de leur montant.

b. Lorsque les revenus concernés sont de source étrangère et ont été soumis à l'étranger à une **retenue à la source**, le montant passible de l'impôt sur le revenu est le montant net perçu après application de l'exonération de 50 %, augmenté du **crédit d'impôt** retenu **pour 50 %** de son montant.

c. La doctrine administrative précise que le montant du crédit d'impôt étranger conventionnel **s'impute en totalité** sur l'impôt sur le revenu (prélèvement forfaitaire unique ou barème progressif) et, le cas échéant, sur les prélèvements sociaux dus au titre de ces revenus (si la convention fiscale vise ces prélèvements) ; cette imputation **ne peut excéder** l'impôt français correspondant à ces revenus. L'excédent du crédit d'impôt conventionnel non imputé sur l'impôt sur le revenu et, le cas échéant, sur les prélèvements sociaux, n'est **pas restituable** (BOI-RSA-GEO-40-10-30-20 n° 260).

d. Les obligations déclaratives sont voisines de celles décrites au n° 2310, Précision e, sous réserve des adaptations nécessaires.

2310 **Produits de la propriété intellectuelle ou industrielle** Il s'agit des **droits d'auteur** perçus par les écrivains et compositeurs (et par leurs héritiers ou légataires), et des produits perçus par les **inventeurs** au titre de la concession de licences d'exploitation de brevets ou de la cession ou concession de **marques** de produits ou de services, procédés ou formules de fabrication (produits mentionnés aux 2° et 3° du 2 de l'article 92 du CGI).

Comme pour les dividendes, l'exonération **à hauteur de 50 %** n'est accordée qu'aux revenus dont le paiement est effectué par une personne établie hors de France dans un État ou territoire ayant conclu avec la France une convention fiscale qui contient une clause d'assistance administrative en vue de lutter contre la fraude ou l'évasion fiscale (comme pour les revenus de capitaux mobiliers, l'administration étend l'exonération en présence d'un simple accord d'échange de renseignements fiscaux, qui n'est pas une convention fiscale ; en ce sens, BOI-RSA-GEO-40-10-30-20 n° 60).

Précisions **a.** L'exonération partielle concernant les auteurs (et leurs héritiers et légataires) et les inventeurs ne s'applique pas aux **personnes ayant acquis ces droits**.

b. L'exonération de 50 % est susceptible de s'appliquer **quel que soit** le **régime d'imposition** ; elle est calculée sur le montant brut des produits concernés effectivement perçus avant déduction des abattements d'assiette éventuellement applicables.

c. Lorsque les droits d'auteur et de la propriété industrielle ont été soumis à une **retenue à la source**, le montant passible de l'impôt sur le revenu est égal au montant net perçu après application de l'exonération de 50 %, augmenté du crédit d'impôt tel qu'il est prévu par la convention fiscale, retenu pour 50 % de son montant.

d. Le montant du **crédit d'impôt étranger** s'impute **en totalité** sur l'impôt sur le revenu et, le cas échéant, sur les prélèvements sociaux dus au titre de ces revenus, si ces prélèvements sont visés par la convention fiscale. Cette imputation ne peut excéder l'impôt français correspondant à ces revenus ; l'excédent du crédit d'impôt non imputé sur l'impôt sur le revenu et, le cas échéant, sur les prélèvements sociaux, n'est pas restituable.

e. Le contribuable doit **joindre à sa déclaration** d'ensemble des revenus (modèle n° 2042) et à sa déclaration complémentaire de revenus (modèle n° 2042 C) une déclaration des revenus encaissés à l'étranger (modèle **n° 2047**) ; celle-ci doit mentionner distinctement le montant des revenus, crédits d'impôt compris, imposables à l'impôt sur le revenu, ainsi que le montant des revenus, crédits d'impôt compris, exonérés d'impôt sur le revenu à hauteur de 50 % et le montant des crédits d'impôt conventionnels imputables, pour l'intégralité de leur montant. Ces éléments sont ensuite reportés sur la déclaration complémentaire de revenus (modèle n° 2042 C PRO ; BOI-RSA-GEO-40-10-30-20 nos 150 et 160).

2315 **Plus-values mobilières** Sont exonérés à hauteur de **50 %** les gains résultants des cessions de valeurs mobilières et de droits sociaux, lorsque le dépositaire des titres ou, à défaut de dépositaire, la société dont les titres sont cédés est établi hors de France dans un État ou territoire ayant conclu avec la France une convention fiscale qui contient une clause d'assistance administrative en vue de lutter contre la fraude ou l'évasion fiscale ou, selon la doctrine administrative, un simple accord d'échange de renseignements fiscaux

(BOI-RSA-GEO-40-10-30-30 n° 10) ; corrélativement, les **moins-values** réalisées lors de la cession de ces titres sont constatées seulement à hauteur de 50 % de leur montant.

Précisions **a.** Pour les cessions de titres issus de la levée de **stock-options**, l'exonération de 50 % n'est applicable qu'à la plus-value de cession et non pas à la plus-value d'acquisition (gain de levée d'option).

b. L'exonération partielle ne s'applique pas aux cessions de titres lorsque le **teneur du compte-titres** ou, en l'absence d'un tel teneur de compte, la société dont les titres sont cédés est établi en France.

c. Le contribuable doit remplir une **déclaration des plus ou moins-values** de cession de titres (modèle **n° 2074-IMP-SD**) en fournissant les indications nécessaires au calcul ; s'il a réalisé d'autres plus ou moins-values de cessions (autres que celles bénéficiant de l'exonération de 50 %), il est tenu de déclarer l'ensemble de ses autres plus et moins-values sur la déclaration n° 2074 accompagnée le cas échéant de la déclaration annexe n° 2074-ABT (BOI-RSA-GEO-40-10-30-30 nos 70 s.).

Durée des avantages accordés aux impatriés

L'exonération prévue à l'article 155 B du CGI n'est applicable que jusqu'au 31 décembre de la cinquième ou de la huitième année suivant celle de la prise de fonctions en France au titre de chacune des années au cours desquelles l'impatrié a son domicile fiscal en France au sens des a et b du 1 de l'article 4 B (n° 40605) ; cette limite est applicable tant à la prime d'impatriation qu'à la fraction de la rémunération correspondant à l'activité exercée à l'étranger et aux « revenus passifs » visés aux nos 2300 s. L'**extension à huit ans** de la période au titre de laquelle les avantages sont consentis résulte de l'article 71 de la loi n° 2016-1917 du 29 décembre 2016 de finances pour 2017 ; elle s'applique aux personnes dont la prise de fonctions en France est intervenue depuis le 6 juillet 2016. Pour les autres impatriés, la durée des avantages n'est que de cinq ans. **2320**

Ces exonérations ne sont pas remises en cause si le bénéficiaire est amené à exercer ses fonctions en France **au-delà** de la cinquième ou de la huitième année qui suit celle au cours de laquelle il a pris ses fonctions mais il est alors imposable ensuite sur l'ensemble de sa rémunération, y compris sur la prime d'impatriation qui continuerait à lui être versée, ainsi que sur la totalité de ses « revenus passifs » et plus-values de cession de valeurs mobilières, y compris ceux perçus ou réalisés hors de France.

Déduction des cotisations sociales versées dans le pays d'origine

Les impatriés peuvent **déduire** de leur rémunération imposable, dans certaines limites : **2350**
– comme pour ceux qui ne sont pas impatriés, la totalité des cotisations versées à des **régimes obligatoires** de sécurité sociale dans leur pays d'origine (CGI art. 83, 1-0-bis), à savoir celles qui sont versées conformément aux règles applicables au sein de l'Union européenne ainsi que celles qui sont versées en application d'une convention ou d'un accord international relatif à l'application des régimes de sécurité sociale ; cette mesure est applicable à toutes les personnes concernées, même si elles ne sont **pas impatriées** au sens des conditions précédentes ;
– une fraction des cotisations versées à des **régimes complémentaires** de retraite et de prévoyance dans leur pays d'origine, qu'il s'agisse de salariés ou de non-salariés (CGI art. 83, 2-0-ter) ; cette mesure ne concerne que les **seuls impatriés** et n'est donc applicable que jusqu'au 31 décembre de la cinquième ou de la huitième année suivant celle de leur prise de fonctions (BOI-RSA-GEO-40-20 nos 20 s.).

Sur cette question, voir aussi n° 44020.

Précisions Hors régime de l'impatriation, il a été jugé qu'un salarié ne pouvait déduire des **cotisations** versées à des **organismes allemands** d'assurances à titre facultatif (CAA Nancy 4 juillet 2002 n° 97-2616, 2e ch., Hotz : RJF 12/02 n° 1383 ; arrêt définitif).

b. Exonérations de certaines indemnités représentatives de frais

Les salariés et dirigeants impatriés, qu'ils soient de nationalité française ou étrangère, peuvent bénéficier d'une exonération d'impôt sur le revenu au titre de certaines **indemnités** et **remboursements** de frais qu'ils perçoivent. L'administration en distingue trois catégories (BOI-RSA-GEO-40-30 n° 1) : **2360**
– les indemnités et remboursements de **frais professionnels** : il s'agit des remboursements de frais qui sont énumérés au n° 29420 et qui ont été définis à l'occasion de la mise en place d'un régime favorable pour le personnel des quartiers généraux et des centres

de logistique ; mais ce régime a, sur ce point, une portée générale (les indemnités considérées comme représentatives de frais sont exonérées sur le fondement du 1° de l'article 81 du CGI ; BOI préc. n° 20, renvoyant au BOI-RSA-CHAMP-20-50-10) ;
– l'indemnité de **logement** et de « **tax-equalization** » : ces indemnités ne font pas l'objet d'un traitement spécial ; comme toutes les sommes versées aux impatriés, elles sont susceptibles d'entrer dans le champ de la prime d'impatriation (on ne voit pas pour quelle raison elles sont mentionnées séparément dans la doctrine administrative) ;
– les **autres indemnités**, qui sont en principe assujetties à l'impôt dans les conditions de droit commun, mais qui peuvent naturellement entrer également dans le champ de la prime d'impatriation.

En ce qui concerne les indemnités et remboursements de **frais professionnels**, la doctrine administrative est maladroitement rédigée, étant donné que les salariés exonérés sont, en principe, ceux qui remplissent les conditions suivantes (n° 29405) :
– ils ne doivent pas avoir été domiciliés en France pendant l'année précédant la date de leur arrivée en France pour exercer leur activité professionnelle ;
– ils doivent être employés en France pour une durée n'excédant pas six ans.

Le champ d'application de l'exonération ne recouvre donc pas exactement celui des salariés et dirigeants impatriés car les conditions de domiciliation en France et de durée d'emploi sont différentes (le BOI-ANNX-000065 fournit un tableau de synthèse du régime fiscal comparé des indemnités versées aux salariés des impatriés, des quartiers généraux et des centres de logistique).

Précisions La possibilité de soumettre certaines autres indemnités à l'impôt sur les sociétés au lieu de l'impôt sur le revenu est réservée au personnel des **quartiers généraux** et des centres de logistique (n°s 29440 s.).

4. Ancien régime applicable aux impatriés non salariés

2370 Sur agrément préalable du ministre chargé du budget, l'ancien article 155 B du CGI, issu de l'article 121 de la loi de modernisation de l'économie du 4 août 2008, accordait aux « impatriés non-salariés » qui avaient établi leur domicile fiscal en France au plus tard le 31 décembre 2011, une **exonération partielle** d'impôt sur le revenu jusqu'au 31 décembre de la cinquième année civile suivant celle de leur prise de fonctions en France (ancien BOI-BNC-CHAMP-10-40-10 n°s 240 s. dans sa version publiée le 3 février 2016).

Ce dispositif a été supprimé par l'article 71 de la loi n° 2016-1917 du 29 décembre 2016 de finances pour 2017 ; il n'était plus applicable, en toute hypothèse, depuis le 31 décembre 2016.

5. Cas des agents de l'État en service à l'étranger

2400 Lorsqu'ils sont considérés comme **domiciliés en France** en vertu de l'article 4 B, 2 du CGI (n° 40930), ce qui suppose qu'ils ne soient pas soumis, dans leur pays d'affectation, à un impôt personnel sur l'ensemble de leurs revenus, les agents de l'État en service à l'étranger sont imposables en France à raison de la totalité de leurs revenus.

Peu importe, à cet égard, le motif pour lequel ils ne sont pas soumis à l'impôt dans le pays d'affectation (condition nécessaire et suffisante pour qu'ils soient domiciliés en France). Cette exonération peut être liée à l'inexistence d'un impôt sur le revenu dans le pays étranger considéré ou bien à une exonération expresse en vertu de la législation interne de cet État ou d'une convention internationale (fiscale ou non). Mais cette exonération doit être « de droit », c'est-à-dire qu'elle ne doit pas résulter d'une erreur ou d'une omission.

Précisions **a.** Bien entendu, les agents de l'État peuvent également être considérés comme fiscalement domiciliés en France s'ils satisfont aux **critères de droit commun** de l'article 4 B, 1 du CGI (n° 40605).

b. Les agents de l'État peuvent bénéficier, en partie, des dispositions de **l'article 81 A** du CGI (n° 42490).

c. Les personnels de l'État et des établissements publics administratifs en service à l'étranger qui perçoivent une indemnité de résidence majorée du fait de leur affectation à l'étranger et qui optent pour le régime des frais réels et justifiés ne peuvent déduire des **frais de double résidence** (BOI-RSA-BASE-30-50-30-20 n° 360).

6. Déclaration des revenus encaissés hors de France

Principes

Les revenus, quelle qu'en soit la nature, qu'ils soient encaissés, directement ou indirectement, dans les collectivités d'outre-mer ou États de l'ex-Communauté ou à l'étranger, doivent être mentionnés sur une **déclaration** spéciale **n° 2047** annexée à la déclaration d'ensemble des revenus (CGI art. 173, 2 ; nos 83415 et 83690 s.). **2410**

À défaut, le contribuable est réputé les avoir omis et il est tenu de verser le supplément d'impôt correspondant.

Contenu de la déclaration

La déclaration n° 2047 doit comprendre **tous les revenus** imposables encaissés hors de France, **sauf**, le cas échéant, ceux qui sont compris dans les résultats d'ensemble d'une entreprise commerciale, industrielle, artisanale ou agricole exploitée simultanément en France et à l'étranger et dont les résultats sont imposés selon le mode du bénéfice réel (CGI art 158, 4). Dans cette dernière situation, il n'y a pas lieu de décomposer le résultat d'ensemble en ses divers éléments. **2412**

Pour déterminer si un revenu doit être déclaré séparément, il faut seulement considérer le **pays de l'encaissement**, sans s'interroger sur l'origine des revenus.

Précisions Les produits de **valeurs mobilières étrangères** en dépôt dans une banque en France sont considérés comme encaissés en France alors que les revenus de valeurs mobilières françaises déposées dans une banque à l'étranger chargée de les encaisser doivent être déclarés comme encaissés hors de France.

Cours du change

Lorsqu'ils sont exprimés dans une monnaie autre que l'euro, les revenus encaissés hors de France doivent, pour l'assiette de l'impôt, être retenus pour leur contre-valeur en euro calculée selon le cours de change de la monnaie considérée à Paris, au jour de leur encaissement ou de l'inscription au crédit d'un compte à l'étranger (BOI-IR-BASE-10-10-10-10 n° 20). **2415**

À titre de règle pratique, les revenus encaissés au titre d'une année peuvent être convertis sur la base du **cours moyen annuel** en euro de la devise considérée, déterminé à partir des taux de change au 1er janvier, de fait au 31 décembre de l'année précédente, arrêtés par la Banque de France (BOI préc.) ; par exemple, les cours de change de l'euro en franc suisse s'établissant à 1,2024 franc suisse pour un euro au 31 décembre 2014 et à 1,0835 franc suisse pour un euro au 31 décembre 2015, le cours moyen annuel de l'euro en franc suisse ressortait, pour 2015, à 1,1429 franc suisse pour un euro, soit un franc suisse pour 0,8749 euro, arrondi à 0,87 euro (BOI préc.).

Frais réels exposés à l'étranger

Les salariés qui, en application du cinquième alinéa du 3° de l'article 83 du CGI, optent pour la déduction du montant réel et justifié de leurs frais professionnels, doivent **convertir en euros** les dépenses qui, le cas échéant, ont été exposées à l'étranger et dont le montant est exprimé dans une monnaie autre que l'euro. Cette conversion doit, selon un principe général, s'effectuer selon le cours du change à Paris de ces monnaies au jour du paiement de la dépense concernée. À titre de mesure de simplification, il a été admis que les dépenses exposées à l'étranger pour une année N soient calculées en euros à partir de la moyenne des cours des monnaies concernées au 31 décembre de l'année N - 1 et au 31 décembre de l'année N, tels que publiés par la Banque de France (http://www.banque-france.fr). **2416**

Ces règles s'appliquent pour l'imposition des revenus de l'année 2009 et des années suivantes (ancien BOI 5 F-7-10 du 16 février 2010 : BF 4/10 n° 297, non repris au BOFiP) ; l'arrondissement est fait au centime d'euro le plus proche.

Revenus bloqués à l'étranger

L'administration avait admis que les contribuables qui y ont intérêt, en cas de revenus bloqués à l'étranger, puissent retenir le cours du change du jour où les revenus ont été réellement **disponibles**, c'est-à-dire soit la date où le rapatriement est devenu possible, soit celle de l'utilisation sur place (ancienne D. Adm. 5 B-1122 n° 27, non reprise au BOFiP). **2418**

Déficits étrangers

2419 Il résulte de l'article 158, 1 du CGI que les revenus nets des diverses catégories entrant dans la composition du revenu net global sont évalués d'après les règles fixées aux articles 12 et 13 du même Code, sans qu'il y ait lieu de distinguer suivant que ces revenus ont leur source en France ou hors de France.

Par suite, un contribuable domicilié en France peut **imputer sur son revenu global** des déficits fonciers de source étrangère, dans le respect des conditions générales posées par le Code général des impôts (CAA Lyon 8 janvier 2019 n° 17LY02151, 2e ch.) ; cet arrêt a certes été annulé par CE 19 décembre 2019 n° 428443, 8e et 3e ch. : RJF 3/20 n° 263, mais sur un autre point, celui qui tenait à l'interprétation erronée que la Cour avait faite de la convention fiscale franco-allemande (n° 83800).

Taux effectif

2420 Les contribuables domiciliés en France doivent déclarer les revenus à prendre en compte pour le calcul du **taux effectif** en vertu d'une disposition du CGI ou d'une convention fiscale, ou, le cas échéant, d'un autre accord international (CGI art. 170, 4 ; nos 7980 et 83420).

Ils doivent de même déclarer les revenus qui ouvrent droit à un crédit d'impôt égal à l'impôt français (déclarations n° 2047 et n° 2042 ; nos 83830 s.).

Précisions Dans une affaire de **fraude fiscale**, la Cour de cassation a retenu qu'un ressortissant américain résident de France qui tire ses revenus d'une activité d'écrivain exercée aux États-Unis, est tenu, en application de l'article 170, 4 du CGI, de souscrire une déclaration de revenu global indiquant les revenus ainsi obtenus même s'ils sont exonérés de toute imposition en France en application de la convention franco-américaine (Cass. crim. 10 juin 1992 n° 90-86.666 P, DGI c/ Litell : RJF 1/93 n° 147).

Actifs numériques

2422 Les **plus-values** réalisées par les personnes physiques domiciliées fiscalement en France, directement ou par personne interposée, lors de la cession à titre onéreux d'actifs numériques dans le cadre de la gestion non professionnelle de leur patrimoine (jetons et monnaies numériques) sont en principe imposables en France au taux global de 30 % (CGI art. 150 VH bis) ; à compter du 1er janvier 2023, les produits réalisés à titre quasi professionnel seront imposables dans la catégorie des BNC (CGI art. 92, 2-1°) et les produits non professionnels pourront, sur option, être soumis au barème progressif de l'impôt sur le revenu.

Les personnes physiques, associations et sociétés n'ayant pas la forme commerciale, domiciliées ou établies en France, doivent déclarer, en même temps que leur déclaration de revenus ou de résultat, les **références des comptes** d'actifs numériques ouverts, détenus, utilisés ou clos auprès d'entreprises, personnes morales, institutions ou organismes **établis à l'étranger** (CGI art. 1649 bis C ; BOI-CF-INF-20-10-50 n° 84). Le mode de calcul des plus-values imposables est précisé par les articles 41 duovicies J et 41 duovicies K de l'annexe III au CGI et les obligations déclaratives sont fixées par les articles 344 G decies et 344 G undecies de la même annexe (applicables aux déclarations déposées depuis le 1er janvier 2020). Les commentaires administratifs sont rassemblés au BOI-RPPM-PVBMC-30, concernant la cession d'actifs numériques à titre occasionnel. La déclaration par un résident d'un compte d'actifs numériques ouvert, détenu, utilisé ou clos à l'étranger se fait au moyen du formulaire n° 3916-3916 bis.

7. Déclaration des comptes ouverts, détenus, utilisés ou clos à l'étranger (CGI art. 1649 A)

Principes

2430 En accompagnement des mesures de libération du contrôle des changes, le législateur a institué une obligation de déclaration des comptes étrangers. Sur le fondement de l'article 1649 A, al. 2 et 3 du CGI (complété par CGI Ann. III art. 344 A et 344 B) issu des articles 98-2, 4 et 6 de la loi de finances pour 1990, les personnes physiques, les associations, les sociétés n'ayant pas la forme commerciale, domiciliées ou établies en France sont tenues de déclarer, en même temps que leur déclaration de revenus ou de résultats, les **références des comptes** ouverts, utilisés ou clos à l'étranger (BOI-CF-CPF-30-20). Depuis le 1er janvier 2019, il s'y ajoute les comptes simplement « détenus », même s'ils n'ont pas été utilisés et n'ont fait l'objet d'aucune opération de crédit ou de débit (Loi n° 2018-898 du 23 octobre 2018 relative à la lutte contre la fraude, art. 7 ; décret n° 2018-1267 du 26 décembre 2018, JO du 28 décembre 2018 texte n° 69, fixant l'entrée en vigueur de la loi au 1er janvier 2019). Il a été jugé que l'obligation de déclaration des comptes étrangers était compatible avec le principe de libre circulation des capitaux (n° 82125). **2430** (suite)

Cette obligation est sanctionnée par une **amende** spécifique et par la mise en œuvre d'une présomption législative par laquelle les sommes, titres ou valeurs transférés à l'étranger ou en provenance de l'étranger par l'intermédiaire de comptes non déclarés constituent, sauf preuve contraire, des **revenus imposables** (n° 2440).

Si un contribuable n'a pas révélé à l'administration fiscale l'existence d'un compte ouvert à son nom dans un établissement bancaire à l'étranger, il lui appartient, pour **faire échec à cette présomption** d'apporter la preuve que, quelle que soit la qualification juridique ou comptable que peut recevoir la somme qui est employée à fin d'être transférée, les ressources ayant contribué à la constituer ont par elles-mêmes déjà été imposées, ou ne devaient, ou ne pouvaient pas l'être, non seulement au titre de l'année du transfert, mais aussi, le cas échéant, au titre d'années antérieures (CE 4 février 2015 n° 365180, 10e et 9e s.-s. : RJF 4/15 n° 294, aux conclusions Aurélie Bretonneau au BDCF 4/15 n° 40 ; la formulation retenue par cette décision est plus précise que celle qui avait été fournie précédemment par CE 20 février 2012 n° 325217, 10e et 9e s.-s. : RJF 5/12 n° 439) ; il est ainsi sans incidence qu'une somme inscrite au crédit d'un compte courant d'associé et employée pour transférer des fonds à l'étranger résulte de ressources dont le caractère imposable trouvait son origine en **période prescrite** (n° 2440, Précisions b).

Précisions **a.** Afin de faciliter le contrôle fiscal, un fichier de comptes bancaires détenus hors de France par des personnes physiques ou morales dénommé « **EVAFISC** » a été créé par la Direction générale des finances publiques (arrêté du 25 novembre 2009, JO du 5 décembre 2009 ; BF 2/10 n° 134 ; cet arrêté a fait l'objet d'un recours en annulation qui a été rejeté par CE 24 août 2011 n° 336382, 10e et 9e s.-s., HSBC Private Bank (Suisse) SA : Droit fiscal 2011 n° 49, comm. n° 620) ; ce fichier vise à recenser des informations laissant présumer de la détention de comptes bancaires hors de France par des personnes physiques ou morales afin :
– de mener des actions de prévention, de recherche, de constatation ou de poursuite d'infractions pénales ;
– d'analyser et de vérifier la situation des personnes concernées en vue d'opérer, le cas échéant, des régularisations de situations fiscales ;
– de programmer et mener des opérations de recherche, de constatation ou de poursuite de manquements fiscaux ;
– d'inciter les usagers à déclarer spontanément la détention de comptes bancaires hors de France.

Le fichier EVAFISC, géré par la Direction nationale des enquêtes fiscales (Dnef), a pour objectif de **recenser des informations laissant présumer de la détention de comptes bancaires hors de France** par des personnes physiques ou morales ; il contient les données d'identification et de résidence des particuliers et entreprises concernés, l'identification des comptes bancaires et le montant des soldes et virements bancaires lorsqu'ils sont connus. Les données sont collectées dans le cadre des enquêtes et des opérations de contrôle menées par l'administration fiscale. Elles peuvent également être transmises par des tiers tels que l'autorité judiciaire ou d'autres pays lors de la mise en œuvre de l'assistance administrative internationale.

b. Les administrations fiscale et douanière ont la possibilité de **demander aux banques des informations** sur leurs clients et sur les opérations de transfert de sommes sur des comptes ouverts à l'étranger ou sur des comptes de non-résident en France, sans avoir à fournir l'identité ni les références des comptes bancaires (Code monétaire et financier art. R 152-10) ; ces informations concernent la date et le montant des sommes transférées, l'identification de l'auteur du transfert et du bénéficiaire ainsi que les références des comptes concernés en France et à l'étranger. Elles peuvent être demandées pour des **personnes non identifiées**, à la condition que la demande précise à la fois le montant unitaire plancher des transferts ou paiements recherchés, qui ne peut être inférieur à 15 000 € pour les paiements effectués par carte bancaire, la période concernée, éventuellement fractionnée, qui ne peut excéder dix-huit mois et les États ou territoires de destination des opérations de transfert ou de paiement.

c. Les **établissements de crédit**, les établissements de paiement, les établissements de monnaie électronique, ainsi que les organismes et services mentionnés à l'article L 518-1 du Code monétaire et financier doivent communiquer aux administrations fiscales et douanières, sur leur demande, la date et le montant des sommes transférées à l'étranger par les personnes visées à l'article L 152-2 du même Code (personnes physiques, associations, sociétés n'ayant pas la forme commerciale, domiciliées ou établies en France et soumises aux dispositions du deuxième alinéa de l'article 1649 A du CGI), l'identification de l'auteur du transfert et du bénéficiaire ainsi que les références des comptes concernés en France et à l'étranger. Ces dispositions s'appliquent également aux opérations effectuées pour le compte de ces personnes sur des comptes de non-résidents (LPF art. L 96 A, renvoyant à l'article L 152-3 du Code monétaire et financier).

d. L'administration a ajouté, le 9 novembre 2016, une fiche intitulée « **Dissimuler la détention d'avoirs à l'étranger** » dans la carte des pratiques et montages abusifs (nº 71000, Précisions b) ; sont visés les contribuables qui, pour masquer la détention des comptes, interposent des entités dans des États qui n'ont pas pris l'engagement de se joindre à l'échange automatique d'informations.

Identification du déclarant

2432 L'obligation déclarative concerne toutes les **personnes physiques**, quelle que soit leur nationalité, dès lors qu'elles sont fiscalement domiciliées en France au sens de l'article 4 B du CGI, les associations et les sociétés n'ayant pas la forme commerciale.

Sont cependant exclues les sociétés à forme non commerciale qui sont dispensées de souscrire une déclaration de résultat. Tel est le cas, sous certaines conditions, des **sociétés civiles immobilières** non transparentes qui affectent gratuitement à la disposition de leurs membres les logements dont elles sont propriétaires.

Précisions L'obligation déclarative ne concerne que les titulaires des comptes et les bénéficiaires d'une procuration sur ces comptes. **Lorsqu'une entité détient des comptes** ouverts, utilisés ou clos hors de France, ses associés ne sont pas tenus de déclarer ces comptes sauf s'ils sont cotitulaires ou bénéficient d'une procuration sur ces comptes ; une association détenant une participation dans une Sicav n'est, en principe, pas soumise à l'obligation déclarative portant sur les comptes ouverts, utilisés ou clos par la Sicav (réponse Poisson, nº 82934 : JOAN 29 décembre 2015 p. 10789 et BF 3/16 nº 251). Le même principe devrait s'appliquer aux comptes simplement détenus, depuis 2019. Le bénéficiaire économique ou l'ayant droit économique d'un compte doit cependant le déclarer (nº 2435).

Modalités d'application

2435 La déclaration des comptes porte sur le ou les comptes ouverts, détenus, utilisés ou clos au cours de l'année ou de l'exercice par le déclarant, l'un des membres de son foyer fiscal ou une personne rattachée à ce foyer. Doivent être déclarés les comptes ouverts hors de France auprès de toute personne de droit privé ou public qui reçoit habituellement en dépôt des **valeurs mobilières, titres ou fonds**, quelle que soit la forme du dépôt (établissement bancaire, prestataires de services d'investissement, administration publique, notaires, agent de change, etc. ; BOI-CF-CPF-30-20 nº 120). Le **motif** de l'ouverture du compte et sa **nature** sont sans importance (CAA Paris 3 mai 2018 nº 16PA03544, 5e ch., arrêt définitif jugeant qu'un compte ouvert par une SCI dans une banque suisse, établissement recevant habituellement en dépôt des valeurs mobilières, titres ou espèces, devait être déclaré même s'il s'agissait d'un compte bancaire utilisé en vue du remboursement d'un prêt souscrit auprès de cette banque). Les comptes détenus auprès de **banques en ligne** installées à l'étranger doivent également être déclarés (réponse Petit, nº 30729 : JOAN 6 avril 2021 p. 2992 et BF 6/21 nº 584).

Un compte est réputé avoir été « **utilisé** » par une personne lorsque celle-ci a effectué au moins une opération de crédit ou de débit pendant la période visée par la déclaration, qu'elle soit titulaire du compte ou qu'elle ait agi par procuration, soit pour elle-même, soit au profit d'une personne ayant la qualité de résident (BOI préc.). Un compte est réputé être **détenu** par l'une des personnes concernées dès lors qu'elle en est titulaire, cotitulaire, bénéficiaire économique ou ayant droit économique (CGI Ann. III art. 344 A). Pour des exemples de rectifications concernant des avoirs détenus par des sociétés interposées dont les contribuables sont les **bénéficiaires économiques**, voir nº 2582, Précisions e et nº 52150, Précisions (voir également, dans une situation de même nature, nº 3735, Précisions).

Sous l'empire de la législation antérieure à la loi nº 2018-898 du 23 octobre 2018 relative à la lutte contre la fraude, qui a étendu l'obligation déclarative aux comptes simplement « détenus », il a été jugé qu'un compte bancaire ne peut être regardé comme ayant été utilisé par un contribuable pour une année donnée que si ce dernier a, au cours de cette année, effectué au moins une opération de crédit ou de débit sur le compte et que ne constituent pas de telles opérations, d'une part, des opérations de crédit qui se bornent à inscrire sur le compte **les intérêts produits par les sommes** déjà déposées au titre des années précédentes, et, d'autre part, des opérations de débit correspondant au **paiement des frais de gestion** pour la tenue du compte (CE 4 mars 2019 nº 410492, 10e et 9e ch. : RJF 5/19 nº 455, confirmant CAA Marseille 11 avril 2017 n° 15MA03437, 4e ch., qui avait jugé que, dans ces conditions, le titulaire du compte n'était pas tenu à l'obligation déclarative ; même solution retenue par Cass. com. 14 avril 2021 n° 19-23.230 FS-P : RJF 8-9/21 n° 874, ajoutant toutefois que de fortes variations consécutives à des **arbitrages** entre les différents actifs démontrent l'utilisation effective des comptes). Cette décision est sans conséquence depuis le 1er janvier 2019, étant donné l'extension de l'obligation déclarative résultant de la loi précitée. **2435** (suite)

La déclaration des comptes ouverts, détenus, utilisés ou clos hors de France peut être effectuée sur deux supports :
– le **formulaire n° 3916-3916 bis**, intitulé « Déclaration par un résident d'un compte ouvert, détenu, utilisé ou clos à l'étranger ou d'un contrat de capitalisation ou placement de même nature souscrit hors de France » ; ce formulaire sert également à la déclaration des contrats d'assurance-vie et placements de même nature ainsi qu'à la déclaration des comptes d'actifs numériques ouverts, détenus, utilisés ou clos à l'étranger (BOI-IR-DECLA-20-10-20 n° 130 ; ce formulaire a été mis en service en 2021 et il a remplacé le précédent formulaire n° 3916) ;
– un **papier libre** reprenant les mentions de ce formulaire.

Le choix du support est laissé aux contribuables. Il est cependant recommandé de se procurer l'imprimé, dès lors que les mentions à porter sur papier libre sont celles prévues par celui-ci et commentées dans la notice détachable qui lui est jointe.

Les déclarations de comptes sur papier libre ou sur l'imprimé doivent être **jointes** :
– à la **déclaration de revenus**, souscrite auprès du centre des finances publiques du domicile lorsque le titulaire du compte ou le bénéficiaire de la procuration est un particulier agissant ou non en qualité d'exploitant d'une activité donnant lieu à déclaration spécifique de résultats ; la case 8UU de la déclaration des revenus n° 2042 doit être cochée ;
– à la **déclaration de résultats** souscrite auprès du centre des finances publiques dont dépend le lieu de l'activité ou, selon le cas, le principal établissement ou le siège social, lorsque l'obligation incombe à une association ou à une société n'ayant pas la forme commerciale.

Précisions **a.** Le contribuable doit déclarer non seulement les comptes dont il est titulaire mais également ceux sur lesquels il détient une **procuration** (CE 30 décembre 2009 n° 299131, 10e et 9e s.-s., Lisiak : RJF 3/10 n° 248 aux conclusions Julie Burguburu au BDCF 3/10 n° 35 ; l'obligation déclarative porte en effet notamment sur les comptes « utilisés »). En revanche, une **simple demande de mise en relation**, non signée, qui n'est qu'un document préparatoire ne mentionnant aucun numéro de compte, ne suffit pas à révéler l'ouverture effective d'un compte bancaire au Luxembourg (CAA Lyon 30 août 2016 n° 14LY01821, 5e ch. ; arrêt définitif).

b. Il a été jugé qu'en l'absence de déclaration l'**amende** ne peut être infligée qu'au titulaire du compte et non au « foyer fiscal » lorsqu'il s'agit de contribuables mariés (CAA Lyon 13 décembre 2001, n° 97-2302, 2e ch., Vivarat-Perrin : RJF 5/02 n° 536, arrêt définitif concernant des comptes en Suisse ouverts au nom de l'épouse d'un contribuable résident de France).

c. Les **transferts d'espèces à partir de comptes non déclarés** à l'étranger et ayant fait l'objet d'un dépôt sur un compte en France entrent dans le champ d'application de ces dispositions (CAA Marseille 15 décembre 2010 n° 08-981, 4e ch., Bourrel : RJF 5/11 n° 540 ; arrêt définitif) ; cet arrêt juge également que, comme pour les dispositions relatives aux transferts non déclarés, le fait générateur de l'impôt sur le revenu est constitué par le passage des fonds en douane et non pas par la perception initiale des revenus. Il a précédemment été jugé, en sens contraire, que l'administration ne peut imposer sur le fondement de ces dispositions des sommes qui ont été retirées d'un compte étranger et **déposées en espèces** sur un compte en France, en l'absence de virement de compte à compte (TA Grenoble 30 janvier 2003 n° 99-4085, 4e ch., Delahaie : RJF 7/03 n° 798 ; jugement définitif).

d. Dans le cadre d'un « **montage** », voir TA Dijon 20 septembre 2005 n° 04-1819, 2e ch., Godefrin : RJF 4/06 n° 338 ; ce jugement a cependant été annulé en appel car les redressements litigieux étaient fondés sur les éléments contenus dans une **note d'un cabinet d'avocats** saisie chez le contribuable dans le cadre d'une procédure de visite domiciliaire ; alors même qu'elle était formellement adressée au comptable du contribuable et que le nom de ce dernier n'y était pas expressément indiqué, cette note devait, eu égard notamment à l'exacte coïncidence des situations familiales et professionnelles évoquées, être regardée comme une consultation rédigée par les avocats signataires et destinée au contribuable, étant ainsi couverte par le **secret professionnel** (CAA Lyon 26 juin 2007 n° 05LY01861, Plén. ; arrêt définitif).

e. Il a été jugé que des transferts d'un compte monégasque vers un autre et des sommes prélevées sur un compte étranger et utilisées en France au moyen d'une **carte bancaire** n'entrent pas dans les prévisions de l'article 1649 A du CGI (TA Nice 15 mars 2005 n° 00-2302, 6e ch., Dubost : RJF 10/05 n° 1007 ; en appel sur un autre point, CAA Marseille 5 février 2008 n° 05MA01350, 4e ch., arrêt définitif).

f. Des comptes bancaires distincts dotés chacun d'un numéro différent au sein d'une même banque suisse doivent être déclarés distinctement ; en l'espèce, si les requérants faisaient valoir qu'ils disposaient d'**une unique « relation bancaire »** et que les différents **sous-comptes** ne devaient pas être pris en compte pour déterminer le montant des amendes, ils ne produisaient aucun élément permettant de considérer qu'un seul compte aurait été ouvert ou que les comptes auraient fonctionné selon les modalités propres à un compte unique (CAA Marseille 27 octobre 2020 n°s 19MA02198 et 19MA04066, 4e ch., arrêts définitifs jugeant que l'administration était fondée à infliger aux requérants l'amende sanctionnant l'omission de déclaration de chacun des comptes pour chacune des années en litige).

g. Il a été précisé que, depuis la déclaration des revenus de 2019, l'administration « présente l'annexe n° 3916 à tout contribuable ayant fait l'objet d'une déclaration dans le cadre des échanges internationaux. Compléter ce formulaire est alors nécessaire pour pouvoir valider la **déclaration en ligne**. Si l'usager choisit de supprimer cette annexe de sa déclaration, il est informé des sanctions financières encourues » (réponse Petit, n° 30729 : JOAN 6 avril 2021 p. 2992 et BF 6/21 n° 584) ; l'administration ajoute qu'elle va poursuivre cette démarche d'accompagnement en l'étendant à la déclaration de tous les comptes ouverts, détenus, utilisés ou clos à l'étranger (comptes bancaires ou comptes d'actifs numériques) ou de contrats d'assurance-vie souscrits hors de France. Les **échanges d'informations** auxquels cette réponse fait référence sont dénommés « échanges DAC2 » (au sein de l'Union européenne) et « échanges CRS » (hors Union européenne).

Exception

2437 L'administration écarte de l'obligation déclarative les comptes détenus à l'étranger dans des établissements financiers lorsque les conditions cumulatives suivantes sont réunies (BOI-CF-CPF-30-20 n° 85, issu d'une mise à jour du 12 novembre 2013) :
– le compte a pour objet de **réaliser en ligne des paiements** d'achats ou des encaissements afférents à des ventes de biens ;
– l'ouverture du compte suppose la détention d'un autre compte ouvert en France et auquel il est adossé ;
– la somme des encaissements annuels crédités sur ce compte et afférents à des ventes réalisées par son titulaire **n'excède pas 10 000 €**. Ce seuil est apprécié, le cas échéant, en faisant la somme de tous les encaissements effectués sur l'ensemble des comptes détenus par le même titulaire et ayant pour objet de réaliser en ligne des paiements d'achats ou des encaissements afférents à des ventes de biens.
Si ces conditions ne sont pas satisfaites, le compte doit être déclaré (le principe de la déclaration a été validé par CAA Bordeaux 31 mars 2015 n° 13BX01735, 3e ch. : RJF 11/15 n° 931, arrêt définitif rendu alors que la tolérance administrative précitée n'était pas applicable) ; la société Paypal Europe, dont le siège est au Luxembourg, doit, en effet, être regardée comme recevant habituellement de ses clients des fonds en dépôt.

Sanctions

2440 Le défaut de déclaration des comptes est assez lourdement sanctionné :
– **exigibilité d'une amende fixe** : en application de l'article 1736, IV du CGI, le défaut de déclaration est passible d'une amende minimale de 1 500 € par compte non déclaré, dans le cas général ; cette amende est portée à 10 000 € par compte non déclaré lorsque l'obligation déclarative concerne un État ou territoire qui n'a pas conclu avec la France une convention d'assistance administrative en vue de lutter contre la fraude et l'évasion fiscales permettant l'accès aux renseignements bancaires ; cette amende est applicable en cas de non-dépôt de la déclaration ou en cas de déclaration incomplète et pour chaque année non prescrite au titre de laquelle l'infraction est mise en évidence (BOI-CF-INF-20-10-50 n° 20 ; sur la notion d'États ou territoires ayant conclu avec la France une convention d'assistance administrative en vue de lutter contre la fraude et l'évasion fiscales permettant l'accès aux renseignements bancaires, voir n° 74085) ; la loi n° 2012-354 du 14 mars 2012 de finances rectificative pour 2012 avait porté l'amende à 5 % du solde créditeur de chaque compte non déclaré lorsque le total des soldes créditeurs du ou des comptes non déclarés était égal ou supérieur à 50 000 €, mais cette sanction a été annulée car elle était contraire à la Constitution (Cons. const. 22 juillet 2016 n° 2016-554-QPC : RJF 11/16 n° 999, censurant le fait que l'amende était proportionnelle au solde du compte non déclaré même dans l'hypothèse où les sommes figurant sur ce compte n'avaient pas été soustraites frauduleusement à l'impôt ; la déclaration d'inconstitutionnalité avait pris effet au 22 juillet 2016 et elle était applicable aux amendes prononcées avant cette date qui n'avaient pas donné lieu à un jugement devenu définitif ou pour lesquelles une réclamation pouvait encore être formée) ;

– **présomption d'imposabilité des sommes** : les sommes, titres ou valeurs transférés à l'étranger ou en provenance de l'étranger par l'intermédiaire de comptes non déclarés constituent, sauf preuve contraire, des revenus imposables (CGI art. 1649 A, al. 3) ; les sommes sont, en principe, imposables dans la catégorie des revenus d'origine indéterminée (Avis CE 6 février 1996 n° 358557, section des finances) mais il nous semble que cette présomption d'indétermination devrait pouvoir être considérée comme réfragable, l'origine des revenus pouvant être connue et démontrée ; en tout état de cause, le contribuable ne peut faire échec à la présomption de revenus que s'il apporte la preuve que les ressources qui ont contribué à constituer la somme transférée ont déjà été imposées, ou ne devaient, ou ne pouvaient pas l'être, non seulement au titre de l'année du transfert, mais aussi, le cas échéant, au titre d'années antérieures (n° 2430 et ci-dessous, Précisions c) ; les **prélèvements sociaux** sur les revenus du patrimoine sont exigibles (Loi de financement de la sécurité sociale pour 2007) ; sur les questions de procédure, voir infra, Précisions d et e ; 2440 (suite)

– **majoration de 80 %** : les rappels d'impôt sont assortis, outre l'intérêt de retard, d'une majoration de 80 % qui s'applique aux droits dus en cas de rectification du fait des sommes figurant ou ayant figuré sur un ou plusieurs comptes qui auraient dû être déclarés ; le montant de cette majoration ne peut être inférieur au montant de l'amende fixe de 1 500 € ou 10 000 € mais l'application de cette majoration exclut celle de l'amende fixe et exclut également les **autres majorations** éventuellement applicables (CGI art. 1729-0 A, issu de l'article 110 de la loi n° 2016-1918 du 29 décembre 2016 de finances rectificative pour 2016 ; cette sanction est applicable aux déclarations devant être souscrites depuis le 31 décembre 2016) ; sont, en ce cas, inapplicables les pénalités pour défaut ou retard de dépôt d'une déclaration (CGI art. 1728), celles dues en vertu de l'article 1729 du CGI au titre des erreurs, manquements délibérés, abus de droit ou manœuvres frauduleuses commis dans une déclaration et celles applicables aux revenus présumés perçus sur les comptes à l'étranger (CGI art. 1758) ; en l'absence de rectification (si le contribuable a régulièrement déclaré les revenus ou les avoirs en cause), le seul défaut déclaratif n'est sanctionné que par l'amende spécifique de 1 500 € ou 10 000 € ;

– **refus de l'imputation de certains déficits** : les contribuables en infraction sont privés de la faculté d'imputer sur les rehaussements pratiqués la fraction des déficits catégoriels, des déficits globaux ou des réductions d'impôt sur le revenu qu'ils n'ont pu antérieurement imputer sur leurs revenus régulièrement déclarés, qu'ils soient sanctionnés par la majoration de 40 % ou de 80 % (article 100 de la loi n° 2014-1655 du 29 décembre 2014 de finances rectificative pour 2014 et article 140 de la loi n° 2021-1900 du 30 décembre 2021 de finances pour 2022 ; CGI art. 1731 bis et BOI-CF-INF-20-10-30 n° 15).

En termes de **prescription**, il résulte de l'article L 188 du LPF qu'en ce qui concerne l'amende, la prescription est atteinte à la fin de la quatrième année suivant celle au cours de laquelle l'infraction a été commise. Comme le fait générateur de l'amende est constitué par l'expiration du délai prévu pour effectuer la déclaration, l'amende pouvait être notifiée le 23 décembre 2014 pour non-déclaration d'un compte utilisé en 2009, qui aurait dû être déclaré en 2010 (n° 2435), dès lors que la prescription n'était acquise qu'après la fin de la quatrième année suivant le fait générateur de l'infraction, soit après le 31 décembre 2014 (CAA Marseille 27 octobre 2020 n°s 19MA02198 et 19MA04066, 4e ch., définitifs). De même, l'amende était exigible au taux majoré pour défaut de déclaration d'un compte en Suisse au titre de l'année 2009 car l'avenant du 27 août 2009 portant accord d'assistance mutuelle entre la France et la Suisse n'est entré en vigueur que le 4 novembre 2010 et n'était donc pas applicable au moment de la déclaration en mai 2010 des revenus afférents à l'année 2009 (CAA Paris 6 novembre 2019 n° 18PA01793, ayant fait l'objet d'un pourvoi non admis par CE (na) 28 décembre 2020 n° 436456, 9e ch. : RJF 3/21 n° 291).

Précisions **a.** L'**amende fixe** de 1 500 € ou 10 000 € est **conforme à la Constitution** (Cons. const. 17 septembre 2015 n° 2015-481 QPC : RJF 12/15 n° 1040, sur renvoi par CE QPC 17 juin 2015 n° 389143, 8e et 3e s.-s. : RJF 10/15 n° 828, qui avait posé la question au motif que le dispositif ne comporte pas de proportionnalité en fonction de la gravité du comportement des contribuables). Il en allait d'ailleurs de même de l'ancienne pénalité au taux unique de 40 %, qui ne portait pas atteinte aux principes constitutionnels de nécessité, de proportionnalité et d'individualisation des peines (Cons. const. 10 février 2012 n° 2011-220 QPC : RJF 4/12 n° 400, relevant que le législateur avait cherché par ce moyen à améliorer la prévention et à renforcer la répression des dissimulations de comptes bancaires à l'étranger). Il a par ailleurs été jugé que l'amende est une **sanction** qui ne peut être assimilée à un « impôt » au sens de l'article L 208 du LPF et qu'un contribuable n'est pas fondé à réclamer le versement d'**intérêts moratoires** en cas de dégrèvement de l'amende (CE (na) 4 mai 2021 n° 446859, 8e ch. : RJF 8-9/21 n° 869).

2440 (suite)

b. Un contribuable a pu apporter la preuve **que la somme en litige correspondait à un prêt** qu'il avait commencé à rembourser avant le début du contrôle, s'agissant d'un versement correspondant à l'encaissement d'un chèque sur un compte non déclaré en Suisse, par les mentions portées par son auteur sur ce chèque (« somme prêtée à titre amical ») et par les sommes versées par lui-même en retour à l'auteur du chèque (CE 20 février 2012 n° 325217, 10e et 9e s.-s., min. c/ Franco : RJF 5/12 n° 439) ; en revanche, ce même contribuable n'a pas apporté la preuve requise à propos d'un **transfert provenant d'un compte courant d'associé**, dès lors qu'il ne fournissait aucune précision, ni aucun commencement de justification, sur la nature des ressources ayant servi à constituer la somme en cause, ni sur la circonstance que ces ressources auraient déjà été imposées ou n'auraient pas été imposables (CE 4 février 2015 n° 365180, 10e et 9e s.-s. : RJF 4/15 n° 294 aux conclusions Aurélie Bretonneau au BDCF 4/15 n° 40). Le Conseil d'État juge que le fait que l'origine et la propriété de la somme transférée soient établies ne suffit pas à démontrer son caractère non imposable, car il y a lieu de rechercher si la ou les ressources ayant contribué, en l'espèce, à constituer le compte courant créditeur avaient elles-mêmes déjà été imposées, ou ne devaient, ou ne pouvaient pas l'être.

c. L'**absence de bonne foi** a été considérée comme établie au cas d'un marin exerçant une activité de commandant de bord de navires pétroliers en trafic international, imposable en France en dépit de ses allégations et qui, notamment, avait perçu des salaires par l'intermédiaire de **comptes à Jersey** non déclarés (CE 16 avril 2012 n° 323592, 10e et 9e s.-s., Paupardin : RJF 7/12 n° 674, conclusions Julien Boucher au BDCF 7/12 n° 80 ; voir aussi nos 41485 et 43635).

d. Les modalités spécifiques d'imposition prévues par l'article 1649 A du CGI ne font pas obstacle à la mise en œuvre de la procédure de la **taxation d'office** pour défaut de déclaration des revenus (LPF art. L 66) mais l'administration doit tout de même permettre d'abord au contribuable d'apporter la preuve contraire (CE 17 mars 2014 n° 358520 et 358562, 3e et 8e s.-s., min. c/ Aubert du Petit-Thouars de Saint-Georges : RJF 6/14 n° 535, aux conclusions Marie-Astrid Nicolazo de Barmon au BDCF 6/14 n° 50) ; cette affaire souligne également que des crédits constatés sur un compte bancaire belge non déclaré **sans qu'ils aient été transférés** sur un compte ouvert en France ne peuvent être imposés sur ce fondement (l'article 1649 A ne peut s'appliquer qu'à des sommes « transférées » en France ; cela étant, en l'absence de transfert, l'administration peut toujours fonder l'imposition sur l'article 4 A du CGI). En revanche, il a été jugé que l'administration ne peut faire usage de la procédure de taxation d'office prévue par l'article L 69 du LPF, qui concerne les contribuables qui se sont abstenus de répondre aux demandes d'éclaircissements ou de justifications prévues à l'article L 16 du même Livre (CAA Versailles 3 septembre 2019 n° 17VE02587, 1e ch. : RJF 12/19 n° 1122 ; arrêt définitif) ; en l'espèce, l'administration n'avait pas apporté la **preuve de l'existence des transferts de fonds** entre la France et l'étranger (la seule constatation qu'une somme ait été inscrite au crédit d'un compte non déclaré, ou que des sommes aient été prélevées en espèces sur un compte d'une société dont la personne physique est actionnaire, n'est pas suffisante).

e. L'administration ne peut, **en l'absence de transfert**, traiter comme des revenus présumés des crédits bancaires constatés sur un compte allemand non déclaré alors qu'elle ne démontre pas que ces crédits résulteraient de l'encaissement de chèques établis à l'attention du contribuable (TA Strasbourg 2 avril 2013 n° 0903144, 3e ch. ; en appel sur d'autres points, CAA Nancy 3 mars 2015 n° 13NC00954, 4e ch., définitif). Seul le **flux financier** constitue le fait générateur de l'impôt sur le fondement de l'article 1649 A du CGI (en l'espèce, l'administration avait demandé une substitution de base légale pour imposer le contribuable en application des articles L 16 et L 69 du LPF mais cette demande a été rejetée car le contribuable aurait été privé illégalement de porter le différend devant la commission des impôts directs et des taxes sur le chiffre d'affaires).

f. Avant sa suppression par l'article 110 de la loi n° 2016-1918 du 29 décembre 2016, l'article L 152 du **Code monétaire et financier** rendait exigible une amende de 750 € en cas d'infraction, alors même que l'article 1736, IV du CGI prévoyait également une amende fixe. Il a été jugé que le choix discrétionnaire ainsi laissé à l'administration d'infliger à des contribuables différents ayant commis les mêmes manquements deux amendes administratives de montants très inégaux était contraire à la **convention européenne des droits de l'Homme** (CAA Versailles 9 février 2017 nos 15VE01869 et 16VE01215 : RJF 7/17 n° 769) ; cet arrêt a donné lieu au renvoi d'une QPC par le Conseil d'État (CE 22 décembre 2017 n° 409358, 3e et 8e ch. : RJF 3/18 n° 295) et le **Conseil constitutionnel** a ensuite jugé que l'article L 152-5 du Code monétaire et financier était contraire à la Constitution à compter du 1er janvier 2009, soit à la date à laquelle l'amende prévue à l'article 1736 du CGI avait été portée de 750 € à 1 500 € (Cons. const. 16 février 2018 n° 2017-692 QPC : RJF 5/18 n° 513) ; la décision du Conseil constitutionnel a eu pour conséquence de rendre exigible **l'amende la plus élevée** (le débat est désormais clos puisqu'il n'y a plus aujourd'hui deux amendes concurrentes pour sanctionner la même infraction). Sur cette affaire, voir également CE 12 juillet 2018 n° 409358, 3e ch. : RJF 2/19 n° 174, jugeant que, compte tenu de la jurisprudence constitutionnelle, seules les amendes de l'article 1736, IV du CGI pouvaient être infligées aux contribuables après le 1er janvier 2009, à l'exclusion de celles de l'article 152-5 du Code monétaire et financier.

g. Un contribuable qui avait signé une **transaction** réduisant à 3 % l'amende normalement applicable au taux de 5 %, avant que soit rendue la décision du Conseil constitutionnel la déclarant inconstitutionnelle, n'a pu obtenir la décharge faute d'établir l'existence de manœuvres du service qui auraient porté atteinte à sa liberté de consentement (TA Paris 11 juillet 2018 n° 1706983 : RJF 2/19 n° 200 ; jugement définitif).

h. Le fait que des revenus d'origine indéterminée proviennent d'un compte ouvert en Suisse et non déclaré en France est un élément pris en compte pour caractériser un **manquement délibéré** ; mais en présence de revenus d'origine indéterminée, lorsque des virements sont faits entre des comptes appartenant au même contribuable, la **fréquence de ces virements** ne suffit pas, par elle-même, à caractériser une intention délibérée d'éluder l'impôt (CE 7 juin 2019 n° 412536, 9e et 10e ch. : RJF 10/19 n° 938).

i. L'amende forfaitaire de 1 500 €, alors même qu'elle est susceptible d'être cumulée avec l'imposition des revenus constatés sur les comptes non déclarés par application d'une présomption réfragable et une majoration de 40 % des impositions dues, respecte le **principe de proportionnalité** (CAA Lyon Ord. 18 juillet 2022 n° 22LY00772, confirmant l'application des amendes pour défaut de déclaration de comptes en Suisse et à Jersey).

Délai de reprise

Le droit de reprise de l'administration s'exerce jusqu'à la **fin de la dixième année** qui suit celle au titre de laquelle l'imposition est due lorsque les comptes ouverts, détenus utilisés ou clos hors de France n'ont pas été déclarés. Toutefois, cette extension de délai ne s'applique pas lorsque le contribuable apporte la preuve que le total des **soldes créditeurs** de ses comptes à l'étranger n'a pas excédé 50 000 € à un moment quelconque de l'année au titre de laquelle la déclaration devait être faite (LPF art. L 169, dans sa rédaction issue de l'article 9 de la loi n° 2018-898 du 23 octobre 2018 relative à la lutte contre la fraude, applicable sur ce point depuis le 25 octobre 2018, sous réserve des prescriptions acquises avant l'entrée en vigueur de la loi ; auparavant, il s'agissait du 31 décembre). Le Conseil d'État a refusé de transmettre une QPC relative à la **constitutionnalité** de cette extension du délai de reprise, en relevant notamment qu'elle ne présente pas le caractère d'une sanction, qu'elle est en rapport avec l'objectif de lutte contre la fraude fiscale et proportionnée à cet objectif, et que la loi n'empêche pas les contribuables d'ouvrir des comptes à l'étranger ni ne les prive des sommes qui y sont inscrites (CE QPC 1er mars 2017 n° 405711, 3e ch. : RJF 7/17 n° 724). **2445**

Ce droit de reprise concerne les seuls revenus ou bénéfices afférents aux obligations déclaratives qui n'ont pas été respectées (pour les États et territoires « coopératifs », l'extension du délai s'applique aux délais qui sont venus à expiration postérieurement au 31 décembre 2011).

Sur les moyens de vérification dont dispose l'administration, voir nos 2580 s. Sur la question de la compatibilité du délai de reprise de dix ans avec le droit de l'Union européenne, voir n° 82120.

Précisions **a.** L'article 58 de la loi n° 2011-1978 du 28 décembre 2011 de finances rectificative pour 2011 a supprimé la limitation initialement posée par la loi de finances rectificative pour 2008 qui réduisait le champ de l'extension du délai de reprise aux États ou territoires n'ayant pas conclu avec la France une **convention d'assistance administrative** en vue de lutter contre la fraude et l'évasion fiscales permettant l'accès aux renseignements bancaires, au sens indiqué n° 74085.

b. Un **tableau récapitulatif** des délais de reprise année par année en cas de manquement aux obligations déclaratives prévues à l'article 1649 A du CGI est donné au BOI-ANNX-000468.

8. Déclaration des transferts de fonds vers l'étranger ou en provenance de l'étranger (CGI art. 1649 quater A)

Principes

Depuis la levée du contrôle des changes, le 1er janvier 1990, les personnes physiques résidentes de France ont la possibilité d'effectuer librement des transferts de capitaux vers l'étranger ou en provenance de l'étranger (Union européenne et pays tiers) ; elles sont toutefois tenues de déclarer les transferts **à l'administration des douanes** si leur montant est au moins égal à **10 000 €**. **2450**

Précisions Il a été jugé que ce dispositif ne méconnaît pas les dispositions du droit de l'Union européenne relatives à la **libre circulation des capitaux** (CAA Marseille 14 octobre 2010 n° 07-3791, 3e ch., Daioglou : RJF 6/11 n° 673, définitif ; TA Paris 12 juillet 2010 n° 06-10581 et 06-10582, 2e sect., 2e ch., D. : RJF 1/11 n° 5, définitif).

Textes applicables

2452 Dans sa rédaction en vigueur depuis le 3 juin 2021 (article 13, III de la loi nº 2020-1508 du 3 décembre 2020 portant diverses dispositions d'adaptation au droit de l'Union européenne en matière économique et financière), l'article 1649 quater A du CGI dispose que **l'argent liquide**, au sens du règlement (UE) 2018/1672 du Parlement européen et du Conseil du 23 octobre 2018 relatif aux contrôles de l'argent liquide entrant dans l'Union ou sortant de l'Union (JOUE L 284 du 12 novembre 2018 et rectificatif au JOUE L 435 du 23 décembre 2020), **transféré vers l'étranger ou en provenance de l'étranger** constitue, sauf preuve contraire, des revenus imposables lorsque le contribuable n'a pas rempli les obligations prévues aux articles L 152-1 à L 152-1-2 du Code monétaire et financier et au règlement européen précité (précédemment, cette obligation concernait les transferts de « sommes, titres ou valeurs », et non pas « l'argent liquide »).

L'article L 152-1 du Code monétaire et financier, auquel renvoie l'article 1649 quater A du CGI, prévoit que les porteurs transportant de l'argent liquide, au sens du règlement européen précité, d'un **montant égal ou supérieur à 10 000 €**, vers un État membre de l'Union européenne ou en provenance d'un tel État, doivent en faire la déclaration auprès de l'administration des douanes. Les articles L 152-1-1 et L 152-1-2 du même Code traitent respectivement des envois sans l'intervention d'un porteur (nº 2458) et des conditions à respecter pour que l'obligation déclarative soit considérée comme satisfaite (nº 2460).

Précisions Le dispositif a été modifié en 2020/2021 pour tenir compte de l'entrée en vigueur, le 3 juin 2021, du **règlement européen** 2018/1672 du 23 octobre 2018, qui a mis en place un dispositif de contrôle des flux d'argent liquide dit « non accompagné » d'un montant au moins égal à 10 000 € (argent envoyé par la Poste, par le fret ou par transporteur), assorti d'une obligation de divulgation, dans un délai de trente jours, à la demande des services douaniers, pesant sur l'expéditeur, le destinataire ou leur représentant.

Transferts concernés

2455 L'obligation déclarative vise non seulement les espèces (billets, pièces de monnaie en circulation), mais aussi les instruments négociables au porteur (chèques, chèques de voyage, billets à ordre, mandats...), les cartes prépayées et les marchandises servant de réserves de valeur très liquide, comme l'or. Sont également concernés les transferts d'argent liquide « non accompagné », à savoir, l'argent expédié via le fret, y compris le fret express, ou La Poste, sans l'intermédiaire d'un porteur.

Personnes concernées

2458 Les obligations déclaratives s'appliquent non seulement lorsqu'un porteur **transporte** de l'argent liquide sur lui, dans ses bagages ou dans ses moyens de transport, mais aussi lorsque de l'argent liquide fait l'objet d'un envoi, par voie postale ou par voie de fret, sans l'intervention d'un porteur (argent liquide « **non accompagné** »).

Est considérée comme **porteur** toute personne physique qui, pour elle-même ou pour le compte d'un tiers, transporte de l'argent liquide sur elle, dans ses bagages ou dans ses moyens de transport (Code monétaire et financier art. L 152-1). Les porteurs transportant de l'argent liquide d'un montant égal ou supérieur à 10 000 €, vers un État membre de l'Union européenne ou en provenance d'un tel État, doivent en faire la déclaration auprès de l'administration des douanes et mettre cet argent à la disposition de cette administration en cas de contrôle lors de ce transport.

Lorsque le transfert d'argent liquide d'un montant égal ou supérieur à 10 000 € fait partie d'un envoi en provenance d'un autre État membre de l'Union européenne ou vers un tel État **sans l'intervention d'un porteur**, les agents des douanes peuvent exiger que l'expéditeur ou le destinataire ou leur représentant, selon le cas, fasse une **déclaration de divulgation**. Les agents des douanes peuvent retenir l'argent liquide jusqu'à ce que l'expéditeur, le destinataire ou leur représentant dépose la déclaration de divulgation (Code monétaire et financier art. L 152-1-1).

Les déclarations doivent être faites auprès des autorités compétentes de l'État membre par lequel la personne concernée entre ou sort de l'Union européenne, ou auprès de l'administration des douanes en cas de transfert à l'intérieur de l'Union européenne.

La notion de « personne physique **entrant ou sortant** » de l'Union européenne doit être interprétée selon le sens ordinaire à donner aux termes employés ; ainsi, c'est aux autorités néerlandaises et non aux autorités espagnoles qu'un ressortissant chinois devait, sur le fondement du règlement (CE) n° 1889/2005 du 26 octobre 2005 du Parlement européen et du Conseil, applicable à l'époque, déclarer l'argent liquide qu'il transportait alors qu'il se rendait de Madrid à Amsterdam pour prendre un vol pour Hong Kong, sans égard au fait qu'il ne pouvait, avant son arrivée sur le territoire chinois, avoir accès à l'argent se trouvant dans ses bagages enregistrés à l'aéroport de Grande Canarie (CJUE 31 mai 2018 aff. 190/17, 1e ch. ; voir également n° 2465, Précisions b) ; cela ne signifie pas, toutefois, que les autorités espagnoles ne pouvaient pas exiger une déclaration au cas particulier, étant donné que le règlement européen ne s'oppose pas, en principe, à une réglementation d'un État membre imposant d'autres obligations de déclaration que celles qu'il prévoit.

Obligations déclaratives

Une déclaration doit être établie pour chaque transfert, à l'exclusion de ceux dont le montant est inférieur à **10 000 €** (ou la contre-valeur en euros). Il s'agit d'un montant unitaire : les transferts représentant globalement plus de 10 000 € n'ont pas à être déclarés si chacun d'eux est inférieur à 10 000 €. **2460**

En ce qui concerne les transferts opérés **par porteur**, la déclaration doit être déposée au plus tard au moment de l'entrée ou de la sortie de l'Union européenne ou du franchissement de la frontière avec un État membre de l'Union européenne, auprès du service des douanes sur support papier ou par voie électronique. Elle peut également être faite préalablement, au plus tôt trente jours avant, par voie électronique (Code monétaire et financier art. R 152-6).

Lorsque le transfert est réalisé **sans l'intervention d'un porteur** (voie postale ou fret), les agents des douanes peuvent exiger de l'expéditeur ou du destinataire (ou de leur représentant) la production d'une déclaration de divulgation. Cette déclaration doit être faite sur demande écrite de l'administration des douanes selon le cas sur support papier ou par voie électronique, dans un délai de trente jours à compter de la date de réception de la demande de divulgation (Code monétaire et financier art. R 152-7). Si le délai de trente jours ainsi fixé n'est pas respecté, l'administration des douanes peut retenir l'argent liquide jusqu'au dépôt de la déclaration de divulgation.

Lorsque la déclaration est faite préalablement par voie électronique, elle doit être effectuée par le **téléservice « Dalia »** au plus tôt trente jours avant le transfert ; cette déclaration doit notamment fournir des informations sur le porteur, le propriétaire de l'argent liquide, le destinataire projeté si cette information est disponible, la nature et le montant ou la valeur de l'argent liquide, sa provenance économique, l'usage qu'il est prévu d'en faire, l'itinéraire de transport et le ou les moyens de transport (Code monétaire et financier art. 152-6).

L'article L 152-1 du Code monétaire et financier précise que l'obligation de déclaration et l'obligation de divulgation ne sont pas réputées exécutées si les **informations** fournies sont **incorrectes ou incomplètes** ou si l'argent liquide n'est pas mis à la disposition de l'administration des douanes à sa demande, à l'occasion d'un contrôle lors d'un transport. Il en va de même lorsque la déclaration de divulgation n'est pas établie dans le délai applicable. Ces obligations sont également considérées comme non exécutées si les déclarations d'un montant égal ou supérieur à **50 000 €** ne sont pas accompagnées des documents dont la production permet de justifier de la provenance de l'argent liquide (documents bancaires, contrats ou factures de ventes, etc. ; Code monétaire et financier art. 152-8). Les documents justificatifs doivent avoir été établis au plus tôt six mois avant le dépôt de la déclaration de transfert ou de la déclaration de divulgation, lorsqu'ils concernent des espèces, et deux ans dans les autres cas. Si le document justificatif est une déclaration d'argent liquide effectuée auprès des autorités douanières, celle-ci doit être établie au plus tôt cinq jours avant le dépôt de la déclaration de transfert ou de divulgation.

L'administration des douanes est compétente pour recevoir les déclarations et les contrôler.

Sanctions douanières

Tout manquement à l'obligation déclarative est sanctionné par une **amende** égale à **50 % des montants transférés** (Code monétaire et financier art. L 152-4 ; ce montant peut **2465** toutefois être modulé par le juge). En cas de constatation d'un manquement à l'obligation déclarative, les sommes en cause peuvent en outre faire l'objet d'une retenue temporaire et être éventuellement consignées.

Le transfert de fonds, sans qu'ait été respectée l'obligation déclarative doit être considéré comme une opération de dissimulation au sens de l'article 324-1 du Code pénal caractérisant un **blanchiment**, mais ne suffit pas à caractériser le délit de fraude fiscale ayant procuré les sommes blanchies (Cass. crim. 18 mars 2020 n° 18-86.491 : Droit fiscal n° 28 comm. n° 309).

Précisions **a.** Le Conseil constitutionnel a jugé **conforme à la Constitution** l'amende de 50 % prévue par l'article L 152-4 du Code monétaire et financier, dans sa version issue de la loi du 3 juin 2016 (Cons. const. 10 mai 2019 n° 2019-779/780 QPC : RJF 8-9/19 n° 830, sur renvoi par Cass. crim. 13 février 2019 n°s 18-90.033 et 18-90.034) ; ayant poursuivi l'objectif à valeur constitutionnelle de **lutte contre la fraude et l'évasion fiscales** ainsi que celui de sauvegarde de l'ordre public, le législateur a instauré une sanction dont la nature est liée à celle de l'infraction et, en retenant un taux de 50 %, qui ne constitue qu'un **taux maximal** pouvant être modulé par le juge sur le fondement de l'article 369 du Code des douanes, il a retenu une sanction qui n'est pas manifestement hors de proportion avec la gravité de l'infraction. Précédemment, et pour les mêmes raisons, à savoir essentiellement **la faculté de modulation** laissée au juge, la même solution avait été rendue à propos de l'amende antérieure au 5 juin 2016, égale au quart de la somme sur laquelle avait porté l'infraction ou la tentative d'infraction (Cons. const. 23 novembre 2018 n° 2018-746 QPC : RJF 2/19 n° 185).

b. La Cour de justice, appliquant un principe de proportionnalité, a jugé contraire à la **liberté de circulation des capitaux** une législation prévoyant que le manquement à l'obligation déclarative soit sanctionné par une **amende** pouvant aller jusqu'au double du montant non déclaré (CJUE 31 mai 2018 aff. 190/17, 1e ch. ; n° 2458). Précédemment, il avait été jugé, à propos de la législation hongroise, que la violation de l'obligation déclarative ne peut pas être sanctionnée par une amende égale à 60 % de la somme d'argent liquide non déclarée lorsque cette somme est supérieure à 50 000 € (CJUE 16 juillet 2015 aff. 255/14, 2e ch.).

Sanctions fiscales

2467 Le deuxième alinéa de l'article **1649 quater A** du CGI dispose que l'argent liquide (n° 2452), transféré vers l'étranger ou en provenance de l'étranger, constitue, sauf preuve contraire, des **revenus imposables** lorsque le contribuable n'a pas rempli ses obligations déclaratives (n° 2460).

Le contribuable peut cependant **faire échec à la présomption** en apportant la preuve contraire ; à cette fin, et quelle que soit la qualification juridique ou comptable que peut recevoir la somme qui est employée à fin d'être transférée, il appartient au contribuable d'établir que les ressources ayant contribué à la constituer ont par elles-mêmes **déjà été imposées ou ne devaient pas ou ne pouvaient pas l'être**, non seulement au titre de l'année du transfert, mais aussi, le cas échéant, au titre d'années antérieures (CE 4 février 2015 n° 365180, 10e et 9e s.-s. : RJF 4/15 n° 294 aux conclusions Aurélie Bretonneau au BDCF 4/15 n° 40 ; voir également n° 2430).

Il avait, dans le même sens, été précédemment jugé que la simple allégation que les sommes correspondraient à des revenus acquis en **période prescrite** n'est pas la preuve demandée (CAA Bordeaux 8 décembre 2005 n° 02-360, 4e ch., Meunier : RJF 4/06 n° 339, arrêt définitif concernant une personne physique qui avait fait l'objet d'un contrôle douanier à la frontière suisse) et que la durée de détention des sommes antérieurement à leur transfert est sans incidence. Pour un exemple de contribuable qui n'a pu justifier que des **bons réalisés au Luxembourg** par un mandataire auraient été acquis au moyen de revenus déjà soumis à l'impôt ou de liquidités provenant de son patrimoine, voir CAA Marseille 14 octobre 2010 n° 07-3791, 3e ch., Daioglou : RJF 6/11 n° 673 (arrêt définitif).

Selon la jurisprudence, les transferts non déclarés ne peuvent, par nature, qu'être qualifiés de **revenus d'origine indéterminée** dès lors que le fait générateur est constitué par la constatation du transfert et non par la perception ou par l'origine des sommes (CE 4 février 2015 n° 365180, 10e et 9e s.-s. : RJF 4/15 n° 294, dans la ligne d'un avis du 6 février 1996 n° 358557 de la section des finances du Conseil d'État) ; il résulte de la formulation de la décision du Conseil d'État que cette présomption est irréfragable, contrairement à ce qu'avait jugé CAA Marseille 10 juillet 2009 n° 06-3457, 4e ch., Dalmasso (arrêt définitif à la RJF 7/10 n° 655), qui avait retenu que la présomption légale d'existence de revenus imposables ne dispensait pas l'administration, lorsqu'elle dispose des éléments lui permettant de connaître la source du revenu transféré à l'étranger sans déclaration, de l'imposer dans la catégorie d'imposition correspondant à son origine (le Conseil d'État a suivi la rapporteure publique Aurélie Bretonneau qui estimait que les informations dont l'administration pourrait disposer sur l'origine de la somme sont inopérantes ; conclusions au BDCF 4/15 n° 40). **2467** (suite)

En outre, et comme en cas de défaut de déclaration des comptes, l'article 1758 du CGI prévoit que le montant des droits rappelés est assorti d'une **majoration de 40 %** qui s'ajoute à l'intérêt de retard. Cette pénalité à un taux unique est **conforme à la Constitution** car elle ne porte pas atteinte aux principes constitutionnels de nécessité, de proportionnalité et d'individualisation des peines (Cons. const. 10 février 2012 n° 2011-220 QPC : RJF 4/12 n° 400), et son application n'est pas subordonnée à la **mauvaise foi** de l'intéressé (CE 26 juillet 2011 n° 327033, 3e et 8e s.-s., Leleu : RJF 11/11 n° 1121, jugeant que le contribuable ne peut utilement invoquer son âge et son état de santé pour établir sa bonne foi et s'opposer à l'application de cette majoration).

Bien entendu, la présomption de revenus imposables résultant de l'article 1649 quater A du CGI ne s'applique pas en cas de transfert de sommes opéré de l'étranger vers la France **par un non-résident**, imposable en France sur ses seuls revenus de source française en vertu de l'article 4 A du CGI (CE 1er juillet 2010 n° 309363, 9e et 10e s.-s., Sigal et Battesti-Sigal : RJF 11/10 n° 984 ; conclusions Pierre Collin au BDCF 11/10 n° 111). Dans cette affaire, les intéressés avaient été imposés à raison d'espèces et de chèques non déclarés alors qu'ils arrivaient en France en provenance de Genève ; mais comme il était établi qu'ils n'avaient transféré leur domicile fiscal en France qu'un mois plus tard, ils étaient non-résidents à l'époque des faits. Ainsi, ce n'était pas à eux de justifier que les sommes non déclarées ne correspondaient pas à des revenus de source « non française » mais à l'administration de réunir des indices sérieux permettant de penser qu'ils avaient pu disposer de revenus de source française supérieurs à ceux qu'ils avaient déclarés (dans le même sens, précédemment, TA Paris 26 juin 2007 n° 00-14517, 1e ch., 2e sect., Brossard : RJF 1/08 n° 2 ; jugement définitif). En d'autres termes, la **présomption** peut jouer pour un non-résident mais seulement si l'on peut sérieusement estimer que les revenus d'origine indéterminée ainsi taxés sont de source française (autrement, tout non-résident deviendrait automatiquement imposable s'il était trouvé en possession d'une somme non déclarée même sans aucun lien avec la France, ce qui serait absurde).

Enfin, les contribuables en infraction sont **privés de la faculté d'imputer** sur les rehaussements pratiqués la fraction des déficits catégoriels, des déficits globaux ou des réductions d'impôt sur le revenu qu'ils n'ont pu antérieurement imputer sur leurs revenus régulièrement déclarés (article 100 de la loi n° 2014-1655 du 29 décembre 2014 de finances rectificative pour 2014 ; CGI art. 1731 bis et BOI-CF-INF-20-10-30).

Précisions **a.** La **majoration de 40 %** est écartée si l'amende douanière est appliquée (TA Pau 13 mai 2004 n° 00-1682, 2e ch., Hiriart : RJF 10/04 n° 1010 ; dans cette affaire, l'assujettissement à l'impôt sur le revenu et l'application des intérêts de retard ont été confirmés par CAA Bordeaux 23 avril 2007 n° 04BX01172, 5e ch., Hiriart, arrêt définitif). L'administration indique dans le même sens que, dans les cas où la méconnaissance des obligations énoncées à l'article 1649 quater A du CGI est punie de la sanction prévue au I de l'article L 152-4 du Code monétaire et financier (amende de 50 %), la majoration de 40 % n'est pas mise en œuvre (BOI-CF-INF-20-10-10 n° 10).

b. L'argent liquide transféré à l'étranger ou en provenance de l'étranger par l'intermédiaire de comptes non déclarés ou en l'absence de déclaration en douane est soumis aux **contributions et prélèvements sociaux** à supposer que l'auteur de l'infraction soit domicilié en France (Loi de financement de la sécurité sociale pour 2007).

c. Sur la possibilité d'apporter la **preuve contraire**, voir CAA Paris 1er juin 2006 n° 03-3361, 5e ch. A, Mauban : RJF 12/06 n° 1489, à propos d'un contribuable établissant qu'il n'était pas le seul propriétaire de **pièces d'or** transférées vers l'étranger (arrêt définitif).

d. La simple découverte du nom d'un contribuable sur une liste saisie lors d'une procédure de visite et de **saisie** ne suffit pas à établir que celui-ci aurait transféré des fonds au Luxembourg sans les déclarer (CAA Bordeaux 21 février 2006, n° 02-2622, 3e ch., Boyau : RJF 7/06 n° 816, arrêt définitif) ; dans le même contexte, mais en sens contraire, voir TA Toulouse 16 mai 2006 n° 01-349, 2e ch., Canard : RJF 2/07 n° 121 (l'administration a cependant prononcé ensuite un dégrèvement, selon ce qu'indique CAA Bordeaux Ord. 16 avril 2007 n° 06BX01687, 5e ch., Canard).

e. Le **fait générateur** de l'impôt dû, en vertu de l'article 1649 quater A du CGI, au titre des sommes, titres ou valeurs transférés vers l'étranger ou en provenance de l'étranger (aujourd'hui, il s'agirait de l'argent liquide) sans déclaration est constitué **par la constatation du transfert** et non par la perception de ces sommes, titres ou valeurs (CE 26 juillet 2011 n° 327033, 3e et 8e s.-s., Leleu : RJF 11/11 n° 1121) ; ainsi, la circonstance que les sommes aient été conservées sur un compte en Suisse pendant une durée telle que le **délai de reprise était expiré** est sans incidence. En ce sens, précédemment, il avait été jugé que le fait générateur de l'impôt sur le revenu dû au titre des sommes non déclarées est constitué par le passage des fonds en douane et non pas par la perception initiale des revenus (CAA Marseille 15 décembre 2010 n° 08-981, 4e ch., Bourrel : RJF 5/11 n° 540 ; arrêt définitif).

f. La rédaction de l'article 1649 quater A du CGI avait, avant les modifications intervenues en 2021, déjà été modifiée par la loi de finances rectificative pour 2008 afin que la présomption de revenus puisse s'appliquer également aux **transferts hors Union européenne** non déclarés.

g. Pour l'application de la législation antérieure au 3 juin 2021, il a été jugé qu'en **l'absence de virement de compte à compte**, l'administration doit en principe être regardée comme apportant la preuve de la réalité d'un transfert de fonds lorsqu'elle a établi l'existence de mouvements créditeurs sur un compte bancaire à l'étranger non déclaré (en l'espèce, **dépôts en espèces** portés au crédit d'un compte bancaire non déclaré détenu auprès d'un établissement financier suisse) ; il appartient alors au contribuable d'expliquer l'origine des crédits et d'établir, le cas échéant, le caractère non imposable en France des sommes créditées (CE 14 octobre 2011 n° 330522, 3e s.-s., Donzel : RJF 7/12 n° 675 ; dans les circonstances de l'espèce, en l'absence de virement de compte à compte, l'administration doit en principe être regardée comme apportant la preuve de la réalité du transfert s'agissant de dépôts en espèces portés au crédit d'un compte bancaire détenu à l'étranger non déclaré). Dans le même sens, il a été jugé qu'en l'absence de virement de compte à compte, la simple constatation par l'administration de **mouvements créditeurs** sur un compte bancaire non déclaré situé à l'étranger suffit à emporter la présomption de l'existence d'un transfert de fonds (CAA Marseille 13 avril 2017 n° 15MA02553 : RJF 1/18 n° 69, précisant qu'il incombe alors au contribuable d'expliquer l'origine des crédits et d'établir, le cas échéant, le caractère non imposable en France des sommes créditées ; cet arrêt a été annulé sur un autre point par CE 10 juillet 2019 n° 411474, 9e et 10e ch. : RJF 10/19 n° 948). Mais l'administration n'apporte pas la preuve d'un transfert de fonds opéré vers des comptes non déclarés détenus à l'étranger lorsque ces comptes n'ont enregistré **aucun mouvement** au cours de l'année d'imposition concernée (TA Nantes 2 avril 2009 n° 06-1572, 4e ch. Weber : RJF 4/10 n° 313 ; jugement définitif).

h. La circonstance que l'**établissement bancaire gestionnaire** des comptes bancaires sur lesquels les sommes en provenance de l'étranger ont été virées se serait conformé aux dispositions de la loi du 24 janvier 1984 relative à l'activité et au contrôle des établissements de crédit est sans incidence sur la charge de la preuve (CE 28 décembre 2012 n° 334885, 10e s.-s., Lovat : RJF 3/13 n° 251).

i. La **mauvaise foi** a été reconnue au cas de revenus d'origine indéterminée résultant du transfert non déclaré d'une somme d'argent en provenance de l'étranger (CE 7 novembre 2012 n° 339441, 10e et 9e s.-s., Roumiantsev : RJF 2/13 n° 181) ; les services douaniers avaient découvert des sommes en espèces **dans le véhicule** des contribuables alors qu'ils passaient la frontière entre le Luxembourg et la France.

j. La présomption de revenus naît lorsque le contribuable **ne dispose plus d'aucune des possibilités de s'acquitter de son obligation déclarative**, ou lorsque, à l'occasion d'un contrôle, il ne procède pas à la déclaration de sommes, titres ou valeurs qui sont en sa possession alors qu'il est établi, notamment par un titre de transport, qu'il se rend à l'étranger ou qu'il en provient (CE 9 avril 2014 n° 355866, 9e et 10e s.-s., min. c/ Benainous : RJF 7/14 n° 660 aux conclusions (contraires) de Claire Legras au BDCF 7/14 n° 63, à propos d'un contribuable qui, alors qu'il était dans le train Paris-Luxembourg et qu'il n'avait **pas encore franchi la frontière**, était en possession de sommes non déclarées). Si le contribuable a franchi la frontière, l'infraction est caractérisée puisqu'il n'a plus la possibilité de s'acquitter de son obligation déclarative ; s'il n'a pas encore franchi la frontière et s'il fait l'objet d'un contrôle douanier, soit il nie et l'infraction est caractérisée, soit il déclare être en possession de sommes à déclarer et il peut encore souscrire la déclaration requise.

9. Déclaration des contrats d'assurance-vie ou de capitalisation souscrits hors de France (CGI art. 1649 AA)

Principes

2480 Lorsque des contrats d'assurance-vie sont souscrits auprès d'organismes établis hors de France, les souscripteurs sont tenus de déclarer, en même temps que leur déclaration de revenus, les **références** du ou des contrats concernés, les dates d'effet et la durée de ces contrats, ainsi que les avenants et opérations de remboursement effectués au cours de l'année civile (CGI art. 1649 AA). Depuis le 1er janvier 2016, la même obligation s'applique aux **contrats de capitalisation** et aux placements de même nature ; doivent également être déclarées, depuis cette date, les opérations de remboursement et de versement des primes effectuées au cours de l'année précédente et, le cas échéant, la valeur de rachat ou le montant du capital garanti, y compris sous forme de rente, au 1er janvier de l'année de la déclaration (le contenu des déclarations est précisé par l'article 344 C de l'annexe III au CGI, dans sa rédaction issue, en dernier lieu, du décret n° 2021-184 du 18 février 2021).

Précisions **a.** La case 8TT de la déclaration n° 2042 doit être cochée. Sur les modalités déclaratives, BOI-IR-DECLA-20-20 n° 150. La déclaration est faite au moyen du formulaire n° 3916-3916 bis, qui sert également à la déclaration des comptes et des actifs numériques.

b. Depuis le 1er janvier 2016, un **fichier « Ficovie »** des contrats de capitalisation et d'assurance-vie est constitué à partir des informations fournies, sur le fondement de l'article 1649 ter du CGI, par les entreprises d'assurance et organismes assimilés établis en France (BF 7/15 n° 595 ; texte plusieurs fois modifié ensuite, notamment, en dernier lieu, par un arrêté du 3 juin 2021, au JO du 19 juin 2021, texte n° 31).

Sanctions

Les personnes physiques qui ne se conforment pas à l'obligation de déclaration des contrats d'assurance-vie ou de capitalisation ou placements de même nature souscrits hors de France sont passibles des sanctions suivantes : **2482**

– **amende fixe** (CGI art. 1766) : cette amende est égale à 1 500 € par contrat non déclaré ou à 10 000 € lorsque l'obligation déclarative concerne un État ou territoire qui n'a pas conclu avec la France une convention d'assistance administrative en vue de lutter contre la fraude et l'évasion fiscales permettant l'accès aux renseignements bancaires (n° 74085) ; pour les déclarations devant être souscrites à compter du 1er janvier 2013, cette amende avait été portée à 5 % de la valeur de chaque contrat non déclaré, si le total de la valeur du ou des contrats non déclarés était égal ou supérieur à 50 000 €, mais cette sanction proportionnelle a été supprimée par l'article 110 de la loi n° 2016-1918 du 29 décembre 2016 de finances rectificative pour 2016 (en tout état de cause, il n'était pas conforme à la Constitution de sanctionner un simple manquement déclaratif par une amende proportionnelle, ainsi que l'a jugé Cons. const. 27 octobre 2017 n° 2017-667 QPC : RJF 1/18 n° 77, sur renvoi par CE QPC 28 juillet 2017 n° 410452, 8e ch. : RJF 11/17 n° 1088, à propos de défauts de déclaration au titre des années 2013, 2014, 2015 et 2016 ; voir également CE 20 juin 2018 n° 410452, 8e ch. : RJF 11/18 n° 1169 sur les effets dans le temps de la décision du Conseil constitutionnel et n° 2440 en ce qui concerne les comptes étrangers non déclarés) ; l'amende est applicable pour chaque année non prescrite au titre de laquelle une déclaration devait être déposée lorsque le souscripteur n'a pas déclaré l'existence de contrats de capitalisation ou de placements de même nature (contrats d'assurance sur la vie, notamment) souscrits hors de France ou lorsque l'un des éléments déclaratifs requis n'a pas été fourni (BOI-CF-INF-20-10-50 n° 50) ;

– **présomption d'imposabilité des sommes** : la loi institue une présomption de revenus similaire à celle applicable en cas de transfert par l'intermédiaire de comptes non déclarés (n° 2440) ; les versements faits à l'étranger ou en provenance de l'étranger par l'intermédiaire de contrats d'assurance-vie ou de capitalisation non déclarés constituent, sauf preuve contraire, des revenus imposables (les contributions sociales sur les revenus du patrimoine sont exigibles, outre l'impôt sur le revenu) ;

– **majoration de 80 %** : les rappels d'impôt sont assortis, outre l'intérêt de retard, d'une majoration de 80 % qui s'applique aux droits dus en cas de rectification du fait des sommes figurant ou ayant figuré sur un ou plusieurs contrats de capitalisation, ou placement de même nature, qui auraient dû être déclarés ; le montant de cette majoration ne peut être inférieur au montant de l'amende fixe de 1 500 € ou 10 000 €, mais l'application de la majoration de 80 % exclut celle de l'amende fixe ou celle des autres majorations éventuellement applicables (CGI art. 1729-0 A, issu de l'article 110 de la loi n° 2016-1918 du 29 décembre 2016 de finances rectificative pour 2016 et applicable aux déclarations devant être souscrites depuis le 31 décembre 2016) ; en l'absence de rectification (si le contribuable a régulièrement déclaré les revenus ou les avoirs en cause), le seul défaut déclaratif n'est sanctionné que par l'amende fixe de 1 500 € ou 10 000 € ;

– **non-imputation de certains déficits** : les contribuables en infraction sont privés de la faculté d'imputer, sur les rehaussements pratiqués, la fraction des déficits catégoriels, des déficits globaux ou des réductions d'impôt sur le revenu qu'ils n'ont pu antérieurement imputer sur leurs revenus régulièrement déclarés, qu'ils soient sanctionnés par la majoration de 40 % ou de 80 % (article 100 de la loi n° 2014-1655 du 29 décembre 2014 de finances rectificative pour 2014 et article 140 de la loi n° 2021-1900 du 30 décembre 2021 de finances pour 2022 ; CGI art. 1731 bis et BOI-CF-INF-20-10-30 n° 15).

Le **droit de reprise** de l'administration s'exerce jusqu'à la fin de la **dixième année** qui suit celle au titre de laquelle l'imposition est due lorsque ces obligations déclaratives n'ont pas été respectées (l'article 58 de la loi n° 2011-1978 du 28 décembre 2011 de finances rectificative pour 2011 a supprimé la restriction initialement posée par la loi de finances rectificative pour 2008, qui limitait le champ de l'extension du délai de reprise aux États ou territoires n'ayant pas conclu avec la France une convention d'assistance administrative en vue de lutter contre la fraude et l'évasion fiscales permettant l'accès aux renseignements bancaires, au sens indiqué n° 74085). Toutefois, cette extension de délai ne s'applique pas lorsque le contribuable apporte la preuve que le total des **soldes créditeurs** de ses comptes à l'étranger est inférieur à 50 000 € au 31 décembre de l'année au titre de laquelle la déclaration devait être faite (LPF art. L 169). Ce droit de reprise concerne les seuls revenus ou bénéfices afférents aux obligations déclaratives qui n'ont pas été respectées (pour les États et territoires « coopératifs », l'extension s'applique aux délais venant à expiration postérieurement au 31 décembre 2011). Sur les moyens de vérification dont dispose l'administration, voir également n°s 2580 s.

Précisions **a.** Il a été jugé que la **prescription étendue** n'était pas applicable à une personne qui avait placé des sommes en 2008 sur un contrat d'assurance-vie luxembourgeois et qui avait reçu une proposition de rectification en novembre 2015, car elle avait déclaré le contrat en mars 2008 et l'administration **disposait d'indices** lui permettant d'ouvrir une enquête (TA Rennes 2 septembre 2020 n° 1805077, 2e ch., concluant à la décharge des rectifications concernant les années 2010 et 2011) ; ce jugement, qui fait l'objet d'un appel enregistré sous le n° 20NT03961, repose sur la solution énoncée par l'arrêt de la Cour de justice du 15 septembre 2011 dans l'affaire 132/10 (n° 82120).

b. Pour l'application de l'article 1766 du CGI dans sa rédaction issue de la loi n° 2008-1443 du 30 décembre 2008, les **versements effectués** au titre d'un contrat d'assurance-vie non déclaré s'entendent des sommes qui y ont été versées depuis sa souscription ; les **sommes issues d'un rachat** de tout ou partie d'un tel contrat sont présumées être issues de versements antérieurs d'un même montant, déduction faite de la fraction de ce rachat correspondant à des produits (CE 25 avril 2022 n° 443105, 9e et 10e ch. : RJF 7/22 n° 654, à propos d'un médecin qui n'avait pas déclaré une opération de rachat d'un contrat d'assurance-vie luxembourgeois réalisée en 2009).

10. Incidences de l'ancien « bouclier fiscal »

2490 Le dispositif du « bouclier fiscal », tel qu'il était codifié aux articles 1 et 1649-0 A du CGI, garantissait aux personnes physiques un **droit à restitution** des impositions directes pour la fraction qui excédait **50 %** de leurs revenus. Ce droit à restitution était acquis au 1er janvier de la deuxième année suivant celle de la réalisation des revenus. Ce mécanisme a joué, pour la dernière fois, au 1er janvier 2012.

Le bouclier fiscal s'appliquait seulement aux **contribuables domiciliés en France**, le contribuable s'entendant du « foyer fiscal » défini à l'article 6 du CGI, qui devait être fiscalement domicilié en France, au sens de l'article 4 B du CGI, au 1er janvier de l'année suivant celle de la réalisation des revenus pris en compte. Il a cependant été jugé qu'un contribuable **non-résident** pouvait demander le bénéfice de la restitution s'il était domicilié dans un État membre de l'Union européenne ou dans un État partie à l'Espace économique européen ayant conclu avec la France une convention fiscale contenant une clause d'assistance administrative en vue de lutter contre la fraude ou l'évasion fiscale et si l'essentiel de ses revenus imposables étaient de source française (TA Montreuil 5 octobre 2012 n° 1202225, 10e ch., Gramont : RJF 5/13 n° 461) ; dans cette affaire, il a été jugé en appel que le plafonnement n'était pas applicable car les intéressés devaient être regardés comme fiscalement domiciliés aux États-Unis (CAA Versailles 19 mars 2015 n° 12VE04096, 7e ch., arrêt définitif ; voir également n° 41045).

Les revenus à prendre en compte pour la détermination du droit à restitution incluaient les **revenus réalisés à l'étranger** au cours de la période de domiciliation, y compris lorsque ces revenus avaient été soumis à l'impôt à l'étranger ; cependant ces revenus étaient pris en compte pour leur montant net des impositions étrangères équivalentes à l'impôt sur le revenu et aux contributions et prélèvements sociaux. L'impôt étranger n'était pas pris en compte au titre des impositions susceptibles d'être restituées. Sur la question de la prise en compte des **impositions étrangères**, voir cependant n° 82040 l'arrêt de la Cour de justice dans l'affaire Bouanich.

Précisions Les **impositions acquittées à l'étranger** ne pouvaient être déduites du revenu à prendre en compte pour la détermination du droit à restitution que pour autant qu'elles aient été assises sur tout ou partie de ce revenu (CE 10 février 2017 n° 387100, 9e et 10e ch. : RJF 5/17 n° 408, jugeant qu'un contribuable réclamant l'application du bouclier au titre de l'année 2008 ne pouvait demander que soit pris en compte un précompte payé en Belgique au titre d'années antérieures).

11. Lieu d'imposition

D'une manière générale, les personnes physiques domiciliées en France sont imposées au lieu de leur **résidence** ou au lieu de leur principal établissement en cas de pluralité de résidences en France (CGI art. 10). 2520

Cette résidence est, par exemple, le lieu où se trouve le foyer du contribuable. Quant au lieu du principal établissement, il se détermine en fonction de considérations objectives ; il s'agit du lieu où l'intéressé réside de façon effective et habituelle.

Précisions En ce qui concerne les **agents de l'État** en service à l'étranger, le lieu d'imposition est fixé au service des impôts des particuliers non résidents (n° 3600).

12. Revenus de l'année d'acquisition d'un domicile en France

Principes

Lorsqu'un contribuable précédemment domicilié à l'étranger transfère son domicile en France, les revenus dont l'imposition est entraînée par l'établissement du domicile en France ne sont comptés que du jour de cet établissement (CGI art. 166). Mais, pour la période antérieure, l'intéressé pouvait déjà être imposable en France à raison de la disposition de revenus de source française (nos 2875 s.). En toute hypothèse, **une seule imposition** doit être établie au titre de l'année de l'acquisition d'un domicile en France, cette imposition regroupant les revenus imposables au titre de chacune des périodes considérées (BOI-IR-DOMIC-20 n° 1). 2530

Si le contribuable n'était pas auparavant imposable en France

Lorsque le contribuable n'était pas imposable en France avant d'y établir son domicile, sa situation est simple : il est soumis à l'impôt d'après l'ensemble des revenus de source française ou étrangère qu'il a réalisés ou dont il a eu la disposition **à compter de son arrivée en France** (BOI-IR-DOMIC-20 n° 10). 2535

Si le contribuable était auparavant imposable en France

Lorsque le contribuable **disposait de revenus de source française** avant de se domicilier fiscalement en France, son revenu imposable est déterminé en ajoutant le montant des revenus de source française dont il a disposé au cours de cette période à ceux dont il a disposé à compter de sa domiciliation en France jusqu'à la fin de l'année (source française et étrangère ; BOI-IR-DOMIC-20 n° 20). 2538

Mais, si l'**imposition** est **unique**, il y a lieu en principe d'en déterminer le montant en fonction des règles applicables respectivement à la période de non-domiciliation et à la période de domiciliation.

Il y a lieu, également, de tenir compte des conventions fiscales éventuellement applicables à la période de non-domiciliation en France (la doctrine administrative ne précise pas explicitement ce point mais elle indique, au BOI-IR-DOMIC-20 n° 60, qu'en cas de transfert du domicile fiscal de l'étranger en France, les dispositions prévues pour les personnes domiciliées ne sont applicables qu'aux revenus de la période de domiciliation en France).

Incidence du taux effectif

Lorsque, ce qui est le cas général, le contribuable est soumis à la règle du taux effectif, ou au système du crédit égal à l'impôt français (nos 83410 s. et 83760 s.), seuls les revenus étrangers, exonérés en France, réalisés ou devenus disponibles au cours de la période de domiciliation, sont susceptibles d'être pris en compte (BOI-IR-DOMIC-20 n° 60). 2543

Le taux effectif n'est, en effet, applicable que pour l'imposition des revenus des contribuables domiciliés en France (ou « résidents » au sens des conventions fiscales).

Il convient de retenir la date à laquelle le revenu est devenu disponible pour les salaires, pensions, rentes viagères, revenus de capitaux mobiliers, revenus fonciers, bénéfices non commerciaux et rémunérations des dirigeants de sociétés visés à l'article 62 du CGI.

Pour les bénéfices industriels et commerciaux, bénéfices agricoles et plus-values, c'est la date de la réalisation du revenu qui doit être retenue.

Modalités déclaratives

2545 Si le contribuable disposait de **revenus de source française avant** de se domicilier en France, il dépendait du service des impôts des particuliers non résidents (n° 3600) ; dans ce cas, il doit, l'année de son installation en France, déclarer ses revenus en ligne et compléter le cas échéant l'annexe 2042 NR (en ce sens, voir les précisions fournies par la notice administrative n° 2041-E).

Si, par exemple, un contribuable a transféré son domicile fiscal en France en 2021, il doit, en 2022, mentionner les éléments nécessaires à la détermination de son revenu imposable :

– pour la période comprise entre le 1er janvier 2021 et le jour de son installation en France en portant ses revenus de source française imposables en France avant cette date sur l'annexe n° 2042 NR ;

– pour la période postérieure à son installation en France, en portant le montant des revenus dont il a disposé depuis cette date sur la déclaration n° 2042.

En cas d'installation définitive en France, dès que le contribuable connaît sa nouvelle adresse, il lui appartient de la communiquer à l'administration, ainsi que la date de son installation en France, par l'intermédiaire de son espace personnel en ligne ou, à défaut, au service des impôts des particuliers non résidents.

S'il **ne percevait pas de revenus de source française** avant son installation en France, il doit déposer sa déclaration de revenus en ligne, ou à défaut déposer sa déclaration de revenus directement au service des finances publiques de son nouveau domicile (n° 2520).

13. Avantages accordés aux « nouveaux résidents »

2550 Le Gouvernement s'est, à une certaine époque, préoccupé de renforcer l'attractivité du territoire français et d'inciter au retour en France des expatriés.

En témoignent les mesures mentionnées nos 2200 s., qui concernent les « **impatriés** » qui viennent en France pour y exercer une activité professionnelle, ainsi que l'exonération temporaire d'IFI (autrefois d'ISF) sur les biens situés hors de France (n° 52560).

Accueil des nouveaux résidents

2552 Un service d'accueil des non-résidents et expatriés (SANR) avait été créé en 2009 au sein de la Direction générale des finances publiques (DGFiP) afin d'accompagner les non-résidents dans leur projet de retour en France en les sécurisant, si nécessaire par un rescrit, sur les conditions fiscales de ce retour (communiqué du ministère du budget du 20 avril 2009). Il avait été indiqué que ce service pouvait délivrer des « rescrits domiciliation » opposables.

L'administration n'a pas formellement signalé la disparition de ce service, mais, en pratique, ses missions sont aujourd'hui assurées par la Direction des impôts des non-résidents (DINR) créée en septembre 2017 et dont la mission consiste notamment à accueillir les contribuables non résidents. En tout état de cause, des **rescrits domiciliation** peuvent toujours être délivrés par le Service de la sécurité juridique et du contrôle fiscal de la DGFiP, dans les conditions habituelles ; la garantie de l'article L 80 B-1° du LPF (procédure de rescrit général) est, en effet, applicable en ce qui concerne la localisation du domicile fiscal d'un contribuable et la reconnaissance de sa qualité de résident ou de non-résident (BOI-SJ-RES-10-20-10 n° 200).

Précisions Un site internet « **Welcome to France - Helping you to settle in** » a été créé afin d'accueillir en France « des talents internationaux » (communiqué du ministère des finances n° 220 du 17 février 2017) ; il est géré par Business France, 77 boulevard Saint-Jacques, 75013 Paris.

Déduction des cotisations d'épargne retraite

2554 L'article 3 de la loi de finances pour 2007, qui a modifié l'article 163 quatervicies du CGI, a instauré, en faveur des personnes nouvellement résidentes, un **plafond spécifique de**

déduction du revenu net global des cotisations d'épargne retraite au titre de l'imposition des revenus de l'année de leur domiciliation en France.

Sont concernées les personnes qui, quelles que soient leur nationalité, française ou étrangère, et l'activité professionnelle éventuellement poursuivie, n'ont **pas** été fiscalement **domiciliées** en France au sens de l'article 4 B du CGI (n° 40605), ou résidentes de France au sens des conventions fiscales, de façon ininterrompue **au cours des trois années civiles précédant** celle de leur installation sur le territoire national ; il s'agit de personnes qui deviennent résidentes de France au sens du droit interne ou des conventions fiscales.

L'avantage accordé se traduit, au titre de l'année de leur domiciliation en France :
– d'une part, par un **plafond de déduction** calculé par référence aux revenus d'activité professionnelle de l'année même de la domiciliation, et non, par dérogation à la règle de droit commun prévue par l'article 163 quatervicies du CGI, à partir des revenus de l'année précédente ;
– d'autre part, par un **plafond de déduction complémentaire** égal au triple du plafond précédent, sous réserve que la non-domiciliation antérieure en France ne soit pas liée à la mise en œuvre de procédures judiciaires, fiscales ou douanières.

Précisions Ces mesures se justifient par le fait que, en raison de l'article 164 A du CGI (n° 3086), les non-résidents ne bénéficient d'aucune des **charges déductibles** du revenu global et, en particulier, de la déduction du revenu net global des cotisations versées au titre de l'épargne retraite prévue à l'article 163 quatervicies du CGI (ce principe conduit donc à n'accorder aucun plafond au titre des années précédant l'installation en France) ; la mesure est également destinée à compenser, s'agissant des anciens résidents de France qui le redeviennent, les années au titre desquelles ils n'ont pu se constituer une épargne en vue de la retraite dans des conditions fiscalement favorables.

14. Renforcement du contrôle des avoirs détenus dans des comptes ou contrats étrangers

Diverses mesures de durcissement du contrôle fiscal des avoirs détenus à l'étranger ont **2580**
été instituées par l'article 8 de la loi n° 2012-1510 du 29 décembre 2012 de finances rectificative pour 2012, afin de renforcer les moyens dont dispose l'administration pour **lutter contre la fraude fiscale patrimoniale internationale**. Ces mesures ont encore été renforcées par la loi n° 2013-1117 du 6 décembre 2013 relative à la lutte contre la fraude fiscale et la grande délinquance économique et financière.

Précisions L'administration a, outre les moyens décrits ci-après, la possibilité d'exercer le droit de communication et celle de **demander aux banques des informations** sur leurs clients et sur les opérations de transfert de sommes sur des comptes ouverts à l'étranger ou sur des comptes de non-résidents en France ; elle peut aussi exiger des institutions financières, **avocats**, huissiers, notaires, **experts-comptables**, etc., la communication des documents et informations qu'ils détiennent dans le cadre de leurs obligations de vigilance en matière de lutte contre le blanchiment d'argent et le financement du terrorisme (LPF art. L 88 ; ce texte résulte de la loi n° 2017-1837 du 30 décembre 2017 de finances pour 2018 qui a introduit en droit interne la directive 2016/2258/UE du Conseil du 6 décembre 2016 mentionnée n° 87880, Précisions b).

Demandes d'informations et de justifications

Depuis le 1er janvier 2013, l'administration peut demander aux personnes physiques **2582**
n'ayant pas satisfait, au moins une fois au titre des dix années précédentes, aux obligations déclaratives prévues au 2e alinéa de l'article 1649 A (déclaration des comptes étrangers ; n° 2430) ou à l'article 1649 AA du CGI (déclaration des contrats d'assurance-vie ou de capitalisation, ou placements de même nature, souscrits hors de France ; n° 2480) des **informations ou justifications sur l'origine et les modalités d'acquisition** des avoirs figurant sur leurs comptes ou contrats non déclarés (LPF art. L 23 C issu de l'article 8 de la loi n° 2012-1510 du 29 décembre 2012 de finances rectificative pour 2012 ; BOI-CF-DG-40-10 n° 120). Ces demandes peuvent être adressées indépendamment d'une procédure d'examen de situation fiscale personnelle.

Les contribuables disposent d'un **délai de réponse** de soixante jours ; l'administration peut, en cas de réponse insuffisante dans ce délai, les mettre en demeure d'apporter des précisions complémentaires dans un délai de trente jours.

Les avoirs figurant sur un compte ou un contrat d'assurance-vie étrangers et dont l'origine et les modalités d'acquisition n'ont pas été justifiées dans le cadre de cette procédure sont, sauf preuve contraire, réputés constituer un **patrimoine acquis à titre gratuit** assujetti, à la date d'expiration des délais précités, aux droits de mutation à titre gratuit au taux le plus élevé mentionné au tableau III de l'article 777 du CGI (soit au **taux de 60 %** ; CGI art. 755). Ces droits sont calculés sur la valeur la plus élevée connue de l'administration des avoirs figurant sur le compte ou le contrat d'assurance-vie au cours des dix années précédant l'envoi de la demande d'informations ou de justifications, diminuée de la valeur des avoirs dont l'origine et les modalités d'acquisition ont été justifiées. Le contribuable est alors **taxé d'office** dans les conditions prévues à l'article 755 du CGI (LPF art. L 71 ; la décision de mettre en œuvre cette taxation d'office doit être prise par un agent ayant au moins le grade d'inspecteur divisionnaire). La majoration de 80 % prévue à l'article 1729-0 A du CGI (nº 2440) n'est pas applicable aux droits dus en application de cette disposition (Loi nº 2016-1918 du 29 décembre 2016 de finances rectificative pour 2016, art. 110).

Précisions **a.** Cette procédure permet de **taxer le « stock »** et non pas seulement, comme avec les procédures relatives aux déclarations des comptes, les flux de revenus vers l'étranger ou depuis l'étranger. Il n'est cependant pas certain qu'elle respecte le principe de **libre circulation des capitaux**, car elle pourrait être considérée comme créant un « effet d'imprescriptibilité » au sens de l'arrêt rendu par la Cour de justice à propos de la législation espagnole (CJUE 27 janvier 2022 aff. 788/19, 1e ch., Commission c/ Espagne : RJF 4/22 nº 413 ; voir nº 82120) ; en effet, l'imposition est due au titre de l'année au cours de laquelle le contribuable n'a pas répondu à la demande de l'administration, sans égard à la date d'acquisition des avoirs.

b. Il semble que l'administration considère que ce dispositif est applicable lorsque les comptes ou contrats sont **détenus par un trust**, que ce dernier ait ou non été déclaré (la loi ne dit cependant rien de tel).

c. Ce n'est qu'en **l'absence de justifications** de l'origine des fonds figurant sur les comptes étrangers non déclarés qu'il y a lieu de considérer que les avoirs détenus sur ces comptes sont réputés constituer un patrimoine acquis à titre gratuit ; les avoirs détenus sur un compte étranger qui ont déjà fait l'objet d'une taxation en **droits de succession** ne peuvent pas être imposés sur le fondement de l'article L 23 C du LPF (réponse Morel-A-L'Huissier, nº 77949 : JOAN 1er septembre 2015, p. 6717).

d. L'assujettissement aux droits de mutation à titre gratuit au taux le plus élevé du barème a été jugé conforme à la **Constitution** étant donné, notamment, que le contribuable a la possibilité d'apporter la preuve de l'origine et des modalités d'acquisition des avoirs et que la loi n'a ni pour objet ni pour effet d'instituer une présomption irréfragable d'acquisition à titre gratuit, pas plus qu'une présomption irréfragable de possession (Cons. const. 15 octobre 2021 nº 2021-939 QPC : RJF 1/22 nº 70, sur renvoi par Cass. com. 7 juillet 2021 nº 21-40.009 : RJF 11/21 nº 1057). Dans le même sens, précédemment, des arrêts refusant la transmission de questions prioritaires de constitutionnalité avaient été rendus par Cass. com. 19 décembre 2019 nº 19-15.296 et CA Paris 18 janvier 2021 nº 20/12002, pôle 5, ch. 10 (arrêt définitif).

e. Les dispositions de l'article L 23 C, qui se bornent à autoriser l'administration à interroger le contribuable sur des comptes qu'il détiendrait à l'étranger, ne sont pas contraires, par elles-mêmes, aux stipulations de l'article 6 de la convention européenne de sauvegarde des **droits de l'Homme** et des libertés fondamentales ; la circonstance qu'elles amèneraient le contribuable à s'auto-incriminer à peine de subir des sanctions disproportionnées ne peut être utilement invoquée, le contribuable étant en mesure de contester devant les juridictions compétentes les sanctions disproportionnées dont il ferait l'objet (CAA Paris 17 mars 2021 nº 19PA01891, 2e ch. ; arrêt définitif). Dans cette affaire, les rectifications notifiées à un contribuable concernant des avoirs détenus en Suisse ont été validées, car ce dernier n'était pas fondé à invoquer des erreurs de procédure, ayant lui-même fourni, par le dépôt de déclarations rectificatives, les informations sur lesquelles les rectifications étaient fondées ; l'intéressé avait lui-même admis être le **bénéficiaire économique** d'un compte ouvert en Suisse au nom d'une société étrangère et n'avait apporté aucun élément démontrant qu'il ne disposait pas des sommes en cause.

f. La Cour de cassation a précisé que le **fait générateur de l'imposition** correspond à la date d'expiration des délais prévus à l'article L 23 C du LPF et constitue le point de départ de la prescription décennale (Cass. com. 16 décembre 2020 nº 18-16.801 : Droit fiscal 2021 nº 21, comm. nº 259) ; en l'espèce, la contribuable ne pouvait invoquer la **prescription** du droit de reprise de l'administration, s'agissant des avoirs qu'elle prétendait avoir hérités de sa mère, à défaut d'avoir rapporté la preuve de cette succession, et le fait générateur de l'imposition (taxation d'office selon l'article 755 du CGI au titre de ses avoirs figurant sur deux comptes étrangers) devait être fixé trente jours après l'envoi de la mise en demeure d'avoir à compléter une réponse insuffisante.

Communication des relevés de comptes

2583 En vertu de l'article L 10-0 A du LPF (BOI-CF-IOR-60-70), l'administration peut, depuis le 1er janvier 2013, obtenir auprès de tiers la communication des relevés des comptes

bancaires et des contrats d'**assurance-vie** détenus à l'étranger au titre desquels le contribuable n'a pas rempli les obligations déclaratives prévues au 2e alinéa de l'article 1649 A (déclaration des comptes étrangers ; n° 2430) ou à l'article 1649 AA du CGI (déclaration des contrats de capitalisation ou placements de même nature, notamment les contrats d'assurance-vie, souscrits hors de France ; n° 2480) sans que cet examen constitue le début d'une procédure de vérification de comptabilité ou d'une procédure d'examen de situation fiscale personnelle ; l'administration peut ainsi avoir accès aux comptes bancaires non déclarés dans le cadre d'un **simple contrôle sur pièces**, alors qu'elle ne peut normalement disposer des relevés de comptes bancaires que dans le cadre d'un ESFP. La demande peut porter sur toutes les années au cours desquelles les obligations déclaratives n'ont pas été respectées, ainsi que sur l'ensemble des comptes concernés.

La loi du 6 décembre 2013 (n° 2580) a étendu cette possibilité aux cas où les relevés de comptes étrangers non déclarés sont **transmis spontanément par des tiers**, afin d'anticiper l'évolution de la norme internationale vers l'échange automatique d'informations (n° 74344) ; cette extension est applicable depuis le 8 décembre 2013.

Si l'administration peut examiner ces comptes dans le cadre d'un simple contrôle sur pièces, elle ne peut cependant les **opposer au contribuable**, pour l'établissement de l'impôt sur le revenu, que dans le cadre d'un examen de situation fiscale personnelle ou d'une vérification de comptabilité, ou de la procédure d'imposition des sommes transférées vers ou de l'étranger par l'intermédiaire de comptes non déclarés, prévue aux articles 1649 A, al. 3 et 1649 AA, al. 2 du CGI (procédure instituant une présomption simple d'existence de revenus) ; elle ne peut pas se fonder sur des constats tirés de l'examen des relevés pour procéder à des rectifications à l'impôt sur le revenu dans le cadre d'un contrôle sur pièces ou d'un examen de comptabilité (BOI-CF-IOR-60-70 n° 50).

Précisions **a.** La loi ne vise pas les manquements aux obligations déclaratives relatives aux avoirs placés dans les **trusts**.

b. Ce droit de communication peut s'exercer auprès des établissements bancaires ou organismes d'assurance français et auprès des administrations fiscales étrangères dans le cadre de l'**assistance administrative internationale**.

Délai de reprise en l'absence de déclaration des comptes ou contrats

En cas de non-respect des obligations déclaratives relatives aux comptes ou contrats d'assurance-vie étrangers, le délai de reprise dont dispose l'administration est généralement de dix ans ; cette extension, prévue depuis plusieurs années en ce qui concerne l'impôt sur le revenu (nos 2445 et 2482), a été rendue applicable aux **droits d'enregistrement** (et impositions assimilées) ainsi qu'à l'ancien **ISF** (aujourd'hui, à l'**IFI**), en l'absence de déclaration des comptes ou contrats d'assurance-vie étrangers ou de biens ou droits placés dans des **trusts** (LPF art. L 181-0 A issu de l'article 8 de la loi n° 2012-1510 du 29 décembre 2012 de finances rectificative pour 2012). **2585**

Pour les délais de reprise venant à expiration postérieurement au 31 décembre 2012, l'administration peut ainsi exercer son droit de reprise **jusqu'à l'expiration de la dixième année** suivant celle du fait générateur de l'impôt sur la fortune, des droits d'enregistrement et des impositions assimilées quand les droits sont assis sur des biens ou droits mentionnés aux articles 1649 A (n° 2430), 1649 AA (n° 2480) et 1649 AB (n° 50850) du CGI, sauf si l'exigibilité des impôts ou droits relatifs aux biens ou droits correspondants a été suffisamment révélée dans le document enregistré ou présenté à la formalité (en ce qui concerne, depuis le 1er janvier 2018, l'impôt sur la fortune immobilière, il s'agit de la déclaration et des annexes mentionnées à l'article 982 du CGI). Si les obligations déclaratives ont été respectées, le délai de reprise reste généralement fixé à trois ans.

Utilisation de renseignements d'origine illicite

La loi du 6 décembre 2013 (art. 37 ; n° 2580) a donné à l'administration, sous certaines conditions, la possibilité de se fonder sur des documents, pièces ou informations quelle qu'en soit l'origine, lorsqu'ils lui ont été régulièrement transmis dans le cadre du droit de communication ou de l'assistance administrative internationale. **2586**

2586 (suite) À cette fin, l'article L 10-0 AA du LPF, en vigueur depuis le 8 décembre 2013, prévoit que ne peuvent être écartés **au seul motif de leur origine** les documents, pièces ou informations que l'administration utilise et qui sont régulièrement portés à sa connaissance dans toutes les procédures de contrôle fiscal et d'enquête fiscale à l'exclusion des visites domiciliaires.

Les renseignements doivent être parvenus à l'administration dans le cadre du **droit de communication** ou de **l'assistance administrative internationale**, y compris en provenance des collectivités d'outre-mer. Il est nécessaire que l'administration ait obtenu les informations par un canal officiel, même si elles ont une origine illicite ou anonyme ; l'utilisation de documents illicites remis directement à l'administration en dehors de tout cadre légal reste exclue. Par exemple, l'administration ne peut se prévaloir de son droit de communication auprès d'une personne qui n'y est pas légalement soumise mais elle peut inciter une personne à informer le procureur de la République de sorte que ce dernier lui transmette les informations dans des circonstances entrant dans le champ de l'article L 10-0 AA du LPF (cas d'informations résultant de vols, d'enregistrements clandestins, etc.).

Ce dispositif doit cependant s'appliquer à la lumière de la réserve d'interprétation posée par le Conseil constitutionnel ; par suite, il ne doit pas permettre à l'administration de se prévaloir de documents obtenus par une autorité administrative ou judiciaire dans des **conditions déclarées ultérieurement illégales** par le juge (Cons. const. 4 décembre 2013 nº 2013-679 DC : RJF 2/14 nº 173, censurant également le volet spécifique aux perquisitions qui était initialement prévu par la loi précitée). Le Conseil d'État a repris cette formulation d'une façon générale, en jugeant que l'administration, si elle obtient de l'autorité judiciaire, au titre du **droit de communication**, des pièces contenues dans un dossier pénal qui sont ultérieurement annulées par l'autorité judiciaire, ne peut pas s'en prévaloir pour fonder l'imposition (CE 15 avril 2015 nº 373269, 9e et 10e s.-s., Sté Car Diffusion 78 : RJF 7/15 nº 613, aux conclusions Frédéric Aladjidi au BDCF 7/15 nº 93, à propos de la réintégration de **commissions fictives** versées à une société italienne ; également, CE 30 mars 2016 nº 375116, 10e et 9e s.-s. : RJF 7/16 nº 642) ; cette règle est applicable à toutes les pièces obtenues par l'administration dans des conditions déclarées ultérieurement illégales par le juge, étant tout de même observé que si l'administration ne peut pas se prévaloir des pièces concernées, la procédure d'imposition elle-même n'est pas remise en cause (l'application de ce principe suppose probablement que la déclaration d'illégalité des conditions d'obtention des pièces soit définitive mais cette déclaration devrait pouvoir émaner tant du juge national que d'une juridiction étrangère).

Ces principes ont été repris au cas d'un contribuable qui avait été considéré comme domicilié en France à la suite d'un ESFP et de plusieurs procédures de perquisition et de saisie qui avaient été annulées par le juge judiciaire (CE 23 novembre 2016 nº 387485, 8e et 3e ch. : RJF 2/17 nº 141) ; sur renvoi après cassation pour erreur de droit, il a été jugé que les impositions contestées avaient effectivement été **irrégulièrement mises à la charge du contribuable** dès lors qu'alors même qu'elle disposait d'autres éléments, l'administration devait être regardée comme ayant exploité les huit documents dont la saisie avait été annulée par la cour d'appel (CAA Marseille 13 juin 2017 nº 16MA04420, 4e ch., définitif).

Cela étant, la seule circonstance qu'avant de procéder à un contrôle l'administration aurait disposé d'informations issues de **documents obtenus de manière frauduleuse** par un tiers est, par elle-même, sans incidence sur la régularité de la procédure d'imposition (CE 20 octobre 2016 nº 390639, 8e et 3e ch. : RJF 1/17 nº 44, à propos d'un contribuable dont le nom figurait sur la liste HSBC et dont il était avéré qu'il détenait un compte dans les livres de la banque HSBC à Genève par l'intermédiaire d'une société des îles Vierges britanniques) ; l'administration peut donc tirer profit d'informations obtenues irrégulièrement, par exemple **pour programmer un contrôle fiscal**. Mais elle ne peut rectifier une omission ou une insuffisance qu'à partir des éléments valablement recueillis au cours du contrôle. Au cas d'espèce, il est jugé que l'administration ne s'était pas fondée, pour établir les impositions en litige en application de l'article 123 bis du CGI, sur des preuves déloyales résultant d'un **vol** de données (les rehaussements étaient exclusivement fondés sur les relevés bancaires que le contribuable avait lui-même remis au cours du contrôle et sur les investigations conduites par l'administration au cours de l'ESFP). Cette décision ne tranche cependant pas l'une des questions soulevées par le requérant qui avait soutenu - mais le moyen était irrecevable car nouveau en cassation - que la communication du listing l'avait incité à fournir des informations sur ses avoirs non déclarés en violation de son « **droit à ne pas procéder à sa propre incrimination** ».

Précisions **a.** L'article L 10-0 AA du LPF a été adopté en vue, manifestement, de l'exploitation par l'administration de la **liste** « **HSBC** » (documents bancaires dérobés par un informaticien à la banque HSBC faisant état d'environ 5 Md€ détenus sur des comptes suisses par trois mille résidents de France) ; la chambre commerciale de la Cour de cassation avait, en effet, jugé que le parquet ne pouvait communiquer à l'administration fiscale des documents d'origine illicite (Cass. com. 31 janvier 2012 n° 11-13.097 (n° 141 FS-PB) : RJF 4/12 n° 381). La chambre criminelle de la Cour de cassation a, en revanche, autorisé l'exploitation des fichiers volés, estimant que des fichiers informatiques exploités par l'administration à l'appui de sa plainte, qui proviennent de vols commis par le salarié d'un établissement bancaire, ne constituent pas des actes ou pièces susceptibles d'être annulés, mais des moyens de preuve soumis à discussion contradictoire (Cass. crim. 27 novembre 2013 n° 13-85.042 (n° 6230 FS-PB) : RJF 3/14 n° 297). Voir également Cass. com. 16 décembre 2020 n° 18-16.801 : Droit fiscal 2021 n° 21, comm. n° 259 (n° 2582, Précisions f) et CE (na) 22 octobre 2021 n°s 451231 et 451472, 8e ch. : RJF 1/22 n° 61, refusant d'admettre les pourvois formés contre des arrêts confirmant l'absence d'irrégularités commises par l'administration à propos de contribuables qui détenaient des comptes étrangers figurant sur la liste HSBC.

b. Il avait été précisé que l'exploitation de la liste HSBC avait permis le rappel de près de 300 M€ de droits et pénalités et que 103 **plaintes pour fraude fiscale** avaient été déposées (réponse Karoutchi, n° 14864 : JO Sénat 9 juin 2016 p. 2564). Dans ses conclusions sous CE 11 octobre 2017 n° 412442, 8e et 3e ch. : RJF 1/18 n° 96 (conclusions à la même RJF, C 96), jugeant qu'un **avocat spécialisé en fiscalité** n'avait pas d'intérêt à agir, du fait de cette seule qualité, en excès de pouvoir contre les commentaires administratifs en matière de fraude fiscale, le rapporteur public s'en était fait l'écho, dans la mesure où l'avocat concerné faisait l'objet de poursuites pénales pour s'être rendu complice, par aide et assistance, des faits d'organisation frauduleuse d'insolvabilité de l'un de ses clients lui-même déclaré coupable de fraude fiscale dans le sillage des révélations de la liste HSBC (CA Paris 19 mai 2017 n° 15/03218, pôle 5, 13e ch. ; arrêt devenu définitif après rejet du pourvoi du requérant par la chambre criminelle de la Cour de cassation, le 29 janvier 2020). Toujours sur cette affaire, et à propos de l'avocat mis en cause, CE (na) 29 décembre 2020 n° 441994, 8e ch., Sté d'avocats G et F et CE (na) 29 décembre 2020 n° 441989, 8e ch. : RJF 4/21 n° 416, refusant d'admettre un pourvoi contre un arrêt d'appel rejetant un recours en responsabilité dirigé contre l'État.

c. Des contribuables qui, en tant que clients apparemment identifiés sur la liste HSBC, avaient fait l'objet d'un ESFP qui s'est conclu sans rectification, n'ont pas pu obtenir **communication des éléments** les concernant transmis par le procureur de la République de Nice, s'agissant de pièces d'une procédure juridictionnelle (CE 19 juin 2017 n° 396089, 10e et 9e ch. : Droit fiscal 2017 n° 43-44, comm. n° 528).

d. L'affaire **HSBC** a donné lieu, le 14 novembre 2017, à la signature de la première **convention judiciaire d'intérêt public** par laquelle la banque a reconnu l'existence des faits qui lui étaient reprochés et s'est engagée à verser 300 M€ au Trésor public (communiqué du 14 novembre 2017 du parquet national financier). La banque avait été mise en examen des chefs de démarchage bancaire et financier illicite et de blanchiment aggravé de fraude fiscale, au titre de faits commis en 2006 et 2007 ; il lui était reproché d'avoir notamment, par l'intermédiaire de plusieurs chargés de clientèle, prospecté des contribuables français sur le territoire français et de leur avoir apporté en toute connaissance de cause un concours en vue de leur permettre de dissimuler leurs avoirs à l'administration.

e. Pour un exemple d'annulation d'un redressement en raison d'une **visite domiciliaire irrégulière**, voir n° 72640 f.

f. La Cour européenne des droits de l'Homme a jugé qu'un État, en procédant à une **perquisition fiscale** au domicile d'un contribuable sur le fondement d'**informations illégalement copiées** par l'employé d'une banque étrangère et ensuite vendues, ne porte pas une atteinte disproportionnée à l'article 8 de la convention européenne des droits de l'Homme (droit de toute personne au respect de sa vie privée) dès lors que la réalisation d'une telle perquisition est subordonnée à l'autorisation d'un juge et que les justiciables sont assurés de bénéficier d'une protection au cas où une illégalité commise porterait une atteinte grave à leurs droits (CEDH 6 octobre 2016 aff. 33696/11, 5e sect., K. S. et M. S. c/ Allemagne : RJF 12/16 n° 1150).

g. Pour un exemple de validation d'une rectification fondée sur des informations transmises par le **procureur** de la République, voir n° 52150, Précisions.

Audition de tiers dans le cadre du contrôle fiscal

Pour rechercher les manquements possibles en matière de fiscalité internationale, les agents de la Direction générale des finances publiques des catégories A et B peuvent, depuis le 1er janvier 2017, **entendre toute personne**, à l'exception du contribuable concerné, susceptible de leur fournir des informations utiles à l'accomplissement de leur mission (LPF art. L 10-0 AB, issu de l'article 19 de la loi n° 2016-1918 du 29 décembre 2016 de finances rectificative pour 2016 et applicable depuis le 31 décembre 2016 ; BOI-CF-COM-20-50). Cette procédure vise limitativement les questions liées à la domiciliation fiscale (CGI art. 4 B), à la territorialité de l'impôt sur les sociétés **2590**

(CGI art. 209, I), à la corruption d'agents publics étrangers (CGI art. 39, 2 bis), aux prix de transfert (CGI art. 57) et à la mise en œuvre des articles 123 bis, 155 A, 209 B ou 238 A du CGI.

La demande d'audition, qui doit préciser l'objet de l'audition et faire état de la possibilité pour la personne en cause de refuser d'être entendue et de demander le concours d'un interprète, doit être reçue par cette dernière, ou lui être remise, au moins huit jours avant la date de l'audition proposée. Cette **procédure** n'est pas coercitive, l'administration n'ayant pas à solliciter l'autorisation préalable d'un juge (BOI préc. n° 50) ; le refus d'être auditionné n'est pas sanctionné.

L'audition doit avoir lieu dans les locaux de l'administration ou, à la demande de la personne auditionnée, dans d'autres locaux, à l'exclusion des locaux à usage d'habitation et des parties des locaux à usage professionnel affectés au domicile privé.

Chaque audition doit faire l'objet d'un **procès-verbal** qui comporte l'identité et l'adresse de la personne entendue, les questions posées et les réponses apportées. Il doit être signé par l'agent ayant procédé à l'audition et contresigné par la personne auditionnée. Le cas échéant, mention doit être faite de son refus de signer.

Les informations recueillies doivent être **communiquées** au contribuable concerné, dans les conditions prévues à l'article L 76 B du LPF, si l'administration les utilise pour établir sa proposition de rectification et si le contribuable en fait la demande (BOI préc. n° 130). En tout état de cause, pour pouvoir être opposé au contribuable concerné, le procès-verbal doit faire partie d'un faisceau d'indices démontrant des manquements aux règles fixées par les articles du Code général des impôts énumérés à l'article L 10-0 AB du LPF, précités (BOI préc. n° 130, indiquant que les renseignements figurant au procès-verbal doivent être corroborés par d'autres sources d'information).

Précisions **a.** L'article L 10-0 AB du LPF met en œuvre une procédure non contraignante qui permet à l'administration d'auditionner des tiers y compris, par exemple, le **personnel** de l'entreprise, des **clients**, des **fournisseurs** ou des prestataires de services non soumis au secret professionnel. Elle permet par exemple, en présence d'une entreprise prétendument établie à l'étranger mais réalisant son **activité en France**, d'auditionner des clients et des fournisseurs situés en France pour recueillir des renseignements qui ne peuvent être obtenus dans le cadre du droit de communication. Elle peut aussi être utilisée, par exemple, en cas de transfert de fonctions à l'étranger ou pour rechercher la domiciliation d'un contribuable.

b. Seuls sont visés **les tiers au contribuable** susceptible d'être l'auteur d'un manquement ; l'administration ne peut, dans ce cadre, auditionner la personne qu'elle soupçonnerait (qui doit garder le droit de ne pas contribuer à sa propre incrimination et pour ne pas perturber d'éventuelles procédures fiscales parallèles).

c. Cette procédure peut intervenir **en dehors de toute procédure de contrôle**.

Indemnisation des lanceurs d'alerte (« aviseurs »)

2595 Il résulte des articles L 10-0 AC et R 10-0 AC-1 du LPF que le Gouvernement peut autoriser l'administration fiscale à indemniser toute personne étrangère aux administrations publiques lui ayant fourni des renseignements ayant **amené à la découverte** d'un manquement relatif, notamment, aux règles relatives à la domiciliation en France, à la non-déductibilité des commissions versées aux agents publics étrangers (CGI art. 39, 2 bis), à la répression de l'évasion fiscale internationale (CGI art. 57, 123 bis, 155 A, 209, 209 B, 238 A) et à l'obligation de déclarer les comptes bancaires, contrats de capitalisation ou placements de même nature, notamment contrats d'assurance-vie, et trusts détenus à l'étranger par des résidents de France (art. 1649 A, 1649 AA et 1649 AB). Dans sa rédaction actuelle, ce texte est issu de l'article 175 de la loi n° 2019-1479 du 28 décembre 2019 de finances pour 2020 (la première disposition législative sur ce point résulte de l'article 109 de la loi n° 2016-1917 du 29 décembre 2016 de finances pour 2017).

L'administration peut recevoir et exploiter les renseignements obtenus dans les procédures de contrôle, mais, s'ils n'ont pas été régulièrement obtenus par la personne qui les a transmis, ces renseignements ne peuvent pas être utilisés dans le cadre des procédures de visite et de saisie prévues par l'article L 16 B du LPF.

Précisions **a.** L'idée de la rémunération des aviseurs est ancienne mais elle ne reposait pas, avant 2017, sur une base juridique établie ; la question reste sensible et la loi n'utilise d'ailleurs pas le terme de « rémunération » mais celui « d'**indemnisation** ». L'expérimentation de l'indemnisation des aviseurs a été prolongée jusqu'au 31 décembre 2023 par l'article 144 de la loi n° 2021-1900 du 30 décembre 2021 de finances pour 2022.

b. Le dispositif relatif aux lanceurs d'alerte était initialement circonscrit aux manquements liés à la **fraude fiscale internationale** (réponse Lassalle, n° 12709 : JO 27 novembre 2018 p. 10667), mais son champ d'application a été significativement étendu par la loi de finances pour 2020. Depuis le 1er janvier 2020, il s'applique à la TVA, que ce soit dans le cadre national ou international, et à certaines autres fraudes (à titre expérimental et pour une durée de deux ans).

c. La décision d'attribution de l'indemnité est prise par le directeur général des finances publiques ou son adjoint, qui en fixe le **montant**, sur proposition du directeur de la Direction nationale d'enquêtes fiscales (Dnef), par référence aux montants estimés des impôts éludés et après examen de l'intérêt fiscal pour l'État des informations communiquées et du rôle précis de l'aviseur (LPF art. A. 10-0 AC-1).

SECTION 2

Règles applicables aux personnes non domiciliées en France

Notion

Il s'agit des personnes qui ne peuvent pas être considérées comme domiciliées en France en vertu des règles posées par l'article 4 B du CGI (n° 40605). Il peut également s'agir de personnes qui seraient domiciliées en France en s'en tenant au droit interne français, mais qui perdent cette qualité par le jeu des conventions fiscales internationales. **2830**

Le domicile fiscal s'apprécie au niveau de la personne ; **deux conjoints** non imposables séparément peuvent donc être domiciliés l'un en France et l'autre hors de France. Ils sont alors soumis respectivement aux règles relatives aux personnes domiciliées en France et à celles qui concernent les contribuables domiciliés hors de France (n° 40950).

Principes

Les personnes domiciliées hors de France ne sont soumises qu'à une **obligation fiscale limitée** ; elles ne sont imposables qu'à raison de leurs seuls revenus de source française, limitativement énumérés par la loi. **2835**

Comme pour les personnes domiciliées en France, les règles applicables à celles qui ne sont pas domiciliées en France ne valent que sous réserve des **conventions fiscales internationales** qui peuvent :
- conférer la qualité de non-résident à des personnes qui seraient considérées comme domiciliées en France en s'en tenant au droit interne ;
- retirer à la France le droit d'imposer certains revenus qui sont pourtant de source française, au sens du droit interne français ;
- inversement, attribuer à la France un droit d'imposer un revenu qui ne serait pourtant pas de source française au sens du droit interne français ;
- enfin, affecter les modalités d'imposition de certains revenus.

Précisions Il avait été prévu, à la fin de l'année 2019, que l'imposition des non-résidents soit normalisée par l'extension aux salaires du mécanisme du **prélèvement à la source** qui s'applique aux résidents et la modification du taux minimum d'imposition. Cependant, face aux protestations des intéressés, des analyses complémentaires avaient été demandées au Gouvernement et il avait alors été décidé de différer la réforme d'un an, le régime applicable aux non-résidents étant resté en 2020 le même qu'en 2019 (réponse Regnard n° 11759 : JO Sénat 12 mars 2020 p. 1263). Le Gouvernement a remis au Parlement, en juillet 2020, le **rapport** relatif à la fiscalité appliquée aux revenus de source française des contribuables fiscalement domiciliés hors de France qui lui avait été demandé par l'article 12 de la loi n° 2019-1479 du 28 décembre 2019 de finances pour 2020, mais la réforme a finalement fait long feu ; les modifications apportées au dispositif ont été **annulées** sur adoption d'un amendement parlementaire en ce sens dans le cadre du projet de loi de finances pour 2021 (amendement n° I-CF1044 ; n° 3250, Précisions, n° 3520 et n° 3365, Précisions). Le ministre avait alors indiqué qu'il était favorable à cet amendement, mais que le maintien de la retenue à la source « s'accompagnera de mesures de **simplification** ambitieuses » et que le recours au régime « Schumacker » (nº 3097) sera facilité (réponse del Picchia, nº 12621 : JO Sénat 29 octobre 2020 p. 4967 ; réponse Lakrafi nº 22867, JO Sénat 3 novembre 2020 p. 7747). Ces engagements ne se sont pas concrétisés pour le moment.

Organisation administrative

2840 La fiscalité des non-résidents est gérée par la **Direction des impôts des non-résidents** (DINR), rattachée au chef du service de la gestion fiscale de la DGFiP (Décret nº 2017-1197 du 26 juillet 2017, JO du 28 juillet 2017, texte nº 30 : BF 10/17 nºs 938 et 961 et BF 2/18 nº 157 ; cette direction a succédé à l'ancienne direction des résidents à l'étranger et des services généraux, DRESG).

La DINR est présentée comme « le centre de gestion, d'expertise et de pilotage opérationnel des dossiers fiscaux des non-résidents ainsi que des enjeux relatifs à la fiscalité transnationale significatifs » (décret précité). Elle assure notamment le contrôle des obligations déclaratives et de paiement afférentes aux **retenues et perceptions à la source** dues par les établissements payeurs à raison des sommes versées aux résidents ou aux non-résidents, ainsi que l'instruction et le contrôle des exonérations, abattements, remboursements ou restitutions bénéficiant aux personnes, entités ou organisations internationales établies en France ou hors de France ; elle contrôle les personnes transférant leur domicile hors de France et imposables en France sur le fondement des articles 167 et 167 bis du CGI (« **exit tax** » ; BOI-CF-DG-20 nº 150) et elle est en charge de l'instruction des demandes d'exonération fiscale présentées par les **représentations étrangères** et les organisations internationales en France et de la gestion et du contrôle des documents relatifs aux pensions versées par les organisations coordonnées. Elle assure le **contrôle des déclarations** qui doivent être souscrites par les non-résidents et les fonctionnaires de l'État en service à l'étranger.

Les missions de contrôle de la DINR sont exercées conjointement avec les **directions spécialisées** de contrôle fiscal (Dircofi) et les directions départementales et régionales des finances publiques (DDFiP et DRFiP) ; de leur côté, les directions à compétence nationale de la DGFiP effectuent le contrôle des non-résidents relevant de leurs attributions : Direction des vérifications nationales et internationales (DVNI), Direction nationale des vérifications de situations fiscales (DNVSF), Direction des grandes entreprises (DGE). L'extension de la compétence des agents chargés du contrôle des non-résidents résulte notamment d'un décret du 21 août 2017 (JO 23 août 2017, texte nº 29 ; BF 10/17 nº 939).

Sur la création d'un **traitement automatisé** de nature à faciliter le contrôle fiscal en la matière, voir nº 40970, Précisions c.

Précisions **a.** Le **service des impôts des particuliers non-résidents** (SIPNR) est situé 10 rue du Centre, TSA 10010, 93465 Noisy-le-Grand Cedex ; tél : 01 72 95 20 42. Il assure principalement l'établissement et le contrôle des impositions dues par les contribuables non domiciliés fiscalement en France et peut être contacté pour toute question concernant le calcul et le paiement de l'impôt sur le revenu. En outre, il comprend un pôle « **restitutions de retenues à la source** » chargé de la gestion et du contrôle des prélèvements et retenues à la source sur les revenus de capitaux mobiliers, situé 10 rue du Centre, TSA 30012, 93465 Noisy-le-Grand Cedex, courriel : dinr.ras-rcm@dgfip.finances.gouv.fr (BOI-CF-DG-20 nº 180). Les personnes physiques non résidentes peuvent obtenir des informations auprès de la DINR par courrier à l'adresse mentionnée précédemment, TSA 50014, ou par courriel à l'adresse suivante : gestion-patrimoniale.dinr@dgfip.finances.gouv.fr. La DINR a également un compte Facebook.

b. La recette des non-résidents (10 rue du Centre, TSA 50014, 93465 Noisy-le-Grand Cedex ; tél : 01 72 95 20 42) est notamment compétente pour les déclarations d'**IFI** et pour l'enregistrement des déclarations de **successions** concernant les défunts non résidents, des déclarations de **dons manuels** pour les bénéficiaires non résidents et des **actes sous-seing privé** lorsqu'une partie à l'acte est non résidente.

c. Au sein de l'administration centrale, les questions juridiques et le contrôle fiscal sont gérés par le **Service de la sécurité juridique et du contrôle fiscal** de la Direction générale des finances publiques, qui comprend une sous-direction internationale. Cette organisation résulte d'un arrêté du 15 juillet 2020 (JO du 31 juillet 2020, texte nº 21 : BF 10/20 nº 741), qui précise que la **sous-direction internationale** définit les orientations générales du contrôle fiscal international et les méthodes et procédures afférentes ; elle élabore les textes et outils méthodologiques et assiste les services, sous réserve des attributions de la sous-direction du contrôle fiscal, du pilotage et de l'expertise juridique. Elle assure l'assistance administrative internationale et suit les travaux multilatéraux et communautaires sur le contrôle fiscal et les échanges d'information. Elle instruit et négocie les procédures amiables et les accords en matière de prix de transfert et participe à la réflexion économique en ce domaine. Elle est également chargée de certaines affaires fiscales à dimension internationale.

d. Un arrêté du 19 novembre 2020 a créé et placé directement auprès du Directeur général des finances publiques une nouvelle « **Délégation aux relations internationales** » chargée de contribuer à la définition des orientations stratégiques de l'action européenne et internationale de la DGFiP et d'assurer une mission de veille, d'information, d'alerte et d'expertise au profit des services ; cette Délégation doit, en particulier, développer et entretenir un réseau de relations entre la direction générale et ses homologues étrangères, notamment dans le cadre des forums de l'OCDE, assurer un lien avec les autres institutions internationales et réaliser, en s'appuyant notamment sur le réseau d'attachés fiscaux qu'elle pilote et anime, des études internationales en matière de gestion fiscale, de gestion publique et de gestion transversale (JO 3 décembre 2020, texte 9).

A. Le principe de l'obligation fiscale restreinte

Contexte

Avant le vote de la loi n° 76-1234 du 29 décembre 1976, les critères de territorialité et l'étendue des obligations fiscales des contribuables donnaient lieu à de nombreuses difficultés d'application et étaient source d'un contentieux important. Les personnes physiques pouvaient, en effet, se classer en trois catégories : **2845**
- personnes domiciliées en France,
- personnes non domiciliées en France, mais y ayant une « résidence habituelle »,
- non-résidents.

La confusion était encore accrue par le fait que la loi distinguait la situation des Français et celle des étrangers (par exemple, l'ancien article 164, 1 du CGI énonçait que les étrangers ayant leur « résidence habituelle » en France depuis plus de cinq ans devaient être considérés comme ayant leur domicile en France).

C'est pourquoi une commission (Commission Bettencourt) fut chargée d'examiner un projet modifiant les règles de territorialité et fixant clairement l'étendue de l'obligation fiscale des contribuables, selon leurs liens avec la France.

Ce projet aboutit à la loi de 1976 qui, outre la modification des règles relatives au domicile, a clairement posé le principe de l'**obligation fiscale restreinte** pour les contribuables non domiciliés. Ce principe, codifié à l'article 4 A du CGI, traduit le fait qu'à la différence des contribuables résidents, les non-résidents (ou non-domiciliés) ne sont imposables qu'à raison de leurs seuls revenus de **source française**. Les critères déterminant la source des revenus (n°s 2875 s.) deviennent donc décisifs.

Personnes disposant d'une habitation en France

Dans le passé, les personnes qui n'avaient pas en France leur domicile fiscal étaient théoriquement imposables en France lorsqu'elles y disposaient d'une ou plusieurs habitations (n° 68110). Cette imposition, qui était contraire au principe de libre circulation des capitaux (n° 68140), a été supprimée par l'article 21 de la loi n° 2015-1786 du 29 décembre 2015 de finances rectificative pour 2015, à compter de l'imposition des revenus de l'année 2015. **2850**

Impôts locaux

Les non-résidents qui disposent d'une habitation en France sont passibles de la **taxe d'habitation** dans les conditions habituelles. La taxe d'habitation est établie au nom des personnes qui ont, à quelque titre que ce soit, la disposition ou la jouissance de locaux meublés affectés à l'habitation (CGI art. 1407 et 1408) et les personnes qui n'ont pas leur domicile fiscal en France, mais y disposent d'une ou plusieurs habitations, en sont redevables (en ce sens, notamment, réponse del Picchia, n° 01814 : JO Sénat 4 janvier 2018 p. 29) ; cette réponse ministérielle ajoute que **l'habitation principale** s'entend du logement dans lequel le contribuable réside habituellement et effectivement avec sa famille et où se situe le centre de ses intérêts professionnels et matériels ou, lorsque l'un des conjoints exerce une profession qui l'oblige à de fréquents déplacements, le logement dans lequel sa **famille**, et notamment son conjoint, réside en permanence. **2855**

Les contribuables établis hors de France ne peuvent donc pas bénéficier des avantages prévus en faveur de l'habitation principale ; ils peuvent cependant bénéficier, si leur famille réside de façon permanente dans le logement situé en France, des **allègements**

de base, notamment de l'abattement obligatoire pour charges de famille et de l'abattement général à la base facultatif (nombreuses réponses ministérielles, notamment, réponse précitée, réponse El Guerrab, nº 10167 : JOAN 18 septembre 2018 p. 8266 : BF 12/18 nº 1025 et, précédemment, réponse Cointat, nº 352, JO Sénat, 17 janvier 2013, p. 159).

Les **taxes foncières** sur les propriétés bâties ou non bâties sont dues par le propriétaire des biens, qu'il soit établi en France ou à l'étranger, dans les mêmes conditions (réponse Garriaud-Maylam, nº 04901 : JO Sénat 14 mars 2019 p. 1414). Cela étant, les Français qui exercent temporairement leurs fonctions à l'étranger gardent le bénéfice des exonérations de longue durée de **taxe foncière** sur les propriétés bâties applicables au logement qu'ils occupaient à titre de résidence principale avant leur départ à l'étranger, s'ils en conservent la disposition et s'abstiennent de le donner en location meublée ou de le louer pour un usage professionnel (ancienne réponse De Cuttoli : JO Sénat, 28 mai 1987, p. 847, non reprise au BOFiP).

Précisions **a.** La détention d'un **poste de télévision** ou d'un appareil assimilé dans une résidence située sur le territoire national entraîne l'imposition à la contribution à l'audiovisuel public ; cette contribution est exigible des non-résidents même s'ils sont assujettis à une contribution similaire dans leur pays de résidence (réponse Le Borgn', nº 92837 : JOAN 26 juillet 2016 p. 6983 ; réponse Le Borgn', nº 70815 : JOAN 4 avril 2017, BF 6/17 nº 604). Les non-résidents qui disposent d'une résidence secondaire en France reçoivent une lettre 1236-TV leur demandant de déclarer les éléments nécessaires à l'établissement de la taxe (réponse Petit, nº 38287 : JOAN 22 juin 2021 p. 5065).

b. Il a été précisé à propos, notamment, des Français du Liban, que la mise en place d'une exonération, même temporaire, sur les **résidences secondaires** en faveur des logements qui constituaient la résidence principale des Français établis hors de France avant leur établissement à l'étranger présenterait une grande fragilité juridique (réponse Lakrafi nº 37227 : JOAN 25 janvier 2022 p. 517).

B. La notion de revenus de source française

2875 L'article 164 B du CGI énumère les revenus de source française en retenant **deux critères** généraux :
– localisation en France des biens, des droits ou de l'activité génératrice du revenu (CGI art. 164 B, I) ;
– domicile ou établissement en France du débiteur des revenus (CGI art. 164 B, II).

Précisions Des **sommes injustifiées** figurant au crédit de **comptes bancaires ouverts en France** par un non-résident sont présumées être de source française (CE 12 mars 2010 nº 311121, 3e et 8e s.-s., Gerschel : RJF 6/10 nº 558, à propos d'un contribuable domicilié au Zimbabwe qui soutenait sans pouvoir le démontrer que les sommes provenaient des rémunérations perçues au titre de son activité de consultant au Zimbabwe, du rapatriement des économies qu'il avait réalisées sur les revenus tirés de son activité ainsi que du remboursement de ses frais professionnels). Dans ce cas, c'est au contribuable de justifier de l'origine étrangère des sommes en cause.

1. Revenus de biens ou droits situés en France ou tirés d'une activité exercée en France (CGI art. 164 B, I)

2880 Rentrent dans cette catégorie les revenus suivants, dans la mesure où ils proviennent de biens ou droits situés en France.

Immeubles (CGI art. 164 B, I-a)

2881 Sont considérés comme des revenus de source française les revenus provenant de la location d'immeubles situés en France et les produits accessoires y afférents, les revenus provenant de droits immobiliers, tels que les droits indivis, la nue-propriété, l'usufruit, ou bien de certains droits mobiliers (actions ou parts de sociétés immobilières).

Valeurs mobilières françaises (CGI art. 164 B, I-b)

2883 Les produits perçus au titre de valeurs mobilières françaises (actions, obligations, …) et, plus généralement, de capitaux mobiliers placés en France sont des revenus de source française, sans égard au lieu de dépôt des valeurs. Ainsi, les produits des valeurs mobilières françaises sont des revenus de source française, même si elles sont **déposées hors de France**.

Inversement, les revenus des valeurs mobilières étrangères ne sont pas des revenus de source française, même si elles sont déposées en France (BOI-IR-DOMIC-10-10 n° 30).

Sont également considérés comme de source française les revenus de tous autres capitaux mobiliers, lorsque ceux-ci sont **placés en France** (revenus de parts sociales, produits de placement à revenu fixe tels que fonds d'État, obligations, bons et autres titres de créance, dépôts, cautionnements et comptes courants).

Exploitations situées en France (CGI art. 164 B, I-c)

Sont ici visés les bénéfices agricoles réalisés dans l'exploitation de biens ruraux situés en France, les bénéfices industriels et commerciaux réalisés dans des entreprises exploitées en France, que ces bénéfices proviennent d'affaires françaises ou de ventes réalisées à l'exportation, directement ou par l'intermédiaire de commissionnaires. **2885**

L'exploitation est réputée **située** à l'endroit où l'activité est exercée de manière habituelle : existence d'un établissement, présence d'un représentant ou cycle complet d'opérations. En règle générale, en effet, les règles de territorialité concernant l'impôt sur les sociétés sont applicables pour apprécier si un entrepreneur non résident de France a une exploitation en France (BOI-IR-DOMIC-10-10 n° 40 ; nos 4600 s.).

Autres activités professionnelles exercées en France (CGI art. 164 B, I-d)

Il peut s'agir de revenus d'activités salariées ou non salariées, telles que : **2887**
– les traitements, **salaires**, indemnités et émoluments divers dès lors que l'activité rémunérée est exercée en France, et même si le débiteur de la rémunération n'est pas lui-même un résident de France (ainsi, un salarié non résident travaillant en France perçoit un revenu de source française, même si son employeur est lui-même non résident) ;
– les rémunérations des **dirigeants** de sociétés françaises (sous réserve que les fonctions soient exercées en France) ;
– les revenus provenant de l'exercice en France d'une **profession indépendante**, c'est-à-dire les sommes perçues en rémunération d'une activité déployée en France, même si le contribuable a le siège de son installation professionnelle à l'étranger.

Sont également imposables dans la catégorie des **BNC** les bénéfices de toutes occupations, exploitations lucratives et sources de profits, ne se rattachant pas à une autre catégorie de revenus : **revenus non dénommés**, profits divers qui peuvent être accidentels ou occasionnels, mais qui sont susceptibles de renouvellement, tels que les sommes versées en rémunération de démarches diverses (CGI art. 92) ; ces revenus sont imposables en France si l'opération qui les génère est réalisée en France.

L'exercice en France d'une activité professionnelle résulte des **circonstances de fait** et sa démonstration doit être effectuée de façon précise et convaincante par l'administration lorsqu'elle envisage d'assujettir un non-résident à l'impôt sur le revenu sur ce fondement (CE 11 avril 2018 n° 410041, 8e et 3e ch. : RJF 7/18 n° 719). Dans cette affaire, qui concernait un résident marocain qui avait fourni des **prestations de conseil** et d'assistance technique à une société française, il a été jugé, sur renvoi après une première cassation, que l'administration n'avait pas établi que les prestations avaient été réalisées en France et qu'il était sans importance à cet égard que les prestations aient donné lieu à des conventions qui avaient été signées en France et qui, de même que les factures, ne mentionnaient pas d'immatriculation de l'intéressé au Maroc au titre d'une activité individuelle ; le fait que les règlements aient été encaissés dans une banque française, que le prestataire ait effectué de nombreux séjours en France et qu'il n'ait pas établi que les prestations avaient été réalisées au Maroc n'avait pas non plus d'importance (CAA Versailles 18 décembre 2018 n° 18VE01388, 3e ch. ; arrêt définitif).

En sens inverse, et à tort à notre avis, il a été jugé que la rémunération versée au **président**, domicilié en République dominicaine, **mandataire social** d'une société guadeloupéenne, était imposable en totalité en France dès lors qu'elle correspondait à des fonctions effectives de direction exercées quotidiennement, quand bien même l'intéressé n'était conduit à travailler en France que peu de jours (CAA Bordeaux 10 juillet 2020 n° 18BX01348, 5e ch. ; arrêt définitif).

Précisions Ont été considérés comme des revenus d'une activité professionnelle exercée en France :

a. Les honoraires perçus par le **conseiller technique** d'un organisme de crédit siégeant à Paris qui prétendait, contre toute vraisemblance, avoir exercé son activité par correspondance depuis la principauté de Monaco (CE 6 novembre 1961 n° 44.683 : Dupont 12/61 p. 50).

b. Les revenus provenant de la vente de ses œuvres par un **peintre** de nationalité étrangère et domicilié hors de France, mais possédant une résidence en France, dès lors qu'il avait chargé une galerie de tableaux française de vendre ses œuvres à des prix et moyennant une commission fixés par lui, alors **même** que ses œuvres avaient été **conçues et réalisées à l'étranger** (CE 25 février 1966 n° 66.039 : Dupont, mai 1966, p. 222) ; ses revenus étaient imposables dans la catégorie des BNC.

c. Les allocations versées par les **Assedic** (CAA Paris 2 novembre 1994 n° 93966, 3e ch., Wullens Hart : Droit fiscal 1995, n° 26, comm. n° 1413 ; arrêt définitif). À propos des revenus de remplacement versés par **Pôle Emploi**, il a été jugé que les revenus de remplacement versés par l'assurance chômage sont des revenus de source française si le lieu d'exercice de l'activité professionnelle justifiant leur versement était situé en France (TA Montreuil 19 avril 2016 n° 1505891, 10e ch. : RJF 10/16 n° 788 ; jugement définitif).

d. Le dispositif applicable aux **auto-entrepreneurs** (CGI art. 151-0, I) n'est pas conditionné par la résidence fiscale et peut bénéficier aux non-résidents qui respectent les conditions d'éligibilité (BOI-BIC-DECLA-10-40-10 n° 1). Lorsque l'exploitant est domicilié fiscalement hors de France, le revenu fiscal de référence est déterminé à partir des seuls revenus de source française du foyer fiscal du non-résident (BOI préc. n° 30).

e. Les profits réalisés par les non-résidents, à titre occasionnel, lors du dénouement ou de la cession à titre onéreux de contrats financiers (« **instruments financiers à terme** » ; n° 1978) sont exonérés (BOI-RPPM-PVBMI-70-10 n° 190). En revanche, sous réserve des conventions fiscales, les profits retirés d'opérations **non occasionnelles** réalisées en France sur les instruments financiers à terme par des non-résidents sont imposables en France en application de l'article 4 A du CGI et du d du I de l'article 164 B du CGI ; ces profits relèvent, selon le cas, du régime des BNC ou des BIC (BOI-BNC-SECT-50-10 n° 200).

f. Une **indemnité transactionnelle** versée à un non-résident au titre d'une activité antérieurement exercée en France est un revenu de source française au sens de l'article 164 B du CGI (CE 5 juillet 2018 n° 401157, 3e et 8e ch. : RJF 11/18 n° 1100, à propos d'un contribuable licencié par son employeur le 27 juillet et qui avait transféré son domicile au Royaume-Uni au cours du mois d'août, avant de recevoir une indemnité transactionnelle le 25 novembre de la même année ; voir également n° 42755) ; une telle indemnité est passible de l'impôt sur le revenu, le contribuable n'étant pas fondé à soutenir qu'elle devait être soumise à la retenue à la source de l'article 182 A du CGI.

Plus-values immobilières (CGI art. 164 B, I-e, e bis, e ter)

2889 Sont considérés comme des revenus de source française :

1. Les profits tirés d'opérations définies à l'**article 35**, lorsqu'ils sont relatifs à des **immeubles** situés en France, à des droits immobiliers s'y rapportant ou à des actions et parts de **sociétés non cotées** en bourse dont l'actif est constitué principalement par de tels biens et droits (CGI art. 164 B, I e).

2. Les **plus-values** mentionnées aux articles 150 U, 150 UB et 150 UC, au 6 ter de l'article 39 duodecies et au f du 1° du II de l'article 239 nonies du CGI, lorsqu'elles sont relatives (CGI art. 164 B, I-e-bis) :
– à des **biens immobiliers** situés en France ou à des droits relatifs à ces biens ;
– à des parts de **FPI** (fonds de placement immobilier), **ou** à des parts ou droits dans des organismes **étrangers** qui ont un objet équivalent et sont de forme similaire, dont l'actif est, à la date de la cession, principalement constitué directement ou indirectement de biens et droits immobiliers situés en France ;
– à des droits sociaux de sociétés ou groupements qui relèvent du régime des **sociétés de personnes**, dont le siège social est situé en France et dont l'actif est principalement constitué directement ou indirectement de biens et droits immobiliers situés en France.

3. Les **plus-values** qui résultent de la cession (CGI art. 164 B, I-e-ter) :
– d'actions de **SIIC** dont l'actif est, à la date de la cession, principalement constitué directement ou indirectement de biens et droits immobiliers situés en France ;
– d'actions de **Sppicav** dont l'actif est, à la date de la cession, principalement constitué directement ou indirectement de biens et droits immobiliers situés en France ;
– de parts, d'actions ou d'autres droits dans les **équivalents étrangers** des SIIC et des **Sppicav**, à savoir d'organismes, quelle qu'en soit la forme, présentant des caractéristiques similaires, ou soumis à une réglementation équivalente, dont le siège social est situé hors

de France et dont l'actif est, à la date de la cession, principalement constitué directement ou indirectement de biens et droits immobiliers situés en France ;
– de parts ou d'actions de **sociétés cotées** sur un marché français ou étranger, dont l'actif est, à la clôture des **trois exercices** qui précèdent la cession, principalement constitué directement ou indirectement de biens et droits immobiliers situés en France ; si la société dont les parts ou actions sont cédées n'a pas encore clos son troisième exercice, la composition de l'actif est appréciée à la clôture du ou des seuls exercices clos ou, à défaut, à la date de la cession ;
– de parts, d'actions ou d'autres droits dans des **organismes**, quelle qu'en soit la forme, **non cotés** sur un marché français ou étranger (autres que les sociétés de personnes déjà visées par le e bis du même article), dont l'actif est, à la clôture des trois exercices qui précèdent la cession, principalement constitué directement ou indirectement de biens et droits immobiliers situés en France. Si l'organisme dont les parts, actions ou droits sont cédés n'a pas encore clos son troisième exercice, la composition de l'actif est appréciée à la clôture du ou des seuls exercices clos ou, à défaut, à la date de la cession.

Précisions L'expression « **société cotée** » est utilisée par le Code général des impôts et par commodité mais elle ne recouvre plus aujourd'hui une réalité juridique, les valeurs mobilières n'étant pas « cotées » mais « admises à la négociation sur un marché réglementé ».

Plus-values mobilières

Il s'agit des plus-values relatives à des **fonds de commerce** exploités en France ainsi que des gains nets mentionnés à l'article 150-0 A du CGI et résultant de la **cession de droits sociaux**, ainsi que de ceux retirés du **rachat** par une société émettrice de ses propres titres, lorsque les droits détenus directement ou indirectement par le cédant ou l'actionnaire ou l'associé dont les titres sont rachetés sont émis par une société soumise à l'impôt sur les sociétés et ayant son siège en France (CGI art. 164 B, I-f). **2895**

Pour les distributions perçues depuis le 1er janvier 2014, l'article 164 B du CGI qualifie également de revenus de source française (loi n° 2013-1278 du 29 décembre 2013 de finances pour 2014) :
– les distributions d'une fraction des actifs d'un **FCPR**, d'un fonds professionnel spécialisé, d'un fonds professionnel de capital-investissement (renvoi au 7 du II de l'article 150-0 A du CGI) afférentes à des éléments d'actif situés en France ; ce texte ne s'applique pas aux distributions effectuées par des entités de même nature constituées sur le fondement d'un droit étranger (CGI art. 164 B, I-f bis) ;
– les distributions de plus-values par un **organisme de placement collectif** en valeurs mobilières ou par un placement collectif (renvoi au 7 bis du II de l'article 150-0 A du CGI) prélevées sur des plus-values nettes de cession d'éléments d'actif situés en France ; ce texte ne s'applique pas aux distributions effectuées par des entités de même nature constituées sur le fondement d'un droit étranger (CGI art. 164 B, I-f ter). Voir sur ce point n° 65865.

Échappent cependant à toute imposition en France lorsque le bénéficiaire est non résident :
– les plus-values sur actions et parts entrant dans le champ de l'article 244 bis C du CGI (n° 65860), même si les droits cédés sont afférents à des sociétés ayant leur siège en France ;
– les plus-values réalisées par un non-résident lors de la cession d'un **bien meuble** en France (BOI-RPPM-PVBMC-10 n° 20).

Revenus des artistes ou sportifs (CGI art. 164 B, I-g)

Depuis l'entrée en vigueur de l'article 30 II de la loi de finances pour 1990, sont considérées comme des revenus de source française les sommes, y compris les salaires, correspondant à des prestations artistiques ou sportives fournies ou utilisées en France. **2900**

Cessions de métaux précieux, bijoux, objets d'art, de collection et d'antiquité

Les cessions ou les exportations de métaux précieux ainsi que les cessions de bijoux, d'objets d'art, de collection ou d'antiquité sont exonérées de la **taxe sur les métaux précieux**, les bijoux, les objets d'art, de collection et d'antiquité lorsque le cédant ou l'exportateur n'a pas en France son domicile fiscal (CGI art. 150 VJ, 5° ; BOI-RPPM-PVBMC-20-10 n° 330, **2910** renvoyant au BOI-ANNX-00085 pour une présentation schématique du champ d'application de la taxe forfaitaire). L'exportateur doit pouvoir justifier d'une importation antérieure, d'une introduction antérieure ou d'une acquisition en France (BOI préc. n° 390).

Si la cession est effectuée par le biais d'un **intermédiaire**, la responsabilité de cet intermédiaire est, en principe, dégagée à condition que le vendeur atteste sur l'honneur de sa résidence fiscale hors de France et fournisse une copie de sa pièce d'identité. Ces documents doivent être conservés par l'intermédiaire et annexés aux pièces comptables correspondant à l'opération (BOI préc. n° 380). Sur les modalités pratiques, voir également BOD n° 7048 du 15 janvier 2015, et, sur le cas particulier de Monaco, BOI-RPPM-PVBMC-20-30.

Précisions **a.** Sur la situation des Français ayant transporté à **Monaco** leur domicile ou leur résidence, voir n° 3610, Précisions f.

b. L'exonération s'applique aux membres du personnel des **missions diplomatiques**, des organisations internationales, des unions intergouvernementales, des délégations étrangères permanentes auprès des organisations internationales à l'exception de ceux qui ont résidé en France plus d'un an avant leur prise de fonction (BOI préc. n° 350).

c. La taxe n'est pas applicable aux **professionnels**, personnes physiques ou morales, résidant hors de France (cas d'un marchand de tableaux installé à l'étranger et envoyant un objet en France pour le vendre, ou achetant un objet en France et l'expédiant à l'étranger). Les intéressés doivent toutefois, sur demande de l'administration, pouvoir justifier de la provenance régulière de l'objet, notamment en cas d'exportation (BOI préc. n° 130).

d. L'assujettissement à la taxe des **exportations** définitives hors de France, qui cherche à éviter le risque que le bien soit soustrait, par l'exportation, à l'imposition forfaitaire en cas de cession ultérieure, n'est pas contraire à la Constitution ; en revanche, dès lors que la taxe forfaitaire a pour objet d'offrir aux contribuables une modalité d'imposition du revenu plus simple et plus adaptée à la nature du bien cédé que celles du régime général d'imposition des plus-values, la loi est contraire à la Constitution en ce qu'elle ne permet qu'aux contribuables cédant leur bien en France ou dans un autre État membre de l'Union européenne de **choisir d'être imposés selon le régime de la taxation forfaitaire ou selon le régime général** d'imposition des plus-values (Cons. const. 27 novembre 2020 n° 2020-868 QPC : RJF 2/21 n° 188, sur renvoi par CE QPC 25 septembre 2020 n° 441908, 8e et 3e ch. : RJF 12/20 n° 1028). Dans le sillage de cette décision, les commentaires administratifs excluant du champ de la taxe les biens situés hors de l'Union européenne ont été annulés par CE 17 novembre 2021 n° 441908, 8e ch. : RJF 2/22 n° 224.

e. Une société française qui agit comme relais en France d'une société britannique à laquelle des personnes physiques domiciliées en France vendent des métaux précieux ne peut être regardée comme un **intermédiaire** au sens de la taxe, dès lors qu'elle n'agit pas au nom et pour le compte de la société britannique (CE 11 février 2022 n° 446801, 8e et 3e ch., min. c/ Sté Efilog : RJF 5/22 n° 511).

2. Revenus versés par un débiteur domicilié ou établi en France (CGI art. 164 B, II)

2940 Conformément à l'article 164 B, II du CGI, les revenus suivants sont considérés comme de source française, mais **seulement lorsque le débiteur a son domicile fiscal ou est établi** en France. Dans la négative, ils ne sont pas considérés comme de source française et sont donc exonérés d'impôt en France.

Pensions et rentes viagères (CGI art. 164 B, II-a)

2942 Ces revenus sont de source française lorsque le débiteur est domicilié ou établi en France, même si les services rémunérés par la pension ont été rendus à l'étranger. Ainsi, un salarié qui percevrait une pension d'une caisse française serait imposable en France même s'il a été employé dans un établissement hors de France durant sa vie active.

Pour les **pensions publiques**, le lieu du paiement importe peu, même si elles sont payables sur la caisse d'un comptable d'une collectivité d'outre-mer (donc « hors de France »), dès lors que le débiteur est juridiquement l'État, s'il s'agit d'un fonctionnaire d'État (CE 15 janvier 1992 n° 76 466, Demene : Droit fiscal 1992, n° 52).

Propriété intellectuelle (CGI art. 164 B, II-b)

2945 Il s'agit des produits définis à l'article 92 du CGI et perçus par les **inventeurs** ou au titre de **droits d'auteur**, ceux perçus par les obtenteurs de nouvelles variétés végétales au sens des articles L 623-1 à L 623-35 du Code de la propriété intellectuelle, ainsi que tous les produits tirés de la propriété industrielle ou commerciale et de droits assimilés.

Précisions À propos de la législation polynésienne, proche sur ce point de celle de la France métropolitaine, le Conseil d'État a jugé que la retenue à la source relative aux produits tirés de la propriété industrielle ou commerciale et de droits assimilés n'était pas applicable aux redevances relatives aux **droits voisins des droits d'auteur** et qu'elle n'était donc pas exigible d'une société polynésienne qui distribuait à des abonnés polynésiens des chaînes de télévision par satellite et qui devait à ce titre verser des redevances à des éditeurs de chaînes de télévision établis en dehors du territoire polynésien (CE 5 mars 2018 n° 402483, 10e et 9e ch., Sté Vini : RJF 5/18 n° 527). La société a ensuite obtenu la décharge (CAA Paris 21 novembre 2018 n° 18PA00876, 2e ch., Sté Vini ; arrêt définitif) ; la Cour relève que les contrats conclus par la société avec plusieurs **chaînes de télévision** avaient pour objet de commercialiser des chaînes au sein d'un bouquet et d'en assurer la réception auprès des abonnés, que les chaînes de télévision étaient ainsi mises à disposition et que leur diffusion était autorisée moyennant le versement d'une redevance, que les redevances rémunéraient le droit de diffuser et donc d'utiliser des programmes créés par des producteurs et agrégés par ces éditeurs, qu'elles étaient la contrepartie de la commercialisation des chaînes bénéficiant d'un droit de propriété intellectuelle et qu'elles devaient être regardées comme étant relatives à des droits voisins des droits d'auteur.

Prestations de toute nature fournies ou utilisées en France (CGI art. 164 B, II-c)

Sont ici visées toutes les sommes payées à des personnes physiques, des sociétés ou autres personnes morales qui ne possèdent **pas d'installation fixe** d'affaires en France, mais : **2950**
- effectuent en France des opérations isolées ;
- exercent leur activité par l'intermédiaire d'un représentant en France n'ayant pas de personnalité distincte ;
- ou effectuent un cycle complet d'opérations sur le territoire français.

Précisions Dans ces deux derniers cas (représentant ou cycle complet d'opérations), le non-résident doit normalement être considéré comme ayant une **exploitation en France** au sens de l'article 164 B, I du CGI. Dans ce cas, l'imposition à la source prévue par le droit français (n° 3510) doit être combinée avec l'imposition normale sur les résultats de cette exploitation. Pour éviter toute double imposition, la **retenue à la source** est **imputée** sur l'impôt établi par voie de rôle (CGI art. 182 B et 219 quinquies).

Peu importe, en principe, la **nature de la prestation** fournie ou utilisée en France ; le champ d'application de cet article est, en effet, très général. Par ailleurs, les conditions d'utilisation et de fourniture en France sont alternatives ; sont donc concernées à la fois les prestations fournies en France mais utilisées hors de France et les prestations utilisées en France quoiqu'elles soient fournies hors de France. **2952**

Notion de prestation « fournie » en France Une prestation est considérée comme fournie en France lorsqu'elle y est **matériellement exécutée**, ce qui est le cas : **2955**
- de la réparation ou de l'entretien en France d'un matériel, quel que soit le lieu de l'utilisation de ce matériel ; mais l'installation d'un matériel neuf n'est pas considérée comme une prestation fournie en France lorsque les frais d'installation sont compris dans le prix de vente ;
- des études de toute nature réalisées en France ;
- de l'assistance technique fournie en France ;
- de la prospection commerciale effectuée en France.

En revanche, le fait que le **locataire** d'un bien soit domicilié ou établi en France ne confère pas automatiquement à cette location le caractère d'une prestation fournie en France. En pratique, l'administration ne retient, pour les locations, que le critère du **lieu de l'utilisation effective** du bien (BOI-IR-DOMIC-10-10 n° 220), sauf, bien entendu, pour les locations d'immeubles qui entrent dans le champ de l'article 164 B, I du CGI.

Sur l'exploitation en France du **droit à l'image** d'artistes, sportifs, mannequins, etc., non résidents, voir nos 45700 s. et 46062.

Notion de prestation « utilisée » en France Une prestation est considérée comme utilisée en France d'après le sens commun, en fonction des **caractéristiques de fait** propres à chaque prestation. **2960**

Constituent, par exemple, des prestations de ce type :
- La **fourniture d'informations** d'ordre industriel, commercial ou scientifique, ou encore la fourniture d'études techniques dont les résultats sont effectivement utilisés en France.

2960 (suite) L'administration admet cependant que les commissions versées à des non-résidents en rémunération de démarches et diligences effectuées à l'étranger ne soient pas considérées comme des prestations utilisées en France (BOI-IR-DOMIC-10-10 n° 230 ; n° 24185).

– La **location d'un bien meuble** effectivement utilisé en France (y compris d'un film cinématographique, par exemple). Lorsque le bien est utilisé hors de France, le revenu n'est pas de source française, même si le locataire est une entreprise française (de même pour la réparation ou l'entretien à l'étranger de ce même matériel).

Lorsqu'un bien est partiellement utilisé en France, il y a lieu de considérer comme étant de source française la partie de la rémunération rattachable à l'utilisation effective en France (cas de wagons loués, par exemple ; BOI préc. n° 240).

La jurisprudence a fourni, à propos de la notion de **prestations utilisées en France**, les précisions suivantes :

– devaient être regardées comme utilisées en France des prestations de services relatives au marché indien rendues par une société mauricienne à une société française, dans la mesure où ces prestations avaient pour but de permettre à la société française de satisfaire ses obligations vis-à-vis de la société Airbus, qui avait elle-même contracté une **obligation de contre-achat** dans le cadre d'un contrat de vente d'avions à une compagnie aérienne indienne ; la retenue à la source était donc applicable sur les sommes payées à la société mauricienne sur le fondement de l'article 182 B c) du CGI (CAA Paris 29 septembre 2017 n° 15PA01773, 7e ch., Sté Greficomex-Eurogrefi : RJF 2/18 n° 138, arrêt définitif ; voir également n° 41402) ;

– des sommes versées par une société française à une société du Liechtenstein en contrepartie de l'usage d'une **marque**, de l'exclusivité de la commercialisation d'un **concept** en France et de la livraison de maquettes et d'images de synthèse pour les clients sont payées en contrepartie de prestations de toute nature fournies ou utilisées en France au sens du c) du I de l'article 182 B et entrent dans le champ de la retenue à la source (CAA Paris 13 octobre 2016 n° 14PA03092, 9e ch., EURL Dasik ; arrêt définitif) ; la Cour a admis, en l'espèce, la substitution de base légale effectuée dans la décision de rejet de la réclamation, alors que l'administration avait initialement invoqué l'article 111 c du CGI, et juge que la société ne pouvait se prévaloir des stipulations de l'article 40 de l'accord sur l'Espace économique européen, relatives à la **liberté de circulation des capitaux**, dès lors que l'imposition litigieuse concernait des redevances versées en contrepartie de prestations de services ;

– des sommes versées par une société française de vente de vêtements, au titre de la rémunération de prestations de **contrôle qualité** réalisées auprès de ses fournisseurs asiatiques par une société de Hong Kong rémunèrent des prestations utilisées en France étant donné qu'elles conditionnent la commercialisation des vêtements que la société destine au marché français ; ces rémunérations ne sont pas des « commissions » susceptibles de bénéficier de la tolérance mentionnée au n° 24185 (CAA Paris 23 octobre 2017 n° 15PA02185, 7e ch., Sté Prominent Europe France ; arrêt définitif) ;

– sont considérées comme utilisées en France des prestations rendues à une société française par des sociétés de Hong Kong, consistant à **rechercher** et à identifier des sociétés chinoises disposant d'ateliers susceptibles de fabriquer en série les objets conçus et commercialisés par la société française, à assurer une **fonction de suivi** et de surveillance des opérations de production et de contrôle qualité sur la chaîne de fabrication et à **contrôler la conformité** de la marchandise et de son conditionnement avant son expédition vers la France (CE 22 octobre 2018 n° 406576, 9e et 10e ch., Sté Sud Trading Company : RJF 1/19 n° 20) ; comme le souligne le Conseil d'État, ces services avaient, en l'espèce, été effectivement utilisés par la société française pour faire des choix de gestion relatifs à la production et à la commercialisation des biens produits en Chine (la doctrine administrative citée n° 24185 n'a pas été jugée applicable) ;

– les prestations réalisées par un pilote de rallye domicilié à Andorre, dans le cadre de **contrats de sponsoring** conclus par un équipementier français, étaient utilisées en France dès lors qu'elles avaient permis la mise en valeur de la marque et l'augmentation du chiffre d'affaires du sponsor ; la retenue à la source de l'article 182 B du CGI était donc exigible (CAA Douai 5 février 2019 n° 17DA00841, SAS Kenny Équipement : RJF 7/19 n° 616, arrêt définitif ; sur le taux applicable, voir n° 3445) ;

– correspondent à des prestations utilisées en France, pour l'application de l'article 182 B, I-c du CGI, les sommes versées à une société de Hong Kong par une société française en rémunération de prestations de **conseil, de suivi et de surveillance des opérations de production**, de contrôle de fournisseurs chinois, de vérification de la conformité de la marchandise produite en Chine et de son conditionnement avant son expédition vers la

France ; ces prestations avaient, en effet, été utilisées par la société française pour opérer en France des **choix de gestion** relatifs à la phase de mise en production des produits qu'elle avait conçus et à la phase de commercialisation de ces biens produits en Chine conformément à ses prescriptions (CE 4 décembre 2019 n° 412497, 9e et 10e ch., Sté Cosfibel Premium, anciennement Mandalay Prestige : RJF 3/20 n° 213) ; cette décision écarte l'argument tiré de l'inconstitutionnalité de la perception d'une retenue à la source sur un **montant brut** alors même que la société étrangère serait en situation déficitaire, compte tenu de la décision rendue dans cette affaire par le Conseil constitutionnel (n° 3440), et juge inapplicable la tolérance reprise aujourd'hui au BOI-IR-DOMIC-10-10 n° 230 (n° 24185) au motif que la société n'entrait pas dans ses prévisions (il s'agissait de la rémunération de prestations de conseil, de suivi et de contrôle et non de commissions versées en contrepartie de démarches ou de diligences, cette notion devant faire l'objet d'une approche stricte selon ce qu'indique le rapporteur public dans ses conclusions à la RJF précitée C 213) ;
– des prestations de **conseil sur le développement de l'image** d'une société française rendues à cette dernière par une personne physique domiciliée en République dominicaine sont de source française dès lors qu'elles ont été effectivement utilisées par la société pour opérer en France des choix de gestion au vu de ces préconisations et alors même que le prestataire ne se serait rendu en France que très occasionnellement (CAA Bordeaux 10 juillet 2020 n° 18BX01348, 5e ch. ; arrêt définitif) ;
– les sommes versées par une société française, qui offre aux personnes âgées et à leur famille un service gratuit de conseil et d'orientation vers les maisons de retraite les plus adaptées à leurs besoins, en rémunération de l'achat de **formulaires de contact de clients potentiels** entrent dans le champ de l'article 182 B, I-c du CGI (n° 3410) dès lors qu'il s'agit de prestations utilisées par la société dans le cadre du développement de son activité en France (CAA Paris 14 octobre 2021 n° 20PA03678, 5e ch., SAS Cap Retraite, arrêt définitif ; voir également n° 82820).

Précisions **a.** Ne constituent pas des « prestations utilisées en France » les opérations de **travail à façon** réalisées par des entreprises étrangères de produits finis vendus en France par la société française propriétaire des matières premières (BOI-IR-DOMIC-10-10 n° 230 et rescrit au BOI-RES-000025) ; ce rescrit concerne une société française qui sous-traite la fabrication de chaussures à ses filiales établies en Tunisie et les commercialise essentiellement en France : l'administration considère que, s'agissant d'une prestation de travail à façon, l'utilisation de la prestation de services intervient en Tunisie et que les prestations ne peuvent pas être considérées comme fournies ou utilisées en France au sens de l'article 164 B du CGI.

b. À propos de prestations de **recherche de fournisseurs**, suivi et surveillance des opérations de production et de contrôle qualité rendues par une société chinoise à une société française, voir TA Montreuil 9 juillet 2019 n° 1710812, 10e ch., SAS KL2B : RJF 2/20 n° 169 (jugement définitif ; n° 41400, Précisions f), considérant que l'article 182 B, I-c du CGI était applicable mais admettant l'exonération sur le fondement de la convention fiscale.

Prestations qui concourent à la réalisation d'opérations avec des clients étrangers Lorsqu'une prestation est utilisée en France, mais n'est pas fournie sur le territoire national, l'administration admet que la rémunération n'a pas sa source en France si la prestation en cause concourt à la réalisation d'opérations faites avec des clients étrangers (BOI-IR-DOMIC-10-10 n° 250 ; n° 24185, à propos des commissions). **2965**

Précisions Cette doctrine, qui, avant la mise en place de la base BOFiP, s'étendait (de façon assez obscure) aux prestations fournies hors de France qui étaient l'accessoire de prestations utilisées en France, n'a pas été jugée applicable au versement de rémunérations à des **prestataires de services** établis à Hong Kong, comme indiqué n° 2960. Cette ancienne extension n'a pas, au demeurant, été reprise dans la base BOFiP.

Transports maritimes ou aériens Lorsqu'une entreprise française loue un navire ou un aéronef à un non-résident, les rémunérations qu'elle paye ne sont pas considérées comme étant de source française si le navire ou l'aéronef sont utilisés comme moyen de transport en provenance ou à destination d'un point situé hors de France, même pour la portion du trajet située en France (BOI-IR-DOMIC-10-10 n° 270) ; il n'en va pas de même, bien entendu, si l'utilisation est faite, par exemple, entre la métropole et la Corse ou les DOM, qui font partie de la « France fiscale ». **2970**

Les **prestations annexes** rendues pour les besoins d'opérations de transport et pour les besoins des navires et aéronefs suivent ce régime. Ainsi, les **commissions** versées à un courtier pour l'assurance de la marchandise et les prestations suivantes fournies dans les ports et aéroports étrangers ne sont pas traitées comme des revenus de source française :

chargement et déchargement ; **manutention**, emballage, pilotage, lamanage et remorquage des navires ; réparation et entretien de navires utilisés hors de France (sauf dans les cas où ces prestations sont fournies dans un port français).

C. Détermination de l'assiette de l'impôt sur le revenu

3075 En principe, un contribuable non résident n'est imposable en France qu'à raison de ses **revenus de source française** (nos 2875 s.). Afin d'éviter trop de difficultés de recouvrement, l'imposition prend souvent la forme de **retenues à la source**, dont certaines ont un caractère libératoire (c'est-à-dire le caractère d'une imposition définitive), et d'autres non.

On doit donc distinguer les revenus qui doivent être inclus dans la base de l'impôt sur le revenu et les autres.

Précisions Les retenues à la source applicables à certains revenus de source française réalisés par les non-résidents doivent être distinguées du **prélèvement à la source de l'impôt sur le revenu** (no 3630).

1. Revenus à inclure dans l'assiette de l'impôt sur le revenu

Revenus concernés

3080 Il s'agit :
– des revenus fonciers de source française ;
– des revenus d'exploitations situées en France (BA, BIC, BNC) ;
– de la fraction des salaires, pensions et rentes viagères relevant de la retenue à la source au taux de 20 % (no 3274) ; il en va de même des gains de source française provenant des dispositifs d'actionnariat salarié (no 3365) ;
– des revenus versés aux artistes non résidents, passibles de la retenue à la source spécifique de l'article 182 A bis du CGI (nos 45160 s.) ;
– des revenus soumis à l'une des retenues à la source de l'article 182 B du CGI (no 3410).

Modalités de détermination

3082 Les revenus imposables des non-résidents doivent, en principe, être déterminés selon les règles qui s'appliquent aux **revenus de même nature perçus par des résidents** de France (CGI art. 164 A, précisant que les revenus de source française des personnes qui n'ont pas leur domicile fiscal en France sont déterminés selon les règles applicables aux revenus de même nature perçus par les personnes qui ont leur domicile fiscal en France). L'assiette de l'impôt est donc le montant net des revenus (no 1925). Exception prétorienne, il a cependant été jugé que les dispositions de l'article 164 A du CGI ne s'appliquent pas, notamment, aux revenus soumis à une retenue à la source libératoire de l'impôt sur le revenu, tels les **dividendes** distribués par les sociétés françaises (CE 11 octobre 2017 nos 398510 à 398512, 3e et 8e ch. : RJF 1/18 no 31, confirmé par CE 11 décembre 2020 nos 434038 et 434889, 8e et 3e ch. : RJF 3/21 no 275 ; voir no 60975, Précisions d).

Les **déficits** de source française peuvent être imputés sur les revenus ou bénéfices de source française dans les mêmes conditions que pour les résidents de France.

En revanche, le **mode de calcul** de l'impôt est différent, sous réserve, sur option, de l'exception de certains résidents européens qui tirent de France une part très importante de leurs revenus (non-résidents dits « Schumacker » ; no 3097).

Précisions **a.** Les non-résidents relevant d'un **régime de micro-entreprise** (BIC, BNC, notamment les **auto-entrepreneurs**) peuvent opter pour le versement libératoire de l'impôt sur le revenu ; dans ce cas, le revenu fiscal de référence est déterminé à partir des seuls revenus de source française du foyer fiscal du non-résident (BOI-BIC-DECLA-10-40-10 no 30).

b. Même s'il est devenu non-résident et même en l'absence de revenu imposable au titre des années postérieures au choix de **l'option prévue à l'article 100 bis du CGI** (mécanisme d'étalement des bénéfices imposables), le contribuable est, pendant la période couverte par l'option, tenu de déposer une déclaration de revenus et de s'acquitter de l'impôt calculé en application de cet article ; par exemple, un footballeur professionnel qui **transfère à l'étranger sa résidence fiscale** ne peut être regardé comme ayant révoqué l'option qu'il avait souscrite à ce titre et peut être imposé sur le fondement de l'article 100 bis du CGI sur la fraction non encore imposée des revenus perçus au cours des années couvertes par l'option même s'il n'a plus son domicile en France au cours des années d'imposition et s'il ne perçoit pas de revenus de source française (CAA Versailles 13 octobre 2015 n° 13VE02880, 1e ch., confirmant TA Montreuil 21 juin 2013 n° 1209340, 10e ch., Frei : Droit fiscal 2013 n° 41, comm. n° 465 ; l'arrêt d'appel avait fait l'objet d'un pourvoi enregistré sous le n° 395424, mais il a été suivi d'un désistement).

Refus de certains avantages réservés aux résidents

Les non-résidents ne peuvent pas bénéficier de divers avantages réservés aux seuls résidents (sous réserve, éventuellement, des non-résidents « Schumacker » ; n° 3097) ; ainsi : **3084**
– l'abattement de 4 600 € ou 9 200 € sur les produits des contrats d'**assurance-vie** et assimilés n'est pas applicable aux non-résidents, selon l'administration (BOI-RPPM-RCM 20-10-20-50, n° 240) ;
– ils ne bénéficiaient pas de l'ancienne **prime pour l'emploi** (ancien BOI-IR-RICI-310-10-10 n° 1). Cela étant, il avait été jugé qu'une personne domiciliée en France en droit interne, au sens de l'article 4 B du CGI, pouvait en bénéficier sans qu'il y ait lieu de rechercher si elle avait ou non la qualité de « résident » au sens de la convention fiscale franco-algérienne (TA Lyon 23 mars 2010 n° 07-7944, 6e ch., Younes Bouacida : RJF 1/11 n° 89, à propos d'un Algérien employé comme agent administratif au consulat d'Algérie à Lyon ; jugement définitif).

Non-déductibilité des charges du revenu global

À la différence du régime applicable aux résidents, les charges du revenu global ne sont pas déductibles (CGI art. 164 A). L'administration estime que ce principe a une portée générale et qu'il s'applique à l'ensemble des charges ainsi qu'aux **réductions et crédits d'impôts**, au motif que les revenus imposés ne représentent qu'une partie de ceux dont disposent les non-résidents, au contraire des résidents (BOI-IR-DOMIC-10-20-10 nos 210 et 220 ; BOI-IR-LIQ-20-20-10-10 n° 30). Dans le même sens, par exemple, réponses Frassa (n° 13479 : JO Sénat 28 mai 2015, p. 1247), Mariani (n° 68206 : JOAN 4 août 2015 p. 5959), Garriaud-Maylam (n° 13541 : JO Sénat 3 septembre 2015 p. 2080), et Renaud-Garabedian (n° 10175 : JO Sénat 6 juin 2019 p. 2959, à propos de la déduction fiscale pour les dons destinés à la reconstruction de la cathédrale Notre-Dame de Paris) rappelant que le principe est tempéré par l'exception concernant les non-résidents « Schumacker » (n° 3097). **3086**

Le Conseil d'État a confirmé cette position, par un raisonnement détourné qui ne repose pas explicitement sur la distinction résident/non-résident, en jugeant que les personnes qui ne sont pas imposables en France sur l'ensemble de leurs revenus (en raison d'un critère de résidence) ne peuvent bénéficier de la déduction des charges du revenu global et de la réduction d'impôt au titre de primes d'**assurance-vie** (ancien système) ; ces avantages ne peuvent donc pas être accordés à des personnes qui ne sont pas résidentes de France compte tenu des stipulations d'une convention fiscale, même si elles sont considérées comme domiciliées en France au regard du seul article 4 B du CGI (CE 8 juillet 2002 n° 225159, 10e et 9e s.-s., min. c/ Lecat : RJF 11/02 n° 1202). Il s'agissait cependant d'un cas d'exclusion législative spécifique.

Précisions La **Commission européenne** avait adressé une lettre de mise en demeure à la France à propos du traitement fiscal des non-résidents (MEMO/17/4767 du 7 décembre 2017, concernant apparemment un traitement différencié des souscripteurs d'obligations d'émetteurs non résidents). La procédure d'infraction en découlant (procédure INFR(2017)4083) a été close le 25 juillet 2019, sans explication.

Les non-résidents **ne peuvent pas**, notamment, **bénéficier** des **déductions** suivantes (sous réserve des non-résidents « Schumacker » ; n° 3097) : **3088**
– déduction prévue à l'article 156, II-1-ter du CGI des charges foncières afférentes à des **immeubles historiques** ; en sens contraire, TA Montreuil 15 juillet 2010 n° 09-2600, 1e ch. : RJF 4/11 n° 402, jugeant que les non-résidents peuvent déduire de leur revenu global le déficit foncier résultant de l'imputation sur leur revenu foncier des charges qu'ils ont exposées pour des travaux de ravalement et de façade effectués sur un immeuble historique (jugement définitif) ;
– versements au titre de l'**épargne retraite** ;
– versements à des **œuvres** ou **organismes** d'**intérêt général** (CGI art. 200 ; réponse Le Borgn' n° 35438, JOAN 10 décembre 2013, p. 12909 ; réponse Deromedi, n° 17472 : JO Sénat 1er septembre 2016, p. 3743 et BOI-IR-RICI-250-10-10 n° 1 ; réponse Renaud-Garabedian, n° 10175 : JO Sénat 6 juin 2019 p. 2959, à propos de la déduction fiscale pour les dons destinés à la reconstruction de la cathédrale Notre-Dame de Paris) ; en ce sens, à propos d'un résident de Belgique travaillant en France, CAA Versailles 11 septembre 2012 n° 11VE00348, 1e ch., Boucherie (Droit fiscal 2013 n° 4, comm. n° 81 ; arrêt définitif) n'y

voyant pas une discrimination interdite tant au regard de la convention fiscale que du droit de l'Union européenne ;
– **pensions alimentaires** en cas de **divorce** : CAA Paris 28 mars 1995 n° 93-383, 2e ch., Gendré : Droit fiscal 1995 n° 40, comm. n° 1878, ayant fait l'objet d'un pourvoi non admis par CE (CAPC) 17 janvier 1997 n° 0170759 ; CAA Versailles 21 juin 2011 n° 10VE01288, 1e ch. (arrêt définitif à propos d'un résident suisse, confirmant TA Cergy-Pontoise 26 février 2010 n° 07-560, Pailhes : RJF 12/10 n° 1203) ; CAA Versailles 3 avril 2012 n° 11VE00142, 3e ch. : RJF 12/12 n° 1152, arrêt définitif jugeant qu'une personne physique domiciliée en Allemagne ne peut déduire de ses revenus de source française la pension alimentaire versée à son ex-épouse résidant en France (voir cependant n° 3095) ; CAA Versailles 6 juin 2017 n° 16VE00653, 3e ch. : RJF 12/17 n° 1151, arrêt définitif refusant à une personne physique domiciliée en France sur le terrain du centre des intérêts économiques mais domiciliée au Maroc sur le fondement de la convention fiscale franco-marocaine du 29 mai 1970 le droit de déduire une pension alimentaire de ses revenus fonciers de source française et de bénéficier d'une réduction d'impôt au titre du versement d'une prestation compensatoire ; de son côté, l'administration a souligné que la précision doctrinale figurant au BOI-RSA-PENS-10-30 n° 80, selon laquelle les pensions alimentaires qui sont déductibles du revenu global de celui qui les verse sont imposables entre les mains de celui qui les reçoit et, dans le cas contraire, ne sont en principe pas imposables, n'a de portée qu'en droit interne et ne s'applique pas aux contribuables domiciliés hors de France (réponse Renaud-Garabedian n° 06634 : JO Sénat 17 octobre 2019 p. 5265 ; réponse Latombe n° 22582 : JOAN 3 mai 2022 p. 2988 et BF 7/22 n° 593, ajoutant qu'est sans incidence la possibilité qu'ont les non-résidents de déduire les pensions alimentaires pour le calcul du taux moyen d'imposition) ; sur la prise en compte des pensions alimentaires pour le calcul du taux moyen d'imposition, voir n° 3141 ;
– **pensions** versées par un contribuable non résident pour l'hébergement de son fils majeur handicapé (CAA Marseille 15 décembre 2010 n° 08-693, 4e ch., Mariotti : RJF 5/11 n° 622 ; arrêt définitif) ;
– **frais de scolarité** ; il a été précisé que si les frais de scolarité sont une dépense d'ordre personnel qui n'est pas admise en déduction pour le calcul de l'impôt, la réduction d'impôt accordée au titre des frais de scolarité des enfants à charge, qui ne concerne que les contribuables domiciliés fiscalement en France, s'applique quel que soit le lieu de situation de l'établissement scolaire, en France ou à l'étranger (réponse Herth, n° 55750 : JOAN 5 avril 2016 p. 2734 et BF 6/16 n° 490) ;
– **frais de garde des enfants** à l'étranger (CGI art. 200 quater B) ;
– **cotisations de retraite** versées à un régime obligatoire (en l'absence de revenu professionnel imposable en France dans la catégorie correspondante) ;
– cotisations versées à la **CFE**, caisse de sécurité sociale des Français de l'étranger (réponse Mariani n° 35425, JOAN 10 décembre 2013 p. 12909).

Précisions Un résident de Tunisie imposable en France au titre des années 2013 et 2014 en raison de l'exercice de son activité de médecin gynécologue dans le cadre de contrats conclus avec divers établissements de soins situés en France ne pouvait pas déduire de ses revenus de source française la **pension alimentaire** versée à ses enfants ; il ne pouvait pas non plus déduire ses **frais de déplacement** en France, où il exerçait son activité, car ces frais n'avaient été exposés que par convenance personnelle, en raison de son souhait de se rapprocher de ses enfants majeurs, étudiants (CE 17 juin 2021 n° 432410, 9e ch.).

Refus de certaines réductions et crédits d'impôt

3090 La doctrine administrative refuse, sous réserve du cas des non-résidents « Schumacker » (n° 3097) et de certains investissements immobiliers (n° 3091), d'accorder aux non-résidents le bénéfice des réductions d'impôt (BOI-IR-LIQ-20-20-10-10 n° 30).

Notamment, sans que cette liste soit limitative, les non-résidents n'ont pas droit (ou n'avaient pas droit, dans le passé), aux avantages suivants :
– réduction d'impôt au titre de certains **contrats d'assurance** : contrats d'assurance décès dits « de rente-survie » ou contrats d'assurance-vie souscrits par les personnes handicapées visés par l'article 199 septies du CGI (BOI-IR-RICI-40 n° 10) ;
– réduction d'impôt au titre du versement d'**intérêts d'emprunt** pour la reprise d'une **PME** (BOI-IR-RICI-130-10 n° 1) ;
– réduction d'impôt pour souscription en numéraire au capital de **PME** non cotées (BOI-IR-RICI-90-10 n° 1) ;
– réduction exceptionnelle d'impôt sur le revenu en faveur des **ménages modestes** applicable au titre de l'imposition des revenus de 2013 (réponse Le Borgn', n° 88821 : JOAN 19 avril 2016) ;

– réduction d'impôt en cas de souscription au capital d'une **entreprise solidaire d'utilité sociale** (CGI art. 199 terdecies-0 AB) ;
– crédit d'impôt sur le revenu à raison des sommes versées, jusqu'au 31 décembre 2023, au titre du premier **abonnement**, pour une durée minimale de douze mois, à un **journal**, à une publication de périodicité au maximum trimestrielle ou à un service de presse en ligne d'information politique et générale (CGI art 200 sexdecies ; BOI-IR-RICI-390 n° 10, exceptant les « non-résidents Schumacker »).
– crédit d'impôt en faveur des bailleurs consentant des **abandons de loyers** à certaines entreprises locataires, mesure fiscale spécifique prise en période de crise sanitaire (réponse Renaud-Garabedian, n° 21903 : JO Sénat 9 septembre 2021 p. 5261 ; BOI-DJC-COVID19-10-10 n° 20, exceptant les non-résidents « Schumacker » au sens indiqué n° 3097).

La jurisprudence paraît cependant plus nuancée ; ainsi, il a été jugé que, d'une façon générale, les dispositions de l'article 164 A du CGI, selon lesquelles aucune des charges déductibles du revenu global ne peut être déduite des revenus de source française pour l'imposition à l'impôt sur le revenu des non-résidents, n'excluent pas, par principe, ces personnes du bénéfice des **réductions d'impôt** ; ainsi, une personne fiscalement domiciliée hors de France mais qui, imposable en France sur ses revenus de source française, a la qualité de contribuable, a pu bénéficier d'une réduction d'impôt applicable à tout contribuable réalisant à l'époque certains investissements immobiliers locatifs (CAA Paris 12 novembre 2004 n° 01-4218, 2ᵉ ch. B, min. c/ Philippe : RJF 4/05 n° 292, définitif ; cette solution n'est pas contradictoire avec la décision Lecat du Conseil d'État, citée n° 3086, qui concernait un cas d'exclusion spécifique).

Investissements immobiliers Les non-résidents sont généralement exclus des avantages fiscaux prévus par la loi en la matière ; ainsi, la réduction d'impôt sur le revenu en faveur de l'investissement locatif « **Scellier** » (CGI art. 199 septvicies) s'applique aux seuls contribuables personnes physiques fiscalement domiciliés en France au sens de l'article 4 B du CGI (BOI-IR-RICI-230-10 n° 1). Il a toutefois été jugé que cette exclusion était contraire à la **libre circulation des capitaux** (CAA Versailles 31 mai 2018 n° 17VE00744, 7ᵉ ch. : RJF 1/19 n° 7 ; arrêt définitif) ; selon la Cour, eu égard à l'objet et au contenu des dispositions relatives à la réduction d'impôt, la situation des non-résidents qui réalisent des investissements locatifs répondant aux conditions exigées par la loi est comparable à celle des résidents et il n'est pas établi que la restriction à la libre circulation des capitaux qui résulte de la condition législative tenant à la résidence fiscale répondrait à une raison impérieuse d'intérêt général. **3091**

La loi exclut également les non-résidents du bénéfice de la réduction d'impôt en faveur de l'investissement locatif intermédiaire, dite réduction d'impôt « **Duflot** », qui lui a succédé (BOI-IR-RICI-360-10 n° 1 ; CGI art. 199 novovicies), ainsi que de la réduction d'impôt en faveur de la **location meublée non professionnelle** « Censi-Bouvard » (BOI-IR-RICI-220-10-10 n° 1 ; CGI art. 199 sexvicies) et de la réduction d'impôt à raison de logements affectés à la **location « solidaire »** (secteur intermédiaire, social ou très social) résultant de la loi de finances pour 2022 (CGI art. 199 tricies). La solution précédente, retenue par la cour administrative d'appel de Versailles à propos du dispositif « Scellier », est cependant vraisemblablement transposable.

L'administration indique tout de même que le fait que le contribuable **transfère son domicile fiscal** hors de France pendant la période d'engagement de location n'entraîne pas de remise en cause de ces réductions d'impôt et qu'il peut de nouveau en bénéficier, dans certaines conditions, à compter de son retour en France au titre des années d'imputation restant à courir (BOI-IR-RICI-230-60 n° 80 ; BOI-IR-RICI-360-40 n° 60 ; BOI-IR-RICI-220-50 n° 70). En ce qui concerne le dispositif relatif à la **location « solidaire »**, il résulte de l'article 199 tricies du CGI que, en cas de transfert du domicile fiscal hors de France durant la période d'application, la réduction d'impôt s'impute sur l'impôt établi dans les conditions ordinaires (n° 3135), avant imputation des prélèvements ou retenues non libératoires (le transfert hors de France du domicile fiscal n'entraîne pas de remise en cause de l'avantage, mais il faut tout de même que le contribuable ait été domicilié en France au début de la période d'application ; voir ci-dessous Précisions d à propos du dispositif « Denormandie »).

Les mêmes principes s'appliquent au dispositif « **Pinel** », accordant une réduction d'impôt sur le revenu aux personnes physiques domiciliées en France qui acquièrent ou font construire des logements neufs ou assimilés destinés à la location dans le secteur intermédiaire (CGI art. 199 novovicies). Pour les investissements réalisés depuis le 1ᵉʳ janvier 2019, toutefois, la loi prévoit que les contribuables qui ont bénéficié de la réduction d'impôt alors qu'ils étaient domiciliés en France peuvent conserver le bénéfice de l'avantage fiscal pour

3091 (suite) les années où leur résidence fiscale n'est plus située en France ; la réduction d'impôt s'impute alors sur l'impôt établi dans les conditions ordinaires applicables aux non-résidents, avant imputation des prélèvements ou retenues non libératoires et ne peut donner lieu à remboursement (Loi n° 2018-1317 du 28 décembre 2018 de finances pour 2019, art. 188).

En outre, la doctrine administrative admet (BOI-IR-RICI-230-10-10 n° 20 ; BOI-IR-RICI-360-10 n° 1 ; BOI-IR-RICI-220-10-10 n° 10) que ces réductions d'impôts s'appliquent aux non-résidents « **Schumacker** » (n° 3097) ainsi qu'aux agents de l'État en service à l'étranger et considérés comme domiciliés en France (n° 2400). Les deux premières (« Scellier », « Duflot » et « Pinel ») concernent également les **résidents monégasques** assujettis en France à l'impôt sur le revenu en vertu de la convention franco-monégasque (n° 3610 ; BOI préc.).

En revanche, tous les non-résidents bénéficient des réductions d'impôt prévues aux articles 199 decies E, 199 decies EA et 199 decies G du CGI au titre des **investissements locatifs** réalisés dans les résidences de tourisme classées situées dans les zones rurales ou dans les zones de revitalisation rurale dès lors que les revenus du logement sont imposables en France dans la catégorie des revenus fonciers (BOI-IR-RICI-50-10-10 n° 30). De même, ils pouvaient bénéficier du crédit d'impôt en faveur des bailleurs qui souscrivaient des **assurances contre les impayés de loyers** (ancien BOI-IR-RICI-320 n° 10 ; CGI art. 200 nonies, abrogé depuis le 1er janvier 2017). La notice 2041-E, relative à l'imposition des non-résidents, précise qu'ils peuvent aussi bénéficier, toutes conditions étant par ailleurs réunies, du crédit d'impôt au titre de travaux de **prévention des risques technologiques** dans les logements donnés en location.

Enfin, à propos du dispositif « **Robien** », il a été précisé que la seule circonstance que le locataire exerce son activité professionnelle hors de France n'est pas de nature à remettre en cause le bénéfice de l'avantage fiscal du propriétaire, dès lors que, toutes les autres conditions étant remplies, il peut être justifié que le logement est occupé à titre de résidence principale par les membres du foyer fiscal du locataire (réponse Verchère, n° 7200 : JOAN 12 février 2013 p. 1563).

Précisions **a.** Le crédit d'impôt sur les **intérêts d'emprunt** afférents à **l'habitation principale** (pour les acquisitions ou constructions réalisées au plus tard le 30 septembre 2011) ne s'applique pas aux **non-résidents** (CGI art. 200 quaterdecies ; BOI-IR-RICI-350-10-10 n° 1), sous réserve des non-résidents « Schumacker » (n° 3097) ; il ne s'applique pas non plus aux **résidents monégasques** assujettis à l'impôt sur le revenu en France (n° 3610). Un non-résident qui fait construire en France un logement destiné à devenir, dès son achèvement, son habitation principale peut cependant bénéficier du crédit d'impôt sous réserve d'être, au plus tard à la date d'achèvement du logement concerné, domicilié fiscalement en France et de remplir les autres conditions (BOI préc. n° 50). Les **agents de l'État** en service à l'étranger et considérés comme domiciliés en France (n° 2400) qui ont contracté un prêt pour l'acquisition de leur résidence dans le pays où ils sont affectés peuvent également en bénéficier (BOI préc. n° 60) ; en ce qui les concerne, il en va de même, sous certaines conditions, pour l'acquisition d'un logement en France lorsque celui-ci est occupé de manière permanente, ou quasi permanente, par le conjoint marié ou pacsé et, le cas échéant, les autres membres de la famille (BOI préc. n° 70).

b. Les crédits d'impôt pour **dépenses d'équipement de l'habitation principale** (CGI art. 200 quater et 200 quater A) ne s'appliquent pas aux non-résidents qui, par définition, n'ont pas leur habitation principale en France (réponse Cointat, n° 352 : JO Sénat, 17 janvier 2013 p. 159).

c. Le crédit d'impôt pour la **transition énergétique** (CGI art. 200 quater) est accordé aux salariés ou fonctionnaires en poste à l'étranger pour un logement situé en France, lorsque celui-ci est occupé de manière permanente ou quasi permanente par leur conjoint, seul ou avec les autres personnes vivant habituellement au sein du foyer familial (BOI-IR-RICI-280-10-20 n° 90) ; le logement doit être situé en France (BOI préc. n° 10).

d. La réduction d'impôt en faveur de l'investissement locatif intermédiaire « **Denormandie ancien** » (CGI art. 199 novovicies) s'applique aux personnes physiques domiciliées en France au sens de l'article 4 B du CGI à la date de la réalisation de l'investissement (acquisition). L'administration précise cependant que le fait que le contribuable ne soit pas domicilié en France n'est pas de nature à le priver, au regard de ses revenus de source française et toutes autres conditions étant par ailleurs remplies, du bénéfice de la réduction d'impôt, s'il est domicilié en France lors de la réalisation de l'investissement ; dans ce cas, il peut imputer l'avantage fiscal sur l'impôt établi dans les conditions prévues à l'article 197 A du CGI (droit commun), avant imputation des prélèvements ou retenues non libératoires et la réduction d'impôt ne peut pas donner lieu à remboursement (BOI-IR-RICI-365-10 n° 10).

Critique

Le principe de non-déductibilité des charges du revenu global ou des réductions d'impôt, régulièrement rappelé par l'administration, n'est pas nécessairement à l'abri de la **critique**, particulièrement dans le cadre de l'Union européenne (n° 3097). **3095**

Il est certes probable que les clauses de **non-discrimination** incluses dans les conventions fiscales devraient rester sans effet, dans la mesure où, si elles interdisent les discriminations liées à la nationalité, elles n'empêchent pas, en principe, de traiter différemment résidents et non-résidents (n° 80790).

Il pourrait en aller autrement, cependant, dans le cadre **européen**, compte tenu de la jurisprudence de la Cour de justice qui censure régulièrement les discriminations « insidieuses », qui paraissent liées à la résidence des personnes alors qu'elles sont plutôt, en pratique, liées à leur nationalité (nos 81460 s.).

On relèvera ainsi avec intérêt qu'il a été jugé que le refus d'admettre en déduction en France une **pension alimentaire** versée à sa mère par un médecin domicilié en Belgique constitue une atteinte au principe de **libre circulation** des travailleurs consacré aujourd'hui par l'article 45 du traité FUE (ex-article 39 du traité CE), dans la mesure où seuls les revenus de source française de l'intéressé avaient pu en financer le versement (TA Paris 3 juillet 2002 n° 96-5437, 1e sect. 2e ch., Moukhaiber : RJF 8-9/03 n° 941 ; jugement définitif). Il s'agit d'une intéressante application positive de la décision Schumacker citée n° 81810, reprise aujourd'hui, d'une certaine façon, par la doctrine administrative citée n° 3097 (voir, dans le même sens, l'arrêt de la cour administrative d'appel de Paris du 1er juillet 1999 ; n° 3220).

Précisions Sur le calcul de l'impôt, voir ci-après n° 3130 (les prélèvements sociaux additionnels, CSG, CRDS, prélèvement social, etc., ne s'appliquent pas aux non-résidents, sauf exception ; n° 3770 et n° 3787).

Non-résidents « Schumacker »

L'administration a tiré les conséquences de l'arrêt de la Cour de justice dans l'affaire Schumacker (n° 81810), en admettant de traiter certains non-résidents comme s'ils étaient résidents en ce qui concerne l'impôt sur le revenu (BOI-IR-DOMIC-40). Dans cette affaire, la Cour a jugé que les États membres, qui sont fondés à traiter les non-résidents différemment des résidents, doivent les traiter à l'identique lorsque les premiers se trouvent, du fait qu'ils tirent de l'État concerné la totalité ou la quasi-totalité de leurs revenus, dans une situation comparable à celle des seconds. L'administration en déduit que les non-résidents concernés, appelés « non-résidents Schumacker », sont **assimilés à des personnes fiscalement domiciliées en France**, au sens du droit interne, tout en restant tenus à une obligation fiscale limitée au sens des conventions fiscales (BOI préc. n° 10). Mais elle paraît considérer que ce traitement est **optionnel** puisque les justifications à apporter ne sont exigées que des non-résidents qui « souhaitent être assimilés aux contribuables domiciliés fiscalement en France » (BOI préc. n° 150). **3097**

Le fondement théorique et la portée de l'assimilation, telle qu'elle est comprise par l'administration, ne sont pas très clairs ; la doctrine administrative indique qu'il y a lieu de traiter les intéressés comme des résidents en les imposant, semble-t-il, sur leurs revenus mondiaux en droit interne mais en les considérant tout de même comme tenus à une obligation fiscale limitée pour l'application des conventions fiscales, ce qui en ferait plutôt des non-résidents. En outre, elle ne dit pas que les personnes concernées sont fiscalement domiciliées en France **au regard de l'article 4 B du CGI** alors même que cette conséquence se déduit des hypothèses puisque, tirant la totalité ou la quasi-totalité de leurs revenus de source française, les intéressés ont en France leur centre d'intérêts économiques et donc leur domicile (n° 40910). Les non-résidents « Schumacker » ne sont non résidents que sur le fondement des conventions fiscales et non pas en droit interne. Enfin, les conséquences à tirer des conventions fiscales ne sont pas précisées.

Au demeurant, il ne semble pas que cette solution respecte la **jurisprudence de la Cour de justice**, car non seulement il est acquis qu'une restriction n'est pas admissible au motif que le contribuable pourrait opter pour un régime non discriminatoire (en ce sens, notamment, affaire Gielen, n° 81580), mais encore la Cour de justice n'exige pas un traitement identique mais simplement un traitement **non défavorable** ; en supposant, apparemment, que le non-résident accepte l'ensemble des règles fiscales applicables aux résidents, notamment l'assujettissement à la CSG et à la CRDS, l'administration met en place un mécanisme dont le fondement juridique n'est guère solide, car il fait bon marché des règles législatives qui peuvent être plus favorables lorsqu'elles s'appliquent aux non-résidents.

À titre pratique, l'option pour ce régime se matérialise par la production de **pièces justificatives**, les contribuables souhaitant être placés sous ce régime étant invités à joindre à la déclaration d'ensemble de leurs revenus l'ensemble des documents et des éléments de nature à établir que les conditions mentionnées n° 3098 sont réunies.

Précisions Les justificatifs à fournir sont les **avis d'imposition** sur le revenu, de prélèvement à la source et les documents équivalents établis dans l'État de résidence et dans les autres États de perception des revenus, permettant à l'administration d'apprécier la proportion de revenus de source française et de source étrangère ainsi que le bénéfice de mécanismes de nature à minorer l'imposition en fonction de la situation personnelle et familiale (n° 3098).

3098 **Conditions d'assimilation** L'assimilation est présumée lorsque les conditions suivantes sont remplies (BOI-IR-DOMIC-40 n° 30) :

– le contribuable est domicilié dans un autre État membre de l'**Union européenne**, ou dans un État partie à l'Espace économique européen ayant conclu avec la France une convention fiscale qui contient une clause d'assistance administrative en vue de lutter contre la fraude ou l'évasion fiscale (Islande, Liechtenstein et Norvège) ; sur la question des **États tiers**, voir infra, Précisions c et d ;

– ses **revenus de source française** sont supérieurs ou égaux à **75 %** de son revenu mondial imposable ; ce seuil est plus favorable que celui qui résulte de la jurisprudence de la Cour de justice, qui est plutôt centrée sur un critère de 90 % (le seuil de 75 % avait cependant été proposé par la Commission européenne le 21 décembre 1993 dans une recommandation (n° 94/79/CE) relative à l'imposition de certains revenus obtenus par des non-résidents dans un État membre autre que celui de leur résidence ; n° 88700) ;

– dans l'État de sa résidence, il ne bénéficie pas de mécanismes suffisants de nature à minorer son imposition en fonction de sa **situation personnelle et familiale**, en raison de la faiblesse de ses revenus imposables dans cet État (il s'agit des mécanismes visant à tenir compte de la situation familiale du contribuable et des personnes à sa charge, de son activité ou de son inactivité, ou de ses investissements ou des dépenses qu'il a supportées). La condition est réputée remplie lorsque le non-résident n'a pas pu bénéficier effectivement de la **majorité** du montant **des avantages fiscaux** auxquels il était en droit de prétendre pour la détermination des impositions sur le revenu mises à sa charge dans le pays de résidence.

Toutefois, l'assimilation est aussi permise si les revenus de source française sont supérieurs ou égaux à **50 %** du revenu mondial (et non plus 75 %) si le contribuable ne bénéficie, compte tenu de sa situation personnelle et familiale, d'**aucun mécanisme** de nature à minorer son imposition dans son État de résidence (et non plus de la « majorité » des avantages).

Précisions **a.** Sont réputés être tirés d'une **activité exercée en France**, les revenus de source française au sens de l'article 164 B du CGI (nos 2875 s.) ; les revenus exonérés ne sont pas pris en compte.

b. Par **revenu mondial imposable**, il convient de comprendre l'ensemble des revenus et profits de source française ou étrangère qui ont été soumis à l'impôt dans le pays de résidence ou de perception. En pratique, ce montant correspond généralement à la somme des revenus de source française et des revenus de source étrangère portés sur la déclaration d'ensemble des revenus et retenus pour le calcul du taux effectif ou ouvrant droit à un crédit d'impôt.

c. L'administration estime qu'elle ne peut pas étendre le bénéfice du régime des non-résidents « Schumacker » à des personnes résidentes dans des **États tiers** à l'Union européenne et à l'Espace économique européen en raison du droit de l'Union européenne et de l'absence de réciprocité pour les Français qui résident dans d'autres États (en ce sens, parmi de nombreuses autres, réponses El Guerrab, n° 17321 : JOAN 8 septembre 2020 p. 5965, rappelant qu'en principe il appartient au seul État de résidence de prendre fiscalement en compte la situation personnelle et familiale de ses contribuables, et Frassa, n° 01407 : JO Sénat 18 avril 2019 p. 2128, BF 7/19 n° 648 ; réponses Garriaud-Maylam, n° 17661 : JO Sénat, 28 janvier 2016 p. 330 et Mariani, n° 53045 : JOAN 5 avril 2016 p. 2733). Il a notamment été précisé que « le Gouvernement n'entend pas ouvrir le bénéfice de la doctrine administrative applicable aux non-résidents « Schumacker » aux résidents d'États qui ne sont pas membres de l'Union européenne, de l'Espace économique européen ou qui n'ont pas conclu avec la France une convention fiscale contenant une clause d'assistante administrative en vue de lutter contre la fraude et l'évasion fiscale » (réponse

Garriaud-Maylam, n° 22099 : JO Sénat, 30 mars 2017 p. 1282 ; la formulation est maladroite car les États tiers, même « conventionnés », ne sont pas couverts par la doctrine administrative).

d. Au contraire de la position de l'administration (Précisions c, ci-dessus), il a été jugé qu'un **résident de Suisse** pouvait bénéficier du régime des non-résidents « Schumacker » sur le fondement des accords conclus entre l'Union européenne et la Suisse (CAA Versailles 16 mars 2017 n° 16VE01457, 3e ch. : RJF 6/17 n° 526 ; arrêt définitif) ; en l'espèce, la Cour a estimé que le contribuable, résident de Suisse mais tirant l'essentiel de ses ressources imposables d'une activité salariée exercée en France (environ 78 % de son revenu net total), était fondé à déduire en France une **pension alimentaire** de ses revenus nets salariaux français à concurrence de la différence entre le montant de cette pension et celui qu'il aurait été autorisé à déduire en Suisse compte tenu des revenus qui y ont leur source si la législation fiscale suisse avait été identique à la législation fiscale française (la solution retenue par la Cour, concluant à la réduction de la base d'imposition d'une quote-part de pension alimentaire, est assez inventive quant au montant déductible et aurait mérité d'être confirmée).

Portée de l'assimilation Les non-résidents « Schumacker » relèvent, en ce qui concerne le calcul de l'impôt sur le revenu, des règles de droit commun applicables aux contribuables domiciliés fiscalement en France qui sont soumis à une obligation fiscale illimitée sur les revenus de source française et étrangère (BOI-IR-DOMIC-40 nos 80 s.). **3099**

Ils peuvent, de la même manière que les contribuables fiscalement domiciliés en France, faire état, pour la détermination de leur impôt sur le revenu, des **charges** admises en déduction du revenu global et des **réductions et crédits d'impôt** ; ils peuvent également prétendre à la déduction de leur revenu global des **pensions alimentaires** ou **prestations compensatoires**, sous réserve que les sommes considérées soient imposées dans l'État de destination en tant que revenus au nom de leurs bénéficiaires.

Corrélativement, le **taux minimum** d'imposition prévu par l'article 197 A du CGI (n° 3135) n'est pas applicable.

L'administration écarte également l'application des **retenues** et **prélèvements à la source** appliqués sur certains revenus ou profits de source française versés à des personnes fiscalement domiciliées hors de France (notamment, les articles 119 bis 2, 125 A, 182 A, 182 A bis, 182 B et 244 bis et 244 bis A du CGI ; BOI préc. n° 120). Elle ajoute cependant que les conditions générales d'assimilation des non-résidents « Schumacker » aux contribuables domiciliés fiscalement en France en droit interne ne peuvent éviter que certaines rémunérations, revenus, produits ou profits soient soumis à une retenue ou un prélèvement à la source. Dans cette hypothèse, elle admet l'application, le cas échéant, des règles de droit commun d'**imputation** de ces prélèvements à la source sur l'impôt sur le revenu (BOI préc. n° 130). L'éventuel excédent constaté est restituable sur demande, même si le prélèvement a théoriquement un caractère non restituable, de manière à replacer le contribuable dans la situation qui aurait été la sienne s'il avait été imposé selon les règles applicables aux personnes domiciliées fiscalement en France.

S'agissant des règles relatives à l'assujettissement aux **contributions sociales**, les « non-résidents Schumacker », étant considérés comme assimilés à des personnes physiques domiciliées en France, sont, selon l'administration, soumis de plein droit aux contributions sociales (CSG et CRDS) sur les revenus du patrimoine (BOI préc. n° 140). Ils sont également soumis aux contributions sociales applicables aux revenus d'activité ou de remplacement lorsqu'ils sont à la charge d'un régime obligatoire français d'assurance maladie (nos 3770 s.).

Précisions **a.** L'assimilation prévue par l'administration ne vaut que pour le calcul de l'impôt sur le revenu car, selon l'article 164 A du CGI (n° 3082), la **base d'imposition** des personnes domiciliées hors de France disposant de revenus de source française est déjà déterminée selon les règles applicables aux revenus de même nature perçus par les personnes qui ont leur domicile en France.

b. En ce qui concerne les revenus de transfert (**pensions alimentaires**, **prestations compensatoires**...), l'administration indique que, en droit interne, le principe de l'imposition de ces revenus repose sur le fait qu'ils sont déductibles chez celui qui les verse et imposables chez celui qui les reçoit (BOI-IR-DOMIC-40 n° 100).

2. Revenus qui ne doivent pas être inclus dans l'assiette de l'impôt sur le revenu

Il s'agit des revenus exonérés et des revenus soumis à une retenue à la source ou à un prélèvement libératoires. **3100**

Revenus exonérés

3105 Les non-résidents sont parfois exonérés de tout impôt en France.

Il en va ainsi, par exemple, des **plus-values** de cessions de valeurs mobilières visées à l'article 244 bis C du CGI (nº 65860) et, sous réserve des paiements dans des États ou territoires non coopératifs, des **intérêts d'emprunts** versés depuis le 1er mars 2010 (nº 62525).

Retenue ou prélèvement libératoires

3110 Ils concernent les revenus suivants :
– **dividendes** et, plus généralement, revenus distribués soumis à une retenue à la source (nos 60845 s.) ;
– **produits de placement à revenu fixe**, en cas de versement dans un État ou territoire non coopératif (nº 62540) ; produits attachés aux **bons et contrats de capitalisation** (nº 62530) ;
– **plus-values** de cessions non habituelles d'**immeubles**, droits immobiliers ou titres de sociétés à prépondérance immobilière (nº 67660) ; sur l'incidence des prélèvements sociaux, voir nº 3787 ;
– **profits immobiliers** résultant d'opérations habituelles et profits de construction (nº 67755) ;
– **plus-values** de cessions de certains **droits sociaux** (nº 65880) ;
– **salaires**, pensions et rentes viagères qui n'excèdent pas la limite supérieure de calcul de la retenue à la source au taux de 12 % (nos 3250 s.) ; lorsque les revenus concernés excèdent cette limite, seule la fraction excédentaire est incluse dans la base de calcul de l'impôt sur le revenu.

Les revenus énumérés ci-dessus sont soumis à un impôt prélevé à la source, **libératoire** de l'impôt sur le revenu. Cela signifie que lorsque la retenue a été prélevée, celle-ci agit comme un impôt **définitif** et qu'il n'y a pas lieu de soumettre le revenu à l'impôt sur le revenu dans les conditions de droit commun.

D. Calcul de l'impôt

Principes

3130 Lorsque les revenus des contribuables non résidents sont soumis à l'impôt sur le revenu, ce qui exclut le cas où ils sont exonérés ou bien soumis à un prélèvement ou à une retenue libératoires, l'impôt est calculé conformément aux règles de **droit commun** applicables aux résidents de France, sous réserve de l'application d'un taux minimum (nº 3135).

La mise en place, depuis le 1er janvier 2019, du **prélèvement à la source** de l'impôt sur le revenu (nº 3630) n'a pas modifié les règles relatives aux retenues à la source spécifiques applicables aux non-résidents.

Barème ordinaire et quotient familial

3132 L'impôt dû par les non-résidents est établi dans les conditions prévues à l'article 197, I du CGI, c'est-à-dire par application du barème de droit commun et du quotient familial.

Ces modalités de calcul sont applicables indépendamment de la **nationalité** des contribuables, c'est-à-dire qu'elles s'appliquent aux Français non résidents comme aux étrangers non résidents ; en pratique, il convient donc d'accorder les avantages familiaux à tous les étrangers soumis à l'impôt sur le revenu, en dépit de la lettre de l'article 199 du CGI qui en réserve le bénéfice aux seuls Français sous réserve des traités de réciprocité (nº 1918). Le **plafonnement** des effets du **quotient familial** est applicable aux non-résidents passibles de l'impôt sur le revenu en France (Loi nº 2014-1655 du 29 décembre 2014 de finances rectificative pour 2014, art. 30 ; sur ce point, BOI-IR-DOMIC-10-20-10 nº 350). La **décote** et la réduction d'impôt respectivement prévues aux a et b du 4 du I de l'article 197 du CGI ne sont pas applicables (BOI préc. et, notamment, réponse Marsaud, nº 90365 : JOAN 3 mai 2016 p. 3736, indiquant que la décote vise à alléger l'imposition des contribuables aux revenus modérés et que cette condition ne peut être pleinement appréciée que pour des contribuables qui sont tenus de déclarer l'ensemble des revenus dont ils disposent, ce qui n'est pas le cas des non-résidents).

Le conjoint du contribuable et ses enfants sont pris en compte pour le calcul du **quotient familial** comme pour les résidents de France, même s'ils résident hors de France, et dans les mêmes conditions même si leurs revenus de source étrangère ne sont pas inclus dans l'assiette imposable en France (n° 40950).

En outre, les non-résidents sont assujettis à la **contribution exceptionnelle sur les hauts revenus**, calculée aux taux de 3 % ou 4 %, selon les tranches. Cette contribution est à la charge de l'ensemble des contribuables passibles de l'impôt sur le revenu, y compris ceux qui ne sont pas domiciliés en France, s'ils disposent de revenus de source française entrant dans la composition du revenu fiscal de référence et supérieurs aux seuils d'imposition (CGI art. 223 sexies ; BOI-IR-CHR n°s 30 et 270).

Le **revenu fiscal de référence** du foyer fiscal, défini au 1° du IV de l'article 1417 du CGI, inclut notamment les produits et revenus soumis aux retenues à la source prévues à l'article 119 bis du CGI et aux articles 182 A bis et 182 A ter du même Code à hauteur de la fraction donnant lieu à une retenue libératoire de l'impôt sur le revenu, les plus-values soumises au prélèvement prévu à l'article 244 bis A du CGI (n° 67660) ainsi que les plus-values et distributions soumises au prélèvement prévu à l'article 244 bis B du même Code (n° 65880) et les revenus exonérés en application des conventions fiscales. En présence d'un revenu de source française qui fait l'objet d'un prélèvement ou d'une retenue à la source à un taux plafonné en application d'une convention fiscale, la contribution n'est cependant exigible que dans la limite du plafond conventionnel.

Précisions **a.** La **jurisprudence** fait preuve d'une certaine **souplesse** puisqu'elle admet la prise en compte, pour le calcul du quotient familial, d'un mariage contracté à l'étranger entre un Français et une étrangère, même s'il n'a pas été précédé de la publication en France prévue par l'article 63 du Code civil (CAA Paris 2 juin 1992 n° 866, 3e ch., Murray : RJF 10/92 n° 1287, arrêt définitif sur ce point ; en cassation sur d'autres points voir CE 30 septembre 1996 n° 139861, 8e et 9e s.-s., Murray : RJF 11/96 n° 1324) ; cette solution est naturellement transposable au cas des non-résidents.

b. Le Conseil d'État considère de façon libérale le **rattachement** au foyer fiscal d'**enfants majeurs** domiciliés à l'étranger et ne disposant pas de revenus de source française (CE 27 mars 1991 n° 90395, 8e et 9e s.-s., Mathieu : RJF 5/91 n° 543, transposable lorsque le contribuable est non résident, et indépendamment de la prise en compte ou non des mêmes enfants dans le calcul de l'impôt à l'étranger).

c. En cas de **polygamie**, l'imposition commune est établie au nom du mari et de la première épouse ; les autres épouses font l'objet d'une imposition distincte et sont considérées, pour l'application des règles du quotient familial, comme des personnes célibataires mais non, sous réserve des circonstances d'espèce, comme des personnes vivant seules (BOI-IR-CHAMP-20-10 n° 25).

d. Pour l'application de la **contribution exceptionnelle sur les hauts revenus** aux personnes domiciliées fiscalement **hors de France**, le revenu fiscal de référence ne comprend pas les revenus de source étrangère qui sont exclus du champ d'application de l'impôt sur le revenu en application de l'article 4 A du CGI (BOI-IR-CHR n° 50). Il a été jugé que si les seuils et l'assiette de cette contribution ne prennent en compte que les revenus d'origine française des non-résidents et non la totalité de leurs revenus comme pour les résidents, les contribuables résidents et non résidents sont, eu égard au caractère territorial de l'impôt en cause, dans une situation différente. Par suite, le législateur a pu, sans méconnaître le principe d'égalité devant la loi, régler ces situations de façon différente (CE QPC12 novembre 2015 n° 392772, 8e et 3e s.-s. : RJF 2/16 n° 176, refusant de transmettre une QPC sur ce point).

Taux minimum de 20 % ou 30 %

Sous réserve de l'exception de certains résidents européens qui tirent de France une part très importante de leurs revenus (non-résidents « Schumacker » ; n° 3097), les non-résidents sont **plus sévèrement traités** que les résidents en ce qui concerne le taux moyen de l'impôt. Celui-ci ne peut, en effet, être inférieur à 20 % ou 30 %, selon les tranches, car la loi a voulu tenir compte de ce qu'un non-résident n'est imposé en France qu'à raison de ses revenus de source française et qu'il bénéficie ainsi d'un avantage relatif en ce qui concerne la progressivité de l'impôt. 3135

En effet, dès lors que le taux d'imposition n'est pas déterminé à partir du revenu mondial du contribuable, la pression fiscale supportée par ses revenus de source française est automatiquement inférieure à celle que subirait un résident ayant les mêmes revenus mondiaux. Pour éviter cette conséquence, l'article 197 A, a. du CGI prévoit l'application d'un taux minimum d'imposition.

Pour les revenus perçus ou réalisés depuis le 1er janvier 2018, l'impôt ne peut être inférieur à un montant calculé en appliquant un taux de **20 %** à la fraction du revenu net imposable inférieure ou égale à la limite supérieure de la deuxième tranche du barème de l'impôt sur le revenu (à savoir, 26 070 € en ce qui concerne l'imposition des revenus de 2021) et un taux de **30 %** à la fraction supérieure à cette limite (le taux majoré de 30 % a été créé par la loi nº 2018-1317 du 28 décembre 2018 de finances pour 2019) ; les taux de 20 % et 30 % sont ramenés respectivement à 14,4 % et 20 % pour les revenus ayant leur source dans les DOM.

Ces taux s'appliquent chaque fois que le taux moyen d'imposition (impôt dû/revenu net imposable) est inférieur au taux minimum fixé par la loi (BOI-IR-DOMIC-10-20-10 nºs 360 s.).

3137 **Exception** Une exception au principe de l'application du taux minimum de 20 % ou 30 % est prévue afin d'éviter de frapper indûment les non-résidents qui **disposent de revenus modestes**.

La loi prévoit, en effet, que le taux théorique de l'impôt français sur l'ensemble des revenus de source française ou étrangère, et non le taux minimum, est applicable aux revenus de source française lorsque le contribuable justifie que ce taux théorique est inférieur au taux minimum (BOI-IR-DOMIC-10-20-10 nº 390).

Cette rédaction est issue de la loi de finances pour 1990 (article 30, II), afin d'éviter l'application du barème de droit commun lorsque le taux minimum n'est pas applicable (solution qui était retenue entre 1976 et 1989).

3139 **Exemple** Soit un contribuable domicilié hors de France qui a disposé des revenus suivants :

- Revenus fonciers de source française nets imposables :	5 000 €
- Revenus de source étrangère nets imposables :	20 000 €
Total :	25 000 €
Impôt français théoriquement dû (par exemple) :	2 450 €

Taux moyen d'imposition : $\frac{2\,450}{25\,000} \times 100 = 9{,}8\ \%$

Ce taux moyen étant inférieur à 20 %, l'impôt effectivement dû en France est de 5 000 × 9,8 % = 490 € alors que le contribuable n'aurait pas été imposable à s'en tenir à son seul revenu foncier de 5 000 €.

Précisions **a.** D'une certaine façon, l'application du taux moyen permet de placer les non-résidents dans une situation voisine de celle des résidents au regard de la **progressivité de l'impôt**.

b. Ces dispositions sont applicables à l'égard de **toutes les personnes physiques** domiciliées fiscalement hors de France, quels que soient leur nationalité et le pays où elles résident. Lorsque ces personnes ont leur domicile fiscal dans un pays qui a signé une convention fiscale avec la France, le taux moyen ne s'applique qu'aux seuls revenus effectivement imposables en France en vertu de cette convention (BOI-IR-DOMIC-10-20-10 nº 395).

3141 **Revenus à prendre en compte pour effectuer la comparaison** Pour déterminer le taux moyen d'imposition à comparer au taux minimum, il convient de prendre en compte l'**ensemble** des revenus imposables de source française et étrangère à raison desquels le contribuable aurait supporté l'impôt français s'il avait été domicilié en France. Il n'est pas nécessaire que le contribuable dispose d'autres revenus que ceux de source française pour qu'il puisse se voir appliquer le taux moyen (réponse Renaud-Garabedian, nº 12429 : JO Sénat 29 octobre 2020 p. 4966 ; BF 1/21 nº 5 ; cette réponse ajoute qu'un contribuable qui perçoit uniquement des revenus de source française imposables en France peut demander à bénéficier du taux moyen d'imposition, qui sera alors calculé sur ces seuls revenus). N'ont pas à être pris en compte les revenus exonérés d'impôt comme les traitements et émoluments versés par l'ONU (CE 6 mai 1996 nº 132330, 8e et 9e s.-s., min. c/ Guerhia : RJF 6/96 nº 698).

Pour le calcul du taux moyen d'imposition sur l'ensemble des revenus mondiaux et pour les revenus perçus ou réalisés depuis le 1er janvier 2018, les **pensions alimentaires** versées par le contribuable sont déductibles, par dérogation aux dispositions de l'article 164 A du CGI (nº 3088), si elles sont imposables entre les mains de leur bénéficiaire en France et si leur prise en compte n'est pas de nature à minorer l'impôt dû par le contribuable dans son État de résidence (CGI art. 197 A, b, issu de l'article 13 de la loi nº 2018-1317 du 28 décembre 2018 de finances pour 2019) ; si ces conditions sont respectées, la déduction est opérée dans les mêmes conditions et sous les mêmes limites que pour les résidents de France (CGI art. 156, II-2º).

La question de savoir si les revenus étrangers à prendre en considération s'entendent avant ou après déduction de l'impôt étranger ne paraît pas clairement tranchée ; le commissaire du Gouvernement Olivier Fouquet estimait que le calcul du revenu mondial devait probablement être effectué en prenant les revenus de source étrangère **avant déduction de l'impôt payé à l'étranger**, la possibilité de déduire les impôts étrangers de la base d'imposition ne concernant a priori que les conditions d'imposition des revenus de source étrangère des résidents de France (conclusions sous CE 2 juin 1986 nº 49993, 7e et 9e s.-s. : RJF 8-9/86 nº 746). Telle semble être implicitement la position de l'administration.

Il a été jugé, à propos de résidents allemands, qu'il n'y a pas lieu de tenir compte, aux fins du calcul, des **crédits d'impôt** au titre des frais de garde d'enfants (CGI art. 200 quater B), des salaires versés à un employé de maison (CGI art. 199 sexdecies) ou encore d'un « prélèvement forfaitaire sur revenus de capitaux mobiliers » (CGI art. 125 A, I) et que le mécanisme ne caractérise pas une discrimination contraire au droit de l'Union européenne étant donné que les non-résidents ne se trouvent pas dans une situation objectivement comparable à celle des résidents au regard de l'imposition en litige (TA Montreuil 31 mai 2016 nº 1411275, 10e ch. : Droit fiscal 2016 nº 26, comm. nº 394 ; jugement définitif).

Modalités d'application L'application du taux moyen théorique aux revenus imposables en France est **automatique**, à condition que le contribuable ait déposé sa déclaration dans les délais légaux et l'ait accompagnée de toutes les justifications nécessaires (nature et montant de chaque catégorie de revenus de source française et étrangère) pour établir que le taux de l'impôt français qui résulterait de l'imposition en France de son revenu global serait inférieur au taux minimum. **3143**

Les contribuables qui ont leur domicile fiscal dans un État membre de l'**Union européenne** ou dans un État avec lequel la France a signé une **convention d'assistance administrative** de lutte contre la fraude et l'évasion fiscales ou une convention d'assistance mutuelle en matière de **recouvrement** d'impôt peuvent, dans l'attente de pouvoir produire les pièces justificatives, annexer à leur déclaration de revenu une **déclaration sur l'honneur** de l'exactitude des informations fournies (CGI art. 197 A, a ; ce texte résulte d'un amendement parlementaire nº II-861 déposé à l'Assemblée nationale le 6 novembre 2015). Dans ce cas, l'administration liquide automatiquement l'impôt selon le taux réellement applicable.

Cette mesure légalise la doctrine administrative antérieure, mais elle réduit tout de même sa portée car la dérogation est cantonnée aux **résidents de certains États** alors que, précédemment, elle s'appliquait à tous les non-résidents, y compris ceux qui résidaient dans des États n'ayant pas signé de convention avec la France (ETNC ou autres) ; une mise à jour du 26 mars 2015 du BOI-IR-DOMIC-10-20-10 nº 400 avait, en effet, supprimé l'exigence que les justifications soient jointes à la déclaration en précisant que le contribuable devait simplement les tenir à la disposition de l'administration et les produire sur demande, sans restriction géographique (une mise à jour du 28 juillet 2016 a corrigé le BOI-IR-DOMIC-10-20-10 nº 400 en reprenant la restriction géographique législative). La doctrine administrative (BOI préc.) ajoute que le contribuable doit, dans ce cas, fournir également une **attestation de l'administration fiscale étrangère** certifiant que les revenus en cause ont été « pris en compte aux fins d'imposition, s'il existe un impôt sur le revenu dans l'État de résidence du contribuable ».

Les justificatifs que le contribuable pourra fournir en cas de questionnement consisteront, en pratique, en une copie certifiée conforme de son **avis d'imposition** à l'étranger et un double de la **déclaration de revenus** souscrite dans son État de résidence à raison de l'ensemble des revenus du foyer fiscal. Si les membres du foyer fiscal déposent des déclarations séparées, c'est la copie de l'ensemble de ces déclarations et des avis d'imposition certifiés conformes de chacun des membres du foyer qu'il convient de joindre à la déclaration.

En cas d'impossibilité, des éléments écrits probants, certifiés conformes, doivent être fournis, l'administration pouvant chercher à en vérifier la véracité au moyen de l'assistance administrative (nº 74200) ; les précisions suivantes, d'ordre pratique, ont en outre été apportées par diverses réponses ministérielles :
– si un contribuable ne peut produire son avis d'imposition (ou sa déclaration) en raison de la législation fiscale applicable dans son État de résidence, il doit être en mesure de

fournir au service des impôts des particuliers non résidents une **copie de son visa** et **justifier par tout moyen** de la nature et du montant de ses revenus ; si la demande est effectuée a posteriori et si le contribuable ne peut produire son avis d'imposition, ou sa déclaration, en raison de la législation fiscale applicable dans son État de résidence, une attestation sur l'honneur ainsi que la copie de son visa sont demandées (réponse Lakrafi, n° 19953 : JOAN 26 novembre 2019 p. 10289) ;

– tous les moyens de preuve des revenus mondiaux ou de l'absence de tels revenus sont en principe admis, en fonction de la situation propre à chaque État (visa interdisant de travailler dans le pays de résidence, par exemple) ; la **traduction** non officielle d'un document étranger est susceptible d'être acceptée mais, en cas de doute sur la traduction transmise, l'administration se réserve le droit de demander une traduction officielle (réponse del Picchia n° 12627 : JO Sénat 30 janvier 2020 p. 535 ; BF 4/20 n° 251) ;

– si le contribuable est appelé à justifier, par exemple dans le cadre d'une procédure de contrôle, qu'il n'a pas d'autres revenus que ceux de source française, tous moyens de preuve pourront en principe être admis, en fonction de la situation propre à chaque État, tels que, par exemple, un visa interdisant de travailler dans le pays de résidence (réponse Renaud-Garabedian, n° 12429 : JO Sénat 29 octobre 2020 p. 4966 ; BF 1/21 n° 5).

Au contentieux, il a été confirmé que l'administration ne saurait pousser ses exigences trop loin ; il a, par exemple, été jugé que, pour se prévaloir de l'exception au taux minimum, un contribuable peut produire **tout justificatif**, tel qu'une déclaration, un relevé de revenus certifié par les autorités de l'État de sa résidence ou des relevés de compte ou tout autre document, accompagné de sa traduction en français (TA Montreuil 8 mars 2013 n° 1203654, 10e ch., Crepin : RJF 10/13 n° 900, jugement définitif ; preuve considérée comme apportée en l'espèce).

Précisions **a.** Les contribuables souhaitant bénéficier d'un taux inférieur au taux minimum doivent porter en case 8TM de leur **déclaration de revenus** n° 2042 C le montant global des revenus de source française et étrangère du foyer fiscal et préciser la nature et le montant de chaque catégorie de revenus sur le formulaire annexe n° 2041 TM (imprimé simplifié de déclaration du taux moyen d'imposition des non-résidents).

b. Avant la généralisation de la solution par la réponse Lakrafi, précitée, une dérogation avait déjà été admise à l'égard des **retraités français domiciliés en Thaïlande** qui ne perçoivent pas de revenus de source thaïlandaise et qui se situent hors du champ d'application de l'impôt sur le revenu thaïlandais ; un retraité qui demande l'application du taux moyen et qui ne peut pas produire d'avis de non-imposition dans cet État peut fournir au service des impôts des particuliers des non-résidents une **copie de son visa** et **justifier par tout moyen** la nature et le montant de ses revenus (attestation sur l'honneur, par exemple). Les mêmes justificatifs sont demandés pour le conjoint qui n'a pas la nationalité thaïlandaise. Si le conjoint est résident de Thaïlande et de nationalité thaïlandaise, il doit présenter un avis d'imposition pour justifier de ses revenus (réponse Mariani, n° 39599 : JOAN 17 novembre 2015 p. 8383 et BF 2/16 n° 88). Même solution à propos des **Philippines** (réponse Mariani, n° 79133 : JOAN 5 juillet 2016 p. 6369).

E. Mécanisme de la retenue à la source sur les salaires, traitements, pensions et rentes viagères (CGI art. 182 A)

3200 La retenue de l'article 182 A du CGI concerne les sommes payées à des personnes n'ayant pas en France leur domicile fiscal au titre (BOI-IR-DOMIC-10-20-20-10 n° 10) :

– d'une **activité professionnelle salariée exercée en France** par le bénéficiaire (à l'exception des artistes et sportifs, n° 3410 et nos 45160 s.), quelle que soit la durée d'exercice de cette activité et même si le débiteur est domicilié ou établi à l'étranger ; la retenue à la source est notamment exigée dans le cas où le débiteur peut, aux termes de l'article 164 D du CGI, être invité à désigner un représentant en France (BOI préc.) ;

– des **retraites**, pensions et rentes viagères payées par un **débiteur** domicilié ou établi en France.

Cette retenue à la source ne s'applique qu'en cas de versement des sommes à des personnes qui ne sont **pas domiciliées** en France ; par exemple, elle ne s'applique pas aux salaires versés par un débiteur français à des travailleurs salariés saisonniers de nationalité britannique qui ont pour seule source de revenus les salaires qui leur sont versés en France pendant une période d'activité de cinq mois car ces personnes doivent être regardées comme ayant leur domicile fiscal en France en application du droit interne (CE 13 juillet 2007 n° 290266, 3e et 8e s.-s., min. c/ Sté Pacific Espace : RJF 11/07 n° 1302 ; conclusions François Séners au BDCF 11/07 n° 132). Dans cette affaire, l'administration ne s'était curieusement pas prévalue de la convention fiscale, dont l'application n'a pas été soulevée d'office (nº 10947). Sur le cas particulier des résidents « Schumacker », voir nº 3097.

Le mécanisme de l'article 182 A du CGI aurait dû disparaître en raison de la mise en place du **prélèvement à la source** de l'impôt sur le revenu : l'article 12 de la loi nº 2019-1479 du 28 décembre 2019 de finances pour 2020 l'avait abrogé pour les revenus perçus ou réalisés à compter du 1er janvier 2023. Cette abrogation a cependant été différée dans le temps pour tenir compte de l'engagement pris par le Gouvernement de remettre au Parlement un rapport sur la fiscalité des personnes physiques non résidentes, avant d'être purement et simplement annulée par l'article 4 de la loi nº 2020-1721 du 29 décembre 2020 de finances pour 2021 (nº 2835, Précisions).

Précisions **a.** Bien entendu, la retenue à la source ne s'applique que **sous réserve** des **conventions fiscales internationales** ; celles-ci peuvent retirer à la France le droit d'imposer, par exemple en cas d'activité salariée simplement temporaire en France (nº 42760) ou encore, en général, lorsque les pensions ont un caractère privé (nº 43880). La retenue s'applique sans limitation en l'absence de convention fiscale.

b. À la différence de la retenue à la source de l'article 182 B du CGI, qui suppose un versement direct du débiteur au prestataire (sauf en cas d'application de l'article 155 A), la retenue de l'article 182 A peut s'appliquer en présence d'un **versement indirect** ; en ce sens CAA Paris 7 mai 1997 nº 94-1144, 2e ch., Bitton : RJF 1/08, nº 68, concernant des sommes versées à des sociétés étrangères et qui correspondaient, au moins pour partie, à des cachets versés à des artistes, alors imposables selon l'article 182 A du CGI (un pourvoi contre cet arrêt n'a pas été admis par CE (na) 10 juin 1998 nº 188942, 9e s.-s., Bitton : RJF 10/08 nº 1073).

c. Il a été jugé que la retenue à la source était exigible au titre des rémunérations versées par une société française à son **président-directeur général** domicilié au Luxembourg et détaché auprès d'un centre de coordination belge, filiale de la société française, pour y exercer les fonctions de directeur général Europe ; cette rémunération constituait un revenu de source française, même si la société française l'avait refacturée à la société belge qui en avait supporté la charge, dès lors que le dirigeant exerçait une activité professionnelle en France du seul fait de l'exercice de son mandat de président-directeur général d'une société française et, en outre, parce que ses fonctions de président de la société belge l'amenaient à travailler en France certains jours (CE 10 août 2007 nº 292577, 3e et 8e s.-s., Sté USG France : RJF 12/07 nº 1372).

d. La retenue à la source de l'article 182 A du CGI n'est pas applicable aux **gérants majoritaires de SARL**, qui n'ont pas la qualité de salariés, même si le régime fiscal de leurs rémunérations est similaire à celui des traitements et salaires (CAA Versailles 9 décembre 2008 nº 07-2867, 3e ch., De Clercq : RJF 10/09 nº 810 ; arrêt définitif).

e. L'article 182 A du CGI n'est pas applicable à un fonctionnaire de police affecté en Belgique où, en dépit de ses allégations, il exerce ses activités, car ses rémunérations ne résultent pas d'une **activité exercée en France** (CAA Versailles 12 janvier 2021 nº 18VE02587, 1e ch. ; arrêt définitif).

1. Assiette de la retenue à la source

L'assiette de la retenue est constituée par le **montant net** des sommes versées, déterminé conformément aux règles applicables en matière d'impôt sur le revenu. **3205**

Précisions Il avait été prévu que, pour les revenus perçus ou réalisés à compter du 1er janvier 2020, l'assiette de la retenue à la source soit constituée par le montant net imposable à l'impôt sur le revenu des sommes versées et des avantages accordés, déterminé conformément aux dispositions de l'article 204 F du CGI relatif au **prélèvement à la source** de l'impôt sur le revenu (Loi nº 2018-1317 du 28 décembre 2018 de finances pour 2019, art. 13) ; cette disposition a cependant été annulée par l'article 12 de la loi nº 2019-1479 du 28 décembre 2019 de finances pour 2020, compte tenu des réflexions qui devaient être conduites en 2020 sur la fiscalité des non-résidents (nº 2835, Précisions). Finalement, la réforme a fait long feu et aucune modification d'assiette ou de taux n'a été apportée au dispositif (article 4 de la loi nº 2020-1721 du 29 décembre 2020 de finances pour 2021).

Traitements et salaires

Il y a lieu de soumettre à la retenue non seulement le montant des traitements, indemnités, émoluments et salaires, mais aussi tous les **avantages en nature** ou en argent accordés en sus de la rémunération (à l'exception des allocations pour frais, qui sont exonérées lorsqu'elles sont utilisées conformément à leur objet). **3207**

3210 **Application des déductions forfaitaires** Pour déterminer l'assiette de la retenue, il convient de faire application de la **déduction forfaitaire de 10 %** pour frais professionnels et, le cas échéant, des déductions supplémentaires (par exemple, TA Lyon 13 octobre 1998 n° 88.12056, 4e ch., Sté Scorpio Production : RJF 12/98 n° 1387, à propos, à l'époque, d'artistes du spectacle ; jugement définitif).

Toutefois, les diverses **limites** relatives aux déductions (minimum de déduction et plafonds) ne sont pas prises en compte à ce stade, une régularisation étant opérée lors de l'établissement de l'impôt sur le revenu pour les salaires les plus importants (BOI-IR-DOMIC-10-20-20-10 nos 80 et 90).

Les contribuables qui n'ont exercé qu'une activité temporaire en France peuvent être pénalisés par la non-prise en compte du minimum de déduction pour frais professionnels. Ils peuvent donc demander la restitution des droits perçus en excédent par voie de réclamation (BOI préc. n° 100).

3215 **Non-déductibilité des frais réels** Les règles prévoyant la déduction des frais professionnels réels ne sont pas applicables. L'option éventuelle pour les frais réels n'est retenue qu'au moment de la liquidation définitive de l'impôt afférent aux revenus concernés.

Précisions La non-déductibilité des frais réels est susceptible de caractériser une **restriction interdite** au regard du droit de l'Union européenne (en ce sens, arrêts de la Cour de justice dans les affaires Scorpio et Gerritse, n° 81930). Par exemple, il a été jugé qu'un contribuable fiscalement résident de Belgique qui tire l'ensemble de ses revenus imposables d'une activité exercée en France et qui ne perçoit pas de revenus en Belgique doit pouvoir déduire ses **frais professionnels** (TA Montreuil 11 mars 2011 n° 0908349 : RJF 1/12 n° 5 ; jugement définitif). Cette solution est aujourd'hui admise par l'administration dans le cas particulier des résidents « Schumacker » (n° 3097). Voir toutefois n° 82060.

3220 **Cotisations de sécurité sociale** Il a été jugé que des **cotisations** de **sécurité sociale** obligatoires payées en Belgique par un résident de cet État sur ses salaires de source française ne sont pas déductibles car l'article 83, 1 du CGI, qui permet la déduction des cotisations sociales, ne vise que celles versées à des organismes de droit français (CAA Paris 1er juillet 1999 n° 96.1138, 2e ch. A, Van Hecke : RJF 12/99 n° 1543). La Cour, dans cette affaire, avait cependant réclamé un supplément d'instruction pour examiner s'il n'y avait pas, comme il est probable, une **discrimination** prohibée par le droit de l'Union européenne. Après instruction, la Cour a constaté que la proportion des revenus de source française de l'intéressé s'était élevée, pour les années 1989 et 1990, à respectivement 68 % et 75,7 % de l'ensemble des revenus tirés de son activité salariée et qu'il ne pouvait donc soutenir ni avoir tiré la quasi-totalité de son revenu de l'activité exercée en France, ni avoir perçu en Belgique des revenus insuffisants pour y être soumis à une imposition permettant de prendre en compte sa situation personnelle et familiale ; l'intéressé ne se trouvait donc pas dans une situation comparable à celle d'un salarié résidant en France exerçant la même activité et le refus qui avait été opposé à sa demande de déduction du montant brut de ses salaires des cotisations sociales obligatoires versées à l'office belge de sécurité sociale n'a pas constitué une atteinte au principe de la libre circulation des travailleurs ni une discrimination prohibée par la convention fiscale franco-belge du 10 mars 1964 (CAA Paris 31 mai 2000 n° 96PA01138, 2e ch., arrêt définitif).

Précisions Sur la possibilité de déduire des cotisations sociales acquittées à l'étranger, sous certaines conditions, voir n° 44020.

Pensions et rentes viagères

3225 De la même manière que pour les salaires, la base de calcul de la retenue est déterminée après application de la **déduction de 10 %** en faisant abstraction des diverses limites qui ne peuvent s'apprécier qu'au niveau du revenu global.

En ce qui concerne les **rentes viagères à titre onéreux**, la retenue ne peut, bien entendu, s'appliquer que sur la fraction de ces rentes qui est considérée comme un revenu imposable pour l'établissement de l'impôt sur le revenu. On doit donc utiliser les pourcentages habituels applicables en fonction de l'âge du crédirentier (sur l'application des conventions fiscales, voir n° 43855, Précisions c).

Précisions Les pensions et rentes servies à des personnes domiciliées dans certaines collectivités d'outre-mer bénéficient d'une réfaction de 40 % (CGI art. 83 A).

2. Calcul de la retenue à la source

Tarif

La retenue à la source est calculée, pour l'année 2022, par application du tarif suivant à l'assiette déterminée dans les conditions indiquées n°s 3205 s. : 3250

Tarif de la retenue à la source prévue à l'article 182 A du CGI applicable en 2022

Année 2022	LIMITES DES TRANCHES SELON LA PÉRIODE À LAQUELLE SE RAPPORTENT LES PAIEMENTS				
Taux applicables(1)	Année (en euros)	Trimestre (en euros)	Mois (en euros)	Semaine (en euros)	Jour ou fraction de jour (en euros)
0 % jusqu'à	15 228	3 807	1 269	293	49
12 % au-delà de	15 228	3 807	1 269	293	49
jusqu'à	44 172	11 043	3 681	849	142
20 % au-delà de	44 172	11 043	3 681	849	142

(1) Les taux de 12 % et 20 % sont réduits à 8 % et 14,4 % dans les départements d'outre-mer.

Chacune des limites de ces tranches est révisée chaque année dans la même proportion que la limite supérieure de la première tranche du barème de l'impôt sur le revenu. Les montants obtenus sont arrondis à l'euro le plus proche ; la fraction d'euro égale à 0,5 est comptée pour 1.

La retenue n'a pas à être effectuée lorsqu'elle n'excède pas 8 € par mois pour un même bénéficiaire.

Lorsque les sommes passibles de la retenue sont payées par **trimestre**, au **mois**, à la **semaine** ou à la **journée**, les limites des tranches du tarif annuel sont divisées par 4, par 12, par 52 ou par 312.

Précisions Il avait été prévu que, pour les revenus perçus ou réalisés à compter du 1er janvier 2020, le montant de la retenue soit déterminé en application du taux du **prélèvement à la source** de l'impôt sur le revenu fixé dans les conditions prévues à l'article 204 H du CGI (Loi n° 2018-1317 du 28 décembre 2018 de finances pour 2019, art. 13). Cette disposition a cependant été annulée par l'article 12 de la loi n° 2019-1479 du 28 décembre 2019 de finances pour 2020, compte tenu des réflexions qui devaient être conduites sur la fiscalité des non-résidents. Finalement, la **réforme** a fait long feu et, sur adoption d'un amendement parlementaire au projet de loi de finances pour 2021 (amendement n° I-CF104), le dispositif spécifique a été maintenu sans changement ; pour les auteurs de l'amendement, la suppression de la retenue à la source de l'article 182 A du CGI et l'intégration des revenus qui y sont soumis dans le champ du prélèvement à la source (mesures qui avaient pourtant été votées, à l'époque) avaient pour effet d'augmenter parfois significativement l'imposition d'un certain nombre de contribuables non résidents, notamment parmi ceux qui disposent de revenus modestes, et de compliquer le mécanisme par la mise en place d'obligations déclaratives renforcées, à rebours de l'objectif de simplification poursuivi par la réforme. Cet amendement de suppression, qui avait pour objet « de **conserver un régime** avec lequel les contribuables non-résidents sont familiers » a rapidement été adopté et l'article 4 de la loi n° 2020-1721 du 29 décembre 2020 de finances pour 2021 n'a procédé qu'à des modifications mineures (n° 2835, Précisions).

Traitements et salaires

L'employeur doit appliquer le **barème mensuel** ou hebdomadaire, lorsque le salarié a travaillé à temps complet au cours de la période considérée. 3254

Dans les autres cas (travail à temps incomplet, ou rémunération non payée au mois ou à la semaine), il convient d'appliquer le barème **journalier** au montant de la rémunération divisée par le nombre de jours de travail (les journées de travail à temps partiel étant comptées pour un jour).

Précisions **a.** Pour un exemple d'application du barème journalier à un artiste s'étant produit en France **neuf journées non consécutives**, voir CAA Paris n° 89-PA-02934 du 10 décembre 1991 (arrêt définitif) ; la même cour a jugé que le montant de la retenue à la source applicable au salaire d'un non-résident qui n'a été employé que **quelques jours par mois** doit être calculé selon le barème journalier même si le salaire est payé mensuellement (CAA Paris 27 mai 1997, n° 95-2143, 2e ch., Sarl Vamo : Droit fiscal 1998, n° 4-5, comm. n° 59 ; arrêt définitif) ; cette solution est discutable car l'ancien article 91 A de l'annexe II au CGI (aujourd'hui repris au III de l'article 182 A du CGI) ne se référait qu'à la périodicité des paiements.

b. Il a été jugé qu'une société qui avait **versé en une seule fois**, en 1996, des salaires correspondant aux **deux années** 1995 et 1996 à un résident d'Allemagne devait calculer séparément les retenues à la source correspondantes ; cette solution est favorable car elle permet de bénéficier deux fois des taux les plus bas du barème (CAA Lyon 6 juillet 2006 n° 01-1137, 2e ch., SA Gidi : Droit fiscal 2006, n° 43, comm. n° 685 ; arrêt définitif).

Pensions et rentes viagères

3258 Le débiteur doit appliquer les barèmes annuel, trimestriel, mensuel ou hebdomadaire en fonction de la durée de la période à laquelle se rapportent les paiements.

À cet effet, cette période est décomposée, s'il y a lieu, en trimestres, mois et semaines, les fractions de période inférieures à sept jours étant comptées pour une semaine.

3. Régularisations

Caractère libératoire limité de la retenue

3272 La retenue à la source n'a que dans certains cas un caractère libératoire, dispensant ainsi le salarié (ou le retraité) de déposer une déclaration de revenus à ce titre (le caractère libératoire de la retenue signifie qu'elle libère le bénéficiaire de toute obligation fiscale).

La retenue à la source n'est libératoire que si les deux conditions suivantes sont simultanément remplies :
– la rémunération imposable du salarié (ou la pension) est **inférieure à la limite** à partir de laquelle s'applique le taux de 20 %, et
– le bénéficiaire ne perçoit **pas d'autres revenus** passibles de la retenue à la source et impliquant une régularisation par voie de rôle.

Si l'une de ces conditions n'est pas remplie, le bénéficiaire doit déposer une déclaration de revenus, afin que sa situation soit **régularisée par voie de rôle**.

En toute hypothèse, l'assujettissement des salaires à la retenue à la source n'a ni pour objet ni pour effet d'exclure l'assujettissement du bénéficiaire à l'impôt sur le revenu sous réserve, s'il y a lieu, d'imputer la retenue à la source sur le montant de l'impôt dû ; si le débiteur n'a pas prélevé la retenue, l'administration peut donc **assujettir le bénéficiaire directement à l'impôt sur le revenu** (CE 4 décembre 2013 n° 354671, 3e et 8e s.-s., min. c/ Langer : RJF 3/14 n° 243, à propos d'une indemnité de licenciement versée à un salarié postérieurement au transfert de son domicile fiscal hors de France). Comme l'article 182 A du CGI ne fixe qu'une **règle de recouvrement** sans établir le principe de l'imposition, l'administration n'est pas obligée de réclamer systématiquement la retenue à la source à l'employeur (conclusions Vincent Daumas au Droit fiscal 2014 n° 12, comm. n° 229) ; cette décision est transposable à d'autres retenues à la source, comme celle de l'article 182 B du CGI (nos 3410 s.).

Lorsque la retenue à la source n'a pas été versée, les sommes sont, en principe, imposables en totalité, y compris sur la fraction théoriquement soumise à la retenue libératoire aux taux de 0 % et 12 % (CE 26 mars 1990 n° 65399, 9e et 7e s.-s., Zarzecki : RJF 5/90 n° 542).

Précisions **a.** L'article 197 B du CGI réserve le bénéfice du caractère libératoire de la retenue aux seuls contribuables de **nationalité française**. Mais cet avantage doit être étendu aux autres contribuables en présence d'un accord comportant une clause de **non-discrimination** en fonction de la nationalité (notamment une convention fiscale).

b. Bien qu'elle ne prenne pas en compte les charges de famille et en dépit des régularisations nécessaires, la retenue à la source de l'article 182 A du CGI aboutit, dans la majorité des cas, à des impositions **plus légères** que celle que subirait une personne ayant les mêmes revenus et son domicile fiscal en France.

c. La circonstance que l'employeur ait pratiqué la retenue ne dispense pas le contribuable de satisfaire ses propres **obligations déclaratives** (CE 25 octobre 2010 n° 328533, 9e et 10e s.-s., min. c/ Calem : RJF 1/11 n° 37).

Revenus passibles du taux de 20 %

3274 La retenue n'est libératoire de l'impôt sur le revenu que pour la fraction de la rémunération qui y est soumise aux taux de 0 % ou 12 %.

Elle a, en revanche, un **caractère d'acompte** d'impôt sur le revenu pour la fraction soumise au taux de 20 % (CGI art. 197 B). Ainsi, la fraction soumise à la retenue de 20 % doit également être soumise à l'impôt sur le revenu dans les conditions de droit commun, c'est-à-dire par application du barème et du quotient familial et dans les mêmes conditions que pour les résidents.

Bien entendu, la retenue à la source calculée au taux de 20 % est imputable sur l'impôt sur le revenu établi dans ces conditions.

Pluralité de débiteurs

Une **régularisation** est à prévoir en cas de pluralité de débiteurs, afin de préserver la progressivité de l'impôt (CGI art. 197 B). Cette régularisation concerne rarement les salaires car il n'y a généralement pas plusieurs débiteurs. **3276**

Elle concerne souvent, en revanche, les **pensions**, car les retraités reçoivent normalement des retraites provenant de plusieurs caisses (BOI-IR-DOMIC-10-20-20-10 n° 270). Il peut arriver également qu'une régularisation soit à prévoir lorsqu'une même personne bénéficie à la fois de salaires et de pensions versés par des débiteurs différents.

Précisions La régularisation consiste simplement à additionner les revenus afin de faire jouer normalement la progressivité du tarif et le plafonnement des déductions.

Obligations déclaratives

Si, conformément à l'article 197 B du CGI, seule la fraction excédentaire est incluse dans le calcul de l'impôt sur le revenu, cette disposition n'a pas pour effet de limiter l'obligation déclarative des contribuables à cette seule fraction excédentaire (BOI-IR-DOMIC-10-20-20-10 nos 310 s.). **3278**

Ainsi, les contribuables doivent, dans tous les cas, faire figurer sur la **déclaration** annuelle de leurs revenus l'**intégralité** des salaires, pensions ou rentes de source française dont ils ont eu la disposition au cours de l'année d'imposition, ainsi que le montant total de la retenue à la source à laquelle ces revenus ont donné lieu. Ces renseignements sont en effet destinés à permettre à l'administration :
– d'apprécier sur la totalité de la rémunération les **limites** d'application de la **déduction forfaitaire** de 10 % et, le cas échéant, d'une déduction supplémentaire pour **frais** professionnels, ou bien de fixer, s'il y a lieu, le montant des frais réels professionnels correspondant à cette fraction excédentaire et dont le contribuable peut être autorisé à faire état ;
– d'apprécier la limite du **plafonnement** de l'abattement de 10 % concernant les **pensions** et rentes viagères à titre gratuit par rapport au total des revenus de cette nature perçus par les membres du foyer fiscal.

Précisions **a.** L'ensemble des sommes ayant fait l'objet d'une retenue à la source doit être déclaré dans la catégorie « traitements et salaires » (ou « pensions » s'il s'agit de pensions). Le **détail des retenues à la source** effectuées par chaque organisme payeur doit être indiqué sur le tableau de déclaration de retenue à la source n° 2041-E et le montant total doit être reporté en case 8TA de la déclaration des revenus n° 2042.

b. Sous l'empire de la législation applicable avant le 1er janvier 2019, il avait été jugé qu'aucune disposition ne prévoyait que le système des **acomptes provisionnels** prévu à l'ancien article 1664 du CGI ne s'appliquait pas aux contribuables entrant dans le champ d'application de la retenue à la source prévue à l'article 182 A CGI. Par suite, un contribuable qui n'avait pas versé d'acompte provisionnel et dont les impositions avaient été majorées de 10 % en vertu de l'article 1730, I du CGI ne pouvait contester cette pénalité au motif que les versements de retenue à la source le dispensaient du paiement des acomptes (TA Montreuil 5 octobre 2012 n° 1108995, 10e ch., Dupont : RJF 5/13 n° 553, jugement définitif concernant un résident de Belgique percevant des salaires de source française).

Retenue excédentaire

Le bénéficiaire peut demander le remboursement de l'excédent de retenue à la source opérée lorsque la totalité de cette retenue **excède** le montant de l'**impôt** qui résulterait de l'application des règles de droit commun de l'impôt sur le revenu des non-résidents (à savoir, l'application du barème des résidents et celle du taux minimum de 20 % ou 30 %) **à la totalité** de la rémunération (CGI art. 197 B ; BOI-IR-DOMIC-10-20-20-10 nos 330 s.). **3280**

L'excédent de retenue à la source est également restituable lorsque le contribuable justifie que le taux de l'impôt français sur l'ensemble de ses revenus de source française et étrangère serait **inférieur au taux minimum** et demande l'application de ce taux à ses revenus de source française.

Précisions **a.** La question du **remboursement d'un éventuel excédent** de retenue à la source par rapport à l'impôt dû a évolué à mesure de la prise en compte des principes posés par le **droit de l'Union européenne**. Dans le passé, l'administration considérait que l'excédent de retenue à la source n'était pas restituable et que, d'une certaine façon, la retenue calculée au taux marginal agissait comme un **minimum d'imposition**. Cette doctrine était sans doute critiquable compte tenu, d'une part, de ce qu'elle ne résultait pas de la loi et, d'autre part, en ce qu'elle pouvait aboutir, dans certaines situations, à des discriminations qui auraient pu être censurées par la Cour de justice.

b. La solution actuelle est **restrictive** par rapport à celle qu'avait donnée une ancienne instruction du 11 mars 1993 (ancien BOI 5 B-9-93 du 25 mars 1993) qui invitait à faire la comparaison entre l'impôt sur la fraction excédentaire, augmentée des autres revenus, et la retenue à la source sur cette même fraction, autorisant la restitution lorsque la retenue ne pouvait être entièrement imputée sur l'impôt dû (alors que la solution législative actuelle fait référence à la totalité de la retenue, y compris celle perçue au taux de 12 %, et à la totalité de la rémunération).

Exemple

3300 Pour illustrer les principes, l'administration propose quelques exemples au BOI-IR-DOMIC-10-20-20-10 n° 350, parmi lesquels celui d'un non-résident marié (deux parts de quotient familial), qui a perçu en 2017 un salaire net imposable en France de 45 500 €, réalisé un déficit BIC professionnel de 3 500 € de source française et n'a aucun revenu de source étrangère. En application des barèmes alors applicables, le calcul donne le résultat suivant :

– retenue à la source opérée sur les salaires : 3 299 € (taux de 12 %) + 710 € (taux de 20 %) = 4 009 € ;

– imposition au barème ordinaire avec taux minimum de 20 % (aujourd'hui il faudrait tenir compte également du taux de 30 %), soit [(45 500 - 41 951) - 3 500] × 20 % = 9,80 € arrondis à 10 €, sur lesquels s'impute la retenue à la source à 20 %. Aucun impôt n'est dû.

Le contribuable peut prétendre à un remboursement de retenue à la source calculé comme suit :

– revenu imposable : 42 000 € (45 500 € - 3 500 €) ;

– impôt barème sans minimum de 20 % (aujourd'hui il faudrait tenir compte également du taux de 30 %) : 3 134 € ;

– retenue à la source remboursable : 875 € (4 009 € - 3 134 €).

4. Recouvrement et sanctions

Redevable

3320 La retenue à la source doit être pratiquée et versée au Trésor **par l'employeur** du salarié ou par le **débiteur** des pensions. Elle est exigible au titre des salaires versés à des non-résidents même si l'employeur est lui-même non résident de France (n° 3200).

Modalités pratiques

3323 La retenue doit être opérée par le débiteur des sommes versées (quel que soit le mode de paiement) et remise au service des impôts des entreprises compétent (celui du lieu du domicile fiscal, du siège ou de l'établissement du débiteur en France ou, si le débiteur n'a pas d'établissement en France, au service des impôts des entreprises étrangères), au plus tard le 15 du mois suivant le trimestre civil au cours duquel a eu lieu le paiement (CGI art. 1671 A). Ce délai concerne les revenus versés depuis le 1er janvier 2016 (auparavant, la retenue devait être acquittée au plus tard le 15 du mois suivant celui du paiement).

Par exception, cependant, la retenue n'est pas opérée lorsque son montant n'excède pas 8 € par mois pour un même salarié, pensionné, ou crédirentier (CGI art. 1671 A, 2e alinéa). Cette franchise a pour but de supprimer tout prélèvement sur le salaire ou la pension lorsque les montants sont très faibles.

Le versement de la retenue doit être accompagné d'une **déclaration n° 2494-SD**, en un seul exemplaire (depuis 2022 ; en deux exemplaires, antérieurement), faisant apparaître l'identité, l'adresse à l'étranger du bénéficiaire, le montant brut des sommes soumises à la retenue, ainsi que le taux et le montant de cette retenue (les sommes en cause doivent également être mentionnées sur la déclaration annuelle des salaires et pensions). Une seule déclaration doit être établie par débiteur pour l'ensemble des bénéficiaires et elle doit être accompagnée d'un paiement unique.

Précisions La **déclaration des traitements et salaires** doit être effectuée par voie électronique sur l'un des trois supports déclaratifs suivants, selon les cas : déclaration sociale nominative (DSN), déclaration annuelle de données sociales (DADS) sur un fichier DADS-U, déclaration de salaires au format TD-bilatéral selon une procédure EDI ou EFI (BOI-BIC-DECLA-30-70-10 n° 420) ; qu'il s'agisse d'une DSN, d'une DADS ou qu'elle soit transmise selon une procédure bilatérale, la déclaration des salaires doit être produite par l'employeur au plus tard le 31 janvier pour les sommes versées l'année précédente (BOI préc. n° 550).

Sanctions

Le Trésor dispose d'une action en paiement contre le débiteur des revenus, à charge pour ce dernier d'effectuer le prélèvement ou d'exercer un recours contre le bénéficiaire si le prélèvement n'a pas été fait. En cas de **défaut ou d'insuffisance de versement**, un avis de mise en recouvrement est donc notifié au débiteur. **3327**

Les sanctions sont celles du **droit commun**, exposées n° 3495 à propos de la retenue à la source de l'article 182 B du CGI.

Précisions **a.** L'administration n'est pas en droit de **notifier au salarié** un redressement correspondant à la retenue à la source non effectuée par son employeur (TA Paris 18 mars 1999 n° 94-11566, 1e sect., 2e ch., Masureel : RJF 11/99 n° 1315 ; jugement définitif). Mais elle peut lui réclamer directement l'impôt sur le revenu (n° 3272).

b. Dans le passé, l'ancien article 1768 du CGI prévoyait que toute personne physique ou morale, toute association ou tout organisme qui s'était abstenu d'opérer les retenues de l'impôt sur le revenu prévues à l'article 1671 A du CGI ou qui, sciemment, n'avait opéré que des retenues insuffisantes était passible d'une **amende** égale au montant des retenues non effectuées. Cette amende n'était pas déductible des résultats du débiteur et, compte tenu de la jurisprudence, n'était pas non plus imputable sur l'impôt sur le revenu dû par l'intéressé, le cas échéant ; la situation a changé depuis l'ordonnance n° 2005-1512 du 7 décembre 2005 (JO du 8 décembre 2005, p. 18912) qui a **supprimé** l'article 1768 et, par voie de conséquence, l'amende fiscale.

c. Le principe d'application de la **loi pénale plus douce** aux infractions commises avant son entrée en vigueur s'oppose à ce que l'administration continue à réclamer l'amende même au titre d'infractions commises antérieurement à l'entrée en vigueur de l'ordonnance précitée (CE (na) 23 janvier 2009 n° 314515, 9e s.-s., min. c/ SARL Divan Production : RJF 5/09 n° 469 ; voir aussi n° 3495, Précisions).

Calcul de la retenue en cas de défaut ou d'insuffisance de versement **3329**

Comme dans le passé pour ce qui concerne l'ancienne amende (n° 3327, Précision b), qui était égale à la retenue à la source, l'administration continue d'exiger que la retenue à la source omise soit, en cas de rectification, calculée « **en dedans** » (retenue à la source considérée comme incluse dans le montant net versé).

Dans ce cas, la retenue devrait être calculée sur une assiette égale aux sommes versées au salarié, augmentées de la retenue à la source elle-même.

On remarquera pourtant que, dès lors que les salaires ont été assujettis à l'impôt sur le revenu (tranche passible de la retenue au taux de 20 %), l'absence de retenue à la source ne s'est pas traduite par un avantage pour le salarié et qu'il ne serait donc pas équitable de procéder systématiquement à un calcul « en dedans » (si les salaires ont été régulièrement imposés, l'absence de retenue à la source n'a guère constitué qu'un léger avantage de trésorerie pour le salarié, et un avantage réel, mais modeste, pour ce qui concerne la tranche passible de la retenue au taux de 12 %).

Précisions **a.** Les entreprises sont parfois confrontées à des **difficultés pratiques** en dehors de tout contexte de fraude ou d'évasion fiscale dans la mesure où il leur incombe de prélever ou non la retenue en fonction de considérations qu'elles ne sont **pas en mesure d'apprécier** (la résidence fiscale des salariés, qui dépend de circonstances de fait qui sont propres à ces derniers) ; ainsi, une société peut, en cas de contrôle fiscal, se voir réclamer une retenue qu'elle n'a pas prélevée car elle croyait de bonne foi son salarié résident de France alors que l'administration le considère au contraire comme non-résident. En pareille circonstance, même si le Trésor n'a supporté aucun préjudice, lorsque les salaires ont été régulièrement assujettis à l'impôt sur le revenu au nom du salarié, la société s'expose à un rappel qu'il pourra lui être difficile de contester puisque ce n'est pas elle, mais son salarié, qui est en cause sur le terrain de sa résidence fiscale.

b. En prenant appui sur la décision Pacific Espace (n° 3200), les entreprises peuvent songer à se défendre en faisant valoir que la retenue à la source n'est pas due en **droit interne** dans la mesure où les salariés concernés peuvent, le cas échéant, être considérés comme **domiciliés en France** sur le fondement du critère de l'activité professionnelle principale (n° 40890).

F. Gains de stock-options et assimilés (CGI art. 182 A ter)

Principes

3340 La loi n° 2010-1658 du 29 décembre 2010 de finances rectificative pour 2010 a créé une retenue à la source spécifique applicable à certains avantages ou gains réalisés par les non-résidents (CGI art. 182 A ter). Cette retenue à la source est destinée à sécuriser et à simplifier la déclaration et le paiement de l'impôt sur le revenu dû par les non-résidents ; elle s'applique aux **gains et avantages salariaux** issus de l'attribution d'options sur titres (« stock-options »), d'actions gratuites, de bons de souscription de parts de créateur d'entreprise (BSPCE) et à toute attribution de titres à des conditions préférentielles à des salariés ou dirigeants en dehors de tout dispositif légal d'actionnariat salarié, en contrepartie de l'exercice de leur activité en France lorsque ces personnes ne sont pas fiscalement domiciliées en France (BOI-IR-DOMIC-10-20-20-30 n° 10).

La retenue à la source concerne les gains et avantages réalisés depuis le 1er avril 2011, même si l'imposition effective du gain est différée jusqu'à la cession des titres.

Précisions **a.** Les gains et avantages réalisés **avant le 1er avril 2011** n'étaient pas soumis à la retenue à la source mais ils demeuraient, le cas échéant, passibles de l'impôt sur le revenu dans les conditions applicables aux non-résidents.

b. Les gains et avantages dont bénéficient les personnes domiciliées hors de France et résidentes des États ou territoires liés à la France par une **convention fiscale** au moment du fait générateur de la retenue à la source ne sont passibles de l'impôt sur le revenu et, le cas échéant, de la retenue à la source prévue à l'article 182 A ter du CGI que si la convention ne s'y oppose pas (BOI-IR-DOMIC-10-20-20-40 n° 340).

c. Les **plus-values de cession** des titres (et non pas les gains d'acquisition) sont régies par les règles relatives aux cessions d'actions dans les conditions de droit commun (nos 65858 s.).

Stock-options et actions gratuites

3345 En principe, l'avantage correspondant à la différence entre la valeur réelle de l'action à la date de **levée d'une option** accordée dans les conditions fixées par le Code de commerce, et le prix de souscription ou d'achat de cette action est imposé dans la catégorie des traitements et salaires (CGI art. 80 bis). Lorsque le bénéficiaire est non-résident, cet avantage est assujetti à la **retenue à la source** de l'article 182 A ter du CGI lors de la cession des titres correspondants (à supposer, bien entendu, que l'avantage soit de source française au sens indiqué n° 3348).

En présence d'un **rabais excédentaire**, c'est-à-dire lorsque le prix d'acquisition des actions offertes est inférieur à 95 % de la moyenne des cours ou du cours moyen d'achat, la différence est imposée dans la catégorie des traitements et salaires au titre de l'année au cours de laquelle l'option est levée (CGI art. 80 bis ; le rabais est alors imputé sur l'avantage imposable lors de la cession des titres). Le rabais excédentaire, s'il est de source française (n° 3348), est soumis à la **retenue à la source** de l'article 182 A ter du CGI lors de la levée des options lorsque le bénéficiaire n'est pas fiscalement domicilié en France au titre de l'année de la levée de l'option.

Sont également soumis à la retenue à la source, les avantages résultant de l'**acquisition définitive d'actions gratuites** définis à l'article 80 quaterdecies du CGI. Il s'agit des gains d'acquisition d'actions gratuites attribuées dans les conditions posées par le Code de commerce ou dans le cadre de plans équivalents étrangers (« plans qualifiés » ; nos 2020 s.). L'avantage provenant de l'acquisition d'actions gratuites correspond à la valeur des actions au jour de leur attribution définitive (« gain d'acquisition »).

Dispositifs « innommés »

La retenue à la source de l'article 182 A ter du CGI est applicable aux avantages salariaux de source française (n° 3348) accordés aux non-résidents sous forme d'attribution de titres à des **conditions préférentielles**, notamment d'options sur titres ou d'attributions d'actions gratuites qui ne répondent pas aux conditions posées par le Code de commerce ; sont ainsi visés, d'une façon générale, les avantages de cette nature hors application d'un dispositif légal français d'actionnariat salarié (dispositifs innommés et plans « non qualifiés »). 3346

La **retenue à la source** est due lors de la souscription ou l'acquisition des titres (en général, à la date du transfert de la propriété des titres au profit du bénéficiaire) et son assiette correspond au montant net de l'avantage octroyé (différence entre la valeur réelle des titres au jour de leur acquisition et le prix payé par le bénéficiaire), diminué de la déduction forfaitaire pour frais professionnels de 10 % calculée en faisant abstraction des diverses limites prévues au 3° de l'article 83 du CGI qui ne peuvent s'apprécier qu'au niveau de la déclaration annuelle.

Toutefois, comme pour les salaires, les contribuables qui, du fait de la non-application du minimum de déduction pour frais professionnels, auraient supporté une retenue supérieure à la somme effectivement due peuvent obtenir, par voie de réclamation, la restitution des droits supportés en trop. Aucune déduction au titre des frais réels et justifiés ne peut être pratiquée.

Précisions Les avantages provenant de l'attribution gratuite d'actions consenties aux adhérents d'un **plan d'épargne d'entreprise** (PEE) et, d'une manière générale, les attributions de titres à des conditions préférentielles dans le cadre des plans d'épargne salariale dans les conditions prévues par le Code du travail et qui bénéficient de l'exonération d'impôt sur le revenu prévue à l'article 163 bis B du CGI, n'entrent pas dans le champ d'application de la retenue à la source. Il en va de même pour l'avantage provenant d'options sur titres souscrits au moyen d'avoirs indisponibles d'un PEE sous réserve du respect d'une période de « portage » de cinq ans à compter de la levée des options.

Notion de gain de « source française »

La loi précise que la retenue à la source est applicable lorsque les avantages identifiés sont « de source française » mais elle ne définit pas de règle de source. L'administration estime que sont concernés les gains ou avantages salariaux provenant de l'attribution de titres à des conditions préférentielles accordés à des salariés ou dirigeants en contrepartie de l'**exercice de leur activité en France** (BOI-IR-DOMIC-10-20-20-30 n° 150). La retenue à la source n'est donc exigible que sur la part du gain qui rémunère une activité exercée en France. Cette dernière est déterminée dans les conditions indiquées n°s 42905 s. concernant les gains provenant des différents dispositifs, légaux ou non, d'actionnariat salarié. 3348

Application aux seuls non-résidents

La retenue à la source de l'article 182 A ter du CGI n'est due que lorsqu'au titre de l'année au cours de laquelle intervient son fait générateur, le bénéficiaire des avantages et gains n'a pas son domicile fiscal en France. En cas de transfert du domicile fiscal entre la France et l'étranger, il convient de se placer à la date du fait générateur de la retenue à la source (n° 3355) pour apprécier la domiciliation. 3350

Ainsi, lorsque, **au cours d'une année**, le bénéficiaire s'installe en France, il est soumis à la retenue à la source à raison des gains pour lesquels le fait générateur de la retenue intervient avant le transfert de son domicile en France ; si le bénéficiaire transfère son domicile fiscal hors de France, il est soumis à la retenue à la source à raison des gains pour lesquels le fait générateur de la retenue intervient après le transfert de son domicile fiscal.

Bien entendu, le bénéficiaire est soumis à l'impôt sur le revenu dans les conditions de droit commun à raison des gains pour lesquels le fait générateur intervient pendant la période au cours de laquelle son domicile fiscal est situé en France.

Fait générateur

En ce qui concerne les **options sur titres** (stock-options), le fait générateur est constitué par la cession des titres provenant de la levée des options, qu'elle soit à titre onéreux ou 3355 à titre gratuit. Toutefois, en ce qui concerne le rabais excédentaire, la retenue à la source est due lors de la levée des options.

Pour les gains d'acquisition d'**actions gratuites** qui respectent les conditions prévues au I de l'article 80 quaterdecies du CGI, le fait générateur est constitué par la cession à titre onéreux, ou à titre gratuit, des actions gratuites.

Pour les **BSPCE** consentis dans les conditions définies à l'article 163 bis G du CGI, le fait générateur est constitué par la cession à titre onéreux des titres (nº 3380).

Précisions Les opérations qui revêtent un caractère intercalaire au regard de l'impôt sur le revenu sont également considérées comme intercalaires pour l'application de la retenue à la source. Ainsi, en cas d'échange sans soulte d'actions résultant d'une **opération d'offre publique, de fusion, de scission, de division ou de regroupement** réalisée conformément à la réglementation en vigueur, ou de **l'apport** à une société créée dans les conditions prévues à l'article 220 nonies du CGI, la retenue à la source est due au jour de la cession des actions reçues en échange, si le bénéficiaire est domicilié fiscalement hors de France à cette date.

Modalités d'imposition

3365 Dans les situations visées nºs 3345 et 3346, l'assiette de la retenue à la source est constituée par le montant net des avantages accordés, déterminé conformément aux règles de droit commun applicables aux **traitements et salaires**, à l'exclusion de celles qui prévoient la déduction des frais professionnels réels. Cette assiette est, bien entendu, limitée à la fraction du gain qui est de source française au sens indiqué nº 3348.

La retenue est calculée conformément au **barème applicable aux salaires** fixé par le III de l'article 182 A du CGI (nº 3250) et régularisée dans les conditions mentionnées aux articles 197 A et 197 B du CGI (nºs 3272 s.) ; elle est acquittée par la personne qui effectue le versement des sommes issues de la cession des titres ou qui constate l'avantage salarial en présence d'un rabais excédentaire ou dans les autres situations visées nºs 3345 et 3346.

Selon l'administration, il y a lieu d'appliquer, dans tous les cas, le **barème annuel** au montant du gain de source française, quelle que soit la durée d'activité en France pendant la période de référence (nº 42910) ; le cas échéant, le taux applicable est déterminé par le redevable en tenant compte de l'ensemble des gains déjà réalisés et soumis à la retenue à la source au cours de la même année (BOI-IR-DOMIC-10-20-20-30 nº 510).

Enfin, le taux de la retenue à la source est égal à 75 % lorsque les avantages ou gains sont réalisés par des personnes domiciliées dans un **ETNC** (nº 71555) ; la retenue est alors libératoire de l'impôt sur le revenu et n'est pas remboursable. Le taux majoré ne s'applique pas, cependant, s'il s'agit d'un ETNC qui figure sur la liste en application des critères posés par l'article 238-0 A, 2 bis-2º du CGI (si l'ETNC est mentionné sur la liste en raison seulement des critères européens, le taux majoré ne s'applique que si l'inscription sur la liste est la conséquence de l'application du critère tenant aux « montages extraterritoriaux » ; nº 71555) ; il en va de même si le débiteur apporte la preuve que les avantages ou gains correspondent à des **opérations réelles** qui ont principalement un **objet** et un **effet** autres que de permettre leur localisation dans un État ou territoire non coopératif (ces exceptions, issues de la loi nº 2018-898 du 23 octobre 2018 relative à la lutte contre la fraude, sont applicables depuis le 1er décembre 2018).

Précisions Des mesures d'alignement du dispositif sur le régime général résultant de l'application du prélèvement à la source sur les salaires avaient été prévues par les lois de finances pour 2019 et 2020, mais elles ont été annulées par l'article 4 de la loi nº 2020-1721 du 29 décembre 2020 de finances pour 2021.

Redevable

3368 Lorsque les titres ont été attribués dans le cadre de **plans qualifiés** (options sur titres à l'exception du rabais excédentaire, actions gratuites et BSPCE), le redevable de la retenue à la source est la personne qui verse au contribuable les sommes issues de la cession des titres acquis grâce, selon le cas, à l'option, à l'attribution d'action gratuite ou au bon.

Il peut s'agir de **l'employeur** du bénéficiaire s'il gère le plan en interne, de l'établissement auquel l'entreprise a dévolu la gestion de ses plans d'actionnariat salarié ou de celui dans lequel le salarié a transféré ses titres. Si les titres sont détenus directement par le bénéficiaire sans intermédiaire ou établissement financier, le redevable est **l'acheteur** des titres en cas de vente de gré à gré.

Pour les avantages salariaux sous forme de titres résultant de **plans non qualifiés** ou de dispositifs innommés, le redevable est la personne qui assure la remise des titres au bénéficiaire de l'attribution, c'est-à-dire, en principe, l'entreprise ou, par exception, l'établissement teneur du compte qu'elle a mandaté pour assurer au salarié bénéficiaire le transfert à des conditions préférentielles de la propriété du titre lors de son inscription en compte.

La retenue doit être opérée même si le redevable est **établi ou domicilié à l'étranger**. Lorsque le redevable n'est pas l'employeur ou l'entreprise qui a procédé à l'attribution des avantages salariaux sous forme de titres à des conditions préférentielles, il lui appartient de se faire communiquer par cet employeur et par le bénéficiaire les informations nécessaires pour établir et prélever la retenue.

Déclaration et paiement

En application de l'article 1671 A du CGI, la retenue doit être versée par le redevable au service des impôts des entreprises dont il relève, accompagnée d'une déclaration **3370**
nº 2494-BIS-SD, en un seul exemplaire (depuis 2022, deux exemplaires antérieurement), au plus tard **le 15 du mois suivant le trimestre** civil au cours duquel a eu lieu le paiement (CGI art. 1671 A). Ce délai est applicable aux revenus versés depuis le 1er janvier 2016 (auparavant, la retenue devait être acquittée au plus tard le 15 du mois suivant celui du paiement). Il appartient au redevable de la retenue à la source d'en prélever le montant et de le verser au Trésor. Lorsqu'il a versé la retenue à la source mais n'a pas effectué le prélèvement correspondant auprès du bénéficiaire, il peut exercer un recours contre ce bénéficiaire.

Le **service des impôts des entreprises** compétent est, selon les cas, celui du lieu du domicile fiscal, du siège ou de l'établissement du redevable en France ou, lorsque le redevable n'a pas d'établissement ou son domicile fiscal en France, le service des impôts des entreprises étrangères (articles 01 et 23 ter de l'annexe IV au CGI).

L'absence ou l'insuffisance de retenue à la source et le défaut ou le retard dans le paiement de la retenue donnent lieu à l'application de l'intérêt de retard et des pénalités de droit commun prévues aux articles 1727 à 1731 du CGI. Des sanctions pénales sont éventuellement applicables (nº 3495, Précisions b).

Précisions En application du deuxième alinéa de l'article 1671 A du CGI, la retenue à la source prévue à l'article 182 A ter du CGI n'est ni opérée, ni versée au service des impôts lorsque son montant **n'excède pas 8 € par mois pour un même bénéficiaire**. Lorsque la franchise s'applique pour un bénéficiaire, le redevable est dispensé de toute déclaration et n'a pas à mentionner ces opérations sur la déclaration qu'il peut être amené à souscrire par ailleurs.

Cas des BSPCE

Sont assujettis à la **retenue à la source** de l'article 182 A ter du CGI lors de la cession des titres correspondants, les gains nets de cession de titres souscrits en exercice de bons de **3380**
souscription de parts de créateur d'entreprise (BSPCE ; CGI art. 163 bis G, I) réalisés par des personnes qui ne sont pas fiscalement domiciliées en France (à hauteur de la fraction du gain qui est de source française).

Lorsque le gain net de cession de titres souscrits en exercice de BSPCE bénéficie du régime prévu au I de l'article 163 bis G du CGI, l'assiette de la retenue à la source correspond à son montant ; pour les bons attribués depuis le 1er janvier 2018, la retenue à la source est applicable aux taux suivants, en fonction de la **durée d'activité du bénéficiaire** dans la société au moment de la cession des titres :
- 12,8 %, si le bénéficiaire exerce son activité dans la société depuis trois ans ou plus à la date de la cession ;
- 30 %, dans le cas contraire.

La retenue à la source est, dans ce cas, libératoire de l'impôt sur le revenu ; elle doit être acquittée par la personne qui effectue le versement des sommes issues de la cession des titres.

Le taux de la retenue à la source est porté à 75 % lorsque les avantages ou gains sont réalisés par des personnes domiciliées dans un **ETNC** autre que ceux mentionnés à l'article 238-0 A, 2 bis-2° , sauf si le débiteur apporte la preuve que ces avantages ou gains correspondent à des opérations réelles qui ont principalement un objet et un effet autres que de permettre leur localisation dans un État ou territoire non coopératif (n° 3365) ; la retenue est libératoire de l'impôt sur le revenu et n'est pas remboursable.

Précisions **a.** Le **gain net de cession** est égal à la différence entre le prix de cession des titres net de frais et taxes acquittés par le cédant et leur prix d'acquisition. Toutefois, pour l'application de la retenue à la source, seul le gain constaté lors de l'exercice du bon, de nature salariale, est soumis à la retenue.

b. L'administration indique que seul constitue un **gain de source française** susceptible d'être soumis à la retenue à la source, la fraction du gain net correspondant à la différence entre la valeur du titre au jour de l'exercice du bon et le prix d'acquisition du titre fixé lors de l'attribution du bon au prorata de l'activité exercée en France. Ce gain, de nature salariale, est dénommé « gain d'exercice ». La plus-value de cession, qui correspond alors à la différence entre la valeur du titre souscrit au moyen du bon au jour de son exercice et le prix de cession du bon, constitue un gain en capital et, par conséquent, n'est pas soumise à la retenue à la source (BOI-IR-DOMIC-10-20-20-30 n° 210).

G. Mécanisme de la retenue à la source sur certains revenus non salariaux (CGI art. 182 B)

Revenus concernés

3410 Si les conditions sont réunies, la retenue de l'article 182 B du CGI s'applique aux revenus suivants **limitativement énumérés** (BOI-IR-DOMIC-10-20-20-50 n° 10) :
– sommes versées en rémunération d'une activité déployée en France dans l'exercice de l'une des professions mentionnées à l'article 92 du CGI (CGI art. 182 B, I-a) ;
– produits définis à l'article 92 du CGI et perçus par les inventeurs ou au titre de droits d'auteur (CGI art. 182 B, I-b ; n° 2945) ;
– produits perçus par les obtenteurs de nouvelles variétés végétales au sens des articles L 623-1 à L 623-35 du Code de la propriété intellectuelle (CGI art. 182 B, I-b ; n° 2945) ;
– produits de la propriété industrielle ou commerciale et de droits assimilés (CGI art. 182 B, I-b ; n° 2945) ;
– sommes payées en rémunération des prestations de toute nature fournies ou utilisées en France (CGI art. 182 B, I-c ; n° 2950) ;
– sommes, y compris les salaires, correspondant à des prestations sportives fournies ou utilisées en France, nonobstant les dispositions de l'article 182 A (CGI art. 182 B, I-d ; n° 45205).

En ce qui concerne la portée de la référence à l'exercice d'une « **profession** » (CGI art. 182 B, I-a), il a été jugé, à la lumière des travaux préparatoires préalables à l'adoption de la loi du 29 décembre 1976 dont l'article 182 B est issu, que la retenue s'applique aux sommes versées en rémunération de toute activité déployée en France dont les bénéfices entrent dans le champ de l'article 92 du CGI, qu'il s'agisse des bénéfices des professions libérales, des charges et offices dont les titulaires n'ont pas la qualité de commerçants ou de ceux de **toutes occupations, exploitations lucratives** et sources de profits ne se rattachant pas à une autre catégorie de bénéfices ou de revenus (CE 22 novembre 2019 n° 423698, 8ᵉ et 3ᵉ ch., Société anonyme d'économie mixte (SAEM) de gestion du Port Vauban : RJF 2/20 n° 90 ; voir également n° 3440) ; la retenue à la source s'applique donc non seulement aux bénéfices des professions mentionnées à l'article 92 du CGI, mais aussi aux revenus assimilés.

Par ailleurs, à propos de la distinction à opérer entre les différents revenus visés par la loi, le Conseil d'État a souligné que les « **droits d'auteur** » mentionnés à l'article 182 B, I-b du CGI s'entendent de l'ensemble de ceux que les auteurs d'œuvres de l'esprit ou leurs ayants droit tirent des droits patrimoniaux attachés à ces œuvres et que ne sont au nombre des sommes mentionnées à l'article 182 B, I-c (**prestations de toute nature**) que celles qui ne relèvent pas des autres catégories de revenus mentionnées à l'article 182 B (CE 18 mars 2015 n° 366006, 9ᵉ et 10ᵉ s.-s., Sté d'édition des artistes peignant de la bouche et du pied (APBP) : RJF 6/15 n° 471, aux conclusions Frédéric Aladjidi au BDCF 6/15 n° 64). Sur renvoi dans cette affaire, il a été jugé que la retenue à la source était exigible, car la société française versait à une association établie au Liechtenstein des sommes en contrepartie de l'acquisition des **droits de reproduction d'œuvres** d'artistes handicapés, droits qu'elle utilisait pour l'illustration de cartes de vœux et de calendriers qu'elle éditait et distribuait en France (les artistes avaient préalablement cédé leurs droits à l'association en contrepartie d'honoraires mensuels) ; ces droits de reproduction étaient au nombre des droits patrimoniaux attachés aux œuvres et relevaient des dispositions du I-b de l'article 182 B du CGI, alors même que l'association n'était elle-même ni l'auteur des œuvres reproduites ni son héritier ou légataire (CAA Nancy 28 janvier 2016 n°s 15NC00652 et 15NC02006, 3e ch. ; arrêt définitif après non-admission du pourvoi de la société par CE (na) 12 janvier 2017 n° 398294, 9e ch.).

Précisions **a.** Avant l'entrée en vigueur de l'article 30 II de la loi de finances pour 1990, les sommes versées aux **artistes** étaient également passibles de cette retenue ; elles sont désormais visées par l'article 182 A bis du CGI (n°s 45160 s.). Sur le cas particulier des artistes et sportifs, voir n°s 44300 s.

b. Sur l'exonération prévue dans le cadre de **l'Union européenne**, voir n° 20845.

c. Bien entendu, les règles exposées ci-après ne sont applicables que si une **convention fiscale** ne retire pas à la France le droit d'imposer les sommes en cause.

d. Afin d'atténuer les frottements fiscaux résultant de l'absence de convention fiscale entre la France et le **Danemark**, l'administration a indiqué, au BOI-INT-CVB-DNK n° 130, que lorsqu'un contribuable résident du Danemark est imposé au titre de l'article 182 B du CGI et apporte la preuve :
– que la mise en œuvre des dispositions prévues à cet effet par la législation danoise ne lui a pas permis d'imputer l'intégralité de l'imposition subie en France sur l'impôt dû au Danemark, et
– qu'il a subi en France une imposition plus lourde que celle à laquelle il aurait été soumis s'il avait été résident de France et soumis à ce titre à une obligation fiscale illimitée (y compris, le cas échéant, les contributions et prélèvements sociaux),

il peut demander, par voie contentieuse, le **reversement** de la fraction de l'impôt payé en France **qui excède** celui auquel il aurait été soumis s'il avait été résident de France. Ce remboursement est limité à la fraction non imputée sur l'impôt dû au Danemark. Il est à noter que cette tolérance ne vise que les sommes régulièrement passibles de la retenue à la source de droit commun et qu'elle ne permet pas d'éviter la retenue à la source sur les **sommes réputées distribuées** en raison de leur caractère excédentaire (dans ce cas, le droit interne français s'applique sans limitation en l'absence de convention fiscale). Cela étant, le droit à restitution ainsi ouvert par la doctrine administrative n'est pas subordonné à la condition que les revenus de source française fassent l'objet d'une **imposition effective au Danemark** (CE 24 octobre 2018 n° 413935, 8e et 3e ch., Stés SimCorp A/S et SimCorp France : RJF 1/19 n° 77, annulant l'arrêt d'appel qui avait jugé la tolérance inapplicable au motif que la société danoise n'avait pas effectivement été imposée au Danemark en raison de l'importance des charges déductibles encourues pour la réalisation des prestations rendues à la société française) ; sur renvoi, les requérantes n'ont toutefois pas eu gain de cause au motif, cette fois, qu'elles n'avaient pas mis le juge français de l'impôt en mesure de déterminer l'impôt sur les sociétés théorique qu'elles auraient acquitté sur un bénéfice net de charges évalué dans le cadre de l'application du droit fiscal français (CAA Paris 10 mars 2020 n° 18PA03435, 7e ch., Stés SimCorp A/S et SimCorp France : RJF 8-9/20 n° 724, arrêt définitif ; seul était en cause un reliquat de retenue à la source que l'administration avait refusé de rembourser). Il a également été jugé que la doctrine administrative précitée ne peut être invoquée par une société qui fait l'objet d'une **rectification** dès lors qu'il ne s'agit pas du rehaussement d'une imposition antérieurement mise en recouvrement et que la société n'a pas versé spontanément la retenue à la source, contrairement aux prescriptions de la doctrine administrative (CAA Versailles 9 juillet 2019 n° 16VE02825, SA Damolin Etrechy : RJF 12/19 n° 1167, confirmé par CE 9 septembre 2020 n° 434364, 8e et 3e ch., SAS Damolin Etrechy : RJF 12/20 n° 984 ; voir également n°s 20850 et 3440). À noter que le droit de l'Union européenne conduit de toute façon, sans qu'il y ait lieu d'appliquer cette tolérance, à l'application du même taux qu'aux résidents et à la déductibilité de principe des frais professionnels (n° 3450).

e. Une société qui n'acquiert pas de **droits d'exploitation de logiciels** auprès d'une société américaine mais achète des logiciels pour les revendre à l'unité n'est pas passible de la retenue à la source de l'article 182 B du CGI au titre du versement de produits de la propriété industrielle ou commerciale et de droits assimilés (CE 16 juillet 2014 n° 358126, 9e et 10e s.-s., Sté 3D Storm : RJF 11/14 n° 994).

1. Conditions d'application

Sous réserve que les revenus concernés soient de « source française » (n° 3410), l'article 182 B est applicable si les trois conditions suivantes sont réunies. **3419**

Première condition : le débiteur doit exercer une activité en France

La retenue est due lorsque le débiteur « exerce une activité » en France, sans qu'il y soit nécessairement « établi ». La notion de débiteur **établi en France** s'entend de toute personne physique domiciliée en France au sens de l'article 4 B du CGI (n° 1915) et de **3420**

3420 (suite) toute personne morale ayant un siège en France ainsi que de tout établissement installé en France par un non-résident.

La loi de finances pour 1990 a élargi le champ de la retenue en supprimant la condition d'établissement en France et en la remplaçant par une condition d'**exercice d'une activité en France**. Cette modification a eu pour objet d'aligner les conditions de perception de la retenue sur celles de l'article 182 A du CGI par un élargissement de son champ d'application.

Par exemple, un sportif non résident qui se produit en France et qui perçoit pour cela une rémunération versée par un club sportif étranger devra, sauf stipulation contraire d'une convention fiscale, supporter la retenue (au taux de 15 %) même si le club n'a aucun établissement en France (alors que l'article 182 B du CGI n'était pas applicable, précédemment, dans une telle situation). Bien entendu, le plus souvent, les deux notions se recouvrent, l'exercice d'une activité étant souvent effectué dans le cadre d'un « établissement ».

Pour un autre exemple, dans l'affaire Google (nº 17720 f), l'administration avait assujetti à la retenue à la source de l'article 182 B du CGI une quote-part des redevances versées par la société irlandaise Google Ireland Limited à une société néerlandaise du groupe en contrepartie de la concession de droits l'autorisant à vendre les services Google dans la région Europe, Moyen-Orient et Afrique, à raison de la part de ces redevances réputée rattachable à l'activité de son prétendu établissement stable français ; la rectification a cependant été annulée, non sur le plan des principes, mais en raison de l'absence d'établissement stable en France (CAA Paris 25 avril 2019 nº 17PA03068, 9e ch., min. c/ Sté Google Ireland Limited : RJF 8-9/19 nº 835 ; arrêt définitif, le ministre s'étant purement et simplement désisté de son pourvoi selon ce qu'indique CE Ord. 3 décembre 2019 nº 431941, 9e ch., min. c/ Sté Google Ireland Limited). Sur l'affaire Google, voir toutefois nº 72667, Précisions e.

Cela étant, la notion de « débiteur » n'a pas encore été suffisamment clarifiée par la jurisprudence en présence de sociétés interposées ou de **mandataires**. Outre les illustrations fournies en Précisions a et b ci-dessous, on relève que, à juste titre à notre avis, il a été jugé qu'une société française qui exerce une activité de **courtier** en location de navires de plaisance et qui, au titre d'un contrat conclu directement entre un affréteur et une société étrangère propriétaire d'un navire, encaisse les sommes dues par l'affréteur à la société étrangère, agit en tant qu'**intermédiaire** au nom et pour le compte du propriétaire pour le reversement des loyers et qu'elle ne peut être regardée comme le débiteur des sommes qu'elle reverse après prélèvement de sa commission ; par suite, elle n'est pas redevable de la retenue à la source prévue par l'article 182 B, I-c du CGI (TA Nice 14 novembre 2019 nº 1705019, 4e ch., SARL H ; jugement définitif).

En sens inverse, dans ses conclusions sous CE 22 novembre 2019 nº 423698, 8e et 3e ch., Société anonyme d'économie mixte (SAEM) de gestion du Port Vauban (RJF 2/20 nº 90), la rapporteure publique Karin Ciavaldini indiquait qu'à son avis la notion de « débiteur » devait être « comprise comme renvoyant à la personne qui, concrètement, **paye les sommes**, quand bien même, comme en l'espèce, elle ne sert que d'intermédiaire et n'est pas le débiteur, au sens juridique, de ces sommes ». Sur renvoi dans cette affaire, il a, en ce sens, été jugé que la société de gestion du Port Vauban était bien « débitrice » pour l'application de la retenue à la source, au motif que la notion de « débiteur », au sens de l'article 182 B du CGI, « doit être comprise comme renvoyant à la personne qui, concrètement, paye les sommes, quand bien même, comme en l'espèce, elle ne sert que d'intermédiaire et n'est pas le débiteur, au sens juridique, de ces sommes » (CAA Marseille 18 mars 2021 nº 19MA05052, 3e ch., Société anonyme d'économie mixte (SAEM) de gestion du Port Vauban ; arrêt définitif). Dans le même sens, et à propos du même schéma, voir CAA Marseille 6 avril 2021 nºs 19MA04577 et 20MA02311, 4e ch., Sté Palomata et min. c/ Sté Palomata (arrêt définitif après rejet du pourvoi du ministre par CE 15 novembre 2021 nº 453022, 8e et 3e ch., min. c/ Sté Palomata : RJF 2/22 nº 199), jugeant que le « débiteur » visé par l'article 182 B du CGI n'est pas la personne ou la société qui, en contrepartie d'une rémunération, a bénéficié de la prestation de service et l'a payée, mais la personne ou la société exerçant une activité en France qui **recueille les sommes payées et les reverse** à une personne ou une société qui n'a pas d'installation professionnelle permanente en France. Il ne s'agit cependant que d'une interprétation prétorienne qui ne peut s'autoriser d'aucun texte et qui mériterait d'être confirmée par le Conseil d'État, étant tout de même observé que si le législateur avait souhaité que cette solution fût retenue, il l'aurait écrit clairement comme en ce qui concerne le versement de revenus de capitaux mobiliers et n'aurait pas confondu « débiteur » et « établissement payeur » (voir, par exemple, à propos des versements dans des ETNC, ou, n° 2305, pour l'application du régime des impatriés).

Précisions **a.** L'hypothèse où le **débiteur** français est un simple **mandataire** avait été évoquée dans une réponse ministérielle (ancienne réponse Seguin, JOAN 24 février 1986, p. 733, non reprise au BOFiP) selon laquelle il n'y a pas lieu à prélèvement d'une retenue à la source lorsqu'une **agence de presse** française reverse à un photographe non résident, en vertu d'un contrat de mandat préalable, les produits de droits d'auteur que le photographe a acquis auprès d'un client installé à l'étranger. Mais si l'agence de presse française peut être considérée comme le débiteur des rémunérations, elle doit prélever la retenue à la source sur les sommes qu'elle verse à des photographes domiciliés à l'étranger.

b. Il a été jugé, à tort selon nous, qu'une **agence de mannequins** établie en France, qui dispose d'un **mandat** de la part de mannequins non résidents et qui perçoit, pour les reverser aux mannequins sous déduction de sa commission, des droits à l'image de la part d'utilisateurs domiciliés en France, est assujettie à la retenue à la source de l'article 182 B du CGI (TA Paris 14 mars 2006, n° 00-6777, 1e sect., 2e ch., SARL Metropolitan Models : RJF 10/06 n° 1146). En réalité, dans un tel cas, ce sont les utilisateurs qui devraient plutôt être redevables de la retenue à la source et non l'agence interposée. Néanmoins, ce jugement a été confirmé en appel, vraisemblablement en raison de ce que le mandataire était « opaque », la société utilisatrice ignorant les conditions d'exploitation des droits (CAA Paris 7 mars 2008 n° 06PA01752, 7e ch., Sté Metropolitan Models ; arrêt définitif).

c. L'article 182 B ne s'applique qu'en présence d'un **versement direct** au prestataire de services ; il a ainsi été jugé qu'il n'était pas applicable au titre d'une prestation réalisée par une société espagnole (CGI art. 182 B, I-d) dans la mesure où celle-ci assurait un spectacle complet incluant notamment les services de toreros, alors que ces derniers n'avaient pas de relations directes avec le débiteur qui ne les rémunérait pas ; la retenue à la source aurait pu être applicable, en l'espèce, au titre de la **prestation globale** rendue par la société espagnole (CGI art. 182 B, I-c), mais la convention fiscale franco-espagnole y faisait obstacle (CE 21 novembre 2007 n° 295356, 8e et 3e s.-s., min. c/ Ville de Nîmes : RJF 2/08 n° 105 aux conclusions Laurent Olléon au BDCF 2/08 n° 13 ; voir n° 45205 Précisions).

Deuxième condition : le bénéficiaire ne doit pas disposer d'une installation professionnelle en France

L'application de l'article 182 B du CGI suppose que le bénéficiaire, qui peut être une **3425**
personne physique ou une personne morale, n'ait pas en France d'installation professionnelle permanente.

Par installation professionnelle permanente, on entend tout **local aménagé** en vue de l'exercice d'une **profession** dès lors que l'installation est suffisamment connue de la **clientèle** et qu'elle sert à l'accomplissement périodique (à des intervalles réguliers ou à époques fixes) d'actes professionnels.

Il a été jugé qu'un résident du Liban n'était pas fondé à critiquer les cotisations supplémentaires d'impôt sur le revenu auxquelles il avait été assujetti à raison d'une activité de chirurgien-dentiste remplaçant en France, qualifiée d'occulte et imposée, selon la procédure d'évaluation d'office, dans la catégorie des bénéfices non commerciaux et non pas, comme il le prétendait, dans celle des traitements et salaires ; en effet, il **disposait d'une installation permanente en France**, au sens de l'article 182 B du CGI, dès lors qu'il exerçait depuis plusieurs années dans le même cabinet, situé en France, des **remplacements** d'une durée moyenne annuelle de vingt semaines répartie sur l'ensemble des congés scolaires et que son activité, qui s'exerçait de manière périodique, était connue de la clientèle ; il ne relevait donc pas de la retenue à la source prévue par l'article 182 B du CGI (CAA Douai 4 octobre 2011 n° 10DA01677, 2e ch., Chebbo : RJF 4/12 n° 338, conclusions au BDCF 4/12 n° 41 ; à noter que l'article 22 de la convention franco-libanaise du 24 juillet 1962 prévoit que les revenus des professions libérales ou d'autres activités indépendantes de caractère analogue sont imposables dans l'État où s'exerce l'activité personnelle génératrice de ces revenus). Le pourvoi du contribuable dans cette affaire a été rejeté par CE 17 mars 2014 n° 354701, 3e et 8e s.-s., Chebbo : RJF 6/14 n° 564 ; le Conseil d'État ne s'est cependant pas prononcé sur l'existence d'une installation professionnelle permanente en France car il a confirmé la solution au motif que l'exigibilité éventuelle de la retenue à la source n'exclut pas, de toute façon, l'assujettissement à l'impôt sur le revenu (n° 3510).

Lorsque la retenue a été versée et qu'il s'avère ultérieurement que le bénéficiaire, société de capitaux, était passible de l'impôt sur les sociétés en France dans la mesure où il exploitait une entreprise en France, le débiteur ne peut éventuellement **demander de**

remboursement que dans le délai de droit commun de l'article R* 196-1 du LPF ; par exemple, une société française n'était pas recevable à demander en 2011 le remboursement de la retenue à la source acquittée en 1999 lors du versement à une société andorrane de rémunérations de prestations publicitaires et sportives alors même que cette dernière avait été considérée, par un arrêt du 17 décembre 2009 de la cour administrative d'appel de Lyon, comme exploitant une entreprise en France (CE 15 juin 2016 n° 379852, 9e et 10e ch., SAS Festina France : RJF 10/16 n° 887). En effet, la décision par laquelle la société andorrane a été reconnue redevable de l'impôt sur les sociétés ne constituait pas, pour le débiteur, un événement de nature à rouvrir le délai dans lequel, en application de l'article R* 196-2 du LPF, il était recevable à présenter une réclamation. Cette solution ne soulève pas de difficulté, en principe, dès lors que la retenue à la source n'est pas un coût pour le débiteur qui l'impute sur la somme qu'il doit au bénéficiaire (sauf clause de paiement net).

Précisions La retenue à la source ne peut s'appliquer si le bénéficiaire est domicilié en France ; comme pour l'article 182 A (n° 3200), le débiteur peut, s'il n'a pas pratiqué la retenue, tenter de **soutenir que le bénéficiaire n'était pas non-résident**, l'administration cherchant alors à soutenir le contraire (pour un exemple favorable au contribuable, voir CAA Lyon 14 juin 2012 n° 11LY00007, 5e ch., jugeant, pour annuler le rappel de retenue à la source, que les bénéficiaires étaient domiciliés en France en droit interne et qu'il n'était pas nécessaire d'analyser leur situation au regard des conventions fiscales ; arrêt définitif).

Troisième condition : le bénéficiaire (personne physique ou morale) doit relever de l'impôt sur le revenu ou de l'impôt sur les sociétés

3430 La loi vise les « personnes » et les « sociétés » relevant de l'impôt sur le revenu ou de l'impôt sur les sociétés, sans indiquer ce que recouvre exactement cette notion. Elle a été précisée par le Conseil d'État qui a jugé que la retenue est due **lorsque le bénéficiaire est passible de l'impôt** sur le revenu ou de l'impôt sur les sociétés, sans qu'il y ait lieu de rechercher si les sommes qu'il a perçues y ont été effectivement soumises (CE 30 juin 1997 n° 169179, 8e et 9e s.-s., min. c/ Sté d'édition des artistes peignant de la bouche et du pied (APBP) : RJF 8-9/97 n° 771).

Cette solution a ensuite été corrigée par une autre décision du Conseil d'État, jugeant que la retenue à la source est exigible au titre de redevances versées à une société américaine dans la mesure où celle-ci, étant une société commerciale, **relève de l'impôt sur les sociétés** pour l'application de l'article 182 B (CE 25 mai 2007 n° 288288, 8e et 3e s.-s., GIE Compagnie industrielle des Polyéthylènes de Normandie : RJF 8-9/07 n° 896 ; conclusions Laurent Olléon au BDCF 8-9/07 n° 95).

Il en résulte que la retenue à la source est exigible **même si le bénéficiaire n'est pas effectivement imposable en France** en vertu des règles de territorialité ou des conventions fiscales, du moment qu'il relève de l'impôt sur le revenu ou de l'impôt sur les sociétés. Le champ d'application de l'article 182 B du CGI est donc défini par référence au champ d'application matériel de l'impôt sur les sociétés (CGI art. 206) et non à son champ d'application territorial (CGI art. 209, I).

Précisions **a.** Dans l'affaire APBP, il s'agissait de redevances versées par un débiteur français à une association du Liechtenstein au titre du droit de reproduire ou de commercialiser en France des œuvres d'artistes ; il a été jugé que ces sommes étaient passibles de l'impôt sur les sociétés, même si elles ne l'avaient pas effectivement supporté. Le commissaire du Gouvernement Jacques Arrighi de Casanova avait estimé que l'on peut être **passible de l'impôt** sans y être effectivement soumis et que les redevances en cause étaient imposables à l'impôt sur les sociétés compte tenu des règles de territorialité et du caractère lucratif de l'association (voir conclusions au BDCF 4/97).

b. En application de la jurisprudence du Conseil d'État, il a été jugé qu'une société inscrite au registre du commerce du Liban sous la forme de société anonyme, dépourvue de toute installation professionnelle permanente en France et qui perçoit d'une société française des rémunérations en contrepartie de prestations de services à caractère informatique **relève de l'impôt sur les sociétés** ; par suite, ces rémunérations sont passibles de la retenue à la source de l'article 182 B du CGI sans qu'y fasse obstacle la circonstance que la société n'exploite aucune entreprise en France au sens de l'article 209, I du CGI et qu'elle n'y ait pas été effectivement soumise à l'impôt sur les sociétés (CAA Versailles 29 novembre 2016 n° 16VE01537, 3e ch., min. c/ Sté Easyvista : RJF 4/17 n° 365 ; le pourvoi formé contre cet arrêt n'a pas été admis par CE (na) 12 juillet 2018 n° 407269, 3e ch. : RJF 2/19 n° 195).

c. Les dispositions de l'article 182 B du CGI n'instaurent, par elles-mêmes, **aucune différence de traitement** selon que le prestataire est assujetti ou non à l'impôt dans son État de résidence et peut ou non imputer la retenue à la source française (CE QPC 17 juillet 2017 n° 407269, 3e et 8e ch., Sté Easyvista : RJF 11/17 n° 1093, refusant, dans l'affaire citée en b. supra, de transmettre une QPC sur ce point).

Cas des revenus de l'article 92 du CGI

En ce qui concerne les sommes versées dans le cadre de l'une des professions mentionnées à l'article 92 du CGI (n° 3410), **l'activité doit toujours être déployée en France**. Ce principe est illustré notamment par des solutions anciennes à propos des sportifs ; sont ainsi soumises à la retenue à la source les sommes versées à l'occasion de compétitions sportives par un débiteur établi en France à des concurrents non résidents et n'ayant pas d'installation professionnelle permanente en France (BOI-IR-DOMIC-10-20-20-50 n° 40). 3435

Il en va de même des sommes versées par une société française organisatrice d'une rencontre sportive en France au mandataire d'un **boxeur** professionnel non résident et n'ayant pas d'installation professionnelle permanente en France (CE 22 décembre 1982 n° 24751, 7e et 8e s.-s. : RJF 2/83 n° 211, jugeant, à propos du système en vigueur en 1974, que les rémunérations perçues par un boxeur sont des bénéfices non commerciaux et que les sommes qu'une société verse à un imprésario de boxeurs dans des conditions qui font apparaître que l'intéressé agit comme mandataire des boxeurs et non, à titre personnel, en qualité d'agent d'affaires, sont des bénéfices non commerciaux ; BOI préc.).

En revanche, la retenue n'a pas à être opérée sur des commissions versées à des représentants à l'étranger qui se bornent à recueillir des commandes dans le pays de leur résidence (ou hors de France ; n° 2965).

2. Calcul de la retenue

Assiette de la retenue

Pour la détermination de l'assiette de la retenue à la source dont le fait générateur est intervenu depuis le 1er janvier 2022, la base de la retenue est constituée par le **montant brut** des sommes ou produits versés (CGI art. 182 B, I bis issu de l'article 24 de la loi n° 2021-1900 du 30 décembre 2021 de finances pour 2022 ; précédemment, la même règle était applicable, mais elle ne faisait pas l'objet d'une précision législative spécifique) ; en principe, l'assiette imposable inclut les frais d'encaissement, mais non les taxes sur le chiffre d'affaires qui peuvent parfois être exigibles. 3440

Cela étant, depuis le 1er janvier 2022 (c'est-à-dire pour les revenus versés depuis cette date), lorsque le bénéficiaire est une personne morale ou un organisme dont les résultats ne sont pas imposés à l'impôt sur le revenu entre les mains d'un associé, la base de la retenue est déterminée sous déduction d'un **abattement** représentatif de charges égal à 10 % des sommes ou produits (CGI art. 182 B, I bis). Cet abattement, qui n'est pas plafonné, ne concerne ni les personnes physiques ni les sociétés de personnes étrangères (voir toutefois n° 3520) ; il n'est applicable que si le siège de la personne morale ou de l'organisme, ou l'établissement stable dans le résultat duquel les sommes ou produits sont inclus, est situé dans un État membre de l'**Union européenne** ou dans un autre État partie à l'accord sur l'Espace économique européen ayant conclu avec la France une convention d'assistance administrative en vue de lutter contre la fraude et l'évasion fiscales et n'étant pas un ETNC (n° 71560), à savoir l'Islande, le Liechtenstein et la Norvège. L'abattement doit être appliqué par le débiteur lors du prélèvement de la retenue à la source.

En outre, également depuis le 1er janvier 2022 (sommes versées depuis cette date), le bénéficiaire (personnes morales ou organismes dont les résultats ne sont pas imposés à l'impôt sur le revenu entre les mains d'un associé, et non personnes physiques ; en pratique, il s'agit des sociétés passibles de l'impôt sur les sociétés) peut demander que l'imposition lui soit **restituée**, à hauteur de la différence entre cette imposition et l'imposition déterminée à partir d'une **base nette des charges** d'acquisition et de conservation directement rattachées à ces produits et sommes, lorsque les conditions suivantes sont réunies (CGI art. 235 quinquies, issu de l'article 24 de la loi n° 2021-1900 du 30 décembre 2021 de finances pour 2022) :
– le bénéficiaire des produits et sommes satisfait aux conditions requises pour bénéficier de l'abattement de 10 %, mentionnées ci-avant ;
– les **charges d'acquisition et de conservation** des produits et sommes seraient déductibles si le bénéficiaire était situé en France ; la loi reprend une formulation relativement restrictive habituellement utilisée pour l'impôt sur le revenu (CGI art. 13, 1) mais qui devrait en l'espèce s'interpréter de façon suffisamment large pour viser l'ensemble des charges déductibles afférentes aux prestations rendues ; en ce sens, l'exposé des motifs du projet de loi de finances pour 2022 (article 7) indique que les modifications proposées visent à

3440 (suite) tirer les conséquences des décisions du Conseil d'État dans les affaires SAEM de gestion du Port Vauban et Sté Damolin Etrechy (voir ci-après) et font référence à une imposition sur un revenu net ; en ce qui concerne cette dernière condition, l'administration précise que les dépenses sont prises en compte pour leur montant réel et justifié et que, pour être déductibles au titre d'un exercice donné, ces dépenses doivent avoir été effectivement engagées au cours de cet exercice et avoir fait naître à la charge du contribuable une dette certaine dans son principe et dans son montant (BOI-RPPM-RCM-30-30-10-100 n° 40) ; les **charges déductibles** sont les frais engagés aux fins de la réalisation des prestations et activités en contrepartie desquelles le bénéficiaire est rémunéré, sans autre précision ;
– les règles d'imposition dans l'État de résidence ne permettent pas au bénéficiaire d'imputer la retenue à la source sur l'impôt dû dans cet État.

La **demande de restitution** doit être déposée par le bénéficiaire auprès du service des impôts des non-résidents dans les conditions prévues pour les réclamations relatives aux impôts autres que les impôts locaux et les taxes annexes à ces impôts, soit, au plus tard, le 31 décembre de la deuxième année suivant celle du versement de l'impôt. Elle doit être accompagnée de l'ensemble des pièces justificatives nécessaires au calcul de la restitution demandée.

Cet aménagement législatif est destiné à tenir compte de la décision par laquelle le Conseil d'État avait jugé que lorsque le prestataire est établi dans l'Union européenne, la retenue à la source doit être appliquée à une assiette diminuée des **frais professionnels** directement liés à l'activité en France du prestataire si le montant de ces frais a été communiqué au débiteur (CE 22 novembre 2019 n° 423698, 8e et 3e ch., Société anonyme d'économie mixte (SAEM) de gestion du Port Vauban : RJF 2/20 n° 90) ; pour le Conseil d'État, en effet, les articles 56 et 57 du Traité FUE, relatifs à la **libre prestation de services**, s'opposent à une législation nationale qui exclut que le débiteur de la rémunération versée à un prestataire de services non résident, déduise, lorsqu'il procède à la retenue à la source de l'impôt, les frais professionnels que ce prestataire lui a communiqués et qui sont directement liés à ses activités dans l'État membre où est effectuée la prestation, alors qu'un prestataire de services résident de cet État n'est soumis à l'impôt que sur ses revenus nets, c'est-à-dire sur ceux obtenus après déduction des frais professionnels (n° 81930). Cette décision avait été rendue à propos de la retenue à la source prélevée par une société de gestion d'un port sur des sommes versées de 2009 à 2011 à dix-neuf sociétés étrangères en contrepartie de **l'occupation temporaire de postes à quai** (les bénéficiaires exerçaient une activité de sous-amodiation des postes de mouillage dans le cadre d'une société immobilière de copropriété et en retiraient des revenus de sous-location d'immeubles nus qui avaient la nature de bénéfices non commerciaux et qui étaient imposables entre leurs mains en qualité d'associés). Comme cette décision a été rendue à l'aune de la liberté de prestation de services, elle ne vaut naturellement qu'au sein de l'Union européenne (n° 81890). Saisie sur renvoi, la cour administrative d'appel de Marseille, après avoir ordonné un supplément d'instruction (CAA Marseille 18 mars 2021 n° 19MA05052, 3e ch., Société anonyme d'économie mixte (SAEM) de gestion du Port Vauban), a toutefois rejeté les prétentions de la requérante, les éléments apportés (essentiellement des tableaux de répartition de dépenses, la copie de certaines factures, la copie des grands-livres et des tableaux de synthèse) n'étant pas suffisants pour justifier de la réalité des frais supportés (CAA Marseille 16 décembre 2021 n° 19MA05052, 3e ch., SAEM de gestion du Port Vauban ; pourvoi enregistré sous le n° 461198).

Cet exemple montre que, si le principe de la déduction des frais était acquis dès avant le 1er janvier 2022 lorsque le bénéficiaire est établi dans l'Union européenne, le degré d'exigence est assez élevé en ce qui concerne les **justifications** à apporter ; un autre exemple en est fourni par une société française qui n'a pas été considérée comme justifiant la réalité des frais exposés par sa société mère danoise afin de lui rendre des services, bien qu'elle ait tout de même apporté diverses pièces justificatives (CAA Versailles 9 juillet 2019 n° 16VE02825, SA Damolin Etrechy : RJF 12/19 n° 1167, confirmé par CE 9 septembre 2020 n° 434364, 8e et 3e ch., SAS Damolin Etrechy : RJF 12/20 n° 984 ; voir également n° 20850). La société avait notamment fourni un **rapport** présentant, par prestation, le montant des frais exposés par la société danoise, le poste comptable au titre duquel ces frais avaient été portés, la logique de ventilation et la quote-part lui incombant, ainsi que des « états fiscaux » pour les années en litige revus et signés par une société d'expertise comptable agréée par l'État. Ces pièces n'ont pas été jugées suffisantes, car la société, qui avait été invitée par le juge à produire les factures correspondant aux frais professionnels allégués, n'avait pas produit les **factures** demandées (elle les avait apparemment produites devant l'administration mais ne les avait pas produites à nouveau devant le juge du fond) et n'avait pas établi la certification des états fiscaux présentés ni leur dépôt et enregistrement auprès de l'administration fiscale danoise (pour un autre exemple de refus, voir n° 3450).

Le principe de non-déductibilité des charges, qui prévalait avant les modifications décidées à la fin de l'année 2021, s'il n'était pas conforme au droit de l'Union européenne lorsque le prestataire est établi dans un État membre, n'était pas contraire à la **Constitution** ; la différence de traitement avec les prestataires résidents de France était, en effet, en rapport direct avec l'objet de la loi, l'administration ne disposant pas de moyens de contrôle dès lors que les prestataires ne résident pas sur le territoire national (CE QPC 17 juillet 2017 n° 407269, 3e et 8e ch., Sté Easyvista : RJF 11/17 n° 1093, refusant de saisir le Conseil constitutionnel d'une question prioritaire de constitutionnalité sur ce point ; voir n° 3430, Précisions c). Saisi par le Conseil d'État de nouveaux griefs sur le même sujet, le Conseil constitutionnel a également confirmé la constitutionnalité de la loi dans sa rédaction de l'époque ; la différence de traitement alors constatée entre les non-résidents, imposables par voie de retenue à la source sans que les charges soient déductibles, et les personnes qui sont établies en France et qui peuvent les déduire, résultait en effet de ce que le législateur avait entendu **garantir le montant et le recouvrement de l'imposition** due, à raison de leurs revenus de source française, par des personnes à l'égard desquelles l'administration fiscale française ne dispose pas du pouvoir de vérifier et de contrôler la réalité des charges déductibles qu'elles ont éventuellement engagées (Cons. const. 24 mai 2019 n° 2019-784 QPC, Sté Cosfibel Premium : RJF 8-9/19 n° 828 ; voir également n° 3497). La question avait, cette fois, été renvoyée par le Conseil d'État au motif que la loi aurait pu méconnaître le principe d'égalité devant les charges publiques en tant qu'elle prévoit le prélèvement d'une retenue à la source sur le montant brut de rémunérations servies à une société étrangère quand bien même cette société serait **déficitaire** (CE 25 février 2019 n° 412497, 9e et 10e ch., Sté Cosfibel Premium : RJF 5/19 n° 468 ; voir n° 2960). Le Conseil constitutionnel, s'il avait bien identifié une différence de traitement, ne l'avait pas critiquée, car le législateur s'était fondé sur un critère objectif et rationnel en rapport avec l'objet de la loi.

Précisions **a.** Dans le cadre **européen**, les arrêts Gerritse et Scorpio de la Cour de justice (n° 81930) avaient déjà montré que si l'exigence d'une retenue à la source peut être justifiée par la nécessité de garantir l'efficacité du recouvrement de l'impôt, ce n'est que sous déduction des frais professionnels directement liés à la prestation de services. Il résulte en outre de l'arrêt Scorpio que la **déduction des frais** doit être autorisée dès le stade de la perception de la retenue. Le rapport public 2016 du Conseil d'État avait d'ailleurs retenu, à propos d'un projet (non abouti) de modification des règles applicables à des sportifs non résidents participant à de grandes compétitions sportives internationales se déroulant en France, que la retenue à la source libératoire alors envisagée devait être calculée sur une assiette nette des frais ayant un lien économique direct avec la perception des rémunérations (Droit fiscal 2016 n° 25, comm. n° 382, pt 31). Voir également nos 3450, 81520 et 82060.

b. L'article 182 B du CGI n'est **pas contraire** aux clauses conventionnelles de **non-discrimination**, dans la mesure où il repose sur le critère du lieu d'implantation des installations professionnelles et non pas sur celui de la localisation du siège (CE 28 mars 2008, n° 281405, 10e et 9e s.-s., SARL TBF : RJF 6/08 n° 714 ; conclusions Claire Landais au BDCF 6/08 n° 79).

c. On peut se demander si l'article 182 B ne devrait pas être cantonné aux cas où sont rendus des **services seulement occasionnels**, au sens où la Cour de justice a paru considérer que le fait qu'une procédure de retenue à la source constitue un moyen légitime et approprié de perception de l'impôt suppose que les prestataires de services fournissent des services occasionnels dans un État membre autre que celui dans lequel ils sont établis et n'y restent que peu de temps (CJUE 19 juin 2014 aff. jointes 53/13 et 80/13, 1e ch. Strojírny Prostějov, a.s, ACO Industries Tábor s.r.o, point 48 ; voir également n° 81930).

Taux de la retenue

Le taux normal de la retenue à la source est celui qui est prévu au deuxième alinéa du I de l'article 219 du CGI, à savoir le **taux ordinaire de l'impôt sur les sociétés** (n° 5592). **3442**

Il s'agit donc du **taux de 25 %** pour les exercices ouverts depuis le 1er janvier 2022 (26,5 % en 2021 et 28 % en 2020). Pour un revenu brut de 100, le net perçu par le bénéficiaire non résident en 2022 est donc égal, en général, à 75 (100 – 25).

Il n'en va autrement que pour ce qui concerne les sportifs (taux de 15 % ; n° 3445) et les États ou territoires non coopératifs (taux de 75 % ; n° 3448).

Si le débiteur **prend en charge la retenue**, il augmente le revenu « net » du bénéficiaire et lui procure donc un avantage supplémentaire. Cet avantage est assimilé à un supplément de rémunération qui doit être ajouté au revenu servant de base à la retenue (voir nº 3497). Il en va de même lorsque le débiteur prend en charge **certains frais** qui incombent normalement au bénéficiaire (par exemple, frais de déplacement).

Précisions **a.** En présence d'une clause de paiement net ou de « **gross-up** » dans les contrats internationaux, le débiteur qui s'est engagé à verser un revenu net devra acquitter une retenue à la source de 33,33 (25/75) si la retenue s'avère exigible contrairement à ses espérances (nº 3497) ; cette manière de voir n'est pas propre à la France et se retrouve, de manière générale, dans tous les pays qui pratiquent les retenues à la source. Il convient donc que le débiteur soit prudent en cas d'insertion, dans les contrats internationaux, de clauses qui lui imposent la prise en charge de l'impôt éventuellement dû.

b. Les **organismes sans but lucratif européens** doivent se voir appliquer la retenue au taux applicable aux revenus de source française des organismes à but non lucratif dont le siège est situé en France (nº 61020).

c. Pour déterminer le taux applicable, il convient de se référer au fait générateur de la retenue à la source, c'est-à-dire à la **date du paiement** des sommes, sans préjudice de la date de livraison de biens, d'exécution des prestations de services ou de facturation (BOI-IR-DOMIC-10-20-20-50 nº 90).

d. Le Conseil constitutionnel a jugé que l'application d'un taux de 33 1/3 % (à l'époque) à l'assiette brute constituée du montant de la rémunération perçue ne fait pas peser sur les intéressés une **imposition confiscatoire** (Cons. const. 24 mai 2019 nº 2019-784 QPC, Sté Cosfibel Premium : RJF 8-9/19 nº 828 ; voir nº 3440 et 3497).

Cas des sociétés européennes déficitaires

3443 Pour les exercices ouverts depuis le 1er janvier 2020, les sociétés européennes fiscalement déficitaires dans leur État de résidence peuvent obtenir la **restitution** ou la dispense de la retenue à la source prévue à l'article 182 B du CGI selon les modalités décrites à propos des distributions de dividendes aux nºs 60900 (CGI art. 235 quater) et 60920 (CGI art. 119 quinquies).

Cette possibilité est cependant réservée aux personnes morales ou organismes dont le siège, ou, le cas échéant, l'établissement stable dans le résultat duquel les revenus sont inclus, est situé dans un État membre de l'Union européenne ou dans un autre État partie à l'accord sur l'Espace économique européen ayant conclu avec la France une convention d'assistance administrative en vue de lutter contre la fraude et l'évasion fiscales ainsi qu'une convention d'assistance mutuelle en matière de recouvrement ayant une portée similaire à celle prévue par la directive 2010/24/UE du Conseil du 16 mars 2010 concernant l'assistance mutuelle en matière de recouvrement des créances relatives aux taxes, impôts, droits et autres mesures (Islande et Norvège) et qui ne soit pas non coopératif au sens de l'article 238-0 A du CGI (nºs 71550 s.).

À notre avis, cette **restriction géographique** est justifiée au regard du droit de l'Union européenne, dès lors que les prestations concernées relèvent de la libre prestation de services et non de la libre circulation des capitaux (il y a bien un mouvement de capitaux mais il devrait être considéré comme une simple conséquence de la prestation de services) ; il n'y aurait donc pas lieu d'en tirer des conséquences à l'égard des pays tiers et la solution retenue par l'arrêt Sofina de la Cour de justice sur le fondement du principe de libre circulation des capitaux (nº 82062) ne devrait pas être transposable hors Union européenne.

Précisions Une société luxembourgeoise n'était pas fondée à invoquer sa situation déficitaire au Luxembourg pour demander le remboursement de la retenue à la source qu'elle avait supportée sur les sommes qui lui avaient été versées en contrepartie de l'occupation temporaire de postes à quai situés en France en 2009, 2010 et 2011, dès lors que, contrairement à ce qui avait été jugé en première instance, la **liberté de circulation des capitaux** n'était pas applicable (CAA Marseille 6 avril 2021 nºs 19MA04577 et 20MA02311, 4e ch., Sté Palomata et min. c/ Sté Palomata, arrêt avant dire droit définitif après rejet du pourvoi du ministre par CE 15 novembre 2021 nº 453022, 8e et 3e ch., min. c/ Sté Palomata : RJF 2/22 nº 199 ; voir également, sur cette affaire, la jurisprudence citée nº 3440). La Cour juge, en outre, que la **liberté de prestation de services** était sans incidence, étant donné que les dispositions de l'article 182 B du CGI affectent à titre principal la situation du prestataire de services en tant que telle, et non pas celle de l'acquéreur, qui n'est concerné que de manière secondaire (en l'espèce, l'activité de sous-location de postes à quai constituait bien une prestation de services).

3445 **Cas des sportifs** Le taux de la retenue à la source est fixé à **15 %** en ce qui concerne les sportifs (article 30 II de la loi de finances pour 1990). Ce taux s'applique à toutes les sommes, y compris les salaires, correspondant à des prestations sportives fournies ou utilisées en France et qui sont payées depuis le 1er janvier 1990 (le même taux est applicable aux artistes, mais dans des conditions un peu différentes et sur un autre fondement législatif ; nos 45160 s.). En cas de prise en charge de la retenue par le débiteur, le taux est égal à 15/85.

La retenue s'applique indépendamment de la qualification donnée à la rémunération, c'est-à-dire aussi bien lorsqu'il s'agit d'un salaire (auquel cas la retenue de l'article 182 B s'applique au lieu de celle de l'article 182 A) que s'il s'agit d'un bénéfice non commercial. Cela étant, elle ne concerne que les sportifs agissant en cette qualité ; ainsi, les sommes versées à un champion professionnel de rallye-raid domicilié à Andorre, rémunéré pour porter, lors de compétitions, des vêtements de la marque du sponsor, au titre d'une **activité publicitaire** réalisée dans le cadre de contrats de sponsoring, entraient dans le champ de la retenue au taux normal et non au taux réduit de 15 %, bien qu'il s'agisse d'un sportif professionnel (CAA Douai 5 février 2019 no 17DA00841, SAS Kenny Équipement : RJF 7/19 no 616, arrêt définitif ; voir également nos 2960 et 45205).

États ou territoires non coopératifs Le taux de la retenue à la source est porté à **75 %** lorsque les sommes et produits, autres que les salaires, sont payés à des personnes domiciliées ou établies dans un État ou territoire non coopératif (ETNC) au sens de l'article 238-0 A du CGI (nos 71555 s. ; BOI-IR-DOMIC-10-20-20-50 no 95). Le taux majoré est applicable à la date du **fait générateur** de la retenue à la source, c'est-à-dire celle du paiement des sommes, indépendamment de la date d'exécution de la prestation ou de celle de la facturation (le taux de 75 % s'applique aux sommes payées depuis le 1er janvier 2013 ; pour les sommes payées entre le 1er mars 2010 et le 31 décembre 2012, il était de 50 %). La retenue calculée à ce taux est libératoire de l'impôt sur le revenu et n'est pas remboursable (précision apportée par la loi no 2018-898 du 23 octobre 2018 relative à la lutte contre la fraude, applicable sur ce point depuis le 1er décembre 2018). 3448

Le taux majoré ne s'applique pas, cependant, si l'ETNC concerné figure sur la liste en application des critères posés par l'article 238-0 A, 2 bis-2° du CGI (en d'autres termes, si l'ETNC est mentionné sur la liste en raison seulement des critères européens, le taux majoré ne s'applique que si l'inscription sur la liste est la conséquence de l'application du critère tenant aux « montages extraterritoriaux » ; no 71555) ; il en va de même si le débiteur apporte la preuve que les sommes correspondent à des **opérations réelles** qui ont principalement un **objet** et un **effet** autres que de permettre leur localisation dans un État ou territoire non coopératif. Ces exceptions, issues de la loi précitée de lutte contre la fraude, sont applicables depuis le 1er décembre 2018 ; elles concernent toutes les sommes entrant dans le champ de l'article 182 B du CGI, sauf les salaires (il existait auparavant une clause de sauvegarde partielle et de portée variable selon la nature des services rémunérés).

En pratique, l'application du taux ordinaire suppose que soient fournis tous éléments de nature à démontrer l'objet et l'effet principalement autre que fiscal des opérations effectuées. La satisfaction du critère tenant à **l'objet** exige la démonstration de l'absence d'intention du débiteur de localiser des sommes dans un État ou territoire non coopératif. La preuve de **l'effet** autre que fiscal suppose, quant à elle, la production de tous éléments matériels et quantitatifs de nature à permettre une comparaison objective entre le montant du gain résultant des avantages fiscaux tirés de l'implantation et celui tenant aux avantages d'autre nature (BOI-INT-DG-20-50-30 no 340).

Enfin, le taux majoré de droit interne s'applique sous réserve des **conventions fiscales** internationales (BOI-IR-DOMIC-10-20-20-50 no 95). Ainsi, si le bénéficiaire est établi dans un État ou territoire avec lequel la France a conclu une convention fiscale et s'il satisfait aux conditions requises pour son application, il peut demander le bénéfice des dispositions favorables de cette convention.

Incidences du droit de l'Union européenne

Le principe même de la retenue à la source, en tant que technique d'imposition, n'est pas contestable au regard du droit de l'Union européenne, même s'il crée une restriction, car cette restriction est justifiée et ne va pas au-delà du nécessaire pour assurer l'objectif de **recouvrement efficace de l'impôt** (CAA Versailles 15 novembre 2016 no 15VE01251, 3e ch., Sté Vetoquinol SA : RJF 2/17 no 102, arrêt définitif concernant une société française qui avait versé, en 2009 et 2010, des redevances de droits d'inventeur 3450

à une société danoise) ; dans cette affaire, la Cour a, en outre, fait application de la jurisprudence de la Cour de justice (n° 81930) pour juger :
– que les articles 56 et 57 du Traité FUE, relatifs à la liberté de prestation de services, s'opposent à une législation nationale, telle que la législation française de l'époque, qui, en règle générale, prend en compte, lors de l'imposition des non-résidents, les revenus bruts, sans déduction des **frais professionnels**, alors que les résidents sont imposés sur leurs revenus nets, après déduction de ces frais (n° 3440) ;
– mais qu'ils ne s'opposent pas à ce que cette même législation soumette les revenus des non-résidents à un impôt définitif à un **taux uniforme** pour autant que ce taux ne soit pas supérieur à celui qui aurait été effectivement appliqué aux revenus de ces non-résidents s'ils avaient été imposés comme des résidents.

En l'espèce, la requérante a donc obtenu la **réduction à 15 %** du taux de la retenue à la source au motif que la société danoise aurait pu bénéficier du taux réduit de 15 % prévu par l'article 39 terdecies du CGI alors applicable si elle avait été établie en France ; en revanche, elle n'a pu bénéficier de la déduction des frais professionnels en l'absence de **justifications suffisantes** (la société danoise avait fait l'objet d'une procédure de liquidation judiciaire et ne pouvait manifestement pas produire les justifications nécessaires ; la requérante avait proposé un forfait de 20 % mais la Cour ne l'a pas accepté).

Sur le fait que la société danoise n'ait pas été elle-même notifiée par l'administration, voir n° 3499.

Sur l'exonération prévue entre **sociétés européennes associées**, voir n° 20845 ; sur le cas des sociétés européennes déficitaires, voir n° 3443.

En ce qui concerne les **non-résidents européens** qui retirent de France l'essentiel de leurs revenus et qui ne bénéficient pas, dans leur État de résidence, de mécanismes suffisants de nature à minorer leur imposition en fonction de leur situation personnelle et familiale (non-résidents « Schumacker »), voir n° 3097.

3. Cas particuliers

Rétrocessions

3460 Pour les **professionnels du spectacle**, il conviendrait, à notre avis, de tenir compte des conditions particulières d'exercice de leur activité ; en effet, il arrive souvent que ces personnes **rétrocèdent** une partie de leur rémunération **à des collaborateurs salariés** (matadors, metteurs en scène, chorégraphes, etc.).

Si l'on appliquait les principes précédents, il y aurait, en toute logique, une double retenue à effectuer, l'une au titre de l'article 182 B du CGI sur les sommes payées par le débiteur au prestataire et l'autre sur les salaires payés par le prestataire à ses collaborateurs (tous supposés non-résidents). Afin d'éviter cette conséquence qui existait avant 1990, compte tenu de la combinaison des articles 182 A et 182 B, l'administration avait admis que le débiteur français puisse appliquer directement la retenue de l'article 182 A aux sommes rétrocédées par le prestataire aux salariés ; le reste de la rémunération était soumis à la retenue à la source de l'article 182 B du CGI. Dans ce cas, le débiteur devait **annexer à** la **déclaration** n° 2494-SD à déposer à la recette des impôts (n° 3490) une copie du contrat d'engagement ainsi que la liste nominative des collaborateurs salariés, avec indication des sommes rétrocédées à chacun d'eux.

Cette solution n'est plus aujourd'hui mentionnée dans la doctrine administrative ; elle est pourtant la seule logique faute de quoi la retenue de 15 % serait perçue deux fois, une première fois sur la rémunération globale versée au prestataire et une seconde fois sur les sommes que celui-ci reverse à ses collaborateurs, assurant eux aussi des prestations imposables.

Droits d'auteur

3465 Les produits des droits d'auteur sont, en pratique, perçus par des **organismes chargés** spécialement de leur **recouvrement** (par exemple, la Sacem) et ne sont pas perçus directement par l'auteur. Ces organismes répartissent ensuite les droits entre les différents auteurs, après déduction des frais de gestion et d'encaissement.

L'administration considère que le débiteur légal de la retenue à la source n'est pas l'utilisateur des œuvres, qui ignore la répartition des redevances entre les auteurs ou compositeurs concernées, mais la société de recouvrement. Dans ces conditions, elle estime que la **retenue** doit être assise sur le montant des **sommes versées** par cette société aux auteurs, c'est-à-dire après déduction des frais exposés par la société, et non pas sur les sommes versées par les utilisateurs des œuvres à cette même société (BOI-IR-DOMIC-10-20-20-50 nº 80). Mais les frais d'encaissement par l'auteur doivent être inclus dans l'assiette de la retenue, notamment les frais facturés par les banques à l'occasion du transfert des fonds à l'étranger.

Les droits d'auteur versés par un débiteur établi en France sont passibles de la retenue à la source même si les droits correspondent à une **exploitation hors de France** (par différence avec les autres revenus soumis à la retenue à la source, il n'y a pas, en l'espèce, de restriction quant au lieu d'exploitation des droits). Il a ainsi été jugé que la **Sacem**, qui n'est pas un simple mandataire et qui doit être regardée comme le débiteur des redevances qu'elle verse aux auteurs ou à leurs ayants droit pour l'exploitation des œuvres, doit s'acquitter de la retenue à la source y compris au titre de l'exploitation des œuvres à l'étranger (TA Cergy-Pontoise 12 mai 2010 nº 07-835, 5e ch., Conus-Rachmaninoff : RJF 1/11 nº 9) ; cette solution a été confirmée en appel, la Cour considérant que la Sacem reçoit en apport de ses membres des droits qui la rendent débitrice des rémunérations qu'elle verse à ses sociétaires au sens de l'article 182 B du CGI (CAA Versailles 23 octobre 2012 nº 10VE02223, 1e ch. ; arrêt définitif).

Le fait qu'une **société de gestion collective** de droits d'auteur soit « débitrice » des redevances qu'elle verse à ses membres et qu'elle a collectées auprès des utilisateurs n'a pas empêché qu'elle soit elle-même regardée comme « **débitrice** » pour l'application de l'article 182 B, I-b du CGI au titre des sommes qu'elle collecte pour les reverser non pas à ses membres, mais à une autre société de gestion collective qui agit elle-même pour le compte de ses propres membres ; ainsi, la Sacem s'est vue réclamer la retenue à la source au titre des sommes qu'elle avait collectées pour les **reverser** à son homologue britannique, la société Performing Right Society Limited, laquelle les reversait ensuite aux auteurs (TA Montreuil 18 avril 2017 nº 1502977, 10e ch., Sté Performing Right Society : RJF 12/17 nº 1157) ; ce jugement a été confirmé en appel, bien que la Cour ait relevé, mais sans manifestement y accorder d'importance, que les droits d'auteur avaient été perçus par la Sacem « **pour le compte** » de la société Performing Rights Society Ltd (CAA Versailles 12 mars 2019 nº 17VE01940, 3e ch., min. c/ Performing Rights Society Ltd : RJF 7/19 nº 617, arrêt annulé pour une autre raison, tenant à notion de bénéficiaire effectif, par CE 5 février 2021 nos 430594 et 432845, 10e et 9e ch., min. c/ Sté Performing Rights Society Ltd : RJF 4/21 nº 407 ; nº 74640 g). Dans cette affaire, la Sacem avait spontanément effectué la retenue à la source, en 2013 et en 2014, mais la société britannique en avait demandé le remboursement sur le fondement de la convention fiscale franco-britannique du 19 juin 2008 ; l'administration n'avait admis la réclamation qu'à hauteur de la fraction de la retenue à la source relative aux redevances reversées par la société britannique aux artistes résidents du Royaume-Uni, seuls à même, selon elle, de pouvoir invoquer la convention fiscale (l'affaire a été renvoyée après cassation devant la cour administrative d'appel de Versailles où elle est enregistrée sous le nº 21VE00439).

Réseau Internet

L'administration avait indiqué que la retenue à la source était applicable, sous réserve des conventions fiscales, aux sommes versées au titre des prestations effectuées sur le réseau **Internet** mais cette précision n'a pas été reprise au BOFiP (ancienne réponse de Chazeaux, nº 15728, JOAN 26 octobre 1998, p. 5850 : BF 12/98 nº 1258 et nº 1358). **3470**

4. Obligations du débiteur et contentieux

Modalités d'application

Comme pour la retenue de l'article 182 A du CGI, les parties versantes (débiteurs) ont l'obligation d'opérer la retenue à la source sur les sommes qui y sont soumises et d'en verser le montant au service des impôts en charge du **recouvrement** compétent (celui du lieu du domicile fiscal, du siège ou de l'établissement du débiteur en France ou, lorsque le débiteur n'a pas d'établissement en France, le service des impôts des entreprises étrangères ; CGI Ann. IV art. 01 et CGI Ann. IV art. 23 ter) au plus tard le 15 du mois suivant le trimestre **3490** civil au cours duquel a eu lieu le paiement (CGI art. 1671 A). Ce délai est applicable aux revenus versés depuis le 1er janvier 2016 (auparavant, la retenue devait être acquittée au plus tard le 15 du mois suivant celui du paiement).

La retenue doit être effectuée **au moment du paiement**, quelle que soit la forme que prend celui-ci (numéraire, inscription en compte, virement bancaire, en nature) et quel que soit le lieu du paiement. La franchise de 8 € prévue à l'article 1671 A du CGI est applicable depuis que le texte a été modifié par l'article 4 de la loi n° 2020-1721 du 29 décembre 2020 de finances pour 2021.

Le paiement doit être accompagné d'une **déclaration n° 2494-SD** faisant apparaître l'identité du bénéficiaire, son adresse (domicile fiscal et siège à l'étranger), le montant brut des sommes soumises à la retenue, le taux et le montant de la retenue. Une seule déclaration doit être établie par débiteur pour l'ensemble des bénéficiaires et elle doit être accompagnée d'un paiement unique.

Les sommes versées doivent figurer sur la déclaration des commissions, courtages, ristournes, honoraires, droits d'auteur, etc., prévue à l'article 240 du CGI. Cette déclaration doit également indiquer le montant des retenues pratiquées (CGI Ann. III art. 47).

Sanctions

3495 Dans le passé, lorsque le débiteur n'avait pas effectué la retenue, ou avait effectué une retenue insuffisante, il était passible d'une amende qui n'était pas déductible pour le calcul de l'impôt sur les sociétés et qui ne pouvait pas être assortie d'intérêts de retard ni de majorations.

Depuis la suppression de l'amende opérée par l'ordonnance n° 2005-1512 du 7 décembre 2005 (JO du 8 décembre 2005 page 18912), les sanctions sont celles du **droit commun** :

– **si le débiteur n'a pas opéré la retenue** sur les sommes qu'il a versées ou s'il a sciemment opéré une retenue insuffisante, il est tenu de verser le montant de la retenue non opérée et il est passible des pénalités de droit commun (intérêt de retard et majorations) ;

– **si le débiteur a effectué la retenue à la source mais ne l'a pas reversée**, il est redevable du montant de la retenue auquel s'ajoutent, le cas échéant, les pénalités pour défaut ou retard de déclaration si la déclaration n° 2494-SD n'a pas été souscrite dans les délais (CGI art. 1728), et les pénalités pour insuffisance de déclaration si la déclaration souscrite (dans le délai ou tardivement) fait apparaître un reversement insuffisant par rapport à la retenue qui a été effectivement pratiquée (CGI art. 1729).

Précisions **a.** Il a été jugé que l'amende n'était plus applicable même en présence d'infractions commises avant l'entrée en vigueur de l'ordonnance du 7 décembre 2005 mentionnée ci-avant en vertu du principe applicable aux sanctions administratives selon lequel la loi répressive nouvelle doit, lorsqu'elle abroge une incrimination ou prononce des peines moins sévères que la loi ancienne, s'appliquer aux **infractions commises avant son entrée en vigueur** et n'ayant pas donné lieu à des condamnations passées en force de chose jugée (CE 23 avril 2008 n° 308865, 9e et 10e s.-s., min. c/ Sté Bisico France : RJF 7/08 n° 841 ; conclusions Laurent Vallée au BDCF 7/08 n° 96).

b. En théorie, des **sanctions pénales** sont applicables ; il résulte, en effet, de l'article 1771 du CGI que toute personne, association ou organisme qui n'a pas effectué dans les délais prescrits le versement des retenues prévues aux articles 182 A, 182 A bis, 182 A ter et 182 B du CGI ou n'a effectué que des versements insuffisants est passible, si le retard excède un mois, d'une amende pénale de 9 000 € et d'un emprisonnement de cinq ans.

3497 **Taux de la retenue en cas de rectification** Lorsque le débiteur n'a pas effectué la retenue à la source, il a consenti un avantage au bénéficiaire dont il y a lieu de tenir compte pour le calcul de la retenue elle-même (n° 3442) ; c'est la raison pour laquelle il convient de pratiquer un calcul « **en dedans** » (la retenue est considérée comme incluse dans le montant net effectivement versé), en retenant le taux de 25/75 (en 2022) ou de 15/85, selon qu'il s'agit d'un revenu passible de la retenue au taux ordinaire ou au taux de 15 % (300 % en présence d'un État ou territoire non coopératif ; n° 3448).

Ce mode de calcul a été confirmé par le Conseil d'État, qui a jugé que la prise en charge du montant de la retenue à la source par le débiteur, sans qu'il en demande le remboursement au bénéficiaire, constitue un **supplément de rémunération** qui doit être intégré dans le calcul de cette même retenue à la source (CE 22 novembre 2019 n° 423698, 8e et 3e ch., Société anonyme d'économie mixte (SAEM) de gestion du Port Vauban : RJF 2/20 n° 90 ; voir également n° 3440) ; dans cette affaire, a été jugé sans incidence le fait que le bénéficiaire se soit engagé à garantir le débiteur du montant mis à sa charge à ce titre postérieurement au fait générateur de la retenue à la source (cette circonstance a également été jugée sans incidence par CAA Marseille 18 mars 2021 n° 19MA05052, 3e ch., Société anonyme d'économie mixte (SAEM) de gestion du Port Vauban, arrêt définitif statuant sur renvoi après cassation).

Précédemment, la même analyse avait été faite à propos de l'assiette de l'amende dont était, à l'époque, passible le débiteur qui n'avait pas opéré la retenue ; l'assiette de l'amende comprenait, en plus de la somme effectivement payée au bénéficiaire, un **montant égal à l'avantage** résultant pour ce dernier de ce que la somme reçue n'avait pas supporté la retenue (CE 13 mars 1996 n° 148038, 8e et 9e s.-s., min. c/ Clappier : RJF 5/96 n° 586). Le commissaire du Gouvernement Jacques Arrighi de Casanova avait indiqué, dans cette affaire, qu'il y avait lieu de s'en tenir à un mécanisme simple et clair selon lequel « **toute somme est réputée versée retenue faite** » (voir conclusions au BDCF 3/96). Ce mécanisme a également été jugé conforme à la **Constitution**, car il a pour objet de reconstituer la rémunération brute réellement perçue par le prestataire et d'empêcher ainsi des ententes de nature à minorer le montant de l'impôt (Cons. const. 24 mai 2019 n° 2019-784 QPC, Sté Cosfibel Premium : RJF 8-9/19 n° 828 ; voir n° 3440).

Si, par exemple, le débiteur omet, en 2022, de prélever la retenue de 25 %, le revenu perçu par le bénéficiaire est réputé avoir subi une retenue de 25/75 soit 33,33 % (simple « règle de trois »). Le débiteur est donc redevable d'une somme de 33,33. Tout se passe comme si le revenu brut versé était égal à 133,33 et qu'il avait effectivement été amputé d'une retenue de 25 % soit 33,33 (133,33 × 25 %). Le revenu net perçu par le bénéficiaire est bien égal à 100.

Cette solution n'est cependant pas à l'abri de la critique étant donné que la retenue à la source n'est pas, ainsi que l'a jugé le Conseil d'État, un minimum d'imposition (n° 3520). L'absence de retenue n'est, en réalité, un avantage consenti que s'il n'y a pas de contrepartie en termes d'impôt sur le revenu ou sur les sociétés.

Contentieux

En cas de contrôle fiscal, c'est bien entendu le **débiteur** qui sera mis en cause et à qui la retenue à la source non acquittée sera réclamée, augmentée des intérêts de retard et de pénalités éventuelles. C'est donc lui qui aura à mener un contentieux, le cas échéant. **3499**

Cela n'empêche pas le **bénéficiaire** d'entamer lui-même un contentieux et de contester la retenue à la source devant le juge de l'impôt. Le Conseil d'État l'a confirmé dans l'affaire Palomata/Port-Vauban (n° 3443, Précisions), en précisant que la circonstance que la retenue à la source n'ait pas été spontanément opérée lors du versement des revenus et que, par suite, ces derniers n'aient pas été amputés de son montant est sans incidence sur la recevabilité du bénéficiaire à la contester dès lors que, dans une telle hypothèse :
– la retenue est établie sur une assiette augmentée du montant de la retenue non pratiquée spontanément ;
– cette retenue est imputable sur l'impôt sur le revenu ou sur l'impôt sur les sociétés éventuellement dû en France par le bénéficiaire ;
– il résulte d'une jurisprudence constante des juridictions de l'ordre judiciaire que le responsable du paiement est fondé à en demander la restitution au bénéficiaire (CE 15 novembre 2021 n° 453022, 8e et 3e ch., min. c/ Sté Palomata : RJF 2/22 n° 199).

En toute hypothèse, en effet, c'est le prestataire de services qui doit supporter la charge de la retenue à la source même si c'est le débiteur qui en est redevable ; une société qui n'a pas opéré la retenue à la source et ne l'a pas déduite du prix des prestations est en droit de **réclamer au prestataire** le montant de l'imposition versé finalement pour son compte, après redressement, au Trésor public, sous réserve des pénalités et intérêts de retard qui restent à la charge de la société débitrice (Cass. com. 12 février 2013 n° 11-11.189 (n° 153 F-D), Bailleul c/ Sté Sea TPI : RJF 5/13 n° 490, à propos de rémunérations versées à une société fictive aux Seychelles et sous couvert de laquelle le prestataire réel avait rendu les services).

En termes de procédure, enfin, il a été jugé qu'aucune disposition législative ou réglementaire n'impose à l'administration d'**informer les bénéficiaires** en cas de rectification sur le fondement de l'article 182 B du CGI (CE 22 novembre 2019 n° 423698, 8e et 3e ch., Société anonyme d'économie mixte (SAEM) de gestion du Port Vauban : RJF 2/20 n° 90 ; voir également n° 3440) ; cette décision confirme un précédent arrêt jugeant que l'administration n'a pas, lorsqu'elle pratique une rectification à l'endroit du débiteur, redevable légal de la retenue à la source, à envoyer concomitamment une proposition de rectification au prestataire non résident, même si elle a la faculté d'y procéder (CAA Versailles 15 novembre 2016 nº 15VE01251, 3e ch., Sté Vetoquinol : RJF 2/17 nº 102, arrêt définitif ; voir également nº 3450) ; dans cette affaire, l'arrêt contraire de la Cour de l'AELE (nº 82066) a été jugé sans incidence dès lors que la France n'est pas membre de l'AELE. La même solution a été reprise par CAA Marseille 18 mars 2021 nº 19MA05052, 3e ch., Société anonyme d'économie mixte (SAEM) de gestion du Port Vauban, arrêt définitif statuant sur renvoi du Conseil d'État par la décision précitée nº 423698 du 22 novembre 2019, et jugeant en outre que l'absence d'information des sociétés actionnaires étrangères ne constitue pas, par elle-même, une restriction à la **libre circulation des capitaux**.

Précisions Il a été jugé que seuls le débiteur des sommes et leur bénéficiaire ont **qualité pour contester** la retenue à la source opérée sur le fondement de l'article 182 B, et non pas la personne à laquelle les sommes en cause ont été ensuite reversées (CAA Paris 30 novembre 2000 nº 96-2035, 2e ch. A, The Performing Right Society Limited : RJF 3/02 nº 324, arrêt définitif à propos de droits d'auteur versés par la Sacem à son équivalent sud-africain et ayant fait l'objet de la retenue à la source alors que le véritable bénéficiaire était une société britannique).

5. Obligations du bénéficiaire

Absence de caractère libératoire

3510 L'article 182 B du CGI dispose que la retenue **s'impute** sur le montant de **l'impôt sur le revenu** établi dans les conditions prévues à l'article 197 A du même Code (application du barème, du quotient familial et du taux minimum d'imposition). Cette retenue n'a donc pas de caractère libératoire (sous réserve du nº 3448) ; elle se présente, en fait, comme un acompte d'impôt ou un impôt payé d'avance (en ce qui concerne l'impôt sur le revenu, mais pas en ce qui concerne l'impôt sur les sociétés, si la société étrangère n'est pas assujettie à l'impôt sur les sociétés en France ; voir infra, Précisions b).

Le bénéficiaire doit faire une **déclaration**, conformément aux règles applicables en matière d'impôt sur le revenu ou d'impôt sur les sociétés (le bénéficiaire peut être indifféremment une personne physique ou morale, passible de l'impôt sur le revenu ou de l'impôt sur les sociétés). La retenue à la source est alors déduite de l'impôt exigible :
- pour l'impôt sur le revenu en vertu de l'article 182 B, II du CGI ;
- pour l'impôt sur les sociétés en vertu de l'article 219 quinquies du même Code (nº 5512).

Il en résulte que le bénéficiaire n'est redevable d'un complément établi par voie de rôle que lorsque la retenue à la source est inférieure au montant de l'impôt sur le revenu (ou de l'impôt sur les sociétés, s'il s'agit d'une personne morale soumise à cet impôt).

Enfin, il a été jugé que les dispositions de l'article 182 B du CGI n'instituent que des modalités particulières de liquidation et de règlement de l'impôt sur le revenu et qu'elles n'ont ni pour objet ni pour effet d'exclure **l'assujettissement à l'impôt sur le revenu** des personnes qui en sont passibles en application de l'article 4 A du CGI (CE 17 mars 2014 nº 354701, 3e et 8e s.-s., Chebbo : RJF 6/14 nº 564) ; ainsi, le moyen soulevé par le contribuable devant les juges du fond et tiré de ce que ses revenus d'activité ne pouvaient être imposés en France que par voie de retenue à la source, dès lors qu'il ne disposait pas d'une installation professionnelle permanente en France, était sans incidence sur son assujettissement à l'impôt sur le revenu (voir également nº 3425).

Précisions **a.** Le contribuable ne peut bénéficier de l'imputation de la retenue à la source que si celle-ci a été **effectivement opérée et versée** au Trésor (en ce sens, par exemple, CAA Paris 30 juin 2011 nº 09PA04342, 5e ch., Schiffer : RJF 12/11 nº 1265 ; arrêt définitif, voir aussi nº 45710 a).

b. Lorsque les revenus ne sont pas assujettis à l'impôt sur les sociétés parce que la société qui les perçoit n'exploite pas d'entreprise en France, la retenue à la source ne constitue pas un acompte d'impôt sur les sociétés mais une **imposition distincte** (CE QPC 17 juillet 2017 nº 407269, 3e et 8e ch., Sté Easyvista : RJF 11/17 nº 1093). Il en va différemment en ce qui concerne l'impôt sur le revenu (nº 3520).

Sportifs

3515 En ce qui concerne les sportifs, l'administration admet (nº 45210) que ceux qui ont leur domicile fiscal hors de France et qui sont imposables en France à raison de revenus de source française peuvent s'**abstenir de souscrire une déclaration** de revenus sans encourir de sanctions fiscales lorsqu'ils sont en mesure d'établir que la retenue à la source effectivement prélevée et versée au Trésor atteint ou dépasse le montant de l'impôt sur le revenu (l'impôt sur le revenu se calcule sur un revenu **net**, alors que la retenue de 15 % est perçue sur un montant **brut** ; en présence de charges, cette dernière sera donc souvent supérieure, même si l'impôt sur le revenu est calculé au taux minimum de 20 % ou 30 %).

Retenue excédentaire

Pour les revenus perçus depuis le 1er janvier 2020, la loi prévoit que, lorsque la retenue à la source excède le montant de l'impôt sur le revenu, le contribuable peut demander le **remboursement** de l'excédent de retenue opéré (CGI art. 182 B, II tel que modifié par l'article 4 de la loi n° 2020-1721 du 29 décembre 2020 de finances pour 2021, lui-même issu de l'amendement parlementaire n° I-CF104 ; n° 2835, Précisions). Ce droit à restitution n'est cependant pas applicable à la retenue à la source pratiquée au taux de 75 %, dès lors que cette retenue est libératoire de l'impôt sur le revenu et non remboursable (n° 3448). **3520**

En ouvrant cette faculté, le législateur a cherché à tenir compte, avec retard, de la jurisprudence du Conseil d'État qui était en ce sens sous l'empire de l'ancienne rédaction de la loi, alors que l'administration persistait à soutenir que, lorsque le montant de la retenue à la source était supérieur au montant de l'impôt exigible, l'excédent ne pouvait, en aucun cas, être restitué, sauf si la retenue avait été appliquée à tort (ancien BOI-IR-DOMIC-10-20-20-50 n° 120, corrigé depuis lors par une mise à jour du 29 juin 2022 précisant désormais que, lorsque le montant de retenue est supérieur au montant d'impôt sur le revenu, le contribuable peut demander le remboursement de l'excédent de retenue opérée). Le Conseil d'État avait, en effet, jugé, contrairement à la position de l'administration, que l'article 182 B du CGI n'a pas pour objet et ne peut avoir pour effet, en l'absence de dispositions en ce sens, d'instituer un **minimum d'imposition**, prévu par ailleurs par l'article 197 A du même Code ; la retenue à la source doit ainsi être regardée comme un acompte sur le paiement de l'impôt sur le revenu dont elle ne constitue qu'une modalité particulière de perception et le contribuable est en droit, lorsque le montant du prélèvement est supérieur à l'impôt dû par lui, de **réclamer la restitution de l'excédent** de retenue qui ne peut être imputé sur le montant de l'impôt dû (CE 17 février 2015 n° 373230, 3e et 8e s.-s. : RJF 5/15 n° 380, aux conclusions Emmanuelle Cortot-Boucher au BDCF 5/15 n° 51). En l'espèce, le contribuable, salarié de l'écurie Renault F1 domicilié en Italie, soutenait que la retenue à la source qui avait grevé ses rémunérations était supérieure à l'impôt sur le revenu auquel il aurait dû être assujetti compte tenu de ses **frais professionnels** et de sa **situation de famille** ; il n'avait pas, en première instance, justifié de la réalité des frais professionnels allégués ainsi que de leur lien avec l'activité exercée en France (TA Montreuil 2 décembre 2011 n° 1002695, 10e ch. : RJF 7/12 n° 677) mais il avait produit de nouveaux éléments en appel, que l'administration ne contestait pas (CAA Versailles 9 juillet 2013 n° 12VE00553, 3e ch. : RJF 12/13 n° 1114). Il a finalement eu gain de cause, le Conseil d'État ayant confirmé la solution favorable rendue en appel.

Lorsque le prestataire de services est une personne morale non résidente **passible de l'impôt sur les sociétés**, la retenue peut donner lieu à une restitution définitive pour la part excédant l'imposition déterminée à partir d'une base nette des charges d'acquisition et de conservation (n° 3440).

Précisions La décision précitée du Conseil d'État du 17 février 2015 laisse penser qu'il existe un principe général selon lequel, même sans texte et dans le silence de la loi, un contribuable a le **droit d'obtenir la restitution** de l'excédent d'impôt versé par rapport à l'impôt effectivement dû (sauf disposition législative contraire, bien entendu) ; dans le même sens, à propos d'un prélèvement sur les profits de construction, CE 27 juillet 1984 n° 37857, Plén. : RJF 10/84 n° 1170 et CE 8 janvier 1988 n° 48684, 7e et 9e s.-s. : RJF 3/88 n° 285, jugeant que l'imputation de la retenue sur l'impôt devait s'entendre comme obligeant l'administration à rembourser le contribuable lorsque la charge fiscale s'avère inférieure à celle qui avait été anticipée. Ce principe n'est cependant pas généralisable et il n'a pas été appliqué, par exemple, à des demandes de remboursement de crédits d'impôt étranger (n° 83673).

H. Établissement de l'impôt sur le revenu

1. Lieu d'imposition

Cas général

Les non-résidents sont gérés par un centre spécial, le service des impôts des particuliers non résidents (anciennement centre des impôts des non-résidents), au sein de la Direction **3600** des impôts des non-résidents (DINR), qui appartient elle-même à la Direction générale des finances publiques (DGFiP).

Il en va de même des fonctionnaires ou agents de l'État en service à l'étranger, bien qu'ils soient considérés, le plus souvent, comme domiciliés en France (CGI art. 4 B, 2 ; n° 2400).

Le service des impôts des particuliers non résidents est situé à Noisy-le-Grand (TSA 10010, 10 rue du Centre, 93465 Noisy-le-Grand cedex ; tél. : 01 72 95 20 42).

Précisions **a.** Un résumé des modalités pratiques de déclaration est fourni par la **notice administrative** n° 2041-E-NOT, concernant les personnes fiscalement domiciliées hors de France.

b. Le service des impôts des particuliers non résidents n'est pas compétent à l'égard des contribuables français ou étrangers qui ont leur **résidence habituelle à Monaco** et qui sont imposables en France en vertu de la législation interne française et des contribuables de nationalité française qui sont imposables en France en vertu de la convention franco-monégasque bien qu'ayant leur résidence habituelle à Monaco (n° 3610). Ces personnes sont imposées au service des impôts des particuliers de Menton (n° 3610, Précisions h). Depuis le 1er novembre 2017, les personnes physiques résidant à Monaco doivent cependant déposer les déclarations de **succession** et de don manuel au service départemental de l'enregistrement de Nice, 22 rue Joseph Cadei, 06172 Nice Cedex (Arrêté du 13 octobre 2017, JO du 20 octobre 2017, texte n° 18 : BF 12/17 n° 1145).

c. Les contribuables qui **transfèrent leur domicile fiscal** hors de France sont tenus d'informer l'administration fiscale de l'adresse du nouveau domicile fiscal dans les deux mois suivant chaque transfert (CGI art. 167 bis IX, issu de l'article 48 de la loi n° 2011-900 du 29 juillet 2011 de finances rectificative pour 2011) ; cette obligation vaut également si le contribuable n'est pas soumis à l'exit tax prévue par l'article 167 bis du CGI.

d. À propos d'une personne physique qui avait souscrit des déclarations au titre de l'ancien ISF en tant que non-résident et qui avait ensuite soutenu qu'elle était domiciliée en France pour bénéficier du plafonnement, voir TA Nice 27 juillet 2017 n° 1603249 : RJF 4/18 n° 347, jugeant que l'administration ne pouvait refuser de prendre en charge les **déclarations rectificatives** de l'intéressée, qui était bien domiciliée en France (jugement définitif).

Non-résidents ayant une installation fixe d'affaires en France

3605 En ce qui concerne les non-résidents qui exercent leur activité en France par l'intermédiaire d'une installation fixe d'affaires (« **base fixe** », n° 23650), ce sont les services territoriaux qui sont compétents pour recevoir les déclarations, et non pas le service des impôts des particuliers non résidents, de même que pour mener les procédures de contrôle fiscal (CE 30 mars 2005 n° 230053, 10e et 9e s.-s., min. c/ Villatte : RJF 7/05 n° 751, à propos d'un avocat résident du Royaume-Uni qui exerçait en partie son activité en France ; n° 23680 f.).

Résidents monégasques

3610 Il résulte de la convention franco-monégasque du 18 mai 1963 modifiée (article 7 § 1) que « les **personnes physiques de nationalité française** qui transporteront à Monaco leur domicile ou leur résidence - ou qui ne peuvent pas justifier de cinq ans de résidence habituelle à Monaco à la date du 13 octobre 1962 - seront assujetties en France à l'impôt sur le revenu des personnes physiques et à la taxe complémentaire dans les mêmes conditions que si elles avaient leur domicile ou leur résidence en France » (voir également n° 10932 et n° 3600, Précisions b).

L'application de ces stipulations aux **Français nés à Monaco et qui y ont constamment résidé** a donné lieu à un va-et-vient jurisprudentiel qui laisse perplexe ; après avoir clairement jugé que les Français qui sont dans cette situation devaient être considérés comme domiciliés en France (notamment, CE 2 novembre 2011 n° 340438, 8e et 3e s.-s. : RJF 1/12 n° 61, aux conclusions Nathalie Escaut au BDCF 1/12 n° 12), le Conseil d'État a ensuite pris la position exactement contraire (CE 11 avril 2014 n° 362237, Plén., Giorgis : RJF 7/14 n° 718 aux conclusions Édouard Crépey au BDCF 7/14 n° 73). Déclarant interpréter ces stipulations selon le sens ordinaire à attribuer à leurs termes, dans leur contexte et à la lumière de leur objet et de leur but, il juge désormais que l'intention des parties était de lutter contre l'évasion fiscale et que, par suite, seules sont au nombre des personnes de nationalité française assujetties en France aux impositions que ces stipulations mentionnent, dans les mêmes conditions que si elles avaient leur domicile ou leur résidence en France, soit les personnes qui ont transféré à Monaco leur domicile ou leur résidence après le 13 octobre 1962 soit celles qui l'ont fait auparavant mais sans pouvoir justifier, à cette date, de cinq ans de résidence habituelle à Monaco. Sont en revanche exclues les personnes qui, y ayant constamment résidé depuis leur naissance, n'y ont jamais transféré leur domicile. L'administration s'est ralliée à cette solution en indiquant que, pour en bénéficier, les personnes concernées doivent produire un **certificat de domicile** délivré par les autorités de Monaco (réponse Leroy, n° 73014 : JOAN du 22 décembre 2015 p. 10645, rappelant que les intéressés peuvent, dans la limite de la prescription, demander un remboursement pour le passé). L'administration estime que la décision du Conseil d'État s'applique également aux Français nés en France s'ils ont rejoint immédiatement le domicile de leurs parents, situé à Monaco, puis y ont résidé sans interruption, sous réserve que le séjour en France soit exclusivement lié aux circonstances de la naissance (BOI-INT-CVB-MCO-10 n° 30, citant la réponse Frassa, n° 23030 : JO Sénat 2 février 2017 p. 426 ; également, BF 4/17 n° 420). **3610** (suite)

À propos des **conjoints français**, il a par ailleurs été jugé que seul le droit interne s'applique à un ressortissant français ayant continûment résidé à Monaco depuis son mariage avec une ressortissante française née à Monaco et ayant elle-même constamment résidé à Monaco (n'entrant donc pas dans le champ des stipulations de l'article 7 § 1 de la convention précitée), et qui ne se trouve pas dans l'un des cas d'imposition séparée en application de l'article 6, 4 du CGI (CE 30 décembre 2014 n° 362245, 10e et 9e s.-s. : RJF 3/15 n° 255 ; cette décision s'autorise d'un accord franco-monégasque du 26 mai 2003 réglant la situation spécifique des conjoints français et régulièrement publié au journal officiel).

Pour le Conseil d'État, en outre, et alors pourtant que la convention se contente de stipuler qu'elles sont imposées « dans les mêmes conditions » que si elles avaient leur domicile en France, les personnes de nationalité française qui résident à Monaco et qui entrent dans le champ des stipulations du paragraphe 1 de l'article 7 de la convention précitée sont **réputées avoir leur domicile fiscal en France** (en ce sens, il est cependant à noter que le III du protocole de signature annexé à la convention fait état des « personnes physiques qui bien que résidant à Monaco sont, en application de l'article 7, réputées avoir leur domicile fiscal en France ») ; elles sont dès lors, conformément aux dispositions de l'article 4 A du CGI, assujetties en France à l'impôt à raison de l'ensemble de leurs revenus, bien que, en l'absence de stipulations conventionnelles, elles n'eussent pas été imposables en France (CE 1er février 2012 n° 340866, 8e et 3e s.-s. : RJF 4/12 n° 405 ; CE 11 juin 2014 n° 358301, 3e et 8e s.-s. : RJF 10/14 n° 866).

Il en a été déduit, à propos d'un ressortissant français qui était entraîneur adjoint de l'Association sportive de Monaco football club, que les **conventions fiscales** conclues par la France avec d'autres pays peuvent éventuellement être applicables (CAA Versailles 2 juillet 2015 n° 13VE02420, 6e ch., en appel de TA Montreuil 23 mai 2013 n° 1107670, 1e ch. : RJF 1/14 n° 70 ; l'arrêt d'appel est définitif car il a fait l'objet d'un pourvoi qui n'a pas été admis par CE (na) 9 mars 2016 n° 392822, 10e ch.). La Cour a d'abord jugé que l'intéressé était domicilié en France sur le fondement de la convention franco-monégasque dès lors qu'il avait la nationalité française et qu'il devait être considéré comme ayant son domicile à Monaco pour l'application de cette convention, quoiqu'il n'y ait eu apparemment aucun « domicile », au motif qu'il y exerçait son activité professionnelle principale et qu'il s'agit là de l'un des critères posés par l'article 4 B du CGI (raisonnement dont la validité nous paraît douteuse et qui aurait mérité d'être confirmé, étant donné que le domicile mentionné par la convention devrait s'entendre du domicile civil sans égard aux critères du droit fiscal français qui n'ont aucune pertinence en l'espèce). Dans cette affaire, la Cour a ensuite estimé qu'il y avait lieu d'appliquer la convention fiscale franco-italienne du 5 octobre 1989, alors même que l'intéressé, n'ayant manifestement de domicile qu'en Italie, ne pouvait, en principe, être considéré comme domicilié en France au sens de l'article 4 de la convention franco-italienne étant donné que sa domiciliation fiscale en France ne résultait que de la fiction fiscale posée par la convention franco-monégasque (il ne pouvait dès lors être considéré comme assujetti à l'impôt en France « en raison de son domicile, de sa résidence, de son siège de direction ou de tout autre critère de nature analogue » au sens de la convention franco-italienne ; voir également n° 41255 e). De son côté, l'administration estime que les Français établis à Monaco, mais considérés comme fiscalement domiciliés en France en application de l'article 7 § 1 de la convention, ne sont pas regardés, pour l'application des conventions fiscales, comme des **résidents de France** ; ils peuvent toutefois, lorsqu'ils perçoivent des revenus de capitaux mobiliers qui ont leur source dans des États liés à la France par une convention fiscale, bénéficier d'un **crédit d'impôt** égal au montant de l'impôt prélevé à la source à l'étranger sur ces revenus, dans la limite de l'impôt français dû au titre de ces mêmes revenus (BOI-INT-CVB-MCO-10 n° 260).

3610 (suite) En tout état de cause, le principe de domiciliation posé par la convention ne fait pas obstacle à ce qu'un Français résidant à Monaco soit domicilié en France **sur le fondement des critères de droit interne** posés par l'article 4 B du CGI (CE 11 juin 2014 n° 358301, 3e et 8e s.-s. : RJF 10/14 n° 866, à propos d'un contribuable domicilié en France sur le fondement du centre des intérêts économiques et qui pouvait donc être assujetti à la CSG, à la CRDS et au prélèvement social ; n° 3786). Sur ce point, également, CE 11 avril 2014 n° 362237, précité, et CE 19 septembre 2016 n° 388899, 8e et 3e ch. : RJF 12/16 n° 1106, à propos de contribuables dont la déclaration de revenus révélait par elle-même qu'ils avaient le centre de leurs intérêts économiques en France. Également, CE 5 mars 2018 nos 400329 et 401716, 8e et 3e ch. : RJF 6/18 n° 574 (voir nos 3786 et 40915 j) et CAA Paris 6 juin 2017 n° 16PA00464, 10e ch., arrêt définitif jugeant fondé l'assujettissement aux **prélèvements sociaux** d'une plus-value immobilière réalisée par un Français résident de Monaco qui pouvait également être considéré comme domicilié en France sur le fondement du critère de l'activité professionnelle principale.

De son côté, enfin, l'administration estime que les personnes qui possèdent la nationalité française ainsi qu'une nationalité étrangère autre que monégasque et qui transfèrent leur domicile à Monaco sont considérées comme ayant la nationalité française. Les intéressés restent donc, selon l'administration, imposables en France (BOI-IR-DOMIC-20 n° 210, sous réserve de l'exception mentionnée au BOI-INT-CVB-MCO-10 n° 130). En outre, selon la doctrine administrative (BOI préc. n° 220), les dispositions de l'article 7 de la convention franco-monégasque du 18 mai 1963 s'appliquent à tous les contribuables de nationalité française qui établissent leur domicile à Monaco, **quel que soit le pays de leur ancien domicile**. Ainsi, lorsqu'un contribuable de nationalité française antérieurement domicilié dans un État étranger établit son domicile à Monaco, il est, à compter du jour de cet établissement, assujetti à l'impôt sur le revenu en France dans les mêmes conditions que s'il y avait établi son domicile. Il doit donc souscrire en France, au début de l'année suivant celle du transfert, une déclaration comprenant :
– les revenus de toute nature et de toute origine perçus ou réalisés depuis la date de son installation à Monaco ;
– le cas échéant, les éléments nécessaires à son imposition dans les conditions définies à l'article 164 B du CGI.

Précisions **a.** Sur la **portée** de la **convention** franco-monégasque, voir également CE 5 octobre 2007 n° 292388, Sect., min. c/ Mori-Bodin : RJF 12/07 n° 1371, jugeant notamment qu'en application de l'article 7 § 1 de la convention du 18 mai 1963, les Français qui résident à Monaco sont réputés conserver leur **domicile fiscal** en France et sont, dès lors, passibles de l'impôt sur le revenu en France, sauf s'ils sont en mesure de justifier, par la production d'un certificat de domicile délivré en application de la convention du 23 décembre 1951 ou par tous moyens, qu'ils résidaient habituellement à Monaco depuis le 13 octobre 1957 au moins.

b. Sur les **prélèvements sociaux**, voir également n° 3786. Sur l'**IFI**, voir n° 52962, Précisions a et b.

c. L'ancienne **doctrine administrative** relative aux relations franco-monégasques n'avait pas été reprise au BOFiP le 12 septembre 2012 ; elle était donc caduque depuis cette date et les solutions antérieures ne pouvaient pas être invoquées par les contribuables qui y auraient eu intérêt (CE 27 février 2013 n° 357537, 8e et 3e s.-s. : RJF 5/13 n° 520). Les anciens commentaires ont toutefois été repris au BOFiP le 2 juin 2021, avec quelques actualisations (en ce qui concerne la domiciliation fiscale, les différents cas possibles sont exposés au BOI-INT-CVB-MCO-10).

d. La **contribution exceptionnelle sur les hauts revenus** s'applique aux personnes de nationalité française résidant à Monaco, assujetties en France à l'impôt sur le revenu en application du 1 de l'article 7 de la convention fiscale du 18 mai 1963 conclue entre la France et la principauté de Monaco (BOI-IR-CHR n° 290).

e. La **réduction d'impôt Malraux**, accordée au titre des dépenses de restauration immobilière dans les secteurs sauvegardés, les quartiers anciens dégradés et les zones protégées n'est pas applicable, selon l'administration, aux personnes résidant à Monaco mais assujetties en France à l'impôt sur le revenu en application du 1 de l'article 7 de la convention fiscale franco-monégasque du 18 mai (BOI-IR-RICI-200-10 n° 10).

f. L'article 7 de la convention franco-monégasque, dont les stipulations doivent être interprétées conformément au sens ordinaire à attribuer à leurs termes, dans leur contexte et à la lumière de leur objet et de leur but, exclut de son champ d'application toute imposition distincte de l'impôt sur le revenu, et notamment la **taxe sur les métaux précieux**, les bijoux, les objets d'art, de collection et d'antiquité ; cette taxe a la nature d'une imposition distincte de l'impôt sur le revenu, au sens de l'article 7 de cette convention, en raison de son assiette, de son taux et de ses modalités de recouvrement, alors même que le contribuable peut choisir de ne pas la supporter et d'exercer l'option pour le régime de droit commun d'imposition des plus-values (CE 6 mai 2015 n° 378534, 8e et 3e s.-s. : RJF 7/15 n° 624, aux conclusions Nathalie Escaut au

BDCF 7/15 n° 94, jugeant que c'est pour le seul impôt sur le revenu que la France trouve dans l'article 7 de la convention le droit d'imposer ceux de ses nationaux qui ont transporté à Monaco leur domicile ou leur résidence et non pas, notamment, pour cette taxe spécifique). L'administration en a pris acte avec un certain retard (BOI-RPPM-PVBMC-20-30 n° 80, dans sa version du 27 avril 2018).

g. Il n'est pas envisagé de **réviser la convention** franco-monégasque ni de rendre transmissible le statut de résident privilégié (réponse Guibal n° 41673 : JOAN 19 janvier 2016 p. 592).

h. L'adresse du **service des impôts des particuliers (SIP) de Menton** est la suivante : Service des résidents de Monaco, 7 rue Victor Hugo, 06507 Menton Cedex (courriel : sip.menton@dgfip.finances.gouv.fr ; tél. : 04 93 28 62 78).

2. Modalités d'imposition

Principes

Conformément à l'article 170 du CGI, toute personne passible de l'impôt sur le revenu, qu'elle soit résidente ou non résidente, est tenue de souscrire et de faire parvenir à l'administration une déclaration détaillée de ses revenus et bénéfices, et de ses charges de famille. **3620**

La déclaration est cependant limitée à l'indication des revenus ou bénéfices qui sont soumis à l'impôt sur le revenu (voir notice administrative n° 2041-E, décrivant le régime fiscal applicable aux non-résidents).

En l'absence de déclaration, les intéressés s'exposent à une taxation d'office s'ils n'ont pas régularisé leur situation dans les trente jours d'une première mise en demeure (n° 3740).

En revanche, les dispositions de l'article 170 bis du CGI, qui exigent une déclaration de revenus des personnes qui disposent de l'un des quatre **éléments de train de vie** énumérés à cet article (avion de tourisme, employé de maison, résidence secondaire, etc.), ne sont applicables qu'aux contribuables domiciliés en France au sens de l'article 4 B du CGI (CE 29 juin 2011 n° 317426, 3e et 8e s.-s., Prufrock : RJF 10/11 n° 1026 aux conclusions Emmanuelle Cortot-Boucher au BDCF 10/11 n° 107 ; voir aussi n° 3762). Il en résulte notamment qu'une personne physique non résidente n'a pas à déposer une déclaration de revenus du seul fait qu'elle dispose d'une **résidence secondaire** en France ; si l'administration veut l'exiger, elle doit établir que cette personne est imposable en application de l'article 170 du CGI.

Précisions **a.** Avant la décision Prufrock, il avait déjà été jugé que seules peuvent être soumises aux obligations déclaratives les personnes qui sont passibles de l'impôt sur le revenu en France et que la **simple possession d'une résidence** en France n'oblige pas à déposer une déclaration de revenus (CE 4 avril 2005 n° 255600, 3e et 8e s.-s., Merhej : RJF 7/05 n° 650 ; conclusions Emmanuel Glaser au BDCF 7/05 n° 84).

b. Les contribuables non domiciliés en France (hors Union européenne, Islande et Norvège) peuvent être invités à désigner un **représentant** en France dans un délai de 90 jours (n° 83080).

Contenu de la déclaration

La déclaration de revenus doit mentionner : **3622**
- l'**identité**, la situation et les charges de famille du contribuable ;
- les **différents revenus de source française** dont il a disposé et qui ne sont pas soumis à une retenue ou à un prélèvement libératoires (le cas échéant, avec les déclarations annexes nécessaires).

Doivent être déclarés l'ensemble des revenus qui ne font pas l'objet d'une imposition distincte et notamment ceux qui reviennent aux personnes à charge du contribuable et qui sont imposables en France. Lorsqu'un **foyer** comprend un conjoint résident et un autre non résident, les revenus imposables en France sont ceux qui reviennent au résident, quelle que soit leur source, et ceux qui reviennent au non-résident et qui ont leur source en France (n° 40950).

Délais de déclaration

Pour leurs revenus 2021, les non-résidents devaient souscrire leur déclaration de revenus **en ligne** sur www.impots.gouv.fr au plus tard le 24 mai 2022 à 23 h 59 (ou, le cas échéant, sous forme papier au plus tard le 31 mai 2022 à 23 h 59, le cachet de La Poste faisant foi) quel que soit le lieu de leur résidence hors de France (la déclaration en ligne est en principe obligatoire quel que soit le revenu fiscal de référence ; seuls en sont dispensés les contribuables qui ne disposent pas d'un accès à Internet dans leur résidence principale). **3624**

Précisions **a.** L'obligation faite aux non-résidents de déposer leur déclaration à la première des trois dates retenues selon les zones résulte de ce qu'ils déclarent majoritairement leurs revenus en ligne et qu'un grand nombre de leurs déclarations nécessite un **retraitement** (environ la moitié à la DINR contre 1 % à 1,5 % dans les autres directions) ; une date limite de dépôt suffisamment avancée permet de laisser aux agents le temps de retraiter les déclarations afin que les intéressés puissent recevoir leurs avis d'imposition dans les meilleurs délais (réponse Deromedi, nº 05301 : JO Sénat 18 avril 2019 p. 2096, à propos de la campagne 2019).

b. Depuis 2021, les contribuables qui ont déposé leur déclaration en ligne au cours des deux années précédentes ne reçoivent pas de **déclaration papier préremplie**, mais simplement un courriel de la DINR leur rappelant leur obligation de déclaration en ligne.

Recouvrement

3626 Dès lors qu'il dépasse un montant minimum (300 €, actuellement), l'impôt sur le revenu, de même que la taxe d'habitation, les taxes foncières et certaines autres taxes, doit obligatoirement être acquitté par **prélèvement** opéré sur un compte bancaire, à l'initiative du Trésor public (CGI art. 1681 sexies).

Pour faciliter la tâche des non-résidents, il a d'abord été prévu que les prélèvements puissent être opérés sur un compte de dépôt dans un établissement de crédit établi soit en France, soit dans l'Espace unique de paiement en euros (**zone Sepa** ; loi nº 2015-1785 du 29 décembre 2015 de finances pour 2016, art. 124 ; également, réponse Le Borgn', nº 71270 : JOAN 19 janvier 2016 p. 593).

Ensuite, comme les non-résidents ne disposent pas nécessairement d'un compte dans la zone Sepa, l'article 188 de la loi nº 2020-1721 du 29 décembre 2020 de finances pour 2021 a permis à ceux qui résident dans certains États d'acquitter l'impôt sur le revenu, la taxe d'habitation, la contribution à l'audiovisuel public, les taxes foncières et les impositions recouvrés selon les mêmes règles, quel que soit leur montant, par **virement** directement opéré sur le compte du Trésor ouvert dans les écritures de la Banque de France (CGI art. 1681 sexies, dans sa rédaction applicable aux paiements effectués depuis le 1er janvier 2021). Les États concernés sont La Barbade, Cuba, les îles Vierges britanniques, l'Iran, le Kenya, le Liban, le Maroc, le Soudan, le Venezuela et le Zimbabwe (Arrêté du 24 janvier 2022, au JO du 3 février 2022, texte nº 51).

Incidences du prélèvement à la source de l'impôt sur le revenu

3630 Comme il est indiqué nº 1932, un mécanisme de prélèvement de l'impôt, contemporain de la perception des revenus, a été mis en place depuis le 1er janvier 2019 ; ce dispositif ne concerne pas seulement les personnes physiques domiciliées en France mais il concerne également les non-résidents s'ils disposent de revenus imposables en France qui entrent dans le champ du prélèvement (un tableau de synthèse sur les règles de territorialité est donné au BOI-ANNX-000473).

Les revenus des non-résidents soumis à l'impôt sur le revenu suivant les règles applicables aux **salaires**, **pensions** ou **rentes** viagères à titre gratuit sont soumis à la retenue à la source de l'impôt sur le revenu lorsqu'ils sont effectivement imposables en France et ne sont pas déjà soumis à l'une des retenues à la source spécifiques prévues par le Code général des impôts (BOI-IR-PAS-10-10-10 nº 60 nº 110) ; l'administration précise à cet égard que, pour les non-résidents :
– les salaires de source étrangère sont soumis à la retenue à la source lorsqu'ils sont versés par un **débiteur établi en France** et sont imposables en France, en application des conventions fiscales et de l'article 165 bis du CGI, sans être soumis à une retenue à la source spécifique (cas, par exemple, de certaines rémunérations publiques ou des personnels navigants) ;
– les salaires, pensions et rentes viagères de source française sont hors du champ du prélèvement à la source dès lors qu'ils sont **déjà soumis à l'une des retenues** à la source spécifiques prévues aux articles 182 A (salaires, pensions, rentes viagères), 182 A bis du CGI (artistes), 182 A ter (actionnariat salarié) ou 182 B du CGI (sportifs) ; ces retenues à la source spécifiques continuent de s'appliquer.

Par ailleurs, les autres revenus des non-résidents qui sont, par nature, soumis au prélèvement à la source mais ne font pas l'objet d'une retenue à la source spécifique, comme les **revenus fonciers** de source française et les revenus de source française perçus par les **travailleurs indépendants** domiciliés fiscalement hors de France disposant d'une exploitation en France, font l'objet d'un prélèvement sous forme d'**acompte contemporain**, selon les mêmes modalités que pour les revenus de source française perçus par les résidents (BOI-IR-PAS-10-10-20 nº 120).

De même, les revenus de source étrangère des contribuables domiciliés fiscalement hors de France, imposables à l'impôt sur le revenu en application d'une stipulation expresse d'une convention fiscale peuvent être soumis à l'acompte en fonction de la nature du revenu et, s'il s'agit de salaires, du lieu d'établissement du débiteur (cas, par exemple, de certaines rémunérations publiques ou des personnels navigants, lorsque le débiteur des rémunérations n'est pas établi en France).

Précisions **a.** Le bénéfice du **crédit d'impôt pour la modernisation du recouvrement** (CIMR, permettant que l'année 2018 soit en principe une année « blanche ») était accordé aux non-résidents qui disposaient de revenus non exceptionnels effectivement imposables en France et inclus dans le champ du prélèvement à la source (BOI-IR-PAS-50-10-10 nº 1 ; réponse Deromedi, nº 05375 : JO Sénat 11 octobre 2018 p. 5149). Les modalités de calcul avaient été aménagées en cas de transfert par le contribuable de son domicile fiscal hors de France au cours de l'année 2018 entraînant l'application des dispositions prévues par l'article 167 bis du CGI relatives à l'exit tax (BOI préc. nº 70).

b. Il a été jugé qu'une personne physique domiciliée en Belgique qui percevait des revenus fonciers de source française n'était pas en droit de bénéficier en 2018 du **CIMR** applicable aux prélèvements sociaux dès lors que celui-ci ne s'applique qu'aux revenus du patrimoine de 2018 qui ont supporté la CSG et qu'il n'en était pas redevable puisqu'il était affilié à la protection sociale belge et n'était redevable que du prélèvement de solidarité (TA Montreuil 6 avril 2021 nº 1912779, 10e ch. : RJF 8-9/21 nº 877 ; jugement définitif).

3. Cession, cessation, décès

Principe de l'imposition immédiate

La cession ou la cessation d'une entreprise industrielle, commerciale, agricole ou d'une profession non commerciale entraîne l'imposition immédiate des bénéfices non encore taxés, que le contribuable soit ou non résident de France (CGI art. 201 à 203). **3640**

Ancienne imposition sur la valeur locative

Dans le passé, si un contribuable imposé sur la base forfaitaire prévue à l'ancien article 164 C du CGI (nº 68110) décédait en cours d'année, l'impôt était établi au nom du défunt à raison de la fraction du revenu forfaitaire correspondant à la période antérieure au décès (sauf revenus effectifs plus élevés, bien entendu). **3642**

Précisions L'article 164 C du CGI a été **abrogé** par l'article 21 de la loi nº 2015-1786 du 29 décembre 2015 de finances rectificative pour 2015, à compter de l'imposition des revenus de l'année 2015.

Imposition sur les revenus réels

Si l'imposition est établie à raison des revenus de source française, on doit tenir compte (CGI art. 204) : **3644**
– des revenus dont le défunt a disposé l'année de son décès et des bénéfices industriels et commerciaux qu'il a réalisés depuis la fin du dernier exercice taxé ;
– des revenus dont la distribution ou le versement résulte du décès du contribuable, s'ils n'ont pas été précédemment imposés ;
– de ceux qu'il a acquis sans en avoir la disposition antérieurement à son décès.

En revanche, les revenus dont la disposition résulte du décès du contribuable ou que celui-ci a acquis sans en avoir la disposition avant son décès peuvent faire l'objet d'une imposition distincte, au nom du défunt, lorsqu'ils ne devaient échoir normalement qu'au cours d'une année postérieure à celle de son décès.

4. Revenus de l'année du transfert du domicile à l'étranger ou de l'abandon de toute résidence en France

Principes

Un contribuable domicilié en France qui transfère son domicile à l'étranger est passible de l'impôt sur le revenu à raison des revenus dont il a disposé pendant l'année de son **3660** départ jusqu'à la date de celui-ci, des bénéfices industriels et commerciaux qu'il a réalisés depuis la fin du dernier exercice taxé et de tous revenus qu'il a acquis sans en avoir la disposition **antérieurement à son départ** (CGI art. 167).

En ce qui concerne les revenus évalués selon un régime « micro », il est fait état, s'il y a lieu, du montant fixé pour l'année précédente, ajusté à la durée de la période écoulée entre le 1er janvier et la date du départ. Le transfert du domicile fiscal hors de France n'entraîne pas, sauf exception, de rupture des **PEA** (nos 3729 s.) ; il n'emporte pas non plus clôture des **livrets de développement durable** (LDD) sauf si le transfert a lieu dans un ETNC au sens des nos 71550 s. (réponse Meyer Habib, no 53958, et réponse Lefebvre, no 84057 : JOAN 24 mai 2016 p. 4506, BF 8-9/16 no 680).

Les contribuables qui **transfèrent leur domicile fiscal** hors de France sont tenus d'informer l'administration fiscale de l'adresse de leur nouveau domicile fiscal dans les deux mois suivant chaque transfert (CGI art. 167 bis IX, issu de l'article 48 de la loi 2011-900 du 29 juillet 2011 de finances rectificative pour 2011).

Précisions **a.** En cas de déménagement, en France ou hors de France, le contribuable doit prévenir les différentes administrations, organismes ou autres avec lesquels il est en relation ; il peut utiliser le service du **changement d'adresse en ligne** qui lui permet de déclarer par internet en une seule fois son changement d'adresse à plusieurs organismes, notamment à l'administration fiscale (formulaire en ligne sur service-public.fr).

b. Un contribuable qui a réalisé des investissements outre-mer lui ouvrant droit, en application de l'article 199 undecies B du CGI, à une **réduction d'impôt** alors qu'il était domicilié en France et qui n'a pu imputer cette réduction d'impôt avant son transfert de domicile hors de France est titulaire de créances acquises dont il peut demander le remboursement alors même qu'il est non-résident à la date de la demande de remboursement (TA Montreuil 30 mai 2017 no 1602291 : RJF 12/17 no 1153, jugement définitif).

c. Bien entendu, les dispositions de l'article 167 du CGI n'empêchent pas qu'un contribuable qui reçoit, **après son transfert de domicile** hors de France, un revenu de source française au titre d'une activité exercée en France alors qu'il y était domicilié, soit imposable en France (CE 5 juillet 2018 no 401157, 3e et 8e ch. : RJF 11/18 no 1100 ; voir également nos 2887, Précisions f et 42755).

d. L'application du prélèvement à la source de l'impôt sur le revenu, depuis le 1er janvier 2019, a mis fin à **l'année « noire »** que vivaient autrefois les non-résidents l'année de leur départ de France pour un État étranger où s'applique généralement une retenue à la source, à savoir l'imposition en France au titre des revenus de l'année précédente et l'imposition à l'étranger sur les revenus de l'année en cours (réponse Meyer Habib no 5654 : JOAN 15 octobre 2019 p. 8831).

Absence de « quitus fiscal »

3662 Dans le passé, les contribuables qui transféraient leur domicile hors de France devaient déposer une déclaration dans les trente jours qui précédaient leur départ et acquitter les impositions correspondantes (formalité que l'on appelait habituellement le « **quitus fiscal** »).

Cette obligation a été **supprimée** par la loi de finances rectificative pour 2004, tant en ce qui concerne les formalités déclaratives préalables que le principe de l'exigibilité immédiate des impositions correspondantes.

Cela ne signifie pas que les intéressés ne sont pas imposables sur les revenus acquis préalablement à leur départ, mais simplement qu'ils doivent déclarer leurs revenus et acquitter les impositions correspondantes dans les conditions de droit commun (no 3624). Ils doivent également informer l'administration de leur nouvelle adresse (no 3660).

Cas où le contribuable n'est plus ensuite passible de l'impôt sur le revenu après le transfert de son domicile hors de France

3664 Dans cette situation, l'assiette imposable doit comprendre pour l'année de ce transfert (BOI-IR-DOMIC-20 no 90) :
– les revenus dont l'intéressé a disposé **jusqu'à la date** de son départ ;
– les bénéfices industriels et commerciaux et les bénéfices agricoles taxables selon le régime du bénéfice réel, qu'il a réalisés depuis la fin du dernier exercice taxé ;
– les revenus qu'il a acquis sans en avoir la disposition antérieurement à son départ ;

– les revenus dont l'imposition a été différée (notamment, fraction imposable des indemnités de départ à la retraite dont l'imposition a été différée sur les années à venir en application de l'article 163 A du CGI).

Ces revenus doivent être imposés d'après les règles applicables pour l'année de l'imposition.

Cas où le contribuable reste ensuite passible de l'impôt en France

Dans le cas où, postérieurement au transfert de son domicile à l'étranger, le contribuable reste passible de l'impôt sur le revenu en France (à raison de revenus de source française), le **revenu imposable** au titre de l'année du transfert du domicile est constitué par la **somme** (BOI-IR-DOMIC-20 n°s 100 s.) : **3666**
– des revenus de la période **antérieure** au transfert (n° 3664) ;
– et des revenus imposables de la période **postérieure** au transfert (revenus compris entre la date du transfert et la fin de l'année).

Dans ce cas, le contribuable ne peut **pas exiger** d'être soumis à **deux impositions** distinctes, l'une pour la période précédant le départ et l'autre pour la période postérieure (afin de préserver le jeu normal de la progressivité de l'impôt) ; cette solution résulte du principe selon lequel l'impôt sur le revenu est « unique » et « annuel ».

Mais si cette imposition est unique, elle doit être **calculée différemment** pour chacune des deux périodes, puisque les règles applicables aux contribuables non domiciliés ne sont pas les mêmes que celles qui s'appliquent aux contribuables domiciliés (par exemple, TA Paris 13 décembre 1990 n° 8801985/1 ; jugement définitif). L'administration en tire d'ailleurs les conséquences en matière de **taux effectif**. Ainsi, celui-ci ne peut concerner que la période de domiciliation en France (n° 2543).

Déclarations

En pratique, le contribuable doit souscrire, l'année suivant celle de son départ, **une déclaration de revenus n° 2042** accompagnée, le cas échéant, de son **annexe n° 2042 NR** comprenant tous les éléments nécessaires à la détermination de son revenu imposable c'est-à-dire (BOI-IR-DOMIC-20 n°s 170 s. ; notice n° 2041-E) : **3668**
– une déclaration d'ensemble modèle n° 2042 (et éventuellement une déclaration modèle n° 2042 C) comportant l'ensemble des revenus dont il a disposé avant son départ à l'étranger ;
– et, le cas échéant, une déclaration annexe n° 2042 NR comportant les revenus imposables en France à compter de son départ à l'étranger.

Il est prudent d'indiquer, en **note annexe**, l'existence de deux déclarations pour éviter les difficultés pratiques (ou de le mentionner à la rubrique « observations »). Ces déclarations doivent être déposées dans les délais indiqués n° 3624.

Les contribuables qui transfèrent leur domicile fiscal dans une **collectivité d'outre-mer** ou en Nouvelle-Calédonie ont les mêmes obligations que s'ils transfèrent leur domicile fiscal à l'étranger (il en va de même pour ceux qui sont établis à Saint-Barthélemy ou à Saint-Martin au titre de l'année au cours de laquelle ils satisfont la règle de domiciliation de cinq ans ; n° 1905).

Les contribuables de nationalité française (et qui possèdent éventuellement une autre nationalité, à l'exception de la nationalité monégasque) qui transfèrent leur domicile à **Monaco** ne sont pas concernés par les dispositions de l'article 167 du CGI, car ils sont imposables au titre de l'année de ce transfert comme pour les années postérieures dans les mêmes conditions que les contribuables qui ont conservé leur domicile en France (BOI préc. n° 200 ; voir également n° 3610). Ils doivent adresser leurs déclarations de revenus au service des impôts des particuliers de Menton.

Précisions Les déclarations doivent être effectuées en ligne ou adressées au centre des finances publiques du domicile en France (celui qui est indiqué sur la déclaration préremplie).

Mise en recouvrement

3670 Conformément à l'article 1663, 2 du CGI, les impôts **déjà mis en recouvrement** ou en cours d'établissement sont exigibles « **immédiatement** » (ils doivent en principe être établis et mis en recouvrement dans le plus bref délai).

Cela dit, afin de faciliter les déplacements internationaux, une loi du 30 décembre 1987 a **assoupli** les règles relatives au paiement des impôts restant dus au moment du départ.

Le contribuable peut, en effet, demander des **délais de paiement** moyennant la fourniture de **garanties** au comptable chargé du recouvrement, qui en apprécie la valeur.

Ces **garanties** peuvent être des créances sur le Trésor, des cautions, valeurs mobilières, affectations hypothécaires ou nantissements de fonds de commerce. Pour les salariés expatriés, la garantie peut consister en une **caution de l'employeur** (une telle caution devrait en principe être systématiquement acceptée).

Les délais de paiement peuvent permettre au contribuable de régler ses impositions aux mêmes dates que s'il était resté en France et d'étaler ses règlements sur une période qui, sauf cas particulier, ne doit pas excéder un an.

5. Imposition des plus-values en cas de transfert du domicile hors de France (« exit tax »)

a. Éléments de contexte

Précédent dispositif

3675 La loi de finances pour 1999 avait créé un mécanisme d'imposition des plus-values constatées sur les droits sociaux représentatifs de participations « substantielles » (supérieures à 25 %) au moment du transfert hors de France du domicile d'une personne physique résidente de France ; ce dispositif s'appliquait également, dans des conditions un peu différentes, aux plus-values « en report » à la date du départ. Le contribuable pouvait bénéficier d'un sursis de paiement, à condition, notamment, que soient constituées des garanties auprès du comptable chargé du recouvrement de l'impôt correspondant aux plus-values imposables.

Ce texte, baptisé « **exit tax** », a rapidement donné lieu à divers contentieux ; le Conseil d'État avait d'abord jugé que ces règles n'étaient pas contraires au principe général de la **liberté d'aller et venir**, tel qu'il est consacré par la Déclaration des droits de l'Homme et du citoyen et par la convention européenne des droits de l'Homme, dans la mesure où elles n'avaient ni pour objet ni pour effet de soumettre l'exercice effectif de cette liberté à de quelconques restrictions ou conditions (CE 14 décembre 2001 n° 211341, Ass., Lasteyrie du Saillant : RJF 2/02 n° 160 ; ce principe a été réaffirmé par CE 23 juin 2016 n° 378008, 8e et 3e ch. : RJF 10/16 n° 836).

Mais, sur renvoi du Conseil d'État, la CJCE avait jugé que le dispositif relatif aux plus-values constatées était incompatible avec le principe de la **liberté d'établissement** (affaire Lasteyrie du Saillant ; n° 81690). Fort logiquement, le Conseil d'État a ensuite annulé partiellement le décret d'application, en tant qu'il portait application de la loi en cas de transfert du domicile fiscal dans un autre État membre de l'Union européenne par un contribuable exerçant la liberté d'établissement (CE 10 novembre 2004 n° 211341, 9e et 10e s.-s., Lasteyrie du Saillant : RJF 2/05 n° 135).

Le législateur était cependant allé au-delà de la décision du Conseil d'État ; l'article 19 de la loi de finances pour 2005 avait purement et simplement abrogé les dispositifs en cause, sans chercher à les corriger, ni à les maintenir, pour les contribuables qui s'expatrieraient en dehors de l'Union européenne. Cette abrogation a concerné les contribuables qui avaient transféré leur domicile hors de France à partir du 1er janvier 2005.

Précisions **a.** L'article 61 de la loi de finances rectificative pour 2005, applicable depuis le 1er janvier 2006, a **rétabli** les **anciens reports** d'imposition concernant les contribuables qui s'étaient expatriés, avant le 1er janvier 2005, dans un État membre de l'**Union européenne**, ou dans un autre État partie à l'accord sur l'Espace économique européen ayant conclu avec la France une convention fiscale contenant une clause d'assistance administrative en vue de lutter contre la fraude ou l'évasion fiscale (Islande et Norvège).

b. Le principe du **rétablissement des reports d'imposition** revêtait un caractère obligatoire (CE 1er février 2012 n° 330006, 8e et 3e s.-s., min. c/ Mathieu : RJF 4/12 n° 363, jugeant également que l'imposition des plus-values en report, à l'instar des plus-values constatées, était contraire au droit communautaire).

c. Le Conseil d'État avait refusé de renvoyer au **Conseil constitutionnel** trois QPC sur l'ancien dispositif (CE 17 juillet 2012 n° 357574, 8e et 3e s.-s., Rodriguez ; CE 17 juillet 2012 n° 357575, 8e et 3e s.-s., Coutre ; CE 17 juillet 2012 n° 357576, 8e et 3e s.-s., Picart : RJF 7/13 n° 742).

d. Un arrêté du 6 octobre 2016 a créé un traitement automatisé d'appariement de données à caractère personnel relatives aux personnes physiques redevables des impositions liées au transfert de leur domicile fiscal hors de France, dénommé « **Statistiques exit-tax** » (JO du 16 novembre 2016 texte n° 14).

Présentation du dispositif actuel

Un mécanisme de type « exit tax » a été réintroduit par l'article 48 de la loi n° 2011-900 du 29 juillet 2011 de finances rectificative pour 2011. Les conditions d'application du texte sont différentes, essentiellement pour éviter les reproches qui avaient été faits à l'ancien dispositif en ce qui concerne sa compatibilité avec le droit de l'Union européenne, mais l'inspiration est identique. **3676**

Il s'agit, comme l'avait souligné le ministre à l'Assemblée nationale le 6 juin 2011, d'une « **mesure dissuasive**, qui permet de priver l'exilé du bénéfice fiscal de son expatriation, en le taxant de la même manière que s'il n'avait jamais quitté la France ». Selon ce qu'indique le Conseil constitutionnel, en imposant certains dirigeants et actionnaires de sociétés qui, à raison de l'importance des participations qu'ils détiennent, sont susceptibles de vendre leurs titres à l'étranger afin d'éluder l'acquittement de l'imposition sur les plus-values en France, le législateur a entendu favoriser la **lutte contre l'évasion fiscale** qui constitue un objectif de valeur constitutionnelle (Cons. const. 28 décembre 2018 n° 2018-777 DC, Loi de finances pour 2019, jugeant que les modifications apportées, à la fin de l'année 2018, aux règles relatives au sursis et au délai de détention ne méconnaissent aucune exigence constitutionnelle et sont conformes à la Constitution).

Afin de supprimer toute incitation fiscale au départ de France, la loi prévoit, en substance, que les personnes entrant dans le champ d'application du dispositif ne payent pas d'impôt sur leurs plus-values latentes, créances trouvant leur origine dans un complément de prix et sur leurs plus-values en report moindre que si elles étaient restées en France. Sont concernés aussi bien les titres des sociétés françaises que ceux des sociétés étrangères.

Le dispositif actuel, codifié à l'article 167 bis du CGI, est applicable, dans son principe, aux transferts du domicile fiscal hors de France intervenus depuis le 3 mars 2011 (date de l'une des premières annonces publiques des mesures envisagées). Il a été retouché à plusieurs reprises depuis lors afin, pour l'essentiel, de tenir compte des modifications apportées au régime d'imposition des **plus-values**.

Les principales caractéristiques de la législation actuelle sont les suivantes pour les transferts de domicile intervenus **depuis le 1er janvier 2019** (des règles différentes étaient applicables antérieurement sur certains points en raison des évolutions législatives successives).

Précisions **a.** En instituant (dispositif initial) une imposition ne concernant que certains dirigeants et actionnaires de sociétés qui, à raison de l'importance des participations qu'ils détiennent, sont susceptibles de vendre leurs titres à l'étranger afin d'éluder l'acquittement de l'imposition sur les plus-values en France, le législateur a entendu favoriser la lutte contre l'évasion fiscale qui constitue un **objectif de valeur constitutionnelle** (Cons. const. 28 juillet 2011 n° 2011-638 DC : RJF 11/11 n° 1191, validant également l'exclusion des Sicav et les seuils de déclenchement, dans la législation de l'époque, aujourd'hui modifiée).

b. Le Conseil d'État avait refusé de renvoyer au Conseil constitutionnel une QPC portant sur le **caractère rétroactif** de la loi au 3 mars 2011, l'ensemble du dispositif ayant déjà été déclaré conforme à la Constitution dans les motifs et le dispositif d'une décision du Conseil constitutionnel même s'il n'y avait pas eu d'examen spécifique de ce point (CE 13 juin 2012 n° 359314, 8e s.-s.). N'a, de même, pas été admis un recours pour excès de pouvoir dirigé contre le décret d'application de la loi, portant notamment sur la question de la rétroactivité de la mesure (CE 12 juillet 2013 n° 359314, 8e et 3e s.-s., Gibier : RJF 11/13 n° 1028, aux conclusions Benoît Bohnert au BDCF 11/13 n° 113).

c. Le **montant total des impositions théoriques** au titre de l'exit tax s'élevait, au 31 décembre 2017, à 5,75 Md€ mais la quasi-totalité bénéficiait d'un sursis de paiement et seuls 138 M€, soit un montant moyen de seulement 23 M€ par an sur la période 2012-2017, avaient fait l'objet d'un encaissement effectif au profit du budget de l'État (réponse Eustache-Brinio, n° 06880 : JO Sénat 27 février 2020 p. 999) ; cette réponse ajoute que c'est dans l'objectif de renforcer **l'attractivité de la France** pour les investisseurs que le dispositif a été modifié à compter du 1er janvier 2019, de sorte qu'il s'agisse d'un dispositif « anti-abus ».

d. Il a été jugé, à propos d'un contribuable qui s'était installé en Belgique le 15 avril 2011, que le mécanisme de l'exit tax ne méconnaît ni le principe de **confiance légitime** (rétroactivité de la mesure au 3 mars

2011) ni celui de l'**espérance légitime** (ne pas être imposé en France sur des plus-values latentes en raison d'un transfert de domicile fiscal) ni la liberté d'établissement (TA Montreuil 1er décembre 2020 no 1800411, 10e ch. ; appel enregistré sous le no 21PA00433).

b. Champ d'application personnel

Plus-values latentes et créances de complément de prix

3677 En ce qui concerne les **plus-values latentes** et les créances trouvant leur origine dans une clause de **complément de prix** (CGI art. 150-0 A, I-2), sont concernés les contribuables qui transfèrent leur domicile hors de France et qui ont été fiscalement domiciliés en France pendant au moins six des dix années précédant le transfert de leur domicile fiscal hors de France (cette condition permet d'exclure notamment les impatriés ; nos 2200 s.).

La **période de dix ans** au cours de laquelle s'apprécie la domiciliation fiscale en France est décomptée de date à date à partir de la date du transfert du domicile fiscal (BOI-RPPM-PVBMI-50-10-10-10 no 20). Par exemple, en cas de transfert du domicile fiscal le 1er mai 2022, la condition de domiciliation fiscale est analysée sur la période du 30 avril 2012 au 30 avril 2022. La condition de domiciliation fiscale en France de **six années** s'apprécie de manière continue ou discontinue sur les dix années précédant le transfert du domicile fiscal hors de France (BOI préc.). Quant à la domiciliation, elle s'apprécie au regard du contribuable lui-même et non pas du foyer fiscal.

Précisions **a.** Un tableau de synthèse de l'appréciation de la condition de domiciliation fiscale en France en fonction du **régime matrimonial** aux fins de l'exit tax est donné au BOI-ANNX-000444.

b. Pour un exemple de conflit relatif à la **condition de domiciliation** antérieure en France, voir CAA Nancy 16 novembre 2017 no 16NC00979, 2e ch., à propos d'un contribuable qui a échoué à démontrer qu'il ne l'avait pas remplie (no 41158 j) ; cet arrêt a fait l'objet d'un pourvoi qui n'a pas été admis par CE (na) 26 septembre 2018 no 419032, 10e ch.

Plus-values en report

3678 Aucune condition de durée de domiciliation antérieure n'est requise pour l'imposition des **plus-values en report** dans la mesure où ces plus-values correspondent à des opérations effectivement réalisées en France ; tout contribuable qui transfère son domicile hors de France y est donc assujetti, quelle que soit la durée de sa résidence antérieure en France.

Précisions L'imposition de l'ensemble des plus-values en report résulte d'un amendement adopté, à l'époque, contre l'avis du Gouvernement ; celui-ci s'était prononcé en sens contraire car l'amendement modifiait, selon lui, « la nature de l'exit tax en la faisant passer d'une taxe anti-abus, qui est le sens de la mesure, à une taxe sur la totalité des plus-values latentes ». Le principe a cependant été confirmé au fil des modifications ultérieures de la loi.

c. Champ d'application matériel

Plus-values latentes

3679 Sont visées les plus-values latentes constatées sur les droits sociaux, valeurs, titres ou droits mentionnés au 1 du I de l'article 150-0 A du CGI détenus, directement ou indirectement, par les membres du foyer fiscal des contribuables qui transfèrent leur domicile fiscal hors de France lorsque, à la date de ce transfert, ces mêmes droits sociaux, valeurs, titres ou droits représentent **au moins 50 %** des bénéfices sociaux d'une société ou lorsque la valeur globale des droits sociaux, valeurs, titres ou droits **excède 800 000 €** à cette même date.

L'appréciation des seuils doit être effectuée par **foyer fiscal**. Il convient donc de cumuler les participations, directes ou indirectes, de chacun des membres du foyer.

Cela étant, seules les participations directes dans les sociétés devraient être prises en compte pour apprécier si leur valeur globale excède le seuil de 800 000 € (BOI-RPPM-PVBMI-50-10-10-30 no 10 à propos du dispositif antérieur aux modifications de la fin de l'année 2013) ; cette solution est la seule logique pour éviter de prendre en compte plusieurs fois la valeur des mêmes titres.

Précisions Dans l'hypothèse d'une détention indirecte, il convient d'**effectuer le produit des participations** pour apprécier si le seuil est atteint.

Nature des titres concernés Le dispositif concerne l'ensemble du patrimoine constitué par des valeurs mobilières et droits sociaux, français ou étrangers, et non plus seulement, comme avant les modifications de la fin de l'année 2013, les seuls droits détenus dans des sociétés. 3680

Il s'agit des **valeurs mobilières**, des droits sociaux, des titres participatifs, effets publics et titres d'emprunt négociables émis par les États, collectivités locales ou sociétés, des **obligations**, des droits portant sur ces valeurs, droits ou titres (usufruit ou nue-propriété), et des titres représentatifs des mêmes valeurs, droits ou titres, mentionnés au 1 du I de l'article 150-0 A du CGI. En particulier, le dispositif s'applique aux parts ou actions émises par les OPCVM et les placements collectifs ou entités étrangères de même nature (Sicav et FCP, notamment ; avant les modifications de décembre 2013, les Sicav étaient exclues ainsi que les FCP car la loi visait les seuls titres de sociétés).

Il a, en particulier, été jugé que des titres détenus dans une **jeune entreprise innovante** (JEI) entrent dans le champ d'application de l'exit tax dès lors qu'ils ne font l'objet d'aucune exclusion législative et que la doctrine administrative qui pouvait paraître les exclure était en tout état de cause inapplicable, étant contradictoire et ambiguë (CAA Versailles 2 octobre 2018 n° 16VE01910 : RJF 2/19 n° 158, à propos d'un contribuable qui avait transféré son domicile fiscal en Australie en juillet 2011). Cet arrêt a fait l'objet d'un pourvoi qui n'a pas été admis par le Conseil d'État, assorti d'une question prioritaire de constitutionnalité qui n'a pas été renvoyée au Conseil constitutionnel (CE (na) 10 juillet 2019 n° 427623, 8e ch.) ; le Conseil constitutionnel avait en effet déjà déclaré l'article 167 bis du CGI conforme à la Constitution et aucun changement dans les circonstances de droit ou de fait ne justifiait un réexamen.

Les parts de **sociétés de personnes à prépondérance immobilière** (sociétés de personnes ou groupements qui relèvent de l'article 150 UB du CGI) n'entrent pas dans le champ de la taxe (réponse Frassa, n° 12686 : JO Sénat 10 mars 2016 p. 958 et BF 5/16 n° 415) ; cette exclusion a été présentée comme « conforme à l'objectif de l'« exit tax », qui est d'appréhender en France des gains dont l'imposition échapperait à la France après le transfert du domicile fiscal du contribuable hors de France. Or, quand bien même le cédant serait domicilié fiscalement hors de France, la cession de ces parts de sociétés ou groupements reste soumise en France au prélèvement prévu à l'article 244 bis A du CGI, dès lors que ces structures sont à prépondérance immobilière ». Cette réponse ajoute que l'exit tax « vise expressément les titres mentionnés à l'article 150-0 A du CGI, à l'exclusion donc des titres définis à l'article 150 UB du même Code ».

La réponse précitée, cependant, ne traitait que du cas des sociétés de personnes. En ce qui concerne les **sociétés de capitaux à prépondérance immobilière**, la situation a été clarifiée par la loi n° 2018-1317 du 28 décembre 2018 de finances pour 2019, qui a mis en place un mécanisme d'élimination de la double imposition en cas de cession ultérieure de titres générant une plus-value imposée en France conformément à l'article 244 bis A du CGI (n° 3711) ; l'intervention sur ce point du législateur, si elle n'a pas modifié le champ d'application de l'exit tax, qui incluait déjà, nécessairement, les sociétés à prépondérance immobilière passibles de l'impôt sur les sociétés, a mis en évidence le fait que les titres de ces sociétés entrent effectivement dans le champ de l'exit tax (l'administration avait initialement pris une position en sens contraire, sous certaines réserves, mais cette solution favorable, mentionnée au BOI-RPPM-PVBMI-50-10-10-20 n°s 20 et 30 du 31 octobre 2012, n'avait pas été reprise au fil des modifications successives apportées à la loi) ; le fait que la loi ne prévoie désormais l'élimination de la double imposition que pour les transferts de domicile postérieurs au 1er janvier 2019 révèle cependant une anomalie puisque la double imposition n'est pas éliminée pour les transferts antérieurs. Bien entendu, cela ne signifie pas que les titres de sociétés de personnes à prépondérance immobilière seraient désormais concernés car ces titres n'entrent pas dans le champ de l'article 150-0 A du CGI, seul visé par le dispositif relatif à l'exit tax.

Devraient, en outre, être exclus sous réserve de la reconduction des solutions antérieures, les titres inscrits dans les **PEA** et les titres souscrits en exercice des **BSPCE** ainsi que, en raison de leur nature, les contrats d'**assurance-vie** ou de capitalisation (réponse Poznanski-Benhamou, n° 8558 : JOAN 22 janvier 2013, p. 824 et BF 4/13 n° 300).

Précisions **a.** Littéralement, l'imposition concerne l'ensemble des titres détenus **par les membres du foyer fiscal**, même lorsque certains d'entre eux ne transfèrent pas leur domicile fiscal hors de France ; il serait souhaitable qu'une solution de tempérament soit prise pour éviter cette conséquence absurde.

b. Le dispositif s'applique à **l'intégralité de la plus-value acquise** par les participations visées depuis leur acquisition, y compris la fraction de cette plus-value qui s'était déjà constituée hors de France avant installation en France, le cas échéant (cas des contribuables précédemment domiciliés hors de France).

c. Le dispositif est applicable à un contribuable qui ne détient que la **nue-propriété** de titres (TA Montreuil 12 mars 2019 n° 1708199 : RJF 8-9/19 n° 841). L'appel du contribuable dans cette affaire a été rejeté par CAA Versailles 25 mai 2021 n° 19VE01443, 1e ch. : RJF 8-9/21 n° 848, pour les raisons indiquées au n° 3701, Précisions c (arrêt définitif).

Clauses de complément de prix

3682 Les créances trouvant leur origine dans une clause de complément de prix entrent dans le champ du dispositif (clause d'« **earn out** » ; CGI art. 150-0 A, I-2).

La valeur de ces créances est imposable à la date du transfert, sans que soit exigé un quelconque seuil de détention (en pourcentage ou en valeur).

Précisions **a.** Le **complément de prix** constitue la partie du prix de cession dont le versement effectif est conditionné par la réalisation d'un critère de performance lié à l'activité de la société cédée. Sont visées les clauses de complément de prix prévues dans les contrats de cession de valeurs mobilières ou de droits sociaux par lesquelles le cessionnaire s'engage à verser au cédant un complément de prix exclusivement déterminé en fonction d'une indexation en relation directe avec l'activité de la société dont les titres sont l'objet du contrat de cession.

b. L'extension du dispositif aux créances représentatives d'un complément de prix résulte d'un amendement du Gouvernement au motif que « les dispositions de notre droit interne et des **conventions internationales** ne permettent pas de taxer les compléments de prix lorsqu'ils sont perçus par un non-résident alors même qu'ils se rapportent à une cession réalisée en France ».

Plus-values en report

3684 Le dispositif s'applique aux anciennes plus-values de cession ou d'échange de droits sociaux, valeurs, titres ou droits dont l'imposition a été reportée en application du II de l'article 92 B, de l'article 92 B decies et des I ter et II de l'article 160, dans leur rédaction en vigueur avant le 1er janvier 2000 et de l'article 150-0 C, dans sa rédaction en vigueur avant le 1er janvier 2006 ; il en va de même des plus-values qui peuvent être reportées en application des articles 150-0 B bis (créances de complément de prix) et 150-0 B ter du CGI (apports à des sociétés contrôlées ; n° 65775).

Ces plus-values sont imposables sans condition de durée de domiciliation en France ni, selon l'administration, de seuil ou de valeur des participations détenues.

d. Détermination de la plus-value imposable

Principes

3687 Chaque plus-value latente est déterminée par différence entre la **valeur réelle** des droits sociaux, valeurs, titres ou droits lors du transfert du domicile fiscal hors de France et leur **prix d'acquisition** par le contribuable ou, en cas d'acquisition à titre gratuit, leur valeur retenue pour la détermination des droits de mutation (y compris si le contribuable a obtenu les titres alors qu'il était domicilié hors de France et si l'exit tax est applicable parce qu'il satisfait ensuite la condition de domiciliation en France).

Pour les **titres cotés**, la valeur réelle à la date du transfert est déterminée par référence au dernier cours connu à la date du départ ou à la moyenne des trente derniers cours précédents (CGI art. 973, I, dernier alinéa) ; pour les titres **non cotés**, elle est déterminée par le contribuable dans les mêmes conditions que pour les droits de mutation à titre gratuit, c'est-à-dire sur la base d'une déclaration détaillée et estimative du contribuable (CGI art. 758). Il a été précisé (à propos de l'ancien dispositif mais la solution est transposable) que la valeur vénale de titres non cotés doit être appréciée compte tenu de tous les éléments dont l'ensemble permet d'obtenir un chiffre aussi voisin que possible de celui qu'aurait entraîné le jeu normal de l'offre et de la demande au jour du transfert de domicile, date où la cession théorique des titres serait intervenue (CAA Versailles 6 février 2014 n° 11VE01848, 6e ch. : RJF 7/14 n° 687, soulignant que si le contribuable devait déposer une déclaration avant son départ, il pouvait toujours la rectifier ensuite en raison d'éléments nouveaux survenus entre le dépôt de la déclaration et la date effective du départ) ; cette affaire a par ailleurs donné lieu aux décisions du Conseil d'État n° 378008 du 23 juin

2016 et de la Cour de justice n° 355/16 du 15 mars 2018 à propos de la portée des accords entre l'Union européenne et la Suisse (n° 3725).

La plus-value ainsi calculée est réduite, le cas échéant, de **l'abattement** pour durée de détention (n° 65726) ; pour l'application de cet abattement, le transfert du domicile fiscal est assimilé à une cession à titre onéreux. Comme d'ordinaire, l'abattement n'est applicable que pour l'impôt sur le revenu et non pas pour les prélèvements sociaux.

Les **créances de complément de prix** sont évaluées à leur valeur réelle au moment du transfert du domicile fiscal hors de France de leur titulaire.

En ce qui concerne, enfin, les **plus-values en report**, c'est le montant de la plus-value déterminée lors de la cession ou de l'échange qui est imposable du fait du transfert de domicile.

Précisions **a.** Lorsque les droits sociaux, valeurs, titres ou droits ont été reçus lors d'une **opération d'échange** bénéficiant du sursis d'imposition prévu à l'article 150-0 B du CGI avant le transfert du domicile fiscal, la plus-value constatée est calculée à partir du prix ou de la valeur d'acquisition des titres remis à l'échange diminué de la soulte reçue qui n'a pas fait l'objet d'une imposition au titre de l'année de l'échange ou majoré de la soulte versée lors de l'échange.

b. À propos de l'ancien dispositif appliqué à une plus-value constatée en présence d'un transfert de domicile en Suisse, voir TA Montreuil 10 mars 2011 n° 0907034, 1e ch. : RJF 12/11 n° 1300, relatif à un contribuable qui, après son départ, avait fait l'objet d'un **ESFP** qui avait conduit l'administration à **rehausser la plus-value déclarée** ; ce jugement a été confirmé par CAA Versailles 6 février 2014 n° 11VE01848, 6e ch. (RJF 7/14 n° 687), jugeant que l'administration avait établi que son estimation de la valeur vénale des titres de la société française concernée permettait d'obtenir un chiffre aussi voisin que possible de celui qu'aurait entraîné le jeu normal de l'offre et de la demande au jour du transfert de domicile (incidemment, dans cette affaire, l'administration avait admis une décote de holding de 26 %). Cette affaire a ensuite donné lieu aux décisions du Conseil d'État n° 378008 du 23 juin 2016 et de la Cour de justice n° 355/16 du 15 mars 2018 (n° 3725).

Dirigeants de PME partant en retraite

Pour la détermination de l'impôt sur le revenu, la plus-value imposable est réduite, le cas échéant, du montant de l'abattement fixe de 500 000 € prévu à l'article 150-0 D ter du CGI, si les conditions sont réunies (n° 65725). **3689**

Absence de possibilité d'opérer des compensations avec des moins-values

Les éventuelles moins-values latentes ne sont pas imputables sur les plus-values calculées selon les mêmes modalités ni sur d'autres plus-values, quelles que soient leurs modalités d'imposition (plus-values en report devenues imposables, plus-values de cession de titres, etc.). Ainsi, **chaque plus-value latente** est imposable pour son montant considéré isolément (de même pour chaque plus-value dont le report cesse). **3691**

En outre, le contribuable ne peut pas réduire la base imposable par l'imputation **de moins-values** en report datant des années antérieures ou de moins-values de cession réalisées pendant la période de l'année antérieure à son départ. Seule une cession effective, avant le transfert du domicile, de titres porteurs des plus-values latentes peut permettre l'utilisation de ces moins-values et l'atténuation corrélative de l'imposition due lors du départ.

e. Fait générateur et taux d'imposition

Fait générateur

Le fait générateur de l'imposition est le transfert du domicile fiscal hors de France ; pour l'application de l'article 167 bis du CGI, le transfert hors de France du domicile fiscal d'un contribuable est réputé intervenir **le jour précédant** celui à compter duquel ce contribuable cesse d'être soumis en France à une obligation fiscale sur l'ensemble de ses revenus. **3694**

La loi ne renvoie pas sur ce point aux critères de l'article 4 B du CGI (n° 40605), afin de viser les contribuables qui resteraient domiciliés en France à s'en tenir au droit interne mais qui seraient considérés comme non-résidents sur le fondement des conventions fiscales (cas, par exemple, des personnes qui auraient en France le centre de leurs intérêts économiques et leur centre des intérêts vitaux dans l'État d'accueil).

La loi crée, en outre, une fiction concernant la date du transfert du domicile afin de rendre le dispositif plus sûrement compatible avec les conventions fiscales (n° 3727) et de maintenir l'exigibilité des prélèvements sociaux.

Précisions Le transfert du domicile fiscal hors de France s'entend du transfert de domicile fiscal dans un État étranger, ou dans les **collectivités d'outre-mer** de Saint-Barthélemy, Saint-Martin, Saint-Pierre-et-Miquelon, Wallis-et-Futuna, Polynésie française, la Nouvelle-Calédonie ou les Terres australes et antarctiques françaises. En ce qui concerne les collectivités de **Saint-Barthélemy** et **Saint-Martin**, le transfert de domicile n'intervient pas lors du transfert physique mais au terme de la cinquième année de résidence dans ces collectivités. Ce délai est apprécié de date à date et à compter du 15 juillet 2007.

Taux d'imposition

3696 Pour les transferts de domicile intervenus depuis le 1er janvier 2018, les plus-values latentes et les créances font l'objet du **prélèvement forfaitaire unique** de 30 % créé par l'article 28 de la loi n° 2017-1837 du 30 décembre 2017 de finances pour 2018 (12,8 % au titre de l'impôt sur le revenu et 17,2 % au titre des prélèvements sociaux ; CGI art. 167 bis, II bis, 1). Les plus-values et créances sont retenues pour leur montant brut, sans abattement éventuel pour durée de détention.

Ces plus-values et créances peuvent toutefois, sur demande expresse du contribuable, être imposées selon le **barème progressif** (n° 1955) ; l'option doit être globale et comprendre l'ensemble des revenus mobiliers réalisés ou perçus au titre de l'année de son départ, y compris les plus-values et créances entrant dans le champ de l'exit tax, à l'exception des plus-values dont l'imposition a été reportée de plein droit au titre d'une opération d'apport réalisée au cours d'une année antérieure à celle du départ (CGI, art. 167 bis, II bis, 1). Les plus-values latentes se rapportant à des titres acquis avant le 1er janvier 2018 peuvent, dans ce cas, bénéficier des **abattements** pour durée de détention (n° 65726).

Lorsque l'option pour le barème progressif est exercée, l'impôt sur le revenu relatif aux plus-values et créances est **égal à la différence** entre l'impôt résultant de l'application du barème progressif à l'ensemble des revenus de sources française et étrangère (auquel s'ajoutent les plus-values et créances soumises à l'exit tax) et l'impôt résultant de l'application de ce même barème aux seuls revenus de sources française et étrangère.

Pour les contribuables qui ont transféré leur domicile fiscal hors de France depuis le 1er janvier 2016, le taux d'imposition des plus-values dont l'imposition a été **reportée** en application de l'article 150-0 B ter du CGI est calculé en retenant le taux qui aurait été appliqué à la plus-value si elle avait été imposée au titre de l'année de réalisation de l'apport (CGI art. 167 bis, II bis, 1 bis et 200 A, 2 ter ; n° 65775).

f. Possibilité de bénéficier d'un sursis de paiement

Principes

3698 Toutes les personnes qui entrent dans le champ d'application du dispositif doivent mentionner, sur leur déclaration de revenus souscrite l'année suivant leur départ, les plus-values dont l'imposition résulte de leur départ (n° 3720). Toutes ne sont cependant pas nécessairement effectivement imposées à l'occasion de leur départ étant donné les mécanismes de **sursis** mis en place par la loi, dans des conditions variables selon le lieu du transfert du domicile (le sursis s'applique à la fois à l'impôt sur le revenu et aux prélèvements sociaux).

Lorsque le contribuable bénéficie du sursis de paiement (nos 3699 et 3701), l'impôt afférent aux plus-values latentes, aux créances trouvant leur origine dans une clause de complément de prix et aux plus-values en report fait l'objet d'une **mise en recouvrement spécifique** et d'une prise en charge des rôles correspondants par le service des impôts des particuliers non résidents (CGI Ann. III art. 41 tervicies B).

Le sursis de paiement a pour effet de **suspendre la prescription** de l'action en recouvrement jusqu'à la date de l'événement entraînant son expiration. Il est assimilé au sursis de paiement mentionné à l'article L 277 du LPF pour l'application des articles L 208 et L 279 du même Livre, ce qui permet au contribuable de contester devant le juge de référés un éventuel refus des garanties qu'il aura constituées et, en cas de dégrèvement d'office, de prétendre au remboursement des frais de constitution de garantie.

Cas général

Pour les transferts de domicile intervenus depuis le 1er janvier 2019, le sursis de paiement est **automatique** et sans qu'il y ait à présenter de garanties lorsque le contribuable transfère son domicile fiscal hors de France : **3699**

– soit dans un État membre de l'**Union européenne**,

– soit dans un autre État ou territoire ayant conclu avec la France une **convention d'assistance administrative** en vue de lutter contre la fraude et l'évasion fiscales ainsi qu'une convention d'assistance mutuelle en matière de **recouvrement** ayant une portée similaire à celle prévue par la directive 2010/24/UE du Conseil du 16 mars 2010 concernant l'assistance mutuelle en matière de recouvrement des créances relatives aux taxes, impôts, droits et autres mesures (nº 74540), et qui n'est pas un État ou territoire non coopératif au sens de l'article 238-0 A du CGI (antérieurement au 1er janvier 2019, seuls étaient visés, outre les États membres de l'Union européenne, l'Islande et la Norvège). Selon les travaux parlementaires (rapport nº 1302, Assemblée nationale, 11 octobre 2018, p. 119), sont concernés tous les États de l'Espace économique européen sauf le Liechtenstein, ainsi que les États ou territoires suivants : Afrique du Sud, Albanie, Algérie, Arménie, Aruba, Australie, Azerbaïdjan, Bénin, Burkina-Faso, Cameroun, Congo, Corée du Sud, Côte d'Ivoire, Curaçao, États-Unis, Gabon, Géorgie, Ghana, Groenland, Guinée, îles Cook, îles Féroé, Inde, Japon, Liban, Madagascar, Mali, Maroc, Maurice, Mauritanie, Mexique, Moldavie, Niger, Nouvelle-Zélande, Ouganda, Ouzbékistan, Pakistan, Polynésie française, République Centrafricaine, Saint-Barthélemy, Saint-Martin, Sint Marteen, Sénégal, Taïwan, Togo, Tunisie et Ukraine (la Suisse, notamment, n'en fait pas partie ; à notre avis, la décision CE 26 janvier 2021 nos 429381 et 429410, 3e et 8e ch. : RJF 4/21 nº 429, citée nº 3755, Précisions d, ne remet pas en cause cette exclusion, car elle ne porte que sur la question des modalités de notification ou de signification à l'étranger).

Le sursis de paiement de droit est également applicable aux contribuables qui, avant le 1er janvier 2019, avaient transféré leur domicile dans un État entrant dans le champ d'application de l'ancien sursis de paiement de droit (Union européenne, Islande et Norvège) et qui le transfèrent à nouveau, depuis le 1er janvier 2019, dans un État ou territoire entrant dans le champ d'application de l'actuel sursis automatique.

Les intéressés doivent cependant déclarer annuellement les impositions en sursis tant qu'ils détiennent les titres en cause, sauf à perdre le bénéfice du sursis (nº 3720).

La plus-value latente déclarée peut naturellement faire l'objet d'une **rectification** ; il a été jugé que, si l'article 167 bis du CGI ne prévoit pas le sursis de paiement pour les impositions supplémentaires d'exit tax, le principe de liberté d'établissement garanti par le droit de l'Union européenne exige que le **sursis** soit accordé dans ce cas aux contribuables de bonne foi ayant transféré leur domicile fiscal dans un autre État membre de l'Union européenne (TA Montreuil 23 novembre 2021 nº 1908751, 10e ch. : RJF 3/22 nº 319, jugement définitif concernant un contribuable qui avait déposé une déclaration d'exit tax dont le montant avait ensuite été rectifié par l'administration à la suite d'un contrôle sur pièces).

Précisions **a.** Le sursis est automatique, même si le départ n'est pas motivé par des **raisons professionnelles**.

b. Le **Liechtenstein**, qui appartient à l'Espace économique européen, a ratifié la convention multilatérale concernant l'assistance mutuelle en matière fiscale (nº 74220), qui est entrée en vigueur à l'égard du Liechtenstein le 1er décembre 2016 ; cette convention prévoit certes une assistance au recouvrement mais le Liechtenstein s'est réservé le droit de ne pas accorder d'assistance en matière de recouvrement de créances fiscales quelconques, ou de recouvrement d'amendes administratives, pour tous les impôts énumérés au paragraphe 1er de l'article 2 de cette convention. Le Liechtenstein n'est pas, par conséquent, un pays éligible au sursis automatique.

Exceptions

Un sursis de paiement peut être accordé aux contribuables qui transfèrent leur domicile fiscal hors de France dans un État autre que ceux mentionnés nº 3699. Le sursis est accordé **sur demande** expresse du contribuable. **3701**

3701 (suite) Dans les mêmes conditions, un sursis de paiement peut être accordé à un contribuable qui, après avoir transféré son domicile fiscal hors de France dans l'un des États mentionnés nº 3699, le transfère à nouveau dans un État non éligible au sursis automatique.

Dans ces cas, le sursis de paiement est subordonné au respect des conditions suivantes :
– le contribuable doit déclarer le montant des plus-values imposables du fait du transfert de domicile (nº 3720) ;
– il doit désigner un **représentant** établi en France autorisé à recevoir les communications relatives à l'assiette, au recouvrement et au contentieux de l'impôt ;
– il doit constituer auprès du comptable public compétent, préalablement à son départ, des **garanties** propres à assurer le recouvrement de la créance du Trésor (par exemple, une caution, une hypothèque, un nantissement d'un fonds de commerce, etc.) ; à cette fin, il doit faire parvenir une proposition de garanties au service des impôts des particuliers non résidents au plus tard quatre-vingt-dix jours avant le transfert de son domicile fiscal hors de France, en ce qui concerne les transferts de domicile intervenus depuis le 22 novembre 2019 (LPF art. R 277-8 issu du décret nº 2019-868 du 21 août 2019 ; antérieurement, il fallait le faire dans les trente jours précédant le départ).

Le montant des garanties que le contribuable doit constituer est de **12,8 %** des plus-values et créances pour les transferts de domicile fiscal hors de France intervenus depuis le 1er janvier 2018 (30 %, auparavant) ; ce taux est appliqué au montant brut des plus-values et créances, sans prise en compte d'éventuels abattements pour durée de détention. Il y a toutefois lieu de noter qu'en pratique l'administration demande que soient constituées des garanties à hauteur non seulement de l'impôt sur le revenu de 12,8 %, mais aussi des **prélèvements sociaux** au taux de 17,2 % (le formulaire nº 2074-ETD est rédigé en ce sens).

Le montant des garanties à constituer à raison des plus-values bénéficiant du **report d'imposition** de l'article 150-0 B ter du CGI est, quant à lui, déterminé en retenant le taux qui aurait été appliqué à la plus-value si elle avait été imposée au titre de l'année de réalisation de l'apport (pour les transferts de domicile intervenus depuis le 1er janvier 2016 ; nº 65775). Le cas échéant, le montant des garanties peut être régularisé l'année suivant le départ du contribuable.

Sur le plan **contentieux**, la décision par laquelle l'administration se prononce, au vu du respect par le contribuable des obligations déclaratives et avant la mise en recouvrement des impositions dont le sursis de paiement est demandé, sur une demande de sursis de paiement est une décision détachable des opérations d'établissement et de recouvrement de l'impôt, susceptible d'être contestée par la seule voie et dans les délais du **recours pour excès de pouvoir** (CAA Versailles 25 mai 2021 nº 19VE01443, 1e ch. : RJF 8-9/21 nº 848, arrêt définitif ; voir ci-dessous, Précisions c).

Précisions **a.** Tout litige concernant le **refus des garanties** offertes par le contribuable dans le cadre d'une demande de sursis au titre de l'exit tax ressortit à la seule compétence du juge du référé fiscal (CAA Versailles 23 février 2017 nº 16VE00667, 7e ch., à propos de contribuables qui avaient transféré leur résidence fiscale en Suisse le 15 décembre 2011). Cet arrêt a fait l'objet d'un pourvoi qui n'a pas été admis par CE (na) 25 mai 2018 nºs 411828 et 411829, 8e ch., refusant également de renvoyer au Conseil constitutionnel les questions prioritaires de constitutionnalité soulevées par les requérants, notamment celle concernant le **non-dégrèvement des prélèvements sociaux** au-delà d'une période de huit ans, en tant que la disposition contestée n'était pas applicable au litige.

b. Un contribuable qui avait transféré son domicile à l'île Maurice et qui avait déclaré une plus-value latente en retenant une **valeur** plus élevée que celle que l'administration avait retenue ultérieurement pour la constitution de **garanties** dans le cadre du sursis de paiement n'a pu obtenir la révision à la baisse de la plus-value initialement déclarée (CAA Versailles 28 février 2017 nº 16VE00854, 3e ch. ; arrêt définitif) ; dans cette affaire, la demande de sursis de paiement avait été faite après le départ du contribuable, ce qui n'était pas conforme aux prescriptions législatives.

c. Un contribuable qui avait transféré son domicile de France aux États-Unis en janvier 2015 a pu valablement se voir **refuser** le bénéfice du **sursis de paiement** en janvier 2016 étant donné qu'il ne l'avait demandé qu'en novembre 2015, soit postérieurement à son départ et non dans les trente jours précédant (CAA Versailles 25 mai 2021 nº 19VE01443, 1e ch. : RJF 8-9/21 nº 848, arrêt définitif, rejetant l'appel formé contre TA Montreuil 12 mars 2019 nº 1708199 : RJF 8-9/19 nº 841) ; le contribuable a vu sa requête rejetée en appel, pour irrecevabilité, car il n'avait pas contesté devant le tribunal administratif, dans le délai de deux mois, la décision de rejet de janvier 2016 (il avait présenté, en février 2017, une réclamation assortie d'une nouvelle demande de sursis de paiement, à laquelle l'administration n'avait pas répondu, mais la décision implicite de rejet résultant de ce silence n'avait fait naître qu'une décision purement confirmative qui n'avait pas rouvert le délai de recours contentieux).

g. Expiration du sursis de paiement

Plus-values latentes

Le sursis de paiement, qu'il s'agisse d'un transfert de domicile au sein ou en dehors de l'Union européenne, expire, notamment, au moment où intervient l'un des événements suivants : **3703**
– manquement aux **obligations déclaratives** (n° 3720) ;
– **cession**, rachat, remboursement ou annulation des droits sociaux, valeurs, titres ou droits pour lesquels des plus-values ont été constatées ; la cession s'entend des transmissions à titre onéreux, à l'exception des opérations d'échange ou d'apport intervenues après le transfert du domicile fiscal hors de France, entrant dans le champ d'application des articles 150-0 B (nos 65750 s.) ou 150-0 B ter du CGI (n° 65775) et portant sur des droits sociaux, valeurs, titres ou droits pour lesquels des plus-values ont été constatées ; le sursis de paiement est donc prolongé dans ces circonstances ; il prend fin lors de la survenance d'un événement qui met fin au sursis ou au report dans les conditions ordinaires ;
– **donation** des droits sociaux, valeurs, titres ou droits pour lesquels des plus-values ont été constatées lorsque le donateur est domicilié dans l'un des États mentionnés n° 3699 (pour les transferts de domicile antérieurs au 1er janvier 2019, il s'agissait des États membres de l'Union européenne, de l'Islande et de la Norvège), sauf s'il démontre que la donation n'a pas pour motif principal d'éluder l'exit tax (en principe, la référence au motif « principal » ne concerne que les donations réalisées depuis le 1er janvier 2016 ; antérieurement, l'exclusivité était requise) ; le sursis est maintenu sans condition notamment au sein de l'**Union européenne** conformément à la décision du Conseil d'État à propos de l'ancien dispositif (il avait été jugé que le principe de la liberté d'établissement s'oppose à ce que soit mise à la charge d'un contribuable ayant transféré son domicile hors de France la preuve que la donation à laquelle il procède n'est pas faite à seule fin d'éluder l'impôt pour pouvoir bénéficier du maintien du sursis de paiement et du dégrèvement de l'impôt ou pour en obtenir la restitution s'il a été acquitté ; CE 12 juillet 2013 n° 359994, 8e et 3e s.-s., Aube Martin : RJF 11/13 n° 1029, aux conclusions Benoît Bohnert au BDCF 11/13 n° 113).

Précisions À notre avis, le sursis expire **en cas de transfert de siège hors de France** d'une société française étant donné que, dans ce cas, la société est considérée comme perdant sa personnalité morale (n° 27235) ; il y aurait cependant lieu, selon toute probabilité, de réserver le cas des transferts au sein de l'Union européenne sauf à créer une restriction incompatible avec la liberté d'établissement.

Conséquences Lorsqu'il est mis fin au sursis, l'imposition établie lors du transfert de domicile est exigible, sous réserve de certains **ajustements** destinés à prendre en compte la plus-value réelle. Lorsque l'opération qui met fin au sursis porte sur une partie des titres, seule la fraction correspondante de l'imposition en sursis est exigible. **3705**

En substance, si la plus-value constatée est inférieure à la plus-value réelle, la plus-value constatée est imposable en totalité ; mais, dans le cas contraire, l'impôt n'est exigible que sur l'assiette correspondant à la plus-value réelle (le contribuable doit fournir les éléments de calcul).

En effet, si, en cas de cession (ou rachat, remboursement ou annulation) ou donation, le montant de la plus-value de cession ou, en cas d'acquisition à titre gratuit, l'accroissement de valeur des titres depuis leur entrée dans le patrimoine du contribuable est inférieur au montant de plus-value déterminé initialement, l'impôt afférent à la plus-value latente est retenu **dans la limite de son montant recalculé** sur la base de la différence entre :
– le prix, en cas de cession ou de rachat, ou la valeur, dans les autres cas, des titres concernés à la date de la cession ou la donation,
– et leur prix ou valeur d'acquisition, diminué, le cas échéant, de la soulte reçue ou majoré de la soulte versée lors d'une opération d'échange ou d'apport répondant aux conditions d'application des articles 150-0 B ou 150-0 B ter du CGI intervenue après le transfert de domicile fiscal hors de France.

Le surplus d'impôt est alors dégrevé d'office ou restitué s'il avait fait l'objet d'un paiement immédiat lors du transfert de domicile fiscal hors de France.

Si, en cas de cession (ou rachat, remboursement ou annulation) ou donation, le contribuable **réalise une perte** ou constate que les titres ont une valeur moindre que leur valeur d'entrée dans son patrimoine, l'impôt afférent à la plus-value latente est dégrevé, ou restitué s'il avait fait l'objet d'un paiement immédiat lors du transfert de domicile fiscal hors de France.

En cas de cession à titre onéreux (ou du rachat par la société de ses propres titres), si l'**abattement** éventuellement applicable (n° 65726) est supérieur à l'abattement éventuellement appliqué initialement, l'impôt calculé afférent à la plus-value latente est retenu dans la limite de son montant assis sur l'assiette réduite de ce nouvel abattement (sous réserve que les conditions d'application de l'abattement soient remplies). Cet abattement s'applique à la plus-value latente définitive, plafonnée au montant de la plus-value de cession. Ce mécanisme permet de prendre en compte la durée de détention entre la date du transfert du domicile et celle de la cession des titres (en cas d'option pour le barème progressif).

Lorsque le sursis expire, le montant d'impôt sur le revenu dû, à dégrever ou à restituer, est calculé en appliquant à la plus-value ou créance définitive concernée par l'événement qui met fin au sursis le **taux d'imposition déterminé initialement** (n° 3696). Cependant, sur demande expresse du contribuable, le montant d'impôt sur le revenu dû, à dégrever ou à restituer, peut être calculé en appliquant les principes mentionnés n° 3696 à l'ensemble des plus-values et créances définitives puis en retenant le montant d'impôt ainsi calculé correspondant à la seule plus-value ou créance concernée par l'événement qui met fin au sursis.

Cette option, qui doit être exercée lors de la survenance du premier événement mettant fin au sursis et affectant une plus-value ou une créance de complément de prix, est irrévocable et s'applique à l'ensemble des plus-values et créances concernées par l'exit tax.

Le surplus d'impôt sur le revenu est dégrevé ou restitué (il appartient au contribuable de fournir les éléments de calcul à l'appui de sa déclaration).

Précisions **a.** Le fait que les **prélèvements sociaux** soient exigibles, outre l'impôt sur le revenu, a été confirmé par le Conseil d'État à l'époque où la législation ne le prévoyait pas expressément, car les différents textes relatifs aux contributions sociales n'établissent aucune distinction entre les plus-values constatées et les plus-values effectivement réalisées (CE 29 avril 2013 n° 357574, 8e et 3e s.-s., Rodriguez ; CE 29 avril 2013 n° 357575, 8e et 3e s.-s., Coutre ; CE 29 avril 2013 n° 357576, 8e et 3e s.-s., Picart : RJF 7/13 n° 729, à propos de l'ancien dispositif d'exit tax).

b. À l'expiration du sursis de paiement prévu par l'article 167 bis, le contribuable conserve la possibilité de bénéficier du **sursis de paiement de droit commun** (LPF art. L 277), sous réserve d'une demande régulière figurant dans la réclamation contentieuse et jusqu'à ce qu'intervienne une décision définitive sur cette dernière (CAA Versailles 6 février 2014 n° 13VE01360, 6e ch., Picart : RJF 7/14 n° 688, arrêt définitif à propos de l'ancien dispositif mais transposable ; un pourvoi avait été formé contre cet arrêt mais il n'a pas été admis par CE (na) 27 mars 2015 n° 378005, 8e s.-s. : RJF 11/15 n° 958).

Créances d'earn out

3707 Le sursis expire lors de la perception du complément de prix ou de l'apport de la créance, de sa cession à titre onéreux ou de sa donation si le donateur est fiscalement domicilié dans l'un des États mentionnés n° 3699 (pour les transferts de domicile antérieurs au 1er janvier 2019, il s'agissait des États membres de l'Union européenne, de l'Islande et de la Norvège), sauf s'il démontre que le motif principal de la donation n'est pas d'éluder l'exit tax.

Plus-values en report

3709 Le sursis expire lors de la **cession**, du rachat, du remboursement ou de l'annulation des droits sociaux, valeurs, titres ou droits dont l'acquisition intervenue avant le transfert du domicile fiscal hors de France a ouvert droit au bénéfice des dispositions mentionnées au II de l'article 92 B, à l'article 92 B decies et aux I ter et II de l'article 160, dans leur rédaction en vigueur avant le 1er janvier 2000, et à l'article 150-0 C, dans sa rédaction en vigueur avant le 1er janvier 2006, à l'exception des cessions auxquelles les reports d'imposition prévus à l'article 150-0 B ter s'appliquent.

Entraîne également l'expiration du sursis, la **donation** de titres pour lesquels des plus-values de cession ou d'échange ont été reportées en application de l'article 92 B decies, du dernier alinéa du 1 du I ter et du II de l'article 160, dans leur rédaction en vigueur avant le 1er janvier 2000, de l'article 150-0 C, dans sa rédaction en vigueur avant le 1er janvier 2006, ou de l'article 150-0 B bis du CGI. Il en va de même du **décès** du contribuable pour les mêmes plus-values en report.

Mais lorsque le contribuable transmet à titre gratuit (en cas de donation ou décès), alors qu'il est domicilié hors de France, des titres dont l'acquisition a ouvert droit au bénéfice des dispositions du II de l'article 92 B ou de celles du premier alinéa du 1 ou du 4 du I ter de l'article 160, dans leur rédaction en vigueur avant le 1er janvier 2000, ou de l'article 150-0 B ter du CGI, la fraction de l'impôt établi à la date du départ de France et se rapportant aux titres ainsi transmis est dégrevée ou restituée si elle avait fait l'objet d'un paiement immédiat lors du transfert du domicile fiscal hors de France.

Ces mesures visent à ce qu'il ne soit pas mis fin au sursis en présence d'une mutation à titre gratuit qui ne mettrait pas fin au report si le contribuable était domicilié en France. Il est à noter que l'impôt étranger éventuellement dû ne s'impute pas sur l'impôt dû en France, s'agissant de plus-values en report ayant été réalisées avant le départ de France.

h. Élimination des doubles impositions

Cas où la plus-value réelle est imposable en France

Afin d'éliminer une éventuelle double imposition, la loi prévoit que si, en cas de cession (ou rachat, remboursement ou annulation), le contribuable réalise une plus-value imposée en France conformément aux dispositions de l'article 244 bis B du CGI (no 65880), l'impôt afférent à la plus-value latente constatée sur les titres concernés est dégrevé ou restitué s'il avait fait l'objet d'un paiement l'année suivant le transfert de domicile fiscal hors de France. Les prélèvements sociaux additionnels restent cependant dus en France, en toute hypothèse (Code de la sécurité sociale art. L 136-6). **3711**

Il en va de même, compte tenu des précisions apportées par la loi no 2018-1317 du 28 décembre 2018 de finances pour 2019, en cas de cession de titres de sociétés à **prépondérance immobilière** en France si le transfert de domicile est intervenu depuis le 1er janvier 2019 et si la plus-value a été imposée sur le fondement de l'article 244 bis A du CGI (CGI art. 167 bis, VIII-4). Dans ce cas, toutefois, les prélèvements sociaux font également l'objet d'un dégrèvement ou d'une restitution afin d'éviter une double imposition, les prélèvements sociaux étant dus sur les plus-values immobilières réalisées en France par les non-résidents (article L 136-6 du Code de la sécurité sociale dans sa version issue de l'article 108 de la loi no 2021-1900 du 30 décembre 2021 de finances pour 2022). Dès lors que la loi emploie le mot « imposée », il y a lieu de n'admettre le dégrèvement ou la restitution qu'en cas d'imposition effective en France et d'exclure les cas où, par exemple, la plus-value est exonérée d'impôt en application d'une convention fiscale.

Cas où la plus-value est imposée à l'étranger

Un mécanisme d'élimination de la double imposition est prévu dans l'hypothèse où la plus-value réelle est imposée à l'étranger en cas de cession (ou rachat, remboursement ou annulation) de titres soumis à l'exit tax lors du transfert du domicile hors de France ; dans ce cas, l'impôt éventuellement acquitté par le contribuable dans son État de résidence est **imputable**, dans la limite de l'impôt définitif dû en France : **3712**

– d'abord **sur les prélèvements sociaux** afférents à la plus-value latente, plafonnée à la plus-value réelle et en tenant compte des moins-values réelles mais sans prise en compte de l'éventuel abattement pour durée de détention déterminé à la date de la cession, à proportion du rapport entre cette plus-value et l'assiette de l'impôt acquitté hors de France ;

– puis, pour le solde, **sur l'impôt sur le revenu** afférent à la plus-value latente, plafonnée à la plus-value réelle en tenant compte des moins-values réelles et, cette fois, en prenant en compte, le cas échéant (no 65726), l'abattement pour durée de détention déterminé à la date de la cession, à proportion du rapport entre cette plus-value et l'assiette de l'impôt acquitté hors de France. L'impôt étranger est imputé dans la limite de l'impôt sur le revenu et des prélèvements sociaux exigibles sur la plus-value latente concernée.

L'impôt étranger, dont il incombe au contribuable de justifier du paiement effectif, doit être converti en euros sur la base du taux de change en vigueur à la date de son paiement (CGI Ann. III art. 41 tervicies F) ; il doit s'agir d'un impôt personnel sur le revenu assis sur les plus-values de cession de valeurs mobilières ou de droits sociaux et calculé à partir du prix ou de la valeur d'acquisition des titres concernés au sens indiqué nº 3687.

Précisions **a.** Le dispositif d'imputation de l'impôt étranger, critiqué en tant qu'il peut conduire à imposer, lors de la cession, un ancien résident de France devenu non-résident plus lourdement qu'un résident n'a pas été considéré comme incompatible avec le principe de **libre circulation des capitaux** étant donné :
– que l'imposition des plus-values latentes constatées lors du transfert du domicile fiscal hors de France est sans lien avec un transfert de capitaux et n'emporte par elle-même aucune conséquence sur la liberté de circulation des capitaux ;
– que, en tout état de cause, la France n'a pas à assurer la neutralisation de la charge fiscale qu'un redevable supporte du fait de la décision de son État de résidence d'exercer sa compétence fiscale ; le désavantage qui peut en résulter pour lui ne provient pas d'une restriction prohibée car il n'est que la conséquence de l'exercice parallèle des compétences fiscales des deux États (CE 26 juillet 2018 nº 421612, 8e ch. : RJF 1/19 nº 39, rejetant également une question prioritaire de constitutionnalité dirigée contre une disposition inapplicable au litige).

b. Le Conseil d'État a refusé de renvoyer au Conseil constitutionnel une question prioritaire de **constitutionnalité** qui critiquait la limitation de l'imputation sur l'impôt dû en France à la seule fraction de l'impôt acquitté à l'étranger correspondant à la fraction imposable en France de l'assiette totale et les différences de traitement entre, d'une part, les contribuables ayant quitté le territoire français et ceux ayant conservé leur domicile fiscal en France et, d'autre part, les contribuables selon qu'ils bénéficient ou non d'un abattement pour durée de détention (CE QPC 22 novembre 2021 nº 455891, 8e ch. : RJF 3/22 nº 291).

Cas des moins-values réalisées à l'étranger

3713 Les moins-values réalisées à l'étranger dans l'un des États mentionnés nº 3699 (pour les transferts de domicile intervenus depuis le 1er janvier 2019 ; précédemment, seuls étaient concernés les États membres de l'Union européenne, l'Islande et la Norvège) en cas de cession (ou rachat, remboursement ou annulation) de titres soumis à l'exit tax lors du transfert du domicile hors de France sont imputables dans certaines conditions.

Ces moins-values sont **imputables**, dans les conditions prévues au 11 de l'article 150-0 D du CGI (imputation au cours de la même année ou des dix années suivantes) :
– sur les plus-values réalisées par le contribuable en cas de cession (ou rachat, remboursement ou annulation) d'autres titres pour lesquels une plus-value latente avait été constatée lors du transfert de son domicile fiscal hors de France ; l'imputation est plafonnée au montant définitif de la plus-value latente ;
– sur les plus-values imposables en application de l'article 244 bis B du CGI (nº 65880) ;
– sur les plus-values imposables conformément à l'article 150-0 A du CGI, lorsque le contribuable transfère de nouveau son domicile fiscal en France.

En outre, les **moins-values de cession ou de rachat** de droits sociaux, valeurs, titres ou droits déterminées conformément aux articles 150-0 A (avant transfert du domicile) ou 244 bis B (alors que le contribuable est non-résident) sont imputables, dans les conditions prévues au 11 de l'article 150-0 D (soit, au cours de la même année ou des dix années suivantes), sur les plus-values réalisées sur des titres pour lesquels des plus-values latentes avaient initialement été constatées.

i. Dégrèvement d'office

En cas de retour en France

3715 Lorsque le contribuable transfère de nouveau son domicile fiscal en France, l'impôt afférent aux **plus-values latentes** est dégrevé d'office (ou restitué s'il a fait l'objet d'un paiement immédiat) à condition que, à la date de ce transfert, le contribuable détienne toujours les titres concernés (le retour en France entraîne également le dégrèvement ou la restitution des prélèvements sociaux) ; si une opération d'échange intercalaire, au sens de l'article 150-0 B du CGI, a eu lieu alors que le contribuable était domicilié à l'étranger, l'obligation de détention porte sur les titres reçus en échange.

Le retour en France entraîne également le dégrèvement (ou la restitution si elle a fait l'objet d'un paiement immédiat) de l'imposition, prélèvements sociaux inclus, afférente aux créances représentatives d'un **complément de prix**.

En ce qui concerne les **plus-values en report**, le contribuable est replacé dans la même situation fiscale que s'il n'avait jamais quitté le territoire français à condition qu'il détienne toujours les titres en cause lors de son retour en France.

Précisions Lorsque le contribuable **transfère de nouveau son domicile fiscal en France** et que les titres auxquels se rapporte la plus-value imposable figurent dans son patrimoine, il est, pour l'impôt afférent à ces titres, replacé dans la même situation fiscale que s'il n'avait jamais quitté le territoire français.

Décès ou donation

L'impôt afférent aux **plus-values latentes** est dégrevé, ou restitué s'il avait fait l'objet **3716**
d'un paiement immédiat lors du transfert de domicile fiscal hors de France, en cas de décès du contribuable ou, pour sa fraction se rapportant aux droits sociaux, valeurs, titres ou droits donnés, en cas de donation des titres (ou des titres reçus lors d'une opération d'échange entrant dans le champ d'application de l'article 150-0 B du CGI ; la loi ne mentionne pas l'article 150-0 B ter du même Code) intervenue après le transfert de domicile fiscal hors de France, si le donateur est fiscalement domicilié dans l'un des États mentionnés n° 3699 (pour les transferts de domicile intervenus depuis le 1er janvier 2019 ; précédemment, seuls étaient concernés les États membres de l'Union européenne, l'Islande et la Norvège), ou, s'il est fiscalement domicilié dans un autre État, à la condition qu'il démontre que le motif principal de la donation n'est pas d'éluder l'exit tax.

L'impôt se rapportant aux **créances de complément de prix** est dégrevé, ou restitué s'il avait fait l'objet d'un paiement immédiat, lorsque le contribuable est encore fiscalement domicilié à l'étranger lors de son décès ; il en va de même en cas de donation des créances lorsque le donateur est fiscalement domicilié dans l'un des États mentionnés n° 3699 (pour les transferts de domicile intervenus depuis le 1er janvier 2019 ; précédemment, seuls étaient concernés les États membres de l'Union européenne, l'Islande et la Norvège) ou, s'il est fiscalement domicilié dans un autre État, à la condition qu'il démontre que le motif principal de la donation n'est pas d'éluder l'exit tax. L'impôt est dégrevé ou restitué pour la fraction se rapportant à la créance figurant encore dans le patrimoine du contribuable au jour du rétablissement du domicile fiscal en France ou du décès ou pour la fraction se rapportant à la créance ayant fait l'objet d'une donation, déduction faite des éventuels compléments de prix perçus entre la date du transfert du domicile fiscal hors de France et celle du rétablissement du domicile fiscal en France, du décès ou de la donation.

Précisions L'impôt afférent à une plus-value placée sous le régime du **report d'imposition** de l'article 150-0 B ter du CGI et dont le report a pris fin lors du transfert est dégrevé ou restitué en cas de transmission à titre gratuit des titres reçus en rémunération de l'apport alors que le contribuable est domicilié hors de France.

À l'expiration d'un délai variable selon la date du départ

En ce qui concerne les **plus-values latentes**, l'impôt établi lors du transfert du domicile **3717**
est dégrevé (ou restitué s'il a fait l'objet d'un paiement immédiat) à l'expiration d'un délai variable selon la date du transfert du domicile ; pour les départs intervenus depuis le 1er janvier 2019, le délai est de deux ans dans le cas général et de cinq ans pour les contribuables dont la valeur globale des titres excède 2,57 M€ à la date du transfert de domicile. Antérieurement, les délais étaient les suivants :
- huit ans si le transfert de domicile fiscal était intervenu au cours des années 2011 (à compter du 3 mars) à 2013 ;
- quinze ans s'il était intervenu entre 2014 et 2018.

Le dégrèvement concerne les seules plus-values latentes, y compris sur des titres qui ont fait l'objet d'une opération d'échange entrant dans le champ d'application de l'article 150-0 B du CGI après le transfert de domicile hors de France (la loi ne mentionne pas l'article 150-0 B ter) ; en revanche, il ne s'applique pas aux **créances de complément de prix** ni aux **plus-values en report** d'imposition.

Les **prélèvements sociaux** sont également dégrevés ou restitués (cette solution résulte de la modification apportée à l'article L 136-6 du Code de la sécurité sociale, pour les transferts de domiciles intervenus depuis le 1er janvier 2014, et qui a consisté à restreindre sur ce point l'exception au principe selon lequel l'assiette des prélèvements sociaux est la même que celle de l'impôt sur le revenu).

Précisions **a.** La réduction du délai à deux ans a été jugée conforme à la **Constitution** (Cons. const. 28 décembre 2018 n° 2018-777 DC, Loi de finances pour 2019). Cet aménagement visait à recentrer le dispositif sur les **risques d'optimisation les plus manifestes**, consistant en un transfert de domicile hors de France de contribuables désireux de céder rapidement leurs titres (en ce sens, notamment, réponse Genetet, n° 13087 : JOAN 28 mai 2019 p. 4977).

b. L'impôt est également dégrevé, pour sa fraction se rapportant aux droits sociaux, valeurs, titres ou droits faisant l'objet d'une cession ou d'un rachat entrant dans le champ d'application du III de l'article 150-0 A du CGI (dispositif d'exonération concernant les **FCPR** et les **SCR** sous certaines conditions), à la condition que le contribuable soit fiscalement domicilié dans un État mentionné au n° 3699 (pour les transferts de domicile intervenus depuis le 1er janvier 2019 ; précédemment, seuls étaient concernés les États membres de l'Union européenne, l'Islande et la Norvège) à la date de la cession ou du rachat.

c. L'accord du 21 juin 1999 entre l'Union européenne et la **Suisse** sur la libre circulation des personnes ne fait pas obstacle à l'exigibilité des **prélèvements sociaux** à l'égard des personnes qui ont transféré leur domicile en Suisse avant 2014 (CE 9 novembre 2020 n° 440324, 8e ch. : RJF 2/21 n° 222).

d. Le Conseil d'État a refusé de transmettre une question prioritaire de constitutionnalité présentée à l'appui d'un recours pour excès de pouvoir contre les commentaires administratifs réaffirmant que, sous l'empire de la législation applicable de 2011 à 2013, les **prélèvements sociaux** restaient dus à l'expiration d'un délai de huit ans (CE QPC 10 décembre 2021 n° 457349, 8e et 3e ch. : RJF 3/22 n° 292, rejetant également le recours pour excès de pouvoir). Il a par ailleurs été jugé que l'absence de dégrèvement des prélèvements sociaux à l'expiration d'un délai de huit ans n'était pas contraire à la liberté d'établissement applicable au sein de l'Union européenne (TA Montreuil 23 novembre 2021 n° 1908751, 10e ch. : RJF 3/22 n° 319 ; jugement définitif).

e. Il a été jugé, à propos de personnes physiques qui avaient déménagé de France en Suisse en décembre 2011, que le dégrèvement d'office de l'impôt à **l'expiration d'un délai de huit ans** suivant le transfert du domicile fiscal hors de France n'est pas automatique, car il suppose que le contribuable justifie qu'il détient toujours les titres auxquels se rapporte la plus-value latente ou les titres reçus lors d'une opération d'échange (CAA Versailles 1er mars 2022 nos 20VE01103 et 20VE01104, 1e ch. ; pourvoi enregistré sous le n° 465427) ; cet arrêt réaffirme également la compatibilité du dispositif avec le principe de libre circulation des capitaux, les accords entre l'Union européenne et la Suisse, la convention fiscale franco-suisse du 9 septembre 1966 modifiée et la convention européenne des droits de l'Homme.

j. Obligations déclaratives

Principe de la déclaration

3720 Les contribuables qui transfèrent leur domicile fiscal hors de France doivent déclarer les plus-values latentes, les créances de complément de prix et les plus-values en report devenues imposables en application de l'article 167 bis du CGI.

Les modalités déclaratives ont été précisées, en dernier lieu, par le décret n° 2019-868 du 21 août 2019 afin de tenir compte des mesures législatives prises à la fin de l'année 2018.

Doivent être précisés sur le **formulaire n° 2074-ETD**, la date du transfert du domicile fiscal hors de France, l'adresse du nouveau domicile fiscal, le montant des plus-values latentes, des créances trouvant leur origine dans une clause de complément de prix et des plus-values en report ainsi que les éléments nécessaires à leur détermination (CGI Ann. III art. 41 tervicies).

En ce qui concerne les contribuables qui transfèrent leur domicile fiscal dans l'un des États mentionnés n° 3699 (**sursis automatique**), ou, dans la négative, qui ne demandent pas à bénéficier du sursis de paiement sur option, la déclaration n° 2074-ETD doit être adressée au service des impôts des particuliers dont dépendait leur domicile fiscal avant transfert hors de France ; cette déclaration doit être déposée l'année qui suit celle du transfert du domicile fiscal, dans les mêmes délais et en même temps que leur déclaration de revenus (la déclaration n° 2074-ETD n'existe qu'en format « papier » et ne peut pas faire l'objet d'une déclaration en ligne).

Les contribuables qui souhaitent bénéficier du **sursis de paiement conditionnel** (n° 3701) doivent en faire la demande sur le formulaire n° 2074-ETD, qui doit alors être déposé au plus tard quatre-vingt-dix jours avant le transfert du domicile fiscal hors de France au service des impôts des particuliers non résidents, en indiquant le nom ou la dénomination sociale ainsi que l'adresse de leur représentant fiscal (CGI Ann. III art. 41 tervicies A ; dans ce cas, bien entendu, les déclarations de revenus n° 2042 et n° 2042 C n'ont pas à être déposées en même temps que la déclaration n° 2074-ETD) ; le délai de quatre-vingt-dix jours est applicable aux transferts de domicile intervenus depuis le 22 novembre 2019 (LPF art. R 277-8 issu du décret n° 2019-868 du 21 août 2019 ; antérieurement, le sursis devait être demandé dans les trente jours précédant le départ). Le représentant fiscal doit s'engager, sur ce même document, à représenter le contribuable (n° 3701). Les contribuables concernés doivent également déposer à nouveau, auprès du service des impôts des particuliers dont dépendait leur domicile en France, la même déclaration n° 2074-ETD l'année qui suit celle du transfert de leur domicile fiscal, accompagnée des déclarations n° 2042 et n° 2042 C et précisant qu'il s'agit d'un « deuxième dépôt dans le cas du sursis sur option ». La première déclaration n° 2074-ETD déposée doit être accompagnée de la proposition de garantie faite par le contribuable.

La portée de la **condition de délai** de dépôt des déclarations a donné lieu aux contentieux suivants :
– à propos d'un contribuable qui avait transféré son domicile en Suisse le 2 mai 2014 et qui n'avait pas respecté le délai de trente jours alors applicable, il a été jugé que dès lors que l'article 91 duodecies de l'annexe II au CGI (ancienne réglementation) fait expressément référence à un **formulaire**, il appartient à l'administration de mettre ce formulaire à la disposition des contribuables ou, à défaut, de les informer par tout moyen de la possibilité d'établir la déclaration de plus-values latentes suivant d'autres modalités ; dès lors que l'administration n'avait **pas publié** le formulaire en cause au cours de l'année 2014 sur le site www.impots.gouv.fr et qu'elle n'avait pas informé les contribuables de la possibilité de souscrire la déclaration par un autre moyen, elle ne pouvait pas opposer à ce contribuable le non-dépôt du formulaire dans les trente jours qui précèdent son départ pour lui refuser le bénéfice du sursis de paiement (TA Montreuil 13 décembre 2016 n° 1502954, 10e ch. : RJF 5/17 n° 433 ; ce jugement a fait l'objet d'un appel mais le ministre s'est ensuite désisté selon ce qu'indique CAA Versailles Ord. 30 mai 2017 n° 17VE00462) ;
– un ressortissant franco-italien domicilié à **Monaco** et qui était imposable en France comme s'il y était domicilié devait être considéré comme ayant transféré son domicile fiscal à Monaco à compter de la parution du décret prononçant **la perte de sa nationalité française** ; s'il devait bien déposer une déclaration au titre de l'exit tax, il ne pouvait pas savoir à quelle date le décret serait publié et l'administration ne pouvait donc pas lui opposer le défaut de déclaration dans le délai requis pour lui refuser le sursis de paiement (TA Montreuil 31 janvier 2017 n° 1504791 : RJF 5/17 n° 434 ; jugement définitif).

Précisions Lors des **transferts de domiciles ultérieurs**, le contribuable doit informer, dans les deux mois, le service des impôts des particuliers non résidents (sur papier libre).

Dispositif de suivi

Les contribuables qui bénéficient du **sursis de paiement** (automatique ou conditionnel) au titre de créances ou plus-values en report (mais non, pour les transferts de domicile intervenus depuis le 1er janvier 2019, ceux qui ne sont imposables qu'au titre des plus-values latentes ; voir infra, Précisions c) doivent déposer **chaque année** au service des impôts des particuliers non résidents, outre les déclarations nos 2042 et 2042 C, le formulaire n° 2074-ETS sur lequel ils indiquent le montant des plus-values entrant dans le champ du dispositif et l'impôt afférent aux titres pour lesquels le sursis de paiement n'est pas expiré (le dépôt de ce formulaire, qui doit être annexé à la déclaration annuelle des revenus de source française, n'est pas exigé des contribuables qui ont acquitté l'impôt lors de leur départ de France). Le défaut de production de la déclaration et du formulaire ou l'omission de tout ou partie des éléments mettent fin au sursis de paiement. 3721

Les contribuables bénéficiant d'un sursis de paiement doivent déclarer, **l'année suivant celle de l'expiration** de ce sursis et dans le délai prévu pour la souscription de la déclaration de leurs revenus de source française, la date et la nature de l'événement mettant fin au sursis. Ils doivent y mentionner le montant de l'impôt devenu exigible ainsi que les éléments de son calcul. La déclaration d'ensemble et le formulaire doivent être accompagnés du paiement de l'impôt définitivement dû.

En cas de survenance d'un événement entraînant le dégrèvement ou la restitution de l'impôt, la déclaration de la nature et de la date de l'événement et la demande de dégrèvement ou de restitution doivent être déposées au plus tard lors du dépôt de sa déclaration l'année suivant la survenance de l'événement (à la date limite de déclaration des revenus).

À l'expiration du **délai** mentionné n° 3717 ou en cas de **retour en France**, les intéressés doivent déclarer la nature et la date de l'événement qui motive une demande de dégrèvement d'office des impositions en sursis de paiement ou la restitution de l'impôt acquitté lors du départ de France.

Précisions **a.** Les obligations déclaratives ont été aménagées par le décret n° 2014-1223 du 21 octobre 2014 (JO du 23 octobre 2014 p. 17596, texte n° 13) pour tenir compte des modifications apportées au régime d'imposition des plus-values (abattements pour durée de détention). Les **déclarations de suivi** n° 2074-ETS, variables selon les millésimes concernés, doivent être souscrites à des dates elles-mêmes variables en fonction des délais supplémentaires éventuellement accordés aux contribuables.

b. Le **suivi annuel** est effectué à l'aide des formulaires :
– 2074-ETSL si le contribuable bénéficie du sursis de paiement total et s'il n'a réalisé aucun événement mettant fin au sursis de paiement ou entraînant un dégrèvement durant l'année au titre de laquelle il effectue le suivi ; la déclaration 2074-ETSL doit être accompagnée des déclarations des revenus n° 2042 et n° 2042 C, que le contribuable dispose ou non de revenus de source française ;
– 2074-ETS1, 2074-ETS2 ou 2074-ETS3 en fonction de la date du transfert de domicile si, durant l'année, le contribuable a réalisé un événement mettant fin au sursis de paiement ou entraînant un dégrèvement.

c. Les obligations déclaratives des contribuables qui déclarent **uniquement des plus-values latentes** ont été allégées par la loi n° 2018-1317 du 28 décembre 2018 de finances pour 2019, pour les transferts de domicile intervenus depuis le 1er janvier 2019. Les intéressés ne sont tenus de souscrire une déclaration pour assurer le suivi des impositions en sursis de paiement que l'année suivant celle du transfert (et au plus tard quatre-vingt-dix jours avant le transfert du domicile fiscal hors de France en cas de départ dans l'un des États mentionnés n° 3701) et en cas d'expiration du sursis de paiement, et non plus chaque année. Une déclaration annuelle de suivi reste exigée si le sursis porte à la fois sur des plus-values latentes et des créances ou plus-values en report.

Contrôle

3723 L'exigibilité de l'impôt en sursis de paiement est rétablie lorsque le contribuable n'a pas satisfait à ses obligations déclaratives dans les trente jours suivant la notification d'une mise en demeure qui lui est adressée, ou qui est adressée, le cas échéant, à son représentant fiscal (CGI Ann. III art. 41 tervicies E).

Pour les transferts intervenus depuis le 3 mars 2011, lorsque le **délai de reprise** de droit commun est expiré (soit après la fin de la troisième année qui suit celle au cours de laquelle est intervenu le transfert de domicile fiscal ; LPF art. L 169), l'administration dispose d'un nouveau droit de reprise qui s'exerce jusqu'à la fin de la troisième année qui suit l'événement mettant fin au sursis de paiement dont bénéficie le contribuable, ou entraînant le dégrèvement ou la restitution de l'imposition (LPF art. L 171-0 A).

Précisions La Direction générale des finances publiques a été autorisée à mettre en œuvre un **traitement automatisé de données à caractère personnel** dénommé « Exit tax », au sein de la direction des résidents à l'étranger et des services généraux (arrêté du 8 avril 2015 au JO du 6 mai 2015 p. 7755, texte n° 5). Ce traitement permet d'assurer la gestion et le suivi des dossiers des personnes physiques qui sont redevables des impositions liées au transfert de leur domicile fiscal hors de France et, le cas échéant, de leurs représentants fiscaux, de consulter les dossiers correspondants et d'assurer le pilotage et le suivi statistique de l'activité.

k. Compatibilité avec les engagements internationaux de la France

Droit de l'Union européenne

3725 Si le mécanisme mis en place est assez complexe, sa complexité tient essentiellement à la volonté affichée, et largement réaffirmée lors des travaux parlementaires, de respecter le droit de l'Union européenne ; le dispositif tient compte, en effet, de la jurisprudence de la Cour de justice sur l'ancienne exit tax française (n° 3675) ainsi que sur les dispositions similaires néerlandaises, telle qu'elle résulte des arrêts Lasteyrie du Saillant et N.

En effet, la Cour de justice n'a pas condamné par principe les mécanismes du type « exit tax » ; elle a admis, au contraire, que les États membres puissent prendre des mesures destinées à assurer la **répartition du pouvoir d'imposer** des plus-values compte tenu du principe de territorialité, à condition que les mesures en cause n'aillent pas au-delà du nécessaire (notamment, affaire N du 17 septembre 2006 ; n° 81695). Ces principes ont été réaffirmés par la Cour en formation solennelle à propos des sociétés (affaire National Grid Indus BV ; n° 81695). **3725** (suite)

C'est la raison pour laquelle des règles détaillées ont été mises en place en ce qui concerne, notamment, le sursis de paiement et les transmissions ultérieures à titre gratuit. En cas de **transfert au sein de l'Union européenne**, le sursis automatique, l'absence de constitution de garanties, l'absence de nécessité de désigner un représentant fiscal, le recalcul ultérieur de l'assiette de la plus-value imposable et la transposition des règles internes en cas de transmissions à titre gratuit ou de nouvelles opérations ouvrant droit au sursis ou au report d'imposition sont de nature à rendre le dispositif compatible avec le droit de l'Union européenne.

En ce sens, pour les transferts de domicile à l'intérieur de l'Union européenne, le Conseil d'État a jugé que le dispositif issu de la loi du 29 juillet 2011 n'est pas contraire à la liberté d'établissement, en remarquant notamment :
– à propos de l'imputation de l'impôt étranger sur l'impôt français, que si le montant de l'impôt dû en France est supérieur à celui mis à la charge du contribuable à l'étranger, cette situation résulte du pouvoir de chaque État de définir son régime d'imposition et ne contrevient à aucun principe du droit de l'Union européenne ;
– qu'un État membre est en droit d'imposer une plus-value latente sur son territoire même si elle n'a pas été réalisée dès lors qu'il n'impose pas le recouvrement immédiat de l'impôt, la mise en place d'une obligation déclarative n'étant pas disproportionnée (CE 12 juillet 2013 n° 359994, 8e et 3e s.-s., Aube Martin : RJF 11/13 n° 1029, aux conclusions Benoît Bohnert au BDCF 11/13 n° 113 ; cette décision relève cependant une restriction injustifiée en ce qui concerne les règles applicables en cas de donation des titres, qui a ensuite été corrigée comme indiqué au n° 3703).

Quant aux **transferts en dehors de l'Union européenne**, il ne nous semble pas qu'une quelconque liberté de circulation soit applicable, ni la liberté d'établissement, inapplicable hors de l'Union européenne, ni la liberté de circulation des capitaux ; certes, cette dernière pourrait théoriquement s'appliquer hors Union européenne (n° 81985), mais sous réserve qu'un mouvement de capitaux soit en cause. Or, en l'espèce, l'exit tax ne concerne en aucune façon des mouvements de capitaux puisqu'il ne s'agit que du transfert du domicile hors de France de personnes physiques, qu'il y ait ou non délocalisation des capitaux. Le Conseil d'État a jugé en ce sens que l'imposition des plus-values latentes constatées lors du transfert du domicile fiscal hors de France, qui est dépourvue de lien avec tout transfert de capitaux, n'emporte par elle-même aucune conséquence sur la liberté de circulation des capitaux (CE 26 juillet 2018 n° 421612, 8e ch. : RJF 1/19 n° 39 ; voir n° 3712, Précisions) ; il avait été jugé de même à propos de l'ancienne exit tax (CE 21 novembre 2012 n° 347223, 3e et 8e s.-s., Daumen : RJF 2/13 n° 164 aux conclusions Vincent Daumas au BDCF 2/13 n° 20). Comme le soulignait le rapporteur public dans cette dernière affaire, si l'exit tax peut éventuellement avoir un effet restrictif sur la **libre circulation des capitaux**, cet effet est trop aléatoire ou trop indirect pour constituer une entrave, étant observé au surplus que la restriction ne serait, en ce cas, qu'une conséquence de l'atteinte à la liberté d'établissement et qu'elle n'aurait dès lors pas à être examinée de façon autonome (le Conseil d'État a notamment confirmé que la liberté d'établissement ne peut pas être invoquée par des contribuables ayant transféré leur domicile en Suisse).

En ce qui concerne la **Suisse**, le Conseil d'État avait renvoyé à la Cour de justice une question préjudicielle concernant un contribuable qui y avait transféré sa résidence en 2002 alors qu'il détenait des participations substantielles dans des sociétés françaises (CE 23 juin 2016 n° 378008, 8e et 3e ch. : RJF 10/16 n° 836). L'intéressé soutenait que l'activité de gestion, à partir de la Suisse, de ses participations dans les sociétés françaises relevait du droit d'établissement en tant qu'indépendant, au sens de l'accord conclu avec la Suisse sur la libre circulation des personnes (n° 87357) ; il n'a cependant pas eu gain de cause, la Cour de justice de l'Union européenne jugeant qu'il n'entrait pas dans les prévisions de ce texte car il n'avait pas entendu **exercer une activité** en Suisse mais conserver une activité en France et il n'était pas non plus « frontalier » (CJUE 15 mars 2018 aff. 355/16, 1e ch. : RJF 8-9/18 n° 917). Le Conseil d'État en a tiré les conséquences en rejetant le pourvoi du contribuable par CE 25 mai 2018 n° 378008, 8e ch. : RJF 11/18 n° 1111, jugeant également que les dispositions relatives aux **prélèvements sociaux**, dès lors qu'elles n'établissent aucune distinction entre les plus-values constatées et les plus-values effectivement réalisées s'appliquent bien aux plus-values mentionnées à l'article 167 bis du CGI (le Conseil d'État avait déjà rendu, à propos de ce même contribuable, une décision de rejet alors que l'intéressé ne soutenait pas, à l'époque, avoir eu l'intention d'exercer une quelconque activité économique ou salariée en Suisse ; CE 29 avril 2013 n° 357576, 8e et 3e s.-s., Picart : RJF 7/13 n° 729, concernant l'ancien dispositif). Cette solution est cohérente avec celles que le Conseil d'État avait précédemment retenues lorsqu'il avait jugé que le principe de liberté d'établissement ne peut pas être invoqué par un contribuable ayant établi son domicile en dehors de l'Union européenne, que le droit d'établissement reconnu par l'article 4 de l'accord du 21 juin 1999 **entre la Communauté européenne et la Suisse** n'est pas comparable à la liberté d'établissement garantie par le droit de l'Union européenne et que l'article 167 bis du CGI, en imposant au contribuable ayant transféré son domicile fiscal en Suisse certaines obligations pour bénéficier du sursis de paiement (demande expresse, désignation d'un représentant, constitution de garanties), ne porte pas atteinte au droit d'établissement et à la liberté de circulation garantis par l'accord du 21 juin 1999, non plus qu'aux principes de libre circulation des personnes et des travailleurs (CE 12 juillet 2013 n° 359314, 8e et 3e s.-s., Gibier : RJF 11/13 n° 1028 ; conclusions Benoît Bohnert au BDCF 11/13 n° 113). Sur la portée des accords entre l'Union européenne et la Suisse, dans le même sens, CE 29 avril 2013 n° 357575, 8e et 3e s.-s., Coutre ; CE 29 avril 2013 n° 357576, 8e et 3e s.-s., Picart, précité, ou encore CE 9 octobre 2013 n° 337301, 9e et 10e s.-s., Faiveley : RJF 1/14 n° 39.

Précisions **a.** Le **Conseil d'État**, au rapport de sa section des finances, avait donné un **avis favorable** au dispositif proposé par le Gouvernement, estimant que le dispositif envisagé, dans la mesure où il ne se traduisait pas par une imposition immédiate des plus-values et où le report d'imposition n'était soumis à aucune condition, n'était pas constitutif d'une atteinte au principe de la liberté d'établissement (Rapport public 2012 du Conseil d'État, Droit fiscal 2012 n° 26 comm. n° 346).

b. Les principes posés par la **convention européenne des droits de l'Homme** ne sont pas méconnus par le dispositif de l'exit tax qu'il s'agisse du droit au respect des biens consacré par l'article 1er du premier protocole additionnel à cette convention, y compris en ce qu'il prévoit une application à compter du 3 mars 2011 (CE 12 juillet 2013 n° 359314, 8e et 3e s.-s., Gibier : RJF 11/13 n° 1028 ; conclusions Benoît Bohnert au BDCF 11/13 n° 113) ou de l'article 2-2 du protocole additionnel n° 4 à cette convention, dans la mesure où le dispositif n'a ni pour objet ni pour effet de soumettre à de quelconques restrictions ou conditions l'exercice effectif, par les personnes qu'elles visent, de la liberté d'aller et venir, et notamment de quitter le territoire pour s'installer dans un autre État (CE 29 avril 2013 n° 357574, 8e et 3e s.-s., Rodriguez : RJF 7/13 n° 729). La compatibilité avec la convention européenne des droits de l'Homme a été réaffirmée par CE 23 juin 2016 n° 378008, 8e et 3e ch. : RJF 10/16 n° 836, à propos d'un contribuable qui avait transféré son domicile en Suisse en juin 2002.

Conventions fiscales

3727 Comme le **fait générateur** de l'imposition est le transfert hors de France du domicile fiscal et qu'en outre celui-ci est réputé intervenir le jour précédant celui à compter duquel le contribuable cesse d'être soumis en France à une obligation fiscale sur l'ensemble de ses revenus (n° 3694), les conventions fiscales ne sauraient s'opposer à l'imposition ultérieure du contribuable, devenu non résident, sur la plus-value « française » (il en irait de même, d'ailleurs, s'il n'y avait pas cette fiction relative à la date du transfert du domicile, comme le montrent les décisions citées plus loin à propos de l'ancienne exit tax).

En réalité, l'imposition des plus-values latentes acquittée en France relève d'une analyse en pur droit interne français. Le fait que le nouvel État de résidence ait le droit d'imposer une plus-value de cession est sans incidence, s'agissant d'une autre plus-value dont le montant pourra d'ailleurs être différent de celui qui aura été constaté lors du départ de France. En toute hypothèse, ne pas appliquer les conventions fiscales ne créera généralement **pas de double imposition** étant donné qu'un mécanisme d'imputation de l'impôt étranger est applicable (en ce qui concerne les plus-values latentes).

Sur le plan théorique, on remarquera également que, si l'on suppose que le contribuable a transféré son domicile fiscal dans un État lié à la France par une convention fiscale qui reprend le modèle de l'OCDE, cette convention, tout en posant le principe de l'imposition dans l'État de résidence, n'indique pas **à quelle date cette résidence doit être appréciée** ; de ce point de vue, l'imposition au titre de l'exit tax ressortit à une analyse plus large sur les différés d'imposition, que l'on retrouve, par exemple, en ce qui concerne les gains de stock-options (n° 42905). Le gain peut être considéré comme imposable dans l'ancien État de résidence puisque la convention permet effectivement à l'État de résidence d'imposer, sans préciser la date à laquelle la domiciliation et le gain en cause doivent être appréciés.

En tout état de cause, enfin, l'ancienne « exit tax » a été considérée comme applicable dans le cadre **franco-suisse** sans que la convention fiscale y fasse obstacle (CE 21 novembre 2012 n° 347223, 3e et 8e s.-s., Daumen : RJF 2/13 n° 164, aux conclusions Vincent Daumas au BDCF 2/13 n° 20) ; le Conseil d'État juge, en effet, que les stipulations de l'article 15 de la **convention franco-suisse** du 9 septembre 1966, qui réservent à l'État de résidence l'imposition des plus-values réalisées lors de la cession de valeurs mobilières, ne sauraient faire obstacle à ce qu'une personne ayant son domicile fiscal en France soit imposée sur les plus-values constatées lorsqu'elle transfère son domicile fiscal hors de France, alors que cette personne, en application du 4 de l'article 4 de cette même convention, **conserve la qualité de résident en France** jusqu'à l'expiration du jour où s'est accompli le transfert de son domicile en Suisse (de son côté, le rapporteur public notait en outre que l'exit tax concerne une plus-value latente alors que les stipulations conventionnelles visent seulement l'aliénation des biens). Dans le même sens, CE 29 avril 2013 n° 357574, 8e et 3e s.-s., Rodriguez ; CE 29 avril 2013 n° 357575, 8e et 3e s.-s., Coutre ; CE 29 avril 2013 n° 357576, 8e et 3e s.-s., Picart : RJF 7/13 n° 729, toujours à propos de l'ancien dispositif. Également dans le même sens, CE 23 juin 2016 n° 378008, 8e et 3e ch. : RJF 10/16 n° 836, toujours à propos d'un contribuable qui avait transféré son domicile en Suisse.

6. Sort des PEA ou PEA-PME en cas de transfert hors de France du domicile fiscal

Absence de clôture automatique du plan

Tirant les conséquences de la jurisprudence du Conseil d'État, l'administration admet que le transfert de son domicile fiscal hors de France par le titulaire d'un PEA (ou d'un PEA-PME) n'entraîne pas automatiquement la clôture du plan, sauf si ce transfert s'effectue dans un **ETNC** (État ou territoire non coopératif ; nos 71550 s.). Dans ce dernier cas, la clôture automatique du plan s'accompagne de l'imposition du gain net réalisé à l'impôt sur le revenu si le plan est ouvert depuis moins de cinq ans et aux prélèvements sociaux quelle que soit la date d'ouverture du plan (BOI-RPPM-RCM-40-50-20-20 n° 650). **3729**

La doctrine administrative précise également que tout **retrait ou rachat partiel** effectué par un non-résident sur un PEA de plus de huit ans n'entraîne pas la clôture du plan mais interdit tout versement ultérieur. De même, tout retrait ou rachat de sommes ou valeurs du PEA avant l'expiration de sa huitième année entraîne la clôture du plan, sauf si les sommes ou valeurs retirées sont destinées à la création ou à la reprise d'une entreprise (BOI préc.).

Précisions **a.** La position antérieure de l'administration, qui considérait que le PEA était automatiquement clos en cas de transfert de domicile hors de France, avait été censurée par le Conseil d'État qui avait jugé illégales les instructions administratives qui exigeaient le recouvrement immédiat de la CSG, de la CRDS et des prélèvements additionnels lorsque les contribuables transféraient leur domicile fiscal **dans un autre État membre de l'Union européenne en exerçant la liberté d'établissement** (CE 2 juin 2006 n° 275416, 3e et 8e s.-s., Chauderlot : RJF 8-9/06 n° 1035 aux conclusions Emmanuel Glaser au BDCF 8-9/06 n° 102 ; voir aussi CAA Paris 28 mars 2007 n° 05-4507, 2e ch. A, Chauderlot : RJF 8-9/07 n° 977, arrêt définitif).

b. Qu'il s'agisse des produits et plus-values ou des conséquences en cas de clôture, des règles particulières sont prévues en ce qui concerne les prélèvements sociaux sur les revenus du patrimoine applicables aux titulaires fiscalement domiciliés à **Saint-Martin**, **Saint-Barthélemy** et **Saint-Pierre-et-Miquelon** (n° 1906, Précisions c ; BOI-RPPM-RCM-40-50-20-20 nos 670 et 690).

c. La possibilité d'ouvrir un PEA reste réservée aux personnes physiques fiscalement **domiciliées en France** ; cela étant, les entreprises d'investissement établies dans un autre État membre de l'Union Européenne ou de l'Espace économique européen peuvent gérer des PEA et des « PEA-PME » (BOI-RPPM-RCM-40-50-10 n° 55). La circonstance que ces plans soient détenus hors de France n'est pas de nature à écarter l'application des dispositions de droit interne français. Sur les conséquences du **Brexit**, voir n° 87353.

d. En ce qui concerne les **livrets de développement durable** (LDD), voir n° 3660.

Produits et plus-values

3730 Les produits et plus-values procurés par les placements effectués sur un **PEA détenu par un non-résident** (période pendant laquelle le titulaire du plan est non résident de France) sont exonérés d'impôt sur le revenu dans les mêmes conditions que pour les résidents (BOI-RPPM-RCM-40-50-20-20 n° 660).

En particulier, les **dividendes** perçus sur le plan (PEA bancaire) ne sont pas soumis à la retenue à la source prévue à l'article 119 bis, 2 du CGI, sauf, sous réserve des conventions fiscales, en ce qui concerne les dividendes versés par des **sociétés françaises non cotées** (c'est-à-dire dont les actions ou parts ne sont pas admises aux négociations sur un marché réglementé).

L'administration précise néanmoins (BOI préc.) que, dans ce dernier cas, les titulaires de PEA peuvent demander, par voie de **réclamation contentieuse**, le dégrèvement de la retenue à la source afférente au montant des dividendes qui peuvent bénéficier de l'exonération d'impôt sur le revenu conformément au 5° bis de l'article 157 du CGI, soit un montant de dividendes plafonné à 10 % des placements en titres non cotés de sociétés françaises ou étrangères qui sont détenus dans le PEA.

Pour être recevable, cette réclamation doit être **déposée** auprès de la Direction des impôts des non-résidents (DINR), Pôle Restitutions de Retenues à la Source (10 rue du Centre, TSA 30012, 93465 Noisy-le-Grand Cedex, France) au plus tard le 31 décembre de la deuxième année qui suit celle de la date du paiement de la retenue à la source par la société émettrice, établissement payeur des dividendes. Le titulaire du PEA doit produire, à l'appui de sa réclamation contentieuse, un relevé d'identité bancaire ainsi que les documents justifiant des éléments suivants :
– l'assiette et le montant de la retenue à la source prélevée par la société émettrice, établissement payeur des dividendes ;
– le montant de la fraction des dividendes qui excède 10 % du montant des placements en titres non cotés de sociétés françaises ou étrangères qui sont détenus dans le PEA ; à cet effet, le contribuable peut notamment produire : le volet de la déclaration récapitulative des opérations sur valeurs mobilières et revenus de capitaux mobiliers (ex-IFU) que lui aura transmis l'établissement gestionnaire du plan et sur lequel est mentionné le montant total des dividendes de sociétés non cotées qui ont été perçus au cours de l'année ; les documents justifiant du prix d'acquisition ou de souscription de ces titres de sociétés inscrits sur le PEA ; les relevés de PEA indiquant le montant des dividendes afférents à ces titres.

Incidences de la clôture du plan

3731 En cas de clôture du plan, de retrait (PEA bancaire) ou de rachat (PEA assurance) partiel opéré sur le plan par un **non-résident**, le gain net réalisé est hors du champ d'application de l'impôt sur le revenu et des prélèvements sociaux (BOI-RPPM-RCM-40-50-20-20 n° 680).

Si le titulaire du plan est **de nouveau résident de France** à la date de la clôture, du retrait ou du rachat, deux situations sont à distinguer selon la date de clôture.

3732 **Avant l'expiration de la cinquième année** En cas de clôture du plan avant l'expiration de la cinquième année suivant celle de son ouverture, le gain net réalisé par le contribuable (redevenu résident) est soumis à l'impôt sur le revenu et aux prélèvements sociaux dans les conditions de droit commun (BOI-RPPM-RCM-40-50-20-20 n° 700). En cas de perte, celle-ci s'impute sur des gains et profits de même nature réalisés au cours de la même année ou des dix années suivantes.

Afin d'éviter la double imposition afférente à l'imposition des produits des **titres non cotés** de sociétés françaises ou étrangères, le contribuable peut, au titre des périodes pendant lesquelles il a été ou est résident de France, c'est-à-dire avant le transfert de son domicile fiscal hors de France et après le transfert de son domicile fiscal en France, demander par voie de **réclamation** contentieuse auprès du service des impôts des particuliers dont il dépend le dégrèvement de l'impôt sur le revenu et, corrélativement, des prélèvements sociaux acquittés sur les produits des titres de ces sociétés (CGI Ann. II art. 91 quater J).

Au titre de la période pendant laquelle il a été non résident et afin d'éviter la double imposition afférente à l'imposition des produits des titres de sociétés non cotées françaises, le contribuable peut demander par voie de réclamation contentieuse auprès de la Direction des impôts des non-résidents, « Pôle Restitutions de Retenues à la Source », le dégrèvement de la **retenue à la source** afférente au montant de la fraction de dividendes supérieure à 10 % du montant des placements en titres non cotés de sociétés françaises ou étrangères qui sont détenus dans le plan (BOI préc. n° 705 ; en ce qui concerne la retenue à la source afférente au montant de la fraction de dividendes inférieure à 10 % du montant des placements, voir n° 3730).

Après l'expiration de la cinquième année En cas de clôture du plan après l'expiration de sa cinquième année, le gain net est exonéré d'impôt sur le revenu mais reste soumis aux prélèvements sociaux (BOI-RPPM-RCM-40-50-20-20 n° 710). **3733**

Afin de corriger, le cas échéant, la **double imposition** aux prélèvements sociaux des produits des titres de sociétés non cotées (produits ayant été imposés à l'impôt sur le revenu et par voie de conséquence aux prélèvements sociaux au cours de la période pendant laquelle le titulaire du plan était résident), le contribuable peut demander par voie de réclamation contentieuse auprès du service des impôts des particuliers dont il dépend le dégrèvement des prélèvements sociaux acquittés au titre des produits des titres de sociétés non cotées (BOI préc.).

I. Contrôle fiscal des personnes physiques non résidentes

Principes

Les contribuables domiciliés hors de France, mais imposables sur leurs revenus de source française, peuvent faire l'objet de contrôles fiscaux en France. Bien évidemment, ils ont la possibilité de **contester** par la voie juridictionnelle les rectifications qui leur sont proposées. Ils disposent même d'un délai de **quatre mois**, un délai supplémentaire de distance de deux mois s'ajoutant, en principe, au délai ordinaire de deux mois (n° 1185). La circonstance que les intéressés ne soient **pas francophones** n'est pas de nature à rendre la procédure irrégulière, aucune disposition législative ou réglementaire ne faisant obligation à l'administration fiscale d'adresser en langue étrangère des pièces de la procédure d'imposition à un contribuable ne maîtrisant pas le français (CAA Paris 15 juin 2022 n° 21PA03537, 2e ch., confirmant TA Paris 19 mai 2021 n° 2008851 : RJF 12/21 n° 1104 à propos d'une procédure de taxation d'office à l'encontre d'un résident américain qui soutenait que son absence de maîtrise de la langue française ne lui avait pas permis de comprendre la portée des mises en demeure qui lui avaient été adressées). **3734**

Aux fins du contrôle fiscal, l'administration peut exercer son droit de communication auprès des **établissements bancaires situés en France** même si les comptes sont ouverts auprès de non-résidents ; il a, par exemple, été jugé qu'aucune disposition législative ou réglementaire ni aucun principe général du droit n'interdisent à l'administration d'obtenir des renseignements auprès d'un établissement bancaire situé en France et soumis au droit de communication prévu par les articles L 83 et L 85 du LPF au motif que le titulaire des comptes est une société de droit luxembourgeois (CAA Nancy 16 novembre 2016 n° 15NC01869, 2e ch. : RJF 4/17 n° 353 ; le contribuable avait formé un pourvoi sur d'autres points, qui a été rejeté par CE 26 septembre 2018 nos 406865 et 406866, 3e et 8e ch. : RJF 12/18 n° 1259).

Sur la possibilité qu'a l'administration de procéder à des **auditions de tiers** dans le cadre d'opérations de contrôle fiscal international, voir n° 2590. Sur les **lanceurs d'alerte** (« aviseurs »), voir n° 2595.

Précisions **a.** Les non-résidents **ne peuvent** pas être soumis à la **taxation forfaitaire** d'après les **signes extérieurs** (n° 1935).

b. Lorsque l'administration se fonde pour établir la domiciliation fiscale en France sur des éléments qu'elle a recueillis à l'occasion de la **procédure de visite et de saisie** (LPF art. L 16 B), de l'exercice de son droit de communication ou de la mise en œuvre de l'assistance administrative internationale, la régularité des impositions est subordonnée à l'examen de la régularité de ces procédures (CE 15 avril 2015 n° 361828, 9e et 10e s.-s. : RJF 7/15 n° 606, à propos d'un contribuable possédant une résidence à Margaux et qui était gérant d'une société de Guernesey ; voir également n° 40860). En l'espèce, les intéressés avaient été mis à même d'exercer les voies de recours qui leur étaient ouvertes et ne pouvaient utilement contester devant le juge de l'impôt la régularité de la procédure de visite et de saisie (CE 30 mars 2018 nº 361828, 9e ch. : RJF 6/18 nº 573).

c. C'est notamment pour faciliter le contrôle de la domiciliation fiscale des personnes physiques que l'administration a obtenu le droit, à titre expérimental et pour une durée de trois ans, de collecter et d'exploiter au moyen de traitements informatisés et automatisés, sous certaines conditions, les contenus, librement accessibles sur les **sites Internet des opérateurs de plateforme en ligne**, manifestement rendus publics par leurs utilisateurs (Loi nº 2019-1479 du 28 décembre 2019 de finances pour 2020, art. 154 ; Décret nº 2021-148 du 11 février 2021). L'administration peut désormais collecter et exploiter les données rendues publiques par les utilisateurs des plateformes de mise en relation en ligne, ce qui peut notamment lui permettre de détecter des situations d'activité occulte ou de fausse domiciliation fiscale à l'étranger.

1. Demandes d'éclaircissements et de justifications

3735 L'administration peut adresser aux personnes physiques non résidentes, sous réserve qu'elles aient déposé des déclarations de revenus, des **demandes d'éclaircissements** ou de **justifications** (LPF art. L 16) et elle peut éventuellement les taxer d'office en cas de défaut de réponse dans les conditions habituelles (CE 13 novembre 1998 nº 154950, 9e et 8e s.-s., Entremont : RJF 1/99 nº 69).

Dans le cadre de son droit de contrôle, l'administration ne peut, en principe, adresser des demandes d'éclaircissements ou de justifications que si elle a réuni, au préalable, des **indices** permettant d'établir que l'intéressé peut avoir des revenus de source française plus importants que ceux qui ont été déclarés (CE 29 novembre 2000 nº 197551, 8e et 3e s.-s., Arvanitakis : RJF 2/01 nº 215) ; dans cette décision, le Conseil d'État juge notamment que l'administration peut adresser au contribuable des demandes d'éclaircissements ou de justifications portant sur les crédits apparus sur ses comptes bancaires ouverts en France ainsi que sur son compte courant dans la société dont il était le président-directeur général, dès lors qu'eu égard à leur montant, supérieur au double du revenu brut qu'il avait déclaré, elle était en droit de supposer qu'il avait pu disposer en France de revenus imposables plus importants que ce dernier.

Cela étant, un **non-résident qui fait l'objet d'un ESFP** peut se voir adresser sur le fondement de l'article L 16 du LPF, quel que soit le domicile fiscal qu'il a déclaré, des demandes de justifications portant, en particulier, sur des avoirs ou revenus d'avoirs à l'étranger ; l'administration n'est pas tenue d'établir préalablement qu'il a son domicile fiscal en France dès lors que le contrôle a notamment pour objet d'établir sa domiciliation fiscale et de vérifier l'existence éventuelle de revenus imposables en France et devant être déclarés à ce titre (CE 17 mars 2016 nº 383335, 3e et 8e s.-s. : RJF 6/16 nº 505, aux conclusions Vincent Daumas à la même RJF C 505).

Précisions La circonstance que des avoirs en banque soient crédités dans les livres d'une banque suisse **au nom d'une société panaméenne** et non pas au nom d'une personne physique domiciliée en France ne fait pas obstacle à la mise en œuvre de la procédure prévue par l'article L 16 du LPF aux fins du contrôle fiscal de la personne physique dès lors que l'administration dispose d'indices suffisants permettant de considérer que cette dernière est la bénéficiaire effective des sommes (CAA Paris 24 février 2021 nº 16PA00417, 7e ch., ayant fait l'objet d'un pourvoi non admis par CE (na) 18 février 2022 nº 452010, 8e ch. ; voir également nº 1918).

2. Mise en demeure de déposer une déclaration

3740 L'administration peut valablement mettre en demeure un contribuable non résident de déposer une déclaration d'ensemble de ses revenus en France, sans être tenue de lui indiquer les **motifs** de droit ou de fait pour lesquels elle estime qu'il est imposable en France (CE 18 octobre 2002 nº 224459, 3e et 8e s.-s., Cambay : RJF 1/03 nº 10). Il faut tout de même, à notre avis, qu'elle dispose d'indices en ce sens ; par exemple, la circonstance qu'un ressortissant étranger soit marié à une ressortissante française résidant avec leur enfant dans un immeuble situé en France dont il est propriétaire, constitue un **indice** d'assujettissement à l'impôt sur le revenu au sens des articles 170 et 170 bis du CGI et l'administration était donc fondée à lui adresser une mise en demeure de déposer une déclaration (CAA Nantes 19 janvier 2017 nº 15NT03652, 1e ch. : RJF 4/17 nº 357 ; solution reprise par CAA Nantes 25 avril 2019 nº 18NT02849, 1e ch., arrêt définitif rendu sur renvoi après cassation par CE 18 juillet 2018 nº 409035, 8e et 3e ch. : RJF 11/18 nº 1061 ; voir nº 40952) ; dans cette affaire, le contribuable a ensuite fait l'objet d'un examen de situation fiscale personnelle révélant qu'il était effectivement domicilié en France (nº 40820).

Si le contribuable ne répond pas à la mise en demeure, il peut valablement être taxé d'office, l'administration continuant, bien entendu, à supporter la **charge de la preuve** du principe même de l'imposition (conclusions Stéphane Austry au BDCF 1/03, n° 2). En effet, c'est toujours à l'administration qu'il incombe d'apporter la preuve que, par exemple, un contribuable est effectivement passible de l'impôt sur le revenu en tant que résident de France, en dépit de ses allégations. En cas de taxation d'office, le contribuable supporte certes la preuve en ce qui concerne la détermination des impositions, mais non leur principe même.

Précisions **a.** Un contribuable qui reçoit une mise en demeure de déposer une déclaration devrait systématiquement obtempérer afin de bénéficier des garanties offertes par la **procédure contradictoire** ; il n'a pas à chercher à entamer un débat contradictoire en contestant le principe de l'imposition préalablement à la taxation d'office, puisque l'administration n'a pas à répondre à des contestations de cette nature.

b. Un contribuable résident du Royaume-Uni qui dispose d'une base fixe en France peut faire l'objet d'une **évaluation d'office**, dès lors qu'il n'a pas déposé les déclarations requises malgré plusieurs mises en demeure (CE 30 mars 2005 n° 230053, 10e et 9e s.-s., min. c/ Villatte : RJF 7/05 n° 751 ; conclusions Marie-Hélène Mitjavile au BDCF 7/05 n° 96) ; l'envoi des mises en demeure en France est régulier dans la mesure où l'intéressé a disposé d'une base fixe en France pour l'exercice de son activité et l'administration n'est pas tenue de lui demander la désignation d'un représentant en France.

3. Examen de situation fiscale personnelle (ESFP)

Principes

La sincérité des déclarations de revenus de source française de personnes non domiciliées en France peut être contrôlée dans le cadre d'un examen contradictoire de leur situation fiscale personnelle (ESFP). **3745**

Cette possibilité est prévue par l'article L 12 du LPF, tel qu'il a été modifié par la loi de finances rectificative pour 1996 pour faire échec à la décision du Conseil d'État qui avait jugé que seules les personnes physiques fiscalement domiciliées en France pouvaient faire l'objet d'une vérification approfondie de leur situation fiscale d'ensemble (CE 10 juillet 1996 n° 127892, 8e et 9e s.-s., Dody : RJF 10/96 n° 1130) ; l'effet rétroactif de cette loi a été validé par le Conseil constitutionnel par une décision du 23 septembre 2011, n° 2011-166 QPC : RJF 12/11 n° 1350, sur renvoi par CE QPC 29 juin 2011 n° 348027, 8e et 3e s.-s., Noah : RJF 10/11 n° 1079. Sur l'incidence d'une demande d'assistance administrative, voir n° 3762.

Précisions **a.** Pour des **exemples jurisprudentiels**, voir CE 28 juillet 1999 n° 168699, 9e et 8e s.-s., Sanossian : RJF 10/99 n° 1252 et CE 20 novembre 2000, Arvanitakis (n° 3735).

b. La violation alléguée du **secret professionnel** est sans influence sur la régularité de la procédure (CE 14 janvier 2008 n° 292379, 8e et 3e s.-s., Mawart : RJF 4/08 n° 397 ; avec conclusions Laurent Olléon au BDCF 4/08 n° 45).

c. L'administration n'est pas tenue de soumettre au débat **l'ensemble des éléments** qu'elle a rassemblés dans le cadre d'un ESFP touchant à la domiciliation d'un contribuable (CE 18 juillet 2011 n° 336257, 10e et 9e s.-s., Di Domenico : RJF 11/11 n° 1124).

Conditions

La loi prévoit qu'un ESFP ne peut être déclenché qu'à l'égard d'une personne, résidente ou non résidente, **qui a des « obligations » au titre de l'impôt sur le revenu** (LPF art. L 12), ce qui pourrait s'entendre comme écartant le cas d'un contribuable non résident qui ne dispose pas de revenus de source française. Mais cette conséquence ne peut être admise sans nuance dans la mesure où, précisément, un ESFP est souvent le seul moyen pour l'administration d'établir la résidence en France d'un contribuable qui se prétend non résident. **3748**

C'est pourquoi le Conseil d'État a été amené à préciser que l'administration n'est pas tenue, avant d'engager un ESFP, d'établir que la personne vérifiée est imposable en France soit parce qu'elle y est domiciliée, soit parce qu'elle dispose de revenus de source française ; elle peut **engager un contrôle pour établir la domiciliation** ou l'existence de revenus de source française (CE 27 avril 2011 n° 316082, 8e et 3e s.-s., Zitouni : RJF 7/11 n° 770 ; conclusions Laurent Olléon au BDCF 7/11 n° 78). La jurisprudence a ensuite été affinée, le Conseil d'État ajoutant que même si peuvent seules être soumises aux obligations déclaratives prévues aux articles 170 et 170 bis du CGI (n° 3620) les personnes qui sont passibles de l'impôt sur le revenu en France ou qui, étant domiciliées en France, entrent dans l'une des hypothèses visées à l'article 170 bis du même Code, l'administration peut, après l'expiration du délai de déclaration, engager un ESFP afin de **rechercher si un contribuable est soumis à une obligation déclarative en France** (CE 17 mai 2013 n° 346827, 9e et 10e s.-s., min. c/ Chagoury : RJF 8-9/13 n° 801).

La circonstance qu'aucune déclaration de revenus n'ait été déposée par un contribuable ne fait donc pas obstacle au déclenchement d'un ESFP. Comme le souligne la rapporteure publique Claire Legras, **dès lors que l'administration a des raisons de penser** qu'un contribuable a des obligations au titre de l'impôt sur le revenu, il faut qu'elle puisse engager un contrôle pour vérifier si tel est bien le cas (conclusions au Droit fiscal 2013 n° 37, comm. n° 419). On devrait, en ce sens, admettre que l'administration ne devrait pouvoir entamer un ESFP concernant un non-résident qu'en présence d'indices préalables suffisants permettant de penser qu'il a des obligations déclaratives effectives en France, faute de quoi l'administration pourrait déclencher des ESFP sans aucune contrainte (conclusions sous CAA Marseille 28 mars 2006 n° 03-00392, Azar : Droit fiscal 2006 n° 51, comm. n° 815 ; un pourvoi avait été formé contre cet arrêt mais il n'a pas été admis par CE (na) 3 septembre 2007 n° 293893, 3e s.-s.). Cela étant, la jurisprudence n'est pas très exigeante puisque, selon ce qu'indique Vincent Daumas dans ses conclusions sous CE 17 mars 2016 n° 383335, 3e et 8e s.-s. (RJF 6/16 n° 505 ; conclusions à la même RJF C 505), « pour dire les choses de manière imagée, un examen contradictoire de la situation fiscale personnelle peut être engagé à l'égard d'un Chinois en Chine, sans que l'administration doive établir, au préalable, qu'il est soumis à des obligations déclaratives au titre de l'impôt sur le revenu français ».

En l'état actuel de la jurisprudence, si un non-résident qui n'a pas souscrit de déclaration ne peut recevoir de demandes d'éclaircissements ou de justifications, il peut donc faire l'objet d'un ESFP (l'administration peut aussi envoyer une mise en demeure et recourir à la procédure de la taxation d'office). Un non-résident qui fait l'objet d'un ESFP peut, dans ce cadre, se voir adresser des demandes de justifications portant, en particulier, sur des avoirs ou revenus d'avoirs à l'étranger sur le fondement de l'article L 16 du LPF (n° 3735).

Combinaison avec la procédure de taxation d'office

3752 Il avait été jugé qu'un contribuable était en droit de contester la régularité d'une procédure d'examen contradictoire lorsque c'est cette procédure qui avait révélé sa situation de taxation d'office (CE 4 avril 2005 n° 255600, 3e et 8e s.-s., Merhej : RJF 7/05 n° 650 aux conclusions Emmanuel Glaser au BDCF 7/05 n° 84) ; cette décision avait été rendue à propos de l'ESFP d'un couple de Syriens que l'administration avait taxés d'office alors que seuls les éléments qu'elle avait pu rassembler lors du déroulement de l'ESFP lui avaient permis d'établir qu'ils pouvaient être taxés d'office en tant que résidents de France (la simple disposition d'une résidence en France ne suffit pas à rendre obligatoire le dépôt de déclarations de revenus ; n° 3620). Cependant, cette décision ne paraît plus en ligne avec la position retenue par le Conseil d'État dans l'affaire Chagoury (n° 3748) puisqu'elle a été rendue dans un environnement juridique qui voulait qu'un ESFP ne puisse être régulièrement réalisé en l'absence de déclaration ; cette cause d'irrégularité a disparu (restent, bien entendu, celles qui tiennent à la conduite même de l'ESFP, par exemple pour non-respect du principe du contradictoire).

Plus récemment, il a été jugé qu'un ressortissant américain était bien en situation de taxation d'office en application des dispositions combinées des articles L 66, 1 et L 67 du LPF pour avoir omis de déclarer ses revenus en France malgré les trois mises en demeure qui lui avaient été adressées et qu'ainsi la situation de **taxation d'office** pour défaut de déclaration **ne procédait pas de l'ESFP** diligenté par l'administration et à l'issue duquel il avait été taxé d'office (CAA Lyon 2 mai 2017 n° 15LY01832, 2e ch., à propos d'un contribuable dont la Cour juge qu'il avait, contrairement à ses allégations, son foyer et son centre des intérêts vitaux en France ; le contribuable avait formé un pourvoi contre cet arrêt mais il a ensuite été pris acte de son désistement par CE Ord. 28 février 2018 n° 413893, 9e ch.) ; l'arrêt souligne qu'aucune disposition législative ou réglementaire n'impose à l'administration d'informer la personne mise en demeure des **motifs** pour lesquels elle la considère comme imposable (le contribuable n'était donc pas fondé à soutenir, pour justifier son refus de souscrire ses déclarations, qu'il contestait le principe même de sa résidence fiscale en France et que l'envoi des mises en demeure de souscrire ses déclarations fiscales aurait dû être précédé d'un examen préalable de sa situation fiscale au regard des règles de domiciliation fiscale).

Précisions **a.** À propos des questions liées à la combinaison des différentes procédures notamment de taxation d'office et d'ESFP, voir CAA Marseille 16 mai 2006 n° 01MA02685, 4e ch., Ponomarenko : Droit fiscal 2006 n° 44-45, comm. n° 703, qui fournit aussi d'intéressants développements sur la notion de **confusion d'intérêts** entre une personne physique et des personnes morales qu'elle contrôle (cet arrêt a fait l'objet d'un pourvoi qui n'a pas été admis par CE 19 décembre 2007 n° 296961, 10e s.-s., Ponomarenko).

b. La décharge avait été accordée au cas d'un contribuable qui avait été taxé d'office et qui avait subi un **ESFP irrégulièrement prolongé** car son domicile fiscal en France et, donc, l'obligation déclarative invoquée par l'administration, n'avaient été révélés que par les investigations conduites par le vérificateur au cours de l'examen de situation fiscale dont il avait fait l'objet (CE 29 juin 2011 n° 317426, 3e et 8e s.-s., Prufrock : RJF 10/11 n° 1026 aux conclusions Emmanuelle Cortot-Boucher au BDCF 10/11 n° 107 ; voir aussi n° 3762).

4. Formalisme

Adresses des notifications

La question de l'adresse à laquelle l'administration doit envoyer les pièces de procédure a donné lieu à divers contentieux. 3755

Le Conseil d'État a ainsi jugé qu'une notification de redressements était irrégulière dès lors qu'elle avait été envoyée en France, alors que le contribuable était **régulièrement domicilié à l'étranger** et avait communiqué son adresse à l'administration (CE 13 mai 1992 n° 80314-82444, 9e et 8e s.-s., Plante : RJF 7/92 n° 1032). Dans le même sens, CE 6 février 2019 n° 418122, 8e et 3e ch. : RJF 5/19 n° 450, rappelant, à propos d'une procédure de taxation d'office à l'encontre d'une Allemande propriétaire d'un appartement à Cannes, que, pour être régulière, la mise en demeure adressée au contribuable doit être notifiée à la dernière adresse qu'il a officiellement communiquée à l'administration fiscale et que, en cas de changement de domicile, il appartient au contribuable d'établir qu'il a fait les diligences nécessaires pour informer l'administration de sa nouvelle adresse ; sur renvoi dans cette affaire, la requérante a obtenu gain de cause car il était avéré que l'administration avait connaissance de son adresse en Allemagne, à laquelle lui avaient été adressés des avis d'impôt locaux, qu'elle ne démontrait pas que l'intéressée lui aurait communiqué une nouvelle adresse de correspondance et que la domiciliation fiscale ne se confond pas avec l'adresse de correspondance avec l'administration (CAA Marseille 19 septembre 2019 n° 19MA00720, 3e ch., arrêt définitif ; sur la domiciliation en France de l'intéressée, voir n° 41152, Précisions b).

Il n'en va ainsi cependant que lorsque l'adresse dont le contribuable fait état à l'étranger ne présente pas de caractère fictif.

Il a, dans le même sens, été jugé que des actes de procédure, et notamment un avis de vérification, des mises en demeure et des notifications de redressements (aujourd'hui, « propositions de rectifications »), ne peuvent être adressés au domicile en France d'un contribuable qui se prétendait non résident au motif qu'il y aurait en réalité conservé son domicile fiscal alors qu'il avait désigné un **représentant fiscal** à la demande de l'administration (CAA Marseille 28 février 2002 n° 98-1045, 3e ch. A, Corellou : RJF 10/02 n° 1151 ; arrêt définitif). Dans ce cas, la procédure est irrégulière et la décharge prononcée par le juge.

À propos d'un contribuable qui a pu établir qu'une proposition de rectification ne lui avait **pas été régulièrement notifiée** en Suisse, voir CAA Versailles 13 octobre 2015 n° 13VE02880, 1re ch. (cet arrêt avait fait l'objet d'un pourvoi n° 395424 mais il y a eu ensuite désistement) ; le pli avait été délivré par la société UPS mais l'administration n'avait produit ni reçu ni copie de la signature dont il aurait été revêtu et n'apportait aucune précision sur les modalités de distribution des plis par cette société (le contribuable a obtenu la décharge car la proposition de rectification n'avait pu, dans ces conditions, interrompre la prescription).

De son côté, la Cour de cassation juge que même en présence d'un mandat porté à la connaissance du service et qui emporte élection de domicile, l'expédition de tout ou partie des actes de la procédure d'imposition au domicile ou au siège du contribuable est réputée régulière s'il est établi que le **pli** de notification a été **effectivement retiré** par le contribuable ou par l'un de ses préposés (Cass. com. 6 décembre 2016 n° 15-18.718 F-PB : RJF 3/17 n° 282, à propos d'un redressement en matière de droits de succession notifié au domicile personnel d'un contribuable non-résident qui avait spontanément désigné un représentant en France dans sa déclaration de revenus). Cette solution s'écarte de celle que retient la juridiction administrative (sur ce point, notamment, CAA Marseille 28 février 2002, précité).

Précisions **a.** Un **avis à tiers détenteur** notifié par lettre simple à un contribuable domicilié à l'étranger et non signifié à parquet n'interrompt pas la prescription de l'action en recouvrement (TA Paris 18 mai 2016 n° 1505406, 2e sect., 2e ch. : RJF 11/16 n° 1018 ; ce jugement a été confirmé par CAA Paris 1er juin 2017 n° 16PA01967, 5e ch., arrêt définitif).

b. Lorsque les actes de la procédure sont accomplis par un **avocat**, la dispense de justification de son mandat pour représenter son client, inhérente à sa qualité d'avocat, n'emporte pas mandat implicite ; l'avocat doit avoir déclaré agir au nom du contribuable préalablement aux actes de l'administration pour que la notification qui lui est faite soit régulière (Cass. com. 20 novembre 2007 n° 04-17.855 F-D : RJF 3/08 n° 372).

c. Un **avis de recouvrement** est considéré comme ayant été régulièrement **notifié à l'étranger** dès lors que le service comptable est en mesure d'apporter la preuve de la réception de l'acte par le redevable ou la preuve de la présentation de l'acte à la dernière adresse connue du service (BOI-REC-PREA-10-10-20 n° 240). L'administration peut recourir à la notification par voie postale pour les débiteurs dont l'adresse est située dans un État étranger n'ayant pas refusé expressément cette forme de notification (BOI préc.).

d. Lorsqu'il est saisi d'une contestation relative au **recouvrement d'une créance fiscale** auprès d'un débiteur qui ne réside pas habituellement en France, le juge de l'impôt doit déterminer si une norme communautaire ou un traité international autorise des modalités de notification ou de signification à l'étranger des actes pris dans le cadre de la procédure en cause qui dérogent aux modalités prévues par la loi (CE 26 janvier 2021 nos 429381 et 429410, 3e et 8e ch. : RJF 4/21 n° 429, renvoyant l'affaire à la cour administrative d'appel de Paris où elle est enregistrée sous le n° 21PA00505) ; si le contribuable ne réside pas dans un État membre de l'Union européenne, il y a lieu de déterminer si un instrument juridique relatif à l'assistance mutuelle en matière de recouvrement ayant une **portée similaire à celle de la directive 2010/24/UE** du Conseil du 16 mars 2010 est applicable à l'intéressé, auquel cas celui-ci n'est soumis qu'au délai de prescription de quatre ans prévu par le premier alinéa de l'article L 274 du LPF (sur ce point, la convention fiscale franco-suisse du 9 septembre 1966 est considérée comme ayant une portée similaire à celle de la directive européenne, ce qui ne signifie pas qu'elle le soit pour l'application d'autres textes).

Information des contribuables

3756 Lorsque l'administration envisage de modifier les bases d'imposition d'un contribuable, elle doit l'informer de l'origine et de la teneur des renseignements qu'elle a pu obtenir auprès de tiers dans l'exercice de son **droit de communication** afin qu'il soit mis à même de demander, avant la mise en recouvrement des impositions, que les pièces concernées soient mises à sa disposition ; à défaut, la procédure d'imposition est entachée d'irrégularité. Dans un cadre international, voir par exemple CE 27 janvier 2010 n° 294784, 8e et 3e s.-s., Caporal : RJF 4/10 n° 311, à propos d'une personne physique que l'administration prétendait domicilier en France en se fondant, à titre principal, pour déterminer la durée de ses séjours en France, sur les **dates de ses voyages** en avion entre Athènes et Paris et sur celles des **opérations bancaires** effectuées sur ses comptes domiciliés en France, sans l'avoir informée de ce qu'elle avait, pour établir la durée de ses séjours en France, recueilli, dans l'exercice de son droit de communication, des renseignements auprès de la compagnie Air France et de plusieurs établissements bancaires.

Cependant, l'administration n'est tenue d'informer le contribuable de l'origine et de la teneur des **renseignements** obtenus auprès de tiers qui ont **motivé l'engagement d'un contrôle** fiscal que dans la mesure où ces renseignements, par la nature et la précision de leur contenu, ont servi à l'établissement des redressements (CE 16 avril 2012 n° 323592, 10e et 9e s.-s., Paupardin : RJF 7/12 n° 674, conclusions Julien Boucher au BDCF 7/12 n° 80 ; voir aussi notamment n° 41485).

Mandataire

3758 Les non-résidents font souvent appel à des mandataires, par exemple des **avocats**, afin de les représenter dans le cadre de procédures qu'ils ne connaissent pas.

Ces situations ont également donné lieu à divers contentieux ; il a notamment été jugé :
– que la notification d'un **commandement de payer** ne peut être effectuée au domicile d'un avocat chez lequel un contribuable a fait élection de domicile pour présenter une réclamation d'assiette (CE 15 juin 2005 n° 235353, 10e et 9e s.-s., annulant CAA Paris 17 avril 2001 n° 99-3838, 5e ch. : RJF 10/01 n° 1323) ; en l'espèce, le comptable a pu régulièrement notifier le commandement à une adresse française à laquelle le contribuable avait fait suivre du courrier et où il avait lui-même accusé réception d'un précédent courrier, sans procéder à des recherches complémentaires notamment auprès de son avocat (le contribuable avait déménagé de nombreuses fois à l'étranger sans en informer l'administration) ;

– qu'un **mandataire non résident** qui représente lui-même un contribuable non résident devant un tribunal administratif doit faire élection de domicile en France (CAA Paris 11 décembre 2001 n° 98-4381, 2e ch. B, Sté Bertschi Iberica SL : RJF 6/02 n° 700 ; arrêt définitif).

La portée de la notion de mandat a, enfin, été précisée par le Conseil d'État dans une affaire de domiciliation sous l'empire de la convention fiscale franco-suisse (CE 27 octobre 2010 n° 327163, 8e et 3e s.-s., min. c/ Amar : RJF 1/11 n° 52 ; conclusions Nathalie Escaut au BDCF 1/11 n° 9) ; d'une façon générale, il y a lieu de distinguer deux sortes de mandats, celui qui emporte **élection de domicile**, auquel cas l'administration est tenue d'adresser les actes de la procédure d'imposition au mandataire, et celui qui se borne à charger le mandataire de **représenter le contribuable** auprès de l'administration, qui ne conduit pas à rendre le mandataire destinataire de tous les actes de la procédure.

5. Incidences de l'assistance administrative internationale

Principes

Sur le fondement des conventions fiscales et des directives européennes, l'administration a la possibilité d'**obtenir des informations** de la part des **administrations** fiscales **étrangères** afin de faciliter le contrôle fiscal (nos 74200 s.). Ces échanges d'information concernent essentiellement les contribuables résidents mais ils peuvent aussi concerner, naturellement, de prétendus contribuables non résidents qui seraient, en réalité, domiciliés en France. **3760**

À propos du contrôle fiscal de personnes physiques, la jurisprudence a fourni les précisions suivantes, qui peuvent valoir aussi bien pour les résidents que pour les non-résidents.

Conséquences sur la durée d'un ESFP

L'article L 12, alinéa 6, du LPF prévoit que le délai d'examen est prorogé, en cas de présomption d'existence de revenus d'origine étrangère, des **délais nécessaires** à l'administration pour recevoir les renseignements demandés aux administrations fiscales étrangères. **3762**

La prorogation du délai est destinée à permettre à l'administration de réunir l'ensemble des informations sur la situation fiscale personnelle du contribuable et s'applique à l'ensemble de la procédure de contrôle ; par conséquent, l'administration est en droit de proroger la durée du contrôle et n'a pas à opérer de **distinction entre les redressements** trouvant leur source dans les renseignements demandés aux autorités étrangères et ceux n'ayant pas nécessité d'investigations d'une telle nature (CE 15 avril 2011 n° 310304, 9e et 10e s.-s., Abihssira : RJF 7/11 n° 776 ; conclusions Pierre Collin au BDCF 7/11 n° 79). En outre, le fait que les renseignements collectés s'avèrent finalement inutiles car ils ne donnent lieu à aucun redressement est sans incidence sur la prorogation du délai (CAA Lyon 8 décembre 2009 n° 07LY02361, 2e ch., arrêt définitif dans un cas où l'administration avait pu à bon droit penser que le contribuable avait pu disposer de revenus non déclarés dans le pays en cause ; un pourvoi avait été formé contre cet arrêt, mais il n'a pas été admis par CE (na) 10 novembre 2010 n° 337126, 3e s.-s.).

La computation des différents délais de prorogation d'un ESFP a également fait l'objet de précisions jurisprudentielles. Ainsi, il a été jugé, à propos d'un contribuable qui se prétendait résident du Royaume-Uni, que **les différents cas de prorogation se cumulent** dès lors qu'ils ne se recouvrent pas (CE 11 décembre 2009 n° 300733, 8e et 3e s.-s., Lebard : RJF 3/10 n° 195 ; voir aussi CAA Paris 10 novembre 2005 n° 01-3469 et 04-558, 2e ch. B, Embiricos : RJF 3/06 n° 234, ayant fait l'objet d'un pourvoi non admis par CE (na) 20 décembre 2006 n° 289652, 10e s.-s., Embiricos : RJF 5/07 n° 591). Les quatre délais de prorogation doivent se cumuler étant donné les objets différents qu'ils poursuivent, sauf lorsque plusieurs de ces délais courent de manière concomitante (CE 11 octobre 2012 n° 346691, 8e et 3e s.-s., min. c/ Malycki Edwards : RJF 1/13 n° 5).

Pour obtenir le bénéfice de la prorogation de la durée maximum d'un ESFP, l'administration doit cependant justifier que, à la date de sa demande d'assistance aux autorités étrangères, elle a **réuni des éléments permettant de présumer** que le contribuable dispose de revenus à l'étranger ou en provenance directe de l'étranger (CAA Paris 18 janvier 2000 n° 96-1853, 2e ch. B, min. c/ Danenza : RJF 6/00 n° 743, arrêt définitif ; le pourvoi formé par le contribuable n'a pas été admis par CE (na) 22 juin 2001 n° 221441, 8e s.-s., Danenza : RJF 11/01 n° 1351).

Il a, dans le même sens, été jugé que la prorogation de la durée d'un ESFP en cas de demande de renseignements adressée à une autorité étrangère est subordonnée **à** la

3762 (suite) **condition** que la demande comporte **au moins un élément sérieux**, indépendamment du fait qu'elle puisse également comporter des affirmations erronées (CE 14 janvier 2008 n° 292379, 8e et 3e s-s., Mawart : RJF 4/08 n° 397 aux conclusions Laurent Olléon au BDCF 4/08 n° 45 ; en l'espèce, le contribuable avait indiqué qu'il disposait d'une adresse en Italie, ce qui laissait penser qu'il avait pu disposer de revenus à l'étranger ou en provenance de l'étranger). Cette solution est destinée à éviter un **détournement de procédure**, l'administration pouvant être autrement tentée de recourir aux échanges d'informations à seule fin de bénéficier de la prorogation. Mais la preuve de l'absence d'éléments sérieux par le contribuable n'est pas facile à apporter car l'administration n'est pas tenue de lui communiquer la lettre de saisine (CE (na) 3 décembre 1999 n° 199338, 8e s.-s., Mawart : RJF 6/00 n° 806). Et l'administration n'est tenue de communiquer au contribuable la teneur de la réponse que si elle s'en prévaut devant le juge de l'impôt (n° 74328).

Lorsque les renseignements transitent par un **attaché fiscal** (n° 74310), le terme du délai est, à notre avis, la date à laquelle la réponse est reçue par ce dernier et non pas par le service vérificateur (CAA Marseille 20 décembre 2010 n° 08-5163, 3e ch., Malycki Edwards : RJF 6/11 n° 676, confirmé sur le fond, mais la décision du Conseil d'État n'aborde pas ce point, par CE 11 octobre 2012 n° 346691, 8e et 3e s.-s., min. c/ Malycki Edwards : RJF 1/13 n° 5) ; l'attaché fiscal est, en effet, un membre de l'administration fiscale (il a précédemment été jugé, en sens contraire, par CAA Bordeaux 9 mars 2004 n° 99-1361, 3e ch., min. c/ Ghérardi : RJF 11/04 n° 1069 qu'il s'agissait de la date de transmission des renseignements par l'attaché fiscal au service vérificateur ; arrêt définitif).

En toute hypothèse, la prolongation du délai exige que l'administration **justifie d'une demande** de renseignements et du délai nécessaire à leur obtention (TA Amiens 11 février 1999 n° 95-1459, 2e ch., Head : RJF 7/99 n° 822, jugement définitif, et CAA Bordeaux 9 mars 2004, min. c/ Ghérardi, précité). Mais l'administration peut ne communiquer qu'au stade de l'appel les éléments de preuve attestant qu'elle a saisi des autorités étrangères dans le cadre d'un ESFP et que le délai d'un an a été régulièrement prorogé (CAA Lyon 8 décembre 2009 n° 07LY02361, 2e ch. ; un pourvoi avait été formé contre cet arrêt mais il n'a pas été admis par CE (na) 10 novembre 2010 n° 337126, 3e s.-s.).

Le Conseil d'État a également eu à connaître de la question de la combinaison de deux délais de prorogation :
– le délai supplémentaire dont dispose l'administration pour poursuivre l'examen de la situation fiscale personnelle du contribuable au-delà de la **durée d'un an** en cas de demande de renseignements aux administrations fiscales étrangères prévue par l'article L 12 du LPF ;
– et l'allongement du délai de reprise dont elle dispose pour exploiter des informations obtenues dans le cadre de l'**assistance administrative internationale** en vertu de l'article L 188 A du même Livre (nos 74360 s.).

L'allongement du délai de reprise pour exploiter les informations obtenues dans le cadre de l'assistance administrative internationale ne peut pas dispenser l'administration du strict respect des dispositions régissant la **durée du contrôle** (CE 29 juin 2011 n° 317426, 3e et 8e s.-s., Prufrock : RJF 10/11 n° 1026 ; conclusions Emmanuelle Cortot-Boucher au BDCF 10/11 n° 107). En l'espèce, l'ESFP, qui avait débuté le 1er juillet 1998, devait normalement prendre fin le 30 juin 1999. Mais l'administration avait demandé des informations aux autorités allemandes le 4 mai 1999 et les avait reçues le 5 décembre 2000 ; la durée de l'ESFP a ainsi été prorogée du délai nécessaire à l'administration pour recevoir les renseignements, soit un délai de 19 mois et un jour (du 4 mai 1999 au 5 décembre 2000). L'échéance de l'ESFP était donc la date du 30 juin 1999 augmentée du délai de 19 mois et un jour, soit le 1er février 2001 alors même que, pour l'année 1996, le délai de reprise expirait à la fin de l'année 2001. La procédure était irrégulière car la notification de redressements datait du 9 novembre 2001 (voir aussi n° 3752).

Enfin, l'administration, qui a adressé au contribuable, avant l'expiration du délai d'un an prévu par l'article L 12 du LPF, une notification de redressement peut **produire ultérieurement un élément nouveau**, issu du résultat d'une demande d'assistance administrative internationale, si elle ne fonde pas un nouveau redressement sur cet élément (CE 12 mars 2014 n° 360970, 10e et 9e s.-s., Romo : RJF 6/14 n° 542, jugeant que la production d'un tel document, à titre de preuve supplémentaire, doit être versée au débat contradictoire et n'a pas pour effet de prolonger l'examen de la situation fiscale personnelle du contribuable au-delà du délai d'un an). Ce principe a été notamment repris par CAA Paris 11 avril 2018 n° 17PA01706, 2e ch. (arrêt définitif ; n° 40895 h).

Précisions **a.** Le fait que la durée d'un ESFP ne puisse excéder un an n'interdit pas à l'administration de **rechercher des informations ultérieurement** si elles ne concernent pas les ressources, le train de vie ou le patrimoine du contribuable mais peuvent servir à établir sa domiciliation (CE 12 mars 2010 n° 311121, 3e et 8e s.-s., Gerschel : RJF 6/10 n° 558, dans un cas où les investigations postérieures avaient porté sur l'inscription sur les listes électorales, des abonnements au gaz ou à l'électricité et sur les bénéficiaires de contrats d'assurance-vie).

b. À notre avis, le **délai de prolongation** en cas de demande d'assistance administrative internationale, et son incidence sur la durée d'un ESFP, court de la date à laquelle la question a été posée aux autorités étrangères, même si la réponse reçue a permis à l'administration d'avoir connaissance de relevés bancaires non communiqués spontanément par le contribuable à la suite d'un avis d'ESFP ; en sens contraire, il a été jugé, au cas d'un contribuable qui n'avait pas produit les relevés de ses comptes belge et monégasque, que le point de départ de ce délai était le 61e jour suivant cet avis, mais la Cour nous semble avoir appliqué à tort le délai de production des relevés bancaires alors que, s'agissant de comptes étrangers, seule l'assistance administrative internationale peut permettre à l'administration de les obtenir et que c'est donc ce délai qui devrait être retenu sauf à créer un détournement de procédure irrégulier (CAA Paris 31 juillet 2020 n° 19PA02237, 7e ch.) ; cet arrêt a fait l'objet d'un pourvoi non admis par CE (na) 4 mai 2021 n° 444979, 8e ch. : RJF 10/21 n° 900, mais les moyens soulevés ne concernaient manifestement pas la question du point de départ du délai (voir également n° 67282).

Incidences sur la régularité d'un ESFP

Une vérification approfondie de situation fiscale d'ensemble (Vasfe, aujourd'hui ESFP) n'est pas irrégulière au motif que l'administration a utilisé la procédure d'échange de renseignements conventionnelle (nos 74200 s.) pour obtenir des informations sur certains **comptes bancaires**, préalablement à l'envoi de l'avis de vérification, dans la mesure où il ne s'agit que de **démarches** à caractère **partiel** qui ne caractérisent pas un véritable contrôle de cohérence (CE 15 février 2002 n° 217394, 10e et 9e s.-s., Schmitt : RJF 5/02 n° 463). **3765**

Il en irait sans doute différemment si le nombre et l'ampleur des renseignements demandés dans ce cadre visaient effectivement un **contrôle de cohérence** des revenus déclarés et de la situation réelle du contribuable ; voir aussi sur ce point TA Dijon 19 octobre 1999 nos 97-719 et 97-720, 2e ch., Beuchet : RJF 4/00, n° 528, jugement définitif (un appel avait été formé par le contribuable mais ce dernier s'est ensuite désisté ; CAA Lyon Ord. 20 octobre 2000 n° 00LY00186).

Précisions Sur ces questions, voir aussi les décisions citées n° 40980.

J. Remarques sur la territorialité des prélèvements sociaux

Application aux seuls résidents

La **CSG** (contribution sociale généralisée) et la **CRDS** (contribution pour le remboursement de la dette sociale) sont en principe inapplicables aux non-résidents (sur le cas particulier des revenus immobiliers et plus-values immobilières, voir n° 3787). Il en va de même des prélèvements additionnels à ces contributions. La résidence fiscale s'apprécie à la date du **fait générateur** de l'impôt et non au 31 décembre de l'année ; par exemple, les prélèvements additionnels ne sont pas applicables à un contribuable qui cède, en février et avril 2014, des titres issus d'un plan de stock-options alors qu'il est domicilié en Suisse et ne dépend que du régime de sécurité sociale suisse alors même qu'il est devenu résident de France le 1er août 2014 (TA Versailles 5 février 2019 n° 1701138, 5e ch. ; jugement définitif). **3770**

Sont assujettis à la CRDS et à la CSG recouvrée par les services fiscaux (DGFiP) les **revenus d'activité et de remplacement de source étrangère** lorsque les conditions suivantes sont simultanément remplies :
- le contribuable est domicilié fiscalement en France au sens de l'article 4 B du CGI ;
- il est à la charge à quelque titre que ce soit d'un régime obligatoire français d'assurance maladie ;
- la CSG n'a pas déjà été précomptée par l'employeur pour les seuls revenus d'activité ;
- une convention fiscale n'exclut pas son imposition en France.

En ce qui concerne les revenus d'origine étrangère, l'administration indique que la CSG portant sur les **revenus d'activité ou de remplacement de source étrangère** perçus en N est acquittée sur la base d'un avis d'imposition émis en N + 1 et déductible des revenus d'activité et de remplacement perçus en N + 1 (BOI-RSA-BASE-30-30 n° 230). La CSG sur les revenus d'activité de source étrangère précomptée par l'employeur est, en revanche, admise en déduction des sommes payées et des avantages en nature accordés au titre de l'année où elle est précomptée (BOI préc. n° 240).

Enfin, la CSG acquittée sur des revenus soumis à un prélèvement libératoire de l'impôt sur le revenu, tels que, par exemple, les prestations de retraite en capital soumises au prélèvement libératoire prévu au II de l'article 163 bis du CGI, est en totalité non déductible pour le calcul de ce prélèvement (BOI préc. n° 250).

Précisions **a.** Les personnes relevant d'un régime français d'assurance maladie et exonérées, en tout ou partie, d'impôts directs en application d'une convention fiscale ou d'un accord international sont redevables, au titre de leurs revenus d'activité, salariés et non salariés qui ne sont pas assujettis à l'impôt sur le revenu, d'une **cotisation d'assurance maladie à taux majoré**. Cette cotisation majorée s'applique non seulement aux revenus d'activité des intéressés, mais aussi à leurs revenus de remplacement (Code de la sécurité sociale art. L 131-9). À ce propos, il avait été souligné que, si les revenus français des non-résidents ne sont pas soumis à la CSG sur les revenus d'activité, ces personnes participent à la **solidarité nationale** car, dès lors qu'elles relèvent à titre obligatoire d'un régime français d'assurance maladie, elles sont redevables sur leurs revenus d'activité d'une **cotisation spécifique d'assurance maladie** perçue à un taux majoré (réponse Masson, n° 3677 : JO Sénat 7 mars 2013 p. 782). Dans le même sens, réponse El Guerrab, n° 3347 : JOAN 8 mai 2018 p. 3873.

b. Sur les revenus d'activité et de remplacement de source étrangère soumis en France à la CRDS, à la CSG et éventuellement à la contribution additionnelle de solidarité pour l'autonomie (CASA), voir la **notice n° 2041 GG**, qui concerne également les prestations de retraite de source étrangère servies sous forme de capital.

c. Depuis le 1er janvier 2019, sont soumis au **prélèvement à la source des contributions et prélèvements sociaux**, sous réserve des conventions fiscales, les revenus de source étrangère perçus par les contribuables domiciliés en France si ces revenus sont dans le champ du prélèvement à la source et sont soumis à la CSG sur les revenus du patrimoine recouvrée par voie de rôle ; sont notamment concernés les revenus fonciers, les rentes viagères à titre onéreux ainsi que les revenus des travailleurs indépendants (BIC, BNC et BA), de source étrangère imposables en France y compris lorsqu'ils ouvrent droit, en application d'une convention fiscale, à un **crédit d'impôt** égal à l'impôt étranger. En revanche, les revenus de source étrangère qui ouvrent droit, en application d'une convention fiscale, à un crédit d'impôt égal à l'impôt français ne sont pas soumis au prélèvement à la source des contributions et prélèvements sociaux (BOI-IR-PAS-40 nos 30 et 40).

Dans le cadre de l'Union européenne

3772 La question de l'assujettissement aux prélèvements sociaux des résidents de France exerçant leur activité dans un autre État européen s'était assez rapidement posée, pour l'essentiel à propos de travailleurs **frontaliers** (nos 43480 s.).

Par deux arrêts du 15 février 2000, la **Cour de justice** avait jugé qu'en appliquant la CSG et la CRDS aux **revenus d'activité et de remplacement** des travailleurs salariés et indépendants qui résident en France mais qui travaillent dans d'autres États membres de l'Union européenne et qui ne sont pas soumis à la législation française en matière de sécurité sociale, la France avait méconnu la législation européenne relative à l'application des régimes de sécurité sociale (CJCE 15 février 2000 aff. 169/98 et aff. 34/98, Commission c/ France : RJS 3/00 n° 347). En ce qui concerne les contributions sur les revenus du patrimoine, voir n° 3781. Selon la Cour, il s'agit, en effet, de **prélèvements** de **nature sociale**, qui exposent le salarié à une double cotisation, en France et dans l'État d'exercice d'activité, ce qui est contraire à la réglementation de l'Union européenne qui pose le principe de l'unicité de législation.

La question des conséquences à tirer de l'affiliation des intéressés aux régimes de sécurité sociale des États membres ou des pays tiers a ensuite donné lieu à de nombreuses péripéties jurisprudentielles (n° 3782) ; elle a également donné lieu à une décision du Conseil d'État jugeant que le **principe de libre circulation des travailleurs** interdit d'exiger d'un travailleur migrant qu'il contribue à fonds perdus au financement d'un régime de sécurité sociale qui ne peut lui procurer aucun bénéfice (CE 9 septembre 2020 n° 432985, 8e et 3e ch. : RJF 12/20 n° 1049 ; voir nos 43260, Précisions f, et 81840, Précisions).

Précisions **a.** Le règlement (CEE) n° 1408/71 du Conseil du 14 juin 1971, relatif à l'application des régimes de sécurité sociale aux travailleurs salariés, aux travailleurs non salariés et aux membres de leur famille qui se déplacent à l'intérieur de l'Union Européenne (remplacé depuis par le **règlement CE 883/2004 du 29 avril 2004** entré en vigueur le 1er mai 2010), ne s'oppose pas à ce qu'un État membre, dont la législation sociale est seule applicable à un travailleur indépendant résident, exclue de l'assiette des contributions telles que la contribution sociale généralisée et la contribution pour le remboursement de la dette sociale, les revenus perçus par ledit travailleur dans un autre État membre, en application, notamment, d'une **convention fiscale** (CJCE 3 avril 2008 aff. 103/06, 3e ch., Philippe Derouin c/ Urssaf de Paris - Région parisienne : RJF 6/08 n° 762) ; ainsi, la France « est en droit de renoncer, unilatéralement ou dans le cadre d'une convention fiscale telle que la convention bilatérale, à inclure, dans l'assiette de contributions telles que la CSG et la CRDS, les revenus perçus dans un autre État membre par un travailleur indépendant résident » (à propos d'un avocat résident de France, membre d'une partnership britannique et exerçant l'activité d'avocat).

b. La Cour de justice **ne qualifie pas la CSG de « cotisation sociale »** ; il n'y a donc pas de contradiction avec la jurisprudence du Conseil constitutionnel qui la qualifie « d'impôt » (n° 3775).

c. Le principe d'unicité de la législation de sécurité sociale ne s'applique pas aux **taxes et participations assises sur les salaires** (CAA Nancy 27 décembre 2019 n° 18NC02254, 2e ch., SAS Transports Jeantet STJ, arrêt définitif ; voir n° 19350, Précisions).

Territorialité (revenus d'activité et de remplacement)

L'ordonnance n° 2001-377 du 2 mai 2001 pose en principe que sont assujettis à la CSG et à la CRDS, les revenus d'activité et de remplacement : **3773**
– des personnes qui sont à la fois considérées comme **domiciliées en France** pour l'établissement de l'impôt sur le revenu et à la charge, à quelque titre que ce soit, d'un **régime obligatoire français** d'assurance maladie ;
– et des **agents de l'État**, des collectivités locales et de leurs établissements publics à caractère administratif qui exercent leurs fonctions ou sont chargés de mission hors de France, dans la mesure où leur rémunération est imposable en France et où ils sont à la charge, à quelque titre que ce soit, d'un régime obligatoire français d'assurance maladie.

Précisions **a.** Échappent donc à ces contributions les personnes qui relèvent d'un régime d'**assurance maladie étranger**, même non européen, à condition que la charge financière n'incombe pas tout de même au régime français correspondant d'assurance maladie.

b. Un contribuable qui avait transféré son domicile au Royaume-Uni en 2012 et qui avait été assujetti à l'**exit tax** n'était pas fondé à réclamer le remboursement des prélèvements sociaux au motif qu'il aurait été affilié en 2012 à un organisme de sécurité sociale suisse au titre d'une activité salariée en Suisse dès lors qu'il n'établissait pas avoir été affilié à la sécurité sociale en Suisse ni ne pas avoir relevé du régime de sécurité sociale français (CAA Versailles 12 avril 2022 n° 20VE02003, 1e ch.).

Application des conventions fiscales

D'une façon générale, l'administration estime que la CSG et la CRDS sont des « **impôts sur le revenu** » et que ces contributions entrent en principe dans le champ d'application des conventions fiscales (BOI-INT-DG-20-20-100 n° 110) ; il a, en ce sens, été précisé que « conformément à la jurisprudence du Conseil constitutionnel, la contribution sociale généralisée (CSG) et celle pour le remboursement de la dette sociale (CRDS) revêtent le caractère d'impositions de toute nature au sens de l'article 34 de la Constitution. Dès lors, la France considère que ces contributions relèvent du champ d'application des conventions fiscales en matière d'impôt sur le revenu, à moins que des dispositions particulières ne les excluent » (réponses Garriaud-Maylam, n° 16588, et Leconte, n° 20004 : JO Sénat 30 mars 2017 p. 1275 ; également Précisions c infra). **3775**

Il en va différemment en cas d'**exclusion spécifique**, comme dans le cadre des conventions fiscales conclues par la France avec Bahreïn et l'Inde, qui ne couvrent que la CRDS, et de celles conclues avec Monaco, la Polynésie française et Saint-Martin qui ne couvrent ni la CSG ni la CRDS (BOI préc.). De son côté, la convention franco-britannique du 19 juin 2008 écarte expressément la possibilité d'imputer la CSG et la CRDS sur l'impôt prélevé au Royaume-Uni (alinéa c) du paragraphe 2 de l'article 24 de la convention).

Au demeurant, le fait qu'une convention fiscale ne vise pas ces contributions ne signifie pas qu'elles n'entrent pas dans son champ d'application ; par exemple, dans ses commentaires de la convention fiscale franco-algérienne, l'administration indique, quoique la convention soit muette sur ce point, qu'elle s'applique à la CSG et à la CRDS (BOI-INT-CVB-DZA-10 n° 200).

3775 (suite) Il en résulte qu'en principe les **non-résidents** qui perçoivent des revenus soumis à la CSG et à la CRDS peuvent être fondés à demander à leur État de résidence, dans les conditions prévues par la convention fiscale applicable, d'imputer sur l'impôt acquitté localement le montant correspondant à ces prélèvements sociaux afin d'éliminer les doubles impositions éventuelles (BOI-INT-DG-20-20-100 n° 120 ; voir cependant infra, Précisions c).

Incidemment, le fait que la CSG et la CRDS ne soient dues que pour autant qu'un droit d'imposition soit conventionnellement reconnu à la France est évidemment favorable pour les personnes qui exercent une **activité hors de France**, imposable localement, tout en restant domiciliées en France et assujetties au régime français de sécurité sociale (en cas de double contrat de travail en France et dans un autre État européen ou, parfois, en cas d'exercice d'une activité hors d'Europe).

De son côté, le Conseil d'État a jugé, pour l'application de la convention fiscale franco-suisse du 9 septembre 1966 telle que modifiée par un avenant du 22 juillet 1997, que la CSG et la CRDS, qui étaient alors déjà prévues aux articles 1600-0 C et G du CGI, étaient, eu égard à leur assiette et à leur nature au regard des dispositions constitutionnelles et législatives nationales, **au nombre des impositions françaises dites « actuelles »** auxquelles la convention s'applique, alors même qu'elles n'avaient pas été expressément mentionnées dans la convention (CE 20 novembre 2013 n° 361167, 9e et 10e s.-s., Aaron : RJF 2/14 n° 149, aux conclusions Frédéric Aladjidi au BDCF 2/14 n° 20). Cette décision juge, en outre, que le prélèvement social de 2 % (à l'époque) et les contributions additionnelles sont également couverts par la convention en vertu de la stipulation relative à l'application de la convention aux impôts ultérieurs de nature identique ou analogue. Dans le même sens, CE 14 avril 2022 n° 455943, 8e et 3e ch. : RJF 7/22 n° 614, jugeant que les prélèvements sociaux assis sur les revenus sont couverts par la convention franco-brésilienne du 10 septembre 1971, bien qu'ils résultent de dispositions législatives postérieures et que la convention ne donne pas une définition générique de la notion d'impôt sur le revenu (n° 10168).

Ces solutions sont en ligne avec la jurisprudence du Conseil constitutionnel selon laquelle les prélèvements sociaux additionnels sont destinés à assurer le financement des dépenses des régimes obligatoires de sécurité sociale et des organismes concourant au financement de ces régimes ou à l'amortissement de leur dette et ne constituent **pas des cotisations** ouvrant des droits aux prestations et avantages servis par ces régimes ; les dispositions législatives qui les régissent relèvent des lois de finances dès lors qu'elles sont relatives à l'assiette ou au taux d'impositions de toutes natures (par exemple, Cons. const. 9 août 2012 n° 2012-654 DC : RJF 11/12 n° 1051, à propos de l'assujettissement des revenus et plus-values immobiliers réalisés par les non-résidents, résultant de la loi n° 2012-958 du 16 août 2012 de finances rectificative pour 2012 ; également, décision n° 90-285 DC du 28 décembre 1990 sur la loi de finances pour 1991 s'agissant de la CSG ; décision n° 2000-442 DC du 28 décembre 2000 sur la loi de finances pour 2001 s'agissant de la CRDS ; décision n° 97-393 DC du 18 décembre 1997 sur la loi de financement de la sécurité sociale pour 1998 s'agissant du « prélèvement social »).

Précisions **a.** Le Conseil d'État juge que la CSG et la CRDS ont le caractère d'**imposition de toute nature**, la jurisprudence de la Cour de justice étant considérée comme inopérante à ce propos (CE 7 janvier 2004 n° 237395, 3e et 8e s.-s., Martin : RJF 4/04 n° 375 ; voir aussi CE 15 juin 2005 n° 258039, 9e s.-s., Gréard : RJF 10/05 n° 1001). Mais ces contributions sont distinctes de l'impôt sur le revenu (avis du Conseil d'État cité n° 3786).

b. La Cour de cassation juge, contrairement au Conseil d'État, que la CSG a la nature d'une **cotisation sociale** et fait application des conventions de Sécurité sociale (Cass. soc. 18 octobre 2001, n° 4278 FS-PB, André c/ Urssaf du Territoire-de-Belfort : RJS 1/02 n° 88, à propos d'un ressortissant français travaillant en Suisse pour la période antérieure à l'ordonnance du 2 mai 2001). Mais la Cour d'appel de Paris, tirant les conséquences de l'arrêt de la CJCE du 3 avril 2008 (n° 3772, Précision b), a jugé que, eu égard à la qualification d'imposition de toute nature qui lui a été donnée par le Conseil constitutionnel, la CSG entre dans le champ d'application des dispositions de la **convention fiscale franco-britannique** du 22 mai 1968 (ancienne convention) en vertu de laquelle les revenus perçus au Royaume-Uni sont exclus de l'assiette fiscale en France (CA Paris 6 novembre 2008 n° 03-43012, 18e ch. B, Derouin c/ Urssaf de Paris : RJS 3/09 n° 279 ; arrêt définitif, le pourvoi ayant été suivi d'un désistement).

c. L'administration indique que certaines **administrations fiscales étrangères** peuvent considérer que la CSG et la CRDS ne sont pas assimilables à l'impôt sur le revenu pour l'application des conventions fiscales (BOI-INT-DG-20-20-100 n° 130) ; dans le cadre **franco-américain**, l'administration américaine a finalement reconnu, notamment par une instruction du 19 juillet 2019, que la CSG et la CRDS doivent être prises en compte dans le calcul du crédit d'impôt déductible de l'impôt américain sur le revenu qui est accordé aux résidents américains percevant des revenus de source française et aux résidents de France soumis à l'impôt américain à raison de leur nationalité américaine (BOI-INT-CVB-USA-10 n° 25 ; antérieurement, les États-Unis considéraient que l'article 24 de la convention, qui fixe les modalités de détermination du crédit d'impôt, ne s'appliquait pas à ces contributions).

Contentieux

En l'état de la jurisprudence, les litiges relatifs à la CSG sur les **revenus du patrimoine et** sur les revenus de **placement** relèvent de la juridiction administrative. Il en va également ainsi de la CRDS sur les revenus d'activité et de remplacement de source étrangère (CE 4 juin 2007 n° 269449, 3e et 8e s.-s., Sokolow : RJF 10/07 n° 1177). Dans le sillage de cette décision, il a été jugé que les litiges relatifs à la CSG et à la CRDS sur les revenus d'activité et de remplacement de source étrangère relèvent, depuis le 1er janvier 2012, de la compétence de la juridiction administrative, y compris pour les prélèvements effectués sur les revenus perçus au cours de l'année 2011 (CAA Nancy 19 octobre 2017 n° 16NC01190 : RJF 5/18 n° 554 ; sur la solution rendue sur le fond en cassation, voir n° 3782 i). **3780**

En revanche, les litiges relatifs à l'application de la CSG aux **revenus d'activité et de remplacement** de source française ou étrangère, de même que ceux qui concernent la CRDS sur les revenus d'activité et de remplacement de source française, relèvent du juge judiciaire.

Revenus du patrimoine et produits de placement

D'une façon générale, compte tenu des modifications résultant de la loi n° 2018-1203 du 22 décembre 2018 de financement de la sécurité sociale pour 2019, les prélèvements sociaux sur les revenus du patrimoine et les produits de placement (revenus du capital) sont calculés au taux de 9,2 % pour la CSG, 0,5 % pour la CRDS et 7,5 % pour le prélèvement de solidarité, soit un taux global actuel de **17,2 %**. Les règles de territorialité sont les suivantes pour les revenus du patrimoine perçus depuis le 1er janvier 2018 et pour les revenus de placement dont le fait générateur est intervenu depuis le 1er janvier 2019. **3781**

La contribution sociale sur les **revenus du patrimoine** (revenus immobiliers, rentes viagères à titre onéreux, etc.) est exigible des personnes physiques fiscalement domiciliées en France sauf celles qui, en application du règlement (CE) n° 883/2004 du Parlement européen et du Conseil du 29 avril 2004 sur la coordination des systèmes de sécurité sociale, relèvent en matière d'assurance maladie d'une législation soumise à ces dispositions et ne sont pas à la charge d'un régime obligatoire de sécurité sociale français (Code de la sécurité sociale, art. L 136-6, I et I-ter) ; en ce qui concerne les gains mentionnés à l'article 150-0 B bis du CGI et les plus-values mentionnées au I de l'article 150-0 B ter du même Code, la condition d'affiliation à un autre régime obligatoire de sécurité sociale s'apprécie à la date de réalisation des gains ou plus-values. Les **non-résidents** ne sont assujettis à cette contribution qu'à raison de leurs seuls revenus immobiliers et en sont exonérés s'ils sont « européens » (n° 3787).

La contribution sociale sur les **produits de placement** (cessions d'immeubles, revenus mobiliers, etc.) est exigible au titre des produits de placement payés à des personnes physiques fiscalement domiciliées en France au sens de l'article 4 B du CGI, sauf celles qui, en application du règlement (CE) n° 883/2004 du Parlement européen et du Conseil du 29 avril 2004 sur la coordination des systèmes de sécurité sociale, relèvent en matière d'assurance maladie d'une législation soumise à ces dispositions et ne sont pas à la charge d'un régime obligatoire de sécurité sociale français (Code de la sécurité sociale, art. L 136-7, I et I ter) ; les **non-résidents** n'y sont assujettis qu'à raison de la réalisation de plus-values immobilières imposables en France et en sont exonérés s'ils sont « européens » (n° 3787).

Ne sont donc actuellement redevables ni de la **CSG** ni de la **CRDS** sur les revenus du capital les personnes qui sont domiciliées en France et qui, en application du règlement (CE) n° 883/2004 du Parlement européen et du Conseil du 29 avril 2004 sur la coordination des systèmes de sécurité sociale, relèvent en matière d'assurance maladie de la législation d'un autre État membre de l'Union européenne, de l'Espace économique européen ou de Suisse et qui au cours de l'année ne sont pas à la charge d'un régime obligatoire de sécurité sociale français ; ces personnes sont cependant assujetties au **prélèvement de solidarité** sur les revenus du patrimoine et les produits de placement régi par l'article 235 ter du CGI et entièrement affecté au budget de l'État (au taux de 7,5 %).

Précisions **a.** Les **justificatifs** à produire pour bénéficier du non-assujettissement à la CSG et à la CRDS sur les produits de placement par une personne relevant de la sécurité sociale d'un autre État membre de l'Union européenne, de l'Espace économique européen ou de Suisse sont précisés par les articles D 136-1 et D 136-2 du Code de la sécurité sociale, issus du décret nº 2019-633 du 24 juin 2019 (JO du 25 juin 2019, texte nº 24).

b. Il a été précisé qu'un adhérent à la **Caisse des Français de l'étranger** (CFE) ne saurait être considéré comme un affilié au régime général de sécurité sociale français au sens du règlement européen nº 883/2004, car la CFE propose une protection sociale volontaire et non une affiliation obligatoire à un régime de sécurité sociale européen ; l'adhésion à la CFE n'entre donc pas en ligne de compte pour le bénéfice des exonérations de CSG et de CRDS mentionnées ci-dessus (réponse Renaud-Garabedian nº 09508 : JO Sénat 20 février 2020 p. 874). Voir également dans le même sens, TA Rouen 18 octobre 2018 nº 1602593, 1e ch. : RJF 4/19 nº 397, jugement définitif (nº 3787).

Synthèse des évolutions successives

3782 Les évolutions successives de la législation française en la matière résultent des précisions apportées par la jurisprudence, qui ont amené le législateur à corriger les textes à plusieurs reprises pour les rendre conformes au droit de l'Union européenne (sur la situation des non-résidents, voir nº 3787) :
– sur renvoi du Conseil d'État (CE 17 juillet 2013 nº 334551 et 342944, 10e et 9e s.-s. : RJF 11/13 nº 1095), la Cour de justice avait d'abord jugé qu'un ressortissant néerlandais domicilié en France ne pouvait, sous l'empire de la législation de l'époque, être assujetti à la CSG et à la CRDS sur les revenus du patrimoine et les produits de placement au titre de revenus du patrimoine de source néerlandaise car il était soumis à la sécurité sociale dans l'État membre d'emploi (Pays-Bas) et ne pouvait pas être soumis par son État de résidence (France) à des prélèvements participant au financement des **régimes obligatoires de sécurité sociale et présentant un lien direct** suffisamment pertinent avec les lois régissant les branches de sécurité sociale énumérées par le règlement européen nº 1408/71, remplacé par le règlement CE 883/2004 du 29 avril 2004 (CJUE 26 février 2015 aff. 623/13, 1re ch., de Ruyter : RJF 5/15 nº 453) ;
– le Conseil d'État en avait tiré les conséquences par CE 27 juillet 2015 nos 334551 et 342944, 10e et 9e s.-s. : RJF 11/15 nº 966 ; en réponse au ministre qui contestait l'affiliation de l'intéressé au **régime de sécurité sociale néerlandais**, le Conseil d'État retient que le contribuable en relevait effectivement, la seule circonstance que, salarié d'une société néerlandaise, il ait eu des fonctions de responsable de la négociation de grands contrats à l'étranger, qui lui permettaient de résider en France, ne suffisant pas à le faire regarder comme exerçant une partie de son activité en France ;
– l'administration avait alors confirmé l'existence, dans les limites de la prescription et sous certaines conditions, d'un **droit au remboursement** pour les personnes affiliées à un régime de sécurité sociale d'un pays autre que la France situé dans l'Union européenne ou dans l'Espace économique européen ou en Suisse ; elle avait exclu le prélèvement de solidarité de 2 % dû avant le 1er janvier 2015 au motif qu'il ne finançait pas des branches de la sécurité sociale, ce qui avait été approuvé par le Conseil d'État (CE 18 octobre 2017 nº 395065, 8e et 3e ch. : RJF 1/18 nº 112), et précisé que les remboursements seraient assortis des intérêts moratoires (réponse Premat, nº 95150 : JOAN 25 octobre 2016, p. 8892) ;
– pour tenter d'éviter les conséquences pour l'avenir de la jurisprudence de la Cour de justice, le **produit de ces prélèvements**, auparavant affecté à des organismes servant des prestations contributives (ne bénéficiant qu'aux personnes affiliées à la sécurité sociale française), **avait été réaffecté**, le 1er janvier 2016, vers des organismes servant uniquement des prestations non contributives (Loi nº 2015-1702 du 21 décembre 2015 de financement de la sécurité sociale pour 2016, art. 24) ; la pertinence de cette mesure a cependant été immédiatement critiquée et des contribuables domiciliés en France et affiliés à la sécurité sociale en **Suisse** ont été jugés fondés à demander la décharge des contributions sociales et des prélèvements sociaux auxquels ils avaient été assujettis au titre de l'année 2015 à raison de revenus de capitaux mobiliers, s'agissant des impositions ou de la part de ces impositions affectées au financement de la première section du Fonds de solidarité vieillesse et à la Caisse d'amortissement de la dette sociale, à savoir la CSG, la CRDS, le prélèvement de solidarité et une fraction du prélèvement social (CAA Nancy 31 mai 2018 nº 17NC02124, 2e ch. : RJF 11/18 nº 1181) ; cet arrêt a fait l'objet d'un pourvoi qui a été rejeté par CE 1er juillet 2019 nº 422780, 8e et 3e ch. : RJF 10/19 nº 984, posant en principe qu'une prestation non contributive relevant de l'assistance sociale n'entre dans le champ d'application du règlement européen que lorsqu'elle possède également les caractéristiques de la législation en

matière de sécurité sociale visée au paragraphe 1 de l'article 3 de ce règlement et à la condition, notamment, qu'elle soit mentionnée à l'annexe à laquelle ces dispositions renvoient ; dans cette affaire, la Cour de justice, saisie à titre préjudiciel, a ensuite jugé que des prestations telles que **l'allocation personnalisée d'autonomie** (APA) et la **prestation compensatoire du handicap** (PCH) doivent bien, aux fins de leur qualification de « prestations de sécurité sociale », être considérées comme étant octroyées en dehors de toute appréciation individuelle des besoins personnels du bénéficiaire dès lors que les ressources de ce dernier sont prises en compte aux seules fins du calcul du montant effectif de ces prestations sur la base de critères objectifs et légalement définis (CJUE 14 mars 2019 aff. 372/18, 7e ch. : RJF 6/19 n° 614) ; dans cette affaire, les requérants ont finalement obtenu un dégrèvement (CAA Nancy 4 juillet 2019 n° 17NC02124 : RJF 11/19 n° 1096 ; arrêt définitif) ; **3782** (suite)

– parallèlement, la Cour de justice a précisé que les effets de la décision « de Ruyter », précitée, ne s'étendent pas aux personnes qui sont affiliées à un régime de sécurité sociale d'un **État non membre de l'Union européenne**, hors le cas particulier de la Suisse (CJUE 18 janvier 2018 aff. 45/17, 10e ch. : RJF 4/18 n° 456, à propos d'un ressortissant français résidant en Chine, qui était affilié à un régime privé de sécurité sociale et qui avait été soumis en France aux prélèvements sociaux sur ses revenus fonciers et sur une plus-value immobilière) ; le fait qu'une personne affiliée à un régime de sécurité sociale d'un État tiers soit soumise aux prélèvements sociaux sur les revenus du capital, alors que tel n'est pas le cas d'une personne affiliée à un régime européen, constitue certes une restriction à la libre circulation des capitaux, mais cette **restriction** est **justifiée** par une différence de situation objective dès lors que seuls les ressortissants de l'Espace économique européen et de la Suisse qui se déplacent à l'intérieur de ces États peuvent bénéficier du principe d'unicité de la législation applicable en matière de sécurité sociale, prévu à l'article 11 du règlement 883/2004 du 29 avril 2004 ; le Conseil d'État a tiré les conséquences de cette décision en rejetant les recours pour excès de pouvoir qui avaient été formés contre les communiqués de presse du 20 octobre 2015 en tant qu'ils excluaient du champ du remboursement les personnes affiliées à la sécurité sociale d'un État tiers (CE 5 mars 2018 n° 397881, 8e et 3e ch. : RJF 6/18 n° 693) ; dans le même sens, un ressortissant russe affilié à la sécurité sociale moscovite et fiscalement domicilié en France n'a pas été jugé fondé à contester les prélèvements sociaux dont il a fait l'objet au titre de revenus de capitaux mobiliers qu'il avait perçus en France en 2014 (TA Strasbourg 27 mars 2018 n° 1600179, 3e ch. : JurisData n° 2018-025827 ; jugement définitif), de même qu'un couple de ressortissants russes domiciliés en France au titre de revenus fonciers de source française et de revenus de capitaux mobiliers de source russe réalisés en 2011 et 2012 (CAA Marseille 31 mars 2022 n° 20MA02732, 2e ch. ; arrêt définitif) ;

– le débat s'est alors placé sur le terrain constitutionnel ; mais le Conseil constitutionnel a jugé **conforme à la Constitution** la différence de traitement, pour l'application de la contribution sur les plus-values et autres revenus relevant de l'article L 136-6, I-e) du Code de la sécurité sociale dans sa rédaction issue d'une loi du 30 décembre 2006, entre les personnes relevant d'un régime de sécurité sociale d'un État membre de l'Union européenne autre que la France et celles relevant d'un régime de sécurité sociale d'un État tiers à l'Union européenne (Cons. const. 9 mars 2017 n° 2016-615 QPC : RJF 6/17 n° 600, sur renvoi par CE QPC 15 décembre 2016 n° 401716, 8e et 3e ch. : RJF 3/17 n° 257).

Enfin, dernier état de ce feuilleton législatif et jurisprudentiel, la loi n° 2018-1203 du 22 décembre 2018 de financement de la sécurité sociale pour 2019 a exonéré de la CSG et de la CRDS sur les revenus du capital les personnes qui ne sont pas à la charge du régime obligatoire français de sécurité sociale mais qui relèvent du **régime obligatoire de sécurité sociale d'un autre État membre** de l'Union européenne, de l'Espace économique européen ou de Suisse ; la mesure vise manifestement à éviter pour l'avenir le contentieux qui s'est noué sur la pertinence de la réaffectation au financement du fonds de solidarité vieillesse (FSV) de la quasi-totalité de la CSG et de la CRDS sur les revenus du capital depuis 2016. Le **prélèvement social de 7,5 %**, en revanche, n'est pas touché car il est affecté au budget général de l'État (l'actuel prélèvement de solidarité résulte de la fusion de certains autres prélèvements sociaux, opérée par la même loi).

Précisions **a.** L'arrêt de la Cour de justice du 26 février 2015 concerne l'ensemble des personnes entrant dans le champ des règlements européens n° 1408/71 et CE 883/2004 relatifs à l'application des régimes de sécurité sociale aux **travailleurs salariés**, aux **travailleurs non salariés** et aux membres de leur **famille** qui se déplacent à l'intérieur de l'Union européenne. Son champ d'application est très large car, pour la Cour de justice, l'application du règlement n'est pas subordonnée à l'exercice d'une activité professionnelle et elle est indépendante de l'origine des revenus.

3782 (suite) **b.** Sur l'application des contributions sociales additionnelles aux non-résidents réalisant des **revenus immobiliers** et des **plus-values immobilières**, voir nº 3787.

c. La loi de financement de la sécurité sociale pour 2016, en tant qu'elle avait pour objet d'affecter le produit des contributions sociales sur les revenus du capital au financement de prestations sociales non contributives avait été jugée **conforme à la Constitution** (Cons. const. 17 décembre 2015 nº 2015-723 DC) ; à cette occasion, le Conseil constitutionnel a rappelé qu'il ne lui appartient pas de se prononcer sur le défaut de compatibilité d'une disposition législative aux engagements internationaux et européens de la France et souligné que l'arrêt de la Cour de justice de l'Union européenne du 26 février 2015 n'a pas fait naître de situations légalement acquises auxquelles seraient susceptibles de porter atteinte les dispositions en cause qui s'appliquent à compter du 1er janvier 2016.

d. À propos d'une personne physique domiciliée en France et qui, étant à la charge d'un régime obligatoire français d'assurance maladie, recevait des pensions de retraite versées par la **Caisse de retraite monégasque**, il a été jugé que la CSG et la CRDS étaient bien exigibles sans qu'y fasse obstacle la circonstance, à la supposer vérifiée, que l'intéressé ait été partiellement affilié au régime de sécurité sociale monégasque (CAA Marseille 26 juin 2018 nº 16MA01731, 4e ch. ; arrêt définitif).

e. Il a été précisé que les personnes affiliées à un régime de sécurité sociale dans les **PTOM** (Nouvelle-Calédonie, Polynésie française, Terres australes et antarctiques françaises, îles Wallis et Futuna, Mayotte, Saint-Pierre-et-Miquelon et Saint-Barthélemy) ne sont pas recevables à solliciter le remboursement des prélèvements sociaux sur les revenus de leur capital de source française (réponse Carrez, nº 91532 : JOAN 20 septembre 2016 p. 8389). Dans le même sens, concernant la **Polynésie française**, réponse Sanquer nº 19970 : JOAN 15 octobre 2019 p. 8715 (BF 12/19 nº 1037), soulignant, à propos du dispositif issu de la loi nº 2018-1203 du 22 décembre 2018 de financement de la sécurité sociale pour 2019, qu'il s'agit d'un « pays et territoires d'outre-mer » régi par l'article 355 du Traité FUE, qui n'est pas soumis aux dispositions du droit de l'Union européenne ; il en résulte que les personnes résidant en Polynésie française ne bénéficient pas de l'exonération de CSG et de CRDS assises sur leurs revenus du capital en provenance de métropole, que ces personnes soient ou non affiliées au régime polynésien de sécurité sociale. Le règlement nº 883/2004 du 29 avril 2004 du Parlement européen et du Conseil portant sur la coordination des systèmes de sécurité sociale n'est pas applicable en Polynésie française (CE (na) 16 septembre 2021 nº 451359, 10e ch. : RJF 12/21 nº 1145).

f. Des contribuables fiscalement domiciliés en France et travaillant en **Suisse** ne pouvaient pas valablement contester leur assujettissement en France aux prélèvements sociaux sur les revenus du patrimoine en invoquant la méconnaissance du principe d'unicité de la législation sociale, dès lors qu'ils avaient fait usage de la faculté d'exemption de l'affiliation obligatoire au régime de sécurité sociale suisse ouverte par l'annexe II de l'accord du 21 juin 1999 entre la Confédération suisse, d'une part, et la Communauté européenne et ses États membres, d'autre part (CE 12 février 2020 nº 424653, 9e et 10e ch. : RJF 5/20 nº 501).

g. Sauf exception, les **prestations non contributives** relevant de l'assistance sociale n'entrent pas dans le champ d'application des règlements européens dont l'invocation permet de s'opposer aux prélèvements qui les financent (CE 19 juillet 2016 nº 392784, 9e et 10e ch. : RJF 11/16 nº 1023, refusant à un fonctionnaire néerlandais à la retraite, domicilié en France, le remboursement d'un prélèvement affecté au financement du revenu de solidarité active ; le rejet des conclusions aux fins de décharge a ensuite été prononcé au fond, sur renvoi, par CAA Bordeaux 14 février 2017 nº 16BX02440, 3e ch., arrêt définitif). Dans le même sens, CE 28 septembre 2021 nº 432579, 3e et 8e ch. : RJF 12/21 nº 1143, à propos de l'application d'une ancienne contribution additionnelle au prélèvement social à une plus-value immobilière réalisée en France en 2013 par un résident du Luxembourg qui percevait des pensions de source française (nouvelle cassation après celle du 19 décembre 2018 mentionnée en h. ci-dessous).

h. En ce qui concerne les **modalités de preuve**, il a été jugé, à propos d'une personne physique domiciliée au Luxembourg qui avait été assujettie en 2013 aux prélèvements sociaux en tant qu'associée de SCI françaises, que les personnes qui perçoivent une pension de retraite en vertu de la législation française et résident dans un autre État membre doivent justifier non seulement qu'elles sont affiliées au régime de sécurité sociale de leur État de résidence mais aussi que c'est en vertu de la législation de cet État qu'elles bénéficient de leurs prestations et non pour le compte des caisses de sécurité sociale françaises (CE 19 décembre 2018 nº 409153, 3e et 8e ch. : RJF 3/19 nº 310, jugeant également que toutes les **pensions de retraite** sont au nombre des « pensions de vieillesse » visées par le paragraphe 2 de l'article 11 du règlement (CE) nº 883/2004 du Parlement européen et du Conseil du 29 avril 2004). Dans le sillage de cette décision, un résident luxembourgeois n'a pas obtenu la décharge des prélèvements sociaux relatifs à une plus-value immobilière réalisée en 2013 en produisant un **certificat** de la caisse nationale de santé luxembourgeoise qui ne démontrait pas que les prestations dont il bénéficiait au Luxembourg ne sont pas à la charge finale des caisses de sécurité sociale françaises (CAA Nantes 9 septembre 2021 nº 18NT01792, 1e ch. ; arrêt définitif).

i. Le principe selon lequel la France ne peut exiger le paiement de cotisations vieillesse d'un assuré domicilié en France qui bénéficie d'une pension versée par un autre État membre ne trouve à s'appliquer que sous réserve que l'intéressé ne bénéficie pas **également d'une pension de source française**. Ainsi, une personne domiciliée en France qui avait perçu des pensions de réversion de source suisse à raison de l'activité professionnelle que son défunt mari avait exercée en Suisse n'était pas fondée à revendiquer l'exonération de la CGS et de la CRDS à raison de ces pensions au titre des années 2011, 2012 et 2013 dès lors qu'elle était également titulaire de pensions de vieillesse de droit français (CE 24 juillet 2019 n° 416662, 9e et 10e ch. : RJF 11/19 n° 1095, confirmant CAA Nancy 19 octobre 2017 n° 16NC01190 : RJF 5/18 n° 554 par substitution de motifs) ; le Conseil d'État juge également qu'en se bornant à faire valoir que les revenus d'activité de son époux avaient été assujettis par la Suisse à des cotisations vieillesse, la requérante n'établissait pas qu'elle aurait été placée dans une situation moins favorable que celle des assurés demeurés en France pour y exercer la totalité de leur activité, susceptible de caractériser une entrave à la **libre circulation des travailleurs**. Dans le même sens, à propos d'un contribuable domicilié en France qui avait perçu en 2016 des pensions de vieillesse de source allemande et qui avait également reçu des pensions de retraite de source française, CAA Nancy 27 décembre 2019 n° 18NC00590, ayant fait l'objet d'un pourvoi non admis par CE (na) 28 septembre 2020 n° 439144, 9e ch. : RJF 12/20 n° 1050, refusant également la transmission d'une question prioritaire de constitutionnalité.

j. Le Conseil d'État a refusé de renvoyer une question prioritaire de constitutionnalité sur la **discrimination à rebours** qui résulterait de ce qu'un assuré résident de France et titulaire d'une pension française et d'une pension versée par un autre État membre voie la pension étrangère entrer dans l'assiette de la CSG, de la CRDS et de la contribution de solidarité pour l'autonomie, alors que, s'il était domicilié dans un État membre de l'Union européenne ou de l'Espace économique européen autre que la France, il ne serait redevable que des cotisations sociales au taux majoré à raison de ses seules pensions de retraite de source française (CE QPC 29 décembre 2020 n° 446024, 8e ch. : RJF 4/21 n° 406).

k. La modification opérée par l'article 26 de la loi du 22 décembre 2018 de financement de la sécurité sociale pour 2019, en tant qu'elle modifie les **règles d'affectation du produit** de prélèvements sociaux dont le fait générateur est déjà intervenu à la date de son entrée en vigueur et prive les contribuables du droit de se prévaloir du principe d'unicité de législation sociale, ne soulève pas de question prioritaire de **constitutionnalité** (CE QPC 11 mai 2021 n° 450972, 8e et 3e ch. : RJF 8-9/21 n° 841). Le Conseil d'État précise que le produit des contributions en cause étant, depuis le 1er janvier 2019, intégralement affecté au budget général de l'État, ces prélèvements ne peuvent plus, lorsqu'ils ont été recouvrés par l'administration fiscale à compter de cette date, être regardés comme présentant un **lien direct et pertinent** avec les lois qui régissent les branches de la sécurité sociale au sens du règlement européen du 29 avril 2004.

Ancien prélèvement social

La cour administrative d'appel de Lyon a jugé que le prélèvement social de l'époque avait 3784
la nature d'une contribution de solidarité de nature fiscale et qu'un agent d'assurances de nationalité française mais exerçant une activité à Monaco y était assujetti en tant qu'il devait être considéré comme fiscalement domicilié en France (CAA Lyon 7 juillet 1994 n° 93-1649, 2e ch., Mifsud : RJF 12/95 n° 1333 ; arrêt définitif).

Le tribunal de grande instance de Paris a pris la même position, à l'égard, également, de la CSG, pour l'application du plafonnement en matière d'ISF (TGI Paris 15 novembre 1996 n° 95-22638, 2e ch., 2e sect., Leven : RJF 4/98 n° 493 ; jugement définitif).

Comme les précédentes, cette contribution est liée à la domiciliation en France. Mais elle n'a pas donné lieu aux développements jurisprudentiels exposés pour la CSG et la CRDS.

De son côté, l'administration a exclu le prélèvement social du champ du droit au remboursement résultant de la jurisprudence de la Cour de justice (n° 3782).

Cas des Français domiciliés à Monaco

Les nationaux français qui ont transporté leur résidence à **Monaco** et qui sont domiciliés 3786
en France sur le fondement de la convention franco-monégasque (n° 3610) ne sont **pas soumis** aux **contributions et prélèvements sociaux** (CSG, CRDS, prélèvement social). En effet, selon le Conseil d'État, ces contributions ne majorent pas un impôt existant qui serait couvert par la convention fiscale franco-monégasque, mais doivent être considérées comme des contributions nouvelles **distinctes** de l'**impôt sur le revenu** (Avis CE 10 novembre 2004 n° 268852, 268853, 268854 et 269199, Sect., Cichero-Erbel et a. : RJF 2/05 n° 163).

Au contentieux, il a été jugé, en ce sens, que les stipulations de l'article 7 § 1 de la convention franco-monégasque du 18 mai 1963, si elles impliquent que les personnes de nationalité française qui ont transporté leur domicile ou leur résidence à Monaco sont réputées avoir leur domicile fiscal en France pour l'assujettissement à l'impôt sur le revenu, ne sauraient suffire à justifier leur assujettissement aux contributions sociales qui sont distinctes de l'impôt sur le revenu (CE 11 juin 2014 n° 358301, 3e et 8e s.-s. : RJF 10/14 n° 866). Par exception, étant donné que l'imposition des plus-values immobilières sur le fondement de l'article 150 U du CGI n'est pas subordonnée à une condition de domiciliation en France au sens de l'article 4 B du même Code, un Français résident de Monaco et non domicilié en France en droit interne, qui avait réalisé en 2013 une plus-value immobilière imposable en France sur le fondement de l'article 150 U du CGI, était bien redevable des prélèvements sociaux additionnels (CE 21 juin 2021 n° 439354, 3e et 8e ch. : RJF 10/21 n° 984) ; l'affaire a été renvoyée à la Cour, qui avait jugé à tort que l'article L 136-7 du Code de la sécurité sociale, dans sa rédaction applicable à l'époque, subordonnait l'assujettissement des plus-values aux prélèvements sociaux à leur imposition au prélèvement de l'article 244 bis A du CGI, inapplicable en l'espèce (affaire enregistrée sous le n° 21LY02052).

Cela étant, les résidents monégasques peuvent néanmoins être soumis à ces impositions s'ils sont domiciliés en France sur le fondement de l'un des **critères de l'article 4 B du CGI** (CE 5 mars 2018 nos 400329 et 401716, 8e et 3e ch. : RJF 6/18 n° 574, confirmant l'assujettissement aux **prélèvements sociaux** d'une plus-value immobilière réalisée par un Français résident de Monaco qui pouvait également être considéré comme domicilié en France sur le fondement du critère de l'activité professionnelle principale ; voir n° 40915 j).

Précisions Il n'y a pas de différence de traitement contraire à la libre circulation des capitaux entre, d'une part, les ressortissants français ayant établi leur résidence à Monaco et non fiscalement domiciliés en France au sens de l'article 4 B du CGI et, d'autre part, les **ressortissants monégasques résidant à Monaco** et non fiscalement domiciliés en France au sens de l'article 4 B du même Code (CAA Marseille 30 juin 2022 n° 19MA03048, 3e ch., confirmant l'assujettissement aux prélèvements sociaux d'un ressortissant monégasque domicilié à Monaco au titre d'une plus-value résultant de la cession en 2015 d'un immeuble situé en France).

Cas particulier des revenus immobiliers et des plus-values immobilières

3787 Le principe de l'assujettissement des non-résidents aux prélèvements sociaux sur les revenus immobiliers et les plus-values immobilières a été posé par l'article 29 de la loi n° 2012-958 du 16 août 2012 de finances rectificative pour 2012, concernant les revenus perçus depuis le 1er janvier 2012 et les cessions intervenues depuis le 16 août 2012. Le **champ d'application** géographique des prélèvements sociaux a cependant été modifié ensuite, en dernier lieu par la loi n° 2018-1203 du 22 décembre 2018 de financement de la sécurité sociale pour 2019 (n° 3782), dans un souci de sécurisation du dispositif au regard des contraintes résultant du droit de l'Union européenne.

Actuellement, les personnes physiques qui ne sont pas fiscalement domiciliées en France au sens de l'article 4 B du CGI ne sont assujetties à la contribution sociale sur les revenus du patrimoine qu'à raison du montant net des **revenus d'immeubles situés en France** ou de droits relatifs à ces immeubles (n° 2881), tel qu'il est retenu pour l'établissement de l'impôt sur le revenu (Code de la Sécurité sociale, art. L 136-6, I bis et I ter) ; pour les revenus immobiliers perçus depuis le 1er janvier 2018, toutefois, n'en sont pas redevables les personnes qui, en application du règlement (CE) n° 883/2004 du Parlement européen et du Conseil du 29 avril 2004 sur la coordination des systèmes de sécurité sociale, relèvent en matière d'assurance maladie d'une législation soumise à ces dispositions et qui ne sont pas à la charge d'un régime obligatoire de sécurité sociale français (Code de la Sécurité sociale, art. L 136-6, I bis et I ter, dans sa rédaction issue de loi n° 2018-1203 du 22 décembre 2018 de financement de la sécurité sociale pour 2019).

De même, la contribution sociale sur les produits de placement n'est due par les personnes physiques non résidentes qu'au titre des **plus-values** imposées au prélèvement de l'article 244 bis A du CGI (n° 67540) ; par dérogation, en application de la loi précitée, n'en sont pas redevables, en ce qui concerne les cessions d'immeubles réalisées depuis le 1er janvier 2019, les personnes qui, en application du règlement (CE) n° 883/2004 du Parlement européen et du Conseil du 29 avril 2004 sur la coordination des systèmes de sécurité sociale, relèvent en matière d'assurance maladie d'une législation soumise à ces dispositions et qui ne sont pas à la charge d'un régime obligatoire de sécurité sociale français (Code de la Sécurité sociale, art. L 136-7, I bis et I ter, dans sa rédaction issue de la loi précitée).

Les non-résidents éligibles au bénéfice des exonérations « européennes » restent toutefois assujettis au **prélèvement social** au taux de 7,5 % (CGI art. 235 ter ; ce prélèvement s'est substitué, depuis le 1er janvier 2019, au prélèvement social, à la contribution additionnelle à ce prélèvement et au prélèvement de solidarité auparavant applicables aux produits de placement) ; il a été confirmé que ce prélèvement, qui est affecté au budget général de l'État, n'entre pas dans le champ d'application du règlement du Parlement européen et du Conseil du 29 avril 2004 portant sur la coordination des systèmes de sécurité sociale (CE 20 septembre 2019 n° 430189, 8e et 3e ch. : RJF 12/19 n° 1201, refusant d'annuler pour excès de pouvoir les deux premiers alinéas et la dernière phrase du troisième alinéa du n° 80 du BOI-RFPI-PVINR-20-20 dans sa version du 19 avril 2019 par lesquels l'administration a fait connaître son interprétation des dispositions relatives aux taux applicables au prélèvement sur les plus-values immobilières des non-résidents prévu à l'article 244 bis A du CGI). **3787** (suite)

Le **taux global** des prélèvements sociaux sur les revenus immobiliers et les plus-values immobilières réalisés par les non-résidents est donc actuellement le suivant :
– 7,5 % pour ceux qui ne sont pas à la charge du régime obligatoire français de sécurité sociale mais qui relèvent du régime obligatoire de sécurité sociale d'un autre État membre de l'Union européenne, de l'Espace économique européen ou de la Suisse ;
– 17,2 % pour les autres.

Les prélèvements sociaux exigibles sur les plus-values immobilières sont **assis, contrôlés et recouvrés** selon les mêmes règles et sous les mêmes sûretés, privilèges et sanctions que le prélèvement de l'article 244 bis A du CGI (recouvrement « à la source » par l'intermédiaire, notamment, des notaires).

Sous l'empire de la législation antérieure au 1er janvier 2016, l'application des prélèvements sociaux aux non-résidents qui réalisaient des revenus immobiliers ou des plus-values immobilières en France et qui étaient affiliés, de manière obligatoire ou facultative, à un régime de sécurité sociale dans un autre État membre ou dans un État membre de l'Espace économique européen (ou en Suisse, en raison des accords entre l'Union européenne et la Suisse) devait être écartée en application de l'arrêt de la Cour de justice du 26 février 2015 (n° 3782). En ce sens, par exemple, voir TA Paris 20 mai 2015 n° 1400144, 1e sect., 1re ch. : RJF 12/15 n° 1071, à propos d'une plus-value immobilière réalisée par un résident de Suisse (jugement définitif). Également, TA Rouen 18 octobre 2018 n° 1602593, 1e ch. : RJF 4/19 n° 397, jugeant qu'un résident britannique affilié au régime général de sécurité sociale britannique n'est pas assujetti aux prélèvements sociaux à raison d'une plus-value immobilière réalisée en France en 2013 sans qu'importe le fait qu'il ait volontairement adhéré à la **Caisse des Français de l'étranger** (jugement définitif ; voir également n° 3781, Précisions b).

En revanche, une personne physique de nationalité **américaine** et domiciliée aux États-Unis était bien assujettie aux prélèvements sociaux à l'occasion d'une plus-value immobilière réalisée en 2012, sans que le principe de **libre circulation des capitaux** y fasse obstacle (CE 31 mars 2021 n° 436412, 8e et 3e ch. : RJF 6/21 n° 660) ; il n'en résultait, en effet, ni restriction directe (les règles relatives à l'assujettissement aux prélèvements sociaux des plus-values de cession immobilière sont indistinctement applicables, sans considération de leur nationalité, aux résidents des États-Unis et aux résidents de France), ni restriction indirecte (ces prélèvements ayant le caractère d'une imposition de toute nature et non d'une cotisation contributive ouvrant vocation au bénéfice des prestations et avantages servis par les régimes français obligatoires de sécurité sociale, aucune restriction ne résulte de ce que les résidents d'États tiers ne peuvent bénéficier en France des prestations sociales généralement offertes aux résidents) ; cette décision juge également que la **différence de traitement** entre résidents européens et résidents d'États tiers ne porte pas une atteinte injustifiée au principe de liberté de circulation des capitaux et qu'en tout état de cause la requérante ne pouvait se prévaloir du principe d'unicité de la législation sociale posé par la **convention de sécurité sociale franco-américaine** du 2 mars 1987, dès lors qu'elle n'exerçait pas d'emploi (ce qui ne veut pas dire que cette convention s'y serait opposé dans le cas contraire). Mêmes solutions rendues précédemment sur le fond dans le cadre franco-américain par CAA Paris 9 juillet 2020 n° 18PA04003, 5e ch. (ayant fait l'objet d'un pourvoi non admis par CE (na) 16 juin 2021 n° 443827, 8e ch.), ainsi que CAA Versailles 29 janvier 2019 n° 17VE01426, 1e ch. (arrêt définitif) et TA Bastia 22 mars 2018 n° 1700109 : JurisData n° 2018-025833 (jugement définitif). Dans le même sens, également, CAA Marseille 18 février 2020 n° 19MA00336, 4e ch. (arrêt définitif concernant une plus-value immobilière réalisée par des ressortissants et résidents **canadiens** qui avaient invoqué les accords de sécurité sociale franco-canadiens) et CAA Paris 19 mai 2020 n° 19PA01825, 5e ch. (arrêt définitif concernant une ressortissante et résidente **égyptienne** qui avait cédé un immeuble situé à Paris en 2014).

3787 (suite) La question de l'application des prélèvements sociaux en présence de **SCI françaises** a également donné lieu à des développements contentieux, sous l'empire de la législation antérieure au 1er janvier 2016 :

– il avait été jugé qu'une SCI dont les associés étaient résidents russes et japonais était fondée, sur le terrain de la **libre circulation des capitaux**, à demander la restitution des prélèvements sociaux acquittés à raison d'une plus-value de cession d'immeubles situés en France (TA Paris 29 juin 2016 n° 1506806, 1e sect., 1e ch., SCI Lila : RJF 12/16 n° 1135) ; ce jugement a cependant été annulé par CAA Paris 4 octobre 2018 n° 16PA02993, 5e ch., arrêt définitif tirant notamment les conséquences de l'arrêt 45/17 du 18 janvier 2018 par lequel la Cour de justice a jugé que la décision « de Ruyter » ne s'applique pas aux personnes qui sont affiliées à un régime de sécurité sociale d'un État non membre de l'Union européenne (n° 3782) ;

– une SCI, bien qu'elle ne soit pas au nombre des personnes visées par le règlement 1408/71 du Conseil du 14 juin 1971 modifié, a pu utilement soutenir que ce règlement faisait obstacle à son imposition en France aux contributions sociales (CAA Nantes 16 décembre 2016 n° 15NT01910, SCI des Chambeaux : RJF 5/17 n° 510, arrêt définitif concernant une plus-value immobilière réalisée par une SCI française détenue par une personne physique domiciliée en Suisse) ; cette solution infirme le jugement de première instance qui avait retenu que les contributions restaient dues, au motif que le règlement européen était sans effet à l'égard des personnes morales (TA Orléans 21 avril 2015 n° 1402428, 3e ch., SCI des Chambeaux : JurisData n° 2015-017266) ;

– des personnes physiques domiciliées en Suisse n'ont pas été jugées recevables à demander en leur nom personnel la restitution des prélèvements sociaux afférents à une plus-value réalisée en 2014 par une SCI française au motif que la SCI était la seule **redevable** des prélèvements sociaux en litige (CAA Paris 19 mai 2020 n° 19PA00748, 5e ch. ; arrêt définitif) ;

– une personne physique domiciliée au Congo était redevable des prélèvements sociaux afférents à une plus-value réalisée en France en 2015 par une SCI française dont elle était associée, sans qu'y fassent obstacle ni la convention fiscale franco-congolaise du 27 novembre 1987 ni la convention franco-congolaise de sécurité sociale du 11 février 1987 (CAA Douai 11 février 2021 n° 18DA02399, 4e ch., ayant fait l'objet d'un pourvoi non admis par CE (na) 3 juin 2022 n° 453521, 8e ch. : RJF 8-9/22 n° 774).

Enfin, en ce qui concerne la législation applicable en 2018, le principe d'unicité de législation posé par l'article 11 du règlement du 29 avril 2004 s'opposait à ce que les **plus-values immobilières réalisées en 2018** par les non-résidents qui relèvent du champ d'application territorial et personnel de ce règlement fussent assujetties à la contribution sociale généralisée et au prélèvement social affectés au fonds de solidarité vieillesse, à la contribution sociale généralisée et à la contribution au remboursement de la dette sociale affectées à la caisse d'amortissement de la dette sociale ainsi qu'au prélèvement social et à la contribution additionnelle à ce prélèvement affectés à la Caisse nationale de solidarité pour l'autonomie (CE 16 avril 2019 n° 423586, 8e et 3e ch. : RJF 7/19 n° 715, annulant le n° 80 du BOI-RFPI-PVINR-20-20 du 1er août 2018) ; cette décision juge également que le **prélèvement de solidarité** sur les produits de placement mentionné à l'article 1600-0 S du CGI n'entre pas dans le champ d'application du règlement européen précité.

Précisions **a.** Le Gouvernement avait justifié la mesure prise en 2012 par le fait que les prélèvements sociaux sur les revenus du capital sont des **impositions de toute nature à vocation universelle** et qu'il y a lieu « de rétablir l'égalité de traitement entre redevables de l'impôt afin de progresser sur le chemin de la cohérence entre l'impôt sur le revenu et les prélèvements sociaux » (exposé des motifs du projet de loi). Le dispositif a été considéré comme n'ayant pas pour objet d'instituer une double imposition et n'a méconnu aucune exigence constitutionnelle (Cons. const. 9 août 2012 n° 2012-654 DC : RJF 11/12 n° 1051).

b. Dans un cas particulier où il n'était pas clairement établi que l'intéressé pouvait se prévaloir, à raison de sa situation personnelle, d'un élément d'extranéité justifiant l'application du règlement européen, le Conseil d'État a préféré renvoyer l'affaire à la cour administrative d'appel (CE 17 avril 2015 n° 365511, 3e et 8e s.-s. : RJF 7/15 n° 668) ; sur renvoi, la demande du contribuable en décharge de la CSG et de la CRDS acquittées à raison de **plus-values immobilières** réalisées en 2007 a été rejetée, car l'intéressé devait être regardé comme relevant du seul régime français de sécurité sociale même s'il avait volontairement cessé d'acquitter ses cotisations auprès du régime des indépendants et contracté une assurance auprès d'une compagnie d'assurance britannique (CAA Bordeaux 24 novembre 2015 n° 15BX01468, 3e ch. ; arrêt définitif).

c. Depuis le 1er janvier 2019, sont soumis au **prélèvement à la source des contributions et prélèvements sociaux**, le cas échéant, les revenus provenant de la location d'immeubles situés en France et perçus par les personnes physiques domiciliées fiscalement hors de France, ces revenus étant soumis à la CSG sur les revenus du patrimoine recouvrée par voie de rôle (BOI-IR-PAS-40 n° 60). **3787** (suite)

d. Sous l'empire de la législation applicable avant 2019, il a été jugé que les contribuables résidant en **Nouvelle-Calédonie** ou en **Polynésie française** n'étaient pas fondés à demander la décharge des prélèvements sociaux acquittés sur leurs revenus de placement et de patrimoine de source française (TA Montreuil 4 décembre 2018 n° 1508555 et 18 décembre 2018 n° 1604242 : RJF 5/19 n° 499 ; jugements définitifs). À propos d'un contribuable domicilié en Nouvelle-Calédonie et qui avait cédé des parts d'une SCI française, même solution retenue par CAA Bordeaux 12 avril 2019 n° 17BX00293 : RJF 8-9/19 n° 862 (arrêt définitif).

e. L'administration avait accordé à un **couple** de résidents belges un dégrèvement correspondant à **la moitié des prélèvements sociaux** relatifs à des revenus de biens immobiliers situés en France au titre de l'année 2015, au motif que seul le mari pouvait être regardé comme affilié au régime de sécurité sociale belge ; son épouse n'a pu obtenir de dégrèvement au contentieux, car elle était à la charge seulement d'un régime obligatoire de sécurité sociale français (CAA Paris 1er avril 2022 n° 20PA03850, 5e ch.).

CHAPITRE 3

La territorialité de l'impôt sur les sociétés

Plan du chapitre §§

SECTION 1 Principe de l'imposition des entreprises exploitées en France 4600

A Notion d'« établissement » 4750

B Notion de « représentant » 4780

C Notion de « cycle commercial complet » 4795

D Cas des expositions internationales 4810

E Cas des entreprises de navigation maritime ou aérienne 4830

F Cas des entreprises exploitant certains satellites 4845

SECTION 2 Situation des entreprises ayant leur siège en France et une activité à l'étranger 4900

A Établissement hors de France 5050

B Représentant hors de France 5070

C Cycle commercial complet et détachable hors de France 5100

D Cas des livraisons d'usines « clés en main » 5160

E Rattachement à la France de produits d'origine étrangère 5200

F Cas particulier des entreprises n'ayant en France que leur siège social 5220

SECTION 3 Situation des entreprises dont le siège est à l'étranger et qui ont une activité en France 5300

A Établissement en France 5350

B Représentant en France 5380

C « Cycle commercial complet » en France 5400

D Autres cas d'imposition en France 5510

E Modalités pratiques et contrôle 5590

SECTION 4 Modalités de détermination du bénéfice imposable en France 5800

A Principes généraux 5802

B Ventilation des revenus 5825

C Ventilation des charges 5900

D La prise en compte éventuelle des pertes et déficits subis hors de France 5950

E Obligations déclaratives 6000

SECTION 5 Dérogations ou atténuations au principe de territorialité 6040

A Dérogations ou atténuations motivées par la volonté d'améliorer la situation fiscale de l'entreprise 6150

B Dérogations motivées par le souci de limiter la fraude fiscale internationale 6340

4000 Les règles de territorialité relatives à l'impôt sur les sociétés et aux bénéfices industriels et commerciaux concernent l'ensemble des **entreprises** qui ont une activité internationale, c'est-à-dire :

– les entreprises françaises exerçant, totalement ou partiellement, une activité à l'étranger ;

– les entreprises étrangères exerçant, totalement ou partiellement, une activité en France.

Précisions **a.** Afin d'accueillir et d'orienter les **investisseurs étrangers** sur la fiscalité les concernant et de leur permettre d'investir dans un cadre légal clair et sécurisé, un « point d'entrée unique » a été créé au sein de la DGFiP (communiqué du 27 février 2014) ; une mise à jour du site internet de la DGFiP du 4 août 2020 signale qu'il s'agit désormais exclusivement du service Tax4Business, qui peut être contacté à l'adresse suivante : tax4business@dgfip.finances.gouv.fr. Ce service permet d'obtenir une prise de position de l'administration sur la situation décrite et donne accès à des explications en anglais.

b. Les **entreprises étrangères** qui n'ont pas d'établissement en France mais qui emploient un ou plusieurs salariés sur le territoire français doivent effectuer les **déclarations des salaires** et le paiement des **cotisations** et contributions de sécurité sociale et d'assurance chômage en s'inscrivant auprès du Centre national des firmes étrangères (CNFE, 67945 Strasbourg cedex 9 ; cnfe.strasbourg@urssaf.fr).

Principe de territorialité

Le régime français est marqué par un principe de territorialité stricte : seuls sont passibles en France de l'impôt sur les sociétés les bénéfices réalisés dans les **entreprises exploitées en France** (CGI art. 209, I). À l'inverse, ne sont pas imposables en France les bénéfices réalisés dans des entreprises exploitées hors de France, même si la comptabilité de ces entreprises est centralisée en France et quelle que soit la nationalité ou le siège de la société. **4005**

Cette règle de base est appliquée de manière équilibrée, les profits étant traités comme les **pertes**. En principe, si les profits ne sont pas imposables, les pertes ne sont pas déductibles (sur cette logique de « symétrie », voir notamment CE 12 juin 2013 n° 351702, 3e et 8e s.-s., Sté BNP Paribas : RJF 10/13 n° 911 ; également nos 10937 et 26205). La non-prise en compte des pertes étrangères ne soulève pas de difficulté au regard du **droit de l'Union européenne** étant donné qu'un État membre n'est pas tenu d'exercer sa compétence fiscale de façon asymétrique afin de permettre la déductibilité de pertes occasionnées par des opérations dont les résultats, s'ils étaient positifs, ne seraient, en tout état de cause, pas imposés (en ce sens, notamment, CJUE 10 juin 2015 aff. 686/13, 2e ch., X AB, point 40 : RJF 10/15 no 868 ; voir également n° 81705).

Ce principe de territorialité place la France dans une position à part au sein des pays développés ; presque tous, en effet, appliquent un système mondial prenant en compte la totalité des profits et pertes réalisés par une même entreprise, quel que soit le lieu de son exploitation y compris, par conséquent, dans des succursales à l'étranger.

Précisions Avant 2011, quelques sociétés bénéficiaient de l'ancien régime du **bénéfice consolidé** qui permettait de prendre en compte le résultat « économique » du groupe alors que le principe de territorialité peut aboutir à ce qu'une entreprise française soit imposée en France bien qu'elle soit globalement en perte ou bien, inversement, exonérée en France bien qu'elle soit globalement en situation de profit (nos 25350 s.).

On examinera la notion d'**entreprise « exploitée en France »** et les règles qui découlent de l'application du principe de territorialité aux entreprises ayant leur siège en France et à celles qui ont leur siège hors de France. On exposera également les quelques dérogations apportées au principe de territorialité par la loi et la jurisprudence. **4010**

Bien entendu, les développements qui suivent doivent être entendus **« sous réserve des conventions internationales »**, et notamment des dispositions de ces conventions relatives aux bénéfices des entreprises et à l'établissement stable (nos 16600 s.).

Précisions **a.** En ce qui concerne la définition de la France, voir n° 1905.

b. Le **plateau continental** dont l'exploitation peut donner lieu à impôt sur les sociétés fait partie de la « France fiscale » (CE 16 décembre 1998 n° 156535, 9e et 8e s.-s., min. c/ SA Services pétroliers Schlumberger : RJF 2/99, n° 136). Les opérations effectuées sur les installations et dispositifs servant ou participant aux activités d'exploration ou d'exploitation du plateau continental, y compris les prestations de services, sont donc passibles de l'impôt sur les sociétés dans notre pays. Cela étant, les impositions perçues par les communes et les départements (notamment taxes foncières, taxe d'habitation et contribution économique territoriale), de même que par certains établissement publics et organismes divers ne sont pas applicables sur le plateau continental ni dans la **zone économique exclusive** (Ordonnance n° 2016-1687 du 8 décembre 2015 : JO 9 décembre 2016, texte n° 6).

c. Monaco, bien qu'en situation d'union douanière avec la France, ne fait pas partie du territoire fiscal français en ce qui concerne le champ d'application de l'impôt sur les sociétés.

SECTION 1

Principe de l'imposition des entreprises exploitées en France

Le principe de territorialité est posé par l'article 209, I du CGI selon lequel « les bénéfices passibles de l'impôt sur les sociétés sont déterminés... en tenant compte uniquement des bénéfices réalisés dans les entreprises exploitées en France, de ceux mentionnés aux a, e, e bis et e ter du I de l'article 164 B, ainsi que de ceux dont l'imposition est attribuée à la France par une convention internationale relative aux doubles impositions ». C'est donc **4600** le lieu d'exploitation qui détermine l'imposition des bénéfices passibles de l'impôt sur les sociétés.

Précisions Les mots « de ceux mentionnés aux a, e, e bis et e ter du I de l'article 164 B » ont été ajoutés par un article à caractère interprétatif de la loi n° 2009-1674 du 30 décembre 2009 de finances rectificative pour 2009 afin d'éviter, à titre préventif, certaines conséquences de la jurisprudence du Conseil d'État en ce qui concerne les revenus immobiliers et les plus-values immobilières (n° 5524).

4605 La loi ne fixe qu'un principe général ; elle ne détaille pas la notion d'entreprise exploitée en France. Cette tâche a été remplie par la **jurisprudence** du Conseil d'État, à propos des litiges qui lui ont été soumis. En se fondant sur cette jurisprudence, l'administration a elle-même, progressivement, élaboré une doctrine selon laquelle cette notion s'entend de l'**exercice habituel d'une activité en France**, qui peut s'exercer dans le cadre d'un établissement autonome ou bien, en l'absence d'établissement, par l'intermédiaire de représentants sans personnalité professionnelle indépendante ou bien encore résulter de la réalisation d'opérations formant un cycle commercial complet (BOI-IS-CHAMP-60-10-10 n° 60).

Cette définition, donnée par la doctrine administrative, a été reprise presque littéralement par une cour administrative d'appel jugeant que « pour l'application de ces dispositions [celles de l'article 209, I du CGI], sont imposables en France les entreprises qui y exploitent un établissement autonome, qui y ont un représentant dépourvu de personnalité professionnelle distincte ou qui y réalisent des opérations constituant un cycle commercial complet » (CAA Versailles 18 novembre 2014 n° 11VE02931, 3e ch., Sté France Télécom : RJF 3/15 n° 176 ; arrêt définitif). Ce principe a ensuite été réaffirmé par CAA Versailles 24 juillet 2018 n° 13VE02686, 1e ch., Sté Orange (arrêt définitif ; voir n° 17615).

Précisions L'article 78 de la loi n° 2016-1917 du 29 décembre 2016 de finances pour 2017 avait créé un nouveau cas d'assujettissement à l'impôt sur les sociétés des bénéfices réalisés en France par une société étrangère dont on pouvait penser qu'elle s'était organisée pour éviter ou atténuer l'impôt en recourant aux services d'une société liée (taxe sur les profits détournés, alors baptisée « **taxe Google** »). Cette disposition a cependant été jugée contraire à la Constitution dans la mesure où l'imposition qu'elle prévoyait s'appliquait seulement dans le cadre d'une vérification de comptabilité et sur décision de l'administration d'opposer au contribuable la présomption ainsi établie par le législateur ; or ce dernier ne pouvait, sans méconnaître l'étendue de sa compétence, subordonner l'assujettissement à l'impôt à la décision de l'administration d'engager une procédure de contrôle (Cons. const. 29 décembre 2016 n° 2016-744 DC, Loi de finances pour 2017 : RJF 3/17 n° 252).

4610 Sous réserve des conventions fiscales, sont ainsi imposables en France les **entreprises étrangères** qui :
– exploitent un établissement en France ;
– ou, sans posséder d'établissement, utilisent en France le concours de représentants dépourvus de personnalité professionnelle distincte et qui agissent comme ses préposés ;
– ou, sans avoir ni représentant ni établissement en France, y réalisent cependant des opérations qui constituent un cycle commercial complet ;
– ou réalisent en France des revenus immobiliers ou des plus-values immobilières (n° 5524).

4615 En sens inverse, les **entreprises françaises échappent à l'impôt sur les sociétés** en France non seulement à raison des bénéfices réalisés dans un établissement à l'étranger mais aussi à raison de ceux réalisés hors de France :
– en l'absence d'établissement, avec le concours d'intermédiaires n'ayant pas de personnalité professionnelle propre (sauf, en principe, si les opérations sont organisées, contrôlées et gérées par le siège français) ;
– en l'absence d'établissement et de représentant, dans le cadre d'un cycle commercial complet détachable des autres opérations de l'entreprise.

A. Notion d'« établissement »

Principes

4750 Un établissement est, d'une manière générale, constitué par toute installation matérielle possédant une **certaine permanence**, apte à poursuivre certains buts économiques et siège d'opérations normalement génératrices de profit. Il se caractérise en principe par l'existence d'un organisme professionnel, unité de production ou d'échange formant un ensemble cohérent, doté d'une certaine permanence et qui possède une autonomie propre, au sein de l'entité juridique constituée par l'entreprise (un établissement, qui n'est pas doté de la personnalité morale, n'est qu'un démembrement de l'entreprise, à la différence d'une filiale ; n° 15010).

L'importance du critère de l'**autonomie de gestion** a été soulignée par le Conseil d'État à propos d'une société britannique qui était titulaire d'un bail de neuf ans portant sur un chalet situé en Haute-Savoie, où elle assurait l'ensemble des séminaires et stages qu'elle concevait et commercialisait au Royaume-Uni ; dans cette affaire, la cour administrative d'appel de Lyon avait commis une erreur de qualification juridique des faits en estimant que la société exploitait une entreprise en France au sens de l'article 209, I du CGI alors qu'elle avait elle-même relevé que tous les dirigeants de la société étaient résidents du Royaume-Uni, où étaient effectuées les démarches commerciales et les opérations relatives à la gestion de la société, que celle-ci ne disposait pas même d'un compte bancaire en France, que ses clients n'étaient pas domiciliés en France, qu'elle ne disposait pas de véhicules immatriculés en France et que l'établissement français ne disposait d'aucune autonomie de gestion (CE 18 octobre 2018 n° 405468, 10e et 9e ch., Sté Aravis Business Retreats Limited : RJF 1/19 n° 19). Cette décision montre que les concepts de droit interne et de droit conventionnel ne se recouvrent pas totalement, car la société était tout de même imposable en France en tant qu'elle y avait un établissement stable (voir également nos 17200 et 17815).

Ces notions sont parfois difficiles à cerner, car elles sont relativement imprécises ; **l'autonomie** d'un établissement se traduit normalement par l'existence d'un personnel distinct ou d'un préposé spécialement délégué, de services commerciaux, financiers ou techniques propres, d'une comptabilité distincte de celle du siège (même si le siège assure des opérations de centralisation comptable), ou, plus généralement d'un centre de décision. Ces éléments reposent entièrement sur l'analyse des circonstances de fait.

Précisions **a.** N'exploite pas une entreprise en France une société britannique qui se contente de mettre à disposition de professionnels un ensemble immobilier situé à Chantilly utilisé pour l'**entraînement de chevaux de course**, qui ne dispose d'aucun personnel sur place, à l'exception d'un gardien, et qui n'exerce qu'une activité immobilière passive dans des locaux dépourvus des équipements nécessaires à l'entraînement des chevaux (CE 31 juillet 2009 n° 296471, 3e et 8e s.-s., Sté Overseas Thoroughbred Racing Stud Farms Limited : RJF 11/09 n° 979 ; voir n° 67292).

b. Dispose en France d'un **établissement autonome** une société de l'île de Man qui exerce une activité de prestation de services consistant à assurer la maintenance et les réparations de matériel frigorifique, dont les clients et les fournisseurs sont des entreprises françaises, dont les interventions sont assurées par une personne physique domiciliée en France et qui n'existe tant sur le plan technique qu'administratif que par la présence en France de cette dernière (CAA Lyon 8 janvier 2019 n° 16LY01593, 2e ch., Viscogliosi, arrêt définitif jugeant également que la convention fiscale franco-britannique du 22 mai 1968 n'est pas applicable à l'**île de Man** ; voir n° 10210).

Exemples

On peut a priori considérer comme des établissements les **installations suivantes** : **4760**
- siège de direction d'une entreprise ;
- usine ou atelier de fabrication ;
- bureau, comptoir d'achat ou de vente ;
- succursale, magasin, agence ;
- mine, carrière, lieux d'extraction de ressources naturelles ;
- chantier nécessitant des travaux importants, continus, de longue durée, ainsi que la prise de décisions techniques par les responsables locaux.

Cette notion se rapproche de celle d'établissement stable utilisée par les conventions fiscales. Elle n'est cependant pas exactement la même (nos 16600 s.).

B. Notion de « représentant »

Agent dépendant

En l'absence d'établissement, l'exercice habituel d'une activité peut être caractérisé par **4780**
l'existence d'un représentant qui n'est pas doté d'une personnalité professionnelle indépendante de celle de l'entreprise qui utilise ses services. Il s'agit de tous les cas où le

représentant peut être considéré comme le **véritable préposé** de l'entreprise et où l'on peut estimer que c'est bien l'entreprise elle-même qui exerce l'activité en cause, directement et personnellement. Encore faut-il, à notre avis, que le préposé ait certains **pouvoirs** (nos 5070 et 5380).

Agent indépendant

4785 Lorsque le représentant a une personnalité professionnelle indépendante, l'entreprise qui utilise ses services ne saurait être considérée comme exerçant elle-même l'activité. Tel serait le cas, par exemple, de **commissionnaires**, **courtiers** et, plus généralement, de tous intermédiaires de cette nature jouissant d'un statut indépendant. On se trouve alors en présence de deux « entreprises » :
– celle qui utilise les services du représentant, qui n'est taxable que dans l'État de sa résidence ;
– le représentant lui-même, qui est personnellement imposable (en principe) sur les profits qu'il réalise dans le cadre de son activité professionnelle.

Précisions L'indépendance s'apprécie en droit et en fait (no 17678).

C. Notion de « cycle commercial complet »

4795 Il s'agit là d'une notion particulière au droit fiscal français et que l'on ne retrouve pas dans le droit des autres pays développés ni dans les conventions fiscales.

Traditionnellement, l'exercice habituel d'une activité peut résulter d'un cycle commercial complet d'opérations, alors même que l'entreprise n'aurait ni établissement ni représentant dans le pays concerné.

Cette notion recouvre en principe une série d'opérations commerciales, artisanales ou industrielles dirigées vers un but déterminé et dont **l'ensemble forme un tout cohérent** (BOI-IS-CHAMP-60-10-10 no 210). L'exemple classique est celui de l'achat de marchandises suivi de leur revente ; mais il peut s'agir également d'un cycle complet concernant des opérations d'extraction, de transformation, de lotissement de terrain, de prestations de services, d'opérations financières, dès lors qu'elles correspondent à l'exercice habituel d'une activité distincte.

Cela dit, la jurisprudence et la doctrine administrative exigent que, pour former un cycle commercial complet, les opérations soient **détachables**, par leur nature ou leur mode d'exécution, des autres opérations réalisées par l'entreprise (nos 5100 et 5400).

D. Cas des expositions internationales

4810 L'administration admet qu'aucune imposition ne soit établie à la charge des participants étrangers aux foires et expositions **de courte durée**, comme la foire de Paris (BOI-IS-CHAMP-60-10-10 no 350). Symétriquement, les entreprises françaises qui participent à des foires ou expositions à l'étranger restent imposables en France, le cas échéant.

Les entreprises étrangères qui participent à des expositions internationales et qui agissent simplement en qualité d'exposant sont exonérées de l'impôt français sur les sociétés, même si elles procèdent à la clôture de l'exposition à la vente de leurs modèles ou échantillons défraîchis, encombrants ou onéreux à emporter (BOI préc. ; solution applicable en sens inverse pour les entreprises françaises agissant à l'étranger).

Les indications qui précèdent ne valent, bien entendu, qu'**en l'absence de succursale** dans le pays considéré. S'il existe une succursale, l'ensemble de ses résultats doivent être soumis à l'impôt (ou exonérés en France si celle-ci est à l'étranger) y compris pour la part des profits réalisés à la suite de commandes prises ou d'ordres reçus dans le stand d'exposant.

E. Cas des entreprises de navigation maritime ou aérienne

Principes

Les entreprises de navigation maritime ou aérienne obéissent aux **règles générales** indiquées ci-dessus. En particulier, la présence en France ou hors de France d'un établissement s'apprécie en fonction des mêmes critères. L'agence ou la succursale possédée dans un port français par une compagnie de navigation maritime étrangère constitue, par exemple, un **établissement en France** lorsqu'elle est dirigée par un directeur et se livre à des opérations commerciales pour le compte de la compagnie comme la délivrance de billets, la réception d'ordres de transmission et l'encaissement de sommes dues (CE 4 juillet 1924 n° 81282 : RO, 4918). Mais un navire n'est pas en soi un établissement, sauf, éventuellement, si une clientèle spéciale lui est rattachable en raison de son affectation à une ligne exclusive. En principe, il ne s'agit que d'un élément d'exploitation. **4830**

Dérogations apportées par les conventions fiscales internationales

Les bénéfices réalisés par les compagnies de transport international maritime ou aérien sont très souvent imposables exclusivement dans l'État du **siège de direction effective** de l'entreprise, en vertu des conventions fiscales ou d'accords particuliers (n° 19305). **4840**

Cette possibilité est expressément prévue par la loi puisque l'article 246 du CGI dispose que les bénéfices réalisés par les entreprises de navigation maritime ou aérienne établies à l'étranger et provenant de l'exploitation de navires ou d'aéronefs étrangers sont exonérés d'impôts à condition qu'une **exemption réciproque** et équivalente soit accordée aux entreprises françaises de même nature. Cette réciprocité, cependant, ne peut résulter des faits ; elle doit être constatée par un accord diplomatique et faire l'objet d'un décret contresigné par le ministre de l'Économie et des Finances soumis à la ratification législative (formule juridique aujourd'hui curieuse qui résulte d'une loi du 29 avril 1926). L'exigence d'un accord diplomatique explique que l'exonération réciproque ne soit en principe pas possible avec certains pays, pour des raisons de politique étrangère.

Précisions **a.** Pour un exemple jurisprudentiel, voir CE 5 juillet 1999 n° 171211, min. c/ Naulot : RJF 8-9/99, n° 1044, dans le cadre de l'application à **Mayotte** de l'ancienne convention fiscale franco-comorienne (Mayotte n'était pas alors un département).

b. Pour des exemples d'accords spéciaux, voir celui du 26 mars 2009 entre la France et l'**île de Man** visant à éviter la double imposition des entreprises exploitant des navires et aéronefs en trafic international, et, dans le cadre **franco-danois**, l'échange de notes du 28 janvier 1930 (BOI-ANNX-000297).

F. Cas des entreprises exploitant certains satellites

Pour les exercices clos depuis le 31 décembre 2018, les bénéfices provenant de l'exploitation de **satellites de communication** localisés sur des positions orbitales géostationnaires qui ne sont pas la propriété de ces entreprises ne sont pas considérés comme des bénéfices réalisés dans des entreprises exploitées en France (CGI art. 247, issu de l'article 63 de la loi n° 2018-1317 du 28 décembre 2018 de finances pour 2019). **4845**

Ces bénéfices sont donc **exonérés** d'impôt sur les sociétés, sauf, le cas échéant, pour la fraction qui serait considérée comme excédentaire au regard de la législation relative aux prix de transferts (la loi précise, en effet, que les bénéfices en cause doivent être déterminés dans les conditions fixées à l'article 57 du CGI ; n°s 76340 s).

Cette exonération résulte d'un amendement parlementaire déposé à l'Assemblée nationale lors des discussions budgétaires de la fin de l'année 2018, destiné à « préciser les règles applicables en matière de territorialité de l'impôt sur les sociétés applicables aux entreprises exploitant des satellites de communication » (amendements n° I-CF876 et I-2510) ; on voit cependant mal la logique de fond qui a présidé à l'adoption de ce texte, si ce n'est celle d'accorder une exonération particulière, et on ne comprend pas non plus très bien le sens de la condition tenant à la propriété des satellites et de celle réservant l'exonération aux bénéfices tirés des satellites de communication et non pas des satellites dédiés à d'autres activités (photographiques, par exemple).

À propos d'exercices antérieurs à cette modification législative, il a été jugé qu'une société qui exploite des satellites localisés dans l'espace sur l'arc géostationnaire ne peut être regardée comme **exploitant des établissements autonomes hors de France** et qu'à supposer que l'activité de transmission-émission des satellites soit constitutive d'un cycle commercial complet, une telle activité n'est pas détachable de l'activité exercée en France, où est effectuée l'intégralité des tâches de direction et de gestion correspondantes (TA Montreuil 12 mars 2019 n° 1707963, 1e ch., Stés Eutelsat communications et Eutelsat SA : RJF 8-9/19 n° 756). Ce jugement a fait l'objet d'un appel mais la société s'est ensuite désistée selon ce qu'indique CAA Versailles Ord. 12 septembre 2019 n° 19VE01754, Sté Eutelsat Communications.

SECTION 2

Situation des entreprises ayant leur siège en France et une activité à l'étranger

Définition du siège

4900 Le siège dont il s'agit est, en principe, le **siège social** de la société, tel qu'il est fixé par les statuts ; toutefois, si le siège social est fictif, il y a lieu de retenir le siège **réel**, qui est défini comme le lieu où sont, en fait, principalement concentrés les organes de direction, d'administration et de contrôle de la société (BOI-IS-CHAMP-60-10-20 n° 1). Cette notion de siège « réel » est identique à celle du **siège de direction effective** visé dans les conventions fiscales (n° 41450). Elle recouvre aussi les critères du droit des sociétés pour la détermination de la nationalité des sociétés (siège social « réel et sérieux »).

Principe directeur

4910 L'application de l'article 209, I du CGI aux entreprises ayant leur siège en France (ou encore « résidentes » de France) conduit à l'exonération en France des profits qui proviennent d'un établissement situé hors de France ou de l'activité d'un agent dépendant hors de France, dans certains cas, ou encore de la réalisation hors de France d'un cycle commercial complet et détachable des autres opérations de l'entreprise.

A. Établissement hors de France

5050 Les bénéfices provenant d'opérations effectuées par des entreprises françaises dans les établissements qu'elles possèdent à l'étranger ne sont pas imposables en France ; corrélativement, les charges ou les pertes afférentes à ces opérations ne sont pas déductibles en France (BOI-IS-CHAMP-60-10-20 n° 70 ; n° 5900).

Exemples

5060 La question de savoir si une entreprise française dispose d'un établissement à l'étranger (au sens indiqué n° 4750) n'est pas source de grandes difficultés pratiques. Parmi les exemples tirés notamment de la jurisprudence, on relève qu'ont été considérées comme exploitant des entreprises hors de France :
– une société française ayant dans un pays étranger un représentant rémunéré à la commission qui occupait un local loué à son nom mais **portant l'enseigne de la société** et qui avait qualité pour traiter avec la clientèle et établir les factures au nom de la société, étant pour cela assisté par un employé de la société (BOI-IS-CHAMP-60-10-10 n° 140) ;
– une société française de travaux publics ayant un **chantier à Monaco**, en raison de la durée (plusieurs années), de la continuité et de l'importance des travaux, alors même que

certaines tâches de direction, de gestion et d'approvisionnement étaient exercées en France ; par suite, les déficits n'étaient pas imputables en France (CE 18 février 1987 n° 44545 : RJF 4/87 n° 383, et précédemment CE 29 mars 1978 n° 4883, 7e et 8e s.-s. : RJF 5/78 n° 230 ; BOI-IS-CHAMP-60-10-10 n° 150) ; cette décision n'est pas transposable aux marchés de fournitures (n° 5107) ;
– une société française qui avait exécuté dans un pays étranger des opérations de forage exigeant la prise de décisions techniques par des responsables se trouvant sur le chantier, compte tenu en particulier de la **continuité**, de **l'importance** et de **l'autonomie technique** des opérations réalisées sur place, alors même que des tâches de gestion et de direction étaient exécutées en France (CE 29 juin 1981 n° 16095 : RJF 10/81 n° 857 ; BOI-IS-CHAMP-60-10-20 n° 100) ;
– une société française qui avait pris en location un **bureau au Vietnam**, doté d'installations, et dirigé par un directeur disposant de pouvoirs de négociation commerciale et assisté de deux salariés, par l'intermédiaire duquel elle menait sur place des **projets immobiliers**, même en l'absence de recettes au cours des années en cause (CAA Versailles 21 décembre 2004 n° 02-3541, 3e ch., Sté Gimn : RJF 4/05 n° 303, arrêt définitif ; voir aussi n° 17548).

B. Représentant hors de France

Une entreprise dont le siège est situé en France est réputée exercer personnellement une activité à l'étranger lorsqu'elle agit par l'intermédiaire de **préposés** (BOI-IS-CHAMP-60-10-20 n° 110 ; n° 4780). La question pratique, parfois délicate à trancher dans ces situations, est celle de l'indépendance ou de **l'autonomie** du préposé. En effet, un représentant ne constitue une « entreprise exploitée hors de France » que s'il a une autonomie suffisante, faute de quoi son activité ne peut être considérée comme distincte de celle que l'entreprise française exerce en France. **5070**

Une société immobilière qui charge un **représentant** qualifié à l'étranger de **céder** un **immeuble ne peut** être **imposée** en France sur ce gain lorsque cet agent a été effectivement chargé par elle de gérer ses immeubles et, le moment venu, d'en opérer l'aliénation devant notaire (CE 5 juin 1937 n° 42274, RO p. 351 ; BOI-IS-CHAMP-60-10-20 n° 110). Dans ce cas, bien entendu, il y a également lieu de réintégrer une quote-part des frais généraux d'administration. Mais le profit serait imposable en France si les opérations effectuées à l'étranger pouvaient être regardées comme **non détachables** de l'activité française et ne constituaient pas l'exercice habituel d'une activité hors de France, par exemple si elles étaient organisées, contrôlées et gérées par le siège de l'entreprise. **5072**

Il résulte d'une vieille décision du Conseil d'État que lorsqu'une entreprise vend à l'étranger, par l'intermédiaire d'une **« maison de commission »** ayant une personnalité indépendante, les produits qu'elle fabrique, cette entreprise doit être regardée comme exploitant une seule entreprise située en France ; elle est donc imposable en France à raison de l'ensemble des bénéfices y afférents (CE 18 mars 1932 n° 16452, 21607 et 24688, RO 5797 ; BOI-IS-CHAMP-60-10-20 n° 130). **5074**

N'exploite qu'une entreprise en France une société qui réalise à l'étranger des **opérations de courtage et d'assurance** sans y disposer d'aucun établissement, ces travaux étant effectués soit par correspondance depuis son bureau français, soit par l'intermédiaire de sous-courtiers indépendants installés à l'étranger ; de telles opérations doivent être regardées comme se rattachant à l'activité exercée en France (CE 18 juin 1969 n° 68042, Dupont 10/69 p. 318 ; BOI-IS-CHAMP-60-10-20 n° 130). **5078**

C. Cycle commercial complet et détachable hors de France

Principes

Une entreprise française est susceptible d'échapper à l'impôt français même en l'absence d'établissement ou de représentant hors de France lorsqu'elle effectue à l'étranger des opérations qui forment un **cycle commercial complet** et qui se détachent par leur nature ou leur mode d'exécution des opérations faites en France (BOI-IS-CHAMP-60-10-20 n° 140). Le caractère **« détachable »** des opérations est évidemment délicat à apprécier ; il convient **5100** pour cela de procéder à une analyse objective des conditions matérielles de réalisation des opérations.

Si les opérations réalisées à l'étranger dans le cadre d'un cycle commercial complet ne sont pas détachables de celles qui sont effectuées en France, ni par leur nature, ni par leur mode d'exécution, elles sont imposables en France (BOI-IS-CHAMP-60-10-20 nº 180).

Des opérations commerciales réalisées matériellement à l'étranger mais **décidées, traitées et contrôlées directement en France** ne peuvent pas, en principe, être détachées de celles qui sont effectuées en France.

Exemples

5102 La jurisprudence éclaire les principes de la façon suivante :

a. Les bénéfices résultant d'opérations d'importation en Algérie de blé américain réalisées par une société française d'import-export dans le cadre d'une association en participation avec une société étrangère provenaient d'une entreprise exploitée en France dès lors que les opérations avaient été **autorisées** par l'Office français des céréales, à la suite de démarches faites en France, et avaient bénéficié de **subventions** encaissées en France (CE 3 mars 1976 nº 98680, 7e et 9e s.-s. : RJF 5/76 nº 222 ; BOI-IS-CHAMP-60-10-20 nº 210). En l'espèce, on pouvait considérer qu'il y avait bien un cycle d'achat/vente à l'étranger ; mais il n'était pas détachable de l'activité française compte tenu des démarches importantes faites en France.

b. Exploitaient des entreprises en France des sociétés françaises qui achetaient des vins en Afrique du Nord pour les revendre en Afrique noire, opérations matériellement exécutées hors de France, dès lors que toutes les **décisions** relatives à ces opérations étaient **prises en France** où les sociétés avaient leur siège et leur seul établissement, et que tous les mouvements financiers correspondant à ces transactions étaient décidés et réalisés à partir des sièges sociaux (CE 14 mars 1979 nº 7098, 8e et 9e s.-s. : RJF 5/79 nº 282 ; BOI-IS-CHAMP-60-10-20 nº 220). Ce genre de solution est d'ailleurs logique, faute de quoi on ne voit guère quel État serait en droit de taxer les profits résultant de ces opérations qui ne nécessitent aucun établissement dans les pays destinataires.

c. Un arrêt de la cour administrative d'appel de Paris du 26 mai 1992 montre que la notion de cycle commercial complet peut être interprétée de façon extensive selon les circonstances et qu'elle sert parfois de catégorie « balai » justifiant l'imposition ou l'exonération. Il s'agissait d'une société de Wallis-et-Futuna qui n'avait comme seule activité que celle consistant à louer un navire restant à quai dans le port de Papeete pour y servir au stockage des produits pétroliers. En principe, la cour aurait dû appliquer la jurisprudence du Conseil d'État selon laquelle un cycle complet d'opérations est accompli dans un pays donné, s'agissant de prestations de services, lorsque le service y est rendu à un client qui s'y trouve et que le prix du service y est payé (CE 8 mai 1967 nº 62113 : Dupont 9/67 page 377). Au cas particulier, le contrat n'avait pas été conclu en Polynésie, le prix de la location n'y était pas payé, et la société n'y avait ni établissement ni attache officielle. Mais il semble que la Cour ait estimé que le cas était à la limite de l'abus de droit s'agissant d'une société coquille dont la seule activité était de **louer ce navire en charte-partie** (location coque nue). Elle a donc considéré que cette activité était constitutive d'un cycle commercial complet, d'où l'imposition en Polynésie (CAA Paris 26 mai 1992 nº 1404, 3e ch., Compagnie Maritime Wallisienne : RJF 7/92 nº 961 ; arrêt définitif). Voir, en sens inverse, la position différente du Conseil d'État au cas d'une société française qui donnait en location au Japon des équipements industriels (CE 5 février 1945 nº 68348, 72132 et 73510, RO p. 223).

5107 La portée de la notion de cycle commercial complet à l'étranger a été précisée par une décision du Conseil d'État concernant une société dont l'activité était le négoce de marbre (CE 4 juillet 1997 nº 146930, 9e et 8e s.-s., SA Marbrek : RJF 8-9/97 nº 770).

Il s'agissait d'une société qui livrait en Arabie saoudite des produits finis de marbre achetés par elle en dehors de France ; les opérations commerciales n'étaient pas matériellement exécutées en France, mais l'intégralité des tâches de gestion et de direction y était effectuée, et la décision de **répondre aux appels d'offres** lancés par la société saoudienne avait été prise au siège français à partir duquel était assuré le **suivi administratif et financier** du marché en liaison avec le mandataire du client à Paris. Les opérations n'exigeaient par ailleurs que l'envoi d'un petit nombre d'employés en Arabie saoudite. Dans ces conditions, en l'absence de convention fiscale (à l'époque), la Cour a conclu que les opérations en cause ne pouvaient pas être regardées comme détachables de l'activité de négoce de la société française, et constitutives d'un cycle commercial complet à l'étranger. Elles étaient par suite imposables en France.

Le Conseil d'État, saisi en cassation, a confirmé la solution en relevant que si les opérations commerciales étaient matériellement exécutées à l'étranger, l'intégralité des **tâches de direction et de gestion** y afférentes étaient réalisées en France. Le commissaire du Gouvernement Guillaume Goulard avait rappelé, à cette occasion, la logique de la jurisprudence, selon laquelle les bénéfices retirés d'opérations effectuées avec l'étranger sont soumis à l'impôt français si ces opérations, par leur nature ou leur mode d'exécution, ne se détachent pas des autres opérations de l'entreprise et ne constituent pas l'exercice habituel à l'étranger d'une activité distincte. Si le cycle commercial n'est pas entièrement accompli à l'étranger, c'est que les opérations internationales ne se distinguent pas entièrement de l'activité exercée en France et qu'il ne s'agit donc pas d'une entreprise distincte (conclusions au BDCF 4/97 n° 71).

Précisions Les décisions du Conseil d'État traduisant un assouplissement de la jurisprudence s'agissant d'entreprises qui réalisent des chantiers à l'étranger, dont on admet qu'ils constituent des entreprises exploitées hors de France, même si les tâches de gestion et de direction sont effectuées en France (n° 5160), ne sont pas transposables à tous les cas et ne concernent pas, en particulier, les **marchés de fournitures**.

Une société française qui exploitait un **bateau de pêche** qui naviguait peu en France et qui était largement préparé en Espagne pour des campagnes de pêche en mer d'Irlande, n'exploitait pas une entreprise en Espagne, en l'absence d'installations et de représentant dans ce pays, dans la mesure où les opérations qu'elle y réalisait ne révélaient pas un cycle complet de production sur place (CAA Bordeaux 23 octobre 2006 n° 03-1041, 5e ch., SA Armement Malpica : RJF 4/07 n° 399 ; arrêt définitif). **5109**

Était également imposable en France une société française qui, alors qu'elle avait principalement pour activité la réalisation de travaux de maintenance sous-marine et offshore et d'approvisionnements pétroliers maritimes réalisés en Angola à raison desquels elle était exonérée d'impôt sur les sociétés en France, effectuait également, **à titre accessoire, des ventes** pour différents clients également établis en Angola ; en effet, cette dernière activité, gérée et dirigée entièrement en France, était réalisée dans le cadre d'un **cycle commercial complet d'opérations distinctes** de celles qu'elle réalisait dans le cadre de ses travaux d'approvisionnement pétroliers maritimes, à supposer même que les relations commerciales tissées avec ses clients étrangers l'auraient été grâce à son activité pétrolière déployée en Angola (CAA Nancy 15 mars 2012 n° 10NC01847, 2e ch., Sté Stapem Offshore ; arrêt définitif, la société ayant formé un pourvoi et s'étant ensuite désistée).

Ne constitue pas un cycle commercial complet en Polynésie le fait pour une société française **d'acheter des équipements sur place et de les louer sur place**, dans la mesure où les circonstances montrent qu'en réalité la société s'est bornée à une simple opération de placement de fonds propres et n'a réalisé aucun cycle commercial complet à l'étranger (alors même que ces opérations étaient, selon la Cour, détachables de ses activités françaises) ; les résultats de cette opération étaient donc imposables en France et les dotations aux amortissements des matériels y étaient déductibles en dépit des prétentions contraires de l'administration (CAA Nantes 18 février 2008 n° 07-89, 1e ch., SAS Ifs Distribution : RJF 8-9/08 n° 952 ; arrêt définitif). **5110**

Une société française n'était pas en droit de déduire de son résultat sa quote-part des **pertes d'une société civile immobilière** dont l'objet était la réalisation à Monaco d'opérations immobilières ayant reçu un commencement d'exécution (CE 27 juin 2008 n° 282910, 8e et 3e s.-s., Sté Progemo : RJF 11/08 n° 1166, aux conclusions Laurent Olléon au BDCF 11/08 n° 128) ; il s'agissait d'une SCI de droit monégasque dont le siège de direction était situé à Paris et qui avait commencé à déployer son activité hors de France en procédant à l'achat de biens à Monaco destinés à la réalisation d'un programme immobilier pour lequel un permis de construire avait été obtenu suivi de la revente en l'état des biens acquis ; même si le programme n'avait pas pu être mené à son terme, les pertes ainsi constatées ne pouvaient être déductibles en France. **5111**

5113 Une société française qui met à la disposition de filiales étrangères des personnels qui n'ont pas de pouvoir de direction et qui fournissent une **assistance technique et administrative** ne réalise pas un cycle commercial complet hors de France ; en effet, ces prestations, qui n'exigent aucun établissement stable dans les États concernés, ne se détachent pas, par leur nature ou leur mode d'exécution, de ses autres opérations (CAA Versailles 18 novembre 2014 n° 11VE02931, 3e ch., Sté France Télécom : RJF 3/15 n° 176 ; arrêt définitif). En l'espèce, la Cour a notamment relevé que la société française ne développait elle-même aucune activité d'installation propre dans les États concernés et que les personnels mis à disposition concouraient uniquement à l'activité des filiales ; les décisions relatives aux opérations, notamment le recrutement et la mise à disposition du personnel, étaient prises en France et tous les mouvements financiers correspondants étaient décidés ou réalisés à partir du siège français. Ces prestations étaient donc imposables en France. Voir également n° 17615.

D. Cas des livraisons d'usines « clés en main »

Principes jurisprudentiels

5160 Dans le cas des livraisons d'usines « clés en main », le Conseil d'État, depuis une importante décision de section (CE 23 juin 1978 n° 99444, Sect. : RJF 9/78 n° 343 ; BOI-IS-CHAMP-60-10-20 n° 170), s'intéresse non pas à la présence d'un cycle commercial complet et détachable, mais simplement au **lieu de réalisation des différentes prestations**.

Il a ainsi jugé que doit « être regardé comme constituant une activité exercée à l'étranger, l'ensemble des opérations effectivement réalisées dans le pays d'implantation de l'usine, telles que des travaux de construction de bâtiments et de montage des machines, ainsi que la formation dans le pays étranger des personnels chargés du fonctionnement de l'usine ». Les résultats de cette **activité exercée à l'étranger** échappent alors à l'impôt sur les sociétés (en l'espèce, le Conseil d'État a ordonné un supplément d'instruction, afin d'en déterminer le montant).

Si l'on prend cette décision a contrario, avec les précautions d'usage, on en déduit que des opérations comme les études préparatoires, la fabrication ou l'achat des matériels exportés et la constitution de la documentation technique, par exemple, doivent être considérées comme **effectuées en France** et, par suite, imposables dans notre pays.

Depuis lors, cette solution a été confirmée à deux reprises, avec des précisions supplémentaires, à l'occasion de décisions rendues par le Conseil d'État en 1989 et en 1991.

5162 En 1989, le Conseil d'État a rappelé, à titre de principe, qu'en l'absence de convention fiscale, doivent être soumis à l'impôt sur les sociétés les bénéfices provenant d'opérations qui sont réalisées en France, à l'exclusion de celles comportant l'exécution des **prestations dans le pays étranger** (CE 17 mai 1989 n° 34380, 9e et 8e s.-s., Procofrance : RJF 7/89 n° 815, aux conclusions Monique Liebert-Champagne ; BOI-IS-CHAMP-60-10-20 n° 170). En l'espèce, il juge que constituaient une activité à l'étranger (Thaïlande, avant l'entrée en vigueur de la convention fiscale) les **opérations suivantes** :

- passation et suivi des contrats avec la filiale locale chargée de la direction du projet, et les autorités locales,
- mise en place de l'infrastructure du chantier,
- études d'ingénierie complémentaires exigées sur le site par des modifications au contrat initial et ne s'intégrant pas aux études préliminaires de conception,
- modifications des installations en résultant ou décidées à la suite des défaillances du matériel,
- supervision et contrôle du déroulement des opérations de construction,
- opérations de mise en service,
- essais de performances,
- maintien sur place d'une équipe réduite pendant la période de garantie,
- étude et négociation du financement de l'ensemble du marché,
- opérations relatives à l'exportation des matériels nécessaires.

Pour déterminer la part des bénéfices applicables à ces opérations, le Conseil d'État a admis une répartition des bénéfices totaux en proportion des coûts par nature de dépenses (en l'espèce, il a approuvé la répartition spontanément effectuée par l'entreprise sur la base de **65 % en France** et **35 % localement**).

Précisions **a.** En ce qui concerne les opérations de **financement** et celles relatives aux **exportations**, le ministre n'avait pas contesté qu'elles aient été effectuées localement, et qu'elles aient nécessité la présence des personnels sur place.

b. Pour fonder l'imposition de l'intégralité des bénéfices en France, le ministre affirmait que les **décisions** étaient prises au siège, argument que le juge a implicitement rejeté ; selon le commissaire du Gouvernement, l'argumentation du ministre revenait à dire que l'on n'était pas en présence d'un cycle complet d'opérations en Thaïlande, faisant ainsi référence à une jurisprudence qui ne s'applique pas dans ces situations.

La jurisprudence du Conseil d'État a été précisée par une décision du 11 juillet 1991 (CE 11 juillet 1991 n° 57391, 7e et 9e s.-s., Société Française des Techniques Lummus : RJF 10/91 n° 1208 ; BOI-IS-CHAMP-60-10-20 n° 170). Il résulte des conclusions du commissaire du Gouvernement Olivier Fouquet que la **répartition proposée par les experts**, adoptée par le tribunal administratif et approuvée par le Conseil d'État, était la suivante : **5163**
– opérations **exécutées en France** : travaux d'ingénierie faits en France, ainsi que les études accessoires réalisées sur le site ;
– opérations **exécutées à l'étranger** : études réalisées sur place d'équipements supplémentaires non prévues aux contrats initiaux, préparation des opérations matérielles de construction (études préalables pour le transport, le stockage et le dédouanement des matériels importés, mise en place des équipements du chantier, réception du matériel, relations avec les fournisseurs), direction des opérations de construction et de montage exécutées par les sociétés étrangères auxquelles la société accordait une assistance technique (passation des marchés avec ses propres sous-traitants, planification et contrôle des opérations de construction, encadrement du personnel), mise en route, essais et assistance technique pendant la période de prédémarrage afin de garantir les performances.

Précisions Dans cette affaire, le Conseil d'État a approuvé le principe de la détermination forfaitaire des **clés de répartition** des valeurs entre la France et l'étranger dans la mesure où celles-ci représentaient une analyse tout de même précise et individualisée des différentes composantes des marchés concernés.

Incidence en France d'un redressement fiscal étranger

À propos de l'imposition des contrats clés en main, comme d'ailleurs dans certaines autres circonstances, la question se pose des conséquences en France d'un éventuel redressement fiscal effectué à l'étranger et, plus précisément, celle de savoir si un impôt acquitté à l'étranger à la suite d'une vérification dans l'État concerné peut être déductible des bases de l'impôt français. **5180**

Telle était la situation d'une société française au titre d'un contrat exécuté en Libye et qui se rapprochait, d'une certaine façon, des contrats portant sur des usines clés en main (CAA Paris 21 novembre 1991 n° 89-2415 : Droit fiscal 1992 n° 51, comm. n° 2400 ; arrêt définitif). La société avait déduit des bases de l'impôt français un **redressement effectué en Libye** à la suite d'un contrôle exercé dans ce pays au cours des exercices 1976 à 1979 (la Libye n'était pas, à l'époque, liée à la France par une convention fiscale). La cour administrative d'appel de Paris a partagé le point de vue de l'administration selon lequel cet impôt supplémentaire n'était **pas déductible** en France, mais au moyen d'une motivation indiquant clairement que la question de fond n'avait pas pu être examinée. La Cour a en effet considéré, comme d'ailleurs l'administration, qu'aucun élément probant ne pouvait établir que le redressement opéré en Libye était effectivement afférent à des ventes de matériel déjà incluses dans le résultat imposable en France (la société s'était apparemment assez mal défendue sur ce point). En fait, si la société avait pu montrer que le redressement se rapportait en tout ou partie à une activité française dont le profit avait été imposé dans notre pays, une déduction partielle aurait vraisemblablement pu être admise (voir en ce sens n° 5815).

Concernant les **contrats clés en main**, une quote-part d'impôt étranger peut, à notre avis, être admise en déduction des bases de l'impôt français, dans la proportion sans doute des résultats français par rapport aux résultats totaux du contrat, si l'impôt étranger a porté sur la totalité des produits du contrat et non sur la seule part locale.

Sur ces questions, voir également nos 5815 et 72560.

E. Rattachement à la France de produits d'origine étrangère

5200 Les bénéfices imposables en France comprennent **également** ceux qui proviennent des éléments suivants, lorsqu'ils ne sont pas rattachables par nature à un établissement situé hors de France :
– **immeubles** situés hors de France ou droits correspondants, sauf dans l'hypothèse où les immeubles, en raison de leur mode de gestion, constituent une véritable entreprise indépendante (par exemple, en cas de gestion effective sur place par un représentant qualifié non indépendant) ; bien entendu, les revenus ne sont pas imposables en France lorsque les immeubles sont à l'actif du bilan d'un établissement étranger (BOI-IS-CHAMP-60-10-20 n°s 250 s.) ;
– **brevets**, licences d'exploitation, ou autres **droits incorporels** cédés ou concédés hors de France, moyennant le paiement de redevances : ces recettes constituent des revenus non détachables de l'activité française, sauf inscription des droits à l'actif d'un établissement étranger ; par exemple, lorsqu'une entreprise française concède à des sociétés étrangères, moyennant le paiement de redevances, le droit d'exploiter à l'étranger des brevets lui appartenant, ces redevances constituent pour elle des recettes qui ne sauraient être détachées de celles qu'elle retire de son activité française, sauf en cas d'inscription des droits générateurs des redevances à l'actif du bilan d'un établissement étranger, si cette inscription est justifiée par l'activité de l'établissement (BOI-IS-CHAMP-60-10-20 n° 230, citant une décision du Conseil d'État du 6 avril 1949 n° 95254, RO p. 166) ;
– **placements financiers** effectués hors de France, sauf en cas de lien étroit avec un établissement situé hors de France (inscription des titres à l'actif de cet établissement ; BOI-IS-CHAMP-60-10-20 n° 240).

Cas des provisions pour créances bloquées à l'étranger

5205 À l'égard des produits divers d'origine étrangère, la question se pose de savoir s'il est possible de constituer des provisions pour risque de non-transfert de créances bloquées à l'étranger.

La doctrine administrative indique que les créances étrangères qui font l'objet de mesures de blocage à l'étranger peuvent donner lieu à la constitution d'une « provision pour créances ou avoirs en devises bloquées à l'étranger », sous réserve qu'il soit justifié au préalable d'un blocage effectif de ces créances, susceptible d'en rendre le recouvrement douteux (BOI-BIC-PROV-40-20 n° 260).

De son côté, le Conseil d'État juge qu'une entreprise peut constituer des provisions pour faire face à la perte de sommes, payables en francs (euros) ou dans une autre monnaie convertible, dont le débiteur réside dans un pays qui soumet à contrôle les transferts de devises à destination de l'étranger, dès lors qu'elle **justifie avoir été empêchée**, du fait de décisions prises par les autorités de ce pays, de rapatrier en France, à la date de clôture de l'exercice, tout ou partie de ces sommes, et qu'elle n'a pas pris la décision de gestion, soit de les dépenser ou de les investir sur place à la même date, soit de réaliser une opération lui ayant permis d'en obtenir indirectement la disposition dans une monnaie convertible avant l'ouverture de l'exercice suivant (CE 6 décembre 1996 n° 149923, 8e et 9e s.-s., Sté L'Oréal : RJF 1/97 n° 9).

Ces provisions doivent être **rapportées** aux résultats de cet exercice ou des exercices ultérieurs au cours desquels le rapatriement, la dépense, l'investissement ou le résultat visé par cette opération aura été effectué ou obtenu.

Précisions **a.** Le Conseil d'État a écarté comme illégale la condition posée par l'administration dans une ancienne réponse Chamant du 13 octobre 1955 (JO Déb. AN p. 5068) qui exigeait de l'entreprise la démonstration de **l'impossibilité d'utiliser** les fonds sur place. Mais la provision sera refusée si l'administration prouve l'utilisation effective des fonds sur place et l'entreprise doit tout de même justifier que les fonds sont **bloqués à l'étranger** et qu'ils n'y restent pas en raison de son libre choix (voir conclusions Jacques Arrighi de Casanova, au BDCF 1/97 n° 8 et chronique Stéphane Austry à la RJF 2/97 p. 70).

b. Une société n'a pu constater une perte sur une créance sur une société brésilienne du groupe, correspondant à des prestations de services, en se bornant à faire valoir que la **réglementation brésilienne des changes** ne permet le paiement de prestations de services que si celles-ci emportent transfert de technologie et en n'établissant pas, par des documents bancaires ou administratifs, le blocage effectif des créances qu'elle détenait (CAA Paris 23 septembre 2010 n° 08PA05935, 5e ch., Sté Nestlé Entreprise ; arrêt définitif).

F. Cas particulier des entreprises n'ayant en France que leur siège social

Principes

Les entreprises qui exploitent **exclusivement des établissements situés à l'étranger** et n'ont en France que leur siège social ne sont pas, en règle générale, imposables en France (BOI-IS-CHAMP-60-10-20 n° 280). Mais cette règle n'est pas applicable lorsque les profits perçus par ces entreprises proviennent de l'exercice en France dans des conditions de droit commun d'activités ou de la réalisation d'opérations commerciales ou financières dont les produits seraient imposables en France. **5220**

Exemples

Lorsqu'une entreprise qui a son siège en France, mais pour objet l'exploitation de mines à l'étranger, effectue en France des opérations répétées d'achat et de vente de **valeurs mobilières**, elle doit être regardée comme exerçant en France une activité distincte, alors d'ailleurs que les profits obtenus, s'ils sont le produit de capitaux précédemment investis ou de bénéfices réalisés à l'étranger, ne sont pas destinés à faire face aux besoins de l'établissement exploité hors de France (CE 20 juin 1953 n° 77693 ; BOI-IS-CHAMP-60-10-20 n° 290). **5222**

Inversement, des profits de même nature ne seraient pas imposables en France si les opérations ne pouvaient être regardées comme caractérisant l'exercice en France d'une activité de **gestion de portefeuille distincte et détachable** de l'activité exercée à l'étranger. Tel serait le cas s'il y avait un lien étroit entre les opérations financières faites en France et l'activité déployée à l'étranger, par exemple dans le cas d'une société dont le portefeuille est uniquement composé de devises étrangères provenant du rapatriement au siège social français de revenus réalisés à l'étranger, de bons du Trésor réalisables à court terme et présentant ainsi le caractère d'un simple emploi de trésorerie et d'actions, d'ailleurs improductives de revenus, d'une société étrangère (CE 6 décembre 1957 n° 30650 ; BOI-IS-CHAMP-60-10-20 n° 300).

Enfin, une société qui avait en France son siège social dans des locaux qui ne correspondaient qu'à une simple **adresse de domiciliation**, dont les deux cogérants résidaient aux États-Unis, qui ne disposait d'aucun organe de direction en France ni d'une installation fixe à partir de laquelle aurait été exercée son activité et qui ne réalisait aucun cycle commercial complet en France, n'était pas une entreprise exploitée en France et a été à bon droit regardée par l'administration comme n'étant pas assujettie à l'impôt sur les sociétés en France (CAA Paris 31 mai 2017 n° 16PA03327, 2e ch., Sté Oberthur Technologies venant aux droits de la SARL CPMIX, arrêt définitif concernant une société française qui avait demandé la restitution du **crédit d'impôt recherche** et dont la demande avait été rejetée à juste titre).

SECTION 3

Situation des entreprises dont le siège est à l'étranger et qui ont une activité en France

Principes

D'une manière générale, la situation des entreprises étrangères au regard des règles de territorialité est la même que celle des entreprises françaises exerçant une activité à l'étranger mais vue en sens inverse. Les solutions appliquées aux unes et aux autres doivent en effet rester cohérentes. Sont donc imposables en France les entreprises non résidentes (ayant leur siège hors de France) qui réalisent en France des opérations constituant l'exercice habituel d'une activité, c'est-à-dire lorsque (conditions alternatives) : **5300**

– elles exploitent un **établissement** en France ;

– elles réalisent en France des opérations par l'intermédiaire de **représentants** n'ayant pas de personnalité professionnelle propre ;
– elles réalisent en France un **cycle commercial complet**.

Précisions **a.** Les entreprises étrangères qui exploitent **exclusivement des établissements situés en France** et ne possèdent à l'étranger que leur siège social sont passibles de l'impôt en France à raison de l'ensemble de leurs opérations (BOI-IS-CHAMP-60-10-30 n° 110) ; l'administration cite, à ce propos, une vieille décision du Conseil d'État rattachant aux résultats du ou des établissements français d'une entreprise étrangère dont toute l'activité commerciale se déroule en France les produits du portefeuille géré au lieu du siège social, dès lors que ce portefeuille peut être regardé comme faisant partie de l'actif de l'entreprise exploitée en France (CE 1er février 1937 n° 46710, RO, p. 63).

b. Une société étrangère disposant, au domicile français de son dirigeant, d'une représentation permanente pour les besoins de son activité commerciale (commercialisation de maisons à construire à l'étranger) doit s'immatriculer au **registre du commerce et des sociétés** (Cass. crim. 20 juin 2017 n° 14-85.879 FS-PB : RJDA 10/17 n° 631) ; dans le même sens, précédemment, une société étrangère qui avait ouvert en France un **bureau de liaison** devait s'immatriculer en France, dès lors que ce bureau était permanent et qu'il était appelé à lier des rapports juridiques avec des tiers, peu important qu'il n'ait eu qu'une activité préparatoire (CA Paris 30 novembre 2001 n° 01-16148). Il est à noter qu'un nouveau **registre national des entreprises** (RNE) a été créé par l'ordonnance n° 2021-1189 du 15 septembre 2021 et que les entreprises devront s'y immatriculer à compter du 1er janvier 2023. Ce registre se substituera notamment aux différents centres de formalités des entreprises et au registre national du commerce et des sociétés, centralisant le registre du commerce et des sociétés actuellement géré par l'Institut national de la propriété industrielle (Inpi). Le registre du commerce et des sociétés et le répertoire Sirene sont cependant maintenus.

Autres cas d'imposition

5305 Comme l'indique l'administration (BOI-IS-CHAMP-60-10-30 n° 20), les entreprises étrangères sont imposables en France notamment au titre des produits visés à l'**article 182 B** du CGI lorsque le débiteur exerce une activité en France (nos 3410 s.), ainsi que sur les revenus de **valeurs mobilières** et des autres capitaux mobiliers placés en France. Sur l'assujettissement éventuel à l'impôt sur les sociétés dans ces circonstances, voir n° 5512.

Compte tenu de l'article 22 de la loi n° 2009-1674 du 30 décembre 2009 de finances rectificative pour 2009, les entreprises étrangères sont par ailleurs imposables sur les revenus et plus-values relatifs à des **immeubles** situés en France (n° 5524).

A. Établissement en France

Principes

5350 Les bénéfices provenant d'opérations effectuées par des entreprises étrangères dans les établissements qu'elles possèdent en France sont imposables en France (n° 4750). Cette règle n'appelle pas de commentaires particuliers, sauf en ce qui concerne les bureaux d'achat.

Précisions **a.** Exploite une entreprise en France une entreprise étrangère qui, outre son activité de transport aérien international, exerce en France une activité de maintenance d'avions et de formation de pilotes à partir d'une **installation permanente** dotée d'un **personnel propre** (CE 31 juillet 2009 n° 297933, 3e et 8e s.-s., min. c/ Sté Swiss International Air Lines AG : RJF 11/09 n° 980).

b. N'exploite pas une entreprise en France une société de Jersey qui exerce une activité d'intermédiaire pour des opérations de négoce international de denrées alimentaires et n'a aucune activité réelle à Jersey où se trouve son siège social, qui n'emploie en France **aucun personnel propre** et ne met à disposition de son dirigeant, qui réside également en Côte d'Ivoire, que des **équipements techniques très limités** destinés à lui permettre d'assurer, lors de ses brefs séjours dans sa résidence de vacances en France, le suivi des activités de la société (CE 14 octobre 2011 n° 325406, 3e s.-s., Sté West Africa Holding Ltd).

Cas des bureaux d'achat

5355 Il s'agit d'installations chargées uniquement d'acquérir des matières premières, produits semi-ouvrés ou finis, marchandises, matériel, outillage, approvisionnement quelconque. Les bureaux d'achat n'ont pas de fonction de transformation ; ils expédient directement les produits à l'entreprise dont ils font partie sans effectuer eux-mêmes aucune vente directe (BOI-IS-CHAMP-60-10-30 n° 70).

Une telle installation est considérée comme un **établissement imposable** en France à raison des bénéfices qui seraient réalisés si le bureau effectuait les mêmes opérations pour le compte de tiers, à condition, bien entendu, qu'elle ait un caractère d'**autonomie** suffisant, c'est-à-dire qu'elle ne soit pas un simple organe de transmission des ordres reçus (ordres d'achats et de livraisons consécutives). Il doit donc s'agir d'un véritable établissement d'achats, ce qui se déduit notamment de l'utilisation de locaux particuliers et de personnel employé, dirigé par un préposé disposant de certains pouvoirs pour commander et contrôler les achats.

Précisions Les **conventions fiscales** excluent généralement les bureaux d'achat de la catégorie des établissements stables (n° 17565).

Il a été jugé (en l'absence de convention fiscale) qu'une société étrangère ayant un bureau à Paris qui procède à l'achat en France de marchandises dont il négocie le prix réglé sur des disponibilités procurées par le siège social puis les livre dans le pays du siège doit être regardée comme exerçant habituellement une activité commerciale en France passible de l'impôt sur les sociétés, dès lors que l'activité de ce bureau d'achat excède celle d'un simple bureau transmetteur d'ordres et se caractérise par l'existence d'un **centre de décisions** pour le traitement des affaires commerciales de la société (CE 22 décembre 1982 n° 26338, 8e et 9e s.-s. : RJF 2/83 n° 185 ; BOI-IS-CHAMP-60-10-30 n° 90). **5360**

Précisions Le principe de l'imposition des **bureaux d'achat** est ancien ; en ce sens, par exemple, CE 14 février 1930 n° 12546 (RO 5419 ; BOI-IS-CHAMP-60-10-30 n° 80) jugeant que la revente de marchandises acquises en France, bien qu'ayant lieu hors de France, génère un profit imposable en France car le bénéfice en résultant est dû pour partie aux conditions d'achat. L'impôt réclamé au bureau d'achat doit donc être assis sur la base d'un **« bénéfice d'achat »** comparable à la commission que retiendrait un commissionnaire ou un courtier à l'achat.

Cas des bureaux d'étude

Des règles similaires sont normalement applicables aux bureaux d'études et aux bureaux chargés de fournir des renseignements à des personnes qui traitent ensuite directement avec le siège étranger. **5365**

Application des critères de permanence et d'autonomie

Une succursale, une agence ou un bureau de ventes en France doivent être considérés comme des établissements s'ils sont dotés de la permanence et de l'autonomie suffisantes ; par exemple, un **bureau de vente** habilité à conclure des contrats, même si les marchandises sont directement expédiées aux clients par le siège étranger, doit normalement être imposé en France sur la base d'un « bénéfice de vente ». **5370**

Mais il a été jugé qu'une succursale qui ne réalise en France aucune affaire et qui se borne à assurer un **travail de coordination** des activités du groupe, pour le compte de son siège étranger, n'est pas une entreprise « exploitée en France » (CAA Paris 22 janvier 1998 n° 94-1614, 2e ch., Sté Publicis FCB Europe : RJF 4/98 n° 382, arrêt définitif ; conclusions au BDCF 2/98). L'administration a admis cette solution, compte tenu des circonstances de l'espèce, dans la mesure où le litige était limité à la taxe sur certains frais généraux (BOI-IS-CHAMP-60-10-30 n° 100). Mais elle considère que sa décision de ne pas se pourvoir en cassation ne doit pas être interprétée comme une remise en cause des règles de territorialité, ni de la doctrine selon laquelle le **siège de direction régionale** ou **technique** d'une entreprise résidente d'un État lié à la France par une convention fiscale possède, lorsqu'il est installé en France, le caractère d'un établissement stable dont les bénéfices sont imposables à l'impôt sur les sociétés.

En ce sens, la cour administrative d'appel de Bordeaux a retenu le concept **« centre de décision »** pour le traitement des affaires commerciales à propos de l'établissement de Nîmes d'une société de Jersey (CAA Bordeaux 31 décembre 1993 n° 92-386, 1e ch. : Droit fiscal 1994, n° 16-17 ; arrêt définitif).

B. Représentant en France

Principes

Une entreprise non résidente (dont le siège est situé hors de France) qui réalise des opérations en France par l'intermédiaire d'un **représentant dépendant et autonome** est réputée exercer directement et personnellement une activité habituelle en France, même en l'absence d'établissement en France (BOI-IS-CHAMP-60-10-30 n° 120). Elle est donc passible de **5380** l'impôt sur les sociétés sur les revenus qu'elle tire de cette activité (en ce sens, CAA Versailles 1er mars 2011 n° 06VE02095, 1e ch., Sté Scimitar System, arrêt définitif jugeant que sont notamment assujetties à l'impôt sur les sociétés, compte tenu de l'article 209, I du CGI, les entreprises exerçant habituellement une activité commerciale en France par l'intermédiaire de représentants n'ayant pas de personnalité professionnelle indépendante ; voir aussi n° 5385).

Dans ce cas, il n'est pas besoin de déterminer si le représentant permanent en France peut être assimilé à un établissement ni si la société a effectué en France un cycle commercial complet d'opérations.

En revanche, une entreprise étrangère n'est pas imposée en France lorsqu'elle agit par l'intermédiaire d'un représentant indépendant (mais ce dernier est bien entendu personnellement imposable en France).

Exemples

5385 Est imposable en France une société des Bahamas dont l'objet est la recherche, la conception, l'entretien et la livraison d'équipements militaires et qui exerce en France une activité à titre habituel par l'intermédiaire d'un représentant domicilié en France, en l'espèce l'un de ses **directeurs** qui, sans disposer d'une personnalité professionnelle indépendante, en est le représentant permanent et a le **pouvoir de négocier** et de **souscrire les contrats** au nom de la société ainsi que d'en coordonner l'exécution jusqu'aux opérations de règlement (CAA Versailles 1er mars 2011 n° 06VE02095, 1e ch., Sté Scimitar System ; arrêt définitif). En l'espèce, la société n'établissait notamment pas que ses décisions étaient prises à l'étranger alors que le directeur était un scientifique de haut niveau dans le domaine de l'aéronautique et, par conséquent, techniquement qualifié pour négocier au nom de la société. En outre, des actes de soumission et des déclarations avaient été établis à Paris en vue de la conclusion de contrats et faisaient apparaître qu'il avait qualité pour engager la société. La Cour en a conclu que, sans qu'il y ait lieu de rechercher si cette représentation permanente pouvait également être assimilée à un établissement ou si la société avait effectué en France des opérations formant un cycle commercial complet, les produits de cette activité étaient imposables en France en application de l'article 209, I du CGI.

Autre exemple, une société panaméenne était imposable en France, dans la mesure où, si elle y exerçait son activité par l'intermédiaire d'un agent, dans le cadre d'un contrat de mandat, cet agent était en réalité, sous couvert de mandat, dans un **lien de subordination** avec la société panaméenne qui le rémunérait de façon forfaitaire et pour laquelle il travaillait concomitamment avec une activité identique, exercée également de manière exclusive, pour deux autres sociétés panaméennes ayant le même président (CAA Paris 2 mars 1995 n° 92-1307, 3e ch., Sté Prestige Corporation Inc. : Droit fiscal n° 28/95, comm. n° 1509 ; arrêt définitif).

Enfin, exploite une entreprise autonome en France une société chypriote qui, au cours des années 2009 à 2011, met à la disposition d'une société française, dans le cadre d'un chantier, une équipe de personnels du bâtiment dont la **gestion** et la **coordination** administrative et opérationnelle sont exclusivement assurées par des personnels dédiés, installés en France pendant la durée du chantier, le siège de la société situé à Chypre n'intervenant que pour réceptionner les documents contractuels et émettre la facturation des prestations (CE 5 juillet 2022 n° 458293, 8e et 3e ch., Sté Bouygues TP ; voir également n° 17720 g).

Précisions **a.** Doit être imposée en France une entreprise étrangère dont le représentant en France est installé dans des locaux en France, portant **l'enseigne de l'entreprise**, où il dispose d'un **stock de marchandises** pour satisfaire les commandes qu'il a reçues dès lors qu'il est muni d'une **procuration** lui donnant pouvoir de traiter directement avec les clients (BOI-IS-CHAMP-60-10-30 n° 120). Il en va de même d'une société étrangère qui fait fabriquer et livrer en France les commandes qu'elle reçoit à l'étranger, à la suite d'une **publicité** faite en France où elle a un représentant auquel elle transmet chaque jour les commandes qu'elle reçoit et qui surveille la fabrication, fait des envois et enregistre les recouvrements (BOI préc.).

b. À propos d'un salarié d'une société de droit libyen, voir CE 26 novembre 2003 n° 255532, 10e et 9e s.-s., Shibani : RJF 2/04, n° 118.

C. « Cycle commercial complet » en France

Principes

5400 Même si elle n'a en France ni établissement ni représentant, une entreprise étrangère doit être regardée comme exerçant habituellement une activité en France lorsque les opérations qu'elle y effectue forment un « cycle commercial complet » (n° 4795).

L'exemple type est donné par une décision du Conseil d'État jugeant qu'une entreprise étrangère qui revend en France des marchandises achetées en France directement (ou par l'intermédiaire de représentants n'ayant pas de personnalité distincte) y est passible de l'impôt même en l'absence d'établissement (CE 22 mai 1963 n° 46870 : Dupont 9/63 p. 589 ; BOI-IS-CHAMP-60-10-30 n° 150). Il peut aussi s'agir d'opération d'**extraction**, de **transformation**, de **lotissement**, de prestations de **services** ou même d'opérations financières.

La jurisprudence n'en offre que peu d'exemples ; voir cependant, à propos d'un cycle d'achat-revente de produits diététiques effectué à partir de la France, CAA Paris 2 octobre 2013 n° 12PA01844, 2e ch., Stassart : Droit fiscal 2014 n° 13 comm. n° 246, concernant une société britannique qui réalisait en France un cycle commercial complet dès lors qu'elle **achetait en France et revendait en France** des produits diététiques, qu'elle disposait d'une adresse postale à l'adresse d'une société française chargée d'enregistrer les commandes, que ces dernières émanaient principalement de clients résidant en France qui étaient démarchés, notamment, par des annonces publicitaires gérées par une autre société française et que les règlements étaient versés sur des comptes bancaires que la société britannique avait ouverts en France (la décharge a cependant été prononcée sur le terrain de l'absence d'**établissement stable** au sens de la convention fiscale et l'arrêt d'appel est définitif, car le ministre, qui avait formé un pourvoi mais sans produire de mémoire complémentaire dans le délai imparti, était réputé s'être désisté selon ce qu'indique CE Ord. 25 mars 2014 n° 373624, 3e s.-s. ; la personne physique domiciliée en France, qui a été considérée comme gérante de fait de la société britannique, a tout de même été condamnée au **pénal**, comme indiqué nos 17675 et 17820).

Précisions **a.** La notion de cycle complet d'opérations commerciales peut permettre l'imposition en France des **armateurs** propriétaires des navires de commerce battant **pavillon** de pays de « libre immatriculation » (hors convention fiscale) dès lors qu'ils recueillent des ordres auprès de clients français (chargeurs), et en particulier lorsqu'ils utilisent ces armements entre deux points du territoire français (métropole et DOM ; BOI-IS-CHAMP-60-10-30 n° 210).

b. L'administration considère qu'un cycle complet d'opérations commerciales est caractérisé lorsque des **artistes ou sportifs** domiciliés hors de France organisent eux-mêmes des manifestations artistiques ou sportives en France, ou lorsqu'un artiste non résident se livre personnellement en France à l'exploitation commerciale d'une œuvre enregistrée hors de France (BOI-IS-CHAMP-60-10-30 n° 210 ; voir n° 45582).

Exemples

Une entreprise étrangère qui n'a en France ni magasin ni établissement mais qui se livre **5405**
en France, moyennant une commission sur le montant des ventes réalisées, à des **opérations de représentation** pour le compte d'une entreprise française, doit être soumise à l'impôt sur les sociétés, même si elle n'établit pas elle-même la facturation (CE 26 septembre 1960 n° 45001 ; BOI-IS-CHAMP-60-10-30 n° 160).

De même, une **compagnie d'assurances** étrangère qui, sans avoir d'établissement en France, se livre habituellement à des opérations de réassurance en France et qui a d'ailleurs un représentant accrédité auprès du ministère du travail, doit être soumise à l'impôt en France (CE 15 juin 1942 n° 72013, RO p. 148 ; BOI préc.). Jugé dans le même sens à propos d'une entreprise étrangère qui recueille en France des **ordres d'annonces publicitaires** émanant de clients français et destinées à être diffusées en France par radio à destination des auditeurs français (CE 13 juillet 1968 n° 66503, Dupont 1968, n° 12 ; BOI préc.).

Ce raisonnement est aussi applicable aux **opérations financières** ; le Conseil d'État a jugé, par exemple, qu'était imposable en France dès lors qu'elle y exerçait une activité commerciale, une société qui, ayant son siège à l'étranger, se livrait habituellement à des opérations de prêt sur gage, en vue de l'achat à crédit par des résidents en France de véhicules automobiles immatriculés en France, par l'intermédiaire de personnes physiques ou morales établies en France et rémunérées par elle à cet effet (CE 19 mai 1965 n° 58784, 8e s.-s. : Dupont 1965, n° 718 p. 300 ; BOI préc.).

La notion de cycle commercial complet a également été invoquée pour qualifier d'entreprise exploitée en France une société française de **marchand de biens** qui, créée le 6 avril 2007, avait acquis un immeuble situé en France le 18 juin 2007, transféré son siège social au Luxembourg à effet du 5 décembre 2007 et revendu l'immeuble le 12 décembre 2007 (CAA Paris 3 juillet 2017 n° 16PA00728, 5e ch., Sté APH Vitry, jugeant que la société avait, dans le cadre de son activité statutaire, réalisé un cycle commercial complet clos par la cession du bien ; cet arrêt a fait l'objet d'un pourvoi qui n'a pas été admis par

CE (na) 24 octobre 2018 n° 413994, 9e ch., Sté APH Vitry). Était sans incidence à cet égard le fait que la société n'ait réalisé qu'une seule opération au cours de l'année et qu'elle ait transféré son siège social au Luxembourg la même année dès lors que la même personne a poursuivi l'activité à la suite de ce transfert et non une personne morale juridiquement distincte (voir également n° 27215, Précisions e).

Précisions Il a jadis été précisé que ne forment pas un cycle commercial complet ou ne présentent pas un caractère habituel :
– les opérations d'une société étrangère qui s'est bornée à conclure un **marché de fournitures** avec un seul client, lorsque les livraisons ont lieu dans un port étranger (CE 26 octobre 1942 n° 71679, RO p. 198 ; BOI-IS-CHAMP-60-10-30 n° 220) ;
– un marché de fournitures passé par une société étrangère avec l'administration française, même si la société a dû faire **élection de domicile** en France pour exécuter ce marché (CE 12 novembre 1948 n° 68106, RO p. 96 ; BOI préc.).

5410 La circonstance que certaines **opérations intermédiaires** dans un cycle d'achat-vente aient lieu à l'étranger (facturation, assurance, conditionnement) ou que le **centre de décisions** soit lui-même situé à l'étranger est normalement sans influence sur le caractère « complet » du cycle commercial réalisé en France. Mais, bien entendu, ne serait pas un « cycle complet », par exemple, la seule réalisation d'opérations d'achat effectuées en France par une entreprise étrangère qui ne procéderait à aucune autre opération et n'aurait pas d'établissement en France (bureau ou comptoir d'achats).

Caractère détachable

5415 On devrait admettre, quoique la doctrine administrative n'explicite pas ce point, que le cycle commercial doive, par symétrie avec les règles applicables aux entreprises françaises, être « détachable » de l'activité à l'étranger de l'entreprise étrangère. Le Conseil d'État a eu l'occasion de le préciser à propos d'une entreprise monégasque de **travaux publics** qui avait réalisé une digue dont la majeure partie était située sur les eaux territoriales monégasques et, pour le reste, dans les **eaux territoriales** françaises (CE 30 avril 1980 n° 5761, 7e et 9e s.-s. : RJF 6/80 n° 479, cité sans cette précision au BOI-IS-CHAMP-60-10-30 n° 60). Il a été jugé que ce chantier en France, eu égard à ses conditions d'organisation et de fonctionnement, n'avait pas le caractère d'un établissement stable et que la société monégasque n'avait pas réalisé en France un « cycle commercial complet d'opérations détachables » de son activité en territoire monégasque. Les bénéfices retirés de ce chantier n'étaient donc pas imposables en France, même pour partie (cette solution ne paraît cependant pas absolument cohérente avec les principes rappelés au n° 5160).

D. Autres cas d'imposition en France

5510 Indépendamment des situations indiquées ci-dessus, les entreprises étrangères peuvent être imposables en France à raison des produits suivants.

1. Produits visés à l'article 182 B du CGI

5512 Il s'agit des produits mentionnés n° 3410 (sommes payées en rémunération de prestations de toute nature fournies ou utilisées en France, produits de la propriété industrielle, etc.).

Si le bénéficiaire de ces produits est une personne morale soumise à l'impôt sur les sociétés, au sens de l'article 206 du CGI, ces produits sont soumis (BOI-IS-CHAMP-60-10-30 n° 250) :
– seulement à l'impôt sur les sociétés lorsque le bénéficiaire a une **installation professionnelle** permanente en France ;
– à la retenue à la source dans le cas contraire, avec, cependant, régularisation au titre de l'impôt sur les sociétés éventuel, la retenue s'imputant sur le montant de cet impôt, conformément à l'article 219 quinquies du CGI. Cela étant, sauf le cas particulier des sociétés dont il s'avère ultérieurement qu'elles avaient une installation professionnelle permanente en France (comme dans la situation jugée par CE 15 juin 2016 n° 379852, 9e et 10e ch., SAS Festina France : RJF 10/16 n° 887 ; voir n° 3425), cette régularisation ne peut concerner, bien que ce point ne soit pas précisé par la doctrine administrative, que les cas où la société étrangère serait imposable au titre d'un représentant ou d'un cycle commercial complet en France.

2. Produits de valeurs mobilières françaises et d'autres capitaux mobiliers placés en France

Si le bénéficiaire a en France une installation à laquelle se rattachent ces produits (c'est-à-dire si les titres sont inscrits **à l'actif de cet établissement**), ceux-ci sont inclus dans l'ensemble des résultats de cet établissement (nos 61120, 62850 et 65865). **5515**

Dans le cas contraire, ces revenus sont seulement soumis à retenue à la source ou à un prélèvement, selon la nature des revenus (dividendes, intérêts, plus-values).

3. Produits des immeubles figurant à l'actif d'une entreprise non résidente de France

Trois cas sont à distinguer selon que l'entreprise exerce ou non une activité habituelle en France au sens indiqué précédemment (exploitation d'une « entreprise » en France) et selon la nature exacte de sa forme et de son activité. Sur ces questions, voir aussi nos 67260 s. **5520**

Premier cas : en cas d'exercice habituel d'une activité d'entreprise

Dans ce cas, l'entreprise est imposable en France dès lors qu'elle est exploitée en France. Pour la détermination du bénéfice imposable, il faut tenir compte de l'ensemble des résultats de l'activité française de l'entreprise étrangère (BOI-IS-CHAMP-60-10-30 n° 320). Les **revenus des immeubles** situés en France doivent donc être rattachés aux autres résultats de l'activité française et imposés en conséquence, quelle que soit l'affectation des immeubles concernés, s'ils sont à l'actif de l'établissement (même s'ils ne sont pas affectés à l'activité commerciale habituelle de l'entreprise). **5522**

Deuxième cas : en l'absence d'activité d'entreprise

La situation des sociétés étrangères propriétaires d'immeubles situés en France a été clarifiée par une disposition à caractère interprétatif introduite par l'article 22 de la loi n° 2009-1674 du 30 décembre 2009 de finances rectificative pour 2009 (BOI-IS-CHAMP-60-10-30 n° 350, indiquant qu'a ainsi été confirmé le champ d'application territorial de l'impôt sur les sociétés en raison des incertitudes constatées sur la portée qu'il convenait de donner à la doctrine administrative et à la jurisprudence du Conseil d'État). **5524**

Ce texte a, en effet, complété l'article 209, I du CGI pour préciser que **sont imposables en France** les bénéfices « mentionnés aux a, e, e bis et e ter du I de l'article 164 B », à savoir les **revenus immobiliers** et les **plus-values immobilières** (nos 2881 et 2889).

En fait, cette solution ressortait déjà de la doctrine administrative antérieure qui considérait qu'une société étrangère était passible de l'impôt sur ces produits en raison de sa forme ou du caractère lucratif de ses opérations ; l'impôt sur les sociétés était considéré comme suffisamment fondé sur l'article 206, I du CGI, comme l'avait confirmé un certain courant jurisprudentiel (par exemple, il avait été jugé qu'une personne morale du Liechtenstein qui se livrait à des opérations lucratives de location d'un immeuble était passible de l'impôt sur les sociétés en France, dès lors qu'elle ne justifiait pas être une association ou une collectivité entrant dans les prévisions de l'article 206, 5 du CGI ; CE 18 janvier 1984, n° 24343, 7e et 8e s.-s. : RJF 3/84 n° 283).

Cette solution, discutable en tant qu'elle ne prenait pas en compte les **règles de territorialité** posées par l'article 209, I du CGI, avait été fragilisée par la décision rendue par le Conseil d'État dans une affaire concernant une société britannique qui réalisait des revenus immobiliers en France (CE 31 juillet 2009 n° 296471, 3e et 8e s.-s., Sté Overseas Thoroughbred Racing Stud Farms Limited : RJF 11/09 n° 979) ; il a, en effet, été jugé que la société britannique n'exploitait pas une entreprise en France au sens de l'article 209, I du CGI étant donné qu'elle ne disposait d'aucun personnel sur le site, à l'exception d'un gardien, et que les locaux du centre étaient dépourvus des équipements nécessaires à l'entraînement des chevaux. Si, en l'espèce, le droit d'imposer était tout de même dévolu à la France, c'est en raison seulement des stipulations conventionnelles franco-britanniques relatives aux revenus immobiliers. On pouvait normalement en déduire que la France n'aurait eu aucun droit d'imposer en l'absence de convention fiscale.

Comme cette décision pouvait remettre en cause le bien-fondé de l'imposition en France des produits des immeubles situés en France (hors convention fiscale), la loi est intervenue pour donner une base légale à la doctrine administrative (cette disposition avait un caractère rétroactif, étant applicable, notamment, aux impositions dues au titre des années soumises au droit de reprise de l'administration à la date de publication de la loi, soit le 31 décembre 2009, ainsi qu'aux instances en cours à cette date, sous réserve des décisions passées en force de chose jugée ; ancien BOI-IS-CHAMP-60-10-30 n° 400).

Précisions La décision du Conseil d'État dans l'affaire Overseas Thoroughbred Racing Stud Farms Limited, précitée, faisait écho à une précédente décision du Conseil d'État du 22 mai 1992, rendue dans le cadre de l'ancienne convention fiscale entre la France et l'Italie (CE 22 mai 1992 n° 63266, SPA Raffaella : RJF 7/92 n° 960). Il s'agissait d'une société italienne qui avait subi un redressement en France au motif qu'elle n'avait pas exigé de loyer au titre de la **mise à disposition d'une villa** qu'elle possédait dans les Alpes-Maritimes. La solution présentait un intérêt particulier car la convention fiscale franco-italienne de 1958, en vigueur à l'époque des faits, ne prévoyait pas expressément que les revenus des biens immobiliers d'une entreprise étaient imposables dans l'État de situation. Or il avait été jugé que dans la mesure où le revenu en question ne tombait pas dans la catégorie conventionnelle des revenus immobiliers, il fallait rechercher si le droit d'imposer pouvait être dévolu à la France, en fonction des règles relatives aux bénéfices des entreprises, ce qui revenait à déterminer s'il y avait ou non établissement stable en France. En l'espèce, dans la négative, la France a perdu le droit d'imposer.

Troisième cas : en l'absence de forme et d'activité commerciales

5528 Dans une affaire concernant une société monégasque, le Conseil d'État avait admis :
– de tirer les conséquences fiscales du **régime juridique** applicable à une société étrangère, en l'espèce une société anonyme monégasque immatriculée au répertoire national des sociétés civiles monégasques et dont le seul objet était de mettre ses **biens immobiliers gratuitement à la disposition** de son actionnaire, pour estimer qu'une telle société ne pouvait, en dépit de sa dénomination et de la responsabilité limitée de ses actionnaires, être considérée comme une société commerciale entrant dans le champ de l'impôt sur les sociétés en raison de sa forme ;
– de juger qu'une société étrangère qui n'est pas commerciale par sa forme, ne commet pas d'acte anormal de gestion en ne réclamant pas de loyers au titre de la mise à disposition d'une propriété immobilière située en France ; en effet, le fait, pour une personne morale qui ne serait pas pour un autre motif passible de l'impôt sur les sociétés, de mettre gratuitement un élément de son actif à la disposition de son actionnaire ne constitue pas, par lui-même, une activité lucrative (CE 24 mai 2006 n° 278737, 3e et 8e s.-s., min. c/ Société immobilière « Saint-Charles » : RJF 8-9/06 n° 996).

Sur le premier point, cependant, concernant l'assujettissement à l'impôt sur les sociétés à raison de la forme sociale, la jurisprudence a évolué depuis lors et le Conseil d'État juge aujourd'hui que l'objet, civil ou commercial, des sociétés étrangères est sans importance aux fins de l'assimilation aux sociétés françaises énumérées par l'article 206, 1 du CGI (n° 67275).

En ce qui concerne le second point, il y a également lieu de noter que la **gestion d'un patrimoine immobilier** peut constituer une opération à caractère lucratif, même si elle n'a pas de caractère commercial, auquel cas l'impôt sur les sociétés est exigible (CE 27 février 2013 n° 354994, 8e et 3e s.-s., min. c/ Établissement Poudix : RJF 5/13 n° 471 ; n° 67260).

Cas des plus-values immobilières

5550 En ce qui concerne les plus-values réalisées à l'occasion de cessions non habituelles d'immeubles en France, l'imposition est effectuée par voie de **prélèvement non libératoire** de l'impôt sur les sociétés (nos 67540 s.).

On pouvait, là encore, s'interroger sur le bien-fondé de la soumission systématique de la plus-value à l'impôt sur les sociétés, en l'absence de convention fiscale toutes les fois que la société étrangère n'exploitait aucune entreprise en France ; la situation a été clarifiée par la loi n° 2009-1674 du 30 décembre 2009 de finances rectificative pour 2009 qui vise les plus-values immobilières au sens large (n° 5524).

Taxe patrimoniale de 3 %

Les personnes morales non résidentes de France (comme d'ailleurs, théoriquement, celles qui sont résidentes de France) sont soumises à une taxe de 3 % sur la valeur vénale des immeubles ou droits immobiliers qu'elles possèdent en France, sous réserve des nombreux cas d'exonération prévus par la loi (nos 68220 s.). La personne morale soumise à cette taxe reste cependant redevable de l'impôt sur les sociétés. **5555**

4. Participation d'une société étrangère dans une société de personnes française

Les personnes morales étrangères relevant de l'impôt sur les sociétés sont personnellement soumises à l'impôt sur les sociétés à raison de la **quote-part des bénéfices** correspondant à leurs droits sociaux dans les sociétés de personnes, GIE ou GEIE, dont elles sont membres (CGI art. 218 bis et 239 quater ; BOI-IS-CHAMP-60-10-30 n° 460). Voir également nos 31340 s. **5570**

E. Modalités pratiques et contrôle

Modalités d'imposition

Les modalités d'imposition d'une entité étrangère qui réalise une activité imposable en France dépendent de ses caractéristiques juridiques ; il y a lieu sur ce point de **raisonner par assimilation** et de déterminer, par comparaison avec la situation qui serait celle de sociétés françaises équivalentes, si cette entité est passible de l'impôt sur les sociétés ou si elle doit être regardée comme une société de personnes. **5590**

Le principe de l'assimilation a été posé par la jurisprudence du Conseil d'État, notamment à propos d'un litige impliquant une partnership américaine : il appartient au juge de l'impôt d'identifier, **au regard de l'ensemble des caractéristiques** de la société en cause et du droit qui en régit la constitution et le fonctionnement, le type de société de droit français auquel elle est assimilable ; il lui revient ensuite de déterminer, compte tenu de ces constatations, le régime applicable à l'opération litigieuse au regard de la loi fiscale française (CE 24 novembre 2014 n° 363556, Plén., Sté Artémis SA : RJF 2/15 n° 102, conclusions Emmanuelle Cortot-Boucher au BDCF 2/15 n° 15 et chronique Nicolas Labrune à la RJF 2/15 p. 83). Seules les caractéristiques juridiques de la société étrangère doivent être prises en compte aux fins de l'assimilation, à l'exclusion du régime fiscal qui lui est applicable à l'étranger (en l'espèce, la partnership américaine a été assimilée à une société de personnes française ; n° 31325). Pour une confirmation du mode de raisonnement, voir CE 2 avril 2021 n° 427880, 9e et 10e ch., min. c/ Sté World Investment Corporation : RJF 6/21 n° 597, considérant qu'une « **corporation** » du Delaware est une société de capitaux, en raison de la limitation de la responsabilité de ses associés (n° 31325).

En application des mêmes principes, il a été jugé que l'impôt sur les sociétés n'était pas exigible d'une société espagnole **assimilable à une SARL française** dont l'associé unique était une personne physique (CE 2 février 2015 n° 370385, 3e et 8e s.-s. : RJF 4/15 n° 334) ; dans le même sens, précédemment, CAA Nantes 28 juin 2010 n° 09-653, 1e ch., Guyot (RJF 12/10 n° 1195), arrêt définitif à propos d'une société espagnole unipersonnelle à responsabilité limitée, bien que cette société fût, en droit espagnol, une société de capitaux soumise à un impôt équivalent à l'impôt sur les sociétés. Voir également n° 31325.

En pratique, les entreprises étrangères qui exploitent une entreprise en France et qui y sont redevables de l'impôt sur les sociétés (ou qui sont redevables de l'impôt sur les sociétés même si elles n'ont pas d'établissement en France) sont tenues de fournir, à l'appui de leur déclaration faisant état du résultat passible de l'impôt sur les sociétés, les renseignements **se rapportant** exclusivement à leurs **exploitations situées en France** (CGI art. 53 A et Ann. III art. 38 quaterdecies ; BOI-IS-CHAMP-60-10-30 n° 490).

Précisions En cas de contrôle fiscal, lorsque la procédure de **taxation d'office** est applicable, l'administration doit, pour **reconstituer** le chiffre d'affaires et le résultat, se fonder en priorité sur les éléments, notamment comptables, intrinsèques à l'entreprise ou, à défaut, sur les éléments recueillis dans des entreprises similaires (CE 30 janvier 2019 n° 410544, 3e ch., Sté Trust Paving Unpessoal LDA : RJF 4/19 n° 371) ; cette décision a été rendue à propos d'une société portugaise qui exerçait une activité en France par l'intermédiaire d'un établissement stable occulte et qui avait produit des éléments de sa comptabilité portugaise que l'administration n'avait pas pris en compte. Sur renvoi, il a été jugé que la méthode retenue par l'administration était radicalement viciée et la société a obtenu la décharge à hauteur de ses demandes (CAA Lyon 2 mai 2019 n° 19LY00434, 5e ch., Sté Trust Paving Unpessoal LDA ; arrêt définitif). La Cour a notamment relevé que la société avait produit à l'instance les **documents comptables** qui avaient servi à établir ses déclarations de résultat déposées au Portugal et que ces documents, dont l'administration ne contestait pas le caractère probant, retiraient toute pertinence à la reconstitution qu'elle avait effectuée (ils avaient été produits après les opérations de contrôle, mais ils avaient servi de base aux déclarations de résultat déposées au Portugal et avaient donc été établis avant la procédure de contrôle). Voir également n° 17415, Précisions b.

Taux d'imposition

5592 Le taux de l'impôt sur les sociétés applicable aux sociétés étrangères qui en sont passibles et qui exploitent une entreprise en France est le même que celui qui s'applique à la généralité des sociétés françaises dans les mêmes conditions.

Le **taux normal** de l'impôt sur les sociétés est fixé à 25 % pour les exercices ouverts depuis le 1er janvier 2022 (CGI art. 219, I-al. 2 ; 28 % pour les exercices ouverts en 2020 et 26,5 % pour les exercices ouverts en 2021).

En outre, les sociétés étrangères exploitant une entreprise en France sont redevables, comme les sociétés françaises, de la **contribution sociale sur les bénéfices** de 3,3 % sur la fraction de l'impôt sur les sociétés qui excède 763 000 € si le chiffre d'affaires hors taxes est au moins égal à 7 630 000 € (CGI art 235 ter ZC ; sur les conditions d'application de cette contribution, voir également n° 83675).

Depuis une mise à jour doctrinale du 1er août 2018, l'administration indique que le **chiffre d'affaires** à retenir pour l'appréciation du seuil de 7 630 000 € est limité à celui qui se rattache aux bénéfices soumis en France à l'impôt sur les sociétés conformément à l'article 209, I du CGI ; le chiffre d'affaires des sociétés dont l'activité est exercée à la fois en France et hors de France doit donc être ventilé selon les règles de territorialité de l'impôt sur les sociétés, de sorte que ne soit retenue que la part réalisée en France (BOI-IS-AUT-10-10 n° 20).

Cette solution favorable traduit un revirement doctrinal d'autant plus étonnant que l'administration, qui avait toujours soutenu le contraire, avait eu gain de cause devant le Conseil d'État à propos de l'ancienne contribution exceptionnelle de 10,7 % (CE 9 décembre 2016 n° 395015, 8e et 3e ch., min. c/ Sté Savills Fund Management GmbH [anciennement SEB Investment GmbH] : RJF 3/17 n° 234, jugeant que le chiffre d'affaires à prendre en compte devait s'entendre du chiffre d'affaires mondial). Selon le Conseil d'État, en effet, si la territorialité de l'impôt sur les sociétés limite les bénéfices imposables à ceux réalisés en France, sous réserve des conventions fiscales, elle n'a ni pour objet ni pour effet de limiter le chiffre d'affaires pris en compte pour apprécier le **seuil d'assujettissement** à celui réalisé en France. Dans le même sens, saisi d'un recours pour excès de pouvoir contre l'ancien BOI-IS-AUT-20 n° 100, alors applicable, le Conseil d'État avait jugé que le seuil de chiffre d'affaires devait être apprécié par référence aux recettes retirées de **l'ensemble des opérations** réalisées par le redevable dans le cadre de son activité professionnelle, exercée en France et hors de France, quel que soit le régime fiscal du résultat des opérations correspondant à ce chiffre d'affaires (CE 9 décembre 2016 n° 396160, 8e et 3e ch., Office de coordination bancaire et financière : RJF 3/17 n° 266 ; voir également n° 81600 en ce qui concerne l'absence d'incidence du principe de la liberté d'établissement). Selon la jurisprudence, il fallait donc, pour déterminer l'assujettissement à l'ancienne contribution exceptionnelle, englober le chiffre d'affaires des **succursales étrangères**, même si elles n'étaient pas soumises à l'impôt sur les sociétés en France, y compris en application des conventions fiscales. Ces solutions avaient été reprises par CAA Versailles 28 mars 2017 n° 15VE01732, 3e ch., Sté RREEF Investment GmbH, à propos de l'établissement stable en France d'une société allemande (pourvoi non admis par CE (na) 30 mars 2018 n° 410638, 9e ch., Sté RREEF Investment GmbH : RJF 6/18 n° 614) et par CAA Paris 18 avril 2017 n° 15PA04260, 9e ch., Sté JP Morgan Securities à propos de la succursale française d'une société britannique (pourvoi non admis par CE (na) 30 mars 2018 n° 411585). Des confirmations supplémentaires avaient encore été apportées par CAA Paris 26 septembre 2018 n° 18PA00101, 2e ch., Sté PMDE XL Insurance Company SE (refusant de transmettre une question préjudicielle à la Cour de justice ; arrêt définitif, le pourvoi de la société n'ayant pas été admis par CE (na) 3 juillet 2019 n° 425711, 9e ch., Sté PMDE XL Insurance Company SE) et CE 14 décembre 2018 n° 406086, 9e ch., min. c/ Sté Commerzbank AG : RJF 3/19 n° 292 (refusant de transmettre au Conseil constitutionnel une question prioritaire de constitutionnalité) ; sur renvoi dans cette dernière affaire, la solution a été reprise et la Cour a, une nouvelle fois, refusé de constater une restriction interdite à la liberté d'établissement (CAA Versailles 25 juillet 2019 n° 18VE04174, 3e ch., Sté Commerzbank AG ; arrêt définitif).

La doctrine administrative, qui ne retient, pour l'application de la contribution sociale sur les bénéfices, que le chiffre d'affaires réalisé en France, est donc aujourd'hui plus favorable que la jurisprudence.

Précisions **a.** Les sociétés étrangères peuvent, comme les sociétés françaises, bénéficier du **taux réduit de 15 % applicable aux PME** qui remplissent certaines conditions (taux applicable à la fraction du bénéfice imposable qui n'excède pas 38 120 € si leur chiffre d'affaires n'excède pas 10 M€ pour les exercices ouverts depuis le 1er janvier 2021).

b. Pour les exercices clos jusqu'au 30 décembre 2016, une **contribution exceptionnelle** de 10,7 % du montant de l'impôt sur les sociétés était due par les entreprises réalisant un chiffre d'affaires supérieur à 250 M€ (CGI art. 235 ter ZAA, ancien). Une société allemande qui assurait la gestion de fonds allemands dépourvus de personnalité morale et qui percevait des loyers en sa qualité de propriétaire des immeubles acquis pour le compte de ces fonds devait prendre en compte les recettes perçues pour le compte des fonds pour la détermination du seuil d'assujettissement (CE 9 juin 2022 n° 447932, 9e et 10e ch., min. c/ Patrizia Frankfurt Kapital Verwaltungsgesellschaft mbH).

c. Il avait été jugé que, pour l'application de l'ancienne **imposition forfaitaire annuelle**, le terme « chiffre d'affaires » devait s'entendre du seul chiffre d'affaires rattachable aux bénéfices soumis en France à l'impôt sur les sociétés conformément à l'article 209, I du CGI (CE 22 mai 2009 n° 300478, 10e et 9e s.-s., Sté Mehrweg Dépôt : RJF 8-9/09 n° 741). Cette décision, qui concernait un texte d'assiette, n'est manifestement pas transposable pour la détermination d'un seuil dont le franchissement déclenche une imposition (en ce sens, notamment, CE 9 décembre 2016 n° 395015, 8e et 3e ch., min. c/ Sté Savills Fund Management GmbH, précité, à propos de l'ancienne contribution exceptionnelle de 10,7 %).

d. Au titre des exercices clos à compter du 31 décembre 2017 et jusqu'au 30 décembre 2018, les sociétés étrangères redevables en France de l'impôt sur les sociétés devaient acquitter la **contribution exceptionnelle** et la **contribution additionnelle** à la contribution exceptionnelle créées par l'article 1er de la loi n° 2017-1640 du 1er décembre 2017 de finances rectificative pour 2017 ; ces contributions, égales chacune à 15 % de l'impôt sur les sociétés, étaient applicables aux redevables de l'impôt sur les sociétés qui réalisaient respectivement plus de 1 Md€ et au moins 3 Mds€ de chiffre d'affaires. Comme pour la contribution sociale, l'administration avait indiqué que, pour le calcul du seuil de chiffre d'affaires, il convenait de retenir le chiffre d'affaires rattaché aux bénéfices soumis en France à l'impôt sur les sociétés ; le chiffre d'affaires des sociétés dont l'activité était exercée à la fois en France et hors de France devait donc être ventilé selon les règles de territorialité de l'impôt sur les sociétés pour que ne soit prise en compte que la part réalisée en France (ancien BOI-IS-AUT-35 n° 130).

Lieu d'imposition

Le lieu d'imposition des personnes morales qui exercent des activités en France ou qui y possèdent des biens sans y avoir leur siège social est fixé par l'article 23 ter de l'annexe IV au CGI : **5593**
– au lieu de leur **principal établissement**, lorsque leur activité s'exerce en France dans un ou plusieurs établissements ;
– au **service des impôts des entreprises étrangères** lorsqu'elles exercent leur activité en France sans y avoir d'établissement.

Mais pour les sociétés et autres personnes morales qui disposent de propriétés immobilières données ou non en location, et qui n'exercent pas d'activités autres qu'immobilières, l'imposition est établie au lieu de **situation des biens**. Si l'application de cette règle conduit à une pluralité de lieux d'imposition, celle-ci est établie au service des impôts des entreprises étrangères.

Lieu où doivent être adressées les propositions de rectification

Les entreprises étrangères (sauf celles qui ont leur siège dans un État membre de l'Union européenne ou en Islande ou en Norvège) peuvent être invitées par l'administration (mais celle-ci n'y est pas obligée) à désigner un **représentant** en France (n° 83080). Dans ce cas, ce représentant est le destinataire de la proposition de rectification (n° 68875, Précisions b et n° 83085, Précisions). **5598**

Il a en ce sens été jugé que dès lors qu'une société étrangère imposable en France a déclaré à l'administration fiscale que la personne responsable de son principal établissement ou toute autre personne était son représentant en France, la notification de redressement prévue à l'article L 57 du LPF peut être régulièrement adressée à cette personne

(CE 3 juillet 2009 n° 294227, 3e et 8e s.-s., min. c/ Sté Uluslararasi Haliclik Gelkistirme Ve Instaat Yatirmi Sanayi Ve Tic : RJF 11/09 n° 968) ; dans la mesure où l'imposition est établie au lieu de l'établissement, l'administration est en droit d'envoyer une proposition de rectification **à l'adresse de l'établissement** en indiquant la raison sociale qui a été mentionnée au registre du commerce et dans les déclarations fiscales de résultats, avec l'indication « M. le gérant de la société », lequel doit être regardé comme le représentant dont la société était tenue d'indiquer le nom en application de l'article 23 D de l'annexe IV au CGI (la procédure ainsi suivie est régulière même en l'absence de personnalité morale de l'établissement). Sur le lieu de notification des avis de **mise en recouvrement**, voir n° 5620, Précisions b.

Il a par ailleurs été jugé que lorsqu'une société étrangère n'a pas déclaré son principal établissement ni son représentant en France, la notification des bases servant au calcul des impositions d'office peut être régulièrement adressée au **siège de direction effective** de la société, situé en France (TA Paris 8 juillet 2020 n° 1806890 : RJF 2/21 n° 186 ; jugement définitif) ; en l'espèce, l'administration avait estimé, compte tenu des éléments recueillis lors d'une visite domiciliaire, que le siège de direction effective de la société se trouvait à Paris, au domicile de sa dirigeante.

Contrôle fiscal en l'absence de locaux en France

5620 Lorsqu'une entreprise vérifiée ne dispose plus de locaux en France, il appartient à ses représentants de **proposer au vérificateur le lieu, en principe situé en France**, où, d'un commun accord avec l'administration, la vérification de comptabilité pourra se dérouler et de désigner la personne habilitée à la représenter lors des opérations de contrôle ; celle-ci sera tenue, comme le prévoit l'article 54 du CGI, de présenter à l'administration les documents comptables, inventaires, copies de lettres, pièces de recettes et de dépenses de nature à justifier l'exactitude des résultats de l'entreprise (CE 16 mars 2016 n° 379626, 9e et 10e s.-s., Sté Europinvestissement : RJF 6/16 n° 542, aux conclusions Frédéric Aladjidi, à la même RJF (C 542), à propos d'une société française qui avait fait l'objet d'une dissolution par transmission universelle de son patrimoine à son associée unique, une société portugaise et qui avait ensuite été vérifiée).

Dans cette affaire, la vérification de comptabilité de la société dissoute n'avait pas à se dérouler au **siège de la société portugaise**. Alors même que cette dernière n'exerçait pas d'activité en France et n'y détenait pas de biens, il lui appartenait de proposer à l'administration le lieu situé en France où la vérification pouvait se dérouler (par exemple, lieu des bureaux de l'ancien expert-comptable ou lieu du dépôt temporaire de la comptabilité) et de désigner la personne habilitée à la représenter lors des opérations de contrôle (faute de l'avoir fait, en dépit des demandes et des avertissements de l'administration, la société a été considérée comme étant en opposition à contrôle fiscal).

Précisions **a.** L'expression utilisée par le Conseil d'État, celle d'un lieu « en principe » situé en France, paraît réserver le cas où le lieu serait à l'étranger mais **à proximité immédiate de la frontière** terrestre française.

b. Les modalités de **notification des avis de mise en recouvrement** constituent une garantie pour le contribuable. Par suite, la circonstance qu'une société étrangère ait un établissement stable en France ne saurait la priver du droit de recevoir les avis de mise en recouvrement **à l'adresse de son siège** lorsqu'elle n'a pas fait connaître d'autre adresse à l'administration ; en revanche, la société ne peut être regardée comme privée de cette garantie, lorsque le pli contenant l'avis de mise en recouvrement a été envoyé à une autre adresse, si ce pli lui est **effectivement parvenu** (CE 8 février 2019 n° 409294, 3e et 8e ch., Société européenne d'expertises techniques (SEET) : RJF 5/19 n° 488). Il s'agissait d'une société luxembourgeoise dont l'administration avait estimé qu'elle exerçait son activité d'expertise en assurances par l'intermédiaire d'un établissement stable situé en Meurthe-et-Moselle ; la cour administrative d'appel de Nancy avait commis une erreur de droit en jugeant que l'administration avait pu régulièrement notifier les avis de mise en recouvrement à l'adresse de l'établissement stable et non à celle du siège luxembourgeois qui était la seule que la société avait fait connaître (la Cour aurait dû rechercher si, à la date des commandements de payer contestés, les avis étaient néanmoins déjà parvenus à la société). Sur renvoi, la requête de la société a été rejetée au motif que, même si les avis de mise en recouvrement avaient été notifiés à l'adresse de l'établissement stable et non au siège comme la société l'avait demandé, ces avis lui étaient nécessairement parvenus, car elle avait invoqué, à l'appui d'un précédent recours, le fait qu'ils lui avaient été notifiés à l'adresse de son établissement stable (CAA Nancy 27 décembre 2019 n° 19NC00408, 3e ch., Sté Européenne d'expertises techniques (SEET) ; cet arrêt a fait l'objet d'un pourvoi qui n'a pas été admis par CE (na) 29 juillet 2020 n° 439125, 3e ch.). Les avis de mise en recouvrement lui étaient nécessairement parvenus au moins à la date d'enregistrement de sa demande auprès du tribunal et donc antérieurement à la date des commandements de payer.

c. **L'acte de dissolution** publié au Portugal par une société qui aurait dû faire l'objet d'une immatriculation en France au registre du commerce et des sociétés car elle avait son **siège réel en France**, où elle déployait la quasi-totalité de son activité (ce qui n'était pas contesté), a été jugé inopposable à l'administration fiscale qui a pu adresser un avis de vérification et procéder aux opérations de contrôle en retenant le gérant comme représentant légal de la société (CAA Lyon 11 octobre 2018 n° 17LY01571 : RJF 3/19 n° 280 ; arrêt définitif).

Aspects de procédure contentieuse

Tout réclamant domicilié hors de France doit faire **élection de domicile** en France (LPF art. R* 197-5) ; en raison, notamment, de ce que cette condition n'avait pas été respectée, la réclamation présentée par une société luxembourgeoise dont l'administration soutenait qu'elle disposait d'un établissement stable en France a été rejetée (CAA Paris 27 septembre 2018 n° 18PA01236, 9e ch., Sté Archester ; cet arrêt a fait l'objet d'un pourvoi qui n'a pas été admis par CE (na) 1er avril 2019 n° 425773, 8e ch., Sté Archester). **5630**

Dans cette affaire, la Cour juge que la **décision de rejet** de réclamation avait pu à bon droit être notifiée à l'adresse du siège social luxembourgeois indiquée dans la réclamation, et non à celle de l'établissement stable exploité en France, dès lors que c'est la société qui est le contribuable auteur de la réclamation et que, pour l'application de l'article R 751-3 du Code de justice administrative, le siège social doit être regardé comme le domicile réel. Cette notification était de nature à faire courir le **délai de recours** contentieux prévu à l'article R* 199-1 du LPF, majoré de deux mois ; l'administration, qui avait constaté que le pli n'avait pas été distribué, n'était pas tenue de notifier à nouveau sa décision à l'adresse de l'établissement stable français.

SECTION 4

Modalités de détermination du bénéfice imposable en France

La détermination du bénéfice des entreprises pose des problèmes particuliers lorsque celles-ci exercent leur activité à la fois en France et à l'étranger. Dans ce cas, en effet, le résultat de ces entreprises n'est que partiellement imposable en France. **5800**

A. Principes généraux

Imposition des seuls bénéfices des entreprises exploitées en France

Seuls les bénéfices réalisés dans les entreprises exploitées en France sont imposables en France (sous réserve des dérogations au principe de territorialité indiquées ci-après nos 6040 s. et de l'incidence éventuelle des conventions fiscales internationales). Par conséquent, une entreprise française qui exerce une activité habituelle à l'étranger est fondée à retrancher de l'ensemble de ses bénéfices ceux qui proviennent de cette activité. **5802**

La détermination des bénéfices à retrancher ne pose pas de difficultés particulières lorsque l'activité étrangère est isolée dans un établissement et qu'elle consiste en des opérations distinctes et autonomes. En principe, en effet, l'entreprise doit disposer d'une comptabilité centralisée suffisamment fine pour pouvoir en **extraire les éléments propres à chaque branche d'activité** ou à chaque établissement autonome. D'ailleurs, dans l'État où l'établissement est situé, il doit normalement exister une comptabilité propre permettant de déterminer l'assiette de l'impôt dû sur place.

La situation est plus délicate lorsqu'il n'est **pas possible d'isoler**, parmi l'ensemble des produits et des charges, ceux qui concernent l'activité en France et l'activité à l'étranger. Dans ce cas, deux méthodes sont envisageables, la méthode de répartition proportionnelle et la méthode par comparaison.

Précisions **a.** Selon l'administration, lorsque ni les conditions de fonctionnement de l'entreprise ni la comptabilité ne permettent de déterminer avec précision les opérations françaises et étrangères, il convient d'avoir recours à une **ventilation forfaitaire**. Le terme « forfaitaire » doit être entendu au sens d'« évaluation approchée », nécessairement faite à partir de données comptables incontestables (BOI-IS-CHAMP-60-10-40 n° 110).

b. Les sociétés étrangères effectuant en France des **opérations de réassurance** ont la faculté d'utiliser, pour la détermination de leur bénéfice fiscal au titre de ces opérations, un mode de calcul forfaitaire. Une base d'imposition forfaitaire est calculée en appliquant au montant des primes nettes perçues en France ou correspondant à des risques situés sur le territoire français un coefficient déterminé par référence aux résultats obtenus par le plus grand nombre possible de sociétés tant françaises qu'étrangères, à l'exclusion de ceux qui apparaîtraient anormaux et susceptibles d'altérer la moyenne recherchée. L'administration n'est toutefois pas liée par l'évaluation forfaitaire du bénéfice fiscal et se réserve le droit d'y substituer le revenu réel que feraient apparaître ses vérifications (BOI-IS-BASE-60-30 nos 100 et 110).

c. Pour l'application des règles relatives aux **jeunes entreprises innovantes** (JEI ; CGI art. 44 sexies-0 A), l'administration tient compte, pour les exercices clos depuis le 31 mai 2017, des dépenses de recherche et des charges engagées par un **établissement stable** établi dans un autre État de l'Union européenne, en Islande, au Liechtenstein ou en Norvège ; les charges engagées s'entendent de celles qui auraient été fiscalement déductibles si l'établissement avait été soumis à l'impôt sur les bénéfices en France (BOI-BIC-CHAMP-80-20-20-10 n° 247).

d. En ce qui concerne le **crédit d'impôt recherche** (CIR), les opérations de recherche réalisées directement par les entreprises françaises dans un autre État membre de l'**Union européenne**, en Islande, au Liechtenstein ou en Norvège sont éligibles, toutes choses égales par ailleurs ; il n'en va cependant ainsi que si elles ne se rattachent pas à un établissement stable dans ces États (BOI-BIC-RICI-10-10-20 n° 1). Les opérations de recherche localisées en dehors de ces États ne sont pas éligibles, sans que cette exclusion soit critiquable au regard des **principes constitutionnels** ; refusant de renvoyer sur ce point une question prioritaire de constitutionnalité, le Conseil d'État a relevé que le législateur avait initialement entendu inciter les entreprises à localiser, maintenir et développer leurs opérations de recherche sur le territoire national et que l'extension européenne résulte de la volonté que cette mesure, qui poursuit un objectif d'intérêt général, soit mise en œuvre dans le respect du droit de l'Union européenne (CE QPC 26 juin 2017 n° 410437, 9e et 10e ch., Sté PalmElit : RJF 10/17 n° 920). Sur l'incidence du droit de l'Union européenne, voir l'affaire Laboratoires Fournier (n° 81920).

Cas particulier du transfert d'un actif du siège vers une succursale étrangère

5803 Lorsqu'une société établie en France inscrit au bilan fiscal d'une succursale établie à l'étranger, dont les bénéfices ne sont pas pris en compte dans ses bases d'imposition, un élément d'actif jusqu'alors affecté à ses exploitations françaises, une telle opération est regardée, pour l'établissement du résultat imposable en France de cette société, comme ayant les effets d'une **cession d'élément d'actif** (CE 27 mai 2020 n° 434412, 8e et 3e ch., Sté Bel, anciennement dénommée Sté Fromageries Bel : RJF 8-9/20 n° 667). Cette décision tire les conséquences du principe de territorialité et trouve son fondement dans la nécessaire combinaison des articles 38 et 209, I du CGI, sans égard au fait qu'il ne peut y avoir juridiquement de cession entre une société française et ses établissements étrangers.

La situation de l'espèce était toutefois très particulière puisqu'il s'agissait d'une société française qui avait absorbé une filiale française et qui avait affecté à sa propre succursale américaine un **mali technique** correspondant à un fonds de commerce américain de la filiale ; la société mère a été considérée comme imposable en France au titre de cette affectation dès lors que l'inscription à l'actif de la succursale américaine d'éléments qui, à l'issue de la transmission universelle de patrimoine placée sous le régime de l'article 210 A du CGI, étaient affectés à ses exploitations françaises, avait les effets d'une cession faisant naître une **plus-value** soumise en France à l'impôt sur les sociétés (en l'espèce, le fonds de commerce américain de la société absorbée n'était pas rattaché à un établissement stable américain antérieurement à la dissolution sans liquidation ; voir également n° 17350, Précisions a).

Dès lors qu'il s'agissait du transfert d'un mali technique, cette conclusion n'allait pourtant pas de soi, étant donné qu'un mali technique n'est traité comme un actif que pour équilibrer la perte résultant de la dissolution d'une filiale dont les titres ont été acquis à un prix supérieur à son actif net comptable et qu'il ne s'agit pas d'un élément d'actif qui a, en tant que tel, une valeur de marché.

Méthode de répartition proportionnelle

Elle consiste à appliquer aux résultats globaux de l'entreprise, ou seulement à certains postes comptables qui n'ont pas pu être ventilés, un **coefficient** permettant de déterminer la part française et la part étrangère (BOI-IS-CHAMP-60-10-40 n° 130). Ce coefficient a un caractère forfaitaire, c'est-à-dire celui d'une « évaluation approchée » du résultat ; il doit être établi à partir des **données comptables de l'entreprise** : achats, dépenses, capital investi, bénéfice brut réalisé ou encore, dans certains cas, nombre, poids, volume ou quantité des articles fabriqués ou vendus en France ou hors de France. L'utilisation éventuelle d'une telle méthode ne dispense pas l'entreprise de présenter les documents comptables et fiscaux requis par le Code de commerce (n° 18905). 5805

En pratique, le coefficient le plus souvent utilisé (mais dans des situations qui doivent rester exceptionnelles, en toute hypothèse) est celui du **rapport entre les chiffres d'affaires** : chiffre d'affaires de l'établissement/chiffre d'affaires de l'ensemble de l'entreprise. Cette méthode peut être utilisée par exemple par les entreprises de navigation internationale maritime ou aérienne si elles ne sont pas exonérées d'impôt en France en vertu d'une convention fiscale ou d'un accord particulier. Le plus souvent, toutefois, cette méthode est utilisée pour ventiler les frais communs entre le siège français et ses établissements étrangers (ou l'inverse).

La **ventilation des frais généraux** du siège social en fonction du rapport des chiffres d'affaires est acceptée, d'ailleurs, par la généralité des pays développés ; elle a été admise par le Conseil d'État (CE 16 février 1983 n° 28383, 7e et 9e s.-s. : RJF 4/83, n° 496 et BOI-IS-CHAMP-60-10-40 n° 170 ; voir aussi nos 18710 et 76750).

Précisions Dans la décision du 16 février 1983 précitée, le Conseil d'État juge que « lorsqu'une société dont le siège est en France exerce dans un établissement situé hors de France une activité industrielle ou commerciale distincte, elle ne peut pas tenir compte, pour la détermination du bénéfice imposable en France à l'impôt sur les sociétés, des charges qui se rapportent à son activité exercée dans l'établissement situé hors de France ; que, pour ventiler la **fraction des frais généraux du siège** de la société qui se rapporte à cette dernière activité, la société peut, à défaut de circonstances particulières propres à justifier un autre mode de calcul, se référer au rapport existant entre le chiffre d'affaires de cet établissement et le chiffre d'affaires total de la société ».

Méthode de répartition par comparaison

Elle consiste à comparer l'établissement à une entreprise distincte et similaire, fonctionnant dans les mêmes conditions et participant au même processus économique (BOI-IS-CHAMP-60-10-40 n° 180). Par exemple, il est possible de comparer plusieurs entreprises similaires et de tirer de cette comparaison un pourcentage moyen de bénéfice net en fonction du chiffre d'affaires. On peut ensuite appliquer ce pourcentage au chiffre d'affaires effectivement réalisé par l'établissement. Dans ce cas, bien entendu, on ne doit pas déduire les frais généraux de l'établissement ni les frais communs (par hypothèse, d'ailleurs, ils ne sont pas facilement isolables). En revanche, si la comparaison porte sur le bénéfice brut, ces frais doivent ensuite être déduits (cas où les frais sont isolables mais pas les produits, par exemple). 5810

En pratique, la méthode par comparaison est utilisée lorsqu'il faut imposer un établissement en déterminant la **« commission »** qu'il devrait percevoir s'il était une entreprise distincte, mais qu'il n'a pas perçue précisément parce qu'il a traité avec le siège de l'entreprise dont il dépend. Tel est le cas, par exemple, en présence :
– d'activités commerciales **auxiliaires** ou préparatoires réalisées dans le cadre d'un bureau d'achats ou de ventes ;
– de prestations de services diverses dans le cadre de **bureaux d'études** ou de **publicité**, etc.

Dans toutes ces situations, le bénéfice doit correspondre à celui que réaliserait l'établissement, le dépôt ou le bureau considéré, s'il effectuait les mêmes opérations pour le compte de tiers par rapport à l'entreprise dont il dépend. Autrement dit, le bénéfice réalisé en France peut être réputé égal au montant des commissions ou rémunérations diverses que l'entreprise aurait dû verser à des tiers pour effectuer les mêmes prestations, diminué du montant des frais exposés en France par l'établissement concerné (sans inclure, sauf justification précise, une quote-part des frais de siège, puisque l'on raisonne par comparaison avec une entreprise indépendante). Cette solution est appliquée traditionnellement pour les **bureaux d'achats** en France de sociétés étrangères (n° 5355) ; elle ne dispense pas l'entreprise de présenter les documents comptables et fiscaux requis par le Code de commerce (n° 18905).

Déduction des impôts étrangers

5815 Pour la détermination des résultats des exercices clos depuis le 31 décembre 2017, il y a lieu de distinguer trois situations (voir également n° 83660) :
– **en l'absence de convention fiscale**, l'impôt étranger constitue une charge déductible en application de article 39, 1-4° du CGI, sous réserve que le revenu correspondant soit imposable en France en application des règles de territorialité ; lorsqu'une entreprise française réalise hors de France des bénéfices qui sont imposables en France faute d'être rattachables à une exploitation étrangère, ces bénéfices doivent, en effet, être imposés sous déduction des charges y afférentes dans les conditions de droit commun, même si elles sont exposées à l'étranger, y compris les impôts étrangers (en ce sens, BOI-BIC-CHG-40-30 n° 30, remarque 2, précisant qu'en l'absence de convention fiscale, les impôts prélevés par un autre État ou territoire sont admis en déduction ; voir également infra, Précisions c) ; bien entendu, aucune déduction ne saurait être admise s'il s'agit d'un impôt étranger établi au titre d'un établissement d'une société française dans le pays considéré, compte tenu du principe de territorialité ;
– **en présence d'une convention fiscale**, les impôts prélevés par un État ou un territoire étranger conformément aux stipulations conventionnelles ne sont pas déductibles (article 39, 1-4° du CGI dans sa rédaction issue de l'article 14 de la loi n° 2017-1775 du 28 décembre 2017 de finances rectificative pour 2017, applicable pour la détermination des résultats des exercices clos depuis le 31 décembre 2017) ;
– l'impôt étranger reste cependant déductible en présence d'une convention fiscale s'il n'a **pas été prélevé conformément à la convention**, qu'il s'agisse d'impôts prélevés en contradiction avec la convention ou d'impôts non couverts par la convention, sous réserve, bien entendu, que le revenu correspondant soit imposable en France en application des règles de territorialité ; en ce sens, l'exposé des motifs du projet de loi de finances rectificative pour 2017 modifiant l'article 39, 1-4° du CGI indique que les retenues à la source prélevées en dehors du cadre de la convention fiscale pourront être déduites en charge, conformément à ce que prévoit la jurisprudence ; dans le même sens, le rapport de la commission des finances de l'Assemblée nationale (n° 432, 29 novembre 2017, p. 248) précise que l'administration ne remettra pas en cause la décision Établissements Soulès du Conseil d'État (n° 11110), « qui autorise la déduction d'une imposition mise à la charge d'une entreprise par un État étranger en contradiction avec les dispositions d'une convention fiscale ». L'administration en a d'ailleurs tiré les conséquences en précisant, par une modification doctrinale du 3 octobre 2018, que « les impôts prélevés par un État ou un territoire en contradiction avec les stipulations d'une convention fiscale ne donnent pas lieu à un crédit d'impôt et peuvent uniquement faire l'objet d'une déduction du bénéfice net. Dans ce cas l'article de la convention fiscale relatif à l'élimination des doubles impositions n'est en effet pas applicable » (BOI-BIC-CHG-40-30 n° 30, remarque 1). À notre avis, il n'y a pas lieu d'exiger du contribuable qu'il fasse état d'éventuels efforts de contestation restés infructueux dans le pays étranger concerné (n° 11110).

Précisions **a.** Le principe de la **déductibilité des impôts étrangers** en droit interne avait été affirmé par le Conseil d'État, sous l'empire de la législation antérieure à la loi n° 2017-1775 du 28 décembre 2017 de finances rectificative pour 2017, dans la décision Établissements Soulès (n° 11110) ; il avait ensuite été réaffirmé à propos d'une **société déficitaire** qui n'avait pu déduire en France des retenues à la source étrangères qu'en raison de l'obstacle posé par les conventions fiscales applicables en l'espèce et non sur le fondement du droit interne (CE 12 mars 2014 n° 362528, 9e et 10e s.-s., Sté Céline : RJF 6/14 n° 602, aux conclusions de Frédéric Aladjidi au BDCF 6/14 n° 59 ; voir n° 83660).

b. La solution rigoureuse retenue par la cour administrative d'appel de Paris dans l'arrêt du 21 novembre 1991 cité n° 5180 s'explique par des considérations d'espèce, puisqu'il n'était pas établi que l'impôt étranger se rapportait à des **bénéfices imposables en France**.

c. Si une entreprise française réalise hors de France des opérations dont le résultat entre dans ses bénéfices imposables en France, en l'absence d'établissement dans le pays étranger considéré, la déduction en France de l'impôt étranger n'est pas limitée au seul **bénéfice résultant des activités menées dans cet État** (CE 20 décembre 2017 n° 398258, 9e ch., Sté CGSI : RJF 4/18 n° 355, à propos d'une société qui exerçait une activité de conseil en services et ingénierie informatique et qui avait subi des retenues à la source au Maroc et en Côte d'Ivoire). L'impôt étranger est, en effet, une charge comme une autre au sens de l'article 39, 1 du CGI. Sur renvoi, et compte tenu de la substitution de base légale demandée par le ministre, il a été jugé que la société, si elle n'était pas fondée à bénéficier d'un crédit d'impôt car les sommes qu'elle avait reçues étaient des rémunérations de services et non des redevances, pouvait déduire les impositions étrangères prélevées à tort (CAA Versailles 4 avril 2019 n° 17VE03995, 6e ch., Sté CGSI, définitif ; voir également n° 20410, Précisions e).

d. L'article 39, 1-4° du CGI ne contredit pas l'article 122 du même Code, qui, en ce qui concerne les **revenus de capitaux mobiliers**, permet la déduction des impôts étrangers (n° 8142) ; il concerne, en effet, les impôts établis conformément aux conventions fiscales, ce qui n'est pas le cas de l'article 122 du CGI qui peut se comprendre comme ne visant que les situations hors convention fiscale.

Possibilité pour une société étrangère de disposer de plusieurs établissements en France

Le Conseil d'État a paru considérer, à l'occasion d'une affaire un peu particulière, qu'une société étrangère pouvait éventuellement disposer de plusieurs établissements distincts en France, qui constitueraient autant de contribuables séparés à condition que leurs **missions** soient **distinctes** et qu'il n'y ait **pas d'unité de direction** (la rédaction de l'arrêt sur ce point n'est cependant pas très nette et elle s'explique peut-être parce que la question de l'existence d'un second établissement stable n'avait, dans cette affaire, été soulevée par aucune des parties). **5820**

Il a, en effet, été jugé que le bureau parisien de vente de billets d'une compagnie aérienne turque était distinct de son escale technique d'Orly, dès lors que le bureau agissait comme une agence de voyages, qu'il n'assumait aucune des missions dévolues à l'escale technique et qu'il n'y avait pas d'unité de direction des deux installations (CE 10 avril 2009 n° 275534, 10e et 9e s.-s., Sté Turkish Airlines : RJF 7/09 n° 617, conclusions Julien Boucher au BDCF 7/09 n° 82) ; comme le bureau parisien, qui vendait des billets d'avion sur des vols Turkish Airlines et recevait des commissions, n'exerçait aucune activité à Orly, il n'était pas fondé à contester la réintégration des charges relatives aux salaires des personnels chargés des services au sol de transport aérien, aux frais d'hébergement des équipages en escale, aux achats de plateaux-repas et de journaux destinés aux voyageurs à bord de ses avions ainsi qu'à la location d'un comptoir à l'aéroport d'Orly (au cas particulier, l'escale d'Orly n'avait pas été imposée alors qu'elle aurait sans doute dû l'être car les stipulations de la convention franco-turque sur les entreprises de navigation maritime et aérienne internationale n'étaient pas applicables à l'époque des faits ; n° 19305).

Le Conseil d'État paraît poser en principe que les **charges** qui peuvent être **déduites** des résultats d'un établissement français sont seulement celles **qui se rattachent à l'activité exercée en propre** par cet établissement, et non pas celles qui se rattachent à un autre établissement, même français, s'il peut être considéré comme distinct (de son côté, l'administration avait manifestement porté le débat sur la seule déduction des charges et non pas sur la consistance exacte de l'activité exercée en France par la société ; en ce sens, conclusions du rapporteur public Julien Boucher).

Il nous semble cependant que cette question mériterait d'être précisée car on voit mal comment admettre qu'une société étrangère puisse disposer de plusieurs établissements qui seraient imposables distinctement, alors que le Code général des impôts prévoit l'imposition des sociétés **sous une cote unique** (CGI art. 218 et 218 A et Ann. IV art. 23 ter) ; à notre avis :
– soit la société étrangère dispose d'un établissement et réalise par ailleurs des revenus non rattachables à cet établissement, et seuls les revenus rattachables sont imposables (principe transposable aux charges) ;
– soit la société dispose de plus d'un établissement et l'ensemble des revenus qu'elle réalise (produits et charges) devrait être imposé sous une cote unique, compte tenu de l'article 218 du CGI.
En tout état de cause, comme l'indiquait la rapporteure publique Aurélie Bretonneau dans ses conclusions sous CE 7 mars 2016 n° 371435, 10e et 9e s.-s., Compagnie internationale des wagons-lits et du tourisme (RJF 6/16 n° 555, conclusions à la même RJF, C 555 ; voir également n° 41485), la décision Turkish Airlines, précitée, « ne consacre pas une possibilité d'imposer et de **vérifier distinctement deux établissements** stables d'une même société, possibilité qui serait dérogatoire à l'article 218 du CGI en vertu duquel « l'impôt sur les sociétés est établi au lieu du principal établissement de la personne morale », et dont il se déduit que lorsqu'une entreprise dispose de plusieurs établissements stables, c'est bien l'entreprise qui est vérifiée et non chaque établissement pris individuellement. »

Précisions **a.** Les **commentaires de l'OCDE** paraissent accepter une pluralité d'établissements : « Lorsque la nature des activités d'une entreprise est telle que ces activités se déplacent en différents endroits voisins, il peut être difficile de déterminer s'il existe une seule « installation fixe d'affaires » (si deux installations d'affaires sont occupées et que les autres conditions énoncées à l'article 5 sont remplies, l'entreprise a, naturellement, **deux établissements stables**) » (Commentaires OCDE, C (5) n° 22).

b. Sur la difficulté posée par la combinaison des règles relatives à l'établissement stable et aux **revenus immobiliers**, voir n° 66945, Précisions c.

B. Ventilation des revenus

5825 La ventilation des revenus ne pose pas de problèmes particuliers au regard des principes qui viennent d'être indiqués. Dès lors qu'une entreprise française réalise un bénéfice en effectuant des opérations en France et hors de France, une ventilation doit être opérée afin de n'imposer en France que la part correspondant à l'entreprise exploitée en France (BOI-IS-CHAMP-60-10-40 n°s 240 s.).

Succursales de vente à l'étranger

5827 Une entreprise française qui dispose de succursales à l'étranger est fondée à retrancher de son bénéfice global la fraction de ce bénéfice qui correspond aux opérations effectuées par ces succursales. Si ces succursales effectuent la totalité de leurs achats et ventes à l'étranger, c'est l'intégralité des bénéfices qu'elles réalisent qui doit être retranchée des résultats imposables en France. Mais si elles **s'approvisionnent** en tout ou en partie **auprès du siège français** (ou d'un établissement situé en France), le bénéfice imposable en France doit comprendre les profits réalisés sur la vente des marchandises fournies aux succursales. Il faut alors procéder comme si les ventes avaient été conclues avec des tiers dans des conditions normales, le cas échéant en utilisant la méthode de répartition par comparaison (n° 5810).

Établissement de vente en France et usine de fabrication à l'étranger

5829 Dans ce cas, seul le bénéfice de vente doit être imposé en France ; le bénéfice de fabrication réalisé à l'étranger doit être exonéré d'impôt en France. Le **bénéfice de vente** correspond à celui que l'entreprise française aurait réalisé si elle s'était approvisionnée auprès de tiers indépendants au lieu de se fournir auprès de sa propre usine. Ce bénéfice peut être déterminé par comparaison, en fonction du montant des ventes réalisées, ou du nombre, de la quantité ou du volume des produits vendus.

Usine de fabrication en France et établissement de vente à l'étranger

5831 Cette situation est la même que la précédente, mais vue en sens inverse ; la société ne doit être imposée en France que sur son **bénéfice de fabrication**, c'est-à-dire le profit qu'elle réaliserait si elle vendait ses produits à des entreprises indépendantes.

Livraison d'usines « clés en main »

5833 Dans ce cas, le bénéfice réalisé sur place, dans le pays de situation de l'usine, ne doit pas être pris en considération pour la détermination du résultat imposable en France à l'impôt sur les sociétés (n°s 5160 s.).

C. Ventilation des charges

5900 Corollaire de la non-imposition des produits, les frais et charges qui se rapportent à des entreprises exploitées hors de France ne peuvent venir en déduction des résultats imposables en France (BOI-IS-CHAMP-60-10-40 n°s 310 s.). Schématiquement, deux catégories de dépenses peuvent être distinguées.

Précisions **a.** Les sommes correspondant aux indemnités versées aux volontaires internationaux en entreprise (**VIE**) placés auprès d'une filiale ou d'une succursale située à l'étranger peuvent, par exception aux principes généraux, être déduites du résultat de l'entreprise française dans la limite du montant légal applicable à ces indemnités (BOI-BIC-CHG-40-20-30 n° 20).

b. Sur le lien entre imposition des profits et déductions des charges, voir aussi la « **logique de symétrie** » retenue par CE 12 juin 2013 n° 351702, 3e et 8e s.-s., Sté BNP Paribas : RJF 10/13 n° 911 (n° 10937).

1. Dépenses exposées au profit d'un établissement déterminé

Principes

Ne sont admises dans les charges d'un établissement distinct situé en France que les dépenses qui sont engagées **dans le seul intérêt** de cet établissement. De même, les dépenses exposées en France par une entreprise dans l'intérêt de succursales étrangères ne sont pas déductibles des bénéfices imposables en France (en ce qui concerne les versements d'intérêts ou de redevances entre un établissement et son siège, voir nos 15250 s.). **5905**

Précisions Les **frais de comptabilité** engagés en France par le siège d'une société en raison de l'existence de succursales autonomes à l'étranger ne sont pas déductibles en France ; ils doivent être déduits dans l'État de situation de l'établissement, conformément à la loi de cet État et, le cas échéant, des conventions fiscales (BOI-IS-CHAMP-60-10-40 n° 360).

Exemples

Les arrêts suivants illustrent les principes : **5910**

a. Une société française qui dispose d'un établissement au Vietnam, caractérisant une entreprise exploitée hors de France quand bien même elle ne produit pas de recettes, ne peut déduire en France les **charges afférentes à cet établissement** (CAA Versailles 21 décembre 2004 n° 02-3541, 3e ch., Sté Gimn : RJF 4/05 n° 303, définitif ; voir aussi nos 5060 et 17548).

b. Une société française qui a engagé des **frais d'étude en vue de l'implantation** d'un hôpital en Chine peut les déduire en France, en dépit du fait que ces mêmes frais auraient pu être déductibles en Chine par l'entité dont la création était projetée et qui aurait constitué un établissement en Chine (CAA Marseille 1er mars 2006 n° 02-2214 et 04-2393, 4e ch., Gauffier : Droit fiscal n° 30-35/2006, comm. n° 533 ; arrêt définitif).

c. Une banque française exerçant notamment une activité de gestion privée sous mandat a pu déduire les frais qu'elle avait engagés pour le fonctionnement d'un **bureau de représentation à Shanghai** qui avait pour objet principal d'étudier l'opportunité de développer localement les activités de gestion du groupe et de réunir les conditions permettant la création d'une joint-venture en « asset management » avec un partenaire local (CAA Versailles 28 septembre 2017 n° 15VE02566, 6e ch., Sté Edmond de Rothschild (France) ; arrêt définitif).

Difficultés pratiques

Il est parfois difficile de faire la distinction entre les frais déductibles en France et ceux qui ne le sont pas, à la fois compte tenu de la nature des frais et en raison de la problématique plus générale des **aides fiscalement admissibles** entre un siège et un établissement étranger (nos 5950 s.). **5915**

Précisions Dans le passé, il avait été admis que lorsqu'une entreprise prend une décision générale de gestion comme celle de **fermer une succursale à l'étranger** et d'en licencier le personnel, les **indemnités de licenciement** ultérieurement versées sont déductibles en France (CE 6 juillet 1957 n° 40035, RO p. 391). Elles ont été considérées comme postérieures à la fermeture de la succursale, décidées par le siège et rattachées à la marche générale de l'entreprise. Cette décision, discutable au regard du principe de territorialité (en ce sens, conclusions Marie-Hélène Mitjavile sous la décision Télécoise citée n° 5955), avait autrefois été entérinée par l'administration mais n'a pas été reprise au BOFiP.

2. Dépenses exposées au profit de l'entreprise dans son ensemble

Principes

Une société qui a son siège en France et qui exerce une activité industrielle ou commerciale distincte dans un établissement situé hors de France ne peut pas tenir compte des charges qui se rapportent à son activité hors de France ; les dépenses exposées au profit de l'entreprise dans son ensemble **doivent être réparties** selon les règles de territorialité. **5920**

À propos des **frais généraux du siège social**, l'administration rappelle que, d'une façon générale, lorsqu'une entreprise possède des établissements à la fois en France et à l'étranger, ces frais généraux doivent être répartis entre les différents établissements intéressés. Elle ajoute que, dans la mesure où l'affectation de ces dépenses communes ne résulte pas des écritures comptables, la part de ces frais imputable aux établissements exploités en France peut être valablement fixée d'après la proportion existant entre le chiffre d'affaires de ces établissements et le chiffre d'affaires global de l'entreprise (BOI-IS-CHAMP-60-10-40 n° 440).

La répartition doit être effectuée selon des clés appropriées, en fonction du rapport des chiffres d'affaires ou selon d'autres critères ; sont notamment concernés les **frais de gestion** (gestion du capital, direction générale de la société), **intérêts d'emprunt** (dès lors que l'emprunt n'a pas été contracté pour les besoins d'un établissement déterminé), **frais de fusion** (à répartir proportionnellement à l'importance des différents établissements) et les **frais de personnel du siège social** (rémunération du PDG d'une société ayant des succursales à l'étranger, même si celui-ci ne se consacre en fait qu'à la direction de l'établissement français et si sa rémunération n'est liée qu'aux bénéfices français ; par exemple CE 25 avril 1960 n° 45089, Dupont, mai 1960, p. 279 ; BOI préc. n° 480).

Précisions Les **compléments de salaires** accordés aux salariés, tels que les **gratifications** liées aux résultats globaux de l'entreprise, doivent suivre la répartition des salaires principaux dont ils ne sont que l'accessoire et ne doivent pas être déduits en fonction de l'importance relative des résultats du secteur « France » et du secteur « étranger » (CE 8 mars 1961 n° 48302, RO p. 323 ; BOI préc. n° 490).

Immeubles

5925 Parmi les charges à répartir, il y a lieu de comprendre les **frais financiers** afférents à l'emprunt contracté par une société en vue d'acquérir l'immeuble où elle a son **siège social** en France, même si celui-ci est inscrit en totalité à l'actif du siège français (CE 7 octobre 1988 n° 45857, 8e et 7e s.-s. : RJF 12/88 n° 1297) ; en effet, une fraction de ces frais n'est pas déductible en France puisqu'elle se rattache à une activité hors de France.

Précisions Dans la décision précitée, le Conseil d'État a combiné les articles 209, I et 39 du CGI (qui précise que « le bénéfice net est établi sous déduction de toutes charges, celles-ci comprenant… notamment : 1° les frais généraux de toute nature… ») pour juger « qu'il résulte de la combinaison de ces dispositions que, lorsqu'une société dont le siège est en France exerce, dans un établissement situé hors de France, une activité industrielle ou commerciale distincte, elle ne peut pas tenir compte, pour la détermination du bénéfice imposable en France à l'impôt sur les sociétés, des charges qui se rapportent à son activité exercée dans l'établissement situé hors de France ; que, parmi ces charges, il y a lieu, alors même que **l'immeuble du siège de la société en France** est inscrit en totalité à son actif en France, de ranger la fraction des frais généraux de siège qui se rapporte à cette activité hors de France ; considérant, d'une part, que les **frais financiers** afférents à l'emprunt que la société a contracté en vue d'acquérir l'immeuble où elle a installé son siège social font partie des frais généraux du siège dont l'imputation sur son bénéfice imposable en France est limitée par l'effet des principes rappelés ci-dessus, dès lors qu'elle possède à l'étranger des succursales dont le résultat, ainsi que cela n'est pas contesté, n'est pas compris dans ce bénéfice (…) ».

5928 Le sort des charges financières et d'amortissement liées à l'acquisition d'un **immeuble à l'étranger** par une société française illustre les difficultés d'application de ces principes :
– **en l'absence de convention fiscale**, l'immeuble à l'étranger ne constitue pas, le plus souvent, une exploitation hors de France ; les revenus que procure sa location et la plus-value éventuelle réalisée lors de son aliénation sont donc imposables en France (ils peuvent aussi, naturellement, être imposables à l'étranger, auquel cas la double imposition n'est pas éliminée en l'absence de convention fiscale, sous réserve de la possibilité de passer en charge l'impôt étranger). Corrélativement, les charges financières et l'amortissement doivent être pris en compte dans les résultats français ;
– **en présence d'une convention fiscale**, les revenus et les plus-values sont normalement imposables sur place et exonérés en France ; les charges financières et l'amortissement ne doivent donc pas être pris en compte en France. Ils sont normalement déduits sur place. Dans cette situation, cependant, si l'immeuble n'est pas loué et ne produit donc pas de revenus, ces charges ne sont prises en compte nulle part, ni en France, compte tenu des règles conventionnelles (les règles de rattachement des profits valent également pour les charges ou les pertes), ni localement en l'absence de revenus imposables. Bien entendu, la déduction éventuelle des charges d'intérêt dans l'État de situation suppose que l'emprunt soit « affecté » à l'immeuble, c'est-à-dire spécialement souscrit pour son acquisition.

Sur ces questions, voir également nos 67410 et 67905.

Commissions

Une commission versée pour l'obtention d'un **marché international** ne peut être déduite en France que **dans la proportion** de la part du chiffre d'affaires résultant de l'activité exercée en France par rapport au chiffre d'affaires total du marché (CAA Paris 9 décembre 1997 nº 95-3136, 2ᵉ ch., Cie Fives-Lille : RJF 3/98 nº 233 ; un pourvoi avait été formé mais il n'a pas été admis par CE (na) 10 novembre 1999 nº 194168, 8ᵉ s.-s., SA Cie Fives-Lille : RJF 1/00 nº 23). En l'espèce, la requérante ne contestait pas cette méthode de ventilation, mais seulement le principe lui-même. La Cour a logiquement confirmé le principe, en soulignant que la société n'avait pas établi que la dépense considérée était de nature à n'avoir généré que des résultats imposables en France. 5930

Charges non déductibles à l'étranger

La circonstance que des charges afférentes à un établissement à l'étranger ne soient pas déductibles pour la détermination du résultat de cet établissement, imposable localement, ne permet pas, pour autant, de les admettre en déduction en France ; ce principe a été posé, notamment, dans une affaire concernant une société française qui invoquait la convention franco-algérienne du 2 octobre 1968 pour soutenir qu'elle était en droit de déduire de ses résultats imposables en France des pertes correspondant au montant de la **quote-part des frais généraux du siège** qui incombait à son établissement algérien et dont les autorités algériennes n'avaient pas admis la déduction pour l'assiette de l'impôt algérien ; le Conseil d'État a rappelé que la fraction des frais généraux d'une société française imputable à l'activité, distincte de la sienne, de sa succursale exerçant à l'étranger n'est pas déductible du bénéfice imposable en France et il a souligné que « le **refus de l'administration fiscale algérienne** d'admettre la déduction, pour l'assiette de l'impôt algérien, de la quote-part des frais généraux du siège de la société incombant à sa succursale algérienne, pour regrettable qu'il soit, est sans effet sur la détermination de l'impôt dû en France » (CE 14 novembre 1984 nº 40368, 9ᵉ et 8ᵉ s.-s. : RJF 1/85 nº 34). 5940

La même solution a ensuite été retenue à propos de la législation camerounaise limitant l'imputation des **frais de siège** à 10 % seulement du bénéfice imposable (CAA Paris 30 décembre 1993 nºˢ 93-047 et 93-232, 2ᵉ ch., Sté Schlumberger : RJF 5/94 nº 529 ; arrêt définitif sur ce point, l'autre question soulevée, celle tenant au plateau continental, ayant donné lieu à la décision du Conseil d'État mentionnée nº 4010, Précisions b).

D. La prise en compte éventuelle des pertes et déficits subis hors de France

Principes

Il résulte du principe de territorialité que les résultats d'une entreprise imposable en France **ne peuvent être affectés**, sous quelque forme que ce soit, par les pertes et les déficits qui se rattachent à une exploitation étrangère dont les profits échappent à l'impôt français (BOI-IS-CHAMP-60-10-40 nº 500). Les méthodes de ventilation employées par les entreprises françaises ne doivent donc pas avoir pour effet de permettre à des pertes ou des déficits étrangers de « remonter » en France (sur cette logique de « symétrie », voir aussi CE 12 juin 2013 nº 351702, 3ᵉ et 8ᵉ s.-s., Sté BNP Paribas : RJF 10/13 nº 911 ; nº 10937). 5950

Ainsi, lorsqu'une société dont le siège est en France exerce hors de France une activité industrielle ou commerciale, elle ne peut pas tenir compte, pour la détermination du bénéfice imposable en France, des **variations de l'actif net** imputables à des événements ou opérations **qui se rattachent à l'activité exercée hors de France** (quelles que soient les causes possibles de variation de l'actif net : résultats d'exploitation, amortissements, plus-values ou moins-values). Seules sont déductibles en France, en particulier, les pertes, ainsi que les provisions constituées en vue de faire face à des pertes ou charges qui se rattachent à l'activité exercée en France.

Ce principe connaît toutefois quelques atténuations.

Précisions La solution de principe retenue par la **Cour de justice** à propos d'une société danoise qui avait réalisé des pertes lors de la fermeture d'un établissement finlandais pourrait éventuellement ouvrir des perspectives favorables à la prise en compte de pertes étrangères, dans certains cas particuliers (CJUE 12 juin 2018 aff. 650/16, Gr. ch., A/S Bevola, Jens W. Trock ApS : RJF 11/18 nº 1186 ; voir nº 81720).

Évolution de la jurisprudence

5953 La portée pratique du principe de territorialité en ce qui concerne l'appréhension fiscale en France des pertes et déficits subis dans des établissements situés hors de France a été progressivement dégagée par la jurisprudence du Conseil d'État ; analysée dans une perspective chronologique, celle-ci a d'abord paru hésitante jusqu'à trois décisions de plénière fiscale de 1972 et 1974, qui l'ont recentrée sur le critère du rattachement à l'exploitation française ; ces décisions ont ensuite fixé la jurisprudence dans un sens plutôt restrictif jusqu'à la décision de section Télécoise du 16 mai 2003 qui est venue opportunément la clarifier, la nuancer et la préciser (nº 5955).

5954 La jurisprudence était traditionnellement fixée par les décisions suivantes, jugeant qu'une société dont le siège est en France, par exemple :
– ne peut déduire la perte constatée lors du **remboursement d'un emprunt** en monnaie étrangère pour lequel elle avait donné son aval, mais qui avait été contracté à l'étranger par une de ses succursales à son profit exclusif (CE 21 avril 1958 nº 39603 : Dupont, juin 1958, p. 289) ;
– ne peut déduire des **pertes de change** se rapportant au remboursement d'un emprunt en deutsche mark dès lors que celles-ci concernent un établissement en Allemagne et que la société n'établit pas que les fonds dont il s'agit avaient été effectivement affectés à ses activités en France (CE 18 mars 1985 nº 38036, 8e et 9e s.-s. : RJF 5/85 nº 691) ;
– ne peut déduire les pertes résultant de la **destruction d'éléments d'actifs** immobilisés dans des succursales hors de France, ni les pertes résultant du non-recouvrement de créances sur les clients, ni les autres pertes d'exploitation subies par ces succursales (CE 25 octobre 1972 nº 81999, Plén. : Dupont 1/73 p. 19) ;
– ne peut déduire de son bénéfice imposable en France les pertes correspondant à la fraction estimée irrécouvrable d'**avances de fonds** consenties à une succursale hors de France qui connaît des difficultés économiques (CE 14 novembre 1984 nº 40368, 9e et 8e s.-s. : RJF 1/85 nº 34) ;
– ne peut déduire par voie de provisions les pertes résultant de l'impossibilité où elle est de **récupérer des fonds** qu'elle a envoyés à des succursales hors de France dès lors que l'activité de ces succursales est distincte de celle de l'établissement français (CE 20 novembre 1974 nº 85191, Plén. : Dupont 1/75 p. 21) ; il s'agissait de succursales en Algérie qui ne pouvaient rembourser au siège des fonds envoyés par celui-ci, compte tenu des mauvais résultats de leur gestion ;
– ne peut constituer une provision déductible pour faire face à la **perte de la dotation** qu'elle a mise à la disposition de sa succursale hors de France, dès lors que cette perte, rendue probable par la liquidation de sa succursale, est imputable à des événements ou opérations se rattachant à l'activité exercée hors de France (CE 25 octobre 1972 nº 82309, Plén. : Dupont 1/73 p. 19) ;
– ne peut imputer sur son bénéfice le **déficit afférent à une agence** établie à l'étranger dès lors que cette agence exerce en fait à l'étranger une activité autonome d'achats et ventes sur place (CE 12 novembre 1969 nº 75410 : RJF 2/70 p. 78).

Admissibilité des aides commerciales

5955 La série précédente de solutions plutôt strictes a été interrompue en 2003 par une importante décision de section à propos d'une société française qui avait constitué une succursale en Libye pour l'exécution d'un **marché de travaux publics** et qui avait mis, à cet effet, des sommes à la disposition de sa succursale. Celle-ci ayant rencontré des difficultés telles que son activité avait dû être arrêtée, le siège avait constitué une provision pour créances douteuses, afin de tenir compte du risque de ne pouvoir recouvrer ses avances. Si, en l'espèce, le Conseil d'État a refusé la déductibilité de cette provision, il a néanmoins affirmé, de façon solennelle, que si une succursale entretient avec son siège des **relations commerciales** favorisant le maintien ou le développement des activités en France de la société, celle-ci peut déduire de ses résultats imposables les pertes, subies ou régulièrement provisionnées, résultant des aides apportées à la succursale dans le cadre de ces relations (CE 16 mai 2003 nº 222956, Sect., Sté Télécoise : RJF 7/03 nº 823, avec chronique Laurent Olléon, et conclusions Marie-Hélène Mitjavile au BDCF 7/03 nº 91). Dans cette affaire, le commissaire du Gouvernement avait opportunément souligné l'illogisme d'une solution qui consisterait à d'abord affirmer la **personnalité fiscale** d'une succursale étrangère, au nom de la territorialité de l'impôt, pour, ensuite, l'ignorer en interdisant de la regarder comme un tiers par rapport au siège et en refusant toute notion d'abandon de créance ; il estimait qu'il fallait admettre que l'établissement étranger était doté d'une « personnalité fiscale », que les avances consenties par le siège étaient des « créances » et que la théorie de l'abandon de créance était donc applicable.

Certes, en l'espèce, le Conseil d'État n'est pas allé jusqu'à transposer au cas des succursales la jurisprudence de l'époque relative aux abandons de créances (nos 26060 s.) ; mais il a admis que les pertes subies ou provisionnées par le siège sont déductibles si l'avance a été consentie :
– dans le cadre de **relations commerciales** entre le siège et la succursale,
– et avec comme objectif le **développement ou le maintien d'une activité exercée en France** par le siège.

Le Conseil d'État confirme ainsi que la perte des avances consenties par le siège dans son intérêt commercial à sa succursale étrangère constitue une charge déductible mais que tel n'est pas le cas si les avances ont été consenties dans l'**intérêt financier** du siège. L'idée sous-jacente est sans doute que la charge doit être appréciée au regard du principe de territorialité, même si le Conseil d'État n'établit pas formellement ce lien et ne l'admet qu'en présence de relations commerciales entre les deux entités (alors qu'on pourrait imaginer d'autres types de relations ou d'avantages retirés par l'exploitation française de l'activité de l'établissement étranger).

Enfin, il ressort de la décision Télécoise que l'appréciation doit porter sur l'objectif poursuivi par le siège à la **date** à laquelle les avances ont été consenties et non pas à celle où elles ont été abandonnées, comme en matière d'acte anormal de gestion (le commissaire du Gouvernement avait rappelé sur ce point que la société a droit à l'erreur et que l'administration ne doit pas s'immiscer dans sa gestion).

Précisions **a.** En l'espèce, si la requête de la société Télécoise a été rejetée, c'est parce que la société n'a pas justifié que les avances qu'elle avait consenties à la succursale avaient eu pour « objectif et contrepartie le développement d'une activité exercée en France ». La cour administrative d'appel de Douai avait d'ailleurs précédemment relevé, à ce propos, que la société n'avait démontré par **aucun document** que la croissance de son chiffre d'affaires au cours des années 1980 à 1985 résulterait, directement ou indirectement, des activités de sa succursale libyenne (CAA Douai 4 mai 2000 n° 97-912, Sté Télécoise : RJF 11/00 n° 1230, avec conclusions au BDCF 11/00 p. 15) ; il semble donc qu'il se soit agi essentiellement, en l'espèce, d'une **absence de justification** qui ne révélait d'ailleurs, probablement, qu'une réelle absence de relations commerciales entre la société et sa succursale.

b. La solution donnée par la décision Télécoise confirme, en les précisant, les perspectives ouvertes par une **précédente** décision du **Conseil d'État** prise seulement en sous-sections réunies et qui était restée isolée (CE 2 mars 1988 n° 49054, Société des ateliers mécaniques pour l'industrie et les industries alimentaires : RJF 4/88 n° 407 aux conclusions de Noël Chahid-Nouraï in Fiscalité internationale, T. 2, éd. EFE 1989) ; il s'agissait, dans cette affaire, d'une société française qui avait mis des sommes à la disposition de sa succursale allemande et qui craignait de ne pouvoir rentrer dans ses fonds en raison des difficultés rencontrées par la succursale ; il avait été jugé qu'en mettant ces sommes à la disposition de sa succursale, la société française avait eu en vue le **développement** de ses **propres ventes** en **Allemagne** et que, par suite, la société était fondée à soutenir que les pertes qu'elle redoutait auraient pu lui ouvrir le droit de constituer des provisions déductibles de ses résultats imposables en France (en l'espèce, ce droit lui avait été dénié pour d'autres raisons). Dans ses conclusions sur cette affaire, le commissaire du Gouvernement Chahid-Nouraï avait estimé qu'il ne convenait pas de traiter différemment l'exercice d'une activité à l'étranger par l'intermédiaire d'une filiale et d'une succursale, dans la mesure où il s'agit de deux modes d'exercice d'une activité proches sur les plans économique et comptable quoiqu'il y ait évidemment des différences juridiques. Il concluait que la perte d'une créance sur une succursale étrangère devait être considérée comme rattachable à l'activité française si elle avait été consentie pour faciliter la commercialisation des produits de la société française.

c. En ce qui concerne les aides consenties à une **succursale d'une filiale**, voir n° 26115 la décision Guerlain, montrant que le Conseil d'État **refuse** en ce cas de **faire abstraction** de la **personnalité juridique** de la filiale et de ne considérer que la seule succursale.

Remarques sur la portée de la décision Télécoise

La formulation retenue par le Conseil d'État n'est pas aussi restrictive qu'elle le paraît ; **5957**
elle vise, en effet, les **relations commerciales au sens large** et non pas, par exemple, les seules relations du type « producteur/distributeur ». Cette rédaction autorise donc, à notre avis, la prise en compte non seulement de relations de la nature de celles qui peuvent exister entre une société qui exerce en France une activité de **production** et une

5957 (suite) succursale étrangère de **distribution**, mais aussi toutes sortes d'autres relations commerciales, du moment qu'elles ont un impact sur l'exploitation française et sur la réalisation de produits imposables en France (sur cette question, voir aussi les exemples cités aux nos 26080 s. en ce qui concerne la circulation des pertes au sein des groupes de sociétés).

En outre, le Conseil d'État autorise l'aide non seulement lorsque sont en cause le développement de l'activité du siège mais également son **maintien** ; la formulation retenue est donc assez large, et pourrait même, comme le remarque Laurent Olléon dans sa chronique à la RJF 7/03, s'étendre à la **préservation du renom** puisqu'elle vise au moins le maintien des activités exercées en France sous réserve du caractère commercial de l'aide (à supposer que cette justification soit admise, il faudrait tout de même qu'elle soit sérieusement étayée ; par exemple, l'argument tenant au renom n'a pas convaincu dans l'affaire citée au nº 5960).

Enfin, dans l'affaire Télécoise, la question a été tranchée par rapport au seul droit interne français, dans la mesure où la succursale était constituée en Libye, pays qui, à l'époque, n'avait pas conclu de convention fiscale avec la France ; il ne semble pas, cependant, qu'une **convention fiscale** ait pu être de nature à modifier la solution puisqu'il s'agit d'une pure question de droit interne français. De même, le **droit de l'Union européenne** devrait aujourd'hui rester sans incidence dans la mesure où, par principe, les aides sans caractère commercial, non admissibles en présence d'un établissement étranger, ont été de toute façon rendues non déductibles par la loi nº 2012-958 du 16 août 2012 de finances rectificative pour 2012, sauf exception (nº 26122) ; dès lors qu'une société française ne peut pas déduire d'aide à caractère financier au bénéfice d'une filiale européenne, la circonstance qu'elle ne le puisse pas non plus en présence d'un simple établissement ne crée pas de discrimination. En revanche, antérieurement, la question pouvait se poser compte tenu du principe de liberté d'établissement et de l'interdiction faite à un État membre de restreindre la création, dans un autre État membre, de succursales ou de filiales (nos 81680 s.) ; on pouvait vraisemblablement voir une **différence de traitement** incompatible avec le droit de l'Union européenne dans le fait qu'une société française pouvait sur ce point être mieux traitée en France si elle s'établissait dans un autre État membre sous forme de filiale plutôt que de succursale, à supposer qu'elle puisse démontrer qu'elle aurait pu déduire une aide à caractère financier si elle s'était établie sous forme de filiale.

Précisions **a.** La déduction d'abandons de créances consentis par une société française à deux **succursales de distribution** aux Pays-Bas et en Belgique a été admise car il s'agissait d'aides destinées à assurer le règlement des fournisseurs dans le cadre de la fermeture des succursales et motivées par le souci de la société française de sauvegarder sa réputation pour permettre le maintien et le développement de son implantation commerciale dans ces pays (CAA Paris 31 décembre 2001 nº 97PA03652, min. c/ Sté Lilly France, arrêt définitif ; les abandons de créance étaient apparemment intervenus dans le cadre de la mise en place d'un nouveau système de distribution par l'intermédiaire d'un réseau de distributeurs locaux indépendants).

b. Ont été admises en déduction des provisions constituées par un siège français pour tenir compte des **pertes de change** sur une avance faite à son établissement grec qui commercialisait ses produits en Grèce (TA Paris 13 février 2002 nº 9603453/1, Sté Zodiac ; jugement définitif).

c. Il a été jugé qu'une société française pouvait prendre directement en charge les **coûts de fonctionnement** d'une entité britannique, à supposer même qu'il s'agisse d'un établissement stable, dès lors que cette dernière devait être regardée comme ayant effectué des prestations au profit du siège français et qu'elle lui avait permis de développer ses ventes (CAA Paris 12 mai 2010 nº 08-5384, 2e ch., Beauté Créateurs SAS : RJF 12/10 nº 1147 ; arrêt définitif). L'arrêt reprend le principe posé par la décision Télécoise mais sans se prononcer sur la qualité d'établissement stable de la succursale (la société soutenait que cette dernière, installée de manière permanente au Royaume-Uni et y employant des salariés chargés de promouvoir les ventes de la société française, n'exerçait qu'une activité préparatoire ou auxiliaire).

d. Les principes posés par la décision Télécoise ont été repris à propos d'une société française qui avait consenti des **abandons de créances** à des succursales néerlandaise et suédoise en 2000 et 2001, dont la déduction n'a pas été admise (CE 4 décembre 2013 nº 355694, 3e et 8e s.-s., Sté Kepler Equities : RJF 3/14 nº 228 ; conclusions Vincent Daumas au BDCF 3/14 nº 32). En l'espèce, il n'était pas contesté qu'une fraction des avances litigieuses avait eu pour objectif et contrepartie le développement d'une activité imposable en France par le biais de commissions versées par les succursales bénéficiaires de l'aide ou liées à l'activité de celles-ci ; mais la requérante n'avait pas apporté, alors que cela lui incombait, d'élément permettant d'apprécier l'importance relative de l'activité des succursales contribuant à la réalisation de produits imposables en France, et n'avait donc pas justifié qu'une partie des abandons de créances consentis était déductible des résultats imposables en France. Comme l'indique le rapporteur public, dès lors que **les succursales apportent des affaires au siège**, « rien n'empêcherait selon nous une déduction de l'aide accordée à chaque succursale à hauteur du rapport entre le chiffre d'affaires représenté par ces commissions et celui réalisé par la succursale - sous réserve d'une éventuelle critique de cette déduction sous l'angle de l'acte anormal de gestion, si le montant ainsi obtenu s'avérait totalement disproportionné aux avantages retirés par le siège de l'accroissement de sa propre activité. » Mais si une société ne **justifie pas l'évaluation de la part déductible** des abandons de créances, elle ne peut rien déduire.

Garantie accordée par un siège français à une succursale étrangère

Étant donné qu'un siège français et une succursale étrangère constituent deux êtres fiscaux distincts, rien ne devrait s'opposer, à notre avis, à ce qu'une société française accorde sa garantie à une succursale étrangère pourvu qu'elle commette, ce faisant, un acte normal de gestion, ce qui suppose en particulier qu'elle reçoive une rémunération de marché au titre de la garantie consentie. Une telle approche serait, en tout état de cause, particulièrement justifiée en ce qui concerne les banques (nº 15350). **5960**

À ce propos, il avait été jugé que, pour établir le **caractère anormal d'un engagement de garantie** souscrit par le siège d'une banque française au bénéfice de sa succursale britannique et portant sur un portefeuille de titres obligataires de pays émergents, l'administration ne pouvait utilement invoquer l'avantage financier procuré à la succursale au détriment du siège dès lors que ces deux entités constituent **une seule et même personne morale** dont les intérêts, en l'espèce, ne se dissociaient pas, la convention litigieuse ayant été conclue dans le but de maintenir les investissements réalisés par la succursale dans les pays émergents pour le compte exclusif du siège (CAA Versailles 19 décembre 2013 nº 11VE01496, 6e ch., Sté BNP Paribas : JurisData nº 2013-033531). Dans cette affaire, le siège s'était opposé à la cession par sa succursale britannique des portefeuilles obligataires de pays émergents qu'elle détenait en s'engageant, moyennant rémunération, à lui rembourser les pertes éventuelles qu'elle subirait ; le siège avait ensuite constaté une charge et une provision que l'administration avait rejetées au motif que le mécanisme retenu aboutissait à ce que le siège subisse, en cas de variation négative des cours, une charge disproportionnée par rapport à la rémunération qui aurait été la sienne en cas de variation positive, alors que cette **dissymétrie des pertes et des gains** éventuels lui était nécessairement connue à la date à laquelle il avait souscrit l'engagement. La Cour avait cependant conclu à la décharge au motif que l'administration n'apportait pas la preuve qui lui incombait.

Mais cet arrêt a été annulé et l'affaire a été renvoyée à la Cour par CE 19 mars 2015 nº 375636, 9e s.-s., Sté BNP Paribas, au motif que, pour juger que la charge et la provision que la banque avait comptabilisées au titre de l'engagement de garantie étaient déductibles, la Cour avait relevé que le siège et la succursale constituaient une seule et même personne morale et que leurs intérêts ne se dissociaient pas. La Cour avait, sur ce point, commis une erreur de droit car elle aurait dû rechercher si **l'aide consentie par le siège** à la succursale s'inscrivait dans le cadre de relations commerciales favorisant le maintien ou le développement d'une activité exercée en France (reprise de la jurisprudence Télécoise ; nº 5955).

Sur renvoi, il a finalement été jugé que la banque n'avait pas apporté la preuve qui lui incombait de ce que l'aide qu'elle avait apportée à sa succursale britannique sous la forme d'une garantie s'inscrivait dans le cadre de **relations commerciales** favorisant le maintien ou le développement d'une activité exercée en France ; par suite, la charge et la provision qu'elle avait comptabilisées à raison de la garantie octroyée à sa succursale britannique n'étaient pas déductibles de son résultat (CAA Versailles 19 juillet 2016 nº 15VE00935, 1e ch., Sté BNP Paribas ; cet arrêt a fait l'objet d'un pourvoi qui n'a pas été admis par CE (na) 21 juin 2017 nº 403409, 9e ch.). Au soutien de sa position, la banque avait produit des documents relatifs à l'importance de son activité obligataire, au rôle de la place de Londres et à la nécessité de préserver son renom mais ces éléments étaient sans doute trop généraux car ils ne permettaient pas d'établir la contribution de la succursale à la réalisation de produits imposables en France.

Cette affaire a donné lieu à une autre décision du Conseil d'État confirmant que la Cour avait jugé à juste titre que la banque n'avait pas apporté la preuve qui lui incombait de ce que l'aide apportée s'inscrivait dans le cadre de relations commerciales favorisant le maintien ou le développement d'une activité exercée en France, relevant notamment que la banque n'avait produit aucun élément, tel que, par exemple, un **extrait de ses**

comptes, permettant d'apprécier l'importance relative de l'activité de la succursale contribuant à la réalisation de produits imposables en France (CE 18 juillet 2018 n° 404226, 9e et 10e ch., Sté BNP Paribas : RJF 11/18 n° 1166, réaffirmant par ailleurs le considérant de principe issu de la décision Télécoise, mentionnée n° 5955). Cette décision confirme notamment que la garantie qui avait été apportée à la succursale était bien constitutive d'une aide.

E. Obligations déclaratives

6000 Les sociétés et autres personnes morales passibles de l'impôt sur les sociétés et dont l'activité est exercée en partie en France et en partie à l'étranger ne doivent déclarer en France, en vertu de l'article 209, I du CGI, que les bénéfices réalisés dans les entreprises exploitées en France et, le cas échéant, ceux dont l'imposition est attribuée à la France par une convention fiscale. Elles doivent produire **deux séries de tableaux normalisés** à l'appui de leur déclaration de résultats (CGI Ann. III art. 38 terdecies A) :
– éléments comptables concernant l'ensemble des activités exercées, quelle que soit leur localisation ;
– éléments afférents aux seules opérations imposables en France. Le total du bilan figurant sur les tableaux à caractère fiscal doit être identique à celui du bilan comptable. En conséquence, les éléments actifs et passifs rattachables aux activités exercées hors de France, déterminés dans les conditions indiquées précédemment, doivent être extournés des postes correspondants. Afin d'assurer la concordance avec le total du bilan, le montant total des postes ainsi extournés doit être compris respectivement dans les comptes de régularisation actif et passif. La ventilation des comptes de régularisation doit être annexée aux tableaux à caractère fiscal.

Les autres tableaux ne doivent mentionner que les opérations courantes ou exceptionnelles qui participent à la réalisation d'opérations imposables en France.

Précisions **a.** L'établissement français d'une société étrangère est soumis à l'intégralité des **dispositions applicables aux entreprises françaises**, car la loi fait référence aux « bénéfices des entreprises exploitées en France » sans distinguer leur résidence. Il arrive que certaines dispositions soient réservées à des sociétés françaises ; mais lorsqu'il existe une clause de non-discrimination, le bénéfice de ces dispositions est étendu aux établissements stables.

b. Les sociétés étrangères ne peuvent pas déterminer leurs résultats **de manière forfaitaire** en s'abstenant d'établir les documents comptables et fiscaux exigés par la loi (n° 18905).

c. Lorsque les obligations déclaratives n'ont pas été satisfaites, l'administration a la possibilité d'adresser à l'entreprise une **mise en demeure** pour l'inviter à souscrire une déclaration, mais elle n'est pas tenue de lui préciser les **motifs de droit ou de fait** pour lesquels elle estime que l'entreprise a réalisé des revenus devant faire l'objet d'une déclaration (en ce sens, par exemple, CE 13 juillet 2006 n° 271055, 8e et 3e s.-s., Sand : RJF 12/06 n° 1604, dans un cadre interne ; voir aussi CE 18 octobre 2002 n° 224459, Cambay : RJF 1/03 n° 10).

d. Une entreprise étrangère disposant d'un établissement en France peut être tenue de constituer une réserve spéciale de **participation** dès lors qu'elle est imposable en France à raison des opérations qu'elle y réalise (Cass. soc. 8 février 2012 n° 10-28.526 (n° 438 FS-PB), Sté Transports San José & Lopez c/ Durecu).

SECTION 5

Dérogations ou atténuations au principe de territorialité

6040 Le principe de territorialité est un principe structurant de la fiscalité française des entreprises, qu'il n'est pas envisagé de modifier. Une ancienne réponse ministérielle Vanneste (JOAN du 22 avril 1996), qui est toujours d'actualité, avait, par exemple, précisé qu'il n'est pas prévu, pour des raisons d'opportunité et de fond, de supprimer le principe de territorialité de l'impôt sur les sociétés pour retenir une conception fondée sur la prise en compte du résultat des établissements étrangers (bénéfice mondial). Le ministre avait considéré que le principe de territorialité n'affecte pas la **compétitivité** des entreprises françaises par rapport à leurs concurrents étrangers, dans la mesure où, si les pertes supportées à l'étranger ne sont pas prises en compte en France, les profits ne le sont pas non plus. Il avait, en outre, exprimé la crainte qu'un régime de bénéfice mondial de droit commun puisse permettre aux groupes de **filialiser leurs activités bénéficiaires**, notamment financières, dans les pays à faible pression fiscale afin de ne faire remonter que les pertes dans l'assiette française en soulignant, par ailleurs, les difficultés que soulèverait la mise en place d'un régime de bénéfice mondial en matière d'obligations déclaratives des entreprises, et de gestion et de contrôle de l'impôt par l'administration. Le principe de territorialité a également été invoqué pour expliquer la **faiblesse relative de l'impôt acquitté en France** par les entreprises du CAC 40 (ancienne réponse Demilly, JOAN 12 avril 2011 p. 3687, n° 97073 : Droit fiscal 2011 n° 16 comm. n° 133). Il ne semble pas envisagé de revenir aujourd'hui sur ce principe, sauf, le cas échéant, à la marge afin de lutter contre la fraude ou l'évasion fiscale internationale.

Le principe de territorialité appliqué en France connaît quelques **dérogations** ou **atténuations**, qui peuvent, mais de plus en plus rarement, améliorer la situation fiscale des entreprises (régime de déductibilité des abandons de créances à caractère commercial) ou, plus souvent, **pénaliser** celles qui utilisent des pays à fiscalité privilégiée ou qui transfèrent des bénéfices hors de France (CGI art. 57, 238 A, 155 A et 209 B). **6045**

A. Dérogations ou atténuations motivées par la volonté d'améliorer la situation fiscale de l'entreprise

Il peut s'agir de véritables dérogations, comme l'ancien régime du bénéfice mondial ou consolidé, ou bien d'atténuations ou d'aménagements destinés à ne pas dissuader les entreprises de travailler à l'étranger. Les dispositions incitatives en la matière se sont cependant significativement réduites au cours de ces dernières années. **6150**

1. Ancien régime du bénéfice mondial ou consolidé

Dans le passé, les sociétés françaises agréées par le ministre de l'économie et des finances pouvaient retenir l'ensemble des résultats de leurs exploitations directes ou indirectes, qu'elles soient situées en France ou à l'étranger, pour l'assiette des impôts établis sur la réalisation et la distribution de leurs bénéfices. Deux régimes coexistaient, le régime du bénéfice mondial et celui du bénéfice consolidé : **6220**

- **bénéfice mondial** : les sociétés agréées à cet effet pouvaient retenir, pour la détermination de leurs résultats imposables en France, les résultats (bénéfices ou pertes) de l'ensemble de leurs exploitations directes situées en France et à l'étranger qui existaient à la date de l'agrément ou qui étaient créées ou acquises ultérieurement. Il s'agissait exclusivement des exploitations directes, c'est-à-dire des succursales, bureaux, comptoirs, usines, installations diverses, toutes non dotées d'une personnalité juridique distincte ;
- **bénéfice consolidé** : applicable également sur agrément, ce dispositif était plus large que le précédent, car il incluait non seulement les exploitations directes mais aussi les exploitations indirectes, situées en France ou à l'étranger, c'est-à-dire les filiales détenues à 50 % au moins.

La caractéristique commune de ces deux régimes était de soumettre à l'impôt en France des bénéfices ou pertes non rattachables à une exploitation en France. En ce sens, ils représentaient une dérogation au principe de territorialité, même si l'effet de cette dérogation était très limité en raison du très petit nombre d'agréments délivrés. Ces régimes ont été supprimés en 2011 (nos 25350 s.).

2. Prise en compte en France de pertes subies à l'étranger

Quelques mécanismes aboutissent à une certaine prise en compte en France des pertes réalisées par des filiales étrangères. **6225**

Provisions

6226 Lorsqu'une filiale étrangère est en situation déficitaire, la valeur de la participation de la société mère française diminue. Cette **dépréciation des titres de participation** est susceptible d'être constatée en France par le biais de provisions, fiscalement soumises au régime des moins-values à long terme (nos 26190 s.). Ce régime fiscal n'a cependant plus d'intérêt aujourd'hui, étant donné que les plus-values à long terme relatives aux titres de participation sont généralement exonérées en quasi-totalité ; les provisions pour dépréciation des titres de participation ont perdu, de fait, presque tout effet fiscal.

En outre, une société dont le siège est en France peut constituer des **provisions pour risques** à raison des créances qu'elle détient sur une filiale étrangère ou des prêts qu'elle lui a consentis lorsque l'irrécouvrabilité des sommes paraît probable, ou encore à raison des engagements qu'elle a pris en garantie des emprunts et dettes de cette même société, à condition que ces engagements aient constitué des opérations de gestion normale et s'il paraît probable qu'ils seront exécutés.

Abandons de créances

6230 La jurisprudence a manifesté une certaine souplesse sur la question des abandons de créances, qui sont une manière de faire « remonter » des pertes (nos 26055 s.), autorisant, sous certaines conditions, la déductibilité d'aides à caractère financier au profit d'une filiale étrangère malgré le principe de territorialité. La loi n° 2012-958 du 16 août 2012 de finances rectificative pour 2012 a cependant posé un principe général de non-déductibilité des aides à caractère financier (n° 26122).

Sur la question des succursales, voir nos 5950 s.

Pertes en capital

6235 En cas de **dissolution d'une filiale étrangère** suivie de sa liquidation et du partage de l'actif net, la société mère française peut déduire de son bénéfice d'exploitation les pertes subies à cette occasion aussi bien du fait de l'irrécouvrabilité des créances qu'elle détenait sur la société dissoute et des prêts qu'elle pouvait lui avoir consentis que du fait de la mise en jeu des garanties qu'elle lui avait données (sauf acte anormal de gestion et sous réserve des règles relatives à la non-déductibilité de principe des aides sans caractère commercial ; n° 26122).

Les entreprises peuvent également songer à tirer en ce qui les concerne, et sous réserve que les conditions soient remplies, les conséquences de la jurisprudence de la **Cour de justice**, notamment dans l'affaire Marks & Spencer ; néanmoins, la jurisprudence du Conseil d'État, notamment dans l'affaire Agapes, n'offre guère d'espoirs en ce sens (n° 81765).

Incitations spécifiques

6240 Dans le passé, la loi prévoyait quelques mécanismes destinés à permettre la prise en compte des pertes étrangères dans certaines conditions ; il en allait ainsi, par exemple, du régime d'incitation à l'implantation à l'étranger, qui a été supprimé en 2003, et de la possibilité donnée en 2009 aux **PME** de prendre en compte temporairement certains **déficits étrangers** jusqu'à la suppression de ce dispositif (n° 16000).

B. Dérogations motivées par le souci de limiter la fraude fiscale internationale

6340 Il existe des dispositions qui dérogent au principe de territorialité mais, cette fois-ci, au détriment des entreprises, afin d'éviter qu'elles n'utilisent trop facilement les avantages offerts par les pays à fiscalité privilégiée ou qu'elles manipulent leur prix de transfert. Ces dispositions sont aujourd'hui nettement plus nombreuses que les dérogations favorables aux entreprises.

Précisions Le durcissement a été particulièrement sensible, ces dernières années, en ce qui concerne les paiements à destination des États ou territoires non coopératifs (nos 71555 s.) et le traitement des résultats des filiales ou établissements qui y sont implantés.

Bénéfices réalisés par l'intermédiaire de sociétés ou établissements bénéficiant d'un régime fiscal privilégié

En simplifiant, il résulte de l'article 209 B du CGI que, lorsqu'une société française exploite une **entreprise** hors de France ou détient, directement ou indirectement, **plus de 50 %** des actions, parts, droits financiers ou droits de vote dans une entité juridique établie ou constituée hors de France et que cette entreprise ou entité juridique est soumise à un régime fiscal privilégié, les bénéfices ou revenus positifs réalisés par cette dernière sont passibles de l'impôt sur les sociétés en France entre les mains de la société française. **6345**

Ces dispositions ne sont toutefois pas applicables notamment si l'entité étrangère est établie ou constituée dans un État de l'Union européenne (sauf en cas de montage artificiel) ou si ses bénéfices proviennent d'une activité industrielle ou commerciale effective exercée sur le territoire de l'État de son établissement ou de son siège.

Sur l'article 209 B du CGI, voir nos 73100 s.

Entreprises placées sous la dépendance ou possédant le contrôle d'entreprises étrangères

L'administration a la possibilité de rectifier les résultats déclarés par les entreprises françaises qui sont sous la dépendance ou qui possèdent le contrôle d'entreprises situées hors de France (CGI art. 57). Pour l'établissement des résultats imposables en France, les **bénéfices indirectement transférés** à ces entreprises étrangères, par voie de majoration ou de minoration du prix d'achat ou de vente ou par tout autre moyen, sont ajoutés aux résultats accusés par les comptabilités. Ce régime s'applique également lorsqu'une entreprise française effectue des opérations avec une entreprise étrangère, si l'une et l'autre sont sous la dépendance d'une tierce entreprise, d'un groupe ou d'un consortium. **6360**

Afin de renforcer ce dispositif lorsqu'il s'applique à des transferts de bénéfices effectués au profit de résidents soumis à un régime fiscal privilégié, la condition de dépendance ou de contrôle n'est pas exigée dans cette situation. L'article 57 du CGI peut donc être utilisé même en cas de rapports d'une entreprise française avec des tiers.

Sur le régime institué par l'article 57 du CGI et la question des prix de transfert, en général, voir nos 75750 s. En ce qui concerne le cas des **actifs transférés hors de France** et entrant dans le champ de l'article 238 bis-0 I du CGI, voir nos 73600 s.

Paiements à des personnes domiciliées à l'étranger et soumises à un régime fiscal privilégié

Certaines sommes payées ou dues par une personne physique ou morale, domiciliée ou établie en France à des personnes physiques ou morales domiciliées ou établies à l'étranger dans un État où elles bénéficient d'un régime fiscal privilégié ne sont admises comme charges déductibles du résultat fiscal français que dans des conditions d'une sévérité particulière ; elles ne sont, en effet, déductibles que si le débiteur apporte la double preuve que les dépenses correspondent à des **opérations normales** et qu'elles ne présentent pas un caractère anormal ou exagéré. Mais c'est à l'administration de prouver que le bénéficiaire est soumis à un régime fiscal privilégié. **6380**

Ce régime, codifié sous l'article 238 A du CGI, est commenté aux nos 72850 s.

Rémunérations de services payées à des personnes étrangères interposées

Il arrive que les sommes destinées à rémunérer une prestation de services ne soient pas versées directement au prestataire, mais qu'elles **transitent** par une **société étrangère** qui se présente, en apparence, comme celle qui rend les services. Par exemple, la prestation d'un artiste, personne physique, sera réalisée sous le couvert d'une société étrangère qui sera juridiquement le prestataire de services, l'artiste se présentant comme un simple salarié de cette société. Cette pratique a pour conséquence de soustraire à l'impôt français la différence entre les rémunérations respectivement versées à la société interposée et celles qui sont versées au véritable prestataire de services (par exemple, lorsque la société **6400**

6400 (suite) interposée reçoit 100 000 € de revenu, le salarié ne déclare en France qu'un salaire de 10 000 €).

Afin de remédier à cet abus, l'article 155 A du CGI dispose que les sommes perçues par une personne physique ou morale domiciliée ou établie hors de France (la **société interposée**), en rémunération de services rendus par une ou plusieurs personnes physiques ou morales domiciliées ou établies en France (le prestataire réel), sont imposables au nom de ces dernières :
– soit lorsque celles-ci (le prestataire réel) contrôlent directement ou indirectement la personne qui reçoit la rémunération des services (la société interposée) ;
– soit lorsqu'elles (le prestataire réel) n'établissent pas que cette personne (la société interposée) exerce de manière prépondérante une activité industrielle ou commerciale autre que la prestation de services ;
– soit, en tout état de cause, lorsque la personne qui perçoit la rémunération (la société interposée) est domiciliée ou établie dans un État étranger ou un territoire situé hors de France où elle est soumise à un régime fiscal est privilégié.

Ces dispositions sont également applicables aux personnes physiques ou morales domiciliées hors de France (le prestataire réel) pour les services rendus en France (cas où le prestataire réel et la société interposée sont tous deux non résidents de France).

Les sommes perçues par la personne physique ou morale interposée sont imposées en France au nom du prestataire réel.

Ces dispositions, qui ne concernent pas seulement les artistes ou sportifs, mais plus généralement **toutes les prestations de services** sont étudiées n°s 45780 s.

CHAPITRE 4

Le traitement des doubles impositions

Plan du chapitre §§

SECTION 1
La notion de double imposition internationale 7565
A Les doubles impositions juridiques 7570
B La double imposition économique 7680

SECTION 2
Les remèdes susceptibles d'être apportés à la double imposition internationale 7780
A Méthode de l'exonération 7900
B Méthode de l'imputation (crédit d'impôt) 8020
C Comparaison des méthodes possibles 8190

Contexte

Les règles et les principes sur lesquels repose la fiscalité internationale se sont développés en réponse au phénomène de la **double imposition internationale**. 7550

Historiquement, les recherches sur la fiscalité internationale et l'ouverture de négociations bilatérales relatives aux conventions fiscales sont allées de pair avec l'accroissement du commerce international. Il est significatif que les deux grandes vagues de réflexions doctrinales et de discussions entre États aient coïncidé avec des périodes de grande expansion du **commerce international** : après la Première Guerre mondiale, dans les années 1920-1930, puis après la Seconde Guerre mondiale dans les années 1950 et surtout 1960.

Aujourd'hui, les travaux se poursuivent et les conventions fiscales se multiplient ; elles se modernisent en mettant l'accent sur la nécessité non seulement d'éliminer les doubles impositions mais aussi de lutter contre la fraude et l'évasion fiscales internationales par les échanges de renseignements entre États. Depuis une quinzaine d'années, la lutte contre l'érosion de l'assiette imposable et les transferts de bénéfices entre les États prend d'ailleurs clairement le pas sur la nécessité d'éliminer les doubles impositions (voir n° 72410 les travaux conduits par l'OCDE dans le cadre du « projet Beps » et n°s 88137 s. dans le cadre de l'Union européenne), même si un léger rééquilibrage a pu être constaté en 2017 (n° 7555).

Absence de droit à l'élimination de la double imposition

Les entreprises réclament naturellement la suppression des **obstacles** de nature fiscale qui sont susceptibles de freiner leur expansion internationale. Il est évident que lorsque le profit d'une opération internationale est doublement imposé, la rentabilité financière et l'intérêt économique de cette opération diminuent. Avec l'expansion du commerce international, ce phénomène est devenu de plus en plus insupportable et les entreprises ont réclamé que des remèdes y soient apportés. Les personnes physiques ont également les mêmes préoccupations en ce qui concerne la gestion de leurs revenus ou de leur fortune. 7555

Pourtant, les contribuables n'ont toujours pas réellement de « droit » à l'élimination des doubles impositions, aucun texte, pas même les traités bilatéraux qu'ils ont conclus, **n'obligeant les États à s'entendre** pour qu'un contribuable ne se trouve pas en situation de double imposition. Même au sein de l'Union européenne, il n'y a pas d'obligation d'élimination de la double imposition (n°s 82010 et 81480).

Cela étant, au cours de ces dernières années, des progrès ont pu être constatés en la matière, au moins sur le plan des textes applicables ; divers instruments juridiques organisent désormais des mécanismes d'**arbitrage** de nature à faciliter l'élimination de la double imposition, outre la convention européenne concernant les transferts de bénéfices entre entreprises associées (n° 86080) et les procédures déjà prévues par quelques conventions fiscales (n° 85925) :

– mise en place d'une procédure européenne de **règlement des différends** fiscaux (directive (UE) 2017/1852 du Conseil du 10 octobre 2017 ; n°s 86085 et 86600) ;

– application, dans le cadre de certaines conventions fiscales, du mécanisme d'arbitrage prévu par l'instrument multilatéral (n° 86060).

Précisions **a.** Dans l'ordre interne, il résulte de la décision du Conseil constitutionnel à propos de l'article 155 A du CGI (n° 45792) que la **double imposition juridique** n'est pas conforme à la Constitution. Il n'en va cependant ainsi qu'en cas de double imposition au titre d'une même assiette et d'un même impôt ; notamment, le principe d'égalité devant les charges publiques ne fait pas obstacle à ce qu'un même contribuable soit soumis à plusieurs impositions sur une même assiette et n'impose pas au législateur de tenir compte, pour l'établissement de l'impôt perçu en France, d'autres **impôts acquittés à l'étranger** sur les produits que le contribuable reçoit (Cons. const. 28 septembre 2017 n° 2017-654 QPC, Sté BPCE : RJF 12/17 n° 1216 ; voir également n°s 83650 et 83673).

b. Le moyen tiré de ce qu'une somme fait l'objet d'une **double imposition économique** dans le chef de deux contribuables différents ne peut être utilement invoqué pour demander la restitution ou la décharge d'une imposition établie conformément à la loi fiscale française et aux conventions internationales applicables (CE 19 décembre 2019 n° 419968, 9e et 10e ch., Sté Veolia Eau - Compagnie Générale des Eaux, et n° 419970 Sté Veolia Propreté : RJF 3/20 n° 232).

7560 Même s'ils n'en ont pas l'obligation, les États, particulièrement les pays développés, ont généralement le souci d'éviter que leurs contribuables ne subissent une double imposition.

Il existe un certain nombre de techniques qui peuvent être utilisées à cette fin. On les rencontrera au fur et à mesure de l'examen des revenus concernés, dans la suite de cet ouvrage. Il importe cependant d'en avoir une vue d'ensemble et de comprendre les mécanismes sur lesquels elles reposent.

SECTION 1

La notion de double imposition internationale

7565 Les doubles impositions internationales des revenus ou des biens trouvent leur origine dans l'entière souveraineté fiscale des États qui ont chacun toute latitude pour exercer leur droit d'imposer, l'un parce qu'il se considère comme l'État de la **résidence**, ou du domicile fiscal, du bénéficiaire d'un revenu ou du propriétaire d'un bien, et l'autre parce qu'il estime que ce revenu trouve sa **source** sur son territoire ou encore parce que le bien considéré y est situé. La distinction de ces deux États est le principe structurant de la fiscalité internationale, et notamment celui sur lequel reposent les conventions fiscales qui ont pour objet l'élimination des doubles impositions (n° 1522).

D'une manière générale, on distingue **deux types de doubles impositions** : les doubles impositions juridiques et les doubles impositions économiques.

Précisions Il peut aussi exister des situations de **« multiple » imposition**, si plus de deux États se reconnaissent ensemble le droit d'imposer un même bien ou un même revenu. Des problèmes spécifiques naissent également de l'interposition, entre l'État de la source et celui de la résidence, d'un établissement stable situé dans un État tiers (**cas « triangulaires »**, voir n°s 20730 et 63500 s.).

A. Les doubles impositions juridiques

Définition

7570 Le comité des affaires fiscales de l'OCDE définit, de manière classique, la double imposition juridique comme celle qui résulte du fait pour un même contribuable d'être imposé au titre d'un même revenu ou d'une même fortune par plus d'un État (Commentaires OCDE, C (23) n° 1). Une telle situation peut se présenter schématiquement dans les deux cas suivants.

Double résidence fiscale

En principe, lorsqu'une personne est considérée comme résidente d'un État, ce dernier se reconnaît un droit d'imposer **l'ensemble de ses revenus** ou de sa **fortune**, que ceux-ci prennent leur source dans cet État ou ailleurs. Tel est le cas en France pour les personnes physiques puisque, en vertu de l'article 4 A du CGI, les personnes physiques dont le domicile fiscal est situé en France sont passibles de l'impôt sur leurs revenus de source française et étrangère (n° 1918). Mais une telle attitude n'est pas propre à la France ; elle est générale au moins parmi les pays développés, à tel point que l'assujettissement à l'impôt sur la base d'un revenu non limité au territoire national est devenu un critère pour l'application des conventions fiscales (nos 41155 s.). 7575

Ainsi, si deux États considèrent chacun qu'une même personne est domiciliée fiscalement sur son territoire, cette personne subira une double imposition non seulement à raison des revenus qu'elle tire de chacun de ces États, mais également, généralement, à raison de ceux qu'elle tire d'États tiers.

Premier exemple Un **salarié français quitte la France** pour aller vivre quelques années en Allemagne et y travailler comme salarié d'une entreprise allemande. Mais sa femme et ses enfants restent en France. Ses revenus sont constitués par son salaire, des produits de placements effectués en France et des revenus immobiliers provenant de la location d'un immeuble qu'il possède en Espagne. Ce contribuable **risquera d'être imposé** : 7590
- en France, car il sera considéré comme un résident de France (n° 40820), sur ses revenus de placement, son salaire et ses revenus fonciers ;
- en Allemagne, car il y vivra suffisamment longtemps pour y être domicilié, sur les mêmes revenus, y compris ceux qui sont de source espagnole ;
- en Espagne, sur ses revenus fonciers de source espagnole.

On voit que, dans ces conditions, il serait difficile de trouver des volontaires pour l'expatriation... C'est pourquoi il existe des conventions fiscales pour déterminer de quel État ce contribuable sera considéré comme un résident et comment sera assurée l'élimination des doubles impositions potentielles.

Deuxième exemple Un **salarié américain se rend des États-Unis en France** pour exercer durablement son activité auprès de la filiale française d'un groupe américain. Il est en même temps administrateur et actionnaire de diverses sociétés européennes du groupe. Ce contribuable risquerait également, s'il n'y avait pas de conventions fiscales, d'être **imposé** : 7595
- aux États-Unis comme un résident dès lors qu'il a la nationalité américaine, c'est-à-dire sur ses revenus français, les dividendes versés par les sociétés européennes dont il est actionnaire et les rémunérations qu'il perçoit comme administrateur ;
- en France, sur les mêmes revenus, car il est domicilié en France (n° 40890) ;
- dans les pays d'implantation des filiales européennes du groupe, à raison des dividendes et des rémunérations d'administrateur versés par ces sociétés.

Comme la précédente, cette situation de double imposition ne peut être résolue que par le jeu des conventions fiscales pour que soit déterminée une résidence unique, que les droits d'imposer les différents revenus soient répartis entre les États et/ou que des crédits d'impôt soient accordés pour éliminer la double imposition.

Dualité source/résidence

Les États cherchent normalement à imposer les profits qui naissent sur leur territoire même s'ils reviennent à des personnes qui sont fiscalement des non-résidents. Ils se justifient en arguant de ce que la **réalisation du revenu** sur leur territoire a été rendue possible par l'utilisation d'infrastructures ou de services publics locaux, et qu'il est donc normal que le bénéficiaire contribue aux charges publiques dans cet État. Ils peuvent aussi avancer que, le plus souvent, le profit naît parce qu'un processus économique s'est déroulé sur leur territoire ou parce qu'un débiteur résident a payé une somme qui a pu constituer 7620 une charge déductible pour la détermination de son propre impôt et qu'il est normal d'équilibrer cette déduction par l'imposition d'un revenu correspondant. Quoi qu'il en soit, le phénomène de **l'imposition dans le pays de la source** est universellement répandu, même, bien entendu, au sein des pays développés. En France, par exemple, l'article 4 A du CGI dispose que les personnes qui n'ont pas en France leur domicile fiscal sont assujetties à l'impôt sur leurs revenus de source française (nº 2845).

Si une personne **perçoit des revenus** dans un État alors qu'elle est **domiciliée** dans un autre, elle risque donc de se trouver imposée :
– dans l'État de la source, parce que le revenu naît sur ce territoire ;
– et dans l'État de la résidence, parce qu'elle y est domiciliée et qu'elle doit donc contribuer aux charges publiques en fonction de sa capacité contributive réelle, c'est-à-dire, en principe, compte tenu de son revenu mondial.

7640 **Premier exemple** Un contribuable résident de France, ou fiscalement domicilié en France, car les deux expressions sont équivalentes, a acheté un appartement au Portugal, afin de le louer lors de la saison d'été. Par ailleurs, il a investi une partie de son épargne en obligations britanniques. Ce contribuable risque de se trouver en situation de **double imposition** juridique **à raison de ces revenus** :
– ils seront tous considérés comme imposables en France puisque le contribuable est domicilié fiscalement dans notre pays (CGI art. 4 A) ;
– mais ses **revenus fonciers** (revenus procurés par la location de son appartement) seront également imposables au Portugal dès lors que la source des revenus est située au Portugal. Dans ce cas, la source des revenus est considérée comme située dans l'État sur le territoire duquel les revenus naissent, c'est-à-dire au lieu de situation de l'immeuble ;
– en outre, ses **revenus d'obligations** (intérêts) seront, sauf exonération de droit interne, imposables au Royaume-Uni car ils proviennent d'une source britannique, la source des revenus étant considérée, dans ce cas, comme étant située dans l'État du domicile du débiteur, c'est-à-dire du domicile de la société qui verse les intérêts (quel que soit l'endroit où ceux-ci sont encaissés et où les titres sont gérés).

Là encore, ce genre de conflit est réglé par les conventions fiscales, ou, parfois, de manière unilatérale par le droit interne des États concernés.

7645 **Deuxième exemple** Un contribuable résident de France possède des biens importants dans divers pays d'Europe : biens immobiliers en France et au Royaume-Uni, valeurs mobilières britanniques et françaises, terres agricoles, immeubles et forêts en Suisse. Ce contribuable risque de se trouver en situation de double imposition **à raison du patrimoine** qu'il possède en France et dans certains États :
– en France, il sera assujetti à l'impôt sur la fortune immobilière (IFI) sur ses biens immobiliers, qu'ils soient situés en France ou hors de France (nº 52520) ;
– au Royaume-Uni, il ne risque pas de double imposition, car il n'y a pas d'impôt sur la fortune ;
– mais en Suisse, il est susceptible d'être imposé à raison des biens qu'il possède, car ce pays a mis en place un impôt général sur la fortune qui atteint notamment les biens situés sur son territoire et qui sont détenus par des non-résidents (il n'y a tout de même plus beaucoup d'États dans le monde qui imposent la fortune, en tant que telle).

Comme précédemment, il peut donc exister des situations de double imposition juridique, à raison des impôts sur la **détention du patrimoine** (ou, d'ailleurs, sur la **transmission** du patrimoine). Des remèdes peuvent être apportés à ces situations par le droit interne des États ou par le jeu des conventions tendant à l'élimination des doubles impositions en matière d'impôts sur le revenu et sur la fortune (conventions fiscales).

B. La double imposition économique

Définition

7680 La double imposition économique est définie par le comité des affaires fiscales de l'OCDE comme la situation dans laquelle deux personnes différentes sont **imposables au titre d'un même revenu** ou d'une même fortune (Commentaires OCDE, C (23) nº 2).

Cette notion est beaucoup plus délicate à appréhender que la précédente, car elle met en jeu deux contribuables différents.

Avant de l'examiner sous l'angle international, il n'est pas inutile de rappeler que des phénomènes de double imposition économique peuvent se produire au sein même des États. L'exemple classique est celui des **dividendes**. En effet, lorsqu'un actionnaire perçoit un dividende, il s'agit d'un produit qui a déjà été soumis à l'impôt entre les mains de la société, puisque les dividendes sont payés à partir des sommes disponibles dans la caisse sociale après paiement des impôts. Mais l'actionnaire est lui-même considéré comme percevant un revenu imposable. Le dividende sera donc une deuxième fois soumis à l'impôt, entre ses mains. Le même revenu, c'est-à-dire le bénéfice de la société, subira ainsi un double prélèvement, au titre de l'impôt sur les sociétés d'abord et au titre de l'impôt sur le revenu ensuite. Il s'agit bien d'une double imposition, mais elle est économique et non pas juridique, puisque l'impôt est payé par **deux contribuables différents**, la société puis l'actionnaire.

Ce phénomène de double imposition économique se rencontre également dans la vie internationale, toutes les fois qu'un actionnaire résident d'un État perçoit des dividendes en provenance d'un autre État.

Cela dit, la double imposition économique est plutôt considérée, dans le domaine de la fiscalité internationale, comme résultant d'une situation dans laquelle **deux sociétés d'États différents** se versent des revenus (société mère et filiale ou sociétés sœurs, par exemple) imposés dans les deux États :
– lorsque le pays de la société versante refuse la déduction des sommes payées ;
– alors que le pays de la société bénéficiaire les inclut dans la base d'imposition.

Premier exemple

Une société française, filiale d'une société américaine, verse des redevances pour l'utilisa- **7700**
tion d'un brevet concédé par la société américaine. Les redevances sont calculées par application d'un pourcentage de 5 % du chiffre d'affaires réalisé par la société française au titre de l'exploitation en France de ce brevet. À l'occasion d'un contrôle fiscal, l'administration française estime que le taux de 5 % n'est pas justifié et que, eu égard aux conditions d'exploitation et au manque d'originalité du brevet, le taux des redevances devrait être de 1 %. Elle considère que le **taux des redevances est excessif** et que cette situation est source d'un transfert de bénéfices de la France vers les États-Unis (voir n° 75750, la question des prix de transfert). Le redressement en France génère une double imposition économique dès lors que les redevances excessives (4 %) :
– sont rejetées des charges déductibles en France, ce qui signifie qu'un impôt sur les sociétés doit être payé sur la part excédentaire, qui est en outre considérée comme une distribution de bénéfices (s'y ajoute donc généralement un impôt de distribution) ;
– et ont été soumises à l'impôt sur les sociétés aux États-Unis puisque, pour la société comme pour l'administration américaine, ces sommes sont des produits d'exploitation à inclure dans les résultats imposables.

Il y a bien double imposition, à hauteur de la quote-part des redevances jugée excessive et cette double imposition est économique en ceci qu'elle résulte de l'imposition de deux contribuables distincts, la filiale française et la société mère américaine, dans deux États différents, la France et les États-Unis.

Deuxième exemple

Une **société française** de fabrication et de commercialisation de produits de consomma- **7705**
tion courante dispose d'une filiale en Suisse qui commercialise les mêmes produits sur le marché suisse. L'activité de commercialisation de ces produits nécessite d'importantes **dépenses de publicité**, en France et en Suisse. À l'occasion d'un contrôle, l'administration suisse estime que les dépenses de publicité passées en charges déductibles par la société suisse sont excessives et comprennent notamment des dépenses qui sont exposées pour le renom de la marque sur le marché européen, dépenses qui, selon les services fiscaux suisses, **incombent à la société mère française**. Cette situation engendre une double

imposition économique, à raison des frais de publicité jugés excessifs (ou plutôt non imputables en totalité à l'activité suisse), car ces frais :
– sont rejetés des charges déductibles en Suisse ;
– et ne sont pas inclus dans les charges de l'entreprise française.

Ils ne sont donc **déduits ni en France ni en Suisse**, ce qui est évidemment une situation anormale puisqu'ils ont bien été exposés et qu'il n'est pas contesté qu'ils l'ont été dans un but commercial normal.

Ce genre de conflits, comme dans l'exemple précédent, ne peut être résolu que par voie d'accord amiable entre les États (nos 84000 s.). L'OCDE renvoie d'ailleurs sur ce point explicitement aux discussions entre États (« si deux États veulent résoudre des problèmes de double imposition économique, ils doivent le faire par négociations bilatérales », Commentaires OCDE C (23) n° 2).

SECTION 2

Les remèdes susceptibles d'être apportés à la double imposition internationale

Méthodes envisageables

7780 À l'époque des premiers modèles de convention fiscale, quatre procédés avaient été envisagés pour éliminer la double imposition juridique :
– la **déduction** : chaque État impose le revenu dans les conditions prévues par son droit interne, mais l'un des deux, désigné par la convention, déduit de son propre impôt l'impôt payé dans l'autre État à raison de la même matière imposable ;
– l'**exemption** : chaque État renonce à imposer les contribuables qui ont des liens étroits avec l'autre État (par exemple, les contribuables domiciliés dans cet État) ;
– la **division** du produit : un seul État impose, mais il verse une partie du produit de l'impôt à l'autre État, à titre de compensation ;
– la **répartition** de la matière imposable : les États ont alternativement le droit d'imposer selon les catégories de revenus, en fonction des règles fixées par la convention.

Cette classification, qui garde un intérêt théorique, est aujourd'hui abandonnée ; en particulier, le partage du produit de l'impôt est très rarement effectué, car il suppose une coopération étroite entre les administrations et implique des mouvements de fonds entre les États. Il en existe cependant quelques exemples concernant l'imposition des **travailleurs frontaliers** (nos 43480 s., dans le cadre des relations franco-allemande, franco-belge et franco-suisse).

Quant aux autres méthodes, elles sont en pratique regroupées autour de deux notions clés : la méthode de **l'imputation** (déduction) et celle de **l'exonération**.

Précisions Les méthodes d'élimination des doubles impositions ne concernent que les doubles impositions juridiques ; en ce qui concerne les **doubles impositions économiques**, seules des discussions au cas par cas entre les États peuvent permettre d'aboutir à un résultat dans le cadre de la procédure amiable ou de l'arbitrage par des ajustements corrélatifs (n° 85720).

Hypothèses

7785 On explicitera les différentes méthodes possibles à partir de l'exemple d'un contribuable **résident d'un État R** et qui perçoit des **revenus** prenant leur source **dans un État S**.

Par hypothèse, ce contribuable dispose d'un revenu global de 300 dont 200 qui prennent leur source dans l'État R et 100 qui prennent leur source dans l'État S.

Par hypothèse également, l'imposition dans les États R et S se fait de la manière suivante :
– l'**État S** impose les revenus qui ont leur source sur son territoire à une retenue à la source de 30 % lorsque ces revenus reviennent à un non-résident ;

– l'**État R** impose les revenus de ses résidents selon un barème progressif par tranches aux taux suivants :
0 % de 0 à 50,
10 % de 50 à 100,
20 % de 100 à 150,
30 % de 150 à 200,
40 % de 200 à 250,
50 % de 250 à 300,
55 % au-delà de 300.

En l'absence d'élimination de la double imposition

Dans ce cas, le contribuable subit un prélèvement fiscal total de 105 sur son revenu global de 300 ; il paye en effet : **7790**
– 30 d'impôt dans l'État S (retenue à la source de 30 %) ;
– 75 d'impôt dans l'État R : 0 sur la première tranche de 50 ; 5 sur la deuxième tranche (50 × 10 %) ; 10 sur la troisième tranche (20 % × 50) ; 15 sur la quatrième tranche (30 % × 50) ; 20 sur la cinquième tranche (40 % × 50) et 25 sur la sixième tranche (50 % × 50).

Il est donc **doublement imposé** sur les revenus qu'il perçoit de l'État S, à la fois en S par voie de retenue à la source, et en R, car il est imposé dans cet État sur son revenu mondial (300, y compris par conséquent les 100 qui prennent leur source en S).

Les différentes méthodes d'élimination des doubles impositions ont, dans un tel exemple, les conséquences suivantes.

A. Méthode de l'exonération

La méthode de l'exonération est celle qui vient immédiatement à l'esprit pour éliminer les doubles impositions. **7900**

Elle consiste tout simplement à retirer le droit d'imposer à l'un des deux États qui peut être soit celui de la source du revenu, soit celui de la résidence du bénéficiaire. Dès lors qu'**un seul État a le droit d'imposer** un revenu (ou un bien au titre des impôts sur le patrimoine), il n'y a plus, automatiquement, de double imposition.

Cela dit, il faut distinguer deux types de méthodes d'élimination des doubles impositions par voie d'exonération (ou exemption) :
– l'exonération intégrale ;
– l'exonération avec progressivité, ou méthode du taux effectif.

1. Méthode de l'exonération intégrale

Principes

Lorsqu'il applique la méthode de l'exonération intégrale, l'État qui n'a pas le droit d'imposer ne tient aucun compte des revenus qui ont été perçus dans l'autre État. Il peut s'agir d'une exonération dans l'État de la source ou dans l'État de la résidence. **7960**

Cette méthode donne ainsi les résultats suivants, en reprenant les données du n° 7785.

Exonération dans l'État S Dans ce cas, le résultat est le suivant : **7962**
• impôt en S : 0 ;
• impôt en R : 75 (imposition au taux progressif sur un revenu global de 300, soit 75).

L'impôt total est donc de 75 au lieu de 105.

Exonération intégrale dans l'État R Le résultat est alors le suivant : **7964**
• impôt en S : 30 ;
• impôt en R : 30 (imposition au taux progressif sur un revenu de 200, soit 30 : 0 sur la première tranche, 5 sur la deuxième tranche, 10 sur la troisième tranche, et 15 sur la quatrième tranche). Les 100 de source S sont intégralement exonérés. Seuls sont imposables les 200 de source R.

L'impôt total est égal à 60, au lieu de 105 ou de 75 comme précédemment. Cette solution est donc avantageuse pour le contribuable.

Applications pratiques

7966 La méthode de **l'exonération intégrale** n'est que rarement appliquée dans l'État R, car cet État, lorsqu'il choisit d'exonérer, souhaite néanmoins prendre en compte les revenus exonérés pour le calcul du taux effectif (nº 7980).

Elle est en revanche assez souvent appliquée dans l'État S, par exemple en ce qui concerne les flux d'intérêts entre pays développés, afin de faciliter les relations financières sans trop de risques de déséquilibres budgétaires, car les flux sont normalement à peu près équilibrés. Tel est également le cas, assez souvent, des redevances de droit d'auteur, afin de faciliter les échanges culturels entre les pays.

Par exemple, dans le cadre de l'Union européenne, les exonérations de retenues à la source se sont multipliées avec l'approfondissement du marché intérieur et l'évolution de la jurisprudence de la Cour de justice de l'Union européenne sur les conséquences des libertés de circulation résultant du droit de l'Union européenne (nº 82060) ; on relève notamment :

- l'exonération des dividendes versés par des filiales à leurs sociétés mères, depuis le 1er janvier 1992 (nº 88160) ;
- l'exonération des intérêts et redevances entre entreprises associées depuis le 1er janvier 2004 (nº 88575).

2. Méthode de l'exonération avec progressivité (taux effectif)

Principes

7980 Dans ce cas, l'État qui exonère les revenus prend néanmoins en compte les revenus exonérés pour le calcul du taux d'imposition applicable aux revenus qu'il a le droit d'imposer. En pratique, cette méthode s'applique surtout dans l'**État de la résidence** du bénéficiaire. Elle peut être appliquée par l'État de la source mais elle provoque alors des difficultés importantes car cet État, par définition, ne connaît pas l'ensemble des revenus du contribuable (c'est pourquoi, dans la pratique française, elle est limitée aux droits de succession, lorsque la France perd, en raison de la convention fiscale, le droit d'imposer la transmission de certains biens qui sont pourtant de source française en droit interne ; nº 83530).

La méthode de l'exonération avec progressivité est, en revanche, appliquée sur une grande échelle dans l'État de la résidence du contribuable, lorsque cet État n'a pas, en vertu de la convention fiscale, le droit d'imposer certains revenus qui sont exclusivement imposables dans l'État de la source.

Exemple

7985 L'application théorique de cette méthode donne le **résultat suivant**, en reprenant les données du nº 7785 :

- impôt en S : 30 ;
- impôt en R : 50 (imposition sur un revenu de 200 calculée par application du taux effectif, soit du taux de 75/300, ce qui donne 200 × 75/300 = 50) ;
- impôt global : 80.

7987 Avec la méthode du taux effectif, le **calcul de l'impôt** dans l'État R se fait en deux étapes :

• **Première étape** : calcul du taux moyen d'imposition résultant en R de l'application de l'impôt progressif sur le revenu global, c'est-à-dire celui qui prend sa source en S et celui qui prend sa source en R. Le revenu global est égal à 300. L'impôt sur le revenu global est égal à 75 (nº 7785). Le taux effectif est donc égal à 75/300. Il s'agit du taux moyen d'imposition d'un revenu de 300 dans l'État R.

• **Deuxième étape** : calcul de l'impôt dans l'État R par application de ce taux moyen aux seuls revenus imposables en R, c'est-à-dire 200, ce qui donne 200 × 75/300 = 50.

On voit que le calcul de l'impôt sur le revenu global est **uniquement théorique** ; il ne sert qu'à déterminer le taux d'imposition applicable aux revenus qui ont leur source en R. Les revenus qui ont leur source en S ne sont pas réimposés en R ; ils sont simplement pris en compte pour le calcul de ce taux. Il n'en résulte donc **aucune double imposition**.

Précisions Sur le fait que le taux effectif ne crée pas de double imposition, voir, par exemple, CAA Nancy 16 décembre 1999 n° 95-1021, 2e ch. Bideaux : Droit fiscal 2000 n° 41, comm. n° 769, à propos de la convention fiscale franco-allemande (arrêt définitif).

Justification

La justification du passage par le taux effectif est d'éviter que l'exonération en R des revenus qui ont leur source en S n'aboutisse à freiner la **progressivité** de l'impôt en R. Par le jeu du taux effectif, l'impôt qui est ainsi exigible en R est donc supérieur à ce qu'il serait avec la méthode de l'exonération intégrale : 50 au lieu de 30. Le contribuable subit certes un **alourdissement de sa pression fiscale**. Mais sa situation est la même que s'il avait perçu le même revenu global (300) en ne tirant ses revenus que de l'État R et non pas en partie de l'État S. S'il n'avait perçu que des revenus de source domestique, son taux moyen d'imposition aurait bien été de 75/300. Il est donc légitime qu'il subisse en R la même pression fiscale, bien qu'une partie de ses revenus n'ait pas sa source en R. **7990**

Autrement, un contribuable serait avantagé s'il tirait une partie importante de ses revenus en dehors de l'État de sa résidence. Pour éviter cette conséquence, les États qui retiennent la méthode de l'exonération ne l'appliquent, le plus souvent, que sous réserve du taux effectif.

Précisions **a.** Bien entendu, la méthode du taux effectif n'a de sens que si l'impôt sur le revenu en R est progressif. S'il est **proportionnel**, le taux effectif ne change pas quel que soit le montant du revenu ; le calculer n'a donc aucun sens (par exemple, pour l'impôt sur les sociétés).

b. Le mécanisme du taux effectif a été justifié dans les termes suivants : « Ce système a pour objet de maintenir la progressivité du barème de l'impôt sur le revenu français sans créer de double imposition (...). Cette règle **vise à assurer l'égalité**, en matière de taux d'imposition, entre les personnes soumises à l'impôt sur le revenu conformément au droit interne français et celles qui bénéficient d'une exonération conventionnelle. En effet, en l'absence d'un tel mécanisme, il serait inéquitable que cette exonération se traduise également par une atténuation du poids relatif de l'impôt dû sur les autres revenus » (réponse Féron, n° 54633 : JOAN 5 juillet 2016 p. 6278).

c. À propos de l'ancienne convention fiscale franco-luxembourgeoise, du 1er avril 1958, il a été indiqué que la règle du taux effectif « a pour objet de **maintenir la progressivité** du barème de l'impôt sur le revenu français sans créer de double imposition sur les revenus imposés au Luxembourg » (réponse Rauch, n° 3112 : JOAN 12 juin 2018 p. 5029).

Pratique française

Le taux effectif se retrouve dans la plupart des **anciennes conventions** fiscales françaises, lorsque l'imposition de certains revenus est retirée à la France. Assez souvent, il s'agit de tous les revenus autres que ceux pour lesquels la méthode de l'imputation classique est retenue (dividendes, intérêts, redevances, rémunérations des artistes et sportifs, et des administrateurs de société, en général ; n° 8140) ; on ne le trouve cependant pas dans les conventions fiscales modernes, car, depuis la fin des années 1980, il a été remplacé par un mécanisme original de **crédit d'impôt égal à l'impôt français**, qui revient à peu près au même sous une forme différente (n° 8160). **7995**

Dans la pratique française (n° 83465), il est admis que l'**impôt payé à l'étranger**, en S, soit déduit de la base d'imposition pour le calcul du taux effectif ; en reprenant les données du n° 7785, le taux effectif est donc calculé non pas en prenant en compte un revenu de 100, mais simplement 70 (100 - 30). Le taux effectif est alors égal à 60/270 (l'application du barème à un revenu global de 270 donne un impôt de 60). L'impôt dû en France est alors donné par la formule 200 × 60/270 = 44,44 au lieu de 50.

C'est donc un mécanisme **avantageux** par rapport à la règle théorique indiquée ci-dessus qui est appliquée par certains autres pays. Mais il ne s'agit en fait que d'assurer la neutralité du mécanisme par rapport à un contribuable qui n'aurait que des revenus de source française.

En cas de pertes étrangères

Le mécanisme du taux effectif joue, en principe, également en cas de pertes réalisées à l'étranger. Par exemple, si, avec les hypothèses du n° 7785, le contribuable avait subi un **8000**

déficit à l'étranger (en S) de 50 au lieu d'un profit de 100, sa situation dans l'État R aurait été la suivante :
– calcul du taux effectif sur une base de 150 (200 - 50) : l'impôt théorique, dans ce cas, est égal à 15 (0 sur la première tranche, 5 sur la deuxième tranche et 10 sur la troisième tranche), soit un taux effectif de 15/150 ;
– calcul de l'impôt dû en R sur le revenu imposable en R (200) : 200 × 15/150 = 20.

En l'absence de taux effectif (exonération intégrale), l'impôt aurait été de 30 (application du barème à un revenu de 200). Le passage par le taux effectif est alors à **l'avantage du contribuable**. Mais, là encore, sa situation est « normale », car un contribuable de R qui aurait eu un revenu global de 150 de source uniquement domestique aurait effectivement subi un prélèvement moyen de 10 % (15/150). C'est ce même prélèvement moyen qui est appliqué aux revenus imposables en R (200).

B. Méthode de l'imputation (crédit d'impôt)

8020 La méthode de l'imputation consiste à autoriser les deux États (R et S) à percevoir un impôt sur les revenus considérés, mais en permettant au **contribuable de l'État R** de déduire de l'impôt dû en R un crédit d'impôt représentatif de l'impôt payé en S. L'impôt de S est ainsi imputé sur l'impôt de R.

Ce principe se retrouve dans les différents types possibles d'application de la méthode de l'imputation, mais les **modalités** de calcul du crédit d'impôt sont **variables** selon qu'il s'agit d'une imputation intégrale, d'une imputation ordinaire ou d'une imputation selon un mécanisme de crédit pour impôt forfaitaire.

La pratique française, depuis la fin des années 1980, a par ailleurs dégagé les principes d'une nouvelle méthode de crédit, le crédit égal à l'impôt en R sur les revenus de source S.

1. Imputation intégrale

8080 Dans ce système, l'impôt payé en S est intégralement déduit de l'impôt dû en R, sans aucune limite. Si l'on reprend les données du n° 7785, cela donne :
– impôt payé en S : 30 (net perçu : 70) ;
– impôt payé en R :
• calcul de la cotisation de base : 75 (le calcul se fait sur 300 puisque les revenus provenant de S sont réimposés en R ; le crédit d'impôt est imposable, n° 8145) ;
• imputation d'un crédit d'impôt : 30 ;
• impôt exigible : 45 (75 - 30) ;
– l'impôt total s'élève donc à 75 (30 + 45), soit le **même impôt qu'avec le système de l'exonération dans l'État de la source**. Autrement dit, dans ce cas, l'impôt total est identique, que le revenu soit intégralement imposé en R ou que les droits d'imposer soient partagés entre les deux États (mais les conséquences ne sont naturellement pas les mêmes pour les Trésors publics). En pratique, cette méthode n'est pas retenue par les États qui préfèrent un mécanisme d'imputation partielle.

2. Imputation partielle

Principe du plafonnement

8100 Dans cette situation, le crédit d'impôt imputable en R est plafonné au montant de l'impôt dû État en R sur les revenus qui ont leur source État en S.

Le **mécanisme** est le suivant :
– crédit d'impôt théorique : 30 ;
– calcul du plafond de crédit d'impôt : on doit calculer le montant de l'impôt dû en R sur les revenus qui ont leur source en S. En pratique, il faut donc faire une règle de trois : 100 × 75/300 = 25 (75 étant l'impôt sur un revenu de 300) ;
– crédit d'impôt **effectivement imputable** : 25 et non 30 ; il reste donc une fraction de 5 qui est perdue. Elle n'est, le plus souvent, ni reportable sur d'autres revenus, ni restituable (au moins selon les administrations, en général) ; en France, elle ne peut pas non plus, dans la plupart des cas, être déduite de l'assiette imposable (n° 83660) ;

– impôt dû dans l'État R : 50 (75 - 25) ;
– charge fiscale globale : 80 (30 + 50).

Précisions En général, et en tout cas en France (nº 8150), le plafonnement doit être calculé en tenant compte, pour la détermination de l'impôt théoriquement dû en R sur les revenus de source S, de l'ensemble des **charges déductibles** afférentes aux revenus de source S (dans l'exemple précédent, le montant de 100 doit donc être diminué des charges qui ont ici été négligées).

Conséquences

L'impôt en R est plus élevé que dans la situation précédente (nº 8080), où il était égal à 45 ; la différence s'explique par la non-imputation d'une fraction de crédit d'impôt. **8105**

Il y a donc, dans ce cas, une **double imposition partielle rémanente**. Les États la justifient en indiquant qu'ils sont prêts à annuler leur propre impôt, mais pas à rembourser en outre au contribuable un impôt payé à l'étranger (nº 8150). C'est pourquoi ils ne veulent pas, en général, de l'imputation intégrale qui peut les obliger à rembourser de l'impôt étranger à un contribuable, par exemple si celui-ci est exonéré d'impôt ou non imposable, ou encore en situation de déficit.

3. Imputation d'un crédit d'impôt forfaitaire

Principes

Des clauses de **crédit pour impôt fictif** (ou **forfaitaire)** sont parfois incluses dans les conventions fiscales signées entre pays développés et pays en développement. La France, en particulier, avait autrefois une politique favorable à de telles clauses. Mais ce dispositif n'est plus utilisé aujourd'hui et son champ d'application est devenu résiduel à mesure de la renégociation des conventions fiscales. **8120**

Le mécanisme repose sur la faculté donnée à un contribuable de bénéficier d'un crédit d'impôt dans l'État de sa résidence, même s'il n'y a eu aucun impôt prélevé à l'étranger (« tax sparing ») ou encore de bénéficier d'un crédit d'impôt supérieur au taux de droit commun de la retenue à la source, qu'il s'agisse du taux de droit interne ou du plafond fixé par la convention fiscale (« matching credit »).

En ce qui concerne la pratique française, la **rédaction utilisée par les conventions** fiscales est variable (voir également nºs 8130 s.) ; assez souvent, il est simplement stipulé qu'en ce qui concerne certains revenus (par exemple, dividendes, intérêts et redevances), le montant de l'impôt étranger « perçu » est considéré comme étant égal à un pourcentage déterminé (par exemple, 10 % ou 20 %) du montant brut des revenus considérés (sans égard, par conséquent, au montant de l'imposition effectivement prélevée dans l'État de la source). En présence d'une rédaction de ce type, il y a lieu de calculer le crédit d'impôt en appliquant le pourcentage stipulé par la convention non pas au montant net des revenus considérés mais à un **montant brut reconstitué**, en ajoutant à ces revenus l'impôt étranger réputé acquitté (CE 20 novembre 2017 nº 396595, 9e et 10e ch., min. c/ Sté Natixis : RJF 2/18 nº 204, confirmant CAA Versailles 17 décembre 2015 nº 15VE00684, 7e ch., Sté Natixis). En effet, en l'absence de retenue à la source, le montant net des revenus est, par définition, égal au montant brut ; pour donner son sens à la formulation employée par la convention, il faut donc recalculer un revenu brut théorique sur lequel la retenue à la source est réputée avoir été prélevée.

Par exemple, en présence d'un revenu exonéré de retenue à la source et ouvrant droit à un crédit d'impôt égal à 10 % du montant brut, le **calcul** est le suivant :
– revenu brut : 100 ;
– revenu net : 100, en l'absence de retenue à la source ;
– crédit d'impôt : 10/90 × 100, soit 11,11 (soit un crédit d'impôt de 10 % du montant brut reconstitué qui serait ici égal à 100 + 11,11).

Ce mode de calcul a été repris, à propos de redevances de source turque perçues en 2012, 2013 et 2014, par CAA Versailles 23 avril 2019 nº 17VE02549, 1e ch., min. c/ Sté BPCE : RJF 10/19 nº 960 (crédit d'impôt de 10 % alors que l'imposition à la source avait été limitée à 1 % ; cet arrêt a fait l'objet d'un pourvoi non admis par CE (na) 25 février 2020 nº 431773, 8e ch., min. c/ SA BPCE : RJF 5/20 nº 482) et par CAA Versailles 23 avril 2019 nº 17VE01847, 1e ch., min. c/ Sté BPCE : RJF 10/19 nº 960, à propos de l'imposition de redevances de source chinoise perçues au cours des mêmes années (crédit d'impôt de 20 % ; cet arrêt a fait l'objet d'un pourvoi non admis par CE (na) 25 février 2020 nº 431781, 8e ch., min. c/ SA BPCE : RJF 5/20 nº 482).

Le mode de calcul du crédit d'impôt a également des conséquences en ce qui concerne l'application de la règle du butoir et la détermination de l'assiette de l'impôt sur les sociétés.

En ce qui concerne le calcul du **plafonnement** (butoir ; nº 83650), il a été jugé, à propos de l'imputation par une banque française de crédits d'impôt forfaitaires d'origine chinoise sous l'empire de l'ancienne convention fiscale franco-chinoise, que le plafond d'imputation des crédits d'impôt devait être déterminé en ajoutant le crédit d'impôt au revenu net perçu (CE 11 février 2022 nº 449637, 8e et 3e ch., min. c/ SA BNP Paribas : RJF 5/22 nº 489). Dans cette affaire, et en supposant que ne soit retenu que le taux d'impôt sur les sociétés à l'exclusion des contributions additionnelles applicables à l'époque, l'imputation intégrale sollicitée par la banque n'était possible que si les **charges** exposées, hors imposition chinoise, ne dépassaient pas 81,1 % du montant des intérêts perçus. L'explication du calcul n'est pas fournie par la décision du Conseil d'État, mais elle ressort du raisonnement suivant, sur la base d'un revenu net de 100 :
– montant brut reconstitué des revenus : 111,1, à savoir 100 (revenu net perçu) + 10/90 × 100 (crédit d'impôt calculé comme indiqué ci-avant) ;
– crédit d'impôt réclamé en l'espèce : 10 (en fait, la banque aurait dû demander initialement un crédit de 10/90) ;
– avec un taux d'imposition de 33, 1/3 %, le plafond de crédit d'impôt de 10 est atteint si l'assiette imposable est de 30 (30 × 33, 1/3 % = 10) ;
– compte tenu d'un revenu brut reconstitué de 111,1, les charges ne doivent pas dépasser 81,1 pour que le net imposable soit égal à 30 (en l'espèce, le plafond n'était pas atteint et la banque a obtenu gain de cause).

En ce qui concerne la détermination de **l'assiette de l'impôt sur les sociétés**, il a été confirmé, toujours à propos d'intérêts de source chinoise, perçus en 2013 et 2014 par une banque française et qui n'avaient fait l'objet d'aucun prélèvement à la source en Chine, que le montant de l'impôt réputé prélevé en Chine devait être ajouté aux intérêts perçus pour reconstituer l'assiette imposable à l'impôt sur les sociétés (CE 31 mai 2022 nº 461519, 8e et 3e ch., min. c/ Sté HSBC Bank PLC Paris Branch : RJF 8-9/22 nº 772) ; cette décision a annulé CAA Versailles 20 décembre 2021 nº 19VE03903, 3e ch., HSBC Bank PLC Paris Branch : RJF 5/22 nº 424, qui avait jugé à tort que seuls les montants réellement perçus étaient passibles de l'impôt sur les sociétés, sans qu'il y ait lieu de les majorer du montant de l'impôt fictif pris en compte.

Précisions Sur cette question, voir le rapport du comité des affaires fiscales de l'OCDE sur les crédits d'impôt fictif, expliquant pourquoi les États sont de plus en plus rétifs à prévoir de telles clauses dans leurs conventions fiscales : Modèle OCDE, Volume II, R (14) et Commentaires OCDE, C (23) nos 72 à 78-1.

Situations visées

8125 En reprenant les hypothèses énoncées nº 7785, supposons que l'État S décide, pour encourager les investissements étrangers, de supprimer sa retenue à la source de 30 % et de ne prélever aucun impôt.

Avec la méthode de l'imputation, la situation de l'investisseur résident de l'État R ne sera pas globalement améliorée :
– impôt en S : 0 (net perçu 100) ;
– impôt en R : 75, sans crédit d'impôt puisque aucun impôt n'a été perçu à la source.

Son imposition globale restera donc égale à 75, comme précédemment. Le « sacrifice » fiscal consenti par le pays de la source n'aura donc **aucun effet d'incitation**. Simplement, il y aura davantage d'impôt dans les caisses de l'État R et moins dans celles de l'État S.

Portée du mécanisme

8127 Pour remédier à cette situation et, en quelque sorte, pour que l'État R accompagne le sacrifice ou l'effort fait par l'État S (en pratique un pays en développement), les États peuvent prévoir une clause de crédit d'impôt forfaitaire aux termes de laquelle l'investisseur résident de R aura néanmoins droit à un crédit d'impôt de 30, par exemple, bien qu'aucun impôt n'ait été payé à la source :
– impôt en S : 0 (net perçu : 100) ;

– impôt en R :
• cotisation de base : elle est à calculer sur un revenu global de 330, car le revenu étranger doit être entendu crédit d'impôt compris (nos 8120 et 8145). L'impôt est donc égal à 91,5 (application du taux marginal de 55 %) ;
• crédit d'impôt théorique : 30 (par hypothèse ici ; si la convention fiscale prévoit que le crédit d'impôt est égal à 30 % du montant brut des sommes versées, le crédit d'impôt théorique est de 30/70 du montant net de 100, soit 42,86 comme indiqué no 8120) ;
• calcul du plafond de crédit d'impôt : l'impôt dû en R sur les revenus en cause s'élève à 28 environ (100 × 91,5/330) ;
• crédit d'impôt imputable : 28 ;
• impôt dû en R : 63,5 (91,5 – 28).

Comme il n'y a pas eu d'impôt en S, l'impôt global s'élève donc à 63,5, au lieu de 75, comme précédemment. Une telle clause de crédit d'impôt forfaitaire s'avère donc particulièrement avantageuse.

Cas où l'impôt à la source est simplement réduit Le mécanisme peut également s'appliquer si l'impôt perçu à la source n'est pas annulé, mais simplement réduit, par exemple, s'il passe de 30 % à 10 %. Le crédit reste égal à 30 (ou 30/70, si la rédaction de la convention fiscale le permet ; no 8120) même si la retenue a été réduite à 10. On a : **8129**
– impôt en S : 10 (net perçu 90) ;
– impôt en R :
• cotisation de base : elle est à calculer sur 320 (dont 120 de revenus de source S, à savoir 90 de net perçu et 30 de crédit d'impôt, no 8145), soit un impôt de 86 ;
• crédit d'impôt théorique : 30 ;
• plafond de crédit d'impôt : 100 × 86/320 = 27 environ ;
• crédit d'impôt imputable : 27 ;
– impôt dû en R : 59 (86 - 27) ;
– charge fiscale globale : 69 (59 + 10).

La **charge fiscale globale** est donc plus élevée que dans la situation précédente, ce qui est logique puisqu'il y a eu perception d'un impôt de 10 à la source. Mais elle est inférieure à ce qu'elle serait en l'absence de crédit d'impôt forfaitaire :
– impôt en S : 10 (net perçu 90) ;
– impôt en R :
• cotisation de base : 75 (impôt sur 300) ;
• crédit d'impôt : 10 (imputable en totalité car le plafond de 25 n'est pas atteint) ;
• impôt dû en R : 65 ;
– charge fiscale globale : 75 au lieu de 69 avec un mécanisme de crédit d'impôt forfaitaire.

Pratique des conventions fiscales françaises

L'imputation d'un crédit forfaitaire n'est possible en France que si une convention fiscale le prévoit ; or il n'y a sur ce point ni principe général, ni pratique systématique de la France. Seul l'examen de la convention fiscale, et particulièrement la lecture de l'article relatif à l'élimination des doubles impositions, permet de décider si un résident de France a droit ou non à un tel crédit au titre d'un revenu déterminé (en général, intérêts et redevances, plus rarement dividendes). **8130**

Il est d'ailleurs parfois délicat de déterminer, à la lecture de la convention fiscale, si le mécanisme du crédit forfaitaire s'applique ou non. En effet, celles-ci font souvent référence à des **mesures spéciales d'encouragement** prises par le pays partenaire et limitent le crédit d'impôt forfaitaire aux revenus qui, provenant de cet État, ont fait l'objet d'une exonération ou d'une réduction de prélèvement à la source sur ce fondement. En ce cas, ce n'est pas parce qu'un revenu a bénéficié d'une exonération ou d'une réduction d'impôt à la source que le crédit forfaitaire s'applique nécessairement ; encore faut-il que l'avantage consenti par le pays partenaire ait été accordé sur le fondement du texte visé par les conventions fiscales, en général une loi spéciale relative aux investissements étrangers ou particulière à certaines zones géographiques.

Précisions En ce qui concerne les dividendes en provenance de certains États de l'Afrique francophone, la France applique parfois un mécanisme de **« décote africaine »**, formule qui permet le calcul direct du crédit d'impôt ; il suffit d'appliquer au montant brut des dividendes le pourcentage résultant de l'application de la formule [100 - (t + 25)]/2, où t est le taux de l'impôt prélevé à l'étranger. Par exemple, si ce taux est égal à 0 %, le crédit est de [100 - (0 + 25)]/2 = 37,5 ; cependant, lorsque t dépasse 25 %, l'application de la formule est défavorable car elle donne un crédit inférieur à t. Dans ce cas, les intéressés peuvent demander à bénéficier d'un crédit égal à l'impôt prélevé à la source (t).

Restrictions administratives successives

8133 L'administration a procédé, au cours des années 1993 et suivantes, à une révision systématique de ses commentaires sur les conventions fiscales prévoyant des clauses de crédit forfaitaire, dans une perspective clairement restrictive.

Ont ainsi été passées en revue les règles applicables aux **intérêts**, **dividendes** et **redevances** ayant leur source au Brésil (BOI-INT-CVB-BRA nos 180 et 290), à Chypre (BOI-INT-CVB-CYP no 20), en Corée (BOI-INT-CVB-KOR no 20), en Égypte, en Grèce (BOI-INT-CVB-GRC no 400), en Iran (BOI-INT-CVB-IRN no 60), en Irlande (BOI-INT-CVB-IRL-20 no 30), en Israël (BOI-INT-CVB-ISR nos 20 et 30), au Maroc (BOI-INT-CVB-MAR nos 180, 200 et 240), au Portugal (BOI-INT-CVB-PRT-10-30 nos 30 s.), à Singapour (ancienne convention ; BOI-INT-CVB-SGP no 50, avant sa suppression par une actualisation du 27 juin 2017), en Tunisie et au Venezuela (BOI-INT-CVB-VEN no 10). On notera, à ce propos, que l'administration estime :
• qu'un crédit d'impôt forfaitaire peut être considéré comme **supprimé** non seulement dans la mesure où la loi étrangère qui sert de référence a été abrogée, mais aussi lorsque celle-ci a été « substantiellement modifiée » (BOI-INT-CVB-CYP no 20, à propos de Chypre) ;
• qu'aucune disposition conventionnelle n'est de toute façon applicable lorsque les revenus en cause ont été payés par des personnes qui ne sont pas des résidents des États concernés, notamment parce que la condition d'**assujettissement à l'impôt** dans ces États n'est pas remplie, ce qui, pour l'administration, vise par exemple les sociétés dites « **offshore** » (ancien BOI 14 B-4-93 du 8 juin 1993, repris sur ce point seulement au BOI-INT-CVB-TUN-10 no 220 à propos de la convention franco-tunisienne).

La politique conventionnelle de la France est aujourd'hui de ne **plus accepter de crédits d'impôt forfaitaire**, comme en témoigne la suppression du mécanisme dans la convention franco-chinoise du 26 novembre 2013 (une courte période de transition avait seulement été prévue dans certains cas) et dans la convention franco-singapourienne du 15 janvier 2015.

Incidences de la rédaction des conventions fiscales

8135 Saisi d'une contestation par la voie de l'excès de pouvoir contre l'ancienne instruction du 5 décembre 1997 à propos de la convention franco-brésilienne (ancien BOI 14 A-7-97 du 15 décembre 1997 : BF 1/98 no 119) qui avait rapporté la manière de voir très favorable de l'administration à propos des crédits forfaitaires, le Conseil d'État a jugé que le crédit d'impôt ne devait effectivement être accordé que si les intérêts avaient **« supporté » l'impôt au Brésil** (CE 26 juillet 2006 no 284930, 8e et 3e s.-s., Sté Natexis Banques Populaires : RJF 11/06 no 1421, aux conclusions Pierre Collin au BDCF 11/06 no 142). En effet, les stipulations conventionnelles, « dès lors qu'elles ne le prévoient pas de manière expresse, font obstacle à ce que soit octroyé au bénéficiaire d'un tel revenu qui réside en France un crédit d'impôt d'égal montant en l'absence de tout prélèvement dans l'État de la source ». Cette décision, cependant, ne signifie pas qu'il faille nécessairement qu'un impôt ait été prélevé, même à un taux très faible, dans la mesure où, comme le relevait le commissaire du Gouvernement, tout dépend de la lettre des conventions fiscales ; certaines sont rédigées différemment, comme la convention franco-indonésienne du 14 septembre 1979 et la convention franco-argentine du 4 avril 1979 avant l'entrée en vigueur de l'avenant du 15 août 2001 (no 63385).

Le principe de l'**interprétation stricte** des clauses de crédit forfaitaire a été repris à propos de l'imposition d'intérêts provenant d'Argentine, de Chine, d'Inde, d'Indonésie et de Turquie (CE 25 février 2015 no 366680, 9e et 10e s.-s., SA Natixis : RJF 5/15 no 426, aux conclusions Marie-Astrid Nicolazo de Barmon au BDCF 5/15 no 61). En ce qui concerne les intérêts de **source chinoise**, le Conseil d'État a donné raison à la requérante en considérant que la convention franco-chinoise du 30 mai 1984, alors applicable, ne subordonnait pas l'octroi du crédit d'impôt forfaitaire à la condition que les intérêts aient supporté l'impôt en Chine ; en revanche, en ce qui concerne les intérêts de source **turque, indienne, indonésienne et argentine**, la société n'a pas eu gain de cause car elle n'établissait pas, alors qu'elle était la seule à pouvoir le faire, qu'elle avait été imposée à la source ou qu'elle avait été exonérée en application des dispositions spéciales visées par la convention fiscale applicable (mesures spéciales d'incitation visant à promouvoir le développement économique en Turquie, mesures énumérées par la convention franco-indienne, mesures spéciales incitatives prévues par la législation indonésienne et disposition juridique particulière argentine). La décision rendue sur renvoi dans cette affaire a repris ces principes, tout en apportant de nouvelles précisions sur le **mode de calcul** du crédit d'impôt forfaitaire (n° 8120).

4. Les crédits d'impôt français classiques

Champ d'application

D'une manière générale, la méthode de l'imputation (crédit d'impôt) est réservée, en France, aux revenus qui font l'objet d'une imposition limitée à la source (**dividendes**, **intérêts** et **redevances**, sauf exonérations spécifiques). Mais elle est aussi retenue lorsque l'on veut éviter que certains revenus ne bénéficient indûment, en droit ou en fait, d'une absence d'imposition (**artistes** et **sportifs**, rémunérations des **administrateurs de société**, notamment). Sauf dans la pratique particulière développée depuis la fin des années 1980 (n° 8160), elle est rarement retenue pour d'autres types de revenus (pour ceux-ci on applique, en général, l'exonération avec taux effectif). Cela dit, d'autres États, comme les États-Unis, retiennent une méthode de crédit systématique. **8140**

Dans la pratique française, comme dans celle de la plupart des autres pays, le crédit d'impôt traditionnel n'est jamais intégralement imputable en cas d'excédent par rapport à l'impôt français. Les principales règles d'imputation des crédits d'impôt « classiques », c'est-à-dire égaux à l'impôt étranger et non pas à l'impôt français, sont les suivantes (en ce sens, par exemple, BOI-IS-RICI-30-10-20-10, à propos des sociétés passibles de l'impôt sur les sociétés).

Précisions **a.** Ces règles sont transposables aux **établissements stables** en France de sociétés étrangères sur le fondement des clauses de non-discrimination (n° 81297).

b. Sur les modalités d'application pour les personnes physiques et les entreprises, voir n°s 83620 s.

Absence de crédit d'impôt en droit interne

L'imputation d'un crédit d'impôt n'est possible que si une convention fiscale le prévoit (voir toutefois Précisions a. ci-dessous). Les revenus provenant d'États non liés à la France par une convention fiscale ne donnent donc pas lieu à imputation d'un crédit d'impôt. Ils ouvrent droit simplement à une **déduction de l'impôt étranger de l'assiette** de l'impôt français, en application des articles 39, 1-4° (n° 5815), 13 (qui, pour l'impôt sur le revenu, pose le principe selon lequel le revenu imposable est constitué sous déduction des dépenses effectuées en vue de son acquisition ou de sa conservation) et 122 du CGI (qui exprime, pour les revenus de valeurs mobilières émises hors de France, le principe selon lequel ces revenus sont calculés sans autre déduction que celle des impôts établis dans le pays d'origine et dont le paiement incombe au bénéficiaire ; BOI-RPPM-RCM-20-10-20-60 n° 20). **8142**

Il existe cependant une exception en ce qui concerne les **revenus de source danoise**, l'administration ayant décidé, afin d'atténuer les frottements fiscaux résultant de l'absence de convention fiscale entre les deux pays, d'accorder un crédit d'impôt sans base législative ; la doctrine administrative prévoit ainsi, au BOI-INT-CVB-DNK nos 170 s., que l'impôt prélevé au Danemark sur les revenus de source danoise, autres que les pensions, perçus par les personnes physiques ayant leur domicile fiscal en France et les personnes morales soumises à l'impôt sur les sociétés en France, soit directement, soit indirectement au prorata des droits détenus dans des sociétés de personnes dont le siège social est situé en France, ouvre droit, depuis le 1er janvier 2009, à un crédit d'impôt, sous réserve que l'impôt danois prélevé à la source soit comparable à l'impôt dû en France par le contribuable (ce dernier peut cependant préférer déduire l'impôt danois des revenus auxquels il se rapporte dans les conditions de droit commun). Ce crédit est égal à l'impôt effectivement acquitté au Danemark conformément à la législation danoise sur les revenus concernés. Il est imputable sur l'impôt dû en France au titre de ces revenus majorés du montant de l'impôt prélevé au Danemark, dans la limite de l'impôt français dû au titre de ces revenus. Cette mesure a été décidée à titre provisoire. L'administration précise qu'il y sera mis fin au plus tard au jour de l'entrée en vigueur d'une nouvelle convention fiscale entre les deux pays (une nouvelle convention a été signée entre les deux pays le 4 février 2022, mais elle n'est pas encore en vigueur).

Précisions **a.** Il existe un mécanisme de crédit d'impôt en droit interne pour l'**impôt sur la fortune immobilière** (n° 52540) et les **droits de mutation à titre gratuit** (n° 48655).

b. Il avait été admis que les dividendes, intérêts et tantièmes provenant de certains États de l'ex-Union française avec lesquels aucune convention fiscale n'a été conclue puissent bénéficier d'un crédit d'impôt ; cet assouplissement concernait le **Cambodge**, le **Laos**, la **Guinée** et le **Tchad**, ainsi que les revenus en provenance des collectivités d'outre-mer. Toutefois, par deux notes, du 18 février 1992 et du 24 avril 1992, l'administration était revenue sur la solution de tempérament antérieure et avait « confirmé » la suppression du crédit d'impôt dont bénéficiaient en France les revenus de sources cambodgienne, laotienne, tchadienne et guinéenne (anciens BOI 14 B-1-92 du 28 février 1992 et BOI 14 B-3-92 du 11 mai 1992). La documentation administrative avait continué de faire état, par erreur, de la possibilité pour les dividendes, intérêts d'obligations ou d'autres titres d'emprunts négociables et les tantièmes provenant du Cambodge, du Laos et du Tchad de bénéficier d'un crédit d'impôt mais cette erreur a été corrigée par une actualité doctrinale du 29 décembre 2016 ; il n'y a donc plus d'exception pour ces trois pays ni pour les revenus de même nature provenant des **territoires (collectivités) d'outre-mer** (BOI-RPPM-RCM-20-10-20-60 n° 20 : BF 2/17 n° 137).

Modalités de détermination

8145 Le crédit d'impôt est en principe égal à l'impôt **effectivement acquitté** à l'étranger. Par exemple, si une convention fiscale prévoit une retenue à la source maximum de 15 %, alors que, pour une raison quelconque, le revenu a été amputé seulement d'une retenue de 5 %, le crédit d'impôt ne sera pas égal à 15 mais à 5.

En outre, le crédit d'impôt est, sur le fondement des conventions fiscales (nos 8120 et 83635), un **revenu imposable** pour le bénéficiaire, au même titre que le produit y ouvrant droit ; il doit donc être ajouté à ce produit. Cela explique que, dans les exemples indiqués plus haut (nos 8100, 8127 et 8129), la base de calcul retenue ait été à chaque fois le revenu brut étranger, c'est-à-dire le revenu net augmenté de la retenue à la source effectivement perçue.

Enfin, l'imputation se fait sur l'impôt français dans la base duquel les revenus sont compris. Aucune imputation ne peut donc être faite sur l'impôt dû au titre d'une année ou d'un exercice donnés, si le revenu auquel est attaché le crédit d'impôt n'est pas compris dans la base d'imposition établie au titre de la même année ou du même exercice (sous réserve du n° 63315).

Précisions Une société française n'a pu imputer de crédit d'impôt au titre de « **pénalités** » qui avaient été infligées en 2005 par les autorités fiscales australiennes à sa filiale australienne pour non-prélèvement de la retenue à la source afférente à des redevances qui lui avaient été versées au titre des années 2001 à 2003 (CAA Versailles 4 mai 2012 n° 10VE04141, 3e ch., Sté SAP France : RJF 12/12 n° 1153 ; arrêt définitif). Selon la Cour, il ne résultait pas de la législation fiscale australienne que ces « pénalités » aient eu la nature d'une retenue à la source susceptible d'ouvrir droit à un crédit d'impôt au sens et pour l'application de la convention franco-australienne, l'article 2 § 2 de cette convention excluant d'ailleurs expressément les « pénalités » de la notion d'« impôt australien » (la déduction en charges des pénalités que la société française avait remboursées à sa filiale n'a pas non plus été admise ; n° 72560).

Principe du plafonnement

8150 Dans la pratique française, les crédits d'impôt sont plafonnés **au montant de l'impôt français** sur les revenus auxquels ils sont attachés. Le plafond est calculé en fonction du taux prévu en droit interne appliqué au revenu net, entendu du revenu brut étranger diminué de toutes les dépenses effectuées en vue de l'acquisition ou de la conservation de ce revenu, à l'exception, bien entendu, de l'impôt étranger lui-même.

Par exemple, si une société française réalise un revenu brut de 100 passible de l'impôt au taux de 25 % et ayant supporté une retenue à la source de 10 % hors de France (soit un revenu net de 90) et si elle a exposé 80 de charges pour la réalisation de ce revenu, le crédit d'impôt, théoriquement égal à 10, sera limité à l'impôt sur les sociétés sur une assiette de 20, à savoir 5 (comptabilisation des revenus bruts) ; l'excédent (5) est en principe « perdu », n'étant ni restituable ni reportable.

À propos de la façon dont le calcul du plafond doit être effectué, le Conseil d'État a confirmé, s'agissant de revenus de capitaux mobiliers d'origine étrangère (mais la solution a une portée générale), que **toutes les charges** afférentes aux revenus doivent être déduites et pas seulement, en particulier, les frais de garde et d'encaissement des titres (notamment, CE 7 décembre 2015 n° 357189, Plén., min. c/ Sté Crédit Industriel et Commercial : RJF 2/16 n° 123 ; voir n° 83650).

Ce mode de calcul est compatible avec le principe de **libre circulation des capitaux** (CJUE 25 février 2021 aff. 403/19, 2e ch., Société Générale : RJF 5/21 n° 543, sur renvoi par CE 24 avril 2019 n° 399952, Plén., Société Générale : RJF 7/19 n° 636 ; voir également nos 82015 et 83650).

Précisions La **contribution sociale sur les bénéfices de 3,3 %** se calcule sur l'impôt brut avant toute imputation et non pas sur l'impôt net, c'est-à-dire sans qu'il soit tenu compte des crédits d'impôt. Mais elle s'ajoute à l'impôt au taux normal ou réduit pour le calcul du plafond. Il en allait de même de la **contribution exceptionnelle** et de la **contribution additionnelle** à la contribution exceptionnelle exigibles en 2018 (ancien BOI-IS-AUT-35 n° 230). Sur ces contributions, voir n° 5592, Précisions d. Sur l'imputation des crédits d'impôt, voir n° 83675.

Sort d'un excès de crédit d'impôt non imputable

Les crédits d'impôt excédentaires par rapport au plafond d'imputation ne sont pas déductibles. **8153**

En ce qui concerne l'impôt sur les sociétés et les bénéfices industriels et commerciaux, il résulte de l'article 14 de la loi n° 2017-1775 du 28 décembre 2017 de finances rectificative pour 2017 modifiant l'article 39, 1-4° du CGI, que ne sont pas déductibles, pour la détermination des résultats des exercices clos depuis le 31 décembre 2017, les impôts prélevés par un État ou territoire conformément aux stipulations d'une convention fiscale d'élimination des doubles impositions en matière d'impôt sur les revenus conclue par cet État ou territoire avec la France (nos 5815 et 83660).

Impôt français sur lequel le crédit d'impôt peut être imputé

En ce qui concerne les personnes physiques, les crédits d'impôt correspondant à des revenus de source étrangère sont imputables sur **l'impôt sur le revenu** sans difficulté particulière. **8156**

En ce qui concerne les personnes morales passibles de **l'impôt sur les sociétés**, une difficulté était apparue dans le passé, dans la mesure où cet impôt peut être perçu au taux normal ou au taux réduit, selon la nature des revenus. Le Conseil d'État admet, depuis une décision de 2017, que l'imputation d'un crédit d'impôt correspondant à une retenue à la source prélevée sur des revenus provenant d'États liés à la France par une convention fiscale puisse être effectuée sur l'impôt sur les sociétés à la charge du bénéficiaire sans qu'il y ait lieu de distinguer selon que cet impôt est dû **au taux normal ou au taux réduit** (CE 26 juin 2017 n° 406437, 9e 10e ch., Sté BPCE et CE 26 juin 2017 n° 386269, 9e et 10e ch., Sté Crédit Agricole : RJF 10/17 n° 942) ; cette précision a été apportée à propos de l'imposition de revenus de capitaux mobiliers mais elle devrait, à notre avis, avoir une portée générale (voir également n° 83670).

Il ne faut pas confondre, en effet, le calcul du **plafond d'imputation** des crédits d'impôt et les modalités pratiques d'imputation ; le crédit d'impôt naît du constat que l'impôt perçu à l'étranger sur un revenu déterminé est inférieur ou égal à l'impôt théoriquement exigible en France sur le même revenu (net des charges qui y sont afférentes), indépendamment des autres revenus du bénéficiaire, et non pas de la possibilité d'imputer effectivement ou non le crédit d'impôt sur l'impôt français.

Sur ces questions, voir également n° 83670.

5. Pratique française actuelle

Principes

À l'occasion de la renégociation de certaines conventions fiscales importantes, par exemple avec les États-Unis, l'Espagne, l'Allemagne, l'Italie, la Suède, la Suisse ou l'Autriche ou moins importantes, comme les conventions avec la Bulgarie, la Turquie, l'Islande, les Émirats arabes unis, le Mexique, ou l'Équateur (liste non limitative), la France s'est ralliée, depuis la fin des années 1980, à la **méthode du crédit d'impôt généralisé**. **8160**

Si ce crédit est classique (dans ses modalités, mais pas dans son champ d'application) dans le cas de l'Équateur et de la Turquie, il est nettement plus novateur dans les conventions postérieures, car il s'agit, pour les revenus anciennement soumis au taux effectif, d'un **crédit égal à l'impôt français**. En réalité, pour ces revenus, le mécanisme revient, pour l'essentiel, à un taux effectif pour lequel l'impôt étranger ne serait pas admis en déduction, mais il a paru « plus simple » aux négociateurs des conventions fiscales et plus aisé à faire comprendre aux contribuables intéressés.

En général, lorsque cette méthode est utilisée, la convention utilise une **formulation** calquée sur le modèle suivant : « Nonobstant toute autre disposition de la convention, les revenus qui sont imposables ou ne sont imposables que dans [l'autre État] conformément aux dispositions de la convention sont pris en compte pour le calcul de l'impôt français lorsqu'ils ne sont pas exemptés de l'impôt sur les sociétés en application de la législation interne française. Dans ce cas, l'impôt dû [dans l'autre État] n'est pas déductible de ces revenus, mais le résident de France a droit à un crédit d'impôt imputable sur l'impôt français. » Ce crédit d'impôt est égal soit à l'impôt français (cas général), soit à l'impôt payé dans l'autre État dans la limite de l'impôt français (cas, notamment, des revenus passibles d'une retenue à la source dans l'autre État, comme les dividendes).

Comme l'a précisé le Conseil d'État, à propos de la convention fiscale franco-britannique du 19 juin 2008, cette formulation signifie que, même si les stipulations conventionnelles prévoient que certains revenus sont imposables, ou ne sont imposables que (n° 10445), dans l'autre État, ces revenus peuvent néanmoins être **pris en compte pour le calcul de l'impôt français** (CE Avis 12 février 2020 n° 435907, 9e et 10e ch. : RJF 5/20 n° 481). Cet avis apporte également les deux confirmations suivantes, outre celles indiquées aux nos 8170, 83780 et 83790 :
– la formulation utilisée par la convention fiscale ne restreint pas le bénéfice du crédit d'impôt égal à l'impôt français aux seuls revenus relevant d'un barème d'imposition progressif mais l'étend aux revenus soumis à un **impôt proportionnel** ;
– le bénéfice du crédit d'impôt ne peut être refusé au motif qu'aucun impôt sur le revenu ou sur un élément du revenu de nature équivalente à l'impôt français n'existe dans l'autre État.

Précisions **a.** À titre d'exemple, la **convention franco-chinoise** du 26 novembre 2013 est rédigée comme suit :
« 1. En ce qui concerne la France, la double imposition est éliminée de la manière suivante :
a) Nonobstant toute autre disposition du présent Accord, les revenus qui sont imposables ou ne sont imposables qu'en Chine conformément aux dispositions de l'Accord sont pris en compte pour le calcul de l'impôt français lorsqu'ils ne sont pas exemptés de l'impôt sur les sociétés, en application de la législation interne française. Dans ce cas, **l'impôt chinois n'est pas déductible** de ces revenus, mais le résident de France a droit, sous réserve des conditions et limites prévues aux (i) et (ii), à un crédit d'impôt imputable sur l'impôt français. Ce **crédit d'impôt** est égal :
(i) pour les revenus non mentionnés au (ii), au montant de **l'impôt français correspondant** à ces revenus à condition que le bénéficiaire résident de France soit soumis à l'impôt chinois à raison de ces revenus ;
(ii) pour les revenus soumis à l'impôt sur les sociétés visés à l'article 7, au paragraphe 2 de l'article 13 et à l'article 14 et pour les revenus visés à l'article 9, à l'article 10, au paragraphe 2 de l'article 11, au paragraphe 2 de l'article 12, aux paragraphes 1 et 4 de l'article 13, au paragraphe 3 de l'article 15, à l'article 16 et aux paragraphes 1 et 2 de l'article 17, au **montant de l'impôt payé en Chine**, conformément aux dispositions de ces articles ; toutefois, ce crédit d'impôt ne peut excéder le montant de l'impôt français correspondant à ces revenus (...) ».

b. Chaque convention fiscale doit faire l'objet d'un **examen particulier** car les rédactions ne sont pas toutes identiques.

c. Comme le mécanisme du taux effectif, celui du crédit égal à l'impôt français ne crée **pas de double imposition** ; il permet de faire en sorte que le taux moyen d'imposition des foyers fiscaux percevant des revenus de source étrangère ne soit pas inférieur à celui appliqué aux foyers qui ne perçoivent que des revenus de source française.

Exemple

8165 Si la méthode d'élimination des doubles impositions est la même que dans le cadre franco-chinois (n° 8160, Précisions a) et en reprenant les données du n° 7785, ce mécanisme s'applique de la manière suivante aux revenus qui ne donnent pas droit à un crédit d'impôt égal à l'impôt étranger, tels qu'ils sont énumérés par la convention fiscale (si les principes restent à peu près constants selon la rédaction des conventions fiscales, la répartition des revenus entre ceux qui ouvrent droit à un crédit d'impôt égal à l'impôt étranger et les autres peut varier) :
– impôt en S (pays de la source) sur un revenu de 100 : 30 ;

– impôt en R (France) calculé en deux étapes :
• impôt théorique sur une base de 300 : 75 ;
• crédit d'impôt égal à l'impôt en R sur les revenus de S, soit un crédit égal à 100 × 75/300 = 25 ;
• impôt exigible en R : 50 (75 - 25).

On trouve le même résultat avec la méthode classique du taux effectif (nº 7985) mais la charge fiscale est **plus lourde** qu'avec la méthode française ancienne (nº 7995), dans la mesure où l'**impôt étranger** n'est **pas déduit** de l'assiette imposable pour le calcul de l'impôt français. Mis à part cette différence, l'application de l'une ou l'autre méthode est arithmétiquement indifférente, sous réserve des situations dans lesquelles le **revenu étranger** est **déficitaire**, car le revenu étranger est toujours pris en compte, à l'avantage du contribuable, avec un mécanisme de taux effectif (nº 8000), alors qu'il ne l'est pas avec ce système si la convention ne vise que les bénéfices et autres revenus « positifs » (tout dépend cependant de la rédaction des conventions fiscales ; nº 83800).

Une autre différence, mais qui dépend, là aussi, de la rédaction des conventions fiscales car la précision n'est pas systématiquement apportée, tient à ce que la méthode du crédit d'impôt égal à l'impôt français n'est applicable, avec des rédactions du type de la convention fiscale franco-chinoise, que si le bénéficiaire résident de France est **soumis à l'impôt dans le pays de la source** à raison des revenus concernés (nº 8170) ; lorsque tel n'est pas le cas, le crédit d'impôt n'est pas égal à l'impôt français mais à l'impôt étranger, ce qui est évidemment au désavantage du contribuable puisque le crédit d'impôt est alors nul (dès lors que le revenu n'a pas été imposé dans le pays de la source, aucun crédit d'impôt ne peut être réclamé en France). Par différence, un mécanisme d'exonération avec taux effectif conduit à l'exonération en France même en l'absence d'impôt étranger.

Sur les modalités d'application de ce dispositif, voir nºs 83750 s. Sur la prise en compte des charges du revenu global et des charges catégorielles pour le calcul du crédit d'impôt, voir nº 83805.

Évolution de la rédaction de la clause d'élimination des doubles impositions

Si la convention fiscale ne précise pas le contraire, le contribuable dispose d'un crédit égal à l'impôt français **même si aucun impôt n'a été acquitté à l'étranger** (CE 29 juin 2011 nº 320263, 3e et 8e s.-s., min. c/ Chauvin : RJF 10/11 nº 1084 aux conclusions Emmanuelle Cortot-Boucher au BDCF 10/11 nº 118 ; voir nº 83790). Dans sa pratique récente, la France combine cependant la méthode du crédit égal à l'impôt français et celle du crédit égal à l'impôt étranger en utilisant une rédaction particulière permettant d'éviter certains abus. **8170**

On en trouve un exemple dans la convention fiscale franco-chinoise du 26 novembre 2013 (nº 8160, Précisions, a) ; autre exemple, la convention fiscale du 7 juin 2004 entre la France et le Chili retient, en substance, les principes suivants que l'on retrouve dans les textes plus récents :
– les revenus qui sont imposables au Chili conformément aux dispositions de la convention sont pris en compte pour le calcul de l'impôt français, lorsque le bénéficiaire de ces revenus est un résident de France et qu'ils ne sont pas exemptés de l'impôt sur les sociétés en application de la législation interne française ; cette formulation signifie que tous les revenus de source chilienne sont pris en compte pour l'application de l'impôt français, par principe, **sauf s'ils sont exonérés** d'impôt sur les sociétés en **droit interne**, au motif, par exemple, qu'ils sont réalisés dans une entreprise exploitée au Chili au sens des nºs 4600 s. et à supposer que l'article 209 B du CGI ne s'applique pas (il n'y a rien à préciser en ce qui concerne les personnes physiques qui sont imposables en droit interne sur une assiette mondiale ; nº 1918) ; il en va ainsi même pour les revenus dont l'imposition serait attribuée exclusivement au Chili en vertu des articles précédents de la convention (c'est-à-dire qui le seraient en raison de l'utilisation de la formule « ne... que » ; nº 10445) ; on constate que cette rédaction permet à la France d'appliquer l'article 209 B du CGI à des établissements stables, par le jeu du renvoi au droit interne français (pour les filiales, l'article 209 B est applicable en présence d'une convention fiscale, sauf exception ; nºs 73300 s.) ;

– l'impôt chilien éventuellement supporté sur les revenus en cause n'est pas déductible de ces revenus ; ils sont pris en compte pour leur montant brut (n° 8160) mais le résident de France a droit à un crédit d'impôt imputable sur l'impôt français, afin d'éliminer la double imposition qui en résulte ;
– pour certains revenus énumérés par la convention (dividendes, intérêts, redevances, certaines plus-values, rémunération des personnels employés à bord d'un navire ou aéronef exploité en trafic international, rémunérations des administrateurs et des membres du conseil de surveillance (anciens « jetons de présence »), rémunérations des artistes et sportifs, autres revenus), le crédit d'impôt est égal au montant de l'impôt payé au Chili conformément à la convention, sans pouvoir excéder le montant de l'impôt français correspondant à ces revenus ; cette formulation est classique (n° 8140) ;
– pour les autres revenus, le crédit d'impôt est égal au montant de l'impôt français correspondant à ces revenus **à condition** que le bénéficiaire résident de France soit **soumis à l'impôt chilien à raison de ces revenus** ; cette rédaction permet d'éviter d'accorder une exonération de fait (crédit d'impôt égal à l'impôt français) à des revenus non effectivement soumis à l'impôt au Chili, de façon à éviter toute double exonération.

Selon ce qu'a indiqué le Conseil d'État dans un avis concernant la convention fiscale franco-britannique du 19 juin 2008 (CE Avis 12 février 2020 n° 435907, 9e et 10e ch. : RJF 5/20 n° 481 ; voir également nos 8160, 83780 et 83790), l'exigence que le résident de France soit soumis à l'impôt étranger à raison des revenus considérés ne conduit cependant qu'à exclure deux types de revenus :
– ceux qui ne sont pas **compris dans l'assiette** de l'impôt étranger ;
– et ceux qui sont compris dans l'assiette de l'impôt étranger mais qui bénéficient à un contribuable **exonéré** d'impôt à l'étranger à raison de son **statut** ou de son **activité** (en revanche, cette condition n'exige pas que les revenus concernés aient été soumis à une imposition effective dans l'autre État ; n° 83790).

D'une façon générale, les principes précédents se retrouvent dans les conventions fiscales récemment signées par la France (chaque convention doit cependant faire l'objet d'une analyse spécifique car la rédaction peut varier). En application de ces principes, par exemple, une personne physique domiciliée en France et employée par l'Organisation internationale de normalisation (ISO) à Genève ne pouvait pas bénéficier d'un crédit d'impôt égal à l'impôt français au titre des années 2015 et 2016, car les revenus qu'elle recevait de cette organisation n'étaient pas soumis à l'impôt suisse, alors que l'article 25 de la convention fiscale **franco-suisse** du 9 septembre 1966 modifiée n'accorde un tel crédit qu'à condition que le résident de France soit soumis à l'impôt suisse à raison des revenus considérés (TA Lyon 8 mars 2022 n° 2003550, 4e ch., faisant l'objet d'un appel enregistré sous le n° 22LY01401).

Précisions Dans le même sens, voir l'accord du 21 octobre 2010 entre la France et **Hong Kong** dont l'article 22, 1 a) i) prévoit un crédit d'impôt égal au montant de l'impôt français correspondant aux revenus à condition que le bénéficiaire résident de France soit **soumis à l'impôt** dans la Région administrative spéciale de Hong Kong à raison de ces revenus. Ce principe a été repris, par exemple, dans la convention franco-andorrane du 2 avril 2013 et dans la convention fiscale franco-chinoise du 26 novembre 2013 (n° 8160, Précisions a).

8175 La rédaction moderne de la clause d'élimination des doubles impositions permet de **préserver les dispositifs répressifs** de droit français, comme l'article 209 B du CGI (voir aussi n° 73315 à propos de certaines autres conventions fiscales) et d'éviter d'accorder un avantage injustifié en cas d'**exonération dans l'autre État**, sauf si le droit interne conduit à l'exonération (par exemple, les revenus d'un établissement stable chilien caractérisant une entreprise exploitée hors de France en droit interne ne sont pas réimposés en France si l'article 209 B n'est pas applicable).

En reprenant l'exemple de la convention fiscale franco-chilienne (n° 8170), on remarquera néanmoins que l'article 209 B serait sans portée au cas d'un établissement stable chilien imposé au Chili, même si la charge d'impôt chilienne était inférieure à la moitié de ce qu'elle serait en France sur la même base d'imposition, dans la mesure où la société française aurait en ce cas droit à un crédit d'impôt égal à l'impôt français (si, par exemple, la clause de sauvegarde ne jouait pas).

C. Comparaison des méthodes possibles

La notion d'élimination des doubles impositions est, en fait, très relative, car les différentes possibilités donnent des résultats très différents : 8190

TABLEAU RÉCAPITULATIF

Méthodes d'élimination des doubles impositions

Situation	Impôt en S	Impôt en R	Charge globale
- Absence d'élimination des doubles impositions	30	75	105
- Exonération intégrale en S	0	75	75
- Exonération intégrale en R	30	30	60
- Exonération en R avec taux effectif (classique)	30	50	80
- Exonération en R avec taux effectif (solution française)	30	44,4	74,4
- Imputation intégrale en R	30	45	75
- Imputation partielle en R	30	50	80
- Imputation en R égale à l'impôt R sur les revenus S	30	50	80
- Imputation d'un crédit forfaitaire en R (1er cas)	0	63,5	63,5
- Imputation d'un crédit forfaitaire en R (2e cas)	10	59	69
- Réduction d'impôt en S sans crédit forfaitaire en R	10	65	75

Hypothèses

- Revenus de S = 100. Revenus de R = 200.
- Impôt « normal » en S = 30 % ; barème en R

de 0 à 50 = 0 %

de 50 à 100 = 10 %

de 100 à 150 = 20 %

de 150 à 200 = 30 %

de 200 à 250 = 40 %

de 250 à 300 = 50 %

plus de 300 = 55 %

Commentaires

La pire des situations est évidemment celle d'une absence d'élimination des doubles impositions, c'est-à-dire lorsque chacun des États exerce sans limitation son droit d'imposer (charge fiscale de 105). 8195

À l'opposé, la meilleure situation est celle de l'**exonération intégrale** en R (60). Mais cette hypothèse n'est guère réaliste. La meilleure situation réaliste (mais aujourd'hui rare) est celle où le pays de la source ne prélève aucun impôt et où le pays de la résidence accorde un **crédit pour impôt forfaitaire** (63,5).

En ce qui concerne les méthodes classiques d'élimination des doubles impositions, les plus efficaces sont celles de l'exonération ou de l'imputation intégrales. À ce moment, en effet, la double imposition est intégralement effacée ; mais, bien entendu, il n'est pas indifférent de savoir **quel État accorde l'exonération**. Il est évident que le contribuable a intérêt à être imposé là où la charge fiscale est la plus faible. Ainsi, il est plus avantageux pour lui d'être intégralement exonéré en R (charge globale de 60) plutôt qu'en S (charge globale de 75). Mais dans un cas comme dans l'autre, il ne subit aucune double imposition. Le niveau plus élevé de la charge fiscale dans le deuxième cas vient uniquement de ce que la pression fiscale est plus forte en R qu'en S. Les conventions fiscales ne font que répartir les droits d'imposer afin d'éviter une double imposition. Elles ne peuvent faire que la charge fiscale soit la même quel que soit le pays où l'impôt est supporté. La

8195 (suite) détermination de la charge fiscale relève entièrement de la souveraineté de ces États ; ceux-ci ne consentent, sur ce point, aucune limitation à cette souveraineté.

Cela étant, l'exonération intégrale n'est que rarement retenue par les États ; dans la généralité des cas, elle se combine avec la méthode du **taux effectif** (charge globale de 80 ou 74,4 si l'impôt étranger est déduit de l'assiette en R), sachant que, dans la pratique française, cette méthode est aujourd'hui remplacée par celle du crédit égal à l'impôt dû en R sur les revenus de S. Il n'y a néanmoins pas de double imposition puisque les revenus de S ne sont pas réimposés en R. Le désavantage résulte simplement de ce que la progressivité joue normalement en R conformément au droit interne de cet État. Ce mécanisme vise, en effet, à ce que la pression fiscale applicable aux revenus nationaux soit identique quelle que soit la source de l'ensemble des revenus du contribuable.

Enfin, la méthode du **crédit d'impôt** (imputation) est plus efficace lorsque l'imputation est intégrale. En cas de **plafonnement** du crédit, il subsiste une double imposition rémanente. Cela dit, le plafonnement ne joue que lorsque l'impôt prélevé à la source est supérieur à l'impôt prélevé dans l'État de la résidence sur le même revenu. Lorsque tel n'est pas le cas, l'imputation partielle équivaut naturellement à une imputation intégrale.

CHAPITRE 5

Comment lire une convention fiscale ?

Plan du chapitre §§

SECTION 1 Présentation formelle d'une convention fiscale 9200
A Articles introductifs 9350
B La répartition des droits d'imposer 9470
C L'élimination des doubles impositions 9610
D Les dispositions terminales 9730
E Le protocole éventuel 9850

SECTION 2 Méthodologie de lecture 9920
A La convention fiscale s'applique-t-elle ? 10050
B Comment la convention fiscale qualifie-t-elle le revenu ? 10230
C Quelles sont les règles d'imposition prévues par la convention fiscale ? 10370
D Comment interpréter la convention fiscale ? 10520

SECTION 3 Portée et limites des conventions fiscales 10920
A Portée des conventions fiscales 10922
B Limites des conventions fiscales 11060

L'analyse des conséquences fiscales d'une opération internationale dépend largement de l'existence ou non d'une convention fiscale. **8500**

S'il n'en existe pas, chacun des États concernés applique sans réserve son **droit interne**. La fiscalité n'est alors déterminée que par les dispositions à incidence internationale des législations et réglementations nationales ; la territorialité des impôts et l'existence de retenues à la source sur les revenus des non-résidents, par exemple, en sont des éléments importants. En outre, la combinaison des droits existants peut conduire à des doubles impositions (nos 7565 s.), de nature à modifier la rentabilité d'une opération.

En revanche, s'il existe une convention fiscale, la situation est différente. **La convention s'impose** normalement aux États et prend le pas sur les législations internes (sauf parfois dans certains États, comme les États-Unis, et, dans une certaine mesure, l'Allemagne ; n° 10950). Les doubles impositions sont en principe éliminées, ou au moins atténuées.

En présence d'une convention fiscale, la résolution d'une question particulière passe par une **lecture correcte** de la convention. Or, cette lecture est malaisée car elle paraît faussement simple alors qu'elle suppose la connaissance de nombreux principes de base. En ce sens, savoir « lire » une convention fiscale, c'est d'abord savoir comment elle est structurée ; c'est aussi savoir où chercher l'information, et comment la traiter ; c'est enfin savoir comment combiner les solutions conventionnelles et celles du droit interne. Mais il faut toujours avoir présent à l'esprit que les **conventions fiscales** sont **toutes différentes** et que l'on ne peut appliquer à l'une les solutions qui s'appliquent à d'autres. Cela dit, les principes fondamentaux sont évidemment les mêmes. **8505**

SECTION 1

Présentation formelle d'une convention fiscale

9200 Les conventions fiscales modernes sont toutes bâties sur le même moule, issu des travaux de l'OCDE et de l'ONU ; ceux-ci ont d'ailleurs donné lieu à la publication de « **modèles** » (n°s 1405 et 1407). La relative **normalisation** qui en résulte facilite grandement la lecture des conventions fiscales modernes. Les « vieilles » conventions comme, par exemple, l'ancienne convention franco-luxembourgeoise du 1er avril 1958 ou la convention franco-ivoirienne du 6 avril 1966, sont, par comparaison, beaucoup plus difficiles, d'autant qu'elles ont fréquemment été modifiées par divers avenants et qu'elles contiennent des protocoles souvent importants.

Formellement, une convention fiscale se présente sous la forme d'un **texte assez long** (environ trente articles) que l'on peut schématiquement diviser en quatre parties (articles introductifs, répartition des droits d'imposer, élimination des doubles impositions et dispositions terminales). Il s'y ajoute souvent un **protocole**, dont l'importance est à souligner, car il contient des stipulations précises et dérogatoires par rapport aux autres règles posées par la convention, dont il fait partie intégrante (il a la même valeur juridique que la convention).

Précisions **a.** Le **modèle de convention fiscale** de l'OCDE est donné en annexe à la fin du présent ouvrage, à titre indicatif ; les conventions fiscales en reprennent généralement le contenu, mais avec des variantes, ajouts ou omissions.

b. Certaines conventions fiscales conclues par la France font désormais l'objet de modifications automatiques à la suite de la prise d'effet de l'**instrument multilatéral** destiné à lutter contre l'érosion de l'assiette imposable et les transferts de bénéfices (nos 1650 s.).

A. Articles introductifs

9350 Comme tout traité ou accord international, les conventions fiscales contiennent divers articles introductifs explicitant la portée de la convention fiscale elle-même et donnant les définitions des termes employés (environ cinq articles).

Précisions Le **titre et le préambule** du modèle de convention fiscale de l'OCDE ont été modifiés lors de la révision de 2017 afin qu'il soit clair que la convention n'a pas seulement pour objet d'éliminer la double imposition mais qu'elle cherche aussi à éviter les cas de **non-imposition** ou d'**imposition réduite** par le jeu de l'évasion et de la fraude fiscales (Commentaires OCDE, Introduction n° 16.1). Les États sont invités à préciser qu'ils entendent conclure une convention « pour l'élimination de la double imposition en matière d'impôts sur le revenu et sur la fortune sans créer de possibilités de non-imposition ou d'imposition réduite par l'évasion ou la fraude fiscale (y compris par des mécanismes de **chalandage fiscal** destinés à obtenir les allégements prévus dans la présente Convention au bénéfice indirect de résidents d'États tiers) ».

1. Champ d'application

9420 Celui-ci concerne les personnes, les impôts et les territoires :
– **Personnes** : la convention s'applique normalement aux personnes qui sont des résidents d'un État ou des deux États (nos 40000 s.). La notion de **résident** est donc tout à fait fondamentale. Si une personne n'a pas la qualité de résident de l'un des États, même si elle en a la nationalité, la convention fiscale ne s'applique pas (sauf, en général, pour l'article relatif à la non-discrimination ; nos 10140 et 80755).
– **Impôts** : les indications sont données d'abord par le titre de la convention (revenus, fortune, successions…), et ensuite par un article énumérant les impôts visés (nos 10160 s.). La convention ne s'applique donc pas à tous les impôts. En particulier, les taxes sur le chiffre d'affaires ne sont jamais visées. Les impôts locaux le sont rarement, de même que la taxe sur les salaires, quoiqu'elle soit visée dans certaines conventions fiscales modernes (États-Unis, Espagne, Royaume-Uni, par exemple).

– **Territoires** : la convention s'applique aux territoires des États concernés, tels qu'ils sont définis par la convention (nos 10200 s.). Cette définition est importante, car il y a souvent des parties du territoire « politique » qui sont exclues.

2. Définitions

Les conventions fiscales **précisent** en général les **termes** qu'elles utilisent : « personne » (personne physique, société, groupement de personnes), « société » (personne morale ou entité considérée comme telle aux fins d'imposition), « entreprise d'un État » (c'est-à-dire exploitée par un résident de cet État), « trafic international », « autorité compétente », « résident », « établissement stable », etc. **9440**

Cela dit, elles ne définissent pas toujours tous les termes utilisés (sur la façon dont le Conseil d'État aborde cette question, voir nos 10232 et 10640 s.). On est donc parfois amené à effectuer des interprétations assez délicates.

Interprétation des termes non définis

Lorsqu'un terme n'est pas défini par la convention, il doit en principe avoir le sens que lui attribue le **droit** de l'**État** qui applique la convention, à moins que le contexte n'exige une interprétation différente. Dans cette situation, il risque d'y avoir un conflit avec l'autre État, car celui-ci n'acceptera pas volontiers d'être lié par l'interprétation du premier État. Il faut alors recourir à la procédure amiable (nos 84920 s.). **9445**

Lors de la révision de septembre 1995, le modèle de convention fiscale de l'OCDE a été modifié (article 3 § 2), afin, notamment, de préciser que lorsque différentes définitions sont données pour un même terme, c'est celle donnée par la **législation fiscale** qui **prévaut**. Cette manière de voir, d'inspiration française, est souvent reprise dans les conventions fiscales modernes signées par la France ; par exemple, l'article 3 § 2 de la convention franco-singapourienne du 15 janvier 2015 stipule que « pour l'application de la présente Convention par un État contractant, tout terme ou expression qui n'est pas défini a, sauf si le contexte exige une interprétation différente, le sens que lui attribue le droit de cet État concernant les impôts faisant l'objet de la présente Convention ».

Dans sa rédaction actuelle, l'article 3 § 2 du modèle de convention fiscale de l'OCDE propose une version plus complète ; il prévoit que « pour l'application de la Convention à un moment donné par un État contractant, tout terme ou expression qui n'y est pas défini a, sauf si le contexte exige une interprétation différente ou que les autorités compétentes conviennent d'un sens différent conformément aux dispositions de l'article 25 [cette dernière précision a été ajoutée lors de la révision de 2017], le sens que lui attribue, à ce moment, le droit de cet État concernant les impôts auxquels s'applique la Convention, le sens attribué à ce terme ou expression par **le droit fiscal de cet État prévalant** sur le sens que lui attribuent les autres branches du droit de cet État ». Les mots ajoutés lors de la révision de 2017 visent à « supprimer tout doute sur le fait que, dans le cas où un accord amiable conclu en vertu de l'article 25 révèle que les **autorités compétentes** ont convenu d'un sens commun d'un terme ou expression non défini, le sens attribué à ce terme ou expression par le droit national ne s'applique pas (…) » (Commentaires OCDE, C (3) n° 13.2).

Jurisprudence La jurisprudence tend à faire prévaloir les définitions données par les textes fiscaux, lorsqu'il y a conflit avec d'autres textes ; par exemple, dans l'affaire Superseal (n° 66930), le Conseil d'État a retenu une **définition « fiscale »** de la notion d'immeuble (immeubles par nature) et non pas une définition « civile » (immeubles par destination). En l'espèce, la convention franco-canadienne l'y invitait expressément, puisqu'elle précise que l'expression « biens immobiliers » est définie par renvoi au droit de l'État où les biens sont situés et qu'en ce qui concerne la France l'expression « droit de l'État contractant » s'entend de la législation fiscale française ; mais il est possible que cette solution ait une portée plus générale et qu'elle vaille également dans le silence de la convention (nos 10680 s.). **9450**

Les conventions fiscales les plus modernes signées par la France stipulent, comme le recommande l'OCDE (n° 9445), que le sens attribué à un terme par le droit fiscal prévaut sur le sens que lui attribuent les autres branches du droit. Le Conseil d'État en a, par exemple, conclu qu'un avantage accordé au président-directeur général d'une société française pouvait éventuellement être regardé comme reçu au titre d'un **emploi salarié** étant donné que la convention fiscale applicable faisait expressément prévaloir le « droit fiscal » pour l'interprétation des termes non définis (CE 4 juin 2019 n° 415959, 3e et 8e ch. : RJF 8-9/19 n° 834). Tel n'avait pas été le cas, en revanche, en présence d'une convention fiscale qui se contentait de renvoyer au sens donné par la législation régissant les impôts de l'État concerné (CE 4 octobre 2013 n° 351065, 3e et 8e s.-s., Clive-Worms : RJF 1/14 n° 29). Sur ces affaires, voir également n° 42940.

À titre d'illustration, la jurisprudence fournit également les exemples suivants :
– en l'absence d'élément exigeant une interprétation différente, les **termes « bénéfices », « revenus » et « autres revenus positifs »**, qui ne sont pas autrement définis, en ce qui concerne les dividendes, par les conventions fiscales franco-allemande, franco-belge, franco-italienne, franco-luxembourgeoise et franco-néerlandaise, sont ceux déterminés selon les règles fixées par le Code général des impôts (CE 11 mai 2021 n° 403692, 8e et 3e ch., Sté HSBC Bank PLC Paris Branch : RJF 8-9/21 n° 795) ; cette décision reprend la solution déjà adoptée par CE 7 décembre 2015 n° 357189, Plén., min. c/ Sté Crédit industriel et commercial : RJF 2/16 n° 123, à propos de la convention fiscale franco-italienne du 5 octobre 1989 (voir n° 83650) ;
– dans la mesure où la convention fiscale franco-britannique du 22 mai 1968 ne définissait pas les termes « salaires, traitements et autres rémunérations similaires », le Conseil d'État a fait application de la clause de renvoi au droit interne pour considérer qu'une **indemnité transactionnelle** versée au titre de la rupture d'un contrat de travail entrait dans le champ de la stipulation conventionnelle relative aux revenus d'emploi (CE 5 juillet 2018 n° 401157, 3e et 8e ch. : RJF 11/18 n° 1100 ; voir n° 42755).

Il arrive cependant que le Conseil d'État aille, à notre avis, trop loin dans la portée du renvoi au droit interne, comme lorsqu'il s'est agi de décider si un résident de Belgique était ou non imposable en France au titre de la cession de **parts de SCI** françaises (CE 24 février 2020 n° 436392, 8e et 3e ch. : RJF 5/20 n° 480 ; voir n° 67845). Il a été jugé que la plus-value était imposable en France au motif que la notion de bien immobilier n'est pas définie par la convention franco-belge du 10 mars 1964, qu'elle a donc en France, conformément à la convention, le sens que lui attribue la législation fiscale française et que la France a le droit d'imposer dès lors que l'article 244 bis A du CGI soumet les plus-values de cession de parts dans les sociétés à prépondérance immobilière au même régime que les plus-values immobilières. Pour le Conseil d'État, la loi fiscale française « assimile ainsi à des biens immobiliers, notamment, les parts des sociétés civiles à prépondérance immobilière, lors de leur aliénation par une personne qui n'est pas fiscalement domiciliée en France ».

Cette manière de voir confond les définitions ou les qualifications données par la législation fiscale française et le régime d'imposition qui leur est réservé par la loi. En effet, ce n'est pas parce que la loi soumet, dans un cas particulier, au « **même régime d'imposition** » des plus-values réalisées par des non-résidents lors de la cession d'immeubles et des plus-values réalisées lors de la cession de parts ou actions de sociétés à prépondérance immobilière qu'elle « assimile » les parts ou actions à des immeubles. En l'espèce, il aurait été, à notre avis, plus respectueux des principes de considérer que la loi française ne dit pas que des parts de sociétés civiles immobilières sont des immeubles et qu'elle se contente de les traiter « comme des immeubles » lorsqu'elles sont cédées par des non-résidents. La convention fiscale se contentant de prévoir que la France peut imposer les plus-values de cession des immeubles et des parts de sociétés transparentes et renvoyant, pour le reste, à l'État de résidence du cédant, des plus-values de cession de parts de SCI n'auraient pas dû être considérées comme imposables en France.

9455 Le principe du renvoi aux définitions du droit interne n'a naturellement pas pour conséquence que les qualifications éventuellement données par les conventions fiscales rétroagissent **pour l'application de textes de droit interne** ; un exemple en est donné par une décision du Conseil d'État, à propos de l'ancien précompte, qui était traité comme un « dividende » par la convention fiscale franco-allemande, comme d'ailleurs par beaucoup d'autres. La qualification ainsi donnée par la convention fiscale ne pouvait avoir pour conséquence que ce précompte fût considéré comme un dividende pour la seule application du droit interne français (CE 30 juin 2004 n° 253513, 8e et 3e s.-s., Sté Freudenberg : RJF 10/04 n° 1001, à propos d'une société qui prétendait déduire le précompte de l'assiette de l'impôt sur les sociétés).

B. La répartition des droits d'imposer

Les conventions fiscales retiennent une approche essentiellement **analytique** : elles examinent les différents revenus, et déterminent pour chacun d'eux lequel des États concernés a le droit d'imposer. On reconnaît là la trace des premiers systèmes fiscaux nationaux fondés sur une **approche cédulaire** (une cédule est une catégorie de revenus). L'évolution des systèmes fiscaux s'est faite vers une plus grande synthèse. Mais les conventions fiscales en sont restées, par nature, à une approche traditionnelle des revenus. **9470**

Les principes sur lesquels reposent les conventions reprenant le **modèle** de convention fiscale de l'**OCDE** en matière d'imposition des revenus et de la fortune sont schématiquement les suivants (une quinzaine d'articles).

Revenus exclusivement imposables dans l'État de la résidence du bénéficiaire

Il s'agit (sauf si la convention fiscale s'écarte des modèles) : **9540**
- des **bénéfices des entreprises**, en l'absence d'établissement stable dans l'autre État ;
- des bénéfices provenant de l'exploitation en **trafic international** de navires et aéronefs, dans tous les cas (la notion d'établissement stable ne joue pas normalement pour ces entreprises, qui sont imposées au siège de leur direction effective, n° 19305) ;
- des **redevances** (mais pas dans le modèle de l'ONU, qui prévoit un partage du droit d'imposer entre les deux États) ;
- des **gains en capital**, sauf ceux qui proviennent de l'aliénation de biens immobiliers et de biens mobiliers faisant partie de l'actif d'un établissement stable situé dans l'autre État, ou de parts ou actions de sociétés à prépondérance immobilière ;
- des **revenus d'emploi** (salaires), en cas de mission simplement temporaire dans l'autre État ;
- des **pensions privées** (c'est-à-dire lorsqu'elles ne sont pas attribuées à d'anciens fonctionnaires ou assimilés, sauf exception) ;
- des revenus qui ne sont **pas traités** dans les autres articles de la convention (revenus « non dénommés »).

Précisions Depuis la suppression du concept de « **base fixe** » et sa fusion avec celui d'établissement stable (modèle OCDE compte tenu des modifications introduites en avril 2000), les revenus des professions indépendantes sont traités comme des bénéfices d'entreprises.

Revenus imposables (mais non exclusivement) dans l'État de leur source

À la différence du cas précédent (n° 9540), ces revenus sont imposables dans les deux États. Les doubles impositions sont éliminées selon la méthode de l'exonération ou de l'imputation (nos 7780 s.). **9560**

Il s'agit (sauf si la convention fiscale s'écarte des modèles) :
- des **revenus immobiliers** ;
- des bénéfices imputables à un **établissement stable** ;
- des **revenus « passifs »** (dividendes, intérêts) qui sont en général imposables à un taux plafonné par la convention (redevances, avec le modèle de l'ONU) ;
- des **gains en capital** retirés de l'aliénation de biens **immobiliers** ou de biens mobiliers faisant partie de l'actif d'un établissement stable, ou de parts ou actions de sociétés à prépondérance immobilière ;
- des **revenus d'emploi** (salaires), sauf en cas de mission temporaire dans l'État de l'activité (État de la source) ;
- des tantièmes, rémunérations des **administrateurs** et des membres du conseil de surveillance (anciens « jetons de présence ») et autres rétributions similaires ;
- des revenus des **artistes et sportifs**.

Précisions **a.** Sauf en ce qui concerne les dividendes et intérêts, la **formulation retenue** par le modèle de l'OCDE n'est pas absolument claire pour ce qui concerne ces revenus, car elle ne donne pas expressément à l'État de la résidence le droit d'imposer mais ne le réserve pas non plus exclusivement à l'État de la source (nos 10460 s. ; sur la façon dont la question est résolue par le Conseil d'État, voir n° 10470).

b. Dans la pratique française actuelle, le **droit d'imposer donné à la France** en tant qu'État de la résidence résulte de l'article relatif à l'élimination des doubles impositions, qui précise normalement que les revenus qui prennent leur source dans l'autre État sont également imposables en France lorsqu'ils reviennent à un résident de France (voir aussi n° 8170 pour ce qui concerne les formulations modernes).

Revenus exclusivement imposables dans l'État de leur source

9580 Il s'agit (sauf si la convention fiscale s'écarte des modèles) :
– des **rémunérations « publiques »**, c'est-à-dire payées par un État ou une collectivité locale ou une subdivision politique de cet État, au titre de services rendus (sauf dans le cas de nationaux de l'autre État ou résidents permanents ou encore d'activités industrielles ou commerciales) ;
– des **pensions « publiques »**, sauf si elles sont payées à un résident de l'autre État qui a également la nationalité de cet autre État.

Précisions **a.** Ces principes, qui sont ceux retenus par le comité des affaires fiscales de l'OCDE, n'ont qu'un caractère indicatif. Il convient à chaque fois de se **reporter à la convention** applicable. Les conventions fiscales, mêmes celles qui sont signées entre pays membres de l'OCDE, s'écartent, en effet, souvent de ce modèle. Tel est le cas, en particulier, des conventions « anciennes », c'est-à-dire d'avant 1977 (date de publication du modèle actuel, qui a ensuite fait l'objet de révisions successives).

b. Dans la pratique française actuelle, la **formule « ne... que »** est souvent vidée de sens par la rédaction de la clause relative à l'élimination des doubles impositions (n° 8170).

C. L'élimination des doubles impositions

9610 Lorsque la convention fiscale donne à un État le droit exclusif d'imposer un revenu (n°s 9540 et 9580), l'élimination des doubles impositions est automatique ; l'autre État n'ayant pas de droit d'imposer le même revenu, il ne saurait y avoir double imposition. Mais il n'en va pas ainsi **lorsque les deux États ont ensemble le droit d'imposer** (n° 9560). Dans cette hypothèse, il faut un dispositif pour éliminer la double imposition.

L'élimination des doubles impositions répond, en effet, à l'objet même des conventions fiscales. La convention franco-allemande du 21 juillet 1959 précise, par exemple, dans son article premier que « la présente Convention a pour but de protéger les résidents de chacun des États contractants contre les doubles impositions qui pourraient résulter de la législation de ces États (...) » (en matière d'impôt sur le revenu, sur la fortune, etc.).

Deux méthodes sont utilisées avec des variantes : l'**exonération** et l'**imputation**. Sur la portée théorique de ces méthodes, voir n°s 7780 s.

Précisions Il arrive, mais heureusement rarement, que les conventions fiscales **organisent volontairement** la **double imposition**. Un exemple en est donné par l'avenant du 11 janvier 2007 à la convention fiscale franco-japonaise du 3 mars 1995 en ce qui concerne les revenus versés à des résidents de France par des « **Tokumei Kumiai** » japonaises ; ces revenus sont imposables au Japon et explicitement exclus du mécanisme d'élimination des doubles impositions, car les autorités françaises ne veulent pas favoriser les investissements par l'intermédiaire de ces structures qui sont localement assez opaques.

L'exonération

9680 L'État de la résidence du bénéficiaire exonère d'impôt les revenus (ou la fortune) imposables dans l'autre État conformément à la convention fiscale.

Le plus souvent, l'exonération se combine avec la règle du **taux effectif** qui permet de maintenir la progressivité de l'impôt dû dans l'État de la résidence (n° 7980), ou, dans la pratique française, avec celle du crédit d'impôt égal à l'impôt français (n° 8160).

Lorsque cette règle est prévue par la convention fiscale, elle ne concerne pas, en général, les revenus « passifs » qui font l'objet d'une imposition limitée dans l'État de la source (dividendes et intérêts dans le modèle de convention fiscale de l'OCDE). Pour ces revenus, la méthode du crédit d'impôt (imputation) est en général retenue. Telle est, en particulier, la pratique française.

L'imputation

9700 L'État de la résidence impose les revenus (sauf ceux qui sont exclusivement imposables à la source) mais il accorde, sur l'impôt qu'il perçoit, un **crédit d'impôt** égal à l'impôt payé dans l'État de la source ; toutefois, ce crédit ne peut, en général, excéder son propre impôt sur le même revenu (n° 8100). Cette méthode est souvent retenue par les pays anglo-saxons, comme les États-Unis ou le Royaume-Uni. Elle est rarement retenue par la France sauf, notamment, à l'égard des revenus « passifs » (voir toutefois, en sens inverse, les conventions avec la Turquie et l'Équateur).

D. Les dispositions terminales

Après les dispositions relatives à l'élimination des doubles impositions, on trouve dans les conventions fiscales une série de sept ou huit articles concernant notamment les modalités pratiques d'application de la convention et la lutte contre l'évasion et la fraude fiscales internationales. **9730**

L'application des conventions fiscales

En général, les conventions fiscales contiennent des dispositions sur : **9800**
- l'**entrée en vigueur** et la dénonciation de la convention ;
- la **procédure amiable**, visant au règlement des difficultés d'application de la convention (n°s 84000 s.) ; éventuellement, l'**arbitrage** pour les conventions qui suivent les recommandations de juillet 2008 du comité des affaires fiscales de l'OCDE (n° 85930) ou qui sont modifiées en ce sens par l'instrument multilatéral (n°s 1650 s.) ;
- le principe de **non-discrimination** (voir n°s 80540 s.).

En outre, il existe parfois un article spécial sur les **modalités d'application** de la convention, notamment dans les conventions françaises récentes (n°s 82840 s.).

La lutte contre l'évasion et la fraude fiscales internationales

Il s'agit là, en général, du second objet des conventions fiscales, après l'élimination des doubles impositions. Cet objet est essentiel et son importance a été soulignée par les modifications apportées en 2017 au modèle de convention fiscale de l'OCDE (n° 9350, Précisions), même si sa portée juridique est relative (n° 10530). **9820**

Les conventions fiscales contiennent souvent des stipulations spéciales permettant d'atteindre ce but, dans les articles sur :
- les **entreprises associées** (répression des prix de transfert, n°s 75750 s.) ;
- l'**échange de renseignements** (n°s 74200 s.) ;
- le cas échéant, l'**assistance au recouvrement** (n°s 74450 s.) ;
- parfois, l'**abus des conventions** (n°s 74570 s.), étant souligné que, depuis la révision de 2017, le modèle de convention fiscale de l'OCDE contient un nouvel article 29 destiné à encadrer le droit aux avantages prévus par la convention fiscale (n° 74575) et que les conventions fiscales couvertes par l'instrument multilatéral contiennent désormais nécessairement un dispositif en ce sens (n°s 1650 s.).

E. Le protocole éventuel

Les conventions fiscales contiennent souvent, après le texte même de l'accord, un protocole annexé, qui fait partie intégrante de la convention et présente donc la **même valeur juridique**. **9850**

Ce protocole a, en général, pour objet de **préciser** certaines dispositions de la convention et de dissiper les doutes auxquels la rédaction de certains articles pourrait donner lieu. Il arrive également que les protocoles prévoient de véritables dispositions de portée normative, qui auraient aussi bien pu figurer dans le texte même de la convention fiscale (voir, par exemple, le protocole attaché à la convention fiscale du 5 octobre 1989 entre la France et l'Italie). En outre, ils peuvent contenir d'importantes dispositions anti-abus (voir par exemple l'accord du 21 octobre 2010 avec Hong Kong).

C'est assez dire qu'il convient toujours de lire avec une grande attention les protocoles annexés aux conventions fiscales.

Exemples de précisions apportées par les protocoles

9855 Les dispositions suivantes se trouvent au protocole de diverses conventions fiscales signées par la France :
– clause indiquant qu'en cas de contrat global (ou « **clés en main** »), les bénéfices d'un établissement stable sont déterminés sur la base de l'activité réellement exercée par l'établissement stable (nº 18585) ;
– disposition selon laquelle les revenus des parts ou actions dans des **sociétés immobilières** sont imposables au lieu de situation des immeubles (nºs 67130 s.) ;
– exclusion de la notion de redevances des rémunérations payées pour l'usage d'un **équipement** commercial, industriel ou scientifique (nº 20080) ;
– imposition en France des **plus-values** réalisées sur des titres de sociétés à prépondérance immobilière (nº 67840) ;
– application des anciens articles 150 C et 212 du CGI en dépit du principe de **non-discrimination** (nºs 81075 et 81335) ;
– **retenue à la source** sur les bénéfices après impôt des établissements stables (nºs 18930 s.) ;
– application de l'**article 209 B** du CGI en dépit de toute autre disposition de la convention fiscale (nº 73315) ; à noter que cette clause peut aussi figurer à l'article relatif à l'élimination des doubles impositions ;
– **clauses anti-abus** (nºs 74760, 74765 et 74770, par exemple).

SECTION 2

Méthodologie de lecture

9920 En présence d'une situation donnée, la détermination des solutions prévues par les conventions fiscales passe par trois questions importantes : la convention s'applique-t-elle ? Comment qualifie-t-elle le revenu ? Quelles règles d'imposition prévoit-elle pour ce revenu ? Le cas échéant, il faudra également interpréter la convention.

A. La convention fiscale s'applique-t-elle ?

10050 Il convient de se reporter aux articles initiaux et terminaux de la convention et d'examiner les points suivants.

1. La convention est-elle en vigueur ?

Étapes du processus d'élaboration des conventions fiscales

10120 L'élaboration des conventions fiscales passe par différents stades qu'il faut connaître pour savoir si une convention donnée est ou non en vigueur et si elle est ou non applicable (voir également nº 1500) :
– **paraphe** : accord « technique » des délégations de négociateurs des deux pays ; le paraphe n'a aucune valeur juridique et plusieurs paraphes sont parfois nécessaires avant d'aboutir au texte final ; un texte paraphé (et qui peut éventuellement être diffusé officieusement) est intéressant mais reste sans effet juridique ;
– **signature** : accord politique des Gouvernements et authentification des textes ; la signature ne rend cependant pas applicable la règle de droit formulée par la convention fiscale ; par exemple, une nouvelle convention fiscale avait été signée le 28 janvier 2004 avec le Royaume-Uni mais elle a été immédiatement renégociée sans même avoir vu le jour (une autre convention a finalement été signée entre les deux pays le 19 juin 2008) ; autre exemple, une nouvelle convention en matière d'impôt sur les successions avait été signée le 11 juillet 2013 entre la France et la Suisse mais elle n'est jamais entrée en vigueur car elle a fait l'objet de décisions de rejet en Suisse ;
– **approbation parlementaire** : accord du Parlement sur le texte (nécessaire en France dès lors que la convention fiscale engage les finances de l'État) ;
– **ratification** par le Président de la République, s'agissant d'un traité : l'État a alors exprimé son consentement à être lié par la convention ;

– **échange de notes diplomatiques** entre les États, constatant l'accomplissement des formalités constitutionnelles requises (celles qui sont prévues, d'une manière générale, pour les traités internationaux) ; la convention fiscale est alors **juridiquement conclue**.

Précisions L'administration estime qu'un État est réputé avoir « **conclu** » une convention avec la France lorsque cette convention est entrée en vigueur (nº 71555, Précisions a). Cependant, le Conseil d'État distingue les deux notions et juge qu'une convention est « conclue » lorsqu'elle est signée même lorsqu'elle n'est pas en vigueur (CE 13 avril 2016 nº 377899, 8e et 3e s.-s., SAS AuchanHyper : RJF 7/16 nº 605 ; voir également nº 27045, Précisions c).

Entrée en vigueur

Le fait que la convention fiscale soit signée et que les notes diplomatiques soient échangées ne signifie pas que la convention soit en vigueur ni qu'elle soit applicable. **10125**

Les conventions fiscales **entrent en vigueur** dans un délai variable (un mois à trois mois, en général) à compter de l'échange de notes diplomatiques. Pour autant elles ne sont pas encore applicables.

Précisions **a.** Lorsque les conventions fiscales sont **dénoncées**, elles cessent d'être applicables à des dates variables selon les cas ; il a été jugé que l'ancienne convention fiscale **franco-danoise** du 8 février 1957, qui avait pris fin le 1er janvier 2009, avait continué de produire ses effets sur l'imposition de rémunérations de services réalisées et facturées en 2008 bien qu'elles aient été réglées en 2009 (CAA Versailles 4 décembre 2013 nº 12VE03209, 6e ch., Sté Rezidor Park Orange : RJF 5/14 nº 487 ; arrêt définitif).

b. Il arrive, mais rarement, que les conventions fiscales soient conclues pour une **durée déterminée** ; tel est le cas de la convention du 18 février 1982 entre la France et l'Arabie saoudite qui fait l'objet de reconductions périodiques tous les cinq ans (en dernier lieu, accord sous forme d'échange de lettres des 11 juin et 10 décembre 2018, publié par le décret nº 2019-1224 du 25 novembre 2019).

Date de première application

La date de première application (**prise d'effet**) varie selon les conventions fiscales ; souvent une distinction est faite entre : **10128**
– les impôts **retenus à la source** : première application à compter de la date d'entrée en vigueur de la convention (ou avec un petit décalage) ;
– les **autres impôts** : première application à compter de l'année civile suivant celle au cours de laquelle la convention fiscale est entrée en vigueur (parfois, cependant, application aux impôts sur le revenu perçus au cours de l'année durant laquelle la convention est entrée en vigueur).

Il convient systématiquement de se reporter au texte applicable, car les règles relatives à la date de première application ne sont pas uniformes.

Précisions **a.** Il peut y avoir, par exemple, une **prise d'effet rétroactive** ; parmi d'assez nombreux exemples :
– convention conclue avec le Kazakhstan le 3 février 1998, qui est entrée en vigueur le 1er juillet 2000 mais a pris effet au 1er janvier 1996 ;
– avenant du 22 octobre 1996 à la convention entre la France et Oman, qui s'est appliqué rétroactivement au 1er janvier 1989 en matière d'impôt sur la fortune ;
– avenant du 26 mai 2003 à la convention franco-monégasque, qui est entré en vigueur le 1er août 2005 mais qui a assujetti les Français domiciliés à Monaco à l'ancien ISF à compter du 1er janvier 2002 ;
– avenant franco-américain du 8 décembre 2004, entré en vigueur le 21 décembre 2006 et qui rétroagit au 1er février 1996 ;
– avenant du 25 août 2016 à la convention fiscale franco-portugaise, qui est entré en vigueur le 1er décembre 2017 mais qui s'est appliqué, en ce qui concerne notamment le traitement des pensions, à compter du 1er janvier 2013 ;
– avenant du 10 octobre 2019 à la convention fiscale franco-luxembourgeoise du 20 mars 2018, modifiant la clause d'élimination des doubles impositions (nº 43480, Précisions c), qui s'est appliqué aux périodes d'imposition commençant à compter du 1er janvier 2020 alors que le texte n'est entré en vigueur que le 18 février 2021.

b. Sur la question des **successions d'États** pour l'application des conventions fiscales, voir CE 17 septembre 2010 nº 312725, 8e et 3e s.-s., SA Trans World Finances (RJF 12/10 nº 1221 ; conclusions Nathalie Escaut au BDCF 12/10 nº 136) jugeant que, pour déterminer si la convention conclue en 1985 entre la France et l'URSS était applicable entre la France et le **Kazakhstan** jusqu'à la date du 1er janvier 1996, à laquelle la convention du 3 février 1998 a pris effet, il appartient au juge de rechercher si telle a été la commune intention des parties (oui, en l'espèce). Dans le même sens, CAA Paris 4 juillet 2013 n° 11PA02949, 5e ch., Zaslonov (RJF 11/13 n° 1072) jugeant que la convention conclue en 1985 entre la France et l'URSS continue de s'appliquer entre la France et la **Biélorussie** (un pourvoi avait été formé contre cet arrêt mais il n'a pas été admis par CE (na) 7 mai 2014 n° 372054).

c. Il a été jugé que la convention fiscale franco-britannique du 19 juin 2008, entrée en vigueur le 18 décembre 2009, était bien applicable, en vertu de ses stipulations mêmes, à compter du 1er janvier 2010 bien que le **décret de publication** n'ait été publié que le 9 janvier 2010 (TA Pau 23 juin 2015 n° 1400986, 2e ch. : JurisData n° 2015-017282, jugement définitif).

d. Une convention fiscale qui fait, en 2009, l'objet d'un avenant destiné à en faire une **convention d'assistance administrative** (n° 74082) n'est pas, pour autant, une convention d'assistance administrative au titre de cette année dès lors que la clause d'assistance administrative n'est pas encore applicable (CAA Paris 6 avril 2017 n° 17PA00043, 2e ch., arrêt définitif refusant l'application de l'abattement de 40 % à des dividendes de source suisse versés en 2009). Dans le même sens, voir également les décisions concernant la Suisse citées n° 2440.

e. Pour un exemple de curiosité juridique, voir BOI-INT-CVB-LUX-30 n° 5 (communiqué de presse n° 1477 du 1er octobre 2021), admettant que les résidents de France percevant certains revenus de source luxembourgeoise puissent exceptionnellement solliciter, pour l'imposition de leurs revenus 2020 et 2021, **l'application des stipulations de l'ancienne convention** fiscale relatives à l'élimination de la double imposition (une étude de l'impact du changement de méthode pour les frontaliers concernés a été annoncée).

Interprétation stricte

10130 Les règles d'entrée en vigueur et de première application de la convention sont d'interprétation stricte ; par exemple, il a été jugé que la convention franco-italienne du 5 octobre 1989, entrée en vigueur le 1er mai 1992, n'était pas applicable à l'ancienne **taxe professionnelle** (aujourd'hui contribution économique territoriale) due au titre de l'année 1992, dans la mesure où cette taxe ne peut être considérée comme un « autre impôt sur le revenu » pour lequel la convention s'appliquerait au titre des exercices ouverts au cours de cette année (CE 15 juillet 2004 9e et 10e s.-s., n° 250078, min. c/ Sté Alitalia : RJF 11/04 n° 1104).

Précisions Dans l'affaire Alitalia, et dans le silence de la convention, le Conseil d'État s'est placé au jour du **fait générateur de l'impôt**, à savoir le 1er janvier de l'année, pour considérer que la convention n'était pas applicable à l'ancienne taxe professionnelle due au titre de l'année 1992.

Conflits entre différentes conventions

10135 En cas de conflit entre deux conventions, par exemple une convention fiscale et une convention d'établissement ou la convention européenne des droits de l'Homme, il n'existe, en principe, **aucune hiérarchie**, sous réserve des cas où serait en cause l'ordre juridique intégré que constitue l'Union européenne ; il incombe au juge administratif de **tenter de concilier** les deux traités, conformément aux principes du droit coutumier relatifs à la combinaison entre elles des conventions internationales (ce qui, dans la phraséologie du Conseil d'État, signifie la convention de Vienne, que le Conseil d'État ne peut pas citer car la France ne l'a pas signée) et, s'il n'y parvient pas, de faire application de **celui dont procède la décision** administrative contestée (CE 23 décembre 2011 n° 303678, Ass., Kandyrine de Brito Paiva : RJF 3/12 n° 288, à propos d'un litige non fiscal). Il en résulte notamment que, en l'absence de possibilité de conciliation entre une convention fiscale qui confère à la France le droit d'imposer et un autre traité international, le juge de l'impôt devrait écarter cet autre traité (la convention fiscale devrait être privilégiée car elle est la plus proche du sujet et elle est celle que l'administration a appliquée).

Depuis la décision précitée, la jurisprudence du Conseil d'État a encore évolué pour admettre que les conventions fiscales doivent être interprétées de manière conforme au **droit de l'Union européenne** ; ce principe, qui ressortait déjà implicitement de la décision Villatte du 30 mars 2005 (n° 81920), a été clairement mis en évidence par la décision Regazzacci (n° 41155) lorsque le Conseil d'État a analysé la question du transfert de l'ancien avoir fiscal au regard du principe de liberté de circulation des capitaux alors même que la situation paraissait purement conventionnelle.

La pratique française consiste à éviter les conflits (par exemple entre conventions fiscales et conventions d'établissement, en retirant à ces dernières tout effet fiscal). Mais la question pourrait retrouver une certaine actualité lorsqu'il s'agira de combiner les prescriptions de l'instrument multilatéral avec les stipulations conventionnelles antérieures (nos 1650 s.).

Précisions Le moyen tiré de l'incompatibilité des stipulations de l'article 7 de la convention franco-monégasque avec l'article 14 de la **convention européenne des droits de l'Homme** a été écarté par le Conseil d'État à propos de l'imposition d'un Français domicilié à Monaco qui n'aurait pas été imposé dans les mêmes conditions s'il n'avait pas été Français (n° 3610) ; une comparaison ne peut utilement être faite, au regard du principe de non-discrimination posé par l'article 14 combiné avec la protection du droit de propriété garanti par l'article 1er du premier protocole additionnel, par un contribuable soumis à la juridiction fiscale de la France qu'avec la situation d'une autre personne relevant elle aussi de cette juridiction (CE 11 avril 2014 n° 362237, Plén., Giorgis : RJF 7/14 n° 718 aux conclusions Édouard Crépey au BDCF 7/14 n° 73).

2. La personne concernée est-elle résidente d'un État ou des deux États ?

Application aux seuls résidents

Prises à la lettre, les conventions fiscales ne s'appliquent qu'aux résidents (à l'exception, en général, des clauses de non-discrimination). Ainsi, l'article 1 du **modèle** de convention fiscale de l'**OCDE** précise clairement que la convention « s'applique aux personnes qui sont des résidents d'un État contractant ou des deux États contractants ». Ce n'est qu'à l'article 24, relatif à la non-discrimination, que le modèle prend en considération, pour le seul bénéfice de cette clause, les personnes qui ont la **nationalité** d'un État mais qui n'en sont pas résidentes. **10140**

Il convient donc de se reporter à l'article « résidence », qui impose normalement (nos 41150 s.) :
– d'examiner si, **en droit interne**, la personne est résidente de l'État concerné (étant entendu que ne sont pas considérées comme des résidents les personnes qui ne sont pas soumises à l'impôt sur les revenus de source extérieure à cet État) ; certaines conventions fiscales n'exigent pas le passage par le droit interne, sans qu'il y ait lieu d'en tirer de conséquences particulières du côté français (n° 41282) ;
– de résoudre le conflit de domicile par application des **critères conventionnels** en cas de double résidence, c'est-à-dire si, en application du droit interne de chaque État, la personne concernée peut être considérée comme résidente de chacun d'eux.

Précisions Depuis la révision de 2017, le modèle de convention fiscale de l'OCDE apporte deux précisions nouvelles à l'article 1 (« personnes visées ») :
– concernant les **sociétés de personnes et assimilées**, il est stipulé que, pour l'application de la convention, un revenu perçu « par ou via » une « entité » ou un « dispositif » considéré comme totalement ou partiellement transparent sur le plan fiscal selon la législation fiscale de l'un des deux États est considéré comme étant le revenu d'un résident d'un État, mais uniquement dans la mesure où ce revenu est traité, aux fins de l'imposition par cet État, comme le revenu d'un résident de cet État (n° 31552) ;
– il est clairement indiqué que la convention fiscale n'affecte pas **l'imposition par un État de ses résidents**, sauf en ce qui concerne les avantages accordés en vertu du paragraphe 3 de l'article 7 (ajustements corrélatifs des bénéfices des établissements stables), du paragraphe 2 de l'article 9 (ajustements corrélatifs en matière de prix de transfert) et des articles 19 (imposition des fonctionnaires), 20 (imposition des étudiants), 23 [A] [B] (élimination de la double imposition), 24 (non-discrimination), 25 (procédure amiable) et 28 (situation des diplomates et consuls).

Cas des conventions fiscales non explicites

On a pu se demander si l'application des conventions fiscales aux seuls « résidents » résultait de la lettre des textes ou d'un principe général. Le principe général selon lequel les conventions ne sont applicables, sauf stipulation contraire, qu'aux résidents des États contractants avait, en effet, pu paraître posé par le Conseil d'État à propos d'un citoyen britannique résidant à Hong Kong (CE 3 mars 1993 n° 85626, 8e et 9e s.-s. Campbell : RJF 4/93 n° 586). Mais cette solution, qui n'était d'ailleurs pas clairement énoncée, a été écartée dans une affaire de non-discrimination à propos d'un Algérien résident de Suisse (CE 30 décembre 1996 n° 128611, 8e et 9e s.-s., min. c/ Benmiloud : RJF 2/97 n° 158, aux conclusions de Gilles Bachelier). Le Conseil d'État a, en l'espèce, appliqué la convention fiscale franco-algérienne du 2 octobre 1968 alors que le requérant n'était pas résident d'Algérie. **10145**

Depuis lors, le Conseil d'État a confirmé, toujours à propos du principe de non-discrimination, qu'il n'y a **pas de principe général** selon lequel, dans le silence des textes, la convention ne s'appliquerait qu'aux seuls résidents de l'un ou l'autre État (CE 11 juin 2003 n° 221075, 9e et 10e s.-s., min. c/ Biso : RJF 8-9/03, n° 1018, avec chronique Laurent Olléon à la même RJF p. 663 et conclusions Laurent Vallée au BDCF 8-9/03 n° 115).

Tout est donc, là encore, affaire d'interprétation compte tenu des clauses conventionnelles et sans qu'il soit possible de généraliser.

3. L'impôt en cause est-il visé par la convention fiscale ?

10160 Les conventions fiscales contiennent normalement une **liste des impôts** qu'elles visent, c'est-à-dire, en définitive des situations de doubles impositions qu'elles cherchent à éviter. Ces listes sont inspirées des modèles de conventions fiscales de l'OCDE et de l'ONU, mais elles font nécessairement l'objet d'adaptations spécifiques en fonction des particularités des législations nationales. Elles présentent généralement les caractéristiques suivantes.

Importance

10162 Les listes données par les conventions fiscales ont une **grande importance pratique** en tant qu'elles déterminent le champ d'application de la convention en ce qui concerne les impôts visés ; elles indiquent en général que « les impôts actuels auxquels s'applique la convention sont notamment... » (en France : l'impôt sur le revenu et l'impôt sur les sociétés, le plus souvent).

En la matière, c'est la législation de l'État qui régit les impôts auxquels s'applique la convention qui prévaut normalement ; par exemple, des **pénalités** australiennes versées alors que la société débitrice n'avait pas pratiqué la retenue à la source exigible au titre de redevances versées à une société française n'ont pas ouvert droit à un crédit d'impôt en France dès lors que ces pénalités n'avaient pas la nature d'une retenue à la source en droit interne australien et que les « pénalités » étaient exclues par la convention fiscale elle-même du champ de la notion d'impôt australien (CAA Versailles 4 mai 2012 n° 10VE04141, 3e ch., Sté SAP France : RJF 12/12 n° 1153, arrêt définitif ; voir aussi n° 8145, Précisions). Des **conflits entre États** ne sont cependant pas à exclure, comme entre la France et les États-Unis à propos de la CSG et de la CRDS (n° 3775, Précisions c).

Cela étant, ce n'est pas parce qu'un impôt n'est pas expressément visé qu'il est exclu automatiquement du champ de la convention (n° 10165 et n° 10168).

Précisions **a.** L'ancienne convention fiscale franco-américaine (du 28 juillet 1967) n'était pas applicable à la **contribution sociale de solidarité** qui n'est pas de nature fiscale (Cass. soc. 28 novembre 1996 n° 4587 D, Sté Continental Airlines : RJF 1/97 n° 24) ; cette contribution est donc due par une société étrangère au titre d'activités la rendant passible de l'impôt sur les sociétés en France alors même que cet impôt ne serait pas dû en application d'une convention fiscale.

b. Une société étrangère exonérée d'impôt en France compte tenu des règles relatives aux entreprises de **navigation maritime ou aérienne internationale**, alors qu'elle y dispose d'une succursale, est bien « passible » de l'impôt sur les sociétés dans la mesure où elle entre dans son champ ; elle est donc assujettie à la **taxe d'apprentissage**, qui n'est pas visée par la convention, ainsi qu'à l'ancienne **taxe professionnelle** (aujourd'hui contribution économique territoriale) dans la mesure où la convention ne la visait pas à l'époque du fait générateur de l'impôt (CE 15 juillet 2004 9e et 10e s.-s., nos 249801 et 250078, min. c/ Sté Alitalia : RJF 11/04 n° 1089 et n° 1104).

c. Curieusement, la convention signée le 30 juin 2011 entre la France et Panama vise explicitement les **contributions sur l'impôt sur les sociétés**. Ces contributions devraient cependant être nécessairement visées en tant qu'accessoires de l'impôt sur les sociétés (la convention franco-singapourienne du 15 janvier 2015 contient la même précision ; voir n° 10168 pour les conventions anciennes).

d. En ce qui concerne la **cotisation foncière des entreprises** et l'ancienne **taxe professionnelle**, voir n° 19405.

e. La **participation des employeurs à l'effort de construction**, la **taxe d'apprentissage** et la participation des employeurs à la **formation professionnelle continue** ne sont pas au nombre des impositions entrant dans le champ d'application de la convention fiscale franco-congolaise du 27 novembre 1987 (CAA Paris 17 mars 2014 n° 13PA01560, 7e ch., min. c/ Sté Pétroservice, arrêt définitif ; voir également n° 19370).

f. La **taxe d'apprentissage** et la **contribution au développement de l'apprentissage** n'entrent pas dans le champ d'application de la convention franco-américaine du 31 août 1994 (CAA Versailles 3 décembre 2015 n° 14VE00160, 7e ch., Sté Fédéral Express Corporation, ayant fait l'objet d'un pourvoi non admis par CE (na) 20 mars 2017 n° 396608, 8e ch., Sté Fédéral Express Corporation : RJF 8-9/17 n° 853) ; la circonstance que la **taxe sur les salaires**, dont l'assiette est identique à celle de la taxe d'apprentissage, soit expressément mentionnée dans la liste des impôts visés à l'article 2 de cette convention est sans incidence. Est également sans incidence le fait que la société ait été exonérée d'impôt sur les sociétés au titre des bénéfices réalisés en France pour ses activités issues du **trafic international**.

g. La **contribution exceptionnelle de solidarité** prélevée obligatoirement et temporairement au Portugal afin de réduire le déficit de la sécurité sociale portugaise, applicable aux pensions de retraite versées à un résident de France au cours des années 2014 à 2016, n'a pas la nature d'une imposition et n'entre donc pas dans le champ des stipulations prévues pour éviter la double imposition figurant à l'article 24 de la convention fiscale du 14 janvier 1971 entre la France et le Portugal (CAA Versailles 8 février 2022 n° 20VE00585, 1e ch., faisant l'objet d'un pourvoi enregistré sous le n° 463018 ; voir également n° 43850, Précisions e).

Explicitation par une définition

Les listes conventionnelles sont, en général, explicitées par une définition des impôts qu'elles entendent appréhender. À l'aide de cette définition, il est possible de déterminer si un impôt doit être couvert ou non par la convention, **même s'il n'est pas visé** parce qu'il n'existait pas lors de la signature de la convention. Par exemple, lorsque la convention fiscale spécifie que les « impôts assis sur le montant global des salaires payés par les entreprises » sont considérés comme des impôts sur le revenu, on doit normalement, selon le comité des affaires fiscales de l'OCDE, en déduire que la convention s'applique à la **taxe sur les salaires** (de même qu'à la « Lohnsummensteuer » allemande, à la « taxe sur les salaires » en France et aux « payroll taxes » britanniques), même si celle-ci n'est pas expressément visée (Commentaires OCDE, C (2) n° 3). À notre avis, cependant, la taxe sur les salaires française ne peut être considérée comme entrant dans le champ des conventions fiscales que si elle est expressément visée par la convention (n° 19358). **10165**

Autre exemple, l'administration a précisé, à propos de la convention fiscale franco-américaine du 31 août 1994 modifiée, que, comme l'article 2 de cette convention, relatif aux impôts visés, utilise l'adverbe « notamment », sont inclus les impôts sur le revenu en vigueur lors de la conclusion de la convention s'ils respectent la définition générale d'un impôt sur le revenu énoncée par la convention ; tel est le cas, pour l'administration, de la **contribution sociale généralisée** (CSG), prélevée depuis 1991 et considérée par le Conseil constitutionnel comme une « imposition de toute nature » au sens de l'article 34 de la Constitution (BOI-INT-CVB-USA-10 n° 25 dans sa version issue d'une révision du 19 février 2020). Le fait que cette imposition ne soit pas visée expressément par la convention est donc sans incidence.

Précisions **a.** Le comité des affaires fiscales de l'OCDE précise que les **contributions** à la **sécurité sociale** et les charges similaires ne sont pas considérées comme des « impôts sur le montant total des salaires », dans la mesure où il existe un lien direct entre les contributions et les avantages individuels reçus en contrepartie (Commentaires OCDE, C (2) n° 3).

b. La **taxe d'habitation** ne constitue ni un impôt sur le revenu au sens de l'article 1 du CGI ni un impôt assis sur la fortune et elle ne saurait être regardée comme entrant dans le champ d'application de la convention fiscale franco-suisse (CE 5 décembre 1983 n° 35727, 7e et 9e s.-s. : RJF 2/84 n° 221).

Extension aux impôts identiques ou analogues

Les impôts visés par les conventions fiscales incluent en général les impôts de nature identique ou analogue qui seraient établis **après la date de signature** de la convention et qui s'ajouteraient aux impôts existants à cette date ou qui les remplaceraient. **10168**

En vertu de cette disposition, les conventions fiscales anciennes qui contiennent un dispositif bilatéral sur la fortune devaient, par exemple, s'appliquer en France à l'ancien **impôt de solidarité sur la fortune**, sans qu'il soit juridiquement nécessaire de modifier le texte de la convention par un avenant (la question est plus délicate en ce qui concerne l'impôt sur la fortune immobilière ; voir n° 52960).

De même, la taxe professionnelle et la **cotisation foncière des entreprises** (CFE) doivent être considérées comme visées par l'article 6 de la convention fiscale franco-allemande du 21 juillet 1959 modifiée quoique cet article ne s'applique littéralement qu'à l'ancienne patente (CE 24 novembre 2014 n° 368935, Plén., min. c/ Sté Lufthansa AG : RJF 2/15 n° 120, aux conclusions Benoît Bohnert au BDCF 2/15 n° 21 ; voir également n° 19415).

C'est sur ce fondement, également, que le Conseil d'État a jugé, pour l'application de la convention franco-brésilienne du 10 septembre 1971 (mais la solution est généralisable), que les **prélèvements sociaux assis sur les revenus**, créés postérieurement à l'entrée en vigueur de cette convention, constituent, pour l'application des stipulations précisant que

10168 (suite) la convention s'applique aux impôts futurs de nature identique ou analogue qui s'ajouteraient aux impôts actuels ou qui les remplaceraient, des impôts de nature analogue s'ajoutant à cet impôt et qu'ils entrent donc dans le champ d'application de la convention (CE 14 avril 2022 n° 455943, 8e et 3e ch. : RJF 7/22 n° 614 ; voir n° 67905). Le fait que les prélèvements sociaux frappent seulement des éléments de revenu, et non pas le revenu global en tant que tel, n'empêche pas l'assimilation dès lors que l'impôt sur le revenu ne s'applique que pour autant qu'un texte l'ait prévu, et n'est pas un impôt général frappant tous les revenus susceptibles d'être réalisés par un contribuable, et qu'en définitive, « prises ensemble, ces contributions frappent donc une assiette identique à celle de l'impôt sur le revenu » (conclusions du rapporteur public Romain Victor sous cette décision).

Diverses solutions antérieures sont dans le même sens :
– échange de lettres entre autorités compétentes françaises et italiennes du 7 juillet 1998 indiquant que la convention franco-italienne s'applique, du côté français, aux **contributions sur l'impôt sur les sociétés**, à la **CSG** et à la **CRDS** (BOI-INT-CVB-ITA-10-10 n° 130) ;
– décision jugeant que le prélèvement social de 2 % alors applicable et les contributions additionnelles entrent dans le champ de la convention franco-suisse en vertu de la stipulation relative à l'application de la convention aux impôts ultérieurs de nature identique ou analogue (CE 20 novembre 2013 n° 361167, 9e et 10e s.-s., Aaron : RJF 2/14 n° 149 ; voir n° 3775) ;
– affirmation par l'administration que la clause d'extension aux impôts futurs identiques ou analogues prévue par l'article 2 § 2 de la convention fiscale franco-américaine du 31 août 1994 modifiée permet de couvrir la **contribution pour le remboursement de la dette sociale** (CRDS) de 1996 ainsi que les autres prélèvements fiscaux postérieurs affectés au financement de la sécurité sociale mais ne donnant droit à aucune couverture, lesquels doivent être regardés comme des impositions de toute nature (BOI-INT-CVB-USA-10 n° 25 dans sa version issue d'une révision du 19 février 2020).

Autre exemple, même si la **contribution exceptionnelle sur les hauts revenus** est distincte de l'impôt sur le revenu, elle entre en principe dans le champ des stipulations conventionnelles relatives à l'impôt sur le revenu en tant qu'impôt de nature identique ou analogue établi après la date de signature de la convention et qui s'ajoute aux impôts visés. Le Conseil d'État l'a confirmé à propos d'une personne physique domiciliée en Belgique qui avait réalisé des produits de rachat de contrats d'assurance-vie et de capitalisation de source française ; il a été jugé que cette contribution constitue, pour l'application de l'article 2 de la convention fiscale franco-belge du 10 mars 1964 modifiée, un impôt futur analogue à l'impôt sur le revenu (CE 10 juillet 2019 n° 425148, 8e et 3e ch. : RJF 11/19 n° 1072) ; cette décision précise en outre que, bien qu'elle soit assise sur le revenu fiscal de référence, qui est une somme de revenus, cette contribution n'a pas lieu d'être traitée comme une imposition autonome pour l'application des conventions fiscales et que la nature de chacun des revenus qui y sont soumis doit être prise en compte pour l'application des stipulations conventionnelles relatives à la répartition du droit d'imposer (la France n'avait toutefois pas le droit d'imposer ; voir n° 62535). Dans cette affaire, le Conseil d'État a annulé l'arrêt d'appel qui avait jugé à tort que la contribution, dès lors que son assiette est constituée par le revenu fiscal de référence majoré défini à l'article 1417 du CGI et non pas par des revenus soumis à des règles d'imposition différenciée en fonction de leur nature, entre dans le champ d'application de l'article 18 de la convention franco-belge sur les revenus non dénommés (CAA Versailles 2 octobre 2018 n° 17VE00960, 1e ch. : RJF 2/19 n° 194, qui avait également conclu à l'absence de droit d'imposer de la France, s'agissant d'un gain réalisé par un résident de Belgique, mais par un raisonnement erroné).

Il a, dans le même sens, été jugé que les **contributions sur l'impôt sur les sociétés**, qui représentent une imposition accessoire à l'impôt sur les sociétés et s'appliquent à l'ensemble des résultats soumis à cet impôt, entrent dans le champ d'application des conventions fiscales lorsque celles-ci reprennent sur ce point le modèle de convention fiscale de l'OCDE (TA Montreuil 6 janvier 2011, n° 0708140, Peugeot SA ; la solution est définitive, l'appel de la requérante ayant été rejeté par CAA Versailles 4 décembre 2013 n° 11VE01035, 6e ch., Sté Peugeot et cet arrêt ayant fait l'objet d'un pourvoi non admis par CE (na) 19 mars 2015 n° 375651, 9e s.-s.).

De son côté, l'administration a précisé que la convention franco-algérienne s'applique à la **contribution sociale** due par les redevables de l'impôt sur les sociétés prévue à l'article 235 ter ZC du CGI (BOI-INT-CVB-DZA-10 n° 230), au motif que la convention s'applique notamment aux impôts de nature identique ou analogue qui seraient établis après la date de signature de la convention et qui s'ajouteraient aux impôts visés à l'époque ou qui les remplaceraient.

Les circonstances dans lesquelles l'assimilation peut ou non être faite sont également illustrées par les décisions négatives suivantes :
– la **contribution exceptionnelle de solidarité** en faveur des travailleurs privés d'emploi, assise sur la rémunération nette de certains agents publics, n'est pas visée par la convention fiscale franco-japonaise du 3 mars 1995 dont l'application est limitée, en ce qui concerne les personnes physiques, à l'impôt sur le revenu (CE 24 mai 2006 n° 278976, 3e et 8e s.-s., Meyer : RJF 8-9/06 n° 1126) ; cette contribution est bien une imposition mais n'est pas assimilable à l'impôt sur le revenu ;
– le **prélèvement exceptionnel sur les primes et cotisations d'assurances** émises en 1998 ne pouvait être assimilé à l'impôt sur les sociétés ou à une imposition analogue et n'entrait pas dans le champ d'application de la convention franco-luxembourgeoise dès lors notamment qu'il n'était pas lié à l'exercice comptable et que son recouvrement obéissait aux règles de la taxe sur les conventions d'assurances (Cass. com. 3 avril 2012 n° 11-11.161 (n° 395 F-D), Sté Internationale Crédit Mutuel Life : RJF 7/12 n° 740) ;
– **l'imposition forfaitaire sur les entreprises de réseaux** (Ifer) n'est pas analogue ou semblable, par sa nature, à la contribution des patentes, compte tenu de son caractère sectoriel et de la circonstance que les entreprises y sont soumises à raison non de l'ensemble des équipements et outillages qu'elles utilisent mais seulement de leurs matériels roulants limitativement définis, pris en compte pour la détermination de l'assiette non à raison de leur valeur locative mais selon des valeurs forfaitaires (CE 13 juin 2018 n° 415769, Plén., min. c/ Sté Deutsche Bahn AG : RJF 10/18 n° 974) ; cette décision a été rendue à propos d'une société allemande de transport ferroviaire qui avait, en première instance (TA Paris 10 octobre 2017 n° 1615794, Sté Deutsche Bahn AG : RJF 4/18 n° 389), obtenu à tort la décharge de l'Ifer sur le fondement de la convention fiscale franco-allemande du 21 juillet 1959 modifiée dès lors qu'elle n'avait pas d'établissement stable en France ; sur renvoi, l'imposition a été remise à la charge de la société au motif que l'Ifer ne pouvait être assimilée ni à l'ancienne contribution des patentes ni à l'impôt de solidarité sur la fortune, en raison, là encore, de son caractère sectoriel, et qu'elle n'était pas contraire au droit de l'Union européenne (TA Paris 12 novembre 2018 n° 1615794, 2e ch., ayant fait l'objet d'un pourvoi non admis par CE (na) 17 octobre 2019 n° 427052, 8e ch., Sté Deutsche Bahn AG : RJF 1/20 n° 37).

Cette dernière décision, rapprochée de la décision Lufthansa, précitée, montre que le **caractère sectoriel** d'une imposition et la composition de son **assiette** sont des éléments importants d'appréciation de sa nature éventuellement identique ou analogue à une imposition déjà visée (en ce sens, conclusions Romain Victor sur l'affaire Deutsche Bahn : RJF 10/18 C 974). Pour un autre exemple, bien que le contexte juridique soit un peu particulier, voir CE 5 mai 2021 nos 433915, 433916, 433917, 442217 et 442221, 10e et 9e ch., Gouvernement de la Nouvelle-Calédonie c/ Sté Engie Energie Services France : RJF 7/21 n° 769, à propos de la **contribution calédonienne de solidarité** assise sur des dividendes distribués à une société française (n° 61065, Précisions e) ; cette décision, bien qu'elle ne concerne pas une convention fiscale traditionnelle (cette convention n'a qu'une valeur législative), montre que deux impositions sont analogues si leur **assiette** est identique et que la comparaison des modalités de **recouvrement** est inopérante.

Extension aux subdivisions politiques

Les conventions fiscales visent normalement les impôts perçus non seulement **par l'État**, mais aussi par **ses subdivisions politiques**, ou collectivités locales (à la condition, bien entendu, que ces impôts soient considérés comme des impôts sur le revenu ou sur la fortune au sens de la définition donnée par la convention). **10175**

Cela dit, les États à **structure fédérale** n'entendent pas, en général, viser les impôts sur le revenu des États fédérés. Le Canada, le Chili et les États-Unis ont d'ailleurs formulé une réserve sur ce point dans le modèle de convention de l'OCDE (Commentaires OCDE, C (2) n° 10). Du côté français, on remarque que **certains impôts locaux** sont parfois visés par les conventions fiscales, en particulier l'ancienne taxe professionnelle (aujourd'hui contribution économique territoriale ; en général, cette taxe est seulement visée pour les compagnies internationales maritimes et aériennes).

4. Le contribuable concerné est-il une « personne » au sens de la convention fiscale ?

10190 En pratique, la question ne se pose que pour les entités à mi-chemin entre les sociétés et les individus, comme les sociétés de personnes, « partnerships », groupements d'intérêt économique, etc. En raison de son importance, cette question fait l'objet d'un développement séparé (n°s 30200 s.).

Pour les personnes physiques et les sociétés « classiques », il n'y a, en général, pas de difficultés.

5. La résidence du contribuable est-elle située dans le champ d'application géographique de la convention fiscale ?

Définition de la « France » fiscale

10200 Les conventions fiscales ne s'appliquent pas toujours à l'intégralité des territoires des États. Ainsi, ne font pas partie de la « France fiscale » les territoires dotés de **l'autonomie fiscale**.

Il s'agit de Saint-Pierre-et-Miquelon, de Wallis-et-Futuna, de la Polynésie française, de la Nouvelle-Calédonie, des Terres Australes et Antarctiques Françaises (TAAF), de l'île de Saint-Barthélemy et de la partie française de l'île de Saint-Martin (n° 1905).

D'ailleurs, la « France » a signé des **conventions fiscales** avec certains de ces territoires : conventions d'ensemble avec la Nouvelle-Calédonie, Saint-Martin et Saint-Pierre-et-Miquelon, convention limitée aux revenus de capitaux mobiliers avec la Polynésie, accords sur l'assistance administrative mutuelle en matière fiscale avec Saint-Martin, Saint-Barthélemy et la Polynésie française.

Précisions **a.** La convention fiscale franco-canadienne du 2 mai 1975 modifiée présente une particularité puisqu'elle s'applique, depuis un avenant du 2 février 2010 ayant pris effet, d'une manière générale, le 1er janvier 2014, à **Saint-Pierre-et-Miquelon** et à la **Nouvelle-Calédonie**.

b. Les stipulations de la convention fiscale franco-calédonienne approuvée par une loi du 26 juillet 1983 ont le caractère de dispositions de droit interne ayant **valeur législative** (CE QPC 18 décembre 2019 n° 429996, 10e et 9e ch., SMABTP : RJF 3/20 n° 258).

Définition conventionnelle de la France

10205 D'une manière générale, les conventions fiscales s'appliquent littéralement, du côté français, aux **départements européens et d'outre-mer**, y compris les zones maritimes adjacentes (la mer territoriale, le plateau continental et la zone économique exclusive) sur lesquelles, en conformité avec la convention des Nations unies sur le droit de la mer, la France a des droits souverains relatifs à l'exploration et à l'exploitation des ressources naturelles du lit de la mer, du sous-sol marin et des eaux surjacentes. Les conventions ne s'appliquent pas, en revanche, aux **collectivités territoriales d'outre-mer** à statut particulier, ni à la Nouvelle-Calédonie.

Autres exemples

10210 Le territoire des **Pays-Bas**, pour les conventions fiscales, se limite à la partie européenne (voir, par exemple, la définition donnée par la convention franco-néerlandaise du 16 mars 1973) et le territoire des **États-Unis** est circonscrit aux États membres et au District de Columbia.

Quant à la convention fiscale franco-britannique en matière d'impôts sur le revenu et sur les gains en capital, elle ne s'applique pas aux **îles Anglo-Normandes**, à l'**île de Man**, à **Gibraltar**, ni aux zones du Royaume-Uni à Chypre dénommées « Sovereign Base Areas » ni à tout autre pays ou territoire d'outre-mer ayant des **relations spéciales avec le Royaume-Uni** - Anguilla, Bermudes, îles Caïmans, îles Vierges britanniques, îles Malouines, Montserrat, Territoire britannique de l'océan Indien, îles Pitcairn, Sainte-Hélène, Ascension et Tristan de Cunha, îles Turques et Caïques, Géorgie du Sud et îles Sandwich du Sud et le Territoire britannique de l'Antarctique, notamment (en ce sens, point 2 du protocole annexé à la convention et BOI-INT-CVB-GBR-10-10 n° 70). Pour un exemple de refus d'application à l'**île de Man** de la convention fiscale franco-britannique du 22 mai 1968, voir CAA Lyon 8 janvier 2019 n° 16LY01593, 2e ch., Viscogliosi, arrêt définitif jugeant qu'une société qui y avait été constituée ne pouvait invoquer la convention pour échapper à l'imposition résultant de l'existence en France d'un établissement autonome (n° 4750, Précisions b).

En ce qui concerne les « régions administratives spéciales » chinoises (Hong Kong et Macao), il a été jugé que la convention franco-britannique du 22 mai 1968 modifiée (ancienne convention) ne s'appliquait pas à des résidents de **Hong Kong** (CAA Paris 28 février 1991 n° 2062, Chan : RJF 6/91, n° 710, arrêt définitif ; voir aussi la décision Campbell, n° 10145). L'ancienne convention franco-chinoise, du 30 mai 1984, n'était pas non plus applicable (BOI-INT-CVB-CHN n° 10 ; CAA Paris 13 octobre 2011 n° 10PA0919, 5e ch., Mac Cann : RJF 2/12 n° 161, définitif), pas plus qu'elle ne l'était à **Macao** ou à **Taïwan** (BOI préc. n° 60). Un accord spécial, du type « convention fiscale », a d'ailleurs été conclu le 21 octobre 2010 avec la région administrative spéciale de Hong Kong de la République populaire de Chine (accord entré en vigueur le 1er décembre 2011). En ce qui concerne Taïwan, l'élimination des doubles impositions est assurée par l'article 77 de la loi n° 2010-1658 du 29 décembre 2010 de finances rectificative pour 2010 (BOI-INT-CVB-TWN).

B. Comment la convention fiscale qualifie-t-elle le revenu ?

Pour déterminer quel article de la convention fiscale s'applique, il faut d'abord savoir comment elle qualifie le revenu. Or, les définitions conventionnelles peuvent parfois s'écarter du droit commun, ou du sens habituel. **10230**

En général, les conventions fiscales précisent ce qu'il faut entendre par revenus immobiliers, dividendes, intérêts, redevances. Quelques conventions contiennent des définitions plus nombreuses s'étendant par exemple aux bénéfices industriels et commerciaux, activités indépendantes, rentes, etc.

Précisions D'une façon générale, une **indemnité** perçue en réparation ou en compensation d'une **perte de revenus** imposables doit être imposée dans la même catégorie conventionnelle que les revenus qu'elle a pour objet de compenser (voir par exemple n° 42755, Précisions c).

Principe du renvoi au droit interne

Les précisions conventionnelles ne lèvent pas toute ambiguïté car la jurisprudence a une nette tendance à faire prévaloir les définitions données par le droit interne ; par exemple, le Conseil d'État a jugé que la définition des **dividendes** donnée par la convention fiscale franco-néerlandaise du 16 mars 1973 n'était pas une « définition », mais une **« énumération »** (CE 13 octobre 1999 n° 190083, 8e et 9e s.-s., min. c/ Banque française de l'Orient : RJF 12/99 n° 1587). **10232**

Cette manière de voir a ensuite été légèrement affinée à propos des **intérêts** ; le Conseil d'État a jugé, à propos de la convention franco-suisse, que le terme « intérêts » pouvait être considéré comme défini (solution implicite), grâce au renvoi aux « revenus des créances de toute nature », mais que ce dernier terme lui-même ne l'était pas, ce qui imposait le recours aux définitions du droit interne (CE 27 juillet 2001 n° 215124, 9e et 10e s.-s., Golay Buchel France : RJF 11/01 n° 1428 ; conclusions Guillaume Goulard au BDCF 11/01 n° 140).

On trouve également trace de la prévalence des définitions du droit interne dans une affaire où l'administration avait soutenu, sans succès, que l'imposition en France d'une plus-value réalisée par la Pinacothèque d'Athènes n'était pas contraire au principe de non-discrimination car il y avait lieu de distinguer la **nationalité des personnes morales** de leur résidence (CE 5 juillet 2010 n° 309693, 3e et 8e s.-s., Pinacothèque d'Athènes : RJF 11/10 n° 1092, aux conclusions Emmanuelle Cortot-Boucher au BDCF 11/10 n° 122 ; voir n° 81260) ; les conventions fiscales font effectivement cette distinction mais le Conseil d'État ne la reprend pas car, en droit interne, la nationalité dépend du lieu du siège de direction effective et n'est donc pas différente de la résidence au sens des conventions fiscales (si le lieu du siège social et celui du siège de direction effective ne coïncident pas, c'est en principe ce dernier qui détermine la nationalité des sociétés). Le droit interne prévaut en la matière pour l'interprétation des conventions fiscales.

En pratique, le **basculement au droit interne** est donc fréquent, qu'il soit direct (cas des dividendes) ou indirect (cas des intérêts), puisque, lorsque la convention **ne définit pas** un terme qu'elle emploie, celui-ci a, en principe, le sens que lui donne le droit de l'État qui applique la convention (n° 9445).

Précisions L'importance du passage par le droit interne a été affirmée notamment par la décision d'assemblée du Conseil d'État **Schneider Electric**, indiquant que, lorsqu'il est saisi d'une contestation relative à une convention fiscale, le juge de l'impôt doit **d'abord** se placer sur le terrain du **droit interne** pour rechercher si l'imposition a été valablement établie et, dans l'affirmative, **sur le fondement de quelle qualification** ; il lui appartient ensuite, le cas échéant en rapprochant cette qualification des stipulations de la convention, de déterminer, en fonction des moyens invoqués devant lui ou d'office, s'agissant du champ d'application de la loi (affirmation du caractère d'ordre public des conventions fiscales internationales), si cette qualification fait ou non obstacle à l'application de la loi fiscale nationale (n° 10645). La Cour de cassation a une approche différente (n° 10642).

Revenus non dénommés

10235 Lorsqu'un revenu n'est pas visé dans la convention fiscale, il suit la règle d'imposition prévue à l'article sur les revenus **« non dénommés »** (en général, imposition dans l'État de résidence du bénéficiaire, conformément à l'article 21, « autres revenus », du modèle de convention fiscale de l'OCDE).

Pour des illustrations jurisprudentielles, voir notamment CE 17 mars 1993 n° 85894, 8e et 9e s.-s., Memmi (RJF 5/93 n° 612), à propos de **revenus d'origine indéterminée** perçus par une personne physique, et les décisions citées n° 60690 sur le régime des **revenus réputés distribués** lorsque la convention fiscale n'est pas plus explicite que ce que prévoit le modèle de convention fiscale de l'OCDE. Autre exemple, il a été jugé que l'indemnité reçue par un résident britannique en contrepartie de sa renonciation à l'exercice de **stock-options** n'était pas imposable en France car elle devait être regardée comme un revenu non dénommé au sens de l'article 22 de la convention fiscale franco-britannique du 22 mai 1968, imposable exclusivement au Royaume-Uni (CE 4 octobre 2013 n° 351065, 3e et 8e s.-s., Clive-Worms : RJF 1/14 n° 29 ; conclusions Emmanuelle Cortot-Boucher au BDCF 1/14 n° 6 ; voir n° 42940). Dans le même esprit, des sommes portées au **crédit de comptes bancaires** détenus en France par un résident du Burkina Faso et regardées par l'administration comme étant des revenus d'origine indéterminée de source française ne sont pas imposables en France car il s'agit de revenus non dénommés imposables exclusivement dans l'État de résidence du bénéficiaire (CE 22 juin 2017 n° 391379, 3e ch.).

Enfin, des **sommes détournées** par une personne physique domiciliée en France et dirigeante d'une société belge ont été considérées comme imposables en France sur le fondement de l'article 18 de la convention fiscale franco-belge du 10 mars 1964 qui prévoit que l'État de résidence est en droit d'imposer des revenus ne correspondant à aucune des autres catégories mentionnées par la convention (CAA Douai 14 avril 2015 n° 13DA00866, 2e ch. : RJF 10/15 n° 829, arrêt définitif ; voir également nos 10665, 10680 et 85345). Même solution retenue par CAA Nancy 24 mars 2022 n° 20NC00530, 2e ch., arrêt définitif concernant un résident de France, directeur financier d'une société luxembourgeoise, qui avait fait l'objet d'une procédure pénale pour avoir détourné à son profit, au cours des années 2012 à 2014, des fonds appartenant à son employeur (cet arrêt confirme également l'application de la pénalité de 80 % au titre d'une activité occulte de détournements de fonds ayant dégagé des revenus imposables dans la catégorie des bénéfices non commerciaux).

Précisions Les rémunérations des **prestations de services** peuvent être traitées comme des revenus non dénommés si elles n'entrent pas dans le champ des stipulations relatives aux redevances (CAA Versailles 4 décembre 2013 n° 12VE03209, 6e ch., Sté Rezidor Park Orange : RJF 5/14 n° 487 (arrêt définitif ; voir également n° 20370).

10237 **Pratique conventionnelle** Dans ses commentaires relatifs à la convention **franco-algérienne** (BOI-INT-CVB-DZA-40 n° 320), l'administration souligne que les revenus « non dénommés » (ou « autres revenus », définis comme ceux qui ne sont pas traités dans les autres articles de la convention) ne sont pas seulement ceux qui font partie d'une catégorie non expressément traitée, mais aussi ceux qui proviennent de **sources non expressément mentionnées**. Elle précise ainsi que l'application de l'article sur les revenus non dénommés n'est pas limitée aux revenus qui ont leur source dans l'un des deux États mais qu'elle s'étend aussi aux revenus en provenance d'États tiers.

Cette remarque ne paraît cependant pas avoir beaucoup de sens quant au principe posé car ce n'est pas la convention franco-algérienne, par exemple, qui peut donner à la France le droit d'imposer un revenu provenant d'un État tiers ; elle vaut davantage, en réalité, par l'exception qui est faite par la convention au cas des revenus de source extérieure aux deux États et attribuables à un **établissement stable**. L'imposition à la résidence est, en effet, écartée lorsque le bénéficiaire possède dans l'autre État un établissement stable ou une base fixe auquel le droit ou le bien générateur du revenu se rattache effectivement (article 21 § 2 du modèle de convention fiscale de l'OCDE) ; dans ce cas, les revenus sont imposables dans l'État où est situé l'établissement stable ou la base fixe, en général conformément aux articles 7 (bénéfices des entreprises) ou 14 (professions indépendantes, pour les anciennes conventions fiscales). En l'absence de précision en ce sens, la France n'aurait peut-être pas le droit, par exemple, d'imposer un intérêt de source italienne perçu par l'établissement stable en France d'une société algérienne puisqu'il s'agit d'un revenu perçu par un résident d'Algérie (l'établissement stable n'est pas un résident de France) et qui n'est pas de source française.

Les conventions fiscales plus modernes manifestent toutefois une tendance à réduire la portée de la clause relative aux revenus non dénommés par rapport à ce qui est proposé par l'OCDE ; par exemple, la convention fiscale franco-kenyane du 4 décembre 2007, après avoir repris les principes posés par l'article 21 du modèle de convention fiscale de l'OCDE, apporte trois précisions supplémentaires :
– le principe de l'imposition à la résidence ne s'applique pas aux versements excédentaires entre personnes associées ;
– les éléments du revenu d'un résident d'un État qui ne sont pas traités dans les articles précédents de la convention et qui proviennent de l'autre État restent imposables dans cet autre État (ce qui vide évidemment de beaucoup de leur portée les principes OCDE) ;
– les dispositions sur les revenus non dénommés ne sont pas applicables si le principal objectif ou l'un des principaux objectifs de toute personne intervenant dans la création ou la cession des droits au titre desquels les revenus sont versés consiste à tirer avantage de ces dispositions au moyen de cette création ou de cette cession.

Enfin, quelques conventions fiscales, comme la convention franco-brésilienne du 10 septembre 1971, ne contiennent **pas d'article sur les revenus non dénommés** ; dans ce cas, chaque État applique sans limitation sa législation interne (par exemple, un revenu réputé distribué par une société française à une société brésilienne est imposable en France sans limitation, faute de pouvoir être qualifié de « dividende » au sens de la convention).

Précisions **a.** Le point 11 du protocole annexé à la convention entre la France et la Géorgie du 7 mars 2007 précise que les dispositions de l'article 22, relatives aux « autres revenus », ne sont pas applicables aux **gains provenant des jeux**.

b. La convention franco-maltaise du 25 juillet 1977 modifiée contient un dispositif anti-abus spécial prévoyant que la clause par laquelle les revenus non dénommés ne sont imposables que dans l'État de la résidence du bénéficiaire n'est applicable **que si ce dernier est soumis à l'impôt** à raison de ces éléments de revenu dans cet État. Si cette condition n'est pas remplie, ces éléments de revenu restent imposables dans l'autre État et selon sa législation.

Exemples de difficultés courantes

En pratique, la qualification des revenus pose notamment les problèmes suivants : 10240
– les revenus de parts de **sociétés immobilières** sont-ils des revenus immobiliers ou des revenus de parts et actions ? Cette question est traitée aux nos 67130 s. ;
– les **transferts de bénéfices** entre entreprises associées doivent-ils être traités comme des dividendes ? Cette question est traitée aux nos 60680 s. ;
– les rémunérations des prestations de **services techniques** doivent-elles être traitées comme des bénéfices d'entreprises, des redevances ou des revenus non dénommés ? Cette question est traitée aux nos 20350 s. ;
– même question pour les **locations d'équipement** (no 20080).

On n'insistera jamais assez sur la nécessité de **lire attentivement** les conventions fiscales, dans toutes leurs stipulations, y compris le protocole éventuel, avant de répondre à ce genre de questions.

Les **exemples suivants** permettent d'éclairer la démarche à suivre.

10260 **Premier exemple** Comment qualifier le revenu d'une **activité de supervision** d'un chantier dans le cadre de la **convention franco-espagnole** du 10 octobre 1995 ?

Le raisonnement est le suivant :
– l'activité de supervision d'un chantier espagnol de construction ou de montage, par une entreprise française, est, en principe, un « bénéfice d'entreprise » visé à l'article 7 de la convention, sauf si une autre disposition est applicable ;
– la lecture de la convention indique qu'aucune règle dérogatoire n'est prévue ; en particulier, l'article 12 (« redevances ») n'est pas applicable s'il n'y a pas **transfert** de **savoir-faire** ou communication d'une expérience acquise, mais **simple prestation** de surveillance d'un chantier ;
– dès lors que l'article 7 est seul applicable, la France conserve le droit d'imposer, sauf en présence d'un établissement stable en Espagne ; l'article 5, qui définit cette notion, vise, certes, les chantiers de construction ou de montage dont la durée dépasse douze mois, mais non la seule activité de surveillance d'un chantier (voir, en ce sens, la décision Chupin mentionnée n° 22360) ;
– il s'ensuit que, si l'entreprise française ne dispose pas d'une installation professionnelle permanente en Espagne, la rémunération du service de supervision n'est pas imposable en Espagne, mais seulement en France (article 7 § 1 de la convention). Il faut toutefois qu'il s'agisse d'une véritable activité de surveillance et de conseil, et que la société française n'aille pas au-delà et ne participe pas elle-même à la construction ou au montage.

10280 **Deuxième exemple** Comment doit-on traiter les sommes payées par une société française à une société de **Singapour** au titre d'une **étude de marché**, spécialement commandée par la première à la seconde ? La réponse impose l'analyse de la convention fiscale du 15 janvier 2015 entre la France et Singapour, selon le raisonnement suivant.

Les articles 12 § 1 et 12 § 2 de la convention, relatifs aux **redevances**, précisent que ce terme inclut notamment les rémunérations de toute nature payées pour des informations ayant trait à une expérience acquise dans le domaine industriel, commercial ou scientifique ; lorsque les rémunérations sont des « redevances » au sens de la convention, elles ne sont, en principe, imposables que dans l'État dont le bénéficiaire est résident, ce qui conduirait, en l'espèce, à reconnaître à Singapour exclusivement le droit d'imposer.

Mais l'article 12 § 3 de la même convention introduit une dérogation relative aux redevances payées pour des informations ayant trait à une **expérience acquise** dans le domaine commercial ; celles-ci peuvent être imposées dans l'État dont elles proviennent et conformément à la législation de cet État. Autrement dit, si les rémunérations sont qualifiées de « redevances au titre d'une expérience acquise dans le domaine commercial », la France retrouve le droit d'imposer sans limitation.

L'**analyse de la prestation** rendue par la société de Singapour devient donc très importante, puisqu'elle conditionne l'exigibilité de la retenue à la source (CGI art. 182 B, nos 3410 s.). Au cas particulier, s'il s'agit d'une étude de marché commandée spécifiquement par la société française à la société de Singapour, et réalisée par cette dernière exclusivement pour le compte de son client, on devrait estimer qu'il n'y a pas communication d'informations ayant trait à une expérience acquise, mais simplement réalisation d'une **pure prestation de services**. Les rémunérations ne tomberaient pas dans la catégorie des redevances visées à l'article 12, mais dans une autre catégorie conventionnelle.

Dès lors, dans la mesure où il n'existe pas d'autre article susceptible de s'appliquer de façon précise au cas particulier, il faudrait considérer que les bénéfices retirés par la société de Singapour tombent dans la catégorie générale des bénéfices des entreprises, et sont comme tels visés à l'article 7 de la convention ; il en résulte que les rémunérations payées par le client français ne sont imposables qu'à Singapour, en l'absence d'établissement stable en France de la société de Singapour.

On mesure ici toute l'importance qu'il y a à qualifier correctement les rémunérations concernées, puisque cette **qualification** conditionne le régime d'imposition des revenus. Par exemple, s'il ne s'était pas agi d'une étude de marché commandée spécifiquement par la société française, mais de sommes payées au titre de la communication d'un fichier confidentiel de clients, constitué préalablement et mis à disposition de la société française, il aurait été vraisemblablement possible de qualifier les rémunérations de redevances, au sens de l'article 12 § 3 de la convention. Elles auraient alors pu être soumises à la retenue de l'article 182 B du CGI (nos 3410 s. ; voir aussi n° 23030, Précisions).

Troisième exemple Comment traiter l'imposition d'une **plus-value non immobilière** réalisée en France par une entreprise belge dans le cadre de la **convention franco-belge** du 10 mars 1964 ? **10300**

Le raisonnement est le suivant :
– La convention fiscale ne contient pas d'article spécifique sur les gains en capital.
– On ne doit cependant pas en conclure que l'article général sur les revenus « non dénommés » s'applique (article 18) ; il s'agit, en effet, d'un **bénéfice d'une entreprise**, exclusivement imposable dans l'État de résidence du bénéficiaire sauf si la plus-value se rattache à un élément d'actif d'un établissement stable de cette entreprise dans l'autre État (même raisonnement qu'au n° 10280). Cela dit, le recours à l'article 18 aurait conduit au même résultat (voir aussi n° 10725).

Précisions Le Conseil d'État a considéré, à propos d'une **personne physique** et non d'une société, que la plus-value relève de l'article 18 et que, par suite, un résident de Belgique qui cède des parts d'une SARL française est **exonéré d'impôt** en France (CE 15 décembre 2004 n° 259771, 3e s.-s., min. c/ Wattinne : RJF 4/05 n° 289 ; n° 10725).

Quatrième exemple Comment qualifier le revenu qu'un résident de France retire de sa **participation dans une « association » bulgare** (joint-venture) ? **10320**

La convention franco-bulgare du 14 mars 1987 fournit les réponses suivantes :
– Article 2 b) : une telle association est considérée comme une « personne » au sens de la convention.
– Article 8 § 3 : les bénéfices revenant à l'associé (partenaire) français ne sont pas considérés comme des dividendes.
– Protocole, point 6 : les revenus qu'un résident de France retire d'une telle association sont imposables en Bulgarie conformément à l'article 6 de la convention.
– Article 6 : les bénéfices d'une entreprise d'un État ne sont imposables que dans cet État sauf si l'entreprise exerce son activité dans l'autre État par l'intermédiaire d'un établissement stable.

Conclusion : le résident de France ne reçoit **pas de dividendes**. L'association elle-même est imposable en Bulgarie (sauf établissement stable en France). Le résident de France n'est donc **pas imposable en France**, sauf si l'on considère qu'il reçoit des revenus de source bulgare au sens de l'article 20 § 2 (ce qui serait douteux, car cela conduirait à revenir sur la qualité de « personne » de l'association).

Précisions Cette solution ne vaut, bien entendu, que dans le cadre franco-bulgare ; le raisonnement n'est pas nécessairement transposable à d'autres conventions fiscales qui ne sont pas aussi explicites et doit, en fonction des circonstances, être combiné avec les solutions du droit interne français (nos 30200 s.).

Cinquième exemple Où imposer une **fonctionnaire** de nationalité belge, résidente de Belgique, qui exerce son activité en France et qui est rémunérée par l'État français ? **10340**
Le Conseil d'État a tenu apparemment le raisonnement suivant pour considérer qu'il s'agissait d'un revenu « non dénommé » (CE 9 novembre 1987 n° 51075, 8e et 9e s.-s. : RJF 1/88 n° 109) :
– L'article 10 de la convention franco-belge du 10 mars 1964 (« fonctions publiques ») prévoit que la règle de l'imposition exclusive dans l'État qui verse les rémunérations (§ 1) ne s'applique pas lorsque les rémunérations sont allouées à un résident de l'autre État possédant la nationalité de cet État (§ 3). Mais il ne prévoit pas de règles d'imposition dans ce cas. En effet, l'exception posée à une règle n'entraîne pas nécessairement et implicitement l'application de la règle inverse (qui serait alors l'imposition dans l'État de résidence), comme l'a indiqué le commissaire du Gouvernement dans ses conclusions sur cette affaire.
– Doit-on alors appliquer l'article 11 sur les « fonctions privées » ? Non, car celui-ci ne s'applique que « sous réserve » de l'article 10 sur les « fonctions publiques » ; selon le commissaire du Gouvernement, l'expression « sous réserve » signifie que l'article 11 a entendu ne pas viser les rémunérations publiques. Les revenus en cause ne peuvent donc pas être imposés dans l'État d'exercice de l'activité (France).

Conclusion : la rémunération doit être traitée comme un **revenu « non dénommé »** au sens de l'article 18 de la convention fiscale, ce qui donne à la Belgique le droit d'imposer. Cette solution est paradoxale s'agissant d'une fonction publique exercée en France. Mais elle résulte d'une lecture littérale de la convention. Le Conseil d'État a d'ailleurs estimé que cette solution résultait « **clairement** » de la combinaison des stipulations conventionnelles (ce n'était certes pas clair, mais le recours à cette notion a permis au Conseil d'État, compte tenu de sa jurisprudence à l'époque, d'éviter un renvoi en interprétation ; nº 10603).

Nécessité d'une lecture littérale des textes

10345 Les exemples qui précèdent montrent que les conventions fiscales sont parfois de véritables « jeux de piste » ; on insistera donc sur la nécessité, pour déterminer la qualification conventionnelle à donner à un revenu, de faire lecture **littérale** et **exacte** de la convention (en tenant compte, toutefois, du sens ordinaire à attribuer aux termes employés par la convention dans leur contexte et à la lumière de leur objet et de leur but ; nº 10525) et de **se garder des interprétations a contrario**. Ainsi, ce n'est pas parce qu'une règle n'est pas applicable en raison d'une exception que la règle inverse serait automatiquement applicable ; si l'État de la source n'a pas le droit d'imposer, cela ne signifie pas automatiquement que l'État de la résidence aurait ce droit : tout dépend des autres stipulations conventionnelles éventuellement applicables.

C. Quelles sont les règles d'imposition prévues par la convention fiscale ?

10370 Les règles d'imposition d'un revenu sont déterminées non seulement par l'article pertinent de la convention fiscale, mais également par la combinaison de cet article avec les autres articles de la convention.

1. L'article pertinent de la convention

10440 C'est naturellement celui qui correspond à la qualification du revenu donnée par la convention. Schématiquement, les conventions fiscales donnent, pour les différents types de revenus qu'elles visent, le droit d'imposer à un État seulement, ou à l'autre seulement, ou aux deux ensemble, en prévoyant alors des modalités spécifiques pour éliminer la double imposition.

Importance des formules utilisées

10445 Les formules utilisées par les conventions fiscales ne sont pas neutres ; elles ont toujours du sens. Il faut ainsi distinguer les situations dans lesquelles les revenus :

– **« sont imposables »** dans un État : cela signifie qu'ils peuvent être imposés dans cet État si la législation de cet État le permet ; mais cette expression ne dit rien de ce qu'il peut se passer dans l'autre État, et certainement pas que ces revenus n'y sont pas imposables ;

– **« ne sont imposables que »** dans un État : cela signifie qu'en plus, ils ne sont pas imposables dans l'autre État ; l'utilisation de la formule « ne (...) que » permet de donner à un État le droit d'imposer et de le retirer en même temps à l'autre. Tel est le cas, en principe, des revenus énumérés aux nºs 9540 et 9580. Voir toutefois nº 8170.

Précisions Lorsque la convention prévoit que les revenus sont **« imposés »** et non pas « imposables », il ne nous semble pas qu'il y ait lieu d'interpréter cette différence de terminologie comme obligeant un État à imposer les revenus en cause, même si sa législation interne ne le prévoit pas (sauf éventuellement intention clairement contraire des parties).

Absence de présomption du droit d'imposer

10460 Lorsque la convention fiscale ne donne pas explicitement à un État le droit d'imposer un revenu, un tel droit **ne doit pas se présumer**.

Par exemple, la convention franco-bulgare du 14 mars 1987 prévoit que « les intérêts provenant d'un État contractant et payés à un résident de l'autre État **sont imposables** dans cet autre État » (art. 9). On remarque que la convention n'utilise pas la formule « **ne sont imposables que**... ». Mais le même résultat est atteint car aucune stipulation de la convention ne donne à l'État de la source le droit d'imposer les intérêts. Ceux-ci ne sont donc imposables que dans l'État de la résidence (seule règle fixée par la convention). Cette solution est d'ailleurs expressément donnée par l'administration dans ses commentaires

(BOI-INT-CVB-BGR n° 100). À notre avis, la décision du Conseil d'État citée n° 10470 n'infirme pas ce principe, car elle s'appuie sur la clause d'élimination des doubles impositions et n'a donc de sens que lorsque la France est l'État de résidence.

Position de la Cour de cassation La question de l'interprétation de la formule « sont imposables » s'était posée à la Cour de cassation à propos de l'ancien impôt sur la fortune au titre d'un immeuble situé en Suisse, avant les modifications introduites à la convention fiscale franco-suisse par l'avenant de 1997 (Cass. com. 24 mars 1992 n° 572 P, Le Marois d'Andlau : RJF 6/92 n° 909). Il s'agissait d'une personne physique qui n'avait pas fait figurer sur sa déclaration d'impôt sur la fortune en France la valeur d'un immeuble situé en Suisse au motif que l'article 24 § 1 de la convention fiscale franco-suisse du 9 septembre 1966 prévoyait que la fortune constituée par des biens immobiliers **est imposable** dans l'État où les biens sont situés. Elle en déduisait que la fortune en question **n'était imposable qu'en Suisse** et non pas en France, ce qui a été confirmé par la Cour de cassation. **10468**

La difficulté venait de ce que la convention n'employait pas, précisément, l'expression « ne (...) que », et se bornait à donner à la Suisse le droit d'imposer, mais sans prévoir que ce droit était exclusif de toute autre imposition ; il n'y avait pas, non plus, de clause d'élimination de la double imposition. Le ministre en déduisait que le droit interne français n'était pas limité par la convention et que, par suite, les biens en question étaient imposables en France, sous déduction d'un crédit d'impôt égal à l'impôt payé en Suisse (règle de droit interne français, n° 52540). La Cour de cassation n'a pas accueilli cet argument, car elle a considéré que l'article 24 § 1 de la convention, aux termes duquel « la fortune constituée par des biens immobiliers... est imposable dans l'État contractant où les biens sont situés » est dénué d'équivoque et réserve à l'État où les immeubles sont situés le droit de les imposer.

Il serait erroné, à notre avis, de conclure qu'il faudrait donner la même portée à l'expression « la fortune est imposable en Suisse » et à l'expression « la fortune n'est imposable qu'en Suisse ». Mais la solution se justifiait par l'absence de clause d'élimination des doubles impositions et par le fait qu'aucune stipulation de la convention fiscale franco-suisse ne donnait à la France le droit d'imposer, ce qui pouvait, dans le contexte, se comprendre comme équivalent à une interdiction.

Précisions Dans le cadre **franco-suisse**, la question a été revue lors de la négociation de l'avenant du 22 juillet 1997 ; la convention précise désormais qu'un « résident de France qui possède de la fortune imposable en Suisse conformément aux dispositions des paragraphes 1, 2, 4 ou 5 de l'article 24 est également imposable en France. » La double imposition est éliminée par un crédit égal à l'impôt suisse, plafonné par l'impôt français.

Position du Conseil d'État Le Conseil d'État a retenu, à propos de l'imposition d'une **plus-value** réalisée par un résident de France lors de la cession de titres d'une société brésilienne à prépondérance immobilière au Brésil, une solution reposant sur une analyse différente de celle que la Cour de cassation a exprimée dans l'arrêt Le Marois d'Andlau (n° 10468) ; il a, en effet, été jugé qu'une telle plus-value est bien imposable en France, alors même qu'aucune stipulation de la convention fiscale franco-brésilienne du 10 septembre 1971 ne donne précisément à la France le droit d'imposer (CE 11 décembre 2020 n° 440307, 8e et 3e ch. : RJF 3/21 n° 301 ; voir également n° 67905). **10470**

La décision n'est pas explicite sur la raison qui fonde la solution car **trois fondements cumulatifs** sont invoqués : la définition du « résident » donnée par la convention fiscale, le fait que cette dernière opère une distinction entre les revenus qui « sont imposables [au Brésil] » et ceux qui « ne sont imposables que [au Brésil] » et l'existence d'un mécanisme d'élimination de la double imposition. À notre avis, les deux premiers n'ont cependant pas grande pertinence et la raison la plus importante est la troisième, ainsi qu'il ressort des conclusions de la rapporteure publique, qui estimait qu'en présence d'une formule telle que « sont imposables », « c'est dans d'autres stipulations de la convention, en l'occurrence celles tendant à **l'élimination de la double imposition**, qu'il faut chercher la réponse à la question de savoir si l'autre État peut, lui aussi, imposer les mêmes revenus » (conclusions Karin Ciavaldini : RJF 3/21 C 301). Comme la convention fiscale franco-brésilienne prévoit un crédit d'impôt égal à l'impôt brésilien dans la limite de l'impôt français, en ce qui concerne notamment les gains en capital (article 22 de la convention), l'intention des auteurs de la convention était bien de donner systématiquement à la France le droit d'imposer (si tel n'avait pas été le cas, la formulation utilisée n'aurait pas de sens, étant observé incidemment que les tantièmes et les revenus des artistes et sportifs sont traités de la même manière).

Sur renvoi dans cette affaire, la cour administrative d'appel de Lyon a ensuite jugé que l'exonération devait tout de même être accordée sur le terrain de la doctrine administrative, mais elle s'était une nouvelle fois trompée. En effet, lorsque l'administration précise, dans l'ancienne instruction 14 B-17-72 du 8 décembre 1972 reprise au BOI-INT-CVB-BRA n° 490, que l'État de situation des biens a le droit d'imposer, cela ne signifie pas que la France n'a pas également ce droit, en tant qu'État de résidence ; le Conseil d'État a donc dû procéder à une seconde annulation et réaffirmer qu'accorder à un État un droit d'imposer ne signifie pas le retirer à un autre (CE 14 avril 2022 n° 455943, 8e et 3e ch. : RJF 7/22 n° 614 ; voir n° 67905).

Une telle approche avait déjà été retenue par le Conseil d'État, mais de manière moins articulée, à propos des règles d'imposition de **jetons de présence** (ancienne appellation des rémunérations des administrateurs et des membres du conseil de surveillance) de source américaine perçus par un résident de France (CE 26 février 1992 n° 83461, 7e et 8e s.-s., Malet : RJF 4/92 n° 534). Sous l'empire de la convention fiscale alors applicable (solution aujourd'hui modifiée), les jetons de présence n'étaient visés par aucune stipulation conventionnelle ; ils relevaient donc de la catégorie générique des **revenus non dénommés** et, compte tenu des règles applicables à l'époque, étaient imposables aux États-Unis. Il fallait alors décider s'ils pouvaient l'être également en France, comme le soutenait le ministre sur le fondement du droit interne français (CGI art. 120, 4°). Le ministre indiquait que, dans la mesure où la convention prévoyait que les revenus non mentionnés de source américaine **« sont imposables »** aux États-Unis, elle ne faisait pas obstacle à leur imposition en France en application des dispositions de la loi française.

Le Conseil d'État n'a pas suivi cette voie, conformément aux conclusions du commissaire du Gouvernement Olivier Fouquet qui estimait que si, a priori, le caractère imposable dans un État n'exclut pas l'imposition dans l'autre État, c'est sous réserve des stipulations de la clause d'élimination de la double imposition. Au cas particulier, l'article relatif à l'élimination des doubles impositions prévoyait expressément que les revenus dont l'imposition était attribuée aux États-Unis, mis à part certaines exceptions parmi lesquelles ne figuraient pas les revenus non dénommés, étaient exonérés en France. La France, dès lors, ne pouvait imposer. Déjà, dans cette affaire, c'est donc déjà la rédaction de la clause d'élimination des doubles impositions qui avait fondé la solution.

En définitive, si l'on fait porter l'analyse essentiellement sur la manière dont la clause d'élimination des doubles impositions est rédigée, les approches respectives de la Cour de cassation et du Conseil d'État ne sont pas si différentes, puisque la convention franco-suisse qui était en cause dans l'affaire Le Marois d'Andlau (n° 10468) ne contenait pas de clause d'élimination de la double imposition en matière d'impôt sur la fortune ; même si l'arrêt n'est pas précis sur ce point, la solution n'est donc pas nécessairement différente de celle qu'aurait pu retenir le Conseil d'État.

2. La combinaison de cet article avec les autres articles de la convention fiscale

Principes

10490 D'une manière générale, la combinaison avec les autres articles s'opère de la façon suivante :

– les articles de **« définitions »** ont une incidence sur l'ensemble de la convention (par exemple, l'article sur la résidence) ou seulement sur certains autres articles (par exemple, l'article sur les bénéfices des entreprises doit se lire à la lumière de l'article sur la définition de l'établissement stable) ;

– l'article **le plus précis** prévaut normalement sur le plus général. Ainsi, si une entreprise reçoit des dividendes ou des intérêts, ce n'est pas l'article « bénéfices des entreprises », très général, qu'il faut appliquer mais l'article « spécifique » sur les dividendes ou les intérêts. De même, l'article sur les bénéfices provenant de l'exploitation en trafic international de navires et d'aéronefs prévaut, car il est spécifique, sur l'article général sur les bénéfices des entreprises ;

– chaque article déterminant une règle d'imposition doit être lu en parallèle avec **l'article fondamental sur l'élimination des doubles impositions**.

Précisions En ce qui concerne les **bénéfices des entreprises**, le modèle de convention fiscale de l'OCDE (article 7 § 4) précise en ce sens que « lorsque les bénéfices comprennent des éléments de revenu traités séparément dans d'autres articles de la présente Convention, les dispositions de ces articles ne sont pas affectées par les dispositions du présent article ».

Premier exemple

Une personne physique résidente de France est membre d'une **société civile de droit allemand**, qui exerce son activité en Allemagne. Comment va-t-elle être imposée dans le cadre de la convention franco-allemande du 21 juillet 1959 modifiée ? **10497**

Le raisonnement est le suivant ; il s'agit de bénéfices visés à l'**article 4** de la convention, dont le paragraphe 3 prévoit que « les participations d'un associé aux bénéfices d'une entreprise constituée sous forme de société de droit civil... ne sont imposables que dans l'État où l'entreprise en question a un établissement stable, mais en proportion seulement des droits de cet associé dans les bénéfices dudit établissement ».

Dès lors, si la société civile allemande n'exerce son activité qu'en Allemagne, elle n'a d'établissement stable que dans cet État et le résident de France, qui en est l'un des associés, est donc imposable exclusivement dans cet État à proportion de ses droits dans la société civile. À la seule lecture de cette disposition, on retire l'impression que la France n'a aucun droit de prendre en compte ces revenus, puisqu'ils sont imposables seulement en Allemagne.

Mais il faut néanmoins combiner cette disposition avec l'**article 20 § 2** en vertu duquel les bénéfices et autres revenus positifs qui proviennent d'Allemagne et qui y sont imposables conformément aux dispositions de la convention, sont également imposables en France lorsqu'ils reviennent à un résident de France. L'impôt allemand n'est pas déductible pour le calcul du revenu imposable en France, mais le bénéficiaire a droit à un **crédit d'impôt** imputable sur l'impôt français dans la base duquel ces revenus sont compris. Ce crédit d'impôt est calculé de façon différente selon les revenus dont il s'agit ; pour ceux de notre exemple, auxquels une référence expresse est faite à l'article 20 relatif à l'élimination des doubles impositions (précisément pour contrer l'effet du « ne [...] que » de l'article 4 § 3), le crédit d'impôt est égal à l'impôt français correspondant à ces revenus.

On en déduit que le résident de France doit soumettre à l'impôt dans notre pays sa quote-part de résultat de la société civile allemande, mais qu'il a droit à un crédit d'impôt égal à l'impôt français, ce qui revient, pour l'essentiel, à un taux effectif (n° 8160).

On voit par cet exemple qu'il est très important de lire l'intégralité de la convention fiscale et de toujours examiner les solutions particulières qu'elle prévoit en les combinant avec les règles générales relatives à l'élimination des doubles impositions (et, bien entendu, avec le droit interne français).

Précisions À propos d'une société française qui avait reçu des distributions en tant que commanditaire d'une société en commandite allemande, voir n° 31740.

Deuxième exemple

Un résident de France (personne physique) dispose de **revenus immobiliers** de **source grecque** ; comment ces revenus vont-ils être imposés dans le cadre de la convention fiscale franco-grecque du 21 août 1963 ? La solution résulte de la combinaison des articles 3 et 21 de cette convention : **10499**
– article 3 : « les revenus de biens immobiliers sont imposables dans l'État contractant où ces biens sont situés » (on remarque que la convention n'emploie pas, cette fois, « ne (...) que ») ;
– article 21 : « En ce qui concerne la France :
1. les revenus autres que ceux visés aux paragraphes 3 à 5 ci-après (dividendes, intérêts et redevances) sont exonérés des impôts français... ». Donc la France doit exonérer ces revenus. Mais l'article 21 continue :
« 2. Nonobstant les dispositions du paragraphe 1 ci-dessus, les impôts français visés à ce paragraphe peuvent être calculés sur les revenus imposables en France en vertu de la présente convention, au taux correspondant à l'ensemble des revenus imposables d'après la législation française » (**taux effectif**). Les revenus immobiliers de source grecque ne

sont donc pas réimposés en France, mais ils vont servir à déterminer le taux d'imposition des autres revenus du contribuable, imposables dans notre pays.

On voit combien il est essentiel d'examiner à chaque fois non seulement le dispositif prévu par l'article pertinent de la convention fiscale mais aussi les modalités d'élimination des doubles impositions, faute de quoi on s'exposerait à de graves erreurs d'interprétation.

Troisième exemple

10500 La convention franco-algérienne du 17 octobre 1999 prévoit que « les **jetons de présence** (...) qu'un résident d'un État contractant reçoit en sa qualité de membre du conseil d'administration ou de surveillance d'une société qui est un résident de l'autre État contractant sont imposables dans cet autre État ».

Une personne physique résidente de France qui reçoit des jetons de présence (ancienne appellation des rémunérations des administrateurs et des membres du conseil de surveillance) versés par une société algérienne est donc **imposable** en **Algérie** ; mais elle aurait tort de s'en tenir là et de considérer que cette phrase, qui ne donne de droit d'imposer qu'à l'État de la source, lui permet d'être exonérée en France ; l'article 24 § 1 a) de la convention précise, en effet, que les revenus qui proviennent d'Algérie et qui y sont imposables conformément aux dispositions de la convention sont **pris en compte** pour le calcul de l'**impôt français** lorsque leur bénéficiaire est un résident de France, que l'impôt algérien n'est pas déductible de ces revenus mais qu'il constitue un **crédit d'impôt** imputable sur l'impôt français dans la limite du montant de l'impôt français correspondant. Seule la combinaison des articles de la convention relatifs respectivement au régime d'imposition des revenus en cause et à l'élimination des doubles impositions donne la solution.

D. Comment interpréter la convention fiscale ?

10520 Il n'existe **pas** de **principes généraux** ni de **coutume** de portée universelle qui permettraient d'interpréter une disposition obscure d'une convention fiscale. Par ailleurs, il n'existe pas de véritable convention générale entre plusieurs États : l'OCDE, comme l'ONU, ont considéré que les problèmes fiscaux devaient être réglés par des conventions bilatérales. Il n'y a **pas** non plus de **consensus international** sur les principes qui doivent guider l'élaboration de la fiscalité internationale ; ainsi, d'une manière générale, les pays en développement ont tendance à vouloir faire prévaloir l'imposition à la « source » et les pays développés l'imposition à la « résidence », même si cette différence a aujourd'hui tendance à s'estomper car les pays développés veulent donner davantage de portée au concept d'établissement stable (voir n° 17540, à propos de la notion d'activités préparatoires ou auxiliaires et n° 17708 à propos de la notion d'agent dépendant).

Convention de Vienne

10525 La jurisprudence du Conseil d'État tend à faire application des règles d'interprétation fournies, d'une façon générale, par la convention de Vienne sur le droit des traités (quoique cette convention ne soit pas en vigueur en France, les principes d'interprétation qu'elle pose sont considérés comme applicables car ils reprennent une règle d'origine coutumière) : « un Traité doit être interprété de bonne foi suivant le sens ordinaire à attribuer aux termes du Traité dans leur contexte et à la lumière de son objet et de son but » (article 31 de la convention de Vienne du 23 mai 1969). Il en découle les principes suivants :

– interprétation de « bonne foi », par recherche de **l'intention des parties** ;

– principe selon lequel il faut supposer que les auteurs du traité ont élaboré une disposition pour qu'elle s'applique (règle de « **l'effet utile** ») ; entre plusieurs sens possibles à donner à une disposition, on doit donc normalement choisir celui qui permet son application effective ;

– interprétation des mots d'après leur **sens normal** et **ordinaire dans le contexte** où ils figurent, sauf si ce sens conduisait à un résultat déraisonnable ou absurde, incompatible avec l'esprit, l'objet et le contexte de la clause considérée ;

– interprétation par référence, notamment, à la **pratique** suivie.

Ces règles s'appliquent aux conventions fiscales puisqu'il s'agit de traités internationaux et que les principes ainsi posés sont acceptés en tant que codification d'une coutume internationale ; en ce sens, saisi par le Gouvernement à propos des règles relatives à la détermination du plafond des crédits d'impôt et à la notion de bénéficiaire effectif, le Conseil d'État a souligné que « les **principes coutumiers du droit international**, repris aux articles 31 et 32 de la convention de Vienne de 1969 sur le droit des traités, prévoient, d'une part, qu'un traité doit être interprété de bonne foi suivant le sens ordinaire à attribuer aux termes du traité dans leur contexte et à la lumière de son objet et de son but, et d'autre part, qu'il peut être fait appel à des moyens complémentaires d'interprétation. Ces principes sont applicables à l'interprétation des conventions fiscales internationales. » (Avis CE 31 mars 2009 nº 382545, section des finances : Droit fiscal 2010 nº 22, comm. nº 339 ; voir aussi nº 8150). **10525** (suite)

Dans le même sens, au contentieux, le Conseil d'État a précisé que les stipulations de la **convention franco-monégasque** « doivent être interprétées conformément au sens ordinaire à attribuer à leurs termes, dans leur contexte et à la lumière de leur objet et de leur but » (CE 6 mai 2015 nº 378534, 8e et 3e s.-s. : RJF 7/15 nº 624 ; voir nº 3610, Précisions f). Autre exemple, c'est conformément au sens ordinaire à attribuer à leurs termes, dans leur contexte et à la lumière de leur objet et de leur but que le Conseil d'État a interprété les stipulations de l'article 2 de la convention fiscale franco-allemande relatives à la notion de **« résident »** (CE 9 novembre 2015 nº 370054, 9e et 10e s.-s., Landesärztekammer Hessen Versorgungswerk (LHV) : RJF 2/16 nº 178 aux conclusions Marie-Astrid Nicolazo de Barmon à la même RJF, C 178). Et dans l'affaire Lufthansa, jugée en formation plénière, le Conseil d'État a expressément interprété les stipulations de la convention fiscale franco-allemande à la lumière de leur objet et de leur but (CE 24 novembre 2014 nº 368935, Plén., min. c/ Sté Lufthansa AG : RJF 2/15 nº 120 ; voir nº 10168), de même que lorsqu'il s'est agi de décider de la portée de la clause d'élimination de la double imposition dans le cadre franco-britannique (CE Avis 12 février 2020 nº 435907, 9e et 10e ch. : RJF 5/20 nº 481 ; voir nos 8160, 8170, 83780 et 83790). Voir également nº 41400 et les décisions citées nº 10700.

Cela étant, comme l'a souligné la rapporteure publique Marie-Astrid de Barmon dans ses conclusions sous l'avis précité du 12 février 2020 concernant la convention fiscale franco-britannique (à la même RJF C 481), ce n'est que lorsque la **lettre de la convention** laisse place à l'hésitation que le Conseil d'État a recours à des méthodes d'interprétation subsidiaires inspirées de la convention de Vienne et qu'il interprète les stipulations obscures d'une convention fiscale à la lumière notamment de leur objet et de leur but.

Il peut être utile, également, en présence d'une stipulation obscure, d'utiliser une **méthode « comparative »**, qui consiste à comparer les conventions fiscales entre elles ; une telle comparaison peut donner des indications intéressantes pour la résolution des litiges bien que l'on ne puisse pas en tirer de conséquences juridiques.

Précisions **a.** Le Conseil d'État avait adopté implicitement la méthode d'interprétation recommandée par la Convention de Vienne dans une affaire qui concernait les règles fiscales applicables à une **pension de retraite** servie par **l'Unesco** (CE 17 décembre 2003 nº 239677, 9e et 10e s.-s., Heskes : RJF 3/04 nº 249 ; conclusions Laurent Vallée au BDCF 3/04 nº 37). La décision se réfère d'abord au sens ordinaire à attribuer aux termes « émolument » et « traitement », puis au contexte et à la pratique, dans un cheminement directement issu de la convention de Vienne.

b. Le « **contexte** » a été pris en compte par le Conseil d'État dans l'affaire Golay Buchel (nº 62015 ; cette décision relève qu'aucun élément de contexte n'exige en l'espèce une interprétation différente de celle du droit interne). Les **commentaires du comité des affaires fiscales de l'OCDE** relatifs au modèle de convention fiscale peuvent être considérés comme des éléments de contexte à condition, naturellement, qu'ils soient antérieurs à la signature de la convention fiscale et que celle-ci reprenne les propositions de la convention modèle (nos 10580 s.).

c. L'article 33 de la convention de Vienne indique qu'en principe « lorsqu'un traité a été authentifié en deux ou plusieurs langues, **son texte fait foi dans chacune de ces langues**, à moins que le traité ne dispose ou que les parties ne conviennent qu'en cas de divergence un texte déterminé l'emportera. (…) 3. Les termes d'un traité sont présumés avoir le même sens dans les divers textes authentiques. 4. Sauf le cas où un texte déterminé l'emporte (…), lorsque la comparaison des textes authentiques fait apparaître une différence de sens que l'application des articles 31 et 32 ne permet pas d'éliminer, on adoptera le sens qui, compte tenu de l'objet et du but du traité, concilie le mieux ces textes ». Le Conseil d'État a implicitement fait application de ces principes à propos de l'ancienne convention fiscale franco-britannique (trois décisions du même jour, notamment CE 27 juillet 2012 nos 337656 et 337810, 9e et 10e s.-s., min. c/ Regazzacci : RJF 11/12 nº 1012 ; voir aussi nº 41155). Voir également l'arrêt de la cour administrative d'appel de Versailles citée nº 20910, Précisions, invoquant la version en anglais de la convention fiscale franco-canadienne. Dans le même sens, CE 10 octobre 2014 nº 356878, 9e et 10e s.-s., Caisse régionale de crédit agricole mutuel du Finistère : RJF 1/15 n° 51, à propos de revenus de « Genussscheine » allemands (n° 61180, Précisions).

d. Le Conseil d'État contrôle la **compatibilité des conventions fiscales avec le droit de l'Union européenne** (décision Regazzacci citée supra, Précisions c, et, précédemment, décision Villatte citée n° 81920).

e. Lorsqu'elle a jugé un différend entre l'Autriche et l'Allemagne à propos de la notion de **« créances avec participation aux bénéfices »** (Genussscheine) pour l'application des stipulations conventionnelles relatives aux intérêts (n° 62000, Précisions b, et n° 81490, Précisions b), la Cour de justice a interprété la convention fiscale conclue entre l'Allemagne et l'Autriche à la lumière des principes posés par la convention de Vienne (CJUE 12 septembre 2017 aff. 648/15, Gr. ch., Autriche c/ Allemagne : RJF 2/18 n° 233).

Absence relative de pertinence de l'objet des conventions fiscales

10530 En pratique, la jurisprudence n'a pas, jusqu'ici accordé beaucoup d'importance à l'objet des conventions fiscales, au moins lorsque l'administration l'invoque au soutien d'une volonté répressive alors qu'il n'est pas traduit dans des **clauses conventionnelles identifiables** ; par exemple, dans la décision Schneider Electric jugeant l'article 209 B du CGI, dans son ancienne rédaction, incompatible avec l'ancienne convention fiscale franco-suisse (n° 10645), le Conseil d'État a souligné qu'à supposer qu'il soit établi qu'un objectif de lutte contre l'évasion et la fraude fiscales ait été assigné à la convention, cet objectif ne permet pas, faute de stipulation expresse le prévoyant, de déroger aux règles d'imposition énoncées par la convention (imposition seulement en Suisse des bénéfices réalisés par une société suisse en l'absence d'établissement stable en France).

La référence à l'objet des conventions fiscales peut tout de même, parfois, faciliter l'interprétation de certaines stipulations. Ainsi, à propos de la notion de « résident », le Conseil d'État s'est manifestement fondé sur l'objet principal des conventions fiscales, qui est d'éviter les doubles impositions, pour refuser l'éligibilité d'**entités exonérées d'impôt** au bénéfice des conventions fiscales (n° 41400).

L'avenir dira ce que le juge de l'impôt tirera des modifications relatives à l'objet des conventions fiscales qui résultent de **l'instrument multilatéral**, à l'égard des conventions fiscales couvertes (nos 1650 s.) ; celles-ci affirment en effet, désormais, qu'elles ont certes pour objet d'éliminer la double imposition mais sans créer de possibilités de **non-imposition** ou d'**imposition réduite** via des pratiques d'évasion ou de fraude fiscale/évitement fiscal (résultant notamment de la mise en place de stratégies de chalandage fiscal ; nos 1660 et 9350, Précisions).

Cela étant, ce texte ne cherche pas, en réalité, à remettre en cause de façon systématique tous les cas de double exonération, ou d'imposition réduite, mais seulement ceux qui résultent de pratiques d'**évasion ou de fraude**, notamment en présence d'un montage destiné à faire bénéficier de la convention un résident d'un État tiers. La distinction ressort assez nettement du paragraphe 4 de l'article 6 de l'instrument multilatéral, qui précise que la convention peut n'être pas modifiée si elle contient déjà un préambule en ce sens, soit que ce préambule vise uniquement les pratiques d'évasion ou de fraude fiscale/évitement fiscal, soit qu'il s'applique de façon plus large. La note explicative d'accompagnement de l'instrument multilatéral précise d'ailleurs, au point 85, que la modification relative à l'objet des conventions fiscales reflète la « **norme minimale** » pour la prévention de l'utilisation abusive des conventions fiscales ; les États signataires peuvent donc n'apporter aucune correction aux conventions fiscales qui posent à cet égard un principe d'application plus large et qui ne visent pas uniquement les pratiques d'évasion ou de fraude fiscale/évitement fiscal.

Mais si un **principe « large »** n'est pas affirmé par ailleurs dans la convention fiscale, seules les doubles exonérations ou impositions réduites résultant de pratiques d'évasion ou de fraude fiscales peuvent, à notre avis, être considérées comme contraires à l'objet des conventions fiscales, tel que modifié par l'instrument multilatéral ; la jurisprudence du Conseil d'État (ou de la Cour de cassation) sur les doubles exonérations, admissibles en tant qu'elles résultent de la combinaison des conventions fiscales et du droit interne, ou des différences d'interprétation des stipulations conventionnelles entre les États concernés, n'a donc pas lieu d'être remise en cause (voir notamment nos 10695 et 83790). Des doubles exonérations pourront toujours être admises si elles ne résultent pas de schémas de fraude ou d'évasion fiscale.

Précisions **a.** Les débats parlementaires de ratification de la **convention fiscale franco-luxembourgeoise** du 20 mars 2018, qui reprend l'objet indiqué par l'instrument multilatéral, montrent que la condition relative aux pratiques d'évasion ou de fraude fiscales est souvent perdue de vue. Par exemple, le rapport fait au nom de la commission des affaires étrangères de l'Assemblée nationale sur le projet de loi de ratification (rapport n° 1663 du 6 février 2019) indique, sans nuance, que « dès lors que cette convention a pour objectif de lutter contre les **doubles exonérations**, celle-ci peut permettre de réimposer en France un contribuable qui serait complètement exonéré d'impôt au Luxembourg » (p. 10) et que la convention « permet d'éviter les doubles impositions et les doubles exonérations » (p. 35) ; il est regrettable que ces affirmations, que l'on retrouve à d'autres endroits dans les travaux parlementaires, omettent la condition tenant à l'existence d'une fraude ou d'une évasion fiscale.

b. L'administration n'explicite pas la portée des modifications apportées par **l'instrument multilatéral** au préambule des conventions fiscales, mais, en visant « les possibilités de non-imposition ou d'imposition réduite en recourant à des pratiques d'évasion ou de fraude fiscale » la doctrine administrative laisse tout de même entendre que des situations d'imposition réduite ou de non-imposition sont admissibles si elles ne résultent pas de pratiques d'évasion ou de fraude fiscales (BOI-INT-DG-20-25 n° 130).

1. Le rôle des modèles de convention fiscale

L'OCDE et l'ONU ont élaboré des modèles de conventions fiscales afin d'aider les pays **10580**
désireux de signer des conventions bilatérales (nos 1405 s.). Or, en annexe à ces modèles, ces organisations ont publié des **commentaires** qui sont destinés à en éclairer le sens et à en préciser la portée.

En présence d'une difficulté d'interprétation d'une convention fiscale, on pourra donc vérifier si la disposition concernée est originale ou si elle figure dans un modèle préexistant. Si le texte conventionnel est conforme au modèle, on pourra utilement se reporter aux commentaires publiés par **l'ONU** ou **l'OCDE**, mais sans que cette référence ait un caractère absolu.

Utilité des commentaires

Les commentaires sont incontestablement utiles : **10585**
– Ils indiquent ce que les auteurs ont voulu dire ; lorsqu'une convention fiscale reprend une disposition modèle, il est logique de penser que les auteurs de la convention avaient en vue le même objectif que les rédacteurs de la convention modèle. Les commentaires de celle-ci peuvent donc **éclairer les intentions** des États signataires. Et l'on sait que l'intention des auteurs est un élément important dans l'interprétation d'un texte, et notamment d'un traité international (n° 10525).
– Ils éclairent **l'attitude des différents pays**. Ceux-ci ont pu, en effet, adopter la convention modèle tout en incluant des **réserves** sur telle ou telle clause. Ils ont également la possibilité de formuler des **observations** sur les commentaires en faisant état d'une interprétation divergente. Les réserves et commentaires permettent de mieux comprendre l'attitude de certains pays face à certaines questions particulières. Il convient donc de s'y reporter lorsqu'ils sont susceptibles de s'appliquer dans une affaire donnée.

Portée relative des commentaires

L'importance des commentaires des conventions modèles, et notamment de ceux du **10590**
comité des affaires fiscales de l'OCDE, ne doit pas être exagérée. Dans bien des cas, en effet, ceux-ci, sous couvert d'interprétation, « ajoutent » au texte et cherchent à « créer du droit » au lieu de l'expliciter.

Or, les commentaires ne font pas partie intégrante des conventions fiscales ; ils n'ont pas été soumis au Parlement et n'ont pas fait l'objet des procédures requises pour l'approbation des traités. Pour cette raison, ils doivent être maniés avec prudence et pris simplement pour ce qu'ils sont, c'est-à-dire des explications et des indications qui n'ont **aucune portée normative** et qui ne peuvent être invoqués qu'à l'appui d'arguments de texte, notamment au contentieux.

D'une certaine façon, ils ont valeur de **travaux préparatoires** ; la jurisprudence ne s'interdit pas d'y faire référence, comme dans les affaires Banque française de l'Orient, à propos de la notion de dividendes (n° 60625), ou Interhome (n° 17705), à propos de la **notion d'établissement stable**, dès lors, dans ce dernier cas, qu'il s'agit d'un terme non défini en droit interne et qui n'a de sens que dans le cadre des conventions fiscales. Le Conseil d'État s'y est aussi référé dans l'affaire Golay Buchel (nº 10232), à propos de la **notion d'intérêt** dans le cadre de la convention fiscale franco-suisse, en considérant les commentaires de l'époque comme un élément de **contexte** éclairant l'intention des auteurs de la convention au sens de l'article 3 § 2 (renvoi au droit interne des termes non définis par la convention ; nº 9445). Mais il ne leur accorde qu'une valeur très relative et, s'il peut les trouver intéressants, il ne se sent pas systématiquement obligé de les examiner et/ou de les approuver.

Pour un exemple de situation où le Conseil d'État s'est explicitement référé à des commentaires OCDE antérieurs à la signature de la convention, voir CE 28 mai 2014 nº 360890, 9e et 10e s.-s., min. c/ Sté Al Hayat Publishing Company Ltd (RJF 8-9/14 nº 839), à propos de la question de savoir si le **bureau parisien d'un journal britannique** constituait un établissement stable (nº 17548). Le Conseil d'État juge que tel n'est pas le cas, sur le fondement des stipulations de l'article 4 § 3 e) de la convention franco-britannique du 22 mai 1968, « éclairées par les commentaires formulés, antérieurement à l'adoption de ces stipulations » par le comité des affaires fiscales de l'OCDE sur le paragraphe 3 de l'article 5 de la convention modèle de 1963, dont les termes sont similaires à ceux qu'emploie la convention franco-britannique.

Pour un autre exemple, voir CE 21 juillet 2017 nº 392908, 9e et 10e ch., Sté Thermo Electron Holdings : RJF 11/17 nº 1080 (voir également nºs 26847 et 72645i), interprétant la convention fiscale franco-américaine du 31 août 1994 sous l'éclairage des commentaires publiés par le comité des affaires fiscales de l'OCDE en 1992, soit antérieurement à la conclusion de la convention, et relevant que ni la France ni les États-Unis n'avaient formulé d'observation en sens contraire (la réserve française sur l'article 212 du CGI, mentionnée nº 26820, a sans doute été perdue de vue).

Cela étant, les commentaires de l'OCDE n'ont qu'une pertinence toute relative, ainsi qu'il ressort, par exemple, de la jurisprudence sur la **notion d'agent dépendant** ; les mêmes commentaires du comité des affaires fiscales de l'OCDE ont été cités dans les conclusions sous trois décisions du Conseil d'État qui ont pourtant abouti à des solutions différentes : la décision Interhome, qui avait conclu qu'une société étrangère pouvait être « engagée en fait » par un agent dépendant, la décision Zimmer, qui avait considéré au contraire qu'une approche étroitement juridique s'imposait et qu'il fallait renverser sur ce point la décision Interhome et la décision Conversant, qui a retenu encore une troisième approche (nº 17710).

Précisions **a.** À propos de l'imposition de **gains de change** réalisés lors de la cession d'un immeuble situé au Japon, le rapporteur public a fait état des commentaires de l'OCDE (conclusions Frédéric Aladjidi au BDCF 6/14 nº 53 sous CE 12 mars 2014 nº 352212, 9e et 10e s.-s., Sté DGFP Zeta : RJF 6/14 nº 550). Les commentaires de l'OCDE peuvent éventuellement influencer le juge fiscal s'ils sont pertinents.

b. Par différence avec les commentaires du modèle de convention fiscale de l'OCDE, les commentaires relatifs à **l'instrument multilatéral** ont une portée supérieure car ils commentent et éclairent un texte qui est juridiquement un traité international (nº 1663).

c. Il est curieusement précisé, en préambule de la convention franco-colombienne du 25 juin 2015, que c'est en « **prenant note du modèle de convention fiscale** de l'OCDE tel qu'interprété par les commentaires y afférents » que les deux États ont conclu la convention.

Pertinence de la date de publication des commentaires

10595 Le comité des affaires fiscales de l'OCDE estime que les conventions fiscales doivent être interprétées, dans la mesure du possible, dans l'esprit des commentaires révisés (Commentaires OCDE, Introduction nºs 33 s.). Mais cette **interprétation « ambulatoire »** ne peut être admise sans nuance, puisque les commentaires ne servent qu'à éclairer l'intention des négociateurs et que, par définition, ces derniers ne peuvent avoir eu en vue des commentaires postérieurs à la négociation. Le Conseil d'État retient donc une approche différente, et considère que des commentaires postérieurs à la date de signature d'une convention fiscale ne sauraient, en tout état de cause, avoir une portée décisive ; ils peuvent cependant être intéressants et avoir une valeur persuasive.

Le fait qu'ils ne soient **pas décisifs** ressort principalement de la décision Andritz (CE 30 décembre 2003 nº 233894, Sect., SA Andritz : RJF 3/04 nº 238, aux conclusions Gilles Bachelier au BDCF 3/04 nº 33), qui concernait la question de la compatibilité de l'article 212 du CGI (dans son ancienne rédaction) avec le principe de non-discrimination posé par l'ancienne convention fiscale

franco-autrichienne (nº 81335) ; cette décision juge « qu'il n'y a pas lieu, contrairement à ce que soutient le ministre de l'Économie, des Finances et de l'Industrie, de se référer, pour interpréter les stipulations des articles 6 § 5 et 17-A-IV précités, aux commentaires formulés par le comité fiscal de l'Organisation pour la coopération et le développement économique (OCDE) sur l'article 9 § 1 de la convention-modèle établie par cette organisation, dès lors que ces commentaires sont **postérieurs** à l'adoption des stipulations en cause ». D'autres exemples dans le même sens sont fournis par les affaires suivantes : **10595** (suite)
– à propos de la question du **capital** dont devraient éventuellement être dotées les **succursales** (nº 76735), il a été jugé qu'il n'y a pas lieu, pour interpréter la convention fiscale, de se référer aux commentaires formulés par le comité des affaires fiscales de l'OCDE sur l'article 7 de la convention modèle, dès lors que ces commentaires sont postérieurs à l'adoption des stipulations en cause (trois décisions du même jour, CE 11 avril 2014 nº 346687, 10e et 9e s.-s., Sté Unicredit venant aux droits de Banca di Roma Spa ; nº 344990, 10e et 9e s.-s., Bayerische Hypo und Vereinsbank AG (HVB-AG) ; nº 359640, 10e et 9e s.-s., Caixa Geral de Depositos : RJF 7/14 nº 667 ; également CE 17 juin 2015 nº 369722, 369724 et 369725, 10e et 9e s.-s., min. c/ Sté AIG Management France SA : RJF 10/15 nº 759) ;
– à propos des stipulations conventionnelles relatives aux **prix de transfert** (nº 74680), le Conseil d'État ne s'est pas référé aux commentaires de l'OCDE sur l'article 7 du modèle de convention fiscale pour décider que l'octroi par une succursale française d'avances sans intérêt à son siège belge caractérisait un transfert de bénéfices dès lors que ces commentaires étaient postérieurs à l'adoption des stipulations conventionnelles en cause (CE 9 novembre 2015 nº 370974, 9e et 10e s.-s., Sté Sodirep Textiles SA-NV : RJF 2/16 nº 121 ; voir également nº 76455).

Cela étant, le fait que les commentaires de l'OCDE n'aient, en tout état de cause, aucune autorité lorsqu'ils sont postérieurs à la date de signature de la convention fiscale ne signifie pas qu'ils ne soient pas éventuellement intéressants et de nature à éclairer le juge de l'impôt, en ayant une **valeur persuasive**.

Ainsi, dans la décision Conversant concernant la notion d'**agent dépendant** ayant les pouvoirs d'engager (CE 11 décembre 2020 nº 420174, Plén., min. c/ Sté Conversant International Ltd : RJF 2/21 nº 196 ; voir nº 17710), le Conseil d'État a, fait inhabituel, énoncé la solution de principe en la faisant précéder de l'incise « ainsi d'ailleurs qu'il résulte des paragraphes 32.1 et 33 des commentaires au modèle de convention établi par l'Organisation pour la coopération et le développement économique (OCDE) publiés respectivement le 28 janvier 2003 et le 15 juillet 2005 », alors même que la convention fiscale franco-irlandaise applicable en l'espèce avait été signée le 21 mars 1968. Ces commentaires sont venus conforter la solution que le Conseil d'État voulait retenir et ils apportaient ainsi un élément de persuasion supplémentaire.

Précédemment, le Conseil d'État avait même repris, sans le dire, des commentaires OCDE postérieurs à la date de signature de la convention fiscale franco-brésilienne du 10 septembre 1971 afin de définir la notion de « **séjour habituel** dans un État » pour l'application des critères conventionnels de détermination de la résidence fiscale (CE 16 juillet 2020 nº 436570, 8e et 3e ch. : RJF 11/20 nº 932 ; voir nº 41225).

Des commentaires de l'OCDE postérieurs à la date de signature de la convention peuvent donc être pris en compte, non pas en tant qu'ils pourraient éclairer la commune intention des parties, ce qui est une évidence puisqu'ils sont postérieurs, ni comme des éléments décisifs, mais simplement en tant qu'ils peuvent apporter un élément de persuasion supplémentaire. Pour un exemple de maniement des commentaires en fonction de la date de leur publication, voir CE 20 mai 2022 nº 444451, 9e et 10e ch., Sté Planet : RJF 8-9/22 nº 771, à propos de la notion de **bénéficiaire effectif** pour l'application de la convention fiscale franco-néo-zélandaise du 30 novembre 1979 (nº 74630) : le raisonnement repose sur l'objet des stipulations en cause, relatives aux redevances, « telles qu'elles sont éclairées par les commentaires » de 1977 du comité des affaires fiscales de l'OCDE, et « ainsi d'ailleurs » qu'il résulte des mêmes commentaires publiés ultérieurement (cette décision juge que les stipulations conventionnelles sont applicables aux redevances de source française dont le bénéficiaire effectif réside en Nouvelle-Zélande, quand bien même elles auraient été versées à un intermédiaire établi dans un État tiers ; voir également nº 20410 h).

Précisions Le Comité des affaires fiscales de l'OCDE reconnaît que « les modifications des articles du Modèle et les modifications apportées aux Commentaires qui en sont la conséquence directe ne doivent pas être prises en compte dans l'interprétation ou l'application de conventions précédemment conclues lorsque les dispositions de ces conventions **diffèrent, quant au fond**, des articles modifiés. » Mais il estime que « toute autre modification ou addition apportée aux Commentaires devrait normalement être applicable en ce qui concerne l'interprétation et l'application des conventions conclues **avant leur adoption** puisqu'elle correspond à un consensus entre les pays membres de l'OCDE quant à l'interprétation qu'il y a lieu de donner des dispositions existantes ou quant à leur application à des situations spécifiques » (Commentaires OCDE, introduction n° 35).

2. Le rôle des autorités des États et des tribunaux

Ministère des affaires étrangères

10600 C'est théoriquement au ministre des affaires étrangères qu'il incombe d'interpréter les conventions fiscales.

Le ministre des affaires étrangères est censé intervenir comme « jurisconsulte » garant de la commune **intention des parties**. Son interprétation était d'ailleurs traditionnellement investie d'une autorité absolue. Cependant, son rôle est aujourd'hui marginal en ce qui concerne les conventions fiscales.

Interprétation par le juge de l'impôt

10603 Le principe de la compétence exclusive du ministre des affaires étrangères et de l'autorité incontestable de ses interprétations a été abandonné par le **Conseil d'État** dans une décision d'Assemblée, à propos d'un litige non fiscal (CE 29 juin 1990 n° 78519, Ass., Gisti : RJF 8-9/90 n° 1096). La Haute Juridiction a décidé (implicitement) qu'elle n'était pas tenue de renvoyer pour interprétation au ministre des affaires étrangères une disposition conventionnelle dont le sens n'est pas clair, ni, le cas échéant, de s'incliner devant l'interprétation ainsi faite par le ministre.

Précisions **a.** La décision Gisti précitée a **rompu** avec la jurisprudence classique relative à l'**obligation de renvoi**, à la compétence exclusive du ministre des affaires étrangères et à l'autorité absolue de ses décisions (voir anciennement CE 28 février 1913 Cie des Chemins de fer de l'Est, Lebon p. 307). Elle n'a cependant pas constitué une totale nouveauté, car le Conseil d'État avait déjà cherché à s'affranchir de ces principes, notamment par le recours à la théorie de « l'**acte clair** » ; il s'était aussi, parfois, écarté de l'interprétation officielle et le ministre lui-même refusait quelquefois, notamment en matière fiscale, de prendre parti pour s'en tenir à la « sagesse » du Conseil d'État.

b. À propos des **conventions fiscales**, on relève que, dans une affaire jugée le 25 mars 1983 (n° 16649, 7e et 9e s.-s. : RJF 6/83 n° 763), le **Conseil d'État** avait sursis à statuer, en raison du caractère sérieux d'une contestation portant sur la possibilité de percevoir une retenue à la source sur des transferts irréguliers de bénéfices en vertu de la convention franco-belge du 10 mars 1964 (sur cette question de fond, voir nos 60680 s.). Il avait considéré qu'« il n'appartenait qu'au ministre des relations extérieures de donner l'interprétation de ladite convention fiscale ». Mais lorsqu'il estimait que le texte conventionnel était « clair », le Conseil d'État ne demandait pas au ministre des affaires étrangères d'interpréter la convention (voir l'exemple cité n° 10340).

c. La **Cour de cassation** admet depuis plus longtemps que le Conseil d'État que les tribunaux judiciaires puissent interpréter les traités, sauf lorsqu'une question de « droit international public » est en jeu.

d. D'une manière générale, les **juridictions étrangères** se reconnaissent également le droit d'interpréter un traité à l'occasion d'un litige.

Interprétation par l'autorité compétente

10605 Hormis les cas où un litige est porté devant une juridiction, l'interprétation d'une stipulation obscure d'une convention fiscale peut être demandée à l'autorité compétente, au sens de la convention.

Dans le cadre de la **procédure amiable** prévue par la convention pour régler les difficultés d'application (n° 84920), les autorités compétentes se voient parfois investies du pouvoir de « résoudre les difficultés ou de dissiper les doutes auxquels peuvent donner lieu l'interprétation ou l'application de la convention. »

En pratique, du côté français, les questions d'interprétation des conventions fiscales sont de la compétence de la Direction de la législation fiscale, sous-direction E, Bureau E1, 139, rue de Bercy, 75572 Paris Cedex 12 (bureau.e1-dlf@dgfip.finances.gouv.fr) et du Service de la sécurité juridique et du contrôle fiscal de la DGFiP (n° 1100).

Doctrine administrative

L'administration fournit de nombreuses indications sur la manière dont elle entend interpréter les conventions fiscales dans la série internationale du Bulletin officiel des finances publiques, Impôts (BOFiP ; n° 1072) ; tel est le cas, par exemple, de la convention fiscale franco-algérienne du 17 octobre 1999, à propos de laquelle elle avait d'ailleurs antérieurement souligné que les précisions apportées avaient une portée générale et qu'elles pouvaient être utilisées pour l'interprétation des clauses figurant dans d'autres conventions fiscales signées par la France et rédigées de façon identique. Cette précision, qui figurait dans l'instruction initiale aujourd'hui abrogée (ancien BOI 14 B-3-03 du 22 mai 2003), n'a cependant pas été reprise au BOFiP. On doit donc considérer que les commentaires administratifs de la convention franco-algérienne n'ont plus actuellement de portée générale. **10610**

Cela étant, le plus souvent, l'administration ne propose pas d'interprétation de l'ensemble des stipulations conventionnelles mais seulement de certaines d'entre elles, qui lui paraissent mériter une attention particulière ; tel est le cas, par exemple, des commentaires des conventions fiscales conclues avec le Royaume-Uni ou les États-Unis.

Précisions **a.** Sur la **légalité** de certaines instructions administratives établissant des formalités d'application des conventions fiscales, voir n° 82840.

b. Les interprétations administratives sont évidemment **sujettes à la censure** du juge de l'impôt (n° 1065, Précisions).

3. En forme de synthèse : quelques principes directeurs d'interprétation des conventions fiscales françaises

Les principes suivants se dégagent de la jurisprudence du Conseil d'État en ce qui concerne l'interprétation des conventions fiscales. **10640**

a. Priorité du droit interne par rapport au droit conventionnel

La résolution d'une question de fiscalité internationale suppose toujours la combinaison du droit interne et du droit conventionnel. Il résulte clairement de la jurisprudence du Conseil d'État que l'analyse doit d'abord et en priorité être menée par rapport au droit interne français et ensuite seulement par rapport au droit conventionnel. **10642**

On relèvera cependant que, contrairement au Conseil d'État, la **Cour de cassation** n'applique pas le principe de subsidiarité (ou de priorité du droit interne ; n° 10645) mais se réfère directement aux stipulations conventionnelles (conventions fiscales applicables à l'ancien ISF ou aux droits de mutation à titre gratuit). Cette position de principe a été solennellement réaffirmée à propos de l'assujettissement aux droits de succession de la transmission par une personne physique domiciliée à Monaco de parts d'une société civile particulière monégasque à prépondérance immobilière en France (Cass. Ass. Plén. 2 octobre 2015 n° 14-14.256 (n° 622 PB-RI) : RJF 12/15 n° 1066 ; voir n° 48125) ; dans cette affaire, la Cour de cassation souligne qu'en vertu de la hiérarchie des normes, il convient de **se référer d'abord aux conventions internationales**. Pour d'autres exemples dans le domaine de la fiscalité internationale, voir CA Monaco 21 juin 1994, Chase Manhattan Bank NA : RJF 10/94 n° 1125 et Cass. com. 19 janvier 2010 n° 08-20.936 (n° 62 F-D) F-D, Al Sheikh : RJF 5/10 n° 542 (n° 53100).

Précisions En pratique, la divergence de vues entre le Conseil d'État et la Cour de cassation n'a que peu d'importance, étant donné que le Conseil d'État fait prévaloir la convention en cas de contrariété par rapport au droit interne ; il peut tout de même y avoir des écarts, au moins sur le plan théorique, par exemple en ce qui concerne l'**appréciation du domicile fiscal** : une personne domiciliée en France au regard de l'article 4 B du CGI pourrait éventuellement tirer argument du principe de subsidiarité devant le juge administratif pour revendiquer la domiciliation en France si elle y a intérêt, même si elle est non résidente sur le fondement d'une convention fiscale, alors qu'elle ne le pourrait pas pour la Cour de cassation.

Jurisprudence administrative traditionnelle

Le principe de la priorité du droit interne est présent dans de **nombreuses décisions** relativement anciennes et dans d'autres plus récentes. La décision la plus souvent invoquée à cet égard est une décision de plénière du 19 décembre 1975 (n°s 84774 et 91895, **10644**

Plén : RJF 2/76 n° 77). Bruno Martin Laprade, dans une chronique commentant cette décision (RJF 2/76 p. 41) avait justifié la solution selon laquelle un **moyen de droit interne** doit être examiné avant un moyen fondé sur une convention fiscale par l'objet des conventions fiscales qui consiste à faire éventuellement obstacle à une imposition déjà prévue par la loi interne mais qui ne conduit pas, en principe, à prélever un impôt que la loi interne n'eût pas permis de prélever.

Ce principe a été rappelé par le commissaire du Gouvernement Jacques Arrighi de Casanova dans ses conclusions dans l'affaire Memmi (CE 17 mars 1993 n° 85894, 8e et 9e s.-s. : RJF 5/93 n° 612) probablement pour remettre de l'ordre par rapport à certaines décisions dissidentes qui s'étaient placées immédiatement sur le terrain de la convention sans passer par le détour du droit interne (voir par exemple la décision Raffaella citée n° 5524, Précisions). Ce principe de priorité est parfois décrit comme un principe de **subsidiarité**, les conventions internationales étant alors présentées, ce qui revient au même, comme ayant un caractère subsidiaire par rapport au droit interne.

Les principes directeurs actuels

10645 La manière dont le droit interne doit être combiné avec le droit conventionnel a été solennellement précisée par le Conseil d'État dans la décision d'assemblée Schneider Electric jugeant inapplicable **l'article 209 B du CGI** (dans son ancienne rédaction) dans le cadre de la convention franco-suisse telle qu'elle était rédigée avant l'avenant du 22 juillet 1997 (CE 28 juin 2002 n° 232276, Ass., min. c/ Sté Schneider Electric : RJF 10/02 n° 1080, avec chronique Laurent Olléon à la même RJF et conclusions partiellement contraires de Stéphane Austry au BDCF 10/02 n° 120 ; n° 73300).

Le Conseil d'État pose en principe que, lorsqu'il est saisi d'une contestation relative à une convention fiscale, le juge de l'impôt doit d'abord **se placer sur le terrain du droit interne** pour rechercher si l'imposition a été valablement établie et, dans l'affirmative, sur le fondement de quelle qualification ; il lui appartient ensuite, le cas échéant en rapprochant cette qualification des stipulations de la convention, de déterminer, en fonction des moyens invoqués devant lui ou d'office, s'agissant du champ d'application de la loi (affirmation du caractère d'ordre public des conventions fiscales internationales), si cette qualification **fait ou non obstacle** à l'application de la loi fiscale nationale.

Au-delà de la réaffirmation de la priorité du droit interne, l'apport essentiel de cette rédaction nous paraît se situer sur le terrain de la qualification des revenus et de leur définition (voir sur ce point les conclusions de Stéphane Austry sous cette décision).

Il en ressort, en effet, que la **qualification des revenus** est d'abord donnée par le droit interne et que le rapprochement de cette qualification avec les stipulations conventionnelles n'est effectué que « le cas échéant », sans obligation ; dans la mesure où, par ailleurs, le Conseil d'État n'est guère enclin à trouver dans les conventions fiscales des « définitions » (dans le meilleur des cas, il n'y voit que des « énumérations », ou, s'il y voit à la rigueur des définitions, elles sont très vite incomplètes et autorisent immédiatement un passage au droit interne ; voir n° 10232), cette manière de voir donne, en réalité, un très grand pouvoir au droit interne et laisse une **grande marge de manœuvre à la loi**.

Ainsi, dans l'affaire Schneider Electric, le Conseil d'État a d'abord qualifié les revenus imposables sur le fondement de l'article 209 B de « bénéfices » et non de « revenus réputés distribués » avant de noter que le terme « bénéfices » n'était pas défini et qu'il devait donc être entendu au sens du droit interne compte tenu du renvoi opéré par l'article 3, 2 de la convention (n° 9445), pour revenir ensuite à la convention et décider que seule la Suisse avait le droit d'imposer puisque les revenus que l'administration prétendait imposer en France au nom de la société mère avaient la même nature que ceux de sa filiale suisse. La solution aurait certainement été différente si la loi avait défini les revenus de l'espèce comme des « revenus réputés distribués » puisque la qualification de droit interne aurait dû prévaloir en application du mode d'emploi donné par le Conseil d'État (cas de la rédaction actuelle de l'article 209 B ; n° 73302).

Le Conseil d'État a cependant affiné ensuite le raisonnement en procédant à une distinction entre les stipulations conventionnelles qui répartissent les droits d'imposer et celles qui déterminent les modalités d'élimination des doubles impositions. La formulation la plus nette de cette distinction résulte d'une décision concernant l'inclusion des **crédits d'impôt** d'origine étrangère dans l'assiette imposable (CE 31 mai 2022 n° 461519, 8e et 3e ch., min.

c/ Sté HSBC Bank PLC Paris Branch : RJF 8-9/22 n° 772 ; voir n° 8120). En appel, il avait été jugé que les crédits d'impôt n'étaient pas imposables au motif qu'aucune disposition législative de droit interne ne le prévoit (CAA Versailles 20 décembre 2021 n° 19VE03903, 3e ch., HSBC Bank PLC Paris Branch : RJF 5/22 n° 424). Mais le raisonnement était erroné, car il méconnaissait les stipulations conventionnelles claires qui, en l'espèce, subordonnent l'imputation du crédit d'impôt à l'inclusion dans l'assiette de l'impôt sur les bénéfices dû en France du revenu en cause augmenté de l'impôt étranger perçu (ou réputé perçu). Le Conseil d'État énonce à cette occasion que le juge doit, pour la mise en œuvre des stipulations d'une convention qui sont relatives non à la répartition du pouvoir d'imposer entre les deux États parties, mais aux **modalités d'élimination des doubles impositions**, faire application des stipulations claires des conventions fiscales. Comme le disait le rapporteur public Romain Victor dans ses conclusions sur cette affaire (RJF 8-9/22 n° 772), « lorsque la convention partage le pouvoir d'imposer un revenu, il faut appliquer directement la clause d'élimination, sans qu'il y ait lieu de faire un second crochet par le droit interne, dès lors qu'il s'agit d'une norme d'effet direct, obligatoire en tous ses éléments et qui prévaut sur toute disposition contraire de la loi interne, conformément à l'article 55 de la Constitution ».

La formulation utilisée par le Conseil d'État dans la décision HSBC précitée reprend, en la systématisant, la jurisprudence antérieure sur l'exception des stipulations conventionnelles qui ont une **incidence directe sur le droit interne** (n° 10657).

Précisions **a.** Le principe de priorité du droit interne vaut même lorsque la convention fiscale paraît donner directement la solution en énonçant des critères d'application. Le Conseil d'État l'a souligné à propos de la détermination du **domicile fiscal** d'une personne physique dans le cadre franco-belge (CE 11 avril 2008 n° 285583, 10e et 9e s.-s., Cheynel : RJF 7/08 n° 769 ; conclusions Claire Landais au BDCF 7/08 n° 83) ; il est jugé qu'il y a lieu d'examiner d'abord le droit interne alors même que la convention prétend régler la question directement (elle ne reprend pas le modèle de l'OCDE qui définit la résidence par renvoi au droit interne avant de poser des critères discriminants en cas de double résidence ; n° 41282). Pour un autre exemple, à propos de la convention fiscale franco-ivoirienne, voir CE 5 juillet 2010 n° 303676, 10e et 9e s.-s., Monniot : RJF 11/10 n° 982.

b. En ce qui concerne les **définitions**, la jurisprudence tend à faire prévaloir celles qui sont données par les textes fiscaux, lorsqu'il y a conflit avec d'autres textes (voir par exemple l'affaire Superseal, n° 9450).

Cas des sociétés d'artistes

Le rôle prééminent que le Conseil d'État donne à la loi, à ses qualifications et aux présomptions qu'elle établit a été confirmé par une importante décision relative à l'**article 155 A** du CGI (nos 45780 s.) ; le Conseil d'État juge qu'un artiste résident de Suisse dont les prestations en France sont rémunérées par des versements à une société britannique est imposable sur le fondement de l'article 155 A, sans qu'y fassent obstacle ni la convention fiscale franco-suisse, qui est considérée comme donnant à la France le droit d'imposer, ni la convention fiscale franco-britannique, qui n'est pas applicable (CE 28 mars 2008 n° 271366, 9e et 10e s.-s., Aznavour : RJF 6/08 n° 629, aux conclusions contraires de Claire Landais au BDCF 6/08 n° 69 ; voir aussi n° 46310 et chronique Julie Burguburu à la RJF 5/08 p. 447). **10647**

En effet, la loi, telle que codifiée à l'article 155 A du CGI, pose en principe que, si les conditions sont réunies, les revenus versés à la société interposée sont, en quelque sorte, réputés constituer des revenus du prestataire réel ; le Conseil d'État en déduit qu'en droit interne les sommes versées à la société britannique doivent être considérées comme des **revenus retirés par l'artiste** et juge que cette qualification doit être retenue également pour l'application de la convention franco-suisse (« la somme versée (…) était, par suite, en vertu de l'article 155 A, un revenu retiré par l'artiste (…) »). Ainsi, la **présomption** posée par le droit interne, selon laquelle le revenu versé à la personne interposée est un revenu retiré par l'artiste, s'impose pour l'application des conventions fiscales, indépendamment du sens ordinaire des mots et de la rédaction même des conventions fiscales.

Précisions **a.** En dépit des apparences, cette décision est cohérente avec la décision Schneider Electric (n° 10645) ; en effet, si les solutions sont différentes, c'est en raison de la **différence de rédaction des textes**, même si les articles 209 B (ancienne mouture) et 155 A du CGI poursuivent des finalités voisines. L'article 209 B, dans son ancienne rédaction, prévoyait l'assujettissement de la société mère française à l'impôt sur les sociétés « sur les résultats bénéficiaires de la société étrangère » ; littéralement, l'imposition portait donc sur les bénéfices de la société étrangère et ceux-ci n'étaient pas, à ce moment, réputés constituer des résultats de la société mère française. Pour l'article 209 B de l'époque, le contribuable était certes la société mère française, mais les bénéfices imposables n'étaient pas les siens, restant, en droit, ceux de sa filiale. Dans la mesure où la loi ne les **qualifiait** pas autrement, ces bénéfices ne pouvaient être traités que comme des bénéfices d'une entreprise étrangère, par suite non imposables en France en l'absence d'établissement stable.

b. Par différence avec l'article 209 B du CGI, dans sa rédaction applicable à l'époque de la décision Schneider Electric, l'article 155 A pose en principe que les revenus de la société interposée sont des **revenus du prestataire réel**. Si la loi avait simplement prévu que les résultats de la société interposée étaient imposés au nom de l'artiste, sans présumer qu'il s'agissait de revenus de l'artiste, elle aurait probablement été écartée selon le même raisonnement que pour l'ancien article 209 B. Mais en présentant la même situation d'une façon différente, alors que la solution de fond ne change pas, la loi reste applicable même en présence d'une convention fiscale qui ne prévoit pourtant que l'imposition de flux réels.

Limites

10650 Si le raisonnement du Conseil d'État dans l'affaire Schneider était poussé à la limite, il pourrait s'avérer dangereux car il aboutirait à **vider de sens les conventions fiscales** en laissant le champ libre à la loi, qui pourrait modifier les solutions en corrigeant ses propres qualifications et définitions ; cette conséquence ne serait pourtant guère compatible avec le principe de supériorité des conventions fiscales par rapport au droit interne. À notre avis, le recours aux qualifications de droit interne devrait plutôt permettre de déterminer comment la France doit imposer un revenu qu'elle a conventionnellement le droit d'imposer mais non de décider si elle a effectivement le droit d'imposer au sens de la convention fiscale.

Les précisions apportées ensuite par le Conseil d'État ont toutefois atténué la portée de la décision Schneider Electric, la distinction devant désormais être faite entre les stipulations conventionnelles qui répartissent les droits d'imposer, pour lesquelles le raisonnement Schneider Electric conserve sa valeur, et celles qui déterminent les **modalités d'élimination des doubles impositions**, qui s'appliquent indépendamment du droit interne (CE 31 mai 2022 n° 461519, 8e et 3e ch., min. c/ Sté HSBC Bank PLC Paris Branch : RJF 8-9/22 n° 772 ; voir nos 8120 et 10645).

En outre, le principe de subsidiarité « n'empêche pas que les avantages prévus par le droit interne soient remis en cause si le fait de les accorder méconnaît une convention fiscale internationale » (conclusions Emmanuelle Cortot-Boucher sous CE 12 juin 2013 n° 351702, 3e et 8e s.-s., Sté BNP Paribas : RJF 10/13 n° 911, au BDCF 10/13 n° 100 ; voir aussi n° 26205).

Précisions C'est également en vertu du principe de subsidiarité qu'un contribuable ne peut utilement invoquer, à l'appui d'un **recours pour excès de pouvoir** formé contre des dispositions réglementaires prises pour l'application de dispositions législatives de portée générale, un moyen tiré de ce que ces dispositions méconnaîtraient les stipulations d'une convention fiscale (CE 12 juillet 2013 n° 359314, 8e et 3e s.-s., Gibier : RJF 11/13 n° 1028 et CE 12 juillet 2013 n° 359994, 8e et 3e s.-s., Aube Martin : RJF 11/13 n° 1028, à propos du décret d'application de l'article 167 bis du CGI relatif à l'exit tax dans le contexte des relations franco-suisses ; n° 3676). En effet, la combinaison du droit interne et des conventions fiscales soulève seulement la question de savoir si la convention fait échec au droit interne et non celle de savoir si la règle interne est contraire à la convention. Ces décisions paraissent cependant réserver le cas où un texte de droit interne ne serait pris que pour contredire une stipulation d'une convention fiscale.

Établissements stables

10655 À propos de l'imposition en France des sociétés étrangères qui y disposent d'un établissement stable, le Conseil d'État n'avait pas, à l'occasion de deux affaires particulières, fait explicitement un raisonnement en trois temps, droit interne puis droit conventionnel et, enfin, retour au droit interne (n° 10665) ; il avait donné l'impression de prendre directement appui sur la convention fiscale pour décider de l'imposition en France ou non (CE 20 juin 2003 n° 224407, sect., min. c/ Sté Interhome AG : RJF 10/03 n° 1147, voir n° 17705 ; et CE 5 avril 2006 n° 281098, 9e et 10e s.-s., min. c/ Sté Midex : RJF 7/06 n° 909, voir n° 17363).

Cette impression, qui provenait de ce que le Conseil d'État avait, en fait, adopté un « circuit court » fondé sur l'article 209, I du CGI en tant qu'il permet à la France d'imposer les revenus dont l'imposition lui est attribuée sur le fondement d'une convention fiscale, a été depuis corrigée par deux arrêts faisant, de façon très pédagogique, le **détour par le droit interne**, analysant ensuite la convention fiscale et revenant enfin au droit interne par renvoi au dernier membre de phrase de l'article 209, I (CE 31 juillet 2009 n° 296471, 3e et 8e s.-s., Sté Overseas Thoroughbred Racing Stud Farms Limited : RJF 11/09 n° 979, voir n° 67292 ; et CE 31 juillet 2009 n° 297933, 3e et

8e s.-s., min. c/ Sté Swiss International Air Lines AG : RJF 11/09 no 980, voir no 19415). Le « **circuit court** » reste cependant pratiqué par le Conseil d'État comme en témoignent notamment les décisions Sté Imagin'action Luxembourg (no 17355) et Zimmer (no 17722).

L'exception des stipulations conventionnelles relatives à l'élimination des doubles impositions ou qui ont une incidence directe sur le droit interne

Les conventions fiscales cherchent essentiellement à répartir les droits d'imposer entre deux États ; elles éliminent les doubles impositions mais ne prescrivent pas, en principe, de règles de fond ayant une incidence sur les modalités d'imposition. **10657**

Par exemple, à propos de l'imposition en France de dividendes reversés par une partnership américaine, le Conseil d'État juge que la précision apportée par la convention selon laquelle l'associé d'une partnership est considéré comme ayant réalisé des revenus ou bénéficié de déductions dans la mesure de sa part de la partnership a pour seul objet la **répartition du pouvoir d'imposition** et n'a pas d'incidence sur l'application du droit interne, la loi nationale étant seule pertinente en la matière (CE 24 novembre 2014 no 363556, Plén., Sté Artémis SA : RJF 2/15 no 102, conclusions Emmanuelle Cortot-Boucher au BDCF 2/15 no 15 et chronique Nicolas Labrune à la RJF 2/15 p. 83 ; voir no 31325). En l'absence d'indication expresse contraire, les stipulations conventionnelles ne peuvent, en effet, être interprétées comme ayant un autre objet que de répartir le pouvoir d'imposer les bénéfices réalisés par les résidents des États.

Il y a cependant des exceptions. Comme le dit Emmanuelle Cortot-Boucher, « **dans l'hypothèse où une convention fiscale internationale sort de son objet habituel** et entreprend de modifier, sur certains points, les modalités d'imposition selon le droit interne, l'article 55 de la Constitution impose de faire primer la stipulation conventionnelle sur le droit national, sous réserve que cette dernière soit d'effet direct. La loi du traité se substitue alors à la loi fiscale interne, qui est évincée, et peut, le cas échéant, devenir le fondement direct d'une décision d'imposition ou de décharge » ; les conventions fiscales peuvent « se donner, ponctuellement ou même de manière générale, **un objet autre que celui d'éliminer les doubles impositions**. Et, dans cette hypothèse, il ne fait aucun doute que leurs stipulations s'appliquent en lieu et place du droit interne, sans qu'un détour par ce dernier s'impose à titre préalable » (conclusions Emmanuelle Cortot-Boucher sous la décision Artémis, précitées).

La jurisprudence offre divers exemples de stipulations conventionnelles ayant un effet direct en droit interne. Outre les décisions rendues à propos de la convention fiscale **franco-monégasque** (no 3610), un bon exemple est donné par les affaires Céline et LVMH, à propos de sociétés françaises déficitaires qui, sous l'empire de la législation alors applicable (no 83660), n'avaient pas pu passer en charge des **impôts étrangers non déductibles** en vertu d'une convention fiscale alors que ces impôts auraient été déductibles en l'absence de convention fiscale ; le Conseil d'État précise qu'il appartient au juge de l'impôt, après avoir constaté que les impositions qu'une entreprise a supportées dans un autre État du fait des opérations qu'elle y a réalisées seraient normalement déductibles de son bénéfice imposable en France en vertu la loi fiscale nationale, de faire application, **pour la détermination de l'assiette de l'impôt** dû par cette entreprise, des stipulations claires d'une convention excluant la possibilité de déduire l'impôt acquitté dans cet autre État d'un bénéfice imposable en France (CE 7 juin 2017 no 386579, 9e et 10e ch., min. c/ Sté LVMH Moët Hennessy Louis Vuitton et Sté LVMH Moët Hennessy Louis Vuitton : RJF 10/17 no 941). Les effets d'une convention fiscale ne se limitent donc pas à la seule répartition du droit d'imposer entre les États ; ils peuvent également affecter la détermination de l'assiette imposable.

Systématisant l'approche, le Conseil d'État a ensuite formulé une distinction entre les stipulations conventionnelles qui répartissent les droits d'imposer, pour lesquelles le raisonnement exposé dans la décision Schneider Electric (no 10645) est bien entendu applicable, et celles qui déterminent les **modalités d'élimination des doubles impositions**, qui s'appliquent indépendamment du droit interne (CE 31 mai 2022 no 461519, 8e et 3e ch., min. c/ Sté HSBC Bank PLC Paris Branch : RJF 8-9/22 no 772 ; voir nos 8120 et 10645). Lorsqu'une convention fiscale prescrit une règle ou une qualification qui vont au-delà de la simple répartition du droit d'imposer, ou lorsqu'elle fixe les modalités d'élimination de la double imposition, les principes conventionnels évincent la règle de droit interne auquel il n'y a pas lieu de se référer, sous réserve que les stipulations conventionnelles soient claires et explicites.

b. Primauté du droit conventionnel par rapport au droit interne

Principe

10660 En cas de contrariété entre droit interne et droit conventionnel, c'est le second qui doit prévaloir et non pas le premier. Un éventuel conflit ne peut se résoudre, nécessairement, qu'au bénéfice de la convention fiscale, compte tenu de l'article 55 de la Constitution (n° 10922).

Cette solution vaut à notre avis aussi bien en tant qu'elle peut conduire à une **exonération** sur le fondement d'une convention alors que le droit interne aurait conduit à imposer, qu'en tant qu'elle conduirait, sous certaines conditions, à **imposer en France** un revenu qui ne serait pas territorialement imposable en droit interne français.

Bien entendu, si, en cas de conflit entre une règle de droit interne et une convention fiscale, la règle nationale est **inapplicable**, elle n'est pas, pour autant, invalidée ; elle reste applicable hors convention fiscale ou en présence de conventions fiscales qui ne s'y opposent pas. Cela ne signifie donc pas qu'elle soit « **non conforme** » au sens de l'article L 190 du LPF. Il a logiquement été jugé en ce sens que si les stipulations d'une convention fiscale peuvent conduire à écarter l'application des dispositions législatives, les dispositions nationales ne sauraient pour autant être regardées, dans une telle hypothèse, comme non conformes à une règle de droit supérieure au sens de l'article L 190 du LPF (CE 9 juillet 2010 n° 314406, 3e et 8e s.-s., Sté Jas Hennessy et Compagnie : RJF 11/10 n° 1103, jugeant que la décision Schneider Electric (n° 10645) n'ouvrait pas un **nouveau délai** pour contester une réclamation tardive tendant à faire juger que l'article 209 B du CGI était inapplicable au regard de la convention fiscale franco-luxembourgeoise).

Précisions La **Cour de cassation**, contrairement au Conseil d'État, applique directement le principe de la supériorité des conventions fiscales par rapport au droit interne (n° 10642). À propos de l'**application directe d'un accord international** qui comporte une disposition claire, précise et dont ni l'exécution ni les effets ne sont subordonnés à l'intervention d'un acte ultérieur, voir CA Monaco 21 juin 1994, Chase Manhattan Bank NA : RJF 10/94 n° 1125.

Possibilité d'imposer sur le fondement d'une convention fiscale

10665 La circonstance que l'imposition puisse être établie sur le fondement d'une convention fiscale résulte de la **loi** n° 59-1472 du **28 décembre 1959** qui donne un support de droit interne à une imposition prévue par une convention fiscale internationale en posant en principe que « nonobstant toute disposition contraire du Code général des impôts, sont passibles en France de l'impôt sur le revenu des personnes physiques ou de l'impôt sur les sociétés, tous revenus dont l'imposition est attribuée à la France par une convention internationale relative aux doubles impositions. »

Cette loi, codifiée aux articles **4 bis**, **165 bis** et **209, I** du CGI constitue une **autorisation expresse** du **législateur** donnant un fondement légal interne à une imposition qui résulterait d'une convention fiscale (voir, par exemple, conclusions Jacques Arrighi de Casanova sous l'arrêt Memmi ; n° 10644).

C'est d'ailleurs en ce sens que son exposé des motifs indique qu'il s'agit de permettre à la France d'accepter l'insertion dans les conventions fiscales de clauses attribuant à notre pays le droit d'imposer certaines catégories de revenus, même s'il s'agit de revenus non imposables d'après la législation française interne. Cette remarque suffit, selon nous, à vider de la plupart de sa portée pratique un éventuel principe de **non-aggravation**, au moins lorsqu'est en cause l'assiette de l'impôt, c'est-à-dire l'étendue des revenus que la France peut imposer (voir sur ce point, n° 10935 ; voir également les exemples cités nos 10925 s.).

Par exemple, le Conseil d'État a été amené à confirmer qu'une société étrangère qui n'exploitait pas une entreprise en France en se bornant à mettre à disposition un ensemble immobilier situé à Chantilly et utilisé pour l'entraînement de chevaux de course pouvait être néanmoins imposable en France au titre de l'article conventionnel relatif aux **revenus immobiliers** (CE 31 juillet 2009 n° 296471, 3e et 8e s.-s., Sté Overseas Thoroughbred Racing Stud Farms Limited : RJF 11/09 n° 979 ; n° 67292). Cette décision montre, incidemment, que la loi du 28 décembre 1959 a une **portée symétrique** et non pas asymétrique ; elle couvre les lacunes du système français de territorialité en prévoyant l'imposition en France aussi bien des bénéfices réalisés hors de France par des résidents de France que des bénéfices réalisés en France par des non-résidents.

Si la portée exacte de la loi de 1959 n'a pas encore été suffisamment précisée par la jurisprudence, on peut sans doute admettre avec le rapporteur public Emmanuel Glaser dans l'affaire précitée (conclusions au BDCF 11/09 n° 133) qu'elle vise à permettre l'imposition de revenus qui, sans être explicitement exonérés, ne seraient normalement pas imposables en raison du **principe de territorialité** ; dans ses conclusions, ce dernier s'exprime ainsi : « Il nous semble, toutefois, résulter de ces travaux que la loi de 1959 n'a pas entendu permettre d'imposer, par le biais d'une convention internationale, des revenus que le Code général des impôts aurait **explicitement exonérés**. Les revenus qui peuvent être imposés sur le fondement d'une convention ne doivent être non imposables en France que du fait du choix français en matière de territorialité de l'impôt et non parce que le législateur a choisi de les exonérer. Il est clair, en effet, qu'il n'est pas besoin de recourir à une convention internationale et à sa primauté sur la loi pour supprimer une exonération ou rendre imposable un revenu qui ne l'était pas jusque-là. En revanche, cette disposition permet à la France d'imposer des revenus résultant de l'activité à l'étranger d'entreprises françaises, qui, en principe, ne seraient pas imposables en France en application du principe de territorialité de l'impôt. Elle permet à la France, dans les négociations bilatérales, d'obtenir des clauses prévoyant l'imposition de ces revenus par l'État de résidence, sans se voir opposer par l'autre partie que ces revenus ne sont pas imposables en France. »

Dans le sens des remarques précédentes, il a été jugé que des **plus-values** réalisées lors de la cession de titres de sociétés françaises par une personne physique fiscalement domiciliée en Chine ne sont pas imposables en France dès lors qu'elles sont exonérées par un texte exprès de droit interne alors même que la convention fiscale franco-chinoise donne à la France le droit de les imposer (TA Montreuil 18 novembre 2011 n° 1005653, 10e ch., Griveau : RJF 6/12 n° 552 ; jugement définitif) ; ces plus-values étaient, en effet, exonérées d'impôt en droit interne, dès lors que le seuil de 25 % n'était pas dépassé et que les sociétés n'étaient pas à prépondérance immobilière en France (n° 65860). Selon le tribunal administratif, il ressort des travaux parlementaires de la loi du 28 décembre 1959, dont sont issues les dispositions codifiées à l'article 165 bis du CGI, « qu'elles ne s'appliquent pas aux **revenus dont l'exonération d'imposition est prévue par la loi fiscale** ». Il est donc jugé que dès lors que les revenus en litige sont exonérés en application de l'article 244 bis C du CGI (n° 65860), les stipulations de la convention franco-chinoise dont se prévalait l'administration ne permettaient pas de les imposer en France bien que le droit d'imposer ait été donné à la France.

En revanche, il a été jugé que la France pouvait imposer des **sommes détournées** par une personne physique domiciliée en France et dirigeante d'une société belge sur le fondement combiné des articles 4 bis et 165 bis du CGI et de l'article 18 de la convention fiscale franco-belge du 10 mars 1964 relatif aux revenus non dénommés (CAA Douai 14 avril 2015 n° 13DA00866, 2e ch. : RJF 10/15 n° 829, arrêt définitif ; voir également nos 10235, 10680 et 85345) ; en l'espèce, le passage par les articles 4 bis et 165 bis du CGI pouvait cependant paraître superflu, étant donné que de telles sommes sont, en principe, imposables en droit interne sur le fondement de l'article 92 du CGI.

Précisions **a.** La décision Schneider Electric (n° 10645) prend soin de préciser qu'une convention fiscale ne peut par elle-même, **directement**, servir de base légale à l'imposition ; l'insertion du mot « directement » réserve implicitement le cas où l'imposition serait fondée, **indirectement**, sur la loi de 1959. Prise en ce sens, cette décision peut éventuellement donner à penser que le principe de non-aggravation existe en théorie, mais qu'il est sans effet utile, dans la généralité des cas, compte tenu, précisément, de la loi de 1959.

b. Pour un exemple de commentaire administratif tirant les conséquences de la loi de 1959, voir BOI-INT-CVB-CHE-10-20-20 n° 40 indiquant, à propos de la durée de douze mois nécessaire pour qu'un **chantier** soit un établissement stable dans le cadre franco-suisse, que « compte tenu des dispositions de l'article 165 bis du code général des impôts (CGI) et du I de l'article 209 du CGI, les entreprises françaises qui exploitent en Suisse, soit directement, soit par l'intermédiaire d'une société simple un chantier de construction ou de montage d'une durée inférieure à douze mois restent imposables en France à raison de cette activité ».

Réciprocité

La solution de la supériorité des conventions fiscales par rapport au droit interne pose parfois une difficulté d'ordre pratique, puisque l'article 55 de la Constitution ne donne aux premières une autorité supérieure au second que sous réserve de l'**application du** **10670**

traité par l'autre partie ; il n'est certainement pas aisé de vérifier si la condition de réciprocité est satisfaite ni même d'ailleurs de déterminer en quels termes elle doit l'être, c'est-à-dire s'il faut l'apprécier clause par clause ou bien d'une façon globale.

À propos de l'accord franco-américain Fatca (n° 74235), le Conseil d'État a rappelé qu'il incombe au juge administratif de vérifier si la condition de réciprocité est remplie mais il a estimé qu'en l'espèce les erreurs alléguées dans la transmission des données fiscales des États-Unis vers la France ne caractérisaient pas, par elles-mêmes, un **défaut d'application** du traité (CE 19 juillet 2019 n°s 424216 et 424817, Ass., Association des Américains accidentels : RJF 11/19 n° 1079). De même, précédemment, dans l'affaire Soulès (n° 11110), l'argument de la société, selon lequel la convention franco-italienne perdait toute autorité dans l'ordre juridique interne au motif qu'elle n'était pas appliquée par l'Italie, n'a pas été retenu ; devant le Conseil d'État, le commissaire du Gouvernement Guillaume Goulard avait souligné, à juste titre, que le litige provenait d'un différend sur l'interprétation ou l'application de la convention mais non d'un **refus de l'Italie de l'appliquer** (la cour administrative d'appel de Paris avait été plus explicite sur ce point en relevant d'ailleurs que le ministre italien avait finalement reconnu qu'il n'y avait pas établissement stable ; voir son arrêt du 14 décembre 2000 au Droit fiscal 5/02 n° 66).

Précisions À l'occasion d'une affaire non fiscale, le Conseil d'État a affirmé qu'il appartient au juge administratif, lorsqu'est soulevé devant lui un moyen tiré de ce qu'une décision administrative a à tort, sur le fondement de la réserve énoncée à l'article 55 de la Constitution, soit écarté l'application de stipulations d'un traité international, soit fait application de ces stipulations, de vérifier si la **condition de réciprocité** est ou non remplie ; qu'à cette fin, il lui revient, dans l'exercice des pouvoirs d'instruction qui sont les siens, après avoir recueilli les observations du ministre des affaires étrangères et, le cas échéant, celles de l'État en cause, de soumettre ces observations au débat contradictoire, afin d'apprécier si des éléments de droit et de fait suffisamment probants au vu de l'ensemble des résultats de l'instruction sont de nature à établir que la condition tenant à l'application du traité par l'autre partie est, ou non, remplie (CE 9 juillet 2010 n° 317747, Ass., Cheriet-Benseghir).

Coutume

10675 Si les traités ont une autorité supérieure à celle des lois, tel n'est pas le cas de la coutume internationale, quoiqu'elle constitue une norme applicable en droit interne français (CE 6 juin 1997 n° 148683, Ass., Aquarone : RJF 7/97 n° 672) ; il en va de même pour les **principes généraux du droit international public** (CE 28 juillet 2000 n° 178834, 8e et 3e s.-s., Paulin : RJF 11/00 n° 1194). Cela dit, en matière fiscale, on ne voit guère ce que pourrait être la coutume puisque celle-ci se dégage de la pratique des États et qu'il n'y a rien de commun à cet égard dans leur manière d'aborder la fiscalité. En particulier, le modèle de convention fiscale de l'OCDE n'est pas une coutume.

Précisions Il a été jugé que ni l'article 55 de la Constitution, ni aucune autre disposition de valeur constitutionnelle ne prescrit ni n'implique que le juge administratif fasse prévaloir la coutume internationale sur la loi **en cas de conflit** entre ces deux normes (CAA Versailles 29 juin 2017 n° 16VE00158 : RJF 12/17 n° 1171, arrêt définitif relatif à l'application de la TVA à des travaux sur des locaux diplomatiques et consulaires).

c. Autonomie de l'interprétation par rapport à celle de l'État étranger

Absence de pertinence de la qualification fiscale donnée par l'autre État

10680 La qualification fiscale donnée par l'autre État à un revenu ou à une activité est **sans incidence** sur la manière dont le juge de l'impôt qualifie lui-même ce revenu ou cette activité. Autrement dit, ce n'est pas parce que l'autre partie a retenu une certaine qualification que la France doit se sentir automatiquement et nécessairement liée par celle-ci. Comme il a été relevé à juste titre, ni l'administration ni le juge de l'impôt « n'ont à faire application de la loi fiscale étrangère sous peine de méconnaître leur office, qui consiste à qualifier, **au vu de la loi fiscale nationale**, la façon dont une opération particulière donne prise à l'impôt français » (conclusions Marie-Astrid Nicolazo de Barmon sous CE 31 mars 2017 n° 383129, 9e et 10e ch., Sté Senoble Groupe Services : RJF 6/17 n° 539 ; voir également n° 26065). Dans l'arrêt rendu sur renvoi dans cette affaire, la cour administrative d'appel de Versailles a repris ce principe en affirmant que si l'administration doit, comme le juge de l'impôt, rechercher la nature réelle d'une opération impliquant une société étrangère pour l'application du droit fiscal français, elle ne saurait fonder la qualification qu'elle confère à cette opération en se référant exclusivement aux règles du droit étranger selon lesquelles celle-ci est traitée par la société étrangère (CAA Versailles 27 mars 2018 n° 17VE01081, 1e ch., min. c/ Sté Senso venant aux droits de la société Senoble Holding, arrêt définitif).

Cette approche n'est pas nouvelle. En témoigne, par exemple, une vieille décision du Conseil d'État, jugeant, à propos de l'ancienne convention fiscale franco-belge, du 16 mai 1931, qu'aucune de ses dispositions n'impose à l'administration l'obligation de donner aux revenus encaissés par une société française la même **qualification** que leur donne l'administration belge (CE 10 février 1965 n° 59660, 8e s.-s. ; en l'espèce, les mêmes sommes étaient qualifiées de redevances en Belgique et de revenus de capitaux mobiliers en France) ; cette décision juge également que la convention n'a pas eu pour objet, et ne saurait avoir pour effet, d'interdire dans tous les cas l'imposition en France, conformément à la législation française, de revenus déjà imposés en Belgique.

On en trouve un autre exemple dans l'affaire des **jetons de présence** de source américaine qui a donné lieu à la décision Malet (n° 10470) ; le Conseil d'État a refusé de considérer que les jetons de présence (ancienne appellation des rémunérations des administrateurs et des membres du conseil de surveillance), qualifiés de bénéfices non commerciaux en droit américain, devaient recevoir la même qualification en droit français. De même, le traitement fiscal américain est indifférent pour déterminer si une entité américaine est ou non assimilable à une société de personnes (n° 10690).

Autre exemple encore, à propos de l'imposition en France de **sommes détournées** par une personne physique domiciliée en France et dirigeante d'une société belge, il a été jugé que la circonstance, « pour regrettable qu'elle soit », que l'administration belge ait considéré que les mêmes sommes étaient imposables en Belgique en tant que rémunérations de dirigeant était sans incidence sur leur caractère imposable en France (CAA Douai 14 avril 2015 n° 13DA00866, 2e ch. : RJF 10/15 n° 829, arrêt définitif ; voir également nos 10235, 10665 et 85345).

Enfin, toujours dans le même sens, la circonstance qu'un joueur de football domicilié en France ait été considéré comme imposable en Allemagne au titre d'une somme reçue à raison de sa participation à la phase finale de la Coupe du monde de football en 2006, qui se déroulait en Allemagne, n'empêche pas qu'il le soit également en France dans la catégorie des traitements et salaires et qu'il ne bénéficie pas d'un **crédit d'impôt** étant donné que la retenue à la source allemande a été perçue à tort (CE 19 décembre 2018 n° 413033, 3e et 8e ch. : RJF 3/19 n° 265 ; voir également nos 10680, 42760, 45220 et 83560) ; la qualification retenue en Allemagne était sans importance pour l'application de la convention en France (il s'agissait, en l'espèce, d'une double imposition juridique résultant d'une divergence d'interprétation de la convention et qui aurait pu relever de la procédure amiable conventionnelle).

Précisions Ce n'est pas parce qu'un État étranger a imposé les bénéfices d'une entreprise que la France ne peut pas les imposer également au motif que cette entreprise disposait d'un **établissement stable** en France (par exemple, CAA Nancy 24 mars 2015 n° 13NC00929, 4e ch., Sté Hydratec : Droit fiscal 2015 n° 46, comm. n° 678, à propos d'une société luxembourgeoise qui exerçait en France une activité non déclarée ; cet arrêt a fait l'objet d'un pourvoi qui n'a pas été admis par CE (na) 13 avril 2016 n° 392080, 3e s.-s., Sté Hydratec : RJF 1/17 n° 20 ; voir également n° 17390).

Le juge de l'impôt **applique** ainsi **ses propres catégories** et ses propres principes d'inter- **10685**
prétation des conventions fiscales, sans se sentir lié par l'interprétation donnée par l'autre État. On remarquera d'ailleurs qu'il a une tendance très nette à appliquer les catégories qui lui sont habituelles en droit interne et à n'y déroger que si les « définitions » conventionnelles sont suffisamment précises pour être considérées comme l'emportant sur les définitions données par le droit interne (nos 10642 s.).

Cela étant, il prend en compte, comme élément de fait, la nature juridique des opérations étrangères qu'il est amené à analyser (n° 10690) et il peut également être amené à tenir compte d'éléments de fiscalité étrangère dans certaines circonstances particulières, par exemple lorsqu'il s'agit d'appliquer littéralement une interprétation administrative qui renvoie expressément à des dispositions de droit étranger ; le juge de l'impôt devait ainsi rechercher la signification des termes employés par des commentaires administratifs qui se réfèrent explicitement à des dispositions du **droit fiscal suisse** et à une circulaire de l'administration fédérale suisse des contributions (CE 25 juin 2021 n° 442790, 8e et 3e ch. : RJF 10/21 n° 950, analysant le droit fiscal suisse pour définir la portée de la doctrine administrative dès lors que celle-ci s'y réfère explicitement ; voir n°s 1068 et 41305).

Sur la façon dont le Conseil d'État peut conduire un **raisonnement « hypothétique »**, déterminant les règles applicables à une entité étrangère par analogie avec le droit français, voir n° 65721, Précisions a (également, n° 31325 à propos des sociétés de personnes).

Précisions Dans le sens de l'**autonomie des définitions** du droit interne, on relèvera également la décision BPKO (n° 19120) par laquelle le Conseil d'État a notamment considéré que les **revenus « réputés distribués »** visés à l'article 115 quinquies du CGI ne présentaient pas le caractère de « bénéfices d'entreprises » au sens de la convention fiscale, alors même qu'il s'agit bien, au fond, de l'imposition des bénéfices réalisés en France par une société étrangère (n° 10232).

Absence de pertinence du traitement comptable étranger

10687 Saisi de la question de la déductibilité en France d'un abandon de créances réalisé au profit d'une société américaine qui avait comptabilisé l'abandon en comptes de capitaux propres, le Conseil d'État a complété la jurisprudence sur les conséquences à tirer du droit comptable étranger.

À cette occasion, le principe a été posé que s'il appartient au juge de l'impôt, lorsqu'il détermine le traitement à réserver à une opération impliquant une société régie par le droit d'un autre État, de rechercher la nature réelle de cette opération, il ne saurait, sans commettre d'erreur de droit, déduire sa **qualification** en droit fiscal national du seul traitement comptable qu'elle a reçu dans le droit de cet autre État (CE 13 avril 2018 n° 398271, 9e et 10e ch., min. c/ Sté LVMH : RJF 7/18 n° 727 ; n° 26065) ; en l'espèce, l'abandon de créances était donc déductible bien que la filiale l'eût comptabilisé non comme un produit mais dans un compte de capitaux propres.

Prise en compte de la nature juridique des opérations étrangères

10690 Le principe de l'autonomie de l'interprétation et celui de l'absence d'incidence des qualifications fiscales et comptables étrangères ne signifient pas qu'il faille s'abstraire de la nature juridique intrinsèque des opérations étrangères qu'il s'agit d'analyser. Comme le soulignait Marie-Astrid Nicolazo de Barmon dans ses conclusions sous CE 31 mars 2017 n° 383129, 9e et 10e ch., Sté Senoble Groupe Services (RJF 6/17 n° 539 ; voir également n° 26065), le refus de faire application du droit fiscal étranger ne « fait certes pas obstacle à la prise en compte du droit étranger, **dans ses branches non fiscales**, afin de cerner les caractéristiques matérielles d'une opération soumise à ce droit étranger, indispensables pour la qualifier ensuite correctement au regard de la loi fiscale française (…) » ; selon ces conclusions, **la loi étrangère** n'est cependant pas une norme contraignante qui dicterait la qualification fiscale française d'une opération mais la source de constats factuels auxquels il convient d'appliquer la règle fiscale française pour en déduire la qualification juridique de l'opération en droit interne. Dans le même sens, voir les conclusions Émilie Bokdam-Tognetti sous la décision LVMH du 13 avril 2018 (n° 10687), indiquant que le droit étranger, autre que fiscal, n'est pris en considération pour déterminer la qualification à retenir en droit fiscal national « qu'à titre d'élément de fait et de constatation matérielle, et non comme une appréciation de droit qui dicterait cette qualification » et ajoutant que « la seule loi fiscale qu'il appartient au juge de l'impôt français d'appliquer est la loi fiscale française » (conclusions à la RJF 7/18 C 727).

Cette approche a, par exemple, été retenue, à propos du traitement fiscal en France de revenus versés par une **partnership américaine** ; dans un tel cas, il y a lieu de rechercher à quel type de société de droit français une telle entité est assimilable compte tenu de l'ensemble de ses caractéristiques et du droit qui en régit la constitution et le fonctionnement avant de déterminer, compte tenu de ces constatations, le régime applicable au regard de la loi fiscale française (CE 24 novembre 2014 n° 363556, Plén., Sté Artémis SA : RJF 2/15 n° 102, conclusions Emmanuelle Cortot-Boucher au BDCF 2/15 n° 15 et chronique Nicolas Labrune à la RJF 2/15 p. 83 ; voir notamment n°s 5590 et 31325).

Cela étant, la **démarche d'assimilation** n'est pas systématique. Ainsi, dans ses conclusions sous CE 20 juillet 2021 n° 435635, 9e et 10e ch., Société nouvelle d'affinage des métaux (SNAM) : RJF 11/21 n° 1020 (voir n° 61034, Précisions c), la rapporteure publique Céline Guibé indiquait, à propos de la question de savoir si le transfert par une société belge de titres d'une société française à une Administratiekantoor (AK) de droit néerlandais rompait ou non le délai de détention de deux ans prévu par l'article 119 ter du CGI, qu'il n'y avait pas lieu, en l'espèce, de rechercher si l'AK pouvait être assimilée à une **fiducie** de droit français ; comme l'article 119 ter du CGI ne concerne que des sujets de droit étranger qui reçoivent des dividendes de source française, il y avait seulement lieu d'analyser les statuts de l'AK, le cas échéant, à la lumière de la **réglementation néerlandaise**, regardée comme un élément de fait, afin de déterminer si la société belge avait, ou non, conservé le capital de sa filiale française. Dans ses conclusions, la rapporteure publique ajoute que, s'agissant d'appliquer une condition tirée d'une directive, la qualification de l'opération étrangère au regard de la loi fiscale n'impliquait la mise en œuvre d'aucun critère propre au droit français et souligne qu'en revanche une démarche d'assimilation aurait trouvé du sens si le débat avait été porté sur le terrain du droit de l'Union européenne et s'il avait été soutenu qu'une AK néerlandaise était discriminée par rapport à une fiducie française. **10690** (suite)

En tout état de cause, selon la jurisprudence du Conseil d'État, la loi étrangère est bien prise en compte comme élément de fait mais ce n'est qu'**au vu de la seule loi fiscale française** que le juge se détermine en définitive ; comme le souligne la rapporteure publique Emmanuelle Cortot-Boucher dans ses conclusions sous la décision Artémis, précitée, le juge ne se penche que sur les « branches non fiscales » du droit étranger (droit des sociétés, droit des obligations, droit de la famille) pour établir les caractéristiques matérielles d'une opération qui y a été soumise en vue de la qualifier au regard du droit fiscal français ; en l'espèce, le fait que la partnership ait été traitée comme fiscalement transparente aux États-Unis était nécessairement sans incidence en fiscalité française.

Les exemples suivants, tirés de la jurisprudence, illustrent bien les principes :
– assimilation d'une « **corporation** » du Delaware à une société de capitaux française, en raison de la limitation de la responsabilité de ses associés (CE 2 avril 2021 n° 427880, 9e et 10e ch., min. c/ Sté World Investment Corporation : RJF 6/21 n° 597 (n° 31325) ;
– assimilation d'une **Kommanditgesellschaft (KG) allemande** à une société en commandite simple française (CE 8 novembre 2019 n° 430543, 8e et 3e ch., min. c/ Sté Masterfoods Holding SAS : RJF 2/20 n° 148, rejetant le pourvoi du ministre contre CAA Versailles 12 mars 2019 n° 17VE00724, 3e ch., min. c/ Sté Masterfoods Holding SAS : RJF 10/19 n° 936 ; voir notamment n° 31740) ; dans cette affaire, la Cour avait relevé, à juste titre, qu'une KG est composée de deux catégories d'associés, les associés commandités indéfiniment et solidairement responsables des dettes sociales et les associés commanditaires, dont la responsabilité est limitée au montant de leurs apports, et qu'est sans incidence la circonstance que le résultat d'une KG soit, en droit fiscal allemand, imposé en totalité entre les mains de ses associés, qu'ils soient commandités ou commanditaires, par différence avec le droit français (ce point n'était d'ailleurs pas contesté en cassation) ;
– assimilation d'une **limited partnership américaine** à une société en commandite simple française (CAA Versailles 5 mars 2019 n° 16VE02168, 1e ch., Sté Rexel : RJF 8-9/19 n° 762, arrêt définitif concernant un cas d'application de l'article 238 A du CGI ; n° 72985) ;
– prise en compte de la nature juridique d'une **société monégasque**, qui avait la dénomination d'une société anonyme mais qui devait être considérée, en droit monégasque, comme une société civile, pour juger que la société n'avait pas commis d'acte anormal de gestion en réalisant son objet social qui consistait exclusivement en la mise à la disposition gratuite de son actionnaire des immeubles qu'elle possédait sur le territoire français (CE 24 mai 2006 n° 278737, 3e et 8e s.-s., min. c/ Société immobilière « Saint-Charles » : RJF 8-9/06 n° 996 ; cette décision n'est cependant plus en ligne avec la jurisprudence actuelle, qui ne tient pas compte de l'objet social (n° 67275) ;
– analyse des règles juridiques applicables en droit canadien à la **dissolution d'une société canadienne** pour déterminer si une telle opération est susceptible de générer des plus-values imposables en France au titre de la transmission d'un immeuble situé en France (CE 27 mai 2002 n° 125959, 9e et 10e s.-s., Sté Superseal Corporation : RJF 8-9/02 n° 900, aux conclusions Guillaume Goulard au BDCF 8-9/02 n° 104 ; dans cette affaire, le Conseil d'État avait même demandé un supplément d'information sur ce point) ; comme l'indiquait le commissaire du Gouvernement, « il s'agit de **comprendre la nature juridique** d'une opération réalisée selon le droit d'un autre État, afin de lui appliquer une qualification propre au droit fiscal français, dans ses composantes conventionnelle et législative (...) les caractéristiques de l'opération doivent être appréciées selon le droit des sociétés où l'opération a été menée (...) et (...) la qualification doit être opérée selon le droit fiscal de l'État d'imposition (...). » ; en l'espèce le Conseil d'État avait pris appui sur une consultation juridique produite par un conseil de la société canadienne (pour, au demeurant, considérer que l'opération pouvait être qualifiée de « cession » en droit fiscal français indépendamment du droit fiscal canadien) ;

10690 (suite) – prise en compte des caractéristiques juridiques et non fiscales d'une entité néerlandaise pour décider si elle devait ou non être considérée comme un « **résident** » éligible au bénéfice de la convention fiscale franco-néerlandaise (affaire Dieblod Courtage, n° 31590).

L'affaire Immobilière GSE offre également des enseignements intéressants en ce qu'elle indique que la qualification juridique de « **versements supplémentaires** » effectués par une société française au bénéfice d'une filiale portugaise dépend du droit portugais qui les régit (CE 7 septembre 2009 n° 303560, 8e et 3e s.-s., SNC Immobilière GSE : RJF 12/09 n° 1068 ; conclusions Laurent Olléon au BDCF 12/09 n° 136) ; en l'espèce, le Conseil d'État juge qu'il résulte des articles 210 à 213 du Code des sociétés commerciales portugais que ces versements doivent être regardés comme des éléments du capital propre des sociétés bénéficiaires même s'ils ne se traduisent pas par l'attribution de parts sociales constitutives du capital de ces sociétés. La législation portugaise **interdisant le versement** par les filiales situées au Portugal **d'intérêts** à raison de ces versements, l'administration ne pouvait soutenir que la société française avait commis un acte anormal de gestion en ne leur facturant pas d'intérêts (il s'agissait d'une interdiction tenant au droit des sociétés, non au droit fiscal ; n° 5940). À notre avis, cette décision emporte des conséquences aussi bien lorsque la législation étrangère pose une interdiction que lorsqu'elle crée une obligation ; en revanche, elle est sans incidence lorsque le droit étranger ouvre une simple faculté.

Comme le précisait Marie-Astrid Nicolazo de Barmon dans ses conclusions sous CE 31 mars 2017 n° 383129, 9e et 10e ch., Sté Senoble Groupe Services (RJF 6/17 n° 539 ; voir également n° 26065), la décision Immobilière GSE juge en substance qu'« il n'est pas anormal pour une société française de se conformer aux **interdictions édictées par la loi étrangère**, et qu'il est corrélativement nécessaire pour l'administration et le juge français d'intégrer les contraintes de cette nature posées par un droit étranger dans l'appréciation de la normalité d'un acte de gestion. Le droit portugais empêchait en l'espèce de regarder l'absence de rémunération de la société mère comme un acte anormal de gestion ». Cela étant, cette décision doit sans doute se comprendre sous la réserve de l'ordre public français (si l'ordre public français y avait fait obstacle, elle n'aurait vraisemblablement pas été adoptée) ; en outre, elle ne s'explique que parce que le droit étranger posait une interdiction et n'aurait pas été retenue si le droit étranger se contentait de prévoir que les avances étaient dispensées d'intérêts, sans en interdire le versement, ou que les intérêts n'étaient pas fiscalement déductibles. Sur la prise en compte, en matière de **prix de transfert**, des contraintes locales d'ordre juridique, de contrôle des changes et pénal qui limitent les taux de redevances pouvant être pratiqués, voir CAA Versailles 18 novembre 2021 n° 19VE01727, 3e ch., min. c/ SA Bureau Veritas : RJF 4/22 n° 335 (n° 76690 f).

Il a par ailleurs été jugé, mais c'est assez largement un truisme, qu'il n'y a pas lieu d'appliquer la méthode d'assimilation lorsque les « objets de droit étranger considérés » (opérations, acteurs, revenus) ont, en droit étranger et en droit français, la **même qualification** juridique et les mêmes caractéristiques (CAA Versailles 26 janvier 2017 nos 14VE03453 et 15VE01063, 6e ch., Société Générale ; cet arrêt a fait l'objet d'un pourvoi qui a été rejeté par CE 7 décembre 2018 n° 409229, 3e et 8e ch., Société Générale : RJF 3/19 n° 295) ; pour la Cour, dès lors que les droits et obligations attachés à une location, ordinaire ou emphytéotique, d'un **bien immobilier** relevaient des mêmes qualifications et présentaient les mêmes caractéristiques en droits civils belge, néerlandais et français, il n'y avait pas lieu d'appliquer la méthode d'assimilation. Il aurait été préférable, sur le plan des principes, que la Cour écrive plutôt que les caractéristiques juridiques étrangères analysées conduisaient à l'assimilation avec les équivalents de droit français, mais cette maladresse ne relevait pas de l'erreur de droit ainsi que l'a jugé le Conseil d'État dans sa décision de rejet du pourvoi (dans ses conclusions, le rapporteur public relevait que l'essai de théorisation effectué par la Cour était « malheureux » mais qu'il n'y avait pas, pour autant, matière à censurer l'arrêt ; voir également n° 67410 Précisions c). Dans cette affaire, le rapporteur public Vincent Daumas avait estimé, en outre, à juste titre, que « la démarche d'assimilation (…) est applicable à **tout objet de droit étranger** » (conclusions à la RJF 3/19, C 295).

À propos d'un cas où aucune réglementation de l'État de la société emprunteuse ne prohibait le versement d'intérêt au titre de prêts subordonnés, voir CE 4 juin 2012 n° 350003, 8e et 3e s.-s., min. c/ Sté Old Town : RJF 8-9/12 n° 801, confirmant l'acte anormal de gestion (n° 72548).

Pour un exemple de cas où le juge fiscal tire les conséquences du droit civil ou commercial étranger pour l'application du régime des **sociétés mères**, voir n° 61410, Précisions f.

Précisions a. Dans la ligne de la décision Immobilière GSE, il a été jugé qu'une provision constituée sur une créance détenue par une société française sur sa filiale allemande devait être regardée comme une provision pour dépréciation de titres de participation et non comme une provision sur créance dès lors que la **créance était traitée comme du capital en droit allemand** (CAA Lyon 26 octobre 2017 n° 16LY02344, min. c/ SA Financière AVR : RJF 2/18 n° 144) ; cet arrêt a fait l'objet d'un pourvoi mais le Conseil d'État n'a pas eu à statuer dans la mesure où l'administration a ensuite accordé un dégrèvement à la requérante (CE Ord. 16 août 2018 n° 416827, 8e ch. ; voir également n° 26065, Précisions).

b. C'est afin d'éviter une différence de traitement entre les salariés transfrontaliers français travaillant dans un État de l'Union européenne et les salariés français travaillant en France, qu'il appartient au juge de l'impôt, saisi d'un litige portant sur le **traitement fiscal de l'indemnité perçue par un salarié** ayant exercé une activité salariée dans un État membre de l'Union européenne à la suite de mesures prises par l'entreprise ayant conduit à une réduction des effectifs par des départs volontaires ou des licenciements, d'identifier, au vu des éléments qui lui sont fournis par le contribuable, la catégorie de rupture de contrat de travail à laquelle les mesures prises par cette entreprise sont **assimilables en droit français** ; il lui revient ensuite de déterminer le régime applicable à l'indemnité versée par l'entreprise étrangère au regard de la loi fiscale française (CE 6 juin 2018 nos 399990, 399991, 399992 et 399994, 3e et 8e ch. : RJF 10/18 n° 960) ; voir également n° 80806.

Possibilité de double exonération

Corollaire du principe de l'autonomie de l'interprétation, ce n'est pas parce qu'un revenu est exonéré d'impôt à l'étranger qu'il doit, de ce fait, être imposé en France. L'affaire des **jetons de présence** de source américaine (n° 10470) offre un enseignement intéressant à cet égard ; en l'espèce, les sommes en cause n'étaient pas imposables aux États-Unis puisque, précisément, ceux-ci considéraient qu'il s'agissait de bénéfices non commerciaux imposables en France. **10695**

Dans ses conclusions sur cette affaire, le commissaire du Gouvernement remarquait qu'une situation d'**absence totale d'imposition** n'a rien d'exceptionnel en droit fiscal international et qu'elle résulte fréquemment d'une analyse juridique différente faite d'une même opération par les administrations fiscales d'États distincts (conclusions Olivier Fouquet au Droit fiscal 1992 n° 52 p. 2059). La situation des gérants allemands de SARL françaises avant l'avenant de 1989 (n° 43560) et le traitement des pensions en capital de source suisse avant l'intervention de la quatrième loi de finances rectificative pour 2010 (n° 43990) offrent deux exemples supplémentaires de **doubles exonérations**.

La jurisprudence a notamment appliqué ce principe :
– à propos d'un salarié résident de France, qui a pu bénéficier d'un crédit d'impôt conventionnel égal à l'impôt français même en l'absence d'imposition effective dans le pays d'activité (n° 83790) ;
– à propos d'un gain de change réalisé lors de la cession d'un immeuble au Japon : le gain devait être exonéré en France quand bien même il n'aurait pas été imposé au Japon (n° 67905) ;
– à propos d'un contribuable qui n'avait pas acquitté d'impôt sur le revenu au Royaume-Uni car les revenus en cause étaient inférieurs au seuil de recouvrement de l'impôt britannique (n° 83790).

Sur les réactions internationales aux phénomènes de doubles exonérations et à ce qu'il est désormais convenu d'appeler la « **planification fiscale agressive** », voir n° 72405. Les États n'admettent plus, aujourd'hui, les situations de « double non-imposition » et posent en principe qu'il « ne faut pas que les profits soient taxés deux fois, mais il faut qu'ils soient **taxés au moins une fois** » (communiqué du ministre des finances français n° 462 du 6 octobre 2015 à la suite de l'accord européen sur la « transparence des rulings » ; n° 74207). Voir également nos 1660 et 10530, à propos des principes posés par **l'instrument multilatéral** destiné à introduire dans les conventions fiscales diverses mesures anti-évasion fiscale et n° 10725, en ce qui concerne les décisions relatives à l'absence de condition d'imposition dans l'autre État.

d. Interprétation en principe littérale des conventions fiscales

Principes

La jurisprudence montre que le Conseil d'État a une nette tendance, bien légitime puisqu'il s'agit de droit, à interpréter les conventions de façon stricte et littérale. Cela ne **10700**

10700 (suite) signifie pas qu'il s'interdise de rechercher **l'intention des auteurs** du texte, bien au contraire, puisqu'il fait parfois référence aux commentaires de l'OCDE (nos 10580 s.). Certes, également, le juge recherche la cohérence des solutions, sans que cela soit toujours aisé compte tenu de la diversité des conventions fiscales et des questions posées. Mais, dans ce contexte, l'**interprétation littérale** est normalement considérée comme prioritaire.

La fiscalité internationale étant une matière essentiellement juridique, il est naturel que la recherche des solutions privilégie le texte des conventions plutôt que leur environnement.

Une nuance peut cependant être apportée par la convention de Vienne qui invite tout de même à prendre en considération **l'objet et le but des conventions** ; voir, par exemple, les conclusions de Stéphane Austry sous la décision Schneider Electric (n° 10645). En ce sens, la notion d'interprétation littérale des conventions fiscales n'a pas la même portée que lorsqu'il s'agit, par exemple, d'appliquer la doctrine administrative dont le Conseil d'État ne regarde ni le contexte ni l'objet mais seulement les termes.

Il suffit, pour s'en convaincre, d'analyser le raisonnement retenu par le Conseil d'État dans certaines affaires, comme dans les décisions Heskes (n° 43270) ou Regazzacci (n° 41155), cette dernière reposant en partie sur l'analyse de stipulations conventionnelles à la lumière de leur objet et sous l'éclairage de la version anglaise de la convention. C'est aussi ce qui a pu justifier la solution retenue par le Conseil d'État lorsqu'il a refusé la déduction de provisions sur titres de participation au motif que la France n'avait pas le droit d'imposer les plus-values de cession des mêmes titres (CE 12 juin 2013 n° 351702, 3e et 8e s.-s., Sté BNP Paribas : RJF 10/13 n° 911 aux conclusions Emmanuelle Cortot-Boucher au BDCF 10/13 n° 100 ; voir aussi n° 26205). Dans ce dernier cas, comme le remarquait à juste titre le rapporteur public, l'analyse devait faire prévaloir la commune intention des parties, à savoir répartir la compétence fiscale entre les deux États ; il était logique de considérer que, lorsque la convention vise les « profits », elle entend aussi bien ceux qui sont « positifs » que ceux qui sont « négatifs » car c'est bien de la répartition de l'ensemble qu'il s'agit dans les conventions fiscales.

De la même façon, le Conseil d'État a interprété les stipulations de l'article 6 de la convention fiscale franco-allemande du 21 juillet 1959 modifiée à la lumière de leur objet et de leur but pour juger que, bien que la convention n'exonère pas littéralement une **compagnie aérienne internationale** de la taxe d'habitation, elle y fait tout de même obstacle car la taxe d'habitation se substitue en ce cas à la patente et aux impôts qui lui ont succédé ; l'article 6 de la convention doit alors être interprété comme ayant pour objet et pour effet de faire obstacle à l'assujettissement à la taxe d'habitation d'une société exonérée des impositions qui ont succédé à la patente (CE 24 novembre 2014 n° 368935, Plén., min. c/ Sté Lufthansa AG : RJF 2/15 n° 120, aux conclusions Benoît Bohnert au BDCF 2/15 n° 21 ; voir également n° 19415).

Autre exemple d'application des principes posés par la convention de Vienne, c'est à la lumière de l'intention des États signataires qu'il a été jugé que les stipulations de la convention fiscale franco-tchécoslovaque du 1er juin 1973, qui, de façon exceptionnelle, excluent qu'un **chantier de construction** ou de montage puisse constituer un établissement stable ne sont pas subordonnées à ce que l'entreprise n'exerce qu'une seule activité de chantier ; en l'espèce, la convention vise le cas où l'activité de l'entreprise consiste en « un » chantier de construction ou de montage, mais il s'agit d'une expression générique et non de l'affirmation qu'il ne devrait y avoir qu'un seul chantier (CE 9 mai 2019 n° 422046, 3e et 8e ch., Sté Chemkostav HSV : RJF 8-9/19 n° 836 ; voir n° 17635). Cette décision précise explicitement que les stipulations conventionnelles en cause doivent être interprétées conformément au sens ordinaire à attribuer à leurs termes, dans leur contexte et à la lumière de leur objet et de leur but. Cette affirmation de principe a notamment été reprise par CE 19 décembre 2019 n° 428443, 8e et 3e ch. : RJF 3/20 n° 263, à propos de la notion de « revenus positifs » pour l'application de la clause d'élimination des doubles impositions (n° 83800).

On voit bien par ces exemples que l'interprétation purement littérale ne prévaut pas toujours au contentieux.

Précisions Comme l'indiquait le commissaire du Gouvernement François Séners, interpréter les stipulations d'une convention fiscale de façon stricte ne doit pas faire obstacle à ce qu'une **clause ambiguë** soit éclairée par son contexte et se voie donner une portée logique (conclusions sous CE 17 octobre 2007 n° 284153, 3e et 8e s.-s., Chasteigner : RJF 1/08 n° 5, BDCF 1/08 n° 1 ; n° 42675).

Exemples

Il existe de nombreux exemples d'interprétation littérale des conventions fiscales, notamment la décision du 9 novembre 1987 cité nº 10340 et celle relative aux **crédits d'impôt italiens** (CE 24 mai 2000 nº 209699-209891, 3e et 8e s.-s., min. c/ CRCAM Normand : RJF 7-8/00 nº 974) ; dans cette dernière affaire, le commissaire du Gouvernement Laurent Touvet précisait ainsi : « Vous interprétez de façon littérale les stipulations claires d'une convention internationale en matière de double imposition » (conclusions au BDCF 7-8/00, p. 61). 10705

Autre exemple, assez significatif, celui de la restitution de l'**ancien avoir fiscal** à un bénéficiaire suisse ; la cour administrative d'appel de Nancy avait cru devoir assimiler une société en commandite suisse à une personne physique pour lui accorder le transfert de l'avoir fiscal, pensant sans doute réparer une malfaçon du texte conventionnel qui ne visait pas les sociétés en commandite (CAA Nancy 21 octobre 1993 nº 92-899, 2e ch., SA Quartz d'Alsace : RJF 3/94 nº 266). Mais le Conseil d'État a annulé cet arrêt car la convention réservait le transfert de l'avoir fiscal à deux catégories de contribuables seulement (personnes physiques et certaines personnes morales), d'où il résulte que les autres en étaient nécessairement exclus (CE 6 mai 1996 nº 154217, 8e et 9e s.-s., ministre c/ SA Quartz d'Alsace : RJF 6/96 nº 731). Le commissaire du Gouvernement avait clairement justifié cette solution en rappelant que « comme il est de règle en matière d'interprétation des conventions, ces dispositions [celles de la convention fiscale] sont d'interprétation stricte » (voir conclusions Gilles Bachelier, BDCF 3/96, p. 44).

Pour d'autres exemples d'interprétation stricte et d'un raisonnement classique, méthodique et littéral, voir la décision Hallminster (nº 67845), à propos des règles applicables à une **plus-value** réalisée par une société britannique lors de la cession de parts d'une société civile française d'exploitation agricole (ancienne convention fiscale) et aussi, à notre avis, la décision Natexis Banques Populaires dans l'affaire des **crédits d'impôt** forfaitaires **brésiliens** (CE 26 juillet 2006 nº 284930, 8e et 3e s.-s., Sté Natexis Banques Populaires : RJF 11/06 nº 1421, aux conclusions Pierre Collin au BDCF 11/06 nº 142) ; voir aussi nº 8135.

e. Autres principes importants

Les conventions n'interdisent pas ce qu'elles ne prévoient pas

Lorsqu'une convention fiscale ne précise pas qu'un État a le droit d'appliquer une disposition de droit interne, cela ne signifie pas qu'elle l'interdise ; le principe est inverse : c'est au contraire le droit interne qui s'applique sauf si une stipulation conventionnelle l'interdit. Par exemple, ce n'est pas parce que l'article 9 du modèle OCDE ne vise que la répression des **prix de transfert** entre entreprises associées que la France ne peut pas, tout de même, faire application de la théorie de l'acte anormal de gestion, sans avoir à démontrer une situation de dépendance ou de contrôle (voir, en ce sens, la décision Sovemarco ; nº 76350). 10720

Autre exemple, ce n'est pas parce qu'une convention fiscale ne prévoit pas l'imposition des rémunérations dues à un artiste et versées à une personne interposée que la France ne peut pas les imposer sur le fondement de l'article 155 A du CGI (en ce sens, décision Aznavour ; nº 46310).

Absence de condition d'imposition dans l'autre État

Les conventions fiscales ne s'appliquent que lorsque les revenus sont versés à un « résident » de l'autre État, ce qui suppose que le bénéficiaire soit assujetti à l'impôt dans cet État (nº 10140) ; mais il ne faut pas confondre l'assujettissement à l'impôt du bénéficiaire, par principe, avec l'imposition effective du revenu dont il s'agit. Sauf stipulation conventionnelle particulière (nº 74765), l'application d'une convention fiscale à un résident d'un État n'est **pas subordonnée** à ce que le revenu en cause soit lui-même **imposable** dans cet État. 10725

Par exemple, ce n'est pas parce que le droit belge prévoit qu'un résident belge n'est pas imposable sur une plus-value de cession de titres d'une société française que la France peut appliquer les dispositions de l'article 244 bis B du CGI (nº 65880) en présence d'une participation substantielle dans le capital d'une société française ; cette solution a été implicitement confirmée par le Conseil d'État, quoique la question n'ait apparemment pas été posée de l'absence d'imposition de la plus-value en Belgique (CE 15 décembre 2004 n° 259771, 3e s.-s., min. c/ Wattinne : RJF 4/05 n° 289 ; n° 10300).

En ce sens, l'administration a tort, selon nous, de subordonner l'application au taux réduit conventionnel des **retenues à la source** exigibles en cas de versement de dividendes à des non-résidents à la certification que ces dividendes sont **imposables** dans l'État de résidence du bénéficiaire ; la doctrine administrative relative aux modalités d'obtention des avantages conventionnels est ainsi contestable lorsqu'elle indique que parmi les conditions que les non-résidents doivent satisfaire figure celle de « l'imposition à un impôt sur les revenus, dans l'État de résidence, du bénéficiaire à raison des revenus distribués par la société résidente de France » (BOI-INT-DG-20-20-20-20 n° 50).

Au demeurant, même lorsque la convention fiscale prévoit qu'une exonération de retenue à la source est subordonnée au caractère imposable des dividendes dans l'autre État, comme la convention franco-marocaine du 29 mai 1970 modifiée, il y a seulement lieu de rechercher si tel est le cas par principe sans qu'il y ait à démontrer que l'impôt a été **effectivement acquitté** à l'étranger (CE 19 novembre 2014 n° 362800, 8e et 3e s.-s., Sté Thollon Diffusion : RJF 2/15 n° 151, aux conclusions Benoît Bohnert au BDCF 2/15 n° 25). En l'espèce, le formulaire conventionnel produit par un résident marocain et fourni à l'administration française précisait que l'intéressé était fiscalement domicilié au Maroc et que les dividendes « ont été ou seront déclarés » à l'administration fiscale marocaine. Ce formulaire était donc suffisant ; comme le soulignait le rapporteur public dans ses conclusions sur cette affaire, en jugeant que la société requérante ne produisait pas **l'avis d'imposition marocain de l'actionnaire** et le détail des revenus taxés, les juges du fond avaient confondu la notion de dividende « imposable » et celle de dividende « effectivement imposé » (le rapporteur public estimait, à juste titre, que la convention ne pouvait « être lue comme énonçant une condition d'imposition effective »). Cette décision a naturellement une portée générale, au-delà du cas particulier franco-marocain. L'administration en a tiré les conséquences à propos du Maroc en précisant que l'exonération de retenue à la source en France dépend uniquement de l'inclusion théorique des revenus dans les bases de l'impôt au Maroc, conformément à la législation de cet État, et que le fait que les dividendes ne supportent pas effectivement l'impôt au Maroc est indifférent (BOI-INT-CVB-MAR n° 130).

En sens inverse, voir nos 74765 et 74770 à propos des stipulations particulières de certaines conventions fiscales. Sur les conséquences à tirer de la modification de l'objet des conventions fiscales résultant de l'instrument multilatéral, voir n° 10530.

Précisions Pour un exemple d'absence d'incidence de l'imposition ou non d'une opération à l'étranger, à propos de la déductibilité d'**abandons de créances**, CE 13 avril 2018 n° 398271, 9e et 10e ch., min. c/ Sté LVMH : RJF 7/18 n° 727 (n° 26065). Dans ses conclusions, le rapporteur public indiquait notamment qu'en « l'absence de fondement textuel dérogeant en pareille hypothèse aux règles de droit commun en matière de déductibilité, la déduction d'une charge motif pris de la non-imposition du paiement correspondant chez son bénéficiaire à l'étranger ne saurait être refusée, et il nous paraît exclu de créer prétoriennement des règles liant de manière générale déduction interne et imposition étrangère » (conclusions à la RJF 7/18 C 727).

Absence de pertinence de la théorie de l'apparence

10730 Cette théorie jurisprudentielle, qui donne à l'administration le droit d'opposer à un contribuable la situation juridique dont il s'est prévalu dans ses déclarations fiscales, sans qu'il puisse prétendre que cette situation ne serait qu'apparente, ne paraît pas applicable lorsqu'une **convention fiscale** trouve à s'appliquer (en ce sens, conclusions Pierre Collin sous CE 1er juin 2005 n° 259618, 8e et 3e s.-s., Nouvelle-Calédonie c/ SA Eagle Star Vie : RJF 10/05 n° 1087 et BDCF 10/05 n° 121, à propos d'une société française qui avait dû désigner en Nouvelle-Calédonie un agent spécial d'assurance à des fins purement réglementaires et à laquelle l'administration opposait à tort la situation apparente qu'elle aurait ainsi créée pour soutenir qu'il y avait un établissement stable ; n° 17720, b.).

Précisions La théorie de l'apparence ne **bénéficie pas au contribuable** mais à l'administration, qui a seule le choix entre la fiction et la réalité ; par exemple, un pilote d'hélicoptère employé par une **société de Jersey** avec laquelle il a conclu un contrat de travail et qui le rémunère, mais qui rend des services à une société française dans le cadre d'un portage salarial, ne peut soutenir que son employeur est la société française (CE 4 novembre 2020 n° 436367, 8e et 3e ch. : RJF 1/21 n° 2 ; voir n° 42460).

SECTION 3

Portée et limites des conventions fiscales

Les conventions fiscales servent de cadre aux relations entre les États, en remplissant **deux objectifs** : éliminer les doubles impositions et lutter contre la fraude et l'évasion fiscales internationales ; leur portée est donc très importante, même si elle est parfois limitée par le fait d'États qui ne remplissent pas leurs engagements internationaux. **10920**

A. Portée des conventions fiscales

1. Le principe généralement admis de la supériorité des conventions fiscales

Fondement juridique

En France, les conventions fiscales ont, comme tout traité ou accord international, une autorité supérieure à celle des lois. Ce principe est posé par l'article 55 de la **Constitution** aux termes duquel « Les Traités ou accords régulièrement ratifiés ou approuvés ont, dès leur publication, une autorité supérieure à celle des lois... sous réserve, pour chaque Traité ou accord, de son application par l'autre partie. » **10922**

En ce qui concerne les conventions fiscales, cette supériorité a été traduite en droit interne par une **loi du 28 décembre 1959**, qui donne à la France le droit d'imposer un revenu si la convention le prévoit, même lorsqu'il n'existe aucune disposition expresse de droit interne (n° 10665). Les exemples suivants en illustrent les conséquences.

Précisions **a.** Le principe de supériorité des conventions fiscales par rapport au droit interne est appliqué tant par le **Conseil d'État** que par la **Cour de cassation** ; le premier l'applique en faisant le détour par le principe de subsidiarité (n° 10645) alors que la seconde applique directement les conventions fiscales (n° 10642), mais le résultat est, en pratique, équivalent compte tenu, en particulier, de l'absence de principe de non-aggravation (n° 10935).

b. Si les conventions fiscales sont supérieures à la loi, elles doivent respecter le **droit de l'Union européenne** ; en témoigne une décision du Conseil d'État contrôlant la compatibilité des stipulations des conventions fiscales avec la liberté de circulation des capitaux (nos 41155 et 81980, Précisions b).

Premier exemple : bureaux d'achat

En présence d'une convention fiscale « classique », une entreprise française qui aurait un établissement à l'étranger qui ne serait pas considéré comme un établissement stable devrait, à notre avis, être **imposable** en France **même si** elle est considérée comme exploitant une **entreprise** « **hors de France** » au sens du droit interne (n° 5050). **10925**

Tel peut être le cas d'un bureau d'achat qui n'est pas habituellement considéré comme un établissement stable au sens des conventions fiscales (n° 17565) mais qui peut néanmoins être regardé comme une entreprise exploitée hors de France. Dans une telle situation, les résultats imputables à l'activité du bureau d'achat devraient être soumis à l'impôt en France, sur le fondement de la convention fiscale (les bénéfices d'une entreprise d'un État ne sont imposables que dans cet État sauf s'ils se rattachent à un établissement stable dans l'autre État ; nos 17900 s.). L'administration a, par exemple, indiqué à juste titre que les résultats des « comptoirs d'achats » établis en Suisse par des entreprises françaises doivent être rattachés aux résultats de l'activité exercée en France (BOI-INT-CVB-CHE-10-20-20 n° 50).

Précisions À propos des **chantiers de construction ou de montage**, l'administration indique que, compte tenu des dispositions des articles 165 bis et 209, I du CGI, les entreprises françaises qui exploitent en Suisse, soit directement soit par l'intermédiaire d'une société simple, un chantier d'une durée inférieure à douze mois restent imposables en France à raison de cette activité (BOI-INT-CVB-CHE-10-20-20 n° 40).

Deuxième exemple : salariés des entreprises de navigation internationale

10928 Le plus souvent, ces salariés sont imposables au lieu du **siège de direction effective** de l'entreprise (article 15 § 3 du modèle de convention de l'OCDE). Si celui-ci est situé en France, ils sont donc imposables en France même s'ils ne sont pas domiciliés en France, bien que leur revenu ne soit pas considéré comme de source française puisqu'il n'est pas versé en contrepartie d'un emploi exercé en France. En l'absence de convention fiscale, la France n'aurait aucun droit d'imposer. Elle a ce droit, en revanche, en présence d'une convention fiscale contenant une stipulation à cet effet (voir par exemple, dans le cadre franco-algérien, n° 43635, Précisions a).

Troisième exemple : les Français de Monaco

10932 Les ressortissants français domiciliés à Monaco sont généralement passibles de l'impôt sur le revenu **comme s'ils avaient** leur **domicile fiscal** en **France**, indépendamment des règles de territorialité posées par le droit interne, sur le fondement de la convention franco-monégasque du 18 mai 1963 modifiée par l'avenant du 26 mai 2003 ; sont donc imposables des personnes qui ne sont pas domiciliées en France en droit interne et qui n'ont pas, le cas échéant, de revenus de source française. Le Conseil d'État a ainsi confirmé que les personnes de nationalité française qui résident à Monaco et qui entrent dans le champ des stipulations du paragraphe 1 de l'article 7 de la convention sont **réputées avoir leur domicile fiscal en France** et sont dès lors, conformément aux dispositions de l'article 4 A du CGI, assujetties en France à l'impôt sur le revenu à raison de l'ensemble de leurs revenus (CE 1er février 2012 n° 340866, 8e et 3e s.-s. : RJF 4/12 n° 405) ; voir n° 3610. On relève que la décision ne vise pas l'article 4 bis du CGI et que la domiciliation est établie par le seul effet de la convention, ce qui est tout de même assez étonnant (n° 10665) ; ce ne serait pas étonnant, en revanche, si le Conseil d'État appliquait le mode de raisonnement de la Cour de cassation puisque cette dernière se fonde directement sur la convention (n° 10642).

Précisions **a.** Selon la manière de voir du Conseil d'État, l'article 7 de la convention franco-monégasque est une « **excroissance conventionnelle** » de l'article 4 A du CGI qui « fait figure d'exception dans le paysage conventionnel » (conclusions Marie-Astrid Nicolazo de Barmon sous CE 11 juin 2014 n° 358301, 3e et 8e s.-s., Delarbre : RJF 10/14 n° 866, au BDCF 10/14 n° 89). Le Conseil d'État regarde la convention franco-monégasque comme n'étant pas destinée à éliminer les doubles impositions mais à **prévenir les cas de double exonération** en l'absence d'impôt monégasque sur le revenu. Dans ses conclusions sous CE 6 mai 2015 n° 378534, 8e et 3e s.-s. (RJF 7/15 n° 624), le rapporteur public avait estimé que c'est parce que cette convention a pour but d'éviter les situations de « double absence d'imposition » que « ne joue pas la logique de la **subsidiarité** qui régit en principe l'application des conventions fiscales » et que la convention « sert ainsi directement de base légale à la décision d'imposition » (conclusions Nathalie Escaut au BDCF 7/15 n° 94 ; voir également n° 3610, Précisions f).

b. De son côté, l'administration considère manifestement que la convention franco-monégasque est bien une **convention « fiscale »** (voir, en ce sens, les mentions portées sur le site impots.gouv.fr à la rubrique « conventions fiscales » publiant une version consolidée de la « Convention fiscale entre la France et la principauté de Monaco » modifiée par l'instrument multilatéral.

Absence de principe de « non-aggravation »

10935 On a pu s'interroger sur l'existence éventuelle d'un principe « coutumier » de préservation des avantages accordés par le droit interne ou, autrement dit, de « non-aggravation » par rapport au droit interne.

En ce sens, dans ses conclusions sous CE 17 décembre 1984 (n° 47293, 7e et 8e s.-s. : RJF 2/85 n° 308, à propos d'un litige relatif à l'imposition de salaires perçus par des ressortissants américains domiciliés en France sous le régime antérieur au 1er janvier 1979), le commissaire du Gouvernement s'exprimait ainsi : « L'administration a toujours interprété la règle de la supériorité des conventions internationales sur la loi interne antérieure comme ne pouvant aboutir à une aggravation de la situation du contribuable par rapport au droit interne (cf. J.-Cl. Fiscal ID, Fasc. 15, éd. 1968, nos 158 à 167, éd. 1984, n° 97). Le principe de non-aggravation apparaît en effet comme un principe général du droit fiscal international (cf. J.-Cl. Fiscal ID, Fasc. 15, éd. 1968, n° 162). »

Peut-être pourrait-on soutenir que le principe viendrait de ce qu'une convention fiscale ne peut, pour le Conseil d'État, fonder directement l'imposition (n° 10645) ; mais il faudrait alors immédiatement constater que la **loi du 28 décembre 1959**, codifiée aux articles 4 bis, 165 bis et 209, I du CGI, retire toute portée pratique à cette remarque, ce qui la rend sans grand intérêt (n° 10665). Ainsi, un éventuel principe de non-aggravation ne pourrait avoir d'incidences, le cas échéant, que pour les situations qui ne tomberaient pas dans le champ d'application de cette loi.

La doctrine administrative a parfois évoqué un principe de non-aggravation, dans un lointain passé (voir, par exemple, une ancienne réponse Mariotte, JOAN 30 novembre 1960, expliquant, à propos de la convention fiscale franco-luxembourgeoise du 1er avril 1958, que le taux effectif n'est pas contraire à ce « principe général »), mais la jurisprudence ne l'a jamais dégagé (la décision de 1984 citée n° 10935 n'a pas tranché la question car le contribuable invoquait en tout état de cause la doctrine administrative). **10937**

Tout au contraire, il est désormais bien établi en jurisprudence que, comme le disait le rapporteur public Romain Victor dans ses conclusions sous CE 19 décembre 2019 n° 428443, 8e et 3e ch. : RJF 3/20 n° 263 (voir n° 83800), « **la "non-aggravation"** de la situation du contribuable n'est **pas un objectif** poursuivi par les conventions bilatérales » (conclusions à la RJF précitée, C 263). La jurisprudence du Conseil d'État offre en effet divers exemples d'imposition établie sur le fondement d'une convention fiscale ou d'aggravation par rapport au droit interne, tels que :
– une décision du 22 juin 1973 jugeant qu'étaient imposables en France les salaires versés par un **cercle militaire français** à une personne physique domiciliée en Allemagne pour une activité de gérance d'hôtel à Berlin, sur le fondement de l'article 165 bis du CGI et de l'ancienne convention fiscale franco-allemande, qui prévoyait l'imposition exclusive en France des rémunérations versées par une personne morale de droit public française en considération de services administratifs (CE 22 juin 1973 n° 84218, sect. : Dupont 1973 p. 289) ;
– la décision refusant à un contribuable domicilié en France en droit interne, dans la mesure où il a dans notre pays son activité professionnelle principale, le bénéfice des règles d'imputation des **charges du revenu global** dès lors qu'il n'est pas passible de l'impôt sur l'ensemble de ses revenus puisqu'il doit être considéré comme résident de Belgique sur le fondement de la convention fiscale franco-belge ; un tel contribuable est donc plus mal traité sur ce point qu'en l'absence de convention (CE 8 juillet 2002 n° 225159, 10e et 9e s.-s., min. c/ Lecat : RJF 11/02 n° 1202, aux conclusions Marie-Hélène Mitjavile au BDCF 11/02 n° 133) ; dans le même sens, plus récemment, CAA Versailles 6 juin 2017 n° 16VE00653, 3e ch. : RJF 12/17 n° 1151, arrêt définitif rendu dans le cadre franco-marocain à propos du versement d'une pension alimentaire et d'une prestation compensatoire (n° 3088) ;
– diverses décisions sur l'imposition des revenus immobiliers des sociétés étrangères avant la modification apportée par la loi n° 2009-1674 du 30 décembre 2009 de finances rectificative pour 2009 (n° 5524) et notamment celle qui juge qu'une société britannique qui retirait des revenus de la mise à disposition d'un ensemble immobilier situé à Chantilly et utilisé pour l'**entraînement de chevaux de course** pouvait être imposable en France sur le fondement de l'article conventionnel relatif aux revenus immobiliers même si elle ne disposait pas d'un établissement stable en France (CE 31 juillet 2009 n° 296471, 3e et 8e s.-s., Sté Overseas Thoroughbred Racing Stud Farms Limited : RJF 11/09 n° 979) ;
– la décision jugeant qu'une **provision pour dépréciation** de titres représentant une participation substantielle dans le capital d'une société canadienne n'était pas déductible, sous l'empire des textes alors applicables, au motif que la convention fiscale franco-canadienne interdit à la France d'imposer les plus-values de cession de ces titres (CE 12 juin 2013 n° 351702, 3e et 8e s.-s., Sté BNP Paribas : RJF 10/13 n° 911 aux conclusions Emmanuelle Cortot-Boucher au BDCF 10/13 n° 100 ; voir aussi n° 26205) ; au nom d'une logique de « **symétrie** » entre l'imposabilité des gains et la déductibilité des pertes, en effet, une convention fiscale peut faire obstacle à la déduction d'une perte qui serait en principe déductible en droit interne (en ce sens, chronique Émilie Bokdam-Tognetti à la RJF 10/13 ; sur la logique de symétrie, en droit de l'Union européenne, voir également les décisions citées n° 81705).

On relève également que, dans une décision jugeant qu'une société française déficitaire ne peut pas déduire de son résultat imposable des **crédits d'impôts** afférents à des redevances de source italienne et japonaise, la cour administrative d'appel de Versailles a estimé que la société **ne pouvait « utilement faire valoir, au nom d'un principe de non-aggravation »** que l'application des stipulations conventionnelles refusant que l'impôt étranger soit traité comme une charge déductible « rendrait sa situation moins favorable que celle résultant du seul droit interne » (CAA Versailles 16 juillet 2012 n° 11VE01877, 6e ch., min. c/ Sté Céline : RJF 2/13 n° 133). Cette solution a été confirmée par le Conseil d'État, étant donné que si les impositions de toute nature qu'une entreprise a supportées dans un État étranger doivent, en principe, être regardées comme déductibles, elles ne le sont que si une stipulation conventionnelle n'y fait pas obstacle (CE 12 mars 2014 n° 362528, 9e et 10e s.-s., Sté Céline : RJF 6/14 n° 602, aux conclusions de Frédéric Aladjidi au BDCF 6/14 n° 59 ; voir également n° 83660). La situation fiscale d'un contribuable peut donc être aggravée par l'effet d'une convention fiscale.

Enfin, il a été jugé que l'ancienne convention fiscale franco-luxembourgeoise qui, dans sa version applicable aux exercices ouverts avant le 1er janvier 2008, privait la France de son pouvoir d'imposer le bénéfice d'une opération immobilière réalisée en France par une **société luxembourgeoise**, faisait obstacle à ce que des déficits immobiliers subis au cours de ces exercices fussent pris en compte au titre des **déficits reportables** sur les exercices ultérieurs au titre desquels la France avait retrouvé le droit d'imposer à la suite d'une modification de la convention fiscale (CAA Versailles 9 juin 2016 n° 14VE02355, 7e ch., Sté Le Win Property : RJF 11/16 n° 1005, décision ayant fait l'objet d'un pourvoi non admis par CE (na) 30 décembre 2016 n° 402280, 10e ch., Sté Le Win Property : RJF 3/17 n° 264 ; voir également n° 67295, Précisions b).

Précisions **a.** La formulation de la décision Lecat, précitée, est légèrement ambiguë, dans la mesure où la raison invoquée par le Conseil d'État est **l'absence d'imposition sur l'ensemble des revenus**, ce qui revient à un critère de domiciliation mais sans l'affirmer.

b. Les conventions fiscales **peuvent poser explicitement** un principe de **non-aggravation** ; en ce sens, l'article 12, 8 de la convention fiscale franco-américaine du 24 novembre 1978 modifiée en matière de **droits** de **mutation à titre gratuit** précise que ses dispositions ne peuvent avoir pour conséquence une augmentation du montant de l'impôt perçu par l'un des deux États en vertu de sa législation interne.

Contrôle juridictionnel

10945 Le juge de l'impôt, qu'il soit administratif ou judiciaire, veille au respect du principe de la supériorité des conventions fiscales. Depuis une importante décision, rendue en matière non fiscale (CE 20 octobre 1989 n° 108243, Ass., Nicolo : RJF 11/89 n° 1266), le Conseil d'État a abandonné sa jurisprudence ancienne et s'est reconnu compétent pour examiner si une loi est **« compatible »** avec les stipulations d'un traité antérieur (solution implicite). Il ne s'agit pas d'un contrôle de la validité de la loi ni de sa conformité au traité, mais simplement de sa compatibilité (incidemment, si le juge souhaite vérifier la condition de réciprocité posée par l'article 55 de la Constitution, il pourra être amené, pour des raisons pratiques, à demander son avis au ministre des Affaires étrangères, quoiqu'il n'y soit pas obligé ; n° 10603).

La primauté du droit international est ainsi assurée en toute circonstance par **la mise à l'écart d'une loi**, en cas d'**incompatibilité** par rapport, notamment, à une convention fiscale ou au traité sur le fonctionnement de l'Union européenne ou à d'autres textes internationaux comme les conventions d'établissement, lorsqu'elles ont des effets fiscaux (de même, des actes administratifs qui violeraient une convention fiscale seraient déclarés nuls par le juge ; voir par exemple, d'une manière générale, CE 30 mai 1952, Dame Kirkwood, RDP 1952, 781). La Cour de cassation, de son côté, résout la difficulté en appliquant directement la convention (n° 10642).

Précisions **a.** Jusqu'en 1989 si les **tribunaux judiciaires** admettaient qu'une loi postérieure à un traité ne prévale pas si elle est contraire au traité (Cour de cassation, Sté Cafés Jacques Vabre, AJDA 1975-567), il n'en allait pas de même des **juridictions administratives** qui faisaient toujours prévaloir la loi postérieure au traité même si elle lui est contraire (jurisprudence ancienne du Conseil d'État, par exemple CE 1er mars 1968, Syndicat général des fabricants de semoule, AJDA 1968-235). Le juge administratif considérait qu'il ne pouvait « ni censurer ni méconnaître la loi » (conclusions Nicole Questiaux).

b. Dans ses conclusions sous CE 22 mars 1985 (n° 41277 et n° 41278, Sect. : RJF 5/85 n° 672), le commissaire du Gouvernement Philippe Bissara s'était exprimé en ces termes : « Si la convention internationale antérieure contient une **stipulation expresse, précise et directement applicable** en droit interne, les dispositions générales de la loi postérieure sont réputées avoir entendu réserver l'application de cette stipulation qui demeure applicable. Si au contraire, et comme en l'espèce, il s'agit d'une **stipulation générale**, ne réglant que les relations d'État à État et dépourvue par elle-même de tout effet direct en droit interne, la circonstance que le législateur n'aurait pas respecté les engagements prétendument souscrits par la France à l'égard de l'État étranger est sans aucune portée. La loi postérieure s'applique en dépit du Traité » (à propos du régime fiscal des habitants de Saint-Barthélemy).

c. Par principe, si le juge administratif doit appliquer un texte international **en tenant compte des réserves** l'accompagnant après s'être assuré qu'elles ont fait l'objet des mêmes mesures de publicité que ce texte, il ne lui appartient pas d'apprécier la validité de ces réserves, qui définissent la portée de l'engagement que l'État a entendu souscrire et ne sont pas détachables de la conduite des relations internationales (CE 12 octobre 2018 n° 408567, Ass., SARL Super Coiffeur).

Moyen soulevé d'office

Le juge administratif doit soulever d'office le moyen tiré de ce qu'une loi n'est pas applicable en raison des stipulations d'une convention fiscale internationale ; en effet, il s'agit d'une question qui ressortit au **champ d'application de la loi** : puisqu'une convention fiscale est susceptible de faire échec à l'application de la loi, elle doit être examinée d'office (le juge ne peut pas appliquer une loi inapplicable, ce qui est le cas lorsque la France perd le droit d'imposer en raison d'une convention internationale). **10947**

Pour des exemples en ce sens, outre la décision Schneider Electric (n° 10645), voir CE 19 décembre 1986 n° 54101, 7e et 8e s.-s. : RJF 2/87 n° 176 (relevant d'office le moyen tiré de ce qu'une convention fiscale s'oppose à une retenue à la source pratiquée sur des bénéfices distribués) et, plus récemment, CE 20 septembre 2017 n° 392231, 9e et 10e ch., Sté Mecatronic : RJF 12/17 n° 1231, relevant d'office la non-application de la convention fiscale franco-suisse dans une configuration mettant en cause une société américaine qui disposait d'**établissements stables** en Suisse et en France ; dans cette dernière affaire, c'était à tort qu'en appel cette convention avait été regardée comme applicable puisque l'établissement suisse d'une société américaine n'est pas un résident de Suisse : l'établissement français ne pouvait donc être celui d'un résident de Suisse mais celui d'un résident américain, à supposer que la société ait pu être effectivement considérée comme résidente des États-Unis, ce qui n'était pas le cas (voir également nos 15015 et 17355).

En sens inverse, la question de la conformité à une convention fiscale n'a pas été soulevée d'office dans une situation où le **droit interne conduisait à l'exonération** ; il s'agissait de salariés britanniques qui devaient être considérés comme domiciliés en France, ce qui rendait inapplicable la retenue à la source de l'article 182 A du CGI (nos 3200 s.). À cette occasion, le Conseil d'État a précisé que, si l'imposition contestée n'a pas été valablement établie au regard de la loi fiscale nationale, le juge n'a pas à analyser d'office la situation du contribuable au regard des stipulations d'une convention fiscale (CE 13 juillet 2007 n° 290266, 3e et 8e s.-s., min. c/ Sté Pacific Espace : RJF 11/07 n° 1302 ; conclusions François Séners au BDCF 11/07 n° 132). Cette solution s'explique sans doute par le fait que l'invocation de la convention dans de telles circonstances équivaudrait à une substitution de base légale à laquelle le juge ne procède pas d'office.

Précisions **a.** Dans l'affaire Pacific Espace, l'administration ne s'était curieusement pas prévalue de la **convention fiscale** devant le juge du fond ; la solution est d'autant plus étrange que les intéressés étaient manifestement domiciliés au Royaume-Uni sur le fondement de la convention fiscale franco-britannique et que leur domiciliation en France en droit interne n'était pas elle-même très assurée.

b. Par différence avec les conventions fiscales, le Conseil d'État ne soulève pas d'office la question de l'incompatibilité d'une disposition nationale avec le **droit de l'Union européenne**.

c. Le moyen tiré de la **violation d'une convention fiscale** n'est pas d'ordre public dès lors qu'il ne touche pas à la détermination du champ d'application de la loi (CE 19 décembre 2018 n° 413033, 3e et 8e ch. : RJF 3/19 n° 265, à propos d'un sportif imposé à tort en Allemagne ; voir également nos 10680, 42760, 45220 et 83560). Les stipulations conventionnelles relatives à la répartition du droit d'imposer sont soulevées d'office mais non, par exemple, celles qui prévoient l'élimination des doubles impositions par le biais d'un crédit d'impôt.

d. La solution retenue par le Conseil d'État en ce qui concerne l'assiette de l'impôt par la décision Schneider Electric (n° 10645) a été étendue par analogie à la notification ou à la signification à l'étranger des **actes de recouvrement** ; le juge de l'impôt, lorsqu'il est saisi d'une contestation relative au recouvrement d'une créance fiscale auprès d'un débiteur qui ne réside pas habituellement en France, doit **déterminer d'office** si une norme communautaire ou un traité international autorise des modalités de notification ou de signification à l'étranger des actes pris dans le cadre de la procédure en cause qui dérogent, en application de l'article 684 du Code de procédure civile, aux modalités qui sont prévues, en l'absence de tels textes, par les dispositions de l'article 683 du Code civil (CE 26 janvier 2021 nos 429381 et 429410, 3e et 8e ch. : RJF 4/21 n° 429 ; voir n° 3755, Précisions d).

10950 Certains États ne reconnaissent pas complètement la supériorité des conventions fiscales sur le droit interne ; il en va ainsi, par exemple, aux **États-Unis** où les conventions fiscales ne prévalent que si la loi n'a pas eu l'intention d'y déroger (« Treaty overriding »).

Il faut donc normalement rechercher l'intention du Congrès pour savoir si la convention s'applique ou non en cas de disposition contraire de la loi. Si le Congrès a manifestement eu l'intention de faire prévaloir la loi sur le traité antérieur, ce dernier ne s'applique pas, en vertu de la Constitution américaine. Dans le cas contraire, il s'applique. La réponse à cette question exige donc l'étude approfondie des travaux préparatoires de la loi.

En **Allemagne**, la Cour constitutionnelle a, dans une décision du 15 décembre 2015, indiqué, dans le même sens, que les traités internationaux, étant incorporés au droit interne allemand, ont la même valeur juridique que les lois et que le législateur peut par conséquent y contrevenir par des modifications législatives ultérieures.

Précisions Sur la réaction de la France au « **Treaty overriding** » américain, voir une ancienne réponse de Villepin (JO Sénat du 18 février 1993) expliquant que notre pays « proteste » mais refuse également de supporter l'effacement d'une double imposition lorsque celle-ci naît d'une mesure unilatérale contraire aux traités (voir, dans le même sens, les exemples cités n° 5940, mais voir aussi la décision Soulès ; n° 11110).

2. L'élimination des doubles impositions

Portée

10960 L'objet essentiel des conventions fiscales est d'éliminer les doubles impositions. Là réside leur véritable portée à l'égard des opérateurs du commerce international. Ceux-ci ont théoriquement la certitude soit de n'être imposés que dans un seul État, soit de bénéficier d'un crédit d'impôt en cas d'imposition dans les deux États.

Les conventions fiscales doivent impérativement être examinées avec attention avant la rédaction définitive des contrats internationaux. Les mécanismes qu'elles prévoient ont, en effet, une incidence certaine sur la rentabilité des opérations internationales.

Combinaison avec les règles internes

10965 La portée des conventions fiscales en ce qui concerne l'élimination de la double imposition est variable selon que les États connaissent ou non un mécanisme d'élimination des doubles impositions en droit interne.
– **S'il existe un système de droit interne** d'élimination des doubles impositions, la convention fiscale apporte moins aux entreprises et aux personnes physiques. Tel est le cas, par exemple, aux États-Unis (système généralisé de crédit pour impôt étranger) ou même, dans certains cas en France, dès lors qu'il existe :
• un système de crédit d'impôt en matière de droits de mutation à titre gratuit et d'impôt sur la fortune immobilière (voir nos 52540 et 48655) ;
• un système territorial d'impôt sur les sociétés, ce qui équivaut, dans de nombreux cas, à une méthode d'élimination des doubles impositions par exonération (nos 4600 s.).
– **S'il n'existe pas de système de droit interne** pour l'élimination des doubles impositions, la convention se révèle extrêmement précieuse. Tel est le cas, par exemple, en ce qui concerne l'impôt sur le revenu en France. En l'absence de convention fiscale, les doubles impositions ne sont pas éliminées ; elles ne sont que faiblement atténuées par la prise en compte comme charge déductible en France de l'impôt payé à l'étranger. Pour l'impôt sur le revenu et pour l'impôt sur les sociétés, il n'existe de crédit d'impôt que sur le fondement d'une convention fiscale (sous réserve du n° 8142 en ce qui concerne, notamment, certains revenus de source danoise).

3. La lutte contre l'évasion et la fraude fiscales internationales

10980 Les conventions fiscales n'ont pas, le plus souvent, pour unique objet d'éliminer les doubles impositions. Elles visent également à lutter contre l'évasion et la fraude fiscales internationales, en particulier au moyen de :
– l'échange de renseignements entre États ;
– l'assistance au recouvrement.

Sur ces points, voir l'étude d'ensemble sur le contrôle des opérations internationales (nos 71800 s.), étant observé qu'en application de **l'instrument multilatéral** « anti-Beps » les conventions fiscales « couvertes » contiennent désormais davantage de mesures anti-abus que dans le passé (no 1660).

Précisions La référence à cet objet des conventions fiscales n'a que **peu d'importance** pour le juge de l'impôt (no 10530), sous réserve peut-être, désormais, du cas particulier des conventions modifiées sur ce point par l'effet de l'instrument multilatéral.

B. Limites des conventions fiscales

1. Le renvoi au droit interne des États

Les conventions fiscales ont pour objet essentiel de répartir les droits d'imposer entre deux États. Elles ne vont pas au-delà, c'est-à-dire qu'elles n'ont pas, d'une manière générale, d'incidence sur les modalités d'imposition des revenus. **11060**

Les **modalités d'imposition** relèvent de l'entière souveraineté fiscale des États concernés : l'État auquel un droit d'imposer un revenu est attribué impose donc conformément à sa législation interne, dans tous ses aspects (assiette, taux, etc.). Toutefois, ce principe n'est pas absolu ; il est tempéré par : **11062**

- l'existence de clauses de non-discrimination (nos 80540 s.) ;
- certaines stipulations conventionnelles relatives à la déduction de frais (voir nos 18640 s. en ce qui concerne l'établissement stable) ;
- l'existence de taux plafond d'imposition pour les retenues à la source sur les dividendes, intérêts et redevances.

Mis à part ces restrictions, les conventions fiscales n'ont, en général, pas d'incidence sur les modalités d'imposition.

En application des principes précédents, et sous réserve des remarques des nos 81400 s., sur la portée des clauses de non-discrimination dans le cadre de l'Union européenne, il n'est pas contraire au droit d'imposer différemment un **non-résident** et un **résident** (no 80790). **11065**

Par exemple, lorsqu'un salarié résident de France exerce son activité en Allemagne, le droit d'imposer est normalement attribué à cet État ; rien dans la convention franco-allemande ne limite son droit d'imposer ce revenu pour l'obliger, par exemple, à tenir compte des charges de famille (solution différente dans le cadre franco-belge depuis l'entrée en vigueur, le 27 avril 2000, de l'avenant du 8 février 1999). De même, du côté français, un non-résident fait l'objet, en principe, d'un taux minimum d'imposition, ce qui n'existe pas pour les résidents (no 3135). Sous la pression de la Cour de justice, cependant, ces distinctions apparaissent souvent comme des discriminations injustifiées qu'il convient de corriger au sein de l'Union européenne (par exemple, no 3280 à propos de la retenue à la source de l'article 182 A du CGI).

Il est donc fondamental de ne voir dans une convention fiscale qu'un texte répartissant les droits d'imposer entre les États et nullement, sauf exception, une limitation du pouvoir d'un État à qui est attribuée l'imposition d'un revenu d'exercer son droit dans son intégralité. À l'avantage des contribuables, d'ailleurs, un État qui a le droit d'imposer peut **décider de ne pas utiliser ce droit** en tout ou partie ; par exemple, il avait été souligné que « lorsque la Convention attribue le droit d'imposer un revenu à un État, ce dernier détermine souverainement les modalités d'imposition de ce revenu, y compris, le cas échéant, l'applicabilité des dispositifs incitatifs à l'installation sur place figurant dans sa législation interne » (ancienne réponse Le Fur : JOAN 11 mai 2010 p. 5266, à propos du régime favorable d'imposition des pensions au Maroc, non reprise au BOFiP).

Précisions Le renvoi au droit interne des États se manifeste aussi, en France, par le **jeu des définitions** (nos 10640 s.).

2. L'absence fréquente de prise en compte des impôts locaux sur les revenus

11080 Comme il est indiqué nº 10175, les impôts locaux sur le revenu ne sont pas toujours couverts par les conventions fiscales (cas des États à structure fédérale comme le Canada ou les États-Unis). Cette situation peut conduire à des doubles impositions.

Aux **États-Unis**, par exemple, l'activité d'une entreprise française peut s'exercer par l'intermédiaire d'une installation qui ne serait pas un établissement stable, ce qui conduit à l'exonération des impôts fédéraux. Mais cette installation peut être imposable au titre de l'impôt de l'État fédéré. Or, chaque État fédéré a ses propres règles d'imposition des bénéfices, fondées soit sur une approche territoriale, soit sur une approche mondiale. Dans cette hypothèse, il y a double imposition car l'entreprise est normalement imposable en France en vertu de la convention fiscale. Cette double imposition ne peut être éliminée au moyen de la convention car celle-ci ne vise que les impôts « fédéraux » sur les revenus (elle peut l'être sur le fondement du droit interne américain). De même, lorsqu'un ajustement est décidé dans le cadre d'une procédure amiable, l'impôt fédéral américain est éventuellement corrigé mais non, le plus souvent, les impôts sur le revenu ou sur les sociétés dus aux États fédérés.

11085 Il arrive toutefois que certaines conventions fiscales visent les impôts des subdivisions territoriales, comme la **convention franco-suisse** du 9 septembre 1966 (« les impôts fédéraux, cantonaux et communaux » sur le revenu et sur la fortune). En outre, la France a signé, le 1er septembre 1987, une Entente fiscale avec le **Québec**, modifiée par un avenant du 23 août 2005 et calquée sur la convention franco-canadienne du 2 mai 1975. Il n'y a donc plus double imposition entre la France et le Canada d'une part et entre la France et le Québec d'autre part.

3. La question du non-respect des conventions par les États

11100 Il s'agit là d'un vrai problème posé aux entreprises qui ont des activités internationales, particulièrement dans les **pays en développement**.

En effet, ces pays sont toujours tentés de prélever un impôt dès lors qu'un profit se rattache, ne serait-ce que de façon accessoire, à leur territoire. C'est pourquoi, surtout lorsque la convention fiscale est un peu ancienne et qu'elle ne leur donne plus toute satisfaction, ils cherchent divers arguments pour se donner un droit d'imposer que la convention leur refuse.

11105 Face à de telles pratiques, il n'y a guère en droit que deux recours non exclusifs l'un de l'autre :
– les **recours juridictionnels de droit interne**, lorsque c'est possible (ce n'est pas toujours à négliger) ;
– le **recours à la procédure amiable** (procédure de règlement des difficultés d'application des conventions, nos 84000 s.) par la saisine de l'autorité compétente de l'État de résidence. Mais cette procédure se heurte elle-même à la souveraineté des États. En sorte que si un État refuse d'exécuter ses engagements internationaux, il n'y a pas de moyens juridiques de l'y contraindre. La seule conséquence est que, normalement, l'accord peut être considéré comme caduc par l'autre partie, mais cela ne fait pas, naturellement, l'affaire du contribuable. Fort heureusement de tels cas sont assez rares en pratique.

Cela dit, il existe aussi des États qui, comme les États-Unis, considèrent que la loi peut prévaloir sur les conventions fiscales ; face à de telles pratiques (nº 10950), il n'est guère possible, malheureusement, de dépasser le stade des protestations officielles.

Jurisprudence

11110 Au-delà des recours prévus par la convention fiscale elle-même et la législation du pays en cause, la question s'est posée de savoir dans quelle mesure il était possible de tirer les conséquences, pour la détermination de l'assiette de l'impôt français, du comportement d'un État étranger qui **refuse d'appliquer** la convention ou qui l'applique incorrectement. La réponse apportée par le Conseil d'État est désormais sans ambiguïté : le contribuable peut, s'il subit dans l'autre État une imposition non conforme à la convention, **déduire**

l'impôt étranger de ses bénéfices ou revenus imposables en France, quelles que soient les stipulations de la convention fiscale dont il a été fait une application incorrecte. Cette réponse a été apportée en deux temps. **11110** (suite)

Une première décision concernait une société française spécialisée dans le négoce international qui avait réalisé des opérations d'exportation de céréales à partir d'un port italien et qui avait perçu, en lires italiennes, des restitutions du Feoga ; la société les avaient considérées comme imposables en France en l'absence d'établissement stable en Italie, alors que les autorités fiscales italiennes avaient prétendu les imposer en Italie au motif que la société y aurait eu un établissement stable (CE 20 novembre 2002 nº 230530, 9e et 10e s.-s., Sté Établissement Soulès et Cie : RJF 2/03 nº 153 ; conclusions Guillaume Goulard à la même RJF et au BDCF 2/03 nº 19). La société, qui s'était naturellement défendue en droit interne italien ainsi qu'au moyen de la procédure amiable conventionnelle, avait **provisionné en France la charge d'impôt** correspondante. L'administration avait rejeté la provision au motif que la déduction d'un impôt étranger ne serait possible qu'en l'absence de convention fiscale. Le Conseil d'État a jugé au contraire, en substance :
– que l'article 39 du CGI permettait de **déduire un impôt étranger** ayant grevé les bénéfices des opérations en cause, quelle qu'en soit la nature, et que la provision était donc déductible dans son principe même si elle correspondait à une charge d'impôt étranger (nº 5815) ; cette solution a été réaffirmée par la décision Céline du 12 mars 2014 et elle a ensuite donné lieu à une modification législative (nºs 5815 et 83660) ;
– que la **déduction d'une imposition** mise à la charge d'une entreprise par un État conventionné ne saurait légalement être refusée à cette entreprise au seul motif que cet État aurait, en l'imposant, enfreint les règles fixées par la convention ;
– que cette déductibilité n'était cependant permise qu'en l'absence de **stipulation conventionnelle spécifique y faisant obstacle** ;
– qu'en l'espèce la convention ne contenait pas de clause spécifiquement contraire et ne prévoyait pas de crédit d'impôt au titre de l'impôt italien dont il s'agissait ;
– que, par suite, les cotisations d'impôt italien étaient des charges déductibles ou, le cas échéant, provisionnables, pour la détermination des bénéfices passibles de l'impôt sur les sociétés.

Dans un second temps, une nouvelle décision du Conseil d'État a étendu la solution précédente aux conventions fiscales contenant une **interdiction explicite** de déduction de l'impôt étranger, en jugeant qu'une telle interdiction n'est pas applicable si l'imposition étrangère a été établie en violation de la convention ; dans ce cas, la convention ne fait pas échec au droit interne français qui autorise la déduction. Saisi par une société française qui exerçait une activité de négoce et de location de matériel de forage en Algérie, au Cameroun et au Congo et qui avait subi à tort des impositions dans ces pays, le Conseil d'État a, en effet, posé en principe que lorsque les conventions fiscales stipulent que l'impôt étranger n'est pas déductible, cette interdiction ne concerne que les impôts étrangers prélevés **conformément aux stipulations conventionnelles** (CE 12 octobre 2018 nº 407903, 9e et 10e ch., Sté Smith International France : RJF 1/19 nº 16, annulant pour erreur de droit l'arrêt d'appel qui avait considéré à tort que les conventions fiscales applicables en l'espèce avaient explicitement exclu, en toutes circonstances, la possibilité de déduire les impositions étrangères ; sur cette décision, voir également nº 23100). Les conventions fiscales qui interdisent la déduction de l'impôt étranger ne le prévoient en effet, à l'article relatif à l'élimination des doubles impositions, que pour les revenus imposables dans le pays de leur source « conformément aux dispositions de la convention » ; elles ne l'interdisent donc pas si le revenu a été imposé à l'étranger en violation de la convention.

Cette solution a été reprise, notamment, à propos d'une société française qui n'a pu imputer de crédits d'impôt au titre de retenues à la source prélevées au Brésil, en Espagne, au Maroc et en Thaïlande sur des rémunérations de **prestations de services** qualifiées à tort de redevances (CAA Versailles 4 juin 2019 nºs 17VE01685-17VE02481, 3e ch., Sté Sopra Steria Group et min. c/ Sté Sopra Steria Group : RJF 12/19 nº 1185 ; voir nº 20410, d) ; la déduction en charge a cependant été admise (cette question n'était plus contestée au stade du pourvoi, qui avait été rejeté sur un autre point), y compris pour les revenus de source espagnole (la convention franco-espagnole du 10 octobre 1995 prévoit que l'impôt espagnol n'est pas déductible, mais l'imposition espagnole n'avait pas été effectuée conformément à la convention).

11110 (suite) En l'état de la jurisprudence, la déduction d'un impôt étranger non conforme aux stipulations conventionnelles est ainsi autorisée par principe, **quelle que soit la rédaction** de la convention fiscale, c'est-à-dire qu'elle pose ou non un principe de non-déductibilité de l'impôt étranger ; la déductibilité est par suite admise même en présence de conventions fiscales de type « Céline », au sens de la décision du Conseil d'État citée nº 83660, c'est-à-dire de conventions fiscales dont il faut comprendre qu'elles n'interdisent la déduction des impôts étrangers que si elles ont été correctement appliquées dans l'autre État (dans l'affaire Céline, la déduction avait été rejetée à juste titre puisque l'impôt étranger avait été perçu conformément à la convention, par différence avec l'affaire Smith International France qui concernait un cas d'application incorrecte de la convention).

L'impôt étranger acquitté à tort est déductible par principe, sans qu'il y ait lieu de d'exiger du contribuable qu'il ait cherché à le **contester à l'étranger** (que ce soit au regard des règles de droit interne étranger ou par le jeu de la procédure amiable conventionnelle) et sans attendre, le cas échéant, l'issue d'éventuels contentieux sur ce point ; mais, bien entendu, dans l'hypothèse où un remboursement d'impôt serait ultérieurement obtenu dans l'État de la source, ce remboursement constituerait un produit imposable en France (en ce sens, conclusions Marie-Astrid Nicolazo de Barmon sous la décision Smith International France, RJF 1/19 C 16).

La jurisprudence permet donc, au moins partiellement, de remédier à la situation d'un contribuable maltraité par une administration fiscale étrangère ; quant à la loi, elle n'a finalement posé aucun principe différent étant donné que si l'article 14 de la loi nº 2017-1775 du 28 décembre 2017 de finances rectificative pour 2017 a modifié l'article 39, 1-4º du CGI pour refuser la déduction des impôts étrangers, il ne s'agit que des impôts prélevés « conformément aux stipulations d'une convention fiscale » et non pas d'impôts prélevés en violation d'une convention fiscale (nº 5815).

Précisions **a.** Sur le cas où la législation étrangère refuse la déduction de certaines sommes contrairement aux principes posés par la convention et sur le refus du juge de l'impôt d'en tirer les conséquences en France, voir les exemples mentionnés nº 5940.

b. La solution retenue par le Conseil d'État dans l'affaire Smith International France, précitée, avait déjà été appliquée en première instance à propos d'une société française qui avait été imposée dans divers pays étrangers (Argentine, Brésil, Chili, Canada, Chine, Corée du Sud, Espagne, Grèce, Inde, Japon, Maroc, Malaisie, République tchèque, Roumanie et Thaïlande) à raison de rémunérations de **prestations de services qualifiées à tort de redevances** et qui n'étaient conventionnellement imposables qu'en France (TA Montreuil 1er décembre 2014 nº 1301376, 1e ch., Sté L'Oréal : RJF 3/15 nº 181) ; ce jugement est définitif, le ministre n'ayant demandé en appel que sa réformation partielle en tant que le tribunal administratif avait accordé une réduction en base supérieure à celle qui avait été initialement réclamée par la requérante, et cette dernière l'ayant accepté (CAA Versailles 17 septembre 2015 nº 15VE00985, 7e ch., constatant qu'il n'y avait plus lieu de statuer sur le recours du ministre).

DEUXIÈME PARTIE

Les affaires

CHAPITRE 6

L'implantation à l'étranger

Plan du chapitre §§

	SECTION 1 Le choix entre succursale et filiale : considérations générales	15010
A	Les contraintes de la réglementation locale	15050
B	Le choix d'une stratégie de développement	15055
C	Les considérations financières	15070
D	Les considérations purement juridiques	15080
E	Les considérations liées au contrôle fiscal	15090
	SECTION 2 Modalités d'appréhension du résultat fiscal selon la stratégie d'implantation	15200
A	Le principe de l'entreprise indépendante	15210
B	La question des relations entre l'entreprise française et l'entité étrangère	15250
C	La remontée des bénéfices	15400
D	La prise en compte des pertes	15500
E	La liquidation de l'implantation	15600
	SECTION 3 Mécanismes d'incitation fiscale à l'implantation à l'étranger	16000

Les entreprises désireuses de s'implanter à l'étranger doivent faire face à toutes sortes de difficultés non fiscales, qu'elles soient de nature commerciale (marchés, partenaires, etc.), juridique (forme de l'implantation), réglementaire (autorisations éventuelles), liées au contrôle des changes (déclarations aux banques centrales, enregistrement des capitaux, etc.), sociale (contraintes du droit du travail), ou autres. Les questions fiscales ne sont pas non plus neutres. **15000**

Pertinence des considérations fiscales

La fiscalité est l'une des questions que les entreprises doivent impérativement se poser, dès lors : **15005**
– qu'elle n'est **pas neutre** vis-à-vis des structures juridiques puisque le régime fiscal applicable à une implantation est différent, selon que l'entreprise choisit de créer sur place une filiale ou une simple succursale ; en outre, lorsqu'une filiale est créée, la fiscalité applicable à ses opérations internationales varie en fonction de sa forme juridique (société de capitaux ou société de personnes, voir nos 30200 s.) ;
– qu'il peut exister des **incitations fiscales** à l'implantation à l'étranger aussi bien dans le pays de résidence de l'entreprise que dans le pays d'accueil. Or, ces incitations peuvent être liées au respect de certaines conditions de la part des investisseurs et parfois au choix d'une certaine forme juridique.

SECTION 1

Le choix entre succursale et filiale : considérations générales

Différences liées à la personnalité juridique

Toute la différence de traitement entre une succursale et une filiale vient de ce que la première, à la différence de la seconde, n'a pas la personnalité morale. **15010**

Une **succursale** n'est, en effet, qu'un simple établissement de l'entreprise. Elle n'entraîne la création d'aucun être moral nouveau. Une **filiale**, au contraire, a la personnalité juridique. Même si elle est possédée à 100 % par un actionnaire, elle est une personne distincte de son actionnaire unique. Elle dispose d'un patrimoine propre, qui ne se confond pas avec celui des associés. Ceux-ci ne sont titulaires que de droits sociaux (actions ou parts) ; ils ne sont pas propriétaires des biens sociaux.

Difficulté de traitement des établissements stables

15015 Sur le plan fiscal, si la situation de la filiale paraît assez claire, celle de l'établissement l'est beaucoup moins. À certains égards, en effet, l'établissement est traité comme s'il avait une personnalité « fiscale », par exemple pour la détermination des bénéfices qu'il réalise dans ses opérations avec le siège (principe de l'assimilation à une « entreprise indépendante »). Mais les États ne lui reconnaissent pas toujours cette quasi-personnalité fiscale, notamment pour les opérations internes à l'entreprise, réalisées entre l'établissement et le siège (n° 15260).

De plus, l'établissement, n'ayant pas de personnalité distincte de celle du siège, ne peut pas être considéré comme un **« résident »** de l'État où il est installé ; ce principe a d'importantes conséquences pour l'application des **conventions fiscales**, notamment dans les situations « triangulaires » (établissement situé dans un État recevant des revenus d'un autre État alors que le siège de l'entreprise est situé dans un État tiers).

En France, par exemple, le Conseil d'État a confirmé, à propos d'une société américaine qui disposait d'un établissement stable en Suisse et qui exerçait également une activité dans les locaux d'une société sœur française, qu'un établissement stable n'est pas un « résident » de l'État où il est implanté, pour l'application des conventions fiscales (CE 20 septembre 2017 n° 392231, 9e et 10e ch., Sté Mecatronic : RJF 12/17 n° 1231 ; voir également n° 17355) ; dans cette affaire, il avait été jugé en appel que l'imposition en France était conforme à la convention fiscale franco-suisse du 9 septembre 1966 mais le Conseil d'État, tout en confirmant que la société américaine était bien imposable en France, a substitué à ce motif erroné un autre motif, tiré de ce que la **convention franco-suisse** n'était **pas applicable**, la société n'ayant en Suisse qu'un établissement stable et ne pouvant, par conséquent, être regardée comme « résidente de Suisse » (la convention fiscale franco-américaine du 31 août 1994 avait été jugée non applicable en appel au motif que la société américaine n'était pas assujettie à l'impôt sur les bénéfices aux États-Unis, ce qui n'était pas discuté en cassation).

Précédemment, le fait qu'un établissement stable n'est pas un « résident » pour l'application des conventions fiscales avait été illustré par un jugement concernant une **situation triangulaire** mettant en cause des intérêts de source britannique versés à la succursale française d'une banque portugaise (TA Montreuil 30 décembre 2013 n° 1210546, 1e ch., SA Caixa Geral de Depositos : RJF 8-9/14 n° 769 ; jugement définitif) ; il avait été jugé que « la succursale française de la SA Caixa Geral de Depositos, qui est dépourvue de personnalité morale et dont seuls les bénéfices qui lui sont imputables sont imposables en France, n'a pas la qualité de résident au sens des stipulations [conventionnelles] ».

Atténuations des différences

15020 Les réflexions de l'OCDE sur l'imposition des établissements stables ont évolué, depuis une dizaine d'années, dans le sens de la reconnaissance de plus en plus affirmée de leur **personnalité fiscale** ; à l'instar des filiales, ils sont en effet considérés par le comité des affaires fiscales de l'OCDE comme des entités « fonctionnellement distinctes » (n° 18442).

En outre, la jurisprudence évolue et tend à rapprocher ces deux modes d'exercice d'une activité à l'étranger, qu'il s'agisse de la détermination de leurs résultats imposables ou de la possibilité pour une société française de pratiquer des **aides à caractère commercial** en dépit du principe de territorialité (n° 5955). Dans le même esprit, la législation réprimant les transferts de bénéfices est applicable aux établissements stables et la jurisprudence du Conseil d'État conduit à admettre que des relations de **prêteur** à emprunteur sont possibles entre un établissement stable et son siège (n° 15260).

Enfin, rien ne s'oppose par principe à ce qu'une **filiale puisse caractériser également un établissement stable** ; tel est le cas, par exemple, lorsqu'une filiale se comporte comme un agent dépendant de sa société mère et qu'elle dispose des pouvoirs qui lui permettent de l'engager dans ce qui constitue son activité propre (nos 17695 s.). Dans ce cas, la filiale ne disparaît pas, mais l'administration peut dégager, à côté de la filiale, un établissement stable « caché » de la société mère étrangère. Une société mère qui a créé une filiale dans un pays étranger peut donc, le cas échéant, être considérée comme y disposant aussi d'un établissement stable, si les conditions sont remplies.

Précisions Bien entendu, la seule circonstance qu'une filiale ait été créée dans un État ne fait pas de cette filiale un établissement stable de sa société mère ; ce n'est que dans des circonstances particulières qu'une filiale peut caractériser un établissement stable.

Ces différents aspects sont traités en détail dans l'étude d'ensemble sur l'établissement stable (nos 18780 s.) et dans les études relatives aux intérêts et redevances. On se contentera ici de présenter schématiquement les principales différences entre la succursale et la filiale comme mode d'implantation à l'étranger. **15025**

A. Les contraintes de la réglementation locale

Le choix n'est pas toujours libre. Il existe des pays dans lesquels il y a une **obligation de « filialisation »**. Dans ce cas, l'entreprise ne peut choisir de s'implanter avec ses propres moyens (succursale, bureaux, etc.) ; elle doit créer une filiale sur place, conformément au droit local. **15050**

Cette situation se rencontre fréquemment dans les pays en développement et même, pour certaines activités, dans les pays développés. Dans certains États, une **autorisation administrative** est parfois obligatoire pour exercer certaines activités (énergie nucléaire, défense, aéronautique, communication, etc.). Or, l'autorisation sera accordée, dans la pratique, d'autant plus facilement qu'elle sera donnée à une entité résidente (filiale) plutôt qu'à une entité non résidente (établissement d'une société étrangère). De toute façon, il est prudent de se renseigner sur l'existence de restrictions concernant l'exercice d'activités commerciales (restrictions fondées sur la nationalité, le siège ou la résidence de l'investisseur). Dans les États fédéraux comme les États-Unis, il faut naturellement envisager aussi bien la réglementation fédérale que celle des États fédérés (notamment en ce qui concerne les activités bancaires).

Précisions Lorsqu'une entreprise s'adresse à des collectivités locales ou à des sociétés sous contrôle d'État ou de **collectivités publiques**, celles-ci exigent souvent que les contrats soient signés avec des sociétés de droit national (bien que la société mère doive généralement constituer en outre des garanties au profit de sa filiale).

B. Le choix d'une stratégie de développement

La création d'une simple succursale ne peut répondre, en principe, qu'à un besoin limité (sauf en ce qui concerne les banques et les compagnies d'assurance, pour des raisons réglementaires et prudentielles). En revanche, la création d'une filiale permettra un développement plus offensif sur le marché, notamment par l'association possible avec des **partenaires locaux**. Il sera, en effet, facile à la filiale locale d'augmenter son capital et de l'ouvrir à d'autres associés. Cela n'est évidemment pas possible avec une succursale puisque celle-ci n'est pas dotée de la personnalité morale. **15055**

Inversement, et corrélativement, le recours à une succursale permet d'éviter le problème du choix des associés et du montant de leur participation dans le **capital social**. Cet « avantage » doit cependant être nuancé car il existe parfois des possibilités de création de filiales n'ayant qu'un seul actionnaire (cas, par exemple, de la société par actions simplifiée ou de l'entreprise unipersonnelle à responsabilité limitée en France). Là encore, il faut donc se renseigner sur le **droit applicable**. Aux États-Unis, par exemple, il est variable selon les États. Or, une société peut n'être pas constituée dans l'État où elle exerce son activité principale. La simplicité et la souplesse de gestion des sociétés sont beaucoup plus grandes dans des États « libéraux » comme le Delaware que dans des États « restrictifs » comme la Californie. **15060**

C. Les considérations financières

15070 D'une manière générale, la création d'un établissement évite les **droits de constitution** d'une entité distincte (filiale) et neutralise la question des apports et, partant, des droits d'apport. Cela dit, l'entreprise qui crée un établissement doit naturellement lui donner les moyens de fonctionner et donc le doter d'un **« quasi-capital »**. Par exemple, une succursale à l'étranger d'une banque doit en principe être dotée de fonds pour pouvoir exercer son activité. Il est évidemment impossible de fixer a priori un montant « normal » pour ce quasi-capital (dotation du siège). Cela dépend des circonstances de chaque affaire et des motivations commerciales ou financières de l'entreprise. Sur le principe jurisprudentiel de liberté de financement des succursales, voir n° 76735.

En ce qui concerne les **banques**, la détermination du niveau de ce « quasi-capital » est toutefois importante car elle permet traditionnellement, par différence, de fixer le montant de ce qui constitue des « avances » du siège qui doivent être rémunérées par des intérêts (alors que la dotation en « quasi-capital » n'a pas à être rémunérée ; n° 15350).

Inversement, il existe des entités dotées de la personnalité morale qui ne sont pas nécessairement dotées d'un capital. Tel est le cas, en France, des **groupements d'intérêt économique** (GIE ou GEIE). Mais une telle entité, qui n'est pas une société, ne peut répondre qu'à des besoins précis et limités (les GIE sont soumis au régime fiscal des sociétés de personnes ; nos 30200 s.).

D. Les considérations purement juridiques

15080 Un établissement n'a pas de personnalité distincte du siège. L'entreprise dans son ensemble est donc engagée par toutes les opérations de l'établissement. Cette situation a pour conséquence, notamment, que la **responsabilité du siège** est engagée de manière illimitée, c'est-à-dire pour la totalité des pertes de l'établissement.

En revanche, en cas de perte, une société mère n'est normalement engagée qu'à hauteur de sa participation dans une filiale (sauf présence d'une société « de personnes » ; nos 30200 s.). Si la filiale est une société de « capitaux » (du type société anonyme, SAS, SARL, etc.), la société mère court certes le risque de perdre son investissement en capital, mais pas au-delà (sa responsabilité est limitée au montant de ses apports). Cela dit, la responsabilité de la société mère peut être plus étendue si elle accepte, comme il est courant, de se porter **caution** des emprunts contractés par sa filiale ou en cas d'action en **responsabilité pour insuffisance d'actif** (anciennement action en comblement de passif) en tant que dirigeant de fait.

Précisions **a.** Sur un plan strictement juridique, un établissement est un **outil simple** : un seul dirigeant suffit et il n'y a pas à convoquer chaque année un conseil d'administration et une assemblée générale. Mais en contrepartie, le directeur (dirigeant) de l'établissement dispose des pleins pouvoirs et la responsabilité du siège est illimitée puisque l'établissement n'est pas une personne morale distincte du siège ; c'est donc le siège qui prend en charge les pertes de l'établissement (juridiquement, mais pas toujours fiscalement, en raison, par exemple, en France, du principe de la territorialité de l'impôt sur les sociétés) et qui subit les actions en responsabilité (produits, environnement, etc.). En revanche, une filiale, si elle est constituée sous forme de société de capitaux, permet de **limiter la responsabilité** des associés au montant de leurs apports en capital (sauf exceptions, tels l'immixtion dans la gestion ou le soutien déraisonnable de crédit).

b. Une filiale peut choisir une **date de clôture** d'exercice différente de celle de sa société mère, ce qui n'est pas le cas d'une succursale.

c. Une succursale n'a pas d'obligation de désigner un **commissaire aux comptes**, à la différence d'une filiale, le cas échéant.

E. Les considérations liées au contrôle fiscal

15090 D'une manière générale, l'établissement et la filiale sont placés dans une situation identique au regard du contrôle fiscal. Dans un cas comme dans l'autre, l'administration a normalement le pouvoir de **redresser les prix des transactions** effectuées entre le siège et l'entité étrangère (nos 76340 s.).

S'il s'agit d'une filiale, l'exercice de ce droit ne soulève pas de difficultés particulières.

En présence d'un établissement, le principe de l'entreprise indépendante aboutit à un résultat identique ; il est, en effet, imputé à l'établissement les bénéfices qu'il aurait pu réaliser s'il avait constitué une **entreprise distincte** exerçant des activités identiques et traitant en toute indépendance avec l'entreprise dont il constitue un établissement (sous réserve, naturellement, des opérations interdites entre un siège et son établissement ; nos 15250 s.). Il n'y a d'ailleurs plus de débat sur la possibilité qu'a l'administration de rectifier des **prix de transfert** entre un siège et son établissement étranger, la confirmation en ayant été apportée par le Conseil d'État (no 76455) et la Cour de justice (no 76365).

Contrôle des transactions internes

Il est admis qu'il puisse exister des bénéfices afférents à des opérations portant sur des biens ou des services entre succursale et siège d'une même entreprise ; ce principe ne vaut évidemment qu'**à des fins fiscales**, car il ne peut exister économiquement de « bénéfices » que lorsqu'une entreprise réalise des opérations avec des tiers. C'est d'ailleurs ainsi que la fiscalité appréhende les opérations lorsque le siège et son établissement sont situés dans le même État ; mais les autorités fiscales s'écartent de ce principe lorsque les transferts s'effectuent au-delà des frontières, même s'ils restent à l'intérieur de la même personne morale. Une telle pratique contribue à reconnaître une **« personnalité fiscale »** à l'établissement (pas complètement, cependant, puisqu'il existe des transactions interdites ; nos 15250 s.). **15095**

Il en résulte, par exemple, que lorsqu'une entreprise française transfère des biens à un établissement de vente à l'étranger, le « **bénéfice de fabrication** » est imposable en France alors que le « **bénéfice de vente** » est imposable là où est situé l'établissement étranger (no 5827). **15100**

De même, lorsqu'une entreprise française assure une **prestation de services** pour le compte d'un établissement, elle doit normalement « percevoir » une rémunération analogue à celle qu'aurait dû acquitter l'établissement s'il s'était adressé à un tiers.

De tels principes concernent évidemment également les relations entre filiale et société mère (répression des transferts indirects de bénéfices, acte anormal de gestion, etc.). Mais ils sont, en général, d'application plus aisée.

Étendue des pouvoirs d'investigation

Une filiale et un établissement stable ne sont pas placés dans une situation identique au regard de l'étendue des pouvoirs d'investigation de l'administration locale. **15110**

En effet, tout État dans le ressort duquel se trouve un établissement a normalement le pouvoir **d'examiner les comptes** de l'entreprise dans son ensemble afin de vérifier la sincérité des résultats déclarés. L'administration a donc un droit de regard non seulement sur les comptes locaux mais aussi sur les comptes du siège. Cela entraîne fréquemment pour l'entreprise un surcoût financier (obligation de présenter des comptes globaux dans la langue locale) et, surtout, cela l'oblige à dévoiler toutes ses opérations.

Le passage par une filiale évite ces inconvénients.

Précisions Lorsqu'un établissement doit être créé, il est parfois possible de faire en sorte qu'il soit celui d'une **filiale dédiée** constituée à cette fin dans le pays de résidence ou ailleurs ; de cette manière, seuls les comptes de cette filiale devront être éventuellement produits, ce qui évite au groupe d'avoir éventuellement à dévoiler des informations sensibles.

Conséquences de l'absence de relations contractuelles

En pratique, la démonstration de la normalité de la répartition des dépenses et des revenus entre une succursale et son siège est plus difficile qu'entre une société mère et une filiale. Une filiale, juridiquement indépendante, peut, en effet, **signer des contrats** avec sa société mère alors que ce n'est pas possible à un établissement stable, qui n'est pas doté de la personnalité juridique. **15120**

Pour renforcer la sécurité fiscale, en présence de simples établissements stables, il est recommandé, même s'il n'est pas possible de véritablement « contractualiser » les relations entre un siège et son établissement, de mettre en place des « **quasi-contrats** ». Sous forme de conventions ou autres accords écrits, ils permettent de formaliser ces relations, de décrire la nature des services rendus et de prévoir, le cas échéant, des **clefs de répartition** pour les dépenses (ou les revenus) qui ont un caractère commun et qui sont peu individualisables.

Précisions En ce qui concerne les mesures françaises de lutte contre l'évasion fiscale, et lorsqu'une convention fiscale internationale a été signée entre la France et le pays de l'implantation, l'**article 209 B** du CGI est plus aisé à mettre en œuvre à l'égard d'une filiale étrangère qu'à l'égard d'une succursale en raison, dans ce dernier cas, de la possibilité d'invoquer l'incompatibilité de cette imposition avec le droit conventionnel (nos 73300 s.). Cela dépend toutefois de la rédaction des conventions fiscales.

SECTION 2

Modalités d'appréhension du résultat fiscal selon la stratégie d'implantation

15200 L'appréhension du résultat fiscal ne se fait pas de la même façon pour une succursale et une filiale. La situation de l'établissement est, en effet, beaucoup plus complexe, notamment dans ses relations avec le siège, que celle d'une filiale. Le point de départ est pourtant le même, puisqu'en principe l'établissement doit être traité comme s'il était une entreprise distincte du siège dont il ne constitue qu'un démembrement.

A. Le principe de l'entreprise indépendante

Principes

15210 Les **établissements stables** sont normalement **traités de la même manière** que les filiales. L'impôt sur les sociétés est, en général, prélevé au même taux. Si des pertes sont réalisées, elles sont reportables sur place dans les conditions de droit commun, en principe les mêmes qu'il s'agisse d'une succursale ou d'une filiale. Tous deux sont soumis aux déclarations et aux obligations comptables et fiscales qui sont celles du pays d'accueil.

En présence d'une convention fiscale, le fait que l'établissement stable doive être traité de la même façon qu'une filiale découle du principe de **non-discrimination** ; par exemple, l'article 24 § 3 du modèle de convention fiscale de l'OCDE précise que l'imposition d'un établissement stable qu'une entreprise d'un État a dans l'autre État n'est pas établie dans cet autre État d'une façon moins favorable que l'imposition des entreprises de cet autre État qui exercent la même activité (nos 81270 s.).

Personnalité fiscale

15220 Il est acquis qu'un établissement doit, sauf exception, être traité comme s'il constituait une **entreprise indépendante** du siège (« personnalité fiscale »).

Il s'ensuit que les produits et les charges de l'entreprise doivent être ventilés entre le siège et l'établissement, afin de répartir les revenus qui sont soumis à l'impôt dans les deux États concernés. De ce point de vue, l'établissement et la filiale sont traités de la même façon.

En pratique, la **distinction des produits et des charges** entre le siège et l'établissement est plus difficile qu'entre une société mère et sa filiale, du fait de l'unicité de la personne morale. L'existence d'un établissement oblige l'entreprise à procéder à des retraitements comptables et fiscaux qui sont souvent délicats. La satisfaction de ces mêmes obligations est plus facile pour une filiale.

Approche du comité des affaires fiscales de l'OCDE

Depuis sa révision de juillet 2010, le modèle de convention fiscale de l'OCDE propose une version de l'article 7, relatif aux bénéfices des entreprises, qui renforce encore la personnalité fiscale des établissements stables qualifiés par les commentaires OCDE d'**entreprises fonctionnellement distinctes** du siège. **15230**

Une telle approche conduit l'OCDE à estimer que les établissements stables doivent être dotés de « **capitaux libres** » et qu'ils peuvent dans certains cas être regardés comme « **propriétaires économiques** » d'éléments incorporels, auquel cas il conviendrait de leur attribuer une rémunération comparable à celle d'une entreprise indépendante exerçant une fonction similaire, au moyen d'une redevance interne. Plus généralement, l'autonomie des établissements stables conduirait à la reconnaissance systématique de l'existence fiscale d'« **opérations internes** » entre un établissement stable et les autres parties de l'entreprise dès lors qu'il convient, pour déterminer leurs bénéfices imposables, de leur attribuer toutes les caractéristiques pertinentes que doit avoir une entreprise distincte et séparée du siège et qui exerce les mêmes activités dans les mêmes conditions (nº 18442).

La jurisprudence française évolue d'une certaine façon dans ce sens (nº 15260).

B. La question des relations entre l'entreprise française et l'entité étrangère

La question des relations entre l'entreprise française et l'une de ses implantations étrangères (ou l'inverse) est assez compliquée lorsque cette implantation est un établissement. Elle est beaucoup plus simple lorsqu'il s'agit d'une filiale. **15250**

Une filiale agit, en effet, vis-à-vis du siège comme n'importe quelle personne tierce. Elle peut donc verser des **intérêts** et **redevances** à sa société mère. Elle peut également facturer sans difficulté des prestations diverses (prestations de services) et **acheter ou vendre** des biens à la société mère. De ce point de vue, sa situation est simple et claire.

En revanche, un établissement ne peut pas, juridiquement, signer de contrats avec l'entreprise dont il dépend, car tous deux ne constituent qu'**une seule entité juridique**. Les opérations de nature commerciale effectuées entre le siège et l'établissement ne sont donc pas équivalentes à des transactions réalisées entre des personnes distinctes.

Conséquences fiscales des différences juridiques

La circonstance qu'un établissement soit dépourvu de personnalité juridique a notamment pour conséquences : **15260**
– qu'il ne peut pas y avoir, d'un point de vue juridique, de cession ou de **concession** de **brevets**, **licences** d'exploitation, de procédés ou techniques entre un siège et son établissement, alors que c'est naturellement possible entre une société mère et une filiale. De ce fait, par exemple, les dispositions favorables prévues par le droit interne français (nºs 21250 s.) ne peuvent s'appliquer qu'aux concessions, sous-concessions et cessions des actifs incorporels éligibles effectuées au profit d'entités étrangères constituées sous forme de filiales (ou d'établissements de sociétés distinctes de la société cédante ou concédante) ;
– que, pour les mêmes raisons, il n'y a pas, en droit, de versement d'**intérêts** entre un établissement et son siège, car le prêteur et l'emprunteur ne font qu'un sur le plan juridique. La situation est différente entre une société mère et ses filiales du fait de la dualité des personnes juridiques.

Cela étant, ces constatations d'ordre purement juridique n'ont pas nécessairement de conséquences fiscales, du moins en France ; notamment, l'absence de personnalité morale de la succursale française d'une société étrangère n'interdit pas à l'administration de procéder à une rectification sur le fondement de l'article 57 du CGI en présence d'**avances sans intérêt** de la succursale vers le siège (CE 9 novembre 2015 nº 370974, 9e et 10e s.-s., Sté Sodirep Textiles SA-NV : RJF 2/16 nº 121 ; voir également nº 76455). Les termes employés par le Conseil d'État dans cette décision qui, à plusieurs reprises, mentionne les « intérêts » dont la « facturation » a été omise à raison de la « comptabilisation d'avances consenties au siège » font clairement abstraction de toute considération purement juridique (dans cette affaire, il n'était d'ailleurs pas contesté que la succursale française avait consenti des avances de fonds à son siège belge, comptabilisées comme telles).

En outre, par un motif surabondant, la décision précitée relève que la réponse ministérielle Mesmin du 19 janvier 1981 (voir infra, Précisions) « repose sur une interprétation de la loi fiscale différente de celle qui est énoncée » par le Conseil d'État, ce qui signifie nécessairement que la **doctrine administrative est illégale** lorsqu'elle refuse, d'une manière générale, la déduction d'intérêts versés par une succursale française à son siège étranger en n'exceptant que les seules banques. Quoique la question n'ait pu être tranchée car elle était sans pertinence au cas particulier, il y a lieu d'en déduire qu'une succursale française peut **emprunter à son siège** et lui verser à ce titre des intérêts déductibles, y compris s'il ne s'agit pas d'une banque ; il n'y a, au demeurant, aucune raison qui voudrait que le traitement fiscal des intérêts versés entre un siège étranger et une succursale française soit asymétrique selon que la succursale prête ou emprunte.

Dans ses conclusions sur cette affaire, le rapporteur public soulignait en ce sens, à juste titre, que la jurisprudence doit rester cohérente et que si « une succursale qui « prête » à son siège doit en principe être rémunérée par des intérêts de pleine concurrence, alors, en sens inverse, une succursale qui « emprunte » à son siège doit pouvoir déduire les intérêts versés au siège de ses résultats imposables en France, ce que la doctrine générale actuelle de l'administration refuse pour les établissements non bancaires » (conclusions Marie-Astrid Nicolazo de Barmon : RJF 2/16, C 121).

On remarquera incidemment que cette manière de voir peut trouver un écho dans la rédaction du paragraphe 2 de l'article 7 du modèle de convention fiscale actuellement proposé par le comité des affaires fiscales de l'OCDE, qui prévoit que les bénéfices attribuables à un établissement stable sont ceux qu'il aurait pu réaliser, « en particulier **dans ses opérations internes avec d'autres parties de l'entreprise** », s'il avait constitué une entreprise distincte et indépendante du siège (n°s 15230 et 18442 s.). Dans le même sens, voir n° 5803 à propos des conséquences fiscales du transfert d'un élément d'actif d'un siège français vers une succursale étrangère.

Sur les questions tenant à la **sous-capitalisation** des succursales, voir n° 76735.

Précisions Selon la position traditionnelle de l'administration, les versements effectués sous la dénomination **d'intérêts** ou **redevances** par la succursale française d'une société étrangère en rémunération des sommes que cette société a prélevées sur ses fonds propres et met sous quelque forme que ce soit à la disposition de sa succursale, ne peuvent être admis en déduction du bénéfice imposable en France ; la succursale n'ayant pas de personnalité juridique distincte ni d'autonomie patrimoniale, ces versements représentent, en réalité, une partie d'un bénéfice réalisé en France par la société étrangère. En revanche, la succursale française peut déduire les **remboursements effectués au siège** de dépenses supportées par ce dernier lorsque ces dépenses sont afférentes à la succursale française ou sont exposées au profit de l'ensemble de l'entreprise (BOI-IS-CHAMP-60-10-40 n° 380, citant la réponse Mesmin, n° 31725 : JOAN 19 janvier 1981 p. 245).

Jurisprudence

15270 Avant la décision Sodirep (n° 15260), des conséquences strictes de l'absence de personnalité juridique des établissements stables avaient été tirées par un arrêt de la cour administrative d'appel de Paris (CAA Paris 28 mai 1991 n° 2918, 2e ch., Weston Hyde Products Ltd : RJF 8-9/91 n° 1152 ; arrêt définitif). Dans cette affaire, la Cour avait jugé que les **intérêts versés par une succursale** française à son siège étranger pour rémunérer des avances de démarrage versées par ce dernier ne peuvent être pris en compte pour le calcul des résultats passibles de l'impôt sur les sociétés.

La Cour avait précisé que si la réponse Mesmin du 19 janvier 1981 (n° 15260, Précisions) confirme cette règle lorsque la société étrangère a prélevé sur ses fonds propres les versements effectués à sa succursale, cette réponse ne comporte pour autant aucune interprétation formelle permettant expressément et précisément la prise en compte des intérêts de l'espèce dans le cas où la mise à disposition des fonds serait financée par l'emprunt. La solution ainsi retenue sur le fond n'est plus, à notre avis, en ligne avec la jurisprudence actuelle du Conseil d'État (n° 15260).

15275 La question avait été abordée également par un autre arrêt, qui dans un mouvement prémonitoire, avait pourtant affirmé que l'établissement français d'une société américaine pouvait, pour l'imposition en France de ses bénéfices, déduire de son résultat imposable les charges financières afférentes au paiement des **intérêts d'un emprunt contracté auprès de son siège** dès lors notamment que le paiement des intérêts avait un lien raisonnable avec les bénéfices réalisés en France (CAA Versailles 14 juin 2007 n° 05VE01814, 1e ch., min. c/ Sté McDonald's System of France, arrêt définitif annulant TA Versailles 19 mai 2005 n° 0004261, lui-même faisant suite à TA Versailles 2 juillet 2004 n° 00-4261, 7e ch., Sté McDonald's System of France : RJF 2/05 n° 161).

Cependant, cette affirmation s'est révélée sans portée car, dans cette affaire, la Cour avait relevé que les sommes avancées par le siège américain à la succursale française **ne provenaient pas des fonds propres** du siège mais d'emprunts contractés par ce dernier et n'avait admis la déduction des intérêts que dans la limite du taux d'intérêt versé par le siège au titre de son propre emprunt. Les intérêts n'ont donc finalement été admis en déduction que dans la mesure où le siège avait **emprunté des fonds pour financer sa succursale française** et non pas en raison de l'admission de principe de la déduction d'intérêts au titre d'un financement accordé par le siège. La solution serait sans doute différente aujourd'hui compte tenu de la décision Sodirep du Conseil d'État (n° 15260).

Affectation de charges aux établissements stables

En tout état de cause, il est toujours possible au siège d'affecter à un établissement étranger (siège français et établissement étranger ou l'inverse) des charges (financières ou autres) si ces charges sont effectivement liées à l'activité de cet établissement (dans ce cas, la dette ou le bien incorporel, par exemple, sont normalement inscrits au bilan fiscal de l'établissement), ou par le jeu d'imputations analytiques internes. **15300**

Rien ne s'oppose, en ce sens, à ce qu'une **quote-part** de **redevances** ou **d'intérêts** soit imputée à la succursale par le siège étranger, au titre de **« frais de siège »**, si cette quote-part est correctement calculée et si les sommes en cause sont réellement liées à l'activité de la succursale. En effet, il est admis qu'un établissement puisse déduire de ses résultats non seulement les dépenses qu'il a exposées directement mais également une partie des **dépenses exposées par le siège pour son compte** (nos 18708 s.) ; il en va ainsi, plus généralement, de toutes les dépenses qui sont encourues au siège pour les besoins de ses établissements étrangers (ou éventuellement, des dépenses encourues ailleurs qu'au siège, aux mêmes fins). C'est en ce sens que la doctrine administrative indique qu'une succursale française peut déduire les **remboursements effectués au siège** de dépenses supportées par ce dernier lorsque ces dépenses sont afférentes à la succursale ou sont exposées au profit de l'ensemble de l'entreprise (BOI-IS-CHAMP-60-10-40 n° 380).

Si, par exemple, une entreprise française verse des **redevances** à une société tierce pour l'utilisation d'un brevet par l'un de ses établissements étrangers, une part des redevances versées par la société française doit être prise en compte par cet établissement, sous la forme de frais de siège (ou même de redevances si l'établissement les prend directement en charge). **15305**

Dans le même sens, si une entreprise française **emprunte à un tiers** pour les besoins de son établissement étranger, les intérêts sont normalement considérés comme ayant leur source dans l'État de situation de l'établissement et sont déductibles des résultats de ce dernier (n° 62480).

Précisions Dans l'État de situation de l'établissement stable, des difficultés peuvent survenir, notamment en raison de ce que l'imputation de frais de siège permet d'éviter la retenue à la source qui serait autrement due en cas de paiement direct.

Cas particulier des établissements de crédit

L'administration admet traditionnellement que, dans certains cas, des intérêts puissent être déduits des résultats d'un établissement stable lorsqu'ils sont versés au siège (cette solution, présentée comme une dérogation, avait été énoncée avant la décision Sodirep mentionnée n° 15260). Il en va ainsi pour les banques et établissements de crédit, qui ont pour objet même le **commerce de l'argent**. **15350**

On peut distinguer en effet, dans les sommes mises à la disposition d'un établissement bancaire par son siège, une partie qui correspond à un **« quasi-capital »** et une partie qui constitue des prêts ou avances. La dotation en quasi-capital ne donne pas lieu à paiements d'intérêts, alors que les **« prêts »** ou « avances » doivent normalement être rémunérés par des intérêts. Il s'agit, en réalité, d'une opération de nature commerciale, qu'il est logique de traiter comme les autres.

Cela étant, cette distinction a perdu de sa portée depuis que le Conseil d'État a consacré la **liberté de financement des succursales** (nº 76735) ; l'évolution de la jurisprudence a par ailleurs vraisemblablement retiré à cette solution ce qu'elle pouvait avoir de dérogatoire (nº 15260).

Précisions **a.** Le fait qu'il y ait lieu, en ce qui concerne les banques et les autres établissements financiers et de crédit, de distinguer, dans les relations entre un siège et ses succursales étrangères, les **dotations** attribuées aux succursales à titre de quasi-capital et les avances en **compte courant** inhérentes à la nature même de l'activité des établissements, c'est-à-dire le commerce de l'argent, est affirmé au BOI-IS-CHAMP-60-10-40 nº 390.

b. La jurisprudence a signalé la **spécificité des banques** dans ce domaine ; les conclusions de Marie-Hélène Mitjavile dans l'affaire Télécoise (nº 5955) rappellent que la doctrine administrative admet que les avances accordées par une banque à une succursale étrangère doivent être regardées comme des opérations commerciales productrices d'intérêts, déduits des résultats de la succursale et intégrés à ceux du siège, et que cela conduit bien à regarder les avances du siège comme des créances.

c. Une solution particulière est retenue dans le cadre **franco-brésilien** en ce qui concerne les succursales des banques et des établissements financiers et de crédit des deux États (Échange de lettres des 5 février et 4 mars 1974 ; BOI-INT-CVB-BRA nºs 310 et 320 et BOI-ANNX-000304). Cet accord précise incidemment que « d'une manière générale, la notion même d'intérêts implique nécessairement une relation entre personnes distinctes en qualité respectivement de débiteur et de créancier » et que les solutions particulières retenues « demeureraient donc sans effet au regard de sommes que, sous la **qualification erronée d'intérêts**, le siège d'une société verserait à son établissement stable à l'étranger, notamment pour « rémunérer » des avances mises à sa disposition, et vice versa. Une seule et même personne ne peut, bien entendu, réunir sous sa propre identité la double qualité de débiteur et de créancier. » En sens contraire, voir nº 15260.

d. En ce qui concerne la **TVA**, les intérêts qu'acquittent les succursales d'une banque, dépourvues de personnalité morale, en rémunération des prêts que leur accorde le siège ne constituent pas des sommes versées à un tiers en rémunération d'un service (CE 29 juin 2001 nº 176105, 9e et 10e s.-s., SA Banque Sudameris : RJF 10/01 nº 1217, reprenant CE 9 janvier 1981, nº 10145, Plén., Sté Timex Corporation : RJF 3/81 nº 201, jugeant que les mouvements de fonds entre un siège et sa succursale échappent à la TVA).

15360 Selon l'administration, la **répartition de l'endettement** entre le siège étranger et l'établissement français d'une même entreprise doit, en tout état de cause, rester conforme au principe de territorialité, tel que posé par le I de l'article 209 du CGI et l'article « Bénéfices des entreprises » des conventions fiscales (article 7 du modèle convention fiscale de l'OCDE) et ses commentaires relatifs à la détermination des bénéfices imputables aux établissements stables (ancien BOI-IS-BASE-35-20-10 nº 10).

En ce qui concerne les banques, la détermination du **montant** fiscalement acceptable **du « capital »** d'une succursale de banque (succursale française d'une banque étrangère ou l'inverse) doit être faite au cas par cas en fonction des caractéristiques de chaque affaire (BOI-IS-CHAMP-60-10-40 nº 400). Cette manière de voir a cependant été infirmée par le Conseil d'État (nº 76735).

Précisions Le comité des affaires fiscales de l'**OCDE** a abordé cette question dans ses travaux relatifs à l'attribution de bénéfices aux établissements stables (notamment dans des rapports publiés en 2008). Il est en effet indispensable que les États adoptent une **approche coordonnée** afin d'éviter les doubles impositions (par exemple, si le Royaume-Uni considère que le montant de « capital » de la succursale britannique d'une banque française est trop faible et refuse la déduction des intérêts versés au siège alors que ceux-ci sont imposables en France et que notre administration refuse d'en ajuster le montant). La question n'est cependant pas simple et ne fait pas l'objet d'un consensus suffisant pour l'instant.

C. La remontée des bénéfices

Filiales

15400 Les résultats bénéficiaires d'une filiale « remontent » sous la forme de dividendes (nºs 60000 s.). En effet, à la différence d'un établissement stable, une **filiale distribue** ou non ses résultats (les dividendes s'entendent des bénéfices distribués après impôt sur les sociétés). Dans ce cas, mais seulement lors de la distribution, une **retenue à la source** est généralement exigible, en fonction du droit interne de l'État concerné, des conventions fiscales internationales et, le cas échéant, du droit de l'Union européenne (la retenue à la source est prélevée sous la responsabilité du débiteur et/ou de l'établissement payeur des dividendes). Lorsqu'elle est due, la retenue à la source constitue, en principe, un crédit d'impôt dans l'État de résidence de l'actionnaire non résident.

Ces dividendes sont normalement imposables au nom de la société mère ; mais ils sont souvent exonérés (dans certains États) ou quasi exonérés (en France) dans le cadre du régime des **sociétés mères** (nos 61400 s.).

Établissements

Les résultats bénéficiaires d'un établissement sont traités d'une manière différente. Ils ne donnent pas lieu à paiement de « dividendes », car ce sont juridiquement des résultats du siège. L'établissement n'est pas en situation de décider s'il « distribue » ou non ses résultats. Ses bénéfices sont ipso facto ceux de l'entreprise dans son ensemble. Lorsqu'ils sont rapatriés, ils ne donnent pas, en principe, lieu à prélèvement. **15420**

Toutefois, certains États considèrent que l'absence de **prélèvements supplémentaires** au titre de la distribution (l'impôt sur les sociétés supporté par l'établissement et par la filiale étant généralement le même) constitue une discrimination injustifiée en faveur des établissements. Ils ont donc prévu un **« impôt de distribution »** (« branch tax »). Les conventions fiscales n'autorisent pas toujours la perception d'un tel impôt. Lorsqu'elles le permettent, elles prévoient souvent un taux réduit par rapport au droit interne ; afin de tenir compte des particularités de la situation de l'établissement, notamment de ce qu'il ne peut pas choisir de ne pas distribuer, ce taux est, en général, plus faible que celui qui s'applique aux distributions ordinaires. Il n'est pas non plus absurde de soutenir que les actionnaires d'une société qui réalise des résultats dans un établissement étranger devraient supporter un prélèvement dans ce dernier État comme si les dividendes qu'ils reçoivent provenaient d'une société de cet État (voir nos 18930 s. sur la question de l'impôt de distribution).

En ce qui concerne les règles applicables au siège de l'entreprise, elles dépendent bien entendu du droit interne et des conventions fiscales. Schématiquement, peu nombreux sont les États qui, comme la France, connaissent un principe de **territorialité** qui conduit à ne pas les imposer dans l'État du siège ; la plupart connaissent un mécanisme de crédit d'impôt en droit interne. Cependant, beaucoup d'États exonèrent les résultats des établissements étrangers sur le fondement des conventions fiscales.

Précisions Sur le principe de territorialité, voir nos 4000 s. Les entreprises françaises peuvent, dans certaines conditions, bénéficier de **dérogations** au principe de **territorialité**, principalement en application des règles relatives aux aides à caractère commercial ; en sens inverse, elles peuvent aussi être imposées en France sur les résultats de leurs filiales ou succursales étrangères en application de l'article 209 B du CGI (nos 73100 s).

D. La prise en compte des pertes

La comparaison entre filiale et établissement dépend des règles applicables en droit interne en ce qui concerne la territorialité de l'impôt. **15500**

Approche mondiale

Pour les États qui retiennent une approche mondiale, les pertes (comme d'ailleurs les bénéfices) sont prises en compte dans l'État de la résidence de l'entreprise (États-Unis, Allemagne, Japon, etc.). Les **résultats positifs et négatifs** du siège et des différents établissements, y compris ceux qui sont situés à l'étranger, se compensent. Dans son pays de résidence, l'entreprise est donc imposée sur son résultat réel (sous réserve notamment d'éventuelles difficultés tenant aux excès de crédits d'impôt non imputables). Mais cette « consolidation » ne s'étend pas aux filiales, sauf exceptions. Dès lors, les pertes réalisées à l'étranger par une filiale ne sont pas normalement déductibles alors qu'elles le sont pour un établissement. **15510**

Approche territoriale

15520 Pour les États qui retiennent une approche territoriale de l'impôt sur les sociétés (France, par exemple), la situation est différente. En effet, les **pertes** subies, comme les bénéfices réalisés dans des établissements étrangers, ne sont **pas** normalement **prises en compte** dans les résultats de l'entreprise. Une entreprise française ne peut donc pas imputer sur ses résultats français les pertes subies dans ses établissements étrangers. Elle peut ainsi être imposable en France alors qu'elle est en réalité globalement en déficit, si ses pertes étrangères dépassent ses bénéfices français (au sens d'entreprises « exploitées » en France ; nº 4600). Mais, en contrepartie, elle n'est pas imposable sur les profits qu'elle réalise dans des établissements étrangers. Elle pourrait donc être en déficit en France alors qu'elle serait globalement en situation bénéficiaire. De ce point de vue, la situation de l'établissement étranger est proche de celle d'une filiale.

15525 **Prise en compte partielle des pertes** Même dans un système territorial, il existe des mécanismes qui permettent une certaine « remontée » des pertes enregistrées par des filiales ; la société mère peut ainsi constituer une **provision pour dépréciation** des titres de sa filiale. Si celle-ci est en déficit, en effet, la valeur de la participation de la société mère diminue. Cette diminution doit être constatée par le biais d'une provision, alors que ce n'est pas possible pour un établissement (nºs 6225 s. et nº 26190 ; en France, ces provisions n'ont cependant pas d'effet fiscal, dans la mesure où elles concernent, par hypothèse, des titres de participation).

En outre, la jurisprudence autorise la déductibilité de **pertes résultant d'aides** apportées à une succursale étrangère dans le cadre de relations commerciales (nº 5955).

Enfin, le législateur met parfois en place des dispositifs spéciaux permettant une certaine remontée des pertes, même dans les États qui retiennent une approche territoriale, comme la France (nº 16000). Il peut aussi exister des exceptions marginales, telles que l'admission en charge des indemnités versées aux **VIE** placés auprès d'une filiale ou d'une succursale située à l'étranger en dépit du principe selon lequel les frais et charges qui se rapportent à des entreprises exploitées hors de France ne peuvent venir en déduction des résultats imposables en France (nº 5900).

Précisions Les différences entre succursales et filiales sont encore aggravées par l'existence dans certains États de **régimes d'incitation** à la création de filiales étrangères, à l'exclusion des établissements. Tel a été autrefois le cas en France, dans le cadre de certains mécanismes d'incitation à l'implantation à l'étranger (nº 16000).

E. La liquidation de l'implantation

Établissements stables

15600 La liquidation de l'implantation suit, concernant l'établissement, les règles applicables aux bénéfices et aux pertes. Si, comme en France, l'entreprise est soumise à une imposition territoriale, elle n'est pas imposable sur les profits éventuels dégagés par la **liquidation** d'un établissement étranger (si elle est imposée sur une base mondiale, elle bénéficie en principe d'un crédit d'impôt au titre de l'impôt payé dans l'autre État).

Il en résulte qu'en France, si la liquidation d'un établissement étranger entraîne des **pertes**, celles-ci ne sont pas normalement déductibles dans notre pays, sous réserve, le cas échéant, d'une éventuelle transposition de la solution retenue par la Cour de justice à propos d'une société danoise, qui pourrait ouvrir des perspectives favorables dans certaines circonstances particulières (CJUE 12 juin 2018 aff. 650/16, Gr. ch., A/S Bevola, Jens W. Trock ApS : RJF 11/18 nº 1186 ; voir nº 81720).

La **cession d'un établissement** est toujours imposable dans l'État de son implantation, dans la mesure où il s'agit de la cession d'un fonds de commerce (ou d'une activité économique) qui y est situé (sauf, naturellement, exonérations de droit interne).

Les **conventions fiscales** ne dérogent généralement pas à ce principe ; par exemple, l'article 13 § 2 du modèle de convention fiscale de l'OCDE prévoit que les gains provenant de l'aliénation de biens mobiliers qui font partie de l'actif d'un établissement stable qu'une entreprise d'un État a dans l'autre État, y compris les gains provenant de l'aliénation de cet établissement stable (seul ou avec l'ensemble de l'entreprise), sont imposables dans cet autre État. Par suite, si un établissement stable est cédé, les plus-values de cession sont imposables **dans l'État de situation** de l'établissement, en fonction du droit interne de cet État et sans plafonnement conventionnel.

Il en va ainsi du côté français ; une société étrangère est passible de l'impôt sur les sociétés en France lorsqu'elle cède un **fonds de commerce** exploité en France (en sens inverse et conformément au principe de territorialité, une société française n'est normalement pas imposable en France en cas de cession ou de liquidation d'un établissement à l'étranger).

Filiales

La situation d'une filiale est différente ; la société mère est en principe imposable sur le **« boni de liquidation »** éventuel. Celui-ci est normalement traité, en tout ou en partie, comme un revenu de capitaux mobiliers. **15610**

Si une entreprise française se contente de céder sa participation dans sa filiale, elle réalise, selon le cas, une **plus-value** ou une moins-value. L'imposition dépend des conventions fiscales (nos 65930 s.). En règle générale, celles-ci réservent l'imposition à l'État de la résidence du cédant, et excluent toute imposition dans l'État de résidence de la filiale (sauf, parfois, dans le cas de sociétés à prépondérance immobilière ou de participations substantielles, c'est-à-dire dépassant 25 % du capital). Le principe de territorialité n'a pas d'incidence en ce qui concerne la cession par une société française de titres d'une filiale étrangère ou sa liquidation ; les actions figurent à l'actif du bilan de la société mère et la plus-value est nécessairement imposable en France.

Précisions Souvent, particulièrement dans les pays en développement, la liquidation d'un établissement est plus **longue** et plus **complexe** que celle d'une filiale.

SECTION 3

Mécanismes d'incitation fiscale à l'implantation à l'étranger

Champ d'application résiduel

La stratégie d'implantation des sociétés françaises à l'étranger peut être influencée par les dispositifs d'accueil mis en place par les pays d'implantation dans le cadre des **codes des investissements**, notamment dans certains pays d'Afrique. **16000**

Elle peut aussi, le cas échéant, dépendre des dispositifs d'incitation prévus par le droit interne français. Mais force est de constater aujourd'hui que ces dispositifs n'ont qu'une portée très réduite.

Ainsi, en France, des mécanismes incitatifs avaient été mis en place dans le passé mais ils ont progressivement été supprimés, sans doute en raison de leur peu d'impact sur le comportement des entreprises et de « l'effet d'aubaine » qu'ils constituaient.

Ont ainsi été successivement supprimés :
– l'ancien mécanisme de prise en compte temporaire des **pertes étrangères** (ancien article 209 C du CGI issu de l'article 22 de la loi n° 2008-1425 du 27 décembre 2008 de finances pour 2009 et supprimé par l'article 26 de la loi n° 2013-1278 du 29 décembre 2013 de finances pour 2014) qui permettait aux PME de déduire de leur résultat imposable les déficits des succursales et filiales étrangères sous réserve qu'elles les rapportent à leur résultat imposable au plus tard au titre du cinquième exercice suivant celui de leur déduction ; ce mécanisme a été considéré comme entraînant, selon l'exposé des motifs du projet de loi de finances pour 2014, une dépense fiscale « inefficiente et inutile » (la suppression du dispositif a concerné les résultats des exercices clos depuis le 31 décembre 2013) ;
– l'ancien dispositif de **provisions pour implantation à l'étranger**, qui a été supprimé par la loi n° 2003-1312 du 30 décembre 2003 de finances rectificative pour 2003 et qui consistait à accorder aux entreprises un avantage de trésorerie matérialisé par la possibilité

de passer des provisions variables selon la nature et les investissements réalisés à l'étranger (ce dispositif a dû être supprimé à la suite d'une décision du 21 novembre 2001 de la Commission européenne au JOCE L 126/27 du 13 mai 2002, considérant qu'il s'agissait d'une aide d'État incompatible au regard du traité instituant la Communauté européenne du charbon et de l'acier et du traité CE) ;
– l'ancien mécanisme de crédit d'impôt pour **dépenses de prospection commerciale**, qui avait été mis en place par la loi de finances pour 2005 et qui permettait à certaines sociétés (n° 16200), de bénéficier d'un crédit d'impôt lorsqu'elles exposaient des dépenses de prospection commerciale afin d'exporter des services, des biens ou des marchandises (CGI art. 244 quater H, ancien) ; ce mécanisme a été supprimé pour les périodes d'imposition et exercices ouverts depuis le 1er janvier 2018 (Loi n° 2017-1837 du 30 décembre 2017 de finances pour 2018) ;
– l'ancien mécanisme d'exonération d'impôt sur le revenu des **collaborateurs de professionnels libéraux** ou faisant partie d'un cabinet regroupant des professionnels libéraux à raison des suppléments de rétrocession d'honoraires qui leur étaient versés à l'occasion d'activités de prospection commerciale réalisées à l'étranger (CGI art. 93-0 A, ancien ; n° 23420) ; ce dispositif a été supprimé pour les périodes d'imposition et exercices ouverts depuis le 1er janvier 2018 (Loi n° 2017-1837 du 30 décembre 2017 de finances pour 2018).

Précisions **a.** L'article 22 de la loi de finances pour 2005 avait institué un dispositif d'incitation à la **relocalisation d'activités en France** entre le 1er janvier 2005 et le 31 décembre 2006 (ancien article 244 quater I du CGI) ; mais ce crédit d'impôt n'a jamais été appliqué.

b. En ce qui concerne la localisation en France d'entreprises étrangères, l'administration avait souligné que le régime de faveur institué dans certaines **zones franches urbaines** n'est pas exclusivement réservé aux résidents ; les non-résidents peuvent s'y implanter sous forme de filiale ou de succursale (ancienne réponse Decagny, JOAN 30 novembre 2004, p. 9438 : BF 2/05 n° 110 ; cette réponse n'a pas été reprise au BOFiP mais elle est toujours valable sur le fond).

Ancien crédit d'impôt pour dépenses de prospection commerciale

16200 La loi de finances pour 2005 avait accordé aux **petites et moyennes entreprises** (en simplifiant, PME ayant moins de 250 salariés et dont le chiffre d'affaires était inférieur à 50 M€ ou dont le total de bilan était inférieur à 43 M€), et à certaines sociétés de **professions libérales**, le bénéfice d'un crédit d'impôt lorsqu'elles exposaient des dépenses de prospection commerciale afin d'exporter des services, des biens ou des marchandises (CGI art. 244 quater H, ancien).

Le dispositif était applicable quel que soit le territoire en vue duquel il était envisagé d'exporter des services, des biens ou des marchandises, en dehors ou au sein de l'Espace économique européen. Ce mécanisme a été supprimé pour les périodes d'imposition et exercices ouverts depuis le 1er janvier 2018 (Loi n° 2017-1837 du 30 décembre 2017 de finances pour 2018).

Les **dépenses éligibles** comprenaient, notamment, les frais et indemnités de déplacement et d'hébergement liés à la prospection commerciale en vue d'exporter, les dépenses visant à réunir des informations sur les marchés et les clients étrangers, les dépenses de participation à des salons et à des foires-expositions ayant pour objet l'exportation et les dépenses visant à faire connaître les produits et services de l'entreprise en vue d'exporter.

L'obtention du crédit d'impôt était subordonnée au **recrutement** d'une personne affectée au développement des exportations ou au recours à un volontaire international en entreprise (VIE) affecté à la même mission. Étaient éligibles les dépenses exposées pendant les vingt-quatre mois qui suivaient le recrutement de cette personne (à titre dérogatoire, l'entreprise pouvait choisir de recruter la personne à affecter au développement des exportations « en interne »).

Le **crédit d'impôt**, qui ne pouvait être obtenu qu'une seule fois, était calculé au titre de chaque période d'imposition ou exercice clos au cours desquels des dépenses éligibles avaient été exposées ; il était égal à 50 % de ces dépenses, déduction faite des subventions publiques. Il était plafonné à 40 000 € pour l'ensemble de la période de vingt-quatre mois suivant le recrutement de la personne ou le recours à un volontaire international en entreprise. Ce plafond était porté à 80 000 € pour les associations soumises à l'impôt sur les sociétés en vertu de l'article 206, 1 du CGI et les groupements d'intérêt économique mentionnés à l'article 239 quater du CGI, sous certaines conditions (répondre à la définition des PME et avoir pour membres des PME).

Précisions **a.** Le recrutement d'une personne affectée au développement commercial de la société devait s'effectuer par l'embauche d'un salarié soumis à un **lien de subordination** ; ne pouvait bénéficier du crédit d'impôt une société qui avait recours à un agent commercial indépendant (TA Limoges 13 mai 2015 n° 1300235, 2e ch., Sté TT Trunks : RJF 12/15 n° 997 ; jugement définitif).

b. Le salarié employé pour développer les exportations pouvait être **également associé majoritaire** mais il devait occuper effectivement une fonction dédiée principalement au développement de l'activité d'exportation de l'entreprise (CAA Paris 14 février 2013 n° 11PA01921-11PA02367, 9e ch., Sté Valentin's ; arrêt définitif jugeant, à propos d'une société qui exploitait une galerie d'art contemporain, que la démonstration requise n'avait pas été faite).

c. Les **salaires**, congés payés, cotisations d'assurance maladie à l'étranger et autres **charges sociales** attachées au recrutement d'un salarié en charge des exportations ne pouvaient pas être pris en compte pour le calcul du crédit d'impôt (CAA Marseille 26 mars 2020 n° 18MA01478, 3e ch. : RJF 12/20 n° 980 ; arrêt définitif).

Cabinets d'avocats En ce qui concerne les cabinets d'avocats, les **dépenses éligibles** au crédit d'impôt devaient avoir été engagées afin d'exporter des services, des biens et des marchandises, correspondre à des frais d'organisation ou de participation à des manifestations hors de France, et être liées à des manifestations ayant pour objet de faire connaître les compétences du cabinet. **16219**

Était éligible l'ensemble des frais et dépenses ayant trait directement à l'organisation ou la participation à ces manifestations : frais de bouche, de logement, de location de stands ou de salles de conférence et de matériels nécessaires à l'organisation de la manifestation, édition de brochures ou documentations présentant les activités du cabinet et distribuées au cours de la manifestation.

Les frais liés à une présence dans le public d'un colloque à l'étranger n'étaient pas éligibles de même que la représentation de clients devant des juridictions étrangères, la présence à des négociations ou encore l'exercice d'une activité de conseil.

CHAPITRE 7

L'établissement stable

Plan du chapitre §§

	SECTION 1 La notion d'établissement stable	17200
A	Principes	17350
B	Exemples	17370
C	Exceptions	17520
D	Les chantiers	17590
E	Les agents	17670
F	La question de l'économie numérique	17780
G	Contrôle et sanctions	17810
H	Le rescrit « établissement stable »	17830
	SECTION 2 L'imposition des établissements stables	17900
I	**La détermination des bénéfices imposables**	18200
A	Détermination du revenu d'exploitation	18350
B	La prise en compte des revenus rattachables à l'établissement stable	18520
C	Déduction des dépenses	18640
II	**Les modalités d'imposition**	18780
A	Règles d'imposition	18900
B	La retenue à la source sur les bénéfices des établissements stables	18930
C	Élimination des doubles impositions	19200
III	**Autres impôts**	19350
A	Taxe sur les salaires	19351
B	Taxe d'apprentissage et taxes assises sur les salaires	19370
C	Contribution sociale de solidarité des sociétés	19380
D	Ancienne taxe professionnelle et actuelle contribution économique territoriale	19400

Généralités

16600 La notion d'établissement stable permet de déterminer si une activité industrielle ou commerciale exercée dans un État est imposable au lieu d'exercice des activités ou, au contraire, seulement au lieu de la résidence de l'entreprise.

Cette notion, qui a progressivement émergé en droit fiscal international comme critère de rattachement territorial des bénéfices, est aujourd'hui généralement considérée comme pertinente même si ses contours peuvent varier selon la rédaction des conventions fiscales. Elle repose sur l'idée qu'un **lien physique** doit exister entre une entreprise étrangère et un territoire pour que ce dernier ait le droit d'imposer une part des profits (approche fondée sur l'offre).

Avec le développement du commerce électronique et de l'économie numérique, cependant, les États cherchent aujourd'hui à redonner de l'importance à une ancienne approche fondée sur le **marché** (approche fondée sur la demande), qui, si elle se concrétisait, serait de nature à modifier les règles de territorialité applicables aux entreprises multinationales (nos 16650 s.).

La notion d'établissement stable est actuellement précisée par l'article 5 du modèle de convention fiscale de l'OCDE (voir texte en Annexe A). Le concept même d'établissement stable a peu évolué depuis les premiers modèles, notamment celui de l'OCDE de 1963, mais les commentaires ont été substantiellement enrichis voire modifiés. Cela étant, les cas où une entreprise d'un État doit être considérée comme disposant d'un établissement stable dans un autre État ont eu nettement tendance à s'accroître au cours de ces dernières années du fait de la réduction des exceptions et de l'extension de la notion d'« agent dépendant ayant les pouvoirs d'engager » (nos 17540 et 17670).

Précisions **a.** Certaines conventions fiscales, rares, ne font **pas référence** au concept d'établissement stable (par exemple, convention franco-saoudienne du 18 février 1982 modifiée).

b. Lors de la révision d'avril 2000 du modèle de convention fiscale de l'OCDE, le concept de « **base fixe** », qui s'appliquait aux activités indépendantes, a disparu pour être fusionné avec celui d'établissement stable (Commentaires OCDE, C (5) n° 2 et C (7) n° 77). Le terme « base fixe » n'est plus aujourd'hui utilisé que par les anciennes conventions fiscales.

Évolution continue des réflexions et extension du concept

Le comité des affaires fiscales de l'OCDE révise périodiquement ses commentaires sur le concept d'établissement stable. **16610**

De nouveaux commentaires ont, par exemple, été insérés dans le modèle issu de la révision de janvier 2003, sur la notion de siège de direction, les câbles et conduites, les activités de surveillance des chantiers, la cohérence géographique et l'interruption des chantiers et la notion d'agent dépendant. Par la suite, la révision de juillet 2008 a ajouté de nouveaux développements sur la manière de déterminer les **résultats des établissements stables** et sur les cas où de simples **prestations de services** peuvent caractériser un établissement stable.

Un **rapport de propositions** avait également été publié le 12 octobre 2011, dans lequel étaient notamment envisagées des modifications concernant la notion d'installation « à la disposition » de l'entreprise (par exemple, en présence de consultants qui travaillent dans les locaux de leurs clients), les bureaux personnels des salariés, la durée nécessaire pour caractériser un établissement stable, le cas des sous-traitants, la notion de « pouvoirs de conclure des contrats » et la situation particulière des sociétés de capital-risque (au total, vingt-cinq questions ponctuelles étaient traitées dans ce rapport dans l'ordre des paragraphes pertinents des commentaires relatifs à l'article 5 du modèle OCDE). Certaines de ces idées ont été reprises, d'autres non, ou, pour certaines, ont été intégrées dans de nouveaux commentaires.

Plus récemment, le modèle de convention fiscale de l'OCDE a, suivant l'exemple de l'instrument multilatéral (n°s 1650 s.), été **révisé dans un sens plus extensif**, afin de réduire les cas où une entreprise peut se prévaloir des exceptions au concept d'établissement stable ; cette extension du concept, qui se traduit par une réalité juridique opposable à l'égard des conventions fiscales modifiées par l'instrument multilatéral, est l'une des mesures mises au point dans le cadre du plan de lutte de l'OCDE contre l'érosion de l'assiette imposable et les transferts de bénéfices (Beps), dont l'Action 7 cherche à « empêcher les mesures visant à éviter artificiellement le statut d'établissement stable » (n° 72410). À mesure de l'extension et de la modernisation du réseau conventionnel, les exceptions liées à la réalisation d'**activités préparatoires** ou auxiliaires (n° 17540) seront encadrées plus strictement et les cas où un **agent** pourra être considéré comme un établissement stable seront plus nombreux (n° 17708).

Cependant, le concept lui-même est toujours considéré comme pertinent, même compte tenu de l'évolution générale de l'économie et des problématiques liées à l'importance du commerce électronique.

Précisions **a.** Depuis sa révision de 2017 (n° 1407), le **modèle de convention des Nations unies** concernant les doubles impositions entre pays développés et pays en développement propose, comme celui de l'OCDE, une nouvelle rédaction de l'article 5, destinée à empêcher les mesures visant à éviter le statut d'établissement stable.

b. Lors des travaux de ratification de **l'instrument multilatéral**, il a été souligné que la France n'a « pas forcément intérêt à ce que la répartition du droit d'imposer et celle de la valeur glissent vers les marchés de consommation, eu égard à l'importance des actifs incorporels que ses entreprises détiennent (tels que les marques et les brevets) et à la relative faiblesse de son marché intérieur par rapport à ceux des pays émergents, Chine, Inde et Brésil en tête » (Avis n° 1093 du 20 juin 2018 de la commission des finances de l'Assemblée nationale à propos du projet de loi de ratification de l'instrument multilatéral, p 131). Pour autant, aucune conséquence n'a été tirée de ce constat, la France ayant accepté sans réserve les articles 12 à 15 de l'instrument multilatéral, à l'exception, finalement, de l'article 14, relatif au fractionnement des contrats (n° 17630).

Évolution des propositions sur l'imposition des établissements stables **16620**

Au cours des années 2000 à 2012, l'OCDE s'était surtout concentrée sur la question de l'imposition des établissements stables et des modalités de **répartition des produits et des charges** entre un siège et ses établissements étrangers (n°s 18442 s.).

Les discussions sur ce point, qui avaient été entamées dès 2001, avaient abouti à l'adoption en 2008 d'un rapport sur l'attribution de profits aux établissements stables (version définitive des parties I à IV de ce rapport, qui avaient, pour certaines, été publiées auparavant, notamment en décembre 2006 pour les parties I, II et III) ; ce rapport est divisé en quatre parties, la partie I traitant de considérations générales, la partie II du cas des opérations bancaires, la partie III des établissements stables d'entreprises effectuant des transactions mondialisées sur instruments financiers et la partie IV des établissements stables des entreprises d'assurance.

Pour tenir compte de ce rapport et de l'évolution des réflexions des pays membres de l'OCDE, les commentaires de l'article 7 du modèle de convention fiscale de l'OCDE, sur les règles d'imposition des établissements stables, ont été modifiés dans les versions du modèle publiées en juillet 2008 et en juillet 2010. Les commentaires de 2008 étaient censés rester en ligne avec la version antérieure du modèle lui-même alors que les commentaires de 2010 tenaient compte de la refonte de l'article 7 faisant suite aux rapports de 2008 et 2009 qui ont abouti à la nouvelle rédaction proposée par la révision de juillet 2010 (nos 18442 s.).

Depuis lors, l'imposition des établissements stables n'est plus un réel sujet de discussion au sein du comité des affaires fiscales de l'OCDE, les réflexions étant plutôt concentrées sur la pertinence du concept lui-même, notamment dans le cadre de l'économie numérique, et sur la nécessité d'éviter que les entreprises ne puissent trop facilement en éviter les conséquences.

Portée de la notion d'établissement stable

16630 La notion conventionnelle d'établissement stable prévaut sur la notion d'établissement en droit interne ou sur celle d'entreprise exploitée en France (n° 4600). Ce n'est qu'en l'absence de convention fiscale que le droit interne des États régit intégralement l'imposition des bénéfices des entreprises.

Cela étant, une société étrangère qui n'exploite pas d'entreprise en France, au sens du droit interne, peut tout de même être passible de l'impôt sur les sociétés dans notre pays en tant qu'elle y dispose d'un établissement stable au sens conventionnel ; la France a en effet, sur le fondement de l'article 209, I du CGI, le droit d'imposer les bénéfices dont l'imposition lui est attribuée par une convention fiscale. Pour un exemple en ce sens, voir CE 18 octobre 2018 n° 405468, 10e et 9e ch., Sté Aravis Business Retreats Limited : RJF 1/19 n° 19 (voir n° 4750). Voir également n° 10655.

Précisions Les règles relatives à la **TVA** et aux taxes sur les prestations de services, le cas échéant, sont sans incidence sur la notion d'établissement stable pour l'application des conventions fiscales (Commentaires OCDE, C (5) n° 5, issus de la révision de 2017 du modèle de convention fiscale).

Projets globaux de redéfinition des règles applicables aux entreprises multinationales

16650 Si la notion d'établissement stable reste, pour le moment, le critère déterminant de la répartition de l'assiette imposable, il est possible qu'il ait moins d'importance à l'avenir pour les grandes entreprises, étant donné l'avancement des réflexions globales sur les règles applicables aux entreprises multinationales, qu'il s'agisse d'une certaine redéfinition de l'assiette imposable (n° 16660) ou de l'exigence d'un taux minimum d'imposition (n° 16680).

Ces nouvelles perspectives sont parties d'une réflexion d'ensemble sur l'évolution du commerce électronique et de l'économie numérique (n° 17780) et sur l'opportunité de redonner de l'importance à une ancienne **approche fondée sur le marché**, qui avait pourtant été abandonnée dès les premiers modèles de conventions fiscales. Cette approche voulait que la simple utilisation d'un « marché » situé dans un État soit suffisante pour donner à cet État le droit d'imposer, même en l'absence de présence physique. Les fondements théoriques de cette nouvelle approche reposent sur l'idée que les **utilisateurs** sont également créateurs de valeur pour les entreprises (plateformes de médias sociaux, moteurs de recherche, places de marché virtuelles, etc.) et qu'il y aurait lieu de mieux rémunérer les **biens incorporels de commercialisation** (« marketing intangibles », tels que les listes de clients, les relations avec la clientèle, les données exclusives sur des marchés ou des clients). S'y est rapidement ajoutée, afin d'augmenter la charge fiscale pesant sur les entreprises multinationales et d'éviter les délocalisations de profits à des fins fiscales, la volonté de lutter contre les États ou territoires qui affichent des taux d'imposition faibles ou nuls.

Les travaux internationaux en la matière sont allés assez vite depuis les premières **propositions de l'OCDE**, datant du 9 octobre 2019 (« Secretariat Proposal for "Unified Approach" under Pillar One ») et de novembre/décembre 2019 (« Global Anti-Base Erosion (GloBE)

Proposal under Pillar Two »), avant que soit publié, le 31 janvier 2020, un nouveau document de synthèse intitulé « Statement by the OECD/G20 Inclusive Framework on BEPS on the Two-Pillar – Approach to Address the Tax Challenges Arising from the Digitalisation of the Economy As approved by the OECD/G20 Inclusive Framework on BEPS on 29-30 January 2020 », puis un plan directeur en octobre 2020 (communiqué de l'OCDE du 12 octobre 2020 concernant les rapports sur les plans d'action du premier et du deuxième pilier : Tax Challenges Arising from Digitalisation – Reports on the Blueprints of Pillar One and Pillar Two). L'impulsion décisive est cependant venue des États-Unis qui, après avoir été réservés, ont fait part de leur accord de principe le 9 avril 2021.

Les ministres des finances du G7 (Allemagne, Canada, États-Unis, France, Italie, Japon et Royaume-Uni) ont alors indiqué, à l'issue d'une réunion des 4 et 5 juin 2021 à Londres, qu'ils soutenaient fortement l'idée d'un impôt minimum d'au moins 15 % « pays par pays », ainsi que la recherche d'une allocation plus équitable des droits d'imposer les profits des très grandes entreprises multinationales. Ce soutien a été confirmé lors du sommet du G7 à Carbis Bay (Royaume-Uni) du 11 au 13 juin 2021 et un accord de principe a ensuite été trouvé au sein du Cadre inclusif en juillet 2021 (n° 16652). Les travaux internationaux en la matière se sont poursuivis au second semestre 2021 et au premier semestre 2022, mais ne sont pas encore finalisés.

Précisions La **France** s'est rapidement déclarée pleinement mobilisée pour faire avancer les travaux à l'OCDE (communiqué du ministère des finances n° 1983 du 31 janvier 2020). Selon un rapport du Conseil des prélèvements obligatoires, « les effets globaux des piliers 1 et 2 devraient être globalement favorables pour la France quoique de portée limitée » (rapport intitulé « Adapter la fiscalité des entreprises à une économie mondiale numérisée », septembre 2020 ; https://www.ccomptes.fr/system/files/2020-10/20201014-rapport-Adapter-fiscalite-entreprises-economie-mondiale-numerisee_1.pdf).

L'accord du 1er juillet 2021

Une étape importante a été franchie lorsque, le **1er juillet 2021**, 130 des 139 États ou territoires participant alors au **Cadre inclusif** (la Barbade, le Pérou, Saint-Vincent-et-les-Grenadines et le Togo les ont rejoints ensuite, portant le total à 134, puis l'Estonie, la Hongrie et l'Irlande, portant le total à 137 sur, à ce moment, un nombre total de membres de 141) ont adopté une déclaration commune affirmant leur accord de principe sur les principes directeurs qui devront régir les Piliers 1 et 2. Les pays membres du Cadre inclusif qui n'ont pas marqué leur accord sont le Kenya, le Nigeria, le Pakistan et le Sri Lanka. Cet accord a été endossé par les ministres des finances et gouverneurs des banques centrales du G20 lors d'une réunion des 9 et 10 juillet 2021 à Venise et il a ensuite été formalisé le 8 octobre 2021, étant alors approuvé par 137 participants au Cadre inclusif (Projet OCDE/G20 sur l'érosion de la base d'imposition et le transfert de bénéfices, Déclaration sur une solution reposant sur deux piliers pour résoudre les défis fiscaux soulevés par la numérisation de l'économie, 8 octobre 2021). **16652**

L'accord du 8 octobre 2021 a été approuvé, le 13 octobre 2021, par les ministres des finances et les gouverneurs des banques centrales du G20, puis par les chefs d'État et de gouvernement du G20 réunis à Rome les 30 et 31 octobre 2021.

Précisions L'OCDE a publié une **note explicative** à la suite de l'accord du 1er juillet 2021 (OECD/G20 Base Erosion and Profit Shifting Project, Addressing the tax challenges arising from the digitalisation of the economy, July 2021) ; selon cette organisation, la réforme proposée pourrait rapporter au moins **150 Md€ par an**, 90 % de l'économie mondiale étant concernée (communiqué de l'OCDE du 1er juillet 2021).

Pilier 1

Le « **premier pilier** » (Pilier 1) cherche à attribuer aux « **juridictions de marché** » une part des profits globaux des entreprises multinationales, qu'elles y aient ou non une présence physique. **16660**

Le dispositif retenu, qui, sur le plan juridique, devra faire l'objet d'une convention multilatérale s'appuie sur **trois ensembles** :
– le « Montant A », qui prévoit de nouvelles règles de répartition entre les États de l'assiette imposable des entreprises multinationales « couvertes » ;
– le « Montant B », qui prévoit une rémunération standard pour les activités de distribution et marketing de routine ;
– des règles relatives au règlement des différends.

16660 (suite) En ce qui concerne le **Montant A**, l'OCDE et le Cadre inclusif ont retenu le principe d'une consultation publique par étapes, sur la base de documents de travail du secrétariat qui ne reflètent pas nécessairement, lors de leur publication, un consensus international sur le fond. À cette fin, un premier « Projet de règles pour le lien et la source du chiffre d'affaires » a été diffusé le 4 février 2022, puis une seconde consultation a été ouverte le 18 février 2022 sur la détermination de l'assiette fiscale au titre du montant A, une troisième le 4 avril 2022 sur le champ d'application du montant A, une quatrième le 14 avril 2022 sur l'exclusion des industries extractives et une cinquième le 10 mai 2022 sur l'exclusion des services financiers réglementés et une sixième le 27 mai 2022 sur les aspects de la sécurité fiscale.

En juillet 2022, à l'occasion de la réunion du G20 à Bali, l'OCDE a publié un nouveau rapport à l'intention des ministres des finances et des gouverneurs de banque centrale, qui contient en annexe un rapport d'étape du secrétariat de l'OCDE sur le Montant A, soumis à consultation publique. Afin de mettre en œuvre le dispositif, le Cadre inclusif devrait préparer d'ici la mi-2023 une convention multilatérale dont l'entrée en vigueur pourrait intervenir en 2024 (le calendrier a été décalé d'un an par rapport aux annonces initiales).

En ce qui concerne le **Montant B** du Pilier 1, les travaux sont nettement moins avancés et un document de consultation publique doit encore être publié (il avait été annoncé qu'il serait publié au premier semestre 2022, mais les travaux ont pris du retard).

En l'état actuel des propositions, le **champ d'application** du Pilier 1 serait limité aux entreprises dont le chiffre d'affaires mondial dépasse 20 Md€ (ce seuil pourrait ultérieurement être abaissé à 10 Md€, huit ans après la mise en œuvre de l'accord) et dont la rentabilité (ratio bénéfice avant impôt/chiffre d'affaires) est supérieure à 10 %. Tous les secteurs seraient concernés, et pas seulement les entreprises fortement numérisées, mais seraient toutefois exclus les industries extractives (qui constituent une rente pour divers pays en développement) et les services financiers (à la demande des pays anglo-saxons). Une segmentation pourrait être effectuée, le cas échéant, par nature d'activité afin de couvrir des entreprises dont la rentabilité globale est inférieure au seuil mais qui exercent des activités très profitables qui répondraient séparément aux critères.

Le **mécanisme** consisterait à attribuer aux « juridictions de marché » (lieux de consommation ou d'utilisation finale des biens ou services) une proportion comprise entre 20 % et 30 % du **bénéfice résiduel** (dans le dernier état du projet, le pourcentage serait de 25 %), défini comme le bénéfice mondial consolidé au-delà d'un seuil de rentabilité de 10 %. La répartition serait effectuée en application d'une clé fondée sur le chiffre d'affaires (« nexus »). Le **Montant A** des entreprises couvertes serait attribué à une « juridiction de marché » dès lors qu'elle réalise au moins 1 M€ de recettes sur ce territoire ; pour les « petites juridictions », dont le PIB est inférieur à 40 Md€, le seuil serait fixé à 250 000 €. La répartition entre les différentes juridictions de marché serait faite selon une clé dépendant du chiffre d'affaires. Le Montant A serait égal à l'impôt sur les sociétés au taux de l'État concerné appliqué au bénéfice résiduel attribué à cet État (la charge du Montant A serait partagée entre les entités du groupe).

Afin d'éviter les **doubles impositions**, un régime de protection applicable aux bénéfices issus d'activités de commercialisation et de distribution permettrait de plafonner les bénéfices résiduels à réallouer si ces bénéfices sont déjà imposés localement. L'allègement de la double imposition des bénéfices attribués aux « juridictions de marché » serait assuré par un mécanisme d'exonération ou d'imputation ; l'entité ou les entités qui supporteraient la charge fiscale seraient celles qui réalisent un bénéfice résiduel.

Précisions **a.** Selon l'OCDE, la **réallocation des droits d'imposer** au titre du Pilier 1 porterait sur environ 125 Md$; elle ne concernerait qu'une centaine de multinationales, mais ce sont les plus rentables.

b. Le **Forum africain sur l'administration fiscale** (ATAF) a publié une déclaration le 5 juillet 2021, estimant qu'au moins 35 % des bénéfices résiduels devraient être alloués aux « juridictions de marché » et que le taux minimum devrait être d'au moins 20 %. Précédemment, ce forum avait fait part de ses réserves sur le Pilier 1, estimant que les propositions sont très complexes et qu'elles n'auraient que peu d'effet sur les « juridictions de marché », notamment les plus petites (les propositions de ce forum avaient été publiées le 12 mai 2021). L'ATAF a, le 8 octobre 2021, annoncé travailler en étroite collaboration avec l'Union africaine et les pays africains pour la mise en œuvre des nouvelles règles, tout en soulignant que tous les pays n'auront pas la même capacité à appliquer les règles proposées.

Pilier 2

Le Pilier 2 repose sur deux règles qui doivent être introduites dans le droit interne des pays concernés et sur une convention multilatérale : **16680**

– les règles à introduire en droit interne, désignées sous le vocable « **GloBE** » (Global anti-Base Erosion), sont la règle d'inclusion du revenu (RDIR, ou « Income Inclusion Rule » ou encore « IIR ») et son « filet de sécurité », la règle relative aux paiements insuffisamment imposés (RPII ou « Under Taxed Payments Rule » ou « UTPR ») ; ces règles devraient faire l'objet d'une directive au sein de l'Union européenne (nº 88150) ;

– la règle à introduire en droit conventionnel est celle de l'assujettissement à l'impôt (« Subject to Tax Rule » ou « STTR »), destinée à permettre l'application d'une retenue à la source au titre de paiements intragroupe qui ne sont pas soumis à une imposition minimale ; ce principe ne sera pas introduit dans le droit de l'Union européenne mais devrait faire l'objet d'une convention multilatérale.

Les modifications à apporter aux droits internes des États participants consisteront à mettre en place de nouvelles règles pour exiger des groupes multinationaux concernés un complément d'impôt sur les sociétés à raison des pays d'implantation des groupes dans lesquels le **taux effectif d'impôt de 15 %**, calculé sur la base d'une assiette fiscale commune spécifique, ne sera pas atteint. À cette fin, l'OCDE (Cadre inclusif) a publié le 20 décembre 2021 des propositions de mise en œuvre (« Tax Challenges Arising from the Digitalisation of the Economy Global Anti-Base Erosion Model Rules – Pillar Two »), en vue de fournir un guide d'interprétation et d'application.

L'OCDE a également publié, le 14 mars 2022, des commentaires détaillés sur l'application et la mise en œuvre pratique des règles GloBE et a lancé une consultation publique qui a pris fin le 11 avril 2022 ; une réunion de consultation publique a été organisée par l'OCDE le 25 avril 2022, afin de promouvoir une application cohérente et coordonnée des règles GloBE. Selon un communiqué de l'OCDE du 11 juillet 2022, les travaux techniques au titre du Pilier 2 sont pour l'essentiel achevés et un cadre de mise en œuvre devrait être publié à la fin de l'année 2022.

En l'état des propositions, le **champ d'application** du dispositif serait nettement plus large que celui du Pilier 1 ; en effet seraient couvertes les entreprises multinationales qui réalisent un chiffre d'affaires d'au moins 750 M€.

Pour ces sociétés, de **nouvelles règles** d'inclusion du revenu (« RDIR ») et des règles relatives aux paiements insuffisamment imposés (« RPII ») seraient mises en place afin d'assujettir les entités mères à un impôt supplémentaire portant sur le revenu faiblement imposé d'une entité constitutive. Un impôt supplémentaire serait en effet prélevé sur la base d'un critère fondé sur un taux d'imposition effectif calculé « juridiction par juridiction », en utilisant une définition commune des impôts couverts et une base d'imposition déterminée par référence au résultat comptable (avec des ajustements correspondant aux objectifs de politique fiscale poursuivis par le Pilier 2 et des mécanismes destinés à remédier aux différences temporelles). Le **taux d'imposition minimum** utilisé aux fins de la RDIR et de la RPII serait d'au moins 15 %.

La règle **RDIR** attribuerait l'impôt supplémentaire sur la base d'une approche descendante, assortie d'une règle de contrôle partagé pour les participations inférieures à 80 %. La règle **RPII** attribuerait l'impôt supplémentaire des entités constitutives faiblement imposées, y compris celles situées dans la juridiction de l'entité mère ultime.

En ce qui concerne les systèmes existants d'exonération des **dividendes** distribués, aucun impôt supplémentaire ne serait dû sous réserve que les dividendes soient redistribués dans les trois à quatre ans et taxés au taux minimum ou au-delà.

Des exceptions seraient prévues, en fonction de critères de **substance** et afin d'exclure un montant de revenu représentant au moins 5 % (au moins 7,5 % durant une période de transition de cinq ans) de la valeur amortissable des actifs corporels et de la masse salariale. Une exclusion de minimis serait également prévue.

Précisions Selon une note du Conseil d'analyse économique du 29 juin 2021 (Focus, nº 064-2021), un impôt minimum mondial de 15 % **rapporterait à la France près de 6 Md€** à court terme et 1,9 Md€ à long terme, la baisse escomptée résultant essentiellement d'une anticipation du comportement des États face aux nouvelles règles. De son côté, le Conseil des prélèvements obligatoires estime, dans une note du 8 juillet 2021 (CPO, note nº 2), que l'adoption du Pilier 1 aurait pour la France des conséquences légèrement négatives (de l'ordre de 300 M€ à 400 M€), mais que le Pilier 2 apporterait un gain de l'ordre de 5 Md€.

SECTION 1

La notion d'établissement stable

17200 Il s'agit d'un concept proche de celui d'établissement, utilisé en droit interne français pour déterminer si une entreprise est « exploitée » en France (nos 4600 s.). Pour expliciter la **portée** de la référence à l'établissement stable, les conventions fiscales contiennent presque toujours une définition générale permettant d'en dégager les éléments essentiels. Après la définition générale, elles détaillent normalement une série de cas dans lesquels on se trouve, en principe, en présence d'un établissement stable, puis une série d'exceptions. Il convient parfois de se reporter également au protocole annexé pour avoir des précisions supplémentaires.

Il est à noter, en préalable, qu'une société étrangère peut disposer d'un établissement stable en France alors qu'elle n'y exploite pas d'entreprise en droit interne (nos 4600 s.). Ainsi, une société britannique qui utilisait un chalet en France pour l'organisation de séminaires n'a pas été considérée comme exploitant une entreprise en France, en l'absence d'**autonomie** suffisante de l'installation, mais elle y avait tout de même un établissement stable (CE 18 octobre 2018 nº 405468, 10e et 9e ch., Sté Aravis Business Retreats Limited : RJF 1/19 nº 19 ; voir également nos 4750 et 17815) ; la société disposait en effet, en France, d'un local permanent constituant une installation fixe d'affaires où elle exerçait, par l'entremise de ses salariés et de prestataires recevant des instructions de sa part, une partie de son activité. En l'espèce, les salariés n'étaient pas domiciliés en France ni titulaires de contrats de travail de droit français mais ils venaient en France pour encadrer les séminaires organisés par la société pour ses clients. Cela n'empêchait pas qu'un établissement stable ait de fait été créé car, comme le soulignait le rapporteur public, la notion de « **personnel propre** » ne doit pas être conçue comme imposant le recours à des salariés résidant sur place et recrutés selon le droit local, l'essentiel étant que, pour exercer son activité, la société ait besoin de disposer sur place d'un personnel qui réponde à ses directives, que ce personnel soit ou non expatrié (conclusions Crépey à la RJF 1/19 C 19). Sur la pertinence relative du critère de l'indépendance et de l'autonomie de gestion, voir nº 17363.

Précisions Le secrétariat de l'OCDE a publié, en 2020 et 2021 (nº 1562, Précisions b), des lignes directrices sur les conséquences à tirer des mesures de **confinement** et des restrictions de circulation liées à la crise sanitaire du **Covid-19**, qui ont des conséquences sur la présence physique d'employés d'entreprises d'un État sur le territoire d'un autre État (« OECD Secretariat Analysis of Tax Treaties and the Impact of the COVID-19 Crisis »). Selon ces orientations, la modification temporaire et exceptionnelle du lieu d'exercice de l'activité en raison de cette crise devrait rester sans conséquence pour l'application du critère de l'établissement stable. Le domicile d'un salarié pourrait cependant constituer une installation fixe d'affaires si le **télétravail** devenait la norme dans l'entreprise ou si le salarié concluait déjà habituellement des contrats au nom de l'entreprise à partir de son domicile avant le début des mesures de confinement.

A. Principes

17350 D'une manière générale, les conventions fiscales définissent l'établissement stable par référence aux **modèles de convention proposés par l'OCDE et l'ONU** (article 5) : « Au sens de la présente Convention, l'expression « établissement stable » désigne une installation fixe d'affaires par l'intermédiaire de laquelle une entreprise exerce tout ou partie de son activité. » Cette définition repose sur les critères suivants.

Précisions **a.** La détention par une entreprise française d'un **fonds de commerce** à l'étranger ne caractérise pas nécessairement un établissement stable, ni une entreprise exploitée hors de France, en l'absence d'installations ou de moyens matériels sur place. Par exemple, une société française qui donne un fonds de commerce situé aux États-Unis en **location-gérance** à une autre société française qui le donne elle-même en sous-location ne dispose pas d'un établissement stable aux États-Unis dès lors que la société sous-locataire exploite le fonds avec ses propres moyens matériels et non avec ceux du bailleur (CE 27 mai 2020 nº 434412, 8e et 3e ch., Sté Bel, anciennement dénommée Sté Fromageries Bel : RJF 8-9/20 nº 667 ; voir également nº 5803).

b. Il avait autrefois été jugé qu'une personne physique domiciliée en Suisse disposait d'un établissement stable en France au titre de la **location-gérance** d'un établissement d'enseignement situé en France moyennant une redevance proportionnelle aux recettes mensuelles (CE 8 mars 1972 n° 81907, Sect.) ; dans cette affaire, le débat portait cependant sur la nature des redevances, qui n'étaient pas des BNC mais des BIC, et non sur la notion même d'établissement stable.

Installation

Il doit exister un **local** ou, dans certains cas, des machines et outillages. Peu importe que l'entreprise soit propriétaire ou non du local ou du matériel. Seul compte le fait qu'elle l'ait **à sa disposition**. Selon les commentaires de l'OCDE (C (5) n° 10), une place sur un marché, ou un « emplacement », sont des installations. Il peut s'agir également d'une installation dans les locaux d'une autre entreprise. Il est aussi possible qu'une société ait un établissement stable dans sa **filiale** (Commentaires OCDE, C (5) n° 10 et n° 116), bien que le fait qu'une filiale soit en réalité dirigée par sa société mère n'en fasse pas, à soi seul, un établissement stable de cette société (voir notamment n° 17705, la décision Interhome admettant le principe qu'une filiale puisse constituer un établissement stable). **17355**

La possibilité qu'une société étrangère dispose d'un établissement stable dans l'une de ses filiales françaises a, par exemple, été confirmée par le Conseil d'État à propos d'une société luxembourgeoise qui exerçait une activité de commerce de gros et d'exportation de parfums, de produits cosmétiques et d'accessoires de mode **en utilisant les locaux de sa filiale française** (CE 12 mars 2010 n° 307235, 8e et 3e s.-s., Sté Imagin'action Luxembourg : RJF 5/10 n° 465 ; conclusions au BDCF 5/10 n° 53) ; en l'espèce, grâce à une visite domiciliaire (n° 17810), l'administration avait pu saisir dans les locaux de la filiale de nombreuses factures adressées à des clients étrangers, des documents signés au nom de la société luxembourgeoise par une salariée de la société française qui recevait des correspondances et centralisait les livraisons, alors que la société luxembourgeoise n'employait au Luxembourg qu'un comptable à mi-temps et qu'elle n'avait pas justifié de l'existence d'un contrat de services avec la société française ni de sa rémunération. Il était ainsi établi que la société luxembourgeoise, qui possédait plusieurs comptes bancaires en France, exerçait la plus grande partie de son activité à partir des locaux de sa filiale française et il n'y avait pas lieu de rechercher si la salariée de la filiale française agissait en tant qu'agent commercial indépendant ni si l'activité exercée l'avait été dans des conditions d'autonomie suffisante. L'administration a donc pu, à bon droit, reconstituer le résultat imposable en France de la société luxembourgeoise en prenant en compte la quasi-totalité de ses crédits bancaires et en retenant un pourcentage de frais forfaitairement estimé à 20 % ou à 50 %, selon les années, des produits hors taxes.

Les affaires suivantes éclairent également la manière dont la jurisprudence aborde la question :
– CAA Paris 12 juillet 2011 n° 09PA06458, 5e ch., Sté Cintra Liban : RJF 1/12 n° 58 (arrêt définitif), à propos d'une société libanaise qui exerçait une activité d'achat/revente de matériels de travaux publics en utilisant les locaux de sa **filiale française**, activité distincte de celle de la filiale ;
– CAA Paris 7 février 2013 n° 11PA02067, 9e ch., Sté Skipsystem (arrêt définitif), jugeant que ne disposait pas en France d'un établissement stable une société britannique domiciliée à Londres à l'adresse d'un cabinet d'avocats, et qui assurait, en les sous-traitant, des prestations de transport au bénéfice de la Compagnie des Bateaux Mouches ; l'administration n'avait pas établi, en effet, que les **moyens d'exécution** des prestations de transports sous-traitées se situaient en France : elle n'avait trouvé, lors de visites domiciliaires dans les locaux de la société française, que deux factures vierges à en-tête de la société britannique et deux factures vierges de la sous-traitante ainsi que des documents correspondant apparemment à des **travaux préparatoires à la facturation** alors que la société britannique ne possédait en France ni personnel ni matériel propre et que rien ne permettait de considérer qu'elle y disposait d'un représentant ;
– CAA Paris 4 février 2014 n° 13PA00489, SAS DC Immobilière et, même jour, nos 13PA00488 et 13PA00934, SAS Faisanderie, à propos de sociétés luxembourgeoises qui avaient en France une activité de **marchand de biens** et de **location immobilière** et qui avaient fait l'objet de procédures de visite et de saisie sur le fondement de l'article L 16 B du LPF ; ces sociétés, qui avaient des agents en France, avaient une installation fixe d'affaires dans les locaux d'une société française où avaient notamment été trouvés des documents en relation avec leur activité (sur les décisions rendues ensuite par le Conseil d'État en cassation, voir n° 17815) ;

17355 (suite) – CAA Nancy 2 juin 2015 nº 13NC01617, 4e ch., Sté Mecatronic (arrêt définitif après rejet du pourvoi par CE 20 septembre 2017 nº 392231, 9e et 10e ch., Sté Mecatronic : RJF 12/17 nº 1231), jugeant qu'une société américaine établie au Nevada où elle n'avait vraisemblablement aucune activité, mais qui avait une succursale en Suisse, disposait d'un établissement stable **dans les locaux d'une société sœur française** où l'administration avait saisi, sur le fondement de l'article L 16 B du LPF, des documents comptables et des factures émanant de la société américaine, les deux sociétés étant entièrement contrôlées par une personne physique domiciliée en France (voir également nº 15015 sur le fait que la convention fiscale franco-suisse du 9 septembre 1966 n'était pas applicable puisque la succursale suisse n'est pas un « résident » de Suisse) ;

– ont été considérées comme disposant d'une installation fixe d'affaires dans les locaux d'une société française apparentée des sociétés luxembourgeoises dont les **opérations immobilières** en France étaient entièrement réalisées par les dirigeants et salariés de la société française (ces éléments ressortaient des pièces saisies par l'administration au cours d'opérations de visite domiciliaire et de saisie), alors que leurs propres salariés n'y étaient que formellement associés et que la signature au Luxembourg des actes conçus et négociés par la société française était exclusivement formelle, de sorte que cette dernière devait être regardée comme ayant eu la **capacité de conclure des contrats** au nom des sociétés luxembourgeoises (CE 31 mars 2017 nº 389577, 8e et 3e ch., M. A., agissant en sa qualité de liquidateur de la Sté Comala Défense et CE 31 mars 2017 nº 389573, 8e et 3e ch., M. A., agissant en sa qualité de liquidateur de la Sté Estienne d'Orves : RJF 6/17 nº 538 ; voir également nº 17815, Précisions e, en ce qui concerne la notion d'activité occulte et nº 41485 en ce qui concerne la question du siège de direction effective) ; en l'espèce, le Conseil d'État juge que ces éléments suffisaient et que la Cour n'avait à rechercher ni s'il existait un lien de **dépendance** entre les sociétés luxembourgeoise et la société française, ni si la société française avait agi en dehors du **cadre ordinaire de son activité propre** (il ressort des conclusions du rapporteur public, au Droit fiscal 2017 nº 48, comm. nº 563, que la matérialité des sociétés luxembourgeoises était bien mince ; notamment, la cour administrative d'appel avait comparé l'implication des dirigeants et salariés de la société française à celle des administrateurs et salariés des sociétés luxembourgeoises et avait considéré que le conseil de gérance des sociétés luxembourgeoises ne jouait aucun rôle décisionnel actif) ;

– par différence avec la décision précédente, une société luxembourgeoise qui avait utilisé les services d'une société française pour la réalisation d'une opération de **promotion immobilière** en France n'a pas été considérée comme disposant à ce titre d'un établissement stable en France (CAA Paris 14 décembre 2017 nº 15PA02628, 9e ch., Sté Cerep Imprimerie : RJF 5/18 nº 522, à propos de la vente par l'État puis du rachat par l'État de l'immeuble de l'Imprimerie nationale ; un pourvoi avait été formé contre cet arrêt, mais le ministre s'est ensuite désisté selon ce qu'indique CE Ord. 26 novembre 2019 nº 418256, 9e ch., min. c/ Sté Cerep Imprimerie) ; en l'espèce, la société luxembourgeoise, bien que dépourvue elle-même de personnel, était effectivement gérée par son gérant de droit, une autre société luxembourgeoise détenue par un fonds immobilier, et la société française n'avait pas excédé son rôle de prestataire de services ;

– une société française qui rendait à une société sœur irlandaise des **services d'assistance marketing** agissait comme le représentant marketing de la société irlandaise et lui fournissait des services d'identification, de prospection et de signalement des clients potentiels, ainsi que des services continus de management et d'assistance back-office et des services d'assistance administrative, incluant la comptabilité, la gestion des ressources humaines, les technologies de l'information et la trésorerie, n'a pas été considérée comme caractérisant une installation fixe d'affaires en France de la société irlandaise (CAA Paris 1er mars 2018 nº 17PA01538, 9e ch., Conversant International Ltd RJF 6/18 nº 600 ; comme indiqué nº 17710, cet arrêt a été annulé par CE 11 décembre 2020 nº 420174, Plén., min. c/ Sté Conversant : RJF 2/21 nº 196, mais sur un autre terrain, celui de l'erreur de droit et de l'erreur de qualification juridique commise par la Cour dans son analyse de la notion d'agent dépendant ayant les pouvoirs d'engager) ;

– dispose d'un établissement stable en France une société portugaise qui rend en France, toute l'année ou, à tout le moins, une bonne partie de l'année, des **prestations de maçonnerie**, qui emploie à cette fin six ou sept salariés et qui loue en permanence en France des appartements pour les loger ainsi qu'un local pour stocker du matériel (CAA Nancy 20 novembre 2018 nº 16NC01924, 3e ch. ; cet arrêt a donné lieu à la décision du Conseil d'État nº 427222 du 7 octobre 2020 mentionnée nº 17813) ; en ce qui concerne la **procédure de rectification** conduite à l'encontre de la société, le Conseil d'État avait annulé un autre arrêt de la même Cour qui avait confirmé les rectifications en impôt sur les sociétés sans répondre au moyen tiré du défaut de qualité de son **mandataire** pour recevoir l'avis de vérification en ce qui concerne la

partie du contrôle portant sur l'impôt sur les sociétés, alors qu'il avait été désigné au regard de la seule TVA (CE 7 octobre 2020 n° 427220, 9e et 10e ch., Sté Garovito Construções LDA : RJF 1/21 n° 84) ; mais, sur renvoi, les rectifications ont été confirmées par CAA Nancy 1er juillet 2021 n° 20NC02948, 2e ch., au motif que l'administration avait bien envoyé l'avis de vérification à l'adresse de la société en France, même si c'était la même que celle de son représentant (pourvoi enregistré sous le n° 456212) ;
– avait un établissement stable en France, au titre des exercices 2009 à 2012, une **société polonaise** de placement de salariés polonais en travail temporaire auprès d'entreprises polonaises et françaises, qui était détenue par une personne physique et ses enfants, tous domiciliés en France, et qui exerçait son activité au sein d'un bureau mis à sa disposition dans les locaux d'une société française apparentée (CAA Nantes 5 mars 2020 n° 18NT02912, 1e ch., Sté Logiservice SP Zoo et, pour d'autres sociétés du même groupe, n° 18NT02909, Sté Akcja Job SP Zoo et n° 18NT02915, Sté Recrutmen SP Zoo ; les pourvois formés contre ces arrêts n'ont pas été admis respectivement par CE (na) 4 mai 2021 n° 440123, 8e ch. ; CE (na) 4 mai 2021 n° 440122, 8e ch. ; CE (na) 4 mai 2021 n° 440124, 8e ch. : RJF 10/21 n° 905) ; l'**activité occulte** a été considérée comme sciemment organisée et la société n'a pu prouver son erreur (au sens de la jurisprudence mentionnée n° 17815) étant donné que le taux d'imposition polonais se situait aux alentours de 17 %, soit la moitié du taux français ; ces arrêts jugent en outre que l'administration, qui n'avait pas entendu, même de manière implicite, écarter, comme ne lui étant pas opposables, des actes constitutifs d'un **abus de droit**, n'avait pas à recourir à la procédure de répression des abus de droit.

Fixité

Une installation ne constitue un établissement stable que si elle est « fixe », c'est-à-dire si elle a un **« certain degré de permanence »** (Commentaires OCDE, C (5) n° 28). Autrement dit, elle ne doit pas avoir été créée à des fins purement « temporaires ». L'appréciation de ces éléments subjectifs est naturellement délicate ; si une installation, créée en vue d'une certaine permanence, est liquidée rapidement pour des raisons diverses, elle ne perd pas normalement son caractère d'établissement stable. Inversement, une **installation temporaire au départ**, mais dont l'activité se poursuit, devient rétroactivement un établissement stable. L'appréciation doit donc se faire en fonction des caractéristiques des activités en cause ; une installation de courte durée peut être regardée comme un établissement stable si la brièveté de son existence est due aux particularités de ses activités ou bien à de mauvaises affaires. **17357**

Sur la notion de fixité, de « tout cohérent sur le plan commercial et géographique » et d'interruption temporaire, voir Commentaires OCDE, C (5) nos 21 à 34.

Exercice d'activités

Pour qu'une installation dotée d'une certaine permanence constitue un établissement stable, il faut que l'entreprise y exerce tout ou partie de son activité. Un **atelier ou une usine désaffectés** ne sont pas des lieux d'exercice d'activités ; ce ne sont donc pas des établissements stables. Mais le caractère productif de l'installation n'est pas un critère en tant que tel. Ce critère, qui avait été utilisé par les rédacteurs des premiers modèles de conventions fiscales, n'a pas été retenu par les conventions modernes. On considère, en effet, que, dans une entreprise, chaque élément contribue à la productivité de l'ensemble. Dès lors, ce n'est pas parce qu'il a un caractère « productif » que l'un de ces éléments doit automatiquement être considéré comme un établissement stable (Commentaires OCDE, C (5) n° 7). **17359**

La référence à un critère « d'activités » implique qu'un établissement stable existe dès que l'entreprise commence à « travailler » au moyen de l'installation. Pour le comité des affaires fiscales de l'OCDE, le **point de départ** est fixé au début de la période de « préparation » des activités, et non pas de celle de la « mise en place » des installations (Commentaires OCDE, C (5) n° 44). L'établissement stable **cesse d'exister** avec l'aliénation de l'installation ou avec la cessation de toute activité de sa part. Mais une interruption temporaire des opérations ne peut être assimilée à une fermeture (voir n° 17645, en ce qui concerne les chantiers).

Enfin, une entreprise peut disposer, le cas échéant, d'un établissement stable dans un État si elle y exerce une activité « **par l'intermédiaire de sous-traitants**, agissant seuls ou en collaboration avec des salariés de l'entreprise » (Commentaires OCDE, C (5) n° 40).

Précisions L'exercice d'une activité est un élément essentiel à la caractérisation d'un établissement stable ; il a, par exemple, été jugé que cette condition n'était pas remplie, ou, du moins, que l'administration ne l'avait pas prouvée, au cas d'un **administrateur d'une société congolaise** qui séjournait la moitié de l'année en France, qui profitait de ses séjours pour négocier des achats pour le compte de la société, et qui se présentait comme le correspondant en France de la société, ainsi que l'indiquait le papier à en-tête de cette dernière (CAA Lyon 7 novembre 1990 n° 540-1375, 2e ch., Filskov : RJF 4/91 n° 383 ; arrêt définitif).

Pertinence relative du critère de l'indépendance

17363 La question de l'existence d'un établissement stable n'est pas liée à celle de savoir si l'installation fixe d'affaires dispose d'une indépendance suffisante ; en ce sens, il a été jugé qu'une société libanaise qui disposait de locaux aménagés dans l'aérogare de fret d'Orly et dans lesquels travaillaient quatre salariés ainsi que du personnel intérimaire, avait en France un établissement stable au sens de la convention franco-libanaise du 24 juillet 1962 sans qu'il y ait lieu de rechercher si cette installation disposait d'une indépendance suffisante (CE 5 avril 2006 n° 281098, 9e et 10e s.-s., min. c/ Sté Midex : RJF 7/06 n° 909 ; conclusions Laurent Vallée au BDCF 7/06 n° 92).

La circonstance que les **contrats** avec les clients soient **conclus au siège** ne suffit pas à dénier à une installation fixe d'affaires le caractère d'établissement stable (dans l'affaire Midex, précitée, l'arrêt d'appel avait jugé à tort qu'il n'y avait pas établissement stable au motif que les salariés n'étaient chargés que du suivi de l'exécution des contrats souscrits par le directeur de l'installation en qualité de président de la société libanaise et que cette activité n'était pas détachable de celle du siège social, faute de réelle autonomie) ; en ce sens, les commentaires OCDE précisent d'ailleurs que « les pouvoirs dont disposent ces personnes dans leurs relations avec les tiers n'entrent pas en ligne de compte » (Commentaires OCDE, C (5) n° 39). Voir également n° 17200.

Précisions **a.** La décision du Conseil d'État dans l'affaire Midex, précitée, rend, à notre avis, douteuse la solution retenue par le tribunal administratif de Paris jugeant que l'installation en France d'une société israélienne ne constitue pas un établissement stable dans la mesure où le personnel qui y travaille n'a pas le **pouvoir de conclure des contrats** avec les clients (TA Paris 16 novembre 2004 n° 98-17691, 99-9823, 99-9833 et 00-17018, 1re sect., 2e ch., Sté Eldan Transports Ltd : RJF 4/05 n° 365 ; jugement définitif) ; dans cette affaire, le tribunal administratif paraît avoir mélangé à tort les notions d'installation fixe d'affaires et d'agent dépendant ayant les pouvoirs d'engager l'entreprise.

b. Certaines conventions fiscales retiennent une définition encore plus large du terme « établissement stable », y incluant, même en l'absence d'installation matérielle, la fourniture de services, y compris des **services de consultants**, et l'exercice d'une activité indépendante ou d'une profession libérale si le prestataire séjourne dans l'État considéré pendant une période ou des périodes excédant au total cent quatre-vingt-trois jours durant toute période de douze mois (n° 22120).

c. Le Conseil d'État juge que la notion d'établissement stable n'est pas applicable lorsqu'une entreprise étrangère (en l'espèce, suisse) réalise en France des revenus provenant uniquement de **biens immobiliers**, imposables du seul fait de la situation des biens, en vertu de la clause conventionnelle relative à l'imposition des revenus des biens immobiliers (CE 20 octobre 2000 n° 182165, 9e et 10e s.-s., SA New Building Promotion Ltd : RJF 1/01 n° 30 ; voir n° 66945).

B. Exemples

17370 Le plus souvent, les conventions fiscales donnent une liste d'exemples d'établissements stables. Cette liste n'est pas limitative. Autrement dit, ce n'est pas parce qu'un type d'installation n'est pas mentionné qu'il ne s'agit pas d'un établissement stable. Ce principe a été confirmé par un arrêt du Conseil d'État, selon lequel « l'énumération énoncée (par la convention) n'étant pas limitative, le champ de cet article s'étend à **tout établissement** d'une **nature** et d'une **consistance semblables** à celles des exemples énumérés » (CE 29 juin 1981 n° 16095, 8e et 9e s.-s. : RJF 10/81 n° 857 à propos d'opérations de forage à l'air, regardées comme constitutives d'un établissement stable au même titre que des chantiers de construction, de montage ou d'extraction).

En présence d'une installation donnée, on doit donc rechercher s'il s'agit d'un établissement stable au sens de la définition générale (n° 17350), lorsqu'elle ne figure pas sur la liste d'exemples.

Une installation figurant au nombre des exemples donnés par une convention fiscale ne constitue un établissement stable que si elle répond à la définition générale. Par exemple, si une installation figurant sur la liste (une succursale, ou un bureau...) **ne fait pas d'affaires** ou ne sert pas à l'exercice de l'activité de l'entreprise, elle n'est pas constitutive d'un établissement stable. En ce sens, les commentaires du comité des affaires fiscales de l'OCDE indiquent que « ces exemples devant être envisagés dans le contexte de la définition générale donnée au paragraphe 1, les termes énumérés : « siège de direction », « succursale », « bureau », etc., doivent être interprétés de telle sorte que ces installations d'affaires ne constituent un établissement stable que si elles répondent aux conditions stipulées au paragraphe 1 et ne sont pas des installations d'affaires auxquelles le paragraphe 4 s'applique » (Commentaires OCDE, C (5) n° 45, dans leur rédaction issue de la révision de 2017). Cependant, cette opinion n'est pas nécessairement partagée par tous les pays, en droit ou en pratique (l'Italie, qui avait formulé sur ce point une observation sur les commentaires de la convention modèle de l'OCDE, considérant que les exemples donnés pouvaient être toujours considérés comme constituant a priori des établissements stables, a néanmoins supprimé sa réserve en 2010). 17380

Précisions Le juge se détermine parfois en fonction d'un **faisceau d'indices** sans nécessairement raisonner de façon très rigoureuse comme le montrent les décisions suivantes qui reposent tout de même sur des raisonnements assez approximatifs :
- CAA Bordeaux 7 avril 2016 n° 14BX00225, 4e ch. arrêt définitif concernant un maçon domicilié au Portugal dont il a été jugé qu'il disposait d'un établissement stable en France au motif qu'il y exerçait une **activité professionnelle** et qu'il y disposait d'un hébergement lorsqu'il était présent en France (les conséquences en ont été tirées tant en impôt sur les sociétés qu'en matière de TVA) ;
- CAA Paris 8 mars 2017 n° 15PA03129, 2e ch., Sté Singleton Institute, arrêt définitif concernant une société belge qui ne possédait pas de locaux en Belgique et qui a été considérée comme disposant d'un établissement stable en France au motif que son chiffre d'affaires provenait en quasi-totalité de prestations de formation en France effectuées **sous l'enseigne d'une société française apparentée** (rectifications en impôt sur les sociétés et TVA).

1. Un siège de direction

Il ne s'agit pas « du » siège de direction de l'entreprise, mais « d'un » siège de direction, c'est-à-dire d'un lieu où une entreprise prend certaines décisions (par exemple, lieu de la **réunion de certains organes sociaux**). 17390

En pratique, cette notion joue relativement rarement, sauf pour les quartiers généraux (n° 28655), ou lorsqu'une multinationale a délégué des fonctions de direction à ses bureaux régionaux (voir n° 17550). On la trouve tout de même présente, plus ou moins explicitement, dans diverses décisions jurisprudentielles qui relèvent qu'une société étrangère a un établissement stable en France, en raison notamment, de la **présence en France de son dirigeant**.

A, par exemple, un établissement stable en France une société britannique dont le seul dirigeant est domicilié en France, qui n'a au Royaume-Uni, où elle n'emploie aucun salarié et ne dispose pas de locaux ou de quelconques moyens d'exploitation, qu'une simple domiciliation postale et qui doit être considérée comme gérée depuis la France (CAA Paris 4 février 2015 n° 13PA02100, 2e ch., Sté Centenium Ltd : Droit fiscal 2015 n° 46, comm. n° 678 ; arrêt définitif).

Il en va de même d'une société luxembourgeoise de location et de revente de véhicules dont il est établi que la direction et les **actes de gestion courante** sont effectués à partir de la France (CAA Nancy 24 mars 2015 n° 13NC00929, 4e ch., Sté Hydratec : Droit fiscal 2015 n° 46, comm. n° 678) ; dans cette affaire, les rappels de TVA ont également été confirmés, l'activité exercée par la société étant réputée se situer en France et la Cour ayant considéré que la circonstance que la société aurait déjà été assujettie à la TVA au Luxembourg au titre des mêmes prestations n'est pas, par elle-même, de nature à remettre en cause l'application des règles de territorialité de la TVA et à lui ouvrir droit à la décharge des rappels de TVA auxquels elle a été assujettie en France (cet arrêt a fait l'objet d'un pourvoi qui n'a pas été admis par CE (na) 13 avril 2016 n° 392080, 3e s.-s., Sté Hydratec : RJF 1/17 n° 20 ; voir également n° 10680, Précisions).

Une autre illustration en la matière concerne une société belge qui avait une succursale en France à laquelle l'administration avait, dans le cadre d'un contrôle fiscal concernant l'exercice 2003, **rattaché l'activité de holding** prétendument conduite en Belgique (CE 7 mars 2016 n° 371435, 10e et 9e s.-s., Compagnie internationale des wagons-lits et du tourisme : RJF 6/16 n° 555, aux

17390 (suite) conclusions Aurélie Bretonneau à la même RJF, C 555 ; voir également n° 41485). Dans cette affaire, le Conseil d'État relève que la société belge disposait bien, comme il avait été jugé en appel, d'un siège de direction en France étant donné que les **services nécessaires à l'activité** de holding, propres ou mis à disposition de la société par l'effet d'une convention d'assistance administrative, étaient tous situés en France, que le conseil d'administration avait décidé, au cours de l'exercice en litige, de vendre l'immeuble abritant la société à Bruxelles sans prévoir de relogement en Belgique et qu'enfin les **décisions stratégiques** intervenues au cours de l'année 2003 avaient, en réalité, été préparées et décidées dans leur principe à l'occasion de réunions antérieures du conseil d'administration tenues à Paris. Dans cette affaire, il n'était pourtant pas nécessaire, à notre avis, de recourir à la notion de siège de direction, qui s'avère surabondante, étant donné qu'il s'agissait simplement de reconnaître que les résultats de l'activité holding devaient être rattachés à la succursale qui avait déjà été ouverte en France.

Cette décision confirme un précédent arrêt concernant la même société, qui avait également conclu à la présence en France d'un siège de direction de la société belge au sein de sa société mère française (CAA Versailles 15 mars 2011 n° 09VE00366, 3e ch., Sté Compagnie internationale des wagons-lits et du tourisme, ayant fait l'objet d'un pourvoi non admis par CE (na) 28 décembre 2012 n° 349345) ; la Cour avait jugé que l'activité de holding de la société belge devait être regardée comme ayant été transférée à Paris dans le prolongement de sa prise de contrôle par la société Accor et que la société belge avait exploité, dans le cadre de ses activités de holding, une entreprise en France au sens de l'article 209, I du CGI en disposant, pour cette activité, d'un siège de direction au sens de l'article 4 § 4 de la convention fiscale franco-belge et donc d'un établissement stable au sens de l'article 4 § 3 de la même convention, justifiant l'imposition en France des bénéfices en provenant (voir aussi n° 41485).

Autre exemple, il a été jugé qu'une société belge avait en France un siège de direction caractérisant un établissement stable, dès lors qu'elle disposait en permanence de **bureaux** à Paris à l'adresse de sa filiale française, où avait été mise en œuvre une procédure de visite et de saisie, qu'elle avait délégué à cette filiale les **missions stratégiques** du groupe et que ses administrateurs délégués et actionnaires à hauteur de 25,8 % chacun, qui décidaient des choix commerciaux et économiques de la société, étaient domiciliés en France (CAA Paris 10 décembre 2019 n° 18PA01025 : RJF 5/20 n° 471, ayant fait l'objet d'un pourvoi non admis par CE (na) 19 octobre 2020 n° 440035, 9e ch., Sté Laboratoire Puressentiel : RJF 1/21 n° 70 ; sur cette affaire, voir également n° 17815) ; la circonstance que la société ait eu son siège social en Belgique et que ses **conseils d'administration** s'y soient tenus était sans importance, s'agissant, en tout état de cause, d'une simple adresse de domiciliation. Il est à noter que la situation ainsi jugée pour les années 2011 et 2012 (du 1er janvier 2011 au 31 décembre 2013 en ce qui concerne la TVA) est celle qui a donné lieu à une rectification sur le fondement de l'article 155 A du CGI pour les années 2009 à 2011, qui a ensuite été annulée par le Conseil d'État (n° 46065 b).

Enfin, une société portugaise ayant une activité de transport routier et de fret devait être considérée comme exploitant une entreprise en France et y disposant d'un établissement stable au sens de la convention fiscale conclue entre la France et le Portugal le 14 janvier 1971, dès lors que son **gérant** en exerçait la direction et la gestion financière depuis son domicile personnel situé en Haute-Marne et que son **matériel de transport** était entreposé dans un local à Chaumont ; la société disposait d'une installation fixe d'affaires au domicile personnel de son gérant, la circonstance (non établie) qu'elle aurait satisfait à ses obligations fiscales et comptables au Portugal étant sans incidence (CAA Nancy 6 mai 2021 n° 19NC03651, 2e ch., Sté Paulo et Célia, arrêt définitif confirmant les rectifications en impôt sur les sociétés et en TVA, ainsi que la majoration de 80 % pour activité occulte).

Précisions **a.** Une société luxembourgeoise dont la dirigeante et unique salariée effectue en France, où elle est domiciliée, **tous les actes de gestion courante** de la société, tels que l'établissement de la correspondance commerciale, la réalisation des opérations bancaires, le suivi des paiements et encaissements et la gestion financière et comptable, dispose d'un établissement stable en France (CE 7 septembre 2009 n° 308751, 8e et 3e s.-s., Sté Stamping international : RJF 12/09 n° 1063).

b. Pour un exemple d'établissement stable au **domicile des dirigeants** d'une société luxembourgeoise, fiscalement domiciliés en France, voir CE 2 novembre 2011 n° 312407, 10e et 9e s.-s., Sté Pan Lux : RJF 1/12 n° 54 et, pour les conséquences tirées à propos des associés, CE 2 novembre 2011 n° 312408, 10e et 9e s.-s., Prouvez : RJF 1/12 n° 60. Jugé dans le même sens à propos d'une société irlandaise considérée comme gérée et contrôlée en France dès lors que la seule personne qui disposait de la **signature sociale** et qui effectuait l'intégralité du suivi des contrats commerciaux et des actes de gestion était domiciliée en France (CE 12 avril 2012 n° 326514, 9e s.-s.) ; le fait que la société ait disposé d'une adresse et d'un compte bancaire en Irlande et qu'elle ait eu recours, pour les besoins de son activité, à un agent indépendant situé en Irlande ne faisait pas obstacle à ce qu'elle fût regardée comme dirigée et contrôlée depuis la France. Pour un autre exemple, voir CAA Paris 23 mars 2018 n° 17PA03009, 7e ch., Sté Capital Yacht Charters Limited (CYC), arrêt définitif concernant une société de l'île de Man qui avait pour objet la **détention de yachts** et la **mise à disposition d'équipages** et d'affrètements pour ces navires, et qui était gérée à son domicile personnel par une personne physique domiciliée en France qui contrôlait 90 % de son capital.

c. A en France le siège de sa direction effective et son seul établissement une société britannique dont le gérant est domicilié en France et qui y **exerce son activité au moyen d'un bus** qui lui est confié par son client et qu'elle utilise pour la réalisation de prestations de promotion sur des épreuves de courses automobiles, n'ayant au Royaume-Uni que son siège social (CAA Bordeaux 18 juillet 2013 n° 12BX00359, 4e ch., Sté MH Skipper Services Limited : RJF 1/14 n° 68 ; arrêt définitif).

d. Une société américaine qui organise et commercialise des séjours à thème en France pour des clients anglophones **par l'intermédiaire d'un site Internet** en langue anglaise dispose d'un établissement stable en France au domicile de sa représentante et dirigeante (CAA Versailles 22 mai 2014 n° 12VE01928, 1e ch., min. c/ Sté Off The Beaten Path LLC : RJF 10/14 n° 932 ; arrêt définitif). Dans cette affaire, des documents relatifs à la gestion et au fonctionnement de la société avaient été saisis au domicile de la dirigeante dans le cadre d'une procédure de visite domiciliaire (n° 17810) ; en outre, le nom et l'adresse de la dirigeante étaient mentionnés comme contact administratif et technique en France.

e. Dispose en France d'un établissement stable, tant pour l'impôt sur les sociétés que pour la TVA, une société espagnole ayant une **activité d'intermédiaire de commerce**, d'achat et de revente de fruits et légumes et de commerce en gros de fruits et légumes compte tenu, notamment, des moyens matériels utilisés en France et de la présence en France de sa gérante et unique associée, en l'absence de moyens mis en œuvre en Espagne (CAA Marseille 22 mars 2013 n° 10MA01903, 4e ch., Sté Frutas y Hortalizas Murcia SL ; cet arrêt a donné lieu à la décision du Conseil d'État citée n° 17815 à propos de la notion d'activité occulte).

f. Dans une affaire concernant une société roumaine qui fabriquait, commercialisait et montait des maisons en bois, un établissement stable a été caractérisé, au titre des exercices 2011 et 2012, au regard du critère de l'**agent dépendant** ayant les pouvoirs d'engager, alors que les rectifications auraient sans doute été mieux motivées par référence au siège de direction dans la mesure où le **gérant** de la société était domicilié en France et exerçait manifestement ses fonctions en France (CAA Nantes 26 novembre 2020 n° 18NT04049, 1e ch., Sté SC Acco-Man SRL, ayant fait l'objet d'un pourvoi non admis par CE (na) 16 novembre 2021 n° 451145, 8e ch.).

g. Avait un siège de direction en France une société belge qui ne disposait en Belgique que d'une domiciliation au sein d'un cabinet comptable et qui était **gérée de fait** par une personne physique domiciliée en France (CAA Nantes 1er avril 2022 n° 20NT00990, 1e ch., SPRL Spartner's, confirmant l'application de la majoration de 80 % pour activité occulte) ; corrélativement, une entreprise individuelle établie en France devait acquitter la TVA sur les prestations qu'elle rendait à cette société, qui ne pouvaient être rattachées à un établissement belge (CAA Nantes 1er avril 2022 n° 20NT00985, 1e ch. ; pourvoi enregistré sous le n° 464596).

2. Une succursale

La notion de succursale n'est pas définie par les conventions fiscales. Il convient donc de se reporter au droit interne des États, et d'appliquer la définition générale de l'établissement stable (sur la distinction entre établissement stable et filiale, et ses conséquences fiscales, voir nos 15010 s.). **17410**

Du côté français, une succursale ne sera a priori considérée comme un établissement stable que si elle possède une certaine « permanence » et une certaine « autonomie ». La question de l'autonomie est assez délicate en pratique ; elle se manifeste normalement par l'existence d'un **personnel propre**, recruté et rémunéré localement (au moins en partie), de **services propres** (commerciaux, financiers, techniques), et d'une **comptabilité distincte** de celle du siège. Mais elle ne va pas au-delà (n° 17363).

Une installation qui ne servirait qu'à remplir des fonctions d'exécution et dont le responsable n'aurait pas de pouvoirs de recrutement, de gestion du personnel, ni de gestion financière ou comptable, ne devrait pas être regardée comme un établissement stable.

En pratique, lorsqu'une société étrangère a **enregistré** une **succursale** en France, il lui est assez difficile de prétendre que celle-ci ne constitue pas un établissement stable. Un exemple en est donné par un arrêt de la cour administrative d'appel de Nancy (CAA Nancy **17415**

10 octobre 1991 nos 529 et 531, 2e ch., Hoverlloyd Ltd : RJF 1/92 no 124 ; arrêt définitif) qui a considéré comme un établissement stable pour l'application de la convention franco-britannique du 22 mai 1968 (ancienne convention) l'antenne d'une société britannique immatriculée en France au **registre du commerce** en tant que succursale d'une société étrangère, sans qu'y fasse obstacle la circonstance que les locaux et commerces générateurs des revenus soient utilisés et exploités en réalité par un concessionnaire de la société. La lecture de l'arrêt donne l'impression que la reconnaissance de l'établissement stable a été tirée presque exclusivement de la circonstance que la société était inscrite au registre du commerce de Calais, depuis longtemps, en tant que succursale d'une société étrangère exploitant une ligne d'aéroglisseurs entre Ramsgate et Calais et que l'analyse n'a pas été véritablement faite des circonstances dans lesquelles la société britannique opérait en France.

En sens inverse, il a cependant été jugé qu'une société italienne qui avait constitué une succursale en France **déclarée au registre du commerce** et qui avait souscrit, à ce titre, des **déclarations fiscales** en France ne disposait pas, en réalité, d'un établissement stable, n'ayant en France ni moyens matériels ni locaux et n'exerçant pas même son activité par l'intermédiaire d'un agent dépendant ayant les pouvoirs de l'engager (CAA Paris 15 avril 2014 no 13PA01378, 2e ch., Sté Mercurio SpA ; un pourvoi avait été formé contre cet arrêt, mais il n'a pas été admis par CE (na) 31 juillet 2015 no 381361, 9e s.-s., Sté Mercurio SpA) ; dans cette affaire, l'administration cherchait à refuser la déduction de frais financiers sans lien avec l'activité immobilière (no 66945).

Précisions **a.** L'arrêt Hoverlloyd Ltd, précité, montre également que les règles relatives aux bénéfices retirés de l'exploitation de **navires ou d'aéronefs en trafic international** sont d'interprétation stricte ; au cas particulier, la Cour a refusé l'exonération en France en considérant que des bénéfices provenant de l'utilisation de locaux commerciaux ne peuvent être considérés comme indissociables de l'activité de transport maritime et ne peuvent être regardés comme tirés de l'exploitation de navires ou d'aéronefs en trafic international au sens des dispositions claires de l'article 7 de la convention franco-britannique de l'époque (no 19305).

b. Exerçait en France une activité par l'intermédiaire d'un établissement stable une société belge de négoce de véhicules automobiles qui avait **déclaré l'ouverture d'un premier établissement** et débuté une activité (CE 12 décembre 2014 no 356871, 9e et 10e s.-s., Sté Euro-Car SPRL : RJF 3/15 no 259, à propos d'une société liquidée dont les locaux situés en France n'étaient pas seulement des installations de stockage) ; cette décision valide la méthode de reconstitution du bénéfice utilisée par l'administration pour **taxer d'office** la société en l'absence de comptabilité, cette méthode ne présentant pas, en l'espèce, un caractère excessivement sommaire ou radicalement vicié.

17418 Parmi d'autres exemples, on relève qu'a été considérée comme un établissement stable, la succursale française d'une société britannique ayant pour activité l'exécution en France d'**excursions sur les rivières et les canaux** et qui disposait à cette fin en France de trois **péniches** animées par un personnel de navigation et d'hôtellerie (CE 19 octobre 1992 no 94137, 9e et 8e s.-s., Floating through France Ltd : RJF 12/92 no 1706).

De même, une société turque qui a ouvert une **succursale** en France qui ne se borne pas à stocker, exposer et livrer de la marchandise vendue en Turquie, mais qui la **vend directement** a un établissement stable en France, même s'il n'y a pas d'achat pour revente, la marchandise vendue restant, jusqu'à la vente, propriété de la société turque (CE 3 juillet 2009 no 294227, 3e et 8e s.-s., min. c/ Sté Uluslararasi Haliclik Gelkistirme Ve Instaat Yatirmi Sanayi Ve Tic : RJF 11/09 no 968). Dans cette affaire, la société turque avait elle-même déclaré cette activité de vente lors de son immatriculation au registre du commerce et des sociétés et la succursale libellait les factures de vente au nom sous lequel elle était connue en France.

3. Un bureau

17430 La notion de bureau est évidemment très vaste ; elle obéit aux mêmes règles que les sièges de direction ou succursales (référence à la définition générale de l'établissement stable). Ainsi, un bureau (ou « établissement ») de vente constitue normalement un établissement stable. Tel n'est pas, en principe, le cas des bureaux d'achat ou des simples bureaux de liaison (nos 17540 et 17565).

Il s'agit d'une **catégorie générique** qui recouvre souvent d'autres situations, par exemple l'existence d'un établissement stable à travers un agent dépendant (voir aussi no 22200 sur la question des établissements de prestations de services). La jurisprudence fournit notamment les exemples suivants.

Le Conseil d'État a reconnu le caractère d'établissement stable au bureau parisien d'une association suisse ayant une activité lucrative, bureau qui comprenait trois personnes normalement rémunérées et dont les fonctions étaient, d'une part de **rechercher** les organismes français publics et privés qui pouvaient être intéressés par des recherches exécutées par cette association, d'autre part de les **mettre en relation** avec le centre de recherche, de **signer** au nom de l'association les contrats de recherche, d'en assurer la gestion comptable et, enfin, d'encaisser les factures préparées par les services du centre suisse (CE 6 juillet 1983 n° 37410, 7e et 8e s.-s. : RJF 10/83 n° 1122). **17432**

Autre exemple, une société roumaine dont le gérant dispose en France, dans sa résidence secondaire, d'un **bureau équipé** d'un ordinateur et qui **recherche et visite la clientèle**, prépare les contrats pour le compte de la société, **fixe les tarifs** et **facture** les prestations dispose d'un établissement stable en France (TA Nantes 27 mars 2007 n° 05-470, 4e ch., Sté Dan's Oversea Arpinav : RJF 3/08 n° 337 ; jugement définitif) ; la correspondance de la société mentionnait d'ailleurs une adresse et des numéros de téléphones fixes et mobiles et de télécopies français (l'administration avait recueilli les informations nécessaires grâce à une visite domiciliaire ; n° 17810).

En revanche, une simple **adresse de domiciliation** n'est pas un établissement stable, ainsi qu'il a été jugé à propos d'une architecte d'intérieur et décoratrice domiciliée en Espagne qui avait souscrit un contrat de domiciliation au sein des locaux d'une société française, mais sans qu'un bureau soit mis à sa disposition alors qu'elle disposait d'un bureau à Marbella (CAA Nantes 10 juin 2022 n° 20NT02943, 1e ch.) ; pour les années suivantes, l'intéressée a été considérée comme domiciliée en France et n'a pu justifier du maintien d'un bureau en Espagne (elle a tout de même échappé à la majoration pour activité occulte, car elle a été regardée comme ayant commis une erreur).

La notion de bureau se mélange parfois avec celle de **représentant** ; par exemple, un bureau implanté en France par une société belge est un établissement stable pour l'application de l'article 4 de la convention fiscale franco-belge du 10 mars 1964 quand bien même il serait tenu par une seule personne **ne résidant pas** en **France de façon permanente** dès lors que celle-ci exerce habituellement des pouvoirs qui lui permettent de conclure des contrats au nom de la société (CAA Nancy 30 octobre 1990 n° 1323, 1e ch., SARL Vanrobaeys : RJF 3/91 n° 353, arrêt définitif ; voir également n° 17442). **17434**

Autre exemple, une société portugaise de prestation de services maritimes, dont les gérants étaient des personnes physiques domiciliées en France et dont il n'était pas établi qu'elle disposait de moyens matériels au Portugal, a été jugée imposable en France (impôt sur les sociétés et TVA, pour les années 2007 à 2010) au motif qu'elle y exerçait son activité **par l'intermédiaire d'une société française** qui avait le même gérant (CAA Marseille 4 février 2021, n° 19MA01775, 3e ch., Sté Transboat International Development ; arrêt définitif). En l'espèce, l'administration avait découvert, grâce à des **saisies dans les locaux** de la société française (le lien capitalistique entre les deux sociétés n'était pas établi, mais leurs dénominations sociales étaient très proches), de nombreux documents, factures, bons de livraisons et courriers au nom de la société portugaise, mentionnant une adresse et des numéros de téléphone et de télécopie correspondant à ceux de la société française ; en outre, le gérant de la société portugaise, domicilié en France, disposait d'une procuration sur le compte bancaire en France de la société portugaise, et il était compétent pour conduire les négociations commerciales.

Un établissement stable a été caractérisé au cas d'une société suisse qui disposait à Paris de deux pièces aménagées à usage de **bureau** dans lesquelles elle employait un directeur commercial et une secrétaire de direction ; l'activité du bureau dépendait étroitement de la présence à Paris du **directeur commercial**, qui y faisait parvenir l'intégralité du courrier professionnel, et les charges, produits et résultats de l'entreprise se rapportaient essentiellement au bureau parisien où étaient centralisées toutes les opérations réalisées par l'entreprise. Dès lors, et à supposer même que les **contrats** de la société auraient fait état d'une **signature au siège** social de Genève, d'ailleurs dépourvu de personnel, et en dépit de l'attribution de compétence aux tribunaux helvétiques pour connaître des litiges relatifs à ces contrats, le bureau parisien de la société suisse avait nécessairement le caractère d'un établissement stable (CAA Paris 19 décembre 1995 n° 89-1685, 2e ch., Sté Tour Développement : Droit fiscal 1996 n° 14 comm. n° 466 ; arrêt définitif). **17436**

Précisions a. Une société philippine qui dispose de **locaux** situés à Bordeaux, d'une **boîte postale**, de **comptes bancaires** et d'un personnel menant des **négociations** pour la passation de contrats de représentation de sociétés françaises aux Philippines doit être regardée comme ayant un établissement stable en France (CAA Bordeaux 5 janvier 1999 n° 97.2300, 3e ch., Sté Amibu Inc. : RJF 10/99 n° 1148 ; arrêt définitif aux conclusions Didier Peano au BDCF 10/99 p. 8).

b. Pour un exemple de **bureau fictif** aux États-Unis, voir TA Pau 9 mars 2006 n° 03-1788, 1e ch., Perpete : RJF 1/07 n° 66 (jugement définitif).

c. Dispose d'une installation fixe d'affaires en France, constituée d'un local et de son gérant, une société de droit portugais qui exerce une activité de sous-traitance de transport **par l'intermédiaire de son gérant** à partir des locaux que celui-ci occupe en France en sa qualité de gérant d'une société française donneur d'ordres (CAA Douai 12 avril 2011 n° 10DA01207, 2e ch., Debesse : RJF 12/11 n° 1358 ; arrêt définitif).

17440 En la matière, tout est affaire de circonstances et tout dépend de la capacité de l'administration à rassembler des éléments précis et convaincants ; ainsi, n'a pas été considérée comme disposant d'un établissement stable en France une société allemande exploitant une **agence de voyages** spécialisée dans la réservation hôtelière à Paris, quoiqu'elle ait « parfois » la disposition d'un bureau mis à sa disposition par son principal fournisseur et que son gérant dispose de deux logements à Paris (CAA Paris 10 novembre 1998 n° 95-1188, 2e ch. B, min. c/ Sté France Touristik Service : RJF 1/00 n° 28 ; arrêt définitif).

Il a également été jugé qu'une société allemande qui exerçait une activité d'**agence de voyages** et disposait d'un bureau en France employant une de ses salariées n'avait pas d'établissement en France (TA Rennes 5 mars 1998 nos 92.5491 et 92.5492, 2e ch., Sté Adac Reise GmbH : RJF 7/98 n° 840) ; ce jugement, définitif, est toutefois discutable au regard de l'étendue des pouvoirs confiés, en fait, au salarié français, qui n'avaient pas, nous semble-t-il, un caractère seulement préparatoire ou auxiliaire (n° 17540).

17442 Les sociétés étrangères doivent toujours faire attention à la manière dont elles exercent leur activité en France, car elles peuvent avoir créé un établissement stable sans s'en rendre compte (ce qui peut d'ailleurs constituer une **activité occulte** au sens de l'article 1728 du CGI, entraînant, en particulier, une majoration de 80 % : n° 17815) ; ainsi, dans l'affaire jugée en 1990 par la cour administrative d'appel de Nancy (SARL Vanrobaeys, nos 17434 et 17444), le représentant de la société belge **ne résidait pas d'une manière permanente** en France et n'y était pas rémunéré ; il était donc vraisemblable qu'il n'avait pas pensé constituer un établissement stable en France. Mais ce point de vue n'a pas été partagé par la Cour, dans la mesure où il procédait depuis son bureau d'Amiens à l'achat de bois destiné à l'exportation vers la Belgique et également, bien qu'à titre accessoire, à la vente en France d'arbres insusceptibles de transformation, ainsi qu'à la conclusion de contrats avec les entreprises chargées pour son compte des travaux d'abattage, de façonnage et de débitage des bois. Il était donc constitutif d'un établissement stable en France.

17444 Au fond, le critère discriminant entre les bureaux qui sont des établissements stables et ceux qui ne le sont pas réside en ceci que les premiers sont des **centres de décision** (en termes de réalisation d'affaires) alors que les seconds ne le sont pas. Dans l'affaire citée n° 17434, l'agent en France, étant habilité à contracter au nom et pour le compte de la société, ne constituait pas un simple bureau de liaison ni un simple **organe de transmission**, mais un véritable centre de décision.

On aurait certes pu, dans cette même affaire, se demander si le bureau pouvait constituer un établissement stable dans la mesure où la convention fiscale précise qu'il n'y a pas établissement stable dans l'hypothèse où une installation fixe d'affaires est utilisée aux seules fins d'acheter des marchandises pour l'entreprise. Mais tel n'était pas le cas dans les circonstances de l'espèce, puisque la Cour a remarqué que, même si c'était à titre accessoire, le représentant se livrait en France à des **activités de vente**. Par construction, l'installation française n'avait donc pas pour seule fin d'acheter des marchandises pour l'entreprise, d'où l'on déduit que c'est à bon droit que la Cour a jugé que le bureau d'Amiens constituait un établissement stable en France (voir aussi l'arrêt Mermaid BV ; n° 17572).

4. Une usine ou un atelier

17450 La référence aux usines et ateliers ne pose pas de problème particulier, étant entendu qu'ils ne sont des établissements stables que s'ils sont **en exploitation**.

Là encore, en application des principes généraux, on ne doit pas conclure du seul fait qu'une société étrangère a un atelier en France que ce dernier constitue un établissement stable. C'est l'examen de l'ensemble des circonstances, et particulièrement de l'**autonomie minimum** ou non de l'atelier, qui permettra de conclure s'il y a établissement stable ou simple installation préparatoire ou auxiliaire.

Il a été jugé qu'un **atelier** situé en France appartenant à une société suisse qui exportait 17455
en France des machines-outils constituait un établissement stable dans la mesure où il permettait d'assurer, en sus du **service après-vente**, la vente de **pièces détachées** et le **dépannage** de machines, étant observé que les agents affectés à l'atelier jouissaient, par rapport au siège, d'une autonomie suffisante qui leur permettait de conclure eux-mêmes des contrats de vente et des contrats de prestations de services de dépannage (CAA Lyon 9 décembre 1992 n° 92-133, 4e ch., SA Tornos-Becheler : Droit fiscal 1993 n° 49, comm. n° 2360 ; arrêt définitif). L'arrêt prend soin de noter que les agents affectés à l'atelier de dépôt, qui intervenaient pour partie en dehors de la garantie dont bénéficiaient les acquéreurs de machines, effectuaient leurs interventions **sans en référer** préalablement au siège, et que les préposés au magasin de pièces détachées pouvaient prélever les pièces correspondant aux commandes qu'ils recevaient sans que ces commandes aient été préalablement acceptées par le siège.

Précisions C'est bien l'autonomie de l'atelier, dans ses **relations avec la clientèle**, qui a permis de considérer qu'il y avait effectivement établissement stable en France. Mais, compte tenu de la décision du Conseil d'État citée n° 17363 (affaire Midex), une autonomie bien moindre aurait suffi à caractériser un établissement stable.

5. Un lieu d'extraction de ressources naturelles

En général, mines, carrières et autres lieux d'extraction de ressources naturelles sont consi- 17470
dérés comme des établissements stables. L'expression « ressources naturelles » doit être entendue au sens large ; elle inclut par exemple les **hydrocarbures** (sur terre ou sur mer).

Précisions **a.** Les modèles de convention fiscale de l'OCDE et de l'ONU ne mentionnent que l'extraction de ressources naturelles et pas la **prospection**. Dans ce cas, il faut en revenir aux principes pour déterminer s'il y a ou non établissement stable.

b. Quelques rares conventions fiscales visent les **activités de prospection** (par exemple, avant l'avenant du 30 novembre 1995, la convention franco-canadienne du 2 mai 1975, en cas d'activité de prospection dans le cadre d'un chantier de plus de douze mois).

c. Les États-Unis se réservent le droit d'inclure une **plateforme** ou un **navire de forage** utilisés pour la prospection de ressources naturelles dans les activités couvertes par le critère des douze mois (Commentaires OCDE, C (5) n° 209, ajoutés en avril 2000).

Activités en mer

La référence à un lieu d'extraction de ressources naturelles pose parfois des problèmes 17475
spécifiques, notamment pour les activités de **forage du pétrole en mer**. À s'en tenir à la lettre des conventions fiscales, il pourrait y avoir établissement stable dès le premier jour d'installation (sauf si l'on soutenait que, faute d'une certaine durée, l'installation n'est pas fixe ou si l'on exigeait une période de six mois ou douze mois par référence aux chantiers). C'est pourquoi, pour les activités de ce type, les États conviennent parfois de règles spéciales.

Par exemple, la **convention franco-norvégienne** du 19 décembre 1980 modifiée contient un protocole additionnel sur les activités en mer aux termes duquel toute personne qui exerce dans l'autre État des activités en mer en relation avec l'exploration ou l'exploitation du lit de la mer, du sous-sol marin et de leurs ressources naturelles est réputée exercer son activité par l'intermédiaire d'un établissement stable sauf si l'activité n'est poursuivie que sur au maximum trente jours sur une période de douze mois. Ce principe a été repris dans d'autres conventions fiscales (par exemple, article 22 de la **convention franco-britannique** du 19 juin 2008), avec éventuellement des variantes ; par exemple, la **convention franco-colombienne** du 25 juin 2015 (article 5 § 7) stipule que, lorsqu'une entreprise d'un État exerce dans l'autre État des activités spécialisées en relation avec l'exploration ou l'exploitation de ressources naturelles situées dans cet État pendant une ou des périodes représentant un total de plus de soixante jours au cours d'une période quelconque de douze mois, elle est réputée exercer ces activités par l'intermédiaire d'un établissement stable situé dans cet État (sauf activités préparatoires ou auxiliaires).

Pour éviter l'évasion fiscale consistant à faire travailler successivement des entreprises différentes sur un même site, il est en général prévu de prendre en compte la totalité des travaux effectués par des **personnes associées** (par exemple, même en cas d'activité de moins de trente jours, chacune d'elles sera réputée avoir un établissement stable).

En ce qui concerne les **navires** eux-mêmes, le comité des affaires fiscales de l'OCDE indique qu'un navire « qui navigue dans les eaux internationales ou dans un ou plusieurs États n'est pas fixe et, dès lors, ne constitue pas une installation fixe d'affaires (sauf si l'exploitation du navire est restreinte à une zone particulière présentant une cohérence commerciale et géographique). Les activités exercées à bord d'un tel navire, comme l'exploitation d'un magasin ou d'un restaurant, doivent être traitées de la même manière (…) » (Commentaires OCDE, C (5) n° 26, issus de la révision de 2017).

6. Un chantier de construction ou de montage

17490 En raison de son importance, cette question fait l'objet d'un développement séparé (n°s 17590 s.).

C. Exceptions

17520 En général, les conventions fiscales énumèrent divers cas d'installations qui ne sont pas considérées comme des établissements stables. Le nombre et la portée de ces exceptions sont variables. Elles concernent normalement des activités de nature préparatoire ou auxiliaire, qui ne sont pas considérées comme constitutives d'un établissement stable, même si elles sont exercées par l'intermédiaire d'une installation fixe d'affaires.

1. Exclusion des installations dont les activités n'ont qu'un caractère préparatoire ou auxiliaire

Notion d'activité préparatoire ou auxiliaire

17540 Il s'agit d'une exception de portée générale à la définition de l'établissement stable. La combinaison de ce principe avec la notion d'installation fixe d'affaires permet de lui donner un caractère plus sélectif.

On admet ainsi que certaines organisations peuvent contribuer à la productivité de l'entreprise, mais de trop loin pour qu'un véritable bénéfice puisse leur être attribué (Commentaires OCDE, C (5) n° 58). Les **activités concernées** sont énumérées à l'article 5 § 4 du modèle de convention fiscale de l'OCDE :
- usage d'installations aux seules fins de stockage, d'exposition ou de livraison de marchandises appartenant à l'entreprise ;
- marchandises appartenant à l'entreprise entreposées aux seules fins de stockage, d'exposition ou de livraison ;
- marchandises appartenant à l'entreprise entreposées aux seules fins de transformation par une autre entreprise ;
- utilisation d'une installation fixe d'affaires aux seules fins d'acheter des marchandises ou de réunir des informations, pour l'entreprise ;
- installation fixe d'affaires utilisée aux seules fins d'exercer, pour l'entreprise, toute autre activité ;
- installation fixe d'affaires utilisée aux seules fins de l'exercice cumulé d'activités mentionnées précédemment ;

à condition toutefois que toutes les activités ainsi énumérées (ou, en cas d'exercice cumulé, l'activité d'ensemble de l'installation fixe d'affaires) revêtent un **caractère préparatoire ou auxiliaire**.

Cette dernière précision, en facteur commun, résulte de la révision de 2017 du modèle de convention fiscale de l'OCDE, issue des travaux relatifs à l'Action 7 du plan de lutte contre l'érosion de l'assiette imposable et les transferts de bénéfices (Beps ; n° 72410) ; elle est destinée à réduire la portée des exceptions à la notion d'établissement stable (il s'agit cependant davantage d'une clarification que d'une précision nouvelle, étant donné que les commentaires antérieurs étaient déjà dans ce sens).

Une clause anti-abus a, en outre, été introduite lors de la révision de 2017 : le paragraphe 4.1 de l'article 5 exclut désormais certaines **activités d'entreprises étroitement liées** lorsqu'elles constituent des fonctions complémentaires qui s'inscrivent dans un ensemble cohérent d'activités d'entreprise ; le critère retenu pour la détermination du caractère « étroitement lié » des entreprises est celui du « contrôle », qui peut résulter d'une analyse de l'ensemble des faits et circonstances pertinents ou, en tout état de cause, d'une participation directe ou indirecte de plus de 50 %. Cette stipulation a pour but d'empêcher une entreprise ou un groupe d'entreprises étroitement liées de **fragmenter un ensemble cohérent d'activités** en plusieurs petites opérations pour soutenir que chacune d'elles ne présente qu'un caractère préparatoire ou auxiliaire (Commentaires OCDE, C (5) n° 79). Une telle clause a, par exemple, été introduite à l'article 5 de la convention franco-luxembourgeoise du 20 mars 2018.

Les dispositions relatives aux activités préparatoires ou auxiliaires visent, par exemple, le cas d'installations utilisées pour la **publicité**, pour la fourniture d'informations, pour des **recherches** scientifiques, pour veiller à l'exécution d'un contrat, mais seulement, bien entendu, si les activités en cause gardent effectivement un caractère « préparatoire ou auxiliaire ». D'une manière générale, les installations qui n'exercent que des activités préparatoires ou auxiliaires sont traitées comme de simples **« bureaux de liaison »**. Leur objet, qui n'est que de fournir des renseignements, faire de la publicité ou de la recherche pour le compte des entreprises dont ils dépendent, n'en fait pas des établissements stables (pour un exemple de **bureau de représentation** d'une société d'assurance japonaise, voir l'arrêt de la cour administrative d'appel de Paris du 20 décembre 2002 cité n° 19410).

Approche retenue par la France pour l'application de l'instrument multilatéral

L'instrument multilatéral destiné à introduire dans les conventions fiscales certaines **17542**
mesures « anti-Beps » (nos 1650 s.) contient des stipulations de même nature que celles qui sont proposées par le modèle actuel de convention fiscale de l'OCDE et qui visent à réduire le champ des activités préparatoires ou auxiliaires ; les mesures ayant pour objet d'« **éviter artificiellement le statut d'établissement stable** par le recours aux exceptions applicables à certaines activités spécifiques » sont contenues à l'article 13 de l'instrument multilatéral, qui propose **deux options** :
– option A : l'exception est **conditionnée** à la démonstration du caractère préparatoire ou auxiliaire des activités visées ; cette approche est celle que le comité des affaires fiscales de l'OCDE a retenue dans la version 2017 du modèle de convention fiscale ;
– option B : les activités visées sont exclues **par nature** de la qualification d'établissement stable, le test du caractère préparatoire ou auxiliaire étant cantonné à l'exercice d'une activité qui ne serait pas expressément visée ou à l'exercice cumulé des activités visées.

La **France** a retenu l'option B, selon laquelle il n'y a pas d'« établissement stable » dans les cas suivants :
a) activités spécifiquement énumérées dans la convention fiscale et qui sont considérées comme ne constituant pas un établissement stable, que cette exception soit ou non subordonnée au fait que l'activité revête un caractère préparatoire ou auxiliaire, sauf si la convention prévoit expressément qu'une activité spécifique est considérée comme ne constituant pas un établissement stable si cette activité revêt un caractère préparatoire ou auxiliaire ;
b) une installation fixe d'affaires utilisée aux seules fins d'exercer, pour l'entreprise, toute autre activité non visée au a) ci-dessus, à condition qu'elle revête un caractère préparatoire ou auxiliaire ;
c) une installation fixe d'affaires utilisée aux seules fins de l'exercice cumulé d'activités visées aux a) et b) ci-dessus, à condition que l'activité d'ensemble de l'installation fixe d'affaires résultant de ce cumul revête un caractère préparatoire ou auxiliaire.

La France a également retenu la **règle anti-fragmentation** de l'article 13 § 4 de l'instrument multilatéral, qui vise à empêcher une entreprise ou un groupe d'entreprises étroitement liées de fragmenter un ensemble cohérent d'activités en plusieurs opérations pour se prévaloir du caractère préparatoire ou auxiliaire de chacune d'entre elles (sur la position de la France, voir l'étude d'impact accompagnant le projet de loi de ratification de l'instrument multilatéral, déposé au Sénat le 17 janvier 2018).

Précisions Selon l'article 15 de l'instrument multilatéral, une **personne est étroitement liée** à une entreprise si, compte tenu de l'ensemble des faits et circonstances pertinents, l'une est sous le contrôle de l'autre ou toutes deux sont sous le contrôle des mêmes personnes ou entreprises. Dans tous les cas, une personne est considérée comme étroitement liée à une entreprise si l'une détient directement ou indirectement plus de 50 % des droits ou participations effectifs dans l'autre (ou, dans le cas d'une société, plus de 50 % du total des droits de vote et de la valeur des actions de la société ou des droits ou participations effectifs dans les capitaux propres de la société), ou si une autre personne détient directement ou indirectement plus de 50 % des droits ou participations effectifs (ou, dans le cas d'une société, plus de 50 % du total des droits de vote et de la valeur des actions de la société ou des droits ou participations effectifs dans les capitaux propres de la société) dans la personne et l'entreprise. La France n'a pas formulé de réserve sur cette définition.

Appréciation

17545 L'appréciation du caractère préparatoire ou auxiliaire d'une activité est évidemment délicate. Selon les commentaires de l'OCDE (C (5) n° 59), « le critère décisif consiste à rechercher si les activités de l'installation fixe d'affaires constituent en elles-mêmes une part essentielle et notable des activités de l'ensemble de l'entreprise. » Les commentaires donnent les exemples suivants :
– une installation dont l'**objet** est **identique** à celui de l'entreprise n'exerce pas une activité préparatoire ou auxiliaire ;
– si une entreprise multinationale a délégué toutes ses fonctions de direction à ses **bureaux de direction régionaux**, le siège central se bornant à exercer une activité de surveillance générale, les bureaux régionaux sont des sièges de direction dont les activités ne sont ni préparatoires ni auxiliaires ; cette solution est celle de l'administration française qui considère que le **siège de direction régionale ou technique** d'une entreprise résidente d'un État lié à la France par une convention fiscale possède, lorsqu'il est installé en France, le caractère d'un établissement stable (en ce sens BOI-IS-CHAMP-60-10-30 n° 100, refusant de tirer les conséquences de l'arrêt Publicis FCB Europe ; n° 28655, Précisions b).

17548 En pratique, il est vrai que la distinction entre les activités constitutives d'un établissement stable et celles qui ne le sont pas est parfois délicate. Ainsi, l'**étude scientifique** d'un marché présente un caractère préparatoire alors que les **contacts avec la clientèle** précèdent de trop peu la réalisation du bénéfice pour pouvoir être considérés comme tels (voir à propos de la convention fiscale franco-suisse, BOI-INT-CVB-CHE-10-20-20 n° 60).

Par exemple, un bureau d'une société française situé au Vietnam, qui emploie trois personnes dont les activités ne se limitent pas à l'étude du marché vietnamien mais qui entrent en **contact** avec la **clientèle** pour des projets précis, ne peut être regardé comme ayant une activité préparatoire ou auxiliaire (CAA Versailles 21 décembre 2004 n° 02-3541, 3e ch., Sté Gimn : RJF 4/05 n° 303 ; arrêt définitif). Dans la situation inverse, une société suisse disposait d'un établissement stable en France dès lors que l'installation qu'elle utilisait n'avait pas pour seul objet de **réunir des informations** ou d'exercer une activité de nature préparatoire ou auxiliaire (CAA Lyon 15 décembre 2005 n° 00-1259, 2e ch., SA AMG : RJF 5/06 n° 571 ; arrêt définitif).

De même, n'est pas un simple bureau de liaison chargé d'effectuer des activités auxiliaires ou publicitaires mais bien un établissement stable, un bureau parisien d'une société américaine, doté d'un équipement informatique et téléphonique et où dix salariés, dont le directeur et cinq commerciaux de haut niveau, exercent une **activité de courtage, de négoce** et de **banque d'affaires** générant une fraction importante du chiffre d'affaires de la société (CAA Paris 26 novembre 2014 n° 13PA03604, 2e ch., Sté Value Investing Partners Inc., arrêt définitif) ; la qualification figurant sur l'extrait K bis de la société et le fait que les ordres d'achat et de vente de titres sur les bourses américaines étaient pris exclusivement aux États-Unis est sans incidence (la Cour juge également que la requérante n'avait pas prouvé l'exagération des impositions établies par l'administration à partir, notamment, des états financiers saisis lors de perquisitions).

En revanche, le bureau parisien d'une société britannique qui édite des **journaux** ne constitue pas un établissement stable dès lors, d'une part, que son activité consiste exclusivement à **suivre l'actualité française** pour le compte du siège et à rédiger des articles en vue de leur publication dans un quotidien de langue arabe édité au Royaume-Uni et, d'autre part, qu'il n'élabore pas le journal lui-même ni n'assure sa diffusion en France (CE 28 mai 2014 n° 360890, 9e et 10e s.-s., min. c/ Sté Al Hayat Publishing Company Ltd : RJF 8-9/14 n° 839 ; voir également n° 10590, sur la portée des commentaires de l'OCDE). Cette solution ne s'étend pas, selon le rapporteur public Claire Legras, « aux rédactions françaises de magazines qui possèdent des déclinaisons nationales spécifiques en langue française - on peut penser par exemple à Vogue ou Vanity Fair - et où est effectué un travail qui va bien au-delà de celui d'un simple prestataire chargé de collecter une matière première, l'information, et de la transmettre sous forme organisée d'articles à la rédaction centrale et unique » (conclusions au BDCF 8-9/14 n° 86). Un tel bureau n'a, en effet, qu'une simple activité d'achat pour le compte de l'entreprise.

Mais disposait d'un établissement stable en France, une société suisse qui utilisait des locaux situés à Paris, dotés des moyens matériels et humains nécessaires à son activité de **gestion et de valorisation d'un patrimoine immobilier**, et qui n'était pas fondée à soutenir qu'elle n'aurait eu en France qu'un bureau de liaison (CAA Paris 23 mars 2017 n° 15PA00799, 5e ch., Sté European Premier Properties ; cet arrêt a fait l'objet d'un pourvoi qui n'a pas été admis par CE (na) 26 avril 2018 n° 410788, 9e ch.) ; en l'espèce, l'adresse de la société en Suisse ne correspondait qu'à une simple domiciliation commerciale dépourvue de moyens d'exploitation.

Bureaux de groupe

N'ont pas un caractère préparatoire ou auxiliaire, en principe, les bureaux dits « de groupe » dont la vocation est de rendre des **services** à diverses sociétés d'un groupe et donc **à d'autres entreprises** que celle dont ils dépendent ; ils doivent normalement être considérés comme des établissements stables de prestations de services (de même pour des bureaux d'achat « groupes » ou des installations de recherche ; nos 17565 et 17585). Selon ce qu'indiquent les commentaires de l'OCDE depuis la révision de 2017, si une entreprise installe dans un État où elle a des filiales, des établissements stables, des représentants ou des licenciés, un bureau dit « de direction », chargé de surveiller et de coordonner tous les services de l'entreprise dans la région, un établissement stable sera caractérisé car la **fonction de direction d'une entreprise** constitue une part essentielle de ses opérations et n'a donc pas de caractère préparatoire ou auxiliaire (Commentaires OCDE, C (5) n° 71). **17550**

Autre exemple, si une entreprise qui maintient à un endroit un bureau pour assurer la publicité de ses propres produits ou services se livre aussi à des activités de **publicité pour le compte d'autres entreprises**, ce bureau sera considéré comme un établissement stable de l'entreprise dont il dépend (Commentaires OCDE, C (5) n° 61).

Cumul d'activités

La question peut se poser de savoir si le cumul d'activités préparatoires ou auxiliaires au sein d'une même installation n'en fait pas un établissement stable. La plupart des conventions fiscales modernes répondent par la négative, à condition que l'activité d'ensemble de l'installation d'affaires résultant de ce cumul garde effectivement un caractère préparatoire ou auxiliaire (modèles OCDE et ONU ; n° 17540). **17553**

Toutefois, cette opinion n'est pas partagée par tous les pays ; certains considèrent que **l'accumulation d'activités auxiliaires** fait d'une installation un véritable établissement stable ; en ce sens, par exemple, le Mexique a indiqué qu'il se réservait de considérer qu'un établissement stable peut exister lorsqu'une installation fixe d'affaires est maintenue pour l'exercice de n'importe quelle **combinaison d'activités** mentionnées aux alinéas a) à e) du paragraphe 4 de l'article 5 (Commentaires OCDE, C (5) n° 211 ; pour un autre exemple, voir la convention fiscale du 5 octobre 1989 entre la France et l'Italie).

2. Exemples les plus courants

Stockage, exposition, livraison, transformation

Les conventions fiscales considèrent, en général expressément, que les installations utilisées à des fins de stockage, d'exposition, de livraison ou de transformation, ne sont pas, **17560**

conformément au modèle de l'OCDE, des établissements stables ; les situations visées sont les suivantes :
– une entreprise utilise une installation destinée à **entreposer**, **exposer** ou **livrer** ses propres marchandises ;
– un **stock de marchandises** n'est entreposé qu'aux fins de stockage, d'exposition ou de livraison ;
– un stock de marchandises n'est entreposé qu'afin d'être **transformé** par une autre entreprise ;
– une installation n'est utilisée que pour **acheter** des marchandises ou pour **réunir des informations** pour l'entreprise.

Depuis la révision de 2017, il est toutefois clairement précisé que ces activités doivent, pour ne pas caractériser un établissement stable, revêtir un **caractère préparatoire ou auxiliaire** (n° 17540).

Bureaux d'achat

17565 Un bureau d'achat n'est pas, en principe, un établissement stable sous réserve du respect des conditions suivantes :
– il doit se livrer **uniquement à l'achat** de marchandises, à l'exclusion de toute autre activité telle que classement, triage, emballage (car, dans ce cas, son intervention serait génératrice de « valeur ajoutée » et deviendrait normalement imposable) ;
– il ne doit pas se livrer en même temps à une activité de vente, car l'installation serait alors considérée comme un établissement stable unique et serait imposable pour les deux catégories d'activités (les commentaires de l'OCDE, C (5) n° 77, sont clairs sur ce point ; voir aussi l'arrêt Mermaid BV, n° 17572) ;
– il ne doit effectuer d'achats **que pour l'entreprise dont il dépend**, et non pas pour des entreprises tierces.

Certaines conventions fiscales ne reprennent pas l'exclusion des installations utilisées aux seules fins d'acheter des marchandises pour l'entreprise. Cette rédaction, non conforme au modèle de convention fiscale de l'OCDE, devrait signifier que de telles installations constituent des établissements stables à condition qu'elles répondent aux principes généraux.

Précisions **a.** En droit interne français, les **bureaux d'achats** situés en **France** sont considérés comme des « entreprises exploitées en France », s'ils présentent les caractères d'un véritable établissement autonome et distinct (n° 5355). Bien entendu, ils ne sont imposables en France que si la convention fiscale le permet.

b. Le comité des affaires fiscales de l'OCDE estime que « lorsque le paragraphe 4 ne s'applique pas parce qu'une installation fixe d'affaires utilisée par une entreprise pour des activités qui sont énumérées dans ce paragraphe est également **utilisée pour d'autres activités** qui sortent du cadre des activités préparatoires ou auxiliaires, cette installation d'affaires sera considérée comme un établissement stable unique de l'entreprise et les bénéfices attribuables à l'établissement stable par rapport à ces deux types d'activités seront imposables dans l'État où se situe cet établissement stable » (Commentaires OCDE, C (5) n° 77).

c. Une société togolaise dispose d'un établissement stable en France au sens de la convention fiscale franco-togolaise du 24 novembre 1971 dès lors que son dirigeant, principal associé et salarié, effectue depuis son domicile en France des **commandes et des achats de véhicules** pour le compte de la société en vue de les revendre en Afrique, qu'il règle ces achats au moyen de mandats émis par la société, qu'il expédie ces véhicules en Afrique et qu'il dispose du pouvoir de conclure des contrats au nom de la société notamment pour acheter et revendre ces véhicules (CAA Lyon 29 décembre 2009 n° 07-1942, 2e ch., Sté Sofrato : RJF 6/10 n° 569, ayant fait l'objet d'un pourvoi non admis par CE (na) 28 décembre 2012 n° 337004, 10e s.-s.). Il est cependant à noter que les installations utilisées aux fins d'acheter des marchandises sont considérées comme des établissements stables par la convention fiscale franco-togolaise et qu'il ressort également de l'arrêt que le dirigeant avait aussi le pouvoir de revendre les véhicules.

Stands et pavillons

17568 Les stands et pavillons utilisés dans une **exposition** ou une **foire** internationale ne sont pas des établissements stables. Il en va ainsi même si l'entreprise procède à la **vente des modèles** ou échantillons défraîchis, encombrants ou onéreux à emporter, à la clôture de l'exposition. Cette exception ne s'étend naturellement pas au cas où l'entreprise aurait en même temps une succursale sur place. Dans ce cas, la succursale serait imposable sur l'ensemble de ses opérations, y compris celles qui sont réalisées à la suite de commandes prises au stand (n° 4810).

Parfois, la convention fiscale exclut expressément de la catégorie des établissements stables les **marchandises vendues** par une entreprise à l'issue d'une foire ou d'une exposition (convention franco-roumaine du 27 septembre 1974). Mais, par référence aux principes généraux, on ne doit pas en déduire qu'il y a établissement stable a contrario lorsque l'exclusion n'est pas expresse (ce qui est le cas général).

Installations de livraison

Les installations utilisées pour livrer les marchandises aux clients ne sont pas, en principe, des établissements stables. En effet, la livraison de marchandises est considérée comme une **activité accessoire** qui n'engendre pas en elle-même de bénéfices. Toutefois, ce principe n'est pas absolu : **17570**
– diverses conventions fiscales prévoient que lorsque le préposé à la gestion du stock **reçoit des commandes** et les **livre** directement à la clientèle, il peut y avoir établissement stable ;
– d'autres conventions suppriment toute référence à la livraison, les États estimant que la présence d'un **stock** facilite la vente du produit et donc la réalisation de bénéfices sur place (reprise du modèle de convention fiscale de l'ONU) ;
– il arrive souvent que l'activité d'une telle installation aille au-delà de la simple livraison, par exemple lorsqu'elle exerce un **véritable service après-vente**. Une telle activité n'aurait pas un caractère préparatoire ou auxiliaire. Serait ainsi normalement considérée comme un établissement stable, l'installation fixe d'affaires utilisée par une entreprise pour fournir à sa clientèle les pièces détachées des machines qu'elle livre si elle l'utilise en outre pour entretenir et réparer ces machines.

Précisions **a.** Un contribuable qui ne dispose en Algérie que d'un **entrepôt** et d'un **agent** qui se borne à recevoir les marchandises et à assurer leur livraison **sans pouvoir de contracter** ou de prendre des commandes, n'a pas en Algérie d'établissement stable au sens de la convention fiscale (CE 25 juillet 1980 nº 11535, 8e et 9e s.-s. : RJF 10/80 nº 761).

b. Une société britannique n'est pas imposable en France sur les profits retirés de la vente d'un **stock de bouteilles** de vin qui lui a été attribué en nature au titre de sa participation dans une société civile d'exploitation agricole, la vente d'un tel stock caractérisant non pas une activité agricole mais une activité industrielle et commerciale non imposable en France en l'absence d'établissement stable (CE 25 février 2004 nº 250328, 9e et 10e s.-s., min. c/ Sté Hallminster Ltd : RJF 5/04 nº 463 ; conclusions Laurent Vallée au BDCF 5/04 nº 59).

c. Une société turque qui dispose d'une **succursale** en France qui ne se borne pas à stocker, exposer et livrer de la marchandise vendue en Turquie, mais la **vend directement** en France dispose en France d'un établissement stable même s'il n'y a pas d'achat pour revente, la marchandise vendue restant, jusqu'à la vente, propriété de la société turque (CE 3 juillet 2009 nº 294227, 3e et 8e s.-s., min. c/ Sté Uluslararasi Haliclik Gelkistirme Ve Instaat Yatirmi Sanayi Ve Tic : RJF 11/09 nº 968).

d. Un résident des Pays-Bas qui dispose d'une installation en France utilisée seulement pour des **livraisons de fleurs** ne dispose pas d'un établissement stable bien que cette installation comporte un branchement électrique particulier pour assurer l'alimentation du camion frigorifique utilisé pour effectuer les livraisons (CAA Douai 30 novembre 2010 nº 08-1075, 2e ch., Rosdorff : RJF 5/11 nº 538 ; arrêt définitif).

La distinction entre les installations de stockage et les établissements stables n'est pas toujours très nette ; ainsi, il a été jugé, à propos d'une société néerlandaise, qu'une installation à Cherbourg, matérialisée notamment par des **entrepôts** réfrigérés de stockage du poisson, caractérisait un établissement stable, compte tenu de l'existence sur place de moyens de communication permanents, d'un **agent rémunéré** mensuellement, ayant autorité sur deux employés et qui représentait la société, d'un compte en banque et de la circonstance que des ventes avaient été réalisées en France même si les ordres étaient prétendument donnés depuis le siège néerlandais (CAA Nantes 26 juin 2003 nº 99-2686, 1re ch., min. c/ Sté Mermaid BV : RJF 12/03 nº 1427, arrêt définitif ; à noter que cette affaire a fait suite à une visite domiciliaire sur le fondement de l'article L 16 B du LPF, nº 17810). **17572**

Bureaux intervenant dans les ventes

Depuis la révision de 2017, les commentaires du comité des affaires fiscales de l'OCDE indiquent que lorsqu'une entreprise qui vend des marchandises ouvre un bureau dans un État et lorsque les employés qui travaillent dans ce bureau **participent activement à la négociation** de parties importantes de contrats concernant la vente des marchandises à **17575** des acheteurs situés dans cet État, ces activités constituent habituellement une part essentielle des opérations de l'entreprise et ne doivent pas être considérées comme ayant un caractère préparatoire ou auxiliaire (Commentaires OCDE, C (5) n° 72) ; tel est le cas, par exemple, si les employés participent aux décisions qui portent sur le type, la qualité ou la quantité de produits couverts par les contrats de vente.

Il en va ainsi, pour reprendre le texte du modèle de convention fiscale dans sa version de 2017, même si les employés ne concluent pas habituellement les contrats ni ne jouent le rôle principal menant à la conclusion de contrats. Sur le cas où des agents ont les pouvoirs de conclure des contrats, voir n°s 17670 s.

Machines entreposées

17580 Des machines entreposées dans un État avant leur transformation par un sous-traitant ne constituent pas un établissement stable (il s'agit naturellement des cas où elles appartiennent toujours au maître d'œuvre ; si elles appartiennent au sous-traitant, la question ne se pose pas).

Collecte d'informations

17582 Si une entreprise dispose d'une installation fixe d'affaires afin de collecter des informations, il y a lieu de déterminer si la collecte d'informations excède ou non le seuil du caractère préparatoire ou auxiliaire de l'activité.

Selon les commentaires du comité des affaires fiscales de l'OCDE, si, par exemple, un **fonds d'investissement** établit un bureau dans un État à seule fin de recueillir des informations sur les possibilités d'investissement dans cet État, la collecte d'informations par le biais de ce bureau constituera une activité préparatoire (Commentaires OCDE, C (5) n° 69). Il en irait de même en présence d'une **compagnie d'assurances** qui établirait un bureau uniquement pour la collecte d'informations statistiques sur les risques sur un marché particulier, ou d'un **bureau de presse** dont le seul but serait de recueillir des informations et qui ne se livrerait pas à des activités publicitaires (Commentaires précités).

Pour des exemples jurisprudentiels, voir notamment n° 17548.

Installations de recherche

17585 Une installation de recherche n'est pas normalement un établissement stable, même si le responsable est habilité à conclure les contrats nécessaires à l'exercice des activités de l'installation (et s'il exerce ce pouvoir dans le cadre de ces activités). Toutefois, l'installation de recherche deviendrait un établissement stable, notamment :
– si l'activité y était exercée également **pour le compte d'autres entreprises** que celle dont elle dépend ;
– ou si l'installation avait également une activité de **fabrication** ;
– ou si l'activité de recherche n'était pas préparatoire ou auxiliaire (par exemple si l'objet même de l'entreprise est précisément la recherche).

Câbles et conduites

17587 Les commentaires OCDE ont été complétés sur ce point lors de la révision de janvier 2003 (Commentaires OCDE, C (5) n° 64) ; en substance, les commentaires actuels du comité des affaires fiscales de l'OCDE estiment :
– que le revenu perçu par le **propriétaire ou l'exploitant** de câbles ou de conduites qui traversent le territoire d'un pays au titre de leur utilisation par d'autres entreprises relève a priori des revenus immobiliers ;
– que lorsque ces installations servent au **transport de biens appartenant à d'autres entreprises**, l'exclusion des installations de livraison n'est pas applicable en ce qui concerne le propriétaire ou l'exploitant de ces installations ; en outre, l'exclusion des activités préparatoires ou auxiliaires n'est pas non plus applicable en ce qui concerne cette entreprise puisque le câble ou la conduite ne sert pas uniquement pour l'entreprise et que son utilisation n'est pas de caractère préparatoire ou auxiliaire compte tenu de la nature de l'activité de cette entreprise ;
– qu'il n'y a pas établissement stable lorsqu'une entreprise détient et exploite un câble ou une conduite qui traverse le territoire d'un pays uniquement afin de **transporter ses**

propres biens, si ces opérations de transport sont simplement incidentes à l'activité de cette entreprise (cas, par exemple, d'une entreprise dont l'activité consiste à raffiner du pétrole et qui possède et exploite une conduite qui traverse le territoire d'un pays uniquement en vue de transporter son propre pétrole jusqu'à sa raffinerie située dans un autre pays). On est bien alors en présence d'installations utilisées aux seules fins de stockage, d'exposition ou de livraison de marchandises appartenant à l'entreprise.

Activités de télécommunication

Dans sa version issue de la révision de juillet 2010, le modèle de l'OCDE contient de nouveaux commentaires sur les activités de télécommunication (Commentaires OCDE C (5) n°s 27, 38 et 64 ; voir également n° 20115 sur la question de la qualification des paiements). **17589**
En substance, il est indiqué :
– qu'un **satellite géostationnaire** ne peut constituer un établissement stable dans un pays au-dessus duquel il est stationné, ni dans un pays dans lequel les signaux émis par le satellite peuvent être captés ; en effet « aucun pays membre n'accepterait que l'emplacement de ces satellites puisse se trouver sur le territoire d'un État contractant en vertu des règles de droit international applicables et puisse dès lors être considéré comme un établissement stable situé sur ce territoire. En outre, la zone précise à l'intérieur de laquelle les signaux envoyés par un satellite peuvent être reçus (correspondant à l'« empreinte » du satellite) ne peut être considérée comme étant mise à la disposition de l'exploitant du satellite de sorte qu'elle devienne une installation d'affaires de l'exploitant du satellite » (Commentaires OCDE C (5) n° 27) ;
– qu'un opérateur d'un réseau de télécommunications qui conclut un **accord d'itinérance** avec un opérateur étranger afin de permettre à ses abonnés d'être accueillis sur le réseau de télécommunications de cet opérateur étranger ne peut être considéré comme ayant un établissement stable au lieu de l'installation d'affaires de l'opérateur étranger (Commentaires OCDE C (5) n° 38) ;
– qu'un **câble** ne peut être considéré comme constituant un établissement stable pour un client de l'opérateur du câble, c'est-à-dire pour l'entreprise dont les données, l'électricité ou autres biens sont transmis ou transportés d'un endroit à un autre (Commentaires OCDE C (5) n° 64).

D. Les chantiers

Selon le modèle de l'OCDE, un chantier de construction ou de montage ne constitue un établissement stable que si sa durée dépasse **douze mois**. Selon le modèle de l'ONU, l'expression couvre également les activités de surveillance et le critère de durée est réduit à **six mois**. **17590**

1. La notion de chantier

Principes

Il s'agit généralement d'installations destinées à réaliser un ouvrage déterminé et qui disparaissent une fois l'ouvrage achevé. Elles ne sont donc pas, en principe, destinées à durer. **17610**

En général, les conventions fiscales entre pays développés visent les chantiers **de construction ou de montage**. Selon les commentaires de l'OCDE (C (5) n° 50), cette expression ne couvre pas seulement la construction de bâtiments, mais aussi celle de routes, de ponts ou de canaux, la pose de conduites ainsi que le terrassement et le dragage. Il peut également s'agir du montage d'installations techniques et de machines. Depuis la révision de janvier 2003, l'OCDE considère que la « rénovation » est incluse lorsqu'elle suppose d'importants travaux de structure, de même que l'installation de machines complexes.

Bien entendu, une **simple location** de matériels de chantier ne constitue pas un établissement stable (CAA Lyon 31 mars 2016 n° 15LY02143, 5e ch., Sté Ultramarine 1101 : RJF 7/16 n° 625, arrêt définitif après rejet du pourvoi de la société par CE 21 avril 2017 n° 400297, 10e et 9e ch., SNC Ultramarine 1101 : RJF 7/17 n° 694, en raison, en tout état de cause, de l'inapplicabilité de la convention fiscale s'agissant d'un litige relatif à la cotisation foncière des entreprises ; voir également n°s 19405, 23125 et 31310, Précisions c).

Précisions Bien entendu, l'étendue de la notion de chantier est **variable** d'une convention fiscale à l'autre, en fonction des intérêts en jeu et du résultat des négociations menées par les États lors de la conclusion de la convention fiscale. D'une manière générale, les pays en développement sont naturellement enclins à donner à la notion de chantier l'interprétation la plus large possible.

Cas de la supervision des chantiers

17615 Lorsque la convention reprend le modèle de convention fiscale de l'OCDE, il n'est pas toujours aisé de savoir si des activités de supervision ou de surveillance des chantiers caractérisent ou non un établissement stable. En principe, une entreprise qui se borne à surveiller des travaux de construction ou de montage **exécutés par une autre entreprise** ne doit pas être considérée comme ayant un chantier de construction. Si elle dispose d'un bureau sur place pour exercer l'activité de surveillance, ce bureau n'est pas normalement considéré comme un établissement stable, faute de permanence suffisante.

Cependant, depuis la révision de janvier 2003, l'OCDE considère que la **règle des douze mois** s'applique à l'organisation et à la supervision sur place du chantier ; le comité des affaires fiscales de l'OCDE estime en ce sens que « le paragraphe 3 s'applique à l'organisation et à la supervision sur place du chantier de construction d'un bâtiment. Les États souhaitant modifier le libellé du paragraphe pour s'assurer expressément de ce résultat sont libres de le faire dans le cadre de leurs conventions bilatérales » (Commentaires OCDE, C (5) n° 50).

Cette dernière interprétation est toutefois très discutable en l'absence de modification du modèle lui-même (nos 22300 s.). Il a ainsi été jugé que, quelle qu'ait été la durée de leur présence dans les États étrangers concernés, des salariés mis à disposition de filiales étrangères par une société française et chargés de tâches administratives et techniques ou affectés à la surveillance de chantiers, ne caractérisaient pas un établissement stable hors de France (CAA Versailles 18 novembre 2014 n° 11VE02931, 3e ch., Sté France Télécom : RJF 3/15 n° 176, arrêt définitif jugeant également que ces mises à disposition ne caractérisaient pas un cycle commercial complet hors de France ; n° 5113).

Cette solution a été ensuite reprise à propos de la même société (devenue la société Orange), la même Cour jugeant que n'exploite pas d'entreprises hors de France et n'a pas, dans les pays concernés, d'établissements stables, une société française qui a pour activité la construction, le développement et la modernisation de réseaux de communications et qui a conclu avec ses filiales établies au Danemark, en Égypte, en Espagne, en Italie, aux Pays-Bas, en Suisse, au Vietnam, en Belgique, en Argentine et au Salvador des **contrats d'assistance technique et commerciale** en vue du développement des réseaux de télécommunications de ces pays (CAA Versailles 24 juillet 2018 n° 13VE02686, 1e ch., Sté Orange ; arrêt définitif). La Cour relève en effet que les salariés détachés sur place et qui, par roulement, assuraient une présence permanente dans les pays concernés, ne concluaient pas eux-mêmes de contrats d'installation mais se bornaient à assister les filiales en leur fournissant des services dont ils étaient responsables envers elles et de l'exécution desquels ces dernières étaient seules responsables auprès de leurs partenaires ou clients locaux ; en outre, ces personnels n'avaient pas acquis sur place des moyens matériels ou recruté sur place des personnes placées sous leur responsabilité leur conférant, dans le cadre d'une opération de chantier à laquelle ils auraient été parties prenantes, une réelle consistance d'établissements stables ou, concernant le Salvador, l'exécution sur place d'un cycle commercial complet.

Précisions L'article 5 § 3 de l'accord du 21 octobre 2010 entre la France et **Hong Kong** prévoit qu'une entreprise est réputée avoir un établissement stable dans une Partie contractante et y exercer une activité par l'intermédiaire de cet établissement stable si elle réalise, dans cette Partie pendant plus de six mois, des activités de surveillance d'un chantier de construction, de montage, de dragage ou d'un projet d'installation en cours dans cette Partie.

2. La durée du chantier

Principes

17630 Un chantier n'est souvent considéré comme un établissement stable que s'il se déroule sur une certaine période, fixée par l'OCDE à **douze mois**, et par l'ONU à **six mois**. La détermination de la durée du chantier est fréquemment l'objet de conflits entre pays développés et pays en développement, les seconds réclamant la durée la plus brève possible afin de pouvoir imposer plus souvent les bénéfices (même attitude qu'à l'égard de la définition).

En outre, l'attention s'est focalisée, au cours de ces dernières années, sur les stratégies éventuellement mises en place par les entreprises pour contourner les règles relatives à la durée des chantiers ; ainsi, l'instrument multilatéral destiné à introduire dans les conventions fiscales différentes mesures « anti-Beps » (nos 1650 s.) contient un **dispositif anti-fractionnement** qui, pour les conventions fiscales « couvertes », conduit à ce que soient ajoutées les durées des chantiers d'entreprises « étroitement liées » (au sens indiqué no 17542, Précisions), dans certaines conditions (article 14 relatif au « fractionnement de contrats »). La France n'avait pas initialement formulé de réserve sur cet article, estimant qu'il permettrait de contrecarrer les schémas d'évasion fiscale liés au contournement du seuil permettant de caractériser un établissement stable (en ce sens, étude d'impact accompagnant le projet de loi de ratification de l'instrument multilatéral, déposé au Sénat le 17 janvier 2018). Une réserve a toutefois été énoncée sur ce point lors du dépôt de l'instrument de ratification, le 26 septembre 2018, pour tenir compte, notamment, des observations formulées lors des travaux parlementaires ; l'avis no 1093 du 20 juin 2018 de la commission des finances de l'Assemblée nationale à propos du projet de loi de ratification de l'instrument multilatéral avait en effet estimé qu'il ne devrait pas y avoir « d'application excessive de l'article 14, qui serait réservé aux **schémas abusifs** et donc aux fractionnements de contrats réalisés non dans le cadre normal des chantiers, mais à des fins fiscales » (p. 99). Ce rapport indiquait également que le ministre s'était engagé à « veiller à ce que cet article ne puisse être détourné par certaines juridictions à des fins d'attrition des bases fiscales françaises à leur profit ». Ces inquiétudes ont finalement abouti à la formulation par la France d'une réserve explicite concernant l'article 14, qui ne s'appliquera donc pas, en tout état de cause, aux conventions fiscales françaises « couvertes », sauf si elles en disposent autrement (voir no 17635 l'exemple de la convention franco-luxembourgeoise du 20 mars 2018).

Dans le même sens, depuis la révision de 2017, les commentaires du comité des affaires fiscales de l'OCDE indiquent que les abus éventuels découlant du fractionnement de la durée des contrats pour éviter l'application du critère des douze mois peuvent être combattus au moyen de la règle anti-abus du paragraphe 9 de l'article 29 (Commentaires OCDE, C (5) no 52, renvoyant également à l'exemple J du no 182 des commentaires relatifs à l'article 29 ; sur cette clause anti-abus, voir no 74575).

Exemples

Les conventions fiscales retiennent, en pratique, des **solutions très variables** : **17635**

– **absence d'établissement stable** : la convention franco-tchécoslovaque du 1er juin 1973, qui ne s'applique plus qu'à la Slovaquie, stipule qu'on « ne considère pas qu'il y a établissement (...) si l'activité de l'entreprise consiste en un **chantier de construction** ou de montage » (article 5 § 3 f ; une telle règle est cependant exceptionnelle) ; il en va ainsi que l'entreprise exerce son activité dans un ou dans plusieurs chantiers (CE 9 mai 2019 no 422046, 3e et 8e ch., Sté Chemkostav HSV : RJF 8-9/19 no 836, à propos d'une société slovaque dont l'administration avait à tort considéré qu'elle avait un établissement stable en France au motif qu'elle y avait exercé son activité dans le cadre de plusieurs chantiers ; voir également no 10700) ; sur renvoi dans cette affaire, la société a obtenu la décharge car, si elle exerçait en permanence depuis 2008 ses activités en France dans le domaine du bâtiment et de la maçonnerie générale et utilisait d'importants moyens matériels et humains, elle exerçait ces activités dans le cadre de chantiers de construction et n'avait pas d'autre activité (CAA Lyon 15 janvier 2020 no 19LY01839, 5e ch., min. c/ Sté Chemkostav HSV ; arrêt définitif) ;

– **absence de critère de durée** : cette situation, peu fréquente, se retrouve, par exemple, dans la convention franco-malgache du 22 juillet 1983 (qui ne vise que les chantiers de construction) ; cela ne devrait cependant pas signifier que tout chantier constitue automatiquement un établissement stable puisqu'il faut en principe respecter un critère de permanence. Ainsi, du côté français, on prendrait normalement en compte « la continuité, l'importance et l'autonomie » technique des opérations réalisées sur place (CE 29 juin 1981 no 16095, 8e et 9e s.-s. : RJF 10/81 no 857). Mais cette interprétation ne serait pas nécessairement partagée car certains pays veulent effectivement taxer les chantiers quelle qu'en soit la durée. Il convient donc d'être prudent en présence de semblables rédactions ;

– durée fixée à **trois mois** : par exemple, conventions franco-thaïlandaise du 27 décembre 1974 (six mois en cas d'installation ou d'implantation d'une usine), franco-nigériane du 27 février 1990, franco-algérienne du 17 octobre 1999 et franco-libyenne du 22 décembre 2005 ;
– durée fixée à **six mois** : conventions franco-tunisienne du 28 mai 1973, franco-luxembourgeoise du 1er avril 1958, franco-géorgienne du 7 mars 2007, franco-kényane du 4 décembre 2007, accord du 21 octobre 2010 entre la France et Hong Kong, etc. ;
– durée fixée à **douze mois** : un grand nombre de conventions, particulièrement celles conclues avec les pays de l'OCDE, mais aussi conventions franco-panaméenne du 30 juin 2011, franco-andorrane du 2 avril 2013 et franco-chinoise du 26 novembre 2013 ;
– durée fixée à **dix-huit mois** : certaines conventions avec les pays de l'ancien bloc de l'Est, comme la convention franco-roumaine du 27 septembre 1974 (dix-huit mois pour les chantiers de construction et vingt-deux mois pour les chantiers de montage) ;
– durée **variable** en fonction de la date d'ouverture du chantier : les conventions avec la Lettonie du 14 avril 1997, l'Estonie du 28 octobre 1997 et la Lituanie du 7 juillet 1997 prévoient une durée de douze mois, abaissée à six mois pour les chantiers commençant au cours d'une période de dix ans qui a pris fin le 1er mai 2011 ;
– **clause anti-fractionnement** : la convention franco-luxembourgeoise du 20 mars 2018 pose un critère de durée de douze mois mais ajoute qu'afin de déterminer si cette période est dépassée, lorsqu'une entreprise d'un État exerce des activités dans l'autre État à un endroit qui constitue un chantier de construction ou de montage et que ces activités sont exercées pendant une ou plusieurs périodes qui, au total, dépassent **trente jours** sans dépasser douze mois, et lorsque des activités connexes sont exercées sur le même chantier pendant des périodes différentes de plus de trente jours chacune par une ou plusieurs entreprises étroitement liées à la première entreprise (par référence à une notion de contrôle et, en tout cas, à une détention directe ou indirecte de plus de 50 % ; n° 17542, Précisions), ces périodes différentes sont ajoutées à la période totale pendant laquelle la première entreprise a effectué des activités sur le chantier (article 5 § 3, inspiré de l'article 14, « Fractionnement de contrats », de l'instrument multilatéral ; n° 17630). L'administration indique, à propos de la convention fiscale franco-luxembourgeoise du 20 mars 2018, que cette règle a pour objet de lutter contre les pratiques visant à fractionner les contrats par lots attribués à des sociétés du même groupe et portant chacun sur une durée inférieure à douze mois (BOI-INT-CVB-LUX-20 n° 40).

Modalités de décompte de la durée du chantier

17640 Lorsqu'une condition de durée est fixée, le décompte des jours d'activité du chantier obéit normalement aux règles suivantes :
– date de **début du chantier** : un chantier est en principe considéré comme existant à partir de la date à laquelle l'entrepreneur **commence** son activité, même s'il ne s'agit que de travaux préparatoires (par exemple, s'il installe un bureau d'études pour la construction, loue des baraquements, monte une grue, etc.), dès lors que ces travaux, bien qu'auxiliaires et secondaires, sont en relation directe avec le chantier ; les études de pré-affectation doivent en principe être comprises dans la durée du chantier (études préliminaires...) ;
– date de **fin du chantier** : le chantier continue d'exister jusqu'à ce que les travaux soient terminés ou définitivement abandonnés. Il faut donc qu'il n'y ait plus aucune opération liée aux anciennes activités du chantier. Par exemple, si une activité de surveillance est constitutive d'un établissement stable (nos 22300 s.), celui-ci ne cesse d'exister qu'à partir de la disparition de tout personnel de l'entreprise sur place.

Si une entreprise (entrepreneur général) chargée d'exécuter l'ensemble des travaux d'un chantier sous-traite tout ou partie des travaux à d'autres entreprises (sous-traitants), le **temps passé par chaque sous-traitant** sur le chantier doit, selon le comité des affaires fiscales de l'OCDE, être considéré comme temps consacré au chantier par l'entrepreneur général pour la détermination de l'existence d'un établissement stable de l'entrepreneur général (Commentaires OCDE, C (5) n° 54) ; cela n'empêchera pas, bien entendu, le sous-traitant de disposer lui-même d'un établissement stable dans le cadre du chantier s'il y exerce son activité pendant plus de douze mois.

Précisions La convention franco-panaméenne du 30 juin 2011 précise que, aux fins de calculer la durée d'un projet, les périodes au cours desquelles des activités sont exercées dans un État par des **entreprises associées** doivent être cumulées. Toute période durant laquelle des entreprises associées réalisent des activités de manière simultanée n'est cependant prise en compte qu'une seule fois.

Interruptions temporaires

Un chantier ne doit pas être considéré comme ayant cessé d'exister si les travaux ont été momentanément interrompus. Les **interruptions saisonnières**, dues par exemple au mauvais temps, ou momentanées, dues à des difficultés de main-d'œuvre, à un manque de matériel, etc., doivent entrer dans le calcul de la durée d'existence d'un chantier. Il en va ainsi même si l'entreprise interrompt le chantier pour permettre à une autre entreprise de mettre en place du matériel nécessaire aux travaux (machines, réservoirs, etc.). **17645**

Il en résulte que la durée d'interruption d'un chantier en raison de la crise sanitaire du **Covid-19** en 2020/2021 devrait normalement être prise en compte (autrement dit, ne devrait pas être neutralisée) dans le décompte de la durée des chantiers ; le secrétariat de l'OCDE souligne néanmoins que les administrations peuvent, en pratique, prendre des positions différentes et que la notion d'interruption « temporaire » peut être interprétée de façon différente selon les États, certains pouvant considérer que des périodes d'interruption particulières dues aux restrictions imposées en raison de la pandémie ne devraient pas être prises en compte dans le calcul des seuils de durée des chantiers de construction (Note du secrétariat de l'OCDE ; n° 17200, Précisions).

Chantiers successifs

D'une manière générale, l'appréciation de la durée doit être faite séparément pour chaque chantier. Mais ce principe ne vaut que pour les **chantiers distincts**, c'est-à-dire sans aucun lien entre eux. **17650**

Les commentaires de l'OCDE précisent, à cet égard, qu'un « chantier de construction devra être considéré comme une unité, même s'il est basé sur plusieurs contrats, à condition qu'il constitue **un tout cohérent sur le plan commercial et géographique** » (Commentaires OCDE, C (5) n° 51). Les chantiers ne sont donc pas distincts lorsqu'ils sont installés l'un après l'autre au même endroit pour le compte d'une même personne ou bien parfois pour le compte de plusieurs personnes (par exemple, une rangée de maisons...), ou bien, a priori, s'ils se déroulent en des endroits différents mais font l'objet d'un seul contrat et ne constituent que des parties d'une même entreprise.

Le Conseil d'État paraît cependant se désintéresser parfois de la notion de connexité entre les chantiers, jugeant simplement que « les rédacteurs de la convention n'ont pas entendu exclure de la catégorie des établissements stables une activité exercée par l'entreprise plus de 12 mois dans le même pays mais à l'aide de plusieurs chantiers successifs » (CE 29 juin 1981 n° 16095, 8e et 9e s.-s. : RJF 10/81 n° 857).

Dans le même sens, il a été jugé, pour l'application de la convention fiscale franco-américaine du 31 août 1994, qu'en choisissant comme exemple d'établissement stable un chantier dont la durée dépasse douze mois les rédacteurs de la convention n'ont pas entendu exclure de la catégorie des établissements stables une activité exercée par une entreprise **plus de douze mois** dans le même pays mais à l'aide de plusieurs **chantiers successifs** (CAA Bordeaux 13 mai 2008 n° 07BX00191, 3e ch. ; arrêt définitif). Il s'agissait d'une personne physique domiciliée en France, membre d'une partnership américaine qui disposait aux États-Unis d'installations fixes d'affaires et qui avait loué deux champs pétrolifères pour une durée supérieure à douze mois afin d'y réaliser des forages de prospection ; cette partnership a été regardée comme un établissement stable, et l'administration avait pu à bon droit remettre en cause la déduction des pertes résultant de l'activité de forage des revenus imposables de l'intéressé.

E. Les agents

En l'absence de véritable installation fixe d'affaires, une entreprise peut néanmoins avoir un établissement stable là où elle est représentée par un agent qui dispose du pouvoir de l'engager (cette notion doit s'interpréter en fonction de la rédaction des conventions fiscales ; n° 17710). L'OCDE précise qu'il s'agit d'un « **critère de rechange** » (Commentaires OCDE, C (5) n° 100). Il doit s'agir d'un agent dépendant, qui peut être une personne physique ou une société, habilité à traiter les contrats de l'entreprise et exerçant son activité dans les domaines caractéristiques de l'existence d'un établissement stable. Ces **17670** conditions sont cumulatives : si l'une d'entre elles n'est pas remplie, on ne se trouve pas en présence d'un établissement stable.

Les stipulations conventionnelles relatives à l'agent dépendant sont **indépendantes de celles qui concernent les installations fixes d'affaires** proprement dites (en ce sens, par exemple, CE 31 juillet 2009 n° 297933, 3e et 8e s.-s., min. c/ Sté Swiss International Air Lines AG : RJF 11/09 n° 980). Autrement dit, la référence à la situation d'un agent et à ses pouvoirs n'a d'importance qu'en l'absence d'installation fixe d'affaires. Si une installation remplit les conditions pour être un établissement stable, il n'est pas besoin de s'interroger sur la situation de la personne qui la dirige (par exemple, décisions Iota, n° 17720 c, et Findlux, n° 17710, Précisions a).

Lors de la révision de 2017 du modèle de convention fiscale, le comité des affaires fiscales de l'OCDE a, dans la ligne des recommandations issues de l'Action 7 du plan de lutte contre l'érosion de l'assiette imposable et les transferts de bénéfices (Beps ; n° 72410), retenu une **conception plus extensive** qu'auparavant des cas où des agents constituent, en tant que tels, des établissements stables (n° 17708) ; selon la nouvelle version du modèle de convention fiscale :
– devrait être traité comme un établissement stable un agent dépendant qui joue, de façon habituelle, un **rôle prépondérant** dans la conclusion de contrats qui sont conclus sans modification matérielle par la société étrangère, même si cet agent n'a pas juridiquement le pouvoir de conclure ces contrats, sauf s'il exerce son activité de façon indépendante et dans le cadre normal de son activité ;
– ne devrait pas être considéré comme « indépendant » un agent qui agit exclusivement ou **quasi exclusivement** au nom d'une ou plusieurs entreprises liées.

Ces modifications sont, sous réserve d'adaptations terminologiques, les mêmes que celles qui sont contenues dans l'article 12 de **l'instrument multilatéral** destiné à lutter contre l'érosion de l'assiette imposable et le transfert des bénéfices (mesures visant à éviter artificiellement le statut d'établissement stable par des accords de commissionnaire et autres stratégies similaires ; voir notamment n° 17725) ; comme la France n'a pas formulé de réserve sur ce point, ces modifications sont désormais applicables aux conventions fiscales couvertes (nos 1650 s.), sous réserve que l'autre État ait retenu la même approche. Selon ce qui a été indiqué lors des travaux de ratification de l'instrument multilatéral, ces dispositions permettront de lutter plus efficacement contre les schémas d'optimisation fiscale mis en place, notamment sur la base de l'ancienne définition de l'agent dépendant (en ce sens, étude d'impact accompagnant le projet de loi de ratification déposé au Sénat le 17 janvier 2018). De son côté, l'administration indique qu'il s'agit, d'une part, d'éviter que des arrangements de pure forme permettent d'écarter la qualification d'établissement stable et, d'autre part, de faire en sorte que le statut d'agent indépendant ne soit pas reconnu à une personne agissant exclusivement ou quasi exclusivement pour des entreprises qui lui sont étroitement liées (BOI-INT-DG-20-25 n° 230).

Précisions Lors des discussions parlementaires relatives à la loi d'approbation de l'instrument multilatéral, les sénateurs ont questionné le fait que la France ait retenu sans réserve les articles 12 à 15 relatifs aux établissements stables (la France n'a finalement pas retenu l'article 14 ; n° 17630), en relevant que « peu de pays comparables » avaient fait le même choix ; ils ont également noté que « les conséquences de la modification du seuil de qualification d'un établissement stable pour l'attribution de profit, non prévues par le « paquet Beps », sont toujours en négociation à l'OCDE » et qu'il « pourrait en résulter des risques pour nos **entreprises opérant à l'étranger** et pour nos **recettes fiscales**, dont la base fiscale pourrait être réduite » (Rapport Montgolfier n° 410, présenté le 11 avril 2018 au nom de la commission des finances du Sénat, p. 6 et 39 s.) ; le Gouvernement a été invité à « adopter une approche prudente sur les dispositions relatives à la qualification des établissements stables, d'autant que les négociations sur leurs **conséquences en matière d'attribution de profits** ne sont pas conclues ».

1. L'agent doit être dépendant

Notion

17675 En général, les conventions fiscales indiquent qu'une entreprise n'est pas considérée comme ayant un établissement stable du seul fait qu'elle exerce son activité par l'intermédiaire d'un **courtier**, d'un **commissionnaire général** ou de tout autre **agent** jouissant d'un statut **indépendant**, à condition que ces personnes agissent dans le cadre ordinaire de leurs activités. Pour être constitutif d'un établissement stable, l'agent doit donc être dépendant. La notion d'agent indépendant n'est pas précisée par les conventions fiscales.

Les faits sont d'ailleurs parfois difficiles à démêler et les solutions, quelquefois peu évidentes ; en témoigne, par exemple, un arrêt jugeant que, compte tenu de l'ensemble des circonstances, une personne physique domiciliée en France ne caractérisait **pas un agent dépendant** d'une société britannique, contrairement aux conclusions du rapporteur public et au jugement de première instance (CAA Paris 2 octobre 2013 n° 12PA01844, 2e ch., Stassart : Droit fiscal 2014 n° 13 comm. n° 246 ; voir également n° 5400) ; dans cette affaire, la Cour a jugé que la personne que l'administration avait regardée comme le véritable « maître de l'affaire » (et qui a fait l'objet d'une condamnation pénale ; n° 17820) ne pouvait être qualifiée d'agent dépendant ayant les pouvoirs d'engager la société britannique dont elle n'était, au demeurant, ni salariée, ni gérante, ni associée (le ministre avait formé un pourvoi contre cet arrêt mais n'avait pas produit de mémoire complémentaire dans le délai imparti et il était donc réputé s'être désisté, ce dont il a été pris acte par CE Ord. 25 mars 2014 n° 373624, 3e s.-s.).

Précisions Certaines conventions fiscales prévoient qu'un représentant indépendant qui dispose d'un **stock de marchandises** à partir duquel sont effectuées des ventes et des livraisons constitue un établissement stable (par exemple, avec certains pays francophones d'Afrique).

Critères de l'indépendance

En principe, un agent peut être considéré comme indépendant dans les circonstances suivantes : **17678**
– il agit en son **nom propre**, quelle que soit la dénomination sous laquelle il se présente (courtier, dépositaire, commissionnaire, etc.) ;
– et il n'a **pas de lien de subordination** avec l'entreprise pour le compte de laquelle il agit ; la subordination ne doit être :
• ni juridique : cas du représentant qui traite avec une clientèle qui lui est propre, qui n'engage que sa responsabilité, qui n'est pas lié par un contrat de travail, mais par un **contrat de services**. Il peut naturellement recevoir des directives de la part de l'entreprise, mais si ces directives sont très précises et si le représentant doit systématiquement en référer pour accord à l'entreprise avant toute démarche, l'indépendance juridique ne serait pas nécessairement caractérisée ; selon ce qu'indique le rapporteur public Alexandre Lallet dans ses conclusions sous CE 21 janvier 2021 n° 429996, 10e et 9e ch., Sté mutuelle d'assurance du bâtiment et des travaux publics (SMABTP) : RJF 4/21 n° 409, « il n'y a pas lieu de circonscrire la dépendance juridique à la relation de **salariat**, par opposition à la relation de prestation de services entre un donneur d'ordres et un travailleur indépendant au sens du droit du travail. Autrement dit, un agent peut être **"dépendant"** au sens de la convention alors même qu'il n'existe aucun lien de subordination au sens du droit du travail (...) ». Selon ces conclusions, « il convient d'apprécier le **degré d'autonomie** de l'agent à l'égard de l'entreprise contribuable, qui dépend en particulier du pouvoir décisionnel réel du premier, du caractère plus ou moins détaillé des instructions que lui adresse la seconde et des prérogatives de contrôle et de sanction dont elle dispose à son égard » (voir ci-dessous, Précisions b) ;
• ni économique : cas du représentant rémunéré par une commission et prenant lui-même en charge ses frais. Mais lorsque cet agent consacre **la quasi-totalité de son activité** à une même entreprise, il peut éventuellement être considéré comme un établissement stable, même s'il est juridiquement autonome, faute d'indépendance économique (son revenu provient, en effet, presque exclusivement d'une même source). De même si l'agent ne supporte aucun risque économique, celui-ci étant reporté sur l'entreprise pour le compte de laquelle il agit. Sur les précisions apportées sur ce point par le comité des affaires fiscales de l'OCDE en 2017, voir n° 17708. À noter que les mêmes précisions sont apportées par l'**instrument multilatéral** (nos 1650 s.) et qu'elles sont donc applicables aux conventions fiscales couvertes sous réserve que l'autre État ait retenu la même approche que la France.

Précisions **a.** Le critère de la **dépendance économique** était admis par le Conseil d'État, avant même que le comité des affaires fiscales de l'OCDE ne s'en saisisse dans le cadre de ses travaux de lutte contre le Beps (n° 17708) ; par exemple, la décision Interhome (n° 17705) souligne que la filiale française ne pouvait être regardée comme « jouissant d'un statut indépendant » dès lors qu'elle exerçait son activité **exclusivement** pour l'exécution des mandats obtenus par sa société mère suisse et que l'insuffisance des commissions reçues de celle-ci n'était comblée que par le versement de **subventions** d'équilibre ; dans cette affaire, le commissaire du Gouvernement se référait expressément sur ce point aux commentaires de l'OCDE, dans leur version de l'époque.

b. Dispose d'un établissement stable en Nouvelle-Calédonie une société d'assurance métropolitaine qui utilise sur place, dans les circonstances suivantes, les services d'un agent spécial **juridiquement dépendant bien qu'il ait d'autres clients** : l'agent propose les contrats d'assurance à la souscription, après les avoir adaptés aux spécificités locales sur les instructions de la société française ; il a le pouvoir de conclure des contrats au nom de la société française ; il est soumis au pouvoir de contrôle et d'inspection de la société française ; il doit respecter certains critères pour la gestion des sinistres ; il doit satisfaire à toute demande de communication de document de la part de la société française ; sa rémunération est constituée de commissions sur les prestations réalisées ainsi que d'une participation aux résultats (CE 21 janvier 2021 nº 429996, 10ᵉ et 9ᵉ ch., Sté mutuelle d'assurance du bâtiment et des travaux publics (SMABTP) : RJF 4/21 nº 409) ; cette affaire concernait une société qui s'était acquittée de l'impôt sur les sociétés en Nouvelle-Calédonie au titre de l'activité d'un agent spécial d'assurances, préposé à la direction de ses opérations sur place et qui avait, en conséquence, exclu les revenus correspondants de l'assiette de son impôt métropolitain, mais qui avait fait l'objet d'un redressement en métropole. La dépendance était **juridique**, même s'il s'agissait de sociétés indépendantes, et **non économique**, l'agent exerçant son activité pour le compte d'autres compagnies d'assurances (un autre contentieux, voisin mais portant sur des questions formelles, a été traité le même jour par CE 21 janvier 2021 nº 429998, 10ᵉ et 9ᵉ ch. Sté mutuelle d'assurance du bâtiment et des travaux publics (SMABTP) : RJF 4/21 nº 355, à propos d'un agent spécial en Polynésie).

17682 L'appréciation de l'indépendance d'un agent est, en pratique, assez délicate. Elle relève au premier chef des circonstances de fait. Dans ce domaine, comme dans beaucoup d'autres, le contrat doit donc être rédigé avec beaucoup de prudence. Si l'on veut éviter l'établissement stable, sous réserve que les circonstances le permettent et qu'il n'y ait pas dépendance économique, l'essentiel est d'exclure tout **rapport de préposé à commettant** en indiquant, par exemple, dans le contrat :
- que l'agent ne fait pas partie du personnel de l'entreprise ;
- qu'il est rémunéré à la commission et ne perçoit pas de rémunération fixe ;
- qu'il prend lui-même en charge divers frais (par exemple, des frais de dépôt et de conservation de brevets, etc.) et qu'il a une activité autonome.

Cela n'exclut pas, bien entendu, que cet agent **rende des comptes**, dans le cadre normal de ses activités professionnelles. Il importe seulement de montrer qu'il s'agit d'un mandataire indépendant qui rend certes des comptes sur la gestion de son mandat, mais qui agit comme un prestataire de services, autonome par rapport à l'entreprise. Voir, par comparaison, la décision du Conseil d'État citée nº 17678, Précisions b.

17684 Un agent indépendant n'est pas un établissement stable même s'il dispose de pouvoirs lui permettant de **conclure des contrats** au nom d'une entreprise étrangère ; une intéressante illustration en est donnée par un arrêt de la cour administrative d'appel de Paris, jugeant qu'une société française qui agit en France au nom d'une société belge dans le cadre d'une délégation de pouvoirs commerciaux et négocie et conclut des contrats de vente pour son compte n'est pas un établissement stable de cette dernière, dans la mesure où, notamment, il n'est pas établi ni même allégué qu'elle exercerait son activité exclusivement ou à titre prépondérant pour le compte de la société belge (CAA Paris 26 novembre 2003 nº 00-134, 2ᵉ ch. A, Sté Intercontainer : RJF 4/04 nº 404 ; arrêt définitif).

Autre exemple, une personne salariée d'une société française et qui a signé pour le compte d'une société britannique du groupe neuf contrats de location de wagons avec l'un de ses clients n'est pas un agent dépendant de la société britannique dès lors qu'elle est restée placée sous l'**autorité hiérarchique** du gérant de la filiale française (CAA Paris 10 février 2011 nº 09-6295, 9ᵉ ch., Sté GE Capital Rail Ltd : RJF 7/11 nº 872 ; arrêt définitif) ; est sans incidence le fait que la salariée ait adressé des comptes rendus réguliers aux dirigeants de la société britannique et qu'une partie de sa rémunération ait été assise notamment sur le chiffre d'affaires réalisé en France par la société britannique.

Critère de l'activité ordinaire

17690 Un agent indépendant peut tout de même caractériser un établissement stable s'il n'agit pas « dans le cadre ordinaire de son activité ». Cette expression signifie que si un agent accomplit des actes qui relèvent de l'activité de l'entreprise plutôt que de la sienne propre, il constituera un établissement stable de cette entreprise (sous réserve qu'il remplisse les autres conditions). Ainsi, un **commissionnaire** qui ne se contente pas de vendre des marchandises d'une entreprise en son nom propre, mais qui agit également comme un agent disposant du pouvoir de conclure des contrats au nom de son commettant, sera traité comme un établissement stable pour cette dernière activité.

En ce sens, la cour administrative d'appel de Paris avait pris une position intéressante à propos d'une société suisse (la société NBPL) qui avait donné à une société française (Produits Roche) un **mandat** pour assurer la **gestion des immeubles** qu'elle possédait en France. La Cour a jugé que même si la société Produits Roche était juridiquement et économiquement indépendante de NBPL, elle devait être considérée comme son établissement stable en France dès lors qu'elle était habilitée à traiter les contrats de location et à en assurer le suivi et qu'elle ne pouvait être regardée comme exerçant son activité de gérance dans le cadre normal de son activité pharmaceutique (CAA Paris 2 juillet 1996 n° 94-765, 3e ch., SA New Building Promotion Limited (NBPL) : RJF 11/96 n° 1334-1335) ; cette manière de voir reste pertinente sur la question de l'appréciation du critère de l'activité ordinaire de l'agent bien que l'arrêt ait été cassé pour une raison de principe, le Conseil d'État considérant qu'en l'espèce la notion même d'établissement stable n'était pas applicable (n° 66945).

Cas des filiales

En tant que telle, une filiale ne constitue pas un établissement stable ; cette remarque d'évidence est souvent confirmée par les conventions fiscales qui reprennent le paragraphe 7 de l'article 5 du modèle de convention fiscale de l'OCDE : « Le fait qu'une société qui est un résident d'un État contractant contrôle ou est contrôlée par une société qui est un résident de l'autre État contractant ou qui y exerce son activité (que ce soit par l'intermédiaire d'un établissement stable ou non) ne suffit pas, en lui-même, à faire de l'une quelconque de ces sociétés un établissement stable de l'autre. » **17695**

Mais, bien entendu, rien n'empêche par principe qu'une filiale soit aussi un **établissement stable** de sa société mère (ou d'une autre société du groupe ou hors groupe). En effet, les « agents » visés par les conventions fiscales s'entendent, d'une façon générale, des « personnes », qui peuvent naturellement être aussi bien des personnes physiques que des personnes morales ; celles-ci peuvent donc caractériser des établissements stables si les conditions sont remplies. Voir également les exemples cités nos 17355 et 17390.

Précisions Si une filiale peut être considérée comme un établissement stable, cela ne signifie pas que sa personnalité fiscale disparaisse mais simplement que la filiale caractérise « **en outre** » un établissement stable de sa société mère (ou, d'ailleurs, d'une quelconque société du groupe, ou hors groupe). Il y a, dans ce cas, **deux contribuables**, la filiale et l'établissement stable ainsi dégagé, et non plus un seul, la filiale.

Position de l'OCDE Les commentaires de l'OCDE indiquent qu'une filiale peut être un agent dépendant de sa société mère, le simple fait pour une société mère de **contrôler sa filiale en tant qu'actionnaire** n'étant toutefois pas un critère à prendre en compte dans l'examen de la dépendance si la filiale n'agit pas exclusivement ou presque exclusivement pour des entreprises étroitement liées (Commentaires OCDE, C (5) n° 105) ; l'agent visé par les stipulations conventionnelles peut être une personne physique ou une société et, pour l'OCDE, il n'est pas même tenu d'être résident ou de posséder une installation fixe d'affaires dans l'État dans lequel il agit pour le compte de l'entreprise (Commentaires OCDE, C (5) n° 83 ; on ne voit cependant pas très bien au nom de quel principe un État pourrait imposer un agent sur son territoire s'il n'est pas résident et s'il n'y dispose pas d'une installation fixe d'affaires). **17697**

Les commentaires de l'OCDE ajoutent qu'un local appartenant à une filiale peut constituer un établissement stable si la société mère l'utilise pour l'exercice de ses propres activités et qu'une société sera considérée comme disposant d'un établissement stable dans un État au titre des activités que sa filiale mène pour son compte si les conditions sont réunies (Commentaires OCDE, C (5) n° 116). Les mêmes principes s'appliquent, en dehors des relations mère/fille, à toute société d'un groupe étant précisé que la détermination d'un éventuel établissement stable doit se faire séparément pour chaque société du groupe.

Précisions À propos de la possibilité qu'une société dispose d'un établissement stable au titre de fonctions assumées par une autre société du groupe, les commentaires OCDE remarquent que lorsqu'une société d'un groupe « fournit des services (par exemple des **services de gestion**) à une autre société du groupe dans le cadre de ses propres activités exercées dans des locaux qui ne sont pas ceux de cette autre société et en utilisant son propre personnel (...) cet établissement ne peut donc être considéré comme un établissement stable de la société à laquelle les services sont fournis » (Commentaires OCDE, C (5) n° 118).

17699 **Conséquences sur l'assiette imposable** Lorsqu'une filiale caractérise également un établissement stable, il y a lieu d'imposer non seulement les résultats de la filiale mais aussi ceux de l'établissement stable ainsi dégagé ; il peut en résulter des **doubles impositions** puisque les bénéfices sont alors imposés à la fois au nom de la filiale, en tant qu'entité distincte, et au nom de sa société mère, en tant qu'établissement stable de la société étrangère.

Cela dit, il convient d'admettre en déduction des résultats imposables de l'établissement stable la **commission qui a été versée** par la société mère à sa filiale (commission qu'elle a dû recevoir en tant qu'agent). En effet, si la société mère est considérée comme ayant créé, de fait, un établissement stable, ce dernier doit être imposé selon le principe de l'entreprise fonctionnellement distincte ; il faut donc lui attribuer en produits ceux qui sont réalisés par son intermédiaire et en charges celles qui ont été exposées pour son compte, à savoir la commission d'agent versée à la filiale ainsi que tous les autres frais, exposés au siège, ou ailleurs, pour le compte de l'établissement.

Par conséquent, il n'y aura, en principe, d'imposition supplémentaire dans l'État de situation de l'établissement stable **que s'il y a une différence** entre la rémunération « de pleine concurrence » que doit recevoir la filiale en tant qu'agent et les profits attribuables à l'établissement stable ; tel ne pourrait être le cas que si, à supposer « normale » la commission versée à la filiale, une marge supplémentaire devait être attribuée à l'établissement stable au titre des fonctions assumées, des actifs et/ou du capital utilisés et des risques courus. On ne voit cependant pas dans quelle situation une telle marge pourrait être dégagée étant donné que, par hypothèse, la société étrangère n'a pas localement d'installation fixe d'affaires et n'y exerce donc personnellement aucune fonction.

En pratique, cette question prendra évidemment une importance plus grande à l'avenir, en raison de l'**abaissement du « seuil de qualification »** d'un établissement stable résultant de l'instrument multilatéral (nº 17670) et de la décision Conversant du Conseil d'État (nº 17710) ; la question des conséquences à en tirer sur l'assiette imposable est en cours d'examen au sein du comité des affaires fiscales de l'OCDE, dont on attend théoriquement de nouvelles « lignes directrices » sur ce point (l'OCDE avait annoncé que cette question serait traitée pour la fin de l'année 2018, mais ce délai n'a pas été respecté, et il ne semble pas que la question soit toujours à l'ordre du jour).

Précisions **a.** Si les activités de la filiale, qui agit en tant qu'agent, ne sont pas liées à la gestion du risque de la société mère, aucun risque ne peut normalement être attribué à l'établissement stable et ses profits devraient être nuls ; dans ce cas, la **commission versée à la filiale** devrait être égale au résultat de l'établissement stable, si elle a été fixée à des conditions de pleine concurrence.

b. Les commentaires de l'OCDE sont dans le sens de l'existence de **deux contribuables**, l'agent dépendant (la filiale) et l'établissement stable de l'entreprise étrangère, ce qui nous paraît exact ; mais l'OCDE reconnaît, sans le critiquer explicitement, que certains pays peuvent préférer ne prendre en considération qu'**un seul contribuable**, l'agent dépendant, et estimer que les profits de l'établissement stable sont imposables entre ses mains (en ce sens, paragraphe nº 282 du rapport de l'OCDE de décembre 2006 sur l'attribution de bénéfices aux établissements stables). Cela pourrait conduire à imposer l'agent dépendant selon les fonctions assumées et les risques courus en prenant également en compte la rémunération du « capital libre » attribuable à l'établissement stable.

c. L'existence éventuelle de **doubles impositions** économiques avait été notée par le commissaire du Gouvernement Stéphane Austry dans ses conclusions sur l'affaire Interhome (nº 17705) ; il remarquait toutefois que les doubles impositions économiques ne sont pas rares et que les textes n'y remédient pas toujours, et il y voyait une conséquence mécanique des principes applicables et un moyen de ménager une certaine souplesse à l'administration, notamment dans la vérification des schémas de transformation de filiales de distribution en commissionnaires.

17702 **Autres conséquences** Pour l'administration, considérer qu'une filiale caractérise un établissement stable permet éventuellement de faire jouer les règles de la **taxation d'office** et d'étendre le délai de reprise à **dix ans** (nº 17813) ; l'administration peut aussi y trouver avantage si la filiale est en situation de **déficit**, puisque ces déficits ne peuvent venir compenser les bénéfices attribués à l'établissement stable, qui constitue un contribuable distinct. Autrement, des résultats voisins peuvent généralement être obtenus par un contrôle classique de prix de transfert.

17705 **Jurisprudence** Le Conseil d'État a admis le principe qu'une filiale puisse, dans certains cas, constituer un établissement stable, dans une affaire qui concernait une société suisse qui utilisait deux filiales françaises dans le cadre d'une activité de **location de résidences de vacances** appartenant à ses clients (CE 20 juin 2003 n° 224407, Sect., min. c/ Sté Interhome AG : RJF 10/03 n° 1147, avec chronique Laurent Olléon à la même RJF p. 751 et conclusions Stéphane Austry au BDCF 10/03 n° 130). Le Conseil d'État juge que rien ne s'oppose par principe à ce qu'une filiale constitue un établissement stable, mais que, par référence aux commentaires OCDE invoqués par le commissaire du Gouvernement, tel ne peut être le cas **que si elle engage** sa société mère dans une relation commerciale ayant trait aux opérations constituant les **activités propres** de cette dernière (outre, bien entendu, la satisfaction des conditions relatives à l'absence d'indépendance de la filiale et à l'exercice habituel de pouvoirs lui permettant d'engager sa société mère). Dans cette affaire, il n'y avait pas établissement stable dès lors que la filiale, qui n'avait de relations qu'avec les locataires, ne pouvait engager la société mère dans une **relation commerciale** avec les propriétaires (l'activité de la société mère était différente de celle de la filiale, la société mère n'étant pas engagée par les contrats passés par sa filiale).

Autre exemple, il a été jugé qu'une société française contrôlée par une société britannique dont elle était l'**unique client** et à laquelle elle rendait des **prestations de services** (suivi de la clientèle française et diverses prestations d'assistance) constituait un **établissement stable** de la société britannique dès lors qu'elle accomplissait en France l'ensemble des démarches de recherche des clients, de négociation des contrats et d'organisation matérielle des transports correspondant à l'activité de la société britannique en matière de transport maritime international et qu'elle avait la faculté de **négocier tous les éléments des contrats** (notamment la détermination des prix), alors même que la société britannique validait le choix des nouveaux clients ou des nouveaux sous-traitants et centralisait le système informatique de réservation et de suivi des transports (CAA Douai 15 mars 2016 n° 14DA00505, 2e ch., Sté PetO Ferrymasters Ltd, confirmé par CE 4 avril 2018 n° 399884, 3e et 8e ch., Sté P&O Ferrymasters Ltd : RJF 7/18 n° 738, à propos de la TVA, qui était la seule question soulevée en cassation ; voir n° 33605) ; incidemment, le fait que l'administration avait, dans le passé, pratiqué des rectifications sur le fondement de l'article 57 du CGI et n'avait pas retenu la qualification d'établissement stable ne constituait pas une prise de position formelle au sens de l'article L 80 B du LPF.

Extensions retenues par l'OCDE en 2017

Lors de la révision de 2017 du modèle de convention fiscale, le comité des affaires fiscales de l'OCDE a recommandé l'extension des cas où des agents peuvent constituer des établissements stables. Ces recommandations se placent dans le sillage de **l'instrument multilatéral** et elles peuvent donc désormais être considérées comme un guide d'interprétation des conventions fiscales couvertes, sous réserve des choix des deux États signataires. **17708**

Cette extension a pris deux formes :
– élargissement de la **notion de « dépendance »** : le critère déterminant la dépendance d'un agent ne devra plus s'apprécier exclusivement en droit ; une personne ne sera pas considérée comme « indépendante » si elle agit exclusivement ou presque exclusivement pour le compte d'une ou de plusieurs entreprises auxquelles elle est étroitement liée (article 5 § 6 du modèle de convention fiscale) ; l'appréciation du caractère « étroitement lié » de personnes devra être faite en fonction des faits et circonstances pertinents, étant entendu que le critère sera satisfait en présence d'une participation directe ou indirecte de plus de 50 % (article 5 § 8 du modèle, également créé par la révision de 2017) ; précisant la notion de **dépendance économique**, le comité des affaires fiscales de l'OCDE estime que si les activités qu'une personne exerce pour le compte d'entreprises auxquelles elle n'est pas étroitement liée ne constituent pas une part importante de l'activité d'entreprise de cette personne, elle ne pourra pas prétendre au statut d'agent indépendant : si, par exemple, les ventes qu'un agent conclut pour des entreprises auxquelles il n'est pas étroitement lié représentent **moins de 10 % de l'ensemble des ventes** qu'il conclut comme agent agissant pour d'autres entreprises, cet agent agit « exclusivement ou presque exclusivement » pour le compte d'entreprises étroitement liées (Commentaires OCDE, C (5) n° 112) ;
– suppression de la condition tenant à la **conclusion de contrats** : un établissement stable pourra être caractérisé non seulement lorsque l'agent dépendant conclut habituellement des contrats mais aussi s'il **joue habituellement le rôle principal** menant à la conclusion de contrats qui, de façon routinière, sont conclus sans modification matérielle par l'entreprise (article 5 § 5 du modèle de convention fiscale) ; il en ira ainsi si ces contrats touchent

à l'activité de l'entreprise, c'est-à-dire s'ils sont conclus au nom de l'entreprise, ou pour le transfert de la propriété de biens, ou pour la concession du droit d'utiliser des biens appartenant à l'entreprise ou que l'entreprise a le droit d'utiliser, ou pour la prestation de services par cette entreprise (comme antérieurement à la révision de 2017, sont bien entendu exclues les activités qui, si elles étaient exercées par l'intermédiaire d'une installation fixe d'affaires, ne permettraient pas de considérer cette installation comme un établissement stable).

Selon ce qu'indiquent les commentaires du comité des affaires fiscales de l'OCDE, l'expression « ou joue habituellement le rôle principal menant à la conclusion de contrats qui, de façon routinière, sont conclus sans modification matérielle par l'entreprise » concerne les cas où, par exemple, une personne sollicite et reçoit (sans les finaliser formellement) des **commandes** qui sont transmises directement à un entrepôt à partir duquel les marchandises appartenant à l'entreprise sont livrées et lorsque l'entreprise approuve ces transactions de façon routinière. Elle ne vise pas la situation d'une personne qui se borne à promouvoir et à faire le **marketing** des biens ou des services d'une entreprise d'une manière qui n'aboutit pas directement à la conclusion de contrats (Commentaires OCDE, C (5) n° 89).

Un bon exemple de la portée de ces nouvelles stipulations est, selon l'OCDE, celui des accords de **commissionnaires**, qu'il s'agisse de biens corporels ou incorporels (Commentaires OCDE, C (5) n° 92). Par différence, les **distributeurs** ne sont pas concernés puisque si une société agit en tant que distributeur et vend aux clients des produits qu'elle achète à une autre entreprise (y compris à une entreprise associée), elle n'agit pas pour le compte de cette entreprise mais pour son compte propre, les biens vendus étant sa propriété (Commentaires OCDE, C (5) n° 96). Voir également n° 17727.

Ces précisions et commentaires sont transposables pour l'interprétation de l'**instrument multilatéral** et sont par conséquent applicables pour l'interprétation des conventions fiscales conclues par la France dans la mesure où elles sont modifiées par l'instrument multilatéral. Il en va de même des conventions fiscales postérieures qui reprendraient ce dispositif, comme la convention franco-luxembourgeoise du 20 mars 2018 (article 5 § 5).
La doctrine administrative reprend d'ailleurs ces commentaires, en se contentant d'ajouter :
– que l'activité considérée doit, pour caractériser un établissement stable, excéder une simple activité de promotion ou de publicité ;
– en ce qui concerne le sens à donner au mot « habituellement », que la conclusion de contrats par l'agent, ou de contrats résultant directement des actions de l'agent, doit avoir lieu de manière répétée et pas seulement dans des cas isolés (BOI-INT-DG-20-25 n° 250).

Précisions **a.** Bien entendu, la **détermination des bénéfices attribuables aux établissements stables** caractérisés par la présence d'agents dépendants en application de ces nouvelles stipulations reste régie par les règles posées à l'article 7 de la convention modèle, de sorte que les bénéfices attribuables à l'établissement sont uniquement ceux qu'il aurait réalisés s'il avait été une entreprise distincte et indépendante (Commentaires OCDE, C (5) n° 101).

b. Les modifications apportées au modèle de convention fiscale en 2017, en ce qui concerne la notion de « pouvoirs d'engager », n'ont appelé de **réserves** que de la part de l'Allemagne, la Finlande, le Luxembourg, la Suède et la Suisse, qui ont déclaré se réserver le droit d'utiliser la version précédente du paragraphe 5 de l'article 5 (Commentaires OCDE C (5) n° 213).

2. L'agent doit disposer du pouvoir d'engager l'entreprise étrangère

Principes

17710 La présence d'un agent dépendant ne constitue pas à elle seule un établissement stable. Il faut encore, selon l'expression traditionnellement employée par les conventions fiscales (celles qui ne sont pas modifiées sur ce point par l'instrument multilatéral), que cette personne dispose de **pouvoirs lui permettant de conclure des contrats** au nom de l'entreprise étrangère et qu'elle exerce habituellement ces pouvoirs. L'idée générale est qu'il n'y a établissement stable que si l'entreprise est engagée dans des activités commerciales d'une « certaine étendue » dans l'État considéré (Commentaires OCDE, C (5) n° 83).

En l'état de la jurisprudence, trois situations doivent, à notre avis, être distinguées pour l'application des conventions fiscales « traditionnelles », c'est-à-dire celles qui n'ont pas été modifiées par l'instrument multilatéral : **17710** (suite)
– un agent dépendant qui signe des contrats « **en son nom** » ne caractérise pas un établissement stable, même s'il le fait « pour le compte » d'une société étrangère (cas des commissionnaires ; n° 17722) ;
– un agent dépendant qui dispose de pouvoirs qu'il exerce habituellement lui permettant de conclure des contrats « **au nom » de l'entreprise étrangère** caractérise, en principe, un établissement stable de cette entreprise ;
– un agent dépendant qui, de manière habituelle, **décide de transactions** que la société étrangère se borne à entériner, et qui, une fois entérinées, l'engagent, caractérise un établissement stable, même s'il ne conclut pas formellement de contrats « au nom » de l'entreprise étrangère (cas où les contrats sont **formellement signés par l'entreprise étrangère**, alors qu'ils ont, en réalité, été décidés par l'agent) ; dans ce cas, l'agent dépendant est, en effet, quasiment dans la situation d'une personne qui conclut des contrats « au nom de » l'entreprise étrangère, ce qui est précisément la situation visée par les conventions fiscales non modifiées par l'instrument multilatéral.

Cette dernière solution résulte d'une décision de plénière du Conseil d'État dans une affaire qui mettait en cause une **société irlandaise** qui exerçait en France une activité de marketing digital en ayant recours aux services d'une société française du groupe ; l'administration avait regardé la société française comme un établissement stable de la société irlandaise et l'avait assujettie à des rappels d'impôt sur les sociétés au titre des années 2009, 2010 et 2011, et à un rappel de TVA au titre de la période du 10 avril 2008 au 30 novembre 2012. Posant un principe nouveau, le Conseil d'État a annulé l'arrêt d'appel qui, à tort, avait conclu à l'absence d'établissement stable (CE 11 décembre 2020 n° 420174, Plén., min. c/ Sté Conversant International Ltd : RJF 2/21 n° 196). Il résulte de cette décision que, par principe et pour l'application des conventions fiscales « traditionnelles » (non modifiées par l'instrument multilatéral), doit être regardée comme exerçant habituellement en France des pouvoirs lui permettant d'engager une société étrangère dans une relation commerciale ayant trait aux opérations constituant ses activités propres une société française qui, de manière habituelle, même si elle ne conclut pas formellement de contrats au nom de la société étrangère, **décide de transactions** que la **société étrangère se borne à entériner** et qui, ainsi entérinées, l'engagent.

Dans cette affaire, la Cour avait commis une erreur de droit et une erreur de qualification juridique en jugeant qu'il n'y avait pas d'établissement stable au motif que les contrats avec les clients français étaient signés par la société irlandaise ; cette circonstance était sans importance, étant donné que les **décisions relatives aux transactions** étaient bien prises en France :
– le choix de conclure un contrat avec un annonceur et l'ensemble des tâches nécessaires à sa conclusion relevaient des salariés de la société française : les personnels de la société française négociaient les termes des contrats et la rédaction de certaines clauses avec les clients ; les programmes publicitaires étaient mis au point et suivis par ses salariés ;
– le personnel de la société française se comportait auprès des tiers comme agissant en tant que salariés de la société irlandaise, et il existait dans l'esprit des clients et des éditeurs une confusion entre les deux sociétés ;
– la société irlandaise se bornait à valider les contrats par une signature qui présentait un caractère automatique, alors que ces contrats étaient négociés et élaborés par les dirigeants et salariés de la société française.

Sur renvoi à la Cour après annulation par le Conseil d'État, il a logiquement été jugé que la société française était, pour la société irlandaise, un établissement stable au sens du c) de l'article 2.9 de la convention franco-irlandaise du 21 mars 1968, relatif à l'agent dépendant (CAA Paris 8 décembre 2021 n° 20PA03971, 2e ch., Sté Conversant International Ltd : RJF 3/22 n° 297, faisant l'objet des pourvois n° 461220 du ministre et n° 461310 de la société) ; cet arrêt valide également le **montant des rectifications**, que l'administration avait déterminé en fonction des encaissements bancaires et en évaluant les charges de l'établissement stable à 80 % du montant du chiffre d'affaires hors taxe (la société, qui était en situation de taxation d'office et qui n'avait pas produit d'élément permettant d'évaluer les charges, ne pouvait pas invoquer valablement une analyse comparative concluant que les marges d'exploitation de sociétés se trouvant dans une situation comparable se situeraient entre 2,51 % et 3,45 %). La

Cour a toutefois prononcé la décharge des pénalités pour **activité occulte** et accordé le bénéfice de la prescription pour la période antérieure au 1er janvier 2010, s'agissant d'une rectification notifiée en 2013 ; en effet, le manquement déclaratif devait être regardé comme ayant constitué une erreur justifiant que la société ne se soit pas acquitté de ses obligations (cette erreur tient, pour la Cour, au fait que ce n'est que « postérieurement aux années d'imposition en litige que la jurisprudence a adapté la notion traditionnelle d'établissement stable à l'économie numérique » ; la solution se comprend mais la formulation est maladroite, car la décision du Conseil d'État a une portée générale et ne résulte d'aucune « adaptation » au secteur de l'économie numérique).

Sur les extensions retenues par le comité des affaires fiscales de l'OCDE en 2017 et l'incidence de l'instrument multilatéral, voir n° 17708.

Précisions **a.** L'importance de la condition tenant au pouvoir d'engager justifie que le Conseil d'État ait annulé un arrêt jugeant que l'administration avait établi l'existence d'un établissement stable en la personne de **l'unique salarié** (domicilié en France) **d'une société luxembourgeoise** sans vérifier si ce dernier disposait du pouvoir de négocier et conclure des contrats, alors que ce point était contesté (CE 12 décembre 2014 n° 356870, 9e et 10e s.-s., Sté Findlux : RJF 3/15 n° 254 ; sur renvoi, l'existence d'un établissement stable a été confirmée par CAA Nantes 11 juin 2015 n° 14NT03297, 1e ch., arrêt définitif, mais sur un autre fondement, celui de la présence en France d'une installation fixe d'affaires).

b. Dans l'affaire Interhome (n° 17705), le Conseil d'État avait jugé que, pour déterminer si une filiale pouvait caractériser un établissement stable, il convenait de rechercher **si la filiale exerçait en fait** et non seulement en droit des pouvoirs lui permettant d'engager sa société mère ; l'expression utilisée par cette décision (« engager en fait ») est considérée comme abandonnée par la jurisprudence depuis la décision Zimmer, mais elle recouvre, à notre avis, la même réalité que celle de « décider de transactions sans conclure formellement de contrats au nom de la société étrangère », résultant de la décision Conversant précitée.

Conditions

17713 D'une façon générale, les commentaires de l'OCDE concernant les conventions fiscales « traditionnelles » (celles qui reprennent le modèle antérieur à la révision de 2017, et hors effet, le cas échéant, de l'instrument multilatéral ; n° 17708) apportent les précisions suivantes sur la notion de « pouvoir d'engager » :

– l'agent doit être autorisé à **négocier tous les éléments** des contrats pour être assimilé à un établissement stable, mais il importe peu que le contrat soit en réalité **signé** par une autre personne dans l'État où est située l'entreprise ; même avant la révision de 2017, le comité des affaires fiscales de l'OCDE recommandait, en effet, que le critère de la signature formelle des contrats ne soit pas décisif (le Conseil d'État s'est rallié à cette interprétation par la décision Conversant ; n° 17710) ;

– les contrats s'entendent de ceux qui ont trait aux **activités propres de l'entreprise** ; ainsi ne constitue pas un établissement stable l'agent qui n'aurait que le pouvoir d'engager du personnel pour permettre à l'entreprise d'exercer ses activités ou encore qui serait simplement autorisé à conclure des contrats n'ayant trait qu'à des opérations internes (cela ne signifie pas qu'il n'y ait pas, le cas échéant, un établissement stable sur le fondement de la définition générale puisque le critère de l'agent dépendant n'est qu'un critère « de rechange ») ;

– les pouvoirs doivent être « **habituellement exercés** », ce qui paraît exclure le cas d'une simple mission temporaire ; les commentaires de l'OCDE (C (5) n° 97) indiquent qu'il convient de se référer à la situation commerciale réelle pour déterminer si tel est bien le cas ; a priori, par référence aux principes gouvernant l'établissement stable, l'agent (ou éventuellement plusieurs agents exerçant successivement) doit présenter une certaine stabilité. Le Conseil d'État a jugé en ce sens qu'un établissement stable n'est caractérisé que si la personne agissant pour le compte d'une société étrangère **utilise effectivement, de façon non occasionnelle**, les pouvoirs qui lui sont dévolus (n° 17720 b.).

Précisions Selon le comité des affaires fiscales de l'OCDE, lorsque la conclusion d'un contrat résulte de l'acceptation, par une personne agissant pour le compte d'une entreprise, d'une offre de conclure un contrat faite par une tierce partie, le fait que ce contrat soit signé en dehors de cet État est sans importance ; on peut considérer qu'une personne « qui **négocie dans un État tous les éléments et détails** d'un contrat d'une manière qui engage l'entreprise conclut le contrat dans cet État, même si celui-ci est signé par une autre personne en dehors de cet État » (Commentaires OCDE, C (5) n° 87).

Analyse des circonstances de fait

La question de l'étendue réelle des pouvoirs de l'agent est souvent délicate et source de contentieux, notamment en présence d'agents jouant un rôle dans la **vente de marchandises** ou disposant d'un **stock** à partir duquel ils peuvent effectuer des livraisons. 17716

Pour qu'il soit considéré comme un établissement stable, il faut, en principe, que l'agent ait le pouvoir de **satisfaire les commandes** des clients sans que celles-ci aient été au préalable acceptées par l'entreprise (sauf, selon la jurisprudence du Conseil d'État, si l'agent conclut juridiquement des contrats en son nom, par exemple s'il s'agit d'un commissionnaire ; n° 17722). Si l'agent chargé de la gestion d'un dépôt, par exemple, ne peut délivrer des marchandises de sa propre initiative et ne fait qu'obéir aux ordres de l'entreprise, il ne constitue pas normalement un établissement stable.

Lors de la mise à jour du modèle de convention fiscale, en mars 1994, le comité des affaires fiscales de l'OCDE avait modifié les commentaires sur la notion d'agents dépendants en ajoutant la remarque suivante : « L'expression « de pouvoirs [...] lui permettant de **conclure des contrats** au nom de l'entreprise » ne restreint pas l'application du paragraphe à un agent concluant des contrats littéralement au nom de l'entreprise ; le paragraphe s'applique aussi à un agent qui conclut des contrats qui engagent l'entreprise même si ces contrats ne sont pas effectivement conclus au nom de l'entreprise » (Commentaires OCDE, C (5) n° 32.1 ancien, dans leur rédaction antérieure à la révision de 2017 ; sur ce point, voir n° 17708) ; le comité des affaires fiscales de l'OCDE estime, à ce propos, qu'un agent possède le **pouvoir effectif** de conclure des contrats lorsqu'il sollicite et reçoit les commandes (sans les finaliser de manière formelle), lorsque ces commandes sont envoyées directement à un entrepôt d'où sont livrées les marchandises et lorsque l'entreprise étrangère ne fait qu'approuver les transactions de façon routinière.

Lors de la révision des commentaires du modèle de convention fiscale en juillet 2005, il a été ajouté que le simple fait qu'une personne **participe à des négociations** n'est pas suffisant pour conclure à sa capacité de signer des contrats, mais que cela constitue un « facteur significatif » permettant de déterminer ses fonctions exactes (Commentaires OCDE, C (5) n° 33 ancien, dans leur rédaction antérieure à la révision de 2017 ; les principes ainsi exposés ont été repris au n° 97 des commentaires actuels, en tenant compte des adaptations nécessitées par les modifications introduites sur le fond comme indiqué n° 17708).

Précisions Les conventions fiscales peuvent prévoir des dispositions spéciales, estimant, par exemple, que, sans faire de référence aux pouvoirs de l'agent, le seul fait qu'il ait un **stock de marchandises** à sa disposition autorise la qualification d'établissement stable, s'il utilise ce stock pour exécuter des commandes qu'il a reçues pour le compte de l'entreprise (voir par exemple les conventions franco-marocaine du 29 mai 1970 et franco-indienne du 29 septembre 1992).

Jurisprudence

Les affaires suivantes éclairent les principes. 17720

a. Une société française n'a pas d'établissement stable en Polynésie lorsqu'elle est représentée par un agent indépendant qui n'a **aucun pouvoir de décision** pour la signature des contrats (CAA Paris 22 janvier 1998 n° 95-3510 et n° 97-637, 2e ch., Territoire de la Polynésie française c/ SA Eagle Star Vie : RJF 4/98 n° 383 ; arrêt définitif, transposable pour l'application de conventions fiscales reprenant le modèle de l'OCDE).

b. À propos d'une société française qui avait dû désigner en Nouvelle-Calédonie un **agent spécial d'assurance** à des fins purement réglementaires, il a été confirmé qu'un agent dépendant disposant du pouvoir de conclure des contrats au nom de l'entreprise ne caractérise un établissement stable que si cet agent utilise effectivement, de façon non occasionnelle, le pouvoir qui lui est ainsi dévolu (CE 1er juin 2005 n° 259618, 8e et 3e s.-s., Nouvelle-Calédonie c/ SA Eagle Star Vie : RJF 10/05 n° 1087 ; conclusions Pierre Collin au BDCF 10/05 n° 121). Un agent désigné à des fins réglementaires, qui se borne à transmettre des courriers concernant des polices d'assurances et les sinistres et qui n'est pas rémunéré, ne saurait caractériser un établissement stable. Dans le même sens et dans les mêmes circonstances, CE 1er juin 2005 n° 259617, 8e et 3e s.-s., Nouvelle-Calédonie c/ Sté AGF-Vie venant aux droits et obligations de la société Allianz-Vie, jugeant que les pouvoirs d'engager qui sont conférés à un agent spécial en application du Code des assurances ne suffisent pas à établir l'existence

17720 (suite) d'un établissement stable **si l'agent n'en fait aucun usage**. Sur cette question et celle de l'indépendance de l'agent, voir également n° 17678, Précisions b.

c. À propos d'une société suisse qui disposait de bureaux et de salariés en France, un établissement stable avait été identifié au motif que les « contrats adressés en Suisse, pour signature par le PDG, correspondent à un produit totalement achevé, la signature ne consistant alors qu'en un simple **visa de pure forme** ; que d'ailleurs, il ne résulte pas de l'instruction que certains contrats aient donné lieu à renégociation, aménagement ou plus simplement critiques de la part du PDG » (TA Dijon 16 avril 2002 n° 98-7130, 99-353 et 99-355 à 99-359, 2e ch., SA International Office of Technical Assistance (SA Iota) : RJF 10/02 n° 1069). Ce jugement avait été confirmé en appel (CAA Lyon 24 mai 2007 n° 02-1280, 2e ch., SA Iota : RJF 12/07 n° 1383) mais l'arrêt d'appel a été annulé par le Conseil d'État qui a jugé que la Cour avait commis une erreur de droit en retenant la **notion d'engager « en fait »**, abandonnée par la décision Zimmer (n° 17722) ; l'établissement stable était néanmoins caractérisé car il y avait bien une installation fixe d'affaires dès lors que le bureau implanté en France, notoirement connu des tiers, bénéficiait de locaux mis à sa disposition et de personnels affectés en permanence et qu'il était chargé de démarcher les éventuels recruteurs, de rechercher les candidats correspondant à leurs besoins et de proposer les contrats de mise à disposition aux intéressés (CE 6 octobre 2010 n° 307680, 9e s.-s., Sté Iota : RJF 2/11 n° 143).

d. À propos de la notion d'activité propre, et dans la ligne de la décision Interhome (n° 17705), il a été jugé qu'une société britannique qui exerçait une **activité d'organisateur de voyages** et de **séjours touristiques** au profit d'une clientèle britannique et qui utilisait en France les services d'un agent pour négocier et conclure des contrats avec les propriétaires des résidences de vacances, sans commercialiser de séjours, en droit ou en fait, n'avait pas d'établissement stable en France ; les missions de l'agent, en effet, ne concernaient pas des opérations constituant l'activité propre de la société (CAA Bordeaux 5 février 2004 n° 00-833, 4e ch., Sté Something Special : RJF 6/04 n° 632 ; arrêt définitif).

e. A un établissement stable en France une société suisse qui n'a manifestement pas d'activité en Suisse et qui exerce son activité en France par l'intermédiaire d'**agents** qui ont le **pouvoir de l'engager** et qui ne peuvent être regardés comme indépendants (CAA Lyon 22 septembre 2009 n° 06-1048, 2e ch., Sté Médecine Beauty : RJF 1/10 n° 9, arrêt définitif ; conclusions au BDCF 1/10 n° 4).

f. Dans une affaire aux enjeux financiers considérables, il a été jugé que la société française Google France ne constituait pas, au titre des années 2005 à 2010, un établissement stable de la société irlandaise **Google Ireland Ltd** au sens de l'article 2 § 9 c) de la convention fiscale franco-irlandaise du 21 mars 1968 relatif aux agents, au motif que si la société française caractérisait effectivement un agent dépendant (la Cour relève une double dépendance, juridique, la société française étant pourtant une filiale de sociétés américaines et non pas de la société irlandaise, et économique, dans la mesure où elle exerçait exclusivement son activité pour la société irlandaise et ne supportait aucun risque financier), elle ne pouvait pas être regardée comme ayant disposé du **pouvoir d'engager** la société irlandaise dans une relation commerciale ayant trait aux opérations constituant les activités propres de cette dernière (CAA Paris 25 avril 2019 n° 17PA03067, 9e ch., min. c/ Sté Google Ireland Limited : RJF 8-9/19 n° 835) ; cet arrêt est définitif, le ministre s'étant désisté de son pourvoi selon ce qu'indique CE Ord. 3 décembre 2019 n° 431939, 9e ch., min. c/ Sté Google Ireland Limited (il en va de même des autres arrêts du même jour en matière de TVA, n° 33605 ; de cotisation minimale de taxe professionnelle et de cotisation sur la valeur ajoutée des entreprises ; n° 19402, Précisions c ; et de retenue à la source n° 3420) ; en l'espèce, la société irlandaise commercialisait sur le marché français un **service payant d'insertion d'annonces publicitaires en ligne** corrélé au moteur de recherche Google et la société française fournissait une assistance commerciale et des conseils aux clients annonceurs de la société irlandaise ; ces arrêts ont confirmé les jugements rendus en première instance à propos desquels le communiqué de presse n° 045 du 12 juillet 2017 du ministère des finances avait souligné que « la reconnaissance par les jugements de l'importance du rôle des salariés français dans l'activité commerciale de Google en France pose la question de ce qui doit l'emporter de la forme ou du fond dans la qualification des fonctions d'une entreprise et l'estimation du bénéfice qui doit lui revenir ». Cette affaire a trouvé son épilogue dans la signature d'une convention judiciaire d'intérêt public (n° 72667, Précisions e) ; elle aurait éventuellement pu connaître un autre sort au contentieux, étant donné que les circonstances étaient proches de l'affaire Conversant et que l'existence d'un établissement stable a été confirmée dans ce dernier cas (n° 17710).

g. A en France un établissement stable au sens de la convention fiscale franco-chypriote du 18 décembre 1981 une société chypriote dont l'activité consiste à mettre au service d'une société française maître d'ouvrage le personnel nécessaire aux opérations d'un chantier de construction (en l'espèce, celui de l'EPR de Flamanville) et qui dispose à cette fin, sur le site du chantier, d'une **représentante légale** chargée de la signature des contrats de mission du personnel, de la fourniture des bulletins de paie et de la signature des documents transmis à l'administration française, le siège chypriote se bornant à émettre la facturation correspondante (CE 5 juillet 2022 n° 458293, 8e et 3e ch., Sté Bouygues TP, rejetant le pourvoi de la société contre CAA Nantes 9 septembre 2021 n° 19NT04286, 1e ch., min. c/ Sté Bouygues TP : RJF 2/22 n° 214 ; voir également n° 5385). Le Conseil d'État a confirmé l'arrêt d'appel, mais sur le fondement du critère de l'agent dépendant, car la Cour avait confondu l'activité du personnel travaillant sur le chantier avec l'activité de mise à disposition de personnel exercée par la société chypriote, qui n'avait pas elle-même de chantier de construction contrairement à ce qu'avait jugé la Cour. Cette affaire concerne la société française en tant qu'elle avait été pénalement sanctionnée pour **travail dissimulé** en ayant manqué de vigilance alors qu'elle avait eu recours à un sous-traitant chypriote qui avait lui-même exercé un travail dissimulé dans le cadre du chantier ; l'administration avait mis à la charge du sous-traitant des rappels d'impôt sur les sociétés et de TVA, notamment, et, en l'absence de paiement, s'était tournée vers la société française au titre de la **solidarité** prévue par l'article 1724 quater du CGI, au prorata du chiffre d'affaires réalisé par le sous-traitant avec son donneur d'ordre.

3. Cas des agents signant des contrats en leur nom et pour le compte d'une entreprise étrangère (commissionnaires)

Principes

Le Conseil d'État s'en tient à une approche purement juridique en présence d'agents qui **concluent des contrats en leur nom propre** et non pas au nom d'une entreprise étrangère, même s'ils agissent dans ce cas « pour le compte » d'une entreprise étrangère, comme le font les commissionnaires. **17722**

Le Conseil d'État juge, en effet, qu'un « commissionnaire ne peut en principe constituer, du seul fait de ce qu'en exécution de son contrat de commission il vend, tout en **signant les contrats en son propre nom**, les produits ou services du commettant **pour le compte** de celui-ci, un établissement stable du commettant, sauf s'il ressort soit des termes mêmes du contrat de commission, soit de tout autre élément de l'instruction, qu'en dépit de la qualification de commission donnée par les parties au contrat qui les lie, le commettant est personnellement engagé par les contrats conclus avec des tiers par son commissionnaire qui doit alors, de ce fait, être regardé comme son représentant et constituer un établissement stable » (CE 31 mars 2010 nos 304715 et 308525, 10e et 9e s.-s., Sté Zimmer Ltd : RJF 6/10 n° 568 ; conclusions Julie Burguburu au BDCF 6/10 n° 64) ; dans cette affaire, qui concernait une société britannique spécialisée dans la commercialisation de produits orthopédiques qui avait conclu un contrat de commissionnaire avec une société française apparentée qui était auparavant son distributeur sur le territoire français, il est jugé qu'il ne résulte pas du contrat de commission que les contrats conclus par la société française **engageraient juridiquement** la société britannique à l'égard de ses cocontractants et qu'elle ne peut donc pas caractériser un établissement stable. A ainsi été annulé l'arrêt d'appel qui avait retenu à tort que la filiale française caractérisait un établissement stable de son commettant britannique au motif qu'elle pouvait agir pour le compte de ce dernier et négocier les prix sans son accord préalable, qu'elle était soumise à ses instructions détaillées et à son contrôle, et qu'elle agissait exclusivement pour lui (CAA Paris 2 février 2007 n° 05-2361, 2e ch. B, Sté Zimmer Ltd : RJF 5/07 n° 603).

La solution retenue par le Conseil d'État repose sur une analyse juridique des relations créées par le contrat de commissionnaire : dans la mesure où, en droit, le commissionnaire n'a pas le pouvoir de conclure des contrats **au nom du commettant**, il ne peut constituer un établissement stable faute de remplir la condition mentionnée n° 17710, quel que soit son degré de dépendance vis-à-vis de son commettant (il s'agit, bien entendu, des commissionnaires « opaques », et non pas des commissionnaires « transparents » qui agissent ouvertement au nom de leur commettant étranger). Pour le Conseil d'État, il n'y avait pas lieu de rechercher si le commissionnaire pouvait être considéré comme ayant le pouvoir d'engager son commettant « **en fait** », abandonnant ainsi la solution résultant de la décision Interhome, qui, admettant qu'une filiale puisse constituer un établissement stable, avait retenu que, pour déterminer si tel était le cas, il convenait de rechercher si la filiale exerçait en fait et non seulement en droit des pouvoirs lui permettant d'engager sa société mère (nº 17705). Cette interprétation a été reprise et confirmée par la décision Conversant (nº 17710) ; comme le précise le rapporteur public Laurent Cytermann dans ses conclusions sur cette affaire, la jurisprudence Zimmer n'est pas abjurée, et sa portée n'est pas limitée au seul cas des commissionnaires. Selon ces conclusions, l'abandon sur ce point de la jurisprudence Interhome est motivé par le caractère imprécis et juridiquement mal fondé de la notion d'engagement « en fait », alors que la notion d'**engager en droit** doit rester la norme ; la décision Conversant se contente de poser une exception à l'analyse purement juridique des transactions examinées « dans le cas limite où la signature au sein de l'entreprise étrangère revêt un caractère formel » (conclusions à la RJF 2/21 C 196, sous CE 11 décembre 2020 nº 420174, Plén., min. c/ Sté Conversant International Ltd : RJF 2/21 nº 196).

Précisions **a.** La décision Zimmer réserve expressément le cas où il ressortirait des clauses contractuelles ou des éléments de l'instruction (par exemple, d'autres contrats entre le commissionnaire et le commettant) que le commettant serait **personnellement engagé par le commissionnaire** ; dans ce cas, le juge peut procéder à une requalification sans avoir à constater un abus de droit (nº 72628).

b. Hors le cas d'un commissionnaire, le Conseil d'État avait annulé une décision qui avait à tort retenu la notion d'**engager « en fait »** (CE 6 octobre 2010 nº 307680, 9e s.-s., Sté Iota : RJF 2/11 nº 143) ; cette décision était toutefois sans réelle portée car elle avait été rendue en formation de « jugeant seule » (voir aussi nº 17720, Précisions c).

c. Dans le sillage de la décision Zimmer et pour les mêmes raisons, il a été jugé que ne pouvait pas être regardée comme l'établissement stable en France d'une société suisse une société française qui, en tant que **commissionnaire**, avait pour activité unique la **vente des produits** de la société suisse pour le compte et aux risques de cette dernière, et qui prenait les commandes et livrait les produits sans l'accord de la société suisse, les commandes de produits étant systématiquement assorties d'une clause de reprise des invendus par la société suisse (CAA Bordeaux 15 décembre 2016 nº 14BX02611, 4e ch., min. c/ Sté Pioneer Hi Bred Switzerland, arrêt définitif) ; en l'espèce, il ne ressortait pas des stipulations du contrat de commission que les contrats conclus par la société française engageaient la société suisse à l'égard de ses contractants, et il n'apparaissait pas que la société suisse fût personnellement engagée par les contrats conclus avec des tiers par la société française (la circonstance que la société suisse aurait éventuellement bénéficié d'un régime de faveur en droit interne suisse en se prévalant d'un établissement stable en France a été considérée comme sans incidence).

Modifications apportées par l'instrument multilatéral

17725 Dans la mesure où l'instrument multilatéral s'applique aux conventions fiscales couvertes (si l'autre État a fait le même choix que la France), la question doit être examinée sous un jour nouveau à l'égard de ces conventions puisque l'article 12 de l'instrument multilatéral traite précisément des mesures visant à éviter « artificiellement » le statut d'établissement stable « par des accords de commissionnaire » et autres stratégies similaires. Les **commissionnaires** sont particulièrement visés car l'exposé des motifs du projet de loi de ratification précise, dans le même sens, que les mesures visant à éviter artificiellement l'établissement stable concernent notamment « les accords de commissionnaire » (il en va de même des modifications proposées par le modèle de convention fiscale de l'OCDE ; nº 17708).

L'article 12 de l'instrument multilatéral stipule, en effet, qu'une personne non indépendante caractérise un établissement stable si elle agit « **pour le compte** » d'une entreprise étrangère et conclut habituellement des contrats **pour le transfert de la propriété de biens appartenant à cette entreprise** ou pour la concession du droit d'utiliser de tels biens ou des biens que cette entreprise a le droit d'utiliser, ou pour la prestation de services par cette entreprise. Littéralement, tel est le cas d'un commissionnaire à la vente puisqu'une telle personne « agit en son propre nom ou sous un nom social pour le compte d'un commettant » (Code de commerce art. L 132-1) et conclut des contrats qui aboutissent au transfert de la propriété de biens ou services qui appartiennent au commettant.

En ce sens, le rapport du comité des affaires fiscales de l'OCDE sur l'**Action 7** du plan anti-Beps (nº 72410), qui fait office de travaux préparatoires pour l'interprétation de l'instrument multilatéral (nº 1663), indique notamment :

– qu'un exemple caractéristique des situations qui entreraient dans le champ d'application de l'extension « serait celui de contrats qu'un commissionnaire conclurait avec des tierces parties au titre d'un accord de commissionnaire conclu avec une entreprise

prévoyant que le commissionnaire agit pour le compte de l'entreprise mais que, ce faisant, il conclut **en son nom propre** des contrats qui ne créent pas de droits et d'obligations juridiquement contraignants entre l'entreprise étrangère et les tierces parties » ;
– et que « la mention de contrats **"au nom de"** » ne limite pas l'application de la clause aux contrats qui sont littéralement conclus au nom de l'entreprise ; cet alinéa peut s'appliquer, par exemple, dans certaines situations dans lesquelles **le nom de l'entreprise n'est pas dévoilé** dans un contrat écrit (rapport intitulé « Empêcher les mesures visant à éviter artificiellement le statut d'établissement stable - Action 7 - Rapport final 2015 ; § 32.8 et 32.9).

Il n'est certes pas absolument acquis que ces conclusions seraient adoptées sans nuances par la jurisprudence française, étant donné :
– que le titre de l'article 12 de l'instrument multilatéral (mesures visant à éviter « artificiellement » le statut d'établissement stable par des accords de commissionnaire et autres stratégies similaires) place manifestement le dispositif dans un **contexte de lutte contre les abus** et qu'il pourrait donc être considéré comme applicable seulement en présence d'une situation artificielle ; il est toutefois douteux qu'il s'agisse là d'une véritable condition, car l'article 12 de l'instrument multilatéral se substitue aux stipulations des conventions fiscales relatives à l'agent dépendant et a donc un **effet direct**, sans qu'il soit nécessaire de démontrer l'existence d'une intention d'évasion fiscale ; signe de l'incertitude qui entoure le sujet, il a été indiqué, lors des travaux de ratification de l'instrument multilatéral, que « l'article 12 doit être lu à la lumière de l'objectif de lutter contre l'évitement fiscal et les abus. Néanmoins, une confirmation expresse de cette analyse de la part de l'OCDE et de toute autorité compétente ne serait pas superflue » (Avis n° 1093 du 20 juin 2018 de la commission des finances de l'Assemblée nationale à propos du projet de loi de ratification de l'instrument multilatéral, p. 117) ;
– qu'un commissionnaire qui agit en son nom propre n'engage pas le commettant dans une relation commerciale avec les clients mais forme un **écran**, par différence avec les agents commerciaux qui agissent au nom d'un tiers dont l'identité est connue des clients ; un commissionnaire « à la vente » est d'ailleurs réputé, comptablement, livrer lui-même le bien ou rendre lui-même le service au tiers cocontractant, et il est réputé acheter les biens à son commettant et les vendre lui-même à l'acheteur ; il est en réalité très proche d'un distributeur à risques limités, qui ne caractérise pas normalement un établissement stable du producteur étranger ; cela étant, cette objection n'a que peu de portée puisqu'un commissionnaire transfère effectivement la propriété de biens appartenant à son commettant, ce qui est précisément la situation visée par l'instrument multilatéral.

L'avenir dira si ces objections sont ou non pertinentes ; en l'état, il y a lieu, à notre avis, de constater que les commissionnaires (ou autres structures similaires) **caractérisent des établissements stables** pour l'application des conventions fiscales couvertes par l'instrument multilatéral et que la jurisprudence Zimmer (n° 17722) n'est plus applicable dans ces circonstances.

Précisions Les **commentaires administratifs** de l'instrument multilatéral ne subordonnent pas la reconnaissance d'un établissement stable à l'existence d'une **situation artificielle**. Il est indiqué que la qualification d'un commissionnaire comme agent dépendant ne peut être écartée du seul fait que le commissionnaire conclut un contrat avec un tiers en son nom propre, et non au nom du commettant. Une telle situation de représentation indirecte modifie seulement l'étendue de la responsabilité respective des parties à l'égard des tiers, mais est sans incidence sur la qualification du lien entre le commettant et le commissionnaire (BOI-INT-DG-20-25 n° 260). Ces commentaires se retrouvent au BOI-INT-CVB-LUX-20 n° 70 à propos de la convention fiscale **franco-luxembourgeoise** du 20 mars 2018.

Conséquences sur l'assiette imposable

À notre avis, dégager un établissement stable ne devrait généralement pas, sauf situation **17727**
abusive, conduire à la reconnaissance de **profits imposables supplémentaires** dans l'État ou le territoire concerné. En effet, la filiale déjà implantée, à supposer qu'elle caractérise également un établissement stable, doit déjà recevoir, en principe, une rémunération de pleine concurrence (n° 17699) ; comme le nouvel établissement stable résulte, selon l'instrument multilatéral, des fonctions exercées par la filiale elle-même, déjà rémunérées, il n'y a pas lieu, en principe, de lui attribuer des profits supplémentaires.

En ce sens, d'ailleurs, il avait été précisé, lors des travaux de ratification de l'instrument multilatéral, que « la reconnaissance d'un établissement stable peut ainsi, à l'extrême, reconnaître le droit d'imposer sans que cela ne se traduise par des recettes supplémentaires en l'absence d'assiette effective » (Avis n° 1093 du 20 juin 2018 de la commission des finances de l'Assemblée nationale à propos du projet de loi de ratification de l'instrument multilatéral, p. 91, note 2). De même, les « Instructions supplémentaires sur l'attribution de bénéfices aux établissements stables dans le cadre de l'Action 7 du Plan d'action BEPS » (OCDE, mai 2018) indiquent que « l'un des éléments à déterminer et à déduire lors du calcul des bénéfices attribuables à l'ES est la rémunération de pleine concurrence de l'intermédiaire. Selon les faits et circonstances propres à une situation donnée, le montant net des bénéfices attribuables à l'ES peut être **soit positif, soit nul, soit négatif** » (§ 42 de ce rapport).

Dans ces conditions, les principes posés par l'instrument multilatéral pourraient avoir, en pratique, les conséquences suivantes, en fonction du degré d'**artificialité de la structure mise en place** :
– si la situation créée par une entreprise étrangère dont la filiale locale agit en tant que commissionnaire ne révèle aucune volonté d'éviter artificiellement l'établissement stable, c'est que la filiale est correctement rémunérée et que le pays d'implantation perçoit déjà une imposition normale au titre des activités conduites sur place ; dans ce cas, l'établissement stable résultant de l'article 12 de l'instrument multilatéral devrait être considéré comme vide et ne donnerait pas lieu à imposition supplémentaire puisqu'il n'y aurait ni fonction, ni actif, ni risque supplémentaires à rémunérer ;
– si, en revanche, la situation révèle une volonté d'éviter artificiellement l'établissement stable, c'est que la filiale n'est pas correctement rémunérée, et l'établissement stable résultant de l'article 12 de l'instrument multilatéral devrait se voir attribuer les profits manquants, si l'administration fiscale locale estime préférable d'imposer l'établissement stable plutôt que de rectifier la rémunération de la filiale ; d'une certaine façon, l'instrument multilatéral donne ainsi aux administrations le choix entre l'une ou l'autre de ces deux solutions, l'une excluant nécessairement l'autre.

En tout état de cause, ces difficultés sont résolues si la société exerce ses activités sur le marché considéré par le biais d'un **distributeur** et non pas d'un commissionnaire à la vente. Le rapport OCDE sur l'Action 7, précité, indique ainsi, à juste titre, que la question de l'établissement stable ne se pose pas sur le terrain de l'agent dépendant en présence d'un distributeur, même s'il s'agit d'un distributeur « à faible risque ». Si un distributeur vend aux clients des produits qu'il achète à une entreprise étrangère (y compris à une entreprise associée), il n'agit pas, en effet, pour le compte de cette entreprise et ne vend pas des biens appartenant à cette dernière puisque les biens vendus aux clients sont sa propre propriété (§ 32.12 du rapport précité) ; tel est le cas lorsque le **titre de propriété** du bien vendu par le distributeur passe de l'entreprise étrangère au distributeur et du distributeur aux clients, quelle que soit la durée de la détention par le distributeur de la propriété du produit vendu, de sorte que le distributeur tire un bénéfice de la vente et non une rémunération prenant la forme d'une commission.

4. L'agent doit exercer son activité dans les domaines caractéristiques d'un établissement stable

Principes

17730 Un agent dépendant et habilité à traiter habituellement les contrats de l'entreprise ne constitue un établissement stable que s'il exerce des activités qui, si elles étaient exercées par une installation fixe d'affaires, feraient de cette installation un établissement stable. Autrement dit, lorsqu'un agent n'exerce ses pouvoirs que dans le cadre d'activités préparatoires ou auxiliaires, il ne constitue pas un établissement stable.

Tel serait le cas d'un agent qui se bornerait à **acheter des marchandises** pour l'entreprise ou à faire de la **publicité**, ou à **recueillir des informations** pour l'entreprise.

Cas particuliers

17735 Certaines conventions fiscales contiennent des précisions supplémentaires :
– **convention franco-indienne** du 29 septembre 1992 : constitue un établissement stable un agent indépendant qui n'a pas le pouvoir de conclure des contrats au nom de l'entreprise s'il conserve un **stock** sur lequel il prélève des marchandises aux fins de livraison pour le compte de l'entreprise ;

– **convention franco-australienne** du 20 juin 2006 : une personne agissant dans un État pour le compte d'une entreprise de l'autre État (autre qu'un agent jouissant d'un statut indépendant) est considérée comme constituant un établissement stable de l'entreprise dans le premier État :
a. si elle dispose dans cet État de pouvoirs qu'elle y exerce habituellement lui permettant de conclure des contrats pour le compte de l'entreprise, à moins que l'activité de cette personne soit limitée à l'achat de marchandises pour l'entreprise ;
b. ou si ce faisant, elle fabrique ou transforme dans cet État pour le compte de l'entreprise des marchandises appartenant à l'entreprise.

5. Le cas particulier des agents d'assurances

Lorsque la convention fiscale ne contient pas de stipulations spécifiques concernant les compagnies d'assurances, il faut se référer aux **principes généraux** gouvernant l'établissement stable. Dans ce cas, il y a établissement stable : **17750**
– soit s'il existe une installation fixe d'affaires ;
– soit si la compagnie d'assurances agit par l'intermédiaire d'un représentant dépendant ayant le pouvoir d'engager l'entreprise.

En pratique, l'une ou l'autre de ces situations ne sont pas fréquentes. Les compagnies pourraient donc se livrer à des activités importantes sans être imposées sur place, en agissant par l'intermédiaire d'agents indépendants ou bien d'agents dépendants ayant les pouvoirs de collecter des primes mais non de négocier les contrats, ce qui est courant (voir aussi les arrêts de la cour administrative d'appel de Paris cités n° 17720).

C'est pourquoi les conventions fiscales conclues par référence au **modèle de l'ONU** incluent un paragraphe aux termes duquel une entreprise d'assurances est considérée comme ayant un établissement stable dans un État si elle **perçoit des primes** dans cet État ou **assure des risques** encourus dans cet État par l'intermédiaire d'une personne dépendante.

Une disposition de ce type figure dans un certain nombre de **conventions fiscales conclues par la France**, par exemple avec l'Allemagne, le Luxembourg, le Sénégal, le Niger... (on voit que ce genre de clause n'est pas limité aux pays en développement ; à noter que la convention franco-britannique du 19 juin 2008 ne reprend pas cette clause, qui figurait dans la convention précédente).

Précisions Une vieille décision du Conseil d'État a considéré qu'une société d'assurance belge qui avait un représentant permanent en France **chargé des relations avec les administrations publiques** et qui ne négociait ni ne concluait de contrats n'avait pas d'établissement stable en France (CE 31 mai 1965 n° 52161, 7e s.-s., min. c/ X Belge : Dupont, n° 6952).

F. La question de l'économie numérique

Évolution des réflexions internationales

Le développement du commerce électronique et de l'économie numérique, grâce au réseau Internet (e-commerce), a inévitablement conduit les États à s'interroger sur la question de la répartition des droits d'imposer et sur la portée du concept d'établissement stable face à une activité mondiale et difficilement saisissable. Les réflexions sur ces questions ont encore pris davantage d'acuité avec le développement des recettes que les entreprises du numérique réalisent sur un territoire donné grâce à la publicité. **17780**

Historiquement, c'est sur la base d'un document de travail du 17 septembre 1998, préparé par l'OCDE, qu'une conférence s'était tenue sur ce sujet à Ottawa les 7, 8 et 9 octobre 1998 ; il avait, à l'époque, été convenu qu'il ne fallait pas créer de nouvelles taxes mais simplement appliquer les règles existantes, sous réserve d'adaptations éventuelles pour l'avenir (les conditions générales définies à Ottawa avaient été approuvées par la France ; en ce sens, ancienne réponse de Chazeaux : JOAN 29 janvier 2001 p. 590, non reprise au BOFiP).

Dans le cadre d'une large concertation avec les entreprises, un groupe de travail a ensuite été constitué au sein du comité des affaires fiscales de l'OCDE afin, notamment, de proposer des amendements aux commentaires de l'article 5 du modèle de convention fiscale pour tenir compte des spécificités du commerce électronique. Publiés sous forme provisoire en octobre 1999 et en mars 2000, afin de recueillir les observations de la place, ces commentaires nouveaux ont été adoptés par le comité des affaires fiscales le 22 décembre 2000 (communiqué de presse du 9 janvier 2001 : BF 4/01 n° 438).

L'OCDE a ensuite publié, le 19 décembre 2005, le rapport final du groupe technique consultatif sur le suivi de l'application des normes existantes des conventions pour l'imposition des bénéfices des entreprises. Ce groupe, créé en janvier 1999, par le comité des affaires fiscales de l'OCDE, avait pour mission d'examiner les modalités d'application des dispositions actuelles des conventions fiscales en matière d'imposition des bénéfices des entreprises dans le contexte du commerce électronique et d'étudier les propositions en faveur de la mise en place d'autres règles. Ses travaux ont abouti à l'élaboration de deux projets pour discussion, « L'imputation d'un bénéfice à un établissement stable se livrant à des transactions qui relèvent du commerce électronique », diffusé en février 2001, et « Le concept de siège de direction effective : suggestions d'amendements au Modèle de convention fiscale de l'OCDE », diffusé en mai 2003.

Les réflexions en la matière ont pris, en 2013, un tour nouveau à l'occasion de nouveaux travaux internationaux sur **l'érosion de l'assiette imposable** et les transferts de bénéfices, qui ont mis en lumière ce qui a été présenté comme une anomalie, à savoir l'importance du chiffre d'affaires réalisé par certaines sociétés de l'économie numérique hors de l eur territoire et la faiblesse des impôts acquittés dans les pays concernés. La France, l'Allemagne, le Royaume-Uni, l'Espagne et l'Italie avaient ainsi souligné, lors d'une réunion du G5 du 28 avril 2014, la nécessité qu'une réponse soit trouvée face aux « défis spécifiques liés aux nouveaux business models dans le secteur de l'économie numérique » ; ces cinq pays avaient estimé qu'il convenait de « travailler sur des interprétations flexibles des règles de territorialité actuellement en vigueur, sans s'interdire d'envisager, si cela apparaît nécessaire, l'adoption de notions nouvelles telles que la **présence fiscale numérique** (Digital Tax Presence) » (communiqué de presse du 28 avril 2014).

Les réflexions du comité des affaires fiscales de l'OCDE ont ensuite été reprises dans les publications relatives au **plan de lutte contre le Beps** présentées en octobre 2015 (Action 1 du plan anti-Beps : relever les défis fiscaux posés par l'économie numérique ; n° 72410) et elles ont donné lieu à la diffusion, le 16 mars 2018, d'un rapport d'étape (Tax Challenges Arising from Digitalisation - Interim Report 2018). À cette occasion, l'OCDE a constaté **l'absence de consensus** entre les États membres du G20 sur la manière d'imposer les entreprises du numérique, les États-Unis, notamment, considérant qu'il n'y avait pas lieu de prévoir à leur égard des règles différentes de celles applicables aux autres entreprises. Depuis lors, les travaux sur l'imposition des entreprises du numérique se sont fondus dans un ensemble plus vaste qui inclut les plus **grandes entreprises multinationales**, tous secteurs économiques confondus, sauf exception (n°s 16650 s.).

Dans l'ensemble, peu de réformes concrètes ont été proposées à ce jour en ce qui concerne les entreprises du numérique, sauf dans le cadre de l'Union européenne (n° 17783).

Précisions **a.** Pour le moment, le comité des affaires fiscales de l'OCDE s'est contenté de commenter et d'analyser la question sans, notamment, proposer de modifications du modèle de convention fiscale.

b. En France, une mission d'expertise sur la fiscalité de l'économie numérique avait été lancée en juillet 2012 (communiqué du ministère des finances du 12 juillet 2012). Le rapport de cette mission a été publié le 18 janvier 2013 (rapport Collin et Colin) ; le Conseil national du numérique en a ensuite été saisi et il a rendu lui-même un rapport et un avis le 10 septembre 2013. L'un des points essentiels du rapport Collin et Colin est l'idée que les **données collectées par les sociétés de l'internet** ont une valeur qu'il convient d'imposer ; le rapport propose, en conséquence, qu'une entreprise qui fournit une prestation sur le territoire d'un État au moyen de données issues du **suivi régulier et systématique des internautes** sur le territoire de cet État soit regardée comme y disposant d'un établissement stable (rapport Collin et Colin p. 35 s. et p. 121 s., estimant que les données issues du « travail gratuit » des utilisateurs d'applications sont au cœur de la création de valeur). Voir également n° 17795.

Propositions européennes

17783 La Commission européenne avait créé, en octobre 2013, un groupe d'experts de haut niveau dans le domaine de la « **taxation numérique** ». Ce groupe avait été chargé d'examiner les moyens de taxer l'économie numérique dans l'Union européenne afin de permettre à la Commission de proposer des solutions pour améliorer le cadre fiscal régissant le secteur numérique en Europe (communiqué de presse IP/13/983 et décision de la Commission européenne C/2013/7082) ; il avait rendu son rapport final le 28 mai 2014, proposant certaines adaptations aux règles actuelles mais non la mise en place d'un régime distinct (communiqué de presse IP/14/604 du 28 mai 2014). **17783** (suite)

La Commission européenne a ensuite présenté, le 21 septembre 2017, une communication intitulée « A Fair and Efficient Tax System in the European Union for the Digital Single Market » (COM(2017) 547 final) puis lancé une consultation publique sur la taxation de l'économie numérique (communiqué de la Commission IP/17/4204 du 26 octobre 2017).

Les travaux se sont ensuite accélérés et la question de la fiscalité du numérique a été abordée par le conseil Ecofin du 5 décembre 2017 (voir, sur ce point, conclusions Doc. FISC 320 ECOFIN 1064 n° 15175/17 du 30 novembre 2017) ; la Commission européenne a été invitée à approfondir la réflexion sur la notion d'**établissement stable virtuel** et sur l'adaptation des règles relatives aux prix de transfert à l'économie numérique (le traitement des données des plateformes numériques est aussi regardé comme un moyen de mieux allouer les profits entre les États membres). Le Conseil a considéré qu'une action en la matière était nécessaire au motif que les concepts actuels ne sont pas appropriés pour régler l'imposition des entreprises qui exercent leur activité sans avoir besoin d'une présence physique sur le territoire où les biens et services sont vendus.

C'est dans ce contexte que la Commission européenne avait présenté, le 21 mars 2018, **deux propositions de directives** destinées à organiser une « imposition plus juste des activités numériques dans l'Union européenne » (communiqué de la Commission IP/18/2041 du 21 mars 2018) ; s'ils avaient suivi ces propositions, les États membres auraient dû, au 1er janvier 2020, mettre en œuvre les mesures suivantes :
– pour l'application de l'impôt sur les sociétés, un **établissement stable** devait résulter d'une **présence numérique significative** sur le territoire d'un État membre ; selon la proposition de la Commission, une entreprise a une « présence numérique significative » dans un État membre, au cours d'une période d'imposition, si la part du total des produits tirés et résultant de la fourniture à des utilisateurs situés dans cet État de certains services numériques identifiés est supérieure à 7 M€ ou si le nombre d'utilisateurs situés dans cet État est supérieur à 100 000 ou si le nombre de contrats commerciaux conclus pour ces services par des utilisateurs situés dans cet État est supérieur à 3 000 (proposition de directive du Conseil établissant les règles d'imposition des sociétés ayant une présence numérique significative ; COM(2018) 147 final du 21 mars 2018) ;
– une **taxe sur les services numériques** devait frapper, en particulier, les produits tirés de la vente d'espaces publicitaires en ligne ou générés par les activités intermédiaires numériques qui permettent aux utilisateurs d'interagir avec d'autres utilisateurs et qui facilitent la vente de biens et de services entre eux ou encore aux produits tirés de la vente de données générées à partir des informations fournies par les utilisateurs (proposition de directive du Conseil concernant le système commun de taxe sur les services numériques applicable aux produits tirés de la fourniture de certains services numériques ; COM(2018) 148 final du 21 mars 2018) ; cette taxe devait être prélevée dans chaque État membre au taux de 3 % sur la part des produits imposables générés par un assujetti dans cet État membre, mais elle ne se serait appliquée qu'aux entreprises dont le chiffre d'affaires brut annuel mondial atteignait au moins 750 M€ et 50 M€ au sein de l'Union européenne ; ce dispositif devait s'appliquer à titre provisoire dans l'attente d'une réforme plus globale.

La Commission européenne avait expliqué que ces propositions cherchaient à tenir compte du fait que les règles fiscales actuelles n'avaient pas été conçues pour prendre en charge des entreprises de cette nature, d'envergure mondiale, virtuelles ou ayant une **présence physique restreinte ou nulle**.

Ces propositions avaient été saluées par le G5 (France, Allemagne, Italie, Espagne et Royaume-Uni) dans un communiqué du 21 mars 2018 (communiqué du ministère français des finances n° 407, du même jour) et par la **France**, qui avait déclaré soutenir fortement une adoption « rapide » de la directive sur la taxe sur les services numériques (plusieurs réponses ministérielles en ce sens, notamment réponse Muschotti, n° 8168 : JOAN 29 mai 2018 p. 4519 ; réponse Babary, n° 05500 : JO Sénat 5 juillet 2017 p. 3344 ; réponse Anthoine n° 6586 : JOAN 10 juillet 2018 p. 6058).

Les discussions se sont cependant enlisées, et les propositions de la Commission européenne n'ont pas été adoptées ; les réflexions et propositions de l'OCDE ont nettement pris le dessus (nos 16650 s.), relayant les propositions de la Commission au second plan, même si elles ne sont pas formellement abandonnées (un projet révisé de directive relative à une taxe « Gafa » à l'échelle de l'Union européenne avait d'ailleurs été diffusé le 1er mars 2019 ; Doc. FISC 135, Ecofin 242, Digit 44).

Revenant à la charge sous un angle différent, mais sans abandonner formellement ses propositions antérieures, la Commission européenne a diffusé pour consultation, le 14 janvier 2021, une « feuille de route » destinée à préparer une nouvelle proposition de directive qui serait destinée à créer une nouvelle **taxe numérique** à l'échelle européenne (« Digital Levy ») ; cette taxe, qui s'ajouterait à la taxe sur les services numériques, qui reste formellement proposée, et qui serait indépendante des travaux de l'OCDE sur les Piliers 1 et 2 (nos 16650 s.), aurait pour objectif de créer une **ressource propre** pour le budget de l'Union européenne afin de contribuer au financement des dépenses résultant de l'épidémie de Covid-19 et de faire en sorte que l'économie numérique soit « justement imposée ». Les ministres de l'économie et des finances en ont approuvé le principe lors d'une vidéoconférence informelle du 16 mars 2021, affirmant qu'ils étaient prêts à examiner des solutions pour que l'Union européenne relève les « défis fiscaux découlant de la numérisation » s'il n'y avait pas de progrès dans le cadre G20/OCDE. Cependant, la Commission européenne a accepté, dès le 12 juillet 2021, de retarder son projet, dans un souci de conciliation avec les États-Unis et afin de ne pas rendre plus difficile l'aboutissement des travaux sur les Piliers 1 et 2.

Enjeux des débats actuels

17785 En ce qui concerne la fiscalité directe, les principaux sujets de préoccupation sont les suivants :

• le réseau Internet permet de réaliser des affaires significatives sur un territoire **sans présence physique**, ce qui soulève avec davantage d'acuité la question traditionnelle de la répartition des droits d'imposer entre l'État de la source et celui de la résidence et celle de l'établissement stable ; c'est le point essentiel sur lequel se focalisent les critiques à l'heure actuelle : est-il légitime qu'une multinationale américaine de l'Internet réalise un chiffre d'affaires considérable en France et qu'elle n'y acquitte que très peu d'impôt en raison d'une structuration habile de ses activités ? Cette question soulève, en creux, celle de la pertinence de la **répartition source/résidence** sur laquelle reposaient les premiers modèles de conventions fiscales, qui supposaient, implicitement, qu'une entreprise qui voudrait vendre des biens ou des services hors de son État d'implantation serait le plus souvent conduite à créer des établissements stables sur place ;

• le modèle économique des entreprises de l'économie numérique repose sur des **actifs incorporels** que les entreprises peuvent localiser où bon leur semble (brevets, algorithmes, économies d'échelle, etc.) ; l'allégeance économique d'une entreprise à un territoire ne suppose plus, en réalité, une présence physique sur ce territoire ;

• le caractère mondial du réseau rend plus délicates les questions habituelles de **prix de transfert**, qui ne peuvent guère être traitées que sur la base d'une analyse fonctionnelle et, éventuellement, dans le cadre d'un « profit split » (que l'OCDE appelle aujourd'hui « méthode transactionnelle de partage des bénéfices » ; no 75972), dans la mesure où la désintermédiation de ces activités rend quasi impossible l'application de la méthode habituelle des comparables (no 75955) ;

• la **caractérisation** des **paiements** transfrontaliers est souvent incertaine, notamment au regard de la distinction classique entre prestations de services et redevances (nos 20350 s.), par exemple en cas de téléchargement de données immatérielles (logiciels, photos, disques, etc.) ;

• enfin, l'**administration** de l'**impôt** est malaisée, compte tenu du caractère virtuel du réseau, et le domaine de l'économie numérique est la terre d'élection des **schémas d'optimisation fiscale** internationale que les pouvoirs publics tendent aujourd'hui à considérer comme illégitimes à défaut d'être nécessairement illégaux.

Commentaires actuels de l'OCDE concernant le modèle de convention fiscale

17790 Les recommandations de l'OCDE, telles qu'elles sont présentées à propos de la notion conventionnelle d'établissement stable peuvent être résumées de la façon suivante (Commentaires OCDE, C (5) nos 122 à 131).

Un **site web**, qui est défini comme une combinaison de logiciels et de données électroniques, ne peut, en lui-même, constituer un établissement stable ; en revanche, le **serveur** sur lequel le site est hébergé et par l'intermédiaire duquel il est accessible est un élément physique qui peut caractériser une installation fixe d'affaires pour l'entreprise qui l'exploite.

Si l'entreprise qui exploite le site web et celle qui exploite le serveur sont différentes, la première ne peut être considérée comme ayant à sa disposition une installation fixe d'affaires en raison seulement de cet **accord d'hébergement**. L'hébergeur du site est, en effet, en principe, un agent indépendant qui agit dans le cadre ordinaire de son activité et qui n'a pas le pouvoir de conclure des contrats (nos 17670 s.).

Mais si l'entreprise qui exerce son activité par l'intermédiaire d'un site web a la disposition du serveur (par exemple, si elle le possède, ou le loue, et exploite le serveur sur lequel le site web est logé ou utilisé), l'endroit où ce serveur est situé peut constituer un établissement stable si les autres conditions sont remplies. Un **équipement informatique** situé à un endroit donné ne peut toutefois constituer un établissement stable qu'à la condition d'être fixe, ce qui suppose qu'il soit situé au même endroit pendant un « laps de temps suffisant » (sans précision).

Précisions Pour le comité des affaires fiscales de l'OCDE, lorsqu'une entreprise exploite un équipement informatique à un endroit donné, un établissement stable peut être caractérisé même si cette entreprise n'utilise à cet endroit **aucun personnel** pour l'exploitation de l'équipement.

Conformément aux principes habituels, les commentaires de l'OCDE (n° 17790) précisent qu'il ne saurait exister d'établissement stable lorsque les opérations de commerce électronique effectuées à l'aide d'un **équipement informatique** situé à un endroit donné n'ont qu'un caractère préparatoire ou auxiliaire au sens de la définition générale (n° 17540) ; tel serait le cas, par exemple, de fonctions consistant à assurer un **lien de communication** entre un fournisseur et des clients, faire de la **publicité** pour des biens ou services, relayer des informations à l'aide d'un **serveur miroir**, collecter des données sur le marché pour le compte de l'entreprise ou fournir des informations. **17792**

En application des principes généraux, cependant, lorsque ces fonctions constituent, en elles-mêmes, une partie essentielle et significative de l'activité de l'entreprise dans son ensemble, ou en présence d'autres fonctions importantes exercées par l'équipement informatique, il peut y avoir établissement stable si les conditions de fixité sont remplies.

De même, si des fonctions importantes liées à une **vente** sont exercées à un endroit, par exemple si la conclusion du **contrat** avec le client, le traitement du **paiement**, et la **livraison** des produits sont effectués automatiquement par l'intermédiaire d'un équipement qui y est situé, ces activités ne peuvent être considérées comme simplement préparatoires ou auxiliaires et caractérisent, par suite, un établissement stable.

Position de la France

La France considère aujourd'hui, après avoir pris une position différente dans le passé, que les règles fiscales internationales ne sont plus adaptées aux nouveaux modèles économiques dans le domaine des activités numériques (communiqué n° 399 du ministre de l'économie et des finances du 16 mars 2018 ; réponse Rouillard, n° 13220 : JOAN 16 avril 2019 p. 3569). Comme elles reposent en grande partie, en effet, sur la présence physique des entreprises, ces règles ne permettent pas, selon la position officielle des autorités françaises, une **appréhension correcte de la valeur** créée dans les États par les activités numériques, qui sont d'une nature spécifique et inédite. Le communiqué précité poursuit en indiquant que la France, comme un grand nombre d'États, est convaincue que la **participation des internautes** à la création de cette valeur constitue une source particulière de profits pour certains opérateurs dont le modèle économique repose sur la collecte et la valorisation intensive de leurs données et que cela rend indispensable une répartition plus juste du droit d'imposer en fonction du lieu où ces profits sont créés. **17795**

Les autorités françaises avaient précédemment indiqué, dans le même sens, que la collecte massive et systématique des données des internautes pourrait caractériser une « **présence fiscale numérique** » suffisamment significative pour fonder un droit d'imposition (réponse Féron, n° 89866 : JOAN 11 avril 2017, p. 2933). Cette approche, qui fait d'ailleurs son chemin dans les instances internationales, est issue du rapport Collin et Colin sur la fiscalité de l'économie numérique (nº 17780, Précisions b) qui proposait, notamment, l'introduction d'un nouveau concept, celui d'**établissement stable virtuel**, qui serait caractérisé si une entreprise fournit une prestation sur le territoire d'un État au moyen de données issues du suivi régulier et systématique des internautes sur le territoire de cet État.

La France a, par conséquent, soutenu les propositions de la **Commission européenne** (nº 17783), estimant que le cadre fiscal actuel « n'apparaît pas toujours adapté aux activités exercées, notamment par les entreprises du secteur numérique, qui reposent de plus en plus sur des actifs incorporels et des données immatérielles » et rappelant, à propos des rectifications notifiées à **Google Ireland** (nº 17720, Précisions f) que la règle reste aujourd'hui celle de l'établissement stable et que « ce concept repose dans une large mesure sur la présence physique (par exemple les bureaux, usines, entrepôts, etc.) ou sur la capacité d'engager la société étrangère » (réponse Lienemann, nº 00677 : JO Sénat 5 avril 2018 p. 1611).

Si le Gouvernement soutient l'adoption aussi rapide que possible des projets de directive présentés par la Commission européenne (nº 17783), il a parallèlement souhaité, sans attendre la conclusion de discussions qui s'éternisent, mettre à contribution les sociétés qui exploitent les données provenant de la participation active des internautes localisés en France en instaurant une nouvelle **taxe « Gafa »** (nº 17800). Et dans la perspective de renforcer les contrôles et de réduire les possibilités de fraude, une nouvelle obligation déclarative a été mise en place pour les **opérateurs de plateforme de mise en relation** par voie électronique établis en France ou à l'étranger, dès lors qu'ils ont des utilisateurs réalisant des ventes ou des prestations de services situées en France (CGI art. 242 bis, abrogé à compter du 1er janvier 2023, sauf en ce qui concerne l'obligation pour les opérateurs de fournir à chaque transaction une information sur les obligations fiscales et sociales qui incombent aux personnes qui réalisent des transactions commerciales par leur intermédiaire ; BOI-BIC-DECLA-30-70-40-10).

Précisions **a.** Dans le passé, il avait été indiqué que la notion d'établissement stable suppose une **présence physique** de l'entreprise sur un territoire et que ce n'est que dans des cas exceptionnels où l'entreprise étrangère disposerait de son propre équipement informatique en France et y emploierait du **personnel** pour le faire fonctionner qu'il serait possible de considérer que cette entreprise dispose d'un établissement stable dans notre pays (anciennes réponses de Chazeaux, nº 15728 : JOAN 26 octobre 1998 p. 5849 et nº 56961 : JOAN 30 juillet 2001 p. 4395 ; ces réponses n'ont cependant pas été reprises au BOFiP).

b. Sur la tentative avortée de créer, en décembre 2016, une « **taxe Google** », voir nº 4605, Précisions.

c. En ce qui concerne l'imposition de l'économie numérique, et hors convention fiscale, la notion de « **cycle commercial complet** » (nº 4795) peut éventuellement s'avérer pertinente ; il avait, par exemple, été jugé qu'exerce en France une activité commerciale une entreprise étrangère qui recueille des ordres d'annonces publicitaires émanant de clients français et destinées à être diffusées en France par radio à destination des auditeurs français (CE 13 juillet 1968 nº 66503 ; BOI-IS-CHAMP-60-10-30 nº 160).

d. En présence d'une **convention fiscale**, et tant que les textes n'ont pas été modifiés, il convient de se déterminer par rapport aux principes habituels au regard de la notion classique d'**établissement stable** (de nouveaux commentaires du comité des affaires fiscales de l'OCDE sur la question ne peuvent, en toute hypothèse, être retenus en France pour l'interprétation de conventions fiscales antérieures ; nº 10595). Il est d'ailleurs possible de solliciter un **rescrit**, le cas d'une activité de commerce électronique réalisée à partir d'un équipement informatique situé en France étant spécifiquement visé par l'arrêté du 1er décembre 2005 fournissant un modèle de rescrit « établissement stable » (nº 17830).

e. La **retenue à la source** de l'article 182 B du CGI (nºs 3410 s.) peut être applicable, le cas échéant, sous réserve des conventions fiscales (en ce sens, ancienne réponse de Chazeaux, nº 17780).

Taxe « Gafa » française

17800 La loi nº 2019-759 du 24 juillet 2019 portant création d'une taxe sur les services numériques et modification de la trajectoire de baisse de l'impôt sur les sociétés a créé une taxe de 3 % sur la part du chiffre d'affaires liée à l'utilisation de certains **services numériques** en France. L'objet de la taxe est, pour l'essentiel, d'assujettir à l'impôt les grandes entreprises qui ont des activités de « **places de marché** » sur les biens, les services ou la publicité digitale ; sous réserve de diverses exceptions, est ainsi concernée la mise à disposition, par voie de communications électroniques, d'une interface numérique qui permet aux utilisateurs d'entrer en contact avec d'autres utilisateurs et d'interagir avec eux, notamment en vue de la livraison de biens ou de la fourniture de services directement entre ces utilisateurs : services d'**intermédiation numérique**, comme ceux rendus par

Airbnb, Facebook, Uber ou autres, et services de **publicité numérique**, comme ceux rendus par Google, Facebook ou autres, lorsque les utilisateurs sont en France. **17800** (suite)

Cette taxe est applicable depuis le 1er janvier 2019 (elle est commentée au BOI-TCA-TSN, dont certaines dispositions ont été annulées par CE 31 mars 2022 n° 461058, 8e et 3e ch., Sté Amazon Online France : RJF 6/22 n° 606 ; l'administration en a tiré les conséquences en actualisant ses commentaires en conséquence, le 18 mai 2022) ; elle concerne les sociétés françaises et étrangères qui réalisent un **chiffre d'affaires** au titre des services numériques concernés et pour lesquelles le montant annuel des sommes encaissées en contrepartie de ces services excède, lors de l'année civile précédant l'année d'imposition, les seuils cumulatifs de 750 M€ au titre des services fournis au niveau mondial et de 25 M€ au titre des services fournis en France (CGI art. 299 à 300 et 1693 quater à 1693 quater B, relatifs à la « taxe sur certains services fournis par les grandes entreprises du secteur numérique »).

Les redevables non établis dans un État membre de l'Union européenne ou dans un autre État partie à l'accord sur l'Espace économique européen ayant conclu avec la France une convention qui contient une clause d'assistance administrative en vue de lutter contre la fraude et l'évasion fiscales ainsi qu'une convention d'assistance mutuelle en matière de recouvrement de l'impôt sont tenus de désigner un **représentant fiscal** aux fins de l'accomplissement des formalités et du paiement de la taxe.

Cette taxe est en principe **temporaire** ; elle devrait être abrogée dès l'adoption de nouvelles règles au niveau international visant à appréhender les revenus tirés des services numériques. La loi prévoit d'ailleurs que le Gouvernement doit remettre au Parlement, avant le 30 septembre de chaque année, un rapport sur les **négociations conduites au sein de l'OCDE** « pour identifier et mettre en œuvre une solution internationale coordonnée destinée à renforcer l'adéquation des règles fiscales internationales aux évolutions économiques et technologiques modernes ». Ce rapport doit faire état de l'incidence de ces négociations sur la taxe sur les services numériques et indiquer la date à laquelle un nouveau dispositif mettant en œuvre la solution internationale coordonnée se substituera à cette taxe.

Dans cette perspective, et compte tenu de l'avancée des réflexions internationales sur le **Pilier 1** (n° 16660), la France a adhéré à un accord incluant l'Autriche, l'Italie, l'Espagne, le Royaume-Uni et les États-Unis prévoyant une **transition** entre les taxes sur les services numériques nationales, dans la perspective de leur suppression, et le dispositif qui résultera de la mise en œuvre du Pilier 1, les États-Unis mettant fin, de leur côté, aux représailles commerciales (communiqué du ministère des finances n° 1575 du 21 octobre 2021 ; un mécanisme de crédit serait mis en place, correspondant à l'excédent d'impôt prélevé par comparaison à celui qui résulterait du montant A du Pilier 1). La suppression progressive de la taxe ne sera toutefois finalisée qu'une fois que la réforme fiscale mondiale menée par l'OCDE sera concrètement mise en œuvre.

Précisions **a.** La taxe est **juridiquement fragile** au regard des règles européennes (aides d'État, traitement discriminatoire éventuel des sociétés étrangères par rapport aux sociétés françaises) ; la possibilité de l'appliquer à des sociétés étrangères ne disposant pas d'un établissement stable en France est également sujette à débat, si les sociétés concernées sont résidentes d'États liés à la France par des conventions fiscales. Signe de ces doutes, la loi prévoit que le Gouvernement doit remettre au Parlement un rapport sur les raisons pour lesquelles la taxe n'a pas été notifiée à la Commission européenne. À noter que, dans ses conclusions sous CE 29 juin 2020 n° 433937, 8e et 3e ch., SARL Bernys et min. c/ SARL Bernys : RJF 10/20 n° 767 (n° 72980), le rapporteur public cite notamment, à titre d'exemple d'« **autres impositions directes** » à prendre en compte (en l'espèce, pour l'appréciation d'un régime fiscal privilégié), un impôt frappant les sommes encaissées par les entreprises construit sur le modèle de la taxe « Gafa » (conclusions à la même RJF, C 767).

b. Face aux critiques émanant des **autorités américaines** et dans le contexte des négociations en cours dans le cadre de l'OCDE sur la réforme des règles de la fiscalité internationale (n° 16650), le Gouvernement avait décidé de reporter à décembre 2020 le paiement des acomptes de taxe sur les services numériques dus au titre de l'année 2020 (communiqué DGFiP n° 960 du 10 février 2020, ajoutant que la taxe due au titre de l'année 2019 n'était pas concernée et qu'elle devait bien être déclarée et payée en avril 2020, sous déduction des acomptes déjà versés depuis novembre 2019). Voir également, sur ce point, réponse Bessot Ballot, n° 26090 : JOAN 8 septembre 2020 p. 5967, rappelant que « l'objectif de cette trêve est in fine de **trouver un accord à l'OCDE** d'ici la fin de l'année. En effet, notre priorité pour le moment est de trouver une solution à l'OCDE pour élaborer des principes multilatéraux de taxation qui répondent aux enjeux fiscaux posés par la digitalisation de l'économie ».

G. Contrôle et sanctions

Visites domiciliaires (LPF art. L 16 B)

17810 L'administration dispose de moyens d'investigation étendus pour vérifier si une société étrangère exerce ou non son activité en France par l'intermédiaire d'un établissement stable ; en particulier, elle peut utiliser l'article L 16 B du LPF qui lui permet d'effectuer, sous un certain contrôle judiciaire, des visites domiciliaires (au domicile de **dirigeants**, dans les **banques** ou dans les locaux de **sociétés liées** ou paraissant telles) en cas de présomption de fraude. La jurisprudence est assez permissive sur l'étendue des pouvoirs de l'administration en la matière (notamment, Cass. com. 8 janvier 1991 n° 101 P, Hervé et Fadoul : RJF 3/91 n° 323, à propos d'une question de résidence fiscale ; Cass. crim. 5 mars 2003 n° 1392 F-D, Shal Lassaad : RJF 8-9/03 n° 990, à propos d'un éventuel établissement stable d'une société tunisienne ; Cass. com. 3 mars 2015 n° 13-27.605 (n° 217 F-D), Sté Dolphin Business Intelligence Inc. et Sté Dacomi Investissements SA c/ C. et min. : RJF 6/15 n° 501 dans une situation de présomption de fraude à l'encontre, notamment, d'un avocat qui représentait une société québécoise sans substance).

Il avait été jugé, dans le cadre du régime issu de la réforme de l'article L 16 B du LPF par la loi n° 2008-776 du 4 août 2008, que l'administration ne disposait pas d'éléments de présomption de fraude suffisants pour mettre en œuvre ces dispositions en présence d'une société française qui agissait comme **commissionnaire** d'une société néerlandaise et dont il était prétendu qu'elle constituait un établissement stable (CA Paris ord. Premier Prés. 30 juin 2009 n° 08-20726, Sté Thellip Europe BV c/ DGFiP : RJF 1/10 n° 44). Cette ordonnance a cependant été cassée au motif que la loi n'exige que de **simples présomptions** et que l'ordonnance précitée avait ajouté à la loi des conditions qu'elle ne comporte pas (Cass. com. 29 juin 2010 n° 09-15.706 (n° 726 F-D), DGFiP c/ Sté Trimble Europe BV : RJF 12/10 n° 1191). En effet, dès lors que l'article L 16 B du LPF a pour objet la recherche de preuves, il n'y a pas lieu d'exiger des « indices précis et concordants » (en ce sens, à propos d'une société luxembourgeoise soupçonnée d'avoir un établissement stable en France, Cass. com. 23 juin 2015 n° 14-15.435, Sté Cerep Imprimerie : JurisData n° 2015-015814 ; sur cette affaire, voir également n° 17355).

Il a par ailleurs été jugé que, dès lors que l'administration est autorisée à procéder à la saisie des pièces et documents susceptibles d'être détenus dans les lieux visités quel qu'en soit le support, elle peut saisir toute donnée située sur un **serveur**, même **localisé à l'étranger** et appartenant à des sociétés autres que celles visées par les ordonnances d'autorisation, accessible à partir d'un ordinateur se trouvant sur les lieux visités (CA Paris Ord. 31 août 2012 n° 11/13233, ch. 5-7, Stés Google Ireland Ltd et Google France : RJF 1/13 n° 68 ; également Cass. com. 26 février 2013 n° 12-14.772 (n° 212 F-PB), Sté HR Access Solutions : RJF 6/13 n° 628 ; Cass. com. 25 novembre 2014 n° 13-16.920 (1045 FS-D), Sté Yahoo France : RJF 3/15 n° 223). Ce principe a été consacré par l'article 11 de la loi n° 2012-1510 du 29 décembre 2012 et la Cour de cassation a refusé la transmission d'une question prioritaire de constitutionnalité portant sur la saisie de données stockées sur un serveur localisé à l'étranger (Cass. com. QPC 15 décembre 2021 n° 21-40.022 FS-D, Sté Hpb et autres : RJF 3/22 n° 294).

Enfin, en ce qui concerne la **recherche d'établissements stables** en France de sociétés étrangères, ou d'activités imposables réalisées en France par des sociétés étrangères, les conditions d'application de l'article L 16 B du LPF ont également été éclairées par les arrêts cités n°s 17811 et 17812.

Précisions **a.** L'administration utilise aujourd'hui ce droit davantage que par le passé, afin de chercher à dénicher des **établissements stables cachés** au sein de sociétés affiliées ou de représentants (n° 17695 ; voir aussi l'affaire Mermaid BV citée au n° 17572 ou la décision lota, n° 17720 c), ou de chercher à démontrer que des sociétés apparemment étrangères sont, en réalité, gérées, dirigées et contrôlées en France et y sont par suite imposables.

b. À titre pratique, la présence d'un **interprète** n'est pas obligatoire (Cass. com. 1er mars 2017 n° 15-26.654 : RJF 6/17 n° 576) et il n'est pas exigé que les pièces annexées à la requête de l'administration sollicitant du juge une autorisation de visite domiciliaire aient été rédigées en français ou aient été traduites (Cass. com. 8 juin 2017 n° 16-12.994 F-D, Sté Trace sport et a. : RJF 11/17 n° 1063). Le juge des libertés peut se fonder sur des **pièces rédigées en langue étrangère** dont l'administration n'a pas fourni de traduction (Cass. com. 24 mai 2011 n° 10-18.608 (n° 498 F-D), Sté Réaumur Automatic : RJF 10/11 n° 1059).

c. La Cour de cassation n'a pas renvoyé au Conseil constitutionnel une QPC portant sur l'éventuelle non-conformité à la Constitution de son interprétation de la notion de « **centre décisionnel** » pour l'appréciation de l'existence d'une présomption de fraude commise en France par une société étrangère pour l'application de l'article L 16 B du LPF (Cass. com. QPC 19 octobre 2017 n° 17-11.934 F-D, Sté Citrus Juno : RJF 2/18 n° 201).

d. Sur la possibilité qu'a l'administration de procéder à des **auditions de tiers** dans le cadre d'opérations de contrôle fiscal international, voir n° 2590. Sur les **lanceurs d'alerte** (« aviseurs »), voir n° 2595.

Exemples de confirmations jurisprudentielles

L'administration a eu gain de cause, notamment, dans les affaires suivantes : **17811**
– CA Aix-en-Provence Ord. 2 juin 2022 n° 21/10062, Sté Merit Invest SAL et Sté Investment and Financing Corp. Ltd, confirmant une ordonnance de visite et de saisie domiciliaires au motif qu'il pouvait effectivement être présumé que ces sociétés, respectivement libanaise et hongkongaise, avaient leur **centre décisionnel** en France, même si la première, une société holding mère de la seconde, disposait de moyens au Liban (la société libanaise détenait une importante participation dans une société française et ses dirigeants et uniques actionnaires étaient domiciliés en France) ;
– CA Paris 20 mai 2020 n° 19/09687, pôle 5, ch. 15, ST Dupont et autres c/ DNEF, arrêt définitif confirmant l'ordonnance du juge des libertés et de la détention à propos d'une société suisse qui recevait des redevances de source française, car plusieurs éléments permettaient de présumer l'existence d'une fraude ; la Cour relève que le juge de l'autorisation, qui n'est pas juge du fond, n'a pas à se prononcer sur l'existence d'un **établissement stable** mais seulement sur la question de savoir si les documents présentés permettent de suspecter que la réalité économique ne coïncide pas, en tout ou en partie, avec la présentation juridique qui en est faite ;
– Cass. com. 14 novembre 2018 n°s 17-16.071 et 17-16.072 F-D, Stés Skymarc Farm Inc. et Petra Bloodstock Agency Ltd : RJF 3/19 n° 272, confirmant, à propos de visites dans des locaux susceptibles d'être occupés notamment par des sociétés américaine et britannique suspectées de se soustraire à l'impôt sur les bénéfices ou aux taxes sur le chiffre d'affaires en exerçant en France une activité d'élevage, de vente et de course de chevaux, que les motifs et le dispositif des ordonnances d'autorisation de visite et de saisie sont **réputés avoir été établis** par le juge qui les a rendues et signées et que le nombre et l'importance des pièces produites, comme le temps dont le juge a disposé pour les examiner, ne peuvent, à eux seuls, laisser présumer qu'il s'est trouvé dans l'impossibilité de les examiner et d'en déduire l'existence de présomptions de fraude fiscale ; l'arrêt précise également que le fait qu'une vérification de comptabilité portant sur d'autres exercices se soit conclue sans rectification est sans incidence ;
– Cass. com. 3 mai 2018 n° 16-25.068 F-D, Sté Vorona : RJF 10/18 n° 982, réaffirmant, à propos de visites domiciliaires dans des locaux susceptibles d'être occupés notamment par une société luxembourgeoise, que les motifs et le dispositif de l'ordonnance d'autorisation sont réputés établis par le juge qui l'a rendue et qu'il n'y a lieu pour ce dernier que de rechercher l'existence de **présomptions** d'imposabilité en France (au cas particulier, la société luxembourgeoise paraissait bien dépourvue de substance) ;
– Cass. com. 3 mai 2018 n° 16-26.064 F-D, Sté Puzzle Capital Luxembourg : RJF 10/18 n° 983, validant la procédure suivie, confirmant qu'il n'y avait pas eu, en l'espèce, **saisie massive** et indifférenciée, et validant également le logiciel de détection de fraude utilisé (à propos de sociétés luxembourgeoises de gestion de fonds et de prise de participations) ;
– Cass. com. 7 juin 2016 n° 15-14.564 (n° 542 FS-D) : RJF 11/16 n° 980, à propos d'une société de Guernesey qui ne disposait sur place d'aucun moyen matériel pour exploiter et gérer son activité, qui était dirigée par une **société fiduciaire** ayant pour objet la constitution de trusts et la fourniture de prestations de services aux entreprises sous forme de prête-noms et dont il était présumé qu'elle était dirigée depuis la France où elle exerçait tout ou partie de son activité sans remplir ses obligations déclaratives fiscales et comptables ;
– Cass. com. 26 juin 2012 n° 11-21.047 (n° 726 F-PB), Sté Finworldgest : RJF 11/12 n° 1030, validant la procédure suivie dans le cadre franco-luxembourgeois ;
– Cass. com. 30 mai 2012 n° 11-14.601 (n° 604 F-D), Sté Volcom International : RJF 10/12 n° 931, jugeant que la discussion sur l'application de la **convention fiscale** franco-suisse ne relève pas du magistrat appelé à se prononcer sur l'autorisation de visite mais du juge de l'impôt, que c'est dans l'exercice de son pouvoir souverain que le premier

président a estimé que les faits résultant des éléments fournis par l'administration permettaient de présumer l'existence d'une fraude et qu'il ne peut lui être fait grief de s'être référé à la notion interne d'**établissement stable** pour apprécier la situation d'une société suisse ; solution reprise à propos de la convention franco-lettone du 14 avril 1997, par Cass. com. 4 octobre 2016 n° 15-10.775 et 15-10.778, F-P + B, Sté France Classy Travel SIA : RJF 2/17 n° 142 ;
– Cass. com. 3 avril 2012 n° 11-15.325 (n° 400 F-D) : RJF 7/12 n° 710, à propos d'une banque suisse qui, non immatriculée au registre du commerce et des sociétés en France, inconnue des services fiscaux et disposant de trois salariés résidents fixes en France, était présumée exercer sur le territoire français une **activité de commercialisation de produits financiers** sans être immatriculée et sans remplir les obligations fiscales et comptables y afférentes ; dès lors que l'article L 16 B du LPF exige de simples présomptions, il n'y avait pas à s'assurer que la **convention fiscale** franco-suisse n'était pas susceptible de faire obstacle à l'imposition envisagée ni à caractériser la présomption de fraude au regard des critères de cette convention fiscale (solution implicite).

Exemples d'annulation

17812 Les arrêts suivants montrent que l'administration n'est pas toujours fondée à procéder à des visites domiciliaires :
– CA Aix-en-Provence Ord. 2 juin 2022 n° 21/07774, Stés SP Assistance et MX Esca BV, annulant une autorisation de visite et de saisie domiciliaires à l'encontre d'une société néerlandaise et d'une société luxembourgeoise suspectées d'exercer une activité en France et d'y avoir leur **centre décisionnel**, au motif que l'administration s'était appuyée sur des pièces issues de sites d'informations et d'articles de presse très généraux, que la résidence de dirigeants en France n'était pas décisive car les intéressés voyageaient très souvent, que la société néerlandaise disposait de moyens aux Pays-Bas et que l'activité de la société luxembourgeoise ne nécessitait pas beaucoup de moyens au Luxembourg ;
– CA Aix-en-Provence Ord. 19 novembre 2020 n° 19/14516 (définitif), infirmant une ordonnance de visite et annulant les opérations de visite et de saisie car les pièces produites ne permettaient pas de présumer qu'un **agent de joueurs de football**, résident de France, agissait pour le compte d'une société irlandaise et d'une société monégasque et se soustrayait à l'établissement et au paiement de l'impôt (les contrats produits par l'administration concernaient une période au cours de laquelle l'intéressé était non résident, le fait que certains contrats aient été rédigés à son nom pouvait s'expliquer, et l'intéressé avait régulièrement déclaré en France des sommes importantes) ;
– CA Paris 16 septembre 2020 n° 19/11386, pôle 5, ch. 15, Sté Barnes Global Licensor (définitif), annulant une ordonnance du juge des libertés et de la détention concernant une société luxembourgeoise susceptible de développer en France une activité non déclarée de **gestion de droits de la propriété intellectuelle**, au motif que de nombreuses pièces auxquelles le juge des libertés et de la détention s'était référé pour motiver son ordonnance étaient inexactes ou erronées et relevant qu'aucun autre élément ne laissait présumer la fraude dont était suspectée la société ;
– CA Paris Ord. 9 septembre 2020 n° 19/16971, pôle 5, ch. 15, Sté LVMH Finance Belgique (cet arrêt a fait l'objet d'un pourvoi mais il y a eu une ordonnance de radiation ; le pourvoi peut cependant encore être réenrôlé), annulant une ordonnance du juge des libertés et de la détention qui avait autorisé des visites domiciliaires et des saisies dans les locaux de sociétés françaises d'un groupe où une société belge du même groupe était présumée exercer une **activité de gestion de trésorerie**, dès lors que l'existence d'une telle centrale de trésorerie n'est pas constitutive d'une fraude, que l'administration avait eu connaissance, dès sa création, des statuts, de l'objet social et du fonctionnement de la société belge, qu'elle avait obtenu des informations de l'administration fiscale belge et que les moyens dont disposait la société en Belgique paraissaient lui permettre d'effectuer son activité de gestion de trésorerie intragroupe ;
– CA Paris Ord. 30 mai 2018 n° 17/18117, Pôle 5, ch. 15 (définitif), annulant une ordonnance du juge des libertés et de la détention autorisant des opérations de visites et de saisies visant l'établissement français d'une banque allemande soupçonnée d'exercer une **activité financière non déclarée** dans son bureau de représentation parisien ; il est notamment relevé que, les taux d'imposition entre la France et l'Allemagne étant similaires, aucune volonté d'optimisation fiscale ne saurait être invoquée, que la rémunération de la dirigeante, certes importante, n'était pas anormale et que l'administration n'avait pas

fait apparaître de présomption que la dirigeante caractériserait un centre décisionnel pouvant engager la société allemande dans des relations commerciales en France ;
– CA Rennes 18 avril 2018 n° 16/06296 (arrêt définitif) et CA Paris 27 juin 2018 n° 16/17465 (arrêt définitif), à propos de sociétés luxembourgeoises qui avaient reçu des **dividendes** de source française exonérés de retenue à la source et dont l'administration contestait la substance au Luxembourg (absence de présomption d'activité commerciale en France et absence de présomption de fraude au sens de l'article L 16 B du LPF) ;
– CA Paris Ord. 13 décembre 2011 n° 11/00105, ch. 5-7 : RJF 5/12 n° 485 (arrêt définitif), à propos d'une société luxembourgeoise dont le dirigeant résidait en France et dont l'administration soutenait qu'elle exerçait en réalité son **activité commerciale en France**, alors que la société avait produit en appel des éléments démontrant l'exercice d'une activité au Luxembourg, éléments dont l'administration pouvait avoir connaissance et qu'elle n'avait pas fournis au juge des libertés et de la détention (les conclusions du juge des libertés et de la détention ayant motivé l'autorisation de visite étaient tirées des éléments incomplets ou inexacts qui lui avaient été fournis par l'administration).

Aspects de procédure et imposition des associés

Lorsque l'administration dégage un établissement stable les circonstances qu'elle analyse, la procédure de **taxation d'office** est en principe applicable faute de déclaration dans le délai légal, sous réserve de la possibilité pour la société de régulariser dans le délai de trente jours d'une première mise en demeure (LPF art. L 66) ; en outre, le **délai de reprise** est de **dix ans** (LPF art. L 169 ; n° 17815). La mise en œuvre de la taxation d'office n'est pas subordonnée à l'envoi préalable d'une notification informant la société des motifs justifiant qu'elle soit regardée comme une personne morale passible de l'impôt sur les sociétés (CE 7 septembre 2009 n° 308751, 8e et 3e s.-s., Sté Stamping international : RJF 12/09 n° 1063). **17813**

Mais une société étrangère qui ne peut produire de comptabilité spécifique retraçant les activités exercées au sein d'une installation française qu'elle estime ne pas caractériser un établissement stable, n'est pas pour autant, de ce seul fait, en situation d'**opposition à vérification** de comptabilité (CAA Bordeaux 29 septembre 2005 n° 04-1746, 4e ch., Sté Groupement Européen Import Automobile : RJF 2/06 n° 174 ; arrêt définitif).

Par ailleurs, en présence d'un établissement stable non déclaré, l'administration est fondée non seulement à pratiquer une rectification en impôt sur les sociétés, mais également, le cas échéant, à **imposer les associés** sur le fondement des textes suivants :
– l'article 109, 1-1° du CGI, qui répute distribués tous les bénéfices ou produits qui ne sont pas mis en réserve ou incorporés au capital : cette disposition est applicable en présence de bénéfices qui n'ont été ni déclarés, ni mis en réserve, ni incorporés au capital et qui, sauf absence de désinvestissement, sont globalement présumés distribués ;
– l'article 111, c du CGI, qui considère comme revenus distribués les rémunérations et **avantages occultes** : l'application de cet article n'est pas conditionnée au caractère bénéficiaire de la société qui a octroyé l'avantage, mais l'administration doit établir le bénéficiaire de l'avantage ; comme le dit Émilie Bokdam-Tognetti, dans ses conclusions sous CE 7 octobre 2020 n° 427222, 9e et 10e ch. : RJF 1/21, C 38 et 84, « les bénéfices non déclarés d'une exploitation ne constituent pas, par nature, des avantages ou rémunérations occultes pour le maître de l'affaire ».

Lorsque l'imposition est fondée sur **l'article 109, 1-1° du CGI** et lorsque la rectification en base a pour effet de transférer la matière imposable de l'étranger vers la France (cas où l'activité n'était pas occultée en comptabilité), il faut encore que l'administration démontre que les sommes ne sont pas restées investies dans la société étrangère, la qualification de « revenus distribués » étant en ce cas subordonnée à un **désinvestissement effectif** (il n'en va pas de même en cas d'activité « occulte » dans les circonstances ayant donné lieu à la décision citée en Précisions c infra, c'est-à-dire lorsque l'activité n'a pas été retracée dans la comptabilité et lorsque les bénéfices n'ont pas été déclarés dans l'État du siège de la société).

Il a, par exemple, été confirmé qu'un redressement qui procède de l'imputation à un établissement stable situé en France de bénéfices réalisés par une société étrangère ne saurait par lui-même révéler l'existence d'une distribution de revenus par cette société, au sens de l'article 109 du CGI, et que la circonstance que le contribuable que l'administration entend imposer comme bénéficiaire des distributions soit le maître de l'affaire n'a

17813 (suite) pas davantage cet effet (CE 8 février 2019 nos 410301 et 410568, 9e et 10e ch. : RJF 5/19 no 442, à propos de sociétés luxembourgeoises qui avaient exercé leur activité en France par l'intermédiaire d'établissements stables) ; cette décision a annulé pour erreur de droit un arrêt qui avait jugé à tort que l'administration avait pu considérer que les bénéfices imputés aux établissements stables des sociétés luxembourgeoises devaient, de ce seul fait, être regardés comme appréhendés par les associés en leur qualité, chacun pour leur part, de maître de l'affaire. Sur renvoi dans cette affaire, les requérants ont eu gain de cause, car l'administration n'avait apporté aucun élément pour établir le désinvestissement des bénéfices imputés aux établissements stables et, partant, l'existence d'une distribution de ces bénéfices, alors même qu'elle avait reçu des autorités luxembourgeoises les documents comptables des sociétés luxembourgeoises (CAA Nancy 27 décembre 2019 no 19NC00394, 3e ch. ; arrêt définitif) ; cela étant, dans cette affaire, si les sociétés luxembourgeoises avaient procédé à des distributions, il aurait encore fallu décider si celles-ci devaient être réputées prélevées « en premier » sur les résultats français ou s'il convenait de faire un prorata, les résultats permettant de procéder à des distributions étant fongibles par nature.

Pour d'autres **exemples** d'application de l'article 109, 1 du CGI, voir CAA Nancy 16 novembre 2017 no 16NC00503, 2e ch., ayant fait l'objet d'un pourvoi non admis par CE (na) 14 novembre 2018 no 417415, 9e ch. (no 31325), ainsi que les décisions suivantes :
– CAA Lyon 21 janvier 2021 no 20LY00073, 2e ch. (ayant fait l'objet d'un pourvoi non admis par CE (na) 22 novembre 2021 no 450760, 8e ch.), sur renvoi après annulation par CE 27 décembre 2019 no 422865, 8e ch. : RJF 4/20 no 326, à propos d'une **société polonaise** dont le siège de direction effective était situé en France (no 41485) ; l'administration a été considérée comme ayant fait valoir, sans être contredite, que les bénéfices réalisés par l'établissement stable dont disposait la société polonaise (qui n'avait pas produit de comptabilité et dont le résultat avait été établi à partir d'une reconstitution de chiffre d'affaires) n'avaient pas été déclarés en France et n'avaient pas été mis en réserve ni incorporés au capital, les associés ne pouvant utilement faire valoir que l'administration n'avait identifié sur leurs comptes bancaires aucun versement correspondant à des revenus distribués (la Cour a toutefois légèrement réduit le montant rappelé en admettant la prise en compte d'une facture) ; les pénalités pour manquement délibéré ont été confirmées, la Cour relevant notamment que « la circonstance, à la supposer établie, que les appelants auraient été **mal conseillés** n'est pas de nature à justifier leur bonne foi » ;
– CE 16 février 2018 no 395371, Sect. : RJF 5/18 no 536, confirmant l'imposition au titre des revenus distribués d'une personne physique domiciliée en France, qui était **associée majoritaire et dirigeante** d'une société britannique qui exerçait une activité d'intermédiaire dans la location saisonnière de villas et d'appartements situés sur la Côte d'Azur ; le Conseil d'État a confirmé, au titre des années 2005 à 2007, l'existence d'un établissement stable en France de la société britannique (en raison de la présence en France de locaux et de matériels permanents et au vu des compétences de la gérante, qui assurait la gestion administrative, commerciale et financière pleine et entière de la société) et l'imposition de la gérante, considérée comme ayant reçu des revenus réputés distribués en tant que seul maître de l'affaire ; toutefois, la cour d'appel d'Aix-en-Provence avait précédemment, par un arrêt du 29 mars 2016 devenu définitif, **relaxé** l'intéressée, qui avait été poursuivie au pénal au titre des années 2006 et 2007, en jugeant que les éléments du dossier étaient insuffisants pour caractériser un établissement stable ; le Conseil d'État a tiré les conséquences de cet arrêt sur le fondement de **l'autorité de la chose jugée** au pénal en accordant la décharge, mais pour les seules années jugées par le juge pénal et non pour l'année 2005 (alors que, bien entendu, les circonstances étaient identiques, la position du juge pénal, qui avait estimé que l'installation française caractérisait un simple « bureau de liaison », étant d'ailleurs difficilement compréhensible) ;
– CE 29 juin 2020 no 432815, 8e et 3e ch. : RJF 10/20 no 786, jugeant qu'un contribuable domicilié en France, qui exerçait une activité de prospection, conseil en gestion et intermédiaire dans le domaine du football, pouvait être imposé au titre de revenus réalisés par une société établie aux îles Vierges britanniques, dès lors qu'il caractérisait un établissement stable en France de cette société et qu'il était le seul **maître de l'affaire** étant donné qu'il disposait du pouvoir d'engager juridiquement la société à l'égard des tiers et qu'il détenait seul la signature du compte bancaire que cette société avait ouvert auprès d'une banque suisse ;
– TA Cergy-Pontoise 20 avril 2021 no 1706859, 2e ch. : RJF 7/21 no 735 (appel enregistré sous le no 21VE01600), jugeant que l'administration avait pu à bon droit imposer, au titre d'une

activité occulte exercée en France dans le cadre d'un établissement stable, une **société panaméenne** spécialisée dans l'achat et la revente de matériel audiovisuel et taxer le bénéfice reconstitué entre les mains des deux **codirigeants** de fait à hauteur de 50 % chacun sur le fondement de l'article 109, 1-1° du CGI ; la société, qui n'avait pas de moyens humains et matériels au Panama, où elle était domiciliée, et dont toutes les transactions étaient effectuées en France par les deux dirigeants, y disposait d'un établissement stable, mais la rectification procédait de la mise en évidence de l'exercice par cette société d'une activité occulte en France non retracée dans sa comptabilité ni déclarée ni soumise à l'impôt au Panama (pour le tribunal administratif, l'administration pouvait imposer les intéressés à hauteur de 50 % chacun, car, s'il y avait deux maîtres de l'affaire, il y avait entre eux une entente dans le cadre d'un montage destiné à développer une activité occulte commune ; voir également Précisions c, ci-dessous). **17813** (suite)

En revanche, lorsqu'elle retient **l'article 111, c du CGI**, l'administration doit raisonner différemment et procéder à l'identification du bénéficiaire, sans pouvoir soutenir que les bénéfices sont globalement réputés distribués. Le Conseil d'État a en effet jugé, à propos d'une société portugaise qui disposait en France d'un établissement stable non déclaré au titre des exercices clos en 2009, 2010 et 2011, que les bénéfices reconstitués à raison de l'activité qu'une société étrangère exerce en France par l'intermédiaire d'un établissement stable ne peuvent, de ce seul fait, être regardés comme distribués au maître de l'affaire sur le fondement de l'article 111, c du CGI (CE 7 octobre 2020 n° 427222, 9e et 10e ch. : RJF 1/21 n° 38). L'affaire ayant été renvoyée à la Cour par le Conseil d'État, l'administration a ensuite demandé une **substitution de base légale** et eu partiellement gain de cause sur le fondement de l'article 109, 1-1° du CGI (CAA Nancy 1er juillet 2021 n° 20NC02952, 2e ch., Sté Garovito Construções LDA, faisant l'objet d'un pourvoi enregistré sous le n° 456210 ; voir également n° 17355) ; la Cour a admis la demande de l'administration correspondant aux bénéfices résultant de la TVA non déclarée mais non celle relative aux revenus distribués afférents aux bénéfices soumis à l'impôt sur les sociétés, car la société avait procédé à des déclarations de résultat au Portugal mais non à des déclarations de TVA.

Précisions **a.** Comme l'indique le rapporteur public Édouard Crépey dans ses conclusions sous la décision précitée n° 395371 du 16 février 2018 (conclusions à la RJF 5/18, C 536), la circonstance qu'une personne dispose d'une **procuration sur les comptes bancaires** caractérise le « **maître de l'affaire** », en tant qu'elle révèle sa capacité à prélever les fonds sociaux ; en l'espèce, le fait que l'intéressée ait été « directeur » et qu'elle ait été également associée majoritaire était « confortatif ». Étant le seul maître de l'affaire, la dirigeante avait appréhendé les bénéfices reconstitués de l'établissement stable, qui ont été considérés comme distribués.

b. La présomption d'appréhension de revenus réputés distribués ne trouve en principe à s'appliquer qu'**en présence d'un seul maître de l'affaire**. Il résulte en effet de la jurisprudence que, en cas de refus des propositions de rectifications par le contribuable qu'elle entend imposer comme bénéficiaire de sommes regardées comme distribuées, il incombe à l'administration d'apporter la preuve que celui-ci en a effectivement disposé ; toutefois, le contribuable qui, disposant seul des pouvoirs les plus étendus au sein de la société, est en mesure d'user sans contrôle de ses biens comme de biens qui lui sont propres et doit ainsi être regardé comme le seul maître de l'affaire, est présumé avoir appréhendé les distributions effectuées par la société qu'il contrôle (CE 22 février 2017 n° 388887, Plén. : RJF 5/17 n° 431). Un contribuable qui est maître de l'affaire est réputé avoir appréhendé la totalité des revenus distribués. Il ne peut que démontrer, le cas échéant, que les sommes réputées distribuées n'étaient **pas disponibles** ; la circonstance qu'il n'aurait pas effectivement appréhendé les sommes ou qu'elles auraient été versées à des tiers est sans incidence (notamment, sur ce point, CE 29 juin 2020 n° 432815, 8e et 3e ch. : RJF 10/20 n° 786, mentionné ci-dessus).

c. La solution retenue par le Conseil d'État en cas d'imputation de bénéfices à un établissement stable (notamment par la décision n° 410301 du 8 février 2019, ci-dessus) n'est pas transposable lorsque l'administration met en évidence une **activité occulte** qui n'est pas retracée dans la comptabilité d'une société étrangère et dont les bénéfices n'ont pas été déclarés et imposés à l'étranger, sans l'imputer à un établissement stable (l'expression « activité occulte » n'est pas employée par le Conseil d'État au sens indiqué n° 17815, car il y a toujours activité occulte lorsqu'un établissement stable n'est pas déclaré ; il s'agit plutôt d'un critère tenant à une **activité occultée** au sein même de l'entreprise) ; ainsi, les bénéfices réalisés par une société suisse qui avait son siège de direction effective en France, où elle exerçait une activité occulte non retracée dans sa comptabilité et non imposée à l'étranger, ont pu être regardés comme distribués en application de l'article 109, 1-1° du CGI et comme appréhendés par le contribuable en sa qualité de maître de l'affaire (CE 27 mars 2020 n° 421627, 8e et 3e ch. : RJF 6/20 n° 533 ; voir également n° 41485). En l'espèce, la rectification n'avait entraîné aucun transfert de matière imposable de Suisse en France, par différence avec l'affaire précitée jugée le 8 février 2019 qui concernait une rectification dont l'effet était de transférer de la matière imposable depuis le Luxembourg.

d. Une personne physique peut voir sa **solidarité** mise en jeu, pour le paiement de la pénalité pour distributions occultes, en tant que dirigeant de fait d'une société luxembourgeoise dès lors notamment que l'activité de cette société s'exerçait depuis son établissement stable français dont l'intéressé était le seul responsable (CAA Paris 26 novembre 2019 n° 18PA01936 : RJF 4/20 n° 330 ; arrêt définitif).

e. La circonstance que la **convention fiscale** franco-portugaise du 14 janvier 1971 n'ait pas expressément prévu la faculté pour l'administration d'infliger des **pénalités** aux entités portugaises exploitant un établissement stable en France ne saurait, à elle seule, révéler que les stipulations de cette convention feraient obstacle à l'application de la loi fiscale (CAA Versailles 2 juillet 2020 n° 18VE03026, 7e ch., EURL Joaquim Augusto Soares Ribeiro ; arrêt définitif).

Activité occulte

17815 Il résulte de l'article L 169 du LPF qu'une activité occulte est réputée exercée lorsqu'un contribuable (personne physique ou morale) n'a pas déposé dans le délai légal les déclarations qu'il était tenu de souscrire et, soit n'a pas fait connaître son activité à un centre de formalités des entreprises ou au greffe du tribunal de commerce, soit s'est livré à une activité illicite. Est ainsi, notamment, considérée comme « occulte » l'activité exercée en France par une société étrangère sous couvert d'un **bureau de représentation**, d'un bureau de liaison ou d'une structure masquant l'exercice de cette activité (BOI-CF-PGR-10-70 n° 65). Il en va de même si une société étrangère exerce son activité en France par l'intermédiaire d'une filiale lorsque celle-ci peut être qualifiée d'établissement stable (en ce sens, conclusions Stéphane Austry sur l'affaire Interhome ; n° 17705). Dans ce cas, la société étrangère est passible de la majoration de 80 % pour activité occulte prévue à l'article 1728, 1-c du CGI (BOI-CF-INF-10-20-10 n° 40). Cette pénalité s'ajoute aux impôts légalement exigibles en cas d'exercice d'une activité imposable en France.

Le **mode de preuve** d'une activité occulte a été précisé à propos d'une société espagnole qui exerçait une activité en France par l'intermédiaire d'un établissement stable non déclaré (CE 7 décembre 2015 n° 368227, Plén., min. c/ Sté Frutas y Hortalizas Murcia SL : RJF 2/16 n° 160, annulant l'arrêt cité au n° 17390, Précisions e) ; dans cette affaire, le Conseil d'État pose en principe que si un contribuable n'a ni déposé dans le délai légal les **déclarations** qu'il était tenu de souscrire, ni fait connaître son activité à un centre de formalités des entreprises ou au greffe du tribunal de commerce, l'administration est réputée apporter la preuve, qui lui incombe, de l'exercice occulte de l'activité professionnelle si le contribuable n'est pas lui-même en mesure d'établir qu'il a commis une erreur justifiant qu'il ne se soit acquitté d'aucune de ces obligations déclaratives. Il en résulte que si l'administration peut appliquer la majoration pour activité occulte **sans avoir à prouver le caractère intentionnel** de la dissimulation, le contribuable peut toujours y faire échec en justifiant que le défaut de déclaration résulte d'une erreur (le Conseil d'État a paru, en l'espèce, s'écarter de la jurisprudence constitutionnelle qui avait souligné qu'il incomberait à l'administration d'apporter la preuve de l'exercice occulte de l'activité professionnelle, sans poser de présomption ; Décision n° 99-424 DC du 29 décembre 1999, Loi de finances pour 2000 : RJF 2/00 n° 248).

Le Conseil d'État ne dit pas précisément comment le contribuable peut apporter la justification requise mais **l'erreur** a, par exemple, été admise par CE 31 mars 2017 n° 385107 et n° 385108, 8e et 3e ch. : RJF 6/17 n° 584, à propos d'un contribuable qui avait déclaré dans une mauvaise catégorie d'imposition des revenus immobiliers qui devaient être regardés comme des BIC ; autre exemple, un contribuable qui exerçait une activité occulte de **joueur de poker** a été considéré comme ayant commis une erreur en ne déclarant pas son activité dès lors que ce n'est que postérieurement à l'année d'imposition en litige que la jurisprudence et l'administration fiscale ont expressément estimé que de tels gains étaient, dans certaines conditions, passibles de l'impôt sur le revenu (CE 21 juin 2018 n° 411195, 10e et 9e ch. : RJF 10/18 n° 991 ; décision rendue à propos de l'application du délai de reprise de dix ans) ; dans le même sens et sur le même sujet, à propos des pénalités pour activité occulte, CAA Paris 7 février 2017 n° 16PA01274 : RJF 5/17 n° 428, à propos de gains réalisés sur des **sites internet** situés à Malte et lors de tournois aux États-Unis (cet arrêt a fait l'objet d'un pourvoi qui n'a pas été admis par CE (na) 26 juillet 2018 n° 411240, 10e ch. ; voir également n° 23680 i).

En revanche, un contribuable dont l'activité devait être regardée comme étant celle d'un **apporteur d'affaires** et qui avait perçu une commission d'une société britannique n'a pas été considéré comme ayant commis une erreur justifiant qu'il ne se soit acquitté d'aucune de ses obligations déclaratives (CAA Marseille 24 janvier 2017 n° 14MA04105 : RJF 7/17 n° 706 ; arrêt définitif).

En tout état de cause, la décision Frutas y Hortalizas Murcia SL, précitée, indique que si le contribuable fait valoir qu'il a satisfait à l'ensemble de ses obligations fiscales dans un État autre que la France, la justification de l'erreur commise doit être appréciée en tenant compte du **niveau d'imposition** dans cet autre État (selon ce qu'indique le rapporteur public Frédéric Aladjidi, le niveau d'imposition dans le pays de déclaration doit être similaire à celui de la France ; conclusions à la RJF 2/16, C 160) et des **modalités d'échange d'informations** entre les administrations fiscales concernées (en appel, la société avait soutenu, sans être contredite, que, si elle n'avait pas déclaré son activité en France c'était au motif que, de bonne foi, elle l'estimait imposable en Espagne et elle avait indiqué avoir été imposée en Espagne à l'impôt sur les sociétés à un taux supérieur à celui qu'elle aurait acquitté en France ; n° 17390 Précisions e). Les mêmes principes ont été appliqués à une société britannique qui organisait des séminaires et des stages à l'intention de cadres supérieurs de sociétés dans un chalet loué en Haute-Savoie ; cette société a été considérée comme ayant disposé d'un **établissement stable non déclaré** en France mais elle a obtenu la décharge des pénalités pour activité occulte en raison de l'existence d'une clause d'assistance administrative pour lutter contre l'évasion fiscale dans la convention fiscale franco-britannique et de la faible différence entre le montant des cotisations supplémentaires à l'impôt sur les sociétés qui lui était réclamé en France et celui auquel elle avait été assujettie au Royaume-Uni, où elle avait déposé ses déclarations fiscales (CE 18 octobre 2018 n° 405468, 10e et 9e ch., Sté Aravis Business Retreats Limited : RJF 1/19 n° 19 ; voir également n° 4750). Pour un autre exemple, dans le cadre franco-belge, CAA Nantes 25 avril 2019 n° 17NT03257, 1e ch. Sté Ags Belghyd : RJF 8-9/19 n° 852, admettant l'erreur mais admettant également la substitution de base légale présentée par l'administration et validant la majoration de 40 % pour non-dépôt d'une déclaration après mise en demeure (pourvoi enregistré sous le n° 432017). **17815** (suite)

Par la suite, le Conseil d'État a repris les mêmes critères mais en les posant dans un ensemble plus large, la justification de l'erreur commise devant être appréciée « en tenant compte de **l'ensemble des circonstances** de l'espèce » et, notamment, du niveau d'imposition dans l'autre État et des modalités d'échange d'informations entre les administrations fiscales des deux États (CE 27 novembre 2020 n° 428898, 9e et 10e ch. : RJF 2/21 n° 178) ; dans ses conclusions sous cette décision, la rapporteure publique indique d'ailleurs qu'à son avis le maniement du critère du niveau d'imposition n'impose pas un calcul précis et qu'une comparaison générale des règles de taux et d'assiette lui paraîtrait suffisante (conclusions à la RJF précitée, C 178).

La portée de la **comparaison des niveaux d'imposition** est illustrée par les affaires suivantes :
– CE 27 novembre 2020 n° 428898, précité, confirmant que le requérant ne pouvait être regardé comme ayant commis une erreur en déclarant en Pologne les revenus de son activité individuelle réalisée en France, dès lors qu'il existait une importante différence de niveau d'imposition entre la France et la Pologne et compte tenu du fait qu'il avait exercé une **activité** d'entrepreneur **exclusivement en France** (l'activité étant exercée exclusivement en France, le contribuable ne pouvait avoir de doute raisonnable sur le principe de son imposition en France) ;
– CAA Nantes 5 mars 2020 n° 18NT02912, 1e ch., Sté Logiservice, n'admettant pas l'erreur car le taux d'imposition à l'étranger était de l'ordre de la moitié du taux français (arrêt définitif ; voir n° 17355).

Quant à la condition relative à l'**échange d'informations**, elle signifie que la France doit pouvoir obtenir, par principe, communication de l'ensemble des informations nécessaires à l'application de la loi fiscale française. Il a ainsi été jugé, à propos d'une **société luxembourgeoise** qui avait été considérée comme ayant un établissement stable en France au domicile de ses représentants légaux, que tel n'était pas le cas de la convention fiscale franco-luxembourgeoise du 1er avril 1958 dans sa rédaction antérieure à l'avenant du 3 juin 2009 car le champ des renseignements susceptibles de faire l'objet d'échanges était restreint aux seules informations nécessaires pour l'application de la convention (CE 18 mars 2019 n° 410573, 9e et 10e ch., Sté Ediprint : RJF 6/19 n° 565) ; dans cette affaire, le Conseil d'État s'en est tenu à une approche abstraite, considérant que le juge du fond n'avait pas à rechercher si les modalités d'échange d'informations entre les autorités françaises et luxembourgeoises avaient été de nature à faire obstacle, en l'espèce, à l'établissement des rectifications prononcées (la société n'a donc pu éviter l'application de la majoration

17815 (suite) de 80 % ; l'existence d'un établissement stable n'était pas contestée). Par différence, une **société belge** qui n'avait pas déclaré un établissement stable en France (en fait, un siège de direction ; sur cette affaire, voir également n° 17390) n'a pas été regardée comme ayant exercé une activité occulte en France car l'imposition des sociétés en Belgique est d'un niveau similaire à celui pratiqué en France, les échanges d'informations entre administrations sont garantis par l'existence d'une convention internationale d'assistance administrative et les obligations déclaratives et de paiement avaient été satisfaites en Belgique (CAA Paris 10 décembre 2019 n° 18PA01025 : RJF 5/20 n° 471, arrêt définitif après non-admission d'un pourvoi par CE (na) 19 octobre 2020 n° 440035, 9e ch., Sté Laboratoire Puressentiel : RJF 1/21 n° 70, jugeant que l'administration ne pouvait pas, dans ces conditions, soumettre la société à une procédure de taxation d'office sans l'avoir préalablement mise en demeure de régulariser sa situation).

Autre exemple favorable, la qualification d'activité occulte n'a pas été retenue à propos d'un résident de France qui avait créé en Espagne une entreprise de travaux forestiers qui exerçait son activité dans un établissement stable non déclaré en France ; le contribuable a réussi à prouver sa bonne foi, malgré les conclusions contraires de la rapporteure publique, car il avait tout de même **souscrit**, en utilisant les services d'un expert-comptable, **des déclarations** en Espagne (sauf la première année), et il pouvait n'avoir pas été informé de la nécessité de déclarer son activité en France (CAA Nantes 15 avril 2021 nos 19NT02762 et 19NT03623, 1e ch., faisant l'objet d'un pourvoi enregistré sous le n° 453636 ; l'intéressé ne contestait d'ailleurs pas l'existence en France d'un établissement stable).

En présence d'une activité occulte, non seulement la majoration de 80 % est applicable mais encore l'administration dispose d'un **délai spécial de reprise** qui expire à la fin de la **dixième année** qui suit celle au titre de laquelle l'imposition est due (LPF art. L 169 en ce qui concerne les impôts sur le revenu et sur les sociétés). Selon l'administration, ce délai décennal est systématiquement applicable (BOI-CF-PGR-10-70 dans sa rédaction issue d'une actualité doctrinale du 29 décembre 2016, rapportant la **tolérance antérieure** qui voulait que lorsque l'une des déclarations incombant au contribuable avait été souscrite dans les délais alors que la déclaration d'activité au CFE ou au greffe du tribunal de commerce n'avait pas été effectuée, le délai décennal n'était pas applicable si les revenus issus de l'activité occulte avaient été déclarés, même dans une catégorie erronée, ou lorsque le contribuable, défaillant à un impôt, avait souscrit une déclaration au titre d'un autre impôt relatif à cette activité) ; la **majoration de 80 %** est également applicable systématiquement, la mesure de tolérance antérieure ayant également été rapportée par la même occasion (BOI-CF-INF-10-20-10).

Cela étant, l'administration a précisé « qu'en présence d'un établissement stable en France d'une société étrangère ayant déposé des **déclarations de TVA** en France au titre de la même activité que celle exercée par l'établissement stable, le délai de reprise prévu en cas d'activité occulte n'est pas applicable » (réponse Grand n° 01030 : JO Sénat 11 janvier 2018 p. 89 et BF 3/18 n° 234, précisant que le délai de prescription de dix ans « vise les activités occultes, c'est-à-dire celles dont l'administration n'a pu avoir connaissance par quelque moyen que ce soit. Ainsi, sont exclues de ce délai spécial les sommes déclarées dans une mauvaise catégorie… »).

En tout état de cause, enfin, la rigueur de la doctrine administrative doit être tempérée par la jurisprudence du Conseil d'État qui admet que le contribuable puisse établir qu'il a **commis une erreur**, que ce soit pour écarter la majoration de 80 % (décision Frutas y Hortalizas Murcia SL précitée) ou l'application du délai décennal (décision n° 411195 du 21 juin 2018 précitée).

Précisions **a.** La procédure de **flagrance fiscale** est susceptible d'être utilisée s'agissant d'une activité occulte (LPF art. L 16-0 BA ; BOI-CF-COM-20-30). La mise en œuvre de cette procédure est notamment subordonnée à la constatation de circonstances susceptibles de **menacer le recouvrement** des créances fiscales nées de l'activité exercée par le contribuable (CE 12 février 2020 n° 422503, 9e et 10e ch., Sté Evolutec Ingenierie International : RJF 5/20 n° 451) ; dans cette affaire, une société suisse, qui avait demandé qu'il y soit mis fin, n'était pas fondée à soutenir qu'un doute sérieux existait sur l'existence de circonstances susceptibles de menacer le recouvrement de créances fiscales au motif que l'administration n'établissait pas son intention d'adopter rapidement des mesures tendant à organiser son insolvabilité, alors qu'il s'agissait d'une société qui avait volontairement dissimulé l'activité qu'elle exerçait en France et qui ne détenait en France aucun bien immobilier mais y disposait d'un compte bancaire et pouvait ainsi organiser rapidement son insolvabilité. Dans le même sens, précédemment, CE 11 octobre 2017 n° 400215, 9e ch., Sté Tecogalo-Tectos Falsos LDA : RJF 1/18 n° 54, confirmant que les éléments recueillis par l'administration étaient suffisants pour écarter un éventuel doute sérieux sur l'existence d'un établissement stable en France d'une société portugaise. Quant à la faculté de recourir à l'assistance d'un État membre de l'Union européenne en matière de recouvrement des créances fiscales (nº 74540), elle ne fait pas obstacle à ce que cette procédure soit mise en œuvre (CE 17 janvier 2014 nº 372282, 8e et 3e s.-s., Sté Expatrium International Ltd : RJF 4/14 nº 352).

b. Les majorations pour activité occulte sont des « **pénalités graves** » au sens de la convention européenne d'arbitrage ; elles peuvent donc être de nature à empêcher un arbitrage européen (nº 86280). Il en va de même pour l'application du mécanisme européen de règlement des cas de double imposition (nº 86625).

c. Antérieurement aux décisions de 2015 et 2018 du Conseil d'État, précitées, il avait été jugé que la prolongation du délai de reprise était applicable en cas de non-déclaration en France sans égard aux éventuelles déclarations qui avaient pu être effectuées à l'étranger ; un contribuable n'avait donc pu y échapper en faisant valoir qu'il avait immatriculé son **activité de chirurgien-dentiste au Liban** (CE 17 mars 2014 nº 354701, 3e et 8e s.-s., Chebbo : RJF 6/14 nº 564). De même, une immatriculation au **mémorial des entreprises du Luxembourg** avait été jugée sans incidence (CAA Lyon 26 janvier 2012 nº 10LY02185, 5e ch., Peras : RJF 6/12 nº 628 ; arrêt définitif).

d. Lorsque était applicable la tolérance administrative concernant les contribuables qui avaient souscrit dans les délais l'une des déclarations leur incombant, il avait été jugé que le simple fait pour une société luxembourgeoise de déposer en France des déclarations de TVA correspondant à des opérations de **vente de biens immobiliers** sur le territoire français mais qui n'étaient pas déposées au titre de l'établissement stable dont elle disposait en France ne révélait pas les conditions réelles de l'exercice de l'activité ; l'administration pouvait donc valablement considérer que l'activité exercée par l'établissement stable non déclaré était occulte (CAA Paris 22 mars 2017 nº 16PA01847, 2e ch., min. c/ Sté Faisanderie et, même jour, nº 16PA01851, min. c/ Sté DC Immobilière) ; en l'espèce, les sociétés concernées avaient cependant été déchargées de la majoration de 80 % sur le fondement de la doctrine administrative alors applicable, ainsi que l'avait jugé le Conseil d'État (CE 20 mai 2016 nº 376667, 8e et 3e ch., Sté DC Immobilière et, même jour, nº 376672, Sté Faisanderie : RJF 8-9/16 nº 738, décisions qui avaient renvoyé ces affaires à la Cour). Il s'agissait de sociétés luxembourgeoises qui avaient exercé une activité immobilière en France sans y avoir déclaré d'établissement stable mais qui s'étaient identifiées auprès de l'administration fiscale au titre de ventes immobilières effectuées sur le territoire français et qui avaient déposé les déclarations de TVA correspondantes.

e. Le bénéfice de l'ancienne tolérance administrative n'avait pas été accordé à des sociétés luxembourgeoises qui avaient déposé en France des déclarations de TVA pour une activité de **location de locaux professionnels** exercée par un résident étranger, alors que c'était au titre d'une activité de **promotion immobilière** exercée par un établissement stable qu'elles étaient tenues de souscrire en France des déclarations de résultat (CE 31 mars 2017 nº 389577, 8e et 3e ch., M. A., agissant en sa qualité de liquidateur de la Sté Comala Défense et CE 31 mars 2017 nº 389573, 8e et 3e ch., M. A., agissant en sa qualité de liquidateur de la Sté Estienne d'Orves : RJF 6/17 nº 538).

f. Le **délai de reprise** de dix ans est applicable, non seulement dans le cas où le contribuable, personne physique ou morale, exerce lui-même une activité occulte, mais aussi lorsqu'il est le **bénéficiaire de revenus distribués** par une personne morale exerçant une activité occulte ; il s'applique également à la retenue à la source sur les revenus de capitaux mobiliers prévue par l'article 119 bis du CGI (loi nº 2017-1837 du 30 décembre 2017 de finances pour 2018, art. 108).

g. Le **service de mise en conformité** (Smec ; nº 71900) est compétent pour recevoir les déclarations primitives de sociétés étrangères qui voudraient régulariser un établissement stable non déclaré en France.

h. La circonstance qu'une société espagnole soit dotée d'un numéro au **répertoire Sirene** de l'Insee ne lui permet pas d'échapper à la pénalité pour activité occulte, car la jurisprudence « exige que ce soit les CFE qui soient informés à défaut d'inscription au registre du commerce et des sociétés » (conclusions Laurent Cytermann sous CE (na) 3 février 2021 nº 443484, 3e ch. : RJF 5/21 nº 493 ; voir également nº 31325).

Taxation d'office

Il est fréquent que l'administration, si elle estime qu'une entreprise étrangère dispose d'un établissement stable « occulte » en France, cherche à appliquer la procédure de la taxation d'office (LPF art. L 66 et s.) ; dans ce cas, elle n'a pas à procéder à une **mise en demeure** préalable, destinée à permettre au contribuable de régulariser sa situation dans les trente jours, toutes les fois que le contribuable s'est livré à une **activité occulte** au sens du deuxième alinéa de l'article L 169 du LPF (cas d'une entreprise qui n'a pas déposé dans le délai légal les déclarations qu'elle était tenue de souscrire et, soit n'a pas fait connaître son activité à un centre de formalités des entreprises ou au greffe du tribunal de commerce, soit s'est livrée à une activité illicite ; nº 17815). **17817**

À propos d'une ancienne rédaction de la loi, il a été jugé que l'administration aurait dû adresser une mise en demeure à une société luxembourgeoise qui avait exercé une activité de **marchand de biens**, dont il n'était plus contesté qu'elle avait été exercée en France par l'intermédiaire d'un établissement stable, dès lors que la société avait déclaré cette activité à la DRESG (aujourd'hui DINR) et alors même que la TVA avait alors été déclarée à titre d'activité exercée depuis le Luxembourg (CE 4 avril 2018 n° 402426, 3e et 8e ch., Sté Lofta : RJF 7/18 n° 777). Sur renvoi, la société a obtenu la décharge car elle avait été privée d'une garantie (CAA Paris 13 juin 2019 n° 18PA01239, 9e ch., Sté Lofta, arrêt définitif) ; cette solution n'est cependant pas toujours transposable à la situation actuelle dès lors que, depuis la loi n° 2013-1117 du 6 décembre 2013 relative à la lutte contre la fraude fiscale et la grande délinquance économique et financière, c'est notamment en cas d'**activité occulte** que l'article L 68 du LPF écarte la nécessité d'une mise en demeure préalable et qu'une telle caractérisation suppose que le contribuable n'ait pas « fait connaître son activité » à un centre de formalités des entreprise et non pas qu'il ne se soit pas simplement « fait connaître » (le contribuable doit donc avoir fait connaître son activité réelle pour bénéficier de la garantie ; n° 17815, Précisions e).

Sur cette question, voir également CE 20 septembre 2017 n° 392231, 9e et 10e ch., Sté Mecatronic (RJF 12/17 n° 1231), confirmant la taxation d'office d'une société américaine qui ne s'était fait connaître ni d'un **centre de formalités** ni du **greffe du tribunal de commerce** sans qu'y fasse obstacle la circonstance que l'administration lui aurait préalablement adressé une mise en demeure de déclarer ses revenus et se serait ensuite abstenue de répondre à sa demande visant à ce que des formulaires de déclaration lui soient adressés.

Voir aussi, à propos d'une société du Liechtenstein qui exerçait une activité occulte en France et qui avait fait l'objet d'une procédure de visite et de saisie sur le fondement de l'article L 16 B du LPF, CE 12 mars 2014 n° 360299, 8e et 3e s.-s., Sté Binsarco International Establishment : RJF 6/14 n° 599 (pas d'erreur de droit commise par la cour administrative d'appel).

Fraude fiscale

17820 Des condamnations pour fraude fiscale peuvent être prononcées lorsque les circonstances le justifient (n° 72665). La jurisprudence fournit notamment les exemples suivants de condamnations pour fraude fiscale au titre d'activités dissimulées en France :
– condamnation pour fraude fiscale et omission d'écritures comptables d'un résident de France et de deux résidents de Roumanie qui avaient sciemment et de concert mis en place, sous couvert d'une société française de façade sans salarié, des relations de **fausse sous-traitance** dans le but de soustraire une société roumaine à ses obligations fiscales au titre d'un établissement stable non déclaré de chantiers de construction ou de réhabilitation d'immeubles (CA Douai 18 novembre 2019 n° 18/02096, 6e ch., ayant fait l'objet d'un pourvoi rejeté par Cass. crim. 19 mai 2021 n° 20-80.945 F-D : RJF 8-9/21 n° 867) ; le gérant de la société française a été condamné à une peine d'emprisonnement ferme de six mois et les deux Roumains à six mois d'emprisonnement avec sursis, pour l'un, et à 1 000 € d'amende, pour l'autre ;
– condamnation à six mois d'emprisonnement avec sursis pour fraude fiscale et omission de passer des écritures du dirigeant de droit d'une société luxembourgeoise spécialisée dans le **conseil financier**, qui, n'ayant pas fait de déclaration en France alors qu'elle y avait un établissement stable et que la société luxembourgeoise n'était qu'une société de façade, a, en l'absence de comptabilité, fait l'objet d'une taxation d'office (Cass. crim. 18 janvier 2017 n° 15-82940) ;
– condamnation à un an d'emprisonnement avec sursis et à 20 000 € d'amende d'une personne physique domiciliée en France qui avait créé une société luxembourgeoise exerçant en réalité son **activité commerciale de transport aérien** de passagers à partir d'un établissement stable situé en France (Cass. crim. 26 octobre 2016 n° 15-82742) ;
– condamnation à un an d'emprisonnement avec sursis et à 25 000 € d'amende d'une personne qui gérait une société **tunisienne** exerçant une activité occulte en France (Cass. crim. 12 novembre 2015 n° 14-82241) ;
– condamnation de deux personnes à un an et dix-huit mois d'emprisonnement avec sursis au titre d'une activité de **négoce automobile** non déclarée en France dans le cadre d'une société artificiellement domiciliée au Luxembourg (Cass. crim. 28 octobre 2015 n° 14-83664) ;
– condamnation à 20 000 € d'amende pour fraude fiscale et à la solidarité du paiement des impôts et pénalités du dirigeant (domicilié apparemment au Luxembourg) d'une société luxembourgeoise qui n'avait pas déposé les déclarations relatives à l'établissement stable en France de cette société (Cass. crim. 20 mai 2015 n° 13-84.223 : JurisData n° 2015-011799).

D'autres exemples sont fournis par les affaires suivantes : 17820 (suite)
– gérante d'une société espagnole, condamnée à deux mois d'emprisonnement avec sursis pour avoir frauduleusement soustrait la société à l'établissement et au paiement de la TVA alors que la société avait exploité en France un établissement stable au domicile de son dirigeant (Cass. crim. 7 novembre 2012 n° 11-87.930 : JurisData n° 2012-028171) ;
– société étrangère qui, exploitant en France un établissement stable, permanent et autonome, générant des profits au titre desquels elle est passible de l'impôt sur les sociétés, a omis de remplir les obligations déclaratives et comptables en résultant (Cass. crim. 10 septembre 2008 n° 07-88.433 (n° 4706 F-D) : RJF 2/09 n° 161) ; cette affaire concernait une société **andorrane** constituée pour la création, le développement et la gestion d'une **équipe cycliste** professionnelle, financée par des firmes horlogères espagnoles et qui exploitait en France un établissement stable ;
– dirigeant en France de l'établissement stable d'une société domiciliée dans les **îles Vierges britanniques** et qui exerçait en France une activité habituelle **d'intermédiation commerciale** (Cass. crim. 16 avril 2008 n° 07-85176) ;
– résident de France, dirigeant de fait d'une société tunisienne qui disposait d'un établissement stable en France (Cass. crim. 12 décembre 2007 n° 06-87605) ;
– **conseil juridique et fiscal** résident de France, devenu avocat, qui avait constitué des sociétés de droit tunisien sous le couvert desquelles il exerçait ses activités en France (Cass. crim. 14 mars 2007 n° 06-85865) ;
– résident de France, dirigeant de fait d'une société de **Gibraltar**, qui se prétendait simple consultant alors qu'il caractérisait un établissement stable en France de la société étrangère (Cass. crim. 14 mai 2003 n° 02-85667, M. D. : Droit fiscal 2003 n° 38, comm. n° 659).

D'une façon générale, les **procédures pénales et fiscales** sont indépendantes ; la Cour de cassation estime que le juge pénal n'est pas tenu de surseoir à statuer dans l'attente d'une décision définitive de la juridiction administrative, en raison de la différence d'objet des poursuites pénales pour fraude fiscale et de l'action exercée devant le juge administratif tendant à fixer l'assiette et l'étendue de l'impôt (en ce sens, notamment, Cass. crim. 14 mai 2003 n° 02-85667, M. D. : Droit fiscal 2003 n° 38, comm. n° 659 ; voir toutefois n° 72667, Précisions f). Ce principe d'indépendance ressort particulièrement d'un arrêt concernant l'existence éventuelle d'un établissement stable en France, qui a condamné un prévenu à deux ans de prison ferme pour délit de fraude fiscale alors même que l'administration fiscale avait renoncé à faire appel du jugement du tribunal administratif de Nice prononçant la décharge de toute imposition (Cass. crim. 13 juin 2012, n° 11-84.092 : Droit fiscal 2012 n° 42, comm. n° 488 ; la peine d'emprisonnement sans sursis résultait de la gravité des infractions, notamment en raison du montant des sommes en cause et de la personnalité de l'auteur, qui apparaissait « avoir érigé la fraude fiscale en mode de fonctionnement généralisé au sein des entreprises qu'il dirige depuis des années »).

Dans le même sens, a été condamnée à dix mois d'emprisonnement avec sursis pour fraude fiscale et omission d'écritures en comptabilité, une personne physique domiciliée en France et considérée comme dirigeante de fait de l'établissement français d'une société britannique **alors même qu'elle avait été déchargée**, en impôt sur le revenu, des cotisations et pénalités fiscales par un arrêt définitif de la cour administrative d'appel de Paris qui avait jugé que la société ne disposait pas, en sa personne, d'un établissement stable en France (Cass. crim. 31 mai 2017, n° 15-82159 ; sur la portée de cet arrêt, voir également n° 72665, Précisions a) ; sur la décision rendue dans cette affaire par le juge fiscal, voir CAA Paris 2 octobre 2013 n° 12PA01844, 2e ch., Stassart : Droit fiscal 2014 n° 3 comm. n° 246 (nos 5400 et 17675).

En sens contraire, voir CE 16 février 2018 n° 395371, Sect. : RJF 5/18 n° 536 (n° 17813), le Conseil d'État considérant qu'une société britannique avait en France un établissement stable alors que le juge pénal l'avait écarté (le Conseil d'État a cependant tiré les conséquences de l'**autorité de la chose jugée au pénal** pour les années qui avaient fait l'objet de la relaxe prononcée au pénal).

Précisions Une **banque étrangère**, prise en la personne du directeur de son bureau de représentation en France, a pu être mise en examen des chefs de fraude fiscale et blanchiment aggravé dès lors qu'elle exerçait une activité bancaire de fait alors qu'elle n'avait ouvert en France qu'un simple **bureau de représentation** ; en l'espèce, le registre du commerce mentionnait que ce directeur était le dirigeant de la banque étrangère et ce dernier avait confirmé, lors de ses auditions en garde à vue, en être le représentant en France (Cass. crim. 24 septembre 2014 n° 14-82.684 (n° 5089 F-PB), Sté Rietumu Banka AS : RJF 1/15 n° 73).

H. Le rescrit « établissement stable »

17830 Les développements qui précèdent auront illustré la difficulté, dans certains cas, de décider si une entreprise étrangère qui exerce une activité en France y dispose ou non d'un établissement stable. C'est pourquoi, afin de renforcer l'attrait de la France, l'article 19 de la loi de finances rectificative pour 2004 a mis en place un mécanisme de rescrit, dispositif de sécurisation des entreprises étrangères qui réalisent des activités en France, en leur permettant de vérifier qu'elles n'ont pas d'établissement stable dans notre pays (ou de base fixe au sens indiqué n° 23650). Cette **garantie**, codifiée aux articles L 80 B, 6° et R* 80 B-9 du LPF, est applicable aux demandes adressées depuis le 1er janvier 2005 (BOI-SJ-RES-10-20-20-50).

Les dispositions spécifiques du 6° de l'article L 80 B du LPF et, par conséquent, les garanties qui y sont attachées, sont réservées aux entreprises qui souhaitent avoir l'assurance qu'elles **ne disposent pas** en France d'un établissement stable. Les demandes des entreprises qui, au contraire, souhaitent savoir si elles disposent en France d'un établissement stable entrent dans le champ d'application des dispositions générales du 1° de l'article L 80 B du LPF et bénéficient des garanties attachées à ce dispositif (BOI préc. nos 40 et 50) ; la distinction est un peu subtile mais elle s'explique par la différence des procédures.

Précisions Le rescrit « établissement stable » n'est pas très utilisé ; selon les informations publiées par l'administration sur le site impots.gouv.fr, il n'y a eu que 17 demandes traitées en 2020 (rapport sur l'activité en matière de rescrit, année 2020, publié en mars 2022).

Conditions

17832 L'octroi de la garantie est subordonné au respect des conditions suivantes :
– le contribuable doit être résident d'un pays lié à la France par une **convention fiscale** ;
– il doit avoir déposé une **demande écrite** par lettre recommandée avec accusé de réception adressée au directeur général des finances publiques (ou déposée contre remise d'un récépissé) ; il n'est pas exigé que la demande soit déposée préalablement à l'opération (BOI-SJ-RES-10-20-20-50 n° 30) ;
– il doit avoir fourni une **description précise et complète** de la situation de fait qui motive sa demande et donné toutes les informations nécessaires pour permettre à l'administration de prendre une décision ;
– il doit s'agir d'un contribuable de **bonne foi**.

Demande du contribuable

17833 La procédure spéciale ne concerne que les entreprises qui demandent **confirmation qu'elles ne disposent pas** d'un **établissement stable** en France (n° 17830). Elles doivent formuler une demande comportant une présentation précise, complète et sincère de la **situation de fait** de l'entité située en France. La demande doit préciser la dénomination sociale, l'adresse à l'étranger ainsi que l'adresse en France où le contribuable a élu domicile pour l'instruction de cette demande (représentant fiscal) et la qualité du signataire (un modèle de demande est disponible au BOI-LETTRE-000130).

Les demandes doivent être adressées à l'administration centrale de la DGFiP, au Service de la sécurité juridique et du contrôle fiscal, sous-direction de la sécurité juridique des professionnels, bureau SJCF-3B, Télédoc 944, 86-92, allée de Bercy 75574 Paris Cedex 12 (Tél. : 01 53 18 00 39 ; télécopie : 01 53 18 95 44), par voie postale, sous pli recommandé avec demande d'avis de réception ou déposées contre décharge.

Lorsque la demande ne contient pas tous les éléments nécessaires à son instruction, l'administration demande au contribuable de produire les **éléments manquants**. La demande d'éléments complémentaires doit être adressée le plus rapidement possible au contribuable, sous pli recommandé avec demande d'avis de réception. Les éléments complémentaires doivent être adressés à l'administration selon les mêmes modalités que la demande initiale, c'est-à-dire par la voie postale en recommandé avec accusé de réception ou par remise directe contre décharge.

Aucun **délai** n'est prévu pour la fourniture des éléments complémentaires, mais l'administration indique que, dans cette situation, le délai de trois mois à l'expiration duquel le silence de l'administration vaut accord tacite (n° 17834) ne court qu'à compter de la réception par le service fiscal de la totalité du dossier (BOI-SJ-RES-10-20-20-50 n° 120).

Délai de réponse

Il résulte de la loi que l'administration dispose d'un délai de réponse de trois mois et qu'à défaut le silence gardé par l'administration à l'issue de ce délai vaut **acceptation tacite** de la demande du contribuable. 17834

Le délai de trois mois commence à courir à compter de la réception de la demande par l'administration ; si la demande est imprécise ou incomplète et ne permet pas à l'administration de se prononcer, le délai au terme duquel, à défaut de réponse expresse, la demande est réputée acceptée ne court qu'à compter de la réception des compléments demandés (BOI-SJ-RES-10-20-20-50 n° 150). Lorsque la demande parvient à un **service incompétent**, ce service doit la transmettre sans délai au service compétent et en informer l'auteur de la demande. Dans ce cas, le délai court à compter de la date de réception par le service compétent.

L'administration précise également que le **délai de trois mois** se calcule de quantième à quantième (BOI préc. n° 180). Il commence à courir le jour de la réception de la demande et expire le jour du dernier mois qui porte le même quantième que le jour de la réception de la demande. Tout délai expire le dernier jour à minuit. Par exemple, lorsqu'une demande a été reçue le 10 mai, le délai de trois mois expire le 10 août à minuit. À défaut de quantième identique, le délai expire le dernier jour du mois. Le délai qui expirerait normalement un samedi, un dimanche ou un jour férié ou chômé, est prorogé jusqu'au premier jour ouvrable suivant.

Précisions Selon l'administration, la saisine par un contribuable (ou son représentant) de **plusieurs services**, simultanément ou successivement, sans que chacun en soit expressément informé, pourra, en règle générale, être considérée comme abusive, en particulier, s'il est relevé, par exemple, l'absence manifeste de tout fondement à agir ainsi ou le caractère malintentionné d'une telle démarche visant notamment à rechercher la multiplication des prises de position de l'administration sur une même demande. Dans une telle situation, la bonne foi du contribuable, au sens des articles L 80 A et L 80 B du LPF, ne pourrait être retenue ; sa demande ne pourrait alors recevoir une suite favorable et les réponses obtenues ne seraient pas opposables (BOI préc. n° 170).

Cas où l'administration répond dans le délai

Si l'administration répond dans le délai, trois situations peuvent se présenter : 17835
– si la réponse est **négative**, c'est-à-dire si l'administration ne partage pas le point de vue de l'entreprise, celle-ci peut décider soit de passer outre l'avis de l'administration, s'exposant éventuellement à des rectifications en cas de contrôle fiscal, soit de demander un second examen dans les conditions ordinaires, prévues à l'article L 80 CB du LPF ;
– si la réponse de l'administration est **positive**, c'est-à-dire si elle confirme l'absence d'établissement stable, cette réponse vaut prise de position formelle et l'administration est engagée par sa réponse dans les conditions prévues à l'article L 80 A et au 1° de l'article L 80 B et ne peut ensuite exercer son droit de reprise ;
– si la réponse est positive mais comporte des **conditions**, l'administration n'est engagée que dans la mesure où l'entreprise aura satisfait les conditions qui y sont énoncées.

Cas où l'administration ne répond pas

Si l'administration n'a pas répondu dans le délai, elle est réputée avoir pris une position **implicite favorable** et opposable. Le contribuable ne peut cependant opposer la réponse tacite de l'administration que si l'ensemble des conditions requises en matière de garantie contre les changements de doctrine est réuni et notamment si la situation réelle correspond à la situation décrite (BOI-SJ-RES-10-20-20-50 n° 270). 17840

Portée

La garantie offerte pourra opportunément être utilisée dans les cas douteux, par exemple s'il s'agit de décider si un **agent**, ou une **filiale**, constitue ou non un établissement stable (n° 17695) ou encore si les activités conduites dans une installation matérielle peuvent ou non être considérées comme de nature **préparatoire** ou auxiliaire (par exemple, si cette installation a, ou non, comme seule finalité de stocker et de livrer des marchandises appartenant à l'entreprise ; nos 17540 s.), ou, enfin, en cas d'activités liées au **commerce électronique** (nos 17780 s.) ou d'activités **financières**. 17845

Bien entendu, la réponse donnée par l'administration présente un caractère relatif ; la garantie **ne peut s'appliquer qu'à l'entreprise** demanderesse et la réponse ne vaut que pour cette dernière (un contribuable ne saurait invoquer une réponse faite à un autre ; BOI-SJ-RES-10-20-20-50 n° 280).

SECTION 2

L'imposition des établissements stables

17900 D'une manière générale, les conventions fiscales prévoient qu'une entreprise d'un État qui exerce une activité dans l'autre État n'est imposable dans cet État que si l'activité dans cet État est exercée par l'intermédiaire d'un établissement stable.

Lorsqu'une entreprise exerce une activité dans un État qui n'est pas celui de sa résidence, il convient donc d'examiner s'il existe une convention fiscale. Dans la négative, le droit interne de chacun des États trouve à s'appliquer dans son intégralité, ce qui peut naturellement conduire à des doubles impositions. Dans l'affirmative, il convient de se demander si la convention fiscale fait référence à un critère d'établissement stable pour l'imposition des bénéfices des entreprises, ce qui est le cas général.

17903 En présence d'une convention fiscale conforme au modèle de l'OCDE, deux situations peuvent se présenter.

– **L'entreprise n'exerce pas son activité par l'intermédiaire d'un établissement stable** : l'État de l'exercice des activités en cause ne peut imposer les bénéfices de l'entreprise ; celle-ci est exclusivement imposable dans l'État de la résidence, conformément au droit interne de cet État. Du côté français, comme il est indiqué n°s 4600 s., « les bénéfices passibles de l'impôt sur les sociétés sont déterminés (...) en tenant compte uniquement des bénéfices réalisés dans les entreprises exploitées en France, de ceux mentionnés aux a, e, e bis et e ter du I de l'article 164 B, ainsi que de ceux dont l'imposition est attribuée à la France par une convention internationale relative aux doubles impositions » (CGI art. 209, I). Quant à l'impôt sur le revenu, il atteint les résidents de France sur une base mondiale (CGI art. 4 A). Les bénéfices des entreprises, qu'elles soient sous forme individuelle ou sociale, sont donc imposables en France, en l'absence d'établissement stable à l'étranger.

– **L'entreprise exerce son activité par l'intermédiaire d'un établissement stable** : l'État de situation de cet établissement est en droit d'imposer les bénéfices. L'État de résidence doit éliminer la double imposition soit par exonération (il exonère les bénéfices imposables dans l'autre État), soit par imputation (il impose les bénéfices, mais il accorde un crédit d'impôt au titre de l'impôt payé dans l'autre État). Dans tous les cas, les États doivent respecter certains principes conventionnels quant à la détermination des bénéfices imposables et aux modalités d'imposition.

Précisions **a.** À notre avis, lorsque les conventions fiscales mentionnent les « bénéfices » il convient de considérer qu'elles visent également les « **pertes** » ; cette manière de voir peut s'autoriser de la « logique de symétrie » retenue par le Conseil d'État à propos de la déduction de provisions pour dépréciation (CE 12 juin 2013 n° 351702, 3e et 8e s.-s., Sté BNP Paribas : RJF 10/13 n° 911 ; n° 10937) et elle est conforme aux recommandations du comité des affaires fiscales de l'OCDE. En ce sens, le rapport de l'OCDE du 22 juillet 2010 sur l'attribution de bénéfices aux établissements stables indique que « selon l'approche autorisée de l'OCDE, les mêmes principes doivent être appliqués pour attribuer des pertes et des bénéfices. Les références à l'attribution des bénéfices devraient donc être considérées comme également applicables à l'imputation des pertes » (Partie I, Introduction, n° 3).

b. Sur certaines **obligations déclaratives** des entreprises étrangères qui n'ont pas d'établissement en France mais qui emploient un ou plusieurs salariés sur le territoire français, voir n° 4000, Précisions b.

I. La détermination des bénéfices imposables

18200 Les bénéfices imposables des établissements stables comprennent les revenus de l'exploitation proprement dite, et les revenus rattachables à l'activité de l'établissement stable.

Ces revenus s'entendent déduction faite des frais (au moins si la convention fiscale suit le modèle de convention fiscale de l'OCDE).

A. Détermination du revenu d'exploitation

Principe directeur

Dans la généralité des cas, les conventions fiscales reprennent les dispositions du modèle de convention fiscale de l'OCDE dans sa version antérieure à la révision de juillet 2010, selon lesquelles : « Lorsqu'une entreprise d'un État contractant exerce son activité dans l'autre État contractant par l'intermédiaire d'un établissement stable qui y est situé, il est imputé, dans chaque État contractant, à cet établissement stable, les bénéfices qu'il aurait pu réaliser s'il avait constitué une entreprise distincte exerçant des activités identiques ou analogues et traitant en toute indépendance avec l'entreprise dont il constitue un établissement stable » (article 7 § 2 du modèle de convention fiscale de l'OCDE avant la révision de juillet 2010). Ce principe appelle les commentaires suivants (sur les modifications apportées au modèle de l'OCDE en 2010, voir nos 18442 s.). **18350**

Précisions Pour un exemple de convention fiscale qui reprend la formulation du modèle de convention fiscale de l'OCDE dans sa version de juillet 2010 (no 18442), voir la convention fiscale du 20 mars 2018 entre la France et le **Luxembourg**.

1. Notion de « bénéfices »

Les conventions modèles (OCDE et ONU) **ne définissent pas** la notion de « bénéfices d'une entreprise ». Elles indiquent seulement que lorsque les bénéfices comprennent des éléments de revenus traités séparément dans d'autres articles de la convention, ce sont les dispositions de ces articles qui s'appliquent (article 7 § 7 du modèle de convention fiscale de l'OCDE avant la révision de juillet 2010 ; aujourd'hui article 7 § 4). **18420**

En l'absence de précisions

Lorsqu'elle n'est pas précisée, la notion de bénéfices recouvre, en principe, **tous les revenus tirés de l'exploitation** d'une entreprise. Elle doit donc, dans le silence de la convention, être interprétée au sens large. Par exemple, un État ne pourrait prétendre appliquer la définition de son droit interne si celle-ci comporte des restrictions non prévues par la convention (voir cependant, no 10645, l'approche retenue par le Conseil d'État dans l'affaire Schneider Electric). **18423**

Les conventions fiscales conclues par la France font parfois référence non pas à la notion de bénéfices des entreprises, mais à celle de **bénéfices industriels et commerciaux**. Dans ce cas, il convient de faire référence au droit interne des États pour apprécier ce que recouvre cette notion (principe du renvoi au droit interne en ce qui concerne les expressions non définies par la convention, sauf si le contexte exige une interprétation différente ; no 10232). Du côté français, cette expression recouvre notamment les bénéfices réalisés par les entreprises commerciales, industrielles ou artisanales, ainsi que ceux réalisés par les concessionnaires de mines, explorateurs de mines de pétrole et de gaz combustible, et ceux qui sont réalisés par des personnes qui achètent à leur nom en vue de les revendre des immeubles, fonds de commerce, etc. (CGI art. 34 et 35).

Précisions **a.** Tout en ne fournissant aucune définition, certaines conventions fiscales détaillent plus précisément la notion de bénéfices, visant, par exemple, les « revenus des **entreprises** industrielles, minières, commerciales ou financières » (convention franco-ivoirienne du 6 avril 1966 modifiée, par exemple).

b. Le comité des affaires fiscales de l'OCDE estime que les revenus générés par **l'octroi ou l'échange de permis et de crédits d'émission** sont généralement couverts par l'article 7 (bénéfices des entreprises) et par l'article 13 (gains en capital) du modèle de convention fiscale ; parfois, cependant, il peut s'agir de revenus entrants dans le champ des stipulations relatives, respectivement, aux revenus immobiliers, aux revenus des entreprises de navigation maritime, intérieure et aérienne, ou aux « autres revenus » (Commentaires C (7) no 75.1).

En présence d'une définition

La notion de bénéfices est parfois définie ou précisée par les conventions fiscales. Tel était le cas de l'ancienne convention franco-américaine du 28 juillet 1967 qui détaillait la notion de « bénéfices industriels et commerciaux » (activité industrielle, commerciale, agricole, minière, pêche, exploitation de navires ou aéronefs, fourniture de services **18427** personnels, location de biens immobiliers, activités d'assurances, redevances afférentes aux activités cinématographiques, etc.). Il s'agit cependant d'une rareté car les modèles de conventions ne prévoient pas de définition.

Mais d'une manière générale, même lorsque l'expression n'est pas définie positivement, les conventions la **précisent négativement**, c'est-à-dire qu'elles excluent des revenus qui ne doivent pas être traités comme des bénéfices des entreprises. Il en va ainsi des revenus immobiliers et des revenus « passifs » (dividendes, intérêts, redevances), qui ressortissent aux dispositions des articles correspondants de la convention fiscale.

Cette précision résulte d'une disposition qui figure normalement à la fin de l'article sur les bénéfices des entreprises (actuel article 7 § 4, anciennement article 7 § 7 du modèle de convention fiscale de l'OCDE) selon laquelle « lorsque les bénéfices comprennent des éléments de revenus traités séparément dans d'autres articles de la présente Convention, les dispositions de ces articles ne sont pas affectées par les dispositions du présent article. » Bien entendu, cela ne signifie pas que ces revenus ne sont jamais imposables en tant que revenus d'établissements stables (n° 18580).

Jurisprudence

18435 Le Conseil d'État retient, en présence d'une convention fiscale, une acception large de la notion de **bénéfices des entreprises**, estimant (sous réserve du droit interne) que tous les revenus d'une entreprise entrent, par principe, dans la catégorie des **BIC** et ressortissent donc aux règles relatives à l'établissement stable, sauf si la convention en dispose autrement mais à condition alors qu'elle soit suffisamment précise pour que les catégories du droit interne puissent être écartées (voir, par exemple : la décision Raffaella rendue à propos d'une société italienne ayant un immeuble en France, citée n° 5524, Précisions ; les décisions Sofcar et Golay Buchel, à propos de la notion d'intérêt, n°s 62015 s. ; la décision Schneider Electric, n° 10645). Mais il a aussi été jugé que lorsqu'une société étrangère est imposable en France en raison seulement de la clause conventionnelle relative aux revenus immobiliers, la notion d'établissement stable est inopérante (n° 66945).

2. Le calcul des bénéfices

Principes

18440 Le calcul des bénéfices de l'établissement stable repose sur le principe selon lequel l'établissement doit être traité comme s'il constituait une **entreprise distincte** du siège (article 7 § 2 du modèle de convention fiscale de l'OCDE). Ce principe équivaut à reconnaître une sorte de « **personnalité fiscale** » à l'établissement qui est, par ailleurs, dépourvu de la personnalité juridique. Cette solution conventionnelle rejoint également celle du droit interne de nombreux États, dont la France.

Les contours exacts de la notion d'entreprise distincte sont cependant assez difficiles à déterminer comme en témoignent les évolutions constatées dans les réflexions du comité des affaires fiscales de l'OCDE.

Précisions En France, les décisions Télécoise (n° 5955) et Interhome (n° 17705) du Conseil d'État ont nettement rapproché la situation des filiales et celle des établissements stables. Pour d'autres exemples, voir n° 76735 à propos de la question du « capital » des succursales et, n° 76455, la décision Sodirep dans le domaine des prix de transfert.

a. Approche actuelle de l'OCDE

Rédaction actuelle de l'article 7 du modèle OCDE

18442 Tirant les conséquences des analyses conduites depuis 2001 sur l'attribution de profits aux établissements stables, le comité des affaires fiscales de l'OCDE a proposé, le 22 juillet 2010, une nouvelle version de l'article 7 du modèle de convention fiscale, relatif aux bénéfices des entreprises ; des commentaires nouveaux ont également été introduits, d'abord dans la version de juillet 2008 des commentaires sur le modèle antérieur de convention fiscale (commentaires qui étaient considérés comme cohérents avec la précédente version de l'article 7) puis dans la version de juillet 2010. À cette date, le comité des affaires fiscales de l'OCDE a également publié une nouvelle version du rapport de

2008 sur l'attribution de profits aux établissements stables, qui n'a pas modifié les conclusions précédentes mais corrigé certaines références devenues obsolètes et aligné les commentaires sur la nouvelle version de l'article 7 du modèle et la version révisée en 2010 des Principes directeurs en matière de prix de transfert (n° 75803).

La position actuelle de l'OCDE, telle qu'elle résulte du rapport de 2010 sur l'attribution de profits aux établissements stables et de la version publiée en juillet 2010 du modèle de convention fiscale, tend à donner toute sa portée à la **personnalité fiscale** des établissements stables, en les considérant comme des entreprises fonctionnellement distinctes du siège. Cette manière de voir est qualifiée « d'approche autorisée ». Elle s'oppose à celle (parfois appelée « approche de l'activité commerciale pertinente ») qui consisterait à considérer que l'entreprise constitue un tout et qu'il ne s'agirait que de répartir les résultats globaux entre le siège et l'établissement stable selon une sorte de méthode de « profit split » (que l'OCDE appelle aujourd'hui « méthode transactionnelle de partage des bénéfices » ; n° 75972).

La différence ressort, par exemple, **en cas de pertes** ; le concept d'entreprise fonctionnellement distincte peut conduire à attribuer des résultats à l'établissement stable, même si l'entreprise dans son ensemble est en situation déficitaire, alors que l'autre approche aurait consisté à considérer que l'établissement stable n'a pas à réaliser de profits si, globalement, l'entreprise est en perte (Commentaires OCDE, C (7) n° 17).

En synthèse, la rédaction actuelle de l'article 7 du modèle de convention fiscale de l'OCDE repose sur les principes directeurs suivants (l'article 7 a été entièrement réécrit en juillet 2010) :
– affirmation du principe selon lequel l'établissement stable doit réaliser les profits qu'il devrait réaliser s'il était une entreprise indépendante, en particulier dans ses relations avec les autres parties de l'entreprise, compte tenu de ses **fonctions**, des **actifs** utilisés et des **risques** assumés par l'entreprise au travers de l'établissement stable et des autres parties de l'entreprise (nouvelle rédaction du paragraphe 2) ; pour l'essentiel, cette affirmation nouvelle devrait surtout avoir des conséquences sur la façon d'aborder l'établissement **dans ses rapports avec le siège** et les **autres établissements stables** de l'entreprise ;
– suppression corrélative des anciens paragraphes 3, 4, 5 et 6 de l'article 7, qui n'avaient plus lieu d'être maintenus compte tenu de la portée du principe posé précédemment ;
– création d'un nouveau paragraphe 3 posant le principe selon lequel le montant de « **capitaux libres** » (« free capital ») de l'établissement stable, s'il est déterminé dans l'État de situation de l'établissement stable pour calculer le montant des intérêts déductibles au moyen d'une méthode qui consiste à attribuer des capitaux à l'établissement stable, doit être accepté dans l'État du siège ; cette acceptation suppose toutefois que la méthode soit de **pleine concurrence** d'après les deux États et que la méthode utilisée dans l'État du siège soit différente et susceptible d'entraîner des doubles impositions ; par « capitaux libres », l'OCDE entend les capitaux qui n'ouvrent pas droit à des intérêts déductibles dans l'État de situation de l'établissement stable (l'attribution de capitaux libres aux établissements stables est considérée comme nécessaire dans tous les cas et pas seulement, par exemple, en ce qui concerne les banques et institutions financières) ; sur ce point, voir cependant n° 76735 l'approche de la jurisprudence française ;
– maintien du principe selon lequel si les profits d'un établissement stables incluent des revenus traités séparément dans les autres articles de la convention fiscale, les dispositions de ces derniers articles ne sont pas affectées par celles qui régissent l'imposition des établissements stables.

Précisions L'OCDE a publié, le 22 mars 2018, un rapport complémentaire intitulé « Instructions supplémentaires sur la question de l'attribution de bénéfices aux établissements stables (Action 7 du Plan d'action anti-Beps) ».

Portée de la notion d'entreprise « fonctionnellement distincte »

L'approche actuelle du comité des affaires fiscales de l'OCDE consiste, comme en matière de prix de transfert, à partir d'abord d'une analyse fonctionnelle et factuelle en examinant 18443
les « **fonctions humaines essentielles** » (« significant people functions »), qui sont réparties entre l'établissement stable et le siège (ou entre un établissement stable et d'autres établissements stables de la même entreprise). L'OCDE a, un moment, considéré plutôt,

ou également, les « fonctions essentielles de prise de risque » (« Key Entrepreneurial risk-taking functions », ou KERT) mais ce concept est aujourd'hui réservé aux seules activités bancaires (sans que l'on perçoive bien pour quelle raison un tel concept n'aurait de portée que pour ces seules activités).

L'OCDE estime qu'il convient ensuite d'attribuer à l'établissement des **actifs** et des **risques**, y compris dans ses relations avec le siège, comme s'il s'agissait d'une entité séparée d'un point de vue juridique. Parmi les attributions auxquelles il est nécessaire de procéder figurent notamment celles des **éléments incorporels** et des capitaux propres.

Ces idées se sont traduites par l'émergence du concept d'entité fonctionnellement distincte qui explique la nouvelle rédaction du paragraphe 2 de l'article 7 ; celle-ci contient désormais une référence aux « **opérations internes** » qui peuvent avoir lieu entre un établissement stable et les autres parties de l'entreprise (Commentaires OCDE, C (7) n° 15). C'est aujourd'hui le texte même du modèle de convention qui stipule que pour déterminer les bénéfices attribuables à un établissement stable, il faut tenir compte « des **fonctions** exercées, des **actifs** utilisés et des **risques** assumés par l'entreprise par l'intermédiaire de l'établissement stable et des autres parties de l'entreprise ». En substance, cette approche renvoie à l'analyse fonctionnelle exigée en matière de prix de transfert (n° 75995).

Il ressortait des versions antérieures des commentaires de l'OCDE que les principes applicables à la rémunération des **éléments incorporels** au sein des groupes (par exemple, versement de redevances ou accords de partage des coûts) n'étaient pas applicables dans les relations siège/succursale. Les commentaires issus de la révision de 2010 suggèrent au contraire qu'il y lieu de considérer comme possible le versement d'intérêts ou de redevances internes. Ainsi, s'il s'avère, compte tenu de l'analyse fonctionnelle, qu'un établissement stable est « **propriétaire économique** » d'un bien incorporel, il convient, selon l'OCDE, de lui attribuer une rémunération comparable à celle d'une entreprise indépendante exerçant une fonction similaire, au moyen d'une redevance interne (cela étant, à certains endroits, l'OCDE paraît cantonner la notion de propriété économique aux seuls éléments corporels).

L'OCDE ne pousse pas la fiction jusqu'à considérer qu'une **retenue à la source** pourrait être exigible en présence de revenus « notionnels » déterminés aux seules fins de l'imposition des établissements stables. Les commentaires indiquent en ce sens, à propos des intérêts, que « le fait qu'en vertu du paragraphe 2, des charges d'intérêts notionnels puissent être déduites pour déterminer les bénéfices attribuables à un établissement stable ne signifie pas que des intérêts aient été payés à l'entreprise dont cet établissement fait partie aux fins des paragraphes 1 et 2 de l'article 11. La fiction de l'entreprise distincte et indépendante ne s'étend pas à l'article 11 (...) » (Commentaires OCDE, C (7) n° 28).

Précisions D'une certaine façon, les commentaires de l'OCDE posent en principe que les risques et les actifs dépendent des fonctions, et que l'allocation des capitaux propres dépend elle-même des risques ; comme les risques suivent les fonctions, il peut y avoir **transfert de risques** à l'intérieur de l'entreprise si les fonctions associées sont transférées et si une documentation interne à l'entreprise met en évidence cette intention de transférer ces risques.

Détermination des bénéfices

18445 L'essentiel des commentaires de l'OCDE, publiés à l'occasion des révisions du modèle de juillet 2008 et juillet 2010 tient à la façon dont il convient de tirer les conséquences des relations que l'établissement stable peut avoir avec le reste de l'entreprise.

À ce propos, l'OCDE recommande, pour déterminer les bénéfices imputables à un établissement stable, une **approche en deux étapes**.

18447 **Première étape :** attribution à l'établissement stable de toutes les caractéristiques pertinentes que doit avoir une entreprise distincte et séparée du siège et qui exerce les mêmes activités dans les mêmes conditions. Cela suppose une démarche en deux temps :
– **Détermination du type d'établissement** : l'OCDE renvoie à une analyse factuelle et fonctionnelle (n° 75995), qui consiste essentiellement à examiner les **fonctions** essentielles des personnels employés par l'établissement, ainsi que celles des personnels qui peuvent travailler dans d'autres parties de l'entreprise dans le cadre de la réalisation des fins poursuivies par l'établissement (mais le profit attribuable à l'établissement est toujours limité à l'activité qu'il exerce effectivement). De ces fonctions se déduisent les **risques** assumés ;

l'OCDE considère que, si les risques sont, bien sûr, ceux de l'entreprise en général (il n'est pas possible de répartir contractuellement les risques au sein d'une même entreprise), il y a lieu d'attribuer à l'établissement les risques liés à l'activité des personnes qu'il emploie. Ensuite, de l'allocation des risques se déduit l'allocation des **capitaux propres** et des **actifs**.

– **Examen des relations que l'établissement peut avoir avec le reste de l'entreprise** : il peut s'agir de relations avec le siège ou avec d'autres établissements stables de la même entreprise ; s'il en existe, il convient de décider s'il faut ou non les reconnaître à des fins fiscales. Selon les cas et, en pratique, selon la rédaction des conventions fiscales (c'est-à-dire selon qu'elles reprennent ou non les principes posés en juillet 2010) et sous réserve de la position que prendra la jurisprudence, il y aura lieu ou non de tirer des conséquences fiscales des relations internes du type prêt/emprunt, licences d'éléments incorporels ou octroi de « garanties » internes.

Précisions L'OCDE indique (Commentaires OCDE, C (7) n° 21) que « dans le cadre de la première étape, il est procédé à une analyse **fonctionnelle et factuelle** qui aboutira à :
– l'attribution à l'établissement stable, le cas échéant, des droits et obligations résultant des transactions effectuées entre l'entreprise dont il fait partie et des entreprises distinctes ;
– l'identification des fonctions humaines importantes pertinentes à l'attribution de la propriété économique d'actifs, et l'attribution de la propriété économique d'actifs à l'établissement stable ;
– l'identification de fonctions humaines importantes pertinentes à la prise de risques et l'attribution de risques à l'établissement stable ;
– l'identification d'autres fonctions de l'établissement stable ;
– la prise en compte et la détermination de la nature des opérations internes entre l'établissement stable et les autres parties de la même entreprise qui peuvent être dûment prises en compte après avoir satisfait au critère du seuil mentionné au paragraphe 26 [paragraphe indiquant notamment qu'il n'est généralement pas prévu d'imposer des obligations en matière de documentation pour les opérations internes qui soient plus lourdes que celles qui s'appliquent aux transactions intervenues entre entreprises associées] ; et
– l'attribution de capital sur la base des actifs et des risques attribués à l'établissement stable. »

Deuxième étape : détermination de la **rémunération** de **pleine concurrence** à attribuer à l'établissement stable, dans le cadre des relations internes précédemment dégagées. L'idée générale est d'appliquer par analogie les principes directeurs en matière de prix de transfert (nos 75950 s.), en analysant les comparables et en appliquant des méthodes identiques à celles qui sont utilisées en matière de prix de transfert au sein des groupes de sociétés (Commentaires OCDE, C (7) n° 22). **18451**

Risques de double imposition

Afin de réduire le risque que l'approche désormais proposée crée des doubles impositions, le paragraphe 2 de l'article 7 du modèle de l'OCDE, dans sa version issue de la révision de juillet 2010, précise que le principe posé s'applique « dans chaque État contractant » et y compris pour l'application de l'article 23, relatif aux méthodes d'élimination des doubles impositions ; le comité des affaires fiscales de l'OCDE a souhaité ainsi souligner que les principes posés concernent non seulement l'État de situation de l'établissement stable mais aussi **l'autre État concerné**, ce qui devrait être de nature à réduire les sources de conflit. **18455**

Comme des conflits peuvent néanmoins survenir, le paragraphe 3 de l'article 7 prévoit la nécessité d'éliminer la double imposition selon un mécanisme voisin de celui proposé par l'article 9 relatif aux entreprises associées (n° 74680) ; lorsque le contribuable n'a pas déterminé les bénéfices attribuables à un établissement stable conformément au paragraphe 2 et que l'un des États **procède à un ajustement**, l'autre État, dès lors qu'il existe effectivement une double imposition et que l'ajustement effectué par le premier État est conforme au paragraphe 2, doit procéder à un ajustement corrélatif de l'impôt payable dans ce deuxième État sur les bénéfices qui sont imposés dans les deux États.

Portée

L'approche actuelle de l'OCDE est évidemment susceptible d'influencer les pratiques des administrations fiscales ; il faut toutefois compter avec les particularités nationales et le contrôle du juge de l'impôt, qui, au moins en France, ne retiendra les recommandations de l'OCDE que dans la mesure où elles seront considérées comme raisonnablement **18457** conformes à la jurisprudence. Il est cependant probable que, comme la notion d'établissement stable est **purement conventionnelle** (le concept n'existe pas en droit interne), le Conseil d'État aura tendance à y être plus sensible qu'en d'autres domaines.

La situation sera plus nettement modifiée à mesure que l'article 7 proposé par la convention modèle dans sa rédaction actuelle, issue de la révision de juillet 2010 (nº 18442) sera effectivement repris dans les conventions fiscales signées par la France ; mais, compte tenu des délais nécessaires à la négociation des conventions fiscales ou des avenants à ces conventions, ce ne sera pas, en toute hypothèse, avant de nombreuses années, à supposer, bien entendu, que les deux États partagent la même approche.

On ne peut que constater sur ce point que, bien que la France n'ait pas formulé d'observations ni de réserves sur la nouvelle version de l'article 7 du modèle de convention fiscale de l'OCDE, la plupart des conventions fiscales récentes **s'en tiennent à la formulation antérieure** (par exemple, conventions franco-singapourienne du 15 janvier 2015, franco-andorrane du 2 avril 2013 et franco-chinoise du 26 novembre 2013 ; quant à l'avenant franco-allemand du 31 mars 2015, il n'a pas modifié la règle antérieure, alors pourtant qu'il aurait pu être l'occasion d'une modification dans le sens des nouvelles propositions du comité des affaires fiscales de l'OCDE). Dans une fiche relative aux prix de transfert répondant à un questionnaire de l'OCDE (nº 75803, Précisions b), la France a d'ailleurs indiqué qu'elle ne suivait pas l'approche autorisée pour l'attribution de profits aux établissements stables mais qu'elle l'avait retenue pour résoudre des cas de double imposition concernant l'allocation de capital pour les banques. Un contre-exemple est cependant fourni par la convention franco-luxembourgeoise du 20 mars 2018, qui est la seule convention fiscale qui reprenne le modèle de l'OCDE dans sa rédaction actuelle.

Précisions Les commentaires de l'OCDE, dans leur version de juillet 2010, continuent d'inclure les commentaires de la **version précédente de l'article 7** ; ils précisent que cette « version antérieure de l'article et de ses Commentaires est reproduite à titre de référence historique parce qu'elle continuera d'être pertinente pour l'application et l'interprétation des conventions bilatérales où l'on retrouve la version antérieure de l'article ». L'OCDE rompt ici avec sa traditionnelle interprétation ambulatoire (nº 10595) ; cela étant, la version antérieure continuera nécessairement d'être utilisée par les États qui ont émis une réserve sur ce point (Autriche, Chili, Grèce, Mexique, Slovaquie et Turquie).

Comparaison avec le modèle ONU

18458 Le modèle de convention fiscale de l'ONU (nº 1407) ne reprend pas les normes proposées par l'OCDE en 2010 et désormais contenues dans l'article 7 révisé et les commentaires associés ; le comité d'experts chargé de la révision du modèle a, en effet, estimé que cette nouvelle approche était trop compliquée et qu'elle pouvait réduire de façon inappropriée les droits d'imposer de l'État de la source. De surcroît, elle est considérée comme contradictoire avec la règle posée par le paragraphe 3 de l'article 7 du modèle ONU qui interdit en principe la déduction de sommes « payées » par un établissement stable à son siège, sauf s'il s'agit de rembourser des dépenses réelles (Commentaires ONU sur l'article 7, « business profits, general considerations », § 1).

b. Si l'établissement tient une comptabilité distincte

18460 En pratique, chaque établissement stable doit tenir sa propre comptabilité, en particulier pour des raisons d'organisation interne à l'entreprise, et de gestion, car seule une comptabilité précise permet de déterminer exactement la rentabilité d'un établissement (voir également nº 18905).

Dans cette situation, la détermination du bénéfice doit être faite **à partir de la comptabilité**, quitte à opérer ensuite les ajustements nécessaires pour passer du résultat comptable au résultat fiscal. Mais il est toujours nécessaire de partir de **données réelles** (Commentaires OCDE, ancienne version, C (7) nº 16).

Dans le passé, le modèle de convention fiscale de l'OCDE indiquait que les bénéfices à attribuer à l'établissement stable devaient être déterminés chaque année selon la même méthode, à moins qu'il n'existe des motifs valables et suffisants de procéder autrement. Cette précision a été supprimée lors de la révision 2010, au motif qu'elle était superfétatoire compte tenu de l'« approche autorisée » désormais recommandée par l'OCDE (Commentaires OCDE, C (7) nº 42 ; nº 18442).

La portée de ce principe doit cependant être tempérée par les considérations suivantes : 18465
– s'il existe une clause de **non-discrimination** « classique » dans la convention fiscale, la méthode de calcul des bénéfices doit être identique à celle qui est applicable en droit interne aux entreprises nationales exerçant la même activité (n° 81270) ;
– les bénéfices imputables à l'établissement stable sont ceux qu'il aurait pu réaliser si, au lieu de traiter avec le siège, il avait traité avec une entreprise entièrement distincte, aux conditions et aux prix du marché. Les règles applicables en matière de **prix de transfert** concernent aussi bien les filiales que les établissements stables (nos 75750 s.). Il peut donc être procédé à des ajustements si des marchandises ont été « facturées » par le siège à l'établissement à des prix qui ne sont pas conformes à ceux du marché, générant ainsi un transfert de bénéfices.

En France, les bénéfices d'un établissement stable sont déterminés par référence au bénéfice net, calculé d'après les résultats d'ensemble des opérations de toute nature effectuées par les entreprises, y compris les cessions d'éléments d'actif. Le bénéfice net est ainsi déterminé par la différence entre les valeurs de l'actif net à la clôture et à l'ouverture de l'exercice (CGI art. 38). 18470

Lorsqu'une entreprise étrangère a un établissement en France, elle est donc tenue (sauf circonstances exceptionnelles) de **présenter une comptabilité**, un bilan et une déclaration de résultat (n° 5590 et n° 18905).

Précisions Dans le cadre de l'**Union européenne**, cette exigence, d'ordre essentiellement pratique, ne saurait aller trop loin. La Cour de justice a ainsi jugé que le report de pertes antérieures sur les bénéfices d'une succursale ne peut être subordonné à la condition que le contribuable ait tenu et conservé, dans l'État de la succursale, une comptabilité conforme aux règles locales. Mais il doit tout de même en démontrer l'existence de façon claire et précise (CJCE 15 mai 1997 aff. 250/95, Plén., Futura Participations SA et Singer : RJF 7/97 n° 757).

c. Si l'établissement ne tient pas de comptabilité distincte

Cette situation ne se rencontre que dans des **cas exceptionnels** lorsque les conditions de fonctionnement de l'entreprise exigent d'avoir recours à une **méthode forfaitaire**. 18480

Une telle méthode n'est pas mentionnée par toutes les conventions fiscales. Lorsqu'elle est prévue, son application est normalement réservée aux situations dans lesquelles la méthode de la comptabilité distincte s'avère difficile à mettre en œuvre, ou bien si l'usage, dans un État, est de recourir à des méthodes forfaitaires.

Actuellement, le modèle de convention proposé par l'ONU prévoit la possibilité de répartir les bénéfices totaux de l'entreprise selon la méthode de répartition en usage, mais en indiquant que, dans ce cas, la méthode de répartition adoptée doit être conforme aux principes généraux sur l'imposition des établissements stables (article 7 § 4). Cette rédaction était la reprise de celle proposée par le comité des affaires fiscales de l'OCDE mais cette dernière a disparu dans la version 2010 du modèle de convention fiscale au motif qu'elle ne visait que des situations exceptionnelles et qu'il était difficile de vérifier que, dans ce cas, le principe de pleine concurrence était bien respecté (Commentaires OCDE, C (7) n° 41).

En France, deux méthodes sont parfois utilisées, mais seulement dans des cas exceptionnels (nos 5805 et 5810) : 18485
– **répartition proportionnelle**, par application d'un coefficient à des résultats globaux ou à certains postes comptables (par exemple le bénéfice brut réalisé, le capital investi, les salaires, les achats…). En pratique, on se réfère, dans ces situations, au rapport entre les chiffres d'affaires ;
– **répartition par comparaison**, en comparant l'établissement à une entreprise distincte et similaire, fonctionnant dans les mêmes conditions et participant au même processus de production. Cette solution est retenue, par exemple, pour les **bureaux d'achat** (en l'absence de convention fiscale) ; dans le cas d'une entreprise ayant un bureau d'achat en France destiné à approvisionner un établissement à l'étranger, on peut ainsi calculer les bénéfices en faisant la différence entre les commissions que l'entreprise aurait eu à verser à des commissionnaires pour l'exécution des opérations confiées au bureau d'achat et les frais effectivement supportés par celui-ci.

Précisions a. Les conventions fiscales excluent en général les **bureaux d'achat** de la catégorie des établissements stables (n° 17565). Pour éviter toute ambiguïté, elles précisent également, le plus souvent, qu'aucun bénéfice n'est imputé à un établissement stable du fait qu'il a simplement acheté des marchandises pour l'entreprise (article 7 § 5 de l'ancienne version du modèle de convention fiscale de l'OCDE).

b. L'application des méthodes forfaitaires ne dispense pas de la **production de comptes** (n° 18905).

c. La **convention franco-chinoise** du 26 novembre 2013 contient une précision inhabituelle au point 1 c) du protocole annexé ; il est indiqué que « dans les cas où l'établissement stable ne parvient pas à fournir un compte des revenus et dépenses fiable, l'État contractant où l'établissement stable est situé peut évaluer les bénéfices de cet établissement stable en vertu de sa législation nationale, sans pour autant que l'application de cette dernière n'établisse des impositions contraires à d'autres dispositions » de la convention.

B. La prise en compte des revenus rattachables à l'établissement stable

18520 En principe, les revenus imposables de l'établissement stable doivent être exclusivement ceux qui sont imputables à son activité. Ce principe connaît parfois des exceptions, qui tendent à rattacher artificiellement à l'établissement d'autres revenus (théorie de la « force d'attraction » de l'établissement stable).

1. Le principe : imposition des seuls revenus imputables à son activité

Règles générales

18580 Les conventions fiscales reprennent habituellement l'ancienne formulation de l'OCDE selon laquelle, si l'entreprise exerce son activité dans l'autre État par l'intermédiaire d'un établissement stable, ses bénéfices sont imposables dans cet État, mais « uniquement dans la mesure où ils sont imputables à cet établissement stable » (article 7 § 1 du modèle de convention fiscale de l'OCDE dans sa version antérieure à la révision de juillet 2010).

Ce principe signifie que le droit d'imposer ne s'étend pas aux bénéfices que l'entreprise peut tirer de l'État de situation de l'établissement stable autrement que par l'intermédiaire de son établissement stable. Les autorités fiscales du pays de situation de l'établissement doivent en tirer les conséquences et **examiner distinctement la source** des bénéfices que l'entreprise retire de leur pays pour appliquer à chacun les règles qui lui sont propres. Cette règle est reprise par la quasi-totalité des conventions fiscales signées par la France.

Ce principe conventionnel signifie aussi que ce sont **tous les bénéfices** imputables à l'établissement qui doivent être imposés. Il y a donc lieu d'ajouter aux revenus d'exploitation proprement dits les revenus tirés des éléments d'actifs qui figurent au bilan de l'établissement : revenus immobiliers, dividendes, intérêts ou redevances, si les immeubles, actions, titres ou biens générateurs des redevances **figurent à l'actif** de l'établissement en raison d'une décision de gestion (n° 18600).

Corrélativement, ce n'est pas parce qu'une entreprise étrangère dispose d'un établissement stable en France que la totalité de ses bénéfices y est imposable ; en ce sens, CAA Versailles 28 septembre 2017 n° 13VE02636, 6e ch., min. c/ Sté Inforad Limited, arrêt définitif jugeant, à propos d'une société irlandaise qui avait exercé une **activité occulte** en France, que la société avait aussi disposé d'un établissement stable en Irlande et que, dans les circonstances de l'espèce et à défaut de tout autre élément ou pièce justificative qu'elle aurait pu fournir car la charge de la preuve lui incombait, il y avait lieu d'imputer à l'activité qu'elle exploitait en France la totalité de ses bénéfices reconstitués au titre de l'exercice 2004 et 65 % du montant de ceux-ci au titre de l'exercice 2005 (la société irlandaise a été considérée comme **« résidente » de France** au sens de la convention fiscale franco-irlandaise du 21 mars 1968 mais elle avait tout de même un établissement stable en Irlande et ne fonctionnait pas, contrairement à ce que soutenait l'administration, uniquement à partir de la France ; voir également n° 72000, Précisions a).

En sens inverse, c'est la totalité des bénéfices réalisés par une société luxembourgeoise au titre d'un établissement stable occulte en France qui a été imposée dans une affaire qui faisait ressortir que l'opération immobilière litigieuse avait été **entièrement réalisée en France**, les salariés de la société travaillant au Luxembourg n'y étant associés que formellement et le siège de la requérante au Luxembourg correspondant à un local dont le bail n'était pas à son nom et qui était utilisé par une dizaine d'autres sociétés (CAA Versailles 15 juin 2017 n° 14VE03659, 7e ch., Sté Estienne d'Orves ; sur la décision rendue en cassation sur la question de la retenue à la source, voir n° 19030, Précisions c ; voir également nos 17355 et 41485).

Dans le passé, le modèle de convention fiscale de l'OCDE indiquait qu'aucun bénéfice ne devait être imputé à un établissement stable du fait qu'il avait **simplement acheté des marchandises** pour l'entreprise ; cette précision a été supprimée lors de la révision de juillet 2010 au motif qu'elle n'était pas compatible avec le principe de pleine concurrence (Commentaires OCDE, C (7) n° 43).

Précisions La version 2010 du modèle de convention fiscale de l'OCDE indique que « le principe qui est à présent généralement accepté dans les conventions de double imposition repose sur l'idée que, pour imposer les bénéfices réalisés par une entreprise étrangère dans un pays déterminé, les autorités fiscales de ce pays devraient **considérer une par une les diverses sources des bénéfices** que l'entreprise tire de leur pays et appliquer à chacune le critère de l'établissement stable sous réserve de l'application éventuelle des autres articles de la Convention » (Commentaires OCDE, C (7) n° 12).

Le principe de l'imposition des seuls revenus imputables à l'établissement stable est **18585**
souvent réaffirmé par une disposition figurant dans un protocole annexé à la convention fiscale, aux termes duquel lorsqu'une entreprise vend des marchandises ou exerce une activité dans un État par l'intermédiaire d'un établissement stable, les bénéfices de cet établissement stable ne sont pas déterminés sur la base du montant total reçu par l'entreprise, mais sont calculés sur la seule base de la **rémunération imputable à l'activité réelle** de cet établissement pour ces ventes ou pour cette activité (cas fréquent dans les conventions fiscales signées avec des pays en développement). Mais cette précision ne fait que confirmer le principe général. Aussi, le fait que certaines conventions fiscales ne contiennent pas une disposition semblable ne doit pas conduire à penser que l'établissement pourrait être imposé sur des revenus non imputables à son activité.

Précisions Sous l'empire de l'ancienne convention fiscale franco-britannique, il a été jugé qu'une société britannique n'était pas imposable en France au titre de **prestations d'hébergement touristique** rendues à sa clientèle britannique dans le cadre d'une activité de sous-location meublée sans prestations parahôtelières et non commercialisée en France, même si elle disposait par ailleurs d'une succursale en France par l'intermédiaire de laquelle elle offrait des prestations parahôtelières d'hébergement et de restauration (CAA Lyon 22 mars 2007 n° 03-1605, 2e ch., min. c/ Sté Silver Ski Holidays Ltd : RJF 8-9/07 n° 958 ; arrêt définitif).

Les conventions fiscales françaises, en cela plus précises que le modèle proposé par **18590**
l'OCDE, ajoutent parfois que, dans le cas de **contrats** d'études, de fourniture, d'installation ou de construction d'équipements ou d'établissements industriels, commerciaux, etc., les bénéfices de l'établissement stable ne sont pas déterminés sur la base du montant total du contrat, mais seulement sur la **part effectivement réalisée** par l'établissement stable (en ce sens, par exemple, points 1 b) des protocoles annexés respectivement aux conventions franco-chinoise du 26 novembre 2013 et franco-colombienne du 25 juin 2015). Comme précédemment, une telle formule ne fait qu'insister sur le principe conventionnel pour le rendre encore plus explicite, mais ne le crée pas.

Il s'agit là d'un principe fondamental ; un **contrat « clés en main »**, incluant des livraisons, prestations de services, etc., doit être décomposé en ses différents éléments afin d'appliquer à chacun les règles qui lui sont propres, sauf si la convention fiscale en dispose autrement (n° 18610).

Précisions **a.** Bien entendu, le principe de l'imposition de la seule part attribuable à l'établissement stable ne fait pas obstacle à ce qu'un État, à l'occasion d'une **vérification fiscale**, redresse les résultats apparents de l'établissement stable, en estimant que des bénéfices qui n'ont pas été déclarés lui sont en réalité imputables.

b. À propos des relations entre la France et la **Mauritanie**, l'administration précise que, lorsqu'une entreprise d'un État conclut avec une entreprise de l'autre État un contrat pour l'exécution duquel elle dispose d'un établissement stable dans cet État, seuls sont imposables dans ce dernier État les revenus afférents aux **prestations exécutées dans cet État** et constitutives d'un établissement stable dans cet État. En conséquence, les revenus afférents aux prestations qui ne sont pas exécutées dans ce dernier État et aux ventes de fournitures qui y sont importées ne sont imposables que dans le premier État (BOI-INT-CVB-MRT n° 80).

Cas particuliers

18595 Certaines conventions fiscales prévoient des règles spécifiques ; par exemple, la convention **franco-coréenne** du 19 juin 1979 prévoyait que l'État où l'établissement stable est situé pouvait calculer le bénéfice imposable de cet établissement sur la base du montant total reçu par l'entreprise, dans les cas où l'entreprise ne respectait pas les prescriptions fixées par la législation ou la réglementation de cet État ou découlant des pratiques comptables normales, qui sont nécessaires pour déterminer les bénéfices imputables à cet établissement stable (article 1 du protocole annexé). Cette disposition a été heureusement supprimée par l'avenant du 9 avril 1991 et n'a donc plus qu'un intérêt historique.

De son côté, la convention du 9 janvier 1976 avec les **Philippines** précise que si une entreprise a un établissement stable dans un État et **vend par un autre canal que celui de l'établissement stable** des marchandises d'une nature identique ou analogue à celles qui sont vendues par l'intermédiaire de cet établissement, les bénéfices retirés de ces ventes peuvent être imposés (alors que ce sont normalement des exportations imposables seulement dans l'État de résidence de l'entreprise) entre les mains de l'établissement s'il est prouvé que cet arrangement a été utilisé pour éviter l'imposition dans l'État concerné (article 1 du protocole annexé). Une solution semblable a été retenue dans la convention entre la France et le **Kazakhstan** du 3 février 1998 (point 5 a) du protocole annexé).

Un exemple voisin peut être trouvé dans la convention du 27 février 1990 avec le **Nigeria** ; aux termes du point 3 du protocole annexé à la convention, peuvent être rattachés à l'établissement stable au Nigeria d'une société française, même s'ils ne sont pas imputables à son activité, les profits retirés :
– des ventes, au Nigeria, de **marchandises de même nature** que celles qui sont vendues par l'établissement stable, ou de nature analogue ;
– des autres **activités commerciales** exercées au Nigeria et **de même nature** que celles qui sont exercées par l'établissement stable, ou de nature analogue.

Toutefois, ces dispositions ne s'appliquent que si les ventes et les autres activités commerciales sont réalisées directement par l'entreprise française au Nigeria au travers de circuits économiques différents de l'établissement stable, dans l'intention de minimiser les bénéfices qui, autrement, auraient été imputables à cet établissement stable.

Il s'agit donc, en réalité, d'une **clause « anti-abus »**, même si l'on se rapproche dangereusement du concept de « force attractive » (n° 18610).

Illustrations jurisprudentielles

18600 Les exemples suivants montrent que seul l'examen précis des faits permet de déterminer si un revenu est imputable ou non à l'activité d'un établissement stable :

a. Il suffit que, par une **décision de gestion**, des actions françaises aient été inscrites par une société néo-calédonienne à l'actif de son établissement stable français pour que les **dividendes** et **plus-values** relatifs à ces actions soient rattachés à l'établissement et imposables en France (CE 20 avril 2005 n° 251568, 8e et 3e s.-s., SA Figesbal : RJF 7/05 n° 743 ; conclusions Laurent Olléon au BDCF 7/05 n° 93). Pour le Conseil d'État, le **rattachement** est en ce cas caractérisé, qu'il s'agisse de dividendes ou de plus-values, alors que les conventions conformes au modèle OCDE paraissent exiger un « rattachement effectif » en matière de dividendes (article 10 § 4) et une simple « inscription à l'actif » en ce qui concerne les plus-values (article 13 § 2) ; cette distinction, que faisait le commissaire du Gouvernement (qui estimait d'ailleurs que, compte tenu des circonstances, le rattachement des dividendes devait aussi être caractérisé), n'a pas été formellement reprise par le Conseil d'État.

b. La question de la détermination des bénéfices imputables à l'activité d'un établissement stable en France d'une société étrangère a donné lieu à une intéressante décision du Conseil d'État à propos d'une société allemande (CE 15 mai 1992 n° 70906, 8e et 7e s.-s., Sté Basaltes Réfractaire : RJF 8-9/92 n° 1118). Il s'agissait d'une société allemande dont l'activité portait sur la fabrication et la vente de produits réfractaires et techniques de fonderies, qui avait créé en France un **dépôt-vente de marchandises** qui constituait incontestablement un établissement stable. Mais la société allemande ne passait pas exclusivement par cet établissement pour réaliser la vente à des clients français des produits qu'elle fabriquait. Elle procédait elle-même à des **ventes directes** aux clients français, ce qui lui permettait de réaliser, d'ailleurs, un chiffre d'affaires nettement supérieur à celui réalisé par l'intermédiaire de son établissement stable. La difficulté venait de ce que le **dirigeant** de l'établissement avait perçu des commissions de courtage rémunérant son entremise pour des ventes directes de la société allemande aux clients français, et qu'il avait, en outre, perçu une rémunération en pourcentage pour s'occuper d'opérations de montage effectuées par la société allemande dans le cadre de prestations de services postérieures à la vente.

Il s'agissait de déterminer si ces rémunérations perçues par le directeur étaient ou non rattachables à l'établissement stable français. Le Conseil d'État a, à cet égard, distingué les deux catégories de rémunérations en application d'un principe selon lequel les opérations personnelles d'un dirigeant sont séparables de l'activité de l'entreprise **si le dirigeant met en œuvre des moyens distincts** de ceux de la société :
– dès lors que l'établissement stable avait pour objet et activité réelle la vente en France de produits fabriqués par la société allemande et que l'activité du dirigeant et celle de l'établissement n'étaient pas clairement distinguées, **l'intervention personnelle du dirigeant** dans la réalisation des ventes en France a été considérée par le Conseil d'État comme devant se rattacher à l'activité de l'établissement ;
– en revanche, puisque l'établissement ne procédait lui-même à aucune opération de montage, que le dirigeant ne passait à ce titre aucun contrat, que les monteurs venaient d'Allemagne et étaient rémunérés directement par la société allemande, **l'activité de supervision du montage** à laquelle se livrait le dirigeant de l'établissement a été jugée étrangère à celle de l'établissement lui-même, et par conséquent non rattachable à cette dernière.

Ainsi, l'administration a pu régulièrement réintégrer dans les bénéfices de l'établissement stable les commissions de courtage versées au dirigeant, mais pas les rémunérations que ce dernier avait perçues à l'occasion de son intervention dans les prestations de services effectuées directement en France par la société allemande.

2. L'exception : la « force attractive » de l'établissement stable

La théorie de la « force attractive » de l'établissement stable a été élaborée en réaction à certaines formes d'**évasion fiscale** qui pourraient être facilitées par l'application stricte des principes de l'OCDE. Certains pays craignent qu'une entreprise puisse installer un établissement stable qui ne ferait pas de bénéfices, mais qui contrôlerait l'activité de l'entreprise exercée par l'intermédiaire d'agents indépendants (donc non constitutifs d'établissements stables). **18610**

Normalement, ce genre de situation doit être traité par les États au moyen des dispositions classiques de lutte contre l'évasion fiscale ; le comité des affaires fiscales de l'OCDE n'a certainement pas entendu consacrer des pratiques abusives et protéger les entreprises qui se rendent coupables d'évasion ou fraude fiscales.

Certains pays ne se satisfont pas de l'application générale des règles anti-abus et préfèrent, en quelque sorte, présumer l'évasion fiscale en introduisant dans les conventions fiscales, sur le modèle de convention fiscale de l'ONU (article 7 § 1) des clauses aux termes desquelles sont imposables les bénéfices : **18612**
– imputables à l'établissement lui-même ;
– afférents aux **ventes de marchandises de même nature** que celles qui sont vendues par l'établissement stable, ou de nature analogue ;
– afférents à d'autres **activités commerciales** exercées dans l'État de situation de l'établissement et **de même nature** que celles qui sont exercées par l'établissement stable ou de nature analogue.

Dans ce cas, l'établissement stable est donc imposable non seulement sur les bénéfices qu'il retire de son activité propre mais aussi, plus généralement, sur tous ceux qui ont leur source dans le pays où il est situé. La situation est évidemment beaucoup plus simple pour ce pays : il n'a pas à déterminer si telle activité est ou non liée à l'établissement stable et si les revenus en cause lui sont ou non imputables. Il en va ainsi, en particulier, pour les transactions opérées directement par le siège d'une manière analogue à celles qui sont opérées par l'établissement stable.

18615 Ce principe n'est toutefois que **rarement repris** dans les conventions fiscales signées par les pays développés, car il crée un climat d'incertitude préjudiciable à l'activité économique ; en outre, il est en soi critiquable, car il permet à un État d'imposer une activité sans lien avec un établissement stable et qui n'est pas en elle-même suffisamment importante pour être constitutive d'un établissement stable.

On note toutefois que la **convention franco-turque** (18 février 1987) contient une stipulation relative à la force attractive, mais sauf si l'entreprise peut prouver que les ventes ou activités ont été réalisées pour des motifs autres que de tirer parti de la convention (article 1 du protocole annexé). Il en va de même, en un certain sens, avec les conventions franco-nigériane et franco-kazakhe (nº 18595).

C. Déduction des dépenses

18640 Les conventions fiscales affirment généralement que « pour déterminer les bénéfices d'un établissement stable, sont admises en déduction les dépenses **exposées aux fins poursuivies** par cet **établissement stable**, y compris les dépenses de direction et les frais généraux d'administration ainsi exposés, soit dans l'État où est situé cet établissement stable, soit ailleurs » (reprise de l'ancien article 7 § 3 du modèle de l'OCDE ; le modèle de l'ONU propose quelques restrictions expresses). Depuis la révision de juillet 2010, cependant, le modèle de convention fiscale de l'OCDE ne pose plus ce principe, non pas parce qu'il ne serait plus juste, mais au contraire en raison de ce qu'il pouvait être interprété comme limitant la déduction des dépenses qui bénéficient indirectement à l'établissement stable au montant effectif de ces dépenses, ce qui serait contraire au principe de pleine concurrence (Commentaires OCDE, C (7) nº 40).

Le **principe de la déduction des dépenses** résulte aujourd'hui, selon le modèle proposé par l'OCDE (et sous réserve que les conventions fiscales reprennent effectivement cette formulation) du principe général posé par le nouveau paragraphe 2 de l'article 7 (nº 18442) qui affirme que les bénéfices imposables sont ceux que l'établissement aurait réalisés « s'il avait constitué une entreprise distincte et indépendante exerçant des activités identiques ou analogues dans des conditions identiques ou analogues, compte tenu des fonctions exercées, des actifs utilisés et des risques assumés par l'entreprise par l'intermédiaire de l'établissement stable et des autres parties de l'entreprise. »

Précisions **a.** Certaines conventions fiscales, rares en pratique, introduisent une **limitation** en fonction du **droit interne** des États ; tel est le cas de la convention du 28 octobre 1997 avec l'Estonie, pendant une période de dix ans qui a expiré en 2011.

b. Pour un exemple des difficultés soulevées par la déduction des charges dans certains pays, voir, à propos de la **Russie**, BOI-INT-CVB-RUS nº 30.

1. Le principe : la déduction des dépenses

18700 La déduction des dépenses effectuées aux fins poursuivies par l'établissement stable est le corollaire du principe selon lequel cet établissement doit être traité comme une **entreprise distincte**. En effet, une telle entreprise étant normalement imposée sur un bénéfice net de charges, la même règle doit s'appliquer à un établissement stable. De ce point de vue, il ne s'agit souvent que d'une explication de la portée du principe de **non-discrimination** à l'égard des établissements stables (nº 81270). Mais il arrive que ce principe ne soit pas explicitement applicable aux établissements stables ; dans ce cas, les règles relatives à la déduction des dépenses prennent un relief particulier.

D'une manière générale, les règles relatives à la déduction des dépenses appellent les remarques suivantes.

Déduction des seules dépenses relatives à l'établissement

18702 Les dépenses déductibles sont celles qui ont été engagées « aux fins poursuivies par l'établissement stable », c'est-à-dire pour lui **permettre d'exercer ses fonctions**. On ne saurait autoriser un établissement stable à déduire des dépenses du siège, par exemple, si celles-ci n'ont aucun rapport avec son activité propre (cette question est récurrente dans les contrôles fiscaux).

Mais **toutes les dépenses** engagées pour l'exploitation de l'établissement doivent être déduites, qu'elles aient été engagées directement par l'établissement, par le siège ou même par d'autres établissements situés dans des pays tiers.

Absence de condition de remboursement

Comme le remarque le comité des affaires fiscales de l'OCDE, les dépenses doivent être prises en compte pour leur **montant réel**, tel qu'il ressort de la comptabilité, et la déduction qui peut être pratiquée par l'établissement stable au titre des dépenses qui lui sont attribuées ne peut pas être subordonnée à leur remboursement effectif par l'établissement stable (Commentaires OCDE, ancienne version, C (7) n° 27). Ce principe ne signifie pas, naturellement, que les mêmes dépenses puissent être prises en compte à la fois par le siège et par l'établissement ; ainsi, les frais qui se rapportent à une entreprise dont les résultats ne sont pas soumis à l'impôt en France ne peuvent venir en déduction des bénéfices imposables en France. **18705**

Dépenses exposées au siège

Doivent d'abord être considérées comme des dépenses exposées au siège dans l'intérêt d'un établissement à l'étranger les dépenses propres à l'établissement qui lui sont **directement imputables**, étant facilement déterminables : dépenses de personnel, dépenses de direction propres à l'établissement, achat de marchandises, matières premières et produits finis, acquisitions de matériel et outillage directement affecté à l'établissement, amortissement des immobilisations sises au lieu d'exploitation de l'établissement, etc. Ces dépenses sont déductibles pour le calcul des bénéfices de l'établissement, mais pas pour le calcul des bénéfices du siège. **18708**

Il a, par exemple, été jugé qu'une société ne peut déduire de ses résultats imposables en France des **frais financiers** afférents à un emprunt qu'elle a contracté en vue de servir à l'exploitation de ses établissements situés à l'étranger, ni la quote-part des **frais généraux** du siège qui se rapporte à un établissement stable camerounais (n° 5940). Le même principe a été repris à propos du refus de déduction d'une quote-part de **commission** payée pour un marché international (n° 5930).

Précisions Les dépenses afférentes à un établissement étranger ne sont pas déductibles en France **même si** la **loi étrangère** en **interdit** la déduction localement (n° 5925).

Ventilations forfaitaires des dépenses globales Il n'est pas interdit d'utiliser parfois des méthodes estimatives pour la détermination des dépenses non isolables en comptabilité (voir n° 5805, en ce qui concerne le droit interne français). Il en va ainsi des **frais généraux d'administration**, engagés au siège de l'entreprise, qui peuvent être imputés à l'établissement selon des méthodes proportionnelles. Lorsque les dépenses ont été supportées par le siège dans l'intérêt de l'ensemble de l'entreprise, il y a lieu, pour respecter les principes conventionnels (et même parfois, le droit interne ; nos 4000 s.) de procéder à leur répartition. **18710**

La ventilation des frais généraux du siège social en fonction du **rapport des chiffres d'affaires** est admise par la jurisprudence et l'administration (CE 16 février 1983 n° 28383 : RJF 4/83 n° 496 et BOI-IS-CHAMP-60-10-40 n° 170 ; voir aussi n° 5805). Du côté français, on procède en général, en appliquant le rapport entre le chiffre d'affaires de l'établissement et le chiffre d'affaires global de l'entreprise, ainsi que l'a rappelé, par exemple, la cour administrative d'appel de Paris à propos d'une société française qui exploitait un établissement stable en Belgique : « (...) pour ventiler la fraction des frais généraux du siège de la société qui se rapporte à cette dernière activité [celle exercée en Belgique], la société peut, à défaut de circonstances particulières propres à justifier un autre mode de calcul, se référer au rapport existant entre le chiffre d'affaires de cet établissement et le chiffre d'affaires total de la société » (CAA Paris 16 avril 1998 n° 96.1435, 2e ch., Société d'informatique européenne : RJF 8-9/98 n° 920 ; arrêt définitif).

Peuvent ainsi généralement faire l'objet d'une ventilation forfaitaire, notamment, les dépenses suivantes : **18715**
- les **frais de personnel** du siège social (rémunération du dirigeant de l'entreprise) ;
- les **frais de gestion** (notamment ceux qui concernent la gestion du capital et la direction générale de la société) ; mais les frais de tenue de **comptabilité** engagés au siège en

raison de l'existence de succursales autonomes à l'étranger devraient en bonne logique être imputés seulement sur les résultats de ces succursales et ne pourraient pas faire l'objet de déduction dans l'État du siège ;
– les **frais financiers** (par exemple, les intérêts versés au titre d'emprunts obligataires, sauf si les emprunts ont été contractés au seul profit du siège ou d'un autre établissement) ;
– les **frais de fusion** (lorsque la fusion a été engagée dans l'intérêt commun de divers établissements).

Précisions **a.** Certaines conventions fiscales comportent des stipulations autorisant expressément la déduction des frais de siège au moyen de méthodes forfaitaires. Par exemple, la convention **franco-gabonaise** du 20 septembre 1995 prévoit qu'en ce qui concerne les dépenses de direction et les frais généraux d'administration exposés ailleurs que dans l'État où est situé l'établissement stable, une quote-part de ces dépenses et frais est imputée sur les résultats des différents établissements stables de l'entreprise **au prorata du chiffre d'affaires** hors taxes réalisé par chacun d'eux. Cette répartition est opérée par l'entreprise et notifiée par elle à chacune des administrations fiscales compétentes, dans le délai qui lui est imparti par la législation de chaque État contractant pour déclarer ses résultats (article 7 § 4).

b. La convention franco-kényane du 4 décembre 2007 fournit un exemple intéressant de méthode forfaitaire lorsqu'elle indique que, à moins qu'il puisse être démontré qu'une autre méthode soit plus appropriée, les dépenses de direction et les frais généraux d'administration sont déterminés par application d'un **pourcentage du chiffre d'affaires ou des bénéfices bruts** réalisés par l'établissement stable par rapport à celui ou ceux réalisés par l'entreprise dans son ensemble. Le point 4 du protocole annexé ajoute que le montant des dépenses exposées aux fins poursuivies par l'établissement stable à prendre en compte doit être le **montant réellement exposé** et appuyé de **justificatifs** mais qu'il est toutefois admis que, s'agissant des frais généraux d'administration exposés par le siège de l'entreprise, il soit approprié de prendre en compte une part proportionnelle de ces frais sur la base du rapport entre le chiffre d'affaires de l'établissement stable et celui de l'entreprise dans son ensemble.

c. La méthode consistant à répartir les dépenses de direction et les frais généraux d'administration en proportion des chiffres d'affaires peut toujours être appliquée même lorsqu'elle n'est **pas expressément prévue** par la convention fiscale. Elle résulte, en effet, des principes généraux gouvernant l'imposition des établissements stables.

2. Cas particulier de certains paiements entre les établissements stables et leur siège

Absence de personnalité juridique distincte

18720 Le principe de la déduction des dépenses imputables à l'établissement stable connaît traditionnellement certaines exceptions en ce qui concerne les paiements faits par des établissements stables à leur siège. Ces exceptions tiennent au fait que l'établissement et le siège constituent une même entité et non pas deux personnes distinctes (n°s 15010 s.) ; pour les États membres de l'OCDE, il n'y a donc pas nécessairement lieu d'assimiler, en toutes circonstances, un établissement stable et une filiale, notamment en ce qui concerne les relations financières purement internes entre un siège et un établissement stable qui ne sont pas juridiquement de même nature qu'entre une société mère et sa filiale.

Cela étant, en France, la jurisprudence du Conseil d'État a considérablement rapproché la situation des établissements stables et celle des filiales, notamment en considérant qu'il y a lieu pour un établissement stable de demander à son siège le **versement d'intérêts au titre des avances qu'il lui consent** ; ce principe, affirmé par la décision Sodirep (CE 9 novembre 2015 n° 370974, 9e et 10e s.-s., Sté Sodirep Textiles SA-NV : RJF 2/16 n° 121 ; voir également nos 15260 et 76455), signifie nécessairement qu'en sens inverse un établissement stable situé en France qui « emprunte » à son siège doit pouvoir lui verser des intérêts déductibles, comme s'il était doté d'une personnalité morale distincte. Cette manière de voir, réaliste et appropriée, s'insère dans un courant jurisprudentiel qui, depuis de nombreuses années, tend au rapprochement de ces deux modes souvent très voisins d'exercice d'une même activité (voir, notamment, les décisions du Conseil d'État dans les affaires Télécoise, n° 5955, Interhome, n° 17705 et Banca di Roma et autres, n° 76735). Au demeurant, les réflexions actuelles du comité des affaires fiscales de l'OCDE vont également dans ce sens (n° 18442).

Principe traditionnel de non-déductibilité des intérêts et redevances versés au siège

Traditionnellement, et pour de nombreux pays, les paiements faits par un établissement au siège au titre d'intérêts ou redevances ne doivent pas, normalement, être admis en déduction (n° 15260). En droit strict, en effet, compte tenu de l'unicité de la personne juridique, il ne peut y avoir **prêt** entre le siège et l'établissement, ni concession de **licence** (pour un exemple du refus de la prise en compte d'intérêts versés par une succursale à son siège pour rémunérer des avances « de démarrage », voir n° 15270). Le comité des affaires fiscales de l'OCDE a toutefois admis que, dans certains cas, des « considérations spéciales » puissent être invoquées pour permettre le versement d'intérêts entre différentes parties d'une même entreprise, en rémunération d'avances ou de prêts (tel est le cas des **banques**, qui sont en général représentées par des succursales ; n° 15350). Si, en France, la jurisprudence du Conseil d'État va plus loin (n° 15260), il reste qu'en tout état de cause si une entreprise **emprunte pour doter** sa succursale et lui donner les moyens financiers d'exercer son activité, rien ne s'oppose à ce qu'une partie appropriée des versements d'intérêts soit imputée sur les bénéfices de l'établissement stable, si l'on peut considérer qu'une partie des intérêts est bien une dépense engagée aux fins poursuivies par l'établissement stable. Voir en ce sens la décision citée n° 15275. **18725**

Modèle ONU

À l'égard des paiements d'intérêts, redevances, honoraires, etc., « versés » par un établissement stable à son siège, certaines conventions fiscales, reprenant le modèle de convention fiscale de l'ONU, se montrent particulièrement explicites ; elles indiquent qu'« **aucune déduction n'est admise** pour les sommes qui seraient, le cas échéant, versées (à d'autres titres que le remboursement de frais encourus) par l'établissement stable au siège central de l'entreprise ou à l'un quelconque de ses bureaux, comme redevances, honoraires ou autres paiements similaires, pour l'usage de brevets ou d'autres droits, ou comme commission, pour des services précis rendus ou pour une activité de direction ou, sauf dans le cas d'une entreprise bancaire, comme intérêts sur des sommes prêtées à l'établissement stable » (article 7 § 3 du modèle ONU ; voir, par exemple, la convention du 9 décembre 1997 avec l'Arménie, article 7 § 3). Ce principe vaut également en sens inverse pour les mêmes sommes portées par l'établissement stable au débit du siège ou de l'un de ses bureaux. **18727**

Cela dit, il ne semble pas que cette précision modifie réellement les solutions qui découlent du modèle de convention fiscale de l'OCDE (dans sa version antérieure à juillet 2010). Le **remboursement des frais encourus** est explicitement exclu de la formulation retenue par l'ONU, ce qui permet de respecter le principe général de déduction des dépenses exposées par le siège pour le compte de l'établissement stable (frais de siège).

Précisions **a.** Ce principe est parfois repris dans les **conventions fiscales** signées par la **France** (voir, par exemple, convention franco-turque du 18 février 1987, et convention franco-nigériane du 27 février 1990). Voir également, dans le cadre franco-algérien, BOI-INT-CVB-DZA-20 n° 180.

b. Pour un autre exemple, voir l'accord du 21 octobre 2010 entre la France et **Hong Kong** ; cet accord reprend, sous une formulation légèrement différente, les principes posés par le modèle ONU en précisant qu'aucune déduction n'est admise pour les sommes versées (autres que pour le remboursement de frais réels), le cas échéant, par l'établissement permanent au siège de l'entreprise ou à l'un quelconque de ses autres bureaux au titre de **redevance**, **commission** ou tout autre paiement similaire en contrepartie de l'utilisation de tout brevet ou autre droit, ou au titre de commission pour des **services** spécifiques rendus ou des prestations de gestion, ou, sauf dans le cas d'une institution financière, au titre d'**intérêts** sur des sommes prêtées à l'établissement stable. Il est également précisé qu'il ne sera tenu aucun compte, dans la détermination des bénéfices d'un établissement stable, des sommes facturées (autres que celles dues en remboursement de frais réels) par l'établissement stable au siège de l'entreprise ou l'un quelconque de ses autres bureaux au titre de redevances, de commissions ou de tout autre paiement similaire en contrepartie de l'utilisation de tout brevet ou autre droit, ou au titre de commission pour des services spécifiques rendus ou des prestations de gestion, ou, sauf dans le cas d'une institution financière, au titre d'intérêts sur des sommes prêtées au siège de l'entreprise ou à l'un quelconque de ses autres bureaux.

Établissements rendant des services au siège

Lorsqu'un établissement stable assure des prestations de services pour le compte du siège, on peut se demander s'il faut inclure dans ses bénéfices une **marge théorique** tenant lieu **18730** de commission fictive. Par exemple, cette question se pose dans le cas où un établissement stable assure, pour le compte du siège, la publicité des articles produits par l'entreprise, mais dont la vente n'est pas réalisée par son intermédiaire. Lorsque la convention fiscale ne reprend pas le principe de la force attractive de l'établissement stable, les profits réalisés par l'entreprise et non rattachables à l'activité de l'établissement ne sont pas imposables entre les mains de cet établissement. Corrélativement, les dépenses exposées ne sont pas déductibles, c'est-à-dire qu'elles doivent être ajoutées aux bénéfices ressortant de la comptabilité de l'établissement (cas des dépenses exposées pour la réalisation de ventes effectuées directement par le siège).

Mais ce raisonnement ne prend pas en compte la marge « fictive » qui devrait rémunérer l'intervention de l'établissement au titre des prestations de service de publicité.

Les commentaires de l'OCDE (C (7) n°s 19 et 20, avant la mise à jour de 1994), repris par l'ONU, conduisaient à ne pas retenir de **commission théorique**, au motif qu'il serait très difficile d'en déterminer le montant faute d'éléments concrets. Ces observations ont disparu dans la mise à jour de 1994 et il semble que l'OCDE recommande désormais de **facturer un service** pour un montant équivalent à celui qui serait facturé à un client indépendant, au moins dans certaines circonstances (voir notamment les Commentaires de l'OCDE C (7) n° 35 sur l'ancienne version de l'article 7, intégrant les anciens commentaires C (7) n° 36, repris par l'ONU dans la version de 2001 ; le principe de l'entité fonctionnellement distincte, affirmé explicitement par les commentaires publiés en juillet 2010, va dans le même sens).

On remarque, en effet, que ne pas exiger de l'établissement une marge théorique pour son intervention revient partiellement sur le principe fondamental selon lequel celui-ci doit être traité comme une entreprise distincte. De fait, si le siège et l'établissement étaient effectivement distincts, l'établissement n'assurerait des services que s'il en était justement rémunéré. Une entreprise dans cette situation pourrait donc difficilement dénier à une administration fiscale le droit de l'imposer sur la marge théorique qu'aurait perçue un opérateur indépendant assurant des prestations identiques (la marge étant fixée par comparaison avec les pratiques des entreprises similaires).

Le comité des affaires fiscales de l'OCDE estime cependant qu'une marge n'a pas lieu d'être prise en compte lorsque la fourniture de services représente simplement **une partie des fonctions administratives générales** de l'ensemble de la société (Commentaires OCDE sur l'ancienne version de l'article 7, C (7) n° 37). Selon l'OCDE, il en va ainsi, par exemple, lorsque l'entreprise a un programme de formation dont bénéficient les salariés de chacune de ses divisions ; dans ce cas, les commentaires indiquent qu'il sera habituellement indiqué de considérer les coûts de tels services comme faisant partie des frais généraux d'administration de l'ensemble de l'entreprise, ceux-ci devant alors être répartis à leur **coût réel** entre les différentes divisions pour lesquelles ils ont été encourus sans que l'on procède à une majoration représentant le bénéfice d'une autre division.

Précisions Quoi qu'il en soit, dans une telle situation, l'alternative est la suivante :

– soit l'établissement **ne « reçoit » pas de commission** pour son intervention et ne déduit pas non plus les frais exposés (ou bien, il « reçoit » un remboursement imposable pour le montant exact des frais exposés, ce qui revient en principe au même) ;

– soit il détermine le montant de rémunération qu'il aurait dû percevoir et **déduit les frais** qu'il a exposés pour la réalisation de la prestation en cause. Dans ce cas, sa situation fiscale est alourdie du montant de l'impôt sur la commission nette, c'est-à-dire sur la marge qu'aurait prise une entreprise indépendante.

La seconde solution paraît la plus correcte.

Bénéfice de « bonne gestion » du siège

18740 La question s'est posée de savoir s'il fallait autoriser la déduction dans les bénéfices de l'établissement stable d'une part des dépenses fictives représentant la rémunération attribuée au siège en raison de sa « bonne gestion ». L'OCDE prend l'exemple d'une entreprise dont les activités seraient toutes concentrées au lieu de l'établissement stable alors que la gestion serait confiée au siège (Commentaires OCDE sur l'ancienne version de l'article 7, C (7) n° 38). Dans ce cas, le principe de l'entreprise indépendante devrait conduire à attribuer au siège une part des bénéfices globaux, car si le siège avait été indépendant et s'était comporté comme un organisme de gestion, il aurait été rémunéré.

Cette rémunération aurait pu, par exemple, prendre la forme d'un pourcentage sur les bénéfices.

Dans cette situation, le comité des affaires fiscales de l'OCDE recommande pourtant de ne pas prendre en compte le montant fictif représentant les « **bénéfices dus à la gestion** », essentiellement pour des raisons d'ordre pratique. Mais cette solution paraît ajouter au texte et revient à nier, du moins en partie, le principe de l'entreprise distincte. C'est pourquoi, au demeurant, l'OCDE ne prétend pas empêcher les États qui pratiquent habituellement une telle méthode de continuer à le faire. Toutefois, selon l'OCDE, un État n'est **nullement obligé** lors du calcul des bénéfices imputables à l'établissement stable de déduire une partie des bénéfices au titre des « bénéfices de gestion » attribuables au siège central (Commentaires OCDE sur l'ancienne version de l'article 7, C (7) n° 39).

Dans cette hypothèse, il existe un **risque de double imposition** si l'État du siège considère qu'une part des bénéfices doit être attribuée au siège en rémunération de son activité de direction et de gestion. L'OCDE recommandait autrefois que cet État prenne l'initiative d'effectuer l'ajustement nécessaire pour éviter une double imposition (nos 84000 s.). Il est fort probable en pratique que l'État du siège refusera un tel ajustement, considérant que le texte même de la convention fiscale n'autorise pas l'État de situation de l'établissement stable à prélever un impôt sur l'intégralité des bénéfices. Une semblable attitude ne serait pas critiquable, a priori, compte tenu du principe de l'entreprise distincte et de la rédaction même des conventions fiscales.

II. Les modalités d'imposition

D'une manière générale, les conventions fiscales contiennent peu de développements sur les modalités d'imposition des bénéfices des entreprises. Elles indiquent, le plus souvent, que lorsque le droit d'imposer est dévolu à un État, celui-ci l'exerce conformément à sa législation interne. Toutefois, certaines stipulations conventionnelles sont appelées à jouer. Il s'agit : **18780**
- des clauses de **non-discrimination**, qui ont une incidence sur les règles d'imposition ;
- des clauses éventuelles relatives à l'exigibilité ou non d'une **retenue à la source** sur les bénéfices après impôt des établissements stables ;
- des dispositions relatives à l'élimination des doubles impositions.

A. Règles d'imposition

Quasi-personnalité fiscale

Les règles d'imposition des établissements stables appellent peu de commentaires. **18900**

Un établissement stable est considéré comme ayant une « quasi-personnalité » fiscale, à défaut d'avoir une personnalité juridique. Il est donc imposable dans l'État où il est situé conformément à la législation de cet État, comme la généralité des entreprises de cet État et en fonction du droit interne de cet État.

L'administration précise, par exemple, que le **régime des sociétés mères** est applicable aux établissements stables ou succursales en France de sociétés étrangères, sous réserve que les titres de participation figurent à l'actif de leur bilan fiscal et que l'établissement stable soit effectivement soumis à l'impôt sur les sociétés ; cet avantage n'est pas subordonné à la condition que la société étrangère soit établie dans un État avec lequel la France est liée par une clause de non-discrimination relative aux établissements stables (BOI-IS-BASE-10-10-10-10 n° 90). Sur la question des **crédits d'impôt d'origine étrangère**, voir n° 81297.

Incidences de la clause de non-discrimination

Lorsqu'il existe une clause de non-discrimination applicable aux établissements stables (n° 81270), celle-ci prévoit en général que l'imposition d'un établissement stable n'est pas établie dans l'État où il est situé d'une manière moins favorable que l'imposition des entreprises de cet État qui se trouvent dans la même situation. L'établissement stable est **18902**

alors assimilé sur le plan fiscal à une entreprise résidente. Il doit être traité de la même façon pour tout ce qui concerne les modalités de son imposition :
– détermination de l'**assiette imposable**, sous réserve des stipulations conventionnelles, par exemple en ce qui concerne la déductibilité des sommes versées au siège ;
– application des mêmes abattements, **déductions diverses**, crédits d'impôt, en principe ;
– application du même **taux** d'impôt sur les sociétés (nº 5592).

Autrement dit, sauf en ce qui concerne les relations qu'il entretient avec le siège, l'établissement stable est traité comme une entreprise locale.

En France, un établissement stable est soumis à l'intégralité des dispositions applicables aux entreprises résidentes en France, car la loi fait référence aux « bénéfices des **entreprises exploitées en France** » sans distinguer leur résidence. Il arrive que certaines dispositions soient réservées à des sociétés françaises. Mais lorsqu'il existe une clause de non-discrimination, le bénéfice de ces dispositions est étendu aux établissements stables.

Précisions **a.** Sur la portée du principe de **non-discrimination** à l'égard des entreprises, voir nºs 81240 s.

b. Il existe, dans certains États (Algérie, Maroc...), des impôts spécifiques applicables aux entreprises étrangères ; en général, ces impôts s'appliquent aux seules entreprises titulaires d'un contrat de travaux immobiliers et ils ont un caractère **forfaitaire** (en pourcentage du montant global du contrat). Dans certains États producteurs d'hydrocarbures (Cameroun, Gabon, Congo, Côte d'Ivoire), les entreprises étrangères sous-traitantes de compagnies pétrolières sont également soumises, sous certaines conditions, à des régimes forfaitaires de taxation. Sur l'ancienne **taxe forfaitaire algérienne**, abrogée depuis le 1er janvier 1999, voir BOI-INT-CVB-DZA-20 nº 210.

Obligations déclaratives

18905 Les établissements stables sont assujettis aux mêmes formalités déclaratives que la généralité des entreprises exploitées en France même s'ils ne sont pas obligés de tenir une comptabilité correspondant aux normes françaises ; le Conseil d'État juge, en ce sens, que les succursales françaises des sociétés étrangères, alors même qu'elles ne sont pas soumises à l'obligation de tenir une comptabilité selon les modalités prévues par le Code de commerce, doivent présenter à l'administration, à sa demande, les **documents comptables** et pièces mentionnés à l'article 54 du CGI de nature à justifier l'exactitude des résultats indiqués dans les déclarations qu'elles ont souscrites, en application des dispositions de l'article 53 A du même Code (CE 13 juillet 2011 nº 313440, 9e et 10e s.-s., Sté Stanford Research Institute International : RJF 11/11 nº 1133 ; conclusions Claire Legras au BDCF 11/11 nº 124). Les conventions fiscales, en l'espèce l'ancienne convention fiscale franco-américaine du 28 juillet 1967, bien qu'elles ne mentionnent pas expressément l'obligation faite aux établissements stables de tenir une **comptabilité respectant les règles du pays** où ils sont installés, ne font pas obstacle à ce que la France applique aux établissements stables qui sont installés sur son territoire ses règles fiscales en matière d'obligations comptables, et notamment celles de l'article 54 du CGI.

Dans cette décision, le Conseil d'État ajoute que, si ces succursales ne présentent aucun de ces documents et pièces, de même que si elles ne présentent que des documents et pièces présentant des lacunes telles que leur situation peut être assimilée à celle d'un contribuable dont la comptabilité comporte de **graves irrégularités** et si l'administration établit l'imposition conformément à l'avis de l'une des commissions visées à l'article L 59 du LPF (commission nationale ou départementale des impôts directs et des taxes sur le chiffre d'affaires, commission départementale de conciliation), elles supportent, en application de l'article L 192 du LPF, la charge de la preuve en cas de réclamation ; dans les autres cas, c'est l'administration qui supporte cette charge dans les conditions de droit commun.

Par exemple, une société britannique qui exerçait une activité de voyagiste et vendait notamment des séjours dans des stations de ski en France où elle disposait d'un établissement stable, a été déchargée des rappels qui lui avaient été notifiés, alors même qu'elle n'avait pas présenté un document comptable retraçant l'ensemble des recettes et dépenses imputables à son établissement français et que sa situation pouvait être assimilée à celle d'un contribuable dont la comptabilité comportait de graves irrégularités, autorisant l'administration à reconstituer son chiffre d'affaires (CAA Lyon 22 mai 2018 nº 16LY04394, 2e ch., Sté Skiworld Limited ; arrêt définitif) ; dans cette affaire, l'administration avait appliqué la **méthode**

transactionnelle de la marge nette (détermination d'un coefficient de marge à appliquer aux charges par comparaison avec des entreprises tierces) mais elle avait retenu des termes de **comparaison** qui n'étaient pas pertinents (au contraire de la société appelante, les entreprises comparées n'assuraient pas elles-mêmes les prestations d'hébergement et de restauration qu'elles proposaient à leurs clients).

Précisions La décision Stanford Research Institute International, précitée, concernait un organisme de droit californien à but non lucratif exerçant des activités de **recherche et de conseil** et qui disposait à Paris d'une succursale destinée à développer son activité de conseil à l'égard des entreprises françaises (il n'était pas contesté que ce bureau constituait un établissement stable au sens de la convention fiscale franco-américaine du 28 juillet 1967). Les impositions litigieuses n'avaient pas été établies conformément à l'avis de la commission départementale, qui ne s'était pas prononcée sur la reconstitution de recettes dans la mesure où elle avait estimé qu'une question de droit préalable devait être tranchée, celle de savoir si l'établissement était astreint à la tenue d'une comptabilité. Le Conseil d'État juge qu'il n'était pas établi que l'établissement ne puisse pas tenir une **comptabilité distincte** (on ne voit d'ailleurs pas très bien dans quels cas ce serait impossible). Mais, pour établir les redressements litigieux, l'administration avait substitué à la méthode initialement retenue par la société, consistant à déterminer le résultat imposable en appliquant au bénéfice mondial le rapport des frais de fonctionnement de l'établissement français sur les frais de fonctionnement globaux, une **méthode consistant à définir le chiffre d'affaires** par application à la masse salariale, aux achats de prestations extérieures et aux achats de voyages et déplacements de cet établissement des **coefficients** respectivement de 2, 1,4 et 1,1, correspondant, selon elle, à la marge habituellement pratiquée par des sociétés étrangères exerçant une activité similaire. Or si l'administration pouvait, à titre exceptionnel, avoir recours à une telle méthode en l'état des éléments comptables dont elle disposait sur les recettes de l'établissement français, elle ne justifiait pas avoir été dans l'impossibilité de tenir compte, pour la mettre en œuvre, des **données propres à l'activité** de cet établissement, et notamment du taux d'utilisation de son personnel, dont la société faisait valoir la faiblesse au regard des autres sociétés du secteur. Par conséquent, la société a finalement eu gain de cause faute pour l'administration d'établir, comme il lui revenait de le faire en l'espèce, que sa méthode était plus pertinente que celle de la société, laquelle reposait, malgré ses insuffisances, sur des données propres à la société et non contestées.

En France, la question du **supplément d'impôt sur les sociétés**, aujourd'hui supprimé, a **18908**
posé une difficulté particulière, car les textes conduisaient à imposer aux sociétés étrangères une obligation supplémentaire de réinvestissement en France qui n'existait pas pour les sociétés françaises. Pour éviter cette discrimination, il aurait fallu admettre les sociétés étrangères au bénéfice des mêmes exonérations que celles applicables aux sociétés françaises, et considérer qu'elles ne sont pas soumises au supplément d'impôt sur les sociétés lorsque les résultats de l'établissement français sont effectivement réinvestis, même si le réinvestissement est réalisé hors de France. Cette question n'a plus aujourd'hui qu'un intérêt historique.

Précisions Le tribunal administratif de Grenoble avait jugé **discriminatoire** la combinaison des dispositions des articles 219, 1-c (ancien supplément d'IS) et 115 quinquies du CGI appliquées à une société espagnole (TA Grenoble 7 février 1997 n° 94-3948, SA Abengoa : RJF 6/97 n° 605) ; le ministre avait fait appel de ce jugement mais il s'est ensuite désisté (CAA Lyon Ord. 19 septembre 2000 n° 97LY02078 et n° 97LY02079, 2e ch., min. c/ SA Abengoa, actant le désistement du ministre).

Ancienne contribution additionnelle de 3 % au titre des montants distribués

Les bénéfices réalisés en France par les sociétés étrangères et réputés distribués en appli- **18910**
cation du 1 de l'article 115 quinquies du CGI (nos 19000 s.) étaient théoriquement passibles de la contribution de 3 % sur les montants distribués créée par l'article 6 de la loi n° 2012-958 du 16 août 2012 de finances rectificative pour 2012 (CGI art. 235 ter ZCA, ancien) ; cette contribution, additionnelle à l'impôt sur les sociétés, était en principe assise sur les montants cessant d'être à la disposition de l'exploitation française. Elle a cependant été déclarée contraire à la Constitution et elle a ensuite été supprimée (n° 60995).

Intégration fiscale

Les établissements stables en France de sociétés étrangères peuvent être « **tête de** **18912**
groupe » d'intégration fiscale dès lors qu'ils sont soumis en France à l'impôt sur les sociétés (BOI-IS-GPE-10-30-40 n° 150). Ils peuvent également, sous certaines conditions, être intégrés en tant que « filiales » (CGI art. 223 A).

La création d'un établissement stable par une société étrangère qui détient 95 % au moins du capital de la société mère d'un groupe fiscal entraîne la **cessation du groupe**, lorsque l'établissement stable soumis à l'impôt sur les sociétés en France dans les conditions de droit commun inscrit les titres à son actif. Si les titres de la société mère du groupe fiscal ne sont pas inscrits à l'actif de l'établissement stable français de la société étrangère, l'existence de cet établissement stable ne remet cependant pas en cause le groupe fiscal formé par la société mère française. L'administration précise également que l'établissement stable français d'une société étrangère peut se constituer tête d'un nouveau groupe formé à la suite de la transmission universelle du patrimoine de la société mère française au profit de la société étrangère (BOI-IS-GPE-50-10-20 n° 170).

Fichier des écritures comptables

18915 Les contribuables qui tiennent leur comptabilité au moyen de systèmes informatisés doivent la présenter sous forme de fichiers dématérialisés lors d'un contrôle fiscal (LPF art. L 47 A).

Commentant cette disposition, l'administration rappelle que, d'un point de vue juridique, les **succursales étrangères** d'une entreprise française ne bénéficient pas de la personnalité morale, qu'elles restent un simple prolongement de l'entreprise française et que le résultat comptable de cette dernière inclut les résultats de ses succursales étrangères (BOI-CF-IOR-60-40-10 n° 60). Elle ajoute qu'en cas de vérification de comptabilité de la société française cette dernière doit remettre un fichier des écritures comptables contenant, sous une forme agrégée, les éléments relatifs à ses succursales étrangères. La production, pour chaque succursale étrangère, d'un fichier de ses seules écritures comptables est exclue.

En ce qui concerne les **succursales françaises** d'entreprises étrangères, l'administration rappelle (BOI préc. n° 70) qu'elles ne sont pas soumises à l'obligation d'établissement de comptes annuels posée par le Code de commerce mais qu'elles sont tenues de souscrire une déclaration de résultat et de présenter au service, à sa demande, tous les documents comptables et justificatifs à l'appui des résultats déclarés, conformément aux articles 53 A et 54 du CGI. En cas de vérification de comptabilité, elles sont tenues, lorsqu'elles tiennent leur comptabilité au moyen de systèmes informatisés, de remettre une copie des fichiers des écritures comptables sous forme dématérialisée.

L'administration précise toutefois que la **conformité** de la copie de ces fichiers des écritures comptables à la nomenclature du Plan comptable général (PCG) (ou à une autre nomenclature définie par le normalisateur comptable français pour les banques et assurances) n'est pas exigée, en particulier le numéro et le libellé de compte (BOI préc. n° 75). Dans le cadre du bon déroulement du contrôle, les succursales françaises d'entreprises étrangères peuvent remettre au service vérificateur une **table de correspondance** avec les normes comptables françaises. Elles peuvent également choisir de remettre à l'administration une copie des fichiers de leurs écritures comptables après avoir converti ces dernières aux normes comptables françaises.

Dans tous les cas, en application du dernier alinéa de l'article 54 du CGI, lorsque la comptabilité est tenue en langue étrangère, le fichier des écritures comptables doit être présenté **en français** lors d'un contrôle (BOI préc.).

B. La retenue à la source sur les bénéfices des établissements stables

18930 Certains États ont institué des régimes de retenue à la source sur les bénéfices des établissements stables. Il s'agit d'un impôt supplémentaire qui s'ajoute à l'impôt sur les sociétés (impôt de distribution, ou « **branch tax** ») et dont l'assiette est généralement constituée par le bénéfice net d'impôt sur les sociétés.

Cette retenue supplémentaire a pour objet de tirer les conséquences de la quasi-personnalité fiscale de l'établissement stable et de son **assimilation à une entreprise résidente**. En effet, lorsqu'une filiale verse des dividendes à sa société mère, ces dividendes sont normalement amputés d'une retenue à la source, alors même qu'ils ont déjà supporté l'impôt sur les sociétés. Ne pas exiger l'équivalent pour les établissements reviendrait à les favoriser artificiellement, car les profits qu'en retireraient les actionnaires seraient supérieurs à ceux dont ils auraient bénéficié en cas de création d'une filiale.

L'assimilation ne peut pourtant pas être totale, notamment parce que la filiale a théoriquement le choix de distribuer ou non des dividendes, alors que les bénéfices de l'établissement sont automatiquement appréhendés par le siège compte tenu de l'unicité de la personne juridique. C'est pourquoi, au demeurant, les conventions fiscales prévoient souvent l'annulation de cette retenue à la source ou son plafonnement à un taux plus bas que celui applicable aux dividendes.

1. En droit interne (CGI art. 115 quinquies)

Sauf dans le cadre européen (n° 19070), les **bénéfices** que les sociétés étrangères réalisent en France, notamment (mais pas seulement) par l'intermédiaire de succursales, sont **réputés distribués** à des associés n'ayant pas leur domicile ou leur siège social en France ; ils sont donc soumis à une retenue à la source aux taux mentionnés n° 19032, sauf, bien entendu, si une convention fiscale interdit à la France de prélever la retenue, ou si elle en réduit le taux (n° 19100). La loi crée ainsi, pour les sociétés qui n'appartiennent pas à l'Union européenne, une double présomption : de distribution d'une part, à des associés non résidents, d'autre part. **19000**

Les caractéristiques principales de ce système sont les suivantes (CGI art. 115 quinquies, et Ann. II art. 379 à 382 ; BOI-RPPM-RCM-30-30-30).

Précisions **a.** Il résulte de la jurisprudence du Conseil d'État que l'existence de l'article 115 quinquies du CGI n'interdit pas à l'administration d'assujettir à une retenue à la source des **revenus réputés distribués** par un établissement en France d'une société étrangère sur un autre fondement législatif (articles 109, 1 et 111 c du CGI ; n° 17813).

b. L'administration avait indiqué que les dispositions de l'article 115 quinquies du CGI ne la privent pas de la faculté d'imposer sur la base d'un autre fondement les bénéfices soumis à l'impôt sur les sociétés en France distribués par une société étrangère (anciennes réponses Zimmermann, n° 72398 : JOAN 26 octobre 2010 p. 11686 et Masson, n° 13142 : Sén. 18 novembre 2010 p. 3024 ; BF 1/11 n° 35). Ces réponses, non reprises au BOFiP, indiquaient qu'il en est ainsi, par exemple, lorsque l'administration met en évidence qu'une fraction du bénéfice retenu pour l'assiette de l'impôt sur les sociétés français réalisé par l'établissement stable a été **désinvestie**, cette fraction de bénéfice constituant alors un **revenu distribué** au sens de l'article 109, 1-1° du CGI pour lequel l'administration s'estimait fondée à recourir aux dispositions de l'article 117 du CGI afin d'en connaître le bénéficiaire. L'administration ajoutait que **l'affectation au siège** du bénéfice réalisé en France par la société étrangère ne constitue pas un revenu distribué au sens de l'article 109, 1-1° du CGI puisque celui-ci n'est pas désinvesti ; en conséquence, pour l'application aux établissements stables français de sociétés étrangères des articles 41 et 44 de l'annexe II au CGI, qui fixent les modalités de détermination des montants désinvestis d'une société, il était précisé qu'il ne devait pas être tenu compte des sommes figurant au passif du bilan de l'établissement qui ont pour origine un flux entre le siège et son établissement.

a. Exigibilité

Condition d'assujettissement à l'impôt sur les sociétés

La retenue est exigible des sociétés étrangères qui réalisent des bénéfices en France, que ce soit par l'intermédiaire d'un **établissement stable**, **ou non**, par exemple, en cas de réalisation de **revenus immobiliers** ; il faut simplement que ces bénéfices soient passibles de l'impôt sur les sociétés dans notre pays (sous réserve, naturellement, des conventions fiscales). **19020**

Cela étant, cette retenue doit être considérée non pas comme une imposition des bénéfices des sociétés mais comme une imposition des distributions opérées par une société étrangère à ses propres actionnaires. Cette analyse, qui ressortait implicitement de la décision Cofinimmo du Conseil d'État (n° 19052), a été affirmée de manière plus nette par l'arrêt rendu sur renvoi dans cette affaire, qui juge notamment que le fait générateur de la retenue ne trouve pas sa source dans les bénéfices réalisés par l'établissement stable, mais dans leur distribution présumée à des associés non-résidents de la société étrangère (CAA Paris 30 juin 2020 n° 19PA02275, 7e ch., Sté Cofinimmo, ayant fait l'objet d'un pourvoi non admis par CE (na) 21 septembre 2021 n° 445834, 9e ch., Sté Cofinimmo : RJF 12/21 n° 1108).

Précisions **a.** La retenue est exigible d'une société du **Panama** sans établissement stable en France (CAA Paris 1er février 1994 nos 92-1218 et 92-955, 3e ch., SA Gesfi International : RJF 10/94 n° 1071 ; arrêt définitif) ; aucune règle législative ou réglementaire ne subordonne l'application de la retenue à la source à l'existence d'un établissement stable en France.

b. Une Anstalt du **Liechtenstein** est passible de la retenue à la source même en l'absence d'établissement stable, dès lors qu'elle réalise des bénéfices en France à raison de la mise à disposition gratuite de ses dirigeants, ou de la location, de différents appartements et de l'emplacement portuaire dont elle est propriétaire en France (CAA Lyon 10 décembre 1991 n° 164-277, 1re ch., Anstalt Reck : RJF 4/92 n° 474 ; arrêt définitif).

c. Lorsque l'imposition est permise par les conventions fiscales, son exigibilité est souvent, mais pas toujours, liée à l'existence d'un **établissement stable** ; le Conseil d'État en a ainsi écarté l'application à une société **suisse** qui n'avait pas en France d'établissement stable, compte tenu des termes de la convention fiscale (CE 15 février 1984 nos 37377 et 37378, 7e et 9e s.-s. : RJF 4/84 n° 533).

Condition de réalisation d'un résultat

19022 Une société étrangère n'est pas soumise à la retenue au titre d'un exercice si ses résultats en France sont nuls ou déficitaires, même si elle procède à des distributions de dividendes au titre de cet exercice (en ce sens, décision Liviana Anstalt ; n° 19030). Mais elle est redevable de la retenue même si elle ne procède pas à des distributions au cours d'un exercice, si les résultats de cet exercice sont bénéficiaires (sous réserve du n° 19052).

Cas particulier des sociétés de personnes

19025 La question s'est posée de l'application de la retenue à la source aux revenus réalisés par des sociétés de personnes françaises dont les associés non résidents sont, par principe, imposables dans notre pays au titre de leur quote-part des bénéfices de la société de personnes (n° 31340).

Selon une position ancienne, exprimée d'abord à propos des GIE, et généralisée ensuite, l'administration considérait que la présomption de distribution était applicable au résultat des sociétés de personnes dont les associés sont non-résidents (voir à propos des GIE, ancienne instruction du 30 mai 1968, BOCD 1968-11-4141 et, plus généralement, ancienne instruction du 8 décembre 1989, 4 H-8-89, n° 64).

Mais cette position ne tenait pas compte des principes d'imposition des associés non résidents des sociétés de personnes ; en effet, la retenue à la source n'est prévue que pour « les bénéfices réalisés en France par les sociétés étrangères ». Or, ce n'est pas l'associé étranger qui réalise les bénéfices, mais la société de personnes française, puisque c'est elle qui constitue le sujet fiscal (n° 31340). C'est pourquoi l'administration a finalement admis que l'article 115 quinquies du CGI n'est **pas applicable** aux associés non résidents d'une société de personnes française (BOI-RPPM-RCM-30-30-30-10 n° 90).

Il en résulte que la retenue à la source ne peut **jamais** être **exigée**, même, à notre avis, en présence d'une convention fiscale qui reconnaîtrait, d'une façon générale, l'applicabilité de l'article 115 quinquies du CGI ; la convention fiscale ne peut ici que se borner à donner un droit d'imposer à la France dont l'utilisation effective dépend de son droit interne.

b. Calcul

Assiette

19030 La retenue à la source est assise sur le montant des bénéfices réalisés en France, c'est-à-dire le **montant total des résultats** imposables ou exonérés. Ces résultats sont déterminés en application de l'article 209 du CGI, conformément aux règles de droit commun relatives aux bénéfices industriels et commerciaux (CAA Lyon 10 décembre 1991 n° 164-277, 1re ch., Anstalt Reck : RJF 4/92 n° 474 ; arrêt définitif).

L'**impôt sur les sociétés** est déductible de l'assiette ainsi formée (l'arrêt précité juge à ce propos que la retenue à la source est calculée en tenant compte d'une part de l'impôt sur les sociétés déductible, qui est celui légalement dû par la société, et d'autre part de l'application éventuelle des règles de déduction en cascade prévues par l'article L 77 du LPF). Le cas échéant, le prélèvement prévu à l'article 244 bis A du CGI (nos 67540 s.) est également déductible (BOI-RPPM-RCM-30-30-30-10 n° 110). Il a été jugé que la **contribution sociale** sur les bénéfices prévue à l'article 235 ter ZC du CGI n'est pas déductible, car elle constitue une imposition distincte de l'impôt sur les sociétés et sa déduction n'est pas prévue par la loi (CAA Versailles 28 janvier 2020 n° 19VE02392, 3e ch.) ; dans cette affaire, cependant, le ministre a ensuite accordé le dégrèvement de la somme en litige après dépôt d'un pourvoi par la société et un non-lieu a été prononcé par CE Ord. 3 mai 2021 n° 439834, 3e ch., Sté Estienne d'Orves (voir également infra, Précisions c).

L'assiette de la retenue à la source inclut les **plus-values** réalisées (CE 7 janvier 2000 n° 186924, 8e et 9e s.-s., SA Winterthur : RJF 2/00 n° 198) ainsi que les **dividendes** relevant du régime des sociétés mères et reçus par un établissement stable (BOI-RPPM-RCM-30-30-30-10 n° 80) et les divers profits, bénéfices ou produits quelconques, réalisés en France et exonérés de l'impôt sur les sociétés (BOI préc. n° 110). Mais la retenue n'est pas applicable à une société étrangère dont les résultats en France sont **déficitaires** (CE 16 décembre 1992 n° 123268, 7e et 9e s.-s., Liviana Anstalt : RJF 2/93 n° 195).

Précisions **a.** La retenue à la source a été jugée inapplicable au **quartier général français** d'une société étrangère au motif que celui-ci ne réalisait en France **aucun bénéfice**, la circonstance que, à la suite d'un accord avec l'administration, ce quartier général soit imposé en France à l'impôt sur les sociétés sur une base forfaitaire égale à 6 % de ses frais de fonctionnement étant sans incidence (TA Paris 25 février 1993 n° 9001529/1, 2e ch., Sté Schlumberger Ltd ; jugement définitif).

b. Lorsque la différence entre le total des résultats, imposables ou exonérés, et l'impôt sur les sociétés fait apparaître au titre d'un exercice un **montant négatif**, l'administration admet que l'excédent éventuel de déficit soit distrait de la base de calcul de la retenue des exercices ultérieurs, si et dans la mesure où, pour les cinq années précédentes, la société étrangère n'a pas sollicité et obtenu la révision de la base provisoire de la retenue en fonction du montant des distributions effectives (BOI-RPPM-RCM-30-30-30-10 n° 120).

c. En cas de **rappel de retenue à la source** au titre d'un établissement stable en France, l'administration ne peut retenir comme assiette que le montant total des résultats réalisés en France par la société étrangère, qu'ils soient imposables ou exonérés, après déduction de l'impôt sur les sociétés, et non les sommes effectivement distribuées par la société étrangère (CE 24 juin 2019 n° 413156, 3e et 8e ch. : RJF 10/19 n° 905). Sur cette affaire, voir également ci-avant ainsi que nos 17355 et 41485.

Taux

Le taux de la retenue est le taux normal de l'impôt sur les sociétés (**25 %** pour les exercices ouverts depuis le 1er janvier 2022 ; n° 5592) pour les bénéficiaires personnes morales ou organismes, quelle que soit leur forme, et de **12,8 %** pour les bénéficiaires personnes physiques (**75 %** en présence d'un ETNC au sens indiqué n° 71555) et sous réserve, naturellement, des réductions qui peuvent être prévues par les conventions fiscales (n° 19100). **19032**

c. Modalités pratiques

Versement initial

La retenue doit être déclarée et versée au Trésor au plus tard le **quinzième jour du quatrième mois qui suit la clôture** de l'exercice ; si l'exercice est clos le 31 décembre d'une année ou si aucun exercice n'est clos en cours d'année, le versement doit être effectué au plus tard le 15 mai de l'année suivante (CGI art. 1673 bis dans sa rédaction issue de l'article 6 de l'ordonnance n° 2015-681 du 18 juin 2015 portant simplification des obligations déclaratives des entreprises en matière fiscale ; précédemment, la retenue devait être versée par la société dans le délai de dépôt de sa déclaration de résultat, en pratique, jusqu'au 15 du mois suivant). **19035**

La société doit accompagner son versement d'une **déclaration n° 2777** (disponible en ligne sur le site www.impots.gouv.fr et qui doit être télédéclarée) faisant ressortir le montant des bénéfices et plus-values à retenir pour l'assiette de l'impôt sur les sociétés, le montant de l'impôt correspondant et le montant des bénéfices et plus-values réalisés en France et exonérés d'impôts. En pratique, ce formulaire permet le calcul suivant :

– **l'assiette** de la retenue est donnée au moyen du calcul suivant : (bénéfices et plus-values retenus pour l'assiette de l'impôt sur les sociétés + bénéfices et plus-values de l'exercice non compris dans la base de l'impôt sur les sociétés) - (impôt sur les sociétés dû pour l'exercice + bénéfices ou plus-values antérieurs compris dans la base de l'impôt sur les sociétés) ;

– le **taux** de la retenue est ventilé entre le taux législatif (n° 19032) et le taux conventionnel éventuellement applicable (en distinguant selon que les bénéficiaires sont des personnes physiques ou des personnes morales). Le service compétent pour recevoir la déclaration et encaisser le montant de la retenue est le même que pour l'impôt sur les sociétés.

Précisions Une **rectification ultérieure** du montant des bénéfices ou plus-values imposables entraînera une rectification corrélative de la base de la retenue ou une réduction de cette base pour tenir compte du complément d'impôt sur les sociétés reconnu exigible.

Révision de la retenue

19050 La double présomption de distribution souffre **la preuve contraire** et la retenue peut être régularisée dans les deux cas suivants.

19052 **Premier cas** La société étrangère peut demander que la retenue soit révisée sur la base de ses **distributions effectives**, si elle montre qu'elle n'a procédé à aucune distribution, ou à une distribution partielle, des bénéfices de l'exercice concerné. Dans ce cas, la retenue doit être calculée sur la base des distributions effectives. L'excédent de perception dégagé par la nouvelle liquidation doit alors être **remboursé** à la société étrangère.

Les distributions prises en considération s'entendent des produits d'actions, parts sociales ou revenus assimilés qui ont été répartis par la société étrangère au cours de la période de douze mois qui suit la clôture de l'exercice. Ces distributions sont toutes considérées comme prélevées sur les résultats de l'exercice concerné, quelle que soit leur imputation comptable (BOI-RPPM-RCM-30-30-30-10 n° 210).

Il en résulte qu'une société étrangère qui pourrait, le cas échéant, établir que les bénéfices de son exploitation française ont été, en tout ou partie, **mis en réserve** ou **réinvestis** ne pourrait pourtant pas demander une révision de la retenue. Par exception, pour les exercices ouverts depuis le 1er janvier 2020, les **sociétés « européennes »**, à savoir celles qui ont leur siège dans un État membre de l'Union européenne ou partie à l'accord sur l'Espace économique européen, peuvent obtenir la restitution de la retenue à la source lorsque les sommes auxquelles elle a été appliquée (c'est-à-dire les bénéfices de source française) n'ont pas été désinvesties hors de France (cela n'a cependant d'importance que si la société étrangère n'est pas passible de l'impôt sur les sociétés puisque autrement la retenue n'est pas applicable de toute façon ; n° 19070).

Cette faculté résulte de l'article 42 de la loi n° 2019-1479 du 28 décembre 2019 de finances pour 2020 tirant sur ce point les conséquences de la jurisprudence ; en effet, sous l'empire de l'ancienne rédaction de la loi, le Conseil d'État avait identifié une restriction injustifiée à la **liberté d'établissement** au motif que les sociétés européennes qui réalisaient des bénéfices en France par l'intermédiaire d'un établissement stable, au lieu d'une filiale, ne pouvaient pas établir, pour obtenir la restitution totale ou partielle de la retenue, que les distributions qui y avaient été provisoirement soumises avaient été, en l'absence de désinvestissement des bénéfices dégagés par leurs exploitations françaises, prélevées sur des bénéfices ne relevant pas de la compétence fiscale de la France (CE 10 juillet 2019 n° 412581, 9e et 10e ch., Sté Cofinimmo : RJF 10/19 n° 906). Cette décision avait été rendue à propos d'une **société immobilière belge** qui disposait d'une succursale en France exonérée d'impôt sur les sociétés en application du régime des SIIC et qui ne pouvait bénéficier de l'exonération prévue en droit interne français car elle était exonérée d'impôt en Belgique (n° 19070 ; comme la restriction a été identifiée au regard de la liberté d'établissement, elle n'a pas de conséquence en ce qui concerne les sociétés établies dans les États tiers). Sur renvoi, toutefois, la société n'a pas obtenu la décharge. En effet, le Conseil d'État n'avait pas jugé que l'article 115 quinquies, dans sa rédaction alors applicable, aurait porté atteinte à la liberté d'établissement en toutes ses dispositions, mais, selon la Cour, seulement affirmé que le contribuable était en droit, pour obtenir la restitution de la retenue à la source, de démontrer que les bénéfices de son établissement stable étaient restés investis « en France » (pour la Cour, le réinvestissement devait avoir eu lieu « en France », ce qui est erroné puisque le Conseil d'État portait la critique sur le fait que la société ne pouvait soutenir que les bénéfices de son exploitation française ont été, en tout ou partie, mis en réserve ou réinvestis, sans préciser dans quel État) ; or la société ne l'avait ni démontré ni même allégué (CAA Paris 30 juin 2020 n° 19PA02275, 7e ch., Sté Cofinimmo, ayant fait l'objet d'un pourvoi non admis par CE (na) 21 septembre 2021 n° 445834, 9e ch., Sté Cofinimmo : RJF 12/21 n° 1108).

Précisions **a.** La référence aux distributions effectives de la société étrangère n'est pas très cohérente car elle suppose que tous les profits distribués sont de source française. Il eût été plus logique, par exemple, de rapporter le total des **distributions réalisées par la société étrangère** à la proportion du bénéfice de l'établissement français par rapport au bénéfice total de l'entreprise. Mais la loi est claire, et le Conseil d'État a confirmé qu'une société étrangère ne peut obtenir une nouvelle liquidation de la retenue à la source au motif qu'il faudrait ne retenir le bénéfice qu'elle réalise en France qu'à proportion de son bénéfice mondial qui est distribué (arrêt Winterthur ; nº 19030).

b. Une société américaine qui avait cédé, le 29 juillet 2011, un immeuble situé à Saint-Tropez a pu apporter la preuve que le bénéfice ainsi réalisé n'avait donné lieu à aucune distribution. Elle avait, en effet, produit une résolution de son conseil d'administration par laquelle elle s'était engagée à affecter environ 93 % du profit tiré de la vente à un **compte de réserve** et à ne **décider d'aucune distribution** du 29 juillet 2011 au 1er janvier 2013 ; en outre, ses déclarations de revenus américaines des années 2011 et 2012 montraient que l'essentiel des sommes figurait à l'actif et toutes ces informations avaient été corroborées par la réponse des autorités fiscales américaines à une demande de renseignements émanant des autorités françaises (CAA Marseille 22 janvier 2019 nº 17MA00758, 4e ch., Sté Mediterranean Properties Inc. ; arrêt définitif).

À titre d'illustration, l'administration donne l'**exemple** suivant (BOI-RPPM-RCM-30-30-30-10 nº 240, sachant que le taux applicable à l'époque était de 30 % ; sur le taux actuel, voir nº 19032) : **19053**
– bénéfices et plus-values réalisés en France au cours d'un exercice et restant disponibles après paiement de l'impôt sur les sociétés : 168 000 € ;
– retenue effectivement acquittée : 168 000 × 30 % = 50 400 € ;
– distributions opérées au cours des douze mois suivant la clôture de l'exercice : 115 000 € (dont 110 000 € de dividendes et 5 000 € d'autres rémunérations) ;
– retenue liquidée sur la base des distributions effectives : 115 000 × 30 % = 34 500 € ;
– excédent à restituer : 50 400 € - 34 500 € = 15 900 €.

Précisions L'exemple donné par l'administration nous paraît exact mais il n'est pas cohérent avec le principe posé par la doctrine administrative selon laquelle la nouvelle liquidation doit être pratiquée au taux de 30/70 et non pas 30/100 au motif que la retenue ne peut être **prise en charge par la société distributrice** (BOI-RPPM-RCM-30-30-30-10 nº 230). À notre avis, cependant, le taux devrait bien être de 30 % (taux applicable à l'époque de l'exemple) ; le raisonnement « en dedans » n'est pas pertinent en l'espèce, s'agissant d'une pure fiction fiscale (aucune distribution n'a, en réalité, été effectuée par l'établissement stable).

Deuxième cas La société peut demander une révision de la retenue si elle justifie que les revenus ont été distribués à des personnes **résidentes** de France (dont le domicile réel ou le siège social est situé en France) ; elle doit pour cela fournir la liste nominative des bénéficiaires (ou une attestation globale délivrée par une banque). **19055**

La demande de révision, accompagnée de la **liste des bénéficiaires** des distributions, peut être déposée jusqu'au 31 décembre de l'année suivant celle de la mise en paiement des produits (CGI, Ann. II, art. 381). L'administration doit faire connaître, dans les trois mois suivant le dépôt de la demande, la suite qu'elle entend lui réserver. Toute demande à laquelle il n'a pas été répondu dans le délai de trois mois est **réputée acceptée** (BOI-RPPM-RCM-30-30-30-10 nº 290). Toutefois ce délai n'est pas opposable si la demande de révision n'a pas été accompagnée de la liste détaillée des bénéficiaires.

Précisions La doctrine administrative rappelle qu'aux termes du dernier alinéa de l'article 381 de l'annexe II au CGI la restitution effective de la retenue est subordonnée à la condition que la société **justifie avoir transféré les sommes** correspondant à la retenue aux bénéficiaires ayant leur domicile réel ou leur siège en France. Le transfert dont il s'agit revêt pour les bénéficiaires qu'il concerne le caractère d'une répartition supplémentaire à prendre en compte pour l'assiette de l'impôt dont ils sont personnellement redevables (BOI-RPPM-RCM-30-30-30-10 nº 260).

L'administration illustre le mécanisme de remboursement du nº 19055 par **l'exemple suivant**, compte tenu des taux applicables à l'époque (BOI-RPPM-RCM-30-30-30-10 nº 310 ; sur le taux actuellement applicable, voir nº 19032) : **19056**
– bénéfices et plus-values réalisés en France au cours de l'exercice et restant disponibles après paiement de l'impôt sur les sociétés : 168 000 € ;
– retenue effectivement acquittée : 168 000 × 30 % = 54 400 € ;
– distributions opérées, au cours des douze mois suivant la clôture de l'exercice, au profit de bénéficiaires de France = 90 000 € ;
– Excédent à restituer : 90 000 × 30/70 = 38 565 € (sous la condition de transfert indiquée nº 19055, Précisions).

Précisions Dans cet exemple, l'administration retient le **taux de 30/70** et non pas de 30 % (nº 19053).

Procédure Dans les cas visés nos 19052 et 19055, la société étrangère doit, pour obtenir la restitution de l'excédent, en faire la **demande** sur papier libre à la recette des impôts **19058**

compétente (celle du lieu d'imposition à l'impôt sur les sociétés). Cette demande constitue une réclamation (CAA Paris 28 février 2003 n° 00-736, 2ᵉ ch. B, Banco Pinto et Sotto Mayor : RJF 7/03 n° 921 ; arrêt définitif).

La révision de la retenue est, en principe, **subordonnée** à son **acquittement préalable**. Toutefois, le Conseil d'État a jugé qu'**en cas de rectification**, l'administration ne peut légalement inclure dans l'assiette de la retenue des sommes dont la société justifie qu'elles n'ont pas été effectivement distribuées à des associés non résidents (CE 9 juillet 1997 n° 149918, 9ᵉ et 8ᵉ s.-s., SARL Prominvest-Immobilier : RJF 8-9/97 n° 792 aux conclusions François Loloum). Lorsqu'elle rectifie une retenue qui n'a pas été spontanément acquittée, l'administration doit donc tenir compte des justifications apportées par la société pour combattre la présomption de distribution, à la fois quant aux montants et quant aux bénéficiaires.

Dérogation

19060 La procédure de perception initiale de la retenue suivie de son remboursement peut être lourde pour les sociétés étrangères qui ont en France une partie importante de leurs activités et dont les titres sont détenus en majorité par des résidents de France ou qui ne distribuent pas de dividendes à leurs actionnaires. C'est pourquoi les sociétés qui en font la demande peuvent être **autorisées** à **limiter** le **versement** provisoire au montant qui serait dû compte tenu de leurs perspectives de distribution et du domicile de leurs actionnaires. Cette demande doit être **expresse** (CAA Paris 28 mai 1998 nᵒˢ 96-890 et 96-891, Sté Zurich d'assurance sur la vie : Droit fiscal 1999 n° 49, comm. n° 886 ; arrêt définitif).

Les sociétés qui souhaitent utiliser cette faculté doivent en faire la demande **en se référant à la doctrine administrative** qui la prévoit (BOI-RPPM-RCM-30-30-30-10 nᵒˢ 320 s.) et en joignant la déclaration n° 2777 (n° 19035) ; si le versement effectué se révèle insuffisant compte tenu des sommes réellement mises en distribution par la société étrangère ou du domicile des actionnaires, un complément de retenue à la source doit ensuite être acquitté, augmenté de l'intérêt de retard. En toute hypothèse, la **régularisation** doit être opérée un an au plus tard à compter de l'expiration du délai imparti pour le dépôt de la déclaration.

d. Exonération des sociétés de l'Union européenne ou de l'Espace économique européen

Principes

19070 Les dispositions de l'article 115 quinquies ne s'appliquent pas lorsque la société étrangère a son siège dans un État membre de l'Union européenne ou partie à l'accord sur l'Espace économique européen, à condition qu'elle y soit passible de l'impôt sur les sociétés sans possibilité d'option, sans en être exonérée et, pour les exercices clos depuis le 31 décembre 2013, sans bénéficier d'une exonération spécifique sur les bénéfices réalisés en France (BOI-RPPM-RCM-30-30-30-30). L'extension à l'Espace économique européen, applicable aux exercices clos depuis le 31 décembre 2015, résulte de l'article 29 de la loi n° 2015-1786 du 29 décembre 2015 de finances rectificative pour 2015.

Cette mesure vise à assurer la **neutralité fiscale** au regard de la forme juridique (filiale ou établissement) des implantations en France des sociétés de l'Union européenne (ou de l'Espace économique européen), compte tenu de l'exonération des dividendes versés aux sociétés mères européennes résultant actuellement de la directive 2011/96/UE du Conseil du 30 novembre 2011 (n° 88160). La condition selon laquelle, pour les exercices clos depuis le 31 décembre 2013, la société européenne ne doit pas bénéficier d'une **exonération spécifique** sur les bénéfices réalisés en France et réputés distribués a pour but de faire échec à l'exonération en présence de structures européennes du type « SIIC » (n° 67950) si celles-ci sont exonérées dans leur État de résidence au titre des revenus réalisés en France (par exemple, en raison d'une mesure d'assiette particulière comme pour les REIT britanniques, passibles de l'impôt au Royaume-Uni mais exonérés sur les profits réalisés par un établissement stable français qui a opté pour le régime des SIIC).

Sur l'incidence de la liberté d'établissement au sein de l'Union européenne, voir n° 19052.

Précisions **a.** La **Commission européenne** avait, avant l'exonération des sociétés européennes introduite en 1997, décidé de poursuivre la France pour non-respect de la législation européenne (voir BF 8-9/97 n° 833, et avis motivé à la France du 19 juin 1997).

b. Le tribunal administratif de Besançon avait jugé, pour les années 1994, 1995 et 1996, la retenue inapplicable à une société belge au titre de son établissement stable en France, pour infraction au principe de la **liberté d'établissement** consacré par l'article 43 du traité CE (aujourd'hui article 49 du traité FUE ; TA Besançon 20 janvier 2000 n° 97-1117, SA Solvay : RJF 4/00 n° 488 ; jugement définitif).

Conditions

L'exonération est subordonnée au respect des conditions suivantes (BOI-RPPM-RCM-30-30-30-30 nos 40 s.) : **19075**

– notion de **siège** : pour les exercices ouverts depuis le 1er janvier 2020, la loi ne renvoie plus au siège « de direction effective » mais au seul « siège » (loi n° 2019-1479 du 28 décembre 2019 de finances pour 2020, art. 42) ; cela étant, ce changement de terminologie, qui tient au fait que la notion de siège de direction effective relève du droit conventionnel alors que le droit interne utilise plutôt le terme « siège » (Rapport AN n° 2301 p. 533 ; Rapport Sénat n° 140 p. 515), n'a pas, à notre avis, de conséquences pratiques ; le siège dont il s'agit est, en tout état de cause, le siège réel et sérieux au sens du droit des sociétés, qui correspond en fait au siège de direction effective au sens des conventions fiscales (nos 41450 et 61032) ; pour un exemple de société luxembourgeoise qui n'a pu bénéficier de l'exonération faute, notamment, d'avoir son siège de direction effective au Luxembourg, voir CAA Versailles 15 juin 2017 n° 14VE03659, 7e ch., Sté Estienne d'Orves (sur la décision rendue en cassation sur la question de l'assiette de la retenue à la source, voir n° 19030, Précisions c ; voir également n° 41485) ;

– condition relative à l'**impôt sur les sociétés** : il s'agit d'un terme générique qui vise l'ensemble des impôts sur les revenus des personnes morales, s'ils sont comparables à l'impôt français ; la doctrine administrative renvoie sur ce point à la liste fournie par la directive mère/fille (n° 88190) et à la liste des impôts équivalents à l'impôt sur les sociétés français cités au BOI-ANNX-000071 pour les États membres de l'Espace économique européen (BOI préc. n° 90) ; les sociétés soumises à l'impôt sur option, ou qui en sont exonérées quoiqu'elles en soient passibles, sont exclues de la mesure et celles qui bénéficient d'exonérations partielles ne peuvent éviter la retenue à la source en France que si l'exonération partielle dont elles bénéficient ne porte pas sur les bénéfices français réputés distribués ;

– incidences des **conventions fiscales** : la retenue est supprimée, même si la convention permet de la percevoir (ce qui va évidemment de soi...).

En ce qui concerne les modalités de l'exonération en présence d'une convention fiscale, l'administration fait la distinction suivante :

– lorsque les conventions fiscales conclues par la France avec des États membres de l'Union européenne **prévoient déjà une exonération** de retenue à la source, il appartient à la société concernée de justifier, au moyen d'une attestation délivrée par son administration fiscale, de sa résidence dans l'un de ces États (BOI préc. n° 130) ;

– lorsque **la convention fiscale maintient la retenue à la source**, la société étrangère doit justifier, auprès du service des impôts des entreprises dont dépend le lieu d'établissement de l'impôt sur les sociétés, qu'elle satisfait aux conditions requises pour en être exonérée en fournissant une attestation certifiée par l'administration fiscale étrangère (un modèle est donné au BOI-LETTRE-000069) ; cette attestation doit être adressée par la société dans le délai qui lui est imparti pour souscrire la déclaration de ses résultats réalisés en France. Toutefois, en pratique, elle peut être déposée jusqu'au 15 du mois suivant l'expiration de ce délai. Si la société ne fournit pas l'attestation dans ce délai, elle doit déposer la déclaration n° 2777 (n° 19035) auprès du service des impôts des entreprises dont dépend le lieu d'établissement de l'impôt sur les sociétés, et verser la retenue liquidée au taux de droit interne sous réserve des dispositions des conventions fiscales et sans préjudice des pénalités afférentes à cette retenue (BOI préc. nos 140 s.).

Précisions La convention fiscale **franco-britannique** du 19 juin 2008 permet à la France d'appliquer la retenue à la source en présence d'un établissement stable ayant opté pour le régime des SIIC dans certaines conditions (n° 19070 ; point 6 du protocole annexé à la convention).

2. En droit conventionnel

Schématiquement, trois situations peuvent se présenter lorsqu'une convention fiscale trouve à s'appliquer entre la France et le pays de la résidence de l'entreprise. **19100**

Précisions a. La France avait fait une réserve au modèle OCDE, tendant à conserver le droit d'appliquer l'article 115 quinquies du CGI, même en présence d'une convention fiscale, quitte à en réduire le taux ; cette réserve a été supprimée lors de la mise à jour de septembre 1995.

b. L'applicabilité de la retenue à la source dépend de la convention fiscale conclue entre la France et l'État de résidence de la société étrangère. Cependant, il est possible que son taux doive être plafonné en application de la convention conclue **entre la France et l'État de résidence des actionnaires** de la société étrangère. En ce sens, la rapporteure publique Céline Guibé dans ses conclusions sous CE (na) 21 septembre 2021 n° 445834, 9e ch., Sté Cofinimmo : RJF 12/21 n° 1108, estimait que « les dispositions de l'article 115 quinquies du CGI ne s'opposent pas à ce que la retenue frappe les associés de la société étrangère au taux dont ils relèvent, en fonction de leur État de résidence (...) Il suffit, à cet effet, que la succursale française révèle à l'administration fiscale l'identité et le lieu de résidence des bénéficiaires des distributions » ; si l'on suit cette analyse, cohérente avec l'idée que la retenue frappe des distributions à des actionnaires, il serait donc possible d'appliquer les taux prévus par la convention fiscale conclue entre la France et l'État de résidence des actionnaires. Ce point n'est cependant pas jugé et la doctrine administrative ne dit rien de tel.

a. Si la convention fiscale ne contient aucune disposition sur la « branch tax »

19120 Il en va ainsi, par exemple, dans la convention franco-malgache du 22 juillet 1983, car cette convention ne fait référence ni explicitement ni implicitement (au sens indiqué n° 19165) à cet impôt. Dans ce cas, on pourrait penser que le droit interne des États s'applique sans limitation. La « branch tax » donnerait alors lieu à un crédit d'impôt dans l'État de résidence de l'entreprise selon les modalités prévues par la convention fiscale.

Il peut, cependant, être tout de même interdit de prélever, du côté français, la retenue à la source prévue à l'article 115 quinquies du CGI, soit en application des règles relatives aux « **revenus non dénommés** », soit éventuellement compte tenu de la clause de non-discrimination.

Le Conseil d'État a ainsi jugé la retenue inapplicable à une société polonaise ayant un établissement stable en France sur le fondement de l'article 21 § 1 de la convention fiscale franco-polonaise du 20 juin 1975 relatif aux revenus non expressément mentionnés dans les autres articles de la convention (CE 31 janvier 2001 n° 199543, 8e et 3e s.-s., SA Bank Polska Kasa Opieki : RJF 4/01 n° 489) ; dans cette affaire, le Conseil d'État s'est d'abord attaché à qualifier la **présomption de droit interne** créée par l'article 115 quinquies, qui est une « **fiction** » **fiscale**, de « revenu réputé distribué », sans entrer dans la logique conventionnelle de l'imposition des établissements stables. Il a ensuite considéré que, faute de stipulation conventionnelle explicite, les revenus de cette nature n'étaient pas visés par le 2 de l'article 21 qui, de façon classique et conformément au modèle de l'OCDE, redonne pourtant le droit d'imposer à l'autre État en présence d'un établissement stable situé dans cet État, contrairement à ce qu'avait jugé la cour administrative d'appel (CAA Paris 9 juillet 1998 n° 96-1294, SA Bank Polska Kasa Opieki : Droit fiscal 1999 n° 19, comm. n° 397). Par suite, le Conseil d'État n'a pas eu à se pencher sur la portée de la **clause de non-discrimination**, qui selon la manière de voir du commissaire du Gouvernement Caroline Martin (conclusions sous l'arrêt précité de la cour administrative d'appel), devait, en toute hypothèse, conduire à la décharge.

Précisions a. La cour administrative d'appel avait estimé, à tort à notre avis, que la condition relative à la **similitude des situations** n'était pas remplie et que la retenue à la source ne pouvait être regardée comme constituant l'imposition d'un établissement stable (la cour avait confirmé l'imposition sur le fondement de l'article 21 § 2, en refusant de la trouver discriminatoire).

b. À notre avis, c'est en raison des incidences de la clause de **non-discrimination** incluse dans la convention franco-marocaine du 29 mai 1970, telle que modifiée par un avenant du 18 août 1989, que l'administration considère, bien que l'explication ne soit pas fournie, que l'article 115 quinquies du CGI n'est pas applicable à des **sociétés marocaines** (BOI-INT-CVB-MAR n° 145). Voir également n° 81290.

b. Si la convention fiscale prévoit expressément la possibilité de prélever cet impôt

19140 Dans ce cas, il n'y a pas de difficultés particulières ; par exemple, la convention fiscale entre la France et **Singapour** du 15 janvier 2015 contient un article 10 § 7 stipulant qu'aucune disposition de la convention n'empêche un État de percevoir, sur les bénéfices imputables à un établissement stable situé dans cet État, d'une société qui est un résident de l'autre État, un impôt qui s'ajoute aux impôts applicables conformément aux autres dispositions de la convention, pourvu que cet impôt additionnel n'excède pas 5 % du montant des bénéfices imputables à l'établissement stable, déterminé après le paiement de l'impôt sur les sociétés afférent à ces bénéfices.

Des limitations du même ordre sont prévues par exemple dans la convention **franco-brésilienne** du 10 septembre 1971 (15 % pour un établissement au Brésil, 15 % des deux tiers des bénéfices pour un établissement en France) et **franco-canadienne** du 2 mai 1975 (5 %). Bien entendu, lorsque la convention prévoit la possibilité d'appliquer la retenue à la source, la clause de non-discrimination est, par nature, inopérante (nº 19030).

Précisions **a.** Les conventions fiscales prévoient souvent non seulement une limitation du taux de prélèvement, mais aussi une limitation de son champ. En présence d'une convention, l'article 115 quinquies n'est en général applicable que s'il y a en France un **établissement stable** (CE 15 février 1984 nºs 37377 et 37378, 7e et 9e s.-s. : RJF 4/84 nº 533, à propos de la convention franco-suisse du 9 septembre 1966).

b. La convention **franco-américaine**, telle que modifiée par l'avenant du 13 janvier 2009, continue de prévoir l'application d'une retenue à la source plafonnée à 5 %, tant du côté américain que du côté français, sous réserve de certaines exceptions (article 10, 8 et 9 de la convention du 31 août 1994 modifiée). L'application de la retenue à la source a été confirmée par CAA Versailles 22 mai 2014 nº 12VE01928, 1e ch., min. c/ Sté Off The Beaten Path LLC : RJF 10/14 nº 932 (arrêt définitif, transposable à la convention actuelle ; voir également nº 17390, Précisions d).

c. En ce qui concerne la **convention franco-américaine**, l'administration précise que, par cohérence avec le régime d'exonération applicable aux sociétés mères résidentes d'un État détenant au moins 80 % des droits sociaux de leurs filiales résidentes de l'autre État, sont également exonérés de toute retenue à la source les bénéfices réputés distribués des établissements stables français des sociétés américaines qui satisfont à l'un des quatre « tests » prévus par la convention pour que les dividendes distribués par une filiale à une société mère américaine soient éligibles à l'exonération (BOI-INT-CVB-USA-10-30 nº 170).

c. Si la convention fiscale exclut l'application de la « branch tax », soit expressément, soit parce qu'elle contient une disposition générale qui interdit de l'appliquer

Exclusion expresse

Parmi les conventions fiscales excluant expressément la « branch tax », la **convention** 19160
franco-allemande du 21 juillet 1959 contient un article 8 rédigé comme suit : « les sociétés résidentes de la République Fédérale qui possèdent en France un établissement stable ne sont pas soumises à l'impôt de distribution visé à l'article 115 quinquies du Code général des impôts » (le droit allemand ne prévoit pas de retenue analogue). Il en va de même de la convention **franco-néerlandaise** du 16 mars 1973 (formulation identique, figurant au protocole et unilatérale, car les Pays-Bas n'ont pas de dispositif semblable en droit interne).

Exclusion implicite

Même lorsque les conventions fiscales n'interdisent pas expressément la perception d'une 19165
« branch tax », elles peuvent arriver au même résultat en reprenant une **formulation générale** issue du modèle de l'OCDE et figurant généralement à la fin de l'article consacré aux dividendes.

L'OCDE prévoit, en effet, qu'un État ne peut percevoir aucun impôt sur les dividendes payés par une société non résidente de cet État (sauf si le bénéficiaire est résident de cet État ou s'il s'agit d'un établissement stable ayant la participation à son actif), ni prélever aucun impôt au titre de l'imposition des bénéfices non distribués, sur les bénéfices non distribués de la société, même si les dividendes payés ou les bénéfices non distribués consistent en tout ou en partie en bénéfices ou revenus provenant de son territoire (article 10 § 5 du modèle).

Selon les commentaires de l'OCDE, cette formulation a pour conséquence que les sociétés non résidentes d'un État ne doivent pas être soumises à des impôts spéciaux sur les bénéfices non distribués ; elle exclut par ailleurs l'imposition « extraterritoriale » des dividendes (Commentaires OCDE, C (10) nº 34).

Tel est le cas, par exemple, avec la convention fiscale entre la France et l'Italie du 5 octobre 1989, à la différence de la convention franco-polonaise du 20 juin 1975, ce qui justifie sur ce point le raisonnement suivi par le Conseil d'État dans l'affaire BPKO (nº 19120).

C. Élimination des doubles impositions

19200 Les deux procédés classiques d'élimination des doubles impositions (exonération et imputation) se retrouvent naturellement en ce qui concerne l'imposition des entreprises.

1. La méthode de l'exonération

19260 Certains États, en particulier la France, retiennent la méthode de l'exonération, qui consiste, en pratique, à limiter l'imposition des bénéfices d'une entreprise à un seul État, même lorsqu'elle exerce son activité dans les deux États.

a. Imposition exclusive dans l'État de la situation de l'établissement stable

19280 Il s'agit des situations dans lesquelles la convention fiscale retient le principe suivant :
– imposition dans l'État de situation de l'établissement stable ;
– **exonération dans l'État de la résidence** de l'entreprise sous réserve, éventuellement, de l'application du taux effectif (nº 7980).

Cette solution est souvent retenue par la **France**, car elle rejoint son droit interne. Les bénéfices qui sont réalisés dans des entreprises exploitées « hors de France » ne sont pas, en effet, imposables en France (nº 5802).

19285 En pratique, de nombreuses conventions fiscales **exonèrent d'impôt en France** les bénéfices réalisés dans un établissement stable à l'étranger. La règle figure en général dans un article terminal de la convention, relatif à l'élimination des doubles impositions et rédigé comme suit : « les revenus autres que ceux visés à l'alinéa b ci-dessous (dividendes, intérêts, redevances...) sont exonérés des impôts français... lorsque ces revenus sont imposables en... en vertu du présent accord » (voir par exemple les conventions signées avec la Chine et la Grèce) ; mais les rédactions peuvent être un peu différentes.

Si cette rédaction est aujourd'hui résiduelle, car elle ne concerne plus que les « vieilles conventions », le même résultat est atteint avec la méthode désormais utilisée par la France d'imputation d'un **crédit d'impôt égal à l'impôt français** (nº 8160). Il n'en va différemment que lorsqu'il s'agit d'un crédit égal à l'impôt étranger (conventions avec la Turquie et l'Équateur).

À l'égard des entreprises qui sont exploitées par des personnes physiques, la France applique, en règle générale, la méthode du **taux effectif**, qui permet de tenir compte des revenus de source étrangère du contribuable pour la détermination du taux d'imposition applicable à ses revenus de source française (nº 7980), ou bien la méthode du crédit égal à l'impôt français (nº 8160).

19290 Le principe de l'imposition exclusive dans l'État de situation de l'établissement n'est pas toujours prévu de manière bilatérale ; la France, par exemple, retient presque toujours cette méthode, mais souvent unilatéralement, l'autre pays appliquant un système de « vrai » crédit d'impôt.

Il importe, à chaque fois, d'examiner non seulement la rédaction de l'article **« élimination des doubles impositions »**, mais aussi celle de l'article **« bénéfices des entreprises »**. Ainsi, l'imposition exclusive dans l'État de situation de l'établissement est prévue de manière bilatérale dans les conventions franco-allemande et franco-belge, mais cela résulte de la rédaction de l'article sur les bénéfices des entreprises :
– convention **franco-allemande** du 21 juillet 1959 (article 4) : la fraction des bénéfices attribuable à l'établissement stable n'est pas imposable dans l'État de la résidence de l'entreprise ; une telle rédaction, qui ne vise que les bénéfices, pourrait être interprétée en Allemagne comme permettant à une entreprise allemande de déduire en Allemagne les pertes de son établissement stable français ; l'inverse n'est pas vrai (entreprise française

faisant des pertes en Allemagne). Du côté français, l'exonération est obtenue dans le cadre du système du crédit d'impôt égal à l'impôt français (article 20 § 2) ;
– convention **franco-belge** du 10 mars 1964 (article 4) : « les bénéfices industriels et commerciaux ne sont imposables que dans l'État contractant où se trouve situé l'établissement stable dont ils proviennent » (avec taux effectif, article 19 § B 3).

Assez souvent, toutefois, les conventions fiscales reprennent le modèle OCDE qui prévoit l'imposition dans l'État de l'établissement stable, mais sans exclusive (absence de « ne... que »). L'exonération dans l'État de résidence provient alors de la règle prévue à l'article relatif à l'élimination des doubles impositions.

Sur la pratique française actuelle et la rédaction de clauses destinées à **éviter** les **abus**, voir n° 8165 l'exemple de la convention franco-chilienne du 7 juin 2004.

b. Imposition exclusive dans l'État de résidence de l'entreprise

Lorsque l'entreprise n'exerce pas son activité dans l'autre État par l'intermédiaire d'un établissement stable, seul l'État de la résidence a le droit d'imposer. **19300**

Entreprises de navigation internationale

Le principe de l'imposition exclusive dans l'État de résidence prend un relief particulier en ce qui concerne les compagnies de trafic international maritime ou aérien. En effet, soit par le biais de dispositions incluses dans une convention d'ensemble, soit simplement par le jeu d'un accord maritime et aérien, les entreprises de ce type sont très souvent **exclusivement** imposables dans l'État de leur **résidence** (n° 4830). Dans ce cas, la notion d'établissement stable ne joue pas. **19305**

Le modèle de convention fiscale de l'OCDE prévoit en effet que « les bénéfices d'une entreprise d'un État contractant provenant de l'exploitation, en trafic international, de navires ou d'aéronefs ne sont imposables que dans cet État » (article 8 ; cette rédaction résulte de la révision de 2017, qui a notamment supprimé la référence au siège de direction effective, que les États peuvent malgré tout conserver s'ils le souhaitent). Ces bénéfices s'étendent à ceux qui proviennent de la participation à un **pool**, une **exploitation en commun** ou un organisme international d'exploitation. Depuis la révision de 2017, le modèle de convention fiscale de l'OCDE retient une définition plus large qu'auparavant de la notion de trafic international (article 3 § 1 e) du modèle) ; il est désormais précisé que l'expression « trafic international » désigne tout transport effectué par un navire ou un aéronef, sauf lorsque le navire ou l'aéronef n'est exploité qu'entre des points situés dans un État et que l'entreprise qui exploite le navire ou l'aéronef n'est pas une entreprise de cet État (cette modification vise à permettre l'application de la convention s'il s'agit d'une entreprise d'un État tiers, aux fins de l'imposition des salariés ; n° 43630).

Ces principes se retrouvent généralement dans les conventions fiscales conclues par la France (sous réserve, bien entendu, des modifications introduites dans le modèle en 2017, qui sont encore trop récentes). De son côté, le modèle de convention fiscale proposé par l'ONU reprend ces dispositions, mais en introduisant une variante permettant l'imposition des bénéfices des compagnies maritimes dans l'autre État si les activités s'y exercent d'une manière « plus qu'occasionnelle ».

Sur l'ancienne taxe professionnelle et la CFE, voir n° 19415. Sur les autres impositions applicables à ces entreprises, voir également n° 10162, Précisions b et f.

Précisions **a.** Les dispositions OCDE et ONU se fondent sur l'idée que la notion d'établissement stable n'a pas grand sens pour ces entreprises, les **recettes et dépenses ne pouvant être facilement isolées** au sein des comptes de la compagnie. Le comité des affaires fiscales de l'OCDE avait soumis à discussion, le 15 novembre 2013, quelques propositions de modifications techniques sur cette question, sans changement de fond.

b. Dans le cadre franco-allemand, il a été précisé que la fraction de bénéfice réalisée par une compagnie aérienne provenant d'une **exploitation en commun** n'est imposable, en tant que bénéfice provenant de l'exploitation en trafic international d'aéronefs, que dans l'État de son siège de direction effective, à hauteur de sa part dans l'entreprise commune (BOI-INT-CVB-DEU-10-10 n° 110).

c. Pour un exemple d'**interprétation stricte** des règles relatives à la navigation internationale maritime ou aérienne, voir n° 17415, Précisions a.

d. Il a été jugé que l'application des règles spéciales suppose que l'entreprise **exploite elle-même** des navires ou aéronefs (CE 5 avril 2006 n° 281098, 9e et 10e s.-s., min. c/ Sté Midex : RJF 7/06 n° 909, à propos d'une société libanaise qui assurait **l'acheminement**, le **dédouanement** et la **distribution** de colis par voie aérienne, mais qui n'établissait pas exploiter elle-même des avions). Dans le même sens, une activité de **maintenance d'avions** et de **formation de pilotes** sont des prestations de services spécifiques qui n'entrent pas dans le champ d'application de l'article spécial sur les entreprises de navigation internationale (CE 31 juillet 2009 n° 297933, 3e et 8e s.-s., min. c/ Sté Swiss International Air Lines AG : RJF 11/09 n° 980).

e. Une exception notable est à signaler dans le cadre franco-néerlandais, compte tenu de l'avenant du 7 avril 2004 à la convention fiscale du 16 mars 1973 entre les deux pays ; cet avenant est essentiellement destiné à permettre aux Pays-Bas de continuer à imposer les bénéfices de la **société KLM** dans le cadre de son rapprochement avec Air France, indépendamment de la localisation de son siège de direction effective.

f. Pour un exemple d'accord particulier, voir l'accord franco-suisse du 23 mars 2017 sur la fiscalité applicable dans l'enceinte de l'aéroport de **Bâle-Mulhouse** (Décret n° 2018-35 du 22 janvier 2018 au JO du 23 janvier 2018, texte n° 12 : BF 12/18 n° 1060).

2. Méthode du crédit d'impôt

Principes

19330 D'une manière générale, la méthode du crédit d'impôt consiste à prévoir l'imposition des revenus d'entreprise dans l'État de la résidence et dans celui de la situation de l'établissement stable, la double imposition étant éliminée par l'octroi dans le premier État d'un crédit au titre de l'impôt payé dans le second.

L'établissement stable est donc imposable dans l'État où il est situé. Les mêmes bénéfices sont imposés dans l'État du siège, après, le cas échéant, rectification pour tenir compte du droit interne de cet État. Sur l'impôt calculé par application de sa législation à l'ensemble des bénéfices du siège et de l'établissement, l'État du siège autorise la déduction d'un crédit d'impôt :
– en principe égal à l'impôt payé par l'établissement stable ;
– mais qui ne peut généralement, conformément aux principes habituels, excéder l'impôt dû par le siège au titre des bénéfices de l'établissement.

Plafond

19335 La détermination du plafond de crédit d'impôt ne pose pas de problème lorsque l'**impôt** est **proportionnel** (par exemple, l'impôt sur les sociétés français au taux de base de 28 %). Lorsque l'impôt est **progressif** (cas d'un entrepreneur individuel soumis à l'impôt sur le revenu), il y a lieu en principe de calculer le taux moyen d'imposition (impôt total sur le revenu total) et d'appliquer ce taux au revenu de l'établissement stable. Le résultat obtenu donne le plafond de crédit d'impôt imputable (n° 8150).

Pratique française

19340 La méthode du crédit d'impôt est souvent retenue par les pays qui pratiquent l'imposition des bénéfices des entreprises sur une base mondiale en droit interne (par exemple, les États-Unis). Si cette méthode n'était, dans le passé, que rarement retenue en France, la pratique actuelle repose sur un mécanisme de crédit d'impôt généralisé, qu'il s'agisse de « vrais » crédits ou de « faux » crédits :
– **« vrais » crédits** : la convention franco-turque du 18 février 1987, par exemple, prévoit que lorsqu'un résident de France reçoit des revenus qui sont imposables en Turquie et en France (cas des bénéfices réalisés par une entreprise française ayant un établissement stable en Turquie), la France accorde une déduction sur l'impôt sur le revenu de ce résident d'un montant égal à l'impôt sur le revenu payé en Turquie, mais qui ne peut excéder la fraction de l'impôt sur le revenu, calculé avant déduction de l'impôt correspondant aux revenus imposables en Turquie (article 23) ; il en va de même, sur le fond, dans le cadre franco-équatorien (convention du 16 mars 1989) ;
– **« faux » crédits**, c'est-à-dire crédits d'impôts égaux à l'impôt français, ce qui revient dans l'ensemble à un taux effectif, dont un exemple est fourni par la convention franco-bulgare du 14 mars 1987 : les revenus qui ont leur source en Bulgarie et qui y ont été imposés sont également imposables en France lorsqu'ils reviennent à un résident de France ; l'impôt payé en Bulgarie n'est pas déductible pour le calcul de l'impôt français,

mais le bénéficiaire a droit à un crédit d'impôt égal au montant de **l'impôt français correspondant** aux revenus imposables en Bulgarie (article 20). Ainsi, pour les sociétés françaises soumises à l'impôt sur les sociétés, l'opération est neutre, puisqu'elles sont imposables sur les bénéfices des établissements stables bulgares, mais en ayant droit en contrepartie à un crédit d'impôt d'égal montant. Pour les entreprises individuelles, l'opération équivaut à une exonération avec taux effectif (à cette différence près que l'impôt payé en Bulgarie n'est pas déductible des bases de l'impôt français, alors qu'il l'est dans le calcul du taux effectif ; nos 7995 et 8160).

On trouve une solution de ce type dans presque toutes les conventions fiscales récentes (n° 8160), dont la rédaction a d'ailleurs été affinée afin de viser non pas les « revenus » (qui peuvent s'entendre des bénéfices et des pertes) mais les seuls bénéfices ou revenus « positifs » (à l'exclusion des pertes). Cette modification a pour objet d'éviter, pour les sociétés soumises à l'impôt sur les sociétés, la déduction en France des pertes étrangères, contraire au principe traditionnel de territorialité. Voir aussi n° 8165 la rédaction retenue pour éviter les abus.

Précisions Lorsque la convention fiscale permet l'application d'un **impôt de distribution** sur les bénéfices des succursales, cet impôt constitue normalement un crédit dans l'État de la résidence, sous réserve que la convention le prévoie. En France, les bénéfices des succursales étrangères étant dans la quasi-totalité des cas exonérés en France, ce crédit d'impôt sera la plupart du temps perdu en l'absence de base d'imposition.

III. Autres impôts

Outre l'impôt sur les sociétés, les établissements stables et, plus généralement, les entreprises ont à faire face, dans leurs activités internationales, à diverses impositions qui appellent les remarques suivantes en ce qui concerne la fiscalité directe. **19350**

Précisions Le **principe d'unicité de la législation de sécurité sociale** (nos 3772 s.) ne s'applique pas aux taxes et participations assises sur les salaires (taxe d'apprentissage, à la contribution au développement de la taxe d'apprentissage, à la participation au développement de la formation professionnelle continue et à la participation des employeurs à l'effort de construction) dès lors qu'elles ne participent pas au financement des régimes obligatoires français de sécurité sociale (CAA Nancy 27 décembre 2019 n° 18NC02254, 2e ch., SAS Transports Jeantet STJ ; arrêt définitif). Cette affaire concernait des taxes assises sur les salaires supportées par une entreprise française à raison de chauffeurs routiers **salariés d'une société slovaque et détachés en France** ; il est jugé que ces salariés devaient, dans les faits, être regardés comme les salariés de la société mère française et que les certificats de détachement établis par les autorités slovaques pouvaient valablement être écartés.

A. Taxe sur les salaires

Notion d'employeur établi en France

Les employeurs, domiciliés ou établis en France, qui ne sont pas redevables de la TVA ou qui ne l'ont pas été sur 90 % au moins de leur chiffre d'affaires au titre de l'année civile précédant celle du paiement des rémunérations, sont redevables, en principe, de la taxe sur les salaires (CGI art. 231 ; certains employeurs sont totalement assujettis, d'autres le sont en fonction de leur rapport d'assujettissement et d'autres, enfin, sont complètement exonérés de la taxe). **19351**

Pour que l'employeur soit considéré comme établi en France, notion qui n'est pas précisée par la loi, il suffit, selon l'administration, qu'il y possède un **centre d'opérations** présentant un caractère de **permanence suffisante** et doté d'une certaine autonomie (BOI-TPS-TS-10-10-10 n° 80 ; le mot « établi » a ainsi, pour l'administration, un sens plus large que celui d'établissement stable). Le versement de la taxe incombe à l'employeur quelles que soient les modalités de paiement des rémunérations (BOI préc. n° 90).

Le champ d'application territorial de la taxe sur les salaires s'étend aux rémunérations versées à des **salariés exerçant leur activité à l'étranger** même s'ils ne se trouvent pas à la charge d'un régime obligatoire français d'assurance maladie et n'entrent donc pas dans le champ de la CSG sur les revenus d'activité et sur les revenus de remplacement (CE 13 juillet 2022 n° 460386, 8e et 3e ch., Sté HSBC Continental Europe (France)) ; il n'en résulte aucune méconnaissance de la liberté de circulation des travailleurs ou de celle des citoyens de l'Union européenne, ni aucune atteinte à la liberté d'établissement et à la libre prestation de services ou encore au principe d'unicité de la législation sociale posé par le règlement CE n° 883/2004 du 29 avril 2004 (le Conseil d'État juge qu'en l'absence de doute raisonnable, il n'est pas besoin de saisir la Cour de justice de ces questions).

Précisions **a.** Selon l'administration, la taxe est due si l'employeur est établi en France, même en l'absence de cycle complet d'opérations ou en présence d'un **agent dépendant** qui n'aurait pas les pouvoirs d'engager l'entreprise (par exemple, bureau dirigé par un agent qui se limite à prendre des contacts préalables avec les clients ; BOI-TPS-TS-10-10-10 n° 80).

b. Le domicile du salarié et le **lieu d'exercice** de l'activité sont sans incidence sur l'exigibilité de la taxe sur les salaires. En conséquence, celle-ci est due sur les rémunérations versées par un employeur établi en France aux salariés **détachés à l'étranger** et aux **frontaliers**. Il a été jugé que la taxe était exigible des employeurs établis en France à raison des rémunérations qu'ils versent, sans qu'il y ait lieu de distinguer selon le domicile du bénéficiaire ou selon que celui-ci soit lui-même, selon le cas, soumis ou non au régime de sécurité sociale français ou à la contribution sociale généralisée (CAA Versailles 28 novembre 2017 n° 17VE00395, 3e ch., SAS Ciments Français, arrêt définitif jugeant la taxe exigible sur les rémunérations versées à un **mandataire social** affilié au régime de sécurité sociale italien ou résident italien).

c. La circonstance que les rémunérations des salariés détachés en France par un siège étranger auprès de sa succursale ne supportent pas les **cotisations sociales** françaises mais celles du pays **du siège** est sans incidence sur l'intégration de ces rémunérations dans l'assiette de la taxe sur les salaires (TA Paris 27 mars 2008 n° 05-2838, 2e sect., 3e ch., Sté Bayerische Hypo Und Vereinsbank : RJF 11/08 n° 1187 ; jugement définitif).

d. La taxe sur les salaires est **compatible** avec le **droit de l'Union européenne** (CE 21 décembre 2007 n° 295646, 9e et 10e s.-s., SASP Football club de Metz : RJF 3/08 n° 300).

Jurisprudence

19355 La question la plus délicate est évidemment de déterminer, en présence d'une installation donnée, si elle possède la **permanence** et l'**autonomie suffisantes** pour que l'employeur soit considéré comme établi en France. La jurisprudence éclaire les principes de la façon suivante :

a. Le Conseil d'État a reconnu un caractère d'autonomie et de permanence suffisant pour qu'elles puissent être considérées comme un centre d'opérations à **des missions d'étude** composées de **personnels détachés** par une société dès lors que ceux-ci étaient libres sur le plan commercial de faire toutes propositions d'offres de service au nom de la société et, dans le domaine technique, de faire toute étude de leur compétence (CE 30 juin 1982 n° 22796, Plén : RJF 8-9/82 n° 775).

b. Un caractère de permanence et d'autonomie suffisant a été reconnu à un bureau français d'une société étrangère chargé de **tâches purement administratives** dès lors que le responsable de ce bureau recrutait le personnel nécessaire à son fonctionnement (CE 15 décembre 1982 n° 31925, 8e et 9e s.-s. : RJF 2/83 n° 190).

c. Par une décision du 18 novembre 1987 (n° 59433-73634, 7e et 9e s.-s. : RJF 1/88, n° 34), le Conseil d'État a considéré que n'était pas un employeur établi en France pour l'application de la taxe sur les salaires, l'**Office du tourisme de Norvège** qui se bornait en France à fournir des renseignements et dont le personnel était recruté et rémunéré par l'État norvégien. En l'espèce, c'était le Royaume de Norvège qui assurait directement le financement des installations françaises, recrutait en Norvège le personnel du bureau et payait ce dernier en monnaie norvégienne et sur le budget norvégien. L'Office ne disposait donc d'**aucun pouvoir autonome**. L'administration estime que cette décision définit l'absence d'autonomie d'un bureau installé en France dépendant d'un organisme étranger « **autre qu'une entreprise** » et que, d'une manière générale, l'absence d'autonomie du centre d'opérations d'un office du tourisme émanant d'un État étranger doit être considérée comme démontrée lorsque l'office recrute dans ce pays l'ensemble du personnel affecté au fonctionnement du bureau français et que ce personnel, qui est rémunéré sur le budget de l'État en cause, assure directement pour le compte de l'office des tâches purement administratives de stricte information. Elle ajoute que le fait que le bureau rémunère le personnel affecté à son fonctionnement au moyen de fonds abondés par l'organisme étranger de tutelle est sans influence sur son assujettissement à la taxe sur les salaires dès lors qu'il ne dispose d'aucune autonomie au sens des critères définis par la jurisprudence (BOI-TPS-TS-10-10-10 n° 130). Cette décision ne paraît pas compatible avec la solution retenue dans l'affaire Easyjet (CE 2 avril 2021 n° 428684, 9e et 10e ch., min. c/ Sté Easyjet Airline Company Limited : RJF 6/21 n° 582 ; voir n° 19373 a), mais elle n'est pas considérée comme abandonnée ; elle peut sans doute s'expliquer aujourd'hui par le fait que l'office du tourisme dépendait d'un État étranger.

d. N'est pas un employeur établi en France une banque marocaine qui dispose à Paris d'un bureau permanent d'information et de documentation dès lors que ce bureau **dépend étroitement du siège** social tant pour ses actions que pour son personnel (trois salariés), lequel est recruté et rémunéré par le siège social (CAA Paris 19 juin 1990 n° 2008, Banque Marocaine pour le commerce et l'industrie : RJF 10/90 n° 1171, arrêt définitif) ; cet arrêt, qui souligne notamment l'absence de toute autonomie dans la gestion de personnel, ne paraît pas compatible avec la solution adoptée par le Conseil d'État dans l'affaire Easyjet (n° 19373 a).

e. Ne doit pas être regardé comme établi en France un employeur domicilié à l'étranger et disposant en France d'une propriété où il effectue de brefs séjours et pour l'**entretien** et le **gardiennage** de laquelle il a engagé un personnel permanent (CAA Lyon 24 mai 1995, n° 94-297 et n° 94-298, 2e ch., Mahdi : RJF 3/96 n° 292 ; arrêt définitif).

Précisions **a.** Bien entendu, la recherche de la **permanence** et de l'**autonomie** des installations s'appuie sur les mêmes critères, qu'il s'agisse d'une société étrangère qui a une installation en France ou d'une société française qui a une installation à l'étranger.

b. Pour un exemple de société française n'ayant pas été considérée comme disposant d'un **centre d'opérations** autonome au Bénin, voir CAA Paris 19 décembre 2003 n° 99-3447, 2e ch. B, min. c/ Sté Sofreco : RJF 4/04, n° 371, ayant fait l'objet d'un pourvoi non admis par CE (na) 10 août 2005 n° 264280, 9e s.-s., Sté Sofreco : RJF 11/05, n° 1182. La Cour note en effet « qu'il résulte de l'instruction que la société anonyme Sofreco **mettait à la disposition** d'autorités étrangères des **experts techniques** dans le cadre de projets de développement rural ; que ces experts étaient placés « sous la dépendance » de l'administration locale qui leur fournissait les moyens matériels et humains de leur mission ; que, dans ces conditions, la société Sofreco ne peut être regardée comme ayant disposé de « centres d'opérations » dans les États auprès desquels elle mettait ses experts à disposition, au sens des dispositions précitées de la circulaire du 11 mai 1950. »

Incidence des conventions fiscales

La taxe sur les salaires n'est généralement pas visée par les conventions fiscales ; il en **19358**
va parfois différemment des conventions modernes car la pratique française est plutôt aujourd'hui de l'inclure dans la liste des impôts visés, et de lui appliquer les règles relatives aux bénéfices des entreprises ou des professions indépendantes (ce n'est cependant pas systématique ; ainsi, les conventions franco-singapourienne du 15 janvier 2015, franco-andorrane du 2 avril 2013 et franco-chinoise du 26 novembre 2013 ne visent pas la taxe sur les salaires, ni d'ailleurs la convention franco-luxembourgeoise du 20 mars 2018).

Les commentaires administratifs relatifs à la convention **franco-algérienne** (BOI-INT-CVB-DZA-10 n° 210) font état, à ce propos, d'une « **pratique conventionnelle française** » et précisent que la taxe n'est éventuellement due par une entreprise algérienne opérant en France que pour autant que son activité y soit réalisée par l'intermédiaire d'un établissement stable ou d'une base fixe. Parmi les autres conventions fiscales visant la taxe sur les salaires, on relèvera celles conclues avec les États-Unis, l'Espagne, la Suisse et les pays baltes.

La même solution a été exposée par la doctrine administrative relative à la convention fiscale **franco-britannique** du 19 juin 2008 (BOI-INT-CVB-GBR-10-10 n° 30) ; l'administration y souligne que le point 1 du protocole annexé à la convention précise que la taxe sur les salaires est régie par les règles applicables aux **bénéfices des entreprises** et que cette stipulation écarte du champ d'application de la taxe une entreprise résidente du Royaume-Uni qui, en raison de la convention fiscale, ne serait pas redevable de l'impôt en France à raison des bénéfices qu'elle y réalise. La taxe sur les salaires n'est ainsi éventuellement due par une entreprise britannique opérant en France que pour autant que l'activité de cette dernière soit réalisée en France par l'intermédiaire d'un établissement stable.

Succursales françaises ne rendant de services qu'à leur siège

Afin, sans doute, d'éviter une difficulté au regard du droit de l'Union européenne, l'admi- **19360**
nistration a précisé que les succursales françaises d'entreprises étrangères qui ont la qualité d'employeur et qui rendent **exclusivement** des services à leur siège sont autorisées à calculer un rapport d'assujettissement à la taxe en réputant que ces services internes suivent le régime de TVA qui aurait été applicable s'ils avaient été rendus à une tierce personne (BOI-TPS-TS-20-30 n° 120).

Par suite, une telle succursale n'est pas redevable de la taxe sur les salaires lorsqu'il est établi que les prestations de services qu'elle rend à son siège auraient ouvert droit à déduction au regard des dispositions de l'article 271 du CGI si la société avait fait le choix de s'installer en France sous la forme d'une filiale (BOI préc et BOI-TPS-TS-10-10-10 n° 80). La taxe sur les salaires est due, en revanche, lorsque les services rendus n'ouvrent pas droit à déduction de la TVA.

Cette solution ne modifie pas la situation des établissements qui rendent des services à la fois à leur siège étranger et à des tiers ; dans ce cas, les flux financiers purement internes ne sont pas réputés suivre le régime de la TVA aux fins de la taxe sur les salaires.

Précisions Il a été jugé que la **succursale française** d'une société ayant son siège au **Royaume-Uni** où elle est assujettie à la TVA, dont la totalité des recettes provient des services rendus au siège et qui n'assume pas le risque lié à son activité économique, doit être regardée comme dépendante de cette société, avec laquelle elle constitue un **assujetti unique** à la TVA ; dans ce cas, la taxe sur les salaires n'est pas due si la société est assujettie à la TVA au Royaume-Uni pour plus de 90 % de son chiffre d'affaires (CAA Versailles 5 février 2009 n° 06-36, 1e ch., Sté Hynix Semi Conductor UK Ltd : RJF 7/09 n° 635 ; arrêt définitif) ; la doctrine administrative actuelle, qui n'était pas applicable à l'époque des faits, aurait conduit également à éviter la taxe sur les salaires.

B. Taxe d'apprentissage et taxes assises sur les salaires

Principes

19370 Les règles de **territorialité** de la taxe d'apprentissage sont les mêmes que celles qui régissent l'impôt sur le revenu (BIC) ou l'impôt sur les sociétés (BOI-TPS-TA-10 n° 10). Ainsi, n'est pas assujettie à la taxe d'apprentissage une société anonyme qui a en France son siège social mais n'y possède aucune exploitation, n'y réalise aucun bénéfice et, par suite, n'y est pas passible de l'impôt sur les sociétés (BOI préc., citant la décision CE n° 35901 du 17 mars 1958).

Le champ d'application de la taxe d'apprentissage, de la cotisation perçue au titre de la participation des employeurs à l'effort de construction et de la participation des employeurs à la formation professionnelle continue s'étend aux **employeurs établis en France** à raison des rémunérations versées aux salariés qu'ils emploient, indépendamment du **lieu où ceux-ci exercent leur activité** et des choix opérés sur le fondement du Code de la sécurité sociale en ce qui concerne la couverture sociale des salariés travaillant à l'étranger (CE 8 avril 2013 n° 346808, 9e et 10e s.-s., min. c/ SARL Pétroservice : RJF 7/13 n° 721) ; dans cette affaire, il a été jugé que ces taxes étaient dues par une société française qui, au cours des années 1997 à 1999, avait versé des rémunérations à des salariés, dont elle était l'employeur et qui étaient **mis à la disposition** d'une société congolaise (CAA Paris 17 mars 2014 n° 13PA01560, 7e ch., min. c/ Sté Pétroservice, arrêt définitif rendu sur renvoi par le Conseil d'État). Il a ensuite été précisé, à propos des cotisations prévues respectivement aux articles 235 bis (participation des employeurs à l'effort de construction) et 235 ter C (texte relatif à la formation professionnelle continue, abrogé en 2018) du CGI, mais la solution est généralisable, que ces cotisations sont dues par les employeurs dont le siège social est situé à l'étranger et qui disposent d'une **installation en France**, à raison des rémunérations qu'ils versent à ceux de leurs salariés rattachés à cette installation, que celle-ci soit ou non autonome (CE 2 avril 2021 n° 428684, 9e et 10e ch., min. c/ Sté Easyjet Airline Company Limited : RJF 6/21 n° 582 ; voir n° 19373 a).

Selon l'administration, les employeurs établis en France sont donc redevables de la taxe d'apprentissage à raison des rémunérations versées aux salariés qui **exercent leur activité à l'étranger** et ne seraient pas redevables de cotisations sociales sur ces rémunérations (BOI-TPS-TA-20 n° 8).

Il a également été jugé, dans le même sens, que la taxe est due à raison des rémunérations payées aux personnels **détachés** auprès de filiales **à l'étranger** (CAA Bordeaux 27 février 2001 n° 97-1627, 3e ch., Elf Exploration Production : RJF 6/01 n° 783 ; arrêt définitif) ainsi qu'au titre des rémunérations versées aux **personnels résidents fiscaux à l'étranger** même s'ils ne relèvent pas du régime général de la sécurité sociale (CE 15 février 2016 n° 381580, 9e s.-s., Sté GTM France : RJF 5/16 n° 425, à propos de rémunérations versées par une société française à son dirigeant salarié domicilié en Allemagne). Les mêmes solutions valent pour les participations formation continue et construction (n° 42200, Précisions b).

Le versement de la taxe est dû quelles que soient les modalités de paiement des rémunérations (par l'employeur français, par l'entreprise située à l'étranger, etc.).

Précisions Les **conventions fiscales** ne visent que très rarement la taxe d'apprentissage ; il y a quelques exceptions, comme dans le cadre franco-allemand.

Jurisprudence

Dans l'ordre international, on relève les décisions suivantes, outre celles citées n° 19370. **19373**

a. Pour décider si une société britannique, qui dispose en France de trois bases d'exploitation ainsi que de bureaux de vente et d'une succursale, est redevable des impositions dues au titre de la participation des employeurs à l'effort de construction et à la formation professionnelle continue, il y a lieu de se demander si cette société exerce en France une activité **dans le cadre d'installations** auxquelles les personnels sont rattachés, sans rechercher si la gestion des ressources humaines effectuée par la succursale française répond ou non au **critère d'autonomie** permettant de définir un employeur établi en France (CE 2 avril 2021 n° 428684, 9e et 10e ch., min. c/ Sté Easyjet Airline Company Limited : RJF 6/21 n° 582, renvoyant l'affaire à la cour administrative d'appel de Versailles où elle est enregistrée sous le n° 21VE01002 ; voir également n° 19370) ; l'arrêt d'appel, qui avait conclu à la décharge pour les années 2008 à 2010, a été annulé car la Cour avait commis une erreur de droit en jugeant que la société britannique ne pouvait être regardée, pour ceux de ses personnels navigants rattachés à l'une des trois bases d'exploitation françaises, comme le redevable des impositions en litige, au motif inopérant que la gestion des ressources humaines effectuée par la succursale française ne répondait pas au critère d'autonomie permettant de définir un **employeur établi** en France (le recrutement, le licenciement, la gestion des congés, la formation et la gestion opérationnelle des personnels navigants rattachés à l'une des trois bases d'exploitation françaises étaient assurés non par la succursale française mais par le siège de la société situé au Royaume-Uni).

b. La taxe d'apprentissage et la participation des employeurs au développement de la formation professionnelle continue et à l'effort de construction, dues par tout employeur établi en France à raison des rémunérations qu'il verse à son personnel salarié travaillant en France, sont applicables aux salaires versés par une succursale française à des **personnes détachées en France** par le siège étranger (CE 15 juillet 2004 nos 249798, 249799, 249800, 249801 et 250078, 9e et 10e s.-s., min. c/ Sté Alitalia : RJF 11/04 n° 1089 à 1092 et n° 1104). En l'espèce, le Conseil d'État juge aussi que la circonstance que la société étrangère soit exonérée d'impôt sur les sociétés en raison des règles conventionnelles relatives aux entreprises de navigation maritime ou aérienne (n° 19305) ne fait pas obstacle à l'assujettissement à la taxe sur les salaires dès lors que la société entre dans le champ de l'impôt sur les sociétés même si elle en est conventionnellement exonérée.

c. Il a été jugé que les salaires versés par une société française à trois salariés qui, couvrant les marchés allemand et britannique, ne **résidaient pas en France** et ne relevaient pas du régime général de sécurité sociale devaient être inclus dans l'assiette des taxes assises sur les salaires au titre des années 2013, 2014 et 2015 (TA Lille 16 septembre 2020 n° 1811713, 3e ch., Sté Carlier Plastiques & Composites ; appel enregistré sous le n° 20DA01785). En l'espèce, la société n'entrait pas dans les prévisions de la doctrine administrative admettant que, par symétrie avec les entreprises étrangères établies en France, les entreprises françaises qui disposent, à l'étranger, d'un « **centre d'opérations** présentant un caractère de permanence suffisant et doué d'une certaine autonomie » ne soient pas passibles du versement forfaitaire de 5 % sur les salaires versés aux personnels relevant de ces centres (circulaire n° 2261 du 11 mai 1950, jugée tout de même opposable par principe) ; en effet, la requérante n'avait pas démontré qu'elle possédait un centre autonome et permanent respectivement en Allemagne et au Royaume-Uni, alors que la présence d'un seul salarié dans ces pays, quand bien même ce dernier disposerait d'une certaine permanence et autonomie, ne saurait caractériser un centre d'opérations au sens de la doctrine administrative précitée.

C. Contribution sociale de solidarité des sociétés

La contribution sociale de solidarité des sociétés (CSSS) est **due** par les personnes morales **non résidentes** de France à raison des opérations qu'elles réalisent dans notre pays et qui les rendent passibles de l'impôt sur les sociétés. La Cour de cassation a jugé qu'elle est **19380** applicable même si la société étrangère échappe à l'impôt en France sur le fondement d'une **convention fiscale** car la taxe n'entre pas dans le champ d'application de la convention (à propos de la convention fiscale franco-américaine, Cass. soc. 28 novembre 1996 n° 4587 D, Sté Continental Airlines : RJF 1/97 n° 24 ; voir aussi n° 10162).

D. Ancienne taxe professionnelle et actuelle contribution économique territoriale

Critère de territorialité

19400 L'ancienne **taxe professionnelle** était due chaque année par les personnes physiques ou morales qui exerçaient à titre habituel une activité professionnelle non salariée ; les entreprises étrangères en étaient redevables en présence d'une activité professionnelle **à but lucratif** exercée sur le territoire français.

Corrélativement, il avait été précisé qu'elle n'était **pas** exigible des **bureaux de liaison** qui ne sont pas réputés exercer en France une activité professionnelle à but lucratif, sauf s'ils exercent réellement une activité professionnelle autonome (mais il ne s'agit plus alors de véritables bureaux de liaison ; ancienne réponse de l'administration lors de la séance du 3 avril 1997 du comité fiscal de la MOA : BF 8-9/97 n° 843).

19402 Pour les impositions établies depuis 2010, la taxe professionnelle a été remplacée par la **contribution économique territoriale** (CET), composée de la cotisation foncière des entreprises (CFE) et de la cotisation sur la valeur ajoutée des entreprises (CVAE).

Ces taxes sont dues par les personnes qui exercent une **activité professionnelle en France**. De ce point de vue, la situation est plus claire que pour l'ancienne taxe professionnelle car l'article 1447, III du CGI précise que ne sont pas soumises à la CFE les activités qui ne sont assujetties ni à l'impôt sur les sociétés ni à l'impôt sur le revenu en raison des règles de territorialité propres à ces impôts (il en va de même pour la CVAE). Il en résulte que les **établissements** situés en France sont soumis à ces taxes alors que les établissements situés hors de France ne le sont pas.

Dans la mesure où la **CVAE** est assise sur la valeur ajoutée, les charges et les produits relatifs à des activités exercées pour partie à l'étranger ne doivent être pris en compte que pour la quote-part se rapportant à l'établissement situé en France.

Pour les entreprises de **navigation** maritime ou aérienne qui exercent des activités conjointement en France et à l'étranger, il n'est pas tenu compte de la valeur ajoutée provenant des opérations directement liées à l'exploitation de navires ou d'aéronefs ne correspondant pas à l'activité exercée en France (CGI art. 1586 ter, II-1-al. 3).

Précisions **a.** Les sociétés étrangères qui n'emploient aucun salarié en France et qui n'y disposent pas d'un établissement mais qui y exercent une activité de **location d'immeubles** ou de **vente d'immeubles** sont assujetties à la CFE et à la CVAE sous réserve de certaines exceptions (notamment en ce qui concerne les activités de location ou sous-location d'immeubles nus à usage d'habitation).

b. Une société dont le siège est situé en Guadeloupe et qui **donne en location des biens** qui se trouvent en Polynésie pour les besoins d'entreprises qui y sont situées est redevable de la CFE, étant donné que son activité doit être regardée comme localisée au moins partiellement en France (CAA Bordeaux 10 mai 2016 n° 15BX02036, 3e ch., Sté Vigies 1 : RJF 8-9/16 n° 717, ayant fait l'objet d'un pourvoi non admis par CE (na) 10 mars 2017 n° 401382, 8e ch., SNC vigies 1 : RJF 7/17 n° 695) ; la Cour avait relevé que l'activité de location implique l'acquisition de matériels, la recherche de clients, l'élaboration des contrats et le suivi de ces derniers, tous éléments d'activité dont rien ne permettait de penser qu'ils étaient exercés en Polynésie où la société ne disposait pas de locaux et de personnel et où aucun élément du dossier ne conduisait à localiser sa « direction effective », alors qu'elle était gérée et dirigée par une société française. Voir également n° 19405.

c. Une société irlandaise qui commercialise en France un service payant d'insertion d'annonces publicitaires en ligne n'est pas redevable de la CVAE (ni de l'ancienne cotisation minimum de taxe professionnelle) à raison des **prestations de publicité** qu'elle facture à ses clients français, dès lors qu'elle ne dispose pas d'immobilisations en France, notamment de locaux, pour les besoins d'une activité professionnelle de vente de publicité, autres que ceux qu'une société française du groupe utilise pour sa propre activité d'assistance et conseil (la Cour relève que les matériels informatiques situés en France, qui sont seulement destinés à améliorer la vitesse de connexion au réseau des utilisateurs français, ont un caractère auxiliaire aux centres de données et aux serveurs hébergeant le moteur de recherche Google, qui ne sont pas situés en France) et n'y emploie pas de salariés affectés à une telle activité, en admettant même qu'elle exerce en France à titre habituel une activité professionnelle non salariée au sens de l'article 1447 du CGI, du fait, notamment, qu'elle y aurait effectué des opérations formant un cycle commercial complet (CAA Paris 25 avril 2019 n°s 17PA03065 et 17PA03066, 9e ch., min. c/ Sté Google Ireland Limited : RJF 8-9/19 n° 799) ; ces arrêts sont définitifs, le ministre s'étant désisté de ses pourvois selon ce qu'indique CE Ord. 3 décembre 2019 n°s 431969 et 431970, 9e ch., min. c/ Sté Google Ireland Limited (voir cependant n° 72667, Précisions e).

Conventions fiscales

La plupart des conventions fiscales **ne visent pas** la taxe professionnelle (et encore moins la CET) ; dans ce cas, aucune stipulation conventionnelle n'est applicable, le Conseil d'État ayant notamment jugé, dans l'affaire Alitalia (n° 19373, Précisions b), que cette taxe ne peut être considérée comme un « autre impôt sur le revenu » au sens des conventions fiscales. **19405**
Il a, par exemple, été jugé que l'ancienne taxe professionnelle n'entrait pas dans le champ d'application de la convention fiscale franco-canadienne du 2 mai 1975 (CE 30 mars 2016 n° 375169, 9e s.-s., SA Nortel Networks). De même, la **cotisation foncière des entreprises**, qui n'entre pas dans le champ de la convention fiscale du 31 mars 1983 entre la France et la Nouvelle-Calédonie, est due par une société française alors même, ce qui n'était pas le cas en l'espèce, que la société serait exonérée de l'impôt sur ses revenus en vertu de la convention fiscale (CE 21 avril 2017 n° 400297, 10e et 9e ch., SNC Ultramarine 1101 : RJF 7/17 n° 694 ; voir également n° 31310, Précisions c).

Lorsque les conventions fiscales **visent** la taxe professionnelle, elles prévoient souvent l'application des mêmes règles que pour l'imposition des revenus des **établissements stables** (par exemple, conventions fiscales franco-italienne du 5 octobre 1989 et franco-allemande du 21 juillet 1959 modifiée).

Précisions La taxe professionnelle peut entrer dans le champ des conventions fiscales qui visent la contribution des **patentes** (n° 10168).

Jurisprudence

On relèvera notamment les décisions suivantes, à propos de l'ancienne taxe professionnelle : **19410**

a. La taxe professionnelle n'était pas exigible du **bureau de représentation** d'une **société d'assurances japonaise** (CAA Paris 20 décembre 2002 n° 98-1627, 5e ch., min. c/ Sté The Dai Ichi Mutual Life Insurance Company : RJF 7/03 n° 867 ; arrêt définitif) ; dans cette affaire, la Cour a relevé que « le bureau de représentation ouvert en France par la société d'assurances The Dai Ichi Mutual Life Insurance Company, place Vendôme à Paris, a pour mission de fournir au siège japonais des informations économiques et financières d'ordre général et des renseignements relatifs au marché français de l'assurance ; qu'il **ne réalise pas** lui-même d'**opérations** de nature **commerciale** et n'entretient aucune relation avec une clientèle potentielle ; que l'ensemble de ses frais, et notamment les salaires versés au personnel, est financé par le siège japonais ; qu'ainsi, ce bureau de représentation, qui ne dispose d'aucune autonomie, ne peut être regardé comme exerçant en France une activité professionnelle au sens de l'article 1447 ».

b. Une société britannique qui exploite une **ligne ferroviaire** en partie sur le territoire français et y dispose d'établissements de représentation, stockage et avitaillement, exerce une **activité professionnelle** en France ; dans ce cas, le plafonnement en fonction de la **valeur ajoutée** doit être calculé en tenant compte de l'intégralité de la valeur ajoutée, y compris celle générée à l'étranger (CAA Douai 16 janvier 2002 n° 98-2089, 3e ch., Sté Venice Simplon Orient-Express Ltd : RJF 8-9/02 n° 935 ; arrêt définitif).

c. Des salariés qui partagent leur temps entre la France et la Belgique doivent être rattachés aux locaux de l'établissement dont ils dépendent, à savoir celui **où ils reçoivent des instructions** et **où ils rendent compte** de leur activité (CE 29 juin 2001 n° 207805, 9e et 10e s.-s., Sté Compagnie Cargill Division Malt SA : RJF 10/01 n° 1246). Dans le même sens, une **entreprise de location de matériel** est redevable de la taxe professionnelle sur la valeur locative de grues qu'elle donne en location à une société luxembourgeoise dès lors qu'il n'est pas établi qu'elle possède au Luxembourg un établissement où serait concentré l'ensemble des tâches de direction et de gestion concernant une activité de location dans cet État (CE 28 décembre 2012 n° 329138, 9e et 10e s.-s., SA Wastiaux : RJF 3/13 n° 370, relevant que la circonstance que les biens loués soient matériellement utilisés au Luxembourg par le preneur ne peut conduire à regarder les prestations délivrées à ce dernier comme relevant d'une activité exercée en dehors du champ d'application territorial de la taxe professionnelle).

d. Les rémunérations versées par une succursale française à des personnes **détachées** en France **par le siège étranger** doivent être incluses dans l'assiette de la taxe professionnelle (CE 15 juillet 2004 n°s 249800 et 250078, 9e et 10e s.-s., min. c/ Sté Alitalia : RJF 11/04 n° 1104).

e. Une société britannique ne pouvait être assujettie à l'ancienne taxe professionnelle dès lors qu'il n'était pas établi qu'elle aurait disposé en France d'**immobilisations**, tout au moins de **locaux**, autres que ceux dont disposait pour les besoins de sa propre activité la société française chargée, en qualité de commissionnaire, de commercialiser ses produits sur le territoire français (CE 31 mars 2010 n°s 304715 et 308525, 10e et 9e s.-s., Sté Zimmer Ltd : RJF 6/10 n° 568 ; voir aussi n° 17722).

f. Une société britannique qui organise en France des séjours de vacances en louant à sa clientèle des **mobile homes** et des **tentes** qu'elle installe sur des emplacements de camping pris en location exerce une activité professionnelle non salariée imposable à la taxe professionnelle en vertu des dispositions de l'article 1447 du CGI en dépit du caractère saisonnier de son activité (CAA Nantes 16 juin 2011 n° 09NT03086, 1e ch., Sté Greenbank Holidays Ltd : RJF 12/11 n° 1309 ; arrêt définitif).

g. Le chiffre d'affaires tiré par une société de l'activité de ses salariés sur des **plateformes pétrolières situées à l'étranger** et appartenant aux sociétés clientes doit être regardé comme se rattachant à des activités réalisées à partir de son siège social en France ; il doit donc être pris en compte pour l'appréciation du seuil d'assujettissement à la cotisation minimale de taxe professionnelle ainsi que pour le calcul de cette cotisation (TA Montpellier 15 décembre 2011 n° 1003077, 2e ch., SA Fortiori : RJF 8-9/12 n° 827 ; jugement définitif). À propos d'**équipements utilisés dans le cadre de contrats exécutés à l'étranger**, il y avait lieu de vérifier si ces équipements étaient durablement localisés à l'étranger et constituaient un ensemble permettant d'y exercer l'activité de la société sans qu'il soit nécessaire de rechercher s'ils présentaient une stabilité suffisante (CE 20 mai 2015 n° 369515, 9e et 10e s.-s., SAS Horizontal Drilling International : RJF 8-9/15 n° 699) ; dans ses conclusions, le rapporteur public avait proposé un raisonnement par analogie avec le concept d'établissement stable issu de la convention modèle de l'OCDE qui considère comme tel un chantier de construction ou de montage dont la durée dépasse douze mois (cette décision annule CAA Versailles 19 mars 2013 n° 11VE02138, 3e ch., Sté Horizontal Drilling International : RJF 10/13 n° 939, qui avait jugé, à propos de l'ancienne taxe professionnelle, que la valeur locative des matériels et équipements correspondant à des **chantiers** situés à l'étranger pour l'exécution de forages et de sondages devait être prise en compte dans les bases d'imposition, dès lors qu'étant par nature, mobiles et temporaires, ces équipements ne caractérisaient pas des installations même si le chantier pouvait s'étendre sur plusieurs mois). Cette décision n'a cependant qu'un intérêt essentiellement historique étant donné qu'aujourd'hui ce sont les règles de territorialité de l'impôt sur le revenu et de l'impôt sur les sociétés qui permettent de déterminer si une entreprise qui exerce une partie de son activité relève ou non de la CFE et de la CVAE.

Cas des compagnies de navigation maritime ou aérienne

19415 La situation des compagnies de navigation maritime et aérienne a donné lieu à diverses précisions concernant l'ancienne taxe professionnelle :
– sur la situation des entreprises **américaines**, voir ancienne réponse Blazy, JOAN 25 décembre 2000, p. 7330 ;
– sur la portée des exonérations conventionnelles, voir CAA Nancy 4 août 2006 n° 02-1353, 2e ch., Sté Crossair : RJF 4/07 n° 487, confirmant l'assujettissement dans les conditions de droit commun d'une compagnie aérienne suisse à raison d'**activités de formation et de maintenance** (dans cette affaire, l'assujettissement à l'impôt sur les sociétés a été confirmé par CE 31 juillet 2009 n° 297933, 3e et 8e s.-s., min. c/ Sté Swiss International Air Lines AG : RJF 11/09 n° 980), ainsi que la décision Alitalia (n° 19373, Précisions, b) ;
– à propos des activités d'exploitation, par une compagnie aérienne suisse, de lignes aériennes entre **l'aéroport de Bâle-Mulhouse** et des villes françaises, voir CAA Nancy 20 juin 2013 n° 12NC01327, 2e ch., Sté Easyjet Switzerland, arrêt définitif jugeant qu'il ne s'agissait pas de l'exploitation d'aéronefs en trafic international et que le dégrèvement d'office prévu par l'article 8 de la convention fiscale franco-suisse du 9 septembre 1966

modifiée n'était donc pas applicable (la société soutenait à tort que le contexte particulier de l'aéroport exigeait une interprétation différente de la convention fiscale). **19415** (suite)
On relèvera, enfin, que le Conseil d'État n'adopte pas, en la matière, une interprétation exagérément littérale ; ainsi, la société Lufthansa, exonérée de taxe professionnelle et de cotisation foncière des entreprises (CFE) sur le fondement de l'article 6 de la convention fiscale franco-allemande du 21 juillet 1959 modifiée (nº 10168), ne pouvait être assujettie à la **taxe d'habitation**, alors même qu'elle en était passible en droit interne dès lors que ses locaux situés en France ne pouvaient être regardés comme ayant été retenus pour l'établissement de la taxe professionnelle et de la CFE (CE 24 novembre 2014 nº 368935, Plén., min. c/ Sté Lufthansa AG : RJF 2/15 nº 120, aux conclusions Benoît Bohnert au BDCF 2/15 nº 21). Le Conseil d'État a, en effet, interprété les stipulations conventionnelles à la lumière de leur objet et de leur but pour juger que, bien que l'exonération de la taxe d'habitation ne soit pas expressément prévue par la convention fiscale, cette imposition se substitue à la patente et aux impôts qui lui ont succédé et que l'article 6 de la convention doit être interprété comme ayant pour objet et pour effet d'y faire obstacle.

CHAPITRE 8

Les redevances

Plan du chapitre §§

	SECTION 1 La notion de redevance	20020
A	Principes généraux	20030
B	La distinction entre redevances et rémunérations des prestations de services	20350
C	Un exemple d'application : le cas des transferts de logiciels	20430
	SECTION 2 L'imposition dans l'État de la source	20700
A	La détermination de l'État de la source	20705
B	Le principe de l'imposition par voie de retenue à la source	20835
C	Les exceptions au principe	21000
	SECTION 3 L'imposition dans l'État de la résidence	21230
A	Le système français (CGI art. 238)	21250
B	Les crédits d'impôt conventionnels	21420

20000 La fiscalité internationale des redevances repose sur des distinctions assez fines qui ne sont pas toujours bien respectées par les États.

Dans ce domaine, les **problèmes de qualification** sont importants, car la frontière n'est pas toujours nette entre la redevance rémunérant un transfert de savoir-faire, éventuellement passible d'une retenue à la source, et la rémunération d'une prestation de service, en principe imposable seulement dans l'État de résidence du prestataire, en l'absence d'établissement stable dans l'autre État.

Les contrats doivent donc être rédigés avec un soin et une prudence particuliers, étant rappelé que, bien entendu, au-delà des contrats, seule la réalité de la prestation compte, quel que soit son habillage juridique.

20010 L'imposition internationale des redevances repose sur la distinction classique entre l'État de la « source » et celui de la « résidence ». Le principe habituel est celui du **partage d'imposition** entre ces deux États, l'État de la résidence ayant la charge d'éliminer la double imposition par l'octroi d'un crédit d'impôt au titre de l'impôt payé à la source (l'OCDE recommande cependant l'exonération à la source).

SECTION 1

La notion de redevance

20020 La plupart des contrats internationaux comportent un élément de « redevance » (royalties). Tout ce qui est baptisé « redevance » par les opérateurs du commerce international ne l'est cependant pas nécessairement à des fins fiscales. L'expression usuelle est à la fois plus large et plus étroite que l'**expression fiscale** :
– plus large : des paiements qualifiés de redevances peuvent être traités comme des rémunérations de services par les conventions fiscales ;
– plus étroite : des paiements qui peuvent être sans rapport avec des redevances, au sens habituel du terme, sont parfois traités comme des redevances par les conventions fiscales (cas fréquent des loyers payés pour l'usage d'un équipement, par exemple).

20025 On abordera ci-après les principes généraux, puis la distinction entre les redevances et les rémunérations versées au titre de prestations de services, et enfin le cas particulier des concessions de logiciels.

A. Principes généraux

1. Définition générale

Le terme de « redevances », au sens fiscal, est surtout explicité par les conventions fiscales internationales. En droit interne français, ce terme ne reçoit pas d'acception fiscale particulière, la loi se contentant de viser certains paiements pour les assujettir à une retenue à la source lorsqu'ils sont effectués au bénéfice de non-résidents, sans nécessairement les qualifier. **20030**

a. En présence d'une convention fiscale

Modèle OCDE

Les conventions fiscales modernes reprennent souvent le modèle de convention fiscale de l'OCDE (article 12 § 2), qui entend par redevances les rémunérations de toute nature payées pour l'usage ou la concession de l'usage : **20040**
– d'un **droit d'auteur** sur une œuvre littéraire, artistique ou scientifique, y compris les films cinématographiques ;
– d'une **marque** de fabrique ou de commerce ;
– d'un **brevet**, dessin, modèle, plan, d'une formule ou d'un procédé secrets ;
– d'informations ayant trait à une **expérience acquise** dans le domaine industriel, commercial ou scientifique.

Cette proposition se retrouve, avec plus ou moins de variantes, dans les conventions fiscales signées par la France ; il est à noter d'emblée que le modèle de convention fiscale de l'OCDE ne donne pas de droit d'imposer à l'État de la source mais le réserve à l'État de résidence.

Précisions **a.** Avant la révision de 1992, le modèle de convention fiscale de l'OCDE entendait également par « redevances » les rémunérations pour l'usage ou la concession de l'**usage d'un équipement industriel, commercial ou scientifique** (n° 20080).

b. Le Conseil d'État ne considérerait sans doute pas que la convention modèle OCDE donne une « **définition** » du terme « redevance » (n°s 10232 et 10645). Ce point n'est cependant pas jugé.

c. Le modèle de l'ONU contient, depuis une révision de 2021, un article 12B qui traite spécifiquement des **revenus des services numériques automatisés**. Il s'agit des paiements rémunérant un service fourni sur Internet ou un réseau électronique nécessitant une intervention humaine minimale du prestataire et qui ne répondent pas à la définition des « redevances » ou des « rémunérations pour services techniques » au sens de la convention : services de publicité en ligne, fourniture de données sur les utilisateurs, moteurs de recherche en ligne, services de plateforme d'intermédiation en ligne, plateformes de médias sociaux, services de contenu numérique, jeux en ligne, services d'informatique en nuage (cloud computing services) et services d'enseignement en ligne normalisés. Il est proposé d'accorder un **droit d'imposer à l'État de la source**, mais il peut s'agir, au choix du bénéficiaire, soit d'une retenue à la source sur le montant brut (sans proposition de taux plafond), soit, ce qui est original, d'une imposition au taux normal de l'impôt sur les sociétés sur les profits attribuables localement à l'activité concernée (en principe, 30 % du montant résultant de l'application au chiffre d'affaires annuel local brut des services concernés du taux de rentabilité du bénéficiaire au titre du même segment d'activité).

Jurisprudence

La notion conventionnelle de « redevance » donne assez rarement lieu à des développements jurisprudentiels. On relèvera donc avec intérêt un jugement du tribunal administratif de Paris considérant que des sommes versées par une **maison d'édition française** à une société américaine au titre d'un contrat d'édition n'étaient ni des droits d'auteur, ni des redevances et qu'elles devaient donc être traitées comme des revenus non dénommés, au sens de l'ancienne convention fiscale franco-américaine, pour être exonérées de retenue à la source en France (TA Paris 23 mars 1995 n° 92-12625, 1re sect., 2e ch., Sté Publi-Union : RJF 12/96 n° 1467 ; jugement définitif). Pour le tribunal administratif, l'expression « **droits d'auteur** » n'étant pas définie par la convention, elle a le sens que lui donne la loi française et celle-ci ne range pas parmi les droits d'auteur les droits détenus par une maison d'édition, mais seulement ceux détenus par l'auteur lui-même ; comme il ne s'agissait pas non plus d'une rémunération entrant dans les autres catégories de redevances visées par la convention, le droit d'imposer revenait exclusivement aux États-Unis (cette solution, qui n'est pas évidente, aurait mérité d'être confirmée). Voir aussi n° 20470, Précisions, et les arrêts cités au n° 20410. **20050**

Cessions

20070 Il peut arriver que les conventions fiscales ne visent pas seulement l'usage ou la concession de l'usage mais également la cession (en particulier de **brevets**) ; tel était le cas, par exemple, de l'ancienne convention fiscale franco-britannique, du 22 mai 1968, et tel est toujours le cas de la convention franco-américaine, même depuis l'avenant du 13 janvier 2009 (l'article 12 § 2 b) de cette convention inclut dans les « redevances » les « gains qui proviennent de l'aliénation de biens ou droits mentionnés au présent paragraphe et qui **dépendent de la productivité**, de l'utilisation ou de l'aliénation ultérieure de ces biens ou droits »).

Lorsque la convention comporte un article de cette nature, il n'y a pas, en général, de difficultés. Dans le cas contraire, il faut en déduire que les cessions ne sont pas visées et qu'elles doivent être traitées non comme des redevances mais comme des gains en capital (ce qui conduit, le plus souvent, à réserver l'imposition à l'État de résidence, avec exonération dans l'État où a lieu l'aliénation des biens ; nº 65620). Cette solution est d'ailleurs prévue par la convention franco-américaine précitée lorsque le gain ne peut être considéré comme une **redevance**, compte tenu, notamment, de la condition liée à la productivité. Dans ce cas, il s'agit d'un gain en capital (combinaison des paragraphes 5 et 6 de l'article 13 de la convention).

La plupart des conventions fiscales signées par la France ne font pas, cependant, référence à la cession.

Précisions Les commentaires de l'OCDE, dans leur version actuelle issue de la révision de juillet 2008, indiquent que lorsqu'une rémunération est versée en contrepartie du **transfert de la pleine propriété** d'un bien mentionné dans la définition, cette rémunération n'est pas considérée comme une rémunération « pour l'usage ou la concession de l'usage » de ce bien et ne peut donc être considérée comme une redevance. Ils ajoutent qu'en principe, lorsque la propriété des droits a été cédée, la nature fondamentale de la transaction, qui est celle d'une aliénation, « ne peut être modifiée par la forme de la contrepartie, par le **paiement échelonné** de celle-ci ou, selon la majorité des pays, par le fait que les versements soient liés à une éventualité » (Commentaires OCDE, C (12) nº 8.2).

Locations

20080 Le modèle de convention fiscale de l'OCDE, dans sa version de 1977, incluait à l'article 12 § 2 les rémunérations payées pour l'usage ou la concession de l'usage d'un **équipement industriel, commercial ou scientifique**. Mais la position du comité des affaires fiscales de l'OCDE a ensuite évolué ; dans un rapport de 1985 sur les nouvelles tendances de la fiscalité internationale, le comité a recommandé aux États de s'écarter sur ce point du modèle de 1977 et, à l'occasion de la refonte du modèle qui a donné lieu à la publication de septembre 1992, la référence aux locations a été purement et simplement retirée.

Cette exclusion se fonde sur l'idée que les loyers de cette nature sont en réalité la contrepartie d'une **opération financière** et non pas véritablement commerciale et que la perception d'une retenue à la source, le cas échéant, annulerait tout le profit de l'opération, étant donné la faiblesse des marges pratiquées habituellement. Les commentaires de l'OCDE précisent désormais que compte tenu de la nature des revenus provenant de la location d'équipements industriels, commerciaux ou scientifiques, incluant les revenus de la location de conteneurs, il a été décidé d'exclure ces revenus de la définition des redevances afin que leur soient appliquées les dispositions générales relatives à l'imposition des entreprises, c'est-à-dire les articles 5 et 7 du modèle (Commentaires OCDE, C (12) nº 9).

En pratique, la solution de 1992 aboutit au même résultat que celle de 1977, puisque, dans le modèle de 1977 comme dans l'actuel, les redevances ne sont pas soumises à une imposition par voie de **retenue à la source**. Cependant, dans la mesure où de nombreux pays membres de l'OCDE refusent l'exonération à la source dans un cadre bilatéral, l'OCDE a jugé utile de préciser que, même dans cette situation, les produits de la location d'équipements ne devaient pas être imposables dans l'État de la source, tout au moins en l'absence d'établissement stable dans cet État.

Précisions **a.** Lorsque la définition conventionnelle inclut les locations d'équipements, les loyers versés au titre de la location de **mobiliers, matériels et outillages** situés en France sont considérés comme des « redevances » même si les biens loués peuvent éventuellement constituer des immeubles par destination au sens du droit civil (voir la décision Superseal du 27 mai 2002, nº 66930).

b. Sur les problèmes posés par la location d'équipements et la location de **conteneurs**, voir Rapport OCDE, Volume II du modèle de convention fiscale, R (2) et R (3).

c. Les sommes payées pour la **vente d'un équipement** relèvent de l'article sur les revenus d'entreprise ou de l'article sur les gains en capital ; elles sont donc normalement imposables dans l'État de résidence du cédant, sauf si l'équipement se rattache à l'actif d'un établissement stable ou d'une base fixe dont dispose le cédant dans l'État où a lieu la vente (n° 65620).

Contrats mixtes

Lorsque la convention fiscale assimile les revenus de location à des redevances, il y a souvent une difficulté pour les contrats « mixtes », c'est-à-dire comportant un élément « location » et un élément « vente » ; il y a lieu, en principe, de faire application de la **théorie de l'accessoire** (voir les commentaires de l'OCDE, modèle 1977, p. 119 et 120, nos 9 et 12 ; ces commentaires n'ont pas été repris dans le modèle révisé, compte tenu de la modification introduite en 1992) : **20090**
– si la vente prédomine, les sommes payées ne devraient pas être qualifiées de redevances au sens de la convention ; c'est le cas, normalement, des **ventes à tempérament** et des locations-ventes ;
– si l'élément « location » domine, les sommes payées sont des redevances (cas, par exemple, de certaines opérations de **crédit-bail** ou « leasing », opérations de location permettant au locataire de se porter acquéreur du bien en cours d'exécution du contrat, ou à l'expiration de celui-ci).

Le critère décisif paraît être que, dans le premier cas, la propriété du bien est transférée à l'acheteur même si elle est subordonnée au paiement des échéances, alors que dans le second cas, le transfert de propriété ne s'effectue pas automatiquement, le locataire n'ayant qu'une **option d'achat**.

Il est évidemment possible, dans les locations transfrontières (leasing mobilier transfrontalier), de tenter de jouer des différences de qualification pour en obtenir des avantages fiscaux (« double dip », nos 23200 s.).

Communication d'informations

Certaines conventions fiscales ne reprennent pas le principe OCDE selon lequel les sommes payées pour des informations ayant trait à une expérience acquise dans le domaine industriel, commercial ou scientifique constituent des redevances. Mais, sauf en ce qui concerne les services techniques (nos 22000 s.), une telle exclusion paraît avoir peu de portée pratique, compte tenu de la généralité des termes employés par ailleurs par la convention (n° 20365). **20100**

Pour conclure qu'un **transfert de savoir-faire** ne présente pas, dans une telle situation, le caractère d'une redevance, il faut, en effet, qu'il ne prenne aucune des formes indiquées par la convention. Or, celle-ci en fait souvent une énumération très large (brevets, modèles, dessins, plans, formules ou procédés secrets). On voit mal comment un véritable transfert de savoir-faire pourrait ne pas prendre l'une de ces formes (en particulier celle de l'usage d'un « procédé » secret).

En présence d'un transfert de savoir-faire qui ne prendrait pas l'une des formes indiquées par la convention, on doit normalement en conclure que l'article « redevances » ne s'applique pas et traiter les sommes en cause comme des rémunérations de **prestations de services** (nos 21900 s.).

Parmi les conventions fiscales conclues par la France qui s'écartent (formellement) du modèle OCDE, on relève essentiellement quelques conventions anciennes, par exemple, celle avec la Belgique (10 mars 1964).

Pour des illustrations jurisprudentielles, voir n° 20410.

Exclusivités

Lors de la révision de juillet 2005, les commentaires du comité des affaires fiscales de l'OCDE ont été modifiés pour indiquer que lorsqu'une personne reçoit des informations, ou l'usage ou la concession de l'usage d'un bien, et qu'elle bénéficie d'une exclusivité, les sommes versées au titre de cette exclusivité sont des « redevances » au sens de la convention. Ces commentaires ont à nouveau été modifiés en juillet 2008, l'OCDE invitant **20105** davantage à un examen au cas par cas et estimant que, de façon générale, « si les versements sont effectués en contrepartie de l'aliénation de droits constituant un bien distinct et spécifique (ce qui est plus probable dans le cas de l'octroi d'une exclusivité à l'intérieur d'une **zone géographique** que dans le cas de l'octroi d'une exclusivité pour une **période déterminée**), il y a de fortes chances pour qu'ils soient considérés comme des bénéfices d'entreprise au sens de l'article 7 ou comme gain en capital au sens de l'article 13 plutôt que comme des redevances au sens de l'article 12 » (Commentaires OCDE, C (12) nº 8.2).

L'OCDE ajoute que les rémunérations versées uniquement en contrepartie de l'obtention de **droits exclusifs de distribution d'un produit** ou d'un service sur un territoire donné ne constituent pas des redevances, étant donné qu'il ne s'agit pas de versements « effectués en contrepartie de l'usage, ou de la concession de l'usage, d'un bien mentionné dans la définition. Ces versements, dont on considère qu'ils ont pour objet d'accroître les recettes provenant des ventes, relèvent plutôt de l'article 7 » (Commentaires OCDE, C (12) nº 10.1, issus de la révision de juillet 2008).

Activités de télécommunications

20115 Lors de la révision de juillet 2010, de nouvelles précisions ont été ajoutées aux commentaires du modèle de convention fiscale de l'OCDE à propos des activités de télécommunications (Commentaires OCDE, C (12) nºs 9.1 à 9.3 ; voir également nº 17589 sur la question de l'établissement stable). Il est notamment indiqué que les rémunérations payées par les clients des opérateurs de **satellites** en vertu d'accords typiques de « **location de répéteur** » pour l'usage de la capacité de transmission du répéteur ont le caractère de paiements pour services et ne constituent pas des redevances, ni, en général, des paiements pour l'usage d'un équipement industriel, commercial ou scientifique.

Il en va de même, en principe, des rémunérations payées par l'opérateur d'un réseau de télécommunications à un opérateur étranger en vertu d'un **accord d'itinérance**, des rémunérations payées pour l'usage, ou la concession de l'usage, de la totalité ou d'une partie du spectre des radiofréquences (en vertu, par exemple, d'une « **licence de spectre** » qui permet au détenteur de cette licence de transmettre un contenu médiatique sur des fréquences déterminées de la bande électromagnétique), et des rémunérations payées pour la location ou l'achat de la **capacité de câbles** pour la transmission d'électricité ou de communications (en vertu, par exemple, d'un accord accordant un droit irrévocable d'utiliser cette capacité) ou de conduites (utilisées, par exemple, pour le transport du pétrole ou du gaz).

Sur les règles applicables en droit interne français, voir nº 4845.

b. En l'absence de convention fiscale

Assujettissement à la retenue à la source (CGI art. 182 B)

20180 Lorsqu'il n'existe pas de convention fiscale, le droit interne des États constitue la seule référence. Du côté français, la loi ne donne pas une définition fiscale de la notion de redevances, mais elle soumet à un traitement fiscal commun et spécifique (retenue à la source, nºs 3410 s. ; sous réserve des sommes payées à des entreprises associées au sein de l'Union européenne, nº 20845), lorsque le débiteur des revenus exerce une activité en France, et que les sommes sont payées à des personnes ou sociétés, relevant de l'impôt sur le revenu ou de l'impôt sur les sociétés, qui n'ont pas d'installation permanente en France (CGI art. 182 B) :

– les **produits « non commerciaux »** d'une manière générale (ceux de l'article 92 du CGI) ;
– les produits non commerciaux perçus par les **inventeurs** ou perçus au titre de **droits d'auteurs**, ou les produits tirés de la **propriété industrielle**, **commerciale**, ou de droits assimilés ;
– les sommes payées en rémunération des **prestations de toute nature** fournies ou utilisées en France ;
– les sommes, y compris les salaires, correspondant à des **prestations sportives** fournies ou utilisées en France (en ce qui concerne les artistes, nº 45160).

Précisions Sur le cas particulier des **non-résidents européens** qui retirent de France l'essentiel de leurs revenus et qui ne bénéficient pas, dans leur État de résidence, de mécanismes suffisants de nature à minorer leur imposition en fonction de leur situation personnelle et familiale (non-résidents « Schumacker »), voir nº 3097.

La liste des produits entrant dans le champ de l'article 182 B du CGI est plus large que celle des « redevances » au sens habituel. Elle couvre en effet non seulement les produits de la cession ou de la concession de brevets, de marques de fabrique, procédés ou techniques de fabrication, mais également des **prestations de services** matériellement fournies ou effectivement utilisées sur le territoire français. Il en va ainsi par exemple (nos 2950 s.) : 20185
- de la réparation ou de l'entretien en France d'un **matériel** ;
- des **études** de toute nature réalisées en France ;
- de **l'assistance technique** fournie en France ;
- de la **prospection** commerciale effectuée en France ;
- de l'utilisation en France d'un matériel loué (le fait que le locataire soit résident de France ne suffit pas) ;
- la **fourniture d'informations** d'ordre industriel, commercial ou scientifique, et d'études techniques dont les résultats sont utilisés en France.

Précisions Lorsque la prestation n'est pas fournie en France, l'administration admet que, si elle concourt à la réalisation d'opérations faites avec des **clients étrangers**, elle n'est pas non plus considérée comme utilisée en France (voir en particulier, no 24185, le cas des commissions).

2. Les transferts de technologie

Les transferts de technologie ne génèrent pas toujours des redevances. Cela dépend essentiellement de la forme qu'ils prennent. En outre, les modalités de règlement financier ont parfois une incidence fiscale. 20210

a. Les conséquences fiscales des formes prises par les transferts de technologie

Les contrats employés en pratique comme instrument de transfert de technologie sont assez variés. Leur choix, lié, bien entendu, au premier chef à des considérations commerciales, n'est pas neutre sur le plan fiscal. Il peut s'agir des contrats suivants. 20215

Contrat de « licence »

Il couvre la concession pendant une durée limitée des droits d'exploitation d'un **brevet** ou d'une **marque**. Le brevet lui-même peut être transféré soit sous la forme de cession (rare), soit sous la forme (fréquente) de concession : 20218
- **cession** : l'acquéreur est entièrement subrogé dans tous les droits et actions du breveté. Il a le monopole de l'exploitation, le droit de cession ou de concession, et le droit de poursuivre les contrefacteurs. Dans ce cas, les sommes rémunérant la cession s'analysent, selon les conventions fiscales, en redevances, bénéfices d'entreprises ou gains en capital (no 20070) ;
- **concession** : le titulaire du brevet ne fait que concéder, pour une durée fixée à l'avance, le droit d'exploiter l'invention ou le procédé breveté ; il en conserve la propriété. La concession peut être ou non exclusive selon que le titulaire conserve ou non le droit de concéder d'autres licences pour la même application et dans le même secteur. En cas de concession, quelle qu'en soit la forme, les rémunérations s'analysent toujours comme des redevances.

Contrat de communication d'un « savoir-faire » (know-how)

Le « know-how » s'entend des moyens de fabrication et plus généralement des connaissances acquises dans un domaine industriel ou pour la mise en service d'une technique, que ceux-ci consistent en procédés brevetables ou non, s'ils ont un caractère de **secret** ou de nouveauté (au moins pour celui qui veut en acquérir la jouissance). Il peut s'agir, en particulier, d'une technique liée à un produit ou à un procédé breveté. Le know-how est encore juridiquement assez peu réglementé ; il ne fait pas l'objet d'un brevet et il n'est ni enregistré ni publié. Il n'est pas protégé par la loi, même si la jurisprudence tend de plus en plus à pallier cette lacune (vol du secret de fabrique, concurrence déloyale, etc.). Sur le plan fiscal, la rémunération des transferts de know-how prend la forme de redevances (no 20385). 20220

Contrat de « franchise »

20223 Un tel contrat (franchising) va plus loin que le contrat de licence car le franchiseur apporte un ensemble de **savoir-faire** au franchisé, en plus d'une **concession**. Dans un contrat de franchise de distribution, le franchiseur loue son enseigne (concession de marque), livre des **marchandises** au franchisé et l'assiste dans ses études de marché et plus généralement dans l'exploitation de ses affaires. Le franchisé s'engage à respecter les directives du franchiseur, à distribuer son produit et à le rémunérer.

Cette rémunération n'est donc que pour partie une rémunération de concession de **marque** ; une autre partie rémunère les **services** rendus. Dans une telle situation, il est souvent impossible de distinguer dans la « redevance » globale les deux éléments du prix. C'est pourquoi il y a lieu, a priori, de faire jouer la **théorie de l'accessoire**, qui devrait conduire à traiter effectivement l'ensemble comme une redevance au sens conventionnel (n° 20400), sauf s'il est possible de distinguer les différentes composantes de la « redevance » globale.

Contrats de « management »

20225 Ce sont par exemple des contrats de **formation** du personnel et **d'assistance technique**. Une telle prestation peut faire l'objet d'un contrat distinct. Mais lorsqu'elle se rattache à un contrat de licence, il est parfois possible de la traiter comme une prestation complémentaire et indissociable du transfert de technologie dans son ensemble. L'ensemble serait alors traité comme générateur de redevances.

Contrats de « joint-venture »

20230 Ces contrats aboutissent à la création d'une **entité locale** constituée entre l'apporteur de technologie et son partenaire local. Dans ce cas, si l'entité créée a la personnalité morale, elle est normalement imposable localement comme toute entreprise de l'État concerné (les règles qui lui sont conventionnellement applicables sont celles des bénéfices des entreprises). Si elle n'a pas de personnalité morale, elle peut être traitée comme une **juxtaposition d'entreprises**, l'apporteur de technologie ayant alors un établissement stable imposable localement, ou bien comme ayant une quasi-personnalité fiscale. Sur ces questions voir l'étude d'ensemble sur les sociétés de personnes (nos 30200 s.).

b. Les conséquences fiscales du règlement financier des transferts

20250 Deux questions essentielles se posent à cet égard : le montant de la rémunération et les modalités de rémunération.

Montant de la rémunération

20255 Celui-ci relève bien entendu de l'accord des parties. Toutefois, il est acquis que l'administration fiscale a la possibilité de refuser la déduction d'une rémunération totalement ou partiellement excessive. Il faut donc veiller à ce que les **prix de transfert** soient « normaux » (nos 76680 s.), particulièrement lorsqu'ils sont convenus entre sociétés apparentées.

Il n'existe pas, naturellement, de règles précises d'évaluation. La valeur du transfert de technologie ou du know-how dépend de divers facteurs parmi lesquels la dimension du marché, l'existence de technologies concurrentes, l'existence de droits de propriété industrielle, la durée de protection de ces droits, le degré d'exclusivité consenti par le contrat, la durée du contrat, etc.

Modalités de la rémunération

20260 Elles ont parfois une incidence fiscale, dans le droit interne des États (mais pas, en principe, pour les conventions fiscales). Il peut y avoir, globalement, deux types de rémunération :
– rémunérations **indépendantes des résultats** de l'opération de transfert : ce sont des paiements forfaitaires (« lump sum payments »), qui peuvent être assurés en une fois ou, plus souvent, en versements échelonnés ;
– les rémunérations calculées en **fonction des résultats** matériels de l'opération, d'après la production effective par le bénéficiaire du transfert, ou le chiffre d'affaires réalisé, etc.

Ce sont des paiements variables (mais une redevance minimum peut être stipulée dans le contrat).

Certains États traitent fiscalement, en droit interne, ces deux types de paiements d'une manière différente (par exemple, les taux de retenues à la source peuvent être différents). Ce n'est pas le cas en France.

En présence d'une convention fiscale, cependant, cette distinction n'a généralement pas de portée : toutes les rémunérations qualifiées de redevances sont en principe traitées de la même manière quel que soit leur mode de règlement (voir cependant n° 20070 dans le cadre franco-américain, étant tout de même remarqué que la distinction faite par la convention fiscale n'a plus de réelle signification depuis que la retenue à la source a été annulée par l'avenant du 13 janvier 2009).

Précisions Bien entendu, en application de la jurisprudence générale, les redevances ne sont déductibles, en toute hypothèse, que si elles ne correspondent pas à l'acquisition d'un élément d'**actif immobilisé**.

B. La distinction entre redevances et rémunérations des prestations de services

1. La portée de la distinction

La distinction entre les redevances et les rémunérations des prestations de services a une grande importance, car le régime fiscal des sommes versées n'est pas le même selon que l'une ou l'autre des qualifications est retenue : **20350**
– **redevances** : imposition par voie de **retenue à la source** dans la plupart des cas (sauf, comme indiqué n° 20040, avec les conventions fiscales qui reprennent le modèle de convention fiscale de l'OCDE ; mais les États, même ceux qui sont membres de l'OCDE, ne suivent pas, très souvent, le modèle sur ce point) ;
– **rémunérations des prestations de services** : imposition dans l'État de **résidence** de l'entreprise prestataire et exonération dans l'État d'exercice de la prestation, sauf en cas de réalisation par l'intermédiaire d'un établissement stable situé dans cet État.

En pratique, la question se pose lorsqu'une entreprise d'un État réalise dans l'autre État des travaux d'**ingénierie**, de recherche géologique ou, plus généralement, lorsqu'elle rend dans cet État des **services techniques**, ou qu'elle y réalise des **études** de toute nature. Certains pays, notamment les pays en développement, ont tendance à assimiler la fourniture sur leur territoire d'un « travail intellectuel » et de services techniques à des informations ayant trait à une expérience acquise dans le domaine industriel, commercial ou scientifique et, par suite, à traiter la rémunération correspondante comme une « redevance » au sens des conventions fiscales. **20355**

2. Les critères de distinction

Deux hypothèses doivent être distinguées selon que la convention fiscale comporte ou non une stipulation explicite (s'il n'y a pas de convention fiscale, la question ne se pose pas puisque chaque État n'applique que son droit interne ; pour la France, voir nos 2945 s.). **20360**

a. Si la convention fiscale est explicite

Une convention fiscale est explicite dans les cas suivants : **20365**
– si la **définition conventionnelle des redevances** n'inclut pas la fourniture d'informations concernant une expérience acquise dans le domaine industriel, commercial ou scientifique. Lorsqu'une convention fiscale ne reprend pas cette formulation **dans la définition des redevances**, contrairement au paragraphe 2 de l'article 12 du modèle OCDE, les rémunérations des prestations de services techniques (ou commerciaux) ne doivent pas, normalement, être assimilées à des redevances. Il ne peut y avoir de « redevances » que s'il y a transfert de savoir-faire selon l'un des modes prévus par la convention (brevet, procédé, dessin, plan, etc.), c'est-à-dire s'il ne s'agit pas seulement de la fourniture d'un simple service ;

– si la convention reprend la formulation de l'OCDE sur la fourniture d'informations concernant une expérience acquise, mais ajoute une **exclusion expresse**, généralement au protocole annexé. Tel est le cas lorsque le terme « redevances » désigne les rémunérations versées pour des informations ayant trait à une expérience acquise dans le domaine industriel, commercial ou scientifique et qu'il est précisé que les rémunérations payées pour des services techniques, travaux d'ingénierie ou services de consultation ou de surveillance ne sont pas considérées comme des rémunérations payées pour des informations ayant trait à une expérience acquise dans le domaine industriel, commercial ou scientifique.

Exemples

20370 Parmi d'autres, la **convention franco-turque** du 18 février 1987 prévoit, au protocole, que : « Les rémunérations payées pour des services techniques, y compris des analyses ou des études de nature scientifique, géologique ou technique, ou pour des travaux d'ingénierie y compris les plans y afférents, ou pour des services de consultations ou de surveillance, ne sont pas considérées comme des rémunérations ayant trait à une expérience acquise dans le domaine industriel, commercial ou scientifique. »

Il en va de même notamment dans les conventions **franco-jordanienne** du 28 mai 1984 et **franco-bulgare** du 14 mars 1987, dans la convention **franco-slovène** du 7 avril 2004 et dans les conventions entre la France et l'**Équateur** d'une part, et le **Nigeria** d'autre part (protocoles annexés). La formulation a également été reprise au point 9 du protocole annexé à la convention entre la France et la **Géorgie** du 7 mars 2007.

De même, la convention **franco-ivoirienne** du 6 avril 1966, telle qu'elle a été modifiée par un avenant du 25 février 1985 (entré en vigueur le 1er janvier 1989), stipule : « Les rémunérations qui, suivant les indications contenues dans le contrat initial, constituent la contrepartie des prestations d'assistance technique sont taxables dans la catégorie des bénéfices industriels et commerciaux dans les conditions prévues à l'article 10. Il en va de même, notamment pour les rémunérations obtenues pour les services après-vente et pour les prestations rendues par un vendeur dans le cadre de la garantie due à l'acheteur » (protocole).

Dans ce cas, les prestations de services techniques sont clairement écartées du champ des redevances. Elles sont soumises aux dispositions générales sur les revenus d'entreprises (nos 16600 s.).

Enfin, les prestations de services peuvent aussi être traitées comme des revenus « non dénommés » entrant dans le champ de la **clause balai** de la convention lorsqu'elles ne sont pas incluses dans la catégorie conventionnelle des « redevances », ainsi qu'il a été jugé à propos de prestations de services rendues par une société française à une société danoise (CAA Versailles 4 décembre 2013 no 12VE03209, 6e ch., Sté Rezidor Park Orange : RJF 5/14 no 487 ; arrêt définitif) ; dans cette affaire, ce n'est d'ailleurs pas l'application de la clause balai que l'administration contestait mais le fait que la convention était encore applicable au titre de l'année en cause (no 10125, Précisions a ; la nature réelle des prestations n'a pas été explicitée par l'arrêt).

b. Si la convention fiscale n'est pas explicite

Modèle OCDE

20380 Lorsque la convention reprend le modèle de convention fiscale de l'OCDE (article 12 § 2), elle vise la fourniture d'informations concernant une expérience acquise dans le domaine industriel, commercial ou scientifique, sans exclure explicitement les prestations de services techniques du champ des redevances. On ne doit pas en conclure pour autant que ces prestations doivent toujours être traitées comme comportant la fourniture d'informations concernant une expérience acquise.

Le critère décisif, mais délicat à apprécier en pratique, est précisément de savoir s'il y a ou non **« fourniture » d'informations** et **communication d'une « expérience acquise »**. Les commentaires du comité des affaires fiscales de l'OCDE ont, sur ce point, été progressivement affinés, notamment lors des révisions de janvier 2003 et de juillet 2008. Ils proposent les distinctions suivantes.

Précisions Les indications données par le comité des affaires fiscales de l'OCDE peuvent ne pas satisfaire tous les pays, particulièrement les pays en développement. Pour beaucoup d'administrations de ces pays, il est entendu que l'expression « informations ayant trait à une expérience acquise dans le domaine industriel, commercial ou scientifique » couvre le travail intellectuel et les **services techniques**, qui seraient de ce fait inclus dans la définition des redevances. Le modèle ONU contient d'ailleurs, depuis 2017, un article 12A destiné à autoriser l'État de la source à imposer les rémunérations versées pour des services techniques.

Contrats de « know-how »

Il s'agit des contrats dans lesquels l'une des parties s'oblige à communiquer ses **expériences** et ses connaissances particulières, **non révélées au public**, à l'autre partie qui peut les utiliser pour son propre compte (n° 20220). Dans un tel contrat, le concédant n'intervient pas dans l'application des formules concédées et n'en garantit pas le résultat. Dans ce cas, la communication d'informations doit effectivement être considérée comme étant rémunérée par des **redevances** au sens de la convention fiscale. Cela étant, il n'en va ainsi que s'il y a communication d'informations ayant trait à une expérience « acquise », ce qui n'est pas le cas s'il s'agit de la rémunération d'**informations nouvelles** obtenues à l'issue de la fourniture de services rendus à la demande de la personne l'ayant versée (Commentaires OCDE, C (12) n° 11). **20385**

Précisions Depuis la révision de juillet 2008, les commentaires OCDE indiquent que l'expression « rémunérations (...) pour des **informations** ayant trait à une **expérience acquise** dans le domaine industriel, commercial ou scientifique » est utilisée dans le contexte du transfert de certaines informations n'ayant pas fait l'objet d'un brevet et qui ne relèvent généralement pas d'autres catégories de droits de propriété intellectuelle ; elle renvoie en principe à des informations non révélées au public de nature industrielle, commerciale ou scientifique ayant trait à une expérience acquise qui trouvent une application pratique dans l'exploitation d'une entreprise et dont la divulgation peut générer un avantage économique (Commentaires OCDE, C (12) n° 11).

Contrats de prestations de services

Il s'agit des contrats dans lesquels l'une des parties s'oblige, à l'aide des **connaissances usuelles de sa profession**, à faire elle-même un ouvrage pour l'autre partie. Rentrent dans cette catégorie, les contrats de « **pure assistance technique** », des **consultations** données par un ingénieur, un avocat ou un expert-comptable, ou encore des rémunérations obtenues pour des services après-vente. **20390**

L'un des éléments qui permet de distinguer ces contrats des précédents (n° 20385) réside dans la nature des informations fournies ou utilisées : si celles-ci sont **secrètes**, il y a, a priori, transfert de savoir-faire ; si l'entreprise n'a fait qu'utiliser son expérience et les connaissances usuelles de sa profession, il s'agit, en principe, de la réalisation d'une prestation de services, soumise au régime des revenus d'entreprises (nos 16600 s.). En somme, il n'y a transfert de « savoir-faire » que si l'on « apprend à faire » : pour qu'il y ait « transfert » de savoir-faire, il faut que le client du prestataire puisse réellement **en user lui-même** et non pas seulement en bénéficier (par exemple, CAA Versailles 4 juin 2019 nos 17VE01685-17VE02481, 3e ch., Sté Sopra Steria Group et min. c/ Sté Sopra Steria Group : RJF 12/19 n° 1185 ; arrêt définitif après rejet du pourvoi du contribuable, comme indiqué n° 20410, Précisions d).

Précisions apportées par l'OCDE Dans les commentaires ajoutés en juillet 2008, le comité des affaires fiscales de l'OCDE a affiné un peu plus la distinction en précisant notamment (Commentaires OCDE, C (12) n° 10.2) : **20395**

– qu'un versement ne peut pas être réputé constituer une rémunération pour « l'usage ou la concession de l'usage du droit » d'utiliser un dessin, un modèle ou un plan **si ce dessin, modèle ou plan n'existe pas déjà** ; dans ce cas, le versement est effectué en contrepartie de services qui aboutiront à l'élaboration de ce dessin, modèle ou plan et entrent dans le champ de l'article 7 (bénéfices des entreprises) ; il en est ainsi même si le concepteur du dessin, modèle ou plan (un architecte, par exemple) conserve la totalité des droits, y compris les droits d'auteur, sur ce dessin, modèle ou plan ;
– que, si le propriétaire des droits d'auteur sur des **plans établis antérieurement** se contente d'accorder à une personne le droit de modifier ou de reproduire ces plans sans véritablement effectuer un travail supplémentaire, les versements reçus par lui en contrepartie de l'octroi du droit d'utiliser ces plans constituent des redevances.

Application éventuelle de la règle de l'accessoire

20400 L'OCDE reconnaît que ces deux types de contrats (know-how ou services) ne se rencontrent pas nécessairement sous une forme pure. Il existe des **contrats « mixtes »** qui combinent les deux éléments.

Dans le cas d'un contrat mixte, il convient, en principe, de **décomposer** le montant global en fonction des différentes prestations qu'il contient, et de soumettre chacune de ses parties au régime qui lui est propre (prestations de services ou redevances). Toutefois, lorsque l'un des éléments est de loin l'objet principal du contrat, il y a lieu, en principe, de faire jouer la **règle de l'accessoire**, c'est-à-dire d'assujettir l'ensemble des rémunérations au régime suivi par la prestation principale. Une telle solution est susceptible de s'appliquer notamment aux contrats de franchise (nº 20223). Voir aussi l'arrêt URS France du 1er juin 2005 cité nº 20410 a., faisant jouer cette règle dans le cadre de l'ancienne convention fiscale franco-indienne.

Doctrine administrative

20405 Les commentaires de l'OCDE (dans leur version de l'époque) avaient été repris dans une ancienne réponse ministérielle, à propos de la convention fiscale franco-suisse, qui est sur ce point conforme au modèle de l'OCDE. Selon cette réponse ministérielle (réponse Bockel : JOAN 4 juin 1984 p. 2624, non reprise au BOFiP) doivent être considérées comme des redevances, au sens de la convention, les rémunérations payées pour l'accès à des connaissances ou expériences particulières **non révélées au public, sans que le concédant intervienne** dans leur application et en garantisse le résultat. En revanche, ne présentent pas le caractère de redevances les sommes payées dans le cadre d'un contrat de prestations de services dans lequel l'une des parties réalise pour l'autre un ouvrage à l'aide des **connaissances usuelles de sa profession**.

Cette solution nous paraît toujours exacte, quoiqu'elle n'ait pas été reprise au BOFiP ; elle devrait d'ailleurs être retenue pour l'interprétation de toutes les conventions fiscales signées par la France qui reprennent la formulation proposée par la convention-modèle de l'OCDE.

Précisions **a.** À propos de la convention fiscale franco-algérienne, l'administration souligne que, dès lors que les rémunérations afférentes à des **études techniques** ou **économiques** ne sont pas incluses dans la définition des redevances donnée par la convention du 17 octobre 1999, elles relèvent des bénéfices des entreprises ou des bénéfices des professions indépendantes (BOI-INT-CVB-DZA-30 nº 220).

b. Dans le cadre **franco-marocain**, les autorités compétentes se sont accordées sur une interprétation commune permettant de faire la distinction entre les rémunérations versées en contrepartie d'**études techniques ou économiques**, traitées comme des redevances en application de l'article 16 § 2 c) de la convention du 29 mai 1970, et les rémunérations versées au titre de prestations d'assistance technique, qui sont des bénéfices d'entreprise (BOI-INT-CVB-MAR nº 255 ; échange de lettres du 30 avril 2018 et du 21 janvier 2019 : BOI-ANNX-000474) :

– est considérée comme une étude technique ou économique toute analyse ou recherche spécifique de nature technique ou économique consistant en un rapport dans lequel une des parties utilise ses **connaissances particulières** en lien avec un projet et permet à l'autre partie de **disposer de celles-ci de façon autonome** ; le preneur, s'il choisit de réaliser ce projet, sur la base de cette étude, peut l'accomplir seul, sans le concours du prestataire ;

– si toutefois le prestataire **participe à la réalisation du projet**, la rémunération perçue à ce titre ne peut être considérée comme la rémunération d'une étude technique ; il convient alors de **ventiler la rémunération** du contrat entre les différentes prestations prévues au contrat et d'appliquer à chacune les stipulations des articles de la convention y afférents ;

– une connaissance présente un caractère particulier **à condition de dépasser les connaissances usuelles** ou réputées usuelles de la profession du prestataire ; la circonstance que cette connaissance soit détenue par plusieurs personnes ne fait pas obstacle à sa qualification de connaissance particulière.

c. Solutions jurisprudentielles

20410 La portée pratique des distinctions à effectuer peut être illustrée par les **exemples** suivants.

a. Une société française ayant une activité de consultant géotechnique, chargée de rendre des services de direction technique de prélèvements d'échantillons, de tests de sols et d'**analyses d'ingénierie géotechnique**, grâce à des personnels expatriés en Inde et hautement qualifiés, assure une prestation de services techniques, même si le contrat mentionne également une activité de formation « sur le tas », dès lors que cette dernière activité n'a qu'un objectif limité et n'est pas formalisée et que l'objet essentiel de l'opération n'est pas d'assurer la transmission de **savoir-faire** et d'informations à des techniciens indiens ; compte tenu des termes de la convention fiscale franco-indienne applicable à l'époque des faits (celle du 26 mars 1969), les rémunérations correspondantes étaient imposables exclusivement en Inde en tant que rémunérations de services techniques (et non pas dans les deux pays en tant que redevances) et les **dépenses exposées en France** n'étaient pas déductibles dans notre pays (CAA Paris 1er juin 2005 n° 01-2850, 2e ch. A, SA URS France : RJF 11/05 n° 1240, arrêt définitif ; incidemment, le caractère « exclusivement » imposable dans le pays de la source des prestations de services techniques est discutable, car il ne ressort pas d'une interprétation littérale de la convention fiscale). **20410** (suite)

b. Des sommes rémunérant des missions de conseil sur ses orientations et sa stratégie de recherche ainsi que des **études pharmaco-cliniques** et des études de criblage, versées par une société française à des résidents des États-Unis et du Canada, notamment, ne sont pas des redevances pour des informations ayant trait à une expérience acquise, en dépit de leur caractère confidentiel, dans la mesure où elles ne sont pas à l'origine d'un **droit de propriété intellectuelle** nécessaire au développement d'un produit particulier et où la clause de confidentialité est exclusivement destinée à la protection du secret commercial (CAA Paris 13 avril 2005 n° 00-2801, 2e ch. A, Société Parke-Davis SCA : RJF 10/05 n° 1083, arrêt définitif). Cette décision concerne des conventions fiscales qui incluent les informations pour une expérience acquise dans le champ des redevances et prévoient une retenue à la source, à la différence du modèle OCDE.

c. Les sommes versées à une société américaine par une société française exerçant une activité de **fabrication de plats cuisinés et de desserts surgelés**, à destination de la grande distribution et de la restauration traditionnelle et embarquée, sont des redevances au sens de l'article 12, b) de la convention fiscale franco-américaine du 31 août 1994 bien qu'elles aient été versées en application d'une **convention** dite **« d'encadrement technique et commercial »** dont l'intitulé pouvait sous-entendre qu'il ne s'agissait pas de la concession d'un savoir-faire (TA Rouen 3 mars 2011 n° 0902041, 2e ch., SAS Cuisine Solution Europe : RJF 12/11 n° 1356 ; jugement définitif) ; le tribunal administratif a estimé qu'en dépit des apparences, les sommes en cause rémunéraient des informations ayant trait à une expérience acquise dans le domaine technique et commercial.

d. Les rémunérations de sources brésilienne, espagnole, marocaine et thaïlandaise reçues en 2009 et 2010 par une société française exerçant une activité d'édition et de distribution de logiciels professionnels au titre de **prestations de maintenance de logiciels** n'étaient pas des redevances mais des rémunérations de prestations de services ; elles avaient donc subi à tort des retenues à la source à l'étranger et aucun crédit d'impôt n'était imputable en France (CE 18 juin 2021 n° 433315, 9e et 10e ch., Sté Sopra Steria Group : RJF 10/21 n° 962, rejetant le pourvoi de la société contre CAA Versailles 4 juin 2019 nos 17VE01685-17VE02481, 3e ch., Sté Sopra Steria Group et min. c/ Sté Sopra Steria Group : RJF 12/19 n° 1185 ; voir également n° 11110). Cette décision (de même que les décisions du même jour nos 433319 et 433323 à la RJF 10/21 nos 904 et 965) relève que, si la société concédait à ses clients un droit d'utilisation des progiciels professionnels qu'elle concevait et leur proposait d'en assurer la maintenance, elle ne leur concédait aucun autre droit de propriété intellectuelle attaché à sa qualité d'auteur des progiciels, ni ne leur transférait des connaissances techniques, en dehors de la documentation portant sur l'utilisation des produits fournis et de l'accompagnement destiné à favoriser leur mise en œuvre. Les prestations de maintenance n'étaient pas accompagnées du transfert de procédés secrets ni du transfert d'un **savoir-faire** et elles étaient distinctes des **licences de logiciels**, alors même que les deux types de prestations étaient étroitement liés d'un point de vue technique et économique ; la Cour avait relevé, à juste titre, que l'objet des prestations d'assistance technique fournies dans le cadre de l'activité de maintenance et celui de la concession du droit d'usage opéré par les contrats de licence étaient distincts et que les clients n'étaient pas tenus de recourir aux prestations de maintenance, ces deux types de prestations faisant l'objet d'une facturation séparée. En appel, il avait également été relevé que les prestations en cause permettaient aux clients de bénéficier de **l'expertise du prestataire**, mais qu'elles n'avaient pas pour objet de leur transférer, pour leur usage, un droit de propriété intellectuelle, un savoir-faire ou des informations ayant trait à son domaine d'expertise, qui demeurait la propriété exclusive du fournisseur (pour qu'il y ait transfert de savoir-faire, il faut que le client du prestataire puisse réellement en user lui-même et

20410 (suite) non pas seulement en bénéficier) ; elles ne pouvaient pas, enfin, être regardées comme la contrepartie de la **fourniture d'études techniques** au sens de la convention fiscale franco-marocaine du 29 mai 1970, dès lors que l'objet du contrat de maintenance était de corriger les anomalies affectant le logiciel, d'apporter un support technique au client et de le faire bénéficier de mises à jour du produit, et non de lui fournir des « études techniques » pour les besoins de son exploitation.

e. Les sommes reçues en 2008, 2009 et 2010 par une société française de **conseil en services et ingénierie informatique** au titre de l'exécution de contrats d'assistance à maîtrise d'ouvrage et de sous-traitance conclus avec des sociétés ivoirienne et marocaines sont des rémunérations de prestations de service et non pas des redevances au sens des conventions fiscales (CAA Versailles 4 avril 2019 n° 17VE03995, 6e ch., Sté CGSI ; arrêt définitif) ; les retenues à la source étrangères ne pouvaient pas donner lieu à imputation en France mais elles étaient déductibles de l'assiette imposable car elles avaient été perçues à l'étranger en violation des conventions fiscales (voir également n° 5815, Précisions c).

f. Une société française exerçant une **activité d'édition de logiciels** dans le secteur bancaire et celui de l'assurance n'a pas été jugée fondée à imputer en France, au titre des années 2012 à 2014, des crédits d'impôt correspondant aux retenues à la source prélevées sur les sommes reçues de clients établis en Tunisie, en Algérie et au Maroc en rémunération de licences de logiciel et de prestations de services ; en effet, les contrats portant octroi d'une simple licence d'utilisation de logiciels, qui ne confèrent **aucun droit de les exploiter**, ne peuvent être regardés comme conférant l'usage ou un droit à l'usage de droits d'auteur au sens des conventions fiscales liant la France à ces pays (TA Montreuil 12 octobre 2020 n° 1809562, 7e ch., Sté Linedata Services SA ; jugement définitif).

g. Les rémunérations reçues en 2012 et 2013 par une société française spécialisée dans la fourniture de solutions informatiques adaptées au secteur financier à raison de **prestations d'intégration de programmes informatiques** n'étaient pas des redevances au sens des conventions conclues par la France avec l'Algérie, le Ghana, la Guinée, le Maroc et la Tunisie et ne pouvaient donc pas donner lieu à crédits d'impôt au titre des impositions prélevées à la source dans ces pays, faute d'emporter transfert de savoir-faire et d'expérience scientifique ou de caractériser la fourniture d'études techniques ou économiques, selon les cas (CAA Versailles 8 février 2022 n° 20VE01019, 1e ch., Sté Sopra Banking Software et n° 20VE01020, Sté Sopra Steria Group, arrêts définitifs ; voir également n° 83560) ; la Cour relève notamment que le client, qui **ne pouvait procéder par lui-même** aux adaptations nécessaires, devait recourir aux services et à l'expertise du prestataire pour le déploiement et l'intégration des évolutions de la solution dans son propre système d'information.

h. Ont été considérées comme des redevances pour l'application de la convention fiscale du 30 novembre 1979 entre la France et la Nouvelle-Zélande les sommes versées, au cours des années 2011 à 2014, par une société française à une société belge (en 2011) puis à une société maltaise (à partir de 2012) en contrepartie de la **sous-distribution de programmes collectifs de fitness** élaborés par une société néo-zélandaise (CAA Marseille 15 juillet 2020 n° 18MA04302, 3e ch., min. c/ SARL Planet, annulé par CE 20 mai 2022 n° 444451, 9e et 10e ch., Sté Planet : RJF 8-9/22 n° 771, renvoyant l'affaire à la Cour pour une raison tenant à la notion de bénéficiaire effectif ; voir nos 10595 et 74630) ; la société française, qui distribuait auprès de clubs de fitness des programmes de cours collectifs conçus par la société néo-zélandaise bénéficiait, au titre d'un contrat d'agence conclu avec cette dernière, d'un droit de distribution exclusif, d'un transfert de savoir-faire et du droit d'utiliser la marque sur ses publicités et celles des clubs clients (elle pouvait également utiliser les ressources transmises à des fins de démonstration et de formation et utiliser le logiciel et les ressources du logiciel fourni pour administrer les clubs affiliés). Pour les années 2015 et 2016, la même solution a été retenue sur le fondement de la convention fiscale franco-maltaise du 25 juillet 1977 modifiée, la requérante soutenant désormais que la société néo-zélandaise était totalement étrangère au litige, que le contrat qui la liait à cette société ne pouvait lui être opposé car il était caduc, et qu'elle n'avait contractuellement aucun droit d'utilisation d'une marque ou d'un savoir-faire (TA Marseille 18 juillet 2022 n° 2008138, 7e ch., SARL Planet) ; pour ces années, la société avait spontanément payé la retenue à la source et en avait ensuite demandé le remboursement, mais le jugement confirme le rejet opposé par l'administration, au motif que les stipulations contractuelles avaient bien pour objet, outre le transfert de droits de sous-distribution, l'usage d'un savoir-faire et d'informations.

C. Un exemple d'application : le cas des transferts de logiciels

Les problèmes essentiels que posent les transferts de logiciels sont liés à la **qualification des revenus**, lorsqu'il existe une convention fiscale : s'agit-il de redevances ou de rémunérations de prestations de services ? S'il s'agit de redevances, doivent-elles être traitées comme des rémunérations de droits d'auteur, ce qui aboutirait souvent à l'exonération (n° 20910) ? **20430**

Sur la question des logiciels, voir Rapport OCDE, volume II du modèle de convention fiscale, R (10). Les travaux du comité d'experts des Nations unies sur la coopération internationale en matière fiscale (n° 1407) sont également intéressants bien qu'ils n'aient pas encore abouti, le comité n'ayant pas encore approuvé un projet de modification de l'article 12 du modèle de convention fiscale visant à inclure la rémunération des logiciels dans la définition des redevances afin de les rendre systématiquement imposables dans le pays de la source.

Il n'existe encore que peu de **conventions fiscales** qui répondent précisément à ces questions. Il en va ainsi, par exemple, de la convention franco-américaine du 31 août 1994 modifiée, de la convention franco-italienne du 5 octobre 1989 et de la convention franco-russe du 26 novembre 1996 dont les articles 12 visent explicitement les logiciels (tel est également le cas de la convention franco-andorrane du 2 avril 2013). En général, les autres conventions fiscales ne contiennent pas de précisions (dans le cadre de l'Union européenne, les paiements au titre de logiciels sont exonérés de retenue à la source comme les « redevances » ; n° 20845). **20432**

On doit donc être prudent dans l'analyse du régime fiscal des transferts internationaux de logiciels, d'autant que la **jurisprudence** n'a pas eu l'occasion de traiter cette question (sous réserve du n° 20410 f) ; on relèvera simplement que, dans l'affaire Sopra Steria (CE 18 juin 2021 n° 433315, 9e et 10e ch., Sté Sopra Steria Group : RJF 10/21 n° 962 ; voir n° 20410 d), la question posée était seulement celle de l'imposition de prestations de maintenance et non celle de l'imposition des sommes reçues au titre de la concession de licences de logiciels, pour lesquelles l'administration avait spontanément admis le bien-fondé de la qualification de redevances (ce point ne faisait donc pas l'objet du débat contentieux). Dans ses conclusions devant le Conseil d'État (RJF préc. C 962), la rapporteure publique Céline Guibé avait estimé que cette qualification n'avait rien d'évident, étant donné que les contrats prévoyaient la concession d'un **simple droit d'utilisation** personnel du logiciel, non exclusif, non transmissible et non cessible, limité aux besoins propres du client, excluant toute mise à disposition auprès de tiers, et qu'en outre la société concédante conservait la propriété intellectuelle du logiciel ; elle ajoutait que les droits transférés se limitaient à ceux nécessaires pour l'exploitation du logiciel par l'utilisateur final, qui n'était pas même autorisé à procéder lui-même aux correctifs nécessaires pour permettre l'utilisation du logiciel conformément à sa destination et elle en concluait que l'application des principes énoncés par les commentaires OCDE (nos 20435 s.) conduisait à exclure la qualification de redevances.

Précisions **a.** La convention franco-panaméenne du 30 juin 2011 offre une exception marginale en reprenant certains principes OCDE au protocole annexé ; il est en effet indiqué que « les rémunérations perçues en contrepartie de la concession de l'usage d'un logiciel qui, en l'absence d'une licence, constitueraient une violation de la législation relative aux **droits d'auteur**, sont considérées comme des redevances. En revanche, les rémunérations perçues en contrepartie du **droit de distribution d'un logiciel** ne constituent pas des redevances sous réserve qu'elles n'incluent pas le droit de reproduction de ce logiciel. De telles rémunérations doivent être considérées comme des bénéfices d'entreprises en application des dispositions de l'article 7. »

b. À propos de la convention franco-ouzbek du 22 avril 1996, qui donne une définition des redevances qui n'inclut pas les **logiciels**, l'administration précise que sont inclus dans la définition des redevances les produits de concession de logiciels qui sont qualifiés de **droits d'auteur** en droit interne français (BOI-INT-CVB-UZB-20 n° 210).

Solutions proposées par l'OCDE

Le comité des affaires fiscales de l'OCDE a bien perçu la difficulté du sujet et a cherché à donner quelques recommandations aux États membres dans ses commentaires de septembre 1992, qui ont été affinés dans la version d'avril 2000 et qui paraissent assez convaincants (commentaires OCDE, C (12) nos 12 à 17). **20435**

20437 **En cas de transfert partiel des droits** Il y aurait lieu de distinguer trois situations :
– si le bénéficiaire acquiert **une partie des droits d'auteur**, c'est-à-dire si le paiement est effectué en échange du droit d'utiliser le programme d'une manière qui serait, en l'absence de licence, une violation de la législation relative aux droits d'auteur, il s'agit d'une redevance au sens de l'article 12 du modèle ;
– si le bénéficiaire acquiert seulement le **droit d'utiliser** le logiciel pour son propre usage, en tant qu'utilisateur final, la rémunération qu'il verse n'est pas une redevance mais un revenu d'entreprise au sens de l'article 7 du modèle ; il en va de même si le bénéficiaire obtient le droit de faire des copies multiples uniquement à des fins d'exploitation dans le cadre de ses propres affaires (« **licences de site** », « **licences d'entreprises** » ou « **licences de réseau** ») ;
– si, enfin, le bénéficiaire reçoit des informations sur les concepts et les principes sur lesquels repose le programme (logique, **algorithmes**, langages ou **techniques de programmation**), il y a en principe fourniture d'informations secrètes et la rémunération versée peut être qualifiée de redevance.

20440 **En cas d'aliénation de tous les droits** Lorsque le versement est la contrepartie de l'acquisition en **pleine propriété du logiciel**, l'OCDE estime qu'il ne s'agit pas d'une redevance, mais d'un revenu d'activité commerciale ou encore d'un gain en capital. Il ne peut s'agir d'une redevance puisque la contrepartie du versement ne consiste pas en l'utilisation des droits, ceux-ci ayant été totalement acquis.

20445 **En cas de contrat mixte** Tel est le cas lorsque la concession du logiciel s'accompagne de la vente de matériel ou encore lorsque les concessions du droit d'usage du logiciel sont assorties de prestations de services ; dans une telle situation, l'OCDE suggère de **décomposer** le montant total du paiement (en fonction des données du contrat ou selon une répartition raisonnable) et d'appliquer le régime fiscal propre à chacune des composantes ainsi déterminées.

20450 **Cas où un intermédiaire acquiert les droits de distribuer des copies du logiciel** Cette situation est visée par les commentaires OCDE issus de la révision de juillet 2008, qui indiquent que, dans le cadre d'une transaction par laquelle un distributeur effectue des versements pour pouvoir acquérir et distribuer des copies d'un logiciel (mais sans acquérir le droit de reproduire ce logiciel), ces versements doivent être traités comme des **bénéfices d'entreprise**, indépendamment du fait que les copies distribuées soient fournies sur un support matériel ou par voie électronique (dans la mesure où le distributeur n'a pas le droit de reproduire le logiciel) ou du fait que le logiciel fasse l'objet d'adaptations mineures pour en faciliter l'installation. En effet, dans ces circonstances, la rémunération versée par le distributeur vise uniquement l'acquisition de copies du logiciel et non l'usage d'un droit quelconque d'exploiter les droits d'auteur sur le logiciel (Commentaires OCDE, C (12) n° 14.4).

Distinctions d'ordre pratique

20460 Dans les situations les plus courantes, il conviendrait, en cas de concession d'un logiciel, de distinguer selon qu'il y a, ou non, transfert de savoir-faire.

20465 **Cas où le logiciel est simplement concédé, sans véritable transfert de savoir-faire** La situation visée est celle où le concédant ne transfère aucune connaissance technique ni aucun savoir-faire (en dehors naturellement du « mode d'emploi » du logiciel). Le critère décisif serait que l'utilisateur n'a pas l'accès au « code source », qui lui permettrait de modifier et d'adapter le logiciel ; celui-ci n'est pour lui qu'un **simple outil**.

Dans un tel cas, il faudrait sans doute traiter les sommes versées comme des revenus tirés d'équipements industriels, commerciaux ou scientifiques, c'est-à-dire :
– normalement comme des bénéfices industriels ou commerciaux imposables dans l'État de résidence du bénéficiaire (sauf rattachement à un établissement stable dans l'autre État) ;
– comme des redevances, toutefois, si la convention fiscale prévoit l'assimilation à des redevances des sommes payées pour l'usage d'un équipement industriel, commercial ou scientifique.

Pour un exemple dans le cadre franco-libanais, à propos de prestations de services relatives notamment au développement d'un logiciel exploité par une société française, voir n° 22100.

Cas où le logiciel concédé s'accompagne d'un transfert de savoir-faire 20470
Dans cette situation, il n'y a pas concession de l'usage d'un équipement mais véritable transfert de savoir-faire au sens des conventions fiscales, matérialisé, entre autres, par le fait que l'utilisateur a l'accès au « **code source** », et dispose des informations nécessaires pour **modifier et adapter** le logiciel. Le logiciel est pour lui plus qu'un outil ; il véhicule de l'information technique et une expérience acquise dans le domaine scientifique. Le régime conventionnel des redevances serait donc, en principe, applicable.

Il n'y a pas de difficultés si aucune distinction n'est faite par la convention fiscale entre les droits d'auteur et les autres catégories de redevances. Mais si une distinction est faite, il faut alors déterminer si la somme perçue relève ou non du droit d'auteur, car la loi a, en France, étendu aux logiciels les règles applicables aux droits d'auteur.

Précisions L'administration avait indiqué, dans une ancienne instruction du 21 janvier 1987 (non reprise au BOFiP) à propos d'un avenant à l'ancienne convention franco-américaine, que le régime des droits d'auteur s'applique mais seulement aux revenus versés aux auteurs à l'exclusion, par conséquent, des **ayants droit de l'auteur** (en ce sens voir aussi n° 20050, le jugement du tribunal administratif de Paris, dans un contexte, il est vrai, différent).

En toute hypothèse, il paraît à peu près acquis : 20475
– qu'en cas de **cession d'un logiciel**, c'est-à-dire de l'ensemble des droits attachés au logiciel (ce qui est rare), il y a lieu, en principe, d'appliquer les dispositions relatives aux gains en capital (ou, éventuellement, celles relatives aux revenus d'activité commerciale) ;
– que s'il y a, à la fois, **concession** d'un logiciel, **prestation de services** et **vente** d'un matériel, il y a lieu de décomposer le contrat, sauf à faire jouer la théorie de l'accessoire si l'un des éléments a beaucoup plus de valeur que les autres.

SECTION 2

L'imposition dans l'État de la source

Cette question ne fait pas, et de loin, l'unanimité entre les États : 20700
– certains s'en tiennent au modèle de convention fiscale de l'OCDE, qui prévoit que l'État de la source doit renoncer à toute imposition (article 12 § 1) ;
– d'autres, même parmi les pays développés, considèrent que c'est demander un sacrifice trop grand et suivent donc les recommandations de l'ONU sur le partage de l'imposition entre l'État de la source et l'État de la résidence (article 12 § 1 et 2 ; mais l'ONU ne propose pas de taux maximum de retenue à la source, se contentant de renvoyer à des négociations bilatérales).

Il est donc très important de savoir quelle sera l'attitude du pays « bénéficiaire » du transfert, car la rentabilité de l'opération en dépend.

A. La détermination de l'État de la source

La détermination de l'État de la source est soit réglée par les conventions fiscales, soit entièrement laissée à l'appréciation des États. 20705

1. Solutions conventionnelles

Modèle OCDE

Assez curieusement, le modèle de convention fiscale de l'OCDE ne comporte pas, même après ses différentes révisions, l'équivalent pour les redevances du paragraphe 5 de l'article 11 en matière d'intérêts, définissant des **règles de source**. La France (de même que divers autres pays) considère d'ailleurs qu'il s'agit d'une lacune et a précisé qu'elle proposera à ses partenaires l'insertion d'une disposition qui définit la source des redevances par analogie avec les dispositions du paragraphe 5 de l'article 11 qui règle le même problème en ce qui concerne les intérêts (Commentaires OCDE, C (12) n° 48). 20710

Cela dit, il existe un certain nombre de conventions fiscales qui s'écartent sur ce point du modèle OCDE et qui reprennent la suggestion faite par le modèle de l'ONU d'inclure une **définition de la source** des redevances dans le corps même de la convention (article 12 § 5 du modèle ONU).

Hors modèle OCDE

20715 Les conventions fiscales qui s'écartent du modèle de convention fiscale de l'OCDE renvoient d'abord au **lieu de résidence du débiteur** ; il peut s'agir de l'État lui-même, d'une collectivité locale, d'une subdivision politique de cet État ou, d'une manière générale, d'un résident de cet État (au sens de la convention fiscale, c'est-à-dire conformément aux principes posés dans son article « résidence »).

Soit, par exemple, une société française (résidente de France) qui concède un **brevet** à une société résidente d'Indonésie (c'est-à-dire ayant son siège de direction effective en Indonésie) ; la convention franco-indonésienne du 14 septembre 1979 prévoit (article 12) que la rémunération de cette concession est une redevance (paragraphe 3) et que cette redevance est de source indonésienne (paragraphe 5).

20720 Les conventions fiscales qui ajoutent des précisions au modèle proposé par l'OCDE visent également, le plus souvent, le **lieu de situation d'un établissement stable** ; il s'agit du cas où une entreprise d'un État a dans l'autre État un établissement stable pour lequel l'engagement donnant lieu aux redevances a été contracté et **qui supporte la charge des redevances**, quel que soit le lieu de résidence du débiteur.

Tel est le cas, par exemple, d'une société française (résidente de France) qui dispose d'un établissement stable en Espagne (une usine, par exemple) qui utilise lui-même, pour son activité de production, un brevet concédé à la société française par une autre société française. En vertu de la convention franco-espagnole du 10 octobre 1995 (article 12 § 5), ces redevances sont considérées comme étant de source espagnole, bien que le débiteur soit résident de France (l'établissement stable espagnol n'est pas, faute de la personnalité morale, un résident d'Espagne), dès lors que le brevet a été acquis « dans l'intérêt de » l'établissement espagnol, et que la charge des redevances est « supportée » par cet établissement ; « supportée » signifie prise en compte, d'une manière ou d'une autre, dans les dépenses de l'établissement, c'est-à-dire déduite pour l'assiette de l'impôt sur les sociétés.

20725 À titre pratique, en poursuivant l'exemple du n° 20720, l'établissement stable peut :
– **soit payer directement** les revenus à la société française qui a concédé le brevet (cas où le brevet est « à l'actif » de l'établissement espagnol) ;
– **soit rembourser**, sous forme de frais de siège, les sommes exposées pour son compte par le siège français.

Le choix de cette dernière méthode est normalement neutre sur le plan fiscal :
• le siège français verse des redevances à la société concédante mais en « reçoit » le remboursement sous forme de frais de siège (la charge liée aux redevances est ainsi annulée) ;
• l'établissement espagnol « verse » des frais de siège au lieu de verser des redevances, mais la retenue à la source est normalement due dans un cas comme dans l'autre, dès lors que les redevances sont, de toute façon, de source espagnole.

Cas triangulaires

20730 La situation se complique lorsque le concédant est une entreprise résidente d'un État tiers. Tel est le cas, par exemple, lorsque l'établissement stable en France d'une société belge utilise un brevet concédé par une société espagnole ; les redevances doivent être considérées comme de source française, quoique le débiteur soit résident de Belgique, conformément à la convention franco-espagnole (si l'établissement supporte bien la charge des redevances). La clause type ONU reprise par la convention franco-espagnole s'applique, en effet, indépendamment du lieu de résidence du débiteur. Bien entendu, il peut en résulter un **conflit**, si la convention entre la Belgique et l'Espagne donne également à la Belgique un **droit d'imposer** en tant qu'État de résidence du débiteur. Ces situations « triangulaires », qui se rencontrent aussi en matière d'intérêts ou de dividendes, ne peuvent a priori se régler, en l'état actuel des conventions fiscales, que par accord amiable entre les États (voir nos 63500 s. sur les intérêts).

2. Solutions résultant de l'application du droit interne

De nombreuses conventions fiscales ne contiennent aucune stipulation réglant la source des redevances. On est donc conduit, en application des principes généraux, à appliquer le droit interne des États. **20740**

Principes

Du côté français, les produits de la propriété industrielle ou commerciale, les droits d'auteur et, plus généralement, les rémunérations des prestations de toute nature fournies ou utilisées en France (nos 2945 s.), sont soumis à une retenue à la source si le **débiteur exerce une activité en France**. La condition posée par la loi n'est pas, en ce cas, la résidence du débiteur, contrairement à la solution habituellement retenue dans les conventions fiscales, mais le fait que le débiteur exerce en France une activité, même s'il est non-résident. **20742**

Cas des établissements stables « débiteurs »

Lorsqu'il n'existe pas de convention fiscale, les règles relatives à la source des revenus ne créent pas de difficulté puisque le droit interne s'applique sans limitation. **20745**

Mais, en présence d'une convention conforme au modèle de convention fiscale de l'OCDE, qui ne reprend pas les précisions du no 20720, il peut y avoir une hésitation dans le cas où la redevance est mise **à la charge d'un établissement stable**. La convention fiscale ne donnant pas de règle de source, doit-on considérer qu'une telle redevance « provient » bien d'un État contractant partie à la convention entre l'État de situation de l'établissement et celui de la résidence du bénéficiaire ? (la convention ne s'applique, en effet, qu'aux « redevances provenant d'un État contractant et payées à un résident de l'autre État contractant »).

Le Conseil d'État a eu à connaître d'une affaire de cette nature à l'époque où, avant l'avenant de 1988 à l'ancienne convention franco-américaine, la notion de « source » ne faisait pas référence à la situation des établissements stables (CE 28 avril 1986 no 45505, 8e et 7e s.-s. : RJF 6/86 no 598) ; il a jugé que la France ne pouvait percevoir la **retenue à la source conventionnelle** franco-américaine sur une quote-part de redevances imputée à l'établissement stable français d'une société belge, au titre de l'utilisation d'un brevet concédé par une société américaine. Le Conseil d'État a, en effet, estimé que rien ne permettait de dire que les sommes avaient effectivement été payées à la société américaine. Cet argument étant suffisant pour refuser l'application d'une retenue à la source, le Conseil d'État ne s'est pas interrogé sur la source des revenus.

Précisions L'administration paraît s'être implicitement rangée à cette solution puisqu'elle a considéré qu'avant l'avenant de 1988 à l'ancienne convention franco-américaine, la retenue à la source n'était exigible que lorsque le siège de l'entreprise du pays tiers payait effectivement les sommes en cause au bénéficiaire résident des États-Unis (voir par exemple, le rapport de la commission des finances du Sénat lors de la ratification de cet avenant). En revanche, il résulte désormais de l'article 12 § 4 d) de la convention du 31 août 1994 modifiée que les redevances sont considérées comme payées à partir du moment où elles sont **comptabilisées en charges** (mais cette dernière solution ne vaut que dans le cadre franco-américain).

Combinaison du droit interne et du droit conventionnel

Lorsque la convention fiscale ne précise pas la source des redevances, la combinaison des règles du droit interne avec les principes conventionnels devrait normalement conduire aux solutions suivantes. **20750**

Si l'établissement stable peut être considéré comme versant effectivement des redevances Tel serait le cas si la part imputable à l'établissement stable était nettement individualisée et si, par exemple, on pouvait considérer qu'une **quote-part de la concession** était à son actif. **20752**

Dans ce cas, il faudrait sans doute admettre que les redevances prennent leur source dans l'État de situation de l'établissement, sous réserve, naturellement, que le droit interne de cet État le prévoie (ce qui est le cas en France). Cette solution rejoint celle du modèle de l'ONU ; mais, si l'on tire les conséquences de la décision du Conseil d'État citée n° 20745, il faudrait attendre, d'une façon générale, le paiement effectif par le siège étranger pour asseoir la retenue à la source en France.

20755 **Si l'établissement stable ne peut être considéré comme versant des redevances** Tel serait le cas si l'établissement ne faisait que rembourser au siège, sous forme de frais de siège, une quote-part des redevances que celui-ci a réglées « pour le compte » de l'établissement.

Dans ce cas, faute d'une stipulation conventionnelle expresse, du type de celle du modèle proposé par l'ONU, les redevances ne devraient pas être considérées comme prenant leur source dans l'État de situation de l'établissement. Elles seraient en totalité imputables à l'État du siège (pour les besoins de la retenue à la source, naturellement, car les frais de siège sont normalement déductibles de l'assiette de l'impôt dû par l'établissement).

L'application de ces principes dans l'espèce jugée en 1986 par le Conseil d'État (n° 20745) aurait conduit à juger au moins discutable la perception d'une retenue à la source en France, même s'il avait été établi que les redevances avaient été effectivement payées à la société américaine, car les redevances « remontaient » apparemment de France vers la Belgique sous forme de **frais de siège imputés à l'établissement français**. Avec les conventions reprenant les propositions de l'OCDE, on serait donc amené à considérer qu'il ne peut jamais y avoir assimilation à des redevances d'une partie des frais de siège, même lorsque le siège met un brevet ou un savoir-faire qu'il a acquis à la disposition de son établissement (n° 15260). Ce serait sans doute possible avec les conventions reprenant les propositions de l'ONU, étant donné le caractère général de la notion de la charge « supportée » par un établissement.

Précisions Cette conclusion reste cependant incertaine, dès lors que l'on pourrait aussi considérer que l'établissement doit obligatoirement inscrire à son **actif « fiscal »** une quote-part de la concession (ou éventuellement l'intégralité). Telle pourrait être l'attitude de l'État de la source, en réaction à ce qu'il pourrait considérer comme un abus. Il convient donc d'aborder cette question avec prudence.

B. Le principe de l'imposition par voie de retenue à la source

20835 En l'absence de convention fiscale, les redevances qui ont leur source dans un État sont souvent imposées dans cet État par voie de retenue à la source lorsqu'elles reviennent à des non-résidents qui n'ont pas d'installation professionnelle dans cet État. Lorsqu'il existe une convention fiscale, l'État de la source doit le plus souvent réduire ou annuler le prélèvement prévu par son droit interne.

1. En l'absence de convention fiscale

Droit interne français (CGI art. 182 B)

20840 Les redevances donnent lieu à **retenue à la source** lorsque les conditions suivantes sont simultanément remplies (CGI art. 182 B ; n°s 3410 s.) :
– les revenus sont payés par un débiteur qui exerce une activité en France, même s'il n'y est ni domicilié ni établi (critère de source) ;
– le bénéficiaire relève de l'impôt sur le revenu ou de l'impôt sur les sociétés et n'a pas en France d'installation professionnelle permanente.

La retenue à la source est généralement calculée en appliquant le **taux normal de l'impôt sur les sociétés** (soit 25 % pour les exercices ouverts depuis le 1er janvier 2022) ; le taux applicable est toutefois de 15 % pour les sportifs et de 75 % en présence d'un État ou territoire non coopératif (n° 71555). L'assiette est déterminée dans les conditions décrites n° 3440. En cas de prise en charge de la retenue par le débiteur, l'avantage ainsi procuré au bénéficiaire des revenus est considéré comme imposable (n° 3442).

Cette retenue à la source n'est pas libératoire ; elle ne constitue qu'une **avance sur l'impôt** sur le revenu (ou les sociétés) dû en France par le bénéficiaire. Mais elle **s'impute** naturellement sur cet impôt (sur la question de la restitution de l'excédent, voir n° 3520).

Lorsque le bénéficiaire dispose en France d'une installation professionnelle permanente (concept proche de celui d'établissement stable ou de base fixe), la retenue n'est pas due. Les sommes sont alors soumises à l'impôt sur le revenu (ou sur les sociétés selon les cas).

Sur le cas particulier des artistes, voir n° 45160.

Précisions Sur le cas particulier des **non-résidents européens** qui retirent de France l'essentiel de leurs revenus et qui ne bénéficient pas, dans leur État de résidence, de mécanismes suffisants de nature à minorer leur imposition en fonction de leur situation personnelle et familiale (non-résidents « Schumacker »), voir n° 3097.

Exonération au sein de l'Union européenne (CGI art. 182 B bis)

Dans le cadre de l'Union européenne, une exonération a été introduite par la loi n° 2003-1312 du 30 décembre 2003 de finances rectificative pour 2003 transposant en droit interne la directive du 3 juin 2003 concernant le régime fiscal commun applicable aux paiements d'intérêts et de redevances entre **sociétés européennes associées** (n° 88575 ; BOI-IS-CHAMP-60-10-30 nos 260 s.). **20845**

L'article 182 B bis du CGI, applicable depuis le 1er janvier 2004, exonère de retenue les paiements de redevances à une société européenne associée dans les mêmes conditions qu'en matière d'intérêts (n° 62640).

Précisions L'exonération prévue par l'article 182 B bis est applicable dans le cadre **franco-suisse** (n° 82980). Une SAS française peut en bénéficier au titre de redevances versées à une société associée suisse, bien que les SAS ne soient pas visées par l'accord conclu entre l'Union européenne et la Suisse, dès lors que les SAS sont couvertes par l'article 182 B bis du CGI et que l'objectif des accords entre la Suisse et l'Union européenne est de poser des principes équivalents à ceux de la directive européenne du 3 juin 2003 (TA Melun 28 décembre 2018 n° 1600353, 9e ch., SAS Silent Gliss France) ; ce jugement est définitif, le ministre ayant fait appel mais s'étant ensuite désisté selon ce qu'indique CAA Paris Ord. 25 juin 2019 n° 19PA01477, 5e ch., min. c/ Sté Silent Gliss France.

Définition Les redevances exonérées sont définies par reprise des termes de la directive européenne, qui a elle-même repris presque à l'identique le modèle de convention fiscale de l'OCDE (n° 20040). Il s'agit donc, classiquement, des paiements de toute nature reçus à titre de rémunération pour l'usage ou la concession de l'usage d'un **droit d'auteur** sur une œuvre littéraire, artistique ou scientifique, y compris les films cinématographiques et les **logiciels** informatiques (cette dernière précision ne figure pas dans le modèle OCDE), d'un **brevet**, d'une **marque** de fabrique ou de commerce, d'un **dessin** ou d'un modèle, d'un plan, d'une **formule** ou d'un **procédé secret**, ainsi que pour des informations ayant trait à une **expérience acquise** dans les domaines industriel, commercial ou scientifique. Les paiements reçus pour l'usage ou la concession de l'usage d'un droit relatif à des **équipements** industriels, commerciaux ou scientifiques sont également considérés comme des redevances pour l'application de ce texte. En revanche, les **cessions** de droits ne sont pas visées. **20850**

La portée pratique de cette définition n'a guère été précisée par la jurisprudence. On relève toutefois qu'il a été jugé que les sommes versées par une société française à sa société mère danoise au titre d'un contrat de **prestation de services** ne pouvaient pas être qualifiées de « redevances » pour l'application de l'article 182 B bis du CGI, car ces prestations ne se limitaient pas à une simple transmission d'informations (CAA Versailles 9 juillet 2019 n° 16VE02825, SA Damolin Etrechy : RJF 12/19 n° 1167, confirmé, mais le pourvoi ne portait pas sur ce point, par CE 9 septembre 2020 n° 434364, 8e et 3e ch., SAS Damolin Etrechy : RJF 12/20 n° 984 ; voir également n° 3440) ; en l'espèce, la société mère assurait sous forme centralisée des services d'informatique, d'assistance comptable, de politique commerciale, de politique des achats, de production, de documentation et d'assistance administrative et les facturait trimestriellement sous l'intitulé « frais de gestion » ; la Cour a relevé le caractère intégré de ces prestations dans l'organisation et le fonctionnement de la société française, sur lesquelles cette dernière ne disposait pas d'une totale liberté, et souligné que la circonstance que le montant des sommes facturées ait été établi en fonction d'un pourcentage de son chiffre d'affaires brut était sans incidence.

20855 **Conditions d'application** L'exonération est soumise aux mêmes conditions et justifications que celles prévues à l'article 119 quater du CGI en ce qui concerne les intérêts (nos 62640 s.) ; ainsi, notamment, elle ne s'applique pas aux redevances **excédentaires** au sens de la législation relative aux prix de transfert (nos 76125 et 76680) et pas nécessairement en cas de **contrôle hors de l'Union européenne**.

Précisions Les modalités d'application de ces dispositions sont précisées par les articles 46 quater-0 FB à 46 quater-0 FD de l'annexe III au CGI.

2. En présence d'une convention fiscale

Principes

20875 D'une manière générale, les conventions fiscales prévoient que « les redevances provenant d'un État contractant et dont le bénéficiaire effectif est un résident de l'autre État contractant » ne sont imposables que dans cet État (modèle proposé par l'OCDE, article 12 § 1) ou sont imposables dans les deux États (modèle proposé par l'ONU).

Notion de paiement

20880 Les conventions fiscales visent les redevances « payées » à un résident de l'autre État. La notion de paiement est très large ; selon les commentaires de l'OCDE et de l'ONU, elle signifie « l'exécution de l'obligation de **mettre des fonds à la disposition** du créancier de la manière prévue par contrat ou par les usages » (commentaires OCDE, C (12) n° 8.3). La convention franco-américaine considère toutefois que les redevances sont payées au plus tard lorsqu'elles sont **comptabilisées en charges** (n° 20745, Précisions).

Clause de bénéficiaire effectif

20885 Les conventions fiscales ne s'appliquent en général (notamment pour les conventions fiscales modernes) que si le résident de l'autre État est le « bénéficiaire effectif » des redevances, ce qui exclut toute **personne interposée** entre le débiteur et le créancier (agent, mandataire, etc.). Cette condition peut aussi conduire à exclure une société qui n'aurait été constituée que pour bénéficier de la convention, et elle est d'ailleurs applicable même si la convention ne le précise pas (sur la notion de bénéficiaire effectif, voir n° 74630).

Précisions **a.** L'article 13 § 5 de la convention franco-britannique du 19 juin 2008 précise que les avantages réservés aux redevances « ne s'appliquent pas si le **principal objectif** ou l'un des principaux objectifs d'une personne concernée par la constitution ou l'affectation du droit ou du bien générateur des redevances a été de tirer avantage du présent article grâce à cette constitution ou à cette affectation. » De nombreuses autres conventions fiscales reprennent ce principe (n° 74780).

b. Pour les conventions fiscales « couvertes », il y a naturellement lieu de prendre en considération la clause anti-abus résultant de **l'instrument multilatéral** (n° 1660).

Incidence de la clause de non-discrimination

20890 La question de la déductibilité des redevances pour l'assiette de l'impôt n'est traitée par les conventions fiscales que sous l'angle de la non-discrimination (n° 81330).

a. Conventions fiscales prévoyant une imposition à la source

Principes

20900 Une imposition à la source est souvent prévue lorsque les flux de redevances sont déséquilibrés entre l'État de résidence et celui de la source. Dans une telle situation, en effet, l'État de la source perd des recettes budgétaires plus importantes qu'il n'en gagne, puisqu'il perd davantage de retenue à la source qu'il ne « récupère » d'impôt sur ses résidents. Cette situation se retrouve évidemment dans les relations entre pays développés et pays en développement, ce qui explique que ces derniers ne soient souvent pas prêts à abandonner toute imposition à la source.

Fixation de taux plafonds

Il existe des conventions fiscales : 20905
– qui ne limitent pas l'imposition à la source (par exemple, l'ancienne convention franco-indienne du 26 mars 1969) ; dans ce cas, l'État de la source applique la retenue prévue par son droit interne, sans aucune limite (cette solution est cependant rare) ;
– qui plafonnent l'imposition à la source, soit par la fixation d'un seul taux général (**5 %** dans la convention franco-grecque du 21 août 1963, **10 %** dans la convention franco-chinoise du 26 novembre 2013, 10 % en général dans la convention franco-ivoirienne de 1966, etc.), soit par la fixation de différents taux (10 %, 15 % ou 25 %, selon les cas, dans la convention franco-brésilienne du 10 septembre 1971).

La **pratique** conventionnelle actuelle est plutôt l'exonération (par exemple, dans le cadre franco-américain depuis l'avenant du 13 janvier 2009) ou une imposition limitée à 5 %.

Précisions **a.** Il arrive que les conventions fiscales contiennent une **clause de la nation la plus favorisée** (n° 1594) ; par exemple, à la suite de la conclusion par la Libye, le 17 novembre 2008, d'une convention fiscale avec le Royaume-Uni, les redevances ne sont plus passibles de retenue à la source dans le cadre franco-libyen (BOI-INT-CVB-LBY n° 20 dans sa version du 4 novembre 2016).

b. Un tableau des **taux d'imposition** en France des redevances de source française versées aux résidents des États et territoires conventionnés à jour au 1er août 2011 est donné au BOI-BAREME-000023.

Droits d'auteur

Lorsque les conventions fiscales autorisent une imposition à la source, elles prévoient 20910
souvent des exonérations spécifiques en matière de droit d'auteur, afin de promouvoir les relations culturelles entre les pays.

Par exemple, la convention franco-italienne de 1989 prévoit que les redevances peuvent faire l'objet d'une retenue à la source au taux maximum de 5 %, mais aussi que « les redevances provenant d'un État et payées à un résident de l'autre État pour l'usage ou la concession de l'usage d'un droit d'auteur sur une **œuvre littéraire, artistique ou scientifique** (à l'exclusion des redevances concernant les logiciels, les films cinématographiques et autres enregistrements des sons ou des images) ne sont imposables que dans cet autre État, si ledit résident en est le bénéficiaire effectif. » Ainsi, si le principe est celui du partage d'imposition avec un plafond de 5 % dans l'État de la source, une exception est prévue pour les droits d'auteur imposables exclusivement dans l'État de la résidence.

Dans le cadre franco-canadien, les redevances concernant les **films cinématographiques culturels** provenant d'un État et payées à un résident de l'autre État qui y est assujetti à l'impôt à raison de ces redevances, ne sont imposables que dans cet autre État lorsque (BOI-INT-CVB-CAN-10 n° 230) :
– en ce qui concerne la France, elles sont payées à un résident de France à raison d'œuvres cinématographiques françaises qui répondent aux critères fixés à l'article 10 du décret n° 99-130 du 24 février 1999 et qui sont inscrites sur la liste des films visés à l'article 1er du décret n° 2002-568 du 22 avril 2002, utilisée par la Commission du cinéma d'art et d'essai prévue à l'article 5 de ce même décret ;
– en ce qui concerne le Canada, elles sont payées à un résident du Canada à raison de films entièrement ou majoritairement réalisés et produits au Canada et qui ont été acceptés en présélection pour visionnement comme un film canadien admissible à un ou des festivals de films internationaux. Les films canadiens éligibles doivent recevoir une attestation de Téléfilm Canada.

Précisions Des redevances de **licence d'exploitation sur DVD** destinés, non pas à une diffusion télévisuelle, mais à la vente au public en vue d'une utilisation personnelle dans un cadre strictement privé ne sont pas imposables en France en application de l'article 12 de la convention fiscale franco-canadienne du 2 mai 1975 (CAA Versailles 15 octobre 2013 n° 12VE01253, 3e ch., min. c/ Sté Universal Pictures Video : RJF 3/14 n° 283 ; arrêt définitif) ; en effet, la possibilité qu'a la France d'imposer des redevances concernant des œuvres enregistrées sur films ou bandes magnétoscopiques « ou autres moyens de reproduction destinés à la télévision » ne vise que les cas de diffusion au grand public et non pas les utilisations privées (l'arrêt relève que cette interprétation est conforme à la version anglaise de la convention).

Cas des biens cédés

Lorsque le bien n'est pas concédé mais cédé, ce n'est pas normalement l'article « redevances » qui s'applique ; il faut examiner l'article « **gains en capital** », qui peut toutefois prévoir 20915 l'imposition à la source (par exemple, la convention franco-brésilienne du 10 septembre 1971 prévoit dans ce cas l'imposition dans les deux États, sans limitation, avec un crédit d'impôt dans l'autre État).

Imposition du montant brut

20920 Lorsqu'une convention fiscale prévoit une retenue à la source, celle-ci s'applique normalement sur le revenu brut à l'exclusion, par conséquent, des frais engagés par l'entreprise. On note toutefois les exceptions suivantes :
– la convention entre la France et les **Philippines** du 6 janvier 1976 prévoit l'imposition des rémunérations liées à la concession d'équipements à un taux de 25 % sur le revenu net (protocole, point 3) ;
– la convention **franco-chinoise** du 26 novembre 2013 prévoit que les redevances payées pour l'usage ou le droit d'usage d'un équipement industriel, commercial ou scientifique sont imposées sur 60 % de leur montant brut (protocole, point 6).

b. Conventions fiscales prévoyant l'exonération à la source

Modèle OCDE

20930 Les conventions qui prévoient l'exonération dans l'État de la source sont celles qui suivent la recommandation de l'OCDE. Il s'agit donc souvent de conventions conclues entre **pays développés**. Toutefois, certains pays développés ont formulé sur ce point une réserve expresse au modèle de convention fiscale de l'OCDE (commentaires OCDE, C (12) n°s 32 à 37).

Pratique française

20935 La France a longtemps indiqué qu'elle pourrait maintenir une retenue à la source lorsque le mouvement des redevances serait déséquilibré en sa défaveur, mais cette réserve a été supprimée lors de la révision du modèle en septembre 1995. On doit donc en conclure que notre pays est toujours en faveur d'une exonération à la source, quel que soit le sens des flux.

On trouve effectivement des **exonérations** conventionnelles d'imposition à la source :
– entre pays développés : conventions conclues par la France avec l'Allemagne, les États-Unis, le Royaume-Uni, les Pays-Bas, etc. (mais pas dans tous les cas avec le Canada ou l'Italie, par exemple) ;
– entre pays développés et pays en développement : conventions entre la France et certains pays d'Afrique, par exemple.

Il existe également de nombreuses conventions fiscales qui prévoient des exonérations spécifiques pour les **droits d'auteur**. En principe, ceux-ci englobent également les rémunérations payées pour l'usage ou la concession de l'usage de films cinématographiques, sans qu'il soit besoin de qualifier les droits de la personne qui reçoit les rémunérations (afin d'éviter de se demander s'il s'agit ou non de droits d'auteur ; n° 20910).

C. Les exceptions au principe

21000 Schématiquement, on peut distinguer deux exceptions au principe de l'imposition par voie de retenue à la source, lorsqu'elle est prévue par la convention fiscale (si celle-ci prévoit l'exonération, ces exceptions conservent leur valeur, mais elles deviennent naturellement des exceptions au principe de l'exonération) :
– soit en cas de rattachement à un établissement stable ;
– soit en cas de versement excessif.

1. Le rattachement des redevances à un établissement stable

Principes

21005 D'une manière générale, lorsque le bénéficiaire exerce une activité dans l'État d'où proviennent les redevances par l'intermédiaire d'un établissement stable (ou d'une base fixe), et que le **droit** ou le **bien** générateur des redevances **se rattache effectivement** à cet établissement stable (ou base fixe), les dispositions relatives aux redevances ne s'appliquent pas. Dans un tel cas, la convention prévoit, si elle est conforme aux modèles de convention fiscale de l'OCDE et de l'ONU (ce qui est très fréquent), l'application des règles relatives aux bénéfices des entreprises ou à ceux des professions indépendantes (article 12 § 3 du modèle de l'OCDE ; sur la fusion de la notion de « base fixe » avec celle d'établissement stable, voir n° 23660).

Si, par exemple, une société espagnole dispose d'un établissement stable en France et si cet établissement a acquis une expérience particulière dans un domaine technique et en concède l'usage à une société française, cette concession est génératrice de redevances. Comme ces redevances se rattachent effectivement à l'établissement stable, elles sont imposables à son nom comme des bénéfices industriels et commerciaux (article 12 § 4 de la convention franco-espagnole). Elles ne font pas l'objet de la retenue à la source de 5 %, mais elles sont soumises à l'impôt sur les sociétés en France, conformément au droit interne français.

Critères de rattachement

Les redevances ne sont rattachées à un établissement stable que si elles ont effectivement un lien avec cet établissement, par exemple si les droits de propriété intellectuelle sont à l'actif du bilan de l'établissement ou si ce dernier a participé de manière importante aux frais de recherche ou autres (il ne s'agit donc pas d'un critère de rattachement automatique du type « force attractive » au sens indiqué au n° 18610). **21010**

À cet égard, il est sans doute possible de transposer la solution donnée par la jurisprudence dans une affaire qui concernait le rattachement à un établissement stable en France de dividendes et plus-values ; le Conseil d'État n'est pas entré dans l'analyse détaillée de la question du rattachement « effectif », mais s'est contenté du simple critère de l'inscription à l'actif du bilan fiscal de l'établissement par une **décision de gestion** (n° 18600 a.).

En revanche, le comité des affaires fiscales de l'OCDE a estimé, lors de la révision du modèle de convention fiscale de juillet 2010, que le critère du rattachement va au-delà du simple enregistrement du droit ou du bien dans des documents comptables ; pour l'OCDE, « un droit ou bien générateur de redevances se rattache effectivement à un établissement stable et fait donc partie de son actif si la **propriété « économique »** de ce droit ou bien est attribuée à cet établissement stable (...). Dans le contexte de ce paragraphe, la propriété « économique » d'un droit ou bien signifie l'équivalent de la propriété, aux fins de l'imposition du revenu, d'une entreprise distincte, avec les bénéfices et les charges correspondants (par exemple le droit aux redevances afférent à la propriété de ce droit ou bien, le droit à tout amortissement disponible et le risque de gains ou pertes liés à l'augmentation ou à la diminution de la valeur de ce droit ou bien) » (Commentaires OCDE C (12) n° 21.1).

Précisions Il peut arriver que les conventions fiscales retiennent le **concept de force attractive**. Tel était le cas, par exemple, de l'ancienne convention franco-italienne du 29 octobre 1958, qui refusait l'exonération de retenue à la source lorsque le bénéficiaire disposait d'un établissement stable dans l'État de la source, sans exiger le rattachement des redevances à cet établissement (position conforme à la réserve italienne au modèle de convention fiscale de l'OCDE qui n'a été supprimée que lors de la révision de juillet 2010 et qui figurait auparavant au paragraphe 47 des commentaires sur l'article 12).

2. Le cas des redevances excessives

Principes

Presque toutes les conventions fiscales, suivant les modèles de convention fiscale de l'OCDE et de l'ONU, permettent aux États de n'appliquer les dispositions favorables relatives aux redevances qu'en cas de versements « normaux ». Chaque État conserve ainsi le droit d'imposer la **partie excédentaire** selon sa propre législation si, compte tenu de relations spéciales existant entre le débiteur et le bénéficiaire (ou de relations spéciales que l'un ou l'autre entretiennent avec des tierces personnes), le montant des redevances excède celui qui aurait été convenu en l'absence de semblables relations (article 12 § 4 du modèle de l'OCDE). **21020**

Notion de relations « spéciales »

21025 Selon les commentaires de l'OCDE (C (12) n°s 22 s.), sont visés les cas où le débiteur **contrôle** directement ou indirectement le créancier, ou l'inverse, ou bien lorsque tous deux sont contrôlés par la même personne, ou bien encore lorsqu'il existe une **communauté d'intérêts**. Tel serait le cas, par exemple, en présence de :
– redevances excessives versées par une société française à une société américaine qui la contrôle ;
– redevances excessives versées par une société française à une société américaine qu'elle contrôle ;
– redevances excessives versées entre une société française et une société américaine toutes deux contrôlées par une société tierce.

On se reportera, à titre illustratif, aux développements consacrés à la notion de **dépendance** au sens de l'article 57 du CGI (n°s 76455 s.).

Conséquences

21030 Le montant des redevances considéré comme **« normal »** (ou non excessif) est évidemment fonction des circonstances et de divers paramètres. L'approche retenue par les conventions fiscales est celle des « prix de pleine concurrence » (« arm's length prices »). Cette notion fait l'objet d'un développement général en matière de prix de transfert (n°s 76125 s. et n°s 76680 s.).

Lorsque les redevances sont considérées comme excessives, elles sont **réintégrées** dans l'assiette de l'impôt sur les sociétés, ce qui conduit à demander à la société versante un complément d'impôt. Les sommes excédentaires peuvent également être considérées comme des revenus distribués au bénéficiaire et faire, par conséquent, l'objet d'une **retenue à la source** au titre des dividendes et assimilés (lorsqu'une telle assimilation est possible ; n°s 60680 s.).

En l'absence de précisions conventionnelles

21035 Si la convention fiscale ne reprend pas les modèles de convention fiscale de l'OCDE ou de l'ONU, le contrôle fiscal est néanmoins toujours possible sur le fondement du droit interne (CGI art. 57 et 238 A). La jurisprudence du Conseil d'État est fixée dans ce sens, d'une façon générale (n° 76350).

Les conventions fiscales font d'ailleurs, parfois, expressément référence au droit interne, comme dans le cadre franco-bulgare (convention du 14 mars 1987) : le point 3 du Protocole prévoit que « la présente convention n'empêche l'application d'aucune disposition prévue en matière de contrôle fiscal par les législations respectives des États contractants… ». Voir également les exemples cités n° 74795.

SECTION 3

L'imposition dans l'État de la résidence

Droit d'imposer du pays de résidence

21230 L'État de la résidence du bénéficiaire a toujours le droit d'imposer les redevances. Son droit n'est **pas limité**, même en présence d'une convention fiscale.

Cela dit, il arrive souvent que le droit interne des États prévoie un régime favorable d'imposition. En outre, il appartient à l'État de la résidence d'éliminer la double imposition, si une convention fiscale reconnaît également un droit d'imposer à l'État de la source. La méthode choisie est celle du « vrai » **crédit d'impôt**, dans la quasi-totalité des conventions fiscales, et sans doute dans toutes celles signées par la France.

Incidence des conventions fiscales

Le bénéficiaire des redevances, personne morale ou personne physique, est soumis à la législation fiscale de l'État dont il est résident. Si les redevances proviennent d'un pays « non conventionné », celle-ci s'applique intégralement. Si elles proviennent d'un pays conventionné, le droit d'imposer est attribué à l'État de la résidence : **21240**
– soit par l'article « **redevances** » de la convention : « les redevances provenant d'un État contractant et dont le bénéficiaire effectif est un résident de l'autre État contractant ne sont imposables que dans cet autre État... » (article 12 § 1 du modèle de convention fiscale de l'OCDE) ;
– soit par l'article relatif à l'élimination des **doubles impositions**, qui contient, en général, une phrase introductive donnant le droit d'imposer à l'État de la résidence (selon des rédactions variables).

A. Le système français (CGI art. 238)

Le système français d'imposition des redevances est traditionnellement très favorable car il est l'un des éléments d'une politique incitative à la recherche et à la mise au point de brevets et d'inventions brevetables. Il a dû faire l'objet de correctifs à la fin de l'année 2018 dans la mesure où il ne respectait pas les prescriptions internationales voulant que le bénéfice d'un régime préférentiel soit conditionné à la réalisation de dépenses de recherche et de développement engagées par le contribuable lui-même pour développer un actif incorporel tel qu'un brevet, ou un autre actif de même nature ; les travaux de l'OCDE (notamment, le rapport sur l'Action 5 du plan anti-Beps, nº 72410) et du groupe Code de conduite de l'Union européenne (nº 88540) avaient critiqué le fait que le régime français n'exigeait pas, à l'époque, un **lien suffisant** entre les avantages fiscaux accordés et une véritable implantation locale. **21250**

Ces critiques ont été prises en compte et un nouveau régime a été mis en place pour la détermination des résultats des exercices ouverts depuis le 1er janvier 2019 ; les entreprises soumises de plein droit ou sur option à un régime réel d'imposition peuvent ainsi, sous réserve de respecter certaines conditions, soumettre à une imposition séparée au **taux de 10 %** le résultat net de la concession, sous-concession ou cession des actifs de propriété industrielle éligibles (CGI art. 238, issu de l'article 37 de la loi nº 2018-1317 du 28 décembre 2018 de finances pour 2019 ; BOI-BIC-BASE-110). Ce dispositif a officiellement été considéré comme « non dommageable » par le groupe Code de conduite (nº 88540).

Précisions **a. Antérieurement** au 1er janvier 2019, les redevances de concession et plus-values de cession de brevets et droits de la propriété industrielle assimilés bénéficiaient, sous certaines conditions, du taux réduit d'imposition applicable aux plus-values à long terme (15 % pour les entreprises passibles de l'impôt sur les sociétés et 12,8 % pour les entreprises relevant de l'impôt sur le revenu).

b. Le rapport de synthèse publié par le Conseil de l'Union européenne le 13 juin 2016 sur les travaux du groupe **Code de conduite** (DOC Conseil nº 9912/16) indiquait que la France considérait que le dispositif alors en vigueur n'était pas dommageable au motif, en particulier, qu'il y aurait lieu de prendre en compte l'ensemble des facteurs y compris le niveau global d'imposition. Cette thèse n'était pas défendable au regard des critères retenus par le Code de conduite.

Champ d'application

Le régime de faveur concerne les entreprises soumises de plein droit ou sur option à un régime réel d'imposition et les entreprises passibles de l'impôt sur les sociétés ; il n'est applicable qu'aux actifs incorporels qui présentent le caractère d'actif **immobilisé** et ne concerne donc que les actifs dont la destination normale est d'être conservés dans l'entreprise comme moyen d'exploitation, à l'exclusion de ceux qui font l'objet d'opérations d'achat-revente. **21255**

En outre, seuls sont concernés les actifs incorporels suivants :
– **brevets**, **certificats d'utilité** et **certificats complémentaires de protection** rattachés à un brevet ; les brevets peuvent être nationaux ou étrangers. Sont ainsi éligibles les titres étrangers équivalents à l'un des titres français éligibles, délivrés par un office étranger de propriété industrielle (par exemple, brevet d'invention délivré par l'organisme américain United States patent and trademark office (USPTO) ou modèle d'utilité délivré par l'Office d'État de la propriété intellectuelle de la République populaire de Chine (CNIPA) ; BOI-BIC-BASE-110-10 nº 20). Sont également éligibles les brevets délivrés dans le cadre

de la procédure relative au « brevet européen » prévue par la convention de Munich du 5 octobre 1973 sur le brevet européen, assimilés aux brevets français dès lors qu'ils répondent aux mêmes critères de brevetabilité et sont délivrés au terme d'une procédure d'examen de ces critères (BOI préc. n° 60) ; l'administration admet que, lorsqu'une invention est **protégée** en France, dans un État membre de l'Union européenne ou dans autre État partie à l'accord sur l'Espace économique européen, les redevances perçues au titre de la concession de licences d'exploitation de cette invention dans des territoires où elle n'est pas protégée soient comprises dans le résultat net de concession (BOI préc. n° 290) ;
– **certificats d'obtention végétale** ;
– **logiciels** protégés par le droit d'auteur ;
– **procédés de fabrication** industriels qui constituent le résultat d'opérations de recherche, sont l'accessoire indispensable de l'exploitation d'une invention et font l'objet d'une licence d'exploitation unique avec l'invention ;
– sous certaines conditions, **inventions** dont la brevetabilité a été certifiée par l'Institut national de la propriété industrielle.

Précisions Sous l'empire d'une ancienne législation, le régime de faveur de l'époque avait été jugé applicable même après entrée dans le **domaine public** dès lors que les redevances rémunéraient un savoir-faire substantiel et dont le secret avait été préservé (CAA Paris 21 janvier 1992 n° 103, 2e ch., Heurteaux : RJF 4/92 n° 465, arrêt définitif ; en l'espèce, la part du savoir-faire était assez importante pour justifier le maintien d'une rémunération). Cette manière de voir n'est pas celle de l'administration qui exige que le brevet ne soit pas tombé dans le domaine public (BOI-BIC-BASE-110-10 n° 30).

Exclusions

21270 Le régime de faveur ne concerne pas, notamment, les opérations suivantes :
• transferts de simple **savoir-faire** et prestations d'**assistance technique** non assimilables à des procédés de fabrication industrielle accessoire ;
• **marques** ou procédés commerciaux ;
• **dessins** et modèles.

Les produits tirés de la concession de ces éléments sont inclus dans le bénéfice imposable au taux plein.

Précisions **a.** Ne sont pas non plus éligibles les **découvertes** et les **théories scientifiques**, les méthodes mathématiques et les créations esthétiques.

b. En cas de **contrat global** dont certains éléments seulement sont éligibles, il y a lieu d'effectuer une ventilation du prix entre ses différentes composantes.

Opérations concernées

21280 Sont concernées les concessions, sous-concessions et cessions des actifs incorporels éligibles, sous réserve, en cas de **cession**, que l'actif cédé n'ait pas été acquis à titre onéreux depuis moins de deux ans et qu'il n'y ait pas de lien de dépendance, au sens de l'article 39, 12 du CGI (n° 26805), entre l'entreprise cédante et l'entreprise cessionnaire.

En cas de **concession** ou sous-concession, le régime de faveur est susceptible de s'appliquer même si les droits concédés ont été acquis à titre onéreux depuis moins de deux ans (il en allait différemment antérieurement au 1er janvier 2019). En outre, le dispositif est applicable au résultat net imposable d'une sous-concession, sans qu'il soit exigé que l'entreprise concédante n'ait pas elle-même bénéficié du régime de faveur.

Précisions Il a été jugé, sous l'empire d'une ancienne rédaction de la loi, mais la solution est transposable pour l'application de la législation actuelle, que la durée et les modalités d'une **concession** de licence de brevet ne sauraient suffire, par elles-mêmes, à la faire regarder comme étant une cession (CAA Versailles 25 juin 2013 n° 11VE03516, 3e ch., Sté Bayer : RJF 12/13 n° 1116, à propos d'une concession de licence à une société néerlandaise) ; cet arrêt, qui a fait l'objet d'un pourvoi non admis par CE (na) 19 juin 2014 n° 373138, 3e s.-s., min. c/ Sté Bayer RJF 11/14 n° 978, rappelle que l'administration peut, au vu notamment de ses clauses, **requalifier un contrat** (ou une somme reçue en exécution d'un contrat) afin de lui redonner sa nature réelle pour l'application de la loi fiscale (sans se situer pour autant sur le terrain de l'abus de droit, car « interpréter » un contrat ne revient pas à « l'écarter »).

Régime fiscal

21290 Par différence avec le dispositif applicable avant le 1er janvier 2019, le régime actuel est **optionnel** ; une option doit être formulée pour chaque actif, bien ou service ou famille de biens ou services dans la déclaration de résultat de l'exercice au titre duquel elle est exercée. L'option n'a pas de caractère global ; elle est valable pour l'imposition des revenus de l'exercice au titre duquel elle est exercée et des exercices suivants jusqu'à ce que l'entreprise en perde définitivement le bénéfice (BOI-BIC-BASE-110-20 n° 70). **21290** (suite)

En cas d'option, le résultat net imposable au taux réduit est déterminé en deux temps :
– détermination par l'entreprise du **résultat net de la concession**, sous-concession ou cession ; le résultat net de la concession est déterminé par différence entre les revenus, acquis au cours de l'exercice, tirés des actifs éligibles et les dépenses de recherche et de développement qui se rattachent directement à ces actifs et qui sont réalisées, directement ou indirectement par l'entreprise, au cours du même exercice ;
– si ce résultat est positif, application d'un **rapport d'assujettissement** (ou « ratio nexus ») correspondant au rapport entre les dépenses de recherche directement réalisées par l'entreprise ou, quel que soit le **lieu de leur réalisation**, des entreprises sans lien de dépendance (sont donc exclues les dépenses d'externalisation à des entités liées et les dépenses d'acquisition d'actifs incorporels) et les dépenses de recherche totales.

Pour l'établissement du rapport d'assujettissement, les dépenses éligibles à mentionner au numérateur sont majorées de 30 % ; les dépenses à retenir au dénominateur comprennent l'ensemble des dépenses figurant au numérateur ainsi que les dépenses d'externalisation de la R&D à des entités liées et les coûts d'acquisition d'actifs incorporels éligibles. L'administration estime que les dépenses réalisées par un **établissement stable étranger** de l'entreprise française concernée sont des dépenses externalisées auprès d'une entité liée (BOI-BIC-BASE-110-30 n° 190).

Le rapport d'assujettissement au taux réduit est calculé au titre de chaque exercice et tient compte des dépenses réalisées par l'entreprise au titre de cet exercice ainsi que de celles réalisées au titre des exercices antérieurs. Le ratio réel peut toutefois être écarté dans certaines circonstances exceptionnelles au profit d'un **ratio de remplacement**, sous réserve de l'obtention d'un agrément. Les travaux parlementaires relatifs à la loi de finances pour 2019 citent, comme exemples de circonstances exceptionnelles, les cas où une entreprise est juridiquement contrainte d'effectuer des dépenses à l'étranger, ou d'éventuels cas de force majeure conduisant à délocaliser les activités de recherche sans que cela puisse avoir été prévu (Rapport Sén. n° 147 p. 329).

Lorsque le résultat net est bénéficiaire, il lui est appliqué le rapport d'assujettissement au taux réduit ; le résultat ainsi obtenu est **déduit extra-comptablement** du résultat de l'entreprise imposable dans les conditions de droit commun (barème progressif à l'impôt sur le revenu ou taux normal à l'impôt sur les sociétés) pour être soumis au **taux réduit de 10 %**. Lorsque le résultat net est déficitaire, il est imputé sur les résultats nets bénéficiaires de cession, de concession ou de sous-concession du même actif, du même bien ou service ou de la même famille de biens ou services réalisés au cours des exercices suivants (BOI préc. n° 330 s.). Un résultat net imposable au taux réduit de 10 % peut être compensé avec le déficit d'exploitation de l'entreprise réalisé au cours du même exercice (CGI art. 158, 4).

L'entreprise qui a opté pour l'application de ce dispositif doit joindre à sa déclaration de résultat des **informations explicatives** concernant les calculs pratiqués et doit tenir une documentation permettant de vérifier les modalités de détermination du résultat net soumis au taux réduit (LPF art. L 13 BA). Une **amende** de 5 % du montant des revenus ayant été imposés en application de l'article 238 du CGI est exigible si les documents nécessaires ne sont pas mis à la disposition de l'administration après mise en demeure (CGI art. 1740-0 C ; l'amende est limitée aux seuls revenus qui ont fait l'objet d'un manquement).

Précisions **a.** Au titre du **premier exercice** pour lequel il est calculé, le revenu net est diminué de l'ensemble des dépenses en lien direct avec la création, l'acquisition et le développement de l'actif incorporel, y compris celles engagées antérieurement au cours des exercices ouverts à compter de la date à laquelle l'option pour l'actif ou le groupe d'actifs concerné est exercée (BOI-BIC-BASE-110-30 n° 140).

b. Les **dépenses** déduites des revenus pour le calcul du résultat net de cession, de concession ou de sous-concession restent déductibles pour la détermination du résultat imposable au taux de droit commun dans les conditions habituelles (BOI préc. n° 70 ; cela étant, comme le résultat net imposable au taux réduit est déduit extra-comptablement du résultat de l'entreprise imposable dans les conditions de droit commun, les dépenses de R&D ne sont, en définitive, déduites que du résultat imposable au taux réduit). De même, les dépenses de R&D prises en compte pour la détermination du résultat net peuvent être retenues pour l'assiette du **crédit d'impôt recherche** (BOI préc. n° 90).

c. Des règles particulières sont applicables dans les **groupes intégrés** ou en cas de fusions ou opérations assimilées.

d. Des dépenses de R&D externalisées auprès d'entités non liées peuvent être considérées comme telles lorsqu'elles ont été supportées par une entité liée qui les a **refacturées sans marge** à l'entreprise ayant exercé l'option pour l'actif ou le groupe d'actifs considéré (BOI-BIC-BASE-110-30 nº 190).

B. Les crédits d'impôt conventionnels

1. Les crédits classiques

Principes

21420 L'État de résidence a la responsabilité d'éliminer la double imposition par l'octroi d'un crédit d'impôt au titre de l'impôt payé dans l'État de la source, conformément à la convention fiscale et dans la limite de l'impôt théoriquement exigible dans l'État de résidence sur le revenu en cause. Le crédit d'impôt n'est pas, en application des principes généraux, reportable sur d'autres exercices que celui de l'encaissement des revenus, ni restituable en cas d'excédent (sur le cas où le crédit d'impôt n'est pas imputable faute pour la société d'acquitter un impôt suffisant, voir nº 83673). Voir, sur tous ces points, nºs 83560 s.

Précisions Sur le cas où la retenue à la source n'a pas été prélevée à l'étranger et où une **pénalité** a ensuite été infligée à la société débitrice par les autorités fiscales étrangères, voir nº 8145, Précisions.

Exemple

21430 Soit une société française ayant perçu 100 en rémunération d'une concession de **brevet** à une société espagnole. Aux termes de la convention franco-espagnole du 10 octobre 1995, la retenue à la source maximum en Espagne s'élève à 5 % (article 12). La France a également le droit d'imposer mais doit, conformément à l'article 24 § 1 a), accorder un crédit d'impôt. On a donc :
- revenu brut : 100 ;
- retenue à la source : 5 ;
- revenu net de retenue à la source : 95 ;
- impôt théorique dû en France (10 %) : 10 ;
- crédit d'impôt : 5 ;
- impôt exigible en France : 5 (10 – 5).

Commentaires

21435 L'impôt français se calcule au taux de 10 % sur le résultat net et en application du « ratio nexus », ici négligé pour l'exemple (nº 21290) ; les redevances de brevet sont prises en compte pour leur **montant brut**, car le crédit d'impôt est considéré comme un revenu imposable, étant une créance sur le Trésor (nº 8145) ; la contribution additionnelle (nº 5592) a été négligée, pour l'exemple.

Le crédit d'impôt est imputable en totalité, car il est **inférieur** au montant de l'impôt français. Tel n'aurait pas été le cas si la convention fiscale avait autorisé la perception d'une retenue à la source supérieure à 10 %, ou si, compte tenu des dépenses et du ratio nexus, l'impôt français exigible avait été inférieur à 5 % du montant brut.

Précisions Hors convention fiscale, les entreprises sont moins bien traitées, car la double imposition n'est que partiellement éliminée par une **déduction « impôt sur base »**, selon le mécanisme suivant :
- revenu brut : 100 ;
- retenue à la source : 10 (hypothèse) ;
- revenu net : 90 ;
- assiette de l'impôt français : 90 (sous les mêmes réserves que précédemment en ce qui concerne le résultat net et le ratio nexus) ;
- impôt (10 %) : 9 (hors contribution additionnelle éventuelle ; nº 5592) ; avec le mécanisme du crédit, l'impôt exigible aurait été nul.

Conflits de qualification

D'une manière générale, il ne peut y avoir de crédit d'impôt dans l'État de résidence que si cet État reconnaît le bien-fondé de la perception d'une retenue à la source dans l'autre État. Il en découle deux conséquences importantes : 21460
– Lorsque la retenue a été **prélevée à un taux supérieur** à celui qui est permis par la convention fiscale, le crédit d'impôt est limité au montant conventionnel. Ainsi, dans l'exemple du n° 21430, le crédit aurait été limité à 5, même si l'Espagne avait, à tort, prélevé un impôt supérieur, en raison, par exemple, d'une qualification différente des sommes.
– Lorsqu'une retenue a été **prélevée alors qu'elle n'était pas due**, l'État de la résidence n'est pas obligé d'accorder un crédit d'impôt. Cette situation se rencontre par exemple si l'État de la source traite comme des redevances des revenus qui, pour l'État de résidence, sont des rémunérations de prestations de services (voir, par exemple, CE 18 juin 2021 n° 433315, 9e et 10e ch., Sté Sopra Steria Group : RJF 10/21 n° 962 ; voir également nos 11110 et 20410, Précisions d). C'est ainsi que, jusqu'en 1983, la France ne reconnaissait pas au Maroc le droit de percevoir une retenue de 10 % pour des études réalisées en France par des entreprises françaises dans le cadre d'un contrat « clés en main ». La retenue perçue au Maroc n'ouvrait donc pas droit à un crédit d'impôt. Cette situation a changé depuis un accord franco-marocain des 5 et 14 décembre 1983 (BOI-INT-CVB-MAR n° 90 ; BOI-ANNX-000092).

Compte tenu des problèmes délicats de qualification des redevances, un conflit entre États risque de n'être pas rare. Il convient donc de rédiger les contrats de la manière la plus claire et la plus précise possible pour éviter au maximum toute ambiguïté. Il est à noter, toutefois, qu'un impôt étranger prélevé contrairement aux stipulations d'une convention fiscale est en principe une charge déductible (n° 5815).

Cas des excédents de crédit d'impôt

Dans la mesure où les crédits d'impôt sont plafonnés à l'impôt français frappant les revenus nets dont il s'agit (n° 8150), les entreprises peuvent ne pas obtenir l'effacement complet de la double imposition qu'elles subissent ; cette situation est parfois envisagée par les conventions fiscales, comme celle du 17 octobre 1999 avec l'Algérie. L'article 24, 1 b) de cette convention permet, en effet, à un résident de France qui perçoit des redevances qui ont été soumises à une retenue à la source en Algérie, de soumettre sa situation aux autorités fiscales françaises **lorsque le montant de l'impôt payé en Algérie excède le montant de l'impôt français** payé à raison de ces mêmes revenus. L'objectif est, selon l'administration (BOI-INT-CVB-DZA-60 n° 260), de limiter les rémanences d'imposition qui peuvent être engendrées par le fait que la convention donne à l'Algérie le droit d'imposer ces revenus sur une base brute, ce qui peut aboutir à la perception, dans cet État, d'un montant d'impôt sans commune mesure avec celui dû en France par leur bénéficiaire si les charges liées à l'acquisition de ces revenus sont importantes (notamment en matière de recherche-développement afférente à certains biens incorporels ou de brevets). 21465

Dans ce cas, la doctrine administrative précitée indique que s'il lui apparaît que la situation présentée a pour conséquence une imposition qui n'est pas comparable à une imposition du revenu net, l'autorité compétente française **peut accepter de déroger** à la règle du plafonnement des crédits d'impôts et admettre le montant non imputé de l'impôt payé en Algérie **en déduction** de l'impôt français dû par l'intéressé à raison des autres revenus de source étrangère qu'il a perçus au titre de la même année et qui sont imposables en France. Les demandes en ce sens doivent être transmises à la sous-direction E, bureau E1 de la Direction de la législation fiscale, 139, rue de Bercy, Télédoc 503, 75572 Paris Cedex 12 dans les délais de droit commun prévus par l'article R* 196-1 du LPF.

Sur cette question, voir aussi n° 83660.

2. Les crédits forfaitaires (matching credit ou tax sparing)

Principes

Des crédits pour impôt fictif (ou forfaitaires) sont parfois prévus par les conventions fiscales car les pays développés sont souvent prêts (quoique de moins en moins par cette technique) à aider les pays en développement, qui cherchent, en général, à favoriser les transferts de savoir-faire afin de faciliter leur développement. 21490

La technique du crédit pour impôt fictif permet que l'effort fait par un pays qui accepte une exonération (ou un taux très bas) à la source bénéficie à l'entreprise et pas simplement au Trésor public de l'autre État par le biais d'une diminution du crédit d'impôt (nº 8120).

Exemple

21495 Soit une société française qui a concédé l'usage de sa marque à une société résidente du Sri Lanka. Conformément à l'article 12 § 2 de la convention du 17 septembre 1981 entre les deux pays, cette redevance est susceptible d'être imposée au Sri Lanka, à un taux maximum de 10 %. Du côté français, l'élimination des doubles impositions est prévue à l'article 21 § A b) iii) aux termes duquel les revenus visés notamment à l'article 12 et provenant du Sri Lanka sont imposables en France, avec le bénéfice d'un crédit d'impôt. Le crédit d'impôt est, dans le cas des redevances visé au paragraphe 2 de l'article 12, égal à 20 % du montant brut de la redevance (soit 20/80 du montant net perçu ; nº 8120).

Le calcul donne donc les résultats suivants :
- redevance brute : 100
- retenue à la source : (10)
- revenu net perçu : 90
- assiette de l'impôt français : 112,5
- impôt théorique français (25 %, pour l'exemple ; voir nº 5592) : 28,125
- crédit d'impôt théorique : 22,5 (20/80 × 90)
- crédit d'impôt effectif : 22,5
- impôt français (28,125 – 22,5) : 5,625.

Commentaires

21500 L'assiette de l'impôt français est égale à 112,5 car le crédit d'impôt (22,5) est un revenu lui-même imposable. Il s'ajoute donc au revenu net (nº 8120).

Le crédit d'impôt est plafonné au montant de l'impôt français, mais en l'espèce ce plafond n'est pas atteint, puisque le crédit d'impôt est inférieur à l'impôt théorique français sur le revenu brut reconstitué, impôt au taux ordinaire s'agissant de marques (les contributions additionnelles ont été négligées, pour l'exemple ; voir nº 5592).

Ce système est **très avantageux** pour l'entreprise, car, en l'absence de crédit forfaitaire, l'impôt français aurait été de 15 (25 % × 100 – 10). Le revenu net de l'entreprise française, en l'absence de crédit forfaitaire, aurait donc été égal à 75 (soit exactement le revenu net qui aurait résulté de l'application de l'impôt français sur le revenu brut, puisque le crédit d'impôt est imputable en totalité) alors que, en présence du système du crédit forfaitaire, le revenu net de l'entreprise est effectivement égal à 84,375 (100 – 5,625).

Précisions Les exemples précédents ne prennent pas en compte l'existence de **charges** dans le calcul du plafond ; dans la pratique, il ne faut pas les oublier (nº 8150).

CHAPITRE 9

Les prestations de services

Plan du chapitre §§

	SECTION 1 Prestations de services techniques (« technical fees »)	22000
A	Détermination de la qualification fiscale des revenus	22050
B	Cas où les revenus sont des revenus d'entreprise au sens de la convention fiscale	22100
C	Cas où les revenus ne sont pas des revenus d'entreprise au sens de la convention fiscale	22500
	SECTION 2 Autres prestations de services effectuées dans le cadre d'activités industrielles et commerciales	23000
A	Les prestations commerciales	23010
B	Les prestations administratives (« management fees »)	23300
	SECTION 3 Prestations de services effectuées dans le cadre d'activités indépendantes	23400
A	En l'absence de convention fiscale	23410
B	En présence d'une convention fiscale	23600
C	Les commissions	24030

La fiscalité internationale des prestations de services pose des problèmes juridiques et pratiques délicats ; les règles sont loin d'être claires et laissent souvent une assez grande liberté d'appréciation aux États, au détriment de la sécurité juridique que cherchent les opérateurs et qui est l'un des objectifs des conventions fiscales. **21900**

En outre, l'appréciation des **situations de fait**, indispensable pour la détermination correcte d'un régime fiscal, est parfois difficile en raison de la rédaction imprécise des contrats et des décalages entre ces contrats et la réalité.

Enfin, les différentes prestations de services ne sont pas toutes traitées de la même manière au sein d'une même convention fiscale et le traitement d'une prestation de services est lui-même variable d'une convention à l'autre.

D'une façon générale, si les pays développés ont eu, dans le passé, la volonté de réserver par principe le droit d'imposer à l'État de la résidence, ils ont aujourd'hui tendance à vouloir **étendre** les cas d'**imposition** à la **source** et cherchent parfois à imposer les rémunérations correspondant à des prestations de services sans exiger la présence d'un établissement stable (voir n° 22140 les commentaires relatifs aux prestations de services réputées réalisées dans des établissements stables). **21905**

On étudiera successivement : **21910**
- les prestations de services techniques,
- les autres prestations de services effectuées dans le cadre d'activités industrielles ou commerciales,
- les prestations de services effectuées dans le cadre d'activités indépendantes, en y incluant le cas des commissions versées pour l'obtention de marchés internationaux.

Précisions La présente étude ne concerne que les BIC. Pour la TVA, voir l'étude d'ensemble sur cette question (nos 33100 s.).

SECTION 1

Prestations de services techniques (« technical fees »)

Notion

22000 Il s'agit le plus souvent d'activités de supervision ou de surveillance de **chantiers**, de réalisation d'**études techniques**, de fourniture d'une **assistance technique** (par exemple à la suite de la vente de matériels), de travaux d'**ingénierie** ou de recherche géologique.

On ne traitera ici que des activités exercées dans le cadre d'entreprises industrielles ou commerciales (pour les activités indépendantes, voir nos 23400 s.). La question essentielle que posent ces prestations est d'abord celle de leur qualification. On examinera ensuite le régime fiscal lié aux différentes qualifications possibles.

Précisions Depuis sa révision de 2017 (no 1407), le modèle de convention des Nations unies concernant les doubles impositions entre pays développés et pays en développement (modèle de l'ONU) contient un article 12A sur la rémunération des **services techniques**, destiné à donner davantage de droits d'imposer aux pays « de la source » (no 22520). Le modèle de l'OCDE ne contient rien de tel.

A. Détermination de la qualification fiscale des revenus

En l'absence de convention fiscale

22050 Dans ce cas, la qualification des sommes dépend seulement du droit interne des États. En droit français, les sommes versées par un débiteur qui exerce une activité en France à une personne n'ayant pas en France une installation professionnelle permanente, au titre de prestations de services techniques fournis ou utilisés en France, sont soumises à une **retenue à la source** généralement calculée au taux normal de l'impôt sur les sociétés (nos 3410 s.).

La loi ne qualifie pas ces sommes (elle vise simplement les prestations de toute nature), mais elle détermine directement leur régime d'imposition.

En présence d'une convention fiscale

22060 Il faut distinguer la rémunération des prestations de services des autres catégories conventionnelles, notamment les redevances (nos 20350 s.).

Les rémunérations reçues au titre de prestations de services techniques doivent normalement être traitées comme des bénéfices d'entreprise et non pas comme des redevances lorsque la convention fiscale :
– soit ne fait pas référence aux « **informations ayant trait à une expérience acquise** dans le domaine industriel, commercial ou scientifique » pour définir les redevances,
– soit y fait référence, mais contient, dans un protocole, une stipulation excluant la rémunération des services techniques du champ des redevances.

En revanche, si la convention fiscale inclut dans la notion de redevances les rémunérations payées pour des informations ayant trait à une expérience acquise dans le domaine industriel, commercial ou scientifique, sans exclure expressément les prestations de services techniques, il faut distinguer entre :
– la communication d'informations **confidentielles**, ou « secrètes », assimilée à un transfert de savoir-faire générateur de redevances ;
– la simple application par le prestataire des **connaissances usuelles de sa profession**, ce qui ne constitue pas un transfert de savoir-faire et rend applicables les règles générales relatives aux bénéfices des entreprises (sauf stipulation contraire de la convention).

Le comité des affaires fiscales de l'OCDE précise ainsi que les rémunérations suivantes sont des paiements qui « ne doivent pas être attribués à la fourniture de savoir-faire, mais à la fourniture de services » (Commentaires OCDE C (12) no 11.4) :
– rémunérations pour une **pure assistance technique** ;

– rémunérations pour des **consultations** données par un ingénieur, un avocat ou un expert-comptable ;
– rémunérations pour des conseils fournis par voie électronique, pour des échanges électroniques avec des techniciens ou pour l'accès, via des réseaux informatiques, à une base de données de **dépannage** comme une base de données qui donne aux utilisateurs de logiciels des renseignements non confidentiels en réponse à des questions fréquemment posées ou à des problèmes communs qui se posent fréquemment.

En tout état de cause, si la convention fiscale contient une **stipulation expresse** sur les prestations de services techniques en général ou seulement sur les activités de surveillance ou de supervision de chantiers (décidant, par exemple, qu'il s'agit d'un établissement stable ou encore prévoyant la perception d'une retenue à la source), il n'y a pas de problème de qualification.

B. Cas où les revenus sont des revenus d'entreprise au sens de la convention fiscale

1. Fourniture de prestations de services techniques, en général

Notion

Il s'agit des services d'assistance technique, et d'études diverses, lorsque la convention fiscale prévoit que les rémunérations correspondantes doivent être traitées comme des bénéfices d'entreprise (ou bénéfices industriels et commerciaux, selon la rédaction de la convention), en général en l'absence de transfert de savoir-faire. Par exemple, des sommes versées par une société française à une société libanaise en rémunération de **prestations de services informatiques** (développement d'un logiciel exploité par la société française et tests pour la correction d'erreurs) entraient dans le champ d'application de l'article conventionnel sur les bénéfices d'entreprises (CAA Versailles 5 mars 2015 n° 12VE02108, 7e ch., min. c/ Sté Staff and Line : RJF 10/15 n° 768 ; sur la décision d'annulation du Conseil d'État pour une autre raison, voir n° 41400). **22100**

S'agissant de bénéfices industriels et commerciaux, il faut naturellement déterminer si l'activité est exercée ou non dans le cadre d'un **établissement stable**, c'est-à-dire, en principe, si la prestation est réalisée par l'intermédiaire d'une installation fixe d'affaires.

a. Si les prestations de services ne sont pas rendues par l'intermédiaire d'une installation fixe d'affaires

Principes

Dans une telle situation (nos 16600 s.), il n'y a pas d'établissement stable, au moins selon les conventions conformes au modèle de convention fiscale de l'OCDE. Toutefois, il n'en va pas de même avec les conventions qui reprennent le **modèle de l'ONU**, car celui-ci prévoit que l'expression « établissement stable » englobe également la fourniture de services, y compris les services de consultants, par une entreprise agissant par l'intermédiaire de salariés ou d'autre personnel engagé par l'entreprise à cette fin ; toutefois, il n'en va ainsi que lorsque des activités de cette nature se poursuivent (pour le même projet ou un projet connexe) sur le territoire d'un État pendant une ou des périodes représentant un total de plus de cent quatre-vingt-trois jours au cours d'une période quelconque de douze mois commençant ou se terminant au cours de l'année fiscale considérée (article 5 § 3 b) du modèle de convention fiscale de l'ONU). **22120**

Sur ce point, le modèle de l'ONU diffère du modèle de l'OCDE, les pays en développement considérant qu'il est normal qu'ils aient le droit d'imposer sur le fondement d'un critère de présence sur place de même nature que pour les chantiers.

Évolution des commentaires OCDE

Les commentaires de l'OCDE, dans leur version actuelle, telle que modifiée en juillet 2008, contiennent des développements sur la question des établissements stables de services (Commentaires OCDE, C (5) nos 132 s.). L'OCDE continue certes à estimer que la fourniture de prestations de services ne caractérise pas, en tant que telle, un **établissement** **22140**

stable, et que les rémunérations reçues à ce titre ne sont imposables que si les services sont rendus dans le cadre d'une installation fixe d'affaires : « les bénéfices provenant des prestations de services exécutées sur le territoire d'un État contractant par une entreprise d'un autre État contractant ne sont pas imposables dans le premier État s'ils ne sont pas imputables à un établissement stable qui y est situé » (Commentaires OCDE, C (5) n° 132).

Toutefois, ces commentaires reconnaissent également que certains États répugnent « à adopter le principe de l'imposition exclusive dans le pays de résidence des prestations de services qui ne sont pas imputables à un établissement stable situé sur leur territoire mais qui sont exécutées sur ce territoire » (Commentaires OCDE, C (5) n° 135). Afin de circonscrire les cas d'imposition dérogatoire, l'OCDE propose une disposition alternative qui prévoit, en substance, que si une entreprise d'un État exécute des prestations de services dans l'autre État :
– soit, par l'intermédiaire d'une personne physique qui est présente dans cet autre État pendant une période ou des périodes excédant au total **cent quatre-vingt-trois jours** durant toute période de douze mois et si plus de **50 % des recettes brutes** imputables aux activités d'exploitation active exercées par l'entreprise au cours de cette ou ces périodes proviennent des prestations de services exécutées dans cet autre État par l'intermédiaire de cette personne,
– soit, pendant une période ou des périodes excédant au total cent quatre-vingt-trois jours durant toute période de douze mois, et si ces prestations de services sont exécutées **pour un même projet** ou pour des projets connexes par l'intermédiaire d'une ou plusieurs personnes physiques qui sont présentes et exécutent ces prestations de services dans cet autre État,

les activités exercées dans cet autre État dans le cadre de l'exécution de ces prestations de services sont **réputées** être **exercées** par l'intermédiaire d'un **établissement stable**, sauf si elles sont limitées à celles qui, si elles étaient exécutées par l'intermédiaire d'une installation fixe d'affaires, ne feraient pas de cette installation un établissement stable (Commentaires OCDE, C (5) n° 144). Cette précision traduit manifestement la volonté de certains pays membres de l'OCDE d'étendre les cas d'imposition à la source.

Précisions La **France**, de même que l'Espagne, la Suède, la Suisse et les États-Unis, avait autrefois indiqué qu'elle ne partageait pas ces vues dissidentes et qu'elle approuvait la position de principe de l'OCDE telle qu'exprimée aux paragraphes 42.11 à 42.13 des Commentaires OCDE, dans leur version de l'époque (en ce sens, note d'observation sur les commentaires relatifs à l'article 5, insérée lors de la révision de juillet 2008). Cette observation a disparu lors de la révision de juillet 2010 (la note d'observation a été supprimée).

Cas particuliers

22150 En général, les conventions fiscales françaises reprennent les principes habituels selon lesquels les rémunérations des prestations de services ne sont imposables dans l'État de leur source qu'en présence d'un établissement stable.

Toutefois, certaines conventions fiscales prévoient des règles différentes, comme la convention conclue avec les **Philippines** (article 5 § 2 i) de la convention du 9 janvier 1976). Le protocole annexé à cette convention prévoit expressément l'application des règles relatives aux bénéfices des entreprises, en ce qui concerne les rémunérations allouées pour des analyses ou des études ou pour des services de consultant ou de surveillance (à l'exclusion des règles relatives aux redevances). Il n'y a donc pas imposition si le critère des six mois n'est pas rempli (critère de durée fixé par la convention).

De son côté, la convention avec le **Kazakhstan** du 3 février 1998 reprend le principe ONU mais en prévoyant une durée de douze mois au lieu de six mois.

La convention fiscale **franco-chilienne** du 7 juin 2004 prévoit, dans le même sens, que le terme « établissement stable » comprend la fourniture de services, y compris les services de **consultants**, par une entreprise agissant par l'intermédiaire de salariés ou d'autres personnes physiques engagés par l'entreprise à cette fin, lorsque ces activités (activités de cette nature) se poursuivent sur le territoire d'un État pendant une ou des périodes représentant au total **plus de cent quatre-vingt-trois jours** durant toute période de douze mois ; la convention ajoute que ce terme couvre aussi l'exercice d'une profession libérale et de toute autre activité à caractère indépendant dans un État contractant par une personne physique, si cette personne séjourne dans cet État pendant une période ou des périodes excédant au total cent quatre-vingt-trois jours durant toute période de douze mois.

Dans le même esprit, l'article 5 § 3 de l'accord du 21 octobre 2010 entre la France et **Hong Kong** prévoit qu'une entreprise est réputée avoir un établissement stable dans une Partie contractante et y exercer une activité par l'intermédiaire de cet établissement stable si elle fournit des services, y compris des services de consultant, directement ou par l'intermédiaire d'employés ou d'autres personnels engagés par elle à cette fin, mais seulement si les activités de cette nature se poursuivent dans cette Partie pendant une période de plus de six mois.

Quant à la **convention franco-chinoise** du 26 novembre 2013 (article 5 § 3 b)), elle stipule que caractérise un établissement stable dans un État la fourniture de services, y compris des services de consultants, par une entreprise agissant par l'intermédiaire de ses salariés ou d'autres personnels qui sont présents dans cet État à cette fin, mais seulement lorsque des activités de cette nature se poursuivent (pour le même projet ou un projet connexe) sur le territoire de cet État pendant une période ou des périodes représentant un total de plus de cent quatre-vingt-trois jours sur une période de douze mois. La même solution est reprise par l'article 5 § 3 b) de la **convention franco-colombienne** du 25 juin 2015.

Enfin, la **convention franco-singapourienne** du 15 janvier 2015 reprend les mêmes principes mais en posant un critère de durée d'un total de plus de trois cent soixante-cinq jours dans les limites d'une période quelconque de quinze mois (article 5 § 3 b) de la convention).

Avec ces conventions, le concept d'établissement stable a donc une portée beaucoup plus grande qu'à l'accoutumée.

b. Si les prestations de services sont rendues dans le cadre d'une installation fixe d'affaires

Principes

Si les prestations sont rendues dans le cadre d'une installation fixe, il faut déterminer si cette installation constitue un établissement stable, autrement dit trancher sur le caractère préparatoire ou auxiliaire de son activité. Selon les commentaires de l'OCDE, le critère décisif est de rechercher si les activités de cette installation constituent **une part « essentielle et notable »** des activités de l'entreprise (n° 17540). Ainsi, si l'entreprise a pour objet la fourniture de prestations de services techniques, son installation constitue sans nul doute un établissement stable. Mais on peut hésiter si la fourniture de services n'est réalisée que pour assurer la mise en route d'une exploitation, si le critère de permanence n'est pas rempli. **22200**

Critère de permanence

A priori, il n'y a pas établissement stable si la fourniture de services n'est que temporaire, car l'installation n'a pas le degré de permanence suffisant pour être considérée comme fixe. Il n'en serait sans doute pas de même si elle se prolongeait sur une certaine durée (par exemple un an, ou, à plus forte raison, pour la durée d'une concession en cas de services liés à la concession d'un brevet ou autre). **22210**

Précisions Les distinctions qui précèdent ont leur importance car, si l'entreprise est considérée comme ayant un établissement stable dans l'autre État, elle y sera imposable alors qu'elle ne serait imposée que dans l'État de sa résidence dans l'hypothèse inverse.

2. Activité de supervision ou de surveillance de chantiers

S'il est clair qu'un chantier de construction ou de montage constitue un établissement stable dès lors qu'il se déroule sur une certaine durée (six mois ou douze mois en général ; n° 17590), il est parfois plus difficile de déterminer si une activité de supervision ou de surveillance d'un chantier constitue également un établissement stable. **22300**

Deux hypothèses doivent être distinguées selon qu'il existe ou non des précisions conventionnelles.

a. Si la convention fiscale vise les activités de surveillance ou de supervision

Modèle ONU

22310 Le modèle de convention fiscale proposé par l'ONU prévoit que l'expression « établissement stable » englobe un chantier de construction, d'assemblage ou de montage ou des activités de surveillance s'y exerçant, mais seulement lorsque ce chantier, ces projets ou ces activités ont une durée supérieure à six mois (article 5 § 3 a) du modèle de l'ONU).

Dans ce cas, il y a nécessairement établissement stable si le critère de durée est rempli.

Précisions Les conventions fiscales étant d'interprétation en principe littérale, seul ce qui est explicitement visé doit être considéré comme un établissement stable. Ainsi, si la convention vise la surveillance de chantiers, cela ne peut concerner par extension la surveillance du **montage de machines vendues**, etc.

Exemples

22320 Le principe posé par l'ONU (n° 22310) a été repris dans certaines conventions fiscales signées par la France avec des pays en développement, éventuellement avec des variantes ; il en va ainsi, par exemple, des conventions :

– **franco-mexicaine** du 7 novembre 1991 (article 5 § 3) : l'expression « établissement stable » comprend également un chantier de construction ou de montage, ou des activités de surveillance s'y exerçant, mais seulement lorsque ce chantier ou ces activités ont une durée supérieure à six mois ;

– **franco-tunisienne** du 28 mai 1973 (article 4 § 2 h) : activités de surveillance s'exerçant pendant plus de six mois sur un chantier de construction ou de montage, ou bien, en l'absence de chantier, exercées pendant plus de trois mois à la suite de la vente de machines ou d'équipement, si les frais de montage ou de surveillance dépassent 10 % du prix des machines ou équipement (conditions cumulatives) ;

– **franco-nigériane** du 27 février 1990 (article 5 § 2 g) et h)) : chantier de construction ou d'assemblage ou activités de surveillance s'y exerçant, mais seulement lorsque ce chantier ou ces activités ont une durée supérieure à trois mois ; installation ou activités de surveillance de l'installation, accessoires à la vente de machines ou équipements, lorsque les frais payables pour cette installation excèdent 10 % du prix de vente « franc à bord » des machines ou équipements (la convention avec le **Ghana**, du 5 avril 1993, reprend un principe voisin) ;

– **franco-chinoise** du 26 novembre 2013 (article 5 § 3 a)) : est considéré comme un établissement stable un chantier de construction, d'assemblage ou de montage ou des activités de supervision s'y rattachant, mais seulement lorsque ce chantier, ces projets ou ces activités durent plus de douze mois ;

– **franco-colombienne** du 25 juin 2015 (article 5 § 3 a)) : l'expression « établissement stable » comprend un chantier de construction, d'assemblage ou de montage ainsi que les activités de supervision y afférentes, mais seulement si ce chantier ou ces activités ont une durée supérieure à cent quatre-vingt-trois jours.

b. Si la convention fiscale ne vise pas les activités de surveillance ou de supervision

Modèle OCDE

22350 Les conventions fiscales conformes au modèle de convention fiscale de l'OCDE ne reprennent pas la référence aux activités de surveillance dans le paragraphe relatif aux chantiers. On ne doit cependant pas en conclure qu'il ne peut jamais y avoir établissement stable.

Dans leur version actuelle, issue, sur ce point, de la révision de janvier 2003, les commentaires OCDE vont, en effet, assez nettement dans le sens de l'application des règles relatives aux **chantiers** de construction ou de montage à de simples activités de supervision. Quoique l'article 5 § 3 du modèle n'ait pas été modifié, les commentaires précisent que « le paragraphe 3 [chantier de construction ou de montage dépassant douze mois] s'applique à l'organisation et à la supervision sur place du chantier de construction d'un bâtiment », ajoutant, ce qui souligne incidemment la fragilité de la remarque, que « les États souhaitant modifier le libellé du paragraphe pour s'assurer expressément de ce résultat sont libres de le faire dans le cadre de leurs conventions bilatérales » (Commentaires C (5) n° 50, issus du rapport du 7 novembre 2002 sur la notion d'établissement stable).

Précisions Antérieurement, les commentaires étaient assez différents puisque les activités d'organisation et de surveillance étaient englobées dans le concept d'établissement stable si elles étaient exercées par l'entrepreneur lui-même mais pas, en principe, par une **entreprise distincte** (cas, par exemple, de la **vente d'un équipement** qui doit être monté sur place par l'acquéreur mais sous la supervision du vendeur, ou de la supervision du travail de construction d'un bâtiment effectué par une entreprise distincte).

Critique

À notre avis, les commentaires OCDE cités n° 22350 ont une légitimité douteuse car ils ne s'appliquent pas à des textes nouveaux mais précisent différemment la portée d'un texte ancien ; ils ne sont donc pas convaincants au regard de la lettre même du modèle OCDE. **22360**

Faute de stipulation spécifique en ce sens, on ne devrait pas, nous semble-t-il, reconnaître le caractère d'établissement stable à une **pure activité** de **supervision** et de **surveillance** de chantiers, sauf si celle-ci se déroulait dans le cadre d'une installation fixe et sur une longue période (soit celle nécessaire pour qu'une telle installation ait un caractère « permanent », nettement plus longue que les douze mois prévus en matière de chantiers). En ce sens, par exemple, le Conseil d'État a implicitement considéré que des activités de supervision et de surveillance de chantiers ne révèlent pas l'existence d'un établissement stable (CE 30 décembre 2002 n° 229072, 3e et 8e s.-s., Chupin : RJF 3/03 n° 261, à propos d'une personne physique résidente de France qui **supervisait la construction d'un hôtel** et **l'exploitation d'une carrière** au Togo et au Bénin) ; on remarquera que les conclusions du commissaire du Gouvernement Stéphane Austry, au BDCF 3/03 n° 31, citaient les commentaires de l'OCDE dans leur version antérieure.

Précisions Les activités de surveillance ou de supervision ne peuvent pas être considérées comme génératrices de redevances, même s'il y a usage d'informations concernant une **expérience acquise**, dès lors qu'il n'est fait appel qu'aux connaissances qu'on attend habituellement des prestataires et qu'il n'y a pas communication de savoir-faire (n° 20390).

Illustrations jurisprudentielles

La jurisprudence offre quelques exemples intéressants : **22380**

– La cour administrative d'appel de Nancy a jugé que ne constituait pas un établissement stable en Algérie l'activité exercée sur place par un entrepreneur français qui, assisté d'un chef d'équipe, était chargé de l'**encadrement d'ouvriers fournis par son client** et qui devait veiller à la correcte exécution des opérations (CAA Nancy 9 mai 1996 n° 94-914, 2e ch., Boutteaux : RJF 6/97 n° 604, arrêt définitif à propos d'un marché de travaux concernant l'université de Sidi Bel Abbès). Les revenus de l'intéressé étaient donc imposables en France.

– La cour administrative d'appel de Paris a, en sens inverse, jugé qu'avait été exercée par l'intermédiaire d'un établissement stable en Suède l'activité d'une société française qui avait délégué sur place une vingtaine de salariés, et notamment des ingénieurs, chargés de la **supervision de la construction d'une plate-forme pétrolière** (CAA Paris 22 octobre 1996 n° 95-2795, 2e ch., SA CG Doris : RJF 2/97 n° 117, arrêt définitif). Les revenus concernés n'étaient donc pas imposables en France. La convention fiscale applicable, cependant, était celle de 1936 qui, comme le relevait le commissaire du Gouvernement Mendras, n'était pas conforme au modèle OCDE.

C. Cas où les revenus ne sont pas des revenus d'entreprise au sens de la convention fiscale

Ces situations sont beaucoup plus simples, car la convention fiscale prévoit normalement quelles règles suivent les revenus en cause. Il peut s'agir du régime des redevances, d'un dispositif spécifique aux prestations de services ou bien de l'application du droit interne. **22500**

1. Régime des redevances

Pour l'essentiel, sont ici concernées les prestations de services comportant la fourniture d'informations ayant trait à une **expérience acquise**. Mais le régime des redevances s'applique également, en l'absence de transfert de savoir-faire, lorsque la convention fiscale le prévoit. Tel est le cas, par exemple, de la convention franco-marocaine qui traite notamment comme des redevances certaines rémunérations pour des **études scientifiques ou technologiques**. **22510**

Il en va ainsi également dans la convention franco-indienne du 29 septembre 1992, quoique, dans ce cas, la solution soit plus originale (nº 22545).

Par exemple sont des redevances au sens de la convention fiscale franco-malgache du 22 juillet 1983, qui inclut notamment dans le champ des redevances les rémunérations de services techniques, les sommes versées par une société française à une société malgache en rémunération de **prestations informatiques** de traitement d'images, de saisie d'informations et de réalisation de bases de données alors même que la réalisation de ces prestations n'implique aucun transfert de savoir-faire ni aucune mise à disposition d'un droit de propriété intellectuelle (CAA Versailles 24 mai 2022 nº 20VE01924, 1e ch., SAS Azentis Technology ; arrêt définitif) ; la Cour relève que la convention s'écarte, notamment sur ce point, du modèle de convention fiscale de l'OCDE et juge en conséquence que la société ne pouvait utilement se prévaloir des commentaires de ce modèle.

2. Application d'un dispositif spécifique

22520 On trouve parfois dans les conventions fiscales (rarement dans les conventions françaises) un article spécial consacré aux **prestations de services techniques**, construit sur le modèle des articles consacrés aux dividendes, intérêts et redevances. Il en va ainsi, par exemple, dans la convention entre la France et Trinité-et-Tobago (convention du 5 août 1987, article 14 relatif aux « frais de direction »).

L'idée générale consiste à prévoir une retenue à la source sur les prestations de services payées par un résident d'un État (en pratique un pays en développement) à un résident de l'autre État (en pratique, un pays développé). Tel est notamment le cas du **modèle ONU** dans sa version de 2017 ; ce modèle propose, en effet, un article 12A (intitulé « Fees For Technical Services ») qui soumet à une retenue à la source, à un taux non précisé (la détermination du taux est considérée comme étant du ressort des négociations bilatérales), les rémunérations payées pour des **services de direction**, des services **techniques** ou des services de **consultants**, sauf si la rémunération est versée à un salarié du débiteur ou au titre de services d'enseignement ou s'il s'agit d'une personne physique qui utilise les services pour son usage personnel. Une nouvelle modification du modèle de convention fiscale, en 2021, a transposé ce principe aux rémunérations versées au titre de **services numériques automatisés** (nº 20040, Précisions c).

Lorsqu'une retenue à la source spécifique est stipulée, elle peut être égale à celle qui est applicable aux redevances (10 % dans la convention entre la France et Trinité-et-Tobago) ou différente.

Précisions La convention fiscale franco-camerounaise prévoit une retenue à la source spécifique de 7,5 % sur les rémunérations pour études, **assistance technique, financière ou comptable**.

22540 Il arrive très rarement que la convention fiscale consacre un article spécial aux prestations de services techniques, mais sans prévoir de retenue à la source. L'ancienne convention franco-indienne du 26 mars 1969 en était un exemple, prévoyant, en substance, que la fourniture de services techniques était imposable dans l'État où les activités étaient effectivement exercées. Aucun plafond d'imposition n'était prévu par la convention, mais l'État qui imposait les revenus devait permettre la **déduction des dépenses** exposées sur son territoire à l'occasion de l'exercice des activités (pour un exemple jurisprudentiel, voir l'arrêt URS France ; nº 20410 a.).

22545 La convention entre la France et l'Inde du 29 septembre 1992 a modifié la solution mentionnée nº 22540 par la mise en œuvre d'un mécanisme original qui consiste à viser expressément les « rémunérations pour services techniques » dans l'article plus général relatif aux redevances (article 13). L'expression est même spécifiquement définie de la façon suivante : « L'expression **"**rémunérations pour services techniques**"** employée dans le présent article désigne les rémunérations de toute nature payées **en contrepartie d'activités de direction, de nature technique ou de conseil**, à toute personne autre qu'un employé de la personne qui verse les rémunérations, y compris les rémunérations payées à une personne physique à raison de l'exercice d'une activité indépendante visée à l'article 15. » Ces rémunérations font l'objet d'une retenue à la source de 20 % (du côté français, le point 9 du protocole prévoit l'exonération). Le dispositif a ensuite été modifié en application de la clause de la **nation la plus favorisée** (nº 1594) ; notamment, le champ d'application de la retenue a été réduit et son taux a été abaissé à 10 % (BOI-INT-CVB-IND nº 60, dans sa version du 4 novembre 2016).

La convention franco-pakistanaise du 15 juin 1994 contient un article spécial sur les rémunérations pour services techniques (article 13), cette fois-ci distinct de l'article relatif aux redevances (article 12). La définition n'est pas celle de la convention franco-indienne (nº 22545), ce qui montre, sur ce sujet, une sensibilité légèrement différente, mais elle est très voisine sur le fond : « Le terme « rémunérations pour services techniques » employé dans le présent article désigne les rémunérations (y compris les rémunérations forfaitaires ou globales) payées pour des **services de direction ou de gestion, de caractère technique ou de conseil** fournis par un résident d'un État contractant dans l'autre État contractant, mais il ne comprend pas les rémunérations pour les activités mentionnées au paragraphe 3 de l'article 5, à l'article 15 ou à l'article 16 » (exclusion des chantiers et des services fournis par des salariés ou des professionnels indépendants). La convention prévoit, pour ce type de rémunérations, une retenue à la source de 10 %, au maximum. **22550**

Précisions Ces deux exemples, Inde et Pakistan, illustrent un certain comportement des **pays en développement** qui se refusent à ce que des sommes qui peuvent être importantes quittent leur territoire sans impôt pour leur bénéficiaire.

3. Renvoi au droit interne

Le renvoi pur et simple au droit interne est **assez rare**. Il résulte, lorsqu'il est prévu, de l'absence de précision conventionnelle. Tel était le cas, par exemple, de l'ancienne convention franco-pakistanaise du 22 juillet 1966, en ce qui concerne les bénéfices provenant « de la surveillance des activités industrielles, commerciales ou autres d'une entreprise. » Ces bénéfices étaient soumis à la législation interne de chacun des États, car ils étaient exclus du champ des bénéfices industriels et commerciaux et n'étaient pas traités dans un autre article de la convention. **22600**

Les pays en développement sont très tentés par le renvoi pur et simple au droit interne, même lorsque les conventions fiscales s'y opposent. Tel est le cas, par exemple, de la Malaisie qui, devant l'impossibilité d'appliquer aux prestations de services le régime des redevances à la suite d'une décision des tribunaux malaisiens, a créé en droit interne une catégorie spéciale de revenus (« **special class of income** ») et déclaré que cette catégorie « spéciale » n'était pas couverte par la convention fiscale, afin de pouvoir prélever une retenue à la source conformément à son droit interne. Un tel raisonnement se heurtait toutefois à la convention fiscale franco-malaisienne du 24 avril 1975, qui traitait ce genre de revenus comme des revenus d'entreprise (faute d'une exclusion spécifique). Depuis un avenant de 1991, la convention comporte des règles précises sur les rémunérations pour services techniques (retenue de 10 %) permettant ainsi un crédit d'impôt en France (articles 12 A et 23 de la convention). **22610**

En cas de difficulté de ce genre, la recherche d'une solution pour l'entreprise passe normalement par le recours à la procédure amiable (nºs 84000 s.) ou un recours juridictionnel de droit interne s'il paraît avoir quelques chances de succès.

Précisions **a.** L'attitude de l'administration malaisienne trouve un écho paradoxal dans la manière de raisonner du Conseil d'État (nº 10640).

b. En ce qui concerne les « cost sharing agreements », voir nº 26940.

SECTION 2

Autres prestations de services effectuées dans le cadre d'activités industrielles et commerciales

Il s'agit essentiellement de **prestations commerciales ou administratives**. D'une manière générale, ces prestations doivent être traitées de la même façon que les prestations de services techniques. Elles présentent cependant quelques particularités qui empêchent que l'assimilation soit complète. **23000**

A. Les prestations commerciales

1. Principes généraux

23010 De la même manière qu'avec les prestations de services techniques, il faut distinguer selon que la convention fiscale traite ou non la rémunération de la fourniture d'informations ayant trait à une expérience acquise dans le domaine commercial comme une « redevance », autrement dit selon qu'elle reprend ou non le modèle de l'OCDE sur ce point.

Modèle OCDE

23020 Si la convention reprend le modèle de convention fiscale de l'OCDE, elle inclut notamment dans le champ des redevances les rémunérations payées pour la **fourniture d'informations** ayant trait à une **expérience acquise** dans le domaine commercial. Compte tenu des critères de distinction entre prestations de services et redevances (nos 20350 s.), les prestations de services commerciaux pourraient donc être traitées comme génératrices de redevances, mais seulement en cas de transfert de savoir-faire, ce qui est probablement assez rare en pratique.

23030 Il paraît ainsi à peu près acquis que, sous réserve de stipulations différentes des conventions fiscales, les services suivants notamment ne doivent pas être considérés comme générateurs de redevances :
– **services après-vente** et prestations effectuées par un vendeur au titre de la garantie due à l'acheteur (solution parfois confirmée par les conventions fiscales, par exemple celle entre la France et le Sénégal du 29 mars 1974) ; voir Commentaires OCDE C (12) n° 11.4 ;
– **assistance commerciale** dans le cas d'un contrat de franchise, sauf si la rémunération perçue pour cette assistance est très faible par rapport à la concession de marque (dans ce cas, la théorie de l'accessoire pourrait jouer) ;
– fourniture de **renseignements commerciaux** et aide au recouvrement de créances.

Précisions Dans ses commentaires actuels, issus de la révision de juillet 2008, le comité des affaires fiscales de l'OCDE estime que ne sont pas des « redevances » les rémunérations obtenues pour une **liste de clients** potentiels lorsque cette liste est établie spécialement à l'intention de la personne ayant versé les rémunérations à partir d'informations accessibles à tous ; en revanche, les rémunérations versées pour une **liste confidentielle** de clients auxquels le bénéficiaire a fourni un produit ou un service particulier sont assimilées à la rémunération d'un savoir-faire dans la mesure où elles ont trait à une expérience commerciale acquise par le bénéficiaire dans le cadre de ses relations avec les clients (Commentaires OCDE C (12) n° 11.4).

Autres conventions fiscales

23050 Si la convention fiscale n'inclut pas dans le champ des redevances la rémunération de la fourniture d'informations, ces prestations ne devraient pas être traitées comme des redevances, car la **définition des redevances**, qui vise les cessions ou concessions de brevets, marques, formules, dessins, plans et procédés secrets, ne concerne pas normalement les services commerciaux (mais elle concerne évidemment les marques de fabrique ou de commerce).

Lorsque les rémunérations des prestations de services ne sont pas considérées comme des redevances, ce sont les dispositions générales relatives aux bénéfices industriels et commerciaux qui s'appliquent. Il faut alors décider s'il y a ou non **établissement stable**. Le critère décisif est, comme d'habitude, celui du caractère préparatoire ou auxiliaire des activités, ce qui implique une analyse précise des circonstances.

Précisions **a.** Les conventions fiscales contiennent parfois certaines précisions inhabituelles ; par exemple, la convention franco-marocaine du 29 mai 1970 traite comme des redevances les rémunérations payées pour des « **études économiques** » (ce qui peut viser des **études de marché**, des renseignements commerciaux, etc.). En l'absence de semblables précisions, ces rémunérations doivent être considérées comme la contrepartie de prestations de services et non comme des redevances (en ce qui concerne les conventions franco-algérienne et franco-marocaine, voir également n° 20405).

b. En ce qui concerne certaines conventions fiscales contenant des clauses spécifiques, voir n° 22150.

Conséquences pratiques

À titre d'exemple, il semble : 23060
– qu'aurait probablement un caractère préparatoire ou auxiliaire une activité exercée dans le cadre d'une installation fixe d'affaires et qui consisterait à n'effectuer qu'un simple **service après-vente** ou une simple fourniture de pièces détachées ;
– que n'aurait pas nécessairement ce caractère une activité qui irait au-delà, si l'installation était utilisée pour fournir à la clientèle des **pièces détachées** pour des machines livrées et pour **entretenir et réparer** ces machines. De telles activités seraient sans doute considérées comme allant au-delà de la simple livraison et n'auraient donc pas un caractère préparatoire ou auxiliaire. En cas de doute, on pourrait se fixer, à titre de règle pratique, sur l'importance des services rendus par rapport au volume des ventes (si ceux-ci sont peu importants, on peut naturellement plus facilement conclure à leur caractère simplement auxiliaire).

Enfin, il arrive souvent que des services de nature commerciale soient rendus en l'absence de toute installation, par exemple par **envoi de personnel détaché** dans le cadre d'un service après-vente. Dans une telle situation, il conviendrait d'appliquer les principes indiqués plus haut en ce qui concerne l'assistance technique, ce qui conduit normalement à dénier l'existence d'un établissement stable.

Précisions Les commentaires ajoutés par l'OCDE en juillet 2008, relatifs aux **établissements stables de services**, sont susceptibles de s'appliquer aux prestations commerciales comme aux prestations techniques (n° 22140).

Cas d'une installation qui correspond à l'objet même de l'entreprise

Les indications précédentes ne valent pas si l'installation est utilisée pour exercer une activité qui est l'objet de l'entreprise elle-même. Par exemple, une installation utilisée pour fournir des renseignements commerciaux serait incontestablement un établissement stable si tel était l'objet même de l'entreprise. 23070

2. Locations d'équipement

Ces activités constituent normalement des **prestations de services** imposables en tant que bénéfices d'entreprise, sauf lorsque la convention fiscale en soumet les rémunérations au régime des redevances (n° 20080). Elles sont donc normalement imposables dans l'État de résidence de l'entreprise qui donne en location les équipements, sauf si l'activité de location est exercée par l'intermédiaire d'un établissement stable dans l'autre État. 23100

Il a, par exemple, été confirmé que des rémunérations de prestations de négoce et de location de matériel constituent non pas des redevances au sens des conventions fiscales franco-algérienne du 17 octobre 1976, franco-congolaise du 27 novembre 1987 et franco-camerounaise du 21 octobre 1976, mais des bénéfices exclusivement imposables en France, à défaut d'établissement stable respectivement en Algérie, au Congo et au Cameroun ; c'est donc à tort que ces sommes avaient fait l'objet de prélèvements à la source dans les États concernés (CE 12 octobre 2018 n° 407903, 9e et 10e ch., Sté Smith International France : RJF 1/19 n° 16). La société française prestataire a cependant pu déduire de son bénéfice imposable en France les impositions acquittées à tort à l'étranger (n° 11110).

La situation diffère selon que l'entreprise dispose ou non d'une installation fixe d'affaires dans l'autre État pour son activité de location.

Si l'entreprise dispose d'une installation fixe

L'installation sera considérée comme un établissement stable, une activité de location n'étant ni préparatoire ni auxiliaire. Il en va ainsi que l'entreprise loue ou donne à bail des **biens corporels** (immeubles, installations, outillage) ou des biens **incorporels** (brevets, procédés de fabrication, etc.). Bien entendu, il n'y a établissement stable que si l'activité de location est exercée par l'intermédiaire de l'installation. 23110

Si l'entreprise ne dispose pas d'une installation fixe

23120 Si l'on se réfère aux commentaires du comité des affaires fiscales de l'OCDE (C (5) n° 36), on ne peut en conclure pour autant que l'entreprise n'a jamais d'établissement stable.

23125 **Absence d'établissement stable** Tel est le cas si l'entreprise se borne à n'exercer effectivement qu'une activité de location, les **installations**, l'**outillage**, l'**immeuble** ou le **bien incorporel** loués ne constituant pas en eux-mêmes un établissement stable. Il n'y a pas non plus établissement stable si le bailleur fournit du **personnel après installation** pour faire fonctionner l'équipement, à condition, selon les commentaires de l'OCDE, que le personnel ne soit responsable que du fonctionnement ou de l'entretien, sous la direction, responsabilité et surveillance du preneur.

Il a, par exemple, été jugé, à propos d'une société française qui avait donné en location un véhicule de tourisme et une pelle hydraulique à deux entreprises néo-calédoniennes, que cette **simple location** ne caractérisait pas un établissement stable, la société ne disposant d'aucune installation, matériel, personnel ou représentant en Nouvelle-Calédonie (CAA Lyon 31 mars 2016 n° 15LY02143, 5e ch., Sté Ultramarine 1101 : RJF 7/16 n° 625, arrêt définitif après rejet du pourvoi de la société par CE 21 avril 2017 n° 400297, 10e et 9e ch., SNC Ultramarine 1101 : RJF 7/17 n° 694, en raison, en tout état de cause, de l'inapplicabilité de la convention fiscale s'agissant d'un litige relatif à la cotisation foncière des entreprises ; voir également nos 19405 et 31310, Précisions c).

Précisions Les commentaires OCDE indiquent que si « une entreprise d'un État loue ou donne à bail des installations, de **l'équipement ICS [industriel, commercial ou scientifique]**, des immeubles ou des biens incorporels à une entreprise de l'autre État sans disposer pour cette activité de location d'une installation fixe d'affaires dans l'autre État, les installations, l'équipement ICS, les immeubles ou les biens incorporels donnés à bail ne constitueront pas par eux-mêmes un établissement stable du bailleur à condition que le contrat se limite à la simple location de l'équipement ICS, etc. » (Commentaires OCDE, C (5) n° 36).

23130 **Présence d'un établissement stable** Un établissement stable pourrait, de fait, être créé si l'activité dépassait la simple location, par exemple si la **responsabilité du personnel** était plus étendue et si son rôle allait jusqu'à **participer aux décisions** concernant le travail pour lequel est utilisé l'équipement loué.

Dans une telle situation, la reconnaissance d'un établissement stable exige cependant que le critère de **permanence** soit rempli, ce qui nécessite une certaine durée. La décision doit évidemment être prise en fonction des circonstances, mais le comité des affaires fiscales de l'OCDE estime qu'il y a lieu d'appliquer le **critère de la durée des chantiers** si les activités sont liées à un chantier de construction ou de montage ou ont un « caractère analogue » (Commentaires OCDE, C (5) n° 36). En pratique, cette situation se rencontre lorsqu'une entreprise loue des équipements nécessaires à un chantier et en surveille l'utilisation (sans procéder elle-même aux travaux de construction ou de montage). Il y aurait sans doute établissement stable si l'entreprise gérait complètement le stock de pièces de rechange et participait aux décisions « stratégiques » d'orientation du chantier.

Précisions Il est nécessaire de veiller à la rédaction des contrats de location si une **assistance en personnel** est prévue. Pour éviter l'établissement stable, il conviendra de ne donner aucun pouvoir à ce personnel, hors celui d'expliquer la manière de faire fonctionner la machine louée.

3. Le problème particulier du crédit-bail transfrontalier

23200 Le crédit-bail est un mécanisme de **location** d'un bien assorti d'une **promesse unilatérale de vente**, réalisable moyennant un prix tenant compte, au moins pour partie, des versements effectués à titre de loyer.

Le crédit-bail est généralement pratiqué par des établissements de crédit spécialisés qui acquièrent des biens d'équipement destinés à être donnés en location à des entreprises industrielles. Il s'agit en fait d'une **opération de financement** qui permet aux entreprises de se procurer immédiatement la jouissance des biens sans avoir à en payer le prix d'acquisition au départ.

La réalisation d'opérations de cette nature est courante dans les relations internationales. Elle pose toutefois deux types de problèmes au moins, l'un concernant l'exigibilité d'une retenue à la source au titre des loyers versés, et l'autre la question du titulaire du droit aux amortissements (« double dip »).

La question de la retenue à la source

Le comité des affaires fiscales de l'OCDE recommande aux États membres de ne pas soumettre à une retenue à la source les loyers payés pour l'usage, ou pour la concession de l'usage, d'un équipement industriel, commercial ou scientifique (nº 20080). 23220

Malgré cette recommandation, de nombreux États ne reprennent pas ce principe lors de la négociation des conventions fiscales et continuent de soumettre ces paiements à une imposition à la source.

Cette situation rend souvent très difficiles les opérations de crédit-bail transfrontalier, dans la mesure où la retenue à la source se calcule sur un **revenu brut**, sans déduction des frais exposés par le bailleur (voir toutefois nº 3440). Comme, en général, la marge bénéficiaire du bailleur est très faible, la charge fiscale sur le revenu net est excessive et peut annuler le bénéfice de l'opération, ou même la rendre déficitaire (nº 21465).

En outre, lorsque la convention fiscale traite les revenus de location comme des redevances pour les soumettre à une retenue à la source, l'application de cette solution aux contrats de crédit-bail est souvent source de difficultés car on ne sait trop si la retenue doit s'appliquer à l'intégralité des paiements effectués à titre de **loyers** (qui incluent en pratique une partie représentative du prix d'acquisition du bien), ou si seule la partie qui constitue réellement un loyer doit y être soumise (voir aussi nº 20090).

Ces deux difficultés ne se posent pas, en revanche, lorsque la convention fiscale traite les loyers comme des bénéfices industriels et commerciaux (auquel cas ils sont exclusivement imposables dans l'État de résidence du bailleur, sauf si celui-ci dispose d'un établissement stable dans l'État de résidence du preneur), ou bien lorsque, traitant les loyers comme des redevances, elle prévoit une exonération d'impôt dans l'État de la source.

La question du titulaire du droit d'amortir

D'une façon générale, cette question divise les États en deux catégories : 23225
– ceux qui ne reconnaissent, en principe, que la « **propriété juridique** », ce qui est le cas, normalement, de la France, de l'Italie et de l'Espagne ;
– ceux qui, au contraire, reconnaissent la notion de « **propriété économique** », ce qui est le cas, normalement, de la Belgique, des Pays-Bas, de l'Allemagne, du Japon et des États-Unis.

Dans le premier cas, le propriétaire juridique est le seul titulaire du droit d'amortir le bien, quels que soient le lieu et les conditions de son utilisation. Dans le second cas, en revanche, seule la partie qui se comporte économiquement comme le véritable propriétaire est titulaire du droit d'amortir.

La combinaison de ces règles dans le cadre d'une opération de crédit-bail transfrontalier peut conduire, dans ces conditions, à des situations d'absence d'amortissement du bien, ou, au contraire, de double amortissement du même bien :
• **absence d'amortissement** du bien lorsque chaque État considère que c'est à l'autre État que revient la charge de supporter l'amortissement (situation, en principe, d'une entreprise française qui prendrait en location un bien loué par une entreprise allemande) ;
• situation de **double amortissement** lorsque chaque État considère qu'il lui incombe de supporter la charge de l'amortissement (cas, en principe, d'une entreprise française qui donnerait en location un bien utilisé par un entrepreneur résident d'Allemagne).

Il est clair que la deuxième situation est souvent recherchée par les opérateurs puisqu'elle est source pour eux d'un avantage fiscal appréciable, communément désigné sous le nom de « **double dip** ».

Précisions Le fait qu'une déduction pour le même amortissement d'un actif soit demandée dans plus d'un État est un marqueur pris en compte pour la **déclaration des montages** (nº 71820).

Distinction entre propriété juridique et propriété économique La distinction entre propriété juridique et propriété économique est souvent délicate et s'avère moins simple qu'il n'y paraît. 23230

Ainsi, en France, en règle générale, l'entreprise preneuse ne peut amortir fiscalement les éléments dont elle n'est que locataire. Cette solution suppose cependant que le bailleur soit effectivement resté juridiquement le propriétaire du bien mis en location, et que la propriété n'ait pas été, en réalité, transférée au preneur. Par exemple, dans le cas d'un contrat de **vente** assorti d'une clause de **réserve de propriété**, la dépréciation des biens doit être constatée chez l'acquéreur par voie d'amortissement, alors même que le transfert de la propriété des biens en cause à l'acquéreur n'est effectué qu'au moment du paiement intégral du prix.

Dans le cas d'un crédit-bail transfrontalier mis en place entre un bailleur résident de France et un preneur non résident, il convient donc toujours d'examiner si la **requalification** en contrat de vente avec réserve de propriété ou en contrat de vente à tempérament est possible ou non.

23235 **Jurisprudence** D'une façon générale, les décisions suivantes, qui concernent des opérations internes, peuvent éclairer les principes :

a. Ne constituait pas un contrat de **location-vente**, malgré la qualification ainsi donnée par les parties, la transaction par laquelle une entreprise avait acquis du matériel de transport en vingt-quatre mensualités assorties d'intérêt, alors que les camions avaient été immatriculés dès l'origine au nom de l'entreprise avec inscription de gage, et que certains d'entre eux avaient été revendus avant même d'avoir été intégralement payés (CE 20 mai 1981 n° 21495, 7e et 8e s.-s. : RJF 7-8/81 n° 651). Cette opération constituait pour le Conseil d'État une vente à tempérament, et non pas une location-vente.

b. Une location-vente, même si elle comportait des mentions faisant ressortir que les parties avaient entendu lui conférer la nature d'un contrat de crédit-bail, devait être requalifiée en **vente à tempérament** avec réserve de propriété jusqu'à l'achèvement du paiement, dès lors que le contrat prévoyait le transfert de propriété du bien au terme du contrat sous la seule condition du paiement des loyers mensuels (CE 7 octobre 1987 n° 49774, 7e et 8e s.-s. : RJF 11/87 n° 1085).

c. L'administration était fondée à estimer que les loyers versés dans le cadre d'un contrat de **location-gérance** et comptabilisés en charges étaient en réalité des éléments du prix d'achat d'un fonds de commerce d'une société en liquidation, au cas d'une convention qui prévoyait, après une période de location-gérance de six mois moyennant une redevance mensuelle de 400 000 F, l'engagement de la société locataire d'acheter le fonds de commerce pour le prix de 300 000 F (CE 20 juillet 2007 n° 294300, 10e et 9e s.-s., Sté Copadis Stains : RJF 11/07 n° 1298, jugeant que l'administration ne s'était pas placée implicitement sur le terrain de l'abus de droit mais s'était bornée à **qualifier** la convention en interprétant ses clauses).

23240 **Conséquences pratiques** Dans le cas d'un crédit-bail transfrontalier mis en place par un bailleur français, la reconnaissance du droit d'amortir le bien en France suppose que le locataire n'ait effectivement qu'une **option d'achat** des biens loués, moyennant un prix convenu qui, s'il doit tenir compte, au moins pour partie, des versements effectués à titre de loyer, doit être néanmoins significatif, faute de quoi la vente pourrait être considérée comme réalisée dès l'origine. Mais il faut alors vérifier que cette situation est bien de nature, dans l'autre pays, à entraîner la reconnaissance de la qualité de propriétaire « économique » au preneur, ce qui exige en général un montage assez fin.

Précisions Le mécanisme du « double dip » ne peut jouer que pour les locations transfrontalières de biens meubles. En effet, dans le cas de **location d'immeubles**, les revenus produits par l'activité de location et la prise en compte de la charge d'amortissement se font toujours dans l'État de situation du bien, et non pas dans l'État de résidence de la société bailleresse, sauf application d'un régime de consolidation fiscale.

B. Les prestations administratives (« management fees »)

Si elles sont visées par les conventions fiscales

23300 Les prestations administratives sont assez rarement visées par les conventions fiscales. Elles ne sont généralement abordées que sous la forme de la déductibilité des **« frais de siège »** des bénéfices de l'établissement stable (nos 18708 s.).

On relève cependant que la convention du 5 août 1987 entre la France et Trinité-et-Tobago contient un article « frais de direction », ceux-ci désignant les « frais résultant de la **fourniture de services professionnels, techniques et de gestion** ». Ces frais sont soumis à une retenue à la source de 10 %, sauf si le prestataire exerce son activité par l'intermédiaire d'un établissement stable dans l'État de la source (auquel cas, ils sont imposés comme des bénéfices de l'entreprise).

De même, la convention du 15 avril 1999 avec le Botswana prévoit une retenue à la source de 7,5 % sur les rémunérations versées au titre des services techniques, de conseil et de direction.

Si la convention fiscale est muette

Lorsque la convention fiscale ne prévoit rien, les prestations de services administratifs doivent être traitées comme des **bénéfices d'entreprise**. Rien ne permet de les assimiler à des redevances et d'exiger le cas échéant une retenue à la source conventionnelle. La définition des redevances donnée par le modèle OCDE ne saurait s'appliquer à de tels frais, car ils ne sont visés ni explicitement ni implicitement. **23320**

Comme pour toutes les prestations de services, la question se pose de savoir si elles sont ou non exercées par l'intermédiaire d'un **établissement stable**. **23330**

Si elles ne sont pas exercées au moyen d'une installation fixe d'affaires, la réponse sera normalement négative. Dans le cas contraire, elle sera normalement positive car de telles fonctions ne présentent pas un caractère préparatoire ou auxiliaire. Tel serait le cas d'une installation chargée de gérer une entreprise ou seulement une partie d'une entreprise.

Un **« bureau de direction »** installé dans un État afin de coordonner et de surveiller les services de l'entreprise dans une région est ainsi normalement un établissement stable (ce principe s'applique essentiellement aux quartiers généraux ; n°s 28655 s.). Pour le comité des affaires fiscales de l'OCDE, en effet, « la fonction de direction d'une entreprise, même si elle ne couvre qu'une certaine partie des opérations de la firme, constitue une part essentielle des opérations de l'entreprise et ne peut donc en aucune façon être considérée comme une activité ayant un caractère préparatoire ou auxiliaire » (Commentaires OCDE, C (5) n° 71).

Concernant certains cas particuliers, voir n° 22150.

SECTION 3

Prestations de services effectuées dans le cadre d'activités indépendantes

Il s'agit essentiellement de celles qui sont exercées **à titre libéral** par des médecins, avocats, architectes, comptables, ingénieurs, etc. Les professions indépendantes, ou encore « non commerciales », se rencontrent principalement dans les affaires internationales sous forme d'**activités scientifiques ou techniques** (ingénieurs ou architectes) ou en cas de **« commissions »** versées à des intermédiaires pour l'obtention ou la réalisation de marchés internationaux. **23400**

On examinera deux situations selon qu'il existe ou non une convention fiscale. On abordera ensuite le cas des commissions. Le cas des artistes et sportifs est exposé à part (n°s 44300 s.).

A. En l'absence de convention fiscale

Lorsqu'il n'existe pas de convention fiscale, les États ne sont pas limités dans l'application de leur droit interne. Du côté français, les règles suivantes sont donc mises en œuvre. **23410**

1. Prestations effectuées hors de France par un résident de France

23415 Lorsque le prestataire de services, domicilié en France, est soumis à l'**impôt sur le revenu**, il est imposable en France sur son revenu mondial, que ce revenu soit de source française ou étrangère. Ainsi, un ingénieur ou un architecte (par exemple) qui réaliserait des plans, études, etc., pour un client étranger serait imposable en France, même s'il était amené à travailler effectivement à l'étranger pendant une certaine période, du moment qu'il reste fiscalement domicilié en France (nos 1918 s.). Pour un exemple d'imposition de commissions dans le cadre d'un marché de ventes d'hélicoptères à la Libye, voir CAA Paris 22 janvier 1998 n° 96-1439, 2e ch., Appere : RJF 4/98 n° 365 (ayant fait l'objet d'un pourvoi non admis par CE (na) 29 juillet 1998 n° 194386, 9e s.-s.).

Lorsque le prestataire est soumis à l'**impôt sur les sociétés**, les règles de territorialité de l'impôt sur les sociétés s'appliquent, c'est-à-dire qu'il n'y a imposition en France que si l'entreprise est « exploitée » en France (nos 4000 s.).

Ancien mécanisme d'exonération des suppléments de rétrocession d'honoraires

23420 La loi de finances pour 2009 avait exonéré d'impôt sur le revenu les suppléments de rétrocession d'honoraires versés aux personnes fiscalement domiciliées en France qui exerçaient une activité libérale comme collaborateurs de professionnels libéraux ou d'un cabinet regroupant des professionnels libéraux au titre de leur séjour dans un autre État (CGI art. 93-0 A, ancien). Les suppléments de rétrocession d'honoraires exonérés devaient satisfaire à diverses conditions et, notamment, être versés à l'occasion d'activités de **prospection commerciale**, en contrepartie de séjours effectués dans l'intérêt direct et exclusif du cabinet et être justifiés par un déplacement nécessitant une résidence d'au moins vingt-quatre heures dans un autre État. Sous réserve de satisfaire aux conditions requises, les suppléments de rétrocession étaient exonérés dans la double limite, appréciée au titre d'une année, de 25 % du total de la rétrocession annuelle et de 25 000 €.

Ce mécanisme a été supprimé pour les périodes d'imposition et exercices ouverts depuis le 1er janvier 2018 (Loi n° 2017-1837 du 30 décembre 2017 de finances pour 2018).

2. Prestations effectuées en France par un non-résident

23500 Les personnes dont le domicile fiscal est situé hors de France sont soumises à l'impôt sur le revenu à raison de leurs seuls revenus de source française (nos 2835 s.).

Concernant les prestations de services, il n'y a « revenu de source française » que dans les deux situations suivantes :
– une **activité professionnelle** est exercée en France ;
– une prestation, quelle qu'en soit la nature, est **fournie ou utilisée** en France, lorsque la prestation est rémunérée par un débiteur qui exerce une activité en France.

23510 Dans l'hypothèse où la prestation de services est considérée comme générant un revenu de source française, elle est imposable en France (nos 3410 s.) :
– soit **par voie de rôle** si le prestataire de services dispose d'une installation professionnelle permanente en France ;
– soit, dans le cas contraire, par voie de **retenue à la source**, généralement calculée au taux normal de l'impôt sur les sociétés de 25 % pour les exercices ouverts depuis le 1er janvier 2022 (n° 5592 ; 15 % pour les prestations artistiques ou sportives ; 75 % en présence d'un État ou territoire non coopératif au sens indiqué n° 71555).

Ces règles sont également applicables, le cas échéant, à des entreprises qui rendent des services en France, et pas seulement à des personnes physiques.

Précisions Les sommes perçues en **rémunération des prestations de services** réalisées par des résidents ou des non-résidents peuvent entrer dans le champ de l'article 155 A du CGI (nos 45780 s.).

B. En présence d'une convention fiscale

Principes

Les conventions fiscales contiennent presque toujours un article sur les professions indépendantes, applicable aux revenus non commerciaux réalisés dans le cadre d'une activité professionnelle. Ces dispositions ne concernent pas les revenus non commerciaux non professionnels, tels que les droits d'auteur ou produits de la propriété industrielle et commerciale, qui sont traités comme des redevances (nos 20040 s.). **23600**

Le caractère « indépendant » de la profession résulte essentiellement de **l'absence de lien de subordination** (voir, par exemple, l'affaire Sfeir mentionnée no 23680 c. ; voir également l'arrêt d'appel dans l'affaire Chebbo, no 3425). En ce sens, si un médecin est salarié d'une entreprise, ce sont les dispositions relatives aux salariés qui s'appliquent et non pas celles qui concernent les professions indépendantes.

Les rémunérations perçues au titre des professions indépendantes ne sont pas toujours imposables dans l'État où elles sont exercées. Cela dépend des critères conventionnels de répartition des droits d'imposer. **23615**

Précisions On peut rencontrer une difficulté lorsqu'une prestation de service effectuée à titre indépendant fait l'objet d'une **protection juridique spécifique**. Tel serait le cas, par exemple, d'un architecte d'intérieur qui décorerait un établissement et qui se protégerait contre les copies par une clause de **copyright** stipulée au contrat. Dans une telle circonstance, certains pays ont tendance à assimiler la rémunération de la prestation à une redevance et donc à imposer même en l'absence de base fixe. Le cas échéant, un conflit de qualification entre deux États peut être résolu par le recours à la procédure amiable (nos 84000 s.).

1. Les critères conventionnels de répartition des droits d'imposer

Notion de « base fixe »

La plupart des conventions fiscales reposent sur la notion de « base fixe » (ou d'expression voisine, telle que « point d'attache fixe », etc.). **23650**

Cette notion n'est pas définie par les conventions fiscales. Elle couvre, par exemple, le cabinet de consultation d'un médecin, ou le bureau d'un architecte ou d'un avocat. Elle exige une certaine stabilité, régularité et permanence.

Il s'agit en principe d'un **local aménagé** en vue de l'exercice de la profession mais sans qu'il soit nécessaire que du **personnel** y soit employé en permanence. Ainsi, un avocat qui se rendrait dans un autre État pour une plaidoirie n'y disposerait pas, de ce simple fait, d'une base fixe. De même pour un médecin appelé dans un autre État pour une intervention. Mais il pourrait y avoir base fixe si un médecin se rendait périodiquement dans un hôpital pour y effectuer des consultations ou des interventions. Normalement, une personne exerçant une activité de ce genre n'a de base fixe que dans l'État dont elle est un résident. Mais lorsque le prestataire a besoin d'une installation d'une certaine permanence dans un autre État, celui-ci, par analogie avec les règles relatives aux bénéfices des entreprises, se voit généralement reconnaître un droit d'imposer.

Identité avec le concept d'établissement stable

Le concept de « base fixe » est identique à celui d'« établissement stable » utilisé pour les activités industrielles ou commerciales (nos 17200 s.), à telle enseigne que l'expression même de « base fixe » a été supprimée lors de la **révision du modèle OCDE** d'avril 2000. **23660**

Cette décision traduit, selon les commentaires OCDE (voir notamment C (7) no 77), le fait qu'il n'existait pas de différence souhaitable entre les deux concepts. L'article 14 du modèle OCDE (« professions indépendantes ») a ainsi été supprimé, de sorte que les revenus des professions libérales ou autres activités indépendantes sont traités à l'article 7 du modèle OCDE en tant que bénéfices d'entreprise (l'article 3 § 1 h du modèle précise d'ailleurs que les termes « activités » et « affaires » comprennent l'exercice de professions libérales et autres activités de caractère indépendant).

La proximité des deux concepts avait été reconnue en France par une ancienne réponse ministérielle (réponse Rossi, JOAN 25 janvier 1999, p. 450 : BF 3/99, n° 293, non reprise au BOFiP), rappelant qu'un **bureau de représentation** peut constituer un point d'attache fixe d'une profession libérale s'il constitue un centre d'activités présentant des caractères de fixité ou de permanence suffisants pour qu'il puisse être considéré que la personne physique concernée exerce tout ou partie de sa profession par son intermédiaire et qu'il puisse lui être attribué une partie des revenus tirés de cette profession.

À propos de la convention fiscale franco-suisse, l'administration indique qu'il faut entendre par « base fixe » toute installation dont le contribuable dispose de façon permanente ou périodique à des fins professionnelles (BOI-INT-CVB-CHE-10-20-50n° 70). Enfin, par exception à la règle qui veut que le concept ne soit pas défini, la convention entre la France et la Jamaïque précise que « l'expression « base fixe » désigne un lieu de travail dont dispose de façon habituelle en France un résident de la Jamaïque pour l'exercice d'une profession indépendante » (article 14 § 2 b) de la convention fiscale du 9 août 1995).

Précisions **a.** Les contribuables qui se pensent en situation d'incertitude en ce qui concerne l'existence ou non d'une base fixe en France peuvent songer à utiliser la procédure de **rescrit** prévue par l'article L 80 B 6° du LPF (n°s 17830 s.).

b. Le modèle de convention fiscale de l'**ONU** n'a pas retenu l'approche de l'OCDE recommandant la suppression de la notion de base fixe (article 14 du modèle ONU) ; le comité d'experts chargé de la révision du modèle (n° 1407) a en effet estimé que cette suppression pouvait réduire de façon inappropriée les droits d'imposer de l'État de la source.

Jurisprudence

23680 Les décisions suivantes illustrent les principes conventionnels :

a. Un **agent d'assurances** qui dispose d'un cabinet au Cameroun et d'une clientèle locale régulière a, dans cet État, une base fixe, même s'il représente des compagnies françaises et même s'il utilise son domicile fiscal en France pour effectuer certaines tâches de gestion courante (CAA Lyon 6 avril 1993 n° 92-29, 4e ch., Giudice : Droit fiscal 1994 n° 48, comm. n° 2050 ; arrêt définitif).

b. Un **architecte**, exerçant, en dépit de ses allégations, à titre libéral, est imposable en France en l'absence de base fixe en Indonésie (CAA Paris 10 octobre 1996 n° 93-1393, 2e ch., Lavigne-Delville : RJF 1/97 n° 1 ; arrêt définitif).

c. Un **médecin** qui exerce une activité dans un hôpital suisse n'a pas, dans cet État, de base fixe, dès lors qu'il n'y dispose en propre d'aucun matériel ni d'une clientèle, qu'il n'a aucune autorité sur l'organisation du service et que le mandat qui fonde sa présence est révocable à tout moment (CAA Nancy 8 novembre 2001 n° 97-0169, 2e ch., Sfeir : RJF 10/02 n° 1093, arrêt définitif insistant sur l'absence de justifications de la part de l'intéressé sur les conditions d'exercice de sa profession en Suisse).

d. Un **appartement** à Milan possédé par une personne physique résidente de France n'est pas une « installation permanente » au sens de l'ancienne convention franco-italienne de 1958, même si le contribuable y reçoit du courrier et acquitte les factures d'électricité et de téléphone, dès lors qu'il ne compte **pas d'aménagements** ou de **moyens** en personnel ou en **équipements** de nature à faciliter l'activité de démarchage et d'entremise commerciale de l'intéressé et que celui-ci n'établit pas qu'il l'ait effectivement utilisé pour recevoir les clients prospectés ou accomplir les opérations commerciales en cause (CE 27 mars 2000 n° 188273, 8e et 3e s.-s., Apogoff et Hanimyan : RJF 5/00 n° 593 ; solution transposable à la convention de 1989 qui reprend la notion de « base fixe »).

e. Un **agent commercial** domicilié en France a été regardé comme ayant une base fixe en Algérie dans la mesure où il a pu produire une attestation, dont l'administration n'a pas établi le caractère fictif, qui indiquait qu'il y disposait d'un bureau avec secrétariat et usage d'une ligne téléphonique (CAA Marseille 16 octobre 2003 n° 99-858, 3e ch., Klonaris : RJF 11/04 n° 1070 ; arrêt définitif).

f. Un **avocat** fiscalement domicilié au Royaume-Uni et inscrit aux barreaux de Londres et de Paris a une base fixe en France dès lors qu'il y dispose d'un bureau utilisé pour recevoir des clients et qu'il détient un compte bancaire domicilié à l'adresse de ce bureau et sur lequel est versée une partie de ses honoraires provenant de son activité en France (CE 30 mars 2005 n° 230053, 10e et 9e s.-s., min. c/ Villatte : RJF 7/05 n° 751, aux conclusions Marie-Hélène Mitjavile au BDCF 7/05 n° 96 ; à noter que ce contribuable a aussi été condamné pour fraude fiscale).

g. Une **société de fait** constituée entre deux époux qui exercent la profession d'**avocat** à Paris ne peut être regardée comme exerçant la profession d'avocat à **Singapour** même si elle y a implanté un bureau dès lors que ce dernier, bien que composé de deux avocats français assistés d'une secrétaire, n'est pas autorisé à pratiquer le droit interne de Singapour mais se borne à faire connaître la société aux entreprises françaises installées sur place et à préparer, pour le siège parisien, des dossiers concernant des entreprises et ressortissants français qui trouvent leur solution juridique devant des juridictions françaises par application du droit français (CAA Paris 10 avril 2008 n° 06-2638, 5e ch. A, Sefrioui : RJF 12/08 n° 1379) ; par suite, les résultats de l'activité de ce bureau doivent être rattachés aux bénéfices imposables en France et les dépenses de fonctionnement peuvent y être déduites (cette solution, qui nous paraît discutable compte tenu des circonstances décrites, aurait mérité d'être confirmée mais l'arrêt n'a pas fait l'objet d'un pourvoi). **23680** (suite)

h. L'appartement parisien d'un résident de Suisse qui ne comporte pas d'**aménagements** ou de **moyens en personnel** ou **équipements** permettant d'exercer une activité de photographe de mode et qui n'est pas utilisé pour recevoir les clients n'est pas une base fixe même si une partie de l'activité est déployée en France auprès d'une clientèle française grâce à l'intervention d'un agent commercial établi en France et si des recettes professionnelles provenant de clients français et étrangers sont encaissées sur des comptes bancaires ouverts en France (CAA Paris 23 décembre 2010 n° 08PA04935, 5e ch., Bisang : RJF 2/12 n° 163 ; arrêt définitif).

i. Une personne physique domiciliée en France et qui réalise des **gains de jeux** au cours de parties de poker proposées par des **sites Internet** hébergés à Malte est imposable en France dès lors notamment qu'elle ne peut être considérée comme disposant d'une base fixe à Malte, au sens de la convention fiscale franco-maltaise du 25 juillet 1977, du seul fait que les sites Internet y sont localisés ; il en va de même des gains réalisés par l'intéressé lors de sa participation à des tournois de poker aux États-Unis, une **table de poker** ne pouvant être regardée comme une base fixe (CAA Paris 7 février 2017 n° 16PA01274 : RJF 5/17 n° 428 ; cet arrêt a fait l'objet d'un pourvoi qui n'a pas été admis par CE (na) 26 juillet 2018 n° 411240, 10e ch.) ; la majoration pour activité occulte a cependant été écartée (n° 17815).

j. Un **anesthésiste-réanimateur** domicilié en Tunisie et qui exerçait son activité au sein d'une clinique française en tant que praticien indépendant devait être regardé comme disposant, au cours de l'année 2012, d'une base fixe en France au sens de l'article 21 de la convention fiscale franco-tunisienne du 28 mai 1973 dès lors qu'il avait exercé son activité cent dix-huit jours sur deux cent cinquante-trois jours ouvrés au sein de cette clinique où il disposait d'une clientèle régulière auprès de laquelle il pouvait exercer par l'intermédiaire des infrastructures mises à sa disposition de manière permanente (TA Montreuil 21 mars 2017 n° 1510738 : RJF 12/17 n° 1240 ; jugement définitif).

k. Une professeure d'université, domiciliée en France, qui avait rendu une **consultation juridique** à l'État slovène était imposable exclusivement en France en l'absence d'établissement stable en Slovénie et ne pouvait pas bénéficier d'un crédit d'impôt égal à l'impôt français, alors même qu'elle aurait déjà été imposée en Slovénie et qu'elle avait été rémunérée par l'État slovène (TA Paris 23 juin 2021 n° 1905234, 1e sect., 2e ch. : RJF 11/21 n° 1058, jugement définitif) ; l'intéressée a cependant eu gain de cause, car elle a pu invoquer un **courriel émanant du service des impôts** des particuliers dont elle dépendait, lui proposant de corriger sa déclaration au motif qu'elle bénéficiait d'un crédit d'impôt égal à l'impôt français et caractérisant, selon le tribunal administratif, une prise de position de l'administration qui lui était opposable même si elle était manifestement erronée.

l. Disposait d'une base fixe en France, un résident de Pologne qui exerçait en France, de 2008 à 2011, une activité de **professeur de ski** par le biais de l'école de ski internationale de Châtel dont il était adhérent et qui mettait à sa disposition un local lui permettant d'accueillir sa clientèle et d'organiser ses activités, sans qu'importe le fait qu'il n'était pas le seul à employer ce local, et qui assurait également des fonctions de secrétariat, de téléphone et de publicité, ainsi que la prise en charge de l'encaissement des heures effectuées par chaque moniteur et le versement des honoraires (TA Grenoble 1er juillet 2022 n° 1903411, 7e ch.).

Précisions Voir également l'affaire Solages (n° 31357), à propos d'une **styliste-conseil** résidente de Suisse, ainsi que la décision rendue dans l'affaire Chebbo à propos d'un **chirurgien-dentiste** libanais effectuant des remplacements en France, n° 3425.

Cas particuliers

23700 Certaines conventions fiscales prennent appui non seulement sur le critère de la base fixe mais également sur d'**autres critères** :
– séjour pendant une période ou des périodes d'une durée totale de **cent quatre-vingt-trois jours** au moins pendant une année fiscale (en ce sens, article 14 § 1 b) du modèle de l'ONU ; par exemple, convention franco-chinoise du 26 novembre 2013, art. 14 § 1 b)) ;
– rémunération supérieure ou égale à un certain **montant**.

Certaines conventions françaises suivent plus ou moins ces principes (par exemple, les conventions avec la Corée, l'Argentine et l'Égypte). De son côté, la convention du 5 août 1987 avec Trinité-et-Tobago fixe un **seuil de rémunération** (9 000 €) au-delà duquel les revenus sont imposables dans l'État qui n'est pas celui de la résidence. Quant à la convention entre la France et l'Équateur du 16 mars 1989, elle exige à la fois la présence d'une base fixe et un séjour sur place de cent quatre-vingt-trois jours au moins.

La convention fiscale franco-kenyane du 4 décembre 2007 reprend des principes voisins en prévoyant l'imposition non seulement en présence d'une base fixe mais aussi en cas de séjour s'étendant sur une période ou des périodes d'une durée totale égale ou supérieure à cent quatre-vingt-trois jours au cours de toute période de douze mois commençant ou s'achevant pendant l'année fiscale considérée ; la convention ajoute cependant que, dans ce cas, seule la **fraction des revenus** qui est tirée des activités exercées dans l'autre État y est imposable.

Sur l'évolution des commentaires OCDE, voir nº 22140.

23710 **Modalités de décompte des cent quatre-vingt-trois jours** À propos de la façon dont la règle des cent quatre-vingt-trois jours doit être appliquée, lorsqu'elle est prévue par la convention fiscale, l'administration fournit certaines précisions à propos de la convention du 17 octobre 1999 entre la France et l'Algérie (BOI-INT-CVB-DZA-40 nºs 30 et 40). Bien qu'ils ne soient pas juridiquement opposables pour l'application d'autres conventions fiscales, ces commentaires sont, en pratique, également pertinents pour l'application des conventions rédigées de la même façon.

L'administration indique que, pour le décompte des jours de présence, **toute journée ou fraction de journée** passée sur le territoire français, à quelque titre que ce soit, doit être prise en compte et que, dès lors que ni le contribuable ni les débiteurs des sommes ne peuvent connaître, au cours d'une année fiscale considérée, quelle sera, à la fin de cette année, la durée de présence en France de l'intéressé, ces derniers doivent **systématiquement prélever la retenue** à la source prévue par l'article 182 B du CGI à raison des rémunérations qu'ils lui versent.

Lorsque le résident d'Algérie n'aura pas séjourné en France au moins cent quatre-vingt-trois jours au cours de l'année fiscale considérée, il lui faudra adresser, directement ou par l'intermédiaire du débiteur établi en France, une demande de **remboursement** à la Direction des impôts des non-résidents (service retenue à la source sur TS et BNC, 10, rue du centre, 93465 Noisy-le-Grand Cedex). Cette demande devra mentionner les nom, prénom, adresse du bénéficiaire des rémunérations en Algérie, les nom et adresse de son ou ses clients établis en France au cours de l'année considérée, le montant des sommes perçues, et être accompagnée d'une attestation sur l'honneur précisant la durée du ou des séjours effectués en France au titre de l'année en cause ainsi que d'une attestation de résidence en Algérie délivrée par les services fiscaux algériens dont il relève.

2. Les modalités d'imposition

Principes

23800 L'État de situation d'une base fixe (établissement stable) a le droit d'imposer les revenus qui y sont rattachables. Les conventions fiscales ne donnent pas de détail quant aux modalités d'imposition.

Si l'on se réfère aux commentaires du comité des affaires fiscales de l'OCDE (nº 23660), il y a lieu, si la convention utilise le terme de « base fixe », d'appliquer les règles relatives à l'**établissement stable**, ce qui conduit notamment à :
– ventiler les revenus du contribuable entre l'État de résidence et celui de la base fixe ;

– n'imposer que les revenus effectivement imputables à la base fixe (sauf cas de force attractive, voir nº 18610), mais en rattachant à la base fixe les « **revenus passifs** » (dividendes, intérêts, redevances) qui lui sont attribuables ;
– permettre la déduction des **dépenses**, y compris celles exposées dans l'État de résidence et qui concerneraient l'activité de la base fixe ;
– ne pas traiter la base fixe d'une manière autre ou plus lourde que s'il s'agissait de l'installation d'un résident (principe de non-discrimination, nºs 81270 s.).

Élimination des doubles impositions

En principe, dans les conventions fiscales signées par la France, la **méthode de l'exonération** est retenue pour éviter les doubles impositions. Aussi, un résident de France n'est généralement pas imposé sur les revenus rattachables à une base fixe située hors de France. Toutefois, les revenus exonérés doivent normalement être pris en compte pour le calcul du « taux effectif » (nºs 7980 et 83410 s.), ou bien soumis à l'impôt en France sous déduction d'un crédit égal à l'impôt français (nº 8160). **23810**

Prise en compte partielle des pertes

L'exonération des bénéfices a pour corollaire l'absence de prise en compte des pertes en France. Dans le passé, l'administration avait admis une certaine prise en compte des pertes enregistrées au cours de la **période d'installation** à l'étranger de membres de professions libérales exerçant leur activité en France. Cet assouplissement consistait à ventiler les charges au prorata des chiffres d'affaires respectivement réalisés dans l'entité française et l'entité étrangère. L'application de ce principe était limitée aux quatre premiers exercices d'activité. **23820**

Cette solution, qui résultait d'une instruction administrative du 7 août 1985 (ancienne D. Adm. 5 G 231, nº 6) n'est plus applicable car elle n'a pas été reprise au BOFiP ; en ce qui concerne les **États-Unis**, cependant, l'administration continue d'admettre que les charges du cabinet situé en France et de la base fixe créée à l'étranger soient ventilées au prorata de leurs chiffres d'affaires respectifs, pendant les quatre premières années de l'implantation (BOI-INT-CVB-USA-10-20-20 nº 170).

Précisions Dans le passé, le système fonctionnait de la manière suivante en prenant l'exemple d'un cabinet français qui avait créé une base fixe à l'étranger. Au cours de l'un des quatre premiers exercices, les chiffres d'affaires français et étrangers s'élevaient respectivement à 100 et 10, cependant que les charges françaises et étrangères s'élevaient respectivement à 80 et 15. La perte réalisée par l'entité étrangère (5) n'était pas déductible en France. Mais les bénéfices du cabinet étaient déterminés en France en retenant un montant des charges égal à 100/110 × 95, soit 86,3. La perte étrangère était donc prise en compte en France, au-delà même de son montant effectif.

C. Les commissions

Problématique

Le versement de commissions pour l'obtention ou la réalisation de marchés internationaux, parfois appelées pudiquement « frais commerciaux extérieurs » (FCE), est une pratique habituelle des entreprises. Il n'y aurait pas de vraies difficultés si ces commissions n'étaient le plus souvent occultes, le bénéficiaire refusant que son nom soit communiqué à l'administration. Dès lors, les États doivent concilier trois impératifs : **24030**
– permettre une **marche normale des affaires**, ce qui conduit à reconnaître l'utilité des commissions et, par suite, à en autoriser la déductibilité des résultats de l'entreprise qui les verse ;
– ne pas favoriser la **fraude** ou l'évasion fiscales, en ne permettant pas la déduction sans contrôle de sommes dont le bénéficiaire n'est pas connu car cela peut être un moyen pour les entreprises de se constituer à l'étranger des avoirs en franchise d'impôt ;
– ne pas encourager la **corruption** d'agents publics étrangers, généralement considérée comme un obstacle au libre jeu des lois du marché ; cette préoccupation a été notamment officialisée par la conclusion d'une convention spéciale au sein de l'OCDE (nº 24200).

La fiscalité des commissions est centrée autour de deux questions : l'entreprise peut-elle déduire les sommes de ses résultats ? Le bénéficiaire doit-il être imposé ?

Précisions Jusqu'au mois de janvier 1993, les entreprises qui envisageaient de payer des commissions au titre de marchés à l'exportation pouvaient obtenir des garanties quant à leur déductibilité en s'adressant à la Direction générale des impôts (aujourd'hui Direction générale des finances publiques) ou à la Direction générale des douanes en présentant le marché et en donnant des indications sur la proportionnalité des rémunérations payées avec le chiffre d'affaires attendu (« **confessionnal** »). L'administration ne prenait pas de position écrite, mais gardait trace des avis oraux donnés, qui s'imposaient au vérificateur en cas de contrôle fiscal. Cette procédure a été supprimée par un communiqué du ministre du Budget du 8 janvier 1993 sur la recommandation de la Commission de prévention de la corruption (rapport Bouchery), au motif que l'administration française pouvait paraître complice de fraudes éventuelles commises au détriment d'administrations ou d'autorités publiques étrangères. Désormais, les entreprises ne sont plus reçues et n'ont même plus la possibilité de déposer leurs déclarations auprès des services centraux plutôt que des services locaux.

1. Déductibilité des commissions

24100 D'une manière générale, la déductibilité des commissions est subordonnée à deux conditions : le bénéficiaire doit être déclaré à l'administration ; la rémunération doit correspondre aux intérêts de l'entreprise, sous réserve du cas particulier des agents publics (n° 24200).

a. Le bénéficiaire doit être déclaré à l'administration

Champ d'application

24120 Les personnes, physiques ou morales, qui versent des commissions, honoraires, vacations, etc., à des tiers doivent déclarer ces sommes à l'administration (CGI art. 240 et BOI-BIC-DECLA-30-70-20). Le champ d'application de l'obligation de déclaration est très large, la notion de commissions et courtages s'entendant notamment des rémunérations versées à des **intermédiaires de commerce** ou à des **mandataires** qui exercent cette activité à titre principal ou accessoire.

Seules sont cependant portées sur la déclaration les sommes supérieures à 1 200 € versées par an pour un même bénéficiaire (BOI préc. n° 140 ; ce montant s'entend après déduction de la retenue à la source éventuellement pratiquée). Ces sommes sont, en principe, à déclarer pour leur montant brut. Toutefois, lorsqu'elles ont fait l'objet de **retenues à la source**, elles doivent être mentionnées sous déduction de la retenue pratiquée (BOI préc. n° 170). La déclaration doit être déposée par un procédé informatique (CGI art. 89 A) ; elle doit en principe être souscrite dans le courant du mois de janvier de l'année suivant celle où les rémunérations ont été payées aux bénéficiaires, sous réserve de certaines exceptions.

Précisions **a.** Les redevances versées par une société en contrepartie du droit d'utiliser le **nom commercial** d'entreprises tierces n'entrent pas dans le champ d'application de l'obligation déclarative (BOI-BIC-DECLA-30-70-20 n° 290).

b. Les commissions ne peuvent être considérées comme des sommes versées par une entreprise à une autre entreprise en règlement du prix des **prestations de services** ou de travaux ni des redevances (CE 11 mai 1994 n° 86867, 9e et 8e s.-s., Sté TSH Valérie Stéphane : RJF 7/94 n° 778).

c. Ne sont pas déductibles (ancienne législation) des commissions passées en charges et non déclarées au motif qu'elles ont été versées pour le compte de la société française par une société néerlandaise agissant dans le cadre d'un **mandat verbal**, les sommes étant ensuite remboursées par l'inscription en comptabilité d'écritures en compte courant (CAA Lyon 16 août 2012 n° 11LY02054, 5e ch., Sarl Global Hail Network France : RJF 1/13 n° 15 ; arrêt définitif).

d. Le Conseil d'État avait refusé de transmettre au **Conseil constitutionnel**, pour défaut de caractère sérieux, une question prioritaire de constitutionnalité relative à la perte du droit de déduire les commissions non déclarées (CE 5 février 2014 n° 371352, 9e et 10e s.-s., Sté EBC Pharmexport : RJF 4/14 n° 373, à propos du dispositif de sanction applicable avant le 1er janvier 2006) ; à cette occasion, le rapporteur public Frédéric Aladjidi avait relevé que l'obligation de déclaration vise à permettre à l'administration de procéder aux recoupements nécessaires au contrôle du respect, par les bénéficiaires des versements, de leurs obligations fiscales et que la circonstance que ceux-ci soient **installés à l'étranger** ne prive pas d'objet ces recoupements qui peuvent être utiles pour calculer les retenues à la source ou pour vérifier l'existence de versements dans des pays à fiscalité privilégiée pouvant justifier un recours à l'article 238 A du CGI.

Exclusions

Les « **réductions sur ventes** », certains rabais, ristournes, ou remises ne sont pas visés par l'obligation déclarative (CE 24 octobre 1980 n° 15568, 8e et 9e s.-s. : RJF 12/80 n° 938 ; BOI-BIC-DECLA-30-70-20 nos 210 s.). **24123**

Il devrait en aller de même des **« management fees »**, ce qui n'impose pas, nous semble-t-il, de les déclarer ; ce point n'est cependant pas absolument clair et il est recommandé de les mentionner à titre de précaution (rémunération de l'assistance reçue dans le domaine de l'organisation, de l'audit interne, de la publicité, etc.).

Précisions Le champ déclaratif n'est pas très bien défini car l'article 240 du CGI vise non seulement les commissions, courtages, ristournes commerciales ou autres, vacations, honoraires occasionnels ou non, et les gratifications mais aussi les « autres rémunérations » ; il arrive ainsi au Conseil d'État de considérer que, dans certaines circonstances, des **rémunérations de services** revêtent le caractère d'honoraires et qu'elles doivent faire l'objet d'une déclaration (par exemple, dans une situation purement interne, CE 15 avril 2015 n° 370225, 10e et 9e s.-s., min. c/ Polesello : RJF 7/15 n° 588, à propos de sommes versées en contrepartie d'actions de formation).

Sanctions

Le fait de ne pas se conformer aux obligations prévues à l'article 240 du CGI entraîne l'application d'une **amende** égale à **50 %** des sommes non déclarées (CGI art. 1736), non déductible des résultats imposables en vertu de l'article 39, 2 du CGI. **24126**

Cette amende n'est toutefois pas applicable en cas de première infraction commise au cours de l'année civile en cours et des trois années précédentes, lorsque les intéressés ont **réparé leur omission**, soit spontanément, soit à la première demande de l'administration, avant la fin de l'année au cours de laquelle la déclaration devait être souscrite (CGI art. 1736, I-1 ; BOI-CF-INF-10-40-30 n° 20).

La personne tenue d'effectuer une déclaration peut en outre **régulariser les déclarations des trois années précédentes** sans encourir l'application de l'amende si elle présente une demande de régularisation pour la première fois et si elle est en mesure de justifier, notamment par une attestation des bénéficiaires, que les rémunérations non déclarées ont été comprises dans les propres déclarations de ces derniers déposées dans les délais légaux, à condition que le service puisse être en mesure de vérifier l'exactitude des justifications produites (CGI art. 1736, I-1, tel que complété par l'article 7 de la loi n° 2018-727 du 10 août 2018 pour un État au service d'une société de confiance ; antérieurement, un mécanisme similaire était prévu par le BOI précité). Cette demande de régularisation peut avoir lieu au cours du contrôle fiscal de la personne soumise à l'obligation déclarative (auparavant, la doctrine administrative ne prévoyait que le cas d'une régularisation spontanée ou sur première demande de l'administration).

En principe, cette possibilité de régularisation est applicable lorsque les bénéficiaires des rémunérations ne sont **pas domiciliés en France** puisque la loi ne pose pas de condition sur ce point (la doctrine administrative antérieure n'excluait d'ailleurs pas non plus le cas des non-résidents) ; son application pratique est toutefois malaisée dans ces circonstances, étant donné que la condition selon laquelle les rémunérations ont été « comprises dans les propres déclarations de ces derniers déposées dans les délais légaux » n'a guère de sens pour l'application des règles fiscales françaises et n'est pas facilement vérifiable, sauf dans le cadre de l'assistance administrative internationale. Mais l'utilisation de l'assistance administrative est une arme à la discrétion de l'administration et non pas un outil à la disposition du contribuable ; sauf si le bénéficiaire non résident coopère pleinement avec la partie versante française, la démonstration du respect des conditions posées par la loi pourra donc s'avérer difficile en pratique (sous l'empire de législations antérieures, voir CE 9 mai 1990 n° 46891, 9e et 8e s.-s., GIE Pool Civile Foncière : RJF 7/90 n° 956 et CE 11 février 1998 n° 179960, 8e et 9e s.-s., min. c/ Buridant : RJF 4/98 n° 377).

Précisions **a.** Avant le **1er janvier 2006**, la loi prévoyait que les commissions non déclarées n'étaient **pas déductibles** ; ces commissions étaient normalement traitées comme des revenus distribués soumis à la retenue à la source (sauf stipulation contraire d'une convention fiscale). Il n'en allait cependant pas ainsi si elles étaient justifiées au fond, même si elles devaient être réintégrées faute de déclaration (CAA Paris 28 février 1991 n° 1193, 3e ch., Balzarotti et UNM Réunis : RJF 6/91 n° 748 ; arrêt définitif).

b. La pénalité de 50 % est **conforme à la Constitution** (Cons. const. 20 juillet 2012 n° 2012-267 QPC : RJF 12/12 n° 1150, jugeant notamment qu'elle poursuit un but de lutte contre la fraude fiscale et que son taux n'est pas disproportionné). Saisi une nouvelle fois par le Conseil d'État (CE QPC 25 avril 2022 n° 458429, 9e et 10e ch., Sté Lorraine services : RJF 7/22 n° 670, à propos d'une société qui avait distribué des dividendes sans déposer la déclaration des revenus de capitaux mobiliers prévue par l'article 242 ter du CGI), le Conseil constitutionnel a décidé qu'en l'absence de changement des circonstances, il n'y avait pas lieu de statuer (Cons. const. 1er juillet 2022 que, en n° 2022-1001 QPC).

c. À propos des obligations déclaratives relatives au paiement de revenus mobiliers et aux opérations sur valeurs mobilières, prévues aux articles 242 ter et 242 ter B du CGI, il a été jugé que la notion de « **première infraction** » s'entend de la première infraction commise au cours de l'année civile en cours et des trois précédentes et qu'elle ne s'apprécie pas sur l'ensemble de la période vérifiée (CAA Lyon 3 mai 2018 n° 16LY02812, Sté Établissements Verdannet, ayant fait l'objet d'un pourvoi non admis par CE (na) 21 décembre 2018 n° 421793, 3e ch. : RJF 4/19 n° 362). La solution est à notre avis transposable pour l'application de l'article 240 du CGI relatif à l'obligation de déclaration des commissions et honoraires.

Jurisprudence

24130 Les juridictions veillent d'une **manière scrupuleuse** au respect de l'article 240 du CGI :

a. Des commissions versées pour l'exécution de **marchés à l'exportation** avaient été considérées comme non déductibles (dispositif antérieur au 1er janvier 2006) lorsque la déclaration visée à l'article 240 du CGI mentionnait non pas l'**identité des personnes physiques** auxquelles elles avaient été effectivement versées, mais celles des sociétés étrangères qui en auraient été les bénéficiaires réels, alors que les commissions ne leur avaient pas été versées (CAA Nantes 12 mai 1993 n° 91-787, 1e ch., Smith et Nephew Laboratoire Fisch : RJF 8-9/93 n° 1113 ; arrêt définitif).

b. Dans le même ordre d'idées, des commissions versées à des intermédiaires non imposables en France pour la conclusion de **marchés à l'exportation** n'étaient pas déductibles lorsqu'elles n'avaient pas été portées sur la déclaration prévue à l'article 240 du CGI (dispositif antérieur au 1er janvier 2006) même si elles avaient fait l'objet d'une **autorisation de transfert** de la Direction générale des douanes au titre du contrôle des changes (CAA Nancy 17 juin 1993 n° 92-248, 2e ch., SA Outinord Saint-Amand : RJF 12/93 n° 1527 ; arrêt définitif).

Précisions Dans l'arrêt cité en a. ci-dessus, les bénéficiaires désignés par la société française étaient des sociétés algériennes et marocaines dont les **achats** apparaissaient effectivement **en étroite relation** avec le versement des **commissions**. La société faisait donc valoir que les personnes physiques, apparemment fiscalement domiciliées en France, entre les mains desquelles elle avait effectué les paiements étaient seulement des intermédiaires imposés par les dirigeants des sociétés étrangères en cause. Mais la société avouait tout ignorer de la manière dont les commissions parvenaient aux dirigeants des sociétés étrangères, qui étaient eux-mêmes les véritables bénéficiaires, et non pas les personnes morales mentionnées sur la déclaration. La Cour a donc jugé, sans avoir à rechercher si les sommes versées correspondaient à des prestations réelles et avaient été exécutées dans l'intérêt de l'entreprise, que l'administration était tenue de réintégrer dans les résultats les commissions en cause.

b. La rémunération versée doit être conforme aux intérêts de l'entreprise

Principes

24140 Le versement de commissions doit être analysé comme n'importe quelle dépense de l'entreprise. Il est donc déductible sauf en cas d'« acte anormal de gestion » (nos 72520 s.), et sous réserve du cas des agents publics (n° 24200).

En particulier, une commission versée en l'absence de **service rendu** à l'entreprise serait considérée comme un acte anormal de gestion et assimilée à une libéralité non déductible (CGI art. 39, 1). D'une façon générale, la jurisprudence estime que si, en vertu des règles gouvernant la dévolution de la charge de la preuve, il incombe, en principe, à chaque partie d'établir les faits qu'elle invoque au soutien de ses prétentions, les éléments de preuve qu'une partie est seule en mesure de détenir ne sauraient être réclamés qu'à celle-ci ; pour l'application de l'article 39, 1 du CGI, c'est donc **au contribuable de justifier** tant du montant des charges qu'il entend déduire que de la correction de leur inscription en comptabilité, c'est-à-dire du principe même de leur déductibilité. Le contribuable doit apporter cette justification par la production de tous éléments suffisamment précis portant sur la nature de la charge en cause, ainsi que sur l'existence et la valeur de la contrepartie qu'il en a retirée. Dans l'hypothèse où le contribuable s'acquitte de cette obligation, il incombe **ensuite à l'administration**, si elle s'y croit fondée, d'apporter la preuve que la charge en cause n'est pas déductible par nature, qu'elle est dépourvue de contrepartie, qu'elle a une contrepartie dépourvue d'intérêt pour le contribuable ou que la rémunération de cette contrepartie est excessive.

En outre, les rappels d'impôt sur les sociétés peuvent éventuellement être accompagnés non seulement de rappels de **retenue à la source** au titre des revenus réputés distribués mais également de rappels de **TVA** ; en effet, un contribuable n'est pas en droit de déduire de la TVA dont il est redevable à raison de ses propres opérations la taxe mentionnée sur une facture établie à son nom par une personne qui ne lui a fourni aucun bien ou aucune prestation de services.

Dans le domaine international, la déductibilité des commissions doit également être contrôlée sous l'angle de certaines dispositions spéciales : **24143**
– l'article 57 du CGI, qui concerne les transferts de bénéfices avec l'étranger (nos 76340 s.) ;
– l'article 238 A du CGI, qui, outre le cas des ETNC (no 73070), concerne les versements à destination de « paradis fiscaux », soit lorsque le bénéficiaire y est domicilié ou établi, soit lorsque le versement est fait sur un compte tenu par un organisme financier établi dans un tel État ou territoire (nos 72850 s.).

Ces dispositions exigent, en substance, que la rémunération corresponde à un **service réel**, qu'elle ne soit **pas excessive** par rapport au service rendu (critère de proportionnalité), et, bien entendu, qu'elle soit conforme à **l'intérêt de l'entreprise**. Il s'y ajoute, compte tenu de l'article 39, 2 bis du CGI, l'impossibilité de principe de déduire une somme qui relèverait d'un acte de corruption d'un agent public (no 24200).

Les solutions pratiques peuvent être illustrées par la jurisprudence fournie émanant des juridictions administratives et de laquelle se dégagent les principes suivants.

Précisions Sur la possibilité qu'a l'administration de procéder à des **auditions de tiers** dans le cadre d'opérations de contrôle fiscal international, voir no 2590. Sur les **lanceurs d'alerte** (« aviseurs »), voir no 2595.

Approche pragmatique de la jurisprudence

La jurisprudence fait preuve d'un certain pragmatisme pour apprécier la réalité des versements et les modes de preuve. L'époque est aujourd'hui lointaine où le Conseil d'État refusait la déduction des commissions en raison du caractère « illicite » du procédé (CE 10 décembre 1969 no 73 973 : Dupont 3/70 p. 13). Il est désormais conscient de l'**intérêt des commissions** pour les entreprises et de la difficulté pratique qu'il y a pour elles à en justifier le versement ; il n'exige donc **pas** une **preuve absolue**. **24145**

Le Conseil d'État a ainsi admis, par exemple, qu'une entreprise avait suffisamment justifié de la réalité des commissions « en faisant état de circonstances ou de documents appropriés » (CE 26 juillet 1982 no 27823, 7e et 9e s.-s. : RJF 8-9/82 no 910) et il tient désormais explicitement compte du **caractère immatériel** et **confidentiel** des **prestations** (CE 6 octobre 2008 no 283014, 8e et 3e s.-s., Société coopérative ouvrière de production Union Technique du Bâtiment (Scop UTB) : RJF 12/08 no 1315) ; dans cette dernière affaire, il a été jugé que la société avait « fait valoir qu'eu égard à leur caractère immatériel et confidentiel, ces prestations ne pouvaient donner lieu à l'établissement d'autres documents que ceux qui ont été produits », ce qui est la marque d'un réalisme certain.

Il convient tout de même que l'entreprise puisse démontrer l'existence de **contreparties proportionnées** aux versements, comme le montrent les décisions suivantes, les unes favorables et les autres défavorables.

Précisions Pour apprécier les contreparties aux commissions versées, il y a naturellement lieu de vérifier que celles-ci se rattachent effectivement à l'exploitation d'une entreprise en France (principe de territorialité, nos 4000 s.). Ainsi, en présence d'une commission liée à la réalisation d'un **chantier hors de France**, il convient de ventiler la charge éventuellement déductible entre l'entité française et l'entité étrangère (par exemple, par référence à la répartition des coûts d'ensemble).

Exemples d'appréciation favorables

La jurisprudence n'exige pas des preuves complètes et s'attache plutôt à un **ensemble de critères** tenant notamment à l'identité du bénéficiaire, à ses fonctions et à son pouvoir de décision en matière de conclusion de contrats ou de passation de commandes. **24148**

Il a ainsi été admis que, si c'est à l'entreprise qu'incombe la charge de prouver la réalité du versement, la preuve puisse résulter des conventions et attestations, ou même parfois d'écritures comptables, à condition, au minimum, que ces **justificatifs** concernent l'année où les commissions ont été versées (CE 29 janvier 2003 n° 232055, 8e et 3e s.-s., Sté Cofadis : RJF 4/03 n° 417).

En outre, comme, en matière internationale, l'identité du bénéficiaire réel reste souvent secrète, les versements étant fréquemment faits à des sociétés écrans situées dans des « paradis fiscaux », la jurisprudence peut se contenter du résultat apparent de l'intervention du bénéficiaire, de l'absence de confusion révélée entre le débiteur et le bénéficiaire, et, le cas échéant, de l'existence de garanties Coface. En témoignent les exemples suivants manifestant un certain réalisme de la jurisprudence :

a. Sté Allibert (CE 16 décembre 1987 n° 55790, 9e et 7e s.-s. : RJF 2/88 n° 153), relevant que les intérêts de l'Anstalt bénéficiaire ne se confondaient pas avec ceux de la société française, et notant l'évolution importante du **volume des ventes** ; Sté Soulé (CE 27 mai 1988 n° 83020, 7e et 9e s.-s. : RJF 7/88 n° 847) qui s'appuie sur l'intervention de la **Coface** et des échanges de correspondances démontrant le rôle de l'intermédiaire ; Era (CE 3 novembre 1989 n° 103023, 8e et 9e s.-s. : RJF 1/90 n° 65), rappelant l'importance du développement ultérieur des courants d'affaires et suggérant que le cas des commissions versées à fonds perdu, parce qu'elles n'ont pas rempli leur office, sera toujours difficile à traiter.

b. Pragmatisme, également, lorsque sont admis des versements faits par la société française Usinor Export aux dirigeants de sociétés clientes grecques et portugaises car, compte tenu des fonctions qu'ils exerçaient, ceux-ci étaient susceptibles **d'influencer favorablement** les décisions des sociétés dont elle était le fournisseur (TA Paris 13 juin 1995 n° 90-6168 et 90-6169, 2e s., 2e ch., Sté Daval : RJF 1/96 n° 20) ; la solution a été confirmée en appel par CAA Paris 1er juillet 1999 n° 95PA03903, 3e ch., Sté Sollac venant aux droits des sociétés Daval et Usinor Export mais pour une autre raison, à savoir que les sommes n'avaient pas, en fait, été passées en charges (n° 72960, Précisions b).

c. Ont été admises en déduction des commissions de **10 %** versées par une société française de négoce à une société tchadienne centralisant les commandes de clients tchadiens, compte tenu de l'existence d'un contrat écrit, de l'absence de **confusion d'intérêts**, de l'importance des affaires apportées et de la **marge bénéficiaire** réalisée sur ces affaires par la société française (CE 19 février 2003 n° 220732, 8e et 3e s.-s., Sarl Scadi : RJF 5/03 n° 541 ; conclusions Pierre Collin au BDCF 5/03 n° 61). La même décision a été prise à propos de commissions versées directement par cette société à une personne physique sur un compte à Monaco, compte tenu des mêmes éléments et de ce que, par les fonctions qu'elle occupait, la bénéficiaire était susceptible d'exercer une **influence sur la politique commerciale** de la société tchadienne, ce qui était favorable aux intérêts de la société française.

d. Une société a pu justifier de la déduction de commissions versées à une société de l'île de Man et calculées au taux de **3 %**, en produisant un contrat conclu avec cette société en vue de développer ses ventes sur le marché italien ainsi qu'un document attestant du **développement significatif de ses livraisons** de matériel sur ce marché, dans un contexte où aucune confusion d'intérêts n'était alléguée entre les deux sociétés (CE 10 août 2005 n° 275983, 3e et 8e s.-s., min. c/ Société Électromécanique du Nivernais : RJF 12/05 n° 1398).

24150 **Intervention d'un organisme officiel** À défaut de convention entre les parties, le juge peut se contenter d'un certain nombre d'indices et notamment de l'acceptation par un organisme officiel ou semi-officiel d'un dossier d'exportation mentionnant les commissions à prévoir.

Ont, par exemple, été admises en déduction des commissions à l'exportation versées à deux intermédiaires dont l'intervention était établie par la production pour l'un d'un **accord du service** des **douanes** et pour le second d'une décision de **garantie de la Coface** (CAA Paris 24 septembre 1991 n° 661, 3e ch., Rhodafin : RJF 12/91 n° 1489 ; arrêt définitif). Mais la production d'une simple promesse de garantie de la Coface sur un avant-projet de marché n'a pas permis d'établir, pour une autre commission versée par la même société, la réalité de l'entremise du tiers, contrairement à ce qu'alléguait la société.

Précisions Dans cette affaire, pour admettre la déduction des commissions des résultats de la société versante, la Cour s'est fondée sur les caractéristiques des dossiers d'agrément des douanes et de la Coface, qui indiquaient seulement la nature de l'opération, l'assiette et le taux des commissions, et non pas l'identité du bénéficiaire.

Versements « indirects » Il a été admis que le versement puisse être « indirect » (CE 18 décembre 1989 n° 85505, 7e et 8e s.-s., Rockwell-Collins France : RJF 2/90 n° 114) dans une espèce où la société française ne versait pas directement les commissions aux bénéficiaires mais les faisait **transiter par** un **chantier français** ; il s'agissait de ventes par la société Rockwell-Collins d'équipements destinés à être installés sur des **bateaux militaires** fabriqués par des chantiers français pour la marine royale marocaine et la marine nationale grecque et pour lesquelles la société versait des commissions à une société marocaine et à une société grecque. L'administration refusait la déduction au motif que les ventes étaient effectuées au nom de chantiers français, mais le Conseil d'État n'a pas suivi cette position, car le chantier se bornait à exécuter le choix du pays acheteur, la société Rockwell-Collins ayant pu justifier par des correspondances que le bénéficiaire était bien intervenu à cette fin auprès des autorités locales. **24153**

De même, il a été jugé qu'était déductible la prise en charge par une société française de la commission versée par une société japonaise à un **intermédiaire vénézuélien**, dans la mesure où elle équivalait au versement par la société française d'une commission à la société japonaise, dès lors que le service rendu par cette dernière était justifié ; la société française n'avait en effet obtenu son marché qu'à l'initiative de la société japonaise et grâce à elle, et celle-ci devait rémunérer l'intermédiaire vénézuélien (CE 30 octobre 1991 n° 80247, 9e et 8e s.-s., SA Hamon : RJF 12/91 n° 1490).

Exemples d'appréciation défavorables

La jurisprudence n'admet pas tout et exige tout de même que les sociétés versantes puissent faire état d'un minimum de justifications de nature à apporter une certaine **preuve** de la réalité des **prestations** : **24160**

a. Doivent être rejetées par principe des commissions correspondant à des prestations dont la **réalité** n'est **pas établie** (CAA Lyon 30 novembre 1989 n° 527, 2e ch., Zénith Aviation : RJF 1/90 n° 13, arrêt définitif jugeant que « des commissions versées à une société tierce ne sont pas déductibles des résultats, dans la mesure où la preuve de la réalité des prestations fournies n'est pas apportée »).

b. Ont été rejetées des commissions pour lesquelles les éléments présentés ne paraissaient **pas probants** dès lors qu'il apparaissait qu'elles ne pouvaient **pas** avoir joué un **grand rôle** dans la conclusion des marchés, devenant par là même douteuses (CAA Paris 27 juin 1989 n° 325, 2e ch., Jean-André : RJF 8-9/89 n° 929 ; arrêt définitif).

c. Ne pouvait être déductible une somme de 1 472 000 F versée en Suisse à une société portugaise en rémunération du rôle que celle-ci aurait joué dans la conclusion de marchés avec une société algérienne (CE 4 avril 1990 n° 63858, 9e et 7e s.-s., Allomat : RJF 6/90 n° 661). Dans cette affaire, le Conseil d'État a estimé que la société ne pouvait être regardée comme ayant justifié suffisamment de ce que les versements litigieux étaient effectués dans l'intérêt de l'exploitation en se bornant à faire état d'une correspondance, au demeurant constituée de **photocopies**, comportant des **contradictions** et n'apportant **aucune précision fiable** ni quant à sa date, ni quant à l'identité de ses destinataires. Cela dit, la portée de cet arrêt ne doit sans doute pas être exagérée car les conclusions du commissaire du Gouvernement sont éclairantes sur le contexte, qui est celui d'une instance parallèle pour **abus de biens sociaux** (les sommes versées en Suisse ayant été transférées rapidement sur le compte du dirigeant) et d'une affaire globalement « suspecte », la correspondance fournie pouvant avoir été « maquillée » et son authenticité étant douteuse.

d. La production d'une **liste** des commissions versées, **très sommaire** quant à la désignation des bénéficiaires et des marchés concernés, ne constitue pas une preuve suffisante (CAA Nantes 25 avril 1990 n° 89-1311, 1e ch., Leloup : RJF 7/90 n° 861 ; arrêt définitif) ; la Cour a, toutefois, dans cette affaire, atténué les sanctions en supprimant les majorations pour mauvaise foi.

e. N'est pas déductible une commission versée à des sociétés suisses lorsque l'entreprise s'est bornée à produire **des lettres émanant d'elle seule** et à faire référence à **des conversations** relatives à des possibilités de coopération et à divers entretiens (CAA Paris 9 décembre 1997 n° 95-3136, 2e ch., Cie Fives Lille : RJF 3/98 n° 233 ; un pourvoi avait été formé contre cet arrêt mais il n'a pas été admis par CE (na) 10 novembre 1999 n° 194168, 8e s.-s., SA Cie Fives-Lille : RJF 1/00 n° 23).

f. En l'absence de toute explication sur le profil, l'activité et le pouvoir d'influence des bénéficiaires, les seules circonstances que des **contrats** aient été **conclus** avec ces personnes et que les **marchés** aient été effectivement **obtenus** ne peuvent suffire à justifier la déductibilité des commissions dès lors que leur intérêt pour l'exploitation de la société n'est pas établi (CAA Versailles 5 octobre 2010 n° 09VE00705, 3e ch., Sté Thalès ; arrêt définitif). En l'espèce, la société avait produit les conventions en application desquelles les commissions avaient été versées et justifié que les sommes en cause avaient été versées directement ou indirectement aux personnes spécifiées dans les contrats ; en outre, l'administration ne contestait pas l'absence de confusion d'intérêt avec les bénéficiaires et ne soutenait pas que les contrats à l'occasion desquels les commissions avaient été versées n'aient pas été obtenus. Mais la société ne fournissait aucun commencement de preuve de l'existence de **diligences effectives** de la part des bénéficiaires et n'alléguait même pas que ceux-ci auraient pu, par leurs fonctions, exercer un **pouvoir d'influence** pour la signature des contrats, alors que l'administration le contestait pour chacune des commissions en cause et que la société est la seule à détenir ces éléments.

g. Des **commissions d'apporteur d'affaires** versées en 2010, 2011 et 2012 à trois sociétés britanniques par une société française exerçant une activité de conception, réalisation et commercialisation de matériels à usage militaire n'étaient pas déductibles, dès lors qu'elles étaient insuffisamment justifiées et que les autorités britanniques avaient précisé à l'administration fiscale française que deux sociétés étaient des **prête-noms** dissimulant l'identité des véritables associés (nominee companies), la troisième étant en sommeil (CAA Nancy 18 mars 2021 n° 19NC02834, 2e ch., SAS Utilis ; cet arrêt a fait l'objet d'un pourvoi non admis par CE (na) 18 février 2022 n° 452728, 8e ch.) ; la Cour confirme également le bien-fondé de l'application de l'article 111, c du CGI et le calcul de la retenue à la source au taux « en dedans » de 15/85 (l'administration avait tout de même appliqué la convention fiscale franco-britannique du 19 juin 2008).

h. Les honoraires versés par une société française au titre d'une convention d'aide au développement commercial international conclue avec une société étrangère **dont l'existence même était douteuse** (on ne savait apparemment pas si elle était établie à Hong Kong ou aux îles Vierges britanniques) n'étaient pas déductibles en l'absence de précisions sur l'existence et la valeur des prestations prétendument rendues (TA Lyon 1er mars 2022 n° 2005494, Sté U10 Corp, confirmant le bien-fondé de la majoration de 80 % pour manœuvres frauduleuses ; appel enregistré sous le n° 22LY01289).

Précisions Il convient d'être prudent lorsque les commissions transitent par les **comptes personnels du dirigeant** ou d'un salarié de la société débitrice. Si, dans un cas particulier (CE 24 mai 1989 n° 65599, 9e et 8e s.-s., Dehaye : RJF 7/89 n° 795), le Conseil d'État a estimé que les sommes en cause correspondaient bien à des commissions reversées, il n'a pas été convaincu la même année dans une autre espèce (CE 16 octobre 1989 n° 71890-71904, 9e et 7e s.-s., Craveia : RJF 12/89 n° 1309), les corrélations entre les versements et les crédits constatés ne lui paraissant pas suffisamment claires et précises.

24165 **Présence d'un dirigeant commun** Un point négatif que le juge ne manque pas de relever tient à l'éventuelle présence d'un dirigeant commun à la société versante et à la société bénéficiaire.

Tel était, par exemple, le cas d'une société française qui avait versé des commissions destinées à rémunérer l'activité de représentation qu'une société canadienne aurait assurée au Royaume-Uni pour son compte en vue d'assurer la **commercialisation** de la zone industrielle qu'elle réalisait à Annemasse (CE 12 février 1992 n° 64045, 8e et 7e s.-s., Sté Sofcar : RJF 4/92 n° 443). Or, ainsi que le relevait l'administration, le dirigeant de la société canadienne dont il s'agissait de rémunérer les diligences n'était autre que le gérant de la société française. Le commissaire du Gouvernement soulignait à cet égard qu'il est de la **mission normale du dirigeant** d'une société française de rechercher des acquéreurs pour les terrains qu'elle aménage, et que l'on ne voit pas pour quel motif, autre que l'intention de réduire au profit de la société canadienne le résultat imposable de la société française, le gérant étranger serait réputé avoir agi au nom de la société canadienne plutôt que de la société française lorsqu'il menait la négociation. Au surplus, au cas particulier, la vente du terrain avait été, en fait, conclue avec la filiale française d'une société britannique, ce qui rendait encore plus aléatoire la réalité de l'intervention de la société canadienne sur le sol britannique. Les arguments de la société requérante ont donc été écartés et les commissions réintégrées.

Appréciation des taux de commissions

Les commissions ne peuvent bien entendu être déductibles que si elles sont **proportionnées aux services rendus**, c'est-à-dire si elles ne sont pas excessives dans leur montant. Il a ainsi été jugé, à titre d'exemple : 24175

a. que le versement de commissions au taux de **5 %** ne présentait pas le caractère d'un transfert de bénéfices de la part d'une société française au profit d'une société italienne chargée des exportations en Italie de la société française (CE 26 juin 1985 nos 39049 et 39805, 9e et 7e s.-s. : RJF 8-9/85 no 1212) ;

b. que le versement d'un taux de **5 %** par une société française à une Anstalt du Liechtenstein ne présentait pas un caractère anormal ou exagéré compte tenu des pratiques du négoce à l'exportation (CE 16 décembre 1987 no 55790, 9e et 7e s.-s., Sté Allibert : RJF 2/88 no 153). L'administration n'avait d'ailleurs pas contesté la matérialité de la convention par laquelle l'Anstalt s'engageait à faciliter l'obtention de commandes par la société française ; en outre, des commandes importantes avaient effectivement été passées, comme en témoignait l'augmentation considérable du montant des ventes ;

c. que le versement de commissions importantes (**17,5 %** du prix du marché) à une Anstalt du Liechtenstein chargée d'obtenir des marchés à l'exportation n'était pas critiquable, dès lors que cette commission concernait en réalité **deux marchés successifs**, qu'elle avait été intégralement couverte par la **Coface** et que les sociétés françaises avaient apporté la preuve de la réalité des prestations d'intermédiaires fournies par l'Anstalt (CE 27 mai 1988 no 83020, 7e et 9e s.-s., Sté Soulé : RJF 7/88 no 847) ;

d. qu'une commission de **3,5 %** du montant des ventes n'était **pas admissible** dès lors que la filiale du Liechtenstein qui la recevait et qui était chargée de la commercialisation des produits par l'intermédiaire de son bureau de Genève **se bornait**, en fait, **à refacturer** des opérations effectuées en totalité par la société mère française (CAA Nancy 6 mars 1996 no 93-868 et 93-1013, 2e ch., Société SIFCFD : RJF 12/96 no 1395 ; un pourvoi sur un autre point a été jugé par CE 20 octobre 2000 no 180798, 9e et 10e s.-s., min. c/ Société industrielle et financière des chantiers de France-Dunkerque : RJF 1/01 no 9) ;

e. que la commission versée à deux intermédiaires représentant au total **22,9 %** d'un marché en Colombie non agréé par la Coface, qui n'a été admise en déduction par l'administration qu'à hauteur du montant attribué à la personne dont l'intervention est attestée par la production de documents et qui représente à lui seul un taux de rémunération de **13,3 %**, n'est pas déductible pour la part versée à l'autre intermédiaire dès lors que son apport effectif dans l'obtention du marché n'est pas établi (TA Cergy-Pontoise 2 décembre 2008 no 04-9839, 2e ch., SA Thalès : RJF 8-9/09 no 720 ; ce jugement a été confirmé en appel, no 24160, f).

Pragmatisme de la jurisprudence En fait, le Conseil d'État se réfère pour l'essentiel aux pratiques, par référence, notamment, aux règles **Coface** et plus rarement à la circonstance que la commission laisse subsister une marge pour l'entreprise (CE 1er mars 1989 no 79218-79283, 9e et 8e s.-s, Voyages Wasteels : RJF 5/89 no 626). 24177

Dans l'affaire Rockwell-Collins (no 24153), il a admis une commission de **10 %** du prix de vente, soit 55 000 dollars pour l'année 1977 (mais la question du montant n'était pas posée, seul le problème de principe faisant difficulté).

Enfin, dans l'affaire Outinord Saint-Amand du 17 juin 1993 (no 24130 b.), la cour administrative d'appel de Nancy a considéré qu'un taux de **27,5 %** rémunérant un intermédiaire dans la conclusion d'un contrat de négoce international intervenu en 1980 était excessif et pouvait être **ramené à 15 %** dès lors que l'entreprise ne fournissait aucun élément de nature à justifier le taux pratiqué. En l'espèce, l'administration avait réintégré un montant de commission résultant de la limitation à 15 % du montant du marché du montant déductible d'une commission de 27,5 %. C'est donc l'administration elle-même qui avait fait application du taux de 15 %. La société avait cherché à soutenir que le taux de 27,5 % était normal, mais n'a pas été suivie par la Cour dès lors qu'elle n'avait versé au dossier aucune **convention de représentation**, qu'elle n'avait apporté aucun élément d'appréciation de nature à établir l'existence de difficultés particulières qu'elle invoquait sans même les décrire, ni aucun élément de justification des pratiques en vigueur dans l'État de son cocontractant pour le type de marché considéré, ni enfin aucune précision sur l'incidence de la commission sur l'économie du marché. Sa requête a été rejetée à juste titre, mais il est intéressant de noter que l'administration avait tout de même admis, dans cette circonstance, la déduction d'un taux de 15 %.

La norme se situe probablement, toutefois, **aux alentours de 5 %**, comme en témoigne, par exemple, une affaire jugée par la cour administrative d'appel de Paris à propos d'un marché de fournitures avec l'Algérie (CAA Paris 29 octobre 1998 n° 96-2210, Becap : Droit fiscal 1999, n° 39, comm. n° 718 ; arrêt définitif). En l'espèce, si la société prétendait déduire une commission de 15 %, sans apporter, apparemment, beaucoup d'éléments de justification et de comparaison, l'administration n'a réintégré que la fraction excédant 5 %, avec l'approbation de la Cour.

Précisions La question de l'importance des commissions vaut naturellement aussi bien pour les commissions versées que pour les **commissions reçues** ; ainsi, le fait pour une société française agissant pour le compte exclusif d'une société non résidente de France d'encaisser des commissions **inférieures** à celles que pratiquaient des entreprises similaires a été considéré comme constitutif d'un transfert de bénéfice (CE 5 février 1975 nos 90788 et 91255, 7e et 9e s.-s. : RJF 4/75 n° 168).

2. L'imposition du bénéficiaire

Principes

24180 Le bénéficiaire de la commission réalise normalement une **prestation de services à titre indépendant**.

Lorsqu'il existe une **convention fiscale**, il n'est, le plus souvent, pas imposé dans l'État du domicile du débiteur, car il n'y dispose pas, en général, d'une base fixe ou d'un établissement stable. Il n'est donc, en principe, imposable que dans l'État dont il est résident. Si l'on refuse le caractère de profession indépendante à cette activité, il s'agit d'un « revenu non dénommé », qui n'est pas, le plus souvent, imposable dans l'État de la source.

En revanche, la question est plus délicate lorsqu'il n'existe **pas de convention fiscale**, ce qui arrive en particulier dans le cas où le bénéficiaire est soumis à un régime fiscal privilégié. Dans cette situation, le droit interne des États s'applique intégralement.

Retenue à la source

24185 En France, une retenue à la source, en général calculée au taux normal de l'impôt sur les sociétés, est en principe exigible toutes les fois que la prestation peut être considérée comme fournie ou utilisée en France (nos 3410 s. ; 75 % en présence d'un ETNC au sens indiqué n° 71550). Mais l'administration a considérablement assoupli cette position en apportant les deux précisions suivantes :

– il est admis que les commissions versées à des personnes non domiciliées en France, en rémunération de démarches et diligences diverses effectuées à l'étranger, ne soient pas considérées comme des prestations **utilisées en France** (BOI-IR-DOMIC-10-10 n° 230, reprenant en substance une ancienne note du 7 avril 1978, 5 B-13-78) ; cette instruction est rédigée en des termes suffisamment précis pour constituer une interprétation formelle de la loi fiscale, ainsi que l'a jugé CE 4 décembre 2019 n° 412497, 9e et 10e ch., Sté Mandalay Prestige, devenue Cosfibel Premium : RJF 3/20 n° 213 (voir n° 2960) ;

– en ce qui concerne les prestations utilisées en France mais qui ne sont pas fournies sur le territoire national, **la retenue à la source n'a pas à être prélevée** lorsque les prestations en cause concourent à la réalisation d'opérations faites avec des clients étrangers (BOI préc. n° 250).

Il n'y a donc pas lieu de prélever une retenue à la source sur les commissions versées à des représentants étrangers qui se bornent à recueillir des commandes dans leur pays de résidence ou ailleurs, hors de France.

Ces dérogations doctrinales doivent s'interpréter de façon stricte ; en particulier, elles ne s'étendent pas, pour la première, à des rémunérations de **prestations de recherche de fournisseurs**, de **conseil qualité** ou autres prestations de même nature et elle suppose véritablement, pour la seconde, que la société établisse que les prestations rendues se rattachent exclusivement ou même pour partie à la réalisation d'opérations avec des clients étrangers (voir notamment les décisions citées nos 2960 et 41400, Précisions f).

La notion de **« prestation fournie sur le territoire national »** est parfois assez difficile à cerner. Une décision du Conseil d'État rendue à propos d'un litige portant sur une année antérieure à la doctrine administrative indiquée au n° 24185 permet d'en préciser la portée (CE 27 janvier 1986 n° 49541, 7e et 9e s.-s. : RJF 3/86 n° 250). Dans cette espèce, le Conseil d'État a jugé que l'activité d'**entremise** exercée par des intermédiaires résidant à l'étranger pour des ventes de bijoux à des personnalités étrangères ne s'effectuait pas en France, même si certains bijoux avaient été remis à l'acquéreur lors d'un passage en France (ce qui n'implique pas nécessairement, comme le note l'arrêt, la présence des intermédiaires à ce moment). Dès lors, les intermédiaires n'étaient pas passibles d'une imposition en France sur le revenu, et la société n'avait pas à pratiquer à leur égard une retenue à la source. **24187**

Cela dit, il n'est pas impossible que la prestation puisse être considérée comme « fournie en France » si l'activité de l'intermédiaire se déroule même partiellement en France. Dans une telle situation, la retenue à la source serait due car la doctrine administrative ne l'exclut que lorsque la prestation de services, certes utilisée en France, par définition, n'est pas « fournie » en France ou lorsque « les démarches et diligences » sont effectuées à l'étranger.

3. Le cas particulier des agents publics

Les actes de corruption d'agents publics étrangers font l'objet d'une attention particulière des pays développés, particulièrement dans le cadre de l'OCDE. **24200**

Déjà, un symposium s'était tenu sur le sujet en mars 1995, sous l'égide de l'OCDE, et une recommandation avait été publiée le 23 mai 1996 refusant le principe de la déductibilité fiscale des commissions dans les projets internationaux. Mais, très vite, il est apparu que la question fiscale ne pouvait être isolée du contexte pénal et divers pays ont fait valoir qu'avant de traiter des aspects fiscaux, il convenait d'abord de définir ce qui était interdit.

Convention OCDE

La définition des interdictions résulte de la « **convention sur la lutte contre la corruption d'agents publics étrangers** dans les transactions commerciales internationales », conclue dans le cadre de l'OCDE le 17 décembre 1997. **24202**

Cette convention, qui définit une infraction nouvelle, celle de la corruption d'agents publics étrangers, prévoit que chaque Partie contractante doit prendre « les mesures nécessaires pour que constitue une **infraction pénale** en vertu de sa loi le fait intentionnel, pour toute personne, d'offrir, de promettre ou d'octroyer un avantage indu, pécuniaire ou autre, directement ou par des intermédiaires, à un agent public étranger, à son profit ou au profit d'un tiers, pour que cet agent agisse ou s'abstienne d'agir dans l'exécution de fonctions officielles, en vue d'obtenir ou conserver un marché ou un autre avantage indu dans le commerce international. »

La complicité de corruption doit, de même, constituer une infraction pénale. En France, la corruption d'agents publics étrangers est ainsi répréhensible non seulement sur le plan fiscal mais également sur le plan pénal ; sur ce point, voir notamment la circulaire de politique pénale en matière de lutte contre la corruption internationale du ministère de la justice du 2 juin 2020 (n° NOR : JUSD2007407 ; n° CIRC : CRIM202009G3/11.03.2020) ; cette circulaire rappelle en particulier que la corruption d'agents publics étrangers, dans son volet actif et passif, est prévue et réprimée par les articles 435-1 et 435-3 du Code pénal et que, pour être constitué, ce délit n'impose pas de prouver l'existence d'un « pacte de corruption ».

Précisions **a.** La convention OCDE, entrée en vigueur, d'une façon générale, le 15 février 1999, n'est **entrée en vigueur** sur le **territoire français** que le 29 septembre 2000, compte tenu d'une ratification relativement tardive dans notre pays (Décret de publication n° 2000-948 du 28 septembre 2000). Le **Code pénal** a été modifié par la loi n° 2000-595 du 30 juin 2000 (JO du 1er juillet 2000, p. 9944), afin que les mesures soient prises pour sanctionner pénalement, selon la loi française, les auteurs et complices des actes de corruption visés par la convention.

b. L'**OCDE** a publié, le 26 novembre 2021, une mise à jour de ses recommandations de 2009 visant à renforcer la lutte contre la corruption d'agents publics étrangers dans les transactions commerciales internationales, portant notamment sur les actions de sensibilisation et de formation à mettre en place dans le secteur public, l'incrimination et la mise en œuvre de l'infraction de corruption d'agents publics étrangers, les sanctions et confiscations, la coopération internationale, les règles comptables et la protection des auteurs de signalements.

c. Le groupe de travail de l'OCDE sur la corruption a publié, le 16 décembre 2021, un rapport de phase quatre sur la lutte contre la corruption transnationale **en France** ; ce rapport estime que la France a réalisé des progrès remarquables qui se sont traduits par la multiplication des enquêtes et des sanctions, mais déplore tout de même l'insuffisance des ressources mises en œuvre. Le rapport d'évaluation mutuelle concernant la France et publié en 2022 par le **Gafi** (Groupe d'action financière, organisme intergouvernemental de référence en matière de lutte contre le blanchiment de capitaux et le financement du terrorisme) est également favorable (« Mesures de lutte contre le blanchiment de capitaux et le financement du terrorisme, France », mai 2022).

Interdiction fiscale

24204 La convention OCDE ne contient pas, en tant que telle, de prescription de nature fiscale. Elle crée, certes, une obligation d'instituer dans les législations nationales un délit pénal mais n'enjoint pas, pour autant, de refuser la déductibilité des sommes sur le plan fiscal ; il est néanmoins assez compréhensible qu'à partir du moment où la Convention est adoptée, la législation fiscale ne permette plus la déductibilité de sommes dont le versement serait interdit en tant qu'acte de corruption.

C'est pourquoi la loi de finances rectificative pour 1997 a créé un article 39, 2 bis dans le Code général des impôts qui se lit comme suit après l'amendement introduit par la loi du 30 juin 2000, précitée : « À compter de l'entrée en vigueur sur le territoire de la République de la convention sur la lutte contre la corruption d'agents publics étrangers dans les transactions commerciales internationales, les **sommes versées ou les avantages octroyés**, directement ou par des intermédiaires, **au profit d'un agent public** au sens du 4 de l'article 1er de ladite convention ou d'un tiers pour que cet agent agisse ou s'abstienne d'agir dans l'exécution de fonctions officielles, en vue d'obtenir ou conserver un marché ou un autre avantage indu dans des transactions commerciales internationales, ne sont pas admis en déduction des bénéfices soumis à l'impôt » (BOI-BIC-CHG-40-20-30 nos 30 s.).

Champ d'application

24207 La non-déductibilité fiscale ne concerne que les actes de corruption d'agents publics, mais ceux-ci peuvent, à notre avis, être aussi bien **français** qu'**étrangers** (seule la transaction commerciale en cause doit être internationale) ; la notion d'agents publics est celle définie par la convention OCDE, étant observé que, pour s'appliquer aux faits incriminés, l'acte (ou l'inaction) ne doit pas être détachable de la fonction ou de la position officielle de l'agent.

La convention OCDE précise qu'un **agent public étranger** s'entend de « toute personne qui détient un mandat législatif, administratif ou judiciaire dans un pays étranger, qu'elle ait été nommée ou élue, toute personne exerçant une fonction publique pour un pays étranger, y compris pour une entreprise ou un organisme publics et tout fonctionnaire ou agent d'une organisation internationale publique » (article 1.4). Sont notamment, mais non exclusivement, concernés les parlementaires, les partis politiques, les personnes ayant un mandat administratif ou judiciaire, les fonctionnaires (y compris ceux des organisations internationales) et les dirigeants d'entreprises publiques ou parapubliques.

En outre, le champ d'application de l'interdiction est très large, englobant non seulement les **versements en argent** mais encore les **avantages en nature** (cadeaux, prise en charge de frais, etc.) ; sont concernés non seulement les octrois directs d'avantages mais aussi ceux qui bénéficient à des **intermédiaires** ou à des tiers ayant une « capacité d'influence », y compris l'entourage de la personne corrompue.

Enfin, la loi concerne toutes les commissions versées depuis le 29 septembre 2000 y compris celles qui sont versées au titre d'engagements antérieurs à l'entrée en vigueur de la convention OCDE.

Précisions Au départ, l'interdiction ne visait pas les contrats existants, mais seulement ceux qui seraient conclus au cours d'exercices ouverts à compter de l'entrée en vigueur de la convention OCDE ; il devait théoriquement s'agir du 15 février 1999 (en ce sens, communiqué du ministère de l'économie du 27 janvier 1999 : BF 4/99 n° 324). Mais la loi a été modifiée afin d'en lier l'entrée en vigueur à celle de la convention OCDE sur le territoire français, soit le 29 septembre 2000. Par la même occasion, le législateur a supprimé la déductibilité non seulement pour les commissions versées dans le cadre de contrats futurs mais aussi pour celles versées, à compter de cette date, dans le cadre de **contrats passés** (malgré l'opposition du Sénat qui estimait normal que les commissions dont le versement avait été promis alors que la déductibilité était prévue demeurent déductibles).

Non-déductibilité absolue

Les sommes ou avantages ne sont **pas déductibles** sans égard à leur valeur, à leur résultat, aux usages locaux, à leur nécessité éventuelle ou même à la tolérance des autorités locales. **24210**

En outre, le fait de corrompre pour obtenir un marché ou un avantage indu constitue une infraction même si l'entreprise a par ailleurs fait la **meilleure offre** ou si elle aurait pu obtenir le résultat recherché pour une **autre raison** (est « indu » un avantage que l'entreprise n'aurait pas clairement dû recevoir) ; la circonstance que certains régimes puissent être « complaisants » à l'égard de faits de corruption n'est pas de nature à permettre la déductibilité des sommes.

Les rectifications opérées sur ce fondement sont assorties de l'intérêt de retard et des sanctions pour **manquement délibéré** ou **manœuvres frauduleuses** selon les cas. La pratique montre en outre que les rectifications s'accompagnent d'un rappel de **retenue à la source** sur le fondement de l'article 111, c du CGI, qui regarde comme distribués les rémunérations et avantages occultes (en ce sens, CAA Versailles 16 octobre 2012 n° 10VE01908, Sté Alcatel : RJF 2/13 n° 132, dans l'affaire mentionnée ci-après ; CAA Versailles 15 septembre 2016 n° 15VE00168, Sté Safran, Précisions b ci-dessous).

La circonstance, à la supposer établie, que les sommes versées pour le compte d'une société auraient été **détournées de leur objet à son insu** et que cette dernière ne pourrait pas être regardée comme ayant eu, par elle-même, une intention de corruption, est sans incidence ; la règle de non-déductibilité s'applique dès lors que l'administration établit que les sommes dont le contribuable demande la déduction ont été versées pour son compte, directement ou indirectement, à des agents publics dans le but de les corrompre (CE 4 février 2015 n° 364708, 9e et 10e s.-s., Sté Alcatel Lucent France : RJF 5/15 n° 387, aux conclusions Frédéric Aladjidi au BDCF 5/15 n° 55). Cette affaire concernait des commissions versées en rémunération de services rendus par des consultants établis au Costa Rica et qui avaient ensuite été transférées à une entreprise publique costaricaine en vue de l'attribution d'un marché (contrats de fourniture de réseaux de téléphonie) ; la requérante faisait valoir que les versements avaient été détournés à son insu par ses représentants au Costa Rica mais le Conseil d'État a jugé que la cour administrative d'appel n'avait pas commis d'erreur en estimant que les faits de corruption d'agents publics costaricains avaient été établis, notamment dans le cadre d'une procédure judiciaire, d'une enquête interne de la société et par l'engagement d'une procédure pénale à l'encontre de la requérante par les autorités costaricaines. Selon le rapporteur public, **l'objectif de corrompre**, « au regard de la lettre même du texte, n'est pas nécessairement celui du contribuable ou de l'un de ses représentants légaux mais peut simplement être celui d'un intermédiaire, qu'il s'agisse d'un de ses employés ou même d'un tiers. Et ceci rend sans incidence la circonstance que les sommes auraient été détournées de leur objet, dès lors qu'il est établi que c'est pour le compte du contribuable qu'elles ont été versées » (conclusions précitées). Dans cette affaire, la société avait été relaxée au **pénal** en première instance (TGI Paris 30 août 2017 n° 04303096017, 11e ch. correct., jugeant que l'implication de ses dirigeants n'était pas établie même si les faits de corruption étaient avérés), mais elle a été condamnée en appel à 150 000 € d'amende, la relaxe des personnes physiques étant tout de même confirmée (CA Paris 15 mai 2020 n° 18/03310, pôle 5, ch. 13 ; cet arrêt a fait l'objet d'un pourvoi de la société, rejeté par Cass. crim. 16 juin 2021 n° 20-83.098 rendu à la suite d'un arrêt de non-renvoi d'une question prioritaire de constitutionnalité par Cass. crim. 9 décembre 2020 n° 20-83.098).

Pour un autre exemple, voir CAA Nantes 26 février 2015 n° 13NT02541, 1e ch., min. c/ SA Dirickx Groupe (RJF 6/15 n° 468 ; arrêt définitif), à propos de sommes versées en exécution d'un contrat conclu avec un ingénieur-conseil pour des prestations d'apporteur d'affaires, d'assistance à la préparation d'une offre, d'exécution et de suivi du marché, ayant permis l'obtention d'un contrat de sécurisation d'un aéroport au Maroc, ces sommes ayant été reversées par cet intermédiaire à un agent public marocain en vue d'obtenir le marché public. Selon la Cour, l'administration peut, à défaut de preuve matérielle, **se fonder sur un faisceau d'indices concordants**, le contribuable pouvant alors présenter au juge tous éléments de nature à démontrer le caractère insuffisant des indices réunis (il ressort de l'arrêt que, dans cette affaire, le contrat avec l'ingénieur-conseil avait été signé avant l'appel d'offres et que la société devait être regardée comme ayant bénéficié, en contrepartie, de l'intervention bienveillante d'agents publics lors de l'attribution du marché) ; à noter tout de même que l'arrêt a été rendu contrairement aux conclusions du rapporteur public qui avait estimé que les éléments réunis par l'administration étaient insuffisants et que l'administration avait elle-même rejeté initialement la totalité des sommes puis réduit ses prétentions dans sa réponse aux observations du contribuable et une nouvelle fois après interlocution départementale.

Précisions **a.** Les seules **exceptions** sont, selon l'administration, les versements destinés à obtenir un avantage dès lors qu'ils sont autorisés ou exigés par la loi (et qu'ils demeurent dans les limites fixées par celle-ci) ou la réglementation écrite du pays du fonctionnaire étranger, y compris la jurisprudence (BOI-BIC-CHG-40-20-30 nº 80) ; contrairement à ce qui avait pu être dit, la doctrine administrative n'exclut pas les **paiements « de facilitation »**, par exemple pour inciter un agent à délivrer une autorisation ou un permis, qui existent dans certains pays.

b. Une société a pu obtenir la **décharge** d'une rectification fondée sur l'article 39, 2 bis du CGI concernant le versement en 2003 de commissions à des sociétés nigérianes dès lors que la Cour d'appel de Paris avait jugé qu'il n'était pas établi que les sommes aient servi à corrompre des agents publics nigérians et l'avait **relaxée** des fins de la poursuite engagée contre elle pour ce motif (CAA Versailles 15 septembre 2016 nº 15VE00168, 3e ch., Sté Safran ; arrêt définitif). Le ministre avait admis d'en tirer les conséquences mais avait soutenu subsidiairement que les commissions ne correspondaient pas à de réels services ; la Cour a toutefois estimé que l'argument n'était pas recevable dès lors que la Cour d'appel avait jugé que les facturations reposaient sur de réelles prestations et que ce motif était revêtu de l'**autorité de la chose jugée**.

Charge de la preuve

24215 L'administration paraît avoir retenu une solution favorable, en n'exigeant pas du contribuable la démonstration d'une preuve « négative », en dépit du principe selon lequel c'est au contribuable qu'il appartient de justifier de la déductibilité des charges.

La doctrine administrative précise implicitement que c'est **à l'administration d'établir** les faits de corruption (BOI-BIC-CHG-40-20-30 nº 100 ; l'administration utilise toutefois une forme passive légèrement ambiguë en indiquant que la mise en œuvre du texte est « subordonnée à la condition que soit démontrée » l'existence du versement des sommes en litige ou l'octroi d'un avantage indu au profit d'un agent public). Elle ajoute que **trois éléments** doivent être réunis à cet égard : la conclusion d'un marché à l'exportation, l'intervention d'un ou plusieurs décideurs agents publics dans le choix du bénéficiaire du marché ou son attribution et l'existence d'éléments mettant en évidence le fait que ces agents aient directement ou indirectement bénéficié d'avantages. Lorsque cette démonstration est apportée, la circonstance que l'entreprise ait trouvé un avantage proportionnel aux sommes versées reste, bien entendu, sans incidence sur la non-déductibilité fiscale des commissions.

Cela étant, la jurisprudence n'exige pas de preuve matérielle mais un simple **faisceau d'indices concordants**, le contribuable pouvant alors présenter au juge tous éléments de nature à démontrer le caractère insuffisant des indices réunis (nº 24210) ; l'interprétation actuelle est donc largement favorable à l'administration.

Précisions **a.** La procédure fiscale étant **indépendante** de la **procédure pénale**, la remise en cause de la déductibilité des commissions n'est pas liée à l'existence d'un délit pénal.

b. Si l'article 39, 2 bis du CGI s'inscrit incontestablement dans un courant « moralisateur », en créant un îlot de non-déductibilité de certaines charges, sa **portée pratique** doit sans doute être relativisée dans la mesure où, dans la plupart des cas, on voit assez mal comment l'administration pourra apporter la preuve qui lui incombe.

CHAPITRE 10

Les groupes internationaux

Plan du chapitre §§

SECTION 1
L'ancien régime du bénéfice consolidé 25200

SECTION 2
La circulation des profits et des pertes au sein des groupes 25900
A La circulation des profits 25910
B La circulation des pertes 26055

SECTION 3
L'optimisation fiscale au sein des groupes internationaux 26450
A L'utilisation de sociétés holdings 26455
B La déduction de frais financiers et la pratique de la sous-capitalisation des filiales 26735
C La centralisation des services communs 26890
D Éléments sur les réorganisations internationales 27035

Les phénomènes de concentration des entreprises et de restructurations internationales se produisent fréquemment dans la vie des affaires. Ils aboutissent à la constitution de groupes internationaux qui peuvent avoir une taille considérable et des implantations, succursales ou filiales, dans quantité de pays. Face à ces phénomènes, la fiscalité est traditionnellement **hésitante**, oscillant entre deux attitudes : **24500**
– respecter le principe de **personnalité** de l'impôt et tirer toutes les conséquences fiscales de l'existence de personnes juridiques différentes ;
– ou reconnaître l'**existence** d'un **groupe** en tant que tel, c'est-à-dire, en définitive, admettre que l'intérêt d'un groupe puisse ne pas être la somme des intérêts individuels des sociétés qui en sont membres et que l'imposition doive être établie sur la base du résultat « économique » du groupe et pas nécessairement sur celui de la seule société mère.

Précisions Les réflexions actuelles sur l'imposition des groupes internationaux dans le cadre du **Pilier 1** (n° 16660) montrent que la reconnaissance des groupes en tant qu'entités imposables en tant que telles revient au premier plan, au moins pour les plus grands groupes.

Dans l'ensemble, il faut bien reconnaître que la fiscalité internationale en reste, pour l'essentiel, à la première attitude et qu'elle ne prend pour l'instant en compte qu'avec prudence l'intérêt d'un groupe dans son ensemble. Il existe cependant certains éléments d'une **fiscalité internationale des groupes** dans la loi française ou dans la manière dont le Conseil d'État l'interprète. Ce sont ces éléments qui font l'objet de la présente étude : prise en compte du groupe en tant qu'entité fiscale, circulation des profits et pertes et possibilités d'optimisation fiscale au sein des groupes internationaux, étant rappelé que cette réflexion s'insère nécessairement dans une perspective européenne (nos 81400 s. et 88130 s.) et qu'elle est désormais clairement sous la contrainte des recommandations internationales de lutte contre l'érosion de l'assiette imposable et les transferts de bénéfices (« Base Erosion and Profit Shifting », n° 72410 ; voir également n° 88137, dans le cadre de l'Union européenne). **24505**

Sur les questions liées aux prix de transfert, qui peuvent, en pratique, être un moyen, parfois acceptable, de prendre en compte l'intérêt d'ensemble d'un groupe, voir nos 75750 s.

SECTION 1

L'ancien régime du bénéfice consolidé

25200 Il arrive que les groupes internationaux soient appréhendés par la fiscalité comme des **ensembles économiques cohérents** de sorte que soient imposés dans l'État d'implantation de la « tête de groupe » les résultats d'une activité économique globale et non pas le seul résultat propre de la société mère. En France, il existait un régime spécial, celui du bénéfice mondial ou consolidé mais il a été supprimé par la loi n° 2011-1117 du 19 septembre 2011 de finances rectificative pour 2011. Il ne garde plus qu'un intérêt historique et illustratif.

Principes

25350 L'ancien article 209 quinquies du CGI autorisait les sociétés françaises passibles de l'impôt sur les sociétés et agréées à cet effet par le ministre de l'économie et des finances à retenir **l'ensemble des résultats** de leurs exploitations directes ou indirectes, qu'elles soient situées en France ou à l'étranger, pour l'assiette des impôts établis sur la réalisation et la distribution de leurs bénéfices. Cet article, issu d'une loi de 1965, avait constitué une petite révolution, car il avait permis pour la première fois une intégration fiscale des groupes, en créant en outre une exception radicale aux règles de territorialité qui régissent l'imposition des entreprises (nos 4005 s.).

Cela dit, il ne s'agissait que d'une **exception** de **portée limitée**, car elle ne concernait qu'un petit nombre de sociétés très importantes ; l'agrément n'était accordé, en principe, qu'à des entreprises nationales à vocation exportatrice ou déjà installées à l'étranger, ou encore à des sociétés pétrolières (cinq sociétés en auraient bénéficié avant sa suppression).

Objectif

25352 L'objectif du régime du bénéfice mondial ou consolidé était de **faciliter l'implantation** des entreprises françaises **à l'étranger** en éliminant les doubles impositions à l'intérieur d'un même groupe. Dans ce système, les profits et les pertes réalisés en France et à l'étranger pouvaient en effet se compenser de manière à taxer le groupe sur son résultat d'ensemble et non pas seulement sur le résultat de la société mère française. Il remédiait ainsi à l'inconvénient de ne pas pouvoir prendre en compte, en vertu de la **territorialité de l'impôt**, les déficits subis dans des établissements ou des filiales hors de France. L'importance de cette conséquence et aussi le coût qu'elle pouvait avoir pour les finances publiques expliquent que ce régime n'était accordé que sur agrément. C'est aussi la raison pour laquelle il a finalement été supprimé.

Mécanisme

25355 Alors que le régime de l'intégration fiscale, qui ne concerne que les filiales françaises, est, depuis 1988, applicable de plein droit, le régime du bénéfice consolidé était toujours subordonné à l'octroi d'un **agrément** de la part de l'administration fiscale. Cet agrément, de caractère discrétionnaire, supposait a priori que le groupe ait un caractère national, exportateur et qu'il soit fortement implanté à l'étranger. La durée d'application du régime était fixée à cinq ans, renouvelable par périodes de trois ans.

L'agrément pour le bénéfice consolidé exigeait que soient incluses dans le périmètre de consolidation toutes les sociétés de capitaux **françaises** et **étrangères** dont la société agréée possédait le contrôle, soit en principe les sociétés dont elle possédait directement et indirectement **50 % au moins des droits de vote**. Devaient également être inclus les succursales, bureaux, comptoirs, usines et installations permanentes de toute nature.

Lorsqu'elles étaient agréées à cet effet, les sociétés étaient autorisées à retenir pour l'assiette de l'impôt établi sur la réalisation et la distribution de leurs bénéfices, en plus des résultats de leurs exploitations directes ou indirectes françaises, les **résultats de l'ensemble de leurs exploitations directes ou indirectes** situées hors de la France métropolitaine et des DOM (pour les exploitations indirectes, seule une fraction était retenue en application de la règle de l'intégration proportionnelle). Le résultat des filiales ou établissements à l'étranger était, en principe, établi selon les **règles françaises**, ce qui entraînait un retraitement des comptes étrangers.

Une fois déterminé le résultat consolidé, celui-ci était imposé dans les conditions de droit commun de l'impôt sur les sociétés. Mais sur l'impôt ainsi calculé pouvaient **s'imputer certains impôts** payés par les filiales françaises et par les exploitations étrangères. Les sommes à imputer étaient cependant plafonnées, pour chaque État ou territoire dans lequel la société agréée possédait des exploitations, au montant de l'impôt français qui frapperait le résultat des exploitations situées dans cet État. L'**excédent** était **reportable** sur les cinq exercices suivants et imputable sur chacun de ces exercices dans les mêmes conditions. Bien entendu, l'impôt payé par les filiales étrangères, déterminé en application de ces règles, était imputable dans la même proportion que celle retenue pour la consolidation du résultat de la filiale en cause. Lorsque, après imputation des impôts payés par les exploitations étrangères, l'impôt consolidé était insuffisant pour permettre l'imputation des impôts payés par les filiales françaises, ces derniers pouvaient être **restitués**, à l'exclusion des crédits d'impôts non restituables.

Précisions **a.** Le régime du **bénéfice mondial**, qui ne concernait que les succursales étrangères et non pas les filiales, n'était plus appliqué en pratique, bien avant la suppression complète du dispositif.

b. Sur la neutralisation des **plus-values** en cas de cession entre exploitations étrangères, voir CE 21 novembre 2016 n° 371075, 9e ch., min. c/ Sté Total : RJF 2/17 n° 112.

c. Il a été jugé que des **impôts communaux acquittés en Suisse** par les filiales d'une société agréée étaient imputables sur l'impôt sur les sociétés dû en France (TA Montreuil 1er juin 2011 n° 1006403, 1e ch., Total SA ; jugement définitif) ; ces communes doivent être regardées comme des territoires non souverains jouissant de l'autonomie financière par rapport à l'État souverain dont ils dépendent au sens de l'ancien article 122 de l'annexe II au CGI, alors applicable.

d. Sur la question des effets dans le temps des modifications législatives relatives à la neutralisation de la **quote-part de frais et charges**, voir CE 21 septembre 2016 nos 371862 et 372146, 9e et 10e ch., SA Compagnie de Saint-Gobain : RJF 12/16 n° 1119.

Intérêt

D'une façon générale, et dans la quasi-totalité des situations, ce régime était favorable **25360**
en raison des deux **avantages** suivants :
• la possibilité d'imputer les pertes étrangères sur les résultats français ;
• la neutralisation de la question des prix de transfert (mais seulement du côté français) et la possibilité de gérer le groupe d'une façon plus sûre sur le plan fiscal.

Il arrivait toutefois que ce régime puisse présenter des **inconvénients**, notamment dans les deux situations suivantes :
• en présence de pertes françaises et de profits étrangers ;
• en présence de bénéfices réalisés dans des pays étrangers à faible pression fiscale puisque le régime aboutissait à appliquer aux résultats étrangers le taux de l'impôt français.

Suppression

Dans son rapport annuel publié le 17 février 2011, la Cour des comptes avait estimé que **25365**
la suppression de ce régime pouvait être examinée ; selon ce rapport, « le régime du bénéfice consolidé, créé en 1965, a eu, sans aucun doute, son utilité pour aider les plus grands groupes industriels français à se développer à l'international. Cela n'est plus le cas aujourd'hui, dans un environnement où les entreprises réalisent une part significative de leurs bénéfices à l'étranger, souvent imposés à un taux moindre qu'en France. Ce régime ne concerne aujourd'hui que cinq groupes multinationaux dont la position éminente sur le marché autorise à penser qu'il n'est plus indispensable, la dépense fiscale, évaluée à 302 M€, constituant pour eux principalement un **effet d'aubaine**. »

Ces raisons expliquent que la suppression du dispositif ait été décidée par l'article 3 de la loi n° 2011-1117 du 19 septembre 2011 de finances rectificative pour 2011 ; les régimes du bénéfice mondial ou consolidé ont cessé de s'appliquer pour l'assiette des impôts établis sur la réalisation et la distribution des bénéfices réalisés au titre des exercices clos à compter du 6 septembre 2011 (voir cependant Précisions a, ci-dessous).

Précisions **a.** La loi supprimant le dispositif ne pouvait avoir pour effet de mettre un terme immédiat au régime du bénéfice mondial ou consolidé pour les **sociétés titulaires d'un agrément en cours de validité** à la date d'abrogation du régime (CE 25 octobre 2017 n° 403320, Plén., min. c/ Sté Vivendi : RJF 1/18 n° 131) ; la société bénéficiaire pouvait, en effet, se prévaloir d'une espérance légitime devant être regardée comme un bien au sens de l'article 1 du premier protocole additionnel à la convention européenne de sauvegarde des droits de l'Homme et des libertés fondamentales et il n'y avait pas de motifs d'intérêt général susceptibles de justifier l'atteinte portée à ses droits patrimoniaux. Les considérations budgétaires, notamment, ne sauraient constituer un motif d'intérêt général susceptible de justifier la suppression immédiate du régime applicable à une société dont l'agrément courait jusqu'à la clôture de son exercice, le 31 décembre 2011.

b. Une société titulaire de l'agrément pouvait bénéficier de l'imputation des **crédits d'impôt** étrangers sur l'impôt sur les sociétés dû au titre des exercices postérieurs à la sortie du régime lorsqu'ils n'avaient pas pu être imputés sur l'impôt dû au titre de sa période d'application (CE 19 décembre 2019 n° 426730, 8e et 3e ch., Sté Vivendi : RJF 3/20 n° 216).

SECTION 2

La circulation des profits et des pertes au sein des groupes

25900 On supposera, dans les développements qui suivent, que les relations entre les différentes entités membres du groupe sont normales et ne posent pas de problèmes de prix de transfert. Sur cette question, on se reportera à l'étude d'ensemble, nos 75750 s.

D'une manière générale, la circulation des profits pose sans doute moins de problème que celle des pertes.

A. La circulation des profits

25910 Les profits réalisés au sein d'un groupe international circulent principalement de trois manières : appréhension des revenus des exploitations directes (établissements), appréhension des revenus des exploitations indirectes (filiales) et réalisation des plus-values lors des cessions de titres de participation.

1. Revenus des exploitations directes (établissements)

Principes

25920 Les exploitations directes sont les succursales ou établissements qu'une société française exploite elle-même hors de France. Le principe de la **territorialité** de l'impôt sur les sociétés (n° 4005) s'oppose à ce que les profits réalisés dans ces exploitations soient imposables en France sauf en cas d'application de l'article 209 B du CGI (nos 73100 s.). Une société française n'est donc pas imposable en France sur les résultats de ses établissements hors de France. Ces derniers sont normalement considérés comme des **sujets fiscaux** dans les pays où ils sont implantés. C'est l'État d'implantation qui en impose seul les revenus.

La société française appréhende immédiatement les résultats de ses exploitations hors de France. Comme celles-ci n'ont pas de personnalité juridique distincte, on ne saurait parler de distribution : l'établissement ne peut choisir de « distribuer » ou non ses bénéfices après impôt. Mais il peut y avoir ou non transfert effectif des fonds de l'État de situation de l'établissement vers le siège français.

Retenue à la source

25925 Il arrive assez souvent que les **profits après impôt** sur les sociétés des établissements étrangers subissent localement une retenue à la source, comme s'il s'agissait de filiales distribuant des dividendes, ou comme si la société était réputée distribuer des dividendes à ses propres actionnaires à partir des résultats de l'établissement étranger (nos 18930 s.).

Ainsi, en France, les bénéfices réalisés par les sociétés étrangères (sauf celles dont le siège est situé dans un État membre de l'Union européenne ou partie à l'accord sur l'Espace économique européen) subissent en principe une retenue à la source car ils sont réputés distribués à des associés n'ayant pas leur domicile fiscal en France (nos 19000 s.). Ces bénéfices font cependant l'objet d'une liquidation provisoire qui peut être révisée par la suite et la retenue ne s'applique que sous réserve des conventions fiscales.

D'autres pays ont mis en place des dispositifs de même nature (par exemple, les États-Unis). Dans ces situations, il existe donc un prélèvement supplémentaire dans le pays de situation de l'établissement, qui s'ajoute à l'impôt sur les sociétés et qui frappe les bénéfices nets d'impôt, un peu comme le seraient des dividendes distribués par des filiales.

2. Revenus des exploitations indirectes (filiales)

Remontée sous forme de dividendes

À la différence des établissements, les filiales sont dotées de la personnalité morale. La notion de distribution trouve donc tout son sens, la filiale ayant, juridiquement, la possibilité de distribuer ou non ses bénéfices après impôt sur les sociétés. Ces distributions donnent lieu au paiement de dividendes dont le régime fiscal est en principe celui de l'imposition dans l'État d'origine (État de résidence de la société distributrice), par voie de **retenue à la source**, assortie d'un **crédit d'impôt** dans l'État de la résidence de la société mère si les deux États sont liés par une convention fiscale (nos 60842 s.). **25940**

Élimination de la double imposition

Dans le régime français, comme dans beaucoup de régimes étrangers, les dividendes en provenance des filiales bénéficient d'une fiscalité avantageuse, afin d'éviter une double imposition économique. Il s'agit du **régime des sociétés mères**, qui s'applique aux dividendes versés par les filiales françaises comme par les filiales étrangères (nos 61400 s.). Ce régime est applicable à l'ensemble des sociétés ou organismes soumis en France à l'impôt sur les sociétés au taux normal et qui détiennent **5 % au moins** du capital des filiales. Les produits versés par les filiales (dividendes) ne sont imposables que sur une assiette réduite à 1 % ou 5 % de leur montant (no 61425). **25945**

Dans l'ensemble, ce régime permet aux profits de circuler correctement entre les différentes entités du groupe. Toutefois l'impôt sur les sociétés payé en amont par la filiale distributrice n'est pas imputable sur l'impôt français. Par ailleurs, la **retenue à la source** étrangère constitue une charge définitive s'il n'y a pas de redistribution effective des sommes de la part de la société mère à des actionnaires non résidents (no 61640). C'est pourquoi, au demeurant, une directive supprimant toute retenue à la source entre sociétés mères et filiales d'États membres de l'Union européenne a été adoptée le 23 juillet 1990 (nos 88160 s.).

Sur les conséquences du **droit de l'Union européenne** en ce qui concerne l'imposition des dividendes au sein des groupes de sociétés, voir également no 81767.

3. Plus-values de cessions des participations

Exonération relative aux titres de participation

Les cessions de participations au sein des groupes sont susceptibles de donner lieu à la constatation de plus-values. **25960**

Du côté français, le dispositif a longtemps été relativement pénalisant, dans la mesure où les plus-values réalisées lors de la cession de titres de participation étaient toujours imposables, alors même que les dividendes étaient exonérés. Depuis le 1er janvier 2007, la situation s'est améliorée puisque ces plus-values sont désormais **exonérées** d'impôt lorsqu'elles portent sur des titres de participation éligibles, ce qui suppose, en simplifiant, que le seuil de **5 %** (en général) soit atteint et que la participation ait été détenue pendant au moins **deux ans** ; par analogie avec le régime applicable aux distributions de dividendes (nº 61400), une **quote-part de frais et charges**, égale à 12 % du résultat net des plus-values de cession, doit cependant être prise en compte pour la détermination du résultat imposable de la société cédante (nº 65790).

Incidences des conventions fiscales

25965 Il arrive que les conventions fiscales retirent à la France le droit d'imposer les plus-values, par exemple, lorsque celles-ci sont réalisées par des sociétés françaises lors de l'aliénation de **participations substantielles** détenues dans des sociétés étrangères (généralement sous condition d'une détention d'au moins 25 %). Dans ce cas, les plus-values ne sont parfois imposables que dans l'État du domicile de la société dont les titres sont cédés et non pas en France (résidence du cédant). Cette solution est cependant assez rare (nºs 65930 s.). En règle générale, l'imposition des plus-values de cession est réservée à l'État du domicile du cédant, sauf en présence de sociétés à prépondérance immobilière ; en cas d'imposition dans les deux États, un mécanisme de crédit d'impôt est mis en place pour éviter la double imposition.

En l'absence de convention fiscale, les **non-résidents** qui réalisent des plus-values de cession de titres dans des sociétés françaises non immobilières dont ils possèdent plus de 25 % du capital sont imposables en France à un taux variable selon la qualité du cédant et le lieu de son établissement (nºs 65880 s.). L'imposition concerne les personnes morales soumises à l'impôt sur les sociétés aussi bien que les personnes physiques soumises à l'impôt sur le revenu, sous réserve des conventions fiscales et de l'incidence du droit de l'Union européenne.

B. La circulation des pertes

26055 Cette question est assez délicate car elle renvoie principalement aux circonstances de fait et à la jurisprudence générale relative aux conditions de déductibilité des abandons de créances. Le dispositif a, en outre, été sérieusement durci par la loi nº 2012-958 du 16 août 2012 de finances rectificative pour 2012 qui a supprimé la possibilité de déduire des aides dénuées de caractère commercial (nº 26122).

D'une façon générale, les pertes résultant du **non-recouvrement de créances** sur une société étrangère ne relèvent d'une gestion commerciale normale, conformément à la jurisprudence générale, que s'il apparaît qu'en constituant les créances en cause l'entreprise a agi dans son propre intérêt. Cela étant, il n'appartient pas à l'administration, par principe, d'apprécier si, en consentant une créance, une entreprise a éventuellement pris un **risque manifestement excessif** ; le Conseil d'État juge, en effet, que l'administration n'a pas à se prononcer sur l'opportunité des choix de gestion opérés par une entreprise, notamment sur l'ampleur des risques qu'elle prend, dans le cadre d'une gestion commerciale normale, pour améliorer ses résultats (CE 13 juillet 2016 nº 375801, Sect., Sté Monte Paschi Banque : RJF 11/16 nº 937 ; cette décision réserve toutefois les cas de détournements de fonds rendus possibles par le comportement délibéré ou la carence manifeste des dirigeants).

1. La question des aides entre sociétés apparentées

Contexte

26060 Les entreprises peuvent se consentir **divers types d'aides** : ventes à des prix avantageux, participation d'une société à des frais qui ne sont pas les siens, abandons de créances, diminution ou rabais de prix pour un achat, subvention, etc.

Toutes ces aides doivent, par principe, être analysées au regard de la notion jurisprudentielle d'**acte anormal de gestion** ; ainsi, comme le souligne l'administration, la perte résultant d'un abandon de créance n'est susceptible d'être déduite pour la détermination de l'assiette de l'impôt que si cet abandon constitue un acte de gestion commerciale normale (BOI-BIC-BASE-80-20 nº 270). Savoir si une telle condition est remplie est une question de fait à apprécier au cas par cas, sachant que la circonstance que l'entreprise bénéficiaire de l'abandon de créance soit une filiale étrangère en difficulté ne suffit pas à établir que la société mère ait agi dans l'intérêt de sa propre exploitation (BOI préc.).

Face à ces aides de toute nature, une construction jurisprudentielle a été progressivement élaborée autour de l'idée **d'intérêt de l'entreprise** et de celle d'acte normal ou anormal de gestion. Lorsqu'il doit décider si une aide est déductible ou non, le juge doit porter une appréciation sur l'acte accompli par l'entreprise ; les conséquences fiscales des décisions de gestion ne sont en effet admissibles que si elles correspondent à l'intérêt de l'entreprise, c'est-à-dire si elles reposent sur un équilibre d'avantages réciproques. En outre, s'il est normal de constater les solidarités économiques qui existent au sein d'un groupe, il faut également respecter l'autonomie juridique de chacune des sociétés qui en sont membres.

De son côté, l'administration a, pour l'essentiel, synthétisé sa position sur la question des abandons de créances et subventions au BOI-BIC-BASE-50.

Précisions Dans un cadre interne, il en va ainsi même au sein de groupes d'**intégration fiscale** (par exemple, CE 10 mars 2006 n° 263183, 3e et 8e s.-s., Sté Sept : RJF 6/06 n° 678, admettant toutefois le principe d'une aide déductible à une sous-filiale).

Relative souplesse de la jurisprudence

Le Conseil d'État accorde, en la matière, une certaine liberté aux entreprises ; dès lors que l'abandon de créances présente un intérêt pour la société qui l'a consenti et que les conditions sont remplies, il n'y a pas lieu d'examiner si la société bénéficiaire pouvait être aidée par **d'autres sociétés** ou **sous d'autres formes** (en ce sens, conclusions Guillaume Goulard sous CE 1er mars 2004 n° 237013, 9e et 10e s.-s., Sté AS Représentation : RJF 5/04 n° 459 ; BDCF 5/04 n° 58). **26063**

L'essentiel tient, en réalité, à l'existence ou non d'une **contrepartie** répondant à un **intérêt propre** de nature à conférer à l'aide consentie le caractère d'un acte normal de gestion, sachant que, par principe, le caractère normal d'une aide s'apprécie **à la date** à laquelle cet acte de gestion est intervenu (CE 11 avril 2008 n° 284274, 10e et 9e s.-s., Sté Guy Dauphin Environnement : RJF 7/08 n° 779). La souplesse de la jurisprudence a cependant entraîné une réaction législative qui s'est traduite par l'interdiction, pour les exercices clos depuis le 4 juillet 2012, de la déduction des aides sans caractère commercial (n° 26122).

Précisions La cour administrative d'appel de Lyon a admis un abandon de créances à une filiale espagnole dans la perspective de développer son implantation sur le marché espagnol, **compte tenu des résultats espérés à la date de l'abandon** et non des résultats effectivement retirés (CAA Lyon 14 mars 2002 n° 2403, SA Sidac-Diffusion : Droit fiscal 2002 n° 50, comm. n° 984 ; arrêt définitif).

Cas des abandons de créances comptabilisés en fonds propres par la société étrangère

L'administration a longtemps cherché à refuser par principe la déductibilité d'un abandon de créances lorsque l'aide était **traitée à l'étranger** comme un supplément d'apport et passait en **fonds propres**. **26065**

Mais, saisi de cette question à propos d'un abandon de créances consenti par une société française à une société britannique, le Conseil d'État a jugé que le **droit comptable étranger** est, en tant que tel, sans influence sur la qualification fiscale d'une opération en France (CE 31 mars 2017 n° 383129, 9e et 10e ch., Sté Senoble Groupe Services : RJF 6/17 n° 539) ; il s'agissait d'un abandon de créances sans caractère commercial consenti par une société française à une filiale britannique, abandon que l'administration avait considéré comme non déductible au motif qu'en application des règles comptables britanniques, la filiale bénéficiaire l'avait enregistré comme un **supplément d'apport** mis en réserves en compte de « profit and loss reserve » (la cour administrative d'appel de Versailles, en confirmant initialement cette position, avait relevé que le compte utilisé ne constituait pas un compte de produit susceptible d'affecter le résultat de la filiale et que l'abandon n'avait donné lieu à aucune imposition au Royaume-Uni ; CAA Versailles 27 mai 2014 n° 13VE00874, 3e ch., min. c/ SAS Senoble Holding : RJF 10/14 n° 884). Le Conseil d'État a censuré cette approche en précisant que la qualification de supplément d'apport ne pouvait être exclusivement déduite du traitement retenu par la société britannique en application des règles comptables britanniques (n° 10690).

Sur renvoi dans cette affaire, la cour administrative d'appel de Versailles a ensuite jugé que l'administration n'était pas fondée à remettre en cause la déductibilité de l'abandon de créance en le qualifiant d'apport en capital au sens de l'article 38, 2 du CGI, car l'abandon ne s'était pas traduit par une contrepartie tenant à la **valorisation de la participation** de la société mère dans le capital de sa filiale à proportion de la renonciation à la créance (CAA Versailles 27 mars 2018 n° 17VE01081, 1e ch., min. c/ Sté Senso venant aux droits de la société Senoble Holding ; arrêt définitif) ; la Cour juge que la **qualification d'apport en capital** est subordonnée à l'augmentation de la valeur de la participation détenue par une société mère dans le capital de sa filiale, par le biais de l'attribution de nouveaux titres sociaux ou d'une augmentation du nominal des titres déjà détenus, ce qui n'était pas le cas en l'espèce (la substitution de motifs présentée par l'administration, qui soutenait subsidiairement que l'abandon n'était pas déductible car il était financier et que la **situation nette** de la filiale était positive, a également été rejetée car la société aurait autrement été privée de la garantie offerte par la possibilité de saisir la commission des impôts directs et des taxes sur le chiffre d'affaires).

La position du Conseil d'État a ensuite été confirmée à propos d'une société française qui avait consenti un abandon de créance à une filiale américaine (CE 13 avril 2018 n° 398271, 9e et 10e ch., min. c/ Sté LVMH : RJF 7/18 n° 727) ; il est jugé que la qualification en droit fiscal français d'une opération impliquant une société étrangère ne saurait dépendre seulement du **traitement comptable étranger** et que la circonstance que la société bénéficiaire ait comptabilisé l'abandon de créances en capitaux propres, comme le permet le droit comptable américain, n'est pas de nature, à elle seule, à remettre en cause la qualification d'abandon de créance au sens de la législation fiscale française. De même, la circonstance que l'abandon de créance n'aurait fait l'objet d'**aucune imposition à l'étranger** n'est pas de nature à remettre en cause sa déductibilité en France, lorsque les conditions de cette déductibilité sont réunies. Cela étant, dans ce genre de circonstances, il est assez probable qu'aujourd'hui la déductibilité pourrait être remise en cause sur le fondement des dispositions anti-hybrides issues de la directive Atad 2 (CGI art. 205 B à 205 D ; nos 74050 s.).

Précisions **a.** Il avait été jugé qu'une **provision** constituée **sur une créance** détenue par une société française sur sa filiale allemande devait être regardée comme une provision pour dépréciation de titres de participation et non comme une provision sur créance dès lors que la filiale avait comptabilisé la créance sous forme de « kapitalrücklage » au sens du droit allemand des sociétés (« **réserve de capital** ») et que la société française n'avait pas démontré que la somme litigieuse n'avait pas augmenté la valeur de sa participation (CAA Lyon 26 octobre 2017 n° 16LY02344, min. c/ SA Financière AVR : RJF 2/18 n° 144) ; pour la Cour, la provision constituée par la société française devait être imposée suivant le régime des moins-values à long terme car elle faisait face à une dépréciation de titres de participation et non au risque de ne pas recouvrer une créance. L'administration n'a cependant pas maintenu sa position et a accordé un dégrèvement à la requérante après que cette dernière eut formé un pourvoi en cassation (CE Ord. 16 août 2018 n° 416827, 8e ch.).

b. Il a été jugé qu'une société française ne peut constater une perte au titre d'avances en compte courant effectuées au profit de sa filiale italienne et que cette dernière a intégrées dans un **compte de réserve** afin de faire face à ses pertes, dès lors que ces avances n'ont plus le caractère de dettes lors de la liquidation de la filiale (TA Paris 6 octobre 2021 n° 1800051, SAS Stam Europe : RJF 2/22 n° 130 ; jugement définitif) ; la société mère a été considérée comme ayant nécessairement utilisé une faculté offerte par le droit italien et choisi de renoncer au recouvrement de ses créances afin de renforcer les fonds propres de la filiale. Dans cette affaire, il est également jugé que la perte résultant du non-remboursement d'un **prêt participatif** consenti à une filiale espagnole est déductible dès lors que l'octroi de ce prêt ne peut être regardé comme un apport en fonds propres, sans qu'importe le fait que le droit commercial espagnol assimile un tel prêt à des fonds propres.

a. Aides à caractère commercial

Principes

26080 Pour pouvoir être qualifiée de commerciale, une aide doit trouver son origine dans les relations commerciales qui existent entre deux entreprises et être consentie soit pour maintenir des **débouchés**, soit pour préserver des **sources d'approvisionnement** : subventions d'équilibre accordées à une société française par une société sœur et fournisseur allemande afin de conserver des débouchés convenablement assurés par l'activité de la société française (CE 7 mai 1980 n° 13 493, Plén : RJF 7-8/80 n° 585), abandons de créances successifs consentis par une société mère suisse à sa filiale française afin que celle-ci puisse rééquilibrer ses comptes d'exploitation et poursuivre son activité commerciale de diffusion en France des produits de la société mère (CE 25 juillet 1980 n° 11169, 8e et 9e s.-s. : RJF 10/80 n° 774), etc.

La jurisprudence a eu l'occasion de se prononcer lorsque l'aide est consentie par une société française, en admettant assez largement l'existence de **motivations commerciales**, sans distinguer selon que le bénéficiaire de l'aide est une société française ou une société étrangère. La doctrine administrative ne distingue pas non plus selon que l'aide est consentie à une société française ou étrangère, le principe de territorialité étant sans incidence sur l'appréciation de la normalité de l'acte commis par l'entreprise. L'administration admet que, d'une façon générale, les pertes consécutives à des abandons de créances revêtant un caractère commercial sont à comprendre intégralement dans les charges déductibles du résultat imposable de l'entreprise qui les a consentis, sous réserve que les conditions générales de déduction soient satisfaites (BOI-BIC-BASE-50-20-10 n° 50).

Toute la question devient alors de déterminer quel type d'aide a un caractère commercial et peut être considéré comme normal.

Précisions **a.** En principe, si l'aide commerciale est conforme à une gestion normale, il n'y a pas lieu de rechercher son **incidence sur l'actif net** de la société aidée ; comme l'indiquait le commissaire du Gouvernement sous l'arrêt Guerlain (n° 26115), « l'octroi d'une aide à caractère commercial n'est pas subordonné à un **péril financier** du côté de la société qui en bénéficie. Les aides commerciales doivent surtout apporter des contreparties commerciales suffisantes pour la société qui en bénéficie » ; l'un des apports de cette décision est précisément de montrer que la situation financière positive d'une filiale n'exclut pas, par principe, la normalité de l'aide consentie par la société mère. La démonstration d'un réel **besoin de financement** est en revanche essentielle.

b. La détermination du caractère commercial ou financier d'un abandon de créances n'est pas évidente s'il y a simultanément des relations commerciales entre une société mère et sa filiale et des relations financières ; la jurisprudence recherche dans ce cas **quel est le motif prépondérant** qui a pu conduire à l'octroi de l'avantage en cause (par exemple, dans l'ordre interne, CE 27 octobre 2010 n° 325281, 8e et 3e s.-s., min. c/ Caisse d'Épargne de Lorraine Champagne-Ardenne : RJF 1/11 n° 22, dans un cas où le courant d'affaires était très subsidiaire par rapport aux motifs financiers de l'abandon).

Jurisprudence

Le Conseil d'État admet de manière assez large la déductibilité des dépenses de prospection tendant à assurer à l'entreprise un **débouché à l'étranger** ou une **source d'approvisionnement** pour des productions faites en France (par exemple, CE 14 mars 1984 n° 34430 et 36880, 7e et 8e s.-s. : RJF 5/84 n° 593, jugeant que le fait pour une société française de ne pas réaliser, pendant une période de **prospection** et de **lancement**, de bénéfices sur des ventes réalisées à l'étranger mais de laisser réaliser ces bénéfices par des sociétés sœurs implantées à l'étranger ne constitue pas un transfert de bénéfices dès lors que l'abandon des bénéfices est le prix payé aux sociétés sœurs chargées de la prospection et qu'il est établi que ce prix n'est pas supérieur au coût qu'aurait supporté la société française si elle avait elle-même procédé à la prospection des marchés étrangers) ; il en va de même en présence de **commissions** versées pour l'obtention de contrats internationaux (n° 24030) ou des frais de participation à une **foire à l'étranger**. Le Conseil d'État ne se demande que si la charge vise ou non à maintenir ou développer une activité en France. **26082**

Ont été ainsi reconnus déductibles, par exemple :
– l'**abandon de créances** réalisé par une société mère au profit d'une filiale allemande en difficulté pour éviter à celle-ci de déposer son bilan, car elle agissait, ce faisant, conformément à son intérêt dès lors qu'elle évitait que soit porté atteinte à son crédit et compte tenu, surtout, de ce que la **faillite de sa filiale** aurait entravé la poursuite de ses activités de développement commercial à l'étranger dont cette filiale était un instrument (CE 27 novembre 1981 n° 16 814, Plén : RJF 1/82 n° 7) ;
– le **comblement de passif** d'une filiale allemande de commercialisation des produits de la mère française (CE 1er juin 1983 n° 24247, 8e et 9e s.-s. : RJF 8-9/83 n° 940, jugeant que constitue un acte de gestion normale le fait pour une société de participer à concurrence de ses droits au règlement du passif d'une filiale étrangère afin de maintenir son propre renom commercial) ;
– la **non-perception d'intérêts sur un prêt** consenti par une société mère française à une filiale à l'étranger si elle a agi dans le cadre d'une gestion normale en vue de développer ses propres exportations (CE 2 juin 1982 n° 23 342, 8e et 9e s.-s. : RJF 7/82 n° 637, jugeant qu'une société mère française qui consent un prêt sans intérêt à une filiale implantée à l'étranger et qui, ce faisant, agit dans le cadre d'une gestion commerciale normale en vue

de développer ses propres exportations, apporte la preuve qu'elle n'a pas, en renonçant à percevoir des intérêts, procédé à un transfert de bénéfices à l'étranger).

En revanche, n'a pas été jugé déductible l'abandon à une filiale espagnole d'une créance relative à la facturation de prestations de **mise à disposition de personnel et de matériel** en l'absence de tout élément tendant à démontrer la nécessité qu'avait la société française de maintenir ses débouchés ou approvisionnements auprès de sa filiale, alors même que la requérante soutenait que le développement de l'activité sur le marché espagnol relevait de sa stratégie commerciale et que l'abandon de créances avait pour but de permettre à la filiale de continuer à répondre à des appels d'offres en période de crise économique (CAA Versailles 30 décembre 2014 n° 13VE00807, 7e ch., Sté Franki Fondation, jugeant que les éléments produits par la requérante étaient insuffisants pour justifier son intérêt commercial à consentir l'abandon de créance ; cet arrêt a fait l'objet d'un pourvoi qui a été rejeté par CE 28 avril 2017 n° 388540, 3e ch., Sté Franki Fondation) ; dans cette affaire, la société a également échoué à démontrer l'existence d'un intérêt financier ou lié à la préservation de son renom, ce qui aurait pu autoriser une déduction en l'état du droit applicable à l'époque.

26085 **Respect des règles de territorialité** Le Conseil d'État a posé en principe que : « (...) les sociétés françaises ne sauraient déduire d'une manière permanente de leurs résultats les déficits de leurs exploitations directes ou indirectes situées à l'étranger, [qu']elles ne peuvent apporter à leurs succursales ou à leurs filiales installées hors de France une aide déductible de leurs propres résultats **qu'à titre exceptionnel**, lorsque ces filiales ou succursales traversent, temporairement, une situation difficile, à la condition que cette aide ait le caractère d'un acte de gestion commerciale normale et n'entraîne pas une augmentation de la valeur des titres de participation détenus par la société française dans sa filiale » (CE 20 décembre 1985 n° 46390, 9e et 8e s.-s. : RJF 3/86 n° 266). En l'espèce, le Conseil d'État a refusé la déductibilité de **provisions pour risque de non-recouvrement** intégral à hauteur **des avances** consenties en 1970 et 1971 par une société française à une société suisse en considérant que la société française avait en réalité pris en charge les déficits de sa filiale et « qu'alors même que cette aide revêtirait le caractère d'un acte de gestion commerciale normale... elle tendait cependant à couvrir un **déficit permanent** [de la société suisse]... et méconnaissait le principe de la territorialité de l'impôt. »

Précisions En consentant à une filiale implantée à l'étranger des **avances de façon continue** pendant de nombreux exercices successifs, une société mère française s'écarte d'une gestion commerciale normale et prend en réalité en charge les déficits de sa filiale, ce qui est prohibé par l'article 209 du CGI. Elle n'est donc pas en droit de constituer à ce titre des **provisions pour créances douteuses** (CE 14 mars 1984 n° 33188, 7e et 9e s.-s. : RJF 5/84 n° 590).

26086 **Atténuations conditionnelles** Dans une affaire assez significative de la pratique des groupes, il a été jugé que le fait pour une société française de prendre en charge la rémunération de l'un de ses **cadres** qu'elle avait **détaché dans une filiale suisse** au cours des années 1972, 1973 et 1975 était justifié par une gestion normale de ses intérêts propres (CE 30 mars 1987 n° 52754, Plén. : RJF 5/87 n° 489 ; conclusions Bruno Martin Laprade à la même RJF page 262). Le Conseil d'État a, en effet, relevé que cette solution lui permettait, sans avoir à pratiquer des tarifs à l'exportation inférieurs aux prix de revient de fabrication, de mener sur place une politique commerciale active tout en assurant la pérennité de la société suisse nécessaire à la conservation et au développement de ses propres activités, compte tenu de la difficulté, en raison de la concurrence, de vendre sur le marché suisse les huiles qu'elle fabriquait ; la société française avait ainsi établi que l'avantage accordé à la société suisse avait une **contrepartie suffisante** dans l'intérêt de l'exploitation de l'entreprise française et que, dès lors, les sommes correspondant à la rémunération du cadre exerçant son activité dans la filiale suisse ne constituaient pas des bénéfices indirectement transférés et étaient par suite déductibles.

Le Conseil d'État a sans doute suivi le commissaire du Gouvernement qui indiquait : « Les **avantages commerciaux** consentis à un client ou à un fournisseur étranger nous paraissent en principe déductibles en France, quand bien même ce client ou ce fournisseur serait une filiale, du moment que, par leur importance, ils n'excèdent pas ce qui eût été normalement consenti à un client ou fournisseur extérieur au groupe pour maintenir ce débouché ou cette source d'approvisionnement. » La question devient alors de savoir quel **montant d'aide** est déductible ; en l'espèce, il était clair que les rémunérations n'auraient pu être mises à la charge de la société suisse sans la mettre en déficit, car elles s'élevaient à environ deux fois le bénéfice de la société. Cette somme n'aurait donc pu être refacturée en totalité à la société sans la mettre en perte pour la moitié de son montant.

Mais, comme le faisait remarquer le commissaire du Gouvernement, il n'était pas nécessaire de mettre la société suisse en situation bénéficiaire ; il suffisait qu'elle équilibre ses comptes. C'est pourquoi ce dernier proposait de n'admettre la déductibilité que de la moitié des sommes. Si le Conseil d'État n'a pas suivi ce raisonnement, il reste que, à notre avis, les aides commerciales, en principe admises, doivent être **proportionnées à leur objet** pour pouvoir rester dans le cadre jurisprudentiel de la gestion normale (n° 26118).

La jurisprudence est aujourd'hui équilibrée, admettant la déductibilité des aides ou abandons de créances lorsque la contrepartie pour l'entreprise est établie ainsi que le besoin de financement de la filiale aidée ; on renverra sur ce point aux développements consacrés aux prix de transfert, qui ressortissent largement à la même problématique, lorsque sont en cause des relations commerciales (n°s 76610 s.). **26087**

La situation de l'entreprise aidante et son **intérêt propre** sont des éléments décisifs comme en témoigne la décision jugeant qu'une société commet un acte anormal de gestion en consentant des abandons de créances à des **filiales de distribution** en Italie, au Canada et aux Pays-Bas dès lors qu'elle ne contrôle les deux premières qu'à hauteur de 55 % (le reste étant détenu par ses propres dirigeants) et qu'elle ne détient que 15 % du capital de la troisième, que les aides en cause sont sans commune mesure avec le faible chiffre d'affaires des filiales et qu'il n'est pas démontré qu'elles aient pu participer au développement de leurs ventes qui n'ont d'ailleurs que faiblement progressé (CE 26 mars 2008 n° 296625, 9e et 10e s.-s., SA Tornier : RJF 6/08 n° 639 ; cette décision rappelle incidemment que l'administration est réputée apporter la preuve qui lui incombe si l'entreprise n'est pas en mesure de **justifier des contreparties** aux aides qu'elle a consenties).

En revanche, une société française ne commet pas d'acte anormal de gestion en consentant un abandon de créances à une société sœur italienne, créée pour diffuser en Italie des ouvrages de son fonds éditorial, dès lors que cette aide a permis d'éviter la liquidation judiciaire de la société italienne et de **sauvegarder des débouchés commerciaux** en Italie, de nature à permettre à la société française de recevoir des redevances éditoriales non négligeables (CAA Versailles 4 novembre 2014 n° 14VE00032, 3e ch., SCA Lagardère : RJF 2/15 n° 97, arrêt définitif relevant notamment que la circonstance que le montant des redevances dues par la société italienne ne pouvait représenter, en toute hypothèse, qu'un faible pourcentage du chiffre d'affaires annuel de la société française n'était pas de nature à établir que l'abandon de créance était dépourvu de contreparties suffisantes).

Ne commet pas non plus un acte anormal de gestion, une société française qui consent des avances de trésorerie **sans facturation de frais financiers** à une filiale mexicaine (maquiladora) en situation financière difficile afin de faciliter son démarrage et de lui éviter un dépôt de bilan qui aurait eu une incidence importante sur sa propre activité commerciale, alors que cette filiale réalise une partie de la production sous-traitée par la société mère (TA Poitiers 3 décembre 2015 n° 1300249, 1e ch., SAS Blount Holdings France : Droit Fiscal 2016 n° 2, comm. n° 62 ; jugement définitif).

Enfin, l'importance de l'aide par rapport à l'**espoir de gain** est un élément qu'il peut être nécessaire de prendre en compte ; par exemple, un abandon de créance consenti à une filiale espagnole n'a pas été considéré comme relevant d'une gestion commerciale normale au motif qu'il était trop élevé par rapport à l'avantage commercial attendu, alors que le chiffre d'affaires réalisé par la société française au travers de sa filiale espagnole était en déclin et que cette filiale avait toujours été déficitaire (CAA Versailles 9 février 2016 n° 14VE02239, 1e ch., SAS Fayat holdings : RJF 5/16 n° 405 ; cet arrêt a fait l'objet d'un pourvoi qui n'a pas été admis par CE (na) 29 mai 2017 n° 398687, 9e ch., SAS Fayat Holding : RJF 8-9/17 n° 778).

Précisions Une société française n'a pas été jugée fondée à déduire, au-delà de la quote-part correspondant à sa propre participation (cette quote-part avait étonnamment été admise en déduction par l'administration), une subvention versée en 2011 à une société apparentée turque qui devait faire face à des difficultés financières caractérisées par une **situation nette négative incompatible avec la règlementation turque** (CAA Versailles 22 juin 2021 n° 19VE03151, 1e ch., min. c/SA Compagnie Gervais Danone :

RJF 10/21 n° 926, faisant l'objet d'un pourvoi enregistré sous le n° 455810 ; voir également n° 76960, Précisions d). La Cour n'a pas admis les explications avancées par la société qui avait soutenu qu'elle avait un **intérêt commercial** à prendre en charge la totalité de la subvention au motif qu'elle devait impérativement rester présente sur le marché turc des produits laitiers, marché d'importance stratégique à fort potentiel de développement, afin de préserver le **renom** international de la marque, et qu'elle escomptait de sa filiale des redevances dans un contexte de forte croissance ; pour la Cour, l'actionnaire majoritaire, une autre société turque du groupe, avait tout autant un intérêt financier à la préservation du renom de la marque, de sorte que ce motif n'était pas propre à justifier que la charge du refinancement ait dû être exclusivement supportée par la société française. En outre, les perspectives de croissance alléguées n'étaient pas établies et les considérations d'ordre général avancées étaient contredites par l'absence de versement de **redevances** par la société turque depuis son acquisition treize ans auparavant.

Aide à une succursale d'une filiale

26115 La question s'est posée de savoir si et dans quelle mesure une société mère pouvait pratiquer des abandons de créances à une succursale de l'une de ses filiales, et non pas, comme dans l'affaire Télécoise (n° 5955), à une succursale directe.

Saisi de cette question, le Conseil d'État a retenu une **approche moyenne**, écartant à la fois l'idée d'apprécier l'intérêt de la société mère au regard de la seule situation financière de la succursale, sans tenir compte de celle de la filiale, et celle de n'apprécier le besoin d'aide qu'au seul niveau de la filiale (CE 11 avril 2008 n° 281033, SA Guerlain : RJF 7/08 n° 788 aux conclusions Célia Vérot au BDCF 7/08 n° 85 et chronique Julie Burguburu à la RJF 7/08 page 667). Pour que l'aide soit déductible, il est nécessaire que la succursale en ait besoin, que l'aide corresponde à l'intérêt de la société mère et que la filiale ait également des **besoins de financement** propres répondant à l'intérêt du **développement commercial** de la société mère. Implicitement, l'arrêt admet que la société mère puisse avoir intérêt à aider une succursale indirecte si sa filiale elle-même n'y a pas intérêt, par exemple si, pour celle-ci, l'activité est déficitaire.

Dans cette affaire, toutefois, le Conseil d'État n'a pas admis les abandons de créances pratiqués directement par une société mère française à deux succursales en Australie et à Singapour d'une filiale située à Hong Kong ; il a en effet souligné, d'abord, que les abandons de créances consentis aux succursales l'ont été nécessairement à la filiale dont elles n'étaient qu'un démembrement et, ensuite, que la **filiale** était **bénéficiaire** malgré les difficultés financières des succursales et surtout qu'elle **avait distribué des dividendes** importants à sa société mère (alors que les abandons auraient sans doute été considérés comme déductibles s'ils avaient été appréciés directement au niveau des succursales, en faisant abstraction de la filiale).

Il en résulte à notre avis qu'il ne serait sans doute pas exigé que la société mère fasse état de difficultés financières de sa filiale mais qu'il faut tout de même qu'elle établisse que celle-ci a des **besoins de financement** (et tel ne peut être le cas d'une filiale qui distribue des dividendes importants).

Questions en suspens

26118 En ce qui concerne l'appréciation du caractère déductible des aides commerciales consenties par des sociétés françaises à leurs filiales étrangères, on pourra méditer sur les questions suivantes, suscitées par l'analyse de la jurisprudence du Conseil d'État :

• L'**intérêt commercial** est précisément contrôlé par le juge, même s'il est vrai que, depuis la décision Lainière de Picardie (CE 3 mars 1989 n° 77581, 7e et 9e s.-s. : RJF 5/89 n° 538), l'existence d'un **courant d'affaires** suffit en principe à matérialiser la contrepartie obtenue par la société consentante. Mais la décision Laboratoires Goupil (CE 9 octobre 1991 n° 67642 et 69503, 7e et 9e s.-s. : RJF 11/91 n° 1355) montre que le juge examine précisément les circonstances et n'hésite pas, le cas échéant, à recourir aux services d'un expert. Si, cependant, l'on se satisfait de l'existence d'un courant d'affaires, on peut se demander s'il ne faudrait pas tout de même que celui-ci soit bénéficiaire.

• La question du **montant de l'aide déductible** par rapport à la situation nette de la société aidée ne paraît pas clairement tranchée ; le commissaire du Gouvernement Martin Laprade, dans ses conclusions sur l'affaire jugée le 30 mars 1987 (n° 26086), considérait que l'aide pouvait être déductible jusqu'à l'équilibre mais pas au-delà. L'administration, dans l'affaire Laboratoires Goupil précitée, faisait, quant à elle, une comparaison entre le montant de l'abandon de créances et la **marge obtenue** par la société française sur les opérations qu'elle réalisait avec sa filiale italienne de commercialisation. Le juge n'a pas paru, jusqu'ici, accueillir ces raisonnements, mais il paraîtrait cependant raisonnable de considérer que, sauf justifications précises, l'aide ne devrait pas avoir pour effet de mettre la filiale aidée « in bonis ».

• Peut-on effectuer **plusieurs aides successives** ? La jurisprudence traditionnelle, celle notamment des années 1984-1985, insistait sur le caractère exceptionnel de l'aide pour admettre sa déductibilité. Il semble qu'elle ait évolué depuis cette période, notamment grâce à la décision du 30 mars 1987 ; ainsi, dans l'affaire Laboratoires Goupil précitée, il semble qu'il y ait eu des aides répétitives et que le caractère répétitif de ces aides n'ait pas été, en tant que tel, critiqué par le juge. On devrait toutefois à notre avis être prudent en cette matière car s'il est possible d'aider une filiale de commercialisation en difficulté, ce serait probablement commettre un acte anormal de gestion que de s'obstiner au-delà du raisonnable.

b. Aides à caractère financier

Notion

La notion d'aide à caractère financier n'est pas très claire. La doctrine administrative indique qu'un abandon de créance doit être qualifié de « financier » lorsque simultanément la nature de la créance (prêt, avance...), les liens existant entre l'entreprise créancière et l'entreprise débitrice exclusifs de toute relation commerciale ainsi que les motivations de l'abandon présentent un caractère strictement financier (BOI-BIC-BASE-50-10 n° 130). Lorsqu'il est difficile d'établir la nature exacte de l'abandon de créance, ou de l'aide en général, le caractère de l'abandon doit être principalement recherché dans les **motivations** de l'entreprise qui l'a consenti : l'abandon est commercial si ces raisons revêtent un aspect commercial marqué et prédominant ; il est financier dans le cas contraire. Autrement dit, et la jurisprudence paraît s'accorder sur ce point, tout abandon de créance qui n'est pas commercial est financier. **26120**

Le but financier est parfois clair, par exemple lorsqu'il s'agit pour une société mère de ne pas perdre la valeur des titres de participation qu'elle détient sur sa filiale et qui sont à l'actif de son bilan. La société qui aide sa filiale sauvegarde la valeur de son élément d'actif. L'aide est financière, car elle a une incidence sur le patrimoine de la société (une société mère a d'ailleurs parfois l'obligation de renflouer sa filiale en difficulté ou de reconstituer son actif net si la filiale risque de déposer son bilan).

Principe de la non-déductibilité des aides à caractère financier

La loi n° 2012-958 du 16 août 2012 de finances rectificative pour 2012 est revenue sur les solutions issues de la jurisprudence antérieure du Conseil d'État (n° 26125) en posant un principe général de non-déductibilité des aides à caractère financier. Pour les exercices clos depuis le 4 juillet 2012, en effet, les aides de toute nature consenties à une autre entreprise, à l'exception des aides à caractère commercial, sont **exclues des charges déductibles** pour l'établissement de l'impôt (CGI art. 39, 13 ; BOI-BIC-BASE-50-20-10 n°s 60 s.). **26122**

Cette mesure interdit de façon absolue la déductibilité de tout abandon de créances (ou autre aide similaire) à caractère financier, quelle que soit la société bénéficiaire, française ou étrangère, et quels que soient la **forme de l'aide** et son régime fiscal pour le bénéficiaire. Elle a été présentée par le Gouvernement comme destinée à mettre fin à des « pratiques optimisantes » consistant pour une société, le plus souvent une société mère, plutôt qu'à recapitaliser sa filiale en difficulté, à lui accorder des aides fiscalement déductibles dans le seul but de sauvegarder la valeur de sa participation dans cette filiale ; l'exposé de motifs du projet de loi ajoutait que ces « pratiques sont principalement constatées à l'égard de filiales étrangères, conduisant à la **remontée en France de pertes étrangères**. »

C'est donc clairement afin de faire échec à la jurisprudence du Conseil d'État sur la déductibilité des aides et abandons de créances à caractère financier que cette mesure a été adoptée ; la loi est rédigée de manière suffisamment large pour viser non seulement les **abandons de créances** mais aussi les **aides et les subventions** ainsi que, selon les travaux parlementaires, les **renonciations à des recettes** (cette dernière exclusion n'est cependant pas évidente car une renonciation à recettes ne se traduit pas littéralement

26122 (suite) par une charge déductible ; n° 26170), lorsque la motivation est financière et non commerciale. La mesure peut également concerner les cas de **prise en charge de dettes d'un tiers**, par exemple lorsqu'une société apporte son concours financier au titre d'un engagement de caution donné en faveur d'une autre société qui n'est plus capable de faire face à ses dettes (sauf sans doute si l'engagement de caution a été normalement rémunéré et caractérisait un acte normal de gestion). Elle vise les entreprises soumises à l'impôt sur le revenu ou à l'impôt sur les sociétés ainsi que les établissements stables français des sociétés étrangères.

Il est donc essentiel de pouvoir **distinguer les aides** à caractère commercial, en principe déductibles, et les aides à caractère financier, non déductibles. Le rapporteur général de la commission des finances de l'Assemblée nationale avait indiqué sur ce point que « les aides n'ayant pas un caractère commercial ayant par construction un caractère financier, il aurait sans doute été d'effet équivalent de n'exclure que les aides à caractère financier ; le spectre plus large retenu par la rédaction proposée offre cependant une forme de sécurisation du dispositif dans l'hypothèse du développement d'aides dont le caractère ne serait pas encore identifié » (rapport Eckert, AN n° 79, 12 juillet 2012). Sur la notion d'aides à caractère financier, voir n° 26120.

La suppression de la déductibilité concerne les aides à caractère financier consenties non seulement **à des entreprises établies hors de France** mais aussi à des entreprises établies **en France** ; le rapport Eckert, précité, avait indiqué à ce propos que « même si les pratiques optimisantes constatées par l'administration fiscale concernent essentiellement les aides à des filiales étrangères, seule l'interdiction générale est envisageable. En effet, autoriser la déductibilité des aides octroyées aux seules filiales françaises pourrait être considéré comme contrevenant au **droit de l'Union européenne** (...). »

Le régime de non-déductibilité s'applique aux exercices clos **depuis le 4 juillet 2012**, soit le jour du Conseil des ministres au cours duquel a été adopté le projet de loi de finances rectificative (cette date a été retenue afin d'éviter un surcroît d'aides consenties entre la date du Conseil des ministres et celle de la promulgation de la loi). Le dispositif peut donc concerner les **opérations réalisées antérieurement** ; selon le rapport Eckert, précité, « s'agissant d'une mesure anti-abus, l'entrée en vigueur rétroactive est logique. »

Par exception, cependant, la perte consécutive à un abandon de créance présentant un caractère autre que commercial est considérée comme une charge déductible de l'exercice lorsque cet abandon est consenti :
– soit en application d'un accord constaté ou homologué dans les conditions prévues à l'article L 611-8 du Code de commerce ;
– soit aux entreprises à l'encontre desquelles est ouverte une **procédure de sauvegarde** au sens des articles L 620-1 à L 628-7 du Code de commerce, une procédure de **redressement judiciaire** au sens des articles L 631-1 à L 632-4 du Code de commerce ou de **liquidation judiciaire** au sens des articles L 640-1 à L 644-6 du Code de commerce (CGI art. 39, 13 al. 2) ou toute procédure d'**insolvabilité** mentionnée à l'annexe A du règlement CE n° 1346/2000 du Conseil du 29 mai 2000 (BOI-BIC-BASE-50-20-10 n° 63, étendant la disposition législative au sein de l'Union européenne).

Ces aides sont déductibles à hauteur de la **situation nette négative** de l'entreprise qui en bénéficie et, pour le montant excédant cette situation nette négative, à proportion des participations détenues par d'autres personnes que l'entreprise qui consent les aides (transposition des anciens principes jurisprudentiels, n° 26125). La société française doit, pour déterminer le montant éventuellement déductible de ses propres résultats imposables en France des créances qu'elle a abandonnées ou des subventions qu'elle a versées au profit d'une société étrangère, se référer à la situation nette de cette même société établie selon les règles normalement applicables en vertu de la législation étrangère (BOI-BIC-BASE-50-20-10 n° 120).

Précisions **a.** Un amendement avait été présenté tendant à maintenir la possibilité de déduire les abandons de créances dès lors que l'entreprise qui consent l'aide démontre que l'entreprise bénéficiaire a **inclus cette aide dans son résultat imposable** ; cet amendement a été rejeté (Déb. AN 19 juillet 2012).

b. On peut se demander si la **préservation du renom** ne pourrait pas tout de même motiver une aide déductible dès lors qu'en ce cas l'objectif de la société n'est pas de sauvegarder la valeur de son investissement mais de préserver la confiance de ses clients ou fournisseurs (il faudrait néanmoins que les justifications soient suffisamment précises et convaincantes ; voir par analogie n° 5960 et voir également n° 26087, Précisions).

c. Ne constitue pas une aide dont la déduction serait interdite par l'article 39, 13 du CGI une **provision** destinée à couvrir le risque de non-remboursement d'un **compte courant d'associé** détenu par une société française sur une filiale espagnole (TA Montreuil 30 octobre 2017 n° 1607367, SAS Promaffine : RJF 8-9/18 n° 830 ; jugement définitif) ; dans cette affaire, l'administration avait soutenu à tort que, pour faire face au risque de dépréciation de sa créance, la société française aurait pu procéder à une augmentation de capital qui aurait augmenté la valeur de ses titres de participations, de sorte que la provision n'aurait pas été déductible, ou accorder à sa filiale une aide par le biais d'un abandon de créance qui n'aurait pas été déductible.

d. Le fait que les règles posées par la loi n° 2012-958 du 16 août 2012 de finances rectificative pour 2012 conduisent à traiter différemment des contribuables en fonction de la date de clôture de leur exercice ne les a privés d'aucune **espérance légitime** au sens de l'article 1er du protocole additionnel à la CEDH, des règles de déductibilité différentes pouvant, en fonction de la date de clôture de l'exercice, s'appliquer à des contribuables ayant consenti un abandon de créances à une même date, dès lors que les charges ne peuvent être regardées comme acquises qu'au jour de la clôture de l'exercice ; la différence de traitement qui en résulte est inhérente à la modification des règles décidée par le législateur dans le but de mettre un terme aux **pratiques d'optimisation fiscale** (CE 7 juin 2019 n° 421946, 10e et 9e ch., SAS Bonhom : RJF 8-9/19 n° 831, à propos d'une société française qui avait consenti un abandon de créances à une filiale espagnole).

Anciens principes jurisprudentiels

Avant l'intervention de la loi du 16 août 2012 (n° 26122), le Conseil d'État avait eu l'occasion de se prononcer sur les conditions de déductibilité des aides à caractère financier entre deux sociétés françaises (CE 30 avril 1980 n° 16253, Plén : RJF 6/80 n° 467). Le Conseil d'État partait de l'idée qu'un **abandon de créances** consenti à une société a pour effet d'accroître à concurrence de son montant l'actif net de cette même société (excédent des valeurs d'actif sur le total formé au passif par les créances des tiers, les amortissements et les provisions justifiées). Par essence, un abandon de créances a pour effet de diminuer l'actif net de la société versante et d'augmenter corrélativement l'actif net de la société bénéficiaire. Or, toute **augmentation de l'actif net** de cette société implique une augmentation exactement proportionnée de la valeur mathématique des actions détenues par la société versante pour autant du moins que l'actif net comptable de la filiale ne soit pas négatif (voir conclusions Martin Laprade sous CE 30 avril 1980 précité à la même RJF p. 246). En effet, si l'actif net de la filiale est négatif et reste négatif après l'abandon de créances, la valeur de la participation n'a pas augmenté (elle est toujours nulle : elle ne peut être « moins que nulle »). En revanche, elle a augmenté lorsque l'actif net de la filiale est positif ou l'est devenu après l'abandon de créances. **26125**

Ce raisonnement explique que l'aide à caractère financier n'était, avant que soit posé un principe général de non-déductibilité (n° 26122), **déductible**, dans le cadre d'une gestion normale, qu'**à concurrence** :
– en tout état de cause du montant de la **situation nette négative** de la société bénéficiaire de l'abandon ;
– et du montant de la **situation nette positive** après abandon de créances, mais seulement dans la proportion du capital de la société bénéficiaire de l'abandon détenu par les autres actionnaires. Autrement dit, dans ce cas, l'abandon n'était pas déductible à hauteur de la participation de la société versante dans le capital de la société bénéficiaire, puisque, dans cette proportion, l'actif net de la société versante a augmenté (augmentation de la valeur de sa participation, dès lors que l'actif net de la filiale a mathématiquement augmenté). On retrouve ces principes en ce qui concerne les conditions actuelles de déductibilité des aides qui restent admises en présence de certaines procédures de règlement des difficultés des entreprises (n° 26122).

Précisions **a.** Pour un exemple de contrôle juridictionnel de l'importance de la **situation nette négative** d'une filiale espagnole qui avait bénéficié d'un abandon de créances à caractère financier en l'absence de relations commerciales, voir CAA Versailles 3 juin 2014 n° 11VE03471, 1e ch., Sté PPR (arrêt définitif ; voir également n° 76755 j).

b. Ne relève pas d'une gestion commerciale normale un abandon de créance consenti à une filiale espagnole dès lors que la société française n'établit pas que les difficultés financières de cette filiale auraient pu porter atteinte au **renom** de la société mère en se bornant à faire valoir que cette filiale utilisait sa **marque** (CAA Versailles 9 février 2016 n° 14VE02239, 1e ch., SAS Fayat holdings : RJF 5/16 n° 405 ; cet arrêt a fait l'objet d'un pourvoi qui n'a pas été admis par CE (na) 29 mai 2017 n° 398687, 9e ch., SAS Fayat Holding : RJF 8-9/17 n° 778). (La société Fayat Holdings est la mère de la société Franki Fondation dont il est question n° 26082.)

c. N'était pas déductible, et caractérisait un transfert de bénéfices au sens de l'article 57 du CGI, un abandon de créances consenti à une sous-filiale allemande en 2007 et 2008, la société ne justifiant pas de la réalité d'une contrepartie et de la conformité de l'abandon à son intérêt propre (CAA Marseille 26 mars 2020 n° 18MA00178, ayant fait l'objet d'un pourvoi non admis par CE (na) 22 avril 2021 n° 440621, 9e ch., Sté Foraco International : RJF 7/21 n° 693) ; la société soutenait, mais sans le justifier, que l'abandon lui avait permis de **faciliter son introduction en bourse** et de lever des fonds nécessaires à son développement.

26135 Pour l'administration, la solution retenue à propos des aides à caractère financier entre deux sociétés françaises était applicable aux abandons de créances consentis par une société française à une **société étrangère** (sous réserve des aides consenties à des sociétés établies dans les pays à fiscalité privilégiée, qui n'étaient jamais déductibles). De son côté, la **jurisprudence** avait **hésité** avant de décider que le principe de territorialité ne pouvait interférer avec les règles de déductibilité des abandons de créances à caractère financier. Ainsi, dans ses conclusions sous CE 30 mars 1987 (n° 26086), le commissaire du Gouvernement indiquait que « l'avantage financier ne devrait ouvrir aucun droit à déduction lorsqu'il est consenti à une filiale étrangère », en vertu de l'article 57 du CGI et du principe de territorialité (l'aide ne pouvait pas être déductible dès lors qu'elle tendait à prévenir une action en responsabilité pour insuffisance d'actif des créanciers de la filiale qui n'aurait pas pour conséquence de permettre la déduction des pertes en France). Le Conseil d'État avait d'ailleurs eu l'occasion à deux reprises de **refuser**, en tout ou partie, la déductibilité d'aides à caractère financier :
– CE 20 novembre 1974 (n° 85191, 7e, 8e et 9e s.-s. : RJF 1/75 n° 10) : refus de la déductibilité d'une partie de l'aide apportée à une filiale algérienne pour éviter sa **cessation de paiement** dans la mesure où cette aide se rapportait à l'activité de la filiale à l'étranger ; l'autre partie, destinée à éviter une cessation de paiement à la filiale, qui eût été gravement préjudiciable aux intérêts de la société française, et à sauvegarder son **renom bancaire** en Algérie et en France, était, en revanche, déductible ;
– CE 15 octobre 1986 (nos 39415 et 40744 : RJF 12/86 n° 1066) : refus d'admettre l'abandon de créances consenti par une société mère française à sa filiale étrangère (avances sans intérêts incorporées au capital suivies d'une cession à perte de la participation) dès lors que ces avances n'avaient pas eu un caractère exceptionnel et que la société française n'apportait **aucune preuve** du **caractère commercial** de l'aide consentie, même si les avances ne pouvaient être regardées comme ayant entraîné une augmentation de la valeur des titres de participation détenus par la société française dans sa filiale.

La question avait finalement été tranchée par le Conseil d'État dans un sens favorable aux entreprises à propos de la déductibilité de provisions relatives à des avances consenties à des filiales étrangères (CE 11 février 1994 n° 119726, 8e et 9e s.-s., SA Les Éditions Jean-Claude Lattès : RJF 4/94 n° 396) ; cette décision avait annulé l'arrêt d'appel négatif, au motif que la Cour avait fait une interprétation erronée du principe de territorialité de l'impôt sur les sociétés posé par l'article 209, I du CGI en considérant, pour refuser la déduction de provisions pour risque de non-recouvrement d'avances consenties à des filiales étrangères, que les avances avaient été motivées par un intérêt financier, sans rechercher si elles pouvaient être justifiées par une **gestion normale** de l'ensemble des **intérêts propres** de l'entreprise exploitée en France par la société française.

En application de ces principes, il a, par exemple, été jugé qu'une banque française pouvait déduire de ses résultats des abandons de créances consentis à une filiale étrangère se trouvant dans une situation susceptible de mettre en péril son **renom international** (CAA Versailles 29 juin 2010 n° 08-2846, 3e ch., Société Générale : RJF 3/11 n° 284 ; arrêt définitif). Elle ne le pourrait plus aujourd'hui sauf si l'on considérait qu'une **liquidation judiciaire** (précisément évitée par des abandons de créances permettant une liquidation amiable) aurait un impact négatif déterminant sur les clients de la banque française en raison du retentissement que pourrait avoir la liquidation de la filiale sur la confiance de ses partenaires en cas de divulgation de cette information.

Renonciation à recettes

26170 On ne peut, à notre avis, assimiler les renonciations à recettes aux abandons de créance ou subventions dès lors qu'en cas d'abandon de créance ou de subvention, l'avantage qui est consenti à la filiale se traduit en comptabilité par une écriture qui augmente nécessairement son actif net. En revanche, le fait pour une société mère de renoncer à facturer un service rendu au profit d'une filiale ne donne lieu à **aucune écriture comptable** chez la filiale.

Une filiale peut, en effet, bénéficier de deux types d'aides de la part de sa société mère :
– d'une part, d'**aides matérielles** (abandons de créances, subventions, marchandises gratuites, etc.) qui doivent nécessairement se traduire en comptabilité soit par une augmentation de l'actif (subventions, livraison de marchandises gratuites, etc.), soit par une diminution de passif (abandon de créances) ;
– d'autre part, d'**aides immatérielles** correspondant à la fourniture gratuite de prestations de services qui ne « s'activent » pas au bilan de l'entreprise et qui, si elles avaient été facturées, auraient accru les frais généraux de la filiale.

Ce second type d'aides est sans incidence sur le montant de l'actif net de la filiale et donc sur la valeur de la participation telle qu'elle figure à l'actif du bilan de la société mère. En outre, ces aides ne se traduisent pas par des charges déductibles pour la société qui les consent, ce qui pourrait conduire à les considérer comme exclues du principe général de non-déductibilité posé désormais par l'article 39, 13 du CGI (nº 26122).

De son côté, la jurisprudence n'est pas très nette ; il a été jugé que la simple renonciation par une société mère à la **perception d'intérêts** au titre d'avances consenties ne peut pas, normalement, s'analyser comme une subvention ayant entraîné une variation d'actif net de la filiale, ni avoir eu pour effet de supprimer une dette au passif de celle-ci (CAA Paris 31 janvier 1991 nº 2798, 2e ch., Cie des brasseries et glacières internationales : RJF 4/91 nº 392 ; arrêt définitif).

La cour administrative d'appel de Nantes a ensuite jugé en sens contraire (CAA Nantes 24 novembre 1994 nº 92-1104, 1e ch., SA Les Carrières de Mouen : RJF 5/95 nº 576, définitif), mais la cour administrative d'appel de Paris a réaffirmé sa position par un arrêt du 28 avril 2006, toujours dans une situation interne (CAA Paris nº 03-4255, 2e ch. A, SARL Magic 5 : RJF 10/06 nº 1153, définitif). Voir aussi CAA Marseille 2 avril 2009 nº 06-2583, 3e ch., SA Éric Soccer : RJF 4/10 nº 322 (définitif) jugeant que la renonciation à la perception d'intérêts sur des avances non rémunérées consenties dans le cadre d'une gestion normale à une filiale en difficulté ne peut s'analyser comme une subvention ayant entraîné une variation de l'actif net de la filiale et n'a pu avoir pour effet de supprimer une dette au passif de celle-ci.

Il reste, bien entendu, que le fait de consentir des avances sans intérêt à une filiale constitue pour une société un acte étranger à une **gestion commerciale normale**, hormis le cas où la société mère peut être regardée comme ayant agi dans son propre intérêt en venant en aide à une filiale en difficulté (CE 4 avril 1990 nº 65943, 9e et 7e s.-s., Somag : RJF 6/90 nº 671). Les renonciations à recettes sont ainsi nécessairement sous le contrôle de l'article 57 du CGI (nºs 76610 s.), ce qui ne signifie pas qu'elles soient interdites par principe. Par exemple, il a été jugé qu'une société française avait pu à bon droit, au cours des exercices 2005 à 2008, s'abstenir de facturer des « **managements fees** » à des sous-filiales établies au Brésil, en Chine, en Inde et en Russie, compte tenu de la situation déficitaire de ces sociétés en période de démarrage et de ce qu'il était conforme aux intérêts propres de la société mère, et notamment à son bon **renom**, d'assurer le maintien en activité de jeunes entreprises à la création desquelles elle avait participé et d'éviter leur dévalorisation et leur défaillance (CAA Versailles 20 octobre 2016 nº 14VE01604, 6e ch., Sté ALD International SA : RJF 1/17 nº 33 ; arrêt définitif).

Précisions Selon la doctrine administrative, il convient d'assimiler aux abandons de créances les subventions ou sommes de toute nature effectivement versées par une entreprise à une tierce entreprise. En revanche, les renonciations à des recettes ne peuvent être assimilées à des abandons de créances. Toutefois, dans la situation où la société mère pourrait être regardée comme ayant agi dans son propre intérêt en venant en aide à une filiale en difficulté, l'administration estime qu'il conviendrait, en ce qui la concerne, et pour l'application des impôts directs uniquement, d'**attacher à la renonciation à des recettes les effets d'un abandon de créance** (BOI-BIC-BASE-50-10 nºs 50 et 60).

c. Situation des succursales

Position administrative traditionnelle

Les principes exposés précédemment concernent les relations entre les sociétés françaises et leurs filiales ou sous-filiales étrangères. L'administration estime qu'ils ne sont pas applicables aux succursales au motif qu'une société ne peut avoir une **créance ou une dette** sur elle-même (ancienne Réponse Barbier : JOAN 23 septembre 1996, p. 5054 et BF 11/96 nº 1158, non reprise au BOFiP). **26180**

Cette solution est discutable en ce qu'elle ne tient pas compte de la personnalité fiscale reconnue aux succursales, notamment par l'article 209, I du CGI ; en tout état de cause, elle n'est pas en ligne avec la décision rendue par le Conseil d'État dans l'affaire Sodirep (nº 15260).

Jurisprudence

26185 Saisi de cette question dans le cadre de l'affaire Télécoise (nº 5955), le Conseil d'État a jugé que, compte tenu des différences juridiques existant entre une succursale et une filiale, et notamment du fait qu'une succursale n'a pas de **personnalité morale**, les règles relatives à la prise en compte, pour l'imposition d'une société dont le siège est en France, des aides qu'elle apporte à une filiale dont le siège est à l'étranger ne sont pas applicables aux aides apportées à une succursale. La jurisprudence relative aux aides consenties par les sociétés mères françaises à leurs filiales étrangères n'est donc pas, en tant que telle, transposable aux établissements étrangers.

Cependant, le Conseil d'État aboutit, d'une certaine façon, à une transposition partielle lorsqu'il admet que des aides puissent tout de même être déductibles en présence de **relations commerciales** (nº 5955). La non-prise en compte des aides à caractère financier (ou, plus exactement, accordées en l'absence de relations commerciales) a été justifiée par le commissaire du Gouvernement Marie-Hélène Mitjavile, dans ses conclusions sous la décision Télécoise, par l'impossibilité d'assimiler complètement établissement et filiale (à l'époque, les abandons de créances financiers à des filiales étaient éventuellement déductibles) ; ainsi, une société mère a un intérêt propre à l'enrichissement de sa filiale car elle pourra, le cas échéant, réaliser des plus-values imposables en France lors de la cession de ses titres de participation (cette remarque n'est plus très pertinente aujourd'hui ; nº 25960) ; tel n'est pas le cas en présence d'une succursale puisque le **principe de territorialité** fait échapper à l'impôt français les plus-values de cession des actifs qui la composent. Selon cette manière de voir, le seul intérêt du siège à la bonne santé de son établissement étranger ne pourrait donc suffire à permettre la déductibilité d'un abandon de créance ou d'une aide.

Précisions En ce qui concerne les aides aux succursales étrangères, voir aussi nºs 5950 s.

2. Les provisions pour dépréciation des titres de participation

Principes

26190 Les provisions pour dépréciation ont pour objet de constater un amoindrissement de la valeur d'un élément d'actif, lorsque celle-ci n'est pas nécessairement irréversible. Si la dépréciation est totale et définitive, elle se traduit par la sortie de l'actif du bien correspondant et donc par la constatation d'une moins-value. Ce régime s'applique aux titres de **filiales françaises ou** de filiales **étrangères**.

Lorsqu'une filiale étrangère d'une société française est en situation difficile, qui se concrétise par l'existence de pertes durables, il est évident que sa « valeur économique » diminue. Si son actif net est négatif, la valeur de la participation de la société française est mathématiquement nulle, toutes choses égales par ailleurs. Cette dépréciation doit être constatée en France par voie de provision.

Les dépréciations de titres de participation obéissent, pour l'essentiel, au régime fiscal suivant (sur la notion de titres de participation, voir nº 65790).

Modalités de calcul

26195 Les titres de participation sont enregistrés au moment de l'acquisition à leur **coût réel d'achat**, ou à leur valeur d'apport. À la clôture de chaque exercice, ils doivent être évalués par l'entreprise ; l'évaluation est faite par catégories de titres de même nature.

Les titres de participation ne peuvent faire l'objet d'une provision pour dépréciation en fonction du seul cours de bourse ; l'entreprise doit justifier d'une **dépréciation réelle** par rapport au prix de revient. Cette dépréciation est estimée en tenant compte de la valeur économique des titres à la clôture de l'exercice, en fonction de données objectives telles que les cours de bourse, la valeur probable de réalisation, la rentabilité de l'entreprise, etc.

Régime fiscal

Les provisions pour dépréciation des titres de participation sont fiscalement soumises au **régime des moins-values à long terme**. Elles ne peuvent donc pas être comprises parmi les charges d'exploitation déductibles pour la détermination du résultat fiscal (elles sont imputables sur les plus-values à long terme afférentes aux titres de participation). **26200**

Les provisions pour dépréciation des **titres de participation** sont en outre sans incidence sur le calcul de la quote-part de frais et charges de 12 %, qui s'applique aux plus-values brutes ; toutefois, compte tenu de la jurisprudence du Conseil d'État (n° 65790), elles peuvent permettre d'éviter l'imposition de la quote-part en cas de moins-value nette à long terme au titre de l'exercice de cession. Le régime des **abandons de créances** est évidemment plus avantageux, sous réserve que les conditions de déductibilité soient respectées, puisqu'un abandon de créances est déductible au taux normal de l'impôt sur les sociétés.

Incidences des conventions fiscales

En présence d'une convention fiscale, la déductibilité d'une provision pour dépréciation n'est permise, à supposer qu'elle le soit en droit interne, que si la convention ne retire pas à la France le droit d'imposer les plus-values de cession de participations. Or, ce droit est parfois réservé à l'État de situation de la filiale : participations substantielles, avec, en principe, un **seuil de 25 %** ou encore participations dans des sociétés à **prépondérance immobilière**, dans le cadre de certaines conventions fiscales qui éliminent la double imposition par la technique de l'exonération ou du « faux » crédit égal à l'impôt français et non du « vrai » crédit, égal à l'impôt étranger. **26205**

Dès lors que le droit d'imposer est retiré à la France, il est cohérent que la société française ne puisse déduire de provision pour dépréciation.

Cette solution a été retenue par le Conseil d'État à propos de l'ancienne convention fiscale franco-canadienne du 2 mai 1975 (CE 12 juin 2013 n° 351702, 3e et 8e s.-s., Sté BNP Paribas : RJF 10/13 n° 911 aux conclusions Emmanuelle Cortot-Boucher au BDCF 10/13 n° 100) ; il a été jugé qu'une convention fiscale qui prive la France de son pouvoir d'imposer un gain susceptible d'être réalisé lors de la cession de titres de participation dans une filiale étrangère fait obstacle à ce qu'une **moins-value** relative à une telle cession soit prise en compte pour déterminer le montant net des plus-values ou moins-values de même nature entrant dans l'assiette de l'impôt en France (en l'espèce, le litige concernait des provisions pour dépréciation, dont la déduction a été refusée pour le même motif).

Cette solution, qui repose sur une **logique de symétrie** entre l'imposition des gains et la déductibilité des pertes, n'a cependant plus beaucoup d'importance pratique étant donné que les provisions concernant les titres de participations « substantielles » ne sont plus déductibles de toute façon. La décision du Conseil d'État garde tout de même un intérêt pour l'analyse de situations similaires, par exemple en présence de titres de sociétés à prépondérance immobilière, à supposer toutefois que la France perde conventionnellement tout droit d'imposer (lorsque la convention élimine la double imposition par la technique du crédit d'impôt, il en va différemment car la France garde alors le droit d'imposer, sauf, à notre avis, si le crédit d'impôt est égal à l'impôt français car le mécanisme utilisé revient à une exonération de fait).

3. Cas particuliers liés à l'intégration fiscale

Principes

Le régime de l'intégration fiscale ne concerne que les **sociétés françaises** ; en effet, il résulte de l'article 223 A du CGI que seules peuvent être membres d'un groupe fiscal les sociétés qui ont donné leur accord et dont les résultats sont soumis à l'impôt sur les sociétés dans les conditions de droit commun ou selon les modalités prévues aux articles 214 et 217 bis du CGI. Cette règle est conforme à la jurisprudence de la Cour de justice (arrêt 337/08, X Holding BV ; n° 81760). **26225**

Une société située à l'étranger peut cependant être membre d'un groupe fiscal dès lors qu'elle possède un **établissement stable** soumis à l'impôt sur les sociétés en France, qu'elle a régulièrement donné son accord pour être membre du groupe, au titre de son établissement stable et que les autres conditions posées par l'article 223 A du CGI sont remplies (notamment, détention par la société mère de 95 % du capital de la société étrangère concernée, cette condition s'entendant de la détention en pleine propriété de 95 % au moins des droits à dividendes et de 95 % au moins des droits de vote attachés aux titres émis par cette société ; n° 18912). Les sociétés dont le capital est détenu à 95 % au moins par la société étrangère en cause sont également admises à entrer dans le groupe auquel appartient leur actionnaire dès lors qu'elles remplissent les conditions d'application du régime et que les titres représentatifs de leur capital sont inscrits au bilan fiscal de l'établissement stable de la société étrangère (BOI-IS-GPE-10-30-40 nos 160 et 170).

Sur les conséquences de la **jurisprudence** de la Cour de justice et du Conseil d'État en ce qui concerne les pertes de filiales étrangères, l'intégration horizontale et les distributions intragroupe, voir nos 81765 s.

Prise en compte de sous-filiales françaises détenues par l'intermédiaire de sociétés étrangères

26230 Pour la détermination des résultats des exercices clos depuis le 31 décembre 2009, le périmètre d'un groupe fiscal peut s'étendre à des sous-filiales françaises détenues par l'intermédiaire de sociétés étrangères ou d'établissements stables implantés au sein de l'Union européenne, en Islande ou en Norvège (intégration dite « **Papillon** »).

La société intermédiaire, qui demeure exclue du groupe en raison de son absence d'assujettissement à l'impôt sur les sociétés en France, doit respecter les mêmes conditions que les sociétés membres : détention directe ou indirecte à 95 % au moins par la tête de groupe, assujettissement à une imposition équivalente à l'impôt sur les sociétés, coïncidence des exercices comptables, sauf si la réglementation étrangère y fait obstacle. Elle doit, en outre, donner son accord à l'entrée de sa filiale dans le groupe (un modèle d'attestation à établir par une société souhaitant revêtir la qualité de société intermédiaire ou formuler son accord en tant qu'entité mère non résidente ou société étrangère est fourni par le BOI-LETTRE-000068).

Sociétés sœurs filiales d'une société européenne

26235 L'article 63 de la loi n° 2014-1655 du 29 décembre 2014 de finances rectificative pour 2014 a permis, pour les exercices clos depuis le 31 décembre 2014, la formation d'un groupe d'intégration fiscale entre des sociétés sœurs françaises filiales d'une société établie dans un État membre de l'Union européenne, en Islande, au Liechtenstein ou en Norvège (**intégration horizontale** ; n° 81769).

Une société peut, en effet, devenir la « société mère » d'un groupe intégré, en se constituant seule redevable de l'impôt sur les sociétés dû par le groupe qu'elle forme avec ses sociétés sœurs établies en France, lorsque leur capital est détenu de manière continue au cours de l'exercice à 95 % au moins (droits financiers et droits de vote) par une « entité mère non résidente », directement ou indirectement par l'intermédiaire de sociétés étrangères (CGI art. 223 A, I-al. 2). L'entité mère non résidente et les sociétés étrangères doivent être soumises à un impôt équivalent à l'impôt sur les sociétés dans un État membre de l'Union européenne ou dans un autre État partie à l'accord sur l'Espace économique européen ayant conclu avec la France une convention d'assistance administrative en vue de lutter contre la fraude et l'évasion fiscales (Islande, Liechtenstein et Norvège). Ne peuvent cependant entrer dans le périmètre d'intégration que les sociétés **implantées en France** ; l'entité mère non résidente et les sociétés étrangères demeurent exclues du périmètre d'intégration, les règles de territorialité de l'impôt sur les sociétés n'étant pas modifiées (n° 26225).

La plupart des commentaires administratifs sur les groupes dont le chaînage capitalistique est réalisé par l'intermédiaire de sociétés intermédiaires (configuration « Papillon ») et sur les groupes « horizontaux » sont rassemblés respectivement aux BOI-IS-GPE-10-30-30 et au BOI-IS-GPE-10-30-50.

Précisions Aux fins de l'intégration fiscale horizontale, la société **tête de groupe**, qui doit être choisie parmi les sociétés sœurs françaises, doit être la société la plus proche de l'entité mère non résidente ; les retraitements, les règles de réintégration des charges financières, les obligations déclaratives et les modalités de paiement de l'impôt sont calqués sur les règles applicables aux intégrations « verticales » sous réserve des adaptations nécessaires.

SECTION 3

L'optimisation fiscale au sein des groupes internationaux

Il n'est évidemment pas question ici d'étudier tous les aspects de l'optimisation fiscale des structures des groupes internationaux (sur la distinction entre fraude, évasion et optimisation fiscales, voir n° 70550). On en évoquera cependant quelques-uns qui prennent un relief particulier : l'utilisation de sociétés holdings, la sous-capitalisation des filiales et la centralisation des services communs, avant de donner quelques éléments sur les réorganisations internationales. **26450**

A. L'utilisation de sociétés holdings

De nombreux pays réservent des avantages fiscaux aux sociétés holdings implantées sur leur territoire. Ces avantages, matérialisés par une exonération, ou une quasi-exonération, des **dividendes** et une exonération des **plus-values** de cession des participations, intéressent les groupes internationaux car ils permettent une optimisation fiscale en matière de circulation des flux de dividendes et facilitent les réorganisations internes et les cessions hors groupe. On donnera quelques indications sur le système français et sur les avantages recherchés à l'étranger, en signalant les précautions à prendre et les écueils à éviter, d'une façon générale. **26455**

Précisions Une **analyse comparative** montre que la législation fiscale française relative aux sociétés holdings, bien qu'elle soit favorable, ne l'est pas autant que dans de nombreux pays étrangers ; il n'y a pas de régime de faveur concernant l'imposition des redevances de marque et l'imposition des dividendes et des plus-values sur titres de participation est plus élevée que dans de nombreux autres pays (l'assiette imposable est respectivement de 5 % ou 1 % sur les dividendes et de 12 % sur les plus-values, alors que de nombreux pays prévoient une exonération totale).

1. Éléments sur le système français

Il n'existe **pas** à proprement parler de **régime spécial** applicable aux sociétés holdings : celles-ci ne sont pas différenciées des autres sociétés de capitaux et sont donc soumises aux mêmes règles juridiques et fiscales. **26460**

Toutes les sociétés soumises à l'impôt sur les sociétés peuvent se comporter en sociétés holdings, c'est-à-dire avoir une activité plus ou moins pure de gestion de participations détenues dans d'autres sociétés françaises ou étrangères.

Sur le plan fiscal, dès lors, en particulier, que le seuil de participation de 5 % est atteint, ces sociétés bénéficient du régime des sociétés mères qui permet l'encaissement de **dividendes** en quasi-franchise d'impôt (n° 61400). **26465**

Elles bénéficient également, depuis le 1er janvier 2007, d'une imposition très réduite sur les **plus-values** réalisées lors de la cession des participations qu'elles détiennent, sous réserve, notamment, d'avoir détenu les participations pendant au moins deux ans ; dans ce cas, la seule charge fiscale liée à la cession tient à la prise en compte, pour la détermination du résultat imposable de la société cédante, d'une quote-part de frais et charges égale à 12 % du résultat net des plus-values de cession (n° 65790).

Les **intérêts versés** sont généralement exonérés de retenue à la source lorsqu'ils reviennent à des non-résidents (n° 62620) et ils sont par principe déductibles même s'ils sont liés à l'acquisition de participations dont les produits sont exonérés. D'une façon générale, cependant, la déduction des intérêts est aujourd'hui sérieusement limitée par les règles relatives au taux d'intérêt maximum admissible (nos 26780 s.) et au montant des intérêts déductibles (nos 26810 s.).

L'absence presque totale de **droit d'apport** proportionnel ainsi que l'existence d'un excellent réseau de **conventions fiscales** contribuent, enfin, à l'intérêt du régime français des sociétés holdings, même s'il reste moins favorable que ses homologues belges, luxembourgeois et néerlandais, notamment.

2. Avantages recherchés à l'étranger

26480 Les groupes internationaux peuvent schématiquement trouver trois séries d'avantages à l'utilisation de sociétés holdings étrangères.

a. Avantages extra-fiscaux

26500 Les avantages de nature non fiscale doivent être mentionnés car ils sont souvent importants pour les groupes. L'expérience montre que les aspects fiscaux ne viennent pas toujours au premier plan et qu'il existe bien souvent des aspects juridiques prépondérants, notamment le souci de créer une structure qui offre la plus grande liberté possible tout en restant sûre sur le plan des rapports entre actionnaires.

C'est précisément cet aspect qui attire souvent les groupes qui implantent des holdings aux Pays-Bas. Le **droit des sociétés** y est, en effet, très souple et n'est pas aussi protecteur des intérêts des minoritaires qu'en France, même s'il y a la possibilité de créer des sociétés par actions simplifiées.

Ces aspects sont particulièrement importants en cas de création d'une société commune avec un partenaire extérieur (joint-venture). Les Pays-Bas ont d'ailleurs assoupli encore les contraintes tenant au droit des sociétés par la mise en place de règles moins contraignantes concernant les sociétés de type « SARL » (« BV »).

Précisions Aux **Pays-Bas**, les sociétés de type SARL (BV) sont dites « flexibles » (« Flex BV ») car elles peuvent n'avoir quasiment pas de capital de (0,01 €) et leurs actions peuvent être libellées en devise étrangère. Elles ont la possibilité de créer des actions sans droits de vote ou droits financiers, de répartir librement les droits de vote entre les actionnaires personnes physiques, de ne pas introduire de restrictions aux transferts des actions, de permettre aux actionnaires d'adopter des résolutions en dehors des assemblées d'actionnaires et de mettre en place des règles souples en ce qui concerne la distribution des profits et des réserves.

b. Circulation des dividendes

26520 En ce qui concerne la circulation des dividendes, les avantages respectifs des différents types de holdings sont très voisins : ils tournent tous autour de l'exonération des dividendes reçus en provenance des filiales.

On peut même remarquer que la **législation fiscale française** peut présenter un **avantage non négligeable**, en cas de perception de dividendes provenant de filiales étrangères et redistribués à des actionnaires non résidents ; c'est le seul pays important qui permette l'imputation de la retenue d'entrée sur la retenue de sortie (n° 61640 ; les Pays-Bas ont un dispositif de même nature mais moins puissant).

Il reste que divers pays voisins ont mis en place des mécanismes d'exonération des dividendes reçus en fonction non pas de pourcentages de détention mais de **seuils en valeur absolue**, ce qui est nettement plus avantageux ; par exemple, en Belgique, les dividendes reçus sont entièrement exclus de l'assiette imposable non seulement si les dividendes sont versés au titre d'une participation d'au moins 10 % dans le capital de la filiale mais aussi lorsque son prix de revient est d'au moins 2,5 M€ (la participation doit être détenue pendant au moins douze mois). Au Luxembourg, le seuil en valeur absolue est de 1,2 M€.

L'interposition de holdings étrangères est aussi un moyen d'éviter ou de réduire les **retenues à la source** par le jeu des conventions fiscales, sous réserve du « Treaty shopping » (nos 74570 s.). Par exemple, des dividendes versés par une société française à une holding belge interposée par une société mère non européenne peuvent (sous réserve des contraintes décrites n° 26570) échapper à toute retenue à la source tant en France, en raison du droit de l'Union européenne, qu'en Belgique car aucune retenue n'est exigible lors du versement de dividendes à une société résidente d'un pays ayant signé avec la Belgique une convention fiscale et qui détient une participation d'au moins 10 % dans le capital d'une société belge pendant au moins un an (les dividendes sont aussi exonérés de retenue à la source en présence d'une participation inférieure à 10 % mais dont le prix de revient est d'au moins 2,5 M€ ; le Luxembourg propose un avantage similaire avec un seuil en valeur absolue fixé à 1,2 M€).

c. Situation des groupes qui veulent avoir une gestion active de leurs participations

En général, les groupes qui constituent des holdings cherchent à organiser de manière durable leurs activités et le réseau de leurs participations. Il arrive cependant que certains groupes aient en vue une gestion active de leurs participations ou bien des réorganisations et des restructurations précises à effectuer, toutes opérations qui nécessitent des **cessions de titres** et, par suite, sont susceptibles de dégager des plus-values. **26540**

Par ailleurs, même les groupes qui n'ont pas d'objectifs précis peuvent légitimement souhaiter mettre en place une structure qui minimise les coûts fiscaux en cas de déplacement éventuel des participations et de restructurations internes.

De ce point de vue, la localisation d'une société holding en France est relativement favorable, compte tenu de la quasi-exonération des plus-values de cession des titres de participation, applicable depuis le 1er janvier 2007, malgré l'augmentation du taux de la quote-part de frais et charges imposable, initialement fixée à 5 % et portée aujourd'hui à 12 %. Il reste cependant que la contrainte liée au **délai de détention** de deux ans peut parfois être pénalisante et que les groupes peuvent, le cas échéant, chercher à la contourner par la mise en place de sociétés holdings dans des pays qui n'exigent pas de délai de détention. En outre, le fait que la quote-part imposable soit relativement élevée, l'exclusion des cessions de titres de sociétés à **prépondérance immobilière**, ou même la simple condition liée au seuil de **5 %** (sauf exceptions, n° 65790), peuvent conduire les groupes à rechercher d'autres localisations (en Belgique, par exemple, les plus-values sont généralement exonérées si la participation est d'au moins 10 % ou si son prix de revient est d'au moins 2,5 M€ ; les plus-values réalisées en moins d'un an sont cependant imposables). Au Luxembourg, l'exonération des plus-values est en principe acquise si les participations représentent au moins 10 % ou si leur prix d'acquisition est d'au moins 6 M€, sous réserve de la détention des titres pendant au moins douze mois.

3. Précautions à prendre

L'utilisation de sociétés holdings n'est pas toujours aisée : elle est même parfois risquée, car certains États ont mis en place, ou cherchent à mettre en place, des dispositifs anti-abus. Les dispositions anti-abus contenues dans l'instrument multilatéral destiné à introduire dans les conventions fiscales des normes « anti-Beps » minimales (nos 1650 s.) doivent également être prises en compte au fur et à mesure de leur incorporation dans les conventions fiscales. **26570**

a. La question du siège de direction effective

En droit conventionnel, en cas de double résidence, la résidence des sociétés est généralement déterminée par référence à leur siège de direction effective (article 4 § 3 du modèle de l'OCDE, dans son ancienne rédaction ; nos 41405 s.). Le droit français fait, de son côté, référence au siège, entendu au sens de « siège réel » (n° 41450). **26590**

Ainsi, il convient de veiller à ce que les sociétés holdings implantées à l'étranger aient une **existence réelle** et pas seulement une existence juridique ; il serait possible à un État de contester la résidence d'une société holding implantée à l'étranger, s'il s'avérait que la direction effective de cette société n'était pas située dans cet État (par référence, par exemple, au lieu de réunion des organes sociaux, à l'endroit où les décisions sont prises, etc.). Dans ce cas, les avantages procurés par la holding deviendraient illusoires, car l'État du siège de direction effective serait fondé à imposer l'ensemble des profits (sous réserve, le cas échéant, des conventions fiscales). Voir sur ce point nos 41405 s.

b. L'application éventuelle en France de l'article 209 B du CGI

26610 En simplifiant, il résulte de l'article 209 B du CGI que, sauf si la clause de sauvegarde s'applique, lorsqu'une personne morale établie en France et passible de l'impôt sur les sociétés détient, directement ou indirectement, **plus de 50 %** des actions, parts, droits financiers ou droits de vote dans une entité juridique établie ou constituée hors de France et que cette dernière est soumise à un **régime fiscal privilégié**, les bénéfices ou revenus positifs de cette entité juridique sont passibles de l'impôt sur les sociétés en France (nos 73100 s.).

26615 L'article 209 B est susceptible de s'appliquer aux sociétés françaises qui détiennent des holdings étrangères, à condition que le **régime fiscal** qui leur est réservé dans leur État d'implantation puisse être considéré comme **privilégié** au sens du deuxième alinéa de l'article 238 A du CGI (no 72983) ; cela suppose que la holding étrangère soit non imposable ou qu'elle soit soumise localement à des impôts sur les bénéfices ou les revenus dont le montant est inférieur à 60 % de l'impôt qui aurait été dû en France dans les conditions de droit commun si elle y avait été domiciliée ou établie.

Tout dépend donc des **circonstances**. Si la holding étrangère, à la supposer théoriquement imposable dans son État de résidence, réalise uniquement des revenus ou des plus-values qui sont exonérés mais qui n'auraient pas (ou quasiment pas) été imposés si elle avait été implantée en France, aucun régime fiscal privilégié ne peut, en principe, être caractérisé et l'article 209 B ne serait donc pas applicable.

En revanche, si les résultats de la holding étrangère sont localement exonérés alors qu'ils ne l'auraient pas été si elle avait été située en France, l'article 209 B est susceptible de s'appliquer, sous réserve, bien entendu, de la **clause de sauvegarde** (nos 73255 s.). En pratique, dans la mesure où les holdings n'ont pas, normalement, d'activité industrielle ou commerciale, il n'est alors possible d'éviter l'article 209 B que si la holding est implantée dans l'Union européenne, à condition qu'elle ait une existence tangible en termes de personnel, matériel et équipement (hors Union européenne, toutefois, il devrait être possible de démontrer, si les circonstances s'y prêtent, que la création et le maintien de la holding n'ont ni pour objet ni pour effet de permettre, dans un but de fraude fiscale, la localisation de bénéfices dans un État ou territoire où ils bénéficient d'un régime fiscal privilégié ; no 73285).

c. L'incidence de l'abus de droit et des clauses anti-abus conventionnelles

26630 Les conventions fiscales contiennent souvent des clauses destinées à lutter contre l'utilisation « abusive » de sociétés holding ou, plus généralement, contre certaines formes d'évasion fiscale (nos 74715 s.). Historiquement, un bon exemple était fourni par un échange de lettres du 8 septembre 1970 entre la France et le **Luxembourg** qui excluait les sociétés holding régies par l'ancienne loi de 1929 du bénéfice de la convention fiscale du 1er avril 1958 modifiée ; mais cette exclusion n'a plus d'importance aujourd'hui car ces sociétés ont disparu, étant considérées comme incompatibles avec le marché intérieur.

Plus récemment, un autre exemple est fourni par l'accord du 21 octobre 2010 entre la France et **Hong Kong** qui exclut notamment les sociétés qui exercent leurs activités dans une zone franche ou qui bénéficient d'un régime fiscal extraterritorial (« offshore »).

Voir également les clauses de « **bénéficiaire effectif** », no 74630.

26635 Plus significatives, en pratique, sont les stipulations conventionnelles visant à limiter le **« Treaty shopping »** (nos 74570 s.), qui ont une grande importance en ce qui concerne la circulation des dividendes au sein des groupes et la localisation des sociétés holdings.

Se multiplient, par exemple, les clauses par lesquelles les exonérations ou réductions de retenues à la source sur les dividendes « ne s'appliquent pas si le **principal objectif** ou l'un des principaux objectifs d'une personne concernée par la constitution ou l'affectation des actions ou autres droits générateurs des dividendes a été de **tirer avantage** du présent article grâce à cette constitution ou à cette affectation » (no 74780).

En ce sens, la mise en place d'une société holding en **Suisse** par un groupe américain peut se heurter, par exemple en France en tant qu'État de la source des dividendes versés à la holding suisse, à la clause anti-abus franco-suisse qui refuse, sauf si certaines conditions sont remplies, le bénéfice des taux réduits ou des exonérations de retenue à la source à une société suisse contrôlée par des non-résidents de Suisse ou de France. Dans le même ordre d'idées, une société **américaine** pourra, si elle ne peut bénéficier des avantages prévus par la convention fiscale franco-américaine, préférer faire détenir ses participations dans des sociétés françaises par l'intermédiaire d'une société holding allemande (sauf abus ou montage artificiel).

Sur ces questions, voir également les stipulations anti-abus contenues dans **l'instrument multilatéral** et qui doivent désormais être prises en compte, dans la mesure où elles se sont incorporées aux conventions fiscales couvertes (nos 1650 s.).

À propos de la constitution de sociétés holdings étrangères par des résidents de France, il ne faut pas, bien entendu, oublier l'incidence du mécanisme de répression des **abus de droit** (nos 72620 s.). En ce qui concerne les sociétés holdings, la question se pose particulièrement au regard de la « **substance** » qui doit leur être attribuée pour qu'elles ne soient pas regardées comme fictives. **26640**

La jurisprudence n'est pas très favorable en la matière, alors même qu'il est théoriquement admis qu'une société holding étrangère n'a pas nécessairement besoin de moyens matériels et humains pour remplir les fonctions qui lui sont confiées.

Par exemple, dans ses conclusions sous CE 28 janvier 2022 n° 433965, 10e et 9e ch. : RJF 4/22 n° 353 (voir n° 72640 I), le rapporteur public Laurent Domingo estimait que les requérants avaient « raison de souligner que, dans le cas des sociétés holdings, l'absence de moyens matériels et humains n'est pas décisive », mais il concluait néanmoins dans le sens de l'abus de droit en relevant que l'arrêt d'appel n'en avait « justement pas fait un critère décisif, mais un indice parmi d'autres ». Il relevait également que **l'objet patrimonial** invoqué par les contribuables n'était pas remis en cause « par lui-même », mais que la Cour avait eu raison de juger que cet objectif ne justifiait pas l'implantation de la société « en Belgique ». Enfin, il admettait que « créer une société en Belgique n'est **pas en soi abusif** », mais « en soi » seulement, citant à ce propos les conclusions de l'avocate générale Juliane Kokott sur l'affaire 115/16, points 70, 72 et 76 (nos 81500 et 88650) :

– « n'est pas constitutif en soi d'abus le fait d'établir le siège, statutaire ou réel, d'une société en conformité avec la législation d'un État membre dans le but de bénéficier d'une législation plus avantageuse » ;
– « le seul fait que des sociétés luxembourgeoises aient également été interposées dans la transaction d'entreprise avec des investisseurs étrangers, en cause ici, ne permet dès lors pas de conclure à l'existence d'un abus » ;
– « le fait qu'un citoyen de l'Union, personne physique ou morale, a entendu profiter de la fiscalité avantageuse en vigueur dans un État membre autre que celui dans lequel il réside ne permet pas, à lui seul, de le priver de la possibilité d'invoquer les dispositions du traité ».

En réalité, cependant, à lire la série de décisions négatives de la jurisprudence sur le sujet, on en retire tout de même l'impression que, au-delà du discours, une société holding doit être « plus établie » lorsqu'elle est située à l'étranger que lorsqu'elle est située dans l'État de résidence du contribuable.

B. La déduction de frais financiers et la pratique de la sous-capitalisation des filiales

Dès 1987, le comité des affaires fiscales de l'OCDE avait publié un rapport sur la **sous-capitalisation** mettant en lumière une pratique utilisée couramment par les groupes internationaux et consistant à bénéficier de la différence de traitement fiscal entre les deux modes courants de financement des entreprises que sont l'émission de capital et l'emprunt (Volume II du modèle de convention fiscale, R (4)). **26735**

Si les États, et notamment la France, ont cherché depuis longtemps à lutter contre ces pratiques, la question est aujourd'hui abordée d'une façon différente, la plupart des législations reposant plutôt sur un principe général de **non-déductibilité des frais financiers** lorsqu'ils sont considérés comme excessifs au regard des résultats de l'entreprise, même s'il s'agit d'emprunts contractés auprès de tiers et non pas au sein du groupe. Dans le sillage des travaux internationaux sur l'érosion de l'assiette imposable et les transferts de bénéfices (« Beps » ; nº 72410), les mesures de restriction se sont multipliées et, au sein de l'Union européenne, elles sont désormais encadrées par la directive anti-évasion fiscale du 12 juillet 2016 (« Atad 1 » ; nº 88138).

En simplifiant, la situation en France est actuellement la suivante, sachant que la loi traite généralement les situations internationales de la même façon que les situations purement internes et qu'elle ne comporte par conséquent que peu d'aspects proprement internationaux.

1. Intérêt et mécanisme de la sous-capitalisation

Principes

26740 Pour financer ses opérations et son développement, une société a le choix entre **augmenter son capital** ou **recourir** à **l'emprunt**. Ces deux modes ne sont évidemment pas équivalents sur le plan juridique (l'actionnaire et l'emprunteur ne sont pas dans la même situation juridique) ni économique (quoique les différences s'estompent avec la multiplication des titres hybrides). Ils ne sont pas non plus équivalents **sur le plan fiscal**, dès lors que la rémunération d'une participation au capital d'une société est représentée, pour l'actionnaire, par une part distribuée des bénéfices, alors que la rémunération de l'emprunteur est, pour la société qui verse la rémunération, une charge qu'elle impute sur son résultat. Autrement dit, pour la société, la rémunération de l'actionnaire qui lui a apporté des capitaux est un emploi de son bénéfice après impôt, alors que celle du prêteur est une charge déductible de son bénéfice imposable.

Dans les pays qui prélèvent un impôt sur la fortune, ou sur le capital des entreprises, le mode de financement d'une société peut également avoir des conséquences importantes car les dettes sont, en général, déductibles pour le calcul de l'assiette imposable.

Du point de vue fiscal, et notamment dans un contexte international (mais pas seulement), il peut donc être avantageux pour une société d'assurer son **financement par l'emprunt** plutôt que par des apports en capital. Et cela d'autant plus que les intérêts servis à des prêteurs étrangers sont souvent exonérés de retenue à la source ou, en tout cas, imposés plus faiblement que les versements de dividendes. Ces avantages peuvent ainsi inciter les sociétés à déguiser en prêt un véritable apport en capital ; on parle alors de « capitalisation dissimulée » et, le plus souvent, de **« sous-capitalisation »**. La situation décrite par ce terme est celle dans laquelle une société ne dispose pas d'un capital suffisant pour exercer son activité dans des conditions normales (elle est « sous »-capitalisée). L'indice de cette situation est l'existence d'un rapport élevé entre les fonds d'emprunt et les capitaux propres dans la structure du passif de la société.

Utilisation

26745 Les **groupes internationaux** peuvent utiliser cette technique qui, combinée à l'absence de retenue à la source et à l'existence de régimes privilégiés à l'étranger, peut donner des résultats très avantageux.

Soit l'**exemple classique** d'une société française sous-capitalisée :
– elle verse des intérêts déductibles de ses résultats ;
– ces intérêts sont reçus par une société relais néerlandaise qui assure le financement du groupe : ils échappent à tout prélèvement en France (nº 62525) ;
– la société financière néerlandaise se refinance par l'emprunt : elle peut le plus souvent n'être imposée que sur une marge assez faible aux Pays-Bas ;
– les intérêts d'emprunt peuvent être versés hors des Pays-Bas sans retenue à la source ; les sommes peuvent être mises « à l'abri » dans un paradis fiscal et être ensuite « transformées » en dividendes qui peuvent remonter en France ou ailleurs en franchise d'impôt avec le régime des sociétés mères.

On voit que la combinaison des différents mécanismes peut donner un résultat fiscalement très avantageux. Il existe cependant de nombreuses contraintes spécifiques qui en limitent la portée, en dehors même, bien entendu, des dispositifs classiques de contrôle (articles 238 A et 209 B du CGI, abus de droit, etc. ; nºs 71800 s.).

2. Les dispositions françaises restreignant la déduction des charges financières

La législation fiscale française relative à la déductibilité des charges financières supportées par les sociétés passibles de l'impôt sur les sociétés a été entièrement refondue par la loi n° 2018-1317 du 28 décembre 2018 de finances pour 2019, qui a transposé en droit interne la directive anti-évasion fiscale du 12 juillet 2016 (Atad 1 ; n° 88138). **26760**

Elle ne présente que peu de particularités sous l'angle international, étant donné qu'elle s'applique dans les mêmes conditions quelle que soit l'origine, française ou étrangère, des financements accordés (sur l'articulation entre eux des différents dispositifs de limitation des charges financières, voir n° 26875).

a. Limitation du taux d'intérêt

Sommes versées aux associés

L'article 39, 1-3° du CGI limite le montant des intérêts qui peuvent être servis et subordonne leur déductibilité à la libération du capital : « Les **intérêts servis aux associés** à raison des sommes qu'ils laissent ou mettent à la disposition de la société, en sus de leur part du capital, quelle que soit la forme de la société [sont déductibles] dans la limite de ceux calculés à un taux égal à la moyenne annuelle des taux effectifs moyens pratiqués par les établissements de crédit pour des prêts à taux variable aux entreprises, d'une durée initiale supérieure à deux ans. » **26780**

À titre d'exemple, le **taux maximum** d'intérêt déductible s'établit à 1,17 % pour les exercices de douze mois arrêtés le 31 décembre 2021 (BOI-BIC-CHG-50-50-30 n° 40). Les intérêts servis en sus de cette limite sont réintégrés dans le bénéfice imposable et, le cas échéant, traités comme des revenus distribués (n°s 60680 s.).

Cette limite, qui ne visait initialement que les seuls associés, a été étendue par la loi de finances pour 2006 à toutes les avances faites par des **entreprises liées** directement ou indirectement (n° 26808). En revanche, la limitation tenant au fait que le capital soit entièrement libéré ne concerne que les seuls associés.

Bien entendu, la circonstance que l'un des associés (personne physique ou morale) d'une société française ne soit pas fiscalement résident de France n'est pas, par elle-même, de nature à faire obstacle à l'application des dispositions du 3° du 1 de l'article 39 du CGI et de l'article 212 du CGI (n° 26802), dont la portée est générale (BOI-BIC-CHG-50-50-10 n° 30).

Précisions **a.** L'administration avait retenu, en 1999, une solution dérogatoire en ce qui concerne les **centrales de trésorerie** implantées en France, en admettant de ne pas leur opposer cette limite dans certaines conditions. Cette mesure a cependant été rapportée pour les intérêts courus depuis le 1er janvier 2003, afin de tenir compte d'une décision de la Commission européenne du 11 décembre 2002, qualifiant le dispositif d'aide d'État (n° 87750) et demandant sa suppression.

b. Il a été jugé que, lorsque le prêt a été consenti en monnaie étrangère par une société mère étrangère, la **perte de change** n'a pas à être prise en compte pour l'appréciation de la limite de déduction des intérêts (TA Versailles 5 juillet 1994, n° 91-4708, 1e ch., SA Kaumlssbohrer France : RJF 11/94 n° 1176 ; ce jugement est définitif sur ce point, l'arrêt d'appel CAA Paris 11 avril 1995 n° 94PA01260, lui-même définitif, ayant porté sur une autre question).

Sommes versées aux entreprises liées

En ce qui concerne les entreprises liées, qui peuvent ne pas être directement associées, il résulte de l'article 212, I-a du CGI que les intérêts afférents aux sommes laissées ou mises à disposition d'une entreprise par une entreprise liée, directement ou indirectement, au sens du 12 de l'article 39 du même Code, sont déductibles dans la limite de ceux calculés d'après le **taux** prévu à l'article 39, 1-3° du CGI (1,17 % pour les exercices de douze mois arrêtés le 31 décembre 2021) ou, s'ils sont supérieurs, d'après le taux que l'entreprise emprunteuse aurait pu obtenir d'établissements ou d'organismes financiers indépendants dans des conditions analogues. L'application de cette règle a donné lieu à divers contentieux (n° 26808), qui ont amené l'administration à mettre en ligne, le 27 janvier 2021, huit fiches pratiques visant à expliciter, à l'aide d'exemples concrets, la manière dont la démonstration peut être apportée « et à exposer certaines bonnes pratiques » (BF 3/21 n° 216 et Droit fiscal 2021 n° 9, comm. n° 156). **26802**

Précisions Le dispositif de limitation des intérêts déductibles s'applique à des intérêts versés par une société à son associé dirigeant en rémunération d'un emprunt obligataire (CE 13 octobre 2016 n° 388574, 8e et 3e ch. : RJF 1/17 n° 11) ; en l'espèce, il s'agissait d'**obligations convertibles** dont il est jugé qu'elles conservaient bien leur caractère de titres de créance tant qu'elles n'étaient pas converties et qu'elles étaient donc comprises dans les sommes que les associés laissent ou mettent à la disposition d'une société au sens de l'article 212 du CGI. Également, dans la même affaire, CE 7 juin 2017 n° 388133, 9e et 10e ch., Sté LMG Finances : RJF 10/17 n° 911.

26805 **Notion d'entreprises liées** La limitation posée par l'article 212 du CGI s'applique seulement en cas de versement d'intérêts à une entreprise liée, directement ou indirectement, au sens de l'article 39, 12 du CGI, qu'elle soit française ou étrangère. Selon ce texte, des **liens de dépendance** sont réputés exister entre deux entreprises :
– lorsque l'une détient directement ou par personne interposée la majorité du capital social de l'autre ou y exerce en fait le pouvoir de décision ;
– ou lorsqu'elles sont placées l'une et l'autre, dans les conditions précédentes, sous le contrôle d'une même tierce entreprise.

Sont donc visés non seulement les intérêts versés aux actionnaires mais aussi ceux qui sont versés aux sociétés sœurs, « grand-mères » ou autres sociétés du groupe.

26808 **Limitation du taux d'intérêt** Les intérêts ne sont déductibles que dans la limite de ceux calculés d'après le taux prévu au premier alinéa du 3° du 1 de l'article 39 du CGI, soit 1,17 % pour les exercices de douze mois arrêtés le 31 décembre 2021 (n° 26780) ou, s'ils sont supérieurs, d'après le taux que l'entreprise emprunteuse aurait pu obtenir d'établissements ou d'organismes financiers indépendants dans des conditions analogues.

La possibilité d'apporter une telle **preuve contraire** ne concerne que les avances accordées par des entreprises liées et non pas des associés minoritaires qui ne sont pas liés au sens indiqué au n° 26805. Selon l'administration, la preuve contraire peut, suivant la nature des sommes avancées, être apportée en fonction du taux que l'entreprise aurait pu obtenir à la date de l'octroi des sommes mises à disposition, s'il s'agit par exemple d'un emprunt, ou au titre de l'exercice concerné, s'il s'agit par exemple de lignes de crédit. S'agissant d'un emprunt, la preuve est considérée comme apportée si l'entreprise justifie, par exemple, d'une **offre de prêt** à la date à laquelle cet emprunt a été contracté (BOI-IS-BASE-35-20 n° 80).

En ce qui concerne la possibilité d'apporter la preuve contraire, le Conseil d'État a toutefois pris une position plus favorable dans un avis rendu à la demande d'un tribunal administratif qui l'avait interrogé dans le cadre d'un dossier contentieux (CE Avis 10 juillet 2019 n° 429426, 8e et 3e ch. : RJF 10/19 n° 877) :
– le **taux que l'entreprise emprunteuse aurait pu obtenir** d'établissements ou d'organismes financiers indépendants dans des conditions analogues s'entend du taux que ces établissements ou organismes auraient été susceptibles, compte tenu de ses caractéristiques propres, notamment de son **profil de risque**, de lui consentir pour un prêt présentant les mêmes caractéristiques dans des conditions de pleine concurrence ; la preuve est donc libre et ne suppose pas que soit communiquée une offre de prêt contemporaine de la transaction (la référence au principe de pleine concurrence souligne la parenté du raisonnement avec la question des prix de transfert) ; le Conseil d'État a ensuite précisé que le profil de risque doit en principe être apprécié au regard de la situation économique et financière consolidée de l'entreprise emprunteuse et de ses filiales, ce qui signifie que la notion de groupe est désormais prise en compte « en aval », mais non « en amont » et que les risques attachés aux actifs détenus par les filiales sont pris en compte mais non ceux qui s'attachent à la société mère ou à des sociétés sœurs (CE 29 décembre 2021 n° 441357, 9e et 10e ch., Sté Apex Tool Group : RJF 3/22 n° 240 ; voir ci-après) ;
– ce taux ne saurait, eu égard à la différence de nature entre un emprunt auprès d'un établissement ou organisme financier et un financement par **émission obligataire**, être celui que cette entreprise aurait elle-même été susceptible de servir à des souscripteurs si elle avait fait le choix de procéder à l'émission d'obligations plutôt que de souscrire un prêt ;
– l'entreprise emprunteuse, à qui incombe la charge de justifier du taux qu'elle aurait pu obtenir d'établissements ou d'organismes financiers indépendants pour un prêt consenti dans des conditions analogues, a la faculté d'apporter cette preuve par tout moyen ; elle peut, le cas échéant, tenir compte du **rendement d'emprunts obligataires** émanant d'entreprises se trouvant dans des conditions économiques comparables, lorsque ces

emprunts constituent, dans l'hypothèse considérée, une alternative réaliste à un prêt intragroupe ; bien entendu, cette démonstration suppose que la société puisse établir qu'elle aurait elle-même été en situation d'émettre des obligations, le cas échéant, et que les comparaisons qu'elle propose soient pertinentes. **26808** (suite)

Au contentieux, le Conseil d'État a également apporté certaines précisions à propos d'une société qui, en 2006 et 2007, avait versé des intérêts au taux de 8,2803 % dans le cadre d'une opération de **LBO** initiée par des résidents britanniques (CE 18 mars 2019 nº 411189, 9ᵉ et 10ᵉ ch., SNC Siblu : RJF 6/19 nº 513) ; en l'espèce, l'administration a été jugée fondée à considérer que le taux était excessif dès lors que ni les conditions d'emprunt ni les extraits d'articles de revues financières dont se prévalait la société n'établissaient, à eux seuls, qu'il correspondait aux taux habituels du marché à l'époque. Pour confirmer l'arrêt d'appel (CAA Bordeaux 4 avril 2017 nº 15BX01177, 5ᵉ ch., min. c/ SNC Siblu), le Conseil d'État a notamment posé les principes suivants :
– la limitation n'est pas applicable si l'entreprise emprunteuse prouve qu'elle se serait **endettée au même taux auprès d'un établissement financier** indépendant, la preuve requise ne pouvant être regardée comme apportée dans l'hypothèse où un tel emprunt n'aurait pas été possible ; en l'espèce, la société soutenait (ce qui est curieux, car c'est le contraire qu'il lui aurait fallu démontrer) qu'elle n'aurait pu obtenir de prêt d'aucun établissement financier indépendant dès lors que ses actifs avaient été apportés en nantissement, à titre de garantie, dans le cadre du contrat de financement du groupe auprès d'une banque britannique ;
– le taux d'intérêt auquel l'entreprise emprunteuse aurait pu s'endetter auprès d'organismes financiers indépendants doit être apprécié au regard des **caractéristiques** des prêts et des caractéristiques propres de cette entreprise et non de celles du **groupe** de sociétés auquel elle appartient ; la cour administrative d'appel avait donc eu raison d'écarter la référence au taux retenu dans un contrat de financement du groupe auprès d'une banque indépendante ;
– sont dépourvus de valeur probante des extraits de **revues financières** présentant des moyennes de taux pratiqués pour des opérations de LBO et qui sont sans lien avec la situation propre de la société emprunteuse.

Les exemples suivants illustrent la sévérité du juge du fond, qui est tout de même sérieusement tempérée par la jurisprudence désormais assez favorable du Conseil d'État :
– une société française dont le capital était intégralement détenu par une société luxembourgeoise, elle-même entièrement contrôlée par une société domiciliée aux îles Vierges britanniques, n'a pas été jugée fondée à déduire les intérêts qu'elle avait versés à cette dernière au taux de 6 %, dès lors qu'elle n'avait pas prouvé qu'elle aurait pu **obtenir le même taux** d'établissements ou d'organismes financiers indépendants dans des conditions analogues (CAA Paris 4 novembre 2014 nº 14PA00814, 10ᵉ ch., SAS Société Immobilière du 20 Rue Monsieur : RJF 10/15 nº 762 ; arrêt définitif jugeant la preuve non apportée) ;
– une société n'a pas justifié de la déduction, en 2012 et 2013, d'intérêts calculés au taux de 8 % au titre d'emprunts convertibles en actions, souscrits par une société luxembourgeoise qui la contrôlait, en produisant une étude insuffisamment documentée et des **comparaisons** qui ne justifiaient pas du taux qu'elle aurait pu obtenir d'établissements ou d'organismes financiers indépendants pour un prêt consenti dans des conditions analogues au regard du rendement d'emprunts obligataires émanant d'entreprises se trouvant dans des conditions économiques comparables, pour des emprunts constituant une alternative réaliste à un prêt intragroupe, compte tenu de ses caractéristiques propres et notamment de son profil de risque (CAA Paris 10 décembre 2020 nº 18PA02715, 5ᵉ ch., Sté Paule Ka Holding : RJF 4/21 nº 353 ; arrêt définitif) ;
– il a été jugé qu'une société française qui avait versé des intérêts au taux de 8 % au titre d'**emprunts obligataires convertibles** en actions d'une durée de dix ans, émis en 2011 et souscrits notamment par une société britannique, n'avait pas apporté la preuve qu'elle aurait pu obtenir le même taux d'établissements ou d'organismes financiers indépendants dans des conditions analogues, notamment au motif que l'étude comparative qu'elle avait présentée reposait sur une note de risque dont il n'était pas établi qu'elle correspondait à la réalité de la société (CAA Paris 23 septembre 2020 nº 20PA00585, 2ᵉ ch., SAS Willink : RJF 1/21 nº 15 ; cet arrêt fait l'objet d'un pourvoi enregistré sous le nº 446669) ; la Cour rappelle que s'il n'est pas exclu que les taux de pleine concurrence puissent être évalués en tenant compte du rendement d'emprunts obligataires, ce n'est qu'à la condition, à supposer même que

26808 (suite) l'emprunt contracté constitue une alternative réaliste à un prêt intragroupe, que les entreprises servant de références se trouvent dans des conditions économiques comparables (la Cour estime qu'en l'espèce cette condition n'était pas remplie pour les entreprises retenues dans l'échantillon du rapport présenté) ;

– des intérêts de comptes courants versés au taux de 4,60 % par une société française à des sociétés italiennes associées n'étaient pas déductibles, la société ne produisant aucune pièce de nature à justifier qu'elle n'aurait pas été en mesure d'obtenir un financement auprès d'établissements indépendants et n'établissant pas que le taux de 4,60 % n'excédait pas le taux qu'elle aurait pu obtenir d'établissements ou d'organismes financiers indépendants dans des conditions analogues en soutenant, sans le démontrer, que ce taux correspondait au **taux moyen pratiqué sur le marché italien** (TA Versailles 23 juin 2020 n° 1801141, 5e ch., Sté Renvico France Holding ; jugement définitif) ;

– une société n'a pu justifier l'application d'un taux d'intérêt de 8,162 % de janvier à juin 2012, de 7,213 % de juillet 2012 à juin 2013 et de 6,527 % de juillet à décembre 2013 en contrepartie d'un prêt consenti par une société néerlandaise du groupe (CAA Versailles 1e juillet 2021 n° 19VE02640, 7e ch., Sté IMCD France Investments ; arrêt définitif) ; la Cour a rejeté les comparaisons avec les taux de **prêts mezzanine** invoquées par la requérante et avec les taux auxquels la société mère néerlandaise avait emprunté sur le marché (l'argument d'une prétendue discrimination au regard de la convention fiscale franco-néerlandaise du 16 mars 1973 a également été rejeté).

Compte tenu de la jurisprudence du Conseil d'État, toutefois, certains assouplissements ont pu être constatés :

– à propos d'une société qui avait versé un intérêt au taux de 6 % en rémunération d'un prêt à dix ans consenti en 2010 par sa société mère américaine, le Conseil d'État a précisé qu'il n'y avait pas lieu d'écarter une étude de comparabilité qui avait retenu une note de crédit tenant compte des **états financiers agrégés** du groupe, le profil de l'entreprise emprunteuse devant en principe être apprécié au regard de la situation financière et économique du groupe que cette entreprise forme avec ses filiales, ni d'écarter une étude complémentaire au seul motif que les sociétés retenues dans l'échantillon appartenaient à des **secteurs d'activités** hétérogènes, étant donné que les systèmes de notation de crédit élaborés par les agences de notation visent à comparer les risques de crédit des entreprises notées après prise en compte, notamment, de leur secteur d'activité (CE 29 décembre 2021 n° 441357, 9e et 10e ch., Sté Apex Tool Group : RJF 3/22 n° 240 ; l'affaire a été renvoyée à la cour administrative d'appel de Paris) ;

– il n'est pas exclu par principe qu'une société, qui, en 2010, 2011 et 2012, avait versé des intérêts au taux de 7 %, notamment à sa société mère luxembourgeoise, puisse se prévaloir du **rendement d'émissions obligataires** consenti par des entreprises se trouvant dans des conditions économiques comparables (CE 10 décembre 2020 n° 428522, 9e ch., Sté WB Ambassador : RJF 3/21 n° 247, annulant CAA Paris 31 décembre 2018 n° 17PA03018, 9e ch., SAS WB Ambassador : RJF 6/19 n° 514) ; l'affaire devra être rejugée sur renvoi par la cour administrative d'appel de Paris (où elle est enregistrée sous le n° 20PA03996), car la Cour n'aurait pas dû écarter par principe la comparaison avec les taux applicables sur les marchés financiers obligataires (l'arrêt annulé avait opportunément relevé que l'administration n'était pas fondée à exiger de l'entreprise la production d'une offre de prêt contemporaine de l'emprunt pour justifier de la pertinence du taux d'intérêt pratiqué, ni d'une étude ou d'un rapport datés de la mise en place du prêt, mais ce point n'était plus en discussion) ;

– une société a pu justifier de la déductibilité, au titre des exercices 2009 à 2011, d'intérêts versés au taux de 6,196 %, 3,98 % et 4,52 % afférents à cinq prêts consentis par une société liée luxembourgeoise en produisant des analyses non sérieusement contestées tenant à la **décomposition des taux**, dont chaque élément était inférieur ou égal au taux de pleine concurrence, et des justifications des marges de crédit reposant sur le **logiciel RiskCalc** de l'agence Moody's, après avoir opéré les ajustements nécessaires (CAA Versailles 29 décembre 2021 n° 20VE03249, 3e ch., min. c/ Sté BSA : RJF 6/22 n° 530, arrêt définitif rendu sur renvoi après annulation du premier arrêt de la Cour par CE 11 décembre 2020 n° 433723, 8e et 3e ch., Sté BSA : RJF 3/21 n° 248) ;

– une société qui avait émis en 2008 des emprunts obligataires au taux de 10 % souscrits notamment par des fonds britanniques associés a été considérée comme ayant suffisamment justifié du taux qu'elle aurait pu obtenir d'établissements ou d'organismes financiers indépendants (CAA Paris 22 octobre 2020 n°18PA01026, 5e ch., Sté Studialis : RJF 1/21 n° 14 ; arrêt définitif) ; la société avait notamment produit une **étude comparative** réalisée par un cabinet d'audit au moyen du logiciel Riskcalc, qui corroborait le taux pratiqué, effectué des comparaisons

avec des émissions obligataires qui constituaient une alternative réaliste, en l'espèce, et présenté une **offre de prêt** émanant d'une banque, dont l'administration n'était pas fondée à écarter la pertinence, même si cette offre n'avait pas vocation à engager la banque ;
– une société française a été jugée fondée à déduire des intérêts versés à sa société mère britannique à un taux excédant la limite (taux de 7,41 % pour un emprunt d'une durée de sept ans) car elle avait **produit une étude** (réalisée a posteriori) démontrant que le taux d'intérêt ne présentait pas un caractère excessif au regard du rendement des emprunts obligataires émanant d'entreprises se trouvant dans des conditions économiques comparables à la sienne et elle avait apporté la preuve que l'émission obligataire aurait pu constituer une **alternative réaliste** au prêt intragroupe (TA Versailles 6 décembre 2019 n°s 1607393 et 1806803, 7e ch., SAS Wheelabrator Group : RJF 3/20 n° 208) ; ce jugement fait suite à la demande d'avis faite par TA Versailles 4 avril 2019 n°s 1607393-1806803, 7e ch., SAS Wheelabrator Group : RJF 8-9/19 n° 754 et qui avait donné lieu à l'avis précité du Conseil d'État du 10 juillet 2019 ; il est définitif étant donné que le ministre s'est désisté de l'appel qu'il avait formé (CAA Versailles Ord. 5 novembre 2021 n° 20VE01081, 1e ch., ayant pris acte du désistement).

L'administration n'est, en tout état de cause, pas fondée à réclamer, sur le fondement de l'article 111, c du CGI qui présume distribués les rémunérations et avantages occultes, la **retenue à la source** au titre des revenus réputés distribués pour la partie excédentaire en se bornant à se prévaloir de ce que les intérêts n'étaient pas déductibles en application des dispositions du I de l'article 212 du CGI sans apporter aucun élément sur les taux d'intérêt qui auraient pu être proposés à la société sur le marché pour une opération analogue à celle qu'elle a réalisée (CAA Paris 4 novembre 2014 n° 14PA00814 : RJF 10/15 n° 762, arrêt définitif ; voir ci-avant). Pour qu'il y ait revenu réputé distribué au sens de l'article 111, c du CGI, l'administration doit, en effet, prouver que la société, en acceptant de payer un taux d'intérêt supérieur à celui qu'elle aurait pu obtenir aux conditions du marché, a commis un acte anormal de gestion ayant pour conséquence l'octroi d'une libéralité à une société avec laquelle elle entretient une communauté d'intérêts. En revanche, l'administration serait fondée à réclamer la retenue à la source en cas de versement à un prêteur non résident sur le fondement de l'article 109, 1-1° du CGI qui considère comme revenus distribués tous les bénéfices ou produits qui ne sont pas mis en réserve ou incorporés au capital (d'une façon générale, ce texte s'applique si l'exercice de rattachement est bénéficiaire et en présence d'un véritable désinvestissement).

Précisions La fraction d'intérêts non admise en déduction est définitivement perdue ; lorsque le bénéficiaire est une société soumise à l'impôt sur les sociétés en France, il n'y a toutefois pas de double imposition car l'administration admet que le **régime des sociétés mères** soit applicable à la fraction d'intérêts non déductibles en application de cette limitation (BOI-IS-BASE-35-20 n° 90).

b. Limitation de la déductibilité des charges financières en l'absence de sous-capitalisation

Plafond de déductibilité

Pour les entreprises qui ne sont pas sous-capitalisées (au sens indiqué n° 26830), ou qui ne sont pas davantage sous-capitalisées que le groupe consolidé auquel elles appartiennent, **26810**
la déductibilité des charges financières fait l'objet, pour la détermination des résultats des exercices ouverts depuis le 1er janvier 2019, des limitations suivantes (CGI art. 212 bis).

Les charges financières nettes supportées par une entreprise qui n'est pas membre d'un groupe d'intégration fiscale sont déductibles du résultat fiscal soumis à l'impôt sur les sociétés dans la limite de **30 % de l'« Ebitda fiscal »** ou de 3 M€ par exercice (le cas échéant ramené à douze mois) si ce dernier montant est plus élevé (CGI art. 212 bis, I). L'Ebitda fiscal est constitué par le résultat augmenté, notamment, des charges financières nettes et des amortissements et provisions admis en déduction, calculé avant application du dispositif limitant la déduction des charges financières nettes.

Cette limitation est applicable à toutes les entreprises soumises à l'impôt sur les sociétés, de plein droit ou sur option (les entreprises membres d'un groupe d'intégration fiscale doivent obligatoirement appliquer le plafonnement au niveau du groupe fiscal en application de l'article 223 B bis du CGI).

Elle s'applique également aux **établissements** français d'une société étrangère qui remplissent les conditions pour être soumis à l'impôt sur les sociétés en France tant au regard des critères de droit interne retenus par la jurisprudence administrative que de ceux définis par les conventions fiscales internationales (BOI-IS-BASE-35-40-10-10 n° 1).

Précisions **a.** En ce qui concerne les relations siège/succursale, l'administration indique, au BOI-IS-BASE-35-40-10-10 n° 150, que, pour les **établissements stables** n'exerçant pas dans le secteur bancaire, les versements effectués sous la dénomination d'intérêts par la succursale française d'une société étrangère, en rémunération des sommes que cette société a prélevées sur ses fonds propres et mis sous quelque forme que ce soit à la disposition de sa succursale ne sont pas à retenir dans l'assiette des charges financières nettes, dès lors qu'ils ne sont pas déductibles du bénéfice imposable (position administrative traditionnelle discutable au regard de la jurisprudence du Conseil d'État ; n° 15260) ; en revanche, pour les succursales **bancaires** établies en France, les versements effectués au titre d'intérêts sur des avances faites par le siège étranger et inhérentes à la nature même de l'activité bancaire, sont à comprendre dans l'assiette des charges financières nettes, dès lors qu'ils sont déductibles du bénéfice imposable. Elle ajoute que toute rémunération perçue par un établissement stable français au titre d'un transfert de fonds fait à son siège étranger constitue un produit financier à inclure dans l'assiette des charges financières nettes.

b. Ne sont pas considérés comme des charges ou produits financiers à prendre en compte pour le calcul des charges financières nettes, notamment, les charges et produits issus des **escomptes commerciaux** accordés ou obtenus par l'entreprise, les pénalités et intérêts de retard pour paiement tardif ainsi que les intérêts moratoires perçus par une entreprise et les pénalités pour remboursement anticipé, y compris la composante financière des indemnités de résiliation anticipée d'un contrat de crédit-bail (BOI-IS-BASE-35-40-10-10 n° 300).

c. Le caractère non déductible de la fraction des charges financières nettes excédant les plafonds est sans incidence sur leur qualification fiscale du point de vue de l'entreprise qui l'a perçue, ainsi que du point de vue de l'entreprise qui l'a versée, et, en particulier, n'a pas pour conséquence de qualifier cette somme de **revenu distribué** (BOI-IS-BASE-35-40-10-20 n° 20).

d. Les entreprises dites « **autonomes** » bénéficient d'une déduction supplémentaire semblable à celle dont bénéficient les entreprises membres d'un groupe consolidé (n° 26820) mais sans grande importance à l'international puisqu'elles ne doivent pas disposer d'un établissement hors de France ni d'une entreprise associée « au sens des quatre premiers alinéas du 4 de l'article 2 de la directive (UE) 2016/1164 du Conseil du 12 juillet 2016 établissant des règles pour lutter contre les pratiques d'évasion fiscale qui ont une incidence directe sur le fonctionnement du marché intérieur » (BOI-IS-BASE-35-40-40 n° 10).

Mode de calcul

26815 Les **charges financières nettes** s'entendent de l'excédent de charges financières déductibles, après application du dispositif plafonnant le taux d'intérêt servi aux entreprises liées (n° 26802), par rapport aux produits financiers imposables et aux autres revenus équivalents perçus par l'entreprise.

Les charges et produits financiers à prendre en compte s'entendent au sens large ; elles incluent notamment les **montants** mesurés par référence à un rendement financier déterminés par comparaison avec des entreprises similaires exploitées normalement au sens de l'article 57 du CGI.

Précisions Sont également inclus tous les coûts ou produits non mentionnés par la loi et équivalents à des intérêts. Contrairement à la directive européenne qu'elle a pourtant pour objet de transposer (n° 88138), la loi ne retient pas le caractère « **économiquement » équivalent** à des intérêts des autres coûts et produits ; elle signifie cependant qu'il y a lieu de prendre en considération la substance économique plutôt que la forme juridique.

Clause de sauvegarde

26820 Une clause de sauvegarde est prévue en faveur des entreprises membres d'un groupe consolidé, sous réserve que l'entreprise ne soit pas sous-capitalisée (n° 26830) ; une entreprise membre d'un **groupe consolidé** peut, en effet, déduire, outre les montants déductibles en application des règles ordinaires, 75 % du montant des charges financières nettes qui n'ont pu faire l'objet d'une déduction en application des plafonds de droit commun (30 % de l'Ebitda fiscal ou 3 M€) lorsque le ratio entre ses fonds propres et l'ensemble de ses actifs est égal ou supérieur à ce même ratio déterminé au niveau du groupe consolidé auquel elle appartient (CGI art. 212 bis, VI ; ce pourcentage est plus faible que celui qui a été retenu par la directive européenne Atad 1, qui prévoit une déduction intégrale).

Comme le permet la directive (n° 88138), le **ratio** entre les fonds propres et l'ensemble des actifs d'une entreprise est considéré comme égal au ratio équivalent du groupe consolidé auquel elle appartient lorsque le premier ratio est inférieur au second ratio de deux points de pourcentage au maximum.

Précisions **a.** Le **groupe consolidé** s'entend de l'ensemble des entreprises françaises et étrangères dont les comptes sont consolidés par intégration globale pour l'établissement des comptes consolidés ; il s'entend également de celui formé par des entités qui ne sont pas obligées de tenir des comptes consolidés en raison de leur forme juridique ou de la taille du groupe (BOI-IS-BASE-35-40-10-20 n° 120).

b. Si le groupe consolidé auquel l'entreprise appartient n'établit pas de comptes consolidés en normes comptables françaises ou en IFRS, il est admis que puissent être utilisés, à la fois pour la détermination du ratio de l'entreprise et pour celui de son groupe, des comptes consolidés établis conformément au référentiel « US Generally Accepted Accounting Principles » (**US GAAP**), ou conformément aux normes afférentes aux comptes consolidés des États membres de l'Union européenne, à condition que ces comptes aient été validés ; sont également acceptés les comptes consolidés établis selon le **référentiel chinois** « Accounting Standards for Business Enterprises (ASBE), le référentiel IFRS de **Corée** du Sud (K-IFRS), les GAAP **canadiens**, et le référentiel de consolidation comptable du **Japon**, tous considérés comme équivalents aux IFRS par décision de la Commission européenne, à condition que ces comptes aient été validés par un commissaire aux comptes (BOI-IS-BASE-35-40-10-20 n° 200 ajoutant que les UK GAAP étaient admis durant la période de transition prévue par l'accord de retrait dans le cadre du **Brexit** ; n° 87352).

c. Le **ratio d'autonomie financière** de l'entreprise correspond au rapport existant entre ses fonds propres et l'ensemble de ses actifs, tels qu'ils sont déterminés pour l'établissement des comptes consolidés du groupe auquel l'entreprise appartient ; pour les établissements stables, il convient de retenir la part des fonds propres et des actifs qui leur sont alloués par la société dont ils sont l'émanation, sur la base des données issues des comptes consolidés du groupe auquel cette société appartient (BOI-IS-BASE-35-40-10-20 n° 280).

Report des charges financières non déductibles

Les charges financières non déductibles au titre d'un exercice en application des plafonds **26825**
de droit commun, de la clause de sauvegarde prévoyant un complément de déduction pour les entreprises membres d'un groupe consolidé et du dispositif de sous-capitalisation sont reportables sur les exercices ultérieurs et font l'objet d'une déduction dans les mêmes limites, sous certaines conditions (CGI art. 212 bis, VIII-1).

c. Limitation de la déductibilité des charges financières en cas de sous-capitalisation

Critères de sous-capitalisation

Pour la détermination des résultats des exercices ouverts depuis le 1er janvier 2019, une **26830**
société est considérée comme sous-capitalisée lorsque le montant moyen des sommes laissées ou mises à disposition par l'ensemble des **entreprises liées** directement ou indirectement au sens du 12 de l'article 39 du CGI (n° 26805) au cours d'un exercice excède, au titre de cet exercice, **une fois et demie le montant des fonds propres**, apprécié au choix de l'entreprise, à l'ouverture ou à la clôture de l'exercice (CGI art. 212 bis, VII dans sa rédaction issue de l'article 34 de la loi n° 2018-1317 du 28 décembre 2018 de finances pour 2019).

En ce qui concerne les **établissements stables**, l'administration indique, au BOI-IS-BASE-35-40-20 n° 210, que s'ils ne possèdent ni personnalité juridique, ni capitaux propres, ils disposent en principe de quasi-fonds propres pour financer l'exercice de leurs activités. Dans ce cas, il convient, pour apprécier le ratio d'endettement, de comparer le montant moyen des avances accordées par des entités liées au montant de ses quasi-fonds propres :
– si l'établissement tient une comptabilité propre et a renseigné la ligne « dotations au capital », c'est ce montant, majoré du résultat de l'exercice, qu'il convient de retenir pour le calcul du ratio d'endettement ;
– dans la négative, il convient de déterminer le mode de financement de l'établissement stable ; s'il est financé par voie d'emprunts et d'avances rémunérées du siège, le montant des fonds propres est considéré comme égal au résultat de l'exercice ; s'il est financé par des avances non rémunérées du siège et s'il assimile lui-même ces avances à des dotations en capital en les déclarant comme telles dans sa déclaration fiscale de résultat, le montant des fonds propres est considéré comme égal au montant moyen de ces avances non rémunérées au cours de l'exercice, majoré du résultat de l'exercice.

Par symétrie, le montant des fonds propres d'une société française doit être minoré du montant des dotations en quasi-capital affecté à ses succursales à l'étranger (BOI préc. n° 220).

Précisions En présence de **fonds propres négatifs** et d'un montant moyen de sommes mises à disposition par des entreprises liées non nul, l'entreprise est considérée comme sous-capitalisée (BOI-IS-BASE-35-40-20 n° 230).

Plafond de déductibilité

26835 Lorsqu'une entreprise est en situation de sous-capitalisation, la déductibilité des charges financières nettes obéit aux règles suivantes, en simplifiant :
– les intérêts relatifs à la **dette vis-à-vis d'entreprises non liées** et à la dette vis-à-vis d'entreprises liées n'excédant pas une fois et demie les fonds propres sont déductibles dans les conditions de droit commun, à savoir à hauteur de 30 % de l'Ebitda fiscal proratisé ou de 3 M€ proratisés si ce dernier montant est plus élevé (la proratisation est destinée à déterminer la part des dettes « admissibles » dans le total des dettes de l'entreprise) ;
– les intérêts relatifs à la **dette vis-à-vis d'entreprises liées** excédant une fois et demie les fonds propres est limitée à 10 % de l'Ebitda fiscal proratisé ou à 1 M€ proratisé si ce dernier montant est plus élevé (la proratisation est destinée à déterminer la part des dettes « non admissibles » dans le total des dettes de l'entreprise) ; en cas de sous-capitalisation, le plafond de déductibilité est donc divisé par trois par rapport aux règles ordinaires.

Sont considérées comme des sommes laissées ou mises à disposition de l'entreprise par des entreprises qui ne lui sont pas liées directement ou indirectement les sommes :
– afférentes à des opérations de financement réalisées, dans le cadre d'une convention de **gestion centralisée de la trésorerie** d'entreprises liées par l'une de ces entreprises chargée de cette gestion centralisée au profit de laquelle les sommes sont mises à disposition ;
– ou afférentes à l'acquisition de biens donnés en location dans les conditions prévues aux 1 et 2 de l'article L 313-7 du Code monétaire et financier ;
– ainsi que les sommes laissées ou mises à disposition des **établissements de crédit** ou des sociétés de financement mentionnés à l'article L 511-1 du Code monétaire et financier ; les prêts ou avances accordés par des entreprises liées à des succursales en France d'établissements de crédit ayant leur siège dans d'autres États membres ne sont pas à prendre en compte pour apprécier si ces succursales sont en situation de sous-capitalisation (BOI-IS-BASE-35-40-20 n° 100).

Précisions Les charges financières nettes non admises en déduction au titre d'un exercice en application de la limitation concernant les entreprises liées peuvent être déduites au titre des **exercices suivants** à hauteur d'un tiers de leur montant dans les mêmes limites et sous certaines conditions. Elles ne sont pas considérées comme des **revenus distribués**.

Clause de sauvegarde

26840 La limitation tenant à la sous-capitalisation ne s'applique pas si l'entreprise apporte la preuve que le ratio d'endettement du groupe consolidé auquel elle appartient est supérieur ou égal à son propre ratio d'endettement au titre de l'exercice (autrement dit, si le groupe consolidé auquel elle appartient est davantage sous-capitalisé) ; pour l'appréciation de cette limite :
– le **ratio d'endettement de l'entreprise** correspond au rapport existant entre le montant total de ses dettes et le montant de ses fonds propres ; ce ratio compare le montant moyen des dettes aux « fonds propres », par différence avec le système applicable avant le 1er janvier 2019, qui comparait ce montant aux « capitaux propres » (la notion de fonds propres est plus large que celle de capitaux propres ; en outre, les éléments pris en compte dans les fonds propres - avances conditionnées, titres participatifs, etc. - diminuent d'autant le montant moyen des dettes, utilisé comme terme de comparaison) ;
– le **ratio d'endettement du groupe** consolidé est déterminé en tenant compte des dettes, à l'exception de celles envers des entreprises appartenant au groupe consolidé ; les dettes vis-à-vis d'entreprises tierces garanties par des entités liées ne sont pas prises en compte alors qu'elles l'étaient dans le dispositif applicable avant le 1er janvier 2019.

Le ratio d'endettement de l'entreprise est considéré comme égal au ratio d'endettement du groupe consolidé auquel elle appartient lorsque le premier ratio est supérieur au second ratio de deux points de pourcentage au maximum.

Sur la notion de « groupe », voir n° 26820, Précisions a et b.

Précisions Dans l'hypothèse où la société a des **capitaux propres** positifs alors que ceux du groupe sont négatifs, elle est nécessairement moins endettée que le groupe auquel elle appartient. Dès lors, la preuve contraire peut être considérée comme apportée (BOI-IS-BASE-35-40-20 n° 370).

Incidences des conventions fiscales

Le dispositif de lutte contre la sous-capitalisation avait, dans le passé, fait l'objet de **critiques contentieuses** au motif qu'il n'était pas conforme aux conventions fiscales et au droit de l'Union européenne (n° 81335) ; il avait ensuite été modifié par la loi de finances pour 2006, qui avait corrigé la législation antérieure pour lui retirer ses aspects discriminatoires. **26847**

Par conséquent, les stipulations des anciennes conventions fiscales, qui font référence à la possibilité pour la France d'appliquer l'article 212 du CGI, dans son ancienne rédaction, en dépit du principe de non-discrimination, n'avaient **plus de réelle portée**. Elles n'en ont pas davantage aujourd'hui, le mécanisme issu de la loi n° 2018-1317 du 28 décembre 2018 de finances pour 2019 ne présentant pas de caractère discriminatoire.

Antérieurement, ces clauses avaient pour but de **préserver la possibilité** pour la France de refuser la déductibilité des intérêts versés à des sociétés mères étrangères, dans certains cas, alors que ces mêmes intérêts, dans le cadre de l'ancien dispositif, étaient déductibles en cas de versement à des sociétés mères françaises (en ce sens, voir la réserve française au modèle de convention fiscale de l'OCDE, Commentaires C (24) n° 91, indiquant que la France souhaite se réserver la possibilité d'appliquer les dispositions de sa législation concernant la limitation de la déduction des intérêts payés par une société française à une société associée ou liée). Parmi les conventions fiscales qui reprennent cette réserve, la **convention franco-américaine** du 31 août 1994 modifiée utilise une formulation originale en ce qu'elle permet à la France d'opposer l'article 212 (ancienne rédaction) dans la mesure seulement où son application serait compatible avec les principes posés par l'article 9 de la même convention (« entreprises associées ») ; il en résulte que la limitation ne peut jouer, en principe, que si la filiale française obtient un financement d'une société liée américaine qui excède celui qu'elle aurait pu obtenir auprès de tiers, compte tenu de sa situation financière (article 25 § 3 b) de la convention).

Saisi en cassation dans une affaire où, sous l'empire d'une ancienne rédaction de la loi, ce principe avait été perdu de vue, le Conseil d'État a confirmé qu'une erreur de droit avait été commise par une cour administrative d'appel qui avait jugé que l'article 25 § 3 de la convention franco-américaine ne faisait pas obstacle à l'application de l'article 212 du CGI alors applicable, sans rechercher si cette application ne conduisait pas à attribuer à la société débitrice des bénéfices supérieurs à ceux qui auraient été réalisés dans une situation de **pleine concurrence** (CE 21 juillet 2017 n° 392908, 9e et 10e ch., Sté Thermo Electron Holdings : RJF 11/17 n° 1080) ; il s'agissait, en l'espèce, d'une rectification combinant l'article 212 du CGI et l'abus de droit au motif qu'un emprunt contracté auprès d'une société néerlandaise dissimulait en réalité un prêt de la société mère américaine (voir nos 10590 et 72645 i). Sur renvoi, la rectification a été confirmée car la société française, qui disposait d'un capital social de 37 000 €, n'aurait pu obtenir un prêt de 65 M€ dans une situation de **pleine concurrence**, à des conditions qui étaient celles du marché à la fin de l'année 2003 ; l'administration a été considérée comme ayant apporté la preuve qui lui incombait que le prêt n'aurait pas été accordé dans des conditions commerciales normales, d'où il résultait que l'interposition de la société néerlandaise présentait bien un avantage fiscal (CAA Nantes 12 avril 2018 n° 17NT02345, 1e ch., Sté Thermo Electron Holdings ; cet arrêt a fait l'objet d'un pourvoi qui n'a pas été admis par CE (na) 13 mars 2019 n° 421429, 9e ch., SAS Thermo Electron Holdings).

3. Ancien cas particulier des acquisitions non contrôlées depuis la France

Conditions d'application

L'article 40 de la loi n° 2011-1978 du 28 décembre 2011 de finances rectificative pour 2011 avait mis en place, pour les exercices ouverts à compter du 1er janvier 2012, un dispositif spécial de **non-déductibilité des charges financières** en cas d'acquisition de titres de participation lorsque les décisions relatives à ces titres n'étaient pas prises en France (CGI art. 209, IX, ancien). Ce texte a été supprimé par l'article 34 de la loi n° 2018-1317 **26850**

26850 (suite) du 28 décembre 2018 de finances pour 2019, pour les exercices ouverts depuis le 1er janvier 2019.

Il visait à lutter contre les schémas reposant sur la dissociation entre la propriété juridique des titres et le pouvoir de décision ou le contrôle effectif, afin d'éviter que les sociétés françaises ne soient utilisées comme de simples véhicules permettant de **localiser de la dette en France** pour bénéficier des règles favorables relatives à la déduction des charges financières (notamment, possibilité de déduire les intérêts d'emprunt même si les produits de participation sont quasiment exonérés dans le cadre du régime des sociétés mères, qu'il s'agisse des dividendes ou des plus-values).

En application de ce texte (souvent appelé « **amendement Carrez** »), les charges financières brutes afférentes à l'acquisition de titres de participation exposées par une entreprise n'étaient pas déductibles lorsque la société détentrice des titres ne pouvait pas démontrer que le pouvoir de gestion sur ces titres et sur la société détenue était exercé par elle-même, par sa société mère (ou par une société la contrôlant directement ou indirectement) ou par une société sœur, établie en France. Pour éviter que puisse prospérer une éventuelle critique sur le terrain du droit de l'Union européenne, l'article 38 de la loi n° 2017-1837 du 30 décembre 2017 de finances pour 2018 avait assimilé à une société établie en France, pour l'application de ce texte, toute société ayant son siège dans un **État membre de l'Union européenne** ou dans un autre État partie à l'accord sur l'Espace économique européen ayant conclu avec la France une convention d'assistance administrative en vue de lutter contre la fraude et l'évasion fiscales (Islande, Liechtenstein et Norvège). La précaution était bonne puisqu'une restriction interdite à la liberté d'établissement a effectivement été identifiée (CAA Paris 26 novembre 2019 n° 18PA02010, 7e ch., Sté Business Solutions Capital, venant aux droits et obligations de la SAS Holding Desk Basse-Normandie : RJF 4/20 n° 304 ; arrêt définitif).

Compte tenu des modifications ainsi apportées à la loi, ce dispositif s'appliquait aux titres de participation détenus par une société qui ne pouvait pas apporter la double preuve (conditions cumulatives) :
– que les **décisions relatives à ces titres** étaient prises par elle, ou par toute société la contrôlant ou directement contrôlée par cette dernière et établie en France ou dans un État membre de l'Union européenne ou en Islande, au Liechtenstein ou en Norvège ;
– et, lorsque le **contrôle** ou une **influence** était exercé sur la société dont les titres étaient détenus, que ce contrôle ou cette influence était effectivement exercé par la société détenant les titres, ou par une société la contrôlant ou que cette dernière contrôlait directement et établie en France ou dans un État membre de l'Union européenne ou en Islande, au Liechtenstein ou en Norvège.

L'assimilation des sociétés « européennes » à des sociétés françaises, pour l'application de ce texte, concernait les **acquisitions réalisées** au titre d'exercices clos à compter du 31 décembre 2017 ; il avait toutefois été admis que, pour les acquisitions réalisées au titre d'exercices clos avant cette date, les réintégrations restant à effectuer cessaient au titre des exercices clos à compter du 31 décembre 2017, si la société apportait, au titre du premier exercice clos à compter de cette date, la preuve que les conditions étaient remplies (ancien BOI-IS-BASE-35-30-20 n° 155).

L'ancien article 209, IX du CGI avait été jugé conforme à la **Constitution** dans la mesure où il n'instituait pas de présomption de fraude ou d'évasion fiscale et poursuivait un objectif d'intérêt général en faisant obstacle à une **pratique d'optimisation fiscale** consistant, pour une société établie à l'étranger, à rattacher des charges financières au résultat d'une société de son groupe établie en France afin de bénéficier du régime français de déduction de ces charges alors que les pouvoirs de décision et de contrôle sur la société acquise étaient exercés à l'étranger (Cons. const. 30 novembre 2018 n° 2018-748 QPC, Sté Zimmer Biomet France Holdings : RJF 2/19 n° 186, sur renvoi par CE QPC 19 septembre 2018 n° 421688, 8e et 3e ch., Sté Zimmer Biomet France Holdings : RJF 12/18 n° 1267) ; le Conseil constitutionnel avait toutefois formulé une réserve indiquant que la réintégration pouvait être écartée lorsque le **pouvoir de décision** sur les titres et, le cas échéant, le pouvoir de contrôle effectif sur la société acquise, étaient exercés par des sociétés établies en France autres que les sociétés mère ou sœur de la société détentrice des titres et appartenant au même groupe que cette dernière. Tirant les conséquences de cette décision, le Conseil d'État avait ensuite annulé les commentaires administratifs correspondants (CE 7 mars 2019 n° 421688, 8e et 3e ch., Sté Zimmer Biomet France Holdings : RJF 6/19 n° 577).

Conséquences

Lorsque l'entreprise n'était pas en mesure d'apporter la preuve requise, les charges financières afférentes à l'acquisition des titres de participation étaient rapportées au bénéfice de l'exercice. **26852**

Les **charges financières non admises en déduction** étaient déterminées de manière forfaitaire.

Elles étaient réputées égales à une fraction de l'ensemble des charges financières de l'entreprise les ayant acquis ; cette fraction était égale au rapport du prix d'acquisition des titres au montant moyen au cours de l'exercice de la dette de l'entreprise les ayant acquis. Si, par exemple, une entreprise avait acquis des titres de participation au cours d'un exercice pour un montant de 10 M€, si le montant moyen de sa dette était de 30 M€ et si ses charges financières s'élevaient à 0,6 M€ au cours de cet exercice, elle devait réintégrer une quote-part de ses charges financières égale à 0,6 × 10/30, soit 0,2 M€.

La réintégration devait être effectuée selon cette méthode même si la société pouvait déterminer précisément le montant des charges réellement engagées pour l'acquisition des titres. La réintégration portait sur une période de huit ans suivant celle de l'acquisition.

Précisions **a.** Les intérêts non déductibles n'étaient pas traités comme des **revenus distribués** (ancien BOI-IS-BASE-35-30-10 n° 50).

b. Le dispositif de réintégration n'était pas applicable lorsque la valeur totale des titres de participation détenus était **inférieure à 1 M€**. Il n'était pas applicable non plus au titre des exercices pour lesquels l'entreprise apportait la preuve que les acquisitions n'avaient pas été financées par des emprunts dont elle ou une autre société du groupe supportait les charges ou que le **ratio d'endettement** du groupe était supérieur ou égal à son propre ratio d'endettement.

4. Ancienne règle de non-déductibilité des intérêts insuffisamment imposés hors de France

Principes

D'une façon générale, les États membres de l'OCDE cherchent, dans le cadre des travaux sur le « Beps » (Action 2 ; n° 72410), à neutraliser les effets des financements hybrides qui se traduisent par une double non-imposition ou une double déduction (sur les directives européennes « anti-Beps », voir n° 88138 ; sur les dispositions contenues dans l'instrument multilatéral, voir nos 1650 s.). Dans cet esprit, les règles françaises avaient été durcies par l'article 22 de la loi n° 2013-1278 du 29 décembre 2013 de finances pour 2014, qui avait mis en place un dispositif spécifique présenté comme destiné à lutter contre les **« produits hybrides »** et l'endettement artificiel. **26870**

Ce dispositif, alors codifié à l'article 212, I-b du CGI, a été supprimé par l'article 45 de la loi n° 2019-1479 du 28 décembre 2019 de finances pour 2020, pour les exercices ouverts depuis le 1er janvier 2020. Bien qu'il ait poursuivi une finalité différente, puisqu'il reposait sur une logique d'imposition minimale à l'étranger, ce qui n'est pas le cas des directives européennes, il a été considéré comme redondant en raison de l'entrée en vigueur de la **directive Atad 2** introduite en droit interne français sous les articles 205 B, 205 C et 205 D du CGI (nos 74050 s.). L'exposé des motifs du projet de loi de finances pour 2020 précisait d'ailleurs que le maintien de cette disposition aurait été contraire à la directive Atad 2 et qu'en outre elle était « du fait de ses modalités d'application, susceptible d'être regardée comme une restriction disproportionnée aux libertés de circulation européennes ».

L'ancien article 212, I-b du CGI disposait que, pour les exercices clos depuis le 25 septembre 2013 (quelle que soit la date à laquelle les sommes correspondant aux intérêts avaient été laissées ou mises à disposition), les intérêts afférents aux sommes laissées ou mises à disposition d'une entreprise par une **entreprise liée**, directement ou indirectement, au sens du 12 de l'article 39 du CGI n'étaient déductibles (outre la limitation tenant au taux d'intérêt ; nos 26780 s.) que sous réserve que l'entreprise débitrice démontre, à la demande de l'administration, que l'entreprise qui avait mis les sommes à sa disposition était, au titre de l'exercice en cours, assujettie à raison de ces mêmes intérêts à un impôt sur le revenu ou sur les bénéfices dont le montant était **au moins égal au quart de l'impôt sur les bénéfices** déterminé dans les conditions de droit commun et au taux normal de l'impôt sur les sociétés prévu à l'article 219, I-al. 2 du CGI (nº 5592 ; la précision relative au taux « normal » avait été ajoutée par l'article 84 de la loi nº 2017-1837 du 30 décembre 2017 de finances pour 2018). Si la condition d'imposition minimale chez l'entreprise créancière n'était pas satisfaite, la totalité des intérêts dus par l'entreprise débitrice était exclue des charges déductibles.

Ce dispositif concernait les intérêts versés par des entreprises passibles de l'impôt sur les sociétés à des sociétés **créancières françaises ou étrangères**, indifféremment, mais il était destiné, en pratique, à viser plus spécifiquement ces dernières ; quoiqu'il ait été présenté comme cherchant à lutter contre les instruments hybrides, il ne contenait aucune condition en ce sens puisqu'il s'appliquait indépendamment de la qualification donnée aux intérêts reçus dans l'État de l'entreprise créancière (ancien BOI-IS-BASE-35-30 nº 40). La loi ne prévoyait pas non plus de clause de sauvegarde qui aurait permis de déduire les intérêts dans l'hypothèse où le contribuable aurait pu démontrer l'absence de recherche d'une optimisation fiscale (la restriction n'était pas cantonnée aux schémas artificiels).

Précisions **a.** Sur les « **hybrides entrants** », voir nº 61423 (exclusion du régime des sociétés mères) et nºs 88170 et 88138 (directives européennes).

b. La compatibilité du dispositif avec le principe de la **libre circulation des capitaux** n'était pas certaine, étant donné que l'application de la limitation dans un cadre interne était largement formelle ; or la jurisprudence peut voir une restriction interdite en présence d'une législation qui s'applique dans la plupart des cas à des sociétés contrôlées par des groupes étrangers (nºs 81580 et 81675). La question a cependant été tranchée dans le sens de la compatibilité dans une situation qui mettait en cause une société créancière mauricienne (CE 13 juillet 2022 nº 451533, 8e et 3e ch., SASU Thaï Union France Holding 2, rejetant le pourvoi de la société contre CAA Versailles 9 février 2021 nº 18VE02688, 3e ch., SASU Thaï Union France Holding 2 : RJF 5/21 nº 454) ; il est jugé que les dispositions en cause ne caractérisaient pas de restriction directe à la liberté de circulation des capitaux, étant donné qu'elles prévoyaient un traitement différent des sociétés concernées selon le niveau d'imposition du prêteur et non selon son siège ; en outre, eu égard au niveau d'imposition plancher qu'elles fixaient au quart de l'impôt français de droit commun, elles n'instauraient par elles-mêmes aucune différence de traitement généralement défavorable, de fait, aux situations transfrontalières quand bien même les situations purement internes susceptibles de relever de ces dispositions seraient généralement celles dans lesquelles les entreprises prêteuses bénéficient d'un régime particulier.

c. La clause de non-discrimination de la **convention fiscale franco-mauricienne** du 11 décembre 1980 ne faisait pas obstacle à l'application du dispositif, en l'absence de différence de traitement directement fondée sur le siège des sociétés bénéficiaires d'intérêts ou liée au fait que des non-résidents détiennent ou contrôlent le capital de l'entreprise débitrice (CE 13 juillet 2022 nº 451533, 8e et 3e ch., SASU Thaï Union France Holding 2, rejetant le pourvoi de la société contre CAA Versailles 9 février 2021 nº 18VE02688, 3e ch., SASU Thaï Union France Holding 2 : RJF 5/21 nº 454 ; voir nº 26873, Précisions).

d. Il a été jugé que la condition d'imposition minimum était remplie au cas d'intérêts versés par une société française à la **succursale suisse d'une société luxembourgeoise** du groupe, compte tenu des justifications apportées (TA Montreuil 19 novembre 2020 nº 1804130, 1e ch., Sté Richemont Holding France ; jugement définitif).

e. La condition d'imposition minimum devait bien être remplie, et ne l'était pas en l'espèce, pour que soit admis en déduction des intérêts versés par une SAS française à une **partnership britannique** qui était son unique associé et qui était elle-même détenue à 99 % par une personne physique domiciliée en Russie (TA Poitiers 26 novembre 2020 nºs 1901845 et 1901846, 1e ch., Sté Les Vignobles Réunis - Roullet ; appel enregistré sous le nº 21BX00384).

Modalités d'application

26873 La restriction concernait tous les intérêts ou assimilés qui rémunéraient une créance, sous réserve que l'entreprise débitrice et l'entreprise créancière soient liées au sens du 12 de l'article 39 du CGI (nº 26805).

Lorsque l'entreprise créancière n'était pas imposée, au titre de l'exercice en cours, sur les intérêts ou assimilés qu'elle percevait d'une entreprise liée à **hauteur du quart au moins** de l'impôt sur les bénéfices déterminé dans les conditions de droit commun et au taux normal de l'impôt sur les sociétés (nº 26870), les intérêts correspondants n'étaient pas déductibles du résultat imposable de l'entreprise débitrice. Pour les besoins de la comparaison, il fallait évidemment tenir compte des **règles d'assiette** ; par exemple, si le taux d'imposition dans l'État de résidence de la société créancière était de 12 %, la démonstration d'une imposition minimale était établie, mais elle ne l'était pas si ce taux était appliqué à une assiette bénéficiant d'une réfaction de 50 %. Le fait que l'entreprise créancière puisse déduire de son résultat global des **intérêts notionnels**, comme le prévoit, par exemple, la législation belge, était sans incidence (cas où la déduction notionnelle porte sur le résultat global de l'entreprise et non pas sur le montant imposable des intérêts eux-mêmes ; voir, en ce sens, décision de rescrit du 4 septembre 2019, ancien BOI-RES-IS-000041). La **charge de la preuve** incombait à l'entreprise débitrice.

L'administration avait également précisé que, lorsque les charges financières constituaient des revenus imposés en France en application de **l'article 209 B du CGI**, la société débitrice n'avait pas à rapporter à son résultat les intérêts correspondants (ancien BOI-IS-BASE-35-30 n° 220).

Enfin, les intérêts non déductibles n'étaient pas traités comme des **revenus réputés distribués** (ancien BOI-IS-BASE-35-30 n° 230) ; par conséquent, la retenue à la source sur les revenus réputés distribués n'était pas exigible.

Précisions N'a pas apporté la preuve requise une société française qui avait versé, en 2013, des intérêts à une **société mauricienne** à la tête de son groupe et assujettie à un impôt sur les sociétés de 3 % (taux normal de 15 % sur une assiette réduite d'un abattement de 80 % en application du régime des « GBL1 »), alors que le taux de référence français était de 9,5 % (CE 13 juillet 2022 n° 451533, 8e et 3e ch., SASU Thaï Union France Holding 2, rejetant le pourvoi de la société contre CAA Versailles 9 février 2021 n° 18VE02688, 3e ch., SASU Thaï Union France Holding 2 : RJF 5/21 n° 454) ; la requérante avait soutenu que la société créancière aurait **rétroactivement renoncé** au bénéfice du régime de faveur mauricien, mais la seule production d'une lettre de renonciation adressée à l'administration fiscale ne suffisait pas à établir que le taux d'imposition de la société mauricienne avait été fixé à 15 %, faute d'être assortie d'un acte des autorités compétentes mauriciennes en tirant les conséquences ; la renonciation, qui était intervenue en cours d'instance devant le tribunal administratif (plus de cinq ans après les faits), n'était pas de nature à établir une nouvelle liquidation de l'impôt au taux normal mauricien, car elle n'était assortie que d'un reçu de l'administration fiscale mauricienne faisant état du paiement par la société prêteuse de sommes correspondant au montant de l'impôt, sans aucune autre précision et sans que soit produit d'avis d'imposition rectificatif (en première instance, il avait également été jugé sans importance que le prêteur final aurait été situé en Thaïlande, où l'imposition était de 20 %). Sur l'absence d'incidence du principe de libre circulation des capitaux et du principe conventionnel de non-discrimination, voir n° 26870, Précisions b et c.

Articulation des différents dispositifs de limitation

L'ordre d'imputation des différents mécanismes est le suivant ; il y a lieu d'appliquer : **26875**
- d'abord les règles de l'article 212, I du CGI, relatives au taux d'intérêt maximum (n° 26802) ;
- puis le plafonnement aux charges financières nettes comprenant les seules charges déductibles après application de l'article 212, I du CGI.

C. La centralisation des services communs

Les groupes internationaux cherchent souvent à centraliser certaines activités dans des **26890** structures communes, afin d'en améliorer l'efficacité, de simplifier les organigrammes de gestion, et également de profiter d'économies d'échelle.

Leurs préoccupations sont diverses et dépendent des intérêts respectifs des groupes concernés. Il existe cependant quelques traits caractéristiques, qui répondent à la nécessité de centraliser les opérations de coordination, gestion et contrôle (quartiers généraux : nos 27600 s.), de centraliser des activités financières ou des activités d'assurance, et de répartir la charge de certains coûts communs (notamment en matière de recherche).

1. La localisation des activités financières

Les groupes ressentent tous des besoins en matière de gestion de trésorerie, de factura- **26900** tion, de gestion des risques de change, et de financement interne. Il est donc souvent intéressant pour eux de localiser certains services bancaires ou financiers dans des structures fiscalement attrayantes.

L'idée générale consiste à mettre en place, dans un État convenablement choisi, une **structure pivot** chargée de centraliser les capacités et les besoins de financement des sociétés du groupe ; cette structure emprunte aux sociétés qui sont en excédent de trésorerie et prête à celles qui ont des besoins de financement.

Bien entendu, ce mécanisme n'est avantageux que si les profits réalisés par la structure pivot ne sont que faiblement imposés dans son État de constitution ; c'est ce qui explique la création de ces structures dans les pays qui soit connaissent un **faible taux** d'imposition, soit acceptent de ne prélever d'impôt que sur une **marge réduite**.

Il est à noter que des avantages voisins peuvent être obtenus par recours au système bancaire, dans le cadre de mécanismes de type « **cash pooling** ».

Précisions **a.** Sur les questions soulevées par ces régimes dans le cadre de la lutte contre la **concurrence fiscale dommageable**, voir n° 88530.

b. Les différents **dispositifs anti-abus** doivent naturellement être pris en compte, notamment l'article 209 B du CGI (n°s 73100 s.) et le mécanisme de répression des abus de droit (n°s 72620 s.).

2. Les « captives de réassurance »

26920 D'une façon générale, une opération de réassurance est celle par laquelle un assureur principal se décharge sur une autre personne (le réassureur), en contrepartie du paiement d'une prime, de tout ou partie du risque à sa charge, c'est-à-dire de l'obligation dans laquelle il se trouve d'indemniser le bénéficiaire final (n° 71100). Au sein des groupes, cette fonction peut être attribuée à une filiale dédiée qui prendra alors le nom de « société captive de réassurance » (dans la plupart des cas cependant, la gestion même des risques est sous-traitée à une société spécialisée).

Là encore, les lieux traditionnels d'implantation sont bien entendu les pays à fiscalité privilégiée (Bermudes, Guernesey, îles Caïmans ; n° 70810). Mais il existe aussi des possibilités dans des pays moins « exotiques », comme le Luxembourg ou l'Irlande.

Au **Luxembourg**, par exemple, la création d'une société captive de réassurance est avantageuse, dans la mesure où il est possible de constituer des provisions pour égalisation très importantes. Pour l'essentiel, les provisions admises, qui permettent d'annuler ou de réduire très significativement le montant des bénéfices imposables, sont constituées par une provision pour sinistres à payer, une provision pour risques en cours, et surtout une **provision pour fluctuation de sinistralité**, qui peut être constituée en franchise d'impôt dans certaines limites.

La société française intéressée devra cependant prendre garde à l'existence de dispositifs anti-abus, notamment l'article 209 B du CGI (n°s 73100 s. ; voir en particulier n° 73255, Précisions c, d et e) et l'abus de droit (n°s 72620 s.). Il faudra également veiller, d'une façon générale, à ce que les primes versées correspondent à des risques réels et que l'on ne puisse considérer que la société a retrouvé la disposition des fonds versés (problème du dessaisissement). Enfin, il ne faut pas oublier que les primes versées par des assureurs « fronteurs » établis en France à une société de réassurance étrangère sont passibles, sous réserve, le cas échéant, des conventions fiscales, de la **retenue à la source** de l'article 182 B du CGI (n°s 3410 s.), étant donné qu'elles rémunèrent une prestation de réassurance utilisée en France par l'assureur.

Précisions **a.** Ces dispositions peuvent éventuellement être considérées comme créant les conditions d'une **concurrence fiscale dommageable** (n° 88530).

b. Il a été souligné que les « **montages relatifs aux captives d'assurance** ou de réassurance » peuvent être combattus au moyen de l'article 209 B du CGI et qu'en pratique « l'administration fiscale s'appuie sur les éléments de fait recueillis dans le cadre des opérations de vérifications et, le cas échéant, au cours d'une procédure de visite et de saisie, afin de mettre en évidence l'absence de réalité de l'activité de captive d'assurance ou de réassurance exercée hors de France » (réponse Lienemann, n° 00601 : JO Sénat 5 avril 2018 p. 1609).

3. Les accords de partage des coûts (« cost sharing agreements »)

26940 Il arrive très souvent au sein des groupes, que la nécessité se fasse sentir d'organiser un accord de partage des coûts entre les différentes sociétés qui ont développé une expertise ou une activité communes, afin d'éviter une inutile duplication des efforts et des coûts qui serait inévitable si les sociétés travaillaient isolément les unes des autres. Les membres du groupe s'accordent, dans ces conditions, sur une répartition équitable du coût de certains services communs, notamment en matière de **recherche** et **développement**, de **marketing** ou d'activités de type administratif à caractère préparatoire ou auxiliaire.

L'une des méthodes souvent utilisées consiste à répartir les coûts entre les participants par référence à leurs chiffres d'affaires respectifs par rapport au chiffre d'affaires total du groupe. Chaque participant doit alors payer annuellement un certain montant représentatif de la part des coûts qui lui a été imputée. Un organisme compensateur est ensuite créé (**cost pooling center**), dont la responsabilité est de coordonner la répartition entre les différents participants. Les participants ont donc soit à verser, soit à recevoir des sommes en provenance des autres membres du groupe situés à l'étranger.

En matière d'impôt sur les sociétés, il est clair que chaque participant doit pouvoir justifier de la **normalité de la charge** qu'il supporte par référence à des services effectivement rendus, dans l'hypothèse où il doit verser des sommes au centre. Dans la situation inverse, où il se trouve recevoir des sommes du centre, la question la plus épineuse est de savoir si une **marge normale** doit être incluse. Tel pourrait être le cas, compte tenu du principe de pleine concurrence (voir notamment n° 76150).

Une autre question classique est de savoir si une **retenue à la source** peut être prélevée dans l'État de résidence du débiteur au titre des rémunérations de prestations de services. Tel est le cas en principe si les rémunérations sont considérées comme payées au titre d'un transfert de savoir-faire et si la convention fiscale prévoit une retenue à la source sur les redevances (nos 20350 s.).

D. Éléments sur les réorganisations internationales

Situations visées

Sont ici concernées les réorganisations et restructurations qui, au sein des groupes, concernent à la fois les sociétés françaises et les sociétés étrangères et qui touchent aussi bien des actionnaires résidents de France que des non-résidents. Dans la pratique, il s'agit essentiellement des opérations suivantes : **27035**
- **apports** par une société française à une société étrangère ;
- **absorption** d'une société française par une société étrangère ;
- **scission** d'une société française dont les associés sont non résidents ;
- apports par une société étrangère d'une **succursale** française ou de **titres** d'une société française à une autre société française ;
- **fusions** et **scissions** de sociétés étrangères ;
- transferts internationaux du **siège** des sociétés.

Directives européennes

Le régime spécial applicable aux fusions et opérations assimilées est, en matière d'impôt sur les sociétés et de droits d'enregistrement, largement gouverné par le droit de l'Union européenne. Afin de faciliter la constitution de groupes européens, deux **directives fiscales** ont, en effet, été adoptées les 23 juillet 1990 (Directive 90/434/CEE, JOCE L 225 du 20 août 1990) et 17 février 2005 (directive 2005/19/CE, JOUE L 58/19 du 4 mars 2005, modifiant et complétant la directive précédente). Ces directives ont fait l'objet d'une mesure de codification qui s'est traduite par une nouvelle directive du Conseil du 19 octobre 2009 (directive 2009/133/CE, JOUE L 310/34 du 23 novembre 2009 : BF 2/10 n° 102) qui a abrogé les directives précédentes et qui constitue le texte actuellement applicable (« directive fusions »). **27037**

Ces directives, qui ont généralement été incorporées dans le droit interne des États membres, définissent un **régime fiscal commun** applicable aux États membres, fondé sur les principes directeurs suivants :
- éviter que le coût fiscal constitue un obstacle à la réalisation d'une opération de restructuration européenne ;
- sauvegarder pour l'avenir les droits de l'État de la société apporteuse, notamment en ce qui concerne l'imposition des plus-values futures.

L'existence de ces directives facilite les réorganisations lorsqu'elles mettent en cause des sociétés européennes du groupe ou des actionnaires européens. Elles n'ont pas de conséquences lorsqu'il s'agit de **pays tiers**, mais cela ne signifie pas que les opérations qui les concernent ne puissent bénéficier, en droit interne, d'un régime de neutralité fiscale. Simplement, les États membres n'ont pas d'obligations spécifiques sur ce point.

Du côté français, la plupart des définitions contenues dans les directives européennes précitées ont été reprises sous l'article 210-0 A du CGI et le régime de faveur peut s'appliquer également aux pays tiers liés à la France par des conventions fiscales comportant une clause complète d'échange de renseignements (conventions d'assistance administrative ; nº 74082). Le **régime applicable en France** n'était cependant pas conforme au droit de l'Union européenne, sur certains points ; c'est la raison pour laquelle l'article 23 de la loi nº 2017-1775 du 28 décembre 2017 de finances rectificative pour 2017 l'a substantiellement modifié pour les opérations réalisées depuis le 1er janvier 2018, notamment sur les points suivants :

– suppression de l'agrément pour les opérations impliquant des sociétés étrangères ;
– transposition de la clause anti-abus prévue par la directive fusions ;
– suppression de l'engagement de conservation des titres pendant trois ans pour les opérations bénéficiant de plein droit du régime de faveur ;
– mise en place d'une nouvelle obligation déclarative pour les opérations transfrontalières.

Précisions Sur les directives européennes et la jurisprudence de la **Cour de justice**, voir nos 88290 s. Sur la situation des **actionnaires**, voir aussi nos 65760 s.

1. Champ d'application du régime de faveur en matière d'impôt sur les sociétés

Opérations visées

27040 Les **fusions** et **scissions** éligibles au régime de faveur sont celles qui répondent aux conditions posées par l'article 210-0 A du CGI, qui a incorporé en droit interne les prescriptions de la directive fusions (nº 88290) ; la loi retient sur ce point les critères européens de la dissolution sans liquidation de la société absorbée ou scindée, de la transmission universelle de patrimoine, de l'attribution de titres de la société absorbante aux associés de la société absorbée (ou de l'attribution proportionnelle des titres des sociétés bénéficiaires des apports aux associés de la société scindée, ce qui exclut les « scissions-partage ») et de l'absence de soulte excédant 10 % de la valeur nominale des titres. Sur le cas particulier des scissions, voir toutefois nº 27130.

La définition législative, qui a une **nature fiscale** autonome et qui ne vise pas les seules opérations juridiquement qualifiées de fusion ou de scission, favorise la réalisation, en régime de faveur, de **fusions transfrontalières** et permet de placer les opérations de dissolution-confusion de patrimoine sous les différents régimes de faveur prévus en matière d'impôt sur les sociétés, qu'elles soient réalisées en France ou dans certains pays étrangers.

S'agissant des **apports partiels d'actifs**, le régime de faveur est susceptible de s'appliquer aux opérations par lesquelles une société apporte, sans être dissoute, l'ensemble ou une ou plusieurs branches complètes de son activité à une autre société, moyennant la remise de titres représentatifs du capital social de la société bénéficiaire de l'apport (précision introduite à l'article 210-0 A du CGI par l'article 23 de la loi nº 2017-1775 du 28 décembre 2017 de finances rectificative pour 2017, reprenant la directive fusions).

Précisions **a.** La définition des fusions, scissions et apports partiels d'actifs ne vaut pas seulement pour les opérations internationales mais également pour celles qui interviennent **entre sociétés françaises**. Par ailleurs, si le champ d'application de la directive n'est pas étendu aux opérations purement internes, la législation française doit parfois être **interprétée à la lumière de la directive** (nº 88300, Précisions c).

b. La loi n'a pas formellement repris les dispositions de la directive en ce qui concerne les **échanges d'actions** (apports de participations assimilés à des apports de branches complètes d'activité) et n'a qu'imparfaitement transposé le concept de « **scission partielle** » (le concept d'apport-attribution selon l'article 115, 2 du CGI en est cependant proche).

Champ d'application géographique

27045 Le régime fiscal de faveur s'applique aux opérations auxquelles participent exclusivement des personnes morales ou organismes passibles de **l'impôt sur les sociétés** (CGI art. 210 C) ; il y a lieu, à notre avis, de comprendre cette exigence comme n'étant pas limitée à l'impôt sur les sociétés « en France » mais comme s'entendant de tout impôt étranger de même nature, qu'il soit prélevé par un État membre de l'Union européenne ou non. L'administration indique, en ce sens, que le régime spécial s'applique à l'ensemble des fusions et opérations assimilées mettant en cause des personnes morales étrangères, eu égard à la forme juridique des personnes morales étrangères concernées et à la nature de l'activité qu'elles exercent, sans qu'il soit exigé qu'au regard des règles de territorialité applicables en matière d'impôt sur les sociétés, il y ait imposition effective en France (BOI-IS-FUS-10-20-20 n° 90).

Il y a tout de même, en ce qui concerne les fusions, scissions, apports partiels d'actifs et échanges de titres, une restriction géographique ; le régime de faveur n'est applicable qu'aux opérations auxquelles participent exclusivement des **sociétés européennes** éligibles au bénéfice de la directive fusions (n° 27037) ou ayant leur siège dans un État ou territoire ayant conclu avec la France une **convention fiscale** contenant une **clause d'assistance administrative** en vue de lutter contre la fraude et l'évasion fiscales (BOI-IS-FUS-10-20-20 nos 150 s.).

Cette restriction géographique ne vise cependant que les **sociétés apporteuses** et **bénéficiaires** des apports ; elle ne s'étend pas aux **actionnaires**. Par exemple, la circonstance que des actionnaires d'une société française absorbée par une autre société française résident dans des territoires exclus ne permet pas de qualifier l'attribution de titres réalisée à l'occasion de la fusion de répartition d'un revenu mobilier. Mais si une opération est exclue, le régime de faveur ne peut s'appliquer, même en ce qui concerne les associés résidents d'États ou territoires éligibles.

Dans la mesure où la loi exige que le texte qui permette l'assistance administrative soit une **convention fiscale**, les États ou territoires qui ont simplement conclu avec la France un accord limité à l'échange de renseignements en matière fiscale (n° 1580) ne peuvent être considérés comme éligibles.

Précisions **a.** En cas d'apport de titres, le régime fiscal de la **société dont les titres sont apportés** est indifférent. L'administration a notamment précisé que les apports des titres de sociétés de personnes ou de sociétés étrangères non imposables à l'impôt sur les sociétés en France peuvent, le cas échéant, être assimilés à des apports de branches complètes d'activité pour l'application des dispositions de l'article 210 B du CGI (BOI-IS-FUS-20-40-20 n° 55).

b. La notion de **personne morale française** s'entend de toutes celles qui sont constituées selon la loi française et qui ont leur siège social en France, sans qu'il soit tenu compte de la nationalité de leurs membres, ni du lieu de leur exploitation ; le siège social dont il s'agit n'est pas nécessairement celui déterminé par les statuts, mais le siège de direction effective (n° 41450).

c. La condition tenant à l'existence d'une **convention fiscale contenant une clause d'assistance administrative** en vue de lutter contre la fraude et l'évasion fiscales n'est pas satisfaite si une convention fiscale a été conclue mais n'est pas encore entrée en vigueur, la clause d'assistance administrative qu'elle comporte n'étant pas applicable (CE 13 avril 2016 n° 377899, 8e et 3e s.-s., SAS AuchanHyper : RJF 7/16 n° 605) ; en l'espèce, un apport de titres avait été effectué à des sociétés de Hong Kong en mai 2011, alors que la convention du 21 octobre 2010 était entrée en vigueur le 1er décembre 2011 et que la clause d'assistance administrative n'était applicable qu'aux revenus des exercices postérieurs.

Valorisation des apports (opérations internationales)

L'administration indique que lorsque l'opération est réalisée entre une société absorbante ou bénéficiaire française et une société absorbée ou apporteuse étrangère, les règles de valorisation des actifs et des passifs définies au titre VII - Comptabilisation et évaluation des opérations de fusions et opérations assimilées du recueil des **normes comptables françaises** ne peuvent être imposées à la société étrangère ; toutefois, en l'absence de réglementation relative à la valorisation des apports dans le pays où est établie l'entité étrangère, il conviendrait de déterminer les valeurs d'apports selon les mêmes modalités que pour les opérations réalisées entre entités françaises. De plus, les opérations de fusions et opérations assimilées présentant des caractéristiques comparables devraient être traitées de manière identique (BOI-IS-FUS-30-10 n° 30). **27050**

Les établissements stables en France de sociétés étrangères, n'ayant pas de personnalité morale propre, ne sont pas soumis à ces dispositions comptables. Il en résulte que si un établissement stable français d'une société étrangère absorbe une société française ou reçoit un apport d'une société française, cette opération est juridiquement et comptablement considérée comme faite par une entité étrangère absorbante ou bénéficiaire des apports, et qu'elle n'est pas soumise aux règles comptables précitées (BOI préc. n° 40).

Précisions Le Collège de l'ANC a approuvé, le 5 mai 2017, le **règlement ANC n° 2017-01** complétant le règlement n° 2004-01 et modifiant le règlement ANC n° 2014-03 en ce qui concerne le traitement comptable des opérations de fusion et assimilées. Des modifications ont notamment été adoptées pour les opérations transfrontalières réalisées depuis le 1er janvier 2018 (retranscription du traité d'apport en cas de fusion transfrontalière chez la société absorbante ou bénéficiaire des apports et valorisation des titres reçus par l'apporteuse française en rémunération d'un apport partiel d'actif à une entité étrangère).

Absence d'agrément pour les opérations internationales

27055 En ce qui concerne les fusions, scissions ou apports partiels d'actifs réalisés depuis le 1er janvier 2018, le régime de faveur est applicable **de plein droit** aux opérations éligibles, qu'elles soient réalisées entre sociétés françaises ou entre sociétés françaises et étrangères (sous réserve de la restriction géographique mentionnée n° 27045). Le mécanisme d'agrément qui s'appliquait auparavant aux opérations internationales a, en effet, été supprimé par l'article 23 de la loi n° 2017-1775 du 28 décembre 2017 de finances rectificative pour 2017 pour tenir compte de la jurisprudence de la Cour de justice de l'Union européenne et du Conseil d'État :

– la Cour de justice avait jugé que l'ancien dispositif relatif aux fusions transfrontalières, qui exigeait un agrément préalable, n'était conforme ni au principe de la **liberté d'établissement** ni à la **directive fusions** (CJUE 8 mars 2017 aff. 14/16, 1e ch., Euro Park Service : RJF 5/17 n° 520) ; pour l'essentiel, la Cour avait considéré qu'un agrément ne pouvait être exigé en l'absence d'indice ou de commencement de preuve d'évasion fiscale (n° 88485) ;

– le Conseil d'État en avait tiré la conséquence que les dispositions combinées du 2 de l'ancien article 210 C et de l'article 210 B du CGI, qui soumettaient à une procédure d'agrément préalable les seuls apports faits à des personnes morales étrangères à l'exclusion des apports faits à des personnes morales françaises, instituaient une **discrimination** contraire au droit de l'Union européenne (CE 26 juin 2017 n° 369311, 9e et 10e ch., Sté Euro Park Services : RJF 10/17 n° 916).

Comme les griefs relevés par la Cour de justice en matière de fusions transfrontalières étaient transposables aux scissions et aux apports de participations ou de branches complètes d'activité, l'agrément a purement et simplement été supprimé ; en outre, le législateur n'a pas cherché à le maintenir à l'égard d'opérations réalisées en dehors du cadre de l'Union européenne, alors même que la jurisprudence relative à la liberté d'établissement et à la directive européenne n'a pas de portée en ce qui concerne les **États tiers**. Désormais, aucun agrément n'est exigé et le bénéfice du régime de neutralité fiscale obéit, pour les opérations internationales, aux **mêmes conditions qu'en régime intérieur**, sous réserve que soient respectés la restriction géographique (n° 27045) et le dispositif anti-abus (n° 27060).

Précisions **a.** Sous l'empire de la **législation antérieure** à la loi n° 2017-1775 du 28 décembre 2017, le régime favorable n'était applicable aux apports faits à des personnes morales étrangères par des personnes morales françaises que si ceux-ci avaient été préalablement agréés (cet agrément était donné par le Bureau des agréments et des rescrits de la DGFiP).

b. Dans l'affaire **Euro Park Service**, précitée, où était en cause la dissolution par **confusion de patrimoine** d'une société française au profit d'une société luxembourgeoise, il avait été jugé en appel que l'agrément était applicable car il permettait de vérifier que le régime fiscal favorable des fusions ne bénéficiait pas à des opérations ayant comme objectif principal ou comme un de leurs objectifs principaux la fraude ou l'évasion fiscales (CAA Paris 11 avril 2013 n° 11PA03449, 2e ch., Sté Euro Park Service : RJF 10/13 n° 912) ; le Conseil d'État avait renvoyé sur ce point une question préjudicielle à la Cour de justice par trois décisions du 30 décembre 2015 nos 369316, 369317 et 369311, 9e et 10e s.-s., Sté Euro Park Service : RJF 3/16 n° 227) et la Cour de justice avait jugé que la législation française de l'époque n'était pas conforme au droit de l'Union européenne. Au cas particulier, **l'évasion fiscale** semblait assez claire car la société luxembourgeoise avait reçu des immeubles situés en France pour leur valeur comptable et, sans avoir eu l'intention de les exploiter, les avait immédiatement cédés en réalisant une plus-value substantielle, exonérée d'impôt en France sous l'empire de la convention fiscale franco-luxembourgeoise dans sa rédaction de l'époque. Les opérations en cause avaient d'ailleurs donné lieu à des **poursuites pénales pour fraude fiscale** et la Cour de cassation, refusant de poser une question préjudicielle à la Cour de justice, avait confirmé les sanctions en jugeant que le dispositif législatif français était compatible avec le droit de l'Union européenne (Cass. crim. 22 octobre 2014 n° 13-84.419 : JurisData n° 2014-025014).

c. Sous l'empire de la législation en vigueur avant le 1er janvier 2018, il a été jugé que la directive fusions s'opposait à ce qu'un **agrément** soit exigé au cas d'une opération d'apport de titres à une société luxembourgeoise (CAA Paris 20 juin 2018 n° 17PA03180, 2e ch., Sté Covent 4 : RJF 7/19 n° 736 et, même jour, n° 17PA03181, Sté Axcel Loisirs France, arrêts définitifs). La Cour rappelle toutefois que **l'annulation d'une décision de refus** d'agrément procédant de la non-conformité aux règles européennes du régime d'agrément établi par la loi ne saurait entraîner ni un nouvel examen de la demande d'agrément ni la délivrance de l'agrément en cause et que la décharge des impositions qui résulteraient du refus de l'administration d'accorder à la requérante le bénéfice du régime de faveur ne saurait être demandée que dans le cadre d'un contentieux distinct dirigé contre ces impositions.

Clause anti-abus générale

Pour les fusions, scissions et apports partiels d'actifs réalisés depuis le 1er janvier 2018, un dispositif anti-abus spécifique est mis en œuvre par l'article 210-0 A, III du CGI (loi n° 2017-1775 du 28 décembre 2017 de finances rectificative pour 2017, art. 23 ; BOI-IS-FUS-10-20-20 nos 193 s.). **27060**

Reprenant la directive fusions (n° 88480), la loi prévoit, en effet, que le régime de faveur n'est pas applicable aux opérations qui ont comme objectif principal, ou comme un de leurs objectifs principaux, la **fraude ou l'évasion fiscale**. La loi ajoute qu'une opération est regardée, sauf preuve contraire appréciée dans le cadre d'une procédure de contrôle contradictoire en application de l'article L 10 du LPF, comme ayant pour objectif principal ou pour un de ses objectifs principaux la fraude ou l'évasion fiscales lorsqu'elle n'est pas effectuée pour des **motifs économiques valables**, tels que la restructuration ou la rationalisation des activités des sociétés participant à l'opération. Cette exigence est applicable à **toutes les opérations** visées, qu'elles soient réalisées entre sociétés françaises ou entre sociétés françaises et étrangères. Dans la mesure où les dispositifs de faveur en matière de restructurations d'entreprises contiennent désormais leur propre disposition anti-abus, la procédure anti-abus générale codifiée à l'article 205 A du CGI (n° 72655) n'est pas applicable.

En principe, la mise en œuvre de la clause anti-abus de l'article 210-0 A, III du CGI suppose que l'administration ait rassemblé les éléments caractérisant un objectif principalement fiscal dans le cadre d'une procédure de contrôle ; le contribuable peut alors renverser la présomption ainsi créée en démontrant la réalité économique de l'objectif poursuivi (restructuration ou rationalisation des activités des sociétés participant à l'opération, ou autres motifs économiques). L'administration estime, à cet égard, que les opérations qui se traduisent par le **regroupement** d'une partie des activités de la société apporteuse ou scindée avec les activités semblables ou connexes des sociétés bénéficiaires des apports ou par la **rationalisation** des conditions d'exploitation des activités commerciales ou industrielles des groupes pour leurs opérations de restructuration interne sont considérées comme poursuivant un motif économique valable ; en revanche, les **apports de participations** assimilés à une branche complète d'activité à une société étrangère dans le but principal de bénéficier d'un régime d'exonération de taxation des plus-values de cession à l'étranger sont susceptibles d'être considérés comme ne poursuivant pas un motif économique valable (BOI préc. ; littéralement, pourtant, la clause anti-abus ne vise pas les échanges de titres mais seulement les apports partiels d'actifs).

Un mécanisme de **garantie** est prévu pour les sociétés qui auraient des doutes sur la portée de la clause anti-abus dans le contexte particulier de l'opération qu'elles envisagent, notamment à l'international. Ces sociétés peuvent, en effet, solliciter l'administration par voie de **rescrit** pour s'assurer que l'opération respecte les conditions du régime spécial ; l'administration ne pourra pas procéder à des rectifications si elle n'a pas répondu dans un délai de six mois à un contribuable de bonne foi qui aura demandé, **préalablement** à la réalisation d'une opération de fusion, de scission ou d'apport partiel d'actif et à partir d'une présentation écrite, précise et complète de cette opération, la confirmation que le dispositif anti-abus ne lui est pas applicable (LPF art. L 80 B, 9°).

Ce texte a été précisé par le décret n° 2018-270 du 12 avril 2018, codifié à l'article R* 80 B-16 du LPF ; la **demande doit mentionner** notamment la date prévue de l'opération envisagée, la nature du patrimoine apporté, les modalités de transcription et de rémunération des apports ainsi que le montant des plus-values mises en sursis d'imposition et présenter, de façon complète, la nature, le contexte économique de l'opération et ses conséquences économiques et fiscales, en joignant les informations permettant à l'administration d'en apprécier les motifs et objectifs. Le **délai de six mois** court à compter de la réception de la demande ou, le cas échéant, à compter de la réception des compléments demandés. Un modèle de demande de rescrit a été publié par un arrêté du 25 juin 2018 (JO du 3 juillet 2018, texte nº 31). En pratique, la demande doit être adressée, préalablement à la date de réalisation de l'opération en cause, au Service de la sécurité juridique et du contrôle fiscal de la DGFiP, bureau des agréments et rescrits, 86/92 Allée de Bercy, 75574 Paris cedex 12 (BOI-SJ-RES-10-20-20-100 nos 30 et 90).

Précisions **a.** Le **mécanisme anti-abus** concernant les fusions, scissions et apports partiels d'actifs s'applique également à un ensemble de dispositions législatives codifiées au 7 bis de l'article 38, aux I ter et V de l'article 93 quater, aux articles 112, 115, 120, 121, 151 octies, 151 octies A, 151 octies B, 151 nonies, 208 C, 208 C bis, 210 A à 210 C, 210 F du CGI, aux deuxième et troisième alinéas du II de l'article 220 quinquies et aux articles 223 A à 223 U du CGI.

b. La démonstration de ce qu'une opération n'a pas été effectuée pour des motifs économiques valables conduit à la **déchéance rétroactive du régime de faveur** ; la société absorbée ou apporteuse est replacée rétroactivement dans la situation qui aurait été la sienne si l'opération n'avait pas été soumise au régime spécial et les impositions dont la société absorbée ou apporteuse a été indûment dispensée sont émises au titre de l'exercice au cours duquel l'opération est intervenue. L'imposition est établie dans les conditions en vigueur à la clôture de l'exercice au cours duquel l'opération a eu lieu, compte tenu du taux d'impôt sur les sociétés applicable à cette date (BOI-IS-FUS-10-20-20 nº 193).

c. En cas de rejet de la demande de rescrit, le contribuable ne peut demander un **second examen**, l'article L 80 CB du LPF ne le prévoyant pas (BOI-SJ-RES-10-30 nº 50).

d. La réponse de l'administration à une demande de rescrit a, bien entendu, un **caractère relatif** ; la garantie ne peut s'appliquer qu'à l'entreprise qui l'a demandée, un contribuable ne pouvant invoquer une réponse faite à un autre (BOI-SJ-RES-10-20-20-100 nº 250).

e. Pour un exemple de réorganisation où l'administration a échoué à démontrer l'absence de **motif économique**, sous l'empire de la législation applicable avant les modifications de la fin de l'année 2017, voir CAA Versailles 1er octobre 2019 nº 17VE02586, 1e ch., min. c/ Sté Oberthur Technologies : RJF 1/20 nº 9 (arrêt définitif) ; la circonstance que l'opération ait permis au groupe une cession à **moindre coût fiscal** n'était pas de nature à établir l'absence de motif économique attaché à l'opération.

Déclaration spéciale en cas d'opération impliquant une personne morale étrangère

27070 Lorsque les opérations de fusions, de scissions ou d'apports partiels d'actifs placées sous le régime de l'article 210 A du CGI sont réalisées au profit d'une personne morale étrangère, la société apporteuse est tenue de souscrire, par voie électronique, dans le même délai que sa déclaration de résultat de l'exercice au cours duquel l'opération a été réalisée, une déclaration spéciale permettant à l'administration d'en apprécier les **motifs** et les **conséquences** (CGI art. 210-0 A, IV ; BOI-IS-FUS-10-20-20 nº 110).

Cette déclaration (modèle nº 2260-SD) doit fournir les informations suivantes (article 46 quater-0 ZS ter de l'annexe III au CGI) :

– **date de réalisation et nature** de l'opération, nom ou dénomination et adresses des personnes concernées, y compris, le cas échéant, celles de l'établissement stable situé en France de la personne morale étrangère, liens capitalistiques entre ces mêmes personnes avant la réalisation de l'opération et nature exacte de l'activité exercée par la personne morale étrangère bénéficiaire ;

– **motifs et buts de l'opération**, notamment en ce qui concerne les améliorations recherchées, et éventuelles opérations de cession, de fusion, de scission ou d'apport partiel d'actif préalables et ultérieures en lien avec cette opération ;

– **conséquences économiques et fiscales** de l'opération, notamment sur les activités, moyens et fonctions maintenus en France et transférés à l'étranger.

Le non-respect de cette obligation est sanctionné par une **amende** de 10 000 € pour chaque opération (CGI art. 1760 bis), sans pouvoir entraîner la remise en cause du régime de faveur ; la déclaration a pour but de permettre à l'administration d'apprécier la réalité économique de l'opération mais elle n'est pas une condition de sa réalisation.

Précisions Il ne nous semble pas que l'obligation de déposer une déclaration a posteriori soit proscrite par le **droit de l'Union européenne** qui laisse, d'une façon générale, les États membres libres de fixer les procédures qui leur paraissent adaptées sous réserve qu'elles ne soient pas exagérément contraignantes, ce qui n'est pas le cas en l'espèce.

2. Apports faits par des personnes morales françaises à des personnes morales étrangères

Apports de titres

En ce qui concerne les apports de participations **assimilés à des apports de branches complètes d'activité**, la loi est curieusement muette et ne fait pas même état de la définition des échanges d'actions (ou apports de participations) contenue dans la directive fusions (nº 88340) ; dans ses aspects internationaux (articles 210-0 A et 210 C du CGI), la loi ne traite que des apports partiels d'actifs et non pas des « éléments assimilés » aux branches complètes d'activité au sens de l'article 210 B du CGI : apports portant sur **plus de 50 %** du capital de la société dont les titres sont apportés ou, si un tel pourcentage est déjà détenu par la société bénéficiaire, apports venant renforcer cette détention ; apports de participations conférant à la société bénéficiaire la détention directe de **plus de 30 %** des droits de vote de la société dont les titres sont apportés lorsque aucun autre associé ne détient, directement ou indirectement, une fraction des droits de vote supérieure ; apports de participations conférant à une société bénéficiaire qui détient d'ores et déjà plus de 30 % des droits de vote de la société dont les titres sont apportés la fraction des droits de vote la plus élevée dans la société. 27075

Les dispositions relatives aux apports de titres sont donc **applicables aux apports à des sociétés étrangères** si les conditions de l'article 210 B du CGI sont réunies, sous réserve du respect de la restriction géographique (nº 27045) ; en ce sens, le rapport de la commission des finances de l'Assemblée nationale (rapport nº 432, 29 novembre 2017, p. 333, relatif à la loi nº 2017-1775 du 28 décembre 2017 de finances rectificative pour 2017) indique que « les apports de participations assimilés à une branche complète d'activité ne sont pas visés dans cette nouvelle rédaction du 2 de l'article 210 C dans la mesure où ils n'emportent pas systématiquement rattachement à un établissement stable. Cette absence de mention, en revanche, ne fera pas obstacle à ce que de tels apports à une personne morale étrangère puissent bénéficier du régime de faveur, ainsi que l'administration fiscale l'a confirmé, en application de l'article 210 B ».

Dans le même sens, l'administration précise que l'obligation de rattachement à un **établissement stable** n'est pas exigée pour les opérations d'apport de participations assimilées à une branche complète d'activité ou pour les opérations de fusion dont les éléments apportés sont exclusivement constitués de titres de participations (BOI-IS-FUS-10-20-20 nº 100). Elle ajoute que les apports qui ne sont pas composés exclusivement de titres de participation mentionnés au I de l'article 219 du CGI (tels que les fusions de holdings lorsque les activités de ces sociétés seraient constitutives d'un établissement stable si elles étaient exercées par une société étrangère) sont soumis à l'obligation de rattachement à un établissement stable situé en France (BOI préc.).

Bien entendu, les **futures plus-values de cession** afférentes aux titres remis en contrepartie de l'apport seront calculées par référence à la valeur que les titres apportés avaient, du point de vue fiscal, dans les écritures de la société apporteuse (il n'y a plus d'engagement à prendre à ce titre dans l'acte d'apport depuis le 1er janvier 2018 ni d'engagement de conservation des titres, contrairement au régime antérieur qui exigeait une période de conservation de trois ans). Le fait que la société apporteuse soit imposable sur la plus-value future est conforme à la directive fusions, qui ne traite d'ailleurs pas les apports de participations comme des apports de branches complètes d'activité mais comme des échanges de titres. Cela étant, en cas d'apport partiel d'actif d'éléments assimilés à une branche complète d'activité, la société apporteuse est réputée détenir les titres remis en contrepartie de l'apport depuis la date à laquelle celle-ci a acquis les éléments apportés (Loi nº 2018-1317 du 28 décembre 2018 de finances pour 2019, modifiant sur ce point l'article 210 B du CGI) ; cette règle n'est toutefois pas applicable aux titres reçus en échange de l'apport d'une branche complète d'activité, même si cette branche comprend des participations.

Enfin, il semble que l'administration considère que les apports de titres assimilés à des branches complètes d'activité devraient respecter la clause **anti-abus** (nº 27060) et l'**obligation déclarative** (nº 27070), sans égard au fait qu'ils n'entrent pas littéralement dans le champ d'application de ces dispositions.

Précisions a. Sous le régime antérieur aux modifications de la fin de l'année 2017, l'administration n'accordait d'agrément, en pratique, que sous réserve que soient pris deux **engagements de conservation** : la société française devait conserver trois ans les titres de la société bénéficiaire de l'apport et celle-ci devait conserver les titres apportés tant que la société française détenait ses titres.

b. Les États membres ne peuvent pas introduire de **conditions non prévues par la directive** européenne (par exemple, CJCE 11 décembre 2008 aff. 285/07, 1e ch., A.T. c/ Finanzamt Stuttgart-Körperschaften : RJF 4/09 n° 421, à propos de la législation allemande qui exigeait que la société bénéficiaire de l'apport inscrive les titres reçus pour la même valeur que celle qui figurait dans les livres de la société apporteuse).

c. À l'égard d'une opération interne, il a été jugé, sous l'empire de la législation applicable avant les modifications de la fin de l'année 2017, que l'administration ne pouvait refuser de délivrer un agrément en raison de l'absence d'**engagement de conservation** des titres pendant trois ans (CAA Versailles 1er octobre 2019 n° 17VE02586, 1e ch., min. c/ Sté Oberthur Technologies : RJF 1/20 n° 9 ; arrêt définitif) ; la Cour juge qu'il résulte des termes mêmes de la loi que la condition d'association entre les parties n'est pas subordonnée à l'exigence d'un engagement de conservation des titres (en première instance, il avait été jugé de même mais au prix d'une interprétation des dispositions du 2 de l'article 115 et du 3 de l'article 210 B du CGI alors applicables à la lumière de la directive fusions conformément à la jurisprudence du Conseil d'État citée au n° 88300, Précisions c ; sur ce point, TA Montreuil 8 juin 2017 nos 1510089 et 1600726, 1e ch., Sté Oberthur Technologies : RJF 10/17 n° 917).

d. Un échange de titres avec une société européenne peut bénéficier du régime de faveur sans la contrainte du rattachement à un établissement stable, alors que l'absorption d'une **holding pure** française par une société européenne ne le pourrait pas, en l'absence d'établissement stable en France après la fusion.

Apports de branches complètes d'activité

27080 Le régime de faveur est applicable aux apports de branches complètes d'activité réalisées au profit de personnes morales étrangères (apports rémunérés par la remise de titres représentatifs du capital social de la société bénéficiaire de l'apport ; CGI art. 210-0 A).

Comme dans le régime intérieur, le **régime de faveur** n'est pas subordonné, pour les opérations réalisées depuis le 1er janvier 2018, à un engagement de conservation des titres remis en contrepartie de l'apport ; de même, les **plus-values ultérieures** de cession des titres remis en contrepartie de l'apport devront être calculées par référence à la valeur que les biens apportés avaient, du point de vue fiscal, dans les écritures de la société apporteuse, mais il n'est pas exigé d'engagement en ce sens dans le traité d'apport.

Le bénéfice du régime de faveur suppose cependant que les éléments apportés soient ensuite rattachés à un **établissement stable** en France de la personne morale étrangère (CGI art. 210 C, 2). Cette exigence, conforme à la directive fusions (nos 88360 et 88420), permet le suivi des conditions d'application du régime de faveur en ce qui concerne la société bénéficiaire ; celle-ci doit en effet, d'une part, si l'apport est transcrit aux valeurs réelles, **réintégrer** dans ses bénéfices imposables au taux de droit commun les plus-values sur éléments amortissables sur une période échelonnée et, d'autre part, quelles que soient les modalités de transcription des apports, **calculer la plus-value** de cession ultérieure des éléments non amortissables compris dans l'apport d'après la valeur de ces biens au bilan de la société apporteuse et non par rapport à leur valeur d'apport. La satisfaction de ces obligations suppose que les éléments transférés se retrouvent au bilan d'une exploitation imposable en France de la société bénéficiaire (ce mécanisme crée, incidemment, une **double imposition économique** puisque la société apporteuse reste, de son côté, imposable en cas de cession ultérieure des titres ayant rémunéré l'apport). L'administration a précisé que l'obligation de rattachement à un établissement stable ne trouve à s'appliquer qu'aux éléments apportés inscrits, préalablement à l'opération, à l'actif ou au passif du bilan fiscal français d'une personne morale. Ainsi, lorsque parmi les éléments apportés sont inclus des éléments provenant d'un établissement stable étranger, ces derniers ne sont pas soumis à l'obligation de rattachement à un établissement stable situé en France (BOI-IS-FUS-10-20-20 n° 100).

En définitive, les seules conditions mises à l'application du régime de faveur, outre l'existence d'un établissement stable après apport, sont celles qui tiennent au champ d'application géographique du régime (n° 27045) et à l'incidence de la clause anti-abus (n° 27060) ; une déclaration doit tout de même être déposée (n° 27070).

Précisions a. Lorsque les actifs ne sont **pas maintenus dans un établissement stable** situé en France, la directive fusions ne s'applique pas et la France a le droit d'imposer le transfert des éléments d'actifs hors de France ; pour respecter la jurisprudence de la Cour de justice, l'imposition devrait pouvoir faire l'objet d'un **étalement** ce qui devrait vraisemblablement être le cas depuis le 1er janvier 2020 (n° 27220, à propos de la législation applicable en cas de transfert de siège ou d'actif). Toutefois, le fait qu'un ou plusieurs éléments d'actif ne soient pas repris au bilan du nouvel établissement stable ne devrait pas faire obstacle à l'application du régime de faveur aux éléments d'actif rattachés à cet établissement.

b. En ce qui concerne la **parité d'échange**, il ressort d'une décision relative à un refus d'agrément sous l'empire de la législation antérieure au 1er janvier 2018 qu'il n'y a pas, au moins sur le plan fiscal, d'obligation de retenir la **valeur réelle** des actifs apportés (CE 28 novembre 2016 n° 378793, 10e et 9e ch., Sté H&M Hennes et Mauritz SARL : RJF 2/17 n° 170 aux conclusions Crépey à la même RJF C 170, à propos d'une opération d'apport de branche suivie de l'attribution à une société néerlandaise des titres reçus en contrepartie de l'apport) ; dans ses conclusions sur cette affaire, le rapporteur public avait analysé la question au regard de la directive fusions (nos 88290 s.), dans la mesure où, bien que la situation fût, en l'espèce, purement interne, il y avait lieu de retenir une interprétation conforme à la directive (or celle-ci ne contient aucune prescription relative au calcul de la parité).

c. Il est possible de demander le bénéfice du régime de faveur par voie d'**agrément** si les conditions ne sont pas réunies pour qu'un apport partiel d'actif y soit éligible de plein droit (cas où l'apport ne porte pas sur une ou plusieurs branches complètes d'activité ou sur des éléments assimilés ; CGI art. 210 B, 3). Sur la position retenue en principe par l'administration en cas de demande d'agrément, voir n° 27151 (les indications données sur les conditions d'octroi de l'agrément, au BOI-SJ-AGR-20-10, sont similaires à celles qui sont données pour l'attribution en franchise d'impôt aux associés de la société apporteuse des titres émis en rémunération des apports).

d. En cas de fusion, de scission ou d'apport partiel d'actifs d'une branche complète d'activité réalisé au profit d'une personne morale étrangère par une personne morale française, **l'effet rétroactif** ne peut être antérieur à la date d'ouverture du premier exercice de l'établissement stable situé en France ; ce dernier doit avoir été constitué avant la date de la dernière assemblée générale ayant approuvé l'opération. L'effet rétroactif doit rester sans incidence sur le bilan de clôture du ou des exercices précédents de la société apporteuse (BOI-IS-FUS-40-10-20 n° 75).

Droits d'enregistrement

D'une façon générale, les **exonérations** s'appliquent, en matière de droits d'enregistrement **sans agrément** ; en effet, l'article 817, I du CGI renvoie en ce qui concerne les scissions et les apports partiels d'actifs aux dispositions prévues aux articles 816 et 816 A, II du CGI, relatives aux fusions de sociétés. Par suite, le régime spécial s'applique lorsque toutes les sociétés participantes sont exclusivement des personnes morales passibles de l'impôt sur les sociétés, indépendamment de leur résidence. **27085**

En ce qui concerne les **apports de titres**, l'article 301 C de l'annexe II au CGI assimile à une fusion l'opération qui aboutit au transfert à une société relevant du statut fiscal des sociétés de capitaux, en voie de formation ou préexistante, de droits représentant **75 %** au moins du capital d'une société relevant du même statut, lorsque les deux sociétés ont leur siège de direction effective ou leur siège statutaire soit en France, soit dans un autre État membre de l'Union européenne et que les apports sont rémunérés par l'attribution de droits représentatifs du capital de la société bénéficiaire (il est possible de prévoir un règlement sous une autre forme dans la limite de 10 % de la valeur nominale des droits attribués).

Précisions À propos des fusions auxquelles participent des sociétés étrangères, l'administration indique que même si l'acte est rédigé à l'étranger, il y a lieu de le **soumettre à la formalité** « in extenso » si la société absorbante ou nouvelle bénéficiaire des apports est française, et au moins en extrait si la société absorbante ou nouvelle, bien que de nationalité étrangère, reçoit des biens dépendant d'une exploitation antérieure en France qui sont ainsi mis à sa disposition ou encore s'il s'agit de biens visés à l'article 638 du CGI et à l'article 640 du CGI (immeubles, fonds de commerce, clientèle, droit au bail, etc.) ayant leur assiette matérielle en France. Lors de la formalité, il est perçu un droit fixe si l'apport est pur et simple ; si l'apport est à titre onéreux, seule la prise en charge du passif dont sont grevés les apports est exonérée de tous droits et taxes de mutation ou de publicité foncière. Ces droits ou taxes sont perçus dans les conditions ordinaires si les biens sont situés en France ou au taux prévu à l'article 714 du CGI s'il s'agit d'immeubles situés à l'étranger (BOI-ENR-AVS-20-60-30-20 n° 140 et n° 150).

3. Absorption d'une société française par une société étrangère

Application des règles relatives aux apports

Le régime prévu aux articles 210 A et B du CGI est applicable à l'absorption de sociétés françaises par des sociétés étrangères sous réserve que les éléments apportés soient ensuite rattachés à un **établissement stable** en France de la personne morale étrangère **27090**

(CGI art. 210 C, 2) ; après absorption, en effet, la société française disparaît et ses éléments d'actif et de passif forment, en principe, un établissement stable en France de la société absorbante.

Comme l'indiquent les travaux préparatoires relatifs à la loi n° 2017-1775 du 28 décembre 2017 de finances rectificative pour 2017 (rapport AN n° 432, 29 novembre 2017, p. 333), le terme « établissement stable », qui ne préjuge pas de la forme juridique de l'entité, correspond à la terminologie de la directive fusions, dont l'article 4 dispose que la société apporteuse est transformée en établissement stable de la société bénéficiaire de l'apport ou que les actifs apportés sont rattachés à un établissement stable de la société bénéficiaire.

Les seules **conditions** du régime de faveur, outre l'existence d'un établissement stable après fusion, sont celles qui tiennent au champ d'application géographique du régime (n° 27045) et à l'incidence de la clause anti-abus (n° 27060) ; une déclaration spécifique doit tout de même être déposée (n° 27070).

Précisions **a.** Sont des fusions, au sens fiscal, les opérations, réalisées en France comme à l'étranger, qui présentent toutes les **caractéristiques** suivantes : la dissolution sans liquidation de la société absorbée, la transmission universelle du patrimoine de la société absorbée et l'attribution de titres de la société absorbante aux associés de la société absorbée (BOI-IS-FUS-10-20-10 n° 20).

b. La façon la plus simple de réaliser une fusion transfrontalière est, en France, la **transmission universelle de patrimoine** (TUP) ; une véritable fusion transfrontalière est également possible mais elle est plus lourde à mettre en œuvre.

Conséquences de la fusion

27095 Après absorption, les éléments d'actif et de passif transférés à la société étrangère se retrouvent, pour leur valeur historique, au bilan fiscal d'un **nouvel établissement stable** que la société absorbante doit créer en France ; s'il est souhaité que la fusion ait un caractère rétroactif au 1er janvier de l'année, la société absorbante étrangère doit constituer préalablement une succursale en France au 1er janvier de l'année.

La succursale française, qui s'est substituée à la société absorbée, doit reprendre à son bilan fiscal l'ensemble des éléments qui figuraient à celui de la société française absorbée.

Ces conditions peuvent manquer en présence d'une société française absorbée qui n'aurait qu'un rôle de **holding sans personnel** ; dans un tel cas, le régime de faveur ne serait pas légalement applicable. Toutefois, l'administration indique que l'obligation de rattachement à un **établissement stable** n'est pas exigée pour les opérations d'apport de participations assimilées à une branche complète d'activité ou pour les opérations de fusion dont les éléments apportés sont exclusivement constitués de titres de participations (BOI-IS-FUS-10-20-20 n° 100). Lorsque, après absorption, la société étrangère ne dispose pas d'un établissement stable en France, l'administration demande, en pratique, que la société absorbante prenne l'engagement de soumettre ensuite à l'impôt sur les sociétés les **plus-values placées en sursis** d'imposition d'après la valeur fiscale que les titres avaient dans le bilan de la société française absorbée et qu'elle respecte les obligations déclaratives prévues par l'article 54 septies du CGI auprès de la DINR, y compris celles accompagnant le paiement de l'impôt dans l'hypothèse d'une cession ultérieure mettant fin au sursis. Cette exigence nous paraît fondée, dès lors que le régime de faveur n'a pas pour objet de priver définitivement la France du droit d'imposer la plus-value, et que l'imposition ultérieure en France en cas de cession par la société absorbante des titres qui figuraient au bilan de la société française absorbée n'est qu'une conséquence de la nécessité de combiner le principe de territorialité avec un élément temporel (voir, par analogie, nos 65777 et 88390).

En tout état de cause, l'obligation de rattachement à un établissement stable des éléments d'actif et de passif transférés subsiste lorsque l'activité de la société française caractériserait un établissement stable si elle était exercée par la société étrangère absorbante.

Incidences au regard de l'intégration fiscale

27097 Interrogée sur le cas d'une société française absorbée, dans le cadre d'une transmission universelle de patrimoine (TUP), par sa société mère étrangère qui dispose par ailleurs d'un établissement stable en France, l'administration a admis que cet établissement stable puisse bénéficier des dispositions de l'article 223 L, 6-c du CGI et se constituer tête du groupe fiscal **dès l'ouverture de l'exercice** en cours lors de la réalisation de la TUP de la société mère par la société étrangère, sous réserve que la TUP ait un effet rétroactif fiscal à cette date et que les titres des sociétés membres du groupe soient inscrits à l'actif de l'établissement stable dès la date d'effet juridique de la TUP. Cette tolérance ne s'applique pas à l'établissement stable d'une société étrangère établie ou constituée dans un État ou territoire non coopératif au sens de l'article 238-0 A du CGI (BOI-IS-FUS-40-50 n° 1).

Précisions **a.** Si les titres de la société mère du groupe fiscal ne sont pas inscrits à l'actif de l'établissement stable français de la société étrangère mais restent inscrits à l'actif de cette dernière aux fins de réaliser la TUP envisagée, l'existence de cet établissement stable ne remet pas en cause le groupe fiscal formé par la société mère française (BOI-IS-FUS-40-50 n° 1).

b. La doctrine administrative rappelle que l'**établissement stable** d'une société étrangère peut acquérir, sous conditions, le statut de **société intégrante** et se constituer seul redevable de l'impôt sur les sociétés dû par lui-même et par les sociétés dont les titres sont inscrits à son bilan fiscal et dont 95 % au moins du capital est détenu, directement ou indirectement, par la société étrangère, c'est-à-dire dès que la société étrangère remplit, à travers son établissement stable, les conditions prévues à l'article 223 A du CGI pour acquérir le statut de tête de groupe (BOI préc.).

4. Apports faits par des personnes morales étrangères à des personnes morales françaises

Branches complètes d'activité

Les apports de branches complètes d'activité consentis à une personne morale française par une personne morale étrangère peuvent être réalisés sous le bénéfice du régime de faveur depuis le 1er janvier 2018, sans contrainte particulière autre que le respect du champ d'application géographique du régime (n° 27045) et l'incidence de la clause anti-abus (n° 27060). La déclaration mentionnée n° 27070 n'est pas à déposer, puisque l'opération est réalisée au profit d'une personne morale française et non pas d'une personne morale étrangère ; les dispositions de l'article 210 C, 2 du CGI (exigence que les éléments apportés soient effectivement rattachés à un établissement stable de la personne morale étrangère situé en France) ne sont pas légalement applicables pour les mêmes raisons. **27110**

Ces principes permettent à une société étrangère, depuis le 1er janvier 2018, de **filialiser un établissement stable** situé en France sans difficulté particulière. En ce sens, l'administration a notamment indiqué qu'en ce qui concerne le cas particulier de l'apport par une société étrangère de sa succursale française à une société française et lorsque cette opération peut être considérée comme portant sur une branche complète d'activité au sens de l'article 210 B du CGI, il n'est pas exigé que les titres remis en contrepartie soient rattachés à un établissement stable situé en France ; l'apport est éligible au régime spécial des fusions de plein droit à condition de constituer un ensemble capable de fonctionner, du point de vue de l'organisation, par ses propres moyens et de respecter les dispositions du 3 de l'article 210 A du CGI (BOI-IS-FUS-10-20-20 n° 140, ajoutant que, bien entendu, si une succursale française procède elle-même à un apport partiel d'actifs au profit d'une société française, les titres remis en rémunération de l'apport doivent être rattachés à la succursale).

Précisions **a.** Pour les opérations réalisées avant le 1er janvier 2018, l'administration estimait que la filialisation d'un établissement stable en France d'une société étrangère supposait un agrément si la société étrangère n'était pas imposable en France à raison des plus-values qui pourraient être réalisées lors de la **cession ultérieure des titres** reçus en contrepartie de l'apport. L'agrément était subordonné à la condition que les titres de la société nouvelle soient immédiatement apportés par la société mère étrangère à une holding française, afin que les plus-values puissent être imposées en France en cas de cession ultérieure (un engagement devait être pris de faire céder en priorité les titres de la société française par la holding si le groupe souhaitait se défaire de sa participation).

b. En cas d'apport par une société étrangère d'un établissement français à une société française, **la France ne perd pas sa compétence fiscale** dès lors que la plus-value reste ultérieurement imposable en France, les plus-values futures devant être calculées par rapport à la valeur comptable des biens apportés. Seul le redevable de l'impôt sur la plus-value aura changé (en ce sens, à propos d'un apport en nature par des sociétés autrichiennes de titres d'une société en commandite simple allemande, CJUE 23 janvier 2014 aff. 164/12, 1e ch., DMC Beteiligungsgesellschaft mbH : RJF 4/14 n° 418 ; voir également n° 82050).

Apports de titres

27125 Les règles d'imposition des plus-values d'apport de titres de sociétés françaises par des sociétés étrangères sont les mêmes que celles qui concernent les non-résidents personnes physiques (n° 65750) ; notamment, le **prélèvement** codifié à l'article 244 bis B du CGI est applicable à toutes les personnes morales ou organismes dont le siège n'est pas situé en France, quelle que soit leur forme. Le mécanisme du **sursis ou du report** d'imposition leur est également applicable (sous réserve des États ou territoires non coopératifs ; n° 65890).

Les règles relatives aux cessions ou apports de titres de **sociétés à prépondérance immobilière** en France sont généralement transposables.

5. Scission de la filiale française d'une société étrangère

Application du régime de faveur

27130 Une scission entraîne juridiquement la dissolution sans liquidation de la société qui disparaît et la transmission universelle de son patrimoine aux sociétés bénéficiaires, cependant que les actionnaires de la société scindée deviennent actionnaires des sociétés bénéficiaires. Cette opération, connue en droit français depuis 1966, est visée par la directive fusions, qui établit les conditions d'une neutralité fiscale reprise par l'article 210 B du CGI.

D'une façon générale, les scissions peuvent être réalisées sous le bénéfice du régime de faveur sans, depuis le 1er janvier 2018, que soit pris un engagement de conservation des titres, s'il s'agit de la scission d'une société comportant **au moins deux branches complètes d'activité** lorsque chacune des sociétés bénéficiaires reçoit une ou plusieurs de ces branches (CGI art. 210 B, précisant que l'article 210 A du même Code s'applique à la scission de sociétés comportant au moins deux branches complètes d'activité lorsque chacune des sociétés bénéficiaires reçoit une ou plusieurs de ces branches). Les futures **plus-values de cession** des titres remis en contrepartie des apports seront calculées par référence à la valeur que les biens apportés avaient, du point de vue fiscal, dans les écritures de la société scindée.

Précisions **a.** En ce qui concerne les **opérations étrangères**, l'administration précise que, dès lors que les dispositions législatives ne font pas référence à la qualification juridique des opérations effectuées, il n'est plus nécessaire et suffisant que l'opération soit considérée comme une scission au sens des textes en vigueur dans l'État ou le pays des sociétés concernées, si elle présente les caractéristiques décrites à l'article 210-0 A du CGI, sous réserve toutefois de la limitation géographique (BOI-IS-FUS-20-10 n° 30).

b. Le fait que le régime de faveur des scissions suppose que la société scindée comporte au moins deux branches complètes d'activité n'est pas conforme à la **directive fusions** qui ne contient pas d'exigence de cette nature ; la directive mentionne simplement le fait que la société scindée transfère l'ensemble de son patrimoine à une ou plusieurs sociétés, sans exiger qu'elle transfère effectivement des branches complètes d'activité.

Conditions

27135 Lorsqu'une scission est réalisée au profit de sociétés étrangères, le régime de faveur est applicable sous réserve que les éléments apportés soient effectivement rattachés à des **établissements stables** en France des sociétés étrangères bénéficiaires (CGI art. 210 C, 2) ; les seules autres conditions à respecter sont celles qui tiennent au champ d'application géographique du régime (n° 27045) et à l'incidence de la clause anti-abus (n° 27060) ; une déclaration spécifique doit en outre être déposée (n° 27070).

Précisions Les conditions tenant au champ d'application géographique et à la déclaration spécifique ne sont pas applicables si la scission est réalisée au profit de **sociétés françaises** (cas où la filiale française d'une société étrangère est scindée et où les différentes branches d'activité sont transférées, par le biais de la scission, à des sociétés françaises et non pas à des sociétés étrangères).

6. Apport partiel d'actif suivi de la répartition des titres

Principes

27150 Dans sa rédaction issue de l'article 23 de la loi n° 2017-1775 du 28 décembre 2017 de finances rectificative pour 2017, **l'article 115, 2** du CGI prévoit, pour les opérations d'apports partiels d'actifs réalisées depuis le 1er janvier 2018 (et non pas pour les répartitions

de titres réalisées en 2018 si l'apport partiel d'actifs a été réalisé en 2017), que n'est pas considérée comme une distribution de revenus mobiliers l'attribution de titres représentatifs d'un apport partiel d'actif d'une branche complète d'activité aux membres de la société apporteuse, lorsque :
– l'apport est placé sous le régime de l'article 210 A du CGI ;
– la société apporteuse dispose encore au moins d'une **branche complète d'activité** après la réalisation de l'apport ;
– cette **attribution, proportionnelle** aux droits des associés dans le capital, a lieu dans un délai d'un an à compter de la réalisation de l'apport (BOI-IS-FUS-20-40-40).

Ces principes s'appliquent également si les associés sont **non résidents**. Les associés non résidents de la société distributrice peuvent ainsi bénéficier de l'exonération de l'impôt de distribution (retenue à la source de l'article 119 bis du CGI ; n° 60845) à raison de l'attribution des titres en contrepartie de l'apport, sous réserve que la clause anti-abus ne soit pas applicable (n° 27060). L'administration précise que, corrélativement, en cas de cession ultérieure des titres ainsi attribués, le **prix d'acquisition** à retenir pour le calcul du gain net imposable dans les conditions prévues aux articles 244 bis A (plus-values immobilières ; n° 67540) ou 244 bis B du CGI (plus-values mobilières ; n° 65880) est réputé nul (BOI-IS-FUS-20-40-40 n° 260) ; en ce qui concerne les plus-values immobilières, toutefois, les règles applicables aux entreprises résidentes de France s'appliquent aux cédants « européens » au sens indiqué n° 67692 (BOI préc.).

Possibilité de demander un agrément

Lorsque l'apport partiel d'actif n'est pas représentatif d'une branche complète d'activité ou lorsque la société apporteuse ne dispose pas d'au moins une branche complète d'activité après la réalisation de l'apport, l'exonération est éventuellement applicable sur **agrément** (CGI art. 115, 2 bis). Tel est notamment le cas des apports comprenant exclusivement des participations, qu'ils soient ou non assimilés à une branche complète d'activité au sens du troisième alinéa du 1 de l'article 210 B du CGI. Les opérations d'attribution de titres reçus en rémunération d'une opération d'apport comprenant exclusivement des **participations** relèvent ainsi, dans tous les cas, de l'agrément prévu au 2 bis de l'article 115 du CGI (BOI-SJ-AGR-20-20 n° 30). **27151**

L'administration a précisé que l'agrément ne sera pas délivré si l'opération est réalisée par une société, apporteuse ou bénéficiaire d'un apport, ayant son siège dans un État ou territoire, autre qu'un État membre de l'Union européenne, n'ayant pas conclu avec la France une **convention fiscale** contenant une clause d'assistance administrative en vue de lutter contre la fraude et l'évasion fiscales (BOI préc. n° 240).

Bien entendu, l'agrément ne sera pas non plus délivré si l'objectif principal ou l'un des objectifs principaux de l'opération concernée est la **fraude ou l'évasion fiscale**. L'administration précise à cet égard que si l'opération n'est pas effectuée pour des motifs économiques valables, tels que la restructuration ou la rationalisation des activités des sociétés concernées, elle sera considérée comme ayant pour objectif principal ou comme un de ses objectifs principaux la fraude ou l'évasion fiscale, sauf preuve contraire appréciée dans le cadre d'une procédure de contrôle contradictoire en application de l'article L 10 du LPF (BOI préc. n° 250).

La doctrine administrative précise également que l'agrément ne saurait être délivré si l'opération envisagée est de nature à faire échec à **l'imposition future des plus-values** mises en sursis d'imposition ; l'enchaînement des opérations de restructuration doit permettre au Trésor de conserver son droit d'imposer les plus-values réalisées à l'occasion de cessions ultérieures afférentes aux titres apportés ou aux titres répartis sans altérer l'assiette imposable de ces plus-values. Tel ne serait pas le cas, par exemple, d'un apport par une holding de titres à une personne morale étrangère, suivi de l'attribution des titres de la personne morale aux associés de la société holding qui ne seraient pas imposables en France (BOI préc. n° 260).

Opérations réalisées par des sociétés étrangères

Conformément à l'article 121, 1 du CGI, les dispositions codifiées à l'article 115, 2 du même Code (n° 27150) sont applicables en cas d'apport partiel d'actif par une société étrangère, placé sous un régime fiscal similaire à celui de l'article 210 A du CGI. **27153**

27153 (suite) L'administration a notamment précisé que lorsque l'opération d'apport partiel d'actif est réalisée par une société étrangère, le dispositif prévu à l'article 115, 2 du CGI bénéficie de plein droit aux associés résidents de France, y compris lorsque la législation étrangère **permet d'attribuer directement les titres** émis en rémunération de l'apport aux associés de la société apporteuse (« scission partielle »), sous réserve que toutes les autres conditions soient réunies.

La **justification** que les conditions d'application du dispositif sont réunies et notamment que l'opération d'apport partiel d'actif est placée sous un régime fiscal produisant des effets équivalents à celui de l'article 210 A du CGI, doit être apportée, à la demande de l'administration, par l'associé résident de France qui entend en bénéficier. Cette justification peut être apportée, notamment et sans préjudice du droit de contrôle de l'administration, par la production d'une attestation signée du représentant légal de la société apporteuse étrangère certifiant que l'opération d'apport et d'attribution est placée sous un régime fiscal comparable à celui prévu à l'article 210 A du CGI et mentionnant les références de la législation fiscale étrangère applicable à cette opération (BOI-IS-FUS-20-40-40 n° 80).

L'article 210-0 A du CGI **exclut** du bénéfice de l'article 115, 2 du CGI les opérations n'entrant pas dans le champ de la directive fusions ou réalisées par des sociétés, ou au profit de sociétés, qui ont leur siège dans un État ou un territoire n'ayant pas conclu avec la France une convention fiscale contenant une clause d'assistance administrative en vue de lutter contre la fraude ou l'évasion fiscales. Cette restriction ne vise, cependant, **que** les sociétés **apporteuses** ou **bénéficiaires** et non les sociétés, ou personnes physiques, actionnaires de la société apporteuse qui résideraient dans un des États ou territoires exclus (BOI préc. n° 20).

Le bénéfice de l'article 115, 2 du CGI suppose, en tout état de cause, que la clause anti-abus ne soit pas applicable (n° 27060).

Précisions **a.** Selon la doctrine administrative, l'opération d'attribution des titres n'est pas visée par la **directive fusions**, son article 8-1 traitant de l'attribution de titres représentatifs du capital social de la société bénéficiaire en échange de titres représentatifs du capital social de la société apporteuse (BOI-SJ-AGR-20-20 n° 20).

b. En ce qu'elle subordonnait à la **conservation des titres** la délivrance de l'agrément alors prévu par le 2 de l'article 115 du CGI, la doctrine administrative avait été infirmée par CAA Versailles 1er octobre 2019 n° 17VE02586, 1e ch., min. c/ Sté Oberthur Technologies : RJF 1/20 n° 9 (arrêt définitif).

c. Dans le passé, l'administration avait admis que l'**attribution gratuite** à des personnes physiques domiciliées en France de titres de la société norvégienne Statoil à la suite de l'apport à cette société de son activité pétrolière par la société norvégienne **Norsk Hydro** puisse bénéficier « à titre exceptionnel » du régime de l'article 115 du CGI ; par suite, cette répartition n'a pas été considérée comme un revenu mobilier imposable et le prix de revient des actions reçues a été réputé nul pour le calcul des plus-values ultérieures (ancienne réponse Tardy, JOAN 25 novembre 2008, page 10171 : Droit fiscal 2008 n° 49, comm. n° 354). En revanche, la même solution n'a pu être retenue à l'occasion de l'attribution à ses actionnaires par la société américaine **Altria** de titres de deux de ses filiales américaines car cette attribution n'a pas été précédée d'une opération d'apport (ancienne réponse Vampa, JOAN 21 juillet 2009, page 7208 : Droit fiscal 2009 n° 36, comm. n° 264, indiquant qu'il s'agissait fiscalement d'une distribution de dividendes en nature imposable de la même façon qu'une distribution en numéraire).

d. Sous l'empire de la législation antérieure au 1er janvier 2018, il a été jugé, à propos de la **scission partielle d'une société américaine**, que l'agrément alors prévu par la loi (combinaison des articles 121 et 115 du CGI, alors applicables) pour que les attributions de titres représentatifs d'un apport partiel d'actif réalisé par une société étrangère ne soient pas considérées comme une distribution de revenus ne pouvait être exigé lorsque les distributions étaient réalisées dans le cadre d'une opération de scission partielle d'une société établie dans un État membre de l'Union européenne, en application de l'arrêt Euro Park Service (n° 27055) ; il en résultait une différence de traitement selon l'État dans lequel était établie la société apporteuse, qui a conduit le Conseil d'État a renvoyer sur ce point une question prioritaire de **constitutionnalité** au Conseil constitutionnel (CE 16 septembre 2019 n° 431784, 9e et 10e ch. : RJF 12/19 n° 1178). En réponse, le Conseil constitutionnel a jugé que la différence de traitement était en rapport direct avec l'objet de la loi au motif qu'il existait une différence de situation tenant au **lieu d'établissement** de la société apporteuse entre les associés des sociétés établies dans un État membre et ceux des autres sociétés étrangères (Cons. const. 15 novembre 2019 n° 2019-813 QPC : RJF 2/20 n° 159). À propos de la scission partielle d'une **société américaine** en 2015, voir également CAA Lyon 25 août 2020 n° 19LY01806, 2e ch., arrêt définitif confirmant que les titres reçus par une personne physique domiciliée en France étaient imposables en tant que revenus mobiliers, en l'absence d'agrément, et que le droit de l'Union européenne était sans incidence.

7. Fusions et scissions réalisées à l'étranger

Principe de la neutralité fiscale (CGI art. 38, 7 bis)

Si une société étrangère dont certains actionnaires sont des sociétés françaises est absorbée par une autre société étrangère, les sociétés françaises actionnaires peuvent bénéficier du mécanisme du **report d'imposition** des plus-values d'échange prévu par l'article 38, 7 bis du CGI au titre d'opérations réalisées à l'étranger ; il faut cependant que celles-ci répondent à la définition donnée par l'article 210-0 A du CGI et que ne soit pas partie à l'opération une société établie dans un État non lié à la France par une convention fiscale contenant une clause d'assistance administrative en vue de lutter contre la fraude et l'évasion fiscales. Pour les opérations réalisées depuis le 1er janvier 2018, il faut, en outre, que la clause anti-abus mentionnée au n° 27060 ne soit pas applicable. **27170**

Comme il est indiqué au n° 65760, la situation des personnes physiques fait l'objet d'un dispositif un peu différent.

Précisions Dès lors que l'article 210-0 A du CGI retient le critère de « dissolution sans liquidation », **certaines opérations** d'apports par une société étrangère suivies de la liquidation de cette dernière ne sont **pas éligibles** (cas notamment de certaines réorganisations réalisées dans les pays anglo-saxons).

8. Opérations transfrontalières et transfert des déficits sur agrément

À condition qu'une fusion transfrontalière réponde aux critères posés par l'article 210-0 A du CGI (n° 27040), la société étrangère absorbante peut solliciter l'**agrément** prévu à l'article 209, II du CGI pour le transfert de la faculté d'imputation des déficits en instance de report chez la société absorbée à la date de l'opération. Sous certaines conditions, les déficits et charges financières en report peuvent également être transférés sans agrément pour les opérations réalisées depuis le 1er janvier 2020 (CGI art. 209, II-2). **27190**

Ces dispositions sont applicables en cas d'absorption par une société étrangère d'une autre société étrangère détenant un établissement stable en France, ou d'absorption d'une filiale française par sa société mère étrangère (à condition que la société étrangère dispose ensuite d'un établissement stable en France au sens conventionnel) ou encore de filialisation par une société étrangère de son établissement stable en France (BOI-SJ-AGR-20-30-10-10 nos 80 s.).

9. Transferts transfrontaliers du siège des sociétés

Traditionnellement, le transfert du siège d'une société passible de l'impôt sur les sociétés (de plein droit ou sur option) entraîne l'application des règles relatives à la **cessation d'entreprise** (imposition des bénéfices et plus-values, régime des revenus réputés distribués). En cas de transfert du siège d'une société de France vers un autre État de l'**Union européenne**, la loi de finances pour 2005 avait cependant posé en principe que le transfert, qu'il s'accompagne ou non de la perte de la personnalité juridique en France, n'emportait pas les conséquences d'une cessation d'entreprise et n'entraînait donc pas l'imposition immédiate des bénéfices non encore imposés ou en sursis d'imposition (provisions et plus-values dont l'imposition a été différée) et des plus-values latentes (CGI art. 221, 2 ancien). En pratique, l'administration subordonnait cette exception au seul cas où le transfert du siège ne s'accompagnait pas du transfert des actifs, qui restaient par conséquent rattachés à un **établissement stable** en France ; en cas de transfert des actifs, l'imposition était immédiate (voir sur ce point l'exposé de motifs du projet de troisième loi de finances rectificative pour 2012 et le rapport Eckert, AN, n° 465, du 28 novembre 2012). **27210**

Ce dispositif n'était pas conforme à la position de principe énoncée par la Cour de justice, notamment dans l'arrêt National Grid Indus BV, autorisant les États membres à imposer les plus-values latentes afférentes aux actifs transférés dans un autre État membre mais interdisant l'exigibilité immédiate de l'impôt (n° 81695).

La loi n° 2012-1510 du 29 décembre 2012 de finances rectificative pour 2012 (art. 30) a donc modifié les règles applicables en distinguant selon que le transfert de siège ou d'un établissement a lieu au sein ou en dehors de l'Union européenne, pour les transferts réalisés **depuis le 14 novembre 2012** ; en outre, dans l'hypothèse d'un transfert au sein de l'Union européenne, il faut encore distinguer selon qu'il s'accompagne ou non d'un transfert d'éléments d'actif. La loi ne dit rien, en revanche, sur le traitement des autres situations possibles, notamment celle du **transfert en France** du siège d'une société étrangère ou du transfert dans un autre État du siège d'une société étrangère qui dispose d'un établissement stable (ou d'un immeuble) en France.

Précisions **a.** Les questions liées à la fiscalité des transferts de siège ont fait depuis longtemps l'objet de réflexions européennes (n° 88153) ; outre les règles relatives aux **« sociétés européennes »** (n° 88440), un mécanisme européen d'imposition « à la sortie » a été adopté en 2016 (voir ci-dessous, Précisions d). En tout état de cause, les États membres doivent, en cette matière comme dans toute autre, respecter le principe de la **liberté d'établissement** (en ce sens, CJUE 12 juillet 2012 aff. 378/10, 3e ch., VALE Epítési kft, à propos du transfert en Hongrie du siège social et de l'activité d'une société italienne ; CJUE 25 octobre 2017 aff. 106/16, Gr. ch., Polbud-Wykonawstwo sp. z o.o, à propos du transfert par une société polonaise de son siège statutaire au Luxembourg sans déplacement de son siège réel).

b. La doctrine administrative indique que le transfert du siège social peut entraîner la création d'une personne morale nouvelle lorsqu'il emporte changement de nationalité de la société (BOI-ENR-AVS-20-30-20 n° 300). L'administration estime que le **transfert du siège d'une société française à l'étranger**, qui a pour effet de transformer celle-ci en société étrangère, emporte dissolution de la société ancienne et constitution d'une nouvelle société (BOI préc. n° 310) ; il est cependant ajouté que la France renonce à percevoir le droit d'apport ordinaire si le siège de la direction effective se trouve transféré de France dans un État membre de l'Union européenne ou si le siège de la direction effective se trouve dans un État tiers, lorsque le siège statutaire est transféré de France dans un État membre (BOI préc. n° 340).

c. Le **transfert du siège social d'une société d'un État étranger vers la France** entraîne, pour l'administration, la création d'une personne morale nouvelle (BOI-ENR-AVS-20-30-20 n° 350). À notre avis, toutefois, cette affirmation est inexacte par sa généralité car tout dépend du droit étranger applicable à la société qui transfère son siège en France ; une ancienne réponse ministérielle avait indiqué à ce propos que le droit français ne comporte pas de dispositions particulières sur le transfert en France du siège social d'une société constituée à l'étranger et que, dans le cas où un tel transfert est autorisé par la loi étrangère qui régit la société, il ne peut être pris en compte par la législation française que si l'ensemble des formalités liées à la constitution et au fonctionnement des sociétés ont été respectées, notamment l'immatriculation au registre du commerce (réponse Bachelet, n° 17043 : JOAN 6 avril 1987 p. 2000).

d. Depuis le 1er janvier 2020, l'article 5 de la **directive (UE) 2016/1164** du Conseil du 12 juillet 2016, qui régit les impositions « à la sortie », est applicable (n° 88138). Le législateur en a tiré certaines conséquences à la fin de l'année 2019 (n° 27215), mais sans reprendre formellement les deux dispositions suivantes :
– lorsque les actifs, la résidence fiscale ou l'activité exercée par un établissement stable sont transférés vers un autre État membre, ce dernier **accepte la valeur établie par l'État membre** du contribuable ou de l'établissement stable comme valeur fiscale de départ des actifs, à moins que celle-ci ne reflète pas la valeur de marché (voir toutefois n° 27240) ;
– pour autant que les actifs soient destinés à revenir à l'État membre du contribuable à l'origine du transfert dans un délai de douze mois, l'imposition à la sortie ne s'applique pas aux transferts d'actifs liés à un financement sur titres, aux actifs donnés en garantie ou aux cas où le transfert des actifs a été effectué afin de satisfaire aux **exigences prudentielles** en matière de fonds propres ou à des fins de gestion des liquidités.

e. Il a été jugé que la **date d'un transfert de siège** est celle de son opposabilité aux tiers et notamment à l'administration fiscale, soit en l'espèce la date de la radiation au registre du commerce français et non celle de l'assemblée générale ayant décidé le transfert (TA Paris 26 mai 2021 n° 1901645, Sté FGI : RJF 10/21 n° 908 ; appel enregistré sous le n° 21PA04120).

a. Depuis la France vers un autre État de l'Union européenne

Principes

27215 La loi ne prévoit pas formellement que le transfert de siège au sein de l'Union européenne n'emporte pas les conséquences d'une cessation d'entreprise ; elle aboutit cependant au même résultat car il résulte de l'article 221, 2 du CGI que le régime de la **cessation d'entreprise** s'applique en cas de transfert du siège ou d'un établissement dans un État étranger **autre qu'un État membre de l'Union européenne** ou qu'un État partie à l'accord sur l'Espace économique européen ayant conclu avec la France une convention d'assistance mutuelle en matière de recouvrement ayant une portée similaire à celle prévue par la directive 2010/24/UE du Conseil du 16 mars 2010 concernant l'assistance mutuelle en matière de recouvrement des créances relatives aux taxes, impôts, droits et autres mesures, à savoir l'**Islande** et la **Norvège** (BOI-IS-CESS-30 n° 80). Pour les exercices ouverts depuis le 1er janvier 2020, il n'est plus exigé que l'État membre de l'Espace économique européen ait conclu avec la France une convention d'assistance administrative mais il s'agit d'une modification formelle sans portée pratique par rapport à la situation antérieure et qui est simplement destinée à reprendre la formulation utilisée par l'article 5 de la directive (UE) 2016/1164 du Conseil du 12 juillet 2016 (Loi n° 2019-1479 du 28 décembre 2019 de finances pour 2020, art. 45 ; en ce qui concerne le Liechtenstein, voir n° 3699, Précisions b). **27215** (suite)

La loi prévoit, d'une façon générale, que si l'impôt sur les sociétés est exigible en cas de transfert de siège dans l'Union européenne (ou en Islande ou en Norvège), à raison des plus-values latentes constatées sur les éléments de l'actif immobilisé transférés et des plus-values en report ou en sursis d'imposition, il peut faire l'objet d'un **étalement**. Pour les exercices ouverts depuis le 1er janvier 2020, le même régime est applicable en cas de transfert d'un **élément d'actif isolé**, qu'il s'accompagne ou non d'un transfert de siège ou d'établissement, ainsi qu'en cas de transfert de siège ou d'un établissement sans transfert d'éléments d'actifs (on ne voit cependant pas très bien quel sens donner à cette dernière hypothèse car on voit mal comment un établissement pourrait être transféré sans transfert d'éléments d'actifs).

Précisions **a.** La notion de **transfert de siège** n'est pas définie par la loi ; s'agissant d'un concept législatif, il ne devrait s'agir que du siège social puisque le concept de siège de direction effective est inconnu du Code général des impôts. Cependant, l'administration l'entend également du siège de direction effective (n° 27221, à propos de l'option pour le paiement fractionné).

b. La notion de **transfert d'établissement** n'est pas définie ; a priori, un transfert d'établissement suppose nécessairement un transfert d'éléments d'actifs, ce qui génère automatiquement une imposition des plus-values latentes (par différence avec un simple transfert de siège).

c. L'option pour le paiement fractionné concerne les **sociétés non résidentes de l'Union européenne** qui disposent en France d'un établissement stable soumis à l'impôt sur les sociétés puisqu'il concerne l'ensemble des sociétés passibles de l'impôt sur les sociétés en France, quel que soit le lieu de leur siège social ou de leur siège de direction effective.

d. En droit des sociétés, il a été jugé qu'aucune disposition du droit national n'empêche qu'une société constituée en France ne se **transforme en une société** de droit national d'un **autre État membre de l'Union européenne** pour autant que ce droit le permette, la survie de la personnalité morale n'étant pas affectée par la transformation de la forme sociale de l'intéressée, de société civile non connue en droit belge en société en nom collectif (CA Paris 3 juin 2014 n° 14/03053, P 5, ch. 8, Sté Financière Echo, arrêt définitif relatif au transfert du siège d'une société civile française en Belgique, où elle est devenue une société en nom collectif). Voir également n° 88460 l'arrêt Cartesio de la CJCE.

e. Sous l'empire de la législation applicable en 2007, il a été jugé que dès lors que le transfert au Luxembourg du siège social d'une société française n'emportait pas les conséquences fiscales de la **cessation d'entreprise**, l'administration n'était pas tenue d'imposer immédiatement les plus-values latentes (CAA Paris 3 juillet 2017 n° 16PA00728, 5e ch., Sté APH Vitry, ayant fait l'objet d'un pourvoi non admis par CE (na) 24 octobre 2018 n° 413994, 9e ch., Sté APH Vitry ; voir n° 5405).

f. À propos d'une opération réalisée avant le 14 novembre 2012, il a été jugé que si le transfert du siège social d'une société française dans un État membre de l'Union européenne n'emporte pas, par lui-même, la mise en œuvre de la procédure d'imposition immédiate des bénéfices réalisés et non encore imposés, tel n'est pas le cas lorsque ce transfert a pour effet la **cessation totale ou partielle de son assujettissement à l'impôt sur les sociétés** en France (CE 9 juin 2020 n° 418913, 3e et 8e ch., Sté Gervais A Industries : RJF 8-9/20 n° 679, rejetant le pourvoi formé contre CAA Lyon 11 janvier 2018 n° 16LY01375 : RJF 6/18 n° 591, à propos d'une société française qui avait transféré son siège social au Luxembourg à compter du 1er janvier 2011) ; le transfert de siège avait, en l'espèce, entraîné le transfert comptable de l'ensemble des actifs de la société et la cessation de toute exploitation en France de son activité commerciale, de sorte qu'elle cessait d'être soumise à l'impôt sur les sociétés et qu'elle était corrélativement imposable immédiatement sur ses bénéfices non encore imposés et tenue au respect de l'obligation déclarative associée. Cette solution conserve à notre avis sa portée pour les opérations réalisées depuis le 14 novembre 2012, sous réserve d'une option possible pour le paiement fractionné en ce qui concerne les éléments d'actifs transférés (voir également nos 27226 et 81695, Précisions c). La même solution a été retenue par CAA Lyon 28 janvier 2021 n° 18LY04713, 5e ch., Sté Agate Invest, ayant fait l'objet d'un pourvoi non admis par CE (na) 6 décembre 2021 n° 451096, 8e ch., Sté Agate Invest : RJF 3/22 n° 244 (la société avait transféré son siège social au Luxembourg le 31 mai 2012).

g. Est irrecevable la requête d'une société qui transfère son siège au Luxembourg le 30 novembre 2012 et demande à l'administration la restitution des quatre **acomptes d'impôt sur les sociétés** versés au titre de l'exercice clos en 2012, mais qui ne produit pas son relevé de solde en dépit des demandes de l'administration (CE 9 juin 2020 n° 417936, 3e et 8e ch., Sté Sofil : RJF 8-9/20 n° 735).

En l'absence de transfert d'actifs

27217 Lorsque la société qui transfère son siège ne transfère pas d'actifs hors de France, le transfert de siège reste sans conséquence fiscale en France ; en ce sens, les travaux parlementaires relatifs à la réforme de 2012 indiquent que « l'imposition n'est déclenchée que lorsque le transfert du siège ou d'un établissement s'accompagne du transfert d'éléments d'actifs » (Rapport Eckert, AN, n° 465, 28 novembre 2012).

Dans ce cas, en effet, l'ensemble des éléments d'actifs qui composent le patrimoine de la société restent situés en France et se retrouvent, sans réévaluation, au bilan d'un **établissement stable** que la société ayant transféré son siège doit ensuite créer en France. Cet établissement stable, assujetti à l'impôt sur les sociétés, doit faire figurer à son bilan les éléments d'actifs et de passifs qui figuraient au bilan de la société dont le siège a été transféré. Par suite, en cas de cession ultérieure de ces actifs, la plus-value éventuelle reste imposable en France entre les mains de l'établissement, sous réserve, éventuellement, des conventions fiscales.

En outre, la société dont le siège est transféré conserve en France, par l'intermédiaire de son établissement stable, son droit au **report des déficits**.

Enfin, le transfert est également neutre à l'égard des **associés** ; les bénéfices et réserves, capitalisés ou non, ne sont pas réputés distribués et le transfert de siège n'entraîne donc aucune perception d'impôt direct à la charge des associés. En effet, la société ne cesse pas d'être assujettie à l'impôt sur les sociétés en France, ce qui rend inapplicables les dispositions de l'article 111 bis du CGI.

Précisions À notre avis, le transfert de siège d'une **holding pure**, qui n'a ni bureaux ni personnel, génère nécessairement un transfert d'actifs hors de France (titres de participation) puisque, par définition, la société ne peut ensuite disposer d'un établissement stable en France faute d'y avoir une installation fixe d'affaires.

En cas de transfert d'actifs

27220 Lorsque le transfert d'un actif, du siège ou d'un établissement s'effectue dans l'Union européenne (ou en Islande ou en Norvège), **l'impôt sur les sociétés** exigible à raison des **plus-values** latentes constatées sur les éléments de l'actif immobilisé transférés et des plus-values en report ou en sursis d'imposition fait l'objet de modalités particulières d'imposition.

En effet, la société peut choisir entre le paiement immédiat ou le **paiement fractionné** de l'impôt, y compris lorsque le transfert du siège ou d'un établissement est constitutif d'un changement d'activité réelle au sens du 5 de l'article 221 du CGI (BOI-IS-CESS-30 n° 10).

Précisions La loi, dans sa rédaction issue de la loi de finances pour 2020, n'est pas parfaitement cohérente car si elle prévoit le transfert d'un « actif », elle n'envisage d'étalement que pour les éléments de l'actif « immobilisé » transférés.

27221 **Champ d'application de l'option** L'option concerne toutes les sociétés qui sont assujetties à l'impôt sur les sociétés en France au sens de l'article 209, I du CGI, que cet assujettissement soit de plein droit ou sur option ; elle s'applique, selon l'administration (BOI-IS-CESS-30 n° 20) :
– aux sociétés dont le **siège social** ou la **direction effective** est situé en France, que le transfert concerne le siège de la société ou l'un de ses établissements français ;
– et aux **établissements français** de sociétés étrangères, quel que soit le lieu d'implantation de leur siège, qui répondent à la notion d'entreprise exploitée en France et qui sont effectivement assujettis à l'impôt sur les sociétés en France (y compris lorsque le transfert concerne une branche complète d'activité ou une installation fixe susceptible d'être qualifiée d'établissement au sens des conventions fiscales ; BOI préc. n° 40).

27222 **Éléments de l'actif immobilisé concernés par l'option** Selon l'administration, l'option s'applique aux éléments suivants (BOI-IS-CESS-30 n° 50) :
– les immobilisations **incorporelles** inscrites aux comptes 201 à 208 du plan comptable général ;
– les immobilisations **corporelles** inscrites aux comptes 211 à 218 du plan comptable général, y compris les terrains et les constructions ou immeubles ; en ce qui concerne les **immeubles**, la doctrine administrative précise toutefois que, par exception, il n'est

procédé à aucune imposition à l'impôt sur les sociétés de la plus-value latente à la date du transfert au sein de l'Union européenne (ou en Islande ou en Norvège) ; cette imposition est reportée au jour de la cession de l'immeuble (BOI préc. n° 100) ;
– les immobilisations **en cours** inscrites aux comptes 231 à 238 du plan comptable général ;
– les participations et créances **rattachées** à des participations inscrites aux comptes 261 à 267 du plan comptable général ;
– les autres immobilisations **financières** inscrites aux comptes 271 à 276 du plan comptable général.

Par transfert d'actifs, il convient d'entendre (BOI préc. n° 60) :
– pour les biens meubles incorporels, les constructions, immeubles ou terrains et les immobilisations financières, la **sortie de l'actif du bilan** de la société ou de l'établissement résultant du transfert du siège ou de l'établissement et l'inscription de cet actif au bilan du siège ou de l'établissement transféré ;
– pour les biens meubles corporels : le **transfert physique** des biens et/ou la sortie du bien du bilan de la société ou de l'établissement résultant du transfert du siège ou de l'établissement et l'inscription de cet actif au bilan du siège ou de l'établissement transféré.

Pour les exercices ouverts depuis le 1er janvier 2020, le bénéfice du régime de fractionnement de l'imposition est applicable en cas de **transfert d'un élément d'actif isolé**, qu'il s'accompagne ou non d'un transfert de siège ou d'établissement ; la notion de « transfert » n'est pas définie par la loi mais elle devrait s'entendre des transferts transfrontaliers internes à une même personne morale (et non de ventes à des tiers), tels qu'un transfert d'actif d'un établissement stable vers son siège, ou l'inverse, ou entre deux établissements stables d'une même personne morale, à condition que ces transferts interviennent au sein de l'Union européenne (ou en Islande ou en Norvège). Cette option est, en effet, manifestement destinée à tenir compte de la **directive (UE) 2016/1164** du Conseil du 12 juillet 2016 (n° 27210, Précisions d) ; selon ce qu'indique l'exposé des motifs du projet de loi de finances pour 2020, l'intention du législateur était de rendre « éligible à l'étalement sur cinq ans l'imposition de la plus-value latente réalisée lors du transfert d'actif isolé de la France vers un État membre de l'Union européenne, afin de mettre le 2 de l'article 221 du CGI en conformité avec l'article 5 de la directive ATAD 1 ».

Ce faisant, le législateur a également tiré les conséquences de la jurisprudence de la Cour de justice qui, sur le fondement du principe de **liberté d'établissement**, a jugé que les plus-values latentes concernant des droits de propriété intellectuelle transférés d'un siège vers un établissement étranger ne pouvaient pas être imposées immédiatement mais devaient bénéficier d'un étalement sur une période de cinq ans (si l'on se réfère à l'arrêt DMC ; n° 82050) ou dix ans (si l'on se réfère à l'arrêt Verder LabTec, qui concernait le transfert par une société allemande vers un établissement stable néerlandais d'actifs professionnels constitués de divers droits de propriété intellectuelle ; nos 27228 et 81695).

Précisions La plus-value réalisée à l'occasion du transfert d'une machine à **usage mixte**, utilisée avant le transfert à la fois pour une activité conservée et pour l'activité transférée à l'occasion du transfert d'une branche complète d'activité, peut bénéficier de l'option pour le paiement fractionné (BOI-IS-CESS-30 n° 40)

Assujettissement à l'impôt L'option concerne l'impôt sur les sociétés calculé à raison des **plus-values latentes** constatées sur les éléments de l'actif immobilisé transférés et des plus-values en report ou en sursis d'imposition sur ces mêmes éléments. Les plus-values latentes s'entendent de la différence entre la valeur réelle des biens à la date du transfert et leur valeur nette comptable. L'impôt sur les sociétés est calculé selon les règles applicables à chaque catégorie de bien. **27223**

Lorsqu'il existe une plus-value en **report**, le transfert du siège accompagné du transfert de l'élément d'actif est un événement qui met fin au report. De même, le transfert de siège ou d'un établissement accompagné du transfert d'un ou plusieurs éléments de l'actif immobilisé pour lesquels il existe des plus-values en **sursis** d'imposition entraîne l'imposition de ces plus-values (BOI-IS-CESS-30 n° 100).

Bien entendu, il doit être procédé à une **compensation** entre les plus-values et les moins-values de même nature pour déterminer le montant net de plus-values servant au calcul de l'impôt sur les sociétés dont le paiement peut être fractionné (CGI art. 39 quaterdecies et 39 quindecies). La plus-value nette est imposée selon les règles qui lui sont propres. En particulier, le régime des plus-values à long terme s'applique dès lors que les conditions en sont remplies.

L'administration estime cependant que l'impôt sur les sociétés dû à raison de la **quote-part de frais et charges** ne peut pas bénéficier de l'option pour le paiement fractionné, au motif que cette quote-part n'est pas constitutive d'une plus-value (BOI préc.). Cette interprétation restrictive est sans doute incorrecte, car la réintégration de la quote-part de frais et charges équivaut à une imposition à taux réduit de la plus-value, qui n'est donc pas exonérée ainsi que l'a jugé le Conseil d'État à propos de la question de l'imputation éventuelle d'un impôt étranger sur l'impôt calculé sur la quote-part de frais et charges (CE 15 novembre 2021 n° 454105, 8e et 3e ch., Sté L'Air Liquide : RJF 2/22 n° 183 ; voir n° 65797).

Précisions **a.** Lorsque l'option est exercée, la **contribution sociale sur les bénéfices** (CGI art. 235 ter ZC) est acquittée de manière fractionnée dans les mêmes conditions que l'impôt sur les sociétés.

b. L'imposition des plus-values latentes est susceptible de créer une **double imposition** si le pays d'accueil n'accepte pas de réévaluation lors de l'inscription de l'élément d'actif au nouveau bilan créé localement. Cet inconvénient a en principe disparu au sein de l'Union européenne (n° 27210, Précisions d).

c. En cas de **transfert partiel d'actifs**, la société ne cesse pas d'être assujettie à l'impôt sur les sociétés ; il n'y a pas d'autres conséquences fiscales pour elle que l'imposition des plus-values latentes (avec paiement étalé ou non de l'impôt) et les déficits ne sont pas perdus. Mais si le transfert des actifs est constitutif d'un **changement d'activité** au sens du 5 de l'article 221 du CGI, les conséquences fiscales de la cessation d'entreprise sont applicables et les **déficits** sont définitivement perdus ; la société ne pourra pas faire une demande de report en arrière de ses déficits, sur le fondement de l'article 220 quinquies du CGI (BOI préc. n° 230 ; cette solution est plus rigoureuse qu'en cas de transfert total des actifs comme il est indiqué n° 27226). Le transfert reste cependant neutre à l'égard des **associés** dès lors que la société reste assujettie à l'impôt sur les sociétés en France (BOI préc. n° 240).

27224 **Modalités de recouvrement** L'impôt sur les sociétés est déterminé définitivement au jour du transfert des actifs, indépendamment des plus ou moins-values ultérieures constatées à l'étranger ; il fait cependant l'objet de modalités particulières de recouvrement ; il doit, en effet, être acquitté dans les deux mois suivant le transfert des actifs :
– soit pour la totalité de son montant ;
– soit, sur demande expresse de la société, **pour le cinquième de son montant**.

Dans ce dernier cas, le solde doit être acquitté par fractions égales au plus tard à la date anniversaire du premier paiement au cours des quatre années suivantes. Le solde des fractions dues peut être versé à tout moment, en une seule fois, avant chaque date anniversaire du premier paiement.

L'impôt devient **immédiatement exigible** lorsque intervient, dans le délai de cinq ans, la cession des actifs ou leur transfert hors Union européenne (ou Islande ou Norvège) ou la dissolution de la société. L'impôt devient également exigible en cas de non-respect de l'une des échéances de paiement. L'administration estime que, dans tous les cas, la déchéance est encourue pour l'intégralité du montant de l'impôt sur les sociétés ayant bénéficié du paiement fractionné, y compris si la cession ou le transfert ne concerne qu'un seul des éléments de l'actif immobilisé ayant bénéficié de ce paiement fractionné (BOI-IS-CESS-30 n° 160).

L'option pour le paiement fractionné résulte du dépôt par le contribuable d'un état conforme au **modèle** fourni au BOI-FORM-000031 auprès du service des impôts des entreprises du lieu du siège ou de l'établissement transféré dans le délai de deux mois. Cet état doit être accompagné du versement d'un cinquième de l'impôt sur les sociétés dû à raison des plus-values latentes et des plus-values en report ou en sursis d'imposition.

27225 **État de suivi** Afin de faciliter le **contrôle fiscal**, la société doit adresser chaque année au service des impôts des non-résidents un état de suivi faisant apparaître les renseignements nécessaires au suivi des plus-values latentes sur les éléments de l'actif immobilisé transférés (un modèle d'état de suivi est donné au BOI-FORM-000031).

Lorsque le contribuable choisit de verser le solde en une seule fois, il doit déposer un dernier état de suivi, accompagné du versement du solde de l'impôt sur les sociétés dû.

À défaut de production de l'état de suivi des actifs transférés ou si celui-ci est inexact ou incomplet, le contribuable est redevable d'une amende égale à 5 % des plus-values omises (CGI art. 1763, I).

Transfert de siège accompagné du transfert total des actifs Si la société transfère la totalité de ses actifs, elle cesse d'être assujettie à l'impôt sur les sociétés en France, ce qui rend applicable le régime de la **cessation d'entreprise** ; l'article 221 du CGI continue, en effet, de prévoir que le régime de la cessation d'entreprise s'applique lorsque la société cesse d'être assujettie totalement à l'impôt sur les sociétés (en ce sens, sous l'empire de la législation antérieure, CE 9 juin 2020 n° 418913, 3e et 8e ch., Sté Gervais A Industries : RJF 8-9/20 n° 679 ; voir n° 27215 Précisions f). 27226

La société est donc imposable sur les plus-values latentes, en report ou en sursis, ainsi que sur les bénéfices d'exploitation non encore taxés et les provisions constatées à raison d'une perte ou d'une charge qui ne pourra pas se réaliser au motif que l'activité ne sera plus exploitée en France et ne sera donc plus soumise à l'impôt sur les sociétés en France. Cependant, l'option pour le **paiement étalé** de l'impôt afférent aux éléments d'actif immobilisé transférés est possible (BOI-IS-CESS-30 n° 200).

En outre, les **déficits** qui subsistent à la date du transfert et qui ne peuvent pas être imputés sur les résultats du dernier exercice arrêté à cette occasion tombent en non-valeur ; la société peut toutefois faire une demande de report en arrière de ses déficits dans les conditions de l'article 220 quinquies du CGI (BOI préc. n° 210 ; cette solution est favorable car, en principe, le régime de la cessation d'entreprise devrait s'y opposer en vertu de l'article 220 quinquies du CGI).

Enfin, en ce qui concerne les **associés**, l'administration admet (BOI préc. n° 220) que le transfert soit fiscalement neutre et qu'il n'entraîne pas pour eux les conséquences fiscales de la cessation d'entreprise, sous réserve qu'il soit réalisé au sein de l'Union européenne (ou en Islande ou en Norvège). Cette précision est importante car la loi ne prévoit rien en ce sens ; les associés devraient autrement être considérés comme imposables en cas de transfert de la totalité des actifs car la société cesse d'être assujettie à l'impôt sur les sociétés en France, en application de l'article 111 bis du CGI (texte que, précisément, la doctrine administrative admet de ne pas appliquer en l'espèce).

Précisions **a.** Les principes précédents s'appliquent également lorsque, par exemple, une société résidente de l'Union européenne disposant d'un **établissement stable** en France transfère dans l'État de son siège la totalité des actifs de son établissement.

b. En ce qui concerne les **associés**, on remarquera que si le champ d'application de l'article 111 bis du CGI paraissait initialement cantonné aux cas où une société de capitaux se transforme en société de personnes, le Conseil d'État en a fait application en présence d'un transfert de siège mettant fin à l'assujettissement à l'impôt sur les sociétés. Il a en effet jugé, en substance, que le transfert du siège d'une société de France métropolitaine dans le territoire de la **Polynésie** française, où les règles de l'impôt sur les sociétés ne sont pas fixées par le CGI, est un transfert à l'étranger au sens des dispositions du 2 de l'article 221 du CGI alors applicable et que ce transfert entraîne, d'une part, l'imposition immédiate de la société sur ses bénéfices qui n'ont pas encore été imposés et, d'autre part, l'imposition des associés sur l'intégralité des bénéfices et des réserves de la société réputée distribuée aux associés, en application de l'article 111 bis du CGI, à concurrence de leur participation respective dans le capital social (CE 5 février 2001 n° 215592, 3e et 8e s.-s., Zucchet : RJF 4/01 n° 459 ; CE 30 décembre 2002, n° 215459, 3e et 8e s.-s., Cordier et Monnet : RJF 3/03 n° 275).

Compatibilité avec le droit de l'Union européenne Alors que la directive européenne n'était pas applicable (n° 27210, Précisions d), on pouvait se demander si le paiement fractionné de l'impôt sur une période de cinq ans, en cas de transfert d'actifs, était compatible avec le droit de l'Union européenne ; en effet, contrairement à ce qu'avait indiqué la Cour de justice dans l'affaire National Grid Indus BV (n° 81695), la loi française contraint la société à acquitter l'impôt avant la réalisation effective des plus-values concernées, en l'absence de tout transfert de propriété. 27228

Compte tenu des précisions apportés ensuite par la jurisprudence, cependant, la loi française n'est pas critiquable sur ce point ; en effet, un mécanisme d'étalement de l'imposition des plus-values sur une période de dix ans a été **validé par la Cour de justice** à propos de la législation allemande (CJUE 21 mai 2015 aff. 657/13, 3e ch., Verder LabTec GmbH & Co. KG : RJF 8-9/15 n° 743 ; n° 81695), dans le sillage d'une précédente décision validant le principe d'un étalement sur cinq ans à propos d'un autre dispositif allemand (CJUE 23 janvier 2014 aff. 164/12, 1e ch., DMC Beteiligungsgesellschaft mbH : RJF 4/14 n° 418) ; dans cette dernière affaire, la Cour a admis qu'un **étalement sur cinq ans** était acceptable et qu'il n'y avait pas lieu de faire dépendre l'imposition de la réalisation effective des plus-values, contrairement à ce qui avait été jugé antérieurement (voir également n° 82050).

En ce sens, d'ailleurs, l'exposé des motifs du projet de loi indiquait qu'« un paiement fractionné de l'imposition sur plusieurs années, à l'instar de ce que prévoient les législations suédoise et allemande, permet de concilier la liberté d'établissement et l'objectif de juste répartition de la matière imposable entre États membres ». Dans le même sens, l'avocat général Mengozzi, dans ses conclusions sur l'affaire Commission c/ Portugal du 6 septembre 2012 (n° 81695), admettait qu'un **paiement fractionné** réponde aux exigences de la Cour (selon lui, offrir aux sociétés le choix d'échelonner le paiement de la dette fiscale, par exemple lors d'échéances annuelles ou en fonction de la réalisation des plus-values, peut constituer une mesure adéquate et proportionnée à l'objectif de préservation de la répartition équilibrée du pouvoir d'imposition entre les États membres).

27230 **Incidences sur l'intégration fiscale** À notre avis, le transfert du siège de la société mère d'un groupe d'intégration fiscale devrait rester sans conséquence, dans la mesure où il est admis qu'une société étrangère puisse former un groupe fiscal, en tant que société mère, dès lors qu'elle dispose d'un établissement stable soumis à l'impôt sur les sociétés en France, au bilan fiscal duquel les titres des filiales du groupe sont inscrits (le droit de l'Union européenne devrait en outre, nous semble-t-il, s'opposer à ce que le transfert du siège entraîne la cessation du groupe intégré).

Le transfert du siège d'une société filiale du groupe devrait également rester sans incidence lorsque la filiale conserve en France un établissement stable à l'actif du bilan duquel sont inscrits les actifs du siège transféré. La doctrine administrative n'aborde cependant pas ces questions.

Précisions D'une façon générale, mais cette doctrine ne vise pas le cas particulier des sociétés qui transfèrent leur siège au sein de l'Union européenne, l'administration indique que le transfert du siège social ou d'un établissement à l'étranger entraîne en principe **cessation d'entreprise** et perte de l'assujettissement à l'impôt sur les sociétés. Cet événement emporte par conséquent la sortie du groupe de la société qui en est affectée (BOI-IS-GPE-40-10 n° 80).

b. Depuis la France vers un État non membre de l'Union européenne

Cessation d'entreprise

27235 En cas de transfert de siège hors de l'Union européenne (ou d'Islande ou de Norvège), le régime de la cessation d'entreprise est applicable ; la loi prévoit, en effet, que l'impôt sur les sociétés est établi dans les conditions prévues aux 1 et 3 de l'article 201 du CGI (régime de la cessation d'entreprise ; CGI art. 221, 2 dans sa rédaction issue de la loi n° 2012-1510 du 29 décembre 2012 de finances rectificative pour 2012).

Dans ce cas, les règles fiscales suivent le droit des sociétés, qui considère que le transfert de siège entraîne la perte de la **personnalité morale** et la création d'une personne morale nouvelle dans l'État d'accueil (pour le moment, il semble que la jurisprudence n'exclue que le cas de transferts au sein de l'Union européenne ; n° 27215 Précisions d). Il est vrai que l'article L 225-97 du Code de commerce (qui ne vise en tout état de cause que les sociétés anonymes) envisage qu'un transfert de siège soit réalisé sans dissolution, si une convention en ce sens a été conclue entre la France et l'État d'accueil, ce qui permettrait d'obtenir un régime de neutralité fiscale (CGI art. 221, 3). Mais ce dispositif est resté lettre morte car aucune convention en ce sens n'a été signée (BOI-BIC-CESS-10-20-30 n° 290).

Le régime fiscal est donc celui de la cessation d'entreprise, l'atténuation conditionnelle prévue par l'article 221 bis du CGI n'étant pas applicable puisqu'elle est subordonnée au maintien de la personnalité morale de la société. À notre avis, il en va ainsi que la société ait ou non transféré des éléments d'actifs hors de France et qu'elle conserve ou non un établissement stable en France.

Il en résulte que font, dans ce cas, l'objet d'une **imposition immédiate** (en droit commun, les sociétés concernées ont un délai de soixante jours pour déposer leur déclaration et l'impôt est alors immédiatement établi) :
– les bénéfices d'exploitation dégagés depuis la date d'ouverture de l'exercice en cours ;
– les plus-values latentes afférentes aux éléments d'actif immobilisé ;
– les bénéfices en sursis d'imposition.

La société perd également tout droit au report des **déficits** subis avant le transfert et ses bénéfices et réserves sont réputés distribués aux associés, en application de l'article 111 bis du CGI qui prévoit que lorsque le transfert d'actifs entraîne la fin de l'assujettissement de la société à l'impôt sur les sociétés, les bénéfices et réserves, capitalisés ou non, sont réputés distribués aux associés en proportion de leurs droits, au prorata des résultats qui cessent d'être soumis à cet impôt (l'article 111 bis ne devrait cependant pas s'appliquer en l'absence de transfert d'actifs, si la société conserve un établissement stable en France passible de l'impôt sur les sociétés ; BOI-IS-CESS-30 n° 240).

Précisions **a.** L'administration indique, par exemple, que, le **Liechtenstein** n'ayant pas signé avec la France de convention d'assistance mutuelle en matière de recouvrement, les transferts de siège ou d'établissement vers cet État, qu'ils s'accompagnent ou non du transfert d'actifs, emportent **cessation d'entreprise** en application du premier alinéa du 2 de l'article 221 du CGI (BOI-IS-CESS-30 n° 80). Voir également n° 3699, Précisions b.

b. Pour un **exemple jurisprudentiel** en cas de transfert de siège en Polynésie, voir n° 27226, Précisions b.

c. La Commission des études juridiques de la CNCC a estimé, à propos du transfert du siège d'une SAS au Luxembourg, qu'en l'absence d'un dispositif spécifique en droit français destiné à faciliter les transferts transfrontaliers de sièges sociaux au sein de l'Union européenne, la décision de transfert prise par les actionnaires de la SAS se traduit par une **dissolution** de l'entité française et la création d'une nouvelle entité de droit luxembourgeois ; le transfert de siège social emporte ainsi **cessation du mandat du commissaire aux comptes** à la date effective du transfert, à savoir la date d'immatriculation dans le nouvel État et de radiation en France (Bulletin CNCC n° 172 décembre 2013).

c. Transfert en France depuis un autre État de l'Union européenne

La loi n° 2012-1510 du 29 décembre 2012 de finances rectificative pour 2012 ne traite pas de la situation d'une société qui transfère son siège en France depuis un autre État de l'Union européenne ; la doctrine administrative est également quasiment muette sur ce point. **27240**

L'administration fait simplement état, incidemment, d'une mesure « de cohérence » avec la situation réciproque d'une société française qui transfère son siège dans un autre État de l'Union européenne ; elle indique, en effet, que lorsque le transfert a lieu depuis un État de l'Union européenne (ou Islande ou Norvège) vers la France, il y a lieu, afin de ne pas soumettre à l'impôt une plus-value qui aurait déjà été imposée par l'autre État, d'inscrire **les éléments de l'actif immobilisé transférés** au bilan d'une société française ou d'un établissement stable français d'une société étrangère pour leur valeur réelle à la date du transfert. Cette valeur réelle doit être retenue pour le calcul des plus ou moins-values ultérieures imposables en France ainsi que pour le calcul des amortissements s'il s'agit d'un bien amortissable. À cet effet, les entreprises peuvent fournir à l'administration un bilan d'ouverture ou tout autre document justifiant des valeurs retenues (BOI-IS-CESS-30 n° 120). Cette précision est conforme aux prescriptions de la directive européenne mentionnée n° 27210, Précisions d.

Mais rien n'est dit sur le cas d'une société qui transférerait son siège en France alors qu'elle aurait dans notre pays un **établissement stable** ou qu'elle y exploiterait un **immeuble**. À notre avis, il y aurait cependant lieu de considérer qu'un tel transfert devrait rester fiscalement neutre, qu'il s'accompagne ou non de la perte de la personnalité morale de la société transférée au regard du droit de l'État membre concerné, sous réserve, bien entendu, de l'absence de réévaluation des éléments d'actifs ; en ce cas, en effet, la France continue d'avoir le droit d'imposer dans les mêmes conditions qu'auparavant (l'administration paraît cependant considérer officieusement qu'il n'y aurait lieu de tirer cette conséquence que si le transfert en France n'emporte pas disparition de la personnalité morale selon le droit étranger applicable).

À ce propos, sous l'empire de la législation antérieure, l'administration avait indiqué que, par symétrie avec le régime applicable aux sociétés françaises qui transfèrent leur siège dans un autre État membre de l'Union européenne (symétrie qui n'existerait aujourd'hui qu'en l'absence de transfert d'actifs), il pouvait être admis que le transfert en France du siège social d'une **SARL luxembourgeoise** (Soparfi), accompagné de la mise en conformité de ses statuts avec la législation française, soit fiscalement neutre et n'entraîne aucune conséquence fiscale immédiate (ancienne réponse Buffet, n° 10752 : JO Sénat, 26 août 2010 p. 2215 et BF 11/10 n°s 958, 962 et 984 ; cette réponse n'a pas été reprise au BOFiP, apparemment volontairement en raison du changement de législation).

Elle ajoutait que la neutralité du transfert de siège était également admise en ce qui concerne les **associés français** de la Soparfi. Ainsi, la plus-value résultant de la **cession ultérieure** des titres détenus par des associés français, **personnes morales**, était considérée comme constitutive d'un produit imposable dans les conditions de droit commun au sens du 1 de l'article 38 du CGI et du a quater du I de l'article 219 du CGI et pouvait bénéficier, le cas échéant, du taux de 0 %, sous réserve que ces titres aient eu la qualité de titres de participation et aient été détenus depuis plus de deux ans (il était précisé que le délai de détention des titres devait s'apprécier depuis la date d'entrée des titres dans le patrimoine de l'associé concerné et non au jour du transfert du siège social). L'administration indiquait également que si les titres cédés avaient été acquis par voie d'échange n'ayant pas donné lieu à la constatation d'une plus-value d'échange, la plus-value de cession devait être déterminée en fonction de la valeur d'origine des titres remis à l'échange. De la même façon, pour les associés **personnes physiques** résidents de France, le transfert de siège social n'entraînait aucune conséquence fiscale. Les gains nets réalisés par les particuliers lors de la cession ultérieure de leurs titres étaient considérés comme passibles de l'impôt sur le revenu et des prélèvements sociaux dans les conditions de droit commun.

La réponse précitée était muette sur les conditions que devait respecter une société européenne qui disposait d'un **établissement stable** en France. Il serait toutefois cohérent que la société, devenue française, reprenne les valeurs inscrites au bilan de l'établissement stable afin de respecter le principe de neutralité fiscale du transfert ; dans l'hypothèse où la société ne dispose pas d'un établissement stable mais possède des **immeubles**, le même principe devrait, à notre avis, être respecté.

Enfin, quoique ce point n'ait pas non plus été précisé, le transfert du siège au lieu de son établissement stable en France d'une société mère d'un groupe fiscal résidente d'un autre État membre ne devrait pas entraîner la cessation du groupe, en raison des incidences du droit de l'Union européenne. De même, le transfert réalisé dans les mêmes conditions du siège d'une filiale d'un groupe fiscal serait également sans incidence sur ce dernier.

Précisions L'Autorité des normes comptables a publié, le 6 décembre 2019, le règlement n° 2019-08 relatif aux **modalités d'établissement des comptes** annuels lors d'un transfert de siège social vers la France depuis un pays étranger (JO du 29 décembre 2019, texte n° 38).

d. Transfert en France depuis un État non membre de l'Union européenne

27245 Si le transfert en France du siège d'une société d'un État non membre de l'Union européenne ne se traduit pas par la perte de la personnalité morale de la société transférée au regard du droit qui lui est applicable, il n'y a pas, à notre avis, cessation d'entreprise en ce qui concerne l'établissement stable dont elle dispose en France (mêmes conséquences qu'en cas de transfert depuis un État membre de l'Union européenne).

Dans la négative, les conséquences de la cessation d'entreprise sont applicables à l'égard de l'établissement situé en France (imposition des bénéfices d'exploitation dégagés depuis la date d'ouverture de l'exercice en cours, des plus-values latentes afférentes aux éléments d'actif immobilisé et des bénéfices en sursis d'imposition).

e. Transfert du siège d'un État de l'Union européenne dans un autre

27250 Quoique la loi soit muette sur ce point, l'administration paraissait estimer, sous l'empire de la législation antérieure à la loi n° 2012-1510 du 29 décembre 2012 de finances rectificative pour 2012, que, par symétrie avec les règles alors applicables au transfert du siège de sociétés françaises dans un autre État membre de l'Union européenne, le transfert de siège entre deux États membres, qu'il soit accompagné ou non de la perte de la personnalité morale, devait rester fiscalement neutre **pour l'établissement stable français** de la société transférée. La doctrine administrative actuelle ne contient aucune précision en ce sens, mais la solution nous semble fondée sur la simple application des principes, au moins lorsqu'il n'y a pas rupture de la personnalité morale.

f. Transfert du siège d'une société étrangère impliquant un État hors Union européenne

Il s'agit des transferts entre deux États non membres, ou entre un État membre et un État non membre de l'Union européenne. **27255**

Dans ce cas, lorsque le transfert du siège s'accompagne de la disparition de la personnalité morale de la société transférée, les conséquences de la **cessation d'entreprise** sont applicables sur l'assiette imposable de son établissement stable situé en France.

Dans le cas contraire, le transfert devrait rester sans incidence en fiscalité française.

CHAPITRE 11

Les quartiers généraux

Plan du chapitre §§

	SECTION 1 Présentation	28200
A	Définition	28350
B	Activités éligibles	28370
C	Compétence géographique	28390
	SECTION 2 Situation au regard de l'impôt sur les sociétés	28600
A	Le quartier général est-il imposable ?	28620
B	Comment calculer les bénéfices du quartier général ?	28670
	SECTION 3 Le quartier général et la TVA	28945
A	Si le quartier général ne fait que rendre des services à son siège étranger	28950
B	Si le quartier général rend des services à des entreprises juridiquement distinctes	28970
	SECTION 4 Autres impôts ou taxes	29040
A	Taxe sur les salaires	29150
B	Droits d'enregistrement	29170
C	Impôts locaux	29190
	SECTION 5 Les avantages fiscaux accordés au personnel des quartiers généraux	29260
A	Conditions d'application	29400
B	Indemnités et remboursements de frais totalement exonérés	29420
C	Indemnités et remboursements de frais qui peuvent être soumis soit à l'impôt sur le revenu, soit à l'impôt sur les sociétés	29440
D	Indemnités et remboursements de frais relevant du droit commun	29460
	SECTION 6 Les centres de logistique	29645
A	Définition	29650
B	Modalités d'imposition	29670
	SECTION 7 Les centres de coordination de recherche et de développement	29740
A	Définition	29850
B	Modalités d'imposition	29870

Généralités

27600 Les grandes entreprises qui développent leur activité internationale sont naturellement conduites à créer des centres de décision proches des marchés sur lesquels elles veulent renforcer leur présence. Ces centres de décision et de contrôle, baptisés, suivant les pays, quartiers généraux ou **centres de coordination**, sont, en quelque sorte, des états-majors qui coordonnent les activités du groupe dans une région du monde, et constituent des relais entre les sièges étrangers et les marchés. Ils permettent à l'entreprise d'appréhender en meilleure connaissance de cause la réalité économique et humaine de la partie du monde dans laquelle ils sont implantés. Pour le groupe, la concentration d'activités exercées au profit de différentes entités constitue en outre un facteur non négligeable d'économies.

Intérêt pour les États

27610 Pour les États dans lesquels ils s'implantent, les quartiers généraux sont une source appréciable de richesse, d'**activité économique** et d'emploi. En effet, les personnels employés dans les quartiers généraux ont souvent des rémunérations élevées et leur activité est bénéfique pour l'économie nationale en raison des dépenses induites. Les quartiers généraux contribuent ainsi au développement d'activités sur place et au maintien ou au développement de l'emploi, dans la mesure où les cadres « impatriés », qui ont souvent des fonctions de direction, doivent généralement recruter des collaborateurs locaux.

Pour ces raisons, certains États ont mis en place une **politique fiscale attrayante**, qui se traduit par l'octroi de certains avantages aux quartiers généraux eux-mêmes ou au personnel qui y est employé.

Concurrence fiscale

Précisément parce qu'ils sont un moyen d'attirer des capitaux étrangers et d'inciter à l'implantation d'entreprises étrangères, les avantages fiscaux (ou parfois les simples facilités fiscales) accordés aux quartiers généraux sont souvent considérés comme des éléments de concurrence fiscale dommageable (n°s 88530 s.). **27620**

La commission Primarolo avait ainsi, dans un rapport présenté au Conseil Ecofin du 29 novembre 1999 et publié le 28 février 2000, considéré que certains aspects du **régime fiscal français** des quartiers généraux et des centres de logistique, de même que certains aspects du régime belge alors en vigueur, celui des anciens centres de coordination, constituaient des éléments de fiscalité privilégiée auxquels il devait être mis fin. L'examen des autorités européennes avait également porté, à l'époque comme systématiquement aujourd'hui, sur la compatibilité de ces dispositifs avec le code de conduite visant à éviter la concurrence fiscale dommageable au sein de l'Union européenne (n° 88535) et avec les règles relatives aux **aides d'État**, dans le souci d'éviter les distorsions de concurrence dans le cadre du marché intérieur européen.

Précisions Après un examen d'ensemble, la **Commission européenne** avait pris, au début des années 2000, des décisions nuancées, refusant d'admettre, par exemple, les centres de coordination du Pays basque et de Navarre, le centre des services financiers et d'assurance de Trieste et le régime spécial des compagnies d'assurance étrangères en Suède. Le régime **français** avait dû être amendé, à la marge, et il avait été mis fin au système **belge** sous réserve d'une période transitoire dont la durée a elle-même été précisément contrôlée.

Dans le monde, le régime des quartiers généraux tend, aujourd'hui, à se **normaliser** ; les avantages fiscaux qui leur avaient été accordés dans le passé sont désormais moins nombreux et la spécificité de leur régime tient essentiellement à la possibilité qui leur est offerte de discuter préalablement avec l'administration le montant « normal » de leur rémunération pour obtenir la **garantie** que celle-ci ne sera pas considérée comme insuffisante au regard du principe de pleine concurrence. **27625**

Quant aux avantages accordés aux **salariés**, ils sont devenus moins spécifiques pour se fondre dans un régime plus général d'incitation à l'installation de salariés « impatriés » dans des entreprises quelconques (n°s 2200 s.).

Précisions Dans la suite de ce chapitre, le terme « quartier général » désigne les quartiers généraux **de droit français**, sauf indication contraire.

SECTION 1

Présentation

Un régime simplifié

En France, les quartiers généraux bénéficient davantage d'un régime simplifié que d'un régime de faveur ; l'avantage fiscal qui leur est accordé ne se matérialise pas par un impôt plus faible mais par la certitude que la **marge retenue** ne sera pas contestée puisqu'elle aura fait l'objet de l'accord préalable de l'administration. **28200**

En principe, en effet, cette marge doit respecter le principe de pleine concurrence afin d'éviter que le régime ne caractérise une infraction à la législation relative aux prix de transfert et qu'il soit regardé par les autres pays comme un élément de concurrence fiscale dommageable (n° 27620).

Cette sécurité est offerte aux quartiers généraux sur agrément préalable, de sorte que l'administration puisse s'assurer que les conditions sont remplies.

Précisions Le système français ne conduit pas à accorder aux groupes des **avantages fiscaux indus** puisqu'il ne permet pas au quartier général de réaliser des résultats importants qui ne seraient que faiblement imposés mais l'autorise seulement à déterminer ses résultats comptables et fiscaux en application d'une méthode de « cost plus », soit l'une des méthodes généralement considérées comme applicables dans ce genre de circonstances (n° 76215). Il en allait différemment, par exemple, de l'ancien système belge des centres de coordination, qui étaient imposés selon un mécanisme voisin alors qu'ils pouvaient réaliser des profits importants.

Textes applicables

28205 Le régime français des quartiers généraux existe depuis 1975, date à laquelle l'administration a fait savoir aux services, par une note interne, qu'elle entendait réserver un régime spécial aux installations françaises de sociétés étrangères exerçant, au seul profit du groupe, certaines fonctions de gestion, coordination, direction et contrôle.

Ce dispositif avait reçu un début d'officialisation en 1987, à l'occasion de la définition d'un mode particulier d'imposition des **personnes expatriées** depuis l'étranger et appelées à travailler de façon temporaire dans les quartiers généraux ; il a ensuite fait l'objet de précisions en 1997 puis en 2002-2003 afin de tenir compte des observations de la Commission européenne, qui avait vu dans certains aspects marginaux du dispositif français des éléments de concurrence fiscale dommageable (n° 27620). Il est actuellement exposé, pour l'essentiel, au BOI-SJ-RES-30-10.

A. Définition

Principes

28350 Un « quartier général » est défini comme une société dont le siège est en France ou un établissement stable situé en France d'une société étrangère, qui dépend d'un groupe international contrôlé depuis la France ou l'étranger, et qui exerce au seul profit de ce groupe des fonctions de direction, de gestion, de coordination ou de contrôle.

Juridiquement, un quartier général, qui doit être une entité passible de l'**impôt sur les sociétés**, peut être constitué sous la forme :
- d'une **société** de droit français ;
- d'un simple **établissement** d'une société étrangère ;
- d'un **département** ou d'une division adjoints à une branche d'activité industrielle ou commerciale d'une entreprise préexistante ou à une société holding.

Exercice d'activités au seul profit du groupe

28360 Le régime spécial est réservé aux fonctions exercées exclusivement pour le compte des entreprises du groupe. Si un quartier général fournit des services à des entreprises extérieures, les bénéfices correspondants doivent être déterminés dans les conditions de droit commun (la notion de « groupe » est définie par rapport au droit des sociétés).

B. Activités éligibles

Direction, gestion, coordination et contrôle

28370 Les activités qu'un quartier général peut accomplir sont strictement définies. Il doit s'agir de la fourniture de services qui correspondent à des fonctions de nature **essentiellement administrative**, non susceptibles de donner lieu à une commercialisation auprès des tiers.

En effet, de façon générale, ne sont admises dans un quartier général que les activités dont la **valeur de marché** est difficile à évaluer, ces activités étant, par nature, spécifiques aux groupes. La doctrine administrative (BOI-SJ-RES-30-10 n°s 140 s.) indique en ce sens qu'un quartier général ne peut accomplir que des fonctions de direction, de gestion, de coordination, ou de contrôle dans les domaines suivants :
- services à **caractère administratif** et services **informatiques** relatifs à la gestion administrative interne du groupe ;
- services à **caractère « stratégique »** (par exemple, participation à la définition de la politique du groupe dans différents domaines) ;
- services de **ressources humaines** tels que la gestion du personnel, la formation, la mise au point des systèmes de paie ou la gestion de la paie ;
- services de **communication** ou de **relations publiques** (y compris la publicité) et services en charge de la fourniture et du rassemblement d'informations ;
- services de **recherche** et de **développement** (n°s 29740 s.).

Précisions L'administration précise que, s'agissant d'un groupe international intervenant dans le secteur de la publicité ou en matière informatique, un quartier général peut assumer des fonctions de direction ou de coordination de l'**activité principale du groupe** (par exemple, l'élaboration de schémas directeurs de l'activité du groupe dans le domaine du marketing), mais qu'il ne peut pas concevoir lui-même, par exemple, un message publicitaire ou un produit informatique commercialisables (BOI-SJ-RES-30-10 n° 160).

Activités exclues

La mission d'un quartier général est distincte de celle des unités opérationnelles ou d'exploitation telles que les **unités de recherche**, de **production** ou de **commercialisation** (sur les activités de recherche, n° 29740). **28372**

Si un quartier général a un pouvoir d'impulsion ou de coordination sur les autres unités du groupe, il ne peut réaliser des prestations susceptibles de bénéficier à des tiers au groupe ou d'être utilisées par ces derniers.

Dans le même ordre d'idées, un quartier général doit demeurer une sorte de démembrement du siège social du groupe ; il ne doit pas disposer de **pouvoirs** complets quant à la gestion des sociétés qui composent ce groupe. Il n'a donc pas vocation à se substituer aux échelons décisionnels du groupe auxquels les actionnaires ont confié les pouvoirs généraux de décision. Un quartier général ne peut intervenir que comme préparateur puis relais d'une décision prise aux échelons décisionnels du groupe.

Enfin, un quartier général ne peut pas avoir une **activité financière**, d'assurance ou de réassurance, génératrice de profit.

Banques et compagnies d'assurance

L'administration admet que certaines fonctions, qui se situent très en amont de l'activité financière proprement dite et sont nettement individualisables, peuvent être assumées par un quartier général ; il s'agit des fonctions de « post-marché » (« back office ») et de certaines fonctions d'analyse financière (BOI-SJ-RES-30-10 n°s 190 s.). **28374**

La notion de « **post-marché** » renvoie aux moyens et méthodes mis en œuvre pour traiter et gérer au niveau administratif, réglementaire, logistique et comptable les opérations financières réalisées par chaque établissement du groupe. Elle inclut la conception et la gestion de l'ensemble des circuits d'information nécessaires au contrôle a posteriori et au traitement comptable, fiscal, administratif et logistique des opérations, au règlement et à la livraison des titres ou supports correspondants, et à la garde, au suivi et à la gestion des contrats passés avec les contreparties ainsi que des titres en conservation.

La doctrine administrative précise toutefois qu'un centre de post-marché ne saurait être un donneur d'ordre en ce qui concerne les opérations financières ni assurer un regroupement de ces opérations de façon à optimiser les conditions d'accès du groupe aux différents marchés (BOI préc. n° 210).

Quant à l'**analyse financière**, elle concerne les analyses qui revêtent un caractère général, c'est-à-dire qui ne sont ni vendues, ni réalisées à l'appui d'un produit commercialisé ou d'une opération particulière (par exemple, la fonction consistant à diffuser des informations financières à la clientèle dans des publications ou lors d'actions de relations publiques ou consistant à réaliser des études à caractère général sur les tendances des différents marchés afin d'assurer une communication à destination du grand public ou des investisseurs).

L'analyse financière centrée notamment sur les risques d'insolvabilité des débiteurs, l'analyse des titres de sociétés cotées dans une optique boursière ou l'analyse de produits financiers divers afin de donner des conseils aux gestionnaires opérationnels qui arbitrent entre les produits disponibles sur le marché ne sont pas admises (BOI préc. n° 230).

C. Compétence géographique

Absence de limitation

La compétence d'un quartier général n'est pas limitée à un secteur géographique déterminé ; il peut donc agir au profit de l'ensemble des sociétés du groupe sur une base mondiale dans le cadre des compétences qui lui sont dévolues. **28390**

Vocation internationale

28395 Lorsqu'un quartier général intervient dans un secteur géographique limité, celui-ci doit tout de même être suffisamment étendu pour être conforme à sa vocation internationale. Aussi un quartier général doit-il rendre des services de manière **prépondérante** à des sociétés dont le siège est **hors de France** ou à des établissements situés hors de France de sociétés du groupe.

À titre pratique, l'administration apprécie cette condition de prépondérance en fonction du **rapport** suivant, qui doit **excéder 50 %** : Montant total des charges d'exploitation courantes correspondant aux prestations rendues hors de France au sein du groupe/Montant total des charges d'exploitation courantes (BOI-SJ-RES-30-10 nº 270).

Dans cette formule, le numérateur vise les prestations rendues par le quartier général aux sociétés du groupe qui ont leur siège hors de France et les établissements stables hors de France des sociétés du groupe ; les frais de sous-traitance et les débours doivent être compris au numérateur et au dénominateur.

SECTION 2

Situation au regard de l'impôt sur les sociétés

28600 Deux questions se posent :
- le quartier général est-il imposable ?
- dans l'affirmative, comment calculer son bénéfice ?

A. Le quartier général est-il imposable ?

Si le quartier général est une société

28620 Il n'y a pas de difficulté de principe. Le quartier général est nécessairement soumis à **l'impôt sur les sociétés**, en raison de sa forme juridique (s'il revêt par exemple la forme de société anonyme, de SAS ou de SARL) sans que la nature de son activité et de ses fonctions ait une incidence quelconque sur le principe même de l'assujettissement à l'impôt et sans égard au fait qu'il s'agirait d'une filiale intégralement détenue, le cas échéant, par une société étrangère.

Précisions Si le quartier général prend la forme d'un **GIE** de droit français, ou d'un **GEIE**, ses membres (même non résidents) sont imposables en France sur la quote-part des bénéfices leur revenant (sur les sociétés de personnes en général, voir nºs 30200 s.). Ils se trouvent ainsi soumis à l'impôt sur les sociétés ou à l'impôt sur le revenu, selon leurs caractéristiques.

Si le quartier général n'est pas organisé sous forme de société

28640 Cette situation se rencontre lorsque, par exemple, un groupe étranger a créé un quartier général en France sous la forme d'un simple **établissement** sans personnalité morale. Il n'est pas toujours certain qu'un tel établissement, compte tenu de ses fonctions, soit passible en France de l'impôt sur les sociétés. La solution peut dépendre de l'existence ou non d'une convention fiscale entre la France et l'État du siège de la société étrangère.

28650 **En l'absence de convention fiscale** Les sociétés non résidentes qui ont en France un établissement destiné à leur rendre des services y sont normalement imposables (nºs 5350 s.), dans les mêmes conditions que les entreprises françaises dont elles se rapprochent le plus (par leur forme juridique et par les opérations qu'elles réalisent ; nº 5590). Si les sociétés étrangères sont des sociétés de capitaux, elles entrent dans le champ d'application de l'impôt sur les sociétés en ce qui concerne les résultats attribuables à leur établissement français.

En présence d'une convention fiscale La question est plus délicate. Elle doit être traitée par référence aux principes qui régissent l'**établissement stable** (nos 16600 s.). 28655

Si l'établissement est un **siège de direction**, ce qui arrive fréquemment, il constitue normalement un « établissement stable » au sens des conventions fiscales (n° 17390). Il est alors imposable comme tel.

Mais si une installation n'est utilisée que pour réunir des informations, assurer des travaux de recherches ou faire de la publicité, elle n'est pas, en principe, constitutive d'un établissement stable dès lors que son activité garde un **caractère « préparatoire ou auxiliaire »** (si l'installation s'occupe de la gestion, de l'animation et de la direction de l'entreprise, son activité n'est pas globalement préparatoire ou auxiliaire, même si certaines fonctions sont effectivement préparatoires ou auxiliaires). On pourrait donc se demander si un quartier général qui exercerait seulement de telles fonctions serait bien imposable en France car il pourrait éventuellement caractériser un simple **bureau « de liaison »** (n° 17540).

Il ne nous semble pas, cependant, que cette qualification puisse être donnée à un véritable quartier général, car, pour que son activité ne soit que préparatoire ou auxiliaire, une installation fixe d'affaires ne doit exercer de fonctions qu'au seul profit de l'entreprise dont elle dépend (si la convention fiscale applicable reprend le modèle de convention fiscale de l'OCDE). Or tel n'est pas normalement le cas puisque, par définition, un quartier général a vocation à rendre des services **à un groupe** et donc à d'autres sociétés.

En pratique, il est donc rare qu'un quartier général ne soit pas considéré comme un établissement stable (dans l'hypothèse où tel serait le cas, l'imposition ne serait possible que dans l'État de résidence de l'entreprise, c'est-à-dire celui de son siège de direction effective).

Précisions **a.** On pourrait sans doute transposer aux quartiers généraux la décision du Conseil d'État considérant qu'une société libanaise exerçait son activité en France par l'intermédiaire d'un établissement stable dans la mesure où elle y disposait de **locaux** et de **personnels**, sans qu'il y ait lieu de se demander si cette installation était indépendante ni de prendre en considération le fait que les **contrats** avec les clients étaient conclus au siège (CE 5 avril 2006 n° 281098, 9e et 10e s.-s., min. c/ Sté Midex : RJF 7/06 n° 909 ; conclusions Laurent Vallée au BDCF 7/06 n° 92).

b. Précédemment, mais cet arrêt n'est pas, nous semble-t-il, en ligne avec la décision du Conseil d'État mentionnée en a. ci-dessus, la cour administrative d'appel de Paris avait jugé non imposable en France la succursale française d'une société néerlandaise qui n'était chargée que de **suivre** et **coordonner** l'exécution des **budgets publicitaires** des filiales européennes (CAA Paris 22 janvier 1998 n° 96-1614, 2e ch., Sté Publicis FCB Europe : RJF 4/98 n° 382 ; arrêt définitif, aux conclusions de Caroline Martin au BDCF 2/98). Il s'agissait pourtant d'une installation tangible, dans des locaux sur les Champs-Élysées, dotée de personnel et d'immobilisations propres sous l'autorité d'un gérant. Comme telle, c'était, selon la commissaire du Gouvernement, un véritable quartier général. Mais la succursale n'entretenait aucun rapport avec les tiers susceptibles d'engager le siège, dont elle n'était que « l'œil » sur les filiales ; elle ne constituait qu'un « **point de coordination et d'unification des politiques publicitaires**, une sorte de bras séculier européen du siège ». Tous les services rendus étaient facturés au siège. Dès lors, la commissaire du Gouvernement avait conclu que l'activité n'était pas imposable en France, en dépit de la doctrine administrative relative aux quartiers généraux. La Cour a approuvé ce point de vue, sur le seul terrain de l'article 209, I du CGI en constatant le manque d'autonomie de gestion de la succursale, son absence de capacité de conclure des contrats, et l'inexistence d'une activité commerciale détachable de celle du siège. De son côté, l'administration indique n'avoir acquiescé que parce que le litige était limité à la taxe sur certains frais généraux alors applicable et considère que cette décision ne remet pas en cause sa doctrine relative à la territorialité de l'impôt sur les sociétés et aux quartiers généraux (BOI-IS-CHAMP-60-10-30 n° 100 ; voir aussi nos 5360 et 17540).

B. Comment calculer les bénéfices du quartier général ?

Principes

Les bénéfices d'un quartier général doivent être déterminés par référence au bénéfice que réaliserait normalement une **entreprise distincte** se livrant aux mêmes activités, et en retenant les prix auxquels les services rendus seraient normalement facturés à des tiers (principe de l'entreprise indépendante : nos 75950 s.). L'établissement devrait donc tenir une comptabilité distincte selon ces principes (qu'il s'agisse d'une succursale ou d'une filiale). 28670

« Cost plus »

28672 L'essentiel du régime fiscal des quartiers généraux consiste à admettre que les bénéfices imposables soient calculés en application de la méthode du cost plus (nº 75965), à déterminer à l'avance quelle marge sera appliquée aux coûts et à permettre au quartier général d'avoir la garantie préalable que cette méthode ne sera pas remise en cause s'il se conforme à la décision d'agrément qui aura été prise.

L'administration estime, en effet, que la nature des services rendus par le quartier général (fonctions de direction, gestion, coordination ou contrôle) et la qualité du bénéficiaire (entités appartenant au même groupe) rendent difficile la détermination d'une valeur marchande des services du quartier général et sa ventilation entre les diverses entités qui en bénéficient (BOI-SJ-RES-30-10 nº 280) ; c'est ce constat qui la conduit à prévoir des modalités particulières d'imposition.

Précisions Pour l'essentiel, les différences entre les pays qui connaissent les quartiers généraux tiennent à l'importance du coefficient de marge et à la détermination des coûts à prendre en compte dans l'assiette imposable.

28675 En l'état actuel de la doctrine administrative, le mode de détermination des résultats des quartiers généraux appelle les précisions suivantes.

a. Assiette du « cost plus »

Ensemble des charges d'exploitation courantes

28690 C'est, en principe, le montant des charges d'exploitation courantes qui sert d'assiette au cost plus. Ces charges doivent être déterminées en application des règles de droit commun.

L'administration précise que les charges d'exploitation courantes s'entendent des **frais divers** engagés au cours de l'exercice tels qu'ils figurent au débit des comptes de charges (classe 6 du plan comptable), y compris les **charges d'intérêt** liées au fonctionnement et les **amortissements** pratiqués selon le mode linéaire ou le mode dégressif (BOI-SJ-RES-30-10 nº 290).

Les **provisions** pour charges sont exclues de la base servant à l'application de la marge, les charges étant prises en compte lorsqu'elles sont effectivement débitées.

L'**impôt sur les sociétés** et la **contribution sociale sur les bénéfices** (nº 5592) ne sont pas considérés comme des charges de fonctionnement pour l'assiette du cost plus et aucune réintégration n'est à effectuer au titre des charges non déductibles.

Précisions Il a été jugé que les **frais engagés** par un quartier général pour **réduire son personnel** afin de réduire ses coûts de fonctionnement et d'améliorer sa compétitivité constituent des charges d'exploitation concourant à la réalisation de son activité et qu'ils entrent dans la détermination de la valeur du service rendu aux entreprises du groupe, dès lors qu'ils ont présenté un caractère récurrent tout au long de la période vérifiée, ne résultent pas d'un événement extraordinaire et s'inscrivent dans le cadre de la politique sociale du groupe (CAA Marseille 15 janvier 2013 nº 09MA01670, 4e ch., SAS Hewlett-Packard France : RJF 5/13 nº 477 ; arrêt définitif) ; ces frais doivent être refacturés aux sociétés du groupe et être inclus dans l'assiette du cost plus (fixé en l'espèce à 5 %), quel qu'ait été leur enregistrement comptable.

Exclusion limitée des débours

28692 Les débours qui font l'objet de remboursements au quartier général sont, en principe, exclus de l'assiette du cost plus, lorsque le quartier général agit en tant qu'intermédiaire pour le compte de commettants qui sont des sociétés membres du groupe (sous réserve que ces débours soient remboursés pour leur montant exact dans les conditions posées au II-2° de l'article 267 du CGI).

Toutefois, les débours doivent revêtir un caractère **occasionnel** et **accessoire**. Il doit donc s'agir de dépenses ponctuelles engagées pour le compte d'un petit nombre de sociétés du groupe ou de l'une d'entre elles, indépendamment de l'exercice des fonctions normales du quartier général dont bénéficient par hypothèse toutes ces sociétés.

L'administration a fixé un plafond des débours exclus ; le caractère accessoire des débours est réputé respecté si leur montant n'excède pas **10 % des charges d'exploitation courantes** hors débours. Au-delà de ce pourcentage, les débours sont pris en compte dans les charges (BOI-SJ-RES-30-10 nº 310).

Frais de sous-traitance

Les frais de sous-traitance doivent être pris en compte dans les **charges** pour leur totalité (BOI-SJ-RES-30-10 n° 320). L'administration indique cependant qu'elle peut admettre, en fonction des circonstances, un taux de marge spécifique pour les frais de sous-traitance, reflétant la seule activité d'intermédiaire du centre de coordination (BOI préc. n° 330) ; en pratique, le **taux de marge** doit être **plus faible** en ce qui concerne l'assiette représentée par les frais de sous-traitance car ceux-ci ont déjà, par hypothèse, fait l'objet d'une marge imposable entre les mains du prestataire externe. 28694

Précisions L'administration avait retenu une solution plus favorable dans le passé, mais celle-ci avait dû être rapportée à la suite de la décision de la Commission européenne du 13 mai 2003, qui avait considéré certaines modalités du système français comme une aide d'État incompatible avec le droit de l'Union européenne (BF 7/03 n° 691).

Exemple

Les principes précédents peuvent être illustrés par l'exemple suivant : 28698

- charges d'exploitation totales :	1 200
- dont débours :	200
- dont frais de sous-traitance :	500
- charges d'exploitation hors débours :	1 000 (1 200 - 200)
- détermination du plafond des débours :	1 000 × 10 % = 100
- débours à prendre en compte :	100 (200 - 100)
- base soumise à l'application du taux de marge :	1 100 (1 000 + 100)

b. Modalités de fixation du taux de marge

Principes

Le taux de marge est déterminé par **discussion** avec l'administration qui accorde sa garantie que le taux qu'elle aura fixé ne sera pas contesté en cas de contrôle, sous réserve que les conditions soient remplies et que le quartier général ait fonctionné conformément à ce qui aura été exposé lors de la demande d'agrément. 28710

Taux de marge habituellement retenus

L'administration ne fournit pas d'indication précise sur le montant de la marge applicable. Elle se contente de préciser que le taux de marge est fixé **au cas par cas**, en fonction des caractéristiques et des conditions d'exercice de l'activité du quartier général, au niveau qui correspond le mieux au profit qui aurait été réalisé par une entreprise indépendante dans le respect du principe de pleine concurrence (BOI-SJ-RES-30-10 n° 360). 28712

En pratique, le taux est de l'ordre de **8 % à 10 %**, avec des exceptions entre 5 % et 12 % ; tout est, en réalité, fonction des circonstances.

Le taux retenu peut être plus faible en ce qui concerne l'assiette représentée par les frais de sous-traitance (n° 28694).

Révision périodique

Pour tenir compte des critiques relatives au caractère « dommageable » du système français, l'administration souligne que le taux de marge doit être périodiquement révisé. 28714

La doctrine administrative indique, en effet, que le taux de marge originellement admis n'est pas intangible pour toute la durée d'existence du quartier général et qu'il est susceptible d'être révisé en fonction des **changements** intervenus dans la nature ou les conditions d'exercice des activités (BOI-SJ-RES-30-10 n° 370). Les quartiers généraux doivent signaler à l'administration les changements susceptibles d'avoir une incidence sur le taux de marge à retenir.

Précisions Le principe de la révision périodique est applicable depuis le 1er janvier 2003, qu'il s'agisse des nouvelles garanties données ou des garanties anciennes qu'il a fallu systématiquement renouveler à cette occasion.

c. Assujettissement à l'impôt sur les sociétés

Principes

28720 Les bénéfices du quartier général, déterminés dans les conditions mentionnées nos 28690 s., sont soumis à l'impôt sur les sociétés au **taux normal** (augmenté, le cas échéant, de la contribution sociale sur les bénéfices ; n° 5592).

Le mode spécial de détermination du bénéfice imposable du quartier général n'a aucune conséquence sur l'imposition, dans les conditions de droit commun, des **produits financiers** hors exploitation, tels les revenus de titres, et des **résultats exceptionnels**, comme les plus-values ou les moins-values provenant de la cession d'éléments d'actif immobilisé.

Un quartier général qui assume des charges incombant à un dirigeant non résident est, le cas échéant, redevable de la retenue à la source au titre des **revenus réputés distribués** sur le fondement de l'article 111, c du CGI (CE 26 janvier 2011 n° 331342, 8e et 3e s.-s., Sté Seyfert : RJF 4/11 n° 421 aux conclusions Nathalie Escaut au BDCF 4/11 n° 43, à propos d'un quartier général établi sous forme de SARL qui avait pris en charge diverses dépenses du gérant et de son épouse, non domiciliés en France). En effet, la circonstance que l'imposition du quartier général soit établie selon un régime particulier ne fait pas obstacle à ce que la société soit regardée comme entrant dans le champ de l'article 108, 1° du CGI qui définit les personnes dont les distributions sont imposables en tant que revenus de capitaux mobiliers et qui couvre l'ensemble des personnes morales passibles de l'impôt sur les sociétés, sans distinction tenant aux modalités de détermination de l'assiette de cette imposition.

Facturation des prestations rendues

28722 L'administration subordonne sa garantie à la condition que le quartier général facture ses prestations sur la base du **coût majoré** de la marge bénéficiaire fixée (BOI-SJ-RES-30-10 n° 380).

Toute **surfacturation** entraînerait, selon elle, la constatation d'un résultat complémentaire imposable à l'impôt sur les sociétés.

Une **sous-facturation** serait inversement considérée comme un avantage occulte constituant un revenu distribué. L'impôt de distribution (retenue à la source) serait donc exigible.

Ventilation des charges communes

28724 Lorsqu'un quartier général est constitué au sein d'une société qui exerce par ailleurs d'**autres activités** (activité industrielle, commerciale, ou activité de holding, par exemple), les résultats des branches d'activité autres que le quartier général doivent être déterminés sans tenir compte des charges qui concernent directement ou indirectement ce dernier.

Les charges communes doivent être ventilées en fonction de **critères** appropriés aux caractéristiques de chaque branche (en pratique, les dépenses engagées pour le quartier général doivent être inscrites à un sous-compte ou à une subdivision spéciale de chaque compte de charges tenu par la société).

Le quartier général doit affecter, à prix coûtant, aux autres branches d'activité de la société dont il fait partie les prestations de services qui leur sont rendues.

Déclaration de résultat

28728 Le dépôt de la déclaration de résultat et le paiement de l'impôt obéissent aux règles de droit commun, le régime des quartiers généraux n'ayant sur ce point rien de spécifique.

Précisions **a.** Un quartier général peut bénéficier du régime de l'**intégration fiscale** si les conditions sont remplies.

b. Lorsque le quartier général constitue une **branche d'activité** distincte au sein d'une société holding qui regroupe des participations françaises, cette société peut toujours opter pour le régime de groupe si elle remplit les conditions.

c. Sur la **retenue à la source** prévue à l'article 115 quinquies du CGI, voir n° 19030, Précisions a.

d. Procédure d'agrément

28730 Les entreprises qui désirent bénéficier du régime des quartiers généraux doivent en faire la demande à la Direction des grandes entreprises (DGE), Division IV - Affaires juridiques,

8 rue Courtois, 93505 Pantin Cedex (tél. : 01 49 91 12 12 ; télécopie : 01 49 91 12 22 ; mél : dge@dgfip.finances.gouv.fr).

Lors de l'instruction de la **demande**, l'administration a la faculté de solliciter de l'entreprise les informations de toute nature nécessaires à une prise de décision en toute connaissance de cause ; tout défaut de communication de ces informations pourrait justifier un refus d'agrément.

Lorsqu'il est accordé, l'agrément est valable pour une période comprise entre **trois et cinq ans** ; il doit être révisé dans les conditions indiquées précédemment (n° 28714).

SECTION 3

Le quartier général et la TVA

Deux situations doivent être distinguées, selon que le quartier général rend exclusivement des services à son siège étranger ou également à des entreprises juridiquement distinctes (sur la TVA en général, voir nos 33100 s.). **28945**

A. Si le quartier général ne fait que rendre des services à son siège étranger

Tel ne peut être le cas que lorsque le quartier général est organisé **sous forme d'établissement**. Dans ce cas, si l'entité française ne fait que rendre des services au siège, les services rendus n'entrent pas dans le **champ d'application** de la TVA, dès lors que l'établissement et le siège ne sont pas juridiquement distincts. Les sommes perçues par le quartier général en provenance du siège étranger n'ont donc pas à être soumises à la TVA (n° 34450). **28950**

Le quartier général peut néanmoins récupérer, dans certaines conditions, la **TVA relative aux dépenses** qu'il a exposées pour rendre les services (frais de promotion de ventes, achats de matériels et de fournitures diverses couverts par des virements financiers du siège étranger ; n° 34455).

Précisions Pour une illustration de certaines difficultés soulevées en la matière, voir CAA Paris 13 mars 1997 n° 95-1192, 2e ch., Sté Tag Group : RJF 6/97 n° 552, arrêt définitif jugeant que le quartier général parisien d'une holding luxembourgeoise, qui n'avait **pas** été **agréé** par l'administration, ne caractérisait pas, en l'espèce, un établissement stable et que la holding n'était pas fondée à demander le remboursement de la TVA selon les règles du droit commun.

B. Si le quartier général rend des services à des entreprises juridiquement distinctes

Principes

Dans ce cas, qui correspond à la situation la plus fréquente dès lors que le quartier général a normalement vocation à rendre des services à l'ensemble des sociétés du groupe auquel il appartient, les prestations réalisées entrent dans le **champ d'application de la TVA**. **28970**

À cet égard, peu importe que les contrats, s'il en existe, soient conclus entre le siège et les entreprises tierces, et que le paiement de la prestation soit effectué au profit du siège et non de l'établissement français. Seule compte la réalité des services rendus par l'établissement.

Territorialité

Les services rendus sont régis par les règles générales de territorialité. Dans le cas des quartiers généraux, la plupart des services rendus aux sociétés étrangères du groupe (tenue et analyse de comptabilité, prestations de publicité, d'études et de traduction, mise à disposition de personnel, fourniture d'informations, location de matériel, etc.) n'entrent pas dans le champ d'application territorial de la TVA française (nos 33610 et 33625). **28975**

Récupération de la TVA

28980 La TVA supportée par un quartier général pour rendre les services est récupérable dans les conditions ordinaires et, comme il est assujetti à la TVA, le quartier général n'est pas redevable de la taxe sur les salaires.

SECTION 4

Autres impôts ou taxes

29040 Les quartiers généraux sont redevables des autres impôts et taxes dans les conditions de **droit commun**, sans régime de faveur : contribution économique territoriale, taxe d'apprentissage, taxes et participations assises sur les salaires, droits d'enregistrement, retenue à la source de l'article 115 quinquies du CGI (nos 19000 s.), etc.

Précisions En leur qualité d'entité passible en France de l'impôt sur les sociétés, les quartiers généraux et les centres de logistique implantés en France par les groupes internationaux sont redevables de la **taxe d'apprentissage** dans les conditions de droit commun (BOI-TPS-TA-10 n° 10).

A. Taxe sur les salaires

Principes

29150 Lorsqu'elle est due, la taxe sur les salaires concerne les employeurs domiciliés ou établis en France. Les quartiers généraux des sociétés étrangères doivent donc acquitter cette taxe dans les conditions de droit commun à raison des rémunérations versées à leurs personnels (qu'il s'agisse d'un établissement stable ou d'une filiale).

Cela dit, les employeurs qui sont assujettis à la **TVA sur au moins 90 % de leur chiffre d'affaires** en sont exonérés.

Conséquences

29160 L'application de ces principes aux quartiers généraux devrait normalement conduire aux résultats suivants :
– lorsque le quartier général rend des **services** aux **autres sociétés** du groupe, son activité, de nature commerciale, entre dans le champ d'application de la TVA ; à ce titre, il est considéré comme soumis à la TVA même si les opérations en cause sont placées hors du champ d'application territorial de la TVA et sont donc non imposables. Dans ce cas, il n'est pas soumis à la taxe sur les salaires ;
– lorsque le quartier général est une **succursale** qui ne fait que rendre des services à son **siège**, son activité se trouve placée hors du champ d'application de la TVA, puisque les prestations sont rendues au sein d'une même entité juridique. L'administration considère donc que la taxe sur les salaires est due si l'établissement français est doté de la permanence et de l'autonomie suffisantes pour que l'entreprise soit considérée comme un employeur établi en France (voir toutefois n° 19360).

Précisions Sur les problèmes posés par la taxe sur les salaires aux établissements français de sociétés ou organismes étrangers, voir nos 19351 s.

B. Droits d'enregistrement

29170 Le régime de **droit commun** est applicable aux acquisitions auxquelles les quartiers généraux peuvent procéder ou aux locations qui leur sont consenties.

Lorsque ces acquisitions ou locations n'entrent pas dans le champ d'application de la TVA, elles sont soumises à la taxe de publicité foncière ou à un droit d'enregistrement variable selon la nature des conventions et des biens qui en sont l'objet.

C. Impôts locaux

Aucun régime dérogatoire n'est prévu, qu'il s'agisse de la taxe foncière ou de la contribution économique territoriale. 29190

SECTION 5

Les avantages fiscaux accordés au personnel des quartiers généraux

Certains États ont clairement institué un régime fiscal particulier pour les personnels expatriés des quartiers généraux, ou plus généralement les cadres étrangers expatriés (Belgique, France). D'autres ne connaissent pas de système spécifique, mais ont adopté des règles de territorialité très favorables (Royaume-Uni ; n° 41155, Précisions). 29260

D'une façon générale, la France a cherché à **attirer les cadres étrangers** en mettant en place, par la loi n° 2003-1312 du 30 décembre 2003 de finances rectificative pour 2003 et la loi de modernisation de l'économie du 4 août 2008, un régime spécial applicable aux « impatriés » (nos 2200 s.). En outre, les « nouveaux résidents » bénéficient d'avantages pour l'application de l'IFI (n° 52560). Enfin, les avantages accordés aux attributions d'actions gratuites et aux plans d'option d'achat d'actions s'appliquent aux plans mis en place par les sociétés étrangères sous certaines conditions (nos 2000 s.). 29265

Ces mesures favorables sont complétées, en ce qui concerne les quartiers généraux, par des avantages plus spécifiques.

Un régime favorable est applicable aux sommes perçues par les salariés des quartiers généraux et les personnels des centres de logistique. Il se traduit par une classification en **trois catégories** des indemnités versées aux bénéficiaires, certaines étant exonérées, d'autres étant imposables au nom du quartier général et d'autres, enfin, étant intégralement imposables. 29270

Précisions Le régime des **impatriés** et celui des quartiers généraux sont exclusifs l'un de l'autre, sauf en ce qui concerne les indemnités et remboursements de frais mentionnés n° 29420.

A. Conditions d'application

Absence de condition de nationalité

Le dispositif s'applique aux salariés des quartiers généraux et des centres de logistique qui viennent de l'étranger pour exercer leur activité en France, quelle que soit leur nationalité. Il concerne donc aussi bien des Français que des étrangers. 29400

Conditions de résidence et d'emploi

Pour bénéficier des avantages fiscaux, les salariés concernés doivent satisfaire deux conditions (BOI-SJ-RES-30-40 n° 1) : 29405
– ils ne doivent **pas avoir été domiciliés** fiscalement en France au sens de l'article 4 B du CGI ou des conventions fiscales au cours de l'**année** précédant la date de leur arrivée en France pour exercer leur activité professionnelle ;
– ils doivent être employés en France pour une durée n'excédant pas **six ans** en qualité de salarié dans les quartiers généraux ou les centres de logistique de groupes internationaux (n° 29645).

À notre avis, cette dernière condition n'a pour objet que de faire cesser l'application du régime spécial au-delà de six ans, mais non d'exclure les salariés dont la mission ne serait pas, dès l'origine, limitée à six ans.

Précisions Le **transfert** auprès d'un quartier général ou d'un centre de logistique de **personnels** déjà employés en France ne rentre pas dans les prévisions du régime spécial (BOI-SJ-RES-30-40 nº 10 ; BOI-RSA-GEO-50 nº 40).

B. Indemnités et remboursements de frais totalement exonérés

Liste limitative

29420 La doctrine administrative indique qu'en application du 1º de l'article 81 du CGI, certaines indemnités correspondant à la prise en charge par l'entreprise du surcoût résultant pour les bénéficiaires de l'exercice temporaire de leur activité en France sont exonérées d'impôt sur le revenu (BOI-RSA-GEO-50 nº 80). Cette exonération concerne, outre les salariés détachés auprès d'un quartier général ou d'un centre de logistique, **tous les salariés** qui, n'ayant pas été domiciliés fiscalement en France l'année civile précédant celle de leur arrivée en France, viennent exercer leur activité auprès d'une entreprise établie en France pour une durée n'excédant pas six années.

Il s'agit des indemnités et remboursements suivants, sous réserve qu'ils soient utilisés conformément à leur objet (le BOI-RSA-GEO-50 nº 100 renvoie, pour la liste des indemnités concernées, au BOI-RSA-GEO-40-30 nº 30 relatif aux salariés impatriés) :
– **voyage de reconnaissance** par le salarié détaché et son conjoint ;
– **frais d'agence** occasionnés par la recherche d'un logement locatif en France ;
– frais de **garde-meuble** dans le pays d'origine ;
– frais de **déménagement** et de voyage aller et retour, à l'arrivée et au départ du séjour en France ;
– **location de voiture** à l'arrivée et au départ pendant une période maximum de deux mois dans chaque cas ;
– frais de **scolarité** des enfants fiscalement à charge (indemnités attribuées pour les enfants qui effectuent des études primaires ou secondaires dans des établissements où la scolarité est payante lorsque cela est justifié par le suivi du cursus scolaire dans une langue étrangère) ;
– **cours de français** pour le salarié détaché et sa famille (conjoint et enfants fiscalement à charge) ;
– **voyage annuel** (aller-retour) dans le pays d'origine pour le salarié détaché et sa famille (conjoint et enfants fiscalement à charge) ;
– **voyage d'urgence** vers le pays d'origine pour le salarié détaché et sa famille (conjoint et enfants fiscalement à charge) ;
– **frais de séjour** (à l'hôtel notamment) pendant la période de déménagement, pour le salarié détaché et sa famille (conjoint et enfants fiscalement à charge) ;
– **loyer supplémentaire** éventuellement exposé à l'arrivée et au départ, en cas de double résidence provisoire (la double résidence provisoire ne doit pas excéder, sauf circonstances particulières, une durée de trois mois) ;
– frais de **gardiennage** de la résidence du pays d'origine ;
– frais de **dédouanement** et droits de douane ;
– frais d'obtention du **permis de conduire** français ;
– frais de conversion technique des **véhicules** ;
– frais de **carte grise** ;
– remboursement des **honoraires** d'assistance administrative et d'assistance fiscale (consultation fiscale éventuelle pour apprécier les conséquences de l'expatriation).

Exonération

29425 Ces indemnités et remboursements ne sont pas passibles de l'**impôt sur le revenu** et doivent être exclus de l'assiette de la contribution sociale généralisée (**CSG**) et de la contribution au remboursement de la dette sociale (**CRDS**) chaque fois qu'ils remplissent les conditions pour être exonérés de cotisations de sécurité sociale.

En revanche, ils doivent être ajoutés à la rémunération imposable de leurs bénéficiaires dans l'hypothèse où ces derniers opteraient pour la **déduction des frais réels** ou, le cas échéant, pour l'application d'une déduction forfaitaire supplémentaire.

Application à tous les salariés impatriés

Si les conditions mentionnées n° 29405 sont réunies, ce dispositif est applicable également aux salariés qui n'exercent pas leur activité dans un quartier général ou un centre de logistique. **29430**

Les impatriés peuvent donc en bénéficier quelle que soit l'entreprise française dans laquelle ils exercent leur activité et même s'ils bénéficient en outre des autres avantages qui leur sont accordés par la loi (nos 2200 s.).

Inclusion dans l'assiette imposable du quartier général

La circonstance que ces remboursements et indemnités soient exonérés d'impôt sur le revenu n'a pas d'incidence sur l'assiette du « **cost plus** » (nos 28690 s.). Le quartier général doit les prendre en compte dans l'assiette à laquelle est appliqué le taux de marge, de la même façon que toutes les autres dépenses de personnel. **29435**

C. Indemnités et remboursements de frais qui peuvent être soumis soit à l'impôt sur le revenu, soit à l'impôt sur les sociétés

Principes

L'administration propose un régime très particulier pour certaines catégories d'indemnités et remboursements de frais qui peuvent être soumis « soit à l'impôt sur le revenu dans les conditions de droit commun soit à un **régime fiscal simplifié** » ; ce dernier se traduit, en pratique, par leur assujettissement à l'impôt sur les sociétés (BOI-SJ-RES-30-40 nos 50 s.). **29440**

Compte tenu des taux d'imposition des cadres concernés, la soumission à l'impôt sur les sociétés se révèle, le plus souvent, très favorable.

Conditions d'application

Ce régime est susceptible de s'appliquer aux personnels qui remplissent les conditions suivantes : **29442**
– celles indiquées n° 29405, qui ont un caractère général ;
– et une condition supplémentaire de **non-domiciliation antérieure** en France : pour être éligibles, les salariés concernés ne doivent pas avoir été fiscalement domiciliés en France au sens de l'article 4 B du CGI ou des conventions fiscales durant une période minimale de **cinq années civiles** consécutives avant la date de leur arrivée en France pour exercer leur activité professionnelle.

Il est en outre nécessaire que l'administration ait donné son accord dans le cadre de la procédure d'**agrément** ; les demandes d'obtention de ce régime dérogatoire sont à formuler auprès de la DGE (n° 28730).

Liste limitative

Les indemnités et remboursements concernés sont limitativement énumérés (BOI-SJ-RES-30-40 n° 90). Il s'agit : **29444**
– du remboursement du surcoût du **logement** constituant la résidence du salarié expatrié en France, sous réserve que les montants en cause ne soient pas excessifs au regard de la situation des intéressés et qu'il soit justifié du surcoût ;
– du remboursement de l'**excédent d'impôt et** de cotisations de **sécurité sociale** correspondant à des régimes obligatoires par rapport à ceux qui auraient été payés dans le pays d'origine (ces excédents doivent bien entendu être justifiés).

L'**excédent d'impôt** est toutefois **limité** à la différence entre :
– l'impôt sur le revenu acquitté en France par le salarié en raison des éléments de la rémunération globale imposés selon le droit commun (c'est-à-dire à l'exclusion des indemnités exonérées énumérées n° 29420 et de celles pour lesquelles le quartier général acquitte l'impôt sur les sociétés) ;
– et l'impôt sur le revenu qu'il aurait payé dans son pays d'origine sur la rémunération de base augmentée des avantages éventuels indépendants de l'expatriation.

En toute hypothèse, le quartier général doit être en mesure de **justifier** de la réalité des frais engagés par les salariés détachés et couverts par ces indemnités et remboursements.

Précisions **a.** En ce qui concerne les suppléments de cotisations de **sécurité sociale**, il convient de ne retenir que les cotisations supplémentaires correspondant à des régimes obligatoires (BOI-SJ-RES-30-40 n° 110).

b. Le régime des **impatriés** (nos 2200 s.) ne remet pas en cause l'existence du régime des quartiers généraux et des centres de logistique, mais le **cumul des deux régimes** à raison des indemnités liées au surcoût du logement et au supplément d'impôt et de cotisations sociales n'est pas autorisé (BOI-RSA-GEO-50 n° 70) ; si le salarié réunit à la fois les conditions pour bénéficier du régime des impatriés et de celui des quartiers généraux ou des centres de logistique, il doit effectuer, au plus tard lors du dépôt de la déclaration annuelle des revenus souscrite au titre de la première année de mise en œuvre du dispositif, une option irrévocable pour l'un ou l'autre de ces régimes.

Avantages accordés

29446 Lorsque les conditions sont réunies, le **quartier général**, ou le centre de logistique, acquitte un **impôt** calculé au taux normal de l'impôt sur les sociétés (n° 5592) à raison des indemnités et remboursements concernés. Ces sommes sont rattachées aux résultats de l'exercice en cours au moment de leur paiement. Selon l'administration, ces indemnités et remboursements sont également passibles de la **contribution sociale** sur les bénéfices ; cette exigence ne va cependant pas de soi, car il avait été jugé que ces sommes constituent des charges de personnel déductibles pour l'assiette de l'impôt sur les sociétés et que les contributions additionnelles (ancien article 235 ter ZA et article 235 ter ZC du CGI) n'étaient pas exigibles dès lors qu'elles sont assises sur le résultat imposable à l'impôt sur les sociétés (TA Cergy-Pontoise 10 juin 2010 n° 07-3153, 5e ch., Sté IBM Eurocoordination : RJF 1/11 n° 25 ; jugement définitif).

Lorsque le quartier général ou le centre de logistique choisit cette option et acquitte les impôts correspondants, ces indemnités et remboursements n'ont pas à être compris par leurs **bénéficiaires** dans leur **déclaration de revenus**. En outre, ils ne sont pas pris en considération pour le calcul de la taxe sur les salaires et de la participation des salariés.

Ils restent en revanche soumis à la **CSG** et à la **CRDS** dans les conditions de droit commun et aux diverses cotisations sociales.

Précisions La doctrine administrative précisait que lorsque le quartier général est constitué au sein d'une société qui exerce d'autres activités, l'impôt ainsi acquitté par le quartier général n'est pas susceptible d'être affecté par le **résultat déficitaire** qui résulterait de ces **autres activités**. Il ne peut pas non plus être affecté par le résultat déficitaire qui résulterait de charges exceptionnelles réalisées par un quartier général ou un centre de logistique, ni par l'appartenance à un groupe fiscal au sens de l'article 223 A du CGI dont le résultat serait déficitaire. Ces précisions n'ont pas été reprises au BOFiP, mais elles sont toujours valables en pratique.

Incidence sur le résultat imposable du quartier général

29450 Comme les autres indemnités et remboursements, ceux-ci demeurent inclus dans les charges à prendre en compte pour effectuer le calcul du bénéfice imposable du quartier général ou du centre logistique. Les indemnités et remboursements de frais concernés par ce régime restent donc inclus dans l'assiette du cost plus (nos 28690 s.).

En revanche, l'impôt lui-même, acquitté à ce titre par le quartier général, ne doit pas être inclus dans cette assiette.

D. Indemnités et remboursements de frais relevant du droit commun

29460 Leur définition, cette fois, est négative. Il s'agit de l'ensemble des indemnités et remboursements de frais qui ne sont ni exonérés, ni susceptibles d'être soumis à l'impôt sur les sociétés, à savoir, en particulier, les suivants (CGI art. 79 ; BOI-RSA-GEO-50 nos 110 s., renvoyant au BOI-RSA-GEO-40-30 n° 70, relatif au régime des impatriés) :
– **indemnités d'expatriation**, à l'exception du remboursement du surcoût du logement admis au régime spécial ;
– **remboursement** des **frais personnels** (téléphone, électricité, parking, entretien, assurance de l'appartement, etc.) ;

– frais d'aménagement d'appartement et d'achat de matériel électroménager ;
– indemnité d'achat de **véhicule** automobile ;
– perte subie lors de la revente du véhicule automobile.

Ces indemnités et remboursements de dépenses d'ordre personnel sont traités à tous égards comme des **suppléments de salaires**.

SECTION 6

Les centres de logistique

À l'occasion de la description du régime spécial des quartiers généraux et des personnels qui y sont employés, l'administration a défini les contours d'un autre dispositif favorable, celui des centres de logistique. **29645**

En réalité, il s'agit de l'extension du régime des quartiers généraux à des entreprises qui ont une activité considérée comme auxiliaire mais qui n'entre pas dans le concept même de quartier général.

A. Définition

Caractéristiques

Un centre de logistique est une société passible de l'impôt sur les sociétés, dont le siège est en France (ou un établissement stable en France d'une société étrangère), qui dépend d'un groupe international contrôlé depuis la France ou l'étranger, et qui exerce au seul profit de ce groupe des fonctions de **stockage**, de **conditionnement**, d'**étiquetage** ou de **distribution** de produits et les activités administratives liées à ces fonctions (BOI-SJ-RES-30-20 n° 30). **29650**

À la différence des quartiers généraux, un centre de logistique ne peut être adjoint à une branche d'activité industrielle ou commerciale d'une entreprise existante afin d'éviter tout risque de confusion. Il ne peut pas non plus être adjoint à une société holding. En revanche, il peut être adjoint à un quartier général si ce mode d'organisation n'entraîne pas de confusion.

Comme un quartier général, un centre de logistique doit agir exclusivement **pour le compte** des entreprises du **groupe** ; s'il rend des services à des entreprises étrangères au groupe, les bénéfices correspondants doivent être déterminés dans les conditions de droit commun.

La compétence géographique d'un centre de logistique n'est pas limitée, même s'il doit, comme les quartiers généraux, rendre des services de manière prépondérante **hors de France** (le critère appliqué aux quartiers généraux est transposable ; n° 28395).

Activités éligibles

La doctrine administrative énumère, de façon précise, les activités éligibles, qui doivent revêtir un caractère **préparatoire** ou **auxiliaire** et ne pas être directement productives (BOI-SJ-RES-30-20 nos 80 s.). Il s'agit : **29652**
– de l'**achat** au nom des sociétés du groupe des matières premières et des fournitures destinées à ces sociétés ;
– de l'**entreposage**, de la gestion et du conditionnement (y compris l'emballage), de ces matières premières et fournitures ;
– du **transport** et de la **livraison** de ces matières premières et fournitures aux seules sociétés du groupe ;
– de **l'entreposage**, de la **gestion** et du **conditionnement** (y compris l'emballage), pour le compte des sociétés du groupe, des marchandises et des produits finis de ces sociétés ;
– de l'**étiquetage** des matières premières, fournitures, marchandises et produits visés aux alinéas précédents, incluant l'apposition de marques de conformité aux normes européennes compte tenu de l'État de consommation finale ;

– du **transport** et de la **livraison**, pour le compte des sociétés du groupe, de ces marchandises et produits finis ; à cet égard, il est précisé que le centre de logistique ne peut pas intervenir dans l'opération de vente finale de ces marchandises et produits finis ;
– de la **prise de commandes**, de la **rédaction** et de l'envoi des **confirmations** de commandes sans que le centre de logistique ne puisse en aucune façon disposer d'un droit de regard sur la commande ;
– de la rédaction, de l'édition et de l'envoi des **factures** en fonction des indications communiquées par les sociétés du groupe et sans que le centre puisse engager contractuellement les sociétés du groupe ;
– de l'accomplissement de toute **formalité administrative** inhérente aux activités visées aux alinéas précédents.

29656 L'administration admet qu'un centre de logistique puisse **acheter en son nom propre** des matières premières et des fournitures destinées aux sociétés du groupe, auprès de ces sociétés, et procéder à la vente de ces biens à ces seules sociétés (BOI-SJ-RES-30-20 n° 110).

De même, à condition que les marchandises soient la propriété des autres sociétés du groupe, il peut effectuer **pour le compte de ces sociétés**, et **à destination de tiers**, des opérations d'étiquetage, transport, livraison, prise de commande, rédaction et envoi des confirmations de commandes et accomplir toute formalité administrative liée à ces opérations. Dans ce cas, le centre doit agir en fonction d'une relation contractuelle préexistante entre le tiers concerné et une autre société du groupe.

Précisions En cas d'**envoi de factures à des personnes non membres du groupe**, celles-ci doivent être établies au nom de la société du groupe concernée par l'opération de vente portant sur des marchandises stockées par le centre de logistique. Les tiers doivent régler le montant de ces factures à la société membre du groupe avec laquelle ils ont conclu la vente et en aucun cas au centre de logistique.

Activités exclues

29660 Dans la mesure où un centre de logistique ne peut avoir qu'une activité de caractère préparatoire ou auxiliaire, il ne peut pas accomplir des fonctions qui sont normalement celles des unités de **production** ou de **commercialisation** du groupe (BOI-SJ-RES-30-20 n° 100).

Il ne peut donc pas **transformer** des matières premières ou produits semi-finis, ni modifier des produits finis, ni procéder, en principe, à l'**assemblage** de différents éléments composant un produit.

Précisions Un centre de logistique ne peut procéder à un **mélange** d'éléments entrant dans la composition de produits pharmaceutiques, cosmétiques ou de parfumerie ou de produits alimentaires. Il ne peut pas non plus **assembler** les différents composants d'un ordinateur, ni assurer l'**embouteillage** de boissons, bien que les activités de conditionnement soient éligibles.

B. Modalités d'imposition

Transposition du régime des quartiers généraux

29670 Le régime est, dans son principe, le même que celui des quartiers généraux. Il se traduit par la fixation d'une marge par l'administration, dans les mêmes conditions.

Le **taux de marge** n'est pas précisé ; en pratique, il est inférieur à celui des quartiers généraux, car la valeur ajoutée d'un centre de logistique est normalement plus faible. Il y a également lieu, en particulier, de tenir compte du fait que le centre assume ou non les pertes ou la responsabilité des produits.

Si le centre de logistique est adjoint à un quartier général, le taux de marge retenu est distinct de celui défini par le quartier général.

Enfin, comme un quartier général, un centre de logistique doit facturer ses prestations sur la base du coût majoré de la marge bénéficiaire fixée et les modalités de délivrance de l'**agrément** sont identiques (nos 28730 s.).

Assiette du cost plus

29672 Le taux de marge est appliqué au **montant des charges** déterminées comme pour les quartiers généraux, y compris les frais inhérents à l'entreposage, au conditionnement, au transport, à la livraison et à l'étiquetage des matières, fournitures, marchandises et produits.

Mais ces charges ne comprennent pas la valeur des **matières premières** et des **fournitures** destinées aux sociétés du groupe dont les centres de logistique sont propriétaires, à moins que les fournitures ne soient nécessaires à l'exercice des activités du centre (par exemple, fournitures pour le conditionnement des produits). En conséquence, les gains ou les pertes réalisés à raison de la vente de ces matières premières et fournitures aux sociétés du groupe sont imposés dans les conditions de droit commun.

Ces charges n'incluent pas non plus les **débours** ; sur ce point, comme pour les provisions pour charges et l'absence de prise en compte de l'impôt sur les sociétés, le régime des quartiers généraux est transposable (nos 28690 s.).

SECTION 7

Les centres de coordination de recherche et de développement

Dans le prolongement du régime des quartiers généraux et des centres de logistique, et dans la perspective du renforcement de l'attractivité du territoire français, un **régime simplifié et sécurisé** a été mis en place en 2005 en ce qui concerne les activités de recherche et développement (BOI-SJ-RES-30-30). **29740**

Précisions Une même société peut **bénéficier simultanément** du régime des quartiers généraux et des centres de logistique pour certaines de ses activités et de celui des activités de coordination de recherche et développement pour d'autres.

A. Définition

Caractéristiques

Un centre de coordination de recherche et développement est une **société** française passible de l'**impôt sur les sociétés** (ou un **établissement stable** en France d'une société étrangère) qui dépend d'un groupe contrôlé depuis la France ou l'étranger et qui exerce au seul profit de ce groupe des opérations de coordination de recherche. **29850**

Il peut aussi s'agir d'un département ou d'une division adjoints à une branche d'activité industrielle ou commerciale d'une entreprise préexistante ou à une société holding.

Comme pour les quartiers généraux et centres de logistique, le dispositif ne concerne que les fonctions exercées **exclusivement** pour le compte des entreprises du **groupe** (par référence à une notion de contrôle entendu au sens de l'article L 233-3 du Code de commerce). Si le centre de coordination de recherche fournit des services à des entreprises extérieures au groupe, les résultats correspondants doivent être déterminés dans les conditions de droit commun (BOI-SJ-RES-30-30 n° 40).

Activités éligibles

Elles relèvent des domaines suivants (BOI-SJ-RES-30-30 n° 50) : **29852**
- centralisation et coordination de la recherche scientifique ;
- planification et développement de programmes de recherche concernant des produits, procédés, et méthodes de production ;
- coordination, centralisation et standardisation des procédures de contrôle de qualité, sans intervention opérationnelle ;
- création et gestion administrative de laboratoires, suivi et évaluation de leur activité.

Seules sont autorisées les activités qui consistent à fournir au sein d'un groupe des prestations de coordination de la recherche, **non susceptibles** de donner lieu à **commercialisation** auprès de tiers.

Activités exclues

29855 Ne sont pas éligibles les activités de **recherche opérationnelle** (entendues des opérations de recherche scientifique ou technique telles que définies à l'article 49 septies F de l'annexe III au CGI) ainsi que l'**exploitation** d'**actifs incorporels** (tels que des marques et brevets) et les **activités financières**.

B. Modalités d'imposition

Transposition du régime des quartiers généraux

29870 Comme pour les quartiers généraux et les centres de logistique, l'administration retient un système de **« cost plus »** (n° 28672).

L'application de cette méthode se justifie dans la mesure où la valeur marchande de ces services ne peut être évaluée directement, s'agissant d'activités non directement susceptibles de commercialisation auprès de tiers.

Précisions La doctrine administrative (BOI-SJ-RES-30-30 n° 70) ne paraît pas exclure d'**autres méthodes de détermination du résultat** du centre, puisqu'elle ne retient la méthode du « cost plus » que si celle-ci s'avère « la plus appropriée pour respecter le principe de pleine concurrence ». Mais elle n'envisage en pratique que la méthode du « cost plus ».

Assiette du cost plus

29875 Les solutions données n°s 28690 s. sont transposables. Les modalités de prise en compte des **débours** et des frais de **sous-traitance** peuvent être illustrées par l'exemple suivant :
- charges totales d'exploitation : 1 500 ;
- dont débours : 500 ;
- dont frais de sous-traitance : 400 ;
- charges d'exploitation hors débours : 1 000 (1 500 - 500) ;
- détermination du plafond des débours : 1 000 × 10 % = 100 ;
- débours à prendre en compte : 400 (500 - 100) ;
- base soumise à l'application du taux de marge : 1 400 (1 000 + 400).

Taux de marge

29880 En ce qui concerne la fixation du taux de marge et les modalités d'imposition, l'administration ne donne aucune information en se bornant à préciser que les modalités pratiques d'imposition (détermination de la base, fixation du taux de marge, établissement de l'impôt, etc.) sont identiques à celles du régime des quartiers généraux (BOI-SJ-RES-30-30 n° 70) ; les règles relatives aux quartiers généraux sont donc transposables (n°s 28710 s.).

En pratique, le taux de marge doit être fixé **au cas par cas**, en fonction des caractéristiques et des conditions d'exercice de l'activité du centre, compte tenu des fonctions assumées et des risques encourus. Selon les circonstances, un taux spécifique peut être déterminé pour les **activités de sous-traitance**, afin de rémunérer seulement l'activité d'intermédiaire du centre.

Agrément

29885 Le bénéfice du dispositif doit être demandé par l'entreprise à la DGE (n° 28730). Le dossier d'accompagnement doit contenir les informations suivantes :
- **présentation** du groupe : identité de la société mère, organigramme, nature de l'activité, pourcentage de répartition de l'activité du groupe selon les zones géographiques (Asie, Europe, Moyen-Orient, Amérique), principales données financières consolidées ;
- **fonctions** dévolues au centre de coordination de recherche (nature précise des fonctions exercées et localisation des centres dont la recherche fait l'objet d'une coordination) ;
- **liste** des filiales bénéficiaires des prestations du centre ;
- **moyens de fonctionnement** (budget de fonctionnement, nombre de salariés, répartition de ces salariés par nature d'emploi, etc.) ;
- modalités envisagées de **facturation** des prestations ;
- **taux** de marge forfaitaire proposé.

La décision de l'administration doit, en principe, être prise dans un délai de **trois mois** à compter de la réception de la demande (sauf demande incomplète ou nécessité de fournir des informations supplémentaires).

Portée de la garantie

À l'issue du processus d'instruction de la demande, lorsque l'administration donne son accord, la garantie accordée est de même nature qu'en ce qui concerne les quartiers généraux. **29890**

Les centres de coordination de recherche peuvent ainsi obtenir l'assurance que le **montant** de leurs **bénéfices imposables** ne sera pas remis en cause s'ils le déterminent en fonction de la marge bénéficiaire calculée, pour l'ensemble des activités éligibles, en appliquant le taux de marge fixé au montant des charges d'exploitation courantes.

La garantie préalable porte à la fois sur le **caractère éligible** des activités et sur la **méthode** de détermination du bénéfice imposable.

Sa durée est déterminée d'un commun accord entre l'administration et la société, pour une période comprise **entre trois** et **cinq ans**.

Comme pour les quartiers généraux, enfin, le taux de marge, ainsi que l'ensemble des conditions ayant fait l'objet de l'accord, doivent être **révisés** lors de tout changement substantiel des conditions d'exploitation, l'entreprise étant tenue de signaler, dans un délai d'un mois, les évolutions significatives de son organisation. En toute hypothèse et en dehors de tels changements, le taux et la méthode seront révisés selon la périodicité prévue dans l'accord initial.

CHAPITRE 12

Les sociétés de personnes

Plan du chapitre §§

	SECTION 1 Présentation	30800
A	En droit français	30950
B	En droit américain	31090
	SECTION 2 Les questions à peu près résolues en droit interne	31300
A	Les règles de territorialité applicables aux sociétés de personnes françaises	31300
B	Situation en France d'une société de personnes ayant son siège à l'étranger	31320
C	Situation des associés non résidents d'une société de personnes française	31340
	SECTION 3 L'incidence éventuelle des conventions fiscales	31420
A	Une société de personnes est-elle une « personne résidente » au sens conventionnel ?	31550
B	Les conséquences qui s'attachent à la reconnaissance ou non de la qualité de résident aux sociétés de personnes	31570
C	Conventions fiscales explicitant la situation des sociétés de personnes	31655
	SECTION 4 De quelques questions encore mal résolues	31940
A	Dividendes et intérêts de source française perçus par une société de personnes française dont les associés sont non résidents	31950
B	Plus-values mobilières réalisées par une société de personnes française dont les associés sont non résidents	31970
C	La question des crédits d'impôt d'origine étrangère	31990
D	Situation fiscale en France des résidents de France associés de sociétés de personnes étrangères	32075

30200 D'une manière générale, les sociétés de personnes se différencient, sur le plan fiscal, des sociétés de capitaux en ceci que leurs bénéfices ne sont pas directement imposables à leur niveau mais **au nom personnel des associés** à hauteur de leur participation dans la société ou le groupement assimilé.

30205 Ce système particulier fait de la fiscalité internationale des sociétés de personnes l'une des plus **compliquées** et des plus mal maîtrisées qui soient. La complexité et l'imprécision viennent d'abord de ce que les États n'ont pas tous la même approche de ces entités. Pour les uns, il ne s'agit pas de sociétés mais simplement d'une juxtaposition d'entreprises ; pour les autres, il s'agit de véritables sociétés qui doivent être traitées comme telles sur le plan fiscal même si elles ne payent pas effectivement l'impôt.

En outre, la situation particulière des sociétés de personnes n'est que rarement traitée par les conventions fiscales, qui lorsqu'elles comportent des dispositions spéciales, restent bien souvent très incomplètes.

Précisions Ces différences d'approche sont de nature à créer des conflits de rattachement de la matière imposable sur le plan international, dans la mesure où les droits internes des États ne s'accordent pas. C'est essentiellement la raison pour laquelle la DGFiP avait mis en consultation publique, le 11 mai 2010, une note présentant les grandes lignes d'une **éventuelle réforme** du régime fiscal des sociétés de personnes ; il était proposé, afin de résoudre certaines difficultés présentées comme « résiduelles », tant au niveau domestique qu'international, d'adapter le régime fiscal des sociétés de personnes dans le sens d'une **plus grande transparence**, notamment en vue de rapprocher ce régime de ceux applicables dans les autres États. La réforme envisagée a cependant fait long feu, les parlementaires estimant être insuffisamment informés sur les voies et moyens d'une réforme particulièrement complexe ; l'article 13 de la loi n° 2010-1658 du 29 décembre 2010 de finances rectificative pour 2010 a simplement demandé que, au plus tard le 30 avril 2011, « le Gouvernement dépose sur le bureau de l'Assemblée nationale et sur celui du Sénat un rapport présentant les différentes options d'une nécessaire modernisation du régime fiscal des sociétés de personnes et entités assimilées garantissant, a minima, une stabilité du coût par rapport à celui du régime fiscal actuel de semi-transparence ». Si ce rapport a été déposé, il n'a pas été publié à notre connaissance.

Compte tenu de l'ampleur du sujet, on se bornera dans la présente étude à exposer quelques-unes des interrogations suscitées par l'activité internationale des sociétés de personnes, en abordant successivement, après quelques éléments de présentation : **30210**
– les questions qui paraissent à peu près résolues en droit interne ;
– l'incidence éventuelle des conventions fiscales ;
– les questions encore mal résolues en l'état de la jurisprudence et de la doctrine administrative.

SECTION 1

Présentation

On rappellera d'abord certains principes du droit interne français avant de donner quelques indications sur le droit américain, compte tenu de son importance dans la vie des affaires. **30800**

A. En droit français

Typologie

Le droit français distingue deux grandes catégories de sociétés : **30950**
– les **sociétés « de capitaux »** (sociétés anonymes, SAS, SARL, sociétés en commandite par actions), dans lesquelles les associés ne sont responsables des dettes sociales qu'à hauteur de leur participation au capital et dont les parts ou actions sont librement cessibles ;
– les **sociétés « de personnes »**, dans lesquelles les associés se groupent en fonction de leur personne (c'est-à-dire dans lesquelles la « personne » des associés a beaucoup d'importance) ; chaque associé doit être agréé par les autres et il est responsable indéfiniment des dettes sociales (c'est-à-dire au-delà de ses apports).

Le principe fondamental sur lequel repose la fiscalité de ces dernières sociétés est que l'imposition n'est pas établie au nom de la société mais à celui des associés, même si ceux-ci n'ont pas effectivement **disposé des bénéfices sociaux** (par exemple si les bénéfices sont mis en réserve). Il s'agit, sous réserve de quelques particularités, d'un régime d'imposition proche de celui des entreprises individuelles.

Ces sociétés ne sont pas « transparentes » comme le sont les sociétés immobilières de copropriété (n° 67060) qui sont réputées ne pas avoir de personnalité distincte de celle de leurs membres ; elles sont traditionnellement qualifiées de **« translucides »**, pour signifier que leur personnalité, juridique et fiscale, n'est pas niée, bien que toutes les conséquences n'en soient pas tirées sur le plan fiscal.

Précisions Les sociétés de personnes et groupements assimilés, qui n'entrent pas en principe dans le champ d'application de l'**impôt sur les sociétés**, sont autorisés (sauf exception) à **opter** pour leur assujettissement à cet impôt ; lorsque les sociétés concernées sont assujetties à l'impôt sur les sociétés pour cette raison ou pour une autre, elles ne sont pas considérées, sur le plan fiscal, comme des « sociétés de personnes » mais elles sont traitées comme la généralité des sociétés de capitaux.

1. Sociétés concernées

Le régime des sociétés de personnes s'applique aux personnes suivantes, sauf option contraire (CGI art. 8) : **31020**
– associés des **sociétés en nom collectif** ;
– associés commandités des **sociétés en commandite simple** (la part revenant aux commanditaires est soumise à l'impôt sur les sociétés au nom de la société, les commanditaires percevant des revenus distribués) ;
– membres des **sociétés en participation**, lorsque ceux-ci sont indéfiniment responsables et que leurs noms et adresses ont été indiqués à l'administration ;
– membres des **sociétés de fait** ;

– membres des **groupements d'intérêt économique** (CGI art. 239 quater) et des groupements européens d'intérêt économique (CGI art. 239 quater C ; n° 88550) ;
– membres des **sociétés civiles**, sauf cas particuliers.

2. Principes généraux d'imposition

Détermination du résultat social

31040 Le résultat social est d'abord déterminé **au niveau de la société**, dans les conditions prévues pour les exploitants individuels (CGI art. 60), en fonction des règles applicables au type de bénéfice considéré (bénéfices industriels et commerciaux, bénéfices non commerciaux, revenus fonciers, revenus mobiliers, bénéfices agricoles) et compte tenu des charges directement liées à l'activité sociale.

Précisions Les sociétés de personnes doivent produire une **déclaration de résultat** faisant ressortir l'ensemble de leur bénéfice, même si l'imposition des bénéfices est établie au nom personnel de chaque associé. D'une manière générale, elles sont tenues aux mêmes obligations que celles qui incombent aux **exploitants individuels** (CGI art. 60).

Répartition du résultat social

31045 Une fois déterminé, le résultat social est réparti entre les associés conformément aux statuts, chacun recevant la part correspondant à ses droits. La part revenant à chaque associé tient compte non seulement des bénéfices sociaux mais aussi des intérêts et rémunérations réintégrés pour le calcul du bénéfice imposable.

Sur le plan fiscal, les bénéfices sont considérés comme **appréhendés par les associés** au fur et à mesure de leur réalisation par la société, même s'ils n'en ont pas effectivement disposé (à la différence des sociétés de capitaux dans lesquelles les associés ne sont imposés sur les bénéfices qu'ils retirent de la société que lorsque ceux-ci sont distribués sous forme de dividendes).

Ce principe a été affirmé à plusieurs reprises par le Conseil d'État et il s'applique même à propos de **bénéfices bloqués à l'étranger** pour lesquels une provision déductible n'est pas admise (CE 6 juillet 1979 n° 99012, Plén. : RJF 10/79 n° 558, jugeant notamment que les associés d'une société visée à l'article 8 du CGI doivent l'impôt dès lors que la société a réalisé des bénéfices industriels et commerciaux, sans qu'il y ait lieu de rechercher s'ils ont pu, ou pourront, en disposer ou non). Lorsqu'ils sont réalisés par un exploitant individuel ou une société visée à l'article 8 du CGI, les bénéfices réalisés à l'étranger concourent à la détermination du revenu global imposable en France de l'exploitant ou des associés, alors même qu'ils ne pourraient pas être transférés en France.

Détermination de la quote-part imposable

31050 La détermination de la quote-part imposable de chaque associé pose une difficulté lorsque celui-ci relève d'un régime d'imposition différent de celui de la société de personnes ou exerce une activité d'une nature différente.

Lorsque l'associé est une société soumise à l'impôt sur les sociétés, la quote-part des bénéfices lui revenant est déterminée conformément aux règles de l'impôt sur les sociétés (CGI art. 238 bis K). Il y a donc, dans ce cas, une **double détermination** du bénéfice, obéissant l'une aux règles applicables à la société (BIC, BNC, BA, revenus fonciers selon les cas) et l'autre aux règles applicables à l'associé (impôt sur les sociétés, s'il s'agit d'une entreprise soumise à cet impôt, quelle que soit son activité).

Chaque associé est, d'une certaine manière, traité comme s'il avait réalisé personnellement sa part du bénéfice social, puisque les bénéfices de la société sont imposables directement au nom des associés. Ce principe s'applique également **en cas de pertes** ; si la société est déficitaire, chaque associé peut, sous réserve de certaines exceptions, immédiatement imputer sa part des pertes sur son revenu global, s'il s'agit d'une personne physique, ou bien sur son bénéfice imposable (s'il s'agit d'une personne morale soumise à l'impôt sur les sociétés).

Précisions **a.** Le versement d'une rémunération ou d'un **avantage occulte** par une société de personnes dont des personnes morales passibles de l'impôt sur les sociétés détiennent une part des droits sociaux correspond, dans la mesure de cette part, à une distribution de revenus imposable chez le bénéficiaire de cette rémunération dans la catégorie des revenus de capitaux mobiliers lorsque ce dernier est associé de la personne morale passible de l'impôt sur les sociétés (CE 12 avril 2012 n° 325329, 9e et 10e s.-s., Vaudois : RJF 7/12 n° 704). En ce qui concerne une **SCI** détenue par une personne physique résidente des États-Unis, voir n° 31680, Précisions. Sur les conséquences d'un **acte anormal de gestion** commis par une SCI détenue par une société de capitaux étrangère, voir n° 67282. Sur le cas où une société de personnes française perçoit des rémunérations et **avantages occultes**, voir n° 31955, Précisions.

b. Il avait été jugé que le mécanisme de la **correction « Quémener »** (CE 16 février 2000 n° 133296, 8e et 3e s.-s., SA Éts Quémener : RJF 3/00 n° 334) ne pouvait, en cas de dissolution, trouver à s'appliquer que pour éviter une double imposition de la société qui réalise l'opération de dissolution (CE 6 juillet 2016 nos 377904 et 377906, 8e et 3e ch., min. c/ Sté Lupa immobilière France et min. c/ Sté Lupa Patrimoine France : RJF 11/16 n° 982) et qu'il n'y avait pas lieu de renvoyer sur ce point une question prioritaire de constitutionnalité au Conseil constitutionnel (CE QPC 28 juillet 2017 nos 411265 et 411269, 8e ch., SARL Lupa Patrimoine France et SARL Lupa Immobilière France : RJF 11/17 n° 1094). Ce principe a cependant fait long feu puisqu'il a été abandonné par CE 24 avril 2019 n° 412503, Plén., Sté FRA SCI : RJF 7/19 n° 681, jugeant que la mise en œuvre du mode de calcul issu de la décision Quémener pour déterminer le prix de revient des parts d'une société de personnes, à la suite de leur cession ou d'une dissolution sans liquidation de cette société, n'est pas subordonnée à une **double imposition** de l'associé.

3. Cas particuliers

Sociétés civiles

Elles sont normalement soumises au régime fiscal des sociétés de personnes. Elles peuvent **31060**
cependant être soumises à l'impôt sur les sociétés soit sur option, soit lorsqu'elles se livrent à une **exploitation commerciale**, industrielle, artisanale ou assimilée (telle qu'une activité de marchand de biens) ; les sociétés civiles à objet commercial sont toujours soumises à l'impôt sur les sociétés (n° 31327, Précisions ; à propos d'une SCI ayant une activité de **loueur en meublé**, voir n° 67085, Précisions).

Sociétés en participation

Ce sont des sociétés non immatriculées au registre du commerce, qui peuvent être **31065**
occultes ou connues des tiers. Elles n'ont pas la personnalité morale et ne peuvent donc être propriétaires de biens ni titulaires de créances et de dettes.

Mais elles sont dotées d'une sorte de **patrimoine « fiscal »**, dès lors qu'elles doivent inscrire à leur actif les biens dont les associés ont convenu de mettre la propriété en commun (CGI art. 238 bis M). La détermination correcte de leur bénéfice imposable exige, en effet, la prise en compte des immobilisations qu'elles utilisent, même si elles n'en sont pas propriétaires juridiquement. Les amortissements déductibles fiscalement doivent donc figurer dans la comptabilité de la société et non dans celle de ses membres.

Dans ces sociétés, le régime des sociétés de personnes ne s'applique qu'aux **associés indéfiniment responsables** et dont les noms et adresses sont **connus de l'administration**. Dans le cas contraire, les règles de l'impôt sur les sociétés sont applicables (le cas échéant, pour une quote-part de bénéfices seulement). L'impôt sur les sociétés est alors établi au nom du gérant connu des tiers.

Précisions Sur le plan fiscal, une société en participation détient dans son patrimoine propre les **apports** dont elle bénéficie (principe de la personnalité fiscale), alors même que les associés restent juridiquement propriétaires des biens apportés ; par suite, les associés d'une société en participation ne peuvent être regardés comme ayant apporté personnellement à une **société luxembourgeoise** les titres d'une société française qui avaient été apportés à la société luxembourgeoise par la société en participation et les titres luxembourgeois devaient être pris en compte pour le calcul du boni de la liquidation de la société en participation en 2010 (CAA Paris 3 décembre 2020 n° 19PA02283, 2e ch., ayant fait l'objet d'un pourvoi non admis par CE (na) 22 décembre 2021 n° 449363, 8e ch. : RJF 4/22 n° 369).

Sociétés créées de fait

Elles sont soumises au même régime fiscal que les sociétés en participation. Une société **31070**
créée « de fait » existe en pratique dès lors que deux personnes au moins ont mis en commun des apports, participent à la direction et au contrôle de l'entreprise et à ses résultats (en somme lorsque des personnes agissent en associés sans avoir accompli les formalités nécessaires).

Précisions a. Pour un exemple de **société de fait** constituée entre deux époux qui exercent la profession d'avocat à Paris et qui ont une activité à Singapour, voir CAA Paris 10 avril 2008 n° 06-2638, 5e ch. A, Sefrioui : RJF 12/08 n° 1379 (arrêt définitif ; n° 23680 g).

b. La notion de société créée de fait et celle de société en participation peuvent être utilisées parfois pour l'analyse des accords de **« joint-venture »**.

B. En droit américain

31090 Il existe aux États-Unis deux formes traditionnelles de sociétés de personnes, les « general partnerships » et les « limited partnerships » ; il existe aussi des Limited Liability Companies et des Limited Liability partnerships.

Précisions a. La personnalité morale des partnerships constituées conformément aux lois américaines est reconnue en France (Cass. 1e civ. 17 mars 2011 n° 10-30.283 (n° 288 FS-PBI) Sté F. c/ cabinet O. : RJDA 10/11 n° 807).

b. L'assimilation d'une « **corporation** » du Delaware à une société de capitaux française et non à une société de personnes a été confirmée par le Conseil d'État, non pour une raison qui tiendrait à un principe général, étant donné la flexibilité du droit des sociétés au Delaware, mais après analyse de ses statuts (CE 2 avril 2021 n° 427880, 9e et 10e ch., min. c/ Sté World Investment Corporation : RJF 6/21 n° 597) ; le Conseil d'État a fait ici application des principes issus de la décision Artémis (n° 31325), qui exigent l'analyse des clauses du certificat de constitution de la société pour mettre en œuvre la méthode d'assimilation.

General partnership

31095 Il s'agit d'une forme sociale qui ressemble à une **société en nom collectif** de droit français, dans la mesure où elle est dotée d'une personnalité distincte de celle de ses membres et où les associés sont indéfiniment et solidairement responsables des dettes sociales (en ce sens, CE 24 novembre 2014 n° 363556, Plén., Sté Artémis SA : RJF 2/15 n° 102 ; sur ce point, voir notamment n° 31325).

En principe, il existe un acte constitutif, précisant notamment les droits et obligations des associés ainsi que les règles de répartition du résultat. Mais une « general partnership » peut parfois être déduite du comportement des associés en l'absence d'acte constitutif.

Sur le plan fiscal, les « general partnerships » sont **« transparentes »** (sauf option contraire) ; en particulier, les déficits fiscaux et les crédits d'impôt sont directement appréhendés par les associés.

La partnership n'est pas considérée comme étant, en elle-même, une entité imposable. Ses revenus, d'abord comptabilisés au niveau de la société, sont répartis entre les associés en fonction des clés de répartition statutaires (il n'est pas nécessaire que l'allocation des revenus aux associés soit effectuée en proportion de leur participation dans le capital).

Limited partnership

31100 Une telle entité se rapproche non pas d'une société en nom collectif française, mais d'une **société en commandite** simple (en ce sens, CAA Versailles 5 mars 2019 n° 16VE02168, 1e ch., Sté Rexel : RJF 8-9/19 n° 762, arrêt définitif ; voir n° 72985) ; elle rassemble des « limited partners » et des « general partners » :
– les **« limited partners »** sont les apporteurs de capitaux ; leur responsabilité est limitée à leur contribution au capital social (de même que les associés commanditaires d'une société en commandite) et ils n'interviennent pas dans la gestion de la société ;
– les **« general partners »** ont, en revanche, une responsabilité illimitée (comme les commandités) et ont le pouvoir d'engager la société.

Les « limited partnerships » fonctionnent sur la base de statuts écrits et doivent normalement déposer une déclaration d'existence auprès des autorités de l'État dans lequel elles sont créées. Sur le plan fiscal, les « limited partnerships » bénéficient, sauf option contraire, de la **transparence fiscale**, comme les « general partnerships », même pour la part revenant aux « limited partners » (à la différence des associés commanditaires français).

Autres variétés

31105 Il existe aussi une catégorie hybride, celle des **LLC** (« Limited Liability Company »), sociétés dans lesquelles la responsabilité des associés est limitée à leurs apports mais qui sont considérées comme fiscalement « inexistantes » (sauf en cas d'option pour l'assujettissement à l'impôt sur les sociétés) ; elles existent dans un grand nombre d'États fédérés, par exemple au Delaware.

On trouve également des **LLP**, « Limited Liability Partnerships », qui sont des limited partnerships dans lesquelles il n'y a que des associés dont la responsabilité est limitée à leurs apports et qui bénéficient, aux États-Unis, de la **transparence fiscale** comme les autres partnerships, d'une façon générale.

Précisions **a.** Dans la mesure où, dans ces entités, la responsabilité des associés est limitée à leurs apports, elles doivent, à notre avis, être considérées en France comme des **sociétés de capitaux** et non pas comme des sociétés de personnes (nos 31325 et 31327). L'analyse fiscale française dépend de l'analyse juridique américaine, mais reste indépendante de l'analyse fiscale américaine (no 10680).

b. En ce qui concerne l'imposition en France des LLC américaines qui détiennent des **biens immobiliers**, voir no 67275, Précisions c.

Principes communs

Il résulte du principe de **transparence** tel qu'il est interprété par les autorités fiscales américaines que les associés ou membres non résidents des partnerships américaines sont imposables aux États-Unis en présence d'un « trade or business » sur le territoire américain ; en l'absence d'activité commerciale réalisée par la partnership aux États-Unis, ils ne sont pas assujettis à l'impôt aux États-Unis. Ils sont imposés par transparence sur les revenus réalisés par la partnership, par exemple par voie de retenue à la source sur les dividendes américains versés à la partnership ; ils sont exonérés sur les revenus non américains éventuellement reçus par la partnership (sauf rattachement à une activité commerciale aux États-Unis). **31110**

SECTION 2

Les questions à peu près résolues en droit interne

A. Les règles de territorialité applicables aux sociétés de personnes françaises

Nature de la difficulté

Comme il est indiqué no 31050, les règles d'imposition applicables pour la détermination des bénéfices sociaux ne sont pas toujours identiques à celles qui s'appliquent aux associés. **31300**

Cette situation est source de difficultés pour la détermination des règles de territorialité ; ainsi, lorsqu'une société de capitaux est associée dans une société de personnes française, doit-on retenir les règles de territorialité applicables en matière d'impôt sur les sociétés ou d'impôt sur le revenu ? On peut se demander si, conformément à l'article 60 du CGI, les règles de territorialité de l'impôt sur le revenu sont applicables **au niveau de la société** et opposables à chacun de ses membres ou si l'article 238 bis K du CGI doit être interprété comme conduisant à appliquer les règles de territorialité **propres à chaque associé** (impôt sur le revenu ou impôt sur les sociétés).

Précisions L'article 60 du CGI précise que le bénéfice des sociétés de personnes est déterminé, dans tous les cas, dans les **conditions prévues pour les exploitants individuels** ; l'article 238 bis K du même Code pose en principe que lorsque des droits dans une société ou un groupement de personnes sont inscrits à l'actif d'une personne morale passible de l'impôt sur les sociétés dans les conditions de droit commun ou d'une entreprise industrielle, commerciale, artisanale ou agricole imposable à l'impôt sur le revenu de plein droit selon un régime de bénéfice réel, la part de bénéfice correspondant à ces droits est **déterminée selon les règles applicables** au bénéfice réalisé par la personne ou l'entreprise **qui détient ces droits**.

On pourrait penser, en première analyse, que l'article 238 bis K du CGI ne vise que la **détermination des bénéfices** au sens des règles d'assiette et non pas également des règles de territorialité. En ce sens, il est vrai que l'article 209, I du CGI distingue clairement **31305** les deux notions, le bénéfice étant « déterminé » suivant les règles des articles 34 et 35 (assiette) et en « tenant compte » uniquement des bénéfices réalisés dans les entreprises exploitées en France (territorialité).

Suivre cette analyse conduirait à établir les résultats d'une société de capitaux membre d'une société de personnes en tenant compte des règles de territorialité de l'impôt sur le revenu, c'est-à-dire, notamment, en permettant l'imputation en France de déficits résultant d'exploitations situées hors de France. Une telle solution serait éventuellement dans la ligne de la « translucidité » des sociétés de personnes, c'est-à-dire de leur reconnaissance comme une entité distincte, puisque les règles de territorialité seraient appliquées à leur niveau. Le débat sur ce point, à supposer qu'il ait pu être pertinent, est cependant clos car ce n'est pas la solution qui résulte de la jurisprudence du Conseil d'État (nº 31310) ni même d'ailleurs de la doctrine administrative (nº 31315).

Jurisprudence

31310 Le Conseil d'État fait prévaloir le principe de territorialité posé par l'article 209, I du CGI en présence d'une société soumise à l'impôt sur les sociétés et membre d'une société de personnes. Par exemple, il a été jugé que « si une société anonyme est l'un des associés d'une société en participation qui **exploite une entreprise hors de France**, la part qui lui revient dans les résultats bénéficiaires ou déficitaires de cette exploitation ne doit pas être prise en compte pour la détermination de son bénéfice imposable à l'impôt sur les sociétés » (CE 29 mars 1978 nº 4883, 7e et 8e s.-s. : RJF 5/78 nº 230, dans une situation antérieure à l'article 238 bis K du CGI, qui date d'une loi de 1979).

Dans le même sens, il a été jugé que les personnes morales domiciliées en France ne sont soumises à l'impôt sur les sociétés qu'à raison de la fraction des résultats leur revenant qui se rapporte aux résultats de source française de la société de personnes dont elles sont l'associée (CE 27 juin 2008 nº 282910, 8e et 3e s.-s., Sté Progemo : RJF 11/08 nº 1166 ; conclusions Laurent Olléon au BDCF 11/08 nº 128) ; dans cette affaire, le Conseil d'État a refusé que soient prises en compte en France, pour la détermination du résultat imposable d'une société française qui en était associée, des **pertes** réalisées **hors de France** par une SCI de droit monégasque dont le siège réel de direction était situé à Paris et qui avait commencé à exercer une activité immobilière à Monaco.

Ces principes sont à notre avis transposables en présence d'**associés non résidents**, ainsi qu'il a été jugé à propos d'un notaire non résident, domicilié à Saint-Barthélemy (nº 1906), qui était associé d'une société de personnes française qui exerçait son activité en France, en Guadeloupe, et hors de France, à Saint-Barthélemy (TA Montreuil 15 mai 2018 nº 1705562, 10e ch. : RJF 1/19 nº 4) ; comme le juge le tribunal administratif, seules les recettes et les dépenses propres à l'**activité exercée en France** (au sens fiscal) devaient être prises en compte pour déterminer les bénéfices non commerciaux de la société, taxables entre les mains de l'associé non résident. Ce jugement a fait l'objet d'un appel du ministre qui a été rejeté, comme étant « manifestement dépourvu de fondement », par CAA Versailles Ord. 11 juin 2019 nº 18VE02270, 1e ch., les recettes de l'activité exercée à Saint-Barthélemy n'étant pas de source française au sens des dispositions des articles 4 A et 164 B du CGI (la solution est définitive en l'absence de pourvoi). Dans cette affaire, la Cour a repris le raisonnement qu'elle avait déjà adopté au titre d'une année antérieure, l'intéressé ayant déjà été jugé non imposable en France au titre de l'activité notariale qu'il avait exercée au sein du bureau annexe de Saint-Barthélemy, qui était bénéficiaire, alors que les revenus professionnels dégagés au titre du bureau principal de Basse-Terre (Guadeloupe) étaient déficitaires (CAA Versailles 24 juillet 2018 nº 16VE01912, 1e ch. ; arrêt définitif).

Précisions **a.** Il a été jugé, sous l'empire de l'ancienne convention fiscale franco-luxembourgeoise du 1er avril 1958 modifiée, qu'il résulte de la combinaison des articles 8 et 209 du CGI que la part des résultats de l'exploitation effectuée au **Luxembourg** par une société en participation luxembourgeoise, revenant à une société de capitaux française, ne peut être prise en compte pour la détermination de son bénéfice passible de l'impôt sur les sociétés en France (TA Paris 11 février 2009 nº 04-17065, 1e sect., 1e ch., Cie Générale de Bâtiment et de Construction : RJF 7/09 nº 618, conclusions au BDCF 7/09 nº 83, jugement définitif ; voir aussi nº 31710, Précisions a).

b. À propos d'une partnership américaine, le Conseil d'État a souligné que les dispositions de l'article 238 bis K du CGI constituent une **règle de détermination du bénéfice imposable** et non pas une règle de détermination du régime d'imposition (CE 24 novembre 2014 nº 363556, Plén., Sté Artémis SA : RJF 2/15 nº 102 ; voir notamment nº 31325) ; bien que ce point n'ait pas été abordé car il était sans incidence sur la solution du litige, les règles de territorialité font, à notre avis, partie des règles de détermination des bénéfices imposables (il s'agit de règles déterminant l'assiette imposable et non pas de règles d'imposition).

c. Une cour administrative d'appel avait considéré, à propos de l'assujettissement d'une société de personnes française à la **contribution foncière des entreprises** (CFE) au titre d'une activité de location de biens d'équipement en Nouvelle-Calédonie (soit en dehors de la « France fiscale »), que les règles de **territorialité** de l'impôt sur les sociétés étaient applicables alors même que les associés étaient des personnes physiques et que la société n'avait pas opté pour l'impôt sur les sociétés (la question venait de ce qu'en vertu de l'article 1447 du CGI, les règles de territorialité de la CFE sont celles de l'impôt sur le revenu ou de l'impôt sur les sociétés, selon les cas) ; ce point n'a pas été tranché par le Conseil d'État, car il n'était pas soulevé en cassation, mais le rapporteur public avait estimé que c'était à juste titre que les juges d'appel s'étaient référés, en l'espèce, aux **règles propres à l'impôt sur les sociétés** (conclusions sous CE 21 avril 2017 n° 400297 10e et 9e ch., SNC Ultramarine 1101 : RJF 7/17 n° 694 ; voir également n° 19405). Il ne nous semble cependant pas que cette solution aurait été exacte par principe car les règles de territorialité devraient être appréciées au niveau des associés et non pas de la société elle-même, s'agissant d'une société régie par l'article 8 du CGI.

Doctrine administrative

Dans le passé, l'administration avait pris une position explicite en considérant que les personnes morales, qu'elles soient **domiciliées ou non en France**, qui sont associées de sociétés de personnes françaises ne sont soumises à l'impôt sur les sociétés qu'à raison de la fraction des résultats leur revenant qui se rapportent à l'entreprise exploitée en France par la société ou le groupement de personnes (ancienne D. adm. 4 H 1422, n° 56). Elle ajoutait que les **revenus** dits « **passifs** » (redevances, intérêts, dividendes, revenus immobiliers et gains en capital) devaient, en principe, être rattachés au siège de la société de personnes, sauf en cas de rattachement effectif à un établissement stable hors de France de la société de personnes. Cette doctrine n'est cependant plus opposable car elle n'a pas été reprise au BOFiP, qui ne traite, au BOI-IS-CHAMP-60-10-30 n° 475, que de la situation des sociétés de personnes étrangères. **31315**

La solution demeure pourtant exacte sur le fond, sous réserve du cas particulier des revenus immobiliers d'origine étrangère qui, en présence d'une convention fiscale, sont normalement imposables localement sans qu'il y ait lieu de rechercher l'existence d'un établissement stable (n° 66945).

Ce principe conduit à l'application de **règles différentes de territorialité** pour la détermination du résultat social et pour celle du résultat de chaque associé :
– la société de personnes détermine son résultat en tenant compte de l'ensemble de ses activités, en France ou hors de France ; les résultats « français » et « étrangers » sont présentés distinctement ;
– les associés personnes physiques et entreprises individuelles résidents de France, sont imposables sur les résultats de source française et étrangère ;
– les associés sociétés de capitaux, résidents de France, sont imposables sur les résultats de source française de la société de personnes.

Les critères de rattachement territorial doivent être appréciés au niveau de la société de personnes elle-même et non pas à celui de ses associés. Ainsi, l'existence d'un **établissement stable** hors de France doit être examinée au regard de l'activité de la société de personnes en tant que telle et non pas de celle de ses associés (un établissement stable pourra donc être caractérisé pour la société même si l'associé n'a individuellement aucune activité). Enfin, en présence d'une convention fiscale, les critères conventionnels doivent être appliqués eu égard à la situation et à l'activité propres de la société de personnes, dans la mesure où celle-ci est un « **résident** » pour l'application des conventions fiscales (n° 31555).

Précisions En ce qui concerne l'ancienne **taxe professionnelle**, voir CE 3 mai 2011 n° 341349, 9e et 10e s.-s., min. c/ Schrader : RJF 7/11 n° 826, jugeant dans le sens de la transparence des sociétés de personnes pour l'application de cette taxe ; mais cette décision ne présente plus aujourd'hui qu'un intérêt historique en raison des modifications législatives introduites à l'occasion du remplacement de la taxe professionnelle par la contribution économique territoriale.

B. Situation en France d'une société de personnes ayant son siège à l'étranger

Problématique

31320 Il n'existe pas, en France, de règles spéciales de domiciliation fiscale des sociétés de personnes. Leur domicile fiscal est donc fixé par référence aux règles habituelles pour les personnes morales, c'est-à-dire normalement au lieu de leur **direction effective** (nos 41450 s. ; voir également l'arrêt de la cour administrative d'appel de Paris du 27 décembre 1990, cité no 31350, Précisions).

Lorsque le régime des sociétés de personnes est applicable, les associés non résidents sont personnellement imposables en France sur la part leur revenant dans les résultats de l'activité exercée en France par la société de personnes étrangère. Dans la négative, l'imposition est établie par application des règles de l'impôt sur les sociétés au nom de la société de personnes étrangère à hauteur de ses revenus de source française. En présence d'une société étrangère fiscalement transparente dans son État de constitution (partnership, SARL, LLC, etc.), la question centrale est donc de déterminer si le régime français des sociétés de personnes est applicable ou non.

Précisions Sur la situation des associés résidents de France de sociétés de personnes étrangères, voir nos 32075 s.

Solutions jurisprudentielles

31325 Comme les autres personnes morales, les sociétés de personnes étrangères doivent déclarer en France les résultats de leurs seules exploitations situées en France (nos 5300 s.). Mais la question se pose de savoir comment imposer ces bénéfices, c'est-à-dire de déterminer quel régime d'imposition leur est applicable.

En droit strict, les sociétés visées à l'article 8 du CGI ne peuvent être que des sociétés françaises, c'est-à-dire **constituées sous l'empire des lois françaises** (en ce sens, les conclusions sous l'arrêt Artémis, ci-dessous, indiquent à juste titre que « l'article 8 ne vise que des sociétés constituées selon le droit français »). Les sociétés de personnes étrangères ayant une activité en France pourraient alors être traitées systématiquement comme des « autres personnes morales se livrant à une exploitation ou à des opérations de caractère lucratif », visées à l'article 206, 1 du CGI, c'est-à-dire soumises dans tous les cas à l'impôt sur les sociétés, si leur activité est lucrative.

Cette solution extrême n'est cependant pas celle que retient la jurisprudence ; le Conseil d'État a ainsi jugé, à propos du traitement fiscal en France de dividendes de source américaine transitant par une general partnership américaine, qu'il appartient au juge de l'impôt, saisi d'un litige portant sur le traitement fiscal d'une opération impliquant une société de droit étranger, d'identifier d'abord, au regard de l'ensemble des caractéristiques de cette société et du **droit qui en régit la constitution et le fonctionnement**, le type de société de droit français auquel elle est assimilable ; il lui revient ensuite de déterminer, compte tenu de ces constatations, le régime applicable à l'opération litigieuse au regard de la loi fiscale française (CE 24 novembre 2014 no 363556, Plén., Sté Artémis SA : RJF 2/15 no 102, conclusions Emmanuelle Cortot-Boucher au BDCF 2/15 no 15 et chronique Nicolas Labrune à la RJF 2/15 p. 83).

Cette décision n'est cependant pas très explicite sur les critères d'assimilation à utiliser en pratique ; le Conseil d'État relève simplement qu'en application du droit de l'État du Delaware la partnership en cause était dotée d'une personnalité juridique distincte de celle de ses associés et souligne qu'il n'y a pas lieu, aux fins de l'assimilation, de tenir compte des **règles fiscales américaines** (en l'espèce, la partnership bénéficiait aux États-Unis d'un régime de transparence fiscale). Comme le remarquait à juste titre la rapporteure publique (conclusions précitées), il convient, pour déterminer si une partnership étrangère est assimilable ou non à une société de personnes, de se référer à ses **seules caractéristiques juridiques** au regard du droit qui la régit, sans prendre en considération son régime fiscal. En l'espèce, la rapporteure publique avait notamment souligné, aux fins de l'assimilation, que les membres de la partnership américaine étaient indéfiniment **responsables des pertes** et qu'ils avaient tous la **capacité d'engager** la société ; la partnership ne pouvait donc être regardée comme ayant le caractère d'une société de capitaux et il fallait l'assimiler à une société de personnes.

Si la décision Artémis n'est pas très explicite sur le critère discriminant, il a ensuite été précisé qu'il s'agit de **l'étendue de la responsabilité des associés** ; c'est, en effet, pour cette raison qu'une « corporation » régie par le droit du Delaware (États-Unis) devait être regardée comme une société de capitaux passible de l'impôt sur les sociétés à raison de sa forme sociale et non comme une société de personnes (CE 2 avril 2021 n° 427880, 9e et 10e ch., min. c/ Sté World Investment Corporation : RJF 6/21 n° 597 ; voir n° 67680) ; dans cette affaire, l'arrêt d'appel, qui avait jugé le contraire, a été annulé pour dénaturation, car la Cour avait relevé à tort, sans doute en raison d'erreurs de traduction, que les dirigeants et actionnaires étaient responsables des dettes de la société. Le Conseil d'État, se fondant sur le fait que la responsabilité financière des associés est **limitée aux apports** et que les titres de la société sont librement **négociables**, sous réserve du droit prioritaire de souscription dont bénéficient les associés en cas d'émission de nouvelles parts, juge qu'une telle société est assimilable à une société par actions simplifiée de droit français et qu'elle est dès lors passible de l'impôt sur les sociétés à raison de sa forme sociale, en application du 1 de l'article 206 du CGI, sans qu'il soit besoin d'examiner le caractère lucratif de son activité (comme le dit la rapporteure publique Céline Guibé, l'absence de responsabilité financière des actionnaires excluait l'assimilation à une société de personnes et la **liberté de cession** des titres conduisait à exclure l'assimilation à une SARL). Il a également été précisé que, pour déterminer si une société de droit étranger est assimilable à une société par actions de droit français, le juge de l'impôt n'a pas à tenir compte du **caractère civil ou commercial** de l'objet de cette société, un tel critère n'étant pas au nombre des caractéristiques définissant ce type de sociétés (CE 22 juillet 2022 n° 444942, 9e et 10e ch., Sté Phoenix Union Co ; voir n° 67275). **31325** (suite)

Pour d'autres exemples d'application des principes jurisprudentiels d'assimilation, voir CAA Versailles 5 mars 2019 n° 16VE02168, 1e ch., Sté Rexel : RJF 8-9/19 n° 762, arrêt définitif assimilant une **limited partnership américaine** à une société en commandite simple de droit français (n° 72985), ainsi que les décisions suivantes :

– une « **sociedad de responsabilidad limitada** » régie par le droit **espagnol** et n'ayant qu'un seul associé devait être assimilée à une société à responsabilité limitée dont l'associé unique est une personne physique et non à une société par actions simplifiée unipersonnelle (CAA Marseille 30 juin 2020 n° 19MA01255, 4e ch., ayant fait l'objet d'un pourvoi non admis par CE (na) 3 février 2021 n° 443484, 3e ch. : RJF 5/21 n° 493 ; voir également n° 17815, Précisions h) ; la Cour relève, en effet, que les parts de la société n'étaient **pas librement cessibles** et que les statuts n'étaient pas incompatibles avec les dispositions de l'article L 223-14 du Code de commerce (qui prévoit notamment que les parts sociales ne peuvent être cédées à des tiers étrangers à la société qu'avec le consentement de la majorité des associés) ; devant le Conseil d'État, le rapporteur public avait écarté l'argumentaire des requérants qui soutenaient que les statuts prévoyaient un simple droit de préférence des coassociés en cas de cession de parts, et non un agrément, au motif qu'en tout état de cause cette clause ne pouvait en l'espèce faire obstacle à l'assimilation aux SARL, puisqu'elle était inopérante dès lors que la société n'avait qu'un seul associé ;

– une société privée à responsabilité limitée (**SPRL**) de droit **belge**, entièrement détenue par une personne physique domiciliée en Belgique, a été assimilée à une SARL française dont l'associé unique est une personne physique (CAA Douai 17 septembre 2020 n° 19DA01573, 4e ch. ; arrêt définitif concernant une situation un peu particulière, la société belge n'ayant comme client qu'une société française dont le résident belge était antérieurement dirigeant rémunéré) ; l'associé résident de Belgique a été jugé imposable en France, au motif que l'activité de la société était exercée dans le cadre d'une installation fixe en France ;

– une **Limited Liability Company** (n° 31105) constituée dans l'État américain du **Delaware** par un couple de résidents de France a été assimilée à une société de capitaux passible de l'impôt sur les sociétés ; ses associés ont été jugés imposables en France sur les **revenus réputés distribués** par la LLC, en tant que celle-ci n'exerçait son activité qu'en France, où elle avait un établissement stable (CAA Nancy 16 novembre 2017 n° 16NC00503, 2e ch. ; cet arrêt a fait l'objet d'un pourvoi non admis par CE (na) 14 novembre 2018 n° 417415, 9e ch.) ; il s'agissait d'une société dont l'objet était d'aider les entreprises étrangères à constituer des dossiers en vue d'obtenir des avantages fiscaux en France, notamment le crédit d'impôt recherche, et qui n'avait aucune activité effective aux États-Unis où elle n'avait déposé aucune déclaration fiscale et ne disposait d'aucun moyen matériel (voir également n° 17813) ;

– l'administration ne pouvait regarder une **« sociedade por quotas » portugaise** comme une société de fait, ou une société en participation, pour établir au nom de son associé-gérant un avis de mise en recouvrement des rappels de TVA dont la société était redevable au titre d'une activité de maçonnerie non déclarée sur le territoire français (CAA Bordeaux 26 octobre 2017 n° 15BX02428 :

31325 (suite) RJF 2/18 n° 183 ; arrêt définitif) ; dans cette affaire, les actions en recouvrement diligentées contre la société ayant été infructueuses, un nouvel **avis de mise en recouvrement** avait été émis à l'encontre de la personne physique qui en était associé-gérant, présentée comme tenue indéfiniment au passif de la société ; la Cour a cependant prononcé la décharge car l'administration ne pouvait constituer l'intéressé comme débiteur, sur le fondement des articles 1871 et 1873 du Code civil, étant donné que la société portugaise était dûment immatriculée et qu'elle n'était donc pas assimilable, à supposer même que toute son activité eût été déployée sur le territoire français, à une société en participation ou à une société créée de fait (si l'assimilation avait été possible, l'imposition aurait effectivement pu être mise à la charge de l'associé connu de l'administration fiscale) ;

– devait être annulé pour erreur de droit un arrêt qui, au motif qu'une **Limited Liability Company** américaine (n° 31105) était fiscalement transparente aux États-Unis, avait écarté l'assujettissement à l'impôt sur les sociétés en France, alors même que le capital de la société était composé de parts impliquant la limitation de responsabilité de leurs détenteurs (CE 27 juin 2016 n° 386842, 9e ch., Sté Emerald Shores LLC : RJF 11/16 n° 943 ; l'affaire avait été renvoyée à la cour administrative d'appel de Marseille, qui avait retenu cependant une solution différente comme il est indiqué n° 67275, Précisions c) ; cette décision, même si elle n'a pas d'autorité, car elle a été rendue en formation de « jugeant seule », était déjà éclairante, car elle souligne, comme le Conseil d'État l'a confirmé ensuite par la décision Sté World Investment Corporation, précitée, que le critère de l'étendue de la responsabilité des associés est essentiel aux fins de la comparaison d'entités étrangères avec des entités françaises (à propos de LLC américaines, l'assimilation aux sociétés de personnes françaises avait précédemment été faite à tort à quelques reprises, notamment par CAA Douai 12 mai 2011 n° 09DA01666, 3e ch., Boujonnier : RJF 10/11 n° 1064, arrêt définitif ; la solution retenue par cet arrêt est rétrospectivement incorrecte) ;

– des **sociétés à responsabilité limitée espagnoles** exerçant une activité en France par l'intermédiaire d'un établissement stable et détenues par une personne physique gérante et associée unique devaient être assimilées à des SARL dont l'associé unique est une personne physique (CE 2 février 2015 n° 370385, 3e et 8e s.-s. : RJF 4/15 n° 334) ; leurs résultats et les sommes mises à la disposition de leur associé unique étaient donc imposables à l'impôt sur le revenu au nom de l'associé unique dans la catégorie des BIC et l'administration ne pouvait pas les imposer en tant que revenus distribués (l'associé unique, personne physique, d'une SARL est passible de **l'impôt sur le revenu** dans la catégorie de revenus correspondant à l'activité de la société, sauf à ce que la société ait opté pour l'impôt sur les sociétés, ce qui n'était pas le cas en l'espèce) ; pour analyser la situation, le Conseil d'État relève que les sociétés espagnoles en cause étaient des « sociedad de responsabilidad limitada » et qu'en vertu du droit des sociétés espagnol leur capital est divisé en parts égales, non librement cessibles, entre des associés qui ne répondent des dettes sociales qu'à concurrence de leurs apports et peut, sous certaines conditions, être réuni entre les mains d'un associé unique (la décision ne permet cependant pas d'identifier lequel de ces critères est décisif) ; dans cette affaire, l'administration s'était trompée, car elle aurait naturellement pu imposer les résultats des sociétés directement entre les mains de l'associé unique, dans la catégorie des BIC ;

– une **société unipersonnelle à responsabilité limitée de droit espagnol** pouvait être assimilée à une SARL ayant un associé unique (CAA Nantes 28 juin 2010 n° 09-653, 1e ch., Guyot : RJF 12/10 n° 1195 ; arrêt définitif) ; les bénéfices réalisés par cette société étaient donc, en l'absence de stipulations conventionnelles contraires, passibles de l'impôt sur le revenu au nom de cet associé, bien que cette société fût, en droit espagnol, une société de capitaux soumise à un impôt équivalent à l'impôt sur les sociétés.

Précisions **a.** Une partnership britannique, **dépourvue de personnalité morale** en droit britannique, qui exerçait en France une activité d'élevage et d'exportation de poisson et qui était détenue par deux personnes physiques résidentes du Royaume-Uni a été assimilée à une **société en participation** ; son résultat imposable, au titre de ses activités en France, devait être déterminé à son niveau, même s'il devait être imposé entre les mains de ses associés, et, pour le déterminer, l'administration pouvait rechercher si elle exploitait en France un établissement stable (CAA Paris 16 novembre 2010 n° 09PA00728, 10e ch., confirmant TA Paris 27 novembre 2008 n° 02-3419, 2e sect., 3e ch., Neusinger : RJF 8-9/09 n° 761, conclusions au BDCF 8-9/09 n° 106 ; l'arrêt d'appel a fait l'objet d'un pourvoi qui n'a pas été admis par CE (na) 23 décembre 2011 n° 345675). Dans cette affaire, la Cour juge également que, dès lors que l'administration était fondée à considérer que la partnership avait la nature d'une société de personnes au sens de l'article 8 du CGI, c'est à bon droit que la **procédure de vérification** de comptabilité de son établissement français avait été suivie entre l'administration et cette société.

b. À propos d'une partnership britannique qui exerçait une **activité d'avocats**, voir n° 32080, Précisions b.

c. Une personne physique fiscalement domiciliée en France et **associée unique d'une LLC américaine** a été considérée comme imposable en France au titre de l'activité réalisée en France par la LLC (CAA Paris 7 octobre 2015 n° 14PA00456, 2e ch. ; arrêt définitif) ; dans cette affaire, la LLC n'avait aucune activité et ne mettait en œuvre aucun moyen aux États-Unis, la totalité de son activité étant réalisée en France par son gérant associé unique (les rectifications ont été effectuées au titre d'une activité occulte à la suite de visites domiciliaires). Bien que le raisonnement suivi par la Cour ne soit pas conforme à la jurisprudence du Conseil d'État, la solution est justifiée au fond car la LLC devait, à notre avis, être assimilée à une SARL ayant un associé unique, personne physique (autrement, l'impôt sur les sociétés aurait été exigible et non l'impôt sur le revenu ; la circonstance que la LLC n'ait eu qu'un seul associé ne ressort pas de l'arrêt mais du jugement du tribunal administratif de Paris, n° 1205270 du 3 décembre 2013).

d. Une société anonyme suisse a été jugée passible de l'impôt sur les sociétés au titre de la mise à disposition gratuite d'un immeuble bien qu'elle n'ait eu qu'**un seul associé** (CAA Marseille 23 septembre 2014 n° 11MA02047, 4e ch., Sté SPICA, définitif ; n° 67270, Précisions d).

e. Une **« private limited company » irlandaise** a été regardée comme une société de capitaux passible de l'impôt sur les sociétés en France à raison de la mise à disposition gratuite d'une villa dès lors qu'elle ne démontrait pas qu'elle avait, comme elle le prétendait, un seul associé personne physique (CAA Marseille 28 juin 2016 n° 15MA04973, 4e ch., Gurin Holding Ltd ; arrêt définitif).

Doctrine administrative

L'administration estime, comme l'a confirmé ensuite le Conseil d'État (n° 31325), qu'il convient de rechercher à quelle catégorie de sociétés françaises les sociétés étrangères concernées pourraient appartenir, en fonction de leurs caractéristiques. En ce sens, les commentaires de la convention fiscale franco-américaine (BOI-INT-CVB-USA-10-20-10 n° 30) indiquent qu'il convient de rechercher, en présence d'une partnership américaine, si elle est assimilable ou non à une société visée à l'article 8 du CGI en examinant ses statuts et son mode de fonctionnement ; cette comparaison doit se fonder principalement sur le caractère ostensible ou occulte de la société, la plus ou moins grande liberté de cession des parts sociales, et tout particulièrement sur l'étendue de la **responsabilité des associés** : **31327**
– s'ils ont une responsabilité indéfinie et solidaire, la partnership peut être assimilée à une société en nom collectif ;
– si tous les associés ont une responsabilité limitée, il ne peut s'agir d'une société de personnes ; le régime fiscal applicable est alors celui d'une société de capitaux étrangère ayant une activité exercée en France.

À notre avis, le critère de la responsabilité des associés est effectivement prépondérant ; dans le même sens, le rapporteur public avait indiqué, dans ses conclusions sous la décision Artémis (n° 31325), qu'il « sera ainsi possible de tenir compte du point de savoir si l'identité des associés est ou non connue, et si la cession de parts que ceux-ci détiennent est libre ou non de tout accord préalable de leurs pairs. Surtout, il faudra rechercher si les associés sont ou non personnellement engagés dans la société et si, en cas de pertes réalisées par celle-ci, leur responsabilité est limitée ou non aux apports qu'ils ont bien voulu consentir. » Cette manière de voir a été, depuis lors, confirmée par la décision Sté World Investment Corporation du 2 avril 2021 (n° 31325).

La doctrine administrative ajoute, enfin, à propos des règles de territorialité, que les **sociétés ou groupements de personnes étrangers**, qui, eu égard à leurs caractéristiques propres, peuvent être assimilés à des sociétés de personnes visées à l'article 8 du CGI ou à des groupements de personnes soumis à un régime fiscal analogue, doivent déclarer en France les résultats de leurs seules exploitations situées en France (BOI-IS-CHAMP-60-10-30 n° 475). Elle précise également que l'associé, **personne morale domiciliée ou non en France** et soumise à l'impôt sur les sociétés, n'est imposable en France qu'à raison de la fraction des résultats lui revenant se rapportant à l'entreprise exploitée en France par la société ou le groupement de personnes étranger ainsi qu'à raison des revenus passifs de sources française et étrangère rattachables à cette entreprise (ces règles s'appliquent sauf stipulations contraires d'une convention fiscale).

Précisions La distinction entre **responsabilité solidaire ou conjointe** est importante lorsque la société ou l'entité étrangère concernée exerce une activité commerciale. Dans ce cas, en effet, si l'entité étrangère est assimilable à une société civile, elle doit normalement être soumise à l'impôt sur les sociétés, comme toutes les **sociétés civiles à objet commercial** (CGI art. 206, 2). Tel pourrait être le cas d'une partnership étrangère qui appliquerait en France des méthodes commerciales et qui aurait une activité du type de la gestion d'affaires (missions d'assistance diverses, accomplissement de formalités pour les clients, qui vont au-delà, par exemple, de la simple tenue de comptabilité ou d'une activité de conseil). On notera par ailleurs que la classification des revenus dans la catégorie des BIC peut résulter également du **défaut de participation des associés** aux activités libérales d'un établissement français (CE 22 mars 1985 n° 48702 et 48703, 7e et 9e s.-s. : RJF 6/85 n° 846, jugeant qu'une société civile dont l'objet est l'enseignement se livre à une activité de nature commerciale dès lors qu'aucun des associés ne contribue personnellement aux activités d'enseignement ou à la direction technique de l'établissement qui sont assurées par des personnes exclusivement salariées). Telle serait la situation d'associés non résidents si l'activité de la partnership en France était assurée uniquement par un personnel salarié et au moyen de sous-traitants extérieurs.

C. Situation des associés non résidents d'une société de personnes française

Personnalité fiscale de la société de personnes

31340 En droit français, les sociétés de personnes sont toujours considérées comme des **entités distinctes** des membres qui les composent, même si elles n'ont pas la personnalité morale (cas des sociétés en participation et sociétés créées de fait). Ces sociétés ne sont **pas**, en effet, fiscalement **transparentes**, dès lors que :
– le bénéfice est d'abord déterminé au niveau de la société, dans les conditions prévues pour les exploitants individuels ;
– la société de personnes est tenue aux obligations des exploitants individuels (déclarations, notamment) ;
– en cas de contrôle fiscal, c'est la société qui est vérifiée et non pas chaque associé, et les décisions prises par la société engagent les associés ; il a ainsi été jugé que la notification régulière à une société de personnes de rehaussements de ses bénéfices interrompt nécessairement la prescription à l'égard de ses associés, en tant que redevables, chacun à proportion de ses droits, de l'impôt assis sur ses bénéfices (CE 8 avril 1994 n° 60405 et 65876, Sect., Touchais : RJF 5/94 n° 579) ;
– dans le même sens, il a été jugé que des fédérations exonérées d'impôt étaient néanmoins imposables au titre des bénéfices réalisés par un GIE dans le cadre d'une activité de caractère lucratif (CE 27 avril 1994 n° 156860, 8e et 9e s.-s., Fédération des coopératives laitières de la région du Nord de la France : RJF 6/94 n° 723). C'est l'activité du GIE qu'il convient de prendre en compte pour en déterminer le caractère imposable sans que puisse y faire obstacle la circonstance que ses membres bénéficient, le cas échéant, d'une exonération ;
– enfin, dans le passé, l'impôt avait été considéré comme une dette sociale (Cass. 27 janvier 1931 Germain Faure c/ Charles Faure : Dupont 1931, p. 287 et CE 27 novembre 1931, n° 1110 : RO p. 532 ; cette solution ne serait sans doute plus juste aujourd'hui car les textes ont changé).

Dans ces conditions, il est clair que ces sociétés ont une véritable personnalité juridique (le plus souvent) et fiscale (toujours). Le fait que l'impôt ne soit pas effectivement payé par la société mais par chacun des associés est sans influence sur cette personnalité, car il ne s'agit, au fond, que d'une modalité de recouvrement. La société n'est pas un contribuable, mais elle est un sujet fiscal. Ces principes sont solidement établis par la jurisprudence, le Conseil d'État les ayant à nouveau confirmés par une importante décision de plénière (n° 31346).

Précisions **a.** Comme l'indiquait, à propos des **GIE**, le commissaire du Gouvernement Jean-François Verny, « il est abusif de dire que cette disposition [le régime de l'article 8 du CGI] révèle une absence de personnalité fiscale [des groupements d'intérêt économique] puisqu'elle se borne à instituer un régime de transparence et d'imposition directe des bénéfices entre les mains des membres » (conclusions sous CE 19 octobre 1983 n° 33816, 7e et 8e s.-s. : RJF 12/83 n° 1506).

b. L'autonomie juridique et fiscale des sociétés de personnes avait été également prise en compte lorsqu'il avait été jugé, à propos des sociétés étrangères, que l'ancienne **imposition forfaitaire annuelle** (IFA) ne pouvait concerner les sociétés soumises à l'impôt sur les sociétés qu'à raison des opérations auxquelles elles se livrent personnellement et non pas par l'intermédiaire d'un GIE (CE 7 mars 1990 n° 91573, 7e et 9e s.-s., Canny Bowen : RJF 5/90 n° 528 ; également CAA Paris 6 novembre 1990 n° 1987, 3e ch., Conserves de Côte-d'Ivoire : RJF 1/91 n° 38, à propos d'une société en participation). L'administration s'était rangée à cette manière de voir en indiquant que les sociétés qui ont leur siège de direction hors de France ne sont pas passibles de l'imposition forfaitaire annuelle du seul fait qu'elles sont assujetties à l'impôt sur les sociétés en France sur la quote-part des bénéfices des sociétés de personnes ou des GIE correspondant à leurs droits sociaux (ancien BOI-IS-CHAMP-60-10-30 n° 480).

c. En cas de **contrôle fiscal**, l'administration n'est pas tenue d'indiquer à un associé non résident les raisons pour lesquelles il doit être imposé en France au titre de sa participation dans une SCI dès lors qu'en tout état de cause il a lui-même antérieurement souscrit des déclarations en ce sens (CE 13 février 2013 n° 342085, 9e et 10e s.-s., min. c/ Barlow : RJF 5/13 n° 506 aux conclusions Frédéric Aladjidi au BDCF 5/13 n° 58 ; voir aussi nos 31555 et 31680, Précisions).

d. Des personnes physiques domiciliées en Suisse n'ont pas été jugées recevables à demander en leur nom personnel la restitution des **prélèvements sociaux** afférents à une plus-value réalisée en 2014 par une **SCI** française au motif que la SCI était la seule redevable des prélèvements sociaux en litige (CAA Paris 19 mai 2020 n° 19PA00748, 5e ch. ; arrêt définitif).

Conséquences

Il résulte des principes exposés n° 31340 que la société de personnes est bien un **sujet fiscal**. **31343**
Dès lors, l'existence d'associés non résidents ne change rien ; ceux-ci sont imposables à hauteur de la quote-part des bénéfices leur revenant, **même en l'absence d'établissement stable** en France. Plus exactement le droit français ne conduit pas à s'interroger sur l'existence d'un établissement de l'associé en France dès lors que le sujet d'imposition est la société française et non pas l'associé non résident. Ce raisonnement est également valable en cas d'application d'une **convention fiscale**.

L'administration en a notamment tiré les conséquences à propos de l'imposition des associés non résidents d'une société de personnes qui réalise elle-même des plus-values immobilières (n° 67710 ; solution aujourd'hui caduque compte tenu de l'article 50 de la loi de finances rectificative pour 2004) et à propos de la retenue à la source prévue à l'article 115 quinquies du CGI (n° 19025).

Il en résulte qu'un associé non résident, personne physique ou morale, d'une société de personnes française est, par principe, imposable en France à hauteur de sa participation dans les résultats de la société (il doit déposer sa déclaration au service des impôts des entreprises étrangères). Mais, compte tenu des règles de territorialité, son obligation fiscale est limitée en France aux résultats des activités exercées en France par la société (application des règles de territorialité au niveau des associés ; n° 31315).

Bien entendu, l'associé non résident d'une société régie par l'article 8 du CGI qui n'a pas opté pour son assujettissement à l'impôt sur les sociétés ou n'y est pas assujettie de plein droit n'est soumis à l'**impôt sur les sociétés** sur la part des bénéfices réalisés par la société, à proportion des droits qu'il y détient, que s'il est lui-même assujetti à cet impôt ; ainsi, l'État du Koweït ne pouvait être assujetti à l'impôt sur les sociétés, en tant qu'associé de deux SCI françaises qui exerçaient en France une activité de location de locaux nus de caractère non commercial, qu'en vertu des articles 8, 218 bis et 238 bis K du CGI et non sur le fondement de l'article 206, 1 du même Code (CE 22 janvier 2020 n° 421914, 9e et 10e ch., État du Koweït : RJF 4/20 n° 351) ; dans cette affaire, l'arrêt d'appel a été annulé car la cour administrative d'appel de Versailles, à laquelle l'affaire a été renvoyée, avait directement fondé l'imposition sur l'article 206, 1 du CGI (l'affaire est enregistrée à la cour de renvoi sous le n° 20VE00416).

Jurisprudence

La jurisprudence offre de **nombreux exemples** de situations dans lesquelles il a été jugé, **31345**
de façon claire, que des associés non résidents d'une société de personnes française étaient, de ce seul fait, imposables en France. La circonstance au cas particulier que des conventions fiscales aient trouvé à s'appliquer ne modifie pas le raisonnement puisqu'on observera que, dans ces exemples, le juge n'a rien trouvé dans les conventions fiscales qui s'oppose à l'application des principes de droit interne tels qu'ils ont été rappelés précédemment.

Décision de principe La façon dont la situation des associés non résidents des **31346**
sociétés de personnes doit être analysée a été précisée par une importante décision du Conseil d'État dans une affaire qui concernait une société norvégienne associée, à hauteur de 99 %, d'une SCI française de construction-vente (CE 11 juillet 2011 n° 317024, Plén., Sté Quality Invest : RJF 10/11 n° 1063 aux conclusions Laurent Olléon au BDCF 10/11 n° 117 ; chronique Cécile Raquin à la même RJF p. 907). Le Conseil d'État a confirmé, de manière solennelle puisqu'il s'agit d'une décision de plénière fiscale, que les associés non résidents des sociétés de personnes françaises sont **imposables en France en raison de leur participation** à la société et que les conventions fiscales qui reprennent le modèle de l'OCDE ne s'y opposent pas.

31346 (suite) Dans cette affaire, la société norvégienne avait convaincu la cour administrative d'appel qu'elle n'était pas imposable en France sur sa quote-part des résultats de la SCI au motif que les revenus qu'elle retirait de sa participation dans cette société n'étaient visés par aucune stipulation de la convention fiscale franco-norvégienne du 19 décembre 1980 modifiée et qu'ils entraient par suite dans le champ de la **clause balai** relative aux revenus non dénommés, qui conduisait à réserver le droit d'imposer à la Norvège (CAA Paris 10 avril 2008 n° 06-3686, 5e ch. A, Quality Invest : RJF 12/08 n° 1300). Mais le Conseil d'État a annulé l'arrêt pour erreur de droit ; l'erreur commise par la Cour avait été d'appliquer les stipulations conventionnelles au motif que la société norvégienne était (implicitement) imposable sur les profits « retirés » de sa participation alors que ce ne sont pas les profits de l'associé qui sont imposables mais les **profits « réalisés » par la société civile** elle-même.

À cette occasion, le Conseil d'État a d'abord réaffirmé que les sociétés régies par l'article 8 du CGI ont une **personnalité distincte** de celle de leurs membres et qu'elles exercent une activité qui leur est propre. Dès lors que cette activité est exercée en France, les bénéfices réalisés par ces sociétés sont en principe imposables en France entre les mains de leurs membres, y compris de ceux qui résident hors de France, à proportion des droits qu'ils détiennent dans la société.

Cela ne signifie pas que les **conventions fiscales** seraient par nature inapplicables ; tout au contraire, le Conseil d'État prend soin de préciser qu'il y a lieu de rechercher si une convention fiscale fait obstacle à l'imposition en France des revenus de la société civile, celle-ci étant susceptible d'être regardée comme **résidente de France**. Compte tenu du principe posé de la résidence fiscale des sociétés de personnes françaises, la convention fiscale applicable est celle conclue entre la France, en tant qu'État de résidence de la société de personnes, et l'État de la **source des revenus** réalisés par la société de personnes (cas où la société de personnes exerce elle-même une activité hors de France).

Mais la convention fiscale conclue entre la France et l'État de **résidence des associés** est sans incidence sur le principe même de l'imposition ; elle est inapplicable puisqu'elle ne peut, sous réserve, éventuellement, de celles qui comporteraient des dispositions spécifiques, interdire à la France d'imposer des revenus perçus par un résident de France. Comme la convention entre la France et l'État de résidence des associés pourrait cependant, en théorie, prévoir des dispositions relatives au **recouvrement** de l'impôt, il convient tout de même de vérifier qu'elle ne s'oppose pas à ce que l'impôt dû en France à raison des revenus réalisés par une société de personnes française soit réclamé aux associés non résidents.

Si, comme dans le cas général, aucune stipulation ne s'oppose à ce que l'impôt soit recouvré au nom de l'associé non résident, ce dernier ne peut invoquer la convention fiscale conclue entre la France et son État de résidence pour faire échec au droit interne français. Il ne peut se prévaloir ni des stipulations de la convention relatives aux divers revenus qu'elle mentionne ni de celles de l'article précisant le régime d'imposition des autres revenus (**revenus non dénommés**) dès lors que l'ensemble de ces stipulations ne sont applicables qu'aux revenus réalisés en propre par la société et non à ceux sur lesquels l'associé non résident est imposé au prorata de sa participation dans la société civile. La cour administrative d'appel a donc eu tort d'appliquer les stipulations relatives aux revenus non dénommés, qu'elle n'a, en réalité, appliquées que parce qu'elle s'est trompée de « personne » en analysant la situation de l'associé non résident au lieu d'analyser celle de la société civile.

Examinant, enfin, l'affaire au fond, le Conseil d'État juge que les stipulations de la convention fiscale franco-norvégienne relatives aux **revenus immobiliers** n'étaient pas applicables en l'espèce dès lors qu'elles ne visent que les revenus immobiliers réalisés en propre par la société civile. Il note que ni les autres stipulations de cette convention relatives aux divers revenus qu'elle mentionne, ni celles du paragraphe 1 de l'article 22 relatif aux **autres revenus** ne sont applicables à cette quote-part de bénéfices de la SCI et qu'aucune stipulation de cette convention ne s'oppose à ce que l'impôt dû en France à raison de cette quote-part soit réclamé aux associés. Par conséquent, Quality Invest, associée non résidente de la SCI, n'était pas fondée à soutenir que les bénéfices de la SCI ne pouvaient pas être imposés en France à son nom.

Bien entendu, cette analyse ne signifie pas que les **conventions fiscales** ne soient jamais applicables ; elle signifie simplement que, sous réserve de celles qui contiendraient des stipulations particulières, les conventions fiscales doivent être regardées en tant qu'elles concernent la France et l'État de la source des revenus réalisés par la société civile et non pas la France et l'État de la résidence des associés. Par exemple, une société civile peut invoquer une convention fiscale pour faire échec à l'imposition en France si elle réalise un revenu de source étrangère non imposable en France en raison de la convention fiscale conclue entre la France et le pays de la source des revenus ; mais l'associé non résident ne peut, sauf stipulation conventionnelle expresse, invoquer la convention fiscale qui lie son État de résidence à la France pour faire échec à l'imposition à son nom des revenus de la société civile.

Les exemples suivants, antérieurs à cette décision mais confirmés par celle-ci, en éclairent la portée pratique.

Premier exemple Il est donné par un arrêt de la cour administrative d'appel de Paris à propos d'une société anonyme de droit ivoirien, membre d'une **société en participation** française (CAA Paris 6 novembre 1990 n° 89-1987, Société des Conserves de Côte-d'Ivoire : Droit fiscal 1991 n° 31, comm. n° 1588 ; arrêt définitif). La société ivoirienne avait constitué cette société en participation avec onze autres sociétés françaises afin de mettre en commun toute la production de poisson et de partager les bénéfices et les pertes afférents à la commercialisation de ces produits. Les opérations matérielles de pêche étaient en majorité effectuées hors de France et la vente des poissons aux clients était, pour l'essentiel, effectuée également hors de France. Cependant, les **décisions de commercialisation** étaient prises en France où la société en participation avait son siège et les **recettes** que celle-ci percevait à raison de son activité de commercialisation étaient également encaissées en France. Par suite, il a été jugé que les bénéfices que la société en participation, entité juridique distincte de ses membres, est susceptible de dégager devaient être regardés comme des bénéfices réalisés dans une **entreprise exploitée en France**, passibles de l'impôt sur les sociétés dans notre pays, au nom des membres de la société en participation et à raison des droits que chacun y détient. 31350

Dans cette affaire, le commissaire du Gouvernement avait, à juste titre, souligné que la circonstance, purement factuelle, que la société requérante aurait déclaré des bénéfices et acquitté l'impôt en Côte-d'Ivoire ne saurait influer sur son assujettissement en droit à l'impôt sur les sociétés français ; l'analyse est menée **sur le seul terrain du droit interne français** quelles que soient par ailleurs les conséquences que l'imposition en France pourrait avoir et y compris si celles-ci sont susceptibles de générer une **double imposition**. Le raisonnement en droit français est autonome par rapport à celui qui est mené dans l'autre pays (n° 10680).

Le commissaire du Gouvernement avait, en outre, estimé que la participation de la société ivoirienne à la société en participation française constituait « en elle-même et à elle seule, **une entreprise exploitée en France** en raison de la quasi-transparence de cette forme juridique de société ». Subsidiairement, les conclusions indiquent que si ce point de vue avait été critiqué, en toute hypothèse, la société en participation aurait été considérée comme un **« agent »** de la société ivoirienne compte tenu des circonstances de l'affaire, ce qui aurait encore fondé l'imposition en droit français.

Précisions À propos d'une **société en participation** constituée avec une société belge et dont l'objet était la mise en commun de contrats de fourniture de lait à un acheteur vénézuélien, voir CAA Paris 27 décembre 1990 n° 89-1166, Éts Ecoval, 3e ch. : RJF 3/91 n° 288, arrêt définitif tirant les conséquences de ce que le **siège de la direction** de la société en participation avait été fixé à Paris, où les déclarations étaient effectuées, et de ce que toutes les décisions relatives aux contrats étaient prises en France ; la société belge était donc passible de l'impôt sur les sociétés en France au titre de la part qu'elle détenait dans la société en participation, la circonstance qu'elle ait été imposée en Belgique étant sans incidence.

Deuxième exemple Beaucoup plus importante, car elle a donné lieu, avant la décision citée n° 31346, à une première position de principe du Conseil d'État, cette affaire concerne un GIE français recevant des **redevances** de source française et dont l'un des membres était une société de droit canadien (CE 4 avril 1997 n° 144211, 9e et 8e s.-s., Sté Kingroup Inc. : RJF 5/97 n° 424 ; conclusions François Loloum à la même RJF p. 293). 31352

Il s'agissait d'une société canadienne qui pensait éviter l'impôt sur les sociétés en France aux motifs, soit qu'elle n'avait pas d'établissement stable dans notre pays, soit que les revenus qu'elle percevait par l'intermédiaire du GIE étaient en réalité des redevances ou des dividendes.

Le Conseil d'État, suivant en cela la position de la cour administrative d'appel de Paris, n'a pas admis ce point de vue pour, au contraire, affirmer, pour la première fois dans un contexte international, le principe de la **personnalité fiscale des GIE**, et, plus généralement des sociétés de personnes. Le commissaire du Gouvernement, qui avait, conformément à la jurisprudence, examiné en priorité la situation au regard du droit interne français, avait souligné que le GIE, en sa qualité d'exploitant, est bien le **sujet fiscal** puisque c'est à son niveau que sont arrêtés les résultats de l'exploitation. Il ajoutait, dans des propos dépourvus d'ambiguïté et parfaitement conformes à la jurisprudence générale, que ce qui caractérise le dispositif français est que « l'attribution du paiement de l'impôt aux membres du GIE leur confère bien la qualité de **contribuable** mais que le groupement reste le seul sujet fiscal au niveau duquel s'apprécie la matière imposable ». Il estimait, par conséquent, que le véritable et seul sujet d'imposition est bien le GIE et que c'est celui-ci qui détermine l'assujettissement en France de ses membres. Les membres non résidents doivent donc, au même titre que les membres résidents, être astreints en France au paiement de l'impôt correspondant à leur quote-part des résultats de l'exploitation.

Soulignant la spécificité du droit français, par rapport à celui d'autres pays comme l'Allemagne et les Pays-Bas qui font appel à la notion d'établissement stable, il ajoutait qu'il n'est pas besoin, en France, de s'interroger sur cette question car elle n'est pas une condition requise pour le paiement de l'impôt dû à raison de la part des résultats arrêtés au niveau du GIE.

31353 Dans cette affaire, le Conseil d'État avait, cependant, tenu à examiner les moyens invoqués par le contribuable qui tendaient à faire juger la situation par référence à la **convention fiscale** franco-canadienne (il procéderait aujourd'hui différemment compte tenu de la décision Quality Invest, nº 31346) :

– à l'égard de la notion d'**établissement stable**, le Conseil d'État a, fort logiquement, jugé que « les stipulations de l'article 7 de la convention (...) ne visent que les bénéfices réalisés en propre par une telle entreprise et sont donc sans application dans le cas où cette dernière perçoit, en qualité de membre d'un groupement d'intérêt économique, une part des bénéfices que celui-ci tire d'une activité exercée en France ». Cette solution est parfaitement dans la ligne de la jurisprudence générale relative à la personnalité des sociétés de personnes ; l'argument tendait, en fait, à nier le régime propre des GIE en ce qu'il présupposait une totale transparence du groupement puisque les redevances versées par les tiers au GIE auraient alors dû être regardées comme des revenus directs des membres. L'interprétation proposée par la société Kingroup était donc contraire aux règles d'imposition du GIE alors même qu'aucune stipulation conventionnelle ne pouvait être invoquée pour faire échec au droit interne ;

– le second argument invoqué par la société tendait à faire juger que les revenus répartis par le GIE devaient être qualifiés de **dividendes** au sens de l'article 10 de la convention ; il s'agissait là d'un moyen qu'il n'était pas difficile d'écarter, compte tenu de la rédaction de l'article 10 de la convention (le commissaire du Gouvernement, de son côté, soulignait à juste titre que ce qui caractérise la notion fiscale de dividende est qu'elle se rapporte à des distributions opérées par des sociétés de capitaux ou par des organismes ayant opté pour un tel régime) ;

– le troisième argument reposait sur l'article 12 de la convention, relatif aux **redevances** ; le GIE, en effet, recevait des redevances de source française et la société Kingroup souhaitait faire juger que ce qu'elle percevait en qualité de membre du GIE avait conservé la même nature et la même origine que lors de la perception par le GIE lui-même et ne pouvait donc supporter en France qu'un impôt maximum de 10 % (retenue à la source au taux conventionnel) ; là encore, ce point de vue n'a pas été admis puisqu'il faisait naturellement fi de la personnalité propre du GIE. Il ne s'agissait, en effet, nullement de redevances perçues par une société canadienne, mais simplement de la répartition de bénéfices réalisés par un GIE, doté de sa propre personnalité fiscale. Le bénéficiaire des redevances était le GIE, et non ses membres, ce qui rendait vain le moyen tendant à l'application de l'article 12 de la convention. Le commissaire du Gouvernement relevait, à juste titre, que cet argument procédait de la même erreur que celle relative à l'invocation de l'article 7, relatif aux bénéfices des entreprises, puisqu'il revenait à nier l'existence même du GIE.

Dans l'affaire Kingroup, le Conseil d'État n'avait pas eu à se prononcer sur la question des **« revenus non dénommés »** car ce moyen, qui conduisait, compte tenu de la rédaction de la convention fiscale, à donner, de toute façon, le droit d'imposer à la France, n'était pas soulevé. On était donc fondé à se demander quelle aurait été la solution si la convention fiscale avait repris le modèle de l'OCDE réservant l'imposition à l'État de résidence (article 21). La réponse a, depuis lors, été apportée par la décision de principe rendue dans l'affaire Quality Invest (n° 31346). L'associé non résident ne peut, en ce cas, se prévaloir ni des stipulations de la convention fiscale relatives aux divers revenus qu'elle mentionne ni de celles de l'article précisant le régime d'imposition des autres revenus (revenus non dénommés) dès lors que l'ensemble de ces stipulations ne sont applicables qu'aux revenus réalisés en propre par la société et non à ceux sur lesquels l'associé non résident est imposé au prorata de sa participation dans la société civile. 31354

Précisions Les principes posés dans la décision Kingroup ont été repris dans une affaire concernant une **société en participation** française dont l'un des membres était une société de Mayotte. Il a été confirmé que les sociétés de personnes constituent des entités juridiques distinctes de leurs membres et exercent une activité ou effectuent des opérations qui leur sont propres ; que, dès lors que cette activité est exercée en France, les bénéfices réalisés par ces sociétés sont imposables en France entre les mains de leurs membres, y compris de ceux qui résident hors de France, sauf stipulations conventionnelles contraires, à proportion des droits qu'ils détiennent dans la société en participation ; que les stipulations de la **convention franco-comorienne** relatives à l'établissement stable ne visent que les revenus réalisés en propre par une entreprise et non ceux que celle-ci reçoit en qualité de membre d'une société en participation ; et qu'enfin les règles concernant les revenus non dénommés s'appliquent aux revenus réalisés par le bénéficiaire et non à l'imposition des revenus tirés des droits détenus dans une société de personnes (CE 18 mai 2009 n° 301763, 8e et 3e s.-s., SAS Éts Chevannes, Merceron Ballery : RJF 8-9/09 n° 724).

Troisième exemple Il concerne une **société suisse** associée d'une **société civile immobilière** française qui avait réalisé une plus-value lors de la cession d'un immeuble situé en France (CE 9 février 2000 n° 178389, 8e et 9e s.-s., Hubertus AG : RJF 3/00 n° 342). Il s'agissait de décider si la plus-value était imposable dans notre pays, alors qu'elle n'avait pas été réalisée par la société suisse mais par la société civile française interposée. 31355

La cour administrative d'appel de Lyon en avait ainsi jugé sur le fondement de l'article 15, 1 de la **convention fiscale franco-suisse** du 9 septembre 1966, en tant que cet article prévoit l'imposition en France des plus-values réalisées lors de l'aliénation d'immeubles situés sur le territoire français par des sociétés suisses (CAA Lyon 19 octobre 1995 n° 93485, 2e ch., Sté Hubertus AG : RJF 2/96 n° 178).

Si le principe de l'imposition en France n'était pas contestable, le Conseil d'État a néanmoins **annulé** l'arrêt de la Cour en estimant qu'elle avait commis une erreur de droit. L'article 15 de la **convention franco-suisse** devait, en effet, être **écarté** puisque Hubertus AG n'avait pas elle-même réalisé une plus-value immobilière mais simplement perçu le produit de sa participation dans la SCI ; ce n'est donc qu'en tant qu'associée de la SCI qu'elle était imposable en France. Le commissaire du Gouvernement Jacques Arrighi de Casanova avait souligné, à cette occasion, qu'il n'y avait aucune raison d'abandonner la jurisprudence Kingroup qui, en dépit des critiques qu'elle a pu soulever, lui paraissait solidement établie (conclusions au BDCF 3/00, p. 20). Quant à l'article 7 § 8 de la convention franco-suisse, prévoyant l'imposition des revenus provenant de participations à des entreprises constituées sous forme de sociétés de personnes dans l'État où les entreprises en question ont un établissement stable, il conduisait à la même solution puisque, au cas particulier, la société civile devait être considérée comme ayant un établissement stable dans notre pays.

Quatrième exemple Il s'agissait d'une styliste conseil résidente de Suisse qui avait créé, en 1986, un « **groupement** » avec une personne physique résidente de France (CE 1er octobre 2001 n° 214463, 3e et 8e s.-s., de Solages : RJF 12/01 n° 1588) ; le **siège** du groupement était fixé en France, où étaient également **entreposés** le **matériel** et l'équipement nécessaires à l'exercice de son activité. Ce groupement résultait d'une convention d'exercice en commun entre les parties qui offraient ainsi une prestation commune à leurs clients et réduisaient leurs charges. 31357

Il a été jugé que ce groupement caractérisait une **société de fait**, que celle-ci avait un **établissement stable** à Paris et que l'associée suisse était bien imposable en France à hauteur de sa quote-part des bénéfices du groupement. Il n'était certes pas impossible, en l'espèce, d'imaginer que le groupement aurait pu disposer également d'un établissement stable en Suisse, auquel cas les produits et les charges auraient dû être répartis entre les deux États. Mais il aurait fallu que la requérante puisse en justifier et soit en mesure de proposer une ventilation appropriée des bénéfices entre la France et la Suisse appuyée sur des documents comptables. Si tel avait été le cas, l'associée suisse n'aurait été passible en France de l'impôt sur le revenu que sur sa quote-part des revenus du groupement attribuables à la territorialité française.

Précisions Cette affaire illustre l'**importance pratique** de la notion de « personnalité fiscale » des sociétés de personnes, puisque la requérante aurait pu être **exonérée** en France en cas d'**exercice individuel**, en l'absence de « base fixe » au sens de l'article 16 de la convention franco-suisse (dans la mesure où elle exerçait presque exclusivement une activité de démarchage de clients depuis la Suisse et ne venait quasiment pas en France ; nº 23650). Pour un autre exemple, voir TA Montreuil 12 juillet 2022 nº 2011334, 10e ch., jugeant imposable en France un résident d'Israël au titre des sommes perçues par une Sasu française ayant opté pour le régime des sociétés de personnes et dont il était associé unique, alors même qu'il soutenait qu'il ne disposait plus en France, depuis son départ de France, d'**aucun local**, bureau, ou autre, pour l'exercice de son activité, qu'il effectuait depuis Israël (s'agissant de l'imposition d'un résident de France, la Sasu, la convention fiscale franco-israélienne du 31 juillet 1995 était sans incidence).

Précisions diverses

31360 À propos de l'**imposition des GIE**, il a été jugé, fort logiquement, qu'une société étrangère membre d'un GIE ne peut déduire de ses résultats imposables en France les frais généraux qu'elle a engagés dans le cadre de sa participation au GIE et qu'elle n'a pas facturés à celui-ci (CAA Paris 2 février 1993 nº 91-541, 2e ch., Fabrique Nationale Herstal : RJF 5/93 nº 638 ; arrêt définitif).

Sur la question du **report en arrière des déficits** au cas d'une société étrangère membre d'une société de personnes, voir CAA Paris 30 décembre 1997 nº 94-686, 2e ch., Sté Marshall Cavendish International : RJF 3/98 nº 246 (arrêt définitif).

SECTION 3

L'incidence éventuelle des conventions fiscales

31420 Compte tenu de la jurisprudence du Conseil d'État (nos 31345 s.), il est aujourd'hui acquis que, en droit interne, les non-résidents associés de sociétés de personnes françaises sont nécessairement imposables dans notre pays à hauteur de leurs droits dans les bénéfices réalisés par la société. Cette solution n'est généralement **pas modifiée** par les conventions fiscales dès lors que celles-ci :
– soit n'abordent pas la question, laissant le champ libre au droit interne,
– soit se réfèrent à la présence en France d'un **établissement stable de la société de personnes** (et non pas de ses associés), auquel cas notre pays a toujours le droit d'imposer puisqu'on voit mal comment une société de personnes françaises n'aurait pas d'établissement en France (au moins un « siège de direction »). La précision conventionnelle n'est, en ce cas, qu'une règle de territorialité, permettant de répartir entre la France et l'autre pays les bénéfices d'une société de personnes française qui aurait également un établissement stable dans l'autre État (voir les affaires Hubertus AG, nº 31355, et Solages, nº 31357).

Dès lors que la société civile est un « sujet fiscal », ses associés non résidents sont nécessairement imposables dans notre pays à hauteur de la quote-part des bénéfices leur revenant, même en l'absence d'**établissement stable** en France. Plus exactement, le droit français ne conduit pas à s'interroger sur l'existence d'un établissement de l'associé en France, dès lors que le sujet d'imposition est la société civile française et non pas l'associé non résident.

Ce principe de droit interne, fixé par la jurisprudence du Conseil d'État telle qu'elle résulte notamment des décisions Kingroup (nº 31352) et Hubertus AG (nº 31355), est également valable en cas d'application d'une **convention fiscale**, ainsi que le Conseil d'État l'a confirmé dans l'affaire Quality Invest (nº 31346), même si les conventions fiscales apportent parfois des précisions complémentaires (nos 31655 s.).

Les conventions fiscales traitent **assez rarement** des sociétés de personnes, d'autant que les modèles de conventions de l'OCDE et de l'ONU n'abordaient pas la question de manière explicite avant les révisions de 2017. **31425**

La situation n'évoluera probablement pas à l'avenir puisque la France s'est réservé la possibilité de ne pas appliquer à ses « conventions fiscales couvertes » l'intégralité de l'article 3 de **l'instrument multilatéral** (nos 1650 s.), relatif aux entités transparentes et qu'elle ne reprendra pas non plus à son compte les solutions proposées par les modèles de convention fiscale, sous réserve d'une analyse au cas par cas en liaison avec le pays partenaire (no 31555).

Pour autant, on ne doit pas nécessairement en conclure que le droit interne des États s'applique sans limitation. Il convient de déterminer, en premier lieu, si les sociétés de personnes peuvent en tant que telles être traitées comme des « personnes résidentes » au sens de la convention avec les conséquences qui s'y attachent. On examinera ensuite les dispositions particulières incluses dans quelques conventions fiscales.

Précisions **a.** La **politique conventionnelle** de la **France** a paru s'infléchir un moment, lorsqu'il était envisagé que la législation française évolue dans le sens de la transparence (no 30205, Précisions) ; à cette fin, des stipulations bilatérales assez complètes relatives aux sociétés de personnes ont été introduites dans les conventions ou avenants conclus à partir de 2006 avec l'Australie, le **Japon**, le **Royaume-Uni** et les **États-Unis**. Cette perspective n'est plus aujourd'hui d'actualité, du moins plus sous la même forme, mais des stipulations relatives aux sociétés de personnes peuvent toujours être introduites dans les conventions fiscales. Par exemple, la convention **franco-luxembourgeoise** du 20 mars 2018 traite en partie la question, sans toutefois entrer dans les détails.

b. Depuis la révision de 2017, le **modèle de convention fiscale de l'OCDE** retient, sous certaines conditions, un principe de transparence pour l'application des conventions fiscales (no 31552).

A. Une société de personnes est-elle une « personne résidente » au sens conventionnel ?

Position du problème

Les personnes auxquelles s'appliquent les conventions fiscales sont en général définies dans les articles initiaux de la convention fiscale. Si celle-ci reprend le **modèle de convention fiscale de l'OCDE**, elle contient la précision suivante, dans un article 3 intitulé « définitions générales » : **31550**

– le terme « personne » comprend les personnes physiques, les sociétés et tous autres groupements de personnes ;

– le terme « société » désigne toute personne morale ou toute entité qui est considérée comme une personne morale aux fins d'imposition.

On sait donc, ce qui est naturel, qu'une société de personnes est nécessairement une **« personne »** au sens de la convention fiscale puisqu'il s'agit, soit d'une société, soit d'un groupement de personnes (en ce sens, commentaires OCDE, C (3) no 2). Pour autant, il ne s'agit pas nécessairement d'un **« résident »** puisque ce terme est défini, compte tenu de l'article 4 § 1 du modèle OCDE, par référence à une condition d'assujettissement à l'impôt (par exemple, TA Versailles 9 mai 2001 no 95-2302, 5e ch. A, Sté Somaser : RJF 10/01 no 1196, à propos de la participation d'une société française à une copropriété de navires norvégienne ; sur la solution retenue en appel, qui ne reprend pas ce point, voir no 32085, Précisions). Or une société de personnes n'est pas, en tant que telle, assujettie à l'impôt puisque celui-ci est payé par les associés et non par la société.

Position de l'OCDE

Depuis la révision de 2017, le modèle de convention fiscale de l'OCDE propose une stipulation nouvelle, de nature à clarifier les conditions d'application des conventions fiscales aux sociétés de personnes et assimilées ; la clause concerne les « **entités ou dispositifs** », cette expression devant être entendue au sens large comme visant non seulement les sociétés de personnes proprement dites, partiellement ou totalement transparentes, mais aussi les trusts ou les fiducies. **31552**

Désormais, il est précisé à l'article 1 § 2 (« personnes visées ») que, pour l'application de la convention, un revenu perçu « par ou via » une « entité » ou un « dispositif » considéré

31552 (suite) comme totalement ou partiellement **transparent** sur le plan fiscal selon la législation fiscale de l'un des deux États est considéré comme étant le revenu d'un résident d'un État, mais uniquement dans la mesure où ce revenu est traité, aux fins de l'imposition par cet État, comme le revenu d'un résident de cet État (sur la notion de transparence fiscale retenue par le comité des affaires fiscales de l'OCDE, voir n° 31554).

L'instrument multilatéral destiné à lutter contre le « Beps » (nos 1650 s.) reprend à l'identique cette formulation, sous réserve de différences rédactionnelles : « Au sens d'une Convention fiscale couverte, le revenu perçu par ou via une entité ou un dispositif considéré comme totalement ou partiellement transparent sur le plan fiscal selon la législation fiscale de l'une des Juridictions contractantes est considéré comme étant le revenu d'un résident d'une Juridiction contractante, mais uniquement dans la mesure où ce revenu est traité, aux fins de l'imposition par cette Juridiction contractante, comme le revenu d'un résident de cette Juridiction contractante » (Partie II sur les dispositifs hybrides, article 3, 1 concernant les « entités transparentes »).

Ce principe, à le supposer introduit dans les conventions fiscales (ce qui ne sera pas le cas en France, compte tenu des réserves qui ont été faites sur ce point ; voir n° 31555), aurait, à notre avis, les **conséquences** pratiques suivantes, en supposant qu'un revenu (par exemple, un dividende) prenne sa source dans l'un des deux États partie à la convention (État S) et soit versé à une société de personnes qui a son siège dans l'autre État (État R) ou dans un État tiers et dont les associés sont résidents de l'État R ou d'États tiers ; que l'État S considère ou non que la société de personnes est transparente, il y aurait lieu de distinguer deux situations :
– **si l'État R traite la société de personnes comme un résident** et impose en conséquence la totalité du revenu de source S en tant que revenu d'un résident, la convention fiscale s'appliquerait dans l'État S sur la totalité du revenu ;
– **si l'État R ne traite pas la société de personnes comme un résident** et s'il impose le revenu de source S seulement à hauteur de la quote-part qui revient aux associés de la société de personnes qui sont des résidents de l'État R, la convention fiscale s'appliquerait dans l'État S sur la quote-part revenant aux résidents de l'État R ; la quote-part revenant aux résidents de pays tiers ne pourrait pas bénéficier de la convention fiscale S/R mais elle pourrait éventuellement bénéficier des conventions fiscales conclues entre l'État S et les pays tiers si ces dernières contenaient une stipulation analogue. Si la société de personnes est constituée dans un **État tiers**, et non pas dans l'État R, la quote-part du revenu qui revient aux résidents de R pourrait bénéficier de la convention S/R, si la clause OCDE est reprise dans la convention S/R et si l'État R considère que cette quote-part est un revenu des résidents de l'État R.

Une telle clause permettrait donc que la convention fiscale soit appliquée par l'État de la source à la totalité des revenus revenant à une **société de personnes française** puisque la France considère que les sociétés de personnes qui sont établies sur son territoire sont des « résidents » pour l'application des conventions fiscales. En sens inverse, un revenu de source française revenant à une société de personnes étrangère devrait en totalité bénéficier de la convention conclue avec l'État du siège de la société de personnes si celle-ci est considérée par cet État comme un résident et imposée en tant que telle sur la totalité du revenu ; si cet État considère la société de personnes comme fiscalement transparente, la convention fiscale ne s'appliquerait, du côté français, qu'à hauteur de la quote-part du revenu qui est imposée dans cet État en tant que revenu d'un résident.

Bien entendu, une telle clause n'aurait d'incidence que pour l'application de la convention fiscale et elle n'obligerait pas un État « à changer la manière dont il attribue un revenu ou qualifie des entités aux fins de son **droit interne** » (Commentaires OCDE, C (1) n° 14). En outre, la convention ne s'appliquerait dans les conditions précédemment décrites que sous réserve que soient respectées les conditions relatives à la qualité de « bénéficiaire effectif » et à l'incidence de la clause anti-abus désormais incluse dans le modèle de convention fiscale (n° 74575).

Précisions **a.** La stipulation introduite au modèle de convention fiscale en 2017 vise à mettre en œuvre les principes exposés dans un **rapport du Comité des affaires fiscales de l'OCDE de 1999** sur « L'Application du Modèle de Convention fiscale de l'OCDE aux sociétés de personnes » ; elle a cependant un champ d'application plus large car elle s'étend à toutes les entités considérées totalement ou partiellement comme transparentes (Commentaires OCDE, C (1) n° 2 et 4).

b. La référence au « **revenu perçu par ou via une entité ou un dispositif** » a une signification large et couvre tout revenu perçu par une entité ou un dispositif ou par son intermédiaire, indépendamment de la position adoptée par les États concernant l'identité du bénéficiaire de ce revenu à des fins fiscales nationales et indépendamment du fait que l'entité ou le dispositif ait une personnalité juridique ou constitue une « personne » telle que définie à l'alinéa a) du paragraphe 1 de l'article 3 du modèle de convention fiscale (Commentaires OCDE, C (1) n° 7). Selon ces commentaires, elle couvre, par exemple, le revenu de toute société de personnes ou **fiducie** que l'un des États, ou les deux, traitent comme étant totalement ou partiellement transparente du point de vue fiscal.

Critères de transparence Selon la manière de voir du comité des affaires fiscales de l'OCDE, le concept de « transparence sur le plan fiscal » désigne les situations dans lesquelles, selon le droit interne d'un État, le revenu (ou une partie du revenu) de « l'entité ou du dispositif » en cause (n° 31552) n'est pas imposé au niveau de l'entité ou du dispositif, mais entre les mains des personnes qui détiennent un intérêt dans cette entité ou dans ce dispositif (Commentaires OCDE, C (1) n° 9 dans leur rédaction issue de la révision de 2017). **31554**

Tel sera habituellement le cas, selon cette manière de voir, lorsque le montant de l'impôt dû sur une fraction du revenu d'une entité ou d'un dispositif est déterminé séparément **en lien avec les caractéristiques individuelles** de la personne qui a le droit de percevoir cette fraction du revenu, de sorte que l'impôt dépendra de la question de savoir si cette personne est imposable ou non, des autres revenus dont elle dispose, des abattements auxquels elle a droit et du taux d'imposition qui lui est applicable ; la transparence suppose aussi que la nature, la source et la date de réalisation du revenu à des fins fiscales ne soient pas modifiées par le fait qu'il a été perçu par l'intermédiaire de l'entité ou du dispositif (Commentaires précités).

Position de la France

L'administration française considère traditionnellement que les sociétés de personnes françaises sont, pour l'application des conventions fiscales du côté français, considérées comme des **« résidents de France »**. **31555**

Notre pays a d'ailleurs formulé une réserve au modèle de convention fiscale de l'OCDE, indiquant, à propos de l'article 1 § 2 introduit en 2017 (n° 31552), qu'elle « se réserve le droit, dans ses conventions, d'omettre ou d'amender le paragraphe 2 afin de préciser les cas dans lesquels elle reconnaît la transparence fiscale d'entités situées dans l'autre État contractant ou dans un État tiers » (Commentaires OCDE C (1) n° 113).

Cette réserve complète celle qui avait été introduite antérieurement et qui a été maintenue, selon laquelle la France n'adhère pas au principe général selon lequel lorsque l'impôt dû par une société de personnes est établi en fonction des caractéristiques personnelles de ses associés, ces derniers peuvent demander à bénéficier des dispositions des conventions conclues par les États dont ils sont résidents en ce qui concerne les revenus qui ne font que « transiter » par la société de personnes. De ce fait, notre pays se réserve, dans ses conventions fiscales, le droit d'amender l'article 4 du modèle de convention afin de préciser que les **sociétés de personnes françaises** doivent être considérées comme des résidents de France, eu égard à leurs caractéristiques juridiques et fiscales, et de prévoir les cas et conditions dans lesquels les **sociétés** de personnes transparentes situées **dans l'autre État** ou dans un État tiers peuvent bénéficier de la reconnaissance de leur transparence par la France (Commentaires OCDE, C (4) n° 29).

Dans le même sens, la France a formulé une **réserve à l'instrument multilatéral** en ce qui concerne les entités transparentes (nos 1650 s.) ; cette réserve est justifiée par le fait que l'article proposé conduirait à modifier des règles de fond relatives au droit d'imposer et ne représenterait pas un progrès en termes de lutte contre la fraude et l'évasion fiscales, la France se réservant la possibilité d'introduire une telle stipulation au cas par cas (en ce sens, étude d'impact accompagnant le projet de loi de ratification déposé au Sénat le 17 janvier 2018).

Le principe de la résidence fiscale des sociétés de personnes françaises est ainsi régulièrement réaffirmé par l'administration ; il ressort, par exemple, des commentaires administratifs relatifs à la **convention fiscale franco-américaine** qui indiquent que, de manière générale et indépendamment de cette convention, les sociétés de personnes de droit français sont des résidents au sens conventionnel, dès lors que leurs résultats sont imposables en France en raison de leur siège, l'ensemble des impositions des associés relatives

31555 (suite) aux bénéfices sociaux étant assimilable à une imposition de ces sociétés (BOI-INT-CVB-USA-10-20 n° 10). C'est également ce raisonnement qui justifie la solution concernant la retenue à la source de l'article 115 quinquies du CGI (n° 19025) ; l'administration indique, à ce propos, que les sociétés ou groupements soumis au régime fiscal des sociétés de personnes ont une personnalité fiscale distincte de celle de leurs associés ou membres, qu'ils constituent des sujets d'imposition et, s'ils ont leur siège en France, qu'ils **ont la qualité de résident de France au sens des conventions fiscales** conclues par la France lorsque les conditions requises par les dispositions pertinentes de ces conventions sont remplies (BOI-RPPM-RCM-30-30-30-10 n° 90). Dans le même sens, à propos de personnes physiques résidentes des États-Unis et associées de groupements agricoles d'exploitation en commun (Gaec), de sociétés civiles d'exploitation agricoles (SCEA) ou viticoles et de groupements fonciers agricoles (GFA), voir réponse Lefebvre, n° 76814 : JOAN 8 mars 2016 p. 1961 ; BF 5/16 n° 480.

Cette manière de voir a été confirmée par le Conseil d'État dans l'affaire Quality Invest, à propos d'une société civile immobilière française détenue par une société norvégienne (n° 31346). Dans cette décision, rendue en formation plénière, le Conseil d'État juge, pour la première fois, qu'il y a lieu de faire application des conventions fiscales conclues entre la France, d'une part, et le pays de la source des revenus réalisés par la société civile, d'autre part, car cette dernière est **susceptible d'être regardée comme résidente de France** (au cas particulier l'arrêt juge que la SCI française, qui n'exerçait son activité immobilière qu'en France, devait être regardée comme résidente de France au sens de l'article 4 § 1 de la convention fiscale franco-norvégienne du 19 décembre 1980 modifiée). Dans le même sens, il a été jugé qu'une société civile immobilière détenue à hauteur de 99 % par une personne physique résidente des États-Unis devait être considérée comme résidente de France au sens de l'article 4 § 1 de la convention franco-américaine étant donné qu'elle n'avait pas opté pour l'impôt sur les sociétés et qu'elle exerçait exclusivement en France son activité de location d'un ensemble immobilier (CE 13 février 2013 n° 342085, 9e et 10e s.-s., min. c/ Barlow : RJF 5/13 n° 506 aux conclusions Frédéric Aladjidi au BDCF 5/13 n° 58 ; voir aussi n° 31680, Précisions).

Précédemment, il avait été jugé qu'une **société de fait** constituée entre deux époux qui exercent la profession d'avocat à Paris et qui ont une activité à Singapour constitue une « personne » au sens de l'article 3 de la convention entre la France et Singapour du 9 septembre 1974 ; cette société qui a son siège de direction effective en France a la qualité de **résident de France** au sens de l'article 4 de la même convention (CAA Paris 10 avril 2008 n° 06-2638, 5e ch. A, Sefrioui : RJF 12/08 n° 1379 ; arrêt définitif, n° 23680 g).

Il est enfin à noter que la formulation actuelle de la réserve française est plus ouverte que précédemment en ce qui concerne les sociétés de personnes étrangères, comme en témoignent les exemples de conventions ou d'avenants signés en 2007, 2008 et 2009 avec le Japon, le Royaume-Uni et les États-Unis.

Précisions **a.** La France avait introduit une **observation** dans les commentaires du modèle de convention fiscale de l'OCDE, rappelant qu'elle avait exprimé plusieurs réserves sur les conclusions du rapport relatif à « L'Application du Modèle de Convention fiscale de l'OCDE aux sociétés de personnes » et qu'elle ne partage pas l'interprétation selon laquelle lorsque l'application de la convention fiscale est refusée à la société de personnes, ses membres sont toujours éligibles au bénéfice des dispositions des conventions conclues par les États dont ils sont résidents : **« L'opinion de la France** est qu'une telle solution ne peut être obtenue, lorsque la France est l'État de la source, que lorsque son droit interne autorise cette interprétation ou lorsque des stipulations spécifiques sont incluses dans la convention conclue avec l'État de résidence des associés » (Commentaires OCDE, C (1) n° 27.2, anciens). Cette observation, qui avait initialement été introduite lors de la révision du modèle de l'OCDE du 29 avril 2000, a été retirée dans la version 2017, sans doute en raison de son caractère redondant par rapport aux autres observations faites par la France (Commentaires OCDE C (1) n° 113 et C (4) n° 29) ; sur le fond, elle reste conforme à la vision traditionnelle de l'administration française.

b. La doctrine administrative relative à la convention **franco-algérienne** du 17 octobre 1999 souligne que l'article 4 § 4 de cette convention (n° 31560) confirme expressément l'analyse de la France selon laquelle les sociétés de personnes françaises sont des résidents de France, nonobstant le fait que l'imposition de leurs bénéfices soit opérée non pas à leur niveau mais à celui de leurs actionnaires, associés ou autres membres (BOI-INT-CVB-DZA-10 n° 60).

c. La France avait souligné en pages 94 et 95 du rapport OCDE de 1999 sur les sociétés de personnes que les **SNC, SCS, SCA et GIE français** sont toujours des résidents pour l'application des conventions fiscales.

d. L'affirmation de la résidence fiscale des sociétés de personnes françaises a également été faite à propos de sociétés dépourvues de personnalité morale, comme les **« sociétés en participation »**, car l'administration considère que l'expression « personne morale » doit être entendue dans une acception large (voir, à propos de la convention franco-italienne, BOI-INT-CVB-ITA-10-10 n° 20 et, à propos de la convention franco-algérienne, BOI-INT-CVB-DZA-10 n° 70).

e. La doctrine administrative concernant la convention fiscale **franco-luxembourgeoise** du 20 mars 2018 indique que les résidents de France, au sens de la convention, comprennent notamment les sociétés de personnes, groupements d'intérêt économique, groupements européens d'intérêt économique ainsi que les groupements fiscalement traités comme des personnes morales (sociétés en participation) qui ont leur siège de direction en France (BOI-INT-CVB-LUX-10 n° 30).

Conséquences La manière de voir exprimée par la France dans les commentaires du modèle de convention fiscale de l'OCDE ne fait que tirer les conséquences du droit interne français qui décide qu'une société de personnes est un **« sujet fiscal »** même si l'imposition n'est pas établie en son nom mais à celui de ses associés (n° 31340). N'étant pas fiscalement transparentes, les sociétés de personnes françaises doivent être considérées comme des **personnes morales aux fins d'imposition**, assujetties à l'impôt puisqu'il s'agit de sujets fiscaux quoiqu'il ne s'agisse pas de contribuables. **31558**

Du côté français, on doit donc s'attendre à ce que l'administration soutienne le principe de l'éligibilité au bénéfice des conventions fiscales des sociétés de personnes dont le siège de direction effective est situé en France, indépendamment de la résidence de leurs associés.

Il en résulte notamment que, sauf stipulation conventionnelle spécifique, la France soutiendra qu'une SNC qui reçoit, par exemple, des redevances de source étrangère devrait bénéficier, pour son imposition à l'étranger, des **taux réduits** de **retenue à la source** prévus par la convention fiscale conclue avec le pays du débiteur des redevances même si ses associés ne sont pas résidents de France. On remarquera que cette solution ne conduit à aucune anomalie puisque les associés non résidents de la SNC sont imposables en France sur leur quote-part des redevances perçues par la SNC.

En sens inverse, une société de personnes française peut invoquer une convention fiscale pour échapper aux retenues à la source de droit interne français ; ainsi une SCI française qui avait versé à une société de Hong Kong une somme rémunérant des prestations d'assistance et de conseil liées à l'acquisition d'un immeuble à Paris était fondée à se prévaloir de l'accord conclu entre la France et Hong Kong le 21 octobre 2010 pour échapper à la retenue à la source de l'article 182 B du CGI (TA Paris 9 octobre 2019 n° 1711883, 1e sect., 3e ch., SCI Mohg France ; jugement définitif) ; dans cette affaire, le tribunal administratif estime, sans doute à tort, que la SCI n'était pas « résidente » de France mais n'en tire pas de conséquences (l'administration refusait à la société le bénéfice de la convention au motif que son associé principal était une Sppicav exonérée d'impôt).

Il en résulte également, par exemple, qu'une société de personnes peut elle-même demander l'ouverture de la **procédure amiable** (n° 84833). Selon l'administration, toutefois, cela n'interdit pas aux associés de demander également l'ouverture d'une procédure amiable, dans la mesure où leur participation est concernée.

Précisions Le principe de la personnalité fiscale des sociétés de personnes fait obstacle, en particulier, à l'application de la clause spécifique de **non-discrimination** incluse dans la **convention fiscale franco-suisse** (TA Grenoble 23 novembre 2011 n° 0605508, 4e ch., Sté Saint-Étienne et A : RJF 6/12 n° 606, à propos d'une société civile immobilière qui avait réalisé une plus-value immobilière en France et qui était détenue par des personnes physiques domiciliées en Suisse) ; ce jugement a donné lieu à des développements contentieux sur un autre point, celui de la liberté de circulation des capitaux (n° 67710, Précisions b).

Conventions fiscales explicites Il arrive que les conventions fiscales traitent explicitement les sociétés de personnes comme des résidents ; par exemple, l'article 3 de la convention **franco-bulgare** du 14 mars 1987 stipule que le terme « personnes » comprend notamment, en France, les sociétés de personnes et l'article 4 § 3 de la convention **franco-italienne** fixe expressément la résidence des sociétés de personnes au lieu de leur siège de direction effective. Mais une telle précision, très souhaitable par la clarification qu'elle apporte, est encore rare. **31560**

La convention entre la France et l'**Autriche** est encore plus explicite, puisque l'expression « résident d'un État contractant » comprend « les sociétés de personnes et autres groupements de personnes soumis par la législation française à un régime fiscal analogue à celui des sociétés de personnes, qui ont leur siège en France et n'y sont pas assujettis à l'impôt sur les sociétés » (point 1 du protocole annexé à la convention du 26 mars 1993). Cette préoccupation se retrouve aussi dans la convention entre la France et **Israël** du 31 juillet 1995 qui prévoit expressément que les sociétés de personnes et groupements assimilés dont le siège de direction effective est situé en France et dont les associés sont imposables dans notre pays sont considérés comme des résidents de France.

Plus récente, la convention du 2 avril 2013 entre la France et **Andorre** stipule que l'expression « résident d'un État contractant » comprend, lorsque cet État contractant est la France, toute société de personnes, groupement de personnes ou autre entité analogue dont le siège de direction effective est en France, qui est soumis à l'impôt en France et dont tous les porteurs de parts, associés ou membres sont, en application de la législation fiscale française, personnellement assujettis à l'impôt à raison de leur quote-part dans les bénéfices de ces sociétés de personnes, groupements de personnes ou autres entités analogues (article 4 § 4 de la convention). La même précision se retrouve dans la convention **franco-colombienne** du 25 juin 2015 (article 4 § 4), mais non dans la convention franco-singapourienne du 15 janvier 2015.

Enfin, on relèvera que l'article 4 § 4 de la convention du 17 octobre 1999 entre la France et l'**Algérie** confirme expressément l'analyse de la France selon laquelle les sociétés de personnes françaises sont des résidents de France, bien que l'imposition de leurs bénéfices soit opérée non pas à leur niveau mais à celui de leurs actionnaires, associés ou autres membres. Le point 2 du protocole annexé précise que cette disposition n'emporte toutefois aucune conséquence sur l'éventuelle qualité de résidents d'Algérie des actionnaires, associés ou autres membres de la société de personnes française concernée, car cette qualité doit s'apprécier au regard de l'article 4 § 1, 2 ou 3 de la convention (BOI-INT-CVB-DZA-10 n° 60).

Précisions **a.** Dans ses commentaires de la convention fiscale **franco-britannique** du 19 juin 2008 (BOI-INT-CVB-GBR-10-10 n° 1), l'administration souligne qu'en application de l'article 4 § 4 de la convention, **les entités françaises fiscalement « translucides » sont résidentes de France** en application de la convention. Il en va ainsi des sociétés de personnes françaises (sociétés en nom collectif et sociétés en commandite simple pour la part de leurs résultats correspondant aux droits de leurs associés commandités notamment) qui relèvent des dispositions de l'article 8 du CGI, ainsi que des groupements soumis à un régime fiscal équivalent, tels que les groupements d'intérêt économique et les groupements européens d'intérêt économique.

b. L'affirmation de la résidence fiscale des sociétés de personnes se retrouve dans d'autres conventions fiscales comme la convention entre la France et la **Géorgie** du 7 mars 2007 (point 4 du protocole annexé à la convention) ou dans l'accord conclu avec **Hong Kong** le 21 octobre 2010 ; ce dernier texte précise, au point 4 du protocole annexé, que « l'expression « résident d'une Partie contractante » telle que définie au paragraphe 1 de l'article 4 inclut, lorsque cette Partie est la France, les sociétés de personnes et les groupements de personnes soumis, en vertu de la législation fiscale française, à un régime fiscal analogue à celui s'appliquant aux sociétés de personnes dont le siège de direction effective est situé en France et dont tous les porteurs de parts, associés ou autres membres y sont personnellement soumis à l'impôt à raison de leur quote-part dans les bénéfices de ces sociétés ou groupements en application de la législation interne française ».

B. Les conséquences qui s'attachent à la reconnaissance ou non de la qualité de résident aux sociétés de personnes

1. Si la société de personnes est un « résident »

Principes

31570 Lorsqu'une société de personnes peut être considérée comme une personne résidente au sens de la **convention fiscale** (cas, selon la France, des sociétés de personnes ayant leur siège de direction effective en France), il n'y a pas lieu de rechercher de quel État les **associés** sont résidents pour appliquer la convention. Il n'y a pas lieu non plus de rechercher si ceux-ci ont un établissement stable dans l'État d'implantation de la société car c'est celle-ci, et non pas les associés, qui constitue le sujet fiscal.

Mais, bien entendu, la société de personnes elle-même peut avoir un **établissement stable** dans un autre État. Dans cette situation, les règles conventionnelles s'appliquent normalement (principe selon lequel les bénéfices d'une entreprise d'un État ne sont imposables que dans cet État, à moins que l'entreprise n'exerce son activité dans l'autre État par l'intermédiaire d'un établissement stable, nos 17900 s.).

Précisions Cette solution est cohérente avec celle que propose actuellement le modèle de convention fiscale de l'OCDE (no 31552).

Conséquences

Il en résulte en particulier que les **revenus passifs** (dividendes, intérêts, redevances) perçus par une société de personnes résidente de France sont imposables en France en vertu de la convention fiscale conclue entre la France et le pays de la source, quelle que soit la résidence des associés (no 31990). **31572**

2. Si la société de personnes n'est pas un « résident »

Problématique

Lorsqu'une société de personnes n'est pas considérée comme un résident au sens de la convention fiscale, celle-ci ne peut s'appliquer, puisqu'elle ne concerne, par construction, que les résidents des États contractants. Cette situation peut avoir d'importantes conséquences pour l'application des **taux réduits de retenue à la source**. **31575**

En effet, un pays étranger qui considère qu'une société de personnes ayant son siège en France n'est pas un résident de France refusera d'appliquer la convention fiscale conclue avec la France, sauf pour la part des revenus qui reviennent éventuellement à un résident de France. L'associé non résident risque donc d'être plus mal (ou mieux) traité que l'associé résident. Mais, pour le droit français, l'un et l'autre seront normalement imposés en France à hauteur de leurs droits dans la société de personnes.

Il peut également en résulter des conséquences préjudiciables lorsqu'un associé a des **relations financières** avec la société dont il est membre. En effet, lorsque les sociétés de personnes sont reconnues comme telles, il est permis à un associé de **prêter** à la société et de percevoir des intérêts, ou encore de concéder une **licence** à la société moyennant redevances ou enfin de rendre à la société des services moyennant rémunération. Normalement, ces intérêts, redevances et rémunérations diverses sont considérés comme déductibles pour le calcul des bénéfices sociaux. Mais tel n'est pas le cas si l'État concerné ne reconnaît pas la société de personnes comme un sujet fiscal en tant que tel. Dans cette situation, il peut donc y avoir **double imposition** si des sommes qualifiées de bénéfices industriels et commerciaux par l'État dans lequel la société de personnes exerce son activité sont qualifiées d'intérêts, redevances ou autres dans l'État de résidence de l'associé et sont imposables en tant que tels entre ses mains (tel peut être le cas d'un associé français d'une société de personnes allemande par exemple). En sens inverse, il peut y avoir **double exonération**.

Précisions D'une manière générale, il est évidemment très difficile de **concilier** les **législations de deux États** lorsque l'un considère que les sociétés de personnes sont résidentes et l'autre qu'elles doivent être traitées comme des entités transparentes ; le premier État cherchera à appliquer la convention fiscale à la société elle-même, alors que l'autre ne l'appliquera qu'aux associés en fonction de leur résidence.

Solution proposée par l'OCDE

Comme il est indiqué no 31552, depuis la révision de 2017, le modèle de convention fiscale de l'OCDE propose de tirer les conséquences de la transparence des sociétés de personnes, lorsqu'elles sont considérées comme totalement ou partiellement transparentes sur le plan fiscal selon la législation fiscale de l'un des deux États. Dans ce cas, la solution proposée consiste à traiter le revenu comme le revenu d'un résident d'un État, sous réserve que ce revenu soit traité, aux fins de l'imposition par cet État, comme le revenu d'un résident de cet État. **31580**

Cette approche tire les conséquences des travaux antérieurs de l'OCDE qui avaient déjà pris position dans le sens de la reconnaissance du **droit** des **associés** à **bénéficier** des **conventions fiscales** lorsque la société de personnes n'est pas un « résident » pour l'application des conventions. Sur le fond, si les conditions sont réunies, le revenu réalisé par la société de personnes doit être considéré, pour l'application des conventions fiscales, comme conservant la nature et la source qu'il a entre les mains de la société car il ne fait que « transiter » par la société de personnes vers ses associés. Tout se passe comme si le revenu était « payé » aux associés, puisque c'est à eux, et non à la société de personnes, qu'il est imputé pour la détermination de l'impôt dans leur État de résidence.

Solution jurisprudentielle

31590 Le Conseil d'État a été saisi d'une question de cette nature à propos de l'application de la **convention fiscale franco-néerlandaise** à une société de personnes néerlandaise dont les associés étaient eux-mêmes deux sociétés de capitaux résidentes des Pays-Bas (CE 13 octobre 1999 n° 191191, 8e et 9e s.-s., min. c/ SA Diebold Courtage : RJF 12/99 n° 1492).

Il s'agissait de **loyers** payés par la société française Diebold Courtage à une société de personnes néerlandaise, Equilease CV, qui entraient dans le champ de la **retenue à la source** de l'article 182 B du CGI (nos 3410 s.), sauf à pouvoir bénéficier de l'exonération prévue par l'article 12 de la convention franco-néerlandaise.

Le Conseil d'État a d'abord jugé que la société de personnes néerlandaise ne saurait, en elle-même, être considérée comme un résident des Pays-Bas, même si elle était régie par le droit néerlandais et même si son siège de direction était situé à Amsterdam, dans la mesure où elle n'était pas assujettie à l'impôt aux Pays-Bas.

Pour autant, et dans la mesure où cette société devait être considérée, en droit néerlandais, comme **juridiquement et fiscalement transparente**, il a fort logiquement examiné si la convention pouvait **s'appliquer aux associés** de la société de personnes ; or tel était précisément le cas dans la mesure où il s'agissait de deux sociétés de capitaux néerlandaises effectivement assujetties à l'impôt sur les sociétés aux Pays-Bas et dont la résidence fiscale n'était pas discutable et n'avait d'ailleurs jamais été discutée. Il a donc été jugé, à juste titre, que l'article 12 de la convention franco-néerlandaise était applicable et que la retenue à la source de droit interne français n'était pas due.

Dans cette affaire, le Conseil d'État a relevé que la société de personnes néerlandaise était transparente en droit néerlandais tant juridiquement que fiscalement ; le Conseil d'État ne ferait sans doute pas aujourd'hui état d'un critère de **transparence fiscale** étant donné qu'il a jugé depuis lors, en formation plénière, que seules les caractéristiques juridiques des sociétés étrangères devaient être prises en compte pour les besoins de leur assimilation à des sociétés de droit français, à l'exclusion de leur régime fiscal (CE 24 novembre 2014 n° 363556, Plén., Sté Artémis SA : RJF 2/15 n° 102, aux conclusions Emmanuelle Cortot-Boucher au BDCF 2/15 n° 15 ; voir également n° 31325). Dès lors que seule la « **transparence juridique** » importe, la décision Diebold Courtage pourrait, à l'avenir, être cantonnée aux entités dépourvues de personnalité juridique, hors toute considération fiscale. En ce sens, la rapporteure publique indiquait, dans ses conclusions sous la décision Artémis précitée, qu'il s'agissait pour le Conseil d'État, dans la décision Diebold Courtage, de déterminer « à quel patrimoine » les redevances versées « s'étaient incorporées » et « que la mention qu'elle fait de l'absence de personnalité fiscale de la société en commandite néerlandaise est surabondante, ou plus précisément, qu'elle pointe un élément de fait qui a été relevé à titre superfétatoire, mais qui ne constitue pas l'un des motifs juridiques fondant le dispositif ». En l'état, la doctrine administrative exige seulement, cependant, que la transparence fiscale soit reconnue dans le pays étranger et ne fait pas état d'un critère de transparence juridique (n° 31597).

Doctrine administrative

31595 Avec retard, l'administration a finalement tiré, par une instruction du 29 mars 2007 (ancien BOI 4 H-5-07, désormais abrogé), les conséquences de la jurisprudence (n° 31590), en allant d'ailleurs, sur certains points, au-delà de la décision du Conseil d'État.

Reprenant cette solution, la doctrine administrative indique aujourd'hui que les **taux de retenue à la source conventionnels** sont applicables sur les revenus passifs de source française (dividendes, intérêts et redevances) perçus par un non-résident par l'intermédiaire d'une société de personnes étrangère interposée et au titre desquels la France dispose d'un droit d'imposer en vertu des stipulations de la convention qui la lie à l'État de résidence de l'associé ;

ce dernier est considéré, à cet effet, comme le bénéficiaire des revenus de source française (BOI-INT-DG-20-20-20-10 nos 80 s. en ce qui concerne les dividendes et BOI-INT-DG-20-20-30 nos 120 s. en ce qui concerne les intérêts et redevances).

Champ d'application Sont concernées, si les conditions du no 31600 sont réunies, toutes les **entités étrangères** considérées comme **fiscalement transparentes** dans l'État où elles sont constituées, mais, naturellement, sans que soient inclus les OPCVM, les fonds de pension, ou les structures ou arrangements tels que les fondations de famille et les trusts (sous réserve, éventuellement, de stipulations conventionnelles spécifiques). Elle vaut même si la société de personnes étrangère est dotée de la **personnalité morale** et même si ses associés n'ont qu'une **responsabilité limitée** (la doctrine administrative ne précise pas ce point en ce qui concerne les dividendes, sans doute par erreur car elle l'indique à propos des intérêts et redevances). **31597**

Cette dernière précision est bienvenue dans la mesure où, s'agissant d'une question seulement fiscale, il est effectivement préférable de s'en tenir à un pur critère fiscal, sans avoir à rechercher si, d'un point de vue juridique, la société étrangère peut être considérée comme totalement transparente. Seule importe, en effet, la circonstance que le revenu qui tire sa source dans un État soit effectivement imputé, aux fins d'imposition, dans l'autre État ou dans un État tiers, quelles que soient les modalités purement juridiques d'organisation de la société de personnes interposée (les commentaires OCDE sont également dans ce sens). On remarquera néanmoins que cette solution n'allait pas de soi dans la mesure où la décision Diebold Courtage (no 31590) souligne à la fois l'absence de personnalité juridique de la société néerlandaise et sa transparence fiscale et pouvait donc être interprétée, de façon relativement restrictive, comme exigeant la reconnaissance de la transparence tant en droit des sociétés qu'en droit fiscal. En outre, la doctrine administrative est aujourd'hui plus favorable, en pratique, que la jurisprudence du Conseil d'État qui ne s'intéresse qu'aux caractéristiques juridiques de la société étrangère et non à ses caractéristiques fiscales (no 31590).

Conditions cumulatives La reconnaissance d'un principe de transparence pour l'application des conventions fiscales du côté français est subordonnée au respect des quatre conditions cumulatives suivantes (BOI-INT-DG-20-20-20-10 no 90 et BOI-INT-DG-20-20-30 no 130) : **31600**

– **première condition** : la société de personnes étrangère doit être située dans un État avec lequel la France est liée par une **convention comportant une clause d'assistance administrative** en vue de lutter contre la fraude ou l'évasion fiscale (cette formulation pourrait signifier que de simples accords d'échanges de renseignements devraient suffire mais ce n'est pas certain car, d'habitude, l'administration écrit plutôt, en ce cas, « convention d'assistance administrative »). Cette exigence nous paraît naturelle dans la mesure où seule une information précise en provenance de l'autre État peut être de nature à confirmer la transparence de la société de personnes dont il s'agit (en ce sens, la décision Diebold Courtage fait d'ailleurs état de « renseignements non contestés émanant de l'administration néerlandaise ») ;

– **deuxième condition** : les associés doivent être résidents de France ou d'un État avec lequel la France a conclu une convention assortie d'une **clause d'assistance administrative** en vue de lutter contre la fraude ou l'évasion fiscale (même remarque que précédemment) ;

– **troisième condition** : les revenus de source française transitant par la société de personnes étrangère doivent être fiscalement considérés comme des **revenus de ses associés** tant dans l'État de situation de la société de personnes que dans celui de ses associés (c'est effectivement cela qui traduit la transparence, d'un point de vue fiscal) ; les associés doivent être **passibles de l'impôt** en qualité de résidents sans possibilité d'option et sans en être exonérés (autrement dit, ils doivent être individuellement éligibles au bénéfice de la convention fiscale ; la remarque sur l'absence de possibilité d'option n'est cependant pas très bien venue, car elle est tirée de directives européennes qui ne sont pas ici applicables) ;

– **quatrième condition** : l'associé de la société de personnes étrangère transparente ne doit pas être lui-même une société de personnes transparente ; il avait initialement été indiqué que le respect de cette condition ne sera pas exigé lorsque l'administration sera en mesure, par l'associé bénéficiaire effectif qui en fera expressément la demande, d'identifier précisément l'ensemble des autres bénéficiaires effectifs du revenu, mais cette tolérance n'a pas été reprise au BOFiP (elle n'est donc plus applicable).

À défaut du respect de l'une de ces conditions, la société de personnes étrangère et ses associés ne pourront bénéficier des avantages conventionnels. Le **non-respect** des conditions par la société de personnes étrangère prive tous les associés du bénéfice des avantages conventionnels. En revanche, si la société de personnes étrangère remplit les conditions, seul l'associé qui ne les respecte pas en est privé (cette solution, qui résultait de l'instruction initiale, nous paraît toujours valable car elle va de soi, quoiqu'elle n'ait pas été reprise au BOFiP).

L'instruction initiale, du 29 mars 2007, précisait opportunément qu'il n'est pas nécessaire que les **associés et** la **société de personnes** soient **résidents** d'un **même État** (alors que, dans l'affaire Diebold Courtage, la société de personnes était constituée dans le même État que ses associés). Lorsque les associés sont résidents d'un État tiers, la convention fiscale bilatérale applicable pour l'imposition des revenus de source française bénéficiant à ces associés est celle qui lie la France à l'État de résidence des associés. Cette solution nous paraît toujours valable quoiqu'elle n'ait pas été explicitement reprise au BOFiP, la doctrine administrative ne posant pas comme condition que les associés soient résidents du même État que celui de la société de personnes.

31605 **Revenus visés** La reconnaissance de la transparence des sociétés de personnes étrangères est limitée par les deux considérations suivantes :
– elle ne concerne que les **dividendes**, **redevances** et **intérêts** et non pas les autres revenus, comme les revenus immobiliers ou les plus-values ;
– elle ne vaut que dans le cadre des **conventions fiscales** et laisse de côté les exonérations de retenues à la source prévues par les directives européennes.

31610 **Conséquences** Lorsque les conditions sont réunies, l'**associé** d'une entité étrangère fiscalement transparente est **considéré** comme **bénéficiaire** des dividendes, intérêts et redevances de source française pour l'application des conventions fiscales, à hauteur de la quote-part lui revenant et à condition que sa résidence soit justifiée dans les conditions habituelles.

L'administration précise que pour l'application du taux réduit prévu par la convention en cas de distribution de dividendes par une filiale à sa société mère, la quote-part de détention par l'associé dans le capital de la société distributrice doit être déterminée **par transparence**, en proportion du pourcentage du capital de cette même société détenu par l'associé par l'intermédiaire de la société de personnes étrangère (BOI-INT-DG-20-20-20-10 n° 110).

Si l'associé est fiscalement domicilié en France, aucune retenue à la source ou prélèvement n'est effectué sur la fraction lui revenant des revenus de source française transitant par une société de personnes étrangère, s'il justifie de sa résidence fiscale.

Précisions L'administration indique que, bien que non résidentes au sens de l'article 4 du modèle de convention fiscale de l'OCDE, les **structures françaises exonérées d'impôt** ou dépourvues de personnalité morale pourront faire certifier leur résidence par le service territorialement compétent aux seules fins d'obtenir la restitution de retenue à la source sur des revenus de source française perçus par l'intermédiaire d'une société de personnes étrangère (BOI préc. n° 140).

31615 **Modalités d'application** À titre pratique, la doctrine administrative (BOI-INT-DG-20-20-20-10 n° 140) prévoit que les associés peuvent désigner un **mandataire** pour effectuer la demande de réduction ou d'exonération de retenue à la source en leur nom. Dans cette hypothèse, le mandat, justifiant de la qualité de mandataire, doit être joint à la demande. Ce mandat peut être confié au représentant légal de la société de personnes.

Pour que la demande soit recevable, l'administration requiert le dépôt des **documents** suivants :
– un formulaire conventionnel pour chacun des associés non résidents ;
– un justificatif de résidence pour chaque associé résident (formulaire 5000) ;
– un document signé par le représentant légal de la société de personnes étrangère attestant du pourcentage des droits de l'associé dans la société et du régime de transparence fiscale dont bénéficie la société de personnes dans son État de situation ;
– un document attestant que l'associé est passible de l'impôt en qualité de résident sans possibilité d'option et sans en être exonéré dans son État de résidence.

À défaut, l'imposition doit être acquittée selon les règles de droit commun et le bénéfice des avantages conventionnels ne peut être accordé que par voie de remboursement ultérieur du trop-perçu.

C. Conventions fiscales explicitant la situation des sociétés de personnes

Ces conventions sont encore relativement **peu nombreuses** ; pour l'essentiel, il s'agit des conventions signées par la France avec les États-Unis, le Royaume-Uni, le Japon, l'Allemagne, l'Autriche, l'Australie, la Belgique, le Luxembourg, la Suisse et la Tunisie. On examinera quelques-unes de ces conventions, étant observé qu'elles contiennent des précisions d'inégale portée. **31655**

Précisions La politique française tendant à prévoir des règles spécifiques concernant les sociétés de personnes se poursuit, même si leur contenu évolue, comme en témoignent la convention du 26 novembre 2013 entre la France et la **Chine**, qui contient des règles particulières concernant l'imposition des « partnerships », groupements de personnes ou autres entités analogues (article 4 § 4 de la convention, sur le modèle franco-britannique ; n° 31770), et la convention conclue avec le **Luxembourg** le 20 mars 2018. Elle n'est cependant pas systématique puisque la convention franco-singapourienne du 15 janvier 2015 ne fait pas mention des sociétés de personnes.

1. Convention franco-américaine

La convention entre la France et les États-Unis du 31 août 1994 modifiée contient diverses stipulations relatives aux sociétés de personnes et aux partnerships. **31660**

En particulier, l'article 7 § 4 de cette convention pose un **principe de transparence** en ce qui concerne les bénéfices des entreprises. Il est précisé qu'un associé d'une partnership est considéré comme ayant réalisé des revenus ou bénéficié de déductions dans la mesure de sa part des résultats de la partnership, telle qu'elle est prévue par l'accord d'association (à condition que les attributions spéciales de résultats aient un fondement économique réel). La convention ajoute que le caractère, y compris la source et l'imputabilité à un établissement stable, de tout élément de revenu ou de toute déduction attribuables à un tel associé est déterminé **comme si l'associé avait réalisé ces éléments de revenu ou bénéficié de ces déductions** de la même manière que la partnership les a réalisés ou en a bénéficié.

Ainsi que l'a jugé le Conseil d'État dans l'affaire Artémis (n° 31325), ces stipulations sont cependant **sans incidence sur l'application du droit interne français** ; le Conseil d'État souligne qu'elles ont pour objet de répartir le pouvoir d'imposer les bénéfices réalisés par les entreprises résidentes de l'un des États et qu'en l'absence d'indication expresse, elles ne peuvent être interprétées comme ayant un autre objet s'agissant des revenus réalisés dans le cadre d'une partnership américaine.

Selon l'administration, le terme « **partnership** » désigne, pour l'application de l'article 7 § 4 de la convention, les general partnerships, les limited partnerships, et les LLC ou les « Subchapter S corporations » si ces entités sont considérées fiscalement comme des « partnerships » pour l'application de l'impôt américain (BOI-INT-CVB-USA-10-20 n° 20). Ce terme ne comprend pas les structures d'investissement relevant de l'article 4 § 2-b-iii) de la convention (« regulated investment companies », « real estate investment trusts » et « real estate mortgage investment conduits ») ainsi que les trusts complexes, qui accumulent une partie de leurs revenus et sont à ce titre des sujets d'imposition aux États-Unis pour la part de revenus accumulés au titre d'une année donnée (BOI préc.).

Précisions **a.** L'administration signale que les autorités fiscales américaines considèrent qu'une **LLC** constituée aux États-Unis par **un seul associé** est réputée ne pas exister pour l'application de l'impôt américain. Elle ajoute qu'une telle entité, n'étant pas un sujet d'impôt, ne peut bénéficier des dispositions de la convention. Seul l'associé unique de cette entité peut demander à bénéficier des dispositions conventionnelles s'il remplit lui-même les conditions requises (BOI préc. n° 20).

b. Une personne physique domiciliée en France ne peut déduire de ses revenus imposables en France des **déficits** réalisés par une partnership américaine dans le cadre d'un établissement stable américain (CAA Bordeaux 13 mai 2008 n° 07BX00191, 3e ch., arrêt définitif ; voir n° 17650).

Sociétés de personnes françaises

31665 La convention prévoit, depuis l'entrée en vigueur de l'avenant du 13 janvier 2009, qu'un élément de **revenu en provenance des États-Unis** payé à une société de personnes française « qualifiée » est réputé perçu par un résident de France si ce revenu est compris dans le revenu imposable d'un porteur de parts, associé ou tout autre membre qui a la qualité de résident de France au sens de la convention (article 4 § 2 c) de la convention).

Une **société de personnes française qualifiée** désigne, selon la convention, une société de personnes (conditions cumulatives) :
– dont le siège de direction effective est situé en France,
– qui n'a pas opté pour l'impôt sur les sociétés,
– dont la base imposable est déterminée au niveau de la société de personnes aux fins d'imposition en France, et
– dont tous les porteurs de parts, associés ou membres sont, en application de la législation fiscale française, assujettis à l'impôt à raison de leur quote-part dans les bénéfices de cette société de personnes.

Il en résulte que la convention est applicable aux États-Unis à hauteur de la quote-part du capital de la société de personnes qui est **détenue par des résidents de France** ; cette solution résultait déjà de la convention dans son ancienne rédaction, mais sa formalisation a été modifiée par l'avenant précité.

Traitement fiscal des revenus qui transitent par l'intermédiaire des entités transparentes

31670 Le traitement fiscal des flux qui transitent par des entités transparentes, qu'elles soient françaises ou américaines, a été clarifié par l'avenant du 13 janvier 2009, chaque État reconnaissant la transparence des structures de l'autre État (article 4 § 3 de la convention, issu de l'avenant du 13 janvier 2009).

La convention pose en principe qu'un revenu (ou un bénéfice ou un gain) perçu par l'intermédiaire d'une entité considérée comme fiscalement transparente en vertu de la législation fiscale de l'un des deux États, est réputé perçu par un résident de l'un ou l'autre État, dans la mesure où ce revenu est traité, par la loi fiscale de cet État, comme le revenu d'un résident.

Cette disposition est applicable non seulement aux entités transparentes constituées ou dirigées **en France** ou **aux États-Unis** mais aussi dans un **État tiers**, s'il a conclu un accord contenant une disposition d'échange de renseignements visant à prévenir l'évasion et la fraude fiscales avec l'État d'où provient le revenu. Il faut cependant que l'entité transparente considérée soit constituée ou organisée dans cet État (et non pas simplement qu'elle y soit « dirigée ») et que sa transparence fiscale soit reconnue par la législation française ou américaine.

Par exemple, un revenu de source française versé à une **partnership américaine** dont les associés sont résidents des États-Unis pourra bénéficier de la convention du côté français dans la mesure où une telle partnership est transparente aux États-Unis. De même, un revenu de source française versé à une **entité transparente néerlandaise**, par exemple une CV, pourra bénéficier de la convention du côté français à hauteur de la quote-part qui revient à un résident américain (cette solution ne fait, en réalité, que reprendre celle déjà prévue en droit interne ; n° 31595).

Le dispositif est rédigé **de façon bilatérale** afin de permettre son application aux revenus de source américaine si la législation française sur les sociétés de personnes était modifiée à l'avenir (ce qui a été envisagé un moment ; n° 30205, Précisions) ; en l'état actuel du droit, ce principe n'est **pas applicable** aux **sociétés de personnes** françaises, puisque celles-ci sont considérées comme « translucides » et non pas comme « transparentes » (BOI-INT-CVB-USA-10-20 n° 10). Dans l'attente d'une hypothétique modification du droit français sur ce point, la convention s'applique tout de même, à hauteur de la quote-part des revenus qui bénéficient à des résidents de France en raison de la précision apportée par l'article 4 § 2 c) nouveau de la convention (n° 31665).

En ce qui concerne les bénéfices industriels et commerciaux, la convention pose un principe de transparence à l'article 7 § 4 (n° 31660).

Précisions **a.** Les solutions conventionnelles reposent sur le principe selon lequel c'est l'État de la société de personnes ou de la partnership qui décide de sa transparence ou de son opacité.

b. Le **régime des sociétés mères** n'est pas applicable en cas de détention des titres par l'intermédiaire d'une general partnership américaine (nº 32085).

Associés résidents des États-Unis de partnerships américaines

Compte tenu du principe exposé au nº 31670, la transparence fiscale est reconnue pour l'application de la convention du côté français. **31675**

Selon l'administration, seule la fraction des revenus de source française attribués à des résidents américains imposés sur ces revenus peut bénéficier de la convention (BOI-INT-CVB-USA-10-20-10 nº 1).

Précisions **a.** L'administration avait admis l'application des avantages conventionnels lorsqu'un résident des États-Unis reçoit des revenus de source française par l'intermédiaire de plusieurs partnerships interposées, jusqu'à six (ancienne instruction du 23 février 2005) ; cette solution pratique n'a pas été reprise au BOFiP et n'est donc plus juridiquement opposable.

b. Selon ce qu'avait indiqué le rapport pour 2014 du médiateur du ministère de l'économie et des finances, l'administration fiscale française pouvait éventuellement, dans le cadre de la médiation, être prête à procéder à des **dégrèvements d'office** pour accorder à des partnerships américaines dont les associés étaient éligibles au bénéfice de la convention fiscale franco-américaine les taux réduits de retenue à la source sur des dividendes de source française, y compris pour des périodes prescrites (Droit fiscal 2015 nº 19-20, comm. nº 290).

Associés résidents des États-Unis de sociétés de personnes françaises

L'article 29 § 2 de la convention, dans sa rédaction issue de l'avenant du 13 janvier 2009, **permet** expressément à la **France** d'**imposer** les entités qui ont leur siège de direction effective et qui sont assujetties à l'impôt en France comme si le paragraphe 3 de l'article 4 de la convention (nº 31670) n'existait pas. **31680**

Cette clause permet à la France d'imposer sans difficulté des sociétés de personnes françaises dont les associés sont résidents des États-Unis, lorsque les États-Unis considèrent qu'elles sont fiscalement transparentes. En ce sens, l'administration précise, à juste titre, que la règle posée par l'article 7 § 4 de la convention (nº 31660) ne trouve pas à s'appliquer aux associés de sociétés de personnes françaises non soumises à l'impôt sur les sociétés et que le régime fiscal applicable en ce cas est déterminé, pour les revenus que la France a conventionnellement le droit d'imposer, par rapport au seul droit interne français (BOI-INT-CVB-USA-10-20-20 nº 40).

Précisions Le fait que la convention fiscale franco-américaine n'ait pas d'incidence sur l'imposition en France de résidents américains associés d'une société civile française a été confirmé par le Conseil d'État (CE 13 février 2013 nº 342085, 9e et 10e s.-s., min. c/ Barlow : RJF 5/13 nº 506 aux conclusions Frédéric Aladjidi au BDCF 5/13 nº 58) ; dans cette affaire, qui concernait des années antérieures à l'entrée en vigueur de l'avenant du 13 janvier 2009, le Conseil d'État confirme qu'une personne physique résidente des États-Unis et associée d'une SCI qui donne en **location des immeubles situés en France** à un prix inférieur au marché est taxable au titre des revenus fonciers à hauteur de la libéralité ainsi consentie par la SCI.

Sociétés de personnes françaises, revenus de source américaine et associés de pays tiers

Un échange de lettres avait été annexé à la convention du 31 août 1994 pour préciser, en substance, que lorsqu'une société de personnes française, non soumise à l'impôt sur les sociétés, est constituée par des associés non résidents de France, l'assujettissement à l'impôt américain est déterminé conformément à la convention fiscale s'il en existe une entre les États-Unis et l'État de **résidence des associés** (solution préconisée par les commentaires du modèle de convention fiscale de l'OCDE ; nº 31580). Cette solution devrait toujours être valable même si elle s'appuie sur un article de la convention fiscale qui a été supprimé par l'avenant précité du 13 janvier 2009, dans la mesure où elle rejoint en principe le droit interne américain ; elle est d'ailleurs reprise par la doctrine administrative actuelle (BOI-INT-CVB-USA-10-20-10 nº 60). On en déduit que, si une société de personnes française est constituée par des associés **31683** résidents d'Allemagne, la détermination, aux États-Unis, des règles d'imposition des revenus d'origine américaine perçus par la société de personnes devrait être faite non par référence à la convention franco-américaine, mais par rapport à la convention entre les États-Unis et l'Allemagne.

La **situation réciproque** de dividendes, intérêts et redevances de source française perçus par une partnership américaine détenue par des résidents d'États tiers est réglée par la doctrine administrative (n° 31595).

Activités indépendantes

31685 La situation des personnes ayant une activité indépendante dans le cadre de partnerships fait l'objet de développements particuliers (article 14 § 4 de la convention) ; la règle posée par l'article 7 § 4 (n° 31660) ne peut se traduire, pour la France, par l'exonération de plus de **50 % des revenus gagnés** par une partnership revenant à un résident de France (BOI-INT-CVB-USA-10-20-20 n° 130). Cette réserve concerne tous les résidents de France, même ceux qui n'ont pas la nationalité américaine. En contrepartie de ce plafond d'exonération, la fraction des revenus imposés en France par application de la règle des 50 % vient en déduction du montant des revenus provenant de source située en France revenant à des associés non résidents de France et que la France peut imposer conformément à la convention.

À propos des **associés non salariés de cabinets d'avocats américains** constitués sous la forme de LLP (n° 31105), l'administration a retenu les solutions suivantes (BOI-BNC-SECT-70-50-10 n° 210 ; BOI-INT-CVB-USA-10-20-20 n°s 140 et 150) :
– les associés non salariés résidents de France sont imposables en leur nom dans les conditions de droit commun dans la catégorie des bénéfices non commerciaux à raison de la fraction des revenus réalisés **en France** par la LLP correspondant à leurs droits ;
– ils sont aussi imposables sur la quote-part des revenus de la LLP correspondant à l'activité réalisée par l'intermédiaire d'une base fixe située **aux États-Unis** ; ils ont droit à un crédit d'impôt en France égal à l'impôt français correspondant à ces revenus, conformément à l'article 24 § 1-a-(ii) de la convention fiscale franco-américaine, dans la limite apportée par l'article 14 § 4 de la même convention (voir supra) ;
– les associés résidents de France sont également imposables sur la quote-part des revenus correspondant à l'activité de la LLP exercée dans des **États tiers** ; la quote-part des revenus correspondant à l'activité de la LLP exercée dans un État tiers lié à la France par une convention fiscale, par l'intermédiaire d'une base fixe située dans cet État, est imposée conformément aux dispositions des articles « bénéfices d'entreprises » ou « professions indépendantes » de cette convention ; au titre de ces revenus de source tierce, les associés ne peuvent pas solliciter le bénéfice des stipulations prévues à l'article 24 § 1-a de la convention fiscale franco-américaine dont la mise en œuvre est subordonnée à la double condition que les revenus, ouvrant droit à l'imputation d'un crédit d'impôt, trouvent leur source aux États-Unis et y soient imposés ;
– les **associés non résidents** de France sont imposables en France à raison de leur quote-part de résultats réalisés par la LLP en France par l'intermédiaire d'une base fixe ; l'imposition est effectuée conformément aux dispositions de l'article 197 A du CGI (droit commun).

Cette solution, qui reprend celle donnée dans le cadre franco-britannique (n° 32105), est fondée sur le fait que la **nature et l'objet de la LLP** en cause sont purement civils (son activité exclusive consiste en la fourniture de services professionnels rendus par des avocats et autres membres de professions juridiques réglementées), que sa constitution et son fonctionnement sont gouvernés par le principe de l'intuitu personae (l'agrément des membres du groupement pour tout nouvel associé est nécessaire), que chaque membre a la qualité de mandataire, que sa responsabilité individuelle est illimitée à raison des actes professionnels ou des omissions fautives qu'il commet et que les parts des membres ne sont pas librement cessibles.

Plus-values

31690 En ce qui concerne les plus-values de cession par un résident de France de parts dans une partnership américaine, l'administration considère qu'elles sont imposables en France, ce qui est logique s'agissant juridiquement de la cession de titres de sociétés que la France a conventionnellement le droit d'imposer en tant qu'État de résidence du cédant. Dans le même sens, il a été jugé qu'une personne physique domiciliée en France n'était imposable qu'en France et non aux États-Unis sur une plus-value de cession de parts d'une **LLC américaine** et qu'elle ne pouvait donc pas bénéficier d'un crédit d'impôt équivalent à l'impôt français (CE 2 février 2022 n° 443154, 9e et 10e ch. : RJF 4/22 n° 385). Cette décision confirme que les stipulations conventionnelles posant un principe de transparence (n° 31660) ne sont pas applicables à la cession d'une participation dans une partnership américaine dès lors qu'une telle cession n'est pas constitutive d'une aliénation portant sur l'intégralité d'un établissement stable ou sur des biens mobiliers inscrits à l'actif d'un tel établissement (si la décision du Conseil d'État mentionne la cession « d'une partie des parts », en l'espèce 25 %, elle ne signifie pas, à notre avis, que la solution aurait été inverse si la cession avait porté sur la totalité des parts de la LLC).

L'administration admet cependant que la quote-part de la plus-value correspondant à un revenu ordinaire pour l'application de l'impôt américain vienne en déduction du montant imposable, sur justification du paiement de l'impôt américain (BOI-INT-CVB-USA-10-20-30 n° 20).

Dans ses commentaires de la convention franco-américaine, l'administration souligne les **divergences d'interprétation** sur ce point entre la France et les États-Unis. Pour les États-Unis, dès lors que la partnership est totalement transparente, l'associé n'est pas considéré comme cédant des parts sociales mais comme cédant une partie de l'actif de la partnership ; si cet actif est en tout ou partie affecté à la poursuite d'une activité commerciale ou industrielle exercée aux États-Unis dans le cadre d'un établissement stable, l'associé est considéré comme cédant une partie de cet établissement stable à proportion de ses droits dans la partnership. Les États-Unis revendiquent alors le droit d'imposer le gain réalisé à cette occasion par un associé résident de France sur le fondement de l'article 13 § 3-a de la convention.

Mais pour l'administration française, en l'absence de toute règle conventionnelle spécifique aux gains en capital dans l'article 13 de la convention permettant d'instaurer une transparence en matière de plus-value portant sur la cession de parts d'une partnership en dehors de celle posée en matière immobilière par l'article 13 § 2 a-iii de la convention, la cession de ses participations dans la partnership par un résident de France est considérée comme génératrice d'un gain en capital imposable exclusivement dans l'État de résidence, en application de l'article 13 § 6 de la convention.

Cela étant, l'autorité compétente française s'engage à étudier, dans le cadre de la **procédure amiable** prévue par l'article 26 de la convention, les affaires particulières qui pourraient lui être présentées afin de trouver une solution au cas par cas et de remédier aux doubles impositions qui pourraient se présenter (BOI préc.).

2. Convention franco-luxembourgeoise

Deux régimes sont applicables aux termes de la convention fiscale franco-luxembourgeoise **31710**
du 20 mars 2018 : celui de la « translucidité » pour les sociétés de personnes et entités assimilées situées en France et, sous réserve du respect de certaines conditions, celui de la transparence pour les sociétés de personnes établies au Luxembourg (BOI-INT-CVB-LUX-10 n° 160).

Cette convention pose en effet, dans son article 1, un principe de **transparence** prévoyant que « le revenu perçu par ou via une société de personnes dotée ou non de la personnalité morale ou toute autre entité analogue dotée de la personnalité morale (y compris un groupement de personnes) considérée comme totalement ou partiellement transparente sur le plan fiscal selon la législation fiscale de l'un des États contractants est considéré comme étant le revenu d'un résident d'un État contractant, mais uniquement dans la mesure où ce revenu est traité, aux fins de l'imposition par cet État, comme le revenu d'un résident de cet État ». Un revenu de source française perçu par une société de personnes luxembourgeoise considérée comme transparente peut donc bénéficier de la convention s'il est imposé au Luxembourg en tant que revenu d'un résident, c'est-à-dire si l'associé résident du Luxembourg est imposé sur ce revenu.

Il est toutefois précisé que ce principe ne s'applique pas aux revenus perçus par ou via une **société de personnes française** et que chaque État a toujours le droit d'imposer ses propres résidents. Il est par ailleurs stipulé que les sociétés de personnes françaises, groupements de personnes ou autres entités analogues sont des « **résidents de France** » dans les conditions habituelles : entités dont le siège de direction effective est situé en France, qui sont assujetties à l'impôt en France et dont tous les porteurs de parts, associés ou membres sont, en application de la législation fiscale française, personnellement soumis à l'impôt à raison de leur quote-part dans les bénéfices de ces sociétés de personnes, groupements de personnes ou autres entités analogues (article 4 § 4 de la convention). Un revenu de source luxembourgeoise reçu par une société de personnes française bénéficie donc de la convention même si ses associés ne sont pas résidents de France puisqu'ils sont imposables en France en tout état de cause. Par ailleurs, un résident du Luxembourg associé d'une société de personnes française est imposable en France sur sa quote-part de bénéfice, la double imposition résultant d'une éventuelle imposition au Luxembourg en fonction de la législation fiscale luxembourgeoise devant être éliminée au Luxembourg sur le fondement du point 5 du protocole annexé à la convention (BOI préc. n° 240).

En ce qui concerne les sociétés de personnes établies dans des **États tiers**, le revenu (français ou luxembourgeois) ne peut être considéré comme étant le revenu d'un résident d'un État (France ou Luxembourg) que si l'État tiers considère également la société de personnes comme totalement ou partiellement transparente sur le plan fiscal et s'il a conclu avec l'État d'où provient le revenu une convention d'assistance administrative en vue de lutter contre la fraude et l'évasion fiscales (cas, par exemple, d'un revenu de source luxembourgeoise reçu par un résident de France par l'intermédiaire d'une partnership américaine).

Précisions **a.** Il avait été jugé qu'en vertu de leur lettre même les dispositions de l'article 19 § 2 de l'ancienne convention franco-luxembourgeoise, du 1er avril 1958 modifiée, ne faisaient que **renvoyer** au **droit interne** français et notamment aux articles 8 et 209 du CGI qui ne permettent pas l'imposition en France des résultats d'une société en participation dont l'activité est exercée à l'étranger (TA Paris 11 février 2009 n° 04-17065, 1e sect., 1e ch., Cie Générale de Bâtiment et de Construction : RJF 7/09 n° 618, à propos d'une société en participation constituée par deux sociétés françaises pour l'exécution d'un chantier au Luxembourg ; jugement définitif).

b. L'administration estime qu'un revenu de **source française** transitant par une **société de personnes luxembourgeoise** dont les associés sont résidents de France est imposable en France entre les mains des associés au regard du seul droit interne français ; la convention n'est pas applicable, car la société de personnes n'est pas un « résident », et le principe conventionnel de transparence ne s'applique pas, car les associés sont domiciliés en France et non au Luxembourg (BOI-INT-CVB-LUX-10 n° 220).

c. Selon l'administration, un revenu de **source luxembourgeoise** transitant par une **société de personnes luxembourgeoise** dont les associés sont résidents de France est imposable en France en application du droit interne français, sans limitation conventionnelle au motif que, la France ne reconnaissant pas la transparence fiscale de la société, la convention n'est pas applicable (BOI-INT-CVB-LUX-10 n° 250).

3. Convention franco-allemande

Principes

31730 La convention fiscale franco-allemande du 21 juillet 1959 modifiée contient une disposition concernant les sociétés de personnes, insérée dans l'article relatif aux bénéfices industriels et commerciaux.

Selon cette disposition, les participations d'un associé aux bénéfices d'une entreprise constituée sous forme de société de droit civil, de société en nom collectif ou de société en commandite simple, ainsi que les participations aux bénéfices d'une société de fait, d'une association en participation ou d'une société civile de droit français ne sont imposables que dans l'État où l'entreprise a un **établissement stable**, mais seulement en proportion des droits de cet associé dans les bénéfices de l'établissement (article 4 (3) de la convention).

Avant que cette convention soit modifiée par un avenant du 31 mars 2015, le même principe s'appliquait en cas de cession des parts de la société de personnes (article 4 (4) de la convention, dans son ancienne rédaction). Désormais, sauf si la société de personnes est à prépondérance immobilière, les plus-values de cession entrent dans les prévisions de l'article 7 (5) de la convention et ne sont donc imposables que dans l'État de résidence du cédant, sous réserve que les parts ne soient pas rattachées à un établissement stable situé dans l'État de la société de personnes (le critère de l'établissement stable posé par l'article 4 (3) de la convention s'applique à la société de personnes elle-même, et non pas à son associé ; n° 31733).

Critère de l'établissement stable

Le critère déterminant l'imposition de l'associé non résident est celui de l'établissement stable, tel qu'il est défini par la convention elle-même à propos du régime général d'imposition des bénéfices des entreprises. L'**établissement stable** dont il est question n'est pas celui de l'associé non résident, mais celui **de la société de personnes**. Autrement dit, même en application de cette convention, on ne devrait pas rechercher si l'associé non résident exerce personnellement une activité qui prendrait la forme d'un établissement stable, par l'intermédiaire de la société de personnes, mais simplement si cette dernière dispose en France d'un établissement stable. 31733

Dans la mesure où la convention fiscale elle-même prévoit que constituent notamment des établissements stables un **siège de direction**, une succursale ou un bureau, toute société de personnes constituée conformément au droit français et qui dispose dans notre pays d'un minimum de substance devrait probablement être considérée comme y ayant un établissement stable. Ainsi, même si une société de personnes se livrait à une activité purement civile, de placements de trésorerie ou de gestion de portefeuille, par exemple, elle devrait être considérée, nous semble-t-il, comme exerçant cette activité par l'intermédiaire d'un établissement stable dans la mesure où elle dispose en France de son siège de direction.

Les situations où un associé allemand d'une société de personnes française ne serait pas imposable dans notre pays seraient donc vraisemblablement atypiques. Simplement, si la société de personnes a un établissement stable en France et en Allemagne, par exemple, la solution donnée par la convention est celle de la répartition des droits d'imposer entre les deux pays, par attribution à chaque établissement stable de la part de bénéfices qui lui revient.

En pratique, la solution n'est donc **guère différente**, quoique fondée sur un autre raisonnement, de celle qui résulterait de l'application des principes fixés par la **jurisprudence générale** (nos 31340 s.).

Cas des stille Gesellschaften

La convention franco-allemande traite comme des dividendes les revenus qu'un « stiller Gesellschafter » tire de sa participation (article 9 § 6). Un associé tacite résident de France reçoit donc une rémunération amputée d'une retenue à la source conventionnelle. 31735

Du côté français, comme il s'agit de revenus qui n'ont pas supporté l'impôt sur les sociétés et qui s'apparentent plutôt à des intérêts, il faudrait probablement considérer qu'ils ne doivent pas être traités comme des dividendes, et qu'ils ne peuvent donc pas bénéficier, le cas échéant, du régime des sociétés mères. Cette solution serait confortée par le fait que l'assimilation aux dividendes n'est permise que pour l'application des paragraphes 2 à 5 de l'article 9, c'est-à-dire des dispositions relatives à la situation dans l'État de la source (solution issue de l'avenant de 1989 à la convention fiscale). Voir en ce sens CAA Paris 14 avril 2005 n° 03-2347, Sté L'Oréal : Droit fiscal 2006 n° 36, comm. n° 552, arrêt définitif (n° 61410, Précision a).

Cas des Kommanditgesellschaften (KG)

À propos d'une société française qui avait reçu, en 2006 et 2007, des revenus en tant qu'associée commanditaire d'une Kommanditgesellschaft (KG) allemande, il a été jugé qu'il résulte de la combinaison des articles 4 (3), 9 (6), 9 (7) et 18 de la convention fiscale franco-allemande du 21 juillet 1959 modifiée que ces revenus ne sont **pas imposables en France** mais exclusivement en Allemagne (CE 8 novembre 2019 n° 430543, 8e et 3e ch., min. c/ Sté Masterfoods Holding SAS : RJF 2/20 n° 148). Pour le Conseil d'État, il ne s'agit pas de dividendes au sens de l'article 9 de la convention (la décision relève sur ce point que la KG est fiscalement transparente en Allemagne), ni de revenus non dénommés au sens de l'article 18, mais de revenus qui entrent dans le champ de l'article 4 (3) de la convention et sont donc imposables en Allemagne, où la KG est établie (voir également nos 31730, 32100 et 32110). 31740

Cette solution nous paraît toutefois donner une portée excessive à l'article 4 (3) de la convention. Ce texte s'insère, en effet, dans un article relatif à l'imposition des **bénéfices des entreprises** et ne fait que répartir les droits d'imposer selon le critère de l'établissement stable ; il voulait signifier que, si une société de personnes allemande (en l'espèce, une KG) a un établissement stable en France et un autre en Allemagne, il convient de répartir les droits d'imposer entre les deux pays, par attribution à chaque établissement de la part de bénéfices qui lui revient et d'imposer les associés en conséquence. Mais il n'a pas pour objet de déterminer la manière dont les **distributions** d'une société de personnes doivent être imposées dans l'État de résidence du bénéficiaire. Comme le soutenait en l'espèce l'administration, il ne faut pas confondre l'imposition du résultat de la KG, qui est conventionnellement attribuée à l'État où se situe un établissement stable, et l'imposition des distributions faites à l'associé de la KG dans son État de résidence, imposition qui devrait (mais le Conseil d'État n'en a pas jugé ainsi) ressortir au seul droit interne français faute de stipulation conventionnelle contraire (en l'espèce, il s'agissait en droit interne de revenus mobiliers éligibles au régime des sociétés mères ; nº 32110).

4. Convention franco-suisse

Critère de l'établissement stable

31750 La convention franco-suisse du 9 septembre 1966 modifiée contient une disposition voisine de celle incluse dans la convention fiscale franco-allemande et qui devrait donc recevoir la même interprétation (nº 31730). Il résulte en effet de l'article 7 § 8 de cette convention que les revenus provenant de participations à des entreprises constituées sous forme de sociétés de personnes (sociétés simples, sociétés de fait, sociétés en nom collectif, sociétés en commandite simple, associations en participation ou sociétés civiles du droit français) sont imposables dans l'État contractant où les entreprises en question ont un **établissement stable**.

Mais la convention contient une autre disposition à l'article 4 § 3 à propos de la **résidence** des personnes morales, aux termes de laquelle les règles relatives à la détermination de la résidence de personnes qui ne sont pas des personnes physiques sont applicables également aux sociétés de personnes constituées ou organisées conformément à la législation d'un État contractant.

Les stipulations de la convention franco-suisse ont donné lieu à la décision de principe du Conseil d'État Hubertus AG citée au nº 31355, à la décision Solages (nº 31357), et à deux arrêts intéressants de la cour administrative d'appel de Paris (nºs 31755 et 31756).

Précisions Le principe de la personnalité fiscale des sociétés de personnes fait obstacle à l'application de la clause spécifique de **non-discrimination** incluse dans la convention fiscale franco-suisse (nº 31558, Précisions).

Premier exemple

31755 Il a été jugé qu'il résulte des dispositions du paragraphe 8 de l'article 7 de la convention que les revenus que tire un résident suisse de sa participation au capital d'une **société civile** française qui dispose d'un établissement stable en France sont imposables en France (CAA Paris 24 septembre 1992 nº 91-1013, 3e ch., SA Partour : RJF 1/93 nº 25 ; arrêt définitif).

Il s'agissait d'une société suisse qui détenait 40 % du capital d'une société civile française qui assurait la gestion de **valeurs mobilières** et **immobilières**. Les produits d'exploitation de la société civile provenaient, pour une part mineure, de revenus à caractère immobilier, et, pour la plus grande part, d'intérêts de comptes courants et de dividendes.

La société suisse prétendait faire une distinction en fonction de l'origine des revenus distribués par la société civile et soutenait que seuls étaient imposables en France ceux qui provenaient de l'activité immobilière, alors que la part des revenus qui provenaient des intérêts et des dividendes perçus par la société civile devait être imposée en Suisse en vertu des articles 11 et 12 de la convention. La Cour n'a pas accueilli cette argumentation, considérant que l'intégralité des revenus était imposable en France à hauteur de la quote-part des droits détenus par la société suisse dans la société civile.

Deuxième exemple

31756 Il s'agissait d'une société suisse membre d'une **société civile** française qui répartissait entre ses membres des **produits financiers** provenant des parts qu'elle détenait dans une société de Côte-d'Ivoire (CAA Paris 19 novembre 1992 nº 89.2733, 3e ch., SA Rinsoz et Ormond : RJF 2/93 nº 262 ;

arrêt définitif). La Cour a relevé que si les opérations matérielles générant les produits financiers avaient été effectuées hors de France, les **décisions de gestion** et de répartition des produits étaient prises en France, que les **profits** étaient également **encaissés en France** et que par suite, les revenus dont disposait la société civile, entité juridique distincte de ses membres, devaient être regardés comme des profits propres réalisés en France.

Elle a ensuite jugé que les profits qu'une société de capitaux résidente de Suisse retire de parts détenues en France dans une société civile qui y est soumise au régime fiscal des sociétés de personnes et y dispose d'un établissement stable ne présentent pas le caractère de dividendes au sens de la convention et qu'ils doivent donc être imposés au nom des associés dans l'État où la société dispose d'un **établissement stable**, à savoir la France au cas particulier puisque le siège social de la société y était fixé et qu'il s'agit là d'un établissement stable au sens de l'article 5 de la convention franco-suisse. Cette solution est conforme à ce que jugerait, sur le fond, le Conseil d'État aujourd'hui, mais plus simplement par application du principe de la personnalité fiscale de la société civile (n° 31352). Voir aussi, à propos de cet arrêt, nos 31950 et 31995.

Précisions Le principe de l'assujettissement à l'impôt français d'une société de capitaux suisse membre d'une **société en participation** disposant d'un établissement stable en France et n'ayant pas opté pour le régime fiscal des sociétés de capitaux a été rappelé par CAA Paris 13 mai 1993 n° 91-193, Société d'Investissement et de Matériel : Droit fiscal 1994 n° 48 comm. n° 2052 (arrêt définitif).

5. Convention franco-japonaise

La convention fiscale franco-japonaise du 3 mars 1995 contient, depuis un **avenant** du 11 janvier **2007**, d'importantes précisions sur les sociétés de personnes. Cet avenant confirme que les sociétés de personnes françaises sont des « résidents » pour l'application de la convention fiscale et admet la transparence des « partnerships » japonaises dans certaines conditions (le texte est rédigé sur un **mode bilatéral** afin de pouvoir s'appliquer également dans l'autre sens, dans l'hypothèse, aujourd'hui théorique, où le droit interne français évoluerait dans le sens de la transparence des sociétés de personnes ; n° 30205, Précisions). **31760**

Résidence

La convention précise que l'expression « résident d'un État contractant » comprend, lorsque cet État est la France, toute société de personnes, groupement de personnes ou autre entité similaire dont le **siège de direction effective** est situé **en France**, qui y est redevable de l'impôt, et dont les porteurs de parts, associés ou autres membres y sont personnellement soumis à l'impôt à raison de leur quote-part dans les bénéfices de ces sociétés de personnes, groupements de personnes ou entités similaires en application de la législation fiscale française (article 4 § 5 de la convention ; cette précision figurait auparavant au protocole annexé). **31762**

Une société de personnes française dont le siège de direction effective est situé en France est donc un « résident de France » éligible au bénéfice de la convention franco-japonaise, indépendamment de la résidence de ses associés (sous réserve, toutefois, en cas de détention majoritaire par des non-résidents, de la clause anti-abus générale prévue à l'article 22 A de la convention).

Transparence des partnerships japonaises

La France reconnaît la transparence des partnerships japonaises dans certaines conditions. Elle prévoit, en effet, qu'un élément de revenu qui provient d'un État par l'intermédiaire d'une entité établie dans l'autre État et qui est traité, en vertu de la législation fiscale de cet autre État, comme le revenu de bénéficiaires, membres ou participants de cette entité, est éligible aux avantages conventionnels qui seraient accordés s'il était perçu directement par un bénéficiaire, membre ou participant de cette entité, résident de cet autre État, à condition que ces bénéficiaires, membres ou participants soient eux-mêmes des résidents de cet autre État et qu'ils remplissent les autres conditions prévues par la convention. Ce principe est indépendant du fait que le revenu soit ou non traité comme le revenu des bénéficiaires, membres ou participants de cette entité en vertu de la législation fiscale du premier État (article 4 § 6 a) de la convention). **31764**

Par exemple, un revenu de **source française** versé à une **société de personnes japonaise** dont les associés sont des résidents du Japon est éligible aux avantages conventionnels du côté français, dès lors que ce revenu est traité, au Japon, comme le revenu des associés ; toutefois, ce principe ne vaut pas pour les associés des pays tiers, mais il y a alors lieu de leur appliquer la doctrine administrative mentionnée au n° 31595.

Conséquences de la résidence des sociétés de personnes françaises

31765 Le Japon admet en principe l'application de la convention aux **revenus de source japonaise** revenant à une société de personnes française. D'une façon générale, en effet, la convention indique qu'un élément de revenu qui provient d'un État par l'intermédiaire d'une entité établie dans l'autre État et qui est traité, en vertu de la législation fiscale de cet autre État, comme le revenu de cette entité, est éligible aux avantages conventionnels qui seraient accordés à un résident de cet autre État, indépendamment du fait que le revenu est ou non considéré, en vertu de la législation fiscale du premier État, comme le revenu de cette entité, dès lors que cette entité est résidente de cet autre État et remplit les autres conditions prévues par la convention (article 4 § 6 b) de la convention).

On en déduit par exemple qu'un revenu de source japonaise versé à une **société civile française** est éligible aux avantages conventionnels, dès lors que ce revenu est traité en France comme le revenu d'un résident ; ce principe est applicable indépendamment de la résidence des associés de la société civile.

Clause anti-abus

31766 Afin d'éviter les abus, la convention précise qu'un élément de revenu qui provient d'un État par l'intermédiaire d'une entité établie dans le même État (et non pas, comme précédemment, dans l'autre État), qui est traité, en vertu de la législation fiscale de cet État, comme le revenu des bénéficiaires, des membres ou des participants de cette entité, et qui est traité, en vertu de la législation fiscale de l'autre État, comme le revenu de cette entité, n'est pas éligible aux avantages conventionnels (article 4 § 6 c) de la convention).

Par exemple, un revenu de **source japonaise** versé à une **partnership japonaise** dont les associés sont résidents de France ne peut bénéficier au Japon des exonérations ou taux réduits conventionnels, sauf si la France considère que les revenus de source japonaise de la partnership sont des revenus des associés en droit interne français.

Il est à noter que cette rédaction est bilatérale afin de prévoir le cas, aujourd'hui théorique, où la législation française évoluerait (n° 30205, Précisions) ; actuellement, le caractère bilatéral de cette rédaction est vide de sens, puisque nos sociétés de personnes sont toujours des sujets fiscaux et des « résidents » pour l'application des conventions fiscales.

Pays tiers

31768 En ce qui concerne la situation des partnerships établies dans des pays tiers (hors France et Japon) et dont les associés sont résidents de France ou du Japon, la convention se borne à renvoyer à la résolution des difficultés par recours à la **procédure amiable** conventionnelle.

Le point 13 A du protocole annexé à la convention précise ainsi que lorsqu'un élément de revenu qui provient de l'un des États par l'intermédiaire d'une entité constituée dans un État tiers, qui est considéré comme un revenu de cette entité en vertu de la législation fiscale de la France ou du Japon et qui est considéré comme un revenu des bénéficiaires, membres ou participants de cette entité en vertu de la législation fiscale de l'autre État, fait l'objet d'une double imposition du fait de cette différence de traitement, le cas est soumis à la procédure amiable.

6. Convention franco-britannique

31770 La convention fiscale franco-britannique du 19 juin 2008 vise spécifiquement la situation des sociétés de personnes françaises et des **partnerships** britanniques ; en outre, l'administration a apporté, à propos de cette convention, certaines précisions intéressantes (BOI-INT-CVB-GBR-10-10 n°s 80 s.). Les indications fournies par l'administration concernent cependant les revenus perçus par l'intermédiaire d'une société de personnes (« partnership ») qui n'est pas résidente au sens de la convention fiscale, ce qui exclut, par conséquent, les **sociétés de personnes françaises**, qui sont considérées comme des « résidents » (nº 31560).

Précisions L'article 4 § 4 de la convention précise que l'expression « **résident d'un État contractant** » comprend, lorsque cet État est la **France**, toute société de personnes, groupement de personnes ou autre entité analogue dont le siège de direction effective est en France, qui est soumis à l'impôt en France, et dont tous les porteurs de parts, associés ou membres sont, en application de la législation fiscale française, personnellement assujettis à l'impôt à raison de leur quote-part dans les bénéfices de ces sociétés de personnes, groupements de personnes ou autres entités analogues.

Principes

L'article 4 § 5 de la convention franco-britannique énonce les solutions à adopter dans certains cas particuliers afin de résoudre les **divergences de qualification** entre les deux États en présence d'une entité par laquelle transite un revenu qui trouve sa source dans un État et qui est perçu par un résident de l'autre État. Cet article ne pose pas de principes généraux mais adopte une approche analytique dans un souci de pragmatisme. Il est rédigé de façon bilatérale afin de s'appliquer également en cas de modification éventuelle de la législation française (nº 30205, Précisions). **31772**

Cet article vise les cas dans lesquels un revenu qui provient d'un État est perçu par un résident de l'autre État par l'intermédiaire d'une « partnership » (ou d'un groupement de personnes ou de toute autre entité analogue) établie dans l'un des deux États ou dans un État tiers si elle est considérée comme fiscalement transparente par l'autorité compétente de l'un des États mais non par l'autorité compétente de l'autre État.

Les entités visées par cette disposition sont les sociétés de personnes et les groupements d'intérêt économique susceptibles d'être fiscalement transparents. Les autres entités susceptibles d'être fiscalement transparentes mais qui ne sont pas analogues à des sociétés ou groupements de personnes (notamment les fonds d'investissement, fondations, fiducies ou trusts) ne sont pas visées.

Précisions Dans les développements qui suivent, le **terme** « **partnership** » désigne également les groupements de personnes ou autres entités analogues (l'expression n'est cependant pas définie par la convention fiscale). Le **terme** « **associé** » vise les bénéficiaires, membres ou participants des partnerships, groupements de personnes ou autres entités analogues.

Partnership britannique et revenus de source française

Un élément de revenu, bénéfice ou gain provenant d'un État par l'intermédiaire d'une partnership établie dans l'autre État et qui est traité, en vertu de la législation fiscale de cet autre État, comme le revenu des associés peut bénéficier de la convention au même titre que s'il était perçu directement par un associé qui est un résident de cet autre État, dans la mesure où ces associés sont résidents de cet autre État et satisfont à toute autre condition imposée par la convention, que ce revenu soit considéré ou non, en vertu de la législation fiscale du premier État, comme le revenu de ces associés. **31774**

En application de cette disposition (article 4 § 5 alinéa a) de la convention), un **résident du Royaume-Uni** qui perçoit des revenus de source française par l'intermédiaire d'une partnership britannique considérée comme fiscalement transparente au Royaume-Uni bénéficie des stipulations de la convention applicables à ces revenus, selon leur nature, indépendamment du régime fiscal qui aurait été applicable en droit interne français à une telle partnership.

Société de personnes française et revenus de source britannique

Un élément de revenu, bénéfice ou gain provenant d'un État par l'intermédiaire d'une partnership établie dans l'autre État et qui est traité, en vertu de la législation fiscale de cet autre État, comme le revenu de cette partnership peut bénéficier des dispositions de la convention au même titre que celui d'un résident de cet autre État, que ce revenu soit considéré ou non, en vertu de la législation fiscale du premier État, comme le revenu de cette partnership dès lors que cette dernière est résidente de cet autre État et satisfait à toute autre condition imposée par la convention. **31776**

En application de cette disposition (article 4 § 5 alinéa b) de la convention), une société de personnes française qui n'est pas considérée comme fiscalement transparente en

France et qui perçoit des **revenus de source britannique** bénéficie des stipulations de la convention applicables à ces revenus, en fonction de leur nature, indépendamment de sa qualification fiscale (transparente ou opaque) en droit interne britannique. Cette clause confirme, notamment, que les sociétés de personnes françaises, considérées comme fiscalement translucides en droit français, peuvent bénéficier des avantages conventionnels, conformément au statut de résident qui leur est reconnu par le paragraphe 4 de l'article 4 de la convention.

Société de personnes française et associés résidents britanniques

31778 Un élément de revenu, bénéfice ou gain provenant d'un État par l'intermédiaire d'une partnership établie dans cet État, qui est traité, en vertu de la législation fiscale de l'autre État, comme le revenu des associés et qui est traité, en vertu de la législation fiscale du premier État, comme le revenu de cette partnership peut être imposé sans restriction en application de la législation fiscale du premier État.

En application de cette disposition (article 4 § 5 alinéa c) de la convention), la France peut imposer sans restriction les revenus de **source française** perçus par une société de personnes établie en France où elle n'est pas considérée comme fiscalement transparente même si le Royaume-Uni la considérait comme fiscalement transparente (en l'état de la législation française, le Royaume-Uni ne peut pas considérer comme transparentes les sociétés de personnes qualifiées de « résidentes » en vertu du paragraphe 4 de l'article 4 de la convention).

Symétriquement, le Royaume-Uni pourrait imposer pleinement les revenus perçus par une société de personnes **établie au Royaume-Uni** et qui n'y serait pas considérée comme fiscalement transparente, alors même que cette société serait regardée comme fiscalement transparente par la France. La France pourrait, quant à elle, imposer les associés résidents de France à raison des revenus appréhendés par eux.

Exclusion en cas d'appréciation divergente

31780 Un élément de revenu, bénéfice ou gain qui provient d'un État par l'intermédiaire d'une partnership établie dans cet État et qui est traité, en vertu de la législation fiscale de l'autre État, comme le revenu de cette partnership ne peut pas bénéficier de la convention.

Cette précision (article 4 § 5 alinéa d) de la convention) permet d'exclure du bénéfice de la convention les revenus qui trouvent leur source dans un État et qui transitent par une société de personnes établie dans ce même État, lorsque cet État considère la société comme étant **transparente** alors que l'État de résidence des associés la considère comme étant **opaque** (ou translucide).

Ainsi, la France pourrait imposer sans restriction les revenus perçus par les associés résidents de France d'une société de personnes établie au Royaume-Uni, qu'elle considérerait comme opaque alors que le Royaume-Uni la considérerait comme transparente.

Une mesure de tempérament est toutefois prévue par le point 3 du protocole annexé à la convention en ce qui concerne les **établissements stables** situés dans l'un des États contractants de partnerships qui ne sont résidentes d'aucun de ces États, soit parce qu'elles ne peuvent être regardées comme résidentes des États parties à la convention du fait de leur régime fiscal, soit parce qu'elles sont établies dans un États tiers.

En vertu de ce texte, lorsqu'une partnership transparente de l'un ou l'autre des États contractants (par exemple, le Royaume-Uni) exerce dans ce même État une activité qui peut être considérée comme constitutive d'un établissement stable, l'autre État (par exemple, la France) considère que chacun des associés résidant sur son territoire dispose à ce titre d'un établissement stable dans l'État d'implantation de la structure.

L'administration ajoute que les revenus ou gains attribuables à l'établissement stable de la partnership et imposés au Royaume-Uni sont considérés en France comme directement perçus par l'établissement stable de chacun des associés, à hauteur de ses droits aux résultats, et qu'ils bénéficient par conséquent des modalités d'élimination de la double imposition prévues par la convention (BOI-INT-CVB-GBR-10-10 nº 160).

La doctrine administrative indique également (BOI préc.) que l'imposition, entre les mains d'un associé résident de France, de la quote-part des revenus correspondant à **l'activité**,

de nature civile, d'une general partnership ou d'une limited liability partnership britannique, exercée par l'intermédiaire d'une base fixe ou d'un établissement stable situé dans un **État tiers** lié à la France par une convention en vue d'éliminer les doubles impositions et de lutter contre la fraude et l'évasion fiscales, suit les règles prévues par l'article « bénéfices d'entreprise » ou « professions indépendantes » et par l'article « élimination des doubles impositions » de la convention (cette solution ne résulte pas de la convention qui ne vise pas les établissements stables situés dans les États tiers).

États tiers (transparence)

Un élément de revenu, bénéfice ou gain provenant d'un État par l'intermédiaire d'une partnership établie dans un État tiers (hors France et Royaume-Uni) et qui est traité, en vertu des législations fiscales de l'autre État contractant et de l'État dans lequel l'entité est établie, comme le revenu des associés peut bénéficier de la convention au même titre que s'il était perçu directement par un associé résident de cet autre État, dans la mesure où ces associés sont résidents de cet autre État et satisfont à toute autre condition imposée par la convention, que ce revenu soit considéré ou non, en vertu de la législation fiscale du premier État, comme le revenu de ces associés ; cet avantage est cependant subordonné à la condition que l'État dans lequel la partnership est établie ait conclu avec le premier État un accord contenant une disposition relative à l'**échange de renseignements** en vue de lutter contre l'évasion et la fraude fiscales. **31782**

En application de cette disposition (article 4 § 5 alinéa e) de la convention), un résident du Royaume-Uni qui perçoit des **revenus de source française** par l'intermédiaire d'une société de personnes établie dans un État tiers qui la considère comme fiscalement transparente bénéficie des stipulations de la convention franco-britannique applicables à ces revenus, à condition que le Royaume-Uni considère cette société de personnes comme fiscalement transparente et que la France dispose avec cet État tiers d'une convention contenant une clause relative à l'échange de renseignements en vue de lutter contre la fraude et l'évasion fiscales.

États tiers (opacité)

Un élément de revenu, bénéfice ou gain provenant d'un État par l'intermédiaire d'une partnership établie dans un État tiers (hors France et Royaume-Uni) et qui est traité, en vertu de la législation fiscale de l'autre État, comme le revenu de cette partnership ne peut pas bénéficier des dispositions de la convention. **31784**

Cette disposition (article 4 § 5 alinéa f) de la convention) exclut du bénéfice de la convention les revenus qui trouvent leur source dans un État, avant de transiter par une société de personnes établie dans un État tiers puis d'être perçus par un associé résident de l'autre État, indépendamment du régime fiscal qui aurait été appliqué à une telle partnership par le premier État, dès lors que le second État la regarde comme opaque (ou translucide).

La France peut donc imposer sans restriction les **revenus de source britannique** perçus par les associés résidents de France d'une société de personnes établie dans un État tiers, lorsqu'elle considère que cette société de personnes n'est pas fiscalement transparente, même si le Royaume-Uni et l'État d'implantation de la société la considèrent comme telle. Le Royaume-Uni conserve, pour sa part, le droit d'imposer sans restriction les revenus entre les mains des associés résidents de France.

Une mesure de tempérament résulte du point 3 du protocole annexé à la convention en ce qui concerne les **établissements stables** situés dans l'un des États de partnerships établies dans un État tiers. En vertu de ce texte, lorsqu'une partnership transparente d'un État tiers exerce au Royaume-Uni une activité qui peut être considérée comme constitutive d'un établissement stable, la France considère que chacun des associés résidents de France dispose à ce titre d'un établissement stable au Royaume-Uni. Dès lors, les revenus ou gains attribuables à l'établissement stable de la partnership et imposés au Royaume-Uni sont considérés en France comme directement perçus par l'établissement stable de chacun des associés, à hauteur de ses droits aux résultats, et bénéficient donc des modalités d'élimination de la double imposition prévues par la convention.

État de résidence des associés

31786 Le point 5 du protocole annexé à la convention précise qu'en ce qui concerne l'article 7 (bénéfices des entreprises), lorsqu'un résident d'un État est associé d'une partnership établie selon la législation de l'autre État, aucune disposition de la convention n'empêche le premier État d'imposer ce résident sur sa part des revenus, bénéfices ou gains provenant de ou par l'intermédiaire de cette partnership ; ces revenus, bénéfices ou gains sont toutefois considérés comme des revenus, bénéfices ou gains de sources situées dans cet autre État pour l'application de l'article 24 (élimination de la double imposition).

Ainsi, chaque État peut imposer ses résidents sur leur part de revenus, bénéfices ou gains provenant de ou perçus par l'intermédiaire d'une partnership dont ils sont associés. Dans ce cas, les revenus, bénéfices ou gains sont réputés trouver leur source dans l'autre État pour l'application des clauses d'élimination des doubles impositions (la portée de cette clause doit, toutefois, être appréciée à la lumière des développements précédents).

SECTION 4

De quelques questions encore mal résolues

31940 Si, sur les questions qui précèdent, des clarifications ont été apportées par la jurisprudence et par la doctrine administrative, de nombreuses interrogations subsistent, en l'absence de précisions législatives ou doctrinales suffisantes. Sans prétendre à l'exhaustivité, on relèvera les suivantes.

A. Dividendes et intérêts de source française perçus par une société de personnes française dont les associés sont non résidents

Nature de la difficulté

31950 On peut se demander si le principe de la personnalité fiscale des sociétés de personnes françaises (n° 31340) ne doit pas s'effacer devant certains autres principes fixés par le Code général des impôts en matière de dividendes et d'intérêts ; on sait, en effet, qu'une société de personnes est un **établissement payeur** de dividendes et d'intérêts, sur le fondement des articles :

– 75, 4° de l'annexe II au CGI, qui confère aux sociétés de personnes qui perçoivent des **dividendes** la qualité d'établissement payeur, et 79, 4° de la même annexe, qui précise que la société est réputée reverser les dividendes à la date à laquelle elle les a encaissés. Par suite, elle doit acquitter la retenue à la source de l'article 119 bis du CGI lorsque ses associés sont non résidents ;

– 41 duodecies G de l'annexe III au CGI, qui pose une règle identique en ce qui concerne les **intérêts** perçus par les sociétés de personnes qui n'exercent pas une activité industrielle, commerciale, artisanale ou agricole ou une profession non commerciale (soit, pour l'essentiel, les sociétés qui possèdent et gèrent des capitaux mobiliers et/ou des biens immobiliers).

Précisions **a.** La cour administrative d'appel de Paris n'a pas tiré de conséquences de ce qu'une société de personnes est un établissement payeur dans l'affaire Rinsoz et Ormond mentionnée n° 31756. Elle a estimé que les dispositions de l'article 75, 4° de l'annexe II au CGI, relatives aux établissements payeurs, étaient **sans incidence** sur le principe même de l'assujettissement à l'impôt sur les sociétés en France de la société suisse ; elle a considéré, en effet, que ces dispositions ont uniquement pour objet de réglementer les modalités de paiement de l'impôt dû et d'en permettre le contrôle, sans en tirer de conséquences sur l'étendue de l'obligation fiscale des associés.

b. Une société civile qui perçoit des intérêts et qui n'a pas opté pour l'impôt sur les sociétés doit être regardée comme assurant le paiement des intérêts au sens de l'article 242 ter du CGI, relatif aux **déclarations des revenus de capitaux mobiliers** (CE 20 septembre 2017 n° 392510, 9e et 10e ch., Sté Norma : RJF 12/17 n° 1190).

Transparence éventuelle

Compte tenu des principes précédents, il serait possible de soutenir qu'une société de personnes pourrait être véritablement transparente à l'égard des dividendes et intérêts qu'elle encaisse puisque, précisément, elle a le caractère d'**établissement payeur** au sens des dispositions réglementaires du Code général des impôts. On voit assez difficilement comment une société de personnes peut être à la fois établissement payeur de dividendes et sujet d'imposition au titre de ces mêmes dividendes (le cas traité dans l'affaire Rinsoz et Ormond, n° 31756, concernait des dividendes d'origine étrangère ; peut-être la solution aurait-elle été différente en présence de dividendes de source française). **31955**

Dès lors qu'une société de personnes est un établissement payeur, même s'il est vrai que ce principe n'est pas fixé par la loi elle-même, il serait probablement plus logique de traiter les dividendes et les intérêts qu'elle verse à des associés non résidents de la même façon que si ceux-ci les avaient perçus directement et, par suite, de leur appliquer le traitement conventionnel prévu en cas de détention directe (dans ses conclusions sous la décision Profin Développement et Gestion mentionnée en Précisions ci-dessous, la rapporteure publique envisage une solution contraire, mais ce point n'est pas jugé, car la question ne se posait pas).

Précisions Lorsqu'une société de personnes française perçoit des **rémunérations et avantages occultes** au sens de l'article 111, c du CGI, elle est tenue de prélever la retenue à la source de l'article 119 bis, 2 du même Code, qui est due à raison de leurs quotes-parts respectives par les associés qui résident à l'étranger (CE 6 décembre 2021 n° 429308, 9e et 10e ch., Sté Profin Développement et Gestion : RJF 2/22 n° 117 ; l'affaire a été renvoyée à la cour administrative d'appel de Lyon). Dans cette affaire, une société française passible de l'impôt sur les sociétés et contrôlée par deux personnes physiques domiciliées au Royaume-Uni avait, en 2010, cédé à un prix minoré des immeubles à une société de personnes également française et contrôlée par les mêmes personnes physiques ; l'administration avait réclamé la **retenue à la source** à la société de capitaux, qui avait commis l'acte anormal de gestion et octroyé l'avantage occulte, mais à tort, car seule la société de personnes en était redevable en qualité d'établissement payeur sur le fondement des articles 75, 4° et 79, 4 de l'annexe II au CGI (la décision VTI mentionnée n° 60985 n'a pas été considérée comme transposable, au motif, selon la rapporteure publique Céline Guibé dans ses conclusions à la RJF 2/22 C 117, que, lorsqu'une société de capitaux attribue un avantage occulte à une société de personnes, les deux sociétés en ont nécessairement connaissance). En l'espèce, la personnalité fiscale de la société de personnes, qui avait formellement reçu l'avantage, n'a pas empêché que les revenus soient considérés comme distribués aux associés non résidents de cette dernière (la rapporteure publique estimait toutefois, mais ce point n'est pas jugé, que la **présomption de reversement** pourrait être renversée « lorsque le contribuable démontre que la somme perçue est restée investie au sein de la société de personnes, et s'est donc agrégée aux autres produits pour concourir au résultat global de cette dernière »).

Doctrine administrative

L'administration n'apporte pas de réponse claire à la question de l'imposition des dividendes de source française reçus par une société de personnes française qui a des associés non résidents, notamment en présence de conventions fiscales. **31960**

Les commentaires de la **convention franco-américaine** indiquent que, les sociétés de personnes françaises étant considérées pour l'application de l'impôt français comme des résidents conventionnels, les modalités d'imposition de leurs revenus aux mains de leurs associés résidents des États-Unis, prévues par le droit interne, doivent être appliquées sous réserve des dispositions conventionnelles relatives à chaque catégorie de revenus, qui peuvent notamment avoir pour effet de **limiter l'imposition** établie en France au nom des associés qui sont des résidents des États-Unis (BOI-INT-CVB-USA-10-20-20 n° 100). Elle ajoute que les intérêts de source française reversés par la société de personnes résidente de France sont exonérés du prélèvement de l'article 41 duodecies C de l'annexe III au CGI en application des dispositions de l'article 11 de la convention.

À propos de l'imposition de dividendes de source française encaissés par une société de personnes française dont les associés sont résidents de **Suisse**, l'administration indique que lorsque des dividendes de source française sont encaissés par une société de personnes ayant son siège en France, les règles d'imposition ont pour conséquence de placer les associés de cette société dans la même situation que s'ils avaient encaissé directement la quote-part de ces dividendes correspondant à leur droits dans la société ; elle ajoute que les dividendes compris dans la part des associés domiciliés hors de France subissent, en règle générale, la retenue à la source au taux de droit commun **sans pouvoir bénéficier**, le cas échéant, des **réductions de droits** prévues par la convention liant la France à l'État dont ces associés sont les résidents puisque aussi bien les bénéfices réalisés en France par la société, y compris les dividendes s'y rattachant, sont imposables intégralement dans notre pays (BOI-INT-CVB-CHE-10-20-30 n° 50 ; l'impôt sur le revenu ou l'impôt sur les sociétés, selon les cas, est alors exigible).

En ce qui concerne la convention **franco-belge**, les solutions proposées varient, sans que l'on sache bien pourquoi, selon que l'associé est une personne physique ou une personne morale (BOI-INT-CVB-BEL-10-40 nos 180 et 190) :
– **personnes physiques** : l'administration estime que lorsque des dividendes de source française sont encaissés par une société de personnes ayant son siège en France, les associés de cette société sont placés dans la même situation que si ces associés avaient encaissé directement la quote-part de ces dividendes correspondant à leurs droits dans la société ; les dividendes compris dans la part des associés domiciliés hors de France subissent alors, en règle générale, la retenue à la source au taux de droit commun **sans pouvoir bénéficier**, le cas échéant, des **réductions de droits** prévues par la convention liant la France à l'État dont ces associés sont les résidents, puisque les bénéfices réalisés en France par la société, y compris les dividendes s'y rattachant, sont imposables sans limitation en France ;
– **personnes morales** : pour les résidents de Belgique qui ne sont pas des personnes physiques, la fraction des dividendes de source française comprise dans la part des bénéfices sociaux imposée au nom des associés supporte, selon l'administration, la retenue à la source au taux de droit commun ; cette retenue est **imputable sur l'impôt sur les sociétés** dû par l'associé belge sur sa quote-part dans les bénéfices de la société française et n'est pas restituable.

Enfin, à un autre endroit, l'administration paraît donner une autre solution, de portée générale, à propos des dividendes encaissés par les sociétés de personnes (BOI-RPPM-RCM-30-30-10-80 n° 40) ; il est rappelé que les sociétés de personnes et assimilées visées à l'article 8 du CGI qui perçoivent des revenus de cette nature sont réputées verser à chacun de leurs associés la part qui lui revient dans ces revenus le jour même où elles les ont encaissés ou ont été créditées de leur montant. Celles d'entre elles qui ont leur siège en France sont donc **tenues d'opérer la retenue à la source** sur la quote-part de ces revenus qui correspond aux droits de leurs membres dont le domicile ou le siège est situé hors de France. La doctrine administrative ajoute cependant que cette obligation « ne concerne évidemment » que les produits directement imposables au nom des associés et que la retenue à la source n'a donc pas à être opérée sur les revenus qui doivent être soumis à l'impôt sur les sociétés au nom de la personne morale, en faisant référence aux seuls produits revenant aux commanditaires dans les sociétés en commandite et aux membres non indéfiniment responsables ou non connus de l'administration dans les sociétés en participation. On se demande alors si cela signifie que les autres membres ne seraient pas passibles de l'impôt sur les sociétés ou sur le revenu.

Au total, il nous semble que la manière de voir de l'administration, qui n'est pas très cohérente en ce qu'elle se place selon les cas au niveau de l'associé ou à celui de la société et qu'elle distingue sans raison les personnes physiques passibles de l'impôt sur le revenu et les personnes morales passibles de l'impôt sur les sociétés, n'est pas réellement respectueuse de la **transparence fiscale** instituée par les textes en ce qui concerne les revenus de capitaux mobiliers perçus par l'intermédiaire d'une société de personnes.

B. Plus-values mobilières réalisées par une société de personnes française dont les associés sont non résidents

Problématique

31970 Il n'est pas certain que les associés non résidents soient toujours imposables en France au titre de plus-values mobilières réalisées par une société de personnes française (plus-values de cession d'actions, par exemple).

Certes, dans la mesure où les sociétés de personnes sont des sujets d'imposition, même s'il ne s'agit pas de contribuables (nº 31340), il conviendrait, en principe, de ne pas appliquer les règles prévues pour les non-résidents, et, corrélativement, d'admettre que l'impôt serait exigible quelle que soit la situation propre des associés. Une autre solution reviendrait, en effet, à examiner la situation du point de vue des associés et non de la société, ce qui ne serait pas conforme aux principes généraux.

En ce sens, les articles 244 bis B et C du CGI, qui ne visent que les plus-values réalisées par des non-résidents, ne seraient pas applicables puisque la plus-value est réalisée par un résident, la société de personnes, et non par des non-résidents, les associés. Selon cette manière de voir, il serait sans effet qu'une convention fiscale retire à la France le droit d'imposer en cas de détention directe ; le cédant ne saurait s'en prévaloir, étant une société de personnes française imposable en France, et non pas un non-résident protégé par une convention fiscale.

Transparence éventuelle

En ce qui concerne les **associés personnes physiques**, le texte législatif qui fonde l'imposition des plus-values mobilières réalisées par des sociétés de personnes se place lui-même au niveau des associés et non pas de la société de personnes. Il s'agit de l'article 150-0 A du CGI qui vise les gains nets retirés des cessions à titre onéreux de valeurs mobilières et droits sociaux effectuées par personnes interposées, c'est-à-dire, selon l'administration, par l'intermédiaire de sociétés de personnes. 31975

Autrement dit, la loi ne fixe pas, en la matière, un principe général d'imposition des sociétés de personnes mais plutôt celui de l'**imposition des associés** en tant qu'ils sont réputés avoir réalisé une plus-value par personne interposée. La différence ressort avec les plus-values immobilières si l'on remarque que, pour ces dernières, l'article 150 U du CGI prévoit bien un principe d'imposition des sociétés de personnes.

Si la loi prévoit, pour les personnes physiques, qu'il convient de se placer au niveau des associés, il n'est pas sûr que le principe de la personnalité fiscale des sociétés de personnes soit suffisamment puissant pour fonder l'imposition en France d'associés qui n'auraient pas été imposables en cas de réalisation directe de la plus-value.

La question n'étant pas tranchée, on l'abordera avec une particulière prudence. Elle ne se pose pas, à notre avis, pour les sociétés étrangères de capitaux, associés de sociétés de personnes françaises, car les textes législatifs sont différents. Ces sociétés nous paraissent nécessairement passibles de l'impôt sur les sociétés au titre de leur quote-part des plus-values réalisées par la société de personnes.

C. La question des crédits d'impôt d'origine étrangère

Difficulté

Il résulte des principes généraux que les **revenus passifs d'origine étrangère** (dividendes, intérêts, redevances) perçus par une société de personnes française sont imposables en France quelle que soit la résidence des associés (sauf à admettre que la société de personnes serait, en matière de dividendes et d'intérêts, un établissement payeur même s'il s'agit de revenus de source étrangère, ce qui va sans doute un peu loin). 31990

Cela dit, le débiteur étranger des revenus a, en général, prélevé une **retenue à la source** puisque les sommes sont versées à un non-résident (la société de personnes). Lorsqu'une société de personnes française encaisse des dividendes, intérêts ou redevances d'origine étrangère, la question se pose donc de savoir si ses associés, imposables en France à ce titre, peuvent bénéficier d'un crédit d'impôt représentatif de la retenue à la source étrangère.

Jurisprudence

Si la situation des associés résidents est assez claire, celle des **associés non résidents** l'est beaucoup moins. 31995

La cour administrative d'appel de Paris a, par exemple, pris une position négative dans l'affaire Rinsoz et Ormond (nº 31756), estimant qu'aucune des stipulations des conventions fiscales franco-ivoirienne et franco-suisse, non plus que du Code général des impôts, n'ouvrait droit, pour la société suisse, à un quelconque crédit d'impôt au titre des revenus en litige alors même qu'ils provenaient de dividendes d'une société ivoirienne imposée en Côte-d'Ivoire.

Cette solution ne nous paraît pas devoir être approuvée car elle ne nous paraît pas respecter le principe de la personnalité fiscale des sociétés de personnes, ni, à certains égards, la clause de **non-discrimination** incluse dans la convention fiscale franco-suisse. Dès lors qu'une société française aurait obtenu un crédit d'impôt sur le fondement de la convention fiscale franco-ivoirienne, une société suisse devrait disposer du même crédit d'impôt, c'est-à-dire égal à la retenue à la source perçue en Côte-d'Ivoire dans les limites permises par la convention fiscale entre la France et la Côte-d'Ivoire. Il s'agit, en effet, de l'imposition d'une société de personnes française considérée normalement comme un « résident de France » (nº 31555) ; la circonstance que l'impôt soit acquitté par un associé non résident ne devrait pas modifier la charge fiscale applicable, dès lors que n'est pas ici en cause la situation personnelle de l'associé mais la matière imposable « objective ». De surcroît, le principe de non-discrimination impose de ne pas traiter différemment une société selon l'origine des capitaux qui la composent.

31998 En présence de revenus d'origine étrangère ayant fait l'objet d'une retenue à la source hors de France, il conviendrait, à notre avis, d'admettre qu'un **crédit d'impôt** soit, le cas échéant, imputable sur l'impôt dû en France par les associés non résidents à hauteur de leur quote-part. Mais il s'agirait du crédit d'impôt tel qu'il est prévu par la **convention fiscale entre la France et le pays de la source** et non pas entre ce dernier et le pays de résidence des associés. Par suite, si une retenue est prélevée au taux de 15 % au motif que ce taux est celui fixé par la convention fiscale conclue entre le pays de la source et celui de la résidence des associés, alors qu'elle serait limitée à 5 % sur la base de la convention conclue avec la France, le crédit d'impôt devrait, à notre avis, être limité à 5 %. Bien entendu, aucun crédit d'impôt ne peut être accordé en l'absence de convention fiscale.

D. Situation fiscale en France des résidents de France associés de sociétés de personnes étrangères

32075 Sous réserve du cas particulier de certaines conventions fiscales, la situation diffère selon que les associés sont ou non réputés associés d'une société de personnes assimilable à une société de l'article 8 du CGI.

Précisions Il faut également prendre en compte, le cas échéant, l'incidence éventuelle des **dispositifs anti-abus** codifiés aux articles 123 bis et 209 B du CGI qui peuvent éventuellement être applicables à des groupements ou à des partnerships étrangers (nº 73785 et nº 73235).

1. Associés « en nom » (sauf conventions fiscales spécifiques)

Personnes physiques

32080 Les personnes physiques sont naturellement passibles de l'impôt sur le revenu, au titre de leur quote-part des revenus de la société de personnes étrangère, dès lors que, sous réserve des conventions fiscales, l'impôt frappe aussi bien les revenus de source française que les revenus de source étrangère.

La question qui se pose, à cet égard, est celle de la **transparence éventuelle** de la société de personnes étrangère : doit-on considérer que la personne physique est imposable « comme si » la société étrangère n'existait pas, c'est-à-dire en fonction de la nature et de l'origine des revenus réalisés par la société de personnes ?

Cette question a naturellement un prolongement en ce qui concerne le **fait générateur de l'impôt**. Si l'on admet le principe de l'assimilation des sociétés de personnes étrangères aux sociétés françaises présentant les mêmes caractéristiques, il y a lieu, en effet, d'imposer l'associé sur les revenus réalisés par la société de personnes étrangère, indépendamment des distributions qui peuvent lui être faites ; cette solution pourrait être considérée comme résultant implicitement de la décision Artémis (nº 31325).

Cela étant, à notre avis, le **raisonnement par assimilation** fait par le Conseil d'État n'a de sens que s'il s'agit de décider, soit de l'imposition de revenus de source française de sociétés de personnes étrangères, soit de l'imposition de revenus effectivement versés par des sociétés de personnes étrangères à des résidents de France (sous réserve, éventuellement, de stipulations conventionnelles spécifiques). **32080** (suite)

Si le juge de l'impôt doit déterminer les caractéristiques d'une société étrangère pour l'application du droit fiscal français, en effet, c'est seulement en présence d'une opération litigieuse qui ressortit à la **compétence fiscale de la France**, c'est-à-dire en présence d'un revenu rattachable à la France, qu'il soit réalisé en France par une société de personnes étrangère ou perçu par un associé résident de France. Le principe de l'assimilation de sociétés étrangères à des sociétés françaises de même nature ne devrait, à notre avis, être retenu que si se pose la question des modalités d'imposition d'un revenu imposable en droit interne et ne saurait aller jusqu'à rendre imposables des revenus de source étrangère non distribués par des sociétés de personnes étrangères.

De surcroît, ce qui concerne au moins les personnes physiques, le texte législatif qui fonde l'imposition des revenus d'une société de personnes indépendamment de leur distribution effective, à savoir l'article 13, 4 du CGI (texte qui veut, selon la jurisprudence, que le fait générateur de l'imposition soit constitué par la réalisation de bénéfices par la société de personnes à la clôture de l'exercice et non pas par leur mise à la disposition des associés), ne vise que les sociétés de l'article 8 du CGI, à savoir des sociétés françaises (nº 31325). Hors ces situations, reste bien applicable le **principe de disposition** posé par l'article 12 du CGI, selon lequel l'impôt est dû chaque année à raison des bénéfices ou revenus que le contribuable réalise ou dont il dispose au cours de la même année (sous réserve, bien entendu, des dispositions anti-abus comme l'article 123 bis du CGI).

Ainsi, à notre avis, en présence d'une société étrangère qui réalise un **revenu de source française**, il y a effectivement lieu de procéder à une assimilation pour déterminer selon quelles modalités l'imposition doit être établie ; s'il s'agit d'une société assimilable à une société de personnes française, il convient d'imposer le revenu en France, que l'associé soit résident ou non résident, indépendamment de sa redistribution effective. Dans la négative, l'impôt sur les sociétés est exigible et l'associé résident n'est imposable que sur les distributions effectives.

Si la société étrangère réalise un revenu de source étrangère et si l'associé est résident de France (s'il est non résident, la question ne se pose pas), il conviendrait de n'imposer en France que les distributions effectives, sauf stipulations contraires d'une convention fiscale et sous réserve, s'il n'y a pas eu d'imposition suffisante à l'étranger, de l'application des dispositifs codifiés aux articles 123 bis et 209 B du CGI, dont l'administration prévoit d'ailleurs expressément l'application aux sociétés de personnes étrangères (nºs 73785 et 73235).

La doctrine administrative n'aborde cependant pas ces questions et la jurisprudence est encore insuffisante pour apporter toutes les clarifications nécessaires ; on relève seulement que, à propos de la **convention franco-américaine**, l'administration a indiqué, dans une section de portée générale, qu'une personne physique associée en nom d'une société de personnes étrangère est imposable en France à raison des revenus de la société de personnes en application de l'article 238 bis K du CGI, dès lors que les revenus en cause pourront être imposés à l'impôt sur le revenu en France en application des dispositions combinées des articles 4 A et 8 du Code général des impôts (BOI-INT-CVB-USA-10-20-20 nº 50) ; cette doctrine pourrait paraître implicitement considérer, et si tel est le cas, à tort à notre avis, que des revenus étrangers sont imposables indépendamment de leur redistribution effective car elle ne fait pas la distinction selon l'origine des revenus.

Précisions **a.** Au BOI-INT-CVB-USA-10-20-20 nº 17 (exemple 4), l'administration considère la situation d'une personne physique résidente de France, general partner (c'est-à-dire un associé dont la responsabilité est indéfinie) d'une general partnership américaine (nº 31095) qui « reçoit » des **dividendes** de source allemande. L'administration estime que les dividendes reçus par la partnership ne peuvent bénéficier de la convention franco-américaine, ce qui est logique puisqu'il s'agit de dividendes de source allemande non imposés aux États-Unis. Elle ajoute que, dans ce cas, le montant net des dividendes (déduction faite de l'éventuelle retenue à la source allemande) est passible en France de l'impôt sur le revenu, sans que la convention franco-allemande puisse s'appliquer. L'administration ne retient donc pas complètement, en l'espèce, un principe de transparence puisqu'elle aurait autrement admis que la personne physique puisse, le cas échéant, bénéficier de la convention franco-allemande, ce qui serait pourtant logique. Si la convention franco-allemande était applicable, l'associé résident de France bénéficierait d'un crédit d'impôt en France afin d'éliminer la double imposition résultant de la retenue à la source allemande.

b. Il a été jugé, mais le raisonnement n'est pas explicité car le point n'était apparemment pas contesté, qu'une **partnership britannique** qui exerce une **activité d'avocats** a, au sens de l'article 8 du CGI, la nature d'une société de personnes dont les associés sont personnellement imposés pour la part des bénéfices sociaux correspondant à leurs droits dans la société (CAA Paris 9 mai 2014 n° 11PA03316, 7e ch. : RJF 11/14 n° 1041, arrêt définitif à propos des conditions d'imposition en France d'un avocat domicilié en France et exerçant à titre libéral en tant qu'associé d'un cabinet d'avocats britannique) ; cette solution est conforme à celle exposée au n° 32105, Précisions.

Personnes morales

32085 Pour les personnes morales passibles de l'impôt sur les sociétés, la solution est différente compte tenu du principe de territorialité ; en ce sens, la doctrine administrative précise qu'une **société passible de l'impôt sur les sociétés** n'est pas imposable en France au titre des revenus qu'elle reçoit d'une société de personnes étrangère, si celle-ci est assimilable à une société de l'article 8 et si elle n'a **pas d'exploitation en France** (n° 31327).

Dans le même sens, la doctrine administrative indique que, d'une façon générale, la quote-part du résultat d'une société de personnes étrangère revenant à un associé en nom qui est une personne morale française soumise à l'impôt sur les sociétés ne peut être imposée en France que dans la mesure où le revenu réalisé par la société de personnes étrangère peut être soumis à l'impôt sur les sociétés en France conformément à l'article 209, I du CGI (autrement dit, si la société de personnes exploite une entreprise en France ou si son revenu est imposable en France sur le fondement d'une convention fiscale ; BOI-INT-CVB-USA-10-20-20 n° 50, à propos de la convention franco-américaine). Dans ce cas, selon l'approche de transparence qui devrait, semble-t-il, prévaloir, la société française serait imposable au titre de la réalisation de revenus par la société de personnes étrangère et non pas au titre des sommes distribuées.

Par exemple, une société française a été jugée fondée à ne pas prendre en compte, pour la détermination de son résultat imposable en France, la quote-part de bénéfices réalisés par une **société néerlandaise assimilable** à une société de l'article 8 du CGI et qui avait pour activité la gestion de portefeuilles de créances hypothécaires de résidents néerlandais (TA Montreuil 13 avril 2017 n° 1600839, SA Société Générale : RJF 11/17 n° 1026 ; jugement définitif) ; les comptes rendus des réunions trimestrielles et annuelles tenues aux Pays-Bas faisaient état des activités de **gestion financière** réalisées sur place et la société néerlandaise disposait aux Pays-Bas d'un bureau et de cinq agents mis à sa disposition par la succursale de la Société Générale et son partenaire néerlandais (rien ne démontrait que l'activité était pilotée depuis la France). Le fait que les risques et les bénéfices étaient partagés de manière différenciée entre les associés et que la société française n'était pas imposable aux Pays-Bas en application des règles fiscales néerlandaises était sans incidence.

Cela étant, le **principe de territorialité** ne peut faire échec à l'imposition que si la société de personnes étrangère exploite effectivement une entreprise hors de France et pour les revenus qui y sont rattachés ; dans la négative, il n'y a pas de raison de rechercher une exonération en France au titre de revenus versés par une partnership étrangère à des personnes morales passibles de l'impôt sur les sociétés en France.

En ce sens, une société française associée en nom d'une partnership américaine dont elle détenait 98,82 % du capital et qui détenait elle-même plus de 10 % d'une société américaine de capitaux a été considérée comme imposable en France sur les dividendes redistribués par la partnership, sans pouvoir bénéficier du **régime des sociétés mères** (CE 24 novembre 2014 n° 363556, Plén., Sté Artémis SA : RJF 2/15 n° 102) ; dans cette affaire, le Conseil d'État a transposé la solution de principe qui veut que le régime des sociétés mères ne s'applique qu'aux revenus des participations directes (CE 19 octobre 1983 n° 33816, 7e et 8e s.-s. : RJF 12/83 n° 1506). En outre, même si la décision n'est pas explicite, il paraît ressortir des circonstances de l'espèce que les dividendes n'avaient pas été considérés comme **rattachables à une exploitation** américaine de la partnership qui n'avait apparemment pas d'établissement aux États-Unis ; les dividendes avaient, selon le rapporteur public, été « appréhendés » par la société française associée et ils avaient d'ailleurs, vraisemblablement, fait l'objet d'une retenue à la source aux États-Unis, « par transparence ».

Dans cette affaire, l'arrêt d'appel ne précisait pas la nature réelle de la partnership américaine ; mais le Conseil d'État indique qu'il s'agissait d'une « general partnership », c'est-à-dire d'une société dans laquelle la responsabilité des associés est indéfinie, assimilable à une société de personnes française. S'il s'était agi, par exemple, d'une Limited Liability Company (LLC) dans laquelle la responsabilité des associés est limitée à leurs apports, la solution aurait dû, à notre avis, être différente car une telle société ne peut être assimilée à une société de personnes française (n° 31325).

Enfin, en présence de **revenus passifs de source étrangère** réalisés par une partnership étrangère, il n'y aurait lieu à imposition en France qu'en cas d'appréhension effective des revenus réalisés par la partnership, sauf si, en raison d'une imposition insuffisante à l'étranger, l'article 209 B du CGI était applicable (n° 73235).

Précisions Il a été jugé qu'il n'y a pas lieu de tenir compte, pour la détermination des bénéfices imposables en France d'une **société française qui exerce à l'étranger, par l'intermédiaire d'une société de personnes**, une activité industrielle et commerciale, des variations d'actif net imputables à des événements qui se rattachent à l'activité exercée par cette société (CAA Paris 13 octobre 2005 n° 01PA02297, 5e ch. A, Sté Somaser, arrêt définitif). Cette affaire concernait une société française qui possédait 20 % d'une société de personnes norvégienne dont le seul objet était la propriété et l'exploitation d'un navire de forage pétrolier exploité au Brésil et qui avait dû, faute de contrat d'exploitation, être mis en cale sèche dans un port brésilien ; la provision pour dépréciation de la quote-part de la copropriété de navires, passée par la société française et motivée par l'arrêt d'activité du navire, a été considérée comme non déductible en France.

2. Associés ayant une responsabilité limitée (sauf conventions fiscales spécifiques)

Principes

Lorsque sa responsabilité est limitée à ses apports, l'associé ne peut être assimilé à un associé en nom (sous réserve du cas particulier de l'associé unique d'une société étrangère assimilable à une SARL française, n° 31325). À notre avis, il y aurait donc lieu de considérer qu'il reçoit des **dividendes de source étrangère** et de l'imposer en conséquence. **32100**

En droit interne, en effet, il résulte de l'**article 120, 2°** du CGI (qui concerne l'impôt sur le revenu) que : « Sont considérés comme revenus au sens du présent article [revenus de valeurs mobilières émises hors de France et revenus assimilés] (...) les intérêts, produits et bénéfices des parts d'intérêt et commandites dans les sociétés, compagnies et entreprises ayant leur siège social à l'étranger et dont le capital n'est pas divisé en actions, à l'exception toutefois :

a. Des produits de parts dans les sociétés commerciales en nom collectif ;

b. Des produits des sociétés en commandite simple revenant aux associés en nom. »

En ce sens, il a été jugé que les revenus perçus par une société française en tant qu'associée commanditaire d'une **Kommanditgesellschaft** (KG) allemande ont, au regard de la loi fiscale française, la nature de revenus mobiliers devant être pris en compte, dans les limites prévues par le régime des sociétés mères, dans son bénéfice taxable, sous réserve de l'application d'une convention fiscale internationale (CE 8 novembre 2019 n° 430543, 8e et 3e ch., min. c/ Sté Masterfoods Holding SAS : RJF 2/20 n° 148 ; voir également nos 31740 et 32110). Dans cette affaire, le Conseil d'État a confirmé la solution retenue par CAA Versailles 12 mars 2019 n° 17VE00724, 3e ch., min. c/ Sté Masterfoods Holding SAS (RJF 10/19 n° 936) mais en rectifiant le fondement législatif de l'imposition qui n'était pas, s'agissant d'une société de capitaux, l'article 120, 2e du CGI mais l'article 38 du même Code (cette erreur n'avait cependant pas de conséquence).

Précisions Dans le passé, la doctrine administrative relative à la **convention franco-américaine** posait clairement le principe de l'application de l'article 120, 2° du CGI aux associés résidents de France, personnes physiques ou morales, qui sont « limited partners » (responsables à hauteur du capital apporté) de partnerships américaines (le BOI-INT-CVB-USA-10-20-10 n° 10 ne reprend pas cette précision).

Personnes physiques

En ce qui concerne les associés personnes physiques, l'impôt sur le revenu est nécessairement exigible en France, au titre de la perception de **revenus de valeurs mobilières** **32105**

étrangères ; sauf application de l'article 123 bis du CGI, les produits réalisés par la partnership ne sont imposables entre leurs mains que s'ils leur sont distribués. En cas d'option pour le barème ordinaire au lieu du prélèvement forfaitaire unique (nº 1955), les sommes ainsi distribuées à des personnes physiques fiscalement domiciliées en France ne sont pas éligibles à la **réfaction de 40 %** sur le montant des dividendes distribués (nº 1958), notamment en raison de ce que ces sommes ne sont pas distribuées par des sociétés passibles, dans leur État de constitution, d'un impôt équivalent à l'impôt sur les sociétés.

Il faut cependant réserver le cas des sociétés étrangères assimilables à une SARL française dont l'associé unique est une personne physique (nº 31325).

Précisions Afin de remédier à la double imposition que risquaient de subir les **avocats** résidents de France associés de « **limited liability partnerships** » (LLP) **britanniques**, dont la responsabilité est limitée à leurs apports, l'administration a retenu une solution favorable qui consiste à les traiter comme s'ils étaient associés d'une société de personnes, en dépit de la limitation de leur responsabilité (BOI-INT-CVB-GBR-10-10 nº 160 ; ce rescrit avait initialement été présenté comme une anticipation de la convention du 19 juin 2008 entre les deux pays mais cette dernière ne prévoit pas de solution aussi complète ; nº 31780) ; compte tenu des caractéristiques des LLP, l'administration a admis de les traiter fiscalement de la même manière que les « general partnerships ». Ainsi :
– les associés non salariés résidents de France sont **imposables en leur nom** dans les conditions de droit commun dans la catégorie des bénéfices non commerciaux à raison de la fraction des revenus réalisés en France par la LLP correspondant à leurs droits ;
– la **quote-part des revenus** correspondant à l'activité de la LLP exercée **au Royaume-Uni** par l'intermédiaire d'une base fixe qui y est située est exonérée sous réserve du taux effectif (aujourd'hui crédit d'impôt égal à l'impôt français) ;
– la quote-part des revenus qui correspondent à l'activité de la LLP exercée dans un **État tiers** lié à la France par une convention fiscale permettant de lutter contre la fraude ou l'évasion fiscale, par l'intermédiaire d'une base fixe située dans cet État, est imposée conformément aux dispositions des articles « bénéfices des entreprises » ou « professions indépendantes » de cette convention ;
– les associés non résidents de France sont imposables en France à raison de leur quote-part des résultats réalisés **en France** par la LLP par l'intermédiaire d'une base fixe qui y est située.

La même solution de principe est applicable dans le cadre franco-américain (nº 31685).

Personnes morales

32110 Si l'associé est une personne morale passible de l'impôt sur les sociétés, l'impôt sur les sociétés est naturellement exigible sur les **dividendes** perçus ; la question se posera cependant de savoir si la personne morale peut éventuellement bénéficier du **régime des sociétés mères** (nº 61400).

À notre avis, rien ne devrait s'y opposer si les conditions sont remplies, notamment celles qui tiennent à l'existence d'une participation et au seuil de déclenchement.

Dans un tel cas, en effet, la société française de capitaux, associée de la société de personnes étrangère, est **assimilable** à un **associé commanditaire** d'une société en commandite simple française ; la circonstance que, le cas échéant, sa quote-part de revenus soit imposée dans l'État de constitution de la société de personnes selon un principe de transparence, devrait rester sans incidence pour l'application d'un texte de droit interne français. Ainsi, à propos d'une société française commanditaire d'une KG allemande, assimilable à une société en commandite simple française, l'administration, rejetant la thèse de la société qui soutenait que les distributions qu'elle avait reçues n'étaient pas imposables, avait tout de même appliqué le régime des sociétés mères en regardant les distributions comme des revenus de capitaux mobiliers passibles de l'impôt seulement sur la quote-part de frais et charges (CE 8 novembre 2019 nº 430543, 8e et 3e ch., min. c/ SAS Masterfoods Holding : RJF 2/20 nº 148 ; voir également nos 10690, 31740 et 32100, notamment sur les conséquences de la convention fiscale franco-allemande). En cassation, le Conseil d'État a confirmé que le régime des sociétés mères était bien applicable par principe (la décision relève que la KG était dépourvue de la personnalité juridique mais le Conseil d'État n'en tire pas de conséquences).

Bien entendu, l'article 209 B du CGI peut éventuellement être applicable (nº 73235).

Précisions **a.** Dans l'affaire Artémis (nº 32085), le **régime des sociétés mères** a été considéré comme inapplicable, mais la société française était assimilable à un associé en nom et non pas à un associé commanditaire, la responsabilité de la société française membre étant indéfinie ; la responsabilité des associés n'étant pas limitée à leurs apports, une telle société ne pouvait être assimilée à une société de personnes française (nº 31105).

b. Il a été jugé qu'une SAS française, associé à responsabilité limitée (« **limited partner** ») d'une partnership écossaise, ne pouvait pas bénéficier du régime des sociétés mères au titre des distributions qu'elle avait reçues de cette partnership, car celle-ci devait être assimilée à une société française de libre partenariat (SLP ; n° 65420), s'agissant d'un **fonds d'investissement** (TA Paris 9 juin 2022 n° 2010825, 2e sect., 3e ch., Sté Invest Conseils) ; la requérante a été considérée comme associée d'un fonds professionnel de capital investissement constitué sous la forme d'un fonds commun de placement dont les distributions sont imposables entre les mains des porteurs de parts en application des articles 137 bis et 1655 sexies A du CGI. Ce jugement admet toutefois que si ce régime n'avait pas été applicable les distributions auraient pu bénéficier du régime des sociétés mères, car la société française aurait alors été assimilée à un associé commanditaire d'une société en commandite simple. **32110** (suite)

CHAPITRE 13

Les opérations internationales et la TVA

Plan du chapitre §§

	SECTION 1 **Les principes de base**	33110
A	Champ d'application	33150
B	Base d'imposition	33170
C	Fait générateur et exigibilité	33190
D	Taux	33210
E	Régime des déductions	33230
F	Obligations des redevables	33250
G	Principes généraux du régime applicable au sein de l'Union européenne	33270
	SECTION 2 **Règles de territorialité**	33340
A	Définition des territoires	33460
B	Principes directeurs	33510
C	Règles applicables aux échanges de biens	33800
	SECTION 3 **Règles applicables aux entreprises étrangères**	34200
A	Situation des entreprises étrangères réalisant des opérations imposables en France	34320
B	Remboursement de la TVA aux entreprises étrangères non établies en France	34420
C	Le cas particulier des relations entre un siège et son établissement	34450

33100 La taxe sur la valeur ajoutée (TVA) s'inscrit dans le contexte général de l'**imposition de la dépense**, qui, avec le patrimoine et le revenu, constitue l'une des matières imposables privilégiées par la fiscalité. Imaginée, semble-t-il, dès les années 1920 aux États-Unis et en Allemagne, la TVA n'a été vraiment appliquée qu'à partir de 1954 en France. Depuis cette date, elle a connu un développement considérable non seulement dans le cadre de l'**Union européenne**, mais aussi à l'échelle mondiale puisqu'on estime qu'une quarantaine de pays ont mis en place une législation conforme aux principes généraux de la TVA (parmi les pays développés, il n'y a guère que les États-Unis qui continuent à appliquer une taxe sur les ventes, « sales tax » prélevée par les États fédérés).

33105 Dans le cadre international, cette imposition a l'avantage essentiel de la **neutralité**. Dans son principe, la TVA repose, en effet, sur l'idée qu'il s'agit d'un impôt sur la dépense et qu'il doit être effectivement supporté par le consommateur. Il en résulte que les opérations d'exportation, c'est-à-dire de livraison d'un bien à un consommateur établi dans un pays étranger, doivent supporter non pas la taxe en vigueur dans le pays d'exportation mais celle du pays d'importation. Ainsi, l'égalité des conditions de concurrence n'est pas faussée, puisque le bien exporté subit la même taxe que le même bien produit dans l'État d'importation (il en va de même, depuis le 1er janvier 1993, à l'intérieur de l'Union européenne, mais les termes d'exportation et d'importation ont été remplacés par ceux de « livraison » et « d'acquisition »).

Cette neutralité explique aussi l'absence de prise en compte de la TVA par les **conventions fiscales**. Celles-ci ne couvrent pas la TVA, dès lors qu'il ne peut généralement pas y avoir de doubles impositions, en vertu du principe même d'exonération des exportations et de taxation des importations (mais il peut y avoir des doubles impositions hors Union européenne, notamment si les règles de territorialité des prestations de services ne sont pas identiques).

Précisions **a.** En ce qui concerne les réflexions européennes de ces dernières années, voir nos 87900 s., étant observé que le régime « transitoire » s'est pérennisé, faute d'accord sur le passage à un système définitif dans l'Union européenne, et que l'objectif longtemps affiché de passer au régime définitif de taxation généralisée des biens et services dans le pays d'origine en ce qui concerne les relations entre résidents de l'Union européenne est aujourd'hui abandonné. La perspective actuelle est exactement inverse (no 87932).

b. Le comité des affaires fiscales de l'OCDE a publié, le 12 avril 2017, des « **Principes directeurs internationaux pour la TVA/TPS** » et, le 24 octobre 2017, de nouvelles orientations pour favoriser la collecte effective de la TVA sur les ventes internationales. Ces nouvelles orientations se concentrent sur la mise en œuvre des approches recommandées dans le cadre de l'Action 1 du plan anti-Beps (n° 72410). La norme internationale de référence de l'OCDE vise à garantir que les impôts sur la consommation appliqués aux transactions transnationales soient effectivement payés **dans le pays où les produits sont consommés**, tout en réduisant les risques que des règles fiscales non coordonnées faussent les échanges internationaux. L'OCDE a également publié, le 10 mars 2022, un ouvrage intitulé « VAT Digital Toolkit for Asia-Pacific (APAC) », après avoir publié en juin 2021 un ouvrage similaire concernant l'Amérique latine et les Caraïbes.

SECTION 1

Les principes de base

La TVA est une taxe générale et unique ; elle est perçue selon le mode des paiements fractionnés, c'est-à-dire à chaque stade du processus de production. Mais elle est calculée de telle manière qu'à l'issue du **circuit économique**, c'est-à-dire lorsque le bien ou le service est mis à disposition du consommateur final, la charge fiscale globale corresponde à la taxe sur le prix de vente final. Autrement dit, l'importance du prélèvement fiscal est identique quelle que soit la longueur du circuit économique. Ce résultat est atteint grâce au mécanisme des **déductions**. **33110**

Les règles applicables en France, comme dans l'ensemble des États membres de l'Union européenne, sont fixées par la **directive 2006/112/CE du 28 novembre 2006** relative au système commun de TVA ; cette directive, qui a refondu les règles de TVA posées, pour l'essentiel, par la sixième directive du 17 mai 1977, s'est substituée à cette dernière depuis le 1er janvier 2007. Elle a notamment incorporé les modifications qui avaient été apportées à la sixième directive par la directive du 16 décembre 1991 fixant le régime applicable aux opérations intracommunautaires et prise dans le cadre de la réalisation du marché intérieur, et elle a ensuite été modifiée pour tenir compte, en particulier, des règles de territorialité relatives aux prestations de services résultant de la directive 2008/8/CE du 12 février 2008. **33115**

A. Champ d'application

Une opération quelconque est soumise à la TVA dès lors qu'il s'agit d'une livraison de bien ou de la réalisation d'une prestation de services effectuée à titre onéreux, qui relève d'une activité économique et qui est effectuée par un assujetti. **33150**

Précisions **a.** Ces principes ne valent que sous réserve des règles relatives aux opérations **exonérées** (par exemple, les exportations et les opérations assimilées, y compris les livraisons intracommunautaires), ou, inversement, aux opérations imposables sur **option**, ainsi qu'aux opérations spécialement soumises à la TVA par la loi (cas des importations et des acquisitions intracommunautaires).

b. Un **régime de groupe** a été mis en place par l'article 162 de la loi n° 2020-1721 du 29 décembre 2020 de finances pour 2021 par transposition de l'article 11 de la directive TVA selon lequel « chaque État membre peut considérer comme un seul assujetti des personnes établies sur le territoire de ce même État membre qui sont indépendantes du point de vue juridique, mais qui sont étroitement liées entre elles sur les plans financier, économique et de l'organisation ». Le dispositif sera applicable à compter du 1er janvier 2023 ; il permettra, sur option, d'effacer les transactions économiques entre les membres du groupe au regard de la TVA en autorisant la constitution d'un assujetti unique (groupe TVA).

Opérations visées

La **livraison d'un bien** s'entend de toute opération comportant un transfert de propriété d'un bien meuble corporel. La notion de **prestation de services** recouvre, en pratique, toutes les opérations économiques autres que les livraisons de biens meubles corporels (les cessions définitives ou temporaires de meubles incorporels – brevets, marques – sont considérées comme des prestations de services). Par exemple, les activités libérales entrent dans le champ d'application de la TVA (sauf exonération, par exemple pour les médecins). **33155**

Notion d'activité économique

33160 N'entrent dans le champ d'application de la TVA que les activités économiques effectuées **à titre onéreux**. La notion d'activité économique est très large ; elle englobe naturellement les activités industrielles, commerciales, artisanales, mais aussi les activités extractives, agricoles, libérales ou civiles. L'essentiel est, bien entendu, constitué par les **actes de commerce** relevant d'une activité commerciale (vente ou fourniture d'un service à titre onéreux). Ces opérations sont normalement passibles de la TVA même si l'activité considérée est déficitaire (à la différence, bien sûr, de l'impôt sur le revenu ou de l'impôt sur les sociétés).

Notion d'assujetti

33165 Elle recouvre toutes les personnes, physiques ou morales, qui effectuent d'une manière indépendante, en principe à titre habituel, une ou plusieurs livraisons de biens ou prestations de services relevant d'une activité économique (l'assujetti doit agir en tant que tel). Cela exclut par conséquent les simples salariés.

B. Base d'imposition

33170 D'une manière générale, la base d'imposition est constituée, pour les livraisons de biens et les prestations de services, par toutes les sommes, valeurs, biens ou services reçus ou à recevoir par le fournisseur ou le prestataire en **contrepartie** de la livraison du bien ou de la réalisation de la prestation de services.

Il s'agit des sommes reçues en contrepartie des opérations, y compris les subventions, c'est-à-dire en pratique des **prix**, montants et valeurs tous frais, taxes et prélèvements de toute nature compris (à l'exclusion de la TVA elle-même). Les **frais accessoires** sont notamment à inclure dans l'assiette de l'impôt (commissions, intérêts, frais d'emballage, de transport, cautionnements, droits d'entrée, etc.).

Si la facturation est effectuée en **devises étrangères**, le calcul doit porter sur la contre-valeur en euros de ces devises au jour de l'exigibilité de l'impôt (dernier cours déterminé par référence au cours publié par la Banque de France à partir du cours fixé par la Banque centrale européenne à cette date).

C. Fait générateur et exigibilité

33190 Le **fait générateur** s'entend du fait par lequel sont réalisées les conditions légales nécessaires pour l'exigibilité de la taxe. Il s'agit de l'événement qui donne naissance à la dette d'impôt.

L'**exigibilité** est définie comme le droit pour le Trésor public d'exiger, à partir d'un moment donné, le paiement de la taxe. C'est l'exigibilité qui détermine la période au titre de laquelle les opérations imposables doivent faire l'objet d'une déclaration.

Normalement le fait générateur et l'exigibilité coïncident ; tel est le cas, par exemple, pour les **livraisons de biens corporels** : le moment fixé est celui de la délivrance du bien, c'est-à-dire du transfert de propriété (lors de l'encaissement éventuel d'acomptes, à compter du 1er janvier 2023).

Toutefois, ces deux notions ne coïncident pas toujours ; pour l'essentiel, l'exception concerne les **prestations de services**. Le fait générateur est constitué par l'exécution du service. Mais la taxe n'est normalement exigible que lors du paiement du prix (ou des acomptes).

D. Taux

33210 Depuis le 1er janvier 2014, les trois taux principaux sont les suivants :
– taux **normal** (20 %), qui s'applique à toutes les opérations qui ne sont pas expressément soumises à un autre taux ;

– taux **intermédiaire** (10 %), qui s'applique à certains produits ou biens et prestations de services, limitativement désignés par la loi (médicaments non remboursables, transports de voyageurs, fourniture de logement en hôtel ou en meublé, certains spectacles, etc.) ;
– taux **réduit** (5,5 %), concernant essentiellement les produits et services de première nécessité (produits alimentaires, notamment).

Il existe un certain nombre de taux spécifiques par exemple, pour la presse, les médicaments remboursables par la sécurité sociale ou encore pour la Corse ou les départements d'outre-mer, etc.

E. Régime des déductions

Principes

Le régime des déductions est essentiel à la TVA. Par différence avec les taxes en cascade, celle-ci n'appréhende en effet que la « **valeur ajoutée** » à chaque stade. Cela suppose que la taxe qui a grevé les éléments du prix de revient d'une opération imposable soit déductible de la taxe applicable à cette opération. **33230**

Toutefois, comme les contribuables n'acquittent pas la taxe opération par opération mais globalement au titre d'une période déterminée (en général un mois), l'**imputation** se fait également de façon globale pour la taxe qu'ils ont supportée lors des achats de biens ou de services qu'ils ont effectués au cours de la même période.

En principe, tous les biens et services acquis pour les besoins de la réalisation d'opérations soumises à la TVA ouvrent droit à déduction. Corrélativement, les biens et services qui ne sont pas nécessaires à l'exploitation n'ouvrent pas droit à déduction (il existe en outre des restrictions spécifiques).

Conditions

Le **droit à déduction** prend naissance lorsque la taxe déductible devient exigible chez la personne qui en est redevable. Autrement dit, au moment où, par exemple, la TVA est exigible lors de la livraison d'un bien, cette même TVA est déductible par l'acheteur, si celui-ci utilise le bien pour les besoins de son exploitation, c'est-à-dire s'il n'est pas le consommateur final. La déduction s'opère au titre du mois pendant lequel le droit à déduction a pris naissance, d'une façon générale et qu'il s'agisse de biens autres que des immobilisations, d'immobilisations ou de services. **33235**

La déduction ne peut pas être opérée si les entreprises ne sont pas en possession des **factures** d'achat (ou de la déclaration d'importation, le cas échéant). Elle se fait par imputation sur la taxe due par l'assujetti au cours de la période considérée. Lorsque ce calcul fait apparaître un « trop payé » de TVA, le redevable se trouve en situation de **crédit de taxe**. Il peut obtenir le remboursement de ce crédit sur demande. Le remboursement est, en principe, annuel ; il peut toutefois être mensuel ou trimestriel sous certaines conditions.

Précisions La taxe déductible relative à chaque bien ou service est déterminée en fonction de son **coefficient de déduction**, qui est lui-même le produit du coefficient d'assujettissement, du coefficient de taxation et du coefficient d'admission ; ces coefficients sont destinés à mesurer le droit à déduction en fonction des circonstances.

F. Obligations des redevables

D'une manière générale, tout redevable doit d'abord souscrire une **déclaration d'existence** et d'identification, dans un délai de quinze jours à compter du commencement de ses opérations. **33250**

En outre, il doit tenir une **comptabilité** des opérations réalisées afin de pouvoir en justifier en détail, que celles-ci soient ou non imposables. Les recettes imposables doivent être ventilées par taux d'imposition. Les redevables ont une obligation fiscale de délivrance de **factures** mentionnant le prix hors taxe (retenu pour la base d'imposition à la TVA), le taux et le montant de la TVA, ainsi que le nom et l'adresse du client. Le montant de la TVA figurant sur une facture délivrée à un redevable ouvre chez ce dernier droit à une déduction d'égal montant (les factures peuvent, sous certaines conditions, être transmises par voie électronique).

Sauf, notamment, application de régimes forfaitaires, les redevables doivent souscrire une **déclaration** mensuelle (ou, dans certains cas, trimestrielle) des opérations réalisées au cours du mois (ou du trimestre) précédent et acquitter l'impôt correspondant, au moment du dépôt ou de l'envoi de la déclaration. L'impôt se détermine par différence au cours d'un mois entre la TVA collectée et la TVA déductible.

Précisions Le 25 janvier 2022, le Conseil de l'Union européenne a autorisé la France à rendre obligatoire la **facturation électronique** par dérogation à la directive 2006/112/CE (décision d'exécution (UE) 2022/133 du Conseil ; JOUE L 20 du 31 janvier 2022 et BF 3/22 n° 249). L'article 26 de la loi n° 2022-1157 du 16 août 2022 de finances rectificative pour 2022 a mis en œuvre un processus progressif de déploiement de l'obligation de facturation électronique pour les assujettis à la TVA en France dans leurs transactions avec d'autres assujettis.

G. Principes généraux du régime applicable au sein de l'Union européenne

Contexte

33270 Depuis le 1er janvier 1993, les entreprises doivent gérer **trois régimes de TVA** :
- le régime interne,
- le régime des échanges avec les pays hors de l'Union européenne,
- le régime intracommunautaire.

Pour marquer la spécificité du régime intracommunautaire, et pour le différencier de celui qui s'applique avec les pays tiers, la terminologie est spécifique ; ce qui s'appelait autrefois **importation** s'appelle, à l'intérieur de l'Union européenne, **acquisition**, et ce qui s'appelait **exportation** s'appelle **livraison**. Les notions d'importation et d'exportation ont été supprimées pour les échanges à l'intérieur de l'Union européenne ; elles sont réservées aux échanges avec les pays hors de l'Union européenne.

Précisions Bien que la Communauté européenne ait été remplacée par l'Union européenne et que le droit « communautaire » n'existe plus car il a été remplacé par le droit « de l'Union européenne », le terme « **intracommunautaire** » continue d'être utilisé par la pratique et par le Code général des impôts lorsqu'il est question de TVA au sein de l'Union européenne.

33275 Depuis le 1er janvier 1993, pour les entrées de biens provenant des États membres, les **contrôles douaniers** aux frontières sont supprimés, le document administratif unique n'est plus utilisé et il n'est plus nécessaire d'avoir recours aux transitaires en douane.

Cela dit, pour les échanges de biens entre assujettis, le régime dit « du **pays de destination** » est maintenu (le régime du **pays d'origine** n'est applicable, sauf exception, qu'aux seuls particuliers). À l'intérieur de l'Union européenne, les livraisons entre assujettis sont donc effectuées au taux zéro, la TVA étant due par l'acquéreur dans son pays et au taux de ce pays, sur ses acquisitions (pays de « destination »). Cette TVA ouvre, bien entendu, droit à déduction dans la mesure où les conditions générales sont respectées.

Au fond, au sein de l'Union européenne, le vendeur, qui effectuait jadis des exportations exonérées effectue, depuis 1993, des livraisons exonérées, alors que l'acheteur qui effectuait auparavant des importations taxables effectue aujourd'hui des acquisitions taxables. L'économie du système n'est pas fondamentalement modifiée par rapport aux échanges avec les pays tiers mais les modalités d'application sont différentes.

Avantages

33280 Ce système présente un double avantage :
– les **entreprises** ne sont pas soumises aux contrôles et aux formalités lors du passage des frontières à l'intérieur de l'Union européenne ;
– les **particuliers** peuvent acheter des biens dans les pays de l'Union européenne et les rapporter sans subir de contrôle ni d'imposition liés au passage des frontières (sauf achat de moyens de transport neufs et ventes à distance).

Le **numéro d'identification à la TVA** constitue la clé de voûte du système. Les entreprises ne peuvent, en effet, réaliser des opérations d'échanges de biens intracommunautaires qu'en utilisant leurs numéros et ceux de leurs partenaires, qui doivent figurer sur les **factures** émises ou reçues ainsi que sur les déclarations d'échanges de biens qu'elles doivent souscrire. Tout assujetti à la TVA doit disposer d'un numéro propre. De même, les entreprises non établies en France qui réalisent des acquisitions taxables doivent s'immatriculer à la TVA. Les entreprises françaises doivent particulièrement veiller au respect des règles relatives à l'immatriculation à la TVA car elles ne peuvent effectuer de livraisons intracommunautaires exonérées que si leurs clients leur ont fourni un numéro d'identification à la TVA dans l'un des autres États membres. L'identification à la TVA est fondamentale non seulement quant au paiement de la taxe sur les opérations réalisées mais aussi pour la récupération de la TVA supportée dans l'État membre où les opérations sont effectuées.

Pérennité du dispositif transitoire

Le dispositif mis en place en 1993 était théoriquement transitoire, le passage au système définitif (imposition dans l'État d'origine) étant initialement prévu pour 1997 ; mais le système « temporaire » s'est installé dans la durée et il est aujourd'hui considéré comme définitif (nos 87900 s.). Davantage, la perspective retenue par les instances européennes est aujourd'hui inversée, le principe de « destination » étant désormais présenté comme souhaitable (no 87932). **33285**

En l'état, le régime de taxation des échanges entre les États membres continue de s'appliquer, en vertu de l'article 402 de la directive 2006/112/CE. En attendant la mise en place d'un système définitif, des « solutions rapides » (« quick fixes ») ont toutefois été mises en place depuis le 1er janvier 2020 (notamment, renforcement des conditions d'exonération des livraisons intracommunautaires de biens, clarification des règles de taxation des opérations en chaîne et simplification pour les stocks sous contrat de dépôt).

Précisions **a.** Il est désormais acquis que le système définitif doit reposer sur le **principe de la taxation dans l'État membre de destination** des biens (no 87921).

b. La préoccupation essentielle des États membres et de la Commission européenne est aujourd'hui la lutte contre la **fraude**.

SECTION 2

Règles de territorialité

Lorsque le fournisseur d'un bien ou le prestataire d'un service sont domiciliés dans le même État que leur client, il n'y a évidemment pas de problème de champ d'application territorial. En revanche, l'existence d'une frontière entre les deux modifie le raisonnement. **33340**

Précisions **a.** Le champ d'application de la TVA est déterminé par référence au **lieu où l'opération est réputée se situer**. Ni le lieu de signature des contrats, ni celui où le paiement est effectué, ni la nature de la monnaie utilisée pour le règlement, ni enfin la nationalité des personnes n'ont une influence sur l'exigibilité ou non de la TVA.

b. D'une façon générale, les règles applicables en matière de TVA ou de taxe sur les prestations de services sont sans incidence sur la **notion conventionnelle d'établissement stable** (Commentaires OCDE, C (5) no 5, issus de la révision de 2017 du modèle de convention fiscale de l'OCDE).

A. Définition des territoires

1. Territoire français

Le territoire sur lequel s'applique la TVA comprend : **33460**
– la **France continentale** (y compris les zones franches du pays de Gex et de Savoie) et les îles du littoral ;
– la **Corse** (mais les taux y sont réduits) ;
– la Principauté de **Monaco** (la législation française y a été introduite par ordonnances princières) ;

– les **départements d'outre-mer**, sauf la Guyane et Mayotte. Seuls sont donc concernés la Guadeloupe, la Martinique et la Réunion. Mais pour l'application de la TVA, ces départements (y compris la Guyane et Mayotte) sont considérés comme des **territoires d'exportation** vis-à-vis de la France métropolitaine ; il en est de même pour chacun de ces départements par rapport aux autres (sauf pour la Guadeloupe et la Martinique qui constituent un marché unique) ;
– enfin, les **eaux territoriales** (limites de 12 milles nautiques à partir des lignes de base) et le plateau continental.

Précisions **a.** Comme pour l'impôt sur le revenu, les **collectivités d'outre-mer** ne font pas partie de la France, au sens fiscal du terme (nº 1905). Sont assimilés à des pays tiers : Saint-Pierre-et-Miquelon, Saint-Barthélemy, Saint-Martin, la Nouvelle-Calédonie, Wallis-et-Futuna, la Polynésie française, les îles et territoires composant les Terres australes et antarctiques françaises et Andorre.

b. Les **départements d'outre-mer** sont traités comme des territoires d'exportation alors qu'ils font partie de la France « fiscale » pour l'impôt sur le revenu et l'impôt sur les sociétés.

c. **Mayotte** est devenue, le 31 mars 2011, le cent-unième département français ; le Code général des impôts s'y applique mais la TVA n'y est pas applicable (le régime de Mayotte est aligné sur celui de la Guyane). Mayotte est considérée comme territoire d'exportation et comme territoire d'importation vis-à-vis de la France métropolitaine et des autres départements d'outre-mer.

2. Union européenne

33480 Outre la France, l'Union européenne comprend l'Allemagne, l'Autriche, la Belgique, la Bulgarie, Chypre, la Croatie, le Danemark, l'Espagne, l'Estonie, la Finlande, la Grèce, la Hongrie, l'Irlande, l'Italie, la Lettonie, la Lituanie, le Luxembourg, Malte, les Pays-Bas, la Pologne, le Portugal, la Roumanie, la Slovénie, la Slovaquie, la Suède et la République tchèque, soit au total **vingt-sept États membres**.

Toutefois, certaines parties de ces territoires sont exclues de l'Union, par exemple, les îles Anglo-Normandes (Jersey, Guernesey), les îles Canaries, les enclaves marocaines de Ceuta et Melilla (Espagne).

Les **pays tiers** s'entendent de tous les États, sauf la France et les autres États de l'Union européenne.

Précisions En ce qui concerne le Royaume-Uni, voir nº 87352 (« **Brexit** »).

B. Principes directeurs

33510 Les critères d'application territoriale de la TVA sont déterminés par référence au **lieu où l'opération est réalisée**, selon la définition qu'en donne la loi.

Sans entrer dans le détail de réglementations souvent complexes, particulièrement depuis que coexistent deux régimes, l'un concernant les opérations intracommunautaires en matière d'échanges de biens et l'autre concernant les opérations réalisées en dehors de l'Union européenne, on exposera sommairement les principes directeurs concernant tant les livraisons de biens corporels que les prestations de services.

1. Concernant les biens corporels

33580 Les règles de territorialité concernant les **livraisons en l'état** de biens corporels sont schématiquement les suivantes (CGI art. 258, I).

Précisions Lorsque les biens sont **montés ou installés en France** avant la livraison, celle-ci est imposable dans notre pays.

Lieu de départ situé en France

33582 Lorsque le lieu du départ du bien expédié ou transporté se situe en France, et quel que soit le lieu de destination, à savoir la France, un autre État membre de l'Union européenne ou un pays tiers, la livraison est considérée comme étant faite en France et elle y est donc imposable, sous réserve, bien entendu, des exonérations prévues en matière d'exportation, de livraison intracommunautaire ou de vente à distance.

Lieu de départ dans l'Union européenne (hors France)

Lorsque le lieu du départ d'un bien expédié ou transporté est situé dans un autre État membre de l'Union européenne alors que le lieu d'arrivée est situé en France, le lieu de livraison est réputé situé dans l'autre État membre, sous réserve du régime des ventes à distance. **33585**

Lieu de départ dans un pays tiers

L'introduction en France de biens en provenance de pays tiers ou assimilés entraîne la perception de la TVA lors de **l'entrée du bien** sur le territoire communautaire, lorsque ce bien est mis à la consommation en France (ou, éventuellement, placé sous un entrepôt fiscal, auquel cas l'importation est effectuée en suspension de taxe). Il en va de même lors de la mise à la consommation en France d'un bien précédemment placé sous l'un des régimes douaniers communautaires spécifiques (conduite en douane, installations de stockage temporaire et lieux agréés aux fins du dépôt temporaire, zone franche, entrepôt d'importation, perfectionnement actif, admission temporaire en exonération totale de droits, transit externe ou transit communautaire interne). **33588**

Si le bien se trouve en France lors du **montage** ou de l'installation par le vendeur ou pour son compte, le lieu de livraison des biens est situé en France.

Bien non expédié ou transporté

Lorsque le bien ne donne pas lieu à une expédition ou à un transport, la livraison est imposable si le bien est situé en France lors de sa mise à la disposition de l'acquéreur alors qu'elle échappe à l'imposition si le bien est situé à l'étranger lors de cette mise à disposition. **33590**

Lieu d'une acquisition intracommunautaire

Le lieu d'une acquisition intracommunautaire de meubles corporels est situé en France lorsque les biens se trouvent en France au moment de l'**arrivée** de l'expédition ou du transport à destination de l'acquéreur (CGI art. 258 C). **33595**

Lorsque les biens ne sont **pas expédiés** ou transportés en France, le lieu d'acquisition est réputé se situer en France si l'acquéreur a donné au vendeur son numéro d'immatriculation à la TVA en France, et s'il n'établit pas que l'acquisition a été soumise à la TVA dans l'État membre de destination des biens. Toutefois, si l'acquisition est ultérieurement imposée dans l'État membre d'arrivée, la base d'imposition en France est diminuée du montant de celle qui a été retenue dans cet État.

2. Concernant les prestations de services

Principes

D'une façon générale, les critères d'application territoriale de la TVA sont déterminés par référence au lieu où les prestations de services sont réputées se situer, tel que ce lieu est défini par la loi. **33600**

En principe, le lieu des **services entre assujettis** (« B to B ») est situé au lieu d'établissement du preneur quel que soit le lieu d'établissement du prestataire (sous réserve d'exceptions concernant les prestations aisément localisables, telles que les prestations sur des immeubles et la location de moyens de transport) ; lorsque le prestataire n'est pas établi en France, c'est le preneur qui est redevable de la taxe. Dans l'hypothèse où le prestataire et le preneur redevable sont établis dans des États membres différents de l'Union européenne, ces prestations doivent être déclarées sur la déclaration européenne de services.

En revanche, pour les **services fournis à une personne non assujettie** (« B to C »), le lieu de ces services reste en principe le lieu d'établissement du prestataire.

Précisions Les règles relatives à la territorialité des prestations de services ont vocation à s'appliquer dans tous les États membres de l'Union européenne ; si elles font face à des difficultés résultant de **divergences d'interprétation** entre États membres (cas de non-imposition ou de double imposition), les entreprises peuvent saisir le réseau **Solvit** (http://ec.europa.eu/solvit/site/index—fr.htm) afin que leur dossier fasse l'objet d'une procédure de conciliation entre les administrations nationales (nº 87650, Précisions b).

Notion d'établissement

33605 La définition de l'établissement stable en matière de TVA n'est pas identique à celle applicable à l'impôt sur les sociétés, quoique les deux notions se recouvrent le plus souvent. Un établissement stable est, au regard de la TVA, caractérisé par un degré suffisant de **permanence** et une structure apte, du point de vue de l'**équipement humain et technique**, à rendre possible :
– soit la fourniture par cet établissement d'un service au sens de l'article 259, 2° du CGI ;
– soit l'utilisation par cet établissement des services qui lui sont rendus au sens de l'article 259, 1° du CGI (il n'est pas indispensable que l'établissement stable preneur exerce lui-même une activité économique).

Par exemple, la succursale française d'une société étrangère qui ne réaliserait que des **opérations au profit de son siège** qui, s'agissant d'opérations internes, n'entrent pas dans le champ d'application de la TVA, peut néanmoins constituer un établissement stable si elle présente une consistance minimale rendant possible l'utilisation de services pour les besoins de prestations exclusivement rendues au siège. De même, les **bureaux de représentation** d'entreprises étrangères ou les **chantiers** ne présentent pas, en principe, le caractère d'établissement stable prestataire mais peuvent néanmoins avoir une consistance suffisante pour constituer des établissements stables au regard de l'utilisation des services (BOI-TVA-CHAMP-20-50-10 n°s 150 et 160).

Au contentieux, les affaires suivantes sont éclairantes :
– une société britannique, créée par un contribuable en ayant le contrôle, qui dispose de **simples adresses de domiciliation au Royaume-Uni**, n'y a ni le siège de son activité économique, ni la disposition d'un établissement stable ayant une consistance ou un degré de permanence minimale, alors même qu'elle y dispose d'un numéro de TVA intracommunautaire ; cette société dispose d'une installation matérielle permanente en France, dès lors que le contribuable agit pour son compte en engageant des opérations depuis son domicile situé en France. Elle possède donc un établissement stable en France et c'est à juste titre que l'administration a assujetti à la TVA les prestations de conseil informatique fournies par le contribuable à cette société et qui ont été réalisées en France par un prestataire établi en France au profit d'un preneur établi en France (CE 30 juillet 2010 n° 306318, 9e et 10e s.-s., Pasco : RJF 11/10 n° 1004 ; sur la question de l'application de l'article 155 A du CGI en l'espèce, voir n° 45985) ;
– une société néerlandaise gérant et exploitant des brevets et droits de propriété industrielle a été regardée comme disposant, **dans les locaux d'une société française**, d'un établissement présentant un degré suffisant de permanence et une structure apte, du point de vue de l'équipement humain et technique, à rendre possible, de manière autonome, la réalisation de ses prestations de commission du droit d'exploiter les brevets (CAA Lyon 28 avril 2016 n° 15LY02081, 5e ch., Sté Printing Pack BV : RJF 8-9/16 n° 691, ayant fait l'objet d'un pourvoi qui n'a pas été admis par CE (na) 19 avril 2017 n° 401034, 9e ch., Sté Printing Pack BV : RJF 7/17 n° 671) ;
– une société luxembourgeoise de transport de marchandises et de voyageurs disposait d'un établissement stable en France au **domicile de son gérant** et associé unique ; la TVA était exigible sur les prestations de services et les livraisons de biens, et les pénalités pour activité occulte étaient applicables (CAA Nantes 10 juin 2021 n° 19NT02498, 1e ch., Sté Europe Trading Services ; arrêt définitif) ;
– devaient être rattachées à un établissement stable en France les prestations de services réalisées par une société britannique **par l'intermédiaire de sa filiale française** (CE 4 avril 2018 n° 399884, 3e et 8e ch., Sté P&O Ferrymasters Ltd : RJF 7/18 n° 738 ; sur l'arrêt rendu en appel, voir n° 17705) ; il appartenait par suite à la société britannique d'acquitter elle-même la TVA, la circonstance que les clients français aient directement acquitté cette taxe en se fondant sur la supposition erronée que le prestataire ne disposait pas d'établissement stable en France étant inopérante (en principe, la situation peut cependant être régularisée au moyen de factures rectificatives ; voir également n° 34410) ;
– une société irlandaise était redevable de la TVA dès lors qu'elle disposait en France d'un établissement stable par l'intermédiaire d'une **société sœur française** qui disposait elle-même des moyens humains rendant possible, de manière autonome, la fourniture des prestations de la société irlandaise et dont les salariés devaient être regardés comme disposant de moyens techniques adaptés rendant possible, de manière autonome, la fourniture des prestations de cette dernière (CE 11 décembre 2020 n° 420174, Plén., min. c/ Sté Conversant International Ltd : RJF 2/21 n° 196 ; voir n° 17710) ; sur renvoi, l'affirmation a été reprise et les rappels de TVA ont été confirmés alors même que les clients français auraient fait application du mécanisme d'autoliquidation (CAA Paris 8 décembre 2021 n° 20PA03971, 2e ch., Sté Conversant International Ltd : RJF 3/22 n° 297, faisant l'objet des pourvois

n° 461220 du ministre et n° 461310 de la société) ; par principe, en effet, lorsque le lieu des prestations de services se trouve en France parce qu'elles sont fournies à des assujettis remplissant les conditions définies à l'article 259 du CGI, le redevable de la TVA est le prestataire qui les fournit s'il est lui-même établi en France ; **33605** (suite)
– en revanche, dans une affaire, qui, compte tenu de la décision Conversant précitée, aurait vraisemblablement donné lieu à une solution différente si elle avait fait l'objet d'un pourvoi, une société irlandaise n'avait pas été considérée comme ayant disposé en France de **l'équipement humain et technique** apte à rendre possibles, de manière autonome, des prestations de publicité, voir CAA Paris 25 avril 2019 n° 17PA03069, 9e ch., min. c/ Sté Google Ireland Limited (arrêt définitif, le ministre s'étant désisté de son pourvoi selon ce qu'indique CE Ord. 3 décembre 2019 n° 431942, 9e ch., min. c/ Sté Google Ireland Limited ; voir n° 72667, Précisions e) ;
– une société chypriote qui exerçait une activité de préparation et traitement des surfaces en qualité de sous-traitante d'une société française disposait en France, dans les locaux d'une résidence hôtelière, d'un établissement stable à partir duquel elle réalisait ses prestations (CAA Nantes 11 février 2021 n° 19NT00976, 1e ch., Sté Imsa Ltd, ayant fait l'objet d'un pourvoi non admis par CE (na) 22 décembre 2021 n° 451610, 8e ch., Sté Imsa Ltd : RJF 4/22 n° 340) ; la circonstance que les moyens techniques étaient **mis à disposition** de la société chypriote par la société française donneuse d'ordre était sans incidence sur sa qualité de redevable de la TVA et la pénalité de 80 % pour **activité occulte** était exigible (le fait que les prestations avaient bien été assujetties à la TVA via une autoliquidation par le preneur a été jugé sans incidence).

Dans ces affaires, la question n'était pas tant, le plus souvent, la détermination du lieu de taxation, qui, s'agissant de prestations immatérielles, était nécessairement la France, que la détermination du redevable de la taxe ; en effet, l'autoliquidation de la taxe par le preneur n'interdit pas à l'administration de demander le paiement de la TVA au prestataire (voir cependant n° 34410).

En ce qui concerne, enfin, la problématique des établissements stables cachés dans les filiales, la Cour de justice a notamment eu l'occasion d'apporter les précisions suivantes :
– l'existence, sur le territoire d'un État membre, d'un établissement stable d'une société établie dans un État tiers ne peut pas être déduite, par un prestataire de services, du seul fait que cette société y possède une **filiale** (CJUE 7 mai 2020 aff. 547/18, Dong Yang Electronics sp. z o.o., 5e ch. : RJF 8-9/20 n° 749 jugeant également que le prestataire n'est pas tenu de s'enquérir des relations contractuelles entre les deux sociétés afin d'apprécier l'existence d'un établissement stable) ;
– une société d'un État membre ne dispose pas d'un établissement stable dans un autre État membre au motif que cette société y détient une filiale qui met à sa disposition des moyens humains et techniques en vertu de contrats par lesquels elle lui fournit, de manière exclusive, des **services** de **marketing**, de réglementation, de publicité et de représentation qui sont susceptibles d'avoir une incidence directe sur le volume de ses ventes (CJUE 7 avril 2022 aff. 333/20, 5e ch., Berlin Chemie A. Menarini SRL : RJF 7/22 n° 693).

Précisions **a.** D'une façon générale, un prestataire de services est considéré comme **établi** dans notre pays lorsque c'est en France qu'il a le siège de son activité ou bien un établissement stable ou, à défaut, son domicile ou sa résidence habituelle. Le siège de l'activité s'entend du lieu d'exploitation, par exemple, d'une usine, d'un atelier, d'un magasin ou d'un bureau. En principe, le siège de l'activité économique est situé au lieu où sont adoptées les décisions essentielles concernant la **direction générale de la société** et où sont conduites les fonctions d'administration centrale (CJCE 28 juin 2007 aff. 73/06, 4e ch., Planzer Luxembourg SARL : RJF 11/07 n° 1367). Dans le même sens, il a été jugé que la détermination du lieu où sont adoptées les décisions essentielles concernant la direction générale de l'activité implique la prise en considération d'un faisceau de facteurs relatifs à l'activité du prestataire mais sans que soient pris en compte le lieu du preneur des prestations ou le lieu d'exploitation ou d'utilisation des prestations (CE 28 mai 2014 n° 361413, 3e et 8e s.-s. : RJF 8-9/14 n° 777, à propos d'un assujetti personne physique domicilié en Suisse). Également, CE 26 septembre 2019 n° 415916, 3e ch., Sté Worms Management Services : RJF 12/19 n° 1132, à propos d'un **fonds d'investissement** de Jersey dont le siège réel était situé en France.

b. Dans la plupart des cas, la notion d'établissement en matière de TVA rejoint celle retenue pour l'application des règles relatives aux **impôts directs** (nos 17200 s.) ; la jurisprudence considère en effet, d'une façon générale, qu'un établissement stable est caractérisé par un **degré suffisant de permanence** et une structure apte, du point de vue de l'**équipement humain et technique**, à rendre possible, de manière **autonome**, l'activité réalisée (en ce sens, par exemple, CJCE 20 février 1997 aff. 260/95, 5e ch., DFDS : RJF 4/97 n° 406 ; CJCE 17 juillet 1997 aff. 190/95, 6e ch., ARO Lease BV : RJF 10/97 n° 999). Mais, comme les deux notions ne sont pas exactement identiques, l'administration, prenant appui sur la jurisprudence, a indiqué que le fait qu'une entreprise soit réputée disposer en France d'un établissement stable pour les besoins des impôts directs en vertu d'une disposition expresse d'une convention fiscale relative à la **durée des travaux** effectués est sans pertinence en matière de TVA (lettre de la direction de la législation fiscale du 22 janvier 2007 : BF 8-9/07 n° 863).

c. Lorsque l'activité est exercée de manière telle que le lieu d'exploitation ou de l'établissement ne ressort pas clairement, la détermination du lieu d'imposition est effectuée par référence au **domicile** ou à la **résidence habituelle** du prestataire.

d. Il a été jugé que les assujettis partiels d'un État membre ont droit au remboursement d'une partie de la TVA ayant grevé dans un autre État membre des biens ou services utilisés pour leurs opérations dans l'État d'établissement (CJCE 13 juillet 2000 aff. 136/99, 5e ch., Sté Monte Dei Paschi Di Siena : RJF 9-10/00 n° 1188, dont les conséquences ont été tirées par CE 27 juillet 2001 nos 169692 et 178432, 9e et 10e s.-s., min. c/ Sté Monte Dei Paschi Di Siena : RJF 11/01 n° 1374, à propos du **bureau de représentation** en France d'une banque italienne).

e. Sur le cas particulier du **quartier général** d'une société holding luxembourgeoise, voir CAA Paris 13 mars 1997 n° 95-1192, 2e ch., Sté Tag Group : RJF 6/97 n° 552, refusant de considérer qu'il s'agissait d'un établissement stable (arrêt définitif).

f. Les **conventions fiscales** n'ont pas d'incidence en matière de TVA ; peu importe donc qu'un établissement ne présente pas précisément les caractéristiques d'un établissement stable au sens de la convention applicable en matière d'impôts sur le revenu ou sur la fortune.

g. Un **immeuble** donné en location dans un État membre, dont le propriétaire ne dispose pas de son propre personnel pour exécuter la prestation en rapport avec la location, ne constitue pas un établissement stable (CJUE 3 juin 2021 aff. 931/19, Titanium Ltd : RJF 8-9/21 n° 887).

a. Lieu des prestations de services

Services fournis à des assujettis

33610 Le lieu des prestations de services autres que celles désignées n° 33645 est situé en France lorsque le **preneur** est un assujetti agissant en tant que tel qui a en France (CGI art. 259, 1°) :
– le siège de son **activité économique** ou un **établissement stable** pour lequel les services sont rendus ;
– ou à défaut de posséder un tel siège ou un tel établissement stable, son **domicile** ou sa **résidence habituelle**.

En sens inverse, le lieu de ces services n'est pas situé en France lorsque le preneur est un assujetti agissant en tant que tel qui remplit les mêmes conditions dans un autre État membre ou en dehors de l'Union européenne.

La notion de « **preneur assujetti** » est essentielle, car elle permet de distinguer les services qui relèvent du principe de la taxation au lieu du preneur et ceux qui sont taxables au lieu du prestataire. Cette notion, qui est définie à l'article 259-0 du CGI, englobe non seulement les assujettis au sens de l'article 256 A du CGI mais aussi les assujettis qui réalisent à la fois des activités économiques et des activités ou des opérations situées hors du champ d'application de la TVA (**assujettis partiels**) alors même qu'ils achèteraient des services pour les besoins de ces dernières activités. Sont également considérées comme des preneurs assujettis les personnes non assujetties identifiées à la TVA (personnes morales non assujetties ne bénéficiant pas du régime dérogatoire prévu à l'article 256 bis du CGI et qui sont identifiées aux fins de déclarer la TVA afférente à leurs acquisitions intracommunautaires).

Précisions **a.** Les principes mentionnés ci-avant sont également applicables aux personnes physiques ou morales établies dans un pays ou un **territoire tiers à l'Union européenne** ; il revient alors au prestataire dans le cadre des relations d'affaires qu'il entretient avec son client, de s'assurer par tout moyen de la position de son client au regard de ces critères (BOI-TVA-CHAMP-20-50-10 nos 80 et 90). Tous éléments suffisamment probants visant à démontrer que le **preneur du service** est un **assujetti** peuvent être admis pour établir de cette qualité (numéro utilisé par l'État d'établissement pour identifier les entreprises, informations obtenues à partir du site internet du preneur attestant de l'exercice d'une activité économique, informations obtenues de la part des autorités fiscales dont dépend le preneur, notamment certificat d'assujettissement délivré aux fins d'obtenir un remboursement selon la procédure de la treizième directive, bons de commande ou autres documents du preneur mentionnant son adresse commerciale et son numéro d'inscription à un registre du commerce et des sociétés ou à tout autre registre en tenant lieu dans l'État d'établissement, etc.). Il en va de même d'une personne établie hors de l'Union européenne qui dispose par ailleurs d'un numéro d'identification à la TVA attribué par un État membre et qui, dès lors, est considérée comme ayant la qualité d'assujetti aux fins de la territorialité des prestations de services.

b. Des **prêts consentis** par une société française à des **établissements stables** situés hors de l'Union européenne d'une société européenne ouvrent droit à déduction (CAA Versailles 29 décembre 2016 n° 14VE03239, 7e ch., Sté Total Finance Exploitation : RJF 5/17 n° 427 ; arrêt définitif). La Cour interprète l'article 271, V-b du CGI à la lumière des objectifs de la TVA concernant la détermination du lieu des prestations de services en cause et juge que ce lieu est le pays tiers où sont situés les établissements stables auxquels les prêts ont été consentis ; ces prêts ouvrent donc droit à déduction bien que le siège situé dans l'Union européenne ait été désigné comme l'emprunteur par les contrats de prêt et qu'il ait été astreint à son remboursement.

Point de rattachement Pour la détermination du lieu d'une prestation de services lorsque le preneur dispose de plusieurs établissements, le **siège de l'activité économique** est considéré comme le point de rattachement prioritaire. Toutefois, lorsque la prestation est explicitement fournie à un **établissement stable** du preneur situé dans un autre État que celui de son siège, elle est imposable au lieu de cet établissement. **33615**

À défaut de siège économique ou d'établissement stable, le **domicile** ou la résidence habituelle du preneur peuvent constituer un autre point de rattachement.

Obligations du prestataire Pour déterminer le lieu d'imposition de la prestation de services, le prestataire doit **obtenir les informations nécessaires** auprès du preneur et assurer un niveau raisonnable de vérification de ces informations. Sous la responsabilité du preneur, il doit être ainsi en mesure d'apprécier : **33620**
– si le contrat et/ou bon de commande identifie l'établissement stable comme preneur de service ;
– si l'établissement stable est l'entité qui paie pour les prestations de services ou si le coût de ces prestations est effectivement pris en charge par cette entité ;
– si la nature de la prestation permet d'identifier l'établissement stable particulier ou les établissements stables au(x)quel(s) le service est fourni.

Pour les besoins du contrôle, lorsque le numéro d'identification à la TVA du preneur mentionné sur la facture est attribué par un autre État membre, il est présumé que les services sont fournis dans cet État membre, sauf preuve contraire.

Services concernés Relèvent, entre autres, des dispositions de l'article 259, 1° du CGI les services suivants (lieu des prestations de services situé en France si le preneur est un assujetti agissant en tant que tel qui a en France soit le siège de son activité économique, sauf lorsqu'il dispose d'un établissement stable hors de France auquel les services sont fournis, soit un établissement stable auquel les services sont fournis, soit, à défaut, son domicile ou sa résidence habituelle) : **33625**
– les prestations des **intermédiaires** transparents agissant au nom et pour le compte d'un autre assujetti, lorsqu'elles ne se rattachent pas à un immeuble ;
– les prestations de **transports** de biens, qu'il s'agisse de transports internationaux, de transports intracommunautaires ou de transports nationaux de biens, ainsi que leurs prestations accessoires (telles que chargement, déchargement, manutention et activités similaires) ;
– les prestations d'**expertises** ou de travaux sur des biens meubles corporels ;
– les prestations de la nature de celles visées à l'**article 259 B** (n° 33655) ;
– les prestations de **stockage** qui consistent dans la fourniture d'une prestation complexe comprenant par exemple diverses prestations de conservation ou de logistique ;
– les **locations** de **moyens de transport** notamment en vertu d'un contrat de crédit-bail, dès lors qu'elles ne sont pas de courte durée au sens de l'article 259 A, 1° du CGI (n° 33645) ;
– les prestations de services qui ont pour objet des activités **culturelles**, artistiques, sportives, scientifiques, éducatives, de divertissement ou similaires mais qui ne consistent pas à donner accès à des manifestations de cette nature.

Services fournis à des non-assujettis

En ce qui concerne les prestations de services fournies à des personnes non assujetties, le lieu des prestations de services autres que celles désignées à l'article 259 A du CGI (n° 33650), est dans tous les cas réputé se situer en France lorsque le **prestataire** a en France le siège de son **activité économique ou un établissement** stable à partir duquel le service est rendu ou, à défaut, a son domicile ou sa résidence habituelle (CGI art. 259, 2°), sous réserve, le cas échéant, des dispositions des articles 259 B, 259 C et 259 D (nos 33655 s.). **33635**

Précisions Le lieu de ces prestations est également situé en France lorsqu'elles sont fournies à un preneur établi dans l'Union européenne par un prestataire établi en dehors de l'Union européenne et que ces services sont **utilisés ou exploités en France**.

33640 **Services concernés** Les services visés par ces dispositions peuvent être, par exemple :
- des prestations destinées à la **consommation** des particuliers (services rendus à la personne tels que la coiffure, les soins corporels...) ;
- des prestations de services énumérées à l'article 259 B du CGI (nº 33655) ;
- des prestations d'exécution testamentaire.

Dérogations communes aux règles générales

33645 Afin que les prestations soient imposées au plus près de leur lieu de consommation, la loi retient d'autres critères que ceux résultant des règles générales (nºs 33610 s.) pour déterminer le lieu d'imposition de certains services. Ces dérogations sont communes aux services rendus à des **assujettis** et à des **non-assujettis**.

Ainsi, par dérogation à la règle générale posée à l'article 259 du CGI, la détermination du lieu d'imposition des services suivants, notamment, s'effectue en fonction d'autres critères que celui de la qualité du preneur :
- les **locations** de moyens de **transport de courte durée** (en principe inférieure à trente jours), taxables au lieu de la mise à disposition effective du moyen de transport (CGI art. 259 A, 1º) ;
- les services se rattachant à un **immeuble**, taxables en France lorsque l'immeuble y est situé (CGI art. 259 A, 2º) ;
- les prestations de **transport de passagers**, taxables en France à proportion des distances qui y sont parcourues (CGI art. 259 A, 4º) ;
- les **ventes à consommer sur place** (CGI art. 259 A, 5º -b).

Dérogations concernant les seuls services rendus à des assujettis

33647 Des règles particulières sont applicables aux prestations de services consistant à donner accès à des manifestations culturelles, artistiques, sportives, scientifiques, éducatives, de divertissement ou similaires dans le cadre de relations « B to B ». Les prestations de services consistant à donner accès à de telles manifestations (telles les foires et les expositions), ainsi que celles qui leur sont accessoires, fournies à un assujetti, entrent dans le champ d'application de la TVA française lorsque ces manifestations ont effectivement lieu en France (CGI art. 259 A, 5º bis).

Dérogations concernant les seuls services rendus à des non-assujettis

33650 Par dérogation à la règle générale posée à l'article 259 du CGI, la détermination du lieu d'imposition des prestations de services suivantes fournies à des personnes non assujetties s'effectue en fonction d'autres critères que celui du lieu d'établissement du prestataire :
- les prestations de **transport intracommunautaires** de biens, taxables en France lorsque le lieu de départ est situé en France (CGI art. 259 A, 3º) ;
- les prestations de **transport**, autres que les transports intracommunautaires, de biens, imposables en France à proportion des distances qui y sont parcourues (CGI art. 259 A, 4º) ;
- les prestations **accessoires** au transport, imposables en France lorsqu'elles y sont matériellement exécutées (CGI art. 259 A, 6º -a) ;
- les prestations **culturelles**, artistiques, sportives, scientifiques, éducatives, de divertissement ou similaires, entrant dans le champ d'application de la TVA française lorsqu'elles sont matériellement exécutées ou ont effectivement lieu en France (CGI art. 259 A, 5º -a) ;
- les **travaux** et **expertises** portant sur des biens meubles corporels, imposables en France lorsqu'elles y sont matériellement exécutées (CGI art. 259 A, 6º -b) ;
- les **prestations d'intermédiation** au nom et pour le compte d'autrui (intermédiaires transparents), imposables en France lorsque le lieu de l'opération principale est situé en France (CGI art. 259 A, 7º) ;
- les **prestations de services immatérielles**, lorsqu'elles sont fournies à des preneurs établis hors de l'Union européenne ou, s'agissant des services électroniques, lorsqu'ils sont fournis par un prestataire établi hors de l'Union européenne à des preneurs établis en France (CGI art. 259, 2º, 259 B, 259 C et 259 D).

Précisions Pour les prestations de services rendues à des personnes non assujetties autres que celles visées par les dispositions des articles 259 A et D du CGI, dont le lieu d'imposition est en principe situé en dehors de l'Union européenne, les dispositions de l'article 259 C permettent néanmoins de les réputer situées en France lorsqu'elles font l'objet d'une utilisation ou d'une exploitation effectives en France (nº 33680).

Cas des prestations immatérielles (CGI art. 259 B) Il résulte de l'article 259 B du CGI que le lieu de certaines prestations est réputé ne pas se situer en France lorsqu'elles sont fournies à une personne **non assujettie** qui n'est pas établie ou n'a pas sa résidence habituelle dans un État membre de l'Union européenne, c'est-à-dire lorsque le preneur non assujetti est établi ou a sa résidence habituelle **hors de l'Union européenne**. En revanche, elles sont imposables en France si le preneur non assujetti est établi ou a sa résidence habituelle **dans un autre État membre** de l'Union européenne (CGI art. 259, 2°). **33655**

Il s'agit des prestations suivantes :
– **cession et concession** de **droit d'auteurs**, de **brevets**, de droits de **licences**, de **marques** de fabrique et de commerce et d'autres droits similaires ;
– **locations de biens meubles** corporels autres que des moyens de transport ;
– prestations de **publicité** ;
– prestations des **conseillers**, en ce inclus les avocats, ingénieurs, bureaux d'études dans tous les domaines, prestations des experts-comptables ;
– **traitement de données** et fournitures d'information ;
– opérations **bancaires**, financières et d'assurance ou de réassurance, à l'exception de la location de coffres-forts ;
– **mise à disposition** de personnel ;
– **obligation de ne pas exercer**, même à titre partiel, une activité professionnelle ou un droit mentionné à l'article 259 B ;
– prestations de **télécommunication**, services de radiodiffusion et de télévision et certains services fournis par voie électronique (voir également nº 33670) ;
– accès aux réseaux de transport et de distribution d'**électricité** ou de **gaz naturel**, acheminement par ces réseaux et tous les autres services qui lui sont directement liés.

Sont concernées les prestations rendues à des particuliers, des personnes morales non assujetties et non identifiées à la TVA, et des assujettis au sens des articles 256 A et 259-0 du CGI qui acquièrent des services pour leurs besoins privés ou de ceux de leur personnel.

En synthèse, les **règles de territorialité** applicables aux prestations immatérielles fournies à un preneur non assujetti sont les suivantes :
– lorsqu'elles sont réalisées par un prestataire établi en France, elles sont imposables en France si le preneur est établi dans l'Union européenne (France ou autre État membre) ;
– lorsqu'elles sont réalisées par un prestataire établi hors de l'Union européenne, elles sont imposables en France si le preneur est établi dans l'Union européenne (France ou autre État membre) et si le service est utilisé en France.

Ne sont pas imposables en France les prestations immatérielles suivantes fournies à des non-assujettis :
– prestataire établi en France et preneur établi **en dehors de l'Union européenne** ;
– prestataire établi en dehors de l'Union européenne et preneur établi dans l'Union européenne (France ou autre État membre) mais utilisant le service hors de France (sous réserve des services fournis par voie électronique) ;
– prestataire établi dans un autre État membre de l'Union européenne, quel que soit le lieu d'établissement du preneur non assujetti (France, autre État membre ou pays tiers).

Précisions **a.** Les prestations des conseillers, ingénieurs, bureaux d'études, etc., entrent dans le champ de l'article 259 B, 4° du CGI sans qu'il y ait à tenir compte du **statut juridique du prestataire**, de la nature de la profession qu'il exerce à titre principal ou du caractère permanent ou occasionnel de la prestation. À propos des dépositaires du **secret professionnel**, il a été jugé que lorsque des discordances entre l'identité des bénéficiaires des prestations d'une société d'avocats et celle des personnes ayant acquitté les honoraires correspondants font douter du caractère probant des factures sur la domiciliation des payeurs, les dispositions de l'article L 13 0-A du LPF, interdisant les demandes de précisions sur la nature des prestations ou **l'identité des bénéficiaires**, ne font pas obstacle à ce que l'administration interroge la société sur cette domiciliation afin de déterminer les règles de territorialité applicables à la TVA (CE 4 mai 2016 nº 387466, 10e et 9e s.-s., Sté Le Blevennec et associés : RJF 7/16 nº 632, précisant que cette faculté est strictement limitée aux seuls éléments propres à définir la domiciliation en cause).

b. Les prestations visées au a. ci-dessus s'entendent des opérations de la nature de celles effectuées notamment par :
– les **conseils en brevets** d'invention travaillant pour le compte de sociétés ayant la qualité d'inventeur ;
– les **conseils en organisation** qui interviennent dans la définition de la politique générale de l'organisme non assujetti, dans l'organisation de la production et dans la gestion des ressources humaines ;
– les conseils en matière d'**études de marchés** ;
– les conseils en **informatique** qui guident dans le choix des matériels et des programmes adaptés aux besoins des clients ;
– les conseils en **ingénierie** qui se chargent de définir les besoins techniques du client en vue d'optimiser la rentabilité de ses **investissements** ;
– les prestations des **experts-comptables** ;
– les prestations des **commissaires aux comptes** ;
– les prestations des **avocats** ;
– les prestations des **notaires**.

c. S'analysent également en des prestations de conseil ou d'études :
– les **prestations d'analyse** portant sur un produit, pour lequel le prestataire ne se borne pas à définir ses caractéristiques mais examine en outre ses possibilités d'emploi en vue d'orienter le client sur ses utilisations éventuelles ;
– les **essais, vérifications ou contrôles** effectués sur des biens en vue de s'assurer qu'ils sont conformes aux prescriptions techniques réglementaires ;
– les **prestations d'études et de recherches** réalisées par les établissements publics d'enseignement pour le compte de tiers ;
– les services rendus par un prestataire qui met à la disposition de ses clients ses **connaissances** et son **savoir-faire** pour leur permettre d'améliorer leur gestion.

33670 **Services de télécommunication, de radiodiffusion et télévision et services électroniques** Les prestations de services de cette nature, rendues à des **personnes non assujetties**, sont situées au **lieu où le preneur est établi**, a son domicile ou sa résidence habituelle. Par exception toutefois, depuis le 1er janvier 2019, le lieu des prestations est fixé au lieu d'établissement du prestataire, sous réserve notamment que la valeur totale, hors TVA, des prestations en cause ne dépasse pas, au cours de l'année civile en cours, un seuil de 10 000 € (ou sa contre-valeur en monnaie nationale).

Le lieu de ces prestations de services est donc, en principe, réputé se situer en France lorsqu'elles sont rendues à des personnes non assujetties qui sont établies ou ont leur domicile ou leur résidence habituelle en France, quel que soit le lieu d'établissement du prestataire. Lorsque le preneur n'est pas établi en France, ces prestations de services ne sont pas imposables en France.

Pour l'imposition des services fournis à des preneurs non assujettis établis dans l'Union européenne, les prestataires, qu'ils soient ou non établis dans l'Union européenne, ont la possibilité, sur option, d'appliquer un régime de « **guichet unique** » pour la liquidation de la taxe due dans les différents États membres de l'Union européenne ; ce dispositif leur permet de satisfaire à toutes leurs obligations (identification, déclaration et paiement) par voie électronique auprès d'un seul portail électronique (n° 33882).

Précisions **a.** Sont concernés les services de **radiodiffusion** et de **télévision** ainsi que les services fournis via **Internet** (ou par l'intermédiaire d'autres réseaux électroniques) : fourniture et hébergement de sites informatiques, maintenance à distance de programmes et d'équipements, fourniture en ligne de logiciels et leur mise à jour, fourniture d'images, de textes et d'informations, mise à disposition de bases de données, fourniture de musique, de films et de jeux, fourniture d'émissions ou de manifestations politiques, culturelles, artistiques, sportives, scientifiques ou de divertissement, et fourniture de services d'enseignement à distance.

b. Le dispositif du **guichet unique** a été généralisé (n° 33882). Les inscriptions des entreprises qui avaient opté pour le dispositif du « mini-guichet unique TVA » (MOSS, pour « mini One-Stop-Shop ») ont été automatiquement reconduites dans le guichet unique de TVA, dans le régime correspondant.

33680 **Prestations visées à l'article 259 C du CGI** Outre les prestations de services qui sont taxables en France en application des articles 259, 259 A et 259 D du CGI, les dispositions de l'article 259 C du CGI prévoient que, pour les services autres que ceux visés aux articles 259 A et 259 D du CGI, le lieu des prestations de services est réputé **situé en France** lorsque :
– elles sont fournies à des personnes non assujetties qui sont établies ou domiciliées ou ont leur résidence habituelle en France ou dans un autre État membre de l'Union européenne ;

– elles sont effectuées par un prestataire qui a établi le siège de son activité économique ou qui dispose d'un établissement stable à partir duquel les services sont fournis en dehors de l'Union européenne, ou qui, à défaut d'une telle situation, a son domicile ou sa résidence habituelle en dehors de l'Union européenne ;
– et que les services sont effectivement utilisés ou exploités en France.

L'article 259 C du CGI vise les **prestations de services** de toute nature **autres que** : 33685
– les prestations de transport de biens, y compris à l'intérieur de l'Union européenne, et les prestations accessoires à ces transports ;
– les prestations de transport de passagers ;
– les expertises ou les travaux portant sur des biens meubles corporels ;
– les prestations réalisées par les intermédiaires agissant au nom et pour le compte d'autrui ;
– les locations de moyens de transport de courte durée ;
– les services se rattachant à un bien immeuble ;
– les prestations de services culturelles, artistiques, sportives, scientifiques, éducatives, de divertissement ou similaires telles que les foires ou les expositions, y compris les prestations des organisateurs de telles activités, ainsi que les prestations accessoires à ces activités ;
– les ventes à consommer sur place ;
– les prestations uniques des agences de voyages ;
– les services fournis par voie électronique.

Ces dispositions s'appliquent également, lorsque le preneur n'est pas assujetti et que le prestataire est établi hors de l'Union européenne, aux locations de moyens de transport autres que de courte durée dont le lieu est en principe situé en dehors de l'Union européenne (lorsque le prestataire est établi dans l'Union européenne, la location relève du principe général et est taxable au lieu d'établissement du prestataire).

Le tableau ci-dessous résume les **différents cas possibles** en ce qui concerne l'imposition des prestations de services immatérielles fournies à des non-assujettis. 33690

Lieu d'établissement du preneur	**Lieu d'établissement du prestataire**			
	France	**Autre État de l'UE**	**Pays tiers**	
			Service non utilisé en France	**Service utilisé en France**
France	France	État membre où est établi le prestataire (1)	Pays tiers (2)	France
Autre État de l'UE	France (3)	État membre où est établi le prestataire (1)	Pays tiers (2)	France
Pays tiers	Pays tiers (2)	Pays tiers (2)	Pays tiers (2)	Pays tiers

(1) Sauf si le service est utilisé dans un pays tiers et que l'État membre d'établissement du prestataire a fait usage de la faculté offerte par l'article 59 bis, a de la directive TVA, auquel cas le lieu de la prestation est situé dans ce pays tiers.
(2) Sauf si le service est utilisé dans un État membre autre que la France et que cet État membre a fait usage de la faculté offerte par l'article 59 bis, b de la directive TVA, auquel cas le lieu de la prestation est situé dans cet autre État.
(3) Sauf prestations fournies à certaines organisations internationales.

b. Fait générateur, exigibilité et redevables de la TVA

Le principe général, posé par l'article 44 de la directive 2006/112/CE du 28 novembre 2006 et transposé en droit interne à l'article 259, 1° du CGI, selon lequel une prestation de services fournie à un preneur assujetti est imposable à l'endroit où ce preneur est établi est assorti de dispositions particulières pour ces prestations en ce qui concerne le fait générateur, l'exigibilité et le redevable. En simplifiant, les principes directeurs sont les suivants. 33700

Fait générateur

Lorsque les prestations mentionnées n° 33610 sont fournies par un prestataire non établi en France, le redevable de la taxe est le preneur assujetti établi en France (autoliquidation). La taxe est exigible au **moment où la prestation est effectuée**, ou lors de l'encaissement des acomptes (CGI art. 269, 2-b bis). Le fait générateur intervient à l'expiration de chaque année 33702 civile, tant qu'il n'est pas mis fin à la prestation de services, lorsque ces prestations ont lieu de manière continue sur une période supérieure à une année et qu'elles ne donnent pas lieu à des décomptes ou à des paiements durant cette période (CGI art. 269, 1-a quater).

En application de l'article 283, I-3 du CGI, les **factures** doivent en principe être émises dès la réalisation du fait générateur retenu pour ces opérations en matière de TVA. Le fait que le service dont le fait générateur n'est pas intervenu n'ait pas donné lieu à un paiement demeure sans incidence sur l'obligation de facturation qui incombe au prestataire.

Exigibilité

33705 La TVA est exigible lors du fait générateur ou lors de l'encaissement des acomptes pour les prestations de services situées en France en application de l'article 259, 1° du CGI (n° 33610) pour lesquelles la taxe est due par le preneur en application de l'article 283, 2 sous réserve que :
- le prestataire ne soit pas établi en France,
- et que le preneur ait en France le siège de son activité économique, ou un établissement stable pour lequel le service est rendu, ou à défaut de l'un ou de l'autre, y ait son domicile ou sa résidence habituelle.

Ainsi, en vertu de l'article 269, 2-b bis du CGI, les preneurs assujettis établis en France doivent **autoliquider la taxe** afférente aux services qui leur sont fournis par un prestataire qui n'y est pas établi, sur la déclaration déposée au titre de la période au cours de laquelle le service leur est fourni alors même qu'ils ne l'auraient pas encore payée. Corrélativement, ils doivent déclarer la taxe relative aux acomptes qu'ils ont versés pour une prestation de même nature qui ne leur a pas encore été fournie.

Redevable

33707 Le redevable de la TVA afférente à une livraison de biens ou une prestation est en principe l'assujetti qui réalise l'opération imposable ; toutefois, la directive 2008/8/CE du 12 février 2008 relative au lieu des prestations de services a élargi les situations où le **preneur** (ou l'acquéreur) est redevable de la taxe. En règle générale, cette inversion du redevable implique que le prestataire (ou le fournisseur) ne soit pas établi en France.

Ce principe a été transposé à l'article 283, 2 du CGI qui prévoit que pour les prestations ne relevant pas d'une règle de territorialité spécifique (et qui relèvent donc de la règle générale de la taxation au lieu du preneur), le preneur assujetti est le redevable de la taxe lorsque le prestataire est établi à l'étranger. Le champ de l'**autoliquidation** de la TVA par le preneur assujetti a ainsi été étendu aux services qui deviennent taxables au lieu du preneur.

L'article 283, 2 du CGI prévoit que le preneur assujetti, qu'il s'agisse d'un assujetti ou d'une personne morale non assujettie identifiée à la TVA, est le redevable de la TVA au titre des services visés à l'article 259, 1° du CGI (n° 33610) lorsqu'ils lui sont fournis par un prestataire non établi en France.

Précisions Ce **mécanisme d'autoliquidation** simplifie significativement la situation des assujettis preneurs des services concernés car elle les dispense d'avoir à solliciter le remboursement de la TVA qui grevait ces prestations dans l'État où était établi le prestataire ; la TVA ainsi autoliquidée peut directement s'imputer sur celle qui est due au lieu de l'établissement du preneur.

33710 **Participation d'un établissement stable du prestataire** Il résulte de l'article 283-0 du CGI que, aux seules fins de la détermination du redevable, l'assujetti qui réalise une opération imposable en France et qui y dispose d'un établissement stable est néanmoins considéré comme **non établi** lorsque cet établissement **ne participe pas à l'opération**. Inversement, lorsque l'établissement stable français d'un tel assujetti participe à l'opération imposable en France, cet assujetti est considéré comme établi en France ; il est donc redevable de la taxe due au titre de cette opération. Dans une telle hypothèse, le preneur assujetti n'a pas à autoliquider la taxe.

L'autoliquidation est toujours exclue lorsque la prestation est fournie par l'établissement stable situé hors de France d'un assujetti dont le siège est situé en France, car le siège est toujours redevable de la TVA, y compris dans les cas où il ne peut être considéré comme ayant participé à l'opération réalisée par son établissement stable.

Précisions Ce texte a une portée très large car il concerne non seulement les prestations de services mais également les **livraisons de biens** et il a vocation à s'appliquer dans tous les cas où il est prévu un mécanisme d'autoliquidation de la taxe par le client au titre d'opérations réalisées par un opérateur établi à l'étranger.

c. Obligations des redevables

Numéro individuel d'identification

Un numéro individuel d'identification est attribué à : **33720**
– **tout assujetti preneur** d'une prestation de services au titre de laquelle il est redevable de la taxe en France en application de l'article 283, 2 du CGI. Les assujettis établis en France qui n'ont pas de numéro individuel d'identification en application des dispositions des 1°, 2°, 3° ou 5° de l'article 286 ter du CGI se voient attribuer, sur demande auprès du service des impôts des entreprises de la DGFiP dont ils dépendent, un numéro individuel d'identification lorsqu'ils font l'acquisition de telles prestations de services ;
– **tout prestataire établi en France** d'une prestation de services au titre de laquelle seul le preneur est redevable de la taxe dans un autre État membre de l'Union européenne en application de l'article 196 de la directive 2006/112/CE ; il s'agit des assujettis établis en France qui n'ont pas de numéro individuel d'identification en application des dispositions des 1°, 2°, 3° ou 4° de l'article 286 ter du CGI. Ils se voient attribuer, sur demande auprès du service des impôts des entreprises de la DGFiP dont ils dépendent, un numéro individuel d'identification lorsqu'ils réalisent de telles prestations.

Déclaration de recettes

Les assujettis qui sont redevables de la TVA en application de l'article 283, 2 du CGI au **33725** titre des prestations de services qui leur sont fournies par des prestataires établis dans d'autres États membres, sont tenus de déclarer distinctement le montant hors taxe de ces prestations et le montant de la TVA y afférente sur leur déclaration de recettes (CGI art. 287).

Les assujettis identifiés à la TVA doivent déposer, avant le 24 du mois qui suit celui de l'exigibilité, une **déclaration de TVA** modèle 3310 CA3. Ce formulaire peut être téléchargé sur le site www.impots.gouv.fr. Lorsque l'assujetti procède régulièrement à des achats de prestations de services pour lesquelles il est redevable de la taxe en application de l'article 283, 2 du CGI, les déclarations de TVA 3310 CA3 doivent être déposées selon le calendrier prévu au 1° du 1 de l'article 39 de l'annexe IV au CGI.

Facturation

Les règles de facturation prévues par le Code général des impôts s'appliquent, en principe, **33730** aux **opérations situées en France** en application des règles de territorialité et sans préjudice d'éventuelles exonérations. Les règles de facturation applicables à une livraison de biens ou une prestation de services située **dans un autre État membre** de l'Union européenne en application des règles de territorialité de la directive 2006/112/CE, sont celles qui sont applicables dans l'État membre où est située l'opération.

En application du 12° de l'article 242 nonies A de l'annexe II au CGI, la facture relative aux opérations pour lesquelles le preneur est redevable de la taxe en application de l'article 283, 2 du CGI, ne doit pas faire mention de la TVA exigible. Elle doit cependant, afin de justifier que la taxe n'est pas collectée par le prestataire, faire référence soit à l'article 196 de la directive 2006/112/CE, soit à l'article 283, 2 qui en assure la transposition en droit interne, ou à toute autre mention indiquant que l'opération bénéficie d'un régime d'**autoliquidation**.

Déclaration européenne des services

Le mécanisme de la déclaration européenne de services (DES) a été mis en place afin de **33740** lutter contre la fraude pouvant résulter de la déconnexion entre l'État du prestataire et l'État de taxation. Cette déclaration, qui vise les **assujettis établis en France** qui réalisent des opérations pour lesquelles le preneur est redevable de la TVA dans un autre État membre, prend la forme d'un **état récapitulatif des clients** auxquels des services ont été fournis.

En principe, la déclaration doit être produite au plus tard le dixième jour ouvrable du mois qui suit celui au cours duquel la TVA est devenue exigible dans l'autre État membre au titre des prestations de services réalisées ou au cours duquel une régularisation commerciale est notifiée au preneur.

C. Règles applicables aux échanges de biens

33800 Il convient de distinguer, en matière d'échanges de biens, les règles qui s'appliquent aux échanges intracommunautaires et celles qui concernent les relations entre la France et les pays tiers (ceux qui ne sont pas situés dans l'Union européenne).

Le principe est cependant voisin dans les deux situations puisque d'une façon générale, les livraisons de biens expédiés vers l'étranger sont exonérées de TVA alors qu'en sens inverse, les biens en provenance de l'étranger supportent la TVA française. Même si elles ne sont pas soumises à la TVA française, les opérations « extraterritoriales » ouvrent droit à déduction de la taxe ayant grevé les éléments de leur prix. Cette déduction n'est cependant autorisée que dans la mesure où les opérations en cause ouvriraient droit à déduction (c'est-à-dire seraient effectivement soumises à la TVA) si leur lieu d'imposition se situait en France. Cette condition a pour effet d'exclure du droit à déduction les opérations exonérées en régime intérieur ou réalisées par des non-assujettis.

1. Au sein de l'Union européenne

Principes

33820 Depuis le 1er janvier 1993, les règles relatives aux échanges de biens intracommunautaires reposent sur les notions de **livraisons**, opérées par le vendeur et en principe exonérées, et, corrélativement, d'**acquisitions**, réalisées par l'acheteur et en principe imposables dans le pays d'arrivée des biens. Pour des raisons de contrôle, ces opérations sont retracées dans des déclarations spécifiques (nº 33900).

Quant aux achats effectués par les **particuliers** dans un autre État membre, ils supportent de façon générale, seulement la TVA de cet État, ce qui est bien la marque de la réalisation, pour eux, d'un véritable marché intérieur. Il existe cependant des **régimes spéciaux**, destinés à éviter les distorsions de concurrence, notamment pour les ventes à distance, les moyens de transport neufs, les œuvres d'art originales, les antiquités et les biens de collection.

a. Acquisitions intracommunautaires

Principes

33840 D'une façon générale, la vente, par un assujetti d'un État membre, d'un bien meuble corporel **expédié** ou transporté **en France**, par le vendeur, par l'acquéreur ou pour leur compte, à destination de l'acquéreur, constitue une acquisition intracommunautaire (CGI art. 256 bis). La TVA est exigible en France car le lieu de cette acquisition est réputé situé en France (nº 33585).

Ce principe n'est pas applicable aux achats effectués par les particuliers, mais il concerne les acquisitions intracommunautaires réalisées par des assujettis et des personnes morales non assujetties, sous réserve du régime des personnes bénéficiant d'un régime dérogatoire (PBRD ; nº 33860).

L'acquisition intracommunautaire se définit en principe comme l'obtention du pouvoir de disposer en tant que propriétaire du bien meuble corporel en cause. Le lieu d'une acquisition intracommunautaire de biens meubles corporels est réputé se situer en France lorsque les biens se trouvent en France au moment de l'arrivée de l'expédition ou du transport à destination de l'acquéreur.

Redevable

33845 Le redevable de la taxe au titre d'une acquisition intracommunautaire dont le lieu se situe en France est l'**acquéreur**.

Si l'acquéreur est établi dans l'Union européenne sans être établi en France, il est tenu de s'identifier à la TVA en France, directement ou par l'intermédiaire d'un mandataire.

S'il est établi hors de l'Union européenne sans être établi en France, il est tenu de désigner un **représentant** fiscal (sous réserve des exceptions mentionnées n° 34335).

Le vendeur est solidairement tenu au paiement de la taxe lorsque l'acquéreur n'est pas établi en France.

Modalités d'imposition

La **base d'imposition** des acquisitions intracommunautaires est fixée de la même manière qu'en régime intérieur ; le **fait générateur** de la taxe intervient au moment de l'acquisition, c'est-à-dire au moment où la livraison à l'intérieur du pays de biens similaires est considérée comme effectuée (n° 33190). **33850**

La taxe est **exigible** le 15 du mois suivant celui au cours duquel s'est produit le fait générateur. Toutefois, elle devient exigible lors de la délivrance de la facture, si elle précède la date d'exigibilité et s'il ne s'agit pas d'une facture d'acompte.

Le **taux** est celui applicable sur la vente du même bien en régime intérieur.

Formalités

La TVA afférente aux acquisitions intracommunautaires est acquittée dans les mêmes conditions qu'en régime intérieur ; elle doit être liquidée et déclarée sur les **déclarations de chiffre d'affaires** (CA3 pour les redevables au réel normal). **33855**

La taxe est **déductible** selon les principes de droit commun, à condition que les redevables aient fait figurer sur leur déclaration de chiffre d'affaires les données requises et qu'ils aient reçu de leur fournisseur les factures mentionnant le prix hors taxe et les numéros d'identification du fournisseur et de l'acquéreur.

Exceptions

Les principes indiqués ci-dessus connaissent certaines exceptions, dans la mesure où il existe des acquisitions intracommunautaires exonérées (prothèses dentaires, organes, sang et lait humains, etc.) alors que, en sens inverse, il existe des **opérations** spécialement assimilées à des acquisitions intracommunautaires comme les mouvements de stocks ou de biens d'investissement intervenant sans changement de propriété. **33860**

Il existe également un régime dérogatoire par lequel ne sont pas soumises à la TVA, jusqu'à un seuil de 10 000 € par an, les **acquisitions** en provenance d'autres États membres faites **par les personnes bénéficiaires du régime dérogatoire** (PBRD), par exemple les personnes morales non assujetties à raison de l'activité pour laquelle l'acquisition est réalisée ; dans ce cas, les opérations sont traitées comme des ventes à des particuliers, la TVA étant due par le fournisseur lors de la livraison.

b. Livraisons intracommunautaires

Principes

Il s'agit des opérations symétriques des précédentes, les livraisons intracommunautaires de biens étant les livraisons effectuées depuis la France à destination d'un autre État membre de l'Union européenne (CGI art. 262 ter, 1). Dès lors qu'elles sont réputées faites en France (n° 33582), les livraisons intracommunautaires de biens entrent en principe dans le champ d'application de la TVA française. Ces opérations sont **exonérées** de TVA (n° 33875), mais elles ouvrent néanmoins **droit à déduction**, les assujettis qui les ont réalisées pouvant déduire la TVA qui a grevé les éléments du prix des biens expédiés à l'étranger (même principe qu'en matière d'exportation). **33870**

Précisions En ce qui concerne le remboursement de la taxe d'amont, voir nos 34100 s. ; sur les achats en franchise, nos 34080 s.

Conditions

33875 Les livraisons de biens expédiés ou transportés sur le territoire d'un autre État membre sont exonérées de la TVA française dès lors que les conditions suivantes sont réunies (BOI-TVA-CHAMP-30-20-10 nos 10 s.) :
– la **livraison** est effectuée à titre onéreux ;
– le **vendeur** est un assujetti agissant en tant que tel ;
– **l'acquéreur** est un assujetti ou une personne morale non assujettie qui ne bénéficie pas du régime dérogatoire (no 33860) ; en pratique, cette condition est réputée satisfaite dès lors que l'acquéreur fournit au vendeur son numéro d'identification à la TVA dans un autre État membre ;
– et que le bien est expédié ou transporté **hors de France** à destination d'un autre État membre (l'existence du transport ou de l'expédition étant justifiée par tout moyen de preuve).

Il existe également des **opérations assimilées** à des livraisons intracommunautaires telles que le transfert par un assujetti en France d'un bien de son entreprise à destination d'un autre État membre de l'Union européenne pour les besoins de son entreprise.

c. Principales dérogations

Ventes à distance (commerce en ligne)

33880 Une première dérogation au régime général des acquisitions ou livraisons intracommunautaires de biens concerne les ventes à distance aux personnes bénéficiant du régime dérogatoire ou aux particuliers établis dans un autre État membre, qui constituent une livraison taxable pour le vendeur obéissant à un régime particulier de localisation.

Le dispositif applicable depuis le 1er juillet 2021 tire les conséquences des directives européennes 2017/2455 du Conseil du 5 décembre 2017 et 2019/1995 du Conseil du 21 novembre 2019 (no 87940), qui ont été transposées en France par l'article 147 de la loi no 2019-1479 du 28 décembre 2019 de finances pour 2020 et par l'article 51 de la loi no 2020-1721 du 29 décembre 2020 de finances pour 2021. Ces textes prévoient une taxation très large des ventes à distance de biens et prestations de services électroniques au lieu de situation du consommateur final et mettent en place des **facilités de déclaration et de paiement** pour les assujettis redevables de la TVA sur ces opérations. Le mécanisme repose sur la création de « guichets uniques » optionnels permettant la déclaration et le paiement de la TVA et sur la tenue de registres récapitulatifs (no 33882).

Sont considérées comme des « ventes à distance » les ventes à distance intracommunautaires de biens ainsi que les ventes à distance de biens importés, si l'acquéreur est un non-assujetti ou une PBRD (no 33860). Ce dispositif ne s'applique pas, notamment, aux moyens de transport neufs ni aux produits soumis à accises (alcools, tabacs…).

En ce qui concerne les **ventes à distance intracommunautaires**, le lieu d'imposition dépend d'un seuil de recettes fixé à un montant annuel de ventes de 10 000 € (valeur totale des prestations de services de télécommunication, de télévision et de radiodiffusion et des services électroniques fournis à des personnes non assujetties établies dans un État membre autre que la France, ainsi que des ventes intracommunautaires de biens à destination d'autres États membres). Ce seuil s'applique uniquement aux vendeurs établis dans un seul État membre de l'Union européenne et non aux vendeurs non établis dans l'Union européenne ni aux vendeurs établis dans plusieurs États membres de l'Union européenne. En deçà du seuil, l'État membre dans lequel la TVA sur la vente à distance intracommunautaire de biens est due est celui du départ des biens, qui est également l'État membre d'établissement du vendeur. Au-delà du seuil, la TVA est due dans l'État membre d'arrivée. Le lieu de la vente à distance n'est donc pas réputé se situer en France lorsque le vendeur uniquement établi en France dépasse le seuil de 10 000 € ; la TVA relative à ces ventes n'est pas due en France, mais dans l'État membre de destination.

En ce qui concerne les ventes à distance de **biens importés** (États tiers), les règles ont également été modifiées depuis le 1er juillet 2021 et elles ont également eu pour conséquence de clarifier et d'étendre les cas où le lieu de livraison est situé en France, de sorte que la TVA soit due en France. Notamment, les ventes à distance de biens situés en dehors de l'Union européenne de moins de 22 € ne sont plus exonérées de TVA (sauf dans les départements et régions d'outre-mer).

Enfin, les **plateformes** en ligne (marketplaces) sont devenues, dans certains cas, redevables de la TVA et sont désormais astreintes à des obligations de tenue de registres ; alors que les plateformes ne sont que des prestataires de services et que ce sont les vendeurs qui sont redevables de la TVA, deux fictions sont créées pour faire en sorte que la TVA soit bien acquittée : une fiction de vente B2B, non soumise à la TVA, entre le vendeur et la plateforme et une fiction de vente B2C, imposable, entre la plateforme et le consommateur. La collecte de la TVA est ainsi, en pratique, assurée par les plateformes, elles-mêmes sous un contrôle étroit des administrations fiscales, sans égard aux vendeurs réels, généralement hors de contrôle. En ce qui concerne les ventes à distance de biens situés en dehors de l'Union européenne, la TVA peut être collectée par le vendeur ou la plateforme auprès de l'acheteur au moment de la vente en ligne grâce au guichet unique à l'importation lorsque les ventes n'excèdent pas 150 € ; au-delà, la TVA doit être déclarée à la douane de manière électronique, les formalités devant être effectuées par les transporteurs agissant pour le compte des acheteurs en ligne.

Précisions Les modifications introduites au 1er juillet 2021 n'ont pas eu de **conséquences pour les particuliers** qui achètent sur des sites qui vendent déjà toutes taxes comprises ; ceux qui achètent des biens sur des sites qui vendent hors taxe et n'appliquent pas la TVA au moment de la vente en ligne peuvent se voir réclamer par le transporteur, lors de la livraison de leur colis, le paiement des droits et taxes, notamment la TVA.

Guichet unique

À titre pratique, la déclaration et le paiement de la TVA en cas de vente à distance peuvent être réalisées par l'intermédiaire d'un « guichet unique » auprès d'un seul État membre. **33882**

Il y a désormais **trois guichets uniques**. Les deux guichets facultatifs électroniques préexistants pour la déclaration et le paiement des prestations de services électroniques (n° 33670) ont été étendus à toutes les prestations de services, ainsi qu'aux ventes à distance intracommunautaires de biens (régimes particuliers « **One-Stop-Shop** » : « OSS UE » et « OSS non UE »). Il a également été créé un guichet unique ouvert aux opérateurs réalisant des ventes à distance de biens importés de territoires tiers ou de pays tiers ne dépassant pas 150 € (régime particulier « OSS-IOSS », pour « One-Stop-Shop - Import One-Stop-Shop »).

En pratique, les vendeurs en ligne d'un État membre de l'Union européenne peuvent s'enregistrer sur un portail électronique unique dans leur propre État membre et dans leur langue, pour l'ensemble de l'Union européenne. Les entreprises qui optent pour ces guichets uniques ne sont plus tenues de s'immatriculer auprès des administrations fiscales de chaque État membre de consommation afin de déclarer et payer la TVA ; celle-ci est déclarée et payée auprès d'un seul État membre via le guichet unique (les entreprises inscrites au guichet français ne sont donc plus tenues de s'immatriculer auprès des administrations fiscales des autres États membres pour déclarer et payer la TVA). Le détaillant en ligne peut notifier et payer la TVA dans le guichet unique pour l'ensemble de ses ventes dans l'Union européenne, le guichet unique se chargeant de transmettre la TVA à l'État membre concerné. La taxe d'amont ne peut être déduite à ce stade mais elle est remboursée selon les procédures indiquées nos 34420 s.

Ces guichets uniques concernent les prestations de services fournies à des personnes non assujetties dans un État membre dans lequel le prestataire n'est pas établi, les ventes à distance de biens intracommunautaires, et les ventes de biens en provenance de pays tiers dans des envois d'une valeur inférieure ou égale à 150 € localisées dans l'Union européenne, à destination de personnes non assujetties dans l'Union européenne.

Précisions **a.** Les règles applicables sont **codifiées** aux articles 286 quinquies, 298 sexdecies F, 298 sexdecies G, 298 sexdecies H et 298 sexdecies I du CGI et aux articles 41 quinquies A à 41 quinquies D, 41 nonies, 49, 50 sexies J et 50 sexies K de l'annexe IV à ce Code.

b. Le **service de gestion** des déclarations et du recouvrement pour les opérations réalisées dans le cadre des trois guichets uniques européens de déclaration de la TVA pour le commerce électronique est la Direction départementale des finances publiques de l'Oise, qui a remplacé la Direction des impôts des non-résidents.

Moyens de transport neufs

33885 La seconde dérogation importante concerne les moyens de transport neufs, pour lesquels la TVA s'applique dans l'**État de destination** (CGI art. 298 sexies). Tout acquéreur résidant ou établi en France qui achète un moyen de transport neuf dans un autre État membre de l'Union européenne est redevable en France de la TVA sur son acquisition. De façon symétrique, les livraisons de ces biens expédiés ou transportés dans un autre État membre sont exonérées. Cette précision concerne les opérations effectuées par les particuliers et les personnes bénéficiant du régime dérogatoire (PBRD ; nº 33860), puisque pour les ventes entre redevables de la TVA, ce sont les règles générales relatives aux échanges intracommunautaires de biens qui s'appliquent.

Un acquéreur français d'un véhicule acheté en Allemagne doit donc acquitter la TVA française au taux de 20 % et ne peut obtenir de « carte grise » que s'il apporte la preuve qu'il a effectivement acquitté la TVA française.

d. Déclarations relatives aux échanges de biens dans l'Union européenne

33900 Des déclarations à des fins statistiques et de contrôle doivent être effectuées par les personnes physiques ou morales qui réalisent en France des livraisons (expéditions) ou des acquisitions (introductions) de biens à destination ou en provenance d'un État membre (depuis la suppression des frontières fiscales, les opérateurs ont remplacé les douaniers dans l'exercice de leur mission de collecte des données du commerce extérieur et de traçabilité fiscale).

Il s'agissait traditionnellement de la déclaration d'échanges de biens (DEB) ; pour tenir compte de l'évolution de la réglementation européenne, cette déclaration unique a été supprimée depuis le 1er janvier 2022 et remplacée par deux dispositifs distincts : une **enquête statistique** sur les échanges de biens au sein de l'Union européenne (ancien volet statistique de la DEB, qui concerne un échantillon d'entreprises et ne sert qu'à des fins statistiques et non fiscales) et un **état récapitulatif** des clients pour les besoins de la TVA, assurant une fonction fiscale de surveillance du respect des règles de la TVA et d'échange entre services fiscaux des États membres (CGI art. 289 B). Ces formalités doivent être accomplies sur le portail Deb Web.

Depuis le mois de janvier 2022, les opérateurs doivent répondre à une enquête mensuelle statistique relative aux échanges de biens intracommunautaires (les entreprises reçoivent sur ce point une lettre-avis et n'ont pas d'obligation de dépôt spontané). Par ailleurs, tout assujetti identifié à la TVA doit déposer un état récapitulatif des clients auxquels il a livré des biens (livraisons intracommunautaires et transferts assimilés) ou auxquels des biens sont destinés (stocks sous contrat de dépôt). Cet état récapitulatif doit notamment comprendre le montant des opérations et le numéro d'identification à la TVA des acquéreurs.

Les entreprises doivent fournir une seule réponse à l'enquête statistique par type de flux (introduction/expédition) et un seul état récapitulatif des clients, pour un **mois de référence** donné et par compte de déclarant. Les dépôts journaliers, hebdomadaires ou autres ne sont pas autorisés, que ce soit pour la formalité fiscale TVA ou la formalité statistique (la réponse à l'enquête statistique est obligatoire même en cas d'absence de flux réalisés par l'entreprise pour un mois donné). L'administration des douanes est en charge de la collecte de l'état récapitulatif TVA pour le compte de l'administration fiscale, mais les entreprises doivent contacter le service des impôts des entreprises dont elles dépendent pour toute question relative aux informations à déclarer sur cet état.

Précisions **a.** Les documents nécessaires à l'établissement de l'état récapitulatif doivent être **conservés** par les assujettis pendant un délai de six ans à compter de la date de l'opération faisant l'objet de cet état.

b. Le défaut de production de la déclaration dans les délais est sanctionné par des **amendes** prononcées par l'administration des douanes ou des impôts (CGI art. 1788 A).

c. L'administration des douanes a publié sur la page d'accueil du portail Deb Web, le 17 décembre 2021, une **note de référence** sur les informations à fournir dans la réponse à l'enquête statistique mensuelle sur les échanges de biens intra-Union européenne (Emebi) ; cette note complète une précédente note du 18 octobre 2021 (BF 1/22 nº 11).

2. Opérations réalisées en dehors de l'Union européenne

Les opérations réalisées entre la France et les pays qui ne sont pas membres de l'Union européenne sont qualifiées d'exportations ou d'importations. Les principes généraux sont les suivants, étant observé que, sur le fond, les solutions sont généralement les mêmes qu'au sein de l'Union européenne mais que les procédures sont différentes. **33930**

a. Importations

Principes

L'introduction en France de biens en provenance de pays tiers donne lieu à perception de la TVA lors de l'importation, c'est-à-dire selon les cas lors de l'**entrée du bien sur le territoire** de l'Union européenne lorsque ce bien est mis à la consommation en France, ou au moment de la mise à la consommation en France d'un bien placé sous un régime douanier particulier (CGI art. 291 à 293, A bis). À la différence des solutions retenues dans le cadre de l'Union européenne, le passage de la frontière est ainsi traité comme un acte imposable. **33950**

Modalités d'application

Le taux de la TVA applicable à l'importation est celui qui s'applique en régime intérieur, au moment de la déclaration de la mise à la consommation. La TVA supportée à l'importation est ensuite déductible dans les conditions de droit commun. **33955**

La **base d'imposition** à l'importation est constituée par la valeur définie par la législation douanière, c'est-à-dire en général par le prix facturé. Sont notamment à comprendre dans la base d'imposition les impôts, droits, prélèvements et autres taxes dus en raison de l'importation à l'exception de la TVA elle-même, ainsi que les frais accessoires intervenant jusqu'au premier lieu de destination des biens à l'intérieur du pays, alors qu'en revanche viennent en diminution les remises et escomptes pour paiement anticipé, rabais et autres réductions de prix acquises au moment de l'importation.

Depuis le 1er janvier 2022, la **procédure d'autoliquidation** a été généralisée pour tous les assujettis. La déclaration et le paiement de la TVA sur les importations et les sorties de régimes suspensifs sont effectués directement sur la déclaration de TVA (le redevable de la TVA à l'importation doit disposer d'un numéro de TVA valide en France). La gestion et le recouvrement de la TVA due à l'importation par les assujettis et par les personnes non assujetties identifiées à la TVA sont de la compétence de l'administration fiscale et non plus de l'administration des douanes. Mais cette dernière est compétente pour percevoir la TVA due lors des importations de biens pour lesquelles le redevable est une personne non assujettie et non identifiée à la TVA, ainsi que pour la TVA due au titre de certains transports entre la France et les États tiers.

Les modalités de détermination et de contrôle de la base d'imposition de la TVA à l'importation n'ont pas été modifiées et sont toujours de la compétence de l'administration des douanes.

Précisions **a.** La TVA due à l'importation est déclarée, acquittée et déduite auprès de la DGFiP (déclaration et paiement simultané sur la déclaration CA3), ce qui ne dispense pas les opérateurs de souscrire une **déclaration en douane** (DAU) aux fins de dédouanement de la marchandise. Cette procédure a été commentée par l'administration des douanes par une instruction et deux notes du 23 novembre 2021 (BF 1/22 n° 12).

b. La procédure d'autoliquidation permet d'éviter un coût de **trésorerie**, d'autant plus sensible pour les **opérateurs étrangers** non immatriculés à la TVA en France et qui doivent déposer une demande de remboursement, sur le fondement des 8e ou 13e directives, pour récupérer la TVA française sur leurs dépenses d'amont, car les délais de remboursement de la TVA pour ces deux procédures sont relativement longs. Depuis le 1er janvier 2022, les opérateurs étrangers devant s'immatriculer en France pour autoliquider la taxe due à l'importation peuvent imputer la TVA déductible sur leurs dépenses d'amont directement sur leurs déclarations de chiffre d'affaires.

Exceptions

Il existe des exceptions, c'est-à-dire des importations exonérées de TVA, notamment celles qui concernent **certains produits**, tels que par exemple les organes, le sang et le lait humains, les devises, les billets de banque et monnaies, l'or importé par les instituts d'émission, etc. **33960**

D'autres exceptions et régimes particuliers sont par ailleurs prévus en fonction de la qualité de l'importateur ou du régime sous lequel les biens sont importés, comme l'importation de biens destinés à être placés sous un régime suspensif fiscal (**entrepôt fiscal**) et les biens importés définitivement dans le cadre des franchises fiscales communautaires.

b. Exportations

Principes

33970 Les exportations de France vers les pays tiers entrent en principe dans le champ d'application de la TVA française ; mais elles en sont exonérées lorsque sont remplies les conditions fixées par la loi (CGI art. 262, I).

La **notion d'exportation** recouvre, pour l'essentiel, les livraisons de biens expédiés ou transportés en dehors de l'Union européenne par le vendeur ou pour son compte. L'exonération s'applique aussi bien en cas de livraisons directes par l'exportateur que de livraisons réalisées par l'entremise d'un intermédiaire transparent agissant au nom et pour le compte d'autrui. Le bénéfice du régime de l'exportation suppose que les marchandises quittent effectivement le territoire de l'Union européenne et n'est, bien entendu, pas lié à la nationalité des personnes qui opèrent la livraison ou à la nature de la monnaie utilisée pour le règlement.

Modalités d'application

33975 L'exonération est subordonnée à la démonstration de la réalité de l'opération d'exportation, ce qui suppose (CGI Ann. III art. 74) :
– l'inscription des envois dans les livres comptables ou, si l'assujetti exportateur ne tient pas habituellement une comptabilité permettant de déterminer son chiffre d'affaires, sur le **registre spécial** prévu à l'article 286, I-3° du CGI ;
– la production d'une **déclaration d'exportation** qui prend la forme du document administratif unique (DAU) ; l'exemplaire n° 3 de ce formulaire, visé au verso par le bureau des douanes compétent (en général, le bureau des douanes du point de sortie de l'Union européenne), constitue la justification essentielle de l'exportation (il doit être conservé à l'appui de la comptabilité). En cas d'application d'une procédure de dédouanement électronique avec recours au système « ECS » (Expert Control System), la justification est apportée par la certification électronique de sortie.

Si l'assujetti exportateur ne produit pas ces justificatifs (exemplaire n° 3 de la déclaration d'exportation ou certification de sortie), et sauf application de la procédure du bordereau de vente, il doit mettre à l'appui de sa comptabilité ou du registre spécial l'un des **éléments de preuve alternatifs** suivants, pour justifier de la sortie des biens expédiés vers un pays ou un territoire tiers à l'Union européenne :
– déclaration d'importation authentifiée par la douane du pays d'importation ou attestation de celle-ci (accompagnée, le cas échéant, d'une traduction officielle) ;
– tout document de transport des biens vers un pays ou territoire tiers ou tout document afférent au chargement du moyen de transport quittant l'Union ;
– tout document douanier visé par le service des douanes compétent et utilisé pour la surveillance de l'acheminement s'il s'agit de biens soumis à des contrôles particuliers,
– documents d'accompagnement (émis sur support papier ou transmis par voie électronique) ou tout autre élément de preuve alternatif accepté par la douane s'il s'agit de produits soumis à accises ;
– pour tous les produits autres que ceux soumis à accises et lorsqu'il s'agit d'une exportation effectuée par l'acheteur non établi en France ou pour son compte : déclaration du transporteur ou du transitaire qui a pris en charge les biens, accompagnée de la preuve du paiement des biens par le client (pour les produits soumis à accises, la preuve de l'exportation demeure constituée par les justificatifs mentionnés précédemment).

Droit à déduction

33980 Même si les exportations sont exonérées de TVA, les exportateurs peuvent déduire la TVA qui a grevé les éléments du prix de revient des biens exportés et obtenir le remboursement lorsqu'ils ne peuvent récupérer la taxe par voie d'imputation (nos 34100 s.).

Par ailleurs, les exportateurs ont la faculté de recevoir ou d'importer en franchise de taxe les biens qu'ils destinent à l'exportation ou après transformation (nos 34080 s.).

3. Précisions diverses

L'application des règles relatives au trafic international des biens appelle certaines précisions qu'il n'est pas question ici d'examiner en détail, mais qu'il importe au moins de mentionner. **34000**

a. Biens sous régime suspensif

Il existe des règles particulières pour les livraisons de biens placées sous régime suspensif, de même que pour les services portant sur ces biens. **34020**

Sont ainsi effectuées en **suspension du paiement** de la TVA, par exemple, les livraisons de biens placés ou destinés à être placés sous un régime douanier communautaire ou un entrepôt fiscal. Il en va de même des livraisons de biens placées sous le régime de l'admission temporaire en exonération totale des droits à l'importation et du transit externe ou communautaire interne.

Ce dispositif a pour objet de reporter à un stade ultérieur l'exigibilité de l'impôt normalement dû (CGI art. 277 A) ; les opérations concernées ouvrent, en principe, droit à déduction de la taxe d'amont ayant grevé les éléments de leur prix. Sont également éligibles les prestations de services afférentes aux opérations mentionnées précédemment.

Les entreprises étrangères non établies en France qui réalisent uniquement des opérations en suspension de TVA sont dispensées de s'identifier à la TVA en France lorsqu'elles sont établies dans l'Union européenne, ou dans un pays tiers ayant conclu une convention d'assistance au recouvrement des créances fiscales avec la France, et de déposer une déclaration (CGI Ann. III art. 95, II) ou dispensées de désigner un représentant fiscal lorsqu'elles sont établies dans un pays tiers n'ayant pas conclu une telle convention (CGI art. 289 A, I-al. 3). Lorsque ces entreprises effectuent des acquisitions intracommunautaires de biens destinés à être placés sous un régime douanier ou un entrepôt fiscal, et qu'elles ne sont pas elles-mêmes titulaires du régime, elles doivent communiquer au vendeur le numéro d'identification spécifique attribué au titulaire du régime douanier ou de l'entrepôt fiscal. **34025**

La sortie du bien de l'un des régimes douaniers ou entrepôts fiscaux met fin à la suspension du paiement de la TVA, de même que le retrait de l'autorisation d'ouverture d'un entrepôt fiscal.

b. Services se rapportant au trafic international des biens

Diverses prestations de services se rapportant au trafic international des biens sont exonérées de TVA tout en ouvrant droit à déduction. **34040**

Il s'agit notamment des prestations de **services directement liés à l'exportation** de biens meubles corporels, par exemple prestations accessoires aux transports à l'exportation, chargement et déchargement des moyens de transport et manutention accessoire des marchandises, location des moyens de transport, gardiennage, magasinage et emballage, expertise d'assurance, etc.

Sont également **exonérées de TVA** les prestations de services qui consistent en des travaux de type façonnage, réparation ou entretien, portant sur des biens meubles acquis ou importés en vue de faire l'objet de ces travaux et expédiés ou transportés en dehors du territoire de l'Union européenne par le prestataire de services ou par le preneur établi hors de France, ou pour leur compte.

Quant aux prestations de services se rapportant à l'importation de biens et dont la valeur est comprise dans la base d'imposition à l'importation, elles sont exonérées de TVA.

c. Opérations portant sur les navires et aéronefs

La plupart des opérations concernant les navires et aéronefs utilisés pour le trafic international sont exonérées de TVA. **34060**

Ainsi, sont exonérées les opérations de livraison, de réparation, de transformation, d'entretien, d'affrètement et de location qui portent sur certains **bâtiments de mer** (CGI art. 262, II-2°, 3° et 7°). L'exonération ne vise cependant ni les bateaux industriels utilisés à l'intérieur des eaux territoriales, ni les bateaux de sport et de plaisance, ni ceux affectés à la Marine nationale ou naviguant sur les fleuves internationaux.

En ce qui concerne les **aéronefs**, l'exonération vise les opérations de livraison, de transformation, de réparation, d'entretien, d'affrètement et de location portant sur les aéronefs utilisés par des compagnies françaises ou étrangères de navigation aérienne dont les services, à destination ou en provenance de l'étranger (dans ou hors de l'Union européenne) ou des collectivités et départements d'outre-mer, à l'exclusion de la France métropolitaine, représentent au moins 80 % des services qu'elles exploitent (CGI art. 262, II-4°, 5° et 7°). En d'autres termes, le bénéfice de l'exonération suppose que le trafic international de la compagnie représente au moins 80 % des services qu'elle exploite.

d. Achats en franchise

Principes

34080 Les entreprises ont la possibilité d'acquérir en franchise de TVA, dans la limite d'un contingent annuel, les biens et les services portant sur ces biens, acquis en France ou dans l'Union européenne, ou bien importés, dans la mesure où elles les **destinent** à faire l'objet, en l'état ou après transformation, soit d'une livraison intracommunautaire exonérée, soit d'une livraison à l'exportation, soit d'une vente à distance ou d'une livraison après montage ou installation dont le lieu d'imposition est situé dans un autre État membre de l'Union européenne (CGI art. 275). Il s'agit d'un avantage de **trésorerie** qui peut être important pour l'entreprise.

Contingent annuel

34085 Cette faculté est limitée à un contingent annuel d'achats en franchise, égal au **montant** des produits taxables ayant fait l'objet par l'entreprise, au cours de l'année précédente, d'une livraison intracommunautaire exonérée, d'une livraison à l'exportation, d'une vente à distance ou d'une livraison après montage ou installation imposable dans un autre État membre de l'Union européenne.

Comme **année de référence**, les entreprises ont la faculté de retenir, soit l'année civile précédente, soit les douze derniers mois s'il apparaît en cours d'année que les livraisons à prendre en compte faites pendant cette période sont plus élevées que celles de l'année précédente.

Il existe également une possibilité de demander une **dérogation** au service local des impôts pour obtenir un dépassement du contingent légal en cas d'augmentation des commandes, et des règles particulières concernant les entreprises nouvelles, ou bien celles qui réalisent des ventes à l'étranger, alors qu'elles n'en faisaient pas, ou peu, dans le passé.

Modalités d'application

34090 Pour bénéficier de la franchise, les entreprises doivent adresser à leur fournisseur, en principe avant la livraison des marchandises ou la facturation des services, une **attestation** visée par le service des impôts dont elles relèvent, certifiant que les produits commandés sont destinés à faire l'objet, en l'état ou après transformation, d'une livraison éligible, ou que les services commandés portent directement sur de tels produits.

Elles doivent au surplus s'engager à acquitter la TVA au cas où ces produits ne recevraient pas la destination qui a motivé la franchise.

Toutefois, les entreprises qui effectuent à l'intérieur de l'Union européenne des acquisitions de biens en franchise de taxe n'ont pas à adresser cette attestation à leur fournisseur, mais doivent la conserver à l'appui de leur comptabilité.

e. Régime des déductions

Droit à déduction

34100 Le principe fondamental sur lequel repose le système de la TVA est celui de la déductibilité de la **taxe d'« amont »**, c'est-à-dire celle qui a grevé les éléments du prix de revient de l'opération imposable, sur la taxe d'**« aval »**, c'est-à-dire celle due à raison de l'opération considérée. Il s'ensuit que, normalement, lorsqu'une opération est exonérée, quoiqu'elle entre dans le champ d'application de la TVA, cette exonération devrait entraîner la perte du droit à déduction. Cette solution n'est toutefois pas applicable aux opérations d'exportation, ou aux livraisons intracommunautaires ou assimilées, ainsi qu'aux transports internationaux, ce qui explique que l'exonération soit alors baptisée **« taux zéro international »**, l'opération étant considérée comme soumise à la TVA, mais au taux zéro.

Les **exportateurs** bénéficient donc du droit à déduction, conformément aux règles habituelles.

Procédure

Dans le passé, pour obtenir le remboursement des crédits de taxe, les entreprises réalisant des opérations relevant du commerce extérieur (exportations, livraisons intracommunautaires, y compris ventes en suspension de taxe) pouvaient utiliser soit la **procédure générale de remboursement**, soit une procédure spéciale de restitution (CGI Ann. II art 242-0 F ancien). **34105**

Cette procédure spéciale de remboursement propre aux opérations du commerce extérieur a été supprimée par le décret n° 2013-1035 du 15 novembre 2013 (JO du 17 novembre 2013 p. 18679) ; les entreprises doivent aujourd'hui nécessairement utiliser la procédure générale de remboursement prévue par l'article 242-0 C de l'annexe II au CGI.

SECTION 3

Règles applicables aux entreprises étrangères

D'une façon générale, les entreprises étrangères qui effectuent des opérations dont le lieu d'imposition est situé en France supportent la même imposition que les entreprises françaises réalisant les mêmes opérations. **34200**

A. Situation des entreprises étrangères réalisant des opérations imposables en France

1. Principes

Champ d'application

Sont concernées par l'application des règles ci-après les opérations suivantes : livraisons de biens effectuées en France par des entreprises étrangères ou pour leur compte, livraisons relevant du régime des ventes à distance imposables en France, acquisitions intracommunautaires de biens dont le lieu est situé en France, prestations de services imposables en France réalisées par des entreprises étrangères ou pour leur compte (sauf les situations dans lesquelles le redevable de la taxe est le preneur de la prestation) et opérations au titre desquelles une personne établie hors de France doit accomplir des obligations déclaratives en France sans y être redevable de la taxe (notamment, livraisons et acquisitions intracommunautaires de biens exonérés). **34320**

Dans ces situations, si les entreprises étrangères sont **établies en France**, elles sont soumises aux mêmes formalités et doivent acquitter la TVA dans les mêmes conditions que les entreprises françaises exerçant la même activité (cas, par exemple, des succursales françaises de sociétés étrangères).

Entreprises non établies en France

Si elles ne sont pas établies en France et si elles y réalisent des opérations imposables (n° 34320), il faut distinguer selon que les entreprises sont établies à l'intérieur ou à l'extérieur de l'Union européenne. **34325**

34330 **Entreprises établies au sein de l'Union européenne** Dans ce cas, les entreprises n'ont ni l'obligation ni la possibilité de désigner un représentant fiscal ; elles doivent simplement **s'identifier à la TVA**, déclarer les opérations imposables et, le cas échéant, payer directement la TVA auprès de l'administration française.

Elles peuvent toutefois, si elles le souhaitent, désigner un **mandataire** chargé d'effectuer à leur place tout ou partie des formalités nécessaires (à la différence du représentant fiscal, ce mandataire agit sous la responsabilité exclusive de son mandant, qui reste seul redevable de la taxe ; le coût de l'intervention d'un mandataire est donc moins élevé que celui d'un représentant fiscal). Le mandat doit être exclusif ; un original doit en être adressé à l'administration préalablement à toute démarche administrative.

Les assujettis de l'Union européenne qui commencent à exercer une activité en France doivent procéder aux formalités d'identification à la TVA auprès du service des impôts des entreprises étrangères de la Direction des impôts des non-résidents, 10 rue du Centre, 93465 Noisy-le-Grand Cedex.

Précisions Dans certains cas, les assujettis de l'Union européenne peuvent recourir aux services d'un **mandataire ponctuel** sans avoir à s'identifier à la TVA.

34335 **Entreprises établies dans des pays tiers (hors Union européenne)** Dans ce cas, les entreprises étrangères doivent suivre des règles différentes ; en principe, elles doivent faire accréditer auprès du service des impôts un **représentant** assujetti établi en France qui s'engage à remplir les formalités leur incombant et à acquitter la TVA à leur place lorsque les opérations sont imposables (CGI art. 289 A, I). Il résulte, en effet, de l'article 289 A du CGI que lorsqu'une personne non établie dans l'Union européenne est **redevable de la TVA** ou doit accomplir des **obligations déclaratives**, elle est tenue de faire accréditer auprès du service des impôts un représentant assujetti établi en France qui s'engage à remplir les formalités incombant à cette personne et, en cas d'opérations imposables, à acquitter la taxe à sa place. À défaut, la TVA et, le cas échéant, les pénalités qui s'y rapportent sont dues par le destinataire de l'opération imposable.

Par **exception**, cette disposition n'est pas applicable aux personnes établies dans un État non membre de l'Union européenne avec lequel la France dispose d'un **instrument juridique relatif** à **l'assistance mutuelle** ayant une portée similaire à celle prévue par la directive 2010/24/UE du Conseil du 16 mars 2010 concernant l'assistance mutuelle en matière de **recouvrement** des créances relatives aux taxes, impôts, droits et autres mesures et par le règlement (UE) n° 904/2010 du Conseil du 7 octobre 2010 concernant la coopération administrative et la lutte contre la fraude dans le domaine de la TVA (exception résultant de l'article 204 de la directive TVA).

La dispense vaut qu'il s'agisse d'un représentant permanent ou ponctuel. Ces assujettis doivent, comme s'ils étaient établis au sein de l'Union européenne, s'identifier à la TVA en France et s'acquitter eux-mêmes de leurs obligations de déclaration et de paiement de la TVA directement auprès du service des impôts (ils peuvent désigner un mandataire pour effectuer, sous leur responsabilité, tout ou partie des formalités qui leur incombent et acquitter la taxe en leur nom).

La liste des pays tiers à l'Union européenne dont les assujettis n'ont pas l'obligation (ni la possibilité) de désigner un **représentant fiscal** est la suivante : Afrique du Sud, Antigua-et-Barbuda, Arménie, Aruba, Australie, Azerbaïdjan, Bosnie-Herzégovine, Cap-Vert, Curaçao, Dominique, Équateur, Géorgie, Ghana, Grenade, Groenland, îles Cook, îles Féroé, Inde, Islande, Jamaïque, Japon, Kenya, Koweït, Macédoine du Nord, Maurice, Mexique, Moldavie, Nauru, Niue, Norvège, Nouvelle-Zélande, Pakistan, Polynésie française, République de Corée, Royaume-Uni, Saint-Barthélemy, Saint-Martin, Sint Maarten, Tunisie, Turquie, Ukraine et Vanuatu (arrêté du 15 mai 2013, JO du 4 juillet 2013 p. 11144, actualisé en dernier lieu par un arrêté du 16 février 2021, JO du 26 février 2021, texte n° 36).

Précisions **a.** La **portée pratique** des règles relatives aux assujettis hors Union européenne est cependant limitée en raison du dispositif d'autoliquidation de la taxe par le client identifié à la TVA en France (n°s 34340 s.).

b. Lorsque la TVA est acquittée par le représentant fiscal en France d'une entreprise étrangère, c'est à lui qu'il appartient normalement de délivrer des **factures** (l'entreprise peut y procéder elle-même, à condition d'indiquer sur les factures le nom et l'adresse du représentant fiscal). Le service des impôts qui agrée le représentant fiscal attribue également à l'assujetti étranger un numéro de TVA.

c. Une entreprise a toute latitude pour **choisir son représentant**, pourvu, depuis le 1er janvier 2022, qu'il satisfasse aux conditions posées par l'article 289 A, IV du CGI qui énumère divers critères de « moralité » fiscale et économique, d'adéquation des moyens à la mission de représentation et de solvabilité financière. Les modalités de délivrance et de retrait de l'accréditation des représentants fiscaux sont fixées par les articles 242 septdecies, 242 octodecies et 242 novodecies de l'annexe II au CGI, issus du décret n° 2022-589 du 20 avril 2022 et applicables, en ce qui concerne les nouvelles demandes, à celles déposées depuis le 23 avril 2022 (pour les accréditations demandées avant cette date, les conditions de retrait tenant à la vérification et à la justification de la situation financière du représentant ne s'appliqueront qu'à compter du 1er janvier 2024). Ces mesures ont été prises afin d'accompagner l'entrée en vigueur, le 1er juillet 2021, de nouvelles règles régissant la TVA afférente au commerce électronique, qui impliquent un recours accru aux représentants fiscaux pour les entreprises établies hors de l'Union européenne dans un objectif de lutte contre la fraude sur les places de marchés (« marketplaces » ; n° 33880).

2. Opérations pour lesquelles le client est redevable de la TVA

Principes

Il s'agit des opérations réalisées par des fournisseurs ou des prestataires **non établis en France** pour lesquelles l'acquéreur, le destinataire ou le preneur (le client) est, en vertu de dispositions particulières, redevable de la TVA ; dans ce cas, le client doit procéder à l'**autoliquidation** de la TVA (CGI art. 283, 1 et 2 et 289, A II). **34340**

Ce mécanisme est essentiellement destiné à réduire les risques de fraude à la TVA.

Procédure

Il convient de distinguer : **34345**
– le dispositif général d'autoliquidation, qui s'applique, sauf exceptions, à l'ensemble des opérations réalisées par des **fournisseurs ou prestataires non établis en France** à destination de clients identifiés à la TVA en France, autres que celles couvertes par un dispositif spécifique ;
– les dispositifs spécifiques, qui concernent certaines opérations particulières réalisées par des fournisseurs ou prestataires non établis en France, notamment en ce qui concerne les **prestations de services « B to B »** (n° 34400). Il existe d'autres dispositifs spéciaux concernant certains services intérieurs à l'Union européenne, les travaux et expertises sur biens meubles corporels, les livraisons de gaz et d'électricité, les acquisitions intracommunautaires, les opérations triangulaires intracommunautaires et les livraisons d'or industriel ou d'investissement.

Dispositif général

Lorsqu'une livraison de biens ou une prestation de services est effectuée par un assujetti non établi en France, la TVA doit obligatoirement être acquittée **par l'acquéreur**, le destinataire ou le preneur (le client) dès lors que ce dernier dispose d'un numéro d'identification à la TVA en France. **34350**

Ce dispositif s'applique, en principe et sous réserve des dispositifs spécifiques et des opérations soumises à des règles particulières, à l'ensemble des livraisons de biens et des prestations de services réalisées par des assujettis établis à l'étranger (dans ou en dehors de l'Union européenne), et n'ayant pas en France un établissement participant à l'opération, au bénéfice de clients identifiés à la TVA en France, qu'ils soient eux-mêmes établis ou non en France.

Situations visées En pratique, sont notamment concernées les livraisons internes, livraisons après montage ou installation, prestations de services se rattachant à un immeuble situé en France, prestations culturelles, artistiques, sportives, scientifiques, éducatives, récréatives, certaines prestations de transport, etc. **34355**

Cas d'exclusion Le dispositif ne s'applique pas, notamment, aux locations de locaux nus ou de terres et bâtiments d'exploitation à usage agricole, soumises à la TVA sur option, aux opérations portant sur les biens d'occasion, aux opérations réalisées sous régime suspensif et aux importations. Le dispositif d'autoliquidation ne s'applique pas non plus lorsque le **client n'est pas identifié à la TVA** en France (dans ce cas, le fournisseur ou le prestataire étranger demeure redevable de la TVA). **34360**

34365 **Modalités d'application** La taxe est **liquidée** par le **client** (ou par son mandataire ou son représentant fiscal) sur sa déclaration de chiffre d'affaires (le montant total hors taxe de l'opération doit être identifié sur une ligne spécifique de cette déclaration, la ligne « Achats de biens ou de prestations de services réalisés auprès d'un assujetti non établi en France (article 283, 1 du CGI) »). La taxe ainsi acquittée est déductible dans les conditions de droit commun (la taxe due est donc simultanément déduite).

En cas de non-respect, le client s'expose à une **amende** égale à **5 %** de la somme déductible (CGI art. 1788 A).

Précisions **a.** L'amende n'est pas appliquée à un contribuable qui **régularise sa situation** en déposant de façon spontanée, avant toute action de l'administration, une déclaration rectificative (BOI-CF-INF-20-20 nº 100).

b. L'administration avait mis en place une procédure particulière, dite du « **répondant** », admettant que la taxe légalement due par le client identifié à la TVA en France au titre du dispositif général d'autoliquidation soit déclarée et acquittée sur la déclaration du fournisseur ou du prestataire au nom et pour le compte du client. Cette tolérance, qui visait à supprimer le portage financier de la TVA par l'entreprise étrangère (délai nécessaire pour obtenir les remboursements de crédit de TVA), a été condamnée par la Cour de justice qui l'a jugée incompatible avec la directive TVA (CJUE 15 décembre 2011 aff. 624/10, 8e ch., Commission européenne c/ République française : RJF 3/12 nº 330) ; elle n'est plus applicable depuis le 1er octobre 2012.

c. Lorsqu'il réalise exclusivement des opérations pour lesquelles la **taxe** doit être **acquittée par le client**, le fournisseur ou le prestataire étranger n'a pas à s'identifier à la TVA en France.

34400 **Prestations de services fournies à un preneur assujetti** Les prestations de services font l'objet de règles particulières de territorialité (nº 33610), l'un des cas d'imposition en France étant celui où, le prestataire étant établi hors de France, le preneur est un assujetti à la TVA en France.

Dans cette hypothèse, la taxe est acquittée en principe par le **preneur**, c'est-à-dire le bénéficiaire de la prestation, mais le prestataire est solidairement tenu avec lui de son paiement.

En cas de défaut de paiement par le preneur ou le prestataire, le recouvrement de la taxe est poursuivi auprès du preneur ou, à défaut, du prestataire. Celui-ci est alors tenu, s'il est établi en dehors de l'Union européenne, de désigner un représentant fiscal qui acquitte la taxe pour son compte (sous réserve de l'exception mentionnée nº 34335).

34405 La taxe est **autoliquidée** par le preneur sur sa déclaration de chiffre d'affaires. Le montant hors taxe des achats de prestations de services fournies par un prestataire établi dans un autre État membre de l'Union européenne doit être déclaré sur une ligne spécifique de la déclaration du preneur (« Achats de prestations de services intracommunautaires : art. 283-2 du CGI ») ; le montant hors taxe des achats de prestations de services fournies par un prestataire établi en dehors de l'Union européenne est déclaré sur la ligne « Autres opérations imposables ». La taxe ainsi acquittée peut être déduite dans les conditions de droit commun.

En cas de non-respect, le preneur s'expose à une **amende** égale à **5 %** de la somme déductible (nº 34365).

Activité occulte

34410 En principe, lorsque, à l'occasion d'un contrôle, l'administration établit qu'un **établissement stable** situé en France a participé à des opérations imposables en France, elle notifie une rectification de la TVA collectée sur les biens vendus ou les services rendus, qui n'a pas été déclarée. Or, dans cette situation, la TVA collectée a déjà été acquittée par le client de l'établissement stable, ce dernier l'ayant normalement autoliquidée.

Afin d'éviter une double imposition, l'article 132 de la loi nº 2018-1317 du 28 décembre 2018 de finances pour 2019 permet à l'administration d'accorder une **remise totale ou partielle** des rappels de TVA résultant de la caractérisation d'un établissement stable en France, à condition que le preneur des biens et services ait acquitté la taxe correspondante et ne l'ait pas contestée dans le délai imparti pour introduire une réclamation (LPF art. L 247) ; cette mesure est applicable aux contrôles pour lesquels les impositions supplémentaires correspondantes n'ont pas été mises en recouvrement avant le 1er janvier 2019.

B. Remboursement de la TVA aux entreprises étrangères non établies en France

Principes

Les entreprises qui ne sont pas établies en France et qui n'y réalisent pas d'opérations de livraisons de biens ou de prestations de services entrant dans le champ d'application territorial de la TVA peuvent, dans les conditions suivantes et selon une **procédure spéciale**, obtenir le remboursement de la TVA ayant grevé les acquisitions faites en France à des fins professionnelles (CGI art. 271, V d et CGI Ann. II art. 242-0 M à 242-0 Z decies). **34420**

En ce qui concerne les assujettis établis **au sein de l'Union européenne**, une procédure de remboursement **dématérialisée** a été mise en place, conformément à la directive 2008/9/CE du 12 février 2008, afin d'accélérer les délais de traitement et de simplifier les démarches des opérateurs concernés. Ceux-ci s'adressent directement, via un **portail électronique**, aux autorités compétentes de leur État membre d'établissement pour obtenir le remboursement de la TVA collectée dans d'autres États membres (n° 34430). Une procédure dématérialisée a également été mise en place depuis le 1er juillet 2021 en ce qui concerne les assujettis établis **hors de l'Union européenne** (n° 34435).

Précisions Les entreprises étrangères qui réalisent des opérations dont le lieu est situé en France sont, d'une façon générale, placées dans la même situation que les entreprises françaises au regard du **droit à déduction** ; il en va de même de celles qui effectuent des opérations ouvrant droit à déduction à partir d'un établissement stable en France.

Champ d'application

Sont concernés par les procédures de remboursement, d'une façon générale, les **assujettis** établis à l'**étranger** (États autres que la France et que Monaco), dans les collectivités d'outre-mer, en Guyane ou à Mayotte (à l'exclusion des autres DOM), qui n'ont **pas réalisé** en France, au cours de la période au titre de laquelle la demande de remboursement est présentée, de **livraisons** de biens ou de **prestations** de services situées en France. **34422**

La réalisation en France d'acquisitions intracommunautaires de biens visées aux articles 256 bis et 258 C du CGI ne fait pas obstacle à l'application de cette procédure. En outre, certaines opérations ne sont pas considérées comme réalisées en France, et ne font pas perdre le bénéfice de la procédure spéciale ; tel est le cas des opérations pour lesquelles la taxe est due par le client et de certaines opérations exonérées de TVA, comme les transports à l'exportation, les prestations accessoires, les transports internationaux de voyageurs ou de marchandises, les opérations (services ou ventes à distance de biens) qui relèvent du guichet unique (nos 33670 et 33882), ou les services rendus pour les besoins des bateaux et aéronefs.

Peuvent également obtenir, selon ces procédures, le remboursement de la TVA supportée en France pour les besoins de leurs opérations, les **transporteurs** non établis dans l'Union européenne qui réalisent en France des transports (de marchandises, de voyageurs, de déménagement) taxables pour lesquels ils acquittent la TVA auprès des services douaniers et les assujettis non établis en France qui ont désigné un **mandataire ponctuel** ou un représentant ponctuel. **34425**

Taxe remboursable

Que les entreprises concernées soient établies dans ou en dehors de l'Union européenne, la taxe remboursable est celle qui a grevé **tous les biens meubles ou services** qu'elles ont acquis en France au cours de la période de référence, sous réserve des exclusions et limitations de droit commun, pour la réalisation ou pour les besoins : **34427**
- d'opérations dont le lieu d'imposition est situé à l'étranger mais **qui ouvriraient droit à déduction** si leur lieu d'imposition était situé en France,
- d'opérations dont le lieu d'imposition est réputé ne pas être situé en France (nos 34422 et 34425).

Procédure applicable au sein de l'Union européenne

34430 La directive 2008/9/CE du 12 février 2008 a significativement amélioré les modalités de remboursement grâce à la mise en place d'une procédure de **dématérialisation**. Les assujettis doivent simplement déposer leur demande sur un **portail électronique** que chacun des États membres doit avoir mis à leur disposition. Une fois recueillie selon ce procédé, il revient à l'État d'établissement d'acheminer la demande par voie électronique vers le service compétent de l'État membre dans lequel la TVA à rembourser a été supportée.

Ainsi, toute demande de remboursement de taxe supportée dans un autre État membre de l'Union européenne doit être présentée par les entreprises françaises via le portail électronique français ; corrélativement, les demandes de remboursement de TVA française doivent être présentées par les entreprises étrangères sur le portail électronique mis à disposition par leur État membre d'établissement qui se charge de les transmettre à la France.

La demande peut être introduite par le requérant jusqu'au 30 septembre de l'année qui suit celle de la période de remboursement.

Les États de remboursement sont tenus de faire connaître leur décision à l'issue d'un délai qui peut varier de quatre à huit mois selon que la demande a ou non fait l'objet de demandes d'informations complémentaires. Des intérêts moratoires sont prévus en cas de non-respect de ces délais.

Précisions **a.** Pour bénéficier d'un **remboursement** de TVA **dans un autre État membre**, les assujettis établis en France doivent introduire leur demande via un portail électronique accessible à partir de l'Espace Abonné de la rubrique Professionnels du site impots.gouv.fr.

b. Un **assujetti non établi en France** doit, pour bénéficier d'un remboursement, effectuer des opérations ouvrant droit à déduction dans l'État membre de l'Union européenne dans lequel il est établi ; lorsqu'un assujetti non établi en France effectue dans l'État membre où il est établi à la fois des opérations ouvrant droit à déduction et des opérations n'ouvrant pas droit à déduction, la TVA n'est remboursée qu'à hauteur de la proportion de cette taxe qui est afférente aux premières opérations telle qu'elle est déterminée dans l'État d'établissement de cet assujetti, conformément à l'article 173 de la directive 2006/112/CE du 28 novembre 2006 (des corrections peuvent ensuite être nécessaires).

c. L'assujetti non établi en France doit joindre par voie électronique à la demande de remboursement **une copie de la facture** ou du **document d'importation** lorsque la base d'imposition figurant sur la facture ou le document d'importation est égale ou supérieure à 1 000 € ; toutefois, lorsque la facture porte sur des dépenses de carburant, ce seuil est fixé à 250 €. Les demandes de remboursement ne sont recevables que si elles portent sur une somme d'au moins 400 € (demandes trimestrielles) ou 50 € (demandes annuelles).

d. Le service des impôts doit **notifier** dans les meilleurs délais au requérant, par voie électronique, la date à laquelle la demande a été reçue ; il doit notifier au requérant **sa décision** d'accepter ou de rejeter la demande de remboursement dans un délai de quatre mois à compter de sa réception. Il peut demander des **informations complémentaires**, notamment auprès du requérant ou des autorités compétentes de l'État membre de l'Union européenne dans lequel il est établi. Dans ce cas, il est tenu de notifier sa décision dans un délai de huit mois au maximum à compter de la date à laquelle il a reçu la demande de remboursement.

Procédure applicable hors Union européenne

34435 Les assujettis établis hors de l'Union européenne peuvent obtenir le remboursement de la TVA qui leur a été régulièrement facturée si, au cours du trimestre ou de l'année auquel se rapporte la demande de remboursement, ils n'ont pas eu en France le siège de leur activité ou un établissement stable, ou, à défaut, leur domicile ou leur résidence habituelle et n'y ont pas réalisé, durant la même période, de livraisons de biens ou de prestations de services situées en France (remboursement dit « treizième directive » ; CGI Ann. II art. 242-0 Z quater). Cet avantage n'est pas accordé aux assujettis établis dans un pays ou territoire qui n'accorde pas d'avantages comparables en ce qui concerne les taxes sur le chiffre d'affaires aux assujettis établis en France, et qui figure sur une liste fixée par un arrêté du ministre chargé du budget, mais cette liste est vide.

Depuis le 1er juillet 2021, les demandes de remboursement doivent être souscrites **par voie électronique** (Décret n° 2021-507 du 27 avril 2021 modifiant l'article 242-0 Z septies de l'annexe II au CGI, relatif aux modalités de dépôt des demandes de remboursement de TVA pour les professionnels non établis dans un pays membre de l'Union européenne ;

JO du 29 avril 2021, texte n° 7). La demande de remboursement doit être accompagnée d'un tableau récapitulatif faisant apparaître l'ensemble des factures ou documents d'importation justifiant le montant du remboursement demandé et comprenant les informations énumérées à l'article 242-0 Z septies de l'annexe II au CGI ainsi que la copie de ces factures et documents pour les dépenses d'un montant supérieur ou égal à 1 000 € (250 € s'il s'agit de dépenses de carburant).

La demande de remboursement doit être transmise par le **représentant** assujetti établi en France, désigné conformément à l'article 242-0 Z octies de l'annexe II au CGI.

Précisions **a.** L'assujetti établi hors de l'Union européenne doit **certifier** qu'il remplit les conditions requises.

b. Les assujettis établis hors de l'Union européenne sont tenus de faire accréditer auprès du service des impôts un **représentant** assujetti établi en France qui s'engage à remplir les formalités et obligations qui leur incombent, notamment celles prévues à l'article 242-0 Z septies de l'annexe II au CGI (n° 34335).

c. Des **intérêts moratoires** sont dus dans les mêmes conditions que pour les demandes de crédit de TVA présentées par les entreprises installées en France, c'est-à-dire lorsque le remboursement n'est pas intervenu avant l'expiration du délai de six mois décompté à partir du jour où la demande est considérée comme complète ou lorsque le remboursement est intervenu après une précédente décision de rejet.

C. Le cas particulier des relations entre un siège et son établissement

Principes

Les relations entre un siège et l'un de ses établissements situé dans un autre État doivent **34450**
être traitées d'une manière particulière, car il ne s'agit, en réalité, que d'**opérations internes** au sein d'une même personne juridique (voir cependant n° 34455). Il en résulte d'importantes conséquences en matière de bénéfices industriels et commerciaux (nos 15250 s.) mais aussi de TVA. Comme le dit l'administration, en effet, lorsqu'une même personne morale assujettie à la TVA dispose de plusieurs établissements stables, les opérations réalisées entre ces différents établissements constituent des opérations internes étrangères au système de la TVA ; tel est le cas même lorsque ces différents établissements sont situés dans des États différents, qu'il s'agisse de pays tiers ou d'États membres de l'Union européenne (BOI-TVA-CHAMP-10-10-20 n° 280, ajoutant qu'il en va ainsi notamment pour les prestations rendues par le siège d'une société à ses succursales, par les succursales au siège ou entre les succursales ; il est fait exception à ce principe en cas d'appartenance d'une de ces entités à un groupe TVA comme indiqué ci-dessous, Précisions b).

Ainsi, les services rendus par un établissement français à son siège, par hypothèse situé dans un autre État (dans l'Union européenne ou non, peu importe), sont placés **hors du champ d'application** de la TVA dès lors qu'il ne s'agit que d'opérations réalisées au sein d'une même personne juridique (il en va de même, bien entendu, si le siège et l'établissement sont situés en France). Les **mouvements de fonds** entre un siège et sa succursale échappent donc à la TVA (notamment entre une banque et sa succursale étrangère ; voir, par exemple, CE 29 octobre 2001 n° 218314, 9e et 10e s.-s., Sté Banco Do Brasil : RJF 1/02 n° 25 ; CE 29 juin 2001 n° 176105, 9e et 10e s.-s., SA Banque Sudameris : RJF 10/01 n° 1217 ; CAA Lyon 1er février 2007 n° 03-1070, 5e ch., SA Centre européen d'évolution économique (CEDEC) : Droit fiscal 2007 n° 28, comm. n° 732, définitif après non-admission d'un pourvoi par CE (na) 4 juillet 2008 n° 304764). Les sommes que perçoit la succursale en rémunération des prestations effectuées n'ont pas à être soumises à la TVA.

Il en va différemment, cependant, en présence d'une succursale étrangère qui appartient à un **groupe TVA** (ce n'est pas actuellement possible en France, mais un régime de « groupe TVA » sera mis en place à compter du 1er janvier 2023 ; n° 33150, Précisions b) ; une telle succursale est, en effet, un **assujetti distinct** de son siège selon ce qu'a jugé la Cour de justice dans l'affaire Skandia (CJUE 17 septembre 2014 aff. 7/13, aff. Skandia America corp. : RJF 12/14 n° 1161 ; voir ci-dessous, Précisions b), les prestations de services fournies par un établissement principal à sa succursale établie dans un autre État membre constituant des opérations imposables quand cette dernière est membre d'un groupement de TVA (CE 4 novembre 2020 n° 435295, 3e ch., Sté BNP Paribas Securities Services : RJF 2/21 n° 137). Le Conseil d'État juge donc que c'est à tort que la cour avait refusé la décharge des rappels de TVA liés aux refacturations de coûts effectuées par la banque française vers ses succursales étrangères qui étaient membres de groupements de TVA et bénéficiaient par suite de la qualité d'assujetti distinct, au motif que la banque n'avait fourni aucune précision sur les opérations réalisées par les groupements respectifs permettant de déterminer le caractère déductible de la taxe grevant les dépenses supportées par elle selon qu'elles sont affectées à des opérations soumises à la TVA ou à des opérations exonérées. Le caractère **déductible** de la taxe ayant grevé les coûts engagés par un siège français pour les besoins de l'activité d'une succursale européenne qui est membre d'un groupe TVA, et refacturés à celle-ci, dépend, en effet, des opérations de refacturation au groupe auquel appartient la succursale, qui sont susceptibles, le cas échéant, d'ouvrir droit à déduction, et non pas des opérations ultérieures réalisées par le groupe (sur renvoi, la décharge a été accordée par CAA Versailles 31 mars 2022 n° 20VE02925, 3e ch., SCA BNP Paribas Securities Services ; pourvoi enregistré sous le n° 464550).

Enfin, il a été jugé que les **intérêts de prêts** accordés à son siège étranger par une succursale bancaire française dépourvue de la personnalité morale et ne pouvant être considérée comme autonome en tant que banque, notamment en ce qu'elle supporterait le risque économique découlant de cette activité, et alors même qu'elle pourrait être regardée comme un établissement stable, n'ont pas le caractère de recettes et autres produits constitutifs du chiffre d'affaires au sens de l'article 231 du CGI ; par suite, ils ne doivent pas figurer au dénominateur du rapport d'assujettissement à la taxe sur les salaires (CAA Paris 20 février 2008 n° 06-343, 2e ch., Banco de la Nación Argentina : RJF 8-9/08 n° 958 ; arrêt définitif).

Précisions **a.** L'arrêt de la Cour de justice dans l'affaire FCE Bank est de nature à introduire un léger doute sur les contours exacts de cette solution, dont le jugement précité du tribunal administratif de Paris s'est fait l'écho (CJCE 23 mars 2006 aff. 210/04, 2e ch., FCE Bank Plc : RJF 6/06 n° 806) ; en effet, si la Cour confirme qu'un établissement stable n'est pas un assujetti dans ses relations avec la société dont il relève, c'est dans la mesure où il n'exerce pas une activité indépendante et ne supporte pas de **risque économique** dans l'exercice de son activité, ce qui pourrait paraître réserver le cas des succursales réellement autonomes ; il ne nous semble cependant pas qu'il faille s'attacher à cette nuance, dans la mesure où il apparaissait bien qu'en l'espèce la succursale italienne de FCE Bank était autonome au sens commun, l'absence de risque économique venant simplement de ce que la succursale n'était pas distincte de son siège au regard des risques de crédit et de ce que la succursale n'était pas dotée d'un « capital » (ce qui est curieux s'agissant d'une banque ; n° 15350). Sur le même sujet, voir notamment CJUE 7 août 2018 aff. 16/17, TGE Gas Engineering GmbH - Sucursal em Portugal : RJF 11/18 n° 1193, jugeant qu'un État membre ne peut considérer qu'une société qui a son siège dans un autre État membre ainsi que la succursale qu'elle détient dans le premier de ces États constituent deux assujettis distincts au motif que ces entités disposent chacune d'un numéro d'identification fiscale (dans une configuration un peu particulière, à propos d'une société allemande qui avait un établissement stable au Portugal).

b. L'appartenance d'une succursale à un **groupe TVA** constitué dans un État membre peut rompre la relation qui l'unit en principe à son siège ; il a été jugé que les prestations de services fournies par un établissement principal établi dans un **pays tiers** à sa succursale établie dans un État membre constituent des opérations imposables quand cette dernière est membre d'un groupement de personnes pouvant être considérées comme un seul assujetti à la TVA ; dans une situation où l'établissement principal d'une société située dans un pays tiers fournit des services à titre onéreux à une succursale de la même société établie dans un État membre et où cette succursale est membre d'un groupement de personnes pouvant être considérées comme un seul assujetti à la TVA dans cet État membre, ce groupement, en tant que preneur des services, devient redevable de la TVA exigible (CJUE 17 septembre 2014 aff. 7/13, 2e ch., Skandia America Corp. (USA), filial Sverige : RJF 12/14 n° 1161). Les mêmes principes sont applicables lorsque les prestations sont rendues à une succursale établie dans un État membre, non par un siège établi dans un pays tiers mais par un siège appartenant à un groupe TVA dans un **autre État membre** (CJUE 11 mars 2021 aff. 812/19, Danske Bank A/S, Danmark, Sverige Filial : RJF 6/21 n° 673) ; en l'espèce, il incombait à la succursale suédoise d'une société danoise appartenant à un groupe TVA au Danemark d'autoliquider en Suède, en tant que preneur de services, la TVA correspondant aux coûts qui lui étaient imputés par le siège danois au titre de l'utilisation d'une plateforme informatique.

c. Il a été jugé qu'une prestation n'est taxable que s'il existe entre le prestataire et le bénéficiaire un rapport juridique au cours duquel des prestations réciproques sont échangées ; dans le cas de prestations effectuées par une succursale au profit de son siège, la reconnaissance d'un tel rapport est subordonnée à la condition que la succursale, qui ne constitue pas une entité juridique distincte du siège, puisse être regardée comme exerçant une **activité économique indépendante** vis-à-vis de ce dernier (TA Paris 28 février 2007 n° 00-15330, 1e sect., 1e ch., Sté Carlton International PLC : RJF 11/07 n° 1229 ; jugement définitif).

Droit au remboursement

34455 Un établissement français d'une société étrangère peut avoir engagé en France des **dépenses pour les besoins des prestations effectuées au profit de son siège**. Les dépenses (frais de promotion de ventes, achat de matériel et autres fournitures) sont couvertes par des virements financiers du siège étranger. **34455** (suite)

En ce qui concerne le remboursement de la TVA afférente à ces dépenses, la Cour de justice a jugé que les dépenses engagées par une succursale pour les opérations de son siège étranger peuvent être détaxées en fonction de **prorata de déduction** tenant compte du chiffre d'affaires réalisé par le siège lorsqu'il s'agit de dépenses mixtes (CJUE 24 janvier 2019 aff. 165/17, Morgan Stanley & Co International Plc : RJF 4/19 n° 406) ; cet arrêt, qui nuance la solution retenue précédemment dans l'affaire Crédit Lyonnais (n° 34495), a été rendu sur renvoi du Conseil d'État (CE 29 mars 2017 n° 389105, 3ᵉ et 8ᵉ ch., Sté Morgan Stanley & Co International Plc : RJF 6/17 n° 545) à propos de la succursale française d'une banque britannique, qui avait opté pour l'imposition à la TVA de ses opérations bancaires et qui fournissait des prestations ouvrant droit à déduction à ses clients français et des services internes à son siège britannique. Une telle succursale peut détaxer ses dépenses en **lien direct et immédiat avec les opérations taxées**, y compris celles de son siège avec lequel elle forme un seul assujetti, à condition que ces dernières opérations eussent ouvert également droit à déduction si elles avaient été effectuées en France.

Pour les **dépenses mixtes** engagées par la succursale pour réaliser à la fois des opérations taxées et exonérées, le prorata de déduction (coefficient de taxation forfaitaire) doit être calculé différemment selon la catégorie de dépenses :
– pour les dépenses affectées exclusivement aux opérations (taxées et exonérées) réalisées par son siège, le prorata est constitué, au dénominateur, du chiffre d'affaires de ces seules opérations et, au numérateur, de celui des opérations taxées du siège qui ouvriraient également droit à déduction si elles étaient effectuées en France (y compris pour les opérations taxées sur option) ;
– pour les frais généraux qui concourent à la réalisation à la fois de ses propres opérations et de celles réalisées par son siège, le prorata de déduction est formé, au dénominateur, de l'ensemble du chiffre d'affaires réalisé par l'assujetti (celui de la succursale et celui du siège) et, au numérateur, des opérations taxées de la succursale et des seules opérations taxées du siège qui ouvriraient droit à déduction si elles étaient effectuées en France.

Il en résulte qu'il y a lieu de distinguer, en ce qui concerne les dépenses exposées par une succursale :
– celles qui sont **affectées directement et exclusivement à la succursale**, pour lesquelles il convient de déterminer un prorata local ;
– celles qui sont **affectées directement et exclusivement au siège**, pour lesquelles il convient de retenir le prorata étranger du siège à partir des seules opérations auxquelles les dépenses ont concouru ;
– les dépenses **mixtes** (frais généraux), pour lesquelles il convient de déterminer un prorata consolidé retraité.

Dans cette affaire, le Conseil d'État a, pour faire suite à l'arrêt de la Cour de justice, annulé l'arrêt d'appel et renvoyé l'affaire à la cour administrative d'appel de Versailles ; le Conseil d'État indique notamment qu'une succursale est en droit de **déduire la TVA** grevant les biens et les services acquis présentant un lien direct et immédiat avec, notamment, les opérations taxées réalisées dans un autre État membre par le siège avec lequel la succursale forme un seul assujetti, en appliquant les proratas de déduction calculés selon la méthode définie par la Cour de justice (CE 5 avril 2019 n° 389105, 3ᵉ et 8ᵉ ch., Sté Morgan Stanley France venant aux droits de Morgan Stanley et Co International Plc : RJF 6/19 n° 533). La solution pratique devra donc être donnée par le juge du fond, étant observé incidemment que cette décision reprend la position selon laquelle une succursale et son siège étranger constituent **deux assujettis** distincts si la première exerce une activité économique indépendante (les prestations réciproques échangées entre ces entités devenant alors taxables) ; ce faisant, le Conseil d'État a paru revenir implicitement sur la position inverse retenue par la décision Banque Sudameris du 29 juin 2001 (n° 34450).

On relèvera, enfin, que la solution retenue par la Cour de justice à propos des modalités de détaxation des dépenses d'une succursale française engagées pour les besoins de son siège étranger (arrêt Morgan Stanley, précité) a été transposée à la situation inverse de **dépenses engagées par un siège pour les besoins de ses succursales étrangères** (CAA Versailles 4 juillet 2019 n° 16VE02700, Sté Kepler Cheuvreux : RJF 11/19 n° 1037 ; arrêt définitif). Voir également n° 34450 en ce qui concerne le cas où la succursale fait partie d'un **groupe TVA** dans l'État membre où elle est établie.

Précisions Une nouvelle question préjudicielle avait été posée à propos des conséquences de l'arrêt 165/17 de la Cour de justice (aff. Morgan Stanley) dans l'hypothèse où une **succursale** réalise dans un État membre, d'une part, des opérations soumises à TVA et, d'autre part, des prestations au profit de son siège et de succursales établies dans un État tiers (TA Montreuil 27 septembre 2019 n° 1703683, Sté Bank of China Limited : RJF 2/20 n° 113). La Cour de justice n'y répondra cependant pas, étant donné que l'affaire a été radiée par Ord. CJUE 26 février 2021 aff. 737/19, 7e ch., Bank of China Limited, le tribunal administratif de Montreuil ayant informé la Cour qu'il retirait sa demande de décision préjudicielle.

Absence de prorata mondial

34495 Le calcul du prorata de déduction de la TVA ne peut pas, en principe, être mondialisé (voir cependant n° 34455) ; il a, en effet, été jugé que, pour la détermination du prorata de déduction de la TVA qui lui est applicable, une société dont le siège est situé dans un État membre ne peut pas prendre en compte le chiffre d'affaires réalisé par ses succursales établies dans d'autres États membres. Elle ne peut pas non plus prendre en compte le chiffre d'affaires réalisé par ses succursales établies dans des États tiers (CJUE 12 septembre 2013 aff. 388/11, 1e ch., Le Crédit Lyonnais : RJF 12/13 n° 1192).

Dans cette affaire, la banque française avait soutenu que si le montant des **intérêts facturés par le siège aux succursales étrangères** ne pouvait être pris en compte au motif que le siège relèverait, avec ses succursales, d'une seule et même entité, alors les recettes que ces succursales réalisent avec les tiers devraient être regardées comme étant les siennes et être prises en compte pour le calcul du prorata de déduction qui lui est appliqué (prorata mondial). Pour la Cour, dès lors que les modalités de calcul du prorata constituent un élément fondamental du régime des déductions, il ne saurait être tenu compte, dans le calcul applicable à l'établissement principal d'un assujetti établi dans un État membre, du **chiffre d'affaires réalisé par tous les établissements stables** dont cet assujetti dispose dans les autres États membres ou dans les États tiers.

La Cour de justice réfute, en particulier, l'argument selon lequel une société disposant d'une succursale dans un État tiers doit, au regard de la TVA, bénéficier du même traitement qu'une société ayant une filiale dans cet État.

Enfin, la Cour précise qu'un État membre ne peut pas retenir une règle de calcul du prorata de déduction par **secteur d'activité** d'une société assujettie autorisant celle-ci à prendre en compte le chiffre d'affaires réalisé par une succursale établie dans un autre État membre ou dans un État tiers. La notion de « secteur d'activité » vise non pas des zones géographiques mais différents genres d'activités économiques (activité de production, commerce, services…).

À la suite cet arrêt, le Conseil d'État a refusé le principe du prorata mondial par deux décisions du 28 mai 2014, jugeant que la cour administrative d'appel de Paris avait pu, sans erreur de droit, écarter le moyen tiré par le Crédit Lyonnais de ce que les recettes de ses succursales établies hors de France auraient dû être prises en compte pour la détermination de ses droits à déduction de TVA (CE 28 mai 2014 n° 301849, 9e et 10e s.-s., Sté Crédit Lyonnais et, même jour, n° 328713, mêmes références : RJF 8-9/14 n° 864).

Précisions Un seul assujetti est soumis, à côté du régime applicable dans l'État de son siège, à autant de **régimes de déduction nationaux** que d'États membres dans lesquels il dispose d'établissements stables.

TROISIÈME PARTIE

Les personnes

CHAPITRE 14

La notion de résidence

Plan du chapitre §§

	SECTION 1 **Les critères du droit français (personnes physiques)**	40600
A	Les critères d'ordre personnel	40810
B	Les critères d'ordre professionnel	40890
C	Les critères d'ordre économique	40910
D	Le cas des agents de l'État	40930
E	La question des « couples mixtes »	40950
F	Le contrôle du domicile fiscal	40970
	SECTION 2 **L'élimination conventionnelle des cas de double résidence des personnes physiques**	41040
A	La référence au droit interne des États concernés	41150
B	L'application de critères successifs pour éliminer les cas de double résidence (modèle OCDE)	41170
C	Cas particuliers	41278
	SECTION 3 **La résidence fiscale des personnes morales**	41400
A	Position de l'OCDE	41405
B	Position de la France	41450
C	Jurisprudence	41480

La détermination de la résidence d'un contribuable, qu'il s'agisse d'une personne physique ou d'une personne morale, est toujours le préalable à la clarification de sa situation fiscale. **40000**

À l'égard des **personnes physiques**, elle permet de connaître l'étendue des obligations fiscales, puisqu'en principe un contribuable domicilié dans un État y est soumis à l'impôt sur son revenu mondial (y compris, par conséquent, sur les revenus dont la source est située hors de cet État) alors qu'un contribuable non domicilié n'est soumis à l'impôt que pour les revenus provenant de cet État.

En droit conventionnel, la détermination de la résidence est tout aussi essentielle, les conventions fiscales ne s'appliquant qu'aux résidents des États parties (sauf exception, notamment pour l'application de la clause de non-discrimination).

La notion de résidence est également importante pour les **personnes morales** mais elle pose, en pratique, moins de problèmes, sauf en ce qui concerne celles qui sont exonérées d'impôt ou en présence de situations abusives.

Précisions Pour une analyse des conséquences économiques des **expatriations** dites **« fiscales »** (personnes qui quitteraient la France en raison d'une fiscalité trop lourde), voir notamment le document de travail n° 63 publié en juillet 2017 par Coe-Rexecode. Voir également n° 40970, Précisions.

SECTION 1

Les critères du droit français (personnes physiques)

Le système actuel est issu d'une réforme réalisée par la loi n° 76-1234 du 29 décembre 1976, commentée par l'administration, pour l'essentiel, au BOI-IR-CHAMP-10. **40600**

Depuis cette date, le droit français ne fait plus référence qu'aux notions de domicile fiscal et de source du revenu ; les critères de résidence « habituelle » et de nationalité ont été abandonnés. Le domicile fiscal d'une personne physique est donc indépendant :
– de son **domicile « civil »**, ou de son domicile « ordinaire » ;
– de sa **nationalité** (un Français n'est pas nécessairement domicilié en France et un étranger peut être domicilié en France).

Cette indépendance du domicile fiscal par rapport aux notions habituelles et issues du sens commun doit être notée afin d'éviter certaines confusions.

Précisions Sur la prise en compte (théorique) du critère de la **nationalité** dans le cadre franco-andorran, voir n° 41330.

Principes directeurs (CGI art. 4 B)

40605 Les règles de détermination du domicile fiscal sont énoncées par l'article 4 B du CGI. Sont considérées comme fiscalement domiciliées en France :
- les personnes qui ont sur le territoire français leur foyer ou le lieu de leur séjour principal (CGI art. 4 B, 1-a) ;
- celles qui exercent en France une activité professionnelle non accessoire (CGI art. 4 B, 1-b) ;
- celles qui ont en France le centre de leurs intérêts économiques (CGI art. 4 B, 1-c) ;
- les agents de l'État exerçant leur fonction dans un pays où ils ne sont pas soumis à un impôt personnel sur l'ensemble de leurs revenus (CGI art. 4 B, 2).

Ces critères sont **alternatifs**, et non pas cumulatifs. Il **suffit qu'un seul soit rempli** pour que la domiciliation en France soit établie (par exemple, CE 22 juin 2016 n° 386131, 3e et 8e ch. : RJF 10/16 n° 786 ; voir n° 40820). En droit interne, la notion de domicile fiscal est donc très large (conformément aux principes habituels, le droit interne ne s'applique cependant que « sous réserve » des conventions fiscales internationales, c'est-à-dire en l'absence de convention fiscale ou bien, s'il en existe une, lorsque celle-ci ne contredit pas le droit interne français).

Bien entendu, les critères du droit interne français s'appliquent **indépendamment de la domiciliation fiscale en droit étranger** ; par exemple, ont été considérés comme non domiciliés en France des contribuables qui avaient des intérêts éparpillés entre la France et la Belgique alors même que l'administration fiscale belge les avait considérés comme non-résidents de Belgique (CAA Douai 15 avril 2014 n° 13DA00654, 2e ch. : RJF 11/14 n° 971, arrêt définitif concernant des contribuables qui exerçaient en Belgique une activité salariée et qui y disposaient de comptes bancaires et d'une résidence, alors qu'ils étaient propriétaires de biens mobiliers et immobiliers en France, titulaires de plusieurs comptes bancaires en France et qu'ils avaient obtenu des prêts auprès d'établissements bancaires français). En définitive, au moins pour les années en cause et dans les circonstances de l'espèce, ces personnes n'étaient **domiciliées fiscalement dans aucun pays** ; une telle situation, si elle est peu fréquente, n'est donc pas impossible.

Précisions **a.** Les critères de détermination du domicile fiscal figurant aux a, b et c de l'article 4 B, 1 du CGI constituent des **bases légales distinctes** (CAA Paris 22 octobre 2009 n° 07-4428, 9e ch., Lovat : RJF 5/10 n° 525 ; arrêt infirmé sur un autre point par CE 28 décembre 2012 n° 334885, 10e s.-s., Lovat : RJF 3/13 n° 251) ; le juge de l'impôt ne peut donc pas procéder à une substitution de base légale en l'absence de conclusions de l'administration en ce sens.

b. La garantie de l'article L 80 B, 1° du LPF (**rescrit**) peut jouer pour la localisation du domicile fiscal d'un contribuable et la reconnaissance de sa qualité de résident ou de non-résident (BOI-SJ-RES-10-20-10 n° 200). Sur la portée de cette garantie, voir cependant n° 41290 d.

Date d'appréciation de la résidence fiscale

40610 À la différence de certaines législations étrangères, le système français permet qu'une personne soit successivement résidente et non-résidente (ou l'inverse) au cours d'une même année civile ; la date à laquelle le domicile fiscal a basculé de France vers l'étranger (ou l'inverse) est donc essentielle (CAA Paris 2 octobre 2003 n° 99-3116, 5e ch. A, Knapp : RJF 5/04 n° 516, à propos d'une personne domiciliée en Suisse et ayant réalisé des plus-values de source française ; arrêt définitif).

Cette date n'est pas toujours facile à déterminer ; par exemple, le fait pour des contribuables de prendre un appartement en location à Genève et de fournir une **attestation émanant de l'administration suisse** certifiant la date à laquelle ils ont été considérés comme résidents de Suisse n'a pas suffi à remettre en cause l'appréciation fondée sur un faisceau d'indices (présence en France, dates des déménagements, etc.) selon laquelle ils avaient transféré leur résidence en Suisse à une date postérieure (CAA Paris 16 décembre 2010 n° 08-5885, 2e ch., Billon : RJF 5/11 n° 582, à propos de contribuables qui cherchaient à prétendre qu'ils avaient quitté la France avant l'entrée en vigueur de l'ancienne exit tax) ; le pourvoi formé contre cet arrêt n'a pas été admis par CE (na) 19 septembre 2011 n° 346012, 3e s.-s., Billon : RJF 12/11 n° 1351.

En revanche, un contribuable célibataire et sans enfant, qui avait réalisé des plus-values de cession de titres de sociétés françaises le 22 juin 2004 a été considéré comme non domicilié en France à cette date alors même qu'il n'avait établi son domicile fiscal en République dominicaine qu'**un mois avant**, à compter du 15 mai 2004 (CAA Lyon 28 octobre 2011 n° 10LY00065, 2e ch., Doras ; arrêt définitif) ; dans cette affaire, la Cour a écarté la domiciliation en France en raison d'un faisceau d'indices, retenant notamment que l'activité française du contribuable n'était qu'accessoire et ne prenant pas en compte la plus-value pour l'appréciation du centre des intérêts économiques (compte tenu des circonstances).

Voir aussi n° 40830 et n° 41050.

A. Les critères d'ordre personnel

Il s'agit du foyer ou du lieu de séjour principal. **40810**

1. Foyer

Principes

Est domiciliée en France toute personne qui a son foyer en France (CGI art. 4 B, 1-a). Le foyer s'entend, selon l'administration (BOI-IR-CHAMP-10 n° 100), du lieu où le contribuable habite normalement, c'est-à-dire le lieu de sa résidence habituelle, à condition que cette résidence en France ait un caractère permanent. **40820**

La jurisprudence exige cependant que deux éléments soient réunis pour que le foyer soit caractérisé : le **centre des intérêts familiaux** et le lieu où le contribuable **habite normalement** (voir notamment n° 40860 la décision du Conseil d'État dans l'affaire Larcher). En général, la satisfaction du premier critère entraîne celle du second, mais ce n'est pas systématique ; si le centre des intérêts familiaux d'un contribuable est situé en France, il ne peut être considéré comme y ayant son foyer que s'il est par ailleurs établi qu'il y habite normalement.

D'une certaine façon, le critère du **séjour** est ainsi pris indirectement en considération pour la détermination du lieu du foyer d'un contribuable ; il se glisse dans la notion de « lieu où le contribuable habite normalement ». Mais, comme il est indiqué n° 40860, il n'est pas tenu compte, pour la détermination du lieu d'habitation « normale », des séjours effectués temporairement ailleurs que dans l'État où se trouve le centre des intérêts familiaux en raison des nécessités de la profession. En ce sens, par exemple, a son foyer en France un électricien qui exerce son **activité professionnelle** à Jersey mais qui effectue des séjours réguliers en France, particulièrement durant les congés hebdomadaires, dans un immeuble où vivent son épouse et leur enfant (CAA Nantes 19 janvier 2017 n° 15NT03652, 1e ch. : RJF 4/17 n° 357 ; sur la solution retenue en cassation par le Conseil d'État en ce qui concerne les conditions d'imposition, voir n° 40952).

L'administration estime, dans le même sens, que la résidence habituelle du contribuable demeure son foyer même s'il est appelé pour des raisons professionnelles à séjourner ailleurs temporairement ou pendant la plus grande partie de l'année, dès lors que, normalement, la **famille continue d'y habiter** et que tous ses membres s'y retrouvent (BOI préc. n° 110 ; voir aussi, par exemple, l'arrêt Corellou, n° 41158 f). Mais la simple possession d'une résidence secondaire n'est pas suffisante pour qu'une personne soit domiciliée en France, car il ne s'agirait pas de « son » foyer.

Un foyer peut, bien entendu, être caractérisé en présence de contribuables ayant conclu un **Pacs** ; a ainsi été considéré comme ayant son foyer aux États-Unis un contribuable qui entretenait une relation conjugale avec un ressortissant américain avec lequel il avait conclu un Pacs (et avec lequel il s'est marié au cours d'une année postérieure à la période vérifiée) et qui avait produit de nombreuses pièces établissant l'intensité de ses liens privés et sociaux avec les États-Unis (CAA Bordeaux 12 juillet 2018 n° 16BX00730 : RJF 12/18 n° 1272 ; arrêt définitif) ; la Cour juge qu'en l'espèce l'intéressé ne remplissait aucun des critères de domiciliation en France et que par suite les revenus d'origine indéterminée qu'il avait perçus n'étaient imposables qu'aux États-Unis (voir également n° 43855, Précisions c).

Cela étant, le fait que les **enfants majeurs** résident en France est, sauf circonstances particulières, étranger à la détermination du centre des intérêts familiaux des parents (CE 22 juin 2016 n° 386131, 3e et 8e ch. : RJF 10/16 n° 786) ; dans cette affaire, l'un des enfants était handicapé et placé dans une institution spécialisée située en France, sous la tutelle de l'un de ses parents (sur renvoi après cassation pour erreur de droit, les intéressés ont tout de même été considérés comme domiciliés en France par CAA Marseille 9 février 2017 n° 16MA02550, 7e ch. ; cet arrêt a fait l'objet d'un pourvoi n° 409661, suivi d'un désistement).

Lorsqu'un contribuable a son foyer en France, il ne peut faire échec à la domiciliation en prétendant qu'il aurait **séjourné principalement à l'étranger** au cours des années en litige (par exemple, CE 9 avril 2014 n° 359971, 9e s.-s. ; également n° 40825 h et n° 40860).

Précisions La loi mentionne **« le » foyer**, et non pas « un » foyer, à la différence de ce qu'indiquent généralement les conventions fiscales (nos 41175 s.) ; il ne faut donc pas confondre les deux notions.

40821 **Cas des célibataires** En ce qui concerne les célibataires sans charge de famille, il y a lieu, selon la jurisprudence du Conseil d'État, de déterminer, outre le lieu d'habitation normale, le **centre de la vie personnelle** et non pas le centre des intérêts familiaux (en ce sens, décision Blanc, n° 40867 d, écartant l'idée qu'un célibataire n'ait pas de « foyer »).

Le critère du centre de la vie personnelle est cependant assez imprécis et ne paraît pas se confondre systématiquement avec le critère du **séjour** et du **travail** ; ainsi, un militaire célibataire envoyé en mission hors de France pourrait être considéré comme ayant toujours son centre de vie personnelle en France bien qu'il séjourne et travaille hors de France.

En ce sens, il a été jugé qu'était domicilié en France un célibataire sans charge de famille, propriétaire d'une maison dans le Finistère qu'il occupait lors de ses périodes de repos, bien qu'il séjournât en France moins de cent quatre-vingt-trois jours par an en raison de ses activités professionnelles (CE 17 décembre 2010 n° 306174, 10e et 9e s.-s., Leostic : RJF 3/11 n° 264) ; ce contribuable « habitait normalement en France » car il ne séjournait hors de France qu'en raison de ses activités professionnelles et il avait en France un foyer « stable », où se trouvaient ses relations personnelles et amicales et ses loisirs, et vers lequel il revenait quand il n'exerçait pas sa profession sur une plate-forme pétrolière (les circonstances n'étaient donc pas tout à fait les mêmes que dans l'affaire Blanc).

Autre exemple, a été considéré comme domicilié en France, tant en droit interne que sur le fondement de la convention fiscale franco-suisse du 9 septembre 1966 modifiée, un contribuable célibataire (divorcé) qui, notamment, avait deux **enfants mineurs** vivant en France et dont il n'avait pas la garde (mais avec lesquels il avait des relations régulières), et qui avait à sa disposition un logement et des véhicules automobiles en France, alors qu'il n'était que locataire d'un appartement en Suisse et administrateur d'une société suisse (CE 31 mars 2014 n° 357019, 8e et 3e s.-s., Noah : RJF 6/14 n° 531).

Rappelant une nouvelle fois la jurisprudence voulant que le **foyer** d'un célibataire ne puisse être situé en France que s'il est établi qu'au vu de l'ensemble de sa situation, l'intéressé y habite normalement et y a le centre de sa vie personnelle, le Conseil d'État a annulé un arrêt d'appel qui l'avait perdue de vue (CE 27 juin 2018 n° 408609, 8e et 3e ch. : RJF 10/18 n° 925) ; il s'agissait d'un salarié divorcé travaillant sur des plateformes pétrolières en Angola au cours des années 2007 et 2008, qui n'avait pas conservé une habitation personnelle en France mais qui y avait encore certaines attaches. Cela étant, sur renvoi après cassation, l'intéressé a été considéré comme domicilié en France sur le terrain du centre des intérêts économiques (CAA Nantes 20 décembre 2018 n° 18NT02577, 1e ch. ; arrêt définitif).

Enfin, a été annulé un arrêt d'appel qui avait jugé suffisant, pour caractériser le foyer en France d'un contribuable **divorcé** qui travaillait pour une société de construction en Arabie saoudite au cours des années 2012 à 2014, de relever qu'il était propriétaire d'un appartement à Rennes, qu'il y disposait d'un logement dans lequel il séjournait lors de ses congés et qu'il versait une pension alimentaire à ses deux enfants mineurs qui résidaient en France (CE 11 mai 2022 n° 450692, 9e ch. : RJF 8-9/22 n° 698, renvoyant l'affaire à la cour administrative d'appel de Nantes).

Précisions **a.** Le lieu de résidence de la **famille la plus proche** pourrait probablement être pris en compte, non pas de façon autonome, mais plutôt en tant qu'indice de la présence des relations personnelles ; il a ainsi été jugé qu'une ingénieure salariée qui résidait au domicile de ses parents, en dehors des périodes où elle exerçait son activité en Allemagne et au Japon, et qui mentionnait l'adresse de ses parents sur ses déclarations de revenus, devait être regardée comme ayant en France, où résidait sa famille la plus proche, son foyer au sens de l'article 4 B du CGI (TA Pau 13 mars 2008 n° 05-2161, 1e ch., Coste : RJF 10/08 n° 1037 ; jugement définitif).

b. Dans une décision de « jugeant seule », et donc sans portée jurisprudentielle, le Conseil d'État a paru s'écarter de l'orthodoxie en estimant, à propos d'un journaliste célibataire, qu'il pouvait être regardé comme domicilié en France dès lors qu'il remplissait « **une des deux conditions** du a du 1 de l'article 4 B » alors que la jurisprudence issue de la décision Larcher (n° 40860), reprise ultérieurement par les décisions Blanc et Leostic, indique que les deux critères ne sont pas alternatifs (CE 28 décembre 2012 n° 334885, 10e s.-s., Lovat : RJF 3/13 n° 251).

c. A été regardée comme domiciliée en France sur le terrain du foyer une **étudiante** ukrainienne célibataire et sans charge de famille, domiciliée chez un tiers en France où elle disposait par ailleurs de comptes bancaires régulièrement mouvementés (CAA Paris 16 février 2017 n° 15PA00783, 5e ch., définitif ; voir n° 41158 k).

Relations maritales Il résulte de la jurisprudence qu'une relation maritale peut créer un « foyer » ou, autrement dit, que l'existence d'un foyer peut être caractérisée même hors mariage (CE 27 janvier 2010 n° 319897, 8e et 3e s.-s., min. c/ Tounsi : RJF 4/10 n° 310) ; cette décision, rendue à propos d'un contribuable qui exerçait son activité professionnelle en Guinée, mais qui faisait des séjours réguliers en France au cours desquels il résidait à Mougins avec sa compagne et leur fils, met la **concubine** sur le même plan que l'épouse pour qualifier le foyer, alors même qu'une concubine et son concubin constituent deux foyers fiscaux distincts. Dans le même sens, voir la décision Gerschel (n° 40825 d), dans un cas où existait un foyer marital alors que le lien conjugal n'était pas dissous, mais où les enfants qu'avait eus le contribuable avec son épouse étaient majeurs alors qu'il n'en avait pas eu avec sa concubine (la solution aurait pu être différente si les enfants avaient été mineurs). **40823**

Pour un autre exemple, voir CE 3 février 2011 n° 327804, 8e et 3e s.-s., min. c/ Dejonghe-Labarche (RJF 4/11 n° 399) à propos d'une personne qui vivait en **concubinage stable et continu** au Gabon avec une personne qu'elle a ensuite épousée ; il a été jugé que cette personne avait son foyer au Gabon même pour la période précédant son mariage, bien qu'elle possédât une maison d'habitation dont elle se réservait la jouissance en France et une autre maison indépendante occupée par la **fille adoptive** du couple, dont il n'était toutefois pas soutenu qu'elle fût mineure.

Exemples

La jurisprudence illustre les principes de la façon suivante. **40825**

a. Une personne dont les **enfants** étaient **scolarisés** en France et qui utilisait régulièrement un appartement à Neuilly (attesté par le montant non contesté des factures téléphoniques) avait son foyer et le lieu de son séjour principal en France (CE 10 février 1989 n° 58873, 7e et 8e s.-s., Vanian : RJF 4/89 n° 392).

b. Un contribuable travaillant et résidant principalement en Libye où il percevait des salaires d'une société étrangère et y vivait avec son épouse et ses enfants avait tout de même son foyer en France dès lors qu'il avait une **habitation** dans notre pays où se trouvait sa première épouse et ses autres enfants logés en France (CAA Nancy 30 janvier 1992 n° 113, 2e ch., Zitouni : RJF 7/92 n° 927 ; arrêt définitif) ; dans cette affaire, le commissaire du Gouvernement avait, en sens contraire, soutenu que, quelle que soit sa situation matrimoniale, un contribuable **ne pouvait avoir qu'un foyer** en droit interne, à savoir celui où il réside habituellement pour des raisons familiales et personnelles, ce qui aurait amené au cas d'espèce à reconnaître au requérant une domiciliation fiscale en Libye. Pour un autre exemple de cas de **polygamie**, voir CAA Paris 15 janvier 2015 n° 12PA03956, 9e ch. : RJF 4/15 n° 293, jugeant qu'était situé en France le foyer fiscal d'époux algériens dont le mari était polygame et que les requérants n'étaient pas fondés à soutenir qu'eu égard à l'état polygame du mari, leurs déclarations fiscales communes devaient être réputées nulles et leur mariage sans effet juridique en France (cet arrêt a fait l'objet d'un pourvoi qui n'a pas été admis par CE (na) 26 février 2016 n° 390213 : RJF 8-9/16 n° 680).

c. Sur la question de la justification d'un **divorce** à l'étranger, voir CE 8 mars 2004 n° 249461, 3e et 8e s.-s., Mohammadi : RJF 6/04 n° 565 ; voir aussi RJF 6/04 n° 621.

d. Un contribuable marié et dont l'épouse vit en France n'a cependant pas de foyer en France dès lors qu'il établit qu'il vit en **concubinage** au Zimbabwe avec une personne qu'il a ensuite épousée, qu'il ne se rend en France que pour des séjours épisodiques et que ses enfants majeurs ne résident pas avec leur mère, alors même qu'il continue d'agir de concert avec son épouse pour la gestion d'intérêts matériels et patrimoniaux communs, notamment pour la gestion de la propriété familiale (CE 12 mars 2010 n° 311121, 3e et

40825 (suite) 8e s.-s., Gerschel : RJF 6/10 n° 558 ; conclusions au BDCF 6/10 n° 61) ; dans cette affaire, le Conseil d'État a estimé que l'intéressé avait le centre de ses intérêts familiaux, et par suite son foyer, au Zimbabwe, alors qu'il avait été jugé en appel qu'il était domicilié en France en l'absence de procédure de dissolution du lien conjugal qu'il avait conservé en France.

e. Une personne qui, exerçant une activité salariée de pilote d'avion en Arabie saoudite, dispose en France d'une maison, déclarée comme étant son **habitation principale**, où résident son **épouse** et son **fils mineur** et où elle séjourne chaque fois que son activité professionnelle le lui permet, a son foyer en France (CE 27 juillet 2009 n° 301266, 3e et 8e s.-s., Bars : RJF 12/09 n° 1044).

f. A son foyer en France un contribuable dont **l'épouse et les trois enfants**, dont deux sont à charge, vivent en permanence en Gironde, dans une résidence dont les contribuables sont propriétaires, alors même qu'il disposait également d'un appartement au Gabon où il exerçait son activité professionnelle et quelle qu'ait été la durée de ses séjours dans ce pays (CE 17 décembre 2010 n° 316144, 3e et 8e s.-s., Venekas et Mme Giannarelli épouse Venekas : RJF 3/11 n° 268).

g. Pour un exemple assez évident d'un contribuable disposant d'une habitation en France où séjournait sa **compagne et mère de ses enfants**, voir CE 18 juillet 2011 n° 336257, 10e et 9e s.-s., Di Domenico : RJF 11/11 n° 1124 jugeant également que si, au soutien de l'examen du lieu du foyer auquel elle a procédé à titre principal, la cour a relevé des éléments se rapportant aux séjours en France, cette circonstance n'entache pas son arrêt d'erreur de droit.

h. Avaient leur foyer en France des époux qui disposaient d'un logement situé à Palma en Espagne et d'une résidence en France où ils recevaient et acceptaient du courrier simple et recommandé sans avoir fourni d'adresse de **réexpédition**, les courriers et télécopies reçus concernant notamment les activités **professionnelles** de l'époux ; les contribuables étaient inscrits sur les **listes électorales** en France et disposaient d'**abonnements** aux services d'eau et de téléphone enregistrant des consommations, ainsi que de **comptes bancaires** sur lesquels des dépenses effectuées en France étaient débitées, et ils étaient inconnus des services fiscaux espagnols (CE 26 décembre 2012 n° 336674, 9e s.-s.) ; les requérants ne pouvaient utilement faire valoir que la durée de leur **séjour** en France ne pouvait les faire regarder comme ayant eu en France le lieu de leur séjour principal dès lors que la domiciliation n'était pas fondée sur ce critère subsidiaire mais sur le critère prioritaire du foyer, ainsi que, de manière surabondante, sur le critère alternatif du lieu d'exercice de l'activité professionnelle.

i. Avaient en France, au titre des années 2001 et 2002, le **centre de leurs intérêts familiaux**, alors même que l'époux avait principalement séjourné hors de France en 2001 et 2002 et que l'épouse avait davantage résidé hors de France qu'en France en 2001, deux personnes mariées titulaires d'une carte de résident, locataires d'un appartement à Neuilly-sur-Seine, régulièrement occupé eu égard aux consommations de gaz, d'électricité et de téléphone et dans lequel leur fils mineur, scolarisé à Neuilly-sur-Seine, résidait de manière permanente (CE 17 mars 2016 n° 383335, 3e et 8e s.-s. : RJF 6/16 n° 505, aux conclusions Vincent Daumas à la même RJF C 505 ; voir également n° 41205 j).

j. Des contribuables dont **les enfants sont scolarisés** en Suisse mais qui résident de manière permanente en Haute-Savoie où ils sont propriétaires d'une maison et qui n'allèguent pas disposer d'un autre logement en Suisse ont leur foyer en France ; peu importe que les intéressés soient de nationalité saoudienne, que le mari exercerait son activité professionnelle en Arabie saoudite et que l'épouse retournerait fréquemment en Arabie saoudite (CAA Lyon 15 mars 2016 n° 15LY02304, 2e ch. ; cet arrêt a fait l'objet d'un pourvoi non admis par CE (na) 8 février 2017 n° 399822, 8e ch.). Voir également n° 41190.

k. N'ont **pas de foyer en France** des contribuables propriétaires d'un emplacement de stationnement et de quatre appartements situés en France, dont un seulement est réservé à leur usage personnel, étant donné que cet appartement est très vétuste, que les factures d'électricité et de téléphone lui correspondant font apparaître des montants modestes, montrant qu'il n'a pu être utilisé que ponctuellement, et que les intéressés n'ont pas de famille en France (CAA Lyon 30 mars 2017 n° 15LY04070, 5e ch. : RJF 12/17 n° 1149 ; cet arrêt a fait l'objet d'un pourvoi qui n'a pas été admis par CE (na) 24 octobre 2018 n° 412868, 9e ch.) ; la domiciliation a toutefois été établie sur le terrain de la durée du séjour (n° 40845).

l. Avaient leur foyer en France des contribuables propriétaires d'un **ensemble immobilier à Margaux** où ils avaient notamment des consommations d'électricité, d'eau, de fuel et de téléphone importantes et régulières et qui ne justifiaient pas qu'ils vivaient au Royaume-Uni, en dépit de la circonstance, à la supposer établie, que leurs **enfants majeurs** résidassent au Royaume-Uni (CE 30 mars 2018 n° 361828, 9e ch. : RJF 6/18 n° 573).

m. Avait son foyer en France au titre des années 2009 à 2012 un contribuable qui était propriétaire d'une maison en France, régulièrement occupée, eu égard à la consommation d'eau et d'électricité compatible avec une occupation par quatre personnes, et dont les **enfants** (un fils étudiant et une fille lycéenne) résidaient en France (CAA Nantes 11 juin 2020 n° 18NT02000, 1e ch., ayant fait l'objet d'un pourvoi non admis par CE (na) 23 mars 2021 n° 442322, 8e ch. : RJF 6/21 n° 554) ; la convention fiscale franco-congolaise a été jugée inapplicable dès lors que la **condition d'assujettissement à l'impôt** n'était pas démontrée, les certificats d'imposition congolais produits ne mentionnant ni les montants déclarés ni le montant des impositions versées et ne précisant pas non plus que le contribuable aurait été imposé en raison de sa résidence.

Date de transfert du foyer hors de France

Il est quelquefois difficile de déterminer à quelle date un foyer a « basculé » de la France vers l'étranger. Une décision du Conseil d'État du 30 mars 1992 (n° 72824, 8e et 9e s.-s., Berger : RJF 5/92 n° 585) offre un exemple intéressant à cet égard. Il s'agissait d'une personne qui avait été affectée, à compter du 23 octobre 1980, en qualité d'instituteur spécialisé en Polynésie française, alors que son épouse ne l'avait rejoint en Polynésie qu'à compter du 27 décembre de la même année, ayant, jusqu'à cette date, exercé son activité dans le département de la Réunion où le ménage possédait une maison d'habitation. Le Conseil d'État a considéré que le foyer du contribuable avait basculé de la Réunion en Polynésie à la **date à laquelle l'épouse** de l'intéressé **l'avait rejoint** en Polynésie avec ses enfants. Pour la période précédant l'installation de l'épouse, le foyer était donc toujours fixé en France (département de la Réunion). **40830**

2. Lieu de séjour principal

Principes

Une personne qui a en France le lieu de son séjour principal est considérée comme domiciliée en France. Tel est le cas lorsqu'elle est **personnellement et effectivement présente** à titre principal en France, quels que puissent être par ailleurs le lieu et les conditions de séjour de sa famille. Il importe peu, également, qu'elle vive dans une habitation lui appartenant, louée, mise à sa disposition, ou encore à l'hôtel. Le critère du lieu de séjour principal est cependant **subsidiaire** par rapport au critère prioritaire du foyer et il s'apprécie compte tenu d'éventuelles circonstances exceptionnelles (n° 40860). **40840**

Durée du séjour

L'administration estime que le caractère principal du séjour est établi, en règle générale, lorsque la personne a séjourné en France **plus de six mois** au cours d'une année donnée (BOI-IR-CHAMP-10 n° 130). Par exemple, un contribuable qui, au cours d'une année, avait séjourné pendant trois cent deux jours dans une **chambre d'hôtel** a été considéré comme imposable en France au cours de cette année (CE 5 juillet 1961 n° 37182 : Dupont, 1961, p. 36). **40845**

Lorsqu'elle tente d'utiliser le critère du séjour et qu'elle cherche à déterminer un nombre de **jours de présence**, l'administration a parfois tendance à procéder à des extrapolations discutables. Par exemple, pour domicilier un contribuable qui se prétendait résident de Monaco, elle avait comptabilisé comme jours de présence en France les jours durant lesquels des opérations bancaires avaient été effectuées et ceux qui séparaient deux opérations bancaires de moins de trois jours, pour lesquels elle estimait que la présence en France devait être présumée ; cette manière de voir a toutefois été invalidée en appel, la Cour relevant que, compte tenu de la proximité entre son lieu de séjour en France et Monte-Carlo, où résidaient son épouse et ses enfants, il **ne pouvait être présumé** que le contribuable demeurait en France entre deux opérations bancaires dès lors que celles-ci étaient espacées de trois jours (CAA Marseille 3 février 2015 n° 13MA00052, 7e ch.) ; la domiciliation a néanmoins été établie sur le fondement du critère de l'activité professionnelle principale, la solution retenue par la Cour ayant été confirmée par le Conseil d'État (n° 40895 g).

En tout état de cause, le critère des six mois n'a pas une portée absolue ; le séjour en France peut être principal si l'intéressé a résidé en France pendant une durée nettement **supérieure à celle des séjours effectués dans différents pays étrangers** (CE 19 novembre 1969 n° 75295 : Dupont, 1970, p. 110 et CE 16 juillet 1976 n° 94488, 8e et 9e s.-s. : RJF 10/76 n° 426).

La jurisprudence distingue parfois les simples passages en France des **séjours effectifs**. Pour un exemple particulièrement favorable, voir CAA Paris 11 décembre 1990 n° 450, 2e ch., Porcu (RJF 5/91 n° 540 ; arrêt définitif) dans une affaire où l'administration avait pourtant paru apporter des éléments de nature à justifier que l'intéressé avait été présent en France pendant deux cents et cent soixante-dix-neuf jours en 1979 et 1980, pour, respectivement, trois et quatorze jours à l'étranger et cinq et vingt-trois jours à la fois en France et à l'étranger. La Cour a écarté ces éléments en considérant qu'ils n'établissaient pas nécessairement la réalité de séjours effectifs en France (ce qui est peu convaincant dans le contexte).

Autre exemple, dans une situation assez embrouillée de contribuables partagés entre la France, les États-Unis et Anguilla, la domiciliation en France a été regardée comme découlant de ce que l'administration avait établi qu'**à défaut de foyer** les intéressés avaient en France le lieu de leur séjour principal (CAA Lyon 30 mars 2017 n° 15LY04070, 5e ch. : RJF 12/17 n° 1149 ; cet arrêt a fait l'objet d'un pourvoi qui n'a pas été admis par CE (na) 24 octobre 2018 n° 412868, 9e ch.) ; dans cette affaire, la Cour a estimé, contrairement à ce que soutenait l'administration et à ce qu'avait jugé le tribunal administratif, que le foyer des contribuables n'était pas déterminé (n° 40825 k) mais que la domiciliation pouvait tout de même être fondée sur un faisceau d'indices manifestant un **séjour principal en France** (dépenses courantes d'eau et d'électricité ; engagement en France de l'intégralité des frais médicaux ; adresse française mentionnée lors de l'inscription sur les listes électorales en France, etc.). Les décomptes produits par les contribuables pouvaient justifier une durée de séjour importante hors de France mais il n'en résultait pas qu'ils aient passé plus de temps dans un autre pays que la France au cours des années considérées. Selon le raisonnement indiqué n° 40860, le critère du séjour a, en l'espèce, été retenu comme subsidiaire, en l'absence de foyer, et peu importait que la durée démontrée du séjour en France n'ait pas dépassé cent quatre-vingt-trois jours.

Précisions **a.** Bien entendu, il n'y a **pas lieu** de s'attacher à la règle des six mois pour l'imposition des revenus de l'année au cours de laquelle le contribuable **acquiert un domicile** en France ou le transfère à l'étranger (BOI préc. n° 150 ; nos 2530 s. et 3660 s.).

b. Une ressortissante roumaine a été considérée comme domiciliée en France sur le fondement du critère du **séjour principal**, car elle avait séjourné en France cent soixante-quinze jours selon ses propres déclarations (entre cent quatre-vingt-trois et cent quatre-vingt-dix-huit jours, selon l'administration), étant observé en outre qu'elle disposait d'une habitation en France et qu'elle était titulaire d'un compte bancaire français et gérante d'une entreprise de droit français (TA Paris 10 juillet 2018 n° 1619731, 2e sect., 1e ch. : Droit fiscal 2019 n° 6 comm. n° 147) ; la requérante, qui avait été imposée sur les signes extérieurs de richesse, a toutefois eu partiellement gain de cause en appel en ce qui concerne le quantum de l'imposition eu égard aux justifications produites (CAA Paris 10 mars 2020 n° 18PA03080, 7e ch. : RJF 8-9/20 n° 662, arrêt définitif ; le débat ne portait plus sur la domiciliation).

3. Combinaison de ces deux critères

Jurisprudence du Conseil d'État

40860 Les critères du foyer et du lieu de séjour principal ne sont pas tout à fait aussi alternatifs qu'il y paraît ; la loi ne les distingue pas complètement, puisqu'elle les regroupe sous une même rubrique à l'article 4 B, 1-a du CGI, et la jurisprudence les a largement unifiés. Le Conseil d'État a en effet jugé que le **foyer** devait s'entendre du lieu où le contribuable habite normalement et a le centre de ses intérêts familiaux, sans qu'il soit tenu compte des séjours effectués temporairement ailleurs en raison des nécessités de la profession ou de circonstances exceptionnelles, et que le lieu du **séjour principal** ne peut déterminer le domicile fiscal du contribuable que dans l'hypothèse où celui-ci ne dispose pas de foyer (CE 3 novembre 1995 n° 126513, Sect., Larcher : RJF 12/95 n° 1332).

D'une certaine façon, le Conseil d'État a unifié les deux critères, qui pouvaient pourtant paraître alternatifs. En l'espèce, comme l'intéressé avait incontestablement son foyer en Nouvelle-Calédonie, la circonstance qu'il ait effectué exceptionnellement des séjours importants en France n'avait pas d'incidence sur la détermination de son domicile fiscal. L'arrêt d'appel qui l'avait considéré comme domicilié en France en se référant à la durée de son séjour en métropole avec son épouse (cent soixante-dix et cent soixante-quinze jours pour 1977 ; deux cent soixante-quinze et deux cent soixante-treize jours pour 1978) a donc été annulé. **40860** (suite)

Devant le Conseil d'État, le commissaire du Gouvernement Jacques Arrighi de Casanova expliquait en ces termes comment il convient de combiner les notions de foyer et de séjour principal : « en résumé, l'analyse que nous vous proposons revient à interpréter les dispositions du a) [de l'article 4 B 1 du CGI] comme signifiant qu'il vise les personnes qui ont en France leur **foyer** ou qui, **à défaut**, y ont au moins leur lieu de **séjour principal**. Lorsque le lieu du foyer peut être déterminé, il n'y a alors pas à se fonder sur le séjour principal. Et s'il s'avère que ce foyer est hors de France, c'est seulement sur la base des critères professionnels et économiques des b) et c) que le domicile fiscal pourra néanmoins être rattaché à la France. »

En somme, en présence d'une situation donnée, la tâche prioritaire consiste à déterminer s'il existe un foyer quelque part. Dans l'affirmative, le lieu de séjour n'a pas d'importance ; il n'en retrouve que s'il n'existe pas de foyer. C'est la raison pour laquelle commet une erreur de droit une cour administrative d'appel qui se fonde sur le critère subsidiaire du lieu de séjour principal sans avoir, au préalable, recherché si le lieu du foyer pouvait être déterminé (CE 15 avril 2015 n° 361828, 9e et 10e s.-s. : RJF 7/15 n° 606 ; voir également n° 3734, Précisions b). En l'espèce, le foyer était bien situé en France (n° 40825 l).

Dans le sens de la décision Larcher, voir, par exemple, CE 3 février 2011 n° 327804, 8e et 3e s.-s., min. c/ Dejonghe-Labarche (RJF 4/11 n° 399) jugeant que dès lors que le contribuable avait son foyer au Gabon, l'administration n'était pas fondée à déterminer son domicile fiscal en recherchant le lieu de son séjour principal. Autre exemple, commet une erreur de droit une cour administrative d'appel qui se fonde sur des éléments établissant la présence habituelle en France d'un contribuable pour en déduire qu'il y avait son foyer (CE 28 novembre 2014 n° 365012, 3e s.-s. : RJF 4/15 n° 289).

Ce raisonnement est applicable également **si le contribuable est célibataire** sans charge de famille, la notion de « foyer » ne reposant pas alors sur le centre des intérêts familiaux (outre le critère du lieu d'habitation normale), mais sur le centre de la vie personnelle (n° 40821). Cela étant, l'unification opérée par la décision Larcher n'est peut-être qu'incomplètement transposable aux célibataires puisque, dans ce cas, le critère du séjour a été jugé applicable non pas s'il n'y a pas de foyer « en général », mais s'il n'y a pas de foyer « en France » (n° 40867 d. ; dans le même sens, CE 17 décembre 2010 n° 306174, 10e et 9e s.-s., Leostic : RJF 3/11 n° 264). La jurisprudence sur ce point a toutefois évolué, le Conseil d'État ayant ultérieurement affirmé, à propos d'un contribuable célibataire, que le lieu du séjour principal de ce contribuable ne peut déterminer son domicile fiscal « que dans l'hypothèse où il ne dispose pas de foyer », sans ajouter « en France », reprenant ainsi la décision Larcher (CE 27 juin 2018 n° 408609, 8e et 3e ch. : RJF 10/18 n° 925 ; voir également n° 40821).

Un autre apport important de la décision Larcher tient à ce que sont écartées les **circonstances exceptionnelles** comme, dans cette affaire, les conséquences de la **maladie** de la belle-mère du contribuable, qui avait motivé les séjours du couple en France. Commet ainsi une erreur de droit une cour administrative d'appel qui ne recherche pas, pour la détermination du foyer, si l'importance des séjours en France ne résulte pas de circonstances exceptionnelles, alors que l'épouse soutenait que sa présence en France avait été rendue nécessaire par les **soins médicaux** qu'elle avait dû recevoir à la suite d'un accident vasculaire cérébral survenu à Paris (CE 27 février 2015 n° 367894, 9e s.-s.) ; sur renvoi, il a été jugé que, bien que l'épouse ait été très présente en France dans un appartement dont le couple était locataire à Paris et qui était régulièrement occupé, elle avait bien conservé son foyer au Royaume-Uni car son séjour résultait effectivement de circonstances exceptionnelles (CAA Paris 2 février 2016 n° 15PA01092, 10e ch. : RJF 12/16 n° 1050, arrêt définitif).

Il en va de même des séjours motivés par une **activité professionnelle** ; par exemple, la circonstance qu'un contribuable aurait eu, pour l'essentiel de la période en litige, le lieu de son séjour principal en Arabie saoudite pour des raisons professionnelles était sans incidence sur l'établissement de son domicile fiscal en France, qui résultait de ce qu'il avait en France le centre de ses intérêts familiaux (CE 21 octobre 2011 n° 333898, 10e et 9e s.-s., Savary de Beauregard : RJF 1/12 n° 2).

Précisions **a.** L'existence de circonstances exceptionnelles conduisant à une **présence temporaire** en France avait été retenue par l'administration à propos des Français de Côte d'Ivoire qui y résidaient avant de rapatrier leur famille en France en raison des événements survenus dans ce pays (voir notamment ancienne réponse Cointat : JO Sénat 25 octobre 2006, p 7185 et BF 1/07 n° 90). De même, il a été précisé, dans le contexte de la crise sanitaire du **Covid-19**, qu'un séjour temporaire au titre du **confinement en France**, ou de restrictions de circulation (« travel ban ») décidées par le pays de résidence, n'est pas de nature à caractériser une domiciliation fiscale en France au titre de l'article 4 B du CGI et que le fait qu'une personne soit retenue provisoirement en France en raison d'un cas de force majeure n'est pas de nature, pour ce seul motif, à la considérer comme y ayant établi son **foyer permanent** ou y ayant le **centre de ses intérêts vitaux** (Communiqué du ministère des finances publié le 8 avril 2020 sur le site impots.gouv.fr et intitulé « Résidence fiscale et confinement crise Covid » ; BF 2/20 n° 433). Une fiche de la DINR du 12 avril 2021 a ensuite précisé que peut notamment être constitutive d'une circonstance exceptionnelle l'impossibilité juridique ou matérielle de pouvoir rejoindre l'État dans lequel la personne était précédemment fiscalement domiciliée, pour la durée pendant laquelle une telle impossibilité existe, en raison, par exemple, de la **fermeture des frontières** de l'État de résidence ou de celui dans lequel elle séjournait (à moins que la fermeture des frontières n'ait été annoncée dans un délai permettant au préalable le retour dans l'État dans lequel la personne était fiscalement domiciliée précédemment), sans possibilité de dérogation, ou de l'absence de tout moyen de transport vers l'État de résidence. Cette fiche ajoute cependant que chaque circonstance, impossibilité juridique ou matérielle, sera examinée au cas par cas, comme toute question relative à la domiciliation fiscale.

b. La circonstance qu'un contribuable séjourne en France non pas de son propre fait mais en raison d'une mesure de **contrôle judiciaire** pourrait éventuellement être considérée comme une circonstance exceptionnelle. La question n'est cependant pas tranchée car l'arrêt de la cour administrative d'appel de Marseille qui avait eu à aborder ce point de façon très incidente (CAA Marseille 11 avril 2017 n° 15MA02898, 4e ch.) a fait l'objet d'un pourvoi qui n'a pas été admis par CE (na) 24 octobre 2018 n° 413315, 9e ch. : RJF 1/19 n° 2. En l'espèce, le pourvoi n'avait pas lieu d'être admis car la Cour avait établi la domiciliation en France au regard de nombreux autres éléments de fait et n'avait qu'incidemment relevé l'argument tenant à l'existence d'une mesure de contrôle judiciaire.

Cour de cassation

40865 La manière de voir du Conseil d'État a été reprise par la Cour de cassation pour la détermination du domicile fiscal d'un contribuable en matière de droits de succession (Cass. com. 15 octobre 1996 n° 1456 P, Vital-Behard : RJF 2/97 n° 180) ; dans cette affaire, elle a même recopié strictement la définition du Conseil d'État. En l'espèce, le défunt a été considéré comme domicilié en France quoiqu'il ait eu la double nationalité vénézuélienne et française, que divers éléments importants de son patrimoine aient été situés au Venezuela et qu'il ait effectivement séjourné pendant les dernières années de sa vie davantage au Venezuela qu'en France ; sa résidence en France était, en effet, restée le point d'attache du couple et de la famille et son foyer au sens fiscal.

Autres décisions

40867 La jurisprudence offre également les exemples suivants, reprenant les principes issus de la décision Larcher (n° 40860) :

a. CE 23 juin 2000 n° 196143, 8e et 3e s.-s., Al Kallas : RJF 9-10/00 n° 1041, à propos d'un **avocat syrien** domicilié en France en application du critère du foyer.

b. CAA Marseille 14 mars 2002 nos 99-1934 et 99-2215, 3e ch. A, Guérin : RJF 5/03 n° 526, arrêt définitif concernant une personne dont le foyer était situé au Paraguay et qui avait séjourné au **moins cent soixante et un jours** en France en raison de la maladie de son père.

c. À propos d'un célibataire commandant un navire marchand et qui naviguait **en moyenne huit mois par an**, TA Pau 23 février 2006 nos 03-1718 et 04-1997, 1e ch., Auvinet : RJF 10/06 n° 1140, jugeant que l'intéressé avait toujours son foyer en France (jugement définitif).

d. En ce qui concerne les **célibataires sans charge de famille**, le Conseil d'État a posé en principe que le foyer s'entend du lieu où le contribuable habite normalement et a le centre de sa vie personnelle, sans qu'il soit tenu compte des séjours effectués temporairement ailleurs en raison des nécessités de la profession ou de circonstances exceptionnelles ; le lieu du séjour principal d'un tel contribuable ne peut déterminer son domicile fiscal que dans l'hypothèse où il ne dispose **pas de foyer en France** (CE 17 mars 2010 nos 299770 et

300090, 8e et 3e s.-s., min. c/ Blanc : RJF 6/10 no 555). Dans cette affaire, le Conseil d'État a annulé l'arrêt d'appel, qui avait considéré que l'intéressé, footballeur professionnel, avait « entendu conserver » son foyer en France où résidait sa **famille la plus proche**, en refusant de tenir compte de ce qu'il avait souscrit des déclarations de revenus faisant état d'adresses en France et n'avait pas informé l'administration de sa volonté de transférer, même temporairement son domicile fiscal en Italie. Le Conseil d'État considère que le centre de la vie personnelle d'un tel contribuable, permettant de décider s'il a son foyer en France, se situe, compte tenu des circonstances de l'espèce, au **lieu de son travail**, soit en Italie, alors même que l'administration ne soutenait pas qu'il aurait eu son séjour principal en France ; cela dit, le critère du séjour et du travail n'est pas absolu comme il est indiqué no 40821.

B. Les critères d'ordre professionnel

Principes

Sont considérées comme domiciliées en France les personnes qui exercent en France une activité professionnelle, salariée ou non, à moins qu'elles ne justifient que cette activité n'est exercée qu'à titre accessoire (CGI art. 4 B, 1-b). **40890**

Pour les **salariés**, le domicile est donc fonction du lieu où ils exercent effectivement et régulièrement leur activité professionnelle (sans préjudice, bien entendu, de l'incidence des autres critères de détermination du domicile). Pour les **non-salariés**, il convient de rechercher s'ils ont en France un point d'attache fixe, un établissement ou une exploitation (no 40895, Précisions f).

Lorsqu'un contribuable exerce plusieurs professions ou la **même profession dans plusieurs pays**, il est considéré comme domicilié en France s'il y exerce son activité principale, c'est-à-dire celle à laquelle il consacre **le plus de temps effectif**, même si elle ne dégage pas l'essentiel de ses revenus (le critère relatif aux revenus ne s'applique que si le critère de durée est inopérant ; BOI-IR-CHAMP-10 no 220).

Le critère déterminant posé par l'administration, celui du temps effectivement consacré aux différentes activités, est conforme à la jurisprudence ; ainsi, dans l'affaire jugée par CE 27 mars 2017 no 389198, 8e et 3e ch. : RJF 6/17 no 523 (voir no 40895 g), ce n'est qu'en raison de l'absence de précisions apportées par le contribuable quant au temps qu'il consacrait à ses activités en France et au Royaume-Uni que les **revenus** qu'il en retirait ont été pris en compte. L'existence de revenus peut constituer un indice du caractère principal d'une activité si le contribuable ne fournit pas lui-même d'indications sur l'intensité de son activité exercée hors de France.

Au demeurant, la circonstance qu'une personne ne perçoive **aucune rémunération** directe en contrepartie de la gestion de la société dont elle est associée ne fait pas obstacle à ce que cette gestion soit regardée comme une activité professionnelle au sens de l'article 4 B du CGI (CE 26 mai 2010 no 296808, 10e et 9e s.-s., Beckman : RJF 8-9/10 no 767 aux conclusions Julien Boucher au BDCF 8-9/10 no 83, contraires sur un point de procédure).

En ce qui concerne la **preuve du caractère principal** de l'activité professionnelle, c'est le régime de la preuve objective qui prévaut, comme d'ailleurs pour la détermination du foyer : le contribuable ne peut se borner à réfuter les arguments apparemment pertinents avancés par l'administration, il doit apporter lui-même des éléments au soutien de sa position et des justificatifs de nature à contredire la position de l'administration ; ainsi, un contribuable qui exerce une activité professionnelle en France et qui ne produit, alors qu'il est seul en mesure de le faire, aucun document relatif à l'exercice d'une activité professionnelle à l'étranger, permettant de regarder l'activité exercée en France comme ne correspondant pas à son activité principale, n'est pas fondé à soutenir que l'administration ne fournit aucune information relative au temps effectif de ses activités respectives et qu'elle n'établit pas le caractère principal de l'activité dont elle se prévaut (CAA Paris 11 avril 2018 no 17PA01706, 2e ch., arrêt définitif après non-admission du pourvoi du contribuable par CE (na) 21 novembre 2019 no 421290, 8e ch. ; voir no 40895 h).

A de même son activité professionnelle en France un contribuable qui dispose d'une habitation en France et qui est **gérant et seul associé d'une société française** dès lors que, s'il soutient qu'il est également dirigeant d'une société camerounaise et qu'il tire de l'exercice de cette activité l'essentiel de ses revenus professionnels, il ne produit aucun document de nature à établir le bien-fondé de ses allégations (CAA Paris 23 mars 2017 nº 16PA00030, 5e ch. ; arrêt définitif) ; en l'espèce, l'intéressé ne percevait aucune rémunération de la société camerounaise mais seulement une indemnité de représentation destinée à couvrir certaines dépenses (voir également nº 41286, Précisions b).

Précisions En pratique, le critère de l'activité professionnelle n'est pas appelé à jouer souvent de façon autonome car l'intéressé, s'il exerce une activité en France non accessoire, y a, en général, ou son foyer ou le lieu de son séjour principal (en l'absence de foyer).

Dirigeants d'entreprises

40892 Les dirigeants des entreprises dont le siège est situé en France et qui y réalisent un chiffre d'affaires annuel supérieur à 250 M€ sont considérés comme exerçant en France leur activité professionnelle à titre principal, à moins qu'ils ne rapportent la preuve contraire (CGI art. 4 B, 1-b-al. 2, issu de l'article 13 de la loi nº 2019-1479 du 28 décembre 2019 de finances pour 2020, applicable à compter de l'impôt sur le revenu dû au titre de 2019).

Cette présomption vise exclusivement le **président** du conseil d'administration lorsqu'il assume la direction générale de la société, le **directeur général**, les directeurs généraux délégués, le président et les membres du **directoire**, les **gérants** et les autres dirigeants ayant des fonctions analogues. D'une certaine façon, elle légalise la doctrine administrative qui estime que les mandataires sociaux d'une société dont le siège social ou le siège de direction effective est situé en France exercent en principe en France leur mandat social (BOI-IR-CHAMP-10 nº 180), alors que la jurisprudence n'avait pas admis une telle présomption ; par exemple, comme le disait le rapporteur public dans ses conclusions sous la décision nº 406888 du Conseil d'État du 22 janvier 2018, à propos de l'article 155 A du CGI (nº 46070), « il est acquis, en effet, que certains chefs d'entreprise assurent la direction de leurs affaires depuis leur domicile personnel, en utilisant leur téléphone portable et une connexion internet. Nous ajouterons qu'en soi, le principe d'une opération d'externalisation doublée d'une délocalisation à l'étranger n'a rien d'artificiel (...) » (à propos de dirigeants d'une société française, domiciliés en Suisse ; conclusions Emmanuelle Cortot-Boucher à la RJF 4/18, C 342). Voir également, dans le cadre franco-américain, la décision citée nº 42865, Précisions a.

Précisions **a.** La précision apportée par la loi de finances pour 2020 a été jugée conforme à la **Constitution** par Cons. const. 27 décembre 2019 nº 2019-796 DC : RJF 3/20 nº 254 ; rappelant que le caractère principal de l'activité s'apprécie au regard du temps effectif qui y est consacré ou de la part des revenus qu'elle génère, le Conseil constitutionnel juge que, eu égard au temps nécessaire à l'exercice de fonctions de direction d'une entreprise et à la rémunération qui peut en découler, le législateur a pu prévoir que, sous réserve de l'établissement d'une preuve contraire, le dirigeant d'une entreprise dont le siège est situé en France et qui y réalise 250 M€ de chiffre d'affaires annuel doit être considéré comme exerçant une activité professionnelle en France au sens de l'article 4 B du CGI et que le grief tiré de la méconnaissance du principe d'égalité devant les charges publiques doit être écarté. La loi s'est par ailleurs bornée à **expliciter des éléments qui pouvaient déjà être pris en compte** pour apprécier la domiciliation fiscale d'un contribuable.

b. Pour l'appréciation du seuil de chiffre d'affaires de 250 M€, seul est pris en compte le **chiffre d'affaires « réalisé » en France**, ce qui exclut le chiffre d'affaires réalisé à l'étranger même s'il est déclaré en France, s'agissant par exemple d'une société française qui dispose d'établissements hors de France. Par ailleurs, pour les entreprises qui **contrôlent** d'autres entreprises dans les conditions définies à l'article L 233-16 du Code de commerce, le chiffre d'affaires s'entend de la somme de leur chiffre d'affaires et de celui des entreprises qu'elles contrôlent.

c. Les précisions apportées par la loi de finances pour 2020 peuvent éventuellement avoir des conséquences, depuis le 1er janvier 2020, en ce qui concerne l'**IFI** et les droits de **mutation** à titre gratuit.

Exemples

40895 La jurisprudence fournit les précisions suivantes :

a. N'a pas été considéré comme exerçant une activité professionnelle en France un étranger qui **représentait** une **société étrangère** et ne séjournait que soixante à soixante-dix jours par an en France (CE 22 octobre 1962 nº 36505 : Dupont 1962, p. 731).

b. N'exerçait pas son activité professionnelle en France un **représentant non salarié** de diverses maisons de tissus françaises et étrangères, qui exerçait exclusivement son activité hors du territoire français, bien qu'il ait reçu des commissions en France et qu'il y ait disposé d'une résidence d'où lui étaient transmis les ordres de ses commettants pendant ses tournées (CE 11 avril 1962 nº 53256 : Dupont 1962, p. 543).

c. A été considéré comme exerçant son activité professionnelle principale en France le directeur et unique propriétaire d'une société libanaise qui, dès septembre 1975 en raison de la situation au Liban, avait transféré la **direction** de cette société à Paris, où il avait loué un appartement et ouvert un compte bancaire, la circonstance qu'il ait fait de nombreux voyages à l'étranger et qu'il aurait également négocié des contrats au Royaume-Uni n'y faisant pas obstacle (CAA Paris 25 septembre 1990, n° 1330, 3e ch., Geallad : RJF 1/91 n° 1 ; arrêt définitif).

d. À propos d'une personne qui résidait en Belgique et exerçait en France l'activité d'**agent général d'assurances**, voir CAA Paris 6 juillet 2000 n° 96-27, 5e ch., Lecat : RJF 12/00 n° 1401 (arrêt annulé par le Conseil d'État ; nos 3086 et 81660).

e. Un contribuable qui exerce en France la **gérance** de quatre sociétés civiles et de trois sociétés à responsabilité limitée et qui est également **président** du conseil d'administration de nombreuses sociétés commerciales ayant leur siège en France doit être regardé comme y exerçant une activité professionnelle non accessoire au sens de l'article 4 B, 1-b du CGI (CAA Paris 23 octobre 2008 n° 06-2882, 5e ch., Laurent : RJF 10/09 n° 809, ayant fait l'objet d'un pourvoi non admis par CE (na) 21 mai 2010, n° 323562, 3e s.-s., Laurent : RJF 12/10 n° 1131).

f. Une personne dont l'activité consiste à acquérir en gros des fleurs coupées auprès de fournisseurs néerlandais pour les revendre et les livrer elle-même au moyen d'un camion frigorifique à des fleuristes de détail principalement français, doit être regardée comme exerçant son **activité professionnelle non salariée** principalement en France dès lors que les conditions d'exploitation de son entreprise l'amènent à séjourner plusieurs fois par semaine en France, où se situe la quasi-totalité de sa **clientèle** et où elle dispose d'un **« point d'attache » fixe** pour effectuer les livraisons qui n'apparaissent pas dissociables de son activité de négoce (CAA Douai 30 novembre 2010 n° 08-1075, 2e ch., Rosdorff : RJF 5/11 n° 538, définitif ; voir aussi n° 41205, Précisions h).

g. Était domicilié en France sur le fondement du critère de l'activité professionnelle principale un contribuable de nationalité britannique qui avait créé une société en France et qui, lors de la vérification de la comptabilité de cette société, était **l'interlocuteur de l'administration**, alors même qu'il n'en aurait plus été le gérant (CE 27 mars 2017 n° 389198, 8e et 3e ch. : RJF 6/17 n° 523) ; le contribuable soutenait qu'il avait exercé une activité professionnelle hors de France mais il ne l'avait pas établi et il ne fournissait pas d'élément de nature à permettre d'apprécier l'importance du **temps qu'il aurait consacré** respectivement en France et au Royaume-Uni aux différentes sociétés qu'il avait créées. La présence de revenus professionnels de source française a pu, dans ces conditions, constituer un élément déterminant.

h. Avait son activité professionnelle en France un contribuable de nationalité autrichienne et soi-disant domicilié à Monaco, qui agissait comme **représentant d'une société** établie aux îles Caïmans, était l'interlocuteur régulier, en France, des clients de cette société, tout particulièrement s'agissant de la location d'un avion stationné à l'aérodrome de Cannes, et disposait en France des **moyens matériels** nécessaires à cette activité (il utilisait une villa à Cannes appartenant à une société britannique dont il détenait 10 % des parts, le reste étant détenu par d'autres membres de sa famille, et où il avait installé un bureau), sans égard au fait que l'administration avait abandonné le rehaussement qu'elle avait initialement notifié à la société des îles Caïmans à raison de l'établissement stable qu'elle aurait possédé en France (CAA Paris 11 avril 2018 n° 17PA01706, 2e ch. ; arrêt définitif après non-admission du pourvoi du contribuable par CE (na) 21 novembre 2019 n° 421290, 8e ch.) ; sur les conséquences qui en ont été tirées en application de l'article 123 bis du CGI, voir n° 73870.

C. Les critères d'ordre économique

Principes

Tout contribuable qui a en France le centre de ses intérêts économiques est domicilié fiscalement en France, même s'il n'y séjourne pas ou s'il n'y a pas son foyer ou son activité principale (CGI art. 4B, 1-c). **40910**

Par centre des intérêts économiques, il faut entendre, selon l'administration, le lieu où le contribuable a effectué ses principaux investissements, où il possède le siège de ses affaires, d'où il administre ses biens ; il peut s'agir également du lieu où il a le centre de ses activités professionnelles ou encore celui d'où il tire la majeure partie de ses revenus (BOI-IR-CHAMP-10 n° 230).

40910 (suite) Pour un **salarié** qui n'a pas d'autres revenus que ceux de son travail, le centre des intérêts économiques doit a priori être considéré comme étant en France si l'activité est exercée en France, et comme étant situé hors de France dans le cas contraire.

Pour les **retraités**, la source des pensions de retraite (lieu de résidence du débiteur) est déterminante comme l'illustrent les exemples suivants :
– un contribuable retraité qui réside au Cambodge, État qui n'est pas lié à la France par une convention fiscale, a son centre des intérêts économiques en France si la pension de retraite qu'il perçoit de source française est sa seule source de revenus, bien que cette pension ne présente pas le caractère d'une rémunération résultant de l'exploitation d'une activité économique en France (CE 17 juin 2015 n° 371412, 9e et 10e s.-s. : RJF 10/15 n° 751, dans un cas où, paradoxalement, le contribuable avait intérêt à soutenir qu'il était domicilié en France pour obtenir une réduction de son imposition) ;
– est domicilié en France un contribuable qui se prétend domicilié au Sénégal, mais qui n'a pas de revenus de source sénégalaise et dont les pensions de retraite proviennent à 75 % du système de pension français et sont versées sur un compte bancaire en France (CAA Bordeaux 11 avril 2017 n° 15BX02015, 3e ch. : RJF 12/17 n° 1237, arrêt définitif ; voir également n° 41286, Précisions) ;
– sont domiciliés en France des retraités habitant à Madagascar, dont les revenus sont uniquement constitués de pensions de retraite de source française (CAA Bordeaux 13 juin 2017 n° 15BX00297, 5e ch., arrêt définitif ; la domiciliation à Madagascar a cependant été établie sur le fondement de la convention fiscale franco-malgache du 22 juillet 1983) ;
– sont domiciliés en France deux époux qui vivent à l'étranger et qui ne font pas état de revenus de source étrangère alors qu'ils reçoivent, l'un, des pensions du Conseil de l'Europe qui a son siège en France, et, l'autre, des pensions d'une caisse d'assurance retraite française (CAA Versailles 3 décembre 2019 n° 18VE01128, 1e ch. : RJF 4/20 n° 294, arrêt définitif ; voir également n° 41158 n).

Selon le Conseil d'État, le centre des intérêts économiques d'un contribuable ne peut être établi par la seule constatation qu'un patrimoine est situé en France car il faut que ce patrimoine soit **productif de revenus** ; cette précision a été donnée à propos d'un contribuable qui percevait d'importants revenus de son activité professionnelle d'armateur en Grèce et qui possédait un patrimoine en France dont il n'était pas établi qu'il était productif de revenus (CE 27 janvier 2010 n° 294784, 8e et 3e s.-s., Caporal : RJF 4/10 n° 311). Dans cette affaire, le rapporteur public Laurent Olléon avait clairement souligné que « ce qui doit être comparé, c'est le niveau des revenus tirés par le contribuable dans chaque pays, qu'il s'agisse des revenus de son travail ou de sa propriété » (conclusions au BDCF 4/10 n° 38 ; voir aussi n° 40920).

Dans le même sens, a été considéré comme domicilié en France un contribuable qui soutenait exercer en Algérie une activité d'ingénieur-conseil et d'éleveur agricole mais qui avait produit des avis d'imposition à l'impôt sur le revenu et à la taxe sur l'activité professionnelle établis par l'administration fiscale algérienne dépourvus de précisions sur la nature et l'origine des sommes imposées et qui ne justifiaient pas de l'existence de revenus ou d'un patrimoine productif de revenus de source algérienne supérieurs à ceux dont il avait disposé en France (CE 27 avril 2011 n° 316082, 8e et 3e s.-s., Zitouni : RJF 7/11 n° 770 ; conclusions Laurent Olléon au BDCF 7/11 n° 78). À notre avis, cependant, lorsque le contribuable ne perçoit **aucun revenu**, ni en France ni à l'étranger, il serait légitime de comparer les patrimoines situés en France et hors de France.

La notion de centre des intérêts économiques est essentiellement réaliste ; ainsi, un contribuable entretient des liens économiques plus étroits avec la France qu'avec la Belgique lorsqu'il perçoit, par l'intermédiaire d'une société **holding belge** qu'il contrôle à 99,99 %, des revenus provenant de deux sociétés françaises et correspondant à l'activité de conseil qu'il exerce en France au sein de ces sociétés, alors même que ces dernières ne lui versent aucun salaire ou dividende (CE 26 septembre 2012 n° 346556, 8e et 3e s.-s., Tedesco : RJF 12/12 n° 1098 ; décision rendue à propos de la clause conventionnelle d'élimination des cas de double résidence mais transposable pour l'application du droit interne). Comme l'indique la rapporteure publique Nathalie Escaut, c'est l'origine réelle des revenus du contribuable qui prévaut et « peu importe qu'il les perçoive ailleurs [qu'en France] à raison des structures juridiques choisies. Ce qui compte c'est le **lieu de production** puisque c'est lui qui a créé la richesse » (conclusions au BDCF 12/12 n° 134).

Pour un autre exemple d'approche réaliste de la notion de centre des intérêts économiques, voir CA Reims 4 décembre 2018 n° 17/03068, ch. civ., 1e sect., à propos de l'assujettissement à l'ancien ISF, en 2007 et 2008, de contribuables bénéficiant d'un forfait en Suisse (cet arrêt a été annulé sur un autre point par Cass. com. 24 novembre 2021 n° 19-14.013 F-D : RJF 3/22 n° 313 ; voir n° 41305) ; il a été jugé que les intéressés avaient bien leur centre des intérêts économiques en France quoique leurs participations dans des sociétés françaises n'aient, pour l'essentiel, été qu'indirectes, la centaine de filiales françaises du groupe étant placée sous une **société holding luxembourgeoise** (pour la Cour, les intéressés ne pouvaient valablement soutenir que le centre de leurs intérêts économiques ne se situait qu'au Luxembourg, alors que cette société n'y exerçait aucune activité, n'étant qu'une société de participations financières).

En pratique, la détermination du centre des intérêts économiques est souvent délicate car elle **nécessite une comparaison** entre la situation du contribuable en France et dans d'autres pays et suppose la connaissance de l'ensemble de ses revenus (revenus de source française et étrangère) pour savoir s'il en tire la majeure partie de France. Cette comparaison doit être effectuée **au titre de l'année d'imposition**, sans égard à la situation éventuellement constatée au cours des années antérieures (n° 40915, Précisions j).

À propos des termes de la comparaison, il a été jugé par la Cour de cassation qu'il s'agit des **revenus bruts** et non pas des revenus nets (Cass. com. 30 mai 2000 n° 1214 FS-P, Marchand : RJF 9-10/00 n° 1178) ; cette solution, qui a été retenue pour l'application de l'ancien ISF, a été reprise par l'administration au motif que la notion de revenus renvoie en ce cas au concept économique de revenus et non à une catégorie juridique comme celle du revenu net imposable (BOI-PAT-IFI-10-20-20 n° 50).

L'administration estime, enfin, que, pour les titulaires de **mandats sociaux** au sein de plusieurs sociétés dont les sièges sociaux ou sièges de direction effective respectifs sont situés dans différents pays, le centre des intérêts économiques doit être recherché, selon les circonstances propres à chaque espèce, en tenant compte des liens entre les mandats sociaux exercés (BOI-IR-CHAMP-10 n° 230). Sur ce point, voir également n° 40892.

Précisions **a.** S'il est satisfait, le critère du centre des intérêts économiques est **suffisant à fonder la domiciliation** ; les contribuables ayant en France le centre de leurs intérêts économiques sont réputés y avoir leur domicile fiscal, **quelles que soient**, par ailleurs les **autres circonstances** susceptibles d'affecter leur situation (même s'ils séjournent de manière importante à l'étranger).

b. Bien entendu, les **placements financiers** réalisés en France par les non-résidents devaient être pris en compte pour la détermination du domicile fiscal même s'ils n'entraient pas, à l'époque, dans le champ de l'ancien impôt de solidarité sur la fortune (Cass. com. 3 mars 2009 n° 08-12.600 (187 F-PB), Granier : RJF 6/09 n° 602 ; n° 52640, Précisions).

Exemples

Parmi les exemples tirés de la jurisprudence, on relève les affaires suivantes. **40915**

a. N'a pas été considéré comme ayant en France le centre de ses activités économiques un contribuable qui a tiré au cours d'une année la plus grande partie de ses revenus de l'exploitation de plusieurs **fonds de commerce** situés à l'étranger, quelle que soit l'importance des investissements qu'il a effectués en France (CE 27 janvier 1971 n° 74995 : Dupont 1971, p. 153).

b. De même pour un contribuable n'exerçant aucune profession en France et se bornant à y gérer un **portefeuille** de valeurs mobilières étrangères déposées à l'étranger (CE 8 février 1960 n° 44881, RO p. 16).

c. Un **marin** affecté pendant **quinze mois** sur un bâtiment dit de zone dont le port de stationnement est à Papeete (donc hors de la France « fiscale » au sens indiqué n° 1905) est domicilié hors de France, s'il ne remplit pas les autres critères posés par l'article 4 B du CGI (CE 8 juillet 1988 n° 76972, 7e et 9e s.-s. : RJF 10/88 n° 1048) ; on peut peut-être déduire de cet arrêt qu'un **salarié** qui quitte la France pendant une telle période (plus d'un an ?) cesse d'avoir en France le centre de ses intérêts. En revanche, on pourrait considérer que le centre des intérêts ne « bascule » pas lorsque l'affectation à l'étranger se prolonge pendant une période plus courte (moins d'un an ?).

d. Avait conservé en France le centre de ses intérêts économiques, un **décorateur** travaillant pour une société française dont le siège était à Paris, qui était rémunéré en France par des salaires versés au crédit d'un compte bancaire ouvert à Paris, alors même qu'il alléguait avoir effectué au cours des années en cause des séjours prolongés en Arabie

40915 (suite) saoudite pour l'exercice de son métier de décorateur ; mais les attestations qu'il fournissait à ce sujet ne comportaient pas d'indications sur les dates exactes de ces séjours et ne permettaient pas d'établir qu'il avait cessé d'avoir en France pendant la période litigieuse le centre de ses intérêts économiques (CE 15 janvier 1992 n° 88293, 7e et 8e s.-s., Ballot : RJF 3/92 n° 280).

e. Avait son centre des intérêts économiques en France un contribuable qui disposait d'une **résidence** en France, qui supportait les charges d'exploitation d'un **haras** en France et qui percevait ses **revenus professionnels** sur des comptes bancaires situés en France (CE 11 avril 2008 n° 285583, 10e et 9e s.-s., Cheynel : RJF 7/08 n° 769, aux conclusions Claire Landais au BDCF 7/08 n° 83 ; voir aussi n° 41282).

f. A été considérée comme ayant le centre de ses intérêts économiques en France une personne, qui vivait sur l'île de la Grenade et y gérait un important patrimoine, constitué notamment de **placements financiers** situés en France, générateurs de revenus substantiels et dont le montant dépassait de loin la valeur totale de ses biens immobiliers, en France et à l'étranger (Cass. com. 3 mars 2009 n° 08-12.600 (187 F-PB), Granier : RJF 6/09 n° 602) ; dans cette affaire, la Cour de cassation ne s'est pas livrée à une comparaison des sources de revenus, en l'absence apparemment d'éléments précis.

g. Une personne qui dispose d'une résidence permanente en France et qui reçoit une **pension de retraite** et des **revenus fonciers** de source française, alors qu'elle ne soutient pas avoir perçu des revenus en Côte d'Ivoire, a en France le centre de ses intérêts économiques (CE 5 juillet 2010 n° 303676, 10e et 9e s.-s., Monniot : RJF 11/10 n° 982).

h. Un contribuable qui perçoit de l'État français une allocation de subsistance et de logement, n'ayant pas le caractère de revenu imposable, et qui est détenteur en France de parts de sociétés et d'un portefeuille de valeurs mobilières, qu'il a cédées en réalisant d'importantes **plus-values** alors qu'il résidait au Mali, doit être regardé comme ayant conservé en France, pendant l'accomplissement de son **service national** au Mali dans le cadre de la coopération, le centre de ses intérêts économiques dès lors qu'il ne disposait au Mali d'aucun patrimoine productif de revenus (CAA Paris 21 octobre 2010 n° 08-3660, 5e ch., Delecroix : RJF 2/11 n° 130 ; arrêt définitif).

i. Un contribuable résidant en Suisse n'avait pas en France le centre de ses intérêts économiques étant donné l'importance des revenus qu'il retirait d'une **activité non commerciale de concession de brevets** réalisée en Suisse, alors même que l'administration avait relevé que les redevances relatives aux brevets concédés à une société néerlandaise étaient, en réalité, versées par l'établissement stable français de cette société et que les brevets étaient déposés en France (CAA Paris 14 avril 2016 n° 14PA05332, 9e ch., arrêt définitif).

j. Un ressortissant français résidant à Monaco a été considéré comme domicilié en France au sens de l'article 4 B du CGI en raison de la présence en France de son centre des intérêts économiques au titre de l'année où il avait réalisé une **importante plus-value de cession** de titres d'une société française, sans commune mesure avec ses revenus de source monégasque de cette même année, quand bien même cette circonstance aurait présenté un caractère exceptionnel au regard de l'origine majoritairement monégasque de ses revenus au titre des années antérieures et postérieures (CAA Marseille 25 mars 2016 n° 13MA00537, 4e ch. : RJF 11/16 n° 1022) ; cette manière de voir a été approuvée par le Conseil d'État, qui, en cassation, a confirmé que la détermination du centre des intérêts économiques devait être faite **au titre de l'année d'imposition** en litige et qu'était sans incidence la circonstance que, pour les années antérieures, la comparaison des revenus de source française et de source monégasque n'aurait pas conduit à regarder l'intéressé comme fiscalement domicilié en France (CE 5 mars 2018 nos 400329 et 401716, 8e et 3e ch. : RJF 6/18 n° 574 ; voir également n° 3786).

k. Avait le centre de ses intérêts économiques en France un contribuable turc dont les revenus provenaient pour l'essentiel d'allocations versées par **Pôle emploi** et de pensions de **retraite** payées par des organismes sociaux français au profit de son épouse (CAA Nancy 23 mars 2017 n° 15NC01682 : RJF 7/17 n° 733 ; arrêt définitif) ; dans cette affaire, d'autres éléments militaient en faveur de la domiciliation en France et le contribuable avait également le centre de ses intérêts vitaux en France pour l'application de la convention fiscale franco-turque du 18 février 1987 ; l'administration ne pouvait donc refuser de traiter la déclaration de revenus qu'il avait déposée et devait lui délivrer **l'avis d'imposition ou de non-imposition** correspondant (dans cette affaire, l'intéressé soutenait être domicilié en France, sans doute pour obtenir le bénéfice de certains avantages sociaux).

Prévalence du critère des revenus

Dans la ligne des principes exposés n° 40910 (décision Caporal, du 27 janvier 2010), en cas de pluralité d'activités ou de sources de revenus, la jurisprudence du Conseil d'État fait prévaloir le lieu d'où le contribuable tire la **majorité de ses revenus**, et non pas le lieu où il a effectué ses principaux investissements (CE 17 janvier 1962 n° 49931 : Dupont 1962, p. 207 ; CE 13 juillet 1962 n° 53373 : Dupont 1962, p. 652 ; CE 7 mars 1966 n° 64992 : Dupont 1966, p. 223 ; CE 24 octobre 1973 : Dupont 1973, p. 381). La cour administrative d'appel de Paris a eu l'occasion d'appliquer ces principes à diverses reprises pour juger, par exemple : **40920**

– que n'a pas le centre de ses intérêts économiques en France un contribuable qui tire la majeure partie de ses revenus d'une **activité salariée** à Nouméa même si son patrimoine est situé en France (CAA Paris 27 septembre 1994 n° 93-237, 2e ch., Reymondier : RJF 2/95 n° 133 ; arrêt définitif) ;

– qu'en sens inverse, doit être domicilié en France un contribuable qui se prétend résident britannique sans pouvoir le justifier et qui ne démontre pas qu'il tire de **sources étrangères** davantage de revenus que ceux qu'il tire de France (CAA Paris 21 mai 1996 n° 95-53, 2e ch., Fabre : RJF 11/96 n° 1333 ; arrêt définitif) ;

– qu'a le centre de ses intérêts économiques en France un réalisateur de films documentaires dont les **revenus de source française** sont **supérieurs** aux revenus qu'il retire de biens immobiliers situés à l'étranger même s'il exerce hors de France son activité professionnelle de tournage et de réalisation de films et même s'il détient un patrimoine immobilier important à l'étranger (CAA Paris 15 mars 2018 n° 17PA01909, 9e ch., arrêt définitif ; voir également n° 41205 h).

La cour administrative d'appel de Versailles en a fait de même, considérant qu'un contribuable dont les revenus de source française étaient supérieurs aux revenus de source canadienne était, pour cette seule raison, domicilié en France au sens de l'article 4 B du CGI (CAA Versailles 31 mai 2018 n° 17VE00744, 7e ch. : RJF 1/19 n° 7, arrêt définitif ; la résidence canadienne a toutefois été établie sur le terrain conventionnel, voir n° 41190).

Enfin, le Conseil d'État a réaffirmé le principe de la prévalence du critère des revenus à propos de contribuables domiciliés en Belgique, dont l'administration soutenait qu'ils avaient le centre de leurs intérêts économiques en France (CE 7 octobre 2020 n° 426124, 9e et 10e ch. : RJF 1/21 n° 57, renvoyant l'affaire à la cour administrative d'appel de Versailles, où elle est enregistrée sous le n° 20VE02624) ; la Cour avait commis une erreur de droit en approuvant la position de l'administration au motif que les intéressés possédaient en France des **sociétés** et des **biens immobiliers**, sans rechercher si ce patrimoine était productif de revenus, alors que les intéressés faisaient valoir qu'ils percevaient la majorité de leurs revenus de leurs activités professionnelles en Belgique et que leurs revenus de source française n'étaient qu'exceptionnels (la Cour avait également insuffisamment motivé sa décision en se bornant à affirmer que les intéressés disposaient de plusieurs foyers d'habitation permanents, notamment en Belgique et en France, alors qu'ils avaient fait valoir que leurs biens immobiliers en France ne pouvaient être regardés comme tels).

Précisions La prévalence du critère des revenus sur celui des investissements peut être importante dans le cas de **salariés détachés** dans des pays non conventionnés, dès lors qu'en principe ils exerceront leur activité hors de France, et disposeront de revenus de source étrangère, alors même que, bien souvent, ils auront effectué leurs principaux investissements en France. Sauf exception, ils ne devraient pas, à notre avis, être considérés, toutes choses égales par ailleurs, comme ayant conservé en France le centre de leurs intérêts économiques.

D. Le cas des agents de l'État

Principes

Les agents de l'État en fonction ou chargés de mission dans un pays étranger et qui ne sont **pas soumis** dans ce pays à un **impôt personnel** sur l'ensemble de leurs revenus sont considérés comme fiscalement domiciliés en France, même s'ils ne remplissent pas les critères d'ordre personnel, professionnel ou économique indiqués précédemment (CGI art. 4 B, 2 ; BOI-RSA-GEO-20 nos 70 s.). **40930**

Ce critère de domiciliation est **subsidiaire** par rapport à ceux posés par l'article 4 B, 1 du CGI ; n'entre donc pas dans le champ d'application de l'article 4 B, 2 du CGI un agent de l'État qui a conservé son domicile en France au sens de l'article 4 B, 1 (CE 17 mai 2000 n° 199229, 8e et 3e s.-s., Clément : RJF 7-8/00 n° 927).

Sont concernés les personnels civils et militaires de l'**État**, fonctionnaires statutaires et employés de nationalité française ou étrangère placés sous contrat de travail avec l'État français et exerçant leur activité à l'étranger en cette qualité. Sont également concernés, compte tenu des modifications apportées à l'article 4 B du CGI par l'article 4 de la loi nº 2019-1479 du 28 décembre 2019 de finances pour 2020, les agents des **collectivités territoriales** et de la **fonction publique hospitalière** (le lieu de leur imposition est fixé au service des impôts des non-résidents ; CGI Ann. IV art. 01) ; restent exclus les autres agents, notamment ceux des établissements publics non hospitaliers même à caractère administratif.

Précisions **a.** Une personne exerçant les fonctions d'agent administratif de l'État au sein du consulat général de France en Écosse est fiscalement domiciliée en France sur le fondement de l'article 4 B, 2 du CGI même si elle est **sous contrat à durée indéterminée soumis au droit local**, dès lors qu'elle n'est soumise au Royaume-Uni à aucun impôt personnel sur l'ensemble de ses revenus (TA Montreuil 17 novembre 2015 nº 1403366, 10e ch. : RJF 3/16 nº 218, jugement définitif concernant une personne qui s'était vu refuser le bénéfice d'un crédit d'impôt au titre de frais de garde d'enfants au motif erroné qu'elle n'était pas domiciliée en France alors qu'elle y avait déclaré ses revenus en tant qu'elle travaillait à l'étranger pour l'État).

b. Une personne accomplissant un volontariat international à l'étranger en entreprise (**VIE**) aux États-Unis a son domicile fiscal en France sur le fondement de l'article 4 B, 2 du CGI, s'agissant d'un agent de l'État chargé de mission dans un pays étranger (TA Paris 23 mai 2017 nº 1612516, 1e sect., 2e ch. : RJF 12/17 nº 1189 ; jugement définitif).

Modalités d'appréciation du critère de l'imposition

40932 Ne sont considérés comme domiciliés en France que les agents de l'État qui ne sont pas soumis à l'étranger à un impôt personnel **sur l'ensemble de leurs revenus** ; pour apprécier si cette condition est ou non remplie, il y a lieu, selon l'administration, de faire abstraction des revenus de source française autres que la rémunération proprement dite (par exemple, revenus fonciers ou revenus de valeurs mobilières ; BOI-RSA-GEO-20 nº 90).

Cette solution de tempérament avait permis, par exemple, d'exonérer les enseignants du **lycée français** de Hong Kong, avant l'entrée en vigueur d'une convention fiscale entre la France et ce territoire (ancienne réponse de Cuttoli : JO Sénat 28 février 1991 p. 414 ; Droit fiscal 1991 nos 16-17, comm. nº 884).

Critère du pays « étranger »

40934 La loi pose comme condition que les agents de l'État soient en fonction ou chargés de mission dans un pays « étranger » ; il en résulte que les **collectivités d'outre-mer** ne sont pas visées car elles font partie de la République française même si elles sont dotées de l'autonomie fiscale (et ne font donc pas partie de la « France fiscale », au sens indiqué nº 1905). Un agent de l'État envoyé dans une collectivité d'outre-mer ne rentrerait donc pas dans le champ de l'article 4 B, 2 du CGI. Mais il pourrait être domicilié en France s'il répondait aux autres critères du Code.

Précisions **a.** L'administration indique que les agents de l'État exerçant leurs fonctions dans les collectivités d'outre-mer sans convention avec la France ne sont pas concernés par les dispositions de l'article 4 B, 2 du CGI (BOI-RSA-GEO-20 nº 80).

b. Contrairement à la doctrine administrative citée en a. supra, la cour administrative d'appel de Nancy a assimilé la **Polynésie** à un territoire « étranger » au sens de l'article 4 B, 2 du CGI (CAA Nancy 25 juin 1991 nº 974, 2e ch., Bonard : RJF 12/91 nº 1463 ; arrêt définitif). Plus récemment, la même position a été retenue à propos de la collectivité de **Saint-Barthélemy** (TA Montreuil 12 décembre 2017 nº 1604902 : RJF 6/18 nº 572 ; jugement définitif).

E. La question des « couples mixtes »

Principes

40950 Il arrive que deux conjoints soient l'un résident de France, l'autre non résident. Cette situation ne posait pas trop de problèmes lorsque le droit français connaissait la notion de « chef de famille ».

La situation est plus compliquée depuis la suppression de cette notion, en 1983. Désormais, la résidence des personnes doit toujours s'apprécier uniquement en fonction des caractéristiques de la situation de chacun des conjoints. Il en résulte que les critères de l'article 4 B du CGI doivent s'appliquer à **chaque conjoint** (ou partenaire lié par un pacte civil de solidarité) pris isolément, et que, par suite, l'un peut être résident et l'autre non-résident.

Imposition commune ou séparée

Il résulte de l'article 6, 4 du CGI que les époux font l'objet d'impositions distinctes soit lorsqu'ils sont séparés de biens et ne vivent pas sous le même toit, soit lorsqu'étant en instance de séparation de corps ou de divorce, ils ont été autorisés à avoir des résidences séparées, soit lorsqu'en cas d'abandon du domicile conjugal par l'un ou l'autre des époux, chacun dispose de revenus distincts (BOI-IR-CHAMP-20-20-10 n° 30). **40952**

Ce texte doit être combiné avec les principes d'appréciation de la résidence fiscale au regard de chacun des membres du foyer ; deux conjoints, l'un résident et l'autre non résident, peuvent en effet faire l'objet d'une imposition commune ou séparée selon les cas.

Si les époux sont mariés selon un régime de **communauté**, il y a imposition commune mais les règles de territorialité doivent être appliquées séparément à chaque conjoint : celui qui est résident de France est assujetti à l'impôt sur son revenu mondial et celui qui est non résident sur son revenu de source française. Les revenus de source étrangère du non-résident ne sont pas pris en compte pour le calcul du **taux effectif** (ou le crédit égal à l'impôt français), alors que les revenus de source étrangère du résident le sont (sur le taux effectif, n° 7980 et n° 83410).

Mais le conjoint qui est résident de France est imposable en France en application des règles normales, et notamment, le cas échéant, du **quotient familial** ; le conjoint non résident est pris en compte pour le calcul du nombre de parts mais son revenu étranger n'est pas pris en compte pour le calcul du taux effectif (ou le crédit égal à l'impôt français), ce qui est une solution favorable.

En revanche, les époux peuvent faire l'objet d'une imposition séparée en cas de **séparation de biens** s'ils ne vivent pas sous le même toit ; l'appréciation de cette condition n'est pas évidente si l'un des conjoints est résident alors que l'autre est non résident.

À ce propos, la jurisprudence a eu l'occasion de préciser qu'il résulte de l'article 6, 4 du CGI que si, dans le cas d'époux séparés de biens, le simple fait que les intéressés résident **sous des toits séparés**, entraîne leur imposition distincte dès lors que cette résidence n'a pas un caractère temporaire, la circonstance qu'en raison de sa profession une personne **ne réside au foyer familial que pendant ses congés** ne justifie pas l'imposition séparée de son épouse, même séparée de biens (CE 21 octobre 2011 n° 333898, 10ᵉ et 9ᵉ s.-s., Savary de Beauregard : RJF 1/12 n° 2). En l'espèce, le Conseil d'État a confirmé le principe de l'imposition unique des conjoints en remarquant que le fait que l'époux devait résider à Ryad pour les besoins de son activité professionnelle ne permettait pas d'établir l'existence d'une résidence séparée d'avec son épouse, dès lors qu'il avait en France avec celle-ci un domicile commun où il effectuait des retours réguliers qui étaient prévus et pris en charge par les sociétés ayant fait appel à ses services (l'intéressé a par ailleurs été jugé domicilié en France ; n° 40860).

Ces principes ont été réaffirmés à propos d'un électricien ressortissant de Jersey marié à une Française sous le régime de la séparation de biens et qui résidait pour des **raisons professionnelles** la majeure partie du temps à Jersey, où il exerçait son activité, alors qu'il avait son foyer en France où il effectuait des séjours réguliers plus particulièrement durant les congés hebdomadaires (CE 18 juillet 2018 n° 409035, 8ᵉ et 3ᵉ ch. : RJF 11/18 n° 1061). Annulant un premier arrêt d'appel, le Conseil d'État rappelle que des époux mariés sous le régime de séparation de biens et qui résident dans deux endroits différents doivent faire l'objet d'une imposition distincte dès lors que cette résidence séparée n'a pas un caractère temporaire ; compte tenu des particularités de l'espèce, il précise en outre que la circonstance que, du fait de la **résidence habituelle en France du conjoint** (séparé de biens) et de ses enfants, le contribuable aurait en France son domicile fiscal est, par elle-même, sans incidence sur l'appréciation à porter sur la question de savoir s'il vit en France sous le même toit que son conjoint. Sur renvoi, il a été jugé que les époux devaient faire l'objet d'une **imposition commune** dès lors que le mari résidait à chaque fin de semaine à son domicile en France, qu'il possédait en commun avec son épouse et où celle-ci vivait avec leur fils, et que, s'il séjournait durant la semaine à Jersey pour les besoins de son activité professionnelle, où il disposait d'un logement, cette circonstance ne suffisait pas à établir que cet état de fait ne revêtait pas un caractère temporaire et, par suite, l'existence d'une résidence séparée d'avec son épouse (CAA Nantes 25 avril 2019 n° 18NT02849, 1e ch. ; arrêt définitif). On en déduit que la présence d'un foyer en France n'implique pas nécessairement que les époux vivent sous le même toit mais que tout est affaire de circonstances.

À titre indicatif, les difficultés de traitement des couples « mixtes » sont susceptibles de se poser dans les situations suivantes :
– en présence d'une convention fiscale, lorsque l'un des membres d'un foyer situé en France perd la qualité de résident de France par le jeu de la clause conventionnelle d'élimination des cas de double résidence (nos 41040 s.) ;
– en l'absence de convention, lorsque l'un des membres d'un foyer situé hors de France doit être considéré comme résident de France sur la base de l'un des autres critères énumérés à l'article 4 B du CGI (activité professionnelle principale en France, par exemple).

Précisions **a.** D'une façon générale, la circonstance que deux conjoints aient des **résidences séparées** ne suffit pas à établir qu'ils ont cessé toute vie commune (par exemple, dans un cadre purement interne, CAA Marseille 4 octobre 2007 n° 04-255, 3e ch., Mélia : RJF 11/08 n° 1151, arrêt définitif ; voir aussi la décision Lamonica, n° 40960 c). Cependant, il a été jugé, toujours dans un cadre purement interne, que devaient faire l'objet d'une imposition distincte deux époux séparés de biens qui vivaient sous des toits séparés **alors même qu'ils se retrouvaient en fin de semaine** quand leurs obligations professionnelles et familiales respectives le leur permettaient (CE 24 avril 2013 n° 352310, 9e et 10e s.-s., min. c/ Neveu : RJF 7/13 n° 704). De son côté, la notice administrative n° 2041-E (millésime 2021) indique que, « si votre foyer (conjoint et enfants) reste en France, vous restez fiscalement domicilié en France même si vous êtes amené, en raison de nécessités professionnelles, à séjourner dans un autre pays temporairement ou pendant la plus grande partie de l'année, **à moins que votre conjoint et vous ne soyez séparés de biens** » (cette notice est maladroitement rédigée, car elle confond résidence fiscale et imposition commune ou séparée).

b. La condition de séparation de biens prévue par l'article 6, 4 du CGI peut résulter d'un régime réglementé par le Code civil ou d'un **régime matrimonial étranger**. A, par exemple, été regardé comme ne vivant **pas sous le même toit** que son épouse un ressortissant marocain dont l'épouse et leurs deux enfants résidaient de manière permanente au Maroc alors qu'il avait sa résidence habituelle en France et qu'il n'était ni soutenu ni même allégué que cette situation aurait eu un caractère temporaire, en dépit des circonstances, à les supposer établies, qu'il aurait fait de nombreux séjours au Maroc afin d'être auprès de sa famille et que son épouse n'aurait pas disposé de sources de revenus personnels ; les époux étaient mariés sous le **régime de droit commun marocain**, dont il n'était pas contesté qu'il emportait la séparation de biens au sens de l'article 6, 4 du CGI (CAA Versailles 11 octobre 2011 n° 10VE01820, 3e ch., Alaoui, arrêt définitif ; en première instance, TA Cergy-Pontoise 30 mars 2010 n° 07-7161, 2e ch., Alaoui : RJF 12/10 n° 1133). Dans le même sens, le régime de **séparation de biens** choisi par deux époux mariés en Italie a été jugé assimilable au régime français pour l'application de l'article 6, 4 du CGI qui prévoit une imposition distincte des époux séparés de biens et ne vivant pas sous le même toit (TA Paris 3 mai 2016 n° 1504705, 2e sect., 3e ch. : Droit fiscal 2016 n° 23, comm. n° 362 ; jugement définitif). Voir également TA Cergy-Pontoise 11 avril 2019 n° 1701937 : RJF 2/20 n° 84, jugeant qu'un contribuable qui travaille et vit en France, marié sous le régime de la séparation de biens en application de la loi algérienne et dont l'épouse est demeurée l'année du mariage en Algérie dans l'attente d'un titre de séjour, ne peut faire l'objet d'une imposition commune au titre de l'année du mariage (jugement définitif).

c. L'administration indique que des personnes mariées sous un régime de **séparation de biens** font en principe l'objet d'impositions distinctes si l'un des conjoints réside en France et l'autre hors de France ; dans ce cas, le système informatique de la DGFiP mentionne la situation « **divorcé** » pour effectuer la liquidation des droits même si le statut indiqué n'est pas exact (réponse Cambadélis n° 74623 : JOAN 4 août 2015 p. 5999 ; BF 11/15 n° 789).

Doctrine administrative

40955 La règle de l'**appréciation individuelle** de la résidence fiscale est reprise par la documentation administrative qui rappelle que, la notion de « chef de famille » ayant été supprimée du CGI, les époux sont placés sur un pied de stricte égalité (BOI-IR-CHAMP-10 nos 80 et 90) ; ainsi, les époux ou les partenaires liés par un pacte civil de solidarité (Pacs) sont, en principe, soumis à une **imposition commune** en France, quelle que soit leur nationalité, lorsque l'un ou l'autre remplit les conditions posées par l'article 4 B du CGI (n° 40605).

Si l'un des époux ou partenaires ne répond pas à ces critères, l'obligation fiscale du ménage ne porte que sur l'ensemble des revenus de l'époux ou du partenaire domicilié en France et sur les revenus de source française de l'autre époux ou partenaire (sous réserve des conventions fiscales internationales).

Si l'un des enfants ou des personnes invalides à charge ne répond pas aux critères de domiciliation, seuls ses revenus de source française sont compris dans l'imposition commune.

Précisions L'administration a, **dans le cadre franco-marocain**, pris l'exemple d'un contribuable marié sous le régime de la séparation de biens, disposant d'un foyer d'habitation permanent dans les deux États et dont le centre des activités professionnelles est situé au Maroc ; dans ce cas, il est domicilié au Maroc (n° 41286), alors que le domicile de son conjoint, qui séjourne plus de six mois en France et n'exerce pas d'activité au Maroc, reste fixé en France (BOI-INT-CVB-MAR n° 20).

En ce qui concerne le **quotient familial**, l'administration précise que, bien que leurs revenus de source étrangère soient exclus de la base d'imposition, les personnes qui ne sont pas domiciliées en France doivent être prises en compte (BOI-IR-CHAMP-10 n° 90). Cette solution est évidemment favorable étant donné que leurs revenus de sources française et étrangère ne sont pas à retenir pour l'application du « taux effectif » (ou du crédit égal à l'impôt français). **40957**

La question de l'imposition unique des époux, en effet, est indépendante de la territorialité de l'impôt sur le revenu (n° 40952) ; elle obéit uniquement aux règles posées par l'article 6, 4 du CGI. Ainsi, des **conjoints** qui ne se trouvent pas dans l'un des trois cas mentionnés à cet article font l'objet d'une imposition unique alors même que l'un des conjoints résiderait à l'étranger (en ce sens, par exemple, CE 17 décembre 2010 n° 316144, 3e et 8e s.-s., Venekas et Mme Giannarelli épouse Venekas : RJF 3/11 n° 268 ; bien entendu, les règles d'assiette et de territorialité sont celles qui s'appliquent aux revenus en cause).

Précisions **a.** Le Conseil d'État a admis le principe selon lequel les règles relatives au calcul du quotient familial s'appliquent même si les **personnes à charge** ne sont pas résidentes de France, et même si leurs éventuels revenus ne sont pas imposables en France (CE 27 mars 1991 n° 90395, 8e et 9e s.-s., Mathieu : RJF 5/91 n° 543) ; cette affaire fournit une illustration dans le cas d'enfants majeurs non résidents demandant le rattachement au foyer fiscal français de leurs parents (à noter que l'arrêt juge que ce rattachement n'était pas subordonné, contrairement à ce que soutenait l'administration, à la production de la preuve que l'intéressée ne bénéficiait pas d'un avantage pour charge de famille dans son pays de résidence).

b. L'application du quotient familial est également indépendante de la **nationalité** des contribuables (n° 1918).

Jurisprudence

La jurisprudence ne pose pas explicitement le principe de l'appréciation individuelle de la résidence fiscale, mais elle en tire les conséquences et précise les conditions d'application du quotient familial : **40960**

a. Pour un exemple assez net d'époux **non séparés de biens** et qui doivent être regardés comme ayant des domiciles fiscaux distincts et faire l'objet d'une imposition séparée, voir TA Dijon 28 avril 1992, n° 88010, Mme Garcia-Acosta : Droit fiscal 1992, n° 46, comm. n° 2144 (jugement définitif).

b. Même s'ils ont souscrit des déclarations de revenus communes, des époux **séparés de biens** peuvent demander à être imposés distinctement, conformément aux dispositions de l'article 6, 4 du CGI, dès lors qu'ils justifient que l'époux demeurait en Arabie saoudite pour les besoins de son activité professionnelle, pendant la période considérée, alors que l'épouse résidait en France avec les enfants du couple (CAA Paris 11 juillet 2003 n° 98-190, 5e ch., Rivier : RJF 2/04 n° 108). Cet arrêt, définitif, n'est cependant pas en ligne avec la position du Conseil d'État (n° 40952).

c. Il a été jugé, en l'absence de séparation de biens, qu'un contribuable résidant au Canada et de nationalité canadienne n'avait **pas cessé** la **vie commune** avec son épouse, installée en France, dès lors notamment que chacun d'eux faisait annuellement deux ou trois séjours de plusieurs semaines au domicile de l'autre ; l'imposition en France de l'épouse pouvait donc être établie sur la base de deux parts (CE 19 janvier 1998 n° 126809, 8e et 9e s.-s., Lamonica : RJF 3/98 n° 217).

d. Un contribuable **séparé de biens** de son épouse anglaise qui réside en permanence au Royaume-Uni avec leur fils et dispose de revenus personnels ne peut obtenir la prise en compte du quotient familial qu'il revendique dès lors que, domicilié en France, il travaille et réside en France et ne justifie pas d'une vie commune avec son épouse, même s'il se rend fréquemment au Royaume-Uni et passe ses vacances avec sa famille (CAA Paris 16 avril 1998, n° 96-170, 2e ch., Wahnich : RJF 8-9/98 n° 897, ayant fait l'objet d'un pourvoi non admis par CE (na) 19 mai 1999, n° 198941, 9e s.-s., Wahnich : RJF 12/99 n° 1494).

e. À propos d'un contribuable dont l'épouse résidait en France mais qui vivait en concubinage au Zimbabwe, voir la décision Gerschel (n° 40825 d). Dans cette affaire, le Conseil d'État juge que le simple fait que des époux **séparés de biens** ne résident pas sous le même toit entraîne leur imposition distincte (le contribuable qui se trouve dans une situation pour laquelle la loi prévoit l'imposition distincte n'a pas à démontrer que l'imposition commune à laquelle il a été assujetti excéderait celle qui résulterait d'une imposition séparée).

Revenus communs

40965 Il n'y a généralement pas de difficultés lorsque les revenus des conjoints sont distincts. Mais le cas des revenus communs (provenant des biens de la communauté) n'est pas clairement résolu. Il y aurait lieu, nous semble-t-il, de considérer que la **moitié** des revenus revient à chaque conjoint et doit être traitée séparément. Mais une telle solution est parfois difficilement applicable ; par exemple, les revenus fonciers provenant de biens communs, situés en France, seraient imposables pour moitié selon les règles applicables aux résidents et pour moitié selon les règles applicables aux non-résidents, soit avec application d'un taux minimum de 20 % ou 30 % (n° 3135).

F. Le contrôle du domicile fiscal

Principes

40970 La détermination de la résidence des personnes physiques est évidemment une question soumise au contrôle fiscal, **sur pièces** ou dans le cadre d'une **vérification approfondie** (ESFP). Sur le contrôle fiscal des non-résidents, en général, voir nos 3734 s. ; sur les ESFP, voir nos 3745 s. Sur les aspects de **procédure pénale** en cas de domiciliation fiscale fictive ou artificielle à l'étranger, voir nos 72665 s. Sur l'organisation administrative en charge du contrôle fiscal, voir n° 2840.

En pratique, l'administration conduit des vérifications approfondies pour établir la domiciliation fiscale des personnes essentiellement en examinant les relevés bancaires pour déterminer les jours de présence sur le territoire français, recoupés par les informations qu'elle peut obtenir des tiers, notamment les relevés de consommation d'électricité et de gaz, les relevés téléphoniques, etc.

Précisions **a.** Le Gouvernement doit adresser chaque année au Parlement un **rapport sur l'évolution des départs et retours de contribuables français** ainsi que sur l'évolution du nombre de « résidents fiscaux » (Loi n° 2012-1510 du 29 décembre 2012 de finances rectificative pour 2012, art. 29, modifiée par la loi n° 2014-891 du 8 août 2014 de finances rectificative pour 2014 prévoyant la remise du rapport avant le 30 septembre de chaque année afin que les conséquences puissent en être tirées à l'occasion des débats budgétaires de l'automne) ; ces rapports annuels sont transmis aux présidents de l'Assemblée nationale et du Sénat (réponse Bonhomme, n° 21731 : JO Sénat 13 avril 2017, p. 1451) et ne sont pas publics. Une version anonymisée du rapport 2018 relatif aux contribuables quittant le territoire national a toutefois été disponible sur Internet (NOR : CPAE1901201X). Des précisions sur le **nombre de redevables de l'ISF partis pour l'étranger** en fonction de leur année de départ ont été données par plusieurs réponses ministérielles, précisant notamment qu'il n'apparaît pas possible d'estimer le manque à gagner consécutif aux départs de ces personnes vers l'étranger (notamment, réponse Sermier, n° 16272 : JOAN 16 avril 2019 p. 3588).

b. D'une façon générale, l'administration fiscale n'est pas en mesure de dénombrer les contribuables qui partent pour l'étranger pour des **raisons liées à la fiscalité**, les éléments disponibles concernant l'ensemble des départs, quels qu'en soient leurs motifs (réponse Zumkeller, n° 35772 : JOAN 29 octobre 2013 p. 11326).

c. Un **traitement automatisé** d'appariement de données à caractère personnel relatives aux **départs à l'étranger** des personnes redevables de l'impôt sur le revenu ou sur la fortune a été créé par un arrêté du 1er septembre 2016 (JO du 1er novembre 2016, texte n° 12) ; ce traitement permet la constitution de statistiques agrégées anonymisées sur les départs à l'étranger des redevables concernés.

Procédure

En cas de contrôle, l'administration est tenue de mettre à la disposition du contribuable les **renseignements** qu'elle a utilisés, non seulement pour déterminer l'assiette des impôts, mais aussi **pour établir** la **domiciliation** en France (CE 24 novembre 1997 n° 171928, 8e et 9e s.-s., min. c/ Miailhe : RJF 1/98 n° 82 ; CAA Bordeaux 31 juillet 2003 n° 99-242, 3e ch., Miailhe : RJF 12/03 n° 1418, définitif). Voir aussi CE 27 janvier 2010 n° 294784, 8e et 3e s.-s., Caporal : RJF 4/10 n° 311 (n° 3756). **40980**

La communication de pièces par le **service des douanes** peut également être utilisée ; il a été jugé que dès lors que l'administration fiscale a obtenu régulièrement communication de pièces détenues par le service des douanes, la circonstance qu'ultérieurement la Cour européenne des droits de l'Homme ait jugé que la saisie par les douanes de ces documents et les perquisitions qui l'ont permise, avaient porté atteinte à la vie privée des personnes qui en ont fait l'objet, en violation de l'article 8 de la Convention, n'a pas pour effet de priver l'administration du droit de se prévaloir de ces pièces à titre d'éléments de preuve pour établir l'imposition (CE 24 novembre 1997 n° 171929, 8e et 9e s.-s., min. c/ Sté Amibu Inc. : RJF 1/98 n° 65).

Enfin, l'administration peut régulièrement **demander** des **renseignements** auprès de **tiers** non soumis au droit de communication (particuliers), à condition que ceux-ci ne soient pas tenus de répondre et qu'ils ne soient pas induits en erreur sur la portée réelle de leurs obligations (par exemple, CAA Lyon 24 juillet 2003 n° 98-342, 2e ch., Poncet : RJF 12/03 n° 1419, dans une affaire sans rapport avec les questions de résidence mais qui illustre le principe ; arrêt définitif).

SECTION 2

L'élimination conventionnelle des cas de double résidence des personnes physiques

Nature des difficultés

L'existence de règles différentes selon les droits internes des États peut conduire à des situations dans lesquelles une personne est considérée comme résidente de deux ou plusieurs États ; à titre illustratif, l'administration donne, à propos de la convention franco-algérienne (BOI-INT-CVB-DZA-10 n° 180), les **exemples** suivants de **conflit** de résidence : **41040**
- une personne physique domiciliée en Algérie où vit sa famille exerce en France, à titre principal, une activité d'architecte conseil ;
- une personne physique, célibataire, habitant en Algérie, dirige deux sociétés établies en France et possède un patrimoine mobilier et immobilier français important ;
- un agent de l'État français est en poste en Algérie pour une période de trois ans pendant laquelle sa famille l'a suivi et n'a conservé aucun domicile en France.

L'un des objectifs des conventions fiscales est de résoudre ces difficultés. Pour l'application des conventions fiscales, la notion de résident est, en effet, déterminante car elle permet de définir le champ d'application de l'accord quant aux personnes concernées et donc de résoudre les cas de double imposition.

Suprématie de la notion conventionnelle

À notre avis, dès lors qu'une personne physique est considérée comme un non-résident pour l'application d'une convention fiscale, elle ne devrait pas pouvoir être regardée comme ayant en France son domicile fiscal même si elle répond aux critères prévus en droit interne (règle de suprématie de la notion conventionnelle sur les règles de droit interne). **41045**

La doctrine administrative est dans ce sens lorsqu'elle indique qu'une personne considérée comme résidente d'un autre État pour l'application d'une convention fiscale ne peut être regardée comme domiciliée fiscalement en France pour l'application du droit interne,

41045 (suite) alors même qu'elle aurait son domicile fiscal en France au sens de l'article 4 B du CGI (BOI-INT-DG-20-10-10 n° 50) ; l'administration ajoute, mais le Conseil d'État a jugé le contraire dans l'affaire Pacific Espace (n° 3200), que les rémunérations de source française perçues par un salarié qui, en application d'une convention fiscale, a la qualité de résident de l'autre État doivent être soumises à la retenue à la source de l'article 182 A du CGI, dès lors qu'en tout état de cause l'intéressé ne pourra pas être considéré comme domicilié fiscalement en France pour l'application des dispositions de cet article. À s'en tenir à la doctrine administrative, la notion de « **résidence** » employée dans les conventions fiscales et celle de « **domicile** » employée en droit interne sont **synonymes** (y compris pour l'impôt sur la fortune immobilière, n° 52960).

Cependant, cette approche a pu être discutée dans certains cas, notamment toutes les fois que le contribuable est domicilié en France en droit interne et qu'il **revendique cette domiciliation** parce qu'il y trouve un avantage que l'administration lui refuse en le considérant comme un non-résident sur le fondement d'une convention fiscale.

Un tribunal administratif a ainsi jugé que l'administration ne peut pas se fonder sur une convention fiscale pour refuser à un ressortissant algérien la qualité de contribuable fiscalement domicilié en France au sens de l'article 4 B du CGI afin de lui appliquer le **taux minimum d'imposition** de 25 % (aujourd'hui 20 % ou 30 %) prévu par l'article 197 A du CGI, qui ne concerne que les non-résidents. Dans cette affaire, le contribuable disposait d'un logement en France où il résidait de façon habituelle pour administrer ses biens et devait donc être regardé comme fiscalement domicilié en France au sens de l'article 4 B du CGI ; sur ce fondement, le tribunal administratif a jugé, sans estimer qu'il lui fallait examiner la convention franco-algérienne du 17 mai 1982, que l'intéressé était fondé à soutenir que les dispositions de l'article 197 A du CGI ne lui étaient pas applicables (TA Paris 4 novembre 1997 n° 93-13361, 1e sect., 1e ch., Habchi : RJF 8-9/98 n° 895 ; jugement définitif).

Cette manière de voir, qui suppose qu'il soit possible de faire abstraction de la **convention fiscale** pour se fonder seulement sur le droit interne, mériterait d'être confirmée ; elle trouve, certes, quoique dans des circonstances différentes, un écho dans la décision du Conseil d'État dans l'affaire Pacific Espace (n° 3200), mais elle ne nous paraît pas justifiée sur le fond, notamment au regard d'une autre décision du Conseil d'État, celle de l'affaire Lecat (nos 3086 et 10937).

En ce sens, n'ont pu bénéficier de l'ancien **bouclier fiscal** (n° 2490) des contribuables qui, pour certaines années, étaient domiciliés en France en droit interne car ils avaient dans notre pays le centre de leurs intérêts économiques, mais qui n'avaient de foyer d'habitation permanent qu'aux États-Unis et qui y étaient donc domiciliés sur le fondement de la convention fiscale franco-américaine (CAA Versailles 19 mars 2015 n° 12VE04096, 7e ch., arrêt définitif). Dans cette affaire, la Cour juge que les stipulations conventionnelles faisaient obstacle à ce que les intéressés fussent regardés comme ayant en France leur domicile fiscal au sens de l'article 4 A du CGI et que, dans ces conditions, ils n'étaient pas fondés à faire valoir qu'ils remplissaient les conditions prévues à l'article 4 B, 1-c du CGI qui définit les personnes soumises à l'obligation fiscale illimitée prévue par l'article 4 A du même Code ; ils n'étaient donc pas fondés à demander le bénéfice de l'ancien plafonnement des impôts directs à 50 % de leur revenus, alors qu'ils l'auraient été si la convention fiscale n'avait pas été prise en compte.

Dans le même sens, il a été jugé qu'un contribuable domicilié en France au regard de l'article 4 B du CGI mais considéré comme résident du Canada en droit conventionnel ne pouvait revendiquer la domiciliation en France pour l'application de la **réduction d'impôt** « Scellier » en faveur de l'investissement locatif (CAA Versailles 31 mai 2018 n° 17VE00744, 7e ch. : RJF 1/19 n° 7, arrêt définitif ; sur l'incidence du principe de libre circulation des capitaux, voir cependant n° 3091).

En tout état de cause, la question de la domiciliation en droit interne ne se poserait pas pour la **Cour de cassation**, qui applique directement les conventions fiscales, par exemple en ce qui concerne l'ancien ISF, l'IFI et les droits de mutation à titre gratuit (n° 10642).

Précisions La question de la suprématie de la notion de résidence au sens des conventions fiscales peut être lourde de conséquences si une personne est domiciliée en France en droit interne mais résidente d'un autre État au sens de la convention fiscale entre la France et cet autre État et si elle reçoit des **revenus d'un État tiers** ; dans ce cas, elle pourrait éventuellement être imposable en France sur ces revenus, sauf lorsque la convention fiscale entre la France et l'État de résidence reprend fidèlement l'article 21 du modèle de convention fiscale de l'OCDE sur les **revenus non dénommés**. En effet, cette disposition prévoit que les revenus d'un résident, d'où qu'ils proviennent, qui ne sont pas traités dans les autres articles de la convention, ne sont imposables que dans cet État, à savoir l'État de la résidence « conventionnelle ». Les commentaires de l'OCDE indiquent à ce propos que lorsque, par exemple, une personne qui est résidente des deux États est réputée être résidente d'un seul de ces États en vertu de la convention fiscale, cet article empêche l'autre État d'imposer la personne concernée au titre des revenus provenant d'États tiers « même si elle est résidente de cet autre État en vertu de la législation fiscale de cet État » (Commentaires OCDE, C (21) n° 1). Si la convention fiscale ne reprend pas le modèle, cependant, une difficulté apparaîtrait nécessairement si la notion de résidence conventionnelle ne prévalait pas sur celle de domicile au sens du droit interne puisqu'il n'y aurait pas de raison d'exonérer les revenus provenant d'États tiers en raison du principe selon lequel les personnes physiques fiscalement domiciliées en France y sont imposables sur leurs revenus mondiaux.

Date d'appréciation de la résidence fiscale

Comme pour la domiciliation en droit interne français (n° 40610), la qualité de résident doit, pour l'application des conventions fiscales, être appréciée **par périodes d'imposition**, c'est-à-dire par années civiles ou fractions d'années civiles. Voir en ce sens, par exemple, à propos de la convention franco-indonésienne du 14 septembre 1979, TA Nantes 8 décembre 2000 n° 95-2690, 1e ch., Briand : RJF 7/01 n° 896, au cas d'impositions communes et distinctes successives d'époux en instance de séparation de corps et autorisés par le juge à résider séparément (jugement définitif). **41050**

Dans le même sens, il a été jugé que des contribuables étaient bien résidents de Belgique à la date de la cession de titres de sociétés françaises alors même qu'ils n'y étaient installés que **depuis moins d'un mois**, dès lors qu'ils avaient pris en location un appartement à Bruxelles à titre de résidence principale, qu'ils produisaient des factures courantes relatives à ce logement et qu'ils justifiaient avoir fait appel à des déménageurs pour leur installation de l'Espagne vers la Belgique (TA Montreuil 10 février 2012 n° 1010134, 10e ch., Trahtenbroit ; jugement définitif).

Précisions Il arrive, mais rarement, que les conventions fiscales précisent ce point ; ainsi, l'article 4 § 4 de la convention **franco-suisse** du 9 septembre 1966 modifiée stipule que, en cas de transfert du domicile d'un État dans l'autre, l'assujettissement aux impôts pour lesquels le domicile fait règle cesse dans le premier État dès l'expiration du jour où s'est accompli le transfert. Corrélativement, l'assujettissement dans l'autre État aux impôts pour lesquels le domicile fait règle commence à compter de la même date. Pour l'application de cette disposition, il faut entendre par « domicile » le domicile caractéristique de la notion de résident telle qu'elle est définie par la convention (BOI-INT-CVB-CHE-10-10 n° 40). Voir également la décision du Conseil d'État dans l'affaire Daumen, n° 3727.

A. La référence au droit interne des États concernés

Principes

D'une manière générale, les conventions fiscales définissent ce qu'il faut entendre par l'expression **« résident d'un État contractant »**. Si la convention reprend le modèle établi par l'OCDE, cette expression désigne : **41150**

« (...) toute personne qui, en vertu de la législation de cet État, est assujettie à l'impôt dans cet État, en raison de son domicile, de sa résidence, de son siège de direction ou de tout autre critère de nature analogue et s'applique aussi à cet État et à toute subdivision politique ou collectivité locale de celui-ci ainsi qu'à un fonds de pension reconnu de cet État. Toutefois, cette expression ne comprend pas les personnes qui ne sont assujetties à l'impôt dans cet État que pour les revenus de sources situées dans cet État ou pour la fortune qui y est située » (article 4 § 1 du modèle de convention fiscale de l'OCDE).

Il y a donc **deux conditions** à ne pas confondre, sous réserve de la rédaction particulière des conventions fiscales qui ne reprennent pas nécessairement le modèle proposé par l'OCDE :
– assujettissement à l'impôt en raison du domicile, de la résidence, du siège de direction ou de tout autre critère de nature analogue (première phrase de l'article 4 § 1) ;
– exclusion des personnes qui ne sont assujetties à l'impôt que pour les revenus de sources situées dans l'État concerné ou pour la fortune qui y est située (deuxième phrase de l'article 4 § 1).

Cette définition appelle les commentaires suivants, étant observé que, depuis la révision de septembre 1995, le texte actuel prévoit expressément que les **États**, ainsi que leurs subdivisions politiques et collectivités locales, sont des « **résidents** » au sens de la convention fiscale (Commentaires OCDE, C (4) n° 8.4) ; les **fonds de pension** « reconnus » ont été inclus lors de la révision de 2017 (n° 41400, Précisions b).

Imposition en fonction d'un lien personnel

41152 La définition OCDE renvoie d'abord à la législation interne des États, sans cependant l'expliciter autrement que par quelques exemples de critères d'assujettissement à l'impôt (première phrase de l'article 4 § 1 ; n° 41150) : domicile, résidence, siège de direction ou critère analogue. Elle répond à l'objectif des négociateurs qui souhaitent que les États arrêtent leur position en se fondant uniquement, au départ, sur leur droit interne (Commentaires OCDE, C (4) n° 4). Si elle est imprécise, on voit tout de même qu'elle tend à couvrir toutes les formes de liens personnels entre un individu et un État.

Il en résulte que ce n'est pas parce qu'un contribuable est imposable dans un État qu'il est un « résident » de cet État éligible au bénéfice de la convention ; comme le juge le Conseil d'État, l'assujettissement à un impôt dans un État ne suffit pas à démontrer que le contribuable serait assujetti à l'impôt dans cet État en raison de son domicile, de sa résidence ou d'un **lien personnel** analogue et non en raison de la seule existence de revenus trouvant leur source dans cet État (CE 24 janvier 2011 n° 316457, 10e et 9e s.-s., Moghadam : RJF 4/11 n° 490) ; en l'espèce, la circonstance que le contribuable, de nationalités iranienne et allemande et résidant à Monaco, ait produit une carte d'identité et une attestation de l'administration fiscale allemande mentionnant une adresse en Allemagne ne signifiait évidemment pas qu'il était un résident d'Allemagne. Être imposé en Allemagne à raison de la perception de revenus de source allemande ne fait pas d'un contribuable un résident d'Allemagne ; il faut qu'il y ait un lien personnel analogue aux autres critères posés par la convention entre le contribuable et l'État dont il prétend être résident. Le fait qu'un revenu soit imposable dans un État parce qu'il y a sa source ne caractérise pas l'existence d'un tel lien personnel.

Le Conseil d'État a ensuite systématisé cette approche, en jugeant que, pour les personnes qui ne sont **assujetties** que **partiellement** à l'impôt, la qualité de résident d'un État est subordonnée à la seule condition que la personne qui s'en prévaut soit assujettie à l'impôt dans cet État en raison de son domicile, de sa résidence ou d'un lien personnel analogue et non en raison de la seule existence de revenus y trouvant leur source (CE 2 février 2022 n° 443018, 9e et 10e ch., min. c/ Sté Observatoire d'économie appliquée (OBEA) et CE 2 février 2022 n° 446664, 9e et 10e ch., min. c/ Sté Cegid : RJF 4/22 n° 388 ; voir n° 41402). Selon ces décisions, qui sont rédigées sur ce point en termes généraux et qui valent aussi bien pour les personnes morales que pour les personnes physiques, il résulte en outre des stipulations conventionnelles relatives à la résidence fiscale, qui définissent le champ d'application de la convention conformément à son objet principal qui est d'éviter les doubles impositions, que les personnes qui ne sont **pas soumises à l'impôt** par la loi de l'État concerné à raison de leur statut ou de leur activité ne peuvent être regardées comme « assujetties » au sens de ces stipulations.

Précisions **a.** Un contribuable dont le foyer et le centre des intérêts économiques sont situés en France ne peut faire échec au droit interne français en invoquant une résidence britannique dont le caractère permanent n'est pas établi alors qu'il est **inconnu des services fiscaux britanniques** (CAA Paris 22 novembre 2017 n° 17PA01787, 2e ch., confirmant l'imposition, sur le fondement de l'article 92 du CGI, d'un contribuable qui exerçait une activité lucrative de joueur de poker lui procurant des profits réguliers ; cet arrêt a fait l'objet d'un pourvoi qui n'a pas été admis par CE (na) 26 juillet 2018 n° 417519, 10e ch.).

b. Une personne physique qui se prétendait **résidente d'Allemagne** et qui disposait d'attestations de résidence fiscale en Allemagne n'a pas été jugée fondée à se prévaloir de la clause conventionnelle d'élimination des cas de double résidence, car il ressortait des déclarations fiscales qu'elle avait produites que les seuls revenus déclarés et imposés en Allemagne, au demeurant peu importants, consistaient en dividendes de source allemande (CAA Marseille 19 septembre 2019 n° 19MA00720, 3e ch., arrêt définitif ; voir également n° 3755) ; cette seule constatation n'aurait pas dû être suffisante, à notre avis, mais l'arrêt n'est pas explicite sur ce point.

Étendue de l'assujettissement à l'impôt

41155 Pour qu'une personne soit considérée comme un « résident » d'un État, et puisse par conséquent bénéficier de la convention fiscale (notamment pour la résolution des cas de double résidence, si elle est également considérée comme un résident de l'autre État), il faut non seulement qu'elle y soit assujettie à l'impôt en raison d'un lien personnel (n° 41152), mais il faut encore, si la convention fiscale reprend le modèle de l'OCDE, qu'elle n'y soit pas assujettie à l'impôt seulement pour les revenus de sources situées dans cet État ou pour la fortune qui y est située (deuxième phrase de l'article 4 § 1 ; n° 41150). **41155** (suite)

Par exemple, les stipulations de la convention franco-chypriote du 18 décembre 1981, qui reprend sur ce point le modèle de l'OCDE, ont pu être écartées à bon droit par le juge d'appel qui avait relevé que les attestations produites par le contribuable, selon lesquelles il aurait acquitté l'impôt sur le revenu à Chypre pour les années d'imposition en litige, n'établissaient pas que cet impôt aurait concerné l'ensemble de ses revenus (CE 9 avril 2014 n° 359971, 9e s.-s.). De même, une personne de nationalité russe et domiciliée en France au sens du droit interne français n'était pas recevable à invoquer la convention fiscale franco-russe du 26 novembre 1996, qui reprend également le modèle de l'OCDE, dès lors que les **déclarations fiscales** qu'elle avait souscrites en Russie, pas plus que **l'attestation** établie par l'administration russe, ne suffisaient à établir son assujettissement à l'impôt en Russie pour les revenus de sources situées en dehors de cet État (CAA Paris 26 juin 2019 n° 18PA02646, 2e ch.) ; cet arrêt a fait l'objet d'un pourvoi qui n'a pas été admis par CE (na) 25 mars 2020 n° 433829, 9e ch. : RJF 7/20 n° 633 (bien qu'il s'agisse d'une décision de non-admission, cette décision est intéressante car les conclusions du rapporteur public montrent que la condition relative à l'étendue de l'assujettissement à l'impôt a bien été analysée au stade du pourvoi).

Cela étant, cette condition ne devrait pas conduire à exclure du champ d'application de la convention fiscale tous les résidents de pays qui appliquent un **principe de territorialité** en matière fiscale (en ce sens, Commentaires OCDE C (4) n° 8.3) ; ainsi que l'indique la rapporteure publique dans ses conclusions sous la décision n° 434972 du 9 juin 2020 mentionnée ci-après (conclusions Karin Ciavaldini : RJF 8-9/20, C 723), une imposition limitée aux revenus de source nationale ne fait pas obstacle à la reconnaissance de la qualité de résident lorsque l'assujettissement sur les seuls revenus de source nationale est la règle générale dans l'État considéré (dans ce cas, il faut rechercher si l'imposition tient à l'existence d'un lien personnel ou simplement à la perception de revenus prenant leur source dans cet État, indépendamment d'un tel lien).

La solution est différente si la convention fiscale ne reprend **pas le modèle de l'OCDE** et ne contient donc pas la deuxième phrase de l'article 4 § 1 (n° 41150) ; dans ce cas, l'étendue de l'obligation fiscale à laquelle un contribuable est tenu dans un État est, par elle-même, sans incidence sur la qualification de résident de cet État (CE 9 juin 2020 n° 434972, 8e et 3e ch. : RJF 8-9/20 n° 723). Cette décision concerne l'ancienne convention fiscale franco-chinoise, du 30 mai 1984, qui ne précisait pas que l'expression « résident d'un État contractant » exclut les personnes qui ne sont assujetties à l'impôt dans un État que pour les revenus de sources situées dans cet État ; dans cette affaire, le Conseil d'État rappelle d'abord que la qualité de « résident » d'un État est subordonnée à la seule condition que la personne qui s'en prévaut soit assujettie à l'impôt dans cet État en raison de son domicile, de sa résidence ou d'un **lien personnel** analogue et non en raison de la seule existence de revenus y trouvant leur source (n° 41152). Il juge ensuite que, dès lors que la convention applicable en l'espèce n'exclut pas que puissent être regardées comme « résidents » des personnes dont les seuls revenus pris en compte pour leur assujettissement à l'impôt dans un État sont, compte tenu des règles d'assiette applicables, les revenus qui y trouvent leur source, **l'étendue de l'obligation fiscale** à laquelle le contribuable est tenu dans cet État est, par elle-même, sans incidence sur la qualification de résident. Cette décision a été rendue à propos d'un résident de Chine qui avait perçu, en 2013 et 2014, des dividendes de sociétés françaises et qui s'était vu refuser l'application du taux conventionnel de retenue à la source au motif qu'il n'était imposé en Chine que sur ses salaires de source chinoise et non sur ses dividendes de source française ; la Cour, qui en avait déduit que la convention fiscale n'était pas applicable, avait commis une erreur de droit, car il lui appartenait seulement de rechercher si la Chine assujettissait l'intéressé à l'impôt, le cas échéant sur certains seulement de ses revenus, en raison d'un lien personnel et non simplement de leur **source locale** (sur la solution retenue sur le fond dans cette affaire, voir n° 41158 m).

En tout état de cause, et d'une façon générale, les personnes **exonérées** ne sont **pas** des **« résidents »** éligibles au bénéfice des conventions fiscales, du moins, compte tenu des principes posés par le Conseil d'État (n° 41152), si elles le sont à raison de leur statut ou de leur activité.

41155 (suite) Par exemple, il a été jugé qu'un résident de France qui n'établissait pas avoir été assujetti à l'impôt en **Arabie saoudite** ne pouvait se prévaloir de sa qualité de résident d'Arabie saoudite (CE 27 juillet 2009 n° 301266, 3e et 8e s.-s., Bars : RJF 12/09 n° 1044). À propos de l'Arabie saoudite, il a également été jugé que le « zakat » est une imposition religieuse distincte de l'impôt sur le revenu ou de l'impôt sur les sociétés et que le seul paiement de cet impôt par un contribuable ne peut, en tout état de cause, permettre de regarder ce dernier, en l'absence d'éléments attestant qu'il a acquitté les autres impôts saoudiens dont il a invoqué le paiement, comme un résident d'Arabie saoudite au sens de la convention (CE 21 octobre 2011 n° 333898, 10e et 9e s.-s., Savary de Beauregard : RJF 1/12 n° 2). Dans le même sens, un ingénieur de projet employé par une société saoudienne de construction ne pouvait se prévaloir des critères de résidence posés par la convention fiscale franco-saoudienne du 18 février 1982 dès lors qu'il n'avait pas été assujetti à l'impôt en Arabie saoudite (CAA Nantes 14 janvier 2021 n° 19NT00731, 1e ch. ; arrêt annulé par CE 11 mai 2022 n° 450692, 9e ch. : RJF 8-9/22 n° 698 pour une autre raison, tenant à la détermination du domicile en droit interne comme indiqué n° 40821).

L'étendue de l'assujettissement à l'impôt peut toutefois être appréciée de façon assez souple par le Conseil d'État qui a, par exemple, retenu une solution libérale dans le cadre franco-britannique en considérant qu'une personne physique **résidente du Royaume-Uni** imposable sur ses revenus de source étrangère seulement en cas de rapatriement au Royaume-Uni avait bien la qualité de « résident » du Royaume-Uni pour l'application de l'ancienne convention fiscale franco-britannique du 22 mai 1968 modifiée et qu'elle pouvait bénéficier du taux réduit de retenue à la source applicable aux dividendes de source française qui lui avaient été versés en 1996, 1997 et 1998 (CE 27 juillet 2012 nos 337656 et 337810, 9e et 10e s.-s., min. c/ Regazzacci ; CE 27 juillet 2012 n° 329072, 9e et 10e s.-s., Sté Virtual Immo 2 ; CE 27 juillet 2012 n° 337809, 9e et 10e s.-s., SAS Virtual Immo 2 : RJF 11/12 n° 1012 aux conclusions de Frédéric Aladjidi au BDCF 11/12 n° 126). Le Conseil d'État juge qu'il résulte de l'article 3 § 1 de la convention fiscale (équivalent de l'article 4 § 1 du modèle de convention fiscale de l'OCDE), « compte tenu de leur objet et éclairées par la version en langue anglaise de la convention qui, en vertu de son paragraphe final, fait foi au même titre que la version en langue française », qu'une personne physique assujettie à l'impôt au Royaume-Uni en raison de son domicile, de sa résidence, de son siège de direction ou de tout autre critère de nature analogue n'est pas susceptible de perdre la qualité de résident fiscal du Royaume-Uni au seul motif que, n'ayant pas la nationalité britannique, tout ou partie de ses revenus de source étrangère peuvent, en application du régime de la « remittance basis », ne pas être imposés au Royaume-Uni au titre de l'année au cours de laquelle ils sont perçus, mais **seulement au titre de l'année au cours de laquelle ils sont rapatriés ou utilisés** au Royaume-Uni. Il s'en déduit que seul compte le fait que le revenu étranger soit imposable dans le pays de résidence, en théorie et non pas nécessairement en fait, y compris s'il l'est au titre d'une année ultérieure à celle au titre de laquelle la convention fiscale est appliquée (voir également n° 41308). Mais cette décision ne remet pas en cause le fait qu'une personne ne peut être un « résident » au sens des conventions fiscales reprenant la deuxième phrase de l'article 4 § 1 du modèle de l'OCDE (n° 41150) que si elle est assujettie à l'impôt sur une assiette qui n'est pas limitée aux revenus de source domestique ; le Conseil d'État a seulement admis de ne pas tirer de conséquences décisives du **principe de l'annualité de l'impôt** en admettant que les conditions puissent être remplies en cas d'imposition théorique ultérieure.

Précisions **a.** Selon le mécanisme de la « **remittance basis** », les personnes physiques de nationalité étrangère qui résident au Royaume-Uni n'y sont imposables que sur leurs revenus de source britannique et ne sont imposables sur leurs revenus étrangers qu'en cas de rapatriement sur le territoire britannique ou d'utilisation des revenus au Royaume-Uni ; dans l'affaire Regazzacci, précitée, le Conseil d'État estime que la condition d'assujettissement intégral à l'impôt est remplie car ce système n'a pas pour objet d'exonérer définitivement les revenus de source non britannique mais permet seulement de ne les imposer qu'au moment de leur rapatriement ou de leur utilisation au Royaume-Uni. Le Conseil d'État s'appuie sur la **version britannique de la convention fiscale**, sans doute parce que celle-ci est plus claire que la version française ; le texte anglais utilise en effet, à l'article 3, le terme « liable to tax » qui signifie plutôt « imposable » que « effectivement assujetti » alors que l'article relatif aux dividendes emploie le terme « subject to United Kingdom tax » quand le texte français utilise toujours le terme « assujetti » (article 9 § 7 c) de la convention). Le texte anglais paraît donc introduire une distinction que le texte français ne reprend pas.

b. Dans le sens de la décision Regazzacci, voir CAA Versailles 6 décembre 2012 n° 11VE01695, 7e ch., min. c/ Antoine (RJF 5/13 n° 532 ; arrêt définitif) à propos d'un **résident du Japon** qui percevait des pensions de retraite de source française sur un compte en France, sous l'empire de la convention franco-japonaise dans sa rédaction antérieure à l'avenant du 11 janvier 2007 introduisant une clause « anti-remittance basis ». Selon la Cour, ne fait pas obstacle à la qualité de résident du Japon la circonstance que les revenus de source française n'aient pas été effectivement assujettis à l'impôt au Japon, soit l'année de leur perception soit, le cas échéant, l'année de leur rapatriement.

Autres exemples Le critère de l'assujettissement à l'impôt est assez généralement retenu par la jurisprudence, comme en témoignent les affaires suivantes. **41158**

a. Dès lors qu'un contribuable domicilié fiscalement en France au sens du droit interne ne justifiait pas avoir fait l'objet d'une **imposition de même nature** au Royaume-Uni, il ne pouvait, en tout état de cause, utilement se prévaloir de la convention fiscale franco-britannique (CAA Paris 21 mai 1991 n°s 89-845 et 89-846, 3e ch., Safyurtlu ; cet arrêt a donné lieu à un pourvoi jugé par CE 3 mai 1995 n° 127886, 9e et 8e s.-s. : RJF 6/95 n° 735, qui concernait une autre question).

b. À supposer même qu'un contribuable ait pu être considéré comme résident du Royaume-Uni, il ne justifiait pas de son **imposition effective** dans ce pays et, par suite, ne pouvait utilement invoquer les stipulations de la convention fiscale franco-britannique (CAA Bordeaux 9 juillet 1991 n° 89-640, 1e ch., de Montal : Droit fiscal 1992, n° 15, comm. 761 ; arrêt définitif).

c. Si un contribuable justifiait avoir été soumis au Royaume-Uni à un impôt par voie de **retenue à la source**, cette circonstance n'établissait pas à elle seule qu'il avait la qualité de résident du Royaume-Uni pour l'application de l'impôt britannique alors que, par ailleurs, il n'était fait état d'aucun élément susceptible de lui conférer cette qualité ; dans cette affaire, l'intéressé avait lui-même, à certaines reprises, déclaré qu'il était résident de la Principauté d'Andorre (CAA Paris 15 juin 1993 n° 92-56, 3e ch., Chuter : RJF 1/94 n° 74 ; arrêt définitif).

d. Un contribuable domicilié en France en droit interne ne peut utilement invoquer les stipulations de la convention franco-britannique pour échapper à l'imposition de ses revenus en France dès lors que, ne **justifiant pas** avoir **acquitté** des impositions dans le Royaume-Uni, il ne peut être considéré comme un résident de ce pays au sens de la convention fiscale (CAA Paris 16 avril 1998 n° 96-170, 2e ch., Wahnich : RJF 8-9/98 n° 897, ayant fait l'objet d'un pourvoi non admis en cassation ; voir aussi n° 40960 d).

e. La Cour de cassation, dans une affaire concernant l'ex-ISF, a jugé que la convention fiscale franco-américaine du 28 juillet 1967 ne permettait de trancher un éventuel conflit de domicile fiscal que si l'intéressé apportait la **preuve** de sa qualité de **résident** des États-Unis (Cass. com. 11 janvier 2000 n° 83 D, Ginez : RJF 4/00 n° 571).

f. Un contribuable qui produit des **éléments insuffisants** pour justifier de son assujettissement à l'impôt ne peut revendiquer l'application de la convention franco-tunisienne (CAA Marseille 28 février 2002 n° 98-1045, 3e ch. A, Corellou : RJF 10/02 n° 1151 ; arrêt définitif). De même, un contribuable qui se prétend domicilié en Égypte mais qui ne produit que deux **avis d'imposition à la taxe foncière**, alors qu'il ne résulte pas de l'instruction qu'il aurait été assujetti en Égypte à une obligation fiscale sur l'ensemble de ses revenus mondiaux, ne peut se prévaloir de la convention fiscale franco-égyptienne pour faire échec à la domiciliation en France (CAA Versailles 28 décembre 2012 n° 11VE01556, 1e ch. ; cet arrêt a fait l'objet d'un pourvoi qui n'a pas été admis par CE (na) 16 avril 2015 n° 367746, 9e s.-s.). Dans le même sens, des contribuables qui font valoir qu'ils exercent en Algérie des activités d'ingénieur indépendant et de médecin mais qui produisent des **attestations des autorités fiscales algériennes** ne comportant **aucune précision** sur la nature et le montant des revenus imposés ainsi que sur le montant des impositions acquittées n'établissent pas leur qualité de résidents algériens au sens de la convention fiscale (CAA Paris 2 décembre 2015 n° 13PA04537, 2e ch. ; cet arrêt a fait l'objet d'un pourvoi qui n'a pas été admis par CE (na) 14 décembre 2016 n° 396674, 3e ch.).

g. Un contribuable qui se prétend résident de Belgique mais qui ne fournit **aucun élément justifiant** de son assujettissement à l'impôt belge n'est pas éligible au bénéfice de la convention franco-belge ; en l'espèce, la référence au fait que la convention ait pour but d'éviter les doubles impositions a suffi, étant observé que la convention ne reprend pas sur ce point le modèle de convention fiscale de l'OCDE (CAA Versailles 4 avril 2006 n° 04-2507, 3e ch., Penciolelli : RJF 11/06 n° 1418, arrêt définitif ; voir aussi n° 41282).

h. Ne peut être considéré comme un résident italien, en toute hypothèse, un retraité dont le foyer d'habitation principal est situé en France et qui n'est imposable en Italie que sur la **pension de retraite** qu'il perçoit de l'État italien (CE 24 mai 2006 n° 280942, 3e et 8e s.-s., min. c/ Martinelli : RJF 8-9/06 n° 1080 ; conclusions Emmanuel Glaser au BDCF 8-9/06 n° 108).

41158 (suite) **i.** Un médecin installé à Londres a été considéré comme un résident britannique dès lors qu'il y était **imposable sur ses salaires britanniques** et que les autorités fiscales britanniques l'avaient regardé comme un résident britannique (CAA Lyon 20 octobre 2011 n° 10LY01157, 5e ch., Bouton : RJF 2/12 n° 160 ; arrêt définitif) ; cette affaire, qui concernait l'imposition de pensions de retraite de source française, n'est cependant pas très claire sur l'assujettissement de l'intéressé à l'impôt sur des revenus non britanniques (voir aussi n° 43940 et, sous l'empire de la convention du 19 juin 2008, n° 41308).

j. Une personne exerçant en Suisse une **fonction publique** rémunérée par une commune suisse et imposée à ce titre en Suisse ne satisfait pas la condition d'assujettissement à l'impôt étant donné que cette imposition résulte exclusivement de l'article 21 de la convention fiscale franco-suisse du 9 septembre 1966 modifiée, selon lequel les rémunérations versées par une personne morale de droit public d'un État à une personne physique possédant la nationalité de cet État, ne sont imposables que dans l'État d'où elles proviennent ; cette imposition, indépendante de la détermination de la résidence au sens de l'article 4 de la convention franco-suisse, ne permet pas au contribuable de soutenir que la convention devrait être appliquée pour faire échec au droit interne français (CAA Nancy 16 novembre 2017 n° 16NC00979, 2e ch. ; cet arrêt a fait l'objet d'un pourvoi qui n'a pas été admis par CE (na) 26 septembre 2018 n° 419032, 10e ch.).

k. Ne peut échapper à la domiciliation en France une étudiante ukrainienne qui a son foyer en France et qui ne démontre pas avoir été **assujettie à l'impôt** en Ukraine (CAA Paris 16 février 2017 n° 15PA00783, 5e ch., définitif ; voir n° 40821, Précisions c).

l. Ne peut invoquer la convention fiscale franco-philippine du 9 janvier 1976 pour faire échec à la domiciliation en France un contribuable qui ne justifie pas être **assujetti à l'impôt aux Philippines**, une lettre de l'administration fiscale philippine précisant qu'il est soumis à l'impôt sur le revenu de la même façon qu'un citoyen philippin ne suffisant pas, par elle-même, à lui conférer la qualité de résident dès lors que cette lettre précise qu'il est seulement imposable sur les revenus de source philippine (CAA Marseille 7 mars 2019 n° 17MA00769, 3e ch. ; arrêt définitif).

m. Était résident de Chine au titre des années 2013 et 2014, sous l'empire de l'ancienne convention fiscale franco-chinoise du 30 mai 1984, un contribuable qui n'acquittait **l'impôt en Chine que sur ses seuls salaires** de source chinoise et non sur les dividendes reçus de sociétés françaises, dès lors qu'il était bien assujetti à l'impôt en Chine en raison d'un lien personnel et non pas seulement en raison de la source chinoise de ses revenus (CAA Versailles 10 février 2022 n° 20VE01379, 3e ch., arrêt définitif rendu sur renvoi par CE 9 juin 2020 n° 434972, 8e et 3e ch. : RJF 8-9/20 n° 723) ; l'intéressé résidait habituellement en Chine avec sa famille au cours des années en cause, il y disposait d'un domicile depuis février 2010, ses enfants y étaient scolarisés, et il y exerçait son activité principale en tant que dirigeant d'une usine (la solution retenue en l'espèce s'explique par la rédaction particulière de la convention fiscale franco-chinoise alors applicable, qui ne reprenait pas le modèle de l'OCDE ; n° 41155).

n. Des contribuables qui ne sont pas imposés aux États-Unis ne peuvent bénéficier de la convention fiscale franco-américaine du 31 août 1994 modifiée et ne peuvent utilement invoquer la **carence des services fiscaux américains** pour justifier leur absence d'assujettissement à l'impôt (CAA Versailles 3 décembre 2019 n° 18VE01128, 1e ch. : RJF 4/20 n° 294 ; arrêt définitif).

o. Une société française n'était pas fondée à réclamer le bénéfice de la réduction conventionnelle de retenue à la source sur des revenus réputés distribués à un **prestataire taïwanais** dès lors qu'il n'était pas établi que ce dernier ait été imposé à l'impôt sur le revenu à Taïwan (CAA Versailles 28 mai 2020 n° 19VE01481, 3e ch., Sté Gemar Lumitec, ayant fait l'objet d'un pourvoi rejeté par CE 19 avril 2022 nos 442234 et 442236, 3e et 8e ch., Sté Gemar Lumitec : RJF 7/22 n° 626, décision qui n'aborde cependant pas cette question ; voir également nos 73015 et 73045 i) ; la Cour considère qu'il n'incombait pas à l'administration de mettre en œuvre l'assistance administrative internationale pour vérifier la qualité de résident du bénéficiaire et relève que la société débitrice n'avait fourni aucun commencement de preuve de l'assujettissement à l'impôt du bénéficiaire alors même qu'elle n'était pas dépourvue de tout contact avec lui.

Précisions **a.** On peut excepter une décision contestable de la cour administrative d'appel de Lyon dans une affaire jugée le 10 juillet 1992 (n° 90-183, 1e ch. : RJF 1/93 n° 2 ; arrêt définitif), admettant l'application de la convention fiscale franco-néerlandaise à une personne qui ne pouvait apparemment pas justifier de son assujettissement à l'impôt aux Pays-Bas.

b. Sur les questions liées à la **notion d'assujettissement à l'impôt** et à la distinction entre « assujetti », « passible » et « soumis », on pourra se reporter aux conclusions sous CAA Paris 8 octobre 1991 n°s 90-296 et 90-511 : Droit fiscal 1992, n° 28, com. n° 1348 (en cassation, voir CE 6 mai 1996 n° 132330, 8e et 9e s.-s., Guerhia : RJF 6/96 n° 698 ; n° 43275, Précisions a).

Modalités de preuve

Lorsqu'une personne, domiciliée en France en droit interne, soutient qu'elle est également domiciliée dans un autre État, il lui appartient de l'établir, par exemple au moyen d'une **attestation** des **services fiscaux** de cet État. La preuve fournie ne peut être reconnue comme valable que si elle émane bien d'une autorité compétente pour la délivrer et si elle indique que l'intéressé a été imposé comme un résident, ce qui exclut, en principe, les impositions forfaitaires fondées, par exemple, sur la valeur locative des habitations (n°s 68100 s.). **41165**

La cour administrative d'appel de Paris a ainsi refusé la qualité de résident britannique à un contribuable qui se bornait à fournir, pour preuve, une simple **attestation émanant d'un consultant** britannique et non de l'administration fiscale elle-même (CAA Paris 21 mai 1996 n° 95-53, 2e ch., Fabre : RJF 11/96 n° 1333 ; arrêt définitif).

Il a de même été jugé qu'un contribuable domicilié en France en droit interne ne pouvait utilement invoquer les stipulations de la convention franco-roumaine pour échapper à l'imposition de ses revenus en France dès lors que les attestations produites (établies par l'ambassade de Roumanie en France à partir d'un **document émanant d'une société privée** et non de l'administration fiscale roumaine, et par une agence roumaine d'impresarios) ne permettaient pas de conclure qu'il avait effectivement été assujetti à l'impôt en Roumanie et n'établissaient donc pas de sa qualité de résident roumain au sens de l'article 4 § 1 de la convention (CAA Paris 25 mars 1997 n° 95-2155, 2e ch., Zamfir : RJF 10/97 n° 874 ; arrêt définitif).

De son côté, la cour administrative d'appel de Marseille a refusé de tenir compte d'un **courrier émanant du directeur général des impôts du Congo** indiquant que les contribuables en cause étaient résidents du Congo, qu'ils y exploitaient un fonds de commerce et qu'ils y payaient des impôts, dès lors que, outre des raisons tenant manifestement au contexte général, aucune attestation fiscale relative au montant des impositions effectivement mises en recouvrement n'avait été communiquée (CAA Marseille 15 décembre 2009, n° 06MA03211, 4e ch. ; un pourvoi avait été formé, mais il n'a pas été admis par CE (na) 25 octobre 2010 n° 336460, 3e s.-s.). Dans le même sens, la production de certificats d'imposition congolais ne mentionnant ni les montants déclarés ni le montant des impositions versées n'était pas une preuve d'assujettissement à l'impôt (n° 40825 m).

Voir également les précisions apportées par les décisions citées n° 41158 f.

Précisions Pour déterminer la résidence des personnes, les **pièces émanant des administrations fiscales étrangères** et régulièrement produites doivent naturellement être prises en considération (CE 7 mai 2014 n° 360845, 3e et 8e s.-s., Nicolle : RJF 8-9/14 n° 838, annulant pour dénaturation un arrêt d'appel qui ne fait pas état ni ne discute d'une attestation de l'administration fiscale britannique fournie en annexe d'un mémoire devant le tribunal administratif et indiquant que l'intéressée était résidente non domiciliée au Royaume-Uni).

B. L'application de critères successifs pour éliminer les cas de double résidence (modèle OCDE)

Lorsqu'une personne physique est considérée comme un résident des deux États (c'est-à-dire soumise à une obligation fiscale illimitée dans ces deux États), l'analyse de critères conventionnels successifs permet de déterminer de quel État cette personne doit être considérée comme résidente pour l'application de la convention fiscale et, par suite, pour celle du droit interne des États. **41170**

Si la convention reprend le modèle de convention fiscale de l'OCDE les critères sont les suivants ; ils **doivent être examinés dans l'ordre** ainsi que l'a jugé CE 29 octobre 2012 n° 346641, 8e et 3e s.-s., Kessler (RJF 1/13 n° 83), à propos de la convention fiscale franco-suisse dans un cas où la cour administrative d'appel était passée directement du critère du centre des intérêts vitaux au critère de la nationalité sans examiner le critère du séjour (cette convention ne suit pas le modèle OCDE mais la solution est transposable).

Précisions **a.** Une convention fiscale n'est susceptible de s'appliquer que si le contribuable a apporté la **preuve** qui lui incombe qu'il est considéré comme domicilié dans l'autre État (nº 41165).

b. Dans la plupart des cas, les règles conventionnelles de détermination de la résidence des personnes physiques devraient faire obstacle à ce qu'un contribuable soit considéré comme résident d'un État du seul fait qu'il y a été **confiné** pendant la crise sanitaire du **Covid-19** (Note du secrétariat de l'OCDE, nº 17200, Précisions ; cette note n'exclut cependant pas que certaines situations puissent prêter à discussion). En ce qui concerne la France, voir nº 40860, Précisions a.

1. Foyer d'habitation permanent

41175 La convention fiscale fait d'abord prévaloir l'État dans lequel la personne a un « foyer d'habitation permanent ». Cette notion, qui n'est pas définie dans les conventions fiscales, appelle les précisions suivantes.

Notion

41177 La notion de foyer d'habitation recouvre **toute forme d'habitation** (maison, appartement, chambre meublée), que l'intéressé soit propriétaire ou locataire, ou même qu'il dispose d'un logement qui lui est simplement prêté ; d'une façon générale, la jurisprudence indique que toute résidence dont une personne dispose de manière durable est pour elle, au sens des conventions fiscales, un foyer d'habitation permanent (par exemple, CE 17 décembre 2010 nº 316144, 3e et 8e s.-s., Venekas et Mme Giannarelli épouse Venekas : RJF 3/11 nº 268). En particulier, il n'y a pas lieu, pour déterminer l'existence d'un foyer d'habitation permanent, de prendre en compte la durée effective des **séjours** et les **centres d'intérêt** des contribuables (CE 21 octobre 2016 nº 392997, 3e et 8e ch. : RJF 1/17 nº 2, à propos d'un couple de ressortissants allemands qui prétendaient disposer en Allemagne, de l'usage d'une maison d'habitation mise à leur disposition par l'un de leurs fils) ; sur renvoi, il a été jugé, dans cette affaire, que les intéressés ne disposaient pas d'un foyer d'habitation permanent en Allemagne, l'attestation qu'ils avaient produite, selon laquelle leur fils se serait engagé à mettre à leur disposition un corps de bâtiment en Allemagne, ayant été établie pour les besoins de la cause plus de deux ans après les opérations de contrôle et étant dépourvue de tout caractère probant (CAA Bordeaux 18 mai 2017 nº 16BX03464, 4e ch. ; arrêt définitif confirmant la domiciliation en France, le pourvoi qui avait été formé ayant ensuite fait l'objet d'un désistement).

En présence de deux foyers d'habitation permanents, il n'y a pas lieu, en principe, de rechercher si l'un présente le caractère de **résidence secondaire** par rapport à l'autre (en ce sens, TA Paris 12 décembre 2000, nº 95-5367, 1e sect., 3e ch., Sté Esselte Dymo : RJF 6/01 nº 741, annulé sur un autre point par CAA Paris 19 juillet 2005 nº 01PA01445, 2e ch., concluant finalement à la domiciliation fiscale en Belgique sur le fondement du critère de la nationalité ; arrêt définitif).

Il a, par exemple, été jugé que des contribuables qui se prétendaient résidents du Royaume-Uni disposaient d'un foyer d'habitation permanent en France dans la mesure où ils occupaient un appartement à Paris pour lequel étaient facturées d'importantes consommations d'électricité et de téléphone, en dépit du fait que le bail de l'appartement ait été au nom de l'un de leurs fils (CE 11 décembre 2009 nº 300733, 8e et 3e s.-s., Lebard : RJF 3/10 nº 195).

Les critères retenus par le juge administratif sont également ceux du juge **judiciaire** ; par exemple, un contribuable qui avait un foyer d'habitation permanent en Tunisie disposait également d'un foyer d'habitation permanent en France où il s'était réservé et avait aménagé à son usage personnel, de manière durable et permanente, un logement dans la maison dont il possédait l'usufruit à Saint-Brieuc (Cass. com. 13 octobre 2021 nº 19-13.710, F-D ; voir nº 41200).

Précisions **a.** Commet une erreur de droit une cour administrative d'appel qui juge que le critère du foyer permanent d'habitation est défini « par des éléments d'appréciation relatifs à la personne plus qu'au patrimoine » et qui retient comme pertinentes les **relations personnelles** et affectives (CE 4 novembre 2013 nº 347303, 10e s.-s.).

b. Depuis leur révision de 2017, les commentaires du comité des affaires fiscales de l'OCDE précisent qu'une maison appartenant à une personne physique ne peut pas être considérée comme étant à sa disposition lorsque la maison est **louée et effectivement remise à une partie non liée** de sorte que le propriétaire n'a plus la possession de la maison ni la possibilité d'y habiter (Commentaires OCDE, C (4) nº 13). Bien entendu, cela ne signifie pas que le propriétaire ait nécessairement conservé la disposition de l'habitation si celle-ci est donnée en location à une personne liée (une location à une personne apparentée peut évidemment être réelle et sérieuse).

c. La doctrine administrative concernant la convention fiscale **franco-luxembourgeoise** du 20 mars 2018 précise que sera, par exemple, considérée comme ayant disposé d'un foyer d'habitation permanent au Luxembourg au titre d'une année donnée une personne habitant en France qui aura disposé, de manière constante, au Luxembourg d'un appartement dont elle est propriétaire et qu'elle n'aura pas donné en location, y compris si, au titre de cette année, elle **ne s'y est jamais rendue** (BOI-INT-CVB-LUX-10 n° 70) ; la même solution serait bien entendu applicable si l'appartement était simplement pris en location, car il est sans importance qu'il soit possédé ou non.

Critère de permanence

Le « foyer d'habitation » doit être permanent ; selon les commentaires de l'OCDE (C (4) **41180**
n° 12), il doit s'agir d'une **habitation aménagée et réservée** à l'usage de l'intéressé « **d'une manière durable**, par opposition au fait du séjour à un certain endroit dans des conditions telles que ce séjour apparaisse comme devant être limité à une courte durée. » Les commentaires précisent qu'une « courte durée » vise les cas de voyages d'agrément, voyages d'affaires, voyages d'études, stages dans une école, etc. (Commentaires OCDE, C (4) n° 13). La notion de « permanence » est donc essentielle.

La jurisprudence est dans ce sens ; ainsi, un contribuable qui soutenait avoir résidé à Marbella dans une maison qui lui était **prêtée par un ami pendant une partie de l'année** et dont il n'avait donc pas la disposition de manière durable, ne pouvait être regardé comme ayant disposé d'un foyer d'habitation permanent en Espagne au sens de la convention fiscale du 8 janvier 1963 (CE 9 décembre 1988 nos 59667 et 61300, 9e et 7e s.-s. : RJF 2/89 n° 215). De même, un contribuable qui dispose d'une maison située en France, dont il soutient, sans être sérieusement contredit, qu'elle est **occupée par un tiers**, n'est pas domicilié en France dès lors qu'il exerce son activité professionnelle au Burkina-Faso, où il dispose d'une résidence qu'il occupe effectivement, même s'il se rend régulièrement en France (CE 22 juin 2017 n° 391379, 3e ch.).

Mais le concept de « permanence » n'est pas clairement défini ; faute de définition, on en est donc réduit à des hypothèses sur sa portée exacte. Il est probable qu'une habitation utilisée **moins d'un an** n'est pas un foyer d'habitation permanent (sauf en cas d'installation définitive, mais avec un bref séjour à l'étranger). En revanche, une habitation utilisée **plus de deux ans** serait certainement considérée comme un foyer d'habitation permanent. Entre un an et deux ans, il est permis de s'interroger, sans qu'aucune réponse ne puisse être apportée, faute de texte.

À ce propos, et dans la droite ligne des commentaires de l'OCDE, l'administration précise, à propos de la convention franco-algérienne (BOI-INT-CVB-DZA-10 n° 90), que la **disposition occasionnelle** d'un **logement** pour effectuer un voyage d'agrément, un voyage d'affaires, un voyage d'études ou autre ne satisfait pas à la condition de durabilité. Elle ajoute qu'un résident d'Algérie qui aura effectué en France, au cours de ses congés, deux séjours de deux mois chacun et aura loué, pour chacun de ces séjours, la même **résidence meublée**, ne disposera pas d'un foyer d'habitation permanent en France au titre d'une année donnée. En revanche, sera considérée comme ayant disposé d'un tel foyer d'habitation permanent en Algérie au titre d'une année donnée, une personne habitant en France qui aura disposé, de manière constante, à Alger d'un appartement dont elle est propriétaire et qu'elle n'aura pas donné en location, y compris si, au titre de cette année, elle ne s'y est jamais rendue (BOI préc.).

Comme l'a souligné le commissaire du Gouvernement Olivier Fouquet dans ses conclusions sous CE 26 janvier 1990, Renck (7e et 9e s.-s., n° 69853 : RJF 3/90 n° 240 ; Droit fiscal 1990, n° 23-24 ; voir aussi n° 41255 a), la définition de base du foyer d'habitation, qui joue même en l'absence d'indices familiaux (ceux-ci servant simplement à mieux l'apprécier) est celle de la possession durable d'une habitation, sans qu'il y ait lieu de distinguer, en cas de double résidence, selon que **l'une est plus importante** que l'autre, ou que l'une est **louée** alors que l'autre est possédée.

À propos de contribuables installés en Belgique moins d'un mois avant la date de la cession de titres de sociétés françaises, voir n° 41050.

Précisions **a.** Il a été jugé « clair » que « toute résidence dont une personne dispose **de manière durable** est pour elle, au sens de la convention fiscale, un foyer d'habitation permanent » (CE 21 décembre 1983, n° 27685, 7e et 8e s.-s. : RJF 2/84 n° 107). Plus récemment, dans le même sens, CE 17 décembre 2010 n° 316144, 3e et 8e s.-s., Venekas et Mme Giannarelli épouse Venekas : RJF 3/11 n° 268.

b. Un contribuable disposait d'un foyer d'habitation en France et en Algérie dès lors qu'il était propriétaire d'un appartement en France, dans une ville où deux de ses **enfants** étaient inscrits **à l'école**, tandis que son épouse continuait à résider en Algérie avec le troisième (CE 4 décembre 1985 n° 42682, 7e et 8e s.-s. : RJF 2/86 n° 139).

c. Un **logement en France** que l'on peut occuper à tout moment et où l'on se rend **deux mois par an** est un foyer d'habitation permanent (CAA Nantes 29 juin 1994 n° 92-811, 1e ch., min. c/ Lesmaris : RJF 12/94 n° 1297 ; cet arrêt a été annulé, pour une autre raison, par CE 6 avril 1998, n° 161481, 9e et 8e s.-s., min. c/ Lesmaris : RJF 5/98 n° 526).

d. A été considéré comme domicilié en France sur le fondement du critère du foyer d'habitation permanent, un apatride de 75 ans, qui résidait en région parisienne à **proximité de ses deux filles** dont l'une gérait l'entreprise qui l'employait, quoiqu'il ait eu un appartement en Italie où il avait exercé sa profession et où se trouvaient ses principaux clients (CE 27 mars 2000 n° 188273, 8e et 3e s.-s., Agopoff et Hanimyan : RJF 5/00 n° 593) ; à noter toutefois qu'il s'agissait d'appliquer l'ancienne convention fiscale franco-italienne définissant le foyer par rapport aux relations personnelles.

e. N'a pas été considéré comme ayant un foyer d'habitation permanent en France un résident de Belgique propriétaire en France d'une **maison mise en vente** et à la disposition de son frère (CE 15 décembre 2004 n° 259771, 3e s.-s., min. c/ Wattinne : RJF 4/05 n° 289).

f. Ne caractérise pas un foyer d'habitation permanent en France, au sens de la convention fiscale franco-singapourienne du 9 septembre 1974, le fait pour un contribuable résident de Singapour d'être **hébergé par sa sœur** lorsqu'il se rend en France (après avoir cédé le logement qu'il y possédait et s'être séparé de son épouse), d'avoir reçu un courrier de son assureur à l'adresse de sa sœur et d'avoir fait état d'une adresse à Strasbourg pour introduire une requête à fin de divorce (CE 29 décembre 2020 n° 434257, 8e ch. : RJF 4/21 n° 410, annulant CAA Nancy 4 juillet 2019 n° 18NC01075, 2e ch. et renvoyant l'affaire à la Cour où elle est enregistrée sous le n° 20NC03819) ; dans cette affaire, le contribuable avait cédé des actions peu après le transfert de son domicile hors de France, et cette cession est vraisemblablement intervenue alors que ce transfert n'était pas suffisamment établi.

Différence avec « le » foyer

41185 Un foyer d'habitation permanent ne doit pas être confondu avec « le foyer » du contribuable, au sens du droit interne français (nos 40820 s.) ; alors qu'un contribuable n'a normalement qu'un seul véritable foyer, les conventions fiscales visent ici les cas où il a à sa disposition deux habitations dont chacune a un caractère permanent.

L'administration l'avait rappelé dans un commentaire de l'ancienne convention fiscale franco-russe (ancienne instruction 14 B-5-89 du 15 septembre 1989, non reprise au BOFiP sous l'empire de la convention actuelle) : « l'expression « un foyer d'habitation permanent » signifie un logement dont la personne concernée dispose de façon durable. Un logement qui répond à cette condition doit donc être considéré comme un foyer d'habitation permanent au sens de la convention, même s'il ne s'agit pas du foyer au sens de l'article 4 B 1 du CGI. »

Mais, sans doute par inadvertance, comme le montre la jurisprudence postérieure, le Conseil d'État a pu faire une application restrictive du concept de foyer d'habitation permanent, en considérant, par exemple pour l'application de la convention fiscale franco-belge, qu'un contribuable qui disposait d'une résidence en France et qui l'utilisait fréquemment n'avait pas « un » foyer en France (CE 23 mars 1988 n° 48131, 7e et 9e s.-s. : RJF 5/88 n° 588). Il semble qu'il y ait eu, à tort, assimilation entre **« le » foyer** du contribuable, en l'espèce situé en Belgique, et **« un » foyer**, situé en France. Mais si cette assimilation était faite, elle viderait de son sens l'essentiel des stipulations conventionnelles relatives à la résidence des personnes physiques (elle s'explique d'autant moins, dans cette affaire, que le recours au centre des intérêts vitaux aurait sans doute permis d'aboutir au même résultat, à savoir la domiciliation en Belgique).

On remarquera, d'ailleurs, que dans ses conclusions sous la décision Larcher (n° 40860), le commissaire du Gouvernement indiquait clairement que si la rédaction de l'article 4 B du CGI postule nécessairement qu'un contribuable ne peut avoir qu'un foyer, le droit interne s'écarte sur ce point de la notion de « foyer d'habitation permanent » qui s'entend de la disposition durable d'une résidence. La décision de 1988, précitée, est restée isolée et ne doit pas être considérée comme fixant la jurisprudence.

Une même personne peut, par conséquent, avoir un foyer d'habitation permanent dans deux États. Les cas les plus courants de « double foyer » concernent évidemment les **salariés expatriés** ; tel serait le cas d'un salarié français qui s'expatrierait pour deux ans, tout en continuant à disposer d'une habitation en France où vivrait sa famille et où il aurait son foyer au sens du droit interne français.

Foyer d'habitation permanent dans un seul État

Si un contribuable n'a un foyer d'habitation permanent que dans un seul État, ce seul fait suffit à déterminer l'État dans lequel il doit être considéré comme un résident au sens de la convention fiscale, sans qu'il soit besoin d'examiner les critères subsidiaires proposés par la convention. 41190

C'est ainsi qu'une personne qui exerçait en Espagne la profession d'administrateur de biens et qui y était imposée au titre de ses revenus professionnels a été considérée comme fiscalement domiciliée en France dès lors qu'elle n'avait **pas démontré** disposer d'un foyer d'habitation permanent en Espagne alors que son foyer était en France au sens du droit interne, et ceci en admettant même qu'elle ait été assujettie à l'impôt en Espagne en vertu de la législation de ce pays et qu'elle ait donc eu aussi la qualité de résident d'Espagne au sens de la convention fiscale (CE 30 mars 1992 n° 76564, 8e et 9e s.-s., Bensoussan : RJF 5/92 n° 586). De même, un contribuable qui ne disposait d'un foyer d'habitation permanent qu'au Canada était résident du Canada au sens de la convention fiscale franco-canadienne du 2 mai 1975 (CAA Versailles 31 mai 2018 n° 17VE00744, 7e ch. : RJF 1/19 n° 7, arrêt définitif ; voir également n° 3091). On ne passe au second critère qu'en présence d'un foyer d'habitation permanent dans les deux États (pour d'autres exemples, voir CE 11 mars 1992, n° 82792, Belkhiri : Droit fiscal 1992, n° 42 et CAA Versailles 2 décembre 2010, n° 09VE04042, 1e ch., arrêt définitif concernant une personne se prétendant diplomate et résidente du Congo ; voir aussi n° 43225).

Dans le même sens, il a été jugé que le domicile constitue le **critère premier** de la détermination de la résidence fiscale des personnes pour l'application de la convention fiscale franco-britannique et que la circonstance qu'un contribuable aurait, à raison de son activité professionnelle ou de la formation qu'il a reçue au Royaume-Uni, le centre de ses intérêts vitaux dans ce pays est sans incidence sur la solution du litige (TA Pau 23 juin 2015 n° 1400986, 2e ch. : JurisData n° 2015-017282 ; jugement définitif).

Autre exemple, sont domiciliés en France des contribuables qui ont leur foyer en France (n° 40825 j) et qui, à supposer qu'ils puissent être regardés comme des résidents d'Arabie saoudite au sens de la convention fiscale (l'**attestation fiscale** qu'ils produisaient ne permettait pas de déterminer la raison qui avait conduit à l'imposition de leurs revenus en Arabie saoudite), ne produisent aucun élément permettant d'attester de l'existence d'un foyer d'habitation permanent en Arabie saoudite (CAA Lyon 15 mars 2016 n° 15LY02304, 2e ch. ; cet arrêt a fait l'objet d'un pourvoi non admis par CE (na) 8 février 2017 n° 399822, 8e ch.).

2. Centre des intérêts vitaux

Si une personne possède un **foyer d'habitation permanent dans les deux États**, la convention fiscale fait prévaloir l'État avec lequel les liens personnels et économiques sont les plus étroits (toujours si elle est conforme au modèle de convention fiscale de l'OCDE). Ce critère est celui de la localisation du « centre des intérêts vitaux ». 41195

Notion

L'État dans lequel se trouve le **« centre des intérêts vitaux »** est déterminé en application d'un ensemble de critères qui doivent faire l'objet d'une analyse circonstanciée. Selon les commentaires de l'OCDE (C (4) n° 15), doivent être pris en considération les relations familiales et sociales de l'intéressé, ses occupations, ses activités politiques, culturelles ou autres, le siège de ses affaires, le lieu d'où il administre ses biens, etc. Ces circonstances doivent être examinées dans leur ensemble, et sans que soit établie une **hiérarchie** entre les liens économiques et les liens personnels (en ce sens, CE 17 décembre 2003 n° 241920, 8e et 3e s.-s., Dardashti : RJF 3/04 n° 297, avec conclusions Gilles Bachelier au BDCF 3/04 n° 41, à propos de la convention franco-iranienne). Par exemple, un contribuable domicilié en France en droit interne et disposant de foyers d'habitation en France et en Allemagne, dont les liens personnels sont plus importants avec la France qu'avec l'Allemagne mais dont les liens économiques sont plus importants avec l'Allemagne qu'avec la France, a pu être considéré comme domicilié en France sur le fondement du critère du séjour habituel, le centre des intérêts vitaux étant indéterminé (TA Nice 11 mars 2021 n° 1402822 : RJF 6/21 n° 553 ; appel enregistré sous le n° 21MA02682). 41197

Selon l'administration, même si c'est l'ensemble des circonstances qui doit être examiné, les considérations tirées du **comportement personnel** de l'intéressé doivent spécialement retenir l'attention (BOI-INT-CVB-DZA-10 n° 100 à propos de la convention franco-algérienne). Par exemple, si une personne qui a une habitation dans un État établit une deuxième habitation dans un autre État, tout en conservant la première, le fait qu'elle conserve cette première habitation dans le milieu où elle a toujours vécu, où elle a travaillé et où elle garde sa famille et ses biens peut, avec d'autres éléments, contribuer à démontrer qu'elle a conservé le centre de ses intérêts vitaux dans le premier État (BOI. préc. ; reprise, sur ce point, des commentaires OCDE C (4) n° 15).

Appréciation concrète

41200 D'une façon générale, il y a lieu de prendre en compte, notamment, les éléments suivants : intégration à la vie sociale locale, scolarisation des enfants, dépenses de vie courante, soins médicaux, immatriculation d'une voiture, consommations d'électricité et de téléphone, acquittement de la redevance pour l'utilisation de postes de télévision, distribution du courrier, adresse donnée à différents organismes, notamment sociaux, effectivité du déménagement physique des meubles, inscription sur les listes électorales, débits de cartes bancaires qui attestent d'achats fréquents et réguliers aux environs du domicile, trajets aériens révélés par des programmes de fidélité, attestation d'un gardien d'immeubles, etc.

En pratique, la détermination du centre des intérêts vitaux passe par l'examen d'une **multitude d'indices** révélateurs de liens personnels et/ou professionnels. Ainsi, dans le cadre de l'ancienne convention franco-italienne du 29 octobre 1958 (qui ne fait référence qu'aux éléments personnels), le Conseil d'État s'est appuyé implicitement sur la disposition en France de **comptes bancaires**, ne mentionnant que l'adresse en France de l'intéressé, et la circonstance que celui-ci se faisait régulièrement **expédier son courrier** à cette adresse (CE 12 juillet 1989 n° 53083, 7e et 9e s.-s., Raimondo : RJF 10/89 n° 1150 ; conclusions au Droit fiscal 1990, n° 6).

Le propre **comportement** des personnes est souvent déterminant ; par exemple, dans l'affaire Renck (n° 41180), le Conseil d'État a relevé que l'intéressé souscrivait des déclarations de revenus en France et qu'il déduisait des intérêts d'emprunt pour son habitation en France, regardant ainsi lui-même celle-ci comme sa résidence principale. Dans une autre affaire, le Conseil d'État a établi la résidence en Suisse en retenant, à titre subsidiaire, la volonté que le contribuable avait manifestée de **s'y faire enterrer** (CE 14 mars 1979 n° 8046, 8e et 9e s.-s : RJF 5/79 n° 266).

Le critère du centre des intérêts vitaux est **imprécis** et **largement subjectif**, comme en témoigne l'affaire Arvanitakis, ressortissant grec qui avait été considéré par la cour administrative d'appel de Lyon comme résident grec sur le fondement de la nationalité, avant d'être qualifié de résident de France par le Conseil d'État au motif que le centre de ses intérêts vitaux n'était pas indéterminé mais situé en France (CE 29 novembre 2000 n° 197551, 8e et 3e s.-s., Arvanitakis : RJF 2/01 n° 215). Il arrive ainsi régulièrement que le centre des intérêts vitaux ne soit **pas déterminé**, ce qui est typiquement le cas en présence d'un critère patrimonial favorable à un État, d'un critère professionnel favorable à un autre État et de liens personnels et familiaux éparpillés (voir CE 26 janvier 1990 Renck ; n° 41180).

Lorsque les **liens personnels** d'un contribuable sont **d'égale importance** entre les deux États alors que ses intérêts économiques sont situés en France, le centre des intérêts vitaux est situé en France. Par exemple, avait des liens personnels tant en France qu'en Tunisie un contribuable qui avait des liens affectifs en Tunisie avec sa nouvelle compagne alors que le suivi régulier de sa santé était assuré en France, où étaient domiciliés ses quatre enfants, et notamment sa dernière fille envers laquelle il exerçait toujours les droits et les devoirs inhérents à l'autorité parentale. Mais le centre de ses intérêts vitaux était situé en France, car ses **liens économiques** étaient plus forts avec la France, étant donné qu'il y percevait l'intégralité de ses revenus, notamment ses pensions de retraite ; en outre, il avait conservé la jouissance des titres de la société holding d'un groupe dont il avait confié la direction à ses enfants majeurs, tout en restant membre du directoire, il exerçait des fonctions de direction dans d'autres sociétés du groupe et il disposait en France d'un important patrimoine immobilier (Cass. com. 13 octobre 2021 n° 19-13.710, F-D ; voir également n° 41177).

Lorsque les liens économiques sont plus forts avec un État alors que les liens personnels sont plus forts avec l'autre, le centre des intérêts vitaux peut néanmoins être déterminé si la présence de revenus, même relativement modestes, dans l'État où se situent les liens personnels fait pencher la **balance** de ce côté. Ainsi, à propos d'un contribuable dont le foyer familial était situé en France alors qu'il exerçait son activité professionnelle au Gabon, le centre des intérêts vitaux n'a pas été considéré comme indéterminé dans la mesure où l'intéressé disposait également de revenus fonciers de source française, ce qui créait un déséquilibre en faveur de la France (CE 17 décembre 2010 n° 316144, 3e et 8e s.-s., Venekas et Mme Giannarelli épouse Venekas : RJF 3/11 n° 268).

Les **liens économiques** sont pris en compte de façon réaliste, sans égard aux apparences juridiques créées par le contribuable ; seule compte l'origine réelle des revenus (en ce sens, CE 26 septembre 2012 n° 346556, 8e et 3e s.-s., Tedesco : RJF 12/12 n° 1098 ; n° 40910).

Jurisprudence

Les décisions suivantes montrent comment les principes peuvent être appliqués en fonction des circonstances. **41205**

a. Avait en France le centre de ses intérêts vitaux, au sens de la convention fiscale franco-espagnole du 8 janvier 1963 (qui reprend le modèle de convention fiscale de l'OCDE), une personne qui avait à Nice une **résidence**, et dont la **fille**, infirme et à sa charge, demeurait également à Nice ; il s'agissait d'un agent d'affaires et conseil juridique, qui tirait la majeure partie de ses ressources de cette activité, alors même qu'il avait en Espagne un autre foyer d'habitation permanent et qu'il était administrateur délégué d'une société espagnole, mais sans retirer de revenus de source espagnole ; ayant en France le centre de ses intérêts vitaux, il était résident de France, bien qu'il séjournât habituellement en Espagne et qu'il ait été imposé dans ce pays (CE 21 décembre 1983 n° 27685, 7e et 8e s.-s. : RJF 2/84 n° 107).

b. Devait être regardé comme résident du Liban, au sens de la convention fiscale franco-libanaise du 24 juillet 1962, un contribuable qui avait au Liban une résidence à sa disposition, compte tenu de ce que la société qu'il dirigeait avait à Beyrouth des **bureaux** et des installations et que, bien qu'il se déplaçât fréquemment, il avait à Beyrouth le centre de ses intérêts vitaux (défini comme le lieu avec lequel ses relations personnelles et professionnelles sont les plus étroites), alors même qu'il avait en location à Paris deux appartements et un garage (CE 18 février 1985 n° 5924, 8e et 7e s.-s. : RJF 4/85 n° 638).

c. Pour l'application de la convention fiscale franco-tunisienne du 28 mai 1973, devait être regardé comme ayant en France ses liens personnels et économiques les plus étroits un contribuable qui y avait une **résidence** qu'il utilisait de manière permanente, qui y percevait des **revenus** fonciers et des revenus de capitaux mobiliers ; son épouse y résidait et ses **enfants** s'étaient installés en France depuis plusieurs années, et il n'avait exercé en Tunisie qu'une activité professionnelle relativement restreinte (CE 29 juin 1988 n° 51500, 8e et 9e s.-s. : RJF 10/88 n° 1156).

d. Une personne résidant en France avec son **épouse** et ses **quatre enfants** a été regardée comme ayant eu en France son foyer, même si elle effectuait de longs séjours à Moscou où elle disposait également d'un domicile, dès lors que ces séjours n'étaient motivés que par des considérations d'ordre professionnel ; pour l'application de la convention fiscale franco-russe, cette personne, qui ne disposait d'aucun patrimoine mobilier ou immobilier en Russie, devait être regardée comme ayant en France le centre de ses intérêts vitaux en dépit du fait qu'elle aurait perçu des **salaires** en Russie (TA Toulouse 3 décembre 2002 n° 99-108, 1e ch., Podlinski : RJF 5/03 n° 528) ; en appel, la solution a été confirmée sur un autre fondement, la Cour ayant considéré que l'intéressé n'avait pas de foyer d'habitation permanent en Russie alors même, ce qui montre que la question a été mal résolue, que l'arrêt relève qu'il y disposait d'un logement (CAA Bordeaux 22 mai 2006 n° 03BX00387, 5e ch. ; arrêt définitif).

e. Pour l'application de l'ancienne convention fiscale franco-américaine, a été considéré comme ayant son centre des intérêts vitaux aux États-Unis un contribuable qui disposait d'une résidence en France et aux États-Unis, mais dont l'épouse séjournait aux États-Unis avec leurs **enfants** qui y poursuivaient leurs études ; lui-même rejoignait régulièrement sa famille aux États-Unis et y exerçait une **activité** et son **patrimoine** américain était important comparativement à la valeur de ses biens situés en France (CAA Bordeaux 9 mars 2004 n° 99-1361, 3e ch., min. c/ Ghérardi : RJF 11/04 n° 1069, avec conclusions Boulard au BDCF 11/04 n° 142 ; arrêt définitif).

f. Un contribuable qui s'est installé au Mali avec son épouse, de juillet 1997 à mai 1998, n'a pas été considéré comme y ayant transféré le centre de ses intérêts vitaux, alors même qu'il exerçait son activité au Mali, de même que son épouse, et que les conjoints étaient

41205 (suite) immatriculés et enregistrés au Mali et y accomplissaient l'intégralité des actes de leur vie quotidienne, dans la mesure où leur présence dans ce pays était exclusivement liée à l'accomplissement par l'intéressé de son **service national** dans le cadre d'une coopération, mission d'une durée limitée exécutée pour remplir ses obligations à l'égard de l'État français (CAA Paris 21 octobre 2010 n° 08-3660, 5e ch., Delecroix : RJF 2/11 n° 130, à propos d'une convention fiscale qui définit le centre des intérêts vitaux par renvoi au lieu avec lequel les relations personnelles sont les plus étroites ; arrêt définitif) ; la Cour a estimé qu'en l'absence de tout élément de nature à démontrer une volonté d'établissement du contribuable au Mali, la seule circonstance de l'accomplissement par l'intéressé du service national dans le cadre d'une mission limitée de coopération, exécutée pour remplir ses obligations envers l'État français, n'a pas eu pour effet de transférer au Mali le centre de ses intérêts vitaux.

g. A en France le centre de ses intérêts vitaux un contribuable qui possède une résidence en France et en Algérie, alors que les **consommations** d'électricité, d'eau, de gaz et de téléphone, l'utilisation de comptes bancaires depuis la France ainsi que l'emploi d'une gouvernante témoignent d'une utilisation régulière de la résidence française sans commune mesure avec celle de sa résidence en Algérie, et qui détient en outre un tiers des titres d'une société dont il assure la gérance, dispose en France d'un patrimoine immobilier important et tire de France l'essentiel de ses revenus (CE 27 avril 2011 n° 316082, 8e et 3e s.-s., Zitouni : RJF 7/11 n° 770 ; conclusions Laurent Olléon au BDCF 7/11 n° 78).

h. Une personne qui exerce son activité professionnelle principale en France est néanmoins domiciliée aux Pays-Bas sur le fondement du critère du centre des intérêts vitaux dès lors qu'elle dispose aux Pays-Bas d'une **maison d'habitation** acquise avec sa concubine et de locaux professionnels, qu'elle a la nationalité néerlandaise et que le **siège de son entreprise** ainsi que la quasi-totalité de ses fournisseurs se trouvent aux Pays-Bas (CAA Douai 30 novembre 2010 n° 08-1075, 2e ch., Rosdorff : RJF 5/11 n° 538, arrêt définitif ; voir en droit interne n° 40895, Précision f).

i. Pour une illustration de la notion de centre des intérêts vitaux au cas d'un **contribuable polygame** possédant des résidences en France et en Algérie, qui a été regardé comme ayant des liens personnels et économiques prépondérants avec la France au sens de la convention fiscale franco-algérienne du 17 mai 1982, voir CAA Paris 15 janvier 2015 n° 12PA03956, 9e ch. : RJF 4/15 n° 293 (cette décision a fait l'objet d'un pourvoi qui n'a pas été admis par CE (na) 26 février 2016 n° 390213 : RJF 8-9/16 n° 680).

j. Deux personnes ayant avec la France des liens personnels étroits (n° 40825 i), qui y reçoivent des sommes d'argent importantes et qui ne démontrent pas que les **activités** économiques, militaires, politiques, sportives ou associatives qu'elles déclarent avoir en Russie, dont la nature précise et l'ampleur ne sont pas établies, leur auraient **procuré des revenus** ont en France le centre de leurs intérêts vitaux pour l'application de la convention fiscale franco-russe du 26 novembre 1996 (CE 17 mars 2016 n° 383335, 3e et 8e s.-s. : RJF 6/16 n° 505, aux conclusions Vincent Daumas à la même RJF C 505).

k. A été considéré comme ayant le **centre de ses intérêts vitaux au Royaume-Uni**, un réalisateur de films documentaires qui résidait à Londres avec sa compagne, une ressortissante britannique avec laquelle il avait eu un enfant né au Royaume-Uni, et dont le patrimoine situé au Royaume-Uni était plus important qu'en France alors même que ses intérêts professionnels étaient situés en France et que sa fille majeure vivait à Paris (CAA Paris 15 mars 2018 n° 17PA01909, 9e ch., arrêt définitif concluant à la domiciliation au Royaume-Uni ; voir également n° 40920).

l. Avait au **Royaume-Uni** le centre de ses intérêts vitaux un ressortissant belge qui résidait de manière régulière et effective à Bayonne, où demeurait sa concubine, et qui détenait indirectement d'importants biens immobiliers en France dans lesquels il avait investi des sommes importantes, dès lors qu'il était également locataire d'une résidence au Royaume-Uni avec sa fille majeure handicapée dont il s'occupait régulièrement et qu'il avait fondé au Royaume-Uni une société qui avait une activité réelle et lui versait l'essentiel de ses revenus ; l'intéressé pouvait toutefois être assujetti en France à l'impôt sur le revenu au titre de sommes portées au crédit de son compte courant d'associé dans une SCI française au motif qu'il était domicilié en France en droit interne sur le fondement de l'article 4 B du CGI (CAA Bordeaux 5 février 2019 n° 16BX03400, 5e ch. ; cet arrêt a fait l'objet d'un pourvoi, mais le contribuable s'est ensuite désisté selon ce qu'indique CE Ord. 6 novembre 2020 n° 430162, 9e ch.).

3. Lieu du séjour habituel

Si l'État où se trouve le centre des intérêts vitaux ne peut être déterminé ou bien si la personne ne dispose d'un foyer d'habitation permanent dans aucun des deux États, elle est considérée comme un résident de l'État où elle **séjourne de façon habituelle**. On retrouve donc ici la référence à la présence physique sur un territoire, qui existe dans la plupart des droits internes des États. **41220**

Notion

Le lieu du **séjour habituel** ne doit pas être confondu avec des notions voisines comme le lieu du séjour « le plus habituel » ou le lieu du séjour « principal » : **41225**
– ce n'est pas celui du lieu de séjour **le plus habituel**, mais simplement du séjour « habituel » ; en cas de contentieux, le juge de l'impôt ne cherche donc pas nécessairement à faire le décompte des jours passés (à supposer qu'il le puisse matériellement) et peut se borner à reconnaître une résidence habituelle dans deux États à un contribuable qui, par exemple, séjourne en Allemagne pour son activité professionnelle et ne vient en France que pour les vacances et les fins de semaine (voir conclusions Olivier Fouquet sur l'affaire Renck ; n° 41180) ;
– ce n'est pas le lieu du séjour « **principal** » ; l'administration a justement rappelé, dans ses commentaires de la convention franco-algérienne (BOI-INT-CVB-DZA-10 n° 140), que la notion de séjour habituel doit être distinguée de celle de séjour principal qui figure à l'article 4 B, 1-a du CGI ; il peut donc exister un séjour habituel dans chaque État, alors même que le décompte des jours passés dans un État serait supérieur au décompte des jours passés dans l'autre État.

En fait, comme l'indique le comité des affaires fiscales de l'OCDE, la notion de séjour habituel désigne « la fréquence, la durée et la régularité de séjours qui font partie du **rythme de vie normal d'une personne** et qui ont donc un caractère plus que transitoire (...) une personne peut séjourner de façon habituelle dans les deux États, par exemple si cette personne a été présente de façon courante ou régulière dans chacun de ces États au cours de la période considérée, indépendamment du fait qu'elle ait pu passer plus de jours dans un État plutôt que dans l'autre » (Commentaires OCDE, C (4) n° 19, issus de la révision de 2017).

Cette définition a été reprise par le Conseil d'État qui, à propos de la convention fiscale franco-brésilienne du 10 septembre 1971, a précisé que le séjour habituel dans un État s'apprécie au regard de la **fréquence, de la durée et de la régularité des séjours** dans cet État qui font partie du rythme de vie normal de la personne et ont un caractère plus que transitoire, sans qu'il y ait lieu de rechercher si la durée totale des séjours qu'elle y a effectués excède la moitié de l'année (CE 16 juillet 2020 n° 436570, 8e et 3e ch. : RJF 11/20 n° 932, annulant pour dénaturation une ordonnance qui, en appel, avait confirmé le jugement du tribunal administratif rejetant la requête du contribuable) ; en l'espèce, le contribuable avait été considéré comme domicilié en France sur le terrain de la nationalité alors qu'il avait produit devant le tribunal administratif la **copie de pages de son passeport** comportant les tampons des autorités douanières brésiliennes ainsi que d'autres pièces dont il ressortait qu'il avait effectué au cours de l'année considérée des séjours au Brésil pour une durée totale d'environ 245 jours (le Conseil d'État juge que la fréquence, la durée et la régularité de ses séjours au Brésil caractérisaient un séjour habituel dans cet État). L'administration a ensuite dégrevé la quasi-totalité des sommes en litige, selon ce qu'indique CAA Lyon 8 avril 2021 n° 20LY01886, 2e ch., statuant sur renvoi par le Conseil d'État (arrêt définitif).

Précisions **a.** La doctrine administrative concernant la convention fiscale franco-luxembourgeoise du 20 mars 2018 rappelle que la notion de « séjour habituel » doit être distinguée de celle de « séjour principal » qui figure au a du 1 de l'article 4 B du CGI et qu'un résident peut être regardé comme séjournant de façon habituelle dans chaque État alors même que le **décompte des jours** passés dans un État serait supérieur au décompte des jours passés dans l'autre État (BOI-INT-CVB-LUX-10 n° 120).

b. Comme la durée des séjours doit s'apprécier sur une période suffisamment longue pour permettre la détermination du rythme de vie normal d'une personne, un séjour temporaire dans un État en raison d'une mesure de **confinement** prise dans le cadre de la lutte contre l'épidémie de **Covid-19** ne devrait généralement pas être pris en compte.

Modalités de détermination

41230 Doivent être pris en considération, le cas échéant, non seulement les séjours faits par l'intéressé dans son foyer d'habitation mais aussi à tout autre endroit dans cet État (Commentaires OCDE, C (4) n° 17).

Dans le cas où une personne physique ne dispose d'un foyer d'habitation dans aucun des États, par exemple si cette personne passe d'un **hôtel** à l'autre, il convient naturellement de prendre en considération tous les séjours faits dans un État sans qu'il faille en rechercher les raisons (Commentaires OCDE, C (4) n° 18).

Les conventions fiscales ne précisent pas sur quelle période doit porter la comparaison. Selon les commentaires de l'OCDE, dans leur formulation issue de la révision de 2017, « l'examen doit porter **sur une période suffisamment longue** pour permettre d'évaluer la fréquence, la durée et la régularité de séjours qui font partie du rythme de vie normal de la personne » (Commentaires OCDE, C (4) n° 19.1, issus de la révision de 2017).

Jurisprudence

41235 Il n'y a pas beaucoup de décisions qui fondent la solution sur le critère de la durée des séjours ; on peut cependant relever les exemples suivants.

a. Un contribuable disposant de deux foyers d'habitation, en France et en Côte d'Ivoire, et pour lequel il était impossible de déterminer l'État avec lequel il entretenait les relations personnelles les plus étroites, a été considéré comme domicilié en Côte d'Ivoire car il ne séjournait en France que **quelques semaines par an** (CAA Paris 28 décembre 1995 n° 94-1491, 2e ch., Hindi-Wahab : RJF 6/96 n° 695, dans le cadre, il est vrai particulier, de la convention avec la Côte d'Ivoire ; arrêt définitif).

b. Un contribuable a été considéré comme domicilié fiscalement au Maroc en tant qu'il s'agissait de l'État où il **séjournait le plus longtemps**, dans la mesure où il était réputé disposer d'un foyer d'habitation permanent dans les deux États (il résidait avec son épouse au Maroc la plus grande partie de l'année et disposait de façon permanente d'un logement en France où il résidait deux mois par an) et en l'absence de pertinence au cas particulier du critère du centre des activités professionnelles (CAA Nantes 29 juin 1994 n° 92-811, 1e ch., min. c/ Lesmaris : RJF 12/94 n° 1297 ; cet arrêt a été annulé pour une autre raison ; n° 41180, Précision c).

c. À propos d'un contribuable qui affirmait résider plus souvent au Liban qu'en France mais **sans apporter de justification** alors qu'il avait, ainsi que son épouse, sa résidence principale en France, voir TA Paris 24 juin 2009 n° 04-21888, 07-2874 et 07-2876, 1e sect., 1e ch., Iskandar : RJF 2/10 n° 95 (jugement définitif).

d. Pour un exemple d'indétermination du centre des intérêts vitaux dans le cadre franco-suisse et de domiciliation en France sur le fondement du **critère du séjour habituel**, voir CAA Nantes 10 juillet 2014 n° 12NT03156, 1e ch. : RJF 12/14 n° 1067 (séjours en France de deux cent soixante-cinq jours en 2002 et trois cent trois jours en 2003 alors qu'aucun élément ne permettait d'établir la durée des séjours en Suisse) ; cet arrêt a été confirmé par le Conseil d'État (CE 26 avril 2017 n° 384872, 9e et 10e ch. : RJF 7/17 n° 657).

e. Le critère du séjour a conduit à la domiciliation en France d'une ressortissante allemande qui avait un foyer d'habitation en France et un autre en Allemagne et dont le centre des intérêts vitaux n'était pas déterminé (TA Nice 11 mars 2021 n° 1402822, 4e ch. : RJF 6/21 n° 553, faisant l'objet d'un appel enregistré sous le n° 21MA02682 ; voir également n° 41197).

4. Nationalité

41250 Si les critères précédents ne permettent pas de déterminer de quel État une personne est résident, il est fait référence à un critère de **nationalité** ; en principe, si une personne ne séjourne de façon habituelle dans aucun des deux États, elle est considérée comme un résident de l'État dont elle a la nationalité.

La jurisprudence recourt assez facilement à ce critère s'il n'y a rien de très net pour appliquer les précédents, car il est facile d'utilisation et le plus souvent déterminant ; par exemple, c'est au vu du constat assez sommairement effectué qu'aucun des arguments échangés entre les parties ni aucune des pièces produites au dossier ne permettaient de déterminer le foyer permanent d'habitation et le séjour habituel pour l'application de l'ancienne convention fiscale franco-italienne, du 29 octobre 1958, que des contribuables ont été considérés comme domiciliés en France sur le fondement du critère de la nationalité (CAA Marseille 17 décembre 2002 n° 98-1002, 4e ch., Esterre : Droit fiscal 2003, n° 37, comm. n° 631 ; cet arrêt a fait l'objet d'un pourvoi qui n'a pas été admis par CE (na) 26 mai 2004 n° 256033, 10e s.-s.).

Jurisprudence

On peut relever les exemples suivants. 41255

a. Un Français qui dispose de résidences en France et en Allemagne, d'un foyer permanent d'habitation dans les deux pays, dont le centre des intérêts vitaux ne peut pas être attribué à l'un ou l'autre des pays, et qui séjourne de façon habituelle dans chacun d'eux, est regardé comme résident de France en application de l'article 2 de la convention fiscale **franco-allemande** (CE 26 janvier 1990 n° 69853, 7e et 9e s.-s., Renck : RJF 3/90 n° 240).

b. Un Français qui a exercé une activité professionnelle et disposé d'une résidence tant en France qu'en Côte d'Ivoire et n'a pas allégué avoir eu de relations familiales ou personnelles en **Côte d'Ivoire**, était domicilié en France sur le fondement du critère de la nationalité, dans la mesure où aucune pièce du dossier ne permettait d'établir la durée respective des séjours qu'il effectuait dans chacun de ces deux États (CE 10 novembre 1993 n° 116355, 8e et 9e s.-s., Granat Rutter : RJF 1/94 n° 3).

c. Un contribuable français qui a la disposition durable d'une habitation tant en France qu'au **Canada** doit être regardé comme possédant un foyer d'habitation permanent dans les deux États ; comme il n'est pas possible de déterminer avec lequel de ces deux pays l'intéressé, **célibataire** et dont la famille réside en Roumanie, entretient ses liens personnels et économiques les plus étroits, et compte tenu des fréquents déplacements qu'il effectue dans le monde pour poursuivre sa carrière internationale, il y a lieu d'appliquer le critère de la nationalité (CAA Paris 25 mars 1997, n° 95-2155, 2e ch., Zamfir : RJF 10/97 n° 874 ; arrêt définitif).

d. À propos de la convention fiscale franco-ivoirienne, voir CE 5 juillet 2010 n° 303676, 10e et 9e s.-s., Monniot : RJF 11/10 n° 982, faisant application du critère de la **nationalité** pour domicilier un contribuable en France, compte tenu de l'indétermination des critères précédents (impossibilité de déterminer le lieu des relations personnelles les plus étroites et absence de prépondérance d'un lieu de séjour sur un autre).

e. Dans un contexte très particulier, le critère de la nationalité a été utilisé pour déterminer le domicile fiscal d'un ressortissant français qui exerçait à **Monaco** l'activité d'entraîneur adjoint de l'association sportive de Monaco football club et qui n'avait de domicile « civil » qu'en Italie (CAA Versailles 2 juillet 2015 n° 13VE02420, 6e ch., en appel de TA Montreuil 23 mai 2013 n° 1107670, 1e ch. : RJF 1/14 n° 70 ; cet arrêt a fait l'objet d'un pourvoi qui n'a pas été admis par CE (na) 9 mars 2016 n° 392822, 10e ch.). Après avoir jugé que l'intéressé était fiscalement domicilié en France sur le fondement de la convention franco-monégasque du 18 mai 1963 et estimé que la convention fiscale franco-italienne du 5 octobre 1989 était applicable (n° 3610), la Cour a considéré, sur le fondement de cette dernière convention, que les éléments du dossier ne lui permettaient pas d'identifier le centre des intérêts vitaux ni l'État du séjour habituel du contribuable avec sa famille, **en l'absence d'indications précises** quant à la surface et à la configuration de ses différents domiciles et à la manière dont il allouait son temps entre eux ; par suite, il devait être considéré comme domicilié en France sur le fondement du critère de la nationalité.

f. Un contribuable domicilié en France et en **Suisse** en droit interne, et dont il était impossible de déterminer le lieu des relations personnelles les plus étroites ni le lieu du séjour habituel, a été considéré comme domicilié en France, car il ne disposait que de la **nationalité française**, alors même qu'il avait obtenu la bourgeoisie de Lausanne, première étape en vue d'obtenir la nationalité suisse (CAA Lyon 11 avril 2019 n° 17LY02826, 5e ch. ; cet arrêt a fait l'objet d'un pourvoi qui a été rejeté par CE 9 juin 2021 n° 431551, 9e ch.).

g. Un contribuable qui exerçait en France son activité professionnelle principale de négoce et d'exportation de véhicules mais qui avait des liens étroits avec le **Mali** a été considéré comme domicilié en France en raison de sa nationalité, compte tenu de l'indétermination du lieu de ses relations personnelles les plus étroites et en l'absence d'indications précises sur la durée de ses séjours en France et au Mali (CAA Nantes 18 février 2019 n° 17NT02008, 1e ch. ; arrêt définitif).

5. Procédure amiable

41270 Si une personne a la nationalité des deux États ou bien si elle n'a la nationalité d'aucun d'eux, le critère de la nationalité n'est plus pertinent ; la convention fiscale, si elle reprend le modèle OCDE, confie alors aux autorités compétentes le soin de trancher la question d'un commun accord, selon la **procédure amiable** (n°s 84000 s.).

L'accord éventuel des États sur ce point n'a cependant qu'une valeur relative et ne saurait lier le juge en cas de contentieux. Il ne s'agit pas, en effet, d'un accord international (n° 85642).

Enfin, il a été jugé, à propos d'une ressortissante allemande considérée comme domiciliée en France et qui avait demandé l'ouverture d'une procédure amiable franco-allemande pour régler sa situation de double imposition, que le tribunal administratif n'a pas à **surseoir à statuer** dans l'attente de l'issue d'une procédure d'entente entre les États (TA Nice 11 mars 2021 n° 1402822, 4e ch. : RJF 6/21 n° 553 ; appel enregistré sous le n° 21MA02682).

C. Cas particuliers

41278 Diverses conventions fiscales s'écartent du modèle établi par l'OCDE ou prévoient des clauses anti-abus, lorsque la législation de l'État cocontractant est jugée trop « accueillante ».

1. Conventions fiscales ne reprenant pas exactement le texte OCDE

41280 Il ne saurait être question d'examiner toutes les conventions qui divergent du modèle de l'OCDE. À titre d'exemple, on signalera les particularités suivantes.

Conventions qui ne prennent pas appui sur le droit interne

41282 Certaines conventions fiscales ne prennent pas appui sur le droit interne et indiquent d'emblée selon quels critères une personne doit être considérée comme résidente d'un État (voir, par exemple, la convention franco-belge du 10 mars 1964 modifiée ainsi que nombre de conventions fiscales conclues avec les pays d'Afrique).

On a pu se demander si, dans un tel cas, il convenait de passer directement aux critères conventionnels, sans avoir besoin de s'interroger sur le droit interne ; la question a été tranchée par le Conseil d'État dans le sens contraire (CE 11 avril 2008 n° 285583, 10e et 9e s.-s., Cheynel : RJF 7/08 n° 769, aux conclusions Claire Landais au BDCF 7/08 n° 83). Il y a toujours lieu d'examiner **d'abord** le **droit interne** et de n'appliquer qu'ensuite les critères conventionnels de détermination de la résidence des personnes, indépendamment de la rédaction des conventions fiscales (n° 10645, Précision a). Pour un autre exemple, à propos de la convention fiscale franco-ivoirienne, voir CE 5 juillet 2010 n° 303676, 10e et 9e s.-s., Monniot : RJF 11/10 n° 982.

Précisions **a.** Dans le sens de la solution aujourd'hui retenue par le Conseil d'État, voir les conclusions du commissaire du Gouvernement Guillaume Goulard sous CE 6 avril 1998 n° 161481, 9e et 8e s.-s., min. c/ Lesmaris, RJF 5/98 n° 526, qui estimait « préférable de ne donner aux conventions qu'un rôle subsidiaire » et de ne les faire jouer « que s'il existe un problème de double imposition ».

b. La **Cour de cassation** n'examinerait pas d'abord le droit interne (n° 10642).

Conventions qui ne renvoient qu'au droit interne

41284 Quelques rares conventions fiscales font, à l'inverse des précédentes (n° 41282), exclusivement référence aux droits internes des États, sans ajouter une définition conventionnelle de la résidence (Irlande, par exemple, n° 41310). Dans cette situation, seule la procédure amiable (n°s 84000 s.) permet normalement de résoudre les cas de double résidence.

Conventions qui reposent sur des critères différents

41286 Certaines conventions fiscales énumèrent les critères à utiliser en cas de double résidence mais sans reprendre exactement ceux du modèle établi par l'OCDE.

Il en va ainsi, par exemple, de la **convention franco-marocaine** du 29 mai 1970 modifiée, selon laquelle une personne qui a un foyer d'habitation permanent dans les deux États est réputée domiciliée dans l'État où elle a le centre de ses activités professionnelles (article 2) et non pas son centre d'intérêts vitaux.

En application de ce texte, le Conseil d'État a jugé, par exemple, qu'est domicilié en France un contribuable qui dirige personnellement deux exploitations agricoles en France et qui détient des participations dans des sociétés françaises tout en prétendant être administrateur de sociétés au Maroc mais sans en apporter la preuve (CE 28 septembre 1988 n° 60424, 8e et 7e s.-s. : RJF 11/88 n° 1179). Autre exemple, un contribuable détaché par son employeur auprès d'une société établie au Maroc pour y exercer les fonctions de directeur du marketing a le centre de ses activités professionnelles au Maroc bien qu'une partie des salaires correspondant à cette activité lui ait été versée sur un compte bancaire ouvert en France (TA Paris 15 octobre 2012 n° 1109996, 2e ch., 2e sect., Pélissier ; jugement définitif).

Pour d'autres exemples, voir CAA Bordeaux 23 février 1993, n° 91233 (Droit fiscal 1993, n° 31, comm. n° 1589, ayant fait l'objet d'un pourvoi non admis par CE (CAPC) 19 septembre 1994 n° 147491), ainsi que la décision Lesmaris (n° 41180, Précisions c).

Précisions **a.** Il arrive que les notions de foyer d'habitation permanent, de centre des intérêts vitaux et de relations personnelles soient fusionnées ; voir, à propos de la convention du 24 novembre 1971 avec le **Togo**, CAA Paris 12 mai 1998 n° 96-1177, 2e ch., Renaldo : RJF 8-9/98 n° 896 (arrêt définitif), jugeant que n'a pas le centre de ses intérêts vitaux au Togo au sens du 1 de l'article 2 de la convention franco-togolaise un contribuable qui n'établit pas que ses relations personnelles sont plus étroites avec le Togo qu'avec la France. Pour un autre exemple, voir CAA Bordeaux 11 avril 2017 n° 15BX02015, 3e ch. : RJF 12/17 n° 1237, arrêt définitif à propos de la convention fiscale **franco-sénégalaise** du 29 mars 1974 (présence en France du foyer d'habitation permanent, les liens personnels des intéressés étant plus forts avec la France qu'avec le Sénégal).

b. À propos de la convention fiscale **franco-camerounaise** du 21 octobre 1976, il a été jugé que devait être considéré comme domicilié au Cameroun un contribuable dont l'épouse vivait au Cameroun avec les quatre **enfants** du couple, ces derniers étant scolarisés à Douala, lieu de résidence principale de la famille (CAA Paris 23 mars 2017 n° 16PA00030, 5e ch. ; arrêt définitif) ; selon cette convention fiscale, le centre des intérêts vitaux est déterminé par référence aux seules relations personnelles.

Convention franco-suisse En ce qui concerne l'élimination des cas de double résidence, la convention fiscale franco-suisse du 9 septembre 1966 est particulière à deux égards : **41288**
– les critères du **foyer permanent** d'habitation et du centre des **intérêts vitaux** sont **confondus** ; la convention énonce en effet (article 4 § 2 a), comme premier critère, qu'une « personne est considérée comme résident de l'État contractant où elle dispose d'un foyer d'habitation permanent, cette expression désignant le centre des intérêts vitaux, c'est-à-dire le lieu avec lequel les relations personnelles sont les plus étroites » ;
– la convention ne renvoie qu'au lieu avec lequel les **relations personnelles** sont les plus étroites, sans référence aux relations économiques.

En ce sens, il a été jugé que les éléments permettant d'apprécier le foyer permanent d'habitation, c'est-à-dire le centre des intérêts vitaux, défini comme le lieu avec lequel les relations personnelles sont les plus étroites, sont principalement **relatifs à la personne** du contribuable et non à son patrimoine ; un contribuable a des liens plus étroits avec la France dès lors qu'il y dispose de plusieurs résidences où il accueille sa famille, de plusieurs voitures et qu'il y déploie son activité professionnelle (CE 8 octobre 1990 n° 75436, 8e et 9e s.-s., Walter : RJF 12/90 n° 1418). Mais il a aussi été jugé que la **prise en compte d'éléments patrimoniaux** pour la détermination du centre des intérêts vitaux est éventuellement permise à condition qu'elle garde un caractère accessoire (CE 18 octobre 2002 n° 224459, 3e et 8e s.-s., Cambay : RJF 1/03 n° 10).

Parmi les **nombreuses décisions** concernant la convention fiscale franco-suisse, on relève notamment les suivantes : **41290**

a. Un ressortissant français, passible de l'impôt en France et en Suisse en droit interne, a des **liens personnels plus étroits** avec la Suisse dès lors qu'il y dispose d'une résidence, à proximité du domicile de son frère et de son fils, qu'il y a fait immatriculer son automobile, qu'il a obtenu un permis de conduire suisse, que les autorités helvétiques lui ont délivré un permis d'établissement (permis C) et qu'il y est assujetti à l'impôt en tant que résident étranger ; la circonstance qu'il dispose également d'un appartement à Paris où il ne fait que de brefs séjours et d'une résidence à Nice, et qu'il règle sur ses comptes bancaires français une partie de ses dépenses ne suffit pas à établir qu'il aurait des liens personnels aussi étroits avec la France qu'avec la Suisse (CE 29 janvier 1993 n° 55943, 8e et 9e s.-s., de Gaillard : RJF 3/93 n° 302).

41290 (suite) **b.** Est résident de France, au regard de la convention franco-suisse, le propriétaire d'une **villa** en France qui y reçoit fréquemment sa **famille**, établie pour la plupart en France, où lui-même dispose de la majeure partie de ses biens et exerce des activités de **syndic** immobilier et d'associé-gérant de sociétés, même s'il est rémunéré en tant qu'enseignant et administrateur de sociétés en Suisse où il est également propriétaire d'un logement (CAA Nancy 23 mai 2002 n° 97-2650, 2e ch., Jaccard : RJF 10/02 n° 1041 ; arrêt définitif).

c. Une personne résidente de France n'établit pas qu'elle est également résidente de Suisse dès lors qu'elle n'apporte **pas** la **preuve** qu'elle aurait été **imposée** à l'impôt sur le revenu en Suisse en qualité de résident ; en outre, en l'absence de toute précision sur ses relations personnelles entretenues en Suisse, elle doit être regardée comme ayant conservé le **centre** de ses **intérêts vitaux** en France nonobstant la circonstance qu'elle ait en Suisse un domicile, un frère, et qu'elle y ait fait immatriculer ses voitures (TA Toulouse 3 décembre 2002 n° 99-2410, 1e ch., Colani : RJF 5/03 n° 527, confirmé par CAA Bordeaux 27 juin 2006 n° 03BX00425, 3e ch., définitif) ; dans cette affaire, le requérant avait fait l'objet d'une condamnation par la cour d'appel de Toulouse pour s'être soustrait **frauduleusement** à l'impôt sur le revenu en France au titre de l'année 1993.

d. Une cour administrative d'appel ne commet pas d'erreur de droit en examinant les relations du contribuable avec la France du point de vue professionnel, familial, de sa situation administrative et de l'utilisation de la résidence qu'il y possède après avoir relevé qu'il dispose d'une résidence en Suisse, pour juger qu'il a le **centre** de ses **intérêts vitaux** en France (CE 12 janvier 2005 n° 248627, 10e et 9e s.-s., Latécoère : RJF 4/05 n° 290) ; dans cette affaire, le contribuable avait interrogé l'administration préalablement à son départ et il avait reçu, le 30 janvier 1986, une réponse écrite du Service de la législation fiscale. Mais le Conseil d'État juge que cette lettre, qui se borne à indiquer que le centre des intérêts vitaux du contribuable paraît se situer en Suisse compte tenu des informations fournies par lui et si les éléments caractérisant sa situation personnelle correspondent bien à ceux qu'il a exposés, ne revêt pas le caractère d'une **prise de position formelle** sur l'appréciation de sa situation de fait au cours des années d'imposition en litige au sens de l'article L 80 B du LPF. Le contribuable ne pouvait donc invoquer la garantie prévue par cet article.

e. Pour un exemple où le foyer d'habitation permanent est indéterminé alors que le séjour habituel du contribuable est en Suisse, voir CE 27 octobre 2010 n° 327163, 8e et 3e s.-s., min. c/ Amar : RJF 1/11 n° 52, aux conclusions Nathalie Escaut au BDCF 1/11 n° 9, à propos d'un couple **en instance de divorce**). À propos du même contribuable après cette première cassation, CE 25 mars 2013 n° 351822, 8e et 3e s.-s., min. c/ Amar (RJF 6/13 n° 580), jugeant que l'intéressé était domicilié en France dès lors que son épouse et leurs trois enfants mineurs résidaient en France, qu'il y avait donc son foyer, qu'il y avait en outre le centre de ses intérêts économiques et qu'il devait être regardé comme y ayant le centre de ses intérêts vitaux au sens de la convention franco-suisse.

f. Pour un exemple d'application du critère du séjour, voir CAA Lyon 28 juin 2011 n° 09LY00328, 2e ch., Altmann : RJF 12/11 n° 1264 au cas de contribuables dont les **liens personnels étaient aussi étroits** avec la France et avec la Suisse et qui ont été considérés comme domiciliés en France sur le fondement du critère du **séjour habituel**, les éléments produits ne permettant pas de déterminer l'importance de leurs séjours en Suisse (cette affaire n'était pas évidente, le rapporteur public ayant d'ailleurs conclu à la présence en Suisse du centre des intérêts vitaux ; un pourvoi avait été formé mais il n'a pas été admis par CE (na) 27 juillet 2012 n° 352200, 9e s.-s., Altmann).

Précisions **a.** Pour d'autres décisions, voir par exemple : CAA Nantes 2 novembre 1995 n° 93-685, Cealy : Droit fiscal 28/96, n° 909 (arrêt définitif) ; CAA Paris 21 novembre 1995 n° 94-683, 2e ch. Frydman : RJF 4/96 n° 528 (arrêt définitif) ; CAA Paris 10 octobre 1996 n° 95-2915, 2e ch., Grillet : Droit fiscal 18/97, n° 502 (un pourvoi avait été formé contre cet arrêt, mais il n'a pas été admis par CE (CAPC) 20 octobre 1997 n° 184234, Grillet : RJF 2/98 n° 128) ; CAA Paris 2 octobre 2003 n° 99-3116, 5e ch. A, Knapp : RJF 5/04 n° 516 (arrêt définitif) ; CAA Lyon 26 janvier 2006 n° 01-599, 5e ch., Toulou Hashemi : RJF 7/06 n° 910 (arrêt définitif) ; CAA Paris 23 octobre 2008 n° 06-2882, 5e ch., Laurent : RJF 10/09 n° 809 (ayant fait l'objet d'un pourvoi non admis par CE (na) 21 mai 2010 n° 323562, 3e s.-s., Laurent : RJF 12/10 n° 1131).

b. Le caractère prépondérant des fonctions exercées en Suisse peut être révélé par l'importance relative des **rémunérations** (CE 26 mars 2014 n° 355324, 3e s.-s., à propos du président-directeur général d'une société française qui avait reçu d'une société suisse des salaires neuf fois supérieurs à ses salaires français).

2. Conventions fiscales comportant des dispositifs spécifiques pour éviter les abus

Certains États cherchent à attirer sur leur territoire des personnes fortunées en leur accordant des avantages fiscaux. Pour lutter contre de telles pratiques, lorsqu'il existe une convention fiscale, un moyen possible consiste à insérer un dispositif anti-abus dans la convention. L'objectif est, pour la France, d'éviter les « fraudes au domicile » qui consistent, pour les individus, à se prétendre domiciliés à l'étranger afin de se soustraire à leurs obligations fiscales (n° 71240). **41300**

Convention franco-suisse

Selon la convention fiscale franco-suisse, ne sont pas regardées comme des « résidents » les personnes qui ne sont que les **bénéficiaires apparents** des revenus (n° 74755) et celles qui ne sont imposables que sur une **base forfaitaire** déterminée d'après la valeur locative de la ou des résidences qu'elles possèdent (article 4 § 6 b) de la convention). **41305**

Dans le passé, cette dernière restriction devait s'interpréter à la lumière de la doctrine administrative qui reconnaissait la qualité de résident aux personnes dont la base d'imposition fédérale, cantonale et communale était supérieure à cinq fois la valeur locative de leur habitation ou à une fois et demie le prix de la pension qu'elles payaient ; il fallait cependant que la base d'imposition cantonale et communale ne s'écarte pas notablement de celle qui est déterminante pour l'impôt fédéral direct et qu'elle soit égale ou supérieure aux revenus provenant de Suisse ou de France dès lors, en ce qui concerne les revenus de source française, qu'ils étaient « privilégiés » par la convention (ancienne D. adm. 14 B-2211, 10 décembre 1972). Selon le Conseil d'État, les « revenus privilégiés » s'entendent des revenus de source française taxables en vertu des droits français et suisse et pour lesquels le contribuable a sollicité le bénéfice des clauses de la convention fiscale prévoyant, en vue d'éliminer la double imposition, une atténuation, une annulation ou une imputation de l'impôt français (CE 25 juin 2021 n° 442790, 8e et 3e ch. : RJF 10/21 n° 950 ; voir également ci-après).

Toutefois, comme cette doctrine n'a pas été reprise au BOFiP, elle doit être considérée comme ayant été **rapportée** depuis le 12 septembre 2012 (n° 1072) ; la tolérance s'appliquait toutefois aux revenus de l'année 2012 incluse (BOI-INT-CVB-CHE-10-10 n° 70).

Depuis le 1er janvier 2013, la situation des **résidents de Suisse bénéficiant de forfaits** dépend des circonstances et de l'analyse que le Conseil d'État fera des stipulations conventionnelles :
– ceux qui bénéficient d'un forfait déterminé d'après la **valeur locative** de leur résidence en Suisse ne sont pas considérés comme éligibles au bénéfice de la convention, en application de l'article 4 § 6 b) de la convention ; il en va de même, selon l'administration, de ceux qui sont assujettis à l'impôt cantonal sur une base forfaitaire analogue, même lorsqu'ils sont soumis à l'impôt fédéral d'après le montant réel de leurs revenus (BOI préc.) ;
– ceux qui pourraient démontrer que leur forfait est établi sur des **bases différentes** devraient, pour que la convention s'applique, justifier qu'ils satisfont à la condition générale d'assujettissement à l'impôt posée par l'article 4 § 1 de la convention ; la possibilité pour eux d'apporter cette justification nous paraît cependant incertaine, car cette clause pourrait s'interpréter comme excluant les forfaits, d'une façon générale. Seul un assujettissement à l'impôt sur une **assiette réelle** serait en ce cas de nature à satisfaire la condition ; l'administration indique, en ce sens, que la définition du « résident » fournie par la convention franco-suisse tend à couvrir les diverses formes de liens personnels envers l'un des États qui, dans la législation fiscale nationale, déterminent un **assujettissement intégral** à l'impôt (BOI-INT-CVB-CHE-10-10 n° 10).

Sous réserve de la position que prendra en définitive le Conseil d'État (dans ses conclusions sous la décision n° 427182 du 23 novembre 2020 mentionnée ci-après, qui n'a pas tranché ce point, la rapporteure publique Émilie Bokdam-Tognetti considérait qu'un contribuable assujetti à une imposition établie d'après le montant de ses **dépenses annuelles** ne devrait pas être exclu du bénéfice de la convention, mais que l'exclusion devrait s'appliquer si le contribuable acquitte un impôt calculé sur la base de la valeur locative du logement qu'il occupe et dont il est propriétaire, dans la mesure où ses

41305 (suite) dépenses mondiales sont inférieures au plancher déterminé en fonction de la valeur locative ; conclusions à la RJF 2/21 C 197), il en résulterait que des personnes physiques domiciliées en France en application des critères du **droit interne français** et imposées en Suisse sur une assiette forfaitaire ne pourraient plus faire échec à la domiciliation en France en invoquant la convention fiscale. En outre, des résidents de Suisse bénéficiant de forfaits fiscaux ne pourraient plus invoquer la convention fiscale pour obtenir des réductions de retenues à la source en France, le cas échéant.

Alors que la tolérance doctrinale de 1972, précitée, était applicable, la **portée pratique** de la clause conventionnelle d'exclusion des contribuables au forfait a été illustrée au contentieux par les affaires suivantes :

– des contribuables qui s'étaient établis en Suisse le 27 juillet 2010 et qui y bénéficiaient d'un forfait fiscal, alors qu'ils étaient domiciliés en France sur le terrain du centre des intérêts économiques, ont obtenu la décharge des rappels qui leur avaient été notifiés au titre des **plus-values** réalisées le 27 juin 2011 lors de la cession de la totalité du capital d'une société française car ils étaient fondés à bénéficier de la tolérance administrative (CE 25 juin 2021 n° 442790, 8e et 3e ch. : RJF 10/21 n° 950 ; voir également nos 1068 et 10685) ; le Conseil d'État a finalement repris, dans cette affaire, la solution qui avait été retenue en première instance et annulée en appel (CAA Paris 24 juin 2020 n° 19PA02886, 2e ch., annulant TA Paris 27 juin 2019 n° 1706560 : RJF 4/20 n° 295 ; sur certaines conséquences de ce jugement, voir n° 74465, Précisions c) ; pour le Conseil d'État, en effet, la condition posée par la doctrine administrative mentionnée ci-dessus, tenant à ce que la base d'imposition retenue en Suisse soit au moins égale aux revenus de source française « privilégiés » par la convention, était remplie car la plus-value réalisée n'était pas un **revenu privilégié par la convention** dès lors que le ministre ne contestait pas qu'elle n'était pas imposable en droit interne suisse ;

– ont été considérées comme des résidents de Suisse **éligibles au bénéfice de la convention** des personnes physiques qui avaient conservé le centre de leurs intérêts économiques en France, mais qui avaient transféré, à la fin de l'année 2007, leur domicile en Suisse où ils bénéficiaient d'un forfait (l'administration avait considéré que le transfert de domicile n'était intervenu que le 31 mars 2008, date à laquelle les intéressés avaient cédé, en réalisant une importante plus-value, les titres qu'ils détenaient dans une société française) ; la Cour juge, d'une part, que la convention fiscale franco-suisse était applicable, car il n'était pas contesté que la base d'imposition fédérale, cantonale et communale des intéressés était supérieure à cinq fois la valeur locative de leur habitation et supérieure à la somme de leurs revenus de source suisse et des revenus de source française ayant la nature de « revenus privilégiés » (ce qui exclut les plus-values de cession de valeurs mobilières, en application de la décision n° 442790 du 25 juin 2021, précitée, du Conseil d'État) et, d'autre part, que les contribuables avaient le centre de leurs intérêts vitaux en Suisse où se situaient leurs liens personnels les plus étroits (CAA Lyon 16 février 2022 n° 20LY03456, 2e ch. ; arrêt définitif) ; selon la Cour, la convention n'aurait cependant pas été applicable si la **doctrine administrative** n'avait pu être invoquée, car il est jugé que des contribuables imposés selon le régime du forfait sont exclus du bénéfice de la convention en application de l'article 4 § 6 b) de la convention dès lors que le bénéfice de ce régime est subordonné à la condition que la base d'imposition retenue soit supérieure, notamment, à cinq fois le loyer ou la valeur locative de l'habitation pour les chefs de famille et à deux fois ce montant pour les autres contribuables ; dans cette affaire, les intéressés avaient initialement échoué en appel, mais l'arrêt de la Cour n° 17LY01945 du 4 décembre 2018 qui avait rejeté l'application de la convention avait été annulé par le Conseil d'État au motif que la Cour s'était alors fondée sur le fait que les contribuables n'avaient pas fourni **l'attestation** prévue par l'article 31 § 2 de la convention fiscale : la Cour avait initialement eu le tort d'opposer l'absence de formulaire au stade de l'examen de la résidence des contribuables, alors que la détermination de la résidence fiscale ne concerne pas l'octroi d'un « avantage » au sens de la convention et que la présentation du formulaire d'attestation de résidence prévu à l'article 31 de la convention n'est pas requise pour la détermination de la résidence, que ce soit sur le fondement de la convention ou de la doctrine administrative (CE 23 novembre 2020 n° 427182, 9e et 10e ch. : RJF 2/21 n° 197 ; voir également n° 82845) ;

– à propos de l'assujettissement à l'ancien **ISF**, en 2007 et 2008, de contribuables qui bénéficiaient d'un forfait en Suisse et qui avaient conservé le centre de leurs intérêts économiques en France, il a été jugé que, dès lors que tant l'administration fiscale française, par la notification d'une proposition de rectification au titre de l'ISF, que l'administration fiscale suisse reconnaissaient les contribuables comme résidents fiscaux, il en résultait un **conflit de résidence** fiscale commandant qu'il soit fait application de l'article 4 § 2 de la convention fiscale du 9 septembre 1966, relatif à l'élimination des cas de double résidence (Cass. com. 24 novembre 2021 n° 19-14.013 F-D : RJF 3/22 n° 313) ; cet arrêt a annulé CA Reims 4 décembre 2018 n° 17/03068, ch. civ., 1e sect. (voir n° 40910), qui, après avoir souligné que la cour d'appel n'était pas liée par **l'appréciation des autorités fiscales suisses**, avait jugé que les requérants n'apportaient pas la preuve d'un conflit de résidence justifiant l'application des critères conventionnels, car ils n'avaient produit aucun élément permettant d'apprécier si la base d'imposition forfaitaire suisse ne s'écartait pas notablement de celle qui était déterminante pour l'impôt pour la défense nationale (l'affaire a été renvoyée à la cour d'appel de Nancy) ; étonnamment, la Cour de cassation ne paraît donc attacher d'importance qu'à la position de l'administration fiscale suisse, sans chercher à examiner si elle est fondée ou non au regard des stipulations conventionnelles.

Les décisions suivantes illustrent également la problématique :
– CAA Paris 21 novembre 2019 n° 18PA02006, 5e ch., à propos d'une personne physique qui résidait en Suisse où elle avait son foyer, mais qui était domiciliée en France en raison de son activité professionnelle principale et du centre de ses intérêts économiques ; il a été jugé que l'administration avait pu à bon droit considérer, à la suite d'un ESFP, que la **plus-value** réalisée lors de la cession par le contribuable, en 2005, de titres d'une société française était imposable en France dans la mesure où il bénéficiait d'un forfait en Suisse ; la Cour a considéré que, quoique les intéressés aient été imposés en Suisse sur la base d'une **dépense** annuelle, ils étaient tout de même exclus du bénéfice de la convention et que la **tolérance administrative** n'était pas applicable, car les dividendes et plus-values de source française n'avaient pas été déclarés en Suisse alors qu'ils étaient « privilégiés » par la convention ; cet arrêt a été annulé par CE 19 avril 2021 n° 439606, 8e ch. : RJF 7/21 n° 747, car la Cour avait commis une erreur de droit en jugeant que les intéressés devaient produire un **formulaire d'attestation** de résidence conforme à l'article 31 § 2 de la convention (ce qui n'était pas le cas de l'attestation suisse produite, qui ne précisait pas la nature et le montant ou la valeur des revenus ou de la fortune concernés ; n° 82845), alors que la présentation d'un tel formulaire n'est requise que pour l'obtention des « avantages » prévus par la convention et que la détermination du pays de résidence du contribuable ne constitue pas un tel avantage (l'affaire a été renvoyée à la cour administrative d'appel de Paris où elle est enregistrée sous le n° 21PA02125) ;
– CAA Nancy 11 avril 2019 n° 17NC03049, 2e ch., jugeant que des personnes physiques considérées comme domiciliées en France en 2007 et 2008 sur le terrain du foyer et bénéficiant d'un forfait en Suisse ne pouvaient faire échec à la domiciliation en invoquant la tolérance administrative précitée, car elles ne produisaient pas **l'attestation** requise par l'article 31 § 2 de la convention fiscale franco-suisse ; cet arrêt a été annulé par CE 19 avril 2021 n° 431982, 8e ch. : RJF 7/21 n° 747, reprenant la décision du même jour dans l'affaire n° 439606 mentionnée ci-avant (l'affaire a été renvoyée à la cour administrative d'appel de Nancy où elle est enregistrée sous le n° 21NC01144).

Précisions La décision prise en 2012 de **mettre fin à la tolérance doctrinale** qui accordait le bénéfice des avantages conventionnels aux personnes imposées en Suisse non pas sur leurs revenus réels perçus mais sur leurs dépenses engagées sur le territoire suisse dans le cadre du régime du « forfait » a été réaffirmée par une réponse ministérielle (réponse Buisine, n° 51387 : JOAN 3 mars 2015, p. 1528).

Convention franco-britannique

La convention du 19 juin 2008 entre la France et le Royaume-Uni cherche à **éviter** certaines conséquences du principe de « **remittance basis** » britannique (n° 41155, Précisions) : **41308**
– il est précisé que lorsqu'en application de la convention, un revenu bénéficie d'un avantage fiscal dans un État, et qu'en application de la législation interne en vigueur dans l'autre État, une personne n'y est assujettie à l'impôt que sur le montant de ce revenu qui est transféré ou reçu dans cet autre État et non sur son montant total, l'avantage fiscal accordé dans le premier État conformément à la convention ne s'applique **qu'à la part** du **revenu** qui est **imposée** dans l'autre État (hormis les bénéfices des entreprises et les dividendes ; article 29 § 1 de la convention) ; par suite, un revenu de source française ne peut bénéficier des avantages conventionnels qu'à hauteur de la part de ce revenu qui est imposée au Royaume-Uni ;
– dans le même esprit, la convention prévoit que lorsqu'en application des règles sur les **plus-values**, des gains ne sont imposables que dans l'un des États et qu'en application de la législation interne en vigueur dans cet État une personne y est soumise à l'impôt

sur le montant de ces gains qui est transféré ou reçu dans cet État et non sur leur montant total, l'exonération qui doit être accordée, en application de cet article, par l'autre État ne s'applique **qu'à la part des gains imposée** dans le premier État (article 29 § 2 de la convention) ; ainsi, une plus-value réalisée par un résident britannique lors de la cession d'actions d'une société française n'est pas exonérée sur le fondement de la convention si elle n'est pas imposée au Royaume-Uni.

Précisions **a.** Ce dispositif ne remet pas en cause la solution issue de la décision du Conseil d'État dans l'affaire Regazzacci (nº 41155) à propos de la détermination de la **résidence** des personnes physiques ; une personne qui bénéficie de la « remittance basis » peut être un résident britannique, mais elle ne peut bénéficier des dispositions de la convention qui réduisent ou annulent l'imposition à la source en France si elle ne rapatrie pas le revenu pour l'imposer au Royaume-Uni.

b. L'administration a commenté ce dispositif au BOI-INT-CVB-GBR-10-30, nºˢ 230 s. et 440 s.

Convention franco-irlandaise

41310 La convention du 21 mars 1968 (article 2 § 7) précise que ne peuvent être considérées comme résidentes d'Irlande (ou de France) que les personnes qui ne sont pas résidentes de France (ou d'Irlande) pour l'application de l'impôt français (ou irlandais).

Ainsi, une personne considérée comme résidente de France au sens de l'article 4 B du CGI ne peut être considérée comme résidente d'Irlande pour l'application de la convention fiscale. Si une personne est à la fois résidente de France et d'Irlande, au sens des droits internes de ces pays, la convention ne s'applique pas, en principe, ce qui permet d'éviter les conséquences fiscales d'une prétendue domiciliation en Irlande d'une personne qui aurait toujours des liens importants avec la France (il n'y a donc pas d'élimination des cas de double résidence).

Précisions Pour un exemple classique de fraude fiscale par la présentation d'un **domicile fictif** en Irlande, voir Cass. crim. 29 mars 1989 nº 87-81.891, Rey : RJF 10/89 nº 1179.

Convention franco-saoudienne

41315 Afin d'éviter certaines conséquences de la domiciliation en Arabie saoudite, il est prévu que les personnes qui sont des résidents d'Arabie saoudite et disposent d'une ou plusieurs **habitations** pour leur usage privé en France, sans y avoir leur domicile fiscal au sens de la législation française, sont exonérées de l'impôt sur le revenu établi sur la base de la valeur locative de cette ou de ces habitations (article 5 § 4). Cette stipulation n'a cependant plus beaucoup d'intérêt aujourd'hui dans la mesure où elle permettait, à l'époque, d'exclure l'application de l'article 164 C du CGI (nº 68110), qui a lui-même été supprimé par l'article 21 de la loi nº 2015-1786 du 29 décembre 2015 de finances rectificative pour 2015.

Cette exonération n'était prévue que si les intéressés n'étaient **pas domiciliés en France** au sens du droit interne. Autrement dit, elle ne s'appliquait pas à une personne satisfaisant à l'un des critères énumérés à l'article 4 B du CGI, mais qui ne perdait la domiciliation en France que par le jeu des clauses conventionnelles (on trouve une disposition analogue dans la convention du 7 février 1982 entre la France et le Koweït, article 18 § 1).

Convention franco-koweïtienne

41320 Cette convention prévoit, dans son article 18 § 2 que lorsqu'une personne qui est un résident d'un État au sens de la législation interne de cet État est considérée comme un résident de l'autre État sur le fondement de la **citoyenneté** en vertu de l'article conventionnel relatif à l'élimination du cas de double résidence, le premier État peut refuser à cette personne les exonérations ou réductions d'impôts prévues par la convention pour les résidents de l'autre État.

Ainsi un Koweïtien qui serait domicilié en France au sens de l'article 4 B du CGI mais qui serait, considéré comme résident du Koweït en application du critère subsidiaire de la citoyenneté se verrait refuser les avantages conventionnels prévus entre la France et le Koweït. Il serait cependant, précise la convention, traité comme un non-résident de France ; la convention a donc toujours une portée à son égard puisqu'en l'absence de convention il serait traité comme un résident de France. Mais les effets de la convention s'arrêtent là ; il ne peut bénéficier, par exemple, des réductions de retenues à la source prévues pour les dividendes.

Convention entre la France et les Émirats arabes unis

Cette convention reprend, dans son article 18, le même principe que celui indiqué nº 41320 à propos du Koweït, mais elle contient en outre une disposition originale pour **éviter la délocalisation de revenus** de la France vers les Émirats. Elle prévoit en effet, dans son article 19 § 2, que lorsqu'une personne qui est un résident des Émirats, ou qui y est établie, est fiscalement domiciliée en France au sens du droit interne français ou est une filiale contrôlée directement ou indirectement à plus de 50 % par une société dont le siège de direction est en France, les revenus de cette personne sont imposables en France nonobstant toute disposition contraire. Dans ce cas, pour les revenus imposables aux Émirats, la France impute sur l'impôt afférent à ces revenus le montant de l'impôt perçu par les Émirats. Ces dispositions ne sont toutefois pas applicables aux personnes physiques qui sont des citoyens des Émirats. 41325

Précisions Ces principes sont repris également dans la convention du 1er juin 1989 entre la France et Oman et dans d'autres conventions avec les pays du Golfe, sous des rédactions variables.

Convention entre la France et Andorre

La convention fiscale franco-andorrane du 2 avril 2013 contient une stipulation originale ; en effet, elle prévoit que la France peut imposer les personnes physiques de **nationalité française** résidentes d'Andorre comme si la convention n'existait pas (article 25 § 1-d) de la convention, précisant que la mise en œuvre de cette clause sera réglée d'un commun accord par les autorités compétentes lorsque la législation fiscale française en permettra l'application). Selon l'exposé des motifs du projet de loi de ratification, cette clause « permettrait de mettre en œuvre une éventuelle évolution future du champ de la fiscalité française ». 41330

Lors des discussions parlementaires de ratification, le ministre a précisé que « cette clause n'a **pas** plus **vocation à s'appliquer** qu'à être reproduite dans une autre convention » (Sénat, compte rendu analytique officiel du 19 février 2015) ; dans le même sens, il a été indiqué qu'une « telle clause ne peut trouver à s'appliquer que si le législateur national prend des mesures en ce sens. Ceci supposerait donc de s'écarter du principe actuel selon lequel l'imposition des revenus sur une base mondiale est liée de manière générale à la domiciliation fiscale en France des contribuables pour prendre en compte un critère de nationalité. À cet égard, il n'existe pas de convention en projet comportant une stipulation analogue » (réponse del Picchia, nº 13528 : JO Sénat 10 mars 2016 p. 978 ; réponse Lefebvre, nº 70097 : JOAN 10 mai 2016 p. 3998).

Un dispositif anti-abus est par ailleurs prévu par le point 2 du protocole annexé à la convention, qui précise que le terme « résident d'Andorre » n'inclut pas les personnes physiques présumées posséder leur résidence fiscale en Andorre, à raison de la possession de la **nationalité andorrane** ou d'un **permis de résidence** accordé par les autorités d'Andorre (ce terme inclut, en revanche, toute personne physique qui séjourne sur le territoire andorran plus de cent quatre-vingt-trois jours durant une année civile ainsi que toute personne physique qui a le centre de ses intérêts économiques ou qui exerce son activité professionnelle à titre principal en Andorre).

SECTION 3

La résidence fiscale des personnes morales

Principes

Les conventions fiscales s'appliquent aux « personnes », d'une façon générale, c'est-à-dire aussi bien aux personnes physiques qu'aux personnes morales ; comme les personnes physiques, les personnes morales ne peuvent en bénéficier que si elles sont « résidentes » au sens de la convention. La détermination de la résidence des personnes morales soulève cependant moins de difficultés que celle des personnes physiques. 41400

41400 (suite) La jurisprudence a souligné que, comme pour les personnes physiques, les conventions fiscales ne sont en principe applicables aux personnes morales que si celles-ci sont **assujetties à l'impôt** (nº 74610) ; ainsi que l'a jugé le Conseil d'État, il résulte des stipulations conventionnelles aux termes desquelles on entend par « résident d'un État contractant » toute personne qui, en vertu de la législation de cet État, y est assujettie à l'impôt en raison de son domicile, de sa résidence, de son siège de direction ou de tout autre critère de nature analogue (modèle de convention fiscale de l'OCDE), qu'une **personne exonérée d'impôt dans un État** à raison de son **statut** ou de son **activité** ne peut être regardée comme assujettie à cet impôt au sens de la convention ni, par voie de conséquence, comme un « résident » de cet État pour l'application de la convention (CE 9 novembre 2015 nº 370054, 9ᵉ et 10ᵉ s.-s., Landesaumlrztekammer Hessen Versorgungswerk (LHV) : RJF 2/16 nº 178, à propos de l'organisme allemand de retraite des médecins de la Hesse, exonéré d'impôt ; CE 9 novembre 2015 nº 371132, 9ᵉ et 10ᵉ s.-s., Santander Pensiones SA EGFP : RJF 2/16 nº 138, à propos d'un fonds de pension espagnol soumis à un impôt sur les sociétés au taux zéro). La solution retenue par le Conseil d'État est fondée, à juste titre, sur les termes mêmes des stipulations conventionnelles qui définissent le champ d'application de la convention, conformément à son objet principal qui est d'éviter les doubles impositions. Sur renvoi, il a été jugé que le fonds Santander Pensiones SA EGFP, bien qu'il ait été tenu de déclarer ses résultats à l'administration fiscale espagnole auprès de laquelle il était immatriculé, était **assujetti à un taux zéro** d'impôt sur les sociétés et devait donc être regardé comme exonéré d'impôt en Espagne à raison de son statut (CAA Versailles 29 septembre 2016 nº 15VE03491, 7ᵉ ch., min. c/ Sté Santander Pensiones SA EGFP ; arrêt définitif) ; la Cour indique notamment que les attestations de résidence fiscale établies par les autorités espagnoles, rédigées en termes généraux et assorties de nombreuses réserves, ne faisaient pas état d'une imposition acquittée ou susceptible d'être acquittée en Espagne et ne permettaient pas de considérer que le fonds de pension était assujetti à l'impôt en Espagne. En ce qui concerne la décision rendue sur renvoi dans l'affaire LHV, voir nº 61020.

Les mêmes principes ont été appliqués à une **société offshore libanaise** qui était exonérée de l'imposition de droit commun de ses bénéfices au Liban, où elle n'était soumise qu'à une imposition annuelle forfaitaire d'un montant modique ; le Conseil d'État a annulé pour erreur de droit l'arrêt d'appel qui avait jugé applicable la convention fiscale franco-libanaise sans avoir recherché si **l'imposition forfaitaire** supportée par la société libanaise était de nature identique ou analogue aux impositions auxquelles la convention s'applique et si, par suite, cette société pouvait être regardée comme résidente du Liban au sens de la convention (CE 20 mai 2016 nº 389994, 3ᵉ et 8ᵉ ch., min. c/ Sté Easyvista : RJF 8-9/16 nº 753). Sur renvoi, il a été jugé que la taxe forfaitaire annuelle libanaise ne figurait pas sur la liste des impôts visés par la convention et que, n'étant **pas assise sur les bénéfices**, elle n'était ni identique ni analogue à l'impôt sur les bénéfices des professions industrielles, commerciales et non commerciales ; par suite, la société devait être regardée comme étant structurellement exonérée des impôts visés par la convention et ne pouvait pas être considérée comme résidente du Liban ni en invoquer le bénéfice (CAA Versailles 29 novembre 2016 nº 16VE01537, 3ᵉ ch., min. c/ Sté Easyvista : RJF 4/17 nº 365 ; le pourvoi formé contre cet arrêt n'a pas été admis par CE (na) 12 juillet 2018 nº 407269, 3ᵉ ch. : RJF 2/19 nº 195, le Conseil d'État ayant précédemment refusé la transmission d'une QPC comme indiqué nº 3430, Précisions c).

Cela étant, ces décisions ne signifient pas que toute société qui n'acquitte pas effectivement l'impôt soit exclue par principe du champ d'application des conventions fiscales ; ce n'est que lorsqu'elle est exonérée d'impôt dans un État « **à raison de son statut ou de son activité** » qu'une personne n'est pas un « résident », ce qui n'est pas le cas si, par exemple, elle n'est pas redevable de l'impôt en raison seulement d'une **situation déficitaire**. En ce sens, les conclusions rendues dans les affaires LHV et Santander Pensiones, précitées, indiquent que « le critère décisif pour être résident n'est pas à proprement parler celui du paiement effectif de l'impôt. Il ne s'agit pas de consacrer une résidence fiscale à géométrie variable en fonction de cette circonstance de fait, sujette à fluctuation dans le temps. Cela conduirait à exclure indûment de la qualité de résident les contribuables percevant des revenus inférieurs au seuil d'entrée dans le barème de l'impôt l'année considérée, ceux dont l'imposition se mue une année donnée en créance sur le Trésor grâce à divers crédits d'impôt ou encore l'entreprise déficitaire qui, de ce fait, ne paye pas d'impôt sur ses bénéfices à titre transitoire. Ce qui importe, c'est **le motif bien spécifique de l'absence de paiement de l'impôt** : ne peuvent être regardés comme assujettis, au sens des conventions fiscales visant à éliminer les doubles impositions, les organismes que le législateur national exonère délibérément de l'impôt auquel on s'intéresse à raison de leur activité ou de leur statut (…) » (conclusions Marie-Astrid Nicolazo de Barmon à la RJF 2/16, C 138 et 178).

Ces indications ont été précisées par la rapporteure publique Emmanuelle Cortot-Boucher dans ses conclusions sous la décision du Conseil d'État n° 389994 du 20 mai 2016 dans l'affaire Easyvista, précitée, qui soulignent que le critère retenu par le Conseil d'État n'est pas un critère de paiement effectif de l'impôt, mais un **critère d'exonération structurelle** (conclusions à la RJF 8-9/16, C 753) ; dans cette affaire, la question n'était donc pas de savoir si la société libanaise avait ou non effectivement payé un impôt, mais si elle pouvait être regardée comme structurellement exonérée des impôts visés par la convention fiscale franco-libanaise. Les conclusions ajoutent que, lorsque cette convention vise l'impôt sur les bénéfices, il s'agit de l'impôt sur les bénéfices de droit commun et qu'il ne saurait y avoir d'identité, ni même d'analogie, entre l'impôt de droit commun et une taxe spéciale qui n'est même pas assise sur les bénéfices, **l'identité d'assiette** étant l'une des conditions requises pour que puisse jouer la clause d'analogie (le fait que d'autres conventions fiscales, plus récentes, excluent explicitement les sociétés offshore du bénéfice des avantages conventionnels ne prouve pas, bien entendu, que les auteurs de la convention franco-libanaise auraient voulu faire bénéficier les sociétés offshore des avantages conventionnels). **41400** (suite)

Dans le sillage de ces décisions, le Conseil d'État a ensuite ajouté, à propos de sociétés tunisiennes « totalement exportatrices » et qui n'acquittaient pas effectivement l'impôt sur les sociétés en Tunisie, que, en ce qui concerne les personnes qui ne sont **assujetties** que **partiellement** à l'impôt, la qualité de résident est subordonnée à une condition d'assujettissement à l'impôt dans l'État concerné en raison du domicile, de la résidence ou d'un lien personnel analogue et non en raison de la seule existence de revenus trouvant leur source dans cet État (CE 2 février 2022 n° 443018, 9e et 10e ch., min. c/ Sté Observatoire d'économie appliquée (OBEA) et CE 2 février 2022 n° 446664, 9e et 10e ch., min. c/ Sté Cegid : RJF 4/22 n° 388 ; voir également n° 41402) ; une société qui n'est pas effectivement imposable compte tenu des opérations d'exportation qu'elle réalise mais qui le serait si elle réalisait des opérations sur le marché local est donc un « résident » pour l'application des conventions fiscales. Dans ses conclusions sous ces décisions (à la même RJF, C 388), la rapporteure publique Émilie Bokdam-Tognetti avait opportunément rappelé que la condition d'assujettissement s'entend d'une « absence d'exonération structurelle », que l'exclusion ne concerne pas « les personnes dont l'absence de soumission à l'impôt procède d'une **circonstance conjoncturelle** et de pur fait telle qu'un **déficit**, un revenu insuffisant ou l'imputation d'un **crédit d'impôt** » et que l'assujettissement à l'impôt ne se confond pas avec le **paiement effectif** de l'impôt « dès lors que cet assujettissement emporte un risque de double imposition qui n'est pas structurellement écarté et qui justifie dans son principe la protection conventionnelle, même s'il ne s'est pas effectivement matérialisé ». Incidemment, ces décisions jugent également que, bien entendu, il n'y a pas lieu d'accorder de l'importance au fait que l'exonération soit subordonnée ou non à une **demande du contribuable**.

Toutes ces décisions procèdent de principes de portée générale qui doivent être considérés comme applicables indépendamment d'éventuelles **différences de rédaction** des conventions fiscales, sous réserve seulement que la convention fiscale reprenne, d'une façon ou d'une autre, le principe général posé par l'article 4 § 1 du modèle de convention fiscale de l'OCDE (« Au sens de la présente Convention, l'expression « résident d'un État contractant » désigne toute personne qui, en vertu de la législation de cet État, est assujettie à l'impôt dans cet État, en raison (...) »). Il y aurait sans doute lieu, toutefois, de réserver le cas des conventions fiscales rédigées différemment, comme la convention du 19 juillet 1989 modifiée entre la France et les Émirats arabes unis qui pose explicitement un critère d'assujettissement à l'impôt en ce qui concerne la France mais non en ce qui concerne les Émirats arabes unis (article 4 § 1 de cette convention).

Cette manière de voir n'est, en tout état de cause, pas contraire aux commentaires du comité des affaires fiscales l'OCDE qui, à propos des organismes caritatifs, reconnaissent que « dans certains États ces organismes ne sont pas considérés comme assujettis à l'impôt s'ils sont exonérés d'impôt en vertu de la législation fiscale nationale. Ces États peuvent ne pas considérer ces organismes comme des résidents aux fins de leurs conventions à moins que ces organismes ne soient expressément couverts par celles-ci » (Commentaires OCDE, C (4) n° 8.12).

Précisions **a.** En ce qui concerne les **sociétés de personnes**, voir notamment n° 1602 et nos 31550 s. ; à propos des FCP, n° 65012 ; à propos des Sicav, n° 65305.

b. Des **fonds de pension** exonérés d'impôt dans leur État de constitution ne sont pas des « résidents » éligibles au bénéfice des conventions fiscales, sauf stipulation conventionnelle contraire (n° 61068). Depuis la révision de 2017, le modèle de convention fiscale de l'OCDE indique cependant que l'expression « résident d'un État contractant » s'applique aussi à un « **fonds de pension reconnu** » de cet État, au sens de l'article 3 § 1 i) de la convention (Commentaires OCDE, C (3) n°s 10.3 s.) ; cette expression désigne une entité ou un dispositif établi dans cet État qui est considéré comme une personne distincte au regard de la législation fiscale de cet État et qui est établi et géré exclusivement, ou presque exclusivement, dans le but d'administrer ou de verser des prestations de retraite et des prestations annexes ou accessoires à des personnes physiques et qui est réglementé en tant que tel par cet État ou une de ses subdivisions politiques ou collectivités locales (ou qui est établi et géré exclusivement ou presque exclusivement dans le but de placer des fonds pour le compte d'entités ou de dispositifs visés précédemment). Un tel fonds de pension est donc **éligible au bénéfice de la convention**, selon la manière de voir de l'OCDE, indépendamment du fait qu'il puisse bénéficier d'une exonération complète ou partielle de l'impôt (Commentaires OCDE, C (4) n° 8.6). La **France** s'est réservé le droit de ne pas viser les fonds de pension reconnus dans ses conventions fiscales et, par suite, de traiter les fonds de pension comme les autres entités qui ne satisfont pas aux critères relatifs à la résidence fiscale (Commentaires OCDE C (4) n° 30).

c. Certaines conventions fiscales ajoutent des précisions supplémentaires pour régler la situation des entités exonérées d'impôt ; par exemple, la **convention franco-américaine** du 31 août 1994 modifiée est plus extensive que le modèle de l'OCDE en ce qu'elle vise, dans certains cas, certaines sociétés d'investissement (Sicav, RIC, REMIC), les fonds de pension, les partnerships ou les trusts.

d. Les **établissements stables** ne sont pas des résidents de l'État d'implantation mais de l'État du siège (n° 15015).

e. La circonstance qu'une société n'acquitte pas effectivement l'impôt sur les sociétés en raison de l'affectation exceptionnelle à son résultat d'une **perte** d'actifs ayant eu pour effet de ramener à une somme nulle son bénéfice imposable ne caractérise pas une exonération permanente d'impôt sur les sociétés (CAA Versailles 12 mars 2019 n° 17VE01940, 3e ch., min. c/ The Performing Rights Society Ltd : RJF 7/19 n° 617, arrêt annulé pour une autre raison par CE 5 février 2021 nos 430594 et 432845, 10e et 9e ch., min. c/ Sté Performing Rights Society Ltd : RJF 4/21 n° 407 ; voir n° 74640 g). En première instance, la société avait également été considérée comme satisfaisant la condition d'assujettissement à l'impôt au motif que ce n'était qu'en raison d'un report déficitaire qu'elle n'était pas imposable (TA Montreuil 18 avril 2017 n° 1502977, 10e ch., Sté Performing Right Society : RJF 12/17 n° 1157).

f. Le fait qu'une société chinoise en **situation déficitaire** n'ait pas acquitté d'impôt sur les bénéfices au titre d'un exercice ne lui retire pas la qualité de « résident » dès lors qu'elle est assujettie à l'impôt sur les sociétés au taux de droit commun et qu'elle ne bénéficie pas d'un régime d'exonération permanent (TA Montreuil 9 juillet 2019 n° 1710812, 10e ch., SAS KL2B : RJF 2/20 n° 169 ; jugement définitif). Cette affaire concernait une société française qui avait rémunéré des prestations de « sourcing » rendues par une société chinoise (recherche de fournisseurs, suivi et surveillance des opérations de production et de contrôle qualité) ; les versements entraient dans le champ de l'article 182 B, I-c du CGI, s'agissant de prestations conditionnant la commercialisation des produits destinés à la clientèle, et n'entraient pas dans les exceptions mentionnées n° 24185. La décharge a cependant été accordée sur le fondement de la convention fiscale, en application des stipulations relatives aux bénéfices des entreprises.

Exemples

41402 Le respect de la condition d'assujettissement à l'impôt pour la détermination de la résidence fiscale des personnes morales a donné lieu aux décisions suivantes, outre celles mentionnées n° 41400 (certaines de ces décisions sont contradictoires, mais elles illustrent la problématique) :

– une société **singapourienne** qui n'est pas imposable à Singapour au titre de rémunérations de prestations de services de source française perçues sur un compte ouvert en Suisse est un résident de Singapour dès lors qu'elle n'est pas exonérée en raison de son statut ou de son activité, mais en application du principe de territorialité restreinte applicable à Singapour ; tel n'est pas le cas, en revanche, de sociétés établies à **Hong Kong** qui sont exonérées d'impôt sur leurs revenus étrangers en vertu de régimes de faveur conçus pour attirer les sociétés relais (TA Rennes 5 mai 2021 n° 1903310, 2e ch., SAS Exo Platform, jugement définitif concernant l'application des stipulations conventionnelles permettant d'écarter la retenue à la source de l'article 182 B du CGI) ;

– un **fonds de pension établi à Hong Kong**, dont l'unique activité consiste à gérer un portefeuille de titres, n'est pas un « résident » de Hong Kong pour l'application de l'accord du 21 octobre 2010 conclu entre la France et Hong Kong, dès lors que son activité, qui consiste exclusivement à gérer un portefeuille de titres en vue d'alimenter le fonds de pension, ne génère pas de revenus de source hongkongaise imposables au sens de la loi de cet État (la législation hongkongaise n'impose que les revenus tirés d'activités commerciales et professionnelles de source hongkongaise, à l'exception, en particulier, des produits financiers constitués par des dividendes, y compris de source étrangère) ; sa **situation d'exonération résulte de l'activité qu'il exerce** et, ainsi, est de nature à lui faire perdre la qualité d'assujetti à l'impôt au sens de l'accord franco-hongkongais, alors même qu'il ne bénéficierait pas d'un régime d'exonération à raison de son statut (CAA Versailles 19 novembre 2019 n° 17VE03854, 3e ch., Hospital Authority Provident Fund Scheme ; cet arrêt a fait l'objet d'un pourvoi non admis par CE (na) 29 décembre 2020 n° 439591, 10e ch. : RJF 3/21 n° 302) ; il ne pouvait donc bénéficier de la réduction conventionnelle de retenue à la source sur ses dividendes de source française ;

– à propos d'une **société tunisienne** qui était **exonérée de fait** et qui avait facturé à une société française, en 2013 et 2014, des prestations de services entrant dans le champ de l'article 182 B du CGI, la condition d'assujettissement à l'impôt a été considérée comme satisfaite pour l'application de la convention franco-tunisienne du 28 mai 1973, dès lors que la société n'était pas exonérée sur les bénéfices qu'elle pouvait retirer d'une activité réalisée en Tunisie et qu'elle ne l'était que sur ceux qu'elle retirait d'opérations d'exportation (CE 2 février 2022 n° 443018, 9e et 10e ch., min. c/ Sté Observatoire d'économie appliquée (OBEA) : RJF 4/22 n° 388) ; la cour administrative d'appel de Paris n'avait pas commis d'erreur de droit ni d'erreur de qualification juridique en jugeant qu'une telle société était un « résident » de Tunisie pour l'application de la convention alors même qu'elle n'avait pas réalisé de chiffre d'affaires sur le marché local pendant la période litigieuse ; la même solution a été retenue, à propos également d'une société tunisienne « totalement exportatrice » dans des circonstances similaires, par CE 2 février 2022 n° 446664, 9e et 10e ch., min. c/ Sté Cegid : RJF 4/22 n° 388 ;

– une société tunisienne « totalement exportatrice » a été jugée résidente de Tunisie pour l'application de la convention fiscale franco-tunisienne du 28 mai 1973, dans la mesure où une attestation avait été produite, émanant des autorités tunisiennes, selon laquelle elle avait acquitté un **« impôt forfaitaire sur les sociétés » de 10 %** à la suite d'une régularisation effectuée en juillet et août 2016, soit postérieurement aux exercices 2012 et 2013 qui étaient vérifiés (CAA Paris 7 novembre 2019 n° 18PA02195, 5e ch., Sté Aptineo : RJF 2/20 n° 171, arrêt définitif rendu à propos d'un litige portant sur la retenue à la source de l'article 182 B du CGI) ; pour conclure à la décharge, la Cour n'a pas accordé d'importance, à juste titre, au fait que le taux d'imposition apparemment appliqué ait été inférieur au taux de droit commun de l'impôt tunisien sur les bénéfices des sociétés ;

– la convention fiscale franco-tunisienne du 28 mai 1973 ne pouvait pas faire échec à la retenue à la source française sur les revenus réputés distribués au titre d'un transfert de bénéfices au profit d'une société tunisienne qui bénéficiait d'une **exonération totale** d'impôt sur les bénéfices pendant dix ans et d'une exonération de 50 % à compter de la onzième année (TA Poitiers 5 février 2015 n° 1200893, 1e ch., SARL Indigo Yacht : RJF 5/15 n° 392 ; jugement définitif) ; une telle société ne pouvait, en effet, être considérée comme un « résident » tunisien pour l'application de la convention fiscale ;

– une **société mauricienne** qui n'acquittait pas d'impôt à l'île Maurice ne pouvait pas bénéficier de la convention fiscale franco-mauricienne du 11 décembre 1980 et la retenue à la source de l'article 182 B du CGI était bien exigible (CAA Paris 29 septembre 2017 n° 15PA01773, 7e ch., Sté Greficomex-Eurogrefi : RJF 2/18 n° 138, arrêt définitif ; voir également n° 2960) ; dans cette affaire, la Cour a estimé que la société française ne pouvait utilement se prévaloir de ce qu'elle ne pouvait pas connaître le régime fiscal de la société mauricienne et relevé qu'il ne résultait pas de l'instruction que cette société ait été assujettie à l'impôt à l'île Maurice.

Précisions Voir également n° 61032 les exemples concernant les conditions d'application de l'article 119 ter du CGI.

Cas des États étrangers

Les **États contractants** ainsi que leurs subdivisions politiques et collectivités locales sont inclus dans la définition du « résident » donnée par le paragraphe 1 de l'article 4 du modèle de convention fiscale de l'OCDE et ont donc, en principe, droit aux bénéfices de la convention. Les commentaires du comité des affaires fiscales de l'OCDE contiennent d'ailleurs, depuis la révision de juillet 2010, de nouvelles observations sur l'application des conventions fiscales aux **entités appartenant aux États** (commentaires relatifs à l'article 1, nos 49 à 53, sous l'intitulé « Application de la Convention aux États, leurs subdivisions politiques et organismes qu'ils détiennent à titre exclusif ») ; ces commentaires traitent également des **fonds souverains** mais de façon prudente en indiquant que la question de savoir s'il s'agit de « résidents » doit être résolue au cas par cas (Commentaires OCDE, C (4) n° 8.5). Sur les fonds de pension, voir n° 41400, Précisions b. **41403**

De son côté, l'administration admet que **l'État**, ses collectivités locales et leurs personnes morales de droit public soient des « résidents » pour l'application des conventions fiscales même en l'absence de stipulation explicite (en ce sens, BOI-INT-CVB-DZA-10 n° 40, à propos de la convention franco-algérienne). Dans le même sens, dans l'affaire BPKO (n° 19120), le Conseil d'État a implicitement jugé que l'État polonais était un « résident ».

Il a également été jugé, à propos de dividendes versés à un **fonds d'État singapourien**, que l'ancienne convention franco-singapourienne, du 9 septembre 1974, s'appliquait aux États (TA Montreuil 28 décembre 2012 n° 1008151, 10e ch., Government of Singapore Investment Corporation : JurisData n° 2012-036251, jugement définitif relevant que ce fonds souverain devait être regardé comme une partie intégrante de l'État de Singapour) ; jugé de même à propos des produits perçus par la **banque centrale** de l'État de Singapour provenant d'American depositary receipts (ADR) détenus par une banque américaine et représentatifs d'actions de sociétés françaises (TA Montreuil 15 novembre 2013 n° 1209983, 10e ch., Monetary Authority of Singapore : RJF 11/14 n° 1007 ; jugement définitif). Dans les deux cas, le tribunal administratif juge que l'application de la convention n'est pas subordonnée à l'imposition effective à Singapour des revenus en cause et qu'il est sans importance que l'entité étatique soit exonérée d'impôt à Singapour.

Précisions Les États se consentent généralement des **exonérations mutuelles**, ainsi qu'à leurs entités de droit public, en application d'anciens usages diplomatiques ; il a par exemple été rappelé, à propos de la convention fiscale entre France et le Qatar du 4 décembre 1990 modifiée, que « l'octroi d'exonérations spécifiques au bénéfice des États ou des personnes publiques étrangères est une pratique internationale courante reconnue, notamment dans le cadre de l'Organisation de coopération et de développement économiques (OCDE). En effet, les commentaires de l'article 1 du modèle de convention fiscale de l'OCDE précisent que les États peuvent exonérer d'impôt les revenus des États, de leurs subdivisons politiques, de leurs collectivités territoriales ou de leurs organismes publics, par des dispositions spécifiques incluses dans une convention fiscale ou dans le droit interne » (réponse Mélenchon n° 2502 : JOAN 26 janvier 2021 p. 685). Les États étrangers peuvent cependant être imposés au titre d'opérations de **caractère lucratif** réalisées en France (n° 67260).

A. Position de l'OCDE

Modèle OCDE

41405 Jusqu'à la révision de 2017, le critère discriminant proposé par le modèle de convention fiscale de l'OCDE en cas de double résidence, c'est-à-dire lorsque deux États revendiquent ensemble le droit de traiter une personne morale (ou, plus généralement, une personne autre qu'une personne physique) comme un résident, était celui du **siège de direction effective**. La formulation retenue à l'article 4 § 3 du modèle de convention fiscale est aujourd'hui plus large, les autorités compétentes **devant s'efforcer de déterminer d'un commun accord** l'État de résidence d'une telle personne eu égard au lieu où se situe son siège de direction effective, au lieu où elle a été constituée en société (ou en toute autre forme juridique) et à tout autre facteur pertinent. Le modèle ajoute désormais qu'en l'absence d'accord entre les États, cette personne ne peut prétendre à aucun des allègements ou exonérations prévus par la convention, sauf dans la mesure et selon les conditions convenues par les autorités compétentes.

Ces principes se retrouvent à l'identique dans **l'instrument multilatéral** (n° 1650) et sont donc du droit positif à l'égard des « conventions fiscales couvertes », sauf à l'égard de la France qui a formulé une réserve sur ce point (n° 41450).

Précisions Le comité des affaires fiscales de l'OCDE admet que les États peuvent préférer utiliser le concept de **siège de direction effective** et les laisse « libres de faire figurer dans leurs conventions bilatérales la version suivante du paragraphe 3 : Lorsque, selon les dispositions du paragraphe 1, une personne autre qu'une personne physique est un résident des deux États contractants, elle est considérée comme un résident seulement de l'État où son siège de direction effective est situé » (Commentaires OCDE, C (4) n° 24.5).

Commentaires OCDE

41408 Les recommandations du comité des affaires fiscales de l'OCDE ont évolué au fil du temps.

Avant la révision de juillet 2008, les commentaires indiquaient qu'il était préférable, pour résoudre les cas de double résidence des personnes morales, de ne pas faire référence à un critère de pure forme comme l'enregistrement et qu'il valait mieux tenir compte du lieu où la société était effectivement dirigée. Ce lieu s'entend du **siège de direction effective**, qui, pour l'OCDE, est, en principe, le **lieu** où la personne ou le groupe de personnes exerçant les fonctions les plus élevées (par exemple un conseil d'administration) **prend officiellement** ses **décisions**, le lieu où sont arrêtées les mesures qui doivent être prises par l'entité dans son ensemble. Le comité des affaires fiscales a ensuite considéré que cette définition pouvait conduire à des **abus**, en donnant l'impression que le siège de direction effective était toujours situé au lieu de réunion du conseil d'administration, alors que celui-ci peut n'être qu'un organe formel se contentant d'entériner des décisions prises ailleurs.

Lors de la révision de juillet 2008, l'OCDE a ainsi proposé la définition suivante : « le siège de direction effective est le **lieu où sont prises**, quant **au fond**, les **décisions clés** sur le plan de la gestion et sur le plan commercial qui sont nécessaires pour la conduite des activités de l'entité dans son ensemble. Tous les faits et circonstances pertinents doivent être pris en compte pour déterminer le siège de direction effective. Une entité peut avoir plus d'un siège de direction, mais elle ne peut avoir qu'un seul siège de direction effective » (Commentaires OCDE, C (4) n° 24, dans leur version de l'époque). Cette formulation invitait, davantage que la précédente, à examiner l'**ensemble des circonstances** afin d'éviter que la seule réunion des conseils d'administration suffise à localiser le siège de direction effective d'une société.

Lors de la révision de 2017, enfin, le comité des affaires fiscales de l'OCDE a finalement estimé préférable de recommander que la question de la double résidence des entités autres que les personnes physiques soit réglée **au cas par cas**, au motif que ces situations sont rares et ne se rencontrent généralement que dans des cas d'évasion fiscale (Commentaires OCDE, C (4) n° 23). Le modèle ne fait donc plus référence au siège de direction effective des sociétés que comme à l'un des critères pertinents, parmi d'autres.

Sur la position de la France, voir nos 41450 s.

Précisions En principe, le siège de direction effective doit être déterminé au regard d'une situation ordinaire et non au regard d'une situation de crise exceptionnelle et temporaire ; selon l'OCDE, il est donc peu probable que l'exercice de fonctions de direction par des dirigeants depuis leur domicile en période de **confinement** pendant la crise sanitaire du **Covid-19** entraîne un changement de la résidence fiscale de la société (Note du secrétariat de l'OCDE ; n° 17200, Précisions).

Indicateurs pertinents

Les commentaires de l'OCDE sur le modèle de convention fiscale énumèrent une série de critères considérés comme pertinents aux fins de la détermination de la résidence des personnes morales, notamment : **41412**

– le lieu où les **réunions** du conseil d'administration ou de tout autre organe équivalent se tiennent généralement,
– le lieu où le **directeur général** et les autres dirigeants exercent généralement leur activité,
– le lieu où s'exerce la **gestion supérieure des affaires courantes**,
– le lieu où se situe le **siège** de la personne morale,
– l'État dont la **législation** régit le statut juridique de la personne morale,
– le lieu où sa **comptabilité** est tenue,
– la prise en compte du risque d'application indue de la convention, etc. (Commentaires OCDE, C (4) n° 24.1).

B. Position de la France

Principes

Les conventions fiscales signées par la France reprennent, en principe, la référence au **siège de direction effective** ; la France s'en tient manifestement toujours à ce critère, malgré les évolutions recommandées par le comité des affaires fiscales de l'OCDE (n° 41405). **41450**

Lors de la signature de l'instrument multilatéral (nos 1650 s.), en effet, la France a formulé une **réserve** à propos de l'article 4 de cette convention, qui prévoit que les conflits de résidence des personnes morales sont réglés d'un commun accord par les autorités compétentes en prenant en compte une pluralité de critères. Pour la France, la règle de départage fondée sur le critère du siège de direction effective prévu par la plupart de ses conventions fiscales, conforme à la rédaction du paragraphe 3 de l'article 4 du modèle de convention fiscale de l'OCDE dans sa version de 2014, permet de déterminer la résidence des personnes morales et de régler la plupart des conflits d'imposition sans recourir systématiquement à une procédure amiable (en ce sens, étude d'impact accompagnant le projet de loi de ratification déposé au Sénat le 17 janvier 2018, précisant que la multiplicité des nouveaux critères à prendre en compte pour les cas de double résidence des personnes morales ne constituerait pas un progrès en termes de lutte contre l'optimisation tout en créant une insécurité juridique préjudiciable aux opérateurs et à l'administration).

À ce propos, la France avait d'ailleurs formulé une **observation** sous les commentaires OCDE dans leur version issue de la révision de juillet 2008 (cette observation a néanmoins disparu dans la version 2017 du modèle de convention fiscale) ; la position de la France était la suivante : « La France considère que la définition du siège de direction effective figurant au paragraphe 24 et selon laquelle « le siège de direction effective est le lieu où sont prises, quant au fond, les décisions clés sur le plan de la gestion et sur le plan commercial qui sont nécessaires pour la conduite des activités de l'entité dans son ensemble » correspond d'ordinaire au **lieu où la personne** ou le groupe de personnes exerçant les **fonctions les plus élevées** (par exemple un conseil d'administration ou un directoire) **prend ses décisions**. Il s'agit du lieu où sont, en fait, principalement concentrés les organes de direction, d'administration et de contrôle de l'entité » (Commentaires OCDE, C (4) n° 26.3, dans leur version antérieure à la révision de 2017).

Même si ces observations ont disparu lors de la révision de 2017, le fait que la France n'ait pas accepté la formulation retenue par l'instrument multilatéral montre que le critère du siège de direction effective continue de prévaloir dans notre pays, à telle enseigne que, par exemple, ce critère est utilisé dans la convention franco-luxembourgeoise du 20 mars 2018.

Doctrine administrative

41455 Une définition du siège de direction effective est donnée par les commentaires administratifs relatifs à la convention du 17 octobre 1999 entre la France et l'Algérie (BOI-INT-CVB-DZA-10 n° 170). L'administration y rappelle que, pour les personnes morales, l'article 4, 3 de la convention prévoit que le siège de direction effective est le seul critère à prendre finalement en compte en cas de double résidence. Elle ajoute que « le siège de direction effective est le **lieu où sont prises les décisions stratégiques** en matière de gestion et de politique industrielle ou commerciale nécessaires à la conduite des affaires de l'entreprise. Le siège de direction effective sera normalement le lieu où la personne, ou le groupe de personnes, de rang le plus élevé (par exemple, le **Conseil d'administration**) prend ses décisions. La détermination du siège de direction effective est une question de fait. Une entreprise peut disposer de plusieurs sièges de direction mais ne peut avoir qu'un seul siège de direction effective. »

À un autre endroit, l'administration fournit des précisions du même ordre en indiquant que la notion de siège doit, en principe, s'entendre comme étant le siège social indiqué dans les statuts mais que, si le siège social apparaît fictif, il y a lieu de retenir le siège réel, qui s'entend du lieu où sont, en fait, principalement concentrés **les organes de direction, d'administration et de contrôle** de la société (BOI-IS-CHAMP-60-10-20 n° 1, ajoutant que le siège réel correspond au siège de direction effective visé dans la plupart des conventions fiscales). Et, pour ne prendre qu'un autre exemple, l'administration indique, à propos de la convention fiscale franco-suisse, que le lieu du siège de direction effective est celui **où les affaires de l'entreprise sont dirigées et contrôlées** (BOI-INT-CVB-CHE-10-20-20 n° 160).

Cette définition est généralement acceptée ; par exemple, le commissaire du Gouvernement Laurent Vallée l'avait largement reprise en estimant que le siège de direction effective est le « lieu où se trouve le centre stratégique de la société, d'où partent, en règle générale, les impulsions directrices de ses affaires et où se localisent, en fait, principalement ses organes de direction, d'administration et de contrôle » (conclusions au BDCF 7/06 n° 92 sous CE 5 avril 2006 n° 281098, min. c/ Sté Midex : RJF 7/06 n° 909).

Précisions **a.** Les conventions fiscales ne contiennent généralement pas de précisions sur la notion de siège de direction effective ; parmi les exceptions, la convention franco-allemande du 21 juillet 1959 précise qu'il s'agit du lieu où se trouve le centre de la « **direction générale de l'affaire** » (article 2 § 5), c'est-à-dire là où sont prises les décisions stratégiques ou le lieu de réunion des organes sociaux même si la direction commerciale, financière ou technique se trouve dans un autre État. De son côté, la convention franco-américaine du 31 août 1994 modifiée précise que, pour l'application de la clause de limitation des bénéfices de la convention, le siège principal de direction et de contrôle d'une société est situé dans l'État dont elle est résidente uniquement si ses dirigeants et ses cadres supérieurs **exercent dans cet État plus que dans tout autre** des responsabilités quotidiennes en matière de prise de décisions stratégiques, financières et opérationnelles pour la société (y compris pour ses filiales directes et indirectes) et que le personnel exerce dans cet État plus que dans tout autre les activités quotidiennes nécessaires à la préparation et à la prise de ces décisions (article 30 § 7 e) de la convention).

b. Les solutions fiscales rejoignent, en France, le **droit commun des sociétés** ; c'est le lieu du siège qui détermine la nationalité d'une société ainsi que la loi qui lui est applicable, mais si le **siège social** est **fictif** et ne correspond pas au lieu du centre de décision, les tiers, parmi lesquels l'administration fiscale, peuvent indifféremment se prévaloir du siège statutaire ou du siège réel (C. civil art. 1837 disposant que « toute société dont le siège est situé sur le territoire français est soumise aux dispositions de la loi française. Les tiers peuvent se prévaloir du siège statutaire, mais celui-ci ne leur est pas opposable par la société si le siège réel est situé en un autre lieu »).

c. Le **juge pénal** peut éventuellement être amené à se prononcer, dans le cadre de poursuites pour **fraude fiscale** (n° 17820) ; pour un exemple de fraude fiscale au cas d'une personne physique qui avait soustrait une société luxembourgeoise aux paiements des impôts français (impôt sur les sociétés et TVA) alors que cette société n'était que domiciliée au Luxembourg et qu'elle exerçait en réalité son activité depuis la France, voir Cass. crim. 5 septembre 2007, n° 06-84746.

C. Jurisprudence

Longtemps, il n'y a eu que peu de décisions sur la résidence des personnes morales ; on pouvait seulement relever une vieille décision de la **Cour de cassation** à propos des ex-colonies, qui avait décidé qu'une société qui avait transféré son siège social aux colonies tout en conservant en métropole les éléments essentiels de sa vie juridique, administrative et financière était redevable des impôts au tarif métropolitain (Cass. civ. 7 juillet 1947, Cie du Languedoc et Gouvernement général d'Indochine c/ Administration de l'Enregistrement). **41480**

De son côté, le **Conseil d'État** avait eu à considérer la situation d'une société constituée selon la législation britannique et qui avait pour seul objet l'exploitation d'un hôtel en France ; les affaires de cette société étant entièrement dirigées et contrôlées en France, les autorités fiscales françaises et britanniques avaient considéré qu'elle était un résident de France, ce que la société n'avait pas contesté (le Conseil d'État en avait pris acte et n'a donc pas statué sur ce point ; CE 24 juillet 1981 n° 17341 7e et 9e s.-s. : RJF 10/81 n° 894).

À propos de l'imposition d'un marin exerçant une activité de commandant de bord de navires pétroliers en trafic international, le Conseil d'État a retenu une **définition du siège de direction effective** qui reprend largement les principes posés par la doctrine administrative ; il juge en effet que, pour l'application de l'article 15 de la convention fiscale entre la France et la Nouvelle-Zélande (relatif notamment à l'imposition des salariés des entreprises de navigation maritime internationale), le siège de direction effective est le lieu où les personnes exerçant les fonctions les plus élevées prennent les **décisions stratégiques** qui déterminent la conduite des affaires de l'entreprise dans son ensemble (CE 16 avril 2012 n° 323592, 10e et 9e s.-s., Paupardin : RJF 7/12 n° 674 ; conclusions Julien Boucher au BDCF 7/12 n° 80) ; cette affaire mettait en cause une société néo-zélandaise mais qui n'avait, en réalité, agi qu'en tant que représentant d'une société du Vanuatu qui apparaissait comme le véritable employeur du requérant (la convention franco-néo-zélandaise ne s'appliquait donc pas). Le Conseil d'État a estimé que le fait que les tâches de recrutement et de gestion des équipages aient été exécutées par les employés de la société néo-zélandaise pour le compte de la société du Vanuatu et que certains documents désignaient la première comme « manager » et non comme « agent » de la seconde ne permettaient pas d'établir que les décisions stratégiques nécessaires à la conduite des affaires de la société du Vanuatu étaient prises en Nouvelle-Zélande. **41485**

41485 (suite) La définition du siège de direction effective donnée par cette décision a été ensuite précisée à l'occasion d'une autre affaire, le Conseil d'État ajoutant que, si le lieu où se tiennent les **conseils d'administration** d'une société peut constituer un indice pour l'identification d'un siège de direction, ce seul élément ne saurait, confronté aux autres éléments du dossier, suffire à le déterminer (CE 7 mars 2016 n° 371435, 10e et 9e s.-s., Compagnie internationale des wagons-lits et du tourisme : RJF 6/16 n° 555 ; voir également n° 17390). Comme l'indique la rapporteure publique, la jurisprudence, en matière de « siège de direction effective » comme d'établissement stable, « entend précisément faire preuve de réalisme en s'attachant aux **circonstances de fait pour déjouer les apparences** » (conclusions Aurélie Bretonneau à la RJF 6/16, C 555). Cela ne signifie pas que le critère du lieu où se tiennent les conseils d'administration soit inopérant ; les conclusions de la rapporteure publique ajoutent en effet que, si les conseils d'administration se déroulent de façon récurrente dans le même lieu et si ce lieu est également celui d'autres activités de direction, « cette circonstance nous semblerait un indice pertinent de la fixité en ce lieu de l'installation d'affaires, nécessaire à la qualification d'établissement stable ». À notre avis, toutefois, cette décision confond par ailleurs à tort « le » siège de direction d'une entreprise, critère déterminant de sa résidence fiscale, et « un » siège de direction, qui constitue un établissement stable ; il n'y avait au demeurant pas lieu, dans les circonstances de l'espèce, de chercher à faire état d'un siège de direction en France puisque l'activité « holding » réalisée en France était rattachable à une succursale française (n° 17390).

Cette solution est dans le sens d'un précédent arrêt de la cour administrative d'appel de Versailles à propos d'une société belge filiale du groupe Accor et qui avait notamment une activité de type « holding » (CAA Versailles 15 mars 2011 n° 09VE00366, 3e ch., Sté Compagnie internationale des wagons-lits et du tourisme : JurisData n° 2011-012634, ayant fait l'objet d'un pourvoi non admis par CE (na) 28 décembre 2012 n° 349345 ; voir n° 17390) ; la Cour juge que, s'agissant d'une activité de holding qui n'implique que des structures administratives légères, le lieu de direction effective se trouve au lieu **où se situe le centre nerveux** et où s'organise l'essentiel de la vie de l'entreprise c'est-à-dire, en pratique, le lieu où se préparent effectivement et où se tiennent les réunions du conseil d'administration qui prend les décisions stratégiques pour la vie de la société. En l'espèce, le lieu de direction effective a été considéré comme situé en France dès lors que l'administration avait justifié que quatre réunions du **conseil d'administration** avaient eu lieu en France, que la requérante ne démontrait pas que des décisions importantes auraient été prises en Belgique et que, si le président de la société, également membre du conseil d'administration, était un ressortissant belge résident de Belgique, les autres membres du conseil d'administration ainsi que les **principaux dirigeants**, tels que les deux directeurs successifs et le directeur administratif et financier, résidaient en France. De surcroît, la société requérante ne justifiait pas avoir payé des impôts en Belgique, ni même avoir déposé pour son activité de holding une déclaration de bénéfices dans ce pays en conséquence de cette localisation.

D'autres exemples jurisprudentiels sont fournis par les arrêts suivants :
– a été considérée comme ayant son siège de direction effective en France pour l'application de la convention franco-portugaise du 14 janvier 1971 une société ayant son **siège social à Madère**, qui n'exerçait d'activité qu'en France et dont le seul responsable et dirigeant était installé en France où il exerçait une activité d'avocat sans activité au Portugal (CAA Bordeaux 10 mars 2008 n° 05-1906, 5e ch., Société Madrigal Servicos Limitada : RJF 8-9/08 n° 936 ; arrêt définitif) ;
– une **société de fait** constituée **entre deux époux** qui exercent la profession d'avocat à Paris constitue une « personne » au sens de l'article 3 de la convention entre la France et Singapour du 9 septembre 1974 ; cette société, qui a son siège de direction effective en France, a la qualité de résident de France au sens de l'article 4 de la convention (CAA Paris 10 avril 2008 n° 06-2638, 5e ch. A, Sefrioui : RJF 12/08 n° 1379, arrêt définitif ; voir aussi n° 23680 g) ;
– doit être regardée comme ayant en France le siège de sa direction effective une société dont le siège est situé en Belgique, au cabinet de son commissaire aux comptes, qui n'emploie **aucun personnel** et ne dispose d'**aucune ligne téléphonique** ou de télécopie, et dont les opérations de gestion courante sont assurées par une **société d'expertise comptable**, alors que son gérant est domicilié en France où il signe les contrats et utilise les chéquiers de la société (CAA Nantes 11 juin 2008 n° 06-1437, 1e ch., SA Ana Holding : RJF 12/08 n° 1299 ; conclusions Hervouet au BDCF 12/08 n° 144 ; arrêt définitif) ;
– une société dont le siège social est situé en Belgique et qui dispose en France d'une succursale où treize salariés exercent leur activité a son siège de direction effective en

France dès lors que c'est en France que sont concentrés ses **organes de direction, d'administration et de contrôle** ; cette société est donc imposable en France à raison de l'ensemble de son activité, y compris celle déployée en Belgique dans des conditions qui ne caractérisent pas un établissement stable dans ce pays (CAA Douai 13 juillet 2017 n° 15DA01938, 1e ch., Sté Comifer, arrêt définitif ; voir également n° 85345, Précisions c) ; dans cette affaire, l'administration avait considéré que le siège belge de la société était **fictif** et que la société était résidente de France en application du 4 de l'article 1er de la convention fiscale franco-belge du 10 mars 1964 modifiée ; **41485** (suite)

– à propos d'une **société irlandaise** qui avait exercé une activité occulte en France et qui devait être considérée comme résidente de France, mais qui avait tout de même un établissement stable en Irlande, voir n° 18580 la décision de la cour administrative de Versailles dans l'affaire Inforad (CAA Versailles 28 septembre 2017 n° 13VE02636, 6e ch., min. c/ Sté Inforad Limited ; arrêt définitif) ;

– une société dont le siège social était situé en Roumanie et qui avait pour activité la **mise à disposition de personnel intérimaire roumain** sur le territoire français a été considérée comme ayant en France son siège de direction effectif, qui devait être regardé comme un établissement stable (CAA Nantes 17 mai 2018 n° 16NT03166, 1e ch. ; arrêt définitif) ; la société était gérée par une personne physique domiciliée en France qui en détenait la totalité du capital avec son conjoint, qui était l'interlocuteur des clients et au domicile de laquelle avaient été trouvés, grâce à des perquisitions et saisies judiciaires, de nombreux documents commerciaux et administratifs libellés au nom de la société, tels que des factures, des contrats de mise à disposition, des contrats de mission, des fiches de salaires, des récapitulatifs des salariés roumains, des extraits de comptes bancaires et des tampons ;

– même solution que la précédente dans une affaire voisine concernant une **société polonaise qui exerçait une activité de travaux de construction**, de finition et de vente au détail de moquette, tapis et revêtement de sols, dont le dirigeant et associé unique, avec son épouse, était domicilié en France et qui n'avait qu'une adresse de domiciliation en Pologne (CAA Lyon 5 juin 2018 n° 17LY00606, 2e ch. ; la société recrutait des salariés en Pologne pour travailler sur des chantiers situés en France) ; cet arrêt a été annulé sur un autre point par CE 27 décembre 2019 n° 422865, 8e ch. : RJF 4/20 n° 326, renvoyant l'affaire à la Cour, car celle-ci avait admis l'imposition au titre des **revenus réputés distribués** au sens de l'article 109, 1-1° du CGI, alors qu'en l'espèce elle devait préalablement vérifier qu'il y avait bien distribution de revenus (voir n° 17813 la solution retenue sur renvoi par CAA Lyon 21 janvier 2021 n° 20LY00073, 2e ch., ayant fait l'objet d'un pourvoi non admis par CE (na) 22 novembre 2021 n° 450760, 8e ch.) ;

– n'avait pas son siège de direction effective au Luxembourg une société luxembourgeoise qui disposait d'un établissement stable en France (n° 17355) et qui n'établissait pas que les décisions stratégiques la concernant auraient été prises au Luxembourg, à supposer même que ses quatre **administrateurs** statutaires, domiciliés pour trois d'entre eux hors du Luxembourg (aux États-Unis, à Gibraltar et au Royaume-Uni), se soient effectivement réunis à l'adresse du siège de la société ; en effet, ces administrateurs s'étaient bornés à approuver et à ratifier des actes déjà signés sans prendre eux-mêmes **aucune décision stratégique** et l'adresse du siège de la société correspondait à un local de deux pièces, dont le bail locatif était établi au nom d'une société tierce et qui était utilisé par une dizaine d'autres sociétés (CAA Versailles 15 juin 2017 n° 14VE03659, 7e ch., Sté Estienne d'Orves ; sur la décision rendue en cassation sur la question de la retenue à la source, voir n° 19030, Précisions c) ; quant à la circonstance qu'en l'espèce la société ait disposé en France d'un représentant et d'un établissement stable, elle n'était pas de nature à établir qu'elle avait en France son siège de direction effective (cette solution a été confirmée par l'arrêt rendu sur renvoi après cassation par le Conseil d'État, n° 19030, Précisions c) ;

– une société suisse qui vendait par Internet des produits naturels avait en France son siège de direction effective dès lors que son **dirigeant de fait** y était domicilié et qu'il gérait et dirigeait la société depuis son domicile français, la circonstance qu'il n'y aurait pas disposé de matériel dédié ou de bureau étant indifférente (CE 27 mars 2020 n° 421627, 8e et 3e ch. : RJF 6/20 n° 533 ; voir également n° 17813, Précisions c) ; en l'espèce, l'administration avait pu mettre en évidence une activité occulte en France, considérer que l'existence d'un établissement stable suisse n'était pas établie et regarder comme distribués, sur le fondement de l'article 109, 1-1° du CGI, les bénéfices imposés en France ; la société suisse avait fait l'objet d'une enquête pour **fraude fiscale** à raison de l'exercice en France, au travers d'un site internet hébergé par une agence située à Bordeaux, d'un commerce numérique occulte

41485 (suite) de produits fabriqués par une société française à destination d'une clientèle principalement française (rectifications confirmées pour ce qui concerne l'impôt sur les sociétés et la TVA par CAA Nantes 19 avril 2018 n° 16NT00825, 1e ch., Sté Diéti Natura ; cet arrêt a fait l'objet d'un pourvoi non admis par CE (na) 13 février 2020 n° 421624, 8e ch., Sté Diéti Natura) ;
– avait un siège de direction en France une **société luxembourgeoise** intégralement dirigée en France sans qu'importe le fait qu'elle ait mandaté une société luxembourgeoise de comptabilité ainsi qu'une **société** luxembourgeoise **de domiciliation** et d'assistance administrative ou que des conseils d'administration et des conseils de gérance se soient tenus à Luxembourg (CAA Paris 14 octobre 2021 n° 20PA03918, 5e ch., ayant fait l'objet d'un pourvoi non admis par CE (na) 21 juillet 2022 n° 459455, 9e ch.) ; les deux cogérants étaient domiciliés en France et ils s'étaient **rendus au Luxembourg** seulement une à deux fois par an ; l'affaire concerne une rectification en impôt sur le revenu de l'un d'entre eux, au motif que les bénéfices reconstitués de la société luxembourgeoise, qui avait par ailleurs été redressée au titre d'une activité occulte, constituaient des revenus distribués imposables à son nom (la société luxembourgeoise avait indiqué que les bénéficiaires des revenus réputés distribués par elle étaient les deux gérants à hauteur de 50 % chacun) ;
– une société française qui avait transféré son siège social au Luxembourg disposait toujours, après transfert, d'un **siège effectif de direction en France**, où étaient prises les décisions stratégiques déterminant la conduite de ses affaires et où résidaient ses deux associés et dirigeants, sans qu'importe, notamment, le fait que des conseils se soient tenus au Luxembourg et que la société ait recruté sur place une **comptable à temps partiel**, dont la quotité de travail de 10 heures par semaine ne pouvait suffire à exercer les missions sociales, ni qu'une société de domiciliation mettait à sa disposition un **administrateur**, secrétaire de séance des assemblées générales, également administrateur des autres sociétés domiciliées à son cabinet, ainsi qu'une secrétaire et un bureau de 13 m² pouvant accueillir un seul poste de travail, manifestement insuffisant pour assurer les fonctions stratégiques et commerciales de la société (CAA Versailles 8 juin 2021 n° 18VE01549, 1e ch., Sté CA Animation, ayant fait l'objet d'un pourvoi non admis par CE (na) 28 mars 2022 n° 454839, 9e ch.) ; l'ensemble des bénéfices sociaux taxés d'office, uniquement imputables au siège effectif de direction français, était imposable en France, y compris les produits financiers résultant des actifs placés au Luxembourg (la société a toutefois été jugée fondée à se prévaloir du régime des sociétés mères).

Précisions **a.** À propos d'une **entreprise individuelle** de croisières maritimes, voir CE 5 juillet 1999 n° 171211, 8e et 9e s.-s., min. c/Naulot : RJF 8-9/99 n° 1044, avec conclusions au Droit fiscal 2000, n° 12, comm. n° 236.

b. Voir aussi n° 81255, en ce qui concerne la notion de siège réel, telle qu'elle est interprétée par la Cour de cassation à propos de la **taxe patrimoniale de 3 %**.

c. Sur l'irrecevabilité d'un **recours pour excès de pouvoir** contre la décision par laquelle une société suisse a été considérée comme ayant en France le siège de sa direction effective, voir CAA Lyon 7 février 2002 n° 01-505, 2e ch., SARL Argos Révision Conseil : RJF 8-9/02 n° 916 (arrêt définitif).

d. À propos de la notion de « **siège de l'activité économique** » pour l'application des directives TVA, voir CJCE 28 juin 2007 aff. 73/06, 4e ch., Planzer Luxembourg SARL : RJF 11/07 n° 1367, jugeant que le siège de l'activité économique d'une société est le lieu où sont adoptées les **décisions essentielles** concernant la direction générale de cette société et où sont exercées les fonctions d'administration centrale de celle-ci. Sur cette question en matière de TVA, voir également n° 33605, Précisions a.

CHAPITRE 15

Les salariés expatriés

Plan du chapitre §§

	SECTION 1 Le cas général des salariés du secteur privé	42200
A	Salariés résidents de France qui perçoivent des salaires au titre d'une activité exercée hors de France	42350
B	Salariés non résidents de France qui perçoivent des salaires de source française	42855
C	Stock-options et mobilité internationale	42900
	SECTION 2 La situation de certaines catégories particulières de salariés	43200
A	Fonctions publiques	43210
B	Travailleurs frontaliers	43480
C	Dirigeants de sociétés	43520
D	Enseignants et chercheurs	43590
E	Étudiants et stagiaires	43610
F	Personnels navigants des entreprises de navigation maritime ou aérienne internationale	43630
	SECTION 3 L'imposition des pensions	43840
A	Principes	43850
B	Pratique française	43880
C	Le traitement fiscal des cotisations à des régimes de retraite étrangers	44000

La détermination du régime fiscal des rémunérations des salariés expatriés passe, comme pour toutes les catégories de revenus, par la distinction entre l'État du **domicile** fiscal (ou celui de la résidence fiscale), et l'État de la **source** des revenus, c'est-à-dire celui où l'activité est exercée. Certes, il arrive très souvent que ces deux États soient confondus, toutes les fois que le salarié, quelle que soit sa nationalité, exerce son activité dans l'État où il est fiscalement domicilié. Dans ce cas, sa situation fiscale ne pose pas de problèmes de fiscalité internationale ; elle est réglée par le droit interne de l'État de son domicile (sauf application, le cas échéant, des clauses de non-discrimination). **42100**

Il est courant qu'un salarié accepte de **s'expatrier** pour une période temporaire afin d'exercer son activité à l'étranger, tout en restant domicilié dans son pays d'origine. Dans ce cas, il est, en principe, imposable sur ses salaires dans l'État où l'activité est exercée. Mais il peut aussi être imposable dans l'État de sa résidence et subir ainsi, en l'absence de convention fiscale, une **double imposition** si cet État n'a pas pris unilatéralement des mesures d'élimination des doubles impositions (crédit d'impôt de droit interne, par exemple). Par ailleurs, la détermination de l'État de sa résidence est essentielle pour l'imposition de ses autres revenus avec prise en compte, le cas échéant, de ses traitements et salaires pour le calcul du taux effectif (nos 7980 et 83410), ou du crédit d'impôt égal à l'impôt français (nos 8160 et 83760). **42105**

On examinera ces différentes questions à la lumière des développements qui figurent aux nos 40000 s. sur la notion de résidence, en distinguant le cas général des salariés du secteur privé, la situation de certaines catégories particulières de salariés et le traitement des pensions et revenus assimilés. **42110**

SECTION 1

Le cas général des salariés du secteur privé

42200 Le salarié qui se rend de France à l'étranger (c'est-à-dire, plus exactement, hors de France au sens indiqué nº 1905) pour y exercer son activité peut ou non être considéré comme restant fiscalement domicilié dans notre pays. Cette distinction est très importante, car, s'il est fiscalement domicilié en France, il y est imposable sur tous ses revenus, y compris ceux qu'il retire d'une activité exercée hors de France (nº 1918) ; s'il n'est pas domicilié en France, il n'est imposable que sur ses revenus de source française (nº 2835).

Précisions **a.** L'article 155 A du CGI (nºs 45780 s.) est éventuellement susceptible de s'appliquer. Voir notamment nº 46060, Précisions g, à propos de cas de **portage salarial**.

b. En ce qui concerne les employeurs, ceux qui sont établis en France sont redevables de la **taxe d'apprentissage**, de la participation des employeurs à la **formation professionnelle continue** et de la participation des employeurs à l'**effort de construction** à raison des rémunérations versées aux salariés qu'ils emploient même lorsque ces derniers exercent leur activité à l'étranger et ne seraient pas redevables de cotisations sociales sur ces rémunérations (BOI-TPS-TA-20 nº 8, renvoyant à la décision du Conseil d'État du 8 avril 2013 mentionnée nº 19370 ; également BOI-TPS-FPC-20 nº 1 et BOI-TPS-PEEC-20 nº 20).

A. Salariés résidents de France qui perçoivent des salaires au titre d'une activité exercée hors de France

42350 Un salarié qui s'expatrie peut rester fiscalement domicilié en France (ou résident de France, ce qui est équivalent) s'il maintient des liens substantiels avec la France, soit en l'absence de convention fiscale, soit en présence d'une convention fiscale. Sa situation n'est cependant pas la même dans l'un ou l'autre cas.

1. Les avantages prévus par le droit interne français

Domiciliation fiscale

42420 S'il n'existe pas de convention fiscale entre la France et l'État où l'activité est exercée, il arrive souvent que le salarié expatrié reste fiscalement domicilié en France, au sens de l'article 4 B du CGI (nºs 40605 s.). Tel est le cas, en particulier, lorsqu'il conserve son **foyer en France**, la notion de « foyer » s'entendant, en substance, du lieu où le salarié habite normalement, c'est-à-dire du lieu de sa résidence habituelle à condition que cette résidence en France ait un caractère permanent (nº 40820). Cette résidence demeure le foyer du contribuable même si celui-ci est amené, en raison des nécessités de sa profession, à séjourner ailleurs temporairement ou pendant la plus grande partie de l'année, à condition que, normalement, sa **famille continue d'y habiter** et que tous ses membres s'y retrouvent.

Aussi, les salariés détachés provisoirement à l'étranger par leur entreprise sont en principe considérés comme fiscalement domiciliés en France s'ils ont laissé leur famille dans notre pays (sous réserve, le cas échéant, des « couples mixtes », nº 40950).

Principe de l'imposition des salaires étrangers

42425 Les salariés domiciliés en France sont normalement imposables sur l'ensemble de leurs revenus, que ceux-ci soient de source française ou étrangère (CGI art. 4 A ; nº 1918). Ils sont imposés au lieu de leur résidence en France (ou au lieu de leur résidence principale s'ils ont plusieurs résidences en France). Il n'y a pas en France d'atténuation analogue à la « remittance basis » britannique (nº 41155, Précisions) et les revenus réalisés à l'étranger, y compris les salaires correspondant à une activité physiquement exercée hors de France sont imposables même s'ils n'ont pas été transférés en France (nº 1920).

L'exception de l'article 81 A du CGI

Le principe de l'imposition des revenus mondiaux admet une exception importante concernant les **salariés envoyés** à l'**étranger** dans certaines conditions ; depuis une loi du 29 décembre 1976, en effet, le droit fiscal français incite à l'expatriation temporaire de salariés résidents de France en leur accordant des exonérations totales ou partielles d'impôt sur le revenu. **42430**

Ce dispositif, codifié à l'article 81 A du CGI, a été substantiellement modifié par l'article 51 de la loi de finances rectificative pour 2005. Ces modifications ont eu pour objet affiché de rendre le texte compatible avec le droit de l'Union européenne, notamment en supprimant la condition de nationalité et en élargissant le champ des employeurs éligibles, et, pour objet moins explicite, de réduire la portée pratique de certaines décisions de jurisprudence dont l'administration admettait mal les conséquences. Depuis lors, seule une modification mineure a été apportée au texte, pour éviter d'accorder un avantage injustifié aux équipages des navires de pêche (loi n° 2017-1837 du 30 décembre 2017 de finances pour 2018, art. 4 ; n° 42585).

On examinera les conditions communes à l'ensemble du dispositif puis les cas d'exonération totale d'impôt sur le revenu, regroupés sous le I de l'article 81 A, et le cas d'exonération partielle codifié sous le II. **42433**

Précisions **a.** Les rémunérations doivent toujours être déclarées sur les **déclarations sociales** que les employeurs doivent remplir (déclaration des traitements et salaires, déclarations sociales nominatives).

b. L'exonération totale ou partielle ne vise que l'impôt sur le revenu et ne s'étend pas aux **cotisations de sécurité sociale** ; lorsque les salariés continuent à relever du régime français de sécurité sociale, les cotisations sont dues comme pour les salariés travaillant en France (seules échappent à cotisation les indemnités couvrant des frais à caractère professionnel).

a. Conditions communes

Domiciliation en France

Les exonérations prévues par l'article 81 A du CGI s'appliquent aux salariés qui sont fiscalement domiciliés en France au sens de l'article 4 B du CGI et qui remplissent les conditions suivantes, quelle que soit leur **nationalité**. **42440**

Application aux seuls salariés

Le régime de faveur est réservé aux seuls salariés, ce qui suppose un lien de **subordination juridique** entre l'expatrié et l'entreprise qui l'emploie ; sont donc exclues les personnes qui exercent des activités professionnelles indépendantes à caractère agricole, commercial, artisanal ou libéral ainsi que les mandataires sociaux. Cette dernière exclusion a été introduite par la loi de finances rectificative pour 2005, qui a remplacé la référence aux « traitements et salaires » (qui comprend les sommes versées aux mandataires sociaux) par celle de « salariés », ce qui exclut les mandataires sociaux même si leurs rémunérations sont imposées sur le revenu dans la catégorie des traitements et salaires (gérants minoritaires de SARL, présidents-directeurs généraux ou présidents de directoire). Pour un exemple de refus à propos d'une personne qui travaillait en qualité de **free-lance**, voir n° 42460, Précisions e. **42445**

Précisions **a.** L'**exclusion des mandataires sociaux** tient à ce qu'il est davantage inhérent à la fonction de mandataire social qu'à la fonction de salarié de travailler à l'étranger et d'effectuer de nombreux déplacements ; les mandataires sociaux n'ont donc pas à être encouragés à travailler à l'étranger (rapport de la commission des finances de l'Assemblée nationale, 1er décembre 2005).

b. Le régime est sur ce point différent de celui qui s'applique aux « **impatriés** », qui couvre également les dirigeants (n° 2205).

Cas des mandataires sociaux titulaires d'un contrat de travail L'administration admet que les mandataires sociaux titulaires d'un contrat de travail à raison de **fonctions techniques** exercées au sein de l'entreprise puissent prétendre, dans les conditions de droit commun, au bénéfice de l'exonération d'impôt sur le revenu à raison des rémunérations perçues au titre de ces fonctions exercées à l'étranger (BOI-RSA-GEO-10-10 n° 70). **42450**

La doctrine administrative rappelle, à ce propos, que la jurisprudence de la Cour de cassation soumet la validité du cumul d'un mandat social et d'un contrat de travail au respect de conditions très strictes et que le cumul n'est autorisé que si le contrat de travail correspond à un emploi effectif, caractérisé par l'exercice, dans un lien de subordination juridique à l'égard de la société, de fonctions techniques distinctes de celles exercées dans le cadre du mandat social et donnant lieu à rémunération séparée.

Les **gérants majoritaires** de **SARL** ne peuvent pas bénéficier de cette tolérance car ils ne peuvent pas avoir la qualité de salarié (BOI-RSA-GER-10-20 n° 50) ; incidemment, pour la même raison, la retenue à la source de l'article 182 A du CGI ne leur est pas applicable s'ils sont non-résidents (CAA Versailles 9 décembre 2008 n° 07-2867, 3e ch., De Clercq : RJF 10/09 n° 810 ; arrêt définitif).

Précisions Il a été jugé qu'un **gérant associé unique d'une EURL** ne pouvait bénéficier des dispositions de l'article 81 A du CGI, la possibilité de cumuler salariat et gérance pour le compte de la même société n'étant pas ouverte aux gérants majoritaires ou aux gérants associés uniques d'une EURL (TA Rouen 3 octobre 2013 n° 1101193, 2e ch., Hautot : RJF 5/14 n° 455 ; jugement définitif).

Employeur européen

42460 L'employeur s'entend **l'entité juridique à laquelle le salarié est contractuellement lié** ; il doit être établi en France ou dans un autre État membre de l'Union européenne ou encore dans un autre État partie à l'accord sur l'Espace économique européen ayant conclu avec la France une convention d'assistance administrative en vue de lutter contre la fraude et l'évasion fiscales (à savoir l'Islande, le Liechtenstein et la Norvège).

Pour l'administration, la notion d'employeur s'entend de la façon suivante :
– l'employeur est « la personne vis-à-vis de laquelle le salarié se trouve placé en état de subordination » ; « l'employeur donne des **ordres** et des **directives** au salarié qui, en contrepartie de l'exécution de ces directives, se voit verser une rémunération » (réponse Habib n° 20309 : JOAN 26 novembre 2019 p. 10290 ; BF 2/20 n° 70) ; selon cette réponse ministérielle, les qualités d'employeur et de salarié sont déduites de la conclusion d'un contrat de travail écrit ou à défaut d'un faisceau d'indices, le salarié étant tenu d'apporter, le cas échéant, tout document permettant de justifier l'origine des ordres et directives qu'il reçoit ;
– la qualité d'employeur est reconnue, au regard des circonstances particulières de l'espèce et des justifications présentées, à la personne physique ou morale à laquelle le salarié est lié, c'est-à-dire qui **recrute** le salarié, assume la **charge financière** du salaire, définit la tâche du salarié et exerce sur lui un pouvoir hiérarchique (réponse Blondin n° 10699 : JO Sénat 9 janvier 2020 p. 128 ; BF 3/20 n° 171) ; cette réponse ministérielle ajoute que, au sein d'un groupe, une **filiale** détient la qualité d'employeur dès lors qu'elle en exerce les prérogatives, même lorsque la politique sociale et la gestion du personnel relèvent du groupe et que ce dernier exerce un contrôle économique sur ses filiales ; elle précise enfin que, si le bénéfice de l'article 81 A du CGI est subordonné à l'existence de tels liens entre le salarié et une entreprise établie en France (ou dans un État « européen »), il n'est pas exigé, conformément à la jurisprudence du Conseil d'État (Précisions b ci-après), que les salaires perçus en rémunération de l'activité exercée à l'étranger procèdent d'un **contrat de travail** formellement conclu avec une telle entreprise.

La détermination de l'employeur est parfois source de difficultés, comme l'illustrent les affaires suivantes :
– **portage salarial** : un **pilote d'hélicoptère** domicilié en France, qui avait conclu un contrat de travail avec une société de Jersey qui facturait à une société française les services qu'il rendait, n'a pas pu bénéficier de l'exonération dès lors que son employeur était la société de **Jersey** et non pas la société française qui bénéficiait de ses services (CE 4 novembre 2020 n° 436367, 8e et 3e ch. : RJF 1/21 n° 2). Dans cette affaire, l'administration avait invoqué deux motifs contradictoires de rectification mais cette contradiction s'est avérée sans importance au contentieux ; elle avait invoqué **l'article 155 A** du CGI en relevant que le pilote avait réalisé l'ensemble des opérations facturées par la société de Jersey, que celle-ci bénéficiait d'un régime fiscal privilégié et qu'elle n'exerçait aucune activité industrielle ou commerciale à l'exception d'une prestation de portage salarial pour le compte de la société française, mais elle avait, ce faisant, commis une erreur de droit en ce qui concerne la catégorie d'imposition (n° 46080) ; elle avait également fondé la rectification sur l'article 79 du CGI, qui pose le principe de l'imposition des **traitements et salaires** (le pilote avait déclaré les salaires reçus en considérant qu'ils étaient exonérés sur le fondement de l'article 81 A du CGI) et ce motif justifiait à lui seul l'imposition, le Conseil d'État pouvant confirmer les rectifications en substituant ce motif à celui que la Cour avait retenu en appliquant à tort l'article 155 A (en effet, Jersey

n'est situé ni dans l'Union européenne ni dans l'Espace économique européen et le contribuable, **prisonnier des apparences**, ne pouvait soutenir que son employeur réel était la société française ; voir n° 10730). À notre avis, toutefois, l'imposition aurait dû être assise sur les **rémunérations effectivement versées** par la société de Jersey au pilote et non pas sur celles versées par la société française à la société de Jersey (le contribuable avait formé un recours en rectification d'une erreur matérielle que la Cour aurait commise dans l'arrêt d'appel, mais ce recours a été rejeté par CAA Lyon 2 avril 2020 n° 19LY03720, 5e ch., arrêt définitif, au motif qu'en retenant comme base d'imposition la totalité des sommes versées par la société française et correspondant aux prestations du pilote la Cour s'était livrée à une appréciation juridique insusceptible d'être remise en cause par la voie du recours en rectification d'erreur matérielle) ; dans une configuration identique concernant un autre pilote domicilié en France, le bien-fondé de l'imposition en France des salaires versés par la société de Jersey et de la non-application de l'article 81 A a été réaffirmé pour les mêmes raisons par CAA Nantes 11 mars 2022 n° 20NT02885, 1e ch., arrêt définitif relevant notamment que le pilote n'établissait pas qu'il était placé dans un rapport de subordination avec la société française (alors que, comme les autres pilotes, il était mis à la disposition de cette société par la société de Jersey) ni que les contraintes fixées par la société française excédaient celles résultant d'une mise à disposition et caractérisaient un rapport de subordination permettant de regarder cette dernière comme étant son véritable employeur ; pour un autre exemple dans une situation voisine, voir CAA Marseille 19 octobre 2017 n° 16MA01276 : RJF 11/18 n° 1103, arrêt définitif jugeant, à propos de salaires versés par une société de portage établie à **Guernesey** en rémunération d'une activité exercée en Arabie saoudite pour le compte d'une société française, qu'un salarié « porté » est contractuellement lié à la société de portage salarial et non pas à la société utilisatrice ; 42460 (suite)

– **critères déterminant la qualité d'employeur** : la circonstance qu'un contribuable soit lié par un contrat de travail avec une société établie hors de France ne suffit pas, à elle seule, à exclure le fait qu'il puisse disposer également d'un employeur français ni à faire obstacle à ce qu'il soit regardé comme ayant été envoyé par celui-ci hors de France (CAA Nantes 28 juin 2018 n° 16NT04093 : RJF 1/19 n° 33 ; cet arrêt a fait l'objet d'un pourvoi non admis par CE (na) 1er octobre 2019 n° 423662, 8e ch. : RJF 12/19 n° 1142) ; pour la Cour, en effet, une analyse précise doit être faite dans chaque cas au vu des circonstances et des justifications produites par le salarié ; en l'espèce, il est jugé que l'intéressé ne pouvait pas bénéficier de l'article 81 A du CGI dès lors que, salarié d'une société de l'île Maurice, il n'était pas fondé à soutenir que, compte tenu des circonstances, son véritable employeur aurait été une société française (au demeurant, comme il avait été recruté par la société française en qualité de « free-lance », il ne pouvait, étant donné les circonstances, être considéré comme salarié). La même position a été retenue à propos d'un salarié du groupe Total qui avait signé un contrat de travail avec une filiale suisse du groupe pour exercer ses fonctions en position de détachement auprès de filiales étrangères (en Angola, au cours des années en litige). Il ne pouvait pas bénéficier de l'article 81 A, car son employeur devait être considéré comme étant la filiale suisse du groupe, étant donné les caractéristiques de son contrat de travail qui régissait l'essentiel de son statut et sans égard au fait que son affectation ait été décidée par le siège français du groupe (CAA Paris 24 septembre 2021 n° 20PA00615, 9e ch. : RJF 1/22 n° 27 ; arrêt définitif) ; là encore, la Cour souligne cependant que la seule circonstance qu'un salarié détaché à l'étranger ait signé un contrat de travail avec un employeur établi à l'étranger ne suffit pas à écarter l'article 81 A et qu'il convient d'analyser les circonstances et les justifications produites (voir également Précisions b ci-dessous) ;

– **lieu d'établissement de l'employeur** : ne pouvait bénéficier de l'article 81 A du CGI une personne physique domiciliée en France, responsable de la maintenance à bord d'un navire de forage pétrolier en Angola et en Namibie en 2015 et 2016, dès lors que son contrat de travail avait été conclu avec une société de Jersey qui lui versait sa rémunération et établissait ses bulletins de salaire (CAA Nantes 1er avril 2022 n° 20NT03559, 1e ch. ; pourvoi enregistré sous le n° 464551) ; l'intéressé avait tenté de démontrer que son **employeur « réel »** était une société grecque, mais les éléments avancés (existence d'un lien de subordination en Grèce où travaillait le signataire du contrat de travail ; organisation de son travail par la société grecque qui lui donnait des ordres de mission, recevait et contrôlait son activité, faisait son évaluation annuelle et assurait la formation professionnelle ; présence à Jersey d'une simple adresse postale) ne suffisaient pas à l'établir ; dans le même sens, le dispositif n'était pas applicable à un salarié d'une société dont le siège était établi à Dubaï, le requérant ayant vainement soutenu qu'il s'agissait d'une succursale d'une société chypriote (TA Pau 12 juillet 2022 n° 2000574, 1e ch.) ;

– salarié recruté par la **succursale étrangère** d'une société française : l'article 81 A n'est pas applicable à un salarié recruté par la succursale angolaise d'une société française en tant que chef mécanicien sur des plateformes pétrolières en Angola, dès lors que la société française ne gère que des titres participatifs et ne possède ni locaux ni effectifs en France (CAA Nantes 1er avril 2022 n° 20NT03425, 1e ch. ; arrêt définitif).

Précisions **a.** Il est sans importance que la rémunération soit payée en France ou à l'étranger ou qu'elle soit supportée par l'entreprise installée en France ou par un de ses établissements ou même par une de ses filiales (BOI-RSA-GEO-10-10 n° 120).

b. La seule circonstance qu'un salarié détaché à l'étranger ait signé un **contrat de travail** avec un **employeur établi à l'étranger** ne suffit pas à exclure les rémunérations du champ de l'article 81 A du CGI (CE 17 octobre 2007 n° 284153, 3e et 8e s.-s., Chasteigner : RJF 1/08 n° 5 ; décision rendue à propos d'une ancienne rédaction de la loi mais transposable à la législation actuelle) ; cette solution vaut, par exemple, pour un salarié résident de France qui serait détaché hors de France et qui signerait un second contrat de travail avec la filiale locale de son employeur. Un salarié qui dispose d'un contrat de travail local est éligible du moment qu'il est envoyé à l'étranger par un employeur établi en France (dans cette affaire, le commissaire du Gouvernement François Séners estimait même que la loi ne prescrit pas le maintien du contrat de travail français pendant la période d'expatriation ; conclusions au BDCF 1/08 n° 1). Pour un exemple de contribuable ne justifiant pas qu'il avait été envoyé à l'étranger par un employeur établi en France alors pourtant qu'il produisait une **attestation de la filiale** angolaise du groupe, voir CAA Bordeaux 25 avril 2013 n° 11BX02806, 4e ch., Bourricaud : RJF 10/13 n° 933 (arrêt définitif).

c. Pour un exemple de non-respect de la **condition relative à l'employeur**, voir CE 17 décembre 2010 n° 306174, 10e et 9e s.-s., Leostic : RJF 3/11 n° 264, à propos d'un salarié recruté par une société des îles Vierges britanniques et qui exerçait comme chef de chantier sur des sites de recherche pétrolière ; l'intéressé n'a pas été considéré comme détaché à l'étranger par un employeur établi en France.

d. L'article 81 A, dans sa rédaction antérieure à la réforme de 2005, avait été considéré comme applicable à un salarié envoyé en Arabie saoudite par un **employeur allemand** (CE 17 juin 2011 n° 314392, 9e et 10e s.-s., Baumann : RJF 10/11 n° 1047) ; cette solution ne présente plus aujourd'hui qu'un intérêt historique puisque la loi a été modifiée dans ce sens, pour corriger la discrimination antérieure ainsi censurée par le Conseil d'État.

e. Un contribuable domicilié en France, qui était employé par une **société suisse** (et non par une société luxembourgeoise comme il le prétendait) pour travailler sur des plates-formes pétrolières en Angola et qui, pour une autre période, travaillait en qualité de **free-lance** (et non pas de salarié), n'était pas fondé à demander le bénéfice de l'article 81 A du CGI (CAA Nantes 20 décembre 2018 n° 18NT02577, 1e ch., arrêt définitif ; sur cette affaire, voir également n° 40821).

f. Un scaphandrier domicilié en France, qui effectuait des missions sur des plate-formes pétrolières et à bord des navires d'une société française, ne pouvait prétendre, au titre des années 2013 à 2016, que son employeur était une société française alors qu'il n'apportait aucun élément en ce sens et qu'il était lié par un contrat de **consultant indépendant** avec une société établie à Dubaï, dont la société française était cliente (CAA Nantes 1er avril 2022 n° 20NT03637, 1e ch. ; pourvoi enregistré sous le n° 464594) ; l'intéressé a échoué à démontrer qu'il avait avec la société française un lien de subordination et que celle-ci était donc son employeur.

Lieu d'exercice de l'activité

42470 La loi ne fait pas référence à la notion d'envoi à l'« étranger », mais précise que seuls sont éligibles les salariés qui sont envoyés par un employeur dans un État **autre que la France et** que celui du **lieu d'établissement** de cet employeur. Ainsi, les exonérations d'impôt sur le revenu s'appliquent aux salaires perçus en rémunération d'activités exercées en tout lieu relevant de la souveraineté fiscale d'un État ou territoire autre que la France ou que l'État du lieu d'établissement de l'employeur. Par exemple, une personne fiscalement domiciliée en France, employée par une entreprise établie en Allemagne, sera réputée exercer ses fonctions dans un État étranger au sens des dispositions de l'article 81 A si celles-ci se déroulent hors de France (lieu de son domicile fiscal) et d'Allemagne (lieu d'établissement de son employeur).

Pour l'appréciation des conditions relatives aux exonérations, notamment celle afférente à la durée d'expatriation qui peut conditionner l'exonération totale (n° 42570 et n° 42620), il est sans importance que le salarié ait exercé ses fonctions **dans un ou plusieurs États étrangers** (BOI-RSA-GEO-10-10 n° 140). Ainsi, une personne qui, au cours d'une période de douze mois consécutifs, aura travaillé sur des chantiers de construction différents pendant cent jours dans un État et quatre-vingt-dix jours dans un autre État pourra cumuler ces deux périodes pour établir que la durée de son séjour à l'étranger est effectivement supérieure à cent quatre-vingt-trois jours (de même pour les activités de prospection commerciale).

Précisions a. Les **collectivités d'outre-mer** (n° 1906) sont considérées comme des États étrangers pour l'application de l'article 81 A (BOI-RSA-GEO-10-10 n° 130).

b. La restriction aux envois dans « un État », autre que la France et l'État du lieu d'établissement de l'entreprise, et non pas à l'« étranger », conduit à **exclure** les zones internationales qui n'appartiennent pas à un État, par exemple la **haute mer**.

c. Les exonérations sont applicables en cas d'activité exercée à **Monaco** (TA Nice 13 octobre 1989 n° 1475/89/III : RJF 2/90 n° 141).

Agents de la fonction publique

Les agents de la fonction publique bénéficient partiellement du dispositif en vertu de la loi ; sont concernés les agents publics, c'est-à-dire les agents qui sont employés par une personne publique à laquelle ils sont unis par un lien de droit public, ce qui vise, en pratique, les **fonctionnaires** civils des administrations de l'État, des régions, des départements, des communes et de leurs établissements publics, y compris les établissements hospitaliers, ainsi que les **militaires**, les **magistrats** de l'ordre judiciaire, les fonctionnaires des assemblées parlementaires, les agents des établissements publics à caractère industriel ou commercial (**Épic**) ayant la qualité de fonctionnaire, les **agents contractuels** exerçant leurs fonctions au sein de la fonction publique d'État, des collectivités territoriales ou de la fonction publique hospitalière (BOI-RSA-GEO-20 n° 40). **42490**

Ces agents publics peuvent bénéficier de l'exonération en cas d'assujettissement à l'impôt à l'étranger (CGI art. 81 A, I-1° ; n° 42550) mais pas de celle accordée en considération de l'exercice de **certaines activités** (CGI art. 81 A, I-2° ; n°s 42570 et 42620) ; ils peuvent également bénéficier de l'exonération des suppléments de rémunération liés à l'expatriation (CGI art. 81 A, II ; n°s 42640 s.).

Précisions Les sommes exonérées en application de l'article 81 A du CGI versées aux agents de la fonction publique sont prises en compte pour le calcul du **taux effectif** (CGI art. 197 C) et pour la détermination du **revenu fiscal de référence** (CGI art. 1417, IV-1° -c). Toutefois, les suppléments de rémunération des agents civils et militaires de l'État en service à l'étranger ne sont pris en compte, quels que soient leurs montants, ni pour le calcul du taux effectif ni pour la détermination du revenu fiscal de référence (BOI-RSA-GEO-20 n°s 170 et 180).

Travailleurs frontaliers

Les travailleurs frontaliers exerçant leur activité à l'étranger durant la journée et rentrant quotidiennement à leur domicile en France ne bénéficient pas des exonérations totale ou partielle prévues à l'article 81 A (BOI-RSA-GEO-10-10 n° 150) ; selon l'administration, la partie de la journée de travail des personnes concernées qui se déroule dans l'État du lieu d'exercice des fonctions ne peut pas être assimilée à un **« séjour »** au sens de la jurisprudence du Conseil d'État (CE 10 janvier 1992 n° 109895, Koch, 9e et 8e s.-s. : RJF 3/92 n° 341) ; par suite, les travailleurs frontaliers placés dans cette situation ne sont pas réputés expatriés (de son côté, la loi se borne à prévoir que les dispositions du 2° du I de l'article 81 A, relatives aux exonérations accordées au titre de certaines activités, ne s'appliquent pas aux travailleurs frontaliers). **42495**

Prélèvement à la source de l'impôt sur le revenu

Les sommes exonérées au titre de l'article 81 A du CGI ne sont pas comprises dans l'assiette du prélèvement à la source de l'impôt sur le revenu (n° 1932). **42500**

Toutefois, lorsque les conditions d'application ne sont pas réunies au moment du versement des sommes (notamment lorsque la **durée d'expatriation** n'expose pas le salarié à un risque d'imposition dans l'État étranger ou lorsque les suppléments de rémunérations liés à des missions ponctuelles à l'étranger excédent **40 % de la rémunération**), les primes et indemnités d'expatriation sont soumises au prélèvement (BOI-IR-PAS-20-10-10 n° 40).

L'employeur peut cependant s'abstenir de pratiquer le prélèvement si la durée d'expatriation connue est supérieure aux seuils mentionnés n°s 42570 et 42620 s., respectivement, ou si les suppléments versés n'excèdent pas 40 % de la rémunération (n°s 42640 s. ; BOI préc.).

Précisions Ces règles s'appliquent uniquement aux indemnités d'expatriation versées par un employeur établi en France ; les salaires de source étrangère versés par un **employeur établi hors de France** font l'objet de l'acompte (n° 1932).

b. Salariés bénéficiant d'une exonération totale

42530 Il existe **trois cas** d'exonération totale, sous réserve que soient satisfaites les conditions indiquées en a. ci-dessus (nos 42440 s.).

Premier cas : salariés soumis à un impôt sur le revenu voisin de l'impôt français (CGI art. 81 A, I-1°)

42550 Leurs rémunérations ne sont pas soumises à l'impôt en France lorsque les salariés sont en mesure de justifier qu'elles ont été effectivement soumises dans l'État étranger à un impôt sur le revenu au moins égal aux **deux tiers** de celui qui aurait été exigible en France sur la même base d'imposition.

Pour effectuer la **comparaison**, il convient de retenir les modalités de détermination de la base imposable et le quotient familial normalement applicables en cas d'imposition en France et de faire abstraction des autres revenus perçus par le contribuable ou les membres de sa famille. Le second terme de comparaison est le montant de l'impôt acquitté à l'étranger.

Précisions **a.** Soit, par **exemple**, un salarié domicilié en France, mais détaché dans un pays étranger non conventionné et ayant déclaré un salaire de 100 sur lequel il a payé dans ce pays un impôt effectif de 17. Supposons qu'en France un salaire de 100 donne un impôt théorique de 34. Le rapport 17/34 = 50 % étant inférieur aux deux tiers, la condition n'est pas remplie ; le salaire est donc imposable en France (sur une assiette de 83, soit 100 - 17) et l'article 81 A, I du CGI n'est pas applicable.

b. Des difficultés pratiques peuvent surgir lorsque le salarié a déclaré également à l'étranger d'autres revenus que ses revenus salariaux ; il convient dans ce cas, a priori, d'opérer une « **règle de trois** » afin d'isoler la part de l'impôt acquitté localement qui correspond aux salaires.

42553 **Justification** La justification par le contribuable qu'il entre dans le champ d'application de l'article 81 A, I-1° du CGI ne peut être apportée, en principe, que par voie de **réclamation** produite dans les délais de droit commun ; elle suppose la production des pièces justificatives nécessaires et notamment une **attestation de l'employeur**, mentionnant d'une manière distincte le montant de la rémunération proprement dite, des allocations complémentaires et des allocations pour frais professionnels, et d'un **document fiscal** faisant apparaître le montant des revenus imposés à l'étranger et de l'impôt correspondant : avis d'imposition, extrait de rôle, quittance, etc. (document délivré par les autorités fiscales étrangères).

Précisions L'article 81 A, I-1° du CGI, s'il a pour but d'éviter unilatéralement les doubles impositions, ne tend pas à favoriser ou à permettre les doubles exonérations (à la différence de l'article 81 A, I-2° du CGI ; nos 42570 s.).

42555 **Solution de tempérament** La procédure normale (n° 42553), de type contentieux, n'est à retenir que pour l'année de l'installation à l'étranger. L'administration admet qu'il soit **sursis à l'imposition** lorsque l'intéressé exerce son activité dans le même pays pendant plusieurs années consécutives, dans la mesure où il aura apporté la preuve que la condition tenant au montant de l'impôt acquitté à l'étranger était remplie pour l'année précédente (BOI-RSA-GEO-10-20 n° 60). Il ne s'agit cependant que d'un sursis qui expire le 31 décembre de l'année suivant celle de la perception des salaires. L'intéressé doit fournir les pièces justificatives pour chaque année d'imposition, sauf à s'exposer à une demande de production de ces pièces par l'administration et, le cas échéant, à une proposition de rectification si les renseignements ne sont pas fournis.

Deuxième cas : salariés exerçant certaines activités à l'étranger pendant plus de cent quatre-vingt-trois jours (CGI art. 81 A, I-2°)

42570 Il s'agit d'un deuxième cas d'exonération totale, indépendante de l'assujettissement des rémunérations en cause à un impôt à l'étranger (une double exonération est donc possible) et qui suppose réunies les conditions suivantes.

Précisions **a.** Cette exonération est applicable **même en l'absence d'opération d'exportation** (CE 13 mars 1996 n° 146982, 8e et 9e s.-s., min. c/ Meslier : RJF 5/96 n° 583) ; ainsi, un officier de la marine marchande envoyé en Corée du Sud pendant une période de trois cent soixante jours sur une période de douze mois pour participer, en qualité d'ingénieur-conseil, à la construction et l'armement d'un navire a pu en bénéficier, même si le navire à la construction duquel il avait pris part était destiné à être livré à son employeur, c'est-à-dire en l'absence d'exportation.

b. Ne peut bénéficier de l'exonération un contribuable qui n'apporte aucune précision sur la **nature exacte de son activité** à l'étranger et qui se borne à produire un relevé de ses déplacements, établi par une agence de voyages et comportant des contradictions (CAA Lyon 2 juin 2015 n° 14LY01375, 2e ch. ; arrêt définitif).

Condition de durée d'activité Les salaires doivent se rapporter à une activité exercée à l'étranger pendant plus de **cent quatre-vingt-trois jours** au cours d'une période de douze mois consécutifs ; pour apprécier si cette condition est remplie, il convient de retenir la durée de la mission à l'étranger, c'est-à-dire la période écoulée entre le premier départ et le retour définitif, en défalquant seulement les périodes pendant lesquelles le salarié est revenu en France pour y exercer une activité. Les jours de repos hebdomadaire se rapportant à l'activité exercée à l'étranger, la durée des **congés de récupération et congés payés** auxquels donne droit l'activité exercée à l'étranger, les congés pour accident du travail ou pour maladie consécutifs à cette activité, même si ces différents congés sont pris en France, sont assimilés à l'activité exercée à l'étranger (BOI-RSA-GEO-10-20 nos 210 s.). **42575**

Les précisions suivantes ont, en outre, été fournies à l'occasion d'une affaire particulière (CAA Versailles 5 novembre 2019 n° 18VE03617, 3e ch., arrêt définitif rendu sur renvoi par la décision n° 412525 du Conseil d'État du 26 octobre 2018 mentionnée n° 42622) :
– la durée totale d'activité salariée à l'étranger comprend la totalité des jours consacrés par le salarié aux **trajets** entre la France et les États dans lesquels il est amené à effectuer ses missions (en l'espèce, de prospection commerciale, mais la solution est généralisable sous réserve de la position éventuelle du Conseil d'État), alors même que le temps de trajet effectif d'une destination à une autre n'occuperait qu'une fraction des jours en cause, dès lors que ces trajets sont indissociables de l'exercice des missions confiées au salarié et relèvent ainsi de son activité salariée à l'étranger, quelle que soit la durée de la mission à laquelle ces voyages se rapportent ;
– la loi apprécie la durée d'activité **en jours entiers** et non d'heure à heure d'où il résulte que ne sont pas exclues les journées qui ne sont pas intégralement consacrées à l'activité exercée à l'étranger.

Le mode de calcul des jours d'activité a également fait l'objet des précisions jurisprudentielles suivantes :
– la durée totale d'activité à l'étranger comprend notamment les congés payés et les congés de récupération auxquels donne droit la réalisation de la mission confiée au salarié par son employeur, **quel que soit le lieu** dans lequel ces congés sont effectivement pris (CE 24 juin 2019 n° 419679, 3e et 8e ch. : RJF 10/19 n° 903 ; CE 17 décembre 2003 n° 248854, 8e et 3e s.-s., David : RJF 3/04 n° 248) ;
– la circonstance que les congés payés et congés de récupération auxquels donne droit la réalisation de la mission à l'étranger soient placés sur un **compte d'épargne temps** ne fait pas obstacle à ce qu'ils soient pris en compte pour le calcul de la durée de séjour à l'étranger (CE 24 juin 2019 n° 419679, 3e et 8e ch., précité) ;
– il n'est pas exclu par principe que les jours d'activité à prendre en compte soient des **jours travaillés** autres que des jours ouvrés (CE 24 juin 2019 n° 419679, 3e et 8e ch., précité).
Dans cette dernière affaire, qui concernait une activité de prospection commerciale mais les solutions sont transposables, le contribuable a eu partiellement satisfaction sur renvoi, car la Cour a ajouté aux jours passés à l'étranger et aux **jours de récupération** au titre des séjours à l'étranger **une partie des jours de congés** déterminée en appliquant au nombre de jours de congés annuels le rapport entre les jours passés à l'étranger et le total des jours de travail de l'année et des jours de repos annuels (CAA Bordeaux 6 juillet 2020 n° 19BX02427, 5e ch. ; arrêt définitif).

Précisions **a.** Lorsque l'activité est exercée **de manière discontinue**, seuls sont exonérés les salaires versés en rémunération de l'activité à l'étranger qui se rapportent à la période de douze mois consécutifs pour laquelle la condition indiquée ci-dessus est remplie.

b. Lorsque la mission exercée à l'étranger **chevauche deux années civiles**, le décompte de la durée s'effectue en glissement. L'administration indique que, dans ce cas, il y a lieu de surseoir à l'imposition de la rémunération perçue à l'étranger ; le contribuable doit être en mesure de fournir, à la demande de l'administration, une attestation de son employeur indiquant la durée probable de son activité à l'étranger ainsi que celle du chantier. En pratique, le salarié doit déposer dans le délai de droit commun une déclaration provisoire indiquant le montant de ses autres revenus. Lorsque l'activité a été exercée pendant moins de cent quatre-vingt-trois jours consécutifs, il doit déposer une déclaration rectificative au plus tard le 31 décembre suivant la période de douze mois, faisant apparaître le montant global de ses revenus, y compris la rémunération perçue à raison de l'activité exercée à l'étranger. Dans le cas inverse, le contribuable doit produire, à la demande de l'administration, les pièces justificatives prouvant que l'activité a été exercée à l'étranger pendant plus de cent quatre-vingt-trois jours au cours d'une période de douze mois consécutif (BOI-RSA-GEO-10-20 nos 240 s.).

c. La période de douze mois retenue pour le calcul des cent quatre-vingt-trois jours **peut chevaucher deux années civiles** (CE 25 septembre 1989 n° 59026, 8e et 7e s.-s., Jourdan : RJF 11/89 n° 1220).

d. La durée minimale d'expatriation de cent quatre-vingt-trois jours (de même que celle de cent-vingt jours) n'a pas vocation à être aménagée en raison de l'épidémie de **Covid-19** (réponse Rauch, n° 30794 : JOAN 27 avril 2021 p. 3633 ; réponse Longuet, n° 19140 : JO Sénat 29 avril 2021 p. 2819).

42580 La **durée de l'activité** à l'étranger doit être **établie** de **façon probante** ; le Conseil d'État a jugé, par exemple, qu'une attestation délivrée par le chef du personnel à un directeur commercial certifiant que ce dernier avait travaillé plus de 50 % hors de France au cours d'une année n'est pas suffisante (CE 13 novembre 1996 n° 155447, 8e et 9e s.-s., Pierron : RJF 1/97 n° 82). Voir aussi CAA Paris 10 octobre 1996 n° 93-1393, 2e ch., Lavigne-Delville (RJF 1/97 n° 1), pour un exemple d'absence de justification de la réalité et de la durée de jours de récupération (arrêt définitif).

Dans le même sens, il a été jugé que l'exonération n'était pas applicable à la somme versée au titre d'un **treizième mois** dans la mesure où il n'était pas établi qu'une partie de ce montant se rapporterait à l'activité du contribuable exercée à l'étranger (TA Lille 16 décembre 2016 n° 1401721 : RJF 4/17 n° 327, jugement définitif relatif à un ingénieur qui avait effectué des missions de montage et de mise en route d'ensembles industriels à l'étranger) ; ce jugement refuse également l'exonération des revenus correspondant à des **congés de récupération**, faute de document permettant d'attester qu'ils se rapportaient effectivement aux séjours réalisés à l'étranger, mais il reprend la solution selon laquelle le nombre de jours pour bénéficier de l'exonération peut se décompter en année glissante, répartie sur deux années civiles.

42585 **Condition de nature d'activité** L'activité salariée doit se rapporter aux domaines suivants, limitativement énumérés par la loi (BOI-RSA-GEO-10-20 n° 100) :

a. chantiers de construction ou de montage, installation d'ensembles industriels, leur mise en route, leur exploitation et l'ingénierie y afférente ;

b. recherche ou extraction de **ressources naturelles** ;

c. navigation à bord de navires armés au commerce et immatriculés au registre international français (RIF) ; la référence aux navires « de commerce » a pour objet d'exclure les équipages des navires de pêche (article 4 de la loi n° 2017-1837 du 30 décembre 2017 de finances pour 2018, applicable depuis l'imposition des revenus de l'année 2017) ; cette mesure d'exclusion a été rendue nécessaire par la possibilité donnée aux navires de pêche, par la loi n° 2016-816 du 20 juin 2016, d'être immatriculés au RIF (l'application de l'article 81 A, I, qui en aurait autrement résulté, aurait pu constituer une aide d'État interdite dans le secteur de la pêche) ; les marins pêcheurs peuvent cependant bénéficier de l'article 81 A, II (n° 42640, Précisions c).

Précisions **a.** Sous l'empire de la législation antérieure à la réforme de 2005, il avait été précisé que l'exercice de **fonctions dirigeantes** par un salarié ne l'exclut pas du champ d'application du dispositif, dès lors que le salaire perçu rémunère des activités se rapportant à la conduite de chantiers à l'étranger, sans qu'y fasse obstacle la circonstance qu'il n'aurait pas exercé sur les chantiers des tâches d'ordre technique (CE 14 juin 1989 n° 59428, 9e et 7e s.-s., de Pol : RJF 8-9/89 n° 957) ; la part du salaire se rapportant aux chantiers à l'étranger a été déterminée, en l'espèce, au prorata du nombre de journées passées dans l'année par le contribuable dans les pays où les chantiers étaient situés. Aujourd'hui, un mandataire social peut de toute façon en bénéficier s'il exerce des fonctions techniques distinctes (n° 42450).

b. En excluant la prise en compte, pour la computation de la période de cent quatre-vingt-trois jours de « navigation à bord de navires immatriculés au registre international français », des **périodes durant lesquelles ces navires restent à quai en France** en attendant l'appareillage et en ne regardant pas les marins, ingénieurs et techniciens embarqués à bord de navires immatriculés au RIF à quai dans les ports français comme se trouvant à l'étranger pour l'application de l'exonération prévue au I de l'article 81 A du CGI, l'administration n'a pas commis d'excès de pouvoir (CE 17 décembre 2010 n° 328110, 3e et 8e s.-s., Syndicat maritime Bretagne CFDT : RJF 3/11 n° 308).

42590 En ce qui concerne les **chantiers de construction**, l'administration apporte divers éclaircissements qui sont essentiellement tirés de la jurisprudence (nos 42600 s.), dans la mesure où la réforme de 2005 n'a pas touché ce dispositif ; elle précise ainsi que les chantiers de construction s'entendent au sens large, non seulement des chantiers de **travaux publics**, mais également des chantiers de construction privée ou des chantiers **navals** (BOI-RSA-GEO-10-20 n° 110). À propos de l'activité de **montage**, elle souligne que la jurisprudence a admis que les prestations en « aval » du chantier proprement dit mais indissociables de celui-ci bénéficient des dispositions de l'article 81 A du CGI (BOI préc. n° 120).

Les rémunérations exonérées s'entendent aussi bien des salaires payés aux personnels exerçant des fonctions techniques qu'à ceux exerçant des **fonctions administratives**, comme l'intendance et la restauration (BOI préc. n° 140).

L'administration a inclus l'**ingénierie informatique** dans la liste des activités éligibles (BOI préc. n° 100).

Précisions **a.** Il n'est pas exigé par la loi que l'activité soit exercée précisément **dans l'État où se déroule le chantier** ; ainsi, l'exonération peut être accordée à un salarié envoyé à Prague pour coordonner l'ingénierie d'un projet au Pakistan (TA Versailles 6 juillet 2004 n° 02-4359, 5e ch., Lebertre : RJF 12/04 n° 1244 ; jugement définitif).

b. L'exonération est applicable **même si l'employeur n'exploite pas lui-même le chantier** sur lequel il a détaché le salarié (CE 6 juillet 1988 n° 60058, 9e et 8e s.-s. : RJF 10/88 n° 1094) ; la portée donnée à la loi par le Conseil d'État, qui n'exige pas que le salarié travaille sur un chantier appartenant à son employeur, est de nature à favoriser les exportations de matériels destinés à être utilisés sur des chantiers hors de France (cette solution est à notre avis toujours valable aujourd'hui).

À l'égard des activités de prospection, recherche et extraction de **ressources naturelles**, une conception large prévaut (recherche et cueillette de plantes médicinales, survol des eaux territoriales d'un État aux fins de rechercher la position de bancs de poissons, par exemple). **42593**

En revanche, **l'activité de pêche** ne constitue ni de la prospection, ni de la recherche et pas davantage de l'extraction de ressources naturelles dès lors que, par nature, les ressources halieutiques ne sont pas attachées au sous-sol comme l'est une plante par ses racines. L'activité de pêche n'est pas éligible au bénéfice de l'exonération totale d'impôt sur le revenu, mais bénéficie, en revanche, de l'exonération partielle dans les conditions prévues pour les marins-pêcheurs (n° 42640, Précisions c).

Précisions Dans le sens de la doctrine administrative, il a été jugé (sous l'empire de la législation antérieure) que l'activité de **pêche dans les eaux internationales** ne pouvait être considérée comme se rattachant à la recherche et à l'extraction de ressources naturelles, ces dernières activités ne concernant que les produits du sol et du sous-sol (CAA Nantes 30 décembre 2005 n° 03-718, Plén., min. c/ Gardet : RJF 5/06 n° 530 ; arrêt définitif) ; par suite, un contribuable exerçant pendant plus de cent quatre-vingt-trois jours par an sa profession de chef mécanicien à bord d'un thonier exploité au large des côtes africaines ne peut pas bénéficier de l'exonération.

Les personnels d'**entreprises sous-traitantes** qui exercent, sur le même site que le donneur d'ordre, des fonctions techniques ou administratives qui se rattachent directement aux activités éligibles de celui-ci bénéficient de l'exonération totale (BOI-RSA-GEO-10-20 n° 140). Il en est ainsi, par exemple, des personnels de **restauration** détachés sur des chantiers de construction, ou de ceux qui assurent la **sécurité** des plates-formes de forage pétrolier, le **remorquage** des engins de forage ou l'**acheminement du personnel** travaillant sur la plate-forme entre celle-ci et la base terre, dès lors que ces activités se rattachent directement et de manière indispensable à celle d'extraction de ressources naturelles. Tel n'est pas le cas en revanche des **marins embarqués** sur des navires assurant le transport des matières premières extraites, dès lors que leur activité ne s'exerce pas sur le même site que l'exploitation des produits transportés. **42595**

Précisions La solution administrative est plus favorable que la jurisprudence en ce qui concerne les **activités de restauration et d'hébergement** ; le Conseil d'État a, en effet, jugé que ces activités ne sont pas éligibles (CE 19 novembre 2008 n° 298761, 8e et 3e s.-s., Hérault : RJF 2/09 n° 121, estimant que les activités exercées à l'étranger par les filiales d'un groupe qui relèvent des secteurs de la restauration et des services aux entreprises ne sont pas visées par la loi, dès lors que ces filiales ne participent ni à la mise en place de chantiers ni à l'exploitation d'ensembles industriels, mais assurent seulement la restauration et l'hébergement des personnels qui y travaillent) ; en l'espèce, la question se posait au titre des années antérieures à l'assouplissement de la position de l'administration. Aujourd'hui, les intéressés peuvent naturellement se prévaloir de la doctrine administrative, qui est favorable.

42600 À l'occasion d'affaires concernant le dispositif antérieur à la réforme de 2005, la jurisprudence a apporté les précisions suivantes, qui sont toujours valables aujourd'hui dans la mesure où la loi n'a pas été modifiée sur ce point.

42602 **Exemples défavorables** Il a été jugé que le dispositif n'était pas applicable dans les circonstances suivantes :

a. Cadre technique de la SNIAS qui effectue une mission d'assistance technique en Libye en vue de pourvoir à **l'entretien d'hélicoptères** vendus par cette société, cette activité n'étant pas au nombre de celles énumérées par la loi (CE 3 juin 1988 n° 57839, 9e et 7e s.-s. : RJF 8-9/88 n° 981) ;

b. Salarié qui participe à l'étranger pendant plus de cent quatre-vingt-trois jours au **commandement d'un navire de pêche** et à la **formation** de son **équipage** mexicain, dès lors qu'il résulte des travaux préparatoires de la loi de 1976 dont est issu l'article 81 A que le législateur n'a entendu viser parmi les ressources naturelles que les produits du sol et du sous-sol (CE 5 octobre 1988 n° 74458, 9e et 7e s.-s. : RJF 11/88 n° 1217) ;

c. Marin-pêcheur qui exécute un contrat d'assistance technique, comportant l'obligation d'assurer la formation de l'équipage d'un thonier acquis par l'État du Salvador (CE 5 octobre 1988 n° 74462-80185, 9e et 7e s.-s. : RJF 11/88 n° 1217) ; dans cette espèce, comme dans la précédente du même jour, le Conseil d'État a refusé d'assimiler un navire de pêche à un chantier et a interprété strictement la notion de ressources naturelles, estimant que le législateur avait essentiellement pensé aux plates-formes pétrolières ;

d. Ingénieur-conseil réalisant des études pour ses clients et qui n'établit pas avoir effectivement participé, directement et personnellement, à des activités de prospection ou d'ingénierie se rapportant à la création ou à l'exploitation d'ensembles industriels (CAA Paris 15 février 2000 n° 97-480, 2e ch. B, min. c/ Rodocanachi : RJF 9-10/00 n° 1082, ayant fait l'objet d'un pourvoi non admis par CE (na) 14 mars 2001 n° 220273, 9e s.-s., Rodocanachi : RJF 12/01 n° 1528) ;

e. Salarié qui exerce une activité en Italie pour le compte d'une **société de conseil** à la grande distribution (CE 8 novembre 2000 n° 203724, 8e et 3e s.-s., Morel : RJF 2/01 n° 174) ;

f. Salarié détaché au Royaume-Uni en tant que « **responsable du résultat d'exploitation** » de la filiale britannique de la société française et chargé notamment d'élargir la distribution des produits du groupe (CE 17 décembre 2003 n° 248854, 8e et 3e s.-s., David : RJF 3/04 n° 248) ;

g. Pilote d'hélicoptère qui effectue au Tchad des épandages aériens de produits utilisés pour la culture de la canne à sucre, dans la mesure où cette activité ne peut se rattacher à la prospection ou à l'extraction de ressources naturelles et n'est pas davantage une exploitation d'un ensemble industriel (CAA Nancy 30 mars 2006 n° 03-368, 2e ch., Druart : RJF 11/06 n° 1350 ; arrêt définitif).

42610 **Exemples favorables** La plupart des autres décisions sont cependant venues tempérer cette rigueur ; ont ainsi été reconnues comme éligibles :

a. La mission d'un **inspecteur technique** de la société Poclain qui assure, sur des chantiers de construction et d'extraction minière, le montage et la maintenance de pelles hydrauliques lourdes ainsi que la formation du personnel local (CE 6 juillet 1988 n° 60058, 9e et 8e s.-s. : RJF 10/88 n° 1094) ;

b. L'activité de **recherche** et de **cueillette** de **plantes médicinales tropicales** car elle doit être considérée comme se rattachant à la recherche et à l'extraction de ressources naturelles (CE 25 septembre 1989 n° 59026, 8e et 7e s.-s., Jourdan : RJF 11/89 n° 1220) ; dans un sens également extensif, il a été jugé qu'un contribuable qui effectue des **travaux de peinture sur une plate-forme offshore de forage pétrolier** exerce une activité se rattachant à la prospection, la recherche ou l'extraction des ressources naturelles (TA Rouen 23 février 2010 n° 08-852, 2e ch., Richard c/ DSF de l'Eure : RJF 11/10 n° 1019 ; jugement définitif) ;

c. Les missions d'**assistance technique** à des entreprises locales pour la mise en route d'unités de production et de montage d'hélicoptères et les missions d'essais en vol (CAA Lyon 26 juin 1990 n° 89-1564, Rabany : Droit fiscal 1991 n° 21-22 ; arrêt définitif) ;

d. Les **fonctions techniques, administratives** et **commerciales** qui se rapportent d'une part au suivi et à la responsabilité des filiales étrangères dont l'activité relève de la production, l'installation et le contrôle de têtes de **puits de forage** et dispositifs annexes et d'autre part à la prospection commerciale dans le domaine des **presses hydrauliques** destinées à des chantiers de forage pétrolier (CAA Nantes 5 juin 1991 n° 89-1463, 1e ch., Maechel : Droit fiscal 1993, n° 6, comm. n° 249 ; arrêt définitif) ;

e. L'activité de **survol** des eaux territoriales des îles Seychelles afin de découvrir la position de bancs de thons (CAA Nantes 25 octobre 1991 n° 89-1460, 2e ch., min. c/ Le Lay : Droit fiscal 1992, n° 28, comm. 1369 ; arrêt définitif) ;

f. Les fonctions de **maintenance d'hélicoptère**, dans la mesure où elles **coexistent** avec d'**autres activités** qui peuvent être rattachées à l'exploitation, telles par exemple que la fonction de guide et de treuilliste pour les liaisons entre les plates-formes pétrolières et la terre ferme, alors même que l'intéressé est salarié d'une compagnie de transport dont les services sont loués par une entreprise de recherche pétrolière (CAA Nancy 26 mars 1992 n° 645, 2e ch., Goffinet : RJF 8-9/92 n° 1166 ; arrêt définitif) ;

g. L'assistance technique fournie par un **pilote d'hélicoptère**, en tant que « pilote-réception », à des entreprises locales pour l'exploitation d'unités de production mises en place par son employeur, dès lors que les essais en vol font indissolublement partie du processus de production et de montage des hélicoptères, et ne peuvent être regardés comme un service de maintenance (CAA Lyon 6 octobre 1992 n° 90-39, 3e ch., Aube : RJF 1/93 n° 52 ; arrêt définitif) ;

h. L'activité d'un **cadre technique** de la SNIAS, détaché en Afrique du Sud, en Colombie, puis au Venezuela pour y assurer en permanence une mission d'assistance technique sur des sites et dans des installations spécialisées de montage et de maintenance des **hélicoptères** livrés par cette société (CE 11 janvier 1993 n° 89748, 9e et 8e s.-s., Brachet : RJF 3/93 n° 349) ;

i. L'activité exercée en Corée du Sud par un officier de la marine marchande qui y a été envoyé par son employeur pour participer à la construction et à l'armement d'un navire commandé par ce dernier (CE 13 mars 1996 n° 146982, 8e et 9e s.-s., min. c/ Meslier : RJF 5/96 n° 583) ;

j. Le montage et la mise en service de matériels de haute technologie destinés à la production de gaz de haute pureté par un technicien supérieur chimiste, en dépit de la petite taille de l'entreprise, dont il est directeur technique et commercial (CAA Paris 30 décembre 1996 n° 95-2697, 2e ch., Deflers : RJF 7/97 n° 669 ; arrêt définitif) ; la Cour a estimé qu'il s'agissait d'un « ensemble industriel » et que rien ne subordonne l'exonération à la condition que l'entreprise exécute à elle seule la totalité des travaux ;

k. L'activité consistant pour un technicien de la SNIAS à prêter son **assistance technique** à des opérations effectuées à l'étranger sur des sites et dans des installations spéciales de montage et de maintenance des hélicoptères (CE 17 novembre 1997 n° 90578, 9e et 8e s.-s., min. c/ Lavallée : RJF 1/98 n° 41).

Troisième cas : salariés exerçant des activités de prospection commerciale pendant plus de cent vingt jours (CGI art. 81 A, I-2°)

Cette exonération a été introduite par la loi de finances rectificative pour 2005, afin de faciliter l'activité de prospection de marchés étrangers. Elle suppose réunies les conditions suivantes, outre celles qui sont communes à l'ensemble du dispositif (n° 42440). **42620**

Nature de l'activité Le salarié doit avoir, au sein de l'entreprise, une fonction le rattachant à la prospection commerciale et l'exercer sur les marchés étrangers ; l'activité de prospection doit être dédiée au **développement** de l'activité d'**exportation** de l'entreprise ou en relation directe avec l'essor de l'entreprise à l'étranger (BOI-RSA-GEO-10-20 nos 320 s.) ; elle doit, à ce titre, se traduire par des **actions concrètes** dans les États de séjour où elle est exercée (visites, réunions, salons...). **42622**

À titre pratique, l'administration indique qu'il convient de considérer comme exerçant une fonction commerciale de vente ou d'exportation au sein de l'entreprise qui l'emploie tout salarié qui participe par son action au développement des exportations de son entreprise ou à son **essor à l'étranger**. Si, dans le cadre d'un contrôle, l'intéressé produit une **attestation** de son employeur précisant qu'il exerce bien une activité de prospection, le bénéfice de l'exonération ne sera pas remis en cause, sauf si l'exercice du droit de communication ou une vérification de comptabilité de l'entreprise permet d'établir que le contribuable n'a pas, en fait, exercé cette activité (BOI préc. n° 340).

Cette prise de position doctrinale doit être regardée comme ne concernant pas seulement la procédure d'imposition, mais comme fixant des règles relatives à l'assiette de l'impôt, opposables à l'administration sur le fondement de l'article L 80 A du LPF (CE 26 octobre 2018 n° 412525, 10e ch. : RJF 1/19 n° 56) ; cette décision a annulé pour erreur de droit un arrêt d'appel qui avait jugé qu'une attestation fournie par un employeur, qui ne précisait pas les actions concrètes menées par un **directeur « fusions-acquisitions »** dans les pays où il avait séjourné, ne permettait pas à l'intéressé de se prévaloir de la doctrine administrative, alors qu'avaient été produits non seulement son contrat de travail et les ordres de missions qui lui avaient été confiés mais aussi une attestation établie par son employeur « faisant état de séjours effectués à l'étranger », « en tant qu'ingénieur commercial export » et « dans le cadre de l'exercice de ses fonctions » (annulation de CAA Versailles 18 mai 2017 n° 15VE03516, 7e ch. : RJF 10/17 n° 939, qui avait considéré à tort que l'activité de prospection n'était pas établie). Sur renvoi, la décharge a été prononcée par CAA Versailles 5 novembre 2019 n° 18VE03617, 3e ch., au motif, d'une part, que l'intéressé avait produit une attestation de son employeur précisant qu'il avait effectué des missions de prospection commerciale à l'étranger en sa qualité d'ingénieur commercial export et, d'autre part, que l'administration n'avait pas rapporté la preuve contraire (arrêt définitif ; la Cour a également jugé que le critère de durée d'activité était bien rempli ; n° 42575).

Précisions Il a été jugé que le salarié d'une société française n'était pas fondé à se prévaloir de l'exonération dès lors que les missions de **prospection à l'étranger** qu'il avait exercées (développement de marchés de location d'avions) ne pouvaient être considérées comme réalisées, même pour partie, dans l'objectif de l'implantation ou du développement de marchés à l'étranger de la société française qui l'employait, dont l'activité se limitait à l'assistance commerciale et administrative, mais dans celui de sa **société mère américaine** (CAA Bordeaux 22 mars 2022 n° 19BX04991, 5e ch. ; pourvoi enregistré sous le n° 464216).

42625 **Durée de l'activité** L'activité de prospection commerciale à l'étranger, **dans un ou plusieurs pays**, doit se dérouler sur **plus de cent vingt jours** au cours d'une période de douze mois consécutifs ; le décompte de cette durée s'opère de manière analogue à celle retenue pour le calcul des cent quatre-vingt-trois jours exigés dans le cas des autres activités (n° 42575).

c. Salariés bénéficiant d'une exonération partielle

Principes

42640 Lorsqu'ils n'ouvrent pas droit aux exonérations totales (nos 42530 s.), les traitements et salaires perçus en rémunération de leur activité à l'étranger par les salariés qui ont leur domicile fiscal en France et qui sont envoyés à l'étranger peuvent bénéficier d'exonérations partielles (CGI art. 81 A, II). Sont éligibles les personnes qui remplissent les conditions générales énumérées au n° 42440 et qui bénéficient de **suppléments** de **rémunération** au titre de leur séjour dans un autre État, dans le respect des conditions supplémentaires suivantes.

Précisions **a.** Les conditions d'application de l'exonération partielle ont été entièrement refondues par la loi de finances rectificative pour 2005, qui a eu notamment pour effet de réduire la portée de certaines décisions du Conseil d'État à propos de l'ancien dispositif, précédemment codifié à l'article 81 A, III du CGI (et repris aujourd'hui au II, mais substantiellement modifié) ; ainsi l'administration a-t-elle tiré les conséquences de l'illégalité de certaines conditions qu'elle avait introduites pour l'application de l'ancien texte :
– celle qui excluait les **majorations forfaitaires** ; l'administration a dû admettre que la fixation de suppléments de rémunération forfaitaires n'était pas une cause d'exclusion du bénéfice de l'exonération, à condition, selon la jurisprudence, que ces majorations soient en rapport avec l'importance des séjours hors de France eu égard notamment à leur nombre, leur durée et leur destination (CE 19 octobre 1994 n° 117128, 9e et 8e s.-s., Vauthrin et même jour n° 117129 Moukheiber : RJF 12/94 n° 1323) ;
– celle qui excluait les déplacements ayant pour cause des **réunions périodiques** à l'étranger **internes** au groupe de sociétés auquel appartient l'entreprise, qui présentent un caractère institutionnel ou ont un but d'information ou de formation interne (CE 18 mars 2005 n° 259621, 10e et 9e s.-s., min. c/ Reitz et même jour n° 259622, min. c/ Imbert : RJF 6/05 n° 556).

b. Les suppléments de salaires ne devraient pas normalement être imposables **dans le pays étranger** (là où l'activité est exercée) car ils sont versés à des personnes qui n'effectuent que de courts séjours successifs dans un ou plusieurs pays étrangers et qui n'y restent pas suffisamment longtemps pour y être imposables.

c. Les **marins-pêcheurs** appelés à exercer leur activité hors des eaux territoriales françaises peuvent bénéficier d'une exonération partielle dans des conditions particulières ; la rémunération exonérée correspond à un pourcentage d'un salaire de référence qui fait l'objet d'une révision annuelle publiée au BOI-RSA-GEO-10-30-20 (également BOI-ANNX-000040).

Intérêt direct et exclusif de l'employeur

Les suppléments de rémunération doivent être versés en contrepartie de séjours effectués dans l'intérêt direct et exclusif de l'employeur. **42645**

La satisfaction de cette condition suppose que le déplacement du salarié dans l'autre État réponde à des raisons professionnelles qui se rattachent à l'intérêt de son employeur et qu'il soit exclusivement justifié par cet intérêt (ce qui exclut, par exemple, les jours de congé pris à l'occasion d'un déplacement professionnel).

En revanche, l'administration admet que les déplacements **au sein du groupe** auquel appartient l'entreprise qui emploie le salarié, comme ceux à caractère commercial, administratif ou institutionnel, les missions d'audit, ou encore les réunions d'information ou ayant pour objet la formation interne, répondent à l'intérêt direct et exclusif de l'employeur (BOI-RSA-GEO-10-30-10 n° 60).

Durée effective d'au moins vingt-quatre heures

Les suppléments de rémunération doivent être justifiés par un déplacement caractérisant un « séjour » à l'étranger, ce qui suppose que le salarié passe au moins vingt-quatre heures effectives **dans l'État où il est envoyé** par l'entreprise pour exercer ses fonctions (sont par conséquent exclus les allers et retours à l'étranger à l'intérieur d'une même journée). Cette durée s'entend de l'intervalle de temps qui s'écoule entre la date d'arrivée dans l'État de séjour et la date de départ de celui-ci, ce qui exclut les **temps de transports** pour s'y rendre et en revenir (BOI-RSA-GEO-10-30-10 n° 80). La durée doit être ininterrompue. **42650**

Dans la situation particulière où le salarié se déplace successivement dans différents États sans revenir en France, la durée de séjour est décomptée à partir de l'arrivée dans le premier État et s'achève au départ du dernier État.

La **justification** de la durée du séjour à l'étranger, et du respect de la condition des vingt-quatre heures consécutives, peut être apportée par tout moyen (notes d'hôtel, notes de frais, cartes d'embarquement ou autres titres de transport...). Ces pièces doivent pouvoir être produites à la demande du service des impôts dans le cadre de l'exercice de son droit de contrôle.

Détermination préalable

Le supplément de rémunération versé à raison de déplacements à l'étranger doit être fixé préalablement à chaque séjour hors de France. Selon l'administration, cette condition est réputée satisfaite lorsque le **contrat de travail** ou l'**avenant** au contrat de travail renvoie à des **grilles de définition de la prime** contenue dans le règlement intérieur de l'entreprise (BOI-RSA-GEO-10-30-10 n° 100). Le fait que le contrat de travail d'un salarié fasse état de fréquents déplacements ne suffit donc pas à lui seul à considérer que le supplément de rémunération a été prévu. Il doit également définir précisément les modalités de calcul de celui-ci en fonction de la durée et du lieu des séjours. **42655**

Précisions À défaut de précision dans le contrat de travail, l'entreprise peut fournir ces renseignements au coup par coup en produisant des **ordres de mission**, lorsqu'il s'agit, par exemple, de missions de courte durée à caractère ponctuel.

Montant maximum

Les suppléments de rémunération ouvrent droit à exonération à condition que leur montant ait été fixé en rapport avec l'importance des **déplacements** à l'étranger, eu égard à leur **nombre**, leur **durée** et leur **destination**. Cette règle s'oppose par conséquent, selon l'administration (BOI-RSA-GEO-10-30-10 n° 140), à la fixation d'un supplément de rémunération indifférencié (mais une stricte proportionnalité n'est pas exigée, les primes pouvant être modulées en fonction de divers paramètres, comme l'exigence d'un certain nombre de jours de déplacement). L'administration s'estime d'ailleurs fondée à remettre en cause l'exonération en cas de **disproportion caractérisée** entre le montant du supplément et l'importance des déplacements, eu égard notamment à leur lieu et à leur durée (BOI préc.). **42660**

En outre, les suppléments de rémunération **ne peuvent excéder 40 %** de la rémunération versée hors suppléments (BOI-RSA-GEO-10-30-10 n°s 150 s.) ; la loi ne fixe aucun barème mais

42660 (suite) détermine un maximum de versement calculé par rapport à la rémunération du salarié, au-delà duquel les suppléments de rémunération ne bénéficient plus de l'exonération (autrement dit, si le seuil de 40 % est dépassé, seule la partie du supplément qui est contenue dans la limite de 40 % peut bénéficier de l'exonération ; incidemment, la doctrine administrative précitée renvoie sur ce point à CAA Bordeaux 14 janvier 2014 n° 12BX01596, 5e ch., mais cet arrêt a été annulé par CE 8 juin 2015 n° 376348, 8e s.-s., reprenant la décision du 10 avril 2015 ci-après et jugeant que l'intéressé était bien exonéré sur les rémunérations supplémentaires reçues en 2006, 2007 et 2008, déterminées préalablement à ses déplacements en fonction du nombre, de la durée et du lieu des séjours hors de France et étant inférieures à 40 % des rémunérations annuelles, hors suppléments de rémunération).

L'employeur peut calculer les suppléments de rémunération selon la périodicité de son choix (jour, semaine, mois, année) à condition que l'exonération n'excède pas **40 % de la rémunération annuelle** (BOI-RSA-GEO-10-30-10 n° 190, dans sa version issue d'une mise à jour du 11 mars 2016) ; la doctrine administrative reprend sur ce point la jurisprudence du Conseil d'État qui avait jugé que la limite de 40 % devait s'entendre comme s'appliquant au **montant global de la rémunération**, hors suppléments, versée au salarié pendant la période d'imposition (soit, en principe, l'année fiscale) et non, comme le prétendait alors l'administration, à la seule rémunération perçue pendant la durée des séjours hors de France donnant lieu au versement de ces suppléments (CE 10 avril 2015 n° 365851, Plén. : RJF 7/15 n° 593, aux conclusions de Frédéric Aladjidi au BDCF 7/15 n° 90 ; l'administration en a tiré les conséquences dans le BOI précité, qui est applicable, à compter de l'imposition des revenus des années 2013 et suivantes, à l'ensemble des contrôles et contentieux en cours).

Soit, par exemple, un salarié dont la rémunération annuelle de référence s'élève à 200 000 € et qui justifie de cent jours d'activité à l'étranger sur une durée d'activité effective annuelle de deux cent vingt jours ; sous réserve que le calcul des suppléments de rémunération tienne compte de la destination et du nombre des déplacements, le montant maximum des majorations de salaire susceptibles de bénéficier de l'exonération d'impôt sur le revenu s'élève à 200 000 × 0,4 = 80 000 € (BOI préc ; antérieurement, l'administration soutenait que, dans cet exemple, le plafond était de 36 362 €, soit 40 % × 200 000 × 100/220, au motif qu'il devait être apprécié en rapportant le montant de la rémunération à la même période que celle au titre de laquelle le supplément était calculé).

Tout **montant de prime** n'est cependant pas nécessairement acceptable au seul motif que le montant global ne dépasserait pas 40 % de la rémunération annuelle ; il reste, en effet, que, selon les termes mêmes de la loi, les suppléments de rémunération doivent être en rapport non seulement avec le nombre, la durée et le lieu des séjours mais aussi avec la « rémunération versée aux salariés compte non tenu des suppléments de rémunération ». De son côté, la décision du 10 avril 2015 du Conseil d'État, précitée, rappelle que le législateur a entendu subordonner le bénéfice de l'exonération à des conditions tenant, notamment, à ce que le montant des suppléments « soit déterminé préalablement et en rapport avec le nombre, la durée et le lieu de ses séjours hors de France ». Quant au rapporteur public, dans ses conclusions sur cette affaire, il avait souligné que « l'administration devrait être **vigilante sur les barèmes** » qui sont un « précieux garde-fou contre les dérives que l'on peut imaginer où un salarié bénéficierait pour quelques jours seulement passés à l'étranger d'un supplément de salaire représentant un pourcentage élevé de sa rémunération annuelle, sans que cette pratique s'insère (...) dans la cohérence prévue par les barèmes. »

Il appartient à chaque entreprise, dans le cadre de son pouvoir de direction et compte tenu de sa situation particulière, de définir **son propre barème**, sous réserve, en outre, des précisions suivantes (BOI préc. n° 160) :
– la rémunération à retenir est la rémunération **annuelle**, fixe ou variable (primes, bonus ou intéressement...) versée au salarié, à l'exception des suppléments de rémunération attribués au titre des séjours effectués dans d'autres États que la France et que celui du lieu d'établissement de l'employeur ;
– le calcul des suppléments de rémunération constitue un acte de gestion relevant de la responsabilité des entreprises, mais l'exonération d'impôt sur le revenu de ces majorations de salaire suppose que les conditions dans lesquelles elles sont définies soient conformes aux principes définis par la loi, c'est-à-dire qu'elles aient été fixées **préalablement** aux séjours à l'étranger et **en rapport** avec le nombre, la durée et la destination de ceux-ci ;
– l'employeur peut calculer les suppléments de rémunération selon la **périodicité de son choix** (jour, semaine, mois, année...).

Précisions **a.** Dans l'affaire jugée par le Conseil d'État le 10 avril 2015, précitée, l'arrêt d'appel avait retenu à tort que le **plafond de 40 %** devait être calculé en appliquant au montant du salaire annuel les ratios respectifs de 21/216 et 23/216 étant donné que le salarié faisait état, sur un total annuel de deux cent seize jours travaillés, de vingt et un et vingt-trois jours de déplacements d'au moins vingt-quatre heures à l'étranger sur chacune des années en cause (CAA Paris 7 décembre 2012 n° 11PA05199, 7e ch., Housset : RJF 4/13 n° 405). La Cour avait, en outre, relevé que c'était à juste titre que l'administration avait écarté les **déplacements d'une journée** effectués à Bruxelles, qui ne pouvaient être regardés comme des « séjours » au sens de l'article 81 A du CGI (ce point n'a pas été remis en cause par le Conseil d'État qui n'a censuré que le calcul du prorata).

b. N'entrent pas dans le champ de l'exonération des sommes versées à titre de primes d'expatriation au **cogérant de la filiale française d'une société britannique**, ces primes n'étant justifiées par aucune activité exercée hors de France pour le compte de la société britannique mais fondées sur une résolution de l'assemblée générale de la société française prise dans le but d'accorder au dirigeant un avantage fiscal alors qu'il travaillait en réalité pour la société britannique dont il était salarié (CAA Lyon 2 juin 2015 n° 14LY01375, 2e ch. ; arrêt définitif).

d. Application du taux effectif

Principes

L'article 197 C du CGI dispose que l'impôt dont le contribuable est redevable en France sur les revenus autres que les traitements et salaires exonérés en vertu des dispositions du I et du II de l'article 81 A est calculé au **taux correspondant à l'ensemble** de ses **revenus**, imposables et exonérés (sur le taux effectif, voir nos 7980 et 83410). Comme l'indique l'administration, l'exonération d'impôt dont bénéficient certains revenus ne doit pas, en effet, avoir pour conséquence de modifier la progressivité de l'impôt pour les autres revenus qui y sont assujettis. Les revenus exonérés sont donc retenus pour le calcul du taux effectif, comme ils le sont pour la détermination du revenu fiscal de référence défini au c du 1° du IV de l'article 1417 du CGI (BOI-RSA-GEO-10-40 n° 10). **42670**

À titre pratique, les contribuables qui disposent de revenus exonérés en application de l'article 81 A du CGI, qu'il s'agisse d'une exonération totale ou partielle, doivent, compte tenu des informations qui leur sont fournies par leur employeur, indiquer le montant des revenus en cause en cases 1AC à 1DC de la déclaration de revenus n° 2042 C, pour le calcul du taux effectif ; ils sont dispensés de souscrire une déclaration n° 2047, relative aux revenus étrangers, et ils n'ont pas à mentionner ces sommes en case 8TI de la déclaration de revenus n° 2042 C.

Précisions Le dispositif actuel est **plus sévère** qu'antérieurement à la réforme de 2005 puisqu'alors le mécanisme du taux effectif n'était applicable qu'aux seuls salaires bénéficiant d'une exonération totale. Il avait été jugé que, pour déterminer le taux effectif applicable aux revenus perçus par un contribuable qui bénéficiait, à l'époque, d'une exonération totale, l'administration devait calculer l'ensemble des revenus perçus par le contribuable et n'appliquer le taux ainsi obtenu qu'aux seuls traitements et salaires autres que ceux exonérés en vertu de l'article 81 A du CGI (CE 22 mai 1992 n° 85946, 7e et 9e s.-s., Ricca : RJF 7/92 n° 932).

Incidence des conventions fiscales

Lorsqu'un salarié, résident de France, est imposable hors de France en vertu d'une convention fiscale qui prévoit, dans l'article relatif à l'élimination des doubles impositions, qu'il est **exonéré** en France **sous réserve du taux effectif**, la question pouvait se poser de savoir si le taux effectif pouvait effectivement être applicable, puisqu'il ne s'applique, en vertu de la convention fiscale, que dans la mesure où la rémunération est imposable en France en droit interne ; or tel n'est pas le cas lorsque le salarié peut bénéficier d'une exonération en vertu de l'article 81 A, I du CGI. **42675**

La question a été tranchée par le Conseil d'État qui a jugé, à propos du directeur juridique d'une société française, qui était en même temps salarié de la filiale espagnole du groupe et qui avait acquitté en Espagne un impôt supérieur aux deux tiers de l'impôt qu'il aurait eu à verser en France sur la même base d'imposition, que les dispositions de l'article 81 A, I du CGI (qui, à l'époque, visaient seulement les contribuables effectivement imposés à l'étranger) ont pour seul objet d'éviter, lorsque aucune convention fiscale n'y pourvoit, que les traitements et salaires qu'elles visent ne fassent l'objet, après avoir été imposés à l'étranger, d'une seconde imposition en France, et non d'exclure de tels revenus du champ de l'impôt sur le revenu ; par suite, des rémunérations perçues par des salariés détachés à l'étranger qui rempliraient, en l'absence de convention fiscale, les conditions de l'exonération d'impôt sur le revenu français prévues par le I de l'article 81 A du CGI, sont **« des rémunérations imposables conformément à la législation française »** au sens du d du 2 de l'article 25 de la convention franco-espagnole du 27 juin 1973 et doivent être prises en compte pour la détermination du taux effectif (CE 17 octobre 2007 n° 284153, 3e et 8e s.-s., Chasteigner : RJF 1/08 n° 5). Dans cette affaire, le Conseil d'État n'a pas eu à trancher le sort des primes d'expatriation, dans la mesure où il a jugé que le contribuable n'en justifiait pas ; le commissaire du Gouvernement François Séners estimait cependant qu'un éventuel « **sursalaire** » ne devait pas être analysé de la même façon dès lors qu'il devait être considéré comme placé « **hors du champ** » de l'impôt et non pas exonéré (conclusions au BDCF 1/08 n° 1). Si cette manière de voir était confirmée dans le cadre du régime actuel, elle serait avantageuse pour les intéressés qui pourraient échapper au taux effectif en présence d'une convention fiscale « classique » ; la transposition ne nous paraît toutefois pas assurée car la loi retient aujourd'hui le taux effectif pour les primes d'expatriation, à la différence du régime antérieur.

Précisions **a.** Sur le plan des principes, la décision du Conseil d'État du 17 octobre 2007, précitée, annule la solution qui avait été retenue par la cour administrative d'appel de Paris à propos d'un salarié exerçant son activité au Royaume-Uni (CAA Paris 18 avril 1991 n° 89-607, 3e ch., de Villemandy : RJF 7/91 n° 994 ; arrêt définitif) ; dans cette affaire, la Cour avait considéré que l'article 197 C était inapplicable en présence d'une **convention fiscale** et que le taux effectif « conventionnel » ne pouvait s'appliquer à des revenus de source étrangère exonérés en vertu de l'article 81 A, II (ancienne codification ; aujourd'hui, article 81 A, I) du CGI.

b. D'une manière générale, les dispositions de l'article 81 A du CGI ne s'appliquent effectivement qu'**en l'absence de convention fiscale** ou, dans le cas contraire, en situation de **mission temporaire** à l'étranger (nos 42760 s.), puisque ce sont, en pratique, les seuls cas où les salaires sont imposables en France lorsque l'activité est exercée à l'étranger.

2. En présence d'une convention fiscale

42700 Le salarié expatrié qui va exercer son activité dans un État ou territoire lié à la France par une convention fiscale est, en règle générale, dans une situation différente de celle qui résulte de l'application du seul droit interne. Il peut n'être plus considéré comme résident de France par le jeu des clauses conventionnelles ; par ailleurs, il est, le plus souvent, exonéré d'impôt en France sur le fondement de la convention fiscale même s'il peut être considéré comme fiscalement domicilié dans notre pays.

La situation précédente (en l'absence de convention fiscale) se rencontre assez rarement, compte tenu de l'importance du réseau conventionnel français (n° 1430 et annexe C, in fine).

a. La question du domicile fiscal

Problématique

42720 Cette question ne se pose que si l'intéressé peut être considéré comme fiscalement domicilié en France au sens du droit interne français, c'est-à-dire, en pratique, s'il a conservé son foyer en France (n° 40820) et s'il est détaché à l'étranger suffisamment longtemps pour y être domicilié au sens du droit interne de cet État.

Dans ce cas, en effet, le salarié est considéré comme domicilié dans l'État où il dispose d'un foyer d'habitation permanent (si la convention fiscale reprend le modèle OCDE, nos 41175 s.). Toute la question devient alors de savoir si le salarié détaché à l'étranger peut être considéré comme ayant sur place un **foyer d'habitation permanent** (étant entendu que « son » foyer reste en France). Les commentaires OCDE n'éclairent pas vraiment cette question, ni d'ailleurs la doctrine administrative ou la jurisprudence. On sait seulement que « toute résidence dont une personne dispose de manière durable est pour elle, au sens de la convention, un foyer d'habitation permanent » (en ce sens, par exemple, CE 21 décembre 1983 n° 27685, 7e et 8e s.-s. : RJF 2/84 n° 107 ; voir aussi n° 41177). En l'espèce, l'intéressé avait eu la disposition d'une habitation pendant quatre ans, ce qui autorise sans conteste à caractériser le foyer d'habitation de « permanent ».

Cette question est importante, car si le salarié est non-résident, il ne doit aucun impôt en France (sauf s'il a des revenus de source française) et ses revenus ne sont pas pris en compte pour le calcul du taux effectif applicable aux autres revenus de son foyer (n° 40950). S'il est considéré comme résident de France, le taux effectif est, en revanche, applicable (il en va de même en cas d'application d'un mécanisme de crédit d'impôt).

Mais, sauf exception, elle n'a pas d'incidence sur le régime d'imposition des salaires, car ceux-ci sont, en général, imposables seulement dans l'État d'exercice de l'activité.

Prise en compte de la durée de l'expatriation

En cas d'expatriation de longue durée, le salarié ne devrait généralement pas, sur le fondement des conventions fiscales rédigées conformément au modèle de convention fiscale de l'OCDE, être considéré comme domicilié en France sauf, naturellement, si le centre de ses intérêts vitaux pouvait être considéré comme situé en France, en raison de la présence en France de son foyer et de la réalisation de revenus de source française en sus de ses revenus professionnels étrangers ; la solution est moins évidente si le salarié ne travaille à l'étranger qu'un an ou deux ans. Dans ce cas, il n'est pas sûr qu'il acquière vraiment un foyer d'habitation « permanent » à l'étranger : **42725**
– si la réponse est négative, il reste fiscalement résident de France au sens de la convention fiscale (à supposer qu'il ait son « foyer » en France au sens de l'article 4 B du CGI, les critères tenant à l'activité professionnelle et au centre des intérêts économiques ne conduisant vraisemblablement pas eux-mêmes, dans un tel contexte, à la domiciliation en France) ;
– si la réponse est positive, il faut examiner le second critère conventionnel, celui du **centre des intérêts vitaux**. Or celui-ci, toutes choses égales par ailleurs, est normalement partagé puisque le centre des intérêts personnels est en France (foyer) et le centre des intérêts économiques à l'étranger (exercice de l'activité). Sous réserve des cas où le salarié disposerait de revenus de source française outre ses salaires étrangers (auquel cas le centre des intérêts vitaux devrait sans doute être considéré comme situé en France et non pas indéterminé), il faudrait alors examiner le **lieu du séjour**, ce qui, en principe, devrait fonder la domiciliation dans le pays étranger puisque c'est là que le salarié exerce son activité et donc, a priori, là où il séjourne.

En principe, et encore qu'il soit délicat de tirer de conclusions définitives, il est probable qu'un salarié **détaché pour plus de deux ans** ne serait plus considéré comme résident de France au sens de la convention fiscale (toutes choses égales par ailleurs) alors que celui qui ne serait détaché que pour **moins d'un an** resterait domicilié en France (s'il a son foyer en France ou si l'on peut considérer que son centre des intérêts vitaux n'a pas basculé hors de France ; en ce sens, un salarié envoyé pendant huit mois au Venezuela mais ayant repris ensuite l'exercice de ses activités en France a conservé le centre de ses intérêts et par suite son domicile réel en France : CE 26 juillet 1985 n° 40816, 8e et 9e s.-s. : RJF 10/85 n° 1247).

Entre un an et deux ans, l'hésitation est permise ; à notre avis, il faudrait un séjour d'au moins deux ans pour que l'on considère que l'intéressé a vraiment un foyer permanent à l'étranger et donc, compte tenu du raisonnement précédent et toutes choses égales par ailleurs, sa résidence fiscale.

Précisions En cas de difficultés ou de désaccord entre les États, ce genre de conflit doit être résolu par voie **d'accord amiable** (nos 84000 s.).

b. Le principe de l'imposition des salaires dans l'État d'exercice de l'activité

Principe OCDE

Le principe de l'imposition des salaires dans l'État d'exercice des activités est posé par l'article 15 § 1 du modèle de convention fiscale de l'OCDE, repris par la généralité des conventions fiscales signées par la France : « Sous réserve des dispositions des articles 16 [tantièmes], 18 [pensions] et 19 [fonctions publiques], les salaires, traitements et autres rémunérations similaires qu'un résident d'un État contractant reçoit au titre d'un emploi salarié ne sont imposables que dans cet État, à moins que l'emploi ne soit exercé dans l'autre État contractant. Si l'emploi y est exercé, les rémunérations reçues à ce titre sont imposables dans cet autre État. » **42740**

Le comité des affaires fiscales de l'OCDE indique que les États membres ont généralement compris l'expression « salaires, traitements et autres rémunérations similaires » comme incluant les avantages en nature reçus au titre d'un emploi, tels que, par exemple, des options d'achat d'actions, l'usage d'une habitation ou d'une automobile, le bénéfice d'une assurance maladie ou d'une assurance-vie et les adhésions à des clubs (Commentaires OCDE, C (15) n° 2.1). Sur les conséquences que l'administration française en a tirées en ce qui concerne les avantages résultant des **stock-options**, **actions gratuites** et **BSPCE**, voir n°s 42905 s.

Précisions **a.** Depuis la révision d'avril 2000, l'article 15 du modèle de l'OCDE est intitulé « **revenus d'emploi** », alors qu'il s'agissait auparavant de l'imposition des « **professions dépendantes** », mais il ne s'agit que d'une modification formelle sans conséquence.

b. En avril 2004, le groupe de travail n° 1 de l'OCDE, chargé de mettre à jour le modèle de convention fiscale, avait diffusé pour commentaires des **propositions de clarification** du champ d'application du paragraphe 2 de l'article 15 du modèle ; les modifications proposées ont ensuite été modifiées pour tenir compte des commentaires reçus et de nouvelles propositions ont été diffusées pour commentaires. Les modifications proposées concernent l'interprétation des mots « emploi » et « employeur » ainsi que la distinction entre contrat de travail et contrat de services (voir Commentaires OCDE C (15) n°s 7 et 8 s. ; n°s 42785 s.). Une petite modification des commentaires relatifs à la notion d'année fiscale a fait l'objet d'un rapport du 25 juin 2013, qui a été intégré dans la mise à jour 2014 du modèle de convention fiscale.

c. Les sommes versées, le cas échéant, par les organismes publics aux salariés afin d'aider les entreprises pendant la crise sanitaire du **Covid-19** devraient généralement demeurer imposables dans l'État d'exercice de l'activité, par analogie avec les indemnités de licenciement (n° 42755 ; Note du secrétariat de l'OCDE, n° 17200, Précisions).

Conséquences

42745 En général, sur le fondement des conventions fiscales, les rémunérations perçues par des résidents de France au titre d'**activités salariées exercées hors de France** ne sont pas imposables en France (sauf les exceptions relatives aux missions temporaires et les régimes particuliers étudiés plus loin). Il s'agit donc d'une différence fondamentale avec le droit interne français. Bien entendu, le droit interne ne s'applique pas si une convention fiscale retire à la France le droit d'imposer les salaires.

Les rémunérations doivent cependant être déclarées en France, si le salarié y est domicilié, pour le calcul du **taux effectif** (n° 7980), ou pour le calcul du **crédit d'impôt**, avec les conventions modernes (n° 8160). En ce qui concerne les non-résidents, voir n°s 42855 s.

Lorsqu'elle est prévue par la convention fiscale, l'imposition des salaires dans l'État d'activité s'effectue conformément au droit interne de cet État, sous réserve, le cas échéant, des clauses de non-discrimination (n°s 80540 s.).

Précisions **a.** La convention **franco-belge** du 10 mars 1964 modifiée par un avenant du 8 février 1999 contient une disposition originale, s'ajoutant à la clause de **non-discrimination** classique, permettant à des résidents d'un État qui exercent un emploi salarié dans l'autre État et qui y sont imposables (hors zone frontalière) de ne pas être plus mal traités que des résidents de cet État et de bénéficier de déductions personnelles, abattements ou réductions d'impôt dans les mêmes conditions en proportion de leurs rémunérations (cette solution favorable a été retenue pour régler les nombreuses procédures amiables franco-belges sur ce sujet).

b. Un contribuable domicilié en France ne peut faire échec à l'imposition en France de salaires sur le fondement de la convention fiscale franco-suisse s'il n'a **pas exercé son activité en Suisse**, alors même qu'il aurait été rémunéré par une société suisse (CE 19 juin 2013 n° 342340, 10e et 9e s.-s., Léandri : RJF 10/13 n° 950 ; le contribuable avait exercé son activité dans un État tiers). Dans le même sens, CAA Nancy 5 février 2015 n° 13NC01394, 2e ch. (arrêt définitif), à propos des salaires versés à son **gérant** domicilié en France par une **société luxembourgeoise** qui n'avait au Luxembourg qu'une simple adresse de domiciliation (la Cour juge également que la circonstance, à la supposer avérée, que la société ait déclaré les sommes au titre de l'impôt sur les sociétés au Luxembourg ne crée pas de double imposition car il s'agit d'un contribuable distinct).

c. N'étaient pas imposables en France les salaires versés à un résident de France, salarié d'une société luxembourgeoise, qui avait pu faire valoir que son activité personnelle avait été **exercée au Luxembourg**, où la société disposait d'une structure administrative alors même qu'elle avait manifestement un établissement stable en France où elle exerçait l'essentiel de son activité (CAA Nancy 24 mars 2015 n° 13NC00925, 4e ch. ; arrêt définitif).

d. Un salarié qui **télétravaille** à son domicile exerce son activité dans l'État de son domicile et non pas dans l'État où il devrait normalement exercer son activité ; les exceptions conventionnelles concernant les travailleurs frontaliers ou, par exemple, la situation franco-luxembourgeoise (n° 43480, Précisions c) ne sont pas généralisables. Il a ainsi été précisé que le dispositif franco-luxembourgeois « constitue une exception au regard de la pratique conventionnelle internationale, laquelle prévoit une imposition exclusive dans l'État d'exercice de l'activité » (réponse Le Gleut n° 17257 : JO Sénat 1er octobre 2020 p. 4445).

Rémunérations différées

Depuis la révision de juillet 2005, les commentaires OCDE précisent que l'État de la source peut imposer le revenu **quel que soit le moment** où ce revenu peut être versé, crédité ou autrement définitivement acquis par le salarié (Commentaires OCDE, C (15) n° 2.2) ; les commentaires considèrent que le principe de l'imposition dans l'État d'exercice de l'activité vaut également pour les rémunérations différées (cas des rémunérations perçues après le départ des salariés, par exemple lors du versement de **bonus liés aux performances passées**). Ces principes ont été repris pour l'imposition des avantages résultant des **stock-options**, **actions gratuites** et **BSPCE** dans le cadre de la mobilité internationale (nos 42905 s.). **42750**

D'une façon générale, la jurisprudence du Conseil d'État et celle de la Cour de justice de l'Union européenne sont également dans ce sens, au nom de la préservation de la répartition du pouvoir d'imposition (voir, par analogie, à propos des mécanismes de type « exit tax », nos 81690 et 81695 ; voir également n° 42940). La solution est justifiée par la nécessité de **combiner le principe de territorialité avec un élément temporel** (pour d'autres exemples, voir nos 65777 et 88390, à propos des règles applicables aux plus-values en report et n° 42755 à propos d'indemnités de licenciement).

Indemnités de licenciement

L'administration estime traditionnellement que si la partie réparant un préjudice autre que la perte de salaire relève des **revenus non dénommés**, la partie imposable relève des règles relatives aux **revenus d'activité** (ancienne réponse Schreiner : JOAN 27 janvier 1997, p. 386 et BF 3/97 n° 322, non reprise au BOFiP, à propos des frontaliers français travaillant en Allemagne). **42755**

Cette solution a été adoptée par la cour administrative d'appel de Paris, jugeant que seule la part des indemnités de licenciement assimilable à un salaire était imposable en France au nom d'un résident de Suisse (CAA Paris 2 octobre 2003 n° 99-3116, 5e ch. A, Knapp : RJF 5/04 n° 516 ; arrêt définitif).

À propos d'un **plan social** de retraite allemand étalé sur cinq ans (deux ans et demi travaillés puis deux ans et demi en dispense d'activité), bénéficiant à un résident de France, il a été indiqué que les rémunérations relèvent de l'article conventionnel sur les professions dépendantes pendant toute la période durant laquelle les liens entre le salarié et l'entreprise subsistent (BOI-INT-CVB-DEU-10-30 n° 1). Sur la qualification à donner à une indemnité perçue par un salarié domicilié en France en application d'un accord conclu avec un **employeur étranger**, voir nos 10690, Précisions b et 80806, à propos d'un travailleur frontalier employé par une société allemande (CE 6 juin 2018 nos 399990, 399991, 399992 et 399994, 3e et 8e ch. : RJF 10/18 n° 960). La démarche d'assimilation retenue par le Conseil d'État dans cette affaire a été transposée à la situation du directeur général d'une société monégasque, domicilié en France, qui avait été licencié pour motif économique et qui avait reçu, en 2014, une **indemnité de licenciement**, conformément à son contrat de travail, et une indemnité complémentaire versée en vertu d'un protocole transactionnel (TA Versailles 8 octobre 2020 n°1800470, 7e ch. : RJF 6/21 n° 589 ; jugement définitif) ; l'indemnité de licenciement n'était pas imposable car elle avait été versée dans des conditions telles qu'elle aurait été exonérée si la société débitrice avait été française (elle était assimilable à celle que l'intéressé aurait reçue s'il avait conclu un accord dans le cadre d'un plan de sauvegarde de l'emploi), mais l'**indemnité transactionnelle** a été jugée imposable car elle compensait une perte de rémunération et ne pouvait être regardée comme venant réparer un licenciement sans cause réelle et sérieuse.

Enfin, une indemnité de licenciement versée à un salarié **postérieurement au transfert de son domicile fiscal** hors de France, en exécution d'une transaction conclue après son départ, est imposable en France en tant que revenu d'un non-résident (CE 4 décembre 2013 n° 354671, 3e et 8e s.-s., min. c/ Langer : RJF 3/14 n° 243 ; voir aussi n° 3272). Dans cette même affaire (nouvelle cassation après renvoi), voir CE 5 juillet 2018 n° 401157, 3e et 8e ch. : RJF 11/18 n° 1100, confirmant que le contribuable, licencié alors qu'il était domicilié en France et ayant perçu une **indemnité transactionnelle** relative à son ancien emploi en France alors qu'il était résident britannique à la date du versement, était imposable en France au titre de l'indemnité reçue ; cette indemnité entrait, en effet, dans le champ de la stipulation de la convention fiscale franco-britannique du 22 mai 1968 relative aux salaires, traitements et autres rémunérations similaires dès lors qu'elle trouvait son origine dans le contrat de travail (voir également n° 2887, Précision f et n° 9450) ; par principe, une somme versée par une entreprise à la suite de la **rupture d'un contrat de travail** se rapportant à une activité salariée exercée en France est, en effet, imposable en France et non dans l'État de résidence du contribuable à la date de perception de l'indemnité.

Précisions **a.** L'administration tend à faire suivre aux **indemnités journalières de maladie** les règles applicables aux salaires (ancienne réponse Bocquet : JOAN 21 septembre 2004 p. 7284, non reprise au BOFiP). D'une façon générale, on devrait sans doute considérer que les allocations ou indemnités constituent un revenu de remplacement imposable dans les mêmes conditions que le revenu qu'elles remplacent.

b. Le comité des affaires fiscales de l'OCDE a publié en juin 2013 des commentaires sur l'application des conventions fiscales aux paiements effectués à la suite de la cessation d'un emploi. Le comité estime que ces paiements doivent être **rattachés à la période à laquelle ils se rapportent** (cas des bonus, commissions versées pour des ventes antérieures à la cessation d'activité, etc.). Les versements au titre d'une **clause de non-concurrence** seraient également considérés comme des revenus d'emploi mais, sauf exception, ils ne devraient pas être rattachables à la période d'activité antérieure car ils sont afférents à une obligation postérieure.

c. L'**indemnité** perçue en réparation de la **perte de revenus imposables** est imposée dans la même catégorie que les revenus qu'elle a pour objet de compenser ; en application de ce principe, un salarié qui reçoit, alors qu'il est domicilié en Belgique, une somme à titre de dommages-intérêts pour **perte du droit de lever des options** qui lui avaient été accordées lorsqu'il était salarié d'une société française et qu'il exerçait son activité en France doit être imposé en France dans la catégorie des traitements et salaires, la clause-balai de la convention fiscale franco-belge du 10 mars 1964, qui aurait conduit à réserver l'imposition à la Belgique, n'étant pas applicable (CE 5 novembre 2014 n° 370845, 3e et 8e s.-s. : RJF 2/15 n° 108, puis CE (na) 6 avril 2016 n° 392518, 3e s.-s. : RJF 8-9/16 n° 752, refusant d'admettre un pourvoi contre l'arrêt rendu en ce sens sur renvoi après première cassation par CAA Versailles 9 juin 2015 n° 14VE03197). Ainsi que l'avait précédemment jugé le Conseil d'État, une plus-value d'acquisition de stock-options doit être regardée comme une **rémunération analogue aux traitements et salaires**, entrant dès lors dans le champ de l'article 11 de la convention fiscale franco-belge et imposable dans l'État sur le territoire duquel avait été exercée l'activité salariée rémunérée par cette plus-value (CE 1er avril 2015 n° 369586, 10e s.-s. : RJF 7/15 n° 590 ; voir également n° 42940). Dans ses conclusions sous la décision précitée du 6 avril 2016, le rapporteur public avait estimé très solide la démarche suivie par la Cour pour l'application de la convention fiscale, « consistant à rechercher l'objet de l'indemnité, puis à appliquer, lorsque cet objet est de compenser la perte d'un revenu, les stipulations régissant ce type de revenus » (conclusions Vincent Daumas à la RJF 8-9/16, C 752).

c. Cas des missions temporaires

Principes

42760 Le régime des missions temporaires représente une **importante exception** au principe de l'imposition dans l'État d'exercice de l'activité ; si la convention reprend le modèle de convention fiscale de l'OCDE, les **conditions suivantes** doivent être **simultanément remplies** pour que le salarié continue de n'être imposable que dans son État de résidence (article 15 § 2 du modèle OCDE) :

– il doit séjourner dans l'autre État (celui du lieu d'exercice de l'activité, par hypothèse distinct de celui de la résidence) pendant une période ou des périodes n'excédant pas, au total, **cent quatre-vingt-trois jours** durant toute période de douze mois commençant ou se terminant durant l'année fiscale considérée (rédaction actuelle du modèle, issue de la révision de 1992) ;

– les rémunérations doivent être payées par un **employeur** ou pour le compte d'un employeur qui n'est pas un résident de l'autre État (celui de l'exercice de l'activité) ;

– la charge des rémunérations ne doit pas être supportée par un **établissement stable** (nos 16600 s.) que l'employeur a dans l'autre État (celui de l'exercice de l'activité) ; la référence à la « base fixe » a été supprimée lors de la révision d'avril 2000 du modèle de convention fiscale de l'OCDE (n° 23660).

En application de cette clause, par exemple, la prime de résultat versée par la Fédération française de football à un **joueur de football professionnel** salarié de l'Olympique de Marseille à raison de sa participation à la phase finale de la Coupe du monde de football en 2006, qui se déroulait en Allemagne, a été jugée exclusivement imposable en France et non en Allemagne (CE 19 décembre 2018 n° 413033, 3e et 8e ch. : RJF 3/19 n° 265 ; voir également nos 10680, 45200, 45220 et 83560) ; comme les conditions d'application de la clause de mission temporaire étaient réunies, l'Allemagne n'avait pas, en effet, le droit d'imposer (le Conseil d'État juge par ailleurs que l'imposition avait été valablement établie dans la catégorie des traitements et salaires, en application des règles posées par le Code du sport et le Code du travail, et confirme le rejet de la déduction des sommes versées par le joueur à son agent sportif, étant donné les circonstances de l'espèce).

Autre exemple, un résident de France, salarié d'une société française, qui exerce partiellement son activité en Suisse dans le cadre d'un second **contrat de travail** conclu avec une filiale suisse du groupe est imposable en Suisse au titre de son activité suisse même s'il n'est présent sur le territoire suisse que moins de cent quatre-vingt-trois jours au cours de l'année fiscale considérée (CAA Versailles 7 décembre 2021 n° 19VE04154, 1e ch., arrêt définitif ; voir également n° 83790).

Détermination de la durée de la mission

L'exonération dans l'État d'exercice de l'activité au titre des missions temporaires n'est possible que si la mission n'a pas excédé une durée de **cent quatre-vingt-trois jours** pendant toute période de douze mois commençant ou se terminant durant l'année fiscale considérée. **42763**

Ainsi, un résident d'Italie qui exerce en France les fonctions de **directeur administratif et de contrôleur de gestion** d'une société française dont il n'est pas salarié, et qui ne soutient, ni même n'allègue, avoir exercé d'autres activités professionnelles en Italie, doit être regardé, en l'absence de toute pièce au dossier relative à la durée de séjour dans les deux pays et compte tenu de la nature même des fonctions exercées dans la société française, comme ayant passé plus de cent quatre-vingt-trois jours en France au cours de l'année fiscale considérée (TA Paris 16 juin 2011 n° 0910623, 3e ch., Mileto : RJF 4/12 n° 404, jugeant que la clause de mission temporaire n'était pas applicable). Ce jugement a été confirmé par CAA Paris 20 février 2013 n° 11PA04610, 2e ch. (arrêt définitif), relevant que, compte tenu de la nature même des fonctions qu'il exerçait pour le compte de la société française, fonctions dont il ne résultait pas de l'instruction qu'elles devaient être assurées à distance, l'intéressé devait être **présumé avoir exercé en France** l'activité correspondante (alors qu'il était seul en mesure de le faire, le contribuable ne produisait d'ailleurs aucune pièce permettant d'apprécier la durée de ses séjours hors de France).

Précisions **a.** Le modèle OCDE actuel comporte une modification par rapport à celui de 1977 puisque l'exonération au titre des missions temporaires n'est désormais recommandée que si la durée de cent quatre-vingt-trois jours n'a pas été dépassée pendant **toute période de douze mois** commençant ou se terminant durant l'année fiscale considérée alors qu'avant la révision de 1992, le décompte des cent quatre-vingt-trois jours était effectué **au cours de l'année fiscale considérée**. L'expression employée dans le modèle de 1977, comme d'ailleurs dans celui de 1963, pouvait prêter à difficulté toutes les fois que les années fiscales des États considérés ne coïncidaient pas ; elle offrait par ailleurs une **possibilité d'évasion fiscale** puisque les intéressés pouvaient s'organiser de façon à ne séjourner dans l'État d'exercice de l'activité que, par exemple, au cours des cinq derniers mois d'une année et des cinq premiers mois de l'année suivante (de cette façon, la période de cent quatre-vingt-trois jours n'était dépassée au cours d'aucune des deux années alors même que l'intéressé pouvait être présent sur place pendant une période de dix mois). La modification introduite en 1992, qui a fait suite aux remarques publiées par l'OCDE dans la brochure sur les « Tendances de la fiscalité internationale » (1985) a pour objet d'éviter ce genre d'évasion fiscale (commentaires OCDE, C (15) n° 4). Cette solution, qui se retrouve dans un certain nombre de conventions fiscales signées par la France, n'est **pas générale** et il convient donc de se reporter à chaque fois aux textes applicables pour déterminer sur quelle durée la période de cent quatre-vingt-trois jours doit être décomptée.

b. Sur les problèmes posés par l'application et l'interprétation de la **règle des cent quatre-vingt-trois jours**, voir Rapport OCDE, Volume II du modèle de convention fiscale, R (9).

c. Sous l'empire de l'ancienne convention franco-luxembourgeoise, du 1er avril 1958 modifiée, il avait été précisé que, lorsqu'un **salarié d'une entreprise luxembourgeoise** travaille un jour par semaine dans un télécentre en France, la rémunération qu'il perçoit est imposable au Luxembourg si elle est supportée et payée par l'entreprise luxembourgeoise, en application de l'article 14 § 2 de la convention alors applicable (ancienne réponse Eckert : JOAN 24 avril 2012 n° 124412 p. 3171 et BF 7/12 n° 792, non reprise au BOFiP). Cette solution ne s'expliquait cependant que par la rédaction particulière de cette convention (avec la clause OCDE, un tel salarié, à le supposer domicilié en France, serait imposable en France car il ne pourrait dans ce cas être en mission temporaire en France).

42765 **Méthode des séjours effectifs** Pour apprécier la condition de durée, il faut, en principe, retenir la durée des séjours effectifs dans l'État où la mission est effectuée, ce qui conduit généralement, du côté français, à appliquer les mêmes règles que pour l'article 81 A, I du CGI (nº 42575).

À l'occasion de commentaires de certaines conventions fiscales, l'administration a fait siens les principes proposés par le comité des affaires fiscales de l'OCDE ; tel est le cas, par exemple, avec la Suisse (BOI-INT-CVB-CHE-10-20-60 nº 50) ou avec l'Algérie (BOI-INT-CVB-DZA-40 nºs 80 s.) ; ces principes ont été repris dans une section de portée générale (BOI-INT-DG-20-20-40 nº 120), qui précise que l'appréciation de la durée de cent quatre-vingt-trois jours doit être faite en considérant, le cas échéant, les **différents séjours** que l'intéressé a pu effectuer en France au cours de l'année fiscale ou de la période de douze mois considérée (selon la rédaction retenue par la convention fiscale).

La durée de chaque séjour, pris isolément, doit être décomptée à partir du jour où il débute jusqu'au jour où s'achève le travail qui a motivé le déplacement du salarié en France. Ce décompte est effectué suivant la méthode des **« jours de présence physique »**.

Selon cette méthode, les jours suivants sont inclus dans les calculs : fraction de journée, jour d'arrivée, jour de départ et tous les autres jours passés en France où l'activité est exercée tels que les samedis et dimanches, les jours fériés, les jours de vacances qui sont pris avant, pendant et après la période d'activité, les brèves interruptions (pouvant résulter, par exemple, d'actions de formation, de grèves, de « chômage technique », de délais de livraison), les jours de maladie (à moins qu'ils n'empêchent le salarié de partir alors qu'il aurait eu normalement droit à l'exonération). Toutefois, les journées passées en transit en France au cours d'un trajet entre deux points extérieurs à cet État doivent être exclues des calculs (reprise des Commentaires OCDE, C (15) nº 5).

Toute journée entière passée en dehors de l'État d'activité, que ce soit en vue de vacances, de voyages d'affaires ou pour toute autre raison, ne doit pas être prise en compte. Toute **fraction de journée**, même brève, pendant laquelle le contribuable est présent en France compte comme journée de présence dans cet État pour le calcul de la période de cent quatre-vingt-trois jours.

42770 **Totalisation des séjours** Il y a lieu en principe de totaliser les séjours effectués dans le pays d'exercice de l'activité (par exemple, en cas de séjours effectués pour le compte d'employeurs distincts ou en cas de séjours répétés pour le compte d'un même employeur).

L'administration indique ainsi que, lorsqu'un même salarié accomplit en France plusieurs séjours au cours de l'année fiscale ou de la période de douze mois consécutifs (selon la rédaction de la convention fiscale), c'est la durée totale de ces **séjours successifs**, décomptée pour chaque séjour comme indiqué nº 42765, qui doit être retenue pour déterminer celui des deux États auquel est dévolu le droit d'imposer les salaires rémunérant l'activité ainsi exercée (BOI-INT-DG-20-20-40 nº 120).

Si la durée totale ainsi décomptée demeure au plus égale à cent quatre-vingt-trois jours pour la période considérée, la France, État sur le territoire duquel le ou les séjours ont été accomplis, doit en faire abstraction. Dans le cas où cette durée totale excède la limite ainsi fixée, l'imposition appartient à la France, État sur le territoire duquel le ou les séjours sont accomplis et elle porte sur l'ensemble des rémunérations perçues par le salarié au titre de l'activité qu'il a exercée sur ce territoire pendant le ou les séjours afférents à la période de douze mois consécutifs.

42775 **Cas particulier des anciens résidents** Depuis la révision de juillet 2008, les commentaires de l'OCDE envisagent le cas particulier d'un ancien résident qui **retourne temporairement** dans son **pays d'origine** ; ils précisent que les jours durant lesquels le contribuable est résident de l'État de la source ne devraient pas être pris en compte dans le calcul puisque la stipulation conventionnelle n'a pas vocation à s'appliquer à une personne résidant et exerçant un emploi dans le même État (Commentaires OCDE, C (15) nº 5.1).

Soit, par exemple, un salarié qui, entre janvier et décembre de l'année N, est résident de France ; le 1er janvier N + 1, il est recruté par un employeur résident d'un autre État et il en devient résident à cette date. Il est ensuite envoyé en France par son employeur du

15 au 31 mars N + 1. Dans ce cas, il aura séjourné en France pendant deux cent quatre-vingt-douze jours entre le 1er avril N et le 31 mars N + 1 mais, parce qu'il est résident de France entre le 1er avril N et le 31 décembre N, cette première période ne devrait pas, selon l'OCDE, être prise en compte pour le calcul des périodes de référence pour la détermination de la durée de la mission.

Exceptions Toutes les conventions fiscales ne reprennent pas les principes énoncés par le comité des affaires fiscales de l'OCDE ; il y a donc lieu de se reporter systématiquement à la convention applicable. **42780**

Par exemple, la convention franco-algérienne du 17 octobre 1999 stipule que le droit d'imposer appartient à l'État de résidence si, outre les autres conditions à respecter, le bénéficiaire séjourne dans l'autre État pendant une période ou des périodes n'excédant pas au total cent quatre-vingt-trois jours **au cours de l'année fiscale considérée**, et non pas pendant une période de douze mois.

Précisions L'ancienne convention franco-luxembourgeoise, du 1er avril 1958 modifiée, offrait un autre exemple d'exception, car l'article 14 § 2 de cette convention posait comme condition à l'imposition dans l'État de résidence que le séjour dans l'autre État caractérise **« une » mission temporaire** ne comportant « qu'un séjour » inférieur à cent quatre-vingt-trois jours (l'appréciation de la durée de la mission devait être faite en considérant chaque mission isolément, décomptée à partir du jour où elle débutait jusqu'au jour où s'achevait le travail qui avait motivé le déplacement). Par différence, la convention franco-luxembourgeoise du 20 mars 2018 reprend le modèle OCDE.

Notion d'employeur

Il s'agit normalement de la personne physique ou morale vis-à-vis de laquelle le salarié est placé en état de **subordination juridique**, ce qui est la caractéristique du contrat de travail. Cela dit, certains États retiennent une conception également économique de l'employeur, en considérant qu'en cas de **détachement** d'un salarié d'une société à laquelle il est lié par un contrat de travail auprès d'une autre société (par exemple au sein du même groupe), l'employeur s'entend de la seconde société, car celle-ci se comporte « **économiquement** » en employeur. La législation et la jurisprudence françaises ont elles-mêmes une vision nuancée de cette question, considérant parfois que les attributs de l'employeur peuvent être éclatés entre ces deux sociétés (voir notamment n° 42460). Toutefois, sauf cas particuliers (par exemple, en cas de détachement de très longue durée), il convient normalement de s'en tenir à l'**approche juridique** pour déterminer quel est l'employeur d'un salarié (au moins en France). **42785**

Les commentaires de l'OCDE contiennent quelques recommandations sur la notion d'employeur, dans le souci d'éviter les abus et afin de traiter de cette question de façon plus exhaustive que dans le seul cas de la location internationale de main-d'œuvre (n° 42790). Le comité des affaires fiscales de l'OCDE estime que l'exception relative aux missions temporaires pourrait ne pas s'appliquer si le salarié fournit des services à une personne autre que l'employeur, si cette personne, **directement ou indirectement, supervise, dirige ou contrôle** la manière dont ces prestations de services sont exécutées et si ces services font partie intégrante des **activités d'entreprise** exercées par cette personne (Commentaires OCDE, C (15) nos 8.3 s.). Cette manière de voir permettrait à l'État dans lequel les activités sont exercées de rejeter la clause de mission temporaire en cas d'abus et dans les cas où, en vertu de la notion d'emploi salarié dans le droit interne de cet État, les services fournis à une entreprise locale par une personne qui est formellement employée par un non-résident relèvent d'une relation d'emploi salarié (contrat de travail) avec cette entreprise locale (Commentaires OCDE, C (15) n° 8.10, ajoutant que l'élimination de la double imposition doit alors être assurée dans l'État de résidence).

Précisions **a.** En pratique, la **notion d'employeur** n'est pas toujours aisée à cerner, comme le montre cette affaire d'un citoyen américain, résident de France, qui était administrateur de la filiale française d'une société américaine et qui avait passé aux États-Unis quarante jours rémunérés par la société américaine (TA Amiens 11 juin 2004 n° 00-2635, 2e ch., Chaumont et a. : RJF 2/05 n° 162) ; il a été jugé que la clause de mission temporaire s'appliquait et que les **salaires** étaient imposables en France et non aux États-Unis, dans la mesure où ils étaient **portés en charge** par la société française en tant que salaires versés au personnel détaché (s'il avait été clairement établi que l'employeur était la société américaine, les États-Unis auraient eu le droit d'imposer, la clause de mission temporaire ne jouant pas et l'activité en cause étant exercée aux États-Unis). Ce jugement a été confirmé en appel au motif que l'attestation produite par la société américaine, selon laquelle l'intéressé se rendait à des réunions trimestrielles au siège américain et participait à des salons commerciaux se rapportant à l'activité du groupe alors qu'il continuait à suivre la gestion de la société française, ne permettait pas d'établir qu'il aurait effectué des missions temporaires au profit de la société américaine (CAA Douai 24 janvier 2006 n° 04DA00942, 3e ch., définitif). Dans cette affaire, il ne semble pas qu'un contrat de travail ait été produit par le requérant, ce qui a pu inciter la Cour à rechercher **quelle entité bénéficiait de ses services** alors que le tribunal administratif avait regardé celle qui en supportait le coût financier.

b. Un salarié domicilié en France qui exerçait son activité au sein de la **succursale française d'une société britannique** était imposable au Royaume-Uni sur la quote-part de ses salaires afférents à l'activité qu'il avait exercée au Royaume-Uni en 2014 et 2015 au bénéfice du siège britannique ; comme il avait été à juste titre imposé au Royaume-Uni, il avait bien droit en France à un crédit d'impôt égal à l'impôt français (CAA Paris 10 juin 2022 n° 21PA01586, 9e ch.). En l'espèce, la clause de mission temporaire ne pouvait pas jouer au titre de son activité britannique car son employeur était britannique.

42790 **Travailleurs temporaires** Des difficultés du même ordre se posent à l'égard des travailleurs temporaires (**intérimaires**) qui n'ont de contrat de travail qu'avec l'entreprise d'intérim. Cette question a préoccupé l'OCDE et les commentaires du modèle actuel contiennent des précisions intéressantes à cet égard (Commentaires OCDE, C (15) nos 8 s., résultant de révisions précédentes et encore refondus dans la version publiée en juillet 2010). L'OCDE est partie du principe que la pratique de la **location internationale de main-d'œuvre** peut conduire à des abus, par exemple si un employeur local désirant utiliser de la main-d'œuvre étrangère pour une période ou des périodes inférieures à cent quatre-vingt-trois jours recrute les personnels par l'entremise d'un intermédiaire établi à l'étranger, lequel se présente comme l'employeur de la main-d'œuvre et « loue » celle-ci à l'employeur local (mise à disposition). Dans ces circonstances, mais en apparence seulement, les conditions seraient remplies pour que le séjour soit considéré comme temporaire au sens de l'article 15 du modèle de convention fiscale, ce qui conduirait à l'exonération d'impôt dans le pays d'exercice temporaire de l'activité.

Pour éviter ces abus, le comité des affaires fiscales de l'OCDE indique que l'analyse doit se concentrer sur un facteur essentiel tenant à la détermination de l'entreprise qui assume la **responsabilité ou les risques des résultats obtenus du fait du travail** (Commentaires OCDE, C (15) n° 8.13) et que, lorsqu'une comparaison de la nature des services rendus par le salarié avec les activités exercées par son employeur formel et par l'entreprise à laquelle les services sont fournis fait apparaître une relation d'emploi salarié qui diffère de la relation contractuelle formelle, les critères qui suivent peuvent aider à déterminer si tel est réellement le cas (Commentaires OCDE, C (15) n° 8.14) :
- qui est habilité à donner au salarié des **instructions** sur la manière dont les travaux doivent être effectués ?
- qui **contrôle** le lieu où le travail est effectué et qui en a la responsabilité ?
- la **rémunération** du salarié est-elle directement facturée par l'employeur formel à l'entreprise à laquelle les services sont fournis ?
- qui met à la disposition du salarié le **matériel** et l'outillage nécessaires à l'exécution du travail ?
- qui détermine le **nombre** des salariés effectuant le travail et les compétences requises de ceux-ci ?
- qui a le droit de **choisir** la personne qui exécutera le travail et de mettre fin aux relations contractuelles qui seront engagées avec elle pour ce travail ?
- qui a le droit d'imposer des **sanctions** disciplinaires liées au travail de cette personne ?
- qui détermine les **congés** et l'horaire de travail de cette personne ?

Les commentaires de l'OCDE fournissent, pour éclairer ces principes, divers exemples de situations où il y aurait lieu ou non de considérer que la clause de mission temporaire serait applicable, selon une logique qui tend à faire prévaloir le fond sur la forme.

De son côté, la **France** considère que le paragraphe 8.13 (ci-dessus) ne doit pas être interprété comme constituant à lui seul un motif suffisant pour remettre en cause une **relation contractuelle formelle** : « si, au regard du paragraphe 8.13, les services rendus par la personne physique représentent une partie intégrante de l'activité de l'entreprise à laquelle les services sont rendus, l'analyse de la situation doit alors être effectuée conformément aux dispositions du paragraphe 8.14. » (Commentaires OCDE, C (15) n° 13).

Précisions Il arrive que ces solutions trouvent une réponse précise dans le cadre conventionnel, comme en témoigne l'exemple de la **convention franco-allemande** qui adopte, dans ce genre de situation, la technique du crédit d'impôt, la clause de mission temporaire ne s'appliquant pas (solution issue de l'avenant de 1989 à la convention fiscale). Ces dispositions se combinent, le cas échéant, avec celles relatives aux frontaliers (nos 43480 s.).

Rémunération supportée par un établissement stable

La clause de mission temporaire ne joue pas si le salarié est mis à disposition d'un établissement stable de l'employeur dans l'État où les activités sont exercées et si cet établissement supporte la rémunération : **paiement direct**, **remboursement effectif** au siège ou **inclusion** dans ses **charges** déductibles sans paiement effectif (par exemple, inclusion dans les frais exposés par le siège dans l'intérêt de son établissement stable et, par suite, déduction au titre des frais de siège). **42795**

Dans leur version actuelle, issue de la révision de juillet 2010, les commentaires de l'OCDE précisent, à ce propos, que « le fait que l'employeur a ou n'a pas effectivement réclamé une déduction pour la rémunération dans le calcul des bénéfices attribuables à l'établissement stable n'est pas nécessairement probant, le véritable critère étant de savoir **si toute déduction disponible** à l'égard de cette rémunération **doit être prise en compte** dans la détermination des bénéfices attribuables à l'établissement stable » (Commentaires OCDE, C (15) n° 7.1) ; l'OCDE ajoute que la charge notionnelle requise par la fiction juridique de l'entreprise distincte et indépendante qui est théoriquement applicable en vertu du nouveau paragraphe 2 de l'article 7 (n° 18442) n'a pas d'incidence sur la question de savoir si la charge de cette rémunération est supportée ou non par l'établissement stable (Commentaires OCDE, C (15) n° 7.2).

Précisions **a.** En principe, si un salarié est détaché auprès d'un **établissement stable**, sa rémunération devrait systématiquement être prise en charge par cet établissement ; en effet, comme les relations entre un siège et son établissement doivent être conformes au principe de l'entreprise indépendante (n° 18350), ce serait un « acte anormal de gestion » de la part du siège de ne pas faire prendre en charge fiscalement par l'établissement la rémunération d'un salarié détaché par le siège auprès de lui. Autrement dit, la clause de mission temporaire ne devrait jouer que très rarement en cas de mise à disposition d'un salarié auprès d'un établissement stable étranger (la situation est différente en présence d'une filiale, car la clause de mission temporaire joue indépendamment de la prise en charge de la rémunération).

b. Lors de la révision d'avril 2000, quelques remarques ont été ajoutées à propos des salariés employés par des **sociétés de personnes** (Commentaires OCDE, C (15) nos 6.1 et 6.2).

B. Salariés non résidents de France qui perçoivent des salaires de source française

Cette question doit évidemment être traitée par application des **mêmes principes** que ceux qui viennent d'être examinés et qui concernent la situation des résidents de France ayant des salaires de source étrangère. Elle appelle donc des développements beaucoup moins longs. **42855**

1. Principes

Les non-résidents de France qui exercent une activité salariée privée en France sont **presque toujours imposables en France** (sous réserve, bien entendu, des exceptions communes mentionnées nos 43200 s.) : **42860**
– en toute hypothèse, s'il n'existe pas de convention fiscale entre la France et l'État ou territoire de leur résidence ;
– et en cas de mission « non temporaire » en France lorsqu'il existe une convention fiscale (sur le modèle de l'OCDE).

Sur la notion de résidence, voir nos 40000 s. ; sur le principe conventionnel de l'imposition dans l'État d'activité, voir nos 42740 s. ; sur les clauses de mission temporaire, voir nos 42760 s.

Critère du lieu d'exercice de l'activité

42865 Les personnes qui n'ont pas en France leur domicile fiscal ne sont soumises à l'impôt sur le revenu en France qu'à raison de leurs seuls revenus de source française (CGI art. 4 A ; nº 2835). Parmi les revenus de source française figurent les revenus d'une activité salariée exercée en France (CGI art. 164, B-I ; nº 2880).

C'est le lieu d'exercice de l'activité qui importe pour la détermination de la « source » française du revenu. Il est indifférent que **l'employeur** soit ou non résident de France, et que la rémunération soit ou non versée par un débiteur résident de France. Le lieu d'activité est déterminé par l'ensemble des circonstances de fait (nº 2887). Les rémunérations des **dirigeants** des sociétés françaises sont ainsi, par exemple, imposables en France, en droit interne français, dans la mesure où l'activité est exercée en France.

En revanche, des personnes physiques domiciliées en Nouvelle-Calédonie et qui exercent leur activité pour le compte d'une société française ne sont pas imposables en France dès lors que leur activité est exercée en Nouvelle-Calédonie (CAA Bordeaux 1er avril 2014 nº 12BX02903, 3e ch., Dumont : RJF 8-9/14 nº 840 ; arrêt définitif).

Précisions **a.** Le principe du **critère de la présence physique** peut être illustré notamment par l'affaire suivante, concernant un Américain, fiscalement résident des États-Unis, qui était à la fois dirigeant d'une société américaine et **président-directeur général** de la filiale française de cette dernière (CAA Paris 19 avril 2004 nº 00-2288, 5e ch. A, Janssens : RJF 11/04 nº 1153 ; arrêt définitif) ; comme la société mère américaine avait facturé à la filiale française une somme correspondant à une partie de la rémunération du dirigeant, l'administration française en avait déduit qu'il était nécessairement imposable en France (la filiale avait également pris en charge des frais de déplacement du dirigeant). La cour administrative d'appel de Paris a cependant été d'un avis contraire, estimant qu'il n'était pas établi que l'intéressé avait accompli en France les services ainsi rémunérés (le commissaire du Gouvernement avait relevé à ce propos qu'il y avait un autre directeur général en France et que la direction pouvait fort bien être assurée depuis les États-Unis grâce aux **moyens modernes de communication**). C'est bien la présence physique du dirigeant qui compte et non pas le lieu de constitution de la société dirigée.

b. Voir cependant, plus récemment, CAA Paris 20 février 2013 nº 11PA04610, 2e ch. (arrêt définitif), jugeant qu'un résident d'Italie, **directeur administratif et contrôleur de gestion** d'une société française, était, dans les circonstances de l'espèce, présumé avoir exercé son activité en France (nº 42763).

2. Modalités d'imposition

Assiette imposable

42880 Sous réserve de l'existence d'autres revenus de source française, l'imposition n'est assise que sur le montant des salaires rémunérant l'activité exercée en France.

L'assiette imposable est déterminée conformément aux dispositions applicables pour les personnes domiciliées en France (notamment, déduction de 10 %).

Précisions Sur certaines obligations déclaratives des entreprises étrangères qui n'ont pas d'établissement en France mais qui emploient un ou plusieurs **salariés sur le territoire français**, voir nº 4000, Précisions b.

Taux d'imposition

42885 L'imposition se fait par voie de **retenue à la source** aux taux de 0 %, 12 % et 20 % (CGI art. 182 A ; nºs 3200 s.), sauf pour les artistes et sportifs qui ne supportent qu'une retenue de 15 %. La fraction soumise à la retenue au taux de 20 % n'est pas libératoire. Une régularisation **par voie de rôle** doit donc être effectuée (nº 3272). Il en va de même pour les artistes et sportifs. Le mécanisme du prélèvement à la source de l'impôt sur le revenu n'est pas applicable (nº 3630).

En ce qui concerne la **contribution sociale généralisée** (CSG) et les prélèvements sociaux de même nature, seules sont concernées les personnes domiciliées en France pour l'application de l'impôt sur le revenu et qui sont à la charge d'un régime français obligatoire d'assurance maladie. La domiciliation s'apprécie au moment de la perception du revenu susceptible d'y être assujetti. Les non-résidents ne les supportent donc pas au titre de leur rémunération d'activité (nº 3770).

C. Stock-options et mobilité internationale

Problématique

Avec la multiplication des systèmes d'incitation offerts aux salariés par le biais de plans d'options d'achat ou de souscription d'actions (plans de « stock-options »), il était inévitable que la question soit posée des règles applicables à un salarié qui, résident d'un État à la date de l'attribution des options, les exerce et, le cas échéant, vend les actions ainsi acquises, alors qu'il est résident d'un autre État ; on peut imaginer, d'ailleurs, toutes sortes de situations différentes en combinant la résidence du salarié, le lieu où il exerce son activité alors que les options lui sont attribuées, et les États de résidence et d'activité lorsqu'il exerce les options qui lui ont été accordées puis lorsqu'il cède les actions obtenues grâce à la levée des options et réalise une plus-value de cession. **42900**

Précisions Sur les questions soulevées par la **déduction des charges** sous l'angle international, voir n° 76765.

Position de l'OCDE

La question de la mobilité internationale des salariés a préoccupé le comité des affaires fiscales de l'OCDE qui a proposé quelques solutions dans un rapport publié en août 2004 (« Plans d'options d'achat d'actions pour les salariés : problèmes transfrontaliers concernant l'impôt sur le revenu »), dont l'essentiel a été repris lors de la révision des commentaires du modèle de convention fiscale en juillet 2005. **42903**

Les solutions proposées sont fondées sur l'idée qu'il convient de traiter les revenus ainsi attribués aux salariés comme des **revenus d'emploi** au sens de l'article 15 du modèle de convention fiscale (n° 42740), jusqu'à la date d'exercice de l'option, quel que soit le moment où l'avantage doit être imposé et quelle que soit la qualification qui lui est donnée en droit interne ; en revanche, le gain de cession est, pour l'OCDE, régi par l'article 13 relatif aux **plus-values**, sauf si les actions obtenues par la levée des options ne sont définitivement acquises qu'à l'issue d'une période d'emploi.

Quant à la question de savoir quel État peut imposer le revenu d'emploi, en présence de salariés exerçant leur activité successivement dans plusieurs États, elle dépend, selon l'OCDE, des circonstances et notamment de savoir si le plan récompense des « **performances passées** » ou si une « période d'emploi futur » est exigée pour l'exercice de l'option (l'OCDE ajoute qu'en cas de doute il convient d'estimer que le plan récompense plutôt des **performances futures**) ; la fraction de l'avantage qui se rapporte à chaque État doit alors, selon ces commentaires, être imposée dans chacun de ces États en fonction des jours d'emploi respectifs, sur une base « **prorata temporis** » (Commentaires OCDE, C (15) n°s 12 à 12.15). Les doubles impositions éventuelles doivent être éliminées par un crédit d'impôt dans l'État de résidence du bénéficiaire, même s'il y a décalage d'imposition entre les deux États.

Précisions Ces commentaires ne font pas le droit positif qui reste seulement fonction des législations internes, en l'absence de précisions suffisantes dans les conventions fiscales elles-mêmes ; cela étant, ils sont désormais largement repris, en substance, par la jurisprudence. Pour éviter les **doubles impositions**, il serait toutefois souhaitable que les États harmonisent leurs législations et décident si l'imposition doit être établie à la date de l'attribution des options, à celle à laquelle il devient possible de les exercer (« vesting »), à celle de leur exercice réel, ou à celle de la cession des actions acquises.

En droit français

Les solutions ne sont pas certaines, en l'absence de législation ou de jurisprudence topiques, bien que la jurisprudence ait désormais largement clarifié la situation (n° 42940) ; de son côté, l'administration a fait connaître sa position au BOI-RSA-ES-20-10-20-60, qui reprend, pour l'essentiel, les principes posés par l'OCDE (n° 42903). **42905**

L'administration indique que l'approche de l'OCDE est conforme à celle de la France selon laquelle les **gains de levée d'options**, correspondant à la différence entre la valeur réelle de l'action à la date de levée de l'option et le prix de souscription ou d'achat de l'action, ont la nature d'un revenu d'emploi et non pas d'un gain en capital (raison pour laquelle l'administration les appelle « gains de levée d'options » et n'utilise pas le terme habituel de « plus-values d'acquisition »).

L'administration, s'appuyant également sur la décision de Roux du Conseil d'État (n° 42940), estime par suite qu'il y a lieu de **répartir l'imposition de ces gains entre les différents États** au prorata des périodes d'activité salariée exercées dans chacun d'eux. Elle en déduit notamment que les gains résultant de l'attribution de titres à des conditions préférentielles (stock-options, actions gratuites, BSPCE) consenties en contrepartie d'une activité salariée, réalisés par des résidents de France, n'ont pas à être imposés en France lorsqu'ils se rattachent à une activité exercée antérieurement par les bénéficiaires dans un État ayant conclu avec la France une convention fiscale. Inversement, ces mêmes gains réalisés par des non-résidents de France sont imposés en France lorsqu'ils se rattachent à une activité exercée antérieurement en France par les bénéficiaires (BOI préc. n° 1).

Précisions **a.** À l'exception de la **convention fiscale franco-américaine**, aucune des conventions fiscales signées par la France ne contient de dispositions spécifiques concernant l'imposition des gains de levée d'options ; cette convention prévoit des règles particulières pour les gains de levée d'options sur titres de sociétés américaines réalisés par des résidents de France qui ont la nationalité américaine.

b. Les **difficultés d'application** éventuelles peuvent être portées à la connaissance de la Direction générale des finances publiques, Direction de la législation fiscale (DLF), sous-direction C, bureau C1, 139, rue de Bercy, Télédoc 571, 75542 Paris Cedex 12 ou bureau.c1-dlf@dgfip.finances.gouv.fr.

42907 **Principes** Le gain de levée d'option, dans le cadre des plans de stock-options, a la nature d'un **complément de salaire** (en ce qui concerne les actions gratuites et les BSPCE, voir nos 42928 et 42930). Ce gain est considéré comme imposable en tant que **revenu d'emploi** au sens de l'article 15 du modèle de convention fiscale de l'OCDE et des conventions fiscales qui en reprennent les principes.

Pour **répartir entre les États** les gains de levée d'options, il convient de déterminer l'activité en contrepartie de laquelle les options ont été attribuées (n° 42910) puis de définir le ou les États sur le territoire desquels cette activité a été exercée et de répartir en conséquence l'imposition du gain (n° 42912).

En revanche, les plus-values résultant de la **cession des titres** issus de l'exercice des options constituent toujours des gains en capital qui relèvent des stipulations conventionnelles reprenant l'article 13 du modèle de l'OCDE (plus-values) ou, à défaut, de l'article 21 relatif aux autres revenus (ou revenus non dénommés).

Précisions Ces principes valent pour toutes les options sur titres attribuées dans le cadre de la rémunération d'un emploi, y compris **lorsque la société attributrice n'est pas l'employeur** du bénéficiaire. Elles s'appliquent également lorsque le bénéficiaire des options exerce les fonctions de **président** du conseil d'administration, **directeur général**, directeur général délégué, membre du directoire ou **gérant** d'une société par actions sous réserve des règles plus spécifiques résultant de l'article 16 du modèle de l'OCDE relatif aux autres modes de rémunération des membres d'un **conseil d'administration** ou de surveillance (cet article s'applique le cas échéant aux gains de levée d'options dont bénéficie un membre du conseil d'administration ès qualités).

42910 **Identification de l'activité justifiant l'attribution des stock-options** Pour répartir entre les États les gains de levée d'options, il est nécessaire d'identifier au préalable **quels services sont récompensés** par l'attribution des options ; il peut s'agir de services passés ou de services futurs ou des deux, en fonction des circonstances et des documents contractuels (en cas de doute, l'administration estime qu'il convient de considérer que l'attribution des stock-options récompense des services futurs, fournis postérieurement à leur attribution ; BOI-RSA-ES-20-10-20-60 n° 40).

D'une manière générale, selon l'administration (BOI préc. n° 50), l'activité justifiant l'attribution des options est celle qui est exercée entre la date à laquelle les options sont attribuées et la date à laquelle le bénéficiaire devient « propriétaire des options », c'est-à-dire à la date à laquelle il acquiert définitivement le droit d'exercer l'option (même si l'option n'a pas encore été levée). Cette période est appelée « **période de référence** » (« vesting » ou « période d'acquisition des droits »). Elle court de l'attribution de l'option au jour où le bénéficiaire acquiert définitivement le droit d'exercer l'option, même si le plan prévoit qu'il perd ce droit dans certaines hypothèses (« caducité de l'option »), ou à l'inverse qu'il ne peut l'exercer immédiatement (« période de blocage »).

L'attribution des options **récompense l'activité future** du bénéficiaire lorsque l'acquisition définitive des options est soumise à une **condition suspensive**, c'est-à-dire lorsqu'au jour de leur attribution, il n'est pas immédiatement propriétaire des options ; ainsi, lorsque le salarié doit satisfaire certaines conditions pour acquérir ses options, la période de référence court de la date d'attribution de l'option au jour où ces conditions sont satisfaites (ces conditions peuvent être liées à des objectifs professionnels ou prendre la forme d'une condition de présence dans l'emploi, l'entreprise ou le groupe pendant une période déterminée ou jusqu'à une date déterminée).

En revanche, lorsque le bénéficiaire est **propriétaire de l'option au jour de son attribution**, l'attribution des options est, en règle générale, réputée rémunérer ses performances passées. La « période de référence » correspond alors au jour d'attribution de l'option. La circonstance que le bénéficiaire ait exercé son activité dans différents États avant l'attribution de l'option est alors sans incidence sur la période de référence.

De son côté, le Conseil d'État a confirmé (sous l'empire de la législation applicable en 2008, mais la solution est transposable à la législation actuelle) qu'un non-résident qui lève des options et cède les titres n'est imposable en France que pour autant que l'activité que rémunère l'attribution des options de souscription ou d'achat d'actions ait été **exercée sur le territoire français**, en distinguant deux situations :
– lorsque le règlement du plan d'options, arrêté par l'entreprise ou le cas échéant la lettre d'attribution des options adressée au bénéficiaire, soumet l'exercice des options à une ou plusieurs conditions, l'activité rémunérée par l'attribution de ces options est, en principe, dès lors qu'est en général prévue une **condition de présence** du bénéficiaire dans l'entreprise à la date à laquelle il lève l'option, celle qui a été exercée entre la date de cette attribution et la date à compter de laquelle le bénéficiaire est en droit de lever ces options ;
– si le règlement du plan d'options ou la lettre d'attribution des options permet que le bénéficiaire ait **quitté l'entreprise** à la date à laquelle il est en droit de lever les options, tout en exigeant de sa part une durée minimale de présence dans l'entreprise à compter de la date d'attribution des options, faute de quoi celles-ci deviennent caduques, l'activité rémunérée par l'attribution des options est celle qui a été exercée entre la date d'attribution et la date à compter de laquelle le bénéficiaire est en droit de quitter l'entreprise sans perdre le bénéfice des options (CE 18 octobre 2017 n° 408763, 8e et 3e ch. : RJF 1/18 n° 85). En l'espèce, un salarié, qui avait reçu des options en 2001 et 2003, alors qu'il était domicilié en France, les avait levées en 2008 avant de vendre immédiatement les actions ainsi acquises, alors qu'il était résident britannique depuis 2006 ; compte tenu des termes du plan, l'activité rémunérée par l'octroi des options était nécessairement limitée à la période de deux ans suivant leur attribution, d'où il résultait que la rémunération était intégralement imposable en France.

Précisions L'attribution des options récompense des services passés même si le bénéficiaire ne peut les exercer qu'à l'issue d'un délai (« **période de blocage** ») ; le salarié est, en effet, immédiatement propriétaire de l'option, le respect d'une période de blocage n'étant qu'une modalité d'exercice. Il en va de même si l'option initialement acquise peut devenir **caduque**. Tel est le cas de plans prévoyant que le bénéficiaire peut exercer l'option immédiatement, mais comportant des clauses indiquant que l'option doit être exercée avant une certaine date ou avant que le salarié quitte l'entreprise.

Modalités de répartition de l'imposition des gains de levée d'options 42912

Le gain de levée d'option constitue un revenu d'emploi imposable dans le ou les États dans lesquels le salarié a exercé l'activité justifiant l'attribution de l'option sous réserve que la rémunération perçue au titre de cette activité soit imposable dans l'État d'exercice de l'activité en application de la convention fiscale (BOI-RSA-ES-20-10-20-60 n° 200).

Lorsque, pendant la période de référence, le salarié a exercé cette activité dans plusieurs États et que les rémunérations correspondantes y sont imposables, l'imposition du gain de levée d'option doit donc être répartie entre eux **au prorata du nombre de jours** pendant lesquels les services auxquels se rapportent les options ont été fournis dans chacun d'eux (BOI préc.).

À l'inverse, lorsque le salarié n'a, au cours de cette période, exercé son activité que dans un seul État (ou dans plusieurs États mais que les rémunérations perçues au titre de l'activité ne sont imposables que dans un seul État), le gain de levée d'option y est exclusivement imposable. Par suite, le droit d'imposer appartient en principe à cet État (à savoir, celui dans lequel il exerçait ses fonctions au jour de l'attribution). Le fait que le salarié quitte cet État avant d'avoir exercé ses options, par exemple à la suite d'un départ en retraite, est sans incidence.

Selon l'administration, il faut donc déterminer, durant la période de référence, le nombre de jours travaillés dans chaque État (BOI préc. n° 220). Ce calcul s'effectue **selon un décompte calendaire** (trois cent soixante-cinq jours par an) en se référant à la date de prise d'effet de l'affectation d'un salarié dans l'État considéré (y compris les jours non travaillés). En pratique, la fraction du gain imposable dans un État est déterminée au prorata du nombre de jours d'activité exercée dans l'État considéré **pendant la période de référence** selon la formule suivante : montant total du gain réalisé × A/B, où :
– A est le nombre de jours au cours desquels le salarié est affecté dans l'État considéré correspondant à l'activité rémunérée par l'attribution des titres à des conditions préférentielles exercée dans l'État considéré (ou exercée dans un autre État mais imposable dans l'État considéré) ;
– B est le nombre total de jours correspondant à la période de référence (activité rémunérée par l'attribution).

Pour le calcul de ce rapport, les jours non travaillés (y compris les **jours fériés** et les **congés** quelle qu'en soit la cause, etc.) sont pris en compte au numérateur et au dénominateur, quel que soit le lieu où se trouvait le bénéficiaire au cours de ces périodes.

Toutefois, lorsque le salarié exerce son activité **simultanément dans plusieurs États**, il garde la possibilité de démontrer que cette méthode ne correspond pas à la réalité de la répartition de son activité et de déterminer le nombre de jours effectivement travaillés dans chaque État (dans ce cas, les jours non travaillés tels que les jours fériés, les week-ends ou les jours de congés, quelle qu'en soit la cause, ne doivent pas être pris en compte).

Précisions **a.** Si, au cours de la période de référence, le salarié exerce son activité dans un État **sans que sa rémunération y soit imposable** en application de la convention fiscale, cette période d'activité doit être prise en compte dans l'État auquel est attribué le droit d'imposer la rémunération correspondante (cas des missions temporaires, nos 42760 s. ; des frontaliers, nos 43480 s. ; des salariés des entreprises de transport international imposables dans l'État où le siège de direction effective de l'entreprise est situé, n° 43630).

b. Les opérations d'échange consécutives à des **restructurations d'entreprises**, qui peuvent soulever des difficultés au regard des principes précédents, relèvent, selon l'administration (BOI-RSA-ES-20-10-20-60 n° 300), des procédures amiables conventionnelles (nos 84000 s.).

c. À propos d'un contribuable devenu résident du Royaume-Uni après l'attribution des options et qui avait contesté, à titre subsidiaire, le **quantum de l'imposition** en fonction des jours travaillés en France, voir CAA Versailles 5 juillet 2016 n° 14VE01315, 1e ch. : Droit fiscal 2017 n° 12, comm. n° 217 (arrêt définitif après non-admission du pourvoi du ministre par CE (na) 10 février 2017 n° 402363, 3e ch.) ; cette décision n'apporte cependant pas de précisions sur le fond, le contribuable ayant obtenu la décharge car l'administration n'avait pas répondu, dans la réponse aux observations du contribuable, à son argumentaire sur le quantum de l'imposition.

42913 Parmi les **exemples** proposés par l'administration (BOI-RSA-ES-20-10-20-60 nos 230 s.), on relève celui d'un salarié résident d'un État A le 1er janvier de l'année N, qui travaille à cette date dans une société appartenant à un groupe international et qui bénéficie de l'attribution d'une option d'achat d'actions.

L'acquisition définitive du droit d'exercer cette option est soumise à la condition qu'il occupe encore un emploi au sein du groupe au 1er janvier N + 3. À compter du 31 décembre N + 1, il est affecté et part travailler à l'étranger dans une autre société du même groupe. Il devient résident de l'État B. Il exerce l'option le 1er juillet N + 3 et vend immédiatement l'action correspondante.

Dans ce cas, la période de référence court du 1er janvier N, date d'attribution de l'option, au 1er janvier N + 3, date à laquelle le salarié est devenu propriétaire de l'option. Le nombre de jours à prendre en compte pour le plan d'options d'achat d'actions est égal à 1 095 (3 × 365). Pendant cette période, le salarié a exercé son activité pendant 729 jours (364 + 365) dans l'État A et 366 jours dans l'État B.

Le gain de levée d'option est imposable à hauteur de 67 % (729 jours sur 1095) dans l'État A et à hauteur de 33 % (366 jours sur 1095) dans l'État B.

Précisions Ces indications ne valent, bien entendu, que lorsque la France est concernée ; l'autre État peut fort bien avoir une interprétation différente.

Modalités d'imposition des gains de stock-options Les gains d'acquisition résultant des options et attributions gratuites d'actions sont passibles de l'impôt sur le revenu. Il n'y a donc pas de difficulté particulière, étant rappelé que l'imposition des gains salariaux issus de l'actionnariat salarié est reportée **au jour de la cession** (plans répondant aux conditions du Code du commerce). Les gains ne sont en principe imposables en France qu'**au prorata de l'activité exercée en France** pendant la période de référence (voir, en ce sens, les décisions mentionnées n° 42940). Lorsque le bénéficiaire est non résident, la fraction de l'avantage imposable en France est susceptible d'être soumise à la retenue à la source en France (nos 3340 s.). 42915

Les gains de cession sont traités comme des plus-values de cession de valeurs mobilières (nos 65595 s.). Une **moins-value** éventuellement réalisée par un non-résident n'est imputable que dans son pays de résidence et n'est pas admise en déduction de la part de l'avantage imposable en France.

Précisions **a.** En ce qui concerne les **plans non qualifiés**, c'est-à-dire ceux qui ne respectent pas les prescriptions du Code du commerce, l'administration estime, au BOI-RSA-ES-20-10-20-60 nos 410 s., que le gain de levée d'option est imposable au titre de l'année au cours de laquelle il est réalisé. Elle ajoute que, en présence d'un **résident** de France dont le gain de levée d'option se rapporte en tout ou partie à une activité exercée à l'étranger, seule la part du gain de levée d'option correspondant à l'exercice d'une activité en France est en principe imposable en France et que, dès lors que le plan n'est pas qualifié, le gain imposable en France est imposé au titre de l'année de levée des options selon les règles de droit commun des salaires. En ce qui concerne les **non-résidents**, le gain est imposable en France sur la part qui se rapporte à l'exercice d'une activité en France ; la fraction du gain imposable en France est susceptible d'être soumise à la retenue à la source de l'article 182 A ter du CGI.

b. Sur la question de l'imposition d'actions acquises à un prix préférentiel hors régime légal, voir n° 2012.

Élimination des doubles impositions Les doubles impositions sont éliminées dans les conditions prévues pour les **revenus d'emploi** dans la convention fiscale conclue entre la France et l'État d'exercice de l'activité à laquelle se rattachent les options (exonération avec taux effectif ou crédit d'impôt, selon les cas). 42925

Lorsque les gains sont rattachables à plusieurs États, il convient de retenir, pour la partie rattachable à chaque État, la méthode d'élimination des doubles impositions prévue par la convention en ce qui concerne les revenus d'emploi.

Il y a cependant lieu de noter que les législations ne s'accordent pas toujours et qu'il peut, par conséquent, y avoir des **décalages d'imposition** dans le temps, lorsque les faits générateurs des impositions ne sont pas les mêmes dans les États concernés (incidemment, l'OCDE recommande à l'État de résidence d'accorder l'allégement de la double imposition quel que soit le moment où l'impôt est exigé dans l'État de la source ; n° 42903).

Il n'y a pas de réelle difficulté lorsque l'élimination des doubles impositions est assurée en France par la **méthode de l'exonération** (un décalage éventuel d'imposition n'est cependant pas neutre car, pour le calcul du taux effectif, il y a lieu de déduire l'impôt étranger du revenu étranger) ; lorsque la convention fiscale repose sur la méthode du **crédit d'impôt égal à l'impôt français**, ce crédit d'impôt est généralement imputable au titre de l'année d'imposition des revenus en France, même si l'imposition dans l'autre État n'est pas encore intervenue. Il n'en va autrement que lorsqu'il s'agit d'un crédit égal à l'impôt dû dans l'État de source à raison des gains correspondant à l'activité exercée dans cet État ou lorsque la convention fiscale subordonne l'imputation d'un crédit d'impôt égal à l'impôt français au fait que le bénéficiaire soit soumis à l'impôt à raison de ces revenus dans l'autre État.

Dans ces derniers cas, le bénéfice du crédit d'impôt prévu par la convention fiscale devrait, en principe, être obtenu dans le cadre d'une **réclamation** contentieuse, déposée au plus tard le 31 décembre de l'année suivant celle de l'imposition du revenu dans l'autre État en application du dernier alinéa de l'article R* 196-1 du LPF, à l'appui de laquelle devra être produit un document attestant d'une imposition effective dans l'autre État.

Pour un exemple contentieux, voir n° 83790, Précisions c.

Précisions **a.** Si les mécanismes d'élimination des doubles impositions prévus dans le cadre des conventions fiscales s'avèrent insuffisants pour éliminer totalement les doubles impositions juridiques, le contribuable peut demander l'ouverture d'une **procédure amiable** (nos 84000 s.).

b. Les difficultés éventuelles auxquelles est susceptible de donner lieu l'application des dispositions relatives à l'élimination des **doubles impositions** peuvent être portées à la connaissance de la Direction générale des finances publiques, Direction de la législation fiscale (DLF), sous-direction E, bureau E1, 139, rue de Bercy, Télédoc 568, 75542 Paris Cedex 12 ou bureau.e1-dlf@dgfip.finances.gouv.fr.

42928 **Cas des actions gratuites** Les gains d'acquisition d'actions gratuites (soit, en pratique, la valeur des actions à la date de leur acquisition définitive) constituent, au regard du droit interne et des principes énoncés par le comité des affaires fiscales de l'OCDE, des **revenus d'emploi** au sens du paragraphe 1 de l'article 15 du modèle de convention fiscale de l'OCDE en tant qu'il vise les salaires, traitements, et autres rémunérations similaires qu'un résident d'un État contractant reçoit au titre d'un emploi salarié.

Les règles relatives aux stock-options sont donc transposables (n°s 42907 s.), à quelques adaptations près. Ainsi, la **période de référence** court de la date d'attribution de l'action gratuite à la date à laquelle le salarié est définitivement propriétaire du droit d'attribution, c'est-à-dire lorsqu'il a définitivement acquis le droit de se voir attribuer les actions gratuites (même si la période d'acquisition n'est pas encore expirée).

Si aucune condition suspensive n'est prévue pour l'acquisition de ce droit, les périodes d'acquisition et de conservation des titres prévues par l'article L 225-197-1 du Code de commerce sont sans incidence sur la période de référence, qui correspond au jour de l'attribution des actions gratuites.

En revanche, si une **condition de présence** dans l'entreprise ou liée à des objectifs professionnels est prévue pendant la période d'acquisition des actions gratuites, la période de référence s'étend jusqu'à la date à laquelle le salarié est définitivement propriétaire du droit d'attribution, c'est-à-dire celle à laquelle ces conditions sont réalisées.

Par ailleurs, la **résidence fiscale** prise en compte est celle du bénéficiaire au moment du fait générateur de l'impôt, c'est-à-dire :
– le jour de la cession, lorsque les attributions ont été effectuées dans les conditions prévues par les articles L 225-197-1 à L 225-197-6 du Code de commerce, ou, pour celles effectuées par les sociétés dont le siège est situé à l'étranger et qui sont mères ou filiales de l'entreprise dans laquelle le bénéficiaire exerce son activité, dans des conditions identiques ;
– le jour de l'acquisition définitive par le bénéficiaire des actions attribuées gratuitement lorsque les actions n'ont pas été attribuées dans les conditions précédentes.

Précisions Les gains d'acquisition d'actions gratuites sont imposés comme des salaires, mais sous réserve de certains avantages (n° 2020, Précisions).

42930 **Cas des BSPCE** L'octroi de BSPCE constitue un mode de rémunération participative analogue aux stock-options ; le gain provenant de l'exercice des bons a la même nature juridique que celui provenant de l'exercice des options.

Par suite, le **gain d'exercice** (fraction du gain net correspondant à la différence entre la valeur du titre souscrit au jour de l'exercice du bon et le prix d'acquisition du titre fixé lors de l'attribution du bon) constitue un gain salarial. Sous réserve que les conventions fiscales n'en disposent pas autrement, ce gain constitue en principe un **revenu d'emploi** au sens de l'article 15 § 1 du modèle de convention fiscale de l'OCDE.

Ainsi, le gain d'exercice doit être **réparti entre les États** dans lesquels l'activité rémunérée par le bon a été exercée, sous réserve que la rémunération perçue au titre de cette activité soit imposable dans l'État considéré en application de la convention fiscale, selon les mêmes principes que pour les stock-options (n°s 42907 s.).

La **période de référence** court de l'attribution du bon à la date à laquelle le bénéficiaire est propriétaire du droit de l'exercer, c'est-à-dire lorsqu'il a définitivement acquis ce droit (même s'il ne peut pas l'exercer immédiatement).

La **résidence fiscale** prise en compte est celle du bénéficiaire au moment du fait générateur de l'impôt, c'est-à-dire au moment de la cession des titres acquis au moyen du bon.

En revanche, la fraction du **gain net de cession** des BSPCE, correspondant à la différence entre le prix de cession du titre acquis au moyen du bon et sa valeur au jour de l'exercice du bon, constitue un gain en capital qui relève de l'article 13 du modèle de l'OCDE ou, à défaut, de l'article 21 relatif aux autres revenus.

Jurisprudence Différents contentieux sont nés des difficultés d'interprétation des concepts et des règles de territorialité ; même si ces contentieux concernaient des législations qui ont pu varier au fil du temps, les solutions retenues par le juge de l'impôt en matière de territorialité sont transposables pour l'application du dispositif actuel. **42940**

Le Conseil d'État a d'abord jugé, à propos d'un résident de France qui n'avait pas respecté la période d'indisponibilité fiscale alors applicable et qui avait exercé ses options et immédiatement revendu les actions à un moment où il exerçait son activité en Belgique, que le gain de levée d'option constituait un **complément de salaire** et que cette qualification devait lui être attribuée également pour l'application de la convention fiscale franco-belge du 10 mars 1964 (CE 17 mars 2010 n° 315831, 8e et 3e s.-s., min c/ De Roux : RJF 6/10 n° 588). Faisant ensuite application de l'article conventionnel sur les traitements et salaires, le Conseil d'État juge que ce gain n'est imposable en France en tant que salaire que **dans la mesure où l'activité** que rémunère l'attribution d'options de souscription ou d'achat d'actions a été **exercée en France**. Il y a alors lieu, selon le Conseil d'État, de distinguer différentes situations :
– si le règlement du plan d'options (ou le cas échéant la lettre d'attribution des options adressée au bénéficiaire) soumet l'exercice des options à **une ou plusieurs conditions**, l'activité rémunérée par l'attribution des options est celle qui a été exercée entre la date d'attribution et la date à compter de laquelle le bénéficiaire est en droit de les exercer (et non pas de la date à laquelle il les exerce, contrairement à ce que propose l'OCDE ; n° 42903) ;
– si les options ne peuvent être exercées **qu'après l'expiration d'un délai** prévu par le règlement du plan d'options (ou par la lettre d'attribution des options), la plus-value d'acquisition réalisée du fait de la levée de l'option (gain de levée d'option) est imposable par chacun des États parties à la convention fiscale **en proportion du nombre de jours travaillés** par le bénéficiaire sur le territoire respectif de chacun de ces États pendant la période comprise entre la date de leur attribution et la date à laquelle le délai expire (« période d'acquisition ») ; le Conseil d'État ajoute que l'existence d'une condition de présence du bénéficiaire dans l'entreprise à la date à laquelle il exerce l'option est sans incidence ;
– si le règlement du plan d'options (ou la lettre d'attribution des options) ne prévoit **pas de délai**, le bénéficiaire est en droit de procéder immédiatement à l'exercice des options qui lui sont attribuées ; l'avantage est donc entièrement imposable dans l'État sur le territoire duquel le contribuable exerçait son activité professionnelle à la date de l'attribution des options de souscription ou d'achat d'actions (le Conseil d'État a renvoyé l'affaire à la cour administrative d'appel de Versailles qui l'a réglée par un arrêt du 21 juin 2012 n° 10VE01076, 6e ch., définitif).

Le Conseil d'État a également jugé que le fait que les gains de levée d'option étaient alors imposés comme des cessions de valeurs mobilières à un taux proportionnel était sans incidence sur la nature de **salaire** du gain de levée d'option (CE 1er octobre 2013 n° 361440, 3e et 8e s.-s., min. c/ Bouysset : RJF 12/13 n° 1137, à propos d'une personne physique domiciliée aux îles Vierges britanniques et qui avait été dirigeant salarié d'une société française). Le gain de levée d'option réalisé par un non-résident était imposable en France en application de l'article 164 B du CGI, dès lors que, s'agissant d'un revenu rattaché à une **activité salariée exercée auparavant en France**, le revenu était de source française et non pas un gain en capital exonéré (dans cette affaire, le délai d'indisponibilité fiscale avait été respecté, mais seul le droit interne s'appliquait en l'absence de convention fiscale).

Cette solution a été reprise pour l'application des **conventions fiscales** par CE 1er avril 2015 n° 369586, 10e s.-s. (RJF 7/15 n° 590) jugeant que la plus-value d'acquisition devait être regardée comme une rémunération analogue aux **traitements et salaires**, entrant dès lors dans le champ de l'article 11 de la convention fiscale franco-belge et imposable dans l'État sur le territoire duquel avait été exercée l'activité salariée rémunérée par cette plus-value (dans cette affaire, le Conseil d'État confirme, en outre, que l'éventuelle plus-value de cession doit être regardée comme un revenu de capitaux mobiliers entrant, faute de stipulations contraires, dans le champ de l'article 18 de la convention aux termes duquel, dans la mesure où les articles précédents de la convention n'en disposent pas autrement, les revenus des résidents d'un État ne sont imposables que dans cet État). Sur renvoi dans cette affaire, il a été jugé que la plus-value d'acquisition constituait bien un complément de salaire imposable en France, territoire à partir duquel l'intéressé exerçait l'activité salariée rémunérée par les options (CAA Versailles 15 décembre 2015 n° 15VE01043, 3e ch., arrêt définitif ; le contribuable avait reçu des options d'achat chaque année entre 1999 et 2002 puis transféré son domicile fiscal de France en Belgique le 1er septembre 2005 avant de lever les options et de revendre immédiatement les actions ainsi acquises).

42940 (suite) Les arrêts suivants sont dans le même sens :
– CAA Versailles 16 avril 2015 nº 14VE00218, 7e ch., dans le cadre franco-suisse, retenant l'application de la stipulation conventionnelle relative aux traitements et salaires et constatant que l'intéressé avait bénéficié des plans d'options en qualité de salarié exerçant sur le territoire français (arrêt définitif) ;
– CAA Versailles 6 novembre 2018 nº 17VE01170, 1e ch. : RJF 4/19 nº 335, retenant qu'un salarié qui avait reçu des options en 2002 et les avaient levées en 2009 alors qu'il était domicilié au Royaume-Uni était imposable en France et que la stipulation conventionnelle relative à l'imposition des salaires était bien applicable (arrêt définitif) ;
– CAA Versailles 6 novembre 2018 nº 17VE02696, 1e ch. : RJF 4/19 nº 335, arrêt définitif reprenant, dans une configuration similaire, le principe précédant et considérant en outre que la totalité du gain était imposable en France car l'activité rémunérée par l'attribution des options était celle exercée entre la date d'attribution et la date à compter de laquelle l'intéressé était en droit de les lever, à savoir la date de son licenciement (les options avaient été accordées en 2005, le salarié avait été licencié en 2008 et il avait levé les options et cédé les actions en 2011, alors qu'il était devenu non-résident ; voir également nº 1918).

En revanche, **l'indemnité versée à un mandataire social** en contrepartie de la renonciation de son droit à souscription d'actions ne pouvait être regardée, alors même qu'elle relevait, en droit interne, de la catégorie des traitements et salaires, comme une rémunération reçue « au titre d'un emploi salarié » au sens de l'article 15 de l'ancienne convention fiscale franco-britannique, du 22 mai 1968 (CE 4 octobre 2013 nº 351065, 3e et 8e s.-s., Clive-Worms : RJF 1/14 nº 29 ; conclusions Emmanuelle Cortot-Boucher au BDCF 1/14 nº 6) ; cette indemnité a été considérée entrant dans le champ des **revenus non dénommés**, imposables exclusivement dans l'État de résidence du bénéficiaire, car elle n'entrait pas non plus dans le champ de l'article 16 de la convention relatif aux tantièmes, jetons de présence et autres rémunérations. Cette solution, qui n'est pas transposable sous l'empire de la convention fiscale actuelle (nº 43560), résulte de ce que le droit interne, s'il conduit à taxer la rémunération d'un mandat social dans la « catégorie » des traitements et salaires, ne dit pas pour autant qu'un mandataire social exerce un emploi salarié (voir également nº 9450).

Enfin, en ce qui concerne la **date** à laquelle la **résidence fiscale** doit être appréciée, le Conseil d'État a logiquement jugé que, sauf stipulation contraire, pour l'application des conventions fiscales, la résidence fiscale prise en compte pour répartir le droit d'imposer les revenus entre les États s'apprécie à la **date de leur réalisation**, quelles que soient leurs modalités d'imposition en droit interne et, notamment, sans égard à la circonstance que leur imposition soit reportée par la loi à une date ultérieure (CE 4 juin 2019 nº 415959, 3e et 8e ch. : RJF 8-9/19 nº 834 ; cette décision vaut, à notre avis, tant pour l'application des conventions fiscales que pour celle du droit interne). Dans cette affaire, l'ancien président-directeur général d'une société française avait reçu des options de souscription d'actions entre 2000 et 2003 et les avait levées en 2004 et 2006, pour partie, avant son départ en Suisse, et pour partie, après ; il avait cédé les actions ainsi acquises en 2007 après avoir, en juin 2006, transféré son domicile fiscal de France en Suisse. La circonstance qu'il ait été résident de Suisse à la date de la cession ne pouvait conduire à retirer à la France le droit d'imposer le **gain d'acquisition** réalisé à la date de la levée des options antérieurement à son départ, contrairement à ce qu'avait jugé à tort la cour administrative d'appel de Versailles (CAA Versailles 26 septembre 2017 nº 15VE02635, 1e ch. : RJF 1/18 nº 29, qui avait retenu que les gains étaient des revenus « non dénommés » imposables seulement en Suisse au motif erroné que l'intéressé était domicilié en Suisse à la date de la cession des titres). Sur renvoi, le contribuable avait initialement été déchargé au motif, cette fois, que le vérificateur s'était prétendument fondé sur des renseignements irrégulièrement obtenus dans le cadre de son droit de communication (CAA Versailles 10 novembre 2020 nº 19VE02065, 3e ch.) ; cet arrêt a cependant été annulé pour erreur de droit, l'exercice par l'administration de son droit de communication étant jugé régulier par le Conseil d'État, et l'affaire a été définitivement jugée par CE 16 juillet 2021 nº 448500, 8e et 3e ch. : RJF 11/21 nº 1043, rétablissant les impositions qui avaient été annulées à tort par le juge du fond et reprenant les solutions dégagées par la première décision de cassation.

La décision finale rendue par le Conseil d'État dans cette affaire est transposable aux conventions fiscales rédigées de la même façon que la convention fiscale franco-suisse du 9 septembre 1966 modifiée ; elle repose sur les considérations suivantes :
– les stipulations des articles 17 (salaires) et 23 (« autres revenus ») de cette convention doivent être comprises conformément au **principe d'interprétation** posé par l'article 3 § 2

de la même convention, qui, pour les termes ou expressions non définis, renvoie au sens donné en droit interne et précise que le sens attribué à un terme ou expression par le droit fiscal prévaut sur le sens attribué à ce terme ou expression par les autres branches du droit ;
– dès lors qu'en application de la loi fiscale française, les rémunérations perçues par le président-directeur général d'une société anonyme au titre de son mandat social relèvent, pour leur soumission à l'impôt sur le revenu, de la catégorie des **traitements et salaires**, ces rémunérations doivent, pour l'application des clauses de la convention répartissant le pouvoir d'imposer, être regardées comme reçues au titre d'un emploi salarié au sens de l'article 17 ; étant donné que l'intéressé exerçait en France ses fonctions de président-directeur général, la convention ne faisait pas obstacle à leur imposition en France.

Reprenant sa décision de première cassation à propos de la date à laquelle la résidence fiscale doit s'apprécier, le Conseil d'État juge enfin que dans le cas d'un contribuable qui s'est vu attribuer des options de souscription ou d'achat d'actions, le gain de levée d'option est réalisé **à la date de cette levée d'option** et que l'intéressé ne pouvait en tout état de cause se prévaloir des règles conventionnelles d'attribution du pouvoir de taxer les revenus de source française perçus par des résidents de Suisse que pour ce qui concerne les seuls gains découlant des levées d'options postérieures à la date de son transfert de domicile en Suisse.

La solution ainsi retenue par le Conseil d'État est cohérente avec les principes d'imposition des rémunérations différées, qui conduisent à retenir les règles de territorialité applicables à la **période au titre de laquelle l'avantage est consenti** et non à la date de la cession des titres. L'intéressé ayant été domicilié en France pendant la période au titre de laquelle l'avantage avait été consenti (période de référence, comprise entre la date d'attribution et la date d'acquisition définitive), le droit d'imposer revenait, par principe, à la France (en ce sens, par analogie, voir le point 71 des conclusions de l'avocat général Melchior Wathelet dans les affaires jointes 327/16 et 421/16, citées au n° 88390 : un gain né dans le cadre de la compétence fiscale de la France reste imposable en France sans égard à la compétence fiscale d'un autre État membre lors de la cession des titres).

Précisions **a.** Sur l'imposition d'une **indemnité pour perte du droit de lever des stock-options**, voir n° 42755, Précisions c.

b. Le gain d'acquisition de stock-options est imposable au nom des **héritiers** d'un bénéficiaire décédé, selon le régime qui aurait été applicable à ce dernier avant son décès ; étaient donc imposables en France, au titre du gain d'acquisition, les héritiers, même à les supposer résidents britanniques, d'un bénéficiaire d'options domicilié en France et décédé en 2011 qui avait reçu des stock-options en tant que président-directeur général de la filiale française d'un groupe américain, dès lors que le gain d'acquisition caractérisait un complément de salaire et que l'activité correspondante avait été exercée en France par le défunt, sans qu'importe le fait que ce dernier ait effectué de nombreux **déplacements à l'étranger** dans le cadre de son activité professionnelle (TA Paris 30 juin 2021 n° 1925781 : RJF 1/22 n° 26 ; appel enregistré sous le n° 21PA04416) ; en l'espèce, la levée des options était intervenue en 2012, après le décès, et la cession des titres avait été réalisée le même jour (les options n'avaient pas figuré dans l'actif successoral car elles avaient une valeur nulle au décès).

SECTION 2

La situation de certaines catégories particulières de salariés

Il existe d'importantes exceptions aux règles générales indiquées ci-dessus pour l'imposition des rémunérations perçues par les salariés. **43200**

A. Fonctions publiques

Les États entretiennent des relations bilatérales par la voie de missions diplomatiques et consulaires accréditées, ou multilatérales dans le cadre d'organisations internationales ; il se peut aussi que des agents publics d'un État exercent leur activité sur le territoire d'un **43210** autre État en dehors du cadre diplomatique (enseignants dans des lycées français à l'étranger, centres culturels, etc.). La rémunération de ces personnels obéit à des règles particulières.

1. Personnels diplomatiques ou consulaires et membres des organisations internationales

Incidence des conventions fiscales

43220 Les conventions fiscales ne contiennent pas, en règle générale, de dispositions particulières relatives aux diplomates et assimilés (voir cependant n° 43240). Tout au plus la convention modèle OCDE indique-t-elle que « les dispositions de la présente Convention ne portent pas atteinte aux privilèges fiscaux dont bénéficient les membres des missions diplomatiques ou postes consulaires en vertu soit des règles générales du droit international, soit des dispositions d'accords particuliers » (article 28).

Ces personnels disposent de **divers privilèges fiscaux**, sur le fondement de la coutume internationale, des usages de la courtoisie, des Conventions de Vienne (du 18 avril 1961 sur les relations diplomatiques et du 24 avril 1963 sur les relations consulaires), des conventions consulaires, des accords de siège pour les organisations internationales et des accords multilatéraux.

Précisions **a.** L'article 34 de la convention de Vienne sur les relations diplomatiques, du 18 avril 1961, pose en principe que l'agent diplomatique est **exempt de tous impôts et taxes**, personnels ou réels, nationaux, régionaux ou communaux, à l'exception, notamment, des impôts indirects normalement incorporés dans le prix des marchandises ou des services, des impôts et taxes sur les immeubles, des droits de succession perçus par l'État accréditaire (sous certaines réserves), des impôts et taxes sur les revenus privés qui ont leur source dans l'État accréditaire et des impôts sur le capital prélevés sur les investissements effectués dans des entreprises commerciales situées dans l'État accréditaire, des impôts et taxes perçus en rémunération de services particuliers rendus et des droits d'enregistrement, de greffe, d'hypothèque et de timbre en ce qui concerne les biens immobiliers (sous certaines réserves).

b. Les fonctions d'une mission diplomatique consistent notamment à **représenter l'État accréditant auprès de l'État accréditaire**, l'État accréditant s'étant assuré préalablement que la personne qu'il envisage d'accréditer comme chef de la mission auprès de l'État accréditaire a reçu l'agrément de cet État.

Droit interne français

43225 L'article 5, 3 du CGI **exonère** d'impôt sur le revenu les **ambassadeurs** et **agents diplomatiques**, **consuls** et **agents consulaires** de nationalité étrangère, sous réserve que les pays qu'ils représentent concèdent des avantages analogues aux agents diplomatiques et consulaires français (il est admis que la réciprocité existe dans les rapports entre la France et les États qui sont représentés à Paris). Ces règles ne s'appliquent cependant pas à tous les agents publics car la notion d'agent diplomatique s'interprète de façon stricte.

L'article 5 du CGI, qui exonère de l'impôt sur le revenu les agents diplomatiques, ne concerne que les personnes qui ont la qualité de **diplomate**, c'est-à-dire celles qui sont inscrites sur la liste officielle du corps diplomatique (CE 13 mars 1998 n° 81118, 9e et 8e s.-s., Wait : RJF 5/98 n° 527). L'exonération ne s'étend pas aux **revenus privés** que les diplomates de nationalité étrangère perçoivent en France (TA Cergy-Pontoise 21 avril 2009 nos 04-6027 et 04-7065, 2e ch., Nguesso : RJF 4/10 n° 312 ; en appel, il a été confirmé par CAA Versailles 2 décembre 2010, n° 09VE04042, 1e ch., arrêt définitif, que la requérante n'était pas diplomate et qu'elle était domiciliée en France).

En ce qui concerne la **taxe d'habitation**, l'article 1408, II-3 du CGI prévoit également des exonérations, mais moins automatiques en ce qui concerne les consuls (n° 43290).

Précisions **a.** Les développements qui suivent, qui concernent les diplomates étrangers en France, sont en général transposables à la situation des diplomates français à l'étranger.

b. La seule possession d'un **passeport diplomatique** n'est pas, par elle-même, de nature à démontrer qu'une personne bénéficie du statut d'agent diplomatique dès lors qu'elle n'allègue pas qu'elle aurait été accréditée auprès des autorités françaises en tant que diplomate et n'établit pas qu'elle aurait eu la qualité d'agent diplomatique (CAA Versailles 2 décembre 2010 n° 09VE04042, 1e ch., à propos d'une personne se prétendant représentant de la république du Congo ; arrêt définitif).

a. Situation au regard de l'impôt sur le revenu

Personnels diplomatiques et consulaires (sauf Français et résidents permanents)

Il résulte de la pratique internationale que les agents diplomatiques ainsi que, dans le cas général, les membres de leur famille sont **réputés domiciliés dans le pays d'envoi** (État accréditant ou encore État représenté). Sous réserve des exceptions concernant les ressortissants français et les résidents permanents, ou en cas d'exercice d'une activité lucrative, les agents diplomatiques en poste en France et, dans le cas général, les membres de leur famille, ne sont pas considérés comme domiciliés en France ; les critères posés par l'article 4 B du CGI ne leur sont pas applicables (BOI-IR-CHAMP-30 nº 10). **43240**

La **rémunération officielle** des agents diplomatiques et consulaires en poste en France est exonérée d'impôt en France en application des conventions de Vienne des 18 avril 1961 et 24 avril 1963. Comme ils sont non-résidents, leurs **revenus privés** de source étrangère sont exonérés d'impôt sur le revenu en France ; les intéressés restent cependant imposables à raison de leurs revenus privés de source française, sous réserve des conventions fiscales (BOI préc. nº 40 ; les dossiers des contribuables concernés sont gérés par le service des impôts des particuliers non-résidents) ; la règle du taux effectif n'est pas applicable.

Les **conventions fiscales** peuvent toutefois poser des conditions particulières ; par exemple, l'article 29 de la convention fiscale franco-suisse du 9 septembre 1966 modifiée précise que, pour l'application de la convention, les membres d'une mission diplomatique ou consulaire d'un État accréditée dans l'autre État ou dans un État tiers qui ont la nationalité de l'État accréditant, sont réputés être résidents de l'État accréditant (État représenté) s'ils y sont **soumis aux mêmes obligations**, en matière d'impôts sur le revenu et sur la fortune, que les résidents de cet État ; cette condition supplémentaire d'imposition dans les conditions de droit commun dans l'État accréditant se retrouve dans d'autres conventions fiscales mais elle n'est pas systématique.

De son côté, l'administration indique que, d'une façon générale, si une convention fiscale conclue par la France prévoit qu'un revenu perçu par un membre d'une mission diplomatique de l'autre État en France est imposable dans l'État accréditaire, c'est-à-dire la France, et que ce revenu y est exonéré en vertu d'une disposition de la convention de Vienne sur les relations diplomatiques du 18 avril 1961, la primauté de ce dernier texte est consacrée par les stipulations de la convention fiscale applicable (BOI-INT-DG-20-20-60 nº 140).

Précisions **a.** La solution selon laquelle les agents diplomatiques ne sont **pas des « résidents » du pays d'accueil** a notamment la conséquence suivante, que l'administration donne en exemple dans l'instruction relative à la convention franco-algérienne (BOI-INT-CVB-DZA-70 nº 240). Soit une personne membre d'une mission diplomatique d'un État tiers, accréditée en Algérie, et qui reçoit des dividendes de source française. L'Algérie ne soumet à l'impôt sur le revenu les membres de cette mission diplomatique qu'à raison des revenus qui trouvent leur source en Algérie. Les dividendes de source française n'entrent donc pas dans le champ de l'impôt algérien. Sur le fondement des dispositions combinées des articles 4 § 1 et 29 § 3 de la convention, la France, en qualité d'État de la source du revenu, n'est pas tenue d'accorder à cette personne les avantages prévus par la convention franco-algérienne en matière de dividendes. Ceux-ci seront donc soumis à la **retenue à la source** de droit interne français (sous réserve éventuellement de la convention fiscale entre la France et l'État de résidence de l'intéressé).

b. Les agents diplomatiques et consulaires français en poste à l'étranger, bien que fiscalement domiciliés en France, n'ont pas leur résidence principale en France et ne peuvent pas bénéficier de **l'abattement de 30 %** prévu en matière d'**IFI** (solution retenue, à propos de l'ancien ISF, par la réponse Frassa nº 6866, JO Sén. 5 décembre 2013 p. 3507).

c. Les membres des **représentations d'États auprès d'organisations internationales** intergouvernementales sont assimilés à des membres d'une mission diplomatique et jouissent, d'une manière générale, des exonérations fiscales accordées aux diplomates (BOI-IR-CHAMP-30 nº 50).

Personnels des organisations internationales

Le régime applicable à ces fonctionnaires dépend à la fois de leur statut propre et des dispositions de l'**accord de siège** ou de conventions internationales de nature diverse, à condition qu'elles aient été ratifiées par la France (par exemple, CAA Lyon 6 juillet 2005 nº 99LY01855, 5e ch., arrêt définitif après non admission d'un pourvoi par CE 26 juillet 2006 nº 284906, 10e s.-s., jugeant qu'un **consultant de la FAO** ne pouvait pas être exonéré sur les sommes reçues de cette organisation, qui devaient être regardées comme **43260**

43260 (suite) des traitements et salaires et non des BNC ; arrêt rendu en appel de TA Lyon 4 février 1999 n° 90-851, 93-358 et 93-1695, 4e ch., Guillaumaud : RJF 11/99 n° 1368).

Certains fonctionnaires jouissent normalement des privilèges et immunités diplomatiques (directeur, directeur général, secrétaire général) ; ils sont alors traités comme les diplomates (n° 43240). Les rémunérations officielles des **autres fonctionnaires** (non diplomates) sont ou non exonérées d'impôt dans des conditions variables en fonction des accords de siège : exonération sans condition, exonération sauf pour les Français et les résidents permanents, exonération avec taux effectif (assez peu fréquent), aucune exonération (en l'absence d'accord de siège). Sur le taux effectif, voir n° 83425, Précisions.

Pour un exemple d'exonération spécifique d'agents d'une organisation internationale qui résident en France, voir l'accord conclu le 15 octobre 2010 avec l'**Organisation internationale pour les migrations** (Loi n° 2015-1704 du 21 décembre 2015, JO du 22 décembre 2015 p. 23683, dont l'exposé des motifs précise que l'exonération répond à un objectif d'attractivité de la France afin de garantir aux agents de cette organisation, qui s'acquittent d'un impôt interne, un traitement comparable à celui applicable à ceux qui résident en Suisse). Autre exemple, l'accord conclu le 23 août 2016 avec l'**Autorité européenne des marchés financiers** (approuvé par la loi n° 2019-550 du 3 juin 2019 et publié par le décret n° 2021-197 du 22 février 2021) stipule que les membres du personnel de l'Autorité sont soumis à l'impôt sur les traitements, salaires et émoluments versés par l'Autorité conformément au régime fiscal applicable aux fonctionnaires et autres agents de l'Union européenne et sont exempts d'impôts nationaux sur les traitements, salaires et émoluments versés par l'Autorité (ils sont également, en principe, considérés comme ayant conservé leur domicile dans leur État d'origine, y compris pour l'application des conventions fiscales).

Plus généralement, l'ordonnance n° 2022-533 du 13 avril 2022 (JO du 14 avril 2022, texte n° 7 : BF 6/22 n° 581) a défini la nature, les conditions et les modalités des privilèges, immunités et facilités qui peuvent être octroyées **au cas par cas** par décret en Conseil d'État, afin d'attirer sur le territoire français des organisations internationales, des agences décentralisées de l'Union européenne et certaines associations ou fondations ; il peut notamment s'agir de l'exonération de certaines taxes et, pour le personnel des organisations internationales, de l'impôt sur le revenu sur les traitements et salaires versés en France sous réserve de la mention de l'existence d'une **imposition interne** à l'organisation internationale dans les futurs accords de siège (en principe, une telle imposition peut seule justifier l'exonération et les fonctionnaires concernés demeurent soumis à l'obligation de déclarer leurs revenus exonérés aux autorités françaises compétentes).

Précisions **a.** Un Britannique, membre de la délégation des États-Unis auprès de l'**OCDE**, qui y a exercé sans discontinuité les fonctions de **conseiller scientifique** lui conférant un rang comparable à celui d'un agent diplomatique, n'est pas imposable en France sur le salaire que lui verse le département d'État américain, dès lors qu'il n'avait pas sa résidence permanente en France à la date à laquelle il est devenu membre de la délégation (CE 13 mars 1998 n° 81118, 9e et 8e s.-s., Wait : RJF 5/98 n° 527) ; en effet, en application des articles 9 et 10 du protocole additionnel n° 1 de la convention OECE (15 avril 1948), auquel renvoie le protocole additionnel n° 2 à la **convention OCDE** (14 décembre 1960) auquel se réfère l'article 19 de cette convention, les représentants des États membres auprès de cette organisation, c'est-à-dire les délégués, suppléants, conseillers, experts techniques et secrétaires de délégation, jouissent des immunités dont jouissent les **agents diplomatiques de rang comparable** ; en outre, en vertu de l'article 34 de la **convention de Vienne** (n° 43220, Précisions), les agents diplomatiques sont exemptés d'impôts et de taxes qui n'ont pas leur source dans l'État accréditaire, à moins, stipule l'article 38 § 1, dans l'interprétation réservée par la France lors du dépôt de l'instrument de ratification, que l'agent ait la nationalité de l'État accréditaire ou y ait sa résidence permanente.

b. Les rémunérations perçues par un résident de France en tant que fonctionnaire de l'**Organisation hydrographique internationale** dont le siège est à Monaco ne sont pas imposables en France dès lors que ces salaires font l'objet d'une retenue à la source conformément au règlement intérieur de l'organisation même si la réalité de cette retenue n'est établie que par une attestation générale du comptable de cette organisation (CAA Marseille 7 juillet 2005 n° 00-2275, 4e ch., min. c/ Mollet : RJF 12/05 n° 1453 ; arrêt définitif) ; la Cour juge que la retenue à la source de 10 % mise en place par cette organisation constitue un **impôt interne** justifiant l'exonération d'impôt sur le revenu en France, compte tenu des accords applicables.

c. Les salaires versés par l'**ONU** à un **traducteur-réviseur** domicilié fiscalement en France qui n'entrait pas dans la catégorie des agents recrutés sur place et rémunérés à l'heure sont exonérés de l'impôt sur le revenu bien que l'intéressé n'ait pas figuré sur les listes nominatives communiquées aux gouvernements (CE 8 octobre 2010 n° 325285, 8e et 3e s.-s., Calvo : RJF 1/11 n° 2).

d. Les stipulations de l'annexe VI de la convention du 21 novembre 1947 sur les privilèges et immunités des institutions spécialisées des Nations unies, qui étendent l'exonération d'impôt sur les traitements et émoluments versés aux fonctionnaires de l'ONU aux catégories de fonctionnaires déterminées par chaque institution spécialisée, sont applicables aux rémunérations versées par la **BIRD** à ceux de ses employés qu'elle aura désignés, même si, dans les statuts de la banque, l'exonération a été réservée à ceux des employés qui ne sont pas des ressortissants des pays dans lesquels ils résident (CE 23 juillet 2012 n° 346486 et 346728, 3e et 8e s.-s., Brunet : RJF 11/12 n° 977 ; conclusions Emmanuelle Cortot-Boucher au BDCF 11/12 n° 121).

e. Un fonctionnaire international, tel un agent ou ancien agent de l'OCDE, soumis, en vertu d'une convention internationale, à un **régime spécifique de protection sociale** et exclu, en vertu de la même convention, du régime français de sécurité sociale, reste, à défaut de dispositions spécifiques y faisant explicitement obstacle dans les accords internationaux conclus entre la France et son organisation internationale, assujetti aux **contributions et prélèvements sociaux** sur les revenus du patrimoine (CE avis 12 novembre 2018 n° 422205, 10e et 9e ch. : RJF 2/19 n° 220) ; la situation de ces personnels n'est pas assimilable à celle des fonctionnaires de l'Union européenne (n° 43265 g). Dans le même sens, toujours à propos d'un agent de l'OCDE, CE (na) 25 février 2020 n° 434477, 8e ch. : RJF 5/20 n° 499. Il a de même été jugé qu'un agent permanent du **Conseil de l'Europe**, non domicilié en France à l'époque, était bien assujetti au **prélèvement social** de 2 % applicable en 2012 et 2013 sur ses revenus immobiliers de source française, étant donné que ce prélèvement ne finançait pas des prestations de sécurité sociale ou relevant d'une branche de sécurité sociale (CAA Nancy 8 avril 2021 n° 18NC01552, 2e ch., arrêt définitif ; le contribuable avait initialement été jugé passible de la CSG et de la CRDS, mais il a bénéficié d'un dégrèvement postérieur à l'appel qu'il avait formé contre TA Strasbourg 27 mars 2018 n° 1600293, 3e ch. : JurisData n° 2018-025826).

f. Un ressortissant italien, ancien agent de l'Organisation européenne pour la recherche nucléaire (**CERN**), affilié au régime de sécurité sociale de cette organisation et domicilié en France, a obtenu la décharge des prélèvements sociaux effectués en 2014 sur des rentes viagères à titre onéreux et des revenus de capitaux mobiliers, sur le fondement du principe de **libre circulation des travailleurs** posé par l'article 45 du Traité FUE (CE 9 septembre 2020 n° 432985, 8e et 3e ch. : RJF 12/20 n° 1049, rejetant les pourvois formés contre CAA Lyon 4 juin 2019 n° 17LY03756, 2e ch.) ; était indifférente la circonstance que l'intéressé ne soit plus, à la date des impositions en litige, engagé dans une relation de travail avec le CERN, mais qu'il percevait des pensions de **retraite** de cet organisme (le prélèvement de solidarité était exigible, compte tenu de son affectation budgétaire). En revanche, un ressortissant italien domicilié en Suisse et occupant un emploi au CERN n'a pu justifier de son affiliation au régime autonome de sécurité sociale du CERN et ne pouvait donc pas se prévaloir de la libre circulation des travailleurs pour obtenir la restitution des prélèvements sociaux appliqués à ses **revenus fonciers** des années 2012 à 2014 (CAA Versailles 16 mars 2021 n° 19VE03166, 1e ch., ayant fait l'objet d'un pourvoi non admis par CE (na) 22 novembre 2021 n° 452692, 3e ch. : RJF 2/22 n° 221).

Agents de l'Union européenne Les agents de l'Union européenne sont soumis à **43265**
un **impôt interne** (y compris pour les pensions) et sont exonérés des impôts nationaux. Ils sont considérés comme domiciliés dans l'État membre dans lequel ils étaient domiciliés lorsqu'ils se rendent sur le territoire d'un autre État membre (Belgique, par exemple), en raison uniquement de l'exercice de leurs fonctions au service de l'Union ; ils conservent donc leur **domicile fiscal d'origine**, y compris pour l'application des conventions fiscales (CJCE 25 mai 1993, aff. 263/91, 6e ch., et 17 juin 1993, aff. 88/92 ; CJCE 11 novembre 2003 aff. 209/01, Schilling et Fleck-Schilling : RJF 2/04 n° 203, point 31).

Il en va de même des **conjoints**, la Cour de justice ayant jugé que le conjoint d'une personne qui, pour la seule raison que cette dernière entre au service de l'Union européenne, établit sa résidence sur le territoire d'un État membre autre que l'État membre du domicile fiscal qu'il possédait au moment de l'entrée de ladite personne au service de l'Union est considéré comme ayant conservé son domicile fiscal dans ce dernier État membre si lui-même n'exerce pas d'activité professionnelle propre (CJUE 28 juillet 2011 aff. 270/10, 5e ch., Lotta Gistouml : RJF 11/11 n° 1251).

En France, il a été fait application de ces principes à propos de l'épouse d'un agent de la **Banque européenne d'investissement** (BEI), qui a pu être exonérée d'impôt en France sur une plus-value immobilière en soutenant que l'article 244 bis A du CGI (nos 67540 s.) ne s'appliquait pas car elle était fiscalement domiciliée en France bien qu'elle résidât au Luxembourg (TA Montreuil 17 février 2015 n° 1310770, 10e ch. : Droit fiscal 2015 n° 31-35, comm. n° 525, jugement définitif).

Précisions **a.** Sur l'assujettissement à l'impôt interne à l'Union des **interprètes « free-lance »** engagés par la Commission et le Parlement européens, voir TPICE 16 juillet 1998 : Droit fiscal 1998 nos 46-47, comm. n° 1037.

43265 (suite) **b.** Sur la possibilité de prendre en compte les traitements exonérés pour la détermination du droit à bénéficier de certains **avantages fiscaux nationaux**, voir CJCE 14 octobre 1999 aff. 229/98, 6e ch., Georges Vander Zwalmen et Elisabeth Massart : RJF 12/99 no 1628, à propos de la législation fiscale belge.

c. Sur la non-application du **taux effectif** aux fonctionnaires de l'Union européenne résidents de France, voir ancienne réponse Feidt, JOAN 8 novembre 1999, p. 6425, indiquant que la France applique strictement la décision de la CJCE dans l'affaire Humblet du 16 décembre 1960 (affaire 6/60) ; la Cour a, en effet, jugé « que l'expression "sont exonérés de tout impôt sur les traitements" indique de façon claire et nette l'exemption de toute imposition fiscale basée tant directement qu'indirectement sur les rémunérations exonérées ».

d. Les rémunérations des fonctionnaires de l'Union européenne, exemptes d'impôts nationaux, devaient être exclues du montant des revenus à prendre en compte pour le calcul du **plafonnement de l'ancien ISF** (Cass. com. 19 janvier 2010 no 09-11.174 (no 49 F-PB), DGFiP c/ Bourges-Maunoury : RJF 5/10 no 545). Cette manière de voir a été confirmée par la Cour de justice de l'Union européenne au motif que la prise en considération du montant des revenus versés par l'Union européenne dans le calcul du plafonnement de 85 % alors applicable augmente le montant total des revenus du contribuable et, par conséquent, le montant maximal de l'imposition au titre de l'ISF, ce qui revient à augmenter le taux final d'imposition au détriment du fonctionnaire ou de l'agent de l'Union (CJUE 5 juillet 2012 aff. 558/10, 3e ch., Michel Bourges-Maunoury : RJF 12/12 no 1175). Ce principe est transposable à l'IFI.

e. La solution retenue en matière de plafonnement (voir Précisions d, ci-dessus) n'a pas été reprise à propos d'un **dégrèvement de taxe d'habitation** ; les traitements, salaires et émoluments versés par l'Union européenne à ses fonctionnaires et autres agents peuvent être pris en considération pour la détermination du plafonnement de la cotisation due au titre d'une taxe d'habitation perçue au profit de collectivités territoriales (CJUE 21 mai 2015 aff. 349/14, 1e ch. : RJF 8-9/15 no 747, statuant sur la question préjudicielle posée par CE 2 juillet 2014 no 370065, 8e et 3e s.-s. : RJF 10/14 no 906 ; solution reprise sur renvoi par CE 22 juillet 2015 no 370065, 8e s.-s. : RJF 12/15 no 1024). L'imposition de la valeur locative d'un logement est considérée comme objective et sans lien avec les rémunérations versées par l'Union européenne à ses fonctionnaires (la taxe d'habitation est considérée comme sans lien réel avec la capacité contributive des contribuables).

f. L'Union européenne elle-même est exonérée de la **taxe foncière** sur les propriétés bâties pour les locaux du Parlement européen, y compris pour le local occupé à titre gratuit par la poste française (TA Strasbourg 23 décembre 2013 nos 0900357, 1002770, 1002771, 1102359, 1102360 et 1201789, 3e ch., Parlement européen : RJF 6/14 no 583 ; jugement définitif). La taxe foncière sur les propriétés bâties a été regardée comme un impôt direct tant au regard du droit de l'Union européenne que du droit interne (de même pour la **taxe d'enlèvement des ordures ménagères**, qui ne saurait être regardée, en l'absence d'un lien direct et proportionnel avec le coût du service rendu, comme une simple rémunération de services d'utilité générale et qui, de nature fiscale, entre dans le champ de l'exonération).

g. À propos de la législation française alors applicable, il a été jugé qu'il n'est pas permis à un État membre d'assujettir à des **contributions et à des prélèvements sociaux** affectés au financement de son régime de sécurité sociale des revenus fonciers qui y sont perçus par un fonctionnaire de l'Union européenne qui y est domicilié (CJUE 10 mai 2017 aff. 690/15, Gr. ch. : RJF 8-9/17 no 890) ; la question avait été posée par CAA Douai 14 décembre 2015 no 14DA00317, 2e ch. : RJF 3/16 no 304, au motif que l'intéressé, fonctionnaire de la Commission européenne, ne relevait pas du régime français de protection sociale mais de celui prévu par son statut. L'affaire a ensuite été tranchée au fond par la décharge des contributions sociales sur les revenus fonciers de source française (CAA Douai 12 octobre 2017 no 14DA00317, 2e ch. ; arrêt définitif). Dans le même sens, toujours pour l'application d'une ancienne législation, CAA Nancy 23 juillet 2020 no 18NC01873 : RJF 1/21 no 95, à propos de revenus fonciers perçus en 2015 par un fonctionnaire de l'Union européenne, domicilié en France (arrêt définitif).

h. L'imposition en France de l'indemnité perçue en 2013, 2014 et 2015 par un représentant français au **Parlement européen** a été jugée conforme au droit de l'Union européenne par CAA Versailles 19 décembre 2019 no 18VE03869, 7e ch. : JurisData no 2019-025234 ; cet arrêt a cependant été annulé par CE 5 février 2021 no 438853, 10e et 9e ch. : RJF 4/21 no 370, car la Cour avait commis une erreur de droit en jugeant que l'administration avait pu imposer sur le fondement de l'article 80 undecies du CGI, alors que ce texte ne s'applique pas aux indemnités perçues en application de la décision du Parlement européen du 28 septembre 2005 mais aux indemnités prévues à l'article 1er de la loi no 79-563 du 6 juillet 1979 relative à l'indemnité des représentants au Parlement européen (indemnité versée par le Parlement français et non pas, comme aujourd'hui, par le Parlement européen). Sur renvoi, la décharge a été accordée par CAA Versailles 21 septembre 2021 no 21VE00461, 1e ch., rejetant les demandes de substitution de base légale présentées par l'administration (cet arrêt a fait l'objet d'un pourvoi du ministre rejeté par CE 27 juillet 2022 no 458543, 10e et 9e ch., confirmant que l'imposition ne pouvait être établie sur le fondement des articles 79 ou 92 du CGI). Précédemment, il avait été jugé que les revenus perçus en 2014 par une **députée européenne** au titre de ses fonctions ne sont pas assujettis à la contribution sociale sur les revenus d'activités et sur les revenus de remplacement ni à la CRDS (TA Besançon 1er décembre 2017 no 1600321, 1e ch. : JurisData no 2017-028997, jugement définitif transposant la jurisprudence citée en g. supra).

Absence d'exonération des pensions de retraite Les privilèges fiscaux dont peuvent bénéficier certains personnels ne s'appliquent, sauf exception, qu'au cours de leur période d'activité ; le Conseil d'État a ainsi refusé l'exonération de pensions versées à un ancien greffier de la **Cour internationale de justice** (CE 6 juin 1997 n° 148683, Ass., Aquarone : RJF 7/97 n° 672 ; incidemment, cette affaire a opportunément mis en lumière la portée des règles coutumières et des principes du droit international qui, sans être dépourvus de valeur, n'ont pas une autorité supérieure à la loi). Dans le même sens, il a été décidé, par voie d'arbitrage, que les pensions de retraite versées aux anciens fonctionnaires de l'**Unesco** résidant en France sont imposables en France dans les conditions de droit commun (BOI-IR-LIQ-20-30-30 n° 360). **43270**

Le Conseil d'État a retenu la même solution, jugeant que, en l'absence de toute définition fixée par l'accord relatif au siège de l'Unesco, il ne ressort pas du sens ordinaire à attribuer aux termes « **traitement** » et « **émolument** » que les pensions de retraite versées aux anciens fonctionnaires de l'Unesco bénéficient d'une exonération fiscale (CE 17 décembre 2003 n° 239677, 9e et 10e s.-s., Heskes : RJF 3/04 n° 249 ; conclusions Laurent Vallée au BDCF 3/04 n° 37) ; le Conseil d'État ajoute que la circonstance que l'administration n'ait jamais auparavant procédé à la réintégration des pensions de retraite dans les revenus imposables des anciens fonctionnaires de l'Unesco, n'a, en tout état de cause, pas pu **créer une pratique** par laquelle la France serait réputée avoir acquiescé à une interprétation différente, dès lors qu'elle a constamment affirmé que les pensions de retraite versées à ces anciens fonctionnaires ne pouvaient bénéficier de cette exonération (la circonstance que d'autres accords de siège invoqués par les requérants incluent les pensions de retraite dans le champ de l'exonération fiscale d'impôt direct est sans incidence sur l'interprétation de l'accord relatif au siège de l'Unesco).

De son côté, l'administration avait souligné que les privilèges fiscaux prévus par les traités instituant les organisations internationales sont consentis dans l'intérêt de celles-ci et non pour procurer des **avantages personnels** à leurs fonctionnaires et qu'ils perdent leur justification lorsque ces agents ne sont plus en activité (ancienne réponse Cointat, JO Sénat 1er février 2007, p. 233) ; une autre réponse au même sénateur l'avait encore confirmé, à propos des pensions de retraite perçues par les anciens fonctionnaires du **Tribunal pénal international** pour l'ex-Yougoslavie, ajoutant que lorsque les droits à retraite font, par exception, l'objet d'une liquidation sous la forme d'un versement forfaitaire calculé sur la base de l'équivalent actuariel de la pension, celui-ci constitue un revenu exceptionnel qui à titre dérogatoire, quel que soit son montant, ouvre droit au système du quotient applicable aux revenus exceptionnels ou différés (JO Sénat, 22 mars 2007 p. 642).

Précisions **a.** Une **pension alimentaire** versée à un fonctionnaire du **Conseil de l'Europe** est imposable (CE 3 avril 1991 n° 70652, 7e et 8e s.-s. : Droit fiscal 1991 n° 44, comm. 2077).

b. Les privilèges et immunités prévus par l'article 40 du texte constitutif de l'**OIT** ne sauraient être interprétés comme permettant d'exonérer d'impôt sur le revenu les **pensions de retraite** perçues par les anciens fonctionnaires de cette organisation (CE 28 juillet 2000 n° 178834 8e et 3e s.-s., Paulin : RJF 11/00 n° 1194).

c. Sur les agents des institutions spécialisées de l'**ONU**, voir BOI-IR-LIQ-20-30-30 nos 280 s.

d. Il a été précisé que, juridiquement, les pensions ne sont pas considérées comme **provenant de l'État du siège** de l'organisation internationale et que la notion d'État « de source » au sens des conventions fiscales n'a pas de pertinence en l'espèce ; par suite, le fait que la convention fiscale franco-américaine prévoie que les pensions sont exclusivement imposables dans l'État d'où elles proviennent est sans incidence. Les anciens fonctionnaires des organisations internationales, fiscalement domiciliés en France, y sont imposés sur l'ensemble de leurs revenus, pensions comprises, ces dernières devant être préalablement converties en euros au cours en vigueur le jour de leur mise à disposition (ancienne réponse Ferrand, JO Sénat 14 mai 2009, p. 1218 : Droit fiscal 2009, n° 21, comm. n° 160).

Pensions d'invalidité À propos d'une pension d'invalidité versée à un résident de France en application des statuts de l'organisation internationale **Eurocontrol**, le Conseil d'État a jugé que les dispositions de l'article 81, 8e du CGI exonérant les pensions et rentes servies aux victimes d'accidents du travail sont également applicables aux sommes allouées en vertu de conventions internationales régulièrement introduites dans l'ordre interne ; tel était le cas de la pension d'invalidité servie en l'espèce sur le fondement de l'article 24 de la convention internationale de coopération pour la sécurité aérienne « Eurocontrol » du 13 décembre 1960 et du statut administratif du personnel permanent d'Eurocontrol. Cette pension devait être regardée comme **exonérée pour l'intégralité de son montant**, et non, comme le prétendait l'administration, dans la limite des prestations **43273**

servies, à rémunération et taux d'incapacité identiques, par les régimes obligatoires de sécurité sociale (CE 23 novembre 2015 n° 382691, 9e et 10e s.-s. : RJF 2/16 n° 137).

Il avait précédemment été jugé que des pensions d'invalidité versées aux **anciens fonctionnaires de l'Unesco** ne pouvaient bénéficier de l'exonération fiscale applicable aux traitements et émoluments sur le fondement de l'accord du 2 juillet 1954 relatif au siège de l'Unesco (CAA Paris 25 septembre 2012 n° 11PA00226, 10e ch., Nafa : RJF 7/13 n° 750, ayant fait l'objet d'un pourvoi non admis par CE (na) 4 octobre 2013 n° 364255, 9e s.-s. Nafa : RJF 12/13 n° 1165). Il avait de même été jugé qu'une **pension d'invalidité** ne bénéficiait pas de l'exonération fiscale prévue par l'article 18, b) de l'accord général du 2 septembre 1949 sur les privilèges et immunités du Conseil de l'Europe (CE (na) 26 juillet 2011 n° 339391, 10e s.-s., Beygo : RJF 12/11 n° 1292).

43275 **Revenus privés** En ce qui concerne les revenus privés des personnels des organisations internationales, l'imposition est établie dans les conditions de **droit commun** ; il convient donc, sauf exception, de déterminer leur résidence en application de l'article 4 B du CGI et des conventions fiscales, et d'imposer leurs revenus privés en conséquence. La règle du taux effectif n'est applicable que si elle est prévue dans l'accord de siège.

Précisions **a.** Les « traitements et émoluments » versés par l'ONU ne doivent pas être pris en compte pour le calcul du **taux minimum** d'imposition (CE 6 mai 1996 n° 132330, 8e et 9e s.-s., Guerhia : RJF 6/96 n° 698 ; sur le taux minimum d'imposition, voir n° 3135).

b. Un **interprète de conférence « free-lance »** en situation de subordination vis-à-vis du secrétaire général doit être regardé comme un agent temporaire du Conseil de l'Europe dont les rémunérations sont exonérées de tout impôt (CE 21 mai 2007 n° 286157, 3e et 8e s.-s., min. c/ Missirliu : RJF 8-9/07 n° 956) ; en revanche, les rémunérations perçues par l'intéressé dans le cadre de son activité pour l'Union européenne ne sont pas exonérées, compte tenu de la différence de rédaction des textes applicables (il avait été jugé en première instance que les rémunérations versées par l'OCDE n'étaient pas non plus éligibles).

c. Les agents d'**Eurocontrol** résidant en France sont assujettis aux **contributions sociales** sur les revenus de leur patrimoine, revenus fonciers et revenus de capitaux mobiliers, dès lors que les dispositions de l'article 24 de la convention internationale de coopération pour la sécurité aérienne du 13 décembre 1960, modifiée le 12 février 1981, ont pour seul objet d'éviter que les revenus tirés par ces agents de leur activité dans cet organisme soient soumis à doubles cotisations sociales (CE (na) 19 décembre 2007 n° 288860, 3e s.-s., Frauciel : RJF 5/08 n° 620).

b. Situation au regard de la taxe d'habitation

Exonérations limitées

43290 L'article 1408, II du CGI exonère de taxe d'habitation la seule résidence officielle des **ambassadeurs et autres agents diplomatiques** de nationalité étrangère, dans la mesure où les pays qu'ils représentent concèdent des avantages analogues aux ambassadeurs et agents diplomatiques français.

La situation des consuls et des agents consulaires est réglée conformément aux conventions intervenues avec le pays représenté, l'exonération ne pouvant, en tout état de cause, être accordée que dans la commune de la résidence officielle et pour cette résidence seulement.

Les fonctionnaires des **organisations internationales**, exonérés d'impôt sur le revenu, ne peuvent pas bénéficier, pour autant, de dégrèvements partiels de taxe d'habitation (CAA Paris 26 septembre 1996 n° 94-1662, 2e ch., Lamadie : RJF 12/96 n° 1446, à propos d'un fonctionnaire de l'OCDE ; arrêt définitif) ; cette solution résulte aujourd'hui de la loi qui prend en compte les revenus exonérés. À propos des agents de l'Union européenne, voir également n° 43265, Précisions e.

Jurisprudence

43295 Le Conseil d'État interprète strictement la notion d'agent diplomatique et consulaire ; dans ce domaine, tout est affaire de texte, sans qu'il soit possible de généraliser, comme le montrent les affaires suivantes :

a. Un **enseignant yougoslave** recruté par un consul de son pays pour enseigner leur langue d'origine à des enfants d'immigrés n'est pas au nombre des ambassadeurs et agents diplomatiques exonérés de la taxe d'habitation par l'article 1408, II-3° du CGI (CE 9 novembre 1987 n° 76987, 8e et 9e s.-s. : RJF 1/88 n° 76).

b. Un **enseignant détaché** auprès des institutions scolaires dépendant de la représentation consulaire italienne à Grenoble ne remplit pas une « tâche consulaire d'exécution » au sens de la convention consulaire franco-italienne du 12 janvier 1965 et ne peut avoir droit à l'exonération, bien que celle-ci s'applique également aux employés consulaires, étant observé au surplus qu'il ne figure pas sur la liste du personnel du consulat (CE 3 décembre 1990 n° 71855, 8e et 9e s.-s., Criscuoli : RJF 2/91 n° 182).

c. L'exonération a été jugée applicable à la **secrétaire espagnole** du **consulat** d'Espagne à Lyon, en tant qu'employée consulaire, c'est-à-dire « personne employée dans les services administratifs ou techniques d'un poste consulaire » selon l'article 1 de la convention de Vienne (TA Lyon 23 février 1994 n° 87-10704, 2e ch., Hernandez : Droit fiscal 1994, n° 50, comm. 2151 ; jugement définitif).

d. Un **fonctionnaire** de l'**Unesco** est exonéré de la taxe d'habitation, par renvoi à la convention de Vienne (TA Versailles 12 juin 2001 n° 97-1028, 5e ch. A, de Foulhiac de Padirac : RJF 6/02 n° 689 ; jugement définitif).

e. Un membre des forces de l'**Otan** en mission en France n'est pas exonéré (CAA Paris 21 mai 2003 n° 99-3065, Ferba : Droit fiscal 2004, n° 3, comm. n° 95 ; arrêt définitif).

f. Un **enseignant** fonctionnaire auprès du **consulat général du Maroc** à Lyon, qui n'est pas chef de poste consulaire de carrière, n'est pas exonéré (CAA Lyon 7 février 2002 n° 01-201, 2e ch., Abba : RJF 7/02 n° 833 ; arrêt définitif).

g. Un **employé consulaire** exerçant les fonctions de comptable au consulat général d'**Algérie** à Paris, ayant la qualité de résident permanent en France, n'est pas exonéré (CAA Paris 14 février 2002 n° 99-3594, 2e ch. B, Nedjari : Droit fiscal 2002 n° 30-35, comm. n° 636 ; arrêt définitif, le contribuable n'ayant pas produit de mémoire complémentaire à la suite d'une requête sommaire, selon ce qu'indique CE Ord. 11 septembre 2002 n° 245229, 8e s.-s.).

h. Un **officier de marine** italien détaché auprès de l'**Otan** en France ne peut bénéficier de l'exonération (CAA Marseille 10 janvier 2006 n° 03-1098, 4e ch., min. c/ Pullano : RJF 12/06 n° 1590 ; arrêt définitif).

c. Cas particuliers

Ressortissants français

Les personnes de nationalité française qui sont employées dans les **ambassades et consulats étrangers** en France sont soumises aux règles du droit commun à la fois pour leur domiciliation et pour l'imposition de leurs revenus. Les conventions de Vienne ne reconnaissent aucun privilège fiscal aux ressortissants de l'État accréditaire (celui dans lequel la représentation est installée), ni aux membres de leur famille (au moins selon l'interprétation française). **43320**

En l'absence de **convention fiscale**, les traitements publics perçus à raison de l'activité exercée dans la mission étrangère sont donc imposables en France (s'ils sont également imposés à l'étranger, la base d'imposition en France est déterminée sous déduction de l'impôt étranger).

En présence d'une convention fiscale, il convient de se reporter à l'article « fonctions publiques » ou, en l'absence d'un tel article, à celui qui concerne les rémunérations de toute nature (privées ou publiques) ou, parfois, aux revenus non dénommés (pour une illustration dans le cadre franco-chilien, voir réponse Deromedi : JO Sénat 4 octobre 2018 n° 5374 et BF 12/18 n° 1061).

Précisions Est imposable en France une Française domiciliée en France et employée dans les services administratifs de l'**ambassade des États-Unis** à Paris car elle n'entre pas dans le champ d'application de la convention de Vienne sur les relations diplomatiques et relève des dispositions de l'article 15, 1 de la convention franco-américaine aux termes desquelles les traitements payés à un résident d'un État contractant sont imposables dans cet État, à moins que le travail n'ait été accompli dans l'autre État (CAA Paris 2 avril 1991 n° 2485-2492, 3e ch., Huyn Quan Minh : RJF 8-9/91 n° 1032, arrêt définitif ; également, CAA Paris 31 décembre 1992, n° 91213, 3e ch., Rospape : RJF 10/93 n° 1257 ; arrêt définitif).

Résidents permanents

Il s'agit des personnes de nationalité étrangère qui étaient déjà résidentes de France avant de rendre les services pour lesquels elles perçoivent leur rémunération officielle. En ce qui concerne les missions diplomatiques et consulaires, sont résidents permanents ceux qui résidaient en France **depuis plus d'un an**, qu'ils aient ou non exercé une activité privée **43340** rémunérée. Ces personnes restent soumises au régime fiscal de droit commun auquel elles étaient soumises antérieurement à leur prise de fonction dans une ambassade ou un consulat. Toutefois, certaines **conventions consulaires** n'excluent pas les résidents permanents des privilèges fiscaux. Il faut donc, dans chaque cas particulier, se rapporter à la convention applicable (pour un exemple d'agent dont il a été jugé qu'il n'avait pas sa résidence permanente en France à la date à laquelle il est devenu membre de la délégation des États-Unis auprès de l'OCDE, voir CE 13 mars 1998 n° 81118, 9e et 8e s.-s., Wait : RJF 5/98 n° 527).

Précisions **a.** En ce qui concerne l'**Organisation européenne pour la recherche nucléaire**, il résulte de l'accord sous forme d'échange de lettres des 10 et 25 mars 2008 (BF 12/08 n° 1169) que la France accorde, depuis le 1er janvier 2005, à ses **propres ressortissants** et aux **résidents permanents** en France l'exonération d'impôt sur le revenu sur les traitements et émoluments versés par cette organisation et qui sont assujettis à l'impôt interne.

b. Les agents rémunérés par l'État et en poste aux **États-Unis**, binationaux ou admis à y séjourner en permanence (titulaires de la carte verte) sont, à l'instar des ressortissants américains, exclusivement imposables aux États-Unis sur leurs revenus d'activité et ne subissent pas d'imposition en France au titre de la CSG et de la CRDS (réponse Duvernois, n° 13305 : JO Sénat 9 juin 2016 p. 2562, indiquant que, pour la période 2006-2009, antérieure à l'entrée en vigueur de l'avenant du 13 janvier 2009 à la convention fiscale, une compensation financière avait été versée pour compenser la double imposition).

Exercice d'une activité lucrative

43360 Les conventions de Vienne interdisent aux agents diplomatiques et consulaires d'exercer une **activité professionnelle** ou commerciale en vue d'un gain personnel. À priori, les activités scientifiques ou culturelles ne sont pas exclues ; mais les profits réalisés à ce titre sont soumis à l'impôt sur le revenu, sous réserve, le cas échéant, des conventions internationales. Lorsqu'un membre de la famille du diplomate exerce une activité lucrative, il doit être soumis à l'impôt sur le revenu ; mais cette situation ne fait pas perdre ses privilèges fiscaux au diplomate.

Les **accords relatifs aux organisations internationales** ne comportent pas, en principe, de disposition relative à l'exercice d'une activité lucrative. Dès lors, le traitement officiel d'un membre d'une organisation internationale continue d'être exonéré d'impôt, même si celui-ci exerce une activité lucrative, par différence avec les diplomates et les consuls.

d. La haute courtoisie internationale et les exonérations accordées aux États étrangers

43390 Il existe une coutume de haute courtoisie internationale, matérialisée dans les conventions de Vienne, selon laquelle les États s'entendent pour faciliter l'**activité des missions diplomatiques et consulaires** en leur donnant (à la mission et non plus, cette fois, aux personnels) des privilèges fiscaux.

On considère que ces activités officielles ne doivent pas donner lieu à perception fiscale dans le pays accréditaire, ce qui, du côté français, conduit à exonérer les **États étrangers** de retenues à la source sur les dividendes ou intérêts qui leur sont versés (CGI art. 131 sexies ; n° 62518) et à les exonérer de tous impôts, droits et taxes dus au titre des locaux dont ils sont propriétaires ou locataires, à l'exception des taxes perçues en rémunération de services rendus (principe posé par l'article 23 de la convention de Vienne du 18 avril 1961).

Cela étant, il ne s'agit pas d'un principe général qui aurait en tant que tel une portée normative ; le Conseil d'État a par exemple jugé que l'activité exercée par un État étranger en France est assujettie à l'impôt sur les sociétés si cette activité, eu égard à son objet et aux conditions particulières dans lesquelles elle est exercée, relève d'une exploitation à **caractère lucratif** (CE 22 janvier 2020 n° 421913, 9e et 10e ch., État du Koweït : RJF 4/20 n° 307 ; voir n° 67260).

En France, les États étrangers sont notamment exonérés de **droits d'enregistrement**, **taxe de publicité foncière**, droit de bail, TVA immobilière, d'impôt sur les **plus-values** immobilières et d'impôts locaux. Mais ces exonérations ne valent que pour les locaux utilisés à des fins diplomatiques ou consulaires (y compris le logement du chef de mission) et le principe de l'exonération ne s'étend pas, par exemple, aux plus-values immobilières réalisées par une société de personnes française détenue par un État étranger, alors même que, dans ce cas, la loi pose une exonération spécifique en cas de détention directe (nº 67710, Précisions c). La **TVA** peut également être restituée dans certaines conditions (équipement des services, travaux de réparation, etc.). Du point de vue administratif, l'interlocuteur, dans ces situations, est le ministère des Affaires étrangères (service du Protocole).

En ce qui concerne les exonérations résultant des conventions fiscales, il a été précisé, à propos du Qatar, que depuis 2012, le Gouvernement s'attache à ne plus accorder d'avantage fiscal aux **plus-values immobilières** réalisées par des États et des personnes publiques étrangers (réponse Loisier nº 08007 : JO Sénat 14 mars 2019 p. 1431, indiquant également que le régime fiscal applicable aux investissements des États et personnes publiques étrangères a été décrit dans le cadre du rapport prévu par l'article 108 de la loi de finances rectificative pour 2014, transmis au Parlement le 22 septembre 2015).

Pour les **souverains** et les **chefs d'État** ou de gouvernement, les exonérations reposent sur l'usage (ancienne réponse Blum : JOAN 8 janvier 1990, p. 123 et Droit fiscal 1990, nº 25-26, p. 867). La haute courtoisie et l'usage peuvent conduire à des exonérations également en matière d'impôt sur la fortune (ancienne réponse Alphandéry : JOAN 3 juillet 1989, p. 3036 et Droit fiscal 1989, nº 42, comm. nº 1940).

Enfin, des exonérations particulières à certaines institutions peuvent être accordées par voie d'accord international spécifique ; par exemple, divers accords internationaux ont été conclus par la France afin que la société **Proparco** (Société de promotion et de participation pour la coopération économique, fonctionnant sous l'égide de **l'Agence française de développement**) bénéficie d'un régime fiscal spécial et exceptionnel dans certains États (Albanie, Arménie, Birmanie, Kosovo, Macédoine du Nord, Salvador, Serbie et Zambie). Les privilèges et immunités accordés à la **Juridiction unifiée du brevet** en sont un autre exemple (Décret nº 2021-1515 du 22 novembre 2021, JO du 24 novembre 2021, texte nº 1), de même que ceux accordés à **l'Agence de l'Union européenne pour les chemins de fer** (accord de siège du 15 avril 2019 publié par le décret nº 2022-876 du 9 juin 2022, JO du 11 juin 2022, texte nº 9 : BF 8-9/22 nº 739 ; il est stipulé que « l'Agence, ses avoirs, revenus et autres biens, y compris des biens loués dans le cadre de sa mission officielle, sont exonérés de tous impôts directs dès lors que l'Agence en est le redevable légal. Aucune exonération n'est accordée pour les impôts, taxes et droits qui ne constituent que la simple rémunération de services d'utilité générale »).

Ces avantages fiscaux sont d'interprétation stricte ; par exemple, les exonérations accordées à **l'Agence spatiale européenne** ne sont pas applicables à la société Europropulsion (CE 29 juin 2020 nº 435282, 8ᵉ et 3ᵉ ch., min. c/ Sté Europropulsion : RJF 10/20 nº 819) ; sur renvoi dans cette affaire, il a été jugé que les biens appartenant à l'Agence spatiale européenne et mis à la disposition de la société Europropulsion pouvaient être inclus dans l'assiette de la taxe professionnelle et de la cotisation foncière des entreprises dues par cette société (CAA Paris 8 juillet 2021 nº 20PA01693-20PA01694, 5ᵉ ch. ; pourvoi enregistré sous le nº 456537).

Précisions **a.** Il a été jugé que l'exonération de **taxe d'habitation des locaux consulaires** d'un poste consulaire dirigé par un fonctionnaire consulaire honoraire, réservée par l'article 60 de la convention de Vienne du 24 avril 1963 aux locaux dont l'État d'envoi est propriétaire ou locataire, ne s'applique pas en cas de mise à disposition à titre gratuit (TA Rouen 5 juillet 2012 nº 0902932, 2ᵉ ch., Brindeau : RJF 1/13 nº 79 ; jugement définitif).

b. Les exemptions fiscales prévues par les articles 23 de la convention de Vienne du 18 avril 1961 sur les relations diplomatiques et 32 de la convention de Vienne du 24 avril 1963 sur les relations consulaires, en faveur des locaux diplomatiques et consulaires, ne couvrent pas la **TVA** à laquelle sont soumis les travaux réalisés sur des locaux diplomatiques et consulaires (CAA Versailles 29 juin 2017 nº 16VE00158 : RJF 12/17 nº 1171 ; arrêt définitif).

c. Des exonérations de **taxe sur les bureaux** et de taxe annuelle sur les surfaces de stationnement sont applicables à diverses organisations internationales (BOI-IF-AUT-50-10 nº 395).

2. Autres personnels exerçant des fonctions publiques

Certaines conventions fiscales comportent, conformément au modèle de convention fiscale de l'OCDE, un article spécial sur les fonctions publiques (article 19 du modèle). **43420**

D'autres ne comportent pas de stipulations particulières ; dans cette deuxième situation, on se reportera aux développements qui concernent les salariés en général. Lorsqu'un fonctionnaire est susceptible de se voir appliquer un **texte particulier** ou une convention fiscale, c'est, en principe, le texte particulier qui prévaut (sur les conflits entre traités, voir nº 10135). Ainsi, les diplomates sont soumis aux règles particulières qui les concernent et non pas aux dispositions relatives aux fonctions publiques incluses dans les conventions fiscales (lesquelles réservent d'ailleurs fréquemment le cas des membres des missions diplomatiques et postes consulaires, comme le prévoit l'article 28 du modèle de l'OCDE).

Précisions a. À la suite de la dénonciation par le **Danemark** de la convention fiscale franco-danoise du 8 février 1957, les personnels couverts par l'article 12 de la convention (notamment, pour la France, certains agents de l'ambassade et du réseau culturel français à Copenhague, en particulier du lycée français de Copenhague), étaient susceptibles de basculer, au 1er janvier 2009, sous imposition danoise. Les deux État ont cependant convenu, par voie d'échange de lettres, que l'article 12 relatif aux rémunérations et pensions publiques continuait de produire ses effets malgré la dénonciation de la convention ; ainsi, les rémunérations allouées par l'État, les départements, les communes ou autres personnes morales de droit public régulièrement constituées suivant la législation interne des deux États, au titre d'une prestation de service ou de travail actuelle ou antérieure, sous forme de traitements, pensions, salaires et autres appointements sont imposables seulement dans l'État du débiteur. L'application de cette règle est toutefois conditionnée à ce que ce dernier **pratique une imposition effective** et au principe de réciprocité (réponse Premat n° 80174 : JOAN 24 mai 2016 p. 4516, BF 8-9/16 n° 734 ; précédemment, ancienne réponse Garriand-Maylam : JO Sénat 12 février 2009 p. 375 et BF 4/09 n° 368).

b. L'accord de coopération dans le domaine de la **défense** conclu le 28 mars 2017 entre la France et **l'Albanie** contient des dispositions fiscales concernant le personnel des forces armées (Décret n° 2020-585 du 18 mai 2020, JO du 20 mai 2010, texte n° 5 : BF 7/20 n° 551).

a. Principes généraux

Modèle OCDE

43440 En présence d'une convention fiscale et sauf les exceptions évoquées ci-après, les rémunérations versées par un État, une collectivité publique ou un organisme public couverts par les dispositions relatives aux fonctions publiques ne sont imposables que dans l'État d'où proviennent ces rémunérations (versées au titre des services rendus à cet État). Le modèle de convention fiscale de l'OCDE, depuis la révision de 1994, vise les « salaires, traitements et autres rémunérations similaires » afin d'exclure les « indépendants ».

Il découle de ce principe général que les rémunérations **payées par l'État français**, une collectivité ou un organisme public français à ses agents (fonctionnaires ou contractuels) sont normalement imposables en France.

Modalités d'imposition

43445 Les rémunérations concernées sont soumises :
– soit à la **retenue à la source** de l'article 182 A du CGI (n° 3200), si les agents sont non résidents et si l'activité est exercée en France ; par exemple, CE 25 avril 1990 n° 58034, 8e et 9e s.-s., Vrabely : RJF 6/90 n° 690, jugeant, à propos d'un Français résident d'Allemagne et exerçant les fonctions de conseiller pédagogique auprès de l'inspection académique de Moselle, que le traitement versé par l'État français à un fonctionnaire résident d'Allemagne est soumis à retenue à la source en France ; dans le même sens, CAA Nancy 26 décembre 1991 n° 10, 2e ch., Régie départementale des sports d'hiver et du tourisme du Haut-Jura : RJF 4/92 n° 419, à propos du salaire payé à un résident de Suisse qui exerçait la fonction de directeur de la régie départementale de sports d'hiver du Haut-Jura (arrêt définitif) ;
– soit à l'impôt sur le revenu **par voie de rôle**, qu'ils soient résidents ou non résidents de France, s'ils exercent leur activité hors de France.

Dans cette dernière situation, qui est très fréquente, la retenue à la source de l'article 182 A du CGI n'est pas due dès lors que la rémunération n'est pas de source française (activité exercée hors de France, n° 2887). L'agent concerné doit donc souscrire une déclaration auprès du service des impôts des particuliers non résidents (n° 3600) et il est soumis au barème progressif de droit commun.

Précisions a. Sur la question de l'application de l'**article 81 A** du CGI aux agents publics, voir n° 42490.

b. Le principe de l'imposition dans l'État du débiteur et non celui de la résidence s'applique évidemment dans les deux sens. Ainsi, en principe, les **rémunérations payées par un État étranger**, une collectivité ou un organisme public étranger ne sont pas imposables en France lorsqu'elles reviennent à un agent public de cet État, même s'il est résident de France. En règle générale, elles sont simplement prises en compte pour le calcul du taux effectif ou du crédit d'impôt égal à l'impôt français (nos 83410 et 83760).

c. Sur les agents publics, et notamment ceux qui sont employés dans les **centres culturels**, dans le cadre franco-norvégien, voir les solutions issues de l'avenant du 16 septembre 1999, entré en vigueur au 1er décembre 2002.

d. Il a été rappelé que les rémunérations versées aux fonctionnaires détachés par le ministère de **l'éducation nationale** auprès de l'AEFE pour enseigner au Lycée franco-hellénique, résidents grecs, sont des rémunérations publiques de source française qui sont imposables en France sous réserve que ces enseignants en possèdent la nationalité. Toutefois, la Grèce est également fondée à les imposer sous déduction de l'impôt français (réponse Habib, n° 36043 : JOAN 27 juillet 2021 p. 6012 et BF 11/21 n° 963).

b. Exceptions

Modèle OCDE

L'article 19 § 1 b) du modèle de convention fiscale de l'OCDE, fréquemment repris dans les conventions fiscales signées par la France, prévoit que les rémunérations publiques ne sont imposables que dans **l'État « où » les services sont rendus** (et non celui « auquel » les services sont rendus), si la personne qui rend les services est un résident de cet État qui, soit possède la **nationalité** de cet État, soit n'est pas devenue un résident de cet État à seule fin de rendre les services considérés (cas des « **résidents permanents** »). **43460**

Si la convention fiscale applicable reprend cette clause, les rémunérations servies à des Français par des États étrangers au titre d'une activité exercée en France (par exemple, un employé non diplomate dans une ambassade à Paris d'un pays étranger ; n° 43320) ne sont imposables qu'en France. Il en va de même pour les personnes qui étaient déjà résidentes de France avant de rendre les services à l'État étranger (ou organisme public). Symétriquement, les rémunérations servies par l'État français à des étrangers (même s'ils ont aussi la nationalité française) ou à des résidents permanents à l'étranger, au titre de services rendus à la France (employé dans une ambassade de France à l'étranger) sont exonérées d'impôt en France et imposables exclusivement à l'étranger si l'activité est exercée à l'étranger.

Précisions **a.** Une ressortissante française et résidente permanente de France, employée au sein de la représentation permanente du Royaume-Uni auprès du **Conseil de l'Europe** à Strasbourg et résidant dans cette ville est imposable sur le revenu en France en application de la convention fiscale franco-britannique (CAA Nancy 27 novembre 2003, n° 99-1153, 2e ch., min. c/ Metzger : RJF 3/04 n° 293 ; arrêt définitif).

b. Les employés de nationalité française de **l'ambassade de France en Chine** recrutés localement ne sont pas imposables en France (ancienne réponse Gonnot, n° 72880 : JOAN 11 mai 2010 p. 5228).

Divergences par rapport au modèle OCDE

Les conventions fiscales ne reprennent pas toujours le modèle de convention fiscale de l'OCDE ; il convient donc à chaque fois de se reporter au texte applicable. Il arrive notamment que les conventions fiscales ne contiennent pas de règles particulières concernant les fonctions publiques, auxquels cas les règles générales relatives aux **revenus d'emploi** sont en principe applicables. **43465**

Lors d'une révision du modèle en 1992, la France a ajouté une réserve sur le critère d'imposition tenant à ce que la personne qui rend les services soit ou non devenue résident de l'État dans lequel ces derniers sont rendus à seule fin, précisément, de les rendre. La France estime que cette clause est d'application difficile, ce que l'on peut comprendre aisément car il est délicat de décider « à quelle fin » une personne est devenue résident d'un État (Commentaires OCDE, C (19) n° 11).

La France a également formulé une réserve sur le cas des **doubles nationaux**, rédigée comme suit (compte tenu de la modification de mars 1994) : « La France se réserve de préciser dans ses conventions que les traitements, salaires et autres rémunérations similaires payés par un État contractant ou l'une de ses subdivisions politiques ou collectivités locales à une personne physique au titre de services rendus à cet État ou à cette subdivision ou collectivité ne sont imposables que dans cet État si la personne physique possède la nationalité des deux États contractants » (Commentaires OCDE, C (19) n° 11).

Une dernière réserve a été introduite par la France, lors de la révision de septembre 1995, tendant à considérer comme des rémunérations publiques celles qui sont versées par des **personnes morales de droit public** « car l'identité du payeur importe moins que le caractère public des revenus », de même que les rémunérations publiques des **artistes et sportifs** (Commentaires OCDE, C (19) n° 13).

Précisions La convention modèle, comme la quasi-totalité des conventions fiscales françaises, **exclut** également le cas des services rendus dans le cadre d'une **activité d'entreprise** (avant la révision d'avril

2000, l'exception visait les activités industrielles ou commerciales). Dans ce cas, les règles ordinaires s'appliquent (en ce sens, anciennes réponses Brottes : JOAN 17 avril 2000, p. 2454 et Mariani : JOAN 30 décembre 2002, p. 5255 : BF 3/03 n° 291, à propos des agents de La Poste et de France Télécom).

B. Travailleurs frontaliers

Principes

43480 La France applique souvent des dispositions dérogatoires au droit commun en ce qui concerne les travailleurs frontaliers du secteur privé, c'est-à-dire, en principe, ceux **qui se rendent tous les jours d'un État dans un autre** pour y exercer leur activité. On estime en effet, généralement, que ces personnes qui, par exemple, habitent en France et travaillent en Belgique, en Allemagne ou en Suisse, ont gardé davantage que les autres des liens avec la France, ce qui justifie une dérogation au principe de l'imposition des salaires dans l'État où l'activité est exercée. À vrai dire, pour les frontaliers, le principe est exactement inverse puisqu'ils sont imposés, lorsque les conditions sont remplies, **dans l'État de leur résidence**. Il existe ainsi des dispositions particulières relatives aux frontaliers dans les conventions fiscales conclues entre la France et, respectivement, l'Allemagne, la Belgique, l'Espagne, la Suisse et l'Italie.

Précisions **a.** Un **projet de proposition de directive** du conseil avait été présenté par la Commission européenne [Com (79), 737 final du 13 décembre 1979], concernant l'harmonisation « des dispositions relatives à l'imposition des revenus en relation avec la libre circulation des travailleurs à l'intérieur de la Communauté ». Mais les discussions relatives à ce texte ont été suspendues en dépit des efforts de la Commission, et le projet a finalement été retiré par la Commission, qui l'a remplacé par une **recommandation du 21 décembre 1993** sur l'imposition de certains revenus retirés par un résident d'un État membre au titre d'une activité exercée dans un autre État membre (n° 88700).

b. Ces questions, qui touchent aux critères de répartition des droits d'imposer, sont, en l'absence d'harmonisation, du domaine de **compétence des États membres** et des conventions fiscales, la Cour de justice contrôlant tout de même la compatibilité des dispositions applicables au regard du traité FUE (en ce sens, CJCE 12 mai 1998 aff. 336/96, Plén., Gilly : RJF 7/98 n° 890).

c. Il n'est pas envisagé d'introduire avec le **Luxembourg** un dispositif d'imposition des frontaliers dans l'État de résidence. Il a été précisé que le Luxembourg ne le souhaite pas (réponse à la question orale n° 1536S, JO Sénat 21 décembre 2016 p. 20843). La convention fiscale conclue entre les deux pays le 20 mars 2018 contient, en sens inverse, une stipulation inédite permettant, pour des raisons de simplification administrative, que les salariés demeurent soumis à l'impôt dans l'État d'exercice de leur activité lorsqu'ils travaillent au maximum vingt-neuf jours par an depuis leur État de résidence (le point 3 du protocole annexé à la convention, dont les modalités d'application ont été précisées par un accord amiable franco-luxembourgeois du 16 juillet 2020, permet aux travailleurs transfrontaliers qui résident en France et exercent leur activité au Luxembourg de demeurer soumis à l'impôt sur leur activité au Luxembourg lorsqu'ils travaillent en France au maximum vingt-neuf jours par an ; BOI-INT-CVB-LUX-20 n°s 300 s.) ; cette règle s'applique notamment aux résidents de France employés au Luxembourg et **télétravaillant depuis la France** (réponse à la question orale Mizzon n° 0571S : JO Sénat 23 janvier 2019 p. 171 ; réponse Paluszkiewicz, n° 14032 : JOAN 25 décembre 2018 p. 12127 ; il est possible que le seuil de vingt-neuf jours soit ultérieurement relevé à trente-quatre selon ce qu'indique la réponse Masson, n° 27662 : JO Sénat 28 avril 2022 p. 2252). Pour l'application de ce texte, les autorités compétentes ont admis que, pour la période comprise entre le 14 mars 2020 et le 30 juin 2022 inclus, l'épidémie de **Covid-19** soit un « cas de force majeure en dehors de la volonté de l'employeur et du travailleur » non pris en compte pour le décompte des vingt-neuf jours (accord amiable du 16 juillet 2020 et accords successifs prorogeant la date d'expiration de la dérogation initialement fixée au 31 août 2020 ; communiqué de presse n° 38 du 28 juin 2022 indiquant que les discussions se poursuivent entre les administrations fiscales et précisant que le télétravail effectué au premier semestre 2022 ne sera pas pris en compte pour l'appréciation du forfait annuel en 2022). Enfin, c'est pour tenir compte des préoccupations exprimées par les travailleurs frontaliers, notamment ceux dont les salaires sont les plus modestes, que la convention du 20 mars 2018 a fait l'objet, alors qu'elle n'avait pas encore commencé à produire ses effets, d'un avenant signé le 10 octobre 2019 destiné à modifier les règles d'élimination des **doubles impositions** pour les rendre équivalentes à celles prévues par l'ancienne convention fiscale du 1er avril 1958 (réponse Renaud-Garabedian, n° 11761 : JO Sénat 27 février 2020 p. 1009). Voir également n° 10128, Précisions e, en ce qui concerne ce dernier point.

d. Les règles relatives aux frontaliers ne s'appliquent pas aux traitements versés par des **entités publiques** (ancienne réponse Meslot, JOAN 21 septembre 2004, p. 7284).

e. Sur la **CSG** et la **CRDS**, voir n°s 3770 s.

f. Sur l'article **81 A** du CGI, voir n° 42490.

g. Le refus de l'administration française de délivrer à un travailleur frontalier domicilié en France le **certificat** qui lui aurait permis d'éviter l'impôt espagnol est constitutif d'une faute de nature à engager la **responsabilité de l'État** (CE 21 novembre 2016 n° 383815, 9e ch., annulant CAA Marseille 17 juin 2014 n° 11MA03217, 4e ch., qui avait lui-même annulé TA Montpellier 9 juin 2011 n° 0902075, 2e ch., Lomine : RJF 1/12 n° 66) ; l'intéressé n'avait obtenu le certificat requis que près d'un an après l'avoir demandé et avait donc vu ses salaires amputés d'une retenue à la source en Espagne alors qu'il était régulièrement assujetti en France à l'impôt sur le revenu sur les mêmes salaires.

h. Dans le contexte sanitaire de l'épidémie de **Covid-19**, la France s'est accordée en 2020 avec l'Allemagne, la Belgique, l'Italie, le Luxembourg et la Suisse pour que le **maintien à domicile** des travailleurs frontaliers n'entraîne pas de conséquence sur leur régime d'imposition. Des accords ont également été conclus avec ces États concernant les travailleurs **transfrontaliers non éligibles** au bénéfice des régimes frontaliers d'imposition. Ces accords prévoient que les jours travaillés à domicile du fait des recommandations et consignes sanitaires liées à l'épidémie de Covid-19 pourront, sur option, être considérés comme des jours travaillés dans l'État où les intéressés exercent habituellement leur activité et donc y demeurer imposables (plusieurs communiqués de presse en ce sens, en dernier lieu communiqué n° 1831 du 16 décembre 2021 ; ces accords ont été prorogés jusqu'au 30 juin 2022, et au 31 octobre 2022 en ce qui concerne la Suisse).

i. Les rémunérations des **heures supplémentaires** effectuées par les frontaliers au-delà de 1 840 heures par an dans la limite d'un plafond annuel de 368 heures supplémentaires (depuis le 1er janvier 2019) sont exonérées d'impôt sur le revenu dans la limite des plafonds de 5 000 € ou 7 500 € (réponse Reitzer, n° 30208 : JOAN 22 décembre 2020 p. 9554 ; le BOI-INT-CVB-MCO-10 n° 220 précise que cet avantage est applicable dans le cadre franco-monégasque).

Convention franco-allemande

Compte tenu de l'avenant de 1989 à la convention du 21 juillet 1959, la convention fiscale franco-allemande prévoit que les revenus provenant du travail dépendant de personnes qui travaillent dans la **zone frontalière** d'un État et qui ont leur foyer d'habitation permanent dans la zone frontalière de l'autre État où elles rentrent normalement chaque jour ne sont imposables que dans cet autre État ; la zone frontalière de chaque État comprend les communes dont tout ou partie du territoire est situé à une distance de la frontière n'excédant pas **20 kilomètres**. Ce régime est également applicable à l'ensemble des personnes qui ont leur foyer d'habitation permanent dans les **départements français limitrophes** de la frontière et qui travaillent dans les communes allemandes dont tout ou partie du territoire est situé à une distance de la frontière n'excédant pas **30 kilomètres** (article 13 (5) de la convention et BOI-INT-CVB-DEU-10-30 nos 10 s. ; la liste des villes et communes allemandes dont tout ou partie du territoire est situé à une distance de la frontière n'excédant pas trente kilomètres est publiée au BOI-ANNX-000337). **43485**

Ces dispositions ont notamment été précisées par un accord conclu le 16 février 2006 entre les autorités françaises et allemandes concernant les missions temporaires et les frontaliers (BOI préc.). Les frontaliers français travaillant en Allemagne doivent souscrire une demande d'exonération en Allemagne sur l'imprimé bilingue n° 5011, délivré par le service des impôts des particuliers du lieu de résidence en France (BOI-FORM-000012).

Dans la mesure où l'imposition des travailleurs frontaliers dans leur État de résidence (et non pas dans l'État d'exercice de leur activité) est dérogatoire par rapport au droit commun, la France a dû se résoudre à accepter d'accorder une **compensation financière** à l'Allemagne (le dispositif est réciproque mais il joue en fait au détriment de la France) ; dans sa rédaction issue de l'avenant du 31 mars 2015, la convention fiscale prévoit, en effet, que l'État qui dispose du droit d'imposer les rémunérations concernées paie à l'État dans lequel le travail dépendant est exercé une compensation correspondant à une fraction de l'impôt sur le revenu provenant de ce travail dépendant recouvré lors de l'imposition des travailleurs frontaliers dans leur État de résidence. Cette compensation est fixée à 1,5 % de la masse totale des rémunérations brutes annuelles des travailleurs frontaliers sans pouvoir excéder 44 % de l'impôt recouvré sur la masse totale des rémunérations brutes annuelles des travailleurs frontaliers (article 13 a de la convention).

Précisions **a.** Une mesure d'**assouplissement** autorise le maintien du bénéfice du régime si le salarié travaille en dehors de la zone frontalière pendant une période n'excédant pas **quarante-cinq jours** (BOI-INT-CVB-DEU-10-30 n° 20).

b. Sur les modalités d'application du régime des frontaliers du côté allemand, voir réponses Straumann (n° 11749 et n° 16260 : JOAN 16 avril 2019 p. 3497 : BF 7/19 n° 643), précisant qu'il a été décidé, à titre exceptionnel et dans l'attente de l'aboutissement de négociations engagées avec les autorités allemandes, d'arrêter en France le **prélèvement à la source** en 2019 sur les rémunérations versées aux frontaliers même si, en définitive, ils doivent l'impôt en France au titre de cette année.

c. Un accord amiable a été conclu, le 13 mai 2020, entre les autorités compétentes allemande et française pour tenir compte des mesures de confinement prises pour lutter contre la propagation de l'épidémie de **Covid-19**, à titre temporaire et à compter du 11 mars 2020. Cet accord précise également certains autres points de façon pérenne (notamment, les jours où les travailleurs frontaliers résidant dans la zone frontalière **travaillent à distance** sont réputés effectués dans la zone frontalière, et les jours où les travailleurs frontaliers reçoivent un salaire mais sont en fait empêchés de travailler, par exemple du fait des consignes ou recommandations sanitaires gouvernementales, sont comptés comme des jours travaillés et de tels jours travaillés passés dans la zone frontalière de l'État de résidence de l'employé sont réputés avoir été effectués dans la zone frontalière). Des accords de prorogation successifs ont ensuite été conclus pour tenir compte de l'évolution de l'épidémie, avant qu'un dernier accord, du 30 mars 2022, n'en prolonge les effets au 30 juin 2022 (ces textes sont consultables sur le site www.impots.gouv.fr ; l'accord amiable se sera donc appliqué entre le 11 mars 2020 et le 30 juin 2022, date à laquelle il a été résilié, sous réserve de certaines précisions d'interprétation qui restent applicables en dépit de la résiliation de l'accord).

Convention franco-belge

43490 La France et la Belgique appliquent depuis longtemps un régime dérogatoire relatif aux travailleurs frontaliers, à la demande, aujourd'hui, des frontaliers résidents de France qui souhaitent continuer d'être imposés en France car la charge fiscale pour eux y est globalement plus faible (pour sa part, la Belgique avait, dès 2003, demandé à la France qu'il soit mis fin au régime des frontaliers). Un avenant à la convention fiscale franco-belge, centré sur le cas des frontaliers, a été signé le 12 décembre 2008 afin de **pérenniser le régime dérogatoire** des travailleurs frontaliers pour une période de vingt-cinq ans ; cet avenant, qui est entré en vigueur le 17 décembre 2009, prévoit, en substance, le régime suivant (BOI-INT-CVB-BEL-10-60) :

– les traitements, salaires et autres rémunérations analogues reçues par un résident d'un État qui exerce son activité dans la zone frontalière de l'autre État et qui n'a un foyer permanent d'habitation que dans la zone frontalière du premier État ne sont imposables que **dans l'État de résidence** (par dérogation à la règle de l'imposition dans l'État d'exercice de l'activité) ; toutefois, ce principe ne vaut que pour les résidents de France, les résidents de Belgique restant imposables dans les conditions habituelles (la dérogation est donc unilatérale, en faveur de la France) ;

– la **zone frontalière** de chaque État comprend toutes les communes situées dans la zone délimitée par la frontière commune aux États et une ligne tracée à une distance de vingt kilomètres de cette frontière (des adaptations géographiques sont cependant prévues) ;

– entre **2003 et 2008**, les frontaliers résidents de France n'étaient imposables qu'en France à condition de ne pas exercer leurs activités en dehors de la zone frontalière plus de **quarante-cinq jours** par an (cette tolérance rétroactive était destinée à mettre un terme aux contentieux nés en Belgique du dispositif antérieur) ;

– entre **2009 et 2011**, ils bénéficiaient du régime à condition de pas exercer leurs activités en dehors de la zone frontalière plus de **trente jours** par année civile ; pour le **décompte** de cette limite de trente jours, applicable à compter du 1er janvier 2009, diverses sorties de zone n'étaient pas prises en compte : cas de force majeure, transits occasionnels, activités syndicales, visites médicales, formations professionnelles (cinq jours), participations à des réunions professionnelles (conseil d'entreprise, commission paritaire…) et certains trajets hors zone effectués dans le cadre d'une activité de transport ;

– depuis le **1er janvier 2012**, les travailleurs frontaliers résidents de France qui bénéficiaient, au 31 décembre 2011, du régime des travailleurs frontaliers, continueront à en bénéficier pour une période de vingt-deux ans (soit **jusqu'au 31 décembre 2033**), pour autant qu'ils continuent à satisfaire de manière ininterrompue aux conditions requises pour son application, notamment sous réserve que l'exercice d'activité hors zone frontalière n'excède pas trente jours par année civile ; la **fermeture du régime** aux nouveaux entrants a donc été fixée au 1er janvier 2012 ;

– les travailleurs frontaliers **saisonniers** (personnels de renfort et intérimaires) bénéficient du régime des frontaliers ; les sorties de la zone frontalière seront autorisées dans la limite d'un nombre de jours plafonné à 15 % du nombre de jours travaillés ;

– enfin, pour compenser le coût du régime des travailleurs frontaliers pour la Belgique, la **France** a accepté de **verser** chaque année un montant de **25 M€** ; ce montant fait l'objet d'une actualisation selon une formule préétablie en fonction de l'évolution du montant global des salaires bruts perçus par les travailleurs frontaliers, mais sans pouvoir excéder un plafond de 25 M€.

Précisions **a.** Le principe de l'imposition à la source des **rémunérations publiques** n'est pas remis en cause par les règles relatives aux frontaliers.

b. La France et la Belgique ont signé, le 23 avril 2014, un **accord frontalier d'assistance administrative mutuelle** qui couvre l'ensemble du territoire belge et les départements frontaliers du nord de la France, ainsi que le département de la Moselle ; il s'agit d'un accord d'échange direct de renseignements fiscaux en matière de TVA et d'impôts directs.

c. La **liste des communes** comprises dans la zone frontalière entre la France et la Belgique est donnée au BOI-ANNX-000436.

d. Une actualisation du 26 avril 2016 du BOI-INT-CVB-BEL-10-60 (BF 7/16 n° 639) fournit diverses précisions d'ordre pratique résultant d'un accord administratif franco-belge (contribuables détenant une **résidence secondaire** hors de la zone frontalière, application du régime des frontaliers lors de l'année du départ à la **retraite**, calcul du décompte des jours de sortie hors de la zone frontalière et déménagement en cours d'année).

e. Le **droit commun** sera applicable à partir du 1er janvier 2034 dans le cadre franco-belge, sans qu'il y ait lieu de prévoir de mesures d'application particulières puisqu'il sera simplement mis fin à un régime dérogatoire « qui pèse sur le budget français » (réponse Descamps, n° 13086 : JOAN 27 novembre 2018 p. 1066).

f. Un accord amiable entre les autorités compétentes française et belge concernant les travailleurs transfrontaliers dans le contexte de l'épidémie de **Covid-19** a été conclu le 15 mai 2020 afin de neutraliser certains effets des mesures de confinement prises par les deux États ; cet accord, disponible sur le site www.impots.gouv.fr, prévoit la non-prise en compte temporaire des jours de travail à domicile pour la détermination du nombre de jours de sorties de la zone frontalière (les effets de cet accord ont été prolongés par périodes successives jusqu'au 30 juin 2022). Les autorités française et belge ont ainsi admis, « pour les travailleurs frontaliers et transfrontaliers, de considérer les jours travaillés à domicile en raison des mesures sanitaires prises par les Gouvernements des deux États comme étant des jours travaillés dans l'État dans lequel la personne aurait exercé son activité en l'absence de ces mesures » (réponse Anglade, n° 31978 : JOAN 26 janvier 2021 p. 717).

Convention franco-espagnole

L'article 12 du protocole annexé à la convention fiscale du 10 octobre 1995 pose le principe de l'imposition dans l'État de **résidence** des travailleurs frontaliers sur justification par la production d'une **attestation** (BOI-INT-CVB-ESP-10 n° 10 ; voir aussi l'arrêt cité au n° 43480, Précisions g). Il a été précisé que les conditions d'application de ce régime sont d'interprétation stricte (ancienne réponse Poulou, JOAN 5 avril 2005, page 3480 : BF 6/05 n° 627, non reprise au BOFiP) ; il en résulte notamment que l'absence de retour quotidien au domicile doit être exceptionnelle (un frontalier traverse en principe la frontière tous les jours). Sur les modalités d'application arrêtées entre les autorités compétentes française et espagnole, voir BOI-ANNX-000319. **43495**

Convention franco-suisse

Il existe deux régimes distincts, selon les cantons concernés (BOI-INT-CVB-CHE-10-20-60 nos 70 et 80) ; les personnes qui résident en France et exercent leur activité dans le canton de **Genève** sont imposables dans ce canton et non pas en France, par dérogation aux principes applicables aux frontaliers (et en application des principes généraux relatifs aux activités privées, fixés par les articles 17 et 25 A de la convention fiscale du 9 septembre 1966 modifiée). Ces salaires doivent être pris en compte pour le calcul du crédit d'impôt égal à l'impôt français dans les conditions habituelles (nos 83760 s.). Le canton de Genève verse une compensation aux communes françaises correspondant à l'impôt communal suisse et fixée à 3,5 % de la masse salariale (accord du 29 janvier 1973 ; parmi d'autres réponses publiées le même jour, la réponse Schillinger, n° 21748 : JO Sénat 31 mars 2022 p. 1747 rappelle que la compensation financière versée par le canton de Genève au profit de l'Ain et de la Haute-Savoie vise à dédommager ces départements des infrastructures et services publics qu'ils mettent à disposition de leurs habitants travaillant à Genève). **43500**

En revanche, les personnes qui exercent leur activité salariée dans les cantons de **Soleure**, **Bâle-Ville**, **Bâle-Campagne**, **Berne**, **Neuchâtel**, **Vaud**, **Valais** et **Jura** ne sont imposables qu'en France si elles sont résidentes de France, mais moyennant une **compensation financière** versée au profit de la Suisse (accord du 11 avril 1983 entre la France et la Suisse, remplaçant un vieil accord de 1935, accords auxquels le canton de Genève n'a pas adhéré). La compensation financière versée par l'État de résidence est égale à 4,5 % de la masse totale des rémunérations brutes annuelles des travailleurs frontaliers ; elle est versée à l'État dans lequel l'activité est exercée.

43500 (suite) Pour l'application de ce régime, un **travailleur frontalier** s'entend de toute personne résidente d'un État qui exerce une activité salariée dans l'autre État chez un employeur établi dans cet autre État et qui retourne, en règle générale, chaque jour dans l'État dont elle est un résident ; cette notion a été précisée, au regard notamment du **nombre de nuitées permises** dans l'État d'exercice de l'activité, par l'échange de lettres entre les autorités compétentes française et suisse signées à Paris le 21 février 2005 et à Berne le 24 février 2005 (BOI-INT-CVB-CHE-10-20-60 nº 70).

Depuis le 1er janvier 2008, pour bénéficier de l'exonération de retenue à la source sur leur salaire, les salariés qui remplissent les conditions doivent remettre à leur employeur établi dans l'autre État, au plus tard le 1er janvier de l'année au titre de laquelle l'application du régime spécifique des travailleurs frontaliers est demandée, une **attestation de résidence** visée par l'administration fiscale de leur État de résidence. À défaut de production de cette attestation, l'employeur est tenu de prélever la retenue à la source (échange de lettres des 5 et 12 juillet 2007 entre les autorités compétentes ; BOI préc. nº 80). Chaque État a mis en place une attestation de résidence fiscale des travailleurs frontaliers destinée aux frontaliers résidant sur son territoire ; pour les frontaliers résidant en France, il s'agit du modèle nº 2041-ASK pour les frontaliers déjà identifiés, ou du modèle nº 2041-AS pour les nouveaux frontaliers (BOI-FORM-000014). Saisi d'une demande d'avis par CAA Nancy 23 septembre 2021 nº 20NC00819, 2e ch., le Conseil d'État a estimé que la circonstance qu'un travailleur frontalier résident de France ait omis de remettre cette attestation de résidence fiscale à son employeur suisse n'a pas pour effet de priver la France du droit exclusif d'imposer les rémunérations concernées (CE Avis 29 novembre 2021 nº 456995, 8e et 3e ch. : RJF 2/22 nº 187) ; dans cette affaire, il a ensuite été confirmé qu'une personne physique domiciliée en France qui n'avait pas souscrit de déclaration en France alors qu'elle y était imposable en application du régime des frontaliers, au titre de son activité salariée dans le canton de Vaud en 2012, 2013 et 2014, était exclusivement imposable en France et ne pouvait donc pas bénéficier d'un crédit d'impôt (CAA Nancy 28 avril 2022 nº 20NC00819, 2e ch., arrêt définitif ; l'intéressée avait été imposée à tort en Suisse car elle n'avait pas remis à son employeur l'attestation de résidence requise par les accords franco-suisses).

Précisions **a.** Sur un aspect particulier de la problématique de la **déduction fiscale des cotisations** versées par les travailleurs frontaliers franco-suisses, voir CE 19 juin 2013 nº 345285, sect., min. c/ Durand : RJF 10/13 nº 934, aux conclusions Edouard Crépey au BDCF 10/13 nº 103.

b. Pour un **exemple jurisprudentiel** dans un cas où l'administration prétendait à tort qu'un contribuable était frontalier alors qu'il disposait d'une résidence en Suisse, voir CAA Lyon 26 janvier 2006 nº 01-599, 5e ch., Toulou Hashemi : RJF 7/06 nº 910 (arrêt définitif).

c. Un **formulaire spécial**, annexe de la déclaration nº 2047 des revenus encaissés hors de France, a été mis en place en ce qui concerne les salaires de source suisse (Annexe nº « 2047-SUISSE »).

d. Il a été précisé que des notices communes franco-suisses ont été établies pour clarifier la situation des frontaliers et que dès lors que le contribuable établit qu'il remplit les conditions du régime frontalier, il ne saurait en être privé en raison de la **durée de ses trajets** (réponse Duby-Muller, nº 49529 : JOAN 10 mars 2015 p. 1720 et BF 5/15 nº 455) ; cette précision vise à ne pas exclure du dispositif les frontaliers dont le domicile est très éloigné de leur lieu de travail (la question faisait état de la pratique du canton de Vaud qui voulait que le trajet ne dépasse pas trois heures aller et retour en véhicule).

e. Un contribuable domicilié en France et salarié d'une société suisse n'était pas un travailleur frontalier au sens des stipulations conventionnelles franco-suisses dans la mesure où il avait passé en Suisse un **nombre de nuitées** supérieur au seuil requis, proratisé à son temps de travail (TA Grenoble 2 février 2017 nº 1403367, 4e ch. : JurisData nº 2017-006983 ; jugement définitif) ; il s'agissait d'un contribuable qui avait remboursé à son employeur suisse la retenue à la source que ce dernier avait dû régler en Suisse à la suite d'un contrôle fiscal et qui avait demandé la réduction de son imposition en France pour éviter la double imposition (le contribuable avait initialement déclaré à tort les salaires comme étant imposables en France et il a pu obtenir le remboursement de l'impôt acquitté à ce titre).

f. Un accord amiable a été conclu, le 13 mai 2020, entre les autorités compétentes suisse et française pour adapter le dispositif au contexte des mesures prises pour lutter contre la propagation du **Covid-19**, à titre temporaire et à effet du 14 mars 2020 (notamment, non prise en compte des jours passés au domicile en raison des mesures de confinement afin de permettre aux travailleurs frontaliers et transfrontaliers de conserver leur régime d'imposition même s'ils sont conduits à demeurer chez eux et à télétravailler depuis leur domicile). Par des accords successifs de prolongation, les effets de ces mesures ont été prolongés jusqu'au 31 octobre 2022, soit sur une période plus longue que celle qui concerne les frontaliers des autres pays voisins (un communiqué de presse nº 41 du 29 juin 2022 du ministère des finances justifie cette prolongation par le fait que le développement du télétravail pendant la crise sanitaire constitue un changement organisationnel appelé à perdurer après la pandémie et que la France et la Suisse s'accordent sur l'importance de définir de nouvelles règles d'imposition pérennes en matière de télétravail afin d'accompagner cette évolution ; les accords sont disponibles sur le site www.impots.gouv.fr).

g. Il n'est pas envisagé de revoir les modalités de calcul des **compensations financières** prévues par les accords de 1973 et 1983 concernant les frontaliers franco-suisses (plusieurs réponses ministérielles en ce sens, notamment réponse Schillinger, n° 21748 : JO Sénat 31 mars 2022, p. 1747).

Convention franco-italienne

La convention du 5 octobre 1989 entre la France et l'Italie prévoit l'imposition à la résidence des personnes résidant dans la zone frontalière d'un État et travaillant dans la zone frontalière de l'autre État. Il s'agit, du côté français, des **départements limitrophes** et, du côté italien, des régions limitrophes (voir article 15 § 4 et point 9 du protocole annexé et BOI-INT-CVB-ITA-10-20 nos 690 s.). **43505**

Précisions Les autorités compétentes française et italienne ont conclu en 2020 un accord amiable concernant les dispositions applicables aux frontaliers à la suite des mesures prises dans le contexte de la lutte contre la propagation du **Covid-19** ; ses effets ont été prolongés jusqu'au 30 juin 2022 par des accords successifs (ces accords sont disponibles sur le site www.impots.gouv.fr).

C. Dirigeants de sociétés

Lorsque les dirigeants de sociétés perçoivent des salaires, le régime qui leur est applicable est celui qui a été exposé à propos des rémunérations privées. Cela dit, il arrive souvent qu'ils soient rémunérés, en sus de leur salaire, en tant qu'administrateurs de société ou que les sommes qu'ils perçoivent n'aient pas la qualification fiscale de salaires. **43520**

Rémunérations d'administrateurs

Le modèle de convention fiscale de l'OCDE contient un article 16 intitulé **« tantièmes »**, qui est repris dans la grande majorité des conventions fiscales conclues par la France ; selon cet article, les tantièmes, jetons de présence (ancienne appellation des rémunérations des administrateurs et des membres du conseil de surveillance) et autres rétributions similaires perçus par un résident d'un État en qualité de membre du conseil d'administration (ou de surveillance) et autres rétributions similaires perçus par un résident d'un État en qualité de membre du conseil d'administration (ou de surveillance) d'une société qui est un résident de l'autre État sont **imposables** dans cet autre État. La règle posée par cet article consiste à considérer que les services sont rendus **dans l'État de résidence de la société concernée**, pour éviter des interrogations sans fin quant au lieu exact où ils ont été effectivement rendus. Bien entendu, seules sont concernées les rémunérations perçues en cette qualité par l'intéressé ; les autres rémunérations qu'il peut percevoir, par exemple des salaires, sont imposables dans les conditions habituelles. **43540**

Précisions **a.** Les **États-Unis** ont fait **une réserve** sur cette disposition (Commentaires OCDE, C (16) n° 5) ; ils exigent que l'imposition des tantièmes soit limitée aux revenus tirés d'activités exercées dans le pays de la source (rédaction actuelle, issue de la révision de 1992 ; auparavant, la réserve américaine indiquait que les tantièmes doivent être imposés conformément aux principes appliqués aux professions non commerciales).

b. Certaines conventions fiscales, y compris françaises, ne reprennent pas le modèle OCDE (convention **franco-allemande**, par exemple).

Principes applicables en France Les rémunérations des administrateurs et des membres du conseil de surveillance (anciennement, jetons de présence « ordinaires ») versés à des non-résidents (personnes physiques) sont, conformément à l'article 117 bis du CGI, soumis à la **retenue à la source de 12,8 %** prévue à l'article 119 bis du même Code (n° 60975 ; 75 % en présence d'un ETNC au sens indiqué n° 71555). **43545**

Son champ d'application est assez large, comme l'indique l'administration à propos de la convention fiscale franco-algérienne, qui stipule que les jetons de présence, tantièmes et autres rétributions similaires, attribués par une société résidente d'un État à une personne résidente de l'autre État au titre d'un mandat d'administrateur ou de membre du conseil de surveillance sont imposables dans l'État de résidence de la société qui verse ces rémunérations. L'administration précise que ces dispositions concernent essentiellement les revenus suivants payés par les sociétés anonymes résidentes de France (BOI-INT-CVB-DZA-40 n°s 140 s.) :

• dans le cas des sociétés anonymes dites de type classique :

– les jetons de présence spéciaux alloués au **président** du conseil d'administration, au **directeur général**, à l'administrateur provisoirement délégué, aux administrateurs membres du comité d'études ;

– les jetons de présence ordinaires alloués aux **administrateurs** en qualité de membres du conseil d'administration.

• dans le cas des sociétés anonymes de type nouveau :

– jetons de présence spéciaux alloués aux membres du **directoire** ;

– jetons de présence ordinaires alloués aux membres du **conseil de surveillance** ès qualités.

Précisions **Avant le 1er janvier 2018**, la retenue à la source était applicable au taux de 30 % ; les personnes physiques domiciliées dans un État membre de l'Union européenne, ou dans un autre État partie à l'accord sur l'Espace économique européen ayant conclu avec la France une convention d'assistance administrative en vue de lutter contre la fraude et l'évasion fiscales (Islande, Liechtenstein et Norvège), pouvaient, pour les revenus perçus depuis le 1er janvier 2016, bénéficier du **remboursement de l'excédent** par rapport à l'impôt sur le revenu (CGI art. 187, 1 dans sa rédaction issue de l'article 83 de la loi n° 2015-1786 du 29 décembre 2015 de finances rectificative pour 2015, destiné à supprimer une restriction contraire au droit de l'Union européenne). Cette procédure a été supprimée par l'article 28 de la loi n° 2017-1837 du 30 décembre 2017 de finances pour 2018 qui a uniformisé le prélèvement à 12,8 % (personnes physiques).

Rémunérations des gérants majoritaires de SARL

43560 En droit interne français, ces rémunérations ne sont pas traitées comme des salaires mais elles sont soumises au régime spécial de **l'article 62 du CGI** (lorsqu'elles sont versées à des non-résidents, elles ne sont d'ailleurs pas soumises à la retenue à la source de l'article 182 A pour cette raison ; en ce sens CAA Versailles 9 décembre 2008 n° 07-2867, 3e ch., De Clercq : RJF 10/09 n° 810, arrêt définitif). La question se pose, dès lors, de savoir dans quelle catégorie conventionnelle elles peuvent entrer lorsque, par exemple, un résident de France est gérant d'une SARL résidente d'un autre pays.

Cette question est éclairée par une décision ancienne du Conseil d'État dans le cadre franco-allemand avant les modifications apportées à la convention fiscale par un avenant de 1989. Il a été jugé que les rémunérations perçues par un résident de France en tant que gérant majoritaire d'une SARL allemande ne pouvaient être regardées ni comme « provenant d'un **travail dépendant** » au sens de l'article 13 de la convention, ni comme des « revenus provenant de l'exercice d'une profession libérale et revenus du travail autres que ceux visés aux articles 13 et 14 » régis par l'article 12 § 1 de la convention et qu'elles entraient dans la catégorie des **« revenus non mentionnés »** visée à l'article 18 de la convention ; par suite, elles n'étaient imposables qu'en France, comme État du domicile fiscal du bénéficiaire (CE 25 novembre 1968 n° 71227 : Dupont, 1968, p. 59)

Cette manière de voir a ensuite été reprise par CAA Paris 9 décembre 1993 n° 93-455, 3e ch., Roebel : RJF 2/94 n° 177 (arrêt définitif, voir précisions ci-dessous) et par CAA Paris 7 novembre 1995 n° 94-1287, 2e ch., Zinn : Droit fiscal 1996, n° 13, comm. 422 (arrêt définitif), ainsi que par TA Paris 15 octobre 1998 n° 94-7967, 1e sect., 2e ch., Leroy : RJF 6/99 n° 760, à propos de l'ancienne convention fiscale franco-américaine (jugement définitif).

L'application de ces principes est évidemment susceptible de conduire à des **situations déséquilibrées**, si l'autre pays ne partage pas l'opinion du Conseil d'État, c'est-à-dire s'il applique les règles relatives au travail dépendant, ce qui est le cas de l'Allemagne : double exonération des résidents allemands qui gèrent des SARL en France et double imposition des résidents de France qui gèrent des SARL allemandes.

C'est pourquoi, dans le cadre **franco-allemand**, une disposition a été introduite à l'article 13 de la convention par un avenant du 28 septembre 1989, pour préciser que l'expression « travail dépendant » inclut notamment les **fonctions de direction ou de gérance** exercées dans une société soumise à l'impôt sur les sociétés. Il n'y a donc plus de difficultés ; les gérants majoritaires de SARL sont, comme il est naturel, imposés là où leur activité est exercée. Une stipulation voisine se retrouve dans la convention franco-slovène du 7 avril 2004, au point 6 du protocole annexé.

De son côté, la convention fiscale **franco-britannique** du 19 juin 2008 stipule que, pour l'application des dispositions relatives aux « revenus d'emploi », l'expression « emploi salarié » inclut notamment les fonctions de gérance ou de direction (autres que les fonctions de membre du conseil d'administration ou de surveillance visées à l'article relatif aux tantièmes), exercées dans une société soumise à l'impôt français sur les sociétés (art. 15 § 4 de la convention).

Précisions Dans l'affaire Roebel, précitée, le ministre avait formé un pourvoi en cassation fondé sur la **dépendance** du gérant majoritaire à l'égard de la SARL quant à sa rétribution, la distinction à faire entre les revenus du gérant majoritaire et le bénéfice de la SARL, la circonstance que les **modalités spécifiques d'imposition** personnelle de la rémunération du gérant majoritaire seraient sans incidence sur leur nature salariale et le fait que la solution retenue en appel aboutissait, pour les résidents allemands à une exonération de droit en France et de fait en Allemagne des rémunérations versées par une SARL française, l'avenant de 1989 ne s'étant prétendument borné qu'à clarifier le droit conventionnel antérieur. Mais ces moyens n'ont pas permis l'admission en cassation (CE CAPC 22 février 1995 n° 155977, min. c/ Roebel : RJF 5/95 n° 646).

Une précision comme celle incluse dans les conventions fiscales conclues avec l'Allemagne **43565**
et le Royaume-Uni (n° 43560) n'est toutefois que **rarement apportée**, alors même que l'administration a tendance à généraliser la solution comme si la précision était toujours fournie ; par exemple, à propos de la convention fiscale avec le **Botswana** du 15 avril 1999, la doctrine administrative rappelle le principe de l'imposition des rémunérations versées aux administrateurs de sociétés (article 16 de cette convention) en soulignant que la convention précise qu'afin de prévenir toute divergence ou difficulté d'application, elle confirme que les revenus perçus par les administrateurs ou les membres de conseil de surveillance au titre d'une activité salariée suivent le régime de l'article correspondant de la convention fiscale, c'est-à-dire l'article 15 relatif aux professions dépendantes. Elle ajoute que le fait que le droit d'imposer ces rémunérations ne relève pas d'un article spécifique de la convention n'entraîne pas de conséquence au regard des modalités d'imposition ultérieures de ces sommes au regard du droit interne français. Les rémunérations dont l'imposition revient à la France peuvent être imposées dans les conditions prévues par **l'article 62 du CGI** si elles relèvent de ces dispositions (BOI-INT-CVB-BWA-20 n° 430).

On doit donc probablement en conclure que l'administration considère que les rémunérations des gérants majoritaires de SARL sont imposables dans le pays d'exercice de l'activité de direction et qu'elle n'envisage pas le fait qu'il s'agisse d'autres revenus imposables dans l'État de résidence de leur bénéficiaire.

D. Enseignants et chercheurs

Il existe parfois des **accords particuliers** relatifs aux personnes qui exercent des activités **43590**
d'enseignement ou de recherche (accord de coopération, accord culturel, etc.). Lorsque tel est le cas, il faut bien sûr appliquer l'accord particulier. En l'absence d'accords particuliers, les conventions fiscales sont normalement applicables ; elles prévoient assez souvent un régime favorable, quoique le modèle de convention fiscale établi par l'OCDE ne propose aucune règle spécifique pour ces personnes (la convention franco-luxembourgeoise du 20 mars 2018, par exemple, ne pose aucun principe dérogatoire en ce qui concerne les enseignants et chercheurs).

Précisions L'absence de modèle explique sans doute les différences de rédaction assez sensibles dans les différentes conventions qui ont toutes pour objet d'exonérer temporairement les enseignants et chercheurs dans l'État où ils exercent leur activité.

Exonération pour deux ou trois ans

Certaines conventions fiscales prévoient une exonération temporaire quelle que soit la **43595**
durée réelle du séjour dans l'État d'activité (même si celui-ci dépasse la durée de l'exonération) : deux ans d'exonération dans les relations franco-américaines, ou franco-espagnoles, par exemple ; trois ans d'exonération avec la Chine. En principe, pour être éligibles, les travaux de recherche doivent exclusivement être exercés **dans l'intérêt public** (par exemple, la convention franco-chinoise du 26 novembre 2013 précise que les dispositions générales s'appliquent lorsque la recherche n'est pas entreprise dans l'intérêt général mais principalement au bénéfice privé d'une ou de plusieurs personnes déterminées).

Il en résulte, généralement, une double exonération car l'autre État (État d'origine de l'enseignant ou du chercheur) n'impose pas, sauf le cas des missions temporaires. Tel n'est pas le cas, cependant, s'il s'agit d'un agent public rémunéré par l'État d'envoi (par exemple, un enseignant français exerçant son activité à l'étranger dans l'un des pays concernés tout en étant rémunéré par l'État français), ce qui conduit à des situations inégales selon que les agents sont publics ou privés. Après l'expiration de la période d'exonération, il convient de se référer aux autres dispositions de la convention fiscale.

Exonération si le séjour n'excède pas deux ans

43600 Tel est le cas, par exemple, dans les conventions fiscales conclues avec la Belgique et l'Autriche (conventions qui ne visent pas les chercheurs). Dans ce cas, il doit normalement y avoir une imposition rétroactive dans l'État d'exercice de l'activité si le séjour dépasse les deux ans (sauf le cas des fonctions publiques imposables dans l'État d'envoi). Dans l'État d'envoi, la situation est appréciée en fonction des stipulations conventionnelles habituelles (fonctions publiques ou privées).

À propos de la convention **franco-britannique** du 19 juin 2008, l'administration a précisé que les enseignants et chercheurs qui séjournent pour une période maximale de deux ans dans un État afin d'exercer des activités d'enseignement ou de recherche dans une université, un collège, une école ou une autre institution d'enseignement officiellement reconnue situé dans cet État et qui sont, ou qui étaient immédiatement avant ce séjour, résidents de l'autre État sont en principe imposables exclusivement **dans l'État dont ils étaient antérieurement résidents** sur les rémunérations provenant de cet enseignement ou de ces travaux de recherche et à raison desquelles ils ne sont pas exonérés d'impôt dans cet État. Ils ne sont donc pas imposables sur ces sommes dans l'État dans lequel ils séjournent (BOI-INT-CVB-GBR-10-20 n°s 350 s.).

Si ces rémunérations sont **exonérées d'impôt** dans l'État dont ils étaient antérieurement résidents, elles sont imposables dans l'État où séjourne leur bénéficiaire, qui est éventuellement en droit de les imposer, en vertu, selon le cas, de l'article 15 ou de l'article 19 de la convention.

En cas de **séjour de plus de deux ans**, les rémunérations correspondant aux deux premières années peuvent être imposées de façon rétroactive dans l'État du séjour, à moins qu'elles ne soient imposables dans l'État de la source en application de l'article 19 de la convention.

Précisions Le décompte de la période de deux ans se fait **de quantième à quantième**. Ainsi, dans le cas d'une activité d'enseignement débutée le 1er septembre de l'année N, le délai de deux ans court jusqu'au 31 août N + 2 (BOI-INT-CVB-GBR-10-20 n° 360, à propos de la convention fiscale franco-britannique).

E. Étudiants et stagiaires

43610 Le modèle de convention fiscale de l'OCDE, s'il ne s'intéresse pas spécialement aux enseignants et chercheurs, s'intéresse en revanche aux étudiants ; il contient, en effet, un article 20, qui pose le **principe de l'exonération** des sommes que reçoit un étudiant ou un stagiaire pour couvrir ses frais d'entretien, d'étude ou de formation, à condition qu'elles proviennent de sources situées en dehors du territoire où il séjourne. L'exonération ne concerne cependant que les personnes qui sont ou qui étaient immédiatement un résident de l'un des États contractants avant de se rendre dans l'autre État et qui y séjournent à seule fin d'y poursuivre leurs études ou leur formation.

Certaines conventions fiscales françaises étendent l'exonération aux compléments de ressources correspondant à des services rendus dans l'État du séjour. Mais il doit, en principe, s'agir de compléments de ressources destinés à couvrir les frais d'études, ce qui signifie qu'ils doivent rester proportionnés à cet objet.

À propos de la convention franco-britannique du 19 juin 2008, l'administration précise que les **salaires** et les **bourses** perçus par un étudiant ou un stagiaire qui ont leur source dans l'État où il poursuit ses études ou sa formation sont imposables dans l'État où il poursuit ses études ou sa formation, respectivement sur le fondement des stipulations de l'article 15 (professions dépendantes) ou de l'article 23 (autres revenus) de la convention, à condition, dans ce dernier cas, que l'étudiant ou le stagiaire soit un résident de cet État. Les rémunérations qui sont perçues par un étudiant britannique au titre d'activités salariées exercées sur le territoire français pour couvrir une partie de ses dépenses sont ainsi imposables en France dans les conditions de droit commun (BOI-INT-CVB-GBR-10-20 n° 400).

F. Personnels navigants des entreprises de navigation maritime ou aérienne internationale

Modèle OCDE

Dans sa rédaction issue de la révision de 2017, l'article 15 § 3 du modèle de convention fiscale de l'OCDE prévoit que les rémunérations reçues par un résident d'un État au titre d'un emploi salarié, en tant que membre de l'équipage régulier d'un navire ou aéronef, exercé à bord d'un navire ou d'un aéronef exploité en trafic international, à l'exception d'un emploi exercé à bord d'un navire ou d'un aéronef exploité uniquement dans l'autre État, ne sont imposables que dans **l'État de résidence du salarié** (dans la version actuelle du modèle, les références antérieures au siège de direction effective de l'entreprise et aux bateaux servant à la navigation intérieure ont été supprimées par cohérence avec les autres modifications introduites dans la convention-modèle). Il en va ainsi même si le salarié est employé par une entreprise d'un État tiers (n° 19305). **43630**

Ce principe, qui donne à l'État de résidence du salarié le droit exclusif d'imposer, s'écarte de celui qui était retenu antérieurement, qui donnait le droit d'imposer à l'État du **siège de direction effective** de l'entreprise de navigation maritime ou aérienne internationales (les conventions fiscales conclues par la France reprennent, bien entendu, cette version antérieure du modèle). Selon ce qu'indiquent les commentaires de l'OCDE, cette modification vise « à établir une règle plus claire et administrativement plus simple concernant l'imposition des rémunérations de ces équipages » (Commentaires OCDE (15) n° 9).

Pratique française

Contrairement à ce que prévoit aujourd'hui le modèle de convention fiscale de l'OCDE (n° 43630), le principe de l'imposition au siège de l'entreprise est généralement posé par les conventions fiscales conclues par la France ; lorsque tel est le cas, les rémunérations que les entreprises de navigation internationale dont le **siège de direction effective** est situé en France versent aux personnels navigants fiscalement résidents des autres États concernés sont imposables en France. D'une manière générale, ces personnes sont imposables par voie de rôle, car la retenue à la source de l'article 182 A du CGI n'est applicable que si l'activité est exercée en France (n° 3200). Les personnes concernées doivent donc souscrire une **déclaration** au service des impôts des particuliers non résidents. Cela dit, certaines conventions fiscales précisent que l'activité est réputée exercée en France ; dans ce cas, la retenue à la source de l'article 182 A du CGI devrait s'appliquer. Sur l'incidence du prélèvement à la source de l'impôt sur le revenu, voir n° 3630. **43635**

Ces dispositions doivent être interprétées **de façon stricte** ; elles ne concernent que les membres de l'équipage et ne s'étendent pas aux personnels au sol ou aux directeurs d'escale, sauf texte conventionnel différent. En outre, elles ne sont pas applicables lorsque le siège de l'entreprise est situé dans un État tiers, non partie à la convention fiscale applicable (CE 27 juillet 2009 n° 301266, 3e et 8e s.-s., Bars : RJF 12/09 n° 1044, à propos d'un résident de France exerçant une activité de pilote d'avions privés en Arabie saoudite pour le compte d'un employeur suisse).

En pratique, comme les conventions fiscales font généralement référence au siège de direction effective, les intéressés peuvent avoir des difficultés à déterminer leur situation exacte car l'appréciation du siège de direction effective dépend de l'analyse de circonstances de fait qui sont hors de leur contrôle ; ainsi, un marin exerçant une activité de **commandant de bord de navires pétroliers** en trafic international a échoué à démontrer qu'il n'était pas imposable en France mais en Nouvelle-Zélande, sur le fondement de l'article 15 de la convention fiscale franco-néo-zélandaise, faute de pouvoir justifier que la société du Vanuatu, qui l'employait, avait son siège de direction effective en Nouvelle-Zélande (CE 16 avril 2012 n° 323592, 10e et 9e s.-s., Paupardin : RJF 7/12 n° 674, aux conclusions Julien Boucher au BDCF 7/12 n° 80 ; voir aussi n° 41485) ; l'intéressé avait sans doute pu penser que la société néo-zélandaise qui lui versait ses salaires, lui donnait ses instructions et avec laquelle il avait seule des relations professionnelles était son **employeur** alors que celle-ci n'agissait qu'en tant que représentant de la société du Vanuatu, qui était son véritable employeur et qui n'était pas effectivement dirigée en Nouvelle-Zélande (l'absence de bonne foi a été confirmée par le Conseil d'État, notamment en raison de ce que les revenus litigieux avaient été perçus sur un compte à Jersey non déclaré).

Précisions **a.** En présence de non-résidents, le texte de droit interne qui fonde l'imposition est, dans ces circonstances, l'article **4 bis** (ou **165 bis**) du CGI (nº 10665 ; par exemple, à propos de la convention fiscale franco-algérienne, BOI-INT-CVB-DZA-40 nº 130).

b. On rencontre également des dispositions de cette nature dans des **accords spéciaux** relatifs à la navigation maritime ou aérienne internationale (notamment lorsqu'il n'y a pas de convention fiscale d'ensemble).

c. Certaines conventions fiscales ne reprennent pas la règle OCDE, et prévoient l'imposition dans l'État dont le salarié est un résident. Il faut donc toujours **se reporter** à la **convention** applicable.

d. Les rémunérations perçues par un résident de France qui sont afférentes à une activité exercée à bord d'un **aéronef exploité en trafic international** ne sont imposables qu'en Allemagne si le siège de direction effective de l'entreprise qui l'emploie se situe en Allemagne ; le salarié bénéficie d'un crédit d'impôt égal au montant de l'impôt français correspondant à ces rémunérations, sous réserve qu'elles soient effectivement imposées en Allemagne (réponse Démoulin, nº 6847 : JOAN 24 juillet 2018, BF 10/18 nº 881).

e. Sous l'empire de la convention franco-luxembourgeoise du 1er avril 1958 alors applicable (article 14 § 3), un résident de France était imposable en France sur les salaires qu'il recevait d'une société luxembourgeoise au titre d'un emploi de **pilote de ligne** pour des transports internationaux (CAA Marseille Ord. 13 octobre 2020 nº 19MA02382, 4e ch., ayant fait l'objet d'un pourvoi non admis par CE (na) 25 juin 2021 nº 447539, 10e ch. : RJF 10/21 nº 964) ; la circonstance que les salaires en cause aient été imposés au Luxembourg était sans incidence (par différence, la convention du 20 mars 2018 prévoit l'imposition dans l'État du siège de direction effective de l'entreprise).

SECTION 3

L'imposition des pensions

43840 En droit interne, la situation est assez claire. Les pensions de source française sont imposables en France lorsqu'elles sont servies à des non-résidents ; elles sont également imposables en France quelle que soit leur source lorsque le bénéficiaire est fiscalement résident de France. Le critère déterminant la « source » des pensions est, pour le droit français, celui du **domicile du débiteur** (nº 2942).

Cette situation est souvent perturbée par les conventions fiscales qui peuvent retirer à l'un des États (source ou résidence) le droit d'imposer ou autoriser l'imposition dans les deux États, mais en prévoyant l'imputation d'un crédit d'impôt.

A. Principes

Modèle OCDE

43850 Le modèle de convention fiscale de l'OCDE (articles 18 et 19) distingue les pensions privées et les pensions publiques :
– les **pensions publiques** (et les rémunérations similaires), c'est-à-dire celles qui sont payées par un État, une subdivision politique de cet État, une collectivité locale, soit directement soit par prélèvement sur des fonds qu'ils ont constitués, à une personne physique au titre de services rendus à cet État ou subdivision, ou collectivité, ne sont imposables que dans cet État ; toutefois, ces pensions ne sont imposables que dans l'autre État (celui de la résidence) si la personne physique est un résident de cet État et en possède la nationalité (article 19 § 2) ;
– les **pensions privées**, c'est-à-dire toutes les autres pensions, et les rémunérations similaires payées à un résident d'un État au titre d'un emploi antérieur ne sont imposables que dans cet État, c'est-à-dire celui de la résidence du bénéficiaire (article 18).

Précisions **a.** Lorsque les pensions sont imposables dans un État, l'imposition est établie conformément au droit interne de cet État, sous réserve des clauses de non-discrimination ou de l'incidence du droit de l'Union européenne. Il a, par exemple, été précisé que les **rentes vieillesse** versées aux personnes ayant cotisé au régime de **l'AVS suisse** doivent, lorsqu'elles sont imposables en France, l'être selon les règles de droit commun des pensions et non pas des rentes viagères à titre onéreux (réponse Grosperrin, n° 00131 : JO Sénat 10 août 2017 p. 2578 ; BF 10/17 n° 885).

b. En ce qui concerne certains **non-résidents européens** qui retirent de France l'essentiel de leurs revenus et qui ne bénéficient pas, dans leur État de résidence, de mécanismes suffisants de nature à minorer leur imposition en fonction de leur situation personnelle et familiale (non-résidents « Schumacker »), voir n° 3097.

c. Les conventions fiscales retiennent parfois comme critère discriminant celui de **la « provenance » des pensions**, sans précision ; par exemple, l'article 18 de la convention franco-canadienne du 2 mai 1975 modifiée stipule que « les pensions et autres allocations similaires, périodiques ou non, provenant d'un État contractant et versées au titre d'un emploi antérieur à un résident de l'autre État contractant ne sont imposables que dans l'État contractant d'où elles proviennent ». Ce terme est malheureusement insuffisamment précis car l'expression « pensions provenant d'un État » peut s'interpréter comme « désignant soit une **pension payée par un fonds** établi dans cet État, soit une pension **découlant d'un travail accompli** dans cet État » (Commentaires OCDE, C (18) n° 19).

d. Sur l'incidence du **prélèvement à la source** de l'impôt sur le revenu, voir n°s 3630 et 43940, Précisions b.

e. La contribution exceptionnelle de solidarité prélevée au Portugal sur des pensions de retraite versées à un résident de France de 2014 à 2016 afin de réduire le déficit de la sécurité sociale portugaise doit être regardée comme un **prélèvement obligatoire non déductible** de l'assiette imposable française et non comme un mécanisme temporaire de baisse des pensions ni une cotisation de sécurité sociale déductible sur le fondement de l'article 83 du CGI (CAA Versailles 8 février 2022 n° 20VE00585, 1e ch., faisant l'objet d'un pourvoi enregistré sous le n° 463018 ; voir également n° 10162, Précisions g).

Pensions privées

Les commentaires de l'OCDE indiquent que sont visées non seulement les pensions payées directement à d'**anciens salariés** mais aussi à d'**autres bénéficiaires** (par exemple les conjoints survivants, les partenaires ou les enfants des salariés), les autres rémunérations similaires telles que les **rentes viagères** versées au titre d'emplois antérieurs ainsi que les pensions au titre de services rendus à un État (ou une de ses subdivisions politiques ou collectivité locale) si elles ne sont pas couvertes par les dispositions relatives aux fonctions publiques (art. 19 § 2). Seuls sont toutefois concernés les versements liés à un **emploi antérieur** ; la stipulation proposée ne s'applique pas, par exemple, à une **rente viagère** que le bénéficiaire aurait constituée directement grâce à un capital accumulé en dehors de tout régime de retraite lié à un emploi (Commentaires OCDE, C (18) n° 3). **43855**

Les commentaires du comité des affaires fiscales de l'OCDE ont été révisés en juillet 2005 pour analyser les questions pratiques soulevées par les pays membres, notamment à propos de l'imposition des sommes **sans caractère périodique**, ainsi que les questions transfrontalières ; il n'en ressort pas de proposition nette, l'examen de l'ensemble des faits et circonstances permettant seul de décider notamment si une somme relève de l'article 15 ou de l'article 18 lorsqu'elle est versée **après la cessation** d'un emploi (Commentaires OCDE, C (18) n°s 4 à 6). L'OCDE y synthétise également les différents points de vue des États membres à propos des questions transfrontalières et propose des variantes au modèle de convention fiscale pour en tenir compte.

Précisions **a.** L'OCDE ne propose pas de solution différente en ce qui concerne les pensions payées en application des systèmes de **sécurité sociale**, et se borne à renvoyer les États qui le souhaitent à des négociations bilatérales.

b. Les commentaires de l'OCDE ne contiennent pas de recommandations particulières sur l'imposition des sommes payées en cas de cessation d'emploi (**allocations de chômage**, chômage partiel, salariés en **dispense d'activité**, **préretraite**, etc.) ; selon les cas, et selon les pays, on peut hésiter entre la qualification de revenu d'emploi (article 15), de pension (article 18) ou bien encore de revenu « non dénommé » (article 21). Ce genre de difficultés ne peut être résolu que par voie d'accord amiable entre les États (n°s 84000 s.).
Dans le cadre franco-allemand, l'administration considère que les revenus de source allemande versés au titre des indemnités de **chômage partiel** (Kurzarbeitergeld) et perçus par un résident de France ne sont imposables qu'en France, sur le fondement de l'article 13 § 8 de la convention fiscale du 21 juillet 1959 modifiée, qui stipule que « les pensions, les rentes (y compris les sommes versées au titre des assurances sociales légales) et les autres rémunérations similaires ne sont imposables que dans l'État dont le bénéficiaire est un résident » (réponse Guillotin, n° 17852 : JO Sénat 31 mars 2022, p. 1744) ; cette réponse ajoute que ces indemnités sont déterminées selon un mode de calcul prenant en compte la **déduction d'un impôt allemand fictif** et que ce mode de détermination est contraire au principe de libre circulation des travailleurs (dans le même sens, réponse Masson n° 22472 : JO Sénat 5 mai 2022 p. 2530 et réponse à la question orale Muller-Bronn n° 1479S : JO Sénat 10 mars 2021 p. 1549, ajoutant que la manière

dont l'Allemagne calcule ces indemnités, en prenant en compte la déduction d'un impôt allemand fictif au motif qu'il s'agit, selon son analyse, d'une prestation sociale entrant dans le champ de l'impôt sur les salaires, est contraire au principe de libre circulation des travailleurs).

c. Il a été jugé que **des rentes viagères à titre onéreux** versées à un contribuable résident des États-Unis étaient exclusivement imposables aux États-Unis en application de l'article 22 de la convention fiscale franco-américaine du 31 août 1994, relatif aux revenus non dénommés (CAA Bordeaux 12 juillet 2018 n° 16BX00730 : RJF 12/18 n° 1272 ; arrêt définitif) ; une rente viagère à titre onéreux n'est pas, notamment, une somme reçue en contrepartie d'un travail ni une pension de retraite ni un revenu de créance.

Pensions publiques

43860 Le régime proposé reprend le dispositif prévu pour les rémunérations publiques, ce qui est évidemment cohérent. En particulier, il ne s'applique pas aux nationaux, ni aux sommes payées au titre des services rendus dans le cadre d'une activité d'entreprise exercée par un État contractant, ou l'une de ses subdivisions politiques ou collectivités locales (article 19 § 3). Il s'inspire naturellement des règles habituelles de courtoisie internationale et du vieux principe selon lequel « le roi n'impose pas le roi » (n° 41403, Précisions ; ce principe n'empêche cependant pas que des États étrangers puissent être imposés au titre d'opérations de caractère lucratif réalisées en France ; n° 67260).

Le régime fiscal proposé par l'OCDE et repris dans la grande majorité des conventions fiscales est celui de **l'imposition exclusive dans l'État qui paye les rémunérations**. L'autre pays, celui de la résidence du bénéficiaire, exonère sous réserve, en général, de l'application du taux effectif. La formulation de l'OCDE ne contient pas de référence à l'exercice de fonctions de caractère public, et ne fait référence qu'à des services rendus à l'État, une collectivité locale ou une subdivision politique.

Lors de la révision de juillet 2005, le modèle de convention fiscale de l'OCDE a été légèrement retouché pour viser non seulement les pensions mais aussi les « **autres rémunérations similaires** », afin de clarifier le fait que l'article 19 ne s'applique pas qu'aux versements périodiques mais couvre aussi les **versements forfaitaires** au lieu et place de versements périodiques (Commentaires OCDE C (19) n° 5.1). Des commentaires nouveaux ont également été ajoutés sur les situations créées par le versement de pensions au titre d'une **combinaison de services privés et publics**.

B. Pratique française

Fidélité au modèle de l'OCDE

43880 Les conventions fiscales conclues par la France suivent en général le modèle de convention fiscale de l'OCDE, avec des variantes plus ou moins importantes selon les intérêts en jeu. Par exemple, il a été précisé, dans le cadre franco-belge, que « la règle générale, pour l'imposition des pensions, est fixée par l'article 12 de la convention fiscale entre la France et la Belgique signée le 10 mars 1964, qui attribue un droit de taxer exclusif à l'État de **résidence du bénéficiaire**. Cette règle se justifie par le fait qu'il entretient avec ce dernier, sur la période spécifiquement concernée, les relations les plus étroites et bénéficie de l'ensemble de ses services publics. Elle est conforme aux principes établis par le modèle de convention fiscale concernant le revenu et la fortune de l'organisation de coopération et de développement économiques (OCDE) et aux recommandations de la Commission européenne. Il n'est donc pas envisagé de modifier ces modalités de répartition de l'imposition des pensions » (réponse Cordery, n° 35125, JOAN 1er juillet 2014 p. 5605, faisant ensuite état d'une exception pour les pensions publiques).

De même, la France a préféré laisser le **Danemark** dénoncer la convention fiscale franco-danoise du 8 février 1957 plutôt que de donner conventionnellement au Danemark le droit d'imposer toutes les pensions de retraite versées aux résidents de France de nationalité danoise (par exemple, ancienne réponse Garriand-Maylam, JO Sénat 12 février 2009 p. 375 : BF 4/09 n° 368) ; les pensions sont donc imposables dans les deux États, sans crédit d'impôt (BOI-INT-CVB-DNK nos 160 s., indiquant tout de même que les autorités danoises ont prévu un régime d'exonération au Danemark de certaines pensions versées à des résidents de France).

Il a, enfin, été précisé que, « en ce qui concerne les **pensions publiques** versées à ses nationaux, la France reprend généralement dans ses conventions fiscales le principe général d'imposition à la source prévu à l'article 19 (« fonctions publiques ») du [modèle de l'OCDE] et s'attache à l'étendre si possible aux agents publics qui disposent de la double nationalité » (réponse El Guerrab, n° 1345 : JOAN 27 février 2018 p. 1670).

Précisions **a.** Confirmant les principes, l'administration avait indiqué que : « Lors des négociations tendant à la révision de cette convention [**franco-suédoise** du 24 décembre 1936], les autorités suédoises ont demandé l'imposition des pensions de toute nature dans l'État de la source. La France **s'oppose fermement** à cette demande pour les **pensions privées**. En revanche, il n'est pas possible de refuser cette solution pour les pensions des anciens fonctionnaires, dès lors que l'imposition de ces dernières est attribuée sans conteste à l'État de la source par la convention modèle de 1977 élaborée par l'ensemble des pays de l'OCDE et que cette solution est effectivement appliquée par la France dans ses conventions avec les pays autres que la Suède » (ancienne réponse Daugreilh, JOAN, 6 mars 1989).

b. La notice administrative n° 2041-E, relative à l'imposition des non-résidents, indique que, d'une manière générale, les **rentes viagères** suivent le même régime que les pensions privées.

Pensions de sécurité sociale

La doctrine administrative fournit certaines précisions sur les pensions de sécurité sociale qui sont imposables dans l'État de la source sur le fondement de certaines stipulations des conventions fiscales (BOI-INT-DG-20-20-50 n°s 40 s.). **43885**

Les conventions qui comportent des **dispositions spécifiques** en ce sens sont celles qui visent les pensions et autres sommes versées en application de la législation sur la sécurité sociale, les sommes versées au titre des assurances sociales légales, les pensions et autres versements effectués par un État ou l'une de ses collectivités locales conformément à un régime de sécurité sociale, les pensions et autres versements effectués en application d'un régime qui fait partie du système de sécurité sociale d'un État ou de l'une de ses collectivités locales, les pensions de sécurité sociale versées par un organisme de sécurité sociale et les prestations servies dans le cadre d'un régime obligatoire de sécurité sociale (naturellement, ces rédactions sont alternatives).

Ces conventions permettent à la France d'imposer les pensions qui relèvent notamment :
- d'un **régime de sécurité sociale** dont le caractère obligatoire résulte de la loi (régime général de sécurité sociale, régime des assurances sociales agricoles, différents régimes spéciaux) ;
- d'un **régime de retraite complémentaire** obligatoire prévu par la législation sur la sécurité sociale et notamment les régimes des cadres placés sous le contrôle de l'association générale des institutions de retraite des cadres (Agirc), les régimes des salariés non cadres regroupés au sein de l'association des régimes de retraite complémentaires (Arrco) et le régime des professions non salariées ;
- de **l'assurance volontaire vieillesse et invalidité** instituée par la loi n° 65-555 du 10 juillet 1965 accordant aux Français exerçant ou ayant exercé à l'étranger une activité professionnelle salariée ou non salariée, la faculté d'accession au régime de l'assurance volontaire vieillesse et codifiée sous les articles L 742-1 et suivants du Code de la sécurité sociale ;
- des régimes de **retraites supplémentaires** conclus dans le cadre de l'entreprise ou de la branche professionnelle, auxquels le salarié est tenu d'adhérer.

La notice n° 2041-E, relative à l'imposition des non-résidents, précise que tous les régimes obligatoires sont considérés comme « de sécurité sociale ».

Précisions **a.** L'administration indique que, compte tenu de la **diversité des situations** et de l'évolution législative constante sur le sujet, il peut être utile de consulter le site www.retraites.gouv.fr et le site www.info-retraite.fr pour connaître le régime de sécurité sociale et de retraite complémentaire dont le caractère obligatoire résulte de la loi. Pour toute difficulté, il convient de saisir le bureau E1 de la Direction de la législation fiscale de la Direction générale des finances publiques, Télédoc 503, 139, rue de Bercy, 75572 Paris cedex 12 (BOI-INT-DG-20-20-50 n° 50).

b. Sur la définition des pensions de sécurité sociale **dans le cadre franco-italien**, voir BOI-INT-CVB-ITA-10-20 n° 920 et BOI-ANNX-000341 fournissant la liste des régimes de retraites reconnus à des fins fiscales entre les deux pays en application d'un échange de lettres du 20 décembre 2000. Dans le cadre **franco-américain**, voir réponse Renaud-Garabedian, n° 25216 : JO Sénat 19 mai 2022 p. 2704, indiquant que la convention fiscale du 31 août 1994 donne à la France le droit exclusif d'imposer les pensions de sécurité sociale versées à un résident des États-Unis et que l'administration américaine partage cette analyse en ce qui concerne les impôts sur le revenu entrant dans le champ de la convention, c'est-à-dire les impôts fédéraux.

c. Sur la notion de prestations **versées au titre d'assurances sociales légales**, voir n° 43980, Précision b.

d. Les pensions versées par la caisse de retraite pour la France et l'extérieur (CRE), par l'institution de retraite des cadres et assimilés de France et de l'extérieur (Ircafex) et par le régime de retraite complémentaire géré par le groupe PRO-BTP ont la nature de pensions payées en application de la **législation française de sécurité sociale** pour l'application de l'article 14 de la convention du 19 juillet 1989 entre la France et les Émirats arabes unis ; il en va également ainsi de la fraction de la pension de retraite complémentaire versée en contrepartie d'une **période d'adhésion volontaire** (CE 27 juin 2016 n° 388606, 10e et 9e ch. : RJF 10/16 n° 872) ; même si ces régimes ont une nature conventionnelle, ils sont en effet régis par le Code de la sécurité sociale.

Justifications

43890 Pour obtenir l'application des avantages conventionnels, les retraités doivent, conformément aux principes habituels, justifier de leur qualité de « résident » et/ou de « ressortissant » :
– la qualité de **« résident »** peut être prouvée par tout moyen probant tel que, par exemple, une attestation certifiée par l'administration fiscale du pays de résidence ;
– la qualité de **« ressortissant »** peut être établie par une copie conforme d'un acte de naissance ou d'un certificat de naturalisation.

Élimination de la double imposition

43895 La pratique française consiste traditionnellement à retenir le **taux effectif** (nos 83410 s.).

Dans le cadre des conventions fiscales modernes, l'élimination des doubles impositions est assurée par la méthode du « faux » **crédit d'impôt**, égal à l'impôt français (n° 83760), qui aboutit, en réalité, à une exonération.

Un contribuable qui fait l'objet d'une imposition sur une pension de retraite dans un État étranger peut déposer une **réclamation** en France s'il peut établir que les cotisations d'impôt sur le revenu font double emploi et s'il s'avère qu'il avait soumis à tort la pension à l'impôt français. Il a été jugé qu'une telle réclamation n'est pas tardive lorsqu'elle est introduite avant le 31 décembre de l'année suivant celle où le contribuable a été informé par l'avis d'imposition de l'impôt prélevé par l'État de source faisant **double emploi** (TA Nîmes 4 décembre 2014 n° 1202715, 3e ch. : RJF 5/15 n° 432, jugement définitif). Dans cette affaire, un contribuable avait reçu, en août 2012, un avis d'imposition émis par l'administration allemande et portant sur des revenus des années 2005 à 2010 au titre d'une retraite acquise en Allemagne ; l'intéressé a été regardé comme ayant eu connaissance certaine à la date de réception de cet avis de ce que les cotisations d'impôt sur le revenu auxquelles il avait été assujetti en France faisaient, avec celles établies en Allemagne, double emploi au sens du c du second alinéa de l'article R 196-1 du LPF : il pouvait donc présenter une réclamation jusqu'au 31 décembre 2013 y compris pour les années 2005 à 2008. Voir également n° 83040.

Précisions **a.** Si la convention **franco-italienne** du 5 octobre 1989 réserve à l'Italie le droit d'imposer une pension de retraite versée par l'État italien à un ressortissant italien résidant en France, elle n'exclut pas que, pour le calcul de l'impôt sur le revenu dont l'intéressé est, par ailleurs, redevable en France, sa capacité contributive soit déterminée au regard de la totalité des revenus qu'il perçoit, quelle que soit leur origine nationale ou étrangère (CE 24 mai 2006 n° 280942, 3e et 8e s.-s., min. c/ Martinelli : RJF 8-9/06 n° 1080 aux conclusions Emmanuel Glaser au BDCF 8-9/06 n° 108) ; la **pension versée par l'État italien** à un résident de France doit être prise en compte dans le revenu imposable du contribuable, qui bénéficie cependant d'un crédit d'impôt égal au montant de l'impôt français correspondant à ce revenu.

b. Dans le même sens, si les dispositions de l'article 14 de la convention **franco-allemande** du 21 juillet 1959 réservent à l'Allemagne la possibilité d'imposer les **pensions publiques de retraite** perçues par des ressortissants allemands résidant en France sans avoir la double nationalité, les dispositions de l'article 20 de la même convention précisent que ces pensions doivent être incluses dans les revenus imposables en France, la double imposition étant évitée par l'octroi d'un crédit d'impôt égal au montant de l'impôt français correspondant (CAA Lyon 26 janvier 2006 n° 01-243, 5e ch., Laurent : RJF 6/06 n° 757 ; arrêt définitif).

Cas où toutes les pensions sont imposables à la résidence

Il en va ainsi, par exemple, dans les conventions fiscales signées avec divers **pays d'Afrique**. Ces situations sont **atypiques**, dès lors qu'en principe les pensions publiques sont imposables (ou exclusivement imposables) dans l'État de leur source. Dans ces situations, les pensions et rentes viagères de source française versées à des non-résidents sont exonérées d'impôt en France et sont imposables dans l'autre État ou territoire concerné conformément à sa législation interne. Celles qui proviennent de ces États et qui reviennent à des résidents de France sont imposables en France dans les conditions prévues par la législation française. 43940

Précisions a. Sous l'empire de l'ancienne convention fiscale **franco-britannique**, il a été jugé que des pensions de retraite de source française versées à un résident du Royaume-Uni n'étaient pas imposables en France alors même qu'il ne paraissait pas établi qu'elles l'aient été au Royaume-Uni (CAA Lyon 20 octobre 2011 n° 10LY01157, 5e ch., Bouton : RJF 2/12 n° 160 ; arrêt définitif) ; la solution serait différente aujourd'hui étant donné la clause « anti-remittance basis » incluse dans la convention fiscale (n° 41308).

b. Il a été précisé que, dans le cadre **franco-sénégalais**, les pensions et rentes viagères ne sont imposables que dans l'État où le bénéficiaire a son domicile fiscal et que l'introduction du **prélèvement à la source de l'impôt sur le revenu** ne conduira pas à remettre en cause l'application des stipulations des accords internationaux conclus par la France (réponse Duvernois n° 22225 : JO Sénat 9 mars 2017 p. 1016).

c. Les retraités de la **fonction publique** française durablement installés au **Portugal** et disposant de la double nationalité sont exclusivement imposables au Portugal sur leurs pensions de source française perçues depuis le 1er janvier 2013, en conséquence de l'avenant du 25 août 2016 modifiant la convention fiscale franco-portugaise du 14 janvier 1971 (cette stipulation a eu un caractère **rétroactif**, amenant la France à procéder aux dégrèvements consécutifs à sa perte du droit d'imposer afin d'éviter la double imposition) ; comme les intéressés ont pu faire l'objet de rectifications au Portugal, la France a demandé aux autorités portugaises de faire preuve de clémence (réponse Cazebonne n° 2039 : JOAN 2 janvier 2018 p. 66, rappelant sur ce point la souveraineté fiscale du Portugal).

Cas où toutes les pensions sont imposables à la source

Il existe assez peu de conventions fiscales de ce type. Lorsque le bénéficiaire est résident de l'un des pays concernés et qu'il perçoit une pension de source française, celle-ci est toujours imposable en France par voie de retenue à la source, avec régularisation en cas de pluralité de débiteurs ou pour la fraction qui est soumise à la retenue à la source au taux de 20 % (CGI art. 182 A ; nos 3200 s.). Selon les cas, l'État de la résidence exonère les pensions ou les impose, mais en accordant un crédit d'impôt. Lorsque le bénéficiaire est résident de France, la pension est symétriquement imposable dans l'État de la source ; elle est en général exonérée en France, mais doit être prise en compte pour le calcul du taux effectif ou du crédit d'impôt égal à l'impôt français (nos 83410 s. et 83760 s. et 83410). 43960

Parmi les conventions fiscales de cette nature, on relève la **convention franco-américaine** ; l'avenant du 8 décembre 2004 à la convention du 31 août 2004 entre les deux pays a, en effet, réécrit l'article relatif aux pensions, qui prévoit depuis lors un principe d'imposition exclusive dans l'État de la **source** de l'ensemble des **pensions privées** et **publiques**. La convention vise en particulier les pensions versées en application de la législation sur la **sécurité sociale** au sens large ainsi que toute législation similaire des États-Unis (le sens de cette notion est indiqué par renvoi à différents articles du code américain). L'avenant du 13 janvier 2009 à la convention fiscale franco-américaine a corrigé l'article 18 en ajoutant les citoyens américains parmi les bénéficiaires de pensions exclusivement imposables dans l'État de résidence du débiteur. Il a été précisé que le traitement unique applicable aux pensions dans le cadre **franco-américain** s'applique aux régimes de base légalement obligatoires, aux régimes complémentaires légalement obligatoires et aux dispositifs d'épargne retraite collective ou individuelle bénéficiant d'une incitation fiscale ; ces derniers incluent les régimes de retraite supplémentaire des salariés (régimes dit « article 83 », régimes dit « retraite chapeau » ou « article 39 » et Perco) et les régimes facultatifs destinés aux non-salariés (« Madelin » ou « Madelin agricole »), aux fonctionnaires (contrats Prefon, CRH, Corem) ou à l'ensemble de la population, tels que le Perp (réponse Lefebvre, n° 51383 : JOAN 4 avril 2017 ; BF 6/17 n° 657). Il a également été précisé, notamment à propos des plans Roth IRA et Roth 401K, que les sommes provenant de **plans de retraite américains** et reçues par des résidents de France, qu'elles soient versées en une seule fois ou de façon périodique, ne sont imposables qu'aux États-Unis en application de l'article 18 § 1 de la convention et que la liste des régimes de retraite figurant au 2 du même article est sans incidence (réponse Le Gleut, n° 13777 : JO Sénat 27 août 2020, p. 3712 et BF 11/20 n° 839).

Précisions L'avenant franco-américain du 8 décembre 2004 a clarifié l'ancienne rédaction, qui visait les pensions versées en application d'un régime de retraite français à caractère obligatoire ; à ce propos, l'administration avait déjà précisé que les pensions qui sont servies dans le cadre d'un **régime complémentaire obligatoire** d'assurance vieillesse organisé en vertu du Code de la sécurité sociale, telles que celles versées par les caisses de retraite françaises affiliées à l'Agirc et à l'Arrco, sont soumises à l'impôt sur le revenu ; les caisses de retraite françaises doivent, à cette fin, prélever la retenue à la source prévue par l'article 182 A du CGI (ancienne réponse Maman, JO Sénat 22 octobre 1998, p. 3341 : BF 11/99 n° 106).

Cas où les règles sont différentes selon la nature des pensions

43980 Le plus souvent, les conventions fiscales françaises conduisent à distinguer les pensions **publiques** avec, en général, reprise de la définition OCDE, les pensions **privées** et les pensions versées par les organismes de **sécurité sociale** (cette dernière catégorie de pensions est normalement incluse dans les pensions privées lorsqu'elle n'est pas traitée séparément dans la convention). Les prestations servies en cas de maladie, chômage, accident du travail ou préretraite sont normalement traitées comme des pensions si le débiteur est un organisme de sécurité sociale et non l'employeur (voir aussi n° 42755).

La définition conventionnelle des pensions n'englobe pas toujours toutes les prestations traitées comme telles en droit interne (par exemple, les **pensions alimentaires** sont rarement couvertes). Les prestations qui ne présentent pas le caractère de pension au sens de la convention fiscale sont en principe traitées comme des **« revenus non dénommés »** (ce qui conduit le plus souvent à l'imposition au domicile). En l'absence d'un tel article, le droit interne est applicable si la convention n'en dispose pas autrement.

Lorsque la convention fiscale distingue les **trois catégories** de pensions, elle prévoit normalement l'imposition à la source pour les pensions publiques et celles qui sont versées en application de la législation sur la sécurité sociale et l'imposition à la résidence pour les pensions privées (par exemple, convention franco-bulgare du 14 mars 1987 et convention franco-italienne du 5 octobre 1989). Pour faciliter la détermination du régime fiscal applicable, la notice n° 2041-E contient une annexe 1 résumant, selon les pays, les cas où les pensions sont imposables en France, en distinguant les pensions publiques, les pensions privées et les pensions de sécurité sociale.

À propos de la **convention franco-algérienne**, l'administration a commenté le principe selon lequel les pensions et autres rémunérations similaires (autres que les pensions publiques) payées au titre d'un emploi antérieur sont exclusivement imposables dans l'État de résidence du bénéficiaire en indiquant que les pensions servies à un résident d'Algérie au titre d'un emploi antérieur exercé en France, au titre du **régime de base de la sécurité sociale** et des **régimes complémentaires obligatoires** (payées notamment par des caisses affiliées à l'Agirc et à l'Arrco), ainsi que de manière générale au titre de l'ensemble des régimes de retraite français autres que ceux de la fonction publique française ne peuvent être soumises à la retenue à la source prévue par l'article 182 A du CGI (BOI-INT-CVB-DZA-40 n° 210).

Enfin, la convention fiscale franco-allemande du 21 juillet 1959, dans sa rédaction issue de l'avenant du 31 mars 2015, stipule que les pensions, les rentes (y compris les sommes versées au titre des **assurances sociales légales**) et les autres rémunérations similaires ne sont imposables que dans l'État dont le bénéficiaire est un résident (article 13 (8) de la convention ; antérieurement les sommes versées au titre des assurances sociales légales étaient exclusivement imposables dans l'État de leur source). Cela étant, un mécanisme de **compensation financière** est prévu, l'État qui dispose du droit d'imposer les sommes versées au titre des assurances sociales légales devant payer à l'État d'où proviennent les sommes une compensation correspondant à l'impôt que cet État pourrait prélever en vertu de sa législation fiscale (article 13 c de la convention).

Précisions **a.** Les notions de pensions « publiques » et « privées » sont d'interprétation stricte ; sont ainsi imposables en France les pensions versées par la **Caisse de compensation de Genève** à un contribuable suisse, résidant en France et n'ayant pas occupé d'emploi public en Suisse (CAA Lyon 20 décembre 1989 n° 610-613, 1e ch., Desbaillets : RJF 4/90 n° 466 ; arrêt définitif) ; ces pensions ne peuvent être regardées comme versées par une personne morale de droit public suisse au sens de l'article 21 de la convention franco-suisse et être exonérées de l'impôt sur le revenu en France.

b. Sous l'empire de la convention fiscale **franco-allemande** dans sa rédaction antérieure à l'avenant du 31 mars 2015, il avait été jugé que des pensions versées par les Caisse d'assurance maladie, caisse de retraite par répartition des ingénieurs, cadres et assimilés (Crica), Caisse Organic de Franche-Comté et Caisse Interprofessionnelle Paritaire des Salariés (CIPS) étaient des prestations **versées au titre d'assurances sociales légales** au sens de l'article 14 § 2 de la convention et qu'elles étaient donc imposables en France en tant qu'État de la source (TA Cergy-Pontoise 21 avril 2009 n° 07-4608, 2e ch., Gorse : RJF 2/10 n° 97 ; jugement définitif). De même, les pensions de retraite perçues par une personne physique domiciliée en Allemagne et versées par la Caisse régionale d'assurance maladie au titre du **régime général de retraite** ainsi que par la CGRCR, l'IGIRS et l'UGRR au titre du régime complémentaire obligatoire avaient le caractère de « sommes versées au titre des assurances sociales légales » au sens de l'article 14 § 2-a de la convention fiscale franco-allemande, dans son ancienne rédaction ; n'ayant pas le caractère de pensions de retraite privées, elles étaient imposables en France (CAA Versailles 3 avril 2012 n° 11VE00142, 3e ch. : RJF 12/12 n° 1152 ; arrêt définitif).

c. Les **pensions publiques** de source française perçues par une personne physique domiciliée en **Grèce** sont imposables dans les deux États, la Grèce étant chargée d'éliminer la double imposition (réponse Karamanli, n° 37048, JOAN 11 février 2014 p. 1304 : BF 4/14 n° 382).

d. L'accord du 12 mars 2009 sur l'échange de renseignements entre la France et **Jersey** contient une disposition originale ; les pensions, rentes et rémunérations similaires sont imposables dans l'État de résidence sauf exonération totale ou partielle prévue par la législation interne de cet État, auquel cas elles sont imposables pour leur partie exonérée dans l'État de la source.

e. Les arriérés de **pension de réversion** versés par l'État libanais à la veuve d'un ancien **fonctionnaire** libanais résidant en France ne sont pas imposables en France mais exclusivement au Liban (TA Paris 14 septembre 2015 n° 1429531, 2e sect., 2e ch. : RJF 1/16 n° 73 ; jugement définitif).

f. La modification apportée à la **convention fiscale franco-allemande** par l'avenant du 31 mars 2015 est destinée à permettre aux résidents de France qui perçoivent une pension de source allemande, notamment les anciens travailleurs frontaliers, d'éviter d'avoir à payer l'impôt sur le revenu en Allemagne, quitte à ce que, pour cela, la France verse une compensation financière à l'Allemagne ; pour le passé, l'article 98 de la loi n° 2016-1918 du 29 décembre 2016 de finances rectificative pour 2016 a dérogé aux principes habituels en permettant aux intéressés de demander un **crédit d'impôt** à raison des revenus perçus au cours des années 2005 à 2015, bien que les délais de réclamation aient été expirés (les demandes devaient être adressées à l'administration au plus tard le 30 juin 2017, accompagnées de la justification de la double imposition des pensions au titre de chacune des années en cause).

Cas des prestations de retraite en capital

Sous l'empire de la législation antérieure à la loi n° 2010-1658 du 29 décembre 2010 de finances rectificative pour 2010, la question de la répartition du droit d'imposer des prestations en capital versées au titre de la prévoyance professionnelle suisse avait fait l'objet d'un accord entre les autorités compétentes françaises et **suisses** (ancien BOI 14 B-3-06 du 15 novembre 2006 : BF 1/07 n° 93) ; cet accord avait « confirmé » (mais il s'agissait de la législation de l'époque) que la France n'impose pas ces « prestations en capital qui ne sont pas des revenus ». Il y avait donc double exonération lorsque les pensions de cette nature n'étaient pas imposables en Suisse (cas des pensions privées). **43990**

Afin de mettre fin à cette double exonération, l'avenant du 27 août 2009 à la convention fiscale franco-suisse du 9 septembre 1966 avait précisé que, en dépit du principe d'imposition exclusive des pensions privées dans l'État de la résidence du bénéficiaire, ces « pensions et autres rémunérations similaires sont également imposables, dans la limite de la fraction non imposée dans l'autre État contractant, dans l'État contractant d'où elles proviennent, si elles ne sont pas imposées, en tout ou partie, dans l'autre État contractant en vertu de son droit interne » (autrement dit, elles sont imposables en Suisse tant que la France ne les impose pas ; nouvel article 20 § 2 de la convention).

La situation a changé depuis le 1er janvier 2011 puisque l'article 59 de la loi n° 2010-1658 du 29 décembre 2010 de finances rectificative pour 2010 (complété par l'article 41 de la loi n° 2011-900 du 29 juillet 2011 de finances rectificative pour 2011) a posé le principe de l'imposition des prestations de retraite versées en tout ou partie sous forme de capital, qu'elles soient de source française ou étrangère (CGI art. 158, 5-b quinquies ; sur la situation franco-suisse, BOI-INT-CVB-CHE-10-20-60 n° 120). Le **prélèvement optionnel de 7,5 %** prévu à l'article 163 bis, II du CGI s'applique, en particulier, lorsque le bénéficiaire justifie que les cotisations versées durant la phase de constitution des droits, y compris le cas échéant par l'employeur, étaient afférentes à un

43990 (suite) revenu exonéré dans l'État auquel était attribué le droit d'imposer ce revenu (BOI-RSA-PENS-30-10-20 n° 70). Pour les **pensions de source étrangère**, il s'agit des versements de cotisations ou primes durant la phase de constitution des droits qui ouvrent droit au bénéfice d'un avantage fiscal pour le salarié ou pour l'employeur : déduction du revenu imposable, exonération ou absence d'imposition, réduction ou crédit d'impôt (BOI préc. n° 90 ; le BOI-ANNX-000435 donne une liste de régimes ou contrats de retraite supplémentaire d'entreprise ou d'épargne retraite individuelle étrangers pour lesquels les versements effectués pendant la phase de constitution des droits, y compris les versements de l'employeur, sont en tout ou partie déductibles lorsque le revenu correspondant est imposable dans le pays considéré).

Si le régime fiscal des versements effectués pendant la phase de constitution des droits varie dans le temps en raison de la **mobilité internationale** du bénéficiaire et des différentes législations des pays auxquels était attribué le droit d'imposer, l'administration indique qu'il convient de déterminer si la prestation de retraite versée sous forme de capital provient « à titre principal » de cotisations déductibles (BOI préc. nos 95 s.).

Précisions **a.** La somme perçue par un contribuable au titre d'un **régime « de prévoyance extra-légale »**, institué par une société **luxembourgeoise**, revêtait le caractère d'une couverture complémentaire de retraite passible de l'impôt sur le revenu alors même que les prestations de retraite servies sous forme de capital ne sont expressément visées par la loi que depuis la modification introduite par la loi de finances rectificative pour 2010 (CE 17 juillet 2013 n° 346501, 10e et 9e s.-s., Pierson : RJF 11/13 n° 1021) ; le Conseil d'État a considéré que la modification législative ne faisait qu'expliciter l'état antérieur du droit et n'a pas admis que le contribuable puisse se prévaloir du paragraphe, pourtant rédigé de façon générale, d'une ancienne instruction du 16 février 1996 relative aux prestations en capital de source suisse, considérant que le droit français n'imposait pas, à l'époque, les prestations en capital.

b. Les produits attachés aux prestations de retraite versées sous forme de capital et perçues en exécution d'un contrat **souscrit auprès d'une entreprise établie hors de France** sont considérés comme des revenus de capitaux mobiliers lorsque le bénéficiaire justifie que les sommes versées durant la phase de constitution des droits, y compris le cas échéant par l'employeur, n'étaient pas déductibles du revenu imposable et n'étaient pas afférentes à un revenu exonéré dans l'État auquel était attribué le droit d'imposer celui-ci (CGI art. 120, 6° bis ; BOI-RPPM-RCM-10-30-10-10 nos 210 s.). Dans ce cas, le versement correspondant au capital proprement dit n'est pas passible de l'impôt sur le revenu contrairement à la part correspondant aux produits attachés au capital retraite. La part du versement correspondant à ces produits doit être comprise dans l'assiette imposable de l'année au cours de laquelle ces produits sont devenus disponibles. Les produits sont imposables pour leur montant net encaissé, après déduction de l'impôt étranger (CGI art. 122, 1) ou bénéficient d'un crédit d'impôt en présence d'une convention fiscale.

c. Il a été jugé qu'un retraité qui avait transféré son domicile de Suisse en France et perçu la même année une prestation de retraite en capital d'une société suisse répondant aux conditions posées par l'article 163 bis, II du CGI pouvait demander que cette **prestation non déclarée** en France mais réintégrée par l'administration dans son revenu imposable soit soumise au prélèvement libératoire sans qu'y fasse obstacle le fait que sa demande, présentée dans le délai de réclamation, l'ait été après l'expiration du délai de déclaration (CAA Lyon 3 décembre 2015 n° 15LY00260, 5e ch. : RJF 5/16 n° 429, confirmé par CE 14 juin 2017 n° 397052, 8e et 3e ch. : RJF 10/17 n° 960).

d. Sur les prestations de retraite de source étrangère servies sous forme de capital, voir **notice n° 2041 GG**, relative aux revenus d'activité et de remplacement de source étrangère.

e. Les sommes versées sous forme de capital par des **organismes danois** à un ressortissant du Danemark résident de France étaient imposables en France en tant que pensions dans la catégorie des traitements et salaires dès lors qu'il avait existé un lien entre les contrats de capitalisation et l'activité professionnelle de l'intéressé (CAA Marseille n° 19MA05468, ayant fait l'objet d'un pourvoi non admis par CE QPC (na) 22 avril 2022 n° 452446, 8e ch. : RJF 7/22 n° 641). En revanche n'étaient pas imposables en France sur le fondement de l'article 79 du CGI des versements faits en 2011 et 2012 par des organismes danois à des retraités danois domiciliés en France, car il n'était établi ni que ces versements étaient rattachés à leur activité professionnelle, ni que l'entrée en jouissance des sommes épargnées aurait été liée à la cessation de leur activité professionnelle, ni que les contrats en cause auraient été conclus dans le cadre de la loi danoise sur les plans d'épargne retraite, ni que l'épargne constituée aurait bénéficié d'un régime fiscal avantageux (CAA Marseille 9 mars 2021 n° 19MA05466, 4e ch. ; arrêt définitif) ; la Cour a infirmé le jugement qui avait considéré à tort qu'il s'agissait de prestations de retraite servies sous forme de capital au sens du second alinéa de l'article 79 du CGI (les intéressés avaient souscrit des contrats d'assurance-vie avec versements programmés, à titre facultatif et privé, en dehors du cadre d'un régime professionnel obligatoire géré par un employeur).

C. Le traitement fiscal des cotisations à des régimes de retraite étrangers

Problématique

Les salariés sont souvent appelés, dans le déroulement normal de leur carrière, à séjourner et à travailler quelque temps hors de leur pays d'origine ; ils peuvent alors se trouver face à des difficultés pour déduire localement les cotisations sociales versées aux régimes de retraite de leur pays d'origine dans la mesure où ils souhaitent continuer d'y être affiliés pour ne pas perdre leurs droits. **44000**

Comme l'a, en effet, constaté le comité des affaires fiscales de l'OCDE (Commentaires OCDE, C (18) n°s 31 s.), les cotisations versées dans le pays d'origine par une personne en fonction à l'étranger ne sont, bien souvent, pas déductibles du revenu imposable, ni en vertu de la législation du pays d'origine, ni en vertu de celle du pays d'accueil.

Précisions Dans le cadre de l'**Union européenne**, la Cour de justice a considéré que si les anciens articles 48 et 52 du traité CE (aujourd'hui respectivement articles 45 et 49 du traité FUE) s'opposent à ce que la législation d'un État membre subordonne la déductibilité de cotisations d'assurance contre la maladie et l'invalidité ou contre la vieillesse et le décès à la condition que ces cotisations soient versées dans cet État, cette condition pouvait être justifiée par la nécessité de garantir la **cohérence** du régime fiscal applicable (CJCE 28 janvier 1992 aff. 204/90, Bachmann : RJF 11/92 n° 1589).

Propositions de l'OCDE

Afin de remédier à ces difficultés, l'OCDE a proposé, lors de la révision du modèle en 1992, une disposition à insérer à l'article 18, relatif aux pensions, qui concerne les cotisations à des régimes de retraite versées par une personne physique ou pour son compte. **44005**

Cette proposition a été revue à l'occasion de la révision du modèle en juillet 2005 et substantiellement commentée, l'idée générale étant de faire en sorte que les personnes ne soient pas découragées de s'expatrier pour des raisons tenant aux difficultés de **déduire des cotisations** de retraite (Commentaires OCDE, C (18) n°s 31 à 65). Cependant, le modèle lui-même ne propose pas de solution, faute d'unanimité au sein des États membres.

Précisions Sur la question du régime fiscal des cotisations des salariés à des régimes de retraite établis à l'étranger, voir Rapport OCDE, Volume II du modèle de convention fiscale, R (12).

Position de la France

Sur cette question, d'une façon générale, la France a une vision plutôt positive ; des clauses spéciales ont ainsi été incluses dans diverses conventions fiscales, notamment celles conclues avec le Royaume-Uni, le Canada ou l'Italie. **44010**

Une clause de **déductibilité** de certaines cotisations de sécurité sociale a été incluse dans la convention fiscale franco-japonaise du 3 mars 1995 par un avenant du 11 janvier 2007, suivant le modèle proposé par l'OCDE.

À titre d'exemple, la convention **franco-britannique** du 19 juin 2008 prévoit notamment que lorsqu'une personne physique exerce un emploi salarié dans un État, les cotisations à un régime de retraite établi et fiscalement reconnu dans l'autre État qui sont supportées par cette personne sont déductibles dans le premier État pour la détermination de son revenu imposable, et sont traitées dans cet État de la même façon, et sous réserve des mêmes conditions et restrictions, que les cotisations à un régime de retraite fiscalement reconnu dans cet État, si :
– cette personne n'était pas un résident de cet État et cotisait au régime de retraite considéré, ou à un autre régime de retraite auquel il s'est substitué, immédiatement avant de commencer à exercer son emploi salarié dans cet État ; et
– le régime de retraite est accepté par l'autorité compétente de cet État comme correspondant de façon générale à un régime de retraite fiscalement reconnu dans cet État (article 25 § 6 de la convention).

Plus récemment, l'avenant du 31 mars 2015 à la convention fiscale franco-allemande du 21 juillet 1959 a posé un principe de même nature (article 21 (6) de la convention modifiée). Il en va de même de la convention franco-luxembourgeoise du 20 mars 2018 (article 23 § 6).

Précisions Dans le cadre franco-italien, voir BOI-LETTRE-000150, proposant un **modèle de demande** d'application de la convention fiscale franco-italienne du 5 octobre 1989 (renseignements à communiquer à l'administration française à l'appui d'une demande de déduction des cotisations de retraite payées en Italie).

Avantages prévus par le droit interne français

44020 Afin de favoriser l'installation en France de cadres et dirigeants non résidents, la loi n° 2003-1312 du 30 décembre 2003 de finances rectificative pour 2003 a autorisé, depuis le 1er janvier 2004, la **déduction de certaines cotisations sociales** acquittées au titre de régimes de retraite et de prévoyance étrangers.

Sont ainsi déductibles, pour l'établissement de l'impôt sur le revenu, les cotisations versées conformément aux dispositions du **règlement CEE** n° 1408/71 du Conseil du 14 juin 1971 (remplacé ensuite par le règlement (CE) n° 883/2004 du Parlement européen et du Conseil du 29 avril 2004) relatif à l'application des régimes de sécurité sociale aux travailleurs salariés et aux membres de leur famille qui se déplacent à l'intérieur de l'Union européenne, ou conformément aux stipulations d'une **convention** ou d'un accord international relatif à l'application des régimes de **sécurité sociale**. Cette mesure, de caractère permanent, s'applique à l'ensemble des personnes concernées qui doivent acquitter des cotisations sociales obligatoires dans leur pays d'origine (CGI art. 83, 1°-0 bis).

Les cotisations ou primes versées à des **régimes de retraite supplémentaire** gérés par des entités répondant aux conditions fixées par la directive 2003/41/CE du 3 juin 2003 concernant les activités et la surveillance des institutions de retraite professionnelle (IRP), qui sont établies dans un État membre de l'Union européenne ou dans un État non membre mais partie à l'accord sur l'Espace économique européen et ayant conclu avec la France une convention fiscale contenant une clause d'assistance administrative en vue de lutter contre la fraude ou l'évasion fiscale, sont déductibles dans les mêmes conditions et limites que celles versées à des régimes de retraite supplémentaire gérés par de telles entités établies en France (BOI-RSA-BASE-30-10-20 n° 160).

Il en va de même, dans certaines limites, des cotisations versées par les **« impatriés »** (nos 2200 s.) aux régimes de prévoyance complémentaire et aux régimes de retraite complémentaire répondant aux conditions fixées à l'article 3 de la directive 98/49/CE du Conseil du 29 juin 1998 relative à la sauvegarde des droits à pension complémentaire des travailleurs salariés et non salariés qui se déplacent à l'intérieur de l'Union européenne, ou à celles prévues par les conventions ou accords internationaux de sécurité sociale, auxquels les intéressés étaient affiliés ès qualités dans un autre État avant leur prise de fonctions en France (CGI art. 83, 2° -0 ter ; BOI-RSA-GEO-40-20 nos 20 s.). Ces cotisations ne sont cependant déductibles que jusqu'au 31 décembre de la cinquième ou de la huitième année suivant celle de leur prise de fonctions (sur la durée des avantages, voir n° 2320).

Précisions **a.** Les cotisations versées aux **régimes de retraite supplémentaire** et de **prévoyance complémentaire** auxquels les impatriés étaient affiliés ès qualités avant leur arrivée en France doivent, pour être déductibles dans la limite des plafonds, être versées au titre d'une affiliation à des régimes de retraite professionnels, facultatifs ou obligatoires, fonctionnant en répartition ou en capitalisation, à l'exclusion des contrats individuels d'assurance retraite souscrits à titre personnel, sans relation avec l'emploi occupé. En outre, ces régimes doivent, pour ouvrir droit à déduction, être reconnus par une **attestation** de l'entreprise étrangère remise au salarié certifiant son affiliation antérieure et le versement des cotisations annuelles.

b. La déduction des cotisations à des régimes de **prévoyance** complémentaire et à des régimes de **retraite** supplémentaire est soumise aux plafonds posés par les articles 83, 1° quater et 83, 2° du CGI.

c. En cas de **difficultés d'application**, les impatriés peuvent s'adresser à la Direction générale des finances publiques, Direction de la législation fiscale (DLF), Sous-direction C, Bureau C1, 139, rue de Bercy, Télédoc 641, 75572 Paris Cedex 12.

d. Ces règles s'appliquent que les intéressés soient **résidents ou non résidents** de France, dès lors qu'ils sont imposables sur des salaires de source française.

e. Il a été jugé qu'une personne physique domiciliée en France et employée par l'Organisation internationale de normalisation (ISO) à Genève ne pouvait pas déduire des cotisations de rachat de droits à pension acquittées dans le régime suisse de sécurité sociale en 2014 et 2015, car il s'agissait d'une **assurance volontaire ou facultative** (TA Lyon 8 mars 2022 n° 2003550, 4e ch. ; appel enregistré sous le n° 22LY01401).

CHAPITRE 16

Les artistes et les sportifs

Plan du chapitre §§

SECTION 1
Le principe de l'imposition dans l'État de l'activité 45000
A En droit interne français 45150
B En présence d'une convention fiscale 45215

SECTION 2
L'application du principe en l'absence de mise en jeu de dispositifs anti-abus 45345
A Cas où l'artiste ou le sportif (non résident de France) a signé personnellement le contrat 45350
B Cas où le contrat a été conclu entre l'organisateur français et un groupe d'artistes ou de sportifs non résidents de France 45370
C Cas où l'artiste ou le sportif non résident de France organise lui-même une manifestation en France 45500
D Autres revenus des artistes ou sportifs 45610

SECTION 3
L'intervention éventuelle de dispositifs anti-abus (CGI art. 155 A) 45780
A Personnes concernées 45900
B Prestations de services concernées 46060
C Modalités d'imposition 46080
D Incidence éventuelle des conventions fiscales 46300
E Incidence du droit de l'Union européenne 46380

La fiscalité internationale des artistes et des sportifs pose des problèmes souvent complexes, en raison des caractéristiques tout à fait particulières de ces professions : **44300**
– dans un État déterminé, il s'agit en général d'activités de **courte durée** (parfois même, il peut n'y avoir qu'une seule représentation artistique ou sportive) ;
– les situations juridiques peuvent être difficiles à démêler en raison notamment de la frontière souvent ténue qui existe entre un artiste ou un sportif **salarié** et un artiste ou un sportif exerçant une activité commerciale ou non commerciale (à titre indépendant) ;
– les situations de fait sont très variables ; par exemple, l'artiste peut être ou non l'organisateur de son propre spectacle, et exercer son activité seul ou en groupe, ce dernier pouvant avoir ou non la personnalité morale ;
– tout un personnel « gravite » souvent autour de l'artiste ou du sportif (**manager, imprésario**, personnels chargés de la gestion, ou de faire de la publicité, décorateurs, etc.). La situation juridique de ces personnes n'est pas toujours claire ;
– c'est l'un des domaines où les procédés d'**évasion ou de fraude fiscales** se sont particulièrement développés, ce qui a amené les États à mettre en place des dispositifs de contrôle particulièrement élaborés (article 155 A du CGI, du côté français ; n°s 45780 s.) ;
– enfin, les artistes ou les sportifs retirent souvent des revenus non négligeables de prestations diverses liées à leur **notoriété**, mais qui ne sont pas elles-mêmes de nature artistique ou sportive (s'ils font, par exemple, de la publicité pour divers produits, etc.). Là encore, la détermination du régime fiscal de ces sommes n'est pas aisée.

Principe du partage de l'imposition

Schématiquement, la fiscalité internationale des artistes et sportifs repose sur le principe de l'imposition à la fois dans l'État de la résidence et dans l'État où s'exerce l'activité qui produit le revenu. **44350**

La question de l'imposition dans l'État de résidence ne soulève pas de difficultés particulières en droit, mis à part le cas des personnes interposées, qui est d'une assez grande complexité. Il existe cependant des **problèmes pratiques de contrôle**, tenant à la difficulté pour un État de connaître les revenus de source étrangère des intéressés, car ils ont, par hypothèse, des activités itinérantes. Ces difficultés ne peuvent être résolues que par l'échange de renseignements entre États (n°s 74200 s.).

En revanche, la question de l'imposition dans l'État de la source soulève des problèmes juridiques délicats.

44400 Les développements qui suivent concernent, de manière générale, **tous les artistes du spectacle**, comme ceux qui interviennent au cours de représentations théâtrales, les acteurs de cinéma, les artistes qui se produisent à la radio ou à la télévision, les musiciens et les **sportifs** au sens large. On examinera d'abord la portée du principe de l'imposition dans l'État d'exercice de l'activité puis l'application de ce principe en l'absence de mise en jeu de dispositifs anti-abus et, enfin l'intervention éventuelle de dispositifs anti-abus (CGI art. 155 A). Il faudra toujours garder présent à l'esprit que les solutions du droit interne peuvent être modifiées par les conventions fiscales et tenir compte du droit de l'Union européenne.

Précisions Sur la problématique générale de l'imposition des artistes et des sportifs, voir **Rapport OCDE**, Volume II du modèle de convention fiscale R (7) intitulé « l'imposition des revenus des activités de divertissement et des activités artistiques et sportives ».

SECTION 1

Le principe de l'imposition dans l'État de l'activité

45000 On distinguera, comme à l'accoutumée, le droit interne et le droit conventionnel.

A. En droit interne français

45150 Les revenus tirés d'activités professionnelles, salariées ou non, **exercées en France** et les sommes correspondant à des prestations artistiques ou sportives fournies ou utilisées en France sont considérés comme des revenus de source française (CGI art. 164 B, I-d et g).

Sont également considérées comme étant de source française, lorsque le **débiteur** a son domicile fiscal ou est établi en France, les sommes payées en rémunération des prestations de toute nature fournies ou utilisées en France, de même que les droits d'auteur et les produits provenant de la propriété industrielle ou commerciale et de droits assimilés (CGI art. 164 B, II).

Les sommes perçues par les artistes ou sportifs dans le cadre de leur activité rentrent évidemment dans cette énumération, ce qui donne à la France le droit d'imposer les revenus, en cas de manifestation artistique ou sportive en France.

1. Cas des artistes (CGI art. 182 A bis)

Retenue à la source spécifique

45160 L'article 25 de la loi n° 2008-1443 du 30 décembre 2008 de finances rectificative pour 2008 a créé une retenue à la source spéciale sur les sommes versées aux artistes non résidents ; cette retenue ne s'applique pas aux sportifs qui demeurent régis par l'ancien système (nos 45200 s.).

Les sommes qui leur sont versées n'entrent pas dans le champ de la retenue à la source de l'article 182 A (nos 3200 s.) ni dans celui de l'article 182 B (nos 3410 s.) du CGI ; elles font l'objet, depuis le 1er janvier 2009, d'une retenue à la source autonome codifiée à l'article 182 A bis du CGI (BOI-IR-DOMIC-10-20-20-20). Ces sommes n'entrent pas dans le champ d'application du prélèvement à la source de l'impôt sur le revenu (n° 3630).

Précisions Sur le cas particulier des **non-résidents européens** qui retirent de France l'essentiel de leurs revenus et qui ne bénéficient pas, dans leur État de résidence, de mécanismes suffisants de nature à minorer leur imposition en fonction de leur situation personnelle et familiale (non-résidents « Schumacker »), voir n° 3097.

Champ d'application

L'article 182 A bis du CGI concerne : 45165
– les sommes payées, y compris les salaires, en contrepartie de **prestations artistiques fournies ou utilisées en France** ; les prestations sont considérées comme fournies en France si elles y sont matériellement exécutées (manifestations artistiques, œuvres audiovisuelles, enregistrements, etc.) ; elles sont utilisées en France notamment en cas de cession ou concession en France de droits d'exploitation d'une œuvre ;
– lorsqu'elles sont versées par un **débiteur** qui exerce une activité en France ;
– à des personnes ou des sociétés, relevant de l'impôt sur le revenu ou de l'impôt sur les sociétés, qui n'ont **pas d'installation professionnelle** permanente en France.

Les rémunérations qui correspondent à des prestations artistiques sont assujetties à la retenue à la source quelle que soit leur **qualification** (salaires ou revenus d'activités indépendantes) et quel que soit le **bénéficiaire** ; il peut s'agir de l'artiste, lui-même ou représenté par un **mandataire** (manager, imprésario, etc.), ou d'une personne morale, ou entité dépourvue de la personnalité morale, sous couvert de laquelle il exerce son activité ou dont il est ou non salarié. Sur l'intervention d'un mandataire, voir n° 45350.

Le champ d'application de l'article 182 A bis du CGI inclut non seulement les prestations artistiques proprement dites, mais aussi les **prestations qui en constituent l'accessoire indissociable** (CE 5 juillet 2022 n° 455789, 8e et 3e ch., SAS Encore B, rejetant le pourvoi de la société contre CAA Paris 24 juin 2021 n° 19PA01920, 5e ch., Sté Encore B) ; dans cette affaire, la retenue à la source était applicable à la totalité des sommes versées en 2014 et 2015 par une société française à une société américaine au titre d'un contrat de prestation de services et de cession de droits par lequel cette dernière fournissait des services de production et s'assurait des services d'un artiste de variétés non résident (la société française avait spontanément appliqué la retenue sur la part de la rémunération qui correspondait aux salaires versés par la société américaine à l'artiste mais elle aurait dû l'appliquer sur la totalité des sommes dues). La convention fiscale franco-américaine du 31 août 1994 (article 17, relatif à l'imposition des artistes et sportifs et permettant l'imposition en cas de versement à des sociétés interposées) ne s'opposait pas au prélèvement de la retenue sur la totalité des sommes étant donné que la facturation par la société américaine ne trouvait aucune contrepartie dans une intervention de cette dernière qui soit distincte des prestations artistiques.

Précisions **a.** Ces conditions sont les mêmes que pour l'article 182 B du CGI ; notamment, la retenue s'applique non seulement aux sommes versées à des **personnes physiques** mais aussi à des **personnes morales**, du moment qu'elles relèvent de l'impôt sur le revenu ou de l'impôt sur les sociétés.

b. La **notion d'installation professionnelle** en France s'entend au sens indiqué n° 3425, comme pour l'article 182 B du CGI ; en présence d'une telle installation, la retenue à la source n'est pas due et l'impôt est établi seulement par voie de rôle. En outre, selon l'administration (BOI-IS-CHAMP-60-10-30 n° 210), les artistes non résidents qui **organisent eux-mêmes** une manifestation artistique en France sont considérés comme exploitant une entreprise en France au sens de l'article 209, I du CGI, en application du critère du cycle commercial complet ; il en va de même si un artiste non résident se livre personnellement en France à l'exploitation commerciale d'une œuvre enregistrée hors de France (n° 45500 et n° 45580).

c. La retenue est applicable même si le **débiteur** n'est pas domicilié en France, dès lors qu'il **exerce une activité en France** (cas d'une personne physique ou morale non résidente qui organise une manifestation en France sans y avoir ni représentant ni bureaux).

d. Lorsque les prestations ne sont pas matériellement fournies en France, seules les rémunérations correspondant à leur **utilisation effective** en France relèvent de la retenue à la source.

e. Sur les **droits d'auteur**, voir n° 45680.

f. Les sommes que reçoit un artiste du spectacle sont susceptibles d'être imposées en tant que salaires en raison de la **présomption** posée par l'article L 7121-3 du **Code du travail** même en l'absence de lien de subordination entre l'entrepreneur de spectacles et l'artiste et même si le contrat n'est pas conclu directement avec lui et s'il ne reçoit pas sa rémunération directement de l'entrepreneur de spectacles (BOI-RSA-CHAMP-10-20-10 n° 40 s. ; n° 45200). Voir, par exemple, CAA Versailles 18 décembre 2012 n° 11VE02288, 3e ch. (RJF 6/13 n° 610, arrêt définitif) à propos d'un résident de Suisse qui avait participé, en 2005, à l'émission de télé-réalité « La ferme des célébrités » et qui a été considéré comme imposable dans la catégorie des traitements et salaires sur le fondement des articles 4 A du CGI et 17 de la convention fiscale franco-suisse. Voir également nos 45185, Précisions b, et 45200.

g. Une présentation des règles applicables aux artistes en matière de législation du travail et de leurs conséquences fiscales, notamment au regard de la **présomption de salariat**, est donnée au BOI-RSA-CHAMP-10-20-10 nos 40 s., qui concerne les artistes d'une façon générale et non pas spécifiquement les non-résidents ;

l'administration y fournit des indications sur la qualification à retenir pour la rémunération de la prestation personnelle de l'artiste, pour celle perçue par l'artiste à l'occasion de la réalisation et de l'exploitation d'une œuvre audiovisuelle et celle perçue à l'occasion d'un enregistrement d'une œuvre non audiovisuelle.

Artistes concernés

45170 Il s'agit des artistes du **spectacle** (acteurs de cinéma, artistes lyriques, artistes dramatiques, de variétés, chorégraphiques, musiciens, artistes de complément, chefs d'orchestre, arrangeurs-orchestrateurs, metteurs en scène pour l'exécution matérielle de leur conception artistique, etc.), à l'**exclusion** des artistes **plasticiens** dont les œuvres sont normalement destinées à la vente (peintres, sculpteurs), qui relèvent des règles relatives aux professions libérales (BNC).

Les prestations de type « montage de la scène », « mise en place d'un décor », fourniture du son, des éclairages et opérations de transport n'entrent pas dans le champ d'application de ce dispositif. Les **contrats de production** doivent faire apparaître distinctement le montant de la rémunération correspondant à la prestation artistique exécutée en France et revenant à l'artiste.

Précisions **a.** La réalisation d'un ensemble de prestations liées à la présentation **d'articles de mode** consistant en des « **tableaux vivants** » revêtait un caractère artistique au sens de l'article 182 B du CGI (alors applicable) et de la convention fiscale franco-américaine du 31 août 1994 conduisant à imposer en France les rémunérations reçues à ce titre compte tenu de leur nature exceptionnelle et de la renommée de leur concepteur et metteur en scène (CAA Paris 18 septembre 2006 n° 05-2419, 5e ch. B, SA des Galeries Lafayette : RJF 7/07 n° 786 ; arrêt définitif).

b. À propos de l'organisation de plateaux tauromachiques, voir n° 45205 et n° 45312 f.

c. La retenue s'applique aux sommes versées à des artistes-interprètes non résidents au titre de l'utilisation « secondaire » de leurs **enregistrements** (rémunération pour copie privée, radiodiffusion, etc.) ; en ce sens, CAA Paris 6 avril 2007 n° 05-1044, 2e ch. B, Sté Spedidam : RJF 8-9/07 n° 885, arrêt définitif.

Assiette

45175 La retenue à la source est assise sur le montant brut des sommes versées après déduction d'un **abattement** de 10 % au titre des frais professionnels ; cet abattement n'est pas plafonné, contrairement à la déduction forfaitaire de droit commun. Il est exclusif de toute autre déduction, aucune option pour la déduction des frais réels n'étant ouverte (lorsque le bénéficiaire est soumis à l'impôt sur le revenu, les frais professionnels peuvent être pris en compte pour leur montant réel et justifié lors de la liquidation de l'impôt sur le revenu ; n° 45185).

Les **taxes sur le chiffre d'affaires** qui, dans certains cas, peuvent être exigibles (revenus d'activité indépendante, selon les cas), ne font pas partie du montant imposable. De même, les **cotisations sociales** sont exclues de la base d'imposition. En revanche, les frais d'encaissement n'ont pas à être retranchés.

En ce qui concerne les **personnes morales**, il résulte de l'article 235 quinquies du CGI, issu de l'article 24 de la loi n° 2021-1900 du 30 décembre 2021 de finances pour 2022 (n° 3440), que, pour les retenues à la source dont le fait générateur est intervenu depuis le 1er janvier 2022, le bénéficiaire peut demander que l'imposition lui soit restituée, à hauteur de la différence entre cette imposition et l'imposition déterminée à partir d'une **base nette des charges** d'acquisition et de conservation directement rattachées à ces produits et sommes, lorsque les conditions suivantes sont réunies :

– le bénéficiaire des produits et sommes est une personne morale ou un organisme dont les résultats ne sont pas imposés à l'impôt sur le revenu entre les mains d'un associé (les personnes physiques et les sociétés de personnes étrangères ne sont donc pas concernées) et dont le siège ou l'établissement stable dans le résultat duquel les produits et sommes sont inclus est situé dans un État membre de l'**Union européenne** ou dans un autre État partie à l'accord sur l'Espace économique européen ayant conclu avec la France une convention d'assistance administrative en vue de lutter contre la fraude et l'évasion fiscales et qui n'est pas un ETNC (n° 71560), à savoir l'Islande, le Liechtenstein et la Norvège ;

– les **charges** d'acquisition et de conservation de ces produits et sommes seraient déductibles si le bénéficiaire était situé en France (n° 3440) ;

– les règles d'imposition dans l'État de résidence ne permettent pas au bénéficiaire d'y **imputer** la retenue à la source.

S'il remplit les conditions, le bénéficiaire doit demander la restitution par voie de **réclamation contentieuse** auprès du service des impôts des non-résidents dans les conditions prévues pour les réclamations relatives aux impôts autres que les impôts locaux et les taxes annexes à ces impôts soit, au plus tard, le 31 décembre de la deuxième année suivant celle du versement de l'impôt. Il doit produire l'ensemble des pièces justificatives nécessaires au calcul de la restitution demandée.

Si le débiteur prend à sa charge la retenue à la source, l'avantage indirect ainsi procuré au bénéficiaire doit être ajouté au revenu servant de base à la retenue. Il en est de même lorsque le débiteur prend en charge les frais qui incombent normalement au bénéficiaire.

Précisions L'abattement de 10 % est de nature à améliorer la situation des artistes ; par différence, les sportifs n'en bénéficient pas.

Taux

La retenue à la source est calculée au taux de **15 %** ; ce taux est le même que celui qui s'applique aux sportifs en vertu de l'article 182 B du CGI. **45180**

Toutefois, depuis le 1er mars 2010 (date du fait générateur de l'impôt, indépendamment de la date de la prestation ou de celle de la facturation), un taux majoré, actuellement de **75 %** (ce taux concerne les sommes payées depuis le 1er janvier 2013 ; il était précédemment de 50 %), s'applique aux sommes, autres que les salaires, versées à des personnes domiciliées ou établies dans un **État ou territoire non coopératif** (ETNC) au sens de l'article 238-0 A du CGI (nos 71555 s.), sauf si cet ETNC figure sur la liste en application des critères posés par l'article 238-0 A, 2 bis-2° du CGI (autrement dit si l'ETNC est mentionné sur la liste en raison seulement des critères européens, le taux majoré ne s'applique que si l'inscription sur la liste est la conséquence de l'application du critère tenant aux « montages extraterritoriaux », au sens indiqué n° 71555). Cette retenue est libératoire de l'impôt sur le revenu et n'est pas remboursable (précision apportée par la loi n° 2018-898 du 23 octobre 2018 relative à la lutte contre la fraude).

Par exception, le taux majoré n'est pas applicable si le débiteur apporte la preuve que les sommes correspondent à des opérations réelles qui ont principalement un objet et un effet autres que de permettre leur localisation dans un État ou territoire non coopératif (dans ce dernier cas, le taux de la retenue reste fixé à 15 %). L'administration précise que devront être fournis tous éléments de nature à démontrer l'objet et l'effet principalement autre que fiscal des opérations effectuées (BOI-INT-DG-20-50-30 n° 410). En ce qui concerne le critère de **l'objet** de l'opération, il s'agit de démontrer l'absence d'intention du débiteur de localiser des sommes dans un État ou territoire non coopératif. S'agissant de la preuve de **l'effet** autre que fiscal, doivent être produits tous les éléments matériels et quantitatifs de nature à permettre une comparaison objective entre le montant du gain résultant des avantages fiscaux tirés de l'implantation et celui tenant aux avantages d'autre nature.

L'administration confirme également que le taux majoré de 75 % s'applique sous réserve des **conventions fiscales** (BOI-IR-DOMIC-10-20-20-20 n° 175). Ainsi, si le bénéficiaire est établi dans un État ou territoire avec lequel la France a conclu une convention fiscale et s'il satisfait aux conditions requises pour son application, il peut demander le bénéfice des dispositions favorables de cette convention.

Précisions Les rémunérations qualifiées juridiquement de **salaires** qui correspondent à des prestations artistiques sont exclues du champ d'application du taux majoré.

Assujettissement à l'impôt sur le revenu

La retenue à la source n'est pas libératoire de l'impôt sur le revenu ; par conséquent, l'artiste non résident doit déposer une **déclaration de revenus** dans les conditions ordinaires prévues pour les non-résidents, notamment en ce qui concerne les délais de déclaration et l'application du **taux minimum** d'imposition (n° 3135) ; comme il est habituel, si l'artiste peut justifier que le taux de l'impôt français sur l'ensemble de ses revenus de source française ou étrangère serait inférieur au taux minimum, c'est le taux normal de l'impôt français qui est applicable (sur l'exception des non-résidents « Schumacker », voir n° 3097). **45185**

Afin d'éviter une double imposition, la retenue à la source initialement prélevée constitue un **crédit d'impôt** qui s'impute sur le montant de l'impôt sur le revenu établi dans les conditions de droit commun (CGI art. 193).

Le revenu net imposable servant au calcul de l'impôt sur le revenu est **déterminé** dans les conditions ordinaires ; lorsque la rémunération présente le caractère de salaire, son montant brut fait l'objet d'une **déduction pour frais professionnels** soit pour leur montant réel et justifié, soit sous la forme d'une déduction forfaitaire de 10 % (dans ce cas, la déduction est plafonnée conformément au droit commun).

Précisions **a.** La retenue à la source s'impute sur **l'impôt sur les sociétés** si le contribuable relève de cet impôt (CGI art 219 quinquies) ; l'excédent éventuel n'est pas restituable.

b. Un artiste humoriste domicilié en Suisse avait été considéré comme exerçant une **activité occulte** en France, dès lors qu'il n'avait pas déposé les déclarations qu'il était tenu de souscrire ni fait connaître son activité auprès d'un centre de formalité des entreprises ; il avait toutefois échappé à la majoration de 80 % car il avait été regardé comme ayant commis une simple erreur eu égard aux modalités d'échange de renseignements prévues par la convention fiscale franco-suisse et à la faible différence entre l'impôt réclamé par l'administration française et l'impôt déjà acquitté en Suisse (CAA Lyon 20 décembre 2018 n° 17LY02597 : RJF 4/19 n° 361). Cet arrêt a été annulé par CE 11 février 2021 n° 429893, 9e ch. : RJF 5/21 n° 517, notamment au motif que l'intéressé, résident de Suisse, était susceptible de ne pas être imposé en France sur les revenus tirés de ses **droits d'auteur**, ou, à défaut, de ne supporter qu'une imposition plafonnée à 5 % en application de la stipulation conventionnelle relative aux « redevances » ; la Cour avait, en outre, commis une erreur de droit car elle n'avait pas, concernant l'imposition des revenus tirés des **prestations artistiques** et des produits de la **vente de CD, DVD et vidéos**, regardés comme des recettes accessoires aux revenus tirés des recettes de spectacle, tiré les conséquences de la présomption de salariat posée par le Code du travail (n° 45165, Précisions f ; la Cour aurait dû relever d'office le moyen, qui ressortait des pièces du dossier, tiré de l'erreur commise par l'administration qui avait retenu la catégorie des BNC alors qu'aucune pièce du dossier ne permettait de renverser la présomption résultant du Code du travail). Sur renvoi, il a été jugé, d'une part, que les revenus tirés des prestations scéniques réalisées en France y étaient imposables sur le fondement de l'article 19 de la convention fiscale franco-suisse du 9 septembre 1966 modifiée (activités artistiques), d'autre part, que les recettes tirées de la vente de CD, DVD et vidéos n'y étaient pas imposables en l'absence de base fixe, sur le fondement de l'article 16 de la convention (professions libérales) et, enfin, que les droits d'auteur devaient supporter une imposition maximum de 5 % sur le fondement de l'article 13 (redevances) ; la Cour a accueilli la substitution de base légale demandée par le ministre pour imposer les revenus d'activité artistique dans la catégorie des **traitements et salaires** et, par voie de conséquence, déchargé la pénalité pour activité occulte, s'agissant d'une activité qui ne devait donner lieu à aucune déclaration auprès du centre de formalités des entreprises ou au greffe du tribunal de commerce (CAA Lyon 21 janvier 2022 n° 21LY00502, 2e ch. ; pourvoi enregistré sous le n° 462502).

Cas des contribuables modestes

45190 Comme pour l'article 182 A du CGI, la loi prévoit que la fraction des rémunérations (après déduction de l'abattement de 10 %) n'excédant pas la limite supérieure d'application du barème de l'article 182 A (n° 3250) n'est pas passible de l'impôt sur le revenu ; elle est seulement assujettie à la retenue à la source de 15 %. Cette fraction n'est pas non plus prise en compte pour le calcul de l'impôt sur le revenu (autrement dit, l'impôt sur le revenu se calcule sur les sommes versées qui excèdent cette limite).

En outre, le contribuable peut **demander** le **remboursement** de l'**excédent** de retenue à la source opérée lorsque la totalité de cette retenue excède le montant de l'impôt qui résulterait de l'application du barème de droit commun à la totalité de la rémunération qu'il a reçue. L'excédent de retenue à la source remboursable est donc égal à la différence entre :
– le montant de la retenue à la source pratiquée sur la totalité de la rémunération perçue par le contribuable au cours de l'année d'imposition ;
– et le montant de l'impôt afférent au montant total de ces rémunérations (y compris la fraction ayant supporté la retenue au taux de 15 %) calculé dans les conditions de droit commun.

Ces dispositions n'ont pas pour effet de limiter les **obligations déclaratives** des contribuables à la fraction de la rémunération qui excède la limite supérieure fixée aux III et IV de l'article 182 A du CGI. Le contribuable doit, dans tous les cas, porter sur sa déclaration annuelle des revenus le montant total des revenus imposables en France dont il a eu la disposition, ainsi que le total de la retenue à la source à laquelle ces rémunérations ont donné lieu.

Précisions **a.** Soit un **artiste non résident** (hors ETNC) qui doit recevoir une rémunération brute de 20 000 € ; cette somme fait l'objet d'une retenue à la source de 2 700 € [15 % × (20 000 - 10 % × 20 000)]. L'artiste reçoit donc 17 300 €. Cette retenue est **libératoire** si l'artiste n'a pas d'autre revenu de source française imposable en France par voie de rôle, puisque la rémunération perçue est inférieure à la limite supérieure du barème de l'article 182 A ; il n'a donc pas d'obligation déclarative en France. En outre, il peut demander le remboursement de l'excédent de la retenue à la source supportée si celle-ci est supérieure à l'impôt qui résulterait de l'application du barème de droit commun sur la somme reçue.

b. En cas de **pluralité de débiteurs**, la situation du contribuable doit, s'il y a lieu, être régularisée par voie de rôle.

c. Les **modifications** que l'article 13 de la loi n° 2018-1317 du 28 décembre 2018 de finances pour 2019 avait prévu d'apporter au dispositif, dans le cadre des réflexions alors en cours sur la fiscalité des non-résidents (n° 2835, Précisions), ont finalement été annulées par l'article 4 de la loi n° 2020-1721 du 29 décembre 2020 de finances pour 2021.

Prestations rendues par des sociétés européennes déficitaires

Pour les exercices ouverts depuis le 1er janvier 2020, les sociétés européennes fiscalement déficitaires dans leur État de résidence peuvent obtenir la **restitution** ou la dispense de la retenue à la source prévue à l'article 182 A bis du CGI selon les modalités décrites aux nos 60900 (CGI art. 235 quater) et 60920 (CGI art. 119 quinquies), à propos des distributions de dividendes. **45192**

Par différence, cette possibilité est cependant réservée aux personnes morales ou organismes dont le siège, ou, le cas échéant, l'établissement stable dans le résultat duquel les revenus et profits sont inclus, est situé dans un État membre de l'Union européenne ou dans un autre État partie à l'accord sur l'Espace économique européen ayant conclu avec la France une convention d'assistance administrative en vue de lutter contre la fraude et l'évasion fiscales ainsi qu'une convention d'assistance mutuelle en matière de recouvrement ayant une portée similaire à celle prévue par la directive 2010/24/UE du Conseil du 16 mars 2010 concernant l'assistance mutuelle en matière de recouvrement des créances relatives aux taxes, impôts, droits et autres mesures (Islande et Norvège) et qui ne soit pas non coopératif au sens de l'article 238-0 A du CGI (nos 71550 s.).

Précisions La non-application de la mesure aux **pays tiers** est sans doute justifiée, car la liberté de circulation que le législateur a cherché à respecter est la liberté de prestation de services et non la libre circulation des capitaux ; le raisonnement de la Cour de justice sur les sociétés étrangères en situation de déficit (n° 82062) n'est pas transposable, car une entrave éventuelle à la libre circulation des capitaux ne serait en l'espèce que la conséquence d'une entrave à la libre prestation de services.

Modalités pratiques

La retenue à la source est opérée **par le débiteur** des sommes versées, au moment de leur paiement ; elle n'a pas à être effectuée lorsque son montant n'excède pas 8 € par mois pour un même bénéficiaire. Le débiteur de la retenue à la source est tenu d'en verser le montant au service des impôts en charge du recouvrement (celui du lieu du domicile fiscal, du siège ou de l'établissement du débiteur en France ou, lorsque le débiteur n'a pas d'établissement en France, le service des impôts des entreprises étrangères) au plus tard le 15 du mois suivant le trimestre civil au cours duquel a eu lieu le paiement (CGI art. 1671 A). Ce rythme de versement de la retenue à la source est applicable aux revenus versés depuis le 1er janvier 2016 (auparavant, la retenue devait être acquittée au plus tard le 15 du mois suivant celui du paiement). **45195**

La retenue à la source doit être opérée **au moment où le paiement est effectué** et quelle que soit la forme qu'il prend (versement en numéraire, inscription au crédit d'un compte, virement de banque, paiement en nature, etc.). Le paiement doit être accompagné d'une **déclaration n° 2494-SD** (disponible en ligne sur le site www.impots.gouv.fr) en double exemplaire faisant apparaître l'identité et l'adresse du domicile fiscal ou du siège du bénéficiaire (adresse à l'étranger), le montant brut des sommes soumises à retenue à la source, le taux et le montant de la retenue. Une seule déclaration doit être établie par débiteur pour l'ensemble des bénéficiaires (elle doit être accompagnée d'un paiement unique).

Les versements passibles de la retenue à la source sur les revenus non salariaux doivent figurer sur la déclaration prévue par les articles 240 et 241 du CGI (**déclaration annuelle des commissions**, honoraires et droits d'auteur). Cette déclaration doit indiquer, outre le montant brut des paiements soumis à retenue, celui des retenues effectuées (CGI Ann. III art. 47). Les sommes ayant le caractère de salaires doivent figurer sur la déclaration des salaires.

Précisions En pratique, les artistes ou sportifs qui ont leur domicile fiscal hors de France et qui sont imposables en France à raison de revenus de source française peuvent **s'abstenir de souscrire une déclaration** de revenus sans encourir de sanction fiscale lorsqu'ils sont en mesure d'établir que la retenue à la source effectivement prélevée et versée au Trésor atteint ou dépasse le montant de l'impôt sur le revenu (BOI-IR-DOMIC-10-20-30 n° 50).

2. Cas des sportifs (CGI art. 182 B)

Principes

45200 Le régime applicable aux sportifs est celui de la **retenue à la source** résultant de l'article 30-II de la loi de finances pour 1990, qui a prévu l'application systématique de l'article 182 B du CGI aux artistes (qui en sont désormais exclus ; n° 45160) et aux sportifs, mais au taux de 15 %, plus faible que le taux général. Cette retenue est codifiée au d de l'article 182 B, I du CGI ; elle n'est pas libératoire de l'impôt sur le revenu (les sommes en cause n'entrent pas dans le champ d'application du prélèvement à la source de l'impôt sur le revenu ; n° 3630).

L'impôt sur le revenu est en principe exigible dans la catégorie des **traitements et salaires** ; il a, par exemple, été jugé que les gains perçus par des sportifs, tels que ceux obtenus par des **joueurs de tennis professionnels** lors de tournois professionnels, sont imposables dans la catégorie des traitements et salaires en raison de la présomption posée par l'article L 7121-3 du Code du travail (CE 22 juin 2011 n° 319240, 3e et 8e s.-s., Becker : RJF 10/11 n° 1046, à propos de gains obtenus lors des tournois de tennis de Roland-Garros en 1990 et 1991, de Paris-Bercy en 1990 et de Monte-Carlo en 1990 et 1991 ; voir aussi n° 46060).

En l'espèce, le Conseil d'État relève que le **Code du travail** prévoit que tout contrat par lequel une personne physique ou morale s'assure, moyennant rémunération, le concours d'un artiste du spectacle en vue de sa production est **présumé être un contrat de travail** dès lors que cet artiste n'exerce pas l'activité, objet de ce contrat, dans des conditions impliquant son inscription au registre du commerce (n° 45165, Précisions f) ; cette présomption subsiste quels que soient le mode et le montant de la rémunération, ainsi que la qualification donnée au contrat par les parties et n'est pas non plus détruite par la preuve que l'artiste conserve la liberté d'expression de son art, qu'il est propriétaire de tout ou partie du matériel utilisé ou qu'il emploie lui-même une ou plusieurs personnes pour le seconder, dès lors qu'il participe personnellement au spectacle.

Ces dispositions du Code du travail, eu égard à la généralité de leurs termes, qui ne définissent **pas** de manière **limitative** les artistes du spectacle et n'imposent aucun aspect culturel particulier à l'activité déployée par ceux-ci, sont applicables aux joueurs de tennis professionnels engagés dans des tournois du type de ceux que la Fédération française de tennis organise (de son côté, la Cour de cassation les avait déjà jugées applicables, notamment, à des boxeurs professionnels). Et aucune disposition du Code général des impôts ne fait obstacle à ce que les gains perçus par ces joueurs soient classés, pour l'assiette de l'impôt sur le revenu, dans la catégorie des traitements et salaires.

Cette décision souligne également que, par transposition de la jurisprudence judiciaire (qui était cependant destinée seulement à protéger les intéressés), la présomption posée par le Code du travail ne suppose pas la constatation de l'existence d'un **lien de subordination** entre l'entrepreneur de spectacles et la personne qui se produit et n'exige pas que le contrat conclu en vue de sa production soit passé directement avec elle, ni que la rémunération lui soit versée directement par l'entrepreneur de spectacles. Pour un exemple plus récent, voir CE 19 décembre 2018 n° 413033, 3e et 8e ch. : RJF 3/19 n° 265, à propos d'un joueur de football professionnel qui, en 2006, avait participé en Allemagne à la Coupe du monde de football (nos 10680, 45220, 42760 et 83560).

Précisions **a.** Dans l'affaire Becker, le contribuable n'alléguait apparemment pas qu'il était non-résident mais il semble ressortir de l'arrêt d'appel qu'il était Allemand et résident à Monaco ; si tel était bien le cas, on voit tout de même assez mal comment il a pu être imposé au titre de gains réalisés à Monte-Carlo, s'agissant en ce cas d'une activité salariée réalisée hors de France par un non-résident et non imposable en France même si le débiteur est domicilié en France.

b. Le Conseil d'État avait précédemment jugé que la présomption posée par le Code du travail était applicable à des **coureurs cyclistes professionnels** engagés dans des critériums (CE 8 juillet 1988 n° 60731, Association « Le circuit de l'Aulne : RJF 10/88 n° 1155).

c. Sur le cas particulier des **non-résidents européens** qui retirent de France l'essentiel de leurs revenus et qui ne bénéficient pas, dans leur État de résidence, de mécanismes suffisants de nature à minorer leur imposition en fonction de leur situation personnelle et familiale (non-résidents « Schumacker »), voir nº 3097.

d. Il a été jugé que la somme versée par un équipementier néerlandais, en contrepartie de **droits à l'image**, à un joueur membre d'un club de football français, non domicilié en France et ayant fait l'objet d'un « prêt » à un club brésilien, constitue une rémunération imposable en France dans la catégorie des traitements et salaires, alors même que l'intéressé était absent du territoire national ; cette somme a été considérée comme étant, en réalité, un **complément de salaire** supporté indirectement par le club français par l'intermédiaire de l'équipementier (TA Toulouse 21 mai 2013 nº 0903984, 1e ch., Arruda : JurisData nº 2013-018124 ; ce jugement, définitif, se place cependant dans le contexte d'un montage critiqué sous l'angle de l'abus de droit).

e. La somme perçue sur un compte suisse par un joueur de football professionnel domicilié en France à l'occasion de son **transfert d'un club** de football suisse à un club de football français est imposable en France dans la catégorie des traitements et salaires étant donné son lien de rattachement avec le futur contrat de travail conclu entre le sportif et le club (CE 13 juin 2016 nº 384789, 10e et 9e ch. : RJF 10/16 nº 856).

Champ d'application

La retenue à la source concerne toutes les prestations qui relèvent des **activités sportives** : athlètes, joueurs de football, tennis, golf, boxeurs, coureurs cyclistes, pilotes de course, jockeys, etc. Les conditions d'application de la retenue à la source sont les mêmes que pour les artistes (nº 45165). **45205**

Seules sont cependant concernées les véritables prestations sportives, et non, par exemple, les **prestations publicitaires** même rendues par des sportifs professionnels (CAA Douai 5 février 2019 nº 17DA00841, SAS Kenny Équipement : RJF 7/19 nº 616, arrêt définitif concernant un champion professionnel de rallye-raid domicilié à Andorre et rémunéré pour porter des vêtements de la marque de son sponsor ; voir également nos 2960 et 3445).

Précisions La retenue à la source de l'article 182 B, I-d du CGI n'était pas due sur des sommes versées par une commune à une société espagnole, dans la mesure où ces sommes constituaient la contrepartie d'une **prestation globale formant un spectacle complet** incluant notamment les services de **toreros**, la commune n'ayant signé aucun contrat avec les toreros ; dans une telle circonstance, la commune n'était pas débitrice, au sens et pour l'application de l'article 182 B, I-d du CGI, de sommes correspondant aux prestations des toreros (CE 21 novembre 2007 nº 295356, 8e et 3e s.-s., min. c/ Ville de Nîmes : RJF 2/08 nº 105 ; conclusions Laurent Olléon au BDCF 2/08 nº 13) ; en effet, l'article 182 B du CGI suppose un versement direct au prestataire. À notre avis, la retenue était cependant exigible dans cette affaire, non pas de la commune elle-même, mais de l'organisateur du spectacle, même résident d'Espagne (l'administration s'est probablement trompée de contribuable).

Exigibilité de la retenue à la source

Les sommes versées aux sportifs font l'objet d'une retenue au **taux** de 15 % de leur montant brut, y compris les frais d'encaissement (aucune déduction ni abattement pour frais professionnels n'est admis à ce stade ; une restitution peut être éventuellement demandée ensuite comme indiqué nº 3440). La retenue doit être prélevée par le débiteur de la rémunération, dès lors qu'il exerce une activité en France, comme pour les artistes (sous réserve des non-résidents européens dits « Schumacker » ; voir nº 3097). **45210**

Le taux de la retenue est porté à 75 % lorsque les sommes, autres que les salaires, sont payées à des personnes domiciliées ou établies dans un ETNC (comme pour les artistes ; nº 45180).

La retenue n'est **pas libératoire** de l'impôt sur le revenu dû en France par les sportifs. Elle s'impute sur le montant de cet impôt dont elle constitue en quelque sorte un acompte (sur la question du remboursement de l'excédent éventuel, voir nº 3520).

Bien que la retenue ne soit pas libératoire de l'impôt sur le revenu, l'administration admet qu'en pratique les intéressés puissent s'abstenir de souscrire une déclaration sans encourir de sanction fiscale lorsqu'ils sont en mesure d'établir que la retenue à la source effectivement prélevée et versée au Trésor atteint ou dépasse le montant de l'impôt sur le revenu (calculé sur un revenu net ; BOI-IR-DOMIC-10-20-30 nº 50). Bien entendu, un complément doit être perçu par voie de rôle, sur déclaration du contribuable, lorsque la retenue acquittée est inférieure au montant de l'impôt sur le revenu.

Les **modalités pratiques** d'application de la retenue sont les mêmes que pour les artistes (nº 45195).

Précisions **a.** Une loi du 23 octobre 2006 a créé une **franchise fiscale** sur les sommes et indemnités perçues par les arbitres et juges (CGI art. 93, 10) ; en principe, cette franchise devrait s'appliquer aux sommes qui leur sont versées et qui sont soumises à la retenue à la source.

b. Les **taxes sur le chiffre d'affaires** qui sont éventuellement exigibles ne sont **pas incluses** dans l'assiette imposable.

c. Si le débiteur prend à sa charge certains frais engagés par le bénéficiaire (par exemple, frais de déplacement), ou la retenue à la source elle-même, il s'agit d'un **avantage indirect** qui est lui-même assujetti à la retenue.

B. En présence d'une convention fiscale

Principes

45215 Les rémunérations des prestations artistiques ou sportives fournies ou utilisées en France et revenant à des résidents d'États ou territoires liés à la France par une convention fiscale ne sont imposables en France que lorsque la convention ne s'y oppose pas. Lorsque la France a le droit d'imposer, les modalités d'imposition sont celles du droit français.

D'une façon générale, lorsqu'une convention fiscale est applicable, elle confirme, si elle reprend le modèle de convention fiscale de l'OCDE, **le droit d'imposer** que se reconnaît habituellement l'État d'exercice de l'activité : « les revenus qu'un résident d'un État contractant tire de ses activités personnelles exercées dans l'autre État contractant en tant qu'artiste du spectacle, tel qu'un artiste de théâtre, de cinéma, de la radio ou de la télévision ou qu'un musicien, ou en tant que sportif, sont imposables dans cet autre État » (Modèle OCDE, art. 17 § 1). La liste donnée par la convention modèle précise la notion « d'artistes », mais, selon les commentaires, elle ne doit pas être considérée comme exhaustive ; comme il peut exister une « **zone intermédiaire** » entre les artistes et le personnel administratif ou technique, par exemple, l'OCDE invite à apprécier le « **profil global** » des activités de l'intéressé (Commentaires OCDE, C (17) nº 3).

Pratique française

45220 La grande majorité des conventions fiscales signées par la France reprend le principe posé par le comité des affaires fiscales de l'OCDE (nº 45215). Quelques conventions prévoient que ce droit est attribué à **l'État d'exercice** de l'activité, même si les intéressés n'y disposent pas d'une base fixe, ou d'un point d'attache fixe. Cette précision est cependant superflue lorsque la convention reprend le modèle de convention fiscale de l'OCDE, compte tenu de la généralité des termes employés et du fait que l'article 17 s'applique « nonobstant » les articles 7 et 15, relatifs aux bénéfices des entreprises et aux revenus d'emploi.

Pour un exemple de solution concernant une convention fiscale qui, à l'époque, ne reprenait pas les prescriptions actuelles du modèle de l'OCDE, voir CE 19 décembre 2018 nº 413033, 3ᵉ et 8ᵉ ch. : RJF 3/19 nº 265, jugeant qu'un joueur de football professionnel salarié de l'Olympique de Marseille était imposable en France et non en Allemagne à raison de sa participation à la phase finale de la Coupe du monde de football en 2006, qui se déroulait en Allemagne ; en l'espèce, le Conseil d'État applique la clause de **mission temporaire** de la convention franco-allemande du 21 juillet 1959 à juste titre dès lors que cette convention ne contenait pas, à l'époque, de stipulation spécifique relative aux sportifs (voir également nº 42760).

La pratique française actuelle s'écarte parfois légèrement du modèle proposé par l'OCDE par l'introduction d'une référence explicite aux **mannequins** dans les stipulations relatives aux artistes du spectacle et aux sportifs ; tel est le cas, par exemple, dans la convention fiscale franco-allemande du 21 juillet 1959 dans sa rédaction issue de l'avenant du 31 mars 2015 (article 13, b de la convention). Le protocole annexé à la convention donne même une définition des mannequins en précisant que « sera considérée comme mannequin toute personne exerçant à titre principal ou accessoire une activité consistant à présenter des produits (vêtements, bijoux, produits de beauté par exemple) au public, quelles que soient les conditions de présentation (défilés ou photographies par exemple) ». La convention fiscale du 25 juin 2015 entre la France et la **Colombie** vise également les mannequins à l'article relatif aux artistes et sportifs, de même que la convention **franco-luxembourgeoise** du 20 mars 2018.

Précisions L'extension du dispositif aux **mannequins** se retrouvait déjà dans les conventions fiscales franco-andorrane du 2 avril 2013 et franco-chinoise du 26 novembre 2013. Elle n'a pas été reprise, en revanche, dans la convention franco-singapourienne du 15 janvier 2015.

La **convention franco-américaine** du 31 août 1994 contient un dispositif original sur les artistes et sportifs (article 17) : **45225**
– si le montant des recettes brutes de l'artiste ou du sportif ne dépasse pas 10 000 dollars (ou l'équivalent en euros) pour l'année fiscale (ce montant inclut les dépenses qui leur sont remboursées ou qui sont supportées pour leur compte), celui-ci ne peut être imposé dans l'État d'exercice de l'activité (sauf application des règles habituelles concernant les activités indépendantes ou les salariés) ;
– dans le cas contraire, l'artiste ou le sportif est imposable dans l'État où il a exercé son activité.

La convention **franco-luxembourgeoise** du 20 mars 2018 reprend un principe voisin en prévoyant que les revenus des artistes, sportifs ou mannequins ne sont imposables que dans leur État de résidence lorsque le montant brut de ces revenus n'excède pas 20 000 € au titre de l'année d'imposition concernée.

Autre particularité, dans le cadre **franco-belge**, un échange de lettres des 17 décembre 1965 et 4 janvier 1966 a apporté certaines indications sur la façon dont les autorités compétentes entendent traiter les artistes, notamment sur les critères permettant de décider si ces derniers **organisent les manifestations** eux-mêmes ou pour leur propre compte (BOI-INT-CVB-BEL-10-20 nos 30 s. et BOI-ANNX-000311).

Certaines conventions fiscales ne contiennent aucune disposition sur les artistes ou les sportifs (cas général dans les pays de l'ex-Communauté). Dans ce cas, il convient d'appliquer les règles relatives aux **professions salariées ou indépendantes**, selon le cas ; ces règles conduisent le plus souvent à dénier tout droit d'imposer à l'État d'activité dès lors que les prestations sont normalement de courte durée (auquel cas il s'agit d'une mission temporaire, en présence d'un salarié) et que l'artiste ou le sportif n'a pas d'installation professionnelle permanente en France (s'il n'est pas salarié). **45300**

Il peut arriver que la convention fiscale conduise à distinguer le cas où l'artiste ou le sportif est lié par un contrat de travail et relève alors de l'article sur les professions dépendantes (salariés), et les autres situations qui relèvent des professions indépendantes (cette distinction se retrouvait dans certaines anciennes conventions fiscales, comme celle conclue avec le Luxembourg le 1er avril 1958 et qui n'est plus en vigueur, mais elle ne correspond pas à la politique actuelle de la France).

Les conventions fiscales françaises prévoient souvent, notamment les conventions modernes, l'imposition exclusive dans l'État de la résidence lorsque les activités de l'artiste ou du sportif sont financées pour une part importante par cet État, une collectivité territoriale de cet État ou une personne morale de droit public établie dans cet État. Il s'agit d'exonérer dans l'État d'exercice de l'activité les représentations financées par les **institutions publiques** à **vocation culturelle**, **artistique** ou **sportive**, dont les recettes proviennent essentiellement, ou de manière importante, de fonds publics, afin de favoriser les échanges culturels « officiels » entre les États (Commentaires OCDE, C (17) n° 14 ; mais le modèle lui-même ne contient pas cette exclusion). **45310**

Interprétations jurisprudentielles

La jurisprudence offre divers exemples de la façon dont il convient d'interpréter les stipulations conventionnelles relatives aux artistes et sportifs ; on relèvera notamment les suivants : **45312**

a. Un contribuable domicilié en Suisse est imposable en France à raison des rémunérations perçues au titre d'une activité de **professionnel du spectacle** exercée en France

(CE 2 juin 1989 nº 64246, 8e et 7e s.-s., Aigroz : RJF 8-9/89 nº 908) ; dans le cadre franco-suisse, voir également l'affaire Aznavour, nº 45785.

b. Un artiste résident de France qui perçoit des rémunérations à raison de sa participation au **tournage** au Maroc de **scènes d'un film** est imposable en France et non au Maroc, car il ne s'agit pas de cachets retirés des représentations d'un spectacle au sens de la convention fiscale (CAA Paris 8 mars 1994 nº 93-303, 2e ch., Isabelle Adjani : Droit fiscal 1995 nº 15 comm. nº 795 ; arrêt définitif) ; en l'espèce, la convention fiscale du 29 mai 1970 entre la France et le Maroc comportait des dispositions spécifiques, mais limitées aux bénéfices et cachets retirés de représentations théâtrales, musicales, de music-hall, de cirque ou analogues.

c. Un **chef de chœur** qui sélectionne et entraîne des chanteurs mais qui **n'apparaît pas** lui-même **en public** n'est pas un professionnel du spectacle au sens des conventions fiscales avec les Pays-Bas et le Royaume-Uni (TA Dijon 14 mai 1996 nº 92-2210, 2e ch., Oldham : RJF 10/96 nº 1119 ; jugement définitif) ; comme il n'exerce pas non plus une activité indépendante, sa rémunération est un salaire non imposable en France compte tenu des circonstances de l'espèce.

d. Des **« primes d'apparition »** qui rémunèrent des joueurs de **golf** pour leur participation à des manifestations sportives sans prise en compte d'éventuelles performances (rémunérées, de leur côté, par des primes de compétition), appartiennent par nature à la catégorie des recettes tirées par les sportifs de leur activité et sont imposables dans l'État d'exercice de l'activité sous l'empire des conventions fiscales reprenant le modèle de convention fiscale de l'OCDE (CAA Paris 13 juin 2000 nos 96PA04597 et 97PA00405, 2e ch., Sté Promogolf, arrêt définitif annulant partiellement TA Paris 11 juin 1996 nº 93-9063, 1e section, 3e ch., Sté Promogolf : RJF 12/96 nº 1378).

e. Les sommes perçues par un **cycliste** résident du Danemark sous l'empire d'une convention fiscale qui ne contient pas de clause spécifique sont des « salaires » (CAA Nantes 19 juin 2002 nº 99-1174, 1e ch., Association Club Olympique Polynormande : RJF 4/03 nº 483 ; cet arrêt, définitif, juge également le cas de coureurs irlandais et monégasques).

f. Une **rémunération globale** versée à une société espagnole pour la fourniture de « plateaux tauromachiques » n'est pas imposable en France au titre du d de l'article 182 B, I du CGI (prestations sportives, et artistiques à l'époque), dans la mesure où le débiteur n'a pas de relation directe avec les **toreros** ; elle n'est pas non plus passible de la retenue générale du c du même article (prestations de toute nature fournies ou utilisées en France), dès lors que la convention fiscale franco-espagnole du 27 juin 1973 y fait obstacle, les toreros ne contrôlant pas la société espagnole (CE 21 novembre 2007 nº 295356, 8e et 3e s.-s., min. c/ Ville de Nîmes : RJF 2/08 nº 105 aux conclusions Laurent Olléon au BDCF 2/08 nº 13 ; voir également nº 45205, Précisions).

SECTION 2

L'application du principe en l'absence de mise en jeu de dispositifs anti-abus

45345 Les conventions fiscales sont muettes sur la question des **modalités d'imposition**. Celles-ci doivent donc être étudiées sous le seul angle du droit interne des États. Or le droit interne fait souvent une distinction selon la qualification donnée à l'activité exercée par l'artiste ou le sportif, sauf quand il est prévu une retenue à la source unique sur les revenus perçus par les artistes ou sportifs non résidents comme en France (15 %).

Du côté français, il convient de **distinguer les situations suivantes**, en prenant l'hypothèse d'un artiste ou d'un sportif non résident intervenant en France (l'organisateur étant également en France).

A. Cas où l'artiste ou le sportif (non résident de France) a signé personnellement le contrat

Principes

45350 Dans cette hypothèse, la France a le droit d'imposer, par voie de retenue à la source de 15 %, les rémunérations perçues par l'artiste ou le sportif, sauf si une convention fiscale l'interdit (de façon exceptionnelle). Il n'y a pas lieu, dans ce cas, de distinguer selon que le régime des salaires s'applique ou non, ni de chercher à déterminer si les rémunérations relèveraient éventuellement des bénéfices non commerciaux.

Cette solution vaut également lorsque le contrat n'est pas conclu personnellement par l'artiste ou le sportif, mais par un **mandataire** désigné par lui, par exemple un **imprésario** (voir notamment CE 21 avril 1989 nº 88983, 7e et 8e s.-s., Cinécustodia : RJF 6/89, nº 724, sur la notion de mandat donné par un artiste à une société pour encaisser l'ensemble de ses cachets). Sur cette question, voir également TA Paris 11 juin 1996 Promogolf (nº 45312 d), jugeant que les sommes versées à des joueurs de golf étrangers par l'intermédiaire de mandataires doivent être réputées versées dans le pays où se situe le domicile fiscal du mandant, ainsi que la décision rendue par le Conseil d'État dans l'affaire Becker (nº 46060).

Précisions **a.** S'il n'y avait pas les articles 182 A bis et 182 B du CGI, relèveraient du régime des **bénéfices non commerciaux** notamment les redevances perçues au titre de l'enregistrement d'œuvres ou au titre de diverses utilisations secondaires d'émissions de radio ou de télévision, ou encore perçues en sus du salaire par les acteurs de cinéma (lorsque ceux-ci reçoivent, en plus de leur rémunération contractuelle fixée d'avance, des redevances déterminées en fonction des produits tirés de l'exploitation du film).

b. L'administration souligne que le paiement à un **mandataire** (manager) agissant pour le compte de l'artiste équivaut à un paiement direct à l'artiste (BOI-IR-DOMIC-10-20-20-20 nº 60).

Modalités

45355 Les conventions fiscales n'ont pas d'incidences sur les modalités d'imposition ; par conséquent, les règles décrites aux nos 45160 s. en ce qui concerne les artistes et nos 45200 s. en ce qui concerne les sportifs sont applicables sans limitation. Comme pour les autres contribuables, cependant, les principes de **non-discrimination** peuvent être amenés à jouer ainsi que les solutions découlant de la jurisprudence de la Cour de justice dans le cadre de l'Union européenne.

Reversement à des collaborateurs

45365 Une question pratique se pose parfois en présence d'artistes ou de sportifs qui reversent des rémunérations à des collaborateurs salariés ; ces reversements ne sont pas normalement déductibles pour la détermination de l'assiette de la retenue à la source. Mais, quoique la doctrine administrative soit muette sur ce point, on ne devrait pas appliquer une seconde retenue sur les sommes perçues par ces collaborateurs (par hypothèse domiciliés hors de France), sauf à créer des doubles impositions.

B. Cas où le contrat a été conclu entre l'organisateur français et un groupe d'artistes ou de sportifs non résidents de France

45370 Cette hypothèse se rencontre souvent en pratique (cas des **orchestres**, par exemple). Le traitement fiscal des rémunérations perçues dépend a priori de la constitution ou non de ce groupe en entité dotée de la personnalité morale.

1. Si le groupe n'a pas la personnalité morale

45440 La situation de chacun des membres du groupe ne peut, en principe, être appréciée distinctement (notamment pour l'application des conventions fiscales) que si l'organisateur a la **connaissance** de leur **identité** et du **montant** de leur rémunération (par exemple, par une liste annexée au contrat). Dans ce cas, on devrait appliquer les règles qui précèdent à chaque membre, individuellement.

Mais si tel n'est pas le cas, il faudrait considérer que la rémunération versée **globalement** au groupe doit toujours être traitée comme correspondant à une prestation artistique ou sportive fournie ou utilisée en France et supporter en conséquence la retenue à la source. Autrement dit, le même résultat est atteint dans les deux situations, sauf si certains membres du groupe étaient exonérés sur le fondement d'une convention fiscale.

Bien entendu, chaque membre du groupe ne peut imputer sur son propre impôt sur le revenu que la quote-part de la retenue à la source globale correspondant à sa rémunération personnelle (BOI-IR-DOMIC-10-20-20-20 n° 260).

2. Si le groupe a la personnalité morale

45460 Dans ce cas, c'est nécessairement le groupe qui perçoit la rémunération (à charge de la ventiler entre ses membres en fonction des contrats existants). Le groupe constitue donc une personne interposée mais son existence n'obéit pas ici, par hypothèse, à des considérations d'évasion fiscale. Il a une **activité « réelle »**, à la différence des cas envisagés plus loin (nos 45780 s.).

Si le groupe n'est pas établi dans un pays lié à la France par une convention fiscale

45465 Dans ce cas, le groupe doit a priori être traité comme n'importe quelle personne morale rendant des services en France, ce qui conduit à soumettre à la retenue à la source la rémunération qu'il perçoit. Celle-ci doit, à notre avis, être effectuée par le **débiteur « primaire »**, c'est-à-dire l'organisateur français. Il n'y a pas lieu, selon nous, de réclamer une seconde retenue au débiteur « secondaire » (l'employeur des artistes ou sportifs), même si ce dernier entre effectivement dans le champ des articles 182 A bis et 182 B du CGI, au titre de l'exercice d'une activité en France, faute de quoi on aboutirait inévitablement à une double imposition (n° 3460).

Cela dit, en application de la jurisprudence du Conseil d'État (dans l'affaire Ville de Nîmes, n° 45205, Précisions), il y aurait sans doute lieu de procéder à la distinction suivante :
– s'il s'agit d'une **prestation globale** (par exemple, un spectacle complet incluant notamment mais non exclusivement des services d'artistes ou sportifs), la retenue à la source serait celle de l'article 182 B, calculée au taux normal (n° 3442 ; 75 % en présence d'États ou territoires non coopératifs au sens indiqué n° 71555) ;
– s'il s'agit d'une prestation **purement artistique** ou **sportive**, la retenue à la source serait celle des articles 182 A bis ou 182 B du CGI, au taux de 15 % (75 % en présence d'États ou territoires non coopératifs au sens indiqué n° 71555).

Lorsque l'article 155 A du CGI n'est pas applicable, les artistes ou sportifs non-résidents ne sont imposables en France que sur les rémunérations auxquelles ils ont personnellement droit à raison des prestations fournies ou utilisées en France. La retenue à la source n'est bien entendu imputable qu'à raison du montant correspondant à ces rémunérations (BOI-IR-DOMIC-10-20-20-20 nos 280 et 285).

45467 **Exemple** Pour illustrer les principes, on prendra l'exemple d'une somme de 300 000 € payée par l'organisateur d'une manifestation à une société étrangère qui rend une **prestation sportive** et qui utilise elle-même les services d'un sportif auquel elle verse une rémunération de 200 000 € ; on a :
– retenue à la source : 45 000 € (300 000 × 15 %) ; s'il s'agit d'une prestation artistique, l'assiette de la retenue à la source est réduite à 270 000 € compte tenu de l'abattement de 10 % (en tout état de cause, l'assiette imposable ne peut pas être modifiée par la solution décrite n° 3440, car la restriction géographique est applicable dans cette hypothèse) ;
– rémunération brute due par la société étrangère au sportif pour ses prestations en France : 200 000 € ;
– retenue à la source imputable sur l'impôt sur le revenu :
200 000 € × 15 % = 30 000 € (ou 45 000 × 200 000/300 000)

Dans une telle situation :
– l'organisateur prélève la retenue sur la totalité des sommes payées à la personne morale interposée (même solution si l'article 155 A est applicable, n° 46160) ;

– le sportif n'est cependant imposable en France, au titre de l'impôt sur le revenu, que sur la rémunération qu'il perçoit effectivement sous déduction de la quote-part de retenue à la source qu'il a supportée (alors que si l'article 155 A est applicable, il est imposable sur la totalité).

Si le groupe est établi dans un pays lié à la France par une convention fiscale

Dans ce cas, sa situation doit être appréciée à la lumière des stipulations conventionnelles. Il y a lieu d'établir une **distinction** entre les conventions fiscales, car elles ne sont pas toute rédigées de la même façon. **45470**

Conventions fiscales prévoyant l'interposition de personnes Certaines conventions fiscales prévoient expressément que les revenus d'activités d'un artiste ou d'un sportif attribués non pas à lui-même personnellement mais à une autre personne (ici le groupe) sont imposables dans l'État où les activités sont exercées (clause OCDE ; n° 46320) ; dans ce cas, le **groupe** est, à notre avis, **imposable** en France (sauf exceptions, telles que celle concernant les financements publics) comme précédemment : retenue à la source prélevée par l'organisateur sur la rémunération payée à la personne interposée puis imposition complémentaire éventuelle au nom de l'artiste ou du sportif intéressé. **45472**

Si la personne interposée fournit, outre les services d'artistes ou sportifs, des **services d'une autre nature**, la rémunération correspondant à ces derniers ne relève pas des dispositions conventionnelles relatives aux revenus des prestations artistiques ou sportives. Il faut alors déterminer séparément le régime d'imposition de ces revenus.

Conventions fiscales ne prévoyant pas l'interposition de personnes **45474** Diverses conventions fiscales n'envisagent pas l'interposition de personnes tout en prévoyant l'imposition des artistes ou sportifs dans l'État d'exercice de l'activité ; dans ce cas, la personne morale ne peut être imposée en France. Mais l'artiste ou le sportif reste personnellement imposable en France sur la rémunération que lui verse la personne morale étrangère.

En pratique, l'administration semble considérer que la **retenue** doit toujours être prélevée par **l'organisateur français**, les modalités d'imposition étant les mêmes que précédemment, lorsque la convention fiscale prévoit l'imposition en France des artistes ou sportifs eux-mêmes. Cette solution serait cependant contestable, car elle reviendrait à imposer la personne interposée alors que la convention ne le prévoit pas. En revanche, la personne interposée devrait acquitter la retenue en France au titre des rémunérations qu'elle verse aux intéressés, ceux-ci étant eux-mêmes soumis à l'impôt sur le revenu.

Conventions fiscales ne visant pas les artistes ou sportifs Certaines conventions fiscales ne contiennent aucune disposition relative aux artistes et aux sportifs ; dans ce cas, il n'y a normalement d'imposition en France qu'en présence d'une base fixe (établissement stable) située en France (n° 23650), ou bien lorsque l'artiste ou le sportif est un salarié qui n'exerce pas en France une mission simplement temporaire (nos 42760 s. ; la présomption de salariat est susceptible de jouer comme indiqué n° 45200). **45476**

Les artistes et sportifs qui exercent sous le couvert d'une personne morale résidente de l'autre État, mais dont ils ne sont pas salariés ne sont normalement **pas**, dans ce cas, **imposables** en France. Si la personne interposée n'a pas d'établissement en France, ni les rémunérations versées par l'organisateur ni celles versées aux artistes par la personne interposée ne sont en principe imposables en France. Cela étant, la solution retenue par le Conseil d'État dans l'affaire Becker (nos 45200 et 46060), fondée sur la présomption posée par le Code du travail, est susceptible de retirer à cette conclusion beaucoup de sa portée pratique.

Précisions Il n'y a pas de difficulté si le groupe n'est pas rémunéré en tant que tel et si chacun de ses membres est **directement rémunéré** par l'organisateur ; il faut alors appliquer les règles qui régissent les relations établies personnellement entre l'artiste et l'organisateur.

C. Cas où l'artiste ou le sportif non résident de France organise lui-même une manifestation en France

45500 Il s'agit du cas où l'artiste ou le sportif non résident est le véritable organisateur de la manifestation, c'est-à-dire lorsqu'il en supporte toutes les charges et en assume les risques (le cas échéant avec d'autres coorganisateurs). Les revenus retirés par les artistes et sportifs à ce titre peuvent être des bénéfices non commerciaux ou des bénéfices industriels et commerciaux.

1. Principe : imposition au titre des BNC

45560 L'organisateur n'est normalement pas imposable en France s'il n'y exerce qu'une activité occasionnelle et de courte durée. L'imposition en France n'est, en effet, possible, comme pour toutes les **professions indépendantes**, qu'en présence d'une base fixe (établissement stable) en France (n° 23650), lorsqu'une convention fiscale est applicable. Il en va cependant autrement lorsque joue la présomption de salariat posée par le Code du travail (nos 45200 et 46060).

Lorsque les revenus sont imposables en France, l'imposition est établie par voie de rôle, dans les conditions habituelles pour les professions non commerciales ou les salariés.

S'il n'existe pas de convention fiscale, le droit d'imposer reconnu à la France en droit interne s'applique sans limitation.

2. Exception : imposition au titre des BIC

45580 Les profits réalisés par les artistes ou sportifs sont parfois qualifiés de bénéfices industriels et commerciaux ; tel est le cas lorsque les conditions dans lesquelles l'activité est exercée autorisent l'assimilation des intéressés à de véritables **« entrepreneurs de spectacles »** ou de manifestations sportives (n° 45582).

On relève, par exemple, dans l'ordre interne, qu'est imposable dans la catégorie des BIC un contribuable qui **organise entièrement des tournées** d'artistes ou de groupes qu'il a prospectés, négocie seul les conditions de production des artistes (même si les contrats sont signés entre les artistes et les organisateurs de spectacles) et perçoit lui-même, ou par l'intermédiaire de son agence de spectacles, la totalité des rémunérations convenues qu'il redistribue ensuite sur la base de contrats verbaux entre les artistes et techniciens. Bien que l'organisateur n'ait pas partagé les risques de l'organisation des spectacles et n'ait pas eu la qualité d'employeur vis-à-vis des artistes, il exerçait une activité de prestataire de services fournissant des spectacles et non d'agent artistique, activité qui aurait relevé des bénéfices non commerciaux (CAA Nancy 10 octobre 1989 n° 172, Plén., Legros : RJF 1/90 n° 5 ; cet arrêt a fait l'objet d'un pourvoi rejeté par CE 28 avril 1993 n° 112072, 8e et 9e s.-s. : RJF 6/93 n° 816). Il est à noter que la présomption d'existence d'un contrat de travail ne joue pas lorsque l'artiste ou le sportif exerce son activité dans des conditions impliquant son inscription au **registre du commerce** (n° 45200).

45582 L'administration considère que, lorsque les artistes ou sportifs non résidents organisent eux-mêmes des manifestations artistiques ou sportives en France, ils exploitent une entreprise en France au sens de l'article 209, I du CGI, dans la mesure où il s'agit d'un **cycle commercial complet** (nos 5400 s. ; BOI-IR-DOMIC-10-20-20-20 n° 50). Tel est a fortiori le cas en présence d'une installation en France.

Dès lors, si le contribuable n'est pas domicilié dans un pays lié à la France par une convention fiscale ou, dans la négative, si l'activité est exercée par l'intermédiaire d'un établissement stable en France (n° 16600), l'imposition est possible en France ; elle est établie par voie de rôle au nom du bénéficiaire.

Dans les autres cas, il n'y a pas normalement d'imposition en France.

D. Autres revenus des artistes ou sportifs

45610 Les interventions des artistes et sportifs sont normalement rémunérées dans les conditions indiquées précédemment, les rémunérations étant versées par les organisateurs des spectacles.

Toutefois, les artistes et sportifs reçoivent parfois d'autres revenus qui peuvent être, d'une manière générale, des droits d'auteur ou des revenus divers provenant d'activités liées à leur « notoriété ».

1. Droits d'auteur

Il s'agit de rémunérations annexes perçues par les artistes ou sportifs, comme les sommes perçues pour l'enregistrement d'œuvres, au titre de la retransmission d'émissions de radio ou de télévision, etc. **45680**

En droit interne, ces sommes ne pourraient être soumises à la retenue à la source de 15 % prévue aux articles 182 A bis et 182 B du CGI (75 % en présence d'États ou territoires non coopératifs au sens indiqué n° 71555) que si l'on pouvait les faire entrer dans la catégorie des prestations artistiques ou sportives, ce qui nous paraît difficile étant donné que la loi vise expressément les droits d'auteur à l'article 182 B, I-b du CGI, sans qu'il y ait d'ailleurs de restriction quant au lieu d'exploitation des droits (n° 3465).

Ce droit d'imposition s'applique intégralement et sans difficultés particulières lorsque l'artiste ou le sportif n'est pas résident d'un pays lié à la France par une convention fiscale.

En revanche, si une **convention fiscale** est applicable, il convient, à notre avis, de se référer aux stipulations relatives aux droits d'auteur, lesquelles prévoient en général :
- soit l'application d'un taux réduit ;
- soit l'exonération dans l'État de la source.

Cela étant, il arrive que les conventions fiscales prévoient des règles particulières ; ainsi, la convention fiscale franco-allemande du 21 juillet 1959, dans sa rédaction issue de l'avenant du 31 mars 2015, stipule que lorsqu'un artiste (ou un sportif ou un mannequin) qui est résident d'un État et qui était **antérieurement résident** de l'autre État, tire des revenus d'un résident de cet autre État (celui de la résidence antérieure) au titre de l'usage ou du droit d'usage de son nom, de son image ou d'autres attributs de la personnalité, ces revenus sont imposables dans ce dernier État, nonobstant les dispositions relatives aux redevances (article 13 § b de la convention).

Précisions **a.** Lorsque les droits d'auteur sont perçus **par une personne interposée**, les dispositions de l'article 155 A du CGI sont éventuellement applicables (n°s 45780 s.), sous réserve de la portée exacte de la jurisprudence du Conseil d'État (n°s 46062 et 46065), sauf si la personne interposée est le mandataire de l'artiste ou du sportif. S'il s'agit d'un mandataire, il conviendrait d'appliquer la convention fiscale entre la France et le pays de résidence de l'artiste ou du sportif (et non pas celui du mandataire).

b. Sur le cas particulier des **non-résidents européens** qui retirent de France l'essentiel de leurs revenus et qui ne bénéficient pas, dans leur État de résidence, de mécanismes suffisants de nature à minorer leur imposition en fonction de leur situation personnelle et familiale (non-résidents « Schumacker »), voir n° 3097.

2. Autres revenus

Éléments de contexte

Il s'agit essentiellement des revenus qu'un artiste ou un sportif retire de prestations qui n'ont pas véritablement un caractère artistique ou sportif, mais qui sont en fait **liées à sa notoriété**. Ces rémunérations sont souvent une source appréciable de revenu pour les intéressés (par exemple, lorsqu'ils ont concédé l'usage de leur nom ou de leur **image** à des fins commerciales ou publicitaires). **45700**

Il ne s'agit pas de droits d'auteur ; mais ces revenus sont soumis à la même retenue à la source en droit interne (au taux normal indiqué n° 3442 et non pas au taux de 15 %, sauf à reconnaître à ces prestations un caractère artistique ou sportif, ce qui ne nous paraîtrait pas justifié ; 75 % en présence d'États ou territoires non coopératifs au sens indiqué au n° 71555).

En présence d'une convention fiscale, ce prélèvement peut être réduit ou supprimé, étant entendu que les exonérations spécifiques aux droits d'auteur ne s'appliquent pas. Il n'est cependant pas évident de déterminer quelle stipulation conventionnelle est applicable et l'on peut souvent hésiter entre celles qui concernent les artistes et les sportifs, celles qui concernent les professions indépendantes et, le cas échéant, les autres revenus (n° 45705).

La position de l'administration sur ce point est assez peu nuancée si l'on en croit la réserve apportée aux commentaires de l'OCDE lors de la révision de 2014 ; la France indique, en effet, que « selon la doctrine française et sa pratique conventionnelle, les revenus qu'un artiste ou un sportif tire de l'exploitation de son image sont **indissociables de son activité professionnelle** et doivent, en conséquence, être taxés dans l'État source de ces revenus. La France se réserve donc le droit d'insérer, lors de la négociation de ses conventions, un paragraphe complémentaire permettant d'imposer, en tant qu'État source, des revenus correspondant à des prestations non indépendantes de la notoriété professionnelle » (Commentaires OCDE, C (17) n° 18).

En tout état de cause, en France, il faut toujours prendre garde à l'article 155 A du CGI (n° 46062) en cas de versement à une **personne interposée**, dès lors qu'il y a normalement comme contrepartie à la rémunération une prestation de services rendue en France (critère déterminant s'il s'agit de prestataires non résidents). Il faut, enfin, réserver l'incidence éventuelle des **qualifications en salaires** résultant du droit du travail, qu'il s'agisse des artistes du spectacle (n° 45165 Précisions f et g) ou des mannequins (l'article L 7123-3 du Code du travail précise que tout contrat par lequel une personne s'assure, moyennant rémunération, le concours d'un mannequin est présumé être un contrat de travail ; BOI-BNC-CHAMP-10-10-20-40 n° 460). Voir sur ce point n° 45710 d.

Approche de l'OCDE

45705 Le comité des affaires fiscales de l'OCDE considère, d'une façon générale, que l'article 17 du modèle de convention fiscale (artistes et sportifs) n'est pas normalement applicable s'il n'y a pas de **relation étroite** entre les revenus et l'exercice d'activités dans le pays concerné.

Une « relation étroite » est, par exemple, caractérisée en présence d'un paiement « reçu par un joueur de golf professionnel au titre d'un entretien accordé pendant un tournoi auquel il participe » ou « versé à un joueur de tennis vedette en contrepartie de l'utilisation de son image sur des affiches qui font la publicité d'un tournoi auquel il participera » (Commentaires OCDE, C (17) n° 9).

Selon ces commentaires, l'article 17 s'applique notamment aux revenus de la **publicité** ou du **parrainage** qui ont une « relation étroite avec des manifestations ou spectacles qui ont lieu dans un État donné » (cas d'une somme versée à un sportif pour porter un logo, une marque commerciale ou le nom commercial d'un sponsor au cours d'un match).

Les commentaires poursuivent en indiquant que les revenus de même nature qui ne peuvent être imputés à des manifestations ou spectacles relèvent des règles normales de l'article 7 (bénéfices des entreprise) ou de l'article 15 (revenus d'emploi). Il en va de même des versements reçus en cas d'**annulation** d'un spectacle.

Enfin, en ce qui concerne les paiements en lien avec l'exploitation de **produits dérivés**, le comité des affaires fiscales de l'OCDE prend les positions suivantes :
– le versement à un artiste ou à un sportif d'une partie du revenu tiré de l'exploitation de produits dérivés étroitement lié à une manifestation ou spectacle mais qui ne constitue pas des redevances relève normalement de l'article 17 ;
– le versement d'un revenu tiré de l'exploitation de produits dérivés à la suite de ventes réalisées dans un pays sans relation étroite avec des manifestations ou spectacles ayant eu lieu dans ce pays et qui ne constitue pas des redevances est normalement couvert par l'article 7 (ou par l'article 15, si ce revenu est versé à un salarié).

Précisions D'autres indications et d'autres exemples sont fournis aux paragraphes 9.1 à 9.5 des commentaires relatifs à l'article 17.

Droit à l'image et prestations voisines

45710 La jurisprudence a eu l'occasion d'apporter certaines précisions à propos des rémunérations reçues au titre du droit à l'image et de prestations similaires :

a. À propos d'un **mannequin** allemand alors domicilié à Monaco, qui avait concédé son **droit à l'image** à des agences de publicité françaises, il a été jugé que le droit ainsi consenti était indissociable tant des **prestations matérielles** relatives à la participation effective du mannequin à la réalisation des prises de vues que des supports en résultant ;

la concession du droit à l'image, qui permet à une société de créer des supports publicitaires à partir de photos, de films ou d'apparitions d'un mannequin pour la promotion d'un produit ou d'une marque, ne saurait donc constituer une prestation immatérielle distincte dont l'utilisation devrait être appréciée indépendamment du lieu d'exploitation des supports publicitaires (CAA Paris 30 juin 2011 n° 09PA04342, 5e ch., Schiffer : RJF 12/11 n° 1265 ; arrêt définitif, la requérante s'étant désistée de son pourvoi). La Cour ajoute que si les prestations sont utilisées tant en France qu'à l'étranger, il appartient au contribuable de justifier des rémunérations imposables en France ; à défaut de justification, elles sont considérées comme **utilisées en France** (en l'espèce, en l'absence d'identification des sommes versées à la contribuable selon le lieu d'utilisation des prestations permettant la détermination des revenus de source française, l'administration a pu, à bon droit, imposer en France l'ensemble des rémunérations en litige en considérant que ces sommes étaient des revenus de source française au sens de l'article 164 B II c) du CGI ; nos 2950 s.). **45710** (suite)

b. Les droits issus de l'exploitation de l'image étant indissociables de l'activité de **mannequin** ou de **comédienne**, il est indifférent que les sommes litigieuses correspondent à la rémunération de prises de vues ou de l'exploitation des images captées lors de celles-ci (TA Paris 7 juillet 2010 n° 06-18227, 1e sect., 1e ch., Casta : RJF 1/11 n° 1 ; jugement annulé en appel pour une autre raison, n° 46385).

c. Les rémunérations tirées de l'utilisation par des sociétés françaises de l'image d'un joueur de tennis domicilié en Suisse pouvaient, sur le fondement de l'article 19 de la convention fiscale franco-suisse du 9 septembre 1966 modifiée, relatif aux sportifs, être imposées en France seulement **si un lien direct pouvait être établi** entre l'exploitation des droits attachés à l'image et au nom de l'intéressé et ses prestations sportives (TA Montreuil 1er décembre 2015 n° 1402070, 10e ch. : RJF 3/16 n° 219 ; jugement définitif) ; tel était le cas à propos de contrats promotionnels qui s'inséraient dans son activité sportive et qui, notamment, prévoyaient une rémunération dépendant de son classement ATP ou de victoires lors de tournois (le requérant n'a pu, sur ce point, démontrer l'exagération de la détermination faite par l'administration de la proportion imposable en France, correspondant au temps passé en France, en se contentant de soutenir que les critères utilisés n'étaient pas fiables). En revanche, les sommes reçues au titre de contrats sans lien avec son activité sportive n'étaient pas imposables en France mais en Suisse en tant que **revenus « non dénommés »** au sens de la convention fiscale franco-suisse précitée.

d. Les rémunérations versées par une société française de 2015 à 2017 à une actrice, mannequin et chanteuse américaine, résidente des États-Unis, au titre de **prestations d'égérie** étaient imposables en France dans la catégorie des traitements et salaires (CAA Paris 15 juin 2022 n° 21PA03537, 2e ch., confirmant TA Paris 19 mai 2021 n° 2008851 : RJF 12/21 n° 1104). L'actrice avait tourné des films publicitaires afin de promouvoir des lignes de parfum et devait fournir treize jours de services, y compris trois jours de séances de tournage et cinq jours comprenant des apparitions en public et des interviews auprès de la presse ; elle s'engageait également à porter des produits de la marque à l'occasion de cinq « tapis rouges » (Golden Globes, Festival de Cannes ou autres) et à faire, à sa discrétion, la promotion des produits sur les réseaux sociaux. Les rémunérations correspondantes étaient des **salaires** en application des articles L 7123-3 et L 7123-8 du Code du travail, essentiellement parce qu'elles étaient reçues sous forme de redevances forfaitaires contractuelles et n'étaient pas fonction du produit de la vente ou de l'exploitation de l'œuvre (Précisions e ci-dessous) ; en outre, l'actrice ne disposait pas d'une grande liberté dans l'organisation de ses prestations et sa présence physique en tant qu'interprète restait requise au-delà des séances de tournage. Les prestations étant rendues en France et l'employeur étant établi en France, l'article 15 de la convention fiscale franco-américaine du 31 août 1994 ne s'opposait pas à l'imposition en France (la clause de mission temporaire n'était pas applicable car l'employeur était établi en France).

Précisions **a.** Sur la qualification en droit interne des revenus tirés par un champion de tennis ayant concédé le droit d'**exploiter son nom** à un fabricant de raquettes de tennis, voir CE 3 mars 1993 n° 83462, 8e et 9e s.-s., Jauffret, RJF 4/93 n° 512 (la rémunération a été qualifiée de prestation de services, mais c'était à propos d'une question de TVA et dans une configuration un peu particulière ; voir également n° 46065). Également, CE 21 juin 2018 nos 409427 et 409428, 10e et 9e ch. (RJF 10/18 n° 954), jugeant que les revenus provenant de l'exécution d'un contrat de partenariat par lequel un contribuable autorise un GIE à exploiter son nom et son **image** de joueur de poker pour la promotion de ses produits et s'engage à participer à diverses activités et campagnes de promotion publicitaire de ces produits sont imposables dans la catégorie des bénéfices non commerciaux.

b. Voir aussi l'affaire Promogolf, à propos de « primes d'apparition » versées à des joueurs de golf professionnels (nº 45312 d).

c. En matière de TVA, il a été jugé que les redevances perçues par un **mannequin** en rémunération de la concession d'exploitation du **droit à l'image** consentie à son employeur, passibles de l'impôt sur le revenu dans la catégorie des bénéfices non commerciaux mais perçues passivement par l'intéressée en conséquence des missions qui lui sont confiées par son employeur, constituent un **accessoire indissociable de son activité salariée**. Dans ces conditions, ces redevances n'entrent pas dans le champ d'application de la TVA (CAA Paris 14 décembre 2010 nº 08-3207, 10e ch., min. c/ Zavialova : RJF 6/11 nº 692 ; arrêt définitif).

d. Sur le cas particulier des **non-résidents européens** qui retirent de France l'essentiel de leurs revenus et qui ne bénéficient pas, dans leur État de résidence, de mécanismes suffisants de nature à minorer leur imposition en fonction de leur situation personnelle et familiale (non-résidents « Schumacker »), voir nº 3097.

e. L'administration indique que les rémunérations versées à des **mannequins** qui exercent leur activité dans les conditions fixées par le **Code du travail** sont imposables dans la catégorie des traitements et salaires et qu'il en va notamment ainsi des « cachets » perçus à l'occasion de la réalisation d'un enregistrement. En revanche, les redevances perçues par un mannequin lors de la **vente ou de l'exploitation de cet enregistrement** entrent dans la catégorie des bénéfices non commerciaux (BOI-RSA-CHAMP-10-20-20 nos 260 et 270). Comme le rappelle l'administration (BOI préc. nº 250), le Code du travail exige cependant, pour que la qualification de salaires soit écartée, que la rémunération due au mannequin à l'occasion de la vente ou de l'exploitation de l'enregistrement de sa présentation par l'employeur (ou tout autre utilisateur) ne suppose pas sa **présence physique** pour l'exploitation de l'enregistrement et qu'elle ne soit en rien fonction du salaire reçu pour la production de la présentation, mais au contraire fonction du produit de la vente ou de l'exploitation de l'enregistrement (article L 7123-6 du Code du travail). D'une façon générale, les rémunérations perçues par les mannequins sous contrat d'agence pour les prestations qui nécessitent leur présence physique (séances de photographie, d'enregistrement ou défilés) sont imposées dans la catégorie des traitements et salaires alors que les revenus passifs perçus à l'occasion de la **reproduction de leur image**, accessoires de leur activité principale, sont imposables dans la catégorie des BNC. La **définition** des mannequins est particulièrement large ; est, en effet considérée comme exerçant une activité de mannequin, même si cette activité n'est exercée qu'à titre occasionnel, toute personne qui est chargée soit de présenter au public, directement ou indirectement par reproduction de son image sur tout support visuel ou audiovisuel, un produit, un service ou un message publicitaire, soit de poser comme modèle, avec ou sans utilisation ultérieure de son image (Code du travail art. L 7123-2). Tel est notamment le cas de personnalités chargées de la **promotion d'une marque** ou d'**influenceurs** sur les réseaux sociaux.

SECTION 3

L'intervention éventuelle de dispositifs anti-abus (CGI art. 155 A)

45780 Les artistes et sportifs exercent souvent leur activité **par l'intermédiaire de sociétés** qui agissent pour leur compte. Ces sociétés peuvent ne pas répondre au premier chef à des considérations fiscales, par exemple, lorsqu'elles ne font que regrouper des artistes ou des sportifs afin de faciliter la négociation de contrats ou l'organisation même de leurs activités (orchestres, par exemple).

Mais il arrive également que ces sociétés ne soient que **de pures façades**, destinées à camoufler l'artiste ou le sportif. Ces sociétés sont dites « sociétés d'artistes » (« rent-a-star system »).

Cela étant, l'interposition artificielle de sociétés étrangères n'est pas limitée au cas des artistes et des sportifs mais concerne **toutes les professions** (nº 46060). On constate d'ailleurs que la jurisprudence traite de plus en plus, aujourd'hui, de situations qui ne sont ni artistiques ni sportives mais qui concernent des prestations de services quelconques ou, bien souvent, des gérants ou **dirigeants d'entreprises**.

« Montage » classique

45782 Dans son principe, le montage fonctionne généralement de la façon suivante : les sommes destinées à rémunérer le prestataire réel sont attribuées à une personne morale (société interposée), qui se présente comme le prestataire vis-à-vis du débiteur. L'artiste ou le sportif (ou autre), qui est le véritable prestataire de services, ne reçoit qu'une somme relativement modeste, sous forme de salaires. Ces salaires sont normalement imposables dans l'État où l'activité est exercée et/ou dans l'État de la résidence du bénéficiaire ; mais la **différence** entre la rémunération perçue par la personne morale et le salaire qu'elle verse n'est pas déclarée ; elle est **mise « à l'abri »**, par exemple dans un paradis fiscal.

Ce procédé, s'il est utilisé par les artistes ou sportifs résidents de France, par exemple, leur permet d'éluder une partie notable de l'impôt dont ils seraient redevables en France. Il peut aussi être utilisé par des non-résidents.

Portée de l'article 155 A

Face à de telles pratiques, l'administration peut naturellement invoquer l'abus de droit (n°s 72620 s.). Mais elle a également la possibilité d'utiliser un article spécial du Code général des impôts, l'article 155 A. Celui-ci lui permet d'imposer l'artiste ou le sportif (ou, plus généralement, le prestataire réel) sur les **sommes** qui ont été **versées à la personne interposée** et non pas seulement sur les sommes qu'il a effectivement perçues (l'administration propose un schéma résumé au BOI-ANNX-000006). **45785**

Comme le décrit bien la formulation généralement utilisée par le Conseil d'État, les prestations dont la rémunération est susceptible d'être imposée au titre de l'article 155 A du CGI, entre les mains de la personne qui les a effectuées, correspondent à un service rendu pour l'essentiel par elle et pour lequel la facturation par une personne domiciliée ou établie hors de France ne trouve aucune **contrepartie** réelle dans une intervention propre de cette dernière, permettant de regarder ce service comme ayant été rendu pour son compte (nombreuses décisions en ce sens depuis CE 20 mars 2013 n° 346642, 9e et 10e s.-s., Piazza : RJF 6/13 n° 578 ; voir également n° 46380).

L'article 155 A a été appliqué, par exemple, à un **artiste de variétés**, résident de Suisse, qui s'était produit en concert en France et dont la rémunération avait été versée à une société britannique (CE 28 mars 2008 n° 271366, 9e et 10e s.-s., Aznavour : RJF 6/08 n° 629 ; conclusions contraires de Claire Landais au BDCF 6/08 n° 69 et chronique Julie Burguburu à la RJF 5/08 p. 447).

Précisions L'administration ne peut pas appliquer ce texte sans discernement, au simple motif qu'elle suspecte un schéma d'évasion fiscale ; par exemple, il a été jugé, ce qui va évidemment de soi, mais montre que l'administration entame parfois de mauvais contentieux, que le dispositif n'est pas applicable si la personne physique à laquelle l'administration cherche à l'appliquer n'a **rendu aucun service** (CAA Paris 7 octobre 2020 n° 19PA03807, 2e ch. : Droit fiscal 2021 n° 11, comm. n° 185 ; arrêt définitif). Dans cette affaire, l'administration avait imposé un résident de France au titre de sommes versées par des sociétés françaises qu'il contrôlait, ou par des sociétés clientes, sur un compte bancaire en Lettonie appartenant à une société britannique qu'il contrôlait également ; la décharge a été prononcée car si l'administration avait allégué que l'intéressé avait rendu lui-même les services en cause (en l'espèce, des prestations de formation professionnelle), elle ne l'avait pas établi. Pour d'autres exemples, voir n° 46065.

Autonomie d'application de l'article 155 A du CGI

L'application de l'article 155 A n'implique pas la mise en œuvre de la procédure de répression des **abus de droit** même si, bien souvent, l'administration peut avoir le **choix** entre les deux procédures ; par exemple, l'administration peut imposer une personne physique résidente de France à raison des sommes versées par une société française à une société suisse en rémunération des services rendus par la personne physique sans rechercher si l'abus de droit pouvait également être invoqué (CE 18 octobre 2002 n° 224459, 3e et 8e s.-s., Cambay : RJF 1/03 n° 10, à propos du dirigeant d'une société française filiale d'une société suisse, apparemment imposé au titre des BNC sur les sommes versées par la première à la seconde). L'article 155 A est une base légale suffisante sans qu'il y ait également lieu d'appliquer la théorie de l'abus de droit (confirmation sur ce point de CAA Paris 9 avril 2002 n° 97-1288, 2e ch. B, Deiss : RJF 11/02 n° 1200, arrêt définitif). **45790**

L'application de l'article 155 A du CGI n'est pas non plus cantonnée aux circonstances dans lesquelles les dispositions de **droit commun** ne permettraient pas d'établir l'impôt ; ce n'est pas un texte d'application subsidiaire ni d'ailleurs un texte répressif par nature car il n'est pas assorti de sanctions spécifiques et automatiques, contrairement à la procédure de répression des abus de droit (en ce sens, conclusions sous CE 12 mai 2017 n° 398300, 3e et 8e ch. : RJF 8-9/17 n° 771 ; voir n° 45985).

Conformité à la Constitution

45792 Le Conseil d'État avait renvoyé au Conseil constitutionnel une question prioritaire de constitutionnalité au motif que l'article 155 A pouvait conduire à l'imposition d'un contribuable sans lien avec ses facultés contributives (CE 24 septembre 2010 n° 341573, 10e et 9e s.-s., Moreau : RJF 12/10 n° 1218). Le Conseil constitutionnel a cependant **validé le dispositif** sous une réserve d'interprétation (Cons. const. 26 novembre 2010 n° 2010-70 QPC : RJF 2/11 n° 210).

Le Conseil constitutionnel relève d'abord que l'article 155 A traduit la volonté du législateur de mettre en œuvre l'objectif constitutionnel de **lutte contre l'évasion fiscale** en prévoyant, dans des cas limitativement énumérés, de soumettre à l'impôt la rémunération d'une prestation réalisée en France par une personne qui y est domiciliée ou établie, lorsque cette rémunération a été versée, aux fins d'éluder l'imposition, à une personne domiciliée ou établie à l'étranger. Mais il ajoute que ce n'est qu'à la condition que le dispositif ne conduise pas à ce que ce contribuable soit assujetti à une **double imposition** au titre d'un même impôt que l'article 155 A ne crée pas de rupture caractérisée de l'égalité devant les charges publiques (réserve d'interprétation). À ce propos, les commentaires aux Cahiers n° 30 du Conseil constitutionnel soulignent que le risque de double imposition découle de ce que le prestataire peut percevoir effectivement tout ou partie des sommes rémunérant les services qu'il a rendus et qu'il peut alors être imposé, au titre du même impôt, une première fois sur le fondement de l'article 155 A, et une seconde fois sur le fondement du droit commun au titre des sommes qui lui auront été finalement reversées.

Précisions **a.** Le Conseil constitutionnel a également précisé que l'article 155 A n'institue ni une peine ni une sanction ayant le caractère d'une punition et que le grief tiré d'une atteinte au principe de **nécessité des peines** doit être rejeté de même que le grief tiré de la méconnaissance des droits de la défense.

b. La demande de transmission d'une **QPC** présentée par un contribuable qui invoquait l'inconstitutionnalité de l'article 155 A du CGI compte tenu de la décision Piazza du Conseil d'État (n° 45785) a été rejetée par CAA Paris Ord. 31 juillet 2020 n° 19PA01489, 5e ch., dans le cadre d'une affaire ayant été jugée ensuite par CAA Paris 3 juin 2021 n° 19PA01489, 5e ch. (n° 46060, Précisions h ; pourvoi enregistré sous le n° 455084) ; l'évolution jurisprudentielle invoquée n'a pas été jugée de nature à constituer un changement de circonstances justifiant un nouvel examen par le Conseil constitutionnel.

45795 **Portée de la réserve d'interprétation** La réserve d'interprétation incluse dans la décision du Conseil constitutionnel (n° 45792) **s'incorpore à la loi**. L'article 155 A du CGI n'est donc applicable que pour autant que la réserve soit suivie d'effets (cette réserve lie l'administration ainsi que toutes les juridictions). Sa portée exacte, qui n'est pas absolument claire, appelle les remarques suivantes :

– littéralement, la réserve ne vise que les cas où la personne domiciliée ou établie à l'étranger **reverse « en France »** au contribuable tout ou partie des sommes rémunérant les prestations réalisées par ce dernier (en revanche, compte tenu de la rédaction très générale de la réserve sur ce point, la nécessité d'éliminer la double imposition vaut aussi lorsque les services sont rendus hors de France) ; elle ne serait donc applicable qu'aux seuls résidents de France. Cependant, on note que, dans les commentaires aux Cahiers n° 32 du Conseil constitutionnel relatifs à la décision rendue sur l'article 168 du CGI (décision n° 2010-88 QPC du 21 janvier 2011), la note de bas de page n° 20 indique, incidemment, que la réserve portant sur l'article 155 A vaut également « implicitement » lorsque le contribuable est **établi à l'étranger** ;

– le Conseil constitutionnel juge que le dispositif ne doit pas conduire à ce qu'un contribuable soit assujetti à une double imposition « **au titre d'un même impôt** », c'est-à-dire à une double imposition « française » et non pas « française et étrangère », ainsi que l'a ensuite précisé le Conseil d'État dans une décision jugeant notamment que la réserve d'interprétation posée par le Conseil constitutionnel ne peut, en tout état de cause, concerner que les impositions françaises (CE 12 octobre 2018 n° 414383, 8e et 3e ch. : RJF 1/19 n° 1 ; CE 9 mai 2019 n° 417514, 8e et 3e ch. : RJF 8-9/19 n° 738) ; cette interprétation est conforme à la solution que le Conseil constitutionnel avait déjà retenue à propos de l'imputation de crédits d'impôt d'origine étrangère (Cons. const. 28 septembre 2017 n° 2017-654 QPC, Sté BPCE : RJF 12/17 n° 1216 ; n° 7555, Précisions a) et à celle qui avait également été retenue par différents arrêts d'appel : CAA Versailles 30 décembre 2014 n° 12VE03396, 1e ch. : RJF 6/15 n° 459, arrêt définitif jugeant sans incidence la circonstance éventuelle que le contribuable aurait été imposé en **Belgique** sur les sommes que la société belge lui avait reversées au titre des prestations qu'il avait effectuées au bénéfice de la société française (voir également n° 46310 Précisions d, et n° 46385) ; CAA Versailles 15 septembre 2016 n° 15VE01249, 3e ch., jugeant que les contribuables ne pouvaient utilement faire valoir, pour faire échec à l'application de l'article 155 A, qu'ils s'étaient acquittés en **Suisse** de l'impôt sur le revenu à raison des salaires

versés par une société suisse interposée (cet arrêt a été annulé pour une autre raison par CE 22 janvier 2018 n° 406888, 3e et 8e ch. : RJF 4/18 n° 342 ; voir n° 46070) ; CAA Nancy 20 avril 2017 n° 15NC02546, 2e ch., jugeant que la réserve d'interprétation ne peut concerner, en tout état de cause, que les impositions françaises et qu'il était sans incidence que les contribuables aient été imposés au **Luxembourg** sur les salaires versés par une société luxembourgeoise interposée (cet arrêt a fait l'objet d'un pourvoi qui n'a pas été admis par CE (na) 27 juin 2018 n° 411709, 9e ch. : RJF 10/18 n° 924 ; voir également nos 46060 Précisions e, 46080 et 46310, Précisions e) ; CAA Versailles 22 juin 2017 n° 15VE03933, 6e ch., ayant fait l'objet d'un pourvoi non admis par CE (na) 27 juin 2018 n° 413586 et 413587, 9e ch. : RJF 10/18 n° 924 ; CAA Paris 3 juin 2021 n° 19PA01489, 5e ch. (n° 46060, Précisions h ; pourvoi enregistré sous le n° 455084) ;
– on peut se demander si la double imposition ne doit être éliminée que lorsque le reversement intervient au cours du même **exercice fiscal** ou s'il peut s'agir d'un reversement au titre d'autres exercices ; on pourrait penser que le principe de l'annualité de l'impôt devrait prévaloir, mais, à notre avis, ce serait sans doute vider la réserve d'interprétation d'une grande partie de son effet utile ; s'agissant d'une réserve qui seule permet au dispositif d'être conforme à la Constitution, il ne nous semble pas qu'elle puisse être interprétée de façon exagérément restrictive ;
– la **forme que doit prendre le reversement** pour entrer dans le champ de la réserve n'est pas nettement précisée. S'il s'agit littéralement du reversement « par la personne morale établie à l'étranger », ce reversement ne concerne-t-il que la rémunération proprement dite par la personne interposée des services rendus par le prestataire réel ou les sommes peuvent-elles être reversées autrement, par exemple sous forme de dividendes ? La doctrine administrative (n° 46180) ne vise que le premier cas lorsqu'elle indique que si le prestataire réel est **rémunéré** par la personne interposée, le prestataire réel n'est imposé que sur le revenu faisant ressortir la base d'imposition la plus élevée ; si cette situation est la seule visée, la réserve d'interprétation n'a pour effet que de solidifier la solution donnée jusqu'ici seulement par la doctrine administrative. Mais la réserve irait au-delà si elle devait être interprétée comme éliminant également la double imposition résultant de la **distribution** éventuelle par la société interposée des sommes au prestataire réel sous forme de dividendes, lorsque ce dernier contrôle la totalité du capital de la personne interposée et lorsque celle-ci n'a pas d'autre activité. Compte tenu de la façon dont la réserve est rédigée, elle ne peut cependant pas aller jusqu'à entraîner l'exonération des **plus-values** de cession des titres de la société interposée, puisqu'il n'y a alors aucun « reversement » par cette dernière ;
– enfin, cette réserve ne résout pas le cas de la **double imposition « économique »** résultant de l'imposition éventuelle de la personne interposée, en tant que contribuable distinct, dans son État de résidence ou éventuellement en France ; la réserve ne porte, en effet, que sur la double imposition des mêmes sommes « au titre du même impôt » et ne s'étend pas à celle qui résulte de l'addition de l'impôt sur le revenu et de l'**impôt sur les sociétés**. De façon purement prétorienne, le Conseil d'État a cependant résolu partiellement la question en considérant que si le prestataire apparent dispose en France d'un établissement stable, l'administration a le choix d'imposer l'un ou l'autre des deux contribuables concernés, le prestataire apparent ou le prestataire réel mais que, si elle choisit d'imposer le prestataire réel, elle ne peut pas imposer le prestataire apparent (n° 46312). De son côté, l'administration s'est depuis longtemps déclarée prête, si le prestataire est imposé dans un autre État à raison des mêmes sommes, à engager une procédure de concertation pour éliminer la double imposition (n° 46300). Sur l'absence d'incidence de l'imposition du prestataire apparent dans son État de résidence, voir également nos 46065 et 46390.

A. Personnes concernées

Il faut envisager à la fois la situation du prestataire de services et celle de la personne interposée qui rend apparemment les services (sinon il s'agit d'un simple mandataire). **45900**

1. Le prestataire réel de services

Celui-ci peut être (BOI-IR-DOMIC-30 n° 20) : **45960**
– une personne physique, domiciliée en France ou hors de France,
– une personne morale, dont le siège est situé en France ou hors de France (société, association, etc.).

2. Le bénéficiaire apparent de la rémunération (personne interposée)

45980 Il s'agit d'une personne, physique ou morale, domiciliée ou établie hors de France. Sa situation varie selon qu'elle est ou non domiciliée ou établie dans un État ou territoire où elle bénéficie d'un régime fiscal privilégié (au sens de l'article 238 A du CGI ; nº 72980).

a. Condition de domiciliation ou d'établissement hors de France

45985 L'article 155 A du CGI n'a théoriquement vocation à s'appliquer que si le **prestataire apparent** est domicilié ou établi hors de France ; en effet, s'il est domicilié ou établi en France, il y est, par définition, imposable sur les sommes qu'il reçoit. En ce sens, l'administration indique que, sauf dans le cas où une telle situation donnerait lieu à des abus, il y a lieu de considérer que ne sont pas visées les activités rattachées à un **établissement** que posséderait **en France** la personne morale étrangère dès lors que les revenus correspondants sont imposables dans notre pays (BOI-IR-DOMIC-30 nº 130).

Cela étant, le Conseil d'État a réglé différemment la question des doubles impositions qui pouvaient naître dans ces situations en jugeant que la circonstance que la personne qui a facturé la prestation ait en France un **établissement stable** et qu'elle aurait pu être imposée à raison de la rémunération en cause (impôt sur le revenu ou impôt sur les sociétés) ne fait pas obstacle à ce que l'administration choisisse, de manière alternative, d'imposer la personne qui a, pour l'essentiel, rendu le service (CE 12 mai 2017 nº 398300, 3e et 8e ch. : RJF 8-9/17 nº 771). En l'espèce, l'administration pouvait ainsi regarder comme des salaires imposables en France sur le fondement de l'article 155 A du CGI des sommes facturées par une société luxembourgeoise à une société française en rémunération de **prestations d'agent commercial** exécutées en France par son fondateur, actionnaire, administrateur délégué (engageant la société par sa seule signature) et unique salarié, avec son épouse (voir également nº 46080) ; peu importait qu'au cas particulier la société ait été, en principe, passible de l'impôt sur les sociétés en France en tant qu'elle y disposait d'un établissement stable à raison de l'activité réalisée pour son compte par son salarié.

Dans ce genre de circonstances, l'administration pourrait théoriquement imposer soit le prestataire réel soit le prestataire apparent au titre de son établissement stable en France, ce qui générerait nécessairement une **double imposition** en France ; c'est pour éviter cette conséquence que, de façon purement prétorienne car la loi ne dit rien de tel, le Conseil d'État décide que si l'administration impose le prestataire réel sur le fondement de l'article 155 A du CGI, le prestataire apparent n'est pas lui-même imposable sur la rémunération reçue alors même que celle-ci serait attribuable à un établissement stable situé en France (la double imposition économique ainsi éliminée par le Conseil d'État complète la réserve d'interprétation formulée par le Conseil constitutionnel qui condamnait la double imposition d'une même personne au titre d'un même impôt ; nº 45795). Par cette décision, le Conseil d'État a manifestement cherché, selon ce qu'indique le rapporteur public Vincent Daumas dans ses conclusions sur cette affaire, à « **simplifier le travail de l'administration** fiscale » au motif que l'article 155 A du CGI vise à lutter contre l'évasion fiscale et qu'il ne serait pas approprié de considérer qu'il devrait être appliqué à titre subsidiaire (conclusions à la RJF 8-9/17 nº C 771).

Cette solution éclaire rétrospectivement la décision par laquelle le Conseil d'État avait estimé qu'un **ingénieur-conseil en informatique** domicilié en France était imposable au titre de l'article 155 A sur les rémunérations reçues par une société britannique dont il était pourtant manifeste qu'elle disposait d'un établissement stable en France (CE 30 juillet 2010 nº 306319, 9e et 10e s.-s., Pasco : RJF 11/10 nº 979). L'intéressé, qui exerçait son activité à l'adresse de son domicile en France, était en effet l'administrateur d'une société britannique qu'il avait constituée, disposait seul de la signature sur les comptes bancaires de la société en France, passait l'ensemble des contrats de prestations de la société et fournissait à des clients établis en France des prestations de services facturées en francs français, alors que les sommes versées en rémunération de ces prestations étaient perçues par la société britannique (l'administration avait d'ailleurs estimé que la société disposait d'un établissement en France aux fins de la TVA). Si l'article 155 A était bien applicable en l'espèce, on sait maintenant que l'administration n'aurait pas pu, à supposer qu'elle l'ait voulu, imposer également la société britannique au titre d'un établissement en France.

Précisions À propos de la portée de la tolérance administrative tenant à la présence d'un établissement en France du prestataire apparent, voir aussi l'arrêt cité n° 46060 Précisions f, l'écartant naturellement au cas d'espèce dès lors que les sommes imposées au titre de l'article 155 A avaient constitué, pour l'établissement français, des **charges admises en déduction** de son résultat imposable et qu'elles ne pouvaient donc être regardées comme des revenus imposables en France.

b. En présence d'un régime fiscal privilégié

Si Le bénéficiaire apparent est domicilié ou établi dans un État ou territoire où il est soumis à un régime fiscal privilégié (nos 72983 s.), l'imposition des sommes perçues par le bénéficiaire apparent (société interposée) s'effectue de plein droit **au nom du prestataire** de services lorsque celui-ci est domicilié en France. S'il n'est pas domicilié en France, seules sont imposables à son nom les sommes correspondant à des services rendus en France. **46000**

c. En l'absence de régime fiscal privilégié

Si le bénéficiaire apparent n'est pas soumis à un régime fiscal privilégié, l'article 155 A ne s'applique que dans l'une ou l'autre des deux situations suivantes : **46020**
– si le bénéficiaire apparent (société interposée) est **contrôlé** directement ou indirectement par le prestataire réel des services,
– ou s'il n'exerce pas de manière prépondérante une **activité** industrielle ou commerciale autre que la prestation de services.

Il a été jugé que le fait que la prestation rendue par le prestataire réel ne soit qu'une composante, non essentielle, d'un **ensemble de prestations** facturées à une société française par une société luxembourgeoise ne fait pas obstacle à l'imposition sur le fondement de l'article 155 A du CGI de la fraction de la rémunération versée par la société française à la société luxembourgeoise correspondant à l'intervention propre du prestataire réel (CE 9 mai 2019 n° 417514, 8e et 3e ch. : RJF 8-9/19 n° 738 ; voir également nos 45795 et 46070). Dans cette affaire, une personne physique domiciliée en France, précédemment salariée d'une société française, était devenue directeur technico-commercial d'une société luxembourgeoise, qui disposait de bureaux au Luxembourg et qui employait trois salariés outre son dirigeant ; la société luxembourgeoise rendait un ensemble de services à la société française, notamment par l'intermédiaire du salarié domicilié en France qui exerçait, semble-t-il, son activité au Luxembourg. L'administration a été jugée fondée à assujettir ce dernier à l'impôt sur le revenu à hauteur de la fraction correspondant aux services qu'il avait personnellement rendus, soit 16,81 % du montant des sommes facturées ; en l'espèce, la facturation globale par la société luxembourgeoise à la société française portait, en effet, sur **plusieurs services juxtaposés** dont chacun était identifiable et celui qui correspondait à la rémunération imposée au titre de l'article 155 A avait bien été rendu, pour l'essentiel, par le directeur technico-commercial. Il ne semble pas que, dans cette affaire, la question des conséquences à tirer des règles relatives à l'imposition des salaires, posées par la convention fiscale franco-luxembourgeoise, ait été examinée mais il ressort des conclusions du rapporteur public que l'intéressé avait demandé l'ouverture d'une procédure amiable et que les autorités luxembourgeoises avaient accepté un ajustement corrélatif sous réserve qu'il se désiste de toute procédure contentieuse visant à contester les impositions mises à sa charge en France (conclusions Karin Ciavaldini à la même RJF C 738).

Précisions La décision du 9 mai 2019, précitée, n'est pas contradictoire avec la décision Piazza du 20 mars 2013 (n° 46380), qui juge que les prestations dont la rémunération est susceptible d'être imposée au titre de l'article 155 A du CGI, entre les mains de la personne qui les a effectuées, correspondent à un **service rendu « pour l'essentiel » par elle**. En effet, la décision Piazza n'a pas voulu signifier que la société interposée ne puisse pas rendre, par ailleurs, d'autres services que celui qui entre dans le champ de l'article 155 A ; elle a simplement précisé que le service doit avoir été essentiellement rendu par le prestataire réel, la facturation de ce service par la personne interposée n'étant pas justifiée par une intervention propre de cette dernière.

Contrôle

L'article 155 A s'applique si le prestataire réel contrôle le bénéficiaire apparent ; l'existence d'une situation de contrôle doit, selon l'administration, être appréciée en fonction de **données réelles** et peut donc résulter de **liens de dépendance** juridique ou bien de liens **46022** de dépendance de fait (c'est à l'administration qu'il incombe de prouver l'existence de tels liens ; BOI-IR-DOMIC-30 n° 90).

Pour un exemple de **contrôle de fait**, voir CAA Nancy 28 septembre 2017 n° 16NC00901, 2e ch., jugeant qu'une personne physique domiciliée en France contrôlait, dans les faits, une société française et sa filiale luxembourgeoise, alors pourtant que l'intéressé ne possédait que 25 % du capital de la société française et que celle-ci disposait d'un gérant de droit distinct (cet arrêt a fait l'objet d'un pourvoi enregistré sous le n° 416082 mais une ordonnance de désistement a ensuite été rendue le 28 mai 2018 ; voir également n° 46060, Précisions e). Pour un autre exemple, voir CE 10 décembre 2020 n° 428059, 9e ch. : RJF 3/21 n° 238 (n° 46060, Précisions i), montrant que la mise en évidence d'une situation de contrôle peut ressortir des circonstances de fait et pas nécessairement de la démonstration d'un lien capitalistique.

Activité autre que la prestation de services

46025 Même s'il ne possède pas le contrôle de la personne interposée, le prestataire réel peut être soumis aux dispositions de l'article 155 A **s'il n'établit pas**, par tous moyens de droit commun, que la personne interposée **exerce de façon prépondérante** une **activité** industrielle ou commerciale **autre** que la prestation de services. Le caractère « prépondérant » s'établit en fonction du chiffre d'affaires, par application du critère habituel des 50 % (BOI-IR-DOMIC-30 n° 120).

Le simple fait, pour la personne interposée, d'exercer une activité de services différente de celle du véritable prestataire ne suffit pas à écarter l'article 155 A.

Il appartient au contribuable d'établir que la société interposée exerce, de manière prépondérante, une activité industrielle ou commerciale autre que la prestation de services.

Précisions **a.** Le fait que la preuve doive être apportée par le contribuable a été rappelé à propos de commissions versées par le Football Club de Nantes à des sociétés espagnoles en rémunération du **droit à l'image** d'un joueur de football professionnel domicilié en France (TA Nantes 26 novembre 1996 n° 92-4768 : Droit fiscal 1997, n° 19, comm. n° 547) ; dans cette affaire, les rectifications se rattachant aux droits d'image ont cependant été annulées en appel pour insuffisance de motivation de la proposition de redressements (CAA Nantes31 juillet 2001 n° 97NT00120, 1e ch., arrêt définitif).

b. Dans l'affaire Aznavour (n° 45785), il n'était pas établi, ni même allégué, que la société britannique interposée, dont l'objet social était la **promotion d'engagements musicaux d'artistes**, exerçait une autre activité industrielle ou commerciale.

Caractère incontestable des services rendus

46028 L'application systématique de l'article 155 A du CGI à la seule condition que le bénéficiaire apparent exerce, à titre principal, l'activité de prestation de services en cause serait exagérément rigoureuse car tel est presque toujours le cas même en dehors de toute volonté de fraude (ce serait le cas, par exemple, d'artistes ou sportifs groupés au sein d'une personne morale).

C'est pourquoi l'administration l'écarte, par mesure de tempérament, lorsque la **réalité des services** rendus par la personne morale étrangère est **établie** de **façon indiscutable**, notamment dans le cadre d'activités de cabinet, telles que celles d'un cabinet d'expertise comptable, ingénieur-conseil, conseil juridique ou comptable, courtage d'assurances, etc. (BOI-IR-DOMIC-30 n° 140). D'une certaine façon, l'administration avait, ce faisant, anticipé l'évolution de la jurisprudence du Conseil d'État qui affirme régulièrement que l'article 155 A ne s'applique que si la facturation du service par une personne domiciliée ou établie hors de France ne trouve aucune **contrepartie réelle** dans une intervention propre de cette dernière (n° 45785).

Cette mesure de tempérament est cependant refusée aux personnes morales établies dans un pays à fiscalité privilégiée ou qui sont contrôlées par un prestataire de services domicilié en France (BOI préc.), alors que la jurisprudence ne pose pas de restriction en ce sens.

Cela étant, la jurisprudence est relativement exigeante quant à la **démonstration** qui doit être faite par le prestataire réel s'il veut soutenir que l'intervention du prestataire apparent était réelle et que les services qu'il a personnellement rendus l'ont été pour le compte du prestataire apparent. Par exemple, l'article 155 A du CGI a été jugé applicable à des rémunérations versées par une société française à une société suisse, toutes deux contrôlées par un couple de personnes physiques domiciliées en Suisse, au titre de **prestations de services techniques et commerciales** réalisées par le mari, administrateur unique de la société suisse (CE 12 octobre 2018 n° 414383, 8e et 3e ch. : RJF 1/19 n° 1 ; voir également nos 46070 et 46310). En l'espèce, la société suisse avait bien engagé une salariée (outre le dirigeant, qui était lui-même salarié) mais aucune précision n'avait été apportée sur ses fonctions exactes ni sur ses conditions de travail, la société n'avait à son actif aucun matériel informatique et son siège social était fixé au domicile de son dirigeant ; en sens inverse, l'administration avait fait valoir sans être contredite que les prestations de services assurées par l'intéressé ne recouvraient ni plus ni moins que les fonctions technico-commerciales qu'il avait précédemment assumées au sein de la société française avant son transfert de domicile en Suisse et la convention de prestation de services conclue entre les deux sociétés précisait que les prestations en cause étaient rendues par ce dernier (dans cette affaire, l'administration avait considéré que les sommes étaient imposables en France au titre des bénéfices industriels et commerciaux et avait appliqué la majoration de 80 % pour activité occulte).

Précisions Le Conseil d'État a pu avoir, dans le passé, une attitude assez **bienveillante** pour l'appréciation de cette condition. Ainsi, dans une espèce jugée le 25 janvier 1989 (n° 44787, 9e et 8e s.-s. : RJF 3/89 n° 253), il a admis qu'une société suisse qui s'était livrée à des activités d'**enregistrement de disques**, en sus de son activité de représentation d'un artiste français qui se traduisait notamment par le fait qu'elle encaissait toutes les sommes correspondant à ses engagements, sous réserve de la rétrocession d'un cachet minimum annuel, n'entrait pas dans le champ de l'article 155 A, dans la mesure où il s'agissait d'activités industrielles et commerciales autres que la prestation de services. Le commissaire du Gouvernement avait cependant relevé le **manque d'indications concrètes** sur la société suisse et souligné le fait que verser des royalties pour l'enregistrement n'impliquait pas nécessairement que l'on se livre soi-même à la production et à la vente de disques. Il semble que le Conseil d'État ait été, dans cette affaire, relativement peu exigeant, puisqu'il a considéré que l'activité commerciale était effective et habituelle (au regard de la rédaction de l'article 155 A antérieure à la modification de 1980).

B. Prestations de services concernées

Application à la généralité des services

L'article 155 A du CGI s'applique quelle que soit la nature des services rendus ; il peut donc concerner **toutes les activités** par lesquelles une personne s'oblige à exécuter, moyennant une rémunération déterminée, un travail quelconque ou à exercer des activités qui donnent lieu à la perception de profits divers (commissions, participations, primes, redevances, etc.). Cette solution ressort des termes mêmes de la loi qui ne contient aucune restriction sur ce point, même s'il est vrai que, dans le passé, cet article s'appliquait essentiellement, en pratique, aux artistes et aux sportifs. **46060**

En cas de concession de **marques, logos et brevets**, le dispositif n'est cependant pas applicable à des prestations d'entretien, de renouvellement ou d'extension de tels éléments incorporels (CE 5 novembre 2021 n° 433367, 9e et 10e ch. : RJF 1/22 n° 2 ; voir n° 46065 b) ; en effet, ces prestations, à la différence de prestations annexes d'assistance technique qui présentent par nature le caractère de véritables prestations distinctes de la concession d'un droit d'exploiter, ne sauraient être distinguées du contenu principal du contrat de concession de licence ni donner lieu à une contrepartie propre, sécable des redevances rémunérant la concession du droit d'exploiter (conclusions Émilie Bokdam-Tognetti sous la décision précitée, à la même RJF C 2).

À propos des **artistes du spectacle**, y compris les sportifs, l'administration peut cependant imposer en tant que **salaires** les rémunérations perçues par une personne interposée sans faire application de l'article 155 A, en raison de la présomption posée par le Code du travail (CE 22 juin 2011 n° 319240, 3e et 8e s.-s., Becker : RJF 10/11 n° 1046 aux conclusions Édouard Geffray au BDCF 10/11 n° 115, à propos de gains réalisés par un joueur de tennis professionnel lors de tournois professionnels ; voir aussi n° 45200). Dans cette affaire, le Conseil d'État a conclu à l'imposition en France des gains versés par la Fédération française de tennis du fait de la participation de l'intéressé à des tournois de tennis, en relevant qu'il n'était pas établi ni même allégué par le sportif qu'il n'aurait jamais perçu les sommes en cause.

Mais ce dernier avait également passé un contrat avec une société néerlandaise qui lui versait une rémunération annuelle moyennant sa **participation à des tournois** et dont il

46060 (suite) n'était ni gérant ni associé ; le Conseil d'État juge que ces gains étaient également imposables en France, bien qu'ils aient été versés à la société néerlandaise, dès lors que la présomption posée par le Code du travail ne suppose pas la constatation de l'existence d'un lien de subordination entre l'entrepreneur de spectacles et la personne qui se produit et n'exige pas que le contrat conclu en vue de sa production soit passé directement avec elle, ni que la rémunération lui soit versée directement par l'entrepreneur de spectacles.

Le Conseil d'État relève ensuite que lorsqu'un contribuable a confié à un tiers le soin d'encaisser ses revenus professionnels, les sommes versées à ce tiers sont réputées être aussitôt mises à la disposition du contribuable, quelles que soient la date et les modalités de leur reversement effectif ; il en déduit que l'arrêt d'appel a pu regarder à bon droit le joueur de tennis comme le destinataire final des gains obtenus lors des tournois de Roland-Garros de 1990 et 1991 et de Paris-Bercy de 1990 versés par la Fédération française de tennis à la société néerlandaise, dès lors que cette société de droit néerlandais agissait en qualité de **mandataire**. Ces gains étaient donc imposables en France au nom de l'intéressé.

Il semble résulter de cette décision que, pour que les sommes soient imposables, il faut que, comme en l'espèce, la société interposée puisse être regardée comme agissant en qualité de mandataire, alors que tel n'est pas le cas si l'article 155 A est invoqué.

Cette solution montre que l'administration a intérêt, lorsque les conditions sont réunies, et notamment lorsque l'artiste ou le sportif est réputé avoir perçu les sommes, à faire jouer la présomption posée par le Code du travail, qui ne suppose pas la démonstration de l'existence d'un lien de subordination, car l'impôt est alors exigible en France même si l'article 155 A n'est pas applicable, par exemple si la société interposée exerce de manière prépondérante une activité industrielle ou commerciale autre que la prestation de services.

Précisions Comme le montrent les exemples suivants, l'article 155 A du CGI est applicable à des **prestations de services** de nature très diverse :

a. Personne physique domiciliée en France et qui y avait exercé une activité non déclarée de **coordination et de commercialisation en matière de construction immobilière**, alors que la rémunération de cette activité avait été versée à une société britannique et à une société luxembourgeoise (CAA Lyon 3 février 2011 n° 10LY00324, 5e ch., arrêt définitif ; dans cette affaire, l'administration a été reconnue fondée à appliquer les pénalités pour activité occulte). Jugé dans le même sens à propos d'un résident du Luxembourg qui exerçait une **activité d'intermédiaire** dans la vente de lingerie (CAA Paris 9 avril 2002 n° 97-1288, 2e ch. B, Deiss : RJF 11/02 n° 1200, arrêt définitif ; conclusions au BDCF 11/02 n° 131). Pour un autre exemple, voir à propos d'un résident de France dont les **prestations d'intermédiation** avaient été versées par une société française à une société panaméenne, CE 26 décembre 2012 n° 336674, 9e s.-s. (sur le volet domiciliation, voir n° 40825, h) et, pour une confirmation de l'application de l'article 155 A au cas d'une personne domiciliée en France gérant et contrôlant une société établie à San Marin qui rendait des **prestations d'entremise à l'achat ou à la vente de métaux**, CAA Versailles 3 septembre 2019 n° 17VE02587, 1e ch. : RJF 12/19 n° 1122 (arrêt définitif ; voir également n° 2440, Précisions d).

b. Au cas d'un résident de France percevant une **commission** par versement sur un compte suisse au profit d'une société libyenne, voir CAA Paris 22 janvier 1998 n° 96-1439, 2e ch., Appere : RJF 4/98 n° 365 (arrêt ayant fait l'objet d'un pourvoi non admis par CE (na) 29 juillet 1998 n° 194386, 9e s.-s.). À propos de prestations d'**agent commercial** rendues par une personne physique domiciliée en France et facturées par une société luxembourgeoise « boîte aux lettres », voir TA Lyon 12 novembre 2013 n° 1103511, 4e ch., Bellon (JurisData n° 2013-027544 n° 2013-027544 ; jugement définitif).

c. Pour un exemple (peu explicite) d'application de l'article 155 A au cas de personnes physiques domiciliées en France et qui se livraient à une **activité d'achat d'œuvres d'art** pour le compte de sociétés du Liechtenstein et du Panama, voir CE (na) 15 décembre 2004 n° 262325, 3e s.-s., Tiroche : RJF 4/05 n° 288.

d. Pour un exemple où l'administration avait d'abord appliqué l'article 155 A avant de se reporter sur l'acte anormal de gestion, voir CE 9 mars 2007 n° 284053, 3e et 8e s.-s., min. c/ Sté Cie internationale de services : RJF 6/07 n° 730 (les faits concernaient une personne physique résidente de France qui avait perçu des **commissions** sur un compte personnel à Monaco, sans pouvoir justifier d'une activité distincte de celle qu'elle exerçait comme dirigeant de la société qu'elle contrôlait).

e. Les commissions versées par une société française à une société britannique qui n'a aucun salarié et ne réalise aucun chiffre d'affaires et qui correspondent uniquement à la rémunération des **fonctions de président** exercées par une personne physique domiciliée en France en tant que représentant de la société britannique entrent dans le champ de l'article 155 A du CGI (CAA Paris 1er décembre 2011 n° 09PA02693, 2e ch., Mahul : RJF 4/12 n° 337 ; conclusions au BDCF 4/12 n° 40 ; un pourvoi avait été formé contre cet arrêt mais il n'a pas été admis par CE (na) 6 décembre 2012 n° 356396, 8e s.-s.). Également, CAA Nancy

20 avril 2017 n° 15NC02546, 2e ch., retenant l'application de l'article 155 A aux sommes versées par deux sociétés françaises à une société luxembourgeoise, gérée et contrôlée par une personne physique domiciliée en France, qui était en même temps gérant des sociétés françaises, en rémunération de l'ensemble de la **gestion administrative, comptable et commerciale** de ces dernières (cet arrêt a fait l'objet d'un pourvoi qui n'a pas été admis par CE (na) 27 juin 2018 n° 411709, 9e ch. : RJF 10/18 n° 924 ; voir également nos 45795, 46080, et 46310, Précisions e). Ou encore CAA Nancy 28 septembre 2017 n° 16NC00901, 2e ch. (voir également n° 46022) confirmant l'application de l'article 155 A à des commissions versées par une société mère française à sa filiale luxembourgeoise en rémunération de prestations **commerciales, de marketing, d'analyse et de promotion des ventes** en réalité assurées par un prestataire domicilié en France et contrôlant de fait le groupe de sociétés (cet arrêt a fait l'objet d'un pourvoi enregistré sous le n° 416082 mais une ordonnance de désistement a ensuite été prononcée le 28 mai 2018). À propos de prestations de **gérance** de sociétés, voir également n° 46080. Encore faut-il tout de même qu'il soit établi que les services en cause sont effectivement **rendus en France**, lorsque les prestataires réels ne sont pas domiciliés en France (n° 46070). **46060** (suite)

f. À propos d'une personne physique fiscalement domiciliée en France où elle exerçait notamment une **activité de conseil en gestion d'entreprise**, que l'administration avait imposée sur des redevances, égales à 5 % du chiffre d'affaires, versées par un établissement français à la société britannique qu'il contrôlait, voir CAA Versailles 10 mai 2012 n° 09VE02775, 1e ch., Sierra : RJF 10/12 n° 890 (arrêt définitif). La Cour relève que l'intéressé, par ailleurs mis à disposition de la société, était l'unique détenteur du savoir-faire concédé et que les redevances ont rémunéré des prestations qu'il avait en réalité fournies ; dans cette affaire, la **mauvaise foi** a été confirmée dès lors que la création de la société et la conclusion de la convention de mise à disposition du savoir-faire au profit de l'établissement français étaient uniquement destinées à ce que soient soustraites à l'impôt français les rémunérations acquittées en contrepartie des prestations fournies par le prestataire réel.

g. L'article 155 A du CGI a été considéré comme applicable à un ingénieur-conseil domicilié en France et salarié d'une **société de portage salarial** établie à Guernesey au titre de prestations rendues pour le compte d'une société française sur des chantiers de construction de routes à Madagascar et au Burkina-Faso (CAA Bordeaux 6 février 2018 n° 15BX02793, 5e ch. ; arrêt définitif) ; pour la Cour, les sommes versées par la société française à la société de portage salarial étaient bien imposables au nom de l'ingénieur-conseil, les circonstances invoquées par le contribuable, notamment le fait que la société de portage salarial aurait souscrit une assurance pour son compte, n'étant pas de nature à établir l'activité réelle de cette société, ou à tout le moins que la rémunération qu'elle avait perçue de la société française utilisatrice aurait eu une contrepartie réelle. Également, dans des circonstances voisines, CAA Nantes 13 octobre 2016 n° 15NT00132 : RJF 1/17 n° 1, arrêt définitif concernant un ingénieur domicilié en France et rémunéré par une société de Guernesey qui l'avait mis à disposition d'une société française pour exercer l'activité de chef de projet en Slovaquie en 2006 et 2007. Sur les modalités d'imposition dans ces circonstances, voir n° 46080.

h. Il a été jugé que l'article 155 A était applicable aux rémunérations versées en 2012 et 2013 à une société britannique par une société française et correspondant aux services rendus par une personne physique domiciliée en France, qui assurait les **fonctions de président** de la société française pour le compte de la société britannique et qui détenait la totalité du capital de cette dernière (CAA Paris 3 juin 2021 n° 19PA01489, 5e ch. ; pourvoi enregistré sous le n° 455084) ; cette affaire avait donné lieu à une ordonnance de refus de transmission d'une QPC (n° 45792, Précisions b) et les rectifications ont été assorties de la majoration de 40 %. L'intéressé n'avait pas établi que les sommes versées n'auraient pas rémunéré les prestations de présidence de la société française qu'il effectuait en tant que représentant permanent de la société britannique, mais des prestations résultant d'une intervention propre de cette dernière pour son compte, alors même qu'elle n'était **pas dénuée de substance** économique et que son intervention aurait apporté une « plus-value » au groupe. Il n'avait pas non plus établi que les salaires que lui avait versés la société britannique auraient rémunéré, en tout ou partie, son activité de président de la société française exercée en France (la Cour souligne également qu'en tout état de cause, le fait que des rémunérations auraient été imposées au Royaume-Uni est inopérant, la réserve d'interprétation posée par le Conseil constitutionnel, mentionnée n° 45795, ne concernant que les impositions françaises).

i. Un entrepreneur individuel domicilié en France a pu valablement être imposé, en application de l'article 155 A du CGI, au titre de sommes rémunérant des **prestations d'ingénierie industrielle** prétendument rendues par une société de Gibraltar (CE 10 décembre 2020 n° 428059, 9e ch. : RJF 3/21 n° 238) ; la condition de **contrôle** était satisfaite car la société s'appuyait, pour son administration et sa direction, sur les moyens matériels de l'entreprise individuelle du contribuable, qui gérait le compte bancaire de la société et disposait de l'expertise technique requise (en outre, les contrats étaient préparés et négociés dans les locaux du contribuable, où avaient été saisies les pièces relatives au fonctionnement de la société de Gibraltar) ; dans cette affaire, l'administration avait appliqué la pénalité de 80 % pour **manœuvres frauduleuses** au motif que l'intéressé avait **consulté un cabinet d'expertise comptable** pour évaluer les avantages et risques découlant de la facturation de ses prestations par l'intermédiaire d'une société établie à Gibraltar, mais le Conseil d'État a estimé qu'en se bornant à invoquer cette étude, l'administration n'avait pas démontré l'existence de manœuvres frauduleuses et la pénalité de 40 % a été substituée à celle de 80 %.

j. Un contribuable domicilié au Liban était imposable sur le fondement de l'article 155 A du CGI à raison des sommes versées en 2013, 2014 et 2015 par une société française, qu'il dirigeait et contrôlait, à une société libanaise, qu'il contrôlait également, et qui correspondaient à la **rémunération de son activité personnelle au sein du groupe** (TA Cergy-Pontoise 20 octobre 2020 n° 1801070, 2e ch., faisant l'objet d'un appel enregistré sous le n° 21VE00613 ; voir également n° 74326) ; il résultait, en effet, de la vérification de comptabilité de la société française qu'il disposait en France d'un appartement mis à sa disposition, d'un véhicule automobile et d'une ligne téléphonique à son nom, les justificatifs présentés au soutien de la déductibilité des sommes attestant de son activité professionnelle et de sa présence en France, alors qu'il n'était pas rémunéré au titre de ses mandats (en se bornant à soutenir que la société libanaise disposait de salariés au Liban, il n'établissait pas que cette société aurait pu fournir à sa place les prestations en cause).

k. Pour un exemple d'application de l'article 155 A du CGI à un résident de Suisse **gérant** une société française, voir CE 16 juillet 2021 n° 433578, 8e et 3e ch. : RJF 11/21 n° 1017, jugeant toutefois qu'en l'espèce la majoration pour **activité occulte** n'était pas applicable (n° 46210).

Droit à l'image

46062 Les rémunérations dues au titre de l'utilisation du nom et de l'image peuvent éventuellement entrer dans le champ de l'article 155 A du CGI, au moins dans certains cas ; en ce sens, il a été jugé que les sommes versées par un club de football français à une société établie en Suisse en contrepartie de la rétrocession du droit à l'utilisation du nom et de l'image de **l'entraîneur de l'équipe** sont imposables en France au nom de l'entraîneur, en application tant des dispositions de l'article 155 A du CGI que de l'article 19 de la convention fiscale franco-suisse (CAA Douai 6 février 2001 n° 98-385, 2e ch., Santini : RJF 8-9/01 n° 1032 ; arrêt définitif) ; dans cette affaire, l'intéressé avait concédé à la société suisse le droit à l'utilisation de son nom et de son image à des fins publicitaires et n'établissait pas, ni même n'alléguait, que la société suisse exerçait de manière prépondérante une activité autre que celle de prestataire de services. Cette question n'est cependant pas évidente car la personne qui consent à l'utilisation de son image ne rend **pas nécessairement un service** qui entre dans les prévisions de la loi.

À cet égard, le raisonnement apparemment suivi par le Conseil d'État, à propos de l'exploitation par une société britannique du droit à l'image d'un joueur de football professionnel domicilié en France et employé par l'Olympique Lyonnais, pourrait offrir certaines perspectives toutes les fois que le droit à l'image est **concédé de façon passive** (CE 4 décembre 2013 n° 348136, 3e et 8e s.-s., Edmilson Gomes de Moares : RJF 3/14 n° 210, aux conclusions Vincent Daumas au BDCF 3/14 n° 26 ; voir aussi n° 46380). Dans cette affaire, le Conseil d'État juge qu'il convient d'**examiner les circonstances** pour déterminer si l'exploitation des droits résulte ou non de l'activité en club du joueur de football ; tel était le cas en l'espèce, étant donné que le palmarès du joueur était postérieur à son recrutement par le club, que les rémunérations versées au titre de la concession de son droit à l'image étaient liées à son activité au sein du club et que l'exploitation de son nom et de son image avait été concomitante à son activité professionnelle. Les sommes versées par le club à la société britannique étaient donc bien passibles de l'impôt sur le revenu à son nom en application de l'article 155 A du CGI et en tant que traitements et salaires (dans cette affaire, la démonstration n'était pas faite de ce que la société britannique aurait eu une autre activité que la prestation de services).

Le Conseil d'État estime donc que le droit à l'image n'est pas nécessairement indissociable de l'activité professionnelle et que l'exploitation de l'image d'un joueur de football ne constitue pas nécessairement une **composante de la prestation de travail** due par le joueur au club ; relevant que le droit à l'exploitation commerciale de l'image et de la notoriété d'un joueur professionnel de football conféré au club qui l'emploie par l'article 280 de la convention collective nationale des métiers du football présente un caractère conditionnel et non exclusif, il en déduit que cette exploitation et les sommes tirées de cette exploitation ne sont pas inséparables de sa rémunération de footballeur professionnel.

En l'espèce, la conclusion a été défavorable au sportif mais on est fondé à se demander si l'article 155 A aurait été applicable si l'intéressé avait pu apporter la preuve que **l'exploitation de son image était indépendante** de son activité au sein du club. Il est probable que, dans ce cas, les rémunérations devraient désormais être considérées comme hors du champ d'application de l'article 155 A, de la même façon que les rémunérations de marques, logos et brevets (CE 5 novembre 2021 n° 433367, 9e et 10e ch. : RJF 1/22 n° 2 ; voir n° 46065).

Voir également, dans une situation voisine, l'affaire Laetitia Casta (nos 45710 b et 46385).

Précisions Il a été jugé que l'article 155 A du CGI pouvait s'appliquer aux sommes reçues par une société britannique au titre de l'exploitation du droit à l'image d'un **joueur de rugby** britannique recruté par le Racing Club de Toulon, dans la mesure où elles pouvaient être regardées comme n'étant pas indissociables de l'activité salariée du joueur au service du club (TA Paris 30 septembre 2020 n° 1818169, 1e sect., 1e ch. : RJF 10/21 n° 896, accordant une décharge partielle pour des raisons assez confuses ; appel enregistré sous le n° 21PA00545).

Marques, logos et brevets

Les redevances versées en contrepartie de la concession du droit d'exploiter une licence de marques, logos ou brevets n'entrent pas dans le champ d'application de l'article 155 A du CGI, car elles **ne peuvent être regardées comme la contrepartie d'un service rendu** (CE 5 novembre 2021 n° 433367, 9e et 10e ch. : RJF 1/22 n° 2 ; voir b. ci-dessous). Comme l'indique la rapporteure publique Émilie Bokdam-Tognetti dans ses conclusions sur cette affaire (RJF précitée, C 2), les revenus tirés de telles concessions constituent « des **revenus passifs**, tirés de la propriété d'un actif et le cas échéant, de sa gestion dynamique, mais non de l'accomplissement d'un travail et d'une activité humaine caractérisant une prestation de services dont ils seraient la contrepartie. Ils sont, par suite, hors du champ de l'article 155 A du CGI qui, présentant le caractère d'un dispositif anti-abus brutal et dérogatoire, doit faire l'objet d'une interprétation stricte ». Les affaires suivantes illustrent cette problématique et les difficultés que la jurisprudence a eu à trancher. 46065

a. L'article 155 A du CGI avait initialement été considéré comme applicable à une personne physique fiscalement domiciliée en France (un ancien champion de ski) qui contrôlait une société des îles Vierges britanniques à laquelle elle avait cédé un ensemble de marques et logos ; après avoir acquis les droits, cette société avait conclu un contrat de licence avec une société néerlandaise, également contrôlée par la personne physique (qui disposait du pouvoir d'engager la société néerlandaise et de signer des contrats en son nom), permettant la conclusion de contrats avec des sociétés exploitantes tierces françaises et étrangères (CAA Lyon 25 juin 2015 n° 13LY01351, 2e ch. : JurisData n° 2015-016841 ; voir également Précisions, ci-dessous).

Dans cette affaire, la Cour avait considéré que la **cession des marques** était inopposable à l'administration fiscale faute de publication selon les prescriptions du Code de la propriété intellectuelle ; toutefois, le Conseil d'État a annulé l'arrêt pour erreur de droit au motif que, si l'article L 714-7 du Code de la propriété intellectuelle subordonne l'opposabilité aux tiers de toute transmission des droits attachés à une marque à son inscription sur un registre, ces dispositions ne font pas de l'inscription de l'acte une condition de la validité de la cession ou de la concession et ne concernent que les contestations nées du droit de la propriété intellectuelle (CE 22 février 2017 nos 392959 et 392960, 10e et 9e ch. : RJF 5/17 n° 406).

Statuant sur renvoi, la Cour a étonnamment persisté à considérer que l'article 155 A était applicable en dépit du fait que les marques et logos aient été cédés ; elle a estimé que les redevances versées en exécution des **contrats de licence** conclus par la société néerlandaise devaient être regardées comme des rémunérations liées au service rendu essentiellement par la personne physique cédante, dès lors qu'elle contrôlait la chaîne de participations et qu'elle n'avait apporté aucun élément de nature à démontrer que la société néerlandaise exercerait de manière prépondérante une activité industrielle ou commerciale autre que la prestation de services (CAA Lyon 11 janvier 2018 n° 17LY00952, 5e ch.). Mais cet arrêt a été logiquement annulé par le Conseil d'État et le contribuable a obtenu la décharge, étant donné que les redevances perçues par la société néerlandaise, qui avaient fait l'objet du rappel d'impôt au titre de l'article 155 A, ne pouvaient pas être regardées comme la rémunération d'un **service** rendu par la personne physique et n'étaient donc pas imposables sur ce fondement (CE 8 juin 2020 n° 418962, 10e et 9e ch. : RJF 10/20 n° 757).

b. L'administration avait considéré que l'article 155 A était applicable à une personne physique domiciliée en France au titre des redevances perçues en 2009, 2010 et 2011 par une société britannique en contrepartie de la concession d'une licence exclusive à une société belge de la **marque et des brevets d'une gamme de produits parapharmaceutiques** (il n'était pas établi que la personne physique contrôlait la société britannique mais elle contrôlait, avec son époux, la société belge à hauteur de 51,6 %) ; l'administration avait obtenu satisfaction en première instance et en appel, mais le Conseil d'État a accordé la décharge au motif que les redevances versées en contrepartie de la concession du droit d'exploiter une licence de marques et brevets ne peuvent être regardées comme la contrepartie d'un **service rendu** au sens et pour l'application de l'article 155 A (CE 5 novembre 2021 n° 433367, 9e et 10e ch. : RJF 1/22 n° 2).

Le Conseil d'État a rejeté la position de la Cour, qui s'était fondée à tort sur le fait que les prestations de **gestion du portefeuille de marques** et de brevets étaient assurées par la requérante et qui en avait déduit que les redevances versées par la société belge correspondaient, pour l'essentiel, à des prestations qu'elle réalisait (l'administration avait établi, notamment par la production de correspondances saisies, que c'était elle qui prenait les décisions relatives à l'entretien des marques et des brevets et qui autorisait le paiement des factures établies au nom de la société britannique). Mais, ce faisant, la Cour avait commis une erreur de droit et inexactement qualifié les faits, car l'entretien, le renouvellement, l'extension des marques et brevets et, plus généralement, l'accomplissement des actes nécessaires au maintien de leur protection ne peuvent être regardés comme une **activité dissociable** de la concession même de ces licences de marques et brevets.

Dans cette affaire, il a donc finalement été jugé que l'administration ne pouvait faire application de l'article 155 A, car les redevances versées par la société belge à la société britannique rémunéraient le droit d'exploiter à titre exclusif les marques et brevets et ne pouvaient être regardées comme rémunérant des prestations de gestion du portefeuille de ces marques et brevets, rendues par la personne physique et qui auraient été dissociables de leur concession.

Nouvel exemple de divergence entre le juge fiscal et le juge pénal, cela n'a pas empêché que la personne physique ait, dans cette affaire, été pénalement condamnée pour **fraude fiscale**, selon ce qu'a jugé la Cour de cassation qui avait statué sans égard au fait qu'un pourvoi était, à l'époque, pendant devant le Conseil d'État et qu'il avait d'ailleurs été admis (Cass. Crim. 8 avril 2021 n° 19-87.905 : RJF 7/21 n° 754 ; voir n° 46230). Cette affaire a eu également des prolongements pour les années suivantes, la société belge étant considérée comme imposable au titre d'un **siège de direction** en France (n° 17390) et les rectifications pratiquées sur le fondement de l'article 155 A au titre de l'année 2012 étant confirmées par CAA Paris 20 avril 2021 n° 20PA01169, 2e ch. (pourvoi enregistré sous le n° 453826).

Précisions Dans l'affaire mentionnée en a. supra, l'arrêt initial de la cour administrative d'appel de Lyon (CAA Lyon 25 juin 2015 n° 13LY01351) présente l'intérêt de juger que l'administration n'est pas tenue d'apporter la **preuve de l'appréhension des sommes** par la personne physique domiciliée en France, que la circonstance, à la supposer établie, que la société étrangère ait été imposée dans son pays de résidence n'est pas susceptible d'établir une **double imposition**, s'agissant d'un contribuable distinct (n° 45795), et que l'application de l'article 155 A du CGI ne crée pas d'atteinte à la **liberté de prestation de services** ou à la **liberté d'établissement** (cette conclusion, reprise dans l'arrêt rendu sur renvoi, est conforme à la jurisprudence du Conseil d'État comme indiqué aux nos 46380 s.).

Territorialité

46070 Les règles de territorialité sont les suivantes :
– si le prestataire réel a son domicile ou son siège **en France**, les dispositions de l'article 155 A s'appliquent à toutes les sommes rémunérant des services, que ceux-ci soient rendus en France ou hors de France ; il a été confirmé que le dispositif est applicable pour l'imposition d'une personne physique domiciliée en France au titre de sommes versées par une société française à une société luxembourgeoise sans égard au fait que les services aient été rendus en France ou, comme le soutenait en l'espèce le requérant, au Luxembourg (CE 9 mai 2019 n° 417514, 8e et 3e ch. : RJF 8-9/19 n° 738 ; voir également n° 46020) ;
– si le prestataire réel est domicilié ou a son siège **hors de France**, les dispositions de l'article 155 A ne s'appliquent qu'aux sommes rémunérant des services rendus en France.

Dans ce dernier cas, il appartient à l'administration d'apporter des éléments suffisants permettant de penser que la prestation a été **rendue, c'est-à-dire réalisée, en France** ; si tel est le cas, il appartient alors au contribuable de fournir, le cas échéant, toutes justifications utiles sur le lieu d'exercice de ses activités professionnelles (CE 22 janvier 2018 n° 406888, 3e et 8e ch. : RJF 4/18 n° 342). Ce principe a été posé par le Conseil d'État à propos de personnes physiques domiciliées en Suisse, qui, sous couvert d'une société suisse dont elles détenaient l'intégralité du capital et qui n'avait pas d'activité propre, rendaient des services administratifs, commerciaux, stratégiques et autres à une société française qu'elles contrôlaient également, dont elles étaient dirigeants et dont elles étaient précédemment salariées ; l'arrêt d'appel avait, à tort, considéré que les **services de direction** avaient été rendus en France au motif que les intéressés exerçaient la direction de la société française avant leur départ en Suisse, que les prestations ne recouvraient que des tâches de direction d'une société française, qu'il n'était pas allégué que la société suisse interposée ait une filiale ou un établissement en Suisse et que les requérants n'apportaient aucune précision quant aux moyens mis en œuvre pour assumer leurs fonctions depuis la Suisse ou tout autre pays étranger (CAA Versailles 15 septembre 2016 n° 15VE01249, 3e ch.). Le Conseil d'État a accordé la décharge en relevant que l'administration n'apportait pas d'éléments suffisants de nature à permettre de penser que les services avaient été **rendus en France**, la seule circonstance que ces prestations correspondaient à une activité qui était jusqu'alors assumée par les requérants au sein de la société française n'étant pas de nature à établir qu'elles continuaient à être rendues en France. Cette décision montre que, comme le dit le rapporteur public, le juge doit, en la matière exercer un contrôle étroit et que, l'article 155 A étant un texte anti-abus, il doit faire l'objet d'une interprétation stricte (il appartenait en l'espèce à l'administration de rassembler les preuves nécessaires, par exemple au moyen d'une visite domiciliaire).

Ce principe a été repris, toujours à propos d'une personne physique domiciliée en Suisse dont les prestations de direction d'une société française étaient rémunérées par des versements faits par cette dernière à une société suisse, mais, cette fois, l'administration a eu gain de cause en raison de la présence non contestée du dirigeant **deux jours par semaine au siège** de la société française et du caractère insuffisamment probant des justifications qu'il avait apportées sur l'exercice partiel de ses activités depuis la Suisse (CE 12 octobre 2018 n° 414383, 8e et 3e ch. : RJF 1/19 n° 1 ; voir également nos 46028 et 46310). Le fait que l'intéressé ait été présent en France deux jours par semaine ne signifiait pas, en effet, qu'une partie de ses prestations était réalisée depuis la Suisse pendant le reste de la semaine ; il aurait fallu qu'il apporte des éléments objectifs en ce sens (l'intéressé avait, au demeurant, la disposition permanente d'un bureau en France).

Dans le même sens, CAA Lyon 12 février 2019 n° 17LY03985, 2e ch. : RJF 8-9/19 n° 815 (arrêt définitif), à propos du versement par une société française de sommes à une société suisse au titre de services rendus par un **ancien dirigeant** de la société française, qui s'était domicilié en Suisse ; en l'espèce, la société suisse n'employait aucun personnel et ne disposait d'aucun local alors que le prestataire réel, qui exerçait auparavant les mêmes fonctions auprès de la société française, disposait d'un bureau permanent en France où il se rendait en moyenne un à deux jours par semaine (voir également n° 46210).

Précisions Sur la définition de la France, voir n° 1905.

C. Modalités d'imposition

Catégorie d'imposition du prestataire réel

L'article 155 A du CGI permet de faire, en quelque sorte, abstraction de la personne interposée : le prestataire de services est imposable à raison des sommes reçues par la personne interposée, dans la catégorie qui correspond à l'activité exercée (TS, BNC, BIC, selon les cas). **46080**

L'imposition du prestataire réel est, par détermination de la loi, indépendante de la circonstance **qu'il ait ou non appréhendé les sommes** ; cette conséquence a été confirmée notamment par CAA Paris 1er décembre 2011 n° 09PA02693, 2e ch., Mahul (RJF 4/12 n° 337 ; un pourvoi avait été formé contre cet arrêt mais il n'a pas été admis par CE (na) 6 décembre 2012 n° 356396, 8e s.-s.) et par CAA Lyon 25 juin 2015 n° 13LY01351, 2e ch. (JurisData n° 2015-016841, arrêt annulé pour une autre raison ; voir n° 46065, Précisions).

Cela étant, la **catégorie d'imposition** du prestataire réel n'est pas toujours évidente à déterminer, étant donné que la loi impose un revenu théorique sur la base d'une fiction fiscale sans fournir d'indications méthodologiques. À l'occasion d'une affaire mettant en cause un pilote d'hélicoptère domicilié en France, qui avait conclu un contrat de travail avec une société de Jersey qui facturait à une société française les services qu'il rendait (prestations de pilotage d'hélicoptère), le Conseil d'État a clarifié la question en précisant

46080 (suite) que la détermination de la catégorie d'imposition ne dépend que de l'analyse des **relations** existant entre la personne domiciliée ou établie en France qui a rendu pour l'essentiel les services facturés (en l'espèce, le pilote) et le **bénéficiaire de ces services** (en l'espèce, la société française), et non pas la société interposée (CE 4 novembre 2020 n° 436367, 8e et 3e ch. : RJF 1/21 n° 2). Selon ce qu'indique la rapporteure publique, il convient en effet, comme en matière d'abus de droit, « d'écarter la relation que l'article 155 A permet de regarder comme artificielle pour **se fonder sur la réalité** telle qu'elle apparaît après élimination des éléments constituant le montage » (conclusions Karin Ciavaldini à la RJF 1/21 C 2) ; en l'espèce, la Cour avait fait une inexacte application de l'article 155 A, car elle avait relevé que l'intéressé n'était pas dans un **lien de subordination** avec la société française bénéficiaire, tout en confirmant la rectification dans la catégorie des traitements et salaires au motif qu'il avait conclu un contrat de travail avec la société de Jersey (la rectification a toutefois été confirmée par voie de substitution de motif ; n° 42460). Sur le plan des principes, la jurisprudence confirme ainsi que l'article 155 A ne fonctionne pas de façon autonome et que les sommes imposées sur ce fondement ne doivent pas être ajoutées directement au revenu global mais doivent être imposées en application des règles relatives à la catégorie de revenus dont elles relèvent. Pour un autre exemple, CE 16 juillet 2021 n° 433578, 8e et 3e ch. : RJF 11/21 n° 1017, réaffirmant que l'administration, pour soumettre la rémunération en cause à l'impôt sur le revenu entre les mains de la personne ayant rendu les services, doit faire application des règles de taxation relatives à la catégorie de revenus dont elle relève et que la détermination de cette catégorie ne saurait dépendre que de l'analyse des relations existant entre la personne qui a rendu pour l'essentiel les services facturés et le bénéficiaire de ces services (voir également n° 46210).

Les exemples suivants éclairent également la manière dont la jurisprudence aborde la question, sans offrir, pour autant, de solutions d'ensemble et généralisables.

Lorsque les rémunérations des **prestations de gérance d'une SARL** française sont imposables en France en application de l'article 155 A, l'imposition doit, en principe, être établie sur le fondement de l'article 62 du CGI, relatif aux rémunérations allouées aux gérants de sociétés ; ainsi :
– les sommes versées par une société française à sa société mère suisse en rémunération de prestations de gérance effectuées par des résidents de Suisse, considérées comme imposables en France en vertu de l'article 155 A, ne pouvaient pas être imposées dans la catégorie des **BNC** mais devaient l'être sur le fondement de l'**article 62 du CGI** (CAA Versailles 29 septembre 2015 n° 13VE02261, 1e ch. : RJF 1/16 n° 1 ; CAA Versailles 29 septembre 2015 n° 13VE02984, 1e ch. : RJF 1/16 n° 1 ; ces deux arrêts sont définitifs) ;
– l'administration, qui avait initialement retenu la qualification de **BIC** pour imposer des personnes physiques résidentes de Suisse, cogérantes d'une société française et dont les rémunérations avaient été versées à une société suisse, était fondée à demander en appel que l'imposition soit maintenue sur le fondement de l'article 62 du CGI (CAA Lyon 20 octobre 2015 n° 14LY02068, 2e ch. : RJF 2/16 n° 111, admettant la substitution de base légale ; cet arrêt a fait l'objet d'un pourvoi qui n'a pas été admis par CE (na) 17 octobre 2016 n° 395427, 10e ch. : RJF 1/17 n° 75).

En ce qui concerne les situations de **portage salarial**, la jurisprudence a apporté les précisions suivantes :
– les sommes versées par une société française à une société de portage salarial établie à Guernesey en rémunération de l'activité d'un ingénieur domicilié en France et mis à la disposition d'une société française sont imposables dans la catégorie des **traitements et salaires** et non pas des BNC comme le soutenait l'administration (CAA Nantes 13 octobre 2016 n° 15NT00132 : RJF 1/17 n° 1, arrêt définitif accordant la décharge à un ingénieur qui était employé par une société établie à Guernesey pour exercer une activité de chef de projet en Slovaquie en 2006 et 2007 pour le compte d'une société française) ; il est jugé, comme l'a confirmé sur le plan des principes le Conseil d'État dans la décision du 4 novembre 2020 précitée, que l'existence d'un **lien de subordination** permettant de regarder les sommes comme imposables dans la catégorie des traitements et salaires doit être appréciée au regard de la situation de l'intéressé vis-à-vis non pas de la société étrangère ayant perçu les rémunérations (la société de portage salarial) mais de la société ayant procédé à leur versement (la société cliente de la société de portage salarial) ;
– dans une configuration similaire (n° 46060, Précisions g), la qualification de **BNC**, retenue par l'administration, a été confirmée au motif que l'intéressé, un ingénieur-conseil domicilié en France et salarié d'une société de portage salarial établie à Guernesey, n'avait pas

produit de documents émanant de la société française utilisatrice qui aurait caractérisé l'existence de directives quant à l'organisation et à l'exécution de son travail et établi un lien de subordination (CAA Bordeaux 6 février 2018 n° 15BX02793, 5e ch., arrêt définitif ; en première instance, TA Poitiers 16 juillet 2015 n° 1201624, 1e ch. : Droit fiscal 2015 n° 36, comm. n° 534).

À propos de la rémunération d'une activité de **gestion administrative, comptable et commerciale**, il a été jugé que les sommes versées par deux sociétés françaises à une société luxembourgeoise, gérée et contrôlée par une personne physique domiciliée en France, qui était en même temps gérant des sociétés françaises, en rémunération de l'ensemble de la gestion administrative, comptable et commerciale de ces dernières, étaient imposables dans la catégorie des **BNC** car les prestations étaient dissociables de l'activité de gérant déployée par l'intéressé au sein des sociétés françaises (CAA Nancy 20 avril 2017 n° 15NC02546, 2e ch., arrêt définitif après non-admission d'un pourvoi par CE (na) 27 juin 2018 n° 411709, 9e ch. : RJF 10/18 n° 924 ; voir également n° 45795, 46060 Précisions e et 46310, Précisions e). Dans le même sens, des sommes rémunérant une activité indépendante de consultant et de conseil aux entreprises ont été considérées comme ayant à juste titre été imposées dans la catégorie des BNC (CAA Lyon 12 février 2019 n° 17LY03985, 2e ch. : RJF 8-9/19 n° 815, arrêt définitif ; voir également n° 46070). Mais un résident belge a, sur le fondement de l'article 155 A du CGI, été imposé dans la catégorie des **traitements et salaires** au titre de son activité, exercée en France, de président d'une société française, cette dernière ayant rémunéré à ce titre une société luxembourgeoise contrôlée par le dirigeant et son épouse (CAA Versailles 22 juin 2017 n° 15VE03933, 6e ch., ayant fait l'objet d'un pourvoi non admis par CE (na) 27 juin 2018 n° 413586 et 413587, 9e ch. : RJF 10/18 n° 924).

Enfin, un contribuable qui exerçait en France l'activité d'**agent commercial** a, sur le fondement de l'article 155 A, été considéré comme imposable dans la catégorie des **traitements et salaires** au titre des rémunérations versées par une société française à une société luxembourgeoise qu'il contrôlait (CE 12 mai 2017 n° 398300, 3e et 8e ch. : RJF 8-9/17 n° 771) ; en l'espèce, la société luxembourgeoise était mandataire exclusif de la société française pour la commercialisation de matériels médicaux, essentiellement sur le territoire français, et elle était contractuellement liée avec cette dernière en ce qui concerne son périmètre d'intervention, les hôpitaux et cliniques à démarcher, la liste des matériels médicaux à proposer, les modalités de calcul et de paiement des commissions et des clauses de non-concurrence (sur la problématique corrélative de l'établissement stable, voir n° 45985).

Précisions Il a été jugé que les bénéfices non commerciaux imposés sur le fondement de l'article 155 A du CGI n'entrent pas dans le champ de la **taxe professionnelle** d'un redevable de l'impôt sur le revenu dès lors qu'il n'apparaît pas que ces sommes, correspondant à des prestations réalisées en France par l'intéressé mais facturées par une société luxembourgeoise, auraient été encaissées par le contribuable ou mises à sa disposition (CAA Paris 7 novembre 2013 n° 12PA00291, 9e ch., Robineau : Droit fiscal 2013 n° 50, comm. n° 552 ; arrêt définitif).

Appréhension des sommes par le prestataire apparent

La question de l'incidence du fait que le prestataire apparent ait reçu ou non les sommes **46090**
versées par le débiteur n'est pas clairement tranchée en l'absence de décision du Conseil d'État ; les exemples suivants illustrent la problématique :

– il a été jugé que seules les **sommes « encaissées »** par le bénéficiaire des rémunérations entrent dans le champ de l'article 155 A du CGI et que l'administration n'avait pas établi que les rémunérations facturées aient été effectivement encaissées par une société luxembourgeoise, en rémunération de l'activité d'une personne physique domiciliée en France, en invoquant **l'inscription d'une charge** dans la comptabilité du client français et d'un produit dans la comptabilité de la société luxembourgeoise, alors même qu'à la clôture de l'un des exercices litigieux la comptabilité de la société luxembourgeoise faisait apparaître, au nom de ce client, une créance d'un montant égal à celui des rémunérations en litige (TA Lyon 12 novembre 2013 n° 1103511, 4e ch., Bellon : RJF 6/14 n° 532 ; jugement définitif) ;

– la circonstance que le prestataire apparent n'ait pas effectivement perçu les sommes est sans incidence dès lors qu'elles ont été portées en **compte courant d'associé** ; les sommes inscrites sur ce compte courant doivent être regardées comme mises à la disposition de la société interposée, sauf à ce que la preuve contraire soit rapportée (CAA Versailles 10 mai 2012 n° 09VE02775, 1e ch., Sierra : RJF 10/12 n° 890 ; arrêt définitif, voir également n° 46060, Précision f).

Prestataire réel domicilié ou établi en France

46140 Le revenu imposable est calculé dans les conditions de droit commun prévues pour la catégorie des revenus concernés (n° 46080). L'imposition est établie **par voie de rôle**, en principe au titre de l'année d'encaissement des sommes par le prestataire apparent. Il a notamment été jugé que, lorsque le contribuable a **confié à un tiers le soin d'encaisser** pour son compte certaines de ses recettes professionnelles (BNC), les sommes versées à ce tiers doivent en principe, aussitôt qu'elles sont encaissées par celui-ci, être réputées se trouver à la disposition du contribuable (CAA Versailles 15 septembre 2015 n° 14VE01397, 3e ch. ; arrêt définitif). Dans cette affaire, le prestataire réel, qui avait fait encaisser par deux **sociétés de portage britannique** la rémunération de ses propres prestations à des sociétés françaises, n'avait apporté aucun commencement de preuve susceptible de renverser une telle présomption (l'article 155 A du CGI a été jugé applicable, étant donné l'absence de services réellement rendus par les sociétés de portage dépourvues de moyens et sans autre activité que la facturation des services rendus par le prestataire réel ; la majoration de 40 % pour manquement délibéré a été confirmée).

La **retenue à la source** s'applique au stade du paiement par le débiteur à la personne interposée sous réserve, le cas échéant, des conventions fiscales (l'impôt dû par le prestataire réel est alors établi sous déduction de cette retenue).

Prestataire réel domicilié ou établi hors de France

46160 La **retenue à la source** est également applicable ; elle doit être versée par le débiteur « primaire » des rémunérations, c'est-à-dire la personne domiciliée en France (celle qui reçoit le service). Elle s'applique, bien entendu, sur la totalité des rémunérations perçues par la personne interposée et elle est imputable sur l'impôt sur le revenu dû par les intéressés (toujours sur la totalité des sommes perçues).

Précisions Avant l'article 30-II de la loi de finances pour 1990, la loi prévoyait une exception au principe traditionnel de recouvrement par voie de retenue à la source ; l'imposition était, en effet, établie par voie de rôle, dans les conditions prévues à l'article 197 A du CGI. Ce dispositif a été modifié pour les rémunérations payées depuis le 1er janvier 1990, par la suppression de la deuxième phrase du II de l'article 155 A qui introduisait la dérogation au principe d'imposition par voie de retenue à la source.

Prestataire réel rémunéré par la personne interposée

46180 Dans cette situation, le prestataire devrait être à la fois imposable sur cette rémunération (prestataire réel domicilié en France ou fournissant des services en France, s'il est non-résident) et sur la totalité des sommes perçues par la personne interposée.

Pour éviter une double imposition, l'administration admet que l'intéressé ne soit imposé que sur le revenu faisant ressortir la base d'imposition la plus élevée (BOI-IR-DOMIC-30 n° 240). Voir sur ce point la position du Conseil constitutionnel, n° 45792.

Solidarité

46200 La personne qui perçoit les rémunérations de services est solidairement responsable, à hauteur de cette rémunération, des impositions dues par la personne qui les rend.

Lorsque l'administration met en œuvre cette solidarité, elle est tenue d'adresser au débiteur solidaire un avis de mise en recouvrement individuel mais elle n'est pas tenue d'ouvrir une procédure de **rectification contradictoire** à son encontre (CAA Lyon 12 février 2019 n° 17LY03985, 2e ch. : RJF 8-9/19 n° 815 ; arrêt définitif) ; en l'espèce, un résident suisse qui avait rendu des services en France par l'intermédiaire d'une société suisse et qui avait été considéré comme imposable sur le fondement de l'article 155 A du CGI (n° 46070), n'était pas fondé à soutenir que la procédure d'imposition serait irrégulière en l'absence de communication à la société interposée des éléments de la procédure d'imposition menée à son encontre.

Majoration pour activité occulte

46210 L'administration assortit régulièrement les rectifications pratiquées sur le fondement de l'article 155 A du CGI de la majoration de 80 % pour activité occulte, comme en témoigne, par exemple, la décision du Conseil d'État du 12 octobre 2018 n° 414383, 8e et 3e ch. : RJF 1/19 n° 1 (n° 46028).

En principe, la jurisprudence du Conseil d'État (n° 17815) voudrait que le contribuable puisse prouver son erreur notamment en faisant valoir qu'il a satisfait à l'ensemble de ses obligations fiscales dans un État autre que la France, si les niveaux d'imposition sont proches et si l'échange d'informations est possible.

Le bénéfice de cette tolérance a toutefois été refusé à un contribuable qui **ne pouvait ignorer** que la société étrangère qu'il contrôlait ne rendait pas en propre les services qu'elle était, en apparence, supposée assurer (CAA Lyon 12 février 2019 n° 17LY03985, 2e ch. : RJF 8-9/19 n° 815, définitif ; voir n° 46070) ; dans cette affaire, la majoration a été jugée applicable au motif qu'il s'agissait de l'**ancien dirigeant** de la société française débitrice, au profit de laquelle il avait continué d'assumer en France, par l'intermédiaire d'une société suisse qu'il avait créée lors du transfert de son domicile fiscal en Suisse, les tâches qui étaient précédemment les siennes et qu'il ne pouvait ignorer que cette dernière ne rendait pas en propre les services qu'elle était, en apparence, supposée assurer. La circonstance que la société suisse ait été soumise à l'impôt sur les sociétés en Suisse et que les rémunérations qu'elle lui avait versées aient été imposées en Suisse a été jugée sans incidence.

En sens inverse, la pénalité pour activité occulte n'était pas applicable au cas d'une personne physique domiciliée en Suisse, **gérant** minoritaire d'une société française, dont les prestations administratives, comptables et juridiques avaient été facturées à cette société par une société suisse qu'il contrôlait avec des membres de sa famille et qui contrôlait elle-même la société française (CE 16 juillet 2021 n° 433578, 8e et 3e ch. : RJF 11/21 n° 1017) ; l'intéressé avait été redressé dans la catégorie des bénéfices non commerciaux (mais l'administration avait ensuite demandé une substitution de base légale en retenant la catégorie des traitements et salaires) au titre de l'article 155 A du CGI pour l'année 2011 au motif qu'il avait, en réalité, rendu les prestations en cause, mais celles-ci ne pouvaient, eu égard à leur nature et aux conditions de leur fourniture, être regardées comme caractérisant l'exercice d'une **activité libérale distincte** de ses fonctions de gérant. En l'espèce, il s'agissait de prestations qui étaient au cœur du fonctionnement de la société française et qui devaient être rattachées à l'activité de gérance puisqu'elles étaient fournies par le gérant, même si elles auraient pu, pour certaines, être fournies par des tiers ; elles avaient été rendues dans le cadre d'un rapport de subordination du gérant vis-à-vis de la société française et étaient donc bien imposables dans la catégorie des traitements et salaires, s'agissant d'un gérant minoritaire. Dans ces conditions, la pénalité pour activité occulte n'était pas exigible.

Sanctions pénales

Les situations entrant dans le champ de l'article 155 A du CGI sont susceptibles de caractériser le délit de **fraude fiscale**. Par exemple, dans l'affaire mentionnée n° 46065 b, l'administration avait déposé plainte contre les contribuables domiciliés en France pour s'être frauduleusement soustraits à l'établissement et au paiement de l'impôt sur le revenu ; les premiers juges avaient accordé la relaxe mais le délit de fraude fiscale a été établi en appel et le pourvoi des prévenus a été rejeté par Cass. crim. 8 avril 2021 n° 19-87.905 F-PI : RJF 7/21 n° 754. Dans cette affaire, la Cour de cassation juge notamment qu'il résulte de l'article 155 A du CGI, qui tend à dissuader les contribuables d'échapper à l'impôt en faisant percevoir par une personne tierce, domiciliée ou établie à l'étranger, la rémunération des services qu'ils rendent, que le contribuable domicilié en France, auteur de la prestation de services, est **réputé avoir réalisé lui-même les bénéfices** ou revenus retirés de cette prestation par la personne chargée de les percevoir. La Cour ajoute que la caractérisation du délit de fraude fiscale résultant de l'omission de déclarer les rémunérations sujettes à l'impôt en application de ce texte n'implique pas qu'il soit démontré que le prévenu a **effectivement appréhendé** les sommes en cause. 46230

Précisions La Cour de cassation avait, dans l'affaire mentionnée ci-dessus, refusé de **surseoir à statuer**, car il n'y avait pas, selon elle, de risque sérieux de contrariété entre les décisions des juridictions pénales et administratives, dès lors que le tribunal administratif et la cour administrative d'appel avaient débouté les contribuables et alors même que le Conseil d'État était saisi d'un pourvoi. Le Conseil d'État lui a donné tort puisque la décharge a été prononcée après annulation de l'arrêt d'appel (CE 5 novembre 2021 n° 433367, 9e et 10e ch. : RJF 1/22 n° 2).

D. Incidence éventuelle des conventions fiscales

1. Cas général

Position de l'administration

46300 Selon l'administration, d'une manière générale, le fait que la personne interposée ait son domicile ou son siège dans un pays où elle ne bénéficie pas d'un régime fiscal privilégié, ayant conclu avec la France une convention fiscale, **ne s'oppose pas** à l'application de l'article 155 A du CGI (BOI-IR-DOMIC-30 n° 180). Les renseignements nécessaires à l'appréciation des conditions requises peuvent être obtenus dans le cadre de l'assistance administrative (n°s 74200 s.).

Si le prestataire est imposé dans un autre État à raison des mêmes sommes, l'administration se déclare simplement prête à engager une procédure de concertation pour éliminer cette double imposition (BOI préc. n° 190 ; voir aussi n° 45795).

Jurisprudence

46310 La façon dont il y a lieu de combiner l'article 155 A du CGI avec les conventions fiscales a été clarifiée par le Conseil d'État dans l'affaire Aznavour (n° 45785). Il a été jugé que l'article 155 A établit une **présomption** selon laquelle le revenu versé à la société interposée est un revenu du prestataire réel (les rémunérations imposables sont bien, en effet, celles qui correspondent à sa propre activité) ; il en résulte, à notre avis, que c'est à son niveau que le raisonnement devrait être mené pour décider si la convention fiscale y fait ou non obstacle, et non au regard de la situation de la personne interposée. Bien que l'imposition du prestataire réel résulte d'une « fiction fiscale » créée par la loi, il ne serait, en effet, ni cohérent ni équitable de ne pas rechercher quelle aurait été la règle applicable en l'absence d'interposition et de ne pas en tirer les conséquences pour l'imposition du contribuable.

C'est d'ailleurs en ce sens que le Conseil d'État a abordé la question, quoique d'une façon relativement peu explicite, à propos d'une personne physique domiciliée en Suisse et qui s'était vu appliquer l'article 155 A au titre de prestations de direction (CE 12 octobre 2018 n° 414383, 8e et 3e ch. : RJF 1/19 n° 1 ; voir également n°s 46028 et 46070). Après avoir confirmé que les conditions d'application de l'article 155 A étaient réunies, le Conseil d'État a considéré que la Cour n'avait pas méconnu les stipulations conventionnelles en jugeant que l'activité ayant pour contrepartie la rémunération litigieuse avait été exercée à partir d'une **installation fixe d'affaires** caractérisant un établissement stable au sens et pour l'application de la convention fiscale franco-suisse du 9 septembre 1966 modifiée (la référence à l'établissement stable s'explique par le fait qu'en l'espèce l'administration avait imposé les sommes dans la catégorie des BIC, mais il ne semble pas qu'il y ait eu de débat contentieux sur ce point). En appel, la Cour avait, en effet, relevé que l'intéressé, dont il n'était pas établi qu'il rendait des prestations depuis la Suisse, exerçait son activité individuelle exclusivement à partir d'une installation fixe d'affaires située dans les locaux de la filiale française, caractérisant un établissement stable, au sens et pour l'application de la convention fiscale franco-suisse, d'où il résultait que les bénéfices tirés de cette activité, entièrement imputables à cet établissement, étaient imposables en France ; la convention fiscale ne faisait donc pas obstacle à l'application de l'article 155 A du CGI (CAA Versailles 20 juillet 2017 n° 16VE02004, 3e ch., indiquant notamment qu'il était établi que l'intéressé était présent deux jours par semaine au siège de la société française, où il disposait, outre d'une voiture de fonctions, d'un bureau et d'un ordinateur à partir desquels il utilisait la ligne téléphonique, l'adresse électronique et les outils logiciels de la société). De la même façon, il a été précédemment jugé que la convention fiscale franco-suisse du 9 septembre 1966 modifiée ne faisait pas obstacle à l'application de l'article 155 A du CGI à une personne physique domiciliée en Suisse qui, par l'intermédiaire d'une société suisse dont elle était le principal dirigeant et l'administrateur unique, avait rendu des prestations d'assistance commerciale à une société française (CAA Versailles 28 janvier 2016 n° 14VE00311, 7e ch. ; arrêt définitif) ; la Cour avait notamment relevé que l'intéressé disposait, pour l'exercice de son activité, d'une installation fixe d'affaires caractérisant un établissement stable en France, dans la mesure où la société française, qui prenait en charge certains de ses frais et lui fournissait des cartes de visite, avait **mis à sa disposition en France un bureau** avec une ligne téléphonique fixe et une adresse électronique.

En toute logique, la distinction suivante devrait donc être faite : **46310** (suite)

– si la convention fiscale permet l'imposition du prestataire réel, l'article 155 A est applicable ; tel est le cas, d'une façon générale, en ce qui concerne les **artistes** et les **sportifs** (qu'ils soient résidents ou non-résidents, si, dans ce dernier cas, ils se produisent en France) ;

– dans la négative, si le prestataire réel est non-résident (s'il est résident, les conventions fiscales sont sans incidence, sauf, éventuellement en présence d'une base fixe à l'étranger), la convention devrait y faire obstacle, contrairement à ce que soutient la doctrine administrative (n° 46300). Tel devrait normalement être le cas en ce qui concerne les autres prestations de services rendues par des non-résidents, car celles-ci ne sont généralement pas imposables en France **en l'absence d'établissement stable** ou de base fixe du prestataire réel (en présence d'une telle installation fixe d'affaires en France, l'imposition est exigible de toute façon, sans qu'il y ait lieu de rechercher l'application de l'article 155 A).

En revanche, l'existence éventuelle d'une convention fiscale **entre la France et l'État de résidence de la société interposée** n'a aucune incidence ; dans la mesure où le contribuable est le prestataire réel, il n'y a pas lieu d'appliquer cette convention, qui concerne un autre contribuable. Le Conseil d'État juge, en effet, que les dispositions de l'article 155 A n'ont pas pour objet de permettre l'imposition en France des résultats de la société interposée mais seulement celle des rémunérations afférentes à l'activité du prestataire réel (au cas particulier de l'affaire Aznavour, la solution aurait donc été la même si la société interposée avait été domiciliée en Suisse ou ailleurs). Cette manière de voir a été reprise par CE 4 décembre 2013 n° 348136, 3e et 8e s.-s., Edmilson Gomes de Moares (RJF 3/14 n° 210, aux conclusions Vincent Daumas au BDCF 3/14 n° 26 ; voir aussi nos 46062 et 46380).

Précisions **a.** La cour administrative d'appel de Paris avait jugé l'article 155 A applicable à un résident de Belgique à raison de sommes perçues par une société belge, qu'il contrôlait et dont il était l'unique salarié, en rémunération de prestations fournies à une société française en sa qualité de **directeur artistique** pour l'enregistrement de disques (CAA Paris 6 novembre 1997 n° 96-1298, 2e ch., min. c/ Roze : RJF 3/98 n° 215 ; arrêt définitif). Dans cette affaire, la Cour avait considéré que les stipulations de la convention fiscale franco-belge relatives aux professions libérales n'étaient pas applicables dès lors que l'intéressé était le préposé de la société belge et que seule cette dernière avait reçu les rémunérations litigieuses. Ce raisonnement ne serait plus aujourd'hui en ligne avec la jurisprudence du Conseil d'État (cela étant, il est probable que l'intéressé disposait d'une installation fixe en France, ce qui donnait à la France le droit d'imposer).

b. Il a été jugé que la convention fiscale franco-luxembourgeoise ne faisait pas obstacle à l'application de l'article 155 A en présence de deux sociétés du Liechtenstein qui avaient perçu des sommes rémunérant **l'activité d'une personne physique** résidente du Luxembourg, dans la mesure où cette dernière pouvait être considérée comme disposant d'un établissement stable en France par l'intermédiaire duquel elle exerçait son activité (CAA Paris 9 avril 2002 n° 97-1288, 2e ch. B, Deiss : RJF 11/02 n° 1200, arrêt définitif aux conclusions Kimmerlin au BDCF 11/02 n° 131) ; à noter que cette affaire a également donné lieu à condamnation pour **fraude fiscale** sur le plan pénal (Cass. crim. 18 septembre 1997 n° 96-84.624 : condamnation au pénal pour fraude fiscale d'une personne physique résidente du Luxembourg mais qui disposait de bureaux à Paris et qui prétendait exercer une activité de courtier en sous-vêtements en tant que salarié d'une société du Liechtenstein qui constituait une société-écran).

c. La cour administrative d'appel de Nancy a estimé que les sommes versées par une société établie en France en rémunération de **prestations de conseil et d'assistance** effectuées par une société établie au Luxembourg qui la contrôle indirectement sont imposables en France en vertu de l'article 155 A du CGI et qu'elles doivent donner lieu à retenue à la source en application de l'article 182 B du CGI (cette solution ne nous paraît pas exacte, car elle méconnaît les conditions d'application de l'article 155 A) ; elle conclut tout de même à la non-imposition en France au motif que ces sommes seraient des « autres revenus » au sens de la convention, imposables seulement dans l'État de résidence du prestataire (CAA Nancy 28 février 2008 n° 03-533, 2e ch., min. c/ SA Anaf France : RJF 12/08 n° 1282, arrêt définitif ; ce deuxième temps du raisonnement ne nous paraît pas non plus exact, car ces sommes sont nécessairement des revenus d'entreprise et non pas des revenus non dénommés, mais la solution finale nous paraît cependant bonne en l'absence de possibilité d'appliquer l'article 155 A et en l'absence d'établissement stable en France).

d. À propos d'un résident de Belgique **président d'une société française**, la **convention fiscale** franco-belge a été considérée comme sans effet, au motif que, pour la Cour, le revenu imposé était, en vertu de l'article 155 A du CGI, un revenu tiré de l'exercice d'une activité personnelle (CAA Versailles 30 décembre 2014 n° 12VE03396, 1e ch. : RJF 6/15 n° 459, arrêt définitif) ; cela étant, il est vraisemblable que, dans cette affaire, l'intéressé disposait bien d'une installation fixe en France puisqu'il présidait la société française (voir également nos 45795 et 46385).

e. Il a été jugé, à propos de **prestations de gestion administrative, comptable et commerciale** prétendument assurées par une société luxembourgeoise au bénéfice de sociétés françaises, alors qu'en réalité le prestataire était le gérant des sociétés françaises et qu'il était domicilié en France, que la convention fiscale franco-luxembourgeoise du 1er avril 1958 modifiée ne s'opposait pas à l'imposition étant donné qu'il n'était pas établi que l'activité professionnelle du gérant était exercée au Luxembourg (CAA Nancy 20 avril 2017 n° 15NC02546, 2e ch., arrêt définitif après non-admission d'un pourvoi par CE (na) 27 juin 2018 n° 411709, 9e ch. : RJF 10/18 n° 924 ; voir également nos 45795, 46060 Précisions e et 46080).

Cas où la société interposée dispose d'un établissement stable en France

46312 Il résulte de la jurisprudence du Conseil d'État que la circonstance que le prestataire apparent dispose en France d'un établissement stable n'empêche pas l'administration d'appliquer l'article 155 A du CGI pour imposer le prestataire réel ; le Conseil d'État considère, en effet, que l'administration a, dans ce cas, **le choix d'imposer l'un ou l'autre** des deux contribuables concernés, le prestataire apparent ou le prestataire réel mais que, si elle choisit d'imposer le prestataire réel, elle ne peut pas imposer le prestataire apparent (CE 12 mai 2017 n° 398300, 3e et 8e ch. : RJF 8-9/17 n° 771 ; voir également n° 45985). En application de ce principe, et de manière symétrique, un résident de France (prestataire réel) ne pouvait pas être imposé sur le fondement de l'article 155 A dès lors que l'administration, qui soutenait qu'il rendait, en réalité, les prestations facturées à une société française par une **société tunisienne** dont il détenait la totalité du capital et dont il était gérant (prestataire apparent), avait par ailleurs assujetti cette société à l'impôt sur les sociétés en France au motif qu'elle y disposait d'un établissement stable (CAA Douai 2 juin 2022 n° 21DA00389, 4e ch., sur renvoi après annulation d'un premier arrêt par CE 11 février 2021 n° 431897, 9e ch. sur un point différent ; également, pour une autre année et dans la même affaire, CAA Douai 2 juin 2022 n° 21DA02557, 4e ch.). En l'espèce, l'administration avait imposé la personne physique au titre de revenus réputés distribués par la société tunisienne mais la rectification était vouée à l'échec étant donné que cette société était assimilable à une société de personnes française (il s'agissait en effet d'une société unipersonnelle entièrement détenue par une personne physique ; n° 31325) ; l'administration avait tenté, à titre de substitution de base légale, d'invoquer l'article 155 A, mais elle a également échoué car une telle imposition ne peut pas se cumuler avec celle d'un établissement stable en France de la société tunisienne, déjà redressée à ce titre.

Antérieurement, l'article 155 A avait, mais la solution n'était pas, à l'époque, aussi élaborée, été considéré comme applicable au cas d'un **ingénieur-conseil en informatique** domicilié en France et dont les rémunérations avaient été versées à une **société** interposée **britannique** (CE 30 juillet 2010 n° 306319, 9e et 10e s.-s., Pasco : RJF 11/10 n° 979), alors même que celle-ci aurait pu être alternativement recherchée en paiement de l'impôt sur les sociétés au titre d'un établissement stable en France (n° 45985).

La jurisprudence est donc particulièrement permissive en la matière et finalement assez étonnante en ce qu'elle offre à l'administration **le choix d'imposer** l'un ou l'autre des contribuables concernés, sans égard à la lettre de la loi ou des conventions fiscales éventuellement applicables. De son côté, la doctrine administrative, qui avait de longue date vu la difficulté, indique que, sauf cas d'abus, les activités rattachées à un établissement en France de la personne morale étrangère ne sont pas visées par l'article 155 A du CGI (n° 45985).

Cas où le prestataire réel a reçu des rémunérations de la personne interposée

46315 La question a été posée au contentieux de la situation d'un prestataire réel qui avait reçu des rémunérations de la part de la personne étrangère interposée et qui a néanmoins été imposé sur la totalité des sommes reçues par la société interposée (CAA Paris 28 avril 2010 n° 08-415, 2e ch., Delaitre : RJF 11/10 n° 983 ; arrêt définitif). Il s'agissait d'un **joueur de tennis** professionnel qui exerçait son activité en France et qui avait concédé à une société néerlandaise, chargée de la gestion de ses engagements sportifs et publicitaires, l'exclusivité de ses prestations sportives et publicitaires en contrepartie d'une rémunération forfaitaire annuelle assortie d'une prime d'intéressement proportionnelle aux sommes encaissées par la société néerlandaise.

L'article 155 A a été considéré comme applicable car il n'était pas établi que la société néerlandaise exerçait de manière prépondérante une **activité industrielle ou commerciale** autre que la prestation de services (les documents produits ne faisaient pas ressortir que les recettes de la société afférentes à des opérations autres que la prestation de services aient dépassé la moitié du chiffre d'affaires). Cependant, la Cour a noté que la société avait **versé une rémunération au prestataire** et que l'administration ne soutenait pas que cette rémunération ait été anormale au regard des prestations effectuées ; elle en a déduit que les sommes conservées par la société devaient être réputées rémunérer la prestation que celle-ci avait assurée au titre de la gestion des contrats sportifs et publicitaires de l'intéressé et que les stipulations de l'article 7 § 1 de la convention fiscale franco-néerlandaise du 16 mars 1973, relatives aux bénéfices des entreprises, faisaient obstacle à ce que les sommes conservées par la société soient, sur le fondement de l'article 155 A, imposées en France au nom du prestataire réel. Cette solution, qui n'est pas conforme à la jurisprudence du Conseil d'État, a été rendue contrairement aux conclusions du rapporteur public qui proposait d'appliquer la décision Aznavour (nº 46310), dont on ne voit effectivement pas comment elle pouvait être écartée au cas particulier.

Cette affaire est néanmoins étonnante car l'administration admet, dans ce genre de circonstances, que le prestataire réel soit imposé seulement sur le revenu qui fait ressortir la base d'imposition la plus élevée, de façon à éviter la double imposition (nº 46180). Compte tenu de la décision du Conseil constitutionnel (nº 45792), la double imposition doit de toute façon être éliminée dans des situations de cette nature puisque la réserve d'interprétation s'oppose à une telle double imposition.

2. Cas des artistes et sportifs

Les conventions fiscales modernes reprennent souvent les suggestions du modèle de convention fiscale de l'OCDE selon lesquelles « lorsque les revenus d'activités qu'un artiste du spectacle ou un sportif exerce personnellement et en cette qualité sont attribués non pas à l'artiste ou au sportif mais **à une autre personne**, ces revenus sont imposables... dans l'État contractant où les activités de l'artiste ou du sportif sont exercées » (Modèle OCDE art. 17 § 2). Cette règle prévaut sur les principes posés aux articles relatifs à l'imposition des entreprises et aux revenus d'emploi (articles 7 et 15 du modèle OCDE). **46320**

Mais elle est souvent assortie d'une exception lorsque la personne interposée est financée pour une part importante par des **fonds publics** de l'autre État, de l'une de ses collectivités territoriales ou de l'une de leurs personnes morales de droit public ou lorsque cette personne est un organisme sans but lucratif de cet État. Telle est au moins la pratique française.

Quant aux **commentaires** de l'**OCDE**, ils précisent que les dispositions de l'article 17 § 2 ne sont pas limitées aux situations purement bilatérales mais peuvent également concerner un artiste ou un sportif résidant dans un État tiers, ou une société interposée dans un État tiers ; pour faire bonne mesure, ils ajoutent qu'en général et quelles que soient les stipulations conventionnelles, la convention n'empêche pas l'application des mesures générales de **lutte contre l'évasion fiscale** prévues par la législation de l'État de la source qui permettent d'imposer soit l'artiste ou le sportif soit la société de promotion, dans les cas d'usage abusif (Commentaires OCDE, C (17) nºˢ 11.1 s.).

a. Conventions fiscales reprenant le principe de l'OCDE (ou des principes voisins)

De nombreuses conventions fiscales contiennent un article sur les artistes et sportifs reprenant le modèle de l'OCDE. Dans ce cas, l'administration considère que ces dispositions « se substituent » à celles de l'article 155 A (BOI-IR-DOMIC-30 nº 200). **46340**

Il en va ainsi, par exemple, de la **convention franco-américaine** du 31 août 1994. Toutefois, cette convention met en œuvre un mécanisme un peu différent, bien que voisin de l'article 155 A (article 17) :
– lorsque les revenus attribués à l'artiste ou au sportif sont perçus par un tiers (personne interposée), ces revenus sont imposables dans l'État d'exercice de l'activité, même si ce tiers n'a dans cet État ni établissement stable ni base fixe et même s'il n'est résident ni de France ni des États-Unis ;

– mais ce principe ne s'applique pas s'il est établi que ni l'artiste ni le sportif ni aucune personne qui leur est associée ou apparentée ne tire de la personne interposée, directement ou indirectement, au titre de ces activités, des revenus excédant 10 000 USD (ou l'équivalent en euros) pour l'année d'imposition. Dans cette situation, les revenus de l'artiste ou du sportif relèvent des principes de droit commun posés par la convention.

La convention **franco-luxembourgeoise** du 20 mars 2018 reprend le modèle de l'OCDE mais en l'élargissant, car les revenus des artistes, sportifs et mannequins sont imposables dans l'État où les activités ou prestations sont « exercées, fournies ou utilisées », en cas d'attribution à une autre personne, résidente ou non de France ou du Luxembourg et qu'elle soit ou non apparentée au prestataire.

Lorsque la convention fiscale permet à la France d'imposer la personne interposée, l'imposition se fait **conformément au droit interne français**, c'est-à-dire en application de l'article 155 A du CGI (application de la retenue de 15 % puis impôt sur le revenu).

Précisions **a.** Une ancienne instruction administrative relative à l'ancienne convention franco-américaine, celle du 28 juillet 1967, prévoyait l'application systématique de la retenue à la source sur les **cachets versés aux artistes et sportifs** résidents des États-Unis par des débiteurs établis en France, conformément aux articles 182 A et 182 B du CGI alors applicables (ancien BODGI 14 B-1-87 du 21 janvier 1987).

b. Dans l'hypothèse où l'article 155 A s'applique, les **bénéfices de la personne interposée** ne sont pas, pour autant, imposables en France (seule est imposable la rémunération perçue par la personne interposée au titre de l'activité exercée en France par le prestataire non résident). La personne interposée n'est pas imposable sur les mêmes sommes, en application de la jurisprudence du Conseil d'État (n° 46312).

b. Conventions fiscales ne reprenant pas les principes OCDE

46360 Compte tenu de la jurisprudence du Conseil d'État, la circonstance que la convention fiscale applicable ne reprenne pas les principes OCDE **ne fait pas obstacle à l'application de l'article 155 A** au cas des artistes et des sportifs. En effet, dans l'affaire Aznavour (n° 45785), la convention fiscale franco-suisse alors applicable ne prévoyait pas le cas des sociétés interposées et cette circonstance n'a pas empêché l'imposition en France des sommes versées à la société britannique en rémunération des services rendus par l'artiste résident de Suisse.

Pour le Conseil d'État, dans la mesure où l'article 155 A fait du revenu versé à la société interposée un **revenu** du **prestataire réel**, c'est bien ce dernier qui est imposé et il suffit donc que la convention n'interdise pas son imposition, sans qu'il y ait lieu de rechercher si elle prévoit ou non le cas de l'interposition d'une autre personne.

Il s'avère ainsi que l'article 17 § 2 du modèle OCDE est **surabondant** et que sa présence éventuelle dans les conventions fiscales ne fait que confirmer une solution qui vaut également en son absence.

Précisions Cette conséquence ressort d'autant plus qu'en l'espèce la convention fiscale avait fait ultérieurement l'objet d'un avenant qui avait notamment pour objet d'incorporer l'équivalent de l'article 17 § 2 du modèle OCDE ; alors même que cet avenant n'était pas applicable aux années en cause, le Conseil d'État a retenu la même solution que s'il avait été applicable.

E. Incidence du droit de l'Union européenne

Principes

46380 La question de la compatibilité de l'article 155 A du CGI avec le droit de l'Union européenne se pose comme en toute matière fiscale puisque, s'il est bien établi que si la fiscalité directe relève de la compétence des États membres, ceux-ci ne doivent l'exercer que dans le respect du droit de l'Union européenne et qu'ils doivent s'abstenir de toute discrimination fondée sur la nationalité (n° 81400 s.).

On pouvait penser que la rédaction de la loi était de nature à soulever, au regard des principes de libre prestation de services et de liberté d'établissement, des questions du même ordre qu'à propos des articles 123 bis ou 209 B du CGI. Cependant, le débat sur ce point a tourné court en raison de l'interprétation neutralisante retenue par le Conseil d'État (n° 940), qui, de façon étonnamment constructive, a **interprété la loi de manière à la rendre compatible** avec le droit de l'Union européenne.

Le Conseil d'État juge, en effet, alors que la loi ne dit rien de tel, que les dispositions du I de l'article 155 A visent uniquement l'imposition des services essentiellement rendus par une personne établie ou domiciliée en France et ne trouvant aucune contrepartie réelle dans une intervention propre d'une personne établie ou domiciliée hors de France (cette interprétation est transposable au cas de prestataires réels non résidents) ; il en déduit, ce qui est la conséquence nécessaire du principe posé, qu'il n'y a pas d'entrave à la **liberté d'établissement** garantie par le droit de l'Union européenne (CE 20 mars 2013 n° 346642, 9e et 10e s.-s., Piazza : RJF 6/13 n° 578 ; conclusions Frédéric Aladjidi au BDCF 6/13 n° 63). En l'espèce, il est jugé que l'article 155 A du CGI permet d'imposer un résident de France, salarié d'une société luxembourgeoise qu'il contrôle, au titre de services rendus par celle-ci à une société française qu'il contrôle également et qui correspondent à ses propres interventions, sans égard au fait que la société luxembourgeoise qui facturait les prestations à la société française n'était pas dépourvue de substance (n° 46385).

Cette interprétation a été reprise dans une décision concernant un joueur de football domicilié en France, qui avait été employé en qualité de joueur professionnel par le club de football l'Olympique Lyonnais et qui avait été imposé sur des sommes versées par son club à une société britannique en rémunération du **droit à l'usage de son image** (CE 4 décembre 2013 n° 348136, 3e et 8e s.-s., Edmilson Gomes de Moares : RJF 3/14 n° 210, aux conclusions Vincent Daumas au BDCF 3/14 n° 26 ; voir également n° 46062). En l'absence de contrepartie permettant de regarder les services concernés comme rendus pour le compte de la société britannique, l'article 155 A du CGI a été considéré comme ne portant pas atteinte au principe de libre prestation de services (transposition à la libre prestation de services de la décision précitée dans l'affaire Piazza, qui visait la liberté d'établissement).

La position du Conseil d'État revient, en réalité, à introduire dans la loi une « **clause de sauvegarde** » analogue à celles des articles 123 bis et 209 B et du CGI (mais, en ce qui concerne l'article 155 A, non limitée aux sociétés établies dans l'Union européenne), lorsque la société interposée exerce effectivement une activité économique, y compris une activité de prestation de services, sous réserve, toutefois, que ce soit bien l'intervention propre de cette dernière qui soit rémunérée ; l'interprétation ainsi adoptée est de nature à rendre le dispositif conforme au droit de l'Union européenne puisque la loi ne s'applique plus, en substance, qu'en présence d'un **montage artificiel** de nature à contourner la législation fiscale française, ou, autrement dit, si le prestataire apparent n'est pas le prestataire réel et si la société étrangère n'est qu'artificiellement interposée à des fins d'évasion fiscale. Dans un tel cas, au demeurant, la doctrine administrative permettrait déjà, en principe, d'écarter l'article 155 A en raison de la **nature « incontestable » des services rendus** par le prestataire apparent, ce qui devrait viser ce genre de situations (n° 46028). Mais cette doctrine administrative est désormais solidifiée puisqu'elle est, d'une certaine façon, considérée comme découlant nécessairement de la loi.

Précisions Le raisonnement du Conseil d'État a été repris à propos d'un **agent de joueurs** dans le secteur du football professionnel, domicilié en France, dont les rémunérations avaient été versées par des clubs de football français à une société belge ; l'article 155 A a été jugé applicable, la société belge n'ayant aucun personnel et son chiffre d'affaires étant approximativement égal à celui généré par la propre activité de l'agent (CAA Marseille 7 mai 2013 n° 10MA00799, 3e ch., Bernès, ayant fait l'objet d'un pourvoi non admis par CE (na) 29 avril 2014 n° 370188, 3e s.-s., Bernès ; en première instance, TA Marseille 22 décembre 2009 n° 07-3349, 6e ch., Bernès : RJF 8-9/10 n° 763).

Portée de la jurisprudence du Conseil d'État

Selon la jurisprudence du Conseil d'État, pour que l'article 155 A soit écarté, il ne faut pas seulement que la société interposée ait une activité réelle, il faut encore que ce soit bien cette activité qui soit rémunérée et non pas, en définitive, celle du prestataire réel. En effet, dans la décision Piazza (n° 46380), il n'était pas contesté que la société luxembourgeoise disposait d'une certaine substance et qu'elle employait plusieurs salariés. Mais il était clair, puisque le **libellé des factures** adressées par la société luxembourgeoise à la société française le mentionnait explicitement (elles comportaient la mention « participations aux frais d'assistance commerciale et de gestion » suivie du nom de Monsieur ou Madame Piazza), que les prestations rémunérées correspondaient seulement à l'activité **46385**

46385 (suite) des personnes physiques domiciliées en France et c'est dès lors à bon droit que l'administration a pu les considérer comme imposables sur le fondement de l'article 155 A du CGI.

Dans cette affaire, les personnes physiques ne rendaient pas, en réalité, de services à la société luxembourgeoise mais à la société française débitrice et les rémunérations ont été considérées comme imposables au nom des prestataires réels car le passage par le Luxembourg caractérisait une interposition artificielle. L'artificialité ne résultait pas de l'absence de substance du prestataire apparent mais du fait que son intervention, au profit de la société française débitrice, était seulement apparente.

Il en résulte nécessairement que le texte aurait été écarté si les prestations des personnes physiques domiciliées en France avaient été **essentiellement rendues à la société luxembourgeoise**, ou, autrement dit, si les rémunérations versées par la société française avaient rémunéré une intervention effective de cette dernière ou si les requérants avaient pu démontrer la **dimension collective des prestations rendues** ; apparemment, l'administration avait d'ailleurs écarté, pour la détermination des sommes imposables, les factures faisant apparaître d'autres noms de salariés de la société luxembourgeoise et les requérants n'expliquaient pas en quoi la société luxembourgeoise aurait apporté une quelconque valeur ajoutée par rapport aux prestations litigieuses (en ce sens, conclusions du rapporteur public, précitées).

Sur ces questions, et bien qu'il s'agisse d'affaires jugées antérieurement aux décisions Piazza et Edmilson (n° 46380), les exemples suivants offrent des enseignements intéressants :
– l'article 155 A a été considéré comme une restriction incompatible avec le droit de l'Union européenne à propos d'un **consultant** dont la rémunération avait été versée à une société belge qu'il contrôlait (CAA Douai 14 décembre 2010 n° 08-1103, 2e ch., Deschilder : RJF 4/11 n° 400, arrêt définitif ; conclusions au BDCF 4/11 n° 39) ; l'administration ne s'était pas pourvue en cassation contre cet arrêt « pour des raisons tenant aux circonstances particulières de l'espèce », sans autres précisions (ancienne instruction du 30 mai 2011, BOI 13 L-5-11 du 10 juin 2011 : BF 8-9/11 n° 852) ;
– l'article 155 A du CGI a été écarté au cas d'une **artiste interprète** résidente de France imposée sur des sommes encaissées par une société britannique (TA Paris 8 juin 2011 n° 0908444, 1e sect., 1e ch., Sasmi ; jugement définitif) ; cette société avait conclu avec la requérante, qui en était en même temps gérante majoritaire, un contrat d'artiste aux termes duquel elle s'engageait à promouvoir sa carrière artistique, notamment au niveau international, détenait les droits sur son œuvre, avait déposé dans la Communauté européenne élargie une marque au nom de l'artiste, dont elle assurait l'exploitation, avait engagé des charges dans le cadre de cet objet et avait maintenu son chiffre d'affaires après le retrait de l'artiste de son capital (l'administration ne contestait d'ailleurs pas que la société assurait la promotion de l'artiste, ce qui, a priori, nécessite des moyens) ;
– à propos d'une **comédienne et mannequin** domiciliée au Royaume-Uni et qui avait concédé son nom et son image à une société néerlandaise, l'article 155 A n'a pas été reconnu applicable car la société néerlandaise n'était pas constitutive d'un montage purement artificiel visant à permettre à l'artiste d'éluder l'impôt dû à raison de ses activités en France (CAA Paris 11 octobre 2012 n° 10PA04573, 9e ch., Casta : RJF 1/13 n° 113 ; arrêt définitif) ; cette société, créée à l'initiative d'une banque et reprise au sein d'un groupe spécialisé dans la gestion d'actifs dans le domaine des industries culturelles, avait pour objet de faciliter l'activité professionnelle d'artistes ou de sportifs et disposait, à cette fin, d'un effectif de plusieurs personnes.

Enfin, et en sens inverse, il serait sans doute conforme à la jurisprudence actuelle du Conseil d'État de considérer que le **droit de l'Union européenne ne s'oppose pas** à l'application de l'article 155 A dans les circonstances suivantes :
– **dirigeant d'une société française** dont les rémunérations sont versées par cette dernière à une société britannique (CAA Paris 1er décembre 2011 n° 09PA02693, 2e ch., Mahul : RJF 4/12 n° 337 ; conclusions au BDCF 4/12 n° 40 ; arrêt définitif, le pourvoi n'ayant pas été admis par CE (na) 6 décembre 2012 n° 356396, 8e s.-s.) ; au cas d'espèce, la société interposée était dépourvue de substance et caractérisait un montage purement artificiel, n'ayant pas eu d'autre activité que de servir de structure d'accueil à la localisation au Royaume-Uni des rémunérations venant rétribuer l'activité de gestionnaire de la société française exercée par l'intéressé ;
– dans le même sens, voir l'arrêt Sierra (n° 46060, Précisions f) où la Cour relève que le prestataire réel, qui contrôlait la société britannique interposée, n'avait produit aucune pièce justificative ni fourni aucun élément sur le caractère effectif des activités de cette société et que celle-ci, dépourvue de substance, n'avait d'autre activité que de servir de structure

d'accueil à la localisation au Royaume-Uni des rémunérations venant rétribuer **l'activité de conseil** du prestataire réel ; s'agissant d'un montage purement artificiel, l'application de l'article 155 A n'était pas interdite par la liberté d'établissement ;
– même solution au cas d'un résident de Belgique, unique salarié et gérant d'une société belge qu'il contrôlait et qui l'avait mis à la disposition d'une société française afin d'en être le **président** (CAA Versailles 30 décembre 2014 n° 12VE03396, 1e ch. : RJF 6/15 n° 459 ; arrêt définitif) ; en l'espèce, les sommes versées par la société française à la société belge correspondaient à la rémunération des fonctions exercées en France par le contribuable et l'intéressé n'apportait aucun élément permettant d'établir que la facturation de ses prestations par la société belge aurait trouvé une contrepartie réelle dans une intervention qui aurait été propre à cette dernière et que le service ainsi rendu l'aurait été pour son compte (voir également n° 45795 en ce qui concerne l'absence de conséquence à tirer de ce que le contribuable aurait été imposé en Belgique et, sur l'absence d'incidence de la convention fiscale, n° 46310 Précisions d).

Dialectique de la charge de la preuve

En termes de procédure, le Conseil d'État, dans la décision Piazza (n° 46380), précise que, dans les circonstances de l'espèce, **l'administration apporte la preuve** qui lui incombe par la production d'éléments attestant de ce que le prestataire réel a réalisé les prestations de services en cause et de ce qu'il contrôle la personne qui perçoit la rémunération des services. **46390**

Si tel est le cas, il incombe ensuite au **contribuable d'apporter des éléments** permettant d'établir que la facturation de ces prestations par la société étrangère aurait trouvé une contrepartie réelle dans une intervention qui lui aurait été propre et de regarder le service ainsi rendu comme l'ayant été pour son compte (cas où le contribuable peut démontrer la réalité de l'intervention de la société qui rend apparemment les services, et à supposer encore que son intervention ne soit pas simplement accessoire).

Enfin, dans la décision Piazza, l'argument tiré de la **double imposition** éventuelle est écarté dès lors que, à supposer que la société luxembourgeoise ait été imposée au Luxembourg sur les mêmes sommes, il s'agit d'un contribuable distinct du prestataire réel (n° 45795).

Synthèse

En l'état de la jurisprudence du Conseil d'État, l'article 155 A du CGI doit être considéré comme compatible avec les engagements internationaux de la France, qu'il s'agisse des conventions fiscales ou du droit de l'Union européenne : **46395**
– en ce qui concerne les **conventions fiscales**, la compatibilité résulte de ce que celles-ci n'interdisent pas que soient tirées les conséquences de la fiction fiscale résultant du droit interne qui veut que les sommes perçues par la société interposée soient imposables au nom du prestataire réel ;
– en ce qui concerne le **droit de l'Union européenne**, les grandes libertés de circulation ne s'y opposent pas, étant donné que l'article 155 A est interprété comme visant seulement l'imposition des services essentiellement rendus par le prestataire réel et qui ne trouvent aucune contrepartie réelle dans une intervention propre d'une personne établie ou domiciliée hors de France ; selon cette interprétation neutralisante (n° 940), la loi ne s'applique, en définitive, qu'en présence d'un montage artificiel, motif que la Cour de justice considère comme suffisant pour fonder une restriction, d'une façon générale (n° 81470) ; cette interprétation a évidemment une portée très large, puisqu'elle dépasse le seul cadre de l'Union européenne.

CHAPITRE 17

Les successions internationales

Plan du chapitre §§

	SECTION 1 Les personnes	47400
A	Détermination du domicile fiscal	47550
B	Obligations déclaratives	47735
	SECTION 2 Les biens	47860
A	Règles applicables en droit interne français	48000
B	Conflits potentiels de qualification de biens	48120
C	Conflits potentiels de rattachement des biens	48140
	SECTION 3 Les prélèvements	48220
A	L'évaluation des biens	48350
B	La détermination du passif successoral	48510
C	L'élimination des doubles impositions	48630
	SECTION 4 Questions diverses	48950
A	Non-discrimination	48950
B	Procédure amiable	48970
C	Clauses anti-abus et « droit de suite »	48990
D	Cas des dons et legs	49010
E	Assistance fiscale entre les États	49040
F	Modalités d'application des conventions fiscales	49050

Notion

46700 Les successions internationales sont celles qui concernent un défunt qui décède dans un État alors qu'il avait des biens dans un autre État. Ces successions posent des **difficultés** particulières ; à la question classique de l'imbrication des fiscalités entre elles, s'ajoute, en effet, celle du règlement des conflits civils qui peuvent naître, par exemple pour déterminer les règles de dévolution successorale ou de liquidation des régimes matrimoniaux en droit international privé.

En matière fiscale, les conflits peuvent concerner la **résidence**, et porter sur les **biens** imposables ou sur les **prélèvements**. Ils peuvent être résolus soit par des dispositions de droit interne (crédit pour impôt étranger), soit par les stipulations des conventions fiscales (exonération ou crédit d'impôt).

Précisions **a.** Après avoir lancé, en juin 2010, une consultation sur la question des successions transfrontalières et publié une étude sur le sujet le 27 août 2010, la **Commission européenne** avait adopté, le 15 décembre 2011, un « paquet global » sur la fiscalité des successions et des donations ; dans une communication (COM/2011/864), une recommandation (C/2011/8819) et un document de travail, elle avait analysé les problèmes liés aux droits de succession transfrontaliers dans l'Union européenne et proposé des solutions notamment pour lutter contre les **doubles impositions** et supprimer les discriminations tenant à la localisation des personnes et des actifs. La Commission n'avait pas recommandé de mesure législative européenne mais simplement encouragé les États membres à modifier leurs propres législations et à respecter les principes de **non-discrimination** et de libre circulation. La Commission avait, dans cette perspective, lancé une consultation publique le 10 avril 2014 (communiqué IP/14/416) et créé un site multilingue sur les successions (www.successions-europe.eu). Cette question ne fait plus aujourd'hui partie des priorités de la Commission européenne.

b. Afin de simplifier le **règlement des successions internationales**, le Conseil de l'Union européenne a adopté un règlement relatif à la compétence, à la loi applicable, à la reconnaissance et à l'exécution des décisions et des actes authentiques en matière de succession et à la création d'un certificat successoral européen (Décision du 7 juin 2012, PE-CONS 14/12). Ce règlement, qui est entré en vigueur le 16 août 2012 (Règlement (UE) 650/2012 du 4 juillet 2012 : JOUE 2012 L 201 p. 107), est applicable depuis le 17 août 2015 ; il permet de soumettre l'ensemble de la succession à la loi du dernier domicile, qu'il s'agisse de biens meubles ou immeubles, y compris s'ils sont situés à l'étranger, sauf option pour la loi du pays de la nationalité (il s'applique également aux États tiers à l'Union européenne, sous certaines réserves). Il régit les aspects civils du règlement des successions et n'harmonise pas les droits de succession ; il n'a pas de **conséquences fiscales** directes mais il peut en avoir indirectement dès lors que la répartition des biens entre les héritiers peut être différente selon le droit applicable. Pour un exemple d'application, Cass. 1e civ. 29 mai 2019 no 497 (18-13.383), à propos de la domiciliation civile d'un défunt qui partageait son temps entre les États-Unis et l'Europe, et plus spécialement Paris, jugeant notamment que la résidence habituelle du défunt était située à New York et que la juridiction française était incompétente pour statuer sur sa succession.

Conventions fiscales

Les conventions fiscales concernant les droits de mutation à titre gratuit sont relativement **peu nombreuses** (en ce qui concerne la France une quarantaine de conventions sont applicables aux droits de succession et neuf aux droits de donation) ; elles sont généralement calquées sur le **modèle** proposé par le comité des affaires fiscales de l'**OCDE** en **1982** (publié en 1983), qui n'a pas fait l'objet d'actualisation depuis cette date. **46710**

Le réseau conventionnel français ne tend guère à se développer ni à se moderniser, sans doute en raison de l'existence d'un mécanisme de crédit d'impôt en droit interne qui permet déjà d'éviter les doubles impositions (no 48655) ; une nouvelle convention avait bien été signée avec la **Suisse** le 11 juillet 2013, mais elle a été rejetée, en décembre 2013 et en mars 2014, par les autorités suisses (Conseil national suisse et Conseil des États). La France a alors décidé, le 17 juin 2014, de dénoncer la convention du 31 décembre 1953, pour mettre fin aux situations de « doubles non-impositions » qui résultaient de la combinaison de la convention avec le droit interne suisse (cette dénonciation a été publiée par le décret no 2014-1270 du 30 octobre 2014, JO du 1er novembre 2014, p. 18290 ; la réponse Lefebvre, no 82717 : JOAN du 5 avril 2016 p. 2738, explique que « les pertes de bases imposables au détriment des finances publiques françaises ne pouvaient pas perdurer »). La convention de 1953 a cessé de produire ses effets au 31 décembre 2014 de sorte que, pour les successions de personnes décédées depuis le 1er janvier 2015, chaque État applique seulement son droit interne (BOI-INT-CVB-CHE-20nos 30 et 40) ; la réponse ministérielle précitée indique que « l'application de la législation française permet de se prémunir contre les abus et de répondre aux situations d'évasion fiscale constatées, tout en offrant aux contribuables un niveau suffisant de sécurité juridique et fiscale », ce qui ne laisse pas augurer de la conclusion prochaine d'une nouvelle convention entre les deux pays (dans le même sens, réponse Garriaud-Maylam no 09742 : JO Sénat du 4 juillet 2019 p. 3521, reprenant les réponses Reynès, no 94392 : JOAN 25 octobre 2016 p. 8889, et Arribagé, no 99695 : JOAN 7 mars 2017 p. 2086).

D'une façon générale, d'ailleurs, il ne semble pas que la direction de la législation fiscale soit favorable à l'extension du réseau conventionnel en matière de droits de succession et de donation, les conventions fiscales ayant en l'espèce moins d'importance qu'en ce qui concerne l'impôt sur le revenu puisque l'élimination des doubles impositions est déjà assurée en droit interne (no 48655). Cela étant, l'incidence de la **clause de non-discrimination** qui figure en principe dans les conventions applicables aux impôts sur le revenu et qui s'applique généralement aux impôts de toute nature ou dénomination doit, le cas échéant, être prise en compte (no 81080).

Précisions **a.** Il existe parfois des dispositions spécifiques sur les droits de mutation à titre gratuit dans les conventions générales relatives aux **revenus** et à la fortune ; par exemple, convention du 2 mai 1975 entre la France et le Canada, telle que modifiée par un avenant du 30 novembre 1995 (articles 2, 4, 4, 23, 25 et 26 de la convention) et convention franco-algérienne du 17 octobre 1999.

b. À titre d'exemple des solutions de principe que la France recherche, la convention qui avait été signée le 11 juillet 2013 **entre la France et la Suisse**, et qui n'est jamais entrée en vigueur, ne couvrait pas les donations et prévoyait notamment que :
– les parts de sociétés à prépondérance immobilière (au sens large) seraient considérées comme des biens immobiliers, afin d'éviter des doubles exonérations ;
– les règles relatives à la détention d'immeubles par personnes interposées (nos 48100 s.) seraient applicables, sous condition, cependant, que l'immeuble représente plus du tiers de l'actif de l'entité interposée ;
– du côté français, l'élimination des doubles impositions serait systématiquement assurée par la technique du crédit d'impôt égal à l'impôt suisse ;
– la France pourrait imposer l'ensemble des biens situés en France laissés par un défunt résident de Suisse ; un crédit d'impôt était prévu au titre de l'impôt suisse relatif aux biens situés en France mais conventionnellement imposables en Suisse ;
– la France pourrait prendre en compte le domicile des héritiers ou légataires conformément au droit français (no 47625) mais sous réserve d'une condition de domiciliation d'au moins huit ans au cours des dix dernières années.

Donations

46720 D'une manière générale, les développements qui suivent peuvent être transposés aux donations, le donateur étant traité comme le défunt et le donataire comme l'héritier. En présence d'une convention fiscale, la transposition n'est toutefois possible que si celle-ci vise les impôts sur les donations, ce qui est rare (nº 49010).

SECTION 1

Les personnes

47400 Il s'agit du **défunt** et des **héritiers**. Les législations nationales prennent généralement en compte la situation des héritiers pour la liquidation des droits dus (application de tarifs différents et d'abattements variables selon leur parenté avec le défunt). Mais leur situation n'est que rarement prise en compte pour le règlement de l'aspect « international » de la succession. Le plus souvent, mais ce n'est pas le cas en France (nº 47410), l'étendue du droit d'imposer dépend du seul domicile du défunt.

Principe de territorialité

47410 Les règles de territorialité applicables en France sont issues d'une loi du 29 décembre 1976 ; telles qu'elles ont été modifiées par la loi de finances pour 1999, elles conduisent à distinguer trois situations :
– **défunt ou donateur** résident de France : tous les biens sont imposables, qu'ils soient situés en France ou hors de France et quelle que soit la résidence des héritiers, donataires ou légataires (CGI art. 750 ter, 1º) ;
– défunt ou donateur non résident de France et **héritiers, donataires ou légataires** eux-mêmes non résidents de France : seuls les biens français sont imposables (CGI art. 750 ter, 2º) ;
– défunt ou donateur non résident de France et héritiers, donataires ou légataires résidents de France : tous les biens sont imposables, qu'ils soient **situés en France ou hors de France**, sauf lorsque les héritiers, donataires ou légataires n'ont pas été domiciliés en France pendant au moins six ans au cours des dix dernières années précédant celle au cours de laquelle ils reçoivent les biens (CGI art. 750 ter, 3º ; nº 47625) ; dans ce dernier cas, seuls les biens français sont imposables (à s'en tenir à la loi, les légataires ne bénéficient pas de la condition de durée de domiciliation mais il s'agit d'une omission sans conséquence ; nº 47625).

Précisions **a.** Avant la loi de finances pour 1999, si le défunt (ou le donateur) n'était pas domicilié en France, seuls les biens situés en France étaient imposables en France, indépendamment de la résidence des héritiers ou donataires ; les règles de territorialité avaient alors été modifiées afin de lutter « contre les **délocalisations de personnes** ou de patrimoines effectuées dans un but exclusivement fiscal » (il était possible auparavant à des personnes fortunées de transférer leur domicile fiscal hors de France et de procéder à des donations en franchise d'impôt de biens étrangers à leurs héritiers demeurés résidents de France).

b. L'administration a commenté les règles de territorialité au BOI-ENR-DMTG-10-10-30.

c. Sur les règles de territorialité applicables en cas de transmission réalisée par l'intermédiaire d'un **trust**, voir nº 50700.

Incidences des conventions fiscales

47415 Les principes posés par le droit interne français ne s'appliquent que « sous réserve » des conventions fiscales. Celles-ci, par référence au modèle proposé par l'OCDE en 1982 (successions et donations), reconnaissent en général à l'État du **domicile du défunt** le droit d'imposer la totalité de la succession à charge pour lui d'accorder un crédit d'impôt au titre de l'impôt perçu dans l'État de situation des biens.

De ce point de vue, elles permettent donc l'application des règles posées par le droit interne en présence d'un défunt ou d'un donateur résident de France ; de même, elles permettent le plus souvent à la France, sous réserve de particularités tenant notamment aux sociétés à prépondérance immobilière, d'imposer les mutations concernant **des biens situés en France** lorsque le défunt était non résident.

Précisions Les droits de mutation à titre gratuit étant de la compétence de la juridiction judiciaire, le principe de subsidiarité n'est pas applicable ; les conventions fiscales doivent être considérées comme étant **d'application directe** (n° 10642).

Résidence des héritiers Seule la **convention fiscale franco-allemande** du 12 octobre 2006 permet de prendre en considération la résidence fiscale des héritiers, donataires ou légataires ; les autres conventions fiscales ne le permettent pas, dans la mesure où elles ont été négociées à une époque où le droit français lui-même ne s'y intéressait pas. D'une façon générale, les conventions fiscales ont donc pour effet, sauf exception, de priver la France du droit d'appliquer l'article 750 ter, 3° du CGI (situation d'un défunt non résident, d'un bien hors de France et d'un héritier résident). **47420**

On relève cependant qu'interrogée à propos de la convention fiscale franco-italienne du 20 décembre 1990, l'administration avait indiqué, à tort selon nous, que, « conformément aux objectifs poursuivis par le législateur », si un donataire domicilié en France reçoit des biens meubles et immeubles situés en **Italie** qui (d'après la question, mais la réponse ne reprend pas ce point) lui sont donnés par un donateur domicilié en Italie, cette convention ne retire pas à la France le droit d'imposer, mais l'impôt éventuellement acquitté à l'étranger au titre des biens situés hors de France est imputable sur l'impôt français (ancienne réponse Morel-A-L'Huissier, n° 92034 : JOAN 8 février 2011 p. 1261 et BF 4/11 n° 436).

Cette réponse n'a toutefois pas été reprise au BOFiP ; la doctrine administrative actuellement applicable utilise, à propos de l'incidence des **conventions fiscales**, une formulation relativement ambiguë indiquant que, « sauf cas particulier » (sans précision), les conventions conclues par la France s'opposent à l'application des dispositions du troisième alinéa de l'article 750 ter du CGI car elles répartissent les droits d'imposer en fonction de l'État de la résidence fiscale du défunt (ou du donateur) et du lieu de situation des biens faisant partie de la succession (ou de la donation) sans prendre en compte la situation des héritiers ou légataires (ou donataires). Ces conventions ont donc pour effet de priver la France du droit d'imposer les biens légués ou donnés par un défunt ou un donateur non résident à un bénéficiaire résident de France, s'ils sont situés hors de France (dans l'autre État partie à la convention ou dans un État tiers) ou bien non imposables en application de la convention (BOI-ENR-DMTG-10-10-30 n° 420 ; une ancienne instruction du 26 avril 1999, aujourd'hui abrogée, indiquait, plus clairement, que toutes les conventions en vigueur à l'époque empêchaient l'application sur ce point du droit interne). À notre avis, le « cas particulier » dont il s'agit dans la doctrine administrative ne peut être que celui de conventions fiscales explicites, telle que la convention franco-allemande.

Précisions L'article 11 de la convention **franco-allemande** du 12 octobre 2006 prévoit que, nonobstant les dispositions de l'article 9 (qui pose le principe de l'imposition exclusive dans l'État de résidence pour les biens non situés dans l'autre État), lorsqu'un héritier, légataire ou donataire était domicilié en France au moment du décès du défunt ou au moment de la donation, la France peut imposer tous les biens reçus par cette personne ; il ajoute que, conformément aux dispositions de la législation française concernant l'imputation de l'impôt étranger, la France impute sur l'impôt calculé selon sa législation l'impôt payé en Allemagne sur tous les biens autres que ceux qui, conformément aux dispositions des articles 5, 6, 7 et 8, sont imposables en France.

En pratique, les règles de territorialité qui prennent en compte le **domicile des bénéficiaires** sont donc susceptibles de jouer moins souvent en cas de succession qu'un cas de donation, compte tenu du petit nombre de conventions fiscales conclues en cette matière (neuf seulement). **47425**

En toute hypothèse, qu'il s'agisse de l'application du seul droit interne français ou des conventions fiscales, la détermination de la résidence des personnes, défunt (donateur) et/ou héritiers (donataires), est toujours un préalable à l'appréciation des conséquences fiscales de la mutation à titre gratuit.

A. Détermination du domicile fiscal

Selon la jurisprudence administrative, le domicile du défunt (donateur) doit d'abord être établi par référence au droit interne. Ensuite, en cas de conflit de résidence entre deux États et en présence d'une convention fiscale, il convient d'examiner les critères conventionnels. **47550**

Cela étant, comme la Cour de cassation n'admet pas le principe de subsidiarité, le juge judiciaire ne devrait probablement pas suivre ce raisonnement en deux temps mais appliquer directement la convention fiscale (n° 10642).

1. En droit interne

Domicile du défunt ou du donateur

47620 Le domicile fiscal ne coïncide pas nécessairement avec le domicile civil ; la détermination du domicile du défunt obéit à des règles particulières, identiques à celles qui sont prévues en matière d'**impôt sur le revenu** (l'article 750 ter du CGI renvoie à l'article 4 B du même Code ; BOI-ENR-DMTG-10-10-30 n° 30).

En substance, est considéré comme domicilié en France, au sens de l'article 4 B du CGI (n° 40600), le défunt qui avait en France :
– soit son **foyer**, c'est-à-dire, selon l'administration (n° 40820), le lieu où les époux et les enfants habitent normalement, celui de leur résidence habituelle, même si l'un des conjoints est appelé à séjourner à l'étranger, dès lors que ce lieu est toujours celui de la résidence de la famille et que tous les membres s'y retrouvent ;
– soit, en l'absence de foyer, le lieu de son **séjour principal**, entendu comme celui de sa présence effective, en général pour une durée supérieure à six mois. Peu importe à cet égard que le séjour ait eu lieu dans une habitation mise gratuitement à la disposition de l'intéressé, ou même qu'il s'agisse d'une simple chambre d'hôtel. Si la durée de séjour est inférieure à six mois mais supérieure à ce qu'elle est dans d'autres États, ce critère permet également la domiciliation en France ;
– soit le lieu de ses **activités professionnelles** sauf si celles-ci étaient exercées à titre accessoire ; ce lieu s'entend de celui où l'activité est effectivement exercée ;
– soit le **centre** de ses **intérêts économiques**, c'est-à-dire, selon l'administration (n° 40910), le lieu de ses principaux investissements, le siège de ses « affaires », le lieu d'où il administrait ses biens, d'où il tirait la majeure partie de ses revenus.

Toutes ces notions s'entendent compte tenu des précisions apportées par la jurisprudence administrative (n°s 40810 s.), qui sont généralement reprises par la jurisprudence judiciaire.

Précisions **a.** Comme en matière d'impôt sur le revenu, il suffit que **l'un de ces critères** soit rempli pour que le défunt (ou donateur) soit fiscalement domicilié en France et que par suite, sous réserve des conventions fiscales internationales, l'ensemble de sa succession y soit imposé, même si les héritiers ne sont pas eux-mêmes résidents de France.

b. En ce qui concerne la notion de **« foyer »**, la Cour de cassation (Cass. com. 15 octobre 1996 n° 1456 P, Vital-Behard : RJF 2/97 n° 180) a repris la jurisprudence du Conseil d'État issue de la décision Larcher (n° 40860) : le foyer du contribuable, qui détermine son domicile fiscal, s'entend du lieu où l'intéressé habite normalement et a le centre de ses intérêts familiaux, sans qu'il soit tenu compte de **séjours** effectués **temporairement** ailleurs, en raison notamment des nécessités de sa profession.

c. Il a été jugé qu'un contribuable dont l'activité se déroulait essentiellement en Nouvelle-Calédonie devait être considéré comme résident de cette collectivité, alors même qu'il était décédé en France après y avoir séjourné plus de six mois au cours de l'année précédente, dès lors que ces séjours résultaient non de convenances personnelles mais seulement des nécessités du **traitement d'une maladie** qui ne pouvait être soignée en Nouvelle-Calédonie et qu'il n'avait nullement eu l'intention de fixer en France son principal établissement (Cass. com. 16 décembre 1997 n° 2564 P, DGI c/ Ballande : RJF 4/98 n° 482).

d. L'administration indique que les agents chargés du contrôle des droits de mutation à titre gratuit doivent, lorsqu'il y a doute sur le domicile fiscal, prendre l'attache de leur **collègue chargé de l'imposition des revenus**, sauf à tenir compte d'un changement éventuel de domicile qui aurait pu intervenir entre le 1er janvier et la date du fait générateur de l'impôt (BOI-ENR-DMTG-10-10-30 n° 60).

Domicile de l'héritier (ou donataire ou légataire)

47625 Pour l'application de l'article 750 ter, 3° du CGI, le domicile fiscal de l'héritier (donataire ou légataire) est apprécié selon les règles de l'impôt sur le revenu (CGI art. 4 B). La résidence en France doit être établie au jour du fait générateur de la mutation à titre gratuit ; le critère de la domiciliation pendant la période de **six ans** dans les dix années précédant le fait générateur de l'impôt est satisfait même en cas de domiciliation **discontinue** (BOI-ENR-DMTG-10-10-30 n° 390).

Sans doute par inadvertance du législateur, la condition tenant à la durée de la domiciliation en France ne s'applique plus aux légataires depuis l'entrée en vigueur de la première loi de finances rectificative pour 2011 ; mais il s'agit d'une omission sans conséquence dès lors que la doctrine administrative opposable continue de les viser (BOI-ENR-DMTG-10-10-30 n° 360).

Précisions **a.** Une donation faite à un **enfant de moins de six ans** n'entre pas dans le champ d'application de l'article 750 ter, 3° du CGI, puisque la condition de durée ne peut, par hypothèse, être remplie (en ce sens, ancienne réponse Zimmermann, JOAN 12 juillet 2005 p. 6873 : BF 10/05 n° 1031, non reprise au BOFiP).

b. Aucune distinction ne doit être opérée selon que l'héritier, donataire ou légataire est **mineur** ou majeur ; rien ne fait obstacle à ce qu'un enfant de moins de dix-huit ans ait eu son domicile fiscal en France pendant plus de six ans au cours des dix dernières années précédant celle au cours de laquelle il a reçu les biens (réponse Reichardt, n° 14014 : JO Sénat 20 août 2015 p. 1976, précisant qu'un mineur **à la charge de ses parents** a bien son foyer en France si ses parents sont eux-mêmes domiciliés en France).

Conflit de domicile

D'autres États ont une **conception différente du domicile** ; par exemple : **47635**
– les **États-Unis** en ont une conception « élargie » : ils imposent les successions de leurs **nationaux** même si ceux-ci ne résidaient pas effectivement aux États-Unis. Ce droit est d'ailleurs confirmé par la convention franco-américaine du 24 novembre 1978 modifiée (article 1). Comme la Turquie, les États-Unis ont fait sur ce point une réserve au modèle de convention établi par l'OCDE en 1982 (Commentaires OCDE, p. 57, n° 34) ;
– le **Royaume-Uni** retient notamment le concept de **domicile « d'origine »** (« domicile of origin »), c'est-à-dire celui qu'une personne a acquis à sa naissance et qu'elle est censée avoir conservé toute sa vie aussi longtemps qu'il n'est pas prouvé qu'elle a manifestement cessé d'avoir toute relation avec le Royaume-Uni et qu'il n'est pas établi qu'elle avait l'intention de s'établir ailleurs de façon définitive (les personnes qui résident au Royaume-Uni y acquièrent en principe un domicile aux fins des droits de succession à l'expiration d'une période de quinze ans).

Les exemples qui précèdent montrent que le domicile fiscal n'est pas le domicile « civil » **47637**
et que l'existence de règles différentes selon les États peut conduire à des **conflits de domicile**. Par exemple, un citoyen américain peut être à la fois considéré, en droit interne, comme domicilié en France et aux États-Unis.

S'il n'existe pas de convention fiscale, ces conflits ne sont pas résolus ; chacun des États conserve dans son intégralité son droit d'imposer la succession, ce qui peut naturellement conduire à des situations de **double imposition**.

Mais s'il existe une convention, celle-ci permet en général de résoudre les conflits.

2. En droit conventionnel

Principes

Les règles de détermination du domicile sont en principe les **mêmes** que celles retenues **47640**
par les conventions fiscales concernant les **revenus** et la fortune (n°s 41040 s.). Le modèle de convention fiscale de l'OCDE de 1982 (successions et donations) reprend d'ailleurs à l'identique les critères applicables aux revenus et à la fortune (article 4).

Précisions Le terme employé par les conventions fiscales est en général celui de « **domicile** » et non pas de « résidence ». Mais la portée des concepts est identique. Il ne s'agit que d'une différence de terminologie sans incidence juridique.

Critère d'assujettissement à l'impôt

Les conventions fiscales ne s'appliquent qu'aux personnes « domiciliées » dans un État ; **47645**
cette exigence suppose généralement que soit satisfaite une **condition** de soumission à l'impôt de « la » succession ou de « la » donation (article 4 § 1 du modèle de convention fiscale de l'OCDE relatif aux successions et donations). Ne peut donc bénéficier de la protection apportée par les conventions fiscales, à notre avis, une succession ou une donation qui n'est pas effectivement soumise à l'impôt dans l'État de résidence du défunt ou du donateur ou qui n'y est assujettie à l'impôt que sur une assiette limitée aux seuls biens situés dans cet État.

Précisions a. Le juge judiciaire, s'il transposait en la matière la jurisprudence administrative, pourrait considérer qu'il est nécessaire que la succession ou la donation entre **dans le champ de l'impôt** et qu'elle ne soit pas exonérée pour une raison structurelle ; pour l'application des conventions fiscales concernant les impôts sur le revenu et sur les sociétés, en effet, une personne exonérée d'impôt dans un État à raison de son statut ou de son activité ne peut être regardée comme un résident de cet État (n° 41400). Cette exclusion ne s'appliquerait pas, en revanche, si la mutation était exonérée parce que le seuil de déclenchement de l'impôt ne serait pas atteint.

b. À propos d'un résident de Monaco qui était décédé en laissant à son fils, également domicilié à Monaco, des parts d'une SARL française, un vieil arrêt de la Cour de cassation (Cass. 1e ch. civ. 16 décembre 1968) avait confirmé un jugement du Tribunal de grande instance de la Seine du 15 octobre 1965 qui avait écarté l'application de la convention fiscale franco-monégasque du 1er avril 1950, qui aurait conduit à l'exonération en France, en relevant notamment que le contribuable « **ne prétend pas avoir été imposé** ou susceptible de l'être dans la Principauté de Monaco à raison de la transmission par décès des parts sociales litigieuses ».

Critères successifs d'élimination des cas de double résidence

47650 Les conventions fiscales cherchent à résoudre les conflits de domicile en donnant la préférence à l'un ou l'autre des États. Un conflit naît, par exemple, si une personne est considérée comme domiciliée aux États-Unis parce qu'elle avait la nationalité américaine et domiciliée en France parce qu'elle y avait son foyer. Dans ce cas, les conventions fiscales prévoient, en règle générale, l'intervention des critères suivants :
– le défunt est considéré comme domicilié dans l'État où il avait un **foyer d'habitation permanent** : habitation à sa disposition quelle qu'en soit la forme pourvu qu'elle ait fait l'objet d'un aménagement « durable » (sans précision), ce qui exclut les séjours de « courte durée » ;
– s'il avait un foyer d'habitation permanent dans les deux États, il faut déterminer le **« centre des intérêts vitaux »**, entendu de l'État avec lequel les liens personnels et économiques sont les plus étroits (relations familiales et sociales du défunt, lieu de ses occupations, de ses activités économiques, politiques ou culturelles principales, etc.) ;
– si le centre des intérêts vitaux ne peut être déterminé (ou si le défunt ne possédait un foyer d'habitation permanent dans aucun des États), le critère discriminant est celui du lieu du **séjour habituel**, à prendre en considération sur une « période suffisamment longue » (selon les commentaires du comité des affaires fiscales de l'OCDE) ;
– si ce dernier critère ne permet pas de résoudre le conflit de domiciliation, le défunt est considéré comme domicilié dans l'État de sa **nationalité** ;
– enfin, si cette personne ne possède la nationalité d'aucun des États, ou bien celle des deux États, la question du domicile doit être tranchée par accord entre les autorités compétentes, selon la procédure amiable (n° 48970). Dans la pratique, cette solution extrême ne se rencontre que rarement.

Les critères conventionnels tendent à faire prévaloir les **situations de fait** (foyer, séjour, etc.) sur les situations de pur droit. Par exemple, le « domicile d'origine » doit s'effacer devant le domicile de fait. De même lorsque, ce qui n'est pas le cas en France, la nationalité est un critère de domiciliation en droit interne.

Précisions a. Les conventions fiscales règlent les conflits de domicile par référence à des **critères successifs** et non pas alternatifs, à la différence du système interne français.

b. À l'égard du domicile, les difficultés d'application des conventions fiscales sont du même ordre que pour l'impôt sur le revenu (par exemple si le défunt avait des intérêts divers et dispersés) ; s'agissant de personnes décédées, **l'appréciation des situations** de fait, comme le lieu de séjour ou les relations familiales et personnelles, est toutefois encore plus délicate.

c. Certaines conventions fiscales prévoient des règles particulières de détermination du domicile ; voir, à propos de **Monaco**, BOI-INT-CVB-MCO-30 n° 30.

d. La convention fiscale franco-allemande du 12 octobre 2006 contient un dispositif spécial en ce qui concerne les **doubles résidents** ; elle prévoit, en effet, qu'une personne physique qui, au moment de son décès (ou au moment où elle a effectué une donation), possédait la nationalité d'un État sans posséder celle de l'autre État et qui était domiciliée dans les deux États est considérée comme domiciliée seulement dans le premier État, si elle avait l'intention manifeste de ne pas conserver indéfiniment son domicile dans l'autre État et si elle avait été domiciliée dans cet autre État au total moins de cinq ans au cours de la période de sept ans précédant immédiatement le moment du décès ou de la donation.

Illustrations jurisprudentielles

Elles sont relativement peu nombreuses : 47655

a. A été considérée comme résidente d'Espagne à son décès en 1980, une personne qui se trouvait dans la situation suivante (TGI Bayonne 8 septembre 1989 : RJF 6/90 n° 637) :
– elle avait un foyer d'habitation permanent en France et en Espagne, au sens de la convention fiscale franco-espagnole du 8 janvier 1963 ; elle avait un **pied-à-terre** à Biarritz et séjournait depuis deux ans dans une maison de retraite en France, mais elle possédait toujours un domicile en Espagne, meublé et entretenu à sa disposition et où elle se rendait encore ;
– ses **liens personnels et économiques** étaient plus étroits avec l'Espagne qu'avec la France car elle n'avait en France ni revenus, ni famille, alors qu'elle avait la nationalité espagnole, que ses revenus étaient d'origine étrangère, que sa sœur vivait à Madrid et qu'elle possédait deux appartements en Espagne. Seuls les biens français étaient donc imposables en France (n° 48010).

b. Sous l'empire de l'ancienne convention franco-suisse, la Cour de cassation a jugé qu'un tribunal avait légalement fondé sa décision en considérant que le défunt était **domicilié en Suisse** et non en France en ayant relevé qu'il était amplement prouvé par un nombre important de pièces non contestées qu'il s'était marié en Suisse, y avait vécu pendant plusieurs dizaines d'années, y exerçant une activité professionnelle et y acquittant des impositions et qu'il y avait fait son testament (Cass. com. 2 novembre 1994 n° 1964 D, DGI c/ Teyssou : RJF 1/95 n° 114) ; les premiers juges avaient écarté comme non déterminante la circonstance que le décès était survenu à Neuilly-sur-Seine, que le défunt avait exercé une activité professionnelle en France et souscrit des déclarations fiscales dans notre pays.

B. Obligations déclaratives

Lorsque les héritiers recueillent une succession, ils sont tenus, en général, de faire une déclaration. En France, la déclaration de succession est obligatoire (CGI art. 800). Elle obéit aux règles suivantes, en ce qui concerne ses aspects internationaux. 47735

Contenu de la déclaration

En dehors des énonciations préliminaires sur lesquelles il n'est pas besoin d'insister (nom, etc.), la déclaration doit comporter l'**énumération** et **l'estimation** des **biens successoraux** dont la propriété apparente reposait sur le défunt au jour du décès, même si ces biens ne sont pas imposables en France (immeubles, droits réels immobiliers, fonds de commerce, meubles meublants, créances et dépôts de toute nature, etc.). Elle doit également indiquer les donations antérieurement consenties au profit de ses successibles (CGI art. 784). 47740

La description des immeubles doit être précisée par l'indication de leur situation exacte et de leur contenance ; les biens meubles incorporels (créances, valeurs mobilières, etc.) doivent être détaillés.

Le principe étant de taxer un actif net, les **dettes successorales** doivent être énumérées et justifiées.

En outre, la déclaration doit comprendre une **affirmation de sincérité** (CGI art. 802) signée par le déclarant (héritier) ou éventuellement un mandataire (en particulier lorsque les héritiers ne sont pas résidents de France).

Précisions Les conventions fiscales n'ont pas, en général, d'incidence sur les **formalités** (voir toutefois n° 49050). Selon la doctrine administrative, le droit interne français s'applique donc dans son intégralité.

Lieu du dépôt de la déclaration

Le lieu du dépôt diffère selon la **résidence du défunt** (CGI art. 656) : 47760
– si le défunt était domicilié en France, la déclaration doit être faite à la recette des impôts dont dépendait le domicile, quelle que soit la situation des valeurs ou des biens à déclarer ;
– si le défunt n'était pas domicilié en France, la déclaration doit être faite à la recette des non-résidents (n° 2840, Précisions b).

Délais de déclaration

47780 Les délais de déclaration dépendent du **lieu du décès**, et non pas du domicile du défunt ou de celui des héritiers (CGI art. 641) :
– si le décès a lieu en France métropolitaine, le délai est de six mois ;
– sinon, le délai est d'un an.

La computation du délai se fait à compter du jour du décès.

Précisions Le **dépôt tardif** de la déclaration de succession d'une personne décédée à l'étranger, qui doit être enregistrée dans l'année suivant le décès en vertu de l'article 641 du CGI, entraîne l'application de l'intérêt de retard prévu à l'article 1727 du CGI et de la majoration visée à l'article 1728 du même Code dès le 1er jour du 13e mois suivant celui du décès (réponse Renaud-Garabedian, n° 26887 : JO Sénat 2 juin 2022 p. 2809).

SECTION 2

Les biens

47860 Dans le contexte international, aussi bien d'ailleurs dans le domaine purement civil que dans le domaine fiscal, les questions liées à la nature des biens sont un problème essentiel et une source permanente de conflits. Ces conflits peuvent être à la fois des conflits de qualification et des conflits de localisation ou de rattachement.

Précisions Sur le cas des biens ou droits placés en **trust**, voir nos 50480 s.

A. Règles applicables en droit interne français

48000 De même que la détermination de la résidence des personnes, celle du **lieu** de **situation** des biens est essentielle ; en effet, les règles applicables dépendent non seulement du domicile du défunt ou du donateur mais aussi de la nature des biens transmis et du lieu de leur situation.

Précisions Une **succession immobilière** située en France est régie par la loi française ; la Cour de cassation a refusé de saisir le Conseil constitutionnel d'une question prioritaire de constitutionnalité portant sur la compétence exclusive française dans ce cas (Cass. 1e civ. 11 avril 2018 n° 17-21.869 F-PB QPC).

Défunt ou donateur domicilié en France

48005 Dans ce cas, le champ d'application des droits de mutation est absolument général ; il comprend **tous les biens** situés en France ou hors de France quel que soit le domicile (en France ou hors de France) du bénéficiaire de la transmission (CGI art. 750 ter, 1°).

Il en va ainsi notamment des fonds publics, parts d'intérêts, créances et, d'une manière générale, de toutes les valeurs mobilières françaises ou étrangères quelle que soit leur nature, ainsi que des immeubles et des meubles, corporels ou incorporels, situés en France ou hors de France.

Précisions Sur le cas particulier de biens qui **rentrent ultérieurement** dans la **succession** à la suite d'une décision de justice rendue à l'étranger, voir ancienne réponse Clergeau, n° 45604 : JOAN 15 janvier 2001 p. 296 (à propos de comptes en déshérence en Suisse ; non reprise au BOFiP). En ce qui concerne les biens rentrés dans l'hérédité après le décès, le délai de déclaration ne court qu'à partir du jour de l'événement qui provoque la réintégration des biens dans la succession ; une déclaration complémentaire doit être souscrite dans le délai légal (BOI-ENR-DMTG-10-60-50 n° 110).

Défunt ou donateur non domicilié en France

48010 Il y a lieu de distinguer deux situations :
– si l'héritier (donataire) n'est pas lui-même domicilié en France, seuls les biens meubles ou immeubles situés en France sont imposables en France (CGI art. 750 ter, 2°) ;
– si l'héritier (donataire) est lui-même domicilié en France à la date de la mutation et s'il l'a été pendant une période de six ans dans les dix années précédentes, les biens étrangers sont également imposables en France (CGI art. 750 ter, 3°).

Précisions **a.** L'article 750 ter, 3° du CGI permet d'imposer en France les biens français et étrangers figurant dans les **successions ouvertes à l'étranger** et dans les donations, constatées ou non par acte passé en France ou à l'étranger (BOI-ENR-DMTG-10-10-30 n° 350).

b. Bien qu'il ne paraisse poser qu'une règle de territorialité, l'article 750 ter du CGI constitue le **fondement législatif** de l'assiette des droits de succession (Cass. com. 10 juin 1997 n° 1474 D, Florin : RJF 11/97 n° 1072).

1. Détermination du lieu de situation des biens

D'une manière générale, sont considérés comme situés en France (BOI-ENR-DMTG-10-10-30 nos 80 s.) : **48060**
- les biens qui ont une **assise matérielle** en France (métropole et départements d'outre-mer ; n° 1905) tels que les immeubles, meubles corporels ou fonds de commerce exploités en France ;
- les **créances** sur un débiteur établi ou domicilié en France, les **valeurs mobilières** émises par l'État français, une personne morale de droit public français ou une société qui a en France son siège social ou le siège de sa direction effective (quelle que soit la composition de son actif) ;
- les **brevets** et **marques** de fabrique concédés ou exploités en France ;
- les actions et parts de sociétés ou personnes morales non cotées en bourse dont le siège est situé hors de France et dont l'actif est **principalement constitué d'immeubles** ou de droits immobiliers situés sur le territoire français, à proportion de la valeur de ces biens par rapport à l'actif total de la société (quatrième alinéa du 2° de l'article 750 ter du CGI).

Bien entendu, en application des principes généraux, l'administration peut invoquer l'**abus de droit** en présence d'un montage déguisant la transmission de biens situés en France sous l'apparence de la transmission de biens étrangers ; en ce sens, par exemple, le comité de l'abus de droit fiscal avait estimé que la transmission, par un acte soumis au droit britannique, par une personne physique résidente du Royaume-Uni à son conjoint également résident britannique de titres d'une société luxembourgeoise déguisait la transmission réelle de titres d'une société française (il s'agissait d'un montage procédant de l'apport successif de titres français à des sociétés luxembourgeoises sans substance, suivi de la donation des titres luxembourgeois au lieu des titres français, puis du transfert des titres dans des **trusts** préalablement constitués aux Bermudes ; affaire n° 2013-12 : BF 11/13 n° 975). Au contentieux, la rectification a cependant été annulée, la cour d'appel de Paris jugeant que l'acte de transfert des titres ne pouvait être qualifié de **donation** dans la mesure où il s'accompagnait d'une charge exclusive d'intention libérale (l'épouse avait reçu les titres à charge pour elle de s'en dessaisir au profit des trusts) ; la Cour a estimé que la mutation à titre gratuit se trouvera réalisée au profit des bénéficiaires du trust au jour du décès du constituant emportant clôture du trust, que la constitution du trust avait répondu à une finalité de transmission d'un patrimoine aux enfants du constituant dans des conditions fiscalement favorables et que par suite le montage ainsi opéré ne pouvait être considéré comme ayant une **visée « exclusivement fiscale »** puisqu'il s'inscrivait dans un projet de dévolution successorale (CA Paris 19 mars 2018 n° 16/09096, Pôle 5, ch. 10 ; cet arrêt a fait l'objet d'un pourvoi qui a été rejeté par Cass. 1e ch. civ. 11 juillet 2019 n° P 18-18.208, au motif que les moyens produits n'étaient manifestement pas de nature à entraîner la cassation).

Les biens immobiliers situés en France font l'objet d'une attention particulière du législateur, qu'il s'agisse de la notion classique de sociétés à prépondérance immobilière (nos 48080 s.) ou de celle, plus originale, de « possession indirecte » (nos 48100 s.).

2. Sociétés à prépondérance immobilière

Principes

Si la société à prépondérance immobilière est française, les actions ou parts dans cette société sont des biens situés en France en vertu des règles générales indiquées au n° 48060 ; mais il peut en aller de même en présence de **sociétés étrangères** qui sont à prépondérance immobilière en France. **48080**

Sont, en effet, **considérées comme françaises** les actions et parts de sociétés ou de personnes morales non cotées en Bourse dont le siège est situé hors de France et dont l'actif est principalement constitué d'immeubles ou de droits immobiliers situés sur le territoire français ; toutefois, ces parts ou actions ne sont « françaises » qu'à proportion de la valeur de ces biens par rapport à l'actif total de la société (CGI art. 750 ter, 2° -al. 4).

La forme des personnes morales importe peu. Mais les actions ne doivent pas être admises à la **cote officielle** d'une bourse française ou étrangère, ni au second marché (l'expression « société cotée » est utilisée par le CGI et par commodité mais elle ne recouvre plus aujourd'hui une réalité juridique, les valeurs mobilières étant non pas « cotées » mais « admises à la négociation sur un marché réglementé »).

Précisions **a.** Si les actions ou parts sont considérées comme situées en France, elles restent des **biens meubles** et ne sont pas pour autant qualifiées d'immeubles par la loi. D'un point de vue civil, il est constant que des parts de société immobilière relèvent de la loi du **dernier domicile du défunt** s'agissant d'actifs mobiliers (Cass. 1e civ. 20 octobre 2010 n° 08-17.033 (n° 905 FS-PBI), Ettehadieh c/ Ettehadieh : RJDA 2/11 n° 110, à propos de parts d'une société immobilière suisse). Voir également l'arrêt de la Cour de cassation cité au n° 48125.

b. Dans le passé, si la personne morale était assujettie à la **taxe patrimoniale de 3 %** (nos 68220 s.), les associés non domiciliés en France n'étaient pas soumis aux droits de mutation à titre gratuit sur les parts ou titres qu'ils détenaient ; cette solution a été rapportée par l'article 29 de la loi de finances pour 1993, qui a abrogé l'ancien article 797 A du CGI.

c. La France ne peut soumettre à l'impôt une mutation portant sur des parts ou actions de sociétés étrangères à prépondérance immobilière que si les **conventions fiscales** ne s'y opposent pas (n° 48125).

Calcul de la prépondérance immobilière

48085 Selon l'administration, les éléments d'actif à prendre en considération pour déterminer si une personne morale étrangère est à prépondérance immobilière en France sont les immeubles bâtis ou non bâtis situés sur le territoire français ainsi que les **droits réels immobiliers** portant sur ces biens (usufruit, droit d'usage...) et les titres de personnes morales elles-mêmes à prépondérance immobilière ; en revanche, ne sont pas pris en compte les immeubles situés en France et affectés par la personne morale à sa propre **exploitation** industrielle, commerciale, agricole ou à l'exercice d'une profession non commerciale (cas, par exemple, des immeubles affectés à une activité de production ou de négoce exercée par la personne morale elle-même ; BOI-ENR-DMTG-10-10-30 n° 120).

La doctrine administrative précise (BOI préc. n° 130) que sont à prendre en considération pour apprécier la notion de prépondérance immobilière :

– les immeubles donnés en **location**, qu'il s'agisse de la location d'immeubles d'habitation nus ou meublés ou de la location d'immeubles à usage industriel ou commercial munis ou non du mobilier ou du matériel nécessaires à leur exploitation ;

– les immeubles constituant le stock immobilier de sociétés de construction-vente ou de sociétés qui se livrent à une activité de **marchand de biens** ;

– les **titres de sociétés** elles-mêmes à prépondérance immobilière.

Précisions La doctrine administrative nous paraît **contestable** en ce qu'elle prévoit la prise en compte des titres de sociétés à prépondérance immobilière car il s'agit juridiquement de biens meubles et non d'immeubles ou de droits immobiliers.

Établissement du ratio

48090 Pour déterminer si une personne morale étrangère est à prépondérance immobilière, il convient, selon l'administration, de comparer à la **valeur totale de l'actif social situé en France**, la valeur des immeubles et droits réels immobiliers appartenant à la société et situés en France, à l'exception des immeubles affectés par la société à sa propre exploitation industrielle, commerciale, agricole ou à l'exercice d'une profession non commerciale (BOI-ENR-DMTG-10-10-30 n° 140). La société est à prépondérance immobilière si la valeur des immeubles et droits immobiliers situés en France représente **plus de 50 %** de la valeur de l'actif social situé en France (et non pas de l'actif mondial).

Les actions ou parts d'une personne morale étrangère à prépondérance immobilière détenues par des personnes physiques non domiciliées en France sont soumises aux droits de mutation à titre gratuit **à concurrence de la proportion** existant entre la valeur des immeubles situés sur le territoire français et celle de l'actif total de la société, soit l'actif mondial, cette fois-ci, situé tant en France qu'à l'étranger (BOI préc. n° 150).

Précisions a. Le fait que, pour la détermination de la prépondérance immobilière, l'administration retienne au **dénominateur** les **seuls biens situés en France** et non pas les actifs mondiaux nous paraît contestable compte tenu de la lettre de la loi qui mentionne l'actif, sans autres précisions, et non pas l'actif « français » ; la manière de voir de l'administration avait cependant été approuvée en appel à propos de l'ancien ISF (n° 52662, Précisions a).

b. Les règles relatives aux sociétés à prépondérance immobilière ne permettent pas l'imposition d'**immeubles détenus indirectement** (nos 48100 s.) ; en ce sens, CA Paris 16 septembre 2005 n° 03-21449, 1e ch. B, Chef des services fiscaux chargé de la direction des résidents à l'étranger (Droit fiscal 2006, n° 17-18, comm. n° 363), dans un cas où l'administration a échoué à imposer des parts de **SCI monégasques** à prépondérance immobilière en France, dès lors qu'elles étaient détenues non pas directement mais par une autre société civile monégasque elle-même détenue par le défunt ; dans cette affaire, l'administration s'est manifestement trompée et aurait dû chercher à imposer les parts de la société de tête (sauf à estimer que l'interposition des SCI de deuxième niveau retirait à la SCI de tête la qualité de société à prépondérance immobilière en France). Dans cette affaire, l'administration avait initialement formé un pourvoi mais elle s'est ensuite désistée.

Exemple

On peut illustrer les principes applicables par l'exemple suivant. **48095**

Actif social de la personne morale : 20 M€ dont :
- immeubles situés en France (en dehors de ceux affectés à sa propre exploitation) : 8 M€ ;
- immeubles situés hors de France : 3 M€ ;
- autres actifs situés en France :
  - immeubles affectés à sa propre exploitation : 3 M€,
  - autres éléments d'actifs : 1 M€ ;
- autres actifs situés hors de France : 5 M€.

Dans ce cas, les immeubles situés en France représentent 8/12 de ses actifs français. La personne morale est donc à prépondérance immobilière en France.

Mais les titres détenus par des personnes physiques non domiciliées en France ne sont soumis aux droits de mutation qu'à hauteur des 8/20 de leur valeur.

3. Immeubles possédés indirectement

Notion

Quoiqu'il présente déjà un caractère relativement extensif, le dispositif précédent, relatif aux sociétés à prépondérance immobilière (nos 48080 s.), ne permet pas d'imposer toutes les mutations indirectes d'immeubles français par des non-résidents. Si, en effet, une société étrangère détient des actifs mobiliers français dont la valeur est supérieure à celle de ses biens immobiliers situés sur notre territoire, ce mécanisme, par construction, ne trouve pas à s'appliquer. C'est pourquoi la loi de finances pour 1999 a encore **étendu les cas d'imposition** en France, en créant le concept original d'immeubles « possédés indirectement ». **48100**

En substance, il s'agit de prendre en considération la situation de non-résidents qui détiennent des immeubles français par l'intermédiaire d'entités quelconques, à condition qu'ils les contrôlent personnellement, ou dans le cadre de leur groupe familial, et même lorsque la prépondérance immobilière n'est pas établie (CGI art. 750 ter 2°-al. 2 et BOI-ENR-DMTG-10-10-30 nos 170 s).

Champ d'application

Ce dispositif concerne les actions, parts ou droits d'**entités quelconques**, qu'il s'agisse de personnes morales ou d'organismes non dotés de la personnalité morale en France et quelle qu'en soit la forme (trusts ou fondations, par exemple ; BOI-ENR-DMTG-10-10-30 n° 190), si les conditions décrites nos 48104 et 48105 sont simultanément remplies. **48103**

Précisions Ce texte n'exclut pas les **sociétés cotées**, par différence avec le cas des sociétés à prépondérance immobilière (n° 48080).

48104 **Première condition** La personne morale, ou l'organisme, doit détenir à son actif un **immeuble** ou un droit immobilier situé en France, et non affecté à sa propre exploitation. Il peut s'agir d'immeubles bâtis ou non bâtis donnés ou non en location, de droits réels immobiliers (usufruit, nue-propriété, droit d'usage, etc.), de titres ou de droits d'une personne morale ou d'un organisme propriétaire de biens ou droits immobiliers situés sur le territoire français, ou encore de titres ou de droits d'une personne morale ou d'un organisme titulaire d'une participation dans une autre personne morale ou organisme propriétaire de biens ou droits immobiliers français.

À la différence du dispositif décrit n°s 48080 s., celui-ci s'applique **même en l'absence** de **prépondérance immobilière**, c'est-à-dire indépendamment du poids relatif des biens ou droits immobiliers dans l'actif de l'entité concernée. Mais, dans les deux cas, les biens que celle-ci **affecte à son exploitation** industrielle, commerciale, agricole ou à l'exercice d'une profession non commerciale ne sont pas pris en considération.

48105 **Deuxième condition** Le défunt (donateur) doit détenir, directement ou indirectement, **plus de la moitié** des actions, parts ou droits de la personne morale ou de l'organisme ; pour l'application du seuil de 50 %, doivent être pris en compte non seulement les titres qui appartiennent personnellement au défunt, mais encore ceux qui appartiennent à son **groupe familial**, entendu du conjoint, des ascendants ou des descendants, des frères et sœurs, et des ascendants ou descendants et frères et sœurs du conjoint. Il est également tenu compte des titres détenus par l'intermédiaire d'une chaîne de participations au sens de l'article 990 D du CGI (n° 68242), quel que soit le nombre de personnes morales ou d'organismes interposés.

Précisions Les parts, actions ou droits détenus en propre par les ascendants, descendants et les frères et sœurs du redevable ou de son conjoint sont à prendre en compte en totalité pour l'appréciation du seuil de 50 %. Il en est de même pour ceux qui dépendent de la **communauté conjugale** des ascendants, descendants et frères et sœurs du donateur ou du défunt ou de son conjoint. En revanche, ceux qui appartiennent en **propre** aux **conjoints** des descendants et des frères et sœurs du donateur ou du défunt n'ont pas à être retenus (BOI-ENR-DMTG-10-10-30 n° 240).

Assiette imposable

48110 La valeur imposable des immeubles ou droits immobiliers possédés indirectement est déterminée par la **proportion** de la valeur de ces biens, ou des actions, parts ou droits représentatifs de tels biens, dans l'actif total des organismes ou personnes morales dont le défunt (donateur) détient directement les actions, parts ou droits.

Ainsi, s'il s'agit d'une personne morale ou d'un organisme dont le siège statutaire ou le siège de direction effective est situé hors de France, seule **la fraction de la valeur des actions**, parts ou droits qui est représentative de la valeur de l'immeuble ou du droit immobilier situé en France réputé possédé indirectement, est soumise aux droits de mutation à titre gratuit dans notre pays. Bien entendu, la prise en compte des actions, parts ou droits détenus dans le cadre du groupe familial n'intervient que pour l'appréciation du seuil de 50 % ; l'assiette imposable ne comprend que les actions, parts ou droits qui **appartiennent personnellement** au défunt (donateur).

Précisions **a.** Cette disposition reste sans conséquence lorsqu'il s'agit de déterminer la valeur imposable de titres ou droits d'une **entité française**, puisque ceux-ci sont toujours des biens français imposables dans notre pays, quelle que soit la composition de son actif.

b. Ce dispositif n'a pas d'incidence sur la situation des sociétés étrangères à **prépondérance immobilière** en France qui entrent déjà dans le champ d'application de l'article 750 ter, 2° -al. 4 du CGI (n°s 48080 s.) ; l'administration précise, à cet égard, que la taxation aux droits de mutation à titre gratuit en France peut être effectuée indifféremment sur le fondement du deuxième ou du quatrième alinéa de l'article 750 ter, 2° du CGI, la valeur imposable des titres étant la même dans les deux cas (BOI-ENR-DMTG-10-10-30 n° 290).

Incidence des conventions fiscales

48115 D'une façon générale, les conventions fiscales internationales actuellement en vigueur ne permettent pas l'application du deuxième alinéa de l'article 750 ter, 2° du CGI, dans la mesure où elles n'envisagent pas la **détention indirecte** d'un bien immobilier ; elles se bornent, le plus souvent, à prévoir l'imposition des parts ou actions de sociétés à prépondérance immobilière en France et, par conséquent, à permettre l'application du quatrième alinéa de cet article.

La doctrine administrative précise en ce sens que, sauf cas particulier, aucune des conventions fiscales conclues par la France en matière de droits de mutation à titre gratuit ne permet l'application du deuxième alinéa du 2° de l'article 750 ter du CGI (BOI-ENR-DMTG-10-10-30 n° 420). Il n'y a actuellement d'exception qu'en ce qui concerne la convention franco-allemande.

Précisions La convention fiscale **franco-allemande** du 12 octobre 2006 précise que, pour l'application du paragraphe 1 de l'article 5 (qui pose le principe de l'imposition au lieu de situation de l'immeuble), un immeuble est réputé faire partie de la succession ou de la donation d'une personne domiciliée dans un État contractant lorsqu'il appartient à des sociétés ou personnes morales dont le défunt ou le donateur, seul ou conjointement avec son conjoint, leurs ascendants ou descendants ou leurs frères et sœurs, détient plus de la moitié des actions, parts ou autres droits, directement ou par l'interposition d'une ou plusieurs autres sociétés ou personnes morales. Le protocole annexé à la convention ajoute que la valeur des immeubles détenus par l'interposition d'une ou plusieurs autres sociétés ou personnes morales n'est prise en compte qu'au prorata de la fraction des actions, parts ou autres droits attribuable au défunt ou au donateur.

B. Conflits potentiels de qualification de biens

Notion

Lorsque le défunt (donateur) était résident de France, les conflits de qualification sont, du point de vue français, peu nombreux dès lors que tout ce qui est évaluable et patrimonial est imposé en France (sauf stipulation contraire d'une convention fiscale). **48120**

Mais si le défunt (donateur) n'était pas domicilié en France, des conflits de qualification peuvent surgir, les droits applicables étant différents. Les deux exemples classiques concernent :
– les **fonds de commerce** qui, en droit français, comprennent l'universalité des biens (matériel, marchandises, clientèle, droit au bail, etc.) mais qui, pour d'autres États peuvent ne comprendre, par exemple, que l'élément incorporel (clientèle) ;
– les parts ou actions de **sociétés étrangères** à **prépondérance immobilière** en France, qui restent des biens meubles mais qui, en droit français, sont considérées comme françaises et donc plus ou moins assimilées en fait à des immeubles (au moins par l'administration).

En l'absence de convention fiscale, ces conflits ne sont pas résolus, puisque chaque État conserve l'intégralité de son droit d'imposer. Il peut donc en résulter des doubles impositions que les conventions fiscales ont pour objet d'éliminer.

Précisions Il avait été indiqué que, pour la France, un avoir sur un **compte bancaire espagnol** compris dans la succession d'un défunt résident de France est un bien incorporel imposable en France et que la double imposition qui résulte de la qualification espagnole de bien corporel imposable en Espagne ne peut être résolue que par la procédure amiable (ancienne réponse Valleix, n° 39460 : JOAN 5 mars 2001 p. 1376 et BF 5/01 n° 559, non reprise au BOFiP ; sur la procédure amiable, n° 48970).

Principes posés par les conventions fiscales

En présence d'une convention fiscale, les difficultés sont considérablement aplanies ; en principe, en effet, les conventions définissent les biens qu'elles entendent appréhender. **48123**

Le modèle de convention fiscale de l'OCDE de 1982 (successions et donations, articles 5, 6 et 7) distingue à cet égard :
– les biens **immobiliers**, définis par référence au droit de l'État où ils sont situés ;
– les biens mobiliers appartenant à un **établissement stable** ou à une base fixe (au sens des conventions fiscales relatives aux impôts sur le revenu (nos 17350 s. et nos 23650 s.) ;
– les **autres biens**, c'est-à-dire tous ceux qui ne sont pas énumérés précédemment.

D'une façon générale, le modèle proposé par l'OCDE prévoit que les biens ne sont imposables que dans l'État du domicile du défunt, sauf les biens **immobiliers** et ceux qui sont « rattachés » à un **établissement stable** ou à une **base fixe** (c'est-à-dire qui figurent à son actif).

Précisions **a.** Selon les commentaires du comité des affaires fiscales de l'OCDE (p. 58, n°s 4 et 5), le régime des biens immobiliers s'applique également aux objets mobiliers corporels placés sur les biens immobiliers pour y demeurer de manière permanente et qui en constituent ainsi des **accessoires**. L'expression « biens immobiliers » comprend également le **cheptel** mort ou vif et le matériel des exploitations agricoles et forestières, même si ceux-ci ne se trouvaient plus momentanément sur les immeubles à l'exploitation desquels ils étaient affectés.

b. Dans le modèle de convention fiscale de l'OCDE (successions et donations), les créances garanties par une **hypothèque** immobilière restent des **biens mobiliers** ; cette solution se retrouve par exemple dans la convention franco-américaine du 24 novembre 1978 modifiée, qui précise que « les créances hypothécaires et les autres créances garanties par des biens immobiliers ne sont pas considérées comme des biens immobiliers » (article 5 § 2). Les conventions fiscales peuvent cependant retenir des solutions différentes.

Difficultés concernant les sociétés immobilières

48125 En pratique, les difficultés de qualification concernent surtout les biens immobiliers. Du côté français, la référence à la loi applicable dans l'État de situation des biens (par exemple, dans l'ancienne convention franco-suisse, du 31 décembre 1953) a les conséquences suivantes.

Sous réserve des sociétés immobilières de copropriété, les actions ou parts de **sociétés à prépondérance immobilière**, qui ne sont pas définies en droit comme étant des immeubles, ne doivent pas être considérées comme des immeubles pour l'application des conventions fiscales mais comme des « autres biens » (ce qui exclut en principe l'imposition en France lorsque le défunt n'était pas résident de France, si la convention suit le modèle de convention fiscale de l'OCDE) ; cette solution a été solennellement affirmée par l'assemblée plénière de la Cour de cassation, qui a jugé, à propos de l'imposition de parts d'une société civile particulière monégasque à prépondérance immobilière en France qui appartenaient à un défunt domicilié à Monaco, que des parts de sociétés étrangères à prépondérance immobilière en France sont, en l'absence de stipulations conventionnelles contraires, des **biens incorporels de nature mobilière** et non pas des biens immobiliers pour l'application des conventions fiscales relatives aux droits de mutation à titre gratuit (Cass. Ass. Plén. 2 octobre 2015 n° 14-14.256 (n° 622 PB-RI) : RJF 12/15 n° 1066 ; cet arrêt corrige la solution précédemment retenue dans cette affaire par Cass. com. 9 octobre 2012 n° 11-22.023 (971 F-PB) : RJF 1/13 n° 103). Comme le soulignait le premier avocat général devant la Cour de cassation, la loi ne dit nullement, en effet, que des parts de sociétés étrangères à prépondérance immobilière sont des immeubles ou des droits immobiliers ; elle se contente, si les conditions sont remplies, de les qualifier de **« françaises »** (il en résultait qu'en l'espèce la France n'avait pas le droit d'imposer puisque les parts de la société monégasque relevaient de l'article 6 de la convention fiscale franco-monégasque du 1er avril 1950, relatif aux « autres biens » et non pas de l'article 2, relatif aux immeubles et droits immobiliers).

Il en va différemment, à notre avis, des parts ou actions de **sociétés immobilières de copropriété** visées à l'article 1655 ter du CGI ; dès lors que ces sociétés sont réputées ne pas avoir de personnalité distincte de celle de leurs membres (n° 67060), les titres qu'elles émettent devraient être traités comme des immeubles pour l'application des conventions fiscales. En ce sens, le premier avocat général, dans son avis précité, avait d'ailleurs indiqué qu'il n'y a pas, en ce qui concerne ces sociétés, « de différence véritable entre l'immeuble et la personne juridique qui le possède. Celle-ci ne vient qu'en "représentation" de l'immeuble ». La question n'a cependant pas été tranchée dans cette affaire car il ne s'agissait pas d'une société d'attribution (ou de copropriété) mais d'une société de gestion, cette dernière ne se confondant pas avec les immeubles dont elle était propriétaire.

Précisions **a.** Il a été rappelé que, en vertu de l'article 5 § 3 de la **convention franco-italienne** en matière de succession et donation, les parts sociales d'une société civile, française ou italienne, dont l'actif est principalement constitué d'immeubles situés en France, qui sont transmises par un défunt résident d'Italie à un bénéficiaire résident de France sont taxables en France (ancienne réponse Morel-A-L'Huissier, JOAN 8 mai 2012 n° 114333 p. 3529 : BF 7/12 n° 791, non reprise au BOFiP).

b. À propos de la convention fiscale franco-britannique du 21 juin 1963 en matière d'impôts sur les successions, l'administration, commentant le principe posé à l'article 4 § 4 selon lequel la question de savoir si **un bien ou un droit a le caractère immobilier** est résolue d'après la législation du lieu dans lequel est situé le bien considéré ou le bien sur lequel porte le droit envisagé, indique que, eu égard à sa généralité, l'expression « législation du lieu » doit être considérée comme comprenant aussi bien le droit fiscal que le droit civil (BOI-INT-CVB-GBR-20-20 n° 30).

Pour l'application de l'ancienne convention fiscale franco-suisse (convention du 31 décembre 1953, aujourd'hui dénoncée ; n° 46710), l'administration avait précisé que les parts ou actions des **sociétés d'exploitation agricole**, non visées par l'article 2 de la convention, ne sont, conformément à l'article 3 de cette convention, soumises aux impôts sur les successions que dans l'État dans lequel le défunt avait son dernier domicile, que la société ait opté ou non pour le régime fiscal des sociétés de capitaux (ancienne réponse Patriat, n° 34585 : JOAN 7 mars 1988 p. 1016). **48128**

La même solution s'appliquait aux parts de **sociétés civiles immobilières** (ancienne réponse Valleix, JOAN 21 avril 1997, p. 2081 : BF 6/97 n° 676, non reprise au BOFiP).

Précisions Dans le cadre franco-monégasque, il a été précisé que les transmissions par décès de parts d'une **SCI**, quelles que soient la nature et la localisation de ses actifs, sont imposables à **Monaco** si le défunt y était domicilié au moment de son décès (BOI-INT-CVB-MCO-30 n° 100).

La France n'est pas nécessairement satisfaite des conséquences qui précèdent et a pu chercher à les modifier à l'occasion de la renégociation des conventions fiscales, en **étendant le champ des biens « immobiliers »** considérés comme imposables en France ; en témoigne, par exemple, l'avenant du 8 décembre 2004 à la convention franco-américaine du 24 novembre 1978, qui précise : **48132**
– à propos des définitions (article 3 § 2), que le sens attribué à un terme ou une expression par le droit fiscal prévaut sur le sens que lui attribuent les autres branches du droit (reprise des solutions proposées par le modèle de convention fiscale de l'OCDE en ce qui concerne les revenus et la fortune) ;
– à propos des sociétés à prépondérance immobilière (article 5 § 3), que l'expression « biens immobiliers » comprend également les actions, parts ou autres participations dans une société ou une personne morale dont l'actif est constitué, directement ou par l'**interposition** d'une ou de plusieurs autres sociétés ou personnes morales, d'au moins **50 %** de biens immobiliers situés dans l'un des États ou de droits relatifs à de tels biens (ces actions, parts ou autres droits sont considérés comme situés dans l'État où se trouvent les biens immobiliers).

Des principes analogues ont été inclus dans la convention du 12 octobre 2006 entre la France et l'Allemagne, qui vise également la détention indirecte d'immeubles (n° 48085).

Précisions La convention franco-allemande du 12 octobre 2006 précise que l'expression « biens immobiliers » comprend aussi les actions, parts ou autres droits dans une société ou personne morale dont l'actif est constitué pour **plus de la moitié**, directement ou par l'interposition d'une ou plusieurs autres sociétés ou personnes morales, d'**immeubles** situés dans un État contractant ou de droits portant sur de tels biens. Elle ajoute que ces actions, parts ou autres droits sont considérés comme situés dans l'État contractant où les immeubles sont situés ; cela dit, comme en droit interne, ne sont pas pris en considération les immeubles affectés par cette société ou personne morale à sa propre exploitation industrielle, commerciale, agricole ou forestière ou à l'exercice par elle d'une profession libérale ou d'autres activités de caractère indépendant.

C. Conflits potentiels de rattachement des biens

Nature des difficultés

La question se pose souvent de savoir à quel État rattacher un bien, ou, autrement dit, de déterminer sur quel territoire le bien est considéré comme situé. **48140**

Les règles suivies par les États sont différentes (voir n° 48060 en ce qui concerne la France). Les exemples suivants donnent quelques indications des principales difficultés :
– **comptes en banque** : certains États considèrent qu'un compte en banque est situé au lieu où il est tenu effectivement, mais d'autres au lieu où est situé le siège de la banque, ou encore, au lieu où il est judiciairement exécutoire, c'est-à-dire là où le paiement peut être exigé (pour la France, voir n° 48120, Précisions) ;
– **créances commerciales** : elles peuvent être considérées comme situées au domicile du débiteur, au siège central de l'entreprise, au lieu de la conclusion du contrat ou au lieu d'exploitation ;
– **valeurs mobilières** : selon les États, elles sont réputées situées au siège du débiteur, au lieu d'émission des certificats représentatifs, au lieu de dépôt ou au lieu de tenue des registres ;
– **brevets** : ils sont, pour certains États, localisés au lieu d'exploitation et pour d'autres au lieu de l'enregistrement ou dans l'État qui en assure la protection.

Lorsqu'il n'existe pas de convention fiscale, les conflits de rattachement peuvent engendrer des doubles impositions. En revanche, en principe, ce risque disparaît en présence d'une convention fiscale.

Précisions L'administration indique que, pour l'application de la convention fiscale franco-espagnole du 8 janvier 1963 en matière de droits de succession, les **valeurs mobilières** et toutes autres **créances** sont considérées comme des biens incorporels (BOI-INT-CVB-ESP-20 n° 150).

Solutions proposées par les conventions fiscales

48150 Le modèle de convention fiscale de l'OCDE (successions et donations) ne contient guère de règles de rattachement car les biens, sauf ceux qui sont « rattachés » à un établissement stable ou à une base fixe et les biens immobiliers, ne sont imposables que dans l'État du domicile du défunt.

La réalité est parfois plus complexe ; par exemple, la **convention franco-britannique** du 21 juin 1963 contient des règles précises de situation des biens parmi lesquelles on relève notamment celles qui concernent :
- les immeubles : là où ils se trouvent ;
- les biens immobiliers corporels, en général : là où ils se trouvent ;
- les créances, en général : là où le défunt était domicilié ;
- les actions : là où la société a été constituée ;
- les brevets, droits d'auteur, etc. : là où le défunt était domicilié.

Naturellement, en vertu du principe de la supériorité des traités sur les lois, ces critères de rattachement s'imposent aux États même s'ils contredisent leur droit interne.

Cas particulier de l'assurance-vie

48180 Il résulte du I de l'article 990 I du CGI que les sommes, rentes ou valeurs dues directement ou indirectement par un ou plusieurs organismes d'assurance ou assimilés à un bénéficiaire désigné au contrat, à raison du décès de l'assuré, sont assujetties à un **prélèvement** de 20 % ou 31,25 % (selon les tranches), lorsqu'elles n'entrent pas dans le champ d'application de l'article 757 B du même Code (BOI-TCAS-AUT-60).

Initialement, le prélèvement était dû au titre des contrats dont le souscripteur était résident de France à la date de souscription, quelle que soit la loi applicable et indépendamment des modifications susceptibles de survenir ensuite en ce qui concerne sa résidence fiscale. Cependant, l'article 11 de la loi n° 2011-900 du 29 juillet 2011 de finances rectificative pour 2011 a modifié les **règles de territorialité** pour les décès intervenus depuis le 31 juillet 2011 (à savoir pour les contrats en cours dénoués par le décès de l'assuré à partir de cette date et pour tous les contrats souscrits depuis cette date).

Désormais, le champ d'application du prélèvement dépend, à la date du décès, de la domiciliation fiscale du bénéficiaire ou de celle de l'assuré. Le bénéficiaire y est assujetti dès lors qu'il a au moment du décès son domicile fiscal en France au sens de l'article 4 B du CGI et qu'il l'a eu pendant au moins six années au cours des dix années précédant le décès, ou dès lors que l'assuré y a, au moment du décès, son domicile fiscal (BOI préc. n° 100). Le lieu de résidence du souscripteur au jour de l'adhésion au contrat et le lieu du domicile du bénéficiaire au jour du reversement des sommes sont sans incidence sur le régime fiscal du contrat d'assurance-vie (BOI préc. n° 110).

Ces règles visent à permettre l'application du prélèvement **même si le contrat est souscrit par un non-résident** (alors qu'auparavant le bénéficiaire n'y était jamais assujetti dans ce cas). Restent en revanche exonérés les capitaux décès versés au titre des contrats souscrits par un non-résident à la date de souscription du contrat si ni l'assuré ni le bénéficiaire ne sont domiciliés en France à la date du décès ou si le bénéficiaire est domicilié en France mais ne remplit pas la condition de domiciliation en France pendant au moins six années sur les dix années précédant le décès et si l'assuré n'est pas lui-même domicilié en France.

En principe, les **conventions fiscales** ne sont **pas applicables** à ce prélèvement dans la mesure où il s'agit d'un impôt spécifique (« sui generis ») et non pas d'un droit de mutation à titre gratuit (cela peut cependant dépendre de la rédaction des stipulations conventionnelles relatives aux impôts visés).

Précisions Les **organismes étrangers** exonérés de droits de mutation à titre gratuit en application de l'article 795-0 A du CGI (n° 49020) ne sont pas assujettis à ce prélèvement.

Incidences du droit de l'Union européenne Les contrats d'assurance-vie sont exclusivement soumis aux impôts indirects et taxes parafiscales de l'État membre où le preneur a sa résidence habituelle (article 50 de la directive 2002/83/CE du 5 novembre 2002, repris par l'article 157 de la directive 2009/138/CE aujourd'hui applicable). Selon la Cour de justice, cette règle ne s'oppose pas à ce qu'un État membre perçoive une **taxe indirecte sur les primes** d'assurance sur la vie **payées** par des preneurs personnes physiques ayant leur résidence habituelle dans cet État membre lorsque les contrats d'assurance concernés ont été souscrits dans un autre État membre dans lequel ces preneurs avaient, à la date de la souscription, leur résidence habituelle (CJUE 21 février 2013 aff. 243/11, 1e ch., RVS Levensverzekeringen NV : RJF 5/13 n° 572) ; la Cour écarte une conception « statique », qui aurait voulu que l'État d'engagement soit déterminé une fois pour toutes à la date de signature du contrat, pour retenir au contraire une conception « dynamique » reposant sur la résidence du souscripteur **à la date du versement des primes**. 48185

Cette décision pourrait éventuellement conduire, en France, à **écarter le prélèvement** si le souscripteur était non-résident à la date du versement des primes alors que, par exemple, il est résident à la date de son décès ; à notre avis, toutefois, une telle transposition serait hasardeuse dès lors que le prélèvement n'est ni un impôt indirect ni une taxe parafiscale et qu'il ne grève pas les primes mais les sommes versées au bénéficiaire à raison du décès de l'assuré. De surcroît, l'imposition des primes lors de leur versement et l'imposition du bénéficiaire à raison du décès de l'assuré sont distinctes et, si les États membres doivent généralement traiter les situations transfrontalières de la même façon que les situations nationales, ils n'ont pas d'obligation de principe d'éliminer la double imposition (en l'espèce, il n'y a pas discrimination puisque les règles de territorialité sont indépendantes de la nationalité des personnes et de la résidence des assureurs).

SECTION 3

Les prélèvements

Les impôts sur les successions sont assis sur la valeur des biens transmis, compte tenu de certaines déductions particulières au droit interne des États, et du passif successoral. 48220

Une fois déterminés les biens soumis à l'impôt, c'est-à-dire la composition de l'actif brut imposable, diverses questions peuvent se poser, concernant :
- l'évaluation des biens ;
- la déduction du passif ;
- l'élimination des doubles impositions.

A. L'évaluation des biens

Principes

Les biens doivent être évalués à leur **valeur vénale**, au jour du fait générateur de l'impôt, c'est-à-dire au jour du décès (ou de la donation). Cette évaluation est faite par les héritiers, sous le contrôle de l'administration, le cas échéant ; elle figure dans la déclaration de succession (n° 47740). 48350

La notion de valeur vénale se réfère à une **conception objective** du prix du bien, selon laquelle il faut se placer du point de vue d'un acheteur quelconque (valeur intrinsèque du bien) et non d'un acheteur déterminé (valeur de convenance). Seuls doivent donc être pris en considération les éléments réels d'appréciation du prix du bien, à l'exclusion des circonstances propres à la situation personnelle des parties ; d'une façon générale, la valeur vénale d'un bien résulte d'une étude des prix réellement pratiqués à partir d'une observation objective et pondérée du marché local.

Application aux biens étrangers

48380 L'évaluation des biens situés à l'étranger doit être faite conformément aux dispositions du Code général des impôts, dans la mesure où celles-ci peuvent s'appliquer compte tenu du lieu de situation des biens (BOI-ENR-DMTG-10-40-10-10 n° 180).

En ce qui concerne les **immeubles**, l'administration ajoute (BOI préc.) que l'évaluation doit être faite à la valeur vénale à la date de la transmission d'après la déclaration détaillée et estimative des parties mais abstraction faite des dispositions du deuxième alinéa de l'article 761 du CGI (ce texte prévoit que, pour les immeubles dont le propriétaire a l'usage à la date de la transmission, la valeur vénale réelle est réputée égale à la valeur libre de toute occupation).

L'évaluation des **biens mobiliers** situés à l'étranger résulte généralement de la déclaration détaillée et estimative des parties, à moins que ces dernières puissent invoquer un contrat d'assurance répondant aux prescriptions du II de l'article 764 du CGI (BOI-ENR-DMTG-10-40-10-20).

L'administration a, bien entendu, la possibilité de contrôler les évaluations retenues au moyen de l'assistance administrative internationale (n° 49040).

Précisions **a.** Pour les **valeurs mobilières** françaises et étrangères de toute nature, admises aux négociations sur un marché réglementé, le capital imposable est déterminé par la moyenne des trente derniers cours qui précèdent la transmission (CGI art. 759). Les titres **cotés seulement à l'étranger** doivent faire l'objet d'une déclaration estimative mais, en pratique, ces cours s'imposent tant aux redevables qu'à l'administration. Le cours officiel des changes fixé à la Bourse de Paris, à la date du fait générateur de l'impôt ou, à défaut de cotation ce jour-là, le cours fixé à une date suffisamment rapprochée peut être retenu pour la conversion en euros de ces cours libellés en monnaie étrangère. Pour les valeurs mobilières étrangères en dépôt à l'étranger, le cours de la Bourse de Paris n'a pas prééminence sur le cours de la bourse locale (BOI-ENR-DMTG-10-40-10-40 n°s 10 s.).

b. Les **créances** libellées en monnaies étrangères doivent être évaluées en appliquant le cours des changes fixé à la Bourse de Paris, à la date du fait générateur de l'impôt ou, à défaut de cotation ce jour-là, le cours fixé à une date suffisamment rapprochée (BOI préc. n° 70).

1. Le cas des biens étrangers indisponibles

48420 Un régime spécial s'applique en France aux biens étrangers frappés d'indisponibilité par suite de mesures prises par un **gouvernement étranger** (CGI art. 766 et Ann. III art. 280). Il s'applique à tous les biens (« avoirs quelconques ») quelle qu'en soit la nature. En pratique, il n'est naturellement susceptible de s'appliquer qu'aux biens imposables en France en vertu du droit interne français (BOI-ENR-DMTG-10-40-10-40 n° 280).

48425 La **notion d'indisponibilité** s'entend de toute situation de fait ou de droit qui est de nature à priver le propriétaire du droit de disposer à son gré du bien qui lui appartient : mesures de séquestre, de blocage, de contrôle des changes, lorsqu'il en résulte une impossibilité pour le propriétaire de rapatrier les capitaux. L'indisponibilité doit résulter d'une mesure prise par un gouvernement, qu'elle soit générale ou particulière. Il appartient aux parties d'en justifier l'existence (BOI-ENR-DMTG-10-40-10-40 n°s 290 et 300).

48428 Lorsque l'indisponibilité est justifiée, les biens doivent néanmoins être mentionnés dans la déclaration de succession, mais seulement **pour mémoire** car l'imposition est suspendue. Ultérieurement, les contribuables doivent souscrire une **déclaration complémentaire**, dans un délai de neuf mois à compter de la date à laquelle l'indisponibilité a cessé d'exister. En cas de dépossession, il s'agit de la date à laquelle l'indemnité ou la contrepartie est devenue disponible. Il peut s'agir également de la date à laquelle les biens ont été vendus, ou ont fait l'objet d'un transfert volontaire ou forcé. Les biens sont évalués au jour où l'indisponibilité a cessé (BOI-ENR-DMTG-10-40-10-40 n° 320).

Précisions a. Lorsque les biens ou leur représentation ne deviennent disponibles ou ne font l'objet d'une vente, d'une cession ou d'un transfert que **pour partie**, seule cette partie fait l'objet de la déclaration complémentaire et les droits ne deviennent exigibles qu'à due concurrence (BOI-ENR-DMTG-10-40-10-40 n° 330).

b. Les **droits** sont liquidés selon le tarif et d'après les règles applicables à la date d'ouverture de la succession et doivent être acquittés au moment du dépôt de la déclaration complémentaire (BOI préc. n° 340).

2. Le cours du change à retenir

En France, le cours du change à appliquer est en principe celui qui est pratiqué sur la place de Paris **au jour** du **décès** ou de la **donation** (fait générateur de l'impôt ; BOI-ENR-DMTG-10-40-10-10 n° 180). **48440**

Précisions Dans le cas de **biens utilisables** seulement dans le pays de leur **situation**, il existe parfois deux cours distincts dont un pour les transactions internes. Dans ce cas, c'est le cours applicable au type de bien envisagé qui doit être retenu.

3. Le forfait mobilier

Principes

À défaut de vente publique ou d'inventaire, la valeur imposable des meubles meublants est déterminée par la déclaration détaillée et estimative des parties. Mais, sans que l'administration ait à justifier l'existence de meubles meublants, leur valeur ne peut être inférieure à **5 %** de la valeur des autres biens de la succession (CGI art. 764). Il s'agit d'une double **présomption**, d'existence et d'évaluation des biens (mais la preuve contraire peut être apportée). Le forfait se calcule sur l'ensemble des biens, mobiliers et immobiliers (autres que les meubles meublants), composant l'actif successoral et avant déduction du passif. Il est ajouté d'office aux successions qui ne mentionnent pas de meubles meublants si la preuve contraire n'est pas apportée (BOI-ENR-DMTG-10-40-10-20 n° 80). **48460**

Incidence des conventions fiscales

En présence d'une convention fiscale, la **présomption** d'existence et de valeur devrait tomber puisque les États n'ont le droit d'imposer que des biens définis et situés, à l'exclusion de ceux qui sont seulement virtuels. Cette question se pose, en particulier, lorsqu'un défunt non domicilié en France laisse dans sa succession des biens imposables en France. Dans ce cas, si la convention est conforme au modèle de convention fiscale de l'OCDE (successions et donations), les **meubles meublants** ne sont, en effet, imposables que dans l'État du domicile du défunt. L'administration considère cependant que le forfait est déterminé compte tenu de l'ensemble des biens « imposables d'après la législation interne » (BOI-ENR-DMTG-10-50-70 n° 70). La doctrine administrative est toutefois ambiguë car il est ailleurs indiqué que le forfait se calcule sur l'ensemble des valeurs mobilières (autres que les meubles meublants) et immobilières « imposables en France », ce qui, en l'absence de renvoi au droit interne, exclut en principe les biens non imposables en France en raison des conventions fiscales (BOI-ENR-DMTG-10-40-10-20 n° 90). **48465**

En ce sens, il a été jugé, à propos d'un défunt résident de Suisse qui laissait des biens mobiliers et immobiliers imposables à la fois en France et en Suisse, que le forfait mobilier de 5 % ne pouvait être calculé, compte tenu de la convention fiscale franco-suisse alors applicable, que sur la seule valeur des **biens situés en France** (CA Paris 23 mars 2007 n° 05-8731, 1e ch., sect. B, Danon : RJF 11/07 n° 1342 ; arrêt définitif).

4. La portée territoriale des exonérations

Les **exonérations** prévues à l'article 793 du CGI, sauf celle prévue en faveur des réversions de rentes viagères entre parents en ligne directe (CGI art. 793, 1-5°), **ne s'appliquent pas** aux biens situés à l'étranger (BOI-ENR-DMTG-10-50-70 n° 90). **48480**

En revanche, les exonérations et régimes spéciaux prévus en matière de **transmission d'entreprise** (« **pactes Dutreil** » ; CGI art. 787 B) s'appliquent aux sociétés étrangères dans des conditions identiques à celles exigées pour les transmissions de titres de sociétés françaises (BOI-ENR-DMTG-10-20-40-10 n° 30) ; la même précision n'a pas été apportée par le BOI-ENR-DMTG-10-20-40-40 en ce qui concerne le dispositif codifié à l'article 787 C du CGI concernant la transmission à titre gratuit d'une entreprise individuelle.

Sur les conditions d'exonération de droits de mutation à titre gratuit des dons et legs consentis à certains **organismes européens d'intérêt général**, voir n° 49020.

Précisions L'exonération de certains dons de sommes d'argent dans la limite de 100 000 €, issue de l'article 19 de la loi n° 2020-935 du 30 juillet 2020 (CGI art. 790 A bis), était applicable si le donataire utilisait les sommes pour souscrire au capital initial ou à une augmentation de capital d'une **petite entreprise « européenne »** au sens de l'annexe I du règlement (UE) n° 651/2014 de la Commission du 17 juin 2014.

B. La détermination du passif successoral

48510 Avant l'intervention d'une loi de 1901, l'impôt sur les mutations par décès se calculait, en France, sur l'actif de la succession sans « distraction » des charges qui pouvaient le grever. Depuis cette loi, les charges de la succession sont déductibles et le principe actuel est que les **dettes à la charge du défunt** sont déductibles lorsque leur existence au jour de l'ouverture de la succession est justifiée par tous modes de preuve compatibles avec la procédure écrite.

L'appréhension du passif successoral doit donc être appréciée au regard du droit interne. Toutefois, l'incidence des conventions fiscales éventuellement applicables doit également être prise en considération.

1. En droit interne français

Principe de la déduction des dettes

48580 Seules les dettes à la **charge personnelle** du défunt au jour de l'ouverture de la succession peuvent être admises en déduction de l'actif successoral. Les charges qui ne naissent qu'après le décès, comme les droits de succession, ne sont pas déductibles, qu'elles soient exposées en France ou hors de France.

Les **dettes contractées à l'étranger** sont déduites dans les mêmes conditions et sous les mêmes justifications que les dettes contractées en France (BOI-ENR-DMTG-10-40-20-40 n° 40).

Cas des défunts non résidents

48585 L'administration estime que lorsque le défunt est domicilié hors de France et que seuls les biens français sont imposables, seul le passif grevant ces biens est admis en déduction (BOI-ENR-DMTG-10-40-20-40 n° 40). À cet égard, deux hypothèses doivent en principe être distinguées :
– si le passif est **affecté** à un bien et si ce bien est imposable en France, il est déductible sans conditions particulières (sous réserve, naturellement, que l'affectation soit établie) ;
– si le passif n'est **pas affecté** à un bien, il n'est, en principe, pas déductible ; il peut s'agir, par exemple, de dettes personnelles du défunt, contractées en France ou hors de France, mais sans lien d'affectation avec un bien imposable en France.

La question n'est cependant pas clairement réglée en présence de **dettes** qui peuvent être considérées comme **« françaises »**, même si elles ne sont pas affectées à un bien précis situé en France ; il a, en effet, été jugé (à propos de l'ancien impôt de solidarité sur la fortune, mais les mêmes règles sont applicables sur ce point aux droits de mutation à titre gratuit) qu'un non-résident pouvait déduire la valeur de capitalisation d'une **pension alimentaire** versée à son ex-épouse, dans la mesure où il s'agissait d'un bien français, sans que la question de la relation entre la dette et un bien imposable en France ait été posée. Plus récemment, toutefois, la Cour de cassation a jugé que des contribuables résidents de Suisse et passibles de l'ancien ISF sur leur seul bien immobilier français ne pouvaient déduire que des dettes liées aux emprunts souscrits pour l'acquisition de ce bien immobilier et sa rénovation (Cass. com. 27 mars 2019 n° 17-24.633 F-D : RJF 1/20 n° 69). Sur ces arrêts, voir n° 52639, Précisions.

Précisions Les dispositions de l'article 238 A du CGI (nos 72850 s.) sont applicables en matière de droits de mutation par décès lorsqu'il s'agit de déterminer le passif successoral déductible (paiements faits à des personnes bénéficiant d'un **régime fiscal privilégié**, qui ne sont admis comme charge que s'ils ne sont pas excessifs et s'ils correspondent à des opérations réelles ; BOI-ENR-DMTG-10-40-20-10 n° 340).

2. En présence d'une convention fiscale

Certains États n'accordent la déduction d'aucune dette. D'autres n'autorisent la déduction que d'une part proportionnelle au total du passif successoral ; d'autres encore autorisent la déduction des dettes ayant un lien économique ou autre avec les biens soumis à l'impôt. Enfin, certains États permettent la déduction de toutes les dettes contractées ou exigibles sur leur territoire. Mais ces États peuvent avoir conclu entre eux des conventions fiscales prévoyant des règles spéciales de déduction des dettes, qui s'imposent alors à eux. 48600

Modèle OCDE

Le modèle de convention fiscale de l'OCDE (successions et donations) repose sur **quatre principes** de répartition des dettes : 48601
– dans l'État de situation des biens, le passif afférent à un **bien immobilier**, à un **établissement stable** ou à une base fixe doit être déduit de la valeur du bien considéré. De même pour les autres biens, imposables exclusivement dans l'État de résidence ;
– dans l'État de situation des biens, **le passif excédant la valeur d'un bien** peut être reporté sur un autre bien (compensation entre les biens) ;
– s'il reste un passif excédentaire dans un État, cet excédent « **remonte** » vers l'autre État. Cela peut d'ailleurs jouer dans les deux sens (« situs » vers « résidence » ou l'inverse). Cette règle vise à n'imposer que la valeur nette d'un patrimoine considéré dans son ensemble (et non pas un actif brut « fictif ») ;
– mais si un État doit déduire une dette de manière plus large qu'en droit interne, la déduction n'est possible que si l'autre État n'est pas tenu de déduire la même dette en vertu de sa législation (afin d'éviter la double déduction des dettes).

Précisions **a.** Les conventions fiscales reprennent rarement l'intégralité du texte de l'OCDE. Il convient donc de se référer chaque fois à la convention applicable.

b. Le sens du mot « **dettes** » n'est pas défini par les conventions fiscales ; en vertu des principes généraux, il faut se reporter à la législation interne de chaque État pour savoir si une obligation déterminée doit être considérée comme une dette déductible.

Exemple

À propos de la convention du 17 octobre 1999 entre la France et l'**Algérie**, l'administration donne l'exemple d'une personne résidente d'Algérie, qui y décède et dont le **patrimoine** se compose, au jour de sa mort, des biens suivants (BOI-INT-CVB-DZA-50 n° 170) : 48605
– une maison située à Alger pour une valeur de 200 000 € ;
– des meubles meublants situés en Algérie d'une valeur de 25 000 € ;
– un compte courant ouvert dans les écritures d'une banque algérienne présentant un solde créditeur de 4 500 € ;
– un appartement situé à Paris pour une valeur de 230 000 € ;
– des actions de sociétés ayant leur siège social en France pour une valeur de 27 000 € ;
– des actions de sociétés ayant leur siège social en Pologne pour une valeur de 6 000 €.

Au moment de son décès, le **passif successoral** du défunt était ainsi composé :
– dette afférente à l'appartement parisien : 20 000 € ;
– dette afférente au financement des soins nécessités par sa maladie : 7 500 €.

Il résulte de l'article 23 de la **convention fiscale** que la maison d'Alger, les meubles meublants s'y trouvant et les sommes figurant sur le compte courant algérien sont imposables en Algérie. Les actions polonaises sont exclusivement imposables en Algérie ; le reste des biens faisant partie de la succession est imposable en France.

Compte tenu de la **règle d'imputation des dettes** posée par l'article 23, 6 e) de la convention, la dette afférente aux soins du défunt est déductible de la valeur des actions polonaises. L'Algérie peut donc imposer les biens précédemment énumérés pour la valeur suivante :
– maison d'Alger : 200 000 € ;

– meubles meublants : 25 000 € ;
– solde créditeur du compte courant : 4 500 € ;
– actions polonaises : 6 000 € - 7 500 € = 0.

Soit un actif net imposable de 229 500 €.

Le **solde de la dette** imputable sur la valeur des actions polonaises, soit 1 500 €, n'est, aux termes de l'article 23 § 6 f) de la convention, pas déductible de la valeur des autres biens imposables en Algérie en application des paragraphes 1, 3 et 4 du même article. En revanche, ce solde est déductible de la valeur des biens soumis à l'impôt en France en vertu de l'article 23, 6 g) de la convention.

La France peut ainsi imposer les biens conventionnellement imposables en France pour la valeur suivante :
– appartement parisien : 230 000 € - 20 000 € = 210 000 € ;
– actions françaises : 27 000 €.

Soit 237 000 € - 1 500 € (solde de la dette non imputée en totalité en Algérie) = 235 500 €.

Précisions Ces règles posées par la convention franco-algérienne ne sont applicables que dans ce cadre et n'ont pas de portée générale. Mais elles sont un guide d'interprétation très utile pour l'analyse de situations voisines.

C. L'élimination des doubles impositions

48630 Deux cas doivent être distingués selon qu'il existe ou non une convention fiscale.

1. En l'absence de convention fiscale

Absence de limitation du droit d'imposer

48650 En l'absence de convention fiscale, le principe est que chaque État conserve l'intégralité de ses droits d'imposer. Cette situation peut conduire à des **doubles impositions**, par exemple dans les cas où :
– chacun des États considère que le défunt était domicilié sur son territoire et revendique en conséquence l'imposition sur une base mondiale ;
– les États ne s'accordent pas sur la qualification des biens, les règles de rattachement ou les dettes à déduire de l'actif successoral.

Cela dit, les législations internes contiennent parfois des dispositions pour éliminer certaines doubles impositions. Tel est le cas en France, où, à la différence de ce qui est prévu pour l'impôt sur le revenu, l'impôt sur les successions (donations) bénéficie d'un crédit pour impôt étranger.

Crédit d'impôt en droit interne

48655 Conformément à l'article 784 A du CGI, dans le cas où le défunt (donateur) avait son domicile fiscal en France, le montant des **droits acquittés hors de France** sur les biens situés hors de France est imputable sur l'impôt dû en France. Il en va de même lorsque le défunt (donateur) avait son domicile fiscal hors de France, si la mutation est imposable en raison du domicile en France de l'héritier (donataire) compte tenu de l'article 750 ter, 3° du CGI (n° 47410).

Cette règle appelle les commentaires suivants (BOI-ENR-DMTG-10-50-60) :

• Par **impôts acquittés hors de France**, il faut naturellement entendre non seulement à l'étranger mais également dans les collectivités d'outre-mer (qui font partie de la France, mais pas de la « France fiscale », n° 1905).

• Les impôts **imputables** sont exclusivement les droits de mutation à titre gratuit perçus en raison de la transmission par décès (ou entre vifs en cas de donation), à l'exclusion des droits ou taxes annexes tels que droits de timbre ou de publicité auxquels donnerait éventuellement lieu la déclaration de succession ou l'acte de donation concerné ; seuls sont en outre susceptibles d'imputation les droits simples proprement dits à l'exclusion de toutes pénalités, amendes, ou tous intérêts de retard auxquels ils auraient pu donner lieu (BOI préc. n° 20).

• Seuls sont pris en compte les impôts étrangers **sur les biens étrangers**, c'est-à-dire non situés en France au sens de la législation française. Par exemple, il n'y a pas de crédit d'impôt dans le cas où des valeurs mobilières françaises, considérées comme situées en France, ont été imposées à l'étranger parce qu'elles y étaient déposées.

• L'impôt étranger, lorsqu'il est imputable, est **limité au montant de l'impôt français** sur les biens meubles ou immeubles situés hors de France (l'administration ajoute que l'impôt acquitté à l'étranger n'est pas restituable ; BOI préc. n° 80). Cette limite est conforme à la pratique internationale et française en matière de crédits d'impôts (n° 8150). Malgré cela, la situation est plus favorable que pour l'impôt sur le revenu puisqu'en ce cas et en l'absence de convention fiscale la double imposition n'est qu'en partie atténuée par la déduction de l'impôt étranger de la base d'imposition.

• Afin de faciliter la tâche des contribuables, **un formulaire** a été mis au point (n° 2740-SD de la nomenclature administrative ; BOI-FORM-000051). Il est délivré par la Recette des non-résidents (n° 2840, Précisions b) ; il doit être souscrit en double exemplaire et remis, accompagné des pièces justificatives (par exemple, une attestation de l'administration étrangère) au comptable de la DGFiP qui a reçu la déclaration de succession ou enregistré la donation. Il vaut demande d'imputation et doit être produit soit au moment du paiement des droits soit à l'appui d'une demande de restitution.

• Si l'impôt étranger a été acquitté **avant le paiement des droits** dus en France, il est directement déduit du montant de l'impôt ; dans le cas contraire, il est procédé par voie de **restitution**, sur demande écrite au comptable de la DGFiP qui a reçu la déclaration de succession ou enregistré la donation (BOI préc. n° 70).

Précisions **a.** Le **cours du change** à retenir est celui pratiqué sur la place de Paris au jour du paiement effectif de l'impôt étranger dans la devise considérée (BOI-ENR-DMTG-10-50-60 n° 60).

b. Les droits de mutation à titre gratuit acquittés hors de France imputables sur l'impôt exigible en France comprennent les droits perçus au profit d'États ou de territoires étrangers mais aussi, le cas échéant, les droits perçus au profit de **subdivisions politiques** ou de collectivités locales de ces États ou territoires (BOI préc. n° 30).

c. Les **justifications** apportées doivent permettre d'établir que les droits de mutation à titre gratuit dont l'imputation est demandée ont bien été effectivement acquittés dans le territoire ou le pays concerné ; que le montant de ces mêmes droits se rapporte aux seuls biens meubles ou immeubles situés hors de France compris dans l'assiette de l'impôt français ; et que l'impôt effectivement acquitté est définitivement dû, c'est-à-dire n'est pas susceptible d'une restitution éventuelle (BOI préc. n° 50).

2. En présence d'une convention fiscale

Lorsqu'il existe une convention fiscale, les problèmes de double imposition sont en général résolus. En effet, les conventions : **48670**
– définissent la notion de **domicile** des personnes ;
– répartissent les **droits d'imposer** entre les États : État de situation pour les immeubles et les biens rattachables aux établissements stables et bases fixes ; État de résidence pour les autres biens, si la convention est conforme au modèle de l'OCDE ;
– précisent, en général, les règles régissant la répartition des **dettes** entre les États ;
– et prévoient des dispositions pour éliminer les **doubles impositions** lorsque les deux États ont concurremment le droit d'imposer ; les méthodes retenues sont, de manière classique, l'exonération ou l'imputation (sur la problématique générale relative à ces notions, voir nos 7780 s.).

Précisions Les conventions fiscales retiennent parfois des méthodes différentes d'élimination des doubles impositions selon les États concernés.

Méthode de l'exonération

Dans cette hypothèse, l'État dans lequel le défunt avait son domicile fiscal exonère d'impôt les biens qui sont imposables dans l'autre État (celui de la situation des biens). Chaque État se voit donc reconnaître un droit d'imposition exclusif. **48675**

À l'exception de quelques conventions fiscales (par exemple, convention franco-britannique du 21 juin 1963), la **pratique française** traditionnelle consiste à retenir cette méthode d'élimination des doubles impositions, mais en l'assortissant, le plus souvent, de la règle du taux effectif. Les conventions fiscales les plus modernes retiennent cependant plutôt la méthode du crédit d'impôt égal à l'impôt étranger (n° 48770).

48680 **Taux effectif** Comme pour l'impôt sur le revenu, cette méthode permet de préserver la **progressivité** de l'impôt lorsque la méthode retenue pour éliminer la double imposition est celle de l'exonération (nos 7980 et 83530) ; l'impôt afférent aux seuls biens imposables en France est ainsi calculé au taux de l'impôt correspondant à l'ensemble des biens qui auraient été imposés en l'absence de dispositions spécifiques exonérant certains d'entre eux (BOI-ENR-DMTG-10-50-70 n° 10). Par rapport à l'impôt sur le revenu, une **particularité** notable tient au fait que la méthode s'applique non seulement si le défunt était **domicilié** en France **mais aussi** s'il était **non domicilié** (BOI préc. n° 30).

De nombreuses conventions fiscales donnent, en effet, à la France le droit, pour le calcul de l'imposition des biens imposables en France, de tenir compte de l'ensemble des biens imposables selon la législation française.

L'application de ce mécanisme permet de prendre en compte les biens qui auraient été imposés en France si la convention n'avait pas retiré à la France le droit de les imposer, que le défunt ait été, ou non, domicilié en France. Sur le mode de calcul du taux effectif et les obligations déclaratives, voir n° 83530.

Précisions **a.** En ce qui concerne la convention **franco-belge**, son application est limitée au cas de défunts domiciliés en Belgique ; pour les successions de défunts domiciliés en France, la méthode de l'imputation est retenue.

b. En ce qui concerne la convention **franco-monégasque**, la France n'a pas la possibilité d'appliquer le taux effectif en considération de l'exonération que comporte la convention pour les possessions monégasques.

48690 **Exemple** Supposons qu'une personne domiciliée en **Belgique** décède en laissant un immeuble situé en France et des valeurs mobilières françaises. En application de la convention fiscale franco-belge du 20 janvier 1959, les valeurs mobilières sont exonérées en France. Mais l'immeuble est imposable et l'impôt doit être calculé d'après le taux moyen qui serait applicable s'il était tenu compte de l'ensemble des biens que la législation française permettrait d'imposer (article 10 de la convention), soit au taux correspondant à l'impôt sur l'immeuble et les valeurs mobilières.

48700 **Incidences de l'article 750 ter, 3° du CGI** La modification des règles de territorialité introduite par la loi de finances pour 1999 (CGI art. 750 ter, 3° ; n° 47625) a sensiblement élargi l'assiette des biens à prendre en considération pour le calcul du taux effectif puisqu'elle a augmenté les cas d'imposition en France ; si, dans l'exemple du n° 48690, le défunt résident de Belgique laissait, en outre, un compte bancaire au Luxembourg, et si l'héritier était domicilié en France (n° 47410), le compte bancaire, tout en étant exonéré d'impôt en France compte tenu de la convention franco-belge, serait néanmoins à prendre en considération pour le calcul du taux effectif.

Méthode de l'imputation

48760 Dans ce cas, l'État du domicile du défunt n'exonère pas les biens imposables dans l'autre État. Il les impose, mais élimine la double imposition au moyen d'un **crédit d'impôt**. La situation de l'autre État, celui du « situs », ne change pas ; il continue d'avoir le droit d'imposer les biens situés sur son territoire conformément à la convention fiscale.

48765 Conformément aux principes généraux qui régissent l'imputation (nos 8100 et 8150), l'impôt payé dans l'autre État n'est imputable sur l'impôt dû dans l'État du domicile que **dans la limite** de ce dernier (précision figurant dans la convention fiscale à l'article relatif à l'élimination des doubles impositions). Autrement dit, l'État du domicile du défunt accepte d'annuler son impôt, mais pas de rembourser au contribuable un excédent de crédit d'impôt.

La méthode de l'imputation a été retenue par la France ou son partenaire dans **quelques conventions fiscales** (par exemple Belgique, États-Unis et Royaume-Uni). Elle est aujourd'hui plus fréquente, comme le montre la rédaction de la **convention franco-américaine** issue de l'avenant du 8 décembre 2004 ; l'élimination des doubles impositions est désormais assurée par un mécanisme de **crédit d'impôt** (article 12 § 2 a) de la convention), alors qu'auparavant un mécanisme d'exonération prévalait. La convention prévoit, en effet, que, pour déterminer l'impôt français, lorsque le défunt ou le donateur était domicilié en France au moment de la transmission, la France impose l'intégralité de l'actif successoral faisant partie de la succession, ou la totalité des biens qui font l'objet de la donation, y compris ceux qui sont imposables aux États-Unis conformément à la convention ; en contrepartie, l'impôt payé aux États-Unis au moment de la transmission des biens qui, à l'occasion du même événement, sont imposables aux États-Unis constitue un **crédit d'impôt** déductible de l'impôt français. **48770**

Cette déduction **ne peut**, comme il est habituel, **excéder** la quote-part de l'impôt français, calculé avant toute déduction, correspondant aux biens à raison desquels la déduction doit être accordée. Au surplus, aucun crédit n'est accordé au titre de l'impôt américain si celui-ci est perçu en raison de ce que les États-Unis peuvent imposer les citoyens américains, les personnes domiciliées aux États-Unis ou les anciens citoyens ou résidents au sens indiqué n° 49000 (dans ce cas, ce sont les États-Unis qui accordent un crédit d'impôt au titre de l'impôt français).

Précisions **a.** L'avenant franco-américain du 8 décembre 2004 a maintenu, sous une autre forme, le principe de l'**exonération** des **citoyens américains** en cas de transmission à titre gratuit de biens imposables aux États-Unis ; en effet, le crédit d'impôt est égal à l'impôt français en ce qui concerne certains biens situés aux États-Unis (biens immobiliers, biens à l'actif d'un établissement stable ou d'une base fixe ou encore biens mobiliers corporels), si le défunt, au moment de son décès, ou le donateur, au moment de la donation, était un citoyen des États-Unis et s'il est établi que les obligations fiscales aux États-Unis relatives au décès ou à la donation ont été accomplies ; cette mesure revient, en pratique, à une exonération avec taux effectif.

b. Pour éviter les abus, la convention franco-américaine, dans sa rédaction issue de l'avenant du 8 décembre 2004, précise que si un bien n'est imposable que dans l'un des États et que cet **impôt, ainsi déterminé, n'est pas payé**, pour une autre raison qu'une exonération spécifique, abattement, exclusion, crédit ou déduction, un impôt peut être prélevé sur ce bien dans l'autre État, nonobstant toute autre disposition contraire de la convention (article 12 § 6).

SECTION 4

Questions diverses

A. Non-discrimination

Modèle OCDE

Le modèle de convention fiscale de l'OCDE sur les successions et donations contient, à l'article 10, une disposition proche de celle recommandée pour l'impôt sur le revenu. Elle est cependant plus brève, car, par définition, certains problèmes ne peuvent pas se poser en matière de successions (il n'est pas question de l'imposition des établissements stables ni de la situation des entreprises sous contrôle étranger). **48950**

Lorsqu'elle existe, la clause de non-discrimination prévoit en général :
- l'interdiction des discriminations fondées sur la **nationalité** ;
- la définition du terme « national » ;
- l'extension du principe aux apatrides ;
- son application aux **impôts de toute nature** ou dénomination.

En pratique, le principe de non-discrimination est souvent invoqué pour obliger un État à accorder aux héritiers nationaux de l'autre État les **exemptions, abattements, déductions et réductions d'impôt** qu'il accorde à ses propres nationaux.

Sur le principe général de non-discrimination, voir nos 80540 s.

Précisions Les grandes libertés reconnues par le **traité FUE** peuvent éventuellement être invoquées en la matière, en ce qui concerne, par exemple, le mode de détermination de la valeur des biens, les tarifs applicables ou la déduction des passifs (nos 82090 s.).

48955 Certaines conventions fiscales, comme la **convention franco-américaine**, ne contiennent **pas** de **clause** de **non-discrimination**. Cette situation est conforme à la réserve faite par les États-Unis au modèle de convention de l'OCDE (successions et donations) selon laquelle : « Les États-Unis imposant la totalité des successions de tous leurs ressortissants où qu'ils soient domiciliés au moment du décès, se réservent le droit d'accorder, pour les successions des ressortissants des États-Unis domiciliés à l'étranger, des exonérations, déductions et autres allégements qui ne sont pas accordés aux successions de personnes qui ne sont pas des ressortissants de ce pays et n'y sont pas domiciliées » (Commentaires OCDE, modèle de 1982, p. 121).

Application éventuelle de la clause incluse dans la convention « revenus »

48958 Assez souvent, le fait que la convention fiscale sur les droits de succession ne reprenne pas le principe de non-discrimination est sans conséquence, lorsqu'il existe une convention fiscale sur les revenus qui prévoit l'application du principe à **tous impôts**, même non visés par la convention (n° 80775). Tel est le cas, par exemple, de la convention franco-américaine du 31 août 1994 concernant les impôts sur les revenus et sur la fortune (article 25 § 3).

Pour un exemple d'application d'une convention fiscale relative aux droits de succession **par renvoi d'une convention relative à l'impôt sur le revenu**, voir l'arrêt de la Cour de cassation à propos de la succession d'un Marocain domicilié à Monaco, qui ne pouvait être traitée, pour ce qui concerne les héritiers, différemment de celle d'un Français domicilié à Monaco (n° 81080).

Précisions Dans le cadre **franco-américain**, l'article 12 § 4 de la convention du 24 novembre 1978, telle que modifiée par l'avenant du 8 décembre 2004, prévoit que, pour le calcul de l'impôt français dû à l'occasion d'une succession ou d'une donation effectuée par une personne qui, au moment de son décès ou de la donation, était un citoyen des États-Unis ou était domiciliée aux États-Unis, il est accordé **les mêmes abattements et crédits** que si la personne avait été domiciliée en France. En outre, pour le calcul de l'impôt français dû à l'occasion d'une succession ou d'une donation effectuée par une personne qui, au moment de son décès ou de la donation, était domiciliée en France, bénéficiant à une personne qui est un citoyen des États-Unis ou est domiciliée aux États-Unis, il est accordé les mêmes abattements et crédits que si la personne bénéficiaire avait été domiciliée en France.

Illustration jurisprudentielle

48962 Parmi les rares affaires jugées en ce domaine, on relèvera, outre la décision citée au n° 81080, celle qui concernait un défunt de nationalité **italienne** décédé le 22 juin 1999 alors qu'il était résident de **Monaco** et dont l'un des héritiers était sa **fille domiciliée** fiscalement en **France** (TGI Nice 26 septembre 2002 n° 01-4930, 3e ch., De Portu : RJF 6/03 n° 781). Le tribunal a d'abord relevé que, compte tenu de l'article 750 ter, 3° du CGI (n° 47410), les droits de succession étaient dus en France en ce qui concerne la part revenant à la résidente de France ; ensuite, que n'y faisaient obstacle ni la convention franco-monégasque du 1er avril 1950, dans la mesure où elle ne s'applique qu'aux nationaux français ou monégasques, ni la convention franco-italienne du 20 décembre 1990 dans la mesure où l'héritière n'était pas traitée différemment d'un ressortissant français se trouvant dans la même situation. Ce jugement ne va pas de soi dans la mesure notamment où la portée de la clause de non-discrimination a été appréciée à l'égard de l'héritière, en tant que redevable de l'impôt (thèse de l'administration, en l'espèce), alors qu'elle devrait l'être, à notre avis, à l'égard du défunt puisque c'est sa succession qui est imposée (voir également, par analogie, la décision du Conseil d'État dans l'affaire Biso, n° 80815).

Ce jugement a cependant été confirmé en appel par CA Aix-en-Provence 25 mars 2004 n° 02/18967, 1e ch. B (arrêt définitif), au motif que la clause de non-discrimination de la convention franco-italienne s'applique **en considération de la situation de l'héritier redevable ou « assujetti »** à l'impôt selon le droit français et que, si l'héritière avait été de nationalité française, elle aurait été soumise dans les mêmes conditions aux dispositions de l'article 750 ter, 3° du CGI puisque son père n'était pas de nationalité monégasque et que la convention franco-monégasque ne s'applique qu'aux ressortissants français ou monégasques, de sorte que l'articulation entre les deux conventions était inopérante (l'arrêt cité n° 81080 nous semble infirmer ce raisonnement).

B. Procédure amiable

Le règlement des difficultés d'application des conventions fiscales suit les **mêmes règles** que pour les **conventions** sur les **revenus** (nos 84000 s.). L'article correspondant du modèle de convention fiscale de l'OCDE (successions et donations) reprend d'ailleurs les dispositions prévues par cette organisation à l'égard des revenus et de la fortune. En pratique, les difficultés concernent le plus souvent : **48970**
- la détermination du **domicile** du défunt (ou, le cas échéant, du donateur) ;
- les questions touchant à la **répartition des dettes** ;
- les **conflits** entre législations pour savoir de quelle stipulation conventionnelle relève un bien.

En cas de difficulté, il convient de saisir, en France, le bureau de prévention et résolution des différends internationaux (SJCF-4B) de la Direction générale des finances publiques (n° 85253).

Précisions La convention **franco-allemande** du 12 octobre 2006 prévoit une procédure d'**arbitrage** (article 14). Elle précise que, si les autorités compétentes ne parviennent pas à un accord amiable dans un délai de vingt-quatre mois décompté à partir du jour de réception de la demande du ou des contribuables concernés, elles peuvent convenir de recourir à une commission d'arbitrage ; cette procédure est donc facultative et laissée à l'appréciation des États, à la différence des procédures d'arbitrage recommandées par l'OCDE pour les conventions applicables aux revenus et à la fortune (nos 85930 s.).

C. Clauses anti-abus et « droit de suite »

Certains États ont mis en place des législations spéciales leur permettant de « suivre » leurs ressortissants même domiciliés à l'étranger afin d'éviter que des personnes fortunées ne décident, à la fin de leur vie, de changer de domicile simplement pour éviter la lourdeur des droits de succession. Il en va ainsi, par exemple, de la **Suède** et des **États-Unis**. La France a également réagi en ce sens, en prenant en considération, dans certains cas, la résidence française des héritiers d'un défunt non résident (ou donateur ; n° 47410). **48990**

Dans tous les cas, cependant, ce **« droit de suite »** n'est applicable qu'en l'absence de convention fiscale ou bien, en présence d'une convention, lorsque celle-ci le prévoit expressément. De ce point de vue, le cas suédois et le cas américain sont, vis-à-vis de la France, différents.

Précisions Sur l'absence d'incidence, en la matière, du **droit de l'Union européenne**, voir CJCE 23 février 2006 aff. 513/03, 3e ch., Héritiers de M. E. A. van Hilten-van der Heijden (n° 82090).

Convention franco-suédoise

La convention du 8 juin 1994 contient un dispositif particulier à l'égard des successions des personnes qui étaient domiciliées dans un État avant de décéder en étant résidentes de l'autre État (dispositions également applicables aux donations). L'article 12 § 3 de la convention précise ainsi que « nonobstant les dispositions de l'article 9 (qui vise tous les biens, sauf les biens immobiliers ou ceux qui sont rattachés à un établissement stable, ou une base fixe, ou encore les navires et aéronefs et les meubles corporels), lorsque le défunt ou le donateur a été domicilié dans l'autre État contractant défini au paragraphe 1 durant au moins **cinq ans** au cours des **sept dernières années** précédant le moment du décès ou de la donation, selon le cas, et qu'il possédait à ce moment la **nationalité** de cet autre État mais non celle des deux États contractants, les biens visés à l'article 9 sont aussi imposables dans cet autre État selon sa législation interne mais celui-ci accorde sur cet impôt une déduction d'un montant égal à l'impôt payé sur ces biens dans le premier État contractant défini au paragraphe 1, en appliquant les dispositions du paragraphe 1 comme s'il était l'État du domicile du défunt ou du donateur. » **48995**

Autrement dit, les biens en cause sont également imposables dans l'ancien État du domicile, mais sans qu'il y ait de double imposition compte tenu du crédit d'impôt.

Précisions Cette règle est susceptible de s'appliquer **du côté français**, depuis le 1er janvier 1999, compte tenu de l'article 750 ter, 3° du CGI (n° 47410).

Convention franco-américaine

49000 La convention fiscale du 24 novembre 1978 modifiée contient des dispositions spéciales pour éviter certains abus de la part de **citoyens américains**. Ainsi, lorsqu'une personne possédait, au moment de son décès, la nationalité d'un État sans posséder celle de l'autre État et qu'en vertu du droit interne français et américain elle est considérée comme domiciliée à la fois en France et aux États-Unis, les règles normales de résolution de ce conflit de domicile (n° 47650) ne s'appliquent pas toujours.

En effet, cette personne est réputée avoir eu son domicile seulement dans **l'État** dont elle a la **nationalité**, si elle remplit les deux conditions suivantes :
– elle avait « **l'intention manifeste** » de conserver son domicile dans cet État. Le texte est à cet égard très imprécis ; il semble que cette intention doive être caractérisée par un ensemble d'indices tels que l'existence de relations sociales et familiales, le maintien d'activités dans cet État, etc. ;
– elle avait été **domiciliée** dans l'autre État (celui dont elle n'a pas la nationalité) au total moins de **cinq ans** sur la période de **sept ans** qui précède le décès.

Cette clause est à la fois précise (règle des cinq ans sur sept ans) et vague (référence à l'intention manifeste). En réalité, cette souplesse permet aux États de conserver une certaine latitude dans le traitement de ce genre d'affaires.

Comme les États-Unis retiennent la nationalité comme critère de domiciliation en droit interne, cette clause **peut jouer assez facilement** dans le cas d'un Américain domicilié en France et qui décède alors qu'il était domicilié en France depuis moins de cinq ans. Dans ce cas, si le « droit de suite » joue, la France ne peut imposer la succession comme État du domicile, car le défunt est réputé avoir eu son domicile seulement aux États-Unis. Elle ne peut imposer que les biens situés en France au sens de la convention.

Mais cette règle ne joue pas en cas de double nationalité, française et américaine. On en revient alors aux règles classiques de résolution des conflits de domicile.

Précisions Cette clause s'applique également lorsque le défunt était domicilié dans l'État qui n'est pas celui de sa nationalité pour des raisons tenant à son **activité professionnelle**. Dans ce cas, la période de domiciliation prise en compte est :
– de cinq ans sur sept ans, en cas de première affectation ;
– de sept ans sur dix ans, en cas de renouvellement de l'affectation.

49001 L'avenant franco-américain du 8 décembre 2004 a encore **élargi le droit de suite américain**, en prévoyant (article 1 § 4 de la convention) que les États-Unis peuvent imposer, conformément à leur législation, la succession d'un défunt ou la donation d'un donateur qui, au moment de son décès ou de la donation, était soit un citoyen des États-Unis, soit une personne domiciliée aux États-Unis soit, surtout, un **ancien citoyen** ou un **ancien résident** de longue durée dont la renonciation à ce statut a eu comme un de ses objets principaux celui d'échapper à l'impôt ; toutefois, ce droit n'est applicable que pendant une période de dix ans suivant une telle renonciation.

Convention franco-allemande

49002 La convention du 12 octobre 2006 prévoit un droit de suite en faveur de l'Allemagne ; elle précise, en effet, qu'une personne possédant la nationalité allemande, qui, au moment du décès ou de la donation, séjournait hors d'Allemagne depuis cinq ans au plus sans avoir de foyer d'habitation en Allemagne est considérée comme domiciliée en Allemagne au sens de la première phrase de l'article 4 (résidence) de la convention ; les situations de double résidence entre la France et l'Allemagne sont cependant traitées ensuite conformément aux principes habituels (ceux qui sont posés par l'OCDE ; n° 47650).

D. Cas des dons et legs

Principes

D'une manière générale, les donations, c'est-à-dire les transmissions de biens entre vifs, suivent le régime d'imposition des successions, transmissions de biens pour cause de mort. Les droits de donation et les droits de succession constituent en France l'ensemble des droits de mutation à titre gratuit. Le régime applicable aux donations se déduit donc de celui qui est applicable aux successions, par simple substitution du mot « donateur » au mot « défunt ». **49010**

Précisions **a.** Il a été jugé que le fait générateur des droits dus sur une **donation** de numéraire par **acte** sous seing privé **passé à l'étranger** est la rédaction de l'acte et non sa révélation (CA Rouen 23 novembre 2005 n° 04-2040, 1e ch., Pividal : Droit fiscal 2006 n° 15, comm. n° 331 ; arrêt définitif). Cette solution n'est cependant pas en ligne avec la jurisprudence de la Cour de cassation, qui avait précédemment jugé que la date à laquelle le don manuel a été réalisé est sans incidence sur l'imposition au droit de donation, dont le fait générateur est constitué soit par l'acte renfermant la déclaration de ce don par le donataire ou ses représentants, soit par la reconnaissance judiciaire du don, soit par sa révélation à l'administration (Cass. com. 10 octobre 2000 n° 97-21.591 : RJF 1/01 n° 112).

b. Le fait que des sommes appartenaient à la succession du défunt le jour de son décès peut valablement être établi par la **décision d'une juridiction étrangère** (Cass. com. 16 février 2016 n° 14-21.724 (n° 148 F-D) : RJF 6/16 n° 576, jugeant que l'administration peut se prévaloir d'une telle décision pour fonder des rappels de droits de succession mis à la charge du légataire en application de l'article 750 ter du CGI).

c. Le **service d'enregistrement des dons en ligne** est accessible aux non-résidents sous le portail impots.gouv.fr, via l'espace sécurisé particulier ou professionnel du déposant, qui doit disposer d'un identifiant pour se connecter (numéro fiscal pour les particuliers et adresse électronique pour les professionnels).

Incidences des conventions fiscales

Les solutions données par le droit interne ne sont applicables que si une convention fiscale n'y fait pas obstacle ; les conventions applicables aux droits de donation sont cependant **peu nombreuses** (il n'y en a que neuf). **49012**

Le fait que la convention fiscale couvre ou non les droits de donation est parfois clair au vu du titre de la convention (par exemple, convention applicable aux droits de succession, seulement, ou aux droits de succession et de donation) ; le titre ne fait cependant que refléter la liste des **impôts visés**. Si le texte de l'article relatif aux impôts visés est : « les impôts qui font l'objet de la présente convention sont… pour la France, les impôts perçus à cause de mort » ou « les droits de mutation par décès », les droits de donation (transmission entre vifs) ne sont pas couverts.

Ils sont, en revanche, couverts lorsqu'il est fait référence, par exemple, aux « droits d'enregistrement » en général (mais pas s'il ne s'agit que de droits de timbre, comme dans le cas du Bénin), ou encore, aux « droits de mutation à titre gratuit », ou encore aux « droits (ou aux impôts) sur les successions et sur les donations » (cas de la convention franco-américaine et de la convention franco-allemande).

Précisions D'une façon générale, les conventions fiscales relatives aux droits de donation devraient en principe n'être applicables que si la donation est **assujettie à l'impôt** dans l'autre État (n° 47645).

Cas des dons au profit d'institutions d'un autre État

En matière internationale, une question qui se pose très fréquemment concerne les dons et legs faits par un résident d'un État au profit d'institutions d'un autre État. **49015**

En droit interne français, les dons et legs peuvent être soumis à trois régimes :
– **exonération**, dans le cas de dons et legs consentis à certains établissements d'intérêt général à des fins culturelles, artistiques, charitables, scientifiques, d'éducation, d'assistance ou de bienfaisance, etc. (CGI art. 794 et 795) ;
– application du **tarif** prévu pour les mutations à titre gratuit entre **frères et sœurs** à l'égard des dons et legs faits à des établissements publics ou d'utilité publique qui ne sont pas exonérés (CGI art. 777) ;
– application du **tarif** entre **non-parents** pour les autres institutions.

Précisions En ce qui concerne la convention fiscale franco-belge, l'administration avait rappelé que toute exécution d'un **legs de biens situés en France** consenti à une personne morale dont le siège est situé hors de France est soumise à une autorisation préalable, quelle que soit la valeur du legs (transmission à titre gratuit d'un ou plusieurs biens du défunt faite par testament lors de son vivant mais qui ne prend effet qu'à son décès, par différence avec une donation qui est faite du vivant du donateur et prend effet immédiatement) ; elle avait ajouté que la clause de réciprocité incluse dans la convention permet l'octroi d'une exonération sur les droits de mutation à titre gratuit, prévue par la législation interne au profit des personnes morales françaises, aux entités belges de même nature (ancienne réponse Gérard, n° 26706 : JOAN 19 août 2008 p. 7176, non reprise au BOFiP). Le droit interne français a, depuis lors, été modifié (n° 49020).

49020 Afin de respecter le droit de l'Union européenne (n° 82110), l'article 61 de la loi n° 2014-1655 du 29 décembre 2014 de finances rectificative pour 2014 a **étendu l'exonération** de droits de mutation à titre gratuit dont bénéficient les dons et legs consentis à certains organismes d'intérêt général français à ceux effectués au profit d'organismes de même nature établis dans un État membre de l'**Union européenne ou de l'Espace économique européen** ayant conclu avec la France une convention d'assistance administrative en vue de lutter contre la fraude et l'évasion fiscales, à savoir l'Islande, le Liechtenstein et la Norvège (CGI art. 795-0 A et Ann. III art. 281 K, 281 L et 281 M ; BOI-ENR-DMTG-10-20-20 n°s 520 s.). Cette exonération, qui s'applique depuis le 31 décembre 2014, bénéficie aux dons et legs consentis aux personnes morales ou aux organismes constitués sur le fondement d'un droit étranger et qui sont de même nature que ceux mentionnés aux articles 794 et 795 du CGI.

Les personnes morales et organismes bénéficiaires doivent avoir été **préalablement agréés** dans les conditions prévues à l'article 1649 nonies du CGI (BOI-SJ-AGR-60-10 n°s 160 s.) ; l'agrément leur est accordé s'ils poursuivent des objectifs et présentent des caractéristiques similaires à ceux dont le siège est situé en France répondant aux conditions fixées aux articles 794 et 795 du CGI. Les dons et legs reçus par ces personnes morales ou ces organismes doivent être affectés à des activités similaires à celles mentionnées à ces articles. Un modèle de demande d'agrément a été publié par un arrêté du 17 avril 2015 (JO du 19 avril 2015, texte 12).

En l'absence d'agrément préalable, l'exonération n'est pas applicable, sauf lorsque le donataire ou le légataire produit, dans le délai de dépôt de la déclaration de succession ou de donation, les **pièces justificatives** attestant, d'une part, que l'organisme bénéficiaire poursuit des objectifs et présente des caractéristiques similaires aux personnes morales ou aux organismes de même nature dont le siège est situé en France et qui répondent aux conditions fixées aux articles 794 et 795 du CGI et, d'autre part, que les biens qu'il a reçus sont affectés à des activités similaires à celles mentionnées à ces articles.

En outre, les organismes étrangers exonérés de droits de mutation à titre gratuit en application de l'article 795-0 A du CGI ne sont pas assujettis au prélèvement visé à l'article 990 I du CGI (n° 48180) et ils sont considérés comme des « trusts caritatifs » pour l'application des articles 970 et 990 J du CGI (n°s 50710 et 50805, concernant les avoirs placés en trust).

En ce qui concerne les **pays tiers** (hors Union européenne et hors Islande, Liechtenstein et Norvège), l'administration estime que les exonérations de droits de mutation à titre gratuit ne sont pas applicables. Elle admet toutefois que les organismes concernés puissent en bénéficier lorsqu'il existe en la matière un régime de **réciprocité** entre la France et le pays considéré (il faut naturellement, en outre, que les organismes en cause poursuivent des objectifs et présentent des caractéristiques similaires aux personnes morales ou aux organismes de même nature dont le siège est situé en France, répondant aux conditions fixées aux articles 794 et 795 du CGI, et que les biens reçus soient affectés à des activités similaires à celles mentionnées à ces mêmes articles).

Cette réciprocité doit résulter d'une convention fiscale internationale ou d'un accord particulier (BOI-ENR-DMTG-10-20-20 n° 680) ; il avait autrefois été précisé, mais cette précision n'a pas été reprise au BOFiP, que la condition de réciprocité pouvait être regardée comme remplie si elle résultait de la législation interne des États concernés (ancienne réponse Prioux : JOAN 6 août 1966 p. 2745, à propos d'une congrégation religieuse étrangère).

La doctrine administrative rappelle que des **accords particuliers** ont été conclus entre la France et certains pays permettant aux institutions culturelles créées en France par ces

États de bénéficier de l'exonération de droits de mutation pour les dons et legs qu'elles recueillent. Dans ce cas, il faut que les organismes intéressés soient des institutions culturelles officielles qui répondent aux définitions et objectifs fixés dans les conventions culturelles conclues entre la France et les États considérés et qui ont été créées par eux directement ou par des organismes officiels agissant pour le compte de ces États (BOI préc. n° 690).

Précisions **a.** La loi n° 2009-1674 du 30 décembre 2009 de finances rectificative pour 2009 a tiré les conséquences de l'arrêt Persche de la Cour de justice (n° 82110), en étendant, pour les versements effectués depuis le 1er janvier 2010, l'application du **régime fiscal du mécénat** (réduction d'impôt) aux dons consentis au profit d'organismes étrangers agréés situés dans un État de l'**Union européenne**, en Islande, au Liechtenstein (depuis l'entrée en vigueur de la loi n° 2011-1978 du 28 décembre 2011 de finances rectificative pour 2011) ou en Norvège, s'ils présentent des caractéristiques similaires aux organismes français éligibles au dispositif. En outre, les dons ouvrant droit à la réduction d'IFI (n° 52528) sont exonérés de **droits de mutation à titre gratuit** (CGI art. 757 C).

b. Sous l'empire de la législation antérieure à la loi n° 2014-1655 du 29 décembre 2014 de finances rectificative pour 2014, la législation française était contraire au principe de **libre circulation des capitaux** (CJUE 16 juillet 2015 aff. 485/14, 6e ch., Commission c/ France : RJF 11/15 n° 973 ; voir également n° 82110).

c. À notre avis, la restriction législative aux organismes européens est discutable au regard du droit de l'Union européenne étant donné que le principe de la liberté de circulation des capitaux vaut également pour les **États tiers** ; l'existence d'une convention d'échange de renseignements serait cependant une condition admissible au regard de la jurisprudence de la Cour de justice puisque l'administration doit avoir la possibilité d'effectuer les vérifications nécessaires quant au statut de l'organisme étranger sous le droit qui le régit.

d. Les réductions d'impôt au titre du **mécénat des entreprises** (CGI art. 238 bis) sont applicables, sous certaines conditions, aux dons et versements au profit d'organismes dont le siège est situé dans l'Union européenne ou en Islande, au Liechtenstein ou en Norvège (BOI-BIC-RICI-20-30-10-10 nos 220 s.). En ce qui concerne les autres organismes sans but lucratif, il a été précisé que ceux qui exercent leur activité en France au sein d'un établissement déclaré répondant aux conditions posées par les articles 200 et 238 bis du CGI peuvent bénéficier du régime fiscal du mécénat, sous réserve que les dons qui leur sont alloués soient strictement affectés à leur **établissement français**, lequel doit faire l'objet d'une comptabilité distincte (BOI-RES-BIC-000070 du 17 février 2021).

e. Il a été jugé qu'une **fondation belge** qui a pour objet de favoriser la recherche scientifique au sein de l'université de Bruxelles en levant des fonds en Belgique et à l'étranger ne concourt pas à la diffusion de connaissances scientifiques françaises au sens de l'article 200, 1-b du CGI et ne peut pas bénéficier de l'**agrément** auquel est soumise la réduction d'impôt au titre des dons prévue par l'article 200, 4 bis du CGI (CAA Paris 5 novembre 2019 n° 18PA01642, Fondation ULB : RJF 4/20 n° 299 ; cet arrêt a fait l'objet d'un pourvoi mais la fondation s'est ensuite désistée selon ce qu'indique CE Ord. 22 juillet 2020 n° 437332, 8e ch.) ; pour la Cour, qui relève qu'un organisme d'intérêt général implanté dans un autre État membre et ayant pour objectif la diffusion des connaissances scientifiques françaises peut bénéficier d'un agrément, cette exclusion ne méconnaît pas la libre circulation des capitaux.

Diverses **conventions ou accords** prévoient l'exonération des droits de mutation au profit de collectivités publiques ou de certaines institutions (Belgique, Espagne, États-Unis, Finlande, Liban, Suède, etc.). À l'égard de la **Suisse**, il existe un accord particulier datant de 1979 applicable à la majorité des cantons (voir Décret du 18 octobre 1994 : Droit fiscal 1995, n° 4, comm. 128, pour les extensions ultérieures ; sur l'adhésion du Valais, voir Décret n° 2019-110 du 18 février 2019 au JO du 20 février 2019, texte n° 5 : BF 4/19 n° 367). **49025**

Des accords particuliers ont également été conclus avec certains États pour permettre aux institutions culturelles « officielles » de bénéficier d'exonérations. Un accord (entré en vigueur le 1er août 2021) a, par exemple, été signé le 25 février 2019 entre la France et **Monaco** afin de prévoir une exonération réciproque des droits de mutation à titre gratuit, entre vifs et par décès, des dons et legs consentis aux États parties, à leurs collectivités locales et territoriales, ou à des établissements publics d'utilité publique et des organismes à but désintéressé opérant dans les domaines culturel, cultuel, éducatif, charitable, scientifique, médical, environnemental ou artistique et implantés dans l'un des États ; cet accord présente la particularité de s'appliquer sans condition de résidence du donateur ou testateur dans l'un des deux États et d'exonérer de façon rétroactive les legs consentis par des personnes décédées depuis le 1er janvier 2012.

49030 À titre d'exemple, la stipulation qui figure à l'article 10 de la **convention franco-américaine** du 24 novembre 1978 modifiée permet l'exonération en France des libéralités consenties au profit d'une entité juridique créée ou organisée aux États-Unis si les conditions suivantes sont remplies :
– l'exonération serait admise si l'entité bénéficiaire avait été française ;
– cette entité bénéficie d'un statut d'exonération fiscale aux États-Unis ;
– elle est organisée et fonctionne exclusivement à des fins religieuses, charitables, scientifiques, littéraires, éducatives ou culturelles ;
– une part importante de ses ressources provient de contributions du public ou de fonds publics.

E. Assistance fiscale entre les États

49040 D'une manière générale, les conventions fiscales prévoient des dispositions établissant une assistance administrative entre les États. Il s'agit en principe de règles permettant un échange des **renseignements** nécessaires pour appliquer les dispositions de la convention fiscale et celles des lois internes des États relatives aux impôts qu'elle vise. Cet échange peut également concerner expressément la prévention de la fraude et de l'évasion fiscales (voir, par exemple, l'article 15 de la convention franco-américaine du 24 novembre 1978 modifiée).

49045 Les échanges de renseignements peuvent avoir lieu :
– **spontanément** : si un État a connaissance de faits qui peuvent intéresser l'autre État ;
– **sur demande** : si un État a besoin d'informations et les demande à l'autre État ;
– **d'office** : c'est-à-dire automatiquement pour toute une série d'informations routinières (bulletins de recoupement divers…).

Toutefois, il est généralement prévu que ces renseignements ne doivent **pas** être fournis s'ils révèlent un **secret** commercial, industriel, professionnel, ou un procédé commercial, ou si leur communication est contraire à l'ordre public (par exemple, article 14 § 2 c) de la convention franco-autrichienne du 26 mars 1993).

Précisions L'avenant franco-américain du 8 décembre 2004 à la convention du 24 novembre 1978 précise que tout renseignement fourni est tenu secret et ne peut être communiqué qu'aux personnes (y compris les tribunaux et les organes administratifs) concernées par l'établissement, le recouvrement (y compris le recouvrement forcé) ou les poursuites judiciaires afférents aux impôts visés par la convention.

49047 Les conventions fiscales contiennent parfois une clause **d'assistance au recouvrement** qui permet dans certaines conditions à un État de demander à un autre État de recouvrer une créance pour son propre compte.

Précisions Sur tous ces points, voir les développements des n°s 74200 et 74450 s. valables également, en règle générale, pour les droits de succession.

F. Modalités d'application des conventions fiscales

49050 Le domaine déclaratif n'est pas, en général, régi par les conventions fiscales. Du côté français, il n'existe pas non plus de formulaires bilatéraux d'application des conventions, chaque État déterminant en principe selon quelles modalités il entend appliquer la convention.

On relève toutefois que la **convention franco-britannique** du 21 juin 1963 prévoit que toute demande de réduction ou de remboursement d'impôt doit être présentée dans un délai de cinq ans à compter de la date du décès.

Commentant les modalités d'application de cette convention (BOI-INT-CVB-GBR-20-20 n°s 210 et 220), l'administration indique que les ayants droit de la succession (ou leur représentant) d'une personne ayant son domicile en France qui veulent obtenir l'imputation de l'impôt britannique sur les droits de mutation exigibles en France doivent remplir un **formulaire spécial n° 2740** en double exemplaire qu'ils peuvent se procurer auprès du service des impôts des particuliers non résidents (SIP-NR) de la Direction des non-résidents, 10 rue du centre, 93465 Noisy-le-Grand Cedex (en fait, il s'agit du formulaire d'application générale ; n° 48655).

Si la déclaration n'a pas encore été souscrite, l'attestation doit faire l'objet des mêmes annotations que les renvois de renseignements relatifs à des successions. Lors de l'enregistrement de la déclaration, le montant de l'impôt britannique qui est mentionné sur l'attestation doit être imputé sur les droits de mutation. Si les droits ont été déjà acquittés, l'attestation est considérée comme une demande en restitution et instruite en la forme habituelle.

Au cas où, postérieurement à la délivrance de l'attestation, une réduction de l'impôt britannique serait accordée, une nouvelle liquidation devrait être effectuée, sur la base des indications rectificatives fournies par l'administration britannique. Les droits complémentaires seraient réclamés immédiatement.

La **convention franco-américaine** du 24 novembre 1978 modifiée, pour laquelle aucun formulaire n'a été prévu, précise que les obligations prévues par les législations fiscales des États ne sont pas modifiées par les dispositions de la convention, en ce qui concerne l'établissement des **déclarations**, les **certificats de transmission**, etc., ainsi que la possibilité d'appliquer les sanctions prévues par ces législations (article 15). **49052**

Elle prévoit également, dans son article 13, des **délais** pour la présentation des demandes de crédit et de remboursement, sans paiement d'intérêts (en général, délai de droit interne ou cinq ans à compter du décès ou de la donation).

La plupart des conventions fiscales ne contiennent **pas de dispositions** relatives aux modalités d'application, suivant d'ailleurs en cela le modèle de convention établi par l'OCDE. Dans ce cas, le droit interne s'applique sans limitation. **49054**

CHAPITRE 18

Les trusts

Plan du chapitre	§§
SECTION 1 Le cadre juridique	49800
A Description	49800
B Validité du trust en droit français	50020
SECTION 2 Le trust et la fiscalité internationale	50300
A Définitions « fiscales » françaises	50320
B Fiscalité des revenus	50350
C Droits de mutation à titre gratuit	50480
D Impôt sur la fortune	50700
E Prélèvement spécifique sur les trusts	50800
F Obligations déclaratives	50850
SECTION 3 Les aspects internationaux de la fiducie française	50980
A Généralités	50980
B Lors de la constitution de la fiducie	51000
C Lors du déroulement de la fiducie	51020
D À la fin de la fiducie	51050

Nature

49400 Le trust est une institution originale, issue du droit anglo-saxon et, en tant que telle, inconnue en France (voir cependant nos 50980 s., en ce qui concerne certains aspects de la fiducie française). Dans son principe, il s'agit d'un **démembrement** du **droit de propriété** qui repose sur l'idée qu'un bien peut être détenu par une personne pour le bénéfice d'une autre.

Historique

49405 Certains auteurs font remonter cette institution à l'époque des **croisades**, les croisés anglais étant supposés avoir imaginé, pour protéger leur patrimoine, de le confier à un ami puissant et digne de foi, afin que celui-ci le détienne pour le compte de leurs héritiers. Ce moyen leur aurait permis de mettre leurs biens à l'abri de possibles confiscations infligées en cas de condamnation pour félonie ou trahison. D'autres auteurs remarquent que le trust pouvait être utilisé par des **communautés religieuses** ayant fait vœu de pauvreté, car il leur permettait de concilier ce vœu avec la nécessité d'accepter les dons afin de subvenir aux besoins de leur ordre.

Quoi qu'il en soit, au cours des deux siècles qui suivirent le Wills Act de 1540, qui permit pour la première fois la rédaction d'un testament légal, les principaux éléments constitutifs des trusts se sont dégagés grâce à une jurisprudence rendue « en équité » par les tribunaux anglais (Court of Chancery).

Règle de « l'équité »

49410 Traditionnellement, la justice anglaise est rendue non seulement en vertu de la « Common Law », mais aussi conformément à l'« Equity ». Selon la « Common Law », la personne à qui un bien est transféré en devient propriétaire et peut en user comme il lui plaît ; mais selon l'« Equity », elle ne peut disposer de ce bien qu'en respectant les conditions dans lesquelles elle l'a « acquis » (à titre fiduciaire, en distinguant la propriété légale et la propriété fiduciaire), c'est-à-dire conformément à l'acte de trust. Le bénéficiaire a donc une garantie « en équité », en cas de détournement des biens ou revenus qui doivent lui revenir, conformément à la volonté du fondateur.

Applications pratiques

49415 Aujourd'hui, le trust est fréquemment utilisé, dans les pays qui reconnaissent cette institution, comme **instrument de gestion patrimoniale**, ou bien comme **organisme de placement** (« Unit trusts ») ou mécanisme de **garantie** et de sûreté.

De **nombreux pays** l'ont adopté, essentiellement dans le monde **anglo-saxon** (Royaume-Uni, bien sûr, mais aussi États-Unis, Canada, etc.), ainsi que d'autres pays de **tradition civile**, notamment la France, depuis une loi du 19 février 2007 (même si la fiducie n'est pas, à proprement parler, un trust). Le Liechtenstein a modifié sa législation pour permettre la constitution de trusts ; le Luxembourg a ratifié, en 2003, la convention de La Haye du 1er juillet 1985 relative à la loi applicable au trust et à sa reconnaissance (n° 49807) ; les Pays-Bas et la Belgique ont adopté une formule voisine. Actuellement, c'est surtout en raison des excès auxquels il peut conduire en permettant d'occulter les bénéficiaires réels et en facilitant la fraude ou l'évasion fiscales internationales que le trust est stigmatisé par nombre d'administrations fiscales nationales à la recherche de transparence aux fins de leur propre contrôle fiscal.

Difficulté de traitement

Comme le trust n'est **pas**, en tant que tel, **connu en droit français**, même s'il y a désormais la fiducie, l'existence d'un trust mettant en jeu des résidents de France ou des biens français pose des problèmes particuliers. **49420**

L'appréhension des trusts en fiscalité française a cependant été clarifiée par l'article 14 de la loi n° 2011-900 du 29 juillet 2011 de finances rectificative pour 2011, prise dans le cadre de la réforme de la fiscalité du patrimoine. Cette loi a créé des **règles fiscales entièrement nouvelles** dans la double perspective :
- d'une part, de remédier à l'« insécurité juridique » qui résulte de la « singularité des concepts » (termes employés par l'exposé des motifs du projet de loi, qui ajoutait que la jurisprudence reconnaît la validité de trusts constitués à l'étranger, mais qu'il n'est « pas toujours possible de qualifier les relations juridiques caractéristiques du trust au regard des catégories juridiques de droit interne pour en déduire la fiscalité applicable »),
- et, d'autre part et surtout, d'éviter que les trusts soient utilisés à des fins d'**évasion fiscale**.

À cette fin, le législateur a instauré un dispositif spécial, créant des faits générateurs d'imposition sans lien avec la réalité proprement juridique des mécanismes sur lesquels reposent les trusts étrangers.

Précisions **a.** Les principes posés par la loi sur la **fiducie** (nos 50980 s.) ne sont pas directement transposables aux trusts ; la jurisprudence peut cependant parfois rechercher une certaine assimilation (n° 50320, Précisions d).

b. La cour de l'AELE a jugé, à propos d'un trust du Liechtenstein constitué au bénéfice d'une famille norvégienne, que les trusts et leurs membres (constituants, trustees et bénéficiaires) sont dans le champ d'application de la **liberté d'établissement**, dès lors qu'ils poursuivent une activité économique de manière permanente au moyen d'un établissement stable et qu'à défaut, ils bénéficient de la **libre circulation des capitaux** (Cour AELE 9 juillet 2014, aff. jointes E-3/13 et E-20/13, Fred. Olsen et autres ; voir également n° 50380 Précisions b).

c. La Cour de justice a appliqué les principes généraux relatifs à l'**exit tax** (n° 81695) à une législation imposant les plus-values latentes lors du transfert du lieu de résidence fiscale des trustees vers un autre État membre (CJUE 14 septembre 2017 aff. 646/15, 1e ch., Trustees of the P Panayi Accumulation & Maintenance Settlements : RJF 12/17 n° 1260, concernant un ressortissant chypriote qui avait créé quatre trusts alors qu'il était résident britannique et qui avait remplacé les trustees, devenus majoritairement non-résidents britanniques, lorsqu'il était retourné à Chypre). En l'espèce, la **liberté d'établissement** a été considérée comme applicable car le trust a été regardé comme une « autre personne morale » et les trustees comme un ensemble de personnes unique et continu, distinct des personnes qui peuvent être les trustees au fil du temps ; il fallait donc prévoir le recouvrement différé de l'impôt dû en application de la jurisprudence générale relative à l'exit tax.

SECTION 1

Le cadre juridique

A. Description

Notion

49800 Le trust désigne la situation qui résulte d'un acte par lequel une personne, dénommée **« constituant »** (settlor) confie un bien quelconque à une autre personne dénommée **« trustee »** à charge pour celle-ci de le gérer et d'en faire bénéficier une troisième, le « cestui que trust » **(bénéficiaire)**, avant de le remettre à une quatrième, **l'attributaire** en capital (il peut y avoir mélange de ces différentes qualités).

Comme son nom l'indique, le trust est fondé sur la **confiance** (le mot « trust » signifie « confiance » en anglais). N'importe quel bien est susceptible d'être mis en trust, pourvu qu'il soit identifiable avec certitude : bien immobilier, bien mobilier, somme d'argent, valeur mobilière, etc.

Mécanisme juridique

49807 Il s'agit d'un **démembrement de la propriété** ; le trust, en tant que tel, n'a pas normalement la personnalité morale (à la différence, par exemple, d'une fondation du Liechtenstein). Contrairement à une fiducie (n°s 50980 s.), c'est une **institution** et non pas un **contrat** (aux fins de la taxe patrimoniale de 3 %, cependant, le trust a été regardé comme une **entité juridique** ; n° 68305).

Le mécanisme du trust a fait l'objet d'une convention internationale, la **convention de La Haye** du 1er juillet 1985 sur la loi applicable au trust et à sa reconnaissance. Cette convention a été signée par la France mais elle n'a pas été ratifiée et elle n'est donc pas applicable dans notre pays ; il avait été précisé en mai 2016 que la question de sa **ratification** « fera l'objet d'une analyse précise dans les mois qui viennent », la préoccupation du ministre de la justice étant d'éviter qu'une ratification n'aboutisse « à une reconnaissance sans réserve, en France, de trusts de droit étranger qui ne seraient pas soumis aux mêmes règles - notamment de transparence, de lutte contre la fraude, l'évasion fiscale et le blanchiment - que celles imposées à la fiducie de droit français » (réponse Grosdidier, n° 16451 : JO Sénat, 5 mai 2016 p. 1905). L'analyse a sans doute été négative car la convention n'a toujours pas été ratifiée.

Précisions **a.** L'administration décrit brièvement le mécanisme du trust au BOI-DJC-TRUST n° 1.

b. Certaines législations donnent la **personnalité morale** aux trusts, par exemple en Nouvelle-Zélande ou en Écosse.

1. Les différents intervenants

49860 Le trust met en relation trois ou quatre personnes normalement distinctes. Il peut cependant y en avoir davantage, s'il y a plusieurs bénéficiaires, ou moins si, par exemple, le constituant est en même temps le bénéficiaire. On parle parfois de « **trilogie** » (settlor, trustee, beneficiary).

a. Le constituant (settlor)

49880 C'est le créateur du trust, c'est-à-dire celui qui décide de remettre son bien, ou ses biens, à un trustee. Lorsqu'il a mis ses biens en trust, le constituant n'en est juridiquement **plus propriétaire** (le plus souvent, il émet cependant une « Letter of Wishes » ; n° 49975). Ces biens sont donc en principe soustraits à l'action de ses créanciers personnels, sous la surveillance du juge ; celui-ci statue en équité afin d'éviter qu'il soit fait du trust une utilisation abusive. Historiquement d'ailleurs, le législateur est parfois intervenu, dans les pays qui connaissent le trust, pour éviter que des personnes ne se soustraient au paiement de droits en utilisant le trust.

b. Le trustee

Il s'agit de la personne à qui le bien est remis. Cette personne, qui est appelée « administrateur » du trust dans le Code général des impôts, est donc le **propriétaire légal du bien**, au sens de la Common Law (il a la « legal ownership »). Toutefois, son droit de propriété est limité par la propriété de « jouissance » dont dispose le bénéficiaire (opposition entre la « **beneficial ownership** » et la « **legal ownership** ») et par les stipulations de l'acte constitutif du trust (acte qu'il a généralement cosigné avec le settlor, et qui constitue la charte du trust, le « **trust deed** »). **49900**

Le mode juridique de transfert des biens au trust est variable selon les législations et les circonstances ; pour ce qui concerne les trusts entre vifs, il s'agit généralement d'un acte de donation (« deed of gift ») ou d'un ajout au trust (« deed of addition »).

Pour le Conseil d'État, le trustee (« administrateur du trust », selon la terminologie fiscale française) peut, le cas échéant, être regardé comme **détenteur des biens ou droits** ; ainsi, une société française dont les actions étaient détenues par une personne physique agissant en tant que trustee d'un trust américain a pu bénéficier de l'exonération de la contribution sociale sur les bénéfices prévue par l'article 235 ter ZC du CGI au titre des exercices clos en 2008, 2009 et 2010 ; la condition tenant à ce que son capital soit détenu à au moins 75 % par des personnes physiques ou par des personnes morales respectant cette condition a, en effet, été considérée comme remplie étant donné les droits dont disposait le trustee, personne physique, dans l'intérêt des bénéficiaires, également personnes physiques, en vertu des stipulations de l'acte constitutif du trust (CE 20 mars 2020 n° 410930, 9e et 10e ch., Sté Ponthieu Rabelais : RJF 6/20 n° 532). Le Conseil d'État relève notamment qu'en l'espèce le trustee détenait, « en sa qualité de trustee », le patrimoine du trust, le gérait, investissait et réinvestissait les revenus et affectait le revenu net et le capital correspondant, participait aux assemblées générales de la société française, y exerçait son droit de vote et disposait d'un pouvoir discrétionnaire pour payer les dividendes aux bénéficiaires du trust ou les mettre en réserve (compte tenu de la rédaction de la décision, il nous semble que le Conseil d'État a considéré que le trustee était actionnaire en tant que tel et n'a pas suivi les conclusions du rapporteur public qui proposait d'admettre la même solution sans trancher vraiment la question, mais cette décision est peut-être une décision d'espèce tenant au contexte d'une détention exclusivement par des personnes physiques). Cette décision a annulé l'arrêt d'appel qui avait jugé au contraire que les **pouvoirs attachés à la qualité d'associé** n'étaient exercés ni par le trustee ni par les bénéficiaires du trust mais par le trust lui-même et que la condition de détention n'était pas remplie puisque le trust n'est ni une personne physique ni une société dont le capital est détenu, pour 75 % au moins, par des personnes physiques (CAA Paris 28 mars 2017 n° 15PA03334, Sté Ponthieu Rabelais : RJF 12/17 n° 1186). Pour le Conseil d'État, la Cour s'était méprise car le trust n'est qu'un ensemble de relations juridiques **dépourvu**, en l'espèce, de la **personnalité juridique** et ne peut donc pas être détenteur des actions (quoiqu'il s'agisse d'années antérieures, le Conseil d'État a retenu la définition donnée par la loi du 29 juillet 2011 ; voir également n° 50320). Ce qui n'empêche pourtant pas qu'un trust puisse être considéré comme une **entité juridique** pour l'application de la taxe patrimoniale de 3 % (n° 68305), signe que la jurisprudence est à géométrie variable lorsqu'il s'agit d'analyser les trusts étrangers.

Précisions Dans les **trusts « déclaratifs »**, seul le trustee apparaît car il déclare seul qu'il a reçu des biens ou droits « en trust » (le constituant n'apparaît pas dans l'acte de trust bien qu'il existe nécessairement puisqu'il n'y a de « trust » que si une personne a placé des biens ou droits en trust).

Rôle du trustee

Les biens mis en trust sont **distincts du patrimoine personnel du trustee** ; ils sont donc soustraits à l'action de ses propres créanciers, et ne font pas partie de sa succession, s'il s'agit d'une personne physique (là encore, sous la surveillance du juge de l'équité). **49902**

Le trustee a normalement les pouvoirs les plus étendus de **gestion des biens**. Il doit prendre toutes les dispositions nécessaires à la conservation du bien – y compris aliéner un bien, mais à charge d'en conserver le prix et d'en effectuer le remploi – et disposer du capital et des revenus qu'il produit conformément aux dispositions de l'acte constitutif. Il peut d'ailleurs être révoqué judiciairement lorsqu'il a contrevenu aux dispositions du trust (« **breach of trust** »).

Le trustee doit toujours **remplir ses devoirs**. Il a la faculté d'utiliser ou non ses pouvoirs, mais il doit toujours examiner l'opportunité de les exercer ou non. S'il exerce ses pouvoirs, il doit le faire en « **homme d'affaires raisonnable** » (« reasonable man of business »). Il est, en effet, dans une situation d'homme de confiance qui ne devrait pas, en principe, être rémunéré. Cela dit, le trustee, surtout lorsqu'il s'agit d'une personne morale, ce qui est presque toujours le cas de nos jours, peut être rémunéré si l'acte constitutif le prévoit, ou, le cas échéant, si les tribunaux estiment qu'il est juste qu'il le soit.

49904 Vis-à-vis des bénéficiaires, le trustee est **chargé de gérer**, d'exploiter le trust et ne doit pas en tirer un profit personnel, en dehors de sa juste rémunération. Il lui est interdit de se placer dans une situation où son intérêt et son devoir pourraient s'opposer. Il a normalement une mission d'**information** à l'égard des bénéficiaires, en particulier lorsqu'il s'agit d'un trust utilisé en matière commerciale ou financière (pour l'émission de valeurs mobilières, pour la représentation collective d'obligataires, etc.).

L'« equity » est sévère en cas de perte subie par le trust à la suite d'une contravention au trust ; le bénéficiaire peut poursuivre le trustee pour obtenir réparation d'une telle perte.

Protector

49906 Il arrive souvent que l'acte de trust prévoie l'institution d'un protector, afin de contrôler davantage la gestion du trustee. En principe, le protector ne s'immisce pas dans la gestion quotidienne du trust, mais dispose du pouvoir de **nommer ou révoquer le trustee**. Il peut être prévu lorsque le settlor n'est pas familier avec l'institution du trust ou lorsqu'il ne connaît pas suffisamment le trustee. Il arrive aussi que le constituant et/ou les bénéficiaires retrouvent un contrôle indirect du trust s'ils contrôlent le protector, directement ou indirectement.

Précisions Si le protector peut révoquer le trustee et si le protector est **contrôlé par le constituant** (par exemple, s'il s'agit d'une société contrôlée par le constituant), le constituant contrôle en réalité le trust, et ce dernier peut n'être qu'en apparence irrévocable et discrétionnaire.

c. Le bénéficiaire des revenus (« cestui que trust »)

49920 Il s'agit de la personne qui **bénéficie** des **revenus** versés par le trustee dans les conditions fixées par l'acte constitutif du trust. Il peut évidemment y avoir plusieurs cestuis et, dans le cas de trust intervivos (entre vifs), le settlor peut également être cestui.

Le bénéficiaire a la « **beneficial ownership** » **(propriété de jouissance)**, mais non la propriété légale des biens ou droits qui constituent le « corpus » du trust (ou le « trust fund »). Le bénéficiaire est normalement une personne, physique ou morale, qui peut d'ailleurs se plaindre en justice de la mauvaise administration du trustee. Mais il est cependant possible de constituer des trusts en vue d'accomplir certains objectifs et non pas de gratifier une personne ; la jurisprudence l'admet, par exemple, lorsqu'il s'agit de soutenir une cause charitable (les « **charitable trusts** » bénéficient souvent d'importants privilèges fiscaux).

Le « cestui que trust » est ainsi **gratifié d'un avantage**, viager ou temporaire, consistant en l'attribution d'une rente ou d'un montant fixe ou variable ou de tout ou partie des revenus et produits des biens mis en trust que doit (ou « peut », s'il s'agit d'un trust discrétionnaire) lui servir le trustee. S'il y a plusieurs cestuis, ceux-ci peuvent être servis soit simultanément, soit successivement, dans un ordre fixé par l'acte de trust.

d. Le bénéficiaire en capital

49940 Il s'agit de la personne à qui le bien doit être remis par le trustee **à l'expiration du trust**, c'est-à-dire normalement au décès du dernier cestui que trust ou au terme fixé par le settlor (le trust ne peut excéder une certaine durée, qui dépend du droit applicable). Il peut, bien entendu, y avoir plusieurs bénéficiaires en capital.

Ceux-ci reçoivent la pleine propriété du bien. Ainsi, la propriété est transférée du settlor au bénéficiaire final, à l'expiration du trust, **sans être passée par d'autres mains**, ce qui constitue l'originalité de ce mécanisme juridique.

Précisions Il arrive souvent que les qualités des **différents intervenants** soient mélangées et que, par exemple, le bénéficiaire des revenus et l'attributaire en capital soient une seule et même personne (de même, pour certains trusts, le constituant peut être trustee et, pour d'autres, le trustee en même temps bénéficiaire...) ; les distinctions qui précèdent ont pour objet de clarifier la situation mais ne recouvrent pas une norme absolue.

2. Les différents types de trusts

Les principes qui viennent d'être évoqués sont à peu près communs à tous les types de trusts et à toutes les législations qui connaissent le trust. Il existe cependant diverses variétés de trusts, en fonction des caractéristiques suivantes. **49970**

Trusts intervivos et trusts testamentaires

Si le trust est constitué du vivant du settlor, il s'agit d'un trust intervivos ; dans la négative, il s'agit d'un trust testamentaire. Le trust intervivos est le plus courant, principalement dans le cadre de la **gestion des fortunes privées**. Le trust testamentaire est utilisé lorsqu'une personne veut régler sa succession en détail pour plusieurs générations (en principe, deux). Le trust intervivos prend fin à la date de la réalisation des conditions suspensives prévues par le constituant dans l'acte de trust. Le bénéficiaire appréhende alors les biens mis en trust, qui lui sont remis par le trustee. Mais le bénéficiaire tient ses droits du constituant et non pas du trustee. **49972**

Trusts révocables et trusts irrévocables

Si le trust est définitif, il est dit irrévocable et, dans la négative, révocable (cas des trusts intervivos). Les critères de révocabilité et d'irrévocabilité sont déterminés par la loi sous laquelle le trust a été constitué. Les trusts révocables ne sont pas vraiment des trusts ; il en va ainsi, par exemple, des **« grantor trusts »** américains, dans lesquels le constituant est considéré comme étant toujours le propriétaire des actifs pour l'application des règles fiscales américaines et qui sont révocables tant que le « grantor » est en vie. Le pouvoir de révocation des trusts, lorsqu'il est prévu, appartient au settlor (grantor). **49973**

Trusts simples et trusts complexes (ou discrétionnaires)

Les trusts simples sont ceux dans lesquels les revenus produits par les biens mis en trust doivent être distribués au fur et à mesure de leur réalisation. Dans les trusts complexes, ou discrétionnaires, le trustee a, au contraire, la faculté d'**accumuler** les revenus, conformément à l'acte de trust ; il peut s'agir également de trusts dans lesquels tout ou partie des biens mis en trust sont distribués concurremment avec les revenus. La perception des revenus par le bénéficiaire dépend, dans cette situation, de la politique de distribution du trustee. **49975**

Lorsqu'un constituant crée un trust discrétionnaire, il émet également, le plus souvent, une « **Letter of Wishes** », qui lui permet de faire état de ses souhaits au trustee ; il peut ainsi lui demander, par exemple, de lui verser un revenu, en cas de besoin. Le trustee, qui doit alors prendre ce souhait en considération, y donne généralement suite, sauf situation exceptionnelle. De cette façon, le constituant et/ou le bénéficiaire peuvent, dans les faits, conserver un certain contrôle sur le sort des biens mis en trust, réduisant la portée, en fait sinon en droit, du caractère réellement discrétionnaire du trust ; il en va de même si le constituant contrôle indirectement le trustee parce qu'il contrôle le protector, si, par exemple, ce dernier est une société détenue ou contrôlée par le constituant.

Grande variété de trusts

Outre les catégories précédentes, il existe d'autres variétés de trusts, tels que les « express trusts » et « implied trusts » (« explicites et implicites ») et, parmi les « implied trusts », les « resulting trusts » et les « constructive trusts » (trusts par interprétation de la loi ou trusts par détermination de la loi). La pratique juridique française n'a quasiment jamais à connaître des « implied trusts ». Elle a en revanche à connaître des « **express trusts** » (lorsque l'intention de créer un trust a été clairement exprimée par le constituant), parmi lesquels on distingue encore diverses catégories soumises à des régimes juridiques particuliers, comme les « **charitable trusts** » (« charities ») qui bénéficient à la société dans son **49980** ensemble, ou les « private trusts » (pour le bénéfice d'une seule personne ou d'une catégorie de personnes).

Parmi ces différents types de trusts, le plus répandu actuellement est sans doute le **trust intervivos irrévocable**, simple ou discrétionnaire, et ne comportant que des biens étrangers ; les trustees sont, en effet, presque toujours des sociétés étrangères, en général des filiales de banques, qui n'aiment pas l'incertitude et ne veulent généralement pas gérer des biens français (mais les bénéficiaires ou même les constituants peuvent être des résidents de France, ou l'être devenus après avoir constitué des trusts alors qu'ils étaient non résidents).

3. Les utilisations possibles du trust

49990 Le trust peut correspondre à divers besoins d'ordre patrimonial et privé ou bien liés à la vie des affaires ; en pratique, il répond le plus souvent aux finalités suivantes.

Utilisations d'ordre privé

49992 Le trust joue traditionnellement un rôle important dans la gestion juridique et fiscale de la transmission des patrimoines privés (« **estate planning** »). Il permet de structurer et d'organiser convenablement avant terme la succession des personnes et d'éviter la division du patrimoine. Le trust est aussi utilisé à des **fins caritatives** (il est souvent plus souple que le régime français des fondations, par exemple). Enfin, il est utilisé à des fins de protection, par exemple en présence d'enfants mineurs, incapables ou handicapés, en permettant d'éviter la transmission non contrôlée du patrimoine.

Utilisations dans la vie des affaires

49996 Le trust peut être utilisé à des fins d'investissement. Il s'agit alors des **« investment trusts »** qui s'apparentent en fait à nos fonds communs de placement (FCP ; n°s 64920 s.). L'investisseur confie son patrimoine à un trustee, ce qui lui procure des garanties que ne lui offrirait pas nécessairement une banque, compte tenu des responsabilités qui incombent au trustee en vertu de la loi et de la jurisprudence.

Un autre exemple courant est l'utilisation d'un trust pour l'organisation de **garanties** (« security trust ») ou pour une **émission obligataire** ; selon le schéma classique, un trust est constitué au moment de l'émission d'un emprunt, les bénéficiaires en étant les souscripteurs. L'émetteur de l'emprunt transfère au trustee, pour le bénéfice des souscripteurs, le titre de propriété des biens ou le **bénéfice des sûretés** qui garantissent l'emprunt. Le trustee veille au bon déroulement des opérations et met en jeu les garanties au bénéfice des souscripteurs en cas de difficultés de nature à compromettre le remboursement de l'emprunt. Le trustee est d'ailleurs souvent l'intermédiaire qui assure les règlements liés à l'emprunt et, notamment, le remboursement du principal et le paiement des intérêts.

Enfin, le trust peut parfois être utilisé dans le cadre des groupes, car cela permet souvent d'assurer la **confidentialité** de certaines opérations (détention d'actions par un trust pour assurer l'anonymat, etc.), ce qui pose divers problèmes de transparence de l'information financière ou, éventuellement, de fraude ou d'évasion fiscales et de **blanchiment**.

B. Validité du trust en droit français

50020 Le trust est, pour le moment, ignoré du droit français, même s'il existe la fiducie (n°s 50980 s.) ; cela ne veut pas dire qu'il ne puisse, lorsqu'il est constitué à l'étranger, produire d'effets en France. Pour préciser la portée de ses effets possibles, on examinera en quoi le trust se distingue de formules juridiques voisines existant en droit français avant de voir à quelles conditions un trust peut être reconnu en France.

1. Distinction du trust et des formules juridiques voisines connues en droit français

50080 La jurisprudence civile française a parfois tenté d'assimiler le trust à des institutions connues en droit français. Cette assimilation est toutefois impossible, sauf à méconnaître ce qui fait l'originalité du mécanisme du trust.

a. Situation du trustee

Au décès du constituant, le trustee n'est pas un **« exécuteur testamentaire »**. Cette assimilation, qui a pu être faite un temps par les tribunaux, n'est pas possible dès lors que les pouvoirs du trustee sont bien supérieurs à ceux d'un exécuteur testamentaire ; celui-ci n'a en effet que des pouvoirs limités (par exemple, il n'a pas, sauf exception, la saisine). Le trustee est le « propriétaire légal » des biens qui lui sont confiés (n° 49900), alors que l'exécuteur testamentaire a pour mission de veiller au respect des dernières volontés du testateur. **50100**

Il n'est pas non plus un **« légataire universel »**, car il ne saurait être considéré comme le continuateur du défunt.

Enfin, il ne peut être légalement regardé comme un **mandataire**, dès lors qu'il est le « propriétaire légal » des biens. Au surplus, il ne saurait y avoir mandat qu'entre le bénéficiaire et le trustee, puisque le trustee ne gère les biens que pour en remettre les revenus (et ultérieurement le capital) au bénéficiaire. Or, le bénéficiaire n'est pas signataire de l'acte de trust (sauf, éventuellement, s'il est en même temps le constituant). L'assimilation à un mandat peut cependant être quelquefois envisagée si le bénéficiaire a effectivement le droit de révoquer le trustee (n° 50710). On pourrait alors parler de **mandat « implicite »**, mais cette qualification se heurterait au fait que le bénéficiaire n'est pas propriétaire des biens et que le trustee en a, lui, la propriété « légale ». Enfin, le trust n'est pas, à proprement parler, un contrat, mais plutôt le produit de la rencontre de deux volontés unilatérales (celles du trustee et du constituant, sachant que de nombreux trusts ne résultent formellement que de la seule déclaration du trustee). Voir cependant l'arrêt de Ganay, n° 50190.

b. Trust et usufruit

La tentation existe d'assimiler le trust à une sorte d'usufruit, le bénéficiaire étant assimilé à un usufruitier des biens mis en trust. Il est toutefois certain que le bénéficiaire n'est pas dans la position d'un véritable usufruitier ; sa situation est, en fait, **moins avantageuse** que celle d'un usufruitier dès lors qu'il n'a **aucun droit réel** sur les biens et qu'il n'en jouit pas directement (il bénéficie seulement des revenus, en principe, à la discrétion du trustee dans les trusts discrétionnaires). En outre, un usufruitier a la charge de conserver la « substance » du bien, ce qui, dans le cas d'un bien mis en trust, incombe au trustee et non au bénéficiaire. **50120**

c. Trust et donation

Problématique

La mise en trust d'un bien devrait vraisemblablement être regardée, au moins aux fins de la fiscalité française, comme une **donation**, au moins en présence d'un trust irrévocable, car le settlor se dépossède alors irrévocablement des biens considérés. L'assimilation n'est cependant **pas évidente** car, en droit français, si la donation entre vifs est un acte par lequel le donateur se dépossède actuellement et irrévocablement de la chose donnée en faveur du donataire, il faut encore que celui-ci accepte la donation (selon l'article 932 du Code civil, une donation devient parfaite par son acceptation expresse par le donataire). Or, le donataire ne peut être le trustee, car ce n'est pas lui qui est gratifié ; ce doit donc être le **bénéficiaire en capital**, mais celui-ci n'a, à aucun moment, accepté la donation, puisqu'il n'est pas signataire de l'acte de trust. **50140**

La jurisprudence (n°s 50145 et 50535) tend cependant à assimiler la mise en trust d'un bien à une donation au bénéficiaire, mais à la date de la cessation du trust, ou éventuellement en cours de vie du trust, lorsque le bénéficiaire, recevant effectivement le bien, est réputé l'accepter. La constitution d'un trust intervivos peut donc souvent être assimilée à une donation affectée par une condition suspensive de temps.

Donation indirecte

La jurisprudence regarde de plus en plus fréquemment, pour l'application des droits de mutation à titre gratuit, la constitution d'un trust comme une donation qui prend effet **au décès du constituant** : « Attendu cependant, que la cour d'appel avait constaté que, lors de la constitution du trust le 11 mai 1953, Marie-Louise Larue s'était dépouillée d'un **50145** capital pour en percevoir les revenus sa vie durant, tout en chargeant le trustee de le remettre, au jour de sa mort, aux bénéficiaires désignés par elle à cette date ; que cette opération, dont, comme le relève la cour d'appel, les parties ne contestaient, ni la régularité au regard du droit américain, ni qu'elle était dictée par une **intention libérale** en faveur des bénéficiaires, a réalisé une donation indirecte qui, ayant reçu effet au moment du décès de la donatrice par la réunion de tous ses éléments, a donc pris date à ce jour » (Cass. 1e civ. 20-2-1996 no 423 P, Ziesenıss : JCP éd. G no 22 p. 233).

Cette analyse, en termes de donation indirecte, a été confirmée à plusieurs reprises par la Cour de cassation, que ce soit en cours de vie du trust ou lors de la remise des biens aux bénéficiaires au décès du constituant (no 50535).

2. La reconnaissance en France des effets d'un trust étranger

50170 La validité du trust paraît admise par la jurisprudence sous certaines conditions.

a. L'application du principe de l'autonomie de la volonté

50190 En l'état actuel du droit, il est impossible de créer un trust sous droit français, car le trust représente un démembrement de propriété inconnu de notre droit (il est cependant possible de créer des fiducies ; nos 50980 s.). Pour autant, la jurisprudence a progressivement admis qu'**un trust constitué à l'étranger puisse être valide**.

En effet, il existe en matière de contrats internationaux un principe de « l'autonomie de la volonté », qui permet aux parties de soumettre leur acte à une loi connaissant le mécanisme du trust. C'est ainsi, d'ailleurs, que la **convention de La Haye** (no 49807) prévoit que le trust est soumis, à titre principal, à la loi choisie par le constituant. Mais l'application de la loi d'autonomie suppose a priori que le trust soit assimilé à un contrat, comme l'a fait la cour d'appel de Paris dans l'arrêt Courtois et autres c/ Consorts de Ganay du 10 janvier 1970 : le trust a été qualifié de « **contrat synallagmatique** faisant naître des obligations respectives entre les parties et éventuellement des droits au profit des tiers » (le trust relevait donc, en l'espèce, de la loi américaine à laquelle les parties s'étaient soumises).

50195 En fait, le trust est désormais bien **admis par la jurisprudence civile**, sans que celle-ci cherche à l'assimiler à un instrument juridique unique de droit français. Le tribunal de Bayonne (28 avril 1975, JCP 1975, II. 18168, note RB) avait, en ce sens, déjà noté l'originalité du mécanisme, en relevant que « le trust est une **institution originale** du droit anglais ; que le trustee est plus qu'un administrateur ou un mandataire ; qu'il doit être considéré comme ayant à un certain moment la propriété des biens héréditaires et que les bénéficiaires du trust n'ont aucun droit et n'ont dans les biens objets du trust que des intérêts garantis par l'équité ; que le trust est un **démembrement** de la **propriété**, certains attributs de celle-ci appartenant au trustee, d'autres au cestui que trust… ; que le trustee est un propriétaire dont les prérogatives sont limitées par l'acte de constitution du trust et par les règles d'équité… ».

La jurisprudence actuelle, pour traiter les questions fiscales qui se multiplient à l'occasion d'affaires particulières, ne cherche pas une assimilation de principe mais s'intéresse à la question posée et la résout par transposition, **en fonction des textes applicables** ; les effets des trusts sont ainsi analysés de façon empirique : les trusts peuvent être, ou non, considérés comme des entités juridiques (no 68305, en ce qui concerne la taxe patrimoniale de 3 % ; no 49900, pour l'application de certaines règles relatives à l'impôt sur les sociétés), comme des mandats (no 50710, Précisions b, en ce qui concerne l'ancien ISF) ou comme ayant les effets d'une transmission à titre gratuit (no 50535).

b. Les conditions de la reconnaissance du trust

50210 Si l'on admet que le trust puisse produire des effets en France, sa validité suppose toutefois qu'il satisfasse aux deux séries de conditions suivantes :

– il doit être constitué, dans le pays où il a été créé, **conformément aux lois en vigueur** dans ce pays ; à cet égard, le trust ne doit pas, en principe, frustrer les créanciers, avoir pour objet de créer un monopole de fait (au regard de la législation américaine antitrust, par exemple), ne pas servir à fausser le jeu normal des votes dans les sociétés anonymes, ne pas violer les règles contre les « perpétuités » (problème de durée de vie du trust), etc. ;

– il ne doit pas heurter **l'ordre public français** ; l'acte de trust établi à l'étranger ne peut produire d'effets en France que s'il ne porte pas atteinte :
• aux clauses d'inaliénabilité, en particulier lorsqu'il existe des biens situés en France et relevant de la loi française ;
• à l'existence d'une substitution (libéralité graduelle) prohibée ;
• à la **réserve héréditaire** (limitation des pouvoirs de disposer de ses biens, variable selon la qualité des héritiers légaux) ;
• aux règles relatives aux libéralités au profit de personnes futures.

Sous ces réserves, le trust peut être reconnu comme valide en France, étant observé que si de nombreux trusts poursuivent des objectifs de fraude ou d'évasion fiscale, l'utilisation d'un trust ne relève pas systématiquement de la **fraude fiscale**. Pour un exemple d'abus de droit passant notamment par la constitution d'un trust, voir cependant n° 72640 j, et, dans une affaire de fraude fiscale, voir n° 50480.

Précisions Si la loi applicable est étrangère, elle ne doit pas nécessairement être écartée au motif qu'elle ne respecterait pas les principes français relatifs à la **réserve héréditaire** ; en ce sens, il a été jugé qu'une loi successorale étrangère qui ignore la réserve héréditaire n'est pas, en elle-même, contraire à l'ordre public international français et ne peut être écartée que si son application concrète, au cas d'espèce, conduit à une situation incompatible avec les principes essentiels du droit français (Cass. 1e civ. 27 septembre 2017 n° 16-17.198 FS-PBRI ; Cass. 1e civ. 27 septembre 2017 n° 16-13.151 FS-PBRI). Ces arrêts, qui jugent qu'il n'y avait pas lieu d'écarter, en l'espèce, la loi californienne ont été rendus à propos de la succession de personnes qui avaient organisé, aux États-Unis, la transmission de leur patrimoine au moyen de trusts dont les effets étaient notamment d'exclure certains héritiers réservataires français. L'absence de **lien significatif** entre le défunt et le pays dont la loi successorale s'applique de même que l'état de **précarité économique** ou de besoin d'un héritier réservataire pourraient toutefois, semble-t-il, permettre d'écarter la loi étrangère (au cas particulier, les défunts étaient installés depuis longtemps aux États-Unis).

En pratique, **la limitation des effets** du trust en France concerne souvent l'application **50215**
des **règles relatives à la réserve**. En effet, le trust permet de gratifier des personnes qui ne sont pas des héritiers du constituant et d'organiser une succession sur plus d'une génération. Mais s'il existe des héritiers réservataires, en cas d'application de la loi successorale française, par exemple lorsque le constituant est décédé alors qu'il était domicilié en France, ou lorsque la succession d'un non-résident est soumise à la loi française, le trust ne peut s'exécuter en France que sur la **quotité disponible** (sauf en cas de renonciation anticipée à l'action en réduction).

Précisions **a.** À propos de la validité de principe des trusts étrangers en France, l'administration souligne que, bien qu'ils ne constituent pas un élément du droit français, la jurisprudence admet que les trusts institués à l'étranger **produisent des effets en France**, dès lors qu'ils ont été constitués en respectant les lois en vigueur dans l'État de création et qu'ils ne comportent pas de dispositions contraires à l'ordre public français, en particulier à la réserve héréditaire (BOI-DJC-TRUST n° 1).

b. Dans un cas particulier, il a été jugé que le transfert apparent de droits au profit d'entités créées dans le cadre de trusts caractérise une **fraude aux droits des héritiers** et ne leur est pas opposable dès lors que le fonctionnement normal de ces entités a, pour des considérations fiscales et familiales illicites, été détourné par le constituant qui en a conservé la maîtrise globale (Cass. 1e civ. 18 mai 2022 n° 20-20.609).

SECTION 2

Le trust et la fiscalité internationale

La fiscalité internationale des trusts s'est longtemps caractérisée par sa très grande impré- **50300**
cision, faute de cadre juridique français identique (même si la fiducie s'en rapproche à beaucoup d'égards). La situation a été clarifiée par la mise en place d'un **dispositif fiscal spécifique** par l'article 14 de la loi n° 2011-900 du 29 juillet 2011 de finances rectificative pour 2011. Désormais la loi définit les trusts pour l'application du Code général des impôts et prévoit des règles détaillées en matière de mutations à titre gratuit et d'impôt sur la fortune (ISF, initialement, et IFI, aujourd'hui), pour l'essentiel afin d'éviter l'utilisation des trusts à des fins d'évasion fiscale.

Précisions Les principaux **commentaires administratifs** sur le régime fiscal applicable aux trusts en France sont publiés au BOFiP sous les identifiants BOI-DJC-TRUST, ENR-DMTG-30 et PAT-IFI-20-20-30-20.

A. Définitions « fiscales » françaises

Notion de trust

50320 Pour l'application du Code général des impôts, on entend par trust l'ensemble des **relations juridiques** créées, dans le droit d'un État autre que la France, par une personne, qui a la qualité de constituant, par acte entre vifs ou à cause de mort, en vue d'y placer des biens ou droits, sous le contrôle d'un administrateur (le « trustee » au sens indiqué n° 49900), dans l'intérêt d'un ou de plusieurs bénéficiaires ou pour la réalisation d'un objectif déterminé (CGI art. 792-0 bis, I-1).

Cette définition est assez classique et reprend en substance les principes posés par la convention de La Haye (n° 49807) ; elle vaut pour l'ensemble des règles posées par le Code général des impôts et elle s'applique même, selon le Conseil d'État, à des situations antérieures à la loi du 29 juillet 2011 (CE 20 mars 2020 n° 410930, 9e et 10e ch., Sté Ponthieu Rabelais : RJF 6/20 n° 532 ; voir n° 49900).

À notre avis, la définition retenue par la loi et la jurisprudence est suffisamment large pour inclure les trusts éventuellement dotés de la **personnalité morale** ou les fondations lorsqu'elles ont des effets équivalents sur le fond bien qu'elles constituent des entités juridiques distinctes. En ce sens, s'interrogeant sur l'intérêt à agir du constituant d'une **fondation du Liechtenstein** qui avait formé un recours pour excès de pouvoir contre la doctrine administrative relative à l'ancienne amende proportionnelle (n° 50870, Précisions b), le rapporteur public Romain Victor, remarquant que la question de savoir si une fondation dotée de la personnalité morale entrait dans la définition des trusts n'était pas évidente, avait notamment relevé que « la définition retenue par le législateur n'exclut pas que les relations juridiques qu'il a entendu saisir puissent s'incarner dans une entité dotée de la personnalité morale » (conclusions sous CE 5 mars 2018 n° 405025 : RJF 6/18 n° 675).

Cela étant, dans la généralité des cas, les trusts devraient être regardés comme n'ayant pas de personnalité morale pour l'application des règles posées par le Code général des impôts. Dans la décision Ponthieu Rabelais, précitée, le Conseil d'État a, en effet, affirmé que le trust en cause n'était qu'un ensemble de relations juridiques dépourvu en l'espèce de la **personnalité juridique**, qu'il ne pouvait donc pas être détenteur des actions d'une société française et qu'en l'espèce la condition de détention du capital par des personnes physiques était bien remplie (décision n° 410930 du 20 mars 2020 ; voir ci-dessus et n° 49900). La jurisprudence n'est toutefois pas d'une parfaite cohérence puisqu'il a aussi été jugé qu'un trust étranger peut être regardé comme une **entité juridique** (n° 68913).

Précisions **a.** Selon l'administration, sont considérées comme des « trusts » toutes les relations juridiques répondant à la définition générale, quelles que soient leur appellation effective ou les caractéristiques du trust (révocable ou non, discrétionnaire ou non, etc.) ; les trusts dotés de la **personnalité morale** entrent dans les prévisions de la loi, alors même d'ailleurs qu'ils ne seraient pas appelés formellement « trusts », comme, par exemple, bien que l'administration ne le précise pas expressément, des **fondations** de droit suisse, liechtensteinois ou autre (BOI-DJC-TRUST n° 40).

b. La définition donnée par la loi ne conduit évidemment **pas à introduire le trust** en droit français ; elle permet seulement de qualifier certaines structures étrangères de « trust » au regard du droit fiscal français (BOI-DJC-TRUST n° 50).

c. Un cabinet d'avocats, qui avait facturé en franchise de **TVA** des prestations à des trusts situés aux Bermudes, a pu faire échec à un rappel de taxe au titre des années 2007 à 2009, l'administration ayant échoué à démontrer qu'il n'avait pas justifié que les **preneurs étaient établis hors de l'Union européenne** (CAA Paris 12 octobre 2017 n° 16PA01660, 9e ch. ; arrêt définitif) ; l'administration avait relevé des discordances, les factures ayant, au moins pour partie, été payées par des tiers, mais ces discordances n'étaient pas, dans les circonstances de l'espèce, de nature à faire, à elles seules, **douter de la domiciliation** hors de l'Union européenne des preneurs des prestations, ni de la sincérité et du caractère probant des factures quant à la domiciliation aux Bermudes, et donc hors de l'Union européenne, des bénéficiaires effectifs des prestations concernées (la Cour relève notamment la nature de l'activité de « trustee » et de « protector » des sociétés facturées, et le fait que les trusts sont une institution propre au droit anglo-saxon, connue du droit des Bermudes mais étrangère au droit français, et la séparation des patrimoines du trust et du « trustee »). Cet arrêt a été rendu sur renvoi par CE 4 mai 2016 n° 387466, 10e et 9e s.-s., Sté Le Blevennec et associés : RJF 7/16 n° 632, qui avait annulé le premier arrêt d'appel car il avait jugé à tort que le **secret professionnel** ne s'oppose pas à ce que l'administration fiscale demande à la société requérante de produire tout élément permettant d'identifier les preneurs des prestations litigieuses, alors que seuls des éléments relatifs à la domiciliation des entités ayant payé les prestations pouvaient, compte tenu des différences constatées avec les mentions figurant sur les factures, lui être demandés.

d. Une banque américaine agissant comme trustee de trusts américains a été assimilée à un fiduciaire de droit français pour l'application des règles relatives au **remboursement de la TVA** (TA Montreuil 27 octobre 2020 n° 1703118, Sté US Bank national association : RJF 3/21 n° 270 ; jugement définitif) ; ayant justifié qu'elle avait réalisé exclusivement des opérations imposables pour lesquelles la TVA est autoliquidée par un preneur assujetti, la banque, qui devait être considérée, à l'instar d'un fiduciaire, comme un redevable distinct pour chaque trust, était fondée à revendiquer le remboursement intégral de la TVA ayant grevé l'acquisition de rames de TGV.

Exclusions

Selon l'administration, les trusts suivants, qui sont considérés comme ne répondant pas à la définition des trusts au sens de l'article 792-0 bis du CGI, n'entrent pas dans les prévisions de la loi du 29 juillet 2011 (BOI-DJC-TRUST n° 60) : **50323**
– les trusts **constitués par une entreprise** ou un groupe d'entreprises pour leur propre compte et dont le constituant ne répond pas à la définition donnée n° 50325 (cas, par exemple, des trusts créés par des sociétés et dédiés à la gestion des dispositifs d'épargne salariale ou d'actionnariat salarié) ; tous les trusts répondant à cette définition sont exclus par principe, sous réserve, naturellement, que les preuves nécessaires soient apportées (il n'est cependant pas exigé que les trusts en cause soient constitués dans un État ou territoire ayant signé une convention d'assistance administrative avec la France) ;
– la plupart des « **unit trusts** » qui sont, en réalité, des OPVCM.

L'administration place ainsi hors du champ de la loi du 29 juillet 2011 les trusts qui répondent à la définition des **organismes de placement collectif en valeurs mobilières** (OPCVM) figurant aux 2 et 3 de l'article 1er de la directive 2009/65/CE du 13 juillet 2009 sur les OPCVM et qui sont assujettis aux dispositions de cette directive ; elle exclut également les trusts constitués sur le fondement du droit d'un autre État ou territoire ayant conclu avec la France une convention d'assistance administrative en vue de lutter contre la fraude et l'évasion fiscales et satisfaisant aux deux conditions suivantes :
– lever des capitaux auprès d'un certain nombre d'investisseurs en vue de les investir, conformément à une politique d'investissement définie, dans l'intérêt de ces investisseurs ;
– présenter des caractéristiques similaires à celles des « unit trusts » visés aux 2 et 3 de l'article 1er de la directive 2009/65/CE du 13 juillet 2009, précitée, et être assujettis aux dispositions de cette directive.

Précisions Comme ces trusts sont placés hors du champ d'application de la loi du 29 juillet 2011, aucune de ses dispositions ne les concerne, y compris les **obligations déclaratives** alors même que celles-ci ne sont pas cantonnées aux seuls trusts dont le constituant est directement ou indirectement une personne physique (nos 50850 s.). Cela étant, bien entendu, les personnes physiques qui disposeraient éventuellement de **parts ou de droits dans ces trusts** restent passibles de l'impôt sur la fortune immobilière et des droits de mutation à titre gratuit dans les conditions de droit commun (l'exclusion ne vise que le régime spécifique aux trusts).

Définition du constituant

Pour l'application des règles relatives aux droits de mutation à titre gratuit, à l'ancien ISF et à l'IFI, ainsi que pour le prélèvement (n° 50800), le constituant du trust est soit la **personne physique** qui l'a constitué, soit, lorsqu'il a été constitué par une personne physique agissant à titre professionnel ou par une personne morale, la personne physique qui y a **placé des biens et droits** (CGI art. 792-0 bis, I-2 ; BOI-DJC-TRUST n° 80, ajoutant que la personne physique peut avoir agi de manière directe ou indirecte). **50325**

Cette dernière précision vise notamment le cas où, alors que le trust a été constitué, par exemple, par un établissement financier qui y a placé un montant nominal, une personne physique y a ensuite placé des biens ou droits qui ont formé le véritable « trust fund » (corpus), cette personne devenant de ce fait un « quasi constituant ». Selon les travaux parlementaires, le législateur a cherché à couvrir les cas où le constituant est « en apparence » une société alors que le constituant « réel » est une personne physique pour le compte de laquelle le constituant agit et qui n'est qu'une « façade ».

La formulation retenue permet également d'appréhender le trust dans les mêmes conditions lorsque son constituant est une personne physique agissant à titre professionnel, comme pourrait l'être, par exemple, un avocat, un conseiller en gestion de patrimoine ou un notaire.

L'administration estime que cette définition du constituant lui permet d'appréhender la réalité économique d'un trust sans qu'une apparence juridique puisse lui être opposée. En pratique, elle recherche **le « véritable » constituant** dans le cas où le constituant d'un trust, seul à apparaître dans l'acte de trust, est une personne morale (par exemple une société de gestion de patrimoine ou un établissement de crédit) ou une personne physique agissant à titre professionnel qui agit, en réalité, comme mandataire d'une personne physique du patrimoine de laquelle sont issus les biens placés dans le trust, directement ou indirectement par l'intermédiaire d'une ou plusieurs personnes morales (BOI-DJC-TRUST n° 90).

Afin d'imposer les mutations successives et de soumettre les biens ou droits placés en trust à l'impôt sur la fortune, la loi définit également un **constituant « fiscal »** au décès du constituant initial (n° 50630).

Précisions **a.** La définition du **constituant** ne vaut pas pour l'ensemble des dispositions du Code général des impôts mais seulement pour les droits de mutation à titre gratuit, l'ancien ISF, l'IFI et le prélèvement ; en particulier, elle n'a pas d'impact sur les autres dispositifs éventuellement applicables aux entreprises ni sur l'impôt sur le revenu ou les modalités déclaratives (sous réserve des trusts exclus ; n° 50323).

b. La loi ne donne pas de définition de l'**administrateur du trust**, ce qui est étonnant compte tenu des obligations qui sont mises à sa charge ; elle paraît en outre supposer qu'il n'y aurait qu'un administrateur alors qu'il n'est pas rare que les trusts soient « administrés » par des « cotrustees » (sur la notion de trustee, voir n° 49900). Il a par ailleurs été précisé que l'administrateur d'un trust, qui est chargé d'administrer le trust dans l'intérêt des constituants et des bénéficiaires, a **intérêt à agir au contentieux** (en ce sens, conclusions Karin Ciavaldini sous CE 11 décembre 2020 n° 442320, 8e et 3e ch., Sté Sequent LLC (North America) : RJF 3/21 n° 324, à propos de la recevabilité d'un recours pour excès de pouvoir ; voir n° 50805).

Définition du bénéficiaire

50330 Selon l'administration, le bénéficiaire d'un trust s'entend de celui ou ceux désignés comme étant attributaire(s) des **produits** du trust versés par l'administrateur du trust et/ou comme attributaire(s) en **capital** des biens ou droits du trust, en cours de vie du trust ou lors de son extinction (BOI-DJC-TRUST n° 110). Cette définition n'exclut pas que le constituant du trust puisse être également bénéficiaire, notamment dans la situation d'un « trust entre vifs » (« trust intervivos »).

Précisions Le « bénéficiaire » du trust ne doit pas être confondu avec le bénéficiaire « **réputé constituant** » (n° 50630). Si, par exemple, un non-résident a constitué un trust au bénéfice de ses enfants, ces derniers sont « bénéficiaires » mais ne deviennent « bénéficiaires réputés constituants » qu'au décès du constituant.

B. Fiscalité des revenus

50350 Depuis longtemps, la loi posait le principe de l'imposition des produits des trusts dans la catégorie des **revenus de valeurs mobilières émises hors de France** et revenus assimilés (CGI art. 120, 9°). Depuis le 31 juillet 2011 (date de l'entrée en vigueur de la loi n° 2011-900 du 29 juillet 2011 de finances rectificative pour 2011), il est précisé que sont considérés comme tels les produits distribués par les trusts quelle que soit la consistance des biens ou droits qui y sont placés.

En ce qui concerne les **relations franco-américaines**, une clarification avait également été apportée par une note du 25 mars 1981 relative, notamment, au régime fiscal des produits de trusts dans le cadre de l'ancienne convention fiscale franco-américaine du 28 juillet 1967 (BODGI 14 B-2-1981) ; l'administration avait précisé que cette note continuait de produire ses effets sous l'empire de la convention fiscale actuelle, du 31 août 1994, mais cette précision n'a pas été reprise au BOFiP (l'ancienne instruction du 26 avril 1999, BOI 14 B-3-99 du 6 mai 1999, aujourd'hui annulée, n'a pas sur ce point été reprise au BOFiP).

Il convient de distinguer le régime des produits « distribués » par les trusts et celui des revenus « perçus » par les trusts (ces expressions sont utilisées par commodité, quoiqu'elles soient impropres, le trust n'ayant généralement pas la personnalité morale ; c'est néanmoins la loi qui emploie désormais les mots « produits distribués » à propos des trusts, à l'article 120, 9° du CGI).

Précisions Les trusts sont également visés par le dispositif relatif aux **transferts d'actifs hors de France** par les entreprises soumises à l'impôt sur les sociétés (n°s 73600 s.).

1. Produits « distribués » par les trusts

La question se pose lorsqu'un résident de France bénéficie des produits d'un trust constitué à l'étranger. Cette question se subdivise elle-même en deux : le régime applicable dans l'État de constitution du trust et le régime applicable en France. **50355**

a. Dans l'État de constitution du trust

Le régime fiscal est évidemment fonction des législations nationales. À titre d'exemple, on indiquera qu'habituellement, les **trusts simples**, c'est-à-dire ceux dans lesquels les revenus sont distribués au fur et à mesure de leur réalisation par le trustee sont soumis à l'impôt sur le revenu, avec imputation le cas échéant des crédits d'impôts de source étrangère (cas où les revenus des biens mis en trust seraient de source extérieure). **50360**

Pour les **trusts complexes**, dans lesquels les revenus sont accumulés et agrégés au capital, et ne font l'objet de distributions qu'irrégulièrement, il s'ajoute parfois un impôt supplémentaire.

Assez souvent, les trusts sont **considérés comme des entités imposables**, leur revenu étant déterminé suivant les mêmes règles que celles qui s'appliquent aux individus, en fonction de l'origine et de la nature des revenus réalisés. Les distributions au bénéficiaire sont imposables au nom de celui-ci, mais avec un crédit d'impôt égal à l'impôt payé par le trust (crédit récupérable, le cas échéant).

Aux **États-Unis**, les trusts et « estates » (successions gérées par un administrateur) sont considérés comme des sujets fiscaux et imposés en tant que tels ; cependant, les **trusts simples** sont considérés comme transparents, c'est-à-dire que les revenus ne sont imposés qu'au nom du bénéficiaire suivant leur qualification d'origine, sauf exceptions. Les revenus perçus par un **grantor trust** sont imposés au nom du grantor (un « grantor trust » ne constitue pas un écran, sur le plan fiscal) et les revenus perçus par un trust complexe non grantor distribués aux bénéficiaires sont imposés entre les mains de ces derniers, alors que les revenus accumulés sont imposés au nom du trustee. **50365**

b. En France

Produits « distribués »

Un bénéficiaire résident de France qui reçoit des produits d'un trust est imposable dans la catégorie des revenus de capitaux mobiliers sur les sommes qui lui sont distribuées (CGI art. 120, 9° dans sa rédaction issue de l'article 14 de la loi n° 2011-900 du 29 juillet 2011 de finances rectificative pour 2011). Compte tenu de la rédaction de la loi, il n'y a pas lieu de s'intéresser à l'origine des produits qui sont « distribués » par le trust ; **quelle que soit leur origine** (revenus de valeurs mobilières, revenus immobiliers, plus-values, ...), leur versement par un trust à un résident de France est qualifié de revenus de valeurs mobilières et imposable comme tel, sans qu'il soit tenu compte, le cas échéant, des particularités du trust (révocable ou non, discrétionnaire ou non, etc.). Du seul fait qu'il s'agit de produits d'un trust constitué à l'étranger, l'ensemble de ces produits est passible de l'impôt sans que l'administration ait à établir qu'ils proviennent, en tout ou en partie, de valeurs mobilières étrangères ou de créances étrangères (BOI-RPPM-RCM-10-30-10-10 n° 130). **50370**

Le bénéficiaire résident de France est donc traité comme s'il recevait des revenus de valeurs mobilières versés par le trustee ; ce revenu est, depuis le 1er janvier 2018, passible du **prélèvement forfaitaire unique** au taux global de 30 % (n° 1950 ; en cas d'option globale pour le barème progressif de l'impôt sur le revenu, en lieu et place du prélèvement forfaitaire unique, l'abattement de 40 % mentionné n° 1955 n'est pas applicable). Le produit distribué ne fait pas l'objet de la majoration de 25 % qui a été rendue applicable, notamment, aux revenus visés à l'article 123 bis du CGI par l'article 39 de la loi n° 2020-1721 du 29 décembre 2020 de finances pour 2021.

Précisions Une personne physique domiciliée en France, qui n'a déposé des déclarations rectificatives d'impôt sur le revenu au titre des années 2007 à 2011 prenant en compte les revenus qu'elle avait tirés de fondations du Liechtenstein, que postérieurement à l'engagement d'un contrôle fiscal, était passible de la **majoration de 40 % pour manquement délibéré** (CAA Paris 10 octobre 2018 n° 18PA00125, 2e ch. ; le pourvoi formé par la requérante n'a pas été admis par CE (na) 3 juin 2019 n° 426157, 3e ch.) ; elle a, en revanche, été déchargée de la majoration de 40 % au titre des rappels **mis à la charge de la succession** de sa mère à raison des revenus que cette dernière avait tirés des fondations car l'article 1754, IV du CGI ne prévoit la transmission des pénalités fiscales que lorsqu'elles sont dues par le défunt au jour du décès et ne permettent pas que des amendes et majorations venant sanctionner le comportement du contrevenant fiscal soient prononcées directement à l'encontre des héritiers de ce contrevenant. En l'espèce, la mère de la requérante était décédée en juin 2007 et les **revenus des fondations** étaient donc imposables au nom de la succession pour 2006/2007 et au nom de l'héritière pour les années postérieures (la circonstance qu'il y ait eu un conflit autour de la succession et que des modalités de déclaration spécifiques des produits de trusts n'aient, selon l'interprétation de la Cour, été prévues que par l'article 14 de la loi n° 2011-900 du 29 juillet 2011 ont été jugées sans incidence, étant donné que les avoirs des fondations avaient été sources de revenus pour l'intéressée à compter du décès de sa mère et qu'il n'est pas sérieusement contesté qu'elle en connaissait l'existence).

50375 À s'en tenir à l'article 120, 9° du CGI, un résident de France qui perçoit des produits distribués par un trust est imposable en France sans qu'il y ait lieu de déterminer leur origine. Mais, à notre avis, la **remise du « capital »** lui-même - corpus - ne devrait pas entrer dans le champ de l'article 120, 9° du CGI pour ressortir, plutôt, à une analyse en termes de droits de mutation à titre gratuit (nos 50480 s.). La part des distributions qui correspond aux biens ou droits placés en trust devrait être soumise au régime des transmissions à titre gratuit alors que celle qui correspond aux produits eux-mêmes des biens ou droits placés en trust devrait entrer dans le champ de l'impôt sur le revenu lorsqu'ils reviennent au constituant.

Il résulte, en effet, de la combinaison de la jurisprudence administrative et de la jurisprudence judiciaire que seules les **distributions faites au constituant** (ou au bénéficiaire réputé constituant) devraient avoir la nature de « produits distribués », alors que les distributions faites à d'autres personnes ressortiraient plutôt à une analyse en termes de donation indirecte, qu'elles soient faites alors que le constituant est en vie ou à son décès (n° 50535).

À titre indicatif, il avait été jugé, sous l'empire de la législation antérieure à la loi du 29 juillet 2011, que des sommes provenant de **transferts du capital d'un trust** britannique et attribuées à une personne fiscalement domiciliée en France ne sauraient être regardées comme un revenu imposable en tant que produit de trust au sens de l'article 120, 9° du CGI ; ces sommes n'ont le caractère de revenu qu'en ce qui concerne la quote-part des intérêts capitalisés des placements qui ont été réalisés au profit du bénéficiaire (CAA Bordeaux 6 septembre 2012 n° 10BX01374, 4e ch., Thacker : RJF 12/12 n° 1123 ; arrêt définitif). Dans le même sens, il avait été jugé que seuls peuvent être considérés comme des « produits » d'un trust étranger, soumis à l'impôt sur le revenu dans la catégorie des revenus de capitaux mobiliers au nom du bénéficiaire du trust, les sommes correspondant aux fruits générés par le capital affecté au trust, à l'exclusion de celles résultant de transferts portant sur la propriété du capital lui-même (TA Cergy-Pontoise 21 mai 2013 n° 1105647, 2e ch., Le Grand : RJF 1/14 n° 33, à propos d'un trust canadien ; jugement définitif).

Compte tenu de l'évolution de la jurisprudence, la transposition de ces solutions au cadre juridique actuel suppose que le bénéficiaire soit également constituant ou réputé constituant. Des produits capitalisés qui reviennent à une autre personne que le constituant (ou bénéficiaire réputé constituant) devraient plutôt ressortir à une analyse en termes de droits de mutation à titre gratuit puisque la loi traite aujourd'hui les « **produits capitalisés** » de la même façon que les biens ou droits mis en trust pour l'application des droits de mutation à titre gratuit (alors que les décisions précédentes les faisaient entrer dans le champ de l'impôt sur le revenu).

Précisions **a.** Pour un exemple d'imposition en France des **revenus versés** par un trust de Jersey, voir CE 17 avril 1991 n° 62002, 7e et 9e s.-s., Tebib : RJF 6/91, n° 727. Cette décision n'apporte cependant pas d'éclaircissements sur le fond, dans la mesure où il s'agissait d'un problème de preuves et de justifications.

b. Des sommes correspondant au **prix de cession d'obligations** émises hors de France et acquises trois ans plus tôt par l'intermédiaire d'une société dont l'objet social est indéfini et qui est inscrite au registre des sociétés des îles Turques et Caïques (Bahamas) ne peuvent pas être regardées comme des produits d'un trust au sens de l'article 120, 9° du CGI dès lors que l'administration n'apporte **pas suffisamment d'éléments** quant à l'acte de trust ni suffisamment de précisions quant aux rôles respectifs joués par la société et les contribuables lors de l'achat et de la cession des actifs financiers en cause pour que puisse être tenue pour apportée la preuve qui pèse sur elle de l'**existence d'un trust** (CAA Bordeaux 10 mars 2008 n° 05-1558, 5e ch., Williams : RJF 8-9/08 n° 961 ; arrêt définitif).

Produits non distribués

La question se pose au regard de l'**article 123 bis** du CGI (nos 73670 s.). Ce dispositif, qui vise à imposer les **revenus capitalisés** dans certaines structures situées hors de France et bénéficiant d'un régime fiscal privilégié, s'applique littéralement aux « fiducies » ou « institutions comparables », et notamment aux trusts si les conditions sont réunies (n° 73785). **50380**

Afin d'éviter les débats contentieux et pour faire échec aux contribuables qui soutiendraient que ce texte est inapplicable au motif qu'un trust est dépourvu de capital et que nul n'a véritablement de « droits » dans un trust, l'article 133 de la loi n° 2021-1900 du 30 décembre 2021 de finances pour 2022 a créé une **présomption**, réfragable sous certaines conditions. Ce texte résulte d'un amendement du Gouvernement visant à lutter plus efficacement contre l'évasion fiscale en présence de trusts (amendement n° II-3278, 6 novembre 2021) ; l'exposé des motifs indique que la condition de détention était difficile à contrôler et qu'il y avait lieu de dissiper le doute sur l'application de l'article 123 bis du CGI aux trusts discrétionnaires et irrévocables, en tenant compte de la difficulté particulière, inhérente aux trusts, de désigner la personne qui détient le contrôle des biens, droits ou produits mis en trust.

Pour l'imposition des revenus des trusts réalisés en 2021 (réputés acquis le 1er janvier 2022) et pour les années suivantes, la condition de détention de 10 % posée par l'article 123 bis (n° 73810) est présumée satisfaite par le constituant ou le bénéficiaire réputé constituant. La loi ne précise pas quelle est dans ce cas **l'assiette imposable**, mais il probable que l'administration estimera que la totalité des revenus doit être prise en compte, sauf pour le contribuable à apporter des éléments en sens contraire (transposition de la solution retenue à propos des entités situées dans les ETNC ; n° 73810).

Le constituant peut certes renverser la présomption de détention en apportant la **preuve contraire**, mais celle-ci ne peut résulter uniquement du caractère irrévocable du trust et du pouvoir discrétionnaire de gestion de son administrateur (CGI art. 123 bis, 4 ter-a) ; la loi a repris sur ce point la formulation utilisée par le Conseil constitutionnel dans sa décision n° 2017-679 QPC du 15 novembre 2017 (n° 50710) pour prendre en considération les hypothèses dans lesquelles le dessaisissement du constituant d'un trust irrévocable et discrétionnaire n'est qu'apparent.

Sous l'empire de la législation applicable avant le 1er janvier 2022, la doctrine administrative avait déjà estimé que l'article 123 bis est applicable aux droits dans les fiducies, trusts, ou institutions comparables, telles que certaines fondations de famille (BOI-RPPM-RCM-10-30-20-10 n° 230). L'administration précise que les bénéfices imposables sont **réputés acquis au 31 décembre** de chaque année en l'absence d'exercice clos au cours d'une année (BOI-RPPM-RCM-10-30-20-20 n° 10) ; elle ajoute que les **obligations déclaratives** s'appliquent aux fiducies ou institutions comparables (BOI-RPPM-RCM-10-30-20-40 n° 20) et qu'il appartient au contribuable de mentionner le nom ou la raison sociale du fiduciaire ou de la personne exerçant des fonctions comparables (trustee, ou administrateur du trust), ainsi que le pourcentage des droits détenus directement ou indirectement, afin de permettre la détermination du montant du revenu imposable en France.

D'une façon générale, l'imposition du constituant (ou du bénéficiaire réputé constituant) ne soulève pas de difficulté de principe s'il est en même temps bénéficiaire de distributions, puisque la **double imposition** peut être éliminée dans les conditions habituelles (n° 73962). La transmission ultérieure des **produits capitalisés** soulève davantage de difficultés étant donné que ces produits ressortissent à une analyse en termes de droits de mutation à titre gratuit (n° 50530). Si les revenus sont ultérieurement distribués à un bénéficiaire qui n'est pas le constituant, l'article 123 bis aura été appliqué au constituant alors qu'il n'aura pas été bénéficiaire des distributions ; le bénéficiaire devrait toutefois pouvoir échapper à l'impôt sur le revenu, car il recevra en ce cas des produits qui auront été soumis aux droits de mutation à titre gratuit (nº 50530).

Il est à noter, enfin, que l'application de principe de l'article 123 bis peut s'autoriser d'une décision du Conseil d'État jugeant que la condition de détention de l'entité étrangère est satisfaite lorsque le contribuable exerce sur cette dernière un **contrôle, même partagé**, quelle que soit sa forme juridique, et supérieur à 10 % seulement s'il est quantifiable (CE 10 mars 2020 nº 427104, 8ᵉ et 3ᵉ ch. : RJF 6/20 nº 540 ; voir nº 73810). Dans le sillage de cette décision, le principe avait été confirmé à propos de contribuables qui avaient transféré des actifs dans des trusts situés aux Bermudes et qui s'étaient vu notifier une rectification sur ce fondement pour les années 2010 et 2011 ; il a été jugé que les dispositions de l'article 123 bis du CGI, « interprétées à la lumière des travaux préparatoires de l'article 101 de la loi de finances pour 1999 dont elles sont issues, doivent être regardées comme incluant dans leur champ d'application les actions, parts, droits financiers ou droits de vote détenus dans les trusts au sens du droit anglo-saxon » (CAA Paris 24 juin 2020 nº 19PA00458, 2ᵉ ch. : RJF 10/20 nº 791 ; arrêt définitif). Dans cette affaire, cependant, la décharge avait été prononcée au motif que les trusts étaient **irrévocables** et **discrétionnaires** et que les intéressés ne détenaient dans les trusts aucune action, part ou droit de vote. La Cour avait relevé que ces derniers pouvaient être amenés à percevoir les bénéfices réalisés par les trusts mais que la décision de distribuer des bénéfices et la fixation du montant des distributions étaient à la discrétion du trustee dont il ne résultait pas qu'il était contrôlé par eux-mêmes et leur famille (l'arrêt étant définitif, on ignore si le Conseil d'État aurait partagé ce point de vue). En l'espèce, la décharge résultait, au surplus, des conséquences que la Cour avait tirées de la **clause de sauvegarde** constitutionnelle, sans que l'on sache, là encore, si le Conseil d'État les aurait partagées (nº 74000). La présomption de détention résultant désormais de la loi est de nature à faire échec à un éventuel argument tiré du caractère discrétionnaire et irrévocable du trust, mais elle ne remet naturellement pas en cause les conséquences à tirer de la clause de sauvegarde.

Précisions **a.** Si le trust, la fiducie ou l'institution comparable est constitué dans un État ou territoire qui n'a pas conclu de convention d'assistance administrative avec la France et si l'article 123 bis est applicable, l'assiette imposable est déterminée de façon forfaitaire (nº 73870).

b. À propos de la législation norvégienne sur les sociétés étrangères contrôlées, telle qu'elle avait été appliquée à un trust du Liechtenstein constitué au bénéfice d'une famille norvégienne, la cour de l'AELE a estimé qu'une **restriction** était caractérisée mais qu'elle pouvait être **justifiée** sur le fondement de la protection de l'intérêt général, en particulier au regard de la prévention de l'évasion fiscale ou la répartition des pouvoirs d'imposer ; encore faut-il que la restriction concerne des montages purement artificiels cherchant à éviter l'impôt national exigible dans des situations comparables (Cour AELE 9 juillet 2014, aff. jointes E-3/13 et E-20/13, Fred. Olsen et autres ; voir également nº 49420, Précisions b).

c. Il avait été jugé, à propos de l'ancien ISF et sous l'empire de la législation antérieure à la loi du 29 juillet 2011, que le bénéficiaire des revenus de trusts américains n'était pas titulaire d'un quelconque **droit réel relatif à ces trusts** (TGI Nanterre 4 mai 2004 nº 03-9350, 2º ch., Poillot : RJF 11/04 nº 1201, jugement définitif ; nº 50720).

d. La rédaction actuelle de l'article 120, 9º du CGI, qui vise les produits « **distribués** » alors qu'elle visait, avant la loi du 29 juillet 2011, les seuls « produits » des trusts, avait été interprétée par le sénateur Marini comme permettant d'exonérer d'impôt sur le revenu les produits réinvestis dans les trusts (Rapport nº 620 déposé le 15 juin 2011, estimant que la modification ainsi introduite avait pour objet d'aligner le droit applicable aux trusts sur celui qui existe, par exemple, pour les contrats d'assurance-vie en prévoyant que les produits non distribués ne soient pas imposés).

Imposition des rémunérations reçues par les trustees

50390 Lorsque ceux-ci sont des personnes physiques résidentes de France, la distinction suivante avait été faite (ancienne réponse Charasse, nº 13738 : JO Sénat, 9 février 2006 p. 360, non reprise au BOFiP) :
– les revenus des « **trusts protectors** », qui donnent des conseils et des avis juridiques, relèvent en principe de la catégorie des BNC ;
– les revenus des **trustees** qui administrent des biens mobiliers ou immobiliers relèvent des BIC.

Cette distinction ne paraît cependant plus cohérente avec le fait que les avocats qui agissent en qualité de fiduciaires, dans le cadre de fiducies françaises, sont imposés au titre de revenus non commerciaux (CGI art. 92, 2-7º).

c. L'incidence éventuelle des conventions fiscales

La combinaison des règles applicables en France et dans l'État de constitution du trust peut aboutir à des doubles impositions, les deux États ayant concurremment le droit d'imposer. La question de l'élimination éventuelle de ces doubles impositions n'est pas tranchée, sauf, notamment, en ce qui concerne les relations franco-américaines. **50400**

Convention franco-américaine

Dans le cadre franco-américain, la France avait décidé d'appliquer un régime de « **transparence** » pour les revenus versés par des trusts américains (cette solution, donnée sous l'empire de l'ancienne convention franco-américaine, est probablement toujours valable en pratique, quoiqu'elle n'ait pas été reprise au BOFiP ; nº 50350) : **50405**

– en ce qui concerne les **trusts simples** : les revenus versés sont considérés comme ayant le même caractère au niveau du bénéficiaire et au niveau du trust ; ils sont donc imposables en France, conformément aux règles prévues par la convention eu égard à leur nature (revenus immobiliers, dividendes, intérêts, etc.), au nom de chaque bénéficiaire ;
– en ce qui concerne les **trusts complexes**, la France retient également le principe de la transparence. Comme le bénéficiaire français a également acquitté un impôt aux États-Unis au moment de la distribution, il a droit à un **crédit d'impôt** en France. Ce crédit est égal au montant de l'impôt américain effectivement supporté au moment de la distribution (ou que les États-Unis auraient pu percevoir si le bénéficiaire n'avait pas la nationalité américaine, mais qu'ils n'ont pas perçu au moment même de la distribution du fait de cette citoyenneté). Mais l'impôt américain acquitté par le trust lui-même lors de la réalisation des revenus n'est pas admis comme crédit d'impôt imputable pour l'imposition du bénéficiaire ;
– en ce qui concerne les **« grantor trusts »**, les revenus versés ne sont pas pris en compte au niveau du bénéficiaire, mais sont imposables au nom du grantor (dans le même sens, voir le rapport cité nº 50720). À cet égard, la France se réserve la possibilité d'apprécier, en fonction des situations particulières, si un trust donné est ou non de ce type, en prenant en considération, notamment, les critères du code américain.

Il n'existe que peu de conventions fiscales réglant, même partiellement, le cas des trusts ; avec la convention franco-américaine (sous réserve que l'interprétation ancienne soit confirmée), il n'y a guère que la **convention franco-canadienne** du 2 mai 1975 modifiée qui prévoit, dans son article 21, que les revenus provenant d'un trust peuvent être soumis à une retenue à la source de 15 % qui constitue un crédit d'impôt en France. **50410**

Bien entendu, les règles qui précèdent, que ce soit dans le cadre franco-américain ou franco-canadien, ne sont **pas transposables** à d'autres conventions fiscales ; dans le cadre **franco-britannique**, la convention du 19 juin 2008 ne prévoit pas de règle spéciale mais elle exclut désormais les revenus de trusts de la catégorie des « autres revenus » dont l'imposition est réservée à l'État de résidence (article 23 § 1 ; on pouvait en effet, sous l'empire de la convention précédente, se demander si le Royaume-Uni pouvait imposer des revenus de trusts qui n'étaient pas visés par la convention et qui pouvaient comme tels entrer dans le champ des revenus non dénommés imposables exclusivement dans l'État de résidence). Dans ses commentaires de certaines stipulations de la convention franco-britannique, l'administration souligne qu'en application du paragraphe 1 de l'article 23 de la convention, les revenus perçus par l'intermédiaire de « trusts » ou les successions en cours de liquidation sont expressément exclus du champ d'application de cet article. N'étant couverts par aucun autre article spécifique de la convention, ils ne bénéficient dès lors, selon l'administration, d'aucune de ses stipulations (BOI-INT-CVB-GBR-10-20 nº 470).

2. Régime des produits « perçus » par le trust

Du point de vue français, la question ne se pose que lorsque les biens mis en trust sont situés en France et que, par suite, les revenus qu'ils génèrent sont de source française. En pratique, cette situation se rencontre rarement : les trustees, qui sont normalement non résidents de France et presque toujours des sociétés, ne souhaitent pas gérer des biens français, car c'est évidemment pour eux une source considérable de complications. **50420**

L'imposition des produits de source française appréhendés par un **trustee non résident** reste encore incertaine et n'a pas été clarifiée par la loi du 29 juillet 2011 (n° 50300) ; elle n'est que rarement abordée par les conventions fiscales internationales.

En l'absence de précisions conventionnelles

50425 Comme le trust n'a pas, sauf exception, la personnalité morale, il ne peut pas, du point de vue français, être traité comme un **résident** au sens des conventions fiscales (une ancienne réponse Dailly : JO Déb. Sénat 4 septembre 1960, avait reconnu à un trust américain la qualité de résident au sens de la convention de 1939 entre la France et les États-Unis mais cette réponse, non reprise au BOFiP, n'est plus valable aujourd'hui).

Pour décider du régime fiscal applicable aux revenus qu'il perçoit, le cas échéant, il faut donc déterminer **quel en est le bénéficiaire réel**. Or l'originalité du mécanisme du trust est précisément qu'il n'y a pas de « propriétaire » au sens français.

Précisions La solution retenue par le Conseil d'État, considérant, pour l'application de la taxe patrimoniale de 3 %, que les trusts sont des « **entités juridiques** » qui ont un « **siège** » (n° 68305) pourrait éventuellement permettre une interprétation plus favorable, à supposer toutefois que les conditions tenant à l'assujettissement à l'impôt et à la qualité de bénéficiaire effectif soient satisfaites, ce qui nous semble fort douteux (n° 50445). Voir également n° 49900 la position prise par le Conseil d'État dans sa décision du 20 mars 2020 n° 410930, 9e et 10e ch., Sté Ponthieu Rabelais : RJF 6/20 n° 532, considérant, cette fois, que le trustee, et non le trust, peut, le cas échéant, être regardé comme détenteur des biens ou droits mis en trust.

50430 **Théorie de la propriété apparente** Sans qu'aucune règle puisse être considérée comme établie, il semble possible d'imposer le trustee sur ses revenus de source française en se fondant sur la théorie de la propriété apparente pour les immeubles, et sur l'article 2276 du Code civil pour les meubles, selon lequel « en fait de meuble, possession vaut titre ».

Il est constant, en effet, que l'on peut tenir pour le véritable propriétaire d'un bien celui qui **apparaît comme tel aux yeux des tiers** en vue de clauses formelles, de titres de la loi ou de ses agissements. Telle est bien la situation du trustee, car il prend possession du bien, peut l'aliéner et doit le protéger (l'assurer, par exemple). Les meubles, également, sont remis au trustee, et c'est à son nom qu'ils sont déposés chez un intermédiaire agréé ou placés dans un coffre (valeurs mobilières, etc.).

50435 **Cas des immeubles** Si un trustee achète un immeuble en France, dans le cadre de ses pouvoirs, et le revend, cet immeuble pourrait être considéré comme acquis par lui-même et non par le constituant ou le bénéficiaire, même si l'acte inscrit au service de la publicité foncière spécifie qu'il a agi en qualité de trustee et qu'il a acheté « pour la jouissance » d'un bénéficiaire nommément désigné. Le trustee pourrait être considéré comme propriétaire, quels que soient la cause et les motifs de l'opération. Dans cette situation, il serait notamment redevable des prélèvements applicables en droit interne aux plus-values immobilières des non-résidents (nos 67540 s.).

50440 **Autres revenus** La théorie de la propriété apparente pourrait s'appliquer aux autres revenus du trust. Ainsi, si le trust percevait des **dividendes** de source française, ceux-ci seraient normalement soumis à la retenue à la source prévue par le droit interne français quels que soient les bénéficiaires, et même si ceux-ci sont résidents de pays liés à la France par une convention fiscale (de même pour les intérêts s'ils ne sont pas exonérés en droit interne).

50445 **Incidence éventuelle de la résidence du trustee** Si le trustee lui-même était résident d'un pays lié à la France par une convention fiscale, la question de l'application de la convention pourrait se poser. Mais la réponse est incertaine car elle dépend de **l'existence d'une imposition** au niveau du trustee dans le pays dont il est résident (sur la condition d'assujettissement à l'impôt, voir n° 41400) et peut-être de la résidence du bénéficiaire. De surcroît, serait posée la question même du « **bénéficiaire réel** » (ou effectif) pour l'application des conventions fiscales (n° 74630). Sauf cas particulier, il est donc peu probable que la convention puisse être applicable, d'autant moins qu'en général les trusts ne peuvent être considérés comme des « personnes » au sens des conventions fiscales faute d'être eux-mêmes dotés de la personnalité morale, le plus souvent (voir cependant n° 50425, Précisions).

Bien entendu, il n'y a pas de difficultés lorsque le trustee est résident d'un État ou territoire non lié à la France par une convention fiscale (par exemple, Jersey). Dans ce cas, le droit interne s'applique dans les conditions habituelles.

Convention franco-américaine

Les conventions fiscales n'apportent, en règle générale, aucune précision, à l'exception notable de la convention franco-américaine du 31 août 1994 modifiée, qui contient des éléments de réponse partiels. L'article 4 de la convention vise, en effet, certains trusts pour les considérer comme des « résidents », c'est-à-dire des « personnes » éligibles, en tant que telles, au bénéfice de la convention : **50450**
– **trusts « de retraite »**, plus ou moins proches, en réalité, des caisses de retraite françaises ;
– certains trusts ou **fonds d'investissement** (RIC, REIT, REMIC).

Précisions Avant l'avenant du 13 janvier 2009 à la convention fiscale franco-américaine, les **autres types de trusts** pouvaient être considérés comme des résidents dans la mesure où leurs revenus étaient soumis à l'impôt américain en tant que revenus d'un résident, soit au niveau du trust soit au niveau de ses bénéficiaires ou constituants ; cette précision a été supprimée par l'avenant précité qui retient un principe de **transparence** qui ne vise pas spécifiquement les trusts mais qui peut sans doute s'appliquer à ces derniers s'ils sont considérés comme fiscalement transparents en fiscalité américaine de la même façon que les partnerships (article 4 § 3 de la convention modifiée).

Convention franco-canadienne

Cette convention, du 2 mai 1975, contient une disposition spéciale par laquelle une fiducie (trust) est considérée comme une « personne » qui peut donc, le cas échéant, être un « résident » du Canada si les autres conditions sont par ailleurs remplies (voir également n° 50810 ; encore faut-il que la condition d'assujettissement à l'impôt soit satisfaite, comme indiqué n° 41400). **50460**

C. Droits de mutation à titre gratuit

La difficulté, en ce qui concerne les droits de mutation tient, pour l'essentiel, à l'éclatement du concept de propriété que représente le trust qui rend difficile l'appréciation même de la réalité des mutations de propriété. Or il est évident que l'utilisation des trusts ne peut conduire à éviter les droits de mutation à titre gratuit, d'autant moins d'ailleurs que la fiducie française, créée par la loi du 19 février 2007, est expressément nulle lorsqu'elle poursuit une finalité libérale (n° 50980). **50480**

C'est la raison pour laquelle l'article 14 de la loi n° 2011-900 du 29 juillet 2011 de finances rectificative pour 2011 a mis en place des règles entièrement nouvelles relatives à la fiscalité applicable aux transmissions réalisées par l'intermédiaire de trusts ; ces dispositions s'appliquent aux donations consenties et aux décès intervenus **depuis le 30 juillet 2011**.

D'une façon générale, c'est un raisonnement « par transparence » qui a prévalu. La loi ne pose pas en postulat que le constituant et/ou les bénéficiaires seraient titulaires dans les trusts de droits qu'il y aurait lieu d'imposer en tant que tels ; en revanche, elle appréhende les biens ou droits eux-mêmes, ceux qui ont été mis en trust, en considérant, en quelque sorte par transparence, qu'ils ne sont pas sortis du **patrimoine du constituant** quels que soient les termes et conditions de l'acte de trust (révocable ou non, discrétionnaire ou non, etc.).

Cette approche a d'ailleurs été reprise dans une affaire concernant un constituant dont la succession n'était pas régie par la loi du 29 juillet 2011 car il était décédé en 2001 (Cass. crim. 6 janvier 2021 n° 18-84.570 : Droit fiscal 2021 n° 7-8, comm. n° 152). La Cour de cassation, prenant appui sur la convention de La Haye et reprenant à son compte la définition du trust donnée par l'article 792-0 bis du CGI (pourtant non applicable à l'époque), énonce que, même avant l'entrée en vigueur de la loi du 29 juillet 2011, lorsque le constituant d'un trust de droit étranger, fût-il, aux termes de l'acte de trust, qualifié de discrétionnaire, irrévocable et ne prenant pas fin à son décès, ne s'est **pas irrévocablement et effectivement dessaisi** des biens placés dans le trust, ses héritiers sont tenus de les déclarer lors de la succession, la méconnaissance de cette obligation déclarative étant susceptible de caractériser le délit de fraude fiscale (nº 50535 et également infra, Précisions c). Depuis la loi du 29 juillet 2011, le principe est le même mais sans qu'il y ait besoin de rechercher si le constituant s'était ou non dessaisi des biens mis en trust.

Précisions **a.** Lorsqu'un **bien ou droit est placé en trust**, il faut déterminer s'il s'agit ou non d'une mutation imposable en France, sous réserve des règles de territorialité. S'il s'agit d'un trust révocable, on s'accorde en général à penser que le bien n'est pas, en réalité, sorti du patrimoine du constituant, qui reste le véritable propriétaire. Dans cette situation, il n'y aurait pas de transfert de propriété ni, par conséquent, de droit de mutation. La question est plus délicate lorsque le trust est irrévocable puisque le constituant n'a plus la propriété du bien qui a été transférée au trustee. À notre avis, cependant, on devrait raisonner en termes de **donation indirecte**, surtout depuis les modifications introduites par la loi du 29 juillet 2011 (nº 50300) ; il n'y aurait alors de droits de mutation à acquitter qu'en cas de transmission réelle des biens ou droits placés en trust, c'est-à-dire, le plus souvent, lorsque le trust prend fin (ou en cours de vie du trust, mais cette situation est moins fréquente) et non pas lors du transfert des biens ou droits dans le trust.

b. Les solutions jurisprudentielles et la doctrine administrative anciennes restent applicables aux transmissions à titre gratuit réalisées par l'intermédiaire d'un trust et intervenues **avant le 30 juillet 2011** (BOI-ENR-DMTG-30 nº 1).

c. Dans l'affaire jugée, au pénal, par l'arrêt de la Cour de cassation nº 18-84.570 du 6 janvier 2021 mentionné ci-dessus, il a été jugé, au fiscal, que les droits de mutation à titre gratuit étaient dus en raison du décès en octobre 2001 du constituant, domicilié en France, en ce qui concerne deux trusts, qui, compte tenu des circonstances, ont été considérés comme des **mandats** ou comme des **trusts révocables sans dessaisissement réel** (le trustee n'avait, selon le tribunal, aucun contrôle réel sur les actifs, les bénéficiaires affichés ne percevaient rien, et des prélèvements importants avaient été effectués au profit du constituant) ; en revanche, tel n'a pas été le cas d'un troisième trust dont il y avait lieu de considérer qu'il avait bien **produit ses effets** au regard du droit qui lui était applicable et pour lequel la décharge a été accordée, les enfants n'ayant pas reçu de droit appréhendable par le droit fiscal français à raison du décès de leur père (TGI Paris 9 juillet 2019 nº 15/14928, 9e ch., 2e sect. ; jugement définitif, semble-t-il). Dans cette affaire, les trusts n'avaient pas été clos par le décès du constituant.

1. Mesures de coordination

Règles de territorialité

50500 Que les transmissions soient ou non susceptibles d'être qualifiées de donation ou de succession (nºs 50530 s.), les règles de territorialité suivent les principes traditionnellement retenus en ce qui concerne les droits de mutation à titre gratuit. L'article 750 ter du CGI, qui pose les principes de territorialité des droits de mutation à titre gratuit (nº 47410), inclut en effet, dans sa rédaction issue de la loi du 29 juillet 2011 (nº 50300), les **biens ou droits** composant un trust défini à l'article 792-0 bis du CGI (nº 50320) et les produits qui y sont capitalisés :

– parmi les biens meubles et immeubles situés en France ou hors de France imposables lorsque le donateur ou le défunt a son **domicile fiscal en France** au sens de l'article 4 B (CGI art. 750 ter, 1º) ;

– parmi les biens meubles et immeubles imposables s'ils sont situés en France, lorsque le donateur ou le défunt n'a pas son domicile fiscal en France (CGI art. 750 ter, 2º) ;

– parmi les **biens meubles et immeubles**, qu'ils soient situés en France ou hors de France, imposables lorsqu'ils sont reçus par l'héritier, le donataire, le légataire ou le bénéficiaire d'un trust qui a son domicile fiscal en France, à condition que ce dernier ait eu son domicile fiscal en France pendant au moins six années au cours des dix dernières années précédant celle au cours de laquelle il reçoit les biens (CGI art. 750 ter, 3º).

Il en résulte que les droits de mutation sont applicables en raison de la **résidence fiscale en France du bénéficiaire d'un trust** même s'il ne peut être juridiquement qualifié d'héritier, de donataire ou de légataire. Les règles d'imposition des actifs maintenus dans les trusts ou transmis peuvent donc s'appliquer même lorsque les modalités de transmission ne peuvent autoriser l'assimilation à une donation ou à une succession.

Ces règles s'appliquent, bien entendu, sous réserve des conventions fiscales (nº 50650).

Présomption de propriété

L'article 752 du CGI tient compte des biens ou droits placés dans un trust pour l'appréciation de la présomption de propriété. Ces biens ou droits sont ajoutés aux actions, obligations, parts de fondateur ou bénéficiaires, parts sociales et toutes autres créances dont le défunt a eu la propriété (ou a perçu les revenus ou à raison desquelles il a effectué une opération quelconque moins d'un an avant son décès) qui, jusqu'à preuve contraire, sont **présumées faire partie de la succession**, pour la liquidation et le paiement des droits de mutation par décès. **50515**

La procédure de mise en œuvre de cette présomption, prévue par l'article L 19 du LPF, a été aménagée par coordination ; le champ du **contrôle** par l'administration des actes de succession a ainsi été étendu à ces mêmes biens ou droits ou aux produits capitalisés dans un trust.

2. Cas des transmissions qualifiées de donation ou de succession

Principes

L'article 792-0 bis, II-1 du CGI précise que la transmission par donation ou succession de biens ou droits placés dans un trust ainsi que des produits qui y sont capitalisés est, pour la valeur **vénale nette** des biens, droits ou produits concernés à la date de la transmission, soumise aux droits de mutation à titre gratuit en fonction du **lien de parenté** existant entre le constituant et le bénéficiaire. **50530**

Selon l'exposé des motifs de la loi du 29 juillet 2011, cette précision est une « confirmation », ce qu'a d'ailleurs souligné la Cour de cassation dans un arrêt du 6 janvier 2021 (nº 50535) ; cet arrêt énonce que « l'intervention du législateur le 29 juillet 2011, lequel a organisé un régime fiscal des biens placés dans un trust de droit étranger, inapplicable à l'espèce, n'implique pas l'absence de toute fiscalité antérieure applicable à l'égard de ces biens. En effet, il ressort des travaux préparatoires que ce texte a visé à **confirmer, préciser et compléter le régime fiscal des trusts en matière de droits de mutation** à titre gratuit et d'impôt de solidarité sur la fortune ». La Cour de cassation ajoute que si l'article 792-0 bis du CGI instaure une imposition spécifique au titre des droits de mutation par décès s'agissant des biens placés dans un trust qui sont transmis aux bénéficiaires au décès du constituant sans être intégrés à sa succession, ou qui restent dans le trust après le décès du constituant, il confirme également que les transmissions à titre gratuit réalisées par l'intermédiaire d'un trust et qui peuvent être qualifiées de donation ou de succession sont soumises aux droits de mutation de droit commun.

Ainsi, lorsque les transmissions à titre gratuit réalisées par l'intermédiaire d'un trust peuvent être qualifiées de donation ou succession, elles sont soumises aux droits de donation ou de succession selon le droit commun. Ce principe s'applique aux biens et droits ainsi qu'aux produits capitalisés dans un trust et transmis par donation ou succession.

Compte tenu de la jurisprudence de la Cour de cassation (nº 50535), les transmissions effectuées par l'intermédiaire d'un trust devraient, à notre avis, être qualifiées de donation ou de succession dans les situations suivantes :
– lorsque **les biens « sortent » du trust** pour être attribués aux bénéficiaires : en ce sens, Cass. com. 15 mai 2007 nº 05-18.268 FS-PBIR, Cts Tardieu de Maleissye : RJF 10/07 nº 1170, ainsi que Cass. com. 18 novembre 2020 nº 18-14.242, en cas de succession ; Cass. com. 6 novembre 2019 nº 17-26.985, à propos d'une donation, alors qu'il n'avait pas été mis fin au trust. Pour respecter les principes, les biens qui sortent du trust devraient être assujettis aux droits de donation s'ils sont attribués à d'autres personnes que le constituant (ou au bénéficiaire réputé constituant), et comme des reprises non imposables ou des revenus (s'ils ont produit des revenus capitalisés), s'ils sont attribués au constituant (ou, ultérieurement, au bénéficiaire réputé constituant) ;
– lorsque **les biens « restent » dans le trust** et qu'il n'est pas mis fin au trust au décès du constituant, si ce dernier ne s'est pas, dans les faits, dessaisi des biens, même si le trust est qualifié d'irrévocable et discrétionnaire : en ce sens, Cass. crim. 6 janvier 2021 nº 18-84.570 (Droit fiscal 2021 nº 7-8, comm. nº 152).

En revanche, si les biens restent dans le trust et s'il n'est pas mis fin au trust au décès du constituant, s'il s'agit d'un trust irrévocable et discrétionnaire ayant donné lieu à un

dessaisissement effectif du constituant, les droits de mutation sui generis sont en principe applicables (nos 50580 s.).

Précisions a. Selon le rapport Marini (Rapport no 620 déposé au Sénat le 15 juin 2011), la loi du 29 juillet 2011 a voulu rappeler le **droit commun des mutations** et son application aux trusts, qui a vocation à s'appliquer lorsque la donation ou la succession peut être établie « de manière claire ».

b. L'administration n'a pas fourni d'indications sur les situations qui, à son avis, pourraient entrer dans les prévisions de l'article 792-0 bis, II-1 du CGI. Un exemple proposé par la doctrine administrative (no 50597) incite cependant à penser que, selon elle, les droits de succession ou de donation s'appliqueraient **lorsque les biens « sortent » du trust** pour être attribués aux bénéficiaires, sans qu'il y ait lieu de se poser de questions particulières sur la nature de la mutation, alors que les droits de mutation « sui generis » s'appliqueraient dans les autres cas selon les liens de parenté ou au taux de 60 % en cas d'indétermination.

Jurisprudence

50535 La jurisprudence a fourni les indications suivantes, à mesure des affaires soumises au contentieux.

Avant la loi du 29 juillet 2011, et même si l'analyse n'avait pas été faite de façon complète, la caractérisation de la constitution d'un trust irrévocable en mutation à titre gratuit avait été retenue à propos d'un trust américain (CA Rennes 4 mai 2005 no 03-4727, 1e ch. A, DSF du Finistère c/ Crts Tardieu de Maleissye : RJF 4/06 no 471). Dans cette affaire, la cour d'appel avait jugé que l'acte par lequel le défunt, lorsqu'il était résident américain, avait bloqué un capital pour en percevoir les fruits sa vie durant tout en chargeant les fiduciaires de le remettre après sa mort aux bénéficiaires désignés par lui, comportait une intention libérale en faveur des bénéficiaires, qu'il caractérisait une **donation indirecte** en faveur de ces derniers qui a pris **effet au jour du décès** et que, par suite, les droits de mutation à titre gratuit étaient exigibles sur le fondement de l'article 784 du CGI. La cour d'appel avait jugé que la valeur réintégrable à la masse successorale pour le calcul des droits était constituée par la contre-valeur en monnaie française des titres transmis, calculée au jour du décès (le trust comprenait des valeurs mobilières imposables en France, dans la mesure où le constituant était décédé alors qu'il était français et résident de France).

Cette analyse a été confirmée par la Cour de cassation, qui a jugé « qu'après avoir relevé que le constituant du trust s'était défait irrévocablement de la propriété des biens portés par le trustee pour le compte des bénéficiaires désignés, lesquels avaient acquis cette propriété **à la clôture du trust provoquée par son décès**, la cour d'appel en a déduit, à bon droit, répondant aux conclusions prétendument délaissées, qu'était ainsi caractérisée une mutation à titre gratuit ayant pris effet au jour du décès du constituant et non au jour de la constitution du trust » (Cass. com. 15 mai 2007 no 05-18.268 FS-PBIR, Cts Tardieu de Maleissye : RJF 10/07 no 1170).

Certes, l'arrêt ne précise pas de façon très explicite s'il s'agit d'une mutation « sui generis » ou s'il s'agit bien d'une donation indirecte ; mais dans la mesure où il confirme le bien-fondé de la décision d'appel, qui avait considéré comme suffisante la seule référence à l'article 784 du CGI, et juge que la notification de redressements n'avait pas à mentionner l'article 750 ter, il confirme nécessairement la pertinence de l'analyse en termes de donation indirecte. Selon cette analyse, une donation devrait donc être caractérisée lorsque les biens sont remis aux bénéficiaires en cours de vie du trust ou lorsqu'il est mis fin au trust.

La caractérisation de donation indirecte a été reprise par la Cour de cassation pour confirmer, toujours sous l'empire de la législation applicable avant la loi du 29 juillet 2011, qu'une personne physique domiciliée en France était bien redevable des **droits de donation** au titre de sommes qu'elle avait reçues en 2003 par virement bancaire d'un trustee canadien, en conséquence d'un trust intervivos constitué en 1995 par un constituant dont l'identité est demeurée inconnue, et qui représentaient une partie du corpus du trust (Cass. com. 6 novembre 2019 no 17-26.985). L'arrêt relève, en effet, que la nature du trust n'excluait pas la possibilité pour le constituant de **transmettre une partie du capital** à un ou des bénéficiaires, en dépit du dessaisissement irrévocable opéré au profit du trust, que les versements en capital effectués par le trustee étaient intervenus conformément aux prévisions de l'acte de trust et, partant, aux demandes exprimées par le constituant, que l'intervention du trustee n'emportait pas anéantissement de **l'intention libérale** exprimée par le constituant, que l'intention libérale du constituant était avérée même si son identité est restée inconnue et que le bénéficiaire avait **implicitement accepté** la donation en acquiesçant à l'encaissement des trois virements opérés à son profit par le trustee, peu important qu'il ne soit pas intervenu à l'acte (il s'agissait apparemment de distributions « de capital » et non pas de distribution de revenus capitalisés au sein du trust) ; en l'espèce, comme le **lien de parenté** entre le constituant et le bénéficiaire n'était pas connu et comme l'identité du constituant n'avait pas été communiquée par le bénéficiaire, le taux de 60 % était applicable (tarif entre non-parents). Dans cette affaire, la cour d'appel, approuvée par la Cour de cassation, avait jugé que le trust irrévocable constituait une donation indirecte imposable en France **au moment de l'appréhension des biens par le destinataire**, sans effectuer de distinction selon qu'il s'agisse d'un trust testamentaire ou non ; la Cour de cassation n'a donc pas accordé d'importance, pour caractériser la donation, à ce qu'il n'ait pas été mis fin au trust au moment de l'appréhension des biens. **50535** (suite)

Cet arrêt juge également que le fait qu'un trustee dispose de larges **pouvoirs de gestion, voire d'annulation, des clauses de désignation des bénéficiaires** n'implique pas pour autant, en l'absence de modification des dispositions de l'acte de trust, anéantissement de l'intention libérale exprimée par le constituant. Les modifications temporaires que les trustees peuvent être tentés de faire dans certains cas, par exemple pour exclure temporairement des résidents de France de la catégorie des bénéficiaires, sont donc inopérantes.

Dans le sillage des arrêts précédents, il a été précisé, toujours sous l'empire de l'état du droit antérieur à la loi du 29 juillet 2011, que la clôture du trust et la remise concomitante des biens constituent un fait générateur des droits de mutation à titre gratuit ; la Cour de cassation a, en effet, jugé que le fait générateur de ces droits est constitué par le **transfert de propriété**, qui, s'agissant de biens placés dans un trust, s'opère par l'effet de la distribution de l'actif du trust au bénéficiaire final, au jour de sa clôture, laquelle peut être postérieure au décès du constituant (Cass. comm. 18 novembre 2020 n° 18-14.242 ; l'affaire a été renvoyée devant la cour d'appel de Paris). Dans cette affaire, le constituant, résident américain, avait prévu qu'à son décès ses enfants percevraient les revenus des biens mis en trust et que ces biens seraient répartis entre ses enfants et petits-enfants au décès du premier de ses enfants ; c'était à tort que la cour d'appel avait jugé qu'au décès du constituant ses enfants avaient reçu des droits assimilables à un **droit d'usufruit** et que le décès d'un bénéficiaire en revenu avait entraîné l'extinction de son usufruit qui ne rendait pas exigibles les droits de mutation, au motif erroné que le fils du bénéficiaire n'avait pas hérité d'un droit de propriété mais était nu-propriétaire d'une part des actifs du trust au décès du constituant. La cour d'appel s'était trompée car l'acte de trust prévoyait une **clôture du trust au décès du bénéficiaire** et non à celui de sa constituante, décès qui, en l'espèce, avait seulement rendu le trust irrévocable. Dans cette affaire, les droits auraient sans doute pu être réclamés au décès du constituant, à supposer que ce dernier ait pu être considéré comme ne s'étant pas réellement dessaisi des biens.

En effet, il a, depuis lors, été jugé que lorsque le constituant d'un trust de droit étranger, fût-il, aux termes de l'acte de trust, qualifié de discrétionnaire, irrévocable et ne prenant pas fin à son décès, ne s'est **pas irrévocablement et effectivement dessaisi** des biens placés dans le trust, ses héritiers sont tenus de les déclarer lors de la succession, la méconnaissance de cette obligation déclarative étant susceptible de caractériser le délit de fraude fiscale (Cass. crim. 6 janvier 2021 n° 18-84.570 : Droit fiscal 2021 n° 7-8, comm. n° 152, à propos d'un constituant décédé en 2001). La Cour de cassation précise qu'il fallait en l'espèce procéder à une **analyse du fonctionnement concret du trust** afin de rechercher si le constituant avait, dans les faits, continué à exercer, à l'égard des biens logés dans le trust, des prérogatives révélatrices de l'exercice du droit de propriété, de telle sorte qu'il ne pouvait être considéré comme s'en étant véritablement dessaisi. Dans cette affaire, la Cour de cassation a annulé l'arrêt de la cour d'appel de Paris qui avait relaxé des prévenus poursuivis pour fraude fiscale au motif qu'ils auraient utilisé des trusts pour occulter des biens non mentionnés dans les déclarations de succession ; c'était, en effet, à tort que la cour d'appel avait jugé qu'il n'y avait pas, avant la loi du 29 juillet 2011, d'obligation de **déclarer**, lors d'une **succession**, des biens placés dans un trust (l'affaire a été renvoyée à la cour d'appel, les énonciations de l'arrêt annulé, relatives à l'effectivité du dessaisissement du constituant à l'égard des biens placés dans les trusts, étant équivoques, voire contradictoires, de sorte qu'elles ne mettaient pas la Cour de cassation en mesure de contrôler la motivation retenue à l'appui de la relaxe). Cette solution est fondée sur une **approche réaliste** de la situation, sans que soit pour autant mobilisé l'abus de droit ; comme le dit la Cour de cassation, même avant la loi de 2011, « les héritiers étaient tenus de déclarer ces biens lorsque le défunt s'était comporté dans les faits comme étant demeuré propriétaire » (Lettre de la chambre criminelle de la cour de cassation, n° 6, janvier 2021).

Précisions **a.** Dans l'**affaire Tardieu de Maleissye**, un Français vivant alors aux États-Unis avait constitué en 1947 un trust de droit américain en lui apportant un portefeuille de valeurs mobilières ; quelques années plus tard, il avait rendu le trust irrévocable en désignant ses enfants comme bénéficiaires à son décès, lui-même continuant à bénéficier de son vivant des revenus du portefeuille. À son décès survenu en France en 1995, ses trois filles avaient porté « pour mémoire » le trust dans la déclaration de succession. L'administration française a rapporté les valeurs mobilières mises en trust à l'actif successoral sur le fondement de l'article 784 du CGI. Les héritières ont alors prétendu que la propriété des titres leur a été acquise lorsque le trust est devenu irrévocable, que l'acte n'était pas translatif de propriété de biens français, n'était pas soumis à l'enregistrement et ne donnait pas lieu à déclaration. Cette analyse n'a pas été suivie par la Cour de cassation qui a confirmé les redressements.

b. Les héritières avaient, dans l'affaire Tardieu de Maleissye, formé un ultime recours devant la **Cour européenne des droits de l'Homme**, mais sans succès ; il a été jugé que l'obligation de paiement des droits litigieux ne constituait pas une mesure disproportionnée ou un abus de droit de percevoir des impôts et d'autres contributions, droit reconnu à l'État par l'article 1 du Protocole n° 1, et ne révélait pas davantage une discrimination contraire à l'article 14 de la Convention combiné avec l'article 1 du Protocole n° 1 (CEDH 15 décembre 2009 n° 51854/07, 5e sect.).

Calcul des droits

50540 La perception des droits de succession est effectuée en ajoutant la valeur des biens, droits et produits placés en trust et reçus par le bénéficiaire lors du décès du constituant à celle des autres biens qu'il reçoit en tant qu'héritier du constituant et qui sont compris dans la déclaration de succession pour l'application des barèmes, abattements et réductions de droits ; cette mesure a pour objet d'éviter que le bénéficiaire soit indûment avantagé, notamment par la duplication des abattements.

En outre, les règles relatives au **rapport fiscal** sont applicables dans les conditions habituelles ; ainsi, le rapport fiscal des donations antérieures (réalisées hors trust) est applicable pour le calcul des droits dus en cas de mutation réalisée par l'intermédiaire d'un trust et les donations réalisées par l'intermédiaire d'un trust sont rapportables en cas de mutation ultérieure.

3. Cas des transmissions qui ne peuvent être qualifiées de donation ou de succession

Principes

50580 Pour les transmissions réalisées par l'intermédiaire d'un trust qui ne peuvent pas être qualifiées de donation ou succession (pour lesquelles les droits de mutation à titre gratuit ne peuvent donc pas être appliqués selon les règles de droit commun), la loi du 29 juillet 2011 (n° 50300) a créé une règle spécifique de taxation aux **droits de mutation par décès**, applicable au décès du constituant, que les biens, droits ou produits capitalisés soient transmis au décès du constituant ou à une date postérieure. Ce sont des droits de mutation « **sui generis** » qui sont tout de même qualifiés de droits de mutation par décès et qui entrent dans le champ d'application de l'article 750 ter du CGI (n° 50500).

Il s'agit d'une **règle fiscale** sans incidence sur la qualification de la transmission intervenant au décès ou à une date postérieure et dont les modalités d'application dépendent de la part revenant aux bénéficiaires vivants ou futurs du trust. Pour ces transmissions, le législateur semble avoir voulu opérer un rapprochement avec les règles de droit commun, le **fait générateur** de la mutation étant le décès du constituant.

Ainsi, lorsque la qualification de donation ou de succession n'est pas possible, les biens, droits ou produits capitalisés placés dans un trust qui sont transmis aux bénéficiaires au décès du constituant sans être intégrés à sa succession ou qui restent dans le trust après le décès du constituant sont soumis aux droits de mutation par décès à des tarifs qui varient selon les hypothèses suivantes (CGI art. 792-0 bis, II-2).

Cas où la part due au bénéficiaire est déterminée

Si, à la date du décès, la part des biens, droits ou produits capitalisés qui est due à un bénéficiaire est déterminée, cette part est soumise aux droits de mutation par décès selon le **lien de parenté** entre le constituant et le bénéficiaire. Selon l'administration, cette règle s'applique en présence de la « transmission d'une part déterminée à un bénéficiaire identifié » (BOI-ENR-DMTG-30 n° 110). Dans ce cas, les droits de mutation sont appliqués selon les règles de **droit commun**. **50585**

Comme lorsque la transmission peut être qualifiée de donation ou de succession (n° 50540), la perception des droits de mutation par décès est effectuée en **ajoutant** la valeur des biens, droits et produits placés en trust et reçus par le bénéficiaire au décès du constituant à celle des **autres biens** compris dans la déclaration de succession pour l'application des barèmes, abattements et réductions de droits.

La transmission de ces biens, droits et produits ne bénéficie donc pas d'une application autonome des abattements personnels des droits de mutation à titre gratuit, ni d'une application indépendante des barèmes progressifs, y compris lorsque ces biens, droits et produits ne sont pas intégrés à la succession du constituant. Les biens transmis par le biais de trusts sont ajoutés aux autres biens reçus par l'héritier à l'occasion de la succession.

Enfin, le **rapport fiscal** des donations est applicable aux donations de biens placés dans un trust pour le calcul de droits de mutation ultérieurs ; symétriquement, le rapport fiscal est applicable au calcul des droits de mutation par décès portant sur des biens placés dans un trust (en cas de donations antérieures indépendantes du trust).

Précisions Par « transmission d'une part déterminée à un bénéficiaire identifié », l'administration n'entend sans doute **pas une transmission effective**, qui supposerait que les biens quittent le trust ; elle vise probablement seulement l'identification d'un bien et de son bénéficiaire, même si le bien reste dans le trust.

Cas où la part revenant aux descendants ne peut pas être déterminée pour chacun d'entre eux à la date du décès

Si, à la date du décès, une part déterminée des biens, droits ou produits capitalisés est due globalement à des descendants du constituant (sans qu'il soit possible de la répartir entre eux mais sans que les actifs sortent du trust), cette part est soumise à des droits de mutation à titre gratuit par décès au taux applicable à la dernière tranche du tableau I annexé à l'article 777 du CGI (tarif maximum des droits applicables en ligne directe, soit **45 %**). Seule est ici visée la situation où les avoirs en trust sont transmis à des descendants, à l'exclusion des cas où se trouveraient également le conjoint ou des ascendants (ce cas est visé au n° 50595). **50590**

Par différence avec les droits dus dans l'hypothèse du n° 50585, il s'agit de droits de mutation à titre gratuit « **sui generis** » qui doivent être acquittés par l'administrateur du trust (n° 50600).

Autres cas

Selon l'administration, les autres situations visées correspondent en pratique : **50595**
– soit à l'hypothèse où les biens restent dans le trust à la suite du décès du constituant **sans être attribués** ;
– soit à l'hypothèse de la transmission d'une part non individuellement déterminée à des bénéficiaires qui ne sont **pas exclusivement des descendants** du constituant (BOI-ENR-DMTG-30 n° 130).

La valeur des biens, droits ou produits capitalisés placés dans le trust, nette des parts mentionnées nos 50585 et 50590, est alors soumise à des droits de mutation à titre gratuit par décès au taux applicable à la dernière tranche du tableau III annexé à l'article 777 du CGI (tarif maximum des droits applicables en ligne collatérale et entre non-parents, soit **60 %**).

Là encore, il s'agit de droits de mutation à titre gratuit « sui generis » qui doivent être acquittés par l'administrateur du trust (n° 50600).

Exemple

50597 L'administration illustre sa manière de voir par l'exemple d'un constituant qui décède le 10 janvier 2012 alors qu'il était non résident et qu'il avait constitué, en 2010, **trois trusts** dont les caractéristiques sont les suivantes :
– trust A : trust révocable dont les bénéficiaires sont le constituant et l'un de ses deux enfants, fiscalement résident de France ;
– trust B : trust irrévocable dont les bénéficiaires sont les deux enfants du constituant, fiscalement résidents de France ;
– trust C : trust irrévocable dont les bénéficiaires sont pour moitié les petits-enfants du constituant vivants à la date du 1er janvier 2015 ; l'administrateur du trust a toute latitude quant à la disposition de l'autre moitié de l'actif du trust (BOI-ENR-DMTG-30 n° 140).

Pour l'administration, le décès du constituant constitue le **fait générateur des taxations suivantes** :
– droits de mutation par décès sur l'actif net de succession qui comprend notamment l'actif net du trust A et l'actif net du trust B ;
– droits de mutation par décès sur l'actif net du trust C : au taux de 45 % pour la moitié de l'actif à la date du décès du constituant, le nombre de bénéficiaires n'étant pas déterminé (« petits-enfants vivants à la date du 1er janvier 2015 ») et au taux de 60 % pour le solde.

En première analyse, cet exemple ne serait en harmonie avec les principes législatifs que si les biens étaient effectivement « transmis » (aux enfants pour les trusts A et B), ce qui peut difficilement être le cas, à tout le moins, de ceux qui concernent le trust C pour la part revenant aux petits-enfants puisque ceux-ci ne seront identifiés que plus tard, postérieurement au décès.

En réalité, il semble que l'administration ait voulu signifier par cet exemple que les liens de parenté sont pris en compte **même lorsque les biens restent dans le trust** à partir du moment où l'acte de trust identifie les biens et leurs bénéficiaires au décès du constituant ; autrement dit, alors que la loi ne vise, à l'article 792-0 bis, II-2 du CGI, que les biens « qui sont transmis aux bénéficiaires au décès du constituant », ce qui suppose, à notre avis, un transfert juridique de propriété, l'administration applique les mêmes règles à des biens qui sont, par une sorte de fiction, « réputés transmis » à des bénéficiaires identifiés, même s'ils ne font l'objet d'**aucune transmission réelle**. Selon cette interprétation, le taux majoré de 60 % ne serait pas systématiquement applicable, contrairement à ce que dit la loi, lorsque les biens restent dans le trust après le décès du constituant, mais seulement lorsqu'ils y restent, en quelque sorte, « sans affectation ».

Redevable des droits de mutation par décès

50600 Dans les cas mentionnés nos 50590 et 50595, les droits de mutation à titre gratuit doivent être acquittés et versés au comptable public par **l'administrateur du trust** dans les délais de droit commun prévus à l'article 641 du CGI, à compter du décès du constituant (n° 47780).

À défaut et dans le cas où l'administrateur du trust est soumis à la loi d'un État ou territoire non coopératif au sens de l'article 238-0 A du CGI (nos 71550 s.) ou n'ayant pas conclu avec la France une convention d'assistance mutuelle en matière de recouvrement, les **bénéficiaires** du trust, qu'ils soient ou non résidents de France, sont **solidairement responsables** du paiement des droits.

Le fait que les bénéficiaires soient solidairement responsables dans ce cas résulte des travaux parlementaires et tient à ce que, dans l'hypothèse où le constituant n'est pas facilement identifiable, il est plus facile d'identifier le bénéficiaire ; toutefois, afin d'éviter de multiplier les difficultés d'application alors même que les contribuables concernés seraient de bonne foi, la solidarité a été limitée aux cas des États ou territoires non coopératifs (nos 71550 s.) et à celui des pays non liés à la France par une convention comportant une clause d'assistance au recouvrement.

Précisions Tous les trusts constitués dans des États et territoires non coopératifs sont visés par la mesure de solidarité, quel que soit le **motif de leur inclusion** sur la liste (n° 71562) ; cela étant, l'administration admet que la **clause de sauvegarde** « constitutionnelle » s'applique (BOI-INT-DG-20-50-20 n° 490, citant Cons. const. n° 2014-437 QPC du 20 janvier 2015 ; n° 71550).

Cas des États et territoires non coopératifs et des trusts constitués après le 11 mai 2011

Lorsque l'administrateur du trust est soumis à la loi d'un État ou territoire non coopératif au sens de l'article 238-0 A du CGI (à l'exception des États ou territoires considérés comme tels en application des critères européens autres que ceux tenant aux « montages extraterritoriaux » ; nº 71555) ou lorsque le trust a été constitué après le 11 mai 2011 (date du conseil des ministres adoptant le projet de loi ayant abouti à la loi du 29 juillet 2011) et que, au moment de la constitution du trust, le constituant était fiscalement domicilié en France au sens de l'article 4 B du CGI, les droits de donation et les droits de mutation par décès sont dus au **taux applicable** à la dernière tranche du tableau III annexé à l'article 777 (tarif maximum des droits applicables en ligne collatérale et entre non-parents, soit 60 %). **50620**

Précisions **a.** La loi devant être interprétée littéralement, cette règle ne s'applique pas lorsque la mutation peut être qualifiée de **donation** ou de **succession** au sens mentionné nº 50530 (BOI-ENR-DMTG-30 nº 190).

b. La « **rétroactivité** » de cette mesure a été limitée au cours des débats parlementaires. En présence d'un trust constitué par une personne fiscalement domiciliée en France, le barème ordinaire est applicable si le trust a été constitué avant le 11 mai 2011 (sauf cas des ETNC) ; si le trust est constitué après cette date, le taux de 60 % s'applique (sauf transmissions qualifiées de donation ou de succession). Le taux de 60 % s'applique dans tous les cas si le trust est constitué dans un ETNC (sauf transmissions qualifiées de donation ou de succession).

c. En ce qui concerne les trusts constitués dans des États et territoires non coopératifs, l'administration admet que la **clause de sauvegarde** « constitutionnelle » s'applique (BOI-INT-DG-20-50-20 nº 490, citant Cons. const. nº 2014-437 QPC du 20 janvier 2015 ; nº 71550).

4. Cas des transmissions successives

Constituant « fiscal »

La loi a cherché à appréhender les transmissions successives réalisées par l'intermédiaire de trusts. À cette fin, le **bénéficiaire** est **réputé** être un **constituant** du trust pour l'application des règles relatives aux transmissions, qu'elles soient ou non qualifiées de donation ou succession, dans les deux cas suivants : **50630**

- si le **constituant** est **décédé** à la date de l'entrée en vigueur de la loi du 29 juillet 2011 (nº 50300), soit avant le 31 juillet 2011 (dans ce cas, la transmission antérieure n'a pas nécessairement été imposée mais il n'est pas prévu de la taxer rétroactivement en application des règles actuelles) ;
- ou à raison des **biens et droits** placés dans un trust qui sont **imposés** dans les conditions mentionnées nºs 50530 s. (droits de succession ou de donation) et nºs 50580 s. (droits de mutation « sui generis ») et de leurs produits capitalisés (CGI art. 792-0 bis, II-3).

La définition de ce « **constituant fiscal** », qui n'est pas le constituant initial, permet l'application des droits de mutation au cours des mutations successives. Le bénéficiaire d'un trust dont le constituant originel est décédé est traité comme un « nouveau » constituant. Ainsi, si les biens et droits restent dans le trust de génération en génération, la taxation est opérée selon les mêmes modalités entre les bénéficiaires successifs.

Précisions L'administration estime, ce qui nous paraît exact, que le bénéficiaire est réputé constituant du trust, y compris lorsque les biens et droits placés en trust n'ont pas été effectivement imposés en raison de l'application des **conventions internationales** (BOI-DJC-TRUST nº 100). Ainsi, la définition du « constituant fiscal » vaut également si les biens ou droits étaient imposables en droit interne mais n'ont pas été effectivement imposés en raison seulement des conventions fiscales internationales ; tout autre interprétation conduirait en effet à vider de sens, dans ce cas, les dispositions législatives relatives aux transmissions ultérieures et à l'IFI.

Sortie ultérieure des biens restés dans le trust

Si les attributaires des biens sortis du trust sont les **bénéficiaires identifiés** lors de la dernière transmission avec une répartition entre eux des biens identique à celle opérée lors de la dernière transmission, la sortie (totale ou partielle) des biens du trust ne constitue pas une nouvelle mutation ; elle s'effectue donc en franchise de droits de mutation à titre gratuit (BOI-ENR-DMTG-30 nº 150). **50635**

En revanche, s'il n'y a **pas identité parfaite** entre les attributaires des droits ou biens sortis du trust et les bénéficiaires identifiés lors de la dernière transmission ou si la répartition des droits ou biens sortis du trust diffère de celle opérée lors de la dernière transmission, une taxation aux droits de donation doit être effectuée en considérant que le premier bénéficiaire a consenti une donation au profit du nouvel attributaire de ces droits ou biens (BOI préc. n° 160).

Enfin, comme les **produits d'un trust** sont taxés à l'impôt sur le revenu lors de leur distribution, leur sortie du trust n'entraîne en principe aucune taxation aux droits de mutation à titre gratuit. Toutefois, l'attributaire de ces produits ou l'administrateur du trust doit être en mesure d'apporter à l'administration les éléments permettant de justifier la qualification de produits des sommes concernées ainsi que leur montant (BOI préc. n° 170).

Dissolution du trust

50640 L'administration indique, au BOI-ENR-DMTG-30 n° 180, que la taxation de l'opération de dissolution du trust s'effectue suivant les mêmes modalités que celles appliquées lors de la sortie ultérieure de biens restés dans le trust (n° 50635).

5. Incidence des conventions fiscales

50650 Dans la mesure où la loi raisonne « par transparence » et dès lors que les droits exigibles entrent dans le champ d'application de l'article 750 ter du CGI, les conventions fiscales sont applicables, lorsqu'elles **visent les droits de mutation** à titre gratuit en général ou les droits de donation et de succession (cas, par exemple, de la convention fiscale franco-américaine du 24 novembre 1978 modifiée).

En ce sens, l'administration souligne que lorsque les biens mis en trust sont transmis dans les cas visés au II de l'article 792-0 bis du CGI (par conséquent, que la transmission soit ou non qualifiée de donation ou succession), l'existence du trust n'a pas d'incidence sur l'application des conventions fiscales internationales en matière de succession ou de donation (BOI-ENR-DMTG-30 n° 40).

Il y a donc lieu d'appliquer les règles de répartition des droits d'imposer qu'elles prévoient à l'égard des biens ou droits placés en trust de la même façon qu'à l'égard des biens ou droits détenus directement par le constituant. Ainsi, les conventions fiscales éventuellement applicables devraient, dans la généralité des cas, **s'opposer** à l'imposition en France, au décès du constituant, des biens ou droits composant un trust lorsque le constituant n'est pas domicilié en France et que ces biens ne sont pas situés en France, même si le bénéficiaire est fiscalement domicilié en France, contrairement à ce qui est prévu en droit interne (n° 50500).

Précisions **a.** L'administration indique que les modalités d'élimination des doubles impositions prévues par les conventions en matière de succession ou de donation trouvent à s'appliquer dans les conditions de droit commun, « dès lors qu'une **double imposition juridique** est caractérisée, c'est-à-dire dans les cas où une même personne est imposable au titre des mêmes biens par plus d'un État » (BOI-ENR-DMTG-30 n° 40) ; il ne semble pas qu'elle veuille ici signifier qu'un impôt doive nécessairement avoir été prélevé à l'étranger mais plutôt que le redevable de l'impôt soit bien le même dans les deux États (pour écarter les cas où un État considérerait que les droits sont dus par le trustee ou le constituant alors que pour la France ils sont dus par les bénéficiaires ou pour leur compte).

b. L'administration ajoute que, lorsque la France est l'État de résidence, l'impôt acquitté à l'étranger est **imputable** dans la limite de l'impôt dû en France et qu'il incombe au redevable de justifier du paiement effectif de l'impôt étranger (BOI préc.).

D. Impôt sur la fortune

50700 La question de l'assujettissement des avoirs en trusts à l'impôt sur la fortune s'était posée au lendemain de la Seconde Guerre mondiale, lorsque fut créé un impôt de solidarité nationale. Il avait alors été décidé que les biens dépendant du trust devaient être déclarés par le bénéficiaire, comme faisant partie de son patrimoine. En fait, cette prise de position n'avait guère de conséquence, car les biens ayant une assiette matérielle à l'étranger n'étaient pas imposés.

La question a réapparu avec la création de l'impôt sur les grandes fortunes, puis de l'impôt de solidarité sur la fortune et, actuellement, de l'impôt sur la fortune immobilière (nos 51300 s.). Elle est aujourd'hui réglée par l'article 970 du CGI aux termes duquel les actifs immobiliers placés dans un trust et entrant dans le champ de l'IFI (n° 52170) sont imposables **au nom du constituant** ou du bénéficiaire réputé constituant.

1. Principes

Assujettissement du constituant

Les **actifs immobiliers** entrant dans le champ de l'IFI (n° 52170) et placés dans un trust défini à l'article 792-0 bis du CGI (n° 50320) sont compris dans le patrimoine du constituant ou dans celui du ou des bénéficiaires réputés constituants, pour leur valeur vénale nette au 1er janvier de l'année d'imposition (CGI art. 970 ; sur la notion de bénéficiaire réputé constituant, voir n° 50630). Le principe posé par l'article 14 de la loi du 29 juillet 2011 à propos de l'ancien ISF (ancien article 885 G ter du CGI, applicable entre le 1er janvier 2012 et le 31 décembre 2017) a été transposé à l'IFI, sous réserve des adaptations nécessaires (l'IFI ne vise que les actifs immobiliers au sens large, alors que l'ISF s'appliquait à l'ensemble des biens ou droits placés dans un trust et aux produits capitalisés). **50710**

L'administration précise que sont considérés comme des **biens placés dans un trust**, non seulement ceux que le constituant y a transférés depuis son patrimoine personnel, mais également ceux éventuellement acquis par le trust, y compris les biens ou droits imposables à l'IFI acquis en remploi des produits capitalisés générés par des actifs autres qu'immobiliers placés dans le trust (BOI-PAT-IFI-20-20-30-20 n° 60).

Sous réserve de l'exclusion des trusts caritatifs (n° 50770) et de l'exception constitutionnelle mentionnée ci-après, cette règle est indépendante de la nature et des caractéristiques du trust ; elle s'applique de la même façon que les trusts soient révocables ou irrévocables, simples ou discrétionnaires. Elle est applicable au constituant (ou au bénéficiaire réputé constituant) même s'il n'a pas le droit de jouir ni de disposer des biens ou droits placés en trust, en quelque sorte comme s'il détenait les biens ou droits « **par transparence** ». S'il y a plusieurs bénéficiaires réputés constituants et si l'acte de trust (ou ses éventuelles stipulations complémentaires annexes) ne répartit pas expressément l'actif du trust, celui-ci doit, selon l'administration, être réputé réparti à parts égales entre chacun des bénéficiaires réputés constituants (BOI préc. n° 70).

L'IFI est établi dans les conditions de droit commun en fonction de la valeur nette, au 1er janvier de chaque année, des **biens ou droits immobiliers** et des **parts ou actions** des sociétés et organismes à hauteur de la valeur représentative de biens ou droits immobiliers détenus directement ou indirectement par ces sociétés ou organismes, dans le respect des règles de territorialité (n° 50750). L'imposition est donc effectuée dans les mêmes conditions que pour les autres biens, notamment en ce qui concerne le champ d'application, les règles d'évaluation et les exonérations applicables en matière d'IFI (BOI préc. n° 60). Le constituant peut bénéficier des régimes de faveur éventuellement applicables, notamment de celui prévu pour les nouveaux résidents de France (BOI préc. n° 90 ; voir nos 52560 s.).

La seule limite posée à l'imposition du constituant (ou du bénéficiaire réputé constituant) résulte d'une décision du Conseil constitutionnel concernant l'ancien ISF, mais transposable à l'IFI comme le reconnaît la doctrine administrative (BOI préc. n° 70). Le principe de l'imposition du constituant n'a, en effet, été jugé conforme à la Constitution que sous une réserve d'interprétation permettant aux redevables de prouver que les biens, droits et produits en cause (rédaction de la loi, à l'époque) ne leur confèrent aucune **capacité contributive**, résultant notamment des **avantages directs ou indirects** qu'ils tirent de ces biens, droits ou produits (Cons. const. 15 décembre 2017 n° 2017-679 QPC : RJF 3/18 n° 293) ; cette décision a été rendue sur renvoi du Conseil d'État, qui avait été saisi de la constitutionnalité du principe législatif du rattachement systématique des biens et droits placés dans un trust au patrimoine du constituant, ou du bénéficiaire réputé constituant, alors que ces biens ou droits, ainsi que les revenus qu'ils procurent, sont susceptibles, selon les modalités de constitution retenues, de ne conférer aucune capacité contributive au redevable (CE QPC 25 septembre 2017 n° 412031, 8e et 3e ch. : RJF 12/17 n° 1223 ; voir n° 50825). La **preuve** que les biens, droits et produits du trust (aujourd'hui, il s'agirait seulement des actifs immobiliers) ne confèrent

50710 (suite) aux redevables aucune capacité contributive ne peut cependant, selon le Conseil constitutionnel, résulter uniquement du caractère irrévocable du trust et du pouvoir discrétionnaire de gestion de son administrateur.

Étant donné les précisions apportées par le Conseil constitutionnel, la réserve d'interprétation n'a, en pratique, qu'une **portée extrêmement résiduelle**. On voit mal, en effet, comment la preuve requise pourra être apportée par le constituant ou le bénéficiaire réputé constituant, qui ne pourra, en tout état de cause, se borner à invoquer le caractère irrévocable et/ou discrétionnaire du trust ; la possibilité d'apporter la preuve contraire est d'autant plus résiduelle que le Conseil constitutionnel se réfère, pour apprécier la capacité contributive, non seulement aux avantages directs mais aussi aux **avantages indirects** et que la circonstance que le constituant n'ait éventuellement retiré aucun revenu du trust est sans incidence sur l'appréciation de la capacité contributive conférée par l'existence du trust (en ce sens, voir notamment n° 52172 Précisions, la décision rendue par le Conseil constitutionnel à propos de l'ancien ISF). Les commentaires aux Cahiers du Conseil constitutionnel ajoutent que la formulation retenue permet de prendre en considération les hypothèses où le dessaisissement du constituant d'un trust irrévocable et discrétionnaire n'est qu'apparent. Quant à l'administration, elle souligne également que la capacité contributive résulte notamment des avantages directs ou indirects, y compris de nature **non pécuniaire**, que le redevable est susceptible de tirer des actifs ou de leurs produits (BOI préc.).

Le Conseil d'État a tiré les conséquences de la jurisprudence constitutionnelle en annulant les n°s 60 et 70 du BOI-PAT-ISF-30-20-30 (alors applicables et aujourd'hui retirés à la suite de la suppression de l'ISF), selon lesquels l'assiette de l'ISF alors applicable était indépendante du contenu de l'acte de trust ; il a souligné à cette occasion que si le caractère irrévocable du trust ou le pouvoir discrétionnaire de gestion de son administrateur ne sauraient suffire à démontrer, à eux seuls, que les biens, droits et produits placés dans le trust ne confèrent aucune capacité contributive au constituant ou au bénéficiaire réputé constituant, les caractéristiques de l'acte de trust ou ses stipulations annexes peuvent contribuer à une telle démonstration (CE 7 février 2018 n°s 412027, 412031 et 412412, 8e ch. : RJF 5/18 n° 550). Dans un tel contexte, la Cour de cassation a, de son côté, refusé de transmettre au Conseil constitutionnel une nouvelle question prioritaire de constitutionnalité sur le même sujet (Cass. com. 4 mai 2018 n° 18-40.006 F-D : RJF 10/18 n° 1002).

Précisions **a.** Pour le Conseil constitutionnel, la présomption de rattachement au patrimoine du constituant répond à un objectif de **lutte contre la fraude et l'évasion fiscales**, le législateur ayant tenu compte de la difficulté, inhérente aux trusts, de désigner la personne qui tire une capacité contributive de la détention de biens, droits ou produits, se fondant ainsi sur des critères objectifs et rationnels en fonction de l'objectif de valeur constitutionnelle de lutte contre la fraude et l'évasion fiscales qu'il a poursuivi (Cons. const. 15 décembre 2017 n° 2017-679 QPC : RJF 3/18 n° 293).

b. Alors que la loi ne réglait pas la question, la Cour de cassation avait confirmé le bien-fondé de l'imposition du constituant au cas d'un **trust intervivos révocable** (Cass. com. 31 mars 2009 n° 07-20.219 (n° 325 FS-PB), d'Elbée : RJF 7/09 n° 701). Cette affaire concernait une Américaine résidente de France qui avait constitué un trust révocable américain, du type « grantor trust » ; en l'espèce, l'acte de trust prévoyait que, du vivant du constituant, les trustees devaient détenir les biens mis en trust à son bénéfice et lui payer les revenus en provenant, ainsi que tout montant en principal qu'il pouvait demander par écrit ; en outre, le constituant pouvait révoquer « la convention » à tout moment et rentrer en possession des biens confiés, ou exiger que tout ou partie du portefeuille soit liquidé pour en percevoir le prix, ou même que les titres lui soient remis. La Cour de cassation en a déduit que le constituant avait le droit de jouir et de disposer des titres confiés et que ces derniers devaient être inclus, à l'époque, dans l'assiette de l'impôt de solidarité sur la fortune.

c. Si le constituant (ou le bénéficiaire réputé constituant) **omet de déclarer** les actifs immobiliers mis en trust pour le calcul de l'IFI, il résulte de la jurisprudence du Conseil d'État que seul le prélèvement est exigible, et non l'IFI (n° 50825) ; tous les constituants et bénéficiaires (même ceux qui ne sont pas réputés constituants) sont solidaires et ils peuvent seulement se retourner contre l'administrateur du trust.

d. Comme les règles applicables sont celles du droit commun, les parts ou actions de sociétés ou organismes qui ont une **activité industrielle, commerciale**, agricole, artisanale ou libérale, placées dans un trust, ne sont pas retenues pour la détermination de l'assiette de l'IFI, le cas échéant, lorsque le constituant détient, seul ou conjointement avec les membres de son foyer fiscal, **moins de 10 %** du capital et des droits de vote ; pour l'appréciation du seuil de détention (comme des autres seuils éventuellement applicables), il y a lieu de tenir compte des parts ou actions placées directement ou indirectement dans le trust mais également de celles détenues en dehors du trust, directement ou indirectement, par le constituant ou l'un des membres de son foyer (BOI-PAT-IFI-20-20-30-20 n° 100).

Non-imposition du bénéficiaire

Les actifs immobiliers placés en trust ne sont pas imposables au nom du bénéficiaire, sauf s'il est constituant ou s'il est réputé être un constituant au décès du constituant initial (cas où le bénéficiaire est devenu un « constituant fiscal » au sens indiqué nº 50630). De même, ces actifs ne sont pas imposables au nom de l'administrateur du trust, à supposer qu'il s'agisse d'une personne physique (l'IFI n'est pas applicable de toute façon s'il s'agit d'une personne morale). **50720**

Le fait que le bénéficiaire ne soit pas imposable, en tant que tel, est conforme à la position qui avait été adoptée, avant l'entrée en vigueur de la loi du 29 juillet 2011, par un jugement du tribunal de grande instance de Nanterre à propos d'une résidente de France qui recevait des sommes en provenance de **trusts discrétionnaires américains** (TGI Nanterre 4 mai 2004 nº 03-9350, 2ᵉ ch., Poillot : RJF 11/04 nº 1201 ; jugement définitif) ; l'administration l'avait assujettie à l'ISF (à l'époque) sur une assiette théorique déterminée par application d'un taux de capitalisation de 3 % aux revenus des trusts, qu'elle avait déclarés pour l'impôt sur le revenu, mais le tribunal a écarté cette prétention en relevant que l'intéressée n'était pas titulaire d'un quelconque droit réel relatif à ces trusts.

Dans le même sens, dans son rapport sur la lutte contre la fraude et l'évasion fiscales par le biais de paradis fiscaux, présenté le 2 avril 2008 devant la commission des finances de l'Assemblée nationale (Droit fiscal nº 16, 17 avril 2008, comm. nº 273 ; FR 19/08 inf. 15), le ministre du budget avait commenté la situation des trusts, notamment au regard de l'ancien ISF. Ce rapport, qui faisait état (à l'époque) d'un « vide juridique » sur la question, confirmé par le jugement précité du TGI de Nanterre, indique qu'en l'absence de distribution, toute taxation des bénéficiaires est impossible en raison de « **l'absence de créance caractérisée des bénéficiaires** en cas de trust discrétionnaire » ; le ministre avait donc approuvé le jugement précité (en ajoutant simplement que, en présence d'un trust révocable, le constituant est réputé seul propriétaire et qu'il est donc imposable, ce qui résulte aujourd'hui de la loi indépendamment des caractéristiques du trust).

2. Règles de territorialité

Il y a lieu de combiner le principe de l'imposition du constituant avec les règles de territorialité ; de ce point de vue, les règles habituelles sont applicables : **50750**
– si le constituant est fiscalement **domicilié en France**, tous les actifs immobiliers entrant dans le champ de l'IFI (nº 52170), placés dans un trust, sont imposables en France quelle que soit leur localisation, en France ou hors de France ;
– si le constituant n'est pas fiscalement domicilié en France, les actifs immobiliers concernés ne sont imposables en France que s'ils y sont situés.

Il y a lieu, le cas échéant, de faire application des **conventions fiscales** internationales, comme pour les biens détenus directement (BOI-PAT-IFI-20-20-30-20 nº 110 ; sur l'application éventuelle des conventions fiscales, voir cependant nº 52760).

Précisions À propos des **conventions fiscales**, l'administration indique que les modalités d'élimination des doubles impositions qu'elles prévoient trouvent à s'appliquer lorsqu'une double imposition juridique est caractérisée (cas où une même personne est imposable au titre d'une même fortune par plus d'un État) ; cette remarque précise seulement, nous semble-t-il, que le redevable doit être le même et n'introduit pas une condition d'imposition effective à l'étranger (BOI-PAT-IFI-20-20-30-20 nº 110). En revanche, l'imputation de l'impôt étranger n'est possible que si le redevable justifie du paiement effectif de cet impôt (BOI préc.).

3. Cas des trusts « caritatifs » et des trusts « de retraite »

La règle de l'assujettissement du constituant à l'IFI connaît une exception en ce qui concerne les trusts « caritatifs » ; le principe posé par l'article 970 du CGI ne s'applique pas, en effet, aux actifs immobiliers qui entrent dans le champ de l'IFI (nº 52170) et qui sont placés dans des trusts irrévocables dont les bénéficiaires exclusifs relèvent de l'article 795 du CGI ou sont des organismes de même nature relevant de l'article 795-0 A du même Code et dont l'administrateur est soumis à la loi d'un État ou territoire ayant conclu avec la France une convention d'assistance administrative en vue de lutter contre la fraude et l'évasion fiscales (CGI art. 970, al. 2). **50770**

Seuls sont concernés les trusts qui remplissent les caractéristiques cumulatives suivantes :
– il doit s'agir de trusts **irrévocables** (de sorte que ne soient pas visés les cas où le constituant pourrait reprendre les biens ou droits placés en trust) ;
– les **bénéficiaires** du trust doivent tous, sans exception, relever de l'**article 795 du CGI** ou être des organismes de même nature relevant de l'article 795-0 A du même Code (texte exonérant de droits de mutation à titre gratuit les dons et legs au profit de certains organismes européens ; n° 49020) ; est donc exclu, par exemple, le cas où le constituant bénéficie en partie des produits ;
– l'administrateur du trust doit être soumis à la loi d'un État ou territoire ayant conclu avec la France une **convention d'assistance administrative** en vue de lutter contre la fraude et l'évasion fiscales.

Si ces conditions sont remplies, les actifs immobiliers n'ont pas à être déclarés par le constituant. Cela dit, même si ces conditions sont strictes, la situation du constituant est meilleure que s'il n'avait pas créé de trust puisqu'en cas de détention directe il ne serait pas exonéré. Pour éviter les abus, l'administration précise tout de même qu'un trust pour lequel le constituant se réserverait, ou pourrait se réserver, par exemple à son profit ou à celui d'un tiers qui **ne relèverait pas de l'article 795** du CGI, tout ou partie des revenus ou des biens ou droits mis en trust, ne relèverait pas de cette exclusion car la condition restrictive tenant au bénéficiaire ne serait pas satisfaite (BOI-PAT-IFI-20-20-30-20 n° 40).

Enfin, la doctrine administrative ajoute une exception non prévue par la loi ; par parallélisme avec le champ du prélèvement sui generis (n° 50800), et sous réserve que l'administrateur du trust soit soumis à la loi d'un État ou territoire ayant conclu avec la France une convention d'assistance administrative en vue de lutter contre la fraude et l'évasion fiscales, les actifs immobiliers placés dans des trusts constitués en vue de gérer les **droits à pension** acquis, au titre de leur activité professionnelle, par les bénéficiaires dans le cadre d'un régime de retraite mis en place par une entreprise ou un groupe d'entreprises (« trusts de retraite ») n'ont pas à figurer dans l'actif imposable à l'IFI (BOI préc. n° 50).

Précisions L'article 795 du CGI prévoit **une série d'exonération** des droits de mutation à titre gratuit concernant, par exemple, sous certaines conditions, les dons et legs d'œuvres d'art, de monuments ou d'objets ayant un caractère historique si ces œuvres et objets sont destinés à figurer dans une collection publique, les dons et legs consentis aux établissements publics ou d'utilité publique, dans certains cas, les dons et legs faits aux établissements publics charitables, aux fondations universitaires, aux fondations partenariales et établissements d'enseignement supérieur reconnus d'utilité publique ainsi qu'aux associations cultuelles, aux unions d'associations cultuelles et aux congrégations autorisées.

E. Prélèvement spécifique sur les trusts

Principes

50800 La loi du 29 juillet 2011 avait cherché à sanctionner le défaut de déclaration au titre de l'ancien ISF en mettant en place un prélèvement spécifique qui était exigible **si les redevables ne déclaraient pas régulièrement** les biens ou droits placés dans un trust. Ce mécanisme a été maintenu, sous réserve des adaptations nécessaires, par la loi n° 2017-1837 du 30 décembre 2017 de finances pour 2018, créant l'impôt sur la fortune immobilière.

Codifié à l'article 990 J du CGI, le prélèvement est assis selon les règles applicables en matière d'impôt sur la fortune immobilière et recouvré selon les règles et sous les sanctions et garanties applicables aux droits de mutation par décès.

Champ d'application

50805 Le prélèvement concerne les **personnes physiques constituants** ou bénéficiaires d'un trust ; il s'agit, à s'en tenir à la lettre de la loi, des bénéficiaires « réels » et non pas des bénéficiaires qui sont réputés être des constituants « fiscaux » (n° 50630), mais l'administration considère, probablement pour réparer une malfaçon du texte (que la rapporteure publique Karin Ciavaldini qualifie « d'imprécision » dans ses conclusions sous CE 11 décembre 2020 n° 442320, 8e et 3e ch., Sté Sequent LLC (North America) : RJF 3/21 n° 324), que sont seulement visés les constituants et les bénéficiaires « **réputés constituants** » (BOI-PAT-IFI-20-20-30-20 n° 150). Cette position a été confirmée par la décision précitée du Conseil d'État qui, prenant appui sur les travaux parlementaires, a jugé qu'en énonçant que « les redevables légaux du prélèvement sur les trusts prévu à l'article 990 J du code général des impôts sont les constituants d'un trust et les bénéficiaires réputés constituants », les commentaires attaqués ne donnent pas de la disposition qu'elles ont pour objet de commenter une interprétation qui méconnaîtrait sa portée et a rejeté le recours pour excès de pouvoir qui en demandait l'annulation. Dans cette affaire, le trust était de droit américain, la constituante était décédée alors qu'elle était domiciliée en Suisse et les bénéficiaires étaient sa fille et les trois filles de cette dernière ; comme seulement deux des bénéficiaires étaient domiciliées en France, le trustee avait appliqué le prélèvement sur la moitié des actifs mais l'administration avait pratiqué une rectification en prenant en compte la totalité des actifs, au motif que la bénéficiaire réputée constituante, à savoir la fille de la défunte, était domiciliée en France (le litige de plein contentieux, sur le fond du droit, est en cours d'instruction).

Comme pour l'IFI, en présence de plusieurs bénéficiaires réputés constituants et en l'absence de répartition expresse de l'actif du trust dans l'acte de trust ou dans ses éventuelles stipulations complémentaires annexes, l'actif du trust doit être réputé réparti à **parts égales** entre chacun des bénéficiaires réputés constituants (BOI préc. n° 170).

Tous les trusts sont concernés à l'exception des deux catégories suivantes :
– les **trusts « caritatifs »** au sens indiqué n° 50770 ;
– les **trusts « de retraite »**, définis comme ceux qui ont été constitués en vue de gérer les droits à pension acquis, au titre de leur activité professionnelle, par les bénéficiaires dans le cadre d'un régime de retraite mis en place par une entreprise ou un groupe d'entreprises, à condition que l'administrateur de ces trusts soit soumis à la loi d'un État ou territoire ayant conclu avec la France une convention d'assistance administrative en vue de lutter contre la fraude et l'évasion fiscales (les trusts constitués en vue de gérer des plans de retraite individuels restent dans le champ du prélèvement ; BOI-PAT-IFI-20-20-30-20 n° 140).

Précisions Selon les débats parlementaires, l'exclusion des trusts de retraite répondait à un principe de **non-discrimination**, au motif qu'il n'était pas justifié d'imposer des trusts constitués dans un but d'épargne retraite alors même que les rentes viagères constituées dans un cadre professionnel n'étaient pas, à l'époque, passibles de l'ISF. En outre, il a été considéré, pour des raisons tenant à l'**attractivité de la place de Paris**, qu'il n'était pas opportun d'imposer ces trusts (fonds de pension) qui sont des investisseurs importants dans l'économie française.

Territorialité

Le prélèvement obéit aux règles de territorialité habituelles ; ainsi, il est dû : **50810**
– pour les personnes qui sont fiscalement **domiciliées en France** au sens de l'article 4 B du CGI, à raison de l'ensemble des actifs immobiliers entrant dans le champ de l'IFI (n° 52170), qu'ils soient situés en France ou hors de France ;
– pour les personnes qui ne sont **pas fiscalement domiciliées** en France, à raison des seuls actifs immobiliers qui entrent dans le champ de l'IFI et qui sont situés en France.

L'administration souligne, à juste titre à notre avis, que ce prélèvement n'est pas couvert par les **conventions fiscales** (BOI-PAT-IFI-20-20-30-20 n° 130). Cette manière de voir a été confirmée au contentieux, à propos d'une rectification notifiée, pour les années 2012 à 2015, à une personne physique domiciliée au Canada qui avait agi en tant que trustee d'un trust canadien dont le constituant était une personne physique domiciliée en France (Trib. jud. Paris 5 mars 2021 n° 18/12929, 9e ch., 3e s. ; appel enregistré sous le n° 21/10189). Dans cette affaire, la constituante avait reconnu, à l'occasion d'un contrôle sur pièces de son ISF, avoir constitué le trust en 1986 ; l'administration en avait tiré les conséquences en réclamant le prélèvement à l'administrateur du trust. Les rectifications ont été confirmées pour les raisons suivantes :
– le fait que le trustee soit **résident du Canada** et que le trust lui-même puisse avoir une personnalité fiscale au Canada et être, à ce titre, considéré, comme résident fiscal canadien compte tenu de la rédaction particulière de la convention fiscale franco-canadienne du 2 mai 1975 (n° 50460) était sans importance, car le trust n'était pas redevable du prélèvement, et l'administration n'avait d'ailleurs pas entendu l'imposer ;
– le prélèvement **ne concerne que le constituant** (ou le bénéficiaire réputé constituant), la circonstance que le prélèvement soit mis à la charge du trustee ne signifiant pas que ce dernier en serait redevable en lieu et place du constituant (ou du bénéficiaire réputé constituant) mais constituant uniquement un **mode de recouvrement** du prélèvement ;
– le prélèvement n'est pas couvert par la convention fiscale franco-canadienne, qui ne vise que l'ancien **ISF**, auquel il ne peut être assimilé, étant donné que les règles d'assiette

et de taux sont différentes (assiette plus large, application aux biens exonérés d'ISF, absence de seuil d'imposition et barème applicable) ; le prélèvement n'a pas davantage été institué en remplacement de l'ISF puisque les deux impositions coexistent, sans pour autant se cumuler.

L'administration était donc fondée à écarter la convention fiscale pour ne faire application que de la loi française, s'agissant d'une imposition non couverte par la convention, due par un contribuable ayant sa résidence fiscale en France exclusivement (la constituante) et n'étant pas susceptible d'être imposé à titre personnel au Canada à raison des mêmes biens.

Précisions Aucune exonération n'est prévue pour les « **nouveaux résidents** », contrairement à ce qui existe en matière d'IFI (n° 50710).

Assiette

50815 Le prélèvement est assis sur la valeur vénale nette au 1er janvier de l'année d'imposition des **actifs immobiliers** qui sont placés dans un trust et qui entrent dans le champ de l'IFI, dans le respect des règles de territorialité (n° 50810).

L'administration indique que les exonérations applicables en matière d'IFI, notamment celles tenant à l'affectation des biens à l'activité professionnelle du redevable et à la nature de certains biens (bois et forêts, notamment), ne sont pas applicables au prélèvement (BOI-PAT-IFI-20-20-30-20 n° 190).

Précisions **a.** Sont considérés comme des **biens placés dans un trust**, non seulement ceux que le constituant y a transférés depuis son patrimoine personnel, mais également ceux éventuellement acquis par le trust (BOI-PAT-IFI-20-20-30-20 n° 160).

b. Le prélèvement a été jugé applicable à un trustee de Hong Kong agissant pour le compte d'un trust qui détenait un bien immobilier en France par l'intermédiaire de deux sociétés maltaises et d'une SCI française ; la SCI avait manifestement été financée par un **compte courant** provenant de la société maltaise associée et qui figurait comme tel dans les bilans comptables de la SCI, mais la dette n'a pas été considérée comme déductible pour la détermination de l'assiette du prélèvement au motif qu'il s'agissait d'un prêt non enregistré et non justifié par une pièce comptable ou juridique à l'appui de la comptabilité (CA Paris 29 mars 2021 n° 19/19798, pôle 5, ch. 10, Sté Allied Finance Ltd agissant pour le compte de « The Stigell Family Trust » ; arrêt définitif).

Taux

50820 Le prélèvement est calculé au tarif le plus élevé mentionné au 1 de l'article 977 du CGI (barème de l'IFI, n° 52220).

Non-cumul avec l'IFI

50825 Le prélèvement n'est pas dû à raison des actifs immobiliers qui entrent dans le champ de l'IFI et qui ont été :
– inclus dans le patrimoine soumis à l'IFI du constituant ou d'un bénéficiaire réputé constituant (n° 50630) et **régulièrement déclarés** à ce titre par ce contribuable (tel est le cas des actifs inclus dans l'assiette de l'IFI d'un constituant ou d'un bénéficiaire réputé constituant redevable de l'IFI ayant déposé sa déclaration et s'étant acquitté de l'impôt dans la situation où il est imposable) ;
– déclarés, en application de l'article 1649 AB du CGI (n° 50850), dans le patrimoine d'un constituant ou bénéficiaire réputé constituant (n° 50630) dans les cas où ce dernier n'est pas redevable de l'IFI compte tenu de la valeur nette taxable de son patrimoine, celui-ci incluant les actifs immobiliers placés dans le trust.

L'administration précise que la **non-déclaration** de biens ou droits à l'IFI en raison d'une exonération ne fait pas pour autant entrer ces derniers dans le champ d'application du prélèvement ; il en va de même lorsque la non-déclaration résulte de l'application (éventuelle) des conventions fiscales (BOI-PAT-IFI-20-20-30-20 n° 200). Ainsi, le prélèvement n'a vocation à s'appliquer que lorsque des biens, droits ou produits placés en trust et effectivement taxables à l'IFI n'ont pas été régulièrement déclarés à ce titre.

En cas de **défaut de déclaration** des biens aux fins de l'ancien ISF, la loi du 29 juillet 2011 ne paraissait pas exclure le cumul du prélèvement et d'un rappel d'impôt sur la fortune

Dans ces situations, les informations suivantes doivent être fournies :

1° La **constitution**, la modification ou l'extinction, ainsi que le contenu des termes du trust ;

2° Les noms, prénoms, adresses, dates, lieux de naissance et nationalités des **bénéficiaires effectifs** des trusts, qui s'entendent de toutes les personnes physiques ayant la qualité d'administrateur, de constituant, de bénéficiaire et, le cas échéant, de protecteur ainsi que de toute autre personne physique exerçant un contrôle effectif sur le trust ou exerçant des fonctions équivalentes ou similaires ;

3° La **valeur vénale** au 1er janvier de l'année :

a) pour les personnes qui ont en France leur domicile fiscal au sens de l'article 4 B du CGI, des biens et droits situés en France ou hors de France et des produits capitalisés placés dans le trust ;

b) pour les autres personnes, des seuls biens et droits situés en France et des produits capitalisés placés dans le trust.

L'article 1649 AB du CGI est complété par des dispositions réglementaires qui ont été modifiées, en dernier lieu, par le décret n° 2020-1321 du 30 octobre 2020 relatif aux obligations déclaratives des administrateurs de trusts (JO du 1er novembre 2020, texte n° 3) ; ce texte a modifié le **lieu de dépôt** des déclarations annuelles et événementielles déposées par les administrateurs de trusts et le lieu de paiement du prélèvement, pour le confier à la recette des non-résidents (n° 2840, Précisions b). Il a également complété la liste des **informations** à fournir par l'indication des bénéficiaires effectifs et de la nationalité des intervenants (nos 50852 et 50865).

L'administration appelle « **déclaration événementielle** » celle due au titre de la constitution, la modification ou l'extinction du trust ; celle concernant la valeur vénale au 1er janvier de l'année des biens, droits et produits capitalisés composant le trust est appelée « **déclaration annuelle des valeurs** ».

Les administrateurs de trusts doivent, depuis le 1er janvier 2014, souscrire ces déclarations en français sur un formulaire établi par l'administration (CGI Ann. II art. 369 et 369 A). Ces obligations déclaratives ne concernent cependant pas les trusts entrant dans le champ des exceptions mentionnées n° 50855. Les informations contenues dans les déclarations événementielles et annuelles sont conservées pendant dix ans dans le registre des trusts (n° 50880).

Précisions **a.** Pour l'application de l'article 1649 AB du CGI, le **domicile fiscal** est apprécié au 1er janvier de chaque année (CGI Ann. II art. 369 B).

b. Il avait été précisé que 6 700 déclarations de trusts avaient été souscrites en 2012 et 2013 (réponse Morel-A-L'Huissier, n° 26258 : JOAN 17 décembre 2013, p. 13251) ; le registre des trusts (n° 50880) recensait **16 000 trusts** selon le communiqué du ministère des finances n° 822 du 5 juillet 2016. Ces chiffres n'ont pas fait l'objet d'actualisations publiées, à notre connaissance.

c. La DGFiP a été autorisée à mettre en œuvre un **traitement automatisé de données** à caractère personnel ayant pour finalité la dématérialisation et l'archivage, par le service de la documentation nationale du cadastre, des dossiers de déclarations de trust (« Web_trust », créé par arrêté du 16 avril 2014, JO du 31) ; cet arrêté permet la consultation des dossiers dématérialisés par les agents habilités de la DGFiP, sur une application dédiée. Il résulte en outre du décret n° 2021-1127 du 27 août 2021 (JOAN 29 août 2021, texte n° 9) qu'un traitement automatisé de données à caractère personnel dénommé « Registre des trusts » est mis en œuvre par la DGFiP (CGI Ann. II art. 368).

Déclaration « événementielle »

Il résulte de l'article 369 de l'annexe II au CGI, dans sa rédaction issue, en dernier lieu, du décret n° 2020-1321 du 30 octobre 2020 relatif aux obligations déclaratives des administrateurs de trusts qu'une déclaration événementielle doit être déposée à la recette des non-résidents dans le mois qui suit la constitution, la modification ou l'extinction d'un trust ; cette déclaration doit contenir les informations suivantes : **50852**

1° identification du ou des **constituants** ou bénéficiaires réputés constituants : nom et prénom ou raison sociale, numéro Siren, adresse, date et lieu de naissance, nationalité et, s'il y a lieu, date et lieu de décès ;

2° identification du ou des **bénéficiaires effectifs** : nom et prénom ou raison sociale, numéro Siren, adresse, date et lieu de naissance, nationalité et, s'il y a lieu, date et lieu de décès ; les bénéficiaires effectifs des trusts s'entendent de toutes les personnes physiques ayant la qualité d'administrateur, de constituant, de bénéficiaire et, le cas échéant, de protecteur ainsi que de toute autre personne physique exerçant un contrôle effectif sur le trust ou exerçant des fonctions équivalentes ou similaires (dispositions applicables depuis le 14 février 2020 ; BOI-DJC-TRUST n° 170) ; doivent, à notre avis, être mentionnés tous les bénéficiaires en vie au 1er janvier de l'année de déclaration, même ceux qui ne sont pas bénéficiaires de premier rang (cas, par exemple, d'enfants mineurs qui ne deviendront réellement bénéficiaires qu'au décès de leurs parents) ;

3° identification de **l'administrateur** du trust : nom et prénom ou dénomination sociale, numéro Siren, adresse, date et lieu de naissance ;

4° identification du **trust** : dénomination et adresse ;

5° contenu des **termes** du trust : contenu de l'acte de trust et des éventuelles stipulations complémentaires régissant son fonctionnement et, notamment, indication de sa révocabilité ou de son irrévocabilité, de son caractère discrétionnaire ou non et des règles régissant l'attribution des biens ou droits placés dans le trust ainsi que de leurs produits ;

6° nature et date de survenance de **l'événement** qui a généré l'obligation déclarative ;

7° le cas échéant, **consistance**, appréciée au jour de l'événement mentionné au 6°, des biens ou droits placés dans le trust, et celle des biens, droits ou produits transmis, attribués ou sortis du trust du fait de cet événement ;

8° pour chaque bien ou droit placé dans le trust mentionné dans la déclaration conformément au 7°, nom et prénom ou raison sociale, adresse, date et lieu de naissance et, s'il y a lieu, de décès, et nationalité des personnes les plaçant dans le trust ;

9° pour chaque bien, droit ou produit transmis, attribué ou **sorti du trust** mentionné dans la déclaration conformément au 7°, nom et prénom ou la raison sociale, adresse, date et lieu de naissance, nationalité et s'il y a lieu date et lieu de décès des personnes auxquelles ce bien, droit ou produit est transmis, attribué ou sorti du trust.

La déclaration événementielle doit être remplie en français et en euros, au moyen du formulaire **n° 2181 TRUST 1** (accessible en ligne sur le site www.impots.gouv.fr) ; elle doit être déposée à la recette des non-résidents (10 rue du Centre, 93465 Noisy-le-Grand Cedex) dans le mois qui suit la constitution, la modification ou l'extinction du trust concerné. Il est rappelé sur le formulaire que les documents éventuellement joints à la déclaration doivent être rédigés en français et qu'ils ne dispensent pas de remplir de façon exhaustive les rubriques de l'imprimé.

En ce qui concerne les **bénéficiaires effectifs**, le formulaire, prenant des libertés avec le texte législatif, invite à déclarer les « bénéficiaires effectifs autres que l'administrateur, les constituants ou bénéficiaires réputés constituants, à savoir tout autre bénéficiaire et, le cas échéant, protecteur ainsi que de toute autre personne physique exerçant un contrôle effectif sur le trust ou exerçant des fonctions équivalentes ou similaires » (il en va de même pour la déclaration annuelle des valeurs). La notice ajoute que, lorsque des personnes morales sont **interposées**, il convient toujours d'indiquer les personnes physiques qui y seraient liées et qui constitueraient directement ou indirectement les bénéficiaires effectifs du trust (cela ne signifie pas qu'il ne faille pas déclarer également les éventuelles personnes morales bénéficiaires).

Précisions **a.** L'article 369 de l'annexe II au CGI précise que le terme « **modification d'un trust** » s'entend de tout changement dans ses termes, mode de fonctionnement, constituant, bénéficiaire réputé constituant, bénéficiaire effectif, administrateur, tout décès de l'un d'entre eux, toute nouvelle entrée dans le trust ou toute sortie du trust de biens ou droits, toute transmission ou attribution de biens, droits ou produits du trust et, plus généralement, toute modification de droit ou de fait susceptible d'affecter l'économie ou le fonctionnement du trust concerné. Une déclaration doit être déposée chaque fois, notamment, qu'un bien ou droit est ajouté au trust.

b. La DGFiP traite les données recueillies pour tenir un **registre des trusts** et des fiducies consultable par les autorités habilitées (n° 50880) ; les indications fournies peuvent lui permettre de mieux contrôler, notamment, l'impôt sur la fortune (ancien ISF ou IFI) et les droits de mutation à titre gratuit.

50855 **Dispenses de déclaration** Sont dispensés de toute obligation déclarative (y compris de la déclaration annuelle mentionnée n° 50865) les trusts suivants :

– ceux qui sont constitués en vue de gérer les **droits à pension** acquis, au titre de leur activité professionnelle, par les bénéficiaires dans le cadre d'un régime de retraite mis en

place par une entreprise ou un groupe d'entreprises (sous réserve que leurs administrateurs soient soumis à la loi d'un État ou territoire ayant conclu avec la France une convention d'assistance administrative en vue de lutter contre la fraude et l'évasion fiscales ; BOI-DJC-TRUST n° 160) ;
– ceux qui ne répondent pas à la définition des trusts au sens de l'article 792-0 bis du CGI (n° 50323).

Cas particulier des placements financiers L'administration admet une dérogation lorsque le constituant et l'ensemble des bénéficiaires sont non-résidents et lorsque les actifs du trust situés en France au sens de l'article 750 ter du CGI sont constitués exclusivement de placements financiers (l'expression n'est pas définie, mais elle renvoie en fait à l'ancienne exonération prévue pour les non-résidents lorsque l'ISF était applicable ; n° 52640) : 50860
– sont tenus à l'obligation déclarative les administrateurs des trusts dans lesquels les placements financiers ont été placés lors de leur **constitution** ou lors de modifications ultérieures ;
– dans les autres cas (placements financiers provenant du **remploi** des revenus des biens ou droits composant le trust), les administrateurs des trusts ne sont tenus à l'obligation déclarative que lorsque le constituant ou l'un des bénéficiaires devient résident de France.

Ces assouplissements résultent de la reprise au BOI-DJC-TRUST n° 190, le 30 mars 2022, d'une ancienne tolérance qui avait malencontreusement été rapportée le 11 octobre 2018 à l'occasion de la suppression des commentaires concernant l'ancien ISF (ancien BOI-PAT-ISF-30-20-30 n° 330).

Portefeuilles-titres L'administration admet qu'un portefeuille-titres soit déclaré **dans sa globalité** sur une ligne du cadre 7 B de la déclaration n° 2181 TRUST 1 lorsqu'il est mis en trust, sous réserve que les conditions suivantes soient réunies (BOI-DJC-TRUST n°s 300 et 310) : 50862
– la case réservée à la description doit comprendre, outre les éléments généraux de description du portefeuille, un renvoi à un document joint à la déclaration détaillant les valeurs mobilières composant le portefeuille ;
– le **détail** des valeurs mobilières doit être clairement et lisiblement indiqué dans le document joint, en français, sur des feuilles papier au format standard commercial A4 ; ce document doit mentionner tous les éléments utiles et nécessaires à l'identification de chaque valeur mobilière.

Cette mesure, qui est applicable sous les mêmes conditions pour la déclaration n° 2181 TRUST 2 (n° 50865), reprend une tolérance qui avait été énoncée par une mise à jour doctrinale du 4 mars 2015 mais qui avait ensuite été rapportée par erreur le 11 octobre 2018 à l'occasion de la suppression des commentaires concernant l'ancien ISF (ancien BOI-PAT-ISF-30-20-30 n° 410). La réintroduction de cette tolérance résulte d'une modification doctrinale du BOI-DJC-TRUST du 30 mars 2022, qui a également apporté les précisions suivantes :
– les **achats et ventes successives** des valeurs contenues dans le portefeuille mis en trust ne sont pas constitutifs de modifications à déclarer par l'administrateur du trust, à condition que toutes les sommes provenant des cessions de titres restent en liquidités dans le portefeuille ou soient réinvesties en titres du portefeuille (BOI-DJC-TRUST n° 320) ;
– les **distributions** des intérêts et dividendes issus des valeurs mobilières du portefeuille mis en trust peuvent être globalisées par bénéficiaire sur une seule déclaration événementielle à déposer au mois de janvier de l'année qui suit celle au cours de laquelle ces distributions ont été effectuées ; cette mesure n'est pas applicable pour les distributions de tout ou partie du prix de cession d'un ou de plusieurs titres et elle est applicable seulement si les intérêts et dividendes distribués n'ont pas été capitalisés préalablement à leur distribution et sont imposables dans la catégorie des revenus de capitaux mobiliers (c'est à l'administrateur du trust qu'il revient d'apprécier si ces conditions sont réunies ; BOI préc. n° 330).

Déclaration annuelle des valeurs

Il résulte de l'article 369 A de l'annexe II au CGI, dans sa rédaction issue, en dernier lieu, du décret n° 2020-1321 du 30 octobre 2020 relatif aux obligations déclaratives des 50865 administrateurs de trusts, que l'administrateur d'un trust doit déposer chaque année une déclaration contenant les informations suivantes :

1° Identification du ou des **constituants** ou bénéficiaires réputés constituants : nom et prénom ou raison sociale, numéro Siren, adresse, date et lieu de naissance, nationalité et, s'il y a lieu, date et lieu de décès ;

2° Identification du ou des **bénéficiaires effectifs** (n° 50852) : nom et prénom ou raison sociale, numéro Siren, adresse, date et lieu de naissance, nationalité et, s'il y a lieu, date et lieu de décès ;

3° Identification de **l'administrateur** du trust : nom et prénom ou dénomination sociale, numéro Siren, adresse, date et lieu de naissance ;

4° Identification du trust : dénomination et adresse ;

5° Contenu des **termes** du trust : contenu de l'acte de trust et des éventuelles stipulations complémentaires régissant son fonctionnement et, notamment, indication de sa révocabilité ou de son irrévocabilité, de son caractère discrétionnaire ou non et des règles régissant l'attribution des biens ou droits placés dans le trust ainsi que de leurs produits ; ces informations n'ont pas à être fournies si la déclaration événementielle (n° 50852) a précédemment été déposée ;

6° Si l'un au moins des constituants, bénéficiaires réputés constituants ou bénéficiaires effectifs a son domicile fiscal en France, **inventaire** détaillé des biens, droits et produits capitalisés situés en France ou hors de France et placés dans le trust ainsi que leur valeur vénale au 1er janvier de l'année ; en ce qui concerne les portefeuilles-titres, la déclaration doit mentionner la valeur globale du portefeuille et un relevé détaillé des titres doit mentionner la valeur de chaque titre (n° 50862) ;

7° Si aucun des constituants, bénéficiaires réputés constituants ou bénéficiaires effectifs n'a son domicile fiscal en France, inventaire détaillé des biens, droits et produits capitalisés situés en France et placés dans le trust, ainsi que leur valeur vénale au 1er janvier de l'année (en ce qui concerne les valeurs mobilières, voir n° 50850).

50867 **Modalités de déclaration** La déclaration annuelle des valeurs doit être effectuée au moyen du formulaire **n° 2181 TRUST 2** (accessible en ligne sur le site www.impots.gouv.fr), qui doit être rempli en français ; les documents éventuellement joints à la déclaration doivent également être rédigés en français et ne dispensent pas de remplir de façon exhaustive les rubriques de l'imprimé. L'inventaire détaillé des biens n'a pas à être effectué lorsque les biens mis en trust sont tous situés hors de France et qu'aucun des constituants, bénéficiaires réputés constituants ou bénéficiaires effectifs du trust n'a son domicile fiscal en France (en ce sens, notice explicative du formulaire déclaratif). Une case spéciale doit être cochée si la déclaration est accompagnée du paiement du prélèvement prévu à l'article 990 J du CGI.

La déclaration doit être déposée par l'administrateur du trust auprès de la recette des non-résidents (10 rue du Centre, TSA 50014, 93465 Noisy-le-Grand Cedex) au plus tard le 15 juin de chaque année, accompagnée, le cas échéant, du paiement du prélèvement prévu à l'article 990 J du CGI (nos 50800 s.).

Précisions **a.** L'administration avait annoncé, le 12 juillet 2021, par une actualité sur le site impôts.gouv.fr, la mise en service d'un **nouveau formulaire** adapté aux dernières évolutions législatives ; comme ce formulaire a été publié après la date limite de dépôt en 2021, il n'a évidemment pas pu être utilisé. Un report exceptionnel de dépôt avait été accordé jusqu'au 15 septembre 2021 (sans doute pour les retardataires) mais il a été précisé qu'il n'y avait pas lieu de renouveler le dépôt de déclarations qui auraient déjà été adressées à l'administration. La date limite de dépôt avait été repoussée au 30 septembre 2020 pour l'année 2020.

b. Les informations fournies peuvent permettre à l'administration de mieux contrôler les déclarations d'impôt sur la fortune immobilière et de droits de mutation à titre gratuit ; elles servent par ailleurs à la constitution du **registre des trusts** et des fiducies (n° 50880).

Sanctions

50870 Les infractions aux obligations déclaratives sont passibles d'une **amende fixe** de 20 000 € (CGI art. 1736, IV bis) ; le constituant et les bénéficiaires réputés constituants qui entrent dans le champ du prélèvement sur les trusts (nos 50800 s.) sont solidairement responsables avec l'administrateur du trust du paiement de cette amende (CGI art. 1754 V, 8 ; BOI-CF-INF-20-10-50 nº 80). Cette solidarité n'est pas applicable si l'IFI a été régulièrement acquitté, le prélèvement n'étant pas dû en ce cas (de même pour l'ex-ISF).

Les manquements sont également sanctionnés par une **majoration de 80 %** calculée sur les droits dus en cas de rectification du fait des actifs immobiliers qui auraient dû être déclarés (nº 50810, en ce qui concerne le prélèvement qui se substitue à l'IFI ; sous l'empire de l'ancien ISF, il s'agissait des biens, droits ou produits capitalisés) ; cette majoration ne peut être inférieure à l'amende fixe mais, lorsqu'elle est applicable, elle exclut toute autre majoration (CGI art. 1729-0 A, issu de l'article 110 de la loi nº 2016-1918 du 29 décembre 2016 de finances rectificative pour 2016 applicable aux déclarations qui doivent être souscrites depuis le 31 décembre 2016).

Sont ainsi écartées, lorsque la majoration de 80 % est applicable, les pénalités pour absence ou retard de dépôt d'une déclaration (CGI art. 1728), celles qui sont dues au titre des erreurs, **manquements délibérés**, abus de droit ou **manœuvres frauduleuses** commis dans une déclaration (CGI art. 1729) et celles applicables aux revenus présumés perçus sur les comptes à l'étranger (CGI art. 1758). En l'absence de rectification, le simple **défaut de déclaration** est donc passible seulement de l'amende forfaitaire de 20 000 € (en ce qui concerne les impôts autres que le prélèvement qui se substitue à l'IFI, les majorations de droit commun peuvent naturellement être appliquées dans les conditions habituelles).

Précisions **a.** Dans le passé, la loi prévoyait que l'amende puisse atteindre 5 % puis 12,5 % des biens ou droits placés en trust ainsi que des produits qui y étaient capitalisés, que les biens soient situés en France ou hors de France (CGI art. 1736, IV bis, ancien). Mais cette **sanction proportionnelle** a été supprimée par l'article 110 de la loi nº 2016-1918 du 29 décembre 2016 de finances rectificative pour 2016.

b. Avant son abrogation, la sanction proportionnelle était, en tout état de cause, **contraire à la Constitution** car elle sanctionnait un simple manquement à une obligation déclarative même lorsque les biens ou droits placés en trust n'avaient pas été soustraits à l'impôt (Cons. const. 16 mars 2017 nº 2016-618 QPC : RJF 6/17 nº 604, sur renvoi par CE QPC 23 décembre 2016 nº 405025, 8e ch.) ; cette décision d'inconstitutionnalité a pris effet au 17 mars 2017 (elle n'a toutefois pas pu être invoquée dans les instances jugées définitivement à cette date ni pour la remise en cause de transactions devenues définitives). Corrélativement, les **commentaires administratifs** sur ce point ont été jugés caducs (CE 5 mars 2018 nº 404554, 8e et 3e ch. et, même jour, nº 405025 : RJF 6/18 nº 675 ; voir également nº 50320). Précédemment, un **recours pour excès de pouvoir** avait été formé sur le même sujet par « l'association des contribuables repentis » mais il était irrecevable (CE 13 octobre 2016 nº 402318, 8e et 3e ch. : RJF 1/17 nº 69).

c. La décision du Conseil constitutionnel citée en b. ci-dessus a **validé l'amende forfaitaire** de 10 000 € ou 20 000 € alors applicable. Dans la décision nº 405025 du 5 mars 2018, précitée, le Conseil d'État a donc logiquement refusé d'annuler pour excès de pouvoir la doctrine administrative qui réitère les dispositions législatives relatives à l'amende forfaitaire (CE 5 mars 2018 nº 405025, 8e et 3e ch. : RJF 6/18 nº 675).

d. Le dispositif d'**imputation des dons** sur l'IFI (CGI art. 978) n'est pas applicable si la majoration de 80 % est mise en œuvre en cas de rectification du fait d'actifs en trust non déclarés (CGI art. 1731 bis dans sa rédaction issue de l'article 140 de la loi nº 2021-1900 du 30 décembre 2021 de finances pour 2022). Cette sanction n'a cependant pas de sens, étant donné qu'en ce cas l'IFI n'est pas exigible (nº 50710, Précisions c).

Droit de reprise

D'une façon générale, le droit de reprise est régi par le droit commun applicable aux différents impôts concernés ; il est cependant étendu à dix ans en l'absence de déclaration. **50875**

En ce qui concerne l'**impôt sur le revenu**, le droit de reprise de l'administration s'exerce jusqu'à la fin de la dixième année qui suit celle au titre de laquelle l'imposition est due lorsque les obligations déclaratives prévues à l'article 1649 AB du CGI n'ont pas été respectées (LPF art. L 169, dans sa rédaction issue de l'article 58 de la loi nº 2011-1978 du 28 décembre 2011 de finances rectificative pour 2011). Ce droit de reprise concerne les seuls revenus ou bénéfices afférents aux obligations déclaratives qui n'ont pas été respectées.

En ce qui concerne l'ancien **ISF**, l'**IFI** et les **droits de mutation à titre gratuit**, la même solution est applicable pour les délais de reprise venant à expiration postérieurement au 31 décembre 2012 ; l'administration peut exercer son droit de reprise jusqu'à l'expiration de la dixième année suivant celle du fait générateur de ces impôts ou droits quand ils sont assis sur des biens ou droits mentionnés à l'article 1649 AB du CGI, sauf si l'exigibilité des impôts ou droits relatifs aux biens ou droits correspondants a été suffisamment révélée dans le document enregistré ou présenté à la formalité (LPF art. L 181-0 A issu de l'article 8 de la loi n° 2012-1510 du 29 décembre 2012 de finances rectificative pour 2012).

Précisions Les **obligations déclaratives** prévues à l'article 1649 AB du CGI sont considérées comme non respectées si les déclarations n'ont pas été déposées ou si elles ont été déposées mais n'ont pas été complètement remplies (BOI-CF-PGR-10-50 n° 185).

Registre des trusts

50880 La loi n° 2013-1117 du 6 décembre 2013 relative à la lutte contre la fraude fiscale et la grande délinquance économique et financière (art. 11) avait institué un registre public des trusts qui devait fournir des informations sur les trusts déclarés, le nom de l'administrateur, le nom du constituant, le nom des bénéficiaires et la date de constitution du trust ; les **modalités de consultation** de ce registre avaient été précisées par le décret n° 2016-567 du 10 mai 2016 relatif au registre public des trusts (JO du 11 mai 2016, texte 25 : BF 7/16 n° 643) et par un arrêté du 21 juin 2016 (JO du 2 juillet 2016, texte 12).

Ce dispositif a cependant été invalidé par le Conseil constitutionnel qui a jugé que les conditions d'accès au registre public des trusts étaient **contraires à la Constitution** (Cons. const. 21 octobre 2016 n° 2016-591 QPC : RJF 1/17 n° 56, sur renvoi du Conseil d'État qui, par une ordonnance n° 400913 du 22 juillet 2016, RJF 1/17 n° 70, avait suspendu en référé, l'exécution du décret précité) ; dans cette affaire, la question avait été soulevée par une Américaine domiciliée en France, qui avait constitué des trusts en vue de sa succession et qui avait invoqué le droit au **respect de la vie privée** garanti par l'article 2 de la Déclaration des droits de l'Homme et du citoyen en faisant remarquer que le registre public était consultable sans restriction ni encadrement ; le Conseil constitutionnel a effectivement jugé que le registre public des trusts portait une atteinte disproportionnée au droit au respect de la vie privée en donnant un accès entièrement libre aux informations sur la manière dont une personne entend disposer de son patrimoine. Le décret relatif au registre public des trusts a ensuite été logiquement annulé par le Conseil d'État (CE 30 mai 2018 n° 400912, 10e et 9e ch. : RJF 8-9/18 n° 888).

La décision du Conseil constitutionnel n'invalidait pas, cependant, le principe même de l'établissement du registre ; seules les modalités de sa consultation étaient en cause. La loi a donc pu être ensuite modifiée par l'article 10 de l'ordonnance n° 2016-1635 du 1er décembre 2016 renforçant le dispositif français de lutte contre le blanchiment et le financement du terrorisme (JO du 2 décembre 2016, texte n° 14) ; ce texte, qui avait énuméré les autorités qui peuvent sans restriction avoir accès au registre dans le cadre de leur mission, a encore été corrigé par l'article 13 de l'ordonnance n° 2020-115 du 12 février 2020 (JO du 13 février 2020, texte n° 12).

Désormais, l'article 1649 AB, II du CGI se contente de préciser que les informations fournies par les administrateurs de trusts sont conservées dans un registre placé sous la responsabilité du ministre chargé du budget ; l'article L 167, I du LPF prévoit que ce registre, de même que celui des fiducies, est accessible sans restriction à diverses autorités, dans le cadre de leur mission (BOI-DJC-TRUST nos 270 s.) :
- les autorités **judiciaires** ;
- la cellule de renseignement financier nationale (**Tracfin**) ;
- les agents de l'administration des **douanes** agissant sur le fondement des prérogatives conférées par le Code des douanes ;
- les agents habilités de l'administration des **finances publiques** chargés du contrôle et du recouvrement en matière fiscale ;
- les officiers habilités de **police judiciaire** de la police nationale et de la gendarmerie nationale, ainsi que les agents des douanes et des services fiscaux habilités à effectuer des enquêtes judiciaires en application des articles 28-1 et 28-2 du Code de procédure pénale ;
- les **autorités de contrôle** mentionnées à l'article L 561-36 du Code monétaire et financier (Autorité de contrôle prudentiel et de résolution, Autorité des marchés financiers, Conseil de l'Ordre du barreau auprès duquel les avocats sont inscrits, Chambres des notaires, Ordre des experts-comptables, etc.).

Ces autorités **communiquent**, de leur propre initiative ou sur demande, aux autorités compétentes des États membres de l'Union européenne les informations nécessaires à l'accomplissement de leurs missions.

Les informations relatives aux **bénéficiaires effectifs** d'un trust (ou d'une fiducie) conservées dans le registre sont accessibles aux personnes assujetties à la lutte contre le blanchiment et le financement du terrorisme (établissements de crédit, établissements de paiement, avocats, notaires, huissiers de justice, administrateurs judiciaires, mandataires judiciaires, commissaires-priseurs judiciaires, etc.). L'article L 167, I du LPF prévoit, en outre, que les informations sur l'identité du bénéficiaire effectif du trust (ou de la fiducie) relatives aux nom, nom d'usage, pseudonyme, prénoms, mois et année de naissance, pays de résidence et nationalité, ainsi que sur la nature et l'étendue des intérêts effectifs détenus sont accessibles :
– à toute personne qui introduit une demande écrite portant sur un trust (ou une fiducie) détenant une participation de contrôle dans une société ou dans une autre entité juridique établie dans un pays tiers par propriété directe ou indirecte, notamment au moyen d'actions au porteur ou par le biais d'un contrôle par d'autres moyens ;
– à toute personne justifiant, au regard de l'objet ou de la nature de son activité, d'un intérêt légitime dans la prévention ou la lutte contre le blanchiment de capitaux ou le financement du terrorisme et les infractions sous-jacentes associées, suivant des modalités déterminées par décret.

Enfin, l'article L 102 AH du LPF fixe le mécanisme selon lequel les personnes assujetties aux obligations de lutte contre le blanchiment et le financement du terrorisme et les autorités de contrôle signalent à l'administration toutes les **divergences** entre les informations conservées dans les registres avec celles dont elles disposent, en particulier en ce qui concerne les bénéficiaires effectifs (qu'il s'agisse de trusts ou de fiducies) ; l'administration en informe l'administrateur du trust (ou le fiduciaire) et, en l'absence de réponse, ou à défaut de réponse suffisante de l'administrateur (ou du fiduciaire), la sanction prévue à l'article 1736 IV bis du CGI peut être applicable.

Précisions Les modalités de consultation des informations contenues dans les registres des trusts et des fiducies sont codifiées à l'article R* 167-2 du LPF.

SECTION 3

Les aspects internationaux de la fiducie française

A. Généralités

Contexte juridique

La France connaît, depuis une loi du 19 février 2007, le mécanisme de la fiducie. Si le dispositif s'inspire du trust, il a cependant une portée plus réduite dans la mesure notamment où il n'est pas possible d'utiliser la fiducie à des fins de transmission à titre gratuit (est nulle toute fiducie constituée à des fins de libéralité). En outre, la fiducie n'est pas réellement un trust car elle n'emporte **pas démembrement** de la **propriété** (n° 49807). Enfin, les fiduciaires doivent être des établissements financiers, entreprises d'investissement ou entreprises d'assurance, à l'exclusion des personnes physiques (sauf les avocats). 50980

Le régime juridique de la fiducie (titre XIV du Livre III du Code civil) a été sensiblement modifié par la loi de modernisation de l'économie qui en a notamment ouvert le mécanisme aux **personnes physiques** à des fins de **garantie** et de **gestion**, tout en continuant d'exclure expressément son utilisation à des fins de libéralité (loi n° 2008-776 du 4 août 2008 art. 18). Les mesures complémentaires nécessitées par les modifications ainsi apportées au dispositif, et notamment les **mesures fiscales**, ont été prises par une ordonnance du 30 janvier 2009 (Ord. n° 2009-112 du 30-1-2009 : JO 31-1-2009 p. 1854).

La neutralité fiscale du régime de la fiducie a également été renforcée, pour les exercices clos depuis le 31 décembre 2014, par la possibilité de maintenir, sous certaines conditions, l'application du **régime des sociétés mères** et de l'**intégration fiscale** aux titres de participation transférés à une fiducie, qu'il s'agisse d'une fiducie-gestion ou d'une fiducie-sûreté (loi n° 2014-1655 du 29 décembre 2014 de finances rectificative pour 2014, art. 71 ; sur l'application du régime des sociétés mères en cas de transfert de titres en fiducie, voir BOI-IS-BASE-10-10-10-20 nos 205 et 410). En l'absence de texte spécifique, ces régimes n'étaient pas applicables car une entreprise qui transfère des titres dans une fiducie en **perd la propriété** (n° 50982).

Dans le même esprit, il a été précisé que les plus-values réalisées par l'intermédiaire d'une fiducie sont éligibles au report d'imposition en cas de contrôle par l'apporteur (BOI-RPPM-PVBMI-30-10-60-10 n° 40, commentant l'article 150-0 B ter du CGI ; n° 65775).

Enfin, pour assurer la neutralité en ce qui concerne l'imposition de la fortune immobilière, la loi précise que les actifs immobiliers entrant dans le champ de l'**IFI** (nos 52170 s.) transférés dans un patrimoine fiduciaire, ou ceux éventuellement acquis en remploi, sont compris dans le patrimoine du constituant pour leur valeur vénale nette (CGI art. 969).

Précisions **a.** Les dispositions relatives aux fiducies constituées en France ne sont pas applicables aux **trusts étrangers** ; ces derniers ont fait l'objet d'une législation d'ensemble résultant de l'article 14 de la loi n° 2011-900 du 29 juillet 2011 de finances rectificative pour 2011, prise dans le cadre de la réforme de la fiscalité du patrimoine (n° 50300).

b. En ce qui concerne les **transferts d'actifs hors de France**, voir les règles exposées nos 73600 s., qui doivent, à notre avis, être écartées en présence d'une fiducie dont le fiduciaire serait non résident, dans la mesure où la législation relative à la fiducie conduit à des résultats similaires, quoique selon des voies différentes.

c. L'idée d'un patrimoine d'affectation était présente dans le concept d'entreprise individuelle à responsabilité limitée (EIRL), aujourd'hui rendu caduc par la mise en place d'un statut unique pour **l'entrepreneur individuel**, titulaire de plein droit d'un patrimoine personnel distinct de son patrimoine professionnel (Code de commerce art. L 526-22) ; il est possible à l'entrepreneur individuel d'opter pour l'impôt sur les sociétés en application de l'article 1655 sexies du CGI tel que modifié par la loi de finances pour 2022. Le régime de l'EIRL a été mis en extinction par l'effet de l'article 6 de la loi n° 2022-172 du 14 février 2022 en faveur de l'activité professionnelle indépendante (depuis le 16 février 2022, il n'est plus possible de créer de nouvelles EIRL, mais celles qui existaient avant cette date peuvent poursuivre leur activité dans les conditions antérieures).

d. L'administration a précisé que la part de bénéfice du constituant déterminée dans les conditions prévues à l'article 238 quater F du CGI correspondant aux produits nets des titres de participation ouvrant droit à l'application du **régime des sociétés mères** est exonérée sous réserve de l'imposition d'une quote-part de 5 % correspondant aux frais et charges. Le taux de cette quote-part est ramené à 1 % sous certaines conditions (BOI-IS-BASE-10-10-20 n° 75).

e. Comme les trusts, les fiducies doivent faire l'objet de **déclarations** consignées dans un registre ; l'ordonnance n° 2020-115 du 12 février 2020 (JO du 13 février 2020, texte n° 12) a étendu les obligations déclaratives en la matière et l'enregistrement au service des impôts de l'information sur l'identité du **bénéficiaire effectif** d'une fiducie (n° 50880). Il a été précisé que le registre des fiducies recense l'ensemble des actes relatifs à des fiducies extraits de la base nationale des données patrimoniales (BNDP) alimentée par les applications utilisées lors de l'enregistrement des actes par les services de publicité foncière ou d'enregistrement et que, au début de l'année 2020, le registre national des fiducies était constitué de 208 actes relatifs à des fiducies, dont 59 actes enregistrés au cours de l'année 2019 (réponse Grau, n° 28723 : JOAN 17 novembre 2020 p. 8192).

Définition

50982 La fiducie est définie comme « l'opération par laquelle un ou plusieurs constituants transfèrent des biens, des droits ou des sûretés, ou un ensemble de biens, de droits ou de sûretés, présents ou futurs, à un ou plusieurs fiduciaires qui, les tenant séparés de leur patrimoine propre, agissent dans un but déterminé au profit d'un ou plusieurs bénéficiaires » (Code civil art. 2011). Ainsi que l'a précisé le ministre de la justice, la fiducie française « devrait bénéficier de la reconnaissance prévue par la **convention de La Haye** au profit du trust et des institutions qui lui sont apparentées » (réponse Grosdidier, n° 16451 : JO Sénat, 5 mai 2016 p. 1905) ; le ministre de la justice a ajouté que la fiducie est « **assimilable au trust** puisqu'elle répond bien aux critères énoncés : des biens sont placés sous le contrôle d'un trustee dans l'intérêt d'un bénéficiaire ou dans un but déterminé ; les biens du trust constituent une masse distincte et ne font pas partie du patrimoine du trustee ; le titre relatif aux biens du trust est établi au nom du trustee ou d'une autre personne pour le compte du trustee ; le trustee est investi du pouvoir et chargé de l'obligation, dont il doit rendre compte, d'administrer, de gérer ou de disposer des biens selon les termes du trust et les règles particulières imposées au trustee par la loi » (sur la convention de La Haye, voir ; n° 49807).

La fiducie est créée par la loi ou par contrat. L'objet du **contrat** de fiducie est un **transfert de biens ou droits**, accompagné d'une mission de gestion ou d'administration définie dans le contrat ; la finalité de la fiducie n'est pas précisée mais elle doit répondre à un but déterminé, en principe un objectif de gestion ou de constitution de sûreté. Les biens transférés forment un patrimoine séparé, distinct du patrimoine personnel du fiduciaire (équivalent du « trustee » ou de l'administrateur du trust). En ce sens, la loi sur la fiducie manifeste la reconnaissance en droit français de la notion de « **patrimoine d'affectation** ».

Précisions Afin de satisfaire certaines contraintes de la **finance islamique**, notamment dans le cadre de l'émission de « **sukuk** », il avait été prévu que l'article 2011 du Code civil soit modifié pour préciser que « le fiduciaire exerce la **propriété fiduciaire** des actifs figurant dans le patrimoine fiduciaire au profit du ou des bénéficiaires, selon les stipulations du contrat de fiducie » (il est en effet nécessaire que le titulaire des sukuk, c'est-à-dire le bénéficiaire de la fiducie, dispose d'un droit équivalent, en termes économiques, à un droit de propriété sur les actifs placés dans le patrimoine fiduciaire). Selon les travaux parlementaires au Sénat (rapport de la commission des finances du Sénat sur la proposition de loi tendant à favoriser l'accès au crédit des petites et moyennes entreprises ; rapport n° 442 déposé le 27 mai 2009 par le sénateur Marini), cette précision répondait à l'objectif suivant : « expliciter ce qui est déjà en germe dans l'article 2011 du Code civil. Il s'agit de préciser que le fiduciaire acquiert la propriété fiduciaire des biens, c'est-à-dire qu'il acquiert non la propriété de l'article 544 du Code civil (usus, fructus, abusus), mais **une propriété d'un nouveau type**, une propriété avec charge. Le fiduciaire dispose certes des attributs juridiques de la propriété, mais ne peut exercer ce droit que dans les limites et sous les conditions posées par le contrat de fiducie en faveur du ou des bénéficiaires. Pour résumer, le fiduciaire bénéficierait de la **propriété juridique** des biens alors que le bénéficiaire bénéficierait de la **propriété économique** des mêmes biens ». Cette disposition a cependant été invalidée par le Conseil constitutionnel pour des raisons de technique législative ; elle n'a pas, pour l'instant, été à nouveau proposée au Parlement. Le cadre actuel de la finance islamique, tel qu'il est décrit par la doctrine administrative, fait cependant toujours état de la fiducie à propos des sukuk d'investissement (BOI-DJC-FIN-20 n°s 140 s.)

Constituant

Pour l'application du Code général des impôts, le « constituant » d'une fiducie s'entend de la personne **titulaire des droits représentatifs** des biens ou droits transférés dans le patrimoine fiduciaire (CGI art. 238 quater A ; cette définition est différente de celle qui est retenue pour le constituant des trusts au sens indiqué n° 50325) ; en effet, comme le constituant doit nécessairement recevoir une contrepartie équilibrée au transfert, il y a lieu de considérer que le contrat de fiducie aboutit pour lui à substituer aux actifs transférés des droits représentatifs de ces actifs (cette solution qui résulte implicitement de la loi, qui interdit toute fiducie à des fins de libéralité, avait été adoptée par la réglementation comptable avant l'introduction d'une définition fiscale). En pratique, le constituant doit être l'un des bénéficiaires de la fiducie ; tel est le cas, par exemple, si une fiducie est constituée pour **garantir un créancier** : le créancier (établissement de crédit) est fiduciaire, propriétaire du bien pendant la durée de la fiducie, puis bénéficiaire si le débiteur (constituant) n'honore pas sa dette ; s'il l'honore, le bien retourne au constituant. **50985**

Précisions **a.** Pour se garantir, le constituant peut désigner un **tiers**, analogue au « protector » des trusts (n° 49906) ; lorsque le constituant est une personne physique, il ne peut renoncer à cette faculté (mais il n'a pas l'obligation de désigner un tiers protecteur).

b. La définition fiscale permet de couvrir d'éventuels **titulaires successifs** des droits représentatifs des actifs transférés.

Règles de territorialité

La loi se borne à poser des conditions relatives à la résidence des constituants et des fiduciaires, mais ne vise ni les biens, droits ou sûretés, objet de la fiducie, ni la résidence fiscale des bénéficiaires. Les **biens**, **droits ou sûretés** peuvent donc être quelconques, situés en France ou hors de France, et les bénéficiaires quelconques, résidents ou non résidents de France. **50990**

En revanche, le **constituant** et le **fiduciaire** doivent être résidents d'un État de l'Union européenne ou d'un État ou territoire ayant conclu avec la France une convention fiscale en vue d'éliminer les doubles impositions qui contient une clause d'assistance administrative en vue de lutter contre la fraude ou l'évasion fiscale.

50995 En ce qui concerne les **aspects internationaux**, les principes posés, qui tiennent largement au souci de permettre aux fiducies d'être constituées et gérées sous un régime de neutralité fiscale, appellent les remarques suivantes, en distinguant la constitution, le déroulement et la fin de la fiducie.

B. Lors de la constitution de la fiducie

Principe de la neutralité fiscale

51000 Le principe sur lequel repose le dispositif de neutralité fiscale consiste, sous certaines conditions, à ne pas tirer toutes les conséquences du mécanisme même de la fiducie, à savoir le transfert de propriété des actifs d'un patrimoine dans un autre. Le **fiduciaire doit s'engager**, dans le contrat de fiducie, à respecter un ensemble d'obligations fiscales, qui consistent notamment à reprendre à son bilan les écritures du constituant et à se substituer à lui pour l'accomplissement de diverses obligations, en particulier en ce qui concerne l'imposition des plus-values ; ce régime proche de celui qui s'applique en matière de fusions de sociétés s'applique lorsque le constituant est passible de l'impôt sur les sociétés ou imposable dans le cadre d'une activité professionnelle s'il s'agit d'une personne physique (CGI art. 238 quater B).

Le principe est le même en ce qui concerne les fiducies créées par des constituants personnes physiques qui n'exercent pas une activité professionnelle, quoique les conditions d'application du texte soient nécessairement différentes.

Précisions Le transfert d'actifs dans un patrimoine fiduciaire entraîne un **transfert de propriété** (par exemple, BOI-IS-GPE-10-20-20 n° 260, à propos de l'intégration fiscale).

Constituant résident et fiduciaire non résident

51003 Le respect des conditions de la neutralité fiscale pourra poser une difficulté à un fiduciaire non résident, dans la mesure où ces conditions pourront être **difficilement compatibles** avec les règles qui lui sont applicables dans son État de résidence ; tel sera le cas s'il doit, pour respecter sa propre législation, tirer toutes les conséquences fiscales du transfert de propriété des actifs, objets de la fiducie.

En outre, la présence d'un fiduciaire non résident est susceptible de créer des zones d'incertitude si les actifs en cause sont situés en France et ne caractérisent pas une entreprise exploitée en France ou s'il ne s'agit pas d'un immeuble ; en effet, s'il s'agit, par exemple, de **valeurs mobilières** non rattachées à un établissement français, la contrepartie de l'exonération de la plus-value qui aurait dû être constatée à raison des titres transférés dans le patrimoine fiduciaire par un constituant (résident de France) tient à son imposition ultérieure lors de la cession de ces titres par le fiduciaire. Si les titres en cause sont transférés à un fiduciaire non résident et s'ils ne sont pas rattachables à un établissement stable français du fiduciaire, on peut se demander si l'équilibre sera atteint, étant donné que, dans la généralité des cas, la France n'a pas le droit d'imposer une plus-value mobilière réalisée par un non-résident (le fiduciaire) en raison du droit interne ou des conventions fiscales.

Compte tenu des principes posés par la loi sur l'imposition des résultats des actifs transférés dans un patrimoine fiduciaire (n° 51020), il nous semble cependant que l'imposition devrait toujours être possible dans la mesure où le résultat de la fiducie est considéré « fictivement » comme étant celui du constituant, ce qui le rendrait systématiquement imposable en France indépendamment de la résidence du fiduciaire.

Constituant résident et biens situés hors de France

51005 Dans ce cas, il n'y a pas de difficulté dans notre pays si la France n'a pas le droit d'imposer en droit interne ou en raison des conventions fiscales.

En revanche, si la France a le droit d'imposer, les actifs en cause ne pourront être transférés dans une fiducie en régime de neutralité fiscale en France qu'à condition que soient respectées les prescriptions législatives et que les engagements nécessaires soient pris par le fiduciaire, qu'il soit résident ou non-résident de France.

Constituant non résident et biens situés en France

Dans cette hypothèse, le bénéfice du régime de neutralité fiscale devra être accordé au constituant si le fiduciaire respecte les conditions posées par la loi, comme si le constituant était résident de France. Bien entendu, il n'y a pas de difficultés particulières si la France n'a pas le droit d'imposer en droit interne ou par le jeu des conventions fiscales. 51010

C. Lors du déroulement de la fiducie

Principes

La loi prévoit que, lorsque les droits du constituant représentatifs des biens ou droits transférés dans le patrimoine fiduciaire sont **inscrits à son bilan**, la part de bénéfice correspondant à ces droits est déterminée selon les règles applicables au bénéfice réalisé par le constituant ; le constituant demeure personnellement soumis à l'impôt sur le revenu ou à l'impôt sur les sociétés pour la part de bénéfice correspondant à ses droits représentatifs des biens ou droits transférés dans le patrimoine fiduciaire, proportionnellement à la valeur réelle de ces biens ou droits mis à la date du transfert dans le patrimoine fiduciaire (CGI art. 238 quater F). 51020

Le même principe est applicable lorsque les droits du constituant représentatifs des biens ou droits transférés dans le patrimoine fiduciaire ne sont **pas inscrits au bilan** d'une entreprise (cas des personnes physiques agissant à titre privé) ; dans ce cas, le « résultat de la fiducie » est imposé au nom de chaque constituant pour la part de résultat correspondant à ses droits représentatifs des biens ou droits transférés dans le patrimoine fiduciaire, proportionnellement à la valeur vénale des biens ou droits mis en fiducie, appréciée à la date du transfert dans le patrimoine fiduciaire ; en outre, la part de résultat correspondant aux droits du constituant est déterminée et imposée en tenant compte de la nature de l'activité de la fiducie (CGI art. 238 quater O).

Appréciation des règles au regard du constituant seulement

On devrait, à notre avis, déduire des principes précédents que la France aurait toujours le droit d'imposer, indépendamment de la résidence du fiduciaire et en fonction seulement de la résidence du constituant et du lieu de situation des biens ; en effet, les résultats ainsi imposés ne sont pas ceux du fiduciaire mais **ceux qui « correspondent » aux droits du constituant** (ou ceux « de la fiducie ») et qui sont nécessairement imposables en France même en présence d'un fiduciaire non résident. Cette manière de voir pourrait s'autoriser de la jurisprudence du Conseil d'État relative aux « fictions fiscales » dans l'ordre international (par exemple, en ce qui concerne l'article 155 A du CGI ; n°s 45780 s.). 51023

Même si le fiduciaire est propriétaire des actifs, il faudrait donc probablement considérer que les **conventions fiscales** éventuellement applicables aux fiduciaires non résidents ne font pas obstacle à l'imposition en France dans la mesure où cette imposition est exigée du constituant et non pas du fiduciaire, qui n'est pas le contribuable ; cela ne signifie pas que les conventions fiscales et les règles de territorialité soient sans incidences, mais simplement qu'elles n'ont d'importance qu'en tant qu'elles s'appliquent au constituant et non au fiduciaire.

Précisions **a.** D'une certaine façon, le régime fiscal de la fiducie est, en ce qui concerne l'impôt sur les sociétés ou sur le revenu, inspiré de celui des **sociétés de personnes** ; il conduit à ce que les résultats de la fiducie soient réputés être ceux du (ou des) constituants.

b. L'article 238 quater O du CGI vise le « **résultat de la fiducie** » alors que l'article 238 quater F vise la « part de bénéfices » correspondant aux droits du constituant, mais cette différence de terminologie nous paraît ici sans conséquence.

c. Bien entendu, les principes qui précèdent ne valent que pour l'application des règles fiscales françaises ; elles n'ont pas lieu d'être retenues par les autres pays, par exemple par l'État de résidence du fiduciaire ; il peut donc en résulter des **doubles impositions**.

Constituant résident, biens situés en France et fiduciaire non résident

51025 Dans ce cas, il n'y a pas de difficulté si les biens sont rattachés à un **établissement** français ou s'il s'agit d'un **immeuble** situé en France ; les résultats de la gestion du patrimoine fiduciaire sont imposables dans notre pays en toute hypothèse. On imposera donc le résultat du patrimoine fiduciaire entre les mains du constituant, ou des constituants, dans les conditions habituelles.

Puisque le constituant est résident, et compte tenu des principes posés par les articles 238 quater F et O du CGI, les règles applicables sont celles qui concernent les résidents, même si les actifs sont la propriété d'un fiduciaire non résident ; par conséquent, il n'y a pas lieu, à notre avis, d'exiger, par exemple, **l'impôt de distribution** prévu par l'article 115 quinquies du CGI (n°s 19000 s.) ; en effet, sur le plan fiscal, ce n'est pas le fiduciaire non résident qui réalise le résultat, mais « la fiducie » imposable au nom du constituant, par hypothèse résident de France dans cette situation.

51027 En revanche si les biens ne sont pas rattachés à un établissement français ou s'ils ne caractérisent pas une entreprise exploitée en France (par exemple, si le patrimoine fiduciaire comprend des **valeurs mobilières françaises**), des questions pourront se poser en matière de retenue à la source. À notre avis, compte tenu du principe d'imposition du constituant, cependant, aucune **retenue à la source** ne devrait en toute logique être exigible ; dès lors que le constituant est considéré comme toujours « propriétaire », par une sorte de fiction fiscale, on ne comprendrait pas que la retenue à la source soit exigée en pareille circonstance comme s'il ne l'était plus.

Constituant résident, biens situés hors de France et fiduciaire résident

51030 Dans ce cas, il n'y a pas de difficulté en cas de rattachement à un établissement stable ou s'il s'agit d'un immeuble ; il y aurait lieu, à notre avis, d'imposer les résultats de la gestion du patrimoine fiduciaire entre les mains du **constituant** (ou des constituants) comme s'il n'y avait pas de fiducie et d'appliquer, le cas échéant, les stipulations des conventions fiscales et les règles de territorialité de la même façon, selon un principe de transparence.

51033 Si les biens ne sont pas rattachés à un établissement hors de France ou s'il ne s'agit pas d'un immeuble, la question se posera généralement en des termes différents, dans la mesure où l'imposition est le plus souvent perçue localement par voie de **retenue à la source** (cas des valeurs mobilières, par exemple). La question se posera notamment du **bénéficiaire effectif** au sens des conventions fiscales (n° 74630). Si, comme dans cette hypothèse, le contribuable (le constituant) et le fiduciaire sont tous les deux résidents de France, il devrait être possible au pays de la source d'appliquer la convention fiscale signée avec la France.

Précisions Si le **fiduciaire** est **non résident** de France, il y a lieu de craindre de grandes difficultés dans le pays de la source en ce qui concerne la notion de « **bénéficiaire effectif** » ; il n'est pas sûr que la convention fiscale conclue avec la France sera applicable puisque les sommes seront payées à un propriétaire juridique non résident (et il n'est pas sûr non plus que la convention conclue avec le pays de résidence du fiduciaire soit applicable puisque ce dernier ne sera pas nécessairement imposable dans cet État et qu'il n'est pas le bénéficiaire).

51035 Du côté français, pour l'imposition au nom du constituant des revenus des biens situés hors de France, il nous semble qu'il y aurait lieu d'appliquer les **conventions fiscales** par transparence, puisque le constituant est, en quelque sorte, imposé comme s'il n'y avait pas de fiducie. Il en résulte, par exemple, qu'en présence d'une retenue à la source dans le pays de résidence du débiteur, un **crédit d'impôt** devrait en principe être imputable en France ; mais ce crédit serait sans doute limité à la retenue à la source que le pays de la source est autorisé à prélever selon les stipulations de la convention fiscale qui le lie à la France. Par suite, si le pays de la source n'applique pas la convention fiscale, au motif que le fiduciaire n'est pas le bénéficiaire effectif des revenus, et s'il refuse de prendre en compte le constituant par transparence, une **double imposition** est susceptible de se produire, à hauteur de la fraction de la retenue à la source qui ne pourrait constituer un crédit d'impôt en France.

Constituant non résident, biens situés ou non en France et fiduciaire résident

Cette hypothèse ne devrait pas soulever de difficultés particulières, en France du moins, dès lors que les revenus des biens transférés sont considérés comme **imposables au nom du constituant** même s'il est non résident. 51040

La fiducie est alors neutre (au moins en France) ; il n'y a pas lieu d'imposer le **fiduciaire**, en toute hypothèse, même si la fiducie est régie par le droit français, et il n'y a pas lieu non plus de transposer les principes applicables à l'imposition des sociétés de personnes françaises dont les associés sont non-résidents, car la fiducie n'est pas elle-même une personne morale ni une société de fait qui aurait son siège en France. La circonstance que le principe sur lequel repose l'imposition du constituant soit inspiré de la législation applicable aux sociétés de personnes devrait rester sans incidence de ce point de vue, car la situation juridique et fiscale créée par la fiducie est très différente.

C'est pourquoi, à notre avis, si la fiducie comprend des **biens étrangers** comme des valeurs mobilières émises par des non-résidents, le fait qu'un constituant non résident soit titulaire de droits représentatifs des biens ou droits transférés dans un patrimoine fiduciaire français ne suffit pas à le rendre imposable dans notre pays, contrairement, le cas échéant, au cas d'un associé non résident d'une société de personnes française.

Constituant non résident, biens situés en France et fiduciaire non résident

En présence d'une entreprise exploitée en France ou d'un immeuble situé en France, l'imposition est établie au nom du constituant non résident de la même façon qu'avant le transfert dans le patrimoine fiduciaire, sans difficulté particulière. 51045

En présence de **valeurs mobilières** émises par des sociétés françaises, la question se pose de l'application des retenues à la source et des **conventions fiscales**. A priori, il y aurait lieu de considérer comme applicable la convention fiscale conclue entre la France et le pays de résidence du constituant, en application des principes précédents ; il n'est cependant pas certain que cette solution soit toujours valable dans la mesure où elle dépend aussi du traitement fiscal des sommes entre le constituant et le fiduciaire, dans leurs pays de résidence respectifs (problématique relative à la notion de bénéficiaire effectif).

D. À la fin de la fiducie

Principes

La fin de la fiducie entraîne le transfert du patrimoine fiduciaire au bénéficiaire, et, en l'absence de bénéficiaire, le retour au constituant des biens, droits ou sûretés qui composent le patrimoine fiduciaire. À ce propos, la loi prévoit la **neutralisation** des conséquences fiscales de ce transfert lorsque les actifs fiduciaires font retour au constituant à l'expiration de la fiducie (dans la négative, il y a lieu de constater une cessation fiscale d'entreprise qui rend notamment exigible des droits de mutation). 51050

En outre, en cas de retour des actifs au constituant, le régime de neutralité fiscale n'est applicable que si les conditions prévues, pour les entreprises, à l'article 238 quater K du CGI sont satisfaites, à savoir que le contrat de fiducie prenne fin sans liquidation du patrimoine fiduciaire et que le constituant respecte divers engagements, identiques à ceux que doit prendre le fiduciaire lors du transfert des actifs en fiducie par le constituant (pour les personnes physiques agissant à titre privé, les conditions, qui sont substantiellement les mêmes, sont codifiées à l'article 238 quater Q du CGI).

Constituant résident, biens situés en France et fiduciaire non résident

Dans ce cas, si les biens font **retour au constituant** et si les conditions de la neutralité fiscale sont satisfaites, il n'y a pas de difficulté du côté français. En particulier, les engagements nécessaires pourront être pris dans les mêmes conditions que si le fiduciaire était résident de France. 51055

Cependant, la neutralité n'a pas de raison d'être reconnue dans le pays de **résidence** du **fiduciaire** si celui-ci traite l'opération comme un nouveau transfert de propriété. Des surimpositions sont donc à craindre si le droit applicable au fiduciaire ne prévoit pas la neutralité dans une telle circonstance.

51060 Si les biens sont **transmis au bénéficiaire**, il y a cessation d'entreprise et imposition en France au nom du constituant ; là encore, il n'y a pas de difficulté prévisible du côté français, mais la combinaison des deux droits applicables, en France et dans l'État de résidence du fiduciaire, ne sera pas nécessairement harmonieuse et pourra générer des doubles impositions.

Constituant résident, biens situés hors de France et fiduciaire non résident

51065 La situation à l'expiration de la fiducie est variable en fonction des règles de territorialité applicables. Dans l'hypothèse où les biens ne retournent pas au constituant, il serait cependant logique d'admettre que si le transfert est localement imposé au nom du fiduciaire, la France en tire les conséquences pour l'imposition du constituant, afin d'éliminer la double imposition (cas, par exemple, où le transfert d'un **immeuble** au bénéficiaire aura fait l'objet d'une imposition du fiduciaire au titre des plus-values, alors que la France imposera le constituant) ; cette solution n'est cependant pas assurée, en l'état actuel des textes et en l'absence de précisions administratives.

Constituant non résident, biens situés en France et fiduciaire résident

51070 Dans cette circonstance, la fin de la fiducie n'est susceptible d'entraîner les conséquences d'une cessation d'entreprise que si la France a le droit d'imposer les éventuelles plus-values liées au transfert du bien dans le patrimoine du bénéficiaire et si celui-ci n'est pas le constituant. Dans ce cas, les règles de droit interne français s'appliqueront sans difficulté, sous réserve des conventions fiscales internationales (application de la convention fiscale éventuellement conclue entre la France et l'État de résidence du constituant).

CHAPITRE 19

L'imposition de la fortune

Plan du chapitre §§

SECTION 1
Les principales caractéristiques de l'impôt sur la fortune immobilière 52000
A Personnes concernées 52150
B Actifs immobiliers imposables 52170
C Déduction du passif 52200
D Calcul de l'impôt 52220
E Dispositions diverses 52240

SECTION 2
Aspects internationaux de la législation interne française 52320
A Situation d'un résident de France ayant des actifs immobiliers hors de France 52450
B Situation d'un non-résident au regard de l'impôt sur la fortune immobilière 52570
C Remarques sur la situation des non-résidents au regard de l'ancien ISF 52639

SECTION 3
L'incidence éventuelle des conventions fiscales 52760
A Principe de l'application des conventions fiscales à l'ex-impôt de solidarité sur la fortune 52900
B Solutions données par les conventions fiscales 53010

Notion

L'imposition de la fortune des personnes physiques est une idée ancienne, presque aussi vieille que l'imposition du revenu. Elle existait en effet dès le XIXe siècle en Prusse et aux Pays-Bas, et au début du XXe siècle au Danemark, en Suède, en Norvège, au Luxembourg et en Suisse. En France même, un projet avait été présenté dès 1914. **51300**

Elle repose sur l'idée que la **faculté contributive** d'un contribuable qui dispose d'un patrimoine important est supérieure à celle d'un contribuable qui n'en a pas. Pour être cohérent, l'impôt sur la fortune (ou sur le capital) doit donc appréhender non seulement le patrimoine situé dans l'État de résidence de l'intéressé mais aussi celui dont il dispose **en dehors de cet État**. Autrement dit, de la même manière qu'avec l'impôt sur le revenu, le patrimoine appréhendé doit normalement être :
- le patrimoine « mondial » pour les résidents ;
- le patrimoine « national » pour les non-résidents.

Précisions Après avoir connu un certain succès, l'imposition de la fortune devient aujourd'hui relativement **résiduelle**, de nombreux pays ayant supprimé toute imposition de cette nature. Elle subsiste tout de même dans certains pays, notamment, outre la France (uniquement sur l'immobilier, depuis 2018), en Norvège et en Suisse. Au Luxembourg, il existe un impôt sur la fortune des sociétés. Divers pays ont mis en place des impôts sur la fortune mais en les cantonnant, comme aujourd'hui en France, aux biens immobiliers.

Doubles impositions

Le principe de l'imposition du patrimoine mondial des résidents et du patrimoine national des non-résidents peut conduire à des doubles impositions puisqu'un même patrimoine peut être imposé dans un État parce qu'il y est situé et dans un autre État parce que son propriétaire y est domicilié. Comme en ce qui concerne les impôts sur le revenu, les doubles impositions peuvent être atténuées par des mécanismes de **crédits d'impôt** de droit interne ou par le jeu des conventions fiscales. **51400**

On examinera ces questions essentiellement sous l'angle de la fiscalité française, en étudiant successivement : **51450**
- les principales caractéristiques de l'impôt français,
- les aspects internationaux de la législation française,
- l'incidence éventuelle des conventions fiscales.

SECTION 1

Les principales caractéristiques de l'impôt sur la fortune immobilière (IFI)

52000 La loi n° 2017-1837 du 30 décembre 2017 de finances pour 2018 a supprimé l'ancien impôt de solidarité sur la fortune (ISF) ; toute imposition du patrimoine n'a pas pour autant disparu étant donné que cette même loi a créé un nouvel impôt, l'**impôt sur la fortune immobilière** (**IFI**), qui est applicable depuis le 1er janvier 2018.

Cette imposition ne vise que les biens et droits immobiliers ainsi que les parts ou actions de sociétés ou organismes, à hauteur de la valeur représentative des biens ou droits immobiliers qu'ils détiennent directement ou indirectement (CGI art. 964 à 983 ; les commentaires administratifs sont publiés au BOI-PAT-IFI).

Précisions **a.** Un impôt général sur la fortune avait été créé, sous le nom d'impôt sur les grandes fortunes (**IGF**), par la loi de finances pour 1982 ; il avait été supprimé, à compter du 1er janvier 1987 par la loi de finances rectificative pour 1986, avant d'être réintroduit, sous le nom d'impôt de solidarité sur la fortune (**ISF**) par la loi de finances pour 1989. Cet impôt a été supprimé par l'article 31 de la loi n° 2017-1837 du 30 décembre 2017 de finances pour 2018.

b. L'ISF n'a bien entendu été supprimé que pour le futur ; le **contrôle de l'ISF** des années précédentes est maintenu sur le fondement des règles antérieures, codifiées, pour l'essentiel, aux anciens articles 885 A à 885 Z du CGI.

A. Personnes concernées

Redevables et règles de territorialité

52150 L'IFI est dû chaque année par les personnes physiques résidentes ou non résidentes de France sur les actifs immobiliers lorsque leur valeur est supérieure au seuil d'imposition (n° 52220). Les couples mariés font l'objet d'une **imposition commune** (sous réserve des exceptions figurant aux a et b du 4 de l'article 6 du CGI) ; il en va de même des partenaires liés par un pacte civil de solidarité (Code civil art. 515-1) et des personnes vivant en concubinage notoire. Les biens détenus par les **enfants mineurs** des redevables sont pris en compte lorsque ces derniers en ont l'administration légale.

Les règles de territorialité sont posées par l'article 964 du CGI. Sous réserve du cas des « nouveaux résidents » (n° 52560), le patrimoine immobilier imposable des personnes physiques **domiciliées en France** est le patrimoine mondial (biens et droits immobiliers situés en France ou hors de France et parts ou actions de sociétés et organismes établis en France ou hors de France à hauteur de la valeur représentative de biens ou droits immobiliers détenus directement ou indirectement par ces sociétés ou organismes). De leur côté, les personnes physiques **domiciliées hors de France** ne sont imposables qu'au titre de leurs actifs immobiliers situés en France si leur valeur dépasse le seuil d'imposition (biens et droits immobiliers situés en France et parts ou actions de sociétés ou organismes français ou étrangers, à hauteur de la fraction de leur valeur représentative de biens et droits immobiliers situés en France).

Le **domicile fiscal** des redevables est déterminé, comme pour l'impôt sur le revenu, par l'article 4 B du CGI (nos 40000 s.), sous réserve de l'application des conventions fiscales (BOI-PAT-IFI-10-20-20 n° 10 ; n° 52960) ; cela étant, comme l'IFI est de la compétence de la juridiction judiciaire (comme l'ancien ISF), alors que l'impôt sur le revenu est de la compétence de la juridiction administrative, de légères différences d'interprétation sont possibles. En outre, la domiciliation s'apprécie au 1er janvier de l'année et non sur l'année comme en matière d'impôt sur le revenu (n° 52155).

Au sein d'un **foyer fiscal**, la domiciliation s'apprécie « personne par personne », le champ d'application de l'impôt étant déterminé au regard de chacun des membres du foyer.

Ainsi, les biens immobiliers étrangers appartenant au conjoint ou aux enfants d'un redevable domicilié en France ne sont compris dans l'assiette de l'impôt que si le conjoint et les enfants sont eux-mêmes personnellement considérés comme fiscalement domiciliés en France (BOI-PAT-IFI-10-20-20 nº 100).

Précisions À propos de l'ancien ISF, il avait été jugé que le **centre des intérêts économiques** d'un contribuable pouvait être déterminé par référence au lieu de situation de ses biens, sans égard, apparemment, au fait qu'ils produisent ou non des revenus (la jurisprudence administrative est en sens contraire ; nº 40910) ; en l'espèce, le redevable a été regardé comme ayant en France le centre de ses intérêts économiques au motif que les biens immobiliers situés en France qu'il détenait directement ou par l'intermédiaire de SCI dont il était associé quasi unique avaient une valeur largement supérieure à celle de son patrimoine détenu en Suisse. Cela étant, dans cette affaire, la domiciliation avait également été établie en raison de la présence en France du centre des intérêts familiaux et du lieu d'habitation normale, la domiciliation ayant également été confirmée sur le fondement de la convention fiscale franco-suisse du 9 septembre 1966 modifiée (TGI Paris 2 janvier 2017 nº 14/15353, 9e ch., 1e sect., confirmé en tous points par CA Paris 2 juillet 2018 nº 17/01584, Pôle 5, ch. 10 ; cet arrêt a fait l'objet d'un pourvoi rejeté par Cass. com. 14 avril 2021 nºs 18-24.058 FS-D : RJF 8-9/21 nº 874). Dans cette affaire, l'ISF a été jugé applicable aux **avoirs détenus par des sociétés** situées au Panama et aux îles Vierges britanniques dans les livres d'une banque établie en Suisse, dès lors que le redevable était le véritable bénéficiaire des comptes ouverts au nom de ces sociétés (il est également jugé que la transmission d'informations par le procureur n'était pas irrégulière et que les données sur lesquelles les rectifications étaient fondées constituaient des preuves admissibles).

Date d'appréciation du domicile fiscal

Le domicile fiscal des redevables est apprécié **au 1er janvier** de l'année d'imposition, soit **52155**
au 1er janvier 2022 pour l'IFI 2022 (BOI-PAT-IFI-10-20-20 nº 70). Par suite, l'impôt est dû, toutes choses égales par ailleurs, si le redevable est domicilié en France le 1er janvier, même s'il transfère ensuite son domicile hors de France ; il n'est pas dû d'un contribuable qui s'installe en France en cours d'année (il n'y a pas d'imposition ou de réduction proportionnelle à la durée de la résidence).

Il a été confirmé, à propos de l'ancien ISF mais la solution est transposable à l'IFI, que le **transfert du domicile fiscal** à l'étranger **au cours d'une année** n'a pas d'incidence sur l'imposition sur la fortune au titre de cette année mais seulement au 1er janvier de l'année suivante (Cass. com. 21 juin 2011 nº 10-23.136 (nº 640 F-D), Chenel : RJF 12/11 nº 1386 ; BOI préc.). Cet arrêt souligne que la convention fiscale applicable en l'espèce, celle du 19 juin 1980 entre la France et l'Égypte, ne permettait pas de considérer que la qualité de résident fiscal en Égypte acquise en cours d'année dût rétroagir au 1er janvier de l'année du transfert. L'administration rappelle à ce propos que si, en ce qui concerne l'impôt sur le revenu, qui vise la taxation d'un flux de revenus réalisé entre le 1er janvier et le 31 décembre d'une année, l'appréciation des critères de domiciliation peut se faire tout au long de l'année, il n'en va pas de même en ce qui concerne l'IFI, qui taxe un patrimoine déterminé au 1er janvier de l'année, date du fait générateur de l'impôt ; la territorialité est donc appréciée uniquement à cette date (BOI préc.).

B. Actifs immobiliers imposables

Principes

Sous réserve de certaines exceptions et des règles de territorialité (nº 52150), l'assiette de **52170**
l'impôt sur la fortune immobilière est constituée par la valeur nette au 1er janvier de l'année des **biens et droits immobiliers** appartenant aux redevables et des **parts ou actions** des sociétés et organismes établis en France ou hors de France qui leur appartiennent, à hauteur de la fraction de leur valeur représentative de biens ou droits immobiliers détenus directement ou indirectement par la société ou l'organisme (CGI art. 965). Le mode de détention des immeubles est donc, en principe, neutre pour le redevable.

Précisions L'assiette de l'IFI est conforme à la **Constitution** ; selon le Conseil constitutionnel, « en instaurant cet impôt, le législateur a entendu, dans un objectif de rendement budgétaire, créer une **contribution spécifique** pesant sur les actifs immobiliers autres que ceux affectés par le propriétaire à sa propre activité professionnelle » (Cons. const. 28 décembre 2017 nº 2017-758 DC, Loi de finances pour 2018 : RJF 3/18 nº 289).

Biens immobiliers détenus directement

52172 Il s'agit de **l'ensemble des biens et droits immobiliers** appartenant au redevable (CGI art. 965, 1°) ; sont donc concernés les biens et droits immobiliers directement détenus, qu'il s'agisse des immeubles non bâtis, des immeubles bâtis qu'ils soient à usage d'habitation ou professionnel, des immeubles en cours de construction et des droits réels immobiliers (usufruit, droit d'usage, droit du preneur d'un bail à construction, notamment). Sont également imposables, sous certaines conditions, les droits afférents à des contrats de **crédit-bail** et de **location-accession** (CGI art. 971).

Les actifs grevés d'un **usufruit**, d'un droit d'habitation ou d'un droit d'usage accordé à titre personnel sont compris dans le patrimoine de l'usufruitier ou du titulaire du droit pour leur valeur en pleine propriété, sous réserve de l'exception du conjoint survivant (CGI art. 968).

La valeur de rachat des **contrats d'assurance rachetables** et des bons ou contrats de capitalisation exprimés en unités de compte est incluse dans le patrimoine du souscripteur à hauteur de la fraction de leur valeur représentative des unités de compte constituées d'actifs immobiliers (CGI art. 972).

L'**estimation** de la valeur des biens doit être faite **au 1er janvier** de l'année d'imposition selon les principes indiqués n° 52190.

Précisions À propos de l'ancien ISF, le Conseil constitutionnel avait jugé que la prise en compte de la **capacité contributive** que confère la détention d'un ensemble de biens et de droits n'implique ni que seuls les biens productifs de revenus entrent dans l'assiette de l'ISF ni que cet impôt ne doive être acquitté qu'au moyen des revenus des biens imposables (Décision n° 2012-662 DC du 29 décembre 2012 relative à la loi de finances pour 2013, point 90 : RJF 3/13 n° 335) ; cette décision est transposable à l'IFI.

Actifs immobiliers exonérés

52175 Sont exonérés les biens ou droits immobiliers et les parts ou actions représentatives de ces mêmes biens ou droits (n° 52180), lorsque ces biens ou droits sont **affectés à l'activité principale** industrielle, commerciale, artisanale, agricole ou libérale du redevable (CGI art. 975).

Sont également exonérées, sous réserve de la clause anti-abus mentionnée n° 52185, les parts ou actions de sociétés ou d'organismes qui ont une **activité opérationnelle** (industrielle, commerciale, artisanale, agricole ou libérale) dont le redevable détient directement et, le cas échéant, indirectement, seul ou avec son conjoint (ou partenaire) ou ses enfants mineurs, **moins de 10 %** du capital ou des droits de vote.

Il en va de même des biens et droits immobiliers **affectés à l'activité** industrielle, commerciale, artisanale, agricole ou libérale d'une société soumise, de droit ou sur option, à l'impôt sur les sociétés si le redevable en est dirigeant et si certaines conditions sont réunies, notamment en termes de détention du capital (**25 % au moins** des droits de vote ou valeur brute de la participation excédant 50 % de la valeur brute du patrimoine du redevable ; CGI art. 975, III).

Précisions **a.** Les propriétés en nature de **bois et forêts** et les parts de groupements forestiers sont en principe exonérées à concurrence des trois quarts de leur valeur (CGI art. 976).

b. Les différentes exonérations, partielles ou totales, applicables aux droits de mutation à titre gratuit (**monuments historiques**, immeubles situés en **Corse**, etc.) ne sont pas applicables à l'IFI, sans qu'une exclusion législative expresse soit nécessaire (BOI-PAT-IFI-30 n° 10, remarque 2) ; en effet, par différence avec la règle posée par l'ancien article 885 D du CGI selon laquelle l'ISF était assis et les bases d'imposition déclarées selon les mêmes règles et sous les mêmes sanctions que les droits de mutation par décès, c'est seulement pour la détermination de la valeur des actifs imposables à l'IFI qu'il est fait application des règles en vigueur en matière de droits de mutation par décès (CGI art. 973).

Parts ou actions de sociétés ou organismes détenant des immeubles

52180 Sont assujetties à l'IFI les parts ou actions des sociétés et organismes établis en France ou hors de France appartenant aux redevables, **à hauteur de la fraction** de leur valeur représentative de biens ou droits immobiliers détenus directement ou indirectement par la société ou l'organisme (CGI art. 965, 2°).

Cette fraction est calculée en appliquant à la valeur des parts ou actions, déterminée suivant les règles en vigueur en matière de droits de mutation par décès (CGI art. 973), un **coefficient immobilier** correspondant au rapport entre :
– la valeur vénale réelle des biens ou droits immobiliers imposables et, le cas échéant, la valeur des parts ou actions représentatives de ces mêmes biens (soit la valeur totale des biens immobiliers détenus directement et indirectement, quel que soit le nombre de niveaux d'interposition) ;
– et la valeur vénale réelle de l'ensemble des actifs de la société ou de l'organisme (pour la détermination de ce coefficient, seules sont retenues les valeurs brutes, sans déduction des passifs, qu'il s'agisse des actifs immobiliers ou de l'actif total de la société).

Le redevable doit d'abord déterminer la **valeur vénale des titres** qu'il détient, en tenant compte des dettes déductibles, puis lui appliquer le coefficient de taxation correspondant au ratio immobilier de la société, calculé sur des valeurs brutes. Il en résulte, incidemment, que la détention d'un immeuble par l'intermédiaire d'une ou plusieurs sociétés interposées est avantageuse en présence de dettes non liées à l'immeuble puisque ces dettes ne seraient pas déductibles en cas de détention directe alors qu'elles réduisent la valeur des parts ou actions passibles de l'IFI à hauteur de leur fraction immobilière.

En présence d'une **chaîne de détention**, il y a lieu de déterminer les coefficients immobiliers de chaque société interposée en commençant par la plus éloignée du redevable et en remontant jusqu'à celle dont le redevable détient les titres. L'administration indique ainsi qu'il convient, en pratique, d'identifier la société ou l'organisme détenant des biens ou droits immobiliers imposables dont le niveau dans la chaîne de participation est le plus bas, de faire application à cette société ou à cet organisme des modalités de calcul précédentes et de remonter de proche en proche de la même façon dans la chaîne de participations jusqu'à la société ou l'organisme dont le redevable détient directement des parts ou actions (BOI-PAT-IFI-20-20-20-10 n° 120).

Précisions Pour illustrer les principes, l'administration propose l'**exemple** d'une personne qui détient 50 % du capital d'une société dont la valeur totale est évaluée à 1 M€, qui possède à son actif un immeuble imposable d'une valeur vénale de 400 000 €, la valeur vénale réelle de l'ensemble des éléments inscrits à l'actif de la société s'élevant à 1,5 M€, y compris l'immeuble (BOI-PAT-IFI-20-20-20-10 n° 100). Le coefficient correspondant à la fraction imposable des parts de la société est de 400 000/1 500 000 (valeur de l'immeuble imposable/valeur totale des actifs de la société) ; comme le redevable détient 50 % du capital de la société, la valeur de ses parts imposable à l'IFI est égale à 133 333 €, à savoir : (1 000 000 × 50 %) × (400 000/1 500 000).

Pour ne pas étendre exagérément le champ d'application de l'IFI, la loi prévoit divers correctifs (CGI art. 965, 2°). **52185**

En premier lieu, ne sont pas prises en compte, pour le calcul du coefficient immobilier (n° 52180), les parts ou actions de sociétés ou d'organismes qui ont une **activité opérationnelle** (industrielle, commerciale, artisanale, agricole ou libérale) dont le redevable détient directement et, le cas échéant, indirectement, seul ou avec son conjoint (ou partenaire) ou ses enfants mineurs, **moins de 10 %** du capital et des droits de vote ; cette exclusion n'est cependant pas applicable aux biens et droits immobiliers détenus directement par les sociétés ou organismes que le redevable, seul ou conjointement avec les personnes de son foyer, contrôle au sens de l'article 150-0 B ter, III, 2° du CGI, ou dont l'une de ces mêmes personnes se réserve la jouissance en fait ou en droit (clause anti-abus).

En second lieu, les **biens ou droits immobiliers** détenus directement ou indirectement ne sont pas retenus pour le calcul de la fraction imposable lorsqu'ils sont **affectés à l'activité** industrielle, commerciale, artisanale, agricole ou libérale de la société ou de l'organisme qui les détient ou d'une société membre de son groupe (l'exonération ne dépend pas, en ce cas, de la situation personnelle du redevable et il n'est pas nécessaire qu'il exerce une quelconque fonction dans l'entreprise dont il détient, directement ou indirectement les titres).

Enfin, ne sont pas imposables les parts ou actions d'**OPCVM** ou d'autres fonds, lorsque le redevable détient moins de 10 % des droits et que l'actif de l'organisme de placement collectif est composé directement ou indirectement, à hauteur de moins de 20 %, de biens ou droits immobiliers imposables (CGI art. 972 bis), ni les actions de sociétés d'investissements immobiliers (**SIIC**) lorsque le redevable détient moins de 5 % du capital et des droits de vote (CGI art. 972 ter). En ce qui concerne les SIIC, l'administration précise qu'il n'est pas exigé que la société ait opté pour le régime prévu à l'article 208 C du CGI et que l'exonération s'applique dans les mêmes conditions aux sociétés étrangères présentant les mêmes caractéristiques, sous réserve qu'elles soient établies dans un État membre de l'Union européenne, dans un autre État partie à l'accord sur l'Espace économique européen ayant conclu avec la France une convention d'assistance administrative en vue de lutter contre la fraude et l'évasion fiscales ou dans un autre État ou territoire avec lequel la France a conclu une telle convention (BOI-PAT-IFI-20-20-20-20 n° 210).

Enfin, comme le redevable n'est **pas nécessairement** suffisamment **informé** de la composition de l'actif des sociétés ou organismes concernés, aucun rehaussement ne peut être effectué si le redevable est de bonne foi et s'il démontre qu'il n'était pas en mesure de disposer des informations nécessaires à l'estimation de la fraction imposable de la valeur des parts ou actions concernées (cette exception n'est pas applicable en cas de contrôle ou de détention de plus de **10 %** du capital ou des droits de vote ou si les biens ou droits immobiliers sont réservés à sa jouissance personnelle ou à celle de l'un des membres de son foyer fiscal). Cette exception peut s'appliquer, en pratique, en présence de sociétés étrangères qui pourraient refuser de fournir au redevable les informations nécessaires.

Précisions **a.** Sont considérées comme des **activités commerciales** les activités mentionnées aux articles 34 et 35 du CGI, exception faite de l'exercice par une société ou un organisme d'une activité de gestion de son propre patrimoine immobilier (CGI art. 966). Sont également considérées comme commerciales les activités de sociétés qui, outre la gestion d'un portefeuille de participations, participent activement à la conduite de la politique de leur groupe et au contrôle de leurs filiales et rendent, le cas échéant et à titre purement interne, des services spécifiques, administratifs, juridiques, comptables, financiers et immobiliers.

b. Pour la détermination de la fraction imposable, les biens et droits immobiliers détenus par des **sociétés contrôlées** ou dont le redevable se réserve la **jouissance** peuvent être pris en compte dans certains cas.

c. Les exonérations particulières de titres qui étaient prévues sous le régime de l'ancien ISF dans le cadre du **pacte Dutreil** (CGI art. 885 I bis, ancien), en faveur des salariés et mandataires sociaux (CGI art. 885 I quater, ancien) ou en cas de souscription en numéraire ou en capital de **PME** (CGI art. 885 I ter, ancien) ne sont pas applicables.

Évaluation des actifs immobiliers imposables

52190 Il résulte de l'article 973 du CGI que la valeur des actifs imposables est déterminée suivant les règles en vigueur en matière de **droits de mutation par décès**. Il s'agit donc du prix normal qu'aurait accepté de payer un acquéreur quelconque n'ayant pas de raison exceptionnelle de convenance de préférer le bien en cause, sans qu'il soit possible de déduire le montant des frais que le propriétaire aurait à supporter en cas de vente (commission d'intermédiaire, notamment).

Les **valeurs mobilières « cotées »** sur un marché sont évaluées selon le dernier cours connu ou selon la moyenne des trente derniers cours qui précèdent le 1er janvier de l'année d'imposition. Cela étant, les actions et parts de sociétés ou d'organismes, cotées ou non, ne sont imposables que pour la seule **fraction de leur valeur** qui est représentative de biens ou droits immobiliers détenus directement ou indirectement par la société ou l'organisme (n° 52180).

Les actifs immobiliers passibles de l'IFI et situés **à l'étranger**, qu'ils soient détenus directement ou indirectement, sont évalués dans les mêmes conditions que les actifs imposables situés en France (BOI-PAT-IFI-20-30-10 n° 50).

Précisions **a.** Comme pour l'ancien ISF, un abattement de 30 % est effectué sur la valeur vénale réelle de l'immeuble lorsque celui-ci est occupé à titre de **résidence principale** par son propriétaire (CGI art. 973). Cet abattement ne s'applique pas si l'habitation principale est détenue indirectement par l'intermédiaire d'une société ou d'un organisme, sous réserve du cas particulier des sociétés transparentes (BOI-PAT-IFI-20-30-20 n° 50). Le Conseil constitutionnel a confirmé, à propos de l'ancien ISF, que cette différence de traitement ne soulève pas de difficulté constitutionnelle car la valeur des parts détenues au sein d'une **SCI** ne se confond pas nécessairement avec celle des immeubles lui appartenant et peut donc faire l'objet de règles d'évaluation spécifiques (Cons. const. 17 janvier 2020 n° 2019-820 QPC : RJF 4/20 n° 374). Sur le fond, dans cette affaire, la **décote de 10 %** appliquée par l'administration, destinée à tenir compte des contraintes juridiques et contractuelles affectant la valeur des parts de la SCI et de la mise à la disposition gratuite de l'immeuble à ses associés, a été considérée comme justifiée (Cass. com. 13 janvier 2021 n° 19-14.256 : RJF 4/21 n° 434).

b. L'administration a ouvert au public, le 24 avril 2019, la **base de données DVF** (« Demande de valeur foncière » à l'adresse https://cadastre.data.gouv.fr/dvf), qui recense l'ensemble des ventes de biens fonciers réalisées au cours des cinq dernières années, en métropole et dans les départements et territoires d'outre-mer, sauf à Mayotte et en Alsace-Moselle. Les biens concernés peuvent être bâtis (appartements et maisons) ou non bâtis (parcelles et exploitations). Les données sont produites par la Direction générale des finances publiques ; elles proviennent des actes enregistrés chez les notaires et des informations contenues dans le cadastre. L'article 13 de la loi n° 2018-727 du 10 août 2018 pour un État au service d'une société de confiance (JO du 11 août 2018, texte n° 1) avait, en effet, prévu qu'afin de concourir à la transparence des marchés fonciers et immobiliers l'administration fiscale devait rendre librement accessibles au public, sous forme électronique, les éléments d'information qu'elle détient au sujet des valeurs foncières déclarées à l'occasion des mutations intervenues au cours des cinq dernières années (LPF art. 112 A). Antérieurement, une base de données dénommée « **Patrim-Usagers** » était également utilisable mais elle n'était accessible que dans certaines limites et depuis **l'espace personnel** des contribuables (notamment, il n'était pas possible à un non-résident d'y accéder s'il ne déposait pas de déclarations de revenus en France). L'administration avait encouragé l'utilisation de ce service pour la **détermination des biens passibles de l'IFI** en indiquant que le téléservice d'aide à l'estimation des biens immobiliers « Patrim » permet l'accès gratuit sur le site www.service-public.fr dans la rubrique « services en ligne et formulaires » via l'espace personnel, aux données des transactions immobilières détenues par l'administration fiscale à des fins d'aide à l'évaluation de biens immobiliers comparables (BOI-PAT-IFI-20-30-20 n° 20).

Restriction de la prise en compte des dettes pour la détermination de la valeur des parts ou actions

Pour la détermination de la fraction de la valeur des parts ou actions représentative de biens ou de droits immobiliers détenus directement ou indirectement par la société ou l'organisme, des règles particulières sont prévues pour éviter la déduction de **dettes « artificielles »**. **52195**

Notamment, sauf si le redevable justifie que le prêt n'a pas été contracté dans un objectif principalement fiscal, ne sont pas prises en compte les dettes contractées directement ou indirectement, par une société ou un organisme (CGI art. 973, II) :
– **pour l'acquisition** d'un actif imposable (terme qui, pour l'application de cet article, s'entend au sens large et qui vise les biens, droits immobiliers et titres de sociétés) **auprès du redevable** (ou son conjoint ou ses enfants mineurs), si ce dernier contrôle la société ou l'organisme, seul ou conjointement avec les membres de son foyer fiscal (conjoint et enfants mineurs) ;
– auprès du redevable (ou son conjoint ou ses enfants mineurs) **pour l'acquisition** d'un actif imposable ou pour des dépenses de réparation, d'entretien, d'amélioration, de construction, de reconstruction ou d'agrandissement, à proportion de la participation détenue ;
– **auprès d'une société ou d'un organisme contrôlé** par le redevable (seul ou conjointement avec ou son conjoint ou ses enfants mineurs, ou avec un membre de son groupe familial comprenant les ascendants, descendants, frères et sœurs), pour l'acquisition d'un actif imposable ou pour des dépenses de réparation, d'entretien, d'amélioration, de construction, de reconstruction ou d'agrandissement y afférentes, à proportion de la participation que détient le redevable (ou son conjoint ou ses enfants mineurs).

L'administration précise, à cet égard, que lorsqu'une dette est mise en place avec plusieurs objectifs différents, l'analyse du **caractère principal de l'un des objectifs** résulte d'une appréciation de fait tenant notamment compte du montant de l'économie d'impôt résultant de la minoration de l'assiette imposable à l'IFI rapporté à l'ensemble des gains ou avantages de toute nature obtenus du fait du montage (BOI-PAT-IFI-20-30-30 n° 240).

En outre, sauf si le redevable justifie du caractère normal des conditions du prêt, et notamment du respect du terme des échéances, du montant et du caractère effectif des remboursements, les **dettes contractées auprès d'un membre du groupe familial** (redevable, conjoint, enfants mineurs, ascendants, descendants, frères et sœurs), pour l'acquisition d'un actif imposable ou pour des dépenses de réparation, d'entretien, d'amélioration, de construction, de reconstruction ou d'agrandissement y afférentes, ne sont pas déductibles à proportion de la participation que détient le redevable (ou son conjoint ou ses enfants mineurs).

L'administration précise que le **caractère normal des conditions du prêt** s'apprécie notamment au regard des pratiques bancaires usuelles dans le domaine concerné et que cette appréciation doit tenir compte de l'effectivité des remboursements et de leur montant ainsi que du respect des échéances prévues par le contrat de prêt établi par acte daté et signé (BOI préc. n° 270). Sur le cas des emprunts remboursables in fine, voir n° 52205.

Précisions **a.** Les **comptes courants** d'associé sont, bien entendu, des dettes contractées auprès d'un associé ; même si ces dettes ne sont pas nécessairement « affectées » à l'acquisition d'un bien ou droit immobilier ou à des dépenses afférentes à ces biens ou droits, elles pourraient être considérées comme non déductibles par nature (sauf preuve contraire). L'administration a cependant admis que peut être susceptible de caractériser un objectif principalement autre que fiscal la circonstance que la dette ait été souscrite **avant la création de l'IFI** au 1er janvier 2018 ou à une date nettement antérieure à celle à compter de laquelle le foyer fiscal est devenu redevable de cet impôt (BOI-PAT-IFI-20-30-30 n° 240).

b. Sous l'empire de l'ancien ISF, le comité de l'**abus de droit** fiscal avait estimé que l'administration avait pu valablement rejeter la déduction de dettes contractées par deux sociétés françaises pour l'acquisition d'un immeuble en France au motif que les prêteurs étaient des sociétés établies dans les îles Vierges britanniques qui **dissimulaient en réalité un financement personnel** des associés par l'intermédiaire de trusts américains (affaire n° 2017-30, séance du 1er février 2018 : Droit fiscal 2018 n° 15, comm. n° 251) ; les contrats de prêts ont été considérés comme entachés de simulation par interposition de personne.

C. Déduction du passif

Principes

52200 Les **dettes** existantes au 1er janvier de l'année d'imposition, **contractées par le redevable** (ou son conjoint ou ses enfants mineurs) et effectivement supportées par ce dernier sont déductibles de la valeur des biens ou droits immobiliers et des parts ou actions imposables, le cas échéant à proportion de la fraction de leur valeur imposable (CGI art. 974, I), si ces dettes sont afférentes :
– à des **dépenses d'acquisition** de biens ou droits immobiliers ;
– à des dépenses de **réparation** et d'entretien effectivement supportées par le propriétaire ou supportées pour le compte du locataire par le propriétaire et dont celui-ci n'a pu obtenir le remboursement au 31 décembre de l'année du départ du locataire ;
– à des dépenses d'amélioration, de **construction**, de reconstruction ou d'agrandissement ;
– aux **impositions**, autres que celles incombant normalement à l'occupant, dues à raison des propriétés (en pratique, les taxes foncières et l'IFI lui-même), à l'exception des impositions dues à raison des revenus générés par ces propriétés (non-déduction de la fraction de l'impôt sur le revenu supportée au titre des revenus locatifs) ;
– aux dépenses d'acquisition des parts ou actions de sociétés ou organismes détenant directement ou indirectement des immeubles, au prorata de la valeur des actifs imposables.

Pour être déductibles, les dettes doivent bien entendu être justifiées par tous modes de preuve compatibles avec la procédure écrite (BOI-PAT-IFI-20-40-10 n° 1).

Cas des emprunts remboursables in fine

52205 Les dettes déductibles correspondant à des prêts prévoyant le remboursement du capital **au terme** du contrat et contractés pour l'achat d'un actif imposable sont déductibles chaque année à hauteur du montant total de l'emprunt diminué d'une somme égale à ce même montant multiplié par le nombre d'années écoulées depuis le versement du prêt et divisé par le nombre total d'années de l'emprunt (CGI art. 974, II ; BOI-PAT-IFI-20-40-20 n° 20).

Les dettes correspondant à des prêts ne prévoyant **pas de terme** pour le remboursement du capital, contractées pour l'achat d'un actif imposable, sont déductibles chaque année à hauteur du montant total de l'emprunt diminué d'une somme égale à un vingtième de ce montant par année écoulée depuis le versement du prêt (ces contrats sont traités comme des contrats de prêt avec un terme de vingt ans et un remboursement linéaire ; BOI préc. n° 40).

Cette disposition « anti-abus » s'applique également aux contrats de prêts en cours au 1er janvier 2018 et conclus avant cette date ; elle a été élargie aux prêts contractés, directement ou indirectement, **par une société** ou un organisme pour l'achat d'un actif imposable, qu'il s'agisse de biens, droits immobiliers ou parts de sociétés, pour ce qui concerne l'IFI exigible depuis le 1er janvier 2019.

Précisions Ces dispositions, qui n'instituent pas une **présomption de fraude fiscale**, ne méconnaissent pas le principe d'égalité devant les charges publiques (Cons. const. 28 décembre 2017 n° 2017-758 DC, Loi de finances pour 2018 : RJF 3/18 n° 289).

Dettes non déductibles

Ne sont pas déductibles les dettes correspondant à des prêts (CGI art. 974, III ; BOI-PAT-IFI-20-40-30) : **52210**
– contractés directement, ou indirectement par l'intermédiaire d'une ou plusieurs sociétés ou organismes interposés, **auprès du redevable**, de son conjoint (ou partenaire) et des enfants mineurs rattachés (« prêt à soi-même ») ; la dette est non déductible par principe, sans que le redevable soit autorisé à démontrer le caractère éventuellement normal du prêt ;
– contractés directement, ou indirectement par l'intermédiaire d'une ou plusieurs sociétés ou organismes interposés, **auprès du groupe familial** composé des ascendants, descendants (autres que les enfants mineurs), frères et sœurs du redevable ou de son conjoint, sauf si le redevable justifie du caractère normal des conditions du prêt, notamment du respect du terme des échéances, du montant et du caractère effectif des remboursements ;
– contractés par le redevable, son conjoint ou ses enfants mineurs **auprès d'une société ou organisme** que le redevable seul, ou avec son conjoint (ou partenaire), leurs ascendants et descendants, ou frères et sœurs **contrôle** (au sens du 2° du III de l'article 150-0 B ter du CGI), directement ou par l'intermédiaire d'une ou plusieurs sociétés ou organismes interposés, sauf si le redevable justifie du caractère normal des conditions du prêt, notamment du respect du terme des échéances, du montant et du caractère effectif des remboursements.

Un mécanisme de **rabot** est, enfin, posé par la loi ; lorsque la valeur vénale des biens ou droits immobiliers et des parts ou actions imposables **excède 5 M€** et que le montant total des dettes admises en déduction au titre d'une même année d'imposition excède 60 % de cette valeur, le montant des dettes excédant ce seuil n'est admis en déduction qu'à hauteur de 50 % de cet excédent. Toutefois, ne sont pas retenues, pour l'application de cette limitation, les dettes dont le redevable justifie qu'elles n'ont pas été contractées dans un **objectif principalement fiscal**.

Par exemple, un redevable qui détient un immeuble d'une valeur de 10 M€ et qui a contracté pour l'acquérir une dette de 8 M€ ne pourra, sauf s'il peut invoquer la clause de sauvegarde, déduire que 7 M€, à savoir soit 60 % de la valeur du bien augmentée de la moitié de l'excédent, soit 1 M€ [50 % × (8 - 6)]. Autre exemple, si les dettes représentent 80 % de la valeur du patrimoine taxable, le montant admis en déduction est de 70 %.

Précisions Ces dispositions, qui visent à éviter des **schémas d'optimisation fiscale**, ne méconnaissent pas le principe d'égalité devant les charges publiques (Cons. const. 28 décembre 2017 n° 2017-758 DC, Loi de finances pour 2018 : RJF 3/18 n° 289).

D. Calcul de l'impôt

Tarif

L'impôt sur la fortune immobilière était déterminé, au titre de l'année 2022, par application du **tarif suivant** à l'assiette constituée par la valeur nette des actifs immobiliers imposables, sous réserve que la valeur nette taxable du patrimoine excède le **seuil d'imposition** de 1,3 M€ au 1er janvier 2022 (CGI art. 977) : **52220**
– fraction n'excédant pas 800 000 € : 0 % ;
– entre 800 000 € et 1 300 000 € : 0,50 % ;
– entre 1 300 000 € et 2 570 000 € : 0,70 % ;
– entre 2 570 000 € et 5 000 000 € : 1 % ;
– entre 5 000 000 € et 10 000 000 € : 1,25 % ;
– supérieure à 10 000 000 € : 1,50 %.

Une décote était prévue pour les patrimoines dont la valeur nette taxable était égale ou supérieure à 1 300 000 € et inférieure à 1 400 000 €, afin d'atténuer l'effet de seuil résultant de ce que le barème s'applique dès 800 000 € alors que le seuil d'imposition est de 1 300 000 €.

Sur la réduction d'impôt au titre des dons effectués par le redevable, voir n° 52528.

Plafonnement

52221 Il résulte de l'article 979 du CGI que l'impôt sur la fortune immobilière d'un redevable ayant son domicile fiscal en France est réduit de la différence entre :
– d'une part, le **total de cet impôt et des impôts dus en France et à l'étranger** au titre des revenus et produits de l'année précédente, calculés avant imputation des seuls crédits d'impôt représentatifs d'une imposition acquittée à l'étranger et des retenues non libératoires,
– et, d'autre part, **75 % du total des revenus mondiaux** nets de frais professionnels de l'année précédente, après déduction des seuls déficits catégoriels dont l'imputation est autorisée par l'article 156 du CGI, ainsi que des revenus exonérés d'impôt sur le revenu et des produits soumis à un prélèvement libératoire réalisés au cours de la même année en France ou hors de France.

Ce dispositif aboutit à limiter la somme formée par le montant de l'IFI et de l'impôt sur les revenus de l'année précédente à 75 % de ces revenus. Si ce pourcentage est dépassé, l'excédent constaté vient en diminution de l'IFI exigible.

Le mécanisme du plafonnement est réservé par la loi aux personnes qui ont leur **domicile fiscal en France**. Comme la domiciliation est appréciée au 1er janvier de l'année d'imposition, une personne physique qui quitte la France en cours d'année peut bénéficier du plafonnement au titre de cette année ; symétriquement, un contribuable non résident déjà passible de l'IFI à raison de biens situés en France, qui devient domicilié fiscalement en France en cours d'année, ne peut en bénéficier au titre de cette même année (BOI-PAT-IFI-40-30-10 n° 20).

L'administration admet cependant que les non-résidents « Schumacker » (n° 3097) bénéficient du mécanisme de plafonnement dans les mêmes conditions que les résidents (BOI préc.).

Précisions **a.** Sur l'incidence des conventions fiscales internationales sur **l'appréciation du domicile**, voir n° 41045 l'arrêt rendu le 19 mars 2015 par la cour administrative d'appel de Versailles à propos de l'ancien bouclier fiscal, transposable sur le fond au plafonnement de l'IFI.

b. Les **revenus distribués à une société** passible de l'impôt sur les sociétés contrôlée par le redevable sont réintégrés dans le calcul du plafonnement si l'existence de cette société et le choix d'y recourir ont pour objet principal d'éluder tout ou partie de l'impôt sur la fortune immobilière en bénéficiant d'un avantage fiscal allant à l'encontre de l'objet ou de la finalité du plafonnement (seule est toutefois réintégrée la part des revenus distribués correspondant à une diminution artificielle des revenus pris en compte pour le calcul). Ce mécanisme, qui a pour objet d'éviter **l'abus du plafonnement** par capitalisation de revenus dans une société holding, est applicable même si la société est étrangère (BOI-PAT-IFI-40-30-20).

52225 Pour le calcul du plafonnement, l'administration indique, en ce qui concerne le premier terme de la comparaison (les impôts à prendre en compte), qu'il y a notamment lieu de tenir compte des **cotisations d'impôt sur le revenu dues à l'étranger**, que celles-ci soient calculées d'après un barème progressif ou selon un taux proportionnel. Il n'est pas tenu compte des cotisations d'impôt sur le revenu exigibles à l'étranger qui constituent un **crédit d'impôt** imputable sur la cotisation due en France (BOI-PAT-IFI-40-30-10 n° 60). Le montant des cotisations d'impôt sur le revenu est, corrélativement, celui obtenu avant imputation des crédits d'impôt représentatifs d'une imposition acquittée à l'étranger.

En ce qui concerne le second terme de la comparaison (les revenus à prendre en compte), l'administration précise que sont pris en compte pour le calcul du plafonnement de l'IFI **tous les revenus français ou étrangers** réalisés au cours de l'année précédant celle de l'imposition à l'IFI après déduction des seuls déficits catégoriels dont l'imputation est autorisée par l'article 156 du CGI, ainsi que les revenus exonérés d'impôt sur le revenu (en droit interne ou en raison des conventions fiscales) et les produits soumis à un prélèvement libératoire réalisés au cours de la même année en France ou hors de France (BOI préc. n° 160).

E. Dispositions diverses

52240 L'impôt sur la fortune immobilière est déclaratif. Il est assis sur la valeur du patrimoine immobilier déterminée **au 1er janvier de chaque année** ; d'une façon générale, c'est à cette date qu'il y a lieu de se placer pour apprécier si les conditions d'assujettissement à l'IFI sont réunies (domiciliation, seuil d'imposition, valeur des biens, etc.).

Déclaration

Les redevables de l'IFI doivent mentionner la valeur brute et la valeur nette taxable des actifs imposables sur leur déclaration annuelle de revenus (**déclaration n° 2042-IFI**), en joignant des annexes explicatives décrivant et évaluant les actifs déclarés ainsi que le passif rattaché (CGI art. 982 ; BOI-PAT-IFI-50-10-20). Ils n'ont à joindre **aucun justificatif**, que ce soit au titre de la réduction pour dons (CGI art. 978), ou des dettes déduites de l'actif imposable. L'obligation de déposer une déclaration ne concerne que les redevables dont le patrimoine net imposable excède le seuil d'assujettissement mentionné n° 52220 (BOI préc. n° 170). **52242**

Ces principes sont applicables tant aux résidents qu'aux **non-résidents** ; les redevables de l'IFI dont le patrimoine immobilier est d'une valeur nette taxable supérieure au seuil d'assujettissement et qui ne sont pas tenus de déposer une déclaration d'ensemble des revenus doivent déposer une **déclaration sans revenus** n° 2042-IFI-COV-K et déclarer leur patrimoine immobilier taxable sur la déclaration n° 2042-IFI complétée des annexes. Tel est notamment le cas des non-résidents qui n'ont pas de revenus de source française imposables par voie de rôle (BOI préc. n° 20).

Les non-résidents doivent déposer leur déclaration auprès du service des impôts des particuliers des non-résidents (n° 3600). En ce qui concerne les délais de déclaration, voir n° 3624.

Précisions **a.** Les contribuables peuvent se **procurer la déclaration** d'impôt sur la fortune immobilière sur le site www.impots.gouv.fr ou auprès de la recette des non-résidents, pôle de gestion patrimoine, 10 rue du centre, TSA 50023, 93465 Noisy-Le-Grand Cedex (courriel : gestion-patrimoniale.dinr@dgfip.finances.gouv.fr).

b. Les personnes physiques qui résident habituellement dans la principauté de **Monaco** doivent souscrire au service des impôts des particuliers de Menton (n° 3610, Précisions h) leurs déclarations d'IFI, comme d'ailleurs leurs déclarations de revenus (CGI Ann. IV art. 121 Z quinquies).

Recouvrement et contrôle

L'impôt sur la fortune immobilière est recouvré et acquitté dans les mêmes conditions que les impôts directs (par renvoi aux articles 1658 et 1663 du CGI) et sous les mêmes sûretés, privilèges, garanties et sanctions que **l'impôt sur le revenu** (CGI art. 1679 ter). Sauf dispositions contraires, les règles relatives au **contentieux des droits d'enregistrement** s'appliquent à l'IFI (CGI art. 981), le contentieux de l'IFI relève, comme celui des droits d'enregistrement, des juridictions de l'ordre judiciaire (LPF art. L 199) et, comme les droits d'enregistrement, l'IFI ne peut pas faire l'objet de remise totale ou partielle (LPF art. 247). **52248**

Le **droit de reprise** de l'administration se prescrit donc, comme pour les droits d'enregistrement :
– au 31 décembre de la troisième année suivant celle au cours de laquelle l'exigibilité des droits a été suffisamment révélée par la déclaration, sans qu'il soit nécessaire de recourir à des recherches ultérieures ;
– au 31 décembre de la sixième année suivant celle du fait générateur de l'impôt (le 1er janvier de l'année d'imposition), dans les autres cas (sous réserve du délai de dix ans mentionné n° 2585).

Précisions **a.** Les redevables reçoivent un **avis d'impôt** détaillant leur situation et mentionnant la date limite de paiement et les modalités de règlement.

b. Tout avis d'un montant supérieur à 300 € doit obligatoirement être réglé par **paiement en ligne** sur impots.gouv.fr, ou par smartphone ou tablette via l'application Impots.gouv. Il est possible de payer en ligne à partir d'un compte bancaire domicilié dans la **zone SEPA**. Interrogé sur la situation des non-résidents, le ministre a rappelé que, « concernant le paiement de l'impôt sur la fortune immobilière, seul le paiement direct en ligne est actuellement possible, la souscription d'un contrat de prélèvement mensuel ou à l'échéance ne pouvant pas être proposée pour des raisons techniques. Ce paiement en ligne peut être effectué à partir d'un compte bancaire français ou étranger de la zone SEPA, dès lors que l'établissement bancaire teneur du compte accepte les prélèvements SEPA » (réponse Renaud-Garabedian, n° 08339 : JO Sénat 25 avril 2019 p. 2245).

Désignation d'un représentant en France

L'article 983 du CGI prévoit que les personnes possédant des actifs immobiliers situés en France **sans y avoir leur domicile fiscal** ainsi que certains agents de l'État en fonction ou chargés de mission dans un pays étranger (personnes visées à l'article 4 B, 2 du CGI ; n° 40930) peuvent **52255** être invitées par le service des impôts à désigner un représentant en France dans les conditions prévues à l'article 164 D du même Code (n° 83080).

Cette obligation n'est pas applicable aux personnes qui ont leur domicile fiscal dans un État membre de l'**Union européenne** ou dans un État partie à l'accord sur l'Espace économique européen ayant conclu avec la France une convention d'assistance administrative en vue de lutter contre la fraude et l'évasion fiscales ainsi qu'une convention d'assistance mutuelle en matière de recouvrement de l'impôt, ni aux agents de l'État qui exercent leurs fonctions ou sont chargées de mission dans l'un de ces États (à savoir, les États membres de l'Union européenne ainsi que l'Islande, le Liechtenstein et la Norvège).

Sous réserve de cette exception géographique, les non-résidents peuvent être invités à désigner, dans un délai de quatre-vingt-dix jours à compter de la réception de la demande, un représentant en France, habilité à **recevoir les communications** relatives à l'assiette, au recouvrement et au contentieux de l'IFI. Ce représentant n'a, en tant que tel, aucune qualité pour souscrire la déclaration. Seul un mandat spécial peut l'autoriser à l'établir pour le compte du non-résident (BOI-PAT-IFI-50-10-10 n° 180). En cas de défaut de désignation d'un représentant en France, la taxation d'office est possible.

Précisions L'administration rappelle que les **pays et territoires d'outre-mer** (PTOM) ne sont pas intégrés à l'Union européenne mais seulement associés ; par suite, les personnes ayant leur domicile fiscal en Nouvelle-Calédonie, à Saint-Pierre-et-Miquelon, en Polynésie française, aux îles Wallis-et-Futuna, dans les Terres australes et antarctiques françaises ou à Saint-Barthélemy sont soumises à l'obligation de désigner un représentant fiscal (BOI-PAT-IFI-50-10-10 n° 190).

SECTION 2

Aspects internationaux de la législation interne française

52320 On examinera successivement la situation d'une personne domiciliée en France et ayant des actifs immobiliers à l'étranger et celle d'une personne non domiciliée en France et ayant des actifs immobiliers en France.

La notion de domicile (ou résidence) est la même que celle qui est retenue en matière d'impôt sur le revenu (n°s 40600 s., 52150 et 52960). Sur la définition de la « France », voir n° 1905.

En ce qui concerne les personnes physiques qui sont constituants de **trusts étrangers**, voir n°s 50700 s.

A. Situation d'un résident de France ayant des actifs immobiliers hors de France

52450 À condition que la valeur nette de leur patrimoine dépasse le seuil d'imposition (n° 52220), les personnes physiques domiciliées en France sont assujetties à l'impôt sur la fortune immobilière à raison de tous leurs actifs immobiliers au sens des n°s 52170 s., qu'ils soient situés en France ou hors de France (sous réserve du cas des « nouveaux résidents » ; n° 52560).

1. Étendue de l'obligation fiscale

Principes

52520 Les personnes physiques domiciliées en France sont redevables de l'IFI sur l'ensemble de leurs biens et droits immobiliers, qu'ils soient **situés en France ou hors de France**, et sur les parts ou actions de sociétés et organismes établis en France ou hors de France à hauteur de la fraction de leur valeur représentative de biens ou droits immobiliers détenus directement ou indirectement par ces sociétés ou organismes (CGI art. 964), sous réserve que leur patrimoine immobilier au 1er janvier de l'année d'imposition dépasse le seuil d'imposition (n° 52220) et exception faite des « nouveaux résidents » (n° 52560).

Appréciation de l'étendue de l'obligation fiscale

L'obligation fiscale est appréciée à l'égard de chacun des membres du foyer, au regard des critères de domicile énoncés par l'article 4 B du CGI. Ainsi, les actifs immobiliers étrangers appartenant au **conjoint** ou aux **enfants** d'un redevable domicilié en France ne sont compris dans l'assiette de l'impôt que pour autant que le conjoint ou les enfants soient eux-mêmes fiscalement **domiciliés** en France. **52522**

Lorsqu'un actif immobilier situé hors de France appartient à la communauté des époux, et que l'un seulement des époux est résident en France, il y a lieu, a priori, de n'imposer en France que la moitié de la valeur du bien considéré.

Biens immobiliers professionnels étrangers

Les biens ou droits immobiliers et les parts ou actions représentatives de ces mêmes biens ou droits sont exonérés lorsque ces biens ou droits immobiliers sont affectés à l'**activité principale** industrielle, commerciale, artisanale, agricole ou libérale du redevable, même si cette activité est exercée à l'étranger. Cette exception s'applique également aux biens ou droits immobiliers qui ont leur **assise matérielle à l'étranger** ; ces biens peuvent, d'une façon générale, être qualifiés d'actifs professionnels, toutes choses égales par ailleurs (BOI-PAT-IFI-30-10-50 n° 290). **52524**

En particulier, les **droits sociaux** détenus par les redevables domiciliés en France dans une société de droit étranger assimilable aux catégories correspondantes du droit des sociétés français peuvent être considérés comme des actifs professionnels ouvrant droit à l'exonération à hauteur de leur fraction représentative d'actifs immobiliers affectés à son activité éligible, s'ils satisfont à l'ensemble des conditions requises (BOI préc. n° 310).

S'agissant de sociétés soumises à un droit étranger, il y a naturellement lieu de procéder aux adaptations nécessaires ; l'administration indique à cet égard qu'il appartient aux redevables de déterminer à quel type de société française les sociétés étrangères dont ils sont associés peuvent être rattachées, en fonction des **caractéristiques** propres de ces dernières, et de démontrer qu'ils exercent dans ces sociétés des fonctions similaires à celles mentionnées au 1° du 1 du III de l'article 975 du CGI (gérant, associé en nom d'une société de personnes ou président, directeur général, président du conseil de surveillance ou membre du directoire d'une société par actions).

Pour éviter trop de difficultés, et sauf en ce qui concerne les sociétés bénéficiant d'un régime fiscal privilégié au sens de l'article 238 A du CGI (nos 72850 s.), la doctrine administrative précise cependant :
– que si la société étrangère est elle-même **imposable à l'impôt sur les bénéfices** à l'étranger, les droits sociaux peuvent être considérés par leur détenteur comme des actifs professionnels à la condition qu'ils représentent au moins 25 % des droits de vote et que leur titulaire exerce à titre principal des fonctions comparables à celles mentionnées précédemment (BOI préc. n° 320) ;
– que si les associés sont **personnellement imposables** sur leur part de bénéfices, les droits sociaux peuvent être considérés comme des actifs professionnels, quel que soit le pourcentage de droits de vote détenu, à la condition que l'associé exerce dans la société des fonctions professionnelles à titre principal et de manière effective (BOI préc. n° 330).

Bien entendu, la règle conférant le caractère d'actifs professionnels **à la seule fraction** de la valeur des parts ou actions correspondant aux actifs immobiliers affectés par la société ou l'organisme aux besoins de son activité industrielle, commerciale, artisanale, agricole ou libérale (activité opérationnelle) est applicable aux sociétés étrangères.

Enfin, si une personne physique est redevable de l'IFI à raison d'une exploitation individuelle française ou étrangère ou de parts ou actions d'une société française ou étrangère, les **biens ou droits immobiliers** ou les établissements de l'entreprise en cause **situés à l'étranger** font, comme ceux qui sont situés en France, partie de son actif professionnel s'ils sont affectés à l'exercice de son activité éligible. Il en va de même des parts ou actions de sociétés étrangères représentatives des biens ou droits immobiliers qui sont inscrites à l'actif du bilan de l'entreprise, à condition qu'il s'agisse de titres de participation (BOI préc. n° 340 ; l'administration rappelle que les titres inscrits à l'actif d'une exploitation individuelle sont considérés comme étant la propriété personnelle de l'exploitant et que c'est au regard de celui-ci, considéré comme personne physique, qu'il convient d'apprécier le caractère professionnel des titres selon les règles générales posées par la loi).

Précisions **a.** Le **bail à long terme d'une exploitation agricole** située hors de France ne peut, selon l'administration, être qualifié de bien professionnel faute de satisfaire aux conditions posées par les articles L 416-1 à L 416-9 du Code rural et de la pêche maritime (BOI-PAT-IFI-30-10-50 n° 300).

b. Pour un exemple d'assimilation implicite d'une **société allemande** à une SNC française, voir Cass. com. 6 avril 1999 n° 800 D, Zapp : RJF 7/99 n° 936, sous l'empire de l'ancien ISF.

c. Il serait **discriminatoire** et contraire à la liberté d'établissement (mais tel n'est pas le cas en France) d'exclure d'une exonération des participations dans des sociétés établies dans l'Union européenne si cette exonération s'applique aux participations détenues dans des sociétés nationales (CJCE 13 avril 2000 aff. 251/98, 5e ch., Baars : RJF 7-8/00 n° 1036 ; voir également n° 81640).

Déduction des dons au bénéfice d'organismes étrangers

52528 Le redevable peut imputer sur l'impôt sur la fortune immobilière, dans la limite de 50 000 €, 75 % du montant des dons en numéraire et dons en pleine propriété de titres de sociétés admis aux négociations sur un marché réglementé français ou étranger effectués au profit de certains organismes (CGI art. 978, reprenant l'ancien article 885-0 V bis A du CGI relatif à l'ancien ISF).

Comme pour ce qui concerne les droits de mutation à titre gratuit (n° 49020), cette réduction est ouverte aux dons et versements effectués **au profit d'organismes agréés** dans les conditions prévues à l'article 1649 nonies du CGI dont le siège est situé dans un État membre de **l'Union européenne** ou dans un autre État partie à l'accord sur **l'Espace économique européen** ayant conclu avec la France une convention d'assistance administrative en vue de lutter contre la fraude et l'évasion fiscales. L'agrément est accordé aux organismes poursuivant des objectifs et présentant des caractéristiques similaires à ceux des organismes dont le siège est situé en France et éligibles au bénéfice de la réduction d'impôt (BOI-PAT-IFI-40-20-10 n° 30 ; sur la procédure d'agrément, voir BOI-SJ-AGR-60-10).

Lorsque les dons et versements ont été effectués au profit d'un **organisme non agréé** dont le siège est situé dans un État membre de l'Union européenne ou dans un autre État partie à l'accord sur l'Espace économique européen ayant conclu avec la France une convention d'assistance administrative en vue de lutter contre la fraude et l'évasion fiscales, la réduction d'impôt obtenue fait l'objet d'une reprise, sauf lorsque le contribuable a produit dans le délai de dépôt de déclaration les **pièces justificatives** attestant que cet organisme poursuit des objectifs et présente des caractéristiques similaires à ceux des organismes dont le siège est situé en France répondant aux conditions requises.

Précisions **a.** Les modalités de **délivrance de l'agrément** sont précisées par les articles 313 BP et 313 BQ de l'annexe III au CGI ; doivent être produites des pièces justificatives attestant que l'organisme poursuit des objectifs et présente des caractéristiques similaires aux organismes dont le siège est situé en France répondant aux conditions prévues à l'article 978 du CGI. L'agrément est délivré par le ministre chargé du budget par périodes de trois ans ; une décision de refus doit être motivée de même qu'une décision de retrait. La liste des organismes agréés doit être publiée sur le site internet de la DGFiP.

b. Le bénéfice de la réduction d'impôt est subordonné au respect du règlement (UE) n° 1407/2013 de la Commission du 18 décembre 2013 relatif à l'application des articles 107 et 108 du traité FUE aux **aides de minimis** et à la condition que le redevable présente, à la demande de l'administration fiscale, des pièces justificatives attestant le total du montant et la date des versements ainsi que l'identité des bénéficiaires (CGI art. 978, IV).

Évaluation des actifs immobiliers étrangers

52530 Les **parts ou actions** d'une société dont le siège est à l'étranger doivent être **évaluées** selon les règles de la législation française. En ce sens, à propos de l'évaluation d'**immeubles** situés à l'étranger, la réponse de l'administration dans le cadre du Comité fiscal de la mission d'organisation administrative (séance du 3 mai 1990, BF 5/92 n° 781 ;

réponse non reprise au BOFiP, et rendue sous l'empire de l'ancien impôt sur la fortune, mais toujours pertinente sur le fond), a été la suivante :

« Pour évaluer, en matière d'ISF, les biens immobiliers sis en RFA et appartenant à un résident français, l'**administration retient la valeur vénale** de ces biens en RFA, quand bien même la RFA évalue les biens immobiliers situés sur son territoire selon une autre méthode (en l'occurrence la méthode unitaire, qui détermine des valeurs proches de la valeur cadastrale). Bien entendu pour évaluer les biens immobiliers situés en RFA selon le critère de la valeur vénale, l'administration française pourra se faire communiquer des informations sur le marché immobilier local grâce au principe d'**assistance administrative** prévue entre les deux pays (la convention franco-allemande prévoyant l'échange de renseignements pour l'application de la législation interne).

Dans l'hypothèse où le contribuable contesterait la valeur retenue par l'administration française, celle-ci devrait fournir les éléments de référence qui lui ont permis de fixer le montant de la valeur vénale. »

Pour l'évaluation des **valeurs mobilières étrangères** de toute nature cotées sur un marché étranger, les redevables peuvent opter entre le dernier cours connu et la moyenne des trente derniers cours qui précèdent la date d'imposition (CGI art. 973, I, dernier alinéa).

Cas particuliers

D'une manière générale, l'administration est fondée à tenir pour propriétaire véritable d'un bien celui qui apparaît comme tel aux yeux des tiers en vertu de clauses formelles, de titres de la loi ou de ses agissements (théorie de la **propriété apparente**). **52535**

Il en résulte notamment que, lorsqu'un bien fait l'objet d'une mutation sous **condition suspensive**, le donataire n'a rien à déclarer tant que la condition ne s'est pas réalisée, car le bien continue d'appartenir au donateur et doit être déclaré par lui.

Il existe aussi une **présomption** de propriété en faveur du possesseur d'un bien meuble (Code civil art. 2276).

Précisions **a.** L'administration avait indiqué, pour l'application de l'ancien ISF, qu'une personne déjà astreinte à la souscription d'une déclaration compte tenu de la valeur nette de son patrimoine et qui détient en outre **des biens indisponibles hors de France** (CGI art. 766 et CGI Ann. III art. 280) devait mentionner ces biens pour mémoire dans sa déclaration annuelle. Ces biens devaient être compris dans la déclaration souscrite l'année suivant celle au cours de laquelle ils étaient devenus disponibles et leur valeur vénale au 1er janvier de la même année devait servir de base à l'assiette de l'impôt. Enfin, lorsque les biens de ce type avaient fait l'objet d'une aliénation, volontaire ou forcée, le produit de cette aliénation devait être porté sur la déclaration souscrite l'année qui suit le transfert de propriété intervenu (ancien BOI-PAT-ISF-50-10-20-20 nos 210 et 220, aujourd'hui retiré ; voir également nos 48420 s.).

b. Sur le cas des biens placés dans des **trusts étrangers**, voir nos 50700 s.

2. Crédit d'impôt de droit interne

Principes

Par différence avec l'impôt sur le revenu, il existe, pour l'impôt sur la fortune immobilière un mécanisme d'élimination des doubles impositions de droit interne reposant sur un crédit d'impôt (CGI art. 980, sur le modèle de l'article 784 A du même Code, applicable aux droits de mutation à titre gratuit ; n° 48655). **52540**

Précisions Un mécanisme d'inspiration identique était applicable à l'ancien **ISF** (CGI art. 1723 ter 00 A) et à l'ancien IGF (sur le fondement, alors, de l'article 784 A du CGI dont l'administration avait admis l'extension à l'impôt sur la fortune au motif que cet impôt obéissait aux mêmes règles que les droits de mutation par décès).

Champ d'application

Lorsque le redevable a son domicile fiscal en France, la double imposition qui peut résulter de l'absence de convention fiscale couvrant l'impôt sur la fortune immobilière est évitée par imputation sur l'impôt exigible en France des impôts dont les **caractéristiques** sont **similaires** à celles de l'impôt sur la fortune immobilière acquitté, le cas échéant, hors de France (CGI art. 980). **52542**

La loi ne précise pas quelles sont les caractéristiques de l'impôt étranger qu'il y a lieu de prendre en compte aux fins de la comparaison et les travaux préparatoires ne sont pas davantage explicites ; le rapport n° 273 du 12 octobre 2017 de la commission des finances de l'Assemblée nationale sur le projet de loi de finances note que la notion « d'impôt équivalent à l'impôt sur la fortune immobilière » est relativement floue et que peuvent s'en rapprocher certains impôts locaux existant à l'étranger, citant notamment l'impôt immobilier dit complémentaire du canton de Genève en Suisse, tout en précisant que « la faculté d'imputation sur l'IFI est incertaine ».

De son côté, l'administration a précisé que les impôts sur la fortune imputables peuvent comprendre les impôts perçus au profit d'**États étrangers** ou de territoires situés hors de France mais aussi, le cas échéant, des impôts perçus au profit des subdivisions politiques ou des **collectivités** locales de ces États ou territoires, ajoutant que tel est le cas, par exemple, des impôts perçus en Suisse au profit des cantons et des communes (BOI-PAT-IFI-50-20 n° 50). Ne sont pas imputables, en revanche, les impôts comparables aux impôts locaux français (taxes foncières, notamment), leur assiette et leur objet n'étant pas similaires à ceux de l'IFI (BOI préc.).

L'impôt sur la fortune acquitté hors de France doit être converti en euro sur la base du taux de change en vigueur sur la place de Paris au jour du paiement effectif de cet impôt.

Précisions **a.** Les impôts étrangers peuvent être **déduits de l'assiette imposable**, sauf s'ils ne se rattachent pas à un actif effectivement imposé à l'IFI (n'est pas déductible, par exemple, l'impôt sur la fortune éventuellement versé à l'étranger au titre d'actifs professionnels exonérés ; BOI-PAT-IFI-20-40-10 n° 80). Les **impôts fonciers étrangers** sont déductibles de l'assiette de l'IFI, comme le sont les impôts fonciers français. À notre avis, la déductibilité est exclue si les impôts étrangers peuvent être imputés sur l'IFI lui-même. Sous l'empire de l'ancien ISF, il avait toutefois été jugé que le crédit d'impôt devait être pris en compte pour le **calcul de l'ISF théorique** lui-même déductible au titre du passif (TGI Paris 15 février 2007 n° 06-4146, 2e ch., 2e sect., Maillet : RJF 12/07 n° 1499 ; jugement définitif).

b. Seuls sont imputables les droits simples proprement dits et non les **pénalités**, amendes ou intérêts de retard auxquels ils auraient pu donner lieu.

Règles d'imputation

52545 L'imputation sur l'impôt exigible en France est **limitée** à l'impôt sur la fortune immobilière acquitté au titre des biens et droits immobiliers situés hors de France ou des parts et actions de sociétés et organismes établis en France ou hors de France à hauteur de la fraction représentative de ces mêmes biens. L'imputation obéit aux règles suivantes :

– application aux seuls **biens imposables** en France : aucune imputation n'est permise si le bien qui a supporté l'impôt sur la fortune à l'étranger n'est pas compris dans l'assiette de l'impôt français (n'est pas imputable, par exemple, un impôt étranger afférent à des biens immobiliers affectés à l'activité industrielle, commerciale, artisanale, agricole ou libérale de la société qui les détient, ou à des biens immobiliers affectés à l'activité professionnelle du redevable) ;

– **plafonnement** : le montant de l'impôt acquitté hors de France qui peut être effectivement imputé est limité à la fraction de l'IFI acquitté au titre d'actifs immobiliers situés hors de France. L'impôt étranger n'est donc pas imputable sur l'impôt français afférent aux autres biens du redevable et n'est pas restituable. L'imputation est effectuée pays par pays.

Modalités d'application

52555 L'impôt étranger à prendre en considération est celui acquitté **au titre** de l'**année** d'imposition (l'impôt étranger acquitté au titre de l'année 2022 est imputable sur l'impôt français dû au titre de 2022). Dès lors, si l'impôt ayant frappé les actifs immobiliers situés hors de France, et compris dans l'assiette de l'impôt français, a été acquitté avant le paiement des droits dus en France, le montant reconnu imputable de cet impôt est directement déduit du montant de l'impôt français. Dans le cas contraire, il convient de procéder par voie de **restitution** de l'excédent d'impôt perçu en France.

À titre pratique, le redevable doit remplir l'**annexe 6** du formulaire n° 2042-IFI ; cette annexe vaut demande d'imputation et doit être produite lors du dépôt de la déclaration

ou à l'appui d'une demande de restitution (BOI-PAT-IFI-50-20 n° 70). Le redevable doit conserver les **pièces justificatives** permettant d'établir :
- que les caractéristiques de l'impôt étranger sont similaires à celles de l'IFI ;
- que cet impôt a bien été acquitté dans le pays ou territoire concerné ;
- que son montant se rapporte aux seuls biens et droits immobiliers situés hors de France compris, directement ou indirectement, dans l'assiette de l'impôt français.

En pratique, ces justifications peuvent résulter d'une **attestation** délivrée par l'administration fiscale étrangère concernée ou du rapprochement de la quittance des droits (ou de toute autre pièce équivalente) avec la déclaration d'impôt dont les caractéristiques sont similaires à celles de l'IFI souscrite dans le pays considéré (BOI préc. n° 80) ; ces documents doivent être fournis à l'administration sur demande en cas de contrôle.

3. Cas particulier des « nouveaux résidents »

Principe de l'exonération partielle

Les personnes physiques domiciliées en France mais qui ne l'ont pas été au cours des cinq années civiles précédant celle au cours de laquelle elles ont leur domicile fiscal en France ne sont passibles de l'impôt sur la fortune immobilière qu'à raison des actifs immobiliers situés en France (CGI art. 964). **52560**

Cette exonération partielle s'applique au titre de chaque année au cours de laquelle le redevable conserve son domicile fiscal en France, jusqu'au 31 décembre de la cinquième année qui suit celle au cours de laquelle le domicile fiscal a été établi en France.

Précisions Un mécanisme identique avait été mis en place pour l'ancien **ISF** par l'article 121 de la loi n° 2008-776 du 4 août 2008 de modernisation de l'économie afin d'améliorer l'attrait de la France pour les non-résidents (CGI art. 885 A, 1° ancien).

Conditions d'application

Le régime de faveur s'applique aux redevables qui n'ont pas été domiciliés en France au cours des **cinq années** civiles **précédant** celle au cours de laquelle ils y ont établi leur domicile fiscal. **52561**

La condition de non-domiciliation fiscale en France pendant les cinq années précédant celle de la domiciliation fiscale en France est appréciée au regard des dispositions de l'article 4 B ou, le cas échéant, de celles de la convention fiscale applicable.

La mesure concerne tous les « nouveaux résidents », **quelle que soit la raison** qui a motivé leur installation en France (même pour des raisons non professionnelles), et qu'il s'agisse ou non d'impatriés (nos 2200 s.) ; étant indépendante de leur nationalité, elle peut concerner des **Français** de retour en France.

Précisions **a.** L'administration précise qu'il convient d'apprécier la situation du redevable en tenant compte le cas échéant des **années antérieures à la création de l'IFI** au 1er janvier 2018 (BOI-PAT-IFI-10-20-20 n° 120).

b. Le bénéfice du régime de faveur n'est pas perdu en **cas d'aller-retour entre la France et l'étranger** durant les cinq ans de sa durée d'application ; par exemple, un contribuable éligible au régime à compter de l'année N peut encore en bénéficier au titre des années N + 4 et N + 5 malgré une résidence fiscale à l'étranger en N + 2 et N + 3 (BOI préc. n° 110).

Étendue des avantages fiscaux

Lorsque les conditions sont réunies, les intéressés ne sont imposables qu'à raison de leurs **actifs immobiliers situés en France** (sous réserve, bien entendu, que le seuil d'imposition indiqué n° 52220 soit atteint). **52562**

Cet avantage est toutefois limité aux **cinq premières années** de l'installation en France ; l'exonération s'applique jusqu'au 31 décembre de la cinquième année qui suit celle au cours de laquelle le domicile fiscal a été établi en France.

Exemple Pour illustrer les principes, l'administration propose, au BOI-PAT-IFI-10-20-20 n° 120, l'exemple d'un cadre français poursuivant une carrière internationale depuis 2012 pour le compte d'une société française ; il est fiscalement domicilié hors de France depuis **52563**

cette date et il est assujetti à l'IFI depuis 2018, notamment à la suite de l'acquisition d'une résidence secondaire en France. Il s'est installé en France le 1er octobre 2017 pour y créer et développer une société de conseil.

L'intéressé est soumis à l'IFI sur ses seuls biens immobiliers, détenus directement et indirectement, situés en France au titre des années 2018 à 2022. À compter de l'ISF dû au titre de l'année 2023, il en sera redevable dans les conditions de droit commun, c'est-à-dire sur l'ensemble de son patrimoine immobilier, situé en France comme à l'étranger, s'il est toujours fiscalement domicilié en France.

Combinaison avec les conventions fiscales

52565 Cette exonération étant prévue par le droit interne, elle devrait s'appliquer **indépendamment** des conventions fiscales, c'est-à-dire même si celles-ci sont applicables et si elles ne prévoient aucun dispositif similaire (quelques conventions avaient déjà repris ce principe, nº 53160). En présence d'une convention fiscale qui ne prévoirait pas de dispositif du même ordre, cependant, il n'est pas certain que l'exonération puisse être obtenue en cas de contentieux étant donné que la Cour de cassation, juge de l'IFI, n'applique pas le principe de subsidiarité mais se réfère directement aux conventions fiscales (nº 10642).

B. Situation d'un non-résident au regard de l'impôt sur la fortune immobilière

Territorialité

52570 À condition que la valeur nette de leur patrimoine immobilier français imposable dépasse le seuil d'imposition (nº 52220), les personnes physiques qui n'ont pas leur domicile fiscal en France ne sont redevables de l'IFI qu'au titre de leurs **actifs immobiliers situés en France**, à savoir les biens et droits immobiliers situés en France et les parts ou actions de sociétés ou organismes français ou étrangers à hauteur de la fraction de leur valeur représentative de biens et droits immobiliers situés en France (CGI art. 964).

Les biens immobiliers situés en France s'entendent de ceux qui ont une **assiette matérielle** en France métropolitaine ou dans les départements et régions d'outre-mer (Guadeloupe, La Réunion, Mayotte, Guyane et Martinique) ; les droits immobiliers situés en France sont ceux afférents à des biens immobiliers situés en France (BOI-PAT-IFI-10-20-30 nº 30).

En ce qui concerne les biens et droits immobiliers situés en France et détenus **indirectement**, l'actif de la société ou de l'organisme à prendre en compte est constitué :
– des immeubles bâtis ou non bâtis situés sur le territoire français ou des droits immobiliers portant sur ces biens (usufruit, nue-propriété, droit d'usage, etc.), qu'ils soient ou non donnés en location ;
– des titres ou droits d'une personne morale ou d'un organisme, établi en France ou hors de France, propriétaire, directement ou indirectement, de biens ou droits immobiliers situés sur le territoire français (BOI préc. nº 60).

Application des mêmes règles qu'aux résidents

52575 Les principes exposés nos 52170 s. sont applicables aux non-résidents de la même façon qu'aux résidents, qu'il s'agisse de la définition des biens imposables, des règles d'évaluation ou de la déduction des dettes.

Bien entendu, en ce qui concerne la détermination de la **valeur imposable des parts ou actions** de sociétés ou organismes, le coefficient mentionné nº 52180 est calculé en ne retenant que les seuls immeubles et droits immobiliers sous-jacents situés en France, compte tenu des règles de territorialité (CGI art. 964, 2º).

Les **exclusions** de certaines parts ou actions, prévues aux articles 965, 2º-al. 3 et 4 (détention de moins de 10 % du capital et des droits de vote dans une société ayant une activité industrielle ou commerciale), 972 bis (détention de moins de 10 % des droits dans un organisme de placement collectif) et 972 ter du CGI (détention de moins de 5 % du capital et des droits de vote d'une SIIC), s'appliquent pour la détermination de l'assiette des redevables non domiciliés en France ; par exemple, un non-résident qui détient **moins de 10 %** du capital et des droits de vote d'une société ayant une activité commerciale, propriétaire d'un immeuble situé en France, n'est pas soumis à l'IFI sur la valeur des parts ou actions de cette société, sous réserve des exceptions mentionnées au cinquième alinéa du 2° de l'article 965 du CGI (immeubles dont le redevable se réserve la jouissance en fait ou en droit ; BOI-PAT-IFI-10-20-30 n° 70).

De même, les non-résidents peuvent bénéficier de la **réduction d'impôt** au titre des **dons** aux organismes d'intérêt général (n° 52528) à raison de leurs biens et droits immobiliers situés en France et de la fraction de la valeur de leurs parts ou actions de sociétés ou d'organismes établis en France ou hors de France représentative de ces mêmes biens et droits (BOI-PAT-IFI-40-20-10-10 n° 10).

Les non-résidents qui disposent d'une habitation en France ne peuvent pas, en revanche, bénéficier de l'abattement réservé aux **résidences principales**, puisque leur résidence principale est, de fait, hors de France (ancienne réponse Cointat, n° 352 : JO Sénat, 17 janvier 2013 p. 159 ; cette réponse concernait l'ancien ISF mais elle est transposable à l'IFI).

Précisions **a.** Sur le cas des actifs immobiliers placés dans des **trusts** étrangers, voir nos 50700 s.

b. La circonstance que la **taxe patrimoniale de 3 %** soit exigible ne permet pas d'éviter l'IFI (n° 68845).

c. Les **dettes** contractées hors de France sont en principe déductibles dans les mêmes conditions que les dettes contractées en France.

Imposition plus large des biens immobiliers par rapport à l'ancien ISF

Sous l'empire de l'ancien ISF, les non-résidents étaient exonérés sur leurs **placements financiers** (nos 52640 s.) ; ils échappaient à l'impôt en cas de détention de moins de 10 % du capital d'une société sauf dans deux cas : **52580**

– si la société (française ou étrangère) était à prépondérance immobilière en France (n° 52662) ;

– ou si la société (française ou étrangère) possédait un immeuble situé en France et non affecté à son activité, et si le non-résident contrôlait la société à plus de 50 % par l'intermédiaire de son groupe familial quoiqu'il n'ait directement qu'une participation de moins de 10 % (n° 52680).

Depuis le 1er janvier 2018, les non-résidents n'échappent pas à l'**IFI** en cas de détention de moins de 10 % du capital d'une société française ou étrangère qui, même sans être à prépondérance immobilière, détient un immeuble en France (sauf application des mêmes exceptions qu'aux résidents).

Autre aggravation, les non-résidents sont assujettis à l'IFI au titre de la détention d'au moins 5 % du capital et des droits de vote d'actions de **SIIC**, alors que, pour l'application de l'ancien ISF, ces actions étaient traitées comme des placements financiers exonérés.

Précisions Sous le régime de l'ISF, un non-résident qui détenait **au moins 10 % du capital** d'une société française était redevable de l'impôt quelle que soit la composition de l'actif de la société, car ces actions n'étaient pas considérées comme des placements financiers exonérés (n° 52645). Il n'est aujourd'hui passible de l'IFI que si la société détient, directement ou indirectement, un immeuble situé en France et si les conditions d'exigibilité sont réunies.

C. Remarques sur la situation des non-résidents au regard de l'ancien ISF

La situation des non-résidents au regard de l'ancien impôt de solidarité sur la fortune étant toujours susceptible de faire l'objet de rectifications et de contentieux, on rappellera, pour mémoire, quelques-unes de ses caractéristiques, qui permettront également de mesurer la portée des changements apportés par l'impôt sur la fortune immobilière. **52639**

D'une façon générale, comme pour l'IFI, les mêmes règles que pour les résidents étaient applicables, sous réserve de deux particularités concernant les placements financiers et les parts ou actions détenues dans des sociétés à prépondérance immobilière. Le **champ d'application** de l'ISF était cependant beaucoup plus étendu que celui de l'IFI, les personnes physiques non domiciliées en France y étant assujetties à raison de l'ensemble de leurs biens situés en France (CGI art. 885 A, 2° ancien) et non pas seulement de leurs biens immobiliers.

Précisions **a.** Pour les non-résidents, seul le **passif français** était déductible de la valeur des biens situés en France et imposables en France ; il a été jugé que, dès lors que l'assiette d'imposition de non-résidents n'était constituée que par un bien immobilier situé en France, seules pouvaient être prises en compte les dettes liées aux emprunts souscrits pour l'acquisition de ce bien immobilier et sa rénovation (Cass. com. 27 mars 2019 n° 17-24.633 F-D : RJF 1/20 n° 69).

b. Il avait été jugé qu'un non-résident était fondé à déduire la valeur de capitalisation d'une **pension alimentaire** versée à son ex-épouse, dans la mesure où il s'agissait d'une dette contractée au profit d'un créancier français résultant d'une décision française de justice et, de plus, portable en France, caractérisant un « passif français » pour les besoins de l'ISF (CA Paris 17 mars 2006 n° 04-10556, 1e ch. B, Regazzacci : RJF 8-9/06 n° 1120 ; arrêt définitif). La cour n'avait pas cherché, dans cette affaire, à raisonner en fonction d'une éventuelle condition d'affectation du passif à un bien imposable en France.

1. Ancienne exonération d'ISF des placements financiers des non-résidents

Définition

52640 Pour l'application de l'ancien ISF, les non-résidents, imposables par principe sur les biens mobiliers situés en France, y compris les parts ou actions de sociétés, bénéficiaient d'une mesure spéciale d'exonération de leurs placements financiers en France (CGI art. 885 L, ancien).

Étaient considérés comme des placements financiers l'**ensemble** des **placements** effectués en France par une personne physique dont les produits de toute nature, excepté les gains en capital, relevaient ou relèveraient de la catégorie des **revenus** de **capitaux mobiliers**. Il s'agissait principalement des dépôts à vue ou à terme, en euros ou en devises, des bons et titres de même nature, comptes courants d'associés, obligations, actions, droits sociaux et des contrats d'assurance-vie ou de capitalisation.

Toutefois, n'avaient pas le caractère de placements financiers les titres de participation et les actions ou parts de sociétés à prépondérance immobilière (ou de celles qui caractérisaient la possession indirecte d'immeubles) à proportion de la valeur des immeubles situés en France par rapport à l'actif total de la société.

Précisions Le fait que les placements financiers des non-résidents étaient exclus de l'assiette de l'ISF ne permettait pas de les écarter pour l'appréciation de la **domiciliation fiscale** sur le fondement du centre des intérêts économiques (Cass. com. 3 mars 2009 n° 08-12.600 (187 F-PB), Granier : RJF 6/09 n° 602). L'ancien article 885 L du CGI était un texte d'assiette sans influence sur les règles de territorialité.

Exclusion des titres de participation

52645 Selon l'administration, les titres représentatifs d'une participation n'entraient pas dans le champ de l'exonération des placements financiers des non-résidents ; la doctrine administrative précisait, en effet, qu'il convenait, par analogie avec le régime des sociétés mères (n° 61400), de présumer « titres de participation » les titres représentant **au moins 10 % du capital** de la société, la preuve contraire pouvant cependant être apportée par le redevable (ancien BOI-PAT-ISF-30-40-50 n° 60, aujourd'hui retiré).

Cette position restrictive a été écartée par la Cour de cassation qui a jugé, au contraire, que l'ancien article 885 L du CGI, d'interprétation stricte, n'opérait **aucune distinction** entre les placements financiers et les titres de participation (Cass. com. 3 juillet 2019 n° 17-26.820 (629 FS-PB) : RJF 12/19 n° 1199, annulant sans renvoi CA Paris 19 juin 2017 n° 15/04314, Pôle 5, ch. 10 : JurisData n° 2017-013184, à propos d'une personne physique domiciliée à Andorre qui avait échoué à tort, en appel, à démontrer que sa participation de plus de 80 % dans une société française exploitant des cinémas et dont elle était gérante était un placement financier exonéré).

Précédemment, il avait été jugé qu'une personne physique résidente du Royaume-Uni qui détenait une participation de 10 % dans le capital d'une société française était exonérée d'impôt sur la fortune dans la mesure où il ressortait des circonstances que les titres qu'elle détenait ne lui donnaient **aucune influence** sur la gestion et le fonctionnement de la société compte tenu du contrôle exercé par un groupe d'actionnaires majoritaire (CA Paris 17 décembre 2015 n° 2013/13927, 7e ch. : JurisData n° 2015-031064 ; arrêt définitif).

Dans le même sens, une **participation de 12,94 %** détenue par des résidents britanniques dans le capital d'une société française avait été jugée éligible à l'exonération des placements financiers (CA Paris 13 septembre 2016 n° 14/07259, pôle 5, ch. 7 : RJF 3/17 n° 280, arrêt définitif jugeant que le simple constat que la participation détenue par les redevables ait dépassé 10 % et ait été détenue depuis plus de deux ans ne suffisait pas à établir qu'ils exerçaient dans la société l'influence que leur prêtait l'administration). Comme le précédent, cet arrêt n'avait cependant pas jugé la question de savoir si des « titres de participation » étaient ou non exclus de l'exonération, par principe (dans cette affaire, un autre couple détenait 60 % du capital et exerçait donc le contrôle de la société, alors que la participation des minoritaires ne leur donnait guère d'influence sur la gestion et le fonctionnement de la société).

Abus de droit L'administration s'était expressément réservé la faculté d'invoquer **52650**
l'abus de droit ; la doctrine administrative soulignait, en effet, que si elle constatait qu'afin de conférer l'apparence de valeurs étrangères à des titres de participation détenus dans des sociétés françaises par des non-résidents et de permettre ainsi à ceux-ci d'échapper à l'ISF alors applicable, une **holding**, détenant essentiellement une ou des participations dans des sociétés françaises lui assurant le contrôle de celles-ci, était constituée à l'étranger, elle était en droit, sur le fondement de l'article L 64 du LPF, de considérer comme françaises les parts de la holding en cause (ancien BOI-PAT-ISF-30-40-50 n° 90, aujourd'hui retiré) ; sur l'abus de droit, voir nos 72620 s.

Un exemple est donné par un avis n° 2013-02 du comité de l'abus de droit fiscal du 4 avril 2014 (Droit fiscal 2014 n° 25, comm. n° 386) à propos d'une personne domiciliée en Belgique qui avait apporté à une **société néerlandaise** des titres d'une société française ; l'abus de droit a été confirmé, les contribuables n'apportant aucun élément établissant la réalité d'un objectif non fiscal de l'apport et la société étant dépourvue de tout moyen humain et matériel, ne réalisant aucun chiffre d'affaires et n'ayant d'autres frais que de conseil et de notaire.

2. Assujettissement à l'ancien ISF des parts ou actions de sociétés à prépondérance immobilière

Principes

D'une façon générale, la définition des biens français retenue en matière d'impôt de **52660**
solidarité sur la fortune (ISF) était la même que pour les droits de mutation par décès (n° 48060). Il en résultait, en particulier, que les règles relatives aux sociétés à prépondérance immobilière étaient généralement transposables, de même que celles qui concernaient la possession indirecte d'un bien immobilier situé en France.

Les règles mentionnées n° 52669 étaient applicables à toutes les sociétés à prépondérance immobilière, françaises ou étrangères.

Parts ou actions de sociétés étrangères

Traitant de la situation des sociétés à prépondérance immobilière, la loi prévoit que, pour **52662**
l'application des droits de mutation à titre gratuit, sont considérées comme « françaises » les actions ou parts de sociétés ou personnes morales non cotées en bourse dont le siège est situé hors de France et dont l'actif est **principalement constitué d'immeubles** ou de droits immobiliers situés sur le territoire français, à proportion de la valeur de ces biens par rapport à l'actif de la société (CGI art. 750 ter, 2°-al. 4 et 5).

Ces principes étaient transposables pour l'application de l'ancien ISF. Les actions ou parts d'une personne morale étrangère à prépondérance immobilière étaient comprises dans l'assiette de l'ISF à concurrence de la **proportion** existant entre la valeur des immeubles situés en France et celle de l'actif total de la société, situé en France ou hors de France ; cette règle s'appliquait lorsque l'actif de la personne morale considérée était, **pour plus de 50 %**, constitué d'immeubles, bâtis ou non, situés sur le territoire français ou de droits réels immobiliers portant sur ces biens (droit d'usage, usufruit...) ou encore de titres de personnes morales elles-mêmes à prépondérance immobilière. Toutefois, n'étaient pas pris en considération les immeubles situés en France et affectés par la personne morale à sa propre exploitation industrielle, commerciale, agricole ou à l'exercice d'une profession non commerciale.

En outre, les titres admis aux négociations sur un **marché réglementé** français ou étranger, qu'il s'agisse de sociétés françaises ou de sociétés étrangères, étaient des placements financiers exonérés même si la société était à prépondérance immobilière en France. Les titres des **Sicomi** étaient assimilés à des titres cotés (ancien BOI-PAT-ISF-30-40-50 n° 130, aujourd'hui retiré).

Précisions **a.** La façon dont l'administration déterminait la **prépondérance immobilière** était éventuellement discutable pour les raisons exposées au n° 48085, la loi visant le rapport des biens immobiliers situés en France à l'actif de la société, sans précision, et non pas à son seul actif français ; elle avait cependant été approuvée par la cour d'appel de Paris dans une affaire qui concernait un non-résident titulaire de 74 % des parts d'une société britannique qui détenait une société civile immobilière elle-même propriétaire de biens immobiliers situés à Paris (CA Paris 17 mars 2006 n° 04-10556, 1e ch. B, Regazzacci : RJF 8-9/06 n° 1120 ; arrêt définitif).

b. L'administration donnait, à l'ancien BOI-PAT-ISF-30-40-50 n° 150 (aujourd'hui retiré), **l'exemple** suivant à propos d'une société étrangère dont l'actif social s'élève à 51 M€ :
– immeubles (hors ceux affectés par la société à sa propre exploitation industrielle, commerciale, agricole, non commerciale), droits immobiliers, titres de sociétés à prépondérance immobilière :
• situés en France : 10 M€,
• situés hors de France : 20 M€ ;
– autres éléments d'actif :
• situés en France : 6 M€,
• situés hors de France : 15 M€.
Cette société est à prépondérance immobilière, dès lors que 62,5 % de ses actifs français sont constitués par des biens immobiliers (10/16) ; les titres de cette société détenus par des non-résidents devaient donc être compris dans l'assiette de l'ISF à concurrence de 19,60 % de leur valeur (10/51).

Détermination de l'assiette imposable

52669 Qu'il s'agisse de parts ou actions de sociétés françaises ou étrangères, les **créances** détenues, directement ou par l'intermédiaire d'une ou plusieurs sociétés interposées, par des personnes n'ayant pas leur domicile fiscal en France, sur une société à prépondérance immobilière, au sens de l'article 726, I-2° du CGI, n'étaient pas déduites, aux fins de l'ancien ISF, pour la détermination de la valeur des parts que ces personnes détenaient dans la société (CGI art. 885 T ter issu de l'article 40 de la loi n° 2011-900 du 29 juillet 2011 de finances rectificative pour 2011).

Ce texte, qui s'appliquait pour l'établissement de l'ISF exigible depuis 2012, avait cherché à mettre fin à un **schéma d'optimisation** reposant sur le financement par un non-résident d'une société à prépondérance immobilière dont il détenait les parts par le biais d'apports en compte courant ; dans ce cas, avant cette mesure d'exclusion, l'associé pouvait réduire la valeur imposable de ses parts dans la société car ces comptes courants représentaient des dettes de la société, sans que les créances ainsi détenues soient incluses dans son patrimoine imposable puisqu'elles constituaient des placements financiers exonérés (n° 52640).

Étaient concernés les titres de sociétés françaises ou étrangères qui n'étaient pas admis aux négociations sur un marché réglementé français ou étranger ou sur un système multilatéral de négociation si l'actif de la société était principalement constitué d'immeubles ou de droits immobiliers situés en France.

Les créances pouvaient prendre la forme de **comptes courants d'associés** ou de créances de toute nature. Ces créances ne pouvaient pas être déduites pour la détermination de la valeur des parts que les associés non résidents détenaient dans la société. Étaient visées les créances détenues, directement ou par l'intermédiaire d'une ou plusieurs **sociétés interposées**, par des personnes n'ayant pas leur domicile fiscal en France, soit au sens de l'article 4 B du CGI, soit en application des règles prévues par les conventions fiscales internationales.

L'administration en avait déduit qu'il y avait lieu, en présence d'une société dont certains associés étaient résidents et d'autres non résidents, de procéder à un double calcul :
– déterminer la valeur des parts des associés résidents en tenant compte, notamment, des éventuelles créances détenues sur la société par les associés non résidents ;

– déterminer la valeur des parts associés non résidents en ne tenant pas compte de ces créances mais seulement des éventuelles créances détenues par les associés résidents (ancien BOI-PAT-ISF-30-50-20 n° 350, aujourd'hui retiré).

Cependant, le Conseil d'État a censuré cette interprétation en estimant que la loi, comme le soutenait en l'espèce la requérante, faisait seulement obstacle à ce qu'un associé non résident puisse déduire, pour le calcul de la valeur de ses parts dans la société, les créances qu'il détient sur cette société mais qu'elle n'interdisait pas que cet associé déduise les **créances détenues sur la société par les autres associés**, y compris ceux qui ne sont pas résidents fiscaux français (CE 19 septembre 2018 n° 421693, 8e et 3e ch. : RJF 12/18 n° 1289, considérant que l'interprétation retenue par l'administration constituait une restriction non justifiée à la liberté de circulation des capitaux, annulant le n° 335 de l'ancien BOI-PAT-ISF-30-50-20, précité, et refusant corrélativement de transmettre une QPC au Conseil constitutionnel). Cela étant, et en tout état de cause, les dettes contractées par la société envers des non-résidents non associés (banques, par exemple) étaient déductibles dans les conditions ordinaires.

Précisions Refusant de transmettre une question préjudicielle à la Cour de justice, la Cour de cassation a jugé, à propos de résidents suisses, que l'article 885 T ter du CGI alors applicable ne contrevenait pas à la **libre circulation des capitaux** (Cass. com. 24 novembre 2021 n° 19-18.170 F-D : RJF 3/22 n° 314). La mesure était justifiée par la volonté de lutter contre les schémas d'optimisation fiscale, résidents et non-résidents n'étant pas dans la même situation, les premiers étant imposés sur la valeur de leurs créances à la différence des seconds, qui bénéficiaient de l'exonération de leurs placements financiers.

Non-application de l'exonération des placements financiers

Les parts ou actions des sociétés à prépondérance immobilière en France n'étaient pas considérées comme des « placements financiers » au sens de l'ancien article 885 L du CGI (n° 52640) ; il en allait de même des parts ou actions détenues dans des personnes morales ou organismes visés à l'article 750 ter, 2° du CGI (possession indirecte d'immeubles situés en France, n° 52680). **52673**

Précisions La loi excluait du champ des placements financiers toutes les sociétés à prépondérance immobilière, sans poser d'exception pour celles qui affectaient les immeubles à leur propre **exploitation industrielle, commerciale, agricole** ou à l'exercice d'une profession non commerciale. Il avait cependant été jugé que la participation détenue par un résident de Suisse dans une SCI française soumise à l'impôt sur les sociétés et ayant une activité de loueur en meublé constituait un placement financier exonéré dès lors que cette société exerçait une activité principalement commerciale (CA Paris 25 janvier 2011 n° 09-20870, Desalbre veuve Latécoère, arrêt définitif).

Possession indirecte d'un immeuble situé en France

La possession indirecte d'un immeuble situé en France rendait exigible l'impôt de solidarité sur la fortune, même si l'immeuble était détenu par une personne morale qui n'était pas à prépondérance immobilière en France. Les règles applicables aux droits de mutation à titre gratuit (nos 48100 s.) étaient, en effet, applicables, sur ce point également, à l'ancien ISF (CGI art. 750 ter, 2-al. 2 ; ancien BOI-PAT-ISF-30-40-50 nos 160 s., aujourd'hui retiré). **52680**

Il en résultait qu'un redevable non résident qui détenait, directement ou dans le cadre de son groupe familial, **plus de 50 %** des actions, parts ou droits d'une personne morale ou d'un organisme qui détenait à son actif un immeuble ou un bien immobilier situé en France et non affecté à sa propre exploitation était redevable de l'ISF.

Bien entendu, lorsque les titres ou droits détenus étaient ceux d'une entité non résidente, seule la **fraction de la valeur** des actions, parts ou droits détenus par le redevable et son propre foyer fiscal représentative de la valeur de l'immeuble ou du droit immobilier situé en France réputé possédé indirectement était passible de l'ISF. Ces biens n'étaient pas, corrélativement, des placements financiers exonérés (CGI art 885 L, al. 2, ancien).

Synthèse

Compte tenu de la combinaison des textes, les situations suivantes pouvaient être distinguées sous l'empire de l'ancien ISF (hors convention fiscale) : **52685**
– non-résident détenant **au moins 10 %** du capital d'une société française : l'ISF était dû, quelle que soit la composition de l'actif de la société, car ces actions sont des biens français qui n'étaient pas considérés comme des placements financiers exonérés (n° 52645) ;

– non-résident détenant **moins de 10 %** du capital d'une société française : l'ISF était dû s'il s'agissait d'une société non cotée à prépondérance immobilière (nº 52662) ; dans la négative, l'ISF n'était pas dû sauf si la société possédait un immeuble non affecté à son activité et si le non-résident contrôlait en fait la société à plus de 50 % par l'intermédiaire de son groupe familial quoiqu'il n'ait directement qu'une participation de moins de 10 % (nº 52680) ;
– non-résident détenant une participation **inférieure à 50 %** dans une société étrangère (avec son groupe familial) : l'ISF était dû si la société était à prépondérance immobilière en France (nº 52662) ; dans la négative, il n'était pas dû, même si la société détenait un immeuble en France (sauf, éventuellement, s'il s'agissait d'une société fictive qui « camouflait » une participation normalement imposable ; nº 52650) ;
– non-résident détenant, dans le cadre de son groupe familial, une participation de **plus de 50 %** dans une société étrangère : l'ISF était dû si la société possédait un immeuble en France non affecté à son activité (nº 52680) ; dans la négative, il n'était pas dû (sauf « fictivité », nº 52650).

SECTION 3

L'incidence éventuelle des conventions fiscales

Problématique

52760 La question de l'application des conventions fiscales à l'impôt sur la fortune s'était déjà posée à propos de l'ancien impôt sur les grandes fortunes.

Au départ, mais après quelques hésitations, l'administration avait considéré que si les conventions fiscales pouvaient s'appliquer en ce qui concerne les règles relatives au domicile des personnes, aucune convention n'était suffisamment précise pour s'appliquer à l'impôt lui-même. Cette position avait cependant évolué à la suite d'un jugement contraire du TGI de Paris (nº 52985). La situation avait été normalisée pour l'application de l'impôt de solidarité sur la fortune (nº 52986).

Pour le moment, la situation est nettement moins claire pour l'application de l'impôt sur la fortune immobilière. L'administration indique, certes, que les dispositions relatives à l'IFI (CGI art. 964 à 983) s'appliquent « **sous réserve des conventions internationales** » et que les principes guidant l'interprétation des dispositions des conventions fiscales utilisées en matière d'ISF sont repris en matière d'IFI. Mais elle ajoute immédiatement, ce qui nuance fortement l'affirmation précédente, qu'« il n'en reste pas moins qu'une convention applicable à l'ISF ne l'est pas nécessairement à l'IFI, un **examen au cas par cas** des stipulations conventionnelles étant nécessaire » (BOI-PAT-IFI-10 nº 30, n'apportant aucune précision supplémentaire).

Les travaux parlementaires, pourtant, avaient paru clairement orientés dans le sens de l'application des conventions fiscales à l'IFI ; il avait notamment été souligné que « la transformation de l'ISF en IFI n'emportera pas de conséquence sur l'application des conventions fiscales internationales, dont certaines prévoient des mesures spécifiques d'imposition sur la fortune » et que « en qualifiant l'IFI d'impôt sur la « fortune » le présent dispositif s'inscrit donc dans les catégories généralement retenues par ces conventions fiscales [celles reprenant l'article 22 du modèle de convention fiscale de l'OCDE] » (rapport nº 273 du 12 octobre 2017 de la commission des finances de l'Assemblée nationale sur le projet de loi de finances, p. 450). Il avait, en outre, été précisé à cette occasion que « s'agissant des conventions fiscales particulières liant la France à certains États, il reviendra à l'administration fiscale de s'assurer que l'IFI bénéficie des mêmes garanties que l'ISF » (rapp. préc., à propos des conventions conclues avec certains États du Moyen-Orient ; nº 53100).

D'un point de vue strictement juridique, toutefois, la solution n'est nullement évidente :
– l'IFI n'est **visé par aucune convention fiscale** ; curieusement, même la convention fiscale franco-luxembourgeoise du 20 mars 2018 ne vise pas l'IFI alors pourtant que cet impôt avait été créé avant la signature de cette convention (si la convention vise bien « l'impôt sur la fortune », l'IFI n'est pas « l'impôt sur la fortune » mais « l'impôt sur la

fortune immobilière ») ; l'administration n'y a cependant pas accordé d'importance puisque l'exposé des motifs du projet de loi de ratification précise que l'impôt sur la fortune immobilière est couvert par la convention et que la doctrine administrative précise expressément que la convention s'applique à l'IFI (BOI-INT-CVB-LUX-10 n° 280 ; voir toutefois infra, Précisions b) ; **52760** (suite)
– lorsqu'elles reprennent le modèle de convention fiscale de l'OCDE, les conventions fiscales stipulent qu'elles s'appliquent aussi « aux **impôts de nature identique ou analogue** qui seraient établis **après la date de signature** de la Convention et qui s'ajouteraient aux impôts actuels ou qui les remplaceraient » (article 2 § 4 du modèle de l'OCDE) ; elles précisent que « sont considérés comme impôts (...) sur la fortune les impôts perçus (...) sur la fortune totale, ou sur des éléments (...) de la fortune (paragraphe 2 du même article 2) ; cela étant, le Conseil constitutionnel a qualifié l'IFI non pas d'impôt sur la fortune mais de « **contribution spécifique** » instaurée « dans un objectif de rendement budgétaire » (n° 52170, Précisions) ; il est donc loin d'être acquis que l'IFI serait visé par ces stipulations, à supposer qu'elles soient reprises par les conventions fiscales applicables à l'impôt sur la fortune « en général » ;
– selon le Conseil d'État, les **différences d'assiette** sont un élément important du raisonnement conduisant à reconnaître ou non à une imposition nouvelle une « nature identique ou analogue » à une imposition antérieure, visée par une convention fiscale (CE 13 juin 2018 n° 415769, Plén., min. c/ Sté Deutsche Bahn AG : RJF 10/18 n° 974 ; voir n° 10168) ; dans cette affaire, au demeurant, il a ensuite été jugé que le caractère sectoriel de l'imposition (en l'espèce, l'imposition forfaitaire sur les entreprises de réseau) ainsi que le fait que les entreprises n'y étaient soumises qu'à raison de matériels roulants limitativement définis et sur une assiette forfaitaire faisaient obstacle à son assimilation à l'ex-ISF (TA Paris 12 novembre 2018 n° 1615794, 2e ch., ayant fait l'objet d'un pourvoi non admis par CE (na) 17 octobre 2019 n° 427052, 8e ch., Sté Deutsche Bahn AG : RJF 1/20 n° 37) ; or l'assiette de l'IFI est très différente de celle de l'ex-IGF ou de l'ex-ISF.

Sous réserve de précisions complémentaires qui pourraient être apportées par l'administration et le juge de l'impôt, on pourrait donc en conclure :
– que, sauf solution administrative contraire, l'IFI ne devrait pas être visé par les conventions fiscales qui ne le mentionneraient pas alors qu'elles auraient été conclues **après la création** de cet impôt ;
– qu'il ne pourrait, en tout état de cause, être couvert par les **conventions fiscales antérieures** que si celles-ci reprennent les précisions apportées par le modèle de convention fiscale de l'OCDE et si elles comportent un dispositif suffisant en matière de fortune, à supposer toutefois (ce qui n'est pas évident) qu'il soit admis que l'IFI est bien un impôt « sur la fortune » quoiqu'il ait été qualifié de « contribution spécifique » par le Conseil constitutionnel.

Dans un sens favorable, il est cependant à noter que l'administration estime que l'IFI entre dans le champ des conventions fiscales franco-luxembourgeoise du 20 mars 2018 (BOI préc.) et **franco-saoudienne** du 18 février 1982 (réponse Joyandet n° 03325 : JO Sénat 19 juillet 2018 p. 3598 ; BF 10/18 n° 882) ; en outre, à propos de la convention fiscale **franco-américaine** du 31 août 1994 modifiée, il a été précisé que la clause relative aux impôts visés permet « d'inclure dans le champ de la convention l'impôt sur la fortune immobilière, lequel a remplacé l'impôt de solidarité sur la fortune » (BOI-INT-CVB-USA-10 n° 25). Ces solutions doctrinales ne sont toutefois juridiquement opposables que pour l'application des conventions commentées, bien qu'on ne voie pas pour quelle raison de fond la même solution n'a pas été donnée, d'une façon générale, pour l'application des autres conventions fiscales (sauf éventuellement en raison des précisions explicitement fournies sur ce point lors des travaux parlementaires ; n° 53100).

Cela étant, et en tout état de cause, les conventions fiscales sont toujours applicables pour la détermination du **domicile fiscal** des redevables, qu'elles visent ou non l'impôt sur la fortune (n° 52960).

Précisions **a.** L'IFI étant de la compétence de la juridiction judiciaire, le principe de subsidiarité n'est pas applicable ; les conventions fiscales, si elles sont applicables, doivent donc être considérées comme étant **d'application directe** (n° 10642).

b. En ce qui concerne la **convention franco-luxembourgeoise** du 20 mars 2018, les travaux parlementaires ne font pas état de ce que la convention s'appliquerait à l'IFI ; il est en revanche indiqué, dans le rapport fait au nom de la commission des affaires étrangères de l'Assemblée nationale sur le projet de loi de ratification (rapport n° 1663 du 6 février 2019, tableau en annexe 3), que le Luxembourg « a souhaité que la convention comprenne dans son champ d'application la fortune, cet État disposant d'un impôt sur la fortune des personnes morales qui ne trouve pas d'équivalent en droit français » et que « le fait de couvrir la fortune permet de faire obstacle au droit luxembourgeois qui impose la fortune détenue par un établissement stable situé dans un autre État » ; il est par ailleurs indiqué que « l'impôt sur la fortune fait bien partie des impositions qui entrent dans le champ de cette convention. Il y figure car cette convention a été rédigée avant que l'impôt sur la fortune ne soit supprimé en France » (rapport précité, p. 44). Ces indications ne vont pas dans le sens de l'application de la convention à l'IFI, mais l'administration a pris une position plus favorable (BOI-INT-CVB-LUX-10 n° 280).

52765 D'une façon générale, il convient de distinguer **trois séries** de **conventions fiscales** :
– celles qui ne visent pas du tout l'impôt sur la fortune et qui s'appliquent toutefois pour la détermination des règles relatives au domicile ;
– celles qui ne visent pas l'impôt français sur la fortune, mais qui comportent des dispositions suffisantes pour répartir les droits d'imposer ;
– celles qui visent expressément l'ex-IGF ou l'ex-ISF, et qui sont de plus en plus nombreuses à mesure de l'extension et de la modernisation du réseau conventionnel.

Précisions La liste des conventions fiscales conclues par la France figurant au BOI-ANNX-000306 indique si la convention s'applique à l'impôt sur la fortune, selon l'administration. Il s'agit cependant de l'ancien ISF ; cela ne signifie donc pas que l'IFI soit nécessairement couvert (n° 52760).

A. Principe de l'application des conventions fiscales à l'ex-impôt de solidarité sur la fortune

52900 Même lorsqu'elles ne visent ni l'ISF ni l'ex-IGF, les conventions fiscales trouvaient à s'appliquer à l'impôt de solidarité sur la fortune :
– en ce qui concerne la définition du domicile des redevables,
– et pour répartir les droits d'imposer, lorsqu'elles comportaient des dispositions suffisantes en matière de fortune.

Les questions indépendantes de la définition du domicile fiscal n'étaient résolues par référence aux conventions fiscales que si celles-ci visaient expressément l'impôt sur la fortune ou si elles comportaient des dispositions suffisantes pour déterminer les modalités d'imposition de la fortune (ancien BOI-PAT-ISF-20-20 n° 20, aujourd'hui retiré). Comme il est indiqué n° 52760, la transposition de ces principes à l'IFI n'est pas assurée en l'absence de précisions administratives suffisantes ou de jurisprudence, sauf en ce qui concerne la détermination du domicile fiscal (n° 52960).

1. Application des règles conventionnelles relatives au domicile

Transposition des règles applicables à l'impôt sur le revenu

52960 Initialement, l'administration avait considéré que, même en présence d'une convention fiscale, le domicile fiscal des personnes soumises à l'impôt sur les grandes fortunes (à l'époque) devait être déterminé par application de la seule législation interne française (n° 40600), au motif que la convention ne pouvait avoir visé l'IGF puisqu'il n'existait pas à l'époque.

Mais elle avait modifié par la suite cette première position en indiquant que, sans attendre la conclusion d'avenants aux conventions fiscales, le domicile fiscal des contribuables serait fixé selon les règles prévues par les **conventions fiscales**.

Pour l'impôt sur les grandes fortunes, le domicile fiscal des contribuables était donc apprécié selon les règles prévues en matière d'impôt sur le revenu. La même solution a été reprise pour l'impôt de solidarité sur la fortune et elle est également applicable pour l'impôt sur la fortune immobilière ; la doctrine administrative précise en ce sens que le **domicile fiscal** des redevables est déterminé, comme pour l'impôt sur le revenu, par l'article 4 B du CGI (nos 40000 s.), sous réserve de l'application des conventions fiscales, sans introduire sur ce point de restrictions particulières (BOI-PAT-IFI-10-20-20 n° 10).

À propos de l'ancien ISF, l'administration indiquait que « les conventions applicables à l'impôt sur la fortune ou, à défaut, aux impôts sur le revenu doivent être prises en considération pour résoudre les problèmes relatifs à la définition du domicile fiscal. En effet, dans les relations avec les États liés à la France par une convention, le domicile fiscal des contribuables au regard de l'ISF doit être apprécié, en l'absence de disposition applicable audit impôt, selon les règles prévues en matière d'impôt sur le revenu » (ancien BOI-PAT-ISF-20-20 n° 20, aujourd'hui retiré).

Les conventions fiscales s'appliquent donc, selon l'administration, pour la détermination du domicile fiscal même si elles ne visent pas l'impôt sur la fortune et ne sont théoriquement applicables qu'en matière d'impôt sur le revenu.

Précisions Selon la jurisprudence administrative, le domicile du contribuable doit d'abord être établi par référence au droit interne, le droit conventionnel ne s'appliquant que dans un second temps ; comme la Cour de cassation n'admet pas le principe de subsidiarité, le juge judiciaire ne suivrait probablement pas ce raisonnement en deux temps mais **appliquerait directement la convention fiscale**, s'il estime qu'elle est applicable (n° 10642).

Principe de l'identité des domiciles

Un même contribuable ne peut normalement être considéré comme domicilié en France pour l'application de l'impôt sur la fortune immobilière et domicilié hors de France pour l'application de l'impôt sur le revenu (ce principe de bon sens est d'autant plus justifié qu'il existe un mécanisme de plafonnement qui ne concerne que les personnes qui sont domiciliées en France ; n° 52221). En ce sens, l'administration avait indiqué, à propos de l'ancien ISF, que l'application des conventions qui ne concernent que les impôts sur le revenu était admise afin d'éviter qu'une même personne ne soit considérée comme domiciliée en France au regard de l'ISF et domiciliée dans un autre État ou territoire en ce qui concerne l'impôt sur le revenu (ancien BOI-PAT-ISF-20-20 n° 50, aujourd'hui retiré). Comme le juge de l'impôt sur le revenu est le juge administratif alors que celui de l'IFI est le juge judiciaire, cependant, des divergences d'interprétation ne sont pas à exclure. **52962**

Sous cette réserve, cette règle d'identité des domiciles est générale ; elle vaut **pour toutes les conventions fiscales**, même celles qui ne couvrent pas la fortune. Pour le reste, si la convention ne contient aucune disposition en matière de fortune, le droit interne s'applique intégralement.

Précisions **a.** L'avenant du 26 mai 2003 à la convention fiscale franco-monégasque prévoit que l'ISF était exigible des **Français domiciliés à Monaco** depuis le 1er janvier 1989, dans les mêmes conditions que pour les personnes domiciliées en France (cet accord, qui est entré en vigueur le 1er août 2005, est rétroactif au 1er janvier 2002). Il a été jugé que cette imposition ménageait un juste équilibre entre les exigences de l'intérêt général et les impératifs de la protection des droits des contribuables, de sorte que l'assujettissement à l'ISF au titre des années 2002 à 2005 n'ouvrait pas droit à restitution (Cass. com. 26 octobre 2010 n° 09-15.044 (n° 1070 FS-PB), Mettey : RJF 2/11 n° 246, jugeant notamment que cet avenant prend en compte la situation particulière de Monaco vis-à-vis de la France et qu'il est fondé sur un motif d'intérêt général, à savoir **éviter l'évasion fiscale**). Dans le même sens, Cass. com. 21 octobre 2014 n° 13-23.184 (n° 909 F-D) : RJF 1/15 n° 78, relevant notamment que la mesure avait été publiquement annoncée le 24 octobre 2001 puis en 2002, que cette annonce permettait aux contribuables d'anticiper son entrée en vigueur et que les intéressés bénéficiaient de larges facilités de paiement, aucune pénalité n'étant appliquée sur la période 2002-2005. De son côté, la Cour européenne des droits de l'Homme a jugé que le dispositif ne méconnaissait pas la convention européenne des droits de l'Homme, en relevant notamment que **l'application rétroactive** d'une loi ne constitue pas, en tant que telle, une violation de l'article 1er du premier protocole à cette convention (CEDH 15 janvier 2015 aff. 36918/11, 36963/11, 36967/11, 36969/11, 36970/11 et 36971/11, 5e s. : RJF 4/15 n° 378, soulignant qu'« un juste équilibre » avait été ménagé et que la législation contestée n'avait pas fait peser sur les contribuables une charge excessive ou porté fondamentalement atteinte à leur situation financière).

b. L'administration précise que les personnes physiques de nationalité française qui ont transporté leur domicile ou leur résidence à **Monaco** à compter du 1er janvier 1989 sont assujetties à l'IFI (autrefois à l'ISF) dans les mêmes conditions que si elles avaient leur domicile ou leur résidence en France (assiette mondiale ; BOI-INT-CVB-MCO-10 n° 380) ; celles qui se sont établies à Monaco avant le 1er janvier 1989 ne sont assujetties à l'IFI qu'à raison de leurs biens situés en France, dans les mêmes conditions que les non-résidents (BOI préc. n° 390).

c. Pour un exemple d'application de la **convention fiscale franco-belge** du 10 mars 1964 à la détermination du domicile fiscal aux fins de l'ancien ISF, voir Cass. com. 26 avril 2017 n° 15-27.364 F-D : RJF 8-9/17 n° 770, jugeant que les intéressés avaient leur foyer et le centre de leurs intérêts en France au sens du Code général des impôts et de la convention fiscale, alors pourtant que celle-ci ne vise pas l'impôt sur la fortune.

2. Conventions comportant des dispositions suffisantes en matière de fortune

52980 Diverses conventions fiscales comportent des dispositions bilatérales en matière de fortune, mais sans viser l'impôt français sur la fortune parce que celui-ci n'existait pas à l'époque de la conclusion de la convention. Il pouvait cependant être nécessaire de couvrir la fortune parce que l'autre pays avait institué un tel impôt.

52985 Lors de la création de l'impôt sur les grandes fortunes, l'administration avait initialement soutenu que les stipulations de toutes les conventions fiscales en vigueur restaient sans effet à l'égard de l'impôt sur la fortune, dans l'attente de la négociation d'avenants ou d'accords étendant expressément le champ d'application des conventions à l'IGF.

Cette manière de voir avait été infirmée à propos de la convention fiscale franco-autrichienne du 8 octobre 1959 (TGI Paris 17 janvier 1985, 2e ch., 2e sect., Rohrmoser c/ DGI : RJF 3/85 no 520 ; jugement définitif). À la suite de ce jugement, l'administration avait modifié sa position à propos de l'ex-IGF et elle avait maintenu cette solution pour l'ancien impôt de solidarité sur la fortune (ancien BOI-PAT-ISF-20-20 no 20, aujourd'hui retiré).

52986 L'impôt de solidarité sur la fortune était **couvert par les conventions fiscales** suivantes :
– celles qui visent l'ancien IGF et les impôts futurs de nature analogue (Norvège) ;
– celles qui visent l'ancien ISF et qui sont très nombreuses (Italie, Suède, Allemagne, États-Unis, Autriche, Égypte, Espagne, Canada, Suisse, etc.) ;
– celles qui, sans viser l'impôt sur les grandes fortunes ou l'impôt de solidarité sur la fortune, comportent des dispositions suffisantes pour déterminer les modalités d'imposition de la fortune ; elles sont relativement résiduelles (il n'y a guère que les conventions avec Chypre, la Finlande, la Hongrie, l'île Maurice, l'Indonésie, le Luxembourg, les Pays-Bas, la Pologne et la Roumanie, depuis que la convention franco-argentine a été modifiée et que l'ancienne convention avec le Danemark a été dénoncée en 2008 par le Danemark).

Parmi les pays concernés figurent notamment tous les pays de l'OCDE qui ont institué un impôt sur la fortune.

B. Solutions données par les conventions fiscales

53010 Dans l'ensemble, les conventions fiscales françaises reprennent les **principes** posés par le comité des affaires fiscales de l'**OCDE**. Elles permettent donc de déterminer dans quel État, résidence du propriétaire ou situation du bien, les éléments constituant le patrimoine sont imposables. Dans certains cas, comme à l'accoutumée, les biens ne sont imposables que dans un seul État, alors que dans d'autres cas, le droit d'imposer est partagé entre les deux États avec imputation d'un crédit d'impôt.

1. Biens immobiliers et assimilés

Principe de l'imposition dans les deux États

53080 La fortune représentée par des biens **immobiliers** est en principe imposable dans les deux États. L'État du lieu de situation des immeubles impose en premier, en fonction de sa législation interne ; l'État de résidence du propriétaire impose en second et il élimine les doubles impositions en accordant un crédit d'impôt.

Avec une rédaction de ce type, et à supposer que la convention fiscale soit applicable à l'IFI (no 52760), il n'y a pas de difficulté à assujettir à l'IFI les non-résidents qui possèdent des immeubles situés en France dans les conditions prévues par le droit français (no 52172).

De même, peuvent être assujettis à l'IFI les résidents de France qui possèdent des immeubles situés dans l'autre État.

Exonération de certains immeubles étrangers

53082 En ce qui concerne les immeubles possédés à l'étranger par des résidents de France, la Cour de cassation a eu l'occasion, sous l'empire de l'ancien ISF, de se prononcer sur la portée des stipulations conventionnelles relatives aux biens immobiliers (Cass. com. 24 mars 1992 n° 572 P, Le Marois d'Andlau : RJF 6/92 n° 909). Elle a confirmé le jugement du tribunal de grande instance de Paris (TGI Paris 13 juillet 1989 2e ch. : RJF 12/89 n° 1453) estimant, dans le cadre de la convention franco-suisse, dans sa rédaction antérieure à l'avenant du 22 juillet 1997, qu'un **immeuble situé en Suisse** et possédé par un résident de France ne devait être imposé qu'en Suisse et non pas, comme le soutenait l'administration, également en France, sous déduction d'un crédit égal à l'impôt suisse (sur le raisonnement alors suivi par la Cour de cassation, voir n° 10468).

La doctrine administrative n'était pas explicite sur les conséquences à tirer de cette décision, pour l'application de l'ancien ISF, car elle se contentait de remarquer que certaines conventions fiscales (sans dire lesquelles) attribuent à l'État du lieu de situation des immeubles le **droit exclusif d'imposer** et qu'il y avait lieu de considérer que les résidents de France qui possèdent des biens immobiliers situés dans « certains États » n'étaient, aux termes des conventions fiscales liant la France à ces « différents pays », soumis à l'ISF que dans ces États (ancien BOI-PAT-ISF-20-20 n° 83, aujourd'hui retiré, indiquant que, dans ce cas, les biens immobiliers n'avaient pas à être déclarés en France au titre de l'ISF).

Conséquences À notre avis, la solution du n° 53082 était transposable, aux fins de l'ancien ISF, aux résidents de France qui possédaient des biens immobiliers situés à **Chypre**, en **Finlande**, en **Hongrie**, à l'**île Maurice**, en **Indonésie**, aux **Pays-Bas**, en **Pologne** et en **Roumanie**. La doctrine administrative antérieure à la publication de la base BOFiP ne l'admettait cependant pas car elle limitait implicitement la portée de la jurisprudence de la Cour de cassation aux États qui connaissaient un impôt sur la fortune, à savoir en Finlande et aux Pays-Bas. **53083**

Précisions La transposition à l'**IFI** de cette solution favorable est très incertaine ; d'une part, elle supposerait que les conventions fiscales concernées soient applicables à l'IFI (n° 52760) et, d'autre part, elle pourrait paraître injustifiée à la lumière de l'instrument multilatéral, dont l'objet est notamment d'éviter les doubles exonérations et qui s'applique notamment à l'impôt sur la fortune (nos 1650 s.).

Cas des parts ou actions de sociétés immobilières transparentes

Il s'agit de celles qui sont régies par l'article 1655 ter du CGI (n° 67060). Ces sociétés sont réputées fiscalement inexistantes en droit interne ; leurs membres doivent normalement être traités de la même façon que s'ils détenaient directement les biens immobiliers correspondant à leurs droits sociaux (sur l'incidence de la jurisprudence de la Cour de cassation, voir également n° 48125). Il était donc possible, pour l'application de l'ancien ISF, de faire la **distinction** suivante : **53085**

- assimilation expressément prévue par les conventions fiscales ;
- assimilation possible car les biens immobiliers sont définis par référence à la législation fiscale ou au droit interne sans précision ;
- assimilation possible en l'absence de stipulation expresse ou de définition des biens immobiliers ;
- assimilation éventuellement interdite parce que la convention limite expressément l'assimilation à l'imposition des revenus et des plus-values (par exemple, Pays-Bas).

De son côté, l'administration estime que les membres des sociétés immobilières transparentes doivent être traités **de la même façon que s'ils détenaient directement** les biens immobiliers, pour l'application du droit interne comme des conventions fiscales (en ce sens, notamment, ancien BOI-PAT-ISF-20-20 n° 100, aujourd'hui retiré, indiquant que, en droit conventionnel comme en droit interne, les membres des sociétés immobilières transparentes sont traités de la même façon que s'ils détenaient directement les biens immobiliers correspondant à leurs droits sociaux). Cette solution serait transposable à l'IFI, à supposer les conventions fiscales applicables (n° 52760).

Cas des parts ou actions de sociétés non transparentes à prépondérance immobilière

Si l'on suppose que la convention fiscale est applicable à l'IFI (n° 52760), l'analyse impose, à l'égard des sociétés immobilières « non transparentes », de combiner les règles qu'elle pose avec celles qui gouvernent l'IFI ; si en droit interne, l'IFI est susceptible de s'appliquer aux parts ou actions des sociétés et organismes établis en France ou hors de France appartenant aux redevables à hauteur de la fraction de leur valeur représentative de biens **53090** ou droits immobiliers détenus directement ou indirectement par la société ou l'organisme (n° 52180), cette imposition ne serait possible, dans cette perspective, que si la convention ne s'y oppose pas.

L'assujettissement à l'IFI dépendrait donc de la rédaction des conventions fiscales. En termes méthodologiques, il y a lieu de rappeler, en préalable, que la **notion de « biens immobiliers »** utilisée par les conventions fiscales est d'interprétation stricte ; ainsi, lorsque la convention stipule que « la fortune constituée par des biens immobiliers détenus par un résident d'un État contractant et situés dans l'autre État contractant est imposable dans cet autre État », cela ne signifie pas que les parts ou actions de sociétés non transparentes à prépondérance immobilière soient imposables car ces titres ne sont pas des biens immobiliers, ni juridiquement ni fiscalement (n° 67080) ; il en va ainsi même si la convention précise que l'expression « biens immobiliers » a le sens que lui attribue le droit de l'État où les biens considérés sont situés.

La Cour de cassation a, en effet, confirmé que des parts de sociétés à prépondérance immobilière en France sont, en l'absence de stipulations conventionnelles contraires, des **biens incorporels de nature mobilière** et non pas des biens immobiliers (Cass. Ass. Plén. 2 octobre 2015 n° 14-14.256 (n° 622 PB-RI) : RJF 12/15 n° 1066 ; voir n° 48125) ; cette qualification a été donnée pour l'application d'une convention fiscale relative aux droits de mutation à titre gratuit mais elle vaut également pour l'impôt sur la fortune, et, bien que le cas d'espèce ait concerné des parts d'une société étrangère, elle est naturellement transposable aux parts de sociétés françaises à prépondérance immobilière (voir toutefois l'interprétation différente que le Conseil d'État a retenue à propos de l'imposition des plus-values dans le cadre franco-belge ; n° 67845).

Dans ces conditions, il conviendrait, en ce qui concerne les **personnes physiques non domiciliées en France**, de procéder aux distinctions suivantes (à supposer la convention applicable à l'IFI) :

• si la convention fiscale ne comporte aucun dispositif permettant d'imposer les parts ou actions de sociétés immobilières, l'assiette de l'IFI ne saurait être étendue à la valeur des parts ou actions détenues même si les sociétés sont établies en France et même à hauteur de la composante « immobilière française » de la valeur des titres ;

• si la convention fiscale comporte un dispositif permettant à la France d'assujettir à l'impôt sur la fortune les parts ou actions de sociétés à prépondérance immobilière (n° 53093), il y a encore une distinction à faire :

– si la société ou l'organisme en cause est à prépondérance immobilière en France, l'IFI serait applicable à hauteur de la composante « immobilière française » des titres ;

– dans la négative, la France perdrait le droit d'imposer même à hauteur de la composante « immobilière française » des titres.

Précisions En ce qui concerne les personnes physiques **domiciliées en France**, les stipulations des conventions fiscales, à les supposer applicables, devraient généralement rester sans incidence du côté français ; en effet, les parts ou actions de sociétés étrangères détenues par des résidents de France sont en principe conventionnellement imposables en France en tout état de cause.

53093 **Conventions fiscales visant les sociétés à prépondérance immobilière**

Diverses conventions fiscales prévoient l'application du régime des biens immobiliers aux parts ou actions de sociétés à prépondérance immobilière. À titre d'exemple, la **convention franco-autrichienne** du 26 mars 1993 contient une disposition selon laquelle la fortune constituée par des actions, parts ou autres droits dans une société ou une personne morale dont l'actif est principalement constitué, directement ou par l'interposition d'une ou plusieurs autres sociétés ou personnes morales, d'immeubles situés dans un État ou de droits portant sur de tels biens est imposable dans cet État (sauf affectation à une activité industrielle, commerciale, agricole ou non commerciale). Cette solution, que l'on retrouve dans d'autres conventions, est extensive en ce qu'elle considère également l'interposition d'une ou plusieurs sociétés, quel que soit l'État dans lequel elles sont constituées.

Avec une rédaction de ce type, l'IFI peut être réclamé à un non-résident à hauteur de la composante « immobilière française » de la valeur des titres qu'il détient si la société est à prépondérance immobilière en France ; dans la négative, l'IFI ne serait pas exigible, à supposer que la convention fiscale soit applicable (n° 52760).

Une disposition voisine de celle du n° 53093, mais moins large, figure dans les **conventions franco-suédoise** (article 22), **franco-allemande** (article 19 § 2), et **franco-italienne** (point 11 du protocole annexé). Quant à la convention **franco-américaine** du 31 août 1994 modifiée, elle est plus extensive car elle vise également les sociétés interposées qui tirent **au moins 50 % de leur valeur**, directement ou indirectement, de biens immobiliers situés dans un État (article 23 § 1 b). **53094**

De son côté, la **convention franco-suisse** (article 24 § 4) prévoit que les participations dans des sociétés soumises au régime fiscal des sociétés de personnes ne sont imposables que dans l'État où ces sociétés ont un établissement stable. Or les sociétés civiles immobilières, par exemple, ont a priori un établissement stable au lieu d'exploitation des immeubles. Dès lors, la France peut prendre en compte les parts dans ces sociétés pour l'imposition de la fortune dans les mêmes conditions que les immeubles lorsque les biens sociaux sont en France.

Ancienne imposition au titre de la possession indirecte d'un immeuble

La possibilité, pour la France, d'imposer les **non-résidents « conventionnés »** qui, sous l'empire de l'ancien ISF, possédaient indirectement un immeuble en France au sens de l'article 750 ter, 2°-al. 2 du CGI (n° 52680) était vraisemblablement exceptionnelle, en l'absence de modification sur ce point du dispositif conventionnel. **53095**

Les conventions fiscales ne permettaient pas, en principe, d'assujettir à l'ancien ISF un non-résident qui détenait des parts ou actions dans une société, sauf s'il s'agissait d'une société immobilière de copropriété (n° 53085) ou, le cas échéant, d'une société à prépondérance immobilière (nos 53093 s.). Il pouvait cependant exister des exceptions comme celle de la convention **franco-américaine** du 31 août 1994 modifiée, dont l'article 23 § 1 c) permet d'imposer la fortune représentée par des droits dans une personne, autre qu'une société, dont l'actif est constitué de biens immobiliers, même sans prépondérance immobilière.

Précisions La Cour de cassation avait jugé, sous l'empire de l'ancien ISF, qu'un résident du **Koweït** était imposable en France au titre de la fortune représentée par deux immeubles situés en France et détenus par deux SCI elles-mêmes détenues par une société koweïtienne dont il détenait avec son frère la totalité du capital (Cass. com. 19 mars 2013 n° 11-28.226 (n° 269 F-D) et n° 11-28.227 (n° 270 F-D), Al Hassawi : RJF 7/13 n° 778) ; cette solution résulte à notre avis de ce qu'il pouvait être fait application de l'article 750 ter, 2° du CGI, permettant l'imposition de **biens immobiliers détenus par personne interposée**, en raison de la précision apportée par la convention selon laquelle « pour l'application de la Convention par un État, sont considérés comme possédés par une personne la fortune ou les biens à raison desquels cette personne est imposable en vertu de la législation interne de cet État » (article 16 B § 6 c) de la convention franco-koweïtienne du 7 février 1982).

Cas particuliers des conventions avec certains États du Golfe

Le paragraphe 1 de l'article 14 A de la **convention fiscale franco-saoudienne** du 18 février 1982 prévoit que les résidents d'Arabie saoudite peuvent bénéficier d'une exonération à raison de leur fortune constituée par des biens immobiliers situés en France, lorsque celle-ci est inférieure à la fortune mobilière qu'ils détiennent en France ; parmi les éléments qui constituent la **fortune mobilière** sont incluses les créances sur une société qui est un résident de France et dont les titres sont inscrits à la cote d'un marché boursier réglementé. **53100**

L'administration estime qu'il y a lieu d'interpréter la notion de « société dont les titres sont inscrits à la cote d'un marché boursier réglementé » comme visant l'ensemble des établissements de crédit énumérés à l'article L 511-1 du Code monétaire et financier, y compris ceux qui sont non cotés en bourse (BOI-INT-CVB-SAU n° 30).

Des principes identiques ont été retenus pour l'application des conventions fiscales conclues avec **Bahreïn**, les **Émirats arabes unis**, le **Koweït** et le **Qatar**. À propos de la convention **franco-koweïtienne**, voir n° 53095, Précisions.

Les travaux parlementaires indiquent que les règles posées par les conventions fiscales qui lient la France avec certains États du Moyen-Orient et qui prévoient que l'exonération d'impôt sur la fortune est liée à un investissement en valeurs mobilières françaises devraient continuer à s'appliquer de la même manière à l'IFI (n° 52760 ; rapport n° 273 de la commission des finances de l'Assemblée nationale, p. 450). La confirmation en a été donnée par une réponse ministérielle en ce qui concerne la convention fiscale franco-saoudienne du 18 février 1982 modifiée (réponse Joyandet n° 03325 : JO Sénat 19 juillet 2018 p. 3598 ; BF 10/18 n° 882).

Précisions À propos de la convention fiscale franco-saoudienne du 18 février 1982, la Cour de cassation a, pour l'application de l'ancien ISF, **interprété de façon très large** les stipulations conventionnelles relatives à l'imposition des parts ou actions de sociétés à prépondérance immobilière ; elle juge, en effet, qu'un résident d'Arabie saoudite était passible de l'ISF au titre de la détention aussi bien des parts de deux sociétés civiles luxembourgeoises, détenant elles-mêmes la totalité des parts d'une SCI française propriétaire d'immeubles situés en France, que des titres d'une société luxembourgeoise de capitaux détenant une autre société luxembourgeoise elle-même propriétaire de la totalité du capital d'une SAS française détenant un immeuble en France (Cass. com. 19 janvier 2010 n° 08-20.936 (n° 62 F-D) F-D, Al Sheikh : RJF 5/10 n° 542). Pour confirmer l'arrêt d'appel, la Cour de cassation avait remarqué que la convention fiscale stipule que les parts ou actions d'une société dont les actifs sont constitués pour plus de 50 % par des biens immobiliers situés dans un État ou par des droits portant sur de tels biens sont considérés comme des biens immobiliers situés dans cet État et noté que les actifs des sociétés en cause étaient constitués, **directement ou indirectement**, pour plus de 50 % par des biens immobiliers situés en France (en l'espèce, pourtant, la convention fiscale ne précisait pas que la détention puisse être indirecte).

2. Autres biens ou droits

Imposition dans l'État de résidence

53110 L'imposition des biens ou droits qui ne sont pas considérés comme immobiliers est généralement réservée à l'État de résidence du propriétaire.

Ce principe est sans importance pour l'application de l'IFI, en tout état de cause, étant donné que seuls les actifs immobiliers sont imposables.

Précisions Pour l'application de l'ancien ISF, il y avait lieu de noter que :
– les conventions fiscales **franco-argentine** et **franco-égyptienne** prévoient que tous les éléments de la fortune, sauf les biens immobiliers, les biens mobiliers qui font partie de l'actif d'un établissement stable ou d'une base fixe, ou les navires ou aéronefs exploités en trafic international, sont imposables selon la législation de chaque État ; du côté français, l'imposition était alors effectuée conformément au droit interne, c'est-à-dire avec, notamment, application de l'exonération pour les placements financiers détenus par les non-résidents. Les mêmes biens étaient soumis à l'impôt en France s'ils appartenaient à un résident de France avec application, le cas échéant, d'un crédit d'impôt ;
– les biens mobiliers qui font partie de l'actif d'un **établissement stable** sont, en général, imposables dans l'État de situation de cet établissement.

Cas des participations « substantielles »

53115 Diverses conventions fiscales, notamment les plus modernes, donnent à la France le droit d'imposer les participations substantielles dans le capital de sociétés françaises, même si celles-ci ne sont pas à prépondérance immobilière. Ces précisions sont éventuellement susceptibles d'avoir des conséquences en France, sous réserve que l'imposition soit permise par le droit interne français, au titre de la détention de parts ou actions de sociétés ou d'organismes à hauteur de la fraction de leur valeur représentative de biens et droits immobiliers.

Par exemple, la convention **franco-norvégienne** du 16 décembre 1980 modifiée prévoit que « la fortune constituée par des actions ou parts faisant partie d'une participation substantielle dans le capital d'une société qui est un résident d'un État est imposable dans cet État. On considère qu'une personne détient une **participation substantielle** lorsqu'elle dispose, seule ou avec des personnes apparentées, directement ou indirectement, d'actions ou de parts dont l'ensemble ouvre droit à **25 % ou plus** des bénéfices de la société. » Les autres participations sont exonérées dans l'État de résidence de la société concernée.

La même règle se retrouve dans les conventions **franco-américaine** et **franco-suédoise**.

Avec des rédactions de ce type, la France pourrait imposer un associé non résident d'une société française qui ne serait pas à prépondérance immobilière en France mais qui détiendrait tout de même un actif immobilier imposable, si le seuil de détention de 25 % est atteint et à supposer que l'IFI soit exigible en application des règles habituelles.

3. Élimination des doubles impositions

Les conventions fiscales retiennent, selon les cas et selon les biens, la méthode de l'exonération ou celle de l'imputation. **53130**

Méthode de l'exonération

Certaines conventions fiscales reposent sur la méthode de l'exonération, qui permet l'élimination automatique de la double imposition par attribution à un seul État du droit d'imposer. Cette méthode peut être applicable : **53135**
– pour les **biens immobiliers** : imposition exclusive dans l'État de situation des biens, avec les conventions conclues par la France avec la Finlande et les Pays-Bas, sous réserve de la possibilité d'appliquer ces conventions à l'IFI (nº 52760) ;
– pour les **autres biens** (pour l'application de l'ancien ISF) : imposition exclusive dans l'État de résidence, avec les autres conventions conclues par la France, sauf par exemple avec l'Argentine. L'État où sont situés les biens concernés n'a donc pas le droit d'imposer.

Précisions La méthode de l'exonération se combine, le cas échéant, avec la **règle du taux effectif**. Sur le taux effectif en général, voir nºs 7980 et 83410 s.

Méthode du crédit d'impôt

De nombreuses conventions fiscales utilisent la méthode du crédit d'impôt (l'impôt payé dans l'État de la source constitue un crédit d'impôt dans l'État de la résidence) ; tel est le cas des conventions les plus modernes, par cohérence avec le système de crédit d'impôt qui existe en droit interne français (nº 52540). **53140**

Lorsqu'un crédit d'impôt est prévu, il est en principe égal à l'impôt payé dans l'autre État sur les biens situés dans cet État, mais avec un plafond égal à l'impôt sur ces mêmes biens dans l'État de résidence (voir nº 8140 en ce qui concerne les principes généraux).

Aux fins de l'ancien ISF, l'administration avait précisé que, pour bénéficier du crédit d'impôt, les résidents de France devaient présenter un justificatif de l'impôt étranger acquitté sur les éléments de fortune également imposables à l'ISF. Les contribuables qui possédaient dans un même pays étranger plusieurs catégories d'avoirs imposables dans ce pays, alors que certains seulement étaient effectivement soumis à l'ISF, devaient faire apparaître distinctement le montant de l'impôt étranger correspondant aux éléments de fortune soumis à cet impôt (ancien BOI-PAT-ISF-20-20 nº 190, aujourd'hui retiré).

4. Cas particulier des étrangers temporairement résidents de France

En droit interne, les personnes qui s'installent en France sont exonérées au titre de leurs actifs immobiliers situés hors de France pendant une durée de cinq ans, sous réserve du respect de certaines conditions (nºs 52560 s.). **53160**

Cette mesure reprend, sous une forme un peu différente, un principe qui avait déjà été posé par les conventions fiscales conclues notamment avec l'**Allemagne**, l'**Autriche**, le **Canada**, l'**Espagne**, les **États-Unis**, et l'**Italie** (il y a aussi divers pays du Golfe). Ces conventions réduisent, en effet, le champ d'application territorial de l'impôt sur la fortune en ce qui concerne les personnes physiques résidentes de France et qui ont la **nationalité** de l'autre État sans avoir la nationalité française.

En règle générale, pour ces personnes, les biens situés **hors de France** qu'elles possèdent au 1er janvier de chacune des **cinq années** suivant l'année civile de leur arrivée en France, n'entrent pas dans l'assiette de l'impôt sur la fortune afférent à chacune de ces cinq années. En outre, si ces personnes perdent la qualité de résident de France pour une durée au moins égale à **trois ans**, et redeviennent ensuite des résidents de France, les biens qu'elles possèdent hors de France au 1er janvier de chacune des cinq années suivant l'année civile de leur retour en France n'entrent pas dans l'assiette de l'impôt sur la fortune afférent à chacune de ces cinq années (les principes peuvent varier selon la rédaction des conventions fiscales). Ce principe a été repris dans la convention fiscale franco-britannique du 19 juin 2008.

53165 Ces exonérations conventionnelles sont différentes de celle du droit interne notamment en ce qui concerne la condition de **nationalité**, l'exigence ou non d'une période de **non-domiciliation antérieure** en France et la possibilité d'une **interruption temporaire** de trois ans ; elles devraient prévaloir toutes les fois qu'elles sont plus favorables aux contribuables, sous réserve que la convention soit bien applicable à l'IFI. Par exemple, si la convention fiscale prévoit que le régime peut être renouvelé en cas de non-domiciliation en France pendant une période de seulement trois ans, ce délai devrait prévaloir sur le délai de cinq ans posé par le droit interne.

En sens inverse, si le droit interne est plus favorable, il est probable que la Cour de cassation ne ferait pas prévaloir le droit interne (n° 52565).

QUATRIÈME PARTIE

Les placements

CHAPITRE 20

Les dividendes

Plan du chapitre §§

	SECTION 1 La notion de dividende	60600
A	Les dividendes régulièrement distribués par les sociétés	60605
B	Les distributions occultes ou déguisées	60680
	SECTION 2 Le principe du partage d'imposition	60840
A	Dans l'État de la source	60842
B	Dans l'État de la résidence	61175
	SECTION 3 L'incidence du régime des sociétés mères	61400
A	Quasi-exonération des dividendes	61400
B	Redistribution par la société mère	61445
	SECTION 4 Particularités concernant le versement de dividendes de source française à des actionnaires non résidents de France	61600
A	Le transfert de l'ancien avoir fiscal et de l'ancien crédit d'impôt	61600
B	Le remboursement de l'ancien précompte	61620
C	L'imputation des crédits d'impôt sur la retenue à la source	61640

Les dividendes (au sens fiscal) s'entendent des distributions de bénéfices faites aux actionnaires de **sociétés de capitaux** (le plus souvent sociétés anonymes, SAS et sociétés à responsabilité limitée). Ces sociétés constituent nécessairement des personnes distinctes de l'ensemble des actionnaires ; elles se distinguent donc des sociétés « de personnes » qui n'ont pas toujours, en droit comparé, de personnalité propre, et dont les bénéfices sont (fiscalement) immédiatement appréhendés par les associés car ils proviennent en principe directement de leur activité. Pour ces derniers, il s'agit en général de bénéfices industriels et commerciaux ou non commerciaux (ou fonciers pour des personnes physiques). Il n'en va pas de même pour l'actionnaire, qui n'a souvent rien d'un « entrepreneur ». Les bénéfices de la société lui sont attribués pour la part qui est décidée par la société (distribution). Les dividendes perçus par un actionnaire en rémunération de son apport dans la société sont des revenus du « capital » et non pas du « travail ». **60000**

On ne traitera ici que des revenus d'actions et assimilés, en examinant d'abord la notion de dividendes, puis le principe du partage d'imposition entre l'État de la source et celui de la résidence de l'associé, l'incidence éventuelle du régime des sociétés mères et enfin les particularités concernant le versement des dividendes de source française à des non-résidents. La question des sociétés de personnes, en raison de son importance, fait l'objet d'un développement séparé (nos 30200 s.). **60100**

SECTION 1

La notion de dividende

La notion de dividende ne soulève guère d'interrogations pour les dividendes régulièrement distribués par les sociétés. En revanche, l'assimilation à des dividendes des distributions occultes ou déguisées est souvent source de difficultés pour l'application des conventions fiscales. **60600**

A. Les dividendes régulièrement distribués par les sociétés

Modèle de convention fiscale de l'OCDE

60605 Les conventions fiscales ne donnent pas une **définition** des dividendes indépendante de la législation interne. Elles se bornent en général à reprendre les exemples qui figurent dans les législations internes des États, sur le modèle établi par l'OCDE (article 10 § 3) :

« Le terme "dividendes" [...] désigne les revenus provenant d'actions, actions ou bons de jouissance, parts de mine, parts de fondateur ou autres parts bénéficiaires à l'exception des créances, ainsi que les revenus d'autres parts sociales soumis au même régime fiscal que les revenus d'actions par la législation de l'État dont la société distributrice est un résident. »

60610 Le sens donné au terme « dividendes » par le modèle de convention fiscale de l'OCDE appelle les commentaires suivants :
– sont visées les distributions de bénéfices auxquelles ouvrent droit les **actions**, c'est-à-dire les titres reçus en contrepartie de l'apport d'un actionnaire dans une société de capitaux ;
– la notion de « dividendes » s'étend à toutes les **parts bénéficiaires**, à l'exception des créances, c'est-à-dire à tous les titres qui ouvrent droit à une participation aux bénéfices sans être une créance : actions ou bons de jouissance, parts de fondateur, etc. Les créances, même participant aux bénéfices, donnent lieu au versement d'intérêts qui doivent en principe être distingués des dividendes ; les commentaires du comité des affaires fiscales de l'OCDE considèrent cependant que les **intérêts d'emprunt** peuvent être traités comme des dividendes (sous réserve que le droit interne le permette) lorsque le prêteur partage effectivement les risques encourus par la société (participation aux bénéfices, niveau des intérêts lié aux bénéfices, absence de remboursement fixe, etc., voir Commentaires OCDE, C (10) n° 25) ;
– ne sont pas, en principe, des dividendes (au sens fiscal) les « distributions » (répartitions) de bénéfices effectuées par les **sociétés de personnes**, sauf si elles ont opté pour l'impôt sur les sociétés, lorsque c'est possible (Commentaires OCDE, C (10) n° 27) ;
– l'OCDE renvoie finalement au **droit interne** des États, en permettant l'assimilation à des dividendes, pour l'application de la convention, des revenus de parts sociales soumis au même régime que les revenus d'actions ; le droit de l'État auquel il est fait référence est celui de la résidence de la société distributrice.

En définitive, cette définition est **assez large**, compte tenu du renvoi au droit interne. En général, la situation n'est donc pas très différente en droit interne et en droit conventionnel. En ce qui concerne les distributions « régulières » (c'est-à-dire décidées par les assemblées générales des actionnaires), l'existence d'une convention fiscale ne restreint guère le champ d'application du droit interne des États (sauf, naturellement, en ce qui concerne les modalités de l'imposition dans cet État).

Précisions Les conventions fiscales contiennent parfois des références explicites à certaines **particularités** des législations nationales. Par exemple, la convention franco-allemande du 21 juillet 1959 modifiée précise que sont considérés comme des dividendes les revenus qu'un « **stiller Gesellschafter** tire de sa participation » (n° 31735) et les distributions afférentes à des participations dans un fonds d'investissement allemand (article 9, 6 de la convention).

Jurisprudence

60625 Pour le Conseil d'État, l'article 10 § 3 du modèle de convention fiscale de l'OCDE ne donne pas une « définition » des dividendes, mais se borne à une **« énumération »**, autorisant ainsi la France à s'en tenir à la définition des dividendes que donne son droit interne (CE 13 octobre 1999 n° 190083, 8e et 9e s.-s., min. c/ SA Banque française de l'Orient : RJF 12/99 n° 1587).

On remarquera pourtant que c'est bien d'une définition dont il est question dans les commentaires du comité des affaires fiscales de l'OCDE (Commentaires OCDE, C (10) nos 23 s.), et l'on observera en ce sens que les exemples donnés (revenus d'actions, etc.) sont complétés par une formule générale qui renvoie au régime fiscal des revenus d'actions (il est vrai, cependant, que l'OCDE ajoute que cette « définition » n'est ni complète ni exhaustive, ce qui a pu inciter le Conseil d'État à considérer qu'il ne s'agit pas d'une définition au sens de la tradition juridique française).

Quoi qu'il en soit, cette manière de voir a été confirmée depuis lors et doit donc être considérée comme fixant la jurisprudence (CE 30 décembre 2002 n° 236096, 3e et 8e s.-s., Hanna : RJF 3/03 n° 298 ; conclusions au BDCF 3/03 n° 36). En définitive, selon le commissaire du Gouvernement Stéphane Austry sous cette décision, « le **sens du mot dividendes** dans les conventions modèle OCDE ne doit pas être différent de celui retenu en droit interne ».

Doctrine administrative

L'administration donne parfois des indications sur ce qu'elle entend par « dividendes » pour l'application des conventions fiscales ; par exemple, à propos de la convention du 17 octobre 1999 entre la France et l'Algérie, elle précise que sont considérés comme des **dividendes**, notamment (BOI-INT-CVB-DZA-30 n° 10) : **60650**

– les dividendes, intérêts, arrérages et tous autres produits des actions de toute nature et des parts de fondateur, distribués par les sociétés anonymes, les sociétés par actions simplifiées et les sociétés en commandite par actions ;
– les produits des parts des sociétés à responsabilité limitée n'ayant pas opté pour le régime fiscal des sociétés de personnes ;
– les produits des parts d'intérêts des sociétés en nom collectif lorsque ces sociétés ont opté pour le régime fiscal des sociétés de capitaux ;
– les produits des parts des commanditaires dans les sociétés en commandite simple ;
– les revenus distribués par les sociétés civiles assujetties à l'impôt sur les sociétés en raison de leur forme, de leur objet ou d'une option ;
– les produits des parts d'intérêts distribués par les sociétés en participation, n'ayant pas opté pour le régime fiscal des sociétés de capitaux, aux associés autres que les associés indéfiniment responsables ou dont les nom et adresse n'ont pas été indiqués à l'administration ;
– les produits des parts d'intérêts des commandités dans les sociétés en commandite simple et, dans les sociétés en participation, des associés indéfiniment responsables et connus de l'administration, lorsque ces sociétés ont opté pour le régime fiscal des sociétés de capitaux.

Précisions La doctrine administrative relative à la convention franco-algérienne (BOI-INT-CVB-DZA-30 n° 30) indique aussi que, compte tenu de l'article 6 § 5 de la convention, la définition des dividendes ne s'applique pas aux revenus d'actions, de parts ou autres droits dans une personne morale lorsque la propriété de ces titres ou droits confère à leur détenteur la jouissance de **biens immobiliers** situés dans un État et détenus par cette personne morale. Sont concernés, du côté français, les revenus des **sociétés immobilières** de **copropriété** bénéficiant de la transparence fiscale, visées à l'article 1655 ter du CGI (n° 67060), et ceux des sociétés relevant du régime fiscal fixé par l'article 239 octies du CGI (n° 67100) si ces sociétés sont constituées sous la forme de sociétés de capitaux.

B. Les distributions occultes ou déguisées

Notion

En cas de **transfert de bénéfices** entre sociétés apparentées (nos 75750 s.), les États considèrent en général que les sommes transférées doivent être réintégrées dans les résultats de la société distributrice et qu'elles constituent des bénéfices distribués, fiscalement assimilables à des dividendes. Cette position, qui est celle de la plupart des pays, est également celle de la France en droit interne. **60680**

Lorsqu'il n'existe pas de convention fiscale, rien ne s'oppose naturellement à cette solution. Mais en présence d'une convention fiscale, la question s'est posée de savoir si celle-ci autorisait une telle assimilation.

Position de l'OCDE

Pour le comité des affaires fiscales de l'OCDE, comme pour la généralité des États, l'assimilation des distributions occultes à des dividendes est permise lorsque la clause relative aux dividendes est conforme au modèle de convention fiscale (n° 60605). Pour l'OCDE, en effet « sont considérés comme dividendes non seulement les distributions de bénéfices **60685** décidées chaque année par l'assemblée générale des actionnaires, mais encore les **autres avantages appréciables en argent**, tels que actions gratuites, bonus, bénéfices de liquidation ou de rachat d'actions [...] et distributions cachées de bénéfices » (Commentaires OCDE, C (10) n° 28).

Solutions jurisprudentielles

60690 Le Conseil d'État n'a pas retenu l'interprétation extensive de la notion de dividendes proposée par le comité des affaires fiscales de l'OCDE. Il a refusé l'application du régime conventionnel relatif aux dividendes dans le cas de **distributions occultes ou déguisées** faites par des entreprises françaises, par exemple, au profit de résidents :
– d'**Allemagne** (CE 19 décembre 1986 n° 54101, 7e et 8e s.-s. : RJF 2/87 n° 176 et CE 10 juin 1992 n° 72704, 7e et 9e s.-s., Helmer frères : RJF 8-9/92 n° 1232, dans le cadre du régime antérieur à l'avenant de 1989) ;
– et de **Belgique** (CE 27 juillet 1984 n° 16649, 9e et 7e s.-s. : RJF 10/84 n° 1247 ; voir aussi CAA Nancy 6 juillet 1995 nos 93776 et 93777, Segard : Droit fiscal 1996, n° 4, comm. n° 51, arrêt définitif).

Pour le Conseil d'État, dans la mesure où la convention fiscale, lorsqu'elle suit le modèle de convention fiscale de l'OCDE, ne donne pas de définition des dividendes, ce terme doit être défini par **renvoi au droit interne** français ; or celui-ci ne fait pas entrer les revenus réputés distribués dans la catégorie des dividendes, qui s'entendent seulement des distributions régulièrement décidées par les organes sociaux. La retenue à la source n'est donc pas exigible, lorsque la convention reprend le modèle OCDE, même si le bénéficiaire est actionnaire de la société française.

Si la convention fiscale ne permet pas l'assimilation aux dividendes, les sommes en cause doivent être traitées comme des **revenus non dénommés** (« autres revenus ») dont l'imposition est le plus souvent réservée à l'État de la résidence du bénéficiaire (article 21 du modèle de convention fiscale de l'OCDE). Il n'y a pas, dans ce cas, de retenue à la source dans l'État de la société distributrice ; comme cette situation est paradoxale, car les distributions occultes ou déguisées sont alors mieux traitées que les distributions régulières, de nombreuses conventions fiscales conclues par la France posent toutefois des principes différents (nos 60710 et 60715).

Précisions **a.** L'impossibilité de prélever la retenue à la source au titre de revenus réputés distribués a été confirmée pour l'application de l'ancienne convention **franco-italienne** (CE 15 novembre 1989 nos 62383-63848, 7e et 9e s.-s. : RJF 1/90 n° 68), de la convention **franco-portugaise** (CE 4 avril 1990 n° 63858, 7e et 9e s.-s., SA Allomat : RJF 6/90 n° 661), de la convention **franco-sénégalaise** (CAA Paris 3 décembre 1992 n° 91-1061, 3e ch., SA Fragep : RJF 3/93 n° 358 ; arrêt définitif), de l'ancienne convention **franco-américaine** (CE 5 mars 1999 n° 135287, 9e et 8e s.-s., SA Domaine Clarence Dillon : RJF 4/99 n° 386), de la convention **franco-néerlandaise** (Banque française de l'Orient ; n° 60625), de l'ancienne convention **franco-luxembourgeoise** (CAA Paris 17 février 2010 n° 08-00439, Sté Bezons Parc Lux, arrêt définitif ; TA Montreuil 5 mai 2014 n° 1204602, 1e ch., Sté Foncière Vega : Droit fiscal 2014 n° 40, comm. n° 561, jugement définitif ; CAA Versailles 17 novembre 2015 n° 13VE03679, 1e ch., SARL Foncière PI : RJF 3/16 n° 245, arrêt définitif) et des conventions **franco-irlandaise** et **franco-hongroise** (TA Montreuil 6 janvier 2011 n° 08-12963, 1e ch., Sté Bayer Cropscience : RJF 8-9/11 n° 944 ; solution confirmée au fond, n° 60722). Solutions identiques pour l'application des conventions fiscales conclues par la France avec le **Bénin**, le **Burkina Faso** et la **Mauritanie**, ainsi que pour l'application à la **Géorgie** et à la **Moldavie** de la convention avec l'ex-URSSS (CAA Versailles 9 février 2021 nos 18VE04115 et 19VE00405, Société Générale et min. c/ Société Générale ; pourvoi enregistré sous le n° 451466).

b. L'application de la retenue à la source a été confirmée dans le cadre **franco-saoudien** (CAA Paris 8 juillet 1997 n° 93-572, 2e ch., Banque française de l'Orient : RJF 11/98 n° 1333 ; arrêt définitif sur ce point, le pourvoi n'ayant porté que sur l'incidence de la convention fiscale franco-néerlandaise, n° 60625) et **franco-libanais** (décision Hanna ; n° 60625), compte tenu de la différence de rédaction des textes.

c. La convention fiscale conclue entre la France et le **Brésil** le 10 septembre 1971 permet à la France d'appliquer sur les revenus réputés distribués la retenue à la source au taux de droit interne sans limitation conventionnelle (CAA Versailles 21 juin 2022 n° 20VE02607, 1e ch., min. c/ Sté Accor, à propos d'une rectification consécutive à la non-facturation de redevances de marque à une filiale brésilienne ; voir n° 76685 h) ; il avait été jugé en première instance que le taux réduit conventionnel était applicable sur le terrain de la doctrine administrative (TA Montreuil 7 juillet 2020 nos 1807991 et 1810992, 1e ch., Sté Accor : RJF 12/20 n° 1036), mais ce jugement a été annulé, car l'instruction du 8 décembre 1972 relative à la convention franco-brésilienne invoquée par la requérante, qui n'avait pas été spécifiquement rapportée et qui avait même été reprise au BOI-INT-CVB-BRA, a été considérée comme rapportée par une instruction générale du 2 juillet 1991 relative à l'incidence des conventions internationales sur la retenue à la source applicable aux revenus distribués hors de France.

Doctrine administrative

L'administration n'a pas formellement indiqué qu'elle se ralliait à la jurisprudence comme elle aurait sans doute dû le faire par la publication d'une instruction administrative spécifique. 60700

Cela étant, la doctrine administrative, au BOI-INT-DG-20-20-20-10 n° 20, renvoie explicitement à la décision Banque française de l'Orient (n° 60625) ainsi que, dans l'ordre interne, à la jurisprudence du Conseil d'État sur la notion de dividendes ouvrant droit à l'ancien avoir fiscal (CE 26 février 2001 n° 219834, 3e et 8e s.-s., min. c/ Anzalone : RJF 5/01 n° 619), pour souligner que, pour l'application d'une convention fiscale par la France, la notion de dividendes s'entend de celle prévue par la **législation fiscale interne**. L'administration ajoute que, dans le prolongement de cette jurisprudence, la France a exprimé une réserve à la définition des dividendes figurant dans le modèle de convention fiscale proposé par l'OCDE, afin de se réserver la possibilité de compléter cette définition de manière à couvrir tous les revenus soumis au **régime fiscal des distributions** (n° 60715).

On doit donc considérer que la doctrine administrative admet bien que la définition contenue dans le modèle de convention fiscale de l'OCDE retire à la France le droit d'imposer, en qualité d'État de la source, les revenus distribués qui n'entrent pas dans le cadre de la définition des dividendes au sens du Code civil et du Code de commerce, même lorsque le bénéficiaire de la distribution est un associé.

Stipulation conventionnelle sur les « revenus non dénommés »

Le raisonnement du Conseil d'État ne conduit pas nécessairement à l'exonération si la convention fiscale ne reprend pas les prescriptions du modèle de convention fiscale de l'OCDE sur les « **revenus non dénommés** » ; en principe, cet article renvoie à l'État de résidence, mais ce n'est pas toujours le cas. Ainsi, dans l'affaire Hanna (n° 60625), le droit d'imposer des revenus réputés distribués à un résident du **Liban** a été attribué à la France sur le fondement de l'article 25 de la convention fiscale franco-libanaise (« clause balai »). Dans le même sens, voir la décision SA Domaine Clarence Dillon (n° 60625, Précision a), et la solution donnée par l'administration à propos de la convention du 15 avril 1999 avec le Botswana ; dans ce dernier cas, par exemple, l'administration indique que les dispositions du paragraphe 3 de l'article 22 de la convention, en prévoyant une imposition partagée des « autres revenus », redonnent à la France le droit d'imposer à la source les revenus non visés à l'article 10 et que son droit interne soumet au régime des distributions (BOI-INT-CVB-BWA-20 n° 180). 60710

Rédaction utilisée par les conventions fiscales françaises modernes

La rédaction des clauses conventionnelles relatives aux « dividendes » a progressivement été modifiée pour permettre à la France de retrouver le droit d'imposer les revenus réputés distribués (BOI-INT-DG-20-20-20-10 n° 20). Ainsi, on relève, dans les conventions fiscales modernes, une autre définition des dividendes, faisant référence « aux **revenus soumis au régime des distributions** par la législation fiscale de l'État contractant dont la société distributrice est un résident ». Cette conception est plus large en ce qu'elle fait référence au régime des distributions et non à celui des actions. En outre, elle supprime la référence aux revenus de « parts sociales » et s'appuie sur la « législation fiscale » de l'État et non sur sa « législation » (sans précision). 60715

Le Conseil d'État avait, depuis longtemps, admis que cette rédaction permettait l'application du régime des dividendes aux distributions occultes ou déguisées (CE 14 octobre 1985 nos 37583-37585-42516-42564, 8e et 7e s.-s. : RJF 12/85 n° 1506, à propos de l'ancienne convention fiscale franco-britannique ; également CE 22 septembre 2014 n° 360489, 9e et 10e s.-s., min. c/ Sté Structuretone Europe Limited : RJF 12/14 n° 1148). Cette « solution » française a fait l'objet d'une réserve expresse dans les commentaires du modèle de l'OCDE (Commentaires OCDE, C (10) n° 80).

Précisions **a.** On retrouve la référence au régime des distributions dans de nombreuses conventions fiscales modernes, notamment dans les conventions **franco-britannique** du 19 juin 2008, **franco-italienne** du 5 octobre 1989, **franco-américaine** du 31 août 1994, **franco-allemande** du 21 juillet 1959 telle que modifiée par l'avenant du 28 septembre 1989 et **franco-algérienne** du 17 octobre 1999. Il a ainsi été jugé que l'application de la retenue à la source était autorisée par les conventions fiscales conclues avec

l'Allemagne, **l'Autriche**, **l'Italie** et le **Royaume-Uni** (TA Montreuil 6 janvier 2011 n° 08-12963, 1e ch., Sté Bayer Cropscience : RJF 8-9/11 n° 944, jugement ultérieurement confirmé sur le fond ; n° 60722).

b. La précision peut se trouver au protocole annexé à la convention fiscale (en ce sens, point 4 du protocole annexé à la convention fiscale **franco-chinoise** du 26 novembre 2013). Voir sur ce point CAA Versailles 20 octobre 2016 n° 14VE01604, 6e ch., Sté ALD International SA : RJF 1/17 n° 33, arrêt définitif concernant la convention fiscale **franco-autrichienne** (l'article 4 du protocole additionnel à cette convention inclut dans la notion de dividendes les revenus soumis au régime des distributions par la législation fiscale de l'État contractant dont la société distributrice est un résident).

Incidences des qualifications de droit interne

60720 Même en l'absence de convention fiscale, ou en présence d'une convention qui en permet l'application, la retenue à la source n'est pas systématiquement exigible en droit interne ; il faut encore, comme l'a rappelé le Conseil d'État dans le cadre franco-libyen (CE 18 décembre 1989 n° 92747, 7e et 8e s.-s., Rockwell-Collins France : RJF 2/90 n° 146), que l'administration puisse qualifier les sommes en cause de revenus distribués sur le fondement soit de l'article **109, 1-1°** du CGI, ce qui suppose que les résultats de la société soient bénéficiaires, soit de l'article **109, 1-2°** , qui vise les sommes mises à disposition des associés, actionnaires ou porteurs de parts et non prélevées sur les bénéfices, ce qui suppose que le bénéficiaire ne soit pas un tiers (il s'agissait, en l'espèce, de la réintégration de commissions, payées à un tiers par rapport au groupe, et qui n'avait fait apparaître aucun bénéfice compte tenu de l'existence de reports déficitaires importants). On remarquera que, dans cette affaire, l'administration n'invoquait pas l'article **111, c** du CGI ; cet article est cependant également applicable, en tant qu'il traite comme revenus distribués les rémunérations et avantages occultes (n° 76960).

Précisions **a.** Il a été jugé que **l'article 111, c du CGI** constitue une base légale autonome par rapport à celle des articles 109, 1 et 110 du même Code (CAA Paris 6 avril 1993 n° 91-699, 2e ch., Metaleurop : RJF 7/93 n° 1042 ; arrêt définitif).

b. Un tribunal administratif a curieusement jugé, à tort à notre avis, que l'administration ne pouvait pas imposer sur le fondement de **l'article 111, c du CGI** des sommes reçues par un couple de personnes physiques domiciliées en France en rémunération de factures de fournisseurs émises par une société britannique qu'elles dirigeaient, car ces sommes entraient dans le champ d'application de l'article 11 § 2 de la convention fiscale franco-britannique du 19 juin 2008 qui impose une **qualification** au sens de la législation fiscale de l'État où réside la société distributrice, soit, en l'espèce, le Royaume-Uni (TA Lille 2 juillet 2021 n° 1802784, 7e ch. ; jugement définitif).

Incidences du droit de l'Union européenne

60722 La liberté d'établissement et la liberté de prestation de services ne font pas, en tant que telles, obstacle à l'application d'une retenue à la source sur les revenus réputés distribués (CAA Versailles 19 mars 2013 n° 11VE01051, 3e ch., Sté Bayer, arrêt définitif après non-admission d'un pourvoi par CE (na) 23 juin 2014 n° 370193, 9e s.-s., Sté Bayer SAS : RJF 1/15 n° 22).

En effet, comme une société française est passible de l'impôt sur les sociétés à hauteur des avantages constituant des revenus réputés distribués, la différence de traitement entre les sociétés françaises et les sociétés étrangères ne tient qu'à l'application de **techniques d'imposition différentes**, ce qui n'est pas interdit ; en outre, la circonstance que les sommes réputées distribuées seraient imposées à la fois en France et dans le pays de résidence des sociétés bénéficiaires n'est pas de nature à faire regarder la loi française, qui réserve un traitement comparable aux sociétés bénéficiaires résidentes et aux sociétés bénéficiaires non résidentes, comme méconnaissant le droit de l'Union européenne (la solution de fond donnée par TA Montreuil 6 janvier 2011 n° 08-12963, 1re ch., Sté Bayer Cropscience : RJF 8-9/11 n° 944 est donc confirmée ; n° 60690 Précisions a).

La même solution a été retenue au regard de la **libre circulation des capitaux** par TA Montreuil 30 septembre 2021 n° 2001053, Sté Blue Solutions : RJF 3/22 n° 320 (cet arrêt fait l'objet d'un appel enregistré sous le n° 21PA06144 ; voir n° 82060, Précisions c).

Distributions exceptionnelles de réserves

60725 Ne constituent **pas des dividendes** les distributions particulières qui ne répondent pas à la définition juridique des dividendes, au moins au sens où le Conseil d'État l'entend, et notamment les distributions exceptionnelles de réserves décidées par une assemblée autre que l'assemblée des comptes. Ces distributions sont donc passibles ou non d'une retenue à la source selon les stipulations pertinentes des conventions fiscales, c'est-à-dire en fonction de ce que recouvre la notion conventionnelle de dividendes et, le cas échéant, de la règle applicable aux revenus non dénommés.

Boni de liquidation

Il a été jugé que le boni de liquidation versé à l'actionnaire d'une société représente une somme mise à disposition des actionnaires non prélevée sur les bénéfices constitutive de **revenus distribués** au sens du 2° du 1 de l'article 109 du CGI et qu'il rentre ainsi dans les prévisions de l'article 11 de la **convention fiscale** franco-suisse qui entend par dividendes notamment les revenus soumis au régime des distributions par la législation de l'État dont la société distributrice est un résident (CAA Nantes 28 juin 2010 n° 09NT00477, 1e ch., SA du Domaine de la Planchette, arrêt définitif) ; cette affaire concernait une société qui, dans le cadre de ses opérations de liquidation, avait distribué en 2002 à son unique associée subsistante, résidente de Suisse, une somme représentant un boni de liquidation provenant de réserves de plus-values à long terme d'exercices antérieurs. **60727**

Cas des établissements stables

La retenue à la source a été considérée comme exigible au titre d'un transfert de bénéfices résultant d'une **absence de facturation** à une société allemande de prestations de recherche par l'établissement stable français d'une société britannique (TA Paris 18 juillet 2008 n° 02-8642, 2e sect., 1e ch., BP France : RJF 4/09 n° 342 ; jugement définitif). Le tribunal administratif a estimé que les bénéfices réputés distribués, réalisés en France par une société étrangère au travers d'un établissement stable, pouvaient être imposés sur le fondement des dispositions combinées des articles 109, 1-1° et 119 bis, 2 du CGI et que les dispositions de l'article 115 quinquies du CGI (nos 19000 s.) ne retirent pas à l'administration la possibilité de les imposer sur ce fondement. **60730**

De son côté, le Conseil d'État a appliqué le taux conventionnel de **retenue à la source** franco-britannique à des revenus réputés distribués à des sociétés britanniques du groupe par la succursale française d'une société irlandaise (CE 22 septembre 2014 n° 360489, 9e et 10e s.-s., min. c/ Sté Structuretone Europe Limited : RJF 12/14 n° 1148 ; voir n° 61065).

SECTION 2

Le principe du partage d'imposition

D'une manière générale, les conventions fiscales opèrent un partage d'imposition des dividendes. Chaque État (source et résidence) a normalement le droit d'imposer les revenus, sous réserve que son droit interne le prévoie, l'État de la résidence ayant la responsabilité d'éliminer la double imposition par l'octroi d'un crédit d'impôt. Lorsqu'il n'existe pas de convention fiscale, chaque État a le droit d'imposer, sans limitation ni obligation d'accorder un crédit (sauf si un crédit est prévu en droit interne). **60840**

A. Dans l'État de la source

État de résidence de la société distributrice

Les dividendes sont normalement imposables dans l'État où ils ont leur source ; ce droit est, en général, confirmé par les conventions fiscales qui prévoient toutefois une imposition à un taux réduit, parfois nul (n° 61050). **60842**

Par État « de la source », il faut entendre celui de la source des revenus, au sens de chaque législation nationale et sous réserve des conventions fiscales. Du côté français, on considère qu'un dividende est de **source française** lorsque la société qui le distribue est un résident de France, quel que soit le lieu du dépôt des titres ou de l'encaissement du produit.

Il n'y a pas, en général, de règles spéciales sur la « source » des dividendes dans les conventions fiscales ; celles-ci font référence aux « dividendes **payés** par une société qui est un résident d'un État contractant » (modèle de convention fiscale de l'OCDE). Elles rejoignent donc le droit interne français.

1. Le principe de la retenue à la source française

a. Cas général

Champ d'application

60845 Les revenus distribués par les sociétés françaises qui présentent le caractère de produits d'actions ou de parts sociales ou de revenus assimilés font l'objet d'une retenue à la source en droit interne français lorsqu'ils bénéficient à des personnes qui n'ont pas leur domicile fiscal ou leur siège en France, sous réserve des exceptions indiquées n°s 61000 s. (CGI art. 119 bis, 2 et 187, 1).

Le champ d'application de la retenue à la source est **très large**. Il comprend les produits des actions et parts sociales et les revenus assimilés, soit l'ensemble des sommes ou valeurs qui présentent le caractère de revenus mobiliers distribués au sens des articles 109 à 117 bis du CGI, sans qu'il y ait lieu de distinguer suivant que leur répartition a lieu ou non sur présentation de coupons ou d'instruments représentatifs de coupons (BOI-RPPM-RCM-30-30-10-10 n° 30). Y sont assujetties les sociétés dont le siège réel est situé en France métropolitaine ou dans les départements d'outre-mer mais non celles qui ont leur siège à l'étranger ou dans les collectivités d'outre-mer (BOI préc. n° 10).

La retenue à la source ne frappe généralement que les bénéficiaires **non domiciliés** en France (cette retenue ne doit pas être confondue avec le prélèvement forfaitaire non libératoire perçu à titre d'acompte sur les dividendes reçus par les personnes physiques domiciliées en France ; n° 1965). Cependant, pour les dividendes versés depuis le 1er mars 2010, la retenue à la source est due en cas de paiement de dividendes hors de France dans un **État ou territoire non coopératif** au sens de l'article 238-0 A du CGI (n° 71555 s.), même si le bénéficiaire est fiscalement domicilié en France (CGI art. 119 bis, 2 dans sa rédaction issue de l'article 22 de la loi n° 2009-1674 du 30 décembre 2009 de finances rectificative pour 2009). Une difficulté particulière est en outre susceptible de se poser lorsque les revenus bénéficient à un établissement stable en France d'une société étrangère (n° 61120).

Importante exception, outre celle applicable au sein de l'Union européenne (n°s 61025 s.), la retenue à la source n'est pas exigible en cas de distribution de dividendes par une société française à une société étrangère, qu'elle soit ou non établie dans un État membre de l'Union européenne, sous réserve qu'elle eût été éligible au bénéfice du régime des sociétés mères si elle avait été établie en France et que la participation qu'elle détient ne caractérise pas un investissement direct en France (CE 30 septembre 2019 n° 418080, 9e et 10e ch., min. c/ Sté Findim Investments : RJF 12/19 n° 1144 ; voir n° 61000).

Sur l'exonération applicable aux **OPC étrangers**, voir n° 60860 ; sur la retenue à la source applicable lorsque les dividendes sont versés par des **SIIC** (et autres entités similaires) à des OPC étrangers, voir n° 67960. Sur le cas particulier des **organismes sans but lucratif européens**, voir n° 61018. En ce qui concerne les non-résidents européens « **Schumacker** », qui retirent de France l'essentiel de leurs revenus et qui ne bénéficient pas, dans leur État de résidence, de mécanismes suffisants de nature à minorer leur imposition en fonction de leur situation personnelle et familiale, voir n° 3097.

Précisions **a.** Des « distributions » effectuées par une **association** française, soumise à l'impôt sur les sociétés en raison de ses caractéristiques, à une association mère située au Canada sont soumises à la retenue à la source française en vertu du droit interne français et de la convention fiscale franco-canadienne du 2 mai 1975, non pas sur le fondement de l'article relatif aux dividendes (sans doute parce que celui-ci ne vise que les dividendes payés par une « société », ce qui n'est pas le cas) mais compte tenu de l'article relatif aux **revenus non dénommés**, qui ne reprend pas le modèle de convention fiscale de l'OCDE (CAA Paris 14 décembre 1993 n° 92-924, 2e ch., Association Sivananda de Yoga Vedanta : RJF 4/94 n° 392, ayant fait l'objet d'un pourvoi non admis par CE CAPC 12 avril 1995 n° 156204 : RJF 6/96 n° 706).

b. Le gain réalisé par un non-résident au titre de la première cession d'un **usufruit temporaire** portant sur des valeurs mobilières ne peut être soumis à la retenue à la source libératoire prévue au 2 de l'article 119 bis du CGI ; l'impôt sur le revenu est calculé dans les conditions de droit commun (BOI-IR-BASE-10-10-30 n° 220).

Organismes de placement collectifs (« OPC ») étrangers

Les OPC étrangers sont généralement exonérés de retenue à la source en France sur les dividendes qui leur sont versés ; en effet, pour des raisons tirées du droit de l'Union européenne (nº 82072), l'article 6 de la loi nº 2012-958 du 16 août 2012 de finances rectificative pour 2012 a supprimé la retenue à la source sur les dividendes (produits visés aux articles 108 à 117 bis du CGI) bénéficiant à des organismes de placement collectif situés dans un État membre de l'**Union européenne ou** dans un autre État ou territoire ayant conclu avec la France une **convention d'assistance administrative** en vue de lutter contre la fraude et l'évasion fiscales, s'ils satisfont aux conditions suivantes (BOI-RPPM-RCM-30-30-20-70) : **60860**
– lever des capitaux auprès d'investisseurs en vue de les investir, conformément à une politique d'investissement définie, dans l'intérêt de ces investisseurs ;
– présenter des caractéristiques similaires à celles d'organismes de placement collectif de droit français relevant de la section 1, des paragraphes 1, 2, 3, 5 et 6 de la sous-section 2, de la sous-section 3, ou de la sous-section 4 de la section 2 du chapitre IV du titre I du livre II du Code monétaire et financier (OPCVM, OPCI, Sicaf, etc.).

Pour être exonérés, les organismes étrangers doivent justifier qu'ils présentent des **caractéristiques similaires** aux OPC français, à savoir, notamment, être constitués, surveillés et contrôlés dans des conditions équivalentes à celles prévues par la législation française (pour les OPC européens, un formulaire de demande d'exonération est fourni au BOI-FORM-000037, en version française, et au BOI-FORM-000086, en version anglaise ; pour les OPC des États tiers, il s'agit des formulaires BOI-FORM-000089 en version française et BOI-FORM-000092 en langue anglaise).

Cette exonération est applicable depuis le 17 août 2012. Elle ne se limite pas aux OPCVM (**Sicav** et **FCP)**, qui ont été les seuls visés par l'arrêt Santander de la Cour de justice (nº 82072) mais elle vise aussi les équivalents étrangers des sociétés d'investissement à capital fixe (**Sicaf**) et des organismes de placement collectif immobilier (OPCI), qui, en France, prennent la forme de sociétés de placement à prépondérance immobilière à capital variable (**Sppicav**) ou de fonds de placement immobilier (**FPI**). Les OPCI et les Sicaf se trouvaient, en effet, dans une situation similaire à celle des OPCVM au regard des dividendes reçus et un contentieux sur le fondement du droit de l'Union européenne aurait sans doute abouti au même résultat.

En ce qui concerne les **pays tiers**, l'article 58 de loi nº 2014-1655 du 29 décembre 2014 de finances rectificative pour 2014 a précisé que la **convention d'assistance administrative** doit permettre à l'administration d'obtenir des autorités de l'État dans lequel est établi l'OPC les informations nécessaires à la vérification du respect par l'organisme des conditions prévues pour bénéficier de l'exonération (l'administration a repris cette condition au BOI-RPPM-RCM-30-30-20-70 nº 30 en soulignant que l'exonération suppose que les stipulations de la convention d'assistance administrative et leur mise en œuvre lui permettent d'obtenir des autorités de l'État ou du territoire étranger dans lequel l'OPC est situé les informations nécessaires à la vérification du respect par cet organisme des conditions d'éligibilité). Cette mesure, qui fait écho à l'arrêt Emerging Markets de la CJUE (nº 82072), est en principe applicable depuis le 31 décembre 2014 (soit le jour qui suit la publication de la loi) mais les travaux parlementaires lui donnaient plutôt une portée interprétative qui la rendrait applicable depuis le 17 août 2012.

Cette exonération est évidemment susceptible de créer une **incitation pour les non-résidents** à détenir un portefeuille d'actions françaises par l'intermédiaire d'OPCVM étrangers puisqu'ils peuvent en ce cas éviter la retenue à la source qui aurait été applicable en cas d'investissement direct. Cette conséquence aurait pu être écartée s'il avait été décidé de soumettre à l'impôt également les dividendes de source française versés aux OPCVM français, mais ce choix n'a pas été retenu afin d'éviter de pénaliser la place financière de Paris qui aurait pu subir une « fuite » vers, par exemple, le Luxembourg (en ce sens, notamment, rapport Marc fait au nom de la commission des finances du Sénat, nº 689, 23 juillet 2012). En outre, une telle solution aurait pu avoir pour effet d'inciter les OPCVM à réorienter leurs investissements vers des sociétés étrangères, ce qui n'apparaissait pas souhaitable pour des raisons tenant au financement de l'économie (rapport Eckert, AN nº 79, 12 juillet 2012).

60860 (suite) *Précisions* **a.** Les **OPC de droit français** comprennent les OPCVM, les organismes de placement collectif en immobilier (OPCI), les sociétés d'investissement à capital fixe (Sicaf), les fonds d'épargne salariale, les fonds ouverts à des investisseurs professionnels, les fonds d'investissements à vocation générale, les fonds de capital investissement et les fonds de fonds alternatifs.

b. Sur le refus jurisprudentiel de **l'assimilation de sociétés belges à des Sicav françaises** sous l'empire de la législation antérieure à 2012, voir nº 82062 les décisions CE 29 octobre 2012 nº 352209, 8e et 3e s.-s., min. c/ SA Kermadec : RJF 1/13 nº 45 et CAA Versailles 21 juillet 2015 nº 13VE03086, 7e ch., Sté Frères Bourgeois (un pourvoi avait été formé contre cet arrêt, mais il n'a pas été admis par CE (na) 21 novembre 2016 nº 394705, 9e ch., Sté Frères Bourgeois).

c. En ce qui concerne les OPC qui ont leur siège dans des États tiers, l'exigence du **caractère effectif de la possibilité d'une vérification de comparabilité** ne méconnaît pas la libre circulation des capitaux (CE 9 décembre 2015 nº 388850, 8e et 3e s.-s., The International Value Series of DFA Investment Trust Company : RJF 3/16 nº 244, prenant appui sur l'arrêt Emerging Markets cité nº 82072).

d. La doctrine administrative apporte, notamment depuis une mise à jour du 6 octobre 2021, diverses précisions sur les **critères de comparabilité**, en particulier pour ce qui concerne les **OPC établis hors de l'Union européenne** ; la justification de la comparabilité est assurée, pour les OPC situés dans les États tiers, par la souscription du formulaire publié au BOI-FORM-000089 (version française) ou BOI-FORM-000092 (version anglaise) accompagné des pièces justificatives (BOI-RPPM-RCM-30-30-20-70 nº 105). L'administration précise également que, lorsque, dans le cadre d'un rescrit ou d'une demande de dégrèvement, elle a conclu qu'un OPC respecte les conditions pour être exonéré de la retenue à la source, l'OPC ou sa société de gestion peut déposer auprès de l'établissement payeur une demande d'exonération à la source assortie d'une attestation sur l'honneur certifiant que les caractéristiques pertinentes de l'OPC n'ont connu, depuis la décision de l'administration concluant à l'application de l'exonération de retenue à la source, aucune modification de nature à remettre en cause l'exonération de retenue à la source (BOI préc. nº 152). À titre pratique, il est par ailleurs précisé que, si des **comptes de l'OPC européen sont gérés à l'étranger**, le gestionnaire du compte à l'étranger, dès qu'il est en possession des formulaires publiés aux BOI-FORM-000037 ou BOI-FORM-000086, peut faire connaître à l'établissement payeur en France, avant le paiement des dividendes, le montant global des dividendes auxquels ont droit ces OPC et pour lesquels l'établissement payeur peut immédiatement appliquer l'exonération de retenue à la source (BOI préc. nº 125) ; outre certaines autres obligations déclaratives, le gestionnaire de compte à l'étranger doit établir une **attestation** conformément au modèle joint au BOI-LETTRE-000246 et la remettre à l'établissement payeur en France.

e. Le Conseil d'État a refusé de saisir le Conseil constitutionnel d'une question prioritaire de **constitutionnalité** qui avait été soulevée à propos du régime issu de la loi précitée du 16 août 2012 par un établissement public coréen (CE QPC 24 janvier 2018 nº 415526, 9e et 10e ch., National Pension Service : RJF 4/18 nº 422 ; voir également nº 61018 Précisions c et nº 61075).

f. La retenue à la source reste exigible si les conditions de l'exonération ne sont pas réunies ainsi qu'en cas de paiement hors de France dans un **ETNC** ou de distributions prélevées sur les bénéfices exonérés des **SIIC**, des SPPICAV et de leurs filiales, versées à des OPC français ou étrangers.

g. À propos de la législation antérieure à la loi du 16 août 2012 précitée, mais la solution est toujours valable sur le plan des principes, il a été jugé qu'un fonds d'investissement allemand qui n'entrait pas dans le champ de la directive 85/611/CEE du 20 décembre 1985 n'avait pas apporté la preuve de son assimilation à un OPCVM français en fournissant une **grille de comparabilité** n'ayant ni date ni origine certaines et non étayée par des justificatifs, ainsi qu'une **attestation** insuffisante de l'Autorité allemande des marchés financiers (CAA Versailles 12 mars 2020 nº 18VE03242, Sté Deutsche Asset Management GmbH, ayant fait l'objet d'un pourvoi non admis par CE (na) 22 avril 2021 nº 441304, 9e ch. : RJF 7/21 nº 718).

h. Un **« mutual fund » américain** a pu être assimilé à un OPCVM français sur la base d'un faisceau d'indices (TA Montreuil 13 octobre 2020 nº 1008434, 10e ch., Sté The Capital Group Companies Inc. agissant pour le compte du fonds Euro Pacific Growth Fund ; jugement définitif) ; l'administration avait, en cours d'instance, accordé le remboursement de la quasi-totalité des retenues à la source prélevées sur les dividendes de source française, mais le reliquat n'a pas été jugé remboursable faute de justification suffisante.

i. Les contentieux sur les demandes de remboursement présentées par les OPC étrangers se poursuivent pour la période antérieure au 17 août 2012, les débats étant souvent placés sur le terrain des **justificatifs** permettant d'établir la **chaîne complète de paiement** des dividendes, considérés comme suffisants (CAA Versailles 31 mars 2022 nº 20VE01123, 3e ch., Sté SGSS Deutschland Kag GmbH ; arrêt définitif) ou non (CAA Versailles 31 mars 2022 nº 20VE01884, 3e ch., Sté Deutsche Asset Management Investment Mbh, agissant pour le compte du fonds Deam-Fonds Rock ; arrêt définitif ; CAA Versailles 31 mars 2022 nº 20VE01613, 3e ch., Sté Helaba Invest Kapitalanlagengesellschaft GmbH, arrêt définitif rejetant la demande de restitution, car la société n'avait pas effectivement supporté le paiement de la retenue).

j. Des **fonds andorrans** n'ont pu obtenir la restitution de la retenue à la source prélevée sur des dividendes de source française faute de produire des pièces justifiant de leur assimilation aux OPCVM français et d'établir la chaîne des paiements (TA Montreuil 14 juin 2022 nº 1601632, 10e ch., Sté Mora Multistrategy Growth Fund FI).

Sociétés étrangères déficitaires

Pour les exercices ouverts depuis le 1er janvier 2020, les personnes morales ou organismes non résidents en situation déficitaire, quelle qu'en soit la forme, peuvent demander que la retenue à la source versée en application de l'article 119 bis du CGI leur soit **restituée** dans l'attente de la réalisation de bénéfices (CGI art. 235 quater, issu de l'article 42 de la loi n° 2019-1479 du 28 décembre 2019 de finances pour 2020 ; BOI-RPPM-RCM-30-30-10-90). 60900

Cette possibilité est offerte à toute société déficitaire dont le siège ou, le cas échéant, l'établissement stable dans le résultat duquel les distributions sont incluses est situé :
– soit dans un État membre de l'**Union européenne**, quelle que soit l'importance de la participation ; la loi n'exclut pas, en effet, les situations mettant en cause la liberté d'établissement, conformément d'ailleurs à la jurisprudence (CE 27 novembre 2019 n° 405496, 10e et 9e ch., Sté Vorwerk Elektrowerke GmbH & Co. KG : RJF 2/20 n° 100 ; voir n° 81620) ;
– soit dans un autre État partie à l'accord sur l'**Espace économique européen** et ayant conclu avec la France une convention d'assistance administrative en vue de lutter contre la fraude et l'évasion fiscales ainsi qu'une convention d'assistance mutuelle en matière de recouvrement ayant une portée similaire à celle prévue par la directive 2010/24/UE du Conseil du 16 mars 2010 concernant l'assistance mutuelle en matière de recouvrement des créances relatives aux taxes, impôts, droits et autres mesures et n'étant pas non coopératif au sens de l'article 238-0 A du CGI (Islande et Norvège, sans égard à l'importance de la participation) ;
– soit dans un **autre État ou territoire** (à l'exception des ETNC ; nos 71550 s.), sous réserve que la participation détenue dans la société ou l'organisme distributeur ne confère pas le droit de participer de manière effective à la gestion ou au contrôle de cette société ou organisme (autrement dit, que la liberté de circulation des capitaux soit applicable et que la clause de gel, qui concerne les investissements directs, ne soit pas applicable ; n° 81985).

La retenue à la source est restituée si le résultat fiscal de la société étrangère est **déficitaire** au titre de l'exercice au cours duquel les distributions sont perçues. Il s'agit du résultat calculé selon les règles applicables dans l'État ou le territoire du siège de la société (ou de l'établissement stable, si les dividendes sont rattachés à un établissement stable étranger), mais il doit faire l'objet de **retraitements** pour tenir compte des revenus et profits (notamment, des dividendes) dont l'imposition fait l'objet d'une demande de restitution au titre de l'exercice concerné et des distributions ayant ouvert droit à une restitution au titre d'exercices antérieurs, lorsque le report d'imposition est toujours en cours. Commentant le texte législatif, la doctrine administrative précise que, dans le cas où les revenus et profits de source française donnant lieu à l'application d'une retenue ou d'un prélèvement à la source ne sont pas compris dans le résultat fiscal déterminé selon les règles de l'État ou du territoire où est situé le siège ou l'établissement stable, ils doivent y être ajoutés pour l'appréciation du caractère déficitaire du résultat fiscal de référence. Doivent également être ajoutés au résultat fiscal de référence les revenus et profits non inclus au titre d'exercices antérieurs et ayant ouvert droit à une restitution lorsque le report d'imposition est toujours en cours ; lorsque le résultat initial est déficitaire alors qu'il est bénéficiaire au terme de ces retraitements, les retenues à la source sont restituées pour la fraction correspondant à la différence entre les revenus et profits de source française soumis à ces retenues et le montant du bénéfice ainsi déterminé (BOI-RPPM-RCM-30-30-10-90 nos 40 et 50).

Ce mécanisme de report est destiné à éviter d'accorder un avantage indu aux sociétés étrangères déficitaires qui deviennent ensuite bénéficiaires. La restitution donne, en effet, lieu à l'**imposition des distributions**, calculée en appliquant les règles d'assiette et de taux en vigueur à la date du fait générateur des retenues et prélèvements restitués. Cette imposition est établie, contrôlée et recouvrée comme l'impôt sur les sociétés et sous les mêmes garanties ; elle est due par la société étrangère, mais elle fait l'objet d'un report.

La restitution et le report sont subordonnés au dépôt par la société étrangère d'une **déclaration** auprès du service des impôts des non-résidents dans le **délai** prévu pour les réclamations relatives aux impôts autres que les impôts locaux et les taxes annexes à ces impôts soit, au plus tard, le 31 décembre de la deuxième année suivant celle du versement de l'impôt (depuis le 1er janvier 2022 ; antérieurement, la déclaration devait être déposée dans les trois mois suivant la clôture de l'exercice au cours duquel était intervenu le fait générateur de la retenue ou du prélèvement dont la restitution était demandée). Cette

60900 (suite) déclaration doit faire apparaître l'identité et l'adresse de la société étrangère ainsi que le montant de son déficit.

L'imposition et le report prennent effet à la date du dépôt de la déclaration. Le report est ensuite maintenu pour chacun des exercices suivants celui au titre duquel la déclaration a été produite, sous réserve que la société étrangère dépose auprès du service des impôts des non-résidents, au titre de chacun de ces exercices, une déclaration faisant apparaître un résultat déficitaire déterminé dans les conditions précédentes, dans les six mois (depuis le 1er janvier 2022 ; antérieurement le délai était de trois mois) suivant la clôture de l'exercice. Un **état de suivi** des distributions reportées doit également être produit.

Il est **mis fin au report** si la déclaration fait apparaître un bénéfice ou si la société étrangère fait l'objet d'une opération entraînant sa dissolution sans liquidation (sous réserve de l'exception mentionnée en Précisions b, ci-dessous) ou si elle n'a pas respecté ses obligations déclaratives dans les trente jours de la réception d'une mise en demeure. Le montant des revenus et profits au titre desquels il est mis fin au report n'est retenu que dans la limite du bénéfice ; l'imposition est due à compter de la fin du report, qui entraîne son exigibilité immédiate. Lorsque les impositions mises en report portent sur des exercices distincts, la déchéance du report s'applique en priorité aux impositions les plus anciennes (précision apportée par l'article 24 de la loi n° 2021-1900 du 30 décembre 2021 de finances pour 2022).

Lorsque la société étrangère n'a pas déposé la déclaration ou l'état de suivi dans le délai prévu, ou a déposé une déclaration ou un état incomplets, l'administration doit lui adresser une **mise en demeure** de respecter ses obligations déclaratives dans un délai de trente jours, en précisant, le cas échéant, les compléments déclaratifs requis. Le fait, pour la société étrangère, de satisfaire à ses obligations déclaratives dans le délai de trente jours de la réception d'une mise en demeure entraîne l'application d'une **amende** égale à 5 % des impositions placées en report à la date du manquement. En revanche, le non-respect des obligations déclaratives à l'issue de cette mise en demeure entraîne la fin du report d'imposition.

Les mêmes règles s'appliquent, mutatis mutandis, aux retenues ou prélèvements à la source prévus aux articles 182 A bis (n° 45192), 182 B (n° 3443), 244 bis (n° 67755), 244 bis A (n° 67692) et 244 bis B (n° 65884) du CGI, à l'exception du champ d'application géographique, qui est plus restreint dans ces derniers cas, puisque seuls sont visés les États membres de l'Union européenne ou de l'Espace économique européen liés à la France par des conventions d'assistance administrative et d'assistance au recouvrement (Islande et Norvège).

Ce dispositif tient compte de la jurisprudence, qui a évolué de la façon suivante :
– il a d'abord été jugé que le principe de **libre circulation des capitaux** s'oppose à ce qu'une retenue à la source soit prélevée sur des dividendes versés à une société non résidente déficitaire (CJUE 22 novembre 2018 aff. 575/17, 5e ch., Stés Sofina, Rebelco et Sidro : RJF 2/19 n° 230 ; voir n° 82062) ; le Conseil d'État en avait conclu que le droit de l'Union européenne faisait obstacle à ce qu'une retenue à la source soit prélevée sur des dividendes perçus par une société non résidente qui se trouvait, **au regard de la législation de son État de résidence**, en situation déficitaire (CE 27 février 2019 nos 398662 et autres, 9e et 10e ch., Stés Sofina, Rebelco et Sidro : RJF 5/19 n° 441) ; dans cette affaire, la requérante avait finalement obtenu la restitution de la retenue à la source qui avait frappé les distributions de dividendes qui lui avaient été faites en 2013, car elle était déficitaire au titre de l'exercice clos au 31 décembre 2013 au vu de sa déclaration de résultat belge (CAA Versailles 28 janvier 2020 n° 16VE02994, 3e ch., Sté Sofina, sur renvoi du Conseil d'État ; arrêt définitif) ; l'administration a également prononcé la restitution pour d'autres années, mais non pour l'année 2008, la réclamation ayant été déposée hors délai (CE 2 février 2022 n° 441511, 9e et 10e ch., Sté Sofina : RJF 4/22 n° 394 ; voir n° 82873) ; pour l'année 2012, la restitution n'a pas non plus été accordée, car la situation déficitaire de la société en Belgique n'était pas démontrée (CE (na) 26 mai 2021 n° 441806, 9e ch., Sté Sofina : RJF 8-9/21 n° 810, refusant d'admettre le pourvoi du contribuable contre CAA Versailles 12 mars 2020 n° 19VE00937) ; en sens inverse, la retenue à la source a pu aisément être jugée restituable lorsque la situation déficitaire de la société n'était pas contestée (CAA Versailles 8 décembre 2020 n° 18VE02730, 3e ch., Sté Solvi Environnement, arrêt définitif considérant que la retenue à la source n'était pas applicable à des distributions effectuées en 2012 et 2013 à une société luxembourgeoise dont la situation déficitaire au Luxembourg n'était pas contestée par le ministre) ;
– le Conseil d'État a ensuite corrigé la solution précédente, en jugeant que, pour assurer un traitement équivalent avec une société déficitaire établie en France, le caractère déficitaire du résultat de la société non résidente, déterminé au regard de la législation de son

État de résidence, doit être apprécié en **tenant compte des dividendes** dont l'imposition fait l'objet de la demande de restitution au titre de l'exercice et, lorsque la législation de l'État de résidence autorise le report des déficits, des éventuels dividendes ayant ouvert droit à une restitution au titre d'exercices antérieurs (CE 5 novembre 2021 n° 433212, 9e et 10e ch., min. c/ Sté Filux : RJF 1/22 n° 28, à propos d'une société luxembourgeoise qui demandait la restitution de retenues à la source prélevées sur des dividendes de source française reçus entre 2011 et 2014) ; cette décision, qui annule un arrêt d'appel qui avait accordé à tort la restitution sur le fondement d'attestations jugées insuffisantes et renvoie l'affaire à la cour administrative d'appel de Versailles, a significativement corrigé la décision Sofina du 27 février 2019, précitée, car elle exige que les dividendes de source française soient ajoutés au résultat étranger, alors même qu'ils seraient exonérés selon la législation fiscale étrangère, qui n'est donc, en définitive, que partiellement prise en compte (la rapporteure publique Émilie Bokdam-Tognetti indiquait en ce sens, dans ses conclusions à la RJF 1/22 C 28, « qu'il convient que l'assiette de ce résultat fiscal étranger déficitaire ait **inclus les dividendes de source française** à raison desquels a été perçue la retenue à la source dont la restitution est demandée : si tel n'est pas le cas, il faut alors ajouter, au résultat déficitaire étranger, le montant de ces dividendes et s'assurer qu'après cette prise en compte, il demeure déficitaire ») ; en ce qui concerne l'apport de la **preuve**, c'est à la société non résidente d'en justifier, l'administration pouvant apporter des éléments en sens contraire et le juge se déterminant ensuite au vu de l'instruction (en l'espèce, la société s'était bornée à produire une attestation d'un cabinet d'audit et d'expertise comptable qui ne contenait pas d'indication sur la consistance et le montant du résultat déficitaire et qui ne permettait pas de vérifier que le résultat restait déficitaire après prise en compte des dividendes).

Précisions **a.** Sous l'empire de la législation applicable depuis le 1er janvier 2020, il n'est pas mis fin au report si la société étrangère fait l'objet d'une dissolution sans liquidation et si ses déficits sont transférés à la **société absorbante** ou bénéficiaire des apports, à condition que cette dernière prenne l'engagement de déposer une déclaration ; en l'absence de transfert des déficits de la société faisant l'objet d'une dissolution sans liquidation et si la dernière déclaration déposée par cette société fait apparaître un résultat déficitaire, l'imposition placée en report fait l'objet d'un dégrèvement.

b. Pour les **exercices antérieurs** au 1er janvier 2020, une restitution peut être obtenue par voie de réclamation si les conditions sont réunies (Rapport AN n° 2301 p. 534).

c. L'administration a précisé, dans un communiqué du 28 juin 2021, que la restitution est subordonnée au dépôt du **formulaire n° 2780-SD** ; exceptionnellement, pour les exercices clos en 2020 ainsi que ceux clos jusqu'au 31 mars 2021, la date limite de dépôt était fixée au 30 juin 2021.

Sociétés étrangères déficitaires et en liquidation

Il résulte de l'article 119 quinquies du CGI, dans sa rédaction issue, en dernier lieu, de l'article 42 de la loi n° 2019-1479 du 28 décembre 2019 de finances pour 2020, que, pour les exercices ouverts depuis le 1er janvier 2020, la retenue à la source n'est pas applicable aux distributions faites à une personne morale non résidente de France qui justifie, auprès du débiteur ou de la personne qui assure le paiement des revenus, qu'elle remplit, au titre de l'exercice au cours duquel elle les perçoit, les conditions suivantes : **60920**

– son siège ou, le cas échéant, l'établissement stable dans le résultat duquel les distributions sont incluses est situé dans l'un des **États ou territoires** éligibles au droit à restitution en cas de situation déficitaire (n° 60900) ; depuis l'intervention de la loi de finances pour 2020, il n'est plus exigé que la société étrangère soit assujettie à l'impôt sur les sociétés et il n'est plus fait référence au siège « de direction effective », mais au seul « siège », s'agissant d'appliquer un critère de droit interne et non pas un critère issu des conventions fiscales ;

– son **résultat fiscal** ou, le cas échéant, celui de l'établissement stable dans le résultat duquel les distributions sont incluses est **déficitaire** ; il s'agit du résultat calculé selon les règles de l'État ou du territoire où est situé son siège ou l'établissement stable, qui n'a pas à être recalculé selon les règles françaises (BOI-RPPM-RCM-30-30-20-80 n° 70) ;

– elle fait, à la date de la perception du revenu ou de la réalisation du profit, l'objet d'une procédure comparable à celle mentionnée à l'article L 640-1 du Code de commerce, à savoir une procédure de **liquidation judiciaire** ; à défaut d'existence d'une telle procédure, la société étrangère doit être, à la même date, en état de **cessation des paiements** et son redressement doit être manifestement impossible (termes repris de l'article L 640-1 du Code de commerce qui institue une procédure de liquidation judiciaire ouverte à tout débiteur exerçant une activité commerciale, artisanale, indépendante, ou autre, qui est en cessation des paiements et dont le redressement est manifestement impossible).

Pour l'application de ce dispositif, les sociétés ou autres organismes établis en France qui effectuent des distributions en dispense de retenue à la source doivent, sur demande, produire une **attestation** de la société bénéficiaire des revenus, permettant de justifier que les conditions d'application de l'exonération sont satisfaites. Par ce document, établi sur papier libre, la société étrangère doit attester qu'elle respecte l'ensemble des conditions requises pour l'application de l'exonération. Cette attestation doit pouvoir être étayée, sur demande de l'administration, par la fourniture de pièces justificatives par l'entité distributrice (BOI préc. n°s 100 et 110).

Comme pour le dispositif de restitution (n° 60900), les mêmes règles s'appliquent mutatis mutandis, pour les exercices ouverts depuis le 1er janvier 2020, aux retenues ou prélèvements à la source prévus aux articles 182 A bis (n° 45192), 182 B (n° 3443), 244 bis (n° 67755), 244 bis A (n° 67692) et 244 bis B (n° 65884) du CGI à l'exception du champ d'application géographique, qui est plus restreint dans ces derniers cas (Union européenne, Islande et Norvège).

Précisions **a.** L'article 119 quinquies du CGI est applicable, dans sa première version, aux revenus perçus depuis le 1er janvier 2016 ; il avait cherché à supprimer une **discrimination** qui avait donné lieu à la mise en demeure n° 2013/4244 de la Commission européenne. La solution adoptée avait cependant été insuffisante ainsi que l'ont montré l'évolution de la jurisprudence (n° 82062) et l'évolution législative corrélative (n° 60900).

b. Un **établissement stable** n'ayant pas de personnalité morale distincte, la condition portant sur l'existence d'une procédure de liquidation judiciaire ou d'une procédure comparable doit être appréciée au niveau de la société dans son ensemble, dont dépend l'établissement stable (BOI-RPPM-RCM-30-30-20-80 n° 90).

Fait générateur de la retenue à la source

60973 Le fait générateur est constitué par la distribution des dividendes aux actionnaires, c'est-à-dire à la date à laquelle ceux-ci en ont la disposition lors du **paiement** ou par inscription à un **compte individuel** ; il a en ce sens été jugé que la retenue n'était pas due lors de l'inscription des sommes dans un **compte collectif** de dividendes à payer (CE 15 janvier 1992 n° 111379, 7e et 8e s.-s., KTI : RJF 3/92 n° 403 ; voir aussi CE 15 avril 2011 n° 310272, 9e et 10e s.-s., Abihssira : RJF 7/11 n° 776, confirmant que l'inscription de dividendes dans un compte collectif d'actionnaires « dividendes à payer » ne peut être regardée comme entraînant la distribution effective des sommes concernées, dès lors qu'une telle écriture comptable n'a pas, par elle-même, pour effet d'autoriser les bénéficiaires des distributions à prélever la part des dividendes qui leur revient). En revanche, l'inscription de dividendes sur le **compte courant individuel** d'un associé non résident rend exigible la retenue à la source dès lors qu'il n'est pas démontré que cet associé aurait été dans l'impossibilité de prélever les dividendes, notamment en raison d'une insuffisance de trésorerie de la société distributrice (CAA Versailles 20 décembre 2016 n° 15VE03242, 3e ch. : RJF 4/17 n° 328 ; arrêt définitif) ; dans cette affaire, la Cour juge également que l'inscription au crédit d'un compte courant d'associé vaut « paiement » au sens de la convention fiscale franco-israélienne du 31 juillet 1995 et que la retenue, qui n'avait pas été prélevée par la société distributrice, devait être calculée en tenant compte de ce que l'avantage reçu n'avait pas supporté l'impôt, soit, à l'époque, au taux de 15/85 et non au taux conventionnel de 15 %.

En ce qui concerne les dividendes payés hors de France dans un **État ou territoire non coopératif** (n° 60975), l'administration précise que la notion de paiement hors de France s'entend du premier flux sortant de France, à savoir le transfert des revenus concernés, par un établissement payeur français au sens de l'article 75 de l'annexe II au CGI (le dernier établissement payeur français en cas de chaîne de paiement en France), sur un compte ouvert dans les livres d'un établissement situé dans un tel État ou territoire ou, en l'absence d'une inscription en compte, à une personne domiciliée ou établie dans un tel État ou territoire (BOI-INT-DG-20-50-30 n° 110).

Le paiement hors de France peut prendre l'une des formes suivantes :
– **inscription en compte** : l'administration indique (BOI préc. n° 130) qu'il convient de retenir le lieu de situation de l'établissement (par exemple : agence ou succursale d'un établissement financier) dans les livres duquel le compte est ouvert (lieu de situation du compte),

et non le lieu du domicile ou du siège de la personne ou de l'entité qui est la bénéficiaire effective des revenus concernés ; sont ainsi concernés les paiements des revenus opérés depuis la France directement sur les comptes ouverts dans les livres d'un établissement situé dans un État ou territoire non coopératif. Inversement, ne sont pas considérés comme payés hors de France dans un tel État ou territoire les revenus inscrits au compte d'une personne domiciliée ou établie dans un tel État ou territoire lorsque ce compte est ouvert dans les livres d'un établissement situé en France (y compris si cette personne est un établissement financier étranger intermédiaire agissant pour le compte de l'actionnaire). Dans cette situation, la retenue à la source de droit interne est applicable au taux ordinaire ;
– **paiement par chèques, espèces ou tout autre moyen de paiement** : l'administration estime qu'il doit être tenu compte du lieu de situation du domicile ou du siège social de la personne au nom de laquelle le chèque est libellé, à laquelle les espèces sont remises, etc. (BOI préc.).

En sens inverse, un versement hors de France échappe au taux majoré (nº 60975) s'il est réalisé en direction d'un État ou territoire « coopératif » quelle que soit la destination finale du dividende.

Précisions **a.** En ce qui concerne le paiement de dividendes afférents aux actions admises aux opérations d'**Euroclear France**, l'établissement payeur s'entend de l'adhérent d'Euroclear France. Celui-ci est toujours établi en France ou dans un État européen ayant conclu une convention avec l'administration fiscale en application du 3 de l'article 1672 du CGI. La retenue à la source au taux majoré (nº 60975) n'est donc due, sous réserve de l'application des conventions fiscales, que lorsque l'adhérent d'Euroclear France est établi en France et qu'il effectue un paiement hors de France dans un État ou territoire non coopératif (BOI-INT-DG-20-50-30 nº 290).

b. Les conventions fiscales sont muettes sur la question du fait générateur de l'impôt ; la notion de « paiement » doit être interprétée seulement par rapport au droit interne.

c. Les bénéficiaires **résidents de France** disposant d'un **compte dans un État ou territoire non coopératif** sont autorisés à imputer la retenue à la source prélevée sur les revenus qu'ils ont perçus (nº 60975) lorsqu'ils les déclarent aux fins de l'impôt sur le revenu, en application du a du I de l'article 199 ter du CGI (BOI-INT-DG-20-50-30 nº 290, remarque).

Dividende versé entre la négociation et l'inscription en compte

En cas de transfert de titres entre résidents et non-résidents, la retenue à la source est exigible ou non en fonction de la date du transfert de propriété. **60974**

Pour les transferts de propriété des instruments financiers admis aux opérations d'un dépositaire central ou livrés dans un système de règlement et de livraison, **l'acquéreur d'actions** est considéré comme actionnaire au regard de l'impôt sur le revenu dès le jour de l'exécution de l'ordre (cas où des dividendes sont versés entre l'exécution de l'ordre et le dénouement de l'opération ; BOI-RPPM-RCM-20-10-30-10 nºs 400 s.). En effet, le 3º du 3 de l'article 158 du CGI permet de considérer l'acheteur de titres sur un marché réglementé ou organisé comme actionnaire ou associé dès le **jour de la négociation**, alors même que celui-ci, qui n'a que la propriété des droits financiers détachés, n'est actionnaire de la société distributrice qu'à la date du transfert de propriété des titres, c'est-à-dire le jour du dénouement effectif de la négociation (BOI-RPPM-RCM-20-10-30-10 nº 470). Les dividendes intercalaires sont donc imposés au nom de l'acheteur dans la catégorie des revenus de capitaux mobiliers, avec application éventuelle de la retenue à la source.

En ce qui concerne la transmission des titres financiers non cotés dans une « **blockchain** » (chaîne de blocs) ou tout autre dispositif d'enregistrement électronique partagé, l'inscription de titres financiers au bénéfice de l'acquéreur emporte transfert de propriété et comptabilisation de l'acquisition et de la cession à la date de l'inscription fixée par les parties (Code monétaire et financier art. L 211-17 ; Ord. nº 2017-1674 du 8 décembre 2017 et Code monétaire et financier art. L 211-15).

Précisions **a.** Le Conseil d'État avait jugé qu'une cession de gré à gré d'actions cotées, effectuée antérieurement à la loi 98-546 du 2 juillet 1998 ayant modifié l'article 47 bis de la loi du 3 janvier 1983 sur le développement des investissements et la protection de l'épargne, devait être regardée comme réalisée à la **date à laquelle s'opère entre les parties le transfert de propriété** des titres. En l'absence, à cette date, de toute disposition législative spéciale définissant les actes ou opérations qui devaient être réputés opérer le transfert de propriété des valeurs mobilières au porteur, il y avait lieu de se référer aux dispositions de l'article 1583 du Code civil, selon lequel la vente est parfaite entre les parties, et la propriété est acquise de droit à l'acheteur à l'égard du vendeur, dès qu'on est convenu de la chose et du prix, quoique la chose n'ait pas encore été livrée ni le prix payé. Le transfert de propriété des titres avait donc lieu à la date où était intervenu l'échange des consentements entre le cédant et le cessionnaire. Par suite, ce dernier, propriétaire des titres à la date du « détachement du coupon », devait être regardé comme le bénéficiaire des dividendes attachés à ces titres, quand bien même l'établissement dépositaire des titres n'aurait pas inscrit ces titres à son compte à la date du paiement des dividendes (CE 19 décembre 2008 n° 301189, 10e et 9e s.-s., min. c/ Sté Barclays Bank PLC : RJF 3/09 n° 216 ; conclusions Julien Boucher au BDCF 3/09 n° 30). Cette décision a été rendue à une époque où il n'existait pas de texte sur les modalités de transfert de valeurs mobilières et où, par suite, les dispositions de droit commun du Code civil étaient seules applicables.

b. La doctrine administrative relative à l'impôt sur la fortune immobilière rappelle qu'en application de l'article L 211-17 du Code monétaire et financier, le transfert de propriété des instruments financiers mentionnés aux 1, 2 et 3 du II de l'article L 211-1 du même Code, ainsi que tous ceux équivalents émis sur le fondement de droits étrangers, admis aux opérations d'un dépositaire central ou livrés dans un système de règlement et de livraison a lieu **lors de l'inscription au compte-titres de l'acheteur** (dénouement effectif de la négociation). Le délai de règlement-livraison des opérations de bourse portant sur toutes classes d'actifs (actions, obligations, etc.) réalisées sur Euronext et sur les autres principaux marchés boursiers européens (réglementés ou organisés) étant fixé à deux jours ouvrés, le transfert de propriété est réalisé **deux jours ouvrés après la date d'exécution** de l'ordre (BOI-PAT-IFI-20-20-40 n° 120).

Taux de la retenue à la source

60975 Pour les revenus distribués depuis le 1er janvier 2022, les taux de retenue à la source sont les suivants (ils ont varié au cours de ces dernières années, compte tenu de la baisse du taux de l'impôt sur les sociétés et de l'introduction du prélèvement forfaitaire unique) :
– bénéficiaires **personnes physiques** : 12,8 % (les prélèvements sociaux additionnels ne sont pas exigibles) ; antérieurement au 1er janvier 2018, le taux applicable, qui avait longtemps été de 25 %, avait été porté à 30 % à compter du 1er janvier 2012 ; un taux réduit de 21 % était également applicable depuis cette date aux revenus de la nature de ceux qui sont éligibles à l'abattement de 40 % (n° 1958), lorsqu'ils bénéficiaient à des personnes physiques qui avaient leur domicile fiscal hors de France dans un État membre de l'Union européenne ou dans un autre État partie à l'accord sur l'Espace économique européen ayant conclu avec la France une convention d'assistance administrative en vue de lutter contre la fraude et l'évasion fiscales (Islande, Liechtenstein et Norvège) ;
– bénéficiaires **personnes morales** et organismes, quelle que soit leur forme : la retenue à la source est prélevée au taux normal de l'impôt sur les sociétés (taux prévu au deuxième alinéa du I de l'article 219 du CGI ; n° 5592), à savoir 25 % pour les exercices ouverts depuis le 1er janvier 2022 (26,5 % en 2021 et 28 % en 2020) ; le taux de 15 % est applicable aux organismes sans but lucratif européens (n° 61018) ;
– en cas de **paiement** dans un **État ou territoire non coopératif** (ETNC ; nos 71555 s.), quel que soit le bénéficiaire : 75 % ; ce taux majoré s'applique aux produits mentionnés aux articles 108 à 117 bis du CGI et payés hors de France, indépendamment de la résidence ou du domicile fiscal du bénéficiaire (le taux majoré, qui est applicable depuis le 1er mars 2010, était initialement de 50 % mais il a été porté à 55 % par la loi n° 2011-1978 du 28 décembre 2011 de finances rectificative pour 2011 et à 75 % par la loi n° 2012-1509 du 29 décembre 2012 de finances pour 2013) ; le taux majoré n'est toutefois pas applicable si l'ETNC figure sur la liste en application des critères posés par l'article 238-0 A, 2 bis-2° du CGI (si l'ETNC est mentionné sur la liste en raison seulement des critères européens, le taux majoré ne s'applique que si l'inscription sur la liste est la conséquence de l'application du critère tenant aux « montages extraterritoriaux » au sens indiqué n° 71555).

En application de la clause de sauvegarde, le taux majoré de 75 % n'est pas applicable si le débiteur apporte la preuve que les distributions concernées n'ont ni pour objet ni pour effet de permettre, dans un **but de fraude fiscale**, leur localisation dans un ETNC ; cette clause de sauvegarde a été introduite par l'article 91 de la loi n° 2016-1918 du 29 décembre 2016 de finances rectificative pour 2016 afin de tenir compte de la jurisprudence du Conseil constitutionnel. Le taux majoré n'avait, en effet, été jugé **conforme à la Constitution** que sous le bénéfice d'une réserve d'interprétation permettant au contribuable de prouver que les distributions de produits dans un ETNC n'ont ni pour objet ni pour effet de permettre, dans un but de fraude fiscale, la localisation de revenus dans un tel État ou territoire (Cons. const. 25 novembre 2016 n° 2016-598 QPC, Sté Eurofrance : RJF 2/17 n° 160, sur renvoi par CE QPC 14 septembre 2016 n° 400867, 8e et 3e ch., Sté Eurofrance : RJF 12/16 n° 1111, à propos d'une société française qui avait consenti une avance de trésorerie non rémunérée à une société des îles Marshall, dont elle détenait 38,25 % du capital ; également, CE 20 mars 2017 n° 400867, 8e ch., Sté Eurofrance : RJF 8-9/17 n° 803, annulant corrélativement les commentaires administratifs alors applicables). La preuve peut être apportée par tout moyen (BOI-RPPM-RCM-30-30-10-20 n° 40). **60975** (suite)

Bien entendu, la retenue à la source n'est applicable que sous réserve des exonérations résultant du droit de l'Union européenne (nos 61000 s., 61025 s. et 82065) et seulement si une **convention fiscale** n'en prévoit pas la réduction ou l'annulation (nos 61065 s.). Il en va ainsi également lorsqu'un dividende est payé hors de France dans un **ETNC** (État ou territoire non coopératif) ; si le bénéficiaire effectif est domicilié ou établi dans un État avec lequel la France a conclu une convention fiscale et s'il satisfait aux conditions requises, il peut, en effet, demander l'application de la convention (BOI-INT-DG-20-50-30 n° 1). Si le bénéficiaire effectif est domicilié ou établi en France, la retenue à la source est due au taux de 75 % mais elle constitue un crédit d'impôt (n° 60973, Précisions c).

Dans tous les cas (sauf celui des résidents de France qui utilisent des comptes dans des États ou territoires non coopératifs), la retenue est **libératoire** de l'impôt sur le revenu ou sur les sociétés dû par le bénéficiaire. Il s'agit donc d'une imposition définitive (CGI art. 199 quater A).

Sur les conséquences à tirer du principe de **libre circulation des capitaux**, voir n° 61000.

Divers cas particuliers sont, enfin, à signaler en ce qui concerne les **organismes sans but lucratif européens** (n° 61018), les **OPC étrangers** (n° 60860), les dividendes versés par des **SIIC** (et autres entités similaires) à des OPC étrangers (n° 67960) et les **non-résidents « Schumacker »** (n° 3097).

Précisions **a.** Il existe des exonérations en faveur des **organisations internationales**, **États** souverains, ou **banques centrales** étrangères ; sur agrément, la retenue peut être réduite ou supprimée au profit d'institutions publiques étrangères (CGI art. 131 sexies). Les précisions suivantes ont été apportées à propos de cette exonération :
– les produits perçus par la banque centrale de l'État de Singapour provenant d'**American depositary receipts** (ADR) détenus par une banque américaine et représentatifs d'actions de sociétés françaises ne peuvent pas bénéficier de l'exonération de retenue à la source prévue à l'article 131 sexies, I du CGI dès lors que les ADR ne sont pas déposés auprès d'un établissement de crédit établi en France (TA Montreuil 15 novembre 2013 n° 1209983, 10e ch., Monetary Authority of Singapore : RJF 11/14 n° 1007 ; jugement définitif) ;
– un **établissement payeur** peut appliquer l'exonération de retenue à la source prévue au I de l'article 131 sexies du CGI lorsque les **titres au porteur** sont déposés auprès d'un établissement de crédit situé dans l'Union européenne, sous réserve que les bénéficiaires des distributions lui aient préalablement transmis les éléments de nature à attester de leur éligibilité au bénéfice de ces dispositions (BOI-RES-000049) ;
– l'exonération n'est pas applicable à la Caisse de retraite du service public des îles Caïmans qui est une **entité publique distincte du Gouvernement** des îles Caïmans ; en outre, ce territoire ne peut pas être regardé comme un État souverain étranger au sens de l'article 131 sexies du CGI, car il s'agit d'un territoire d'outre-mer britannique et non pas d'une royauté du Commonwealth (TA Montreuil 8 février 2022 n° 1907565, 10e ch., Caisse de retraite du service public des îles Caïmans : RJF 6/22 n° 546, jugement définitif ; voir également n° 61018, Précisions a).

b. Les produits distribués par les **sociétés de capital-risque** (SCR) à des personnes physiques non résidentes et prélevés sur des plus-values nettes de cessions de titres réalisées par ces sociétés (CGI art. 163 quinquies C, II-1) sont passibles de la **retenue à la source** de l'article 119 bis, 2 du CGI au taux de 12,8 % lorsque les intéressés ne respectent pas les conditions permettant de bénéficier du régime d'exonération (taux applicable depuis le 1er janvier 2018, 75 % en présence d'un ETNC autre que ceux mentionnés au 2° du 2 bis de l'article 238-0 A du CGI au sens indiqué n° 71555 ; BOI-RPPM-PVBMI-10-30-20 nos 130 s.). Les distributions effectuées par les **sociétés unipersonnelles d'investissement à risque** mentionnées à l'article 208 D du CGI sont exonérées de retenue à la source sous certaines conditions, sauf si elles sont payées dans un ETNC autre que ceux mentionnés au 2° du 2 bis de l'article 238-0 A du CGI (CGI art. 163 quinquies C bis).

c. La loi n° 2012-958 du 16 août 2012 de finances rectificative pour 2012 a complété le dispositif applicable aux dividendes versés dans des **États ou territoires non coopératifs** (nos 71555 s.) en prévoyant que la retenue à la source au taux majoré s'applique aux distributions faites par les gérants de **FCP** et de **FPI**, y compris lorsque le bénéficiaire est fiscalement domicilié en France (auparavant les gérants ne pouvaient effectuer la retenue à la source que lorsque le porteur de parts n'était pas résident de France) ; il en va de même des distributions effectuées par les sociétés de capital-risque (SCR) et les sociétés unipersonnelles d'investissement à risque (SUIR).

d. Avant les modifications résultant de l'introduction du prélèvement forfaitaire unique, on pouvait se demander si l'assiette de la retenue à la source sur les dividendes versés aux non-résidents ne devait pas tenir compte de **l'abattement de 40 %** (n° 1958) ; les revenus imposables des non-résidents sont, en effet, déterminés selon les règles applicables aux revenus de même nature perçus par les résidents (combinaison des articles 164 A, 164 B 1 b, 119 bis et 199 quater A du CGI). Le Conseil d'État a cependant tranché la question par la négative, jugeant qu'il ressortait des travaux préparatoires relatifs à l'article 4 de la loi du 29 décembre 1976, concernant les règles applicables aux non-résidents, que les dispositions de l'article 164 A du CGI (n° 3082) ne s'appliquent pas, notamment, aux revenus soumis à une retenue à la source libératoire de l'impôt sur le revenu, tels les dividendes distribués par les sociétés françaises (CE 11 octobre 2017 n°s 398510 à 398512, 3e et 8e ch. : RJF 1/18 n° 31 et, dans le même sens, CE 11 décembre 2020 n°s 434038 et 434889, 8e et 3e ch. : RJF 3/21 n° 275 ; sur l'absence de contrariété au principe de libre circulation des capitaux, voir n° 82065). Cette solution, qui semble plutôt prétorienne que véritablement fondée sur une intention explicite du législateur, explique sans doute que n'a pas été admis un pourvoi contre un arrêt qui comportait pourtant une erreur de droit en tant qu'il avait jugé que la convention fiscale franco-belge faisait obstacle à l'application de l'article 164 A du CGI (CE (na) 16 mai 2018 n° 413046, 9e ch. : RJF 8-9/18 n° 852, refusant d'admettre le pourvoi formé contre CAA Versailles 1er juin 2017 n° 16VE01808, 7e ch. à propos de résidents de Belgique qui avaient reçu des dividendes de source française en 2011, 2012 et 2013 et qui avaient subi une retenue à la source calculée au taux de 15 %, sans pouvoir bénéficier de l'abattement de 40 %). Solutions reprises, toujours à propos de résidents de Belgique, par CAA Versailles 1er mars 2022 n° 20VE00268, 1e ch. (arrêt définitif).

e. Le Conseil d'État a refusé de transmettre une question prioritaire de **constitutionnalité** et n'a pas admis le pourvoi de contribuables domiciliés en Belgique qui s'étaient vu refuser le bénéfice de **l'abattement de 40 %** pour la détermination de l'assiette de la retenue à la source (CAA Versailles 4 mai 2017 n° 16VE01237, 7e ch.). Le Conseil d'État a, en effet, relevé que c'est afin d'assurer le respect du **droit de l'Union européenne** que la retenue à la source n'est applicable à un contribuable établi dans un autre État membre que dans la mesure où la charge fiscale en résultant pour lui n'est pas supérieure à celle qu'il subirait, à raison du même montant de dividendes perçus, s'il était imposé à l'impôt sur le revenu en France (CE QPC 26 juillet 2018 n° 413983, 9e ch. : RJF 11/18 n° 1158) ; la différence de traitement qui en découle a été jugée fondée sur des critères objectifs et rationnels en rapport direct avec l'objet de la loi et n'entraînait pas de rupture caractérisée de l'égalité devant les charges publiques (en tout état de cause, en l'espèce, la discrimination ne ressortait pas, étant donné que les contribuables auraient subi une imposition supérieure s'ils avaient été domiciliés en France et bénéficié de l'abattement de 40 %).

Assiette de la retenue à la source

60980 La retenue s'applique au **montant brut des dividendes** (CGI Ann. II art. 48). Cela étant, pour les retenues à la source dont le fait générateur est intervenu depuis le 1er janvier 2022, le bénéficiaire peut demander que la retenue à la source lui soit **restituée**, à hauteur de la différence entre cette imposition et l'imposition déterminée à partir d'une base nette des **charges** d'acquisition et de conservation directement rattachées aux dividendes, lorsque les conditions suivantes sont réunies (CGI art. 235 quinquies du CGI, issu de l'article 24 de la loi n° 2021-1900 du 30 décembre 2021 de finances pour 2022 ; BOI-RPPM-RCM-30-30-10-100) :

– le bénéficiaire des produits et sommes est une **personne morale** ou un organisme dont les résultats ne sont pas imposés à l'impôt sur le revenu entre les mains d'un associé ; les personnes physiques et les sociétés de personnes étrangères ne sont donc pas concernées ;

– le siège de la personne morale ou de l'organisme, ou l'établissement stable dans le résultat duquel les produits et sommes sont inclus, est situé soit dans un État membre de l'**Union européenne** ou dans un autre État partie à l'accord sur l'Espace économique européen ayant conclu avec la France une convention d'assistance administrative en vue de lutter contre la fraude et l'évasion fiscales et qui n'est pas un ETNC (n° 71560), à savoir l'Islande, le Liechtenstein et la Norvège, soit dans un **autre État** (hors ETNC) à condition que la participation détenue dans la société ou l'organisme distributeur ne permette pas au bénéficiaire de participer de manière effective à la gestion ou au contrôle de cette société ou de cet organisme ; cette dernière condition, concernant les États tiers, permet de maintenir une discrimination qui n'est pas critiquable au regard du principe de libre circulation des capitaux, car elle existait au 31 décembre 1993 (clause de gel ; n° 81985) ;

– les règles d'imposition dans l'État de résidence ne permettent pas au bénéficiaire d'y **imputer la retenue à la source** ; l'exposé des motifs de l'article 7 du projet de loi de finances pour 2022 indique qu'il s'agit de viser les entités privées de toute possibilité d'imputer la retenue à la source sur l'impôt dû dans leur État de résidence, ce qui sous-entend que cette impossibilité peut être de fait, par exemple en cas de déficit étranger, et qu'il ne doit pas nécessairement s'agir d'une impossibilité de droit ; de son côté, l'administration estime que les règles d'imposition dans l'État de résidence ne doivent pas « avoir permis » au bénéficiaire d'y imputer la retenue à la source, la possibilité d'une

telle imputation résultant, en pratique, des conventions fiscales ; elle ajoute que le bénéficiaire doit se trouver définitivement privé de toute possibilité d'imputer la retenue à la source dans son État de résidence et que, si l'imputation est partielle, il peut obtenir une restitution au titre de la quote-part de la retenue à la source définitivement non imputable dans son État de résidence, en justifiant des démarches réalisées dans cet État (BOI préc. n° 50) ; **60980** (suite)
– les **charges d'acquisition et de conservation** des dividendes seraient déductibles si le bénéficiaire était situé en France.

En ce qui concerne cette dernière condition, l'administration précise que les dépenses sont prises en compte pour leur montant réel et justifié et que, pour être déductibles au titre d'un exercice donné, elles doivent avoir été effectivement engagées au cours de cet exercice et avoir fait naître à la charge du contribuable une dette certaine dans son principe et dans son montant (BOI-RPPM-RCM-30-30-10-100 n° 40). En ce qui concerne la **nature des charges déductibles**, l'administration renvoie aux règles de l'impôt sur le revenu qui admettent en déduction les dépenses qui ont pour objet direct l'acquisition ou la conservation du revenu, c'est-à-dire les frais de garde des titres, frais d'encaissement des coupons, commissions de vérification des tirages, frais de location de coffres, primes d'assurances relatives aux valeurs mobilières dans la mesure où l'objet du contrat n'est pas de couvrir le risque de dépréciation, salaire versé à un employé pour les opérations de perception des revenus sous certaines conditions. Sont en revanche **exclues** les dépenses qui présentent essentiellement le caractère de charges en capital ou d'un emploi du revenu, notamment les frais de courtage sur achats de valeurs mobilières et les intérêts des emprunts contractés pour l'acquisition de valeurs mobilières.

À notre avis, la manière de voir de l'administration est exagérément restrictive même si elle peut s'autoriser de la formulation retenue par le législateur, qui est plutôt utilisée en matière d'impôt sur le revenu et qui est assez strictement interprétée (CGI art. 13, 1). Il aurait plutôt fallu en l'espèce l'entendre de façon large, de façon à tenir compte de la décision UBS Asset Management Life Ltd (n° 82060) permettant aux compagnies européennes d'assurance-vie de prendre en compte, parmi les charges déductibles, les provisions techniques représentant les engagements vis-à-vis des assurés (en ce sens, l'exposé des motifs de l'article 7 du projet de loi de finances pour 2022, à l'origine de cette disposition, indique que les modifications proposées visent notamment à tirer les conséquences de la décision UBS Asset Management Life Ltd ; voir également n° 61000, Précisions c).

La **demande de restitution** doit être déposée par le bénéficiaire auprès du service des impôts des non-résidents (service des impôts des entreprises étrangères) dans les conditions prévues pour les réclamations relatives aux impôts autres que les impôts locaux et les taxes annexes à ces impôts soit, au plus tard, le 31 décembre de la deuxième année suivant celle du versement de l'impôt. Elle doit être accompagnée de l'ensemble des pièces justificatives nécessaires au calcul de la restitution demandée.

Enfin, comme il est habituel, lorsque le dividende n'a pas, à tort, été soumis à la retenue à la source, l'assiette de la retenue inclut l'avantage accordé au bénéficiaire et résultant de ce que la retenue n'a pas été prélevée (n° 76965) ; dans ce cas, la retenue est donc calculée au taux de 25/75 ou au taux de 12,8/87,2 ou de 75/25 (par le jeu d'un calcul « en dedans », la retenue à la source étant considérée comme incluse dans le montant net versé ; BOI-RPPM-RCM-30-30-10-30 n° 10 et avis du Conseil d'État du 27 avril 2004 n° 370005 : RJF 12/04 n° 1246). La **prise en charge** de la retenue par la société distributrice est interdite (CGI art. 1672 bis).

Ce mode de calcul a été repris dans un cas particulier où la retenue à la source avait été opérée au **taux réduit** prévu par la convention fiscale franco-luxembourgeoise alors que les conditions prévues par cette convention n'étaient pas remplies (TA Montreuil 25 avril 2013 n° 1206290, 1e ch., Sté Alternance : RJF 12/13 n° 1140 ; jugement définitif) ; le rappel de l'insuffisance de retenue (différence entre le taux conventionnel et le taux de droit commun) a été déterminé en ajoutant l'avantage correspondant à cette insuffisance au montant brut des revenus mis en paiement sur lequel doit être appliquée la retenue (compte tenu des taux applicables à l'époque, la retenue a été calculée au taux de 25/75 du montant net distribué, diminuée de la retenue de 15 % déjà versée).

Précisions **a.** La retenue à la source n'est pas une simple modalité de perception de l'impôt sur le revenu, mais une **imposition distincte** de ce dernier ; des personnes physiques domiciliées en Belgique n'étaient donc pas fondées à soutenir que l'assiette de la retenue devait faire l'objet de l'abattement de 40 % sur les revenus distribués comme pour l'impôt sur le revenu (CE 11 décembre 2020 n°s 434038 et

434889, 8e et 3e ch. : RJF 3/21 n° 275, à propos de dividendes distribués en 2013 et 2014 ; voir également n° 60975 Précisions d). Sur l'absence d'incidence du principe de **libre circulation des capitaux** en l'espèce, voir n° 82065.

b. Selon le document d'évaluation du projet de loi de finances pour 2022, le fait que l'article 235 quinquies du CGI ne prévoie pas d'**abattement forfaitaire** représentatif de **charges**, contrairement aux articles 182 A bis et 182 B du même Code, vise à éviter de retarder les distributions aux entités résidentes d'États tiers qui devraient autrement démontrer préalablement que leur participation relève de la liberté de circulation des capitaux (PLF 2022, Évaluations préalables, article 7).

Modalités d'application

60985 Lorsqu'elle est exigible, la retenue à la source doit être versée par la personne qui assure le paiement du revenu (CGI art. 1672, 2). Le versement doit intervenir pour le **15 du mois suivant** celui du paiement des dividendes (CGI Ann. III art. 381 A ; le paiement se fait par virement direct sur le compte du Trésor à la Banque de France lorsque la somme due excède 1 500 €) ; le versement doit être accompagné d'une **déclaration n° 2777**.

La déclaration doit être déposée, accompagnée du paiement de la retenue à la source, au service des impôts auquel doit parvenir la déclaration de résultat du redevable ou, à défaut d'une telle déclaration, au service des impôts dont relève son siège social (CGI Ann. IV art. 188-0 H ; avant le 1er septembre 2018, il s'agissait de la recette des non-résidents). Le formulaire n° 2777 doit être transmis par voie dématérialisée, de même que le paiement associé.

Tout **retard de paiement** donne lieu au versement de l'intérêt de retard et d'une majoration de 5 % du paiement des sommes dont le versement a été différé (CGI art. 1731) ; en cas de **dépôt tardif** de la déclaration et de paiement tardif, une majoration de 10 % des droits dus est appliquée, outre l'intérêt de retard (la majoration est portée à 40 % en cas de non-dépôt dans les trente jours de la réception d'une mise en demeure).

Sur les modalités d'application de la retenue à la source, voir également nos 82900 s.

En ce qui concerne le **débiteur**, le Conseil d'État retient une solution pragmatique lorsque la retenue est due au titre d'une **somme réputée distribuée** alors que le versement incriminé a été fait par une autre société du groupe dans le cadre d'une convention de pool de trésorerie ; il a, en effet, jugé, dans une situation où une société mère (la société CGE) avait payé à un prestataire de l'île de Man des honoraires pour le compte de sa filiale (la société CGSAT, devenue Vivendi Telecom International) que, si le redevable de la retenue est, en principe, l'établissement payeur qui assure le paiement des revenus (CGE), il en va différemment lorsque, à l'issue d'un contrôle, l'administration regarde les sommes versées comme des revenus distribués (CE 5 avril 2013 n° 350316, 3e et 8e s.-s., Sté Vivendi Télécom International (VTI) : RJF 7/13 n° 727, aux conclusions Vincent Daumas au BDCF 7/13 n° 79).

Dans ce cas, c'est la société qui a procédé à la distribution (soit ici VTI, la société qui avait en l'espèce été redressée) qui doit être regardée comme **l'établissement payeur**, au sens de l'article 75, 3° de l'annexe II au CGI, et, par suite, comme le redevable de la retenue à la source. Le Conseil d'État pose cependant une limite tenant au cas où la filiale pourrait montrer que l'établissement qui a procédé, pour son compte, au paiement de la somme en cause avait connaissance de son caractère de revenu distribué ; sur renvoi du Conseil d'État, la Cour a, dans cette affaire, remis la retenue à la source à la charge de la filiale (VTI) au motif que celle-ci n'avait pas établi que sa société mère (CGE), qui avait versé les sommes, avait connaissance de ce que les honoraires en cause étaient, en réalité, des avantages occultes ayant le caractère de revenus distribués (CAA Paris 18 février 2014 n° 13PA01377, 2e ch., min. c/ Sté Vivendi Télécom International, ayant fait l'objet d'un pourvoi qui n'a pas été admis par CE (na) 29 avril 2015 n° 378132, Sté Vivendi Télécom International SA : RJF 11/15 n° 910).

Cette solution réaliste se justifie par le fait que la retenue à la source ne peut être réclamée qu'à une personne qui sait si elle est applicable ou non, ce qui ne peut être que la société débitrice dans la généralité des cas.

Précisions **a.** Les **intérêts de retard** sont dus à compter de la date à laquelle, au plus tard, le redevable doit verser au Trésor le montant de la retenue à la source afférente aux revenus de capitaux mobiliers (CE 16 mai 2008 n° 284657, 3e et 8e s.-s., Sté Garnier Choiseul Holding SA : RJF 8-9/08 n° 998). Cette solution paraît toujours valable, quoique les textes aient changé.

b. La **gestion des prélèvements** relatifs aux revenus de capitaux mobiliers déclarés à l'appui du formulaire n° 2777-SD a été transférée aux services des impôts des entreprises (SIE) et à la direction des grandes entreprises (DGE) le 1er septembre 2018 ; ce transfert s'est accompagné d'une obligation de télédéclaration et de télépaiement des prélèvements dus au titre des revenus de capitaux mobiliers depuis le 1er septembre 2018.

Contrôle et contentieux

La circonstance que la retenue à la source soit prélevée par l'établissement payeur n'empêche pas le bénéficiaire d'en contester le bien-fondé, car il en est le « véritable » redevable ; la retenue à la source peut donc faire l'objet d'un double contentieux d'assiette, concernant le **bénéficiaire** non résident ou l'**établissement payeur** (en ce sens, par exemple, conclusions Fabre sous CE 19 décembre 1975 nos 84774 et 91895, Plén. : RJF 2/76 no 77 ; également CE 9 juillet 1997 no 149918, 9e et 8e s.-s., Sarl Prominvest immobilier : RJF 8-9/97 no 792). Sur les délais de dépôt des demandes de remboursement, voir no 82873. **60990**

L'établissement payeur peut faire l'objet d'une **taxation d'office** (en ce sens, deux décisions du Conseil d'État du 8 juillet 1998, 8e et 9e s.-s., notamment Association Église de scientologie de Paris, no 159135 : RJF 8-9/98 no 973). Cette dernière solution a été justifiée, en partie, pour des raisons pratiques liées au contrôle fiscal (conclusions Gilles Bachelier au BDCF 4/98).

Précisions **a.** La solution selon laquelle la retenue à la source sur les dividendes peut faire l'objet d'un contentieux de la part tant de la société étrangère que de la société française distributrice a été confirmée par le Conseil d'État dans l'affaire Denkavit (en ce sens, conclusions Claire Landais sous CE 6 avril 2007 no 235069 ; 10e et 9e s.-s., Sté Denkavit International BV et Sté Denkavit France : RJF 7/07 no 807, BDCF 7/07 no 87).

b. Sur la question des **intérêts moratoires**, voir no 82873 Précisions a.

c. Les **réclamations** contentieuses déposées par les non-résidents ou faisant intervenir l'application d'une convention fiscale doivent être déposées à la Direction des impôts des non-résidents ; les autres contentieux relèvent du service local de l'établissement (communiqué du 13 septembre 2018 : BF 11/18 no 935).

Cas particulier de l'arbitrage de dividendes

Pour mettre fin aux abus qui avaient été constatés lors d'opérations d'arbitrages de dividendes, un dispositif original a été mis en place par l'article 36 de la loi no 2018-1317 du 28 décembre 2018 de finances pour 2019 (CGI art. 119 bis A). **60992**

Ce texte, qui est entré en vigueur le 1er juillet 2019, a pour objet d'assujettir à la **retenue à la source** de l'article 119 bis, 2 du CGI (no 60845) les sommes versées à un non-résident par une personne domiciliée ou établie en France dans le cadre d'une opération de **cession temporaire de titres** ou équivalent, même si les sommes reversées ne sont pas elles-mêmes des dividendes ou des revenus distribués.

Tel est le cas, par exemple, lorsqu'un résident acquière auprès d'un non-résident, peu avant le détachement du coupon, des titres de sociétés françaises qu'il rend au cédant peu après le détachement du coupon ; dans ce cas, le résident reçoit le dividende sans retenue à la source et, avant le 1er juillet 2019, le reversait au non-résident sous déduction seulement de la marge liée à son intervention et sans avoir à prélever de retenue à la source. Dans le sillage des révélations liées au scandale des « **Cum-Ex/Cum-Cum files** », en octobre 2018, il a été décidé de faire en sorte que le reversement, par l'acquéreur, du dividende reçu pendant la période de portage soit lui-même regardé comme un dividende assujetti à la retenue à la source.

La retenue à la source de l'article 119 bis, 2 du CGI est exigible, dans ces circonstances, si les **conditions** suivantes sont réunies :
– versement par une personne établie ou fiscalement domiciliée en France, quelle que soit la forme ou le moyen du versement ;
– d'une somme au profit, directement ou indirectement, d'une personne qui n'est pas établie ou n'a pas son domicile fiscal en France ;
– dans le cadre d'une **cession temporaire** d'actions, de parts sociales ou droits portant sur ces titres générant des produits mentionnés aux articles 108 à 117 bis du CGI (revenus distribués), ou de toute opération donnant le droit, ou faisant obligation, de restituer ou revendre ces parts ou actions ou des droits portant sur ces titres ; il peut s'agir, en particulier, d'opérations de prêt, de pension livrée et de vente à réméré, qui ont pour effet de transférer la propriété des titres pendant la durée du contrat ;
– au titre d'une opération réalisée pendant une période de **moins de quarante-cinq jours** incluant la date à laquelle le droit à une distribution est acquis.

Si ces conditions sont réunies, le versement effectué par le résident au non-résident est réputé constituer un **revenu distribué** soumis à la retenue à la source de l'article 119 bis, 2 du CGI. Il n'a, bien entendu, ce caractère que **dans la limite** du montant correspondant à la distribution de produits de parts ou d'actions au cours de la période de portage. La retenue à la source est due lors de la mise en paiement du versement et acquittée par la personne qui assure ce paiement ; elle est calculée aux taux fixés par l'article 119 bis du CGI (nº 60975), sous réserve des **exonérations** ou atténuations prévues par le droit de l'Union européenne ou les conventions fiscales internationales (celles-ci ne permettent pas toujours le prélèvement d'une retenue à la source au titre des revenus réputés distribués ; nºs 60680 s.).

Pour éviter de sanctionner des schémas qui pourraient être économiquement justifiés, la loi prévoit toutefois une **clause de sauvegarde** ; lorsque le bénéficiaire du versement apporte la preuve que le versement correspond à une opération qui a principalement un objet et un effet autres que d'éviter l'application d'une retenue à la source ou d'obtenir l'octroi d'un avantage fiscal, la retenue à la source n'est pas exigible. Le bénéficiaire peut alors en obtenir le remboursement, sur demande, auprès du service des impôts de son domicile ou de son siège (cette formulation est maladroite, s'agissant, par hypothèse, d'un bénéficiaire non résident).

Les opérations concernées n'ont pas à être **déclarées** mais la personne qui assure le paiement du versement doit transmettre à l'administration, à sa demande et sous format dématérialisé, des informations sur le montant, la date, l'émetteur des parts ou actions objets des opérations en cause et le destinataire des versements. En cas de défaut, l'amende fiscale prévue à l'article 1729 B du CGI est applicable (150 € par document non produit).

Précisions **a.** Ce dispositif ne vise à lutter que contre les montages dits « **internes** », par lesquels un non-résident transfère temporairement, autour de la date de versement du dividende, les titres qu'il détient à un résident (en pratique, un établissement financier) ; il ne vise pas les montages « **externes** » par lesquels un non-résident transfère les titres à un autre non-résident qui bénéficie d'une convention fiscale plus favorable avec la France. Cela étant, les montages externes sont susceptibles d'être contrecarrés par les stipulations anti-abus des conventions fiscales ou la simple notion de « bénéficiaire effectif ».

b. L'**entrée en vigueur** du dispositif avait été décalée au 1er juillet 2019 pour permettre aux sociétés et établissements payeurs d'adapter leurs procédures informatiques.

Ancienne contribution de 3 % sur les montants distribués

60995 Pour compenser la perte de recettes résultant de l'exonération de retenue à la source sur les dividendes versés aux OPC étrangers (nº 60860), la loi nº 2012-958 du 16 août 2012 de finances rectificative pour 2012 avait créé une contribution de 3 % sur les montants distribués (CGI art. 235 ter ZCA, ancien). Cette contribution s'appliquait à tous les bénéfices distribués et aux sommes ou valeurs non prélevées sur les bénéfices et mises à la disposition des associés, actionnaires, porteurs de parts ou de tiers, quels que soient leur qualité et le lieu de leur résidence ; en étaient redevables les sociétés ou organismes français ou étrangers passibles de l'impôt sur les sociétés en France (sous réserve de certaines exceptions, notamment des PME).

Cette contribution a été **supprimée** par l'article 37 de la loi nº 2017-1837 du 30 décembre 2017 de finances pour 2018, abrogeant l'article 235 ter ZCA pour les montants distribués mis en paiement depuis le 1er janvier 2018. Elle était, en tout état de cause, inapplicable, ayant été déclarée **contraire à la Constitution** à la suite d'un feuilleton jurisprudentiel particulièrement intéressant.

Dans un premier temps, le Conseil constitutionnel avait jugé contraire à la Constitution l'exonération de contribution entre sociétés membres d'un **groupe intégré**, alors prévue par la loi, en tant qu'elle méconnaissait les principes d'égalité devant la loi et devant les charges publiques car les sociétés non intégrées n'étaient pas exonérées même si la condition de détention était satisfaite (Cons. const. 30 septembre 2016 nº 2016-571 QPC, Sté Layher SAS : RJF 12/16 nº 1108) ; le Conseil d'État avait, de son côté, jugé la discrimination entre groupes intégrés et groupes non intégrés injustifiée au regard de la convention européenne des droits de l'Homme (CE 29 mars 2017 nº 399506, 8e et 3e ch., Sté Layher : RJF 6/17 nº 614). Le législateur en avait tiré les conséquences en supprimant la contribution pour les montants distribués entre sociétés qui remplissaient certaines des conditions pour être membres d'un groupe d'intégration fiscale, même si elles n'appartenaient pas effectivement à un tel groupe, et les montants distribués à des sociétés soumises à un impôt équivalent à l'impôt sur les sociétés dans un État membre de l'Union européenne ou dans un autre État ayant conclu avec la France une convention d'assistance administrative en vue de lutter contre la fraude et l'évasion fiscales qui, si elles étaient établies en France, satisferaient aux conditions essentielles pour être membres d'un groupe d'intégration fiscale avec la société distributrice (CGI art. 235 ter ZCA, dans sa rédaction issue de la loi n° 2016-1918 du 29 décembre 2016 de finances rectificative pour 2016, art. 95).

Dans un deuxième temps, saisie à titre préjudiciel par le Conseil d'État (CE QPC 27 juin 2016 n° 399024, 8e et 3e ch., Association française des entreprises privées (Afep) et autres : RJF 10/16 n° 866), la Cour de justice a jugé que la contribution n'était pas conforme à la **directive mères/filles** en tant qu'elle s'appliquait aux montants distribués provenant de filiales établies dans un État membre de l'Union européenne (CJUE 17 mai 2017 aff. 365/16, 1e ch., Afep et autres : RJF 8-9/17 n° 898 ; voir n° 88220).

Dans un troisième temps, le Conseil d'État a constaté que les dispositions de l'article 235 ter ZCA du CGI ne pouvaient être appliquées aux bénéfices redistribués par une société mère provenant d'une filiale établie dans un autre pays de l'Union européenne et relevant du régime prévu par la directive mères/filles, mais pouvaient, en revanche, être appliquées à l'ensemble des autres bénéfices distribués par cette société mère ; il a ainsi identifié une **différence de traitement** entre les sociétés mères selon que les bénéfices qu'elles redistribuaient provenaient ou non de filiales relevant du régime prévu par la directive mères/filles et il en a saisi le Conseil constitutionnel (CE QPC 7 juillet 2017 n° 399757, 8e et 3e ch., Sté Soparfi : RJF 11/17 n° 1086).

Épilogue de cette étonnante saga jurisprudentielle, le Conseil constitutionnel a finalement déclaré contraire à la Constitution l'ensemble du premier alinéa du I de l'ancien article 235 ter ZCA, ce qui revenait à déclarer la contribution **contraire à la Constitution** quels que soient les bénéfices sur lesquels elle était prélevée (Cons. const. 6 octobre 2017 n° 2017-660 QPC, Sté de participations financières : RJF 12/17 n° 1219) ; en l'absence de raison d'intérêt général de nature à la justifier, la différence de traitement entre les sociétés distributrices selon l'origine des produits distribués méconnaissait, selon cette décision, les principes d'égalité devant la loi et devant les charges publiques (n° 81415). Dans ces conditions, la censure a été totale et n'a pas été limitée aux seules redistributions de dividendes par les sociétés mères ; quant aux effets de la déclaration d'inconstitutionnalité, ils n'ont pas été limités aux instances en cours et les redevables ont donc pu invoquer la déclaration d'inconstitutionnalité à l'appui de nouvelles réclamations dans les limites de la prescription (la déclaration d'inconstitutionnalité valait pour les versions antérieures du dispositif, ainsi que l'a jugé CE 8 décembre 2017 n° 399757, 8e et 3e ch., Sté Soparfi : RJF 3/18 n° 296 ; également, CE 7 février 2018 n° 399024, 8e ch., Afep : RJF 5/18 n° 470, annulant certains commentaires administratifs).

Précisions **a.** Doutant également de la compatibilité de l'ancienne contribution de 3 % sur les montants distribués avec le droit de l'Union européenne, la **Commission européenne** avait engagé le 26 février 2015, par l'envoi d'une mise en demeure, une procédure d'infraction contre la France en invoquant le non-respect de la directive mères/filles et la méconnaissance du traité FUE et de l'Accord sur l'Espace économique européen.

b. La contribution de 3 % n'était pas critiquable en tant qu'elle aurait constitué une **retenue à la source** interdite par la directive mères/filles, étant donné que le redevable était la société elle-même et non ses actionnaires (pour reprendre la formulation de la Cour de justice, l'assujetti n'était pas le détenteur des titres ; nos 88245 et 88250 Précisions f, à propos de la « fairness tax » belge, similaire sur ce point).

c. Sur la chronologie ayant conduit à l'adoption de cette contribution en 2012, les raisons de son maintien pendant cinq ans et son annulation par le Conseil constitutionnel le 6 octobre 2017, voir le **rapport de l'inspection générale des finances** du 13 novembre 2017 (communiqué de presse du ministère de l'économie et des finances n° 206 du 13 novembre 2017).

b. Exonération résultant des libertés de circulation européennes

Principes

Le principe de l'exigibilité d'une retenue à la source en cas de distribution de dividendes à un actionnaire non résident connaît une importante exception tenant aux libertés de circulation européennes telles qu'elles ont été interprétées par la Cour de justice. 61000

61000 (suite) C'est initialement par voie doctrinale que l'administration avait tiré les conséquences de la décision Denkavit de la CJCE (n° 81620) en admettant que, depuis le 1er janvier 2007, les dividendes versés par les sociétés françaises à des sociétés européennes soient exonérés de retenue à la source, sous certaines conditions, même en cas de participations inférieures au seuil de 10 % retenu par la directive mères/filles (anciennes instructions administratives des 10 mai et 12 juillet 2007, reprises au BOI-RPPM-RCM-30-30-20-40).

Cette exonération a été légalisée par l'article 29 de la loi n° 2015-1786 du 29 décembre 2015 de finances rectificative pour 2015, applicable aux exercices clos depuis le 31 décembre 2015 (CGI art. 119 ter, 2-c) ; le **taux de participation** déclenchant l'exonération (fixé à 10 % par la directive mères/filles) est, en effet, ramené à 5 % lorsque la personne morale qui est le bénéficiaire effectif des dividendes détient des participations satisfaisant aux conditions prévues à l'article 145 du CGI (régime des sociétés mères) et se trouve **privée de toute possibilité d'imputer** la retenue à la source française.

Cette exonération législative est réservée aux **sociétés « européennes »** (sociétés dont le siège de direction effective est situé dans un État membre de l'Union européenne ou dans un autre État partie à l'accord sur l'Espace économique européen ayant conclu avec la France une convention d'assistance administrative en vue de lutter contre la fraude et l'évasion fiscales) et subordonnée au respect de certaines conditions (nos 61002 s.).

Au regard des principes affirmés par la Cour de justice dans l'affaire Amurta (n° 82060), certaines des conditions posées par la loi n'apparaissent cependant pas conformes au principe de **libre circulation des capitaux**. À propos d'une société suisse qui détenait environ 8 % du capital d'une société française et qui aurait pu bénéficier du régime des sociétés mères si elle avait été établie en France, ce n'est, en effet, qu'en application de la **clause de gel** (n° 81985) que la retenue à la source a été considérée comme exigible, car le principe de libre circulation des capitaux y aurait autrement fait obstacle (CE 30 septembre 2019 n° 418080, 9e et 10e ch., min. c/ Sté Findim Investments : RJF 12/19 n° 1144). Sur renvoi dans cette affaire, qui concernait les années 2006 et 2007, l'application de la clause de gel a été confirmée par CAA Versailles 18 décembre 2020 n° 19VE03334, 1e ch., min. c/ Sté Findim Investments (arrêt définitif après non-admission du pourvoi du contribuable par CE (na) 2 février 2022 n° 449714, 9e ch., Sté Findim Investissements : RJF 4/22 n° 387 ; le moyen de cassation portait sur la clause de non-discrimination de la convention fiscale franco-suisse du 9 septembre 1966, mais cette stipulation était inopérante, car il n'y a en l'espèce nulle différence de traitement fondée sur la nationalité), au motif que si la détention de 8 % du capital social de la société française ne permettait pas à la société suisse d'exercer un pouvoir de contrôle ou de direction sur sa filiale, ni même d'exercer une influence certaine sur les décisions de cette société ou d'en déterminer les activités, cette participation lui permettait de **participer de manière effective à la gestion de sa filiale** et, dès lors, pouvait être qualifiée d'investissement direct (la société suisse disposait d'un siège au conseil d'administration, et de deux sièges sur neuf et de 19 % du capital si l'on prenait également en compte sa société mère ; les deux sociétés du groupe Findim avaient conclu avec l'actionnaire majoritaire un pacte de cession mutuelle de leurs participations « dans leur volonté commune d'accompagner et de soutenir le développement » de la société française et le président-directeur général de la société française avait attesté de la participation active de l'administrateur représentant le groupe Findim aux travaux du conseil d'administration et à la définition des recommandations, en étroite collaboration avec l'administrateur représentant l'actionnaire principal).

Ainsi, la retenue à la source ne devrait pas être exigible lors de distributions de dividendes à une société étrangère, qu'elle ait ou non son siège dans un État membre de l'Union européenne, si elle détient une participation d'au moins 5 % qui aurait été éligible au régime des **sociétés mères** en cas de détention par une société française et si cette participation ne caractérise pas un investissement direct (n° 81985) ; dans ces circonstances, les conditions posées par la loi, restreignant l'exonération aux sociétés européennes et la subordonnant à l'impossibilité d'imputer un crédit d'impôt correspondant à la retenue à la source française, sont donc vraisemblablement contraires au droit de l'Union européenne.

Il est à noter qu'en appel il avait initialement été jugé, dans l'affaire Findim Investments, précitée, qu'il n'y avait pas lieu, contrairement à ce que soutenait subsidiairement le ministre, de limiter la restitution à une retenue assise sur 95 % du montant des dividendes distribués, c'est-à-dire après défalcation de la **quote-part de frais et charges** ; pour la

Cour, en effet, l'intégration de la quote-part de frais et charges dans le bénéfice net imposable d'une société mère a seulement pour objet de neutraliser la déduction, autorisée par ailleurs, des charges supportées par une société à raison de la gestion des titres de participation dont les dividendes qui en sont issus sont exonérés d'impôt sur les sociétés et ne donnent donc lieu à aucun produit imposable (CAA Versailles 12 décembre 2017 n° 15VE02634, 3e ch., Sté Findim Investments).

Sur le cas particulier des dividendes versés à des sociétés étrangères déficitaires, voir nos 60900 (CGI art. 235 quater), 60920 (CGI art. 119 quinquies) et n° 82062 ; sur le cas où une société européenne n'a pas la possibilité d'imputer la retenue à la source française, voir n° 82064.

Précisions **a.** L'administration n'avait pas tiré de conséquences de la décision Denkavit pour la période **antérieure au 1er janvier 2007** alors que les mêmes principes étaient naturellement applicables. Pour autant, la doctrine administrative n'était pas illégale en tant que telle, les sociétés concernées ayant eu la possibilité d'introduire des réclamations contentieuses (CE 22 janvier 2010 n° 311863, 8e et 3e s.-s., Sté Maaldrift BV : RJF 4/10 n° 353).

b. L'exposé des motifs du projet de loi de finances rectificative pour 2015 indique que la mesure avait pour objet **d'inscrire dans la loi l'exemption** prévue antérieurement par la doctrine administrative en faveur des sociétés mères qui détiennent entre 5 % et 10 % d'une filiale distributrice française.

c. La Commission européenne avait considéré que la France ne respectait pas le principe de libre circulation des capitaux en assujettissant à une retenue à la source définitive les dividendes versés aux **compagnies d'assurance en unités de compte** établies dans des États membres de l'Espace économique européen, alors que les mêmes compagnies établies en France sont, de fait, exonérées, car les dividendes reçus constituent des provisions déductibles ou des réserves techniques (INFR(2020)4054 du 18 février 2021) ; cette procédure a été close le 6 avril 2022, sans doute à la suite des mesures législatives prises à la fin de l'année 2021 (n° 60980).

Conditions générales d'application

Les conditions d'application sont les mêmes que celles qui sont exposées n° 61027 en ce qui concerne les sociétés françaises distributrices, n° 61032 en ce qui concerne les sociétés mères bénéficiaires, n° 61034 en ce qui concerne la durée de détention de deux ans et n° 61042 en ce qui concerne les situations abusives. **61002**

Précisions **a.** Lorsque l'exonération n'était pas législative, l'administration avait exclu le cas des **montages artificiels** (BOI-RPPM-RCM-30-30-20-40 n° 40) ; cette exclusion a été maintenue. Elle a été jugée applicable à des versements de dividendes en 2008, 2009 et 2010 par une société française à une société de Madère dont le siège était établi dans les locaux d'une société de domiciliation et qui était elle-même détenue à 100 % par une personne physique qui était devenue résidente de Suisse l'année précédant les versements (CAA Versailles 24 juillet 2018 n° 15VE04006, 1e ch., SAS Holding Yaka ; cet arrêt a été annulé pour une raison de procédure par CE 27 décembre 2019 n° 424456, 8e ch., et l'affaire a été renvoyée à la cour administrative d'appel de Versailles, où elle est enregistrée sous le n° 20VE00149 ; voir également n° 61032).

b. À l'occasion d'une mise à jour de sa base BOFiP du 7 juin 2016, l'administration n'a pas modifié sa doctrine antérieure admettant que la société européenne ne soit pas **assujettie à l'impôt sur les sociétés** de plein droit mais sur option (BOI-RPPM-RCM-30-30-20-40 n° 50) ; la loi exige pourtant que l'assujettissement à l'impôt sur les sociétés ne soit pas optionnel.

c. Des distributions à une société qui a son siège à **Saint-Barthélemy** ne peuvent pas bénéficier du dispositif, étant donné qu'il s'agit d'un « pays et territoire d'outre-mer » qui ne fait pas partie du territoire de l'Union européenne (n° 1906) ; elles ne le pouvaient pas non plus avant 2012, alors qu'il s'agissait d'une région ultrapériphérique faisant partie du territoire de l'Union européenne, car la condition d'assujettissement à l'impôt sur les sociétés n'était pas satisfaite (CAA Paris 10 juillet 2020 n° 18PA02754, 7e ch., SAS Grand Hôtel des Gobelins et, même jour, n° 18PA02755 SA SEHR Paris Bercy : RJF 2/21 n° 147 ; arrêts définitifs).

Distributions concernées

L'exonération législative suppose que la personne morale qui est le bénéficiaire effectif des dividendes détienne une participation satisfaisant aux conditions prévues à l'article 145 du CGI (régime des sociétés mères) et qu'elle se trouve privée de toute possibilité d'imputer la retenue à la source française (n° 61008). **61005**

La société européenne doit donc détenir une **participation représentant au moins 5 %** du capital de la société française distributrice ; le seuil de 5 % doit être apprécié comme pour l'application du régime des sociétés mères (n° 61415), le pourcentage de détention étant déterminé à la date de mise en paiement des dividendes.

Le renvoi par la loi au **régime des sociétés mères** implique naturellement que les exclusions figurant au 6 de l'article 145 du CGI, visant spécifiquement les revenus distribués par certaines catégories de sociétés, trouvent également à s'appliquer (absence d'exonération, par exemple, en présence de dividendes versés par des SIIC françaises). En outre, seules sont visées les attributions régulières de bénéfices ou de réserves, à savoir (BOI-RPPM-RCM-30-30-20-40 n°s 80 s.) :
- les distributions exceptionnelles de **réserves** ;
- les distributions effectuées en contrepartie d'une **réduction de capital** ;
- les sommes qualifiées de distributions à l'occasion du **rachat** par la société de ses propres titres à raison des opérations effectuées avant le 1er janvier 2015 (CGI art. 112 ; les rachats de titres effectués depuis cette date sont imposés selon le régime des plus-values) ;
- les revenus réputés distribués lorsqu'une personne morale soumise à l'impôt sur les sociétés cesse d'y être assujettie (CGI art. 111 bis) ;
- et les **bonis de liquidation**.

Sont, en revanche, exclues les sommes non déductibles réintégrées dans les bénéfices de la société et les distributions ou **rémunérations occultes** (CGI art. 109 à 111), les bénéfices réalisés en France par les sociétés étrangères réputés distribués en vertu de l'article 115 quinquies du CGI (n° 19000), et les attributions de sommes ou valeurs effectuées à titre d'acompte ou de solde de liquidation dans les sociétés dissoutes (qui échappent à la retenue à la source pour d'autres raisons).

Précisions **a.** L'exigence du respect des **conditions d'application du régime des sociétés mères** est, à notre avis, justifiée, dans la mesure où une société mère européenne n'a pas à être traitée plus favorablement qu'une société mère française. La jurisprudence de la Cour de justice ne conduit pas à supprimer les retenues à la source en Europe, mais simplement à ce que ne soit pas prélevé, sur une société mère européenne, un impôt qui ne l'aurait pas été sur une société mère française. En ce sens, l'administration est fondée à écarter les participations inférieures à 5 % car le fait de subordonner l'exonération à la circonstance que la société étrangère eût été éligible au régime des sociétés mères si elle avait eu son siège en France est conforme au principe de la **libre circulation des capitaux** (CE 9 mai 2012 n° 342221, Plén., Sté GBL Energy : RJF 7/12 n° 774 avec chronique Cécile Raquin et conclusions Laurent Olléon au BDCF 7/12 n° 92, à propos d'une société luxembourgeoise détenant des actions d'une société française cotée ; voir aussi n°s 82062 et 82064).

b. Alors que l'exonération n'était pas législative et que la jurisprudence n'avait pas réglé la question des droits de vote (n° 61415), il avait été jugé que si la condition tenant au respect du **seuil de détention du capital** était satisfaite, peu importait que les **droits de vote** fussent inférieurs au seuil de 5 % (CE 5 novembre 2014 n° 370650, 3e et 8e s.-s., min. c/ Sté Sofina : RJF 1/15 n° 9, aux conclusions Vincent Daumas au BDCF 1/15 n° 1, à propos d'une société belge déficitaire qui avait pu bénéficier de l'exonération car elle détenait 5 % du capital de la société française distributrice alors qu'elle n'avait que 3,63 % et 4,29 % des droits de vote selon les années en cause).

Impossibilité pour la société mère d'imputer la retenue à la source française

61008 La dispense de retenue à la source est subordonnée à l'absence, pour la société mère, de toute possibilité d'imputer la retenue à la source française qui aurait autrement été prélevée. Cette situation peut, selon l'administration, découler d'un régime d'**exonération**, d'une liquidation, ou d'un **résultat déficitaire** non assorti d'une possibilité de report d'imputation du crédit d'impôt correspondant à la retenue à la source (BOI-RPPM-RCM-30-30-20-40 n° 110).

Si l'impossibilité d'imputer tout ou partie de la retenue à la source apparaît **postérieurement** à la date de la distribution (par exemple, en cas de situation déficitaire ou de liquidation), la restitution de la quote-part de retenue non imputable peut être demandée, par voie de réclamation contentieuse, à la direction des impôts des non-résidents (BOI préc. n° 40). Sur les **modalités d'application pratique** de cette exonération, voir n° 82960.

Cas des organismes sans but lucratif européens

61018 Afin de supprimer une discrimination qui avait été censurée par le Conseil d'État (n° 61075), la loi a, dans le même temps qu'elle a assujetti à l'impôt les dividendes de source française versés à des organismes sans but lucratif français pour les exercices clos à compter du 31 décembre 2009, créé une **retenue à la source** à un taux identique pour leurs équivalents européens ; les dividendes versés à ces organismes sont, depuis le 1er janvier 2010, assujettis à une retenue au taux spécifique de 15 % (CGI art. 187, 1 dans sa rédaction issue de l'article 34 de la loi n° 2009-1674 du 30 décembre 2009 de finances rectificative pour 2009).

Cette retenue s'applique aux dividendes qui bénéficient à des organismes qui ont leur siège dans un État membre de l'**Union européenne** ou dans un autre État partie à l'accord sur l'Espace économique européen ayant conclu avec la France une convention d'assistance administrative en vue de lutter contre la fraude et l'évasion fiscales (**Islande**, **Liechtenstein** et **Norvège**), et qui seraient imposés dans les conditions prévues au 5 de l'article 206 du CGI s'ils avaient leur siège en France. Sur les conditions de l'assimilation, voir n° 61020.

Cela étant, les **fondations reconnues d'utilité publique** restent exonérées et cette exonération peut s'appliquer à leurs équivalents étrangers. Le Conseil d'État juge, en effet, que l'exonération d'impôt sur les sociétés accordée par l'article 206 du CGI aux fondations reconnues d'utilité publique pour les revenus qu'elles tirent de la perception de dividendes est, sur le fondement du principe de libre circulation des capitaux, applicable à un organisme **établi à l'étranger** qui justifie que, à l'instar d'une fondation reconnue d'utilité publique établie en France, sa gestion présente un caractère désintéressé, qu'il affecte de manière irrévocable ses biens, droits ou ressources à la réalisation d'activités d'intérêt général et à but non lucratif, qu'il est soumis au contrôle des autorités publiques de son État d'établissement et qu'il est administré par un organe collégial dont la composition reflète les particularités propres à cet organisme et assure une présence suffisante de représentants qualifiés de l'intérêt général (CE 6 décembre 2021 n° 433301, 9e et 10e ch., Établissement public coréen National Pension Service : RJF 2/22 n° 126 ; voir également nos 61075 et 81980) ; en l'espèce, l'assimilation n'était pas possible, car l'établissement public coréen National Pension Service n'affecte pas de façon irrévocable ses ressources à son activité.

Précédemment, le principe de l'assimilation avait été énoncé en appel à propos d'une entité étrangère placée dans une situation objectivement comparable à celle d'une fondation française reconnue d'utilité publique et qui ne pouvait donc pas supporter de retenue à la source sur les dividendes qu'elle avait reçus (CAA Versailles 19 mai 2016 n° 14VE01214, 6e ch., min. c/ Wellcome Trust : RJF 8-9/16 n° 711 ; arrêt définitif).

Précisions **a.** À s'en tenir à la loi, la retenue à la source reste fixée au taux normal (n° 60975) en cas de versement de dividendes à des **organismes non européens** ; cette solution n'est cependant pas à l'abri de la critique (n° 61075). Il a ainsi été jugé que, afin de respecter le principe de la **libre circulation des capitaux**, la Caisse de retraite du service public des îles Caïmans pouvait bénéficier du taux de 15 % au titre de dividendes reçus en 2017 (elle n'avait pas produit les justifications requises pour 2015 et 2016), dès lors qu'elle pouvait être assimilée à un organisme français sans but lucratif et que la France et les îles Caïmans sont liées par un accord d'échange de renseignements permettant aux autorités fiscales françaises de vérifier si les conditions de l'assimilation sont réunies (TA Montreuil 8 février 2022 n° 1907565, 10e ch., Caisse de retraite du service public des îles Caïmans : RJF 6/22 n° 546, jugement définitif ; voir également n° 60975, Précisions a).

b. Sur la réaction différente de la France face à la jurisprudence de la Cour de justice relative aux **OPC** étrangers, voir n° 60860.

c. Le Conseil d'État a refusé de transmettre, à propos de la législation applicable aux organismes sans but lucratif européens, une question prioritaire de **constitutionnalité** qui avait été soulevée par l'établissement public coréen mentionné ci-avant (CE QPC 24 janvier 2018 n° 415526, 9e et 10e ch., National Pension Service : RJF 4/18 n° 422). Cette décision juge notamment que le fait que les organismes à but non lucratif, français ou étrangers, soient assujettis à une retenue à la source de 15 % sur le **montant brut** des revenus perçus, alors que les entreprises commerciales sont imposées à l'impôt sur les sociétés au taux ordinaire sur le montant net n'est pas contraire à la Constitution ; en effet, le législateur a pu, en tout état de cause, soumettre les organismes sans but lucratif à un régime fiscal spécifique, dès lors que leur activité s'exerce dans des conditions différentes de celles des entreprises privées et qu'il s'est fondé sur un critère objectif et rationnel en rapport avec l'objet de la loi (voir également n° 60860 Précisions e et n° 61075).

Principe de l'assimilation D'une façon générale, l'administration a tiré les consé- **61020**
quences de la jurisprudence du Conseil d'État (n° 61075) en posant un principe d'assimilation des organismes sans but lucratif européens à leurs homologues français pour la détermination des règles d'imposition applicables à leurs **revenus de source française** (ce principe d'assimilation n'apporte rien, actuellement, en ce qui concerne les dividendes qui sont traités de la même façon en vertu de la loi ; n° 61018).

61020 (suite) La doctrine administrative indique en ce sens que, sans préjudice des stipulations conventionnelles ou des dispositions de droit interne équivalentes ou plus favorables dont ils peuvent solliciter l'application, les organismes à but non lucratif dont le siège est situé dans un État membre de **l'Union européenne** autre que la France, ou dans un autre État partie à l'accord sur l'Espace économique européen (EEE) ayant conclu avec la France une convention d'assistance administrative en vue de lutter contre la fraude et l'évasion fiscales (**Islande**, **Liechtenstein** et **Norvège**), sont soumis, au titre de leurs revenus de source française, au même régime fiscal que celui qui s'applique aux revenus de source française de même nature des organismes à but non lucratif dont le siège est situé en France (BOI-IS-CHAMP-10-50-10-40 n° 580). Les conditions générales que doivent respecter les organismes en cause, qui doivent justifier qu'ils satisferaient aux conditions requises pour bénéficier des dispositions du 5 de l'article 206 du CGI si leur siège était situé en France, sont exposées au n° 67557. La portée de ce principe ne s'étend pas aux organismes de pays tiers, ce qui est sans doute discutable (n° 61075).

En pratique, l'organisme concerné peut recevoir une **attestation du service des impôts des entreprises** compétent lui permettant de bénéficier, pour l'ensemble de ses revenus de source française, du même traitement que ses équivalents français. Sur présentation de cette attestation, l'établissement payeur des revenus, le débiteur des revenus ou le représentant fiscal accrédité peut appliquer directement la retenue à la source ou le prélèvement prévus notamment aux articles 119 bis, 2, ou 125 A, III ou 182 B du CGI sur les revenus de source française perçus par l'organisme étranger, ou liquider la plus-value sous déduction du prélèvement prévu, selon le cas, aux articles 244 bis A ou 244 bis B du même Code, au **taux applicable** aux revenus ou plus-values de source française des organismes à but non lucratif dont le siège est **situé en France** (BOI-RPPM-RCM-30-30-10-70 n° 150).

En ce qui concerne les conditions de l'assimilation, il y a naturellement lieu de contrôler le **caractère désintéressé de la gestion** ; par exemple, à propos de la **caisse de retraite** des dentistes du Land de Berlin, le Conseil d'État a souligné qu'il y a non seulement lieu de prendre en compte les règles auxquelles l'organisme étranger est soumis dans son État de résidence, afin d'apprécier s'il satisfait aux conditions requises, mais aussi de rechercher si toutes ces règles sont satisfaites et, en particulier, si la gestion de l'organisme présente un caractère désintéressé (CE 30 décembre 2014 n° 361842, 9e et 10e s.-s., min. c/ Versorgungswerk der Zahnaumlrztekammer aus Berlin (VZB) : RJF 3/15 n° 284, aux conclusions Frédéric Aladjidi au BDCF 3/15 n° 38 ; la cour administrative d'appel avait commis une erreur de droit en ne recherchant pas, notamment, si la gestion de la caisse présentait un caractère désintéressé et l'affaire lui a été renvoyée dans cette mesure). Sur renvoi, la Cour a jugé que la caisse, qui estimait qu'il ne lui appartenait pas de justifier du caractère non lucratif de ses activités, **n'apportait aucun élément** permettant d'établir que sa gestion présentait un caractère désintéressé (CAA Versailles 29 septembre 2015 n° 15VE00141, 1e ch., min. c/ Versorgungswerk der Zahnaumlrztekammer aus Berlin (VZB) ; saisi d'un pourvoi du ministre contre cet arrêt sur la seule question de l'application de la convention fiscale franco-allemande, le Conseil d'État a confirmé, par CE 27 juillet 2016 n° 394518, 9e ch., que la caisse, n'étant pas assujettie à l'impôt en Allemagne, ne pouvait pas être regardée comme résident de cet État et ne pouvait donc pas non plus obtenir le bénéfice des taux réduits conventionnels).

D'une façon générale, il appartient à l'organisme étranger d'établir que sa gestion présente un **caractère désintéressé** et que les services qu'il rend ne sont pas offerts en **concurrence** dans la même zone géographique d'attraction avec ceux proposés au même public par des entreprises commerciales exerçant une activité identique (CE 22 mai 2015 nos 369819 et 369820, 9e et 10e s.-s., min. c/ Wellcome Trust : RJF 8-9/15 n° 684) ; un tempérament est toutefois apporté par le Conseil d'État qui précise que, même dans le cas où l'organisme intervient dans un domaine d'activité et dans un secteur géographique où existent des entreprises commerciales, il peut bénéficier de l'exonération s'il exerce son activité dans des conditions différentes de celles des entreprises commerciales, soit en répondant à certains besoins insuffisamment satisfaits par le marché, soit en s'adressant à un public qui ne peut normalement accéder aux services offerts par les entreprises commerciales, notamment en pratiquant des **prix inférieurs à ceux du secteur concurrentiel** et, à tout le moins, des tarifs modulés en fonction de la situation des bénéficiaires, sous réserve de ne pas recourir à des méthodes commerciales excédant les besoins de l'information du public sur les services qu'il offre. Dans cette affaire, le Conseil d'État juge également que le fait que les **rémunérations versées aux dirigeants** aient été élevées et qu'il y ait eu onze dirigeants n'interdit pas l'assimilation, au regard du critère du caractère désintéressé de la gestion, car ces rémunérations n'apparaissaient pas disproportionnées eu égard aux sujétions imposées aux dirigeants et compte tenu des règles spécifiques auxquelles l'organisme était soumis au Royaume-Uni. Dans la ligne de cette décision, le Conseil d'État a annulé un arrêt d'appel au motif que la Cour n'avait pas recherché si les rémunérations des dirigeants et leur nombre n'étaient pas disproportionnés avant de régler l'affaire au fond en considérant qu'en l'espèce la gestion du fonds pouvait bien être regardée comme désintéressée (CE 15 février 2016 n° 378959, 9e s.-s., Sté Universities Superannuation Scheme Ltd : RJF 5/16 n° 432). **61020** (suite)

La jurisprudence est de plus en plus nourrie sur cette question, comme en témoignent également les décisions suivantes :
– CAA Versailles 29 mars 2016 n° 14VE02698, 3e ch., Versorgungseinrichtung der Arztekammer Schleswig-Holstein, arrêt définitif concernant des dividendes versés à une caisse de retraite allemande destinée aux professions libérales médicales, qui a été considérée comme ayant une **gestion désintéressée** au regard des critères posés par la jurisprudence du Conseil d'État ;
– CAA Versailles 10 mai 2016 n° 14VE02424, 3e ch., min. c/ Caisse de retraite allemande Kirchliche Zusatzversorgungskasse des Verbandes der Dioumlzesen Deutschlands : RJF 8-9/16 n° 710, arrêt définitif jugeant notamment que les **indemnités versées** par cette caisse à ses dirigeants n'apparaissaient pas disproportionnées eu égard aux sujétions imposées à ces derniers et compte tenu des règles spécifiques auxquelles la caisse était soumise, et que la gestion de la caisse devait être regardée comme désintéressée ;
– CAA Versailles 10 mai 2016 n° 14VE01424, 3e ch., min. c/ Association Deutsches Institut fuumir Normung E.V : RJF 8-9/16 n° 710, arrêt définitif jugeant, contrairement à la décision précédente, que les **rémunérations** versées par cette association à l'un de ses dirigeants étaient **disproportionnées** par rapport aux seuils fixés par le Code de la sécurité sociale et que la gestion de cette association ne pouvait donc être regardée comme désintéressée, faute pour cette dernière d'apporter des précisions sur les conditions de fixation des rémunérations en cause au regard des sujétions de la fonction du dirigeant et des règles spécifiques auxquelles l'association était soumise en Allemagne ;
– CAA Versailles 26 octobre 2017 n° 15VE03433, 6e ch., min. c/ Landesärztekammer Hessen Versorgungswerk (LHV), arrêt définitif rendu sur renvoi du Conseil d'État (décision n° 370054 du 9 novembre 2015 ; n° 41400), jugeant que l'organisme allemand de retraite des médecins de la Hesse n'avait pas apporté la preuve qui lui incombait du caractère désintéressé de sa gestion, au regard du critère tenant au rôle et à la rémunération de ses **dirigeants** (la restitution partielle de la retenue à la source avait donc été refusée à bon droit).

Ces décisions montrent que les **critères de non-lucrativité** retenus en droit interne ne s'appliquent pas nécessairement de façon stricte aux organismes étrangers et qu'un organisme étranger peut être regardé comme étant dans une situation comparable à un organisme français de même nature même si sa situation n'est pas exactement identique.

Pour un exemple de fonds étranger de **pension de retraite complémentaire individuelle et facultative** qui n'a pas été considéré comme assimilable aux organismes non lucratifs français gérant les régimes de retraite de base et complémentaire légalement obligatoires, voir CE 9 novembre 2015 n° 371132, 9e et 10e s.-s., Santander Pensiones SA EGFP : RJF 2/16 n° 138 (n° 61075 Précisions d) ; cette décision, rendue sous l'empire de la législation antérieure à la loi du 30 décembre 2009 précitée, est transposable pour l'application du régime actuel.

Précisions **a.** L'**attestation** permettant à l'organisme concerné de bénéficier du même traitement que ses équivalents français, est **valable** du 1er janvier de son année d'établissement jusqu'au 31 décembre de la deuxième année suivant cette dernière, sous réserve que les modalités de fonctionnement et les activités de l'organisme restent inchangées ; dans le cas contraire, il appartient à l'organisme de justifier, par une nouvelle production des documents nécessaires, qu'il pourrait, malgré les **changements** intervenus, continuer à bénéficier des dispositions du 5 de l'article 206 du CGI si son siège était situé en France (BOI-IS-CHAMP-10-50-10-40 n° 630).

b. En cas d'exercice d'**activités lucratives accessoires**, l'attestation doit préciser la liste des activités non lucratives et celle des activités lucratives (BOI préc.).

c. En l'absence de présentation de l'attestation préalablement au versement des revenus ou à la réalisation des plus-values, les prélèvements sont effectués aux taux de droit commun et la **restitution du trop-perçu** peut, sur présentation de l'attestation, être sollicitée auprès de l'administration, avant le 31 décembre de la deuxième année qui suit la date de versement de la retenue à la source ou du prélèvement au Trésor, par l'organisme bénéficiaire des revenus ou plus-values ou, lorsqu'il en est ainsi convenu, par l'établissement payeur (BOI-RPPM-RCM-30-30-10-70 n° 160). Cette demande doit être formulée auprès de la recette des non-résidents de la Direction des impôts des non-résidents (n° 2840 Précisions b) qui est en charge du traitement des contentieux afférents à la retenue à la source ou au prélèvement (BOI préc. n° 170).

c. Exonération résultant de la directive européenne (CGI art. 119 ter)

Principe

61025 Dans le cadre de l'Union européenne, une exonération de retenue à la source est applicable depuis 1er janvier 1992 en vertu d'une directive introduite en droit interne français sous l'article 119 ter du CGI.

La directive initiale, celle du 23 juillet 1990, a ensuite été modifiée par une directive du 22 décembre 2003 dont les prescriptions ont été introduites en droit interne français par l'article 44 de la loi de finances rectificative pour 2004 modifiant l'article 119 ter du CGI. Ces textes ont été remplacés par la **directive 2011/96/UE du Conseil du 30 novembre 2011** concernant le régime fiscal commun applicable aux sociétés mères et filiales d'États membres différents, qui a simplement consolidé et refondu les textes antérieurs dans un souci de lisibilité et n'a donc pas fait l'objet de mesures de transposition (nos 88160 s.).

En vertu de ce texte, les dividendes versés par une société française à une société mère dont le siège de direction effective est situé dans un État membre de l'**Union européenne** sont exonérés de retenue à la source dans la mesure où les conditions sont réunies (nos 61027 s). Allant au-delà des prescriptions de la directive, la loi exonère également les dividendes versés aux sociétés éligibles qui ont leur siège de direction effective dans un autre État partie à l'accord sur l'**Espace économique européen** ayant conclu avec la France une convention d'assistance administrative en vue de lutter contre la fraude et l'évasion fiscales (CGI art. 119 ter, dans sa rédaction issue de l'article 29 de la loi n° 2015-1786 du 29 décembre 2015 de finances rectificative pour 2015). Cette extension est applicable aux exercices clos depuis le 31 décembre 2015.

Précisions **a.** En ce qui concerne les **modalités d'application** pratique de cette exonération de retenue à la source, voir n° 82970.

b. L'exonération prévue par l'article 119 ter du CGI ne peut pas être étendue aux **États tiers**. Il a, par exemple, été jugé que le principe de la libre circulation des capitaux ne permet pas à une société française d'en revendiquer le bénéfice en cas de versement de dividendes à une société mère établie au Bénin qui détient 59 % de son capital (CAA Nantes 12 juin 2014 n° 13NT01271, 1e ch. SAS Casco : RJF 10/14 n° 963, arrêt définitif) ; la Cour juge que seul le moyen tiré de l'incompatibilité de l'article 119 ter du CGI avec la liberté d'établissement aurait pu, en l'espèce, être utilement soulevé par la requérante, eu égard à l'importance de la participation détenue par la société mère, et que cette liberté n'est pas applicable s'agissant d'un État tiers (n° 81450).

Conditions tenant aux sociétés françaises distributrices

61027 L'article 119 ter du CGI s'applique aux distributions faites par une société ou un organisme soumis à l'**impôt sur les sociétés au taux normal**, que ce soit de droit ou sur option ; en pratique sont visées les distributions faites par les sociétés anonymes, les SAS, les SARL, les sociétés en commandite par actions et les sociétés de personnes ayant opté pour l'impôt sur les sociétés. Depuis une mise à jour doctrinale du 25 juillet 2014, l'administration n'exclut plus les sociétés de personnes visées aux articles 8, 8 bis et 8 ter du CGI, ainsi que les autres personnes morales mentionnées aux articles 238 ter, 239 quater A, 239 quater B, 239 quater C, 239 septies, 239 quater, I et 239 quinquies du CGI, qui ont opté pour leur assujettissement à l'impôt sur les sociétés (BOI-RPPM-RCM-30-30-20-10 n° 30) ; les établissements stables en France de sociétés étrangères sont nécessairement exclus dans la mesure où ils ne versent pas de dividendes.

Précisions Depuis l'entrée en vigueur de la directive de 2003 (n° 88193), l'éligibilité des **SAS** au bénéfice de l'exonération ne pose plus de difficulté, que ce soit dans le sens des dividendes versés par des SAS à des sociétés mères européennes ou dans le sens inverse (auparavant, l'exonération était acquise dans le premier cas, puisque les SAS sont assimilées à des sociétés anonymes par l'article 1655 quinquies du CGI, mais pas nécessairement dans le second).

Seules sont éligibles les distributions effectuées par les sociétés passibles de l'impôt sur les sociétés sans en être exonérées ; cette condition a pour effet d'exclure les sociétés d'investissement à capital variable (**Sicav**) et autres **sociétés d'investissement**, de même que les **coopératives**, lorsqu'elles bénéficient d'une exonération totale d'impôt sur les sociétés. 61029

Pour les sociétés qui ne sont que partiellement exonérées d'impôt sur les sociétés, l'exonération de retenue à la source s'applique seulement, selon l'administration, aux dividendes prélevés sur les résultats du secteur taxable (BOI-RPPM-RCM-30-30-20-10 n° 60).

Lorsqu'ils proviennent de bénéfices retranchés des bases de l'impôt sur les sociétés en vertu d'abattements ou de règles d'assiettes particulières, ou qui ne sont pas passibles de l'impôt en application des conventions fiscales ou des règles de territorialité posées par l'article 209, I du CGI (n°s 4005 s.), les dividendes demeurent distribuables en exonération de retenue à la source dès lors que la société elle-même est passible de l'impôt sur les sociétés sans en être exonérée (BOI préc. n° 70).

Précisions **a.** La référence législative au taux normal de l'impôt sur les sociétés doit s'entendre comme visant non seulement le taux général (n° 5592) mais aussi le **taux réduit de 15 %** applicable aux PME.

b. En ce qui concerne les distributions effectuées par les sociétés d'investissements immobiliers cotées (**SIIC**), voir n° 67960.

Conditions tenant aux sociétés mères bénéficiaires

La société mère doit respecter les conditions suivantes : 61032

• être le **bénéficiaire effectif** des dividendes, notion que l'administration n'a pas commentée, et qui ne figure d'ailleurs pas en tant que telle dans la directive (n° 74630) ; prenant appui sur la jurisprudence de la Cour de justice (affaires 116/16 et 117/16, point 113 ; n° 88210), le Conseil d'État juge cependant que la qualité de bénéficiaire effectif des dividendes doit être regardée comme une condition du bénéfice de l'exonération de retenue à la source prévue par l'article 5 de la directive mères/filles (quatre décisions du même jour rejetant les pourvois formés contre les arrêts rendus sur renvoi après première cassation par la cour administrative d'appel de Versailles ; CE 5 juin 2020 n°s 423809, 423810, 423811 et 423812, 9e et 10e ch., Stés Eqiom et Enka : RJF 8-9/20 n° 692) ; dans cette affaire, l'administration avait pu à bon droit refuser l'exonération de la retenue afférente à des dividendes versés à une **société mère luxembourgeoise** au motif que les sociétés françaises distributrices n'avaient pas établi que les distributions avaient été versées sur un **compte bancaire** appartenant à la société luxembourgeoise et n'avaient pas produit, par exemple, un relevé d'identité bancaire comportant les références précises et exactes du titulaire du compte (le compte avait été ouvert en Suisse) ; étant donné les autres imprécisions qui ressortaient du dossier, la cour administrative d'appel avait pu estimer à bon droit que les distributions devaient être réputées versées à un bénéficiaire tiers (l'application de la convention fiscale franco-luxembourgeoise a également été refusée pour la même raison) ; rejetant les pourvois, le Conseil d'État juge que la Cour n'avait pas méconnu les règles de dévolution de la charge de la preuve ni commis d'erreur de droit en retenant, au terme d'une appréciation souveraine exempte de dénaturation, qu'aucune des pièces produites par les sociétés françaises n'était de nature à établir que la société luxembourgeoise avait appréhendé les dividendes litigieux ;

• avoir son **siège de direction effective** dans un État membre de l'Union européenne ou dans un autre État partie à l'accord sur l'Espace économique européen ayant conclu avec la France une convention d'assistance administrative en vue de lutter contre la fraude et l'évasion fiscales (Islande, Liechtenstein et Norvège) et n'être pas considérée, aux termes d'une convention fiscale conclue avec un État tiers, comme ayant sa résidence fiscale hors de l'Union européenne ou de l'Espace économique européen (l'extension à l'Espace économique européen s'applique aux exercices clos depuis le 31 décembre 2015). L'administration précise, conformément à la pratique française, que le siège de direction effective qui détermine la résidence fiscale de la société mère s'entend du lieu où sont en fait principalement concentrés les organes de direction, d'administration et de contrôle de la société ; le siège de direction effective se distingue ainsi, le cas échéant, du siège statutaire (BOI-RPPM-RCM-30-30-20-10 n°s 100 s. ; voir également n°s 41400 s.) ; pour un exemple de cas où le **critère n'a pas été jugé rempli**, voir CAA Lyon 12 avril 2018 n° 16LY04476, 5e ch., Sté MSA Gallet Holding, refusant, pour 2009, 2010 et 2011, l'exonération de retenue à la source au motif que les dividendes avaient été versés à une société néerlandaise, filiale d'une société américaine, qui n'avait pas son siège de direction effective aux Pays-Bas (cet arrêt a

61032 (suite) fait l'objet d'un pourvoi qui n'a pas été admis par CE (na) 26 novembre 2018 n° 421451, 10e ch., Sté MSA Gallet Holding) ; pour la Cour, la société néerlandaise, en produisant des pièces attestant de son existence et de son enregistrement auprès des services fiscaux néerlandais ainsi que des factures de téléphonie, des documents relatifs à des contrats d'assurance et des pièces relatives aux frais de déplacement de son directeur, à son salaire et à son indemnité de départ, n'avait pas établi, alors que cela lui incombait car elle était seule en mesure de le faire, que le **lieu de préparation des décisions** et le principal **lieu de décision** et de résidence des personnels de direction de la société holding, ou de ceux qui possédaient un pouvoir décisionnaire, se trouvaient aux Pays-Bas (la Cour juge que seule la société bénéficiaire des dividendes ou, le cas échéant, la société distributrice est en mesure de produire les éléments de nature à justifier de la localisation de son siège de direction effective) ; pour un autre exemple, CAA Versailles 10 novembre 2020 n° 18VE03090, 1e ch., SAS Organisation et Développement, jugeant qu'une société luxembourgeoise filiale d'un groupe américain n'avait pas son siège de direction effective au Luxembourg, au motif que les éléments produits ne permettaient pas d'établir que les **décisions stratégiques** de la société auraient été prises au Luxembourg (arrêt définitif confirmant TA Montreuil 2 juillet 2018 n° 1606094, SAS Organisation et Développement : RJF 2/19 n° 153 et concernant un cas où l'administration avait tout de même, curieusement, appliqué le taux conventionnel franco-luxembourgeois ; la société avait des gérants luxembourgeois, outre ses gérants américains, mais ces derniers avaient des fonctions plus importantes, s'agissant d'un groupe américain, et les gérants luxembourgeois paraissaient être plutôt des prestataires externes) ;

• revêtir l'une des **formes** énumérées par l'annexe à la directive mères/filles, c'est-à-dire, sauf exception, être une société de capitaux constituée conformément au droit d'un des États membres de l'Union européenne, ou avoir une forme équivalente lorsque la société a son siège de direction effective en Islande, au Liechtenstein ou en Norvège ;

• être **passible de l'impôt sur les sociétés** dans l'État membre de l'Union européenne où elle a son siège de direction effective (ou en Islande, au Liechtenstein ou en Norvège), à l'exclusion des sociétés mères soumises à l'impôt sur les sociétés sur option et de celles qui, tout en étant passibles de cet impôt, en sont exonérées (l'administration renvoie, à titre indicatif, à la liste des impôts cités dans la partie B de l'annexe I à la directive mères/filles et à la liste des impôts équivalents à l'impôt sur les sociétés français cités au BOI-ANNX-000071 pour les États parties à l'accord sur l'Espace économique européen ; BOI préc. n° 200) ; la condition est considérée comme remplie si la société mère est soumise à un taux d'imposition réduit (BOI préc. n° 220), mais il a été jugé qu'elle ne l'était pas au cas d'une société portugaise qui bénéficiait d'une **exonération temporaire** de l'impôt sur les sociétés (CAA Versailles 24 juillet 2018 n° 15VE04006, 1e ch., SAS Holding Yaka, à propos de dividendes versés à une société portugaise établie dans la zone franche de Madère ; cet arrêt a été annulé pour une raison de procédure par CE 27 décembre 2019 n° 424456, 8e ch. et l'affaire a été renvoyée à la cour administrative d'appel de Versailles, où elle est enregistrée sous le n° 20VE00149 ; voir également n° 61002, Précisions a) ; autre exemple, une société qui n'avait été redevable au **Luxembourg** d'aucune cotisation à l'impôt sur le revenu des collectivités ne pouvait bénéficier de l'article 119 ter du CGI, en l'absence d'élément de nature à établir précisément sa situation fiscale, tel qu'une attestation de l'administration fiscale luxembourgeoise indiquant qu'elle était assujettie à l'impôt sans possibilité d'option et sans être exonérée (CAA Versailles 30 août 2018 n° 16VE03054, 3e ch., min. c/ SAS SMA Environnement, ayant fait l'objet d'un pourvoi non admis par CE (na) 17 juillet 2019 n° 425132, 8e ch., Sté SMA Environnement ; voir également n° 61043 Précisions b).

Précisions **a.** La condition d'assujettissement à l'impôt sur les sociétés n'est pas remplie, selon l'administration, si le bénéficiaire est une **Sicar luxembourgeoise** (société d'investissement en capital à risque), dans la mesure où son régime fiscal conduit à une exonération de fait de ses revenus (ancienne réponse Dassault, JOAN 4 juillet 2006 page 7040 : BF 10/06 n° 1120, non reprise au BOFiP). La jurisprudence de la Cour de justice retient aujourd'hui la même solution (n° 88580).

b. L'exonération s'applique aux dividendes distribués aux **établissements stables** des sociétés mères qui remplissent les conditions requises lorsque ces établissements sont situés en France ou dans un autre État membre de l'**Union européenne** (ou en Islande, au Liechtenstein ou en Norvège) ; l'exonération n'est pas applicable en présence d'un établissement stable situé hors de l'Union européenne (ou Islande, Liechtenstein ou Norvège), même s'il s'agit de l'établissement d'une société européenne (ou islandaise, liechtensteinoise ou norvégienne), ni en cas de distribution à un établissement stable situé dans l'Union européenne d'une société non européenne (ou islandaise, liechtensteinoise ou norvégienne) ; à noter que le concept d'établissement stable n'est pas défini par la loi alors qu'il l'est par la directive.

c. Les distributions faites à une société qui a son siège à **Saint-Barthélemy** ne peuvent pas bénéficier de l'exonération prévue par l'article 119 ter du CGI, étant donné qu'il s'agit d'un « pays et territoire d'outre-mer » qui ne fait pas partie du territoire de l'Union européenne (n° 1906) ; pour la période antérieure au changement de statut de l'île, voir dans le même sens CAA Paris 10 juillet 2020 n° 18PA02754, 7e ch., SAS Grand Hôtel des Gobelins et, même jour, n° 18PA02755 SA SEHR Paris Bercy : RJF 2/21 n° 147, alors qu'il s'agissait d'une région ultrapériphérique (arrêts définitifs ; n° 61002 Précisions c).

Participations éligibles

Seuls peuvent bénéficier de l'exonération prévue par l'article 119 ter les dividendes distribués au titre des participations qui atteignent un certain seuil ; initialement fixé à 25 % du capital de la société distributrice, ce seuil a progressivement été réduit à 20 % pour les dividendes distribués entre le 1er janvier 2005 et le 31 décembre 2006, à 15 % pour les dividendes distribués entre le 1er janvier 2007 et le 31 décembre 2008 et à **10 %** pour les dividendes distribués depuis le 1er janvier 2009. **61034**

Pour les exercices clos depuis le 31 décembre 2015, la participation de 10 % dans le capital de la personne morale qui distribue les dividendes peut être détenue en **pleine propriété ou en nue-propriété** (CGI art. 119 ter, dans sa rédaction issue de l'article 29 de la loi n° 2015-1786 du 29 décembre 2015 de finances rectificative pour 2015). En revanche, l'exonération n'est pas applicable aux titres détenus en usufruit, sauf exception (BOI-RPPM-RCM-30-30-20-10 n° 190). Sur l'exonération éventuellement applicable en présence d'une participation d'au moins 5 %, voir n° 61000 s.

En outre, la société mère européenne doit avoir détenu la participation éligible de façon directe et ininterrompue **depuis deux ans** au moins ; dans la négative, elle peut toutefois bénéficier de l'exonération en prenant l'**engagement de conserver** cette participation pendant un délai de deux ans au moins, à condition qu'elle désigne, comme en matière de taxes sur le chiffre d'affaires, un représentant responsable du paiement de la retenue à la source en cas de non-respect de cet engagement. Ces conditions (souscrire un engagement formel de conservation et désigner un représentant fiscal) ont toutefois été considérées comme des restrictions incompatibles avec la **liberté d'établissement** dès lors qu'elles ne sont pas exigées des sociétés mères françaises, l'administration procédant seulement, dans ce cas, à d'éventuels contrôles ultérieurs pour vérifier que la société mère a bien respecté la condition de conservation de sa participation pendant deux ans (CAA Douai 1er juillet 2019 n° 17DA00655, 4e ch., SAS CPI-Liard : RJF 11/19 n° 1046 ; arrêt définitif) ; elles ne pouvaient donc être opposées à une société française qui avait subi un rappel de retenue à la source au titre du versement, en 2009 et 2010, de dividendes à sa société mère britannique, elle-même sous contrôle américain (la Cour écarte également, naturellement, l'application du 3 de l'article 119 ter du CGI dans sa rédaction de l'époque, compte tenu de la jurisprudence de la Cour de justice ; n° 61045).

La **durée de détention** s'apprécie à la date de mise en paiement des dividendes et à compter de la date de l'inscription des titres en compte, sauf s'il est établi que la date d'acquisition est différente. Le délai n'est pas respecté si, quelle qu'en soit la raison, la participation est abaissée en deçà du seuil à un moment quelconque au cours de la période.

Précisions **a.** La possibilité de bénéficier de l'exonération de retenue **sans attendre** l'expiration d'un délai de **deux ans** résulte de l'article 20 de la loi de finances rectificative pour 1996, adopté à la suite de l'arrêt Denkavit du 17 octobre 1996 de la CJCE (n° 81620).

b. La prise en compte des actions détenues en **nue-propriété** résulte de l'article 29 de la loi n° 2015-1786 du 29 décembre 2015 de finances rectificative pour 2015 ; avec retard, le législateur a finalement respecté l'article 3 de la directive mères/filles qui définit le seuil de participation requis à partir du critère de la propriété du « capital » de la filiale (la Cour de justice avait d'ailleurs déjà jugé que le nu-propriétaire remplit le critère de « participation dans le capital » au sens de l'article 3 de cette directive ; CJCE 22 décembre 2008 aff. 48/07, 4e ch., Belgique c/ Les Vergers du Vieux Tauves SA : RJF 3/09 n° 305 ; n° 88200).

c. Une société belge qui, afin de contrer une OPA hostile, transfère à une **Administratiekantoor** (AK) de droit néerlandais les titres d'une société française qu'elle détient depuis moins de deux ans ne respecte pas la condition de délai de détention dès lors que la détention d'une participation par l'intermédiaire d'une AK n'est pas considérée comme une **détention directe** au sens de l'article 119 ter du CGI (CAA Bordeaux 29 août 2019 n° 17BX00782, 5e ch., SNAM ; cet arrêt a fait l'objet d'un pourvoi qui a été rejeté par CE 20 juillet 2021 n° 435635, 9e et 10e ch., Société nouvelle d'affinage des métaux (SNAM) : RJF 11/21 n° 1020) ; dans sa décision de rejet, le Conseil d'État juge que la Cour n'avait pas commis d'erreur en relevant que le transfert de la pleine propriété des titres ainsi que des droits de vote qui leur sont attachés avait interrompu le délai de détention de deux ans, alors même que la société belge serait demeurée le **bénéficiaire effectif** des dividendes ; l'arrêt d'appel avait notamment considéré que la certification des titres auprès d'une AK néerlandaise revêt les principales caractéristiques de la **fiducie** en droit français (cette assimilation n'a pas été confirmée par le Conseil d'État ; voir nº 10690) et que l'exigence législative selon laquelle la détention doit être « directe » est conforme à la directive mères/filles.

61036 L'**engagement de conservation** doit être souscrit à la fois auprès de l'établissement payeur français et auprès de l'administration, avant la date de la première mise en paiement des dividendes qui suit la date d'inscription des titres en compte. La désignation du **représentant** doit être effectuée par la société mère en même temps qu'elle prend l'engagement de conservation. Le représentant doit être établi en France ; il doit lui-même reconnaître qu'il est responsable, en cas de non-respect de l'engagement, du paiement de la retenue à la source et des pénalités.

Ces différents engagements, qui ne sont pas soumis à un formalisme particulier, peuvent être pris sur **papier libre** auprès de l'établissement payeur et du service des impôts des entreprises étrangères (un modèle d'attestation à produire par la société mère résidente d'un État membre de l'Union européenne ou d'un autre État partie à l'accord sur l'Espace économique européen ayant conclu avec la France une convention d'assistance administrative en vue de lutter contre la fraude et l'évasion fiscales est proposé au BOI-LETTRE-000077). Bien entendu, si les engagements ne sont pas pris et si la retenue à la source est opérée, la société mère peut toujours en demander la restitution si elle justifie qu'elle a conservé les titres pendant deux ans.

En tout état de cause, il a été jugé que l'exigence de souscription d'un engagement formel de conservation et de désignation d'un représentant fiscal est incompatible avec la **liberté d'établissement** (nº 61034).

Précisions Applicable aux dividendes distribués depuis le 1er janvier 1997, le mécanisme de l'engagement a été précisé par un décret du 22 avril 1997, codifié aux articles 46 quater O-FB à O-FD de l'annexe III au CGI (BOI-RPPM-RCM-30-30-20-10 nos 280 s.).

Conditions tenant à la nature des distributions

61040 L'article 119 ter vise les « **dividendes** » distribués, ce qui est une notion plus restrictive que celle de « revenus distribués » au sens des articles 108 à 117 bis du CGI. Ainsi, les sommes non déductibles réintégrées dans les bénéfices de la société et les distributions ou rémunérations occultes (nº 60680) ne sont pas couvertes car il ne s'agit pas de dividendes, au sens de la jurisprudence du Conseil d'État.

En ce sens, il a été jugé qu'un **avantage occulte** correspondant à des honoraires non justifiés versés par une société française à sa société mère luxembourgeoise n'entre pas dans le champ de l'article 119 ter du CGI au motif que la directive mères/filles ne vise que les bénéfices qu'une société mère reçoit à titre d'associée de sa filiale (CAA Versailles 17 novembre 2015 nº 13VE03679, 1e ch., SARL Foncière PI : RJF 3/16 nº 245, arrêt définitif ; la décharge a cependant été obtenue sur le fondement de la convention fiscale franco-luxembourgeoise comme indiqué nº 60690, Précisions a). De même, l'exonération a été jugée inapplicable à la somme inscrite au crédit du compte courant d'une société luxembourgeoise et qui constituait un avantage occulte au sens de l'article 111 c du CGI (TA Montreuil 5 mai 2014 nº 1204602, 1e ch., Sté Foncière Vega : Droit fiscal 2014 nº 40, comm. nº 561, jugeant que cette somme n'était ni un dividende distribué au sens de l'article 119 ter ni un bénéfice distribué au sens de la directive ; jugement définitif).

En tout état de cause, la directive européenne, s'il est vrai qu'elle vise non pas les « dividendes » mais les « bénéfices distribués », terme non défini et qui devrait sans doute recevoir une acception plus large que celle de dividendes, ne s'applique, en vertu de son article 4, qu'aux bénéfices qu'une société mère reçoit à titre d'associée de sa filiale (la jurisprudence de la Cour de justice tend également à limiter l'exonération aux retenues à la source dont le fait générateur est le versement de dividendes ou de tout autre rendement des titres ; nº 88245). De son côté, l'administration indique qu'en pratique l'exonération de retenue à la source s'applique aux mêmes produits que ceux couverts par le régime des sociétés mères (BOI-RPPM-RCM-30-30-20-10 nº 230), à savoir tous les produits qu'une société mère reçoit de sa filiale en sa qualité d'actionnaire ou de porteur de parts (bénéfices proprement dits, mais aussi, notamment, boni de liquidation, distributions de réserves, avances, prêts ou acomptes consentis aux associés, lorsque les sommes correspondantes sont considérées comme des revenus distribués en vertu de l'article 111 a du CGI, intérêts excédentaires versés à la société mère et réintégrés dans le bénéfice imposable de la filiale en vertu de l'article 39, 1-3° du CGI ; sur ce point, BOI-IS-BASE-10-10-20 nos 30 s.).

Incidences de la clause anti-abus

L'article 119 ter, 3 du CGI, dans sa rédaction applicable aux exercices ouverts depuis le 1er janvier 2016, exclut du bénéfice de l'exonération les dividendes distribués à une société mère dans le cadre d'un **montage** ou d'une série de montages qui, ayant été mis en place pour obtenir, à titre d'objectif principal ou au titre d'un des objectifs principaux, un avantage fiscal allant à l'encontre de l'objet ou de la finalité de l'exonération, n'est **pas authentique** compte tenu de l'ensemble des faits et circonstances pertinents. La loi précise qu'un montage peut comprendre plusieurs étapes ou parties et qu'un montage, ou une série de montages, est considéré comme non authentique dans la mesure où ce montage ou cette série de montages n'est pas mis en place pour des **motifs commerciaux valables** qui reflètent la **réalité économique**. **61042**

Cette clause anti-abus, qui résulte de la loi n° 2015-1786 du 29 décembre 2015 de finances rectificative pour 2015 (art. 29), est destinée à introduire en droit interne les prescriptions de la directive 2015/121/UE du Conseil du 27 janvier 2015 (n° 88210) ; elle est applicable aux exercices ouverts depuis le 1er janvier 2016, mais elle peut concerner, à notre avis, des schémas mis en place avant cette date. Sa portée exacte reste imprécise, car elle n'a guère fait l'objet d'explications par les instances européennes ; quant à l'exposé des motifs du projet de loi de finances rectificative pour 2015, il se borne à indiquer qu'il est proposé de transposer la clause anti-abus prévue par la directive précitée mais ne dit rien des contours exacts du dispositif. Comme le disait le rapporteur général au Sénat (rapport n° 229, 9 décembre 2015, p. 241), il s'agit donc d'un dispositif « d'application difficile et incertaine par les juristes d'entreprises, par les services fiscaux et par les tribunaux qui auront à connaître des éventuels litiges relatifs à son interprétation ».

De son côté, l'administration, au BOI-RPPM-RCM-30-30-20-10 n° 450, se contente de préciser qu'il s'agit d'une règle anti-abus minimale visant à éviter tout usage abusif de la directive et renvoie à ses commentaires au BOI-IS-BASE-70 sur l'article 205 A du CGI, à savoir la clause générale anti-abus applicable en matière d'impôt sur les sociétés (n° 72655 ; par analogie en ce qui concerne le régime des sociétés mères, voir également n° 61440). Il est à noter, pourtant, que la procédure prévue à l'article 205 A du CGI n'est pas applicable en l'espèce, s'agissant de la retenue à la source et non pas de l'impôt sur les sociétés.

Selon ce qu'indique un rapport de la commission des finances de l'Assemblée nationale (rapport n° 3347, 14 décembre 2015, p. 66), la clause vise à écarter les montages artificiels, notamment ceux qui impliquent une **société holding** « n'ayant comme seule et unique activité que de détenir des actions ». Ce rapport ajoute que la référence aux « motifs commerciaux valables » doit être entendue de manière identique aux « **motifs économiques valables** » issue de la directive 2005/56/CE sur les fusions transfrontalières des sociétés de capitaux (la référence est erronée, car la directive citée est l'ancienne directive « droit des sociétés », aujourd'hui abrogée, et non pas la directive « fiscale » qui est seule applicable en l'espèce ; n° 88480) ; en ce sens il y aurait lieu de procéder à une comparaison « entre l'avantage fiscal tiré du montage et les autres avantages résultant du même montage. Si les seconds sont prépondérants, le montage est considéré comme étant authentique ». Il est indiqué, à ce propos, que les motifs reflètent la réalité économique « s'il ressort d'éléments objectifs et vérifiables que la constitution de la filiale correspond à une **réalité économique**, notamment au degré d'existence physique en termes de locaux, de personnel et d'équipements suffisants pour exercer son activité, c'est-à-dire à une implantation réelle ayant pour objet l'accomplissement d'activités économiques effectives dans l'État membre d'accueil ».

Pour que la clause s'applique, il faut préalablement, à notre avis, qu'un « **montage** » (ou une série de montages) soit caractérisé, ce qui, par référence à la jurisprudence du Conseil d'État rendue en matière d'abus de droit, suppose qu'ait été créée une sorte de **fiction juridique ou économique** (cette fiction, qui peut être simple et non dissimulée, ne suppose pas nécessairement la création d'une structure juridique, comme l'indiquent les conclusions de Pierre Collin sous CE 18 mai 2005 n° 267087, 8e et 3e s.-s., Sté Sagal ; n° 72645 a.).

Une **société holding** qui répondrait à de réels besoins de nature juridique ou autres, et qui exercerait effectivement son rôle apparent, ne devrait donc pas constituer un « montage », auquel cas la clause anti-abus serait écartée sans qu'il soit même besoin de se demander si le montage serait ou non authentique (le rapport de la commission des finances de l'Assemblée nationale, précité, nous paraît, par sa généralité, très excessif en ce qu'il tend à considérer comme abusives toutes les structures « holding »). À notre avis, si une société étrangère ne caractérise aucun montage, en raison d'une finalité juridique réelle et sérieuse (cas d'une holding substantielle gérant réellement ses participations, d'une holding de contrôle rassemblant des partenaires tiers, etc.), il n'y aurait pas lieu de refuser l'exonération de retenue à la source au motif que ne pourraient être mis en avant des « motifs commerciaux valables ». D'autant que, comme le juge la Cour de justice, le fait qu'une société n'exerce aucune activité dans l'État membre où elle a été constituée et exerce uniquement ou principalement ses activités dans un autre État membre **par l'intermédiaire d'une filiale** (cas d'une société holding) ne suffit pas à démontrer l'existence d'un comportement abusif et frauduleux permettant à ce dernier État de dénier à cette société le bénéfice de la directive (CJUE Ord. 14 juin 2018 aff. 440/17, 6e ch., GS ; point 52) ; dans cette affaire, la Cour de justice a également précisé que la directive mères/filles ne contient aucune exigence sur la nature de l'activité économique des sociétés relevant de son champ d'application ni le montant des recettes provenant de l'activité économique propre de celles-ci (même arrêt, point 53).

À titre d'exemple, l'administration n'a pas été jugée fondée à réclamer la retenue à la source afférente à des dividendes versés en 2016 par une société française à sa société mère luxembourgeoise elle-même détenue à 92 % par deux personnes physiques domiciliées en Suisse, étant donné la réalité économique de la **holding interposée** (CAA Lyon 13 janvier 2022 n° 19LY03610, 5e ch., SASU Finalgro ; arrêt définitif). D'une part, en effet, cette société disposait de ses propres locaux au Luxembourg, employait plusieurs personnes chargées de réaliser les prestations rendues à ses filiales, disposait de matériel de transport, de mobilier et de matériel de bureau informatique lui permettant de réaliser ses activités et, d'autre part, sa création avait été motivée par la nécessité d'organiser juridiquement le groupe constitué par des sociétés opérationnelles existantes, de créer de nouvelles filiales intervenant dans des secteurs d'activités différents et permettant de promouvoir le développement international du groupe ; l'administration n'apportait donc pas la preuve que la création de la holding constituerait un montage artificiel dépourvu de réalité économique et destiné à permettre l'interposition de la holding au Luxembourg afin de procurer à la requérante un avantage principalement fiscal.

Enfin, dans la mesure où la directive du 27 janvier 2015, précitée, procède à une **harmonisation exhaustive** (n° 87670), il ne semble pas possible de contester la conformité au droit primaire de l'Union européenne de l'article 119 ter du CGI, dans sa rédaction actuelle, ni d'ailleurs sa conformité à la directive elle-même, que la loi ne fait que recopier.

Précisions **a.** La clause anti-abus ne vise pas uniquement les sociétés dépourvues de **substance** mais plus largement les cas où la construction juridique mise en place **ne reflète pas la réalité économique**. En ce sens, le communiqué de presse du Conseil du 27 janvier 2015 indique que l'objectif est de mettre un terme à l'utilisation détournée de la directive à des fins d'évasion fiscale et d'assurer une plus grande cohérence dans son application par les États membres, ajoutant que « la clause anti-abus empêchera les États membres d'accorder les avantages de la directive à des montages « non authentiques », c'est-à-dire mis en place pour obtenir un avantage fiscal et ne reposant sur aucune réalité économique ».

b. La clause anti-abus peut être appliquée à l'égard seulement de certaines « **parties d'un montage** », lorsque, par exemple, les entités créées sont authentiques alors que « les parts à l'origine de la distribution ne sont pas attribuées de manière authentique » (n° 88210).

c. Compte tenu de la jurisprudence de la Cour de justice, **l'avantage fiscal identifié** comme objectif du montage doit, en principe, résulter de la directive européenne elle-même et non pas d'un autre texte (par exemple, CJUE 20 mai 2010 aff. 352/08, 1e ch., Modehuis A. Zwijnenburg BV : RJF 8-9/10 n° 869, à propos de la directive « fusions » ; n° 88485).

Sanctions et incidence de l'abus de droit

61043 L'exclusion des montages non authentiques (n° 61042) s'ajoute au mécanisme de répression des abus de droit qui reste applicable ; elle ne s'y substitue pas, n'étant pas, par exemple, sanctionnée par une pénalité spécifique de 80 % à la différence de l'abus de droit. En ce sens, le Conseil constitutionnel a relevé, à propos des conséquences de la clause dans le cadre du régime des sociétés mères, que ces dispositions ne modifient pas celles de l'article L 64 du LPF et qu'elles se bornent à prévoir une nouvelle condition à laquelle est subordonné le bénéfice du régime fiscal dérogatoire des sociétés mères (Cons. const. 29 décembre 2015 n° 2015-726 DC, Loi de finances rectificative pour 2015 : RJF 3/16 n° 274). **61043** (suite)

Lorsque l'administration veut pratiquer une rectification, la voie de l'abus de droit reste donc distincte de celle de la clause anti-abus (cas où, par exemple, l'administration estime que le montage est « exclusivement » et non pas « principalement » fiscal) ; la différence pourra cependant paraître ténue étant donné que l'administration peut toujours appliquer, dans le cadre de l'exclusion législative spécifique, des pénalités de 40 % pour manquement délibéré ou de 80 % pour **manœuvres frauduleuses** (en présence d'un « montage non authentique », l'administration pourra généralement soutenir que le contribuable a créé des apparences de nature à égarer l'administration dans l'exercice de son pouvoir de contrôle au sens de la jurisprudence sur la notion de « manœuvres frauduleuses »).

Sous l'empire de la législation antérieure au 1er janvier 2016, l'exonération de retenue à la source a, par exemple, été refusée sur le fondement de l'**abus de droit** au titre de la distribution de dividendes par une société française à une société luxembourgeoise contrôlée par une société panaméenne (CAA Marseille 22 novembre 2018 n° 16MA03842, 3e ch., Sté SMAD ; cet arrêt a fait l'objet d'un pourvoi non admis par CE (na) 27 décembre 2019 n° 427265, 8e ch., Sté SMAD). Dans cette affaire, il a été jugé que l'administration avait valablement pu invoquer un abus de droit visant à bénéficier indûment de l'article 119 ter du CGI dans sa rédaction de l'époque, au motif que la société luxembourgeoise était dépourvue de toute **substance** économique (absence de locaux, de salarié ou de compétence technique, chiffre d'affaires constitué des seuls dividendes de source française, absence de participation à la vie sociale de la société française) ; en outre, en se bornant à soutenir que la société française n'était impliquée, de quelque manière que ce soit, ni dans la constitution, ni dans la vie de sa société mère luxembourgeoise et que l'administration ne pouvait écarter, à son détriment, l'acte de création de cette société dont elle n'était **pas l'auteur** au sens des dispositions de l'article L 64 du LPF, la société française requérante n'avait pas, pour la Cour, contredit sérieusement les éléments circonstanciés et précis avancés par l'administration (la jurisprudence Eqiom de la Cour de justice a été jugée sans incidence étant donné que le rappel de retenue à la source était fondé à titre principal sur le mécanisme de répression des abus de droit). Enfin, la société française a été considérée comme redevable de la **pénalité de 80 %**, au motif qu'elle était, selon la Cour, la principale bénéficiaire du montage mis en place (dans cette affaire, le juge n'a manifestement pas accordé d'importance au fait que la société française n'avait elle-même commis aucun acte répréhensible, la décision de transfert de ses propres actions à une société panaméenne ayant été prise par son actionnaire et l'exonération de retenue à la source ne procurant pourtant d'avantage qu'à son seul actionnaire).

Précisions **a.** La clause anti-abus a potentiellement un champ d'application **plus large que l'abus de droit** étant donné qu'il n'est pas exigé que le but fiscal soit « exclusif » mais seulement « principal ».

b. L'**abus de droit** n'est pas applicable si le montage incriminé ne produit pas, en réalité, d'avantage fiscal ; en ce sens, il avait été jugé que des dividendes pouvaient être versés en exonération de retenue à la source par une société française à une **société luxembourgeoise sans substance** dès lors qu'en l'absence d'interposition les dividendes auraient été versés sans retenue à la source à des actionnaires domiciliés en France (TA Montreuil 18 juillet 2016 n° 1505424, 7e ch., Sté SMA Environnement : RJF 8-9/17 n° 841 ; voir également n° 72626). Ce jugement a cependant été annulé en appel, l'administration ayant abandonné l'abus de droit et la pénalité associée de 80 % pour simplement faire valoir que, au titre des années en litige, la société luxembourgeoise ne satisfaisait pas la condition d'assujettissement à l'impôt (CAA Versailles 30 août 2018 n° 16VE03054, 3e ch., min. c/ SAS SMA Environnement, ayant fait l'objet d'un pourvoi non admis par CE (na) 17 juillet 2019 n° 425132, 8e ch., Sté SMA Environnement ; voir n° 61032).

c. L'abus de droit a été caractérisé au cas d'une personne physique domiciliée en Suisse qui avait cédé, moyennant un crédit vendeur, la totalité du capital d'une société française à une société **holding luxembourgeoise** qu'elle contrôlait indirectement ; l'exonération de retenue à la source a été refusée, car la holding n'avait aucune substance, sa création ne répondait à aucune logique économique et financière et elle ne présentait aucun intérêt autre que fiscal (CAA Paris 24 juin 2021 n° 15PA01719, Sté Artistes et Promotion, 5e ch., faisant l'objet d'un pourvoi enregistré sous le n° 455788 ; CAA Paris 24 juin 2021 n° 15PA01732, 5e ch., Sté Pimiento Music, arrêt définitif). La Cour juge que la retenue à la source constitue une **charge fiscale** que la société française aurait normalement dû supporter et que cette dernière ne saurait sérieusement soutenir qu'elle ignorait l'existence des actes qualifiés d'abusifs, la circonstance qu'elle ne soit pas la bénéficiaire principale du montage ni l'auteur des actes qui le constitue ne faisant pas obstacle à ce qu'elle soit replacée dans sa situation réelle sur le fondement de l'article L 64 du LPF (sur un autre volet de cette affaire, voir n° 72645 o).

Rédaction antérieure de la clause anti-abus

61045 Pour les exercices ouverts avant le 1er janvier 2016, la clause anti-abus prévoyait que l'exonération n'était pas applicable aux dividendes distribués à une société mère qui, tout en étant le bénéficiaire effectif des dividendes, était **contrôlée directement ou indirectement** par un ou plusieurs résidents d'États non membres de l'Union européenne.

La loi prévoyait tout de même que l'exonération pouvait être obtenue si, en présence d'une situation de contrôle, la société mère européenne était en mesure de justifier que la chaîne des participations n'avait pas pour objet principal, ou comme un de ses objets principaux, de tirer avantage de l'exonération. À titre de règle pratique, l'administration admettait que cette justification était apportée (ancien BOI-RPPM-RCM-30-30-20-10 n° 520, dans sa rédaction antérieure à la mise à jour du 7 juin 2016) :

• lorsque, dans la chaîne des participations, le **montant cumulé des retenues à la source** effectivement perçues aux étapes intermédiaires par les États concernés était au moins égal à celui qui aurait été perçu par la France en application de son droit interne ou, le cas échéant, des conventions fiscales conclues par elle, si ces dividendes avaient été distribués directement par la société française aux résidents non membres de l'Union européenne ;

• ou lorsque la chaîne de participations a été constituée **antérieurement au 23 juillet 1990** (date à laquelle la directive initiale avait été adoptée) à la condition qu'elle ait continué de fonctionner dans des conditions analogues à celles qui prévalaient antérieurement à cette date.

Cette disposition visait, comme l'actuelle (bien que cette dernière ait un champ d'application plus large), à prévenir l'interposition artificielle de sociétés holdings européennes par des sociétés non membres de l'Union européenne. Elle n'a cependant pas été jugée conforme à la **directive mères/filles** (nos 88160 s.) ni à la **liberté d'établissement** dans la mesure où, en présence d'une situation de contrôle par un ou plusieurs résidents d'États non membres de l'Union européenne, elle instaurait une présomption générale de fraude et d'abus en subordonnant l'exonération à la condition que la société mère établisse que la chaîne de participations n'avait pas comme objet principal ou comme l'un de ses objets principaux de tirer avantage de l'exonération, sans que l'administration soit tenue de fournir ne serait-ce qu'un commencement de preuve de fraude et d'abus (CJUE 7 septembre 2017 aff. 6/16, 6e ch., Eqiom SAS et Enka SA : RJF 11/17 n° 1145, à propos d'une société suisse qui détenait une société française par l'intermédiaire de sociétés interposées à Chypre et au Luxembourg ; voir n° 61047 b).

61047 **Exemples (ancienne rédaction de la clause anti-abus)** L'article 119 ter, 3 du CGI, dans son ancienne rédaction, avait donné lieu aux décisions juridictionnelles suivantes :

a. Le versement de dividendes par une société française à une **société britannique indirectement contrôlée** par deux sociétés de **Jersey** a pu bénéficier de l'exonération prévue par l'article 119 ter, dans la mesure où la chaîne de participations n'avait pas comme objet principal de tirer avantage de l'exonération (TA Lyon 20 novembre 2007 n° 05-04128, SAS Mac Kechnie France : Droit fiscal 2008 n° 11, comm. n° 205 ; jugement définitif) ; les sociétés de Jersey avaient acquis les titres de la société britannique après le 23 juillet 1990, mais cette dernière préexistait aux sociétés de Jersey et avait continué de centraliser la direction et la gestion du groupe, sur les plans administratif, commercial et stratégique.

b. La retenue à la source avait été considérée comme applicable au taux de droit interne de 25 % (à l'époque) au cas de distributions faites par la filiale française d'une **société luxembourgeoise** elle-même filiale d'une société chypriote sous **contrôle suisse** ; statuant en cassation et tirant les conséquences de l'arrêt Eqiom de la Cour de justice (n° 61045), le Conseil d'État a cependant annulé les arrêts rendus en appel (notamment, CE 25 octobre 2017 n° 374836, 9e et 10e ch., Sté Holcim France, venant aux droits de la société Euro Stockage, et Sté Enka : RJF 1/18 n° 32) ; dans ces affaires, toutefois, les rectifications ont finalement été maintenues sur renvoi et après nouvelle cassation au motif que la société luxembourgeoise n'était pas le **bénéficiaire effectif** des dividendes versés (quatre décisions du même jour rejetant les pourvois formés contre les arrêts rendus sur renvoi par la cour administrative de Versailles ; CE 5 juin 2020 nos 423809, 423810, 423811 et 423812, 9e et 10e ch., Stés Eqiom et Enka : RJF 8-9/20 n° 692 ; voir n° 61032).

c. La clause anti-abus avait été jugée applicable aux dividendes distribués par une société française à sa société mère luxembourgeoise contrôlée à 93,89 % par des époux **résidents d'Uruguay** dès lors qu'aucune justification n'était apportée quant à la nécessité de la création de la société luxembourgeoise et que celle-ci ne disposait d'aucun local, équipement et personnel lui permettant d'exercer une activité économique au Luxembourg (TA Montreuil 28 avril 2011 n° 0904736, 1e ch., Société Ocotea Holdings limited : RJF 2/12 n° 123, confirmé par CAA Versailles 18 avril 2013 n° 11VE02468, 7e ch., sur le terrain de la fraude à la loi) ; après cassation pour dénaturation par CE 12 mai 2015 n° 370968, 9e s.-s., Sté Ocotea Holdings Limited, le rappel de retenue à la source a cependant été annulé par CAA Versailles 30 août 2018 n° 15VE01640, 3e ch., Sté Ocotea Holdings Limited, statuant sur renvoi (arrêt définitif). **61047** (suite)

d. Les distributions faites par une société française à une société luxembourgeoise contrôlée par une société des **îles Vierges britanniques** entraient dans le champ de la clause anti-abus, alors même que la requérante faisait valoir que la chaîne de participations avait été constituée pour des raisons de confidentialité, que la société luxembourgeoise n'avait pas reversé de dividendes à son actionnaire et que, à supposer que tel eût été le cas, une retenue à la source aurait été perçue au Luxembourg (CAA Paris 26 avril 2012 n° 10PA04267, 9e ch., Société Euronutrisanté ; arrêt définitif). La solution serait sans doute différente aujourd'hui (n° 61045).

e. La clause anti-abus avait été considérée comme applicable au cas de la détention d'une société française par une société britannique, elle-même détenue par une société luxembourgeoise contrôlée par une société établie à Gibraltar alors que l'actionnaire ultime était situé aux **îles Caïmans** (CAA Marseille 21 décembre 2012, n° 09MA03641, SAS Cameron France) ; tirant les conséquences de l'arrêt de la Cour de justice dans l'affaire Eqiom (n° 61045), le Conseil d'État a cependant annulé l'arrêt et prononcé la décharge du rappel de retenue à la source sur les dividendes distribués en 2003 (CE 25 octobre 2017 n° 366268, 9e et 10e ch., Sté Cameron France : RJF 1/18 n° 32).

f. Sur le fondement de l'article 119 ter, 3 du CGI (ancienne rédaction), l'administration a pu, à bon droit, refuser l'exonération de retenue à la source à des dividendes versés par une société française à une société luxembourgeoise détenue à 99,98 % par un résident de **Jersey** (CAA Nantes 28 mai 2015 n° 13NT02033, 1re ch., SARL Flèche Intérim : RJF 10/15 n° 783 ; arrêt définitif). La solution serait sans doute différente aujourd'hui (n° 61045).

g. À propos d'une personne physique domiciliée en **Uruguay** qui avait, le 27 juin 2008, apporté à une **société luxembourgeoise** qui venait d'être créée la totalité des actions d'une société française, cette dernière ayant distribué des dividendes à son nouvel actionnaire le 30 juin 2008, ni l'article 119 ter du CGI (ancienne rédaction), ni l'exonération à l'époque doctrinale mentionnée n° 61000, ni la convention fiscale franco-luxembourgeoise du 1er avril 1958 modifiée n'ont été jugés applicables (CE 23 novembre 2016 n° 383838, 8e et 3e ch., Sté Eurotrade Juice : RJF 2/17 n° 130 aux conclusions Benoît Bohnert) ; le Conseil d'État a confirmé l'arrêt d'appel (CAA Versailles 10 juin 2014 n° 13VE01076, 3e ch., Sté Eurotrade Juice) qui avait écarté, pour absence de commencement de justification, les allégations de la société française qui soutenait que la création de la société luxembourgeoise répondait à un objectif de **gestion patrimoniale** (le Luxembourg étant présenté comme la plateforme européenne, juridique et linguistique la plus adaptée pour permettre à la personne physique de regrouper ses activités de contrôle), alors que les titres luxembourgeois avaient, environ deux mois après, été apportés à une société chypriote, sans que ce nouvel apport puisse être justifié par l'origine libanaise du contribuable et par l'allégation selon laquelle Chypre serait un important **centre financier** favorisant les investissements entre l'Europe et le Moyen-Orient. Dans cette affaire, l'argument tenant à la contrariété du dispositif avec le droit de l'Union européenne n'avait pas été invoqué devant le juge du fond et ne pouvait qu'être écarté devant le Conseil d'État, car il était nouveau en cassation.

h. Dans la même configuration que l'affaire précédente, CAA Marseille 17 décembre 2015 n° 14MA00697, 3e ch., SAS Eurotrade Fish, jugeant que la société distributrice française ne pouvait être regardée comme apportant la preuve que la chaîne des participations n'avait pas eu pour objet principal de tirer avantage de l'exonération résultant de l'article 119 ter du CGI dès lors qu'il n'était pas contesté que la société luxembourgeoise était une **société holding pure, sans personnel et sans autre activité économique** que la détention des participations du résident uruguayen dans des sociétés françaises (cet arrêt a fait l'objet d'un pourvoi qui a été rejeté par CE 13 juin 2018 n° 397127, 9e ch., SAS Eurotrade Fish).

i. L'article 119 ter 3 du CGI (ancienne rédaction) a, en application de la jurisprudence de la Cour de justice dans l'affaire Eqiom (nº 61045), été jugé inapplicable au cas d'une société française qui avait distribué des dividendes en 2010, 2011 et 2012 à sa **société mère néerlandaise** ; le tribunal administratif relève qu'en tout état de cause, l'administration, qui n'avait pas sollicité de substitution de base légale, n'établissait pas, par les indices qu'elle avait collationnés, que la société néerlandaise, qui coordonnait notamment des participations détenues dans des sociétés situées dans de nombreux pays, était dépourvue de **substance économique**, ce qui aurait pu faire regarder la chaîne des participations comme présentant un caractère artificiel (TA Montreuil 20 novembre 2017 nº 1507740, 7e ch., Sté Compagnie Géofinancière : RJF 6/18 nº 616 ; jugement définitif).

Incidences des conventions fiscales

61050 Les règles prévues par l'article 119 ter du CGI doivent se combiner avec les dispositions pertinentes des conventions fiscales, notamment lorsque celles-ci sont plus favorables (nos 61065 s). Par exemple, les conventions signées entre la France et l'Allemagne, l'Autriche, la Finlande, la Suède et l'Espagne permettent d'obtenir l'exonération de retenue à la source à des conditions plus favorables que celles prévues par l'article 119 ter. Bien entendu, les clauses conventionnelles sont alors applicables.

Précisions **a.** La convention fiscale **franco-allemande** du 21 juillet 1959 modifiée prévoit, comme aujourd'hui le droit de l'Union européenne, l'exonération de retenue à la source lorsqu'une société allemande détient 10 % du capital d'une société française mais ne subordonne pas l'exonération à une condition de détention des titres pendant deux ans au moins ; de même, elle ne comporte pas de dispositions analogues à la clause anti-abus prévue à l'article 119 ter, 3 du CGI.

b. La convention **franco-autrichienne** du 26 mars 1993 supprime la retenue à la source si le seuil de 10 % est atteint, sans poser de condition de délai de détention, de même que la convention **franco-espagnole** du 10 octobre 1995, et la convention **franco-suédoise** du 27 novembre 1990.

c. Les solutions conventionnelles sont susceptibles d'être modifiées par l'effet de **l'instrument multilatéral** pour les conventions fiscales couvertes (nos 1650 s. et 61065).

Cas particulier des relations franco-suisses

61055 La Suisse et l'Union européenne sont liées par divers accords, y compris en matière fiscale (nº 87357).

La convention fiscale franco-suisse, dans sa rédaction issue de l'avenant du 27 août 2009 à la convention du 9 septembre 1966 modifiée (en vigueur depuis le 4 novembre 2010), en tire les conséquences en prévoyant que, si les dividendes peuvent généralement faire l'objet d'une retenue à la source de 15 %, ceux qui sont payés par une société qui est un résident d'un État à une société résidente de l'autre État, qui en est le bénéficiaire effectif et détient directement ou indirectement **au moins 10 %** du capital de la première société, ne sont imposables que dans cet autre État et sont, par conséquent, exonérés dans l'État de la source. Sur la notion de « **bénéficiaire effectif** » dans le cadre franco-suisse, voir CAA Versailles 27 mai 2021 nº 19VE00090, 3e ch., Sté Alphatrad (cet arrêt a fait l'objet d'un pourvoi non admis par CE (na) 11 mars 2022 nº 454980, 8e ch., Sté Alphatrad : RJF 6/22 nº 581 ; voir nº 74640 i), à propos du versement par une société française, en 2013 et 2014, de dividendes à une société suisse contrôlée par une personne physique domiciliée au Portugal.

L'exonération n'est toutefois pas applicable, en application d'une **clause anti-abus**, lorsque les dividendes distribués bénéficient à une personne morale contrôlée directement ou indirectement par des personnes qui ne sont pas résidentes de l'un des États, sauf si cette personne morale justifie que la chaîne de participation n'a pas principalement pour objectif de tirer avantage de l'exonération (la clause anti-abus « générale » prévue par l'article 14 de la convention fiscale n'est pas applicable dans ce cas). Il a été jugé, pour l'application de cette exclusion, que la société débitrice ne peut être regardée comme étant seule en mesure de détenir les **éléments relatifs au contrôle** direct ou indirect de sa société mère et que, si elle souhaite l'invoquer, l'administration doit établir les faits sur lesquels elle se fonde, le cas échéant en interrogeant les autorités suisses (CAA Lyon 22 mai 2018 nº 16LY04475, 2e ch., SAS Foncière Deluc ; arrêt définitif) ; dans cette affaire, la Cour juge que l'administration n'était pas fondée à soutenir que le bénéfice de l'exonération de retenue à la source concernant des bénéfices distribués par une société française à sa société mère suisse serait subordonné à la condition que la société française établisse que la chaîne de participations, dont l'existence n'était même pas démontrée, n'aurait pas comme objet principal ou l'un de ses objets principaux de tirer avantage de cette exonération.

Lorsque l'exonération de retenue à la source est demandée sur le fondement de l'article 15 § 1 de l'Accord du 26 octobre 2004 entre la Confédération suisse et la Communauté européenne, prévoyant des mesures équivalentes à celles prévues dans la directive 2003/48/CE du Conseil en matière de fiscalité des revenus de l'épargne sous forme de paiements d'intérêts (n° 88025 Précisions a), la clause anti-abus ne s'applique que si la personne morale est contrôlée directement ou indirectement par un ou plusieurs résidents d'États qui ne sont pas **membres de l'Union européenne**. Une société suisse contrôlée par des résidents de l'Union européenne a donc tout intérêt à se prévaloir de cette exception pour éviter d'avoir à démontrer, le cas échéant, que la chaîne de participations ne vise pas principalement au bénéfice des avantages conventionnels.

d. Exonérations ou réductions résultant des conventions fiscales

Principes généraux

La retenue à la source prévue par l'article 119 bis, 2 du CGI n'est applicable que sous **61065**
réserve que les conventions fiscales n'en disposent pas autrement (sur la notion de dividende pour l'application des conventions fiscales, voir nos 60600 s).

En règle générale, celles-ci **réduisent** ou, parfois, **suppriment** les prélèvements à la source lors du versement de dividendes à des non-résidents. Lorsque les conventions reprennent le modèle de convention fiscale de l'OCDE, elles posent, en effet, le principe de l'imposition des dividendes dans l'État dont la société qui paie les dividendes est un résident, et selon la législation de cet État, mais elles ajoutent que si le bénéficiaire effectif est un résident de l'autre État, l'impôt ainsi établi ne peut excéder :
– **5 %** du montant brut des dividendes si le bénéficiaire effectif est une société qui détient directement **au moins 25 %** du capital de la société qui paie les dividendes ; compte tenu des effets de l'instrument multilatéral (nos 1650 s.), il faut, pour les conventions fiscales couvertes, que les conditions de détention soient satisfaites tout au long d'une période de **trois cent soixante-cinq jours** incluant le jour du paiement des dividendes (il en va de même si la convention contient une stipulation spécifique en ce sens, comme la convention franco-luxembourgeoise du 20 mars 2018, qui prévoit d'ailleurs une exonération en présence d'un seuil de détention de seulement 5 %) ; cette formulation, qui se retrouve dans le modèle de convention fiscale de l'OCDE depuis la révision de 2017, est toutefois ambiguë car on ne sait si elle renvoie à une période de détention antérieure ou postérieure au versement de dividendes (voir également Précisions c, infra) ; par ailleurs, depuis la révision de 2017, le modèle de l'OCDE n'exclut plus les dividendes versés aux sociétés de personnes, par cohérence avec les autres modifications apportées au modèle (n° 31552) ;
– **15 %** du montant brut des dividendes, dans tous les autres cas.

La pratique française retient généralement ce double taux, mais sans que cela soit systématique, les conventions fiscales variant les seuils de déclenchement du taux réduit ou prévoyant parfois des exonérations (voir notamment les conventions fiscales mentionnées n° 61050) ; en revanche, elles sont généralement muettes sur les **modalités d'application** des avantages qu'elles prévoient, en se bornant, pour les plus modernes, à reprendre la suggestion du modèle de convention fiscale de l'OCDE précisant (article 10 § 2) que « les autorités compétentes des États contractants règlent d'un commun accord les modalités d'application de ces limitations ». Sur les modalités d'application, voir nos 82900 s. Sur la condition tenant à la qualité de « **bénéficiaire effectif** » du bénéficiaire des dividendes, voir n° 74630 et également Précisions b, ci-dessous.

En principe, enfin, comme les conventions fiscales ne s'appliquent, du côté français, qu'aux revenus distribués par des « résidents » de France, elles devraient rester sans incidence en cas de versements effectués par l'**établissement stable** en France d'une société étrangère puisqu'un établissement stable n'est pas un résident de l'État où il est situé ; on relève toutefois que, implicitement mais nécessairement, le Conseil d'État a retenu que la convention fiscale franco-britannique était applicable à des **sommes réputées distribuées** par l'établissement stable en France d'une société irlandaise à des bénéficiaires britanniques (CE 22 septembre 2014 n° 360489, 9e et 10e s.-s., min. c/ Sté Structuretone Europe Limited : RJF 12/14 n° 1148, à propos de sommes facturées à l'établissement français par des sociétés britanniques du groupe et considérées comme non déductibles) ; le Conseil d'État indique que le redevable de la retenue à la source était, à raison de son établissement stable en France, la société irlandaise mais il applique néanmoins la convention fiscale franco-britannique. Bien que ni la décision ni les conclusions n'abordent cette question, la solution repose sans doute implicitement sur une assimilation de l'établissement à une société française (un peu à la manière de la perspective tracée dans la situation inverse par la décision citée au nº 61120).

Précisions **a.** Pour un exemple de convention fiscale atypique, qui combine un critère de seuil en pourcentage et un critère de **montant d'investissement** en valeur, voir la convention entre la France et la **Géorgie** du 7 mars 2007.

b. Depuis la révision de 2017, le modèle de convention fiscale de l'OCDE contient un nouvel article 29 destiné à **lutter contre l'abus des conventions fiscales** (nº 74575) ; selon l'OCDE, le fait qu'un dividende soit versé à un bénéficiaire effectif ne doit pas suffire à garantir l'application de la convention, les dispositions destinées à lutter contre le « chalandage fiscal » devant s'appliquer même lorsque « le récipiendaire d'un dividende en est le bénéficiaire effectif » (Commentaires OCDE C (10) nº 12.5). Le mécanisme anti-abus de l'instrument multilatéral doit bien entendu être pris en compte, le cas échéant.

c. Pour le calcul de la **période de trois cent soixante-cinq jours**, qui conditionne, pour les conventions fiscales couvertes, l'application des taux réduits conventionnels, l'instrument multilatéral précise qu'il n'est pas tenu compte des changements de détention qui résultent directement d'une réorganisation, telle qu'une **fusion ou une scission** de la société qui détient les actions ou qui paie les dividendes ; le modèle de convention fiscale de l'OCDE, dans sa version révisée en 2017, précise dans le même sens que les changements de détention qui résultent directement d'une réorganisation, telle qu'une fusion ou une scission de société, ne sont pas à prendre en compte (Commentaires OCDE C (10) nº 16). Aucune exception n'est cependant prévue en cas d'**échange d'actions**, sans doute en raison de ce qu'un échange d'actions n'a pas les effets d'une fusion ou d'une scission, qui emportent transmission universelle de patrimoine.

d. Il a été jugé que l'attribution de créances aux actionnaires non-résidents cessionnaires des parts d'une société française, cédées par une société belge, était constitutive d'un **abandon de créances** passible de la retenue à la source sur les revenus distribués à la clôture de l'exercice ; en l'espèce, le bénéfice des conventions fiscales a été refusé au motif que la société française n'avait pas produit d'éléments de nature à établir la localisation du **centre effectif de direction** et la **résidence fiscale** de ses actionnaires (CAA Marseille 2 octobre 2018 nº 17MA03062, 4e ch., SARL Jasmine ; arrêt définitif). Dans cette affaire, la société belge avait peut-être cédé ses créances concomitamment à la cession des parts mais le transfert des créances n'était pas établi en l'absence de respect des formalités prévues à l'article 1690 du Code civil en matière de cession de créances ; la société française n'apportant pas d'élément de nature à établir que les cessions de créances alléguées au profit de ses associés auraient fait l'objet d'une **signification aux débiteurs** ou que les débiteurs les auraient acceptées par un acte authentique, ces cessions ont été regardées comme des abandons de créances à son profit, passibles de l'impôt sur les sociétés.

e. La **contribution calédonienne de solidarité** prélevée sur des dividendes distribués à une société française par des sociétés néo-calédoniennes, qui a la même assiette que l'impôt sur le revenu des valeurs mobilières, présente un **caractère analogue** à cet impôt et doit donc être plafonnée en application de la convention fiscale franco-calédonienne des 31 mars et 5 mai 1983, le législateur du pays n'ayant, en tout état de cause, pas dérogé à la convention fiscale (CE 5 mai 2021 nºs 433915, 433916, 433917, 442217 et 442221, 10e et 9e ch., Gouvernement de la Nouvelle-Calédonie c/ Sté Engie Energie Services France : RJF 7/21 nº 769) ; l'arrêt d'appel a été confirmé par substitution de motifs, car la Cour avait commis une erreur de droit en jugeant que la contribution présentait un caractère analogue à l'impôt sur le revenu des valeurs mobilières au motif que, d'une part, **l'assiette** des deux impôts serait « en partie commune », alors qu'elle aurait dû rechercher l'étendue de ce recoupement, et, d'autre part, que les modalités de **recouvrement** sont les mêmes, alors que ce critère est inopérant. Le raisonnement de la Cour était erroné mais sa conclusion était bonne car cette contribution a bien la même assiette que l'impôt sur le revenu des valeurs mobilières et elle a, par suite, un caractère analogue.

Cas des versements à des entités exonérées

61068 En pratique, l'essentiel des difficultés concerne, outre la notion de « bénéficiaire effectif » qui a notamment donné lieu à une intéressante décision dans l'affaire Bank of Scotland (nºs 74630 s.), le cas particulier des dividendes versés à certaines entités exonérées d'impôt, comme les **caisses de retraite**, fonds de pension, **organismes sans but lucratif**, etc. (sur les **OPC** étrangers, voir nº 60860).

En effet, le bénéfice des conventions fiscales est réservé aux personnes qui sont des « résidents » au sens des conventions fiscales, ce qui suppose généralement qu'elles soient assujetties à l'impôt (nº 41155) ; une entité étrangère qui est située hors du champ de l'impôt ne saurait donc en principe être éligible aux taux réduits de retenue à la source sur les dividendes qu'elle reçoit de source française. Cette solution a été confirmée par le

Conseil d'État qui a jugé qu'une entité exonérée d'impôt ne peut pas être considérée comme un « **résident** » pour l'application des conventions fiscales qui reprennent le modèle de convention fiscale proposé par l'OCDE (nº 41400).

Précisions La portée de la condition d'assujettissement à l'impôt ne doit cependant pas être exagérée ; à notre avis, et contrairement à ce qu'indique l'administration au BOI-INT-DG-20-20-20-20 nº 50, qui règle les modalités d'application immédiate des taux conventionnels de retenue à la source, la satisfaction de cette condition **ne suppose pas** que les **dividendes** soient **eux-mêmes imposables** dans l'État de résidence du bénéficiaire. En ce sens, il n'y a pas lieu de refuser le bénéfice du taux réduit de 5 %, par exemple, à une société mère étrangère assujettie à l'impôt, au seul motif que les dividendes qu'elle reçoit ne sont pas imposables dans le cadre de l'application d'un régime mères/filles dans son État de résidence. Voir nº 10725.

Trusts de retraite américains L'article 4 § 2 b) ii) de la convention du 31 août 1994 modifiée accorde aux trusts de retraite et à certains organismes sans but lucratif américains la qualité de résidents en dépit de l'exonération générale d'impôt dont ils bénéficient aux États-Unis ; les conditions d'application de ce texte, leur permettant de bénéficier de la réduction de la retenue à la source à 15 %, sont précisées au BOI-INT-CVB-USA-10-10. **61071**

Organismes de retraite canadiens Ils peuvent être exonérés de retenue à la source sur les dividendes et intérêts qu'ils reçoivent de source française ; en ce sens, BOI-INT-CVB-CAN-20 nºs 30 s. **61073**

Les demandes en ce sens doivent être présentées **au nom des organismes** eux-mêmes et non pas de la société gestionnaire ; ainsi, ne peut qu'être rejetée la demande d'une société canadienne qui, tant au stade des réclamations contentieuses que du contentieux, a agi en son nom et non pas au nom des fonds dont elle a la gestion (CAA Paris 29 juin 2022 nº 21PA00563, 2e ch., Sté British Columbia Investment Management Corporation, relevant qu'au surplus la requérante n'avait pas apporté les éléments permettant d'établir que les organismes concernés répondaient aux conditions d'exonération et de déterminer la portée chiffrée l'exonération demandée).

Cas de certains fonds de pension étrangers L'administration avait précisé, dans une ancienne instruction du 28 avril 2005 (ancien BOI 4 J-2-05) commentant la suppression de l'avoir fiscal, que les fonds de pension ou caisses de retraite d'**Autriche**, des **États-Unis**, du **Japon**, des **Pays-Bas** et du **Royaume-Uni**, et certains fonds et sociétés d'investissement exonérés d'impôt, qui pouvaient autrefois bénéficier d'un remboursement total ou partiel de l'avoir fiscal, pouvaient toujours bénéficier du **taux réduit** de retenue à la source prévu par les conventions fiscales. **61075**

Cette solution avait cependant été annulée par le Conseil d'État qui, sous l'empire de la législation de l'époque, avait jugé que le principe de libre circulation des capitaux interdisait à la France de prélever une retenue à la source lors du versement de dividendes à des **fonds de pension néerlandais**, si ces fonds pouvaient apporter la preuve qu'ils auraient pu bénéficier, s'ils avaient été établis en France, de l'exonération d'impôt sur les sociétés alors applicable (CE 13 février 2009 nº 298108, 3e et 8e s.-s., Sté Stichting Unilever Pensioenfonds Progress et a. : RJF 5/09 nº 525 ; voir aussi nº 82070).

Le législateur n'a tiré de conséquences de cette décision, en ce qui concerne les **dividendes**, que dans le cadre européen (en prévoyant un prélèvement uniforme de 15 %, sauf pour les États tiers ; nº 61018), alors que la décision du Conseil d'État était fondée sur les conséquences à tirer du principe de libre circulation des capitaux qui vaut non seulement au sein de l'Union européenne mais également à l'égard des **États tiers** ; l'extension du raisonnement dans ce dernier cas supposerait tout de même, à notre avis, que les pays en cause aient signé avec la France une convention d'assistance administrative permettant l'échange d'informations (la France doit, en effet, avoir la possibilité de vérifier les informations que lui donneraient les fonds concernés sur la nature réelle de leur activité ; en ce sens, par exemple, à propos des OPC, CE 9 décembre 2015 nº 388850, 8e et 3e s.-s., The International Value Series of DFA Investment Trust Company : RJF 3/16 nº 244, jugeant que l'exigence du caractère effectif de la possibilité d'une vérification de comparabilité ne méconnaît pas la libre circulation des capitaux).

À propos d'un État tiers, il a, par exemple, été jugé que la situation d'un **fonds de pension américain** était objectivement comparable à celle des organismes établis en France dont l'objet est de servir des pensions de retraite (TA Montreuil 16 décembre 2014 nº 1207668, 10e ch., Fonds

61075 (suite) Paul Hastings LLP Defined Benefit Retirement Plan for Partners : RJF 5/15 n° 452). Cette affaire a donné lieu à des développements contentieux sur la recevabilité des réclamations déposées au titre des années 2006 à 2008, qui avaient été rejetées pour tardiveté par CAA Versailles 29 décembre 2016 n° 15VE00509, 7e ch., avant que cet arrêt soit annulé par CE Ord. 29 août 2018 n° 410169, 9e ch. ; sur renvoi, il a finalement été jugé que la réclamation n'était pas tardive (voir ci-dessous, Précisions e) et que c'était à tort que le service avait opposé au fonds l'absence de caractère désintéressé de sa gestion eu égard au niveau de rémunération de ses dirigeants dès lors que les membres du comité de placement, malgré leurs fonctions de dirigeants au cours de ces années, n'avaient perçu aucune rémunération (CAA Versailles 11 février 2020 n° 18VE03045, 3e ch., Paul Hastings LLP Defined Benefit Retirement Plan For Partners ; arrêt définitif).

En pratique, l'administration paraît appliquer, dans ces circonstances, le principe de non-discrimination comme le montre l'exemple de la caisse de retraite en charge du régime général d'**assurance vieillesse coréen** qui a pu, sur réclamation, obtenir la restitution, au titre des années 2010, 2011 et 2012, de l'excédent de la retenue à la source prélevée initialement sur des dividendes de source française par rapport au taux de 15 % ; cependant, la caisse de retraite n'a pu obtenir l'exonération qu'elle avait demandée au contentieux, faute de pouvoir, notamment, être assimilée au Fonds de réserve des retraites (FRR), qui est exonéré de l'impôt sur les sociétés (CAA Versailles 1er juin 2017 n° 15VE01832, 6e ch., National Pension Service) ; l'arrêt de la Cour souligne que le fait que cette caisse ait été exonérée en Corée du Sud était sans incidence, le respect de la liberté de circulation des capitaux n'impliquant pas que la France doive, de manière unilatérale ou par voie conventionnelle, assurer la neutralisation de la charge fiscale résultant de la décision de la Corée d'exercer sa compétence fiscale et de ne pas la soumettre à l'impôt. Le Conseil d'État a, dans cette affaire, refusé de saisir le Conseil constitutionnel d'une question prioritaire de constitutionnalité (CE QPC 24 janvier 2018 n° 415526, 9e et 10e ch., National Pension Service : RJF 4/18 n° 422 ; voir nos 60860 Précisions e et 61018 Précisions c). Pour l'année 2013, il a de même été jugé que le fait que les dividendes versés à cet établissement public coréen aient subi une retenue à la source de 15 % n'était pas discriminatoire, dès lors notamment que les caisses de retraite françaises comparables sont soumises à l'impôt sur les sociétés à raison de leurs revenus patrimoniaux au taux spécifique de 15 % en application de l'article 219 bis, 2° du CGI (CAA Versailles 4 avril 2019 n° 16VE03906, 6e ch., National Pension Service, refusant également l'assimilation de cette entité au FRR, à un organisme de placement collectif et à une fondation d'utilité publique). Cet arrêt a fait l'objet d'un pourvoi rejeté par CE 6 décembre 2021 n° 433301, 9e et 10e ch., Établissement public coréen National Pension Service : RJF 2/22 n° 126, au motif, notamment, que l'établissement coréen ne pouvait bénéficier de l'exonération prévue en faveur des fondations reconnues d'utilité publique établies en France (n° 82070) et que, gérant le régime général de retraite de Corée, il n'était pas dans une **situation objectivement comparable** à celle du Fonds de réserve pour les retraites (FRR) français ou d'un OPCVM exonéré de retenue à la source (l'établissement coréen persistait à réclamer une exonération totale et ne se contentait pas du taux réduit de 15 % ; voir également nos 61018 et 81980).

La jurisprudence du Conseil d'État concerne l'ensemble des **organismes sans but lucratif** (fondations, associations et autres organismes équivalents de droit étranger) et non pas seulement les fonds de pension ; l'administration en a tiré les conséquences pour l'**ensemble des revenus de source française** des organismes sans but lucratif, mais en la limitant aux organismes européens (n° 61020).

Précisions **a.** La **suppression** de l'**avoir fiscal** avait rendu caduque la solution qui avait été trouvée dans les années 1990 pour exonérer les fonds de pension étrangers de retenue à la source ; à l'époque, en effet, afin d'éviter de pénaliser les fonds de pension et les OPCVM étrangers, qui sont exonérés d'impôt sur les dividendes qu'ils reçoivent de source française, certaines conventions fiscales avaient prévu un transfert partiel de l'ancien avoir fiscal, destiné, en fait, à supprimer ou à réduire la retenue à la source. Ainsi les fonds de pension japonais bénéficiaient du transfert de 30/85e de l'avoir fiscal plein de 50 % et les fonds de pension américains, britanniques, autrichiens et finlandais du transfert de 30/85 de l'avoir fiscal réduit de 15 % ; compte tenu des taux applicables, cela revenait à les exonérer en France.

b. L'**appréciation** des **conditions** que doivent remplir les fonds étrangers pour démontrer qu'ils auraient été exonérés s'ils avaient été établis en France peut s'avérer délicate. La jurisprudence du Conseil d'État invite à un examen au cas par cas, mais sans exiger une **complète identité**, impossible à satisfaire par nature ; trois critères sont sans doute essentiels : l'objet du fonds, qui doit être de servir des pensions de retraite, sa gestion, qui doit être désintéressée, et le caractère non lucratif de ses activités, qui doit être prépondérant. À propos d'une **fondation de droit anglais**, voir en ce sens n° 61020 la décision du Conseil d'État dans l'affaire Wellcome Trust. À propos d'une **caisse de retraite allemande** considérée comme assimilable à un organisme français de même nature, voir CAA Versailles 2 avril 2013 n° 11VE02421, 3e ch., Sté Apothekerversorgung Niedersachsen : RJF 11/13 n° 1099 (arrêt définitif).

c. Il a été jugé que des dividendes versés à une **fondation philanthropique néerlandaise** sont éligibles au taux réduit de retenue à la source prévu par la convention fiscale franco-néerlandaise dès lors que cette fondation est une société fiscalement transparente au sens du droit néerlandais et que ses bénéficiaires ont la qualité de résidents des Pays-Bas (TA Cergy-Pontoise 3 juillet 2009 n° 07-5090, 2e ch., Société Caceis Bank : RJF 5/10 n° 519, jugement définitif étendant à une fondation la décision Diebold Courtage concernant les sociétés de personnes ; n° 31590).

d. Pour un exemple de **refus d'assimilation** d'un fonds de pension espagnol à un organisme à but non lucratif de droit français, voir CE 9 novembre 2015 n° 371132, 9e et 10e s.-s., Santander Pensiones SA EGFP : RJF 2/16 n° 138, dans le cadre de la législation applicable aux exercices clos avant le 31 décembre 2009 (n° 61020) ; le Conseil d'État réaffirme que seuls les régimes de retraite de base et complémentaire à affiliation légalement obligatoire sont susceptibles d'être regardés comme ayant un objet social à but non lucratif dans le secteur des prestations de retraite et que l'organisme espagnol en cause, un **fonds espagnol de pension individuel à caractère facultatif**, ne leur était pas assimilable (la convention fiscale franco-espagnole n'était pas applicable non plus ; n° 41400) ; en l'espèce, les prestations étaient rendues en concurrence avec celles proposées par d'autres gestionnaires de fonds de pension individuels.

e. Sous l'empire de la législation antérieure au 1er janvier 2013, la décision rendue par le Conseil d'État le 13 février 2009 dans l'affaire Stichting Unilever Pensioenfonds Progress et a. (voir ci-avant) était un « événement » pour l'application des dispositions du c de la première partie de l'article R* 196-1 du LPF, ouvrant un nouveau délai de réclamation au profit des contribuables, car elle révélait directement la **non-conformité de la loi fiscale à une norme supérieure** (CE 24 janvier 2018 n° 402167, 9e et 10e ch., California Public Employees' Retirement System (CALPERS) : RJF 4/18 n° 439). Cette question n'a cependant plus qu'un intérêt historique, les décisions ou avis rendus au contentieux par le Conseil d'État, la Cour de cassation, le Tribunal des conflits ou la Cour de justice de l'Union européenne révélant depuis le 1er janvier 2013 la non-conformité d'une règle de droit interne à une règle de droit supérieure ne constituant plus des événements de nature à ouvrir un nouveau délai de réclamation.

f. L'appréciation du **caractère désintéressé de la gestion** soulève régulièrement des difficultés pratiques ; à propos d'un fonds de pension américain, constitué sous la forme d'un trust et qui avait demandé le remboursement de la retenue à la source française sur des dividendes versés au cours des années 2006 à 2009, il a été jugé que la Cour aurait dû rechercher si les **rémunérations** versées aux dirigeants étaient, par leur montant et le nombre de leurs bénéficiaires, eu égard aux sujétions qui leur sont imposées et compte tenu des règles spécifiques auxquelles les organismes concernés sont soumis dans leur État de résidence, disproportionnées par rapport aux limites françaises (CE 30 janvier 2019 n° 410137, 9e ch., Ford Motor Company Defined Benefit Master Trust) ; sur renvoi, le fonds a eu gain de cause, car le ministre avait considéré à tort que le **dirigeant** du fonds était le **trustee** chargé de la détention, en fiducie, des actifs du fonds en vue de leur gestion et de leur contrôle, alors qu'il s'agissait d'employés de la société, qui n'avaient perçu aucune rémunération (CAA Versailles 11 février 2020 nos 19VE00453 et 19VE00454, 3e ch., Ford Motor Company Defined Benefit Master Trust, arrêt définitif jugeant en outre que le fait que le fonds de pension serait **exonéré d'impôt** aux États-Unis est sans incidence). Sur le même sujet et dans le même sens, également après une cassation identique, CAA Versailles 11 février 2020 nos 19VE00464 et 19VE00465, 3e ch., à propos du Southern California Edison Retirement Plan, définitif, et, même jour, nos 19VE00466 et 19VE00467 à propos du Lockheed Martin Corporation Master Retirement Trust, également définitifs.

g. Un fonds de pension américain constitué par une société américaine sous forme de **trust** pour gérer les plans de retraite de ses salariés n'a pas été jugé objectivement comparable à un organisme sans but lucratif français car le **caractère désintéressé de sa gestion** n'était pas démontré par la production d'une attestation qui n'excluait pas que les **dirigeants de fait** du trust (qui étaient salariés non pas du trust lui-même mais de son « named fiduciary », à savoir la société américaine ayant constitué le fonds) puissent être rémunérés, les contrats de travail des salariés gestionnaires n'étant pas communiqués et les informations transmises ne satisfaisant pas aux exigences de transparence qui découlent de l'article 261 du CGI lorsque les dirigeants sont rémunérés (CAA Versailles 3 mars 2020 n° 18VE03040, 1e ch., Northrop Grumman Pension Master Trust ; cet arrêt a été rendu sur renvoi après cassation par CE Ord. n° 406824 du 29 août 2018 et il a fait l'objet d'un pourvoi non admis par CE (na) 10 décembre 2020 n° 441417, 9e ch. : RJF 3/21 n° 276) ; en l'espèce, l'administration, qui ne contestait ni le caractère non lucratif de l'objet statutaire du trust ni son mode d'exploitation sans rapport avec celui d'une entreprise commerciale, mettait seulement en doute le caractère désintéressé de sa gestion. Le trust n'était donc pas fondé à demander le remboursement de la retenue à la source sur les dividendes qu'il avait reçus de sociétés françaises.

Cas des Sicar luxembourgeoises L'administration avait indiqué que ces sociétés (sociétés d'investissement en capital à risque) ne peuvent bénéficier des réductions de **61080**

retenue à la source sur leurs revenus passifs de source française que si elles sont en mesure d'établir que ces **revenus** ont effectivement été **soumis à l'impôt** au Luxembourg (ancienne réponse Dassault, JOAN 4 juillet 2006 page 7040 : BF 10/06 n° 1120, non reprise au BOFiP) ; mais, quoique cette réponse ne le mentionne pas, cette exclusion ne nous paraît pas devoir s'appuyer sur un principe général mais sur l'article 10 bis de l'ancienne convention franco-luxembourgeoise, qui faisait état d'une condition de cette nature, contrairement au modèle de convention fiscale de l'OCDE. Dans le cadre européen, voir n° 88580.

2. L'exception : le cas des dividendes rattachables à un établissement stable

a. Établissement stable en France d'une société étrangère

En droit interne

61120 À s'en tenir à la loi, la retenue à la source n'est due que lorsque le bénéficiaire n'a pas en France son domicile fiscal ou son siège (n° 60845 ; sous réserve des dividendes payés dans des États ou territoires non coopératifs au sens des n°s 71555 s.). Cette expression a longtemps été entendue comme permettant l'application d'une retenue lorsqu'une société étrangère avait en France un établissement qui encaissait les produits. En effet, dans un tel cas, le bénéficiaire n'a pas son siège en France, puisqu'un établissement en France d'une société étrangère n'est pas une société dont le siège est en France.

Mais le Conseil d'État a jugé (CE 19 décembre 1975 n°s 84774 et 91895, Plén. : RJF 2/76 n° 77 avec chronique Bruno Martin Laprade p. 41) que lorsqu'une société étrangère possède en France un établissement dont les résultats, comprenant les dividendes de source française, sont soumis à l'impôt sur les sociétés, elle doit être regardée comme **possédant un siège en France** pour l'application de cette disposition (« l'établissement situé en France d'une société étrangère doit être assimilé à un siège en France pour l'application des dispositions [...] codifiées sous l'article 119 bis 2 du CGI »). En effet, la loi a pour objet d'exclure du champ d'application de la retenue à la source les produits des actions qui bénéficient à des personnes soumises à l'impôt sur le revenu ou à l'impôt sur les sociétés à raison d'un revenu comprenant notamment lesdits produits (or un établissement stable en France d'une société étrangère est bien passible en France de l'impôt sur les sociétés, y compris au titre des dividendes des actions qui figurent à son bilan fiscal).

Par suite, les dividendes ne peuvent être amputés d'une **retenue à la source**. La société étrangère doit toutefois apporter la preuve que les dividendes sont effectivement compris dans les résultats soumis à l'impôt sur les sociétés en France (attestation visée par le service des impôts).

Précisions **a.** La solution retenue par le Conseil d'État dans la décision précitée n'était pas évidente, étant donné l'**unicité de la personnalité morale** entre un siège et son établissement. Elle a d'ailleurs été rendue contrairement aux conclusions du commissaire du Gouvernement. Mais elle était logique, compte tenu de l'esprit de la loi qui a pour objet d'exclure du champ de la retenue les produits distribués aux personnes soumises à l'impôt sur le revenu ou à l'impôt sur les sociétés à raison d'un revenu comprenant notamment ces produits.

b. L'administration indique que cette solution est applicable « à condition que les titres productifs des revenus figurent **à l'actif du bilan** d'établissements français ou que lesdits revenus se rattachent, par leur nature ou en raison des conditions dans lesquelles ils ont été acquis ou souscrits, à l'activité de ces établissements » (BOI-IS-RICI-30-10-10 n° 160).

En présence d'une convention fiscale

61125 La solution est la même qu'en droit interne (n° 61120). En effet, le modèle de convention fiscale de l'OCDE prévoit que lorsque le bénéficiaire effectif des dividendes exerce, dans l'État de résidence de la société distributrice, une activité d'entreprise par l'intermédiaire d'un **établissement stable** auquel se rattache la participation génératrice des dividendes, les dispositions applicables ne sont pas celles spécifiques aux dividendes mais celles qui concernent les bénéfices des entreprises (article 10 § 4 du modèle de l'OCDE).

Autrement dit, lorsque les actions sont inscrites à l'actif de l'établissement, les dividendes sont imposés au taux normal de l'impôt sur les sociétés et non pas par voie de retenue à la source (même solution en matière d'intérêts, voir n° 62850, et en présence d'une base fixe, terme qui n'est plus employé aujourd'hui par le modèle de convention fiscale de l'OCDE ; n° 23650).

Depuis la révision de juillet 2010, les commentaires de l'OCDE indiquent qu'une participation génératrice de dividendes se rattache effectivement à un établissement stable et fait partie de son actif si la **propriété « économique »** de cette participation est attribuée à cet établissement stable ; la propriété économique est définie par l'OCDE comme l'équivalent de la propriété, aux fins de l'imposition du revenu, d'une entreprise distincte, avec les bénéfices et les charges correspondantes (par exemple le droit aux dividendes afférent à la propriété de cette participation et le risque de gains ou pertes liés à l'augmentation ou de la diminution de la valeur de cette participation). Pour l'OCDE, le rattachement nécessite plus que le simple enregistrement de la participation dans les documents comptables de l'établissement stable ; en ce sens, Commentaires OCDE, C (10) n°s 32 à 32.2).

Précisions Le rattachement des actions ouvrant droit à dividende à l'actif d'un établissement stable en France d'une société étrangère résulte, pour le Conseil d'État, d'une **décision de gestion** (CE 20 avril 2005 n° 251568, 8e et 3e s.-s., SA Figesbal : RJF 7/05 n° 743 ; n° 18600).

b. Établissement stable hors de France d'une société française

Exigibilité ou non de la retenue à la source

Il n'est pas certain que la retenue à la source soit exigible en cas de versement par une société française d'un dividende à une succursale hors de France d'une autre société française. **61130**

En première analyse, on devrait, en effet, constater que la succursale étrangère d'une société française n'est pas « une société » dont le « siège » serait hors de France, étant donné l'absence de personnalité morale de la succursale et le fait qu'elle n'est qu'un démembrement du siège français ; il y aurait alors lieu d'en déduire que la retenue à la source ne serait pas exigible puisqu'elle n'est pas due en cas de versement de dividendes à des personnes domiciliées en France ou dont le siège est situé en France.

Conséquence à tirer de la jurisprudence

Écarter la retenue à la source (n° 61130) ne serait pas en harmonie avec la décision du Conseil d'État assimilant un établissement étranger en France à un siège en France pour l'application de la retenue à la source (n° 61120) ; certes, cette décision ne juge que la situation de l'établissement en France d'une société étrangère, et il est toujours délicat de raisonner a contrario. **61135**

Mais, à notre avis, il serait équilibré de traiter l'établissement stable hors de France d'une société française **comme un « siège » hors de France** pour l'application de la retenue à la source par symétrie avec l'établissement en France d'une société étrangère. En ce sens, d'ailleurs, le commentaire de pied d'arrêt de la RJF sous la décision précitée indique que « il en résulte que le mot « siège » peut recevoir au regard d'une société plusieurs acceptions : il y a le siège social, qui détermine la nationalité de cette personne morale, mais il y a aussi le **siège d'établissement**, envisagé comme une entité fiscale ». De même, Bruno Martin Laprade, dans sa chronique sur cet arrêt (n° 61120), estimait que « le critère de l'assujettissement à la retenue à la source n'est pas - selon l'arrêt - celui du pays où le bénéficiaire a son domicile réel ou son siège social, mais celui du caractère imposable en France des revenus mobiliers du bénéficiaire ».

On en déduirait que la retenue serait bien exigible en cas de versement de dividendes à la succursale étrangère d'une société française puisque les revenus mobiliers qu'elle perçoit de source française ne sont pas passibles en France de l'impôt sur les sociétés, sauf éventuellement le cas exceptionnel de l'application de l'article 209 B du CGI.

En présence d'une convention fiscale

Dans ce cas, la question serait celle, classique, d'une situation triangulaire mettant en cause deux pays. La problématique exposée n°s 63640 s. est ici transposable : l'établissement stable hors de France d'une société française n'étant pas un « résident » au sens de la convention fiscale ne pourrait, par définition, bénéficier des réductions conventionnelles de retenue à la source en France, sauf cas particulier. Si la convention reprend **61140** l'article 21 § 2 du modèle OCDE, la France ne peut généralement pas imposer les dividendes puisqu'elle doit appliquer les règles relatives à l'établissement stable ; dans ce cas, les dividendes sont imposables en tant que produits de l'établissement étranger et sont normalement exonérés d'impôt en France (ou bénéficient d'un crédit d'impôt égal à l'impôt français) en application des règles habituelles.

c. Établissement stable hors de France d'une société étrangère

61150 Cette situation soulève la même problématique que précédemment en droit interne (nos 61130 s) ; en droit conventionnel, elle est cependant moins claire, au moins selon la manière de voir de la France, puisque notre administration paraît estimer que ni la convention conclue entre la France et le pays de situation de l'établissement ni celle conclue avec le siège de l'entreprise n'est applicable (nos 63620 s.).

B. Dans l'État de la résidence

1. En l'absence de convention fiscale

61175 L'élimination des doubles impositions dépend exclusivement du droit interne des États. Du côté français, les dividendes de source étrangère revenant à des résidents de France sont imposables en France pour leur montant brut diminué des charges et notamment du prélèvement éventuel perçu dans l'État de la source. L'**impôt étranger** est donc déduit de la base d'imposition, mais il ne constitue pas un crédit d'impôt. Sur les conséquences du régime des sociétés mères, voir nos 61400 s.

Précisions Les prélèvements opérés sur un compte « **additionnal paid-in capital** » de la filiale américaine d'une société française doivent être regardés comme des prélèvements d'apports (CAA Versailles 17 octobre 2019 n° 18VE00741, Sté CGG : RJF 2/20 n° 94, ayant fait l'objet d'un pourvoi non admis par CE (na) 9 juillet 2020 n° 436808, 8e ch., Sté CGG : RJF 11/20 n° 859).

2. Le principe du crédit d'impôt conventionnel

61180 Lorsqu'il existe une convention fiscale, celle-ci retient presque toujours la méthode de l'imputation (crédit d'impôt) pour éviter les doubles impositions (n° 8140). Le bénéficiaire des dividendes de source étrangère a droit à un crédit d'impôt, en principe égal à la retenue à la source perçue dans l'autre État, mais limité au montant de l'impôt perçu dans l'État de sa résidence.

Il arrive également, mais rarement, que la convention fiscale fixe des règles d'assiette directement applicables en France ; par exemple, l'article 22 § 1 b) de la convention fiscale franco-chilienne du 7 juin 2004 stipule que les dividendes payés par une société chilienne à une société française sont **exonérés d'impôt en France** dans les mêmes conditions que si la société distributrice était un résident de France ou d'un autre État membre de l'Union européenne ; sur ce fondement, une société intégrante française a pu obtenir que le résultat d'ensemble du groupe en 2015 soit diminué de la quote-part de frais et charges afférente aux dividendes distribués par des filiales chiliennes d'une société française du groupe, détenues indirectement à plus de 95 %, comme si les sociétés chiliennes avaient été françaises (TA Montreuil 3 décembre 2020 n° 1908285, 1e ch., Sté Legrand : RJF 4/21 n° 357 ; jugement définitif).

Précisions **a.** Le crédit d'impôt est applicable aux revenus qui sont **traités comme des dividendes par la convention fiscale** ; tel est le cas, par exemple, de revenus de « **Genussscheine** » allemands bien que ces titres puissent être regardés comme des titres de créance au vu des documents définissant leurs conditions d'émission (CE 10 octobre 2014 n° 356878, 9e et 10e s.-s., Caisse régionale de crédit agricole mutuel du Finistère : RJF 1/15 n° 51, aux conclusions Frédéric Aladjidi au BDCF 1/15 n° 10) ; la convention fiscale franco-allemande, plus claire sur ce point dans sa version allemande que dans sa version française, fait, en effet, entrer les revenus de ces titres dans la catégorie des dividendes (paragraphes 6 et 9 de l'article 9 de la convention) bien qu'ils soient déductibles des résultats de l'émetteur. Pour autant, naturellement, ce ne sont pas des « dividendes » pour l'application du droit interne français et ces revenus ne peuvent pas être exonérés dans le cadre du régime des sociétés mères.

b. Il arrive que les conventions fiscales prévoient qu'un résident de France a droit, dans le pays de la source, à un crédit d'impôt dans les mêmes conditions qu'un résident de cet État. Tel était le cas de l'ancienne convention fiscale franco-britannique, du 22 mai 1968 modifiée, à propos de l'ancien **crédit**

d'impôt britannique de 1/9e du montant brut des dividendes ; un tel crédit n'était pas imputable en France et il y avait lieu de retenir la même base imposable en France et au Royaume-Uni, le crédit d'impôt britannique devant être intégralement inclus dans la base imposable en France (TA Montreuil 10 juin 2020 no 1710070, 1e ch., Sté BNP Paribas ; appel enregistré sous le no 20VE01836).

Modalités d'imputation

Elles sont, d'une façon générale, les mêmes que pour les autres revenus « passifs ». **61182**

Ainsi, le bénéficiaire doit normalement déclarer le **montant brut** des revenus, sans déduction de la retenue à la source ; en pratique, cependant, les sociétés comptabilisent le « net » perçu (no 83635).

Selon les principes habituels, le crédit d'impôt est normalement égal à la retenue à la source perçue dans l'autre État conformément à la convention fiscale ; il ne peut donc jamais excéder le **plafond** de retenue à la source fixé par la convention (sauf clauses de crédit d'impôt forfaitaire ; no 8120) mais il peut être inférieur ou nul si l'État de la source n'a pas effectué le prélèvement auquel il avait droit.

Enfin, l'imputation doit être faite sur l'impôt dans la base duquel les revenus correspondants sont compris et **ne peut excéder** la fraction d'impôt correspondant aux revenus donnant lieu à imputation. Lorsque le bénéficiaire comptabilise le revenu net perçu (après déduction de la retenue à la source), le crédit d'impôt doit être ajusté pour obtenir le même résultat, après imputation du crédit.

Précisions **a.** La **contribution sociale sur les bénéfices** de 3,3 % (no 5592) est calculée sur l'impôt sur les sociétés avant imputation des crédits d'impôt ; la comptabilisation en « net » est donc plus avantageuse.

b. Avec un système de **comptabilisation en « net »**, le crédit d'impôt ne doit pas être pris en totalité. Il convient de retirer du crédit à imputer le montant d'impôt sur le crédit lui-même ; cette solution résulte de ce que le crédit d'impôt lui-même est considéré comme un revenu imposable (no 8140).

Exemple

Soit une société résidente de France qui reçoit un dividende de 100, versé par une filiale résidente d'un État lié à la France par une convention fiscale prévoyant une retenue maximum de 10 % ; la situation est la suivante (en l'absence d'application du régime des sociétés mères) : **61185**
– dividende versé (brut) : 100 ;
– retenue à la source : (10) ;
– net perçu par la société française : 90 ;
– **si la société comptabilise « en brut »** :
• assiette de l'impôt sur les sociétés : 100 (90 + 10),
• impôt sur les sociétés : 25 (no 5592),
• crédit d'impôt : (10), imputable en totalité,
• impôt exigible : 15 (25 – 10) ;
– **si la société comptabilise « en net »** :
• assiette de l'impôt : 90,
• impôt sur les sociétés : 22,5 (90 × 25 %),
• crédit d'impôt : (7,5) imputable en totalité (75 % × 10),
• impôt exigible : 15 (22,5 – 7,5).

L'exemple du no 61185 appelle les commentaires suivants : **61186**
– la retenue ne peut excéder 10 % même si le droit interne de l'État concerné prévoit un taux supérieur ; mais elle peut être inférieure à 10 % si le droit interne est plus favorable que la convention (il ne s'agit que d'un **plafond**) ;
– l'impôt global dû par la société s'élève (hors contribution sociale) à 25 (no 5592) ; mais il se décompose en 10 de retenue à la source dans l'État étranger et 15 d'impôt sur les sociétés en France. La situation n'aurait pas été différente si les dividendes avaient été de source française (sur un dividende de 100, l'impôt aurait été de 25 % soit 25, hors régime des sociétés mères) ; il n'y a donc pas de **double imposition juridique** ;
– le crédit d'impôt (10) est imputable en totalité, car il est inférieur à l'impôt sur les sociétés dû au titre des dividendes (25). Le calcul est aisé lorsque l'impôt est prélevé à un taux proportionnel. Il est plus compliqué en cas d'**impôt progressif** (impôt sur le revenu, par exemple). Dans ce cas, il convient de calculer le taux moyen d'imposition sur le revenu

global (taux effectif) et d'appliquer ce taux aux dividendes afin de déterminer le plafond du crédit d'impôt. Cela dit, le calcul du plafond doit tenir compte des charges déductibles, qui ont été négligées ici. Sur les charges à prendre en compte pour le calcul du plafond, voir n° 83650 ;
– en cas de comptabilisation en « **net** », il y a lieu de retirer du crédit à imputer le montant d'impôt sur le crédit lui-même (10 × 25 %) soit 2,5 ; le crédit est donc égal à 7,5 (soit 10 – 2,5 ou 75 % × 10) ;
– en l'**absence** de **convention fiscale**, la société aurait pu déduire la retenue de 10 pour l'assiette de l'impôt français, ce qui l'aurait conduite à payer un impôt de 22,5 (90 × 25 %). Son revenu net aurait ainsi été de 67,5 contre 75 en présence d'une convention (contribution sociale sur les bénéfices de 3,3 % en sus).

Incidence de l'abattement applicable aux personnes physiques

61205 Les personnes physiques résidentes de France peuvent, en cas d'option globale pour le barème ordinaire au lieu du prélèvement forfaitaire unique, bénéficier d'un abattement de 40 % au titre de certains dividendes éligibles (n° 1958) ; même si l'impôt sur le revenu est, en ce cas, calculé sur une assiette réduite, la totalité de la retenue à la source étrangère constitue un **crédit d'impôt**, dans les limites et conditions prévues par les conventions fiscales.

Les dividendes reçus sont déclarés pour leur montant brut, impôt acquitté à l'étranger compris, et déduction faite des seuls frais d'encaissement ; cependant, compte tenu de la réfaction de 40 % (si les conditions sont remplies), les revenus déclarés sont retenus, pour le calcul de l'impôt sur le revenu, pour 60 % de leur montant. Sont ensuite retranchées les dépenses effectuées pour l'acquisition et la conservation des revenus (par « acquisition », il convient d'entendre « perception » du revenu) ; les frais et charges afférents doivent être déduits après l'application de la réfaction de 40 %.

SECTION 3

L'incidence du régime des sociétés mères

A. Quasi-exonération des dividendes

61400 Il existe souvent dans les pays développés un mécanisme selon lequel les dividendes en provenance des filiales sont exonérés d'impôt (voir n°s 88160 s. en ce qui concerne la directive européenne).

Un tel système existe **en France** (CGI art. 145 et 216) ; les sociétés mères peuvent exclure de l'assiette de l'impôt sur les sociétés les dividendes qu'elles perçoivent de leurs filiales françaises ou étrangères après déduction d'une quote-part de frais et charges (le régime des sociétés mères caractérise donc, en fait, une quasi-exonération ; n°s 61425 et 61435).

Le législateur français n'a pas spécifiquement incorporé en droit interne la directive du 23 juillet 1990 (aujourd'hui, directive 2011/96/UE du Conseil du 30 novembre 2011 ; n°s 88160 s.) en ce qu'elle prévoit l'élimination des doubles impositions au titre des dividendes provenant des filiales résidentes de pays membres de l'Union européenne. C'était sans importance, en effet, étant donné que la loi française était déjà en conformité avec les prévisions de la directive ; le Conseil d'État considère, en ce sens, que le régime des sociétés mères assure la transposition en droit interne des objectifs de la directive bien qu'il soit issu de textes législatifs antérieurs (CE QPC 12 novembre 2015 n° 367256, 8e et 3e s.-s., Sté Metro Holding France : RJF 2/16 n° 175, aux conclusions Benoît Bohnert, C 175).

Entités françaises concernées

61405 Le régime des sociétés mères s'applique aux participations détenues par une société ou un organisme soumis à l'**impôt sur les sociétés** au taux normal (y compris au taux de

15 % prévu à l'article 219, I-b du CGI, le cas échéant). La forme de la société mère importe peu pourvu que la condition de soumission à l'impôt sur les sociétés soit satisfaite. Il peut donc s'agir de sociétés par actions ou à responsabilité limitée, de SAS, de sociétés de personnes ou en commandite simple qui ont opté pour l'IS, de sociétés civiles passibles de l'impôt sur les sociétés en vertu de l'article 206, 2 du CGI, etc. Les sociétés peuvent n'être que partiellement soumises à l'impôt sur les sociétés (par exemple dans les sociétés en commandite simple pour la part des bénéfices qui reviennent aux commanditaires), mais elles doivent l'être au taux normal.

Le régime spécial s'applique aussi aux **établissements stables** en France de sociétés étrangères, si les titres figurent à l'actif de l'établissement stable et si celui-ci est effectivement soumis à l'impôt sur les sociétés au taux normal. Comme pour les sociétés françaises, le bénéfice du régime des sociétés mères suppose l'exercice d'une **option** qui s'exerce normalement par l'indication portée sur un formulaire joint en annexe à la déclaration de résultat ; lorsqu'une société étrangère fait l'objet d'une **rectification** parce qu'elle n'a pas souscrit de déclaration de résultat alors qu'elle exerce une activité en France (cas où l'administration estime que la société avait, contrairement à ses allégations, un établissement stable en France), cette option peut être exercée dans le délai de réclamation ouvert par l'article R* 196-3 du LPF (dans le cas où un contribuable fait l'objet d'une procédure de reprise ou de rectification, il dispose d'un délai égal à celui de l'administration pour présenter ses propres réclamations). Le Conseil d'État juge, en effet, qu'une société qui n'a pas expressément renoncé au bénéfice du régime des sociétés mères peut exercer l'option **dans le délai de réclamation** prévu à l'article R* 196-1 du LPF (CE 20 décembre 2017 n° 414974, 8e et 3e ch., Sté Worms & Cie : RJF 3/18 n° 254 ; la décision ne vise que cet article mais la même règle devrait en toute logique s'appliquer au délai spécial de l'article R* 196-3 du LPF, la loi ne prévoyant nullement que l'option doive être exercée dans la déclaration de résultat). Il s'agissait, dans cette affaire, d'une société **holding luxembourgeoise** dont l'administration considérait qu'elle était imposable en France en tant qu'elle y avait son siège de direction effective ; dans un tel cas, l'administration ne peut en principe refuser le bénéfice du régime des sociétés mères si la société exerce l'option dans le délai de réclamation.

Précisions **a.** L'application du régime des **sociétés mères aux établissements stables** résulte de la rédaction de l'article 145 du CGI issue de la loi de finances pour 1989, qui ne fait plus référence à la nécessité pour la société mère d'être « française » (absence de condition de nationalité).

b. Dès lors qu'une société qui n'a pas expressément renoncé au bénéfice du régime des sociétés mères peut exercer l'option dans le délai de réclamation prévu à l'article R* 196-1 du LPF (voir ci-dessus), les règles d'option pour le régime des sociétés mères ne méconnaissent pas les **objectifs de la directive** dont elles assurent la transposition (CE 20 décembre 2017 n° 414974, 8e et 3e ch., Sté Worms & Cie : RJF 3/18 n° 254, refusant la transmission d'une question prioritaire de constitutionnalité sur le caractère optionnel du régime).

c. Il a été jugé que la **succursale** française d'une société d'assurance britannique pouvait bénéficier du régime des sociétés mères au titre de dividendes de filiales étrangères qui lui avaient été réalloués par le siège britannique bien que les titres de participation n'aient pas figuré à son **bilan fiscal** (CAA Paris 20 juillet 2021 n° 19PA03109, 7e ch., min. c/ Sté QBE Insurance Europe Limited : RJF 2/22 n° 131, faisant l'objet d'un pourvoi enregistré sous le n° 456719 ; voir également n° 61420, Précisions b).

Filiales étrangères

Le régime s'applique aux participations détenues dans des filiales françaises ou étrangères **61410** (BOI-IS-BASE-10-10-10-10 n° 160). La **forme juridique** sous laquelle est constituée la filiale est sans importance, exception faite des sociétés de personnes non soumises à l'impôt sur les sociétés, qui ne constituent pas des filiales au sens de l'article 145 du CGI (BOI-IS-BASE-10-10-10-10 n° 150) ; il en va ainsi que la filiale soit française ou étrangère. Il a notamment été jugé que le régime des sociétés mères n'est pas applicable en cas de détention des titres par l'intermédiaire d'une general partnership américaine, assimilable à une société de personnes française (n° 32085).

Lorsqu'elle est étrangère, peu importe que la filiale ait ou non été **soumise à l'impôt** dans son pays de résidence. Les dividendes en provenance des sociétés établies dans des pays où l'impôt sur les sociétés est faible ou nul peuvent donc bénéficier du régime des sociétés mères. L'article 72 de la loi n° 2014-1655 du 29 décembre 2014 de finances rectificative pour 2014 avait certes prévu d'exclure du régime des sociétés mères, pour les exercices ouverts à compter du 1er janvier 2015, « les produits des titres prélevés sur les bénéfices d'une société afférents à une **activité non soumise à l'impôt** sur les sociétés ou à un

61410 (suite) impôt équivalent » ; cette mesure a cependant été invalidée par le Conseil constitutionnel compte tenu de son imprécision (Cons. const. 29 décembre 2014 n° 2014-708 DC, Loi de finances rectificative pour 2014 : RJF 3/15 n° 244). Dans le même sens, il résulte de la jurisprudence du Conseil d'État que le bénéfice du régime des sociétés mères n'est pas subordonné à l'imposition effective, entre les mains de la filiale, des bénéfices qu'elle distribue (CE 12 avril 2019 n° 410315, 9e et 10e ch., Sté Compagnie de Saint-Gobain : RJF 7/19 n° 634 ; ci-dessous, Précisions e).

La **notion de « distribution »** et son caractère régulier doivent en principe, hors les éventuels cas de fraude (ou si la décision n'entre dans aucun des cas pour lesquels le Code de commerce autorise la distribution de sommes prélevées sur les bénéfices), être appréciés au regard du droit qui régit la société étrangère distributrice, qui seul détermine l'organe compétent pour décider d'une distribution ; si par exemple, en droit néerlandais, l'organe compétent pour décider de la distribution d'un acompte sur dividendes est le directoire et non l'assemblée générale des actionnaires, une cour administrative d'appel commet une erreur de droit en refusant à une société le bénéfice de l'ancien avoir fiscal au motif qu'elle n'a pas produit la délibération de l'assemblée générale des actionnaires de sa filiale et que les dividendes qu'elle a perçus ne pouvaient dès lors être regardés comme résultant d'une décision régulière des organes compétents au sens des dispositions du Code général des impôts alors applicables (CE 28 janvier 2019 n° 401490, 9e et 10e ch., SA Natixis : RJF 4/19 n° 340 ; voir également n° 72645 h).

Cela étant, bien entendu, il y a lieu de réserver le cas des **situations abusives** (nos 71480 s. et 72645). L'administration rappelle, à ce propos, qu'elle peut s'opposer, sur le fondement de l'article L 64 du LPF (nos 72623 et 72645), à l'application du régime des sociétés mères toutes les fois que la création d'une filiale intermédiaire est purement fictive ou a pour seul objet de transformer des produits qui auraient été soumis en France à une imposition au taux normal en dividendes susceptibles de bénéficier du régime spécial (BOI-IS-BASE-10-10-10-10 n° 170). Comme l'indiquent les conclusions sous CE 11 mai 2015 n° 365564, 9e et 10e s.-s., Sté Natixis (RJF 8-9/15 n° 718 ; voir également n° 72645 Précisions h), le régime des sociétés mères n'est pas « destiné aux montages faisant appel à des **filiales ad hoc dépourvues de substance économique** dont l'interposition ne présente aucun intérêt autre que fiscal » ; dans cette affaire, le rapporteur public ajoute tout de même « qu'il ne s'agit pas de fixer une fois pour toutes le degré de substance en dessous duquel une société ne pourrait jamais descendre ni de condamner tout recours à des filiales étrangères dont l'activité consisterait à gérer plus ou moins passivement des valeurs mobilières, pas davantage qu'il ne s'agit de s'interroger sur la substance de la filiale en termes de personnel ou de moyens matériels » (conclusions Émilie Bokdam-Tognetti au BDCF 8-9/15 n° 109).

Sur le cas particulier des produits des titres de sociétés établies dans les **ENTC**, voir n° 61412. Sur l'exclusion des produits des titres d'une société dans la proportion où les bénéfices distribués sont **déductibles** de son résultat imposable, voir n° 61423. Sur l'incidence du dispositif **anti-abus** général en matière d'impôt sur les sociétés, voir n° 61440.

Précisions **a.** Une société française détenant une participation dans une **stille Gesellschaft** allemande (n° 31735) ne peut bénéficier du régime des sociétés mères, dans la mesure notamment où cette société n'a pas de personnalité juridique et reste occulte à l'égard des tiers (CAA Paris 14 avril 2005, n° 03-2347, Sté L'Oréal : Droit fiscal 2006 n° 36, comm. n° 552 ; arrêt définitif).

b. Le régime des sociétés mères n'est **pas applicable**, notamment, aux produits des actions de sociétés d'investissement (CGI art. 145, 6-a) et aux produits des titres des sociétés étrangères ayant une activité identique à celles mentionnées à l'article 208 C du CGI (à savoir celles des **SIIC**, n° 67950) et qui sont exonérées, dans l'État où elles ont leur siège de direction effective, de l'impôt sur les sociétés de cet État (CGI art. 145, 6-i).

c. Dans l'affaire Alcatel (CE 15 avril 2011 n° 322610, 9e et 10e s.-s., min. c/ Sté Alcatel CIT : RJF 7/11 n° 862 aux conclusions Pierre Collin au BDCF 7/11 n° 91 ; voir n° 72645, Précision e), le ministre soutenait que le régime des sociétés mères avait été institué **afin d'éliminer la double imposition** des mêmes bénéfices et qu'en plaçant sous ce régime des dividendes reçus d'un centre de coordination belge, la société avait recherché une application littérale des textes à l'encontre des objectifs poursuivis par le législateur ; cependant, le rapporteur public Pierre Collin avait souligné à juste titre qu'il était difficile de lire l'intention du législateur de manière aussi restrictive dès lors que les dividendes de filiales étrangères n'étaient pas exclus alors que la fiscalité des sociétés est d'un niveau très variable selon les pays et que la loi ne subordonne pas le bénéfice du régime à la soumission de la filiale à une **imposition d'un niveau minimal** dans l'État de son siège.

d. Le Conseil d'État a jugé, à propos d'une situation interne, que le législateur, en cherchant à supprimer ou à limiter la succession d'impositions susceptibles de frapper les produits que les sociétés mères perçoivent de leurs participations dans leurs filiales et ceux qu'elles redistribuent à leurs propres actionnaires, a eu comme objectif de **favoriser l'implication de sociétés mères dans le développement économique des filiales** pour les besoins de la structuration et du renforcement de l'économie française (CE 17 juillet 2013 n° 352989, 9e et 10e s.-s., min. c/ SARL Garnier Choiseul Holding : RJF 11/13 n° 1064). Il ne faut toutefois pas surinterpréter cette décision qui est intervenue dans un contexte d'abus de droit dans le cadre d'un montage « coquillard » ; les conclusions du rapporteur public sous la décision Sofina du 5 novembre 2014 (n° 61415 Précisions c) montrent, au contraire, que le Conseil d'État n'a pas accueilli l'argument du ministre qui soutenait que le terme « **titres de participation** » renvoyait à la notion comptable de titres dont la possession durable est estimée utile à l'activité de l'entreprise notamment parce qu'elle permet l'exercice d'une influence ou d'un contrôle.

e. La perception de dividendes distribués par une filiale procède des droits attachés aux titres de participation détenus par une société mère et leur exonération dans le cadre du régime des sociétés mères n'est pas subordonnée à **l'imposition effective, entre les mains de la filiale**, des bénéfices qu'elle distribue (CE 12 avril 2019 n° 410315, 9e et 10e ch., Sté Compagnie de Saint-Gobain : RJF 7/19 n° 634) ; ainsi, une société mère française était fondée à déduire de son résultat imposable en 2008 la totalité des dividendes distribués par une filiale britannique en 2008 (en l'espèce, des acomptes sur dividendes ou « interim dividends »), même pour la fraction qui excédait le résultat que la société britannique était en mesure de distribuer à la clôture de cet exercice. Cette décision a annulé l'arrêt d'appel qui avait jugé que le régime des sociétés mères ne s'appliquait que dans la limite des bénéfices qu'une filiale était en mesure de répartir à sa société mère au vu du montant de ses résultats et réserves et qu'il n'était donc, en l'espèce, applicable qu'à hauteur du résultat comptable dégagé par la filiale au titre de l'exercice, en l'absence de réserve distribuable.

f. En cas de cession par une société française de titres d'une filiale étrangère, la date du **transfert de propriété** dépend de la **législation étrangère applicable**, indépendamment des règles prévues en droit français dans des situations similaires (CAA Versailles 22 mai 2018 n° 16VE02463, Stés Sofiza et Kidiliz Group : RJF 10/18 n° 938 ; arrêt définitif). Dans cette affaire, une société française s'était vu refuser le bénéfice du régime des sociétés mères au titre de dividendes reçus le 12 juin d'une filiale néerlandaise dont elle avait cédé les titres le 24 avril de la même année ; la rectification a cependant été annulée car le droit néerlandais subordonnait le transfert de propriété à un acte notarié qui n'était intervenu que le 5 août de la même année (la société était donc bien toujours actionnaire lors de la distribution de dividendes). Dans le même sens, à propos du régime d'imposition des **plus-values**, TA Montreuil 2 novembre 2017 n° 1605931, 1e ch., Sté Total : Droit fiscal 2018 n° 42-43, comm. n° 425, jugeant que ce sont les statuts de la société étrangère et le droit étranger (en l'espèce, le droit des sociétés applicable en Zambie) qui permettent d'apprécier la **durée de détention** des titres aux fins de la distinction court terme/long terme (jugement définitif).

États et territoires non coopératifs Le régime des sociétés mères est en principe inapplicable, pour les exercices ouverts depuis le 1er janvier 2011, aux dividendes provenant d'une filiale établie dans un État ou territoire non coopératif (CGI art. 145, 6-d ; sur la notion d'ETNC, voir nos 71555 s.), sauf s'il s'agit d'un ETNC qui figure sur la liste en application des critères posés par l'article 238-0 A, 2 bis-2° du CGI (si l'ETNC est mentionné sur la liste en raison seulement des critères européens, le régime des sociétés mères n'est donc écarté que si l'inscription sur la liste est la conséquence de l'application du critère tenant aux « montages extraterritoriaux » ; voir n° 71555). **61412**

Une **clause de sauvegarde** a cependant été introduite par l'article 29 de la loi n° 2015-1786 du 29 décembre 2015 de finances rectificative pour 2015, afin de tirer les conséquences de la décision du Conseil constitutionnel citée au n° 71550, qui avait, en tout état de cause, formulé une réserve d'interprétation ayant des effets équivalents à une clause de sauvegarde législative. Pour les exercices clos depuis le 31 décembre 2015, le régime des sociétés mères reste applicable si la société mère apporte la preuve que les opérations de la société établie dans un État ou territoire non coopératif correspondent à des opérations réelles qui n'ont ni pour objet ni pour effet de permettre, dans un but de fraude fiscale, la localisation de bénéfices dans un tel État ou territoire.

L'administration précise, à cet égard, qu'il appartient à la société mère de justifier la réalité et l'objet des opérations de la filiale en exposant les raisons qui motivent la présence de cette dernière dans l'État ou le territoire concerné et que cette preuve peut être apportée par tous moyens ; elle ajoute que ne sont pas exclues les **activités financières** ni de **détention patrimoniale**, pourvu que le but autre que fiscal soit justifié par la société mère, et que la domiciliation d'une filiale dans un ETNC en raison d'une **contrainte juridique** peut être regardée comme correspondant à une opération réelle si cette domiciliation permet à la société mère et à son groupe de mener à bien des opérations réelles (BOI-IS-BASE-10-10-20 n° 70).

Précisions a. Lors d'une mise à jour du 5 octobre 2016 du BOI-IS-BASE-10-10-20 n° 70, l'administration a supprimé ses commentaires antérieurs qui indiquaient notamment qu'était considérée comme exerçant une activité réelle une société qui dispose dans l'ETNC concerné d'une **implantation réelle** (bureaux, personnels…) et qui y réalise des opérations formant un cycle commercial complet. A également été supprimée l'exclusion de principe des entreprises ou entités qui n'auraient qu'une existence nominale et dont les opérations retracées par leur comptabilité seraient effectivement réalisées par la société mère (sociétés de gestion de brevets, sociétés auxiliaires de services, sociétés de facturation, etc.).

b. Le Conseil d'État avait **annulé** les paragraphes n°s 420 à 510 de l'ancien BOI-INT-DG-20-50-20, relatifs à l'exclusion du régime des sociétés mères des dividendes provenant des ETNC, dans la mesure où ils ne posaient pas d'exception conforme à la jurisprudence du Conseil constitutionnel (CE 8 juin 2016 n° 383259, 10e et 9e ch., Association française des entreprises privées (Afep) et autres : RJF 10/16 n° 870 ; n° 71550).

c. L'application du régime des sociétés mères est écartée en présence de dividendes provenant d'une filiale établie dans un ETNC, y compris pour la quote-part de revenus provenant d'un **établissement stable** de cette filiale situé dans un État ou territoire coopératif (BOI-INT-DG-20-50-20 n° 190). Il en va de même pour la quote-part de revenus provenant de l'activité d'un établissement stable situé dans un ETNC quand bien même la distribution serait juridiquement réalisée par une filiale établie dans un État ou un territoire coopératif pour le compte de cet établissement stable. Dans ce cas, il convient de **ventiler les distributions** au prorata de l'origine effective des flux financiers (BOI préc. n° 220). Selon l'administration, les dividendes versés par une filiale sont réputés provenir de l'activité de son établissement stable situé dans un ETNC dans la même proportion que le montant de capitaux propres ou quasi-capitaux propres affectés par la filiale à cet établissement stable par rapport à l'ensemble de ses capitaux propres. Si cette clé de répartition des distributions entre la filiale et son établissement stable ne correspond pas à la réalité ou soulève des difficultés d'ordre pratique, la société bénéficiaire peut justifier de toute autre répartition (BOI préc. n°s 230 et 240).

Conditions relatives aux titres détenus

61415 Le régime des sociétés mères n'est applicable que lorsque les titres de participation représentent au moins 5 % du capital de la société émettrice (ce pourcentage s'apprécie à la date de mise en paiement des produits). Il n'est pas exigé que ces titres soient assortis du droit de vote, sous réserve du cas particulier des sociétés contrôlées par un ou plusieurs organismes sans but lucratif (il en va différemment pour l'application du régime d'exonération des plus-values à long terme ; n° 65790).

Si les titres de participation revêtent la forme nominative (compte-titre tenu par l'émetteur), leur seule possession ouvre droit au régime des sociétés mères, toutes choses égales par ailleurs ; s'ils sont au porteur (compte-titre tenu par un intermédiaire financier), ils ne sont éligibles que s'ils sont **déposés ou inscrits** dans un compte tenu par un intermédiaire habilité, en France ou hors de France. En ce qui concerne les intermédiaires étrangers, il s'agit des **établissements de crédit** habilités à exercer dans l'Union européenne l'activité de conservation et administration de valeurs mobilières et, hors Union européenne, des intermédiaires qui satisfont à la double condition suivante (pour la détermination des résultats des exercices ouverts depuis le 1er janvier 2017 ; BOI-IS-BASE-10-10-10-20 n° 20) :
– être situé dans un État ou territoire ayant conclu avec la France une **convention d'assistance administrative** en vue de lutter contre la fraude et l'évasion fiscales dont les stipulations et la mise en œuvre permettent à l'administration d'obtenir des autorités de cet État ou territoire les informations nécessaires à la vérification des conditions d'application du régime des sociétés mères (cette formulation exclut notamment, mais pas exclusivement, les ETNC au sens des n°s 71555 s.) ;
– être soumis à des **obligations professionnelles** équivalentes à celles prévues à l'article L 621-7 du Code monétaire et financier pour les teneurs de compte-conservateurs autres que les personnes morales émettrices.

La possibilité d'appliquer le régime des sociétés mères en l'absence de **droits de vote** concerne les distributions effectuées depuis le 3 février 2016 ; en effet, si cette condition a été supprimée par l'article 91 de la loi n° 2016-1918 du 29 décembre 2016 de finances rectificative pour 2016, elle n'était de toute façon plus applicable compte tenu de l'évolution de la jurisprudence :
– le Conseil d'État avait jugé que l'ancienne condition relative aux droits de vote n'était pas conforme aux prescriptions de la **directive mères/filles** (n° 88200) et que, par conséquent, les dispositions législatives excluant le bénéfice du régime des sociétés mères en l'absence de droits de vote ne pouvaient être légalement appliquées qu'aux situations placées hors du champ de la directive (CE QPC 12 novembre 2015 n° 367256, 8e et 3e s.-s., Sté Metro Holding

France : RJF 2/16 n° 175, aux conclusions Benoît Bohnert, C 175) ; ce constat avait amené le Conseil d'État, par la même décision, à renvoyer au Conseil constitutionnel la question de la constitutionnalité de la **différence de traitement** entre les sociétés mères françaises selon que les filiales dont elles perçoivent des distributions sont établies en France ou dans d'autres États membres de l'Union européenne ; **61415** (suite)

– le Conseil constitutionnel avait jugé que les dispositions de l'article 145, 6-b ter du CGI alors applicables, qui excluaient les produits des titres sans droit de vote, étaient **contraires à la Constitution** (Cons. const. 3 février 2016 n° 2015-520 QPC, Sté Metro holding France : RJF 4/16 n° 366) ; après avoir rappelé que l'exclusion législative était, compte tenu de la jurisprudence du Conseil d'État, seulement applicable aux produits des titres de participation de sociétés établies en France ou hors de l'Union européenne, le Conseil constitutionnel avait considéré qu'en édictant une condition relative aux droits de vote attachés aux titres des filiales pour pouvoir bénéficier du régime des sociétés mères, le législateur avait entendu favoriser l'implication des sociétés mères dans le développement économique de leurs filiales et que la différence de traitement entre les produits de titres de filiales en fonction de leur localisation géographique était sans rapport avec un tel objectif (principe de l'interdiction des **discriminations à rebours**, en l'absence de raison d'intérêt général ; n° 81415) ; le Conseil d'État en avait tiré les conséquences par CE 6 avril 2016 n° 367256, 8e s.-s., Sté Metro Holding France : RJF 6/16 n° 516 ;

– par identité de motifs, l'article 145, 6-b ter du CGI, dans sa rédaction issue de l'article 39 de la loi de finances rectificative pour 2005, avait été jugé non conforme à la Constitution (Cons. const. 8 juillet 2016 n° 2016-553 QPC, Sté Natixis : RJF 11/16 n° 998, sur renvoi par CE QPC 18 mai 2016 n° 397316, 9e et 10e ch., Sté Natixis : RJF 8-9/16 n° 747) ;

– par une **actualité doctrinale** du 5 octobre 2016, l'administration avait tiré les conséquences des décisions précitées du Conseil constitutionnel en précisant que l'exclusion du régime des sociétés mères des titres auxquels ne sont pas attachés des droits de vote ne s'appliquait plus depuis le 3 février 2016 (ancienne rédaction du BOI-IS-BASE-10-10-20 n° 72) ; cette mise à jour avait également supprimé la condition que posait antérieurement la doctrine administrative, selon laquelle la participation, par son importance - en pourcentage de capital et la durée de sa détention - devait permettre à la société ou à l'organisme qui en bénéficiait d'exercer une certaine influence sur la gestion de sa filiale (ancien n° 10 du BOI-IS-BASE-10-10-10-10).

Pour l'appréciation du pourcentage minimal de participation dans le cas où une société détient des titres d'une société étrangère répartis entre le portefeuille-titres de son siège social situé en France et celui d'une **succursale étrangère** et où chacun des deux groupes de titres pris séparément représente une proportion inférieure à 5 % du capital de la société étrangère, alors que l'ensemble de la participation excède ce seuil, la société participante est considérée comme détenant un pourcentage supérieur à 5 % du capital de la société étrangère (BOI-IS-BASE-10-10-10-20 n° 190) ; bien entendu, dès lors que les produits de la fraction de la participation figurant à l'actif de la succursale étrangère entrent dans la composition d'un bénéfice qui échappe à l'impôt français, la société française ne peut être admise, pour l'établissement de cet impôt, à retrancher de son bénéfice imposable que les produits de la fraction de sa participation comprise dans le portefeuille-titres de son siège social situé en France (BOI préc. n° 200).

Précisions **a.** Pour les exercices clos depuis le 31 décembre 2015, les titres de participation entrant dans le champ du régime des sociétés mères peuvent être détenus aussi bien en pleine propriété qu'en **nue-propriété** (Loi n° 2015-1786 du 29 décembre 2015 de finances rectificative pour 2015, art. 29) ; cette mesure est destinée à tenir compte de la jurisprudence de la Cour de justice selon laquelle une participation détenue en nue-propriété « remplit, de façon évidente, le critère d'une participation au capital au sens de l'article 3 de la directive (...) » (point 34 de CJCE 22 décembre 2008 aff. 48/07, 4e ch., Belgique c/ Les Vergers du Vieux Tauves SA : RJF 3/09 n° 305 ; voir également n° 88200).

b. Le régime des sociétés mères ne s'applique pas aux titres détenus en **usufruit** dès lors que le nu-propriétaire a seul la qualité d'associé (CE 20 février 2012 n° 321224, 10e et 9e s.-s., Sté Participasanh : RJF 5/12 n° 454). Cette solution rejoint celle du droit de l'Union européenne (CJCE 22 décembre 2008 aff. 48/07, 4e ch., Belgique c/ Les Vergers du Vieux Tauves SA : RJF 3/09 n° 305). Les titres détenus en usufruit sont exclus même si la société qui les détient a contractuellement la jouissance des droits de vote qui y sont attachés et même si elle détient par ailleurs au moins 5 % des titres en pleine propriété ; il en va de même des titres ayant fait l'objet d'une remise en garantie ou mis en pension, qui n'ouvrent droit au bénéfice du régime pour aucune des sociétés concernées (Précisions e, ci-dessous).

c. Antérieurement à la décision du Conseil constitutionnel du 3 février 2016, il avait été jugé qu'il n'est pas exigé, pour l'appréciation du seuil de détention d'au moins **5 % du capital** de la société émettrice, que des droits de vote soient attachés à chacun des titres de participation détenus par la société mère ; sous réserve du respect de la condition de détention de 5 % du capital, les dividendes afférents aux titres assortis d'un droit de vote bénéficiaient de l'exonération quel que soit le pourcentage de détention des droits de vote détenus (CE 5 novembre 2014 n° 370650, 3e et 8e s.-s., min. c/ Sté Sofina : RJF 1/15 n° 9, aux conclusions Vincent Daumas au BDCF 1/15 n° 1 ; voir également n° 61005, Précisions b). Le régime des sociétés mères avait ainsi été jugé applicable en présence d'une participation de 5 % constituée de titres dotés chacun d'un droit de vote alors même que le total des droits de vote n'atteignait pas le seuil de 5 % (CE 3 décembre 2014 n° 363819, 9e s.-s., min. c/ Sté Financière Pinault : RJF 3/15 n° 191).

d. Si la **directive mères/filles** prévoit expressément la possibilité d'exclure les actions sans **droit de vote**, elle la réserve aux situations où, par voie d'accord bilatéral, les États s'accordent pour remplacer le critère de participation dans le capital de la filiale par celui de détention des droits de vote.

e. La législation française relative à l'imposition des dividendes reçus par le cessionnaire de **titres pris en pension** est conforme aux objectifs de la directive mères/filles, étant donné que ces dividendes ne sont pas, en tout état de cause, imposés entre ses mains puisqu'il doit les reverser au cédant ; ces dispositions ne créent donc aucune différence de traitement selon la localisation des filiales concernées (CE QPC 8 novembre 2019 n° 431283, 8e et 3e ch., Sté Dassault Systèmes : RJF 2/20 n° 163, refusant de transmettre une question prioritaire de constitutionnalité sur ce point ; voir n° 72645 k). Comme le relève le rapporteur public, la question aurait été plus délicate si elle avait été posée à propos d'un **cédant** et non d'un cessionnaire, car il n'est pas nécessairement justifié, par rapport aux objectifs de la directive, que le cédant de titres donnés en pension pour une durée remplissant la condition d'accès au régime des sociétés mères, soit privé du bénéfice de ce régime alors que la loi le répute propriétaire des titres transférés et qu'il bénéficie en pratique du reversement des produits quand bien même il y a eu transfert de propriété (conclusions à la même RJF, C 193).

f. Sous l'empire de la législation applicable avant 2017, une société française n'a pu bénéficier du régime des sociétés mères à raison de dividendes d'actions de **commanditaire** d'une société en commandite par actions luxembourgeoise au motif qu'il s'agissait d'actions au porteur et qu'elles n'avaient pas été déposées dans un établissement agréé (CAA Lyon 6 août 2020 n° 18LY04557, 2e ch., Sté Sobelnat : RJF 12/20 n° 987 ; arrêt définitif). Il en va de même aujourd'hui lorsque les titres au porteur ne sont pas déposés ou inscrits dans un compte tenu par l'un des intermédiaires mentionnés à l'article 145, 1-a du CGI dans sa rédaction issue de l'article 91 de la loi n° 2016-1918 du 29 décembre 2016 de finances rectificative pour 2016 (voir ci-dessus).

Délai de deux ans

61420 Les titres de participation doivent être conservés pendant un délai de deux ans au moins. En cas de non-respect du délai de conservation, la société mère est tenue de verser au Trésor une somme égale au montant de l'impôt dont elle a été exonérée indûment, majorée de l'intérêt de retard. Il a été précisé que la condition de conservation des titres pendant deux ans concerne les seuls titres de participation ouvrant droit à la qualité de société mère, à savoir le socle de 5 % du capital nécessaire pour que le régime s'applique, et non pas l'ensemble des titres pour lesquels l'exonération des dividendes est demandée (CE 15 décembre 2014 n° 380942, 10e et 9e s.-s., SA Technicolor : RJF 3/15 n° 190 aux conclusions Édouard Crépey au BDCF 3/15 n° 28). L'administration en a tiré les conséquences au BOI-IS-BASE-10-10-10-20 n° 210. En principe, lorsqu'une société mère détient, au jour de la mise en paiement des dividendes, une participation représentant au moins 5 % du capital de la société émettrice, elle peut bénéficier du régime des sociétés mères en ce qui concerne les titres détenus depuis au moins deux ans, ou qui seront détenus pendant au moins deux ans, même si ces titres ne représentent pas une participation de 5 %.

Sur l'absence d'incidences de la directive mères/filles dans l'ordre interne, voir les décisions citées n° 88205, Précisions.

Précisions **a.** Un **engagement formel** de conservation de deux ans n'est **pas requis** ; mais l'exonération, qui peut s'appliquer dès la première année de détention, n'est définitivement acquise qu'au terme du délai de deux ans, y compris si les titres ont été souscrits à l'émission (TA Montreuil 15 juin 2015 n° 1307241, 1e ch., SAS CVT Holding : RJF 11/15 n° 893, jugeant que le régime des sociétés mères s'applique alors même que la société bénéficiaire des produits détient les titres représentant au moins 5 % du capital de la société émettrice depuis moins de deux ans dès lors qu'elle les conserve en définitive plus de deux ans ; jugement définitif).

b. Dans une configuration un peu particulière concernant la **succursale** française d'une société d'assurance britannique, il a été jugé que le respect de la condition de durée de détention ne doit pas s'apprécier au niveau de la succursale, qui n'a ni la personnalité morale ni un patrimoine distinct de celui du siège, mais au niveau de la société elle-même (CAA Paris 20 juillet 2021 n° 19PA03109, 7e ch., min. c/ Sté QBE Insurance Europe Limited : RJF 2/22 n° 131, faisant l'objet d'un pourvoi enregistré sous le n° 456719). En l'espèce, la société britannique avait, en 2011, **réalloué les dividendes** de filiales australienne et britannique à ses succursales en fonction de la nature et de l'importance de l'activité de chaque succursale, selon une clé de répartition déterminée sur la base de la quote-part représentée par chacune des succursales dans le montant total des provisions techniques ; l'administration avait refusé de limiter l'imposition à la seule quote-part de frais et charges, au motif que les titres de participation n'avaient pas été inscrits au bilan fiscal de la succursale, mais la Cour a donné raison à la société, car les titres avaient bien été détenus depuis plus de deux ans et remplissaient l'ensemble des conditions prévues par l'article 145, 1 du CGI.

Exclusion des dividendes provenant de bénéfices déductibles

Pour les exercices ouverts depuis le 1er janvier 2015 (produits distribués, c'est-à-dire comptabilisés, chez la société mère au cours des exercices ouverts depuis cette date), sont exclus du régime des sociétés mères « les produits des titres d'une société, dans la proportion où les bénéfices ainsi distribués sont déductibles du résultat imposable de cette société » (CGI art. 145, 6-b) dans sa rédaction issue de l'article 72 de la loi n° 2014-1655 du 29 décembre 2014 de finances rectificative pour 2014 transposant la directive 2014/86/UE du 8 juillet 2014 (n° 88235) ; BOI-IS-BASE-10-10-20 n° 65). **61423**

Sont ainsi imposés les produits financiers considérés comme des revenus de capitaux propres en France et donnant lieu à une déduction fiscale du résultat de la filiale, à savoir, selon l'administration (BOI préc.) :
– les produits des **instruments « hybrides »**, titres qui présentent les caractéristiques de capitaux propres en France mais celles d'un prêt dans l'État étranger, où ils donnent lieu à la constatation d'une charge ;
– les dividendes qui ont été **déduits fiscalement** bien qu'ils soient afférents à des titres qui présentent les caractéristiques de capitaux propres du point de vue de la société mère comme de sa filiale.
L'exclusion est indépendante de l'État de **résidence de la filiale** (elle pourrait être applicable, le cas échéant, à des dividendes versés par une société française). Pour les dividendes étrangers, l'exclusion s'apprécie au regard des règles d'assiette appliquées par l'État étranger au versement lui-même et non au regard du traitement fiscal du bénéfice sur lequel est prélevé ce versement.

La loi est muette sur la façon dont la preuve doit être administrée ; l'administration (BOI préc.) indique qu'il appartient à la société qui souhaite exonérer des distributions en application du régime des sociétés mères de justifier, **à la demande de l'administration**, que ces produits n'ont pas été déduits du résultat de la société distributrice. Cette justification peut être apportée par tout moyen, notamment par tout document comptable, juridique ou fiscal pertinent concernant la filiale, par exemple par une attestation délivrée par la société distributrice certifiant que les sommes n'ont pas été déduites de son résultat fiscal.

En tout état de cause, pour les exercices ouverts depuis le 1er janvier 2020, il y a également lieu de prendre en compte, le cas échéant, les **dispositions anti-hybrides** codifiées aux articles 205 B à 205 D du CGI (n° 74050).

Précisions En cas de **distribution « mixte »**, en partie déduite et en partie non déduite du résultat de l'exercice de distribution de la filiale, seul le montant des sommes distribuées qui a été déduit du résultat fiscal est exclu du régime des sociétés mères en application de l'article 145, 6-b du CGI.

Quote-part de frais et charges

Le régime des sociétés mères est **optionnel** (n° 61405) ; si les conditions sont réunies et si elles exercent l'option, les sociétés mères retranchent de leur bénéfice net total les produits nets des participations qu'elles détiennent, défalcation faite d'une quote-part de frais et charges. Selon ce qu'a jugé le Conseil d'État, ce dispositif n'a pas pour seul objet de neutraliser la déduction, opérée au titre de ses frais généraux par une société mère, des charges afférentes aux titres de participation dont les produits sont exonérés d'impôt sur les sociétés, mais vise à soumettre à cet impôt, lorsque le montant des frais est inférieur à cette quote-part forfaitaire, une fraction des produits de participations bénéficiant du régime des sociétés mères (CE 5 juillet 2022 n° 463021, 8e et 3e ch., Sté Axa) ; il en résulte que, en fait, le régime des sociétés mères ne caractérise pas, même si le Conseil d'État ne l'énonce pas ainsi, une exonération, mais une imposition à un taux réduit (le Conseil d'État a annulé le refus d'abroger le BOI-IS-BASE-10-10-20 n° 100, deuxième phrase, qui énonce que l'article 216 du CGI « fixe un mode de calcul pour la réintégration des charges afférentes à des produits **61425**

61425 (suite) qui ne sont pas imposés et ne peut s'analyser comme conduisant à l'imposition d'une partie des dividendes »). Cette décision se situe dans le sillage de la décision l'Air Liquide, qui avait déjà retenu la même analyse à propos des plus-values de cession de titres de participation (CE 15 novembre 2021 n° 454105, 8e et 3e ch., Sté L'Air Liquide : RJF 2/22 n° 183 ; voir n° 65797).

La quote-part de frais et charges à défalquer est d'en principe **5 %** du produit total des participations, crédit d'impôt compris. Elle est cependant réduite à **1 %** dans les circonstances suivantes.

En premier lieu, pour la détermination des résultats imposables des exercices ouverts depuis le 1er janvier 2016, le taux de la quote-part est de 1 % si les dividendes sont distribués à une société membre d'un **groupe d'intégration fiscale** non seulement par d'autres sociétés membres du groupe (nécessairement françaises) mais aussi par des sociétés soumises à un impôt équivalent à l'impôt sur les sociétés (BOI-ANNX-000071) dans un État membre de l'**Union européenne** ou dans un État partie à l'accord sur l'Espace économique européen ayant conclu avec la France une convention d'assistance administrative en vue de lutter contre la fraude et l'évasion fiscales (Islande, Liechtenstein et Norvège) qui, si elles étaient établies en France, rempliraient les conditions pour être membres de ce groupe, en application des articles 223 A ou 223 A bis du CGI, autres que celle d'être soumise à l'impôt sur les sociétés en France (CGI art. 216 dans sa rédaction issue de l'article 40 de la loi n° 2015-1786 du 29 décembre 2015 de finances rectificative pour 2015 tirant les conséquences de la jurisprudence de la Cour de justice ; n° 81767). La filiale européenne doit remplir les conditions inhérentes à la forme du groupe auquel appartient la société bénéficiaire des produits de participation mais elle n'a pas à formuler l'accord prévu au premier alinéa du III de l'article 223 A du CGI, que doivent produire les sociétés pour être membres d'un groupe (BOI-IS-BASE-10-10-20 n° 160).

En second lieu, pour les exercices ouverts depuis le 1er janvier 2019, le taux de la quote-part de frais et charges est de 1 % si les produits de participation sont versés à une **société non membre d'un groupe fiscal** par une filiale étrangère soumise à un impôt équivalent à l'impôt sur les sociétés dans un État membre de l'Union européenne ou dans un État partie à l'accord sur l'Espace économique européen ayant conclu avec la France une convention d'assistance administrative en vue de lutter contre la fraude et l'évasion fiscales (Islande, Liechtenstein et Norvège), à condition que la société mère française et sa filiale étrangère eussent satisfait aux conditions pour appartenir à un groupe fiscalement intégré si la société étrangère avait été établie en France ; la réduction de la quote-part de frais et charges à 1 % n'est pas accordée si la non-appartenance de la société française à un groupe d'intégration fiscale est uniquement due à l'absence des options et accords à formuler (Loi n° 2018-1317 du 28 décembre 2018 de finances pour 2019 ; BOI-IS-BASE-10-15).

Enfin, pour les exercices ouverts depuis le 1er janvier 2019, sont retranchés du résultat d'ensemble, sous certaines conditions et à hauteur de 99 % de leur montant, les produits de participation **inéligibles au régime mère-fille** versés à une société **membre d'un groupe** par une société soumise à un impôt équivalent à l'impôt sur les sociétés dans un État de l'Union européenne, en Islande, au Liechtenstein ou en Norvège, qui, si elle était établie en France, remplirait depuis plus d'un exercice les conditions pour être membre de ce groupe, autres que celle d'être soumise à l'impôt sur les sociétés en France ; sont, de même, retranchés du bénéfice net d'une société **non membre d'un groupe**, à hauteur de 99 % de leur montant, les produits de participation reçus d'une filiale respectant les conditions précédentes, sauf si la non-appartenance de la société française à un groupe d'intégration fiscale est uniquement due à l'absence des options et accords à formuler (loi n° 2018-1317 du 28 décembre 2018 de finances pour 2019).

Sur l'imposition des dividendes au sein des groupes d'intégration fiscale, voir également n° 81767.

Précisions **a.** Dans le passé, la loi prévoyait que la quote-part de frais et charges ne pouvait excéder le **montant total des frais et charges de toute nature** exposés par la société mère au titre de la même période. L'article 10 de la loi n° 2010-1657 du 29 décembre 2010 de finances pour 2011 a supprimé cette faculté pour les exercices clos à compter du 31 décembre 2010. Dans tous les cas, la quote-part de frais et charges que la société mère doit réintégrer à son résultat imposable est égale à un montant forfaitaire fixé à 5 % ou à 1 % des dividendes perçus, crédits d'impôt inclus. La circonstance que le montant de la quote-part soit déterminé sans considération du montant réel des frais et charges exposés pour la gestion des participations ne soulève pas de question de constitutionnalité (CE 5 mars 2018 n° 416514, 8e et 3e ch., Sté Vicat et, même jour, n° 416567, Sté Vetoquinol : RJF 6/18 n° 661, refusant de saisir le Conseil constitutionnel sur ce point).

b. Sous l'empire de la législation applicable aux exercices ouverts avant le 1er janvier 2016, il a été jugé qu'une société qui détenait une filiale française répondant aux conditions de l'intégration fiscale mais qui n'avait pas choisi d'opter pour ce régime pouvait se prévaloir du principe de **liberté d'établissement** pour demander la déduction de son résultat de la quote-part de frais et charges correspondant aux dividendes qu'elle avait perçus de filiales établies dans un autre État membre de l'Union européenne et qui auraient pu être intégrées, hors la condition tenant à la résidence (CAA Versailles 27 mai 2021 n° 18VE02710, 3e ch., Sté Manitou BF : RJF 11/21 n° 1080) ; sur pourvoi du ministre, le Conseil d'État a renvoyé une question préjudicielle à la Cour de justice (CE 14 juin 2022 n° 454107, 8e et 3e ch., min. c/ Sté Manitou BF ; affaire enregistrée sous le n° 407/22). Une question préjudicielle identique a également été renvoyée dans une affaire similaire (CE 14 juin 2022 n° 458579, 8e et 3e ch., min. c/ Sté Bricolage Investissement France ; affaire enregistrée sous le n° 408/22).

c. Compte tenu du retrait du Royaume-Uni de l'Union européenne et de l'accord sur l'Espace économique européen (**Brexit**), les conditions d'application des dispositifs prévus aux articles 216 et 223 B, deuxième alinéa du CGI ne sont plus satisfaites par les sociétés britanniques du seul fait de cet événement. Néanmoins, les produits perçus à raison de participations dans de telles sociétés jusqu'à la clôture, par la société bénéficiaire de la distribution, de l'exercice clos le 31 décembre 2020 ou en cours à cette date étaient réputés provenir de sociétés établies dans l'Union européenne ; la portée de cette solution, résultant d'un rescrit initial du 6 mars 2019, avait ensuite été étendue (BOI-RES-IS-000035 ; BOI-INT-DG-15-20 n° 20 ; BOI-IS-BASE-10-10-20 n° 160 et, notamment, BOI-IS-BASE-10-15 n° 30, BOI-IS-GPE-20-20-20-10 nos 1 et 110, à propos de l'application du taux de 1 %).

Prise en compte des crédits d'impôt étrangers dans le calcul de la quote-part de frais et charges

Il résulte de l'article 216 du CGI que la quote-part de frais et charges se calcule « crédit d'impôt **61430**
compris » ; par conséquent, les crédits d'impôt correspondant aux retenues à la source supportées à l'étranger doivent être inclus dans l'assiette de la quote-part de frais et charges.

Le bien-fondé de l'inclusion des crédits d'impôt au regard du **droit de l'Union européenne** a été confirmé par le Conseil d'État, tirant les conséquences de la jurisprudence de la Cour de justice ; cette dernière a, en effet, jugé, sur renvoi du Conseil d'État, que la notion de « bénéfices distribués par la société filiale », au sens de l'article 4 § 2, dernière phrase, de la directive 90/435/CEE du Conseil du 23 juillet 1990 (n° 88165) ne s'oppose pas à la réglementation d'un État membre qui inclut, dans ces bénéfices, des crédits d'impôt accordés en vue de compenser une retenue à la source opérée par l'État membre de la filiale distributrice (CE 6 octobre 2008 n° 262967, 10e et 9e s.-s., Banque fédérative du Crédit mutuel : RJF 12/08 n° 1306 ; CJCE 3 avril 2008 aff. C 27/07, Banque fédérative du Crédit mutuel : RJF 6/08 n° 766).

Hors Union européenne, le principe avait été admis par CE 17 janvier 2007 n° 262967, 10e et 9e s.-s., Banque fédérative du Crédit mutuel (RJF 4/07 n° 406), qui avait renvoyé à la Cour de justice la seule question européenne.

Précisions L'interdiction, résultant de l'article 43 de la loi du 30 décembre 1998, de la déduction par la société mère d'une quote-part de frais et charges afférents à la perception de dividendes versés par des filiales établies dans d'autres États membres de l'Union européenne au cours de l'exercice clos au 31 décembre 1998, en dépit du fait que ces dividendes avaient été perçus en juin de la même année, n'était pas, en l'absence de caractère rétroactif, susceptible de porter atteinte aux principes européens de **sécurité juridique** et de **confiance légitime** (CE 27 juin 2008 n° 276848, Société d'exploitation des Sources Roxane : RJF 11/08 n° 1241, aux conclusions Laurent Olléon au BDCF 11/08 n° 139).

Absence de possibilité d'imputer les crédits d'impôt étrangers

L'administration considère traditionnellement que les crédits d'impôt correspondant aux rete- **61435**
nues à la source prélevées à l'étranger lors des distributions de dividendes à une société mère française ne peuvent pas s'imputer sur l'impôt sur les sociétés dû au titre de la **quote-part de frais et charges** ; cette position pouvait s'autoriser d'une décision par laquelle le Conseil d'État avait jugé, sous l'empire de la législation de l'époque, que la défalcation de la quote-part de frais et charges n'était pas équivalente à l'imposition d'une partie du dividende, mais caractérisait un mode forfaitaire d'exclusion de charges liées à l'acquisition d'un revenu exonéré (CE 23 avril 1997 n° 145611, 9e et 8e s.-s., SA Fournier Industrie et Santé : RJF 6/97 n° 543).

La législation a cependant évolué depuis cette date et, tenant compte du caractère forfaitaire de la quote-part et de l'absence de possibilité de limiter la réintégration au montant réel des frais et charges, le Conseil d'État juge désormais que le régime des sociétés mères vise à soumettre à l'impôt sur les sociétés une fraction des produits de participations lorsque le montant des frais est inférieur à la quote-part forfaitaire (CE 5 juillet 2022 n° 463021, 8e et 3e ch., Sté Axa ; n° 61425). Cette décision ouvre la voie à la possibilité d'imputer les crédits d'impôt correspondant aux retenues à la source étrangères, sans que l'on sache encore précisément comment le plafond d'imputation (butoir) devra être déterminé ; comme les dividendes ne sont considérés comme imposables que pour la fraction correspondant à la quote-part de frais et charges excédant les frais réels, le plafond d'imputation devrait en principe être égal à l'impôt sur les sociétés théoriquement exigible sur la différence entre le montant de la quote-part imposable et les frais réels. La solution sera sans doute précisée par la décision qui sera rendue en cassation à propos d'une société mère française reconnue fondée à imputer, au titre des exercices clos en 2010, 2011 et 2012, des **crédits d'impôt** correspondant aux retenues à la source prélevées en Italie sur les dividendes que lui avait versés sa filiale italienne (CAA Lyon 27 janvier 2022 n° 20LY00698, 2e ch., Sté A. Raymond et Cie : RJF 5/22 n° 433 ; pourvoi enregistré sous le n° 462709) ; pour la Cour, la société pouvait prétendre à l'imputation des crédits d'impôt sur le fondement de l'article 24 de la convention franco-italienne du 5 octobre 1989, car les dividendes italiens devaient être regardés comme ayant été imposés à l'impôt sur les sociétés en France, la soumission à l'impôt sur les sociétés de la quote-part de frais et charges s'analysant comme une modalité d'imposition de ces revenus.

Dans l'attente de la solution que retiendra le Conseil d'État dans cette affaire, les crédits d'impôt attachés aux dividendes reçus par une société mère ne peuvent être imputés que sur la **retenue à la source** due par la société mère lorsqu'elle redistribue les dividendes à ses propres actionnaires non résidents (n° 61640).

Précisions La circonstance que la quote-part de frais et charges inclue les crédits d'impôts étrangers n'est pas très équitable étant donné l'absence de possibilité pratique, pour la société mère, d'utiliser ces crédits si elle n'a pas d'actionnaires non résidents.

Dispositif anti-abus

61440 Pour les exercices ouverts depuis le 1er janvier 2019, le dispositif anti-abus codifié à l'article 205 A du CGI (n° 72655), qui concerne l'impôt sur les sociétés, d'une façon générale, est susceptible d'être mis en œuvre par l'administration pour refuser le bénéfice du régime des sociétés mères en présence d'un montage « non authentique » dont l'objet est **principalement fiscal**. Pour les exercices ouverts entre le 1er janvier 2016 et le 31 décembre 2018, les mêmes principes étaient applicables mais ils étaient codifiés à l'article 119 ter, 3 du CGI (n° 61042), qui était rendu applicable au régime des sociétés mères par l'ancien article 145, 6-k du CGI, devenu redondant et abrogé par la loi n° 2018-1317 du 28 décembre 2018 de finances pour 2019.

Sont ainsi exclus du régime des sociétés mères les produits des titres de participation distribués dans le cadre d'un **montage** ou d'une série de montages qui, ayant été mis en place pour obtenir, à titre d'objectif principal ou au titre d'un des objectifs principaux, un avantage fiscal allant à l'encontre de l'objet ou de la finalité du régime des sociétés mères, n'est **pas authentique** compte tenu de l'ensemble des faits et circonstances pertinents. Pour l'application de cette disposition, un montage ou une série de montages est considéré comme non authentique dans la mesure où ce montage ou cette série de montages n'est pas mis en place pour des motifs commerciaux valables qui reflètent la réalité économique. Sur la portée de cette exclusion, voir nos 61042, 61043, 88210 et, d'une façon plus générale, n° 72655, sachant qu'elle est applicable **quel que soit l'État** de résidence de la filiale distributrice (France, État membre de l'Union européenne ou État tiers) et **quelle que soit la date** à laquelle le montage a été mis en place.

Le régime des sociétés mères peut ainsi être refusé en présence d'un montage, ou d'une série de montages, dont le but principal est l'exonération des dividendes reçus par une société mère de sa filiale à l'encontre de l'objectif poursuivi par le régime des sociétés mères, si le montage, ou la série de montages, n'est pas considéré comme « authentique », c'est-à-dire s'il ne repose pas sur une justification économique. Comme la **notion d'objectif « principal »** est plus large que celle de « but exclusivement fiscal » au sens du mécanisme de répression des abus de droit, si un montage poursuit plusieurs objectifs différents, l'analyse du caractère principal de l'un des objectifs résultera d'une appréciation de fait prenant en compte l'évaluation de l'avantage fiscal qui serait obtenu à l'encontre de la finalité du régime d'exonération des dividendes, en proportion de l'ensemble des gains ou avantages de toute nature obtenus par le montage considéré.

Cela étant, pour l'application du régime des sociétés mères comme dans la généralité des cas, sont susceptibles d'être considérées comme présentant des motifs valables des **structures de détention patrimoniale**, d'activités financières ou encore des structures répondant à un objectif organisationnel (nº 72655). Et si un montage n'est pas complètement dépourvu de tout effet économique, il conviendra de vérifier si son objectif principal ou l'un de ses objectifs principaux est l'exonération des dividendes et si les effets économiques du montage apparaissent comme une justification valable de ce dernier.

B. Redistribution par la société mère

Dans le passé, la redistribution de dividendes mettait en jeu les mécanismes de l'avoir fiscal et du précompte. La situation a été grandement simplifiée par la loi de finances pour 2004 qui a supprimé l'**avoir fiscal**. **61445**

Désormais, la redistribution de dividendes reçus de filiales étrangères n'entraîne que le versement de la retenue à la source prévue par l'article 119 bis du CGI (nº 60845), sous réserve des exonérations prévues par le droit de l'Union européenne (nºs 61000 s. et 61025 s.) et des conventions fiscales (nº 61065).

Pour mémoire, dans la mesure où de nombreuses conventions fiscales visent le précompte et l'avoir fiscal, on rappellera que lorsque existait le mécanisme de l'avoir fiscal, l'équilibre était atteint, en ce qui concerne la redistribution des dividendes bénéficiant du régime des sociétés mères, par la perception d'un **précompte** égal à 50 % des sommes distribuées par les sociétés mères ; celles-ci pouvaient imputer sur ce précompte les crédits d'impôts correspondant aux retenues à la source prélevées hors de France sur le fondement des conventions fiscales internationales. **61446**

Ce mécanisme a été supprimé et les stipulations des conventions fiscales qui le visent sont aujourd'hui lettre morte (nº 61620).

SECTION 4

Particularités concernant le versement de dividendes de source française à des actionnaires non résidents de France

A. Le transfert de l'ancien avoir fiscal et de l'ancien crédit d'impôt

Dans le passé, l'**avoir fiscal** attaché aux dividendes distribués par les sociétés françaises pouvait être restitué aux non-résidents sur le fondement de l'article 242 quater du CGI et des conventions fiscales internationales ; environ quarante-sept conventions fiscales en prévoient le remboursement, en général pour les personnes physiques, les personnes morales détenant moins de 10 % du capital des sociétés françaises distributrices et, dans certains cas, les investisseurs institutionnels et fonds de pension étrangers. L'avoir fiscal était remboursé à un taux variable en fonction de la qualité de l'actionnaire et sous réserve, en principe, d'une retenue à la source de 15 %. **61600**

Dans la mesure où l'avoir fiscal a disparu depuis le 1er janvier 2005, il n'est naturellement plus restituable aux actionnaires non résidents ; le droit au remboursement dont pouvaient bénéficier certaines sociétés étrangères a été éteint à raison des dividendes de source française distribués à compter du 1er janvier 2005 et non pas du 1er janvier 2004 (en ce sens, CE 23 mars 2015 n° 360223, 10e et 9e s.-s., Sté Sogefi SpA : RJF 6/15 n° 489 et, sur renvoi, CAA Paris 1er juin 2016, n° 15PA01267, Sté Sogefi SpA, arrêt définitif accordant la restitution à la société mère italienne demanderesse au titre de dividendes versés en 2004 ; également, sur le même point, CAA Paris 1er juin 2016, n° 15PA02605, 2e ch., Sté Tod's SpA : Droit fiscal 2016 n° 44, comm. n° 569, arrêt définitif).

Un mécanisme de **crédit d'impôt de 50 %**, plafonné à 115 € pour une personne seule et à 230 € pour les couples soumis à imposition commune, avait ensuite été mis en place, mais il a été supprimé par l'article 7 de la loi de finances pour 2011. L'administration avait admis le principe du remboursement de ce crédit d'impôt à certains actionnaires non résidents compte tenu des conventions fiscales mais aucun mécanisme pratique de mise en œuvre n'avait été mis en place.

Sur le fait que l'ancien avoir fiscal devait être accordé aux **dividendes de source étrangère** dans les mêmes conditions qu'aux dividendes de source française compte tenu du droit de l'Union européenne, voir n° 81750.

Précisions **a.** Une **société mère italienne** qui avait, lorsque existait l'avoir fiscal, obtenu, sur le fondement de la convention fiscale franco-italienne du 5 octobre 1989, une restitution partielle de cet avoir fiscal sous déduction d'une retenue à la source de 5 % n'était pas fondée à réclamer le **remboursement de la retenue à la source**, car elle avait, en fait, été mieux traitée qu'une société résidente de France (CE 26 décembre 2013 n° 343347, 9e et 10e s.-s., Sté Italcementi SpA : RJF 4/14 n° 415, aux conclusions Frédéric Aladjidi au BDCF 4/14 n° 48 ; voir également n° 82062, Précisions a). Dans le sillage de cette décision, voir CAA Paris 19 octobre 2016 n° 15PA01095, min. c/ Sté Teksid : RJF 2/17 n° 197 (arrêt définitif).

b. Une **société mère italienne** avait droit au remboursement de l'avoir fiscal attaché à des dividendes distribués en 2004 et pour lesquels elle avait formulé une demande de remboursement avant le 1er janvier 2005, car l'entrée en vigueur progressive de la réforme de l'avoir fiscal n'a pas entraîné la disparition des avoirs fiscaux afférents aux revenus distribués en 2004, mais a seulement eu pour effet de rendre le mécanisme inapplicable aux crédits d'impôt utilisables en 2005 (TA Cergy-Pontoise 20 janvier 2011 n° 07-4311, 5e ch., Italcementi SpA : RJF 8-9/11 n° 942, confirmé par CAA Versailles 16 juillet 2012 n° 11VE01804, 3e ch., Sté Italcementi SpA, arrêt définitif après rejet du pourvoi du ministre par CE 10 juin 2015 n° 363551, 10e s.-s., min. c/ Sté Italcementi SpA).

B. Le remboursement de l'ancien précompte

61620 Dans le passé, lorsque l'**actionnaire non résident** ne pouvait prétendre au remboursement de l'ancien avoir fiscal, il pouvait obtenir le remboursement du précompte, à condition d'être résident d'un pays lié à la France par une **convention fiscale** (même si celle-ci ne prévoyait pas expressément son remboursement), ou d'une collectivité d'outre-mer, ou encore d'un pays de l'ex-Communauté. Le précompte remboursé était passible d'une retenue à la source au taux conventionnel ou exonéré dans le cadre de l'Union européenne si les conditions étaient remplies.

Ces dispositions sont actuellement lettre morte dans la mesure où le précompte a été supprimé depuis le 1er janvier 2005.

Sur le **contentieux européen** en matière de précompte, voir n° 81750.

Précisions Le Conseil d'État a refusé de renvoyer au Conseil constitutionnel une question prioritaire de **constitutionnalité** soulevée à l'appui d'une requête tendant à la restitution de sommes versées en 2002 et 2003 au titre de l'ancien précompte à raison de la distribution de produits de participations dans des filiales d'États membres de l'Union européenne (CE 6 février 2019 n° 426251, 8e et 3e ch., Sté Rio Tinto France : RJF 5/19 n° 469).

C. L'imputation des crédits d'impôt sur la retenue à la source

61640 Lorsqu'une société française distribue des dividendes prélevés sur des bénéfices de succursales étrangères (ou établies dans les collectivités d'outre-mer ou en Nouvelle-Calédonie) ou sur des dividendes en provenance de ses filiales étrangères, elle est naturellement redevable de la retenue à la source si les bénéficiaires sont eux-mêmes non-résidents.

Cette retenue à la source de « sortie » se calcule, en France, sous déduction du crédit d'impôt correspondant à la **retenue à la source « d'entrée »**, ce qui rend le passage par la France avantageux en cas de distributions faites à des non-résidents.

La doctrine administrative précise, en ce sens, qu'il y a lieu d'imputer sur la retenue à la source exigible en cas de distributions à des non-résidents les **crédits d'impôt** qui trouvent leur origine dans les impositions établies à l'étranger, dans les conditions et limites fixées par les conventions fiscales internationales, sur les produits mis en paiement par les filiales étrangères, de même que sur les bénéfices réalisés par les sociétés mères dans leurs succursales étrangères (BOI-RPPM-RCM-30-30-20-50 n° 50).

L'imputation des crédits d'impôt attachés aux produits de participation sur la retenue à la source exigible lors de la redistribution de ces mêmes produits est possible dès lors que cette opération a lieu au cours de l'un des **cinq exercices suivant** celui de l'encaissement de ces produits par la société mère (BOI préc. n° 80).

Les mêmes règles sont applicables en cas de redistribution de bénéfices réalisés dans des **établissements** situés hors de France, l'impôt de distribution étranger constituant le crédit d'impôt imputable sur la retenue à la source française exigible, dans la limite prévue par la convention fiscale ; l'administration précise, à ce propos, que les crédits d'impôts ne sont imputables que sur la retenue à la source applicable aux distributions prélevées sur les bénéfices réalisés hors de France auxquels sont attachés ces mêmes crédits d'impôts (BOI-RPPM-RCM-30-30-20-60 nos 90 et 100). Le droit à imputation de chaque actionnaire non domicilié en France, par rapport au total des crédits d'impôt, est proportionnel à sa part dans les bénéfices distribués au titre du même exercice. Ce droit ne peut excéder 25/75 du montant brut des produits distribués s'agissant des produits distribués au cours d'exercices ouverts depuis le 1er janvier 2022 (BOI préc. n° 110 ; la somme à imputer doit être ajoutée au montant brut des revenus distribués en vue de la liquidation de la retenue à la source) ; l'**excédent** éventuel du crédit d'impôt sur la retenue à la source ne donne lieu à remboursement que lorsqu'il correspond à une perception effectuée au profit du budget français à l'exclusion, par conséquent, de toute prise en compte de perceptions effectuées à l'étranger et tenant lieu d'impôt français en application d'une convention internationale ; le montant du remboursement ne peut être supérieur au crédit maximum susceptible d'être attribué à un actionnaire non résident (BOI préc. n° 160).

Exemple

Soit une société française distribuant à sa société mère non résidente un dividende provenant d'une de ses filiales étrangères. Les conventions fiscales entre les États de résidence de la filiale et la France d'une part, et entre la France et l'État de résidence de la « grand-mère » étrangère prévoient par hypothèse des retenues à la source de 15 % dans le premier cas et de 5 % dans le second. 61645

On a :

Première étape (relations entre la filiale étrangère et la mère française) :
- dividende versé par la filiale : 100 ;
- retenue à la source 15 % : (15) ;
- dividende perçu net : 85.

Deuxième étape (situation de la mère française) :

Exonération des dividendes (régime des sociétés mères), sous réserve de la quote-part de frais et charges négligée pour l'exemple.

Troisième étape (relation entre la mère française et la grand-mère étrangère) :
- dividende distribué : 85
- retenue à la source théorique : 5 [5 % × (85 + 15)]
- crédit d'impôt : 15
- retenue à la source effectivement versée : 0
- dividende net redistribué : 85.

L'imputation du crédit sur la retenue « de sortie » n'est pas liée à la résidence de l'actionnaire dans un pays conventionné ; elle est donc possible même lorsque le bénéficiaire n'est pas « protégé » par une convention fiscale. Mais elle suppose que le dividende 61646

61646 (suite) d'origine ouvre droit à un crédit d'impôt, c'est-à-dire que la filiale distributrice soit, elle, conventionnée.

Le droit à imputation attaché au revenu unitaire mis en distribution est déterminé en appliquant au total des crédits d'impôt le rapport existant entre le montant du revenu unitaire et celui de la distribution globale (en d'autres termes, le droit à imputation de chaque actionnaire non résident par rapport au total des crédits d'impôt est proportionnel à sa part dans les bénéfices distribués au titre du même exercice ; BOI-RPPM-RCM-30-30-20-50 nº 90).

Bien entendu, un actionnaire non résident n'est pas fondé à demander la **restitution** de la retenue à la source afférente à des dividendes de sociétés françaises à hauteur des crédits d'impôt étrangers imputés sur cette retenue (CAA Versailles 1er octobre 2019 nº 18VE03238, 1e ch., Helaba Invest KAG MBH pour le compte du fonds d'investissement HI-SVD-Fonds : RJF 2/20 nº 177 ; arrêt définitif) ; comme le dit le rapporteur public, « les crédits d'impôt étrangers ont diminué les retenues à la source effectivement prélevées sur les revenus de source française et ont majoré à due concurrence les revenus nets perçus par les sociétés non résidentes. Il nous semble logique de limiter à due concurrence la retenue à la source dont la société peut demander la restitution » (conclusions à la même RJF, C 177).

CHAPITRE 21

Les intérêts

Plan du chapitre §§

SECTION 1 L'imposition dans l'État de la source 62400
A Détermination de l'État de la source 62400
B Le principe de l'imposition par voie de retenue à la source 62510
C Les exceptions au principe de l'imposition à la source 62840
SECTION 2 L'imposition dans l'État de la résidence 63145
A En droit interne 63150
B Les crédits d'impôts conventionnels classiques 63170
C Les crédits d'impôts forfaitaires (ou « fictifs ») 63380
SECTION 3 Les situations triangulaires 63500
A Dans l'État de la source 63620
B Dans l'État de la situation de l'établissement stable 63690
C Dans l'État du siège de l'entreprise 63710

Modèle OCDE

Le plus souvent, les conventions fiscales, sur le modèle de convention fiscale de l'OCDE, définissent les intérêts comme « les revenus des créances de toute nature, assorties ou non de garanties hypothécaires ou d'une clause de participation aux bénéfices du débiteur, et notamment les revenus des fonds publics et des obligations d'emprunts, y compris les primes et lots attachés à ces titres. Les pénalisations pour paiement tardif ne sont pas considérées comme des intérêts... » (Modèle de convention fiscale de l'OCDE art. 11 § 3). **62000**
Les intérêts sont définis comme les revenus des **créances de toute nature** : obligations d'emprunt, dépôts d'espèces, bons de caisse, etc. L'expression couvre en pratique les produits de placements à revenus fixes. En principe, elle ne couvre pas les paiements « au titre de certains types d'instruments financiers non traditionnels en l'absence d'une créance sous-jacente (par exemple, swaps de taux d'intérêt) », sauf peut-être en cas d'abus (Commentaires OCDE, C (11) n° 21.1).

Cette définition se veut exhaustive et ne comporte pas, en principe, de renvoi au droit interne des États.

Précisions **a.** Les intérêts doivent être évidemment **distingués** des **dividendes** (qui sont des distributions après impôt sur les sociétés à la différence des intérêts qui sont en principe déductibles) ; cette distinction, qui va de soi, est parfois explicite dans les conventions fiscales (par exemple, l'article 12 § 2 de la convention fiscale franco-britannique du 19 juin 2008 précise que le terme « intérêts » ne comprend pas les revenus considérés comme des dividendes au sens de la convention).

b. Saisie à l'occasion d'un litige entre l'Allemagne et l'Autriche, la Cour de justice a jugé que la notion de « **créances avec participation aux bénéfices** », employée à l'article 11 § 2 de la convention fiscale conclue entre l'Allemagne et l'Autriche le 24 août 2000 n'inclut pas les « Genussscheine » allemands (CJUE 12 septembre 2017 aff. 648/15, Gr. ch., Autriche c/ Allemagne : RJF 2/18 n° 233 ; voir également n° 10525, Précisions e et n° 81490, Précisions b).

Pratique française

En général, les conventions fiscales conclues par la France reprennent le modèle de convention fiscale de l'OCDE (n° 62000), éventuellement avec de légères variantes ; par exemple, la convention franco-américaine du 31 août 1994 modifiée traite comme des intérêts les revenus « soumis au régime des revenus de sommes prêtées par la législation fiscale de l'État contractant d'où proviennent les revenus » (article 11 § 3). Les différences de rédaction entre les conventions fiscales ne paraissent pas, cependant, avoir de réelle portée pratique (sauf dans certains cas marginaux). **62010**

La **définition** retenue dans les conventions fiscales françaises englobe généralement tous les produits de placement à revenu fixe, sauf les **pénalisations pour paiement tardif**. En ce sens, l'administration indique, au BOI-INT-DG-20-20-30 n° 10, que le terme « intérêt » employé dans les conventions fiscales désigne, en général, les revenus des créances de toute nature, assorties ou non de garanties hypothécaires ou d'une clause de participation aux bénéfices du débiteur, et notamment les revenus des fonds publics et des obligations d'emprunts, y compris les primes et lots attachés à ces titres (reprise du modèle de l'OCDE). Elle ajoute que cette définition ne couvre pas les pénalisations pour paiement tardif, quelle que soit l'origine de ces pénalisations (contrat, usage, jugement...).

Position de la jurisprudence

62015 Même lorsque la convention fiscale reprend le modèle de convention fiscale de l'OCDE, le **Conseil d'État** considère que, s'il s'agit d'une « **définition** » (modifiant, sur ce point, la solution donnée à propos des dividendes dans l'affaire Banque française de l'Orient ; n° 10232), elle est de toute façon insuffisante, faute de contenir elle-même une définition des termes employés.

Ainsi, à propos de la convention fiscale franco-suisse du 9 septembre 1966, qui reprenait le texte du modèle incluant dans la rubrique « intérêts » les « revenus des créances de toute nature » mais sans exclure les pénalisations pour paiement tardif (avant l'avenant de 1997), il a été jugé que, dans la mesure où le **terme « créances »** n'était pas lui-même défini, il fallait, en application de l'article 3 § 2 de la convention, lui donner le sens qu'il a en **droit interne** français, dès lors que le contexte n'exigeait pas une interprétation différente. Par suite, des **intérêts moratoires** afférents à une dette commerciale ne devaient pas être considérés comme des intérêts pour l'application de la convention mais comme des bénéfices industriels et commerciaux non imposables en France en l'absence d'établissement stable de la société bénéficiaire (CE 27 juillet 2001 n° 215124, 9e et 10e s.-s., SA Golay Buchel France : RJF 11/01 n° 1428, aux conclusions Guillaume Goulard au BDCF 11/01 n° 140).

Précisions En droit interne, des intérêts moratoires afférents à une somme due constituent pour le créancier un **élément accessoire** de cette créance, de même nature que la créance principale, et non pas un « revenu » tiré de cette créance qui serait distinctement imposable comme tel.

En l'absence de définition

62020 Lorsque les conventions fiscales ne définissent pas ce qu'elles entendent par « intérêts », il y a lieu, conformément d'ailleurs à l'article 3 § 2 du modèle de convention fiscale de l'OCDE, d'examiner la nature des produits en cause par rapport aux catégories du **droit interne**. Une décision du Conseil d'État à propos de l'ancienne convention fiscale entre la France et le Canada illustre bien cette manière de voir (CE 12 février 1992 n° 64045, 8e et 7e s.-s., Sté Sofcar : RJF 4/92 n° 443).

Il s'agissait d'une société française qui avait versé des intérêts à une société canadienne à raison du **remboursement tardif** de frais que cette dernière avait réglés pour son compte. Compte tenu de l'absence de définition des revenus de capitaux mobiliers dans la convention applicable à l'époque, il fallait déterminer si les intérêts de l'espèce pouvaient entrer dans cette catégorie ou bien s'il s'agissait de « revenus d'entreprises commerciales ». Dans la première situation, une retenue à la source était exigible en France alors que dans la seconde les intérêts n'étaient imposables qu'au Canada.

La convention invitait elle-même à considérer que toute expression qui ne faisait pas l'objet d'une définition conventionnelle avait, pour chaque État contractant et à moins que le contexte ne s'y oppose, la même signification qu'aux termes des lois de cet État relatives aux impôts visés dans la convention. Or en vertu de l'article 38 du CGI, les intérêts des sommes dues à une entreprise industrielle et commerciale sont imposables en France à l'impôt sur le revenu dans la catégorie des **BIC** et non dans celle des revenus de capitaux mobiliers ; il en va de même lorsque les intérêts sont versés à des sociétés soumises à l'impôt sur les sociétés dès lors que ceux-ci entrent normalement dans l'assiette de cet impôt.

Il a donc été jugé que les intérêts de l'espèce étaient non des revenus de capitaux mobiliers au sens de l'article 8 de la convention mais des **revenus d'entreprises** commerciales entrant dans les prévisions de l'article 4 de la même convention et par suite imposables seulement au Canada, en l'absence d'établissement stable en France.

Principe du partage d'imposition

Le principe sur lequel repose l'imposition des intérêts est celui du partage d'imposition entre l'État de la source et celui de la résidence. En raison de leur développement, on examinera également les cas où plus de deux États sont concernés (situations triangulaires). 62100

En ce qui concerne les modalités pratiques d'application de ces principes, on se reportera aux nos 82815 s. et, pour la question des relations financières entre un siège bancaire et ses succursales étrangères, aux nos 15350 s.

SECTION 1

L'imposition dans l'État de la source

A. Détermination de l'État de la source

L'État de la source est celui de la résidence du débiteur ou du lieu de situation de l'établissement stable pour lequel la dette a été contractée et qui en supporte la charge. 62400

1. Lieu de résidence du débiteur

Principes

Selon le modèle de convention fiscale de l'OCDE, « les intérêts sont considérés comme provenant d'un État contractant lorsque le débiteur est un résident de cet État » (article 11 § 5). Cette définition rejoint le droit interne français selon lequel les revenus des obligations, bons et autres titres de créance non représentés par des obligations ou titres assimilés, dépôts en compte courant ou à terme, cautionnements sur argent sont considérés comme étant de source française **si l'émetteur ou le débiteur est fiscalement résident de France**. Cette règle se retrouve d'ailleurs dans la plupart des pays. 62460

Lorsque les intérêts sont versés par une **succursale** d'une société étrangère, ils ne sont pas versés par un « résident » de l'État d'implantation de la succursale étant donné qu'un établissement stable n'est pas un « résident » pour l'application des conventions fiscales (no 15015 ; voir cependant nos 62480 s.).

Solutions pratiques

La détermination de l'État de la source par référence au domicile du débiteur ne pose généralement pas de problèmes pratiques. Pour les **personnes physiques**, il s'agit de leur domicile fiscal, au sens des règles relatives à l'impôt sur le revenu. Pour les **personnes morales**, la référence doit être faite à leur siège social ; celui-ci s'entend en principe de celui fixé, suivant le cas, par les statuts s'il s'agit d'une société, ou par les textes législatifs ou réglementaires qui ont constitué la personne morale s'il s'agit d'un organisme de droit public. Toutefois, dans l'hypothèse où, par exemple, il aurait été reconnu, à l'amiable ou à l'issue d'une instance devant la juridiction compétente, que le siège statutaire d'une société est fictif, c'est le **siège social réel** qu'il conviendrait de prendre en considération. Le siège social réel s'entend du lieu où sont, en fait, principalement concentrés les organes de direction, d'administration et de contrôle de la société (no 41450). 62465

2. Lieu de situation d'un établissement stable auquel se rattachent les intérêts

Principes conventionnels

Les conventions fiscales prévoient, en général, une exception à la détermination de la source par référence au lieu de résidence du débiteur dans le cas où les intérêts se rattachent à un établissement stable ; en ce sens, l'article 11 § 5 du modèle de convention fiscale de l'OCDE précise que « lorsque le débiteur des intérêts, qu'il soit ou non un 62480 résident d'un État contractant, a dans un État contractant un établissement stable pour lequel la dette donnant lieu au paiement des intérêts a été contractée et qui supporte la charge de ces intérêts, ceux-ci sont considérés comme provenant de l'État où l'établissement stable est situé. »

Il faut cependant que les intérêts aient un **« lien économique évident »** avec l'établissement stable, c'est-à-dire :
– que l'emprunt ait été contracté **pour les besoins** de l'établissement stable ;
– et que la **charge des intérêts** soit effectivement supportée par l'établissement stable (Commentaires OCDE, C (11) n° 26).

Si ces deux conditions sont remplies, la source des intérêts est normalement considérée comme située dans l'**État d'implantation de l'établissement stable**, abstraction faite du lieu de résidence du siège de l'entreprise, et même si celui-ci est situé dans un État tiers (n° 63660). Il s'agit bien d'une dérogation au rattachement à l'État de résidence du débiteur, car l'établissement stable, qui n'a pas de personnalité juridique distincte, n'a pas, en tant que tel, la qualité de « débiteur » (n° 15015) ; le même principe est applicable en présence d'une base fixe pour les anciennes conventions qui utilisent ce terme (n° 23650). Par exemple, doivent être considérés comme de source française les intérêts payés par un établissement stable en France d'une société britannique à une banque britannique, si :
– la société britannique a contracté un emprunt qu'elle a affecté à l'établissement français en l'inscrivant au passif du bilan de cet établissement ;
– les intérêts sont déduits des bases de l'impôt sur les sociétés de l'établissement français.

Sur l'application des règles de source en présence de relations siège/succursales, voir n° 83680.

Précisions Le principe du rattachement d'un emprunt à un établissement stable n'est pas applicable si le siège contracte un emprunt **pour les besoins de différents établissements stables** situés dans plusieurs pays, un même emprunt ne pouvant avoir plusieurs sources (Commentaires OCDE C (11) n° 27, indiquant que l'État de situation de l'établissement stable n'est pas fondé à taxer ces intérêts même dans les limites d'une « quotité imposable » correspondant à l'importance de l'établissement stable).

Notion de débiteur établi en France

62490 La problématique de la détermination de la « source » des intérêts, en présence d'une convention fiscale, peut être illustrée par l'affaire suivante (CAA Paris 2 juillet 1996 n° 94-765, 3e ch., SA New Building Promotion Limited (NBPL) : RJF 11/96 n° 1334-1335).

La société suisse NBPL avait contracté un **emprunt en Suisse pour l'acquisition d'immeubles situés en France** dont la gestion était assurée par une société française qui avait reçu un mandat à cette fin. La Cour a jugé que le prélèvement était effectivement exigible (à l'époque) au titre des intérêts dus au prêteur suisse, dans la limite du plafond conventionnel de 10 %, dès lors :
– que NBPL devait être considérée comme ayant un établissement stable en France (n° 17690), même si elle relevait, pour l'imposition de ses revenus immobiliers, de l'article 6 de la convention franco-suisse, relatif à cette catégorie de revenus ;
– que l'emprunt avait été contracté pour l'acquisition d'immeubles en France qui constituaient les installations fixes et durables de l'établissement stable ;
– et que les sommes avaient effectivement été transférées en Suisse, même si elles n'avaient pas encore donné lieu à versement au prêteur.

Le Conseil d'État en a cependant décidé différemment en jugeant, sans remettre en cause la cohérence du raisonnement lui-même en ce qui concerne les règles de source, que la notion d'établissement stable n'était pas applicable en l'espèce puisque la société suisse réalisait en France des revenus provenant uniquement de biens immobiliers (CE 20 octobre 2000 n° 182165, 9e et 10e s.-s., SA New Building Promotion Ltd : RJF 1/01 n° 30 ; nos 17200 et 66945).

Voir également n° 83680 à propos de l'imputation en France de **crédits d'impôt** représentatifs de retenues à la source acquittées par des succursales étrangères d'une banque française.

62495 La solution consistant à rattacher les intérêts à l'établissement est généralement appliquée par les États même en l'absence de convention fiscale. En France, les intérêts sont considérés comme de source française s'ils sont versés par un débiteur « établi » en France (c'est-à-dire ayant un établissement en France).

Cela dit, la notion de débiteur établi en France n'est pas toujours aisée à cerner. Elle s'apprécie de manière stricte.

Ainsi, le Conseil d'État a jugé que le prélèvement de l'article 125 A III du CGI, dans son ancienne rédaction (n° 62514), n'était pas dû au titre du versement d'intérêts par une société du Liechtenstein à un prêteur résident d'Italie, alors même que les fonds d'emprunts avaient été déclarés **affectés à l'acquisition d'un immeuble en France** et que les intérêts avaient été déduits pour le calcul de l'impôt sur les sociétés dû en France à raison des loyers tirés de la location de l'immeuble (CE 9 février 1973 n° 83695 : Droit fiscal n° 14 du 2 avril 1973, n° 545). La circonstance que l'emprunteur ait déclaré avoir utilisé les fonds à l'acquisition d'un immeuble en France, à raison duquel il se trouvait soumis à l'impôt sur les sociétés, ne pouvait, pour le Conseil d'État, avoir pour effet de rendre le prêteur établi à l'étranger passible de l'impôt sur le revenu en France à raison des intérêts perçus. En tout état de cause, le fait que les intérêts étaient dus par une personne morale ayant son siège hors de France et payant effectivement les intérêts à l'étranger s'opposait à ce que celle-ci soit regardée comme établie en France pour l'application du prélèvement (le contrat était signé en Suisse et les intérêts payables en Suisse).

Précisions Dans cette affaire, le Conseil d'État a surtout été sensible au fait que l'opération d'affectation **dépendait de la seule volonté de l'emprunteur** et qu'aucune pièce n'indiquait que la créancière savait que son argent allait être employé en France (en ce sens, conclusions du commissaire du Gouvernement sous la décision précitée). En réalité, cette opération d'affectation était seconde, décidée et réalisée hors de France, et ne suffisait pas à rendre la créancière imposable en France ; aussi bien, le commissaire du Gouvernement considérait que les intérêts n'étaient pas déductibles en France, car l'emprunt n'avait pas été souscrit pour l'acquisition de l'immeuble en France et, corrélativement, qu'ils n'étaient pas de source française.

B. Le principe de l'imposition par voie de retenue à la source

La plupart des États imposent par voie de retenue à la source les intérêts qui « sortent » **62510**
de leur territoire. Les conventions fiscales reprennent ce principe, mais en le limitant par des exonérations spécifiques et la fixation de taux plafonds. Dans le cadre de l'Union européenne, une exonération est prévue entre entreprises associées (n° 62640).

Précisions **a.** Dans les contrats de financements internationaux, il est habituel de prévoir une clause de paiement net ou « **gross-up** » ; en France, l'article 1678 quater du CGI prévoit que le prélèvement de l'article 125 A ne peut pas être pris en charge par le débiteur, mais on considère généralement que cette interdiction n'a que des effets fiscaux concernant le mode de calcul (n° 76965) et n'affecte pas la validité de la clause.

b. Lorsque le prélèvement n'a pas été effectué alors qu'il aurait dû l'être, il est déterminé selon un **calcul en dedans**, comme en ce qui concerne les dividendes et les redevances (le prélèvement est considéré comme inclus dans le montant net effectivement versé) ; en effet, lorsque la personne qui assure le paiement des intérêts n'a pas opéré le prélèvement, lorsqu'il est dû, ou ne l'a pas versé au Trésor, le montant brut des revenus mis en paiement sur lequel doit être appliqué le prélèvement comprend, en plus des produits effectivement versés au bénéficiaire, un montant égal à l'avantage résultant pour ce dernier de ce que la somme perçue n'a pas supporté le prélèvement (CE 24 février 2021 n° 434129, 9e et 10e ch., Sté France Citévision : RJF 5/21 n° 480).

1. En droit interne français

Le régime de droit interne français est aujourd'hui **très favorable**, les intérêts d'emprunt **62512**
de source française servis à des non-résidents étant, depuis le 1er mars 2010, considérés comme exonérés d'impôt en France, sous réserve des paiements effectués hors de France dans un État ou territoire non coopératif au sens de l'article 238-0 A du CGI (nos 62540 s.).

On rappellera brièvement les principales caractéristiques du régime antérieur au 1er mars 2010, dans la mesure où il a donné lieu à certaines décisions jurisprudentielles apportant des solutions de principe, avant de préciser le régime actuel, tel qu'il résulte de la loi n° 2009-1674 du 30 décembre 2009 de finances rectificative pour 2009.

Précisions Les intérêts restent imposables en France s'ils se rattachent à un **établissement stable** français (n° 62850), ou s'ils sont **excessifs** et doivent être traités comme des revenus distribués (sous réserve des conventions fiscales).

a. Régime antérieur au 1er mars 2010

Principes

62514 Traditionnellement, le système français combinait une **retenue à la source** effectuée par le débiteur, et qui visait les sommes payées aux résidents comme aux non-résidents, et un prélèvement effectué par l'établissement payeur sur les produits de placement à revenu fixe (ancienne rédaction de l'article 125 A III du CGI). Cependant, dans la quasi-totalité des cas, la retenue à la source avait été supprimée et, en pratique, seul subsistait le prélèvement sous réserve de nombreuses exonérations et des conventions fiscales (la retenue à la source n'avait guère été maintenue que pour les intérêts des obligations privées émises avant le 1er janvier 1987 et les bons de caisse).

Exonération des intérêts d'obligations

62516 En ce qui concerne les revenus d'obligations et titres assimilés versés à des non-résidents (titres participatifs, effets publics et tous autres emprunts négociables émis par l'État, les collectivités locales, établissements publics français, associations, sociétés, compagnies, entreprises financières, industrielles, commerciales ou civiles françaises), la loi exonérait :
- les intérêts des **emprunts d'État** émis depuis le 1er octobre 1984 (CGI art. 119 bis, 132 bis et 125 A III, ancienne rédaction) ;
- les intérêts de **toutes les obligations** et assimilées émises **depuis le 1er janvier 1987** (CGI art. 119 bis et 125 A III, ancienne rédaction), quel que soit le débiteur ;
- les intérêts des obligations émises par des organismes étrangers ou internationaux (CGI art. 131 ter et annexe II, art. 51 à 53).

Exonérations ponctuelles

62518 Étaient exonérés de tout prélèvement ou retenue à la source en France les produits suivants lorsqu'ils revenaient à des non-résidents :
- les produits d'**opérations interbancaires** à court terme, billets de trésorerie, certificats de dépôt et assimilés (aujourd'hui, « titres négociables à court terme ») ;
- les intérêts de dépôts effectués sur des **comptes étrangers** ouverts auprès d'établissements de crédit français (compte de non-résidents au sens de la réglementation des changes), que les dépôts soient en euros ou en devises ;
- les produits des obligations (de même que ceux des actions, parts sociales, parts bénéficiaires) servis à des **États** souverains étrangers, des **organisations internationales** ou aux **Banques centrales** de ces États, sauf « investissement direct » (CGI art. 131 sexies, I) ; pour les intérêts de dépôts, comptes courants, bons de caisse, etc., l'imposition pouvait être réduite ou supprimée sur agrément (CGI art. 131 sexies, II) ; il en allait de même des produits d'actions, parts sociales et parts bénéficiaires qui reviennent à des **institutions publiques étrangères** ;
- les produits des emprunts émis en France par les collectivités étrangères et internationales (CGI art. 131 ter 2 et 131 ter A).

Cas des intérêts payés hors de France à des résidents de France

62520 Depuis le 1er janvier 2006, le caractère obligatoire du prélèvement forfaitaire libératoire était limité aux seuls produits de placements à revenu fixe de source française versés aux non-résidents, personnes physiques n'ayant pas leur domicile fiscal en France ou personnes morales n'ayant pas leur siège social en France.

Compatibilité avec le droit de l'Union européenne

62522 Les dispositions de l'ancien article 125 A, III du CGI, combinées avec les stipulations de l'article 16 de la convention franco-belge du 10 mars 1964, n'étaient pas de nature à instituer une différence de **traitement discriminatoire** dès lors que les intérêts perçus par les sociétés résidentes, s'ils échappaient à la retenue à la source plafonnée à 15 %, étaient imposés, au moins pour le même montant, à l'impôt sur les sociétés (CE 4 juin 2012 n° 330075, 10e et 9e s.-s., Sté Aggreko France et, même jour, n° 330088, 10e et 9e s.-s., Sté Aqualon France BV : RJF 10/12 nos 916 et 917, aux conclusions Delphine Hedary au BDCF 10/12 n° 114) ; pour le Conseil d'État :
- les possibles différences d'assiette résultant de la **non-déductibilité des charges** étaient sans incidence, compte tenu de l'écart entre les taux d'imposition applicables aux intérêts

versés aux sociétés résidentes, soumis à l'impôt sur les sociétés et ceux correspondant aux prélèvements sur les intérêts versés aux sociétés non résidentes, plafonnés à 15 % des intérêts en vertu de la convention fiscale précitée ;
– lorsque la retenue à la source était effectuée sur des intérêts versés à une société non résidente déficitaire, le décalage dans le temps entre la perception à la source et l'impôt exigé d'une société déficitaire établie en France au titre de l'exercice où ses résultats redevenaient bénéficiaires procédait d'une technique différente d'imposition, de sorte que le **désavantage de trésorerie** qui en résultait ne pouvait être regardé, à lui seul, comme constituant une différence de traitement caractérisant une restriction aux libertés d'établissement, de prestation de services et de mouvement des capitaux.

Ces décisions se situaient dans la droite ligne de l'arrêt Truck Center (n° 81630) jugeant que le droit de l'Union européenne n'interdit pas que des intérêts versés à un non-résident soient assujettis à une retenue à la source alors qu'aucune retenue n'est exigible lorsqu'ils sont versés à un résident. Il est possible que l'approche qui serait aujourd'hui retenue soit plus nuancée compte tenu de l'évolution de la jurisprudence (n° 81630).

b. Régime actuel

Principe de l'exonération

Dans le passé, la loi prévoyait l'application obligatoire du **prélèvement** lorsque les intérêts étaient versés à des personnes non domiciliées en France ou dont le siège n'était pas situé en France (nos 62514 s.) ; ce prélèvement obligatoire a été supprimé par l'article 22 de la loi n° 2009-1674 du 30 décembre 2009 de finances rectificative pour 2009. Depuis le 1er mars 2010, le prélèvement forfaitaire obligatoire n'est applicable aux revenus et produits des placements à revenu fixe payés par un débiteur établi ou domicilié en France que si le paiement s'effectue hors de France dans un État ou territoire non coopératif (BOI-INT-DG-20-50-30 n° 210 ; sur le cas des ETNC, voir nos 62540 s.). Quant à la **retenue à la source** prévue par l'article 119 bis, 1 du CGI, elle ne demeure applicable qu'aux revenus des obligations et titres assimilés émis avant le 1er janvier 1987 et aux intérêts des bons de caisse, quelle que soit leur date d'émission, lorsqu'ils bénéficient à des personnes morales qui ont leur siège en France ou à l'étranger ou à des personnes physiques qui n'ont pas leur domicile fiscal en France (BOI-RPPM-RCM-30-10-10-10 n° 1 ; voir infra, Précisions c). 62525

L'administration précise à ce propos que bien qu'elles soient passibles de l'impôt sur le revenu du chef de leurs revenus de source française en vertu des articles 4 A et 164 B du CGI, les personnes qui n'ont pas leur domicile fiscal en France ne sont en principe pas imposables au titre des revenus des obligations et produits assimilés perçus de débiteurs établis en France (BOI-RPPM-RCM-20-10-20-20 n° 520) ; un prélèvement de 75 % est, en revanche, applicable, sauf exception, en présence de gains ou produits versés dans un ETNC (n° 62540) et la retenue à la source de l'article 119 bis, 1 du CGI est applicable lorsque les produits se rattachent à des titres émis antérieurement au 1er janvier 1987 comme indiqué précédemment.

Précisions **a.** La décision de prendre une **mesure générale d'exonération** avait tiré les conséquences du constat que le régime antérieur prévoyait des exonérations si nombreuses (ancien article 131 quater du CGI, régime des intérêts d'obligations, etc.) que le prélèvement ne s'appliquait plus en pratique qu'aux bonis de liquidation des fonds communs de titrisation et aux intérêts des créances non assimilables à des emprunts (intérêts liés au différé de paiement d'une vente, comptes courants d'associés et intérêts moratoires se rattachant à une créance).

b. L'administration ne tire pas de conséquence de ce que les personnes physiques sont théoriquement passibles de l'impôt sur le revenu en vertu des dispositions combinées des articles 4 A et 164 B, I-b du CGI (BOI-RPPM-RCM-20-10-20-20 n° 520). La question ne se pose pas en ce qui concerne les personnes morales passibles de l'**impôt sur les sociétés** qui ne sont imposables en France qu'en présence d'une entreprise exploitée en France au sens de l'article 209, I du CGI.

c. Lorsqu'ils sont versés à des non-résidents, les produits des **obligations négociables** et autres titres d'emprunts négociables émis avant le 1er janvier 1987 sont assujettis à une retenue à la source de 12,8 % s'il s'agit de personnes physiques et de 15 % ou 17 % s'il s'agit de personnes morales ; comme pour les distributions de dividendes, il convient, dans une chaîne d'intermédiaires financiers, de prendre en compte le bénéficiaire effectif (BOI-RPPM-RCM-30-10-10-30 n° 1 ; voir n° 82907). Il en va de même des produits des **bons de caisse** émis par les entreprises lorsque le bénéficiaire est une personne morale française ou étrangère (taux de 15 % ; BOI préc. n° 60) ou une personne physique non domiciliée en France (taux de 12,8 %). Le prélèvement est dû au taux de 75 % en cas de versement dans un ETNC (n° 62540 ; le

BOI-INT-DG-20-50-30 n° 210 précise que la retenue à la source opérée est imputable sur ce prélèvement). Le même régime était, à notre avis, applicable aux revenus des **minibons**, qui étaient des bons de caisse destinés au financement des PME et souscrits dans le cadre de financements participatifs (le régime des minibons a été supprimé par l'ordonnance n° 2021-1735 du 22 décembre 2021 modernisant le cadre relatif au financement participatif).

Assurance-vie et contrats de capitalisation

62530 Les produits (différence entre les sommes remboursées au bénéficiaire et les primes versées) attachés aux bons ou contrats de capitalisation et les produits attachés aux placements de même nature (assurance-vie) visés à l'article 125-0 A du CGI sont imposables en France lorsqu'ils reviennent à des non-résidents (BOI-RPPM-RCM-30-10-20-10).

Ils sont soumis à un **prélèvement forfaitaire libératoire** à un taux variable selon les cas (taux applicables aux rachats ou dénouements intervenus depuis le 1er janvier 2018) :
– pour les produits qui se rattachent à des primes versées jusqu'au 26 septembre 2017, le taux du prélèvement est de 35 %, 15 % ou 7,5 % selon la durée du contrat (n° 1983, Précisions b) ;
– pour les produits qui se rattachent à des primes versées depuis le 27 septembre 2017, le prélèvement est calculé au taux de 12,8 % quelle que soit la durée des contrats ; toutefois, pour les contrats d'au moins huit ans, les personnes physiques peuvent demander, par voie de réclamation, le bénéfice du taux de 7,5 % au prorata de l'encours inférieur à 150 000 € (n° 1983) ; pour l'appréciation de ce seuil, seules sont retenues les primes versées par l'assuré sur l'ensemble des contrats (et bons) souscrits auprès d'entreprises d'assurance établies en France.

L'**abattement annuel** n'est pas applicable aux non-résidents (n° 3084).

Enfin, quelle que soit la date de versement des primes auxquelles ils se rattachent et quelle que soit la durée du contrat, les produits qui bénéficient à des personnes ayant leur domicile fiscal ou établies dans un **État ou territoire non coopératif** (ETNC) sont soumis au prélèvement au taux de 75 %. Ce taux majoré ne s'applique pas, cependant, si l'ETNC figure sur la liste en application des critères posés par l'article 238-0 A, 2 bis-2° du CGI (si l'ETNC est mentionné sur la liste en raison seulement des critères européens, le taux majoré ne s'applique que si l'inscription sur la liste est la conséquence de l'application du critère tenant aux « montages extraterritoriaux », au sens indiqué n° 71555) ; il en va de même lorsque le débiteur apporte la preuve que les opérations auxquelles correspondent les revenus et produits ont principalement un objet et un effet autres que de permettre la localisation de ces revenus et produits dans un État ou territoire non coopératif (ces exceptions, issues de la loi n° 2018-898 du 23 octobre 2018 relative à la lutte contre la fraude, sont applicables depuis le 1er décembre 2018). En outre, ce taux peut être réduit (ou annulé) si la France est liée avec l'État ou le territoire non coopératif où réside le bénéficiaire par une convention fiscale plus favorable.

Précisions Les **gains nets de cession** de bons ou contrats de capitalisation réalisés par des non-résidents sont soumis au prélèvement forfaitaire obligatoire.

62535 **Incidence des conventions fiscales** Lorsque le bénéficiaire de contrats d'assurance-vie ou de capitalisation est résident d'un pays lié à la France par une convention fiscale, il y a lieu d'appliquer les stipulations conventionnelles relatives aux **intérêts de créances**, ce qui conduit généralement à plafonner le montant de l'impôt français, et non pas les règles relatives aux « autres revenus », qui auraient le plus souvent abouti à l'exonération en France.

Cette manière de voir a été confirmée par une décision du Conseil d'État dans le cadre franco-belge, à propos d'une personne physique résidente de Belgique, titulaire de contrats d'assurance-vie et de contrats de capitalisation conclus avec des sociétés françaises. Il a été jugé que les termes de « produits (...) de toutes autres créances » utilisés par l'article 16 de la convention fiscale franco-belge du 10 mars 1964 modifiée, relatif aux intérêts, ne sont pas spécialement définis par la convention et qu'ils doivent donc recevoir, en vertu de l'article 22 de cette convention (principe du renvoi au sens donné aux mots par le droit interne ; n° 9445), la signification que leur attribue la loi fiscale française ; par suite, les produits attachés aux contrats de capitalisation et aux placements de même nature, tels que les contrats d'assurance sur la vie, dont les modalités d'imposition sont définies à l'article 125-0 A du CGI, s'assimilent en principe à des revenus de créances au sens et pour l'application de l'article 16 de la convention (CE 10 juillet 2019 n° 425148, 8e et 3e ch. : RJF 11/19 n° 1072) ; dans cette affaire, le Conseil d'État juge en outre que la **contribution exceptionnelle sur les hauts revenus**, bien qu'elle entre dans le champ de la convention fiscale (n° 10168), n'était pas exigible en l'espèce, dans la mesure où la France ne pouvait soumettre les produits en cause qu'à un impôt prélevé à la source alors que la contribution avait été recouvrée par voie de rôle l'année suivant la perception des revenus (la formulation de la décision est sans doute maladroite sur ce point, car il importe peu, à notre avis, que l'impôt soit acquitté par voie de prélèvement à la source ou par voie de rôle, la seule limite étant que le plafond conventionnel ne soit pas globalement dépassé).

Pour un exemple antérieur, également à propos de la convention fiscale franco-belge, voir CAA Versailles 10 avril 2012 n° 10VE03871, 3e ch. : RJF 11/12 n° 1059, arrêt définitif jugeant que le gain résultant du rachat d'un contrat d'assurance-vie n'entrait pas dans le champ d'application de l'article 18 de la convention, qui vise les revenus innommés dont l'imposition est exclusivement réservée à l'État de résidence, mais dans celui de l'article 16, relatif aux « intérêts ».

Ces décisions ont confirmé la position traditionnelle de l'administration telle qu'elle a été affirmée à propos de la **convention fiscale franco-américaine** du 31 août 1994 modifiée (réponse Lefebvre, n° 76274 : JOAN 30 juin 2015 p. 5036 ; réponse del Picchia, n° 15737, JO Sénat 2 juillet 2015 p. 1591 : BF 10/15 n° 858, ajoutant que la définition des modalités déclaratives et des règles d'imposition applicables à ces revenus aux États-Unis ne relève que des autorités américaines et rappelant que les impôts sur le revenu prévus par la réglementation des États fédérés ne sont pas couverts par la convention fiscale).

Précisions La doctrine administrative en la matière avait été initialement fixée par d'**anciennes réponses ministérielles** non reprises au BOFiP (anciennes réponses Weber, n° 38725, JOAN 6 mai 1991 : BF 6/91 n° 923 ; Haenel : JO Sénat 9 juin 1994 p. 1428 et Dolez : JOAN 13 septembre 1999 p. 5367).

États et territoires non coopératifs (CGI art. 125 A, III)

La loi n° 2009-1674 du 30 décembre 2009 de finances rectificative pour 2009 a posé une exception au principe de l'exonération des intérêts payés hors de France en ce qui concerne les États ou territoires non coopératifs. Dans sa rédaction actuelle, l'article 125 A, III du CGI prévoit que le **prélèvement** est obligatoirement applicable aux revenus et produits mentionnés aux I et II du même article (revenus et produits des placements à revenu fixe), dont le débiteur est établi ou domicilié en France et qui sont payés hors de France, dans un État ou territoire non coopératif au sens de l'article 238-0 A du CGI (n° 71555). Il n'en va différemment que s'il s'agit d'un ETNC qui figure sur la liste en application des critères posés par l'article 238-0 A, 2 bis-2° du CGI (si l'ETNC est mentionné sur la liste en raison seulement des critères européens, le prélèvement ne s'applique que si l'inscription sur la liste est la conséquence de l'application du critère tenant aux « montages extraterritoriaux », au sens indiqué n° 71555) ou si le débiteur démontre que les opérations auxquelles correspondent ces revenus et produits ont principalement un **objet et un effet autres** que de permettre leur **localisation** dans un État ou territoire non coopératif (BOI-INT-DG-20-50-30 n° 140). **62540**

Le taux du prélèvement est fixé à **75 %** (CGI art. 125 A, III bis-11°).

C'est le **lieu de paiement** qui compte, indépendamment du domicile du bénéficiaire, qui peut d'ailleurs être domicilié en France ; toutefois, si le bénéficiaire est domicilié dans un État lié à la France par une convention fiscale et s'il satisfait aux conditions requises, il y a lieu d'appliquer les stipulations conventionnelles si les conditions sont remplies (BOI préc. n° 1).

Champ d'application L'application du prélèvement forfaitaire obligatoire concerne les seuls revenus et produits des **titres de créances** et des **autres créances** non matérialisées par des titres, mentionnés aux I et II de l'article 125 A du CGI (intérêts, primes de remboursement, produits des parts de fonds communs de créances ou de fonds communs de titrisation, à l'exception pour ces derniers de ceux supportant des risques d'assurance, etc.), dont le débiteur est domicilié ou établi en France et qui sont payés hors de France dans un État ou territoire non coopératif au sens de l'article 238-0 A du CGI (n° 71555). **62542**

Les **titres de créances** s'entendent des obligations, titres de créances négociables (TCN), parts de fonds communs de créances ou de titrisation et de tous autres emprunts négociables ou titres de créances, que ces titres ou emprunts soient émis sur le fondement du droit français ou d'un droit étranger et quelle que soit la devise dans laquelle ils sont émis (BOI-INT-DG-20-50-30 n° 120).

62544 **Paiement hors de France dans un État ou territoire non coopératif**
L'administration précise que la notion de « paiement hors de France dans un État ou territoire non coopératif » (flux sortant de France) s'entend du paiement des revenus et produits par un établissement payeur français au sens de l'article 75 de l'annexe II au CGI (le dernier établissement payeur français en cas de chaîne de paiement en France) sur un compte ouvert dans les livres d'un établissement situé dans l'un de ces États ou territoires ou, en l'absence d'une inscription en compte, à une personne domiciliée ou établie dans un tel État ou territoire (BOI-INT-DG-20-50-30 n° 110).

Le paiement hors de France peut prendre la forme (BOI préc. n° 130) :
– soit d'une **inscription en compte** : dans cette hypothèse, il convient de retenir le lieu de situation de l'établissement (agence ou succursale d'un établissement financier, etc.) dans les livres duquel le compte est ouvert (lieu de situation du compte), et non le lieu de situation du domicile ou du siège de la personne ou de l'entité qui est le bénéficiaire effectif des revenus ou produits. Il peut s'agir d'un paiement de revenus et produits opéré depuis la France directement sur les comptes ouverts dans les livres d'un établissement situé dans un État ou territoire non coopératif ; corrélativement, ne sont pas considérés comme payés hors de France les revenus ou produits inscrits au compte d'une personne ou entité domiciliée ou établie dans un État ou territoire non coopératif (y compris un établissement financier étranger intermédiaire agissant pour le compte du créancier) lorsque ce compte est ouvert dans les livres d'un établissement situé en France ;
– soit d'un **paiement par chèques**, **espèces** ou **tout autre moyen de paiement** : dans cette hypothèse, il est tenu compte du lieu de situation du domicile ou du siège social de la personne ou de l'entité au nom de laquelle le chèque est libellé ou à laquelle les espèces sont remises.

Corrélativement, le prélèvement forfaitaire libératoire ne s'applique pas lorsque l'établissement payeur français (le dernier établissement payeur français en cas de chaîne de paiement en France) effectue le paiement des revenus et produits sur un compte ouvert dans les livres d'un établissement situé dans un État ou territoire n'entrant pas dans les prévisions de l'article 238-0 A du CGI ou, en l'absence d'inscription en compte, à une personne domiciliée ou établie dans un tel État ou territoire (n° 71555).

62548 **Clause de sauvegarde** Le prélèvement forfaitaire obligatoire ne s'applique pas si le débiteur démontre que l'opération d'endettement a **principalement** un **objet et un effet** autres que de permettre la localisation des produits correspondants dans un État ou territoire non coopératif (BOI-INT-DG-20-50-30 n° 140). La doctrine administrative indique qu'en ce qui concerne le critère tenant à **l'objet**, le débiteur doit démontrer que son intention principale lors de la réalisation de l'opération d'endettement n'était pas de localiser les bénéfices dans un État ou territoire non coopératif. Concernant le critère tenant à **l'effet**, le débiteur doit apporter tout élément de nature à démontrer l'effet autre que fiscal de l'opération d'endettement. Il doit s'attacher à produire tous les éléments matériels et quantitatifs de nature à permettre une comparaison objective entre le gain résultant des avantages fiscaux tirés du paiement dans un État ou territoire non coopératif et celui tenant aux avantages d'autre nature.

L'administration précise cependant (BOI préc. n° 150) que les trois catégories de titres suivantes bénéficient de la clause de sauvegarde sans que le débiteur ait à apporter la preuve tenant à l'objet et à l'effet de l'opération d'endettement :
– les titres offerts dans le cadre d'une **offre au public** de titres financiers au sens de l'article L 411-1 du Code monétaire et financier ou d'une offre équivalente réalisée dans un État autre qu'un État ou territoire non coopératif. Une offre équivalente s'entend de celle rendant obligatoire l'enregistrement ou le dépôt d'un document d'information auprès d'une autorité de marché étrangère ;
– les titres admis aux **négociations sur un marché réglementé** ou un système multilatéral de négociation d'instruments financiers français ou étranger, sous réserve que ce marché

ou système ne soit pas situé dans un État ou territoire non coopératif, et que le fonctionnement du marché soit assuré par une entreprise de marché ou un prestataire de service d'investissement ou tout autre organisme similaire étranger (à condition que cette entreprise, ce prestataire ou cet organisme ne soit pas situé dans un État ou territoire non coopératif) ;

– les titres admis, lors de leur émission, aux opérations d'un **dépositaire central** ou à celles d'un gestionnaire de systèmes de règlement et de livraison d'instruments financiers au sens de l'article L 561-2 du Code monétaire et financier, ou d'un ou plusieurs dépositaires ou gestionnaires similaires étrangers, sous réserve que le dépositaire ou gestionnaire ne soit pas situé dans un État ou territoire non coopératif.

Précisions Pour cette tolérance, la qualification d'État ou territoire non coopératif s'apprécie, selon le cas, à la **date d'émission** des titres ou à leur **date d'admission** aux négociations (BOI-INT-DG-20-50-30 n° 160).

Date d'exigibilité

Lorsqu'il est applicable, le prélèvement à la source est exigible soit lors du **paiement** des intérêts, de quelque manière qu'il soit effectué, soit lors de leur inscription au débit ou au crédit d'un **compte**, sauf, dans ce dernier cas, si l'intéressé établit que leur prélèvement est, en droit ou en fait, impossible (voir à ce propos CAA Paris 8 avril 1999 n° 96-2747, 5e ch., min. c/ Sté Nadir : RJF 7/99 n° 866, à propos d'intérêts inscrits en compte courant d'associé alors que la société débitrice se bornait à invoquer l'état de sa trésorerie ; cet arrêt a fait l'objet d'un pourvoi non admis par CE (na) 24 novembre 1999 n° 0208381, 9e s.-s.). 62560

Cette solution a été confirmée par une décision du Conseil d'État jugeant que l'**indisponibilité** des intérêts inscrits au crédit de comptes courants d'associés, en raison de la situation de trésorerie de la société, ne fait obstacle au prélèvement, en l'absence de versement effectif, que si cette situation est indépendante de la volonté des associés (CE 3 novembre 2003 n° 244437, 9e et 10e s.-s., SARL Meridia France : RJF 01/04 n° 47 ; conclusions Laurent Vallée au BDCF 1/04 n° 11).

Rachat ou cession d'obligations

Il a été jugé qu'en cas de rachat par une société d'obligations qu'elle avait émises, la circonstance que le prix de rachat tienne compte des intérêts courus depuis la date du dernier détachement du coupon n'est pas de nature à conférer à la fraction correspondante le caractère de **revenu distribué** (CE 30 septembre 2005 n° 265554, 8e et 3e s.-s., Sté Union de crédit pour le bâtiment (UCB) : RJF 12/05 n° 1396 ; conclusions Pierre Collin au BDCF 12/05 n° 150) ; il s'agissait, dans cette affaire, d'obligations émises avant 1987 qui avaient généré un gain de rachat que la société émettrice avait considéré en totalité comme un « **gain en capital** » alors que l'administration avait prétendu imposer la valeur du coupon couru comme un revenu « distribué ». 62570

Plus généralement, le gain de **cession d'une obligation** est regardé comme une plus-value et ne saurait être traité comme un « intérêt », même à hauteur de la fraction du prix de cession qui correspond au coupon couru.

Swaps

L'administration estime que les flux financiers générés par les instruments financiers à terme, de droit français ou étranger, relatifs à des taux d'intérêt (instruments financiers à terme relatifs à des taux d'intérêt définis au I de l'article D 211-1 A du Code monétaire et financier) ne peuvent être qualifiés de produits de placement au sens de l'article 125 A du CGI car ils ne représentent pas la rémunération d'une créance (BOI-RPPM-RCM-30-20-10 n° 20). 62580

Précisions L'administration a pris position sur cette question à la suite d'un jugement concluant en sens inverse mais qui est resté lettre morte, l'imposition contestée ayant ensuite été déchargée (TA Paris 20 juin 2007 n° 01-12498, SA Océ France Financement : RJF 1/08 n° 45 ; CAA Paris Ord. 3 mars 2008 n° 07PA03022, 7e ch., Sté Océ France Financement, jugeant qu'il n'y avait pas lieu de statuer sur la requête en appel). La doctrine administrative ne prend pas parti sur la **nature des flux échangés** dans le cadre des swaps et se contente de ne pas les qualifier de produits de placement, pour les exclure du champ d'application du prélèvement forfaitaire.

c. Ancien régime des emprunts contractés hors de France

Principe de l'exonération

À l'époque où existait le prélèvement obligatoire sur les intérêts versés aux non-résidents, la loi avait prévu une exception de portée générale en ce qui concerne les produits des 62620 emprunts contractés hors de France par des personnes morales françaises (CGI art. 131 quater, ancien). Ces produits étaient exonérés du prélèvement de l'article 125 A, III du CGI (ancienne rédaction).

Étant donné la suppression quasi générale du prélèvement obligatoire effectuée par l'article 22 de la loi n° 2009-1674 du 30 décembre 2009 de finances rectificative pour 2009, le champ d'application du dispositif était devenu résiduel ; il ne concernait plus, et seulement dans une mesure limitée, que les versements hors de France dans un **État ou territoire non coopératif** (n°s 62540 s.) puisque seuls ces versements sont désormais passibles du prélèvement de l'article 125 A, III.

Sans que l'on sache très bien s'il était encore effectivement utilisé ou non, ce dispositif a été **supprimé** par l'article 35 de la loi n° 2021-1900 du 30 décembre 2021 de finances pour 2022. Cette suppression résulte d'un amendement parlementaire motivé par le fait que le maintien de ce régime d'exonération était devenu « sans objet compte tenu de son ancienneté » (amendement n° I-1137, déposé à l'Assemblée nationale lors de la discussion du projet de loi de finances pour 2022) ; au cours des débats parlementaires, il a été indiqué, dans le même sens, que cette exception était devenue obsolète compte tenu de son ancienneté et que l'on ignorait le nombre de ses bénéficiaires et son coût pour les finances publiques (notamment, Sénat, rapport n° 163 du 18 novembre 2021). Cet amendement a également été présenté comme s'inscrivant dans la continuité d'un effort de toilettage des dispositions fiscales, mais nul n'a manifestement procédé à une analyse concrète du degré d'utilisation effective du texte. En simplifiant, les principales caractéristiques du dispositif étaient les suivantes (voir notamment l'ancien BOI-RPPM-RCM-30-10-30-30 n° 10).

Champ d'application

62621 Avant sa suppression en décembre 2021, le dispositif s'appliquait aux seuls emprunts contractés hors de France **avant le 1er mars 2010** et dont la date d'échéance n'avait pas été prorogée à compter de cette date, ainsi qu'aux emprunts conclus à compter du 1er mars 2010 mais qui étaient **assimilables** à un emprunt conclu avant cette date.

En cas de prorogation à compter du 1er mars 2010 de la date d'échéance d'un emprunt conclu avant cette date, l'exonération ne s'appliquait que jusqu'à la date d'échéance initialement prévue.

Les revenus et produits de ces emprunts étaient exonérés du prélèvement obligatoire prévu au III de l'article 125 A du CGI, quel que soit le lieu de leur paiement, c'est-à-dire y compris si ce dernier était effectué dans un État ou territoire non coopératif.

Conformité à la réglementation des changes

62623 Le dispositif s'appliquait aux emprunts autorisés par la réglementation des changes ; il pouvait s'agir d'obligations ou autres titres d'emprunt ainsi que de bons ou autres effets assimilables à des bons de caisse (de même que les primes d'émission et de remboursements afférentes à ces emprunts), qui sont des opérations libres au regard du contrôle des changes.

Précisions Lorsque la loi prévoyait le principe d'une autorisation, le Conseil d'État avait confirmé que cette autorisation pouvait résulter d'une **autorisation générale** ou d'une dispense d'autorisation d'opérations financières d'une certaine nature (CE 3 novembre 2003 n° 244437, 9e et 10e s.-s., SARL Meridia France : RJF 01/04 n° 47, aux conclusions Laurent Vallée au BDCF 1/04 n° 11 ; voir aussi TA Paris 5 juillet 2000 n° 95-10161, Sté Maag France, RJF 1/01 n° 31, jugement définitif).

Instruments juridiques couverts

62628 Pour obtenir le bénéfice de l'exonération, l'emprunteur devait prouver l'existence préalable d'un contrat exprimant l'accord des parties sur le montant du capital, la date de remboursement et les conditions de rémunération de l'emprunt. Selon l'administration, le dispositif n'était pas applicable aux intérêts des sommes laissées en **compte courant**.

De son côté, le Conseil d'État, dans l'affaire Meridia France (n° 62623, Précisions), avait jugé que les intérêts acquittés en rémunération de sommes inscrites au crédit de comptes courants d'associés n'étaient exonérés qu'à condition que ces dernières proviennent de **versements effectués depuis l'étranger** par ces associés en exécution d'un **contrat de prêt**. Cette exigence avait été confirmée au cas d'une société française qui avait acheté des actions détenues par des non-résidents en bénéficiant d'un **différé de paiement** moyennant versement d'intérêts (CE 3 juillet 2009 n° 296843, 3e et 8e s.-s., Sté Royal Canin : RJF 11/09 n° 937). Dans cette affaire, le Conseil d'État n'avait pas admis l'exonération en raison de l'absence de mise à disposition en France par les vendeurs au profit de la société requérante de fonds en provenance de l'étranger (incidemment, le rapporteur public Édouard Geffray avait indiqué dans ses conclusions, au BDCF 11/09 n° 127, ne pas approuver la position de l'administration qui consistait plus radicalement à dénier aux intérêts en cause le caractère de produits d'emprunts au motif que la vente à paiement différé ne constituerait pas un prêt au sens de l'article 1892 du Code civil).

Cela étant, l'administration admettait que les émissions réalisées par l'intermédiaire d'un **syndicat international de banques** (syndicat de placement ou de prise ferme) puissent bénéficier de l'exonération sous certaines conditions ; dans la plupart des cas, les produits de ces titres devraient aujourd'hui bénéficier, en toute hypothèse, de la clause de sauvegarde du n° 62548 et échapper ainsi au prélèvement en cas de paiement hors de France dans un État ou territoire non coopératif.

Enfin étaient réputées réalisées hors de France les **émissions obligataires** en euros ou en devises, les émissions, en euros ou en devises, de TCN ou de tous autres emprunts ou titres de créances de droit français ou étranger et fiscalement assimilés à des obligations ou à des TCN ainsi que les émissions de parts de fonds communs de créances ou de fonds de titrisation, à l'exception de ceux supportant des risques d'assurance. Là encore, dans la plupart des cas, les produits de ces titres échappaient de toute façon au prélèvement en cas de paiement hors de France dans un État ou territoire non coopératif, en raison de la « clause de sauvegarde » (n° 62548).

Précisions **a.** Si la décision Meridia France n'est pas très nette sur l'éligibilité ou non des intérêts des comptes courants d'associés, les conclusions le sont davantage, soulignant que l'inscription du capital au crédit de comptes courants d'associés n'exclut pas qu'il s'agisse d'un prêt, à condition que les sommes en cause ne soient pas « laissées » mais **« apportées » en compte courant**, autrement dit que l'associé participe au financement de la société comme le ferait un prêteur ; le commissaire du Gouvernement était néanmoins dans le sens de l'exclusion au cas d'espèce dès lors que les éléments du dossier ne permettaient pas de décider si les sommes provenaient bien de l'étranger.

b. Il avait été jugé que les intérêts versés par une société française à un centre de coordination belge en rémunération de sommes mises à sa disposition sur un **compte courant** avaient le caractère d'intérêts d'emprunt exonérés de prélèvement dès lors que les conditions de fonctionnement du compte courant révélaient l'existence d'un contrat d'ouverture de crédit même en l'absence de contrat écrit (TA Versailles 7 juillet 2003 n° 97-1849, 5e ch., SNC Kimberly Clark : RJF 12/03 n° 1374, jugement définitif ; la mise à disposition mensuelle de sommes a été regardée comme une succession de prêts).

c. La rémunération perçue par une **société** belge **d'affacturage** ne pouvait être regardée comme le produit d'un emprunt contracté hors de France (CE 4 juin 2012 n° 330088, 10e et 9e s.-s., Sté Aqualon France BV ; voir n° 62522).

d. L'exonération n'était pas applicable aux intérêts versés en 2009 et 2010 par une société française sur le **compte courant d'une société des îles Caïmans**, faute pour la société française d'établir l'existence d'un contrat de prêt (CE 24 février 2021 n° 434129, 9e et 10e ch., Sté France Citévision : RJF 5/21 n° 480).

Normalité du taux d'intérêt

La retenue à la source sur les revenus distribués restait exigible sur la fraction des intérêts d'emprunt payés à un associé ayant son domicile fiscal ou son siège hors de France excédant la limite fixée à l'article 39, 1-3° du CGI (n° 26802). **62630**

d. Exonération en cas de versement à des sociétés européennes associées (CGI art. 119 quater)

L'article 27 de la loi n° 2003-1312 du 30 décembre 2003 de finances rectificative pour 2003 a incorporé en droit interne la **directive du Conseil du 3 juin 2003** relative au régime fiscal commun applicable aux paiements d'intérêts et de redevances effectués entre sociétés européennes associées (n° 88575). **62640**

Applicable depuis le 1er janvier 2004, l'article 119 quater du CGI prévoit ainsi que les intérêts versés par une société française à une société européenne associée sont exonérés de la retenue à la source prévue au 1 de l'article 119 bis et du prélèvement prévu au III de l'article 125 A (ancienne rédaction), sous réserve du respect des conditions suivantes (également applicables aux redevances ; n° 20845). Sur les modalités d'application du dispositif, voir n° 82980.

Compte tenu de la **suppression** quasi générale du **prélèvement obligatoire** opéré par la loi n° 2009-1674 du 30 décembre 2009 de finances rectificative pour 2009 (n° 62525), ces dispositions n'ont aujourd'hui plus guère d'intérêt du côté français.

Conditions tenant aux sociétés distributrices

62645 Sont éligibles les intérêts payés par une société anonyme, une société par actions simplifiée, une société en commandite par actions, une société à responsabilité limitée, un établissement public à caractère industriel ou commercial ou une entreprise publique ; le débiteur doit être passible de l'impôt sur les sociétés sans en être exonéré.

Il peut également s'agir d'un **établissement stable** à condition qu'il remplisse les conditions et qu'il dépende d'une personne morale éligible (établissement stable en France d'une société européenne et non pas d'un État tiers).

Conditions tenant aux personnes morales bénéficiaires

62650 Pour bénéficier de l'exonération sur le fondement de l'article 119 quater du CGI, la personne morale bénéficiaire doit justifier, auprès du débiteur ou de la personne qui assure le paiement de ces revenus, qu'elle en est le **bénéficiaire effectif** (sur la jurisprudence de la Cour de justice, voir n° 88650) et qu'elle remplit les conditions suivantes :
• avoir son siège de **direction effective** dans un État membre de l'Union européenne (ou en Suisse ; n° 82980) ;
• revêtir l'une des **formes** énumérées sur une liste établie par arrêté du ministre chargé de l'économie conformément à l'annexe à la directive européenne précitée ; il s'agit de la liste établie en 1990 par les directives mères/filles et fusions, compte non tenu de leurs actualisations ultérieures ; il en résulte que les SAS, éligibles à l'exonération lorsqu'elles versent des intérêts, ne le sont pas lorsqu'elles les reçoivent (cette situation devrait théoriquement être corrigée à l'avenir ; n° 88680) ;
• être **passible**, y compris au titre de ces intérêts, de **l'impôt sur les sociétés** dans l'État membre où elle a son siège de direction effective, sans en être exonérée ; la loi française exige une **imposition** spécifique **des intérêts** et ne se contente pas de ce que le bénéficiaire soit globalement assujetti à l'impôt et non exonéré (cette exigence, qui ne ressort pourtant pas de la directive elle-même, est compatible avec la directive étant donné les précisions apportées en 2019 par la Cour de justice ; n° 88580) ;
• respecter des conditions de seuil de détention (n° 62655) et de délai de détention (n° 62660).

Précisions Si le bénéficiaire est un **établissement stable**, il doit justifier auprès du débiteur ou de la personne qui assure le paiement des revenus qu'il en est le bénéficiaire effectif, que ces revenus sont soumis dans l'État membre où il est situé à l'impôt sur les sociétés ou à un impôt équivalent de cet État et que la personne morale dont il dépend remplit les conditions nécessaires.

Seuil de détention

62655 Les intérêts doivent être payés par une société éligible à une personne morale associée ou à un établissement stable dépendant d'une personne morale associée. La qualité de personne morale « associée » d'une autre personne morale est reconnue dans les cas suivants :
– **détention directe** d'au moins **25 %** du capital (dans le sens mère/fille ou fille/mère),
– **sociétés sœurs** : paiements entre deux sociétés directement contrôlées à au moins 25 % par une même société.

Il est à noter que cette définition, conforme à la directive, est étroite et qu'elle n'englobe pas les liens de détention indirects par l'intermédiaire d'une **chaîne de participations**.

Lorsque les intérêts sont payés par un **établissement stable**, la personne morale bénéficiaire ou la personne morale dont dépend l'établissement stable bénéficiaire est considérée comme associée de l'établissement payeur si elle est associée de la personne morale dont il dépend.

Délai de détention

La participation doit être détenue de façon ininterrompue depuis **deux ans au moins** ou faire l'objet d'un engagement de détention ininterrompue pendant un délai de deux ans au moins. Si cet engagement est pris par le bénéficiaire étranger, il donne lieu à la désignation d'un **représentant** responsable du paiement de la retenue à la source en cas de non-respect. 62660

Conditions tenant à la nature des sommes payées

Pour l'application de l'article 119 quater, les intérêts sont définis d'une façon très générale comme les **revenus des créances** de toute nature, à l'exclusion des pénalités pour paiement tardif. Cette définition est plus brève que celle donnée par la directive européenne, qui reprend le modèle de convention fiscale de l'OCDE, mais elle devrait être suffisante pour couvrir toutes les situations visées par la directive. Quant aux **pénalités pour paiement tardif**, elles sont en principe exclues du champ d'application de l'imposition à la source, dans la mesure où il ne s'agit pas de revenus de créances (n° 62015). 62675

Exclusion en cas de contrôle hors de l'Union européenne

L'exonération n'est pas applicable, aux termes du 3 de l'article 119 quater du CGI, lorsque les revenus payés bénéficient à une personne morale ou à un établissement stable d'une personne morale contrôlée directement ou indirectement par un ou plusieurs résidents d'États qui ne sont pas membres de l'Union européenne (même principe que pour les dividendes sous l'empire de l'ancienne rédaction de la clause anti-abus ; n° 61045). 62680

Cette exclusion n'est toutefois applicable que lorsque la chaîne de participations a comme objet principal ou comme un de ses objets principaux de **tirer avantage de l'exonération**. Compte tenu de la lettre de la directive, cette exclusion n'est sans doute pas critiquable en ce qu'elle vise à éviter l'interposition de sociétés européennes afin de bénéficier d'une exonération qui autrement ne serait pas acquise. Elle pouvait paraître discutable au regard de la position prise par la Cour de justice à propos de la rédaction de l'ancienne clause anti-abus codifiée à l'article 119 ter du CGI (exercices ouverts avant le 1er janvier 2016), concernant l'exonération de retenue à la source sur les dividendes versés à des sociétés mère européennes (n° 61045). Cependant, le Conseil d'État a jugé, au moyen d'une interprétation neutralisante (n° 940), que le dispositif est compatible avec les objectifs de la directive 2003/49/CE car le législateur n'a pas entendu instaurer une **présomption de fraude** à l'égard des bénéficiaires contrôlés par des résidents d'États tiers (CE 24 février 2021 n° 434129, 9e et 10e ch., Sté France Citévision : RJF 5/21 n° 480). Pour le Conseil d'État, il appartient à l'administration, si elle estime que la chaîne de participations a comme objet principal ou comme un de ses objets principaux de tirer avantage de l'exonération, d'apporter au soutien de ses affirmations des éléments suffisants pour constituer un **commencement de preuve** de fraude ou d'abus ; il appartient ensuite au contribuable d'opposer à l'administration tout élément qu'il estime pertinent et, enfin, au juge de l'impôt, de se prononcer au vu des éléments produits par les parties. En l'espèce, la Cour avait commis l'erreur de confirmer les rectifications au simple motif que les intérêts étaient versés à une société néerlandaise contrôlée par une société domiciliée aux îles Caïmans et deux sociétés domiciliées aux îles Vierges britanniques, alors que l'administration n'avait apporté aucun autre élément, relatif notamment à l'objet de l'interposition de la société mère néerlandaise ; l'affaire a été renvoyée dans cette mesure à la cour administrative d'appel de Douai, qui a finalement prononcé un non-lieu à statuer à concurrence du dégrèvement accordé par l'administration en cours d'instance, pour la quasi-totalité des sommes en litige (CAA Douai 30 juin 2022 n° 21DA00480, 4e ch., SAS France Citévision).

Précisions La position du Conseil d'État dans la décision Citévision, précitée, s'explique par la **rédaction de la loi** ; concernant les dividendes, l'ancien article 119 ter, 3 du CGI disposait que l'exonération n'était pas applicable (...) « sauf si cette personne morale justifie (...) », renversant ainsi la charge de la preuve (n° 61045), alors que l'article 119 quater, 3 du même Code, concernant les intérêts, énonce que l'exonération n'est pas applicable en cas de contrôle non européen « si la chaîne de participations a comme objet principal ou comme un de ses objets principaux de tirer avantage » de l'exonération, sans poser de présomption ni régler la question de la charge de la preuve.

Exclusion des intérêts excessifs

62685 L'exonération ne s'applique pas aux paiements excédentaires au sens de la législation relative aux prix de transfert (nos 76220 et 76700 s.). Ainsi, la loi précise, en reprenant la formulation du modèle de convention fiscale de l'OCDE, que, lorsque en raison de relations spéciales existant entre le payeur et le bénéficiaire effectif des intérêts ou de celles que l'un et l'autre entretiennent avec un tiers, le montant des intérêts excède celui dont seraient convenus le payeur et le bénéficiaire effectif en l'absence de telles relations, l'exonération ne s'applique qu'à ce dernier montant.

Droit à des intérêts moratoires en cas de remboursement tardif

62690 La loi n° 2003-1312 du 30 décembre 2003 de finances rectificative pour 2003 a introduit en droit interne le droit au remboursement prévu par la directive européenne précitée (n° 62640). Ainsi l'article L 208 A du LPF prévoit que les sommes remboursées à la suite d'une réclamation présentée sur le fondement des articles 119 quater et 182 B bis du CGI (texte également applicable aux redevances ; n° 20845) donnent lieu au paiement d'intérêts moratoires lorsque le remboursement est effectué plus d'un an après la demande.

Ces intérêts, calculés au taux de l'intérêt légal (LPF art. L 208), courent du jour de l'expiration du délai d'un an et ne sont pas capitalisés.

2. En présence d'une convention fiscale

62750 D'une manière générale, les conventions fiscales apportent deux avantages en ce qui concerne l'imposition à la source des intérêts ; elles réduisent les prélèvements de droit interne par la fixation de taux plafonds et elles prévoient souvent des exonérations liées au financement du commerce extérieur.

a. La fixation de taux plafond

Principes

62770 Les conventions fiscales fixent normalement des **limites supérieures** aux prélèvements des États. Si, par exemple, une convention limite l'imposition des intérêts à 10 %, un État ne peut prélever un impôt supérieur même si son droit interne le lui permet.

En revanche, cela ne signifie pas que cet État soit tenu de prélever un impôt de 10 %, si son droit interne prévoit un **prélèvement inférieur**, voire nul. De ce point de vue, les conventions fiscales ne peuvent donc qu'améliorer, pour les contribuables, la situation qui résulte du droit interne (de même d'ailleurs que pour les dividendes et les redevances).

Cette solution résulte de la rédaction même des conventions fiscales, qui est, en général, la suivante : « Toutefois, les intérêts provenant d'un État contractant sont aussi imposables dans cet État selon la législation de cet État, mais si le bénéficiaire effectif des intérêts est un résident de l'autre État contractant, l'impôt ainsi établi ne peut excéder 10 pour cent du montant brut des intérêts » (article 11 § 2 du modèle de convention fiscale de l'OCDE). Ainsi, les intérêts versés à des non-résidents par des débiteurs français restent généralement exonérés d'impôt en France, compte tenu du droit interne français, même si la convention fiscale donne à la France un droit d'imposer.

Sur la notion de **bénéficiaire effectif**, voir n° 74630.

Pratique française

62775 Les conventions fiscales signées par la France ne reprennent pas toujours la stipulation proposée par l'OCDE consistant à autoriser l'État de la source à prélever un impôt d'au maximum 10 %. La pratique française à cet égard est la suivante :
– il arrive, mais rarement, que la **convention ne prévoie aucune limitation** de retenue à la source ;
– d'autres conventions fiscales limitent les taux de retenue à la source dans une **fourchette allant de 10 % à 20 %**, mais en prévoyant des exonérations spécifiques ;
– il existe un nombre très important de conventions prévoyant l'**exonération de toute imposition à la source**. Par exemple, les conventions entre la France et l'Allemagne, la Bulgarie, les États-Unis, le Royaume-Uni, etc. Telle paraît être la pratique française récente,

acceptée en général par les pays développés, notamment européens (d'autant plus qu'actuellement, les intérêts de source française versés aux non-résidents sont généralement exonérés en droit interne ; n° 62525).

b. Les cas spécifiques d'exonérations prévus par les conventions fiscales

Modèle OCDE

Le modèle de convention fiscale de l'OCDE ne prévoit pas la suppression des retenues à la source sur les intérêts versés aux non-résidents ; l'OCDE considère que le **taux de 10 %** est un « maximum raisonnable » (commentaires OCDE C (11) n° 7) et propose simplement, dans les commentaires actuels, des exonérations particulières concernant les intérêts versés aux États ou par les États (ou subdivisions politiques, banques centrales), les intérêts versés en application de programmes de financement des exportations, ou versés aux institutions financières, ou en cas de vente à crédit, ou encore au titre des intérêts versés à certaines entités exonérées d'impôt comme les fonds de pension (commentaires OCDE C (11) n° 7.1 à 7.12, dans leur version actuelle, issue de la révision de juillet 2005). **62790**
Il arrive ainsi très souvent que la convention fiscale fixe un taux plafond général, mais assorti d'exonérations liées, soit au fait que les bénéficiaires sont les États eux-mêmes, soit au financement du commerce extérieur.

Concernant les États eux-mêmes

Une exonération réciproque est parfois prévue : exonération de retenue à la source sur les intérêts versés à des États souverains étrangers ou à des démembrements administratifs de ces États. Un tel principe est, au demeurant, très souvent reconnu par le droit interne des États (en application du vieux principe selon lequel « le Roi n'impose pas le Roi » ; voir n° 41403, Précisions). **62791**

Précisions Les États étrangers peuvent être imposés en France au titre d'opérations de **caractère lucratif** (n° 67260).

Concernant le financement du commerce extérieur

Les conventions fiscales reprennent assez souvent tout ou partie des anciennes suggestions du comité des affaires fiscales de l'OCDE tendant à exonérer d'imposition à la source les intérêts payés : **62793**

- en liaison avec la **vente à crédit** d'un équipement industriel, commercial ou scientifique ;
- en liaison avec la vente à crédit de marchandises livrées par une entreprise à une autre entreprise ;
- ou sur un **prêt** de n'importe quelle nature **consenti par un établissement bancaire**.

Précisions L'exonération repose sur l'idée qu'une retenue à la source, perçue sur le montant brut des revenus peut constituer une charge excessive et laisser subsister une **double imposition partielle**. Tel est le cas lorsqu'un vendeur consent un crédit à un acheteur étranger : les intérêts payés par l'acheteur sont souvent calculés pour équilibrer les intérêts eux-mêmes payés par le vendeur à la banque qui lui a consenti un crédit. L'opération financière s'équilibre sans dégager de marge. La retenue à la source est donc un impôt excessif puisqu'il n'y a pas de profit sur l'opération financière.

Pratique française

Elle tend à rejoindre les anciennes propositions de l'OCDE (n° 62793). En général, le critère consiste en l'intervention d'un organisme public de **financement du commerce extérieur** (l'ex-BFCE, aujourd'hui Natixis, ou la Coface). Les rédactions sont cependant très variables : **62795**

- reprise des anciennes propositions de l'OCDE (convention fiscale franco-jordanienne du 28 mai 1984) ;
- intérêts liés à « un prêt ou un crédit supporté par le Gouvernement de l'autre État contractant » (convention fiscale franco-turque du 18 février 1987) ;
- « prêts ou crédits consentis avec la participation d'une institution publique de financement [de l'État du créancier] et avec l'accord du ministre chargé des affaires économiques

[de l'État du débiteur], en liaison avec la vente de tout équipement industriel ou scientifique ou avec l'étude, l'installation ou la fourniture d'établissements industriels ou scientifiques ou d'ouvrages publics » (convention fiscale franco-indonésienne du 14 septembre 1979) ;
– exonération des « prêts agréés » (convention fiscale franco-malaisienne du 24 avril 1975 modifiée, l'expression signifiant les prêts accordés pour le financement des projets de développement en Malaisie, ou l'achat de biens d'équipement pour de tels projets, agréés par l'autorité compétente de Malaisie) ;
– exonération des intérêts payés à raison d'un prêt directement ou indirectement financé ou aidé par le Gouvernement français dans le cadre de l'aide publique au commerce extérieur ou à raison d'un prêt garanti ou financé par la Coface (convention fiscale du 26 novembre 2013 entre la France et la Chine) ;
– exonération des intérêts payés à raison de la **vente à crédit** d'un équipement industriel, commercial ou scientifique ou à raison de la vente à crédit de biens ou marchandises par une entreprise à une autre entreprise (convention fiscale du 25 juin 2015 entre la France et la Colombie).

En ce qui concerne les **intérêts interbancaires**, on trouve des exonérations spécifiques pour les banques centrales (par exemple, dans la convention fiscale franco-canadienne du 2 mai 1975) ou concernant les prêts de n'importe quelle nature consentis par des établissements bancaires (convention fiscale franco-finlandaise du 11 septembre 1970 ; convention fiscale franco-jordanienne du 28 mai 1984). Bien entendu, une stipulation de cette nature ne s'applique que si les **bénéficiaires effectifs** sont eux-mêmes des établissements bancaires ; elles ne permettent pas à un contribuable d'échapper à l'impôt en France au motif que les intérêts seraient versés sur un compte ouvert dans un établissement bancaire établi dans ces États (TA Montreuil 23 octobre 2018 n° 1710762 : RJF 5/19 n° 473, jugement définitif confirmant à juste titre qu'une personne résidente de l'île Maurice est bien assujettie à un prélèvement en France en cas de rachat d'un **contrat d'assurance-vie** et que le fait que les sommes aient été reçues sur un compte détenu dans un établissement bancaire mauricien est sans importance).

Précisions **a.** Les cas d'exonération ne sont pas toujours uniformes. Par exemple, la convention fiscale entre la France et les **Émirats arabes unis** (du 19 juillet 1989) prévoit l'absence de retenue à la source si les revenus sont payés :

a) en liaison avec toute transaction industrielle ou commerciale,

b) ou à raison de prêts de toute nature consentis par une banque, ou un État lui-même,

c) ou au titre d'obligations négociables.

b. Autre exemple, la convention fiscale **franco-chilienne** du 7 juin 2004 prévoit un taux général de retenue à la source de 15 % (taux réduit à 10 % en application de la clause de la nation la plus favorisée ; n° 62800) et un taux réduit de 5 % applicable aux intérêts tirés :

a) de prêts consentis par des banques et des compagnies d'assurances ;

b) d'obligations d'emprunts ou titres négociés de manière importante et régulière sur un marché boursier réglementé ;

c) ou de la vente à crédit de machines et d'équipements payés par l'acheteur à un bénéficiaire effectif qui est le vendeur de ces machines ou de ces équipements.

c. Lorsque la convention fiscale subordonne le taux réduit à l'intervention d'un **organisme public de financement du commerce extérieur** (par exemple, convention fiscale franco-brésilienne du 10 septembre 1971), il n'est pas sûr que l'ex-BFCE (aujourd'hui, Natixis) ou la Coface puissent être visées car ce sont aujourd'hui des organismes privés. Depuis le 1er janvier 2017, c'est l'État qui accorde directement les garanties publiques pour le commerce extérieur, par l'intermédiaire de **Bpifrance Assurance Export**. Dans le cadre franco-argentin, il a été précisé que les exonérations de retenue à la source concernant les intérêts payés à raison d'un prêt ou d'un crédit bénéficiant de la garantie accordée par un établissement public de l'État du bénéficiaire s'appliquent en cas d'intervention de Bpifrance Assurance Export (BOI-INT-CVB-ARG n° 20 ; BOI-ANNX-0000476).

Clause de la nation la plus favorisée

62800 En ce qui concerne les intérêts (et les redevances), la France obtient parfois de son partenaire une clause de la nation la plus favorisée, destinée à ne pas pénaliser les sociétés françaises par rapport à leurs concurrents notamment européens (ou des pays de l'OCDE) ; cette clause permet, selon des rédactions variables, de faire en sorte que les retenues prélevées à la source dans le pays partenaire ne soient pas plus élevées vers la France que vers ses principaux concurrents (nº 1594).

Par exemple, dans le cadre **franco-chilien**, le point 6 du protocole annexé à la convention fiscale du 7 juin 2004 prévoit en substance que si, en vertu d'un accord ou d'une convention conclus avec un État membre de l'OCDE et entrant en vigueur après la date d'entrée en vigueur de la convention franco-chilienne (soit après le 10 juillet 2006), le Chili doit supprimer ou réduire (par rapport aux taux franco-chiliens) ses retenues à la source sur les intérêts et redevances, l'exonération ou le taux plus faible **s'appliquera automatiquement** aux intérêts ou aux redevances de source chilienne et de source française, de la même manière que si cette exonération (ou ce taux plus faible) était prévue par la convention elle-même. À la suite de la conclusion par le Chili, le 10 mars 2010, d'une convention fiscale avec l'Australie, le taux général de la retenue à la source sur les intérêts a été réduit de 15 % à 10 % (BOI-INT-CVB-CHL nº 20 dans sa version du 4 novembre 2016). De même, l'administration a tiré les conséquences, en ce qui concerne les taux de retenue à la source applicables aux intérêts et aux redevances, de la signature par le Chili d'une convention fiscale avec le Japon le 21 janvier 2016 (BOI-INT-CVB-CHL).

C. Les exceptions au principe de l'imposition à la source

Le principe de l'imposition par voie de retenue à la source des intérêts versés à des non-résidents n'est pas absolument général : il ne s'applique pas pour les intérêts reçus par un établissement stable et les États retrouvent une certaine liberté en cas de versement excessif. 62840

1. Intérêts rattachés à un établissement stable

Principes

D'une manière générale, l'article conventionnel sur les intérêts ne s'applique pas lorsque le bénéficiaire effectif exerce dans l'État dont proviennent les intérêts une activité industrielle ou commerciale par l'intermédiaire d'un établissement stable ou une profession indépendante au moyen d'une base fixe et que la créance génératrice des intérêts se rattache effectivement à cette activité. Dans ce cas, selon le modèle de convention fiscale de l'OCDE, repris par un très grand nombre de conventions fiscales, ce sont les stipulations relatives aux **bénéfices des entreprises** qui s'appliquent (article 11 § 4 du modèle de l'OCDE, étant rappelé que celui-ci ne fait plus aujourd'hui référence à la notion de « base fixe » ; nº 23650). Cette solution, parfaitement logique et en ligne avec les principes habituels, se retrouve très souvent dans les droits internes des États (voir nº 62518 sur la situation française avant la loi nº 2009-1674 du 30 décembre 2009 de finances rectificative pour 2009). 62850

Par exemple, lorsqu'une banque française a une succursale en Allemagne et que cette succursale reçoit des intérêts versés par un résident allemand au titre d'une créance inscrite à son actif, les intérêts sont imposables en Allemagne, comme un élément du bénéfice industriel et commercial de la succursale, alors que l'application de la règle conventionnelle « normale » voudrait que l'imposition soit, dans ce cas, réservée exclusivement à l'État de résidence du bénéficiaire, c'est-à-dire la France (comme État de la résidence du bénéficiaire puisque l'établissement stable n'est pas un résident d'Allemagne).

Absence de force attractive

L'imposition des intérêts en tant que revenus d'un établissement stable ne conduit pas à l'application d'un principe de « force attractive » de l'établissement stable (nº 18610) ; en effet, le modèle de convention fiscale de l'OCDE prend soin de préciser que le principe ne vaut que si la créance génératrice des intérêts est **effectivement rattachée** à l'activité de l'établissement stable (par exemple, créance inscrite à son actif). Autrement dit, le simple fait de posséder un établissement stable dans le pays de la source des intérêts ne suffit pas à éviter la retenue ni à permettre l'imposition des intérêts en tant que produits de l'établissement stable. 62855

Les commentaires de l'OCDE issus de la révision de juillet 2010 considèrent que l'exigence selon laquelle une créance doit se « rattacher effectivement » à un établissement stable nécessite **plus que le simple enregistrement** de cette créance dans les documents comptables de l'établissement. Pour l'OCDE, une créance génératrice d'intérêts se rattache effectivement à un établissement stable et fait donc partie de son actif si la propriété « économique » de cette créance est attribuée à cet établissement selon les principes développés dans le rapport sur l'attribution de bénéfices aux établissements stables (nos 18442 s.) ; la **propriété « économique » d'une créance** signifie, selon l'OCDE, l'équivalent de la propriété, aux fins de l'imposition du revenu, d'une entreprise distincte, avec les bénéfices et les charges correspondantes, par exemple le droit aux intérêts afférent à la propriété de cette créance et le risque de gains ou pertes liés à l'augmentation ou à la diminution de la valeur de cette créance (Commentaires OCDE, C (11) n° 25 à 25.2). Sur la manière de voir du Conseil d'État, voir n° 18600, a.

Précisions Un contre-exemple était donné par l'ancienne convention fiscale **franco-italienne** du 29 octobre 1958, qui consacrait sur ce point, comme en matière de dividendes et de redevances, le concept de force attractive (position conforme à l'ancienne réserve italienne au modèle de convention fiscale de l'OCDE, longtemps maintenue lors des révisions successives du modèle, mais finalement supprimée lors de la révision de juillet 2010 ; voir anciens Commentaires OCDE, C (11) n° 45).

2. Intérêts excédentaires

Principes

62880 Presque toutes les conventions fiscales prévoient que si, en présence de relations spéciales entre le débiteur et le bénéficiaire effectif ou que l'un et l'autre entretiennent avec de tierces personnes, le montant des intérêts payés est excessif, c'est-à-dire **supérieur** à celui dont auraient convenu des **personnes indépendantes**, la partie excédentaire des paiements reste imposable selon la législation de chaque État, compte tenu, le cas échéant, des autres dispositions de la convention.

Ces conventions reprennent généralement la formulation du modèle de convention fiscale de l'OCDE, dont l'article 11 § 6 prévoit que lorsque, en raison de relations spéciales existant entre le débiteur et le bénéficiaire effectif ou que l'un et l'autre entretiennent avec de tierces personnes, le montant des intérêts, compte tenu de la créance pour laquelle ils sont payés, **excède celui dont seraient convenus** le débiteur et le bénéficiaire effectif en l'absence de pareilles relations, le taux réduit de retenue à la source ne s'applique qu'à ce dernier montant. Dans ce cas, la partie excédentaire des paiements reste imposable selon la législation de chaque État et compte tenu des autres dispositions de la convention.

Notion de relations spéciales

62885 Elle n'est pas définie par les conventions fiscales. L'OCDE indique dans ses commentaires qu'elle concerne les cas où les intérêts sont versés par une personne qui **contrôle** directement ou indirectement le débiteur, qui est contrôlée directement ou indirectement par lui ou qui dépend d'un groupe ayant des intérêts communs avec lui. Cette notion couvre également les rapports de parenté et plus généralement toute communauté d'intérêts distincte du rapport de droit qui donne lieu au paiement des intérêts (Commentaires OCDE, C (11) nos 32 s.).

Sort des intérêts excédentaires

62890 Le régime applicable à la fraction excédentaire des intérêts n'est pas précisé, en général, par les conventions fiscales. En France, l'excédent est conventionnellement traité, en principe, comme un **dividende**, si la définition des dividendes donnée par la convention fiscale applicable autorise une telle assimilation (nos 60680 s.).

D'une façon générale, enfin, la déductibilité fiscale des intérêts excédentaires peut être refusée, le cas échéant, dans l'État de la source, en application de l'article général sur les **entreprises associées** (qui vise tous les transferts de bénéfices ; nos 75950 s.) ou, sans qu'il soit besoin d'un fondement conventionnel spécifique, selon les dispositions en vigueur dans les États en matière de contrôle fiscal (n° 76870).

Du côté français, des versements excessifs d'intérêts sont susceptibles d'entraîner l'application des articles 57 et 238 A du CGI (nos 76340 et 72850), ainsi que des dispositifs relatifs au taux d'intérêt maximum admissible (nos 26780 s.).

SECTION 2

L'imposition dans l'État de la résidence

L'État de la résidence du bénéficiaire des intérêts a toujours le **droit d'imposer** les intérêts (sauf rattachement à un établissement stable dans l'autre État, en cas d'application d'un principe de territorialité de droit interne ou conventionnel) : **63145**
– sans aucune limitation s'il n'y a pas de convention fiscale ou si celle-ci prévoit l'exonération dans l'État de la source ;
– en octroyant un crédit d'impôt au titre de l'impôt perçu dans l'autre État en cas d'application d'une convention « classique » (ou sur le fondement du droit interne). Le crédit peut même être supérieur à l'impôt effectivement prélevé lorsque la convention prévoit une clause de crédit pour impôt forfaitaire (solution de plus en plus rare).

Précisions Les résidents de France qui perçoivent des intérêts de source étrangère sont imposables dans notre pays même si les sommes ne sont pas rapatriées en France ; sur les règles applicables, voir nos 1980 s.

A. En droit interne

Principes

En l'absence de convention fiscale entre l'État de la source des revenus et celui de la résidence du bénéficiaire, le droit interne de chaque État s'applique **sans limitation**. **63150**

Du côté de l'État de la résidence, l'élimination de la double imposition éventuelle n'est assurée que si le droit interne le prévoit.

Si le **bénéficiaire** est **résident de France**, par exemple, la double imposition n'est que partiellement atténuée par une déduction de l'impôt étranger sur la base de l'impôt français (article 122 du CGI sur les revenus de valeurs mobilières émises hors de France et assimilées et principe général d'imposition des revenus nets).

Exemple

Soit une société française recevant des intérêts en provenance d'un État non « conventionné ». Par hypothèse, le revenu est de 100, la retenue à la source de 5 %, et les frais financiers et de gestion de 90. On a : **63155**
– dans l'État de la source : imposition sur le « brut » = 5 (5 % × 100) ;
– en France : imposition sur le revenu net, au taux normal de l'impôt sur les sociétés (contribution sociale en sus, le cas échéant) :
• revenu net : 100 – (90 + 5) = 5,
• impôt sur les sociétés (sur le taux de l'impôt sur les sociétés, voir no 5592) : 1,25 (25 % × 5).

Si la retenue n'était pas déductible pour la détermination de l'assiette de l'impôt français, l'impôt sur les sociétés aurait été égal à 2,5 [25 % × (100 – 90)]. La double imposition est donc atténuée, mais sans être éliminée.

B. Les crédits d'impôts conventionnels classiques

Principes posés par les conventions fiscales

Le **droit d'imposer** de l'État de résidence est normalement fondé sur une stipulation générale de la convention fiscale selon laquelle « les intérêts provenant d'un État contractant et payés à un résident de l'autre État contractant sont imposables dans cet **63170** autre État » (article 11 § 1 du modèle de convention fiscale de l'OCDE). Il peut également s'agir d'une clause prévue à l'article « élimination des doubles impositions » (article 23 du modèle de l'OCDE).

Lorsque la convention fiscale ne prévoit pas d'imposition à la source, l'État de la résidence bénéficie du droit exclusif d'imposition et n'a, par définition, aucun crédit d'impôt à accorder. En revanche, lorsque la convention prévoit une retenue à la source, il incombe à l'État de résidence d'éliminer la double imposition par attribution d'un crédit d'impôt.

Sur la technique générale du crédit d'impôt, voir nos 8020 s.

63175 D'une façon générale, les crédits d'impôt conventionnels classiques sont :
– en principe égaux à la retenue à la source étrangère ;
– sans pouvoir toutefois dépasser la fraction de l'impôt dû dans l'État de résidence sur les revenus en cause. L'excédent éventuel n'est, selon l'administration, ni restituable, ni remboursable (no 83673).

1. Plafonnement du crédit d'impôt

Cas général

63240 Le plafond est constitué par le montant de l'impôt sur le revenu en cause, c'est-à-dire déterminé par application du tarif de l'impôt au revenu net, entendu du montant des intérêts reçus diminué des charges correspondantes (charges de refinancement, essentiellement, mais aussi frais de gestion).

Cas particulier des banques

63250 En ce qui concerne les banques, la détermination des charges afférentes à des intérêts reçus est presque impossible à faire avec précision, puisque les refinancements sont globaux et non pas affectés à une opération déterminée. C'est pourquoi les banques sont, en France, autorisées à calculer le plafond des crédits d'impôt qu'elles peuvent imputer par référence à la **balance des intérêts** créditeurs et débiteurs afférents à l'ensemble de leurs opérations réalisées en dehors de la France (BOI-IS-RICI-30-10-20-10 no 230). Cette solution, qui globalise le plafond des crédits d'impôt, est dérogatoire, car le plafond est normalement calculé revenu par revenu ; elle est aussi libérale car les frais de gestion sont exclus de la balance, ce qui augmente d'autant le plafond. À titre pratique, sur le formulaire no 2066-SD (no 83645), ces établissements n'ont pas besoin de spécifier l'impôt français dû à raison de chaque revenu de créance de source étrangère, mais peuvent calculer l'impôt dû globalement à raison de l'ensemble de ces revenus.

Cette dérogation ne s'applique littéralement qu'aux **intérêts de créances** et non pas aux intérêts d'obligations. Il s'agit d'une tolérance administrative opposable sur le fondement de l'article L 80 A du LPF, ainsi que l'a jugé CAA Versailles 16 décembre 2020 no 19VE02589, 7e ch., SA BNP Paribas : RJF 6/21 no 640 (cet arrêt a été partiellement annulé pour d'autres raisons par CE 10 décembre 2021 no 449637, 8e et 3e ch., min. c/ SA BNP Paribas : RJF 3/22 no 296 ; voir nos 83650 et 83680).

63260 **Exemple** Soit une banque française ayant perçu 100 d'intérêts bruts en provenance du secteur « hors France », ayant fait l'objet d'une retenue à la source de 10 %. Par hypothèse, les charges de refinancement « hors France » se sont élevées à 80 et les frais de gestion à 5. Le crédit d'impôt auquel la banque peut prétendre en France se calcule comme suit :
• il est en principe égal à 10, c'est-à-dire à la retenue à la source (10 % × 100) ;
• balance des intérêts : 100 – 80 = 20 ;
• plafond d'imputation : 25 % × 20 = 5 (sur le taux de l'impôt sur les sociétés, voir no 5592) ;
• crédit d'impôt maximum : 5.

Dans cet exemple, on voit que la **retenue à la source** se calcule sur le revenu brut (100) et non pas sur le revenu net (15).

La **balance des intérêts** se calcule également à partir du revenu brut, en application des conventions fiscales (no 8120) ; pour le calcul du plafond, il est fait masse des intérêts perçus de l'ensemble des pays du secteur « hors France » et des charges de refinancement correspondantes (alors qu'en principe le calcul devrait se faire pays par pays et revenu par revenu). Par ailleurs, il n'est pas tenu compte du fait qu'il peut s'agir de pays n'ayant pas signé de convention fiscale avec la France.

En droit strict, le revenu net pour le calcul du plafond aurait dû être de 100 – (80 + 5), soit 15. Le plafond d'imputation auquel aurait été limité le crédit aurait donc été plus bas, soit 25 % × 15 = 3,75. La mesure est donc favorable, puisque le plafond effectif est de 5.

En toute hypothèse, le crédit de 10 n'est pas imputable en totalité. Une certaine fraction (ici 5) est perdue. Elle n'est ni reportable ni restituable (sur le cas où le crédit d'impôt n'est pas imputable faute pour la société d'acquitter un impôt suffisant, voir n° 83673).

Précisions **a.** La **contribution** sociale de 3,3 % (n° 5592), ici négligée, est le cas échéant à ajouter à l'impôt sur les sociétés pour le calcul du plafond de crédit d'impôt.

b. Sur les solutions parfois retenues par les conventions fiscales en cas d'effacement incomplet de la **double imposition**, voir l'exemple de la convention franco-algérienne cité au n° 21465, également applicable aux intérêts.

2. Détermination du droit au crédit d'impôt

L'application des règles concernant les crédits d'impôt est délicate. Il faut éventuellement les combiner avec les principes généraux qui gouvernent l'établissement de l'impôt, et, en particulier, ceux de l'annualité et de la comptabilisation des créances non encore recouvrées à la clôture de l'exercice, mais certaines dans leur principe et dans leur montant. **63310**

Constatation d'un crédit par anticipation

Le droit à crédit d'impôt peut n'être pas né à la clôture de l'exercice d'imposition, alors que la créance est certaine et doit être comptabilisée. Dans ce cas, l'impôt devrait normalement être calculé sans crédit d'impôt et faire l'objet d'une nouvelle liquidation au vu d'une réclamation déposée par le contribuable après paiement effectif de la retenue à la source. Cette solution rigoureuse entraînerait, pour les personnes concernées, des révisions permanentes des impositions et donc une grande complication. **63315**

C'est pourquoi l'administration admet, en ce qui concerne les **intérêts de titres de créances non négociables** et les **redevances**, la comptabilisation par anticipation d'un crédit d'impôt calculé par référence aux clauses de la convention fiscale conclue entre la France et le pays de la source (BOI-IS-RICI-30-10-20-10 n° 200). Naturellement, l'imposition doit être ultérieurement régularisée si le crédit d'impôt s'avère injustifié dans son principe, excessif ou insuffisant (cette solution, qui ne concerne littéralement que les revenus des créances non négociables et les redevances, devrait probablement avoir une portée plus générale).

Sur la possibilité de comptabiliser un crédit d'impôt par anticipation, voir aussi n° 83635.

3. Cas des commissions

En pratique, les revenus de prêts ne comprennent pas seulement les intérêts, mais aussi des « commissions ». Il s'agit, par exemple, de commissions de direction, **d'engagement**, de gestion, qui rémunèrent non pas le prêt d'argent, mais le travail effectué par les banques à raison de l'opération de prêt. **63330**

Ces commissions, qui sont en réalité la rémunération d'une prestation de service, ont le caractère de revenus d'entreprise et non pas d'intérêts. Elles ne peuvent donc pas être incluses dans les intérêts créditeurs retenus pour le calcul du plafond de crédit d'impôt.

Précisions Des commissions d'engagement ou des commissions au titre de **garanties** ne doivent pas, à notre avis, être soumises à une retenue à la source en tant qu'intérêts car elles ne rémunèrent pas un prêt d'argent.

4. Cas des « pools bancaires »

Les opérations de prêt sont fréquemment réalisées non pas par une banque isolée, mais par un « pool » bancaire (le chef de file et les membres n'étant pas nécessairement résidents du même État). L'existence de ces pools bancaires pose des problèmes juridiques **63350** assez compliqués, notamment pour déterminer s'il s'agit éventuellement d'une **société en participation**. Il paraît cependant possible de considérer que les banques doivent déclarer les intérêts qu'elles perçoivent et imputer les crédits d'impôt correspondants, en faisant en quelque sorte abstraction de la **convention de pool**, même si le débiteur des intérêts n'est pas informé de l'identité des membres du pool (il ne connaît, a priori, que le chef de file).

63355 En présence d'une variété particulière de **« sous-participation »**, il a été jugé que les sous-participants ne sont pas des prêteurs principaux et que, par suite, une banque française prêteuse pouvait bénéficier de l'intégralité d'un crédit d'impôt au titre d'intérêts de source brésilienne (CAA Paris 8 juillet 1997 n° 93-572, 2e ch., Banque française de l'Orient : RJF 11/98 n° 1333 ; en cassation sur un autre point, celui de l'application des conventions fiscales à des revenus réputés distribués, voir CE 13 octobre 1999 n° 190083, 8e et 9e s.-s., min. c/ SA Banque française de l'Orient : RJF 12/99 n° 1587). En l'espèce, les sous-participants s'étaient bornés à souscrire un engagement de caution et bénéficiaient de commissions et nullement d'une quote-part des sommes versées par l'emprunteuse (ils n'étaient pas dans la même situation que les « sous-participants en financement »).

C. Les crédits d'impôts forfaitaires (ou « fictifs »)

Principes

63380 Diverses conventions fiscales prévoient un crédit d'impôt forfaitaire en matière d'intérêts, permettant au contribuable d'imputer un **crédit supérieur** au montant de la retenue à la source perçue (n° 8120). D'une manière générale, ce mécanisme se trouve à l'article sur l'élimination des doubles impositions, du côté français. Selon la rédaction des conventions fiscales, le crédit forfaitaire est applicable ou non lorsque les intérêts n'ont pas été imposés à la source (n° 8135).

Pour l'application des crédits forfaitaires, il convient de procéder comme en matière de crédit d'impôt « normaux », c'est-à-dire de partir du principe que le crédit d'impôt est lui-même un revenu imposable.

Exemple

63385 La convention fiscale franco-argentine du 4 avril 1979, dans sa rédaction antérieure à l'avenant du 15 août 2001, prévoyait qu'en ce qui concerne la France, le crédit d'impôt était « égal à 15 % du montant brut des revenus visés au paragraphe 3 b) de l'article 11 [intérêts exonérés à la source en cas d'intervention, par exemple, de la BFCE (Natixis) ou de la Coface (Bpifrance Assurance Export)] ou des intérêts qui sont exonérés partiellement ou en totalité par le gouvernement argentin, en application d'une disposition juridique particulière ». Avec une rédaction de ce type, le crédit forfaitaire s'applique même lorsqu'il y a exonération totale à la source. Mais tel n'est pas toujours le cas, en particulier, avec la plupart des conventions conclues avec les États de l'ex-Communauté.

Précisions **a.** Sur l'interprétation de l'ancienne convention fiscale **franco-argentine**, voir n° 8135.

b. Sur la solution retenue par le Conseil d'État à propos de la convention **franco-brésilienne**, voir n° 8135.

Mode de calcul

63400 Soit une banque française recevant des intérêts de créances de source étrangère n'ayant pas supporté de retenue, alors que la convention fiscale prévoit un crédit forfaitaire égal à 20 %. Par hypothèse, les intérêts bruts sont de 100, les charges de gestion de 5, et les intérêts débiteurs de 85. On a, compte tenu de la jurisprudence du Conseil d'État (n° 8120) :
- intérêts bruts : 100 ;
- retenue à la source : 0 ;
- intérêts nets perçus : 100 ;
- crédit d'impôt théorique : 25 (20/80 × 100) ;
- calcul du plafond de crédit d'impôt :
• balance des intérêts : 125 – 85 = 40,
• plafond : 25 % × 40 = 10 (sur le taux de l'impôt sur les sociétés, voir n° 5592),
- crédit d'impôt plafonné à imputer : 10 (et non pas 20 ou 25).

Dans cet exemple, le montant des intérêts créditeurs est égal au revenu net (100) augmenté du crédit d'impôt (25), soit 125.

Le plafond du crédit d'impôt se calcule comme indiqué précédemment (nos 63240 s.), contribution sociale en sus, le cas échéant.

La banque française bénéficie d'un crédit d'impôt alors même qu'elle n'a pas supporté de retenue à la source ; le système est donc très avantageux.

SECTION 3

Les situations triangulaires

Situations visées

Les situations triangulaires sont celles qui mettent en jeu trois États, lorsque le bénéficiaire ne reçoit pas directement les intérêts, mais les « attribue » à un établissement stable situé dans un État tiers. Les trois États en cause sont donc : **63500**
- celui de la source des intérêts (S) ;
- celui du siège de l'entreprise (R) ;
- celui du « situs » de l'établissement stable (E).

Ces situations, qui sont assez fréquentes notamment dans le cas des banques et des compagnies d'assurances, ne sont pas traitées dans leur ensemble par les conventions fiscales, qui ne sont « que » bilatérales. Le comité des affaires fiscales de l'**OCDE** a étudié cette question mais en se contentant d'en souligner la difficulté, sans parvenir à une solution d'ensemble (voir par exemple, le rapport sur les « cas triangulaires », au volume II du modèle de convention fiscale, n° R (11)). Compte tenu de ces incertitudes, on se bornera à exposer la problématique, en essayant de dégager quelques solutions possibles.

Précisions Les développements qui suivent ne valent pas seulement pour les intérêts ; ils concernent aussi les **dividendes** et les **redevances**. Mais on trouve ce genre de situation essentiellement dans les opérations bancaires.

Position française

Interrogée sur une situation « triangulaire » mettant en jeu l'ancienne convention fiscale franco-britannique, l'**administration** n'avait pas pris position, se contentant d'indiquer que la question faisait l'objet d'un examen « approfondi » dans le cadre de discussions au sein de l'OCDE, ce qui devrait conduire « rapidement » à en préciser les règles (ancienne réponse Alphandéry : JOAN 10 août 1992 p. 3669). Si celles-ci n'ont toujours pas été précisées d'une façon générale, l'administration a cependant retenu une **solution partielle** dans le cas particulier des banques (lettre de la Direction de la législation fiscale à l'AFB du 4 septembre 2000, faisant état d'une décision ministérielle du 1er août 2000 : BF 12/00 n° 1244 ; voir aussi nos 63620 et 63690). **63505**

Cela dit, il arrive que les cas triangulaires soient abordés dans les **conventions fiscales** ; voir par exemple la convention du 5 octobre 1989 entre la France et l'Italie (art. 25 § 2 b) et BOI-INT-CVB-ITA-10-20 nos 450 s. à propos de l'application aux établissements stables de certaines dispositions conventionnelles relatives aux dividendes, intérêts et redevances.

A. Dans l'État de la source

1. Situation mettant en cause les trois États

Hypothèse envisagée

Il s'agit de la situation dans laquelle des intérêts prennent leur source dans l'État S et sont payés à l'établissement stable E d'une société R. Quelles règles doit appliquer l'État S ? **63620**

S'il n'est lié par des conventions fiscales à aucun des autres, il applique évidemment son droit interne sans difficulté. Il n'y a problème que lorsqu'il est lié aux autres, ou seulement à l'un d'entre eux, par une convention fiscale prévoyant l'application d'une retenue à la source à un taux réduit, ou nul.

Dans ce cas, doit-il :
- appliquer la convention avec l'État du siège (R) ?
- appliquer la convention avec l'État du situs (E) ?
- n'appliquer aucune convention ?

Problématique

63622 Cette situation est très délicate ; elle n'est tranchée ni par les conventions fiscales ni par la « doctrine » fiscale internationale. On se bornera donc à indiquer :
- en faveur de la **première solution (convention S/R)**, le fait que les intérêts proviennent de S et sont payés à un résident de R, puisqu'il est constant que l'établissement stable situé en E n'est pas un résident de l'État E, mais de l'État R. Mais on pourrait remarquer que les intérêts perçus par le bénéficiaire en R ont perdu leur qualité propre d'intérêts pour se fondre dans les bénéfices de l'établissement stable. On serait donc fondé à soutenir que le résident de R n'a pas appréhendé des intérêts, mais simplement les bénéfices industriels et commerciaux de son établissement stable (au demeurant, il peut ne rien percevoir, par exemple si celui-ci est en perte). Dans cette hypothèse, la déqualification des revenus aboutirait à rendre inapplicable la convention S/R. Il est à noter que, dans la lettre du 4 septembre 2000 précitée (n° 63505), l'administration française a indiqué que le principe de territorialité ne permet pas à une banque française de bénéficier de la qualité de « résident » pour l'application de la convention passée entre la France et l'État de la source (convention R/S), au titre de revenus perçus par une succursale étrangère de la banque ;
- la **deuxième solution (convention S/E)** paraîtrait logique, car elle tire les conséquences de la quasi-personnalité, au moins fiscale, de l'établissement stable. Mais elle semble avoir peu de chances de succès, car elle n'est, pour le moment, prévue par aucun texte. Rien dans la convention S/E ne permet juridiquement d'appliquer cette solution, car l'établissement stable n'est pas un résident de E, faute de personnalité juridique en E. Cette solution nous paraît pourtant la seule qui serait économiquement justifiée ;
- la **dernière solution** (non-application des deux conventions), qui est la plus mauvaise, peut parfois prévaloir, car certains États paraissent considérer que ces situations, qui ne sont pas visées par les conventions fiscales bilatérales, doivent être réglées par des **procédures amiables** entre les trois États (nos 84000 s.).

Position de l'OCDE

63624 Le comité des affaires fiscales de l'OCDE a précisé, dans ses commentaires sur l'article 24 du modèle de convention fiscale, relatif à la non-discrimination (commentaires OCDE, C (24) n° 71), que lorsqu'un établissement stable situé dans un État d'une entreprise qui est un résident de l'autre État reçoit des dividendes, intérêts ou redevances d'un pays tiers, un **certificat d'attestation de domicile** doit être délivré par l'État de résidence s'il est requis par l'État de la source afin d'accorder, dans le cadre de la convention source/résidence, le taux réduit à l'imposition à la source. Les commentaires vont donc clairement dans le sens de l'application de la convention entre l'État de **résidence** de l'entreprise (R) et l'État de la **source** des revenus (S) (le rapport OCDE précité confirme cette approche, voir R (11) n° 11).

63626 Une solution de cette nature, cependant, est susceptible de conduire à la **multiplication des abus**, puisqu'il suffirait d'interposer un établissement stable dans un « paradis fiscal » pour combiner l'exonération d'impôt sur les intérêts perçus et la réduction de la retenue à la source dans le pays d'origine. Tel est en particulier le cas des systèmes qui, comme celui de la France, reposent sur un mécanisme de territorialité strict, par lequel les revenus attribués à un établissement stable à l'étranger ne sont pas imposés dans l'État de résidence.

La solution préconisée par l'OCDE aboutirait, par exemple, à ce qu'une société française qui perçoit des intérêts de source américaine par l'intermédiaire d'un établissement stable situé aux îles Caïmans puisse bénéficier de l'exonération à la source prévue par la convention fiscale franco-américaine alors même que ces intérêts ne seraient pas imposables en France compte tenu de la territorialité de l'impôt français (sauf application de l'article 209 B du CGI).

Les commentaires de l'OCDE, qui ne méconnaissent pas les potentialités d'abus que recèle la solution proposée, admettent d'ailleurs que si l'État de la résidence n'impose pas les bénéfices de l'établissement stable, il existe un risque que ces revenus ne soient **imposés dans aucun des trois États** (Commentaires OCDE, C (24) n° 71) ; depuis la révision de 2017 du modèle de convention fiscale, cette hypothèse est considérée comme traitée par le paragraphe 8 de l'article 29 (n° 74575).

Une stipulation destinée à lutter contre ce genre d'abus a, par exemple, été incluse depuis longtemps dans la convention fiscale **franco-américaine** du 31 août 1994 modifiée ; cette convention prévoit, à l'article 30 § 5 (relatif à la limitation des avantages de la convention), qu'un revenu versé à un établissement stable situé dans un État tiers ne bénéficie pas des avantages conventionnels dans l'État de la source si le montant de l'imposition cumulée effectivement acquittée sur ce revenu dans l'État de résidence et dans l'État de l'établissement stable est inférieur à 60 % de l'impôt qui aurait été exigible dans l'État de résidence si le revenu y était réalisé et n'était pas imputable à l'établissement stable (la convention prévoit toutefois certaines exceptions afin d'éviter de pénaliser des situations non abusives).

Précisions La solution proposée par l'OCDE, qui consiste à appliquer la convention source/résidence, n'est pas cohérente avec le principe de la **personnalité fiscale de l'établissement stable** qui se trouve pourtant reconnue par beaucoup d'autres dispositions du modèle OCDE et qui a encore été renforcée par la révision de juillet 2010 (nos 18442 s.) ; l'application de la convention entre l'État S et l'État E, si elle existe, ne serait que très logique du point de vue fiscal et ne devrait pas conduire à des abus.

En ce qui concerne la situation dans laquelle un débiteur résident d'un État a **emprunté** des sommes **pour le compte d'un établissement stable** dans un État tiers et verse des intérêts à un bénéficiaire avec lequel une convention fiscale a été signée, l'**OCDE** considère que l'État de la source reste celui de la résidence du débiteur (et non pas celui de la situation de l'établissement stable) et que ce dernier est par suite autorisé à prélever une retenue à la source (Commentaires OCDE, C (11) n° 28). L'OCDE ajoute que la double imposition qui peut résulter de cette situation, si le pays de l'établissement stable prélève également une retenue à la source, n'est pas éliminée de façon automatique mais suppose une **procédure amiable** ou une stipulation conventionnelle spécifique (Commentaires OCDE, C (11) nos 29 s., tels qu'ils résultent des modifications introduites en juillet 2005). **63628**

Position française

Dans la lettre précitée à l'AFB (n° 63505), l'administration française a admis que les **banques françaises** puissent obtenir une **attestation de résidence** en France afin de bénéficier des réductions de retenues à la source prévues par la convention fiscale conclue entre la France et le pays de la source des revenus au titre de sommes perçues par une succursale étrangère, si celle-ci est située dans un pays ayant conclu avec la France une convention fiscale contenant une clause d'assistance administrative en vue de lutter contre la fraude et l'évasion fiscales. **63635**

Cette mesure de tempérament s'applique aux revenus payés depuis le 1er janvier 2000 et elle est assortie de diverses obligations déclaratives. Initialement prévue pour une période limitée à deux ans, elle a été pérennisée à compter du 1er janvier 2003.

Précisions La lettre précitée ne vise littéralement que les banques et les intérêts ; elle ne s'applique donc pas au cas, par exemple, de **prestations de services** ou à d'**autres entités** que des banques.

2. Situation triangulaire mettant en cause seulement deux États

Problématique

La situation paraît plus claire lorsqu'il y a bien un « triangle », mais dans seulement deux États, c'est-à-dire dans la situation où, par exemple, la source des revenus et le siège du bénéficiaire (résidence) sont situés dans le même État. En effet, la convention entre S (R) et E prévoit, si elle est conforme au modèle de convention fiscale de l'OCDE (article 21 § 2 du **63640** modèle), que les intérêts provenant de S ne suivent pas les règles relatives aux intérêts, mais celles relatives aux bénéfices industriels et commerciaux (naturellement, si le droit ou bien générateur des intérêts se rattache effectivement à l'établissement stable). Les intérêts sont donc imposables entre les mains de l'établissement stable, l'État du siège ayant ou non le droit d'imposer selon la rédaction de l'article relatif à l'élimination des doubles impositions.

Position de l'OCDE

63645 Les commentaires OCDE indiquent que l'article 21 § 2 du modèle de convention fiscale, qui attribue l'imposition des « **autres revenus** » à l'État dans lequel est situé l'établissement stable, s'applique si le bénéficiaire et le débiteur du revenu sont tous deux résidents d'un même État et si le revenu se rattache à un **établissement stable** que le bénéficiaire a dans l'autre État. Dans ce cas, un droit d'imposition est donc attribué à l'État dans lequel est situé l'établissement stable. S'il y a double imposition, l'État de la résidence doit y remédier conformément aux dispositions de l'article 23 A ou 23 B de la convention modèle (commentaires OCDE C (21) n° 5).

Dans ce cas, en effet, l'État de la source ne peut imposer les intérêts par voie de retenue à la source puisque ceux-ci sont des revenus d'un établissement stable imposables dans l'État E et non imposables dans l'État R (qui se trouve être en même temps l'État S) compte tenu de la méthode d'exonération retenue.

Position française

63650 Si la France est l'État S (et R), les dispositions combinées de ces articles pourraient conduire à interdire toute imposition en France sauf, naturellement, si la convention ne reprend pas le modèle de convention fiscale de l'OCDE, c'est-à-dire si elle ne comporte, en guise d'article sur les « autres revenus » que le § 1 de l'article 21 du modèle : « Les éléments du revenu d'un résident d'un État contractant, d'où qu'ils proviennent, qui ne sont pas traités dans les articles précédents de la présente convention ne sont imposables que dans cet État. » Tel est bien le cas, puisque cette situation n'est pas visée par la convention fiscale (seule est visée la situation inverse : source et lieu de situation dans un État, siège dans l'autre État, voir n° 62850).

3. Autre cas particulier

Emprunt contracté pour les besoins d'un établissement stable

63660 Une autre situation triangulaire compliquée pour l'État de la source est la suivante : le bénéficiaire et le débiteur des intérêts sont résidents d'États liés par une convention fiscale, mais le débiteur a emprunté les sommes pour les besoins d'un établissement stable situé dans un État tiers.

Dans ce cas, faut-il considérer que la source des intérêts se trouve dans l'État de la résidence du débiteur ou dans celui de la situation de l'établissement stable ?

On a vu (n° 62480) que si elle est conforme au modèle de convention fiscale de l'OCDE, la convention entre l'État de résidence du bénéficiaire (R) et celui de l'établissement stable (E) prévoit que les intérêts ont leur source dans ce dernier État (E), quel que soit le lieu de résidence du débiteur (État D).

Or, la convention entre D et R prévoit que les intérêts prennent leur source dans l'État de résidence du débiteur (D).

Il y a donc un conflit entre les deux conventions fiscales, chacune donnant à un État différent le droit de percevoir une retenue à la source. Dans une telle situation, la double imposition ne peut être éliminée que par un accord amiable entre les trois États ou une procédure d'arbitrage (nos 84000 s.).

Précisions Les exemples précédents n'épuisent évidemment pas la matière ; il peut y avoir d'autres cas de situations triangulaires.

B. Dans l'État de la situation de l'établissement stable

Incidence de la clause de non-discrimination

Dans l'exemple indiqué plus haut (nº 63620), l'État de situation de l'établissement stable (E) doit-il accorder un crédit d'impôt au titre de l'imposition éventuellement prélevée dans l'État de la source ? 63690

Si la convention R/E est classique, elle contient une clause de non-discrimination relative aux établissements stables (nos 81270 s.). En vertu de cette clause, l'établissement stable de R en E ne doit pas être traité plus mal que les entreprises de l'État E. Or, une entreprise de E recevant des intérêts de source de l'État S aurait droit à un crédit d'impôt en vertu de la convention entre S et E. Dès lors, le même crédit d'impôt devrait être reconnu au bénéfice de l'établissement stable.

Précisions **a.** La convention fiscale **franco-italienne** pose expressément le principe de l'élimination de la double imposition (article 25 § 2 b) de la convention ; voir également BOI-LETTRE-000149 publiant un modèle de demande de dégrèvement de l'impôt français sur les dividendes, intérêts et redevances présentée en application de cette convention.

b. Il a été jugé, sur le terrain du droit interne, que la succursale française d'une banque portugaise était fondée à **passer en charge des retenues à la source** prélevées au Royaume-Uni sur des intérêts qu'elle avait reçus de source britannique (TA Montreuil 30 décembre 2013 nº 1210546, 1e ch., SA Caixa Geral de Depositos : RJF 8-9/14 nº 769 ; jugement définitif) ; l'ancienne convention fiscale franco-britannique a été considérée comme n'y faisant pas obstacle, n'étant pas applicable puisque la succursale n'a pas la qualité de « résident » au sens des stipulations conventionnelles (nº 15015). Dans cette affaire, l'administration fiscale britannique avait fait application de la convention conclue entre le Royaume-Uni et le Portugal et la banque portugaise avait pu imputer au Portugal les retenues à la source britannique (cette circonstance est sans incidence en France).

Montant du crédit d'impôt

Le crédit d'impôt devrait être égal à la retenue à la source perçue en S conformément à la convention S/E. Cela signifie qu'il y aurait le cas échéant une fraction de crédit non imputable si la retenue avait été perçue en S : 63692
– soit au taux de droit interne, si S refuse d'appliquer la convention S/E ou la convention S/R ;
– soit au taux prévu par la convention entre S et R, si S, faisant une interprétation littérale de la convention, considérait que le bénéficiaire des intérêts est résident de R, et si le taux de la retenue entre S et R était supérieur à celui de la convention S/E.

Il ne peut y avoir d'excédent de crédit d'impôt dans la situation inverse (taux de retenue entre S et E supérieur à la retenue entre S et R), car le crédit d'impôt est égal à l'impôt effectivement acquitté à la source (sous réserve du plafond), même s'il est inférieur à la limite conventionnelle.

Situation bilatérale

La même question peut se poser en cas de situation « bilatérale », mais mettant en jeu trois entités, à savoir : un établissement stable dans l'État E d'une entreprise dont le siège est en S (R), et qui reçoit des intérêts de source S (R). 63695

L'application de la clause de non-discrimination entre S (R) et E devrait conduire à accorder un crédit d'impôt en E. Cette solution n'a cependant pas été explicitement autorisée par l'**administration française**, alors qu'elle l'a été pour les dividendes (nº 81295). En l'état, il semble que la doctrine administrative conduise à refuser un crédit d'impôt et à n'autoriser qu'une déduction sur l'assiette imposable. Mais on voit mal pourquoi les intérêts ne seraient pas sur ce point traités comme les dividendes (de même, d'ailleurs, pour les redevances).

On remarquera, en ce sens, que la lettre précitée à l'**AFB** (nº 63505) précise que, si une convention fiscale a été conclue entre la France et l'État où se situe l'établissement stable, ce dernier doit normalement accorder un **crédit d'impôt** compte tenu de la clause de non-discrimination (voir à ce propos, dans le cadre de l'Union européenne, la décision Saint-Gobain ; nº 81610).

Précisions La clause de non-discrimination impose de comparer les solutions résultant de la **combinaison des conventions fiscales** (CE 11 juin 2003 n° 221075, 9e et 10e s.-s., min. c/ Biso, RJF 8-9/03 n° 1018, avec chronique Laurent Olléon à la même RJF page 663 et conclusions Laurent Vallée au BDCF 8-9/03 n° 115).

Position de l'OCDE

63700 Le comité des affaires fiscales de l'OCDE ne prend pas explicitement position (Commentaires OCDE, C (24) n° 70). Il considère qu'il y a effectivement consensus sur le fait qu'il y aurait double imposition en l'absence de crédit d'impôt et que, par conséquent, une **méthode d'allégement** doit être trouvée. Il constate également que la majorité des États membres sont en mesure d'accorder un crédit dans ce genre de situation, soit sur le fondement de leur droit interne, soit compte tenu des règles de non-discrimination relatives à l'établissement stable (article 24 § 3 du modèle de convention fiscale).

Mais il est étonnant qu'il ne considère **pas** cette **imputation obligatoire** car il nous semble que, précisément, l'article 24 § 3 est dénué d'ambiguïté et exprime clairement l'idée que l'imposition d'un établissement stable en E d'une entreprise de l'État R ne doit pas être établie en E d'une façon moins favorable que l'imposition des entreprises de E qui exercent la même activité.

Il ressort implicitement des commentaires OCDE que malgré la rédaction particulièrement claire, à notre avis, de cette clause, l'imputation n'est **pas automatique** puisque les commentaires ajoutent que les États qui ne peuvent accorder de crédit ou qui désirent **clarifier** la situation peuvent compléter la disposition proposée par le modèle de convention fiscale en prévoyant expressément l'imputation de l'impôt dans l'État de la source pour un montant qui n'excède pas celui que des entreprises qui sont des résidents de E peuvent imputer sur la base de leur convention avec S. Le rapport précité paraît cependant plus net lorsqu'il reconnaît que l'octroi d'un crédit d'impôt peut s'autoriser d'une interprétation littérale de la convention (voir modèle OCDE, T. II, R (11) n° 19).

C. Dans l'État du siège de l'entreprise

63710 Il s'agit de l'État de la résidence du bénéficiaire. Deux situations peuvent se présenter selon que cet État retient une imposition mondiale ou territoriale des bénéfices.

Premier cas : système d'imposition mondiale

63715 En présence d'un système mondial, les **bénéfices de l'établissement stable** sont inclus dans les résultats d'ensemble de l'entreprise et imposés globalement. La question des crédits d'impôt ne se pose en principe que si l'établissement stable n'a pas été admis à en bénéficier ou bien pour la partie du crédit qui n'a pas été imputée. Il est fort probable que cet État se refusera à accorder un crédit d'impôt à ce titre, estimant que c'est à l'État de situation de l'établissement stable qu'il incombe d'éliminer correctement la double imposition.

Pourtant, l'interprétation littérale de la convention entre S et R aboutirait à reconnaître à l'entreprise le droit à un crédit d'impôt, pour les mêmes raisons que l'État de la source se verrait reconnaître le droit de percevoir une retenue à la source conforme à la convention S/R. Mais, là encore, l'État R pourrait soutenir que l'entreprise ne reçoit pas des intérêts, mais ne fait qu'appréhender les bénéfices de son établissement stable.

Second cas : système d'imposition territoriale

63720 En présence d'un système de territorialité, les bénéfices échappent à l'impôt dans l'État de résidence. Telle est la situation en France, en droit interne (sauf application de l'article 209 B du CGI) et en vertu des conventions fiscales. Il n'y a donc pas de problème de crédit d'impôt.

CHAPITRE 22

La gestion internationale des placements en valeurs mobilières

Plan du chapitre §§

	SECTION 1 Les placements réalisés par l'intermédiaire d'organismes collectifs	64800
A	Les FCP	64920
B	Les Sicav	65195
C	Remarques sur d'autres structures voisines	65400
	SECTION 2 L'imposition internationale des plus-values	65595
A	Généralités	65600
B	Plus-values réalisées hors de France par des résidents de France (droit interne français)	65650
C	Plus-values réalisées en France par des non-résidents (droit interne français)	65858
D	Incidence des conventions fiscales	65930

Notion

D'une manière générale, les revenus mobiliers ou, plus exactement, les revenus de capitaux mobiliers, comprennent essentiellement : **64100**
- les produits des **actions** et parts sociales, ainsi que les revenus assimilés distribués par les sociétés, c'est-à-dire les bénéfices répartis entre les associés sous forme de dividendes ;
- les **intérêts**, entendus des produits de placements à revenu fixe, parmi lesquels les **obligations** et autres titres d'emprunt négociables, les créances, dépôts, cautionnements, comptes courants, bons de caisse, bons du Trésor et bons assimilés ;
- les **revenus** de **valeurs mobilières étrangères**.

Problématique

La gestion des valeurs mobilières soulève des questions spécifiques qui tiennent non seulement au régime d'imposition des dividendes (nos 1950 s.) et des intérêts (nos 1980 s.) mais aussi à des difficultés communes liées à la gestion collective de ces placements et à l'imposition des plus-values. La gestion internationale de ces produits est, en effet, souvent effectuée par l'intermédiaire d'organismes collectifs de placements intercalés entre le bénéficiaire et l'émetteur. **64105**

En outre, pour les actions comme les obligations, le bénéficiaire doit toujours gérer ses placements en arbitrant entre revenus et plus-values.

SECTION 1

Les placements réalisés par l'intermédiaire d'organismes collectifs

Nature des difficultés

64800 Cette catégorie de placements pose des problèmes assez délicats en fiscalité internationale. Pour l'essentiel, les difficultés tiennent au fait que, sauf exception (nos 64810 et 65022), les **conventions fiscales** ignorent leur spécificité. Elles ne visent clairement que les **placements « directs »**, effectués par un résident d'un État en actions ou obligations émises par un résident de l'autre État.

En outre, en vue de lutter contre la fraude ou l'évasion fiscale, les conventions fiscales exigent que la personne qui réalise le revenu en soit le « **bénéficiaire effectif** » (n° 74630). Or, par construction, les placements réalisés au moyen des organismes collectifs font intervenir un intermédiaire entre le bénéficiaire et l'émetteur. L'interposition de cet intermédiaire perturbe le schéma conventionnel.

Du côté français, ces intermédiaires sont, en général, des fonds communs de placement (FCP) et des sociétés d'investissement à capital variable (Sicav).

Précisions **a.** Depuis l'ordonnance n° 2013-676 du 25 juillet 2013 modifiant le cadre juridique de la gestion d'actifs, l'appellation « **OPCVM** » ne concerne que les FCP et Sicav à vocation générale et coordonnés, c'est-à-dire ceux qui ont obtenu un passeport de libre commercialisation au sein de l'Union européenne et qui relèvent de la directive OPCVM IV ; les autres organismes de placement collectifs en valeurs mobilières relevant de la directive AIFM sont dénommés « **FIA** » (Fonds d'investissement alternatifs). La notion d'organisme de placement collectif (**OPC**) recouvre les OPCVM relevant de la directive OPCVM IV et les FIA relevant de la directive AIFM.

b. L'administration a précisé que, pour l'application des articles 150-0 A et suivants du CGI, les termes « Sicav » et « FCP » s'entendent (BOI-RPPM-PVBMI-10-10-10 n° 100) :

– des **OPCVM** relevant des dispositions de la section 1 du chapitre IV du titre I du livre II du Code monétaire et financier : OPCVM agréés conformément à la directive 2009/65/CE du Parlement européen et du Conseil du 13 juillet 2009 (directive « OPCVM IV » ou « UCITS IV ») ;

– des **fonds d'investissement alternatifs** (FIA) relevant de la directive 2011/61/UE du Parlement européen et du Conseil du 8 juin 2011 (directive AIFM) et prenant la forme de Sicav ou de FCP.

Approche de l'OCDE

64810 Le comité des affaires fiscales de l'OCDE s'est préoccupé de la situation des investisseurs de portefeuille au regard des **conventions fiscales** ; un rapport sur le sujet a été publié, le 31 mai 2010, à la suite d'un précédent rapport de janvier 2009 du groupe consultatif informel sur l'imposition des organismes de placement collectif (OPC) et les procédures d'allégement fiscal pour les investisseurs transfrontaliers. Certaines propositions ont été reprises dans la version actualisée en juillet 2010 des commentaires du modèle de convention fiscale, qui n'a pas été modifiée sur ce point lors de la révision de 2017 (commentaires relatifs à l'article 1 du modèle de convention, intitulés « Problèmes transnationaux concernant les organismes de placement collectif, C (1) nos 22 à 48).

D'une façon générale, l'OCDE considère que si **un OPC ne peut réclamer** les avantages d'une convention fiscale en son nom propre, les **investisseurs** dans cet OPC devraient pouvoir les réclamer et que les États membres devraient mettre au point des procédures en ce sens.

En outre, diverses rédactions alternatives sont proposées pour l'élaboration des conventions fiscales, notamment celle qui consiste à traiter un OPC comme un « résident » et « bénéficiaire effectif » des revenus qu'il perçoit, si ses investisseurs sont eux-mêmes en droit de réclamer les avantages accordés par l'État de la source. Mais une approche « par transparence » est aussi envisagée, selon laquelle un OPC pourrait réclamer les avantages conventionnels pour le compte des investisseurs plutôt qu'en son nom propre.

Les conventions fiscales conclues par la France contiennent parfois une stipulation spécifique de nature à faciliter l'octroi des avantages conventionnels ; par exemple, la convention **franco-luxembourgeoise** du 20 mars 2018 stipule qu'un organisme de placement collectif qui est établi dans un État et qui est assimilé selon la législation de l'autre État à ses propres organismes de placement collectif bénéficie des avantages accordés aux dividendes et intérêts pour la fraction de ces revenus correspondant aux droits détenus par des personnes résidentes de l'un ou de l'autre des deux États ou par des personnes résidentes de tout autre État avec lequel l'État d'où proviennent les dividendes ou les intérêts a conclu une convention d'assistance administrative en vue de lutter contre la fraude et l'évasion fiscales s'il reçoit des dividendes ou des intérêts provenant de cet autre État (Protocole § 2). Voir également n° 65022, Précisions.

Précisions **a.** Compte tenu de la jurisprudence du Conseil d'État, des OPC exonérés d'impôt ne peuvent, sauf stipulation conventionnelle contraire, être regardés comme des « **résidents** » pour l'application des **conventions fiscales** ; d'une façon générale, en effet, une personne exonérée d'impôt dans un État à raison de son statut ou de son activité ne peut être regardée comme assujettie à cet impôt au sens de la convention ni, par voie de conséquence, comme un « résident » de cet État pour l'application de la convention (n° 41400).

b. En France, l'administration, qui refuse à juste titre d'attester que des OPCVM sont des résidents de France pour l'application des formulaires conventionnels, s'était autrefois dite prête à certifier qu'ils sont **« établis » en France**, dans la mesure où cela pourrait être utile pour l'obtention des avantages prévus par le droit interne des États dans lesquels ces fonds auraient investi (ancien BOI 14 C-1-03 n° 127 du 24 juillet 2003 concernant les attestations délivrées aux OPCVM en vue de l'exonération de retenues à la source prévue par le droit interne étranger). Cette solution n'est plus opposable faute d'avoir été reprise au BOFiP.

c. La Commission européenne a mis en place un groupe de travail (High Level Forum) afin d'alimenter la réflexion, notamment fiscale, sur l'Europe des capitaux. Dans son rapport publié en juin 2020, ce groupe a recommandé que les **procédures d'obtention des avantages conventionnels** soient significativement améliorées (recommandation n° 15) ; sur cette question, voir également n° 88158.

A. Les FCP

1. Généralités

Les FCP sont juridiquement des **copropriétés** d'instruments financiers (valeurs mobilières 64920
et instruments financiers à terme) et de dépôts bancaires. Ils n'ont pas la **personnalité morale**. La loi a choisi de mettre l'accent sur le patrimoine du fonds commun de placement, organisme « sui generis », en précisant la nature des biens qui le composent et le caractère indivis du droit de propriété dont ses membres sont investis. Le statut du FCP se définit essentiellement de manière négative : ni les règles civiles de l'indivision ni celles des sociétés ne leur sont applicables.

Les **parts de FCP** sont des valeurs mobilières susceptibles d'être admises à la négociation sur un marché réglementé, qui sont émises et rachetées à la demande des porteurs à la valeur liquidative, majorée ou diminuée, selon les cas, des frais et commissions.

Les porteurs de parts ne sont tenus des dettes de la copropriété qu'à concurrence de l'actif du fonds et proportionnellement à leur quote-part.

L'**actif** des FCP comprend des valeurs mobilières françaises ou étrangères, négociées sur un marché réglementé en fonctionnement régulier et ouvert au public et, à titre accessoire, des liquidités (de même pour les Sicav).

2. Éléments de fiscalité interne pertinents pour l'analyse internationale

a. Concernant l'imposition des produits du fonds

Les FCP, qui sont, par nature, hors du **champ** de l'**impôt sur les sociétés**, peuvent capitali- 64950
ser leurs produits et ne sont pas soumis à une obligation de répartition annuelle. Il convient donc de distinguer les situations en cas de répartition et en cas de capitalisation.

En cas de répartition

64955 Les produits des FCP sont, sous réserve de certaines exceptions, imposables au nom des porteurs de parts lors de leur distribution effective par le gérant du fonds (CGI art. 137 bis). Le **fait générateur** de l'imposition des porteurs n'est pas l'encaissement des produits par le dépositaire mais leur redistribution effective entre les membres du fonds.

Les porteurs de parts personnes physiques sont soumis à l'impôt sur le revenu dans les conditions de droit commun sur les produits répartis par le fonds. Les produits distribués constituent des **revenus de capitaux mobiliers** soumis à l'impôt sur le revenu ou, le cas échéant, à l'impôt sur les sociétés (si le porteur relève de cet impôt). L'imposition est établie selon les règles propres à la nature de chaque produit distribué (dividendes, revenus d'obligations, etc.).

La somme allouée à chaque part à l'occasion de toute répartition effectuée par un FCP est ventilée en fonction de sa nature et son origine (**couponnage**) pour permettre au bénéficiaire de déclarer distinctement la fraction de la somme répartie au regard du régime fiscal qui aurait été appliqué aux revenus s'ils n'avaient pas transité par le fonds (BOI-RPPM-RCM-40-30 n° 140 ; sur le couponnage, voir également n° 65345). Le régime applicable aux revenus ou produits distribués par un FCP est donc fonction à la fois de leur source française ou étrangère et de la catégorie dont ils relèvent (distributions ou intérêts et revenus assimilés).

En principe, les revenus, produits, plus-values et fractions d'actifs distribués par un FCP aux non-résidents donnent lieu aux retenues à la source applicables aux revenus d'actions ou d'obligations ou au prélèvement applicable aux plus-values, selon les cas (BOI-RPPM-RCM-40-30 n° 150). L'administration admet cependant que les bénéficiaires résidents d'un pays lié à la France par une **convention fiscale** internationale puissent se prévaloir des clauses de cette convention en vue d'obtenir la limitation ou la suppression de ces retenues à la source, sauf lorsque les produits ou revenus concernés sont payés dans un État ou territoire non coopératif au sens de l'article 238-0 A du CGI (BOI-RPPM-RCM-40-30 n° 155).

En cas de capitalisation

64960 Les FCP peuvent capitaliser l'ensemble des produits de placement à revenus fixes ou variables (intérêts ou dividendes). Les produits capitalisés augmentent la **valeur liquidative** des parts et ne sont pas imposables au titre des revenus mobiliers. Ils sont en revanche susceptibles d'être imposés au titre des plus-values de cession des valeurs mobilières en cas de rachat de ses parts par le fonds (n° 64985).

b. Concernant les plus-values

Dans le cadre de la gestion du fonds

64980 Les plus-values réalisées lors de la **cession de titres** effectuée dans le cadre de la gestion du fonds, c'est-à-dire à l'initiative du gérant à l'intérieur du fonds, sont, sauf exception, exonérées, à la seule condition qu'aucune **personne physique** agissant directement ou par personne interposée ou par l'intermédiaire d'une fiducie ne possède plus de 10 % des parts du fonds (CGI art. 150-0 A, III-2). Les FCP peuvent ensuite **distribuer** à leurs membres les plus-values résultant de la cession des titres de leur portefeuille.

En ce qui concerne les **entreprises**, les distributions portant sur les plus-values réalisées par les Sicav et les FCP sont, comme les autres répartitions, immédiatement comprises dans le résultat imposable au taux plein ; les plus-values capitalisées par les FCP bénéficient du report d'imposition à la date de cession des parts (voir n°s 65830 s. le régime d'imposition annuelle des écarts de valeur liquidative, inapplicable, cependant, aux OPCVM « actions »).

Les plus-values distribuées aux personnes physiques résidentes et aux **personnes physiques ou morales non résidentes** sont imposées selon le régime des plus-values mobilières.

Lors du rachat des parts du fonds

64985 Les plus-values réalisées lors du rachat des parts du fonds ou lors de sa dissolution sont imposées de la même façon que la généralité des plus-values sur valeurs mobilières. La plus-value de rachat est constituée par la différence entre le montant du rachat et le prix d'acquisition des parts, ce dernier étant obtenu en multipliant le nombre de parts rachetées par la valeur moyenne pondérée d'acquisition.

Précisions Sur les OPCVM « **à compartiments** », voir n° 65270, Précisions.

c. Résidents de France porteurs de parts de FCP étrangers

Lorsqu'une personne physique résidente de France réalise un gain lors du rachat de ses parts d'un FCP étranger, l'imposition est effectuée conformément à l'article 150-0 A du CGI relatif aux **plus-values**. **65000**

L'hésitation a pu être permise entre l'application de ce texte et celle de l'article 120, 11° du CGI, qui prévoit l'assujettissement à l'impôt, en tant que revenus de valeurs mobilières émises hors de France et assimilés, des produits des fonds de placement ou d'investissement constitués à l'étranger, quelles que soient la nature ou l'origine des produits distribués. Mais l'administration estime que d'une manière générale, pour l'application de l'article 150-0 A du CGI, il n'y a pas lieu de distinguer selon que les valeurs, droits ou titres sont **émis en France ou hors de France** et que cette règle s'applique aux rachats de parts ou actions d'entités de même nature que les OPCVM ou les placements collectifs relevant du Code monétaire et financier (articles L 214-24-24 à L 214-32-1, L 214-139 à L 214-147 et L 214-152 à L 214-166) et constitués sur le fondement d'un droit étranger (BOI-RPPM-PVBMI-10-10-10 n° 100).

Précisions Sur l'imposition des **écarts de valeur liquidative** qui concerne également, pour les entreprises, les fonds étrangers, voir n°s 65830 s.

3. Problèmes posés par l'activité internationale des FCP

Les FCP peuvent détenir des valeurs françaises ou étrangères. Par ailleurs, les porteurs de parts peuvent être des résidents de France ou des non-résidents. **65010**

Du point de vue fiscal, cette situation est susceptible de poser des problèmes particuliers qui ne semblent pas toujours bien résolus actuellement, liés au fait qu'un FCP ne peut être considéré comme un « résident » pour l'application des conventions fiscales (sous réserve de la tolérance mentionnée au n° 64955).

Non-application des conventions fiscales aux FCP

Les conventions fiscales ne s'appliquent, en vertu de leur lettre même et sauf exceptions, qu'aux « résidents » d'un État ou des deux États, c'est-à-dire, toutes choses égales par ailleurs, à des personnes qui sont assujetties à l'impôt (n° 10140) ; or tel n'est pas le cas des FCP (n° 64950). L'impossibilité pour un FCP d'être considéré comme un **« résident » de France** avait été soulignée par une ancienne instruction administrative du 24 juillet 2003 (ancien BOI 14 C-1-03 : BF 10/03 n° 1001, non repris au BOFiP), qui réservait cependant, naturellement, le cas des conventions fiscales qui prévoiraient une solution différente. Cette manière de voir est conforme à la jurisprudence du Conseil d'État qui, à propos de fonds de pension étrangers, a posé en principe que des personnes exonérées d'impôt dans un État à raison de leur statut ou de leur activité ne peuvent être regardées comme des « résidents » de cet État pour l'application des conventions fiscales (n° 41400). **65012**

On remarquera tout de même que l'administration n'est pas parfaitement cohérente puisqu'elle admet l'application des conventions fiscales du côté français en présence de distributions **de source française** faites par des FCP à des non-résidents (n° 64955) ; la solution est donc asymétrique : elle vaut pour les revenus de source française versés à des non-résidents mais non pour l'obtention des avantages conventionnels dans un État étranger conventionné lorsqu'un FCP reçoit des revenus qui y prennent leur source.

a. Résidents de France porteurs de parts de FCP français détenant des valeurs mobilières étrangères

Position française

Du point de vue du droit français, un FCP est considéré comme **transparent** ; les revenus qui transitent par son intermédiaire conservent leur qualification d'origine. **65015**

En principe, si les revenus proviennent de pays avec lesquels la France a signé une convention fiscale, l'administration française devrait donc permettre au bénéficiaire résident de France de revendiquer les **avantages conventionnels** : taux d'imposition réduit ou annulé dans l'État de la source et crédit d'impôt en France. Mais pour le droit français, l'application de la convention fiscale devrait se faire au niveau du porteur de parts et non pas au niveau du fonds lui-même. Le gérant du FCP devrait cependant pouvoir agir au nom des porteurs, mais comme un simple mandataire.

Position du pays de la source

65020 Si le pays de la source des revenus partage l'analyse française, c'est-à-dire s'il reconnaît la transparence du FCP français, cela ne devrait pas poser de problèmes. Mais il n'y est évidemment pas tenu ; la lettre et, à certains égards, l'esprit de la convention fiscale lui donnent les moyens de **refuser l'application de la convention**, lorsque celle-ci suit le modèle de convention fiscale de l'OCDE, que ce soit au niveau du FCP ou des porteurs de parts.

65022 **Au niveau du FCP lui-même** Le FCP, qui n'a pas la personnalité morale et n'est pas soumis à l'impôt, ne peut être traité ni comme une « **personne** » ni comme un « **résident** » de France au sens de la convention fiscale (nº 65012) ; on ne saurait le considérer comme une entité imposable, dès lors qu'il est complètement transparent (le raisonnement appliqué par la France aux sociétés de personnes ne peut être transposé car la situation d'un FCP est très différente de celle d'une société de personnes ; voir nos 30200 s. sur les sociétés de personnes).

L'administration avait, en ce sens, précisé que le fonds ne peut se prévaloir lui-même des clauses des conventions fiscales (ancienne D. adm. 4 K-1712 nos 11 s., non reprise au BOFiP) ; cette situation ne peut être modifiée qu'en présence d'une stipulation précise des **conventions fiscales**, comme celles conclues avec l'Allemagne, le Japon, la Suisse et l'Espagne. La jurisprudence du Conseil d'État est dans le même sens (nº 41400).

Précisions **a.** La **convention franco-allemande** (article 25 b (4) de la convention du 21 juillet 1959, résultant de l'avenant du 28 septembre 1989) précise qu'un « organisme de placement collectif en valeurs mobilières (OPCVM) situé dans un État contractant où il n'est pas assujetti à un impôt visé à l'article 1er, paragraphe (2) 1-c ou paragraphe (2) 2-b, qui perçoit des dividendes ou des intérêts ayant leur source dans l'autre État contractant, peut **demander globalement** les réductions, exonérations d'impôt ou autres avantages prévus par la Convention pour la fraction de ces revenus correspondant aux droits détenus dans l'OPCVM par des résidents du premier État. »

b. Une règle de même nature se retrouve dans d'autres conventions fiscales, comme celle conclue avec le **Japon** (article 29 de la convention du 3 mars 1995) ; cette solution a également été reprise, dans le cadre de la convention fiscale **franco-suisse** et **franco-espagnole**. Sur la situation franco-espagnole, voir BOI-ANNX-000320 (échange de lettres des 1er mars 2005 et 22 avril 2005). Voir également le point 3 du protocole annexé à la convention **franco-chinoise** du 26 novembre 2013, permettant à un « véhicule d'investissement » non imposable de demander globalement les réductions ou exonérations d'impôt en proportion des revenus qui reviennent à des résidents éligibles au bénéfice de la convention.

c. Dans le cadre **franco-américain**, la solution antérieure reconnaissant aux **FCP** la qualité de « résident » de France indépendamment de la résidence des porteurs a été supprimée par l'avenant du 8 décembre 2004 ; l'exposé des motifs du projet de loi d'approbation indique que désormais les FCP ne bénéficient des avantages conventionnels qu'à hauteur de la part des revenus en cause qui bénéficient aux membres du fonds qui sont résidents de France. Cette solution ne s'étend pas aux **Sicav** qui restent expressément considérées comme des « résidents » (article 4 § 2 b) iii) de la convention du 31 août 1994 modifiée), indépendamment de la résidence des porteurs.

65025 L'inclusion de stipulations spéciales dans certaines conventions fiscales fait bien ressortir, en creux, qu'un OPCVM (FCP, mais aussi Sicav) n'est pas un « résident » et que l'application de la convention fiscale ne peut être envisagée qu'à hauteur des **droits détenus** dans l'OPCVM **par des résidents** de l'État dans lequel celui-ci est constitué. Ainsi, un FCP français peut demander le bénéfice du taux réduit sur des dividendes allemands, d'une manière globale, mais à hauteur seulement des droits détenus dans le FCP par des résidents de France.

Précisions Une procédure bilatérale a été mise en place dans le cadre franco-canadien (BOI-INT-CVB-CAN-20 nos 90 s. en ce qui concerne les dividendes et intérêts de source française **versés** à des **organismes canadiens** de placement collectif).

Au niveau des porteurs de parts Le pays de la source ne peut considérer les porteurs de parts comme les bénéficiaires effectifs des revenus (nº 74630) que s'il reconnaît la transparence du FCP français. S'il considère que le FCP est « opaque » (particulièrement en cas de capitalisation), il lui refusera le bénéfice de la convention car il n'est pas un résident de France (nº 65012). 65030

En outre, le pays de la source ne sera peut-être pas enclin à reconnaître la **transparence** des FCP français s'il remarque que, dans la situation inverse, la France ne la reconnaît pas aux **organismes similaires étrangers** ; l'article 120, 11° du CGI traite, en effet, comme des revenus de valeurs mobilières émises hors de France « les produits des fonds de placement ou d'investissement constitués à l'étranger, quelle que soit la nature ou l'origine des produits distribués » (voir toutefois nº 65000).

Conséquences

Si le pays de la source ne partage pas le point de vue français sur la transparence des FCP, il **refusera d'appliquer la convention** fiscale et prélèvera en général une retenue à la source relativement élevée conformément à son droit interne (comme s'il n'y avait pas de convention fiscale). Le passage par un FCP français défavorise donc l'investisseur qui perçoit un **revenu moindre** que celui qu'il aurait perçu s'il avait investi directement, car il aurait alors bénéficié de la convention fiscale. 65035

Même si le pays de la source accepte de reconnaître la transparence du FCP, des problèmes pratiques peuvent cependant se poser dès lors que le bénéfice de la convention fiscale est fréquemment subordonné à la présentation de **justificatifs** (nº 82830). 65038

Telle est la situation avec la plupart des pays importants, notamment au sein de l'Union européenne. Dans ce cas, le FCP devrait normalement présenter un justificatif pour chacun des porteurs de parts et le faire viser par les services fiscaux du lieu du siège ou du domicile fiscal des intéressés (sauf, par exemple, dans le cadre franco-allemand). En pratique, la satisfaction de cette exigence est évidemment très difficile, voire impossible.

Le FCP peut alors se voir appliquer le taux de retenue à la source prévu par le droit interne du pays de la source, le bénéficiaire résident de France n'ayant comme crédit d'impôt que sa quote-part du crédit d'impôt conventionnel. Autrement dit, la convention fiscale ne serait appliquée que du côté français, ce qui n'est évidemment pas satisfaisant.

Lorsqu'il n'existe pas de formulaires d'application de la convention fiscale, le FCP devrait pouvoir bénéficier plus facilement de la réduction ou de l'annulation des retenues à la source à hauteur des produits correspondant aux droits des résidents de France. 65040

Si tous les porteurs sont résidents de France, le bénéfice de la convention fiscale devrait être reconnu à l'intégralité des produits perçus. Dans le cas contraire, une **ventilation** serait à opérer entre les revenus revenant aux résidents de France et ceux qui reviennent aux non-résidents.

Crédit d'impôt

En toute hypothèse, à supposer que le résident de France se prévale de la convention fiscale, le crédit d'impôt auquel il aurait droit en France serait égal au crédit d'impôt conventionnel. Ainsi, si le revenu, par exemple un dividende, a été amputé d'une retenue à la source perçue au taux de droit interne, le crédit ne sera pas égal à cette retenue à la source mais à la retenue permise par la convention. 65045

Précisions **a.** Si, par **exemple**, un résident de France reçoit par l'intermédiaire d'un FCP un revenu brut de 100 amputé d'une retenue de 25 % alors que la convention fiscale prévoit un taux maximum de retenue de 10 %, il aura droit à un crédit de 10/90 du net perçu soit 10/90 × 75 = 8,33 et non pas de 25.

Si, ultérieurement, le pays de la source accepte de rembourser le trop-perçu de 15 (25 – 10), le résident de France bénéficiaire aura droit à un crédit d'impôt supplémentaire de 10/90 × 15 soit 1,66. Le revenu imposable sera donc égal :
- dans un premier temps à 83,33 (75 + 8,33), avec un crédit d'impôt de 8,33 ;
- dans un second temps à 16,66 (15 + 1,66), avec un crédit d'impôt de 1,66.

Globalement le revenu imposable sera donc de 100 (83,33 + 16,66) avec un crédit de 10 (8,33 + 1,66), conformément à la convention fiscale.

b. Il a été jugé qu'un **FCPE** devait bénéficier de la restitution des crédits d'impôt afférents à des dividendes de source étrangère de la même façon que pour des dividendes de source française en raison du principe de **libre circulation des capitaux** posé par le droit de l'Union européenne (TA Paris 18 novembre 2011 n° 097684, 3e ch., 1e sect. Sté Caceis Bank ; jugement définitif).

b. Non-résidents porteurs de parts de FCP français détenant des valeurs mobilières étrangères

65070 Comme le FCP français ne peut être traité comme un résident de France, les relations conventionnelles susceptibles d'intervenir ne concernent que le pays de la source des revenus et celui de la résidence des porteurs de parts (par hypothèse non-résidents de France).

Il sera souvent difficile de clarifier cette **situation « triangulaire »** ; l'application de la convention source/résidence suppose en effet que chacun des États concernés reconnaisse la transparence du FCP français. Ce sera très probablement difficile à obtenir dès lors que :
– pour le pays de la source, les revenus sont apparemment perçus par un organisme français et non par un résident d'un pays tiers ;
– pour le pays de la résidence, les revenus proviennent apparemment de France et non pas d'un pays tiers.

A priori, l'État de la source et celui de la résidence ne connaîtront que leurs propres relations bilatérales avec la France. Ces pays seront donc tentés, le premier de n'appliquer aucune convention fiscale et donc de percevoir une retenue à la source de droit interne, et le second de n'accorder aucun crédit d'impôt ou, le cas échéant, le crédit d'impôt conventionnel appliqué dans ses relations avec la France.

Bien entendu, rien ne s'oppose à ce que l'État de la résidence et l'État de la source acceptent de tirer les conséquences de la transparence du FCP français. Mais cette solution souhaitable sera probablement difficile à obtenir sauf peut-être après un accord entre les trois États concernés au moyen de la **procédure amiable** (nos 84000 s.).

Naturellement, s'il n'existe pas de convention fiscale entre l'État de la source et celui de la résidence, chaque État appliquera son seul droit interne.

65075 Compte tenu de ces difficultés, les FCP ne pourraient être attrayants pour des non-résidents qu'en cas de perception de revenus exonérés à la source, puisque le passage par la France est fiscalement neutre (tel pourrait être le cas d'intérêts d'obligations qui sont souvent exonérés en droit interne lorsqu'ils reviennent à des non-résidents).

Les **revenus de source étrangère redistribués à des non-résidents** ne peuvent donner lieu à aucun prélèvement en France au titre de l'impôt français à la source, puisque les produits répartis conservent leur qualification d'origine, et ne sont donc pas des revenus de source française (n° 64955).

Lorsque le FCP ne redistribue pas les produits qu'il encaisse, c'est-à-dire lorsqu'il s'agit d'un FCP de **capitalisation**, le porteur non résident est exonéré d'impôt en France lors du rachat de ses parts, dans la mesure où il réalise une plus-value relative à une valeur mobilière, exonérée sur le fondement de l'article 244 bis C du CGI (n° 65860).

c. Non-résidents porteurs de parts de FCP français percevant des revenus mobiliers de source française

65090 Un FCP étant considéré comme **fiscalement transparent**, le fait que des revenus transitent par son intermédiaire n'a pas d'incidence fiscale. Les revenus que le fonds encaisse et qu'il redistribue conservent à la fois leur **source** française ou étrangère et leur **qualification** propre. Le **transit des produits** par le FCP ne peut être considéré comme opérant une novation susceptible d'entraîner une requalification des répartitions faites par le fonds.

Par principe, le régime des FCP tend, en effet, à replacer chacun des bénéficiaires de la répartition dans la situation fiscale qui eût été la sienne s'il avait directement encaissé la quote-part correspondant à ses droits des produits redistribués par le FCP. Le régime applicable aux produits distribués par le fonds à des non-résidents est donc fonction à la fois de la source, française ou étrangère, de ces produits et de la catégorie (dividendes ou intérêts) dont ils relèvent (n° 64955).

Lorsque les revenus reviennent à un non-résident, le gérant du fonds doit normalement prélever, le cas échéant, les retenues à la source prévues par le droit interne français (dividendes), éventuellement réduites ou annulées par le jeu des conventions fiscales. **65092**

Le **fait générateur de l'imposition** personnelle de chacun des propriétaires des parts du FCP réside non dans l'encaissement par le dépositaire des produits provenant des valeurs à l'actif du fonds mais dans la mise en paiement effective de ces produits par le gérant, c'est-à-dire leur redistribution ou répartition entre les membres du fonds (n° 64955).

C'est donc à ce moment que le gérant ou le dépositaire du fonds doit prélever les retenues ou prélèvements à la source prévus en droit interne français. Mais, bien entendu, le non-résident bénéficiaire peut demander l'application de la convention signée entre la France (pays de la source) et le pays de sa résidence. Sur présentation des **justificatifs** nécessaires (n° 82830), le porteur non résident pourra donc bénéficier des réductions conventionnelles de retenues à la source.

En cas de capitalisation, le non-résident est généralement exonéré (n° 65075).

B. Les Sicav

Les Sicav, sociétés d'investissement à capital variable, sont les principales sociétés d'investissement en valeurs mobilières. **65195**

1. Généralités

Une société d'investissement à capital variable est une société anonyme qui a pour **objet** la gestion d'un portefeuille d'instruments financiers et de dépôts. À la différence des FCP, les Sicav sont des « **personnes morales** » en tant que telles. **65200**

Les actions d'une Sicav sont émises et rachetées à tout moment par la société à la demande des actionnaires, à la valeur liquidative majorée ou diminuée, selon le cas, des frais et commissions ; ces actions peuvent être admises à la négociation sur un marché réglementé.

Les **actifs** de la Sicav sont conservés par un **dépositaire** unique et distinct de la Sicav elle-même, désigné dans les statuts constitutifs de la Sicav. Ce dépositaire, qui doit avoir son siège social en France, s'assure de la régularité des décisions de la Sicav.

Les Sicav n'ont pas d'obligation de distribution et peuvent **capitaliser** les produits qu'elles perçoivent.

2. Éléments de fiscalité interne pertinents pour l'analyse internationale

Impôt sur les sociétés

Une Sicav est expressément **exonérée** d'impôt sur les sociétés pour la partie de ses bénéfices provenant des produits nets de son portefeuille ou des plus-values qu'elle réalise sur la vente des titres ou parts sociales qui font partie de son portefeuille (CGI art. 208, 1° -bis A, exonérant de l'impôt les Sicav pour les bénéfices réalisés dans le cadre de leur objet légal). **65230**

Distributions

Les distributions faites par les Sicav font l'objet de règles particulières destinées à placer les **actionnaires** dans la même situation que s'ils possédaient et géraient eux-mêmes directement le portefeuille de la société. **65250**

Les produits distribués par les Sicav sont exclus du régime des sociétés mères (n° 61400). Les Sicav peuvent **ventiler les revenus** versés à leurs actionnaires résidents en tenant compte de leur source, française ou étrangère, et de leur nature (dividendes, revenus d'obligations, etc.). Sur la possibilité qu'ont les Sicav de « couponner » leurs distributions, voir n° 65345.

Plus-values

65270 Les plus-values de rachat des actions réalisées par les actionnaires résidents de France sont considérées comme des cessions à titre onéreux. Conformément à l'article 160 bis du CGI, les sommes attribuées aux actionnaires lors du rachat de leurs actions ne sont pas considérées comme des revenus distribués (il en va de même pour les rachats d'actions de **Sicav étrangères** ; n° 65000).

Lorsque l'actionnaire est une entreprise, il est fait application du régime de droit commun et non pas du régime du long terme (n° 65782).

Le régime des Sicav de **capitalisation** est très proche de celui des FCP ; les produits capitalisés augmentent la valeur liquidative et sont susceptibles d'être imposés en tant que plus-value lors du rachat de l'action (n° 65860 pour les non-résidents). Voir également n°s 65830 s.

Précisions Le BOI-RPPM-PVBMI-10-10-10 n° 60 précise que dans les **OPCVM à compartiments**, les fonds d'investissement à vocation générale à compartiments, les fonds de capital investissement à compartiments, les fonds de fonds alternatifs à compartiments, les fonds professionnels à vocation générale à compartiments, les fonds déclarés à compartiments et les fonds d'épargne salariale à compartiments, qui offrent aux épargnants au sein d'une structure juridique unique (FCP ou Sicav) plusieurs compartiments disposant chacun de sa propre orientation de gestion des actifs qui lui sont attribués, le passage d'un compartiment à un autre constitue une cession imposable sur le fondement de l'article 150-0 A du CGI. L'administration retient en pratique la même solution pour les structures équivalentes étrangères.

3. Problèmes posés par l'activité internationale des Sicav

65300 Une Sicav peut, comme un FCP, comprendre dans ses actifs des valeurs françaises ou étrangères ; par ailleurs, elle peut rassembler des actionnaires résidents de France et des actionnaires non résidents.

Par principe, les Sicav sont considérées comme **fiscalement transparentes**, qu'elles perçoivent des revenus de source française ou des revenus de source étrangère. Cette transparence n'est cependant **pas complète**, la situation des résidents différant de celle des non-résidents.

Non-application des conventions fiscales

65305 Une Sicav, comme un FCP, n'est **pas** un **« résident »** de France, dans la mesure où elle ne satisfait pas l'obligation d'assujettissement à l'impôt, sous réserve de stipulations différentes qui peuvent être incluses dans les conventions fiscales.

a. Actionnaire résident de France, Sicav percevant des produits de source étrangère

En France

65320 Une Sicav est considérée comme **fiscalement transparente**. La circonstance que des revenus de source étrangère « transitent » par son intermédiaire devrait donc rester fiscalement neutre.

Ainsi, un résident de France est normalement traité comme s'il avait perçu directement les revenus étrangers. Pour son imposition en France, il peut bénéficier du **crédit d'impôt conventionnel** si la France est liée au pays de la source par une convention fiscale. Le crédit d'impôt suit les règles indiquées plus haut (n° 65045). Lorsqu'elle perçoit des revenus de source étrangère assortis d'un crédit d'impôt en vertu d'une convention internationale, la Sicav transfère ce crédit aux actionnaires résidents de France à hauteur de leurs droits respectifs (sauf en cas de Sicav de capitalisation).

Dans le pays de la source

65325 Comme pour les FCP, la transparence française ne sera pas nécessairement admise par le pays de la source. Celui-ci pourra d'autant plus être incité à nier la transparence de la Sicav que celle-ci est une société anonyme, dotée de la personnalité morale.

Dans cette situation, l'État de la source refusera d'accorder à la Sicav le **bénéfice de la convention fiscale** (c'est-à-dire, de son point de vue, du taux réduit ou nul de retenue à la source) car la Sicav ne peut être considérée comme une personne morale aux fins d'imposition, dès lors qu'elle est exonérée d'impôt. Il y sera encore plus tenté en présence de Sicav « de capitalisation », qui ne sont pas tenues de distribuer les produits perçus (sur certains cas particuliers, voir n°s 64810 et 65022).

S'il suit cette analyse, le pays de la source prélèvera une **retenue** conformément à son droit interne, le bénéficiaire n'ayant droit en France qu'au crédit d'impôt conventionnel. Une double imposition partielle subsistera donc, à hauteur de la différence entre le prélèvement à la source de droit interne et le maximum conventionnel.

S'il reconnaît la **transparence fiscale** de la Sicav, le pays de la source devrait appliquer la convention fiscale au niveau de chacun des actionnaires français. On tombe alors sur les mêmes problèmes pratiques qu'avec les FCP lorsque les autorités compétentes des États contractants ont mis en place des formulaires conventionnels applicables dans le pays de la source (n° 82830). Ces problèmes sont moins aigus lorsqu'il n'en existe pas ; ils subsistent cependant, car il faut bien, en général, une justification quelconque, mais celle-ci est alors moins contraignante qu'un formulaire spécial visé par les services fiscaux français.

b. Actionnaire non résident de France, Sicav percevant des revenus de source française

Absence de transparence

En principe, une Sicav n'est pas transparente à l'égard des actionnaires non résidents de France (les distributions de revenus effectuées par les Sicav aux non-résidents sont normalement imposables selon le régime des **produits d'actions**). Si les Sicav avaient, depuis longtemps, la possibilité de « couponner » les revenus versés à leurs actionnaires résidents de France, les distributions de revenus effectuées par les Sicav à leurs actionnaires non résidents étaient, avant l'autorisation mentionnée n° 65345, toujours imposables selon le régime des produits d'actions, sauf dans le cas des Sicav dont le portefeuille était exclusivement composé d'obligations françaises (ces Sicav étaient considérées comme transparentes à l'égard de leurs actionnaires, qu'ils soient résidents ou non-résidents). **65340**

À l'occasion de la réintroduction au BOFiP, en juillet 2016, de la possibilité pour les Sicav de « couponner » les revenus distribués aux non-résidents (n° 65345), l'administration a réintroduit, par renvoi aux règles applicables aux FCP, la solution selon laquelle les revenus perçus des Sicav françaises par les actionnaires non résidents peuvent bénéficier des **conventions fiscales** (n° 64955). En pratique, l'administration considère que les Sicav sont fondées à appliquer, en France, les conventions fiscales conclues avec les États de résidence des actionnaires (hors ETNC) quoiqu'elles ne soient pas des « résidents » (n° 65012 ; voir également, en ce sens, les commentaires administratifs des conventions fiscales conclues avec l'Allemagne, l'Algérie ou l'Italie).

Précisions **a.** Les dispositions de l'**article 119 ter** du CGI, concernant les dividendes versés à certaines sociétés européennes, ne s'appliquent pas aux Sicav (n° 61029).

b. Une **plus-value** réalisée lors du rachat par un non-résident d'actions de Sicav est généralement exonérée (n° 65860).

c. Dans ses commentaires de la convention fiscale du 17 octobre 1999 entre la France et l'Algérie (BOI-INT-CVB-DZA-30 n° 70), l'administration a admis que, par référence au paragraphe 2 de l'article 10 de la convention, le **taux de la retenue** à la source sur les dividendes reversés par des sociétés françaises d'investissement à des personnes physiques ou morales résidentes d'Algérie soit limité à 15 %. Elle ajoute que si le portefeuille de la société d'investissement se compose exclusivement d'obligations négociables (sans préciser si elles doivent obligatoirement être « françaises »), la retenue à la source est éventuellement perçue au taux conventionnel de 10 % (BOI préc. n° 80). Elle précise enfin que, pour la liquidation de cette retenue, il est tenu compte des crédits d'impôt attachés aux dividendes redistribués par la Sicav, dans des conditions semblables à celles appliquées à l'égard des résidents de France (BOI préc. n° 90 ; n° 65360).

Couponnage des distributions

L'administration a repris, dans une mise à jour doctrinale du 11 juillet 2016 (BOI-RPPM-RCM-10-40 n° 110), une solution de tempérament qui résultait d'une ancienne instruction du 28 mars **65345**

2011 (ancien BOI 4 K-1-11 du 7 avril 2011 : BF 6/11 n° 680) permettant aux Sicav de « couponner » les revenus qu'elles distribuent à leurs actionnaires non résidents.

Les Sicav peuvent donc **ventiler les revenus** qu'elles distribuent aux non-résidents en tenant compte de l'État de leur source (France ou étranger) et de leur nature juridique (revenus d'obligations, dividendes, etc.). Dans ce cas, les revenus encaissés et redistribués par les Sicav conservent à la fois leur source française ou étrangère et leur qualification propre de produits de placements à revenu fixe (intérêts et assimilés) ou à revenu variable (dividendes et assimilés), comme s'ils étaient directement versés par l'entreprise distributrice aux non-résidents.

Les **produits de placements à revenu fixe** de source française distribués par une Sicav à ses actionnaires non-résidents ne sont, en règle générale, pas soumis à l'impôt en France, sauf en cas d'application de la retenue à la source au taux majoré de 75 % (produits payés hors de France dans un État ou territoire non coopératif au sens de l'article 238-0 A du CGI ; n° 71555).

Les **dividendes de source française** versés par une Sicav à ses actionnaires non-résidents supportent une retenue à la source à un taux variable selon les caractéristiques de ces actionnaires (n° 60975), sous réserve des conventions fiscales (n° 65340). Sur les produits de source étrangère, voir n° 65360.

Précisions La méthode du « couponnage » est également applicable aux revenus distribués ou aux sommes ou valeurs réparties par les **FCP** et **FPI** ; les **sociétés de capital-risque** (CGI art. 298, 3° septies) peuvent aussi ventiler les revenus qu'elles distribuent à leurs actionnaires personnes physiques non résidentes selon leur nature et leur origine (BOI-RPPM-RCM-10-40 n° 120).

c. Actionnaire non résident de France
Sicav percevant des revenus de source étrangère

Incidences du « couponnage »

65360 Traditionnellement, l'administration considérait qu'une Sicav n'était jamais transparente à l'égard de ses actionnaires non résidents et que ces derniers recevaient toujours des dividendes de source française, quelle que soit l'origine des produits distribués. Cependant, elle a ensuite admis que les Sicav puissent « couponner » leurs distributions (n° 65345) ; sauf en cas de paiement dans un État ou territoire non coopératif (au sens indiqué n° 71555), la fraction des sommes réparties correspondant aux **revenus de valeurs mobilières étrangères** distribués par une Sicav à ses actionnaires non résidents ne supporte donc aucun prélèvement ou retenue en France : ces revenus transitent par la Sicav en franchise d'impôt français (BOI-RPPM-RCM-10-40 n° 110).

Situation dans le pays de la source

65365 La question de l'application éventuelle des conventions fiscales dans le pays de la source des revenus perçus par la Sicav dépend de la législation interne de ce pays et de la façon dont il applique, le cas échéant, les conventions fiscales, soit avec la France, soit avec le pays de résidence de l'actionnaire de la Sicav.

Rien n'empêche, bien entendu, les actionnaires non résidents de chercher à se prévaloir de la **convention fiscale** liant le pays dont ils sont résidents à celui de la source des revenus pour obtenir, le cas échéant, la suppression ou la limitation de l'impôt étranger dans ce dernier pays. Mais, a priori, la Sicav n'est pas, en ce cas, tenue d'intervenir dans les procédures conventionnelles de remboursement.

Précisions **a.** Sauf en cas de couponnage, les distributions effectuées par une Sicav supportent à la fois un prélèvement à la source, dans le pays d'origine et une imposition en France lors de la redistribution à l'actionnaire non résident. En présence d'une convention fiscale entre la France et le pays de la source des revenus, l'impôt perçu dans le pays de la source ouvre cependant droit en France à un **crédit d'impôt** imputé sur la retenue à la source due lorsque le dividende est versé par la Sicav. Le montant de la retenue à la source « de sortie » (c'est-à-dire au départ de la France) est diminué du crédit d'impôt attaché au revenu encaissé par la Sicav et représentatif de la retenue « d'entrée » (c'est-à-dire à l'entrée en France). Pour un exemple de ce mécanisme, en général, voir n° 61640, et, dans le cadre franco-italien, BOI-INT-CVB-ITA-10-20 nos 170 s. (cette doctrine est cependant d'origine antérieure à l'introduction de la règle du couponnage).

b. La position de l'administration sur l'incidence des **conventions fiscales** n'est pas très cohérente puisqu'elle admet leur application aux Sicav versant des revenus à des non-résidents mais elle ne l'admet pas lorsque la Sicav reçoit des revenus de source étrangère ni lorsque la Sicav est étrangère.

C. Remarques sur d'autres structures voisines

Anciens fonds communs de créances (FCC)

Les FCC sont des organismes destinés à permettre la titrisation des créances bancaires (la titrisation consiste, pour un établissement de crédit, à céder des créances inscrites à son bilan à un organisme tiers, le FCC, qui émet en contrepartie des parts représentatives de ces créances). **65400**

Un FCC est une copropriété qui a pour objet exclusif d'acquérir des créances destinées à être titrisées, c'est-à-dire d'émettre des parts représentatives de ces créances. Il n'a pas la personnalité morale.

Les FCC ne sont pas soumis à l'impôt sur les sociétés (CGI art. 208, 3° -octies). En ce qui concerne la situation des **non-résidents**, l'administration se borne à préciser que le prélèvement de 75 % est susceptible de s'appliquer aux produits de parts de FCC bénéficiant à des non-résidents dès lors qu'ils sont payés hors de France dans un ETNC (nos 71555 s.), sauf ceux qui sont qualifiés d'ETNC au regard des critères européens autres que ceux tenant aux « montages extraterritoriaux » (BOI-RPPM-RCM-30-10-20-40 ; voir n° 62540).

Précisions Les FCC constitués avant le 14 juin 2008 ont été autorisés à rester soumis aux anciennes dispositions ou à se soumettre aux nouvelles en qualité de fonds communs de titrisation après avoir modifié leur règlement à cet effet.

Organismes de titrisation

L'article 16 de l'ordonnance n° 2008-556 du 13 juin 2008 transposant la directive 2005/68/CE du Parlement européen et du Conseil du 16 novembre 2005 relative à la réassurance et réformant le cadre juridique des FCC a institué, à compter du 15 juin 2008, les organismes de titrisation, constitués sous la forme de **sociétés de titrisation** ou de **fonds communs de titrisation** et destinés à remplacer les fonds communs de créances. **65410**

Selon l'article L 214-168 du Code monétaire et financier, les organismes de titrisation ont pour objet :
– d'une part, d'être exposés à des risques, y compris des risques d'assurance (acquisition de créances, octroi de prêts ou conclusion de contrats constituant des instruments financiers à terme ou transférant des risques d'assurance, etc.) ;
– d'autre part, d'assurer en totalité le financement ou la couverture de ces risques (émission d'actions, de parts ou de titres de créances, conclusion de contrats constituant des instruments financiers à terme ou transférant des risques d'assurance, recours à l'emprunt ou à d'autres formes de ressources, etc.).

Le **régime fiscal** de ces organismes n'a pas été précisé par la loi ; quant à l'administration, elle indique simplement qu'il y a lieu d'appliquer aux fonds communs de titrisation, dans les mêmes conditions qu'aux FCC qui demeurent régis par les anciennes dispositions du Code monétaire et financier, les dispositions actuelles relatives aux FCC, ainsi que la doctrine administrative s'y rapportant à l'exception des fonds supportant des risques d'assurance (BOI-RPPM-RCM-40-40 n° 20).

Précisions D'une façon générale, l'administration paraît considérer, en pratique, que les organismes de titrisation ne sont ni financièrement ni fiscalement transparents mais qu'il ne s'agit pas non plus de « résidents » au sens des **conventions fiscales**. En outre, comme ce ne sont pas des OPCVM, ils ne peuvent pas bénéficier des stipulations favorables de certaines conventions fiscales qui ne visent que les OPCVM (n° 65022, Précisions).

Sociétés de libre partenariat

Le terme « société de libre partenariat » (SLP) désigne un fonds professionnel spécialisé prenant la forme juridique d'une société en commandite simple et régi par l'article 145 de la loi n° 2015-990 du 6 août 2015 pour la croissance, l'activité et l'égalité des chances économiques, permettant la création en France de fonds d'investissement équivalents aux **limited partnerships** américaines ou britanniques (auparavant, les fonds professionnels spécialisés pouvaient prendre seulement la forme de Sicav ou de FCP). Ces sociétés, qui, comme les fonds professionnels de capital investissement (FPCI), doivent respecter des quotas d'investissement, peuvent comporter un ou plusieurs compartiments, ceux-ci étant **65420** eux-mêmes traités comme des entités autonomes et individuellement soumis aux dispositions applicables aux SLP.

Fiscalement, les SLP ne sont pas traitées comme des sociétés en commandite simple mais comme des **fonds professionnels de capital investissement (FPCI)** constitués sous la forme de fonds commun de placement, qu'il s'agisse de leur imposition ou de celle de leurs associés (CGI art. 1655 sexies A). En particulier, pour l'application des articles 150-0 A et suivants du CGI, le régime fiscal des porteurs de parts est le même que celui des porteurs de parts de FPCI prenant la forme de FCP (BOI-RPPM-PVBMI-10-10-10 n° 100).

Les associés non résidents sont donc imposés selon le régime spécifique applicable aux **produits répartis** : retenue à la source pour la quote-part correspondant à des dividendes de sociétés françaises, exonération pour la quote-part correspondant à des produits de placement à revenu fixe (sous réserve des versements dans des ETNC ; n°s 71555 s.) et non-imposition des revenus et plus-values de source étrangère, comme pour les FCP.

Les **distributions d'actifs** ou de **plus-values** de cession d'actifs ainsi que les plus-values de cession de parts sont soumises au prélèvement prévu par l'article 244 bis B du CGI (n°s 65880 s.), si l'associé détient une participation supérieure à 25 % ; elles sont exonérées dans le cas contraire (détention inférieure ou égale à 25 %). Les droits détenus par l'associé dans la société cible sont pris en compte qu'ils soient détenus directement ou indirectement (n° 65883, Précisions d). Le régime de la prépondérance immobilière est, le cas échéant, applicable.

Précisions **a.** Comme pour les FPCI, les **répartitions d'actifs** effectuées par les SLP au bénéfice d'entreprises sont affectées prioritairement au remboursement des apports ou du prix d'acquisition des parts et ne donnent lieu à aucune imposition tant qu'elles n'excèdent pas le montant des apports effectivement libérés et non encore amortis ou le prix d'acquisition des parts. Les répartitions qui n'ont pas été imposées minorent le prix de revient des parts.

b. Étant exonérée d'impôt sur les sociétés, une SLP n'est **pas un « résident »** pour l'application des conventions fiscales internationales. Les éventuelles stipulations conventionnelles relatives aux **OPCVM** ne sont pas applicables étant donné qu'une SLP est un fonds professionnel spécialisé et non pas un OPCVM, de même que les éventuelles stipulations relatives aux **sociétés de personnes**, étant donné que ce n'est pas une société régie par l'article 8 du CGI.

c. Sur la question de l'assimilation d'une entité étrangère à une SLP française, voir n° 32110, Précisions c.

SECTION 2

L'imposition internationale des plus-values

65595 Dans le cadre de la gestion de leur patrimoine mobilier, les personnes physiques ou morales doivent fréquemment arbitrer entre l'encaissement d'un revenu et la réalisation d'une plus-value. Par ailleurs, la réalisation de leur patrimoine est elle-même susceptible de donner lieu à une plus-value. Les principales règles applicables dans l'ordre international sont les suivantes.

Précisions En ce qui concerne les plus-values immobilières, voir n°s 67500 s.

A. Généralités

Principes

65600 D'une manière générale, la fiscalité internationale des plus-values fait intervenir des principes voisins de ceux qui gouvernent l'imposition des revenus. Comme d'habitude, deux **États** interviennent, celui de la **source**, c'est-à-dire celui dans lequel la plus-value est réalisée (en principe, État de la résidence de l'émetteur du titre cédé), et celui de la **résidence**, c'est-à-dire celui dans lequel le bénéficiaire de la plus-value est domicilié.

L'imposition des plus-values est cependant moins universellement admise que celle des revenus. Il existe des pays dans lesquels les gains en capital (autrement dit, les plus-values) ne sont pas considérés comme générant un revenu imposable. Parfois, seuls les gains en capital réalisés par les entreprises sont imposables, à l'exclusion de ceux qui sont réalisés par les particuliers. D'autres États imposent d'une manière générale les gains en capital mais en prévoyant de nombreuses exceptions qui font qu'en définitive seules les plus-values immobilières ou les gains de nature spéculative sont imposés.

Par ailleurs, l'imposition peut se faire soit de manière globale, la plus-value étant ajoutée aux autres revenus imposables des contribuables, soit de manière séparée, en application d'un taux forfaitaire, en général plus favorable que le taux résultant du barème de droit commun.

Modèle OCDE

Le modèle de convention fiscale de l'OCDE contient un article spécial sur les **gains en capital** (article 13). Les principes inclus dans cet article reposent sur l'idée qu'il est normal que l'État habilité à imposer les revenus d'un bien ait également le droit d'imposer les gains en capital (plus-values) réalisés lors de la cession de ce bien. **65620**

Les conséquences suivantes en découlent naturellement :
– les gains tirés par un résident d'un État de l'aliénation de **biens immobiliers** situés dans l'autre État sont imposables dans cet autre État (article 13 § 1 du modèle OCDE) ; depuis la révision du modèle de convention fiscale de janvier 2003, ce principe est étendu aux gains tirés de la cession d'actions qui tirent directement ou indirectement plus de 50 % de leur valeur de biens immobiliers (article 13 § 4 ; n° 67510) ;
– les gains qui proviennent de l'aliénation de **biens mobiliers** faisant partie de l'actif d'un **établissement stable** (nos 16600 s.) sont imposables dans l'État où cet établissement est situé (article 13 § 2 du modèle OCDE). Ce principe est logique puisque cet État a la faculté d'imposer les revenus provenant de l'installation. L'expression « biens mobiliers » utilisée par l'OCDE comprend notamment les biens incorporels, comme le fonds de commerce (« goodwill »). Le modèle OCDE repose sur la notion de rattachement à l'actif de l'établissement stable, ce qui exclut par conséquent toute « force attractive » (n° 18610). Depuis la révision de juillet 2010, les commentaires du comité des affaires fiscales de l'OCDE indiquent qu'un bien fait partie de l'actif d'un établissement stable si la **propriété « économique »** de ce bien est attribuée à cet établissement stable ; la propriété économique est définie comme l'équivalent de la propriété, aux fins de l'imposition du revenu, d'une entreprise distincte, avec les bénéfices et les charges correspondantes (pour l'OCDE, le simple fait qu'un bien apparaisse dans le bilan comptable d'un établissement stable ne suffit donc pas pour conclure que ce bien se rattache effectivement à cet établissement stable ; en ce sens, Commentaires OCDE, C (13) n° 27.1) ;
– les gains qu'une entreprise d'un État qui exploite des **navires ou aéronefs** en trafic international tire de l'aliénation de ces navires ou aéronefs, ou de biens mobiliers affectés à l'exploitation de ces navires ou aéronefs, ne sont imposables que dans cet État (article 13 § 3 dans sa version issue de la révision de 2017 ; voir également n° 19305) ;
– enfin, le modèle de convention fiscale de l'OCDE prévoit que les gains en capital provenant de l'aliénation de tous les **autres biens** ne sont imposables que dans l'État dont le cédant est un résident (article 13 § 5). Cela vaut en particulier pour les gains provenant de l'aliénation d'actions, d'obligations, de bons de toute nature, de titres, etc. (sauf prépondérance immobilière).

Précisions **a.** Les recommandations de l'OCDE sont muettes sur la **manière de calculer** les gains en capital et sur leur définition. Le droit interne des États régit entièrement ces deux questions.

b. Les règles posées par l'article 13 § 2 de la convention modèle OCDE (en cas **d'établissement stable** ou de base fixe) sont notamment applicables lorsque la cession porte sur l'ensemble des éléments qui constituaient l'établissement stable ou la base fixe ; il en va de même en ce qui concerne les plus-values constatées en cas de **cessation d'activité** de l'établissement stable ou de la base fixe (en ce sens, par exemple, commentaires administratifs relatifs à la convention franco-algérienne du 17 octobre 1999, BOI-INT-CVB-DZA-30 n° 350).

c. La convention modèle OCDE utilise le terme **« aliénation »**, mais sans le définir ; du côté français, il y a donc lieu de l'interpréter par référence aux règles fixées par le Code général des impôts (en ce sens, CAA Versailles 7 juillet 2011 n° 09VE01119, Plén., Sté BNP Paribas : RJF 11/11 n° 1131 ; cet arrêt a donné lieu à la décision du Conseil d'État mentionnée n° 26205, qui ne traite cependant pas de ce point).

Politique conventionnelle française

65630 Les conventions fiscales signées par la France suivent en général les recommandations de l'OCDE (n° 65620), mais avec souvent, conformément à la réserve introduite par la France au modèle de convention fiscale de l'OCDE (Commentaires OCDE, C (13) n° 36), un complément concernant les participations substantielles (n° 65940). L'élimination des doubles impositions est le plus souvent assurée, dans la pratique française, par la méthode de l'exonération, c'est-à-dire de l'**imposition dans un seul État** qui peut être :

– l'État de la **source**, ce qui est le cas général pour les gains en capital visés aux paragraphes 1 à 4 de l'article 13 du modèle de l'OCDE ; mais l'exonération dans l'État de résidence se combine alors avec la méthode du taux effectif du côté français (n°s 7980 et 83410) ou avec celle du crédit d'impôt égal à l'impôt français (n° 8160) ;

– ou l'État de la **résidence**, pour les biens visés au paragraphe 5 de l'article 13 (utilisation de la formule « ne... que »), sauf particularités relatives aux cessions de participations substantielles, notamment.

Les **conventions** fiscales les plus **modernes** utilisent toutefois la méthode du « vrai » crédit d'impôt (n° 8140) pour les plus-values immobilières ou celles réalisées au titre de participations substantielles (n° 65940).

Territorialité des droits d'enregistrement

65635 Les droits d'enregistrement s'appliquent aux cessions de parts émises par les sociétés dont le siège social est situé en France ; les cessions de parts sociales émises par les **sociétés étrangères** ne sont assujetties à la formalité de l'enregistrement et au droit de cession de droits sociaux que lorsqu'elles font l'objet d'un acte passé en France (BOI-ENR-DMTOM-40 n° 20). Sont, en outre, soumis aux droits d'enregistrement en France les actes passés à l'étranger, portant cession d'actions, de parts de fondateurs ou de parts bénéficiaires de sociétés cotées ou non cotées, ayant leur siège social en France. Ces opérations ne sont cependant taxables que si elles se situent dans le champ de l'impôt et ne sont pas réalisées dans des cas similaires à ceux qui donnent droit à l'exonération (BOI préc.).

Les **actes** portant cession d'actions de sociétés cotées ou non cotées **passés en France** sont soumis aux droits d'enregistrement, qu'ils concernent des sociétés françaises ou des sociétés étrangères (CGI art. 718 et BOI préc. n° 30 ; lorsque la société est à prépondérance immobilière, voir n° 68025). Les droits sont dus au taux de 0,1 % (CGI art. 726 ; les cessions d'actions de sociétés françaises **cotées** ne sont taxables que si elles sont constatées par un acte et les acquisitions de droits sociaux entre sociétés membres d'un même groupe sont exonérées).

Un **crédit d'impôt**, le cas échéant, est imputable sur l'impôt français afférent à chacune des cessions réalisées à l'étranger, dans la limite du montant de l'impôt français. Ce crédit d'impôt est égal au montant des droits d'enregistrement effectivement acquittés dans l'État de chacune des personnes concernées, conformément à la législation de cet État et dans le cadre d'une formalité obligatoire d'enregistrement de chacune de ces cessions. L'État de chacune des personnes concernées est l'État d'immatriculation (pour les personnes morales) ou l'État de résidence (pour les personnes physiques).

Précisions **a.** La loi n° 2012-354 du 14 mars 2012 de finances rectificative pour 2012 a créé une **taxe sur les transactions financières** applicable depuis le 1er août 2012 (CGI art. 235 ter ZD ; BOI-TCA-FIN-10) ; sa composante principale, la taxe sur les acquisitions de titres de capital ou titres assimilés, est actuellement prélevée au taux de 0,3 %. Elle s'applique, sous réserve de certaines exceptions, à toute acquisition à titre onéreux d'un titre de capital ou assimilé dès lors que ce titre est admis aux négociations sur un marché réglementé français, européen ou étranger, que son acquisition donne lieu à un transfert de propriété, et que ce titre est émis par une entreprise dont le siège social est situé en France (indépendamment du lieu d'établissement de l'acquéreur ou de l'intermédiaire financier) et dont la capitalisation boursière excède un milliard d'euros (les sociétés françaises dont la capitalisation boursière dépasse un milliard d'euros sont énumérées au BOI-ANNX-000467 ; cette liste est actualisée chaque année en décembre). Afin d'éviter une double imposition, les acquisitions de titres de capital ou assimilés soumises à cette taxe sont exonérées des droits d'enregistrement prévus par l'article 726 du CGI.

b. L'administration indique que les certificats représentatifs d'actions (CRA) françaises émis par une entité quel que soit son lieu d'établissement entrent dans le champ de la taxe sur les transactions financières. Tel est le cas, par exemple, des **American depositary receipts** (ADR) émis par une institution financière des États-Unis lorsqu'ils représentent un titre de capital émis par une société qui a son siège en France (BOI-TCA-FIN-10-10 n° 20). Les acquisitions de titres de capital ou assimilés entrent dans le champ de la taxe indépendamment du lieu d'établissement du marché réglementé sur lequel le titre a été négocié, indépendamment du lieu d'établissement ou de résidence des parties à la transaction, indépendamment du lieu où le contrat a été éventuellement conclu (BOI préc. n° 30).

B. Plus-values réalisées hors de France par des résidents de France (droit interne français)

On distinguera les plus-values réalisées par les personnes physiques et celles réalisées par les personnes morales passibles de l'impôt sur les sociétés. 65650

Précisions Sur la notion de « France », au sens fiscal, voir n° 1905.

1. Plus-values réalisées par les personnes physiques

a. Principes généraux (CGI art. 150-0 A)

Évolution de la réglementation

Avant l'intervention de l'article 94 de la loi de finances pour 2000, le régime d'imposition des plus-values de cession à titre onéreux de valeurs mobilières et de droits sociaux, réalisées par les personnes physiques dans le cadre de la gestion de leur **patrimoine privé**, comportait cinq séries de dispositions distinctes, parmi lesquelles celles qui concernaient : 65720
- les plus-values obéissant à l'ancien article 160 du CGI, en cas de participation supérieure à 25 % ,
- les plus-values visées aux anciens articles 92 B et 92 J du CGI, lorsque la participation n'excédait pas 25 %.

Ces différents régimes avaient été fusionnés par la loi de finances pour 2000 qui avait créé un nouveau dispositif d'ensemble plusieurs fois modifié ensuite, notamment en ce qui concerne le calcul de l'impôt et les possibilités d'obtention de sursis ou de reports d'imposition. La loi n° 2013-1278 du 29 décembre 2013 de finances pour 2014 avait ainsi assujetti les plus-values de cession de titres au barème progressif, sous le bénéfice d'abattements variables selon les circonstances (n° 65726).

Depuis le 1er janvier 2018, les plus-values de cession de valeurs mobilières et droits sociaux réalisées par les personnes physiques sont soumises au **prélèvement forfaitaire unique** de 30 % (n° 1950) ; sur option globale, le contribuable peut cependant opter pour le barème progressif (n° 1955).

Précisions **a.** Les plus-values réalisées lors de la cession de titres détenus depuis au moins deux ans par une **entreprise passible de l'impôt sur le revenu** dans la catégorie des BIC sont imposables au taux de 12,8 % pour les plus-values réalisées depuis le 1er janvier 2017 (les prélèvements sociaux sont en outre exigibles au taux global de 17,2 %). Les plus-values nettes à court terme réalisées par ces entreprises sont comprises dans les résultats imposables selon les conditions et taux de droit commun.

b. La loi n° 2009-1674 du 30 décembre 2009 de finances rectificative pour 2009 a mis fin à l'application du taux réduit aux plus-values réalisées à l'occasion de la cession, par des entreprises soumises à l'impôt sur le revenu, de titres de sociétés établies dans un **État ou territoire non coopératif** (ETNC) au sens de l'article 238-0 A du CGI (nos 71555 s. ; cette exclusion ne s'applique pas aux États ou territoires considérés comme des ETNC sur le fondement du 2° du 2 bis de l'article 238-0 A du CGI). Le régime des plus-values à long terme peut toutefois s'appliquer à la plus-value de cession de titres d'une société établie dans un ETNC détenus depuis au moins deux ans si l'entreprise détentrice des titres apporte la preuve que les opérations de la société établie hors de France dans laquelle la participation est prise correspondent à des opérations réelles qui n'ont ni pour objet ni pour effet de permettre, dans un but de fraude fiscale, la localisation de bénéfices dans un tel État ou territoire (Loi n° 2016-1918 du 29 décembre 2016 de finances rectificative pour 2016, art. 91, destinée à tenir compte de la jurisprudence du Conseil constitutionnel citée n° 71550).

Champ d'application

D'une façon générale, l'article 150-0 A du CGI, qui pose le principe de l'imposition des plus-values privées des personnes physiques, vise les valeurs mobilières admises aux négociations sur un marché réglementé **français ou étranger**, les titres non cotés, français ou étrangers, ou encore les titres représentatifs de droits ou valeurs imposables, y compris, 65721

65721 (suite) notamment, les actions de Sicav ou parts de FCP. Il n'y a pas lieu de distinguer selon que les valeurs, droits ou titres sont émis en France ou hors de France (BOI-RPPM-PVBMI-10-10-10 n° 100). L'administration souligne, en ce sens, que les gains retirés de la cession à titre onéreux de valeurs mobilières et de droits sociaux ainsi que les distributions entrant dans le champ d'application de l'article 150-0 A du CGI sont imposables en France y compris lorsque ces opérations affectent des titres déposés hors de France (BOI-RPPM-PVBMI-10-30-20 n° 10).

Ces dispositions s'appliquent quelle que soit la participation du cédant dans les bénéfices sociaux de la société dont les titres sont cédés, quel que soit son régime fiscal (sociétés de capitaux ou sociétés de personnes), et indépendamment de sa localisation, en France ou hors de France. Depuis le 1er janvier 2018, le **prélèvement forfaitaire unique** de 30 % s'applique ainsi à l'ensemble des plus-values de cession de valeurs mobilières et droits sociaux réalisées par les particuliers dans le cadre de la gestion de leur patrimoine privé (CGI art. 200 A, 1-A-2°) ; il s'applique également, notamment, aux gains suivants :
– distributions de plus-values par certains organismes de placement collectif et répartitions d'actifs par les FCPR et les FPCI (CGI art. 150-0 A, 7 et 7 bis) ;
– distributions de plus-values de cessions de valeurs mobilières réalisées par les FPI (CGI art. 150-0 F) ;
– distributions de plus-values aux actionnaires de SCR lorsqu'elles sont imposables (CGI art. 163 quinquies C, II-1) ;
– profits réalisés à titre occasionnel sur instruments financiers à terme (CGI art. 150 ter) ;
– profits issus d'un compte PME-innovation ;
– plus-values et créances soumises à l'exit tax.

Précisions **a.** Sous l'empire d'une ancienne rédaction de la loi, la cour administrative d'appel de Paris avait jugé que l'absence d'assujettissement d'une **société étrangère** à l'impôt sur les sociétés en France, faute d'y exercer une activité, n'était pas, par elle-même, de nature à permettre l'exonération des plus-values de cession de valeurs mobilières instituée par l'ancien article 160 du CGI (CAA Paris 17 avril 1990 n° 89-626, 2e ch., Lemarchand : RJF 8-9/90 n° 1027 ; arrêt définitif). La Cour avait considéré, implicitement, que la société concernée, en l'espèce néerlandaise, aurait été soumise à l'impôt sur les sociétés si elle avait exercé une activité en France même si, au sens strict, cet examen n'était pas nécessaire car la lettre de l'ancien article 160 ne faisait pas référence à une condition d'assujettissement à l'impôt sur les sociétés. Plus fidèle à la lettre de la loi, le Conseil d'État a confirmé que l'ancien article 160 du CGI était applicable à la cession par une personne physique domiciliée en France d'**actions d'une société luxembourgeoise** qui, si elle avait eu son siège en France, n'aurait pas relevé de l'article 8 du CGI (CE 3 février 2011 n° 329618, 8e et 3e s.-s., Billon : RJF 4/11 n° 442). Cette décision illustre parfaitement le **raisonnement « hypothétique »** suivi par le Conseil d'État (n° 31325) ; comme rien dans la loi n'excluait les sociétés étrangères et comme étaient seulement exclues les sociétés relevant de l'article 8 du CGI, le Conseil d'État a estimé qu'il y avait lieu de rechercher par analogie si la société étrangère aurait relevé de ce régime si elle avait eu son siège en France (un régime de preuve « objective » prévaut en la matière : le juge se détermine à partir des éléments fournis par l'instruction, ce que révèle la formule « il résulte de l'instruction… »).

b. L'article 150-0 A du CGI a été considéré comme applicable à un contribuable qui avait participé à une **offre publique panachée** par laquelle, en échange d'actions jumelées dans des sociétés étrangères, il avait reçu un ensemble de titres, de numéraire et de dividendes ; l'administration considérait que l'attribution de titres, dans la mesure où elle émanait de la société dont le contribuable était actionnaire et non de l'auteur de l'offre publique, était nécessairement soumise au régime fiscal des revenus de valeurs mobilières, mais la Cour a considéré que cette **attribution** n'en consistait pas moins en une **cession à titre onéreux** dès lors qu'elle était subordonnée à l'apport de ses propres actions à l'opération par le contribuable (CAA Douai 16 octobre 2007 n° 06-1137, 2e ch., min. c/ Vermeersch : RJF 4/08 n° 444 ; arrêt définitif) ; en l'espèce, la distribution des titres sociaux en litige ne procédait pas d'une décision de distribuer partiellement son portefeuille de titres en vue de la rémunération des actions de la société distributrice (dans cette affaire, le contribuable avait placé les dividendes reçus sous le régime des revenus mobiliers alors que le numéraire et les actions attribuées avaient été traitées comme des gains de cession de valeurs mobilières).

c. L'**apport** par une personne physique **de titres** d'une société française en contrepartie de la remise de titres d'une société allemande émis par voie d'augmentation de capital constitue une cession d'actions à titre onéreux ; la date à laquelle la cession d'actions d'une société anonyme doit être regardée comme réalisée est celle à laquelle s'opère entre les parties le transfert de propriété des titres (CE 28 novembre 2011 n° 327512, 3e et 8e s.-s., Blain : RJF 2/12 n° 127).

d. Il a été jugé, à propos d'une personne physique domiciliée en France qui avait réalisé en 2011 une plus-value de cession de droits sociaux d'une société pharmaceutique **américaine**, que le **transfert de propriété**, fait générateur de l'imposition, devait être regardé comme intervenu à la date de clôture des opérations d'offre publique d'achat, soit, en l'espèce, en janvier 2012 (TA Paris 27 janvier 2021 n° 1926634, 1e sect., 1e ch. ; ce jugement fait l'objet d'un appel enregistré sous le n° 21PA01431).

Modalités d'imposition

Si une personne physique résidente de France est actionnaire d'une société étrangère, les plus-values de cession des actions qu'elle détient sont, le plus souvent, imposées en France dans les **mêmes conditions** que si les actions avaient été émises par une société française. La plus-value imposable est déterminée par différence entre le prix de cession, diminué des frais de cession et des taxes, et le prix effectif d'acquisition majoré des frais correspondants. Pour les opérations réalisées sur un marché étranger, le cours doit être converti en euros selon le **taux de change** en vigueur à la date de l'opération. En effet, ainsi que le Conseil d'État l'a confirmé à propos de l'imposition par une personne physique domiciliée en France d'actions d'une société américaine, acquises en dollars américains en 2013 et cédées dans la même monnaie en 2015, il convient de déterminer les prix effectifs d'acquisition et de cession en euros (CE 13 septembre 2021 n° 443914, 8e et 3e ch. : RJF 12/21 n° 1111, précisant que les gains ou pertes de change constituent une composante des gains nets ou moins-values réalisés prise en compte pour la détermination de l'assiette imposable). **65725**

Pour les plus-values réalisées depuis le 1er janvier 2018, le prélèvement forfaitaire unique de 30 % est assis sur le montant des plus-values subsistant après l'imputation des pertes, sans abattement. Par exception, un abattement fixe de 500 000 € est applicable aux plus-values de cession de titres réalisées par les dirigeants de **PME** partant à la retraite (cessions et rachats réalisés du 1er janvier 2018 au 31 décembre 2024), sous réserve, notamment, que les titres aient été détenus depuis au moins un an, que le cédant cesse toute fonction dans la société dont les titres ou droits sont cédés et qu'il fasse valoir ses droits à la retraite dans les deux années suivant ou précédant la cession (CGI art. 150-0 D ter ; délai porté à trois ans lorsque le cédant a fait valoir ses droits à la retraite entre le 1er janvier 2019 et le 31 décembre 2021) ; cet abattement est applicable en cas de cession de titres d'une **société étrangère** si celle-ci a son siège de direction effective dans un État membre de l'Union européenne ou dans un autre État partie à l'accord sur l'Espace économique européen ayant conclu avec la France une convention d'assistance administrative en vue de lutter contre la fraude et l'évasion fiscales, et si elle respecte la condition d'assujettissement à l'impôt sur les sociétés dans les conditions de droit commun en cas d'exercice d'une activité en France.

Les **moins-values** sont imputées prioritairement sur les plus-values de l'année puis, le cas échéant, sur celles des dix années suivantes ; la CSG n'est pas déductible.

Option globale pour le barème progressif

Les plus-values et autres gains entrant dans le champ du prélèvement forfaitaire unique peuvent, sur option expresse et irrévocable du contribuable, être soumis au barème progressif de l'impôt sur le revenu (CGI art. 200 A, 2 ; voir n° 1955). Les gains concernés sont alors pris en compte dans le revenu net global pour leur montant net mais les abattements suivants sont applicables pour l'imposition des plus-values de cession de **titres acquis avant le 1er janvier 2018** : **65726**

- abattement de droit commun pour **durée de détention** de 50 % (titres détenus depuis au moins deux ans et moins de huit ans) ou 65 % (titres détenus depuis au moins huit ans) ; cet abattement est applicable sans restriction géographique (CGI art. 150-0 D, 1 ter) ;
- abattement renforcé pour les titres de **PME** de moins de dix ans (CGI art. 150-0 D, 1 quater), aux taux de 50 % (titres détenus depuis au moins un an et moins de quatre ans), 65 % (titres détenus depuis au moins quatre ans et moins de huit ans) et 85 % (titres détenus depuis au moins huit ans) ; cet abattement ne concerne que les titres de sociétés passibles de l'impôt sur les bénéfices ou d'un impôt équivalent et dont le siège social est situé dans un État membre de l'Union européenne ou dans un autre État partie à l'accord sur l'Espace économique européen ayant conclu avec la France une convention d'assistance administrative en vue de lutter contre la fraude et l'évasion fiscales (Islande, Liechtenstein et Norvège) ;
- le cas échéant, **abattement fixe** de 500 000 € (n° 65725), non cumulable avec les précédents.

Les plus-values de cession de titres acquis ou souscrits **depuis le 1er janvier 2018** sont exclues du champ d'application de ces abattements, sauf de l'abattement fixe de 500 000 €.

Précisions **a.** Une liste des **impôts équivalents** à l'impôt sur les sociétés français pour les autres États parties à l'Espace économique européen est donnée au BOI-ANNX-000071.

b. Il avait été jugé, sous l'empire d'une ancienne législation qui prévoyait également un abattement pour durée de détention, que l'exclusion des **sociétés suisses** n'était pas contraire au principe de libre circulation des capitaux (CE 21 novembre 2011 n° 329439, 8e et 3e s.-s., Beaumont : RJF 2/12 n° 128 aux conclusions Laurent Olléon au BDCF 2/12 n° 21 ; voir aussi n° 81987).

c. L'ancien abattement applicable aux plus-values de cession de participations à l'intérieur du **groupe familial** ainsi que l'abattement proportionnel pour les plus-values de cession de titres réalisées par les dirigeants partant à la **retraite** ne sont plus applicables depuis le 1er janvier 2018.

Rachat par une société étrangère de ses propres actions

65735 En ce qui concerne le gain réalisé par un actionnaire résident de France lors du rachat par une société étrangère de ses propres actions, les solutions sont identiques à celles qui sont applicables lorsque le rachat est réalisé par une société française ; l'article 120, 3° du CGI, dans sa rédaction applicable depuis le 1er janvier 2015, précise, en effet, que les sommes ou valeurs attribuées aux associés ou actionnaires au titre du rachat de leurs parts ou actions sont soumises au même régime fiscal que les sommes ou valeurs mentionnées au 6° de l'article 112 du même Code, à savoir le **régime des plus-values** (n° 65910).

Si le gain a été imposé dans l'État de résidence de la société étrangère, la question de l'élimination de la double imposition doit être résolue en fonction des stipulations de la convention fiscale éventuellement applicable ; un **crédit d'impôt** pourrait être imputé en France si la convention le prévoit. À notre avis, si la convention fiscale reprend les règles habituelles, un crédit d'impôt devrait pouvoir être imputé en France même si le revenu a été traité à l'étranger comme un dividende alors qu'il est traité en France comme une plus-value ; en effet, pour la détermination du droit au crédit d'impôt, il importe seulement (sous réserve de stipulations conventionnelles spécifiques) que « le revenu » ait fait l'objet d'une imposition conformément à la convention et que le crédit d'impôt n'excède pas le montant de l'impôt français correspondant au revenu étranger, sans qu'il y ait lieu d'exiger que le revenu en cause ait reçu la même qualification dans le pays étranger et en France (si l'imposition étrangère à la source n'est pas imputable en France, elle devrait, à tout le moins, être considérée comme réduisant le prix du rachat).

Précisions La notion de « rachat » n'est pas définie par la loi ; s'agissant de sociétés étrangères, il y a lieu de procéder par assimilation. À notre avis, une **réduction de capital** ne devrait pas s'analyser comme un rachat au sens du droit français ; en effet, les opérations de réduction de capital sans rachat restent traitées comme des distributions, bien que leurs effets soient très proches de ceux des opérations de rachat suivies de l'annulation des titres rachetés (la qualification de rachat suppose que la société qui réalise l'opération devienne juridiquement propriétaire des titres). Il en va de même des **liquidations sans rachat**.

Modalités déclaratives

65740 Les contribuables ayant réalisé des opérations imposables sont tenus de produire une déclaration spéciale en même temps que leur déclaration d'ensemble des revenus, afin de faire apparaître le montant du gain net imposable et les éléments nécessaires à sa détermination (déclaration modèle n° 2074). Cette déclaration doit être remplie pour les cessions de titres de sociétés françaises ou étrangères.

Parts de « carried interest » dans des fonds étrangers

65742 Le régime fiscal applicable aux gains nets de cession ou de rachat de parts ou actions de « carried interest » de FCPR, FCPI, SCR ou autres entités de même nature (mécanisme destiné à rémunérer les équipes de gestion des structures d'investissement de capital-risque), qui repose sur l'application du régime d'imposition des **plus-values** sous certaines conditions (parts ou actions souscrites ou acquises moyennant un prix correspondant à leur valeur réelle, représentant selon les cas au moins 1 % ou 0,5 % du montant total des souscriptions dans le fonds, délais à respecter, etc.), est applicable aux entités similaires constituées hors de France (CGI art. 150-0 A, II-8 ; BOI-RPPM-PVBMI-60-10) ; si les conditions ne sont pas respectées, le régime des traitements et salaires est applicable en vertu de l'article 80 quindecies du CGI.

D'une façon générale, le régime des plus-values de cession de valeurs mobilières s'applique aux gains nets réalisés par les salariés ou dirigeants soumis au régime fiscal des salariés d'une entité, constituée dans un État membre de l'**Union européenne** ou dans un autre État partie à l'accord sur l'Espace économique européen ayant conclu avec la France une **convention d'assistance** administrative en vue de lutter contre la fraude et l'évasion fiscales (Islande, Liechtenstein et Norvège) et dont l'objet principal est d'investir dans des sociétés dont les titres ne sont pas admis aux négociations sur un marché d'instruments financiers français ou étranger, ou d'une société qui réalise des prestations de services liées à la gestion de cette entité, lorsque les titres cédés ou rachetés sont des droits représentatifs d'un placement financier dans cette entité donnant lieu à des droits différents sur l'actif net ou les produits de l'entité et sont attribués en fonction de la qualité de la personne, ainsi qu'aux distributions, représentatives des plus-values réalisées par l'entité, perçues par ces mêmes salariés ou dirigeants en rémunération de ces droits.

Comme les conditions d'application de ce régime peuvent être contraignantes, un dispositif plus favorable a été mis en place pour les **nouveaux résidents** par l'article 42 de la loi nº 2018-1317 du 28 décembre 2018 de finances pour 2019, afin de renforcer l'attrait de la France pour les gestionnaires d'entités d'investissement de capital risque, dans le cadre du Brexit (CGI art. 150-0 A, II-9, applicable aux gains réalisés et distributions perçues depuis le 11 juillet 2018) ; le régime d'imposition des plus-values (**prélèvement forfaitaire unique** au taux de 30 % ; nº 1950) est applicable aux gains et distributions perçus au titre des parts de « carried interest » par certains salariés et dirigeants de fonds constitués à l'étranger qui se sont installés en France depuis le 11 juillet 2018 (ou qui s'y installeront jusqu'au 31 décembre 2022), dans le respect des conditions suivantes :
– le bénéficiaire ne doit pas avoir été domicilié en France au cours des trois années civiles précédentes (par exemple, un contribuable qui transfère son domicile en France en 2020 ne doit pas avoir été résident de France entre 1er janvier 2017 et le 31 décembre 2019) ;
– il doit détenir des parts ou actions émises par une entité ayant pour objet principal d'investir dans des sociétés dont les titres ne sont pas admis aux négociations sur un marché d'instruments financiers ou des droits représentatifs d'un placement financier dans cette entité qui donnent lieu à des droits différents sur l'actif net ou les produits de l'entité et attribués en fonction de la qualité de la personne ;
– l'entité d'investissement doit être constituée hors de France dans un État partie à l'accord sur l'Espace économique européen ou dans un État ou territoire ayant conclu avec la France une convention d'assistance administrative en vue de lutter contre la fraude et l'évasion fiscales ;
– le bénéficiaire doit avoir souscrit, obtenu ou acquis les parts, actions ou droits à une date à laquelle il était fiscalement domicilié hors de France ou préalablement à l'établissement de son domicile fiscal en France ; en outre, ces parts, actions ou droits doivent avoir été, au moins en partie, souscrits, obtenus ou acquis à titre onéreux (en quelque sorte, le bénéficiaire doit avoir pris un certain risque) ;
– enfin, le bénéficiaire doit être salarié, prestataire, associé ou dirigeant de l'entité d'investissement ou d'une société réalisant des prestations de services liées à la gestion de cette entité et percevoir une rémunération normale à ce titre.

Si les conditions précédentes ne sont pas respectées, les gains et distributions sont passibles de l'impôt sur le revenu suivant les règles des traitements et salaires (CGI art. 80 quindecies).

Précisions Le bénéfice de ce régime n'est pas cumulable avec celui des **impatriés** prévu à l'article 155 B, II du CGI qui exonère à hauteur de 50 % certains revenus passifs perçus à l'étranger (nº 2300).

b. Mécanisme du sursis d'imposition (CGI art. 150-0 B)

Principes

La loi de finances pour 2000 (nº 65720) a grandement simplifié le dispositif, en remplaçant l'ancien système de report d'imposition des plus-values d'échange par un régime général de sursis d'imposition (le mécanisme du report d'imposition est toutefois maintenu en cas de contrôle par l'apporteur ; nº 65775). Dans un mécanisme de report d'imposition, la plus-value est constatée au titre de l'année de l'échange de titres, mais son imposition est différée au moment où s'opérera la cession des titres reçus en échange. Au contraire, avec un système de sursis, l'opération est considérée comme présentant un **caractère intercalaire** et n'est donc pas prise en compte pour l'établissement de l'impôt sur le revenu au titre de l'année de l'échange de titres ; mais, lors de la cession ultérieure des titres reçus en échange, le gain réalisé est calculé à partir du prix ou de la valeur d'acquisition des titres d'origine remis à l'échange. **65750**

D'une façon générale, les opérations d'échange de titres sont placées sous un régime de sursis d'imposition sous réserve des apports de titres à des sociétés contrôlées par l'apporteur, qui entrent dans le champ du report d'imposition (nº 65775).

Champ d'application

65752 Le régime du sursis d'imposition est codifié à l'article 150-0 B du CGI, qui vise notamment :
– les opérations d'offre publique, de fusion, de scission ou d'absorption d'un FCP par une Sicav, réalisées conformément à la réglementation en vigueur ;
– les apports de titres à des sociétés soumises à l'impôt sur les sociétés ;
– les opérations de conversion, de division ou de regroupement.

Le sursis concerne les personnes physiques qui ont réalisé des plus-values d'échange imposables en application de l'article 150-0 A du CGI, quelle que soit la nature juridique des titres échangés, en l'absence de **soulte** excédant 10 % de la valeur nominale des titres reçus (la plus-value est, à concurrence du montant de cette soulte, imposée au titre de l'année de l'échange).

65755 Lorsque le sursis d'imposition s'applique, l'échange de titres est fiscalement inexistant et aucune formalité n'est à accomplir. Ce système n'a pas, naturellement, pour effet d'exonérer définitivement la plus-value d'échange, puisque celle-ci devient imposable lors de la **cession ultérieure** des titres reçus en échange, ou de leur rachat, remboursement ou annulation.

Précisions En ce qui concerne les conséquences du **transfert du domicile fiscal** hors de France, voir nos 3675 s.

Opérations au bénéfice de sociétés étrangères

65760 Les opérations de fusion ou de scission au bénéfice de sociétés étrangères peuvent bénéficier du sursis d'imposition, à condition (CGI art. 150-0 B, al. 2 ; BOI-RPPM-PVBMI-30-10-20-10 no 140) :
– qu'il s'agisse effectivement d'une opération de **fusion** ou de **scission** au sens de la réglementation étrangère applicable ;
– que l'opération soit réalisée dans un État membre de l'**Union européenne** ou dans un État ayant conclu avec la France une convention fiscale contenant une clause d'**assistance administrative** en vue de lutter contre la fraude et l'évasion fiscales (no 74082) ou que le dépositaire des titres échangés (le teneur de compte de titres) soit établi dans l'un de ces États ou en France.

Lorsque ces conditions sont remplies, le sursis est de droit, quels que soient les pays considérés, même s'ils sont **en dehors de l'Union européenne** (sous réserve de l'existence d'une convention fiscale contenant une clause d'assistance administrative).

Le sursis d'imposition peut, sous les mêmes conditions qu'en présence d'opérations françaises, s'appliquer **en cas d'apport** de valeurs mobilières ou de droits sociaux à une société de capitaux ou assimilée établie hors de France et soumise à un impôt équivalent à l'impôt sur les sociétés ; dans ce cas, l'opération doit, comme pour les échanges résultant de fusions ou de scissions, être réalisée dans un État membre de l'Union européenne ou dans un État ayant conclu avec la France une convention fiscale contenant une clause d'assistance administrative en vue de lutter contre la fraude et l'évasion fiscales. L'administration précise que lorsque la société bénéficiaire de l'apport est établie hors de France, les critères relatifs à sa forme sociale et à son assujettissement à un impôt équivalent à l'impôt sur les sociétés doivent être appréciés par comparaison avec la situation de sociétés établies en France (BOI préc. nos 80 et 100).

65763 Le sursis s'applique à des opérations d'**offres publiques d'échange** effectuées hors de France et réalisées conformément à la réglementation en vigueur dans l'État où elles se déroulent si l'une ou l'autre des conditions suivantes est remplie (BOI-RPPM-PVBMI-30-10-20-10 no 120) :
– l'opération se déroule dans un État membre de l'**Union européenne** ou dans un État ayant conclu avec la France une convention fiscale contenant une clause d'**assistance administrative** en vue de lutter contre la fraude ou l'évasion fiscale,
– le **dépositaire** des titres échangés, c'est-à-dire le teneur de comptes de titres, est établi en France ou, dans un autre État de l'Union européenne ou dans un État ayant conclu avec la France une convention fiscale contenant une clause d'assistance administrative (une OPE lancée hors de France peut donc être éligible même en l'absence de convention fiscale si, par exemple, le teneur de comptes est en France).

Le sursis d'imposition s'applique également, sous la restriction géographique mentionnée n° 65760, aux opérations de fusion ou scission d'**OPCVM étrangers** si elles sont réalisées conformément à la réglementation en vigueur et si les OPCVM concernés présentent les mêmes caractéristiques que les OPCVM français (BOI-RPPM-PVBMI-30-10-20-10 n° 190). 65765

Toujours dans les mêmes conditions, le sursis s'applique enfin aux opérations de **conversion**, **division** et **regroupement** réalisées par des sociétés établies hors de France, si la législation étrangère est comparable à la législation française (conversion ou échange d'obligations en actions, remboursement en actions d'obligations, etc. ; BOI préc. n°s 240 et 250).

À propos de l'ancien système de report d'imposition, une ancienne réponse ministérielle Badré (JO Sénat, 2 juillet 1998, p. 2144), qui reste valable sur le plan des principes, avait précisé que le report était applicable, toutes autres conditions étant satisfaites, aux **apports** faits à des **sociétés belges**, **danoises** ou **luxembourgeoises** soumises au régime fiscal de droit commun des sociétés mères, sans égard au fait que le droit interne de ces pays prévoie, sous certaines conditions, l'exonération des plus-values de cession. Cette solution est transposable au sursis d'imposition de l'article 150-0 B du CGI, étant rappelé toutefois que les personnes physiques dans cette situation doivent ultérieurement veiller, le cas échéant, à respecter les prescriptions de l'article 123 bis du CGI (n°s 73670 s.). 65767

c. Report d'imposition en cas de contrôle par l'apporteur (CGI art. 150-0 B ter)

Principes

L'article 18 de la loi n° 2012-1510 du 29 décembre 2012 de finances rectificative pour 2012 a aménagé le traitement des apports de titres réalisés depuis le 14 novembre 2012 au bénéfice d'une société soumise à l'impôt sur les sociétés que l'apporteur contrôle (mesure destinée à encadrer les « **apports-cessions** ») ; ces apports ont cessé d'être régis par l'article 150-0 B du CGI, et de se voir ainsi reconnaître un caractère purement intercalaire, pour ressortir désormais à un mécanisme de report (en revanche, les fusions ou scissions demeurent dans le champ d'application du sursis prévu par l'article 150-0 B du CGI). 65775

Selon l'article 150-0 B ter du CGI, lorsque le contribuable détient à l'issue de l'apport le contrôle de la société à laquelle il a apporté ses titres, la plus-value d'apport bénéficie d'un **report d'imposition** dont le maintien suppose le respect de deux conditions : la conservation des titres reçus en rémunération de l'apport (de la même façon que pour les titres issus d'un apport bénéficiant du sursis, sous réserve de la possibilité de maintenir le report en cas d'échanges successifs) et, au cours de la période de **trois ans** qui suit l'apport, la conservation par la société bénéficiaire des titres qui lui ont été transférés (sous réserve de la possibilité d'effectuer certains **réinvestissements** économiques à hauteur d'au moins 60 % dans un délai de deux ans ; sont exclues du bénéfice de cette dérogation les activités de gestion, par la société bénéficiaire de l'apport, de son propre patrimoine mobilier ou immobilier).

La condition selon laquelle la **société bénéficiaire de l'apport est contrôlée** par le contribuable est appréciée à la date de l'apport ; le contribuable est considéré comme contrôlant la société bénéficiaire :

– lorsque la majorité des **droits de vote** ou des droits dans les bénéfices sociaux de cette société est détenue, directement ou indirectement, par le contribuable ou par l'intermédiaire de son conjoint ou de leurs ascendants ou descendants ou de leurs frères et sœurs ;

– ou lorsqu'il dispose seul de la majorité des droits de vote ou des droits dans les bénéfices sociaux de cette société en vertu d'un accord conclu avec d'autres associés ou actionnaires ;

– ou lorsqu'il y exerce en fait le **pouvoir de décision**.

Le contribuable est présumé exercer le contrôle de la société bénéficiaire lorsqu'il dispose, directement ou indirectement, d'une fraction des droits de vote ou des droits dans les bénéfices sociaux égale ou supérieure à **33,33 %** et qu'aucun autre associé ou actionnaire ne détient, directement ou indirectement, une fraction supérieure à la sienne (l'administration souligne que l'absence de contrôle de la société bénéficiaire de l'apport résultant d'une rémunération du contribuable sous forme d'obligations convertibles en actions peut éventuellement être abusive ; BOI-RPPM-PVBMI-30-10-60-10 n° 90).

65775 (suite) Ce mécanisme concerne l'ensemble des titres entrant dans le champ d'application de l'article 150-0 A du CGI, ce qui exclut ceux détenus dans des sociétés non soumises à l'impôt sur les sociétés dont l'actif est principalement constitué d'immeubles. Il est applicable non seulement aux apports réalisés en France mais aussi à ceux qui sont réalisés dans l'Union européenne ou dans un État ou territoire ayant conclu avec la France une **convention fiscale** contenant une clause d'assistance administrative en vue de lutter contre la fraude et l'évasion fiscales (par erreur, le BOI-RPPM-PVBMI-30-10-60-10 n° 20 omet de préciser qu'il doit s'agir d'une convention « fiscale ») ; la société bénéficiaire doit être une société soumise à l'impôt sur les sociétés ou à un impôt équivalent et la **soulte** éventuelle ne doit pas excéder 10 % de la valeur nominale des titres reçus en rémunération (la plus-value est, à concurrence du montant de cette soulte, imposée au titre de l'année de l'échange).

En ce qui concerne les modalités d'imposition **à l'expiration du report**, le prélèvement forfaitaire unique est applicable aux plus-values résultant d'opérations d'apport réalisées depuis le 1er janvier 2018 (CGI art. 200 A 2 ter). Sur le cas des contribuables résidents qui sont devenus non-résidents à l'expiration du report, voir n° 65777, sachant qu'en lui-même un mécanisme de report n'est pas contraire au **droit de l'Union européenne** (CJUE 22 mars 2018 aff. jointes 327/16 et 421/16, 1e ch. : RJF 6/18 n° 713 ; voir n° 88390). Dans le même sens, CE 30 novembre 2020 n° 435627, 8e ch. : RJF 3/21 n° 278, rappelant la jurisprudence de la Cour de justice et jugeant qu'une mesure qui consiste à constater la plus-value issue d'une opération d'échange de titres et à reporter le fait générateur de l'imposition de cette plus-value jusqu'à l'année au cours de laquelle intervient l'événement mettant fin au report constitue uniquement une « technique » qui permet de sauvegarder la compétence fiscale des États membres et respecte le principe de neutralité fiscale posé par la directive fusions du 19 octobre 2009 (cette décision, rejetant un recours pour excès de pouvoir, juge également que la directive est sans incidence sur l'imposition du **donataire**, lorsque les titres ont fait l'objet d'une donation).

Enfin, il est constant que l'administration a la faculté d'invoquer **l'abus de droit** pour refuser le bénéfice du report, si elle a réuni les éléments nécessaires (CE 9 novembre 2020 n° 440527, 8e ch. : RJF 2/21 n° 183, rejetant un recours pour excès de pouvoir contre une ancienne doctrine administrative affirmant que l'administration pouvait éventuellement invoquer l'abus de droit pour imposer la soulte reçue) ; le Conseil d'État juge notamment que la directive européenne ne s'y oppose pas, dès lors qu'il résulte de la jurisprudence de la Cour de justice que les États membres peuvent refuser aux opérations d'échange de titres les avantages fiscaux prévus par la directive si ces opérations ont comme objectif principal la fraude ou l'évasion fiscales, l'absence de **motif économique valable** pouvant constituer une présomption sous réserve que soit procédé à un examen global des situations d'espèce (n° 88485). Par exemple, il a été jugé que l'abus de droit était démontré au cas d'une personne physique considérée comme domiciliée en France, qui avait procédé à deux apports successifs à des **sociétés luxembourgeoises** lui permettant de bénéficier deux fois de **soultes** injustifiées et dont le montant total dépassait le seuil de 10 % (TA Paris 3 mars 2021 n° 1925465, 1e sect., 1e ch., faisant l'objet d'un appel enregistré sous le n° 21PA02328) ; ce jugement rappelle que l'abus de droit est invocable dès lors qu'un report présente l'intérêt de différer l'imposition et qu'il a nécessairement pour effet de minorer l'assiette de l'année au titre de laquelle l'impôt est normalement dû à raison de la situation et des activités réelles du contribuable.

Précisions **a.** Le contribuable doit constater **deux plus-values** : celle qui est réalisée lors de l'apport placé en report d'imposition jusqu'à la cession des titres reçus en échange (ou, sauf réinvestissement, la cession par la société bénéficiaire des titres apportés dans un délai de trois ans à compter de l'apport) et une plus-value de cession correspondant à la plus-value réalisée depuis l'apport. La question de la compatibilité avec l'article 8 de la **directive fusions** (n° 88292) de l'application de règles différentes à la plus-value de cession (règles d'assiette et de taux en vigueur lors de la cession, déduction faite, le cas échéant, des abattements pour durée de détention) et à la plus-value d'échange dont le report d'imposition prend fin lors de la cession (règles d'assiette et de liquidation en vigueur lors de l'échange) avait été posée à la Cour de justice qui avait répondu que le traitement fiscal devait être le même, tant en ce qui concerne l'assiette que le taux d'imposition (n° 88390). Le Conseil constitutionnel, saisi ensuite par le Conseil d'État dans cette même affaire, au motif que les conditions d'imposition des plus-values réalisées avant le 1er janvier 2013 et placées en report d'imposition sont moins favorables lorsque les opérations d'échange d'actions n'entrent pas dans les prévisions de la directive fusions que lorsqu'elles y entrent, a jugé que la **différence de traitement** était fondée sur une différence de situation en rapport direct avec l'objet de la loi (Cons. const. 3 avril 2020 n° 2019-832/833 QPC : RJF 6/20 n° 551, refusant d'y voir une discrimination à rebours qui aurait été inconstitutionnelle ; n° 81415). Dans cette affaire, il a été confirmé que l'abattement pour durée de détention ne peut s'appliquer aux plus-values réalisées **antérieurement au 1er janvier 2013** et placées en report d'imposition, que les commentaires administratifs sur ce point ne méconnaissent pas la portée des dispositions législatives qu'ils ont pour objet d'interpréter et que l'article 20 de la **Charte des droits fondamentaux** de l'Union européenne est sans incidence, dès lors qu'elle s'applique aux États membres lorsqu'ils mettent en œuvre le droit de l'Union européenne et non aux situations seulement régies par le droit interne (CE 1er juillet 2020 n° 423044, 8e ch. et, même jour, n° 423118 : RJF 10/20 n° 790). Dans le même sens, CE 31 mars 2021 nos 441912 et 441918, 8e et 3e ch. : RJF 6/21 n° 596 jugeant que le fait que des plus-values d'abord placées en report d'imposition soient finalement imposées sous le bénéfice d'un abattement pour durée de détention lorsqu'elles sont afférentes à des opérations entrant dans le **champ matériel et territorial de la directive** fusions alors que tel n'est pas le cas en présence d'opérations purement internes, crée une différence de traitement qui n'est pas critiquable, car elle trouve sa justification dans le nécessaire respect de la directive fusions, telle qu'interprétée par la Cour de justice dans les affaires 662/18 et 672/18 (n° 88390 ; le respect des exigences découlant du droit de l'Union européenne constitue un objectif d'intérêt public légitime de nature à justifier une différence de traitement entre des situations au demeurant comparables, selon qu'elles sont ou non régies par ces règles). L'administration précise également que, pour les situations n'entrant pas dans le champ de la directive fusions, le taux applicable est celui de la date de réalisation de l'opération d'échange ouvrant droit au report d'imposition et non pas celui de l'année où expire le report, la solution retenue par la Cour de justice étant sans incidence à cet égard (BOI-RPPM-PVBMI-30-20 nos 190 s.). Ces solutions ont été reprises par CAA Bordeaux 24 février 2022 n° 20BX01447, 7e ch., dans un contexte franco-américain (pourvoi enregistré sous le n° 463494).

b. Une liste des **impôts équivalents** à l'impôt sur les sociétés français pour les autres États parties à l'Espace économique européen (EEE) est donnée au BOI-ANNX-000071.

c. D'une façon générale, il résulte des décisions rendues alors que la loi n'était pas explicite, qu'une opération d'**apport-cession** au cours de laquelle des titres d'une société sont apportés par un contribuable à une société qu'il contrôle puis sont immédiatement cédés par cette dernière doit être regardée comme poursuivant un **but exclusivement fiscal** lorsque le produit de cession ne fait pas l'objet d'un réinvestissement à bref délai dans une activité économique (à propos de l'article 150-0 B du CGI ; pour un exemple, voir n° 72640 f) ; dans cette circonstance, il n'est contraire ni à la directive fusions (nos 88290 s.) ni à la jurisprudence de la Cour de justice de refuser, le cas échéant, le bénéfice de la directive (CE QPC 22 septembre 2017 n° 412408, 10e et 9e ch. : RJF 12/17 n° 1226, refusant également de renvoyer au Conseil constitutionnel une question prioritaire de constitutionnalité concernant la sanction de l'abus de droit résultant de cette interprétation de l'article 150-0 B du CGI).

d. Le **transfert du domicile fiscal hors de France** constitue un événement mettant fin au report d'imposition (BOI-RPPM-PVBMI-30-10-60-20 n° 300 ; n° 3684). En cas de transmission par voie de donation ou de don manuel des titres reçus en rémunération de l'apport et de transfert hors de France du domicile fiscal du donataire, voir BOI-RPPM-PVBMI-30-10-60-30 nos 220 s.

Incidence de la résidence fiscale à la date de l'expiration du report

La jurisprudence a clarifié la situation des contribuables qui avaient bénéficié de reports d'imposition alors qu'ils étaient non-résidents ou qui, étant résidents lors d'une opération d'apport bénéficiant d'un report d'imposition, avaient cédé les titres alors qu'ils étaient devenus non-résidents. Cette clarification a été apportée à l'occasion d'affaires régies par d'anciennes dispositions législatives mais elle est transposable à la législation actuelle, étant donné que les principes sont identiques. **65777**

Saisie par le Conseil d'État, la Cour de justice a d'abord confirmé que l'État de résidence du contribuable qui réalise une plus-value d'apport placée en report d'imposition peut **imposer cette plus-value ultérieurement** même si l'intéressé est devenu non-résident à la date de la cession ; il doit simplement être tenu compte des **moins-values** s'il en est tenu compte dans un cadre purement interne (CJUE 22 mars 2018 aff. jointes 327/16 et 421/16, 1e ch. : RJF 6/18 n° 713 ; voir n° 88390).

Le Conseil d'État en a ensuite tiré les conséquences suivantes :
– à propos d'un contribuable domicilié en France qui avait apporté en décembre 1996, en bénéficiant d'un report d'imposition, des titres d'une société française à une autre société française et qui avait **transféré sa résidence fiscale** en Belgique en octobre 2004 avant de céder, en décembre 2007, la totalité des titres reçus à l'occasion de l'opération d'échange initiale (CE 27 juin 2018 n° 393881, 8e et 3e ch. : RJF 10/18 n° 1056) : le Conseil d'État réaffirme que le droit de l'Union européenne ne s'oppose pas à ce que la France puisse imposer la plus-value en report et confirme que l'article 18 de la **convention franco-belge** du

65777 (suite) 10 mars 1964, relatif aux revenus non dénommés, ne fait pas obstacle à ce que l'État d'imposition de la plus-value résultant de l'échange de titres soit celui dont le contribuable était résident au moment du fait générateur que constitue sa réalisation (cette affaire a donné lieu à la décision 327/16 précitée de la Cour de justice, sur renvoi du Conseil d'État par CE 31 mai 2016 n° 393881, Ass. : RJF 8-9/16 n° 761) ;

– à propos d'un **contribuable non-résident**, domicilié au Royaume-Uni depuis 1997, qui avait apporté en décembre 1999 des titres d'une société française à une société luxembourgeoise en bénéficiant d'un report d'imposition et qui avait cédé en 2002 une partie des titres de la société luxembourgeoise, soutenant avoir réalisé, lors de la cession, une moins-value qui compensait en totalité la plus-value constatée au titre de 1999 (CE 25 juin 2018 n° 360352, 8e et 3e ch. : RJF 10/18 n° 1047) : le Conseil d'État juge que l'intéressé était seulement fondé à soutenir que l'administration ne pouvait imposer la plus-value constatée à l'occasion de l'apport sans imputer sur cette plus-value la **moins-value réalisée lors de la cession** ultérieure des titres reçus en échange ; la décision précise en outre qu'il y avait lieu de retenir comme prix d'acquisition des titres cédés leur valeur à la date de l'échange, sans qu'il y ait lieu de tenir compte d'opérations ultérieures de souscription d'actions de la société luxembourgeoise sans lien avec l'opération initiale d'échange, et qu'il fallait **calculer la moins-value** en se fondant uniquement sur ceux des titres de la société luxembourgeoise vendus en 2002 et acquis lors de l'opération d'échange et non sur la totalité des titres vendus le même jour (cette décision tire les conséquences de l'arrêt 421/16, précité, de la Cour de justice qui avait été saisie par CE 19 juillet 2016 n° 360352, 8e et 3e ch. : RJF 11/16 n° 1043).

Dans le même mouvement, le Conseil d'État a annulé la doctrine administrative qui refusait que soit combiné un ancien mécanisme de report d'imposition et un report d'imposition établi sur le fondement de l'article 150-0 B ter du CGI (CE 25 juin 2018 n° 404689, 8e et 3e ch. : RJF 10/18 n° 967, annulant le n° 550 du BOI-RPPM-PVBMI-30-10-60 dans sa version du 4 mars 2016).

Sur le même sujet, voir également CE 21 avril 2017 n° 392317, 10e et 9e ch. (RJF 7/17 n° 740) et CE 29 mars 2019 n° 392317, 10e ch. (RJF 6/19 n° 612), à propos de contribuables qui avaient bénéficié d'un report d'imposition en 1992 puis s'étaient domiciliés en Belgique en 2005 avant de céder en 2008 une partie des titres reçus en contrepartie de l'apport initial ; le Conseil d'État reprend les principes précédents et juge que la plus-value d'échange était passible de l'impôt sur le revenu en France au titre de l'année au cours de laquelle la cession des titres avait mis fin partiellement au report d'imposition dont bénéficiaient les contribuables.

Ces solutions sont, au demeurant, dans la ligne de précédents jurisprudentiels concernant des affaires traitées avant que la Cour de justice ne confirme le bien-fondé de l'imposition :

– à propos d'un contribuable qui avait **transféré son domicile fiscal en Allemagne** en 2001 et qui avait réalisé une plus-value d'échange en 1998, dont il avait demandé le report d'imposition (législation de l'époque), le Conseil d'État avait confirmé que la **convention fiscale** franco-allemande ne faisait pas obstacle à l'imposition de la plus-value en France car l'échange des titres réalisé en 1998 devait être regardé comme une « cession » et, à cette date, le contribuable était résident de France (CE 3 décembre 2014 n° 364506, 3e et 8e s.-s. : RJF 3/15 n° 208 ; sur renvoi, le bien-fondé de l'imposition a été confirmé par CAA Paris 21 novembre 2018 n° 14PA05185, 2e ch., arrêt définitif, au motif que l'intéressé était résident de France lors de l'échange initial et que la convention fiscale ne faisait pas obstacle à l'imposition prévue par le droit interne) ;

– à propos d'un contribuable qui avait été soumis à l'**exit tax** au titre d'une plus-value en report et qui avait réalisé une plus-value une fois devenu résident de Belgique, il avait été jugé que les plus-values placées en report d'imposition pouvaient être imposées au titre de l'année au cours de laquelle le report aurait cessé (CE 2 mars 2015 n° 354932, 10e s.-s, rejetant un pourvoi contre CAA Paris 20 octobre 2011 n° 10PA02814, 2e ch.) ; cette décision avait également souligné que l'État d'imposition de la plus-value s'entend de celui dont le contribuable était résident au moment de sa réalisation, les dispositions relatives au report d'imposition ayant pour seul effet de permettre, par dérogation à la règle suivant laquelle le fait générateur de l'imposition d'une plus-value est constitué au cours de l'année de sa réalisation, de la rattacher à l'année au cours de laquelle intervient l'événement qui met fin au report d'imposition.

D'autres exemples sont fournis par les affaires suivantes :

– CAA Versailles 9 juin 2015 n° 13VE01964, 3e ch. : RJF 12/15 n° 1014, reprenant les principes mais annulé par le Conseil d'État, dans la mesure où la Cour avait jugé à tort que la **moins-value de cession** réalisée par le contribuable, devenu résident de Belgique, n'était pas imputable sur la plus-value d'échange (CE 28 décembre 2018 n° 392589, 10e ch. : RJF 3/19

n° 268, tirant les conséquences de l'arrêt du 22 mars 2018 de la Cour de justice ; sur renvoi, un non-lieu a été prononcé par CAA Versailles 14 janvier 2020 n° 18VE04355, 1e ch.) ;
– CAA Versailles 27 mai 2015 n° 12VE01811, 1e ch., arrêt définitif jugeant, alors que la position de la Cour de justice n'était pas encore connue, que la contribuable, qui ne s'était pas établie en Belgique pour des **raisons professionnelles**, ne pouvait pas utilement soutenir que l'impossibilité dans laquelle elle se trouvait, en raison de sa situation de non-résidente à la date de la cession des titres, d'imputer la moins-value de cession sur la plus-value en report, serait contraire à la **liberté d'établissement** (cet arrêt avait annulé TA Montreuil 16 décembre 2011 n° 1007855, 10e ch. : RJF 8-9/12 n° 816) ;
– CAA Versailles 19 février 2015 n° 13VE00660, 6e ch., qui applique les mêmes principes sans apport jurisprudentiel notable, à propos d'un contribuable qui avait transféré son domicile en Belgique après avoir réalisé une plus-value d'échange bénéficiant d'un report d'imposition alors qu'il était domicilié en France (pourvoi rejeté par CE 30 janvier 2019 n° 389736, 9e ch.).

Précisions Les questions préjudicielles posées par le Conseil d'État sur la question du report d'imposition se plaçaient dans un contexte inhabituel où le Conseil d'État avait demandé si son propre raisonnement était compatible avec les prescriptions de la **directive fusions** (n° 88292) ; dans l'affaire jugée par la Cour de justice sous le n° 327/16, précitée, le contribuable avait soulevé une QPC au motif qu'en cas d'incompatibilité avec la directive, la solution serait contraire aux principes d'égalité devant la loi et devant les charges publiques, dès lors qu'elle ne pourrait être légalement appliquée qu'aux situations qui sont hors du champ de la directive et qu'elle pourrait ainsi créer une **discrimination à rebours** au sens de la jurisprudence du Conseil constitutionnel citée au n° 81415 (CE 31 mai 2016 n° 393881, Ass. : RJF 8-9/16 n° 761). À cette occasion, le principe a été posé selon lequel lorsque le sort d'une **QPC** dépend de l'interprétation d'une directive européenne, le Conseil d'État ne saisit pas le Conseil constitutionnel mais soumet une question préjudicielle à la Cour de justice, le requérant pouvant éventuellement présenter une nouvelle QPC après la réponse de la Cour de justice.

2. Plus-values réalisées par les entreprises soumises à l'impôt sur les sociétés

a. Principes généraux

Il n'est évidemment pas question de décrire ici le régime de droit interne français relatif aux plus-values réalisées par les sociétés passibles de l'impôt sur les sociétés. Mais comme il s'applique, d'une manière générale, aux plus-values réalisées **en France** ou **hors de France**, il importe d'en tracer les grandes lignes en ce qui concerne les valeurs mobilières. **65780**

Précisions Afin d'éviter des « montages » consistant à générer des moins-values à court terme par le biais de cessions entre sociétés liées, les éventuelles **moins-values** résultant de cessions de titres de participation détenus depuis moins de deux ans sont « mises en suspens » s'il existe des **liens de dépendance** entre l'entreprise cédante et l'entreprise cessionnaire (ce mécanisme, issu de l'article 13 de la loi n° 2010-1657 du 29 décembre 2010 de finances pour 2011, a été cantonné aux seules moins-values par la loi n° 2011-1978 du 28 décembre 2011 de finances rectificative pour 2011). À l'occasion d'une décision de refus de transmission d'une question prioritaire de constitutionnalité invoquant une discrimination à rebours (n° 81415), le Conseil d'État a jugé que ce dispositif (dans sa version antérieure au 1er janvier 2012, alors que le texte s'appliquait à la fois aux moins-values et aux plus-values), qui vise à faire obstacle à une pratique d'optimisation fiscale, n'est pas contraire à la **liberté d'établissement**, en l'absence de différence de traitement entre les opérations conclues entre sociétés françaises et celles conclues entre sociétés d'États membres différents, et qu'il n'est pas non plus contraire à la directive fusions (CE QPC 30 mai 2018 n° 412964, 9e et 10e ch., Sté HighCo : RJF 8-9/18 n° 886). Comme ce dispositif n'institue pas de présomption de fraude ou d'évasion fiscale mais a pour objet de mettre fin à une pratique d'optimisation fiscale, il n'y a pas lieu d'exiger qu'il prévoie une **clause de sauvegarde** permettant au contribuable de démontrer que l'opération ne poursuit pas un but exclusivement fiscal. Le Conseil d'État a également refusé de transmettre une question prioritaire de constitutionnalité à propos du dispositif actuel (CE QPC 16 septembre 2019 n° 431828, 8e et 3e ch., Sté Abo Wind : RJF 12/19 n° 1183, écartant notamment l'argument tiré de l'**asymétrie** entre le traitement fiscal des plus-values et moins-values dès lors qu'il n'y a pas d'exigence constitutionnelle de traitement symétrique du résultat d'une cession de titres).

Régime du long terme

Traditionnellement, le régime d'imposition des plus-values réalisées par les entreprises obéit à une distinction selon que les plus-values sont à court terme ou à long terme. Mais seuls relèvent aujourd'hui du régime du long terme : **65782**
– les plus-values de cession de **titres de participation**, ainsi que des parts de FCPR et des actions de SCR (sous réserve, dans ce cas, du respect d'un délai de détention de

cinq ans) ; le régime des plus et moins-values à long terme n'est cependant pas applicable aux plus ou moins-values provenant des cessions de titres de sociétés à **prépondérance immobilière** non cotées. Tous les immeubles inscrits à l'actif doivent être pris en compte pour l'appréciation de la prépondérance immobilière, qu'ils soient situés **en France** ou **hors de France** (sauf les immeubles affectés par l'entreprise à sa propre exploitation industrielle, commerciale ou agricole ou à l'exercice d'une profession non commerciale) ;
– certains dividendes versés par les sociétés de **capital-risque**.

Les autres éléments relèvent du taux normal d'imposition, quelle que soit la durée de leur détention par l'entreprise. Sont ainsi exclues du régime du long terme les cessions de parts ou actions constituant des **titres de placement**, bons de souscription d'actions, obligations, titres participatifs, parts ou actions d'OPCVM ou d'organismes de titrisation. De même, sont écartées les cessions de parts ou actions de sociétés de gestion de titres exclus du régime des plus-values à long terme (n° 65790, Précisions a).

Précisions Sont notamment considérés comme des cessions toutes les opérations entraînant une **sortie d'actif**, y compris, par exemple, les distributions de dividendes en nature sous forme de titres détenus à l'actif.

65785 **Application aux cessions de titres de sociétés étrangères** Le régime des plus-values à long terme est susceptible de s'appliquer aux cessions de titres inscrits à l'actif d'une société française, même s'il s'agit de titres de participation dans des **sociétés étrangères**, pourvu que ces titres soient détenus depuis **au moins deux ans**. La durée de détention des titres cédés est déterminée en considérant que les cessions ont porté par priorité sur les titres de même nature acquis ou souscrits à la date la plus ancienne.

Par exception, le régime des plus et moins-values à long terme ne s'applique pas à la plus ou moins-value provenant de la cession de titres de sociétés établies dans un **État ou territoire non coopératif** au sens de l'article 238-0 A du CGI (ETNC), sauf s'il s'agit d'un ETNC qui figure sur la liste en application des critères posés par l'article 238-0 A, 2 bis-2° du CGI (si l'ETNC est mentionné sur la liste en raison seulement des critères européens, le régime du long terme n'est écarté que si l'inscription sur la liste est la conséquence de l'application du critère tenant aux « montages extraterritoriaux » ; n° 71555) ; les moins-values afférentes à des titres exclus sur ce fondement ne peuvent s'imputer que sur des plus-values de cession de même nature (a priori sans limitation dans le temps) et non pas sur le résultat d'exploitation (BOI-IS-BASE-20-10 n° 50).

La société détentrice des titres peut cependant bénéficier du régime du long terme si elle apporte la preuve que les opérations de la société établie hors de France dans laquelle la participation est prise correspondent à des **opérations réelles** qui n'ont ni pour objet ni pour effet de permettre, dans un but de fraude fiscale, la localisation de bénéfices dans un ETNC (CGI art. 219, I-a sexies-0 ter, dans sa rédaction issue initialement de l'article 91 de la loi n° 2016-1918 du 29 décembre 2016 de finances rectificative pour 2016, destinée à tenir compte de la jurisprudence du Conseil constitutionnel ; n° 71550).

Titres de participation (CGI art. 219, I-a quinquies)

65790 Sur le modèle de certains régimes européens, un régime de faveur s'applique aux titres de participation, à l'exception des titres de sociétés à prépondérance immobilière. Les plus-values à **long terme** réalisées lors de la cession de titres de participation par les sociétés passibles de l'impôt sur les sociétés bénéficient en effet, depuis le 1er janvier 2007, d'une imposition réduite (CGI art. 219, I-a quinquies, tel qu'interprété par le Conseil d'État ; n° 65797).

Par analogie avec le régime des sociétés mères, elles ne sont imposées que sur une **quote-part de frais et charges**, initialement fixée à 5 % du résultat net des plus-values de cession et portée à 10 % puis à 12 % pour la détermination des résultats des exercices clos depuis le 31 décembre 2012. La quote-part imposable est calculée sur le montant brut des plus-values, sans qu'il soit tenu compte des moins-values réalisées ni des moins-values des exercices antérieurs ni des dotations ou des reprises de provisions constatées à raison de la dépréciation de titres de participation. Compte tenu de la jurisprudence du Conseil d'État, cependant, la réintégration de la quote-part de frais et charges est subordonnée à la réalisation d'une plus-value nette au cours de l'exercice de cession (CE 14 juin 2017 n° 400855, 8e et 3e ch., Sté Orange Participations : RJF 10/17 n° 906 ; cette décision a annulé la doctrine administrative qui prévoyait l'application de la quote-part y compris lorsque la société cédante réalisait une moins-value nette à long terme au titre de l'exercice de cession).

Pour la détermination des résultats des exercices ouverts depuis le 1er janvier 2017, ce dispositif s'applique aux **titres suivants** :
– **titres de participation** revêtant ce caractère sur le plan comptable (titres dont la possession durable est estimée utile à l'activité de l'entreprise), même si le taux de détention de 5 % n'est pas atteint ;
– titres acquis en exécution d'une OPA ou d'une OPE, sous certaines conditions ;
– titres ouvrant droit au régime des **sociétés mères** (n° 61400), à condition que ces titres soient inscrits en comptabilité au compte des titres de participation ou à une subdivision spéciale d'un autre compte du bilan correspondant à leur qualification comptable et que la société mère détienne non seulement 5 % au moins du capital de sa filiale mais également au moins 5 % des **droits de vote** (Loi n° 2016-1918 du 29 décembre 2016 de finances rectificative pour 2016, art. 91) ; en outre, les titres doivent avoir été détenus pendant au moins **deux ans** à la date de leur cession (alors que, pour l'imposition des dividendes, le régime des sociétés mères peut s'appliquer dès la première année de détention) ; si les conditions sont satisfaites, ces titres sont assimilés, sur le plan fiscal, à des titres de participation même s'ils ne répondent pas à la définition comptable des titres de participation ; la condition de détention de 5 % s'apprécie à la **date** du fait générateur de l'imposition, c'est-à-dire, s'agissant d'une plus-value de cession, à la date de la cession et non de manière continue sur une période de deux ans (CE 26 janvier 2018 n° 408219, 8e et 3e ch., Sté EBM : RJF 4/18 n° 352) mais le bénéfice du régime spécial suppose dans tous les cas que la participation ait été comptabilisée en tant que « titres relevant du régime des plus-values à long terme » pendant au moins deux ans.

Les titres de participation détenus dans des sociétés établies dans un **État ou territoire non coopératif** sont exclus du régime des plus-values à long terme, sauf exception (n° 65785). Sur la portée qu'il convient de donner à cette exception, voir par analogie n° 61412.

Sont également exclus les titres de **sociétés à prépondérance immobilière**, qui bénéficient néanmoins du taux réduit de 19 % lorsqu'il s'agit de titres cotés ; l'imposition est établie au taux de droit commun s'il s'agit de titres non cotés, que la plus-value soit réalisée en plus de deux ans ou en moins de deux ans.

Précisions **a.** Sont exclus du régime des plus ou moins-values à long terme les **titres de sociétés**, revêtant ou non le caractère de titres de participation, dont l'**actif** est **constitué principalement de titres** également **exclus** du régime des plus-values à long terme ou dont l'activité consiste de manière prépondérante en la gestion des mêmes valeurs pour leur propre compte (CGI art. 219, I-a ter 2e al.). Ces dispositions sont applicables aux plus-values de cession de parts ou actions de sociétés, quelle que soit leur forme, qui remplissent l'une des deux conditions suivantes :
– leur actif est principalement constitué de titres exclus du régime des plus-values à long terme si la **valeur brute réelle des titres** en cause représente 50 % ou plus de la valeur brute réelle totale des actifs de la société à la date de cession des titres ;
– leur activité consiste de manière prépondérante en la **gestion des mêmes valeurs** si cette activité est celle qui constitue l'essentiel des activités économiques de la société ; le caractère prépondérant est établi à partir d'un faisceau d'indices : importance des revenus de cette activité, importance des diligences exercées, importance du salariat affecté à ces opérations.

b. Les **frais d'acquisition** des titres de participation ne sont pas immédiatement déductibles ; ils doivent être incorporés au prix de revient des titres et ils peuvent être amortis fiscalement sur cinq ans à compter de la date d'acquisition des titres.

c. Les **frais inhérents à la cession** des titres de participation viennent en déduction du prix de cession pris en compte pour le calcul de la plus-value réalisée et ne constituent pas des frais généraux déductibles du résultat imposable au taux normal (CE 12 octobre 2018 n° 419221, 3e et 8e ch., Sté Vinci : RJF 1/19 n° 13).

d. En ce qui concerne les **groupes de sociétés**, et pour les exercices ouverts depuis le 1er janvier 2019, la quote-part de frais et charges prise en compte pour la détermination du résultat individuel à raison des plus-values afférentes à des titres de participation en application de l'article 219, I-a quinquies du CGI a cessé d'être neutralisée dans le calcul du résultat du groupe (il en va de même des subventions consenties entre sociétés membres du groupe).

Application aux titres de sociétés étrangères Les règles relatives aux titres de participation s'appliquent indifféremment aux cessions de titres de sociétés françaises et étrangères, qu'elles soient situées dans l'Union européenne, dans l'Espace économique européen ou dans des États tiers. **65795**

Symétriquement, le champ d'application géographique des exclusions n'est pas limité ; ainsi, sont notamment exclus du régime du long terme, les parts ou actions des **organismes de placement collectif étrangers**, y compris les titres émis par les organismes de droit étranger ayant un objet équivalent à celui des organismes de placement collectif immobilier (BOI-IS-BASE-20-20-10-10 n° 80).

En ce qui concerne la cession de participations étrangères, l'incidence des **gains de change** soulève toutefois une difficulté particulière. Il a ainsi été jugé, à propos de la cession par une société française d'une participation dans une société américaine, que la société cédante ne pouvait pas, d'une part, comptabiliser une perte de change déductible au taux normal et, d'autre part, une plus-value relevant du régime du long terme (CAA Versailles 19 décembre 2019 n° 17VE01521, 6e ch., Sté Securitas France Holding, ayant fait l'objet d'un pourvoi non admis par CE (na) 28 septembre 2020 n° 438845, 9e ch. : RJF 12/20 n° 983) ; comme la société française avait comptabilisé les titres pour leur contrevaleur en euros lors de leur acquisition et qu'elle les avait sortis du bilan en euros lors de leur cession, elle ne pouvait retenir une valeur historique en devise pour la détermination du résultat de cession et la perte de change constatée lors de la cession devait être prise en compte pour déterminer la moins-value en résultant (le choix que peut faire une société, en comptabilité, de dissocier la comptabilisation de l'écart de change et le résultat de cession n'a pas de conséquence fiscale). Dès lors qu'aucune stipulation de la convention fiscale franco-américaine du 31 août 1994 ne permet de distinguer les écarts de conversion résultant de l'aliénation d'un bien mobilier des autres profits provenant de l'aliénation de ce bien, l'administration pouvait réintégrer la perte de change au résultat imposable.

Précisions Sur l'incidence du **droit étranger** pour la détermination de la durée de détention, voir n° 61410, Précisions f.

65797 **Cas où la cession a été imposée hors de France** Il résulte de la jurisprudence du Conseil d'État que lorsqu'une plus-value réalisée lors de la cession de titres de participation a fait l'objet d'une imposition à l'étranger dans les conditions prévues par les conventions fiscales **l'impôt étranger** est **imputable** sur l'impôt calculé sur la quote-part de frais et charges (CE 15 novembre 2021 n° 454105, 8e et 3e ch., Sté L'Air Liquide : RJF 2/22 n° 183 ; cette décision a annulé les commentaires administratifs alors publiés au BOI-IS-BASE-20-20-10-20 n° 180 qui considéraient que l'impôt étranger n'est pas imputable en France et n'admettaient que sa prise en charge comme l'un des frais inhérents à la cession). En effet, selon le Conseil d'État, l'article 219, I-a quinquies du CGI (n° 65790) doit être regardé non pas comme ayant pour objet de neutraliser de manière forfaitaire la déduction de frais exposés pour l'acquisition ou la conservation d'un revenu afférent à une opération exonérée, mais comme visant à soumettre à cet impôt, à un **taux réduit**, les plus-values de cession de titres de participation.

L'imputation doit naturellement être faite dans la **limite** de l'impôt français correspondant, conformément aux conventions fiscales, c'est-à-dire dans la limite du plafond d'imputation tenant compte des charges. Corrélativement, l'impôt étranger ne doit plus être considéré comme l'un des **frais** inhérents à la cession, la doctrine administrative qui le prévoyait ayant été annulée et la loi ne le permettant pas en présence d'une convention fiscale correctement appliquée dans l'État de résidence de la société dont les titres sont cédés (n° 5815).

Rachat par une société étrangère de ses propres actions

65798 Le gain éventuellement réalisé par une société française lors du rachat par une société étrangère de ses propres actions est traité de la même façon que si le rachat était réalisé par une société française, soit une imposition au titre des **plus-values** (n° 65910).

Précisions Il a été jugé que la plus-value réalisée par l'actionnaire résident de France (en l'espèce, une société de capitaux) devait être traitée comme un **gain en capital** au sens de l'article 12 de l'ancienne convention franco-américaine de 1967 modifiée (CE 3 mai 2000 n° 172201, 9e et 10e s.-s., min. c/ SA Leroy-Somer : RJF 6/00 n° 755) ; cette décision est transposable à la législation actuelle.

b. Mécanisme du sursis d'imposition (CGI art. 38, 7 et 38, 7 bis)

Principes

65800 Tout échange d'éléments d'actif d'une entreprise contre d'autres éléments présente le caractère d'une opération de vente suivie d'un achat génératrice d'une plus ou moins-value.

Cependant, il résulte de l'article 38, 7 bis du CGI que le profit (ou la perte) réalisé lors de l'échange de droits sociaux résultant d'une fusion ou d'une scission peut être compris dans le résultat de l'exercice au cours duquel les droits sociaux reçus en échange sont cédés. Dans ce cas, le profit (ou la perte) résultant de la cession ultérieure de ces droits sociaux est déterminé par rapport à la valeur que les droits sociaux remis à l'échange avaient du point de vue fiscal. Pour les opérations réalisées depuis le 1er janvier 2018, il y a toutefois lieu de prendre garde à l'existence d'une clause anti-abus (n° 27060).

Précisions Voir, sur ces questions, n° 27170 en ce qui concerne les **fusions** ou les **scissions** réalisées hors de France.

Offres publiques d'échange

65805 En ce qui concerne les offres publiques d'échange (OPE), l'article 38, 7 du CGI prévoit un mécanisme de **sursis** si l'opération est réalisée conformément à la réglementation en vigueur, ce qui, ainsi que le souligne l'administration (BOI-BIC-PVMV-30-30-60-10 n° 1), vise soit les opérations soumises en France au contrôle de l'Autorité des Marchés financiers (AMF), soit les opérations soumises dans un État de l'Union européenne à une réglementation comparable à celle prévue en France, notamment au regard des règles relatives à la protection des épargnants (il n'y a donc pas de sursis lorsque la société cible de l'OPE n'est pas située dans l'Union européenne). La nationalité de la société initiatrice de l'OPE, dont les actions sont remises en échange, est sans conséquence.

Précisions Lorsque la loi vise la « **réglementation en vigueur** », c'est la seule réglementation française qui est concernée ; l'extension admise par la doctrine administrative est justifiée par la nécessité de respecter le droit de l'Union européenne.

Conversion d'obligations en actions

65810 Les profits ou pertes résultant des opérations de conversion d'obligations en actions réalisées par des sociétés résidentes d'autres États membres de l'Union européenne (et non des États tiers) peuvent en principe bénéficier du **sursis d'imposition** prévu par l'article 38, 7 du CGI dès lors que les opérations en cause sont soumises à une réglementation comparable à celle prévue en France, notamment en ayant été autorisées par une décision prise en assemblée générale extraordinaire ou par l'organe délibérant qui en tient lieu (ancienne réponse de Roux, JOAN 20 octobre 2003, p. 8007 : BF 1/04 n° 9, non reprise au BOFiP).

3. Imposition des écarts de valeurs liquidatives d'organismes de placement collectif en valeurs mobilières ou de placements collectifs (CGI art. 209-0 A)

65830 Les résultats de la cession de parts ou actions d'organismes de placement collectif en valeurs mobilières ou de placements collectifs (OPC) détenues par les entreprises soumises à l'impôt sur les sociétés relèvent de l'impôt au taux normal (n° 65782). Mais, jusqu'à l'entrée en vigueur de l'article 14-I de la loi de finances pour 1993, les produits non distribués par les OPC n'étaient pas constatés au fur et à mesure de leur réalisation dans les résultats imposables des entreprises membres de ces organismes. Désormais, la loi prévoit que ces titres sont évalués à leur valeur liquidative à la clôture de chaque exercice. L'**écart d'évaluation** constaté, positif ou négatif, est compris dans les résultats imposables à l'impôt sur les sociétés (sauf pour les entreprises exerçant leur activité dans le secteur de l'assurance-vie ou de la capitalisation).

Champ d'application

65832 La prise en compte des écarts de valeurs liquidatives, codifiée à l'article 209-0 A du CGI, concerne les parts ou actions d'organismes de placement collectif en valeurs mobilières ou de placements collectifs relevant des paragraphes 1, 2 et 6 de la sous-section 2, du paragraphe 2 ou du sous-paragraphe 1 du paragraphe 1 de la sous-section 3 de la section 2 du chapitre IV du titre I du livre II du Code monétaire et financier, qu'ils soient français ou étrangers. Sont notamment visés les parts ou actions d'**OPC étrangers**, à savoir, selon l'administration, les parts ou actions d'OPC au sens de la directive européenne du 20 décembre 1985, c'est-à-dire les parts ou actions de fonds communs de placement gérés par une société de gestion et les formes de placement équivalentes ou les parts de sociétés d'investissement telles qu'elles sont définies à l'article 1er de cette directive (BOI-IS-BASE-10-20-10 n° 100).

Sont également concernées les parts ou actions de **tout organisme dont l'objet est le placement collectif en valeurs mobilières** et dont le fonctionnement est soumis au principe de la répartition des risques.

Il peut s'agir ainsi de parts ou actions d'OPC « **coordonnés** », qu'ils soient autorisés à être commercialisés directement en France ou non, **ou** bien « **non coordonnés** » dès lors qu'ils sont soumis au principe de la répartition des risques et que la liquidité du marché est organisée, soit par la règle du rachat ou du remboursement automatique sur demande du porteur, soit par l'action de l'OPC afin que la valeur de ses parts en bourse ne s'éloigne pas sensiblement de leur valeur d'inventaire, qu'ils soient du type fermé ou non et quelle que soit leur politique de placement (BOI préc.).

Comme pour les OPC français, les parts ou actions d'OPC étrangers entrent dans le champ d'application de l'article 209-0 A du CGI, quels que soient leurs caractéristiques, la devise dans laquelle elles sont émises et le pays dans lequel ces parts ou actions sont émises ou négociées.

Précisions Certains **OPCVM « actions »** sont toutefois **exclus** du champ d'application de ce dispositif ; il s'agit exclusivement des OPCVM français ou bien de ceux qui sont établis dans un État membre de l'Union européenne, ce qui suppose, selon l'administration, que le siège statutaire et l'administration centrale de la société de gestion du fonds ou de la société d'investissement soient situés dans l'un des États membres (BOI préc. n° 120). La valeur réelle de l'actif doit être représentée de façon constante pour 90 % au moins par des actions, des certificats d'investissement et des certificats coopératifs d'investissement émis par des sociétés ayant leur siège dans l'Union européenne et qui sont soumises à l'impôt sur les sociétés dans les conditions de droit commun ou qui sont soumises à un impôt comparable (BOI préc. n° 130).

Conditions de détention

65835 Les conditions tenant au mode de détention des parts ou actions d'OPC sont particulièrement larges. Bien entendu, les écarts de valeurs liquidatives sont retenus pour la détermination du résultat imposable lorsque ces titres sont détenus **directement** par une entité soumise à l'impôt sur les sociétés en France, que la gestion de ce portefeuille soit directe ou bien confiée à un mandataire établi dans notre pays ou à l'étranger.

Mais il en va de même lorsque les titres sont détenus par l'**intermédiaire** d'une personne ou d'un organisme établis **hors de France** dont la société détient directement ou indirectement des actions, parts ou droits. À cet égard, le statut juridique de l'entité étrangère est indifférent et il suffit que celle-ci constitue le support de gestion des parts d'OPC (l'entité étrangère peut être une personne morale ou un organisme, quel que soit son statut, dans lequel l'entreprise française détient un droit, ou bien encore un trust).

Toutes les détentions indirectes ne sont cependant pas visées. En effet, le dispositif ne concerne que les **intermédiaires étrangers** dont l'actif est constitué principalement de parts ou actions d'OPC français ou étrangers ou dont l'activité consiste, de manière prépondérante, en la gestion des mêmes titres pour leur propre compte.

Dès lors, la **prise en compte indirecte des écarts** de valeurs liquidatives concerne les personnes ou organismes établis hors de France qui remplissent l'une des deux conditions alternatives suivantes :
– leur actif est principalement constitué de parts ou actions d'OPC, c'est-à-dire que la valeur brute réelle des titres en cause représente 50 % ou plus de la valeur brute réelle totale des actifs à la clôture de l'exercice ;
– leur activité consiste, de manière prépondérante, en la gestion des mêmes valeurs, c'est-à-dire qu'elle constitue l'essentiel des activités économiques de la société (le caractère prépondérant est établi à partir d'un faisceau d'indices, tels que l'importance des revenus de cette activité, l'importance des diligences exercées et l'importance du salariat affecté à ces opérations).

Précisions Il avait été précisé qu'il n'est pas envisagé d'assouplir le dispositif sur ce point dans la mesure où la prise en compte des détentions indirectes vise à éviter qu'il soit contourné (ancienne réponse de Courson, n° 7889 : JOAN 24 mars 2009 p. 2819).

Mécanisme

65840 Il n'y a pas, en principe, de difficulté en cas de détention directe ; en cas de **détention indirecte**, le rattachement des écarts de valeurs liquidatives des parts d'OPC s'effectue en deux temps ; il convient d'abord de déterminer l'écart de valeurs liquidatives des parts ou actions d'OPC français ou étrangers détenus par l'entité étrangère ; l'écart constaté est ensuite retenu au prorata des actions, parts ou droits détenus par l'entreprise imposable dans la personne ou l'organisme détenteur (comme en présence d'une détention directe).

Précisions À propos de la combinaison de l'article **209 B** avec l'article 209-0 A, voir n° 73370.

Modalités d'application

D'une façon générale, pour chaque exercice, le montant net des écarts d'évaluation obtenu après compensation éventuelle entre les écarts positifs et négatifs doit être indiqué en annexe à la déclaration de résultat. Un modèle d'état de suivi des écarts de valeurs liquidatives de titres détenus dans une personne ou un organisme établi hors de France est fourni au BOI-FORM-000043. **65843**

L'écart net est déterminé à partir d'un état qui fait apparaître pour chaque catégorie de titres de même nature les valeurs liquidatives de ces parts ou actions qui sont retenues pour la détermination de l'écart imposable (BOI-IS-BASE-10-20-30 n° 1).

Un modèle de détermination du résultat des cessions, au cours de l'exercice, des titres de certains OPC et des titres ou droits dans une personne ou un organisme établi hors de France, dont le prix d'acquisition est affecté par les écarts des valeurs liquidatives des titres de certains OPC détenus par l'entité étrangère est fourni au BOI-FORM-000044.

En cas de **cession des parts ou actions d'OPC**, dès lors que les variations de valeurs liquidatives ont été retenues pour la détermination du résultat imposable en France, les modalités de calcul du résultat de cession de ces parts ou actions tiennent compte des écarts imposés antérieurement. Corrélativement, dès lors que les écarts négatifs d'évaluation sont également pris en compte pour les résultats imposables en France, les provisions constituées en vue de faire face à la dépréciation des titres ou droits en cause ne sont pas déductibles.

Mais lorsque les OPC sont détenus par l'intermédiaire d'une **personne interposée** située hors de France, la provision éventuellement constituée est admise en déduction à hauteur du montant de la dépréciation constatée qui excède les écarts négatifs pris en compte en application de l'article 209-0 A.

Personne interposée non résidente

Dans ce cas, le régime fiscal français est susceptible de conduire à des **doubles impositions** dès lors que l'appréciation des valeurs liquidatives est soumise à l'impôt sur les sociétés en France et qu'elle peut l'être également dans l'autre pays, c'est-à-dire celui où est située la personne interposée. Il en va de même en cas de cession des parts de l'OPC concerné puisque la plus-value est alors réalisée par la personne interposée, et normalement imposable dans l'État de sa résidence, alors que cette même plus-value a déjà été prise en compte en France par le biais de l'article 209-0 A du CGI. **65845**

Ces dispositions appellent donc une vigilance particulière de la part des entreprises françaises, en cas de détention d'OPC étrangers.

C. Plus-values réalisées en France par des non-résidents (droit interne français)

Il convient de distinguer le cas général et les plus-values de cessions de droits sociaux, en cas de participation substantielle. **65858**

1. Cas général (CGI art. 244 bis C)

Principe de l'exonération

La situation des non-résidents est plus avantageuse que celle des résidents. En effet, conformément à l'article 244 bis C du CGI, et sous réserve de l'article 244 bis B (n° 65880) et du cas des sociétés à prépondérance immobilière, les dispositions de l'article 150-0 A **65860** du CGI (nº 65721) ne s'appliquent pas aux plus-values réalisées à l'occasion de cessions à titre onéreux de valeurs mobilières ou de droits sociaux effectuées par des personnes qui ne sont pas fiscalement domiciliées en France ou dont le siège social est situé hors de France ; l'exonération est également applicable aux gains réalisés lors du rachat par une société émettrice de ses propres titres (BOI-RPPM-PVBMI-10-30-20 nº 20 ; nº 65915).

L'administration indique en outre que, sauf exception (nº 65865), ne sont pas imposables les sommes perçues par les personnes physiques non résidentes au titre, notamment, de distributions d'actifs de FCPR et de FPCI et les distributions de plus-values de cession d'actifs des OPCVM et des placements collectifs (BOI préc. nº 27).

Ce principe est applicable même si une **convention fiscale** donne à la France le droit d'imposer ; il en a ainsi été jugé à propos de l'ancienne convention fiscale franco-chinoise (celle du 30 mai 1984), qui prévoyait que les gains qu'un résident d'un État tirait de l'aliénation de tous biens étaient imposables dans l'autre État si ces gains en provenaient (TA Montreuil 18 novembre 2011 nº 1005653, 10e ch., Griveau : RJF 6/12 nº 552, à propos d'une personne physique fiscalement domiciliée en Chine ; jugement définitif, voir nº 10665).

Il a également été jugé que des **moins-values** réalisées par des personnes physiques non résidentes, qui ne sont pas imposables sur les plus-values réalisées à l'occasion de cessions à titre onéreux de valeurs mobilières ou de droits sociaux, ne sont pas imputables sur des plus-values réalisées alors qu'elles sont devenues résidentes de France (TA Nantes 25 octobre 2012 nº 1000322, 4e ch., Wesener considérant que les moins-values ne sont pas « de même nature » au sens de l'article 150-0 D, 11 du CGI ; jugement définitif).

En pratique, comme le rappelle la notice nº 2041-E relative à l'imposition des revenus des non-résidents, aucune **déclaration** n'est à souscrire en France au titre des cessions entrant dans le champ de l'article 244 bis C du CGI (cette notice reprend également le principe selon lequel les moins-values ne sont pas reportables).

Précisions **a.** L'administration avait précisé que l'ancien article 92 K du CGI (plus-values de cession de parts de **sociétés de personnes** réalisées par des associés qui n'exercent pas leur activité professionnelle dans le cadre de la société) n'était pas applicable aux non-résidents (ancienne D. adm. 5 B-671 nº 12).

b. Il a été jugé que la vente d'un **stock de vin** n'était pas imposable en France en l'absence d'établissement stable (CE 25 février 2004 nº 250328, 9e et 10e s.-s., min. c/ Sté Hallminster Ltd : RJF 5/04 nº 463).

c. La question de savoir si une opération particulière réalisée par un non-résident et qui est régie par un droit étranger est susceptible de dégager des plus-values imposables en France doit être examinée d'abord par rapport au **régime juridique étranger** applicable (en ce sens, décision du Conseil d'État dans l'affaire Superseal ; nº 10690).

d. En ce qui concerne les **métaux précieux**, bijoux, etc., voir nº 2910.

e. Les dispositions de l'article 13, 5 du CGI, prévoyant l'imposition du produit de la **cession à titre onéreux d'un usufruit temporaire** dans la catégorie de revenus à laquelle se rattache, au jour de la cession, le bénéfice ou revenu procuré ou susceptible d'être procuré par le bien ou le droit sur lequel porte l'usufruit temporaire cédé, sont applicables aux cédants non résidents (BOI-IR-BASE-10-10-30 nº 10).

65863 Cette **exonération** concerne **tous les non-résidents**, qu'il s'agisse de personnes physiques ou de personnes morales, sous réserve des plus-values de nature « immobilière » et des cas visés aux nos 65867 et 65880 s. Elle n'est pas subordonnée au respect d'un plafond de cession, et vaut aussi bien pour les titres cotés que pour les titres non cotés.

Sont également exonérées les plus-values réalisées par les organisations internationales, les États étrangers, les banques centrales et les institutions financières publiques de ces États lorsque les conditions prévues à l'article 131 sexies du CGI sont remplies (nº 65884).

Plus-values imposables

65865 Lorsque le cédant est non-résident, les seules plus-values imposables en France sont celles qui sont relatives :

- à des fonds de commerce exploités en France,
- à des immeubles situés en France ou à des droits immobiliers s'y rapportant (nos 67540 s.),
- à des actions ou parts de sociétés à prépondérance immobilière (nos 67540 s.),

ainsi que les plus-values visées à l'article 244 bis B du CGI (nº 65880), en présence d'une participation substantielle dans le capital d'une société française, ou, sans condition de seuil, si le cédant est domicilié ou établi dans un État ou territoire non coopératif (nº 65867).

En ce qui concerne les répartitions d'actifs des **FCPR** et les plus-values distribuées par les **OPC** au sens des articles 164 B, I-f bis et I-f ter du CGI (n° 2895), le régime des plus-values est applicable ; sauf si le fonds ou l'organisme est situé dans un ETNC (n° 65867), la plus-value distribuée n'est donc imposable que si le bénéficiaire a détenu plus de 25 % des parts ou actions du fonds ou du placement collectif en cause à un moment quelconque au cours des cinq ans précédant la cession (et si les conventions fiscales ne s'y opposent pas).

Les autres plus-values échappent à toute imposition en France ; l'administration a notamment souligné que les plus-values de cession de **biens meubles** réalisées par les personnes domiciliées hors de France échappent tant à l'impôt sur le revenu qu'à toute taxation spécifique (BOI-RPPM-PVBMC-10 n° 20).

Bien entendu, les plus-values afférentes à des éléments d'actifs qui sont rattachés à une entreprise exploitée en France (établissement stable ou base fixe au sens des conventions fiscales) sont toujours imposables en France.

États ou territoires non coopératifs

La loi n° 2009-1674 du 30 décembre 2009 de finances rectificative pour 2009 a corrigé **65867**
les règles de source pour viser tous les gains nets mentionnés à l'article 150-0 A du CGI lorsque les droits détenus directement ou indirectement par le cédant ou l'actionnaire ou l'associé dont les titres sont rachetés sont émis par une société soumise à l'impôt sur les sociétés et ayant son siège en France (CGI art. 164 B, I-f ; n° 2895).

Corrélativement, l'article 244 bis B a été modifié de sorte que ces gains sont actuellement imposés au taux forfaitaire de 75 %, **quel que soit le pourcentage de droits** détenus dans les bénéfices de la société concernée, lorsqu'ils sont réalisés par des personnes ou organismes domiciliés, établis ou constitués hors de France dans un État ou territoire non coopératif au sens de l'article 238-0 A du CGI (nos 71555 s.). Ce taux forfaitaire ne s'applique pas, cependant, si l'ETNC figure sur la liste en application des critères posés par l'article 238-0 A, 2 bis-2° du CGI (si l'ETNC est mentionné sur la liste en raison seulement des critères européens, le taux de 75 % ne s'applique donc que si l'inscription sur la liste est la conséquence de l'application du critère tenant aux « **montages extraterritoriaux** ») ; il en va de même lorsque le redevable apporte la preuve que les opérations auxquelles correspondent les profits ont principalement un **objet** et un **effet** autres que de permettre leur localisation dans un État ou territoire non coopératif (ces exceptions, issues de la loi n° 2018-898 du 23 octobre 2018 relative à la lutte contre la fraude, sont applicables depuis le 1er décembre 2018).

Précisions Les règles relatives au **sursis ou au report d'imposition** ne sont pas applicables.

2. Participations supérieures à 25 % (CGI art. 244 bis B)

Principe de l'imposition

L'article 244 bis B du CGI prévoit que, sous réserve de l'article 244 bis A (nos 67540 s.), les **65880**
gains mentionnés à l'article 150-0 A du CGI (n° 65721), résultant de la cession de droits sociaux mentionnés à l'article 164 B, I-f du CGI, qu'ils soient réalisés par des **personnes physiques** qui ne sont pas domiciliées fiscalement en France ou par des **personnes morales** ou **organismes** quelle qu'en soit la forme ayant leur siège social hors de France, sont déterminés et imposés selon les modalités prévues aux articles 150-0 A à 150-0 E du CGI, lorsque les droits dans les bénéfices de la société détenus par le cédant ou l'actionnaire ou l'associé, avec son conjoint, leurs ascendants et leurs descendants, ont **dépassé ensemble 25 %** de ces bénéfices à un moment quelconque au cours des cinq dernières années (ce texte prévoit également l'imposition sans condition de seuil en cas de domiciliation dans un État ou territoire non coopératif ; n° 65867). Ces dispositions sont également applicables en cas de rachat par la société de ses propres titres (BOI-RPPM-PVBMI-10-30-20 n° 30 ; voir n° 65915).

Précisions Les plus-values réalisées lors de la cession de titres de **sociétés à prépondérance immobilière** par des non-résidents relèvent exclusivement du régime décrit nos 67540 s.

Champ d'application

65883 Sont concernées les cessions de droits sociaux lorsque les droits détenus directement ou indirectement par le cédant avec son conjoint, leurs ascendants ou descendants dans les bénéfices sociaux d'une société soumise à l'impôt sur les sociétés et ayant son siège en France ont **dépassé ensemble 25 %** à un moment quelconque **au cours des cinq dernières années**.

Pour la détermination du seuil de 25 %, il convient de tenir compte non pas des droits dans le capital mais des droits à l'attribution de bénéfices sociaux, y compris, par exemple, des droits détenus en usufruit. Il y a lieu, en outre, de prendre en considération non seulement les participations directes des membres du groupe familial dans les bénéfices de la société dont les titres sont cédés, mais également les droits qu'ils détiennent indirectement, dans cette même société par l'intermédiaire d'une personne morale dont ils sont membres, que celle-ci soit ou non passible de l'impôt sur les sociétés (sur l'interposition de sociétés de personnes, voir n° 31970).

L'article 244 bis B s'applique même si le cédant est une **personne morale**, sa rédaction ayant, sur ce point, été précisée par l'article 43-II de la loi n° 93-1352 du 30 décembre 1993 de finances rectificative pour 1993, dont l'objet a été d'ajouter que l'imposition est due par les personnes morales ou organismes (notamment associations, caisses de retraite et trusts), **quelle qu'en soit la forme**, dont le siège social est hors de France. Le prélèvement est donc notamment applicable aux sociétés non résidentes qui sont passibles de l'impôt sur les sociétés. Voir toutefois les exceptions mentionnées n° 65884 (organismes de placement collectif étrangers, notamment) et le droit à restitution accordé à la plupart des sociétés mères étrangères (n° 65895).

Précisions **a.** La rédaction de la loi avait été modifiée en 2013 afin d'anticiper une éventuelle transposition de la décision rendue par le Conseil d'État en matière de **plus-values immobilières** régies par l'article 244 bis A du CGI (n° 67550, Précisions) ; la précaution était bonne car le raisonnement a effectivement été transposé (CE 25 avril 2003 n° 241210, 9e et 10e s.-s., min. c/ Sté Eurofind Holding Ltd : RJF 7/03 n° 846, jugeant, à propos d'une plus-value réalisée par une société de Jersey lors de l'apport de titres d'une société française à une société belge, que le prélèvement n'était pas, à l'époque, exigible des sociétés de capitaux dont les résultats ne peuvent être assujettis à l'impôt sur le revenu).

b. La loi ne semble cependant pas parfaitement claire même aujourd'hui car on peut se demander si l'**expression « quelle qu'en soit la forme »** renvoie à l'ensemble des « personnes morales et organismes » ou seulement aux « organismes » (voir, sur ce point, conclusions Laurent Vallée au Droit fiscal 2003, n° 36, comm. n° 601 ; l'intention du législateur était dans le sens de la première interprétation mais il n'est pas sûr que cette intention ait été correctement traduite dans la loi).

c. Si, pour déterminer la part détenue directement ou indirectement par le groupe familial dans les droits d'une société cédée, il y a lieu de tenir compte des droits détenus dans cette société par l'intermédiaire d'une société interposée, l'inclusion des **droits détenus à travers** cette **société interposée** ne trouve à s'appliquer que lorsque le cédant détient avec son groupe familial et, le cas échéant, avec une personne interposée la majorité du **capital social** de cette société et que l'un des membres de ce groupe y exerce en droit ou en fait des **fonctions dirigeantes** (CE 23 octobre 1998 n° 180246, 8e et 9e s.-s., Meneau : RJF 12/98 n° 1424).

d. L'article 145 de la loi n° 2015-990 du 6 août 2015 pour la croissance, l'activité et l'égalité des chances économiques a complété les dispositions de l'article 244 bis B du CGI afin de préciser les modalités d'appréciation du seuil de 25 % en cas de distributions d'actifs de **FCPR** ou de **FPCI** ou de distributions de plus-values de cession d'actifs par les OPCVM ou certains placements collectifs. Le seuil de 25 % est apprécié en faisant la somme des droits détenus directement et indirectement et les droits détenus indirectement sont déterminés par multiplications successives (CGI art. 244 bis B dans sa rédaction issue de la loi précitée).

e. Commentant la convention fiscale franco-luxembourgeoise du 20 mars 2018, qui permet l'application de l'article 244 bis B du CGI dans certains cas, l'administration indique que les **droits détenus indirectement** sont déterminés en multipliant le pourcentage des droits des personnes concernées dans les entités effectuant les distributions par le pourcentage des droits de ces dernières dans la société (BOI-INT-CVB-LUX-20 n° 240).

Exonérations

65884 Les **organisations internationales**, les **États étrangers**, les **banques centrales** et les **institutions financières publiques** de ces États sont exonérés lorsque les cessions se rapportent à des titres remplissant les conditions prévues à l'article 131 sexies du CGI (CGI art. 244 bis B ;

les titres ne doivent pas constituer un investissement direct et ils doivent revêtir la forme nominative ou être déposés auprès d'un établissement de crédit établi en France).

En outre, afin d'éviter que se prolonge une discrimination contraire au droit de l'Union européenne (voir Précisions ci-dessous), sont également exonérés, depuis la modification apportée à l'article 244 bis B par l'article 2 de la loi n° 2021-953 du 19 juillet 2021 de finances rectificative pour 2021, les cessions ou rachats de droits sociaux et distributions réalisés depuis le 30 juin 2021 par la plupart des **organismes de placement collectif** (OPC) étrangers.

Il s'agit des OPC situés dans un État membre de **l'Union européenne** ou dans un autre État ou territoire qui a conclu avec la France une **convention d'assistance administrative** en vue de lutter contre la fraude et l'évasion fiscales et qui n'est pas non coopératif (n°s 71555 s.), à condition qu'il s'agisse de fonds qui lèvent des capitaux auprès d'un certain nombre d'investisseurs en vue de les investir, conformément à une politique d'investissement définie, dans l'intérêt de ces investisseurs, et qu'ils présentent des **caractéristiques similaires** à celles d'organismes de placement collectif de droit français. Les caractéristiques à comparer ne sont pas précisées par la loi, mais il devrait essentiellement s'agir, en pratique, de la surveillance d'une autorité de tutelle, du niveau de protection des porteurs de parts, de l'existence d'une société de gestion et d'un dépositaire soumis à une surveillance prudentielle et de la publication de comptes (les organismes français comparés sont ceux qui relèvent de la section 1, des paragraphes 1, 2, 3, 5 et 6 de la sous-section 2, de la sous-section 3 ou de la sous-section 4 de la section 2 du chapitre IV du titre Ier du livre II du Code monétaire et financier ; il s'agit des FCP, Sicav, FCPR, FIP, FCPI, Sppicav, etc.).

S'ils ne sont pas situés dans un État membre de l'Union européenne, les OPC concernés ne sont éligibles au bénéfice de l'exonération que si l'État ou le territoire concerné est lié à la France par une **convention d'assistance administrative** et si les stipulations de cette convention et leur mise en œuvre permettent effectivement à l'administration d'obtenir des autorités étrangères les informations nécessaires à la vérification du respect des conditions tenant à leurs caractéristiques.

En ce qui concerne les OPC situés dans un État qui n'appartient pas à l'Union européenne ou qui n'est pas partie à l'accord sur l'Espace économique européen, l'exonération est, en outre, subordonnée au fait qu'ils ne participent pas de manière effective à la **gestion ou au contrôle de la société française** concernée ; le champ de l'exonération est donc plus restreint qu'au sein de l'Union européenne (la critique pourrait perdurer sur ce point car cette distinction ne va pas nécessairement de soi compte tenu de l'objet de la loi et du champ d'application de la liberté de circulation des capitaux ; n° 65897).

Enfin, pour les exercices ouverts depuis le 1er janvier 2020, les **sociétés européennes déficitaires** dans leur État de résidence peuvent demander la restitution ou la dispense du prélèvement dans les mêmes conditions que pour l'article 244 bis A du CGI (n° 67692).

Précisions L'exonération des OPC étrangers créée en 2021 répondait à une **mise en demeure** qui avait été adressée à la France par la Commission européenne le 30 octobre 2020 ; la France avait été mise en demeure de corriger sa législation au motif que l'article 244 bis B du CGI prévoyait l'imposition en France des plus-values réalisées par les fonds d'investissement alors que les fonds d'investissement français similaires y échappent (procédure d'infraction INFR(2020)4044). Cette procédure a été classée le 9 février 2022.

Taux d'imposition

L'article 244 bis B du CGI prévoit que le prélèvement est applicable : **65885**
– au taux ordinaire de l'impôt sur les sociétés, à savoir le taux prévu au deuxième alinéa du I de l'article 219 du CGI (25 % pour les exercices ouverts depuis le 1er janvier 2022 ; n° 5592), lorsqu'il est dû par une **personne morale** ou un organisme, quelle qu'en soit la forme ; la loi ne dit pas expressément que le prélèvement est libératoire de l'impôt sur les sociétés et la doctrine administrative qui précisait que l'impôt sur les sociétés n'est pas exigible du fait de la plus-value a été rapportée par une mise à jour du 29 juin 2022 (ancien BOI-IS-CHAMP-60-10-30 n° 30) ; les règles de territorialité devraient cependant y faire obstacle, en l'absence d'entreprise exploitée en France par la personne morale cédante ;
– au taux de 12,8 % lorsqu'il est dû par une **personne physique** ; ce prélèvement est libératoire de l'impôt sur le revenu et les prélèvements sociaux additionnels ne sont pas applicables (les non-résidents n'y sont pas assujettis lorsqu'ils réalisent des plus-values

non immobilières) ; ces plus-values sont prises en compte pour la détermination du revenu fiscal de référence et doivent donc être mentionnées sur la déclaration annuelle des revenus (CGI art. 170, 1) ; la contribution exceptionnelle sur les hauts revenus est éventuellement applicable (nº 3132) ;
– au taux de 75 % lorsqu'il est dû par une personne ou organisme domicilié, établi ou constitué hors de France dans un **État ou territoire non coopératif** (quel que soit le pourcentage de détention ; nº 65867).
Comme le prélèvement est libératoire de l'impôt sur le revenu dû à raison des sommes qui l'ont supporté, les non-résidents n'ont pas la possibilité d'opter pour une imposition au barème progressif ; ils ne peuvent donc pas bénéficier, le cas échéant, des éventuels **abattements** concernant les titres détenus avant le 1er janvier 2018 (nº 65726 ; BOI-RPPM-PVBMI-20-20-10 nº 10), ce qui pourrait d'ailleurs caractériser une restriction interdite par le droit de l'Union européenne. Cela étant, les non-résidents devraient pouvoir bénéficier de l'abattement fixe de 500 000 € concernant les dirigeants de PME partant à la retraite (nº 65725), qui n'est pas visé par la condition d'option pour l'imposition au barème progressif.

Précisions Les **organismes sans but lucratif européens** doivent se voir appliquer le prélèvement au taux applicable aux plus-values de source française des organismes à but non lucratif dont le siège est situé en France (nº 61020).

Modalités d'imposition

65887 Le prélèvement est **acquitté** comme en matière de plus-values immobilières. Il est donc dû au moment de l'enregistrement de l'acte de cession des titres ou, à défaut d'enregistrement, dans le mois de la cession. Le prélèvement étant **libératoire** de l'impôt sur le revenu, l'administration avait précisé que les contribuables ne relèvent pas, à raison de ces opérations, de la règle de l'annualité de l'impôt (ancienne réponse Blum : JOAN 2 avril 2001 p. 1956 et BF 6/01 nº 623, non reprise au BOFiP) ; elle paraît en déduire que ces plus-values ne peuvent être compensées avec des **moins-values** de même nature réalisées la même année, ce qui est discutable compte tenu du renvoi de l'article 244 bis B à l'article 150-0 D, 11 du CGI.

En pratique, il y a lieu d'utiliser un **formulaire nº 2074-NR**, disponible sur le site impots.gouv.fr (formulaire intitulé « déclaration des plus ou moins-values réalisées par les personnes domiciliées hors de France (article 244 bis B du CGI) : cessions de droits sociaux ; distribution de plus-values par un OPCVM ou un placement collectif ; distribution d'actifs par les FCPR ou fonds professionnels »). Les plus-values et distributions soumises au prélèvement forfaitaire prévu à l'article 244 bis B du CGI doivent également être mentionnés sur la déclaration d'ensemble des revenus (BOI-IR-DECLA-20-10-20 nº 145). En outre, sauf si le cédant est domicilié au sein de l'Union européenne ou en Islande ou en Norvège (nº 83080), un **représentant accrédité** doit être désigné selon les mêmes modalités que pour l'application du régime d'imposition des plus-values immobilières réalisées par les non-résidents (nº 83125) ; ce représentant a pour mission de remplir les formulaires déclaratifs et d'acquitter l'impôt aux lieu et place du non-résident, ainsi que, le cas échéant, l'**amende de 25 %** des droits éludés prévue par l'article 1761, 1 du CGI (il a cependant été jugé que l'amende ne peut pas être infligée aux sociétés qui ont fait l'objet d'un rappel de droits à ce titre ; TA Strasbourg 30 avril 2003 nº 99-2878, Sté Finex : RJF 12/03 nº 1375, jugement définitif).

Le **contrôle fiscal** s'exerce dans les conditions habituelles.

Précisions **a.** Le **représentant** doit signer la déclaration de plus-value et être en mesure, éventuellement, de justifier de son domicile auprès du service des impôts, par tous moyens de preuve, ainsi que de sa désignation par le cédant, au besoin par une simple lettre jointe à la déclaration de plus-value.

b. Le **service compétent** pour recevoir la déclaration de plus-value est :
– soit celui dans le ressort duquel réside le rédacteur de l'acte présenté à l'enregistrement ;
– soit celui dans le ressort duquel est situé le domicile du cessionnaire, lorsque la mutation a fait l'objet d'un acte sous seing privé ou d'une déclaration de cession soumis à l'enregistrement ;
– soit celui dans le ressort duquel est situé le domicile du représentant dans les autres hypothèses.

Sursis ou report

65890 Les non-résidents bénéficient, comme les résidents, du mécanisme du sursis ou du report d'imposition (nºs 65750 s. et 65775, sauf pour les cas mentionnés nº 65867).

Une opération d'échange bénéficiant d'un sursis présente donc, pour eux aussi, un caractère **intercalaire** ; elle n'est pas prise en compte pour l'établissement de l'impôt et ne doit pas être déclarée à l'administration (ancienne réponse Rigaud : JOAN 24 janvier 2000 p. 486). Il en va ainsi même si l'échange a pour effet de faire échapper la plus-value à l'impôt français, par exemple, en cas d'apport d'une participation substantielle à une société française en échange d'une participation inférieure à 25 % dans le capital de cette dernière, ou en cas d'échange de titres avec une société étrangère.

En cas d'**apport de titres à une société contrôlée** par l'apporteur, l'administration indique que, par combinaison des articles 150-0 B ter et 244 bis B du CGI, les plus-values réalisées par des contribuables non résidents, personnes physiques ou personnes morales, peuvent relever, lorsqu'elles sont imposables en France, du report d'imposition de l'article 150-0 B ter (BOI-RPPM-PVBMI-30-10-60-10 n° 60). Ces plus-values restent imposables en France dans le respect des mêmes conditions que pour les résidents ; les plus-values qui deviennent imposables sont soumises au prélèvement prévu à l'article 244 bis B du CGI au taux prévu par cet article dans sa rédaction applicable à la date de l'apport.

Restitution accordée à la plupart des sociétés mères étrangères

En ce qui concerne les cessions ou rachats de droits sociaux et distributions réalisés depuis le 30 juin 2021, la plupart des sociétés mères étrangères peuvent obtenir la restitution de la part du prélèvement qui excède l'impôt sur les sociétés dont elles auraient été redevables si leur siège social avait été situé en France, soit l'imposition au taux normal de l'impôt sur les sociétés sur la **quote-part de frais et charges** de 12 % si les conditions sont réunies (n° 65790). Cette restitution est applicable aux personnes morales ou organismes, quelle qu'en soit la forme, dont le siège social est situé (CGI art. 244 bis B) : **65895**

– soit dans un État de l'**Union européenne** ou dans un autre État partie à l'accord sur l'Espace économique européen ayant conclu avec la France une convention d'assistance administrative en vue de lutter contre la fraude et l'évasion fiscales et qui n'est pas non coopératif (Islande, Liechtenstein et Norvège) ;

– soit dans un État ou territoire ayant conclu avec la France une convention fiscale qui contient une **clause d'assistance administrative** en matière d'échange de renseignements et de lutte contre la fraude et l'évasion fiscales et qui n'est pas non coopératif (n°s 71555 s.), à condition que l'entité cédante ne participe pas de manière effective à la **gestion** ou au **contrôle** de la société dont les titres sont cédés ou rachetés.

Cette possibilité de restitution a été introduite par l'article 2 de la loi n° 2021-953 du 19 juillet 2021 de finances rectificative pour 2021 afin de tirer les conséquences du droit de l'Union européenne et de mettre fin à l'anomalie qui résultait de la décision par laquelle le Conseil d'État avait jugé, sous l'empire de la législation antérieure, que le prélèvement ne pouvait pas être réclamé à une société italienne, même à hauteur de l'impôt qu'elle aurait acquitté si elle avait eu son siège en France (CE 14 octobre 2020 n° 421524, 10e et 9e ch., Sté AVM International Holding : RJF 1/21 n° 42). Dans cette affaire, qui concernait la cession en 2011 par une société italienne de titres d'une société française, il avait été jugé en appel que le fait que l'impôt acquitté au titre de l'article 244 bis B du CGI par la société italienne soit supérieur à celui qui aurait été acquitté par une société française cédante était contraire à la **liberté d'établissement** et à la **libre circulation des capitaux**, mais que l'administration était fondée à limiter la restitution à la seule fraction des impositions permettant d'assurer la neutralité par rapport à une société française (CAA Versailles 5 avril 2018 n° 16VE02835, Sté AVM International Holding : RJF 8-9/18 n° 915). Le Conseil d'État avait cependant annulé l'arrêt et déchargé intégralement la société italienne car, dès lors qu'il n'était pas possible de procéder à une interprétation neutralisante (n° 940), l'incompatibilité avec le droit de l'Union européenne de l'article 244 bis B du CGI, dans sa rédaction de l'époque, ne pouvait donner lieu qu'à la **décharge de l'imposition incompatible** ; la Cour avait commis une erreur de droit en jugeant que, en limitant la restitution, l'administration avait fondé l'imposition maintenue sur des dispositions législatives interprétées au regard des exigences du droit de l'Union européenne, alors même qu'elle entendait faire application d'une instruction fiscale (celle mentionnée ci-après) insusceptible de fonder une imposition. Selon ce que disait le rapporteur public dans ses conclusions sur cette affaire (RJF 1/21 C 42), si « l'objectif du juge d'appel de gommer cette discrimination était louable dans son principe, c'est bien au législateur, et non à une simple instruction administrative ou à la jurisprudence, de l'effacer ».

Ayant entendu ces indications, le législateur en a tiré les conséquences en prévoyant que l'imposition effectivement applicable aux sociétés mères étrangères soit la même que celle qui s'applique aux sociétés mères françaises (n° 65790).

65895 (suite) La loi a ainsi légalisé la doctrine administrative antérieure, qui prévoyait que les sociétés européennes pouvaient bénéficier du même traitement que les sociétés françaises, soit un impôt limité à l'impôt sur les sociétés calculé sur une quote-part de frais et charges de 12 % (BOI-IS-RICI-30-20 nos 125 s., dans sa rédaction antérieure au 29 juin 2022, qui avait repris sur ce point, le 11 mars 2013, une ancienne instruction du 4 avril 2008 dont la réintégration au BOFiP avait été omise en septembre 2012). L'administration précise (BOI-IS-RICI-30-20 n° 128) que, pour bénéficier de la restitution par voie contentieuse, la personne morale cédante doit fournir, le cas échéant par l'intermédiaire de son représentant fiscal, **les éléments permettant d'établir** :
– qu'elle a acquitté et correctement calculé l'imposition prévue à l'article 244 bis B du CGI ;
– qu'elle est une société soumise à l'étranger à un impôt sur les bénéfices équivalent à l'impôt sur les sociétés, sans en être exonérée ; cette condition est la reprise de la doctrine administrative antérieure, mais elle est vraisemblablement illégale, car elle ne résulte pas de la loi qui n'exige rien de tel ;
– que la cession a été réalisée au titre d'un exercice ouvert à compter du 1er janvier 2006 ; cette date est celle de la première application de la tolérance administrative antérieure, mais elle est devenue étrange étant donné que le dispositif est désormais législatif ; en outre, ce faisant, l'administration ne tire pas, pour le passé, les conséquences de la décision AVM, précitée (Précisions c, ci-dessous) ;
– qu'elle détient directement et de manière continue les titres cédés depuis au moins deux ans au moment de la cession.

Lorsque ces conditions sont respectées, la société cédante peut obtenir la **restitution contentieuse** de l'imposition qui excède l'impôt sur les sociétés dont elle aurait été redevable si elle avait été une société résidente de France, c'est-à-dire l'impôt sur les sociétés calculé sur une quote-part de frais et charges de 12 %. Pour le calcul de cette restitution, la société cédante doit d'abord déterminer le montant théorique d'impôt sur les sociétés afférent à la plus-value à long terme déterminée selon les règles de l'impôt sur les sociétés (l'impôt théorique est calculé en appliquant au montant de la quote-part forfaitaire de la plus-value imposable le taux normal de l'impôt sur les sociétés) ; la restitution est alors égale à la différence entre le montant de l'imposition prévue à l'article 244 bis B du CGI et cet impôt théorique.

Le respect de ces conditions doit être **justifié** par la production des copies des pièces correspondantes (date d'acquisition des titres, date de cession, pourcentage de détention, référence à l'activité ou à la composition du capital de la société dont les titres sont cédés, copies des documents sociaux, comptables, etc.).

L'administration admet enfin, pour éviter que les sociétés cédantes aient à faire une avance de trésorerie, que le dépôt par la société étrangère, simultanément à la liquidation du prélèvement, de la réclamation justifiant qu'elle remplit l'ensemble des conditions requises vaut sursis du paiement. La réclamation est ainsi accompagnée du **seul paiement du prélèvement** correspondant à l'impôt sur les sociétés théorique dont la société aurait été redevable si elle avait été une société résidente en France (BOI préc. n° 129.5).

Précisions **a.** Dans l'affaire AVM jugée le 14 octobre 2020 par le Conseil d'État, le rapporteur public avait souligné que, si la cour administrative d'appel avait jugé que l'article 244 bis B du CGI méconnaissait les principes de liberté d'établissement et de libre circulation des capitaux, ce point n'était pas en débat devant le Conseil d'État et n'a donc pas été tranché. Le rapporteur public avait cependant précisé qu'il aurait proposé de confirmer la méconnaissance du droit de l'Union européenne et plus particulièrement de la liberté d'établissement, étant donné que l'article 244 bis B, dans sa rédaction de l'époque, mettait « une imposition à la charge des sociétés non résidentes, là où, dans la même situation, la société résidente serait très largement moins imposée ».

b. Pour les exercices ouverts depuis le 1er janvier 2020, les **sociétés européennes déficitaires** dans leur État de résidence peuvent demander la restitution ou la dispense du prélèvement dans les mêmes conditions que pour l'article 244 bis A du CGI (n° 67692). L'administration précise que, pour l'application de l'article 235 quater du CGI (dispositif de restitution temporaire), le montant faisant l'objet de la restitution temporaire donnant lieu à une nouvelle imposition placée en report ne porte que sur le montant de prélèvement résultant de l'application de l'article 244 bis B du CGI correspondant à l'impôt sur les sociétés dont la personne morale non résidente aurait été redevable si elle avait été résidente de France ; la part du prélèvement excédant ce montant lui est définitivement restituée dans les conditions exposées ci-dessus (BOI-IS-RICI-30-20 n° 127.5).

c. Les sociétés européennes qui ont acquitté le prélèvement **avant le 30 juin 2021** peuvent en demander le remboursement dans les délais de droit commun (les sociétés qui l'ont acquitté après le 1er janvier 2018 ont pu demander le remboursement intégral jusqu'au 31 décembre 2020).

d. La Commission européenne avait considéré que le mécanisme alors mis en place par l'administration caractérisait une **restriction à la liberté d'établissement**, car il conduisait à imposer une **quote-part de frais et charges** forfaitaire alors que les sociétés non résidentes n'ont pas, à la différence des sociétés résidentes, préalablement déduit de l'assiette imposable en France les charges liées à l'acquisition ou à la gestion des titres de participation (Décision n° 20174082 du 7 décembre 2017 intitulée « Déductibilité des frais de participation », ouvrant une procédure d'infraction contre la France). Sans explication, cette procédure a été close le 10 octobre 2019.

e. Une société néerlandaise a été jugée fondée à calculer la **quote-part de frais et charges** au taux de 5 % lors de la cession en février 2011 d'une participation substantielle dans le capital d'une société française, alors même que ce taux avait été porté par la loi n° 2011-1117 du 19 septembre 2011 de finances rectificative pour 2011 à 10 % au titre de l'exercice 2011 ; pour la Cour, comme le prélèvement est libératoire de l'impôt sur le revenu, les contribuables concernés ne relèvent pas de la **règle de l'annualité de l'impôt** et il convenait d'appliquer le taux de la quote-part des frais et charges en vigueur à la date de l'acte de cession (CAA Versailles 6 juin 2019 n° 16VE00651, 6e ch., Sté Jolly Hotels Holland NV, arrêt définitif estimant en outre que la société pouvait invoquer la doctrine administrative, sans relever qu'elle ne l'avait pas appliqué littéralement puisqu'elle n'avait pas procédé par le biais d'une réclamation) ; en sens contraire, TA Montreuil 12 juillet 2019 n° 1609362, 10e ch., Sté Ratiopharm España SAU, jugeant, à propos d'une société espagnole dans la même situation que dans l'affaire précédente, que la doctrine administrative n'était pas applicable et qu'il convenait de se placer à la clôture de l'exercice alors même que l'imposition acquittée est libératoire pour les sociétés non résidentes (la société a toutefois obtenu un dégrèvement au cours de la procédure d'appel, selon ce qu'indique CAA Versailles Ord. 3 juin 2021 n° 19VE03769, 1e ch., Sté Ratiopharm España SAU).

États tiers

En ce qui concerne les États tiers, le prélèvement a, sous l'empire de la législation applicable avant le 30 juin 2021, été jugé contraire à la **libre circulation des capitaux**, mais, à ce stade, seulement par un juge d'appel (CAA Versailles 20 octobre 2020 n° 18VE03012, 7e ch., Sté Runa Capital Fund I LP : RJF 2/21 n° 220 ; cet arrêt fait l'objet d'un pourvoi enregistré sous le n° 447568). **65897**

Dans cette affaire, qui concernait une société des îles Caïmans qui avait cédé, en mai 2014, des titres de participation dans une société française, il a été jugé que les dispositions de l'article 244 bis B du CGI alors applicables, qui instituent, pour la cession de droits sociaux par des personnes morales ayant leur siège hors de France, une imposition d'un montant supérieur à l'imposition dont sont redevables, pour cette même opération, les personnes morales ayant leur siège en France en application de l'article 219 du même Code, méconnaissent, dans cette mesure, le principe libre circulation des capitaux ; la société a obtenu la décharge, car la **clause de gel** (n° 81985) n'a pas été jugée applicable dès lors que le texte qui fondait l'imposition des personnes morales, à savoir la loi n° 93-1353 du 30 décembre 1993 de finances rectificative pour 1993 était entrée en vigueur le 2 janvier 1994 et que, par suite, l'imposition des plus-values réalisées par des sociétés de capitaux dont les résultats ne sont pas imposables en France à l'impôt sur le revenu n'existait pas de façon ininterrompue depuis le 31 décembre 1993.

Il n'est pas certain, toutefois, que la liberté de circulation des capitaux soit bien applicable en l'espèce, car l'article 244 bis B pourrait être considéré comme relevant d'une analyse au regard de la **liberté d'établissement**, inapplicable aux États tiers, étant donné qu'il vise les participations supérieures à 25 % ; il y a toutefois lieu d'observer, en sens contraire, que la condition de seuil posée par la loi est exclusive d'une notion de contrôle ou d'influence, puisque le seuil de détention est mesuré en termes de « droits dans les bénéfices », et non pas de capital ou de droits de vote.

Actuellement, les sociétés cédantes domiciliées dans les États tiers peuvent, sous certaines conditions (n° 65895), demander le même traitement que celui qui s'applique aux sociétés françaises.

3. Rachat par une société française de ses propres actions en présence d'actionnaires non résidents

Principes

Pour les rachats effectués depuis le 1er janvier 2015, le **régime des plus-values** a été généralisé en ce concerne les associés et actionnaires personnes physiques et personnes morales, qu'ils soient domiciliés en France ou hors de France (loi n° 2014-1655 du 29 décembre 2014 **65910** de finances rectificative pour 2014, art. 88). Cette généralisation fait suite à une décision du Conseil constitutionnel relative à l'ancien dispositif (Cons. const. 20 juin 2014 n° 2014-404 QPC : RJF 10/14 n° 927, jugeant que les sommes ou valeurs reçues avant le 1er janvier 2014 par les actionnaires ou associés personnes physiques au titre du rachat de leurs actions ou parts sociales par la société émettrice, lorsque ce rachat avait été effectué selon une procédure autorisée par la loi, n'étaient pas des revenus distribués et étaient imposées selon le régime des plus-values de cession).

Ainsi, les sommes attribuées à raison d'un rachat effectué depuis le 1er janvier 2015 à des actionnaires **personnes physiques** détenant les titres dans le cadre de la gestion de leur patrimoine privé relèvent du seul régime des plus-values de cession de valeurs mobilières (l'article 112, 6° du CGI précise que les sommes ou valeurs attribuées aux associés ou actionnaires au titre du rachat de leurs parts ou actions ne sont pas considérées comme des revenus distribués et que le régime des plus-values prévu, selon les cas, aux articles 39 duodecies, 150-0 A ou 150 UB du même Code est applicable). Cette règle vaut quelles que soient les modalités du rachat, quelles que soient les sociétés qui procèdent au rachat (françaises ou étrangères) et quel que soit le domicile fiscal de l'associé ou actionnaire.

En ce qui concerne les **personnes morales passibles de l'impôt sur les sociétés**, les sommes perçues lors d'un rachat de titres par la société émettrice réalisé depuis le 1er janvier 2015 relèvent également du régime des plus et moins-values du portefeuille-titres.

Sur la notion de « rachat », voir n° 65735, Précisions.

Précisions Sous l'empire de la législation antérieure, il avait été jugé que les sommes versées aux actionnaires privés par la **Banque des règlements internationaux** (BRI) à l'occasion du rachat de ses propres titres étaient imposables dans la catégorie des revenus mobiliers (CE 12 juillet 2013 n° 361797, 8e et 3e s.-s. : RJF 11/13 n° 1025 ; CE 21 septembre 2015 n° 380276 et, même jour, n° 380275, 10e et 9e s.-s. : RJF 12/15 n° 1011, alors que les contribuables soutenaient que le rachat forcé de leurs actions devait s'analyser comme une **indemnité d'expropriation** présentant un caractère non imposable).

Conséquences pour les non-résidents

65915 Les personnes physiques ou morales non résidentes se voient appliquer, comme les résidents, le régime des **plus-values de cession** de valeurs mobilières. Ce traitement est plus favorable que celui des revenus distribués étant donné qu'il conduit le plus souvent à une exonération alors qu'une retenue à la source est normalement prélevée sur les distributions faites aux non-résidents. Depuis le 1er janvier 2015, les gains réalisés par les actionnaires non résidents lorsqu'une société française rachète ses propres titres sont généralement exonérés d'impôt en France ; il n'en va autrement qu'en présence d'un gain entrant dans le champ d'application de l'article 244 bis B du CGI, notamment si l'actionnaire détient dans la société émettrice une participation supérieure à 25 % (n° 65880). Si la société qui procède au rachat est une société à prépondérance immobilière, l'imposition est effectuée au taux applicable en cas de réalisation de plus-values par des non-résidents (nos 67645 s.).

Corrélativement, dès lors que les sommes attribuées aux actionnaires non résidents à l'occasion du rachat par une société française de ses propres titres ne sont pas considérées comme des revenus distribués, elles n'entrent pas dans le champ d'application de la **retenue à la source** prévue à l'article 119 bis, 2 du CGI ; la modification introduite à la fin de l'année 2014 est donc très favorable aux non-résidents puisqu'ils échappent, dans la plupart des cas, à la retenue à la source qui était antérieurement perçue sur la partie du gain qui pouvait être qualifiée de revenu distribué.

Précisions **a.** Avant l'intervention de la loi du 29 décembre 2014 de finances rectificative pour 2014, la retenue à la source était exigible sur la **part du gain qui correspondait à un revenu distribué** ; l'administration avait cependant admis que lorsque les associés ou actionnaires avaient leur domicile fiscal ou siège social hors de France, l'assiette de la retenue à la source puisse, sous certaines conditions, être limitée à l'excédent du prix de rachat des titres sur le prix ou la valeur d'acquisition, s'il est supérieur au montant des apports.

b. Sous l'empire de la législation antérieure, le Conseil d'État avait jugé que le rachat par une société de ses propres actions correspondait à un **revenu distribué** sur le fondement de l'article 109, 1-2° du CGI (sommes mises à disposition des actionnaires) mais qu'en application du second alinéa de l'article 161 du CGI, le prix de rachat des actions n'entrait dans l'assiette imposable des revenus distribués, passibles en l'espèce de la **retenue à la source** s'agissant d'un actionnaire non résident, que s'il correspondait à un boni de cession, c'est-à-dire dans la mesure où il excédait le prix d'acquisition lorsque ce dernier était supérieur au montant des apports (CE 31 juillet 2009 n° 296052, 3e et 8e s.-s., Sté Fiteco : RJF 11/09 n° 939). Il en avait été jugé de même en présence d'actionnaires **personnes morales** non résidentes (CE 26 juillet 2011 n° 325464, 3e et 8e s.-s., min. c/ Sté Pfizer Holding France : RJF 11/11 n° 1150).

D. Incidence des conventions fiscales

Cas général

D'une manière générale, les conventions fiscales signées par la France suivent les **recommandations** formulées par le comité des affaires fiscales de l'**OCDE** dans son modèle de convention fiscale (n° 65620). **65930**

Dans ce cas, elles prévoient donc l'imposition des plus-values mobilières exclusivement dans l'État du domicile du bénéficiaire, l'État de la source (c'est-à-dire, en principe, celui de la résidence de la collectivité émettrice) n'ayant pas le droit d'imposer.

Lorsque la France a le droit d'imposer les plus-values réalisées hors de France par ses résidents, l'imposition se fait conformément au droit interne français. Pour les non-résidents, le droit conventionnel et le droit interne français se rejoignent dans une large mesure (sauf application de l'article 244 bis B du CGI).

Précisions En ce qui concerne l'imposition du produit de la **cession à titre onéreux d'un usufruit temporaire** par un non-résident, l'administration précise que les règles posées par l'article 13, 5 du CGI (imposition dans la catégorie de revenus à laquelle se rattache, au jour de la cession, le bénéfice ou revenu procuré ou susceptible d'être procuré par le bien ou le droit sur lequel porte l'usufruit temporaire cédé) ne s'appliquent que sous réserve des stipulations des conventions fiscales internationales relatives aux plus-values (BOI-IR-BASE-10-10-30 n° 50).

En l'absence de précisions conventionnelles

Lorsque les conventions fiscales ne contiennent pas d'article sur les gains en capital, ni de précisions insérées dans un protocole annexé, la France n'a pas le droit d'imposer les cessions réalisées par les non-résidents ; il y a lieu, en effet, d'appliquer l'article sur les « **revenus non dénommés** », qui donne généralement le droit d'imposer à l'État de résidence seulement (ou, le cas échéant, l'article sur les bénéfices d'entreprises, en l'absence d'établissement stable en France). **65935**

Cette solution a notamment été retenue par le Conseil d'État dans le cadre **franco-belge** (n° 10300).

Participations substantielles

Bon nombre de conventions fiscales françaises ne suivent pas intégralement le modèle de convention fiscale de l'OCDE, comme l'indique d'ailleurs la **réserve française** au modèle de convention de l'OCDE (commentaire OCDE, C (13) n° 36) : « La France accepte la disposition du paragraphe 5 mais souhaite cependant se réserver la possibilité d'appliquer les dispositions de sa législation concernant l'imposition des gains provenant de l'aliénation d'actions ou parts faisant partie d'une participation substantielle dans le capital d'une société qui est un résident de France. » **65940**

La France reprend, ce faisant, une disposition contenue dans le **modèle de convention fiscale de l'ONU** (article 13 § 5) qui autorise l'imposition des plus-values réalisées lors de la cession d'actions dans une société d'un autre État si le cédant, à un moment quelconque au cours des douze mois précédant la cession, a détenu un certain pourcentage du capital de la société dont les titres sont cédés (pourcentage à déterminer lors des négociations bilatérales).

Une disposition de ce type vise à préserver la possibilité pour la France d'appliquer l'article 244 bis B du CGI (n° 65880).

Précisions Il a été jugé, à propos de la convention fiscale franco-canadienne du 2 mai 1975, qu'une convention fiscale qui prive la France de son pouvoir d'imposer un gain susceptible d'être réalisé lors de la cession de titres de participation dans une filiale étrangère fait obstacle à ce qu'une **moins-value** relative à une telle cession soit prise en compte pour déterminer le montant net des plus-values ou moins-values de même nature entrant dans l'assiette de l'impôt en France (CE 12 juin 2013 n° 351702, 3e et 8e s.-s., Sté BNP Paribas : RJF 10/13 n° 911, refusant la déductibilité de provisions pour dépréciation ; n° 26205).

65945 Lorsqu'elle est incluse dans une convention fiscale, une telle stipulation figure soit au protocole (Argentine, Nouvelle-Zélande, Norvège, Russie, etc.), soit à l'article « gains en capital » (Colombie, Espagne, Pays-Bas, etc.). Le seuil est normalement fixé à **25 %** comme en droit interne français, mais l'imposition est parfois limitée aux personnes physiques et assortie de certaines conditions.

À titre d'exemple, la convention **franco-italienne** du 5 octobre 1989 contient une disposition assez large, incluse dans le protocole annexé (article 8 b) : « (...) les gains provenant de l'aliénation d'actions ou de parts (...) faisant partie d'une participation substantielle dans le capital d'une société qui est un résident d'un État sont imposables dans cet État, selon les dispositions de sa législation interne. On considère qu'il existe une participation substantielle lorsque le cédant, seul ou avec des personnes apparentées, dispose directement ou indirectement d'actions ou de parts dont l'ensemble ouvre droit à 25 % ou plus des bénéfices de la société ». Lorsqu'une semblable clause est prévue, l'imposition se fait conformément au droit interne français (n° 65880).

Lorsque le dispositif est rédigé de manière **bilatérale**, la France a le droit d'imposer les cessions des non-résidents mais perd en général celui d'imposer les plus-values réalisées hors de France par ses propres résidents, sous réserve de l'application du taux effectif ; il existe cependant des conventions qui prévoient un mécanisme de crédit d'impôt égal non à l'impôt français, ce qui équivaudrait à une exonération, mais à l'impôt étranger (par exemple, convention du 10 octobre 1995 avec l'Espagne). Dans ce cas, l'impôt français reste exigible, la double imposition étant éliminée par imputation de l'impôt étranger, s'il y a lieu.

Clauses anti-abus

65950 Certaines conventions fiscales contiennent des dispositions anti-abus spécifiques ; tel est le cas, par exemple, de la convention fiscale **franco-britannique** du 19 juin 2008, qui prévoit, pour lutter contre le **transfert de domicile** au Royaume-Uni de résidents de France désireux de réaliser des plus-values exonérées au Royaume-Uni, que chaque État conserve le droit de prélever, conformément à sa législation, un impôt sur les gains tirés de l'aliénation de tout bien par une personne qui est, et qui a été à un moment quelconque pendant les six années fiscales précédentes, un résident de cet État ou par une personne qui est un résident de cet État à un moment quelconque de l'année fiscale au cours de laquelle le bien est aliéné (article 14 § 6 de la convention). La formulation de cette règle est maladroite, car elle n'a aucun sens si elle vise un contribuable qui « est domicilié » en France à la date de la cession et qui l'a été au cours des années précédentes ; elle concerne évidemment les « anciens résidents », ceux qui ont quitté le territoire français et ne sont plus résidents à la date de la cession. C'est d'ailleurs cette interprétation qui a été retenue au contentieux, conformément à l'objet de la convention, à propos d'une personne physique qui était domiciliée en France de 1995 à 2010 et qui avait cédé en 2011, alors qu'elle était résidente du Royaume-Uni, la totalité de ses actions d'une société anonyme française (CAA Versailles 19 octobre 2021 n° 20VE01265, 1e ch. : RJF 2/22 n° 184 ; arrêt définitif) ; l'intéressé a été jugé redevable de l'imposition prévue à l'article 244 bis B du CGI (n° 65880) et de la contribution exceptionnelle sur les hauts revenus.

En outre, la convention franco-britannique contient un **autre dispositif anti-abus**, destiné à tenir compte du système de « **remittance basis** » britannique ; l'article 29 § 2 de la convention précise, en effet, que, lorsqu'en application de l'article 14 relatif aux plus-values, des gains ne sont imposables que dans l'un des États et qu'en application de la législation interne en vigueur dans cet État une personne y est soumise à l'impôt sur le montant de ces gains qui est transféré ou reçu dans cet État et non sur leur montant total, l'exonération qui doit être accordée, en application de cet article, par l'autre État ne s'applique qu'à la part des gains imposée dans le premier État. Ainsi, une personne physique qui, **résidente** du Royaume-Uni mais **non domiciliée** au Royaume-Uni, n'y est imposable que sur les revenus non britanniques qu'elle rapatrie au Royaume-Uni ne peut bénéficier en France d'une exonération en cas de cession d'une participation substantielle dans le capital d'une société française, sauf à hauteur de la plus-value rapatriée et imposée au Royaume-Uni (l'imposition est due en vertu de l'article 244 bis B du CGI).

Autre exemple, enfin, la convention fiscale **franco-allemande** du 21 juillet 1959, dans sa rédaction issue de l'avenant du 31 mars 2015, pose un principe de type « **exit tax** ». Il est, en effet, stipulé que lorsqu'une personne physique a été résidente d'un État pendant une période de cinq ans ou plus et qu'elle est devenue résidente de l'autre État, le premier État (celui de la résidence antérieure du contribuable) peut imposer selon son droit interne la plus-value réalisée, pendant la période de résidence de cette personne dans cet État, sur les **participations** dans une société résidente de cet État ; pour éviter une double imposition, il est précisé que si cet État fait usage de cette faculté, le nouvel État de résidence doit retenir comme prix de revient, pour le calcul des plus-values imposables dans cet État, la valeur des participations au moment du transfert de résidence. Et pour éviter d'imposer, dans l'État d'origine, une plus-value « fictive », la convention ajoute que si le prix de cession est inférieur à la valeur des participations au moment du transfert de résidence, c'est ce prix de cession qui doit être pris en compte pour la détermination du gain imposable dans l'État de la résidence antérieure du contribuable (article 7 (6) de la convention). **65950** (suite)

CHAPITRE 23

Les opérations immobilières

Plan du chapitre §§

	SECTION 1 Les revenus des immeubles	66915
A	Les principes conventionnels	66920
B	L'imposition dans l'État du « situs »	66970
C	L'imposition dans l'État de la résidence	67360
	SECTION 2 Les plus-values immobilières	67500
A	Les principes conventionnels	67510
B	L'imposition dans l'État de la source	67530
C	L'imposition dans l'État de la résidence	67900
D	Cas particulier des sociétés d'investissements immobiliers cotées (SIIC)	67950
E	Droits d'enregistrement en cas de cession de parts ou actions de sociétés étrangères à prépondérance immobilière	68020
	SECTION 3 Les autres impôts dus à raison de la possession d'un immeuble en France	68100
I	Ancienne imposition forfaitaire des personnes physiques non résidentes disposant d'une résidence en France (CGI art. 164 C, ancien)	68110
II	Taxe de 3 % sur la valeur vénale des immeubles possédés par certaines personnes morales (CGI art. 990 D à G)	68220
A	Champ d'application	68235
B	Modalités d'imposition et contrôle	68800

66900 Le principe sur lequel repose la fiscalité immobilière internationale est celui de l'imposition au **lieu de situation des immeubles**. Les États ont toujours considéré que le lien très étroit entre un immeuble et le sol sur lequel il est situé suffit à fonder l'imposition des revenus et des plus-values. Il en va de même en matière d'impôt sur le capital ou sur la fortune et de droits de mutation, à titre gratuit ou à titre onéreux.

66905 Cela ne signifie pas, naturellement, que l'État de la **résidence** du propriétaire n'ait pas concurremment un droit d'imposer. Au contraire, cet État aura tendance à considérer que l'immeuble est un élément important du patrimoine du contribuable et qu'il serait contraire à l'équité de ne pas en imposer le revenu ou le capital qu'il représente. Mais il acceptera de voir son droit d'imposition limité dans le cadre des conventions fiscales, afin d'éviter une double imposition (exonération ou crédit d'impôt).

SECTION 1

Les revenus des immeubles

66915 Les conventions fiscales ne dérogent pas au droit que se reconnaissent les États de taxer les revenus des immeubles situés sur leur territoire. En revanche, elles permettent d'éviter les doubles impositions en donnant à l'État concerné un droit exclusif d'imposer ou en attribuant également un droit d'imposer à l'État de résidence, mais en exigeant de sa part l'imputation d'un crédit d'impôt.

A. Les principes conventionnels

1. Définition des revenus immobiliers

Principes OCDE

66920 En général, les revenus immobiliers sont définis par les conventions fiscales comme les revenus de **« biens immobiliers »**. Sous réserve de quelques adaptations, les conventions

fiscales définissent, suivant le modèle de convention fiscale de l'OCDE (article 6 § 2), l'expression « biens immobiliers » par référence au droit de l'État contractant où les biens sont situés et indiquent que cette expression comprend notamment :
– les droits auxquels s'appliquent les dispositions du droit privé concernant la propriété foncière et l'usufruit des biens immobiliers ;
– les accessoires, le cheptel mort ou vif des exploitations agricoles et forestières ;
– les droits à des paiements variables ou fixes pour l'exploitation ou la concession de l'exploitation de gisements minéraux, sources et autres ressources naturelles.

D'une manière générale, les conventions fiscales qui reprennent le modèle de l'OCDE ne s'attachent pas à la forme d'exploitation des biens immobiliers pour déterminer le caractère immobilier du revenu. Autrement dit, il y a revenu immobilier quel que soit le **propriétaire** (personne physique ou morale) et quel que soit le **mode d'exploitation** (location nue ou en meublé, exploitation directe, affermage, etc.).

Les revenus provenant des biens immobiliers d'une entreprise et ceux qui proviennent des biens servant à l'exercice d'une profession indépendante sont également traités comme des revenus immobiliers, lorsque la convention fiscale reprend sur ce point le modèle OCDE (dans la négative, voir n° 67290).

La définition donnée par les conventions qui suivent le modèle de convention fiscale de l'OCDE est en général très large, allant jusqu'à inclure les revenus agricoles et les revenus tirés de gisements minéraux.

Précisions **a.** Nombre de conventions fiscales françaises traitent les revenus tirés de **gisements minéraux** et autres comme des redevances (cas fréquent avec les pays d'Afrique). En pratique, cela n'a pas d'incidence car, dans ce cas, le droit d'imposition est souvent attribué exclusivement et sans limitation à l'État de la source.

b. Les **navires** et **aéronefs** ne sont pas considérés comme des biens immobiliers.

c. Le comité des affaires fiscales de l'OCDE estime que les revenus des exploitations agricoles ou forestières comprennent notamment les revenus tirés de l'acquisition ou de **l'échange de permis d'émission** lorsque cette acquisition ou cet échange fait partie intégrante de l'exercice d'activités agricoles ou forestières, par exemple lorsque les permis sont acquis dans le but d'exercer ces activités ou lorsque les permis acquis à cet effet sont par la suite échangés parce qu'il s'avère qu'ils ne seront pas nécessaires (Commentaires OCDE C (6) n° 2.1 ; voir également n° 18423, Précisions b).

Pratique française

La France reprend généralement les prescriptions du modèle de convention fiscale de l'OCDE, sous réserve, parfois, de certaines précisions ou variantes : **66925**
– certaines conventions fiscales précisent qu'une **ferme** ou une **plantation** est un établissement stable (par exemple, la convention franco-malaisienne du 26 avril 1975) ;
– d'autres conventions, plus sophistiquées, incluent parmi les « biens immobiliers » les **options**, **promesses de vente** et autres droits semblables (par exemple, article 6 § 2 de la convention franco-américaine du 31 août 1994 modifiée) ; à propos de la convention entre la France et l'Ouzbékistan du 22 avril 1996, qui vise les options et promesses de vente, l'administration précise que cette inclusion n'a pas de portée pratique compte tenu de l'article 52 de la loi n° 93-122 du 29 janvier 1993 relative à la prévention de la corruption et à la transparence de la vie économique et des procédures publiques, qui rend nulle toute cession à titre onéreux des droits conférés par une promesse de vente, lorsque cette cession est consentie par un professionnel de l'immobilier (BOI-INT-CVB-UZB-20 n° 30 soulignant notamment que, selon le droit interne français, les promesses de ventes relatives à des biens immobiliers ne constituent pas des immeubles mais des biens meubles et que les produits tirés de la cession de promesses de vente ne seraient autrement imposables que dans l'État de résidence du cédant même si ces promesses portaient sur des immeubles). La pratique a cependant persisté pendant quelque temps puisque la convention du 19 juin 2008 avec le **Royaume-Uni** considère que l'expression « biens immobiliers », telle que définie dans l'article 6, comprend les options, promesses de vente et droits analogues relatifs aux biens immobiliers (dans le même sens, voir le point 6 du Protocole annexé à la convention entre la France et la Géorgie du 7 mars 2007).

Précisions **a.** Une ancienne instruction du 4 août 2005 relative aux plus-values (8 M-1-05) avait indiqué que la cession occasionnelle par un particulier du bénéfice d'une **promesse de vente** n'entrait pas dans le champ d'application du régime des plus-values immobilières des particuliers (cette précision n'a pas été reprise au BOFiP).

b. Les **agriculteurs** fiscalement domiciliés en France sont imposables en Belgique à raison des revenus générés par les exploitations agricoles qu'ils possèdent dans cet État (en ce sens, par exemple, ancienne réponse Flandre : JO Sénat 25 février 1999, p. 608 et BF 4/99 n° 421, non reprise au BOFiP).

Renvoi au droit interne

66930 Comme il est habituel, la notion de « biens immobiliers » est définie par renvoi à la législation interne de l'État contractant où les biens considérés sont situés, les conventions fiscales précisant parfois qu'il s'agit de la législation fiscale (n° 9445). Selon l'administration, eu égard à sa généralité, cette expression doit être interprétée comme comprenant aussi bien le droit fiscal que le droit civil (BOI-INT-CVB-CHE-10-20-10 n° 1, à propos de la convention fiscale franco-suisse du 9 septembre 1966 modifiée).

De son côté, le Conseil d'État a jugé que, pour l'application de la convention franco-canadienne, cette formulation visait nécessairement les **immeubles « par nature »** et non les immeubles « par destination ». Par suite, à supposer même que des mobiliers, matériels et outillages donnés en location soient des immeubles par destination, ces biens n'entrent pas dans le champ d'application de l'article conventionnel relatif aux revenus immobiliers mais dans celui de l'article relatif aux « redevances », en tant que ce dernier inclut les revenus des locations d'équipement (CE 27 mai 2002 n° 125959, 9e et 10e s.-s., Sté Superseal Corporation : RJF 8-9/02 n° 900 ; conclusions Guillaume Goulard au BDCF 8-9/02 n° 104).

Précisions La portée du renvoi au droit interne est également éclairée, à propos de l'imposition des plus-values, par la décision rendue par le Conseil d'État à propos de la cession par un résident de Belgique de **parts de SCI** françaises (CE 24 février 2020 n° 436392, 8e et 3e ch. : RJF 5/20 n° 480 ; voir nos 9450 et 67845).

2. Principes d'imposition

Imposition au lieu de situation

66940 Toutes les conventions fiscales signées par la France donnent à l'État de situation des immeubles le droit d'imposer les revenus (cela ne signifie pas que la France puisse toujours imposer ; n° 67290).

Ce droit résulte, en général, d'un article de la convention rédigé comme suit : « Les revenus qu'un résident d'un État contractant tire de biens immobiliers (y compris les revenus des exploitations agricoles et forestières) situés dans l'autre État contractant, sont imposables dans cet autre État » (article 6 § 1 des modèles de convention fiscale de l'OCDE et de l'ONU).

Absence de pertinence du critère de l'établissement stable

66945 Le droit d'imposer les revenus des immeubles est dévolu à l'État de situation de ces biens même en l'absence d'établissement stable dans cet État. Ce principe a été confirmé à plusieurs reprises par le Conseil d'État (sauf en présence d'une convention fiscale différente du modèle de convention fiscale de l'OCDE ; n° 67290). Par exemple, une **société anonyme suisse** percevant des revenus tirés de la location d'un immeuble dont elle est propriétaire en France est passible de l'impôt sur les sociétés, même si elle ne dispose pas d'un établissement stable en France et même si elle n'exerce en France aucune autre activité (CE 30 mai 1980 n° 12790, 8e et 9e s.-s. : RJF 9/80 n° 660).

Davantage, le Conseil d'État juge que lorsqu'une entreprise d'un autre État (en l'espèce, la Suisse) réalise en France des revenus provenant de biens immobiliers imposables en vertu de l'article 6 de la convention (modèle OCDE) du seul fait de la situation de ces biens, la notion d'établissement stable n'est pas applicable (CE 20 octobre 2000 n° 182165, 9e et 10e s.-s., SA New Building Promotion Ltd : RJF 1/01 n° 30 ; conclusions au BDCF 1/01 n° 16). Le Conseil d'État part, en effet, du principe selon lequel un établissement stable est une installation fixe d'affaires où une entreprise réalise des bénéfices que seule l'existence de cet établissement rend imposables. Autrement dit, il y a **éviction de l'article 5** (établissement stable) par l'article 6 (revenus immobiliers), une société ne pouvant être imposable en France simultanément sur le fondement de l'un et l'autre article.

Le Conseil d'État n'a cependant pas voulu signifier que le concept d'établissement stable n'était jamais pertinent, l'exploitation d'un immeuble en France pouvant éventuellement constituer un établissement stable s'il y a, par exemple, présence en France d'un agent dépendant de la société étrangère ayant les pouvoirs de l'engager. Il a, d'ailleurs, été ensuite précisé que des revenus immobiliers, conventionnellement imposables en France même en l'absence d'établissement stable mais réalisés **par l'intermédiaire d'un établissement stable** qui exerce une ou plusieurs activités productives de revenus autres que ceux qui proviennent des biens immobiliers, sont compris dans les résultats de cet établissement stable et ne peuvent être imposés séparément (CE 5 avril 2013 n°s 349741, 349742 et 349743, 3e et 8e s.-s., Sté Mercurio SpA : RJF 7/13 n° 751, aux conclusions Vincent Daumas au BDCF 7/13 n° 83) ; sur renvoi, la Cour a cependant donné tort à la requérante au motif qu'elle ne disposait pas, en réalité, d'un établissement stable en France (CAA Paris 15 avril 2014 n° 13PA01378, 2e ch., Sté Mercurio SpA, arrêt définitif après non-admission du pourvoi par CE 31 juillet 2015 n° 381361, 9e s.-s. ; voir n° 17415).

Une entreprise étrangère, certes imposable en France du seul fait de la réalisation de revenus immobiliers, peut ainsi être considérée comme exerçant son activité immobilière dans le cadre d'un établissement stable en raison du **mode de réalisation des revenus** immobiliers. L'article 7 § 4 de la convention modèle OCDE (dans sa rédaction actuelle, issue de la révision de juillet 2010 ; auparavant, il s'agissait de l'article 7 § 7), selon lequel les éléments de revenu traités séparément des dispositions relatives aux bénéfices des entreprises ne sont pas « affectés » par ces dernières, signifie simplement que l'article 6 s'applique indépendamment de l'article 7, c'est-à-dire qu'un établissement stable n'est pas nécessaire pour imposer des revenus immobiliers. Il ne signifie pas que le concept d'établissement stable ne puisse jamais jouer en présence de revenus immobiliers (voir notamment, sur ce point, les commentaires OCDE C (5) n° 9, issus de la révision de 2017 du modèle de convention fiscale).

Pour un exemple de **sociétés luxembourgeoises** ayant pour objet la réalisation d'opérations immobilières et dont il a été jugé qu'elles avaient exercé leur activité en France par l'intermédiaire d'un établissement stable occulte, voir les décisions SAS DC Immobilière et SAS Faisanderie, n°s 17355 et 17815.

Précisions Le **rescrit « établissement stable »** (n° 17830) ne s'applique pas à l'imposition des activités de location immobilière réalisées par des entreprises étrangères du seul fait d'immeubles situés en France (en ce sens, arrêté du 1er décembre 2005 relatif à la procédure de rescrit).

Absence de précisions sur les modalités d'imposition

Si la convention modèle OCDE pose le principe de l'imposition, elle ne précise pas selon quelles modalités l'État de situation des immeubles peut imposer les revenus. En particulier, elle ne fixe pas de **taux plafond**, à la différence de ce qui est souvent prévu pour les dividendes, intérêts ou redevances. **66950**

Les commentaires du comité des affaires fiscales de l'OCDE ne contiennent pas non plus de précisions sur ce point. En revanche, ceux de l'ONU indiquent que les revenus qui doivent être imposés sont des **« bénéfices »** et non pas des « revenus bruts ». Cela n'interdit pas à un État de prélever une retenue à la source sur le revenu brut mais celle-ci doit normalement tenir compte du fait qu'il existe des dépenses. Les commentaires de l'ONU suggèrent que l'option puisse être laissée au contribuable pour une imposition sur une base nette au titre de l'impôt général sur le revenu (commentaires du modèle ONU, C (6) n° 2). La convention franco-américaine du 31 août 1994 modifiée, par exemple, ouvre une option pour une imposition sur une **base nette** si ce régime n'est pas déjà prévu en droit interne (article 6 § 6).

Dans la plupart des cas, la convention fiscale n'a aucune incidence sur les modalités d'imposition des revenus, sauf application du principe de **non-discrimination**. Il est à noter, toutefois, qu'en l'absence d'établissement stable, la clause de non-discrimination est d'application plus délicate car elle renvoie alors à la distinction résidents/non-résidents (n° 80790), et que le contribuable peut aussi, en pratique, avoir davantage de difficultés en matière de **déduction des frais et dépenses** liés aux revenus immobiliers (non-application du principe posé pour les établissements stables ; n°s 18640 s.).

Précisions La grande liberté reconnue à l'État de situation des biens immobiliers explique, par exemple, que la France ait considéré que la loi espagnole a toute latitude pour prévoir, dès lors qu'il n'y a pas de discrimination, qu'un résident de France qui dispose d'un bien immobilier en Espagne dont il se réserve la jouissance est néanmoins imposable dans cet État **sur la base d'un revenu théorique** égal à 2 % de la valeur cadastrale de l'immeuble (ancienne réponse Mesmin : JOAN 20 février 1995 p. 966 ; BF 4/95, n° 501) ; il s'agit, en effet, d'une question de pur droit interne espagnol.

Élimination des doubles impositions

66955 Le droit d'imposer donné à l'État de la situation des biens n'est pas nécessairement exclusif. Cela dépend de la rédaction de l'article relatif à l'élimination des doubles impositions. La pratique traditionnelle française consiste à retenir la méthode de l'exonération sous réserve du taux effectif (nos 7980 et 83410). Mais d'autres États retiennent la méthode du crédit d'impôt (no 8100), cette solution étant également retenue par la France dans les conventions fiscales modernes (no 8160). Selon les cas, il y a donc imposition ou non dans l'État de résidence du bénéficiaire.

B. L'imposition dans l'État du « situs »

66970 L'État du « situs » s'entend de celui de la **situation des biens**. À cet égard, les règles sont simples : qu'il y ait ou non une convention fiscale, les biens immobiliers sont normalement imposables dans l'État où ils sont situés (tel est le cas en France).

Mais la convention fiscale peut éventuellement avoir une incidence si la définition qu'elle comporte est restrictive par rapport au droit interne.

1. Notion de « biens immobiliers » en droit interne français

67040 Le droit interne français retient une notion assez large des revenus de biens immobiliers, c'est-à-dire des biens produisant des revenus fiscalement soumis au régime des revenus immobiliers. Un non-résident est ainsi imposable en France sur les revenus qu'il tire :
– de biens immobiliers, au sens strict, c'est-à-dire sur les **revenus d'immeubles** situés en France ;
– de **droits immobiliers** (droits indivis, nue-propriété, usufruit) ;
– d'actions ou parts de « **sociétés immobilières** ».

C'est bien entendu cette dernière catégorie, celle des sociétés immobilières, qui est la plus difficile à cerner ; il s'agit principalement des sociétés de copropriété et des SCI.

Précisions La **typologie** des **sociétés immobilières** est très riche en France ; outre les catégories suivantes, il y notamment lieu de mentionner les sociétés immobilières d'investissements et assimilées, sociétés immobilières pour le commerce et l'industrie, sociétés civiles de construction-vente, SIIC, Sppicav, FPI, etc. Sur les **SIIC**, voir no 67950.

a. Sociétés immobilières de copropriété (CGI art. 1655 ter)

67060 Ce sont des sociétés qui ont en fait pour unique **objet** soit la construction ou l'acquisition d'immeubles ou de groupes d'immeubles en vue de leur division par fractions destinées à être attribuées aux associés en propriété ou en jouissance, soit la gestion des immeubles ou groupes d'immeubles ainsi divisés, soit la location pour le compte d'un ou plusieurs membres de la société de tout ou partie des immeubles ou fractions d'immeubles appartenant à chacun de ses membres (CGI art. 1655 ter et, notamment, BOI-RFPI-CHAMP-30-20 nos 10 s.).

67065 Ces sociétés sont dotées de la **transparence fiscale** ; quelle que soit leur forme juridique (société civile, société de capitaux, etc.), elles sont réputées ne pas avoir de personnalité fiscale distincte de celle de leurs membres.

Les membres de ces sociétés sont, fiscalement, considérés comme étant les **propriétaires privatifs des locaux** qui correspondent à leurs parts ou actions (en pratique, les immeubles sont divisés en lots, chaque lot correspondant à des parts ou actions). L'administration indique, en ce sens, que les membres des sociétés dotées de la transparence fiscale au sens de l'article 1655 ter du CGI sont considérés, sur le plan fiscal, comme personnellement propriétaires des locaux à la jouissance desquels leurs actions ou parts sociales leur donnent vocation (BOI-RFPI-CHAMP-30-20 no 10).

Dans ce régime, la transparence fiscale est complète. La société n'est pas soumise à l'impôt ; celui-ci est dû, en revanche, par les associés. Lorsque les immeubles sont loués, l'imposition est ainsi établie en fonction des caractéristiques de l'associé (personne morale ou personne physique). Même lorsqu'elles sont des sociétés de capitaux, ces sociétés ne sont pas assujetties à l'**impôt sur les sociétés**.

Précisions Soit, par exemple, une personne physique non résidente qui réalise un placement immobilier en France en achetant des parts d'une société immobilière de copropriété. Si les immeubles de cette société sont loués, elle sera imposable en France sur la part lui revenant, au titre de l'impôt sur les revenus fonciers. Si l'associé est une société, celle-ci sera soumise à l'impôt sur les sociétés ; la **neutralité fiscale** est donc complète. Le porteur de droits sociaux donnant droit à la jouissance de biens immobiliers est, dans cette situation, traité comme le serait un copropriétaire des mêmes biens immobiliers.

b. Sociétés immobilières

Les sociétés immobilières ont, en général, pour objet l'acquisition d'immeubles en vue de la location ou de la mise à la disposition des associés. Elles sont parfois soumises à l'impôt sur les sociétés, soit en raison de leur forme (société de capitaux), soit en raison de leur objet (si elles ont un objet commercial tel que la location en meublé ou une activité de marchand de biens), soit sur option. Dans les autres cas, elles relèvent de l'impôt sur le revenu et leurs bénéfices sont imposés au nom personnel de chaque associé, en général au titre des revenus fonciers (personnes physiques). 67080

Les **sociétés civiles immobilières** (SCI) sont des sociétés civiles dont l'actif est entièrement composé d'immeubles qu'elles ont acquis ou fait construire et qu'elles ont uniquement pour objet de gérer (activité de location). À la différence des sociétés immobilières de copropriété, ces sociétés ne sont **pas transparentes**. Elles ont une personnalité juridique et fiscale distincte de celle de leurs membres. Toutefois, elles ne sont pas personnellement soumises à l'impôt (sauf option ou activité commerciale) : chaque associé est personnellement imposable sur la quote-part des bénéfices qui lui revient. Il ne s'agit en réalité que d'une catégorie particulière de sociétés de personnes, dont les revenus sont constitués de loyers ou de plus-values immobilières (sociétés de l'article 8 du CGI, n°s 30200 s. ; BOI-RFPI-CHAMP-30-20 n°s 110 s). 67085

Ainsi, un associé non résident est imposable en France dans la catégorie des revenus fonciers, s'il s'agit d'une personne physique, et à l'impôt sur les sociétés s'il s'agit d'une personne morale relevant de l'impôt sur les sociétés. En ce sens, par exemple, les personnes physiques résidentes des États-Unis et associées de **groupements agricoles** d'exploitation en commun (Gaec), de sociétés civiles d'exploitation agricoles (SCEA) ou viticoles et de groupements fonciers agricoles (GFA) sont imposables en France (réponse Lefebvre, n° 76814 : JOAN 8 mars 2016 p. 1961 ; BF 5/16 n° 480).

Précisions Une société civile qui pratique de manière habituelle la location saisonnière de **locaux garnis de meubles** est assujettie de plein droit à l'impôt sur les sociétés, car elle exerce une activité commerciale (en ce sens, par exemple, réponse Bacquet, n° 67211 : JOAN 11 août 2015 p. 6166). Cela étant, si les sociétés civiles de location meublée (habituelle ou non) relèvent en principe de l'impôt sur les sociétés, une exception est admise si elles exercent une activité commerciale accessoire (recettes de nature commerciale n'excédant pas 10 % du total de leurs recettes hors taxe ; BOI-BIC-CHAMP-40-20 n° 40). Voir également n° 67245.

Les revenus des participations dans les autres sociétés, c'est-à-dire le plus souvent celles qui ne sont ni des sociétés civiles immobilières, ni des SCPI, ni des sociétés immobilières de copropriété, ne sont pas traités comme des revenus de biens immobiliers, même si l'actif social est constitué principalement ou totalement d'immeubles. Ainsi, un non-résident qui possède des actions dans une **société anonyme** en retire des dividendes et non pas des revenus fonciers même si l'actif de la société est essentiellement ou totalement constitué d'immeubles. 67090

c. Multipropriété

Les sociétés de multipropriété sont des sociétés passibles de l'impôt sur les sociétés dont l'objet est de **transférer gratuitement à leurs membres** la jouissance d'un bien meuble ou immeuble (appartements, en principe meublés, le plus souvent à la mer ou à la montagne, bateaux de plaisance, parkings, etc.). 67100

En vertu de l'article 239 octies du CGI, dont les dispositions sont applicables aux avantages en nature consentis au cours d'un exercice ouvert jusqu'au 31 décembre 2023 (loi n° 2019-1479 du 28 décembre 2019 de finances pour 2020, art. 136), ces sociétés bénéficient d'un avantage fiscal qui concerne la valeur nette de l'**avantage en nature** consenti aux associés (différence entre le loyer qu'aurait pu percevoir la société et le montant des versements faits par l'associé pour les dépenses qui ne lui incombent pas en tant qu'utilisateur du bien, comme les frais de gestion, d'entretien et de réparation des biens sociaux).

Cet avantage en nature :
– n'est pas pris en compte pour la détermination du revenu de la société ;
– n'est pas considéré comme un revenu distribué ;
– est exonéré d'impôt sur le revenu entre les mains des associés personnes physiques, mais pas entre les mains des associés personnes morales passibles de l'impôt sur les sociétés.

Les **plus-values de cession de titres** sont, le cas échéant, imposables dans les conditions prévues pour les sociétés à prépondérance immobilière.

2. Incidence des conventions fiscales

67130 Les conventions fiscales contiennent normalement une définition de l'expression « biens immobiliers » (nº 66920). Il faut donc déterminer si cette définition recouvre celle du droit interne ou si elle est plus étroite. En présence d'une convention fiscale, un État ne peut imposer un revenu immobilier que si la convention lui en donne le droit, c'est-à-dire si elle lui permet de qualifier un revenu d'immobilier.

En pratique, la question se pose surtout, du côté français, pour les **parts ou actions de sociétés immobilières**.

Ces parts ou actions sont juridiquement des biens meubles et non pas des immeubles. Il n'y a cependant pas lieu d'en déduire que la convention retire toujours le droit d'imposer à la France.

a. Sociétés transparentes

67150 Les porteurs de parts des sociétés visées à l'article 1655 ter du CGI (nºs 67060 s.) sont considérés comme des propriétaires privatifs de biens immobiliers. En outre, les revenus qu'ils retirent sont des **revenus de biens immobiliers**, puisqu'ils sont effectivement produits par des biens immobiliers, à la différence, par exemple, du produit des cessions de parts. Ces deux raisons devraient suffire à permettre l'imposition en France, compte tenu de la rédaction habituelle des conventions fiscales (« revenu qu'un résident d'un État tire de biens immobiliers », selon l'article 6 du modèle de convention fiscale de l'OCDE).

Au surplus, les biens immobiliers sont normalement définis par référence au droit de l'État contractant où les biens sont situés, étant rappelé que, selon le modèle de l'OCDE, le **sens donné en droit fiscal** prévaut sur celui donné par les autres branches du droit (article 3 § 2 du modèle OCDE dans sa version issue de la révision de 1995, reprenant l'ancienne réserve française ; nº 9445). Cette précision est désormais reprise dans les conventions fiscales modernes (voir par exemple l'avenant du 30 novembre 1995 à la convention franco-canadienne, l'avenant du 22 juillet 1997 à la convention franco-suisse, la convention du 10 octobre 1995 avec l'Espagne, la convention du 19 juin 2008 avec le Royaume-Uni, la convention du 2 avril 2013 avec Andorre, etc.).

Précisions La convention fait parfois explicitement **référence** à ces parts ou actions : il en va ainsi, par exemple, dans la convention **franco-belge** du 10 mars 1964 qui contient une stipulation au Protocole permettant à la France de traiter comme des revenus immobiliers les revenus des parts ou actions de sociétés immobilières transparentes.

b. Sociétés immobilières non transparentes

67170 Les parts ou actions détenues dans ces sociétés, le plus souvent des sociétés civiles, ne sont **ni juridiquement ni fiscalement des biens immobiliers**. Les titulaires de parts ne sont pas fiscalement traités comme s'ils étaient propriétaires privatifs des immeubles ; en outre, la société concernée n'est pas fiscalement transparente.

Les revenus des immeubles sont donc d'abord des revenus sociaux. Ce sont des revenus de la société, et non pas des revenus des porteurs de parts. La société est imposable sur ces revenus. Certes, on sait que, dans les sociétés civiles, le régime fiscal est tel que l'imposition est, en réalité, établie au nom de chaque associé, à hauteur de ses droits dans les bénéfices sociaux. Mais cela ne constitue qu'une modalité particulière de recouvrement de l'impôt dû par la société. Il n'en reste pas moins que la société continue d'être **traitée comme la personne imposable** et qu'en cas de vérification, par exemple, ce sont bien les comptes de la société, et non pas ceux des porteurs, qui seront vérifiés. On se trouve donc simplement en présence d'un cas particulier de « sociétés de personnes » (nos 30200 s.).

Les mêmes principes s'appliquent aux sociétés étrangères équivalentes et les conventions fiscales sont généralement sans incidence, s'agissant de revenus immobiliers. Par exemple, une société suisse assujettie à l'impôt sur les sociétés et associée d'une **SCI monégasque** translucide qui détient un immeuble en France y est imposable au titre des revenus que la SCI aurait dû retirer, sans que s'y opposent les conventions franco-monégasque du 18 mai 1963 et franco-suisse du 9 septembre 1966 (CAA Versailles 22 juin 2021 n° 19VE03770, 1e ch., Sté Fonparsa ; arrêt définitif). Dans cette affaire, il est jugé que l'administration, qui avait constaté que la SCI avait **mis gratuitement l'immeuble** à la disposition de la personne physique associée unique de la société suisse et minoré la valeur de cet avantage en nature dans sa comptabilité, était fondée à rectifier en conséquence les résultats imposables en France de la société suisse ; elle pouvait également fixer la valeur vénale de l'immeuble par comparaison et retenir un taux de rentabilité de 3 % et non de 1,7 % comme le demandait la société (en revanche, elle ne pouvait pas établir le caractère délibéré du manquement commis par la société suisse en se bornant à le déduire de l'application du taux de rendement de 1,7 % auquel avaient abouti de précédents contrôles et dont la société avait pu estimer qu'il demeurait valable). Dans une configuration similaire, voir CAA Paris 1er juin 2022 n° 21PA01105, 7e ch., SA GV Royale Mansions (n° 67270 h).

Précisions **a.** Sur la jurisprudence relative à l'imposition des associés non résidents de **sociétés de personnes** françaises, voir nos 31345 s.

b. Pour un exemple d'imposition d'une **société suisse** au titre de revenus réalisés par une SCI dont elle est membre, voir CE 15 février 1984, nos 37377 et 37378, 7e et 9e s.-s. : RJF 4/84 n° 533 ; voir également n° 67245.

c. Multipropriété

Principes

La question de l'imposition des revenus peut également se poser pour les associés de sociétés de multipropriété. **67190**

Si l'associé non résident **donne en location** en meublé les logements qui lui sont attribués en jouissance, on peut probablement considérer que les biens loués sont constitutifs d'une **installation fixe d'affaires**. Le droit d'imposer serait alors dévolu à l'État de situation des biens (cas général d'imposition des activités commerciales au lieu de situation de l'établissement stable). Si la location n'était qu'occasionnelle, on pourrait éventuellement soutenir qu'il n'y a pas d'installation fixe d'affaires, ce qui conduirait à refuser l'imposition dans l'état de situation des biens.

Cas particuliers

Les conventions fiscales contiennent parfois des dispositifs plus complets que le modèle de convention fiscale proposé par l'OCDE, visant notamment la multipropriété ; il en va ainsi, par exemple, de la **convention** fiscale **franco-algérienne** du 17 octobre 1999 qui précise que lorsque la propriété d'actions, de parts ou autres droits dans une personne morale, établie ou non dans l'un des deux États, donne au propriétaire la jouissance de biens immobiliers situés dans un État et détenus par cette personne morale, les revenus tirés par le propriétaire de l'utilisation directe, de la location ou de l'usage sous toute autre forme de son droit de jouissance sont imposables dans cet État (article 6 § 5). L'administration estime que cette convention ne fait pas obstacle à l'application des dispositions du **droit interne français** relatives aux parts, actions ou autres droits détenus dans des sociétés immobilières et notamment de celles relatives aux sociétés immobilières dotées de la transparence fiscale visées à l'article 1655 ter du CGI et des sociétés de multipropriété visées à l'article 239 octies du même Code (BOI-INT-CVB-DZA-20 n° 30). Les revenus tirés des parts ou actions de ces sociétés sont donc imposés en France lorsqu'elles détiennent des immeubles en France. **67195**

La convention **franco-américaine** du 31 août 1994 modifiée est d'inspiration voisine (article 6 § 5), étant observé que les rédactions s'affinent à mesure de l'évolution des réflexions, comme en témoignent les trois conventions de 1997 avec les **pays baltes** qui font référence aux fiducies et institutions comparables (article 6 § 5 des trois conventions, avec la Lettonie, l'Estonie et la Lituanie). La convention du 2 avril 2013 entre la France et **Andorre** reprend les mêmes principes en stipulant que lorsque des actions, parts ou autres droits dans une société, une fiducie ou toute autre institution ou entité donnent la jouissance de biens immobiliers situés dans un État et détenus par cette société, fiducie, institution ou entité, les revenus provenant de l'utilisation directe, de la location ou de l'usage sous toute autre forme de ce droit de jouissance sont imposables dans cet État nonobstant les dispositions de l'article sur les bénéfices des entreprises (une stipulation très proche se retrouve à l'article 6, 5 de la convention du 26 novembre 2013 avec la **Chine**).

La convention **franco-britannique** du 19 juin 2008, enfin, adopte une rédaction un peu différente mais qui conduit à un résultat voisin ; elle précise, à l'article 6 § 5, que lorsque des actions, parts ou autres droits dans une société ou autre personne morale, une « partnership », un « trust » ou une institution comparable, donnent un droit de jouissance sur des biens immobiliers situés dans un État contractant et détenus par cette société ou autre personne morale, « partnership », « trust » ou institution comparable, les revenus tirés de l'utilisation directe, de la location ou de l'usage sous toute autre forme de ce droit de jouissance sont imposables dans cet État nonobstant les dispositions relatives aux bénéfices des entreprises. L'administration a commenté cette règle en indiquant qu'elle ne faisait pas obstacle à l'application du droit interne français (BOI-INT-CVB-GBR-10-20 n° 10).

3. Modalités d'imposition

a. Concernant les personnes physiques

Principes

67240 En droit interne, les personnes physiques non résidentes de France qui disposent de **revenus immobiliers de source française** sont toujours imposables en France, que les revenus soient tirés :
- de la location d'un immeuble situé en France ;
- de parts de sociétés immobilières transparentes ou encore de parts de sociétés civiles immobilières ;
- de parts de sociétés de multipropriété, le cas échéant (sauf peut-être location occasionnelle).

Les conventions fiscales permettent dans la quasi-totalité des cas à la France d'exercer son droit d'imposition. Quant aux **règles d'assiette** propres aux revenus fonciers, elles sont identiques, que les contribuables soient résidents de France ou non (réponse Conway-Mouret, n° 18537 : JO Sénat 9 juin 2016 p. 2547 ; la réponse ajoute qu'il ne peut être envisagé d'alléger l'imposition des revenus fonciers des seules personnes établies hors de France sans contrevenir au principe d'égalité devant les charges publiques).

Location nue ou en meublé

67245 À l'égard des revenus de location, peu importe que les locaux soient loués nus ou meublés. Dans le premier cas, il s'agit de **revenus fonciers** et dans le second, de **bénéfices industriels et commerciaux**, mais l'imposition est toujours attribuée à la France. Cette distinction a cependant son importance car les modalités d'imposition (BIC ou revenus fonciers) ne sont pas les mêmes.

En outre, elle n'est pas neutre en ce qui concerne les immeubles loués meublés par les **SCI**. En effet, cette activité est commerciale par nature et non pas civile, à la différence de la location nue. Les sociétés civiles propriétaires deviennent donc passibles de l'impôt sur les sociétés et perdent leur « translucidité » (voir n° 67085, Précisions). Dans une telle situation, le porteur de parts non résident n'a plus d'impôt à payer en France, sauf, par voie de retenue à la source, sur les dividendes qui lui sont versés par la société « civile » immobilière (laquelle, ayant un objet commercial, doit être traitée comme une société de capitaux et soumise à l'impôt sur les sociétés).

Cette solution a été retenue à propos d'une société suisse qui détenait 90 % du capital de sociétés civiles immobilières propriétaires de **résidences d'agrément meublées** sur la Côte d'Azur (CE 5 février 1986 n° 34256, 8e et 9e s.-s : RJF 5/86 n° 562). Le Conseil d'État a jugé que la société suisse n'aurait pu être directement soumise à l'impôt sur les sociétés en France à raison des revenus immobiliers provenant de l'exploitation de leur patrimoine par les sociétés civiles immobilières dont elle détenait les parts que si ces dernières ne se livraient pas à une exploitation ou à des opérations de nature commerciale. Tel n'était pas le cas puisque les résidences étaient louées meublées. La société suisse ne pouvait donc être imposée alors qu'elle l'aurait été si les locaux avaient été loués nus (dans cette affaire, ce sont les sociétés civiles elles-mêmes qui auraient dû être soumises à l'impôt sur les sociétés). Cette solution a été retenue à propos d'un associé « personne morale », mais elle vaut naturellement aussi pour les porteurs de parts personnes physiques.

Enfin, en ce qui concerne l'imposition des non-résidents qui exercent une activité de **loueur en meublé professionnel**, la doctrine administrative apporte les deux précisions suivantes :
– les recettes annuelles à prendre en compte pour la détermination de la qualité de loueur en meublé professionnel doivent être appréciées en tenant compte de l'ensemble des loyers acquis par le contribuable quel que soit le **lieu de situation des immeubles** affectés à la location meublée, qu'ils soient situés en France ou hors de France (BOI-BIC-CHAMP-40-10 n° 115 ; reprise d'une réponse ministérielle concernant les résidents, mais dont les non-résidents peuvent se prévaloir) ;
– la **prépondérance des recettes** de location par rapport aux autres revenus s'apprécie en tenant compte de l'ensemble des revenus des contribuables et, plus largement, du foyer fiscal sous réserve que ces revenus soient imposables en France en application de la législation fiscale française et, le cas échéant, des conventions fiscales ; les revenus perçus par les non-résidents imposables uniquement à l'étranger ne sont pas retenus (BOI préc. n° 165) ; dans le même sens, réponse Frassa n° 01406 : JO Sénat 17 mai 2018 p. 2356, rappelant que seuls les revenus imposables en France perçus par les non-résidents sont retenus pour l'appréciation de la condition tenant à la prépondérance des recettes tirées de l'activité de location meublée et que les revenus imposables uniquement à l'étranger qu'ils perçoivent par ailleurs ne sont pas retenus.

Précisions Les revenus et les plus-values de cession de locaux loués meublés, réalisés par les non-résidents, sont, à notre avis, des revenus du capital entrant dans le champ des **prélèvements sociaux** sur les revesnus du patrimoine et les produits de placement, s'agissant de « revenus d'immeubles » situés en France (n° 3787), et non des recettes constituant des BIC qui seraient exonérées en tant que revenus d'activité, même s'il s'agit fiscalement d'une activité professionnelle.

Assiette et taux d'imposition

Les personnes physiques non résidentes qui ont des revenus immobiliers de source française (BIC ou revenus fonciers) doivent les **déclarer** à l'administration fiscale. Les revenus sont imposables pour leur **montant net**, après imputation des frais et charges normalement déductibles dans les mêmes conditions que pour les personnes physiques fiscalement domiciliées en France, que ce soit dans le cadre du régime des revenus fonciers en cas de location nue, ou de celui des BIC en cas de location en meublé. Les déficits de même origine peuvent être imputés sur les revenus dans les mêmes conditions que pour les résidents. **67250**

Le revenu est imposé par application du barème normal de l'impôt sur le revenu. Mais il est fait application d'un **taux minimum** d'imposition de 20 % ou 30 % (CGI art. 197 A ; nos 3135 s.).

Précisions Les **prélèvements sociaux** sont exigibles à des taux variables selon la résidence des contribuables (n° 3787).

b. Concernant les personnes morales

Droit interne français

Les personnes morales non résidentes qui ont des revenus immobiliers de source française sont généralement assujetties à l'**impôt sur les sociétés** (si elles relèvent de cet impôt), même si les revenus en cause n'ont pas, en droit conventionnel, le caractère de bénéfices **67260**

67260 (suite) industriels et commerciaux, comme toutes les personnes morales se livrant à une exploitation ou à des opérations de caractère lucratif (sauf exceptions).

Pour le droit interne français, les revenus qu'une entreprise industrielle et commerciale retire de la location de propriétés bâties ont toujours le caractère de bénéfices industriels et commerciaux.

Lorsqu'une société (ou une entité quelconque) n'est pas passible de l'impôt sur les sociétés **à raison de sa forme**, elle peut l'être, en vertu de l'article 206, 1 du CGI, **à raison de son objet** ; en ce sens, il a été jugé qu'une Anstalt du Liechtenstein détenant des immeubles en France qui ne sont pas loués est passible de l'impôt sur les sociétés compte tenu de son objet statutaire commercial (CE 31 mars 1993 n° 82395, 9e et 8e s.-s., Gioza Établissement : RJF 6/93 n° 792). Et lorsque les caractéristiques d'une entité étrangère ne conduisent pas à l'assimiler à une société de capitaux, passible de l'impôt sur les sociétés en raison de sa forme, cet impôt peut tout de même être exigible si l'entité en cause se livre à des **opérations de caractère lucratif**.

Les dispositions de l'article 206, 1 du CGI, en effet, assujettissent à l'impôt sur les sociétés, au-delà des sociétés qu'elles désignent expressément, **toutes les personnes morales** qui se livrent à une exploitation ou à des opérations de caractère lucratif, sans exclure, notamment, les **États étrangers**. Ainsi l'activité qu'un État étranger exerce en France est assujettie à l'impôt sur les sociétés si, eu égard à son objet et aux conditions particulières dans lesquelles elle est exercée, elle relève d'une exploitation à caractère lucratif (CE 22 janvier 2020 n° 421913, 9e et 10e ch., État du Koweït : RJF 4/20 n° 307) ; cette décision a été rendue à propos de l'État du Koweït, qui, par l'intermédiaire du fonds Kuweit Investment Authority (KIA), donnait en location nue la tour Manhattan de La Défense et qui a été jugé passible de l'impôt sur les sociétés à raison des loyers perçus. La circonstance que les activités n'aient pas présenté de caractère commercial au sens des articles 34 et 35 du CGI, s'agissant de la location d'immeubles nus, était sans importance ; comme le relevait le rapporteur public (conclusions à la même RJF C 307 et 351), en effet, la circonstance qu'une activité ne soit pas commerciale par nature ne fait pas obstacle à son assujettissement à l'impôt sur les sociétés dès lors que « **commercialité et lucrativité** ne sont pas synonymes » (en ce sens, voir également la décision Établissement Poudix, ci-après). En l'espèce, le but lucratif était avéré, les conditions de location étant similaires à celles des entreprises privées, avec des prix pratiqués correspondant aux prix du marché et une clientèle composée de sociétés commerciales, et l'activité en cause ne traduisant pas l'exercice d'une quelconque activité de service public à caractère administratif, ni la mise en œuvre de prérogatives de puissance publique, même si elle procédait de la volonté de l'État du Koweït de faire fructifier ses excédents budgétaires et ses biens dans un but d'intérêt général.

Dans le même sens, précédemment, CAA Marseille 7 avril 2009 n° 06-2890, 4e ch., Sté Arevir Établissement (RJF 2/10 n° 104 ; cet arrêt a fait l'objet d'un pourvoi non admis par CE (na) 11 octobre 2010 n° 330592, 3e s.-s., Sté Arevir Établissement), à propos d'une « Anstalt de droit du Liechtenstein, catégorie imprécise qui, à elle seule, ne permet pas de l'assimiler à une quelconque société de droit français », mais dont l'objet statutaire consiste notamment en la réalisation d'affaires commerciales et qui doit donc être considérée comme une personne morale passible de l'impôt sur les sociétés en France même si elle soutient, sans être contestée, que son unique activité a consisté à mettre un appartement à Cannes à la disposition gratuite de ses associés.

La même solution a été retenue à propos d'une Anstalt du Liechtenstein dont les statuts excluaient l'exercice d'une activité commerciale. Le Conseil d'État juge, en effet, que, pour l'application de l'article 206, 1 du CGI, la gestion d'un patrimoine immobilier peut constituer une **opération à caractère lucratif**, même si elle n'a pas de caractère commercial. Pour que la requérante, qui avait été assujettie à l'impôt sur une assiette égale à la valeur locative de l'immeuble qu'elle avait mis gratuitement à la disposition de tiers, puisse échapper à l'impôt sur les sociétés, il ne suffisait donc pas que ses statuts excluent toute activité commerciale mais il fallait qu'elle apporte des éléments, relatifs notamment à l'identité des bénéficiaires de son activité, de nature à justifier de son but non lucratif (CE 27 février 2013 n° 354994, 8e et 3e s.-s., min. c/ Établissement Poudix : RJF 5/13 n° 471). Si une mise à disposition gratuite ne constitue pas, par elle-même, une activité commerciale, c'est surtout l'objet poursuivi qui détermine l'existence d'un but lucratif, une activité de **gestion de patrimoine** présentant un caractère lucratif si le patrimoine est géré dans le seul intérêt de personnes privées (pour un exemple d'absence de caractère lucratif, voir nº 67275 la décision Société Immobilière « Saint-Charles »). Incidemment, en première instance, il avait été relevé dans cette affaire que l'Anstalt n'avait produit aucun élément précis de nature à remettre en cause le taux de 5 % de rendement net retenu par l'administration et que le fait qu'elle ait acquitté la taxe patrimoniale de 3 % était sans incidence sur l'assujettissement à l'impôt sur les sociétés (TA Paris 5 octobre 2009 nºs 04-21607 et 04-21612/2, 2e sect., 2e ch., Établissement Poudix : RJF 3/10 nº 210 ; ce jugement avait été infirmé par CAA Paris 24 novembre 2011 nº 09PA06734, 5e ch., Établissements Poudix : RJF 4/12 nº 347 mais le Conseil d'État a annulé l'arrêt d'appel).

Précisions **a.** Il avait été jugé qu'une « **corporation** » enregistrée dans l'État du **Delaware** ne pouvait être regardée comme commerciale du seul fait de sa forme sociale, au motif qu'une telle société n'est pas toujours créée en vue de réaliser des profits et que son objet social peut être aussi bien civil que commercial (le Conseil d'État ne raisonnait pas de cette façon ; nº 67275) ; cela étant, cette société était bien passible de l'impôt sur les sociétés en France au titre de la location d'un bien immobilier étant donné qu'elle était **gérée dans le seul intérêt de personnes privées** et que cette gestion constituait une opération à caractère lucratif (CAA Marseille 18 juin 2013 nº 10MA01250, 4e ch., Sté Putao Corporation, admettant le taux de rendement de 5 % retenu par l'administration ; arrêt définitif).

b. Les bailleurs personnes morales et organismes passibles de l'impôt sur les sociétés sont en principe redevables de la **contribution sur les revenus locatifs** sur les revenus retirés de la location de locaux situés dans des immeubles achevés depuis quinze ans (CGI art. 234 nonies) ; cette taxe a été jugée applicable à une société étrangère sur les recettes qu'elle aurait dû percevoir au titre de la mise à disposition gratuite d'un bien immobilier (CAA Marseille 23 septembre 2014 nº 11MA02047, 4e ch., Sté SPICA, arrêt définitif ; nº 67270, Précisions d).

Territorialité La jurisprudence et la doctrine administrative considèrent traditionnellement qu'une personne morale non résidente est **imposable en France** sur les revenus qu'elle retire d'immeubles situés en France : **67263**
– soit lorsqu'elle possède un établissement autonome en France, ce qui suppose la présence en France d'un organe quelconque ou d'un représentant procédant à la location, ce qui est rare ;
– soit, en toute hypothèse, dans la mesure où les profits doivent être analysés comme résultant d'une activité commerciale se suffisant à elle-même.

Cette manière de voir, qui était discutable en ce qu'elle ne prenait pas en compte le principe de territorialité posé par l'article 209, I du CGI dans son ancienne rédaction, a été légalisée par une disposition à caractère interprétatif introduite par l'article 22 de la loi nº 2009-1674 du 30 décembre 2009 de finances rectificative pour 2009 ; il est désormais prévu à l'article 209, I du CGI que les sociétés étrangères sont imposables en France sur les bénéfices « mentionnés aux a, e, e bis et e ter du I de l'article 164 B » (revenus immobiliers et plus-values immobilières ; nºs 2881, 2889 et 5524).

La doctrine administrative indique, à ce propos, que sont notamment imposables (BOI-IS-CHAMP-60-10-30 nºs 360 et 370) :
– les revenus provenant de la **location d'immeubles** situés en France et de tous les produits accessoires y afférents ainsi que les revenus provenant des droits immobiliers, tels que les droits indivis, la nue-propriété, l'usufruit ou des droits mobiliers tels que les actions ou parts de sociétés immobilières ;
– les profits tirés d'**opérations définies à l'article 35 du CGI**, lorsqu'ils sont relatifs à des immeubles situés en France, à des droits immobiliers s'y rapportant ou à des actions et parts de sociétés non cotées en bourse dont l'actif est constitué principalement par de tels biens et droits.

Principe de la nécessité de percevoir des loyers La solution de l'imposition en France conformément au droit interne français conduit notamment à appliquer la notion d'**acte anormal de gestion** lorsqu'une personne morale non résidente n'exige pas de loyer au titre de la mise à disposition d'un logement. Dans ce cas, il y a lieu de l'imposer sur les loyers qu'elle aurait dû percevoir, sauf si elle échappe à l'impôt sur les sociétés en raison de sa forme et/ou de l'absence de caractère lucratif de son activité (nº 67275). En ce qui concerne la charge de la **preuve**, c'est à l'administration d'établir le caractère anormalement bas du loyer (CE 8 mars 2021 nº 433019, 9e ch., Sté La Maisonnette : RJF 6/21 nº 451). Les décisions suivantes illustrent les principes. **67270**

a. Une **Anstalt** du **Liechtenstein** qui avait mis, par bail verbal, une résidence à disposition d'un tiers, moyennant comme seule contrepartie la prise en charge des frais d'entretien

67270 (suite) courant et de gardiennage a été considérée comme ayant commis un acte anormal de gestion (CE 24 février 1986 nos 54253 et 54256, 7e et 8e s.-s. : RJF 4/86 no 353). Il a été jugé :
– qu'en raison de ses statuts, cette Anstalt devait être regardée comme une personne morale soumise à l'impôt sur les sociétés ;
– que la convention passée avec le tiers occupant la maison devait s'analyser en une **location à des conditions avantageuses** pour le locataire et que l'Anstalt avait commis un acte anormal de gestion, n'ayant pas établi ni même allégué que l'avantage avait été consenti dans son intérêt propre ; que, par suite, l'administration était en droit de l'imposer sur la base des loyers abandonnés ;
– que l'Anstalt, ayant réalisé un bénéfice en France, devait être soumise à une retenue au taux de 25 % (taux applicable à l'époque ; no 67305), les bénéfices étant réputés distribués au titre de chaque exercice à des associés non domiciliés en France (il n'y a pas de convention fiscale entre la France et le Liechtenstein). Voir aussi CE 18 mars 1985 no 38104, 8e et 9e s.-s. : RJF 5/85 no 690, également à propos d'une Anstalt du Liechtenstein.

b. Jugé de même au cas d'une **société belge** qui mettait **gratuitement** une villa en France à la disposition de ses associés (CE 7 octobre 1988 no 82784, 8e et 7e s.-s. : RJF 12/88 no 1305). Pour un autre exemple, voir CAA Marseille 21 juin 2016 no 14MA00462, 4e ch., à propos d'une société privée à responsabilité limitée de droit belge constituée par des avocats, qui avait mis une villa située en France à la disposition gratuite de l'un de ses associés (cet arrêt a fait l'objet d'un pourvoi qui n'a pas été admis par CE (na) 8 février 2017 no 402179, 8e ch., SPRL Sothola) ; en l'espèce, la société a été regardée comme commerciale et non civile, étant assimilable à une **société d'exercice libéral à responsabilité limitée** française.

c. Le Conseil d'État a donné raison à l'administration qui avait redressé une **société suisse** au motif que le **loyer** versé par son principal actionnaire au titre de l'utilisation de l'immeuble en France était **manifestement trop faible** (CE 12 novembre 1990 no 71047, 9e et 7e s.-s., SA Trèbe : RJF 1/91 no 107) ; la différence entre la valeur locative réelle et le loyer perçu suffit à établir l'existence d'un acte anormal de gestion si le bailleur et le preneur sont en relation d'intérêts (CE 22 février 1989 no 71181, 7e et 8e s.-s., Sté Permaphone : RJF 4/89 no 412).

d. L'impôt sur les sociétés est exigible d'une **fondation** du **Liechtenstein** dès lors qu'elle ne justifie pas du caractère non lucratif de ses opérations, ni de ses motifs (CE 26 janvier 1990 no 64211, 7e et 9e s.-s., Fondation « Arts et Industries » : RJF 3/90 no 264).

e. Une **société** de capitaux de droit **panaméen** dans l'incapacité de fournir une justification à la mise à disposition gratuite d'un bien immobilier qu'elle possédait en France était redevable de l'impôt sur les sociétés (CAA Nantes 17 février 1998 no 95-1196, 1e ch., min. c/ Sté Darcon Holdings : RJF 7/98 no 785 ; arrêt définitif).

f. Le fait que l'administration admette qu'une entité juridique effectivement assujettie à la **taxe patrimoniale de 3 %** puisse laisser gratuitement à un ou plusieurs associés personnes physiques la jouissance d'un immeuble ayant supporté la taxe (no 68840) ne signifie pas que l'administration aurait, en application d'un principe général, exclu la qualification de revenu pour la personne morale qui consent l'avantage ; il ne s'agit que d'une simple mesure de tempérament dont le bénéfice suppose que la personne morale remplisse les conditions requises, ce qui n'était d'ailleurs pas le cas en l'espèce (CE 16 mars 2016 no 376141, 8e et 3e s.-s., Sté Autophon Funk AG : RJF 6/16 no 547, à propos d'une société suisse qui mettait un bien immobilier gratuitement à la disposition de ses actionnaires). Il résulte des conclusions du rapporteur public que, dans cette affaire, l'administration avait rectifié les résultats de la société en appliquant un taux de rendement de 4 % à la valeur vénale du bien (conclusions Benoît Bohnert à la RJF 6/16 no 547).

g. Commet un acte anormal de gestion une **société suisse** qui met une villa **gratuitement à la disposition d'un tiers**, sans que l'absence de perception de loyers soit justifiée par l'intérêt de sa propre exploitation (CAA Marseille 31 décembre 2019 no 18MA04580, 4e ch., Sté Placinter, arrêt définitif) ; la société soutenait que la villa était en mauvais état et qu'elle n'avait été occupée que ponctuellement, mais l'administration avait établi l'existence de dépenses régulières d'électricité et d'eau qui n'étaient pas sérieusement contestées et qui n'étaient pas justifiées par la réalisation effective de travaux (la rectification avait été établie sur la base, non contestée, d'un taux de rendement de 5 % appliqué à la valeur vénale et après déduction de certaines charges et la majoration de 40 % a été confirmée).

h. L'administration a pu valablement assujettir à l'impôt sur les sociétés et à la contribution sur les revenus locatifs, au titre des exercices 2014 et 2015, une **société anonyme suisse** à hauteur de sa participation de 99 % dans une **SCI monégasque** qui détenait une villa à Saint-Jean-Cap-Ferrat et l'avait mise à la disposition gratuite de ses associés (CAA Paris 1er juin 2022 n° 21PA01105, 7e ch., SA GV Royale Mansions, rejetant l'appel formé contre TA Montreuil 2 février 2021 n° 1804109, 10e ch., SA GV Royale Mansions : RJF 6/21 n° 622) ; l'utilisation d'un coefficient de **rendement de 3,5 %** appliqué à la valeur vénale de la villa a été validée, la Cour écartant la méthode d'évaluation consistant en une actualisation de la valeur d'acquisition par application du taux de variation de l'indice de la construction, au motif que ce taux d'actualisation est dépourvu de pertinence pour évaluer l'évolution de la valeur locative d'un bien situé sur un marché locatif saisonnier et de luxe très différent de celui auquel est appliqué cet indice (le taux de rendement initialement retenu était de 5 % mais il avait été réduit à 3,5 % à la suite de l'avis de la commission départementale) ; la détermination de la **valeur vénale** par comparaison avec le prix de vente de plusieurs biens similaires situés dans la même zone géographique a également été validée, ainsi que la **décote de 25 %** que l'administration avait pratiquée par rapport aux comparaisons effectuées, se décomposant en un abattement de 15 % au titre des nuisances sonores et de 10 % au titre de la surface habitable en sous-sol (la Cour juge qu'il n'y avait pas lieu de porter cette décote à 30 %). **67270** (suite)

i. L'administration était fondée à rectifier, au titre des années 2007 à 2009, les résultats d'une **SCI française** translucide détenue à parts égales par deux sociétés chypriotes, au motif qu'elle avait mis une villa située en France à la disposition de ses associés ou de tiers à un prix anormalement bas (CAA Versailles 10 juin 2021 n° 19VE02898, 3e ch., société civile immobilière (SCI) Côte Turquoise, arrêt définitif) ; l'administration avait déterminé la valeur vénale de la villa par comparaison avec le prix de vente de plusieurs biens similaires situés dans la même zone géographique, puis pratiqué des abattements pour tenir compte des travaux de rénovation nécessaires et de la nécessité de construire une piscine, avant d'appliquer à la valeur vénale résiduelle un taux de rentabilité de 2 % (la Cour écarte les arguments tenant à la vétusté de la villa, qui l'aurait rendue impropre à la location, mais accepte de corriger les rectifications pour tenir compte de la surface habitable réelle de la villa).

Précisions **a.** Il a été jugé qu'une **Anstalt du Liechtenstein**, légalement imposée sur le fondement de l'ancien article 209 A (n° 68220) ne peut utilement se prévaloir de ce qu'elle n'exerce **pas d'activité lucrative** en France et de ce qu'elle ne relèverait pas de l'imposition de droit commun fixée par l'article 206, 1 du CGI (CE 31 mars 1993 n° 82395, 9e et 8e s.-s., Gioza Établissement : RJF 6/93 n° 792). Pour un autre exemple, voir, toujours à propos d'une Anstalt, CAA Marseille 7 avril 2009 n° 06-2890, 4e ch., Sté Arevir Établissement : RJF 2/10 n° 104 (pourvoi non admis par CE (na) 11 octobre 2010 n° 330592, 3e s.-s., Sté Arevir Établissement).

b. L'ancienne **imposition forfaitaire annuelle** était exigible d'une Anstalt (CE 16 février 1990 n° 61498, 9e et 8e s.-s., Soperma Anstalt : RJF 4/90 n° 459).

c. À propos d'une **société anonyme chypriote** qui n'a pas été assimilée à une société anonyme française mais qui a été considérée comme réalisant une opération à caractère lucratif en mettant un bien **à la disposition gratuite de son associé** et qui était, par suite, imposable en France au titre d'un acte anormal de gestion, voir CAA Marseille 3 mai 2005 n° 02-237, Plén., min. c/ Sté Les Embruns Limited : RJF 12/05 n° 1366 (un pourvoi avait été formé contre cet arrêt mais il n'a pas été admis par CE (na) 23 janvier 2008 n° 284739, 3e s.-s.).

d. Une société anonyme suisse a été jugée passible de l'impôt sur les sociétés, au titre de la **mise à la disposition gratuite de son associé unique** d'une villa située dans les Alpes-Maritimes en 2002 et 2003, bien qu'elle n'ait eu à l'époque qu'un seul associé dès lors qu'il s'agissait d'une société commerciale par sa forme, que ses statuts n'excluaient pas la possibilité qu'il y ait plusieurs associés et que chaque action au porteur pouvait se transmettre à tout moment par simple tradition (CAA Marseille 23 septembre 2014 n° 11MA02047, 4e ch., Sté SPICA ; arrêt définitif) ; s'agissant d'années antérieures à la loi du 30 décembre 2009 (n° 67263), et alors même que la société n'exploitait aucune entreprise en France, l'assujettissement à l'impôt sur les sociétés a été considéré comme résultant du dernier membre de phrase de l'article 209, I du CGI, permettant l'imposition **sur le fondement des conventions fiscales**. La Cour juge en outre qu'une société propriétaire qui renonce sans contrepartie à percevoir des recettes qu'une gestion normale de son bien lui eût procurées doit être regardée comme ayant retiré un revenu de la location de ce bien au sens de l'article 234 nonies du CGI et que par suite les recettes que la société avait volontairement renoncé à percevoir de son associé devaient être comprises dans ses bases d'imposition à la **contribution sur les revenus locatifs**.

e. Une **« private limited company » irlandaise** était passible de l'impôt sur les sociétés sur la base d'un taux de rendement de 4,5 % au titre de la mise à disposition gratuite d'une villa à Mandelieu-la-Napoule (CAA Marseille 28 juin 2016 n° 15MA04973, 4e ch., Gurin Holding Ltd ; arrêt définitif) ; cette société était assimilable à une société de capitaux et elle n'était pas détenue par un associé unique personne physique (n° 31325).

67275 **Commercialité par la forme et critère du but lucratif** À propos d'une société anonyme monégasque immatriculée au répertoire national des **sociétés civiles** monégasques et dont le **seul objet** était de mettre ses biens immobiliers **gratuitement à la disposition** de son actionnaire, le Conseil d'État avait autrefois admis :
– de tirer les conséquences fiscales du régime juridique applicable à cette société, pour estimer qu'elle ne pouvait pas, en dépit de sa dénomination et de la responsabilité limitée de ses actionnaires, être regardée comme une société commerciale entrant dans le champ de l'impôt sur les sociétés en raison de sa forme ;
– et de considérer que, dans les circonstances de l'espèce, elle n'avait pas commis d'acte anormal de gestion en ne réclamant pas de loyers au titre de la mise à disposition d'une propriété immobilière située en France ; en effet, le fait, pour une personne morale qui ne serait pas, pour un autre motif, passible de l'impôt sur les sociétés, de mettre gratuitement un élément de son actif à la disposition de son actionnaire ne constitue pas, par lui-même, une activité lucrative (CE 24 mai 2006 n° 278737, 3e et 8e s.-s., min. c/ Société immobilière « Saint-Charles » : RJF 8-9/06 n° 996) ; en l'espèce, la société ne se livrait pas à une **activité lucrative** en mettant un ensemble immobilier, aménagé en colonie de vacances et en maison de repos, à la disposition de son principal actionnaire qui gérait des établissements scolaires.

En ce qui concerne les critères d'assimilation des sociétés étrangères aux sociétés françaises, la solution ainsi retenue, qui tient compte du **caractère civil de l'objet** de la société étrangère, a toutefois été abandonnée dans le sillage de la décision Artémis (n° 31325). Dans l'affaire Société immobilière « Saint-Charles », le Conseil d'État avait relevé qu'en droit monégasque, les sociétés anonymes à objet commercial sont immatriculées au répertoire du commerce et de l'industrie alors que celles qui ont un objet civil sont immatriculées au répertoire national des sociétés civiles ; il en avait déduit que la société concernée, répertoriée comme société civile, n'était pas commerciale du seul fait de sa forme sociale. Or ce raisonnement n'est plus celui qui ferait aujourd'hui le Conseil d'État, qui ne tient pas compte de l'objet, civil ou commercial, de la société étrangère pour l'assimiler ou non à une société de capitaux française en raison de sa forme sociale. Ce revirement avait déjà été annoncé par la rapporteure publique Céline Guibé dans ses conclusions sous CE 2 avril 2021 n° 427880, 9e et 10e ch., min. c/ Sté World Investment Corporation : RJF 6/21 n° 597 (voir n° 67680), qui indiquait que « ce qui importe est d'abord d'identifier la forme sociale de droit français à laquelle la société étrangère peut être assimilée, au regard de ses caractéristiques sociales, si besoin en l'y faisant **"**entrer de force**"**, avant de déterminer le régime fiscal qui lui est applicable [...]. Au regard de cette grille d'analyse, l'objet civil ou commercial d'une société et la nature concrète de son activité n'apparaissent pas déterminants ». Le Conseil d'État a ensuite confirmé qu'il n'y a pas lieu, aux fins de l'assimilation d'une société étrangère à une société par actions de droit français, de tenir compte du caractère civil ou commercial de l'objet de la société, un tel critère n'étant pas au nombre des caractéristiques définissant ce type de sociétés (CE 22 juillet 2022 n° 444942, 9e et 10e ch., Sté Phoenix Union Co) ; devait ainsi être assimilée à une société anonyme de droit français pour l'application de l'article 206 du CGI une société suisse qui avait la nature d'une société de capitaux et dans laquelle la responsabilité des associés était limitée à leurs apports, sans qu'il y ait lieu de s'interroger sur le caractère civil ou commercial de son objet et sur l'absence en droit suisse de structure sociale comparable aux sociétés civiles françaises. En l'espèce, la société avait commis un acte anormal de gestion en renonçant, en 2011 et 2012, à percevoir des loyers en contrepartie de la mise à disposition, au bénéfice de son unique associé et à titre gratuit, de deux appartements dont elle était propriétaire à Cannes, sans qu'importe le fait qu'une telle **renonciation à recettes** serait **conforme à l'objet social** de l'entreprise ni que satisfaire par cette gratuité l'un des objets pour lequel la société a été créée soit une contrepartie suffisante.

En ce qui concerne le caractère lucratif de l'activité, question déterminante dans l'affaire Société Immobilière « Saint-Charles », il résulte de la jurisprudence que l'alternative est la suivante : soit le patrimoine est géré dans un but d'intérêt général ou philanthropique, auquel cas la gestion n'a pas de caractère lucratif, soit il est géré dans le seul intérêt de personnes privées, auquel cas la gestion poursuit bien un but lucratif (n° 67260).

À propos des entités sans but lucratif, il a enfin été jugé que l'exonération d'impôt sur les sociétés ne peut, sur le terrain de libre circulation des capitaux, être refusée à une **fondation étrangère** qui apporte la preuve qu'elle pourrait bénéficier, si elle était établie en France, de l'exonération reconnue aux fondations reconnues d'utilité publique ou aux fonds de dotation (CE 7 juin 2017 n° 389927, 9e et 10e ch., Fondation Jean et Lili Delaby : RJF 10/17 n° 914, à propos d'une fondation suisse qui n'avait pu apporter la preuve requise). La décision du Conseil d'État précise que les **critères** permettant à une fondation étrangère d'établir qu'elle peut bénéficier du même régime qu'une fondation française reconnue d'utilité publique sont les suivants : gestion désintéressée, affectation irrévocable des biens à des activités d'intérêt général à but non lucratif, contrôle des autorités publiques de l'État d'établissement et administration par un organe collégial assurant une représentation suffisante de l'intérêt général. Pour un **fonds de dotation**, les critères retenus sont un peu différents : gestion désintéressée, affectation irrévocable des ressources à des activités d'intérêt général ou redistribution de celles-ci à une personne morale à but non lucratif pour de telles activités, impossibilité prévue par les statuts de consommer la dotation en capital. Comme cette décision tire les conséquences du principe de libre circulation des capitaux, elle vaut également pour les États tiers à l'Union européenne.

Précisions **a.** Une **société britannique** ne réalise pas une opération à caractère lucratif en mettant gratuitement un immeuble à la disposition de ses salariés (CAA Paris 1er juin 2005 n° 02-162, 2e ch. A, min. c/ Sté Dyas : RJF 11/05 n° 1161 ; arrêt définitif) ; mais cette décision omet, à tort à notre avis, le fait que la société est passible de l'impôt sur les sociétés en raison de sa forme (sauf exception ; n° 67280).

b. Il a été jugé qu'une **« corporation » américaine** qui détient un immeuble en France n'est pas une société passible de l'impôt sur les sociétés au sens de l'article 206, 1 du CGI, dans la mesure où il n'est pas établi qu'elle puisse être, à l'instar d'une société anonyme française, regardée comme commerciale du seul fait de sa forme sociale (CAA Marseille 2 octobre 2007 n° 05-0749, 4e ch., Sté MRS Holding Corporation : Droit fiscal 2008 n° 4, comm. n° 81 ; arrêt définitif). La Cour estime que, dans la mesure où la législation américaine ne permet pas de distinguer les sociétés civiles et les sociétés commerciales, une telle société ne pourrait, eu égard à son activité de simple gestion d'un patrimoine, être **assimilée** qu'à une **société civile immobilière** de droit français ; à notre avis, cette solution procède cependant d'une mauvaise analyse des règles d'assimilation des sociétés étrangères aux sociétés françaises, dans la mesure notamment où la responsabilité des associés d'une « corporation » est limitée à leurs apports, ce qui empêche toute assimilation à une société civile (seule une « partnership » pourrait éventuellement être assimilée à une société civile ; nos 31325 et 31327).

c. Dans le sillage de la décision Artémis (n° 31325), le Conseil d'État a jugé qu'une **LLC américaine** qui avait mis une villa située en France à la disposition gratuite de ses deux associés, de nationalité russe, ne pouvait être assimilée à une société de personnes dès lors que la **responsabilité de ses associés** était limitée à leurs apports (CE 27 juin 2016 n° 386842, 9e ch., Sté Emerald Shores LLC : RJF 11/16 n° 943) ; l'affaire a été renvoyée à la cour administrative d'appel de Marseille qui avait jugé à tort que la société ne pouvait pas faire l'objet d'un rappel d'impôt sur les sociétés au motif qu'elle était fiscalement transparente aux États-Unis (en tout état de cause, la LLC, qui avait deux associés, ne pouvait pas être assimilée à une SARL dont l'associé unique est une personne physique et qui, comme telle, aurait échappé à l'impôt sur les sociétés). Sur renvoi, la Cour a estimé que la seule circonstance que la responsabilité de leurs associés soit limitée à leurs apports ne suffit pas à assimiler les LLC à des sociétés passibles de l'impôt sur les sociétés mais que l'impôt sur les sociétés était tout de même exigible au motif qu'il résulte de l'article 206, 1 du CGI que la gestion d'un patrimoine immobilier peut constituer une **opération à caractère lucratif**, même si elle n'a pas de caractère commercial et que le fait d'attribuer la jouissance d'un immeuble à un associé dans le seul intérêt privé de celui-ci doit être regardé comme la réalisation d'une opération à caractère lucratif (CAA Marseille 2 février 2017 n° 16MA02619, min. c/ Sté Emerald Shores LLC : RJF 5/17 n° 419 ; arrêt définitif) ; cet arrêt n'a pas fait l'objet d'un pourvoi, compte tenu de la solution retenue sur le fond, mais le raisonnement était erroné, ainsi que l'a confirmé ensuite la décision World Investment Corporation (voir nos 31325 et 67680), car la limitation de la responsabilité des associés suffit à fonder l'assimilation d'une société étrangère à une société de capitaux passible de l'impôt sur les sociétés.

Cas des sociétés apportant des justifications La jurisprudence admet qu'une société commerciale puisse ne pas commettre d'acte anormal de gestion dans certaines circonstances ; les exemples suivants sont éclairants. **67280**

a. Ne commet pas un acte anormal de gestion, une société suédoise qui met une villa à la **disposition gratuite** de son **personnel** dès lors qu'elle indique les noms des nombreux salariés qui l'ont successivement occupée et qu'il s'agit d'un élément de sa **politique sociale** (CAA Lyon 25 avril 1991 n° 1587, Plén., Sté Boliden Aktiebolag : RJF 10/91 n° 1191 ; arrêt définitif) ; en l'espèce, il n'y avait pas d'acte anormal de gestion dès lors que les pièces du dossier établissaient de façon suffisamment claire l'intérêt social de la mise à disposition.

b. Il a été admis qu'une **société belge** puisse mettre un **appartement** situé en France à la **disposition gratuite** de son **dirigeant** (CAA Paris 7 décembre 1995 n° 94-1904, 2e ch., SA Frères Bourgeois : RJF 4/96 n° 422 ; arrêt définitif). Après avoir rappelé que les revenus que retire, ou qu'est susceptible de retirer, une société de droit belge de l'appartement dont elle est propriétaire à

Paris sont imposables en France, la Cour a néanmoins considéré que la circonstance que l'appartement ait été mis à disposition gratuite de son dirigeant n'avait pas, en l'espèce, procédé d'une gestion commerciale anormale dès lors que la société avait établi que cette mise à disposition était **conforme à son intérêt propre**, au motif que les investissements réalisés par elle en France exigeaient de fréquents séjours de son dirigeant dans notre pays et que l'utilisation par ce dernier de l'appartement avait évité à la société d'exposer d'importants frais d'hébergement.

c. Il a été jugé, à propos d'une société suisse qui possédait en France des immeubles non donnés en location ni mis à disposition d'un tiers et qui, dès lors, n'étaient **pas productifs de revenus**, que l'administration ne saurait invoquer l'article 30 du CGI pour imposer la société sur le loyer que ces immeubles auraient pu produire s'ils avaient été donnés en location (CAA Paris 2 février 1995 n° 94-34, 3e ch., Sté Trax Immobilien AG : RJF 4/95 n° 459 ; arrêt définitif) ; en effet, l'article 30 du CGI, selon lequel les propriétaires doivent en principe comprendre dans leur base d'imposition le revenu des immeubles dont ils se réservent la jouissance, n'est pas applicable en matière d'impôt sur les sociétés.

67282 **Imposition des associés au titre d'avantages occultes** Une personne physique qui bénéficie de la **mise à disposition gratuite** d'un immeuble situé en France par une société étrangère dont elle est associée est susceptible de se voir imposée sur le fondement de l'article 111, c du CGI en tant qu'elle a bénéficié d'un avantage occulte résultant d'un acte anormal de gestion commis par la société étrangère (voir également n° 17813 en ce qui concerne l'imposition des associés en présence d'un établissement stable en France). Ce principe a, par exemple, été appliqué à l'associée d'une société luxembourgeoise qui avait bénéficié de la mise à disposition gratuite d'une villa située à Biot (CE 19 décembre 2018 n° 418331, 8e ch. : RJF 4/19 n° 344, rejetant le pourvoi qui avait été formé contre CAA Marseille 19 décembre 2017 n° 16MA03364) ; en l'espèce, l'administration avait apprécié la valeur locative de la villa en appliquant un taux de **rendement de 4 %** à sa valeur vénale et la requérante n'avait pas fourni de termes de comparaison en sens contraire, se bornant à affirmer que le taux retenu était incompatible avec la réalité du marché immobilier.

Pour un autre exemple dans le même sens, voir CAA Paris 31 juillet 2020 n° 19PA02237, 7e ch., ayant fait l'objet d'un pourvoi non admis par CE (na) 4 mai 2021 n° 444979, 8e ch. : RJF 10/21 n° 900 et confirmant, également sur le fondement de l'article 111, c du CGI, l'imposition d'une personne physique domiciliée en France à laquelle une société luxembourgeoise avait donné en location une villa située sur la Côte d'Azur pour un loyer qui non seulement n'avait pas été réclamé, mais encore faisait ressortir un taux de rendement de 0,68 % alors que les taux de rendement locatifs de biens du même ordre s'élevaient à 4 % en moyenne (les résultats de la société luxembourgeoise avaient préalablement été rectifiés à raison d'un acte anormal de gestion) ; en l'espèce, la Cour a également confirmé la majoration de 40 % pour manquement délibéré, au motif que l'intéressé était associé et dirigeant de la société luxembourgeoise (voir également n° 3762, Précisions b).

Il en va de même en présence d'une **SCI** détenue par une société étrangère, étant donné que le Conseil d'État a plusieurs fois souligné qu'une personne morale passible de l'impôt sur les sociétés et non établie en France y est imposable à raison des bénéfices résultant de l'activité qui y est exercée par une société de personnes dont elle est associée, dans la mesure des parts qu'elle détient dans cette société, sauf stipulation contraire d'une convention fiscale (nos 31345 s).

Combinant ce principe avec l'article 111, c du CGI, qui impose comme revenus distribués les rémunérations et avantages occultes, le Conseil d'État a confirmé que, sauf stipulation contraire d'une convention fiscale, le versement d'un avantage occulte par une société de personnes qui exerce son activité en France et dont une personne morale passible de l'impôt sur les sociétés, même établie hors de France, détient une part des droits sociaux correspond, dans la mesure de cette part, à une **distribution de revenus** imposables entre les mains du bénéficiaire dans la catégorie des revenus de capitaux mobiliers (CE 11 octobre 2017 n° 399010, 3e et 8e ch. : RJF 1/18 n° 33 et CE 11 octobre 2017 n° 399011, 3e et 8e ch. : RJF 1/18 n° 35, écartant la thèse des requérants qui voulaient que, pour qu'une société puisse être considérée comme ayant procédé à la distribution d'un avantage occulte, il fallait qu'elle soit soumise à l'impôt sur les sociétés à raison de ses propres résultats).

Ces dernières décisions ont été rendues à propos de SCI qui, étant détenues par une société de capitaux luxembourgeoise, avaient mis des **propriétés immobilières** à la **disposition gratuite** d'une personne physique qui contrôlait elle-même la société luxembourgeoise ; il a été jugé que les avantages en nature résultant de la mise à disposition gratuite des immeubles par les SCI étaient, à hauteur de la part des bénéfices des SCI revenant à la société luxembourgeoise, imposables entre les mains de la personne physique dans la catégorie des **revenus de capitaux mobiliers** (cette imposition s'ajoute, bien entendu, à l'impôt sur les sociétés exigible au titre de l'acte anormal de gestion commis par la société). Dans cette affaire, l'administration avait considéré que le supplément de bénéfices désinvesti par la société luxembourgeoise était imposable sur le fondement de l'article 111 c du CGI mais elle aurait sans doute pu aussi bien invoquer les **articles 109,1-1° ou 109, 1-2°** du même Code puisque le bénéficiaire identifié était associé de la société luxembourgeoise.

Précisions **a.** Une société étrangère imposable en France au titre de revenus immobiliers de source française non déclarés ne peut être assujettie, outre l'impôt sur les sociétés, à **l'impôt de distribution** sur le fondement des article 109, 1-1° et 111, c du CGI au seul motif que les revenus français reconstitués par l'administration seraient supérieurs à ses revenus déclarés et imposés à l'étranger ; en effet, une telle circonstance ne révèle pas, à elle seule, l'existence d'un **désinvestissement**, notamment lorsque le bénéfice global déclaré à l'étranger comprend l'intégralité des produits de l'exploitation française et que la société exerce également une autre activité non imputable à l'activité française et génératrice de charges distinctes (CE 4 juin 2021 n°s 437988 et 438028, 9e et 10e ch., min. c/ Sté Artelim et Sté Artelim : RJF 8-9/21 n° 811). Il s'agissait d'une société britannique qui avait réalisé, en 2008 et 2009, des revenus immobiliers non déclarés en France (location d'un immeuble à usage de bureaux) et qui avait également une activité de conseil en management ; comme la société n'avait pas révélé l'identité des bénéficiaires des revenus considérés comme distribués, l'administration lui avait notifié l'amende de 100 % prévue par l'article 1759 du CGI. La décharge a cependant été prononcée en appel et confirmée par le Conseil d'État car, pour identifier une éventuelle distribution, l'administration aurait dû non pas se borner à soutenir que le bénéfice calculé en France était très supérieur à celui déclaré et imposé au Royaume-Uni, mais **contester la déductibilité des charges** imputables à l'activité française retenues par la société pour le calcul de son bénéfice imposable au Royaume-Uni (l'application du régime des revenus distribués suppose l'identification d'un tiers à l'entreprise, bénéficiaire d'un avantage anormal).

b. Une société italienne qui, au titre des années 2011 et 2012, avait renoncé à percevoir des loyers en contrepartie de la mise à disposition d'un appartement dont elle était propriétaire en France pouvait non seulement se voir réclamer des cotisations supplémentaires d'impôt sur les sociétés, ce qu'elle ne contestait pas, mais aussi des rappels de **retenue à la source** sur le fondement de l'article 111, c du CGI au motif que les abandons de loyers qu'elle avait consentis à ses associés résidents d'Italie étaient des libéralités constitutives d'**avantages occultes** ; la société n'a pas été jugée fondée à invoquer la convention fiscale franco-italienne du 5 octobre 1989, pour prétendre que ces revenus réputés distribués n'étaient pas des « dividendes » au sens de cette convention, dès lors qu'ils étaient distribués par une société italienne à des résidents italiens (CAA Marseille 9 juin 2022 n° 19MA00931, 3e ch., Sté Immobiliare Fulcorina SRL).

En présence d'une convention fiscale

Le droit d'imposer revient à la France sans qu'il y ait lieu de s'interroger sur la présence d'un établissement stable au sens conventionnel (n° 66945), au moins lorsque la convention fiscale reprend le modèle de convention fiscale de l'OCDE, c'est-à-dire prévoit l'application des règles relatives aux revenus immobiliers également aux revenus d'une entreprise. **67285**

Le Conseil d'État a, par exemple, jugé qu'une **société anonyme belge** est passible de l'impôt sur les sociétés en France, en application de l'article 206, 1 du CGI, sur les revenus qu'elle retire d'un immeuble dont elle est propriétaire en France (CE 7 octobre 1988 n° 82784, 8e et 7e s.-s. : RJF 12/88 n° 1305) ; la jurisprudence est constante : par exemple, CE 3 mai 1989 n° 78223, 7e et 8e s.-s., SA Quadriga : RJF 6/89 n° 751 à propos d'une **société anonyme suisse** ; CE 12 novembre 1990 n° 71047, 9e et 7e s.-s., SA Trèbe : RJF 1/91 n° 107, toujours à propos de la Suisse ; CE 5 mars 1997 n° 80362, 9e et 8e s.-s., min. c/ Sté immobilière La Perdrix Rouge : RJF 4/97 n° 307, encore à propos de la Suisse.

La cour administrative d'appel de Marseille a jugé dans le même sens, en considérant que l'impôt sur les sociétés était exigible d'une **société suisse** sur le fondement de la convention fiscale, même si la société n'exploitait pas une entreprise en France au sens de l'article 209, I (CAA Marseille 26 octobre 1998 n° 98-195, 3e ch., SA Gelam : Droit fiscal 1999, n° 37, comm. n° 671 ; arrêt définitif).

Précisions a. On relève une curieuse décision de la cour administrative d'appel de Lyon (CAA Lyon 17 octobre 1990 n° 271, 3e ch., Corniche immobilière : RJF 12/90 n° 1453), considérant qu'une société suisse possédant en France des **terrains** qui ne pouvaient être regardés comme un établissement stable n'était pas passible de l'impôt sur les sociétés ni, par conséquent, de l'ancienne imposition forfaitaire annuelle. Cette solution est contestable, compte tenu de la rédaction de la convention fiscale et de la jurisprudence du Conseil d'État ; l'arrêt est cependant définitif.

b. Dans les affaires précitées relatives à des sociétés belges ou suisses, l'impôt était dû **en raison de la forme des sociétés**, qui étaient assimilables à des sociétés anonymes de droit français ; mais comme il est indiqué au n° 67275 à propos d'une société anonyme monégasque inscrite au répertoire des sociétés civiles, l'assimilation n'est pas toujours possible (le Conseil d'État n'applique pas tels quels les concepts juridiques étrangers mais, au contraire, les fait entrer dans les catégories du droit français).

c. La **renonciation** anormale **à percevoir des recettes** entre dans le champ de l'article 6 de la convention franco-suisse, autorisant ainsi un redressement d'impôt sur les sociétés, et non dans le champ de l'article relatif aux revenus non dénommés (TA Nice 12 mars 2002 n° 98-4139, 6e ch., Sté Les Nielles : RJF 2/03 n° 213 ; jugement définitif).

d. Il été jugé qu'une société belge qui ne relève pas de la législation française sur les sociétés commerciales n'est pas passible de l'impôt sur les sociétés sur le fondement de l'article 206, 1 du CGI, ni à raison de sa forme ni à raison de son objet, la simple détention d'un immeuble en France ne caractérisant **pas une exploitation** ou une **opération de caractère lucratif** au sens de cet article (TA Nice 5 avril 2001 n° 97-1014, 3e ch., Sté De Bacquer Immobilien : RJF 10/01 n° 1198 ; jugement définitif) ; en l'espèce, la société ne possédait qu'un seul bien immobilier en France qui était mis à la disposition d'un associé deux mois par an. Cette manière de voir, qui aboutit à exclure du champ d'application de l'article 206, 1 du CGI une société de droit étranger du fait qu'elle ne relève pas de la législation française sur les sociétés ne nous paraît pas conforme à la jurisprudence du Conseil d'État qui cherche généralement à assimiler les sociétés étrangères à la catégorie juridique française la plus proche.

67290 **Mode de raisonnement** L'analyse de la jurisprudence rendue en présence d'une convention fiscale montre qu'à propos des sociétés belges et des sociétés suisses, la décision tenait compte de l'existence, dans ces conventions, d'une stipulation analogue à l'article 6 § 4 du modèle de convention fiscale de l'OCDE selon lequel les règles relatives à l'imposition des biens immobiliers et la définition des biens immobiliers, s'appliquent également aux revenus provenant des **biens immobiliers d'une entreprise** (ainsi qu'aux revenus des biens immobiliers servant à l'exercice d'une profession indépendante, dans la version du modèle antérieure à la révision d'août 2000). Il était intéressant de voir ce que le Conseil d'État jugerait en présence d'une **convention fiscale « atypique »**, c'est-à-dire ne comportant pas cette disposition.

La décision de principe a été rendue à propos d'une société de capitaux de droit italien qui possédait dans les Alpes-Maritimes une villa occupée par deux acteurs italiens sans que la société exige de leur part le paiement d'un loyer (CE 22 mai 1992 n° 63266, SPA Raffaella : RJF 7/92 n° 960 ; n° 5524, Précisions).

Pour l'administration, la **mise à disposition gratuite de cette villa** justifiait l'assujettissement à l'impôt sur les sociétés en France en application de l'article 206, 1 du CGI. Autrement dit, elle considérait que le seul fait pour une société de capitaux italienne de percevoir des revenus de biens immobiliers (ou de commettre un acte anormal de gestion en n'en percevant pas) permettait, compte tenu de la convention franco-italienne applicable à l'époque des faits (cette convention n'est plus en vigueur depuis le 1er mai 1992), d'asseoir l'impôt sur les sociétés en France. L'administration écartait ainsi les règles relatives à l'établissement stable.

Toute la question relevait, au fond, à opérer une juste **qualification du revenu**. S'il s'agissait d'un revenu immobilier, le droit d'imposer était dévolu à la France ; s'il s'agissait de bénéfices d'une entreprise, le droit d'imposer lui était retiré en l'absence d'établissement stable.

En l'espèce, le Conseil d'État a décidé que les revenus que la société Raffaella était susceptible de retirer de la location de cette villa d'agrément relevaient non pas de la catégorie des revenus fonciers, mais bien de celle des **bénéfices industriels et commerciaux**. Comme la villa ne pouvait être regardée comme constituant un établissement stable, la société était fondée à soutenir que les revenus que l'administration avait taxés d'office comme bénéfices imposables à l'impôt sur les sociétés au titre d'un acte anormal de gestion consistant en sa mise à disposition gratuite de tiers n'étaient, en tout état de cause, pas imposables en France. La société a donc été déchargée de l'impôt sur les sociétés.

La décision Raffaella (nº 67290) avait été confirmée à propos de l'ancienne **convention** fiscale entre la France et le **Luxembourg**, du 1er avril 1958 (CE 18 mars 1994 nº 79971, 9e et 8e s.-s., SARL « Société d'Investissement Agricole et Forestier » : RJF 5/94 nº 530) ; l'administration en avait d'ailleurs tiré les conséquences également en ce qui concerne les plus-values (ancienne instruction du 4 août 2000, BOI 14 B-2-00 du 11 août 2000, aujourd'hui caduque). **67291**

Mais les textes ont été successivement modifiés par voie d'avenants pour éviter cette conséquence et, depuis lors, la situation a été normalisée par la convention du 20 mars 2018 qui a remplacé celle du 1er avril 1958 et qui précise que les règles relatives aux revenus immobiliers s'appliquent également aux revenus provenant des biens immobiliers d'une entreprise (nº 67845, Précisions a et b).

Le raisonnement qu'il y lieu de suivre a très bien été exposé dans une affaire mettant en cause une société britannique qui retirait des revenus de la mise à disposition d'un ensemble immobilier situé à Chantilly et utilisé pour l'**entraînement de chevaux de course** (CE 31 juillet 2009 nº 296471, 3e et 8e s.-s., Sté Overseas Thoroughbred Racing Stud Farms Limited : RJF 11/09 nº 979). **67292**

À cette occasion, le Conseil d'État a repris, de façon très pédagogique, le mode d'emploi donné par la décision Schneider Electric (nº 10645) en procédant d'abord à l'examen de la situation en droit interne pour juger que la société britannique, qui se bornait à mettre à disposition un bien immobilier situé en France, n'y **exploitait pas une entreprise** au sens de l'article 209, I du CGI (la société ne disposait d'aucun personnel sur le site, à l'exception d'un gardien, et les locaux du centre étaient dépourvus des équipements nécessaires à l'entraînement des chevaux, ce qui ne permettait pas de caractériser l'exercice d'une activité autre que celle de simple mise à disposition d'un bien immobilier ; nº 5524).

Cela étant, dans la mesure où la société était britannique, il y avait lieu d'examiner l'incidence éventuelle de la **convention fiscale** franco-britannique en tant qu'elle donne à la France le droit d'imposer des revenus immobiliers et que ce droit peut effectivement être utilisé sur le fondement de l'article 209, I (nº 10665 ; le ministre avait demandé une substitution de base légale).

Analysant cette question, le Conseil d'État juge logiquement que la société n'avait **pas d'établissement stable** en France, pas plus qu'elle n'y exploitait une entreprise. Elle aurait pu être néanmoins imposable sur le fondement de l'article relatif aux **revenus immobiliers**, mais tel n'était pas le cas car les revenus nets immobiliers directement rattachables à l'exploitation du centre d'entraînement étaient négatifs (l'arrêt juge sur ce point que les variations des comptes de capitaux retracées dans les liasses fiscales déposées par la société et regardées par l'administration comme un passif injustifié étaient sans incidence sur la détermination du résultat de l'exploitation de cet immeuble).

Modalités pratiques

L'impôt sur les sociétés est établi dans les conditions de **droit commun**, sans qu'il soit fait application de règles spéciales liées à la qualité de non-résident du bénéficiaire. Comme pour les personnes physiques, il peut s'agir de produits de la location d'**immeubles nus ou meublés** (distinction sans importance pratique pour les personnes morales soumises à l'impôt sur les sociétés) ou du produit de parts de **sociétés transparentes** ou de **sociétés civiles immobilières** (sauf si celles-ci ont un objet commercial), ou de parts de sociétés de **multipropriété**, si la convention fiscale et le droit interne le permettent. **67295**

Le **lieu d'imposition** est fixé par l'article 23 ter de l'annexe IV au CGI ; pour les sociétés et personnes morales qui, sans exercer en France d'activité autre qu'immobilière, y disposent de propriétés immobilières données ou non en location, il s'agit du lieu de situation de ces biens ; si l'application de cette règle conduit à une pluralité de lieux d'imposition, l'imposition est établie au service des impôts des entreprises étrangères (nº 3600).

Sur la **contribution économique territoriale**, voir nº 19402.

Précisions **a.** En ce qui concerne les **entreprises danoises**, l'administration, afin d'atténuer les frottements fiscaux résultant de l'absence de convention fiscale entre les deux pays, a précisé que celles qui sont propriétaires de biens immobiliers en France et qui entrent dans le champ d'application de l'impôt sur les sociétés, ou qui deviennent pour la première fois redevables de cet impôt, doivent établir un **bilan fiscal d'ouverture** faisant apparaître leurs immeubles pour leur valeur d'origine telle que définie à l'article 38 quinquies de l'annexe III au CGI (BOI-INT-CVB-DNK nº 90 ; ces entreprises étaient auparavant exonérées compte tenu de la rédaction de la convention fiscale ; nº 67760, Précisions). Doivent également figurer à ce bilan fiscal les amortissements qui auraient dû être constatés depuis la date d'acquisition des immeubles, en application des dispositions du 2° du 1 de l'article 39 du CGI, ainsi que les éventuelles provisions afférentes aux biens immobiliers conformément à l'article 39, 1-5° du CGI. Cette solution avait également été retenue dans le cadre **franco-luxembourgeois** avant l'entrée en vigueur de la convention du 20 mars 2018 (n° 67845, Précisions a).

b. Il a été jugé qu'une société luxembourgeoise qui, en l'absence d'établissement stable en France, avait réalisé des **déficits** dans le cadre d'une activité de location immobilière **non imposable** en application de la convention fiscale franco-luxembourgeoise (dans sa rédaction antérieure à l'avenant du 24 novembre 2006) n'avait pas droit au maintien de ces déficits au titre de la période postérieure à l'entrée en vigueur de cet avenant, qui a mis fin à l'exonération (CAA Versailles 9 juin 2016 n° 14VE02355, 7e ch., Sté Le Win Property : RJF 11/16 n° 1005, décision ayant fait l'objet d'un pourvoi non admis par CE (na) 30 décembre 2016 n° 402280, 10e ch., Sté Le Win Property : RJF 3/17 n° 264 ; voir également n° 10937) ; cette manière de voir n'est cependant pas cohérente avec la position de l'administration rappelée ci-dessus (Précisions a), qui repose sur une logique de continuité que traduit bien l'absence de réévaluation des immeubles et la reconstitution des amortissements.

Déduction des intérêts d'emprunt

67298 Lorsque l'acquisition d'une propriété immobilière en France a été financée par l'emprunt, les intérêts sont déductibles, dans la mesure où il est établi qu'ils **se rapportent effectivement** à l'immeuble français ; cette solution suppose que le lien soit réel et ne résulte pas d'une simple décision par l'emprunteur non résident d'affecter les intérêts à l'immeuble français (en ce sens, conclusions du commissaire du Gouvernement sous CE 9 février 1973 n° 83695, au Droit fiscal n° 16 du 16 avril 1973). Pour autant, les intérêts ne deviennent pas nécessairement de source française (n° 62495).

Bien entendu, les intérêts ne sont déductibles que si les **justifications** nécessaires sont apportées ; ainsi, une société néerlandaise qui contracte un emprunt pour financer l'achat d'un immeuble en France peut déduire les intérêts correspondants de ses résultats imposables en France à condition de justifier de la **réalité du contrat** et des **frais supportés** (CAA Lyon 20 octobre 1992 n° 90-709, 3e ch., SARL Belegginssmaatschappij de Laurenshof BV : RJF 1/93 n° 22 ; arrêt définitif).

Il est aussi nécessaire que **l'emprunt** soit **affecté** à l'immeuble français ; en ce sens, il a été jugé, à propos d'une société anonyme suisse retirant des revenus de la location d'immeubles situés en France, que dans le cas où une société ayant son siège en France ou hors de France entend déduire des frais financiers exposés hors de France, il lui appartient non seulement de justifier de l'existence et du montant de ces frais mais aussi d'établir que les sommes empruntées ont été contractuellement affectées au règlement de dépenses inhérentes à l'exercice de l'activité imposable en France (CAA Marseille 5 mars 2001 n° 97-836, 3e ch., SA Cheryll : RJF 4/02 n° 377 ; arrêt définitif).

Les principes précédents valent naturellement dans les deux sens, c'est-à-dire également en présence d'une société française qui expose des charges pour **l'acquisition d'un immeuble situé hors de France** (n° 5928).

Sous-capitalisation

67300 Pour l'application du dispositif en vigueur avant le 1er janvier 2019 (ancien article 212, II du CGI abrogé par l'article 34 de la loi n° 2018-1317 du 28 décembre 2018 de finances pour 2019), l'administration avait indiqué que les revenus immobiliers d'une **société de capitaux étrangère** imposable en France sur ses revenus immobiliers en l'absence d'établissement stable devaient être déterminés en appliquant l'ensemble des règles qui régissent l'impôt sur les sociétés, y compris le dispositif de lutte contre la sous-capitalisation (ancien BOI-IS-BASE-35-20-30-10 n° 390). Elle avait également apporté les précisions suivantes, pour l'application de la législation alors en vigueur :
– pour la détermination du **ratio d'endettement**, le montant des capitaux propres s'entendait de la différence entre le coût d'acquisition du ou des immeubles et le montant des emprunts contractés en vue de les financer, majorée du résultat de l'exercice imposable en France ;
– pour la détermination du **ratio de couverture d'intérêts**, le résultat courant avant impôts à prendre en compte était celui établi pour l'imposition en France, majoré des intérêts des emprunts contractés pour le financement du ou des immeubles et des amortissements de ces immeubles retenus pour la détermination de ce résultat ; en pratique, le résultat courant avant impôts retraité correspondait aux loyers et autres produits tirés du ou des immeubles situés en France minorés des charges afférentes à ce ou ces mêmes immeubles à l'exclusion des dotations aux amortissements.

Impôt de distribution

Concernant les personnes morales dont le siège est situé en dehors de l'Union européenne (sur les sociétés européennes, voir n° 19070), un impôt de distribution s'ajoute normalement à l'impôt sur les sociétés, dans les mêmes conditions que pour les personnes morales ayant en France un établissement (CGI art. 115 quinquies ; n° 19000). 67305

Cette solution a été plusieurs fois confirmée par le Conseil d'État, notamment dans le cas de la concession de jouissance d'un logement en France (notamment, CE 24 février 1986 nos 54253 et 54256, 7e et 8e s.-s. : RJF 4/86 n° 353 et CE 18 mars 1985 n° 38104, 8e et 9e s.-s. : RJF 5/85 n° 690, à propos d'Anstalten du Liechtenstein).

La société étrangère peut naturellement **demander** une **révision de la retenue** dans les conditions habituelles. Il a été jugé, à propos d'une société de Panama qui concédait à titre onéreux la jouissance d'un appartement dont elle était propriétaire à Paris, que c'est à la société qu'il incombe de demander la révision de la retenue même si l'avantage en nature constitué par l'insuffisance du loyer a nécessairement profité au locataire résidant en France (CAA Paris 9 mai 1990 n° 2001, 3e ch., Vétéran Investment Company : RJF 8-9/90 n° 1021, arrêt définitif concernant une situation où l'administration avait pratiqué un redressement en impôt sur les sociétés, estimant que l'immeuble avait été loué à un prix inférieur à sa valeur locative).

Toutefois, lorsque la convention fiscale permet l'application d'un impôt de distribution, celui-ci n'est normalement exigible qu'en cas d'**établissement stable en France**. Dès lors, si, comme il arrive fréquemment, une société étrangère dispose de revenus fonciers de source française sans y avoir d'établissement stable, la retenue à la source conventionnelle n'est pas applicable (voir en particulier CE 15 février 1984 nos 37377 et 37378, 7e et 9e s.-s. : RJF 4/84 n° 533, à propos de la convention franco-suisse du 9 septembre 1966). Cette solution n'a pas, cependant, une portée absolue ; tout dépend, comme d'habitude, de la rédaction des conventions fiscales.

Précisions La retenue à la source n'est pas due en présence de **résultats déficitaires** (CE 16 décembre 1992 n° 123268, 7e et 9e s.-s., Liviana Anstalt : RJF 2/93 n° 195).

C. L'imposition dans l'État de la résidence

1. En l'absence de convention fiscale

a. Principes

Lorsqu'il n'existe pas de convention fiscale, l'État de la résidence du bénéficiaire des revenus a en général le droit d'imposer. Cela ne dépend que de son droit interne. Du côté français, les solutions sont les suivantes : 67360
– s'agissant d'une **personne physique**, les revenus des immeubles situés hors de France sont imposables en France, car l'imposition est établie sur le revenu global mondial du contribuable, que celui-ci soit de source française ou étrangère (CGI art. 4 A) ; en l'absence de crédit d'impôt en droit interne, il est admis que l'impôt étranger constitue une charge déductible du revenu étranger. L'imposition en France est donc assise sur le montant net perçu (application du principe général posé à l'article 13 du CGI) ;
– s'agissant d'une **personne morale** soumise à l'impôt sur les sociétés, deux hypothèses doivent être distinguées :
• si l'immeuble est inscrit à l'actif d'un **établissement situé hors de France**, le revenu n'est normalement pas imposable en France car il se rattache à une exploitation située hors de France ;
• si l'immeuble est **à l'actif de l'entreprise française**, le revenu doit normalement être imposé en France, sauf si l'entreprise peut être considérée comme exerçant une activité commerciale à l'étranger dans le cadre d'une « entreprise exploitée hors de France » (voir n° 5072).

Lorsque le revenu est imposable en France, les charges sont déductibles. Dans le cas contraire, elles ne le sont pas. Il en va ainsi aussi bien des charges financières que de l'amortissement de l'immeuble (voir également nos 67410 et 67905).

Sur les **SIIC**, voir nos 67950 s.

b. Particularités concernant l'impôt sur le revenu

67380 Les revenus immobiliers de source étrangère perçus par un résident de France sont imposables en France, à la condition, naturellement, qu'ils ne soient pas exonérés en droit interne (cas, par exemple, des immeubles dont le propriétaire se réserve la jouissance).

La détermination du **revenu net foncier** de source étrangère est faite conformément aux règles françaises. De même les impôts payés à l'étranger sont normalement déductibles (impôts analogues aux taxes foncières ou impôts sur le revenu).

Précisions **a.** Sur la possibilité pour les **fonctionnaires** français en poste à l'étranger, mais imposables en France en application du 2 de l'article 4 B du CGI (n° 2400), de bénéficier de certaines **réductions d'impôt** au titre des intérêts d'emprunt, voir n° 3091. Voir aussi, à propos du système ancien, CE 14 octobre 1983 n° 42785, 7e et 9e s.-s. : RJF 12/83 n° 1462, jugeant qu'un fonctionnaire imposable en France mais dont la résidence principale était à l'étranger était fondé à demander le bénéfice de la déduction des intérêts d'emprunt pour le calcul de son revenu net annuel.

b. En ce qui concerne les **loueurs en meublé professionnels**, voir nos 67085, Précisions et 67245.

2. En présence d'une convention fiscale

67410 La solution dépend évidemment de la méthode choisie par la convention pour éliminer les doubles impositions.

Du côté français, dans la majorité des cas, c'est la **méthode de l'exonération**, ou celle, équivalente, du crédit d'impôt égal à l'impôt français, qui est retenue. En ce qui concerne les personnes physiques, l'exonération se combine toutefois avec la règle du **taux effectif** (nos 7980 et 83410 s.). Les revenus fonciers sont alors pris en compte seulement pour déterminer le taux de l'impôt dû sur les autres revenus du contribuable, s'ils sont imposables en France.

La non-imposition des revenus étrangers a pour corollaire le refus de la déductibilité des **pertes**. Ainsi un déficit foncier de source étrangère ne peut être imputé sur des revenus français (même sur des revenus fonciers). Il en va de même des déficits industriels et commerciaux (cas des locations en meublé). Les déficits peuvent cependant être pris en considération pour le calcul du taux effectif (ce qui est alors à l'avantage du contribuable), ce qui n'est pas toujours le cas lorsque la convention retient un mécanisme de crédit d'impôt généralisé (n° 8160).

En ce qui concerne les sociétés passibles de l'impôt sur les sociétés, il a été jugé que les **gains de change** et produits financiers techniques qui résultent d'opérations d'emprunt et de « **swap** » réalisées en vue de l'acquisition d'un bien immobilier situé à Londres par une société française procèdent d'opérations réalisées par une entreprise exploitée en France et ne sont ni constitutives d'un cycle commercial complet au Royaume-Uni ni rattachables à un établissement stable dans cet État ; ils sont donc imposables en France car il ne s'agit pas non plus de revenus immobiliers au sens de la convention fiscale franco-britannique dès lors qu'ils ont été réalisés à l'occasion et dans le cadre d'opérations à caractère financier et qu'ils ne proviennent pas de l'exploitation de l'immeuble (CE 1er octobre 2013 n° 351982, 3e et 8e s.-s., Sté BNP Paribas : RJF 12/13 n° 1123, aux conclusions Vincent Daumas au BDCF 12/13 n° 129). À cette occasion, le rapporteur public avait souligné que la jurisprudence retient une **conception étroite des revenus immobiliers** et il ajoutait que, corrélativement, si la société avait réalisé des pertes de change, celles-ci auraient été déductibles en France.

Dans cette affaire, le Conseil d'État juge également que les **intérêts de l'emprunt** et les **amortissements** afférents à l'immeuble britannique ne sont pas déductibles en France, dès lors que, conformément à la convention fiscale, ces charges ne peuvent être déduites que des revenus bruts tirés de l'exploitation de l'immeuble, imposables au Royaume-Uni. Le rapporteur public avait souligné que ces charges présentaient avec l'immeuble un lien suffisamment fort, contrairement aux gains de change (pour cette raison, les intérêts d'emprunt suivent, en définitive, un sort différent de celui des gains ou pertes de change qui, tout en étant accessoires à l'investissement immobilier, restent des produits financiers).

Ces solutions valent, bien entendu, en dehors du cadre de la seule convention fiscale franco-britannique qui ne présente sur ce point aucune spécificité. Voir également n° 67905.

Précisions a. L'exonération en France n'est pas, en principe, subordonnée à une **condition d'imposition effective** dans l'autre pays. Pour un exemple d'exception, voir le point 15 du protocole annexé à la convention franco-italienne du 5 octobre 1989.

b. La **convention de protection des investissements** conclue entre la France et l'ex-Zaïre est sans incidence sur l'imposition en France d'un ressortissant français, résident de France, au titre de **revenus fonciers** retirés de la location d'un immeuble situé au Congo (ex-Zaïre) même si ces revenus ont déjà été imposés dans cet État (CE 8 octobre 2010 n° 323046, 8e et 3e s.-s., Sabatier : RJF 1/11 n° 4 ; voir aussi n° 1285).

c. Il a été jugé que des **créances de loyers** portant sur des baux emphytéotiques relatifs à des immeubles situés en Belgique et des sommes reçues dans le cadre d'une opération de « **location/sous-location** » portant sur des immeubles situés aux Pays-Bas étaient imposables en France au motif qu'il ne s'agissait pas de « revenus immobiliers » pour l'application des conventions fiscales franco-belge et franco-néerlandaise, compte tenu des caractéristiques du **schéma financier** mis en place (CAA Versailles 26 janvier 2017 nos 14VE03453 et 15VE01063, 6e ch., Société Générale ; cet arrêt a fait l'objet d'un pourvoi qui a été rejeté par CE 7 décembre 2018 n° 409229, 3e et 8e ch., Société Générale : RJF 3/19 n° 295) ; dans cette affaire, l'administration néerlandaise avait, dans le cadre de l'assistance administrative, indiqué, sans être efficacement contredite par les avis juridiques contraires produits par la requérante, que l'opération de « location/sous-location » litigieuse participait d'une transaction de financement, sans transfert d'immeubles et de droits immobiliers. La Cour avait certainement été sensible à cette analyse mais elle avait fondé la solution sur la qualification des sommes au regard des conventions fiscales, l'abus de droit n'étant pas en cause en l'espèce (voir également n° 10690). En rejetant le pourvoi, le Conseil d'État a notamment relevé que les contrats de location et de sous-location étaient indissociablement liés et que la Cour avait pu en déduire qu'alors même que des droits immobiliers avaient été transférés la société preneuse n'était pas en situation de les exploiter de manière effective (les opérations en cause devaient, en réalité, être analysées comme une opération unique de financement dépourvue de lien avec l'exploitation effective de biens immobiliers).

d. Dans une configuration proche de l'exemple c, ci-dessus, il a été jugé qu'une société française avait commis un abus de droit en donnant à un montage reposant sur l'acquisition de **l'usufruit de biens immobiliers situés en Allemagne simultanément reloués en crédit-bail** aux cédants de l'usufruit, l'apparence d'une opération immobilière alors qu'il s'agissait d'une opération financière (CAA Versailles 9 juillet 2019 n° 17VE00372, 1e ch., SA BNP Paribas et SAS Parilease, confirmant TA Montreuil 1er décembre 2016 nos 1508188 et 1508201, Sté BNP Paribas et SAS Parilease : RJF 4/17 n° 362 ; voir également n° 72645 j) ; cet arrêt fait l'objet d'un pourvoi enregistré sous le n° 434441.

e. Dans la ligne des affaires mentionnées en c et d ci-dessus, il a été jugé que l'administration pouvait **requalifier** en financement une opération de **location/sous-location d'immeubles** sans encourir le reproche de ne pas avoir utilisé la procédure de répression des **abus de droit** (CAA Versailles 3 mars 2020 n° 18VE01207, 1e ch., Sté Natixis Lease Immo : RJF 8-9/20 n° 711, ayant fait l'objet d'un pourvoi non admis par CE (na) 9 juin 2021 n° 443008, 9e ch. : RJF 10/21 n° 957). Dans cette affaire, une société française avait loué deux immeubles situés aux États-Unis en payant les loyers d'avance à la société américaine propriétaire, filiale d'une banque américaine, et avait sous-loué les immeubles à la banque moyennant le versement d'un loyer trimestriel ; l'administration a été considérée comme fondée à soutenir que les sommes reçues ne constituaient pas des loyers imposables aux États-Unis (et qui auraient bénéficié en France d'un crédit d'impôt égal à l'impôt français) mais des **revenus financiers** imposables en France (les autorités fiscales américaines avaient d'ailleurs indiqué que, selon les déclarations mêmes de la banque américaine, il s'agissait d'un bail synthétique assimilable fiscalement à une transaction de financement).

SECTION 2

Les plus-values immobilières

D'une manière générale, les plus-values réalisées lors de la cession d'immeubles sont imposables dans l'État où les immeubles sont situés. Le principe est donc le même qu'en matière de revenus. Mais l'imposition se fait plus souvent par voie de prélèvement à la source. **67500**

A. Les principes conventionnels

Principes OCDE

Les conventions fiscales contiennent presque toujours un article sur les **« gains en capital »** (plus-values), qui comporte un paragraphe relatif aux biens immobiliers. Les modèles de convention fiscale de l'OCDE et de l'ONU, repris par la plupart des conventions récentes, sont rédigés comme suit : « Les gains qu'un résident d'un État contractant **67510** tire de l'aliénation de biens immobiliers visés à l'article 6 [article concernant les revenus des biens immobiliers], et situés dans l'autre État contractant, sont imposables dans cet autre État » (article 13 § 1 du modèle de l'OCDE).

Les biens immobiliers sont définis par référence à l'article sur les revenus immobiliers (nº 66920). L'imposition des plus-values suit donc normalement, ce qui est logique, l'imposition des revenus.

En outre, le modèle OCDE prévoit l'imposition, dans l'État de situation des immeubles, des plus-values relatives à des cessions de parts ou actions de **sociétés** à **prépondérance immobilière** ; dans sa version actuelle, l'article 13 § 4 du modèle précise que « les gains qu'un résident d'un État contractant tire de l'aliénation d'actions ou de droits ou participations similaires, tels que des droits ou participations dans une société de personnes ou une fiducie (ou un trust), sont imposables dans l'autre État contractant si, à tout moment **au cours des trois cent soixante-cinq jours qui précèdent** l'aliénation, ces actions, droits ou participations similaires tirent directement ou indirectement **plus de 50 %** de leur valeur de biens immobiliers, tels que définis à l'article 6, situés dans cet autre État » (rédaction issue de la révision en 2017 d'une stipulation déjà introduite par la révision de janvier 2003). Le modèle de l'ONU, dans sa version issue d'une révision de 2017, a repris ce principe (article 13 § 4 du modèle ONU).

Modalités d'application

67520 Les conventions fiscales, suivant le modèle de convention fiscale de l'OCDE, ne donnent pas de précisions sur la manière dont les gains en capital doivent être calculés. Les États sont donc entièrement libres d'appliquer leur droit interne. La **base d'imposition** peut ainsi être différente entre les deux États (ce qui n'a d'importance qu'en cas d'application de la méthode de l'imputation).

En ce qui concerne l'**élimination des doubles impositions**, les méthodes de l'exonération ou de l'imputation peuvent être retenues, comme pour l'imposition des revenus. Lorsque la méthode de l'exonération est prévue, elle n'est parfois appliquée que s'il est justifié d'une taxation effective dans l'autre pays, pour éviter les doubles exonérations (voir, par exemple, le point 15 du protocole annexé à la convention franco-italienne, qui ne concerne d'ailleurs pas seulement les revenus ou les plus-values immobilières).

B. L'imposition dans l'État de la source

67530 L'État de la source (ou du « situs »), c'est-à-dire celui de situation de l'immeuble, a conventionnellement le droit d'imposer les plus-values immobilières. Selon le comité des affaires fiscales de l'OCDE, l'article 13 « ne peut en aucune manière être interprété comme donnant à un État le droit d'imposer les gains en capital si ce droit n'est pas stipulé dans le droit interne » (commentaires OCDE, C (13) nº 3, ajoutant, au nº 3.1, que l'article conventionnel relatif aux plus-values s'applique à toutes les catégories d'impôts perçus sur les gains en capital par un État). Telle est d'ailleurs la pratique des États qui ne cherchent pas, en général, à imposer un bien sur le fondement de la convention s'ils n'ont pas ce droit en vertu de leur législation interne (voir cependant nº 10665).

1. En droit interne français

Principes

67540 Le régime d'imposition des **plus-values** immobilières **occasionnelles** des non-résidents repose essentiellement sur l'application d'un prélèvement spécifique qui s'accompagne ou non, selon les circonstances, d'une régularisation par voie de rôle (CGI art. 244 bis A).

Les règles suivantes sont applicables, sous réserve, bien entendu, que les conventions fiscales internationales n'en disposent pas autrement (nºs 67840 s.).

Précisions **a.** Sur le cas des « **marchands de biens** » (plus-values non occasionnelles), voir nºs 67750 s.

b. Le **juge administratif** est compétent pour se prononcer sur un litige relatif au prélèvement institué par l'article 244 bis A du CGI (CE 5 juin 1991 nº 67062, 7ᵉ et 8ᵉ s.-s., Naegely : RJF 8-9/91 nº 1097).

c. Il résulte de l'article 13, 5 du CGI que les cessions portant sur un **usufruit temporaire**, s'il s'agit de la première cession à titre onéreux de l'usufruit concerné, intervenues depuis le 14 novembre 2012 ne relèvent pas du régime d'imposition des plus-values des particuliers mais de la catégorie de revenus à laquelle se rattache, au jour de la cession, le bénéfice ou revenu procuré ou susceptible d'être procuré par le bien ou le droit sur lequel porte l'usufruit temporaire cédé (BOI-IR-BASE-10-10-30).

a. Champ d'application

Quant aux personnes

Le champ d'application du prélèvement est très large ; il englobe aussi bien les personnes physiques que les personnes morales non résidentes, ou encore, plus généralement, tous les organismes dont le siège social est situé hors de France. 67550

Sont ainsi soumis au prélèvement :
– les **personnes physiques** qui ne sont pas fiscalement domiciliées en France au sens de l'article 4 B du CGI (nº 40605) ;
– les **personnes morales** ou **organismes**, quelle qu'en soit la forme, dont le siège social est situé hors de France (trust, association, caisse de retraite, fonds de pension, etc.), même s'ils ne sont pas dotés de la personnalité morale ;
– les **sociétés de personnes**, à savoir les sociétés ou groupements qui relèvent des articles 8 à 8 ter du CGI dont le siège social est situé en France, au prorata des droits sociaux détenus par des associés qui ne sont pas domiciliés en France ou dont le siège social est situé hors de France ;
– les **FPI** (fonds de placement immobilier régis par l'article 239 nonies du CGI), au prorata des parts détenues par des porteurs qui ne sont pas domiciliés en France ou dont le siège social est situé hors de France (les distributions faites par un FPI à des porteurs de parts non résidents et prélevées sur des plus-values de cession d'immeubles meublés réalisées par le FPI et les plus-values de cession de parts de FPI détenues par des non-résidents relèvent de l'article 244 bis A du CGI).

Précisions Dans le passé, le Conseil d'État avait jugé que le prélèvement n'était applicable qu'aux personnes physiques et aux sociétés de personnes (CE 12 février 1992 nº 79523, 7e et 8e s.-s., Croninvest Establishment : RJF 4/92 nº 482, à propos d'une **Anstalt** du Liechtenstein qui possédait deux appartements et emplacements pour bateaux dans les Alpes-Maritimes) ; la loi avait ensuite été modifiée pour viser l'ensemble des personnes morales ou organismes, quelle qu'en soit la forme, dont le siège est situé hors de France (Loi nº 93-1352 du 30 décembre 1993 de finances rectificative pour 1993).

Personnes exonérées Il s'agit des personnes ou entités suivantes : 67555
– les **organisations internationales**, **États** étrangers, **banques centrales** et **institutions financières publiques** de ces États, dans les conditions prévues à l'article 131 sexies du CGI ; l'exonération des États étrangers n'est pas applicable aux plus-values réalisées par une société de personnes dont ils sont associés (CE 22 janvier 2020 nº 423160, 9e et 10e ch., min. c/ SCI Faucon : RJF 4/20 nº 335 ; voir nº 67710, Précisions c) ;
– certains titulaires de **pensions de vieillesse** ou d'une **carte d'invalidité** ou d'une carte mobilité inclusion (CMI) portant la mention « invalidité » (sur les conditions générales à respecter tant pour les résidents que les non-résidents éligibles, voir BOI-RFPI-PVI-10-40-90 ; la carte d'invalidité a été remplacée le 1er janvier 2017 par la carte « mobilité inclusion » portant la mention « invalidité ») et ressortissants d'un État membre de l'**Union européenne** ou d'un autre État partie à l'accord sur l'Espace économique européen ayant conclu avec la France une convention d'assistance administrative en vue de lutter contre la fraude et l'évasion fiscales, à savoir l'Islande, le Liechtenstein et la Norvège. L'exonération est en outre applicable aux ressortissants d'un autre État s'ils peuvent invoquer le bénéfice d'une clause de non-discrimination et s'ils sont placés dans une situation identique à celle où un Français pourrait prétendre à une exonération sur le fondement de l'article 150 U, III du CGI (BOI-RFPI-PVINR-10-10 nº 90).

Cas des organismes sans but lucratif étrangers Selon l'administration, le prélèvement s'applique de plein droit aux organismes sans but lucratif étrangers ; tirant les conséquences de la jurisprudence (nº 67700), elle admet cependant que ceux dont le siège est situé dans un État membre de l'**Union européenne** ou dans un autre État partie à l'accord sur l'Espace économique européen ayant conclu avec la France une convention d'assistance administrative en vue de lutter contre la fraude et l'évasion fiscales soient soumis, au titre de leurs revenus de source française, au même régime fiscal que celui 67557 qui s'applique aux revenus de source française de même nature des organismes à but non lucratif dont le siège est situé en France (BOI-RFPI-PVINR-10-10 nº 40 ; voir également nº 61020).

Un organisme sans but lucratif qui répond au critère de localisation géographique peut donc être **exonéré** d'impôt sur les plus-values immobilières s'il justifie qu'il satisferait aux **conditions** posées par l'article 206, 5 du CGI si son siège était situé en France. Il doit notamment démontrer le caractère désintéressé de sa gestion et le caractère significativement prépondérant de ses activités non lucratives. À cet effet, il lui faut **obtenir une attestation** de la recette des non-résidents (RNR) de la Direction des impôts des non-résidents (DINR, 10 rue du Centre TSA 90009, 93160 Noisy-Le-Grand ; courriel : recette.nonresidents@dgfip.finances.gouv.fr) en fournissant :
– un questionnaire complété des informations requises (BOI-FORM-000009) ;
– ses statuts ;
– pour les trois derniers exercices, une copie des procès-verbaux de délibération en assemblée générale et les budgets détaillant ses principaux postes de recettes et de dépenses, ainsi que, le cas échéant, une copie des bulletins de salaire de ses dirigeants.

L'attestation lui permet d'être exonéré du prélèvement ou d'en demander la restitution s'il a déjà été acquitté (la demande doit être effectuée avant le 31 décembre de la deuxième année suivant celle du versement).

À propos des critères de comparabilité, il a été jugé, au cas d'une fondation portugaise poursuivant un but artistique, culturel et éducatif, que le prélèvement de l'article 244 bis A du CGI n'était pas dû car, la fondation était dans une situation objectivement comparable à celle d'un organisme sans but lucratif français bien que ses dirigeants aient été **rémunérés au-delà des limites admises en France** (CAA Versailles 22 septembre 2016 nº 14VE01037, 6e ch., Fondation Calouste Gulbenkian : RJF 12/16 nº 1137 ; cet arrêt a fait l'objet d'un pourvoi non admis par CE (na) 7 février 2018 nº 405145, 9e ch., min. c/ Fondation Calouste Gulbenkian : RJF 5/18 nº 491). Voir également nº 61020.

Précisions Il n'est pas évident que la restriction géographique soit justifiée au regard de la liberté de circulation des capitaux qui s'applique également aux **pays tiers** ; l'extension aux pays tiers supposerait toutefois que l'organisme sans but lucratif ait son siège dans un État ou territoire lié à la France par une convention d'assistance administrative, afin que la similitude de situation avec un organisme français puisse être vérifiée.

67560 **Affectation à une entreprise** L'article 244 bis A n'est pas applicable aux cessions d'immeubles réalisées par des personnes physiques ou morales (ou organismes), qui exploitent en France une **entreprise industrielle**, **commerciale** ou **agricole** ou y exercent une **profession non commerciale** à laquelle ces immeubles sont affectés (BOI-RFPI-PVINR-10-10 nº 80).

Cette exception suppose que les immeubles soient inscrits (depuis leur acquisition), selon le cas, au bilan ou au tableau des immobilisations établis pour la détermination du résultat imposable de cette entreprise ou de cette profession. Pour bénéficier de cette exception, les contribuables concernés doivent indiquer sur la déclaration de prélèvement la mention « néant - plus-value professionnelle » et justifier, à l'appui de cette déclaration, des conditions prévues pour l'application de l'exonération.

Bien entendu, les plus-values de cette nature ne sont pas exonérées d'impôt ; elles sont simplement en dehors du champ d'application du prélèvement, pour être soumises au régime des **plus-values professionnelles**. Cependant, si l'immeuble est inscrit au bilan fiscal français tout en n'étant pas affecté à l'exercice d'une activité professionnelle, le prélèvement est dû sans préjudice de l'application du régime des plus-values professionnelles. Il en va de même, selon l'administration (BOI préc.), lorsqu'un non-résident qui exerce une activité professionnelle en France vend un immeuble à usage locatif inscrit à l'actif du bilan. L'administration estime, en effet, que la **location d'immeubles** ne constitue pas l'exploitation d'une entreprise industrielle, commerciale ou agricole, ni une profession non commerciale (les immeubles affectés à l'exercice d'une telle activité s'entendent exclusivement des moyens permettant l'exploitation de cette activité). La doctrine administrative indique que l'exception est inapplicable en cas de **location « nue, meublée ou équipée »** (BOI préc.), ce qui est discutable lorsque l'activité peut être considérée comme réalisée dans le cadre d'un véritable établissement, par exemple en cas d'activité parahôtelière (ou lorsque les conditions d'exercice de l'activité en font une véritable entreprise exploitée en France au sens de l'article 209, I du CGI).

Quant aux opérations

67563 Le prélèvement concerne les plus-values réalisées lors de la **cession à titre onéreux** de certains biens ou droits (nos 67565 s.). Il ne s'applique pas en cas de mutation à titre gratuit et les simples plus-values latentes ne sont pas imposables. L'administration estime que l'expression « cession à titre onéreux » vise toutes les transmissions qui comportent une contrepartie en faveur du cédant, c'est-à-dire, outre les ventes proprement dites, les échanges, les apports en société, les partages et les licitations (BOI-RFPI-SPI-10-30 n° 10 ; CAA Marseille 22 novembre 2005 n° 03-1064, 4e ch., Société immobilière Le Dauphin : Droit fiscal 2006 n° 42, comm. n° 669 ; arrêt définitif).

En ce qui concerne les **opérations étrangères** et la façon dont elles doivent être appréhendées en droit français, il y a lieu de procéder préalablement à une analyse juridique au regard du droit étranger qui les régit. Afin de déterminer si une opération génère une plus-value imposable en France, le Conseil d'État se réfère d'abord à la **nature juridique** de l'opération selon le **droit étranger** applicable (n° 10690) ; il a été jugé, par exemple, que la **dissolution d'une société canadienne** et la reprise de ses actifs par une autre société canadienne qui était son unique actionnaire avaient généré des plus-values imposables en France au titre de la détention par la première de biens immobiliers situés en France, dans la mesure où, en vertu du droit des sociétés canadien auquel les deux sociétés étaient soumises, leurs patrimoines respectifs étaient distincts et ne se sont confondus que par l'effet d'un transfert de propriété consécutif à la dissolution (CE 27 mai 2002 n° 125959, 9e et 10e s.-s., Sté Superseal Corporation : RJF 8-9/02 n° 900 ; conclusions Guillaume Goulard au BDCF 8-9/02 n° 104).

Il a également été jugé, sous l'empire d'une ancienne rédaction de l'article 244 bis A du CGI, que le transfert de propriété d'actifs immobiliers, même non assorti du versement d'un prix, réalisé, lors de sa **dissolution**, par une société dont le siège social est situé hors de France au profit d'une autre société **constitue une cession** au sens de l'article 244 bis A du CGI ; avait donc commis une erreur de droit une cour administrative d'appel qui avait jugé que le transfert, réalisé le 23 septembre 1994, d'un appartement situé à Neuilly-sur-Seine, constituant l'actif d'une société de Guernesey à une SCI française, consécutif à la dissolution de la société anonyme de droit guernesiais et à la création simultanée de la société civile immobilière française, ne pouvait être regardé, en l'absence de paiement d'un prix, comme une cession au sens de l'article 244 bis A du CGI (CE 21 mars 2012 n° 340245, 9e et 10e s.-s., min. c/ SCI du 14 rue de la Ferme : RJF 6/12 n° 607). Dans cette affaire, le **siège social** de la société de Guernesey avait été **transféré** à l'adresse de l'appartement situé en France, puis la société avait été transformée en SCI, un acte notarié avait constaté le transfert de propriété de l'appartement à la SCI et l'appartement avait été vendu. Le rapporteur public avait estimé qu'il y avait lieu de retenir une **approche large de la notion de cession** pour l'application de l'article 244 bis A du CGI, compte tenu de l'objet du texte à interpréter.

La loi pourrait éventuellement faire aujourd'hui l'objet d'une interprétation plus étroite car l'article 244 bis A renvoie actuellement à l'article 164 B du CGI qui renvoie lui-même à l'article 150 U qui ne vise que les cessions « à titre onéreux ». Cela étant, une interprétation étroite nous paraît loin d'être assurée étant donné qu'elle aboutirait à vider de sens les dispositions législatives écartant l'imposition au titre, par exemple, des partages ou des échanges qui, si ces derniers ne devaient pas être considérés comme des cessions à titre onéreux, n'auraient aucun sens (ces opérations seraient automatiquement exonérées en tant qu'il ne s'agirait pas de « cessions à titre onéreux » sans qu'il soit besoin d'un texte spécifique tels que ceux qui figurent aux articles 150 A bis, 150 U, IV ou 150 UB du CGI ; voir également n° 65721, Précision c).

Quant aux biens

67565 Sous réserve des conventions fiscales, le prélèvement s'applique aux plus-values qui sont définies aux e bis et e ter du I de l'article 164 B (n° 2889) et qui sont réalisées lors de la cession d'**immeubles** bâtis ou non bâtis, de **droits immobiliers** (usufruit, nue-propriété, servitudes, droit de surélévation, mitoyenneté, bail emphytéotique, etc.) ou d'actions ou parts de **sociétés à prépondérance immobilière**, dans certaines conditions (dans ce dernier cas, le régime est donc différent de celui applicable aux résidents), ou de parts de **FPI** (fonds de placement immobilier, y compris leurs équivalents étrangers, lorsque leur actif est, à la date de la cession, principalement constitué directement ou indirectement de biens ou droits immobiliers).

Compte tenu des règles de source posées par l'article 164 B du CGI (nº 2889), le prélèvement ne s'applique que si les **immeubles** sont **situés en France** ; de même, la prépondérance immobilière des sociétés s'apprécie en tenant compte des seuls immeubles français, qu'il s'agisse de sociétés françaises ou de sociétés étrangères (BOI-RFPI-PVINR-10-20 nº 10, à propos des immeubles et des droits concernés par le prélèvement).

Précisions Les plus-values de cession d'immeubles meublés réalisées par les **FPI** et distribuées à des non-résidents et les plus-values de cession de parts de FPI détenues par les non-résidents sont soumises au prélèvement de l'article 244 bis A du CGI.

67570 **Cession d'actions de sociétés cotées** Le prélèvement s'applique aux cessions d'actions dans les sociétés à prépondérance immobilière suivantes (sauf indication contraire, la prépondérance immobilière est appréciée à la date de la cession) :
– actions de **SIIC** (sociétés d'investissements immobiliers cotées ; nº 67950), lorsque le cédant détient directement ou indirectement au moins 10 % du capital de la société dont les actions sont cédées ;
– actions de **Sppicav** (sociétés de placement à prépondérance immobilière à capital variable visées au 3º nonies de l'article 208 du CGI), lorsque le cédant détient directement ou indirectement au moins 10 % du capital de la société dont les actions sont cédées ;
– parts, actions ou autres droits dans des organismes, quelle qu'en soit la forme, présentant des caractéristiques similaires, ou soumis à une réglementation équivalente, à celles des **SIIC** et des **Sppicav**, dont le siège social est situé **hors de France**, lorsque le cédant détient directement ou indirectement au moins 10 % du capital de l'organisme dont les parts, actions ou autres droits sont cédés ;
– parts ou actions de sociétés **cotées** sur un marché français ou étranger, autres que les SIIC et les équivalents étrangers des SIIC et des Sppicav (déjà visés), dont l'actif est, à la clôture des trois exercices qui précèdent la cession, **principalement constitué** directement ou indirectement de **biens** et **droits immobiliers** (ou de parts ou actions de sociétés entrant dans le champ du prélèvement), lorsque le cédant détient directement ou indirectement au moins 10 % du capital de la société dont les parts ou actions sont cédées. Si la société dont les parts ou actions sont cédées n'a pas encore clos son troisième exercice, la composition de l'actif est appréciée à la clôture du ou des seuls exercices clos ou, à défaut, à la date de la cession (l'expression « société cotée » est utilisée par le CGI et par commodité mais elle ne recouvre plus aujourd'hui une réalité juridique, les valeurs mobilières étant non pas « cotées » mais « admises à la négociation sur un marché réglementé »).

Bien entendu, les plus-values réalisées lors de la cession de parts ou actions des entités ou organismes mentionnés précédemment ne sont soumises au prélèvement que si leur actif est à la date de la cession, principalement constitué directement ou indirectement d'immeubles **situés en France** et de droits relatifs à ces immeubles (BOI-RFPI-PVINR-10-20).

Enfin, seul le pourcentage de détention propre au cédant est pris en compte pour l'appréciation du seuil de 10 %, à l'exclusion de celui revenant aux autres membres du foyer fiscal ou du groupe familial (BOI préc. nº 160).

Précisions **a.** En principe, les gains réalisés à l'occasion de cessions de titres de **Sicomi** ne relèvent pas du régime des plus-values immobilières, que ces sociétés soient cotées ou non cotées.

b. Le cas d'un non-résident (personne physique) qui cède des parts ou actions de sociétés cotées, de **SIIC** ou assimilées, dont il détient **moins de 10 %** n'est pas clairement traité ; certes, le prélèvement ne s'applique pas, mais le revenu ainsi réalisé est tout de même de « source française » puisque la condition de seuil résulte de l'article 244 bis A et non pas de l'article 164 B, I-e-ter du CGI. Même si l'on peut se demander si l'impôt sur le revenu serait exigé en raison de l'article 4 A du CGI qui prévoit l'assujettissement à cet impôt des revenus de source française des non-résidents, il nous semble que l'article 244 bis C (nº 65860) devrait y faire obstacle, sous réserve des États et territoires non coopératifs au sens des nºs 71555 s. (le prélèvement étant libératoire de l'impôt sur le revenu, il ne serait guère cohérent de réclamer l'impôt sur le revenu alors que le prélèvement n'est pas applicable). Le raisonnement n'est cependant pas transposable aux **personnes morales** non résidentes étant donné que l'assujettissement à l'impôt sur les sociétés est expressément prévu par le renvoi de l'article 209, I du CGI à l'article 164 B, I-e-ter du même Code et que le prélèvement n'a pas, à leur égard, de caractère libératoire. Il semble toutefois qu'en pratique l'administration considère que, dans ce cas également, l'exonération résulte de l'article 244 bis C du CGI (solution particulière).

67575 **Cession d'actions de sociétés non cotées** Le prélèvement s'applique aux cessions de parts, d'actions ou d'autres droits dans des organismes, quelle qu'en soit la forme, non cotés sur un marché français ou étranger, et qui sont **à prépondérance immobilière** en France. Sont notamment visées les sociétés de personnes françaises ou étrangères à prépondérance immobilière en France.

Comme pour les sociétés cotées, il s'agit des entités dont l'**actif** est, à la clôture des **trois exercices** qui précèdent la cession, **principalement constitué** directement ou indirectement de biens ou droits (ou de parts ou actions de sociétés entrant dans le champ du prélèvement). Si l'organisme dont les parts, actions ou droits sont cédés n'a pas encore clos son troisième exercice, la composition de l'actif est appréciée à la clôture du ou des seuls exercices clos ou, à défaut, à la date de la cession.

En ce qui concerne les **sociétés transparentes** (CGI art. 1655 ter ; n° 67150), dès lors qu'elles sont réputées ne pas avoir de personnalité distincte de celle de leurs membres, les cessions de droits sociaux ont fiscalement pour objet non les droits immobiliers corporels, mais les biens eux-mêmes, représentés par les actions ou parts cédées. En règle générale, la cession des actions ou parts de ces sociétés constitue donc une vente du local à la jouissance ou à la propriété duquel les actions ou parts donnent vocation. Par suite, cette vente doit être soumise au régime fiscal des ventes d'immeubles et non au régime propre des valeurs mobilières.

Précisions L'article 244 bis A vise les actions, parts ou autres droits ; le prélèvement s'applique, selon l'administration (BOI-RFPI-PVINR-10-20 n° 20), lors de la cession d'**actions** ainsi que des **droits de souscription** ou d'attribution détachés de ces actions, de parts de fondateur ou parts bénéficiaires, d'**obligations négociables** émises par les sociétés de capitaux, de parts sociales dans les sociétés à responsabilité limitée, en commandite simple ou en nom collectif et des parts d'intérêts dans les sociétés civiles. Il nous semble cependant douteux que les obligations soient concernées dès lors que si la loi vise les parts, actions ou autres droits, il faut encore que ce soit « dans des organismes », ce qui n'est pas le cas d'un instrument de dette. Sont visées non seulement les cessions en **pleine propriété** de valeurs mobilières ou de droits sociaux, mais aussi celles portant sur la **nue-propriété** seulement ou sur l'**usufruit**.

Appréciation de la prépondérance immobilière Doivent être considérées comme à prépondérance immobilière les sociétés, françaises ou étrangères, dont l'actif est constitué pour **plus de 50 %** de sa valeur par des immeubles, ou des droits portant sur des immeubles, situés en France et non affectés à leur propre exploitation industrielle, commerciale, agricole ou à l'exercice d'une profession non commerciale (sur la date à retenir, voir nos 67570 et 67575). **67580**

L'administration indique que, pour apprécier cette condition, il convient de comparer les valeurs suivantes (BOI-RFPI-PVINR-10-20 n° 120) :
- la **valeur vénale des immeubles situés en France** (départements métropolitains et d'outre-mer), à l'exception de ceux affectés par la société ou l'organisme à sa propre exploitation industrielle, commerciale, agricole ou à l'exercice d'une profession non commerciale ; sont également pris en compte les titres de sociétés elles-mêmes à prépondérance immobilière inscrits à l'actif de la société dont les parts, actions ou autres droits sont cédés ;
- la **valeur vénale de la totalité des éléments de l'actif social mondial**, y compris les immeubles affectés ou non affectés à l'exploitation (la doctrine administrative prend clairement en compte l'actif social « mondial », conformément à la lettre de la loi, et non pas le seul actif « français »).

En principe, les **immeubles affectés** par la société à sa propre **exploitation** industrielle, commerciale, agricole ou à l'exercice d'une profession non commerciale ne sont pas pris en considération (l'exploitation doit être industrielle et commerciale par nature et non pas uniquement en raison de la forme juridique de la société). La **notion d'affectation** doit, selon l'administration, être interprétée strictement. Les immeubles affectés à l'exploitation s'entendent exclusivement des moyens permanents d'exploitation (BOI-RFPI-PVINR-10-10 n° 80) ; si l'on suit cette définition, sont donc notamment exclus, en pratique :
- les immeubles qui, bien que faisant partie de l'actif immobilisé, correspondent essentiellement au placement de capitaux ;
- les immeubles constituant le stock immobilier des sociétés de construction-vente ou des sociétés qui se livrent à une activité de marchand de biens ;
- les immeubles donnés en location moyennant des redevances calculées d'après le chiffre d'affaires des entreprises locataires ;
- les droits sociaux de sociétés elles-mêmes à prépondérance immobilière.

L'appréciation de l'affectation à l'exploitation dépend des circonstances d'espèce et s'analyse de façon objective ; par exemple, dans l'ordre interne, il a été jugé qu'un immeuble n'était plus affecté à l'exploitation d'un hôtel-restaurant à la date de la cession des titres dès lors que cette activité avait été mise en sommeil depuis cinq ans (CE 18 juin 2010 n° 307318, 10e et 9e s.-s., Walter : RJF 10/10 n° 909). Également, CE 12 décembre 2012 n° 329821, 9e et 10e s.-s., Fournier (RJF 3/13 n° 300), jugeant que, pour l'application des dispositions de l'article 150 A bis du CGI et de l'article 74 A bis de l'annexe II au même Code, les immeubles affectés à l'exploitation, qui ne sont pas pris en considération pour apprécier si l'actif d'une société a un caractère principalement immobilier, s'entendent exclusivement des moyens permanents d'exploitation, à l'exclusion de ceux qui sont l'objet même de cette exploitation ou qui constituent des placements en capitaux (par exemple, lorsqu'une société exerce une activité commerciale d'administrateur de biens et de syndic de copropriété, l'exercice de cette activité ne requiert pas que la société soit propriétaire des immeubles dont elle assure la gestion).

Précisions **a.** Pour l'appréciation de la prépondérance immobilière des sociétés dont les titres sont cédés, les **immeubles affectés à une exploitation commerciale** ou autre ne sont pas exclus par la loi elle-même (l'exclusion ne paraît concerner que les biens détenus directement) ; la doctrine administrative (BOI-RFPI-PVINR-10-20 n° 120) indique cependant qu'il convient de ne prendre en compte au numérateur que les immeubles ou les droits sur des immeubles situés en France et seulement les immeubles ou droits portant sur des immeubles non affectés par ces sociétés à leur propre exploitation.

b. Il a été jugé que des **participations dans des sociétés à prépondérance immobilière** constituent des droits portant sur des immeubles et qu'elles doivent être prises en compte pour apprécier la prépondérance immobilière de la société qui les détient, dont les titres sont cédés (CAA Lyon 26 janvier 2006 n° 01-2633, 5e ch., Gilbert Giorgi : RJF 6/06 n° 715 ; arrêt définitif).

b. Exonérations de certains biens

Principes

67600 La plupart des exonérations prévues en faveur des contribuables résidents s'appliquent aux non-résidents (cas des exonérations prévues à l'article 150 U, II-2° à 9° du CGI). Il en va ainsi, notamment, des cessions dont le prix est **inférieur ou égal à 15 000 €** (seuil apprécié « bien par bien », et non applicable aux titres de sociétés à prépondérance immobilière) et des biens exonérés par l'effet de l'abattement pour durée de détention prévu par l'article 150 VC du CGI (n° 67655).

Ne sont, en revanche, pas applicables l'exonération de la **résidence principale** (ou en cas de cession de titres d'une société détenant la résidence principale de l'associé cédant), celle de la première cession d'un logement lorsque le cédant n'est pas propriétaire de sa résidence principale et celle de l'ancienne résidence principale des retraités et invalides de condition modeste (BOI-RFPI-PVINR-10-20 n° 200). Le fait que la cession de la résidence principale ne soit pas exonérée est conforme à la Constitution (Cons. const. 27 octobre 2017 n° 2017-668 QPC : RJF 1/18 n° 74 ; voir n° 67607). Quant au renvoi par l'article 244 bis A du CGI aux seuls 2° à 9° du paragraphe II de l'article 150 U du même Code, il a bien pour effet d'exclure les non-résidents du bénéfice de l'exonération prévue en faveur de la **première cession d'un logement** autre que la résidence principale (CE 12 février 2020 n° 415475, 9e et 10e ch. : RJF 5/20 n° 442 ; sur l'incidence de la convention fiscale franco-suisse, voir cependant nos 67607 et n° 67660, Précisions b). Sur les conséquences à tirer des engagements internationaux de la France en cas de cession de **l'ancienne résidence principale**, voir n° 67607.

Les dispositions relatives au **sursis d'imposition** sont applicables aux cédants assujettis à l'impôt sur le revenu (échange de titres de sociétés à prépondérance immobilière réalisé dans le cadre d'une opération de fusion, de scission ou d'un apport de titres à une société soumise à l'impôt sur les sociétés et prorogation des reports d'imposition accordés avant le 1er janvier 2000 en cas d'enchaînement avec un sursis d'imposition ; CGI art. 150 UB, II et III et BOI-RFPI-PVINR-20-10 n° 40). Cette exception n'est pas applicable aux échanges avec soulte lorsque le montant de la soulte reçue par le contribuable excède 10 % de la valeur nominale des titres reçus (en application de l'article 32 de la loi n° 2016-1918 du 29 décembre 2016 de finances rectificative pour 2016, la plus-value est en tout état de cause imposée, à concurrence du montant de la soulte, au titre de l'année de l'échange). L'administration précise en outre (BOI préc.) que ce régime s'applique également en cas de cession de titres de sociétés à prépondérance immobilière soumises à l'impôt sur les sociétés qui sont ou non admises à la cote d'une bourse française ou étrangère (parts, actions ou autre droits de ces sociétés ou de FPI, SIIC ou Sppicav ou de leurs équivalents étrangers).

Précisions **a.** Les plus-values réalisées lors de la cession d'immeubles, de parties d'immeuble ou de droits relatifs à ces biens, pour lesquels une déclaration d'utilité publique a été prononcée en vue d'une **expropriation**, sont exonérées, **sous réserve du remploi** par le cédant dans les douze mois de sa perception du montant total de l'indemnité représentative de la valeur de cession du bien dans l'acquisition, la construction, la reconstruction ou l'agrandissement d'un ou de plusieurs immeubles (CGI art. 150 U, II-4°). S'agissant des biens immobiliers acquis en remploi, ceux-ci doivent, en principe, être situés en France. Cela étant, afin de se conformer aux règles européennes, l'administration admet que l'exonération soit applicable, toutes autres conditions étant par ailleurs remplies, lorsque le remploi de l'indemnité a lieu dans un État membre de l'**Union européenne** ou dans un autre État partie à l'accord sur l'Espace économique européen ayant conclu, avec la France, une convention fiscale qui contient une clause d'assistance administrative en vue de lutter contre la fraude ou l'évasion fiscale (BOI-RFPI-PVI-10-40-60 n° 110).

b. Sur le cas où la résidence principale est détenue par l'intermédiaire d'une **société de personnes européenne**, voir n° 67720.

c. Les exonérations en faveur des cessions réalisées du 1er janvier 2014 au 31 décembre 2022, directement ou indirectement, au profit **d'organismes en charge du logement social** sont applicables aux non-résidents (CGI art. 150 U, II-7° et 8° ; BOI-RFPI-PVI-10-40-110 n° 30).

d. Les non-résidents peuvent bénéficier de l'exonération temporaire (jusqu'au 31 décembre 2022) des plus-values de cession d'un **droit de surélévation** (CGI art. 150 U, II-9° ; BOI-RFPI-PVI-10-40-40 n° 50).

Cas particulier de l'ancienne résidence principale d'un contribuable devenu non-résident

Un non-résident ne peut bénéficier d'une exonération au titre de la cession d'une résidence principale située en France puisque sa résidence en France ne peut, par définition, être « principale » (n° 67600) ; cependant une question particulière se pose souvent, en pratique, en cas de déménagement hors de France, le contribuable pouvant, dans ce cas, être amené ensuite à céder son ancienne résidence principale en France. **67605**

Cette question avait suscité divers contentieux sous l'empire de la législation applicable avant le 1er janvier 2019 (n° 67607) ; afin d'en tenir compte, au moins partiellement, la loi n° 2018-1317 du 28 décembre 2018 de finances pour 2019 a créé une **exonération spécifique** en cas de transfert de domicile hors de France, sous certaines conditions (CGI art. 244 bis A, I-1 al. 4).

Pour les cessions réalisées depuis le 1er janvier 2019, le prélèvement n'est pas applicable à la cession de l'immeuble qui constituait la résidence principale en France du cédant à la date du transfert de son domicile fiscal hors de France ni à la cession des dépendances immédiates et nécessaires de cet immeuble si leur cession intervient simultanément à celle de l'immeuble ; cette exonération est subordonnée au respect des conditions suivantes :
– le domicile du contribuable doit être transféré dans un État membre de l'Union européenne ou dans un État ou territoire qui a conclu avec la France une **convention d'assistance administrative** en vue de lutter contre la fraude et l'évasion fiscales ainsi qu'une convention d'assistance mutuelle en matière de recouvrement ayant une portée similaire à celle prévue par la directive 2010/24/UE du Conseil du 16 mars 2010 concernant l'assistance mutuelle en matière de recouvrement des créances relatives aux taxes, impôts, droits et autres mesures (n° 74540) et qui n'est pas un État ou territoire non coopératif (n° 71555) ; il s'agit des États mentionnés n° 3699 à propos de l'exit tax ;
– la cession doit avoir été réalisée au plus tard le **31 décembre de l'année suivant** celle du transfert par le cédant de son domicile fiscal hors de France ; la date de la cession correspond à la date de la signature de l'acte authentique d'achat (BOI-RFPI-PVINR-10-20 n° 530) ;
– l'immeuble ne doit pas avoir été mis à la disposition de tiers, à titre gratuit ou onéreux, entre le transfert du domicile et la cession ; cela étant, l'exonération a un caractère général et elle est acquise lorsque les conditions sont remplies, quels que soient les **motifs** de la cession, la nature de l'habitation, le montant du prix de cession ou de la plus-value et l'affectation que l'acquéreur envisage de donner à l'immeuble, même s'il est destiné à être démoli en vue de l'édification de nouvelles constructions (BOI préc. n° 450) ;
– le contribuable ne doit pas avoir bénéficié de l'exonération mentionnée n° 67610, quelle que soit sa date (BOI préc. n° 470).

Un contribuable exonéré sur ce fondement est dispensé d'avoir à déposer une déclaration. L'acte de cession soumis à la formalité fusionnée ou présenté à l'enregistrement doit cependant préciser, sous peine de refus du dépôt ou de la formalité d'enregistrement, la nature et le fondement de l'exonération ou de l'absence de taxation.

Précisions **a.** Cette exonération s'ajoute à celle de l'article 150 U, II-2° du CGI (n° 67610) mais **sans se cumuler** avec elle ; un contribuable ne peut bénéficier de l'exonération prévue au 2° du II de l'article 150 U s'il a déjà bénéficié de l'exonération accordée au titre de la cession de son ancienne résidence principale.

b. Est considéré comme **résidence principale** l'immeuble ou la partie d'immeuble qui constituait la résidence habituelle et effective du propriétaire à la date du transfert de son domicile fiscal hors de France ; les droits relatifs à ces biens peuvent également bénéficier de cette exonération et l'immeuble peut être détenu par l'intermédiaire d'une société de personnes (BOI-RFPI-PVINR-10-20 n°s 480 et 490).

c. La **date du transfert du domicile** fiscal s'appréhende au regard de chaque situation de fait ; il s'agit de la date à laquelle le contribuable ne peut plus être regardé comme domicilié en France au regard de l'article 4 B du CGI et cesse ainsi d'être soumis en France à une obligation fiscale sur l'ensemble de ses revenus (BOI préc. n° 500).

d. L'exonération ne s'applique pas aux cessions portant notamment sur des immeubles qui, au jour du transfert du domicile fiscal hors de France, sont mis en **location**, sont occupés gratuitement par des membres de la famille du propriétaire ou des tiers ou sont devenus vacants (BOI préc. n° 510, ajoutant que l'exonération est également refusée lorsque l'occupation au moment du transfert du domicile hors de France répond à des motifs de pure convenance et notamment lorsque le propriétaire vient occuper le logement juste avant son départ de France pour les besoins de la cause).

e. Le Conseil d'État a refusé de transmettre une **question prioritaire de constitutionnalité** concernant le dispositif applicable depuis le 1er janvier 2019, tant en ce qui concerne la différence de traitement entre les résidents et certains non-résidents (absence de prise en compte du délai normal de vente ; n° 67607) que l'absence de distinction selon la date du transfert du domicile hors de France (CE QPC 10 décembre 2021 n° 456728, 9e et 10e ch. : RJF 3/22 n° 293).

67607 Le mécanisme d'exonération introduit à la fin de l'année 2018 (n° 67605) était destiné à tenir compte des contentieux qui commençaient à se développer sous l'empire de la législation antérieure et qui critiquaient le fait que l'administration n'admet pas qu'un non-résident à la date de la cession puisse bénéficier de la **tolérance** relative aux immeubles inoccupés jusqu'à leur mise en vente.

En cas de transfert de domicile à l'intérieur de la France, en effet, les contribuables peuvent bénéficier de l'exonération liée à la cession de leur ancienne résidence principale s'ils la cèdent dans un délai d'environ un an, sous réserve que le logement n'ait pas, pendant cette période, été donné en location ou occupé gratuitement par des membres de la famille du propriétaire ou par des tiers (BOI-RFPI-PVI-10-40-10 n° 190). La jurisprudence est sur ce point plus favorable car elle retient plus largement la notion de « **délai normal de vente** », un immeuble ne perdant pas sa qualité de résidence principale du cédant au jour de la cession du seul fait que celui-ci a libéré les lieux avant ce jour, à condition que le délai pendant lequel l'immeuble est demeuré inoccupé puisse être regardé comme normal (CE 7 mai 2014 n° 356328, 3e et 8e s.-s., SCI La Lieutenance : RJF 8-9/14 n° 805).

Le fait que cette tolérance ne soit pas applicable aux contribuables devenus non résidents à la date de la cession a été jugé conforme à la **Constitution** (Cons. const. 27 octobre 2017 n° 2017-668 QPC : RJF 1/18 n° 74, sur renvoi par CE QPC 28 juillet 2017 n° 411546, 9e ch. : RJF 11/17 n° 1087).

Mais il a aussi été jugé, à juste titre, que cette différence de traitement n'est pas conforme au **droit de l'Union européenne** car elle caractérise une restriction à la libre circulation des capitaux ; un résident qui transfère son domicile à l'étranger devait, sous l'empire de la législation de l'époque, céder sa résidence principale avant de quitter le territoire français s'il voulait bénéficier de l'exonération alors que, s'il transférait son domicile sur un autre point du territoire national, il disposait d'un délai normal de vente. Sur ce fondement, les contribuables qui avaient échoué à convaincre le Conseil constitutionnel ont finalement eu gain de cause ; ayant transféré leur domicile fiscal en Chine en septembre 2013 et ayant vendu leur ancienne résidence principale en février 2014, ils pouvaient, sur le fondement de la libre circulation des capitaux, bénéficier de l'exonération intégrale de la plus-value de cession, la vente ayant été considérée comme réalisée dans un délai normal (TA Versailles 26 juin 2018 n° 1503365, 5e ch. : RJF 11/18 n° 1189 ; jugement définitif). Dans le même sens et sur le même fondement, TA Paris 28 janvier 2020 n° 1610114, 2e sect., 1e ch., à propos d'un contribuable qui, ayant obtenu un poste aux Pays-Bas, avait mis en vente, en octobre

2013, son ancienne résidence principale et l'avait vendue en avril 2014 (appel enregistré sous le n° 20PA01048).

Il est probable que l'exonération introduite à la fin de l'année 2018 (n° 67605) a résolu la plupart des difficultés pratiques mais les contribuables qui ne peuvent pas en bénéficier sont, à notre avis, fondés à invoquer, sur le terrain de la libre circulation des capitaux, la tolérance relative au délai normal de vente même s'ils sont devenus non résidents et sans autres conditions à respecter que celles qui s'appliquent en cas de transfert de domicile en France (la liberté de circulation des capitaux s'applique également aux pays tiers à l'Union européenne).

Il arrive, enfin, que l'exonération puisse être obtenue sur le fondement des **conventions fiscales**, si elles contiennent une stipulation particulière, non prévue par le modèle de convention fiscale de l'OCDE. Tel est le cas de l'article 15 § 4 de la convention fiscale franco-suisse du 9 septembre 1966 modifiée, qui précise que les plus-values résultant de la cession de biens immobiliers sont imposées dans les mêmes conditions quelle que soit la résidence du bénéficiaire, en France ou en Suisse, ce qui implique notamment qu'un résident de Suisse qui avait réalisé une plus-value immobilière en 2012 ne pouvait être exclu du bénéfice de l'exonération s'il en remplissait les conditions (CE 12 février 2020 n° 415475, 9e et 10e ch. : RJF 5/20 n° 442 ; voir n° 67600 et n° 67660, Précisions b). L'administration a ensuite prononcé, dans cette affaire, la restitution des impositions en litige selon ce qu'indique CAA Versailles Ord. 27 août 2020 n° 20VE00557, 3e ch. Sur le même fondement, un contribuable qui avait mis en vente un immeuble qui constituait sa résidence principale en France et signé un compromis de vente le 22 novembre 2017, avant de transférer son domicile en Suisse le 18 décembre 2017 et de vendre son ancienne résidence le 28 mars 2018, a été déchargé du prélèvement (TA Paris 28 mai 2020 n° 1824325, 2e sect., 2e ch. ; jugement définitif) ; la plupart des conventions fiscales, cependant, ne reprennent pas ce principe.

Précisions **a.** Antérieurement aux décisions de 2017 du Conseil d'État et du Conseil constitutionnel, il avait été jugé, à propos de personnes physiques qui s'étaient installées **en Suisse** le 15 novembre 2010 et qui avaient été imposées au titre de la cession, le 14 juin 2012, de leur ancienne résidence principale située en Haute-Savoie qu'un immeuble ne perd pas sa qualité de résidence principale du cédant au jour de la cession du seul fait que celui-ci a libéré les lieux avant ce jour, à condition que le délai pendant lequel l'immeuble est demeuré inoccupé puisse être regardé comme normal (CAA Paris 2 février 2016 n° 15PA01016, 10e ch. ; arrêt définitif) ; en l'espèce, l'exonération avait, en tout état de cause, été refusée car les requérants n'avaient pas établi avoir accompli les diligences nécessaires.

b. Est irrecevable un **recours pour excès de pouvoir** tendant à l'annulation des énonciations du BOI-RFPI-PVINR-10-20 du 1er juillet 2015 en ce qu'elles ne précisent pas qu'en cas de transfert du domicile hors de France l'immeuble qui constituait la résidence principale des contribuables avant leur départ de France conserve cette qualité pendant la durée normalement nécessaire pour procéder à sa vente (CE 9 juillet 2020 n° 438072, 8e ch. : RJF 11/20 n° 896).

Logement en France de certains non-résidents

Une exonération spécifique, mais dont la portée a été modifiée par l'article 28 de la loi n° 2013-1278 du 29 décembre 2013 de finances pour 2014 (BOI-RFPI-PVINR-10-20 nos 220 s.), est prévue par l'article 150 U, II-2° du CGI pour les plus-values réalisées lors de la cession d'un logement situé en France lorsque le cédant est une personne physique, non résidente de France, **ressortissante d'un État membre de l'Union européenne** ou d'un autre État partie à l'accord sur l'Espace économique européen ayant conclu avec la France une convention d'assistance administrative en vue de lutter contre la fraude et l'évasion fiscales (Islande, Liechtenstein et Norvège). La condition de nationalité s'apprécie à la date de la cession, de même que celle tenant à la qualité de non-résident. **67610**

Si les **conditions** sont remplies (n° 67620), l'exonération s'applique, dans la limite d'un logement par contribuable et de 150 000 € de plus-value nette imposable, aux cessions réalisées :
– au plus tard le 31 décembre de la dixième année suivant celle du transfert par le cédant de son domicile fiscal hors de France pour les cessions réalisées depuis le 1er janvier 2019 (antérieurement, il s'agissait de la cinquième année) ;
– sans condition de délai, lorsque le cédant a la libre disposition du bien au moins depuis le 1er janvier de l'année précédant celle de la cession.

Ces dispositions s'appliquent aux plus-values réalisées au titre des cessions intervenues depuis le 1er janvier 2014. Seule la fraction de la plus-value nette imposable supérieure

à 150 000 € est imposable dans les conditions de droit commun. Cette plus-value s'entend notamment après application des **abattements** pour durée de détention (n° 67655) ; en ce sens, l'administration indique (BOI préc. n° 410) que la fraction de plus-value nette imposable exonérée s'apprécie, pour l'assiette fiscale et sociale des plus-values, après prise en compte :
– de l'abattement pour durée de détention, prévu à l'article 150 VC du CGI ;
– le cas échéant, de la compensation des plus et moins-values, prévue au II de l'article 150 VD du CGI ;
– et, éventuellement, de l'abattement exceptionnel de 25 %.

Les cadences de l'abattement pour durée de détention étant distinctes pour la détermination des assiettes fiscale et sociale des plus-values, la fraction de plus-value nette imposable exonérée pour la détermination de l'assiette fiscale des plus-values doit être calculée distinctement de l'assiette sociale.

Il est également précisé (BOI préc. n° 420) que le plafonnement à 150 000 € de la plus-value exonérée s'apprécie **au niveau du cédant**, et, en présence de **concubins** ou de coïndivisaires, individuellement au niveau de la quote-part de plus-value réalisée par chacun des concubins ou coïndivisaires. Il en est de même pour les couples liés par un **Pacs** cédant conjointement un logement, qui sont considérés comme des indivisaires. Si un bien est cédé conjointement par un **couple marié**, les époux sont considérés comme des co-cédants ; toutefois, l'administration admet que soit apprécié le plafonnement comme en matière d'indivision, c'est-à-dire au niveau de la quote-part du bien, et donc de plus-value, revenant à chacun des époux et non au regard de la plus-value totale réalisée par le couple (BOI préc.).

Précisions **a.** Ce mécanisme a pris la suite de celui qui était codifié à l'**ancien article 150 C du CGI**, auquel certaines conventions fiscales font référence.

b. L'exonération s'applique, par exception, aux **fonctionnaires** et agents de l'État en poste à l'étranger domiciliés fiscalement en France (n° 40930 ; BOI-RFPI-PVINR-10-20 n° 250).

c. Ce mécanisme repose sur une condition de **nationalité** et non pas de résidence (elle vise, par exemple, un Belge demeurant en Australie et non un Australien demeurant en Belgique).

67615 **Incidences des clauses de non-discrimination** L'exonération est applicable aux **ressortissants d'un État tiers** à l'Union européenne (autre que l'Islande, le Liechtenstein et la Norvège, déjà couverts) qui remplissent les deux conditions suivantes (BOI-RFPI-PVINR-10-20 n° 270) :
– pouvoir invoquer le bénéfice d'une clause de non-discrimination ;
– être placés dans une situation identique à celle où un Français pourrait prétendre à une exonération de plus-value immobilière sur le fondement de l'article 150 U, II-2° du CGI.

67620 **Conditions** L'exonération est subordonnée aux conditions suivantes :
– elle concerne les seuls **logements**, à savoir, selon l'administration (BOI-RFPI-PVINR-10-20 n° 300), tout immeuble ou fraction d'immeuble bâti à usage d'habitation, cette situation étant appréciée à la date de la cession de l'immeuble (un immeuble précédemment affecté à un usage professionnel, puis transformé pour être cédé en tant que logement, entre dans le champ de l'exonération) ; la notion de logement doit être entendue au sens « d'unité d'habitation », qu'il s'agisse d'un pavillon individuel ou d'un appartement situé dans un ensemble collectif ;
– en cas de vente d'un **immeuble collectif**, le cédant ne peut bénéficier de l'exonération qu'à raison d'un seul appartement ; toutefois, lorsque deux appartements, contigus ou non, sont situés dans le même immeuble et constituent de fait une véritable « unité d'habitation », l'exonération est susceptible de s'appliquer à la cession de ces deux appartements (BOI préc.) ; les dépendances immédiates et nécessaires d'un logement, dont la plus-value de cession bénéficie de l'exonération sont également exonérées, sous les mêmes limites et conditions ;
– le cédant doit avoir été fiscalement **domicilié en France** de manière continue **pendant au moins deux ans** à un **moment quelconque** antérieurement à la cession ;
– il ne doit pas avoir bénéficié de l'exonération prévue au 2° du II de l'article 150 U du CGI dans sa rédaction en vigueur avant le 1er janvier 2014 ;
– et, pour les cessions réalisées depuis le 1er janvier 2019, il ne doit pas avoir bénéficié de l'exonération au titre de la cession de son ancienne résidence principale située en France (n° 67605).

67620 (suite)

L'exonération s'applique **quelle que soit l'utilisation du logement**, y compris s'il est donné en location, afin de ne pas pénaliser les contribuables les plus modestes, qui, après le transfert hors de France de leur domicile fiscal, mettent fréquemment en location l'habitation dont ils disposent en France.

En outre, l'exonération ne s'applique que lorsque le contribuable (personne physique) détient directement le logement ; elle ne concerne pas la cession d'un logement détenu **par l'intermédiaire d'une société** ni la cession par l'associé non résident des titres d'une société à prépondérance immobilière qui détient à son actif le logement situé en France (BOI-RFPI-PVINR-10-20 n° 320). L'exonération n'est donc pas possible si le bien immobilier est détenu par une SCI, même si le ou les associés remplissent les conditions.

Enfin, cette exonération est limitée à la cession d'**un seul logement** par contribuable ; les modalités de décompte de cette cession s'apprécient à compter du 1er janvier 2014. La loi prévoit que le dispositif n'est pas applicable aux plus-values réalisées par un **contribuable qui a déjà bénéficié** de l'exonération en application du dispositif antérieur ; par suite, un non-résident qui a bénéficié d'une exonération sur le fondement de l'ancien dispositif ne peut bénéficier d'une seconde exonération sous l'empire du nouveau texte même s'il cède un logement dont il n'a pas la libre disposition (l'exonération est cependant toujours possible si la cession antérieure a été exonérée pour une autre raison, sauf si la cession a bénéficié de l'exonération au titre de l'ancienne résidence principale située en France ; cas, par exemple, où la cession n'avait pas dégagé de plus-value ou avait été exonérée en application des abattements pour durée de détention ; sur ce point, BOI préc. n° 380).

L'administration indique, à ce propos, que, compte tenu des **modalités de décompte** de la première cession exonérée sur le fondement du 2° du II de l'article 150 U du CGI dans sa rédaction en vigueur avant le 1er janvier 2014 (c'est-à-dire depuis le 1er janvier 2006), il y a lieu, pour apprécier si le cédant a bénéficié antérieurement de cette exonération, de ne tenir compte que des cessions réalisées du 1er janvier 2006 au 31 décembre 2013 (BOI préc. n° 295).

Précisions **a.** Lorsque la condition de **libre disposition** est exigée, le cédant est réputé avoir la libre disposition de son logement lorsqu'il est susceptible de l'occuper à tout moment. En l'absence de titre d'occupation et de versement de loyer ou d'indemnité d'occupation, l'**occupation gratuite** d'une résidence par une personne autre que son propriétaire ou son conjoint n'a pas pour effet de priver le propriétaire du droit de disposer librement de cette résidence. En revanche, il n'en est pas ainsi lorsque l'immeuble est donné en **location** au cours de cette période (voir par exemple, sous l'empire de la législation antérieure, CAA Paris 1er juin 2022 n° 21PA00772, 2e ch., refusant l'exonération à un résident britannique au motif qu'il avait loué le bien avant la vente, même si la location n'avait été que partielle et si elle n'avait duré qu'une quinzaine de jours). Les immeubles inoccupés, vacants ou vides de tout mobilier peuvent bénéficier de l'exonération, dès lors qu'ils satisfont à la condition de libre disposition. Enfin, la détention du bien immobilier en **indivision** ne fait pas obstacle à l'application de l'exonération (BOI-RFPI-PVINR-10-20 n° 370). Voir également Précisions d, ci-dessous.

b. À propos d'un contribuable qui quitte la France et donne en location sa résidence en France avant de rentrer ensuite en France, d'occuper son logement et de le vendre, il a été précisé que la **réaffectation d'un logement** à la résidence habituelle et effective du contribuable, et cela pour une durée suffisamment significative pour que la réalité de cette affectation ne puisse être remise en cause, est susceptible d'ouvrir droit, toutes conditions étant par ailleurs remplies, à l'exonération au titre de la résidence principale (Réponse Moudenc, n° 23625 : JOAN 2 juillet 2013 p. 6950 et BF 10/13 n° 824).

c. Pour l'appréciation de la condition tenant à ce que l'exonération ne peut s'appliquer qu'une seule fois à compter du 1er janvier 2014, il n'est **pas tenu compte des cessions ayant donné lieu à une imposition**, sauf si celles-ci auraient pu, au jour de l'imposition effective, entrer dans le champ d'application de l'exonération. En effet, selon l'administration (BOI préc. n° 380), les contribuables n'ont **pas le libre choix** de la cession à raison de laquelle ils demandent à bénéficier de l'exonération, en sorte que toute plus-value effectivement imposée qui aurait pu bénéficier, au jour de l'imposition effective, de cette exonération serait prise en compte dans le décompte ; il n'est pas non plus tenu compte des exonérations dont le cédant a pu bénéficier précédemment, en tant que résident de France, au titre notamment de la cession de sa **résidence principale**.

d. Un contribuable domicilié en Belgique n'a pu bénéficier de l'exonération au titre de la cession, en 2012, d'un bien immobilier occupé par son ex-épouse en tant que titulaire d'un **droit d'habitation exclusif** pour une durée de soixante mois à titre de **prestation compensatoire** (CAA Nancy 20 juin 2019 n° 18NC00559, 2e ch., arrêt définitif confirmant TA Strasbourg 6 février 2018 n° 1602043, 3e ch. : RJF 12/18 n° 1240). En effet, cette circonstance lui interdisait d'occuper son bien, et d'ailleurs aussi de le vendre sans l'accord de son ex-épouse à renoncer à son droit d'habitation ; en outre, le droit d'habitation concédé à titre de prestation compensatoire, dont le montant avait été estimé sur la base de la valeur locative mensuelle du bien, comportait un caractère onéreux et ne pouvait s'analyser en une mise à disposition à titre gratuit.

67625 **Justifications à apporter** Le cédant qui souhaite bénéficier de cette exonération doit pouvoir justifier qu'il a été fiscalement **domicilié** en France de manière continue pendant une durée d'au moins **deux ans** à un moment quelconque antérieurement à la cession. La justification de cette domiciliation, qui n'est soumise à aucun formalisme particulier, peut être apportée par la production des **avis d'impôt sur le revenu** des deux années concernées, étant précisé que l'administration n'admet que les avis d'imposition correspondant à des déclarations initiales déposées dans les délais légaux (BOI-RFPI-PVINR-10-20 n° 290 ; des avis de non-imposition sont également acceptables comme l'indiquaient les anciennes réponses Masson : JO Sénat 23 septembre 2004 p. 2163 et Zimmermann : JOAN 21 septembre 2004 p. 7301 : BF 12/04 n° 1117, non reprises au BOFiP). La justification peut aussi être apportée par la production d'un avis d'imposition à la **taxe d'habitation** à titre de résidence principale.

La condition de domiciliation de deux ans peut être satisfaite **à n'importe quel moment** de la vie du contribuable, y compris au titre de l'appartenance à un foyer fiscal français entre sa naissance et sa majorité à une époque où les règles actuelles de domiciliation fiscale n'étaient pas applicables (TA Montreuil 15 novembre 2013 n° 1300850, 10e ch. : RJF 11/14 n° 1012 ; jugement définitif à propos d'un contribuable né en 1937 et dont la domiciliation fiscale a été appréciée au regard des règles de domiciliation applicables en 1937 et au cours des années suivantes).

Précisions **a.** Une personne peut, pour l'appréciation de la condition de domiciliation antérieure, se prévaloir des années au titre desquelles elle était, en tant qu'**enfant mineur**, rattachée au foyer fiscal de ses parents eux-mêmes domiciliés fiscalement en France au sens de l'article 4 B du CGI (BOI-RFPI-PVINR-10-20 n° 290).

b. Aucune **déclaration de plus-values immobilières** (n° 2048-IMM-SD) ne doit être déposée lorsque la plus-value réalisée, inférieure ou égale au plafond de 150 000 €, est exonérée en totalité. Dans cette hypothèse, la nature et le fondement de l'exonération doivent être indiquées dans l'acte de cession soumis à la formalité fusionnée, sous peine de refus (CGI art. 150 VG, III). Lorsque la plus-value nette imposable est supérieure au plafond, la nature et le fondement de l'exonération partielle doivent être indiqués dans l'acte de cession.

c. Modalités d'application

Définitions

67645 Pour les personnes morales comme pour les personnes physiques :
– le **prix de cession** s'entend, en principe, du prix réel stipulé dans l'acte, majoré des frais et indemnités mis à la charge de l'acquéreur ; les frais et taxes supportés par le vendeur sont déductibles s'ils sont justifiés ;
– le **prix d'acquisition** est celui effectivement versé par le cédant ou, en cas d'acquisition à titre gratuit, la valeur vénale au jour de la mutation, compte tenu au surplus des frais d'acquisition justifiés et des dépenses de construction, reconstruction et agrandissement qui présentent le caractère d'immobilisations par nature, à condition qu'elles n'aient pas déjà été déduites pour la détermination du revenu imposable, qu'elles aient été effectivement supportées par le propriétaire du bien et que leur montant et leur paiement soient justifiés.

Cas des cédants assujettis à l'impôt sur le revenu

67650 Lorsque le cédant est assujetti à l'impôt sur le revenu (personnes physiques et sociétés de personnes), les plus-values sont déterminées dans les **mêmes conditions** que pour les contribuables **domiciliés en France** assujettis à l'impôt sur le revenu. Les modalités de détermination de la plus-value réalisée par les contribuables domiciliés en France prévues aux articles 150 V, 150 VA, 150 VB, 150 VC et 150 VD du CGI sont, en effet, applicables aux plus-values réalisées par les non-résidents, qu'ils soient ou non ressortissants de l'Union européenne (BOI-RFPI-PVINR-20-10 n° 20).

Toutefois, alors que les cessions de titres de **sociétés non cotées à prépondérance immobilière** soumises à l'impôt sur les sociétés relèvent du régime des plus-values sur valeurs mobilières pour les résidents, elles relèvent du régime des plus-values immobilières pour les non-résidents (les non-résidents peuvent y trouver avantage, étant par exemple exonérés au bout de vingt-deux ans à la différence des résidents).

Sur les dispositions relatives au sursis d'imposition, voir nº 67600.

Assiette La plus-value brute réalisée sur les biens ou droits immobiliers est déterminée par différence entre le prix de cession et le prix d'acquisition, en tenant compte des mêmes correctifs que pour les résidents ; sont, en particulier, applicables le **forfait de 7,5 %** (sauf en cas de cessions de titres) et la **majoration de 15 %** en cas de cession d'un immeuble bâti plus de cinq ans après son acquisition. 67655

La plus-value est ensuite réduite d'un **abattement pour chaque année de détention** au-delà de la cinquième (CGI art. 150 VC, I dans sa rédaction issue de l'article 27 de la loi nº 2013-1278 du 29 décembre 2013 de finances pour 2014). Dans le cas général (y compris pour les titres de sociétés ou d'organismes à prépondérance immobilière), l'abattement est le suivant (comme pour les résidents ; BOI-RFPI-PVI-20-20 nºs 50 s.) :
– 6 % pour chaque année de détention au-delà de la cinquième et jusqu'à la vingt et unième ;
– 4 % au terme de la vingt-deuxième année de détention.

Il en résulte que l'exonération de prélèvement est acquise au-delà d'un délai de détention de vingt-deux ans. En ce qui concerne les **prélèvements sociaux**, cependant, les règles sont différentes ; l'abattement pour durée de détention est de :
– 1,65 % pour chaque année de détention au-delà de la cinquième et jusqu'à la vingt et unième ;
– 1,60 % pour la vingt-deuxième année ;
– 9 % pour chaque année au-delà de la vingt-deuxième.

L'exonération des prélèvements sociaux éventuellement exigibles (nº 67660) est donc acquise au-delà d'un délai de détention plus long, trente ans au lieu de vingt-deux ans. Entre vingt-trois et trente ans de détention, les plus-values ne sont soumises, le cas échéant, qu'aux prélèvements sociaux.

Enfin, les non-résidents peuvent bénéficier, comme les résidents, des abattements exceptionnels de 70 % ou 85 % en cas de cession, sous certaines conditions, de **terrains à bâtir** ou d'immeubles bâtis destinés à la démolition en vue de la reconstruction d'un ou plusieurs bâtiments d'habitation collectifs, situés dans des zones géographiques se caractérisant par un déséquilibre particulièrement important entre l'offre et la demande de logements (BOI-RFPI-PVINR-20-10 nº 20 et BOI-RFPI-PVI-20-20 nº 190 s., concernant, en pratique, les cessions réalisées jusqu'au 31 décembre 2022 ; d'autres abattements étaient applicables antérieurement).

Précisions **a.** Les **délais de possession** doivent être calculés par périodes de douze mois depuis la date d'acquisition jusqu'à la date de cession.

b. La **moins-value brute** réalisée sur les biens ou droits n'est pas, en principe, prise en compte, même si les plus et moins-values sont réalisées la même année ou s'il s'agit de la vente par éléments distincts d'une propriété qui a fait l'objet d'une acquisition unique.

c. Les **frais** d'agrément et honoraires de **représentation fiscale** supportés par le contribuable domicilié hors de France (nºs 83120 s.) viennent en diminution du prix de cession pour le calcul de la plus-value brute (BOI-RFPI-PVINR-20-10 nº 30).

d. Le montant de la plus-value doit être déterminé pour sa valeur en euros selon le **taux de change** en vigueur à la date de chaque opération.

e. Si l'abattement pour durée de détention permet une **exonération** totale, **aucune déclaration** ne doit être déposée sauf en cas de prélèvement afférent à une plus-value en report.

Taux d'imposition Une fois déterminée dans les conditions précédentes, la plus-value nette fait l'objet d'un prélèvement au taux de **19 %** lorsque la plus-value est réalisée par une personne physique, quelle que soit sa résidence fiscale, au sein de l'Union européenne, de l'Espace économique européen ou dans un État tiers (CGI art. 244 bis A, III bis dans sa rédaction issue de l'article 60 de la loi nº 2014-1655 du 29 décembre 2014 de finances rectificative pour 2014) pour les plus-values réalisées depuis le 1er janvier 2015 (avant le 1er janvier 2015, le taux était généralement de 33,1/3 % pour les résidents des États tiers) ; le taux de 19 % s'applique également aux associés personnes physiques de **sociétés de personnes** (sociétés, groupements ou organismes dont les bénéfices sont imposés au nom des associés) et aux porteurs de parts, personnes physiques, de fonds de placement immobilier (qu'il s'agisse 67660

67660 (suite) d'un FPI français ou d'un organisme de droit étranger ayant un objet équivalent et une forme similaire aux FPI français ; BOI-RFPI-PVINR-20-20 n° 50). L'unification du taux à 19 %, résultant de l'article 60 de la loi n° 2014-1655 du 29 décembre 2014 de finances rectificative pour 2014, tient à la volonté affichée de mettre fin à une restriction incompatible avec le principe de **libre circulation des capitaux** (l'ajustement résulte d'un amendement parlementaire dont l'objet était de « mettre le régime d'imposition des plus-values immobilières des non-résidents en conformité avec le droit communautaire » ; n° 67705). Le taux du prélèvement est celui qui est en vigueur à la date de la cession de l'immeuble (BOI préc. n° 1).

Le prélèvement est **libératoire** de l'impôt sur le revenu dû en raison des sommes qui l'ont supporté. Il a donc un caractère définitif et les revenus correspondants sont exclus de plein droit du revenu global soumis à l'impôt sur le revenu selon le barème progressif. Par suite, le montant du prélèvement n'est pas imputable sur l'impôt sur le revenu éventuellement exigible du contribuable à raison de revenus de source française (BOI-RFPI-PVINR-40 n° 20). Depuis le 1er janvier 2018, les plus-values entrant dans le champ d'application de l'article 244 bis A du CGI sont cependant assujetties, le cas échéant, à la **contribution exceptionnelle sur les hauts revenus** (n° 3132) dans la mesure où elles entrent, en application de l'article 28 de la loi n° 2017-1837 du 30 décembre 2017 de finances pour 2018, dans la définition du revenu fiscal de référence donnée par l'article 1417, IV du même Code ; les personnes physiques non domiciliées en France doivent donc déclarer leurs plus-values immobilières de source française dans leur déclaration de revenus (article 170, 1 du CGI).

Les **prélèvements sociaux** sont exigibles des personnes physiques non résidentes, sous réserve toutefois, pour les cessions réalisées depuis le 1er janvier 2019, de la distinction suivante (n° 3787) :
– résidents « européens » : si les cédants relèvent en matière d'assurance maladie, en application du règlement (CE) n° 883/2004 du Parlement européen et du Conseil du 29 avril 2004 sur la coordination des systèmes de sécurité sociale, d'une législation soumise à ces dispositions et s'ils ne sont pas à la charge d'un régime obligatoire de sécurité sociale français, seul le prélèvement de solidarité de 7,5 % est dû ; dans ce cas, le prélèvement global est donc de 26,5 % ;
– autres non-résidents : dans les autres cas, les prélèvements sociaux sont dus au taux global actuel de 17,2 %, soit un prélèvement global de 36,2 %.

En ce qui concerne les non-résidents européens qui retirent de France l'essentiel de leurs revenus et qui ne bénéficient pas, dans leur État de résidence, de mécanismes suffisants de nature à minorer leur imposition en fonction de leur situation personnelle et familiale (non-résidents « Schumacker »), voir n° 3097.

Précisions **a.** La loi n° 2014-1655 du 29 décembre 2014 de finances rectificative pour 2014 avait prévu que le taux du prélèvement soit porté à 75 % pour les personnes domiciliées, établies ou constituées dans les **États ou territoires non coopératifs** (nos 71555 s.), mais ces dispositions ont été déclarées non conformes à la Constitution par la décision du Conseil constitutionnel n° 2014-708 DC du 29 décembre 2014 (RJF 3/15 n° 244) ; en effet, ce régime dérogatoire faisait peser sur ces contribuables une charge fiscale excessive au regard de leur capacité contributive et était contraire au principe d'égalité devant les charges publiques. Le taux applicable est donc fixé à 19 % pour ces personnes également.

b. Antérieurement à l'unification des taux réalisée par l'article 60 de la loi n° 2014-1655 du 29 décembre 2014 de finances rectificative pour 2014, le Conseil d'État avait confirmé que, sur le fondement de l'article 15 § 4 de la **convention franco-suisse** du 9 septembre 1966 modifiée, l'assiette de l'imposition frappant les plus-values immobilières devait être déterminée de la même manière, que le contribuable ait sa résidence fiscale en France ou en Suisse, et que le taux du prélèvement ne pouvait excéder, pour un résident de Suisse, celui applicable à un résident de France (CE 20 novembre 2013 n° 361167, 9e et 10e s.-s., Aaron : RJF 2/14 n° 149, aux conclusions Frédéric Aladjidi au BDCF 2/14 n° 20 ; dans le même sens, à propos d'un résident de Suisse ayant cédé des parts d'une SCI française, CAA Paris 13 février 2014 n° 12PA03868, 9e ch. ; arrêt définitif). Plus généralement, ces stipulations doivent être interprétées en ce sens que les plus-values résultant de la cession de biens immobiliers sont imposées dans les mêmes conditions, que le bénéficiaire soit fiscalement résident de France ou de Suisse (CE 12 février 2020 n° 415475, 9e et 10e ch. : RJF 5/20 n° 442 ; voir nos 67600 et 67607).

c. Il a été jugé qu'une personne physique domiciliée en Suisse et associée d'une SNC française qui exerçait une activité de **loueur en meublé professionnel** ne pouvait être assujettie au prélèvement au titre de la plus-value réalisée par la SNC lors de la cession de l'immeuble qu'elle détenait car cette plus-value aurait été exonérée si l'associé avait été domicilié en France (CAA Marseille 21 avril 2015 n° 13MA00737, 7e ch. : RJF 12/15 n° 1019, arrêt annulé, mais seulement pour une raison de procédure, par CE 2 mars 2017 n° 391156, 3e ch. : RJF 5/17 n° 488 ; voir également n° 81075).

d. En ce qui concerne les **obligations déclaratives**, voir n° 83145.

e. Il a été jugé qu'un non-résident n'était pas fondé à réclamer l'**imputation** de **déficits BIC** sur la plus-value immobilière imposable sur le fondement de l'article 244 bis A dans la mesure où ce prélèvement est distinct de l'impôt sur le revenu (CAA Paris 8 octobre 2004 n° 00-3264, 2e ch., Reiplinger : RJF 1/05 n° 29 ; arrêt définitif).

f. Des personnes physiques domiciliées en **Suisse** n'ont pas été jugées recevables à demander en leur nom personnel la restitution des prélèvements sociaux afférents à une plus-value réalisée en 2014 par une **SCI** française au motif que la SCI était la seule redevable des prélèvements sociaux en litige (CAA Paris 19 mai 2020 n° 19PA00748, 5e ch. ; arrêt définitif).

g. À propos d'une plus-value réalisée par un ressortissant suisse résidant à Monaco lors de la cession d'un immeuble à Nice, antérieurement à l'unification des taux réalisée par l'article 60 de la loi n° 2014-1655 du 29 décembre 2014 de finances rectificative pour 2014, il a été jugé que le prélèvement de 33,1/3 % alors applicable caractérisait une restriction à la **libre circulation des capitaux** mais qu'il n'en résultait pas qu'aucun prélèvement n'était exigible ; le maintien d'un prélèvement au taux de 19 %, résultant d'une décision de dégrèvement partiel en cours d'instance devant le tribunal administratif de Nice, était justifié (CAA Marseille 30 juin 2020 n° 19MA01218 : RJF 2/21 n° 219). Cet arrêt a fait l'objet d'un pourvoi qui a été rejeté par CE 23 juin 2022 n° 445785, 9e ch., conformément à la solution de principe retenue dans l'affaire National Pension Service, qui conduit dans ce cas à l'octroi seulement du dégrèvement nécessaire au rétablissement d'une équivalence de traitement (n° 81980).

Taxe additionnelle sur certaines plus-values immobilières élevées 67675

L'article 70 de la loi n° 2012-1510 du 29 décembre 2012 de finances rectificative pour 2012 a créé une taxe additionnelle sur la fraction supérieure à 50 000 € du montant de certaines plus-values immobilières, autres que celles portant sur des terrains à bâtir ou des droits s'y rapportant (CGI art. 1609 nonies G). La taxe, qui frappe les cessions réalisées depuis le 1er janvier 2013, s'applique non seulement aux personnes physiques domiciliées en France mais aussi (BOI-RFPI-TPVIE-10 n° 90) :
– aux **personnes physiques** non domiciliées en France à l'exception des titulaires de pensions de vieillesse ou de la carte d'invalidité (carte « mobilité inclusion ») qui respectent les conditions prévues au premier alinéa du 2° du II de l'article 244 bis A du CGI (n° 67555) ;
– aux **sociétés de personnes étrangères** détenues par des personnes physiques (personnes morales ou organismes, quelle qu'en soit la forme, dont les bénéfices sont imposés au nom des associés personnes physiques et dont le siège est situé hors de France) ;
– aux **sociétés de personnes françaises** (sociétés ou groupements dont le siège social est situé en France et qui relèvent des articles 8, 8 bis et 8 ter du CGI) au prorata des droits sociaux détenus par des associés passibles de l'impôt sur le revenu qui ne sont pas domiciliés en France ou dont le siège social est situé hors de France.

La taxe est assise sur le **montant imposable** des plus-values entrant dans le champ de l'article 244 bis A du CGI (hors terrains à bâtir), après application, notamment, des abattements mentionnés au n° 67655. Elle est calculée, à raison des plus-values imposables d'un montant supérieur à 50 000 €, selon un barème appliqué au montant total de la plus-value imposable dont les taux varient **de 1 % à 6 %**, taux atteint pour les plus-values taxables d'un montant d'au moins 260 000 €. Due par le cédant et **exigible lors de la cession**, elle est versée par les soins du notaire au même titre que l'imposition principale et elle est contrôlée sous les mêmes garanties et sanctions qu'en matière d'impôt sur le revenu.

Précisions **a.** La taxe n'est pas due en cas de réalisation de **plus-values immobilières exonérées** du prélèvement de l'article 244 bis A du CGI (exonérations liées à la nature des opérations réalisées ou à la durée de détention) ; elle ne s'applique pas non plus à la fraction, inférieure ou égale à 150 000 €, de la plus-value bénéficiant de l'exonération, sous conditions, en faveur de la cession d'un logement en France par des non-résidents (n° 67610 ; en ce sens, BOI-RFPI-TPVIE-10 nos 260 et 270). Par exemple, si la plus-value nette imposable est égale à 190 000 €, la taxe sur les plus-values immobilières élevées n'est pas due ; en effet, après application de l'exonération spécifique aux non-résidents, la plus-value nette imposable est inférieure au seuil d'imposition à la taxe (190 000 - 150 000 = 40 000 ; BOI-RFPI-TPVIE-20 n° 20).

b. La taxe vise les particuliers dans la gestion de leur patrimoine privé ; elle n'est pas applicable, notamment, aux profits réalisés par les **marchands de biens** et lotisseurs ayant cette qualité, ainsi qu'aux profits de constructions réalisés à titre habituel (BOI-RFPI-TPVIE-10 n° 20).

c. En ce qui concerne les cessions par les sociétés de personnes, le **seuil de 50 000 €** est apprécié au regard du montant de la plus-value imposable correspondant aux droits des seuls associés redevables de l'impôt sur le revenu ; en particulier, il n'est pas tenu compte, pour l'appréciation du seuil, de la quote-part de plus-value revenant à des associés soumis à l'impôt sur les sociétés (BOI-RFPI-TPVIE-20 n° 60).

Cas des cédants assujettis à l'impôt sur les sociétés

67680 S'il n'est pas assujetti à l'impôt sur le revenu (personnes morales ou organismes passibles de l'impôt sur les sociétés), le cédant est soumis à des règles variables selon qu'il est ou non domicilié au sein de l'Espace économique européen.

D'une façon générale, pour savoir si le cédant est assujetti ou non à l'impôt sur les sociétés, il y a lieu de procéder par assimilation (sur le raisonnement permettant de distinguer les sociétés de capitaux et les sociétés de personnes étrangères, voir n° 31325). Ainsi, la plus-value réalisée par une « **corporation** » régie par le droit du Delaware (États-Unis) lors de la cession en 2008 d'un ensemble immobilier situé à Paris devait être déterminée et imposée selon les modalités propres aux personnes morales assujetties à l'impôt sur les sociétés, étant donné que cette société devait être regardée comme une **société de capitaux** passible de l'impôt sur les sociétés à raison de sa forme sociale (CE 2 avril 2021 n° 427880, 9e et 10e ch., min. c/ Sté World Investment Corporation : RJF 6/21 n° 597, à propos d'une société qui avait initialement acquitté le prélèvement en appliquant les règles relatives aux sociétés passibles de l'impôt sur les sociétés puis avait demandé un nouveau calcul en application des règles de l'impôt sur le revenu) ; cette décision a été rendue sur deuxième cassation, le Conseil d'État ayant précédemment annulé un premier arrêt d'appel qui avait inexactement qualifié les faits en jugeant que la société, dont les « statuts hybrides » lui permettaient d'exercer des activités tant civiles que commerciales et qui mettait les immeubles **à disposition gratuite** des parents de ses associés, exerçait une activité présentant un caractère lucratif (CE 16 mai 2018 n° 398055, 9e ch., Sté World Investment Corporation : RJF 8-9/18 n° 857). Sur renvoi après première cassation, la société avait obtenu à tort la décharge, car la Cour s'était méprise en jugeant que cette société ne pouvait être assimilée à une société passible de l'impôt sur les sociétés en raison de sa **forme sociale** (CAA Paris 19 décembre 2018 n° 18PA01750, 2e ch., Sté World Investment Corporation : RJF 5/19 n° 446).

Autre exemple, une société allemande assimilable à une SARL française et qui gérait des investissements immobiliers pour le compte d'un fonds de pension n'était pas fondée à soutenir que le prélèvement n'était pas exigible lors de la cession d'un ensemble immobilier qu'elle détenait à Paris au motif qu'elle aurait **agi en tant que fiduciaire**, dès lors qu'elle ne satisfaisait pas aux conditions prévues par le Code civil auxquelles est subordonnée la réalisation d'une opération de fiducie et en l'absence, en tout état de cause, de dispositions législatives exonérant du prélèvement une personne morale agissant en tant que fiduciaire (CAA Paris 15 septembre 2016 n° 13PA04619, 9e ch., Sté AIK Immobilien Kapitalanlagegesellschaft MBH, arrêt définitif après non-admission d'un pourvoi par CE (na) 30 mars 2018 n° 406860, 9e ch., Sté AIK Immobilien Kapitalanlagegesellschaft MBH) ; dans cette affaire, la société allemande avait été désignée dans la promesse de vente comme agissant « fiduciairement pour le compte » d'un fonds. L'exonération a également été refusée à une société allemande qui, dans les mêmes conditions, disait agir en vertu d'un contrat de fiducie-gestion au nom et pour le compte d'un **fonds immobilier** allemand constitué par des caisses de retraite allemandes présentées comme des organismes à but non lucratif exonérés et véritables propriétaires des actifs (CAA Versailles 8 février 2022 n° 20VE00094, 1e ch., Sté Aik Immobilien Investmentgesellschaft mbH : RJF 6/22 n° 551, arrêt définitif écartant l'assimilation tant à une fiducie française qu'à un fonds de placement immobilier de droit français).

Selon un raisonnement du même ordre, la quote-part de la plus-value réalisée en 2017 par une SCI française lors de la cession d'un immeuble situé en France et qui revenait à une **fondation néerlandaise** dont la totalité des certificats était détenue par une personne physique domiciliée en France ne pouvait bénéficier du taux réduit de 19 %, mais devait être assujettie au prélèvement au taux de 33,33 % (taux applicable à l'époque) ; en effet, la fondation, personne morale, ne pouvait pas être considérée comme un associé personne physique d'une société de personnes, sans qu'importe le régime de transparence fiscale qui lui était appliqué aux Pays-Bas (CAA Versailles 7 décembre 2021 n° 20VE02281, 1e ch., SCI Kruger Gestion ; arrêt définitif jugeant également que, si la certification de titres auprès d'une telle fondation revêt les principales caractéristiques de la fiducie en droit français, la fondation est assimilable à une société civile de portefeuille en droit français).

Dès lors que la plus-value est passible de l'impôt sur les sociétés, l'administration est fondée à en vérifier le montant en faisant éventuellement application de la théorie de **l'acte anormal de gestion**. Tel a été, par exemple, le cas dans une affaire mettant en cause une société suisse qui, en 2006, avait cédé à un résident russe, pour un prix que l'administration avait trouvé trop faible, les actions d'une société française à prépondérance immobilière en France (CAA Versailles 29 mars 2016 nos 14VE00248 et 14VE00347, 1e ch., Sté Croë Suisse :

RJF 7/16 n° 598) ; cet arrêt, qui avait conclu à l'acte anormal de gestion, a cependant été annulé par le Conseil d'État pour erreur de droit car la Cour avait, pour confirmer l'évaluation de l'administration, jugé qu'il n'y avait pas lieu de tenir compte de **l'illiquidité des titres cédés**, au seul motif que la cession avait porté sur la totalité des titres d'une société française dont l'unique actif était un bien immobilier que celle-ci gérait sans l'exploiter (CE 21 décembre 2018 n° 402006, Plén., Sté Croë Suisse : RJF 3/19 n° 246 ; voir n° 72520). Sur renvoi dans cette affaire, l'administration a abandonné le terrain de l'acte anormal de gestion et tenté de soutenir que le fait que l'acquéreur se soit engagé à prendre à sa charge le **remboursement de la créance** que la société suisse détenait sur sa filiale française caractérisait une contrepartie à ajouter au prix de cession des titres pour le calcul de la plus-value ; la Cour a cependant écarté cette prétention et conclu à la décharge, car le fait que le cessionnaire se soit engagé à reprendre la dette de la société française ne pouvait être regardé comme un élément constitutif du prix de cession des titres ni comme un élément du gain (CAA Versailles 3 mars 2020 n° 19VE00113, 3e ch. : RJF 10/20 n° 764, définitif ; cet arrêt confirme incidemment que le taux d'imposition applicable en l'espèce était le taux des plus-values à long terme de 15 %). Cette solution est logique, car la société suisse n'avait retiré aucun avantage financier supplémentaire du remboursement de sa créance, et, en tout état de cause, si le prix de cession avait dû inclure le remboursement de la créance, le prix de revient des titres aurait dû être augmenté à due concurrence, ce qui n'aurait pas modifié la plus-value (généralement, il est plus simplement procédé, dans ces circonstances, à une cession du compte courant concomitamment à la cession des titres, ce qui ne soulève normalement pas de difficulté).

Enfin, il a été jugé que le désavantage de trésorerie résultant de ce que le prélèvement doit être acquitté dans un **délai différent** de l'imposition exigée des sociétés françaises, qui intègrent la plus-value dans leur déclaration de résultat de l'exercice de réalisation, ne peut être regardé comme constituant à lui seul une différence de traitement caractérisant une restriction à la **liberté de circulation des capitaux** dès lors que les modalités de déclaration et de paiement du prélèvement procèdent seulement d'une technique différente d'imposition (CAA Versailles 18 juin 2019 n° 17VE01977, 3e ch., Sté Central Commercial, à propos d'une plus-value immobilière réalisée par une société luxembourgeoise en 2011 ; voir également n° 67692, Précisions) ; cet arrêt est définitif, mais il aurait mérité d'être confirmé au regard de la position prise par la Cour de justice en ce qui concerne les restrictions résultant d'un décalage de trésorerie (n° 82062).

Précisions **a.** Il a été jugé que le prélèvement n'excluait pas les **sociétés non soumises à l'impôt sur les sociétés** (CAA Marseille 29 mars 2005 n° 02-1895, 4e ch., Société Bau et Finanzierungsanstalt : Droit fiscal 2006, n° 13, comm. n° 294, arrêt définitif concernant une société du Liechtenstein).

b. En ce qui concerne les **organismes sans but lucratif européens**, voir nos 67557, 61020 et 67700.

c. Les plus-values réalisées par les personnes morales passibles de l'impôt sur les sociétés, de droit ou sur option, ne sont pas soumises à la **taxe sur les plus-values immobilières élevées** (n° 67675).

d. Le prélèvement de l'article 244 bis A constitue une **imposition distincte de l'impôt sur les sociétés** ; un contribuable ne peut donc présenter au tribunal administratif des conclusions tendant à la décharge du prélèvement s'il a initialement demandé seulement l'imputation du prélèvement sur l'impôt sur les sociétés (CE 26 décembre 2013 n° 354662, 9e et 10e s.-s., min. c/ Caisse autonome des retraites des travailleurs salariés de Monaco (CARTSM) : RJF 4/14 n° 340 ; conclusions Frédéric Aladjidi au BDCF 4/14 n° 49).

e. Sur le **contrôle** et les sanctions, voir n° 67725.

f. Une **société anonyme suisse** qui cède un immeuble situé en France ne peut évidemment pas bénéficier de l'abattement pour durée de détention prévu à l'article 150 VC du CGI, applicable aux plus-values passibles de l'impôt sur le revenu réalisées par les personnes physiques ou les sociétés ou groupements qui relèvent des articles 8 à 8 ter du même Code (n° 67655) ; en effet, il s'agit d'une société de capitaux dont il n'est pas contesté qu'en droit suisse elle est dotée de la personnalité juridique et le fait que l'immeuble constitue son unique actif ne permet pas de l'assimiler aux **sociétés translucides ou transparentes** françaises (CAA Lyon 24 octobre 2019 n° 18LY01236, 2e ch., ayant fait l'objet d'un pourvoi non admis par CE (na) 10 juillet 2020 n° 436868, 8e ch. : RJF 11/20 n° 897).

Cas général (hors Europe) Sauf en ce qui concerne les cédants « européens » (n° 67692), les plus-values sont déterminées par différence entre le prix de cession du bien et son **prix d'acquisition diminué** d'une somme égale à **2 %** de son montant **par année** entière de détention pour les immeubles bâtis, à l'exclusion des terrains et des titres de sociétés à prépondérance immobilière. **67685**

Il semble que, dès lors que la plus-value soumise au prélèvement n'est pas déterminée à partir des indications du bilan, cette somme de 2 % soit destinée à tenir compte, de façon forfaitaire, de l'amortissement du bien. La déduction forfaitaire de 2 % doit être calculée sur la seule fraction du prix d'achat de l'immeuble afférente à la construction. La valeur du terrain, appréciée à la date d'acquisition, doit donc être retranchée du prix de revient global de l'ensemble immobilier.

En principe, la fraction du prix d'acquisition correspondant à la valeur de l'immeuble bâti à retenir est celle mentionnée dans l'acte authentique d'acquisition ou encore la valeur d'inscription initiale à l'actif. L'administration indique que, à défaut de ventilation préalable qui permette d'identifier cette fraction et à titre de règle pratique, il convient de retenir une **valeur de terrain égale à 20 %** du montant global d'acquisition, y compris en cas de cession d'un lot de copropriété (BOI-RFPI-PVINR-20-10 n° 70, ajoutant qu'il appartient à la société cédante qui entend se prévaloir d'une répartition différente, d'en apporter la justification).

Le **prix d'acquisition** s'entend du prix effectivement payé par le cédant, majoré, le cas échéant, des seules dépenses de construction, reconstruction ou agrandissement qui présentent le caractère d'immobilisations par nature, à condition qu'elles aient été effectivement supportées par le propriétaire, que leurs montant et paiement soient justifiés et qu'elles n'aient pas déjà été déduites pour la détermination du revenu imposable. Sont donc exclus de l'assiette de l'amortissement, les frais d'acquisition du bien (BOI préc.).

La **justification** du caractère réel de ces dépenses et de leur paiement résulte de la production des factures correspondantes que la société doit normalement conserver à l'appui de sa comptabilité et des justificatifs des règlements par la société.

Enfin, les frais de **représentation fiscale** supportés par le contribuable domicilié hors de France viennent en diminution du prix de cession pour le calcul de la plus-value brute (BOI préc.).

67690 Le **taux du prélèvement** est le même que le taux ordinaire de l'impôt sur les sociétés (n° 5592), sans qu'il soit tenu compte des taux éventuellement différents applicables en fonction des seuils de chiffre d'affaires. Dans sa rédaction issue, en dernier lieu, de l'article 39 de la loi n° 2019-1479 du 28 décembre 2019 de finances pour 2020, applicable aux retenues et prélèvements à la source dont le fait générateur est intervenu entre le 6 mars 2019 et le 31 décembre 2021, l'article 244 bis A, III bis du CGI renvoie, en effet, au taux prévu au deuxième alinéa du I de l'article 219 du même Code, à savoir le taux normal de l'impôt sur les sociétés ; il s'agit donc du **taux de 25 %** pour les exercices ouverts depuis le 1er janvier 2022.

En ce qui concerne les personnes morales passibles de l'impôt sur les sociétés, contrairement aux personnes physiques, le prélèvement n'est **pas libératoire**. Il vient s'imputer sur le montant de l'impôt sur les sociétés dû en France, au titre de l'exercice fiscal de réalisation de la plus-value, par la personne morale non résidente, à raison de l'ensemble des produits dont l'imposition est réservée à la France par les conventions fiscales (BOI-RFPI-PVINR-40 n° 30).

Si le prélèvement excède l'impôt sur les sociétés dû en France au titre de l'année de réalisation de la plus-value, **l'excédent** est **restitué** (la doctrine administrative est plus favorable que la loi qui ne vise littéralement que l'impôt exigible sur la seule plus-value) ; la restitution de l'excédent suppose une **réclamation** du contribuable dont l'admission est subordonnée à la souscription intégrale et conforme des imprimés déclaratifs.

Pour les cessions réalisées depuis le 1er mars 2010, la restitution est, en tout état de cause, réservée (outre les personnes morales résidentes d'un État de l'Union européenne ; n° 67692) aux personnes morales résidentes d'un État ou territoire ayant conclu avec la France une **convention fiscale** qui contient une clause d'assistance administrative en matière d'échange de renseignements et de lutte contre la fraude et l'évasion fiscales et n'étant pas « **non coopératif** » au sens de l'article 238-0 A du CGI (nos 71555 s.) ; l'exclusion concerne tous les États et territoires non coopératifs, quel que soit le motif de leur inscription sur la liste (n° 71562). Les résidents d'un État ou territoire non coopératif n'ont donc pas droit à cette restitution, de même que ceux qui sont résidents d'États ou territoires ayant simplement signé avec la France des accords d'échange de renseignements (BOI préc.).

Enfin, sous réserve des exonérations prévues par la loi ou par les conventions fiscales, l'impôt de distribution prévu par l'article 115 quinquies du CGI (nos 19000 s.) s'ajoute à l'impôt sur les sociétés, y compris, en principe, en cas de réalisation de plus-values de cession de titres de sociétés à prépondérance immobilière.

Précisions **a.** Le prélèvement de l'article 244 bis A ne nous paraît pas pouvoir être imputable sur la **contribution sociale** visée à l'article 235 ter ZC du CGI dans la mesure où il s'agit d'un impôt juridiquement distinct de l'impôt sur les sociétés.

b. En ce qui concerne les **obligations déclaratives**, voir n° 83150.

c. Il a été jugé que les dispositions de l'article 244 bis A du CGI n'excluent pas que les sociétés étrangères soient soumises au prélèvement alors même que, n'étant **pas passibles de l'impôt sur les sociétés**, elles ne pourraient bénéficier d'une imputation sur cet impôt et qu'elles n'ont pas droit à une **restitution** dans l'hypothèse où l'impôt sur les sociétés ne serait pas exigible (CAA Versailles 9 juillet 2013 n° 11VE00535, Colombus Extension Company, arrêt définitif concernant un organisme sans but lucratif américain qui avait réalisé une plus-value immobilière en France) ; dans cette affaire, la Cour a, en outre, refusé de tirer les conséquences du principe de libre circulation des capitaux, mais la décision a été rendue avant l'arrêt Yvon Welte de la Cour de justice (n° 81985).

d. La loi n° 2014-1655 du 29 décembre 2014 de finances rectificative pour 2014 avait prévu que le taux soit porté à 75 %, pour les personnes domiciliées, établies ou constituées dans les **États ou territoires non coopératifs**, mais ces dispositions ont été déclarées non conformes à la Constitution par la décision du Conseil constitutionnel n° 2014-708 DC du 29 décembre 2014 (RJF 3/15 n° 244). Le taux ordinaire est donc applicable également dans ce cas.

Cas des cédants européens Le III de l'article 244 bis A du CGI pose un principe d'égalité de traitement avec les sociétés françaises passibles de l'impôt sur les sociétés, afin d'éviter de créer une restriction qui serait autrement interdite par le droit de l'Union européenne. **67692**

Pour les cessions réalisées depuis le 1er mars 2010, le prélèvement est, en effet, déterminé selon les **règles d'assiette** et **de taux** prévues en matière d'impôt sur les sociétés dans les mêmes conditions que celles applicables à la date de la cession aux personnes morales résidentes de France lorsqu'il est dû par des personnes morales résidentes :
– soit d'un État membre de l'**Union européenne**,
– soit d'un autre État partie à l'accord sur l'**Espace économique européen** ayant conclu avec la France une convention d'assistance administrative en vue de lutter contre la fraude et l'évasion fiscales (Islande, Liechtenstein et Norvège), à condition que cet État ne soit pas « non coopératif » au sens de l'article 238-0 A du CGI (nos 71555 s.).

Il en résulte notamment que, pour ces personnes, l'assiette du prélèvement est déterminée selon le droit commun (non-application des règles exposées n° 67685) ; le taux du prélèvement est, comme pour les cédants « non européens », le taux ordinaire de l'impôt sur les sociétés.

Les cédants européens peuvent cependant bénéficier du **taux réduit** de **19 %** dans les mêmes conditions que les sociétés françaises (par exemple, en cas de cession de parts ou actions de **SIIC** et de sociétés à prépondérance immobilière cotées en France ou à l'étranger).

Le prélèvement peut être **restitué** en cas d'excédent par rapport à l'impôt sur les sociétés (n° 67690). En outre, pour les exercices ouverts depuis le 1er janvier 2020, les **sociétés européennes déficitaires** dans leur État de résidence peuvent demander la restitution du prélèvement (CGI art. 235 quater ; n° 60900) ou sa dispense (CGI art. 119 quinquies ; n° 60920). Cette possibilité est réservée aux personnes morales ou organismes dont le siège, ou, le cas échéant, l'établissement stable dans le résultat duquel les revenus sont inclus, est situé dans un État membre de l'Union européenne ou dans un autre État partie à l'accord sur l'Espace économique européen ayant conclu avec la France une convention d'assistance administrative en vue de lutter contre la fraude et l'évasion fiscales ainsi qu'une convention d'assistance mutuelle en matière de recouvrement ayant une portée similaire à celle prévue par la directive 2010/24/UE du Conseil du 16 mars 2010 concernant l'assistance mutuelle en matière de recouvrement des créances relatives aux taxes, impôts, droits et autres mesures (Islande et Norvège) et qui ne soit pas non coopératif au sens de l'article 238-0 A du CGI (nos 71550 s.). Cette mesure est destinée à tirer les conséquences de la jurisprudence de la Cour de justice sur les sociétés étrangères en situation de déficit (n° 82062) ; elle ne la tire cependant qu'imparfaitement, car le raisonnement de la Cour a également vocation à concerner les **pays tiers** (sous réserve, le cas échéant, de la clause de gel), puisqu'il repose sur l'application du principe de libre circulation des capitaux.

En ce qui concerne, enfin, les **organismes sans but lucratif européens**, voir nos 67557 et 67700.

Précisions Une société luxembourgeoise qui avait réalisé une plus-value en 2011 lors de la cession d'un immeuble situé en France n'a pas obtenu la restitution du prélèvement en tant qu'il excédait l'impôt sur les sociétés qui aurait été exigible en France compte tenu de ses **déficits antérieurs**, dès lors qu'elle ne disposait d'aucun établissement stable en France, qu'elle n'était pas (ni ne pouvait être) assujettie à l'impôt sur les sociétés et que le montant d'impôt sur les sociétés dont elle se prévalait n'était qu'un montant théorique, correspondant à celui qu'elle aurait dû acquitter si son activité avait été imposée en France (CAA Versailles 18 juin 2019 n° 17VE01977, 3e ch., Sté Central Commercial, arrêt définitif ; voir également n° 67680) ; cette solution résulte sans doute de ce que la convention fiscale franco-luxembourgeoise retirait à l'époque à la France le droit d'imposer les revenus immobiliers des entreprises.

67693 **Incidences des règles de territorialité** La question de l'assujettissement de la plus-value à l'impôt sur les sociétés a été clarifiée par une disposition à caractère interprétatif introduite par l'article 22 de la loi n° 2009-1674 du 30 décembre 2009 de finances rectificative pour 2009 (n° 5524) ; l'article 209, I du CGI a en effet été complété pour préciser que **sont imposables en France** les bénéfices « mentionnés aux a, e, e bis et e ter du I de l'article 164 B », à savoir notamment les **plus-values immobilières** (n° 2889).

Les plus-values réalisées en France par des personnes morales étrangères sont donc passibles de l'impôt sur les sociétés en droit interne, si ces dernières relèvent de cet impôt.

67695 **Incidences des conventions fiscales** Le principe de l'assujettissement à l'impôt sur les sociétés vaut également en droit conventionnel puisque, si la convention fiscale donne à la France le droit d'imposer, ce droit est exercé conformément au droit interne. Par exemple, l'assujettissement à l'impôt sur les sociétés et à l'ancienne imposition forfaitaire annuelle a été approuvé par la cour administrative d'appel de Lyon, dans le cadre franco-suisse (CAA Lyon 17 octobre 1990 n° 271, 3e ch., Corniche immobilière : RJF 12/90 n° 1453 ; arrêt définitif), alors même que la société n'avait **aucun établissement en France**.

Dans le même sens, il a été jugé qu'une société suisse, même si elle avait été imposée à tort au titre du prélèvement de l'article 244 bis A, ne saurait être dispensée d'acquitter l'impôt sur les sociétés à raison d'une plus-value immobilière française (CAA Paris 2 février 1995 n° 94-34, 3e ch., Sté Trax Immobilien AG : RJF 4/95 n° 459 ; arrêt définitif).

En outre, le Conseil d'État avait jadis décidé qu'une société suisse était passible de l'impôt sur les sociétés à raison de la **cession de parts de SCI françaises** (CE 15 février 1984 nos 37377 et 37378, 7e et 9e s.-s. : RJF 4/84 n° 533).

Voir enfin CAA Marseille 22 novembre 2005, n° 03-1064, 4e ch., Sté immobilière Le Dauphin (Droit fiscal 2006 n° 42, comm. n° 669), arrêt définitif relatif à l'application du prélèvement en cas de **dissolution et d'attribution-partage** d'une société suisse disposant d'un immeuble en France.

67700 **Incidences du principe conventionnel de non-discrimination** L'article 244 bis A du CGI, dans sa rédaction antérieure à la loi n° 2009-1674 du 30 décembre 2009 de finances rectificative pour 2009, a été considéré comme inapplicable à un **fonds de pension néerlandais** dans la mesure où un tel organisme aurait été exonéré s'il avait été établi en France (CAA Paris 6 décembre 2007 n° 06-3370, 5e ch. A, min. c/ Fondation Stichting Unilever Pensioenfonds Progress : RJF 4/08 n° 409, non admis en cassation par CE (na) 27 octobre 2008 n° 313135, 3e s.-s., min. c/ Fondation Stichting Unilever Pensioenfonds Progress : RJF 2/09 n° 113). Dans cette affaire, la Cour juge, en substance :
– qu'une fondation de droit néerlandais dont les ressources, constituées des revenus de ses placements, des cotisations des employeurs et de leurs salariés adhérents, sont exclusivement affectées à des investissements destinés à financer les prestations sociales servies aux assurés à l'exclusion de toute distribution de résultats doit être regardée comme ayant un objet social à **but non lucratif** ;
– que dès lors qu'une institution française de même nature aurait été exonérée d'impôt, la clause de **non-discrimination** prévue par l'article 25 de la **convention franco-néerlandaise** du 16 mars 1973 conduit à écarter l'article 244 bis A (ancienne rédaction) puisqu'il aboutirait autrement, selon un critère de nationalité, à une imposition autre ou plus lourde que celle à laquelle aurait été assujettie une institution française gérant un régime de retraite et de prévoyance qui aurait réalisé la même opération imposable ;
– qu'une fondation de droit néerlandais sans but lucratif n'étant pas dans une situation différente des institutions françaises gérant un régime de retraite et de prévoyance est placée dans une situation objectivement comparable à ces dernières et doit donc bénéficier de la protection offerte par le principe de **libre circulation des capitaux**.

Cette solution a été confirmée au cas d'une plus-value immobilière réalisée en France par la **Pinacothèque d'Athènes** sur le fondement de la convention fiscale franco-grecque du 21 août 1963 (CE 5 juillet 2010 n° 309693, 3e et 8e s.-s., Pinacothèque d'Athènes : RJF 11/10 n° 1092 aux conclusions Emmanuelle Cortot-Boucher au BDCF 11/10 n° 122 ; voir aussi n° 81262). Dans le même sens, le trust de l'**Église d'Écosse**, qui gère le patrimoine immobilier de l'Église d'Écosse et n'exerce pas d'activité à but lucratif, ne peut être assujetti au prélèvement de l'article 244 bis A du CGI en raison de l'incidence de la clause de non-discrimination franco-britannique dès lors qu'un organisme français sans but lucratif qui procède à la cession d'un immeuble qu'il détient en France n'est pas assujetti à l'impôt sur les sociétés sur l'éventuelle plus-value réalisée (CAA Paris 23 décembre 2010 n° 08-5504, 5e ch., min. c/ The Church of Scotland Trust : RJF 5/11 n° 638 ; arrêt définitif). Tout dépend, cependant, de la façon dont la clause conventionnelle de non-discrimination est rédigée ; il a ainsi été jugé qu'un **organisme sans but lucratif américain** n'est pas fondé à l'invoquer car elle ne concerne que les personnes physiques et les établissements stables (TA Cergy-Pontoise 9 décembre 2010 n° 0700580, 10e ch., Colombus Extension Company ; sur l'arrêt d'appel, voir n° 67690, Précisions c). **67700** (suite)

Cela étant, une **fondation d'intérêt général allemande** à caractère artistique n'a pu obtenir la décharge du prélèvement car il n'était pas établi que l'activité qu'elle exerçait habituellement satisferait aux conditions auxquelles l'article 206 du CGI subordonne le caractère non imposable à l'impôt sur les sociétés des fondations reconnues d'utilité publique (CAA Versailles 18 avril 2013 n° 11VE03345, 7e ch., Fondation Stiftung Frieder Burda, arrêt définitif annulant TA Cergy-Pontoise 26 mai 2011 n° 0709749, 5e ch., Fondation Stiftung Frieder Burda : RJF 2/12 n° 159). Notamment, il ne ressortait pas de l'instruction que les activités non lucratives de la fondation étaient significativement prépondérantes et que le montant de ses recettes d'exploitation n'aurait pas excédé 60 000 € (seuil posé par l'article 206 du CGI) ; en outre, la fondation n'avait pas entendu acquérir le bien en vue d'y installer un musée ou d'y exercer une activité culturelle non lucrative et l'opération ayant constitué à l'acheter et à le revendre avait été réalisée non dans le cadre d'une activité ou de la gestion indissociable d'un but non lucratif, mais au titre de la **mise en valeur d'un patrimoine constituant une opération de caractère lucratif** au sens de l'article 206, 1 du CGI (pour les mêmes raisons, l'application du prélèvement n'a pas été considérée comme contraire au principe de la libre circulation des capitaux). Dans le même sens, une **fondation suisse** poursuivant des objectifs d'intérêt général dans le domaine de la bienfaisance et de la science ne peut échapper au prélèvement de l'article 244 bis A du CGI, quel que soit le caractère d'intérêt général du but qu'elle poursuit, dès lors qu'elle n'établit ni que son activité n'est pas lucrative ni que ses activités non lucratives sont significativement prépondérantes ni que le montant de ses recettes d'exploitation encaissées au cours de l'année en cause au titre de ses activités lucratives n'aurait pas excédé 60 000 € (CAA Versailles 28 décembre 2015 n° 14VE00274, 6e ch., Fondation W + I Kerscher Stiftung ; arrêt définitif).

Autre exemple, le prélèvement a été jugé applicable à une association britannique qui devait être considérée comme ayant une **activité lucrative** la rendant passible de l'impôt sur les sociétés en France (CAA Paris 9 juillet 2009 n° 07-2023, 7e ch., min. c/ Association Secrétariat International de la Laine : RJF 5/10 n° 487). Le pourvoi de l'association a été rejeté par CE 24 janvier 2014 n° 331071, 9e et 10e s.-s., Association Secrétariat International de la Laine (RJF 4/14 n° 341 ; conclusions Claire Legras au BDCF 4/14 n° 44), sans véritable débat de fond car les éléments au dossier étaient manifestement peu étayés et contradictoires ; en outre, l'association ne pouvait utilement invoquer, pour la première fois en cassation, le moyen tiré de ce qu'une association ayant son siège social en France et se livrant à une activité similaire aurait été imposée selon des modalités différentes, étant assujettie à l'impôt sur les sociétés (incidemment, l'association ne faisait état d'aucune charge qui aurait été susceptible de s'imputer sur la plus-value de cession).

Enfin, à l'époque où la loi ne prévoyait pas la restitution de l'excédent de prélèvement par rapport à l'impôt sur les sociétés, il avait été jugé que, dès lors que les dispositions de l'article 244 bis A du CGI se fondent sur le critère de la localisation du siège social, elles instaurent une différence de traitement fondée, s'agissant des personnes morales, sur leur nationalité (CAA Paris 16 octobre 2008 n° 07-1366, 9e ch., min. c/ Sté Adida : RJF 5/09 n° 482 ; arrêt définitif) ; dans ces conditions, le refus de **restitution de l'excédent** de prélèvement sur l'impôt sur les sociétés à une société suisse qui exerçait en France une activité de location d'appartements à usage d'habitation avait pour effet de soumettre cette société, en raison de sa nationalité, à une imposition plus lourde que celle à laquelle une société française aurait été assujettie et méconnaissait la clause d'égalité de traitement prévue par l'article 26 de la convention franco-suisse (le passage par la clause de non-discrimination n'est plus utile aujourd'hui car le prélèvement peut, dans ce cas, être restitué en cas d'excédent).

En tout état de cause, ces débats ne devraient plus avoir cours aujourd'hui dans le cadre de l'Union européenne, dans la mesure où la loi n° 2009-1674 du 30 décembre 2009 de finances rectificative pour 2009 a étendu aux personnes morales européennes les règles d'assiette et de taux applicables à leurs équivalents français (n° 67692).

Précisions Les solutions sont différentes en ce qui concerne l'article 244 bis du CGI, concernant les **marchands de biens**, dans la mesure où la loi est rédigée différemment (n° 67760).

67705 Incidences du droit de l'Union européenne au regard des États tiers

Étant donné l'évolution de la jurisprudence de la Cour de justice de l'Union européenne et du Conseil d'État, le prélèvement de l'article 244 bis A du CGI, dans sa rédaction antérieure à la loi n° 2014-1655 du 29 décembre 2014 de finances rectificative pour 2014 (n° 67660), était incompatible avec le principe de la liberté de circulation des capitaux (nos 81980 s.).

Diverses décisions juridictionnelles avaient, en ce sens, constaté une **restriction** à propos de personnes physiques résidentes d'États tiers (n° 82050, Précisions), en considérant que la différence entre les taux applicables à l'époque (33,1/3 % pour les résidents d'États tiers et 19 % pour les résidents de France) n'était pas justifiée. À partir du moment où la résidence n'est pas prise en compte, en ce domaine, comme facteur pouvant justifier une restriction, on ne voit pas, en effet, ce qui justifierait qu'une personne physique résidente d'un État tiers supporte un prélèvement plus élevé que si elle était domiciliée en France (l'écart ne peut pas même se compenser par l'incidence éventuelle des prélèvements sociaux car ils sont exigibles dans les deux cas).

En outre, la restriction n'aurait pu être maintenue sur le fondement de la « **clause de gel** » (personnes physiques) que si le bien immobilier cédé représentait un investissement effectué en vue d'une activité économique et non pas un investissement de type patrimonial à des fins privées (n° 81985). Seules les plus-values réalisées lors de la cession d'immeubles utilisés par des **personnes physiques** résidentes d'États tiers à des fins économiques, et non pas patrimoniales, pouvaient donc éventuellement être assujetties à un prélèvement plus lourd que si elles avaient été réalisées par des résidents. Si l'investissement avait été réalisé **à des fins privées et patrimoniales** (cas des résidences secondaires), la plus-value devrait, compte tenu de la jurisprudence de la Cour de justice, être imposée dans les mêmes conditions que pour les personnes physiques domiciliées en France et, par conséquent, bénéficier du même taux d'imposition de 19 %. Cette conséquence est, nous semble-t-il, indépendante de l'existence ou non d'une convention fiscale ou d'un accord d'échange de renseignements entre la France et le pays en cause car il n'y a pas de condition tenant à la situation hors de France du contribuable qui aurait lieu d'être vérifiée, par différence, par exemple, avec les solutions retenues en ce qui concerne la taxe patrimoniale de 3 % (n° 68347) ; le bénéfice du traitement national doit donc être appliqué également aux personnes domiciliées, par exemple, dans un ETNC (n° 71555). Le législateur a d'ailleurs tiré les conséquences de ces principes par l'unification du taux d'imposition applicable aux personnes physiques (n° 67660).

En ce qui concerne les « **personnes morales** ou organismes, quelle qu'en soit leur forme », la « clause de gel » n'est, en principe, pas applicable, en tout état de cause, dès lors que ces entités ne sont entrées dans le champ du prélèvement que par l'effet de la loi n° 93-1353 du 30 décembre 1993 de finances rectificative pour 1993, entrée en vigueur le 2 janvier 1994 (à Paris ; partout ailleurs, le surlendemain de l'arrivée du JO du 31 décembre 1993) ; le dispositif ne pouvait donc pas être considéré comme « existant à la date du 31 décembre 1993 » et ne pouvait donc pas être maintenu, même en application de la « clause de gel ».

Précisions L'administration avait indiqué, mais avant les décisions de 2013 de la Cour de justice et du Conseil d'État relatives à la portée de la clause de gel (n° 81985), que l'application d'un même taux d'imposition des plus-values immobilières pour les résidents de France et ceux des autres États membres de l'**Espace économique européen** résulte de ce que ces derniers doivent, au regard de l'imposition des plus-values immobilières, être considérés comme placés dans une situation comparable à celle des résidents de France et donc être soumis à un traitement fiscal équivalent ; tel n'était pas le cas, selon elle, des résidents de **pays tiers**, qui, notamment du fait de l'application de la clause de gel prévue à l'article 64 du traité FUE (n° 81985) pouvaient légitimement être soumis à un régime fiscal différent. Cette solution avait été présentée comme justifiée en raison de ce que les pays tiers ne sont pas tenus à la réciprocité, c'est-à-dire qu'ils ne sont pas obligés d'accorder aux résidents de France les avantages que la France consentirait à leurs résidents (réponse Priou, n° 13343 : JOAN 23 avril 2013 p. 4433). Cette manière de voir a dû être abandonnée à la suite de l'évolution de la jurisprudence.

Associés non résidents d'une société de personnes française

Par principe, un associé non résident d'une société de personnes française qui réalise des plus-values au titre de la cession d'immeubles qu'elle possède sur le territoire français est **imposable** en France (par exemple, CE 9 février 2000 n° 178389, 8e et 9e s.-s., Société suisse Hubertus AG : RJF 3/00 n° 342 ; voir aussi nos 31340 s.). **67710**

Le **prélèvement** s'applique en conséquence aux sociétés ou groupements dont le siège social est situé en France et qui relèvent des articles 8 à 8 ter du CGI (sociétés de personnes) **au prorata** des droits sociaux détenus par les associés, personnes physiques ou morales, qui ne sont pas domiciliés en France ou dont le siège social est situé hors de France.

Le taux du prélèvement est celui qui serait applicable en cas de cession directe par le non-résident (contributions sociales en sus pour les personnes physiques), sous réserve des conventions fiscales ; le principe conventionnel de non-discrimination est éventuellement applicable, ce qui a conduit à décharger du prélèvement une personne physique domiciliée en Suisse qui, si elle avait été domiciliée en France, aurait bénéficié de l'exonération applicable aux **loueurs en meublé professionnels** au titre de plus-values réalisées par l'intermédiaire d'une SNC (CAA Marseille 21 avril 2015 n° 13MA00737, 7e ch. : RJF 12/15 n° 1019, annulé, mais seulement pour une raison de procédure, par CE 2 mars 2017 n° 391156, 3e ch. : RJF 5/17 n° 488 ; voir également n° 81075). En revanche, comme l'article 244 bis du CGI (n° 67750) n'a pas été modifié, le prélèvement ne vise que les plus-values occasionnelles et n'est pas applicable en présence d'une société de personnes « **marchand de biens** » (l'impôt sur le revenu ou l'impôt sur les sociétés sont alors applicables dans les conditions de droit commun).

Les modalités d'imposition sont fixées par le deuxième alinéa du II de l'article 150 VF du CGI, qui prévoit que l'impôt sur le revenu afférent à la plus-value dû par les associés qui ne sont pas fiscalement domiciliés en France ou dont le siège social est situé hors de France est **acquitté par la société** ou le groupement selon les modalités prévues à l'article 244 bis A. Comme pour les associés résidents, la société de personnes doit verser l'impôt sur le revenu afférent à la plus-value dû au prorata des droits sociaux détenus par les associés soumis à cet impôt présents à la date de la cession. En ce sens, il a été confirmé qu'alors même qu'elle relève, pour l'imposition de ses bénéfices, du régime fiscal des sociétés de personnes prévu à l'article 8 du CGI, une **société civile immobilière** est seule redevable du prélèvement de l'article 244 bis A sur la plus-value qu'elle a réalisée lors de la cession d'un bien immobilier situé en France, au prorata des droits sociaux détenus par ses associés non résidents (CAA Versailles 30 mars 2017 n° 14VE02337, 6e ch., Sté Secunda Corporate Services AG, arrêt définitif concernant une SCI française détenue à hauteur de 70 % par une société suisse) ; la Cour juge également que seule la SCI avait qualité pour présenter à l'administration une **réclamation** tendant à obtenir la restitution de cette imposition, et non pas la société suisse associée. La question reste incertaine, car il a aussi été jugé que, si le versement a été opéré sur une base insuffisante, l'administration ne peut mettre en recouvrement les **compléments d'imposition** correspondants qu'au nom des associés présents à la date de la cession des immeubles par la SCI, y compris s'ils sont non-résidents (TA Cergy-Pontoise 1er février 2022 n° 1901440, 2e ch. ; jugement définitif) ; en l'espèce, il est jugé que la décharge devait être accordée, car c'est au nom de la SCI que l'administration avait mis en recouvrement des cotisations supplémentaires, alors que, pour le tribunal administratif, elle était tenue d'imposer ses associés résidents de Belgique en leur qualité de seuls redevables des suppléments d'impôt en France (en l'espèce, la SCI n'avait pas justifié de la réalité des travaux qu'elle avait déduits pour le calcul d'une plus-value réalisée en 2008 dans le cadre de la vente de lots lui appartenant).

Quant à l'obligation de désigner un **représentant fiscal** (n° 83100), elle s'apprécie au regard de la situation de chacun des associés ; la société peut donc n'être tenue de désigner un représentant fiscal que pour une partie du prélèvement, celle qui correspond aux associés qui résident hors de l'Union européenne (ou d'Islande ou de Norvège).

Précisions **a.** La question des modalités d'application de l'article 244 bis A aux sociétés de personnes a connu une **évolution chaotique**. Avant que ce point ne soit clarifié par la loi, l'administration avait fini par admettre que le prélèvement n'était pas exigible car la plus-value est, dans cette situation, réalisée non pas par un non-résident (l'associé) mais par un résident (la société de personnes ; en ce sens ancienne instruction du 16 avril 2002, BOI 8 M-2-02, aujourd'hui abrogée et sans portée de toute façon en raison de la modification apportée par l'article 50 de la loi de finances rectificative pour 2004 qui a complété l'article 244 bis A pour rendre le prélèvement applicable).

b. À propos de résidents de pays tiers, et antérieurement à l'unification des taux réalisée par l'article 60 de la loi n° 2014-1655 du 29 décembre 2014 de finances rectificative pour 2014 (n° 67660), il avait été jugé que le principe de **liberté de circulation des capitaux** (n° 81985) s'opposait à ce que des plus-values immobilières réalisées par une société civile immobilière française fussent imposées au taux de 33,1/3 % en raison de la résidence en Suisse de ses associés, personnes physiques, alors que le taux applicable à l'époque aurait été de seulement 16 % si les associés avaient été domiciliés en France (CE 20 octobre 2014 n° 367234, 3e et 8e s.-s., min. c/ SCI Saint-Etienne et M. et Mme Aime : RJF 1/15 n° 84) ; en l'espèce, la restriction identifiée ne pouvait pas être considérée comme autorisée par la « **clause de gel** » car elle résultait d'une loi du 29 décembre 2004 et n'existait donc pas au 31 décembre 1993. En première instance, il avait été jugé que la clause spécifique de non-discrimination incluse dans la convention fiscale franco-suisse (n° 67660, Précisions b) n'était pas applicable en raison de ce que la plus-value avait été réalisée par un résident de France, la SCI, et non pas par ses associés résidents de Suisse (TA Grenoble 23 novembre 2011 n° 0605508, 4e ch., Sté Saint-Étienne et A : RJF 6/12 n° 606) ; le tribunal administratif avait relevé à ce propos, ce qui n'a pas été infirmé par la suite, que les associés sont titulaires d'un revenu constitué par le produit des parts dans la société civile et qu'ils ne peuvent pas être regardés comme ayant réalisé la plus-value ni comme étant bénéficiaires du gain au sens de la convention franco-suisse.

c. L'exonération des **États étrangers** prévue par l'article 244 bis A du CGI n'est pas applicable aux plus-values réalisées par une société de personnes dont ils sont associés (CE 22 janvier 2020 n° 423160, 9e et 10e ch., min. c/ SCI Faucon : RJF 4/20 n° 335) ; cette décision a été rendue à propos d'une plus-value réalisée par une SCI détenue en quasi-totalité par l'État du Koweït lors de la cession d'un immeuble situé à Nice. Il résulte des conclusions de la rapporteure publique que la solution tient sans doute à une malfaçon législative mais que seul le législateur pourrait la modifier, le texte étant très clair (conclusions Émilie Bokdam-Tognetti à la même RJF C 335). Sur renvoi dans cette affaire, il a été jugé que la plus-value devait tout de même être exonérée sur le terrain de la libre circulation des capitaux, au motif que la plus-value de cession d'un bien immobilier réalisée par une SCI dont l'État français serait associé dans les mêmes proportions ne serait pas imposable à l'impôt sur le revenu à hauteur du prorata de détention de son capital par l'État, dès lors que ce dernier, qui n'est pas une personne physique, n'entre pas dans le champ d'application de cet impôt (CAA Marseille 17 mars 2022 n° 20MA00392, 3e ch., min. c/ SCI Faucon ; pourvoi enregistré sous le n° 463599) ; cette solution devra être confirmée, car elle méconnaît la décision du Conseil d'État confirmant l'exigibilité de l'impôt sur les sociétés (CE 22 janvier 2020 n° 421913, 9e et 10e ch., État du Koweït : RJF 4/20 n° 307 ; voir n° 67260).

Associés d'une société de personnes étrangère

67720 Les **associés non résidents** d'une société de personnes étrangère à prépondérance immobilière en France sont imposables dans les conditions prévues à l'article 244 bis A du CGI.

En ce qui concerne les **personnes physiques domiciliées en France**, l'administration indique que, s'agissant de la cession de titres de sociétés, seule la cession des titres de sociétés à prépondérance immobilière établies en France est, en principe, soumise au régime des plus-values immobilières des particuliers ; la cession par une personne physique domiciliée en France de titres de sociétés étrangères relève, en principe, du régime des plus-values sur cessions de valeurs mobilières, droits sociaux et titres assimilés (BOI-RFPI-PVI-10-40-10 n° 150). Il est toutefois admis que la plus-value réalisée à l'occasion de la cession de titres d'une **société établie hors de France** et dont les bénéfices sont imposés au nom des associés (société de personnes) puisse bénéficier du régime d'imposition des plus-values immobilières si (BOI préc.) :
– la prépondérance immobilière de cette société est établie, selon les conditions prévues au I de l'article 150 UB du CGI ;
– et si le siège de la société est situé dans un État membre de l'Union européenne ou État partie à l'accord sur l'Espace économique européen autre que la France, ayant conclu avec la France une convention fiscale qui contient une clause d'assistance administrative en vue de lutter contre la fraude ou l'évasion fiscale.

Lorsqu'une telle société met, en droit ou en fait, à la disposition gratuite d'un associé à titre de **résidence principale**, un immeuble ou partie d'immeuble situé en France appartenant à la société, il est également admis que la plus-value réalisée par cet associé à l'occasion de la cession des titres de cette société puisse bénéficier de l'exonération prévue pour la résidence principale, dans les mêmes conditions que si la société avait son siège en France. Dans cette hypothèse, l'exonération ne porte que sur la fraction de la plus-value déterminée en fonction de la valeur du logement occupé par l'associé par rapport à la valeur globale de l'actif social (BOI préc.).

En ce qui concerne les modalités d'imposition, il y a lieu de distinguer deux situations :
– si la société de personnes étrangère a son siège dans l'Union européenne ou l'Espace économique européen (à l'exception du Liechtenstein) et si son régime fiscal est équivalent à celui des sociétés ou groupements qui relèvent de l'article 8, de l'article 8 bis ou de l'article 8 ter du CGI, l'obligation de désignation d'un **représentant fiscal** s'apprécie au regard de la situation de chacun des associés ;
– dans la négative, la société doit désigner un représentant fiscal sans qu'il soit tenu compte de la situation de ses associés (BOI-RFPI-PVINR-30-20 nos 50 à 70).

Précisions **a.** Il avait autrefois été précisé, mais ces précisions n'ont pas été reprises au BOFiP, que l'application du prélèvement au taux de 19 % suppose la **vérification préalable** de ce que l'État du siège de la société de personnes étrangère, qu'elle soit ou non membre de l'Union européenne, ne considère pas ces sociétés comme des **sujets d'impôt** (anciennes réponses Zimmermann, JOAN 14 décembre 2004 p. 9972 et Masson, JO Sénat 25 novembre 2004, p. 2688 : BF 3/05 n° 250).

b. À propos de sociétés de personnes établies dans des **États tiers**, il a été jugé que l'article 244 bis A du CGI, en tant qu'il a pour effet de soumettre les plus-values de cession de biens immobiliers réalisées en France par une société de personnes dont le siège social est situé dans un État tiers à un prélèvement de 19 % quand bien même l'immeuble en cause constituerait la **résidence principale des associés** crée une restriction injustifiée aux mouvements de capitaux (TA Nice 30 octobre 2015 n° 1305019, 3e ch., SCP E. ; jugement définitif) ; le tribunal administratif juge que l'exonération prévue par l'article 150 U, II-1° du CGI est applicable au motif que cette exonération dépend seulement de ce que l'immeuble constitue la résidence principale des associés et qu'il n'est pas permis d'imposer différemment les plus-values de cession d'un bien immobilier réalisées en France par une société de personnes française et celles réalisées par une société assimilable dont le siège est situé dans un État tiers comme Monaco.

Réclamation, contrôle et sanctions

La question du délai de réclamation que doivent respecter les non-résidents a été tranchée **67725**
par le Conseil d'État à propos d'une personne physique résidente du Japon qui avait cédé, en 2007, les droits indivis qu'elle détenait dans un immeuble situé à Paris et qui, après avoir acquitté le prélèvement au taux d'un tiers alors prévu à l'article 244 bis A du CGI, avait demandé, le 28 décembre 2009, la restitution de l'excédent par rapport au taux plus faible applicable aux personnes domiciliées en France ; il a été jugé que les réclamations relatives au prélèvement doivent être présentées à l'administration dans le délai prévu par les dispositions du b) de la première partie de l'article R* 196-1 du LPF, soit, au plus tard, le **31 décembre de la deuxième année suivant celle du versement** de l'impôt contesté, sans qu'y fasse obstacle la circonstance que cette imposition soit qualifiée de « prélèvement » et que son versement ne soit pas effectué par le contribuable lui-même (CE 15 avril 2016 n° 385737, 3e et 8e s.-s. : RJF 7/16 n° 657).

Quant au **délai de reprise** de l'administration, il expire en principe à la fin de la troisième année qui suit celle au titre de laquelle l'imposition est due (n° 83135 ; voir cependant CE 27 juillet 1979 n° 5976, 7e et 8e s.-s. : RJF 11/79 n° 659, jugeant que le délai applicable était celui des droits d'enregistrement dès lors que le prélèvement est établi et recouvré suivant les mêmes règles, les mêmes garanties et sous les mêmes sanctions que les droits d'enregistrement).

L'article 1761 du CGI prévoit que les infractions à l'article 244 bis A (défaut de production de la déclaration ou insuffisance de déclaration) sont sanctionnées par une **amende de 25 %** du montant des droits éludés. C'est le représentant accrédité du contribuable ayant réalisé la plus-value qui est tenu au paiement de l'amende et de l'intérêt de retard (n° 83135).

Précisions **a.** L'amende de 25 % se cumule avec l'intérêt de retard et, le cas échéant, avec les majorations prévues aux articles 1728 et 1729 du CGI. En revanche, le **paiement tardif du prélèvement** n'entraîne que l'application de l'intérêt de retard et de la majoration de 5 % prévue à l'article 1731 du même Code (BOI-CF-INF-20-10-20 n° 40).

b. En ce qui concerne le délai de réclamation, le **délai d'un an** avait été retenu par certaines juridictions avant la décision du Conseil d'État du 15 avril 2016 ; notamment, il avait été jugé que la réclamation faite en mai 2011 par des **personnes physiques domiciliées en Suisse** au titre d'un prélèvement supporté en août 2009 était irrecevable (CAA Versailles 12 mars 2015 n° 12VE02080, 6e ch. : Droit fiscal 2015 n° 31-35, comm. n° 527 ; le ministre a cependant accordé ensuite le remboursement demandé par les contribuables, à savoir la différence entre le taux de 33,1/3 % et le taux de 16 % alors applicable, selon ce qu'indique CE Ord. 29 septembre 2016 n° 390156, 3e ch.). La même solution avait été retenue à propos de **contribuables domiciliés aux États-Unis** (CAA Versailles 12 mars 2015 n° 12VE02554, 6e ch.) mais cet arrêt a été annulé par CE 3e ch., 17 mars 2017 n° 391668, 9e ch. : RJF 6/17 n° 617.

d. Cas des marchands de biens (CGI art. 244 bis)

Principes

67750 Les profits réalisés par les marchands de biens et les profits de lotissement (plus généralement, les profits visés à l'article 35 du CGI) sont, conformément à l'article 244 bis du CGI, soumis à un **prélèvement** lorsqu'ils sont réalisés par des contribuables ou par des sociétés, quelle qu'en soit la forme, qui n'ont pas d'établissement en France (personnes physiques, sociétés ou organismes qui n'ont pas en France leur domicile réel ou leur siège social et qui n'y disposent pas d'un établissement stable auquel se rattache la plus-value). Ce prélèvement s'applique aux profits immobiliers réalisés **à titre habituel** (Précisions a, ci-dessous).

Le prélèvement est effectué au taux normal de l'impôt sur les sociétés, à savoir le **taux de 25 %** pour les exercices ouverts depuis le 1er janvier 2022 (la rédaction de l'article 244 bis du CGI est sur ce point calquée sur celle de l'article 244 bis A ; n° 67690).

Le taux du prélèvement est toutefois porté à 75 % lorsque les profits sont réalisés par des redevables domiciliés, établis ou constitués hors de France dans un État ou territoire **non coopératif** au sens de l'article 238-0 A du CGI (ETNC ; nos 71550 s) ; par différence, le taux de 75 % n'est pas applicable aux plus-values immobilières occasionnelles (n° 67660, Précisions b). Le taux majoré ne s'applique pas, cependant, si l'ETNC concerné figure sur la liste en application des critères posés par l'article 238-0 A, 2 bis-2° du CGI (si l'ETNC est porté sur la liste en raison seulement des critères européens, le taux majoré ne s'applique donc que si l'inscription sur la liste est la conséquence de l'application du critère tenant aux « montages extraterritoriaux » ; n° 71562) ; il en va de même si le redevable apporte la preuve que les opérations auxquelles correspondent les profits ont principalement un **objet** et un **effet** autres que de permettre leur localisation dans un État ou territoire non coopératif (ces exceptions, issues de la loi n° 2018-898 du 23 octobre 2018 relative à la lutte contre la fraude, sont applicables depuis le 1er décembre 2018).

Les prélèvements sociaux ne sont pas exigibles des personnes physiques car ces revenus ne sont pas au nombre de ceux que la loi énumère (n° 3787).

Précisions **a.** D'une façon générale, l'application du 1° du I de l'article 35 du CGI (**marchands de biens**) requiert la réunion de trois conditions : les opérations doivent consister en achats (ou souscriptions) suivis de ventes ; elles doivent porter sur des biens limitativement énumérés : immeubles, fonds de commerce, actions ou parts de sociétés immobilières ; les opérations doivent être habituelles et les achats ou souscriptions être effectués **dans l'intention de la revente** (BOI-BIC-CHAMP-20-10-10 n° 10) ; la présomption d'intention spéculative tirée du **caractère habituel** des opérations réalisées a été supprimée par une actualité doctrinale du 4 janvier 2017 (le Conseil d'État juge traditionnellement que l'intention spéculative s'apprécie au moment de l'achat ou de la souscription et non au moment de la revente). Par exemple, la cession, le même jour, par une banque suisse de ses parts dans trois SCI, propriétaires de terrains contigus sur lesquels devait être réalisée une opération unique, à deux personnes associées pour la réalisation de cette opération, ne suffit pas à caractériser la condition d'habitude au sens de l'article 35, I-1° du CGI, d'où il résulte que le prélèvement n'est pas dû (CE 22 mai 1992 n° 74840, 8e et 9e s.-s., Banque Romande : RJF 7/92 n° 989).

b. La question de savoir si le prélèvement est de la compétence des **juridictions administratives** ou des tribunaux judiciaires a été tranchée par le Tribunal des conflits (TC 18 mars 1991 n° 2636-2637 Banque Romande : RJF 6/91 n° 854) ; les premières sont compétentes, car le prélèvement a la « même nature » que l'impôt sur le revenu ou l'impôt sur les sociétés, même s'il obéit par ailleurs aux règles relatives aux droits d'enregistrement.

Modalités d'application

67755 Le bénéfice soumis au prélèvement est égal au **prix de cession** diminué de toutes les sommes déductibles de ce prix à titre de charges selon les règles des BIC.

Le prix à retenir est le prix réel tel qu'il est stipulé dans l'acte, augmenté, le cas échéant, des charges et des indemnités visées à l'article 683, 1-al. 2 du CGI.

Les sommes déductibles comprennent les **frais de vente** supportés par le cédant (courtage, commissions...), le **prix d'acquisition**, les frais d'acquisition, et, d'une façon générale, toutes les sommes déductibles du prix de vente pour la détermination du bénéfice imposable, d'après les règles de droit commun applicables en matière de bénéfices industriels et commerciaux.

Le prélèvement est établi et recouvré suivant les mêmes règles, sous les mêmes garanties et sous les mêmes sanctions que les droits d'enregistrement ; il est à la charge exclusive du cédant.

Il est **libératoire** à l'égard des contribuables soumis à l'impôt sur le **revenu** ; il **s'impute** sur l'impôt sur les **sociétés** lorsqu'il s'agit d'une personne morale soumise à cet impôt. L'administration précise toutefois que le prélèvement est libératoire de l'impôt sur les sociétés dans le cas où les contribuables ou sociétés n'ayant pas d'établissement en France ne sont pas imposables en France à raison d'autres bénéfices (BOI-IS-RICI-30-20 n° 80).

Alors que, dans le passé, la loi prévoyait qu'il n'était pas restitué en cas d'excédent, la loi n° 2009-1674 du 30 décembre 2009 de finances rectificative pour 2009 a prévu, à compter du 1er janvier 2010, la **restitution de l'excédent** du prélèvement sur l'impôt dû en ce qui concerne les personnes morales et organismes résidents d'un État de l'Union européenne ou d'un État ou territoire ayant conclu avec la France une convention d'assistance administrative en matière d'échange de renseignements et de lutte contre la fraude et l'évasion fiscales et n'étant pas non coopératif au sens de l'article 238-0 A du CGI (nos 71550 s.). Tous les ETNC sont visés par cette exclusion, quel que soit le motif de leur inscription sur la liste (n° 71562).

Enfin, pour les exercices ouverts depuis le 1er janvier 2020, les **sociétés européennes déficitaires** dans leur État de résidence peuvent demander la restitution ou l'exonération du prélèvement dans les mêmes conditions que pour l'article 244 bis A du CGI (n° 67692).

Précisions L'administration avait indiqué, à propos d'une **SCI monégasque** dont les associés sont domiciliés et imposables dans la principauté :
- que le prélèvement prévu à l'article 244 bis du CGI serait applicable en cas de vente du terrain par la société après lotissement ;
- que le profit ainsi réalisé devait être déterminé par rapport au prix acquitté par la société pour devenir propriétaire du terrain, et non par rapport au prix payé par les nouveaux associés pour acquérir des parts sociales. Le prix d'acquisition du terrain par la société s'entend de celui consigné dans un acte de mutation dûment enregistré en France (ancienne réponse Palmero n° 14352 : Sén. 3 septembre 1974, p. 1105, non reprise au BOFiP).

Depuis le 1er janvier 1977 (date à laquelle l'article 244 bis A est entré en vigueur), il faudrait cependant distinguer selon que la SCI a ou non la qualité de marchand de biens. Dans l'affirmative, elle relève du prélèvement de l'article 244 bis. Dans le cas contraire, elle est passible du prélèvement de l'article 244 bis A.

Incidences des conventions fiscales

Le Conseil d'État a eu à connaître de la question de la compatibilité du prélèvement de l'article 244 bis avec les stipulations d'une convention fiscale, en l'occurrence l'ancienne convention entre la France et le Canada (CE 26 novembre 1975 n° 93187, 7e et 9e s.-s. : RJF 2/76 n° 82). Il a admis la **compatibilité**, en assimilant le prélèvement à un **impôt sur le revenu** au sens de la convention et en jugeant qu'il entrait en conséquence dans son champ d'application. En l'absence, dans la convention, de règles relatives aux gains en capital, il convenait d'appliquer les règles générales relatives à l'imposition des **bénéfices industriels et commerciaux** et non pas, comme le soutenait l'administration, celles relatives aux revenus des biens immobiliers, car l'expression « revenus d'entreprises commerciales », non définie par la convention devait s'entendre par référence au droit français, qui qualifie ces revenus de bénéfices industriels et commerciaux. En l'absence d'établissement stable en France de la société canadienne, les profits de l'espèce n'étaient donc pas imposables en France. **67760**

Ultérieurement, le Conseil d'État a confirmé que le prélèvement n'est pas contraire aux **clauses de non-discrimination** incluses dans les conventions fiscales, dans la mesure où il repose sur un critère d'établissement et non pas de nationalité (CE 15 décembre 2004 n° 257337, 8e et 3e s.-s., min. c/ Société de promotion écologique : RJF 3/05 n° 261, aux conclusions Laurent Olléon à la même RJF p. 147, à propos de la convention fiscale franco-suisse ; voir aussi n° 80805).

De son côté, à propos de la convention du 17 octobre 1999 entre la France et l'Algérie, l'administration estime, au BOI-INT-CVB-DZA-20 n° 50, qu'il résulte de l'article 6 de la convention (revenus immobiliers) que la France conserve le droit d'imposer, conformément à l'article 244 bis, certains bénéfices retirés par les résidents d'Algérie qui sont des **marchands de biens** au sens de l'article 35, I-1° du CGI. Ces bénéfices s'entendent de ceux provenant de la cession d'immeubles, de droits immobiliers, de droits mobiliers se rapportant aux immeubles, actions ou parts de sociétés immobilières non dotées de la transparence fiscale dont le patrimoine est essentiellement composé d'immeubles sis en France et titres de sociétés immobilières dotées de la transparence fiscale au sens de l'article 1655 ter du CGI. D'une façon générale, la référence à l'article sur les **revenus immobiliers** plutôt qu'à celui relatif aux plus-values, à la supposer fondée, permet l'imposition en France des plus-values réalisées par des marchands de biens au titre de cessions répétées de parts ou actions de sociétés à prépondérance immobilière alors même que la convention fiscale ne viserait pas ces plus-values dans l'article sur les gains en capital (dans ce cas, la France n'aurait pas le droit d'imposer des plus-values de cessions de sociétés à prépondérance immobilière, à s'en tenir à l'article « plus-values », mais retrouverait le droit d'imposer des marchands de biens non résidents au titre des revenus immobiliers).

Précisions Il avait été précisé, à propos du Danemark et du Luxembourg (ancienne convention, du 1er avril 1958), que, dans la mesure où l'article 244 bis fait référence à l'article 35, les profits soumis au prélèvement de l'article 244 bis du CGI doivent être qualifiés de **revenus d'entreprises** dans le silence de la convention fiscale et que le prélèvement n'est pas applicable aux profits de marchands de biens réalisés en France par des entreprises danoises et luxembourgeoises compte tenu de la rédaction particulière de ces conventions (anciennes réponses Zimmermann : JOAN 30 novembre 2004 p. 9441 et Masson : JO Sénat 25 novembre 2004 p. 2687 ; BF 2/05 n° 186). Mais la convention fiscale avec le Luxembourg a ensuite été modifiée et la convention avec le Danemark a été dénoncée par le Danemark.

2. En présence d'une convention fiscale

67840 La question essentielle est de savoir si l'État de la source peut traiter comme plus-values immobilières l'ensemble de ce qui est considéré comme tel selon son droit interne, en particulier en ce qui concerne les cessions de parts ou actions de sociétés à prépondérance immobilière.

Il convient, comme d'habitude, de distinguer selon les conventions fiscales, en partant des mêmes principes qu'en ce qui concerne l'imposition des revenus. La plupart des conventions comportent des règles relatives à l'**aliénation des biens immobiliers**. Celles-ci peuvent figurer soit dans l'article relatif aux revenus immobiliers (par exemple, dans la convention du 10 mars 1964 avec la Belgique), soit dans un article général relatif aux gains en capital, reprenant plus ou moins le modèle de l'OCDE (cas général dans les conventions récentes).

Précisions **a.** Les conventions fiscales ont également une incidence importante en ce qu'elles posent normalement un principe de **non-discrimination** (n° 67700 en ce qui concerne l'article 244 bis A et n° 67760 en ce qui concerne l'article 244 bis).

b. L'application des conventions fiscales peut éventuellement être écartée en présence d'un **abus de droit** ; il a, par exemple, été jugé que l'interposition d'une société luxembourgeoise par une personne physique domiciliée en Suisse pour la réalisation en France d'une opération immobilière ayant généré une plus-value pouvait, dans les circonstances de l'espèce, être écartée sur le fondement de l'article L 64 du LPF (CE 25 octobre 2017 n° 396954, Plén. : RJF 1/18 n° 70, confirmant CAA Versailles 17 décembre 2015 n° 13VE01281, Plén. : RJF 3/16 n° 268 ; voir nos 72626 et 72640 h).

Conventions ne visant que les biens immobiliers

67845 Lorsque la convention fiscale ne contient aucune référence explicite aux parts ou actions de « sociétés immobilières » (qu'il s'agisse, du côté français, des sociétés « transparentes », « translucides » ou à « prépondérance immobilière »), seules les plus-values réalisées lors de la cession de titres de **sociétés « transparentes »** (celles de l'article 1655 ter du CGI) devraient en principe, outre les biens immobiliers eux-mêmes, être imposées comme des biens immobiliers.

En revanche, les cessions d'**autres parts** ou **actions** devraient normalement relever du régime des **biens mobiliers**, ce qui devrait généralement conduire à réserver l'imposition à l'État de résidence du cédant (en raison, soit de l'article « gains en capital », soit de l'article sur les revenus « non dénommés »). Cela étant, compte tenu de la portée très extensive que le Conseil d'État donne au principe du renvoi aux définitions du droit interne, il faut réserver le cas où la convention fiscale précise que la **notion de bien immobilier** se détermine d'après les lois de l'État où est situé le bien considéré et ajoute que les termes non définis doivent, à moins que le contexte n'exige une autre interprétation, avoir la signification que leur attribue la législation régissant, dans chaque État, les impôts faisant l'objet de la convention. **67845** (suite)

À propos de la convention **franco-belge** du 10 mars 1964, qui ne vise pourtant que l'aliénation des biens immobiliers et des droits sociaux dans les sociétés véritablement transparentes, il a, en effet, été jugé que, dès lors que l'article 244 bis A du CGI soumet les plus-values de cession de parts dans les sociétés à prépondérance immobilière au même régime que les plus-values immobilières, la **loi fiscale assimile** à des biens immobiliers, notamment, les parts des sociétés civiles à prépondérance immobilière lors de leur aliénation par un non-résident ; le Conseil d'État a par suite, dans cette affaire, refusé d'annuler pour excès de pouvoir le BOI-INT-CVB-BEL-10-10 n° 130 qui, commentant la convention fiscale franco-belge, affirme que la France a le droit d'imposer des plus-values de cession de parts de sociétés à prépondérance immobilière quelconques même s'il ne s'agit pas de sociétés transparentes visées à l'article 1655 ter du CGI et au protocole annexé à la convention (CE 24 février 2020 n° 436392, 8e et 3e ch. : RJF 5/20 n° 480). Selon les conclusions du rapporteur public dans cette affaire, la solution est générale et il n'y a pas lieu de distinguer selon que la SCI est ou non soumise à l'impôt sur les sociétés (conclusions à la même RJF, C 480).

Cette décision, qui ne nous convainc pas (n° 9450), a ensuite été fidèlement reprise par CAA Versailles 18 juin 2020 nos 18VE03429-18VE03430, 6e ch. à propos de personnes physiques résidentes de Belgique qui avaient cédé des parts d'une SCI française **translucide** qui détenait une villa dans le Var (cet arrêt a fait l'objet d'un pourvoi qui n'a pas été admis par CE (na) 21 décembre 2021 n° 445491, 9e ch.) ; dans le même sens, également, CAA Versailles 11 février 2021 n° 18VE01992, 7e ch., ayant fait l'objet d'un pourvoi non admis par CE (na) 27 décembre 2021 n° 451625, 8e ch. : RJF 4/22 n° 386. À noter toutefois, que, précédemment, des résidents de Belgique ayant cédé des parts d'une SCI française **assujettie à l'impôt sur les sociétés** avaient été déchargés au motif que les plus-values de cession sont, dans ce cas, soumises au régime d'imposition des plus-values mobilières, qu'elles ne relèvent donc pas du régime d'imposition des immeubles mais qu'elles entrent dans le champ de la clause-balai de la convention, qui donne le droit d'imposer à l'État de résidence (TA Montreuil 7 juin 2019 n° 1705505, 10e ch. : RJF 1/20 n° 57 ; jugement définitif accordant la décharge du prélèvement auquel avaient été assujettis des résidents belges qui avaient, en mars 2011, cédé des parts d'une SCI assujettie à l'impôt sur les sociétés).

À propos d'une question voisine, il avait été jugé, sous l'empire de l'ancienne convention fiscale franco-britannique (du 22 mai 1968), qu'une société britannique n'était pas imposable en France au titre de plus-values réalisées lors de la **cession de parts** d'une société civile d'exploitation agricole, dans la mesure où le gain réalisé devait être regardé, pour l'application de cette convention, non pas comme un revenu tiré de l'aliénation d'un bien immobilier mais comme un **bénéfice industriel et commercial** imposable seulement au Royaume-Uni en l'absence d'établissement stable en France (CE 25 février 2004 n° 250328, 9e et 10e s.-s., min. c/ Sté Hallminster Ltd : RJF 5/04 n° 463 ; conclusions Laurent Vallée au BDCF 5/04 n° 59). Cette solution était justifiée par la rédaction particulière de la convention applicable à l'époque, qui prévoyait, certes, l'imposition des plus-values immobilières au lieu de situation des immeubles, mais sans préciser que cette règle s'appliquait aux biens immobiliers détenus par une entreprise, et qui donnait par ailleurs une définition des bénéfices industriels et commerciaux n'excluant pas les plus-values immobilières (cette décision se situe dans la ligne de la jurisprudence du Conseil d'État telle qu'elle ressort des décisions Raffaella et SARL Sté d'investissement agricole et forestier, citées nos 67290 et 67291 ; la solution n'est plus valable aujourd'hui car la convention fiscale franco-britannique du 19 juin 2008 est rédigée différemment).

Précisions **a.** En ce qui concerne l'ancienne **convention fiscale franco-luxembourgeoise** (du 1er avril 1958 modifiée), un avenant du 24 novembre 2006 avait rendu imposables en France les plus-values de cession des immeubles situés en France et détenus par des entreprises luxembourgeoises ; l'administration avait estimé que ces plus-values devaient être déterminées dans les conditions de droit commun par différence entre le prix de cession des immeubles et leur valeur nette fiscale, correspondant à leur **valeur d'origine** minorée des amortissements qui auraient dû être constatés, en application des dispositions de l'article 39 du CGI, depuis leur date d'acquisition (BOI-INT-CVB-LUX-20 n° 10 dans sa rédaction antérieure à une mise à jour du 23 février 2021).

b. L'ancienne **convention fiscale franco-luxembourgeoise** (du 1er avril 1958 modifiée) avait été modifiée par un avenant du 5 septembre 2014 pour que soient imposées au lieu de situation des immeubles les plus-values de cession de parts ou actions de sociétés dont l'actif ou les biens sont constitués pour plus de 50 %, ou qui tirent plus de 50 % de leur valeur, directement ou indirectement, de biens immobiliers. Il avait été précisé à cette occasion qu'il n'avait pas été possible de faire en sorte que les cessions soient imposées à compter du 1er janvier 2016, mais que l'administration « pourra toutefois mobiliser l'arme contentieuse en cas de **réorganisation interne** dont le seul objectif serait de faire échec à l'application des nouvelles dispositions prévues par le présent avenant, comme elle l'avait déjà fait avec succès pour l'avenant du 24 novembre 2006 » (rapport du sénateur Montgolfier n° 260 du 16 décembre 2015 ; cette précision visait l'avis du comité de l'**abus de droit** fiscal dans l'affaire n° 2013-32, mentionnée n° 72650). La situation est aujourd'hui réglée par la convention fiscale du 20 mars 2018.

c. Le Conseil constitutionnel a souligné, à propos de la question de l'évaluation des parts d'une SCI détenant la résidence principale d'un associé, que, sauf dans le cas régi par l'article 1655 ter du CGI, l'immeuble qui compose le patrimoine d'une SCI lui appartient en propre et qu'il s'ensuit que les **associés** d'une telle société, même lorsqu'ils détiennent l'intégralité des parts sociales, ne disposent **pas des droits attachés à la qualité de propriétaire** des biens immobiliers appartenant à celle-ci (Cons. const. 17 janvier 2020 n° 2019-820 QPC : RJF 4/20 n° 374).

67850 Si la convention fiscale (modèle OCDE) ne précise pas que les règles relatives aux plus-values immobilières s'appliquent aux entreprises mais si elle prévoit que ces règles ne sont pas « affectées » par celles qui s'appliquent aux bénéfices industriels et commerciaux, l'impôt est en principe exigible d'une société étrangère qui réalise des plus-values immobilières en France ; en ce sens, dans ses conclusions sous CE 27 juillet 2001, n° 215124, 9e et 10e s.-s., SA Golay Buchel France (RJF 11/01 n° 1428 ; conclusions au BDCF 11/01 n° 140), le commissaire du Gouvernement Guillaume Goulard estimait que l'existence d'un **article du type 7 § 4, modèle OCDE** (à l'époque, il s'agissait de l'article 7 § 7) suffit à faire le lien avec les autres stipulations conventionnelles et à éviter toute transposition du raisonnement « Raffaella » (n° 67290).

67855 L'administration considère que les plus-values réalisées par les **« marchands de biens »** relèvent de l'article 6 OCDE (revenus immobiliers) et non pas de l'article 13 (plus-values). Cette interprétation, discutable, conduit à imposer qu'il y ait ou non établissement stable, même s'il s'agit de parts de sociétés à prépondérance immobilière que la France n'aurait pas le droit d'imposer à s'en tenir à l'article 13 (en ce sens, BOI-INT-CVB-DZA-20 n° 50 à propos de la convention franco-algérienne du 17 octobre 1999 et BOI-INT-CVB-GBR-10-20 n° 30 à propos de la convention fiscale franco-britannique du 19 juin 2008).

Conventions visant les sociétés immobilières

67860 Depuis la révision de janvier 2003, le modèle de convention fiscale de l'OCDE propose une extension aux plus-values relatives aux sociétés à prépondérance immobilière (n° 67510) ; cette extension avait déjà été pratiquée par la France, sous des rédactions variées, afin de pouvoir imposer l'ensemble des plus-values imposables selon le droit interne français. Il en va ainsi, par exemple :

– de la **convention franco-néerlandaise** du 16 mars 1973 : « Les gains provenant de l'aliénation de parts ou de droits analogues dans une société dont l'actif est composé principalement de biens immobiliers sont imposables dans l'État où ces biens sont situés » (article 13 § 1). La convention franco-finlandaise du 11 septembre 1970 retient une solution identique (article 13 § 1) ;

– de la **convention franco-turque** du 18 février 1987 : « Les gains provenant de l'aliénation d'actions ou parts dans une société ou une personne morale dont l'actif est principalement constitué d'immeubles ou de droits portant sur ces biens sont imposables dans l'État où ces biens immobiliers sont situés, lorsque, selon la législation de cet État, ces gains sont soumis au même régime fiscal que les gains provenant de l'aliénation de biens immobiliers. Pour l'application de cette disposition, ne sont pas pris en considération les immeubles affectés par cette société ou cette personne morale à sa propre exploitation industrielle, commerciale, agricole ou à l'exercice d'une profession indépendante. »

Un système voisin a été introduit dans la convention **franco-italienne** du 5 octobre 1989. Dans la convention avec les **Émirats arabes unis**, le seuil est de 80 % (article 11 de la convention du 19 juillet 1989 modifiée). **67860** (suite)

Certaines conventions fiscales, plus récentes, prévoient des dispositifs encore plus extensifs, reprenant plus ou moins le modèle OCDE actuel ; tel est le cas de la convention **franco-espagnole** du 10 octobre 1995 (article 13 § 1 b) ou de la convention **franco-américaine** du 31 août 1994 modifiée, dont l'article 13 est rédigé comme suit : « 2. Pour l'application des dispositions du paragraphe 1, l'expression « biens immobiliers situés dans un État contractant » désigne :

a) Lorsque l'État contractant est la France :

i) les biens immobiliers visés à l'article 6 (Revenus immobiliers) qui sont situés en France ; et

ii) les actions, parts ou droits dans une société dont l'actif est constitué pour au moins 50 p. cent de biens immobiliers situés en France, ou tire au moins 50 p. cent de sa valeur, directement ou indirectement, de biens immobiliers situés en France ; et

iii) les droits dans un « partnership », une société de personnes, un groupement d'intérêt économique, un groupement européen d'intérêt économique (autres qu'un « partnership », une société de personnes, un groupement d'intérêt économique ou un groupement européen d'intérêt économique soumis à l'impôt français sur les sociétés), un « estate » ou un « trust », si et dans la mesure où ces droits tirent leur valeur de biens immobiliers situés en France. »

De son côté, l'article 7 (4) de la convention fiscale **franco-allemande** du 21 juillet 1959 modifiée, dans sa rédaction issue de l'avenant du 31 mars 2015, stipule que les gains qu'un résident d'un État tire de l'aliénation d'actions, de parts ou droits tirant directement ou indirectement plus de 50 % de leur valeur de biens immobiliers situés dans l'autre État sont imposables dans cet autre État ; pour l'application de cette disposition, ne sont pas pris en considération les biens immobiliers directement affectés par une entité à sa propre activité d'entreprise (telle qu'une mine ou un hôtel).

À propos de la convention fiscale **franco-britannique** du 19 juin 2008, qui contient un dispositif voisin, l'administration a précisé que la notion de valeur tirée « indirectement de biens immobiliers visés à l'article 6 » doit s'interpréter comme signifiant que les immeubles peuvent être détenus par l'interposition d'une ou plusieurs sociétés, fiducies, institutions ou entités (BOI-INT-CVB-GBR-10-20 n° 190).

Enfin, il convient, en ce qui concerne les conventions fiscales couvertes par **l'instrument multilatéral** (n° 1650), d'appliquer, le cas échéant, les stipulations de l'article 9 de cette convention, qui apportent les deux précisions suivantes :
– si une convention fiscale prévoit l'imposition des plus-values de cession d'actions, de droits ou de participations dans des entités tirant leur valeur principalement de biens immobiliers, la condition de seuil posée par la convention sera remplie si le seuil est atteint à un moment donné au cours des **trois cent soixante-cinq jours qui précèdent** l'aliénation ; les conventions fiscales peuvent elles-mêmes reprendre une stipulation de cette nature, comme la convention franco-luxembourgeoise du 20 mars 2018 ;
– la clause est étendue aux actions, droits ou participations similaires à ceux déjà prévus, tels que des droits ou participations dans une **société de personnes**, une fiducie ou un **trust**.

Précisions **a.** Certaines conventions fiscales, comme la convention franco-belge du 10 mars 1964 modifiée, ne visent précisément que l'aliénation de parts ou actions dans des **sociétés « transparentes »** à prépondérance immobilière ; voir toutefois n° 67845.

b. Les **modalités d'imposition** n'étant pas visées dans les conventions fiscales, rien n'empêche un État d'appliquer son droit interne lorsqu'il a le droit d'imposer. Le taux du prélèvement appliqué en France n'est donc jamais réduit par les conventions fiscales internationales, contrairement au cas des intérêts, dividendes et redevances.

c. Les exonérations éventuelles ne sont pas non plus visées par les conventions fiscales. Mais lorsqu'il existe un article **« non-discrimination »**, elles doivent s'appliquer indépendamment de la nationalité.

d. La rédaction des conventions fiscales signées par la France paraît avoir été infléchie ces dernières années en ce qui concerne la façon d'exclure les immeubles affectés à l'activité d'une entreprise ; traditionnellement, étaient exclus les « immeubles affectés par cette société ou cette personne morale à sa propre exploitation industrielle, commerciale, agricole ou à l'exercice d'une profession indépendante » alors qu'aujourd'hui sont plutôt exclus les immeubles « **affectés par une entité à sa propre activité d'entreprise** » (par exemple, avenants franco-luxembourgeois du 5 septembre 2014 et franco-allemand du 31 mars 2015). Suivant la recommandation du comité des affaires fiscales de l'OCDE, il est parfois précisé qu'une telle activité peut viser « une **mine ou un hôtel** » (Commentaires OCDE C (13) n° 28.7).

C. L'imposition dans l'État de la résidence

Principes

67900 L'imposition dans l'État de résidence s'effectue selon les mêmes principes qu'en matière d'impôt sur le revenu. On renverra donc aux développements qui s'y rapportent (nos 67360 s.).

Les plus-values réalisées par un résident de France à l'occasion de la **cession d'immeubles situés hors de France** sont normalement imposables en France (en ce sens, BOI-RFPI-PVI-10-20 n° 1 rappelant que tous les immeubles, qu'ils soient bâtis ou non bâtis, constituent des biens imposables et qu'il n'est pas tenu compte de la localisation des biens, qui peuvent être situés en France ou hors de France, sous réserve des conventions fiscales). La plus-value se calcule selon les mêmes modalités pour les immeubles situés hors de France et pour les immeubles situés en France.

Lorsque les immeubles sont situés hors de France et ont été acquis et cédés en devise étrangère, il y a lieu, pour le calcul de la plus-value, de **convertir en euros** le prix d'achat et le prix de vente, et non pas de calculer la plus-value en devise puis de convertir le résultat en euros ; il a ainsi été jugé, à propos d'une personne physique domiciliée en France qui avait cédé un immeuble situé aux États-Unis, que le gain (ou la perte) de change associé à la cession à titre onéreux d'un bien immobilier, qui constitue une composante de la plus-value (ou moins-value) réalisée, est pris en compte pour la détermination de la plus ou moins-value brute (CAA Marseille 4 février 2020 n° 18MA04333, 4e ch., jugeant sans incidence la circonstance que l'impôt américain, qui constitue un crédit d'impôt imputable en France, soit calculé sur le montant de la plus-value déterminée en dollars américains). Le pourvoi formé contre cet arrêt a été rejeté par CE 9 décembre 2021 n° 439987, 9e ch. : RJF 3/22 n° 266, confirmant que la plus-value résultant de la cession d'un immeuble situé aux États-Unis doit être établie à hauteur de la différence entre le prix de cession de cet immeuble, converti en euros sur la base du taux de change du dollar américain à la date de sa cession, et le prix d'acquisition de cet immeuble, converti en euros sur la base du taux de change du dollar américain à la date de son acquisition. En ce qui concerne l'absence d'incidence des conventions fiscales sur ce point, voir n° 67905.

Précisions **a.** La notice de la **déclaration n° 2048-IMM-SD** indique que les plus-values réalisées hors de France métropolitaine ou des DOM, non exonérées d'impôt en France en application d'une convention fiscale, doivent être déclarées au service chargé de l'enregistrement dont relève le cédant dans le mois qui suit la cession. En revanche, si la plus-value réalisée à l'étranger est **exonérée d'impôt en France**, il n'y a pas lieu de souscrire une déclaration n° 2048-IMM-SD. Sur les aspects déclaratifs, voir n° 83415.

b. Sur le cas particulier d'un résident de France qui détient sa **résidence principale** en France par l'intermédiaire d'une **société de personnes étrangère**, voir n° 67720.

Incidence des conventions fiscales

67905 Dans de nombreux cas, le droit d'imposer est retiré à la France en présence d'une convention fiscale, de la même manière qu'à l'égard des revenus des immeubles. La règle du **taux effectif**, ou celle du **crédit d'impôt égal à l'impôt français**, s'applique, le cas échéant, pour les personnes physiques (nos 7980 et 83410 s.). Sur les modalités déclaratives, voir notamment n° 83415, Précisions b.

Il est à noter, toutefois, que le principe de l'exonération en France n'est pas général et que la solution dépend de la rédaction de la convention fiscale, qui peut prévoir un crédit d'impôt **égal à l'impôt étranger** ; par exemple, une plus-value réalisée par un résident de France lors de la cession d'un immeuble situé en Espagne est imposable en France, avec un crédit d'impôt égal à l'impôt espagnol (combinaison des articles 13 et 24 § 1 a) ii) de la convention du 10 octobre 1995). Il en va de même avec les États-Unis (articles 13 et 24 § 1 a) iii) de la convention du 31 août 1994 modifiée).

La France peut également **conserver le droit d'imposer** en présence d'une convention fiscale qui ne lui accorde pas explicitement ce droit mais ne le lui retire pas non plus, comme il a été jugé à propos d'une personne physique domiciliée en France qui avait réalisé en 2008 une plus-value de cession de titres d'une société brésilienne à prépondérance immobilière au Brésil (CE 11 décembre 2020 n° 440307, 8e et 3e ch. : RJF 3/21 n° 301 ; voir également n° 10470) ; en l'espèce, la France avait bien le droit d'imposer, alors même que la convention fiscale franco-brésilienne du 10 septembre 1971 se borne à préciser, d'une part, à l'article 13 § 1, que le Brésil a le droit d'imposer sans indiquer que les deux États peuvent imposer (par différence avec l'article 13 § 3, qui vise les autres biens et donne explicitement aux deux États le droit d'imposer) et, d'autre part, qu'un crédit d'impôt égal à l'impôt brésilien est imputable en France (article 22) sans avoir posé, contrairement à la pratique habituelle, de principe général d'imposition en France des revenus de source brésilienne réalisés par un résident de France. Pour juger que ces stipulations n'ont ni pour objet ni pour effet d'exclure la possibilité que la France impose des plus-values immobilières conventionnellement imposables au Brésil, le Conseil d'État s'appuie sur la définition du résident, sur le fait que l'article 13 de la convention distingue le cas où un État « a le droit d'imposer » du cas où des gains « ne sont imposables que » dans un État contractant (navires ou aéronefs) et, surtout, sur les **conditions d'élimination des doubles impositions** résultant de l'article 22 de la convention qui, en faisant référence à « l'impôt français afférent » aux revenus, traduit l'intention des parties de permettre à la France d'imposer (en ce sens conclusions de la rapporteure publique Karin Ciavaldini ; voir n° 10470). Sur renvoi dans cette affaire, la cour administrative d'appel de Lyon avait à tort accordé la décharge sur le terrain de la doctrine administrative, en estimant que lorsque l'administration, dans une ancienne instruction 14 B-17-72 du 8 décembre 1972, reprise au BOI-INT-CVB-BRA n° 490, indiquait que l'État de situation des biens avait le droit d'imposer, cela signifiait qu'il avait « seul » le droit d'imposer (CAA Lyon 6 juillet 2021 n° 20LY03628, 2e ch.). Le Conseil d'État a dû rétablir la solution en jugeant que l'administration se borne, dans cette instruction, à rappeler que la convention reconnaît un droit d'imposer à l'État où se situent les biens, mais ne précise pas que l'État de résidence du bénéficiaire se trouve privé du pouvoir d'imposer ses propres résidents à raison des mêmes gains (CE 14 avril 2022 n° 455943, 8e et 3e ch. : RJF 7/22 n° 614 ; voir également n° 10168). En l'espèce, la requérante avait donc seulement droit à un crédit d'impôt égal à l'impôt brésilien.

Une difficulté pratique se pose parfois à l'égard des **gains de change** (n° 67900). À propos d'une société française qui avait réalisé un gain de change lors de la cession avec plus-value d'un immeuble situé au Japon, le Conseil d'État a souligné que les gains ou pertes de change associés aux cessions d'éléments quelconques de l'actif, qui constituent une **composante de la plus-value** ou moins-value réalisée, sont pris en compte pour la détermination du résultat de l'exercice imposable en France, sous réserve des conventions fiscales. En l'espèce, il a été jugé qu'aucune stipulation de l'ancienne convention fiscale franco-japonaise, applicable à l'époque des faits, ne permettait de distinguer les écarts de conversion résultant de l'aliénation d'un bien immobilier des autres **profits provenant de l'aliénation de ce bien** et que, par suite, le gain de change réalisé par la société française ne pouvait pas être imposé en France, quand bien même il n'aurait pas été imposé au Japon (CE 12 mars 2014 n° 352212, 9e et 10e s.-s., Sté DGFP Zeta : RJF 6/14 n° 550 aux conclusions Frédéric Aladjidi au BDCF 6/14 n° 53) ; cette solution est généralisable à toutes les conventions fiscales qui éliminent la double imposition par la méthode de l'exonération (et non pas du crédit d'impôt égal à l'impôt étranger) car elles ne distinguent pas les gains ou pertes de change des plus-values elles-mêmes. Par différence avec les gains de change et produits financiers techniques qui résultent d'opérations financières réalisées « en vue » de l'acquisition d'un bien immobilier (n° 67410), il s'agissait ici d'un gain sur l'immeuble lui-même : les gains ou pertes de change sont traités comme des plus-values immobilières lorsqu'ils **se rattachent directement à l'immeuble** mais non lorsqu'ils ne s'y rattachent qu'indirectement.

D. Cas particulier des sociétés d'investissements immobiliers cotées (SIIC)

Problématique

Des questions particulières se posent à propos des organismes collectifs de placements **67950**
immobiliers, comme les Real Estate Investment Trusts (**REIT**) qui ont été créés dans différents pays - États-Unis, Royaume-Uni et, sous une forme un peu différente, Belgique

(**Sicafi**), Pays-Bas (**BI**) et Allemagne, notamment. Ces organismes présentent tous des caractéristiques voisines, qui se traduisent par une exonération d'impôt sous condition de distribution, selon des conditions et des seuils variables.

La situation de ces entités au regard des conventions fiscales a préoccupé le comité des affaires fiscales de l'**OCDE**, qui a introduit de nouveaux **commentaires** à leur sujet dans la version de juillet 2008 du modèle de convention fiscale, compte tenu notamment d'un rapport publié en 2008 (« L'Application des conventions fiscales aux sociétés de placement immobilier »). Regroupés, pour l'essentiel, aux paragraphes 67.1 à 67.7 des commentaires relatifs à l'article 10 (« distributions effectuées par les sociétés de placements immobiliers »), ces commentaires indiquent en substance :
– qu'une **société de placement immobilier** peut être définie comme une société à actionnariat étendu, un trust ou un accord contractuel ou fiduciaire dont la majorité des revenus provient d'investissements à long terme dans des biens immobiliers, qui distribue la majeure partie de ces revenus tous les ans et qui ne paie pas l'impôt sur les sociétés sur la partie de ses revenus provenant de biens immobiliers qui sont ainsi distribués ;
– que dès lors qu'un « **petit investisseur** » dans ces sociétés ne dispose pas du contrôle des biens et n'a aucun lien avec ces biens et en dépit du fait que la société ne paie pas d'impôt sur ses bénéfices distribués, il convient de considérer qu'il n'a pas investi dans des biens immobiliers mais dans une simple société et que le revenu qu'il en tire doit être traité comme un dividende provenant d'un investissement de portefeuille ;
– qu'au contraire, un « **gros investisseur** » a un intérêt plus particulier dans les biens acquis par la société de placement immobilier ; pour celui-ci, une participation dans cette société peut être regardée comme un substitut à l'investissement dans les biens qu'elle détient. Dans ce cas, l'OCDE estime qu'il n'est pas approprié de limiter conventionnellement l'imposition dans le pays de la source sur les dividendes distribués par la société de placement immobilier puisque cette dernière ne paie pas d'impôt sur ses bénéfices.

L'OCDE estime qu'un « gros investisseur » est un investisseur détenant directement ou indirectement une participation représentant **au moins 10 %** de la valeur de la totalité du capital d'une société de placement immobilier. Ces solutions ont été reprises avec des variantes, par exemple, dans la convention fiscale franco-britannique du 19 juin 2008 et dans la convention fiscale franco-américaine compte tenu de l'avenant du 13 janvier 2009 (n° 67970). Dans le même sens, la convention franco-luxembourgeoise du 20 mars 2018 prévoit l'application d'un taux de retenue à la source de 15 % en cas de distribution par des véhicules d'investissements immobiliers si le seuil de détention est inférieur à 10 % et l'application du droit interne dans les autres cas (article 10 § 6).

Exonération des produits perçus par les SIIC

67955 En France, le dispositif applicable est celui des SIIC (sociétés d'investissements immobiliers cotées), qui bénéficient d'un régime spécifique d'exonération d'impôt sur les sociétés sur option, si, notamment, elles distribuent au moins 95 % de leurs revenus locatifs, 70 % des plus-values et la totalité des dividendes perçus en provenance de filiales soumises au régime spécial ou d'autres SIIC, sous certaines conditions (CGI art. 208 C).

Les SIIC peuvent naturellement exercer tout ou partie de leur **activité à l'étranger**. Dans ce cas, cependant, seule l'activité imposable en France est en principe susceptible d'ouvrir droit à l'exonération (l'activité exercée dans un État étranger est normalement imposable localement, sans qu'il y ait aucune raison pour que le statut spécial de la SIIC puisse justifier une exonération dans cet État). L'administration considère que lorsque le droit d'imposer donné au pays étranger n'est pas exclusif, le régime spécial est toutefois applicable aux immeubles étrangers, sauf pour la SIIC à renoncer à l'option pour ces derniers (BOI-IS-CHAMP-30-20-10 n° 340 ; BOI-IS-CHAMP-30-20-20 n°s 60 et 70).

L'exonération d'impôt dont bénéficient les SIIC sur les dividendes en provenance de leurs filiales elles-mêmes SIIC est applicable aux **dividendes** qu'elles reçoivent de **sociétés étrangères** dotées d'un statut équivalent (Sicafi belges, BI néerlandaises, REIT britanniques et allemands, SIIQ italiennes, etc.).

Précisions **a.** D'autres véhicules d'investissements collectifs existent, comme les **OPCI** institués par une ordonnance du 13 octobre 2005 et qui ont vocation à remplacer les SCPI ; il peut s'agir de **Sppicav** (sociétés anonymes à capital variable) ou de **FPI** (copropriétés dépourvues de la personnalité morale).

b. Il avait été précisé, mais cette précision n'a pas été reprise au BOFiP, que les **sociétés de droit étranger** sont éligibles au régime des SIIC si elles sont cotées sur un marché réglementé français ou étranger respectant les prescriptions de la directive 2004/39/CE du Parlement européen et du Conseil du 21 avril 2004 concernant les marchés d'instruments financiers (sous certaines conditions) et si elles disposent d'un **établissement stable** en France (ancien rescrit n° 2011/1 (FE) 15 février 2011 : Droit fiscal 2011 n° 9, comm. n° 60).

c. Les sociétés qui souhaitent opter pour le régime des SIIC peuvent être **cotées sur tout marché réglementé** (européen ou non), dès lors qu'il respecte les prescriptions de la directive 2004/39/CE du Parlement européen et du Conseil du 21 avril 2004 concernant les marchés d'instruments financiers (BOI-IS-CHAMP-30-20-10 n° 10).

d. En ce qui concerne la **retenue à la source** prévue par l'article 115 quinquies du CGI au cas de REIT européens réalisant des revenus de source française, voir n° 19075.

Distributions effectuées par les SIIC

À propos des actionnaires non résidents, l'administration a précisé que la retenue à la 67960
source de l'article 119 bis du CGI (n° 60975) est applicable sous réserve des **conventions fiscales** (BOI-IS-CHAMP-30-20-40 n° 120) ; il en va ainsi même pour ce qui concerne les distributions provenant de revenus et plus-values exonérés, ce qui nous paraît tirer à juste titre les conséquences de ce qu'une SIIC est bien un résident de France (une SIIC n'est pas placée hors du champ de l'impôt sur les sociétés mais bénéficie seulement d'exonérations partielles et conditionnelles). Si la doctrine administrative n'écarte pas expressément l'article 119 ter du CGI (nos 61025 s.), le bénéfice des **exonérations européennes** est sans doute plus incertain, mais devrait être accordé pour les mêmes raisons (une SIIC est bien une société passible de l'impôt sur les sociétés, même si elle bénéficie d'un secteur exonéré sous conditions).

En ce qui concerne les **dividendes versés par des SIIC à des OPC étrangers**, l'article 6 de la seconde loi de finances rectificative pour 2012, en même temps qu'elle créait une exonération pour la plupart des OPC étrangers (n° 60860), a mis en place une **retenue à la source spécifique de 15 %**, qui, afin d'être conforme au droit de l'Union européenne, est également applicable dans un cadre interne français. Une retenue à la source de 15 % est ainsi exigible sur les distributions de dividendes de SIIC, de leurs filiales et des **Sppicav** ayant opté pour le régime des SIIC (ou de leurs filiales) lorsqu'elles sont prélevées sur des résultats exonérés et qu'elles bénéficient à des OPC français relevant des 1, 5 ou 6 du I de l'article L 214-1 du Code monétaire et financier (OPCVM, OPCI, Sicaf) ou à ceux constitués sur le fondement d'un droit étranger et qui répondent aux mêmes conditions que celles exigées pour l'exonération générale de retenue à la source (n° 60860). Cette retenue à la source n'est pas libératoire de l'impôt sur le revenu ou de l'impôt sur les sociétés et ne donne lieu ni à restitution ni à imputation.

Selon les travaux parlementaires, la formulation utilisée par la loi permet notamment de rendre la législation conforme au droit de l'Union européenne tout en excluant du champ de la retenue à la source réduite à 15 % les distributions de dividendes exonérés bénéficiant aux OPC situés dans des États tiers non conventionnés, qui continuent de supporter la retenue à la source prévue par le 2 de l'article 119 bis du CGI.

Précisions Le dispositif concernant les **distributions des SIIC aux OPC étrangers** résulte d'un amendement présenté, lors des débats d'adoption de la seconde loi de finances rectificative pour 2012, par la commission des finances du Sénat ; il procède de l'idée qu'autrement, des fonds d'investissements étrangers souhaitant investir dans des SIIC ou des OPCI pourraient envisager de créer des OPC dans des pays de l'Union européenne dans le cadre de la directive AIFM et ainsi bénéficier à la fois de l'exonération d'impôt sur les sociétés propre aux SIIC et aux OPCI et de l'exonération de retenue à la source lors de la distribution par ces organismes de leur résultat exonéré.

Prélèvement de 20 % Pour remédier à ce qui apparaissait comme un avantage 67965
excessif accordé à certaines personnes morales non résidentes qui pouvaient être localement exonérées d'impôt sur les dividendes distribués par les SIIC (cas, par exemple, des sociétés mères espagnoles), l'article 138 de la loi de finances rectificative pour 2006 a créé un prélèvement spécial de 20 % sur les distributions opérées depuis le 1er juillet 2007 (ou les sommes réputées distribuées) par une SIIC à un associé autre qu'une personne physique détenant, directement ou indirectement, **au moins 10 % du capital** (droits à dividendes) de cette SIIC (CGI art. 208 C, II-ter ; BOI-IS-CHAMP-30-20-40 n° 150).

Ce prélèvement est applicable seulement si les **produits perçus** par cet associé ne sont **pas soumis à l'impôt sur les sociétés** ou à un impôt équivalent, c'est-à-dire, pour les actionnaires non résidents, s'ils sont soumis dans leur pays de résidence à un impôt dont le montant est inférieur de plus des deux tiers à celui de l'impôt sur les sociétés qui aurait été dû dans les conditions de droit commun en France.

Dans ce cas, la SIIC doit acquitter un prélèvement de 20 % du montant des **sommes**, avant imputation éventuelle du prélèvement, **distribuées** à cet associé et prélevées **sur des produits exonérés** (les sommes prélevées sur le secteur imposable y échappent). Le prélèvement n'est cependant pas applicable en cas de distribution à des sociétés soumises à une obligation de distribution intégrale et qui ne sont pas elles-mêmes détenues à au moins 10 % par un associé non soumis à l'impôt sur les sociétés sur les dividendes redistribués.

Ce prélèvement doit être **acquitté** spontanément au comptable de la Direction générale des finances publiques, dans le mois qui suit la mise en paiement des distributions. Il est recouvré et contrôlé comme en matière d'impôt sur les sociétés et sous les mêmes garanties et sanctions. Il n'est ni imputable ni restituable et n'est pas admis en charge déductible pour la détermination du résultat de la société distributrice.

Précisions Le versement du prélèvement doit être accompagné d'un **bordereau de versement** daté et signé, établi sur papier libre ou par voie électronique, indiquant la désignation, l'adresse et le numéro d'identité de la société versante, la nature et le montant du versement, l'échéance à laquelle il se rapporte ainsi que la base de calcul ; ce bordereau doit mentionner l'identité et l'adresse des associés bénéficiaires des distributions soumises au prélèvement (CGI Ann. III art. 361, tel que complété par le décret n° 2009-1528 du 9 décembre 2009).

67970 **Conventions fiscales** Les conventions fiscales conclues par la France ont commencé à tirer certaines conséquences des recommandations de l'OCDE (n° 67950).

Par exemple, l'avenant du 13 janvier 2009 à la convention fiscale **franco-américaine** du 31 août 1994 a modifié l'article relatif à la « résidence » afin d'inclure les SIIC et les Sppicav ; ces entités peuvent bénéficier des avantages conventionnels même si, étant exonérées, elles ne satisfont pas à la condition d'assujettissement à l'impôt nécessaire pour être qualifiées de « résidents » (article 4 § 2 b (iii) de la convention). En outre, le régime de la retenue à la source sur les dividendes a été aménagé dans le sens préconisé par le comité des affaires fiscales de l'OCDE ; le paragraphe 5 de l'article 10 prévoit, en effet, que le taux réduit conventionnel de 5 % n'est pas applicable aux dividendes versés par des SIIC et des Sppicav. Les dividendes versés par des SIIC ou des Sppicav sont soumis soit au taux général de droit interne français soit au taux réduit de 15 % ; le taux réduit s'applique seulement si :
- le bénéficiaire effectif est une personne physique, un trust de retraite ou un organisme assimilé, sous certaines conditions, qui **détient au plus 10 %** des droits de la SIIC ou de la Sppicav ;
- ou si les dividendes sont payés à raison d'une catégorie de parts (ou actions) qui est **négociable** publiquement et si le bénéficiaire effectif des dividendes est une personne (quelconque) qui détient au plus 5 % de n'importe quelle catégorie de parts (ou actions) de la SIIC ou de la Sppicav ;
- ou si le bénéficiaire effectif est une personne (quelconque) qui détient **au plus 10 %** des droits dans la SIIC ou la Sppicav (dans le cas inverse des dividendes versés par des REIT américains, il faut encore que le REIT soit « diversifié »).

Une solution du même ordre a été retenue dans la convention franco-britannique du 19 juin 2008 (application du taux de 15 % en cas de détention de moins de 10 % et taux de droit interne sans plafond conventionnel en cas de participation supérieure).

Autre exemple, la convention **franco-andorrane** du 2 avril 2013 prévoit que les taux réduits de retenue à la source ne s'appliquent pas aux dividendes versés à partir de revenus ou de gains tirés de biens immobiliers par un véhicule d'investissement qui distribue la plus grande partie de ces revenus annuellement et dont les revenus ou les gains tirés de ces biens immobiliers sont exonérés d'impôt, lorsque le bénéficiaire effectif détient, directement ou indirectement, 10 % ou plus du capital du véhicule qui paie les dividendes ; dans ce cas, le taux de droit interne est applicable (article 10 § 7 de la convention).

Enfin, la convention fiscale **franco-allemande** du 21 juillet 1959 modifiée, dans sa rédaction issue de l'avenant du 31 mars 2015, précise que les exonérations ou réductions d'imposition à la source relatives aux dividendes ne s'appliquent pas aux dividendes versés à partir de revenus ou de gains tirés de biens immobiliers par un véhicule d'investissement qui distribue la plus grande partie de ces revenus annuellement et dont les revenus ou les gains tirés de ces biens immobiliers sont exonérés d'impôts ; cette exclusion n'est cependant applicable que lorsque le bénéficiaire effectif des dividendes détient, directement ou indirectement, 10 % ou plus du capital du véhicule qui paie les dividendes. Dans ce cas, les dividendes sont imposables au taux prévu par la législation nationale de l'État d'où ils proviennent (article 9 (10) de la convention). L'article 10 § 6 de la convention fiscale **franco-luxembourgeoise** du 20 mars 2018 contient également des règles particulières concernant les dividendes payés à partir de revenus ou gains tirés de biens immobiliers par un véhicule d'investissement établi dans l'un des États.

E. Droits d'enregistrement en cas de cession de parts ou actions de sociétés étrangères à prépondérance immobilière

Problématique

La question s'est posée de l'**exigibilité des droits** d'enregistrement en cas de cession de titres d'une société étrangère à prépondérance immobilière en France ; avant l'intervention de la loi n° 2009-1674 du 30 décembre 2009 de finances rectificative pour 2009, en effet, il n'était pas évident que les droits étaient dus. Il avait ainsi été jugé que la cession de titres d'une société étrangère à prépondérance immobilière n'était, alors même que celle-ci possédait l'essentiel de son patrimoine en France, pas soumise aux droits de mutation en France lorsque l'acte était passé à l'étranger (TGI Nice 27 septembre 2007 n° 05-1327, 3e ch. civ., Turretini : RJF 5/08 n° 611, jugement définitif concernant la cession par acte authentique enregistré à Monaco de parts sociales d'une SCI monégasque propriétaire d'un immeuble situé en France, les cédantes étant liechtensteinoises et l'acquéreur résident de Suisse). Cette solution avait été reprise par la cour d'appel d'Aix-en-Provence (CA Aix-en-Provence 19 novembre 2009 n° 08-16847, 1e ch. B, DGI c/ Samuelson : RJF 2/10 n° 172 ; arrêt définitif). **68020**

Précisions **a.** En application du principe de territorialité, l'impôt de mutation qui est un impôt réel, ne peut, en principe, atteindre que les **biens situés sur le territoire français**. Toutefois, les mutations d'immeubles situés à l'étranger sont, dans certaines conditions, assujetties à l'impôt ; en outre, l'imposition des mutations d'immeubles situés en France obéit à des règles particulières lorsqu'elles résultent d'actes passés à l'étranger (BOI-ENR-DMTOI-10-10-10 n° 310).

b. Les **apports en nature** portant sur un immeuble ou des droits immobiliers, un fonds de commerce, une clientèle, un droit à un bail ou à une promesse de bail, assimilés à des mutations à titre onéreux lorsqu'ils sont faits à une personne morale passible de l'impôt sur les sociétés par une personne morale non soumise à cet impôt (CGI art. 809, I-3°), ne sont soumis aux droits d'enregistrement qu'à la condition que les biens apportés soient situés sur le territoire national (Cass. com. 15 décembre 2021 n° 18-20.216 F-B : RJF 5/22 n° 501).

Clarification législative

La loi n° 2009-1674 du 30 décembre 2009 de finances rectificative pour 2009 (art. 43) a posé en principe que, lorsqu'elles s'opèrent par **acte passé à l'étranger**, les cessions de participations dans des personnes morales à prépondérance immobilière en France, au sens de l'article 726, I-2° du CGI, sont soumises au droit d'enregistrement (CGI art. 718 bis). Ces dispositions s'appliquent aux actes passés et conventions conclues depuis le 1er janvier 2010. **68025**

En application du 7° bis du 2 de l'article 635 et de l'article 639 du CGI, les cessions de participations dans des personnes morales à prépondérance immobilière sont soumises obligatoirement à l'**enregistrement**, qu'elles soient ou non constatées par un acte. Ainsi, relèvent du droit proportionnel de 5 % toutes les cessions de participations dans des personnes morales à prépondérance immobilière, quels que soient leur nationalité et le lieu où elles sont réalisées, qu'elles soient ou non constatées par un acte.

Pour l'application de ces droits d'enregistrement, est considérée comme à **prépondérance immobilière** toute personne morale, quelle que soit sa nationalité, dont les droits sociaux ne sont pas négociés sur un marché réglementé d'instruments financiers ou sur un système multilatéral de négociation et dont l'actif est principalement constitué d'**immeubles** ou de droits immobiliers **situés en France** ou de participations dans des personnes morales, quelle que soit leur nationalité, dont les droits sociaux ne sont pas négociés sur un marché réglementé d'instruments financiers ou sur un système multilatéral de négociation et elles-mêmes à prépondérance immobilière (les immeubles affectés à l'exploitation ne sont pas exclus ; CGI art. 726, I-2°).

La prépondérance immobilière s'apprécie **au jour de la cession ou** à tout moment **au cours de l'année précédant** la cession des participations. Toutefois, selon l'administration (BOI-ENR-DMTOM-40-10-10 n°s 170 et 190), il n'y a pas lieu de considérer comme étant à prépondérance immobilière une personne morale qui a perdu cette qualité du fait de la cession, au cours de l'année précédant la cession de ses propres titres, des immeubles, droits immobiliers situés en France ou participations dans des personnes morales à prépondérance immobilière qu'elle détenait à son actif (l'administration a précisé, à l'occasion d'affaires particulières, que cette tolérance est applicable à une société qui n'est plus à prépondérance immobilière au jour de la cession de ses titres du fait de la cession d'une partie seulement de ses actifs immobiliers au cours des douze mois qui précèdent).

Les titres des sociétés suivantes sont exclus du dispositif :
– personnes morales dont les droits sociaux sont **négociés** sur un **marché réglementé** d'instruments financiers au sens de l'article L 421-1 du Code monétaire et financier ou sur un système multilatéral de négociation au sens de l'article L 424-1 du même Code ;
– organismes **HLM** et les sociétés d'économie mixte exerçant une activité de construction et de gestion de **logements sociaux** ;
– personnes morales qui n'émettent pas de participations (associations, fondations, syndicats).

Les cessions de participations (actions ou parts sociales) dans les sociétés entrant dans le champ de la loi sont soumises à un droit d'enregistrement de 5 %, sauf imputation, le cas échéant, d'un crédit d'impôt étranger.

Ce **crédit d'impôt** est égal au montant des droits d'enregistrement effectivement acquittés dans l'État d'immatriculation de chacune des personnes morales concernées, conformément à la législation de cet État et dans le cadre d'une formalité obligatoire d'enregistrement de chacune de ces cessions. L'imputation est déterminée séparément pour chaque cession et elle est égale à l'impôt effectivement supporté à titre définitif, dans la limite de l'impôt français afférent à chacune des cessions en cause. L'administration avait précisé qu'aucun excédent de crédit d'impôt afférent à une cession, non totalement utilisé, ne peut être imputé sur l'impôt français afférent à une autre cession (ancienne Inst. 20 mai 2010 au BOI 7 D-2-10 du 31 mai 2010 : BF 8-9/10 n° 804, non reprise au BOFiP). Lorsque le crédit d'impôt ne peut être imputé en totalité, l'excédent ne peut être restitué.

L'imputation concerne les droits d'enregistrement acquittés dans l'État d'immatriculation de la personne morale considérée ; elle est subordonnée à la présentation d'un **justificatif** délivré par les autorités ayant prélevé les droits en cause, précisant la nature et le montant des droits perçus. Lorsque ce justificatif n'est fourni au service chargé de l'enregistrement qu'après l'accomplissement de la formalité, les droits perçus en excédent doivent être restitués, dans les limites du délai de prescription.

Précisions La loi n° 2011-1977 du 28 décembre 2011 de finances pour 2012 avait prévu que, pour les cessions de droits sociaux de sociétés françaises ou étrangères intervenues depuis le 1er janvier 2012, le droit d'enregistrement s'appliquait, sauf en ce qui concerne les SCPI, sur la valeur réelle des biens et droits immobiliers détenus directement ou indirectement par la société, après déduction du seul **passif afférent à l'acquisition de ces biens** ou droits immobiliers. Cette disposition a été supprimée par l'article 55 de la loi n° 2014-1655 du 29 décembre 2014 de finances rectificative pour 2014, résultant d'un amendement parlementaire constatant que sa mise en œuvre s'était avérée particulièrement complexe et qu'elle aboutissait à créer une insécurité juridique de nature à bloquer les opérations. Pour les cessions réalisées depuis le 31 décembre 2014, l'assiette du droit de vente est donc constituée par le prix exprimé et le capital des charges qui peuvent s'ajouter au prix ou par une estimation des parties si la valeur réelle est supérieure au prix augmenté des charges (CGI art. 726, II) ; cette assiette est déterminée déduction faite de l'ensemble des dettes de la société dont les titres sont cédés.

Cessions réalisées à l'étranger

68030 Il résulte de l'article 635 du CGI que doivent être enregistrés dans le **délai d'un mois** à compter de leur date les actes portant cession de participations dans des personnes morales à prépondérance immobilière au sens du troisième alinéa du 2° du I de l'article 726 du même Code, y compris, depuis le 1er novembre 2011, lorsque ces cessions sont réalisées à l'étranger et quelle que soit la nationalité des parties.

En outre, depuis la même date, les cessions de participations dans des sociétés à prépondérance immobilière qui sont réalisées à l'étranger doivent être constatées dans le délai d'un mois par un acte reçu en la forme authentique **par un notaire exerçant en France** (CGI art. 726, I-2° issu de l'article 3 de la loi n° 2011-1117 du 19 septembre 2011 de finances rectificative pour 2011). Au sein de l'Union européenne, la validité de cette exigence nous paraît cependant douteuse, comme l'était, dans le passé, l'exigence de la désignation d'un représentant fiscal (n° 82130) ; voir cependant n° 81925 la décision du 9 mars 2017 de la Cour de justice (aff. 342/15) admettant que les États membres puissent réserver aux **notaires** l'authentification des signatures apposées sur les documents nécessaires à la création ou au transfert de droits réels immobiliers.

Précisions Le non-respect de ces conditions n'est pas de nature à entacher la validité de l'acte.

SECTION 3

Les autres impôts dus à raison de la possession d'un immeuble en France

Il ne s'agit pas des impôts locaux, qui ne sont pas couverts par les conventions fiscales, sauf rares exceptions et qui concernent aussi bien les résidents que les non-résidents, mais d'impôts spécifiques frappant les non-résidents qui ont à leur disposition ou qui possèdent des immeubles en France : **68100**

- ancienne imposition forfaitaire à raison de la disposition d'immeubles en France ;
- taxe sur la valeur vénale des immeubles possédés en France par certaines personnes morales.

I. Ancienne imposition forfaitaire des personnes physiques non résidentes disposant d'une résidence en France (CGI art. 164 C, ancien)

Principe

Dans le passé, les personnes physiques non résidentes de France pouvaient être assujetties à l'impôt sur le revenu sur la base de la valeur locative de la résidence (ou des résidences) dont elles avaient la disposition en France sur le fondement de l'ancien article 164 C du CGI, même en l'absence de revenus de source française. **68110**

Ce dispositif n'est plus aujourd'hui applicable, l'article 164 C du CGI ayant été **abrogé** par l'article 21 de la loi n° 2015-1786 du 29 décembre 2015 de finances rectificative pour 2015, à compter de l'imposition des revenus de l'année 2015.

Cette imposition avait jadis été justifiée au motif « qu'il est normal que toutes les personnes ayant des intérêts en France participent à la **couverture des dépenses publiques**, dès lors qu'elles n'acquittent que peu ou pas d'impôt sur le revenu dans le pays ou le territoire où elles sont domiciliées » (anciennes réponse Durand-Chastel : JO Sénat 6 juin 1991 p. 1165 et Cointat, n° 14392 : JO Sénat 4 novembre 2010 p. 2899, à propos des Français installés au Guatemala). Cela dit, elle était assortie de très nombreuses exceptions et ne s'appliquait, en définitive, que marginalement ; elle a finalement dû être supprimée car elle était, de fait, devenue inapplicable en raison de l'évolution de la jurisprudence relative à la **libre circulation des capitaux** (n° 68140).

Précisions Le projet de loi de finances rectificative présenté en mai 2011 avait déjà envisagé de supprimer l'article 164 C du CGI mais pour mettre en place une nouvelle **taxe sur les résidences secondaires** des non-résidents égale à 20 % de la valeur locative cadastrale de leur habitation en France. Cette disposition, adoptée par l'Assemblée nationale, avait été supprimée par le Sénat avec l'accord du Gouvernement. Le **Conseil d'État**, au rapport de la section des finances, avait donné un **avis défavorable** au dispositif proposé, estimant que, fondée sur un critère de résidence, cette taxe pèserait plus particulièrement sur les non-nationaux et présenterait un caractère discriminatoire de nature à porter atteinte aux principes de libre circulation et de libre établissement au sein de l'Union européenne (Rapport public 2012 du Conseil d'État, Droit fiscal 2012 n° 26 comm. n° 346).

Champ d'application personnel

68115 L'imposition forfaitaire concernait, en principe, tous les contribuables fiscalement domiciliés hors de France mais elle était assortie de très nombreuses exceptions.

Elle n'était d'abord pas applicable aux personnes domiciliées dans des États ou territoires ayant conclu avec la France une **convention fiscale** en matière d'impôt sur le revenu ; cette exception n'était pas prévue par la loi mais elle résultait expressément de la doctrine administrative (BOI-IR-DOMIC-10-20-10 n° 20 dans sa rédaction antérieure au 28 juillet 2016).

Étaient en outre exclus les Français ou les étrangers qui pouvaient démontrer qu'ils étaient assujettis dans l'État (ou le territoire) où ils avaient leur domicile fiscal à un **impôt personnel sur l'ensemble de leur revenu** sous réserve cet impôt soit au moins égal aux deux tiers de celui qu'ils auraient eu à supporter en France sur la même base d'imposition. Cette exclusion ne s'appliquait cependant que si le contribuable avait la nationalité française ou était ressortissant d'un pays lié à la France par un accord de réciprocité (conventions ou accords particuliers prévoyant une clause d'assimilation aux nationaux).

Étaient également exclus, les contribuables de nationalité française dont l'expatriation était justifiée par des **impératifs d'ordre professionnel** et dont le domicile fiscal était situé en France de manière continue pendant les quatre années précédant celle du transfert ; les intéressés étaient exonérés au titre de l'année du transfert du domicile fiscal hors de France et des deux années suivantes (BOI-IR-DOMIC-10-20-10 nos 30 s. dans sa rédaction antérieure au 28 juillet 2016). Cette exonération s'appliquait également aux contribuables de nationalité étrangère protégés par un accord de réciprocité comportant une clause d'égalité de traitement fondée sur la nationalité et applicable en matière d'impôt sur le revenu.

Précisions Compte tenu de ces exonérations, le champ d'application de l'article 164 C était devenu résiduel ; **cent quatorze contribuables** seulement y étaient assujettis, notamment des étrangers résidant à **Monaco**, pour un montant total de recettes estimé à seulement 86 000 € (Rapport n° 229 au nom de la commission des finances du Sénat, 9 décembre 2015).

Disposition d'une résidence en France

68120 N'étaient soumises à l'imposition forfaitaire que les personnes qui disposaient en France d'une ou plusieurs **habitations** (tout local, maison, appartement, etc. destiné à être habité), à quelque titre que ce soit, ou sous le couvert d'un tiers (y compris par l'intermédiaire de sociétés immobilières).

Cette habitation devait être à la disposition du contribuable, sans égard à la **forme** que prenait cette mise à disposition (à titre de propriétaire, usufruitier, locataire...) ; il n'y avait pas lieu non plus de rechercher si le contribuable l'occupait effectivement du moment qu'elle n'était pas indisponible.

Imposition minimum

68125 L'article 164 C prévoyait une imposition forfaitaire minimum ; l'assiette imposable était égale à **trois fois la valeur locative** réelle de l'habitation (ou des habitations) située en France. Devait être prise en compte la valeur locative réelle, en fonction des circonstances de droit et de fait, et non pas la valeur locative cadastrale. Cette assiette était forfaitaire, aucune **charge** n'étant admise en déduction.

Bien entendu, si le contribuable disposait d'autres revenus de source française pour un montant supérieur à l'assiette forfaitaire, l'imposition devait être établie en fonction du montant net réel des revenus. En revanche, si ce montant était inférieur, le contribuable, s'il remplissait les conditions indiquées précédemment, ne pouvait pas échapper à l'imposition forfaitaire.

Calcul de l'impôt

L'impôt était calculé par application à l'assiette forfaitaire du **tarif normal** de l'impôt sur le revenu (barème progressif) et après prise en compte du quotient familial ; il n'était pas fait application du taux minimum d'imposition (n° 3135). Lorsque le contribuable avait fait l'objet de prélèvements non libératoires, ceux-ci s'imputaient sur l'impôt ainsi déterminé ; mais l'excédent éventuel n'était pas remboursable. **68130**

Incidence de la clause conventionnelle de non-discrimination Même s'il ne résidait pas dans un État avec lequel la France avait signé une convention fiscale (n° 68115), le contribuable échappait à l'ancien article 164 C du CGI s'il pouvait invoquer une clause de non-discrimination liée à sa **nationalité**, du moment que cette clause était bien applicable aux nationaux quelle que soit leur résidence et, sauf en ce qui concerne Monaco en raison des particularités conventionnelles, à condition qu'il satisfasse le test des deux tiers (n° 68115). **68135**

Le Conseil d'État avait, en effet, jugé que le principe de non-discrimination inclus dans les conventions fiscales franco-italienne du 5 octobre 1989 et franco-britannique du 22 mai 1968 (ancienne convention) s'opposait à ce que des **nationaux italiens** et **britanniques résidents** de **Monaco** y soient assujettis, dès lors que des nationaux français résidents de Monaco en étaient exclus, lorsqu'ils étaient imposables en France sur l'ensemble de leurs revenus par le jeu de la convention entre la France et Monaco (CE 11 juin 2003 n° 221075, 9e et 10e s.-s., min. c/ Biso : RJF 8-9/03, n° 1018, avec chronique Laurent Olléon à la même RJF page 663 et conclusions Laurent Vallée au BDCF 8-9/03 n° 115).

Tout dépendait, cependant, de la rédaction des conventions fiscales ; des résidents monégasques n'ont pas pu éviter l'article 164 C en invoquant les clauses de non-discrimination incluses dans les conventions fiscales conclues, par exemple, avec l'Italie (ancienne convention, du 29 octobre 1958 : CE 27 juillet 2005 n° 244671, 9e et 10e s.-s., min. c/ Cohen : RJF 11/05 n° 1241 ; CE 27 juillet 2005 n° 239975, 9e et 10e s.-s., min. c/ Dalle Molle : RJF 11/05 n° 1231) ou avec l'Allemagne (convention du 21 juillet 1959 modifiée : CE 24 janvier 2011 n° 316457, 10e et 9e s.-s., Moghadam : RJF 4/11 n° 490).

Précisions **a.** À propos d'un citoyen **britannique** résidant à **Hong Kong**, voir CE 3 mars 1993 n° 85626, 8e et 9e s.-s., Campbell : RJF 4/93 n° 586, qui avait admis l'application de la clause de non-discrimination conventionnelle mais refusé l'exonération, faute pour l'intéressé de remplir le critère des deux tiers (n° 68115).

b. Toujours à propos d'un **citoyen britannique**, voir CAA Paris 15 juin 1993 n° 92-56, 3e ch., Chuter : RJF 1/94 n° 74 (arrêt définitif), qui avait refusé le bénéfice de l'exonération dès lors que l'intéressé ne justifiait pas de sa qualité de résident britannique pour l'application de l'impôt britannique.

c. Encore à propos d'un **Britannique** qui se prétendait, cette fois, **résident d'Indonésie** mais qui était dans l'incapacité de le prouver et que l'administration considérait comme résident de **Jersey**, voir CAA Paris 6 juin 2003 n° 98-278, 2e ch. B, Stevens : RJF 11/03 n° 1198, arrêt définitif qui avait admis (conformément à la jurisprudence du Conseil d'État) de faire jouer la clause de non-discrimination franco-britannique mais refusé l'exonération faute pour l'intéressé de pouvoir démontrer qu'il satisfaisait la condition d'imposition minimum (n° 68115).

d. La même solution avait été retenue au cas d'une **Italienne** résidente du **Liechtenstein**, fondée à se prévaloir de la clause de non-discrimination incluse dans la convention fiscale franco-italienne du 5 octobre 1989, mais qui ne démontrait pas qu'elle avait été personnellement assujettie au Liechtenstein à un impôt sur le revenu au moins égal aux deux tiers de celui qu'elle aurait eu à supporter en France sur l'ensemble de ses revenus (CAA Paris 24 juin 2010 n° 08-1624, Plén., Rossi di Montelera : RJF 11/10 n° 981 ; arrêt définitif).

Incidence du droit de l'Union européenne

Avant la suppression du dispositif par la loi n° 2015-1786 du 29 décembre 2015 de finances rectificative pour 2015, la question des conséquences de la liberté de circulation des capitaux avait été plusieurs fois posée au contentieux à propos de résidents de Monaco n'ayant pas la nationalité française. Elle avait connu son épilogue avec une décision du Conseil d'État qui avait **vidé de toute portée effective** l'ancien article 164 C du CGI au nom de la libre circulation des capitaux (CE 11 avril 2014 n° 332885, Plén., min. c/ Lappe : RJF 7/14 n° 740, aux conclusions Édouard Crépey au BDCF 7/14 n° 75, à propos d'une Allemande domiciliée à Monaco). **68140**

Dans cette affaire, le Conseil d'État a d'abord rappelé que relèvent notamment de la liberté de circulation des capitaux l'acquisition, la détention et l'aliénation de biens immobiliers sur le territoire d'un autre État membre ne se rattachant pas, à titre principal, à l'exercice d'une activité économique ou à la gestion active d'un patrimoine immobilier ; il a ensuite noté que l'article 164 C alors applicable était de nature à **dissuader les non-résidents** d'acquérir ou de détenir des immeubles en France et que le droit qu'ont les États membres de traiter différemment des résidents et des non-résidents ne vaut que sous réserve qu'il ne s'agisse pas d'une discrimination arbitraire ou d'une restriction déguisée (nº 81980). Or, pour le Conseil d'État, des résidents et des non-résidents sont dans une situation comparable au regard de la seule entrave à la libre circulation des capitaux qui était en cause en l'espèce, quelles que soient par ailleurs leurs situations d'ensemble au regard des impositions dues en France, y compris les impositions dont les résidents sont seuls redevables. En l'absence de raison impérieuse d'intérêt général justifiant la restriction, la requérante avait donc été reconnue comme fondée à demander **que l'imposition soit écartée** (la circonstance que la loi distinguait pourtant clairement « nationalité » et « résidence » puisque des Français non résidents étaient assujettis à cet impôt par principe et n'en étaient exonérés que sous condition d'imposition minimum à l'étranger n'avait été prise en considération ni par l'arrêt ni par les conclusions du rapporteur public Edouard Crépey). Cette décision avait naturellement une très grande portée puisqu'elle se situait sur le terrain de la libre circulation des capitaux et qu'elle valait, par conséquent, pour le **monde entier**.

De ce point de vue, elle avait considérablement prolongé une précédente décision du Conseil d'État jugeant que des **résidents de Monaco** de nationalité allemande ne pouvaient pas être assujettis aux dispositions de l'article 164 C du CGI, alors applicable, au titre de la détention d'une propriété dans le Bas-Rhin étant donné que des ressortissants français placés dans la même situation en étaient exclus (CE 26 décembre 2013 nº 360488, 9e et 10e s.-s., min. c/ Kramer : RJF 4/14 nº 419, aux conclusions Frédéric Aladjidi au BDCF 4/14 nº 49). Il avait été jugé que l'article 164 C du CGI créait, pour ces contribuables, une restriction au principe de la **libre circulation des capitaux** car ils étaient considérés comme placés dans la même situation que celle de Français résidents monégasques (nº 3610) tout en étant soumis à une imposition minimum et sans pouvoir établir que leurs revenus de source française étaient inférieurs, cette différence ne résultant que d'une différence de nationalité ; évidemment, des Français domiciliés à Monaco sont imposables en France même en l'absence de revenus de source française sur le fondement de l'article 7, 1 de la convention franco-monégasque, alors que des étrangers ne le sont pas, mais cet avantage a été considéré par le Conseil d'État comme étant sans importance au regard de la restriction identifiée. De surcroît, la « **clause de gel** » (nº 81985) avait été jugée inapplicable ; la détention du bien immobilier ne constituait pas un investissement direct car le bien n'avait pas été acquis en vue de l'exercice d'une activité économique (précédemment, le contraire avait toutefois été jugé par CE 28 juillet 2011 nº 322672, 9e et 10e s.-s., min. c/ Holzer : RJF 11/11 nº 1249).

Il résultait ainsi de la jurisprudence que, d'une façon générale, l'article 164 C du CGI ne pouvait pas être appliqué à un non-résident puisqu'il ne l'était pas à un résident. C'est pourquoi le législateur en a tiré les conséquences en supprimant purement et simplement le dispositif par la loi nº 2015-1786 du 29 décembre 2015 de finances rectificative pour 2015 (cette abrogation résulte d'un amendement parlementaire nº 535 déposé à l'Assemblée nationale le 26 novembre 2015, explicitement motivé par la volonté de « mettre la France en conformité avec ses obligations résultant du droit de l'Union européenne »).

II. Taxe de 3 % sur la valeur vénale des immeubles possédés par certaines personnes morales (CGI art. 990 D à G)

Ancien article 209 A du CGI

68220 La taxe patrimoniale de 3 % a pris la suite d'un système voisin de l'ancien article 164 C du CGI (nos 68110 s.), mais qui concernait les personnes morales. En 1977, un dispositif, codifié à l'article 209 A du CGI, avait été mis en place concernant les personnes morales dont le siège était situé hors de France et qui avaient la disposition d'une ou plusieurs propriétés immobilières situées en France, ou qui en concédaient la jouissance gratuitement ou bien moyennant un loyer anormalement bas. Ces sociétés étaient soumises à un impôt sur les sociétés sur une base qui ne pouvait être inférieure à trois fois la valeur locative réelle de ces propriétés, sauf en cas de location en meublé (CE 16 décembre 1992 n° 123268, 7e et 9e s.-s., Liviana Anstalt : RJF 2/93 n° 195). Ce dispositif a été abrogé pour les exercices ouverts à compter du 1er janvier 1982.

Précisions **a.** L'ancien article 209 A avait été jugé **non conforme** aux clauses de **non-discrimination** incluses dans les **conventions fiscales**, dans la mesure où il pouvait conduire à une imposition plus lourde que celle qui serait exigée d'une société française dans la même situation (CAA Lyon 17 octobre 1990 n° 271, 3e ch., Corniche immobilière : RJF 12/90 n° 1453, arrêt définitif ; CAA Bordeaux 9 juillet 1991 n° 89-897, 1e ch., SA Ciboure Investissements : Droit fiscal 1992, n° 45, comm. 2073, arrêt définitif).

b. Le Conseil d'État avait jugé l'ancien article 209 A inapplicable à une société **panaméenne** en raison de l'ancienne **convention d'établissement** du 10 juillet 1953, prévoyant l'égalité de traitement (CE 16 décembre 1991 n° 54611, 7e et 8e s.-s., Ressources Management Corporation : RJF 2/92 n° 245).

c. L'application de l'ancien article 209 A avait été confirmée à plusieurs reprises à l'égard d'Anstalten du **Liechtenstein** (par exemple, CE 31 mars 1993 n° 82395, 9e et 8e s.-s., Gioza Établissement : RJF 6/93 n° 792). Pour un exemple de non-application de l'article 209 A à une Anstalt, voir cependant CE 3 octobre 1994 n° 125480, 8e et 9e s.-s., Ets Danag-Handels-Anstalt : RJF 11/94 n° 1181, compte tenu d'une ancienne exonération relative à des immeubles construits pendant une certaine période.

d. L'ancien article 209 A n'imposait à l'administration **aucune méthode particulière d'évaluation** de la valeur locative réelle des immeubles concernés (CE 17 mars 1993 n° 89-244, 9e et 8e s.-s., min. c/ Kader Trading Establishment : Droit fiscal 1993, n° 50, comm. n° 2423) ; précédemment, une décision avait paru écarter la méthode de capitalisation (coefficient de 5 % appliqué à la valeur vénale) pour exiger l'emploi d'une méthode comparative s'appuyant sur des locations de locaux similaires (CAA Lyon 4 juin 1992 n° 90766, 2e ch. : Droit fiscal 1993, n° 39, comm. n° 1809 ; arrêt définitif).

Principe de la taxe patrimoniale de 3 %

Le dispositif codifié à l'article 209 A du CGI a été remplacé par une taxe de 3 % sur la valeur vénale des immeubles possédés en France par certaines personnes morales non résidentes de France (Loi du 29 décembre 1982, applicable depuis le 1er janvier 1983). L'esprit du dispositif est le même : il vise à **décourager** l'acquisition de propriétés immobilières en France sous couvert de personnes morales établies dans des « paradis fiscaux » (l'administration appelle d'ailleurs généralement cette taxe la taxe « patrimoniale » de 3 %). **68225**

Dans une telle situation, en effet, il est pratiquement impossible à l'administration de connaître l'identité des associés pour les soumettre soit à l'impôt sur la fortune (IFI et, anciennement, ISF et IGF), soit aux droits de mutation dus lors de la cession de droits sociaux, à titre gratuit ou onéreux. La taxe patrimoniale de 3 % agit en pratique (mais non en droit ; n° 68845) comme un **substitut forfaitaire** à ces impôts, ainsi qu'à l'impôt sur les plus-values éventuellement réalisées lors de la cession des titres.

Le Conseil constitutionnel a jugé la loi **conforme à la Constitution** en relevant notamment que le législateur avait entendu dissuader les contribuables d'échapper à l'ISF (à l'époque ; aujourd'hui à l'IFI) en créant, dans des États n'ayant pas conclu avec la France une convention fiscale comportant une clause d'assistance administrative en vue de lutter contre la fraude et l'évasion fiscales, des sociétés qui deviennent propriétaires d'immeubles situés en France ; qu'ainsi, il a voulu assurer la mise en œuvre de l'objectif de valeur constitutionnelle de lutte contre la fraude et l'évasion fiscales et qu'il a institué une différence de traitement en rapport direct avec l'objet de la loi en se fondant sur des critères objectifs et rationnels (Cons. const. 16 septembre 2011 n° 2011-165 QPC, Sté Heatherbrae Ltd : RJF 12/11 n° 1349).

Précisions La Cour de cassation a refusé de renvoyer au Conseil constitutionnel une **question prioritaire de constitutionnalité** portant sur les articles 990 D et 990 E du CGI dans leurs rédactions issues de la loi finances pour 1993 et de la loi de finances rectificative pour 2007 (Cass. com. QPC 11 avril 2018 n° 17-21.938 F-D, Fondation Nafond Privatstiftung : RJF 7/18 n° 788). La Cour relève en effet que, ne visant pas à sanctionner un comportement fautif mais à assurer l'effectivité du principe d'égalité devant la loi et les charges publiques, la disposition contestée ne revêt **pas le caractère d'une punition** ; en outre, les termes contestés d'« **actionnaires, associés ou autres membres** » des « entités juridiques : personnes morales, organismes, fiducies ou institutions comparables » employés par l'article 990 E, 3° - d) et e) du CGI (nos 68355 s.), s'ils sont entendus largement afin de permettre d'appréhender toutes les entités, quelle que soit leur forme juridique, susceptibles d'être concernées par ce texte, sont suffisamment précis pour que soient identifiées les personnes et entités concernées, au besoin grâce à une interprétation menée à la lumière de l'intention du législateur, qui est, dans un but de lutte contre la fraude et l'évasion fiscale, de dissuader les contribuables assujettis à l'impôt de solidarité sur la fortune (à l'époque ; aujourd'hui impôt sur la fortune immobilière) d'échapper à cette imposition en créant, dans des États n'ayant pas conclu avec la France une convention fiscale comportant une clause d'assistance administrative, des entités qui deviennent propriétaires d'immeubles situés en France.

Inflexions législatives liées à l'évolution de la jurisprudence

68226 La taxe de 3 % a connu une évolution chaotique, ballottée entre une jurisprudence de plus en plus favorable au contribuable et une législation qui, à chaque fois, cherchait à en contrecarrer les effets. Afin de la rendre compatible avec les conventions fiscales qui prévoient des clauses de **non-discrimination**, le législateur a étendu le champ d'application de la taxe aux **sociétés françaises** alors que, au départ, elle ne concernait que les sociétés étrangères (sur la jurisprudence de la Cour de cassation au regard du principe de non-discrimination, voir n° 81255) ; les possibilités d'exonération sont toutefois telles qu'en pratique, sous réserve de respecter les obligations déclaratives, les sociétés françaises ne sont pas concernées par cette taxe qui ne s'applique, en simplifiant, qu'aux sociétés situées dans des pays n'ayant pas conclu avec la France de conventions d'assistance administrative et aux sociétés pour lesquelles l'anonymat des associés est préservé.

La taxe de 3 % a été refondue, en dernier lieu, par l'article 20 de la loi de finances rectificative pour 2007, précisé par le décret n° 2008-354 du 15 avril 2008 et par un arrêté du 15 avril 2008 (JO n° 0091 du 17 avril 2008, p. 6387) ; pour l'essentiel, cette dernière réforme a consisté à étendre à la fois :
– le **champ d'application** de la taxe pour couvrir l'ensemble des entités juridiques qui détiennent directement ou indirectement des immeubles situés en France, qu'elles soient dotées ou non de la personnalité morale ;
– et les **cas d'exonération**, en Europe et hors d'Europe, en allégeant dans le même temps les obligations déclaratives.

A. Champ d'application

68235 La taxe patrimoniale de 3 % concerne les entités juridiques, françaises ou étrangères, qui sont à prépondérance immobilière en France, sous réserve de nombreuses exceptions.

1. Entités juridiques concernées

Principes

68238 La taxe concerne toutes les **entités juridiques**, **françaises** ou **étrangères**, qu'il s'agisse de personnes morales, d'organismes, de fiducies ou d'institutions comparables (par exemple, des trusts) qui, directement ou par entité interposée, possèdent un ou plusieurs immeubles situés en France ou qui sont titulaires de droits réels portant sur ces biens.

Les sociétés de **copropriété** visées à l'article 1655 ter du CGI (n° 67060) n'y sont cependant pas soumises (BOI-PAT-TPC-10-10 n° 1) ; en effet, ces sociétés sont, quelle que soit leur forme juridique, réputées ne pas avoir de personnalité distincte de celle de leurs membres pour l'application, notamment, des droits d'enregistrement (la taxe de 3 % est recouvrée selon les règles et sous les sanctions et garanties applicables aux droits d'enregistrement, en vertu de l'article 990 F du CGI).

La taxe est susceptible de s'appliquer aux **sociétés de capitaux, sociétés de personnes** ou « partnerships », sociétés civiles, **fondations** et, plus généralement, à toute entité dotée de la personnalité morale dans l'État dans lequel elle est enregistrée.

L'expression « organisme » désigne les entités, telles que les « **Anstalten** » et « **Stiftungen** » constituées en vertu de la législation du Liechtenstein, ainsi que les groupements (BOI préc. n° 30). Un **groupement** s'entend d'une structure juridique, dotée ou non de la personnalité morale, dans laquelle plusieurs personnes morales et physiques s'associent en vue de poursuivre un objectif économique commun ; il s'agit notamment des **GIE**, des **GEIE** et des groupements assimilés, des associations en participation ou encore de simples contrats d'associations qui incluent des accords de diverses natures (syndicat, groupe, pool…).

Sont notamment concernées les **fiducies** régies par la loi n° 2007-211 du 19 février 2007 (n° 68905 ; BOI préc. n° 40) ; quant aux institutions comparables aux fiducies et aux organismes, il s'agit des structures ou des arrangements comme les fondations de famille, les **trusts** (n° 68910) ou les fonds d'investissement non dotés de la personnalité morale (n° 68915 ; BOI préc. n° 50).

Précisions **a.** La loi, lorsqu'elle vise les « entités juridiques : personnes morales, organismes, fiducies ou institutions comparables » reprend la rédaction de l'article 209 B du CGI (nos 73100 s.) ; les commentaires administratifs sur la notion de **personne morale** et d'**organisme** sont donc logiquement d'inspiration identique. Dans le même sens, il n'est pas surprenant que l'administration considère que les trusts et les fiducies soient systématiquement dans le champ de la taxe puisqu'elle a déjà pris cette position à propos de l'article 209 B. Le Conseil d'État a approuvé cette manière de voir (n° 68913).

b. Il a été jugé que l'application de la taxe n'est pas subordonnée à ce que la société ait été créée après l'établissement de l'**impôt sur les grandes fortunes** (TGI Grasse 21 juin 1990, Société Boccace : RJF 11/90 n° 1406 ; jugement définitif après désistement d'un pourvoi).

c. La taxe peut viser les **situations préexistant** à l'entrée en vigueur de la loi de 1982 instaurant la taxe de 3 % (Cass. com. 23 février 1999 n° 472 D, Sté Gylas Investissement NV : RJF 5/99 n° 658 ; ancien BOI 7 Q-1-99 du 6 août 1999).

Détention d'actifs immobiliers

Seules sont concernées les entités juridiques qui possèdent **directement** ou **par entités interposées** des immeubles situés en France ou des droits réels portant sur de tels immeubles. Si la notion de détention directe n'appelle pas de remarques, celle de détention « par entités interposées » est plus délicate. L'article 990 D du CGI précise qu'est réputée posséder des biens ou droits immobiliers en France **par entité interposée** toute entité juridique qui détient une participation, quelles qu'en soient la forme et la quotité, dans une personne morale, un organisme, une fiducie ou une institution comparable, autre qu'une entité juridique visée aux 1° (n° 68265), a et b du 2° (nos 68270 à 68290) et a, b et c du 3° (nos 68315 à 68325) de l'article 990 E du CGI, qui est propriétaire de ces biens ou droits ou détenteur d'une participation dans une troisième personne morale, organisme, fiducie ou institution comparable, lui-même propriétaire des biens ou droits ou interposé dans la chaîne des participations ; cette disposition s'applique quel que soit le nombre de ces entités juridiques interposées. 68242

Cependant la taxe n'est due que par la ou les entités qui, dans cette chaîne, sont les plus proches des immeubles ou droits immobiliers et qui ne sont pas exonérées en application du d) ou du e) du 3° de l'article 990 E du CGI (nos 68355 à 68410).

Précisions Ces principes, déjà valables sous l'empire de la législation applicable avant le 1er janvier 2008 (qui visait seulement les personnes morales et non pas les entités juridiques, au sens large), avaient donné lieu à diverses décisions de jurisprudence qui sont largement **transposables**, même si les textes ont changé ; il a, par exemple, été jugé que la taxe est due :
- par une société de l'**île de Man** qui possède des immeubles en France par l'interposition de trois sociétés britanniques (Cass. com. 7 octobre 1997 n° 1962 D, Sté Bruncaster limited : RJF 3/98 n° 336) ;
- par une société des ex-**Antilles néerlandaises** (aujourd'hui Curaçao et Saint-Martin) qui détient un bien immobilier en France par l'intermédiaire d'une société néerlandaise (CA Rouen 18 mai 2005 n° 04-2988, 1e ch. cab. 1, Stés Prosto Beheer BV et Kresstown Corporation NV : RJF 7/06 n° 955, jugeant que la taxe est due par la société de tête ; arrêt définitif) ;
- par une société **luxembourgeoise** interposée dans une chaîne de participations, dans la mesure où, dans un tel cas, la taxe est due par la ou les personnes morales qui, dans cette chaîne, sont les plus proches des immeubles ou droits immobiliers et qui ne sont pas exonérées ; dès lors, la société qui possédait les immeubles litigieux en France, fût-elle interposée entre ces biens et une autre personne morale, était redevable de la taxe litigieuse (Cass. com. 31 janvier 2006 n° 154 FS-PB, Sté Mediterranean and Pacific Luxembourg finance company : RJF 5/06 n° 617) ;
- par des sociétés des **îles Vierges britanniques** détentrices d'un immeuble par l'intermédiaire d'une chaîne de participations (Cass. com. 2 mai 2007 n° 05-20.087 (n° 642 F-D), Sté Quenon Investments Ltd : RJF 11/07 n° 1354, écartant également la prétendue qualité de fiduciaire des sociétés en cause, principalement en l'absence de production d'un **contrat ayant date certaine**).

Exemple L'administration, au BOI-PAT-TPC-10-20 n° 10, prend l'exemple d'un immeuble situé en France (A) et affecté à la location, qui appartient à une société civile F qui a son siège en France. Les parts de F sont détenues pour moitié par deux sociétés E1 et E2 qui ont l'une et l'autre leur siège hors de France. 68244

La société F, ayant pris l'engagement de communiquer à l'administration les informations mentionnées au d) du 3° de l'article 990 E du CGI (n° 68355), n'est pas soumise à la taxe.

La société E1 a son siège dans un État hors Union européenne qui n'est pas lié à la France par une convention d'assistance administrative ou par une convention fiscale comportant une clause de non-discrimination (n° 68300) ; elle est donc redevable de la taxe de 3 % sur 50 % de la valeur vénale de l'immeuble.

La société E2 a son siège dans un État lié à la France par une convention fiscale comportant une telle clause de non-discrimination ; son capital est détenu par moitié par une personne physique (P) et par une société E3 qui a son siège hors Union européenne dans un État non lié à la France par une convention d'assistance administrative ou comportant une clause de non-discrimination.

E2, ayant pris l'engagement prévu au d) du 3° de l'article 990 E du CGI (n° 68355), est exonérée. La fraction de la valeur vénale de l'immeuble (50 % × 50 % = 25 %) qui correspond aux droits de la personne physique (P), associée dans E2, n'est pas soumise à la taxe de 3 %.

La société E3, en revanche, est redevable de la taxe de 3 % sur la fraction de la valeur vénale de l'immeuble qui correspond à ses droits (25 %).

Dans cet exemple, si les actions de la société E2 font l'objet de négociations significatives et régulières sur un marché réglementé (n° 68280), E3 est exonérée et ses actionnaires ne pourront pas être assujettis à la taxe de 3 % à raison de l'immeuble A.

Précisions L'administration envisage le cas des sociétés qui ont émis des **actions « traçantes »** ou « reflets », dont la rémunération peut éventuellement être indexée sur les performances de biens ou droits immobiliers détenus directement ou indirectement par la société émettrice ; dans ce cas, sous certaines réserves, les conditions d'application de la taxe s'apprécient seulement à l'égard des porteurs de cette catégorie de titres (BOI-PAT-TPC-10-20 n° 40). Le même principe est applicable, par exemple, aux **OPC à compartiments**.

68250 **Biens concernés** La taxe concerne les **immeubles** bâtis et non bâtis situés en France et les **droits réels** portant sur de tels immeubles (usufruit, droit d'usage...). Aucune distinction n'est à faire selon que l'immeuble est donné ou non en location, et selon la nature de la location ou de l'utilisation de l'immeuble.

La base d'imposition exclut la valeur des immeubles affectés par l'entité imposée ou par des entités interposées à leur **activité professionnelle** autre qu'immobilière ou à celle d'une entité juridique du même groupe (n° 68270).

Les biens détenus en stock par les personnes morales qui exercent la profession de **marchand de biens** ou de **promoteur** immobilier sont exonérés (CGI art. 990 F) ; ils sont néanmoins pris en compte pour le calcul du ratio de prépondérance immobilière (n° 68272, Précisions c).

Précisions Il a été jugé qu'une société dont le siège est situé dans les îles Anglo-Normandes est assujettie à la taxe de 3 % au titre de la détention d'actions dans une société lui donnant le droit de jouissance d'un **emplacement d'amarrage** (anneaux) pour bateaux de plaisance dans un port (TGI Nice 21 février 1995 n° 139-95, Sté Parnassus Entreprises Ltd. : RJF 5/96 n° 674 ; jugement définitif) ; le tribunal a considéré que l'importance des travaux de construction et de génie civil nécessaires à la création et à l'aménagement d'un port lui confère le caractère d'un **ensemble immobilier**, que les dispositifs d'amarrage relèvent de la définition selon laquelle un bien est immeuble par nature et que la jouissance de ces dispositifs s'analyse comme un droit réel qui n'est ni précaire ni révocable.

2. Personnes morales exonérées

68260 La loi prévoit divers cas d'exonérations qui sont codifiés à l'article 990 E du CGI et que l'on peut rassembler, par commodité, sous les trois rubriques suivantes.

a. Entités exonérées par nature et dispensées d'obligations déclaratives

États et organisations internationales (CGI art. 990 E, 1°)

68265 Les États souverains, leurs subdivisions politiques et territoriales, ainsi que les organisations internationales sont exonérés de la taxe sans avoir à apporter de justification particulière ;

il en va de même de leurs **filiales**, c'est-à-dire des personnes morales, organismes, fiducies ou institutions comparables qu'ils contrôlent à plus de 50 %.

L'exonération concerne ainsi les personnes morales de droit public et les entités juridiques de droit privé dont le capital est détenu, de manière directe ou indirecte, à plus de 50 % par un État souverain ainsi que les entités juridiques constituées par les États et dont ces derniers sont les principaux bénéficiaires.

Absence de prépondérance immobilière en France (CGI art. 990 E, 2-a)

Les entités juridiques qui ne sont pas à prépondérance immobilière en France sont exonérées de la taxe de 3 %, sans avoir à accomplir de formalités déclaratives particulières. 68270

Cette exonération vise les entités juridiques dont les actifs immobiliers situés en France représentent **moins de 50 %** des actifs français détenus directement ou par l'intermédiaire d'une ou plusieurs entités juridiques ; pour le **calcul de ce ratio**, ne sont pas inclus dans les actifs immobiliers les actifs détenus, directement ou indirectement, que les entités juridiques assujetties ou interposées affectent, directement ou indirectement, à leur activité professionnelle autre qu'immobilière ou à celle d'une entité juridique avec laquelle elles ont un lien de dépendance au sens du 12 de l'article 39 du CGI.

Précisions Soit, par exemple, une société étrangère qui possède un immeuble en France qui est donné en location à une **SARL française d'exploitation hôtelière** qu'elle contrôle ; dans ce cas, si la valeur de l'immeuble dépasse celle des parts de la SARL, la société étrangère est à prépondérance immobilière en France. Avant le 1er janvier 2008, elle ne pouvait invoquer l'exercice d'une activité professionnelle car son activité en France était « immobilière » (donner l'immeuble en location à la SARL) ; depuis le 1er janvier 2008, la société n'entre pas dans le champ de la taxe puisque l'immeuble est affecté à l'activité commerciale (hôtelière) de sa filiale française, qu'elle contrôle (il s'agit d'une entité liée au sens de l'article 39, 12 du CGI).

Détermination du ratio de prépondérance immobilière En pratique, il convient de faire le **rapport** au 1er janvier de l'année d'imposition, des deux ensembles suivants : 68272

– au numérateur doit figurer la **valeur vénale** des **immeubles** situés en France et des droits réels sur des immeubles situés en France possédés par l'entité, directement ou par l'intermédiaire d'une ou plusieurs personnes interposées françaises ou étrangères, à l'exception de la valeur vénale des immeubles ou droits réels immobiliers que l'entité juridique concernée détient directement ou indirectement et qui sont affectés directement ou indirectement à l'activité professionnelle de l'entité concernée ou à celle d'une entité interposée ou d'une entité avec laquelle l'entité concernée a des liens de dépendance au sens du 12 de l'article 39 CGI ;

– le dénominateur est constitué de la **valeur vénale de tous les actifs français** détenus directement ou indirectement par l'entité juridique ; il convient d'y faire figurer, outre la valeur retenue au numérateur, la valeur vénale des immeubles situés en France et affectés à une activité professionnelle et la valeur des biens meubles situés en France détenus directement ou indirectement, notamment des obligations et bons du Trésor français, parts d'intérêts, créances et valeurs mobilières françaises.

À propos d'une Anstalt du Liechtenstein qui détenait la quasi-totalité des parts d'une **SCI** française, il a été confirmé, ce qui va de soi, qu'il n'y a pas lieu, pour le **calcul du ratio**, de prendre en compte au dénominateur à la fois la valeur de l'immeuble et la valeur des parts puisque la valeur de l'immeuble entre dans la composition des parts sociales (CA Orléans 1er mars 2012 n° 11/02186, 7-7, Neafil Anstalt ; arrêt définitif) ; cet arrêt refuse également de regarder comme un actif à prendre en compte au dénominateur la **créance** que l'Anstalt prétendait avoir sur la SCI en remarquant que le versement de fonds n'est pas une preuve suffisante de l'existence d'une créance, que la créance avait régulièrement augmenté, qu'aucun remboursement n'était jamais intervenu et que d'ailleurs la SCI ne disposait d'aucune ressource lui permettant de la rembourser alors que le propre d'une dette est d'emporter obligation pour le débiteur de la rembourser.

En tout état de cause, la Cour de cassation a, depuis lors, précisé qu'une créance ayant servi à financer l'immeuble ne peut être considérée comme un « actif français » à prendre en compte au dénominateur de la fraction. Ainsi, il n'est pas possible, pour calculer le

68272 (suite) ratio de prépondérance immobilière, de prendre en compte au dénominateur à la fois la valeur vénale du bien immobilier appartenant à une SCI et la **créance en compte courant** détenue sur la SCI par une société britannique associée, qui avait financé l'acquisition du bien immobilier ; en effet, une telle méthode n'aurait aucun sens, car elle reviendrait à imposer seulement les entités étrangères qui achèteraient directement un bien immobilier en France, à l'exclusion de celles qui en feraient l'acquisition par le truchement d'une société française dont elles assureraient le financement par une avance en compte courant, avance qui, étant un actif français, gonflerait artificiellement le dénominateur du ratio de prépondérance immobilière (Cass. com. 2 décembre 2020 n° 18-22.512 F-D, Sté Cacique Investments Ltd, et même jour, dans la même affaire, n° 18-22.510 F-D, Sté Damor Investments Ltd : RJF 3/21 n° 327). En l'espèce, l'administration avait réclamé la taxe de 3 % à deux sociétés de Jersey qui étaient actionnaires d'une société britannique qui était elle-même associée quasi unique d'une SCI française détenant un immeuble en France ; la Cour de cassation approuve le raisonnement retenu par la cour d'appel, qui avait jugé que la valeur de l'immeuble aurait autrement été prise en compte deux fois, une première fois directement, une seconde fois par anticipation sur son prix de vente, et que le mode de calcul proposé par la société, procédant d'une approche purement abstraite, ne pouvait pas être retenu (CA Paris 7 mai 2018 n° 16/03476, Pôle 5, ch. 10, min. c/ Sté Cacique Investments Ltd : RJF 11/18 n° 1180).

Précisions **a.** Au sens du 12 de l'article 39 du CGI, des **liens de dépendance** sont réputés exister entre deux entreprises :
– lorsque l'une détient directement ou par personne interposée la majorité du capital social de l'autre ou y exerce en fait le pouvoir de décision ;
– ou lorsqu'elles sont placées l'une et l'autre, dans les conditions définies précédemment, sous le contrôle d'une même tierce entreprise.

Pour l'application de la taxe de 3 %, l'administration admet que des liens de dépendance sont réputés exister lorsque deux entreprises sont placées sous le contrôle d'une même personne physique (BOI-PAT-TPC-20-10 n° 50).

b. Les immeubles et droits immobiliers possédés par une **entité juridique interposée** sont pris en compte, que cette entité entre ou non elle-même dans le champ d'application de la taxe de 3 %.

c. Les immeubles ou droits réels sur des immeubles constituant le stock immobilier des **sociétés de construction-vente** ou des sociétés qui se livrent à une activité de **marchand de biens** sont pris en compte au numérateur. Soit, par exemple, une société étrangère qui possède un immeuble en France et des parts d'une SARL marchand de biens ; pour déterminer si cette société est à prépondérance immobilière, on prendra en compte l'ensemble des immeubles, mais, si le ratio de 50 % est atteint, la taxe ne sera due que sur la seule valeur de l'immeuble possédé en propre et non pas sur celle des immeubles détenus par la SARL et régulièrement affectés à l'exercice de son activité.

d. Il n'y a pas lieu d'inclure dans les actifs retenus au numérateur la valeur des titres des sociétés immobilières **cotées** et des titres non cotés de **Sicomi**, qui sont considérés comme des placements financiers (BOI-PAT-TPC-20-10 n° 60).

e. Un **château loué occasionnellement** et un **parc** dont les bois font l'objet d'une exploitation forestière ne peuvent être regardés comme affectés à l'exploitation commerciale de la société qui en est le propriétaire (Cass. com. 8 octobre 1991 n° 1197 P, L'Ormerie : RJF 12/91 n° 1611).

f. Pour un exemple où une société luxembourgeoise avait prétendu sans succès que l'immeuble qu'elle détenait était exploité à titre commercial dans le cadre d'un **contrat de location-gérance inexactement qualifié**, voir Cass. com. 13 février 2007 n° 04-11.726 (n° 201 F-D), Sté General-Mediterranean Holding : RJF 7/07 n° 870 ; le juge ne fait qu'user de son pouvoir souverain en décidant, sans dénaturation, que le contrat litigieux ne peut être qualifié de location-gérance, dès lors qu'il a relevé que la société avait loué non pas un fonds de commerce préexistant ni même un fonds à créer mais un immeuble équipé et aménagé à usage de résidence de tourisme et que faute d'exploitation antérieure, aucune clientèle n'avait pu être constituée.

g. Une société suisse qui donne en **location meublée** une maison d'habitation située à Megève n'est pas exonérée de la taxe de 3 % (Cass. com. 21 février 2012 n° 11-12.456 (n° 265 F-D), Sté Fimonas Immo : RJF 6/12 n° 662).

h. Une société luxembourgeoise ne démontre pas qu'elle n'est pas à prépondérance immobilière en France en se contentant de soutenir qu'elle détient des **parts d'un FCP français** pour une valeur supérieure à celle des immeubles qu'elle détient indirectement en France, dès lors qu'elle ne fournit pas d'indication sur la part des actifs français dans l'actif du fonds (CA Paris 4 février 2019 n° 17/13818, Pôle 5, ch. 10, SA Vantose ; arrêt définitif) ; selon l'analyse de la Cour, la circonstance qu'un FCP soit français ne suffit pas à conférer à ses parts le caractère de valeur mobilière française, s'agissant d'une entité sans personnalité morale et dont les parts représentent un droit de copropriété sur les actifs du fonds.

Détention par entité juridique interposée En cas de détention d'immeubles situés en France (ou de droits portant sur de tels immeubles) par l'intermédiaire d'une entité juridique interposée, la comparaison doit être opérée en rapportant la valeur vénale des immeubles français détenus par l'entité interposée à la valeur vénale des seuls actifs français de cette même entité interposée, sans prendre en compte au dénominateur la valeur des éléments de l'actif de l'entité interposée **qui se rattachent à un autre État** (immeubles situés hors de France, participations dans des sociétés étrangères, créances sur des non-résidents) ; il en va ainsi que l'entité juridique interposée ait son siège en France ou hors de France. 68274

Toutefois, dans le cas où l'entité interposée est une société française **cotée** sur une bourse de valeurs, l'administration admet que soit portée au dénominateur, comme actif français, la valeur totale de la participation détenue dans cette société interposée (BOI-PAT-TPC-20-10 nº 90).

Précisions La **prépondérance immobilière** s'apprécie tant au niveau de la personne morale étrangère que de la personne interposée (Cass. com. 3 juin 1998 nº 1159 D, Sté Simex : RJF 8-9/98 nº 1039).

Exemple L'administration prend, au BOI-PAT-TPC-20-10 nº 100, l'exemple d'une entité A qui possède un immeuble situé en France d'une valeur de 5 M€, des créances sur des débiteurs français d'une valeur de 10 M€, la totalité des actions d'une entité B non cotée ayant son siège en France qui possède un immeuble situé en France d'une valeur vénale de 8 M€ et un immeuble situé au Royaume-Uni d'une valeur vénale de 20 M€. L'entité B possède également des créances sur des débiteurs français d'une valeur de 10 M€. 68276

La **valeur vénale des actifs immobiliers possédés directement ou par entité interposée** par l'entité A est de :
- immeuble possédé en direct : 5 M€ ;
- immeuble possédé par entité interposée : 8 M€.
Soit 13 M€.

La **valeur vénale de ses actifs français** est de :
- immeubles possédés directement et indirectement : 13 M€ ;
- créances sur des débiteurs français détenues directement et par entité interposée : 20 M€.
Soit 33 M€.

Le **rapport** 13/33 étant **inférieur à 50 %**, l'entité A n'est pas à prépondérance immobilière.

Précisions La loi précise, contrairement à certains autres textes (par exemple, pour déterminer si des sociétés sont à prépondérance immobilière pour l'application des droits de mutation à titre gratuit sur le fondement de l'article 750 ter du CGI) que la **prépondérance immobilière s'apprécie en France** ; ainsi, la comparaison ne doit tenir compte que des seuls actifs français. Si, dans cet exemple, l'entité A ne détenait pas directement des créances sur des débiteurs français, elle aurait été à prépondérance immobilière, puisque le ratio aurait été de 13/23, soit 56,5 %.

Entités juridiques « cotées » (CGI art. 990 E, 2-b)

Les entités juridiques **cotées** s'entendent de celles dont les actions, parts et autres droits font l'objet de négociations significatives et régulières sur un marché réglementé ; elles échappent à la taxe patrimoniale de 3 %, de même que les personnes morales dont elles détiennent, directement ou indirectement, la totalité (parfois seulement 99 %) du capital social. 68280

Précisions L'expression « société cotée » est utilisée par le CGI et par commodité mais elle ne recouvre plus aujourd'hui une réalité juridique, les valeurs mobilières étant non pas « cotées » mais « admises à la négociation sur un marché réglementé ».

Notion de marché réglementé L'administration a indiqué, au BOI-PAT-TPC-20-10 nº 140, que la notion de marché réglementé vise, au **sein de l'Union européenne**, les marchés agréés par les États membres conformément à l'article 47 de la directive 2004/39/CE modifiée qui sont répertoriés sur la liste des marchés réglementés établie et mise à jour par la Commission européenne (doit être prise en compte la liste publiée au Journal Officiel de l'Union européenne, en vigueur au 1er janvier de l'année d'imposition). 68283

Hors de l'Union européenne, les critères à prendre en compte pour déterminer si une bourse est régie ou non par des règles analogues aux marchés réglementés de l'Union européenne sont les suivants :
– les conditions requises d'une entité juridique dont les actions, parts ou autres droits sont admis à la cote (situation juridique régulière, taille minimale de l'entité…) ;
– la fraction du capital qui doit être répartie dans le public ;
– l'importance et la fréquence des transactions nécessaires pour être maintenue à la cote ;
– la connaissance de l'identité des principaux actionnaires par les autorités de marché ;
– l'égalité de traitement des actionnaires ;
– les obligations d'information du public.

68285 **Négociations significatives et régulières** Pour que l'entité juridique dont les actions, parts et autres droits qui sont admis à la cotation d'un marché réglementé puisse bénéficier de l'exonération, ses actions, parts ou autres droits doivent faire l'objet de négociations significatives et régulières ; ces deux conditions sont cumulatives.

L'administration indique, au BOI-PAT-TPC-20-10 n° 170, que l'appréciation de ces deux critères doit être effectuée au cas par cas, en tenant compte notamment du contexte économique et juridique propre à chaque entité, ainsi que du volume et de la fréquence des transactions dont font l'objet ses actions, parts ou autres droits admis à la cotation sur un marché réglementé. Elle ajoute qu'à titre indicatif, les actions, parts et autres droits font l'objet de négociations significatives quand le seuil de flottant de l'entité juridique cotée est compris **entre 5 % et 25 %** si cette dernière est à même de justifier que ce seuil satisfait aux conditions du marché en cause. **Au-delà de 25 %**, il est présumé que les actions, parts et autres droits font l'objet de négociations significatives.

Toujours à titre indicatif, l'administration estime que les actions, parts ou autres droits de l'entité juridique doivent faire l'objet d'**au moins une transaction par mois** en moyenne, appréciée sur une période consécutive de douze mois, pour pouvoir être considérés comme faisant l'objet de négociations régulières (cette période consécutive de douze mois correspond à l'année civile précédant le 1er janvier de l'année d'imposition ; BOI préc. n° 190).

Précisions **a.** Le **seuil de flottant** est défini comme la fraction des actions, parts ou autres droits de l'entité juridique disponible au public (BOI-PAT-TPC-20-10 n° 190) ; le flottant est égal à la totalité du capital émis par l'entité juridique diminué de l'autocontrôle, des actions, parts ou autres droits détenus directement ou indirectement par des fondateurs et/ou par l'État, des blocs contrôlant, ainsi que des actions, parts ou autres droits liés par un pacte d'actionnaires, d'associés ou d'autres membres n'entrant pas dans les catégories précitées.

b. Ces exigences visent à éviter que des sociétés étrangères puissent bénéficier d'exonérations sans avoir à dévoiler l'identité de leurs actionnaires ou associés en raison seulement d'une **cotation** largement **artificielle**, comme il peut en exister sur certains marchés qui admettent à la cote des sociétés qui sont en fait presque entièrement privées.

68290 **Filiales des sociétés « cotées »** Les filiales, personnes morales dont le capital social est détenu, directement ou indirectement, à 100 % par une ou plusieurs entités juridiques bénéficiant de l'exonération (n° 68280), sont également exonérées de la taxe de 3 % sur le même fondement, sans qu'elles soient non plus tenues à une obligation déclarative.

L'administration admet que le seuil de 100 % soit réduit à **99 %** pour les entités qui, en raison de leur forme juridique, ont l'obligation d'être composées de plusieurs associés ou actionnaires (BOI-PAT-TPC-20-10 n° 210).

b. Entités exonérées dans certains cas et sous condition de localisation

Localisation géographique

68300 Sont exonérées si elles remplissent les conditions requises (nos 68315 à 68325) et sans avoir à satisfaire d'obligations déclaratives, les entités juridiques (personnes morales, organismes, fiducies ou institutions comparables) qui ont leur **siège** (au 1er janvier de l'année d'imposition) :
– soit en **France** ;

– soit dans un État membre de l'**Union européenne** ; l'administration se réserve dans ce cas la possibilité d'exiger de l'entité juridique tout justificatif attestant de la réalité de son implantation (BOI-PAT-TPC-20-20 n° 60) ;
– soit dans un pays ou territoire ayant conclu avec la France une **convention d'assistance administrative** en vue de lutter contre la fraude et l'évasion fiscales, même si ce n'est pas une convention fiscale ; à propos des entités dépourvues de personnalité morale, l'administration invite à examiner si la convention s'applique effectivement à ces entités alors que la loi se borne à exiger que l'entité juridique en cause « ait son siège » dans un pays lié à la France par une telle convention (BOI préc. n° 80 ; cette manière de voir n'est pas très littérale mais elle est logique et conforme à l'intention du législateur) ;
– soit dans un pays ou territoire ayant conclu avec la France un **traité** (qu'il s'agisse ou non d'une convention fiscale) leur permettant de bénéficier du **même traitement** que les entités qui ont leur siège en France (clause de non-discrimination). Pour être éligible, selon l'administration, la clause de **non-discrimination** doit prévoir que la clause de traitement national est applicable aux nationaux, en général, et non pas aux seules personnes physiques. En outre, les nationaux doivent être expressément définis dans la convention comme incluant la forme de l'entité concernée et la clause de non-discrimination doit viser expressément les impôts de toute nature ou dénomination (y compris, par conséquent, la taxe de 3 % ; BOI préc. n° 120).

Liste des États éligibles La documentation administrative fournit deux listes des États ou territoires éligibles en distinguant selon le texte applicable : **68302**
– États ou territoires hors Union européenne ayant conclu avec la France une **convention d'assistance administrative** pour l'application des exonérations prévues au 3° de l'article 990 E du CGI (BOI-ANNX-000349) ; cette liste a, en pratique, une portée qui dépasse la seule taxe patrimoniale de 3 % car elle fournit des indications pour l'application pratique de nombre de textes législatifs qui font référence à la notion de « convention d'assistance administrative en vue de lutter contre la fraude et l'évasion fiscales » (sous réserve des actualisations nécessaires) ;
– États ou territoires hors Union européenne ayant conclu avec la France un traité contenant une **clause de non-discrimination** permettant l'application des exonérations prévues au 3° de l'article 990 E du CGI (BOI-ANNX-000350).

Précisions **a.** L'exonération des entités qui peuvent bénéficier d'une **clause de non-discrimination** a été introduite en 1993, afin de tenir compte de la jurisprudence de la Cour de cassation ; dans le dispositif initial, en effet, alors que la taxe de 3 % ne s'appliquait qu'à des sociétés étrangères, la Cour de cassation avait considéré que, dès lors que les sociétés françaises étaient exonérées, les sociétés étrangères devaient l'être également en vertu de la clause de non-discrimination (selon la Cour, les deux se trouvaient placées dans la même situation, eu égard au fait générateur de la taxe, à savoir posséder un immeuble en France au 1er janvier). L'administration avait réagi en obtenant du législateur une **modification** « interprétative » du texte pour tenter de faire prévaloir un **critère de résidence** et non pas de nationalité ; mais cela n'avait pas convaincu la Cour de cassation qui, en formation plénière, avait confirmé sa jurisprudence antérieure (Cass. Ass. Plén. 21 décembre 1990 n° 322 P, SA Roval : RJF 1/91 n° 106, confirmant l'arrêt initial du 28 février 1989, Anglo/Swiss Land & Building : RJF 4/89 n° 524). C'est pourquoi la loi a finalement aligné le traitement des sociétés françaises sur celui des sociétés étrangères, en étendant le champ d'application de la taxe aux sociétés françaises ; de cette façon, la discrimination a disparu.

b. La Cour de cassation a considéré que la clause de **non-discrimination** incluse dans la **convention d'établissement** entre la France et **Panama** était applicable aux personnes morales et permettait d'écarter la taxe de 3 % (Cass. com. 15 novembre 1994 n° 2068 P, Sté Fire House Corporation : RJF 2/95 n° 277 ; Cass. com. 17 octobre 1995 n° 93-17.716, Sté Southern Properties : Droit fiscal 6/96 n° 157 ; cependant, le système mis en place à partir du 1er janvier 1993 n'a pas été jugé discriminatoire par Cass. com. 20 mai 2008 n° 07-13.734 (n° 603 F-D), Sté Pacar : RJF 10/08 n° 1141). Cette jurisprudence est aujourd'hui sans conséquence à l'égard de Panama étant donné la suppression des effets fiscaux de la clause d'égalité de traitement opérée par un accord de 1995 (n° 1300 ; en ce sens, Cass. com. 28 novembre 2006 n° 1310 F-D, Sté Beauvalais : RJF 5/07 n° 638 ; Cass. com. 8 avril 2008 n° 06-19.777 (n° 490 F-D), Sté Beauvalais : RJF 7/08 n° 905 ; en outre, les deux États sont aujourd'hui liés par une convention fiscale).

c. Les **accords d'échange de renseignements** cités au n° 1580 sont considérés comme des conventions d'assistance administrative pour l'application du 3° de l'article 990 E du CGI.

d. Sous l'empire d'une ancienne rédaction de la loi, il avait été jugé qu'une **société luxembourgeoise** ne pouvait bénéficier de l'exonération dès lors que la convention franco-luxembourgeoise ne contenait pas la clause de non-discrimination requise par la loi et que la société n'avait pas déposé la déclaration relative à l'identité des associés et la répartition du capital entre eux (Cass. com. 6 septembre 2011 n° 10-17.809 (n° 773 F-D), Sté Hydre : RJF 12/11 n° 1395).

68305 **Notion de siège** La doctrine administrative (BOI-PAT-TPC-20-20 n° 20) souligne que le siège s'entend du **siège de direction effective** (n° 41450) ; elle rappelle en outre (BOI préc. n° 30) qu'en vertu de l'article 1837 du Code civil (article 3 de la loi du 24 juillet 1966 sur les sociétés commerciales), les tiers, parmi lesquels figure l'administration, peuvent se prévaloir du siège statutaire, mais que celui-ci ne leur est pas opposable si le siège réel est situé en un autre lieu.

L'administration précise également que les **fiducies** et les **trusts** sont réputés établis dans l'État ou le territoire à la loi duquel ils sont soumis (BOI-PAT-TPC-20-20 n° 50) ; cette référence n'est plus très pertinente aujourd'hui étant donné que la loi du 29 juillet 2011 ne prend pas en considération la loi qui régit les trusts mais celle qui régit les administrateurs des trusts, à savoir les trustees (n°s 50300 s. et, notamment, n° 50620). Elle a cependant été approuvée par le Conseil d'État, saisi dans le cadre d'un recours pour excès de pouvoir contre la doctrine administrative (CE 9 mai 2019 n°s 426431 et 426434, 8e et 3e ch., Sté Amicorp Limited, venant aux droits du trust « The Stigell Family Trust » : RJF 8-9/19 n° 861 ; n° 68913) ; il a, en effet, été jugé qu'un trust doit être présumé, au sens et pour l'application du 3° de l'article 990 E du CGI, avoir son **siège** dans l'État ou le territoire selon le droit duquel ont été créées les relations juridiques qui l'ont institué.

Le Conseil d'État précise toutefois que la doctrine administrative se borne à faire état d'une présomption d'établissement dans l'État ou le territoire de la loi à laquelle les trusts, qualifiés d'**entités juridiques**, sont soumis et qu'elle ne saurait faire, par principe, obstacle à ce qu'une entité qui revendiquerait le bénéfice de l'exonération prévue par le 3° de l'article 990 E du CGI à raison des immeubles situés en France ou des droits réels portant sur ces immeubles qu'elle détiendrait, en estimant relever, dans le cadre de ses relations avec l'administration fiscale française, du droit d'un État ou territoire visé par ces dispositions, puisse en apporter la preuve et **renverser ainsi la présomption de rattachement** à l'État ou au territoire correspondant à la loi à laquelle elle est soumise.

Précisions **a.** Pour un exemple de **société britannique** dont le **siège de direction effective** était situé en **Suisse**, voir Cass. com. 12 décembre 2006 n° 04-18.616 (n° 1398 F-PB), Sté Dreamhouse limited : RJF 6/07 n° 770.

b. Il a été jugé qu'une **société irlandaise** avait, en réalité, son siège de direction effective à **Monaco**, au regard des critères tenant à ses organes de contrôle, ses organes administratifs et sa gestion financière (CA Aix-en-Provence 3 juin 2004 n° 04-426, 1e ch. B, Sté Manhattan Bridge Holdings limited : Droit fiscal 2005 n° 11, comm. n° 292 ; arrêt définitif).

c. Pour un exemple de société dont le siège était situé à **Jersey** et qui a échoué à démontrer que son siège de direction effective était situé en France, voir Cass. com. 12 juillet 2011 n° 10-19.110 (n° 705 F-D), Sté Atlantic Espace : RJF 12/11 n° 1394.

Entités détenant des biens de faible valeur (CGI art. 990 E, 3°-a)

68315 Les entités juridiques visées au n° 68300 sont exonérées si la quote-part du ou des immeubles situés en France ou des droits réels détenus directement ou indirectement portant sur ces biens est **inférieure** à **100 000 €** ou à **5 %** de la valeur vénale de ces biens ou droits.

En cas d'investissement indirect, la valeur vénale du bien ou droit immobilier est retenue, pour déterminer les seuils de 100 000 € ou 5 %, à hauteur du pourcentage de détention de l'entité juridique concernée dans le capital de celle détenant le bien ou droit (BOI-PAT-TPC-20-20 n° 160).

Les seuils de 100 000 € et de 5 % ont un caractère alternatif. Par suite, tout investissement dont la valeur se situe en deçà de l'un ou l'autre de ces seuils peut bénéficier d'une exonération si les conditions sont remplies.

68317 En ce qui concerne l'exonération des biens de faible valeur (n° 68315), la **prise en compte des investissements immobiliers** se fait de la manière suivante (BOI-PAT-TPC-20-20 n° 180) :
– si l'entité juridique détient directement ou indirectement un immeuble en France ou des droits réels portant sur ce bien et si la valeur vénale de ce bien ou des droits qu'elle détient représente moins de 100 000 €, elle est exonérée de la taxe de 3 % ; il en est de même si elle détient moins de 5 % de la valeur vénale de ce bien ou droit immobilier, quelle que soit la valeur du bien ou droit immobilier ;
– si une entité juridique détient, directement ou indirectement, une pluralité de biens immobiliers, l'analyse, et par suite l'application de l'exonération, doit être faite bien par bien.

En conséquence, une entité juridique qui ne détient pas plus de 5 % ou plus de 100 000 € de la valeur vénale d'un bien immobilier peut se prévaloir de l'exonération à raison de cette détention.

Institutions de retraite ou d'utilité publique (CGI art. 990 E, 3°-b)

Ces entités sont exonérées si elles satisfont au critère de localisation géographique (n° 68300) et si elles ont été instituées en vue de gérer des régimes de retraite ; sont également exonérés leurs groupements, ainsi que les entités juridiques reconnues d'utilité publique ou dont la gestion est désintéressée, et dont l'activité ou le financement justifie la propriété des immeubles ou droits immobiliers. **68320**

Cette exonération concerne trois types d'entités juridiques (BOI-PAT-TPC-20-20 n° 190) :
– les institutions de **gestion de régimes de retraites** : caisses de retraites au sens strict, mais également l'ensemble des institutions qui administrent les régimes de sécurité sociale ou les retraites professionnelles et individuelles, ainsi que les groupements agissant pour le compte de ces institutions ;
– les entités juridiques **reconnues d'utilité publique** ;
– les entités juridiques dont la gestion est **désintéressée**, comme les « Charities » de droit étranger.

Pour l'application de cette exonération, la détention d'actifs immobiliers français doit être justifiée :
– soit par l'activité même de l'entité juridique ;
– soit par le financement de cette activité : sont concernés les immeubles ou droits immobiliers qui constituent une source de revenus ou de profits affectés à la réalisation de l'objet de l'entité juridique.

Sppicav ou FPI et équivalents étrangers (CGI art. 990 E, 3°-c)

Les **Sppicav** (sociétés de placement à prépondérance immobilière à capital variable) et les FPI (fonds de placement immobilier) sont exonérés en vertu de la loi. **68325**

Il en va de même des **entités** juridiques **étrangères** qui satisfont aux critères de localisation géographique (n° 68300) et qui sont soumises à une **réglementation équivalente** dans l'État ou le territoire où elles sont établies, cette équivalence étant appréciée de façon assez stricte.

Ces dispositions ne concernent que les **Sppicav**, FPI et les entités juridiques étrangères soumises à une réglementation équivalente qui sont à prépondérance immobilière au regard de la taxe de 3 % (elles peuvent d'ailleurs aussi en être exonérées dans les conditions décrites n°s 68355 et 68400).

L'administration fournit des indications assez détaillées sur les **critères** qui doivent être retenus en ce qui concerne les structures étrangères équivalentes (BOI-PAT-TPC-20-20 n°s 210 s.) ; en substance, sont visés les organismes de placement collectif ouverts, dont l'objet est le placement collectif des capitaux recueillis auprès du public ainsi que l'investissement direct ou indirect dans des biens immobiliers en vue de leur location ou revente, dont le fonctionnement est soumis au principe de la répartition des risques et dont les parts ou actions ne sont pas réservées à des investisseurs qualifiés ou à des investisseurs étrangers appartenant à une catégorie équivalente sur le fondement du droit du pays dans lequel est situé leur siège et sont, à la demande des porteurs, rachetées ou remboursées, directement ou indirectement, à la charge des actifs de la société.

En outre, l'actif doit être composé :
– à concurrence d'au moins **5 %**, de **liquidités** ou d'instruments financiers à caractère liquide, afin d'assurer la liquidité et de permettre à tout moment le rachat de parts ou d'actions,
– pour au moins **60 % d'actifs immobiliers**, et pour au moins 51 % d'actifs immobiliers n'ayant pas la nature de titres de sociétés cotées, sans toutefois dépasser 90 % (la doctrine administrative précitée détaille le mode de calcul de ces seuils).

La structure étrangère doit, enfin, être soumise à l'agrément et au contrôle d'une **autorité de surveillance** dont les attributions et les modalités de fonctionnement sont équivalentes à celles de l'Autorité des marchés financiers.

En ce qui concerne les fonds étrangers qui ne sont pas soumis à une **réglementation équivalente** à la réglementation française, l'administration avait assoupli sa position par un rescrit du 14 septembre 2010 (rescrit n° 2010/56 (FP) : BF 11/10 n° 1062, aujourd'hui abrogé faute d'avoir été repris au BOFiP mais vraisemblablement toujours appliqué en pratique) ; ce rescrit concerne exclusivement les **fonds d'investissements immobiliers ouverts** étrangers qui ont leur siège dans un État membre de l'Union européenne, ou dans un État ou territoire ayant conclu avec la France une convention d'assistance administrative en vue de lutter contre la fraude et l'évasion fiscales, ou dans un État ayant conclu avec la France un traité leur permettant de bénéficier du même traitement que les entités qui ont leur siège en France.

L'administration avait admis que les fonds d'investissements immobiliers ouverts étrangers qui, bien que n'y étant pas tenus du fait de leur législation nationale, **respectent dans les faits** les ratios de liquidité et de prépondérance immobilière, bénéficient de l'exonération visée au c) du 3° de l'article 990 E du CGI. Cette tolérance ne s'applique qu'aux fonds respectant par ailleurs les autres critères posés par la doctrine administrative, qui prévoient que l'exonération est réservée aux organismes de placement collectif soumis à l'agrément et au contrôle d'une autorité de surveillance équivalente à l'AMF qui investissent directement ou indirectement dans des biens immobiliers en vue de leur location ou revente, dont le fonctionnement est soumis au principe de la répartition des risques et qui ne sont pas réservés à des investisseurs qualifiés. Cette tolérance ne modifie pas la **situation des investisseurs** qui doivent toujours apprécier leurs obligations en matière de taxe de 3 % au regard des articles 990 D et suivants du CGI.

Il était également précisé que les fonds d'investissements immobiliers ouverts étrangers qui ne pourraient pas bénéficier de cette solution, bénéficient d'une **exonération totale** de la taxe de 3 % en application de l'article 990 E 3° d) du CGI, s'ils respectent les conditions suivantes :
– leurs rapports annuels et prospectus mentionnent expressément que les porteurs de parts détenant directement ou indirectement plus de 1 % du capital du fonds doivent se faire connaître auprès du fonds afin que ce dernier transmette l'information aux autorités fiscales françaises compétentes ;
– et la déclaration n° 2746-SD (n° 68360) mentionne les informations relatives aux biens immobiliers qu'ils détiennent directement ou indirectement ainsi que celles relatives aux porteurs de parts qui, à leur connaissance, détiennent directement ou indirectement plus de 1 % de leur capital.

L'administration ajoutait enfin que si, les deux conditions précédentes étant réunies, elle découvrait ultérieurement qu'un ou des porteurs de parts détenant directement ou indirectement plus de 1 % de capital du fonds n'étaient pas révélés au fonds, ce dernier n'était responsable du paiement de la taxe de 3 % qu'à concurrence de la quote-part de détention du ou des porteurs non révélés.

Précisions **a.** En pratique, l'administration prend, à propos des équivalents étrangers des **Sppicav** et FPI, une position plutôt fermée, en exigeant une **équivalence assez stricte** avec les entités françaises de même nature, ce qui peut poser, le cas échéant, certaines difficultés.

b. Concernant les **entités étrangères** soumises à une réglementation équivalente aux FPI, le **seuil de 60 %** est apprécié en faisant le rapport entre :
– au numérateur, pour leur valeur réelle, les actifs immobiliers situés en France, dans un État de l'Union européenne ou dans un État (hors de l'Union européenne) lié à la France par une convention d'assistance administrative en vue de lutter contre la fraude et l'évasion fiscales ;
– au dénominateur, la valeur réelle de l'ensemble des actifs du fonds situés en France ou dans un État (hors de l'Union européenne) lié à la France par une convention d'assistance administrative en vue de lutter contre la fraude et l'évasion fiscales (BOI-PAT-TPC-20-20 n° 310).

c. Entités exonérées sous condition de localisation et sous condition déclarative

68340 Sont exonérées, sous condition déclarative, les entités juridiques dont le **siège** est **situé** dans l'un des **États mentionnés** n° 68300 et qui se trouvent dans l'une des situations décrites n°s 68355 à 68410, c'est-à-dire qui communiquent, ou qui prennent l'engagement de communiquer, à l'administration diverses **informations** qui lui permettront de soumettre, le cas échéant, les associés à l'impôt sur la fortune ou aux droits de mutation à titre gratuit à raison de la transmission des actions ou parts (également, le cas échéant, à l'imposition des plus-values). **68340** (suite)

La Cour de cassation est particulièrement rigoureuse quant à l'exactitude des informations que les sociétés doivent fournir pour bénéficier de ces exonérations ; elle considère que les conditions législatives sont d'interprétation stricte et n'admet pas que les informations fournies ne soient pas vérifiables. Notamment, le fait qu'une société luxembourgeoise ait émis des **actions au porteur** ne lui permet pas d'échapper à la taxe dès lors qu'il ne lui est pas interdit de mettre en place un mécanisme lui permettant d'identifier les porteurs (Cass. com. 15 décembre 2009 n° 08-20.840, F-D, Sté Erice : Droit fiscal n° 2010 n° 23, comm. n° 364). Les déclarations prévues par la loi doivent être **exactes et complètes** et la société qui les souscrit doit être aussi **transparente** qu'une société ayant son siège en France (Cass. com. 18 octobre 2011 n° 10-25.211 (n° 1002 F-D), Sté Immofra : RJF 2/12 n° 185). Dans cette affaire, la Cour de cassation réaffirme que le fait que ses actions soient au porteur n'interdit pas à la société de mettre en place un **mécanisme d'identification** et qu'il lui appartient de se donner les moyens de satisfaire complètement ses obligations déclaratives (des déclarations d'une opacité totale sur la réalité et l'adresse des associés à la date de la déclaration ainsi que sur le nombre des actions ou parts détenues par chacun d'eux ne respectent pas les dispositions législatives).

Cette sévérité est également illustrée par les affaires suivantes :
– une société luxembourgeoise qui avait donné des **informations** sur ses actionnaires qui **ne correspondaient pas** à celles transmises par l'administration luxembourgeoise n'a pu obtenir la décharge (Cass. com. 4 mai 2010 n° 08-20.650 (n° 493 F-D), Sté Axe Real Estate : RJF 10/10 n° 971) ; la société n'avait pas pu apporter la preuve qui lui incombait de la **réalité de son actionnariat** dès lors qu'il ne résultait d'aucun élément que les procès-verbaux d'assemblée générale produits aient été établis en présence d'un notaire, que les informations fournies par la société étaient des affirmations univoques, confortées par ses seuls administrateurs, qu'il lui était possible d'établir autrement que par les seuls documents qu'elle produisait la réalité de la détention des parts constituant son capital, notamment en justifiant des mouvements financiers liés aux cessions d'actions et augmentations de capital invoqués, alors même qu'elle n'était pas dans l'impossibilité d'apporter la preuve des éléments justifiant l'exonération fiscale dont elle sollicitait le bénéfice. La **mauvaise foi** a été caractérisée au motif que la société avait, dans le but d'échapper au paiement de la taxe, masqué l'identité du détenteur de son capital, et commis un manquement délibéré à ses obligations ;
– une société luxembourgeoise qui avait régulièrement déclaré son actionnaire mais en indiquant une **mauvaise adresse** n'a pu obtenir l'exonération alors même qu'elle avait communiqué ultérieurement son adresse exacte, mais plusieurs semaines après sa réponse à la proposition de rectification (Cass. com. 2 octobre 2019 n° 17-26.858, Sté Tiana Real Estate) ; la Cour de cassation juge notamment que la société ne pouvait se prévaloir de sa propre carence et de son manque de diligence quant à la vérification des informations qu'elle avait reportées sur ses déclarations ;
– une société luxembourgeoise qui détenait indirectement un chalet à Courchevel et qui était détenue par une personne physique domiciliée en Russie n'a pu obtenir l'exonération, car les éléments qu'elle avait fournis, qui avaient pourtant convaincu le TGI d'Albertville, ont été jugés insuffisants pour **démontrer la réalité de son actionnariat** (CA Chambéry 2 juin 2020 n° 18-01.557, 1e ch., Sté Crystal Vision Holdings, faisant l'objet d'un pourvoi enregistré sous le n° K 20-20.306) ; dans cette affaire, pour les années concernées les actions étaient au porteur, il n'y avait pas d'acte d'acquisition et les éléments produits soit n'étaient pas authentiques ou vraiment probants, soit concernaient des années postérieures ;
– l'administration était fondée à estimer que les conditions de l'exonération n'étaient pas réunies au cas d'une **société luxembourgeoise** qui possédait un appartement à Cannes et qui avait déclaré qu'elle était détenue par une personne physique, alors que ses statuts et diverses pièces mentionnaient des sociétés étrangères et qu'il n'était pas démontré que la personne physique déclarée était l'unique bénéficiaire de la société luxembourgeoise ou son seul porteur d'actions (CA Aix-en-Provence 5 mars 2019 n° 17/07724, ch. 1-1, Sté Semiramis Investments, ayant fait l'objet d'un pourvoi rejeté par Cass. com. 25 mai 2022 n° 19-17.099 au motif que les moyens invoqués n'étaient manifestement pas de nature à entraîner la cassation) ; l'exigibilité de la taxe de 3 % a été confirmée alors même que la personne physique avait été **assujettie à l'ISF** à raison de sa détention personnelle des titres de la société luxembourgeoise, qu'elle avait spontanément déclarés, la Cour n'y voyant matière à aucun reproche d'incohérence ou de contradiction à adresser à l'administration.

Ce dernier arrêt souligne que, sur le plan des principes, c'est **au contribuable d'apporter des éléments** dont le caractère probant doit être apprécié au regard des règles applicables et que l'administration n'a pas à prouver l'inexactitude de la déclaration mais doit seulement démontrer que les éléments produits sont insuffisants à en rapporter la preuve ; la Cour ajoute que, pour garantir la sincérité des preuves produites, celles-ci doivent, avec date certaine, être antérieures ou à tout le moins contemporaines de la date du fait générateur de l'impôt. En tout état de cause, l'administration n'a pas à mettre une société qui, en réponse à une demande de renseignements sur le fondement de l'article 990 E, 3° du CGI, fournit des **renseignements inexacts** en demeure de compléter sa réponse mais peut lui refuser directement l'exonération et émettre un avis de mise en recouvrement au motif que l'identité des actionnaires réels de la société n'est pas établie (Cass. com. 13 juin 2018 nº 16-24.714 F-D, Sté Tourism Investments and Consulting : RJF 2/19 nº 219).

De son côté, l'administration rappelle qu'afin de s'assurer du bien-fondé de l'exonération de taxe de 3 %, en application des d et e du 3° de l'article 990 E du CGI, elle peut demander à l'entité juridique concernée de **justifier de l'identité et de l'adresse de ses actionnaires, associés ou porteurs de parts** ainsi que du nombre des actions, parts ou droits détenus par chacun d'eux au moyen du ou des justificatifs qui seront nécessaires (BOI-PAT-TPC-20-20 nº 570) ; les documents de nature à apporter cette justification sont notamment :
– les **actes sociaux** déposés auprès des juridictions ou services publics de l'État ou du territoire de résidence de l'entité en cause, tels que : extrait du registre du commerce ou équivalent, statuts, registres sociaux imposés par le droit des sociétés du pays concerné (délibérations des assemblées d'associés ou d'actionnaires et des organes de direction, procès-verbaux d'assemblée générale, de conseil d'administration ou de surveillance...) ;
– les **déclarations** déposées auprès des autorités fiscales de l'État ou du territoire de résidence de l'entité lorsqu'elles apportent ces informations ;
– les **documents authentifiés** par un membre d'une profession réglementée constatant la répartition des titres et les mouvements de titres (registres de titres nominatifs ou de mouvement de titres), ainsi que tout justificatif tenant aux **mouvements financiers** liés aux actes de cessions, d'acquisitions de titres, augmentations ou réductions de capital ;
– tout autre document officiel délivré par l'administration étrangère précisant l'identité, l'adresse des actionnaires, associés ou porteurs de parts et le nombre de parts ou droits détenus.

Précisions **a.** Lorsque la société a son siège dans un **pays « non conventionné »**, la taxe s'applique même si l'anonymat est levé (Cass. com. 5 octobre 1999 nº 1441 D, DGI c/ Sté Berenix Finanzetablissement : RJF 3/01 nº 400).

b. Compte tenu des attestations produites, qui étaient précises, concordantes et non discutées par l'administration, la Cour de cassation a jugé qu'une personne physique, désignée comme **unique bénéficiaire économique** d'une société luxembourgeoise dont la totalité des actions avait été souscrite pour son compte, pouvait être assimilée à un détenteur d'actions et qu'en désignant cette personne en réponse à une mise en demeure la société luxembourgeoise avait bien satisfait à son obligation déclarative (Cass. com. 18 octobre 2016, nº 15-14.528 F-D, min. c/ Sté Katzoo : RJF 2/17 nº 193) ; dans cette affaire, où il semble que la personne physique ait été bénéficiaire d'une **fiducie luxembourgeoise**, l'administration avait recherché en paiement tant la SCI française que la société luxembourgeoise qui en était associée.

c. Une société luxembourgeoise, qui avait déclaré ses actionnaires au titre des années 2009 à 2014, a fait l'objet d'une rectification qui a été confirmée au motif que les actionnaires déclarés n'étaient pas ceux qui apparaissaient dans les procès-verbaux des assemblées générales et que les contrats de **fiducie** allégués, dépourvus de date certaine faute d'avoir été notariés et enregistrés en France (ils n'ont acquis date certaine qu'à compter de leur certification notariée en 2015), n'étaient pas de nature à démontrer que la société avait déclaré l'identité de ses bénéficiaires économiques (CA Aix-en-Provence 28 juin 2022 nº 19/07917, ch. 1-1, SA C View). La Cour réaffirme une position très stricte au motif que « le principe est donc celui de la taxe, et l'exception, l'exonération à raison de la fourniture des renseignements requis à l'administration fiscale ».

Incidences des conventions fiscales

68342 La question de la compatibilité de la taxe patrimoniale de 3 % avec les clauses de non-discrimination incluses dans les conventions fiscales a été posée dès l'origine (nº 68302, Précisions a) ; elle est aujourd'hui résolue compte tenu des modifications législatives destinées à répondre aux objections de la Cour de cassation.

Sous l'empire de la législation applicable avant le 1er janvier 2008, mais la solution est transposable à la législation actuelle, il a ainsi été jugé que l'**obligation** de **déclaration** n'est pas contraire à l'article 26 de la **convention fiscale franco-suisse** du 9 septembre 1996 (Cass. com. 8 avril 2008 n° 07-13.210 (n° 491 FS-PB), Sté Covexim : RJF 7/08 n° 906) ; la Cour de cassation juge, en substance, que cette obligation permet de respecter la spécificité des sociétés de droit suisse, dès lors que le dispositif exonère les personnes morales qui ont leur siège de direction effective en France et celles qui, en vertu d'un traité, ne doivent pas être soumises à une imposition plus lourde si ces personnes morales, soit communiquent directement chaque année à l'administration des renseignements concernant la situation et la consistance de l'immeuble, l'adresse des actionnaires, le nombre des actions détenues par chacun d'eux et la justification de leur résidence fiscale, soit prennent l'engagement de communiquer à l'administration fiscale, sur sa demande, lesdits renseignements, la lettre d'engagement étant la même s'agissant de toutes les personnes morales concernées.

Depuis lors, la Cour de cassation a confirmé, toujours à propos d'une société suisse, que les obligations déclaratives relatives à la taxe de 3 % ne présentent **aucun caractère discriminatoire** (Cass. com. 24 mai 2011 n° 10-15.149 (n° 497 F-D), Sté Sparazur : RJF 10/11 n° 1102). Dans le même sens, à propos d'une société britannique, Cass. com. 6 novembre 2019 n° 17-22.425 F-D, Sté Bournedale Estates Limited : RJF 2/20 n° 168, jugeant qu'aucune discrimination ne résulte des obligations déclaratives permettant l'exonération.

Précisions La Cour de cassation avait considéré, à propos d'une société du **Panama** qui réclamait la protection de la convention d'établissement avec la France (ancienne convention), que le mécanisme en place à compter du 1er janvier 1993 n'était pas discriminatoire (Cass. com. 20 mai 2008 n° 07-13.734 (n° 603 F-D), Sté Pacar : RJF 10/08 n° 1141). En l'espèce, la société panaméenne, qui avait déposé les déclarations sans fournir l'identité et l'adresse de ses associés, le nombre de titres détenus par chacun d'eux et la justification de leur résidence fiscale, ne remplissait pas les conditions pour être exonérée.

Incidences du droit de l'Union européenne

Avant la loi de finances rectificative pour 2007, la loi n'offrait de possibilité d'exonération conditionnelle qu'en cas d'application d'une convention fiscale comportant une clause d'assistance administrative en vue de lutter contre la fraude ou l'évasion fiscale, ou d'un traité prévoyant une égalité de traitement (aujourd'hui, toutes les sociétés européennes peuvent être exonérées si elles satisfont leurs obligations déclaratives, de la même façon que les sociétés françaises) ; cette ancienne rédaction de la loi conduisait à écarter du champ de l'exonération les **sociétés luxembourgeoises** constituées sous l'empire de l'ancienne loi de 1929. **68347**

Mais la Cour de justice avait considéré que cette condition n'était pas conforme aux traités européens et que la France ne pouvait justifier une telle restriction par l'absence de possibilité effective d'échanger des renseignements (CJCE 11 octobre 2007 aff. 451/05, 4e ch., Elisa : RJF 1/08 n° 97) ; la Cour de cassation en avait tiré les conséquences (Cass. com. 8 avril 2008 n° 02-10.359 (n° 495 FS-PBRI), Sté Elisa : RJF 7/08 n° 913 ; également Cass. com. 20 mai 2008 n° 06-10.043 (n° 599 F-D), DGI c/ Sté Sataf : RJF 10/08 n° 1147), en exceptant le **Panama** (Cass. com. 20 mai 2008 n° 07-13.734 (n° 603 F-D), Sté Pacar : RJF 10/08 n° 1141). La Cour de cassation a ensuite précisé que le dispositif alors applicable ne portait pas atteinte au principe de **liberté de circulation des capitaux** s'agissant de personnes morales ayant leur siège dans un État ayant conclu avec la France une convention d'assistance administrative ou un traité de non-discrimination, dès lors qu'il permettait à ces personnes d'obtenir le bénéfice de l'exonération en justifiant soit du dépôt des déclarations visées par l'article 990 E, 2° du CGI, soit de la communication, spontanément ou à la suite d'un engagement, des informations prévues par l'article 990 E, 3° du même Code (Cass. com. 1er mars 2017 n° 15-15.896 F-D, min. c/ Sté Mifratel : RJF 6/17 n° 634, à propos d'une société belge imposée au titre des années 2005 à 2007).

Quant au **mécanisme déclaratif**, la Cour de cassation juge qu'il est compatible avec le droit de l'Union européenne, dans le même mouvement qui juge sa compatibilité avec la clause de non-discrimination conventionnelle (Cass. com. 8 avril 2008 n° 07-13.210 (n° 491 FS-PB), Sté Covexim : RJF 7/08 n° 906 ; Cass. com. 29 septembre 2009 n° 08-14.538 (n° 810 F-PB), Sté Temis : RJF 1/10 n° 87) ; voir aussi n° 68342.

Enfin, la question de l'application de la taxe aux pays tiers et celle de la **solidarité des personnes interposées** avaient été renvoyées à la Cour de justice par le TGI de Paris (jugement du 9 septembre 2009, n° 08/12666, 9e ch., 2e sect., Prunus et Polonium c/ Directeur des services fiscaux : Droit fiscal 2009 n° 50, act. 373). Mais la Cour de justice n'a pas tranché la question de la solidarité des personnes interposées en admettant l'application de la taxe sur le fondement de la « clause de gel » (CJUE 5 mai 2011 aff. 384/09, 3e ch., Prunus SARL : RJF 7/11 n° 910, à propos d'une société française détenue par une société luxembourgeoise elle-même détenue par deux sociétés des **îles Vierges britanniques** ; n° 81985, Précisions b). Les demandes des sociétés requérantes ont ensuite été rejetées par TGI Paris 14 mai 2013 n° 12/05482, 9e ch., 2e sect., Prunus et Polonium c/ DNVSF (les sociétés n'avaient maintenu que le seul grief tiré du caractère confiscatoire de l'imposition contestée au regard de la convention européenne des droits de l'Homme et ce grief a été rejeté ; jugement définitif). Dans la ligne de la jurisprudence de la Cour de justice, la Cour de cassation a jugé la taxe applicable à une société de **Polynésie française** (Cass. com. 2 novembre 2011 n° 10-14.466 (n° 1087 FS-PB), Sté Opuhi : RJF 2/12 n° 197).

Précisions **a.** En pratique, l'exonération dont peuvent bénéficier les sociétés **holdings « 1929 »** n'a plus d'importance car ces sociétés ont disparu pour des raisons d'incompatibilité avec le droit de l'Union européenne.

b. L'extension européenne permet à des sociétés établies au **Luxembourg** (Soparfi), en **Belgique** ou au **Danemark** d'être exonérées en prenant simplement un engagement de communiquer à l'administration les informations nécessaires, alors que, dans le passé, il leur fallait déposer effectivement une déclaration n° 2746 avant le 16 mai de chaque année.

c. En ce qui concerne le **Danemark**, l'exception européenne est particulièrement bienvenue car la France et le Danemark ne sont plus liés par une convention fiscale depuis le 1er janvier 2009, le Danemark ayant dénoncé la convention conclue avec la France le 8 février 1957.

d. Dès lors qu'une société luxembourgeoise dispose de la faculté de déposer les déclarations lui permettant de bénéficier de l'exonération, la taxe ne porte pas atteinte au principe de la **libre circulation des capitaux** ni à l'article 1er du protocole additionnel n° 1 à la **convention européenne des droits de l'Homme** (Cass. com. 20 mars 2012 n° 11-10.484 (n° 313 F-D), Sté Vantage Media Group : RJF 7/12 n° 770, à propos d'une société ayant déposé des déclarations incomplètes).

Cas des pays de l'Espace économique européen

68350 Saisie par la Cour de cassation, la Cour de justice a jugé, à propos d'une société dont le siège était situé au Liechtenstein, que l'article 40 de l'accord EEE ne s'oppose pas à une législation nationale telle que celle relative à la taxe de 3 % (il s'agissait de l'ancien dispositif, les années concernées étant les années 1978 à 2000), qui exonère les sociétés qui ont leur siège social sur le territoire d'un État membre et qui subordonne cette exonération, pour une société dont le siège social se trouve sur le territoire d'un État tiers membre de l'EEE, à l'existence d'une **convention d'assistance administrative** conclue entre l'État membre et l'État tiers en vue de lutter contre la fraude et l'évasion fiscales ou à la circonstance que, par application d'un traité comportant une clause de **non-discrimination** selon la nationalité, ces personnes morales ne doivent pas être soumises à une imposition plus lourde que celle à laquelle sont assujetties les sociétés établies sur le territoire de cet État membre (CJUE 28 octobre 2010 aff. 72/09, 3e ch., Établissements Rimbaud SA : RJF 1/11 n° 128).

La Cour juge que la législation française doit être considérée comme justifiée vis-à-vis de l'État partie à l'accord EEE par les raisons impérieuses d'intérêt général tenant à la lutte contre la fraude fiscale et à la nécessité de préserver l'efficacité des contrôles fiscaux et comme propre à garantir la réalisation de l'objectif en cause sans aller au-delà de ce qui est nécessaire pour atteindre cet objectif. La Cour de cassation en a tiré les conséquences par Cass. com. 10 mai 2011 nos 07-13.448 et 07-13.562 (n° 450 F-D), Sté Établissements Rimbaud : RJF 10/11 n° 1114 (voir également Cass. com. 15 mars 2011 n° 08-17.393 (n° 267 F-PB), Sté Éditions Lumen : RJF 6/11 n° 760).

Précisions La solution est désormais sans conséquences pratiques étant donné que la France et le **Liechtenstein** ont signé le 22 septembre 2009 un accord d'échange de renseignements ; les sociétés qui y sont établies peuvent bénéficier de l'exonération depuis le 1er janvier 2010 dès lors qu'elles remplissent leurs obligations déclaratives.

Exonération totale (CGI art. 990 E, 3°-d)

68355 Les entités juridiques concernées sont celles qui **communiquent** chaque année ou qui prennent et respectent l'**engagement** de communiquer à l'administration fiscale, sur sa demande, divers renseignements sur les immeubles et sur leurs **associés** ou actionnaires qui détiennent, à quelque titre que ce soit, **plus de 1 %** des actions, parts ou autres droits, ainsi que le nombre des actions, parts ou autres droits détenus par chacun d'eux. Si l'engagement est pris et respecté, ou si la déclaration est souscrite, l'exonération est totale.

Ces conditions sont d'**interprétation stricte** ; ainsi, ne peut être exonérée une société ayant souscrit une déclaration qui ne comportait pas la mention de la résidence fiscale des associés et qui n'avait pas pris l'engagement (Cass. com. 18 mai 2010 n° 09-65.941 (n° 549 F-D), Sté LSGI Belgique : RJF 8-9/10 n° 863). En outre, les informations données doivent être **exactes**, ce qui exclut notamment le cas des sociétés dont les titres sont au porteur (n° 68340).

Précisions **a.** Sur la constitutionnalité du dispositif en ce qui concerne l'emploi des termes d'« **actionnaires, associés ou autres membres** » des « entités juridiques : personnes morales, organismes, fiducies ou institutions comparables », voir n° 68225.

b. Sur les questions liées au **contrôle** du respect des engagements, voir n° 68870.

Communication annuelle Les renseignements à fournir par les entités juridiques concernées portent sur la situation, la consistance et la valeur des **immeubles** possédés au 1er janvier, directement ou par l'intermédiaire d'une ou plusieurs entités juridiques interposées, l'identité et l'adresse de leurs **actionnaires**, associés ou autres membres (concernant les trusts, il s'agit des constituants, bénéficiaires et trustees) et le **nombre des actions**, parts ou autres droits détenus par chacun d'eux. **68360**

Ces informations doivent être communiquées chaque année sur une **déclaration n° 2746-SD** qui doit être déposée spontanément **au plus tard le 15 mai**. La jurisprudence est particulièrement stricte sur le respect des délais et l'apport de la preuve ; il a par exemple été jugé, à propos d'une société britannique qui détenait des immeubles à Cannes par l'intermédiaire d'une SCI, que c'est la société qui doit apporter la **preuve** du respect de son obligation déclarative (et que ce n'est pas à l'administration d'apporter la preuve de la non-réception de la déclaration), la seule production d'une photocopie de la déclaration ne suffisant pas à faire la démonstration que son original a été adressé en temps utile à l'administration (CA Aix-en-Provence 31 août 2021 n° 18/18483, Sté Astorial Ltd, faisant l'objet d'un pourvoi enregistré sous le n° M2123692 ; la société soutenait avoir envoyé la déclaration requise au titre de l'année 2015, mais ne le prouvait pas, alors que l'administration disait ne pas l'avoir reçue).

Le **lieu de dépôt** de la déclaration est fixé comme suit par les articles 313-0 BR bis de l'annexe III et 121 K ter de l'annexe IV au CGI, tels que modifiés par un décret et un arrêté du 21 juin 2021 (JO du 23 juin 2021, textes nos 9 et 16) :
– pour les entités juridiques qui ont leur siège en France, et pour les autres entités juridiques qui exercent leur activité en France dans un ou plusieurs établissements, au service des impôts du lieu du principal établissement ;
– pour les autres entités juridiques qui, directement ou par entité juridique interposée, possèdent un ou plusieurs immeubles situés en France ou sont titulaires de droits réels portant sur ces biens, au service des impôts compétent pour les obligations déclaratives relatives aux impôts autres que les impôts locaux et taxes assimilées ; en l'absence de telles obligations déclaratives, l'engagement doit être déposé au service des impôts des entreprises étrangères de la Direction des impôts des non-résidents (10, rue du Centre, TSA 20010, 93465 Noisy-Le-Grand Cedex).

Cette adaptation a manifestement été rendue nécessaire par la mise en place d'un mécanisme de **téléprocédure** pour la campagne déclarative 2021 (CGI art. 1649 quater B quater, XII ; la téléprocédure a été effectivement mise en service le 1er avril 2021, la transmission en mode EDI n'étant pas encore disponible). La mise en œuvre de cette procédure requiert l'immatriculation au **répertoire Sirene** des entités ne disposant pas déjà d'un numéro Siren et l'adhésion à un espace professionnel du portail de la DGFiP ; les démarches d'immatriculation des entités étrangères qui ne possèdent pas d'établissement stable en France doivent être effectuées par le dépôt du **formulaire** de création des entreprises **EE0** (Cerfa n° 15928*02) auprès du service des impôts des entreprises (SIE) compétent pour recevoir la déclaration ou l'engagement. Les sociétés déjà immatriculées n'ont pas à souscrire de formulaire EE0 car elles peuvent accéder aux services de télédéclaration et de télépaiement à partir de l'espace professionnel en ligne dont elles disposent déjà (cas, par exemple, des sociétés étrangères imposables en France en tant qu'associées de SCI françaises).

Précisions **a.** L'administration a publié une **foire aux questions** (FAQ) sur la procédure de souscription électronique des déclarations (https://www.impots.gouv.fr/portail/international-professionnel/taxe-sur-valeur-venale-tvvi).

b. L'immatriculation pour les besoins de la téléprocédure de la taxe de 3 % n'entraîne pas la reconnaissance d'un **établissement stable** en France.

c. Le format papier doit toujours être utilisé pour les **déclarations rectificatives** souscrites au titre d'une période antérieure à 2021 et pour les déclarations de régularisation souscrites par les entités qui n'ont pas rempli leurs obligations au titre d'années antérieures à 2021 ; en outre, tant que le mode de transmission EDI n'est pas disponible, les entités qui déclarent **plus de 99 immeubles** ou l'identité de plus de 99 détenteurs peuvent déposer une déclaration au format papier.

68362 L'administration admet que si les sociétés suivantes respectent les obligations déclaratives qui leur incombent déjà, elles sont automatiquement exonérées de la taxe de 3 % (BOI-PAT-TPC-20-20 n° 370) : **sociétés immobilières non soumises à l'impôt sur les sociétés** visées à l'article 172 bis du CGI, qui donnent leurs immeubles en location ou en confèrent la jouissance à leurs associés ; **sociétés civiles de placement immobilier** autorisées à faire publiquement appel à l'épargne visées à l'article 239 septies du CGI ; sociétés de **pluripropriété** visées à l'article 239 octies du CGI, tenues au dépôt de la déclaration n° 2038 ou de la déclaration n° 2072.

Il en va de même des **sociétés civiles immobilières** non transparentes dispensées du dépôt de la déclaration n° 2072 à la condition notamment qu'elles l'aient souscrite au titre de l'année au cours de laquelle la société a été constituée et qu'aucune modification ne soit intervenue dans les derniers éléments portés à la connaissance de l'administration relatifs, en particulier, à la répartition du capital de la société et aux immeubles qu'elle possède (BOI préc. n° 380).

Précisions Une **SCI** qui n'a fait aucune déclaration d'existence et dont il n'est pas établi qu'elle a son siège de direction effective en France est redevable de la taxe de 3 % (CA Paris 10 novembre 2006 n° 04-21600, 1e ch., sect. B, SCI Socilas : RJF 4/07 n° 512 ; arrêt définitif).

68370 **Engagement de communiquer** Les entités juridiques éligibles peuvent aussi être exonérées si, au lieu de souscrire une déclaration annuelle, elles prennent un engagement de communiquer à l'administration les renseignements nécessaires. La souscription d'un engagement de communiquer, qui est moins contraignante que celle qui consiste à déposer une déclaration annuelle, est à recommander.

Par l'engagement qu'elle souscrit, l'entité juridique concernée s'oblige à communiquer à l'administration, sur sa demande, les **renseignements** suivants :
- le lieu de situation, la consistance et la valeur des immeubles et droits immobiliers possédés, directement ou par l'intermédiaire d'une ou plusieurs entités juridiques interposées, au 1er janvier de l'année de la demande et de chacune des années non prescrites qui n'a pas déjà fait l'objet d'une telle demande ;
- l'identité et l'adresse de ses actionnaires, associés ou autres membres aux mêmes dates ;
- le nombre des actions, parts ou autres droits détenus par chacun d'eux.

68372 Aucune modalité particulière n'est légalement prescrite en ce qui concerne la **forme** de l'engagement. Il doit être établi sur l'honneur et signé par un représentant autorisé de l'entité juridique ; la doctrine administrative propose le **modèle** suivant (BOI-LETTRE-000098) :

« Je soussigné(e) (nom et prénoms, adresse), agissant en qualité de (fonction exercée) de (raison sociale et adresse de l'entité juridique concernée), m'engage pour le compte de cette entité juridique à communiquer à l'administration fiscale française, sur sa demande et pour chacune des années pour lesquelles ces renseignements seront demandés par cette administration :
- la situation, la consistance et la valeur des immeubles situés en France possédés directement ou indirectement par cette entité juridique au 1er janvier ;
- l'identité et l'adresse des actionnaires, associés ou autres membres possédant plus de 1 % des actions, parts ou autres droits de cette entité juridique, à la même date ;
- le nombre des actions, parts ou autres droits détenus par chacun d'eux.

Fait à (...), le (...)

(Signature) »

Cela étant, l'administration a précisé, à l'occasion de la mise en place de la téléprocédure en 2021, qu'un **formulaire de télédéclaration** unique est disponible, qui permet de télédéclarer le formulaire n° 2746-SD ou l'engagement prévu par l'article 900 E du CGI.

En tout état de cause, la mise en place de la téléprocédure n'a pas remis en question la validité des engagements antérieurement souscrits sous format papier ; les redevables ayant déjà souscrit un engagement n'étaient donc pas tenus de procéder à leur immatriculation, ni de renouveler leur engagement (sous réserve que cet engagement ait été respecté). Mais toute entité redevable tenue de souscrire un engagement depuis le 1er janvier 2021 doit procéder à son immatriculation dans les conditions indiquées n° 68360 si elle ne dispose pas d'un numéro Siren. Le **lieu de dépôt** est celui indiqué n° 68360.

En ce qui concerne la **date du dépôt**, l'administration précise que l'engagement doit être pris dans un délai de deux mois suivant la date d'acquisition du bien, du droit ou de la participation (BOI-PAT-TPC-20-20 n° 450). **68375**

Lorsqu'une entité juridique qui a déposé un engagement auprès du centre des finances publiques du lieu de situation d'un immeuble **acquiert ultérieurement** de **nouveaux immeubles**, elle n'est pas tenue de souscrire un nouvel engagement.

Lorsque l'administration souhaite **mettre en œuvre l'engagement**, c'est-à-dire demander à l'entité juridique concernée (ou à son représentant) les renseignements que cette personne s'est préalablement engagée à fournir, elle doit le faire par **lettre recommandée** avec accusé de réception ; l'entité juridique concernée dispose alors d'un délai de **soixante jours**, à compter de la réception de cette demande pour fournir à l'administration l'ensemble de ces renseignements (BOI-PAT-TPC-20-20 nos 500 s.). **68380**

En cas de réponse insuffisante, l'administration doit lui adresser une **mise en demeure** d'avoir à compléter sa réponse ; cette mise en demeure doit indiquer les éléments de la réponse initiale qui doivent être complétés ou précisés. Elle ouvre à l'entité concernée un délai de **trente jours** pour compléter sa réponse.

Si, dans le délai de trente jours imparti, l'entité concernée n'a pas répondu par écrit à la mise en demeure d'avoir à compléter sa réponse ou dans l'hypothèse où sa réponse reste insuffisante, elle est considérée comme n'ayant **pas rempli** son engagement.

En cas de réponse insuffisante à l'expiration de ce délai, l'administration doit informer l'entité concernée, par lettre recommandée avec accusé de réception, du caractère insuffisant de sa réponse, et de l'obligation qu'elle a de déposer la déclaration n° 2746.

Lorsqu'à l'issue de la mise en œuvre par l'administration de l'engagement selon les règles précédentes, il y a absence de réponse ou réponse insuffisante, l'entité juridique doit **déposer** dans un délai de **trente jours** la **déclaration n° 2746, accompagnée** du **paiement** de la taxe, au titre de l'année au cours de laquelle la rupture de l'engagement a été constatée et des années antérieures non prescrites.

En cas de défaut de déclaration dans le délai de trente jours, l'entité juridique peut, après avoir fait l'objet d'une mise en demeure préalable, être **taxée d'office**.

Pour **recouvrer le bénéfice de l'exonération**, l'entité juridique assujettie à la taxe de 3 %, faute d'avoir respecté son engagement, doit adresser au service compétent l'ensemble des renseignements qu'elle s'était engagée à fournir et prendre un **nouvel engagement**. L'exonération est alors applicable à compter du 1er janvier de l'année au cours de laquelle ces formalités ont été accomplies mais la taxe due, le cas échéant au titre des années antérieures, demeure exigible (BOI-PAT-TPC-20-20 n° 560). **68385**

Il a été jugé qu'une société luxembourgeoise qui avait pris un engagement en 2009 et n'avait pas répondu dans les délais impartis à une mise en demeure n'avait **pas respecté** son engagement et aurait dû prendre un nouvel engagement pour l'année 2010 ; elle était donc redevable de la taxe au titre de l'année 2010 en raison de l'annualité de la déclaration, sans égard au fait qu'elle avait finalement bénéficié d'un dégrèvement au titre de l'année 2009 (Cass. com. 15 décembre 2021 n° 19-23.711 F-D, Sté Frastema : RJF 5/22 n° 507).

Exonération partielle (CGI art. 990 E, 3°-e)

68400 Cette exonération concerne les entités juridiques qui **déclarent chaque année**, au plus tard le 15 mai, la situation, la consistance et la valeur des immeubles possédés au 1er janvier, l'identité et l'adresse des actionnaires, associés ou autres membres qui détiennent plus de 1 % des actions, parts ou autres droits **dont ils ont connaissance** à la même date, ainsi que le nombre des actions, parts ou autres droits détenus par chacun d'eux ; dans ce cas, l'exonération est accordée **au prorata** du nombre d'actions, parts ou autres droits détenus au 1er janvier par des actionnaires, associés ou autres membres dont l'identité et l'adresse ont été déclarées.

Précisions Sur la constitutionnalité du dispositif en ce qui concerne l'emploi des termes d'« **actionnaires, associés ou autres membres** » des « entités juridiques : personnes morales, organismes, fiducies ou institutions comparables », voir n° 68225.

68410 L'exonération partielle est réservée aux entités juridiques qui souscrivent la **déclaration n° 2746** (n° 68360), aménagée à cet effet. Tout dépôt d'une déclaration n° 2746 sur ce fondement doit s'accompagner, au moment du dépôt, du **règlement de la taxe de 3 %** due à raison de la partie non exonérée correspondant aux participations dont les détenteurs n'ont pas été révélés.

Le lieu et la date de dépôt de la déclaration n° 2746-SD sont les mêmes que pour les entités juridiques qui demandent le bénéfice de l'exonération totale de la taxe (n° 68360).

Précisions **a.** Par exemple, si une entité juridique, qui ne peut pas bénéficier d'un autre cas d'exonération mais qui respecte les conditions pour demander le bénéfice de l'exonération partielle, est en mesure de révéler l'identité et l'adresse de ses associés, actionnaires ou autres membres dont les actions, parts ou autres droits représentent **80 % de son capital**, elle pourra être exonérée à hauteur de 80 % de la valeur vénale des biens ou droits immobiliers si elle respecte les conditions précédentes.

b. Ce mécanisme peut être utile, par exemple, pour des **fonds d'investissements immobiliers**, lorsque certains actionnaires veulent garder l'anonymat ; l'exonération partielle permet en ce cas d'éviter de pénaliser les autres.

B. Modalités d'imposition et contrôle

1. Généralités

a. Biens imposables

68800 La taxe concerne les **immeubles** bâtis et non bâtis situés en France, ainsi que les **droits réels** portant sur ces biens au sens indiqué n° 68250. Toutefois, l'assiette imposable exclut la valeur des immeubles affectés par l'entité imposée ou par des entités interposées à leur **activité professionnelle autre qu'immobilière** ou à celle d'une entité juridique du même groupe (n° 68270).

Les biens détenus en stock par les personnes morales qui exercent la profession de **marchand de biens** ou de **promoteur immobilier** sont également exonérés (CGI art. 990 F) ; ils sont néanmoins pris en compte pour le calcul du ratio de prépondérance immobilière prévu au a) du 2° de l'article 990 E du CGI (n° 68272).

Précisions À propos de la **cession d'un immeuble** par une société belge à laquelle la taxe de 3 % était réclamée, il a été jugé que la date de cession à prendre en compte est celle de l'acte authentique et non pas celle de l'accomplissement des formalités administratives au lieu de situation de l'immeuble (CA Douai 12 décembre 2019 n° 18/06742, 1e ch., 1e sect. ; arrêt définitif).

b. Assiette, taux et paiement

Valeur vénale

68820 La taxe est due au taux de **3 %** à raison des immeubles et droits réels imposables possédés au 1er janvier de l'année d'imposition. Elle est assise sur la valeur vénale des biens et droits immobiliers à cette date ; cela implique, en particulier, que les **dettes** éventuellement contractées pour l'acquisition des biens ne sont pas déductibles.

Précisions **a.** À propos de la valeur d'un **immeuble grevé d'un droit d'usage et d'habitation**, il a été jugé que l'administration pouvait utiliser des termes de comparaison qui n'étaient pas grevés, comme celui de la société, d'un droit d'usage et d'habitation, eu égard au caractère très particulier de cette situation juridique, et qu'il ne pouvait être exigé qu'elle produise pour chaque année la référence à une cession grevée d'un tel droit (Cass. com. 20 novembre 2001 n° 1918 FS-D, Sté Continental : RJF 2/02 n° 237) ; la Cour de cassation a admis qu'un **abattement forfaitaire** sur le prix du bien libre était l'unique moyen de calculer sa valeur vénale, et que la décote appliquée par l'administration, fondée sur le loyer qu'aurait pu obtenir la société si elle avait pu disposer de l'immeuble, respectait la nature de la servitude grevant celui-ci, alors que la société ne proposait aucun autre mode de calcul, se contentant de critiquer celui retenu par l'administration.

b. Il a été jugé que les **méthodes d'évaluation** que la société proposait de substituer à la méthode d'évaluation par comparaison retenue par l'administration, relatives à la valeur d'utilité, de rendement, de prix de revient valorisés en valeur d'assurance, de nuitée, ne pouvaient pas être retenues car elles ne permettaient pas de fixer la valeur vénale d'un immeuble et faisaient abstraction d'éléments d'actifs susceptibles d'accroître la valeur du bien ou se fondaient sur des taux d'abattement injustifiés (Cass. com. 13 février 2007 n° 04-11.726 (n° 201 F-D), Sté General-Mediterranean Holding : RJF 7/07 n° 870) ; cette décision rappelle que la **valeur vénale** d'un bien est constituée par le prix qui pourrait être obtenu de ce bien par le jeu de l'offre et de la demande dans un marché réel, compte tenu de l'état dans lequel il se trouve.

c. La Cour de cassation a paru écarter la **méthode comparative** dans une situation de **taxation d'office**, jugeant que la cour d'appel qui avait statué par des motifs concrets, en relevant que l'immeuble de la société jouissait d'un emplacement de prestige, d'une vue sur mer imprenable et exceptionnelle et disposait d'un vaste terrain pour un tel site, avait justifié sa décision rejetant la contestation par la société de la valeur retenue par l'administration (Cass. com. 8 avril 2008 n° 07-13.210 (n° 491 FS-PB), Sté Covexim : RJF 7/08 n° 906). Mais, pour la même société, elle a ultérieurement relevé que les **éléments de comparaison** fournis par la requérante étaient **trop anciens** pour contredire les évaluations de l'administration (Cass. com. 17 mars 2009 n° 08-12.717 (n° 234 F-D), Sté Covexim : RJF 7/09 n° 707).

d. Pour un exemple de débat (sans portée de principe) relatif à la **propriété** même du bien, voir Cass. com. 15 mars 2011 n° 08-17.393 (n° 267 F-PB), Sté Éditions Lumen (RJF 6/11 n° 760) à propos d'une société du Liechtenstein qui contestait être débitrice de la taxe en invoquant une délibération d'assemblée générale des actionnaires contenant l'attribution de la propriété immobilière à une personne physique.

e. L'administration a justifié d'éléments à la fois pertinents et suffisants pour déterminer avec le maximum de précision la **valeur vénale d'un immeuble** pour les années 2001 à 2004 dès lors qu'elle a fourni des éléments descriptifs précis de l'immeuble en cause, notamment sa surface pondérée, alors que la société n'a produit aux débats aucun élément les contredisant ; en outre, pour rectifier la valeur vénale de l'immeuble, l'administration a fourni neuf termes de comparaison tirés de la cession de biens similaires entre le 15 juillet 1998 et le 28 octobre 2002, en mentionnant à chaque fois leur adresse, leur description, leur prix ainsi que leur prix au mètre carré (Cass. com. 24 mai 2011 n° 10-15.149 (n° 497 F-D), Sté Sparazur : RJF 10/11 n° 1102). Dans cette affaire, la Cour n'a pas vu de difficulté à ce que l'administration n'ait apparemment pas cherché à fixer la valeur de **droits indivis** par rapport à celle d'autres droits indivis (mais le pourvoi n'abordait pas ce point).

f. Selon la jurisprudence de la Cour de cassation relative à l'ancien ISF (mais la solution est transposable), les droits sur une **indivision** et les **parts de SCI** ont une valeur inférieure à la fraction de la valeur totale du bien qu'ils représentent et ne peuvent être évalués en fractionnant la valeur de l'immeuble en fonction de la quote-part détenue par chaque indivisaire (Cass. com. 16 février 2016 n° 14-23.301, F-D : Droit fiscal 2016 n° 11, comm. n° 222) ; en l'espèce, l'application d'un abattement de 20 % sur la valeur vénale établie par l'administration a été confirmée.

Détention par entité interposée

Lorsque les immeubles sont détenus par l'intermédiaire d'une entité juridique interposée, **68825**
autre qu'une société immobilière de copropriété visée à l'article 1655 ter du CGI (n° 67060), l'assiette de la taxe est **réduite au prorata** des actions, parts ou autres droits détenus par l'entité juridique imposable dans le capital de l'entité juridique interposée.

Lorsque les immeubles sont détenus au travers d'une société immobilière de **copropriété**, l'assiette de la taxe est constituée par la valeur vénale des locaux auxquels donnent droit les actions ou parts possédées par l'entité juridique soumise à la taxe.

Précisions **a.** Soit, par exemple, un immeuble appartenant à une société civile F, dont les parts sont détenues par moitié par deux entités E1 et E2 dont une seule (E1) satisfait aux conditions qui ouvrent droit à une exonération visée aux d) ou e) du 3° de l'article 990 E du CGI (nos 68355 à 68410). E2 est redevable de la taxe sur la **fraction de la valeur vénale de l'immeuble** correspondant à ses droits dans la société F, soit 50 %. Les sociétés situées en amont de E2 sont exonérées. Quant à l'entité E1, si elle a pour associés deux entités E3 et E4, qui se partagent son capital à égalité et sont l'une (E3) exonérée, l'autre (E4) taxable, cette dernière doit acquitter la taxe sur une base égale à 25 % (50 % × 50 %) de la valeur vénale de l'immeuble. À supposer que le capital de l'entité E3 soit également partagé pour moitié par deux entités, dont une seule relève de la taxe de 3 %, cette dernière est imposable sur une base correspondant à 12,50 % (50 % × 50 % × 50 %) de la valeur vénale de l'immeuble.

b. Dans l'exemple précédent, les sociétés situées en amont de E2 sont exonérées en raison de l'article 990 F du CGI qui précise que, lorsqu'il existe une chaîne de participations, la taxe est due par la ou les personnes morales qui, dans cette chaîne, sont les plus proches des immeubles ou des droits immobiliers et qui ne sont pas exonérées en application du d ou du e du 3° de l'article 990 E, ce qui suggère que **la taxe ne peut être due qu'une seule fois sur une même assiette** (comme, dans cet exemple, E2 ne satisfait pas aux conditions pour être exonérée, elle est la seule à devoir la taxe).

c. La taxe s'applique **à chaque stade** et n'est évitée qu'en présence d'une personne physique ou d'une entité exonérée, soit qu'elle réponde à certaines caractéristiques (société cotée, société qui n'est pas à prépondérance immobilière, notamment), soit qu'elle satisfasse aux obligations déclaratives.

Paiement

68830 Le paiement de la taxe doit être effectué au moment du dépôt de la déclaration ; il doit être effectué par téléréglement depuis le 1er janvier 2022 (CGI art. 1681 septies, 7-bis issu de l'article 138 de la loi n° 2021-1900 du 30 décembre 2021 de finances pour 2022). À défaut de paiement, un avis de mise en recouvrement est établi au nom de l'entité juridique qui est la redevable légale de la taxe. En cas de retard dans le dépôt de la déclaration, il est fait application de l'intérêt de retard (CGI art. 1727) auquel s'ajoute la majoration de l'article 1728 du CGI (10 %).

Précisions Le non-respect de l'obligation de paiement par télérèglement entraîne l'application d'une **majoration** de 0,2 % du montant des sommes dont le versement a été effectué selon une autre modalité (CGI art. 1738, 1).

c. Incidences sur les autres impôts exigibles

En ce qui concerne l'entité juridique

68840 L'entité juridique soumise à la taxe de 3 % reste passible dans les conditions de droit commun et selon sa forme ou son objet soit de l'**impôt sur les sociétés**, soit de **l'impôt sur le revenu**, à raison des revenus ou profits qui trouvent leur origine dans la propriété des immeubles ; la taxe n'est pas déductible pour le calcul de cet impôt (CGI art. 990 G).

Lorsqu'une entité juridique effectivement assujettie à la taxe de 3 % **laisse gratuitement** à un ou plusieurs associés personnes physiques la **jouissance** d'un immeuble ayant supporté la taxe, la valeur nette de l'**avantage en nature** ainsi consenti n'est pas prise en compte pour la détermination des résultats imposables (BOI-PAT-TPC-40 n° 20). La valeur nette de cet avantage ne constitue pas un revenu distribué au sens des articles 109 à 111 du CGI et n'est pas soumise à l'impôt entre les mains du bénéficiaire. Par suite, dans la mesure où l'entité en cause se borne à laisser gratuitement à un ou plusieurs associés personnes physiques la jouissance d'immeubles ayant supporté la taxe, elle n'est pas soumise à l'impôt sur les sociétés ou à l'impôt sur le revenu sur la valeur de l'avantage en nature considéré ; elle n'a pas à produire la déclaration de ses résultats. Cette tolérance ne signifie naturellement pas que, par principe, un tel avantage ne constituerait pas un revenu imposable ; il s'agit simplement d'une mesure de tempérament quant à l'imposition de cet avantage sous réserve que les conditions soient remplies (CE 16 mars 2016 n° 376141, 8e et 3e s.-s., Sté Autophon Funk AG : RJF 6/16 n° 547, à propos d'une société suisse qui mettait un bien immobilier gratuitement à la disposition de ses actionnaires ; voir également n° 67270 f).

L'attribution de la jouissance gratuite des immeubles soumis à la taxe à un ou plusieurs associés personnes physiques doit être indiquée dans la déclaration n° 2746 accompagnant le paiement de la taxe.

En ce qui concerne les associés

68845 Les personnes physiques domiciliées fiscalement hors de France, actionnaires ou porteurs de parts ou autres membres des entités juridiques qui ont été soumises à la taxe de 3 % sont assujetties aux **droits de mutation à titre gratuit** et à l'**impôt sur la fortune immobilière** (ISF, dans le passé), sous réserve des conventions fiscales (ceux qui sont domiciliés en France également, bien entendu).

Précisions Dans le passé, la **taxe** de 3 % était **libératoire**, pour les associés non résidents de France, de l'impôt de solidarité sur la fortune et des droits de mutation à titre gratuit, normalement dus à raison de la possession d'actions ou de parts de personnes morales non résidentes et à prépondérance immobilière en France ; ces dispositions, codifiées à l'ancien article 797 A du CGI, ont été abrogées par la loi de finances pour 1993.

2. Contrôle

Procédure

Les contribuables qui **peuvent bénéficier d'une exonération** de taxe en application des d) et e) du 3° de l'article 990 E du CGI (nos 68355 à 68410), mais qui n'ont pas, suivant les cas, souscrit les déclarations n° 2746 ou pris l'engagement peuvent être mis en demeure par l'administration de **régulariser** leur situation dans les trente jours. 68870

S'ils remplissent leurs obligations dans ce délai, le paiement de la taxe n'est pas exigé et aucune sanction n'est appliquée (si l'exonération n'est que partielle au sens indiqué n° 68400, la taxe est due à hauteur des actions, parts ou autres droits détenus par des associés, actionnaires ou autres membres pour lesquels les informations nécessaires à l'obtention du bénéfice de l'exonération partielle n'ont pas été révélées). Cette mesure de tolérance ne s'applique qu'à la **première demande** de régularisation (une société ne peut donc pas bénéficier de cette tolérance si elle en a déjà bénéficié, même au cours d'une période prescrite ; en ce sens, par analogie, CE 27 mai 2009 n° 307957, 9e et 10e s.-s., SNC Saint Honoré : RJF 8-9/09 n° 764, à propos de la notion de première infraction concernant l'imprimé fiscal unique) et pour l'ensemble des années non prescrites (BOI-PAT-TPC-30 n° 20) ; la jurisprudence est très stricte sur le respect des conditions auxquelles la tolérance est subordonnée (voir ci-dessous, Précisions g).

L'administration (BOI précité) accepte de régulariser, dans les mêmes conditions, la situation des entités qui, sans recevoir une première mise en demeure, souscrivent ou prennent **spontanément**, suivant les cas, les déclarations ou l'engagement prévus respectivement aux d) et e) du 3° de l'article 990 E du CGI (nos 68355 à 68410).

Précisions **a.** Les **fonctionnaires** de la direction des impôts des non-résidents sont compétents pour contrôler la taxe de 3 % au même titre que les fonctionnaires affectés au lieu de situation du bien immobilier servant de base à cette imposition (Cass. com. 8 avril 2008 n° 05-19.159 (n° 492 FS-PB), Sté Ylona : RJF 7/08 n° 907).

b. Une **société en liquidation** reste redevable de la taxe dès lors que sa personnalité morale demeure pour les besoins de la liquidation (BOI-PAT-TPC-10-10 n° 20 ; Cass. com. 8 avril 2008 n° 06-16.343 (n° 493 FS-PB), Massiani : RJF 7/08 n° 908). En revanche, la taxe n'est pas due par une **société dissoute** qui a transféré la propriété de l'immeuble à son unique associé (Cass. com. 10 décembre 2013 n° 12-28.042 (n° 1191 F-D) : RJF 4/14 n° 406) ; cet arrêt a été rendu, pour la taxe de l'année 1997, à propos d'une société dissoute en 1994 alors que la constatation de la dissolution n'avait été faite qu'en 2000 par un acte notarié non publié (mais l'encaissement par l'administration de l'impôt sur la plus-value assorti des pénalités de retard valait reconnaissance du transfert de propriété de l'immeuble en 1994).

c. La **commission départementale de conciliation** n'est pas compétente pour connaître du désaccord entre l'administration et la société dès lors que cette dernière conteste, à l'occasion du contrôle dont elle a fait l'objet, les valeurs qu'elle avait elle-même déclarées et qui avaient été retenues par l'administration (Cass. com. 25 septembre 2007 n° 06-14.258 (n° 1019 F-PB), DGI c/ Sté Guraya Ltd. : RJF 1/08 n° 91).

d. Il a été jugé que les mises en demeure n'ont pas à être rédigées en **langue étrangère** (en l'espèce, néerlandaise), que le non-respect des obligations déclaratives ne peut être régularisé par une **déclaration tardive**, que l'indication, dans la mise en demeure, de la **chaîne des participations** de la société n'est pas une obligation pour l'administration et qu'en n'ayant pas souscrit les déclarations dans les trente jours de la mise en demeure qui lui avait été adressée, la société s'était placée en situation de **taxation d'office**, en application de l'article L 66, 4° du LPF, ce qui avait eu pour conséquence de la rendre imposable à la taxe de 3 %, aux intérêts de retard et à la majoration de 40 % pour non-dépôt de déclaration dans les délais, dès lors que les articles 990 D et E du CGI n'édictent pas une sanction mais suppriment une exonération fiscale (Cass. com. 29 juin 2010 n° 09-14.847 (n° 728 F-D), Sté JHH Exploitatie Maatschappij : RJF 12/10 n° 1240).

e. À propos d'une **erreur d'adresse** commise sur une mise en demeure et restée sans conséquence au cas d'espèce, voir Cass. com. 20 septembre 2011 n° 10-18.272 (n° 857 F-D), Sté South Green Houses LLC : RJF 1/12 n° 76. Dans cette même affaire, deux mises en demeure n'ont pas été considérées comme valables, l'une parce qu'elle avait été envoyée à une adresse erronée et qu'elle était revenue avec la mention « destinataire inconnu » et l'autre parce qu'elle avait été envoyée à l'adresse de l'immeuble, qui n'était pas le siège social de la société, et avait été retournée avec la mention « non réclamée » (Cass. com. 23 septembre 2014 nos 13-14.728 et 13-16.647 (n° 788 FD), Société South Green House LLC : RJF 12/14 n° 1156). À propos d'une mise en demeure dont l'**accusé de réception** avait été signé par l'employé d'une société de nettoyage, voir Cass. com. 24 mai 2016 n° 14-24.476 (n° 479 F-D), Sté MB Immo LTEE : RJF 10/16 n° 902 (notification jugée régulière compte tenu du contexte).

f. Pour un exemple de société en situation de taxation d'office qui n'a pas été admise au bénéfice de la tolérance administrative prévoyant une possibilité de **régularisation** sous l'empire des anciens textes, voir Cass. com. 2 novembre 2011 n° 10-14.466 (n° 1087 FS-PB), Sté Opuhi : RJF 2/12 n° 197 (la condition de première régularisation par un contribuable de bonne foi n'était pas remplie).

g. Une société luxembourgeoise qui avait déjà antérieurement bénéficié de la mesure de tolérance en cas de régularisation dans les trente jours suivant une première mise en demeure ne pouvait pas disposer d'une **nouvelle possibilité de régulariser** tardivement sa déclaration et était donc redevable de la taxe de 3 % (Cass. com. 4 novembre 2020 n° 18-11.771 F-D, min. c/ Sté Lupa : RJF 7/21 n° 766, refusant de saisir la Cour de justice de questions préjudicielles, annulant l'arrêt d'appel et renvoyant l'affaire à la cour d'appel de Paris) ; il résulte de cet arrêt, qui prolonge une jurisprudence sévère (n° 68880, Précisions), que c'est à tort qu'en appel il avait été jugé que la société n'était pas redevable de la taxe au motif que, dans l'hypothèse d'un **dépôt tardif** de la déclaration, les seules sanctions applicables devaient être l'intérêt de retard et la majoration, et non le paiement de la taxe elle-même (l'arrêt annulé, CA Paris 6 novembre 2017 n° 15/15981, Pôle 5, ch. 10, Sté Lupa, avait dégrevé la société de la taxe et jugé que l'intérêt de retard et la majoration n'étaient pas non plus exigibles car la société n'était pas redevable de la taxe compte tenu des renseignements qu'elle avait fournis, son seul tort étant de n'avoir pas respecté les délais).

h. L'administration était fondée à adresser une mise en demeure d'avoir à déposer la déclaration relative à la taxe de 3 %, ainsi que la proposition de rectification consécutive à l'absence de régularisation, au **domicile personnel**, en Belgique, **de la gérante** d'une société française, conformément à sa demande ; en l'espèce, le défaut de délivrance des actes était imputable à la gérante, qui aurait dû effectuer les diligences nécessaires pour que les lettres destinées à la société puissent lui être remises en toutes circonstances (Cass. com. 2 décembre 2020 n° 18-19.648 F-D, SCI Doremi : RJF 3/21 n° 325 ; la gérante avait reçu l'avis de mise en recouvrement mais ni la mise en demeure ni la proposition de rectification).

i. Une **mise en demeure** notifiée au siège social d'une société étrangère ainsi qu'au lieu de situation de l'immeuble qu'elle possède en France est irrégulière si l'administration a été informée de la désignation d'un **représentant** par la société étrangère et si la réception des courriers par cette dernière n'est pas établie (Cass. com. 13 octobre 2021 n° 19-14.693 F-D, Sté Kennington Architectonic Company Limited : RJF 2/22 n° 219).

Représentant fiscal

68875 Toute entité juridique passible de la taxe de 3 %, sauf, depuis le 1er janvier 2015, si elle est établie au sein de l'Union européenne ou en Islande ou en Norvège (n° 83080), peut être **invitée** par l'administration à **désigner**, dans un délai de quatre-vingt-dix jours à compter de la réception de la demande, un représentant en France autorisé à recevoir les communications relatives au **respect de l'engagement** visé à l'article 990 E, 3°-d du CGI (n° 68370), à l'assiette, au recouvrement et au contentieux de la taxe.

Ce représentant n'a pas, à défaut de mandat spécial, qualité pour souscrire la déclaration et il n'est pas solidairement responsable du paiement de la taxe, à la différence du représentant désigné à l'occasion de la cession d'un immeuble (n° 68895).

Précisions **a.** La désignation d'un représentant fiscal est une **faculté** et non une obligation (Cass. com. 3 juin 1998 n° 1159 D, Sté Simex : RJF 8-9/98 n° 1039). L'absence de demande n'entache pas la régularité des propositions de rectifications ; la notification des actes de procédure d'imposition est valablement faite, sauf dérogation résultant d'accords bilatéraux, par voie postale au domicile ou au siège social du redevable.

b. Dès lors qu'une société étrangère imposable en France a déclaré à l'administration fiscale un représentant en France en application de l'article 223 quinquies A du CGI, le mandat ainsi donné à ce mandataire emporte **élection de domicile** auprès de lui aussi bien, sauf mention contraire, pour les actes relatifs à son imposition à l'impôt sur les sociétés que pour son imposition à la taxe patrimoniale de 3 % ; ce mandataire doit donc, en principe, être destinataire des propositions de rectifications (CE 16 mars 2016 n° 376141, 8e et 3e s.-s., Sté Autophon Funk AG : RJF 6/16 n° 547, à propos d'un avocat qui avait souscrit des déclarations relatives à la taxe patrimoniale de 3 % en se présentant comme le représentant fiscal d'une société suisse, cette dernière n'ayant pas contesté l'existence du mandat ni établi qu'elle l'aurait limité à la taxe de 3 %).

c. Les dispositions de l'article 23 D de l'annexe IV au CGI, qui prévoient que les sociétés qui, sans avoir leur siège social en France, y exercent une activité les rendant passibles de l'impôt sur les sociétés doivent indiquer le lieu de leur principal établissement en France ainsi que les noms, prénoms et adresse de leur **représentant** en France, ne s'appliquent pas au paiement de la taxe patrimoniale de 3 % (Cass. com. 24 mai 2016 n° 14-24.476 (n° 479 F-D) : RJF 10/16 n° 902).

Taxation d'office

En l'absence de déclaration, les entités juridiques concernées s'exposent à une taxation d'office prévue, pour les droits d'enregistrement et taxes assimilées, aux articles L 66, 4 et L 67 du LPF ; la procédure de la taxation d'office est applicable à la taxe de 3 % dès lors que cette taxe est assimilée aux droits d'enregistrement par l'article 990 F du CGI (en ce sens, Cass. com. 17 mars 2009 n° 08-12.717 (n° 234 F-D), Sté Covexim : RJF 7/09 n° 707). La procédure de taxation d'office, toutefois, n'est applicable que si le redevable défaillant n'a pas régularisé sa situation dans les trente jours de la notification d'une **mise en demeure** préalable à cette procédure (sous réserve des dispositions du deuxième alinéa de l'article L 67 du LPF). **68880**

Il a été jugé que, lorsqu'une société est en situation de taxation d'office, il lui appartient de rapporter la preuve du **caractère exagéré de l'imposition** en justifiant d'éléments de nature à remettre en cause les évaluations de l'administration et qu'elle ne peut se borner à discuter les termes de comparaison invoqués par l'administration alors que ceux-ci sont suffisants et pertinents (Cass. com. 9 mars 2010 n° 09-12.606 (n° 282 F-D), Sté Giamaica : RJF 6/10 n° 648).

Précisions **a.** La **taxation d'office** est **irrégulière** s'il n'est établi ni que la société a été **mise en demeure** de produire une déclaration ni que l'avocat, auquel a été adressée la mise en demeure, a déclaré agir pour le compte de la société préalablement à cet envoi (Cass. com. 20 novembre 2007 n° 04-17.855 (n° 1256 F-D), Sté Jérémy Corporation : RJF 3/08 n° 372).

b. L'application de la procédure de **taxation d'office** est **régulière** lorsque la société n'a souscrit ni l'engagement ni la déclaration n° 2746 et que l'administration lui adresse une mise en demeure précisant que dès lors qu'il s'agit d'une première infraction, le paiement de la taxe ne serait pas exigé et aucune sanction appliquée si elle souscrit l'engagement ou les déclarations dans les trente jours de la réception de la mise en demeure, que ce courrier indique également que « cette lettre constitue une première mise en demeure de déposer les documents requis » et attire l'attention de la société sur les sanctions auxquelles elle s'expose à défaut de régularisation dans ce délai et, enfin, que la société, n'ayant pas régularisé sa situation dans le délai légal, se trouve en situation de taxation d'office justifiant l'émission d'une notification d'imposition d'office sans l'envoi préalable d'une nouvelle mise en demeure (Cass. com. 8 avril 2008 n° 05-19.159 (n° 492 FS-PB), Sté Ylona : RJF 7/08 n° 907).

c. Sur un cas particulier où le ministre est intervenu après une **mise en demeure**, voir Cass. com. 27 octobre 2009 n° 08-19.392 (n° 954 F-D), DGFiP c/ Sté Geo Ventures Corp. : RJF 2/10 n° 180.

d. En l'absence de régularisation dans les trente jours d'une mise en demeure, la procédure de taxation d'office peut être mise en œuvre (Cass. com. 1er mars 2017 n° 15-15-896 F-D, min. c/ Sté Mifratel : RJF 6/17 n° 634) ; en l'espèce, les obligations de diligence et d'information ainsi que le devoir de loyauté de l'administration fiscale avaient bien été respectés, les documents adressés à la société lui permettant de connaître ses obligations déclaratives. Dans le même sens, CA Aix-en-Provence 13 février 2019 n° 17/22947, ch. 1-1, Sté Trenton Holding Overseas Ltd, arrêt définitif jugeant, à propos d'une société chypriote propriétaire d'un immeuble en France, que l'absence de réception par le service vérificateur d'une quelconque régularisation dans le délai légal avait entraîné la **déchéance de la société de son droit d'exonération** de la taxe de 3 % et qu'il est sans importance qu'en définitive la société démontre qu'elle n'en était pas redevable ou qu'elle ait tentée a posteriori de régulariser sa situation.

e. Une société suisse qui n'avait **pas répondu** dans le délai de trente jours **à une mise en demeure** pouvait être taxée d'office (Cass. com. 27 janvier 2021 n° 18-21.315, Sté SI Mouan). La société, qui avait déposé la déclaration requise près d'un mois après avoir reçu une proposition de rectification, a vainement soutenu que la taxation d'office pour un simple retard de déclaration constitue une mesure disproportionnée et porte atteinte au respect des biens tel que garanti par l'article 1er du premier protocole additionnel à la **convention européenne des droits de l'Homme** ; la Cour de cassation juge la procédure conforme car la loi poursuit un but légitime et ses modalités d'application relèvent de la marge d'appréciation reconnue aux États dans le cadre de la mise en œuvre de leur politique fiscale.

Délai de reprise

Il résulte de l'article L 186 du LPF que lorsqu'il n'est pas expressément prévu de délai de prescription plus court ou plus long, le droit de reprise de l'administration s'exerce jusqu'à l'expiration de la sixième année suivant celle du fait générateur de l'impôt. Le délai de reprise expire donc, en principe, au 31 décembre de la **sixième année** qui suit le fait générateur de l'impôt. **68885**

La **prescription abrégée** est théoriquement applicable dans les conditions habituelles prévues en matière de droits d'enregistrement ; il résulte, en effet, de l'article L 180 du LPF que le droit de reprise de l'administration s'exerce jusqu'à l'expiration de la **troisième année** suivant celle de l'enregistrement d'un acte ou d'une déclaration ou de l'accomplissement de la formalité fusionnée définie à l'article 647 du CGI. Toutefois, ce délai n'est opposable à l'administration que si l'exigibilité des droits et taxes a été suffisamment révélée par le document enregistré ou présenté à la formalité, sans qu'il soit nécessaire de procéder à des recherches ultérieures.

Il n'y a guère d'exemple d'application concrète de la prescription abrégée en ce qui concerne la taxe de 3 %, **en l'absence d'enregistrement** d'un acte ou d'une déclaration ni d'accomplissement de la formalité fusionnée révélant l'exigibilité de la taxe (Cass. com. 20 novembre 2001 n° 1918 FS-D, Sté Continental : RJF 2/02 n° 237). Notamment, l'exclusion de la prescription abrégée a été confirmée au cas d'une société suisse qui avait déposé une déclaration **ne permettant pas d'apprécier si la taxe était due** alors qu'elle avait pris un engagement de communiquer mais n'avait pas répondu à une lettre lui rappelant cet engagement et demandant les renseignements pour les années 1995 à 2001, ce dont il résultait que le non-respect de l'engagement auquel était subordonné l'exonération de la taxe n'avait été révélé que par cette carence (Cass. com. 1er mars 2011 n° 10-10.242 (n° 191 F-D), Sté Autophon Funk AG : RJF 6/11 n° 759). Il a également été jugé que la **mise en demeure** de déposer les déclarations, qui est un acte de procédure en vertu duquel l'administration relève le manquement, ne constitue pas l'acte révélateur faisant courir la prescription abrégée (l'acte révélateur au sens de l'article L 180 du LPF ne peut émaner que du contribuable lui-même ou d'un tiers à l'administration) ; il en est ainsi lorsque l'administration a dû procéder à des recherches pour connaître notamment la nouvelle adresse de la société à la suite du retour de la mise en demeure avec la mention « n'habite pas à l'adresse indiquée » (Cass. com. 8 octobre 2013 n° 12-21.239 (n° 926 F-D), SCI de l'Union Karim : RJF 1/14 n° 99).

Précisions La **jurisprudence** donne les indications suivantes :
– la prescription abrégée n'était pas applicable dès lors que l'acte d'acquisition de l'immeuble n'établissait pas de façon complète l'exigibilité des droits omis et que l'administration avait dû procéder à des **recherches ultérieures** pour déterminer l'existence du fait juridique imposable, en l'occurrence la possession de l'immeuble par la société lors des années suivantes (Cass. com. 6 février 2007 n° 05-13.776 (n° 175 F-D), DGI c/ Sté Bambi entreprises INC : RJF 7/07 n° 871) ;
– dans la mesure où la consultation des actes publiés ne permettait pas à l'administration fiscale de disposer, au 1er janvier de chaque année, des informations nécessaires à l'établissement de l'exigibilité des droits et taxes (notamment identité et adresse des actionnaires, associés et autres membres, nombre des actions, parts ou autres droits détenus par chacun, justification de leur résidence fiscale), la contraignant ainsi à des **recherches ultérieures** à cette fin, la prescription triennale lui était inopposable (CA Paris 25 mai 2007 n° 05-1855, 1e ch. B, SA Portrade : RJF 12/07 n° 1505 ; arrêt définitif) ;
– en l'absence par la société de souscription de la déclaration n° 2746, depuis l'acquisition de l'immeuble, les conditions d'application de la prescription abrégée n'étaient pas réunies dès lors que **l'acte d'achat** ne permettait pas, à lui seul, d'asseoir l'imposition litigieuse (Cass. com. 8 avril 2008 n° 05-19.159 (n° 492 FS-PB), Sté Ylona : RJF 7/08 n° 907) ;
– il ne pouvait, au sens de l'article L 180, al. 2 du LPF, résulter une révélation suffisante de l'exigibilité de l'impôt d'une **lettre de la société à l'administration fiscale** donnant les renseignements essentiels sur sa situation de contribuable de la taxe, revendiquant une exonération et offrant de répondre à toute question utile sur sa situation (Cass. com. 8 avril 2008 n° 06-19.777 (n° 490 F-D), Sté Beauvalais : RJF 7/08 n° 905).

Garanties du Trésor

68890 La taxe est recouvrée selon les règles et sous les sanctions et garanties applicables aux droits d'enregistrement (CGI art. 990 F). Par suite, la créance du Trésor est assortie du **privilège général mobilier** de l'article 1929 du CGI et de **l'hypothèque légale** de l'article 1929 ter du même Code, qui peut être inscrite sur les immeubles que l'entité juridique concernée possède en France. Les poursuites engagées à l'encontre de l'entité juridique doivent procéder de l'avis de mise en recouvrement et de la mise en demeure qui lui ont été notifiés et peuvent être exercées sur les biens, notamment immobiliers, qu'elle possède en France.

Solidarité

68895 Toute **entité juridique interposée** entre le ou les débiteurs de la taxe et les immeubles ou droits immobiliers est solidairement responsable du paiement de la taxe due, le cas échéant, au titre des immeubles ou droits immobiliers (CGI art. 990 F). La question de la solidarité des personnes interposées avait été renvoyée à la Cour de justice par le TGI de Paris à propos d'une société française détenue par une société luxembourgeoise elle-même détenue par deux sociétés des îles Vierges britanniques et qui s'était vu réclamer la taxe qui n'avait pas été payée par ses actionnaires ultimes (jugement du 9 septembre 2009 ; voir n° 68347) ; elle n'a cependant pas été tranchée car la restriction a été admise par la Cour de justice sur le fondement de la « clause de gel » (CJUE 5 mai 2011 aff. 384/09, 3e ch., Prunus SARL : RJF 7/11 n° 910 ; n° 81985, Précisions b).

En cas de **cession d'un immeuble** par une personne morale, un organisme, une fiducie ou une institution comparable non établi dans un autre État membre de l'Union européenne (ou en Islande ou en Norvège ; n° 83080), le **représentant** accrédité est responsable du paiement de la taxe restant due à cette date (CGI 990 F, al. 5). Dans cette circonstance, et en cas de cession d'un immeuble appartenant à l'entité juridique entre le 1er janvier et le 15 mai d'une année déterminée, le représentant désigné sur la déclaration de plus-value est personnellement tenu au paiement de la taxe afférente à cet immeuble, qui deviendra exigible le 15 mai de l'année considérée. Il encourt la même responsabilité si la cession intervient après le 15 mai de l'année en cause, si la taxe n'a pas été acquittée. Il est également tenu au paiement du complément de taxe au titre de cette année résultant d'un redressement mais il ne peut être recherché en paiement de la taxe qui n'a pas été réglée par l'entité juridique et qui est due au titre des années antérieures non prescrites.

Pour que la responsabilité du représentant puisse être valablement engagée, l'engagement de payer qu'il a souscrit sur la déclaration de plus-value doit viser expressément la taxe de 3 %.

Précisions La doctrine administrative indiquait que la personne tenue solidairement au paiement de la taxe devait faire l'objet d'une **mise en demeure** procédant de l'avis de mise en recouvrement décerné à l'entité juridique ; la référence à la mise en demeure a été supprimée lors d'une mise à jour doctrinale du 4 octobre 2017, l'administration indiquant désormais que la personne tenue solidairement au paiement de la taxe fait l'objet d'un avis de mise en recouvrement (BOI-PAT-TPC-30 n° 80).

3. Cas particulier des trusts, fiducies et fonds d'investissements

Principes

En application de l'article 990 D du CGI, les entités juridiques **dépourvues de personnalité morale** peuvent être redevables de la taxe de 3 %, si elles détiennent directement ou indirectement des biens ou droits immobiliers en France. Corrélativement, elles peuvent en être exonérées si elles répondent aux conditions requises pour bénéficier de l'un des cas d'exonération par nature prévu à l'article 990 E ou si elles peuvent bénéficier d'une exonération conditionnelle, totale ou partielle. À défaut, elles sont redevables de la taxe de 3 %. **68900**

Fiducies

L'administration estime qu'il résulte du régime fiscal de la fiducie française que le **constituant** est « fiscalement titulaire de droits sur les actifs mis en fiducie » (BOI-PAT-TPC-10-10 n° 70). Elle en déduit que le constituant, personne morale, est **redevable** de la taxe de 3 % à raison des droits qu'il détient sur les actifs immobiliers mis en fiducie. Ce dernier a donc la charge de satisfaire les obligations déclaratives, notamment dans l'hypothèse où il voudrait se prévaloir d'une exonération (ces obligations peuvent toutefois être remplies par le fiduciaire habilité par le constituant). **68905**

Ces règles s'appliquent aux entités de **droit étranger assimilables** à une fiducie de droit français, eu égard à leurs caractéristiques juridiques. À défaut, l'administration indique que les développements relatifs aux trusts sont applicables (n° 68910).

Précisions **a.** La formulation utilisée par l'administration lorsqu'elle affirme que « le constituant est fiscalement titulaire de droits sur les actifs mis en fiducie » ne nous paraît pas appropriée ; d'une part, le régime fiscal de neutralité et de « transparence fiscale » de la fiducie n'est pas systématique et suppose le respect de certaines conditions (n° 51000) et, d'autre part, même lorsque les conditions de la neutralité fiscale sont remplies, le **constituant** n'a **aucun droit sur les actifs** mis en fiducie : le transfert des biens opéré par un contrat de fiducie est translatif de propriété du constituant au fiduciaire (il y a, par exemple, mutation et enregistrement lorsqu'il s'agit d'un immeuble) ; le constituant n'en est plus propriétaire et n'a plus de droit sur les biens mis en fiducie, même sur le plan fiscal (comptablement, la contrepartie du transfert est matérialisée, dans les comptes du constituant personne morale, par des « droits » qui figurent à l'actif de son bilan au lieu et place des actifs transférés, mais ce sont des droits « fiduciaires », représentatifs des actifs transférés, et non pas des droits sur les actifs).

b. L'application de la solution administrative aux **fiducies étrangères** pourra s'avérer délicate, dès lors que l'administration étend la solution retenue pour les fiducies françaises aux « entités de droit étranger assimilables à une fiducie de droit français, eu égard à leurs caractéristiques juridiques » ; cette extension, qui répond probablement au souci d'éviter tout reproche de discrimination notamment au regard du **droit de l'Union européenne**, est susceptible de susciter de multiples interrogations d'ordre pratique, l'assimilation étant délicate compte tenu des caractéristiques différentes des entités en cause.

c. Une difficulté n'est pas réglée, celle qui touche à la détermination du ratio de **prépondérance immobilière** : faut-il l'apprécier au regard de la situation du **constituant** puisque c'est lui qui est institué redevable de la taxe « à raison des droits qu'il détient sur les actifs immobiliers mis en fiducie » ou à l'égard de la **fiducie** elle-même, puisque c'est elle que l'administration regarde comme une entité juridique à laquelle la taxe s'applique par principe ; mais, dans ce dernier cas, comment faudra-t-il alors vérifier le caractère de **l'affectation à une activité professionnelle autre qu'immobilière**, puisque la fiducie n'exerce pas d'activité, en tant que telle, et que le constituant, qui pourrait éventuellement poursuivre son activité dans un immeuble mis en fiducie, ne sera a priori jamais une entité liée au sens du 12 de l'article 39 du CGI (par exemple, dans le cadre des fiducies-sûreté) ? Les fiducies françaises qui « possèdent » des immeubles (pour reprendre la logique des commentaires administratifs) devraient prendre les engagements nécessaires pour être exonérées sans courir de risque ; les fiducies ou les trusts étrangers devraient sans doute faire de même, sans chercher à jouer sur la notion de prépondérance immobilière, lorsque la possibilité leur en est offerte.

68908 La position de l'administration pouvait paraître **discutable** car elle revient à soutenir que les fiducies françaises sont des entités juridiques, alors que cette qualification ne saurait ressortir de la loi du 19 février 2007 qui définit la fiducie comme une « **opération** » et un « **contrat** » et ne suggère pas qu'il puisse s'agir, en tant que telle, d'une « entité juridique » (en ce sens, article 2011 du Code civil ; la fiducie résulte d'un contrat qui ne crée pas d'entité autonome, sauf, éventuellement, sur le plan comptable). Elle a cependant été approuvée par le Conseil d'État, saisi dans le cadre d'un recours pour excès de pouvoir concernant la doctrine administrative relative aux trusts (n° 68913) ; dans le même esprit, au demeurant, la Cour de cassation avait déjà interprété de façon très large le texte législatif, compte tenu de l'intention du législateur (n° 68225, Précisions).

L'interprétation qui prévaut désormais revient, en quelque sorte, à estimer que la loi relative à la taxe de 3 % doit être comprise comme créant une fiction par laquelle toutes les fiducies, qu'elles soient françaises ou étrangères, seraient considérées comme des entités juridiques pour les besoins de la taxe. Une autre interprétation aurait pu être de considérer que la taxe ne s'applique qu'à celles des fiducies (ou institutions comparables) qui sont considérées, selon le droit qui leur est applicable, comme des « **entités juridiques** » ; ce n'est pas le cas en France, mais il peut en aller différemment à l'étranger (par exemple, en présence d'une « certification » de droit belge ou de certains trusts, comme les trusts néo-zélandais ou écossais). Dès lors que certaines fiducies ou trusts étrangers sont des entités juridiques, et même parfois des personnes morales, cette interprétation, qui a été écartée par le Conseil d'État, n'aurait pas vidé la loi de son sens.

Trusts

68910 L'administration estime qu'un trust est **redevable** de la taxe de 3 % à raison des biens ou droits immobiliers « qu'il porte » (BOI-PAT-TPC-10-10 n° 90) ; il peut corrélativement prétendre, sous réserve de respecter les conditions requises, au bénéfice des exonérations prévues à l'article 990 E du CGI (nos 68260 s.). Pour la détermination de la condition de **localisation géographique**, les trusts (comme les fiducies et les fonds d'investissement) sont réputés être établis dans l'État ou le territoire de la loi à laquelle ils sont soumis (n° 68305).

À titre de règle pratique, l'administration indique que les **obligations déclaratives** peuvent être remplies par le **trustee** en sa qualité de représentant légal du trust ou, le cas échéant, par tout autre membre habilité par le trustee pour accomplir ces obligations (BOI-PAT-TPC-10-10 n° 100).

En cas de défaut de déclaration ou de paiement, l'administration estime qu'elle peut, dans tous les cas, réputer que le trustee, en sa qualité de représentant légal du trust, doit satisfaire aux obligations déclaratives et de paiement qui incombent au trust.

Dans l'hypothèse où le trust, par l'intermédiaire du trustee ou d'un autre membre habilité, opte pour le bénéfice des exonérations visées aux d) et e) du 3° de l'article 990 E du CGI (nos 68355 à 68410), il doit indiquer dans la **déclaration n° 2746** : **68910** (suite)

– le ou les **membres du trust** qui sont les « détenteurs réels » de droits sur les biens ou droits immobiliers français portés en trust, selon une appréciation qui est faite au cas par cas pour chaque trust par le trustee ou le membre habilité ; l'administration estime que, en règle générale et sous réserve du contrat de trust, il s'agira du constituant lorsque le trust est révocable, et des bénéficiaires lorsque le trust est irrévocable (BOI-PAT-TPC-10-10 n° 120 ; cette distinction n'est plus très pertinente depuis que la loi du 29 juillet 2011 traite les trusts de la même façon sans égard à leur caractère révocable ou non ; nos 50300 s.) ;

– et à titre d'information, les « autres membres » du trust.

Les renseignements relatifs à la **répartition des droits** dans le trust doivent également figurer sur cette déclaration. Le modèle fourni par l'administration (n° 68372) n'est cependant **pas adapté aux trusts** car il ne fait pas mention de l'ensemble des informations que l'administration peut être amenée à demander ; il sera donc prudent de le modifier, en fonction des circonstances, car il ne s'agit que d'un modèle type.

Ces informations doivent également être fournies dans le cadre d'une demande d'exécution par l'administration de l'engagement pris en application du d) du 3° de l'article 990 E du CGI (n° 68380).

Il appartient enfin aux « membres du trust » d'apprécier à leur niveau leur situation fiscale au regard de la taxe de 3 %.

Précisions **a.** Poursuivant sa logique propre, l'administration est amenée à créer une nouvelle **fiction**, celle selon laquelle le trust aurait des « **membres** », à savoir le trustee, le ou les constituants et le ou les bénéficiaires, en revenus ou en capital ; cette fiction, assez innovante, lui est nécessaire pour faire jouer le mécanisme d'exonération sous condition déclarative prévu par la loi.

b. La solution retenue consiste à instituer le **trustee** comme **redevable** de la taxe, alors que, pour les fiducies, il s'agit du constituant ; le trustee (équivalent du fiduciaire), qui est considéré comme « représentant légal du trust », peut cependant instituer comme redevable tout autre « membre du trust ». Cette différence avec la fiducie rend d'autant plus délicate la distinction à établir, en présence d'une fiducie ou d'un trust étranger, entre ceux qui sont assimilables à des fiducies françaises et ceux qui ne le sont pas.

c. La position de l'administration en ce qui concerne les fiducies, trusts et fonds d'investissement, qui consiste à renvoyer **non pas au siège du trustee**, fiduciaire ou de la société de gestion, **mais à la loi qui régit ces « entités »** est assez **étonnante** ; elle s'explique d'autant moins que l'objectif du législateur était de permettre à l'administration de subordonner l'exonération effective à la connaissance des actionnaires ou bénéficiaires réels, ce qui suppose qu'elle ait la possibilité d'obtenir des informations de la part de ses partenaires, européens ou conventionnels. A priori, il suffira qu'un trust soit, par exemple, régi par le droit britannique, même si le trustee n'est pas situé au Royaume-Uni, ni d'ailleurs éventuellement aucun de ses « membres », pour que l'exonération soit applicable si un engagement est pris et respecté, alors même que l'administration n'aura pas nécessairement la possibilité de vérifier la véracité des informations communiquées par le trustee en cas de mise en œuvre de l'engagement (par exemple si le trustee est établi dans un État ou territoire non coopératif). Cela dit, il est vrai que cette solution résout le problème des trusts qui peuvent avoir plusieurs trustees situés dans des États différents. En tout état de cause, elle a été confirmée par le Conseil d'État (n° 68305).

d. Pour l'application de la clause d'**exonération sous condition déclarative**, l'administration propose une **simplification** consistant à opérer une distinction selon que le trust est **révocable** ou non : si le trust est révocable, le constituant est considéré en principe comme « détenteur réel » de droits sur les droits ou biens immobiliers mis en trust, alors que s'il est irrévocable ce sera en principe le (ou les) bénéficiaire(s). Sauf dans certains cas simples, il faut s'attendre à ce que ces solutions donnent lieu à de multiples interrogations de la part des trustees qui auront souvent du mal à identifier des « détenteurs réels de droits » et seront bien en peine d'en indiquer la répartition, dans le cas courant des trusts **irrévocables** et **discrétionnaires**. Et si, parmi ces membres, figure une entité juridique, on se demande comment elle pourrait être indirectement redevable, éventuellement, de la taxe de 3 %, sauf à établir une nouvelle fiction selon laquelle elle posséderait indirectement un immeuble en France ou serait indirectement titulaire de droits réels immobiliers ; l'administration ne règle pas ce point et suggère simplement que les « membres » du trust doivent apprécier leur situation fiscale à leur niveau, ce qui n'est pas de nature à les aider beaucoup. On remarquera enfin que cette solution n'est plus en ligne avec **le régime fiscal des trusts** institué par la loi du 29 juillet 2011 puisque celle-ci ne fait pas de différence selon la nature des trusts et ne conduit jamais, au titre de l'impôt sur la fortune (IFI et, antérieurement, ISF) à l'imposition du bénéficiaire sauf s'il est réputé constituant (nos 50300 s.).

68913 Pour les mêmes raisons qu'à propos de la fiducie on pouvait se demander si les trusts devaient systématiquement entrer dans le **champ de la taxe** patrimoniale de 3 % dans la mesure où ils ne sont pas systématiquement des entités juridiques. Cependant, le Conseil d'État a précisé que les trusts, au sens donné à ce terme par le 1 du I de l'article 792-0 bis du CGI, doivent être considérés comme des **institutions comparables à la fiducie** régie par l'article 2011 du Code civil, au sens et pour l'application de l'article 990 D du CGI (CE 9 mai 2019 n°s 426431 et 426434, 8e et 3e ch., Sté Amicorp Limited, venant aux droits du trust « The Stigell Family Trust » : RJF 8-9/19 n° 861, refusant, dans le cadre d'un recours pour excès de pouvoir, d'annuler les BOI-PAT-TPC-10-10 n° 90 et BOI-PAT-TPC-20-20 n° 50).

Il en résulte que les immeubles situés en France ou les droits réels portant sur ces immeubles donnent lieu, lorsqu'ils sont placés dans un trust, y compris lorsque ce dernier n'est pas doté de la **personnalité morale**, à assujettissement à la taxe patrimoniale de 3 %.

Précisions Le doute venait de ce que la **convention de La Haye** du 1er juillet 1985 relative au trust et à sa reconnaissance (signée par la France mais non ratifiée à ce jour) déclare que le terme « trust » vise « les relations juridiques créées par une personne, le constituant - par acte entre vifs ou à cause de mort - lorsque des biens ont été placés sous le contrôle d'un trustee dans l'intérêt d'un bénéficiaire ou dans un but déterminé. » La notion de trust recouvre donc des « **relations juridiques** » et ne renvoie pas à la création d'une **entité juridique**, sous réserve des particularités de certaines législations nationales. C'est la raison pour laquelle on aurait pu penser que seuls les trusts qui seraient des entités juridiques, dotées ou non de la personnalité morale, devraient entrer dans le champ d'application de la taxe, et non pas systématiquement tous les trusts. Comme indiqué ci-dessus, cependant, cette manière de voir a été écartée par la décision Amicorp du Conseil d'État.

Fonds d'investissement

68915 Selon l'administration, la notion de fonds d'investissement recouvre diverses entités juridiques sans personnalité morale qui entrent dans le champ d'application de la taxe patrimoniale de 3 % s'ils détiennent, directement ou indirectement, des biens ou droits immobiliers situés en France (BOI-PAT-TPC-10-10 n° 160).

Les fonds peuvent bénéficier des mêmes possibilités d'**exonération** que les autres entités juridiques ; ils bénéficient de surcroît d'une exonération spécifique réservée aux fonds de placement immobiliers et à leurs équivalents étrangers (n° 68325). Si le fonds ne peut être exonéré, il est redevable de la taxe de 3 % (il en est même le « seul » redevable).

Les modalités pratiques d'application de la taxe doivent néanmoins faire l'objet d'un examen au cas par cas pour chaque fonds d'investissement. Ainsi, les membres du fonds peuvent désigner l'un d'eux pour satisfaire les obligations déclaratives et de paiement prévues par les articles 990 D et suivants du CGI pour le compte du fonds. Dans la majorité des cas, il peut s'agir de la société de gestion.

La **déclaration n° 2746** qui est souscrite par le fonds, par l'intermédiaire de la société de gestion ou de tout autre membre désigné à cet effet, afin de s'exonérer totalement ou partiellement de la taxe, doit comporter les informations concernant les bénéficiaires du fonds, à l'exception de ceux qui détiennent moins de 1 % des actions, parts ou autres droits du fonds. Les mêmes informations sont exigées en exécution d'un engagement visé au d) du 3° de l'article 990 E du CGI (n° 68380).

En cas de **défaut de déclaration** ou de paiement, l'administration estime qu'elle peut dans tous les cas réputer que la **société de gestion**, en sa qualité de représentante du fonds d'investissement, doit satisfaire aux obligations déclaratives et de paiement qui incombent au fonds.

Bien entendu, les porteurs de parts, autres que des personnes physiques, du fonds d'investissement (bénéficiaires) qui sont titulaires de droits sur les immeubles sis en France par l'intermédiaire du fonds d'investissement sont également redevables de la taxe de 3 %. Il revient à chacun d'eux de satisfaire à ses obligations afin d'éventuellement bénéficier de l'une des exonérations mentionnées à l'article 990 E du CGI.

CINQUIÈME PARTIE

L'évasion et la fraude

CHAPITRE 24

Les paradis fiscaux

Plan du chapitre §§

	SECTION 1 Présentation sommaire des paradis fiscaux	70600
A	Absence, ou faible niveau, d'imposition	70750
B	Législation financière et commerciale attrayante	70770
C	Sécurité politique et économique	70780
D	Aperçu de quelques localisations usuelles	70790
	SECTION 2 L'utilisation des paradis fiscaux et les montages internationaux	71000
A	Généralités	71000
B	Exemples concernant les personnes physiques	71170
C	Exemples concernant les entreprises	71350
D	Les États « non coopératifs » (CGI art. 238-0 A)	71550

Notion de « tax planning »

70550 L'existence et l'utilisation des paradis fiscaux sont liées à l'évolution de la notion de « tax planning » (ou programmation, planification fiscales). Le « tax planning » ne ressortit pas, en principe, au domaine de la fraude fiscale, qui implique une violation intentionnelle de la loi.

On s'accorde en général à penser que, comme la jurisprudence l'a souligné (voir Précisions ci-dessous), le choix de la voie la moins imposée est **légitime**, à condition cependant que le mécanisme ou le montage utilisé corresponde à des **transactions commerciales réelles et normales**. Nul ne défend sérieusement, en revanche, la « fraude fiscale », c'est-à-dire l'utilisation frauduleuse de montages artificiels à seule fin de procurer des économies d'impôt aux entreprises ou aux personnes physiques.

Si les termes « évasion fiscale », « optimisation fiscale » et « fraude fiscale » sont souvent confondus, ils revêtent pourtant des significations différentes dans la terminologie fiscale française habituelle (en ce sens, rapport du Conseil des prélèvements obligatoires sur la fraude aux prélèvements obligatoires et son contrôle, mars 2007) :
– un contribuable qui contourne volontairement la législation fiscale qui lui est applicable se rend coupable de **fraude fiscale** ; il y a fraude en présence d'un comportement délictuel délibéré (la fraude est un sous-ensemble de l'irrégularité) ;
– un contribuable qui cherche à réduire sa charge fiscale par des moyens légaux sans se soustraire à ses obligations fiscales pratique **l'optimisation fiscale** ; l'utilisation habile de la législation fiscale, de ses failles ou de ses imprécisions, permise par principe, trouve toutefois sa limite dans l'abus de droit ; en outre, le législateur peut mettre fin aux procédés d'optimisation fiscale identifiés en modifiant les règles applicables alors que, par définition, il ne peut mettre fin à la fraude fiscale ; et lorsqu'il met fin à des pratiques d'optimisation fiscale, le législateur n'a pas à prévoir de clause de sauvegarde dans la mesure où il n'instaure pas de présomption de fraude ou de montage purement artificiel dans le seul but d'éluder l'impôt (CE QPC 30 mai 2018 n° 412964, 9e et 10e ch., Sté HighCo : RJF 8-9/18 n° 886 ; voir n° 65780, Précisions) ; voir également n° 71800 ;
– l'expression « **évasion fiscale** » englobe à la fois l'optimisation et la fraude ; si le contribuable a recours à des moyens légaux, l'évasion entre dans la catégorie de l'optimisation alors que si elle s'appuie sur des techniques illégales ou des procédés de dissimulation, elle devient de la fraude.

Précisions **a. L'optimisation fiscale** est, en elle-même, parfaitement admissible ; voir, par exemple, les commentaires du Conseil constitutionnel à propos des décisions DC n° 2013-684 et DC n° 2013-685 du 29 décembre 2013 (n° 71800).

b. Le Conseil d'État a consacré, depuis longtemps, le droit qu'a tout contribuable de **choisir la voie la moins imposée** ; en ce sens, par exemple, le commissaire du Gouvernement Olivier Fouquet écrivait, dans ses conclusions sous la décision Auriège (nº 72980), que « nous pensons, dès lors, que la société Promobel et la société VBF Diffusion, ayant le choix d'organiser l'opération de fusion dans le sens qu'elles désiraient, ont préféré très normalement la solution fiscalement la plus favorable ».

c. La Cour de justice juge que « lorsque l'assujetti a le choix entre différentes opérations, il a le droit de choisir la structure de son activité **de manière à pouvoir limiter sa dette fiscale** » (par exemple, CJUE 3 septembre 2014 aff. 589/12, 2e ch., Commissioners for Her Majesty's Revenue and Customs c/ GMAC UK Plc, point 48).

Évolution des mentalités

70555 Dans un contexte mouvant, incertain et évolutif, toute la question est de savoir ce qui est acceptable et ce qui ne l'est pas, ce qui est légal et ce qui ne l'est pas, ce qui est légitime et ce qui ne l'est pas. À cet égard, l'évolution a été considérable au cours de ces douze dernières années.

C'est surtout à partir des années 2008/2009 et des difficultés économiques et financières qui ont suivi la crise des « subprimes » que la plupart des pays ont vigoureusement stigmatisé les « paradis fiscaux », au motif qu'ils étaient des **vecteurs d'opacité** en permettant aux contribuables de dissimuler leurs avoirs auprès de leurs autorités nationales. C'est, à l'époque, le **secret bancaire** opposé par certaines législations à des demandes d'informations destinées à permettre le contrôle fiscal des autres pays qui a surtout été en cause, davantage que le faible niveau d'imposition des opérations ou des entreprises. La pression sur ce point a été vigoureuse et le secret bancaire à des fins fiscales n'est actuellement maintenu que dans certains États ou territoires marginaux.

Forts de ce succès, les États se sont ensuite attachés à lutter contre **l'érosion de l'assiette imposable** et les transferts de bénéfices (nº 72410) ; ce faisant, ils ont glissé de la lutte contre la fraude fiscale à la lutte contre l'optimisation fiscale, en cherchant à endiguer les pratiques des groupes multinationaux qui, même si elles sont le plus souvent conformes à la loi, érodent la matière imposable et les recettes budgétaires.

Renforcement des normes contraignantes

70558 La plupart des États ont mis en place des mécanismes de contrôle des opérations internationales, particulièrement destinés à combattre l'évasion fiscale résultant de l'utilisation de paradis fiscaux. Ces mécanismes ont souvent en commun de ne chercher à viser que les opérations qui ne reposent sur aucun **fondement économique réel**. Il est généralement admis, en effet, que les paradis fiscaux peuvent parfois être utilisés par les entreprises si leur usage répond à des préoccupations non fiscales ou non exclusivement fiscales, autrement dit en l'absence de montage artificiel ; dans l'hypothèse où leur utilisation répond à un but exclusivement fiscal ou, selon les cas, principalement fiscal, il faut en revanche prendre garde aux **dispositifs anti-abus** existant, soit dans les législations nationales, soit dans les conventions fiscales bilatérales, notamment dans la mesure où ces dernières sont ou seront modifiées, à l'avenir, par l'instrument multilatéral (nº 1650). Ces questions sont exposées nos 71800 s., en ce qui concerne le contrôle des opérations internationales et nos 75750 s., en ce qui concerne le cas particulier des prix de transfert. Sur les travaux du comité des affaires fiscales de l'OCDE, voir nº 72410.

Dans le même esprit, les informations nécessaires au contrôle fiscal sont désormais transmises très largement et de façon automatique sur le fondement d'accords bilatéraux d'**échange de renseignements** à des fins fiscales, même avec des États ou territoires jusqu'ici peu coopératifs (nº 1580) ou en application des diverses **conventions multilatérales** conclues sous l'égide de l'OCDE et du Forum mondial (nº 74344). Les obligations d'identification des « bénéficiaires effectifs » et des propriétaires réels des « véhicules d'entreprises » et des « trusts » se sont corrélativement multipliées afin de lutter contre « l'opacité des personnes morales » (nº 74090).

Enfin, pour tenter de dissuader les paradis fiscaux de prendre des mesures fiscales trop agressives, la plupart des pays développés ont adopté des mesures ciblées contre les **États ou territoires non coopératifs**, telles que l'augmentation des taux de retenues à la source, la non-déductibilité des charges, la résiliation des conventions fiscales ou le rejet des systèmes de « participation exemption » (en France, par exemple, l'article 22 de la loi nº 2009-1674 du 30 décembre 2009 a sérieusement durci les conditions fiscales des relations entre les résidents de France et les États ou territoires non coopératifs ; nos 71550 s.).

Rôle et approche de l'OCDE

Depuis longtemps, l'OCDE s'intéresse à la question des paradis fiscaux et aux moyens que peuvent utiliser les États pour lutter contre la fraude et l'évasion fiscales internationales ; dès 1987, son comité des affaires fiscales avait publié un rapport sur l'évasion et la fraude fiscales internationales invitant les États à adopter une définition large de l'évasion fiscale, en distinguant, au sein de toutes les formes de réduction de la charge fiscale, l'évasion « acceptable » et l'évasion « inacceptable » ; un consensus s'est rapidement dégagé sur la portée des concepts : c'est **l'évasion « inacceptable »** qui est en fait visée lorsque l'on parle couramment, y compris dans le titre même des conventions fiscales, d'« évasion fiscale » (en ce sens, « Quatre études sur l'évasion et la fraude fiscales internationales », publication de l'OCDE, Paris, 1987 ; voir aussi les rapports OCDE sur les sociétés-écrans et les sociétés relais, volume II du modèle de convention fiscale, R (5) et R (6)). **70565**

Les travaux de l'OCDE se sont ensuite poursuivis, notamment dans le cadre des divers groupes internationaux constitués pour analyser la **concurrence fiscale dommageable** et chercher à la cantonner (nº 88530) ; ces réflexions ont traduit une nouvelle manière de réagir consistant à demander aux États de ne plus attirer les investissements internationalement mobiles par des avantages fiscaux, afin de supprimer tout avantage relatif. Dans le même esprit, l'OCDE avait aussi été mandatée par les ministres des finances du G7, en 1996, afin de travailler sur les questions de transparence et d'échange d'informations et, notamment, d'établir une **liste** des paradis fiscaux (nº 70570).

Ensuite, les discussions se sont poursuivies mais sans grande intensité, les pays identifiés répugnant à concrétiser leurs engagements, en se retranchant notamment derrière l'idée que tous les territoires doivent avancer en même temps, sauf pour les premiers à subir un préjudice inacceptable (théorie du « level playing field »). Ainsi, c'est surtout en réaction à la crise financière et économique survenue au **second semestre 2008** que l'OCDE a été mise en avant comme lieu de discussion et d'élaboration de normes communément admises au niveau international. Les travaux de l'OCDE sur les questions de transparence et d'échange de renseignements en matière fiscale ont à ce moment reçu une impulsion décisive, à la suite du processus engagé par le G20 au sommet de Washington, en novembre 2008 et cette impulsion s'est encore renforcée depuis lors.

Précisions **a.** Le **G20** était, au départ, un groupe de six pays (G6), créé en 1975 sur initiative française : l'Allemagne, les États-Unis, le Japon, le Royaume-Uni, l'Italie et la France ; le Canada les a rejoints en 1976 et la Russie en 1998, pour former le G8 (le G8 ne se réunit plus depuis l'exclusion de la Russie, il est devenu le G7 ; l'Union européenne participe aux travaux). Le G20 est actuellement composé des membres de l'ancien G8, de pays émergents (Afrique du Sud, Arabie saoudite, Argentine, Australie, Brésil, Chine, Corée du Sud, Inde, Indonésie, Mexique et Turquie) et de l'Union européenne. C'est un groupe qui n'est pas chargé d'établir des règles obligatoires, mais qui a pour mission de réfléchir aux problèmes économiques et sociaux mondiaux et de proposer des solutions ; il joue un rôle moteur dans les réflexions actuelles relatives à l'imposition des entreprises multinationales (nºs 16650 s.).

b. La lutte contre les paradis fiscaux est aussi un domaine où les **organisations non gouvernementales**, comme Transparency International (spécialisée dans la lutte anti-corruption) ou Tax Justice (une association qui regroupe des économistes, des juristes et des financiers), sont particulièrement actives.

La « norme OCDE » Les recommandations de l'OCDE dans le cadre du modèle de convention fiscale (article 26 du modèle de convention fiscale) sont aujourd'hui considérées comme une « norme » internationale politiquement contraignante ; cette « norme » avait été adoptée par les ministres des finances du G20 en 2004, mais alors sans beaucoup de publicité, puis par le comité d'experts des Nations unies sur la coopération internationale en matière fiscale en octobre 2008. Dans son principe, elle requiert **l'échange de renseignements** pertinents sur demande dans tous les domaines de la fiscalité en vue de la gestion et de l'application de la législation fiscale nationale, sans condition d'intérêt fiscal national ni de possibilité pour les États d'invoquer le **secret bancaire** à des fins fiscales, tout en prévoyant des garanties afin de préserver la confidentialité des renseignements échangés (nºs 74200 et 74340). **70568**

La norme OCDE a fait l'objet, au cours de ces dernières années, de renforcements successifs ; l'OCDE prône désormais l'échange **automatique**, et non plus seulement sur demande, de nombreuses informations de nature financière en ce qui concerne les personnes physiques ou les entités interposées (nº 74344).

Précisions En favorisant les échanges de renseignements, l'OCDE cherche à faire en sorte que les contribuables paient effectivement les impôts qu'ils doivent dans l'État auquel ils les doivent, de sorte que la **concurrence entre les États** soit fondée sur la nature et la qualité des services qu'ils offrent et non pas sur le manque de transparence favorisant l'évasion et la fraude fiscales.

70570 **Les listes publiées par l'OCDE** À la suite de la réunion et du communiqué du G20 du 2 avril 2009, l'OCDE avait établi quatre listes de pays en fonction de leur degré de respect de la norme définie nº 70568 :
– **pays appliquant largement la norme** : Argentine, Australie, Barbade, Canada, Chine (sauf les « régions administratives spéciales », à savoir, quoiqu'elles ne soient pas nommées, Macao et Hong Kong), Chypre, République tchèque, Danemark, Finlande, France, Allemagne, Grèce, Guernesey, Hongrie, Islande, Irlande, île de Man, Italie, Japon, Jersey, Corée, Malte, île Maurice, Mexique, Pays-Bas, Nouvelle-Zélande, Norvège, Pologne, Portugal, Russie, Seychelles, Slovaquie, Afrique du Sud, Espagne, Suède, Turquie, Émirats arabes unis, Royaume-Uni, États-Unis, îles Vierges américaines ;
– **« paradis fiscaux » ayant pris** des **engagements** mais n'appliquant pas encore largement la norme : Andorre, Anguilla, Antigua et Barbade, Aruba, Bahamas, Bahreïn, Belize, Bermudes, îles Vierges britanniques, îles Caïmans, îles Cook, Dominique, Gibraltar, Grenades, Liberia, Liechtenstein, îles Marshall, Monaco, Montserrat, Nauru, ex-Antilles néerlandaises (actuellement, Curaçao et Saint-Martin), Niue, Panama, Saint-Christophe-et-Niévès, Sainte-Lucie et Saint-Vincent-et-les-Grenadines, Samoa, Saint-Marin, îles Turques et Caïques, Vanuatu ;
– **autres centres financiers** ayant pris des engagements mais n'appliquant pas encore largement la norme : Autriche, Belgique, Brunei, Chili, Guatemala, Luxembourg, Singapour, Suisse ;
– pays qui ne se sont **pas engagés à appliquer la norme** : Costa Rica, Malaisie (Labuan), Philippines, Uruguay ; cette liste s'est immédiatement et entièrement vidée, les quatre pays en cause ayant, dans les jours qui ont suivi le communiqué précité, pris les engagements nécessaires.

Puis, très rapidement, l'**Autriche**, la **Belgique**, le **Luxembourg** et la **Suisse** ont retiré leurs réserves à l'article 26 du modèle OCDE (nº 74340) et ont proposé à leurs partenaires de modifier leurs conventions fiscales afin de se conformer à la norme OCDE (des avenants aux conventions fiscales ou des accords spécifiques ont été signés sur ce point par l'Autriche, la Belgique, le Luxembourg et la Suisse, notamment avec la France).

70572 **Révision continue des listes** Selon les critères de l'OCDE, seuls les États qui ont signé au moins **douze accords** d'échanges de renseignements à des fins fiscales peuvent être considérés comme ayant effectivement mis la norme en vigueur ; par exemple, le Luxembourg, la Belgique, Monaco, les îles Caïmans, les Bermudes, les îles Vierges britanniques ont rapidement signé les accords nécessaires et ont donc été transférés dans la liste des pays qui ont effectivement appliqué la norme (liste « blanche »). L'OCDE a cependant indiqué que si le seuil de douze accords signés constitue un bon indicateur des progrès accomplis, il ne doit pas être considéré uniquement comme une « course aux chiffres », que ce seuil n'est pas un plafond mais qu'il s'agit d'un processus dynamique et qu'il y a lieu de veiller à la **mise en œuvre effective** de la norme.

À l'occasion du sommet du G20 à Hambourg, en **juillet 2017**, l'OCDE a publié une **nouvelle liste** d'États ou territoires non coopératifs en indiquant que le critère retenu pour ne pas inclure dans cette liste une « juridiction » (terme impropre désignant les États ou territoires dotés d'autonomie fiscale) tient notamment à la satisfaction, par cette « juridiction », d'au moins deux des trois critères suivants :
– elle a reçu la **notation** « conforme pour l'essentiel » concernant la norme d'échange de renseignements sur demande ;
– elle s'est engagée à mettre en application la norme sur **l'échange automatique** de renseignements, et à réaliser les premiers échanges dans ce cadre au plus tard en 2018 (données relatives à l'exercice 2017) ;
– elle est partie à la convention concernant **l'assistance administrative mutuelle** en matière fiscale ou membre d'un réseau d'échange suffisamment important qui autorise l'échange de renseignements sur demande et l'échange automatique de renseignements.

À cette date, Trinité-et-Tobago était le seul État ou territoire non conforme selon les critères de l'OCDE (communiqué de l'OCDE du 28 juin 2017). Aucune actualisation n'a été publiée depuis lors.

De son côté, la France a sa propre liste des États ou territoires « non coopératifs » (nos 71550 s.), de même que l'Union européenne (no 71580).

Démantèlement progressif des régimes fiscaux préférentiels

Pour tirer les conséquences des travaux de l'OCDE et dans le sillage de l'Action 5 du plan anti-Beps (no 72410), la plupart des États ou territoires ont entrepris de modifier les régimes fiscaux préférentiels qu'ils ont pu mettre en place dans le passé. Une première synthèse en avait été fournie par un rapport de l'OCDE du 16 octobre 2017 (intitulé « **Pratiques fiscales dommageables** - Rapport d'étape de 2017 sur les régimes préférentiels - Cadre inclusif sur le Beps : Action 5 »), qui faisait état de la modification d'une centaine de régimes fiscaux préférentiels et présentait les conclusions des « examens par les pairs » portant sur 164 régimes fiscaux préférentiels en vigueur dans plus de 100 États ou territoires participant au « Cadre inclusif » (nos 1562 et 72410, Précisions b). Les travaux se sont poursuivis avec constance, ainsi que l'a montré la publication de rapports successifs sur le sujet, notamment, un rapport publié le 23 novembre 2020 par l'OCDE faisant état des résultats obtenus par le Forum de l'OCDE sur les pratiques fiscales dommageables (« **Forum on Harmful Tax Practices** » ou FHTP). Un communiqué de l'OCDE du 27 juillet 2022 indique que, depuis le lancement du projet Beps visant à lutter contre l'évasion fiscale internationale, le FHTP a examiné 319 régimes et que le seul régime dommageable est celui des zones franches de Trinité-et-Tobago, cinq autres étant potentiellement dommageables (« Harmful Tax Practices – Peer Review Results – Inclusive Framework On Beps : Action 5 – Update as of July 2022 ») ; en particulier, les anciens régimes dommageables concernant les revenus de la propriété intellectuelle ont successivement été modifiés dans le sens recommandé par l'OCDE, y compris le régime français (no 21250). **70573**

Sont particulièrement concernées les **mesures fiscales incitatives** (« régimes fiscaux préférentiels ») concernant les revenus générés par les activités géographiquement mobiles des entreprises, comme les activités financières, les ventes de services ou la propriété intellectuelle, qui sont facilement déplaçables ; ces régimes doivent, en principe, respecter les critères convenus dans le rapport de l'OCDE sur l'Action 5 du plan anti-Beps et qui tiennent, pour l'essentiel, à la nécessité de faire en sorte que le contribuable bénéficiant d'un régime préférentiel **exerce lui-même son activité opérationnelle principale**, afin de préserver la cohérence entre l'application d'un régime préférentiel et l'existence d'une activité substantielle. La pression internationale à cet égard est forte, le respect des prescriptions contenues dans l'Action 5 du plan anti-Beps étant l'une des conditions à respecter pour pouvoir participer au Cadre inclusif ; les Seychelles, par exemple, ont annoncé le 25 janvier 2019, avoir été jugées conformes en raison des modifications apportées à de nombreux dispositifs de faveur, qui ont été corrigés dans le sens des recommandations de l'OCDE.

De son côté, la déclaration commune de décembre 2020 sur la lutte contre les régimes fiscaux dommageables signée par l'Union européenne et le Royaume-Uni à l'occasion du **Brexit** (no 87352) indique notamment que les **régimes fiscaux dommageables** couvrent les régimes relatifs à la fiscalité des entreprises ayant, ou pouvant avoir, une incidence sensible sur la localisation des activités économiques, y compris celle des groupes d'entreprises ; les régimes fiscaux qui connaissent une imposition à des **taux réels** sensiblement inférieurs à ceux qui sont généralement appliqués sur le territoire des participants et notamment à un taux nul (que le niveau d'imposition résulte du taux d'imposition nominal, de l'assiette fiscale ou de tout autre facteur pertinent) doivent être considérés comme potentiellement dommageables, qu'ils soient d'origine législative ou réglementaire ou qu'ils résultent des pratiques administratives. La déclaration ajoute que la présence d'un ou de plusieurs des facteurs essentiels suivants doit être prise en considération :
– les avantages sont **cantonnés par rapport à l'économie nationale** de sorte qu'ils n'ont pas d'incidence sur l'assiette fiscale nationale ou sont accordés uniquement aux non-résidents ;

– le régime accordant les avantages fiscaux n'exige aucune **activité économique substantielle** ni aucune présence économique substantielle ;
– les règles de détermination des bénéfices **divergent des principes généralement admis** sur le plan international, en particulier des règles approuvées par l'OCDE ;
– le régime fiscal manque de **transparence**, notamment lorsque les dispositions applicables sont assouplies d'une façon non transparente par la pratique administrative ou lorsqu'il n'existe pas d'échange effectif de renseignements.

Précisions L'OCDE estimait, en octobre 2017, que les pratiques dommageables identifiées généraient un **manque à gagner** pour les recettes publiques compris entre 100 et 240 Md$ par an, soit 4 % à 10 % des recettes de l'impôt sur les sociétés dans le monde.

Le Forum mondial sur la transparence et l'échange de renseignements

70575 Depuis le printemps 2009, l'OCDE a multiplié ses efforts pour obtenir une application rapide et effective de la norme, en soulignant que sa satisfaction peut exiger des réformes législatives dans les États ou territoires concernés ainsi que la signature d'accords d'échange de renseignements ; l'OCDE a encouragé les États à adopter le modèle proposé en 2002 (n° 74202), qui reprend l'article 26 du modèle de convention fiscale et qui prévoit également la possibilité d'accords multilatéraux plutôt que bilatéraux (cette solution, plus facile à mettre en œuvre, peut être préférée par les petits pays). Cette exigence est aujourd'hui renforcée par la mise en place de mécanismes automatiques d'échanges d'informations financières et bancaires (n° 74344).

Pour l'essentiel, les travaux internationaux en la matière sont conduits dans le cadre du Forum mondial **sur la transparence et l'échange de renseignements à des fins fiscales**. Le Forum mondial est une enceinte multilatérale créée en 2001 qui, au 20 juin 2022, rassemblait 165 États ou territoires (outre la participation de l'Union européenne, tous les pays du G20, tous les pays membres de l'OCDE, tous les centres financiers internationaux et un très grand nombre de pays en développement) et qui consacre ses travaux à la transparence fiscale et à l'échange de renseignements (tous les États ou territoires ont vocation à en être membres s'ils s'engagent en faveur de la norme OCDE, s'ils acceptent d'être évalués et s'ils acquittent leur cotisation). Tous ses membres participent sur un pied d'égalité et prennent des décisions par consensus et tous financent le Forum par des contributions en fonction de leur PIB (outre un montant fixe), ce qui permet au Forum d'être indépendant de l'OCDE. Le Forum a été restructuré en septembre 2009 et il dispose notamment, depuis cette date, d'un secrétariat dédié.

Selon un communiqué de l'OCDE du 26 octobre 2011, « par ses travaux, le Forum mondial veille à ce que tous les citoyens payent leurs impôts afin que les pouvoirs publics perçoivent les recettes nécessaires pour administrer leur pays et financer les services publics ». Le Forum est notamment chargé de la surveillance approfondie et de l'examen par les pairs de la mise en œuvre des standards en matière de transparence et d'échange de renseignements en matière fiscale sur demande (EOIR) et d'échange automatique d'informations (AEOI), tels que proposés par l'OCDE (et repris par l'ONU) dans son modèle de convention fiscale.

Précisions Tous les pays qui rejoignent le Forum mondial s'engagent à mettre en œuvre la norme internationale d'**échange d'informations** sur demande et la norme sur l'échange automatique d'informations concernant les comptes financiers.

70578 **Analyse systématique des législations et des pratiques nationales** Il n'est pas seulement nécessaire que des engagements de coopération soient pris, il faut encore qu'ils soient tenus ; à cette fin, le Forum mondial a mis en place un processus d'**examen « par les pairs »**, c'est-à-dire des États entre eux (cet examen est effectué par des équipes d'évaluation qui sont composées de membres du secrétariat du Forum et de fonctionnaires des pays membres).

Le lancement de ce processus d'analyse a été annoncé par un communiqué de l'OCDE du 18 mars 2010 et il s'est poursuivi depuis lors par la publication de très nombreux rapports sur les différents États ou territoires « audités ». Ce processus a permis l'évaluation du **cadre juridique** et réglementaire des échanges de renseignements (Phase 1) ainsi que des **pratiques et procédures** en vigueur (Phase 2) de 119 États et territoires. À la mi-2016, un nouveau cycle d'examens par les pairs a été lancé dans le cadre d'une nouvelle procédure qui intègre les éléments de la Phase 1 et de la Phase 2 au sein d'un seul examen, en mettant l'accent sur l'évaluation de la disponibilité des renseignements relatifs aux **bénéficiaires effectifs** de toutes les entités et « constructions juridiques » conformément aux normes internationales du Groupe d'action financière (Gafi) et sur l'évaluation de l'accès des administrations fiscales à ces renseignements. Il ressort du premier « Examen par les pairs de la mise en œuvre de la norme d'échange automatique de renseignements relatifs aux comptes financiers » que les cadres juridiques mis en place par 88 % des États ou territoires ayant commencé à procéder à des échanges automatiques de renseignements en 2017/2018 sont satisfaisants ; sur la base de ce constat, une phase d'évaluation de l'efficacité des échanges automatiques a été lancée dans plus de cent États ou territoires (communiqué de l'OCDE du 9 décembre 2020 et rapports intitulés « Peer Review of the Automatic Exchange of Financial Account Information 2020 » et « Tax Transparency and Exchange of Information in Times of COVID-19 », 2020 Global Forum Annual report ; voir également n° 74347).

Les « examens par les pairs » visent à **évaluer chacun des États** ou territoires en fonction des différents éléments qui composent la norme internationale d'échange de renseignements. Une note globale leur est attribuée après analyse (« conforme », « conforme pour l'essentiel », « partiellement conforme », « non conforme »). Les **rapports du Forum mondial** décrivent les règles en vigueur dans chaque État ou territoire afin d'assurer la disponibilité des renseignements aux fins du contrôle fiscal, les modalités d'accès des autorités compétentes à ces renseignements et les dispositifs d'échange de renseignements avec les administrations fiscales des autres pays. Ils recensent les lacunes identifiées et formulent des recommandations pour y remédier. Un communiqué du 1er septembre 2020 du Forum mondial, diffusé à l'occasion de la publication de neuf nouveaux rapports, précise que 80 rapports d'examen par les pairs de deuxième cycle ont été publiés depuis 2017. Les travaux du Forum, et notamment un tableau de synthèse des notations des pays examinés en fonction des différents critères retenus, sont disponibles à l'adresse http://www.oecd.org/tax/transparency.

Œuvrant au renforcement des moyens de lutte contre la fraude et l'évasion fiscales internationales, le Forum mondial travaille continûment à l'amélioration de la coopération de ses membres dans le domaine fiscal. Les insuffisances les plus courantes tiennent, en pratique, au manque d'informations disponibles relatives à la propriété (cas des fiducies et des actions au porteur), au caractère incomplet des renseignements comptables sur certaines formes de fiducies, sociétés anonymes et sociétés de personnes, aux pouvoirs restreints accordés aux autorités compétentes pour obtenir les renseignements demandés par les autorités étrangères et au délai de réponse des pays ayant reçu des demandes.

Enfin, le Forum mondial consacre des efforts importants à la mise en œuvre de la **norme d'échange automatique** de renseignements en matière financière (n° 74344).

Précisions À l'occasion des révélations connues sous le nom de « **Panama Papers** » (n° 71000, Précisions c), l'OCDE a indiqué que si les documents diffusés « exposent des activités répréhensibles, ils montrent aussi que le recours à des sociétés offshore et à des entreprises émettant des actions au porteur est en baisse, ce qui témoigne de l'incroyable transformation qui se produit depuis sept ans grâce aux efforts engagés pour établir des normes internationales de transparence fiscale solides, y compris en ce qui concerne la propriété effective » (communiqué du 5 avril 2016).

On s'attachera dans la présente étude à présenter sommairement les paradis fiscaux puis à décrire quelques schémas classiques d'utilisation qui ont précisément amené les administrations fiscales à réagir et qu'il faut donc aborder avec une prudence particulière. **70595**

SECTION 1

Présentation sommaire des paradis fiscaux

Notion

70600 Il est évident qu'il n'existe aucun critère précis et objectif permettant de définir ce qu'est un « paradis fiscal ». Il s'agit d'une notion **entièrement relative**, un État pouvant présenter certains aspects d'un paradis fiscal, alors que, par d'autres côtés, son régime fiscal peut être très rigoureux (c'est d'ailleurs souvent le cas pour les habitants du pays, même parfois pour les paradis fiscaux classiques). De son côté, la législation fiscale française, telle qu'elle est interprétée par les tribunaux, tend à faire prévaloir la notion d'entreprise ou d'opération soumise à un **régime fiscal privilégié** plutôt que celle d'État dont le régime fiscal est privilégié (n° 72983 ; sur la notion d'État ou territoire « non coopératif », voir n°s 71550 s.).

D'une manière générale, un paradis fiscal apparaît comme une entité territoriale dotée de la souveraineté fiscale, où les impôts sont faibles ou nuls, et où, par suite, les entreprises ou les particuliers non résidents sont incités à transférer leurs bénéfices ou leurs revenus afin d'en retirer un avantage financier substantiel. Les **critères** qui avaient été définis dans le rapport rendu par l'OCDE au G7 en 1998 sont au nombre de quatre : peu ou pas de fiscalité, absence de transparence fiscale, absence d'échanges d'informations et une économie réelle inexistante ou quasi inexistante.

Depuis le second semestre 2009, cependant, la plupart des paradis fiscaux « classiques » ont dû se résoudre à accepter la « **norme OCDE** » relative aux échanges de renseignements en matière fiscale (n° 70568). Compte tenu de cette évolution, il y a désormais deux sortes de « paradis fiscaux » :
– les paradis fiscaux « **transparents** », qui ont déclaré accepter la « norme OCDE », mais qui peuvent tout de même continuer de chercher à attirer les investissements étrangers par des mesures fiscales incitatives et qui peuvent entrer dans le champ des dispositifs anti-abus des autres États ; ces pays connaissent une législation fiscale très favorable mais acceptent d'échanger des renseignements de nature à faciliter le contrôle fiscal des autres États ;
– les paradis fiscaux « **opaques** », qui n'acceptent pas la norme OCDE ou qui ne l'acceptent que très partiellement, et qui peuvent faire l'objet de mesures fiscales de rétorsion encore plus sévères de la part des autres États.

Position de la France

70605 Pour sa part, l'administration française renvoie, d'une façon générale, au sens donné par l'OCDE aux dispositions fiscales « dommageables », en faisant état des **quatre critères** suivants (n° 70600) : absence d'impôt ou impôts minimes, existence de dispositions législatives ou réglementaires ou de pratiques administratives qui empêchent un échange effectif de renseignements à des fins fiscales avec d'autres gouvernements, manque de transparence et absence d'obligation d'exercice d'activités substantielles donnant à penser que le pays tente d'attirer des investissements ou des opérations à motivation purement fiscale (ancienne réponse Gaubert : JOAN 8 août 2006 p. 8369, toujours pertinente sur le fond).

En harmonie avec l'évolution internationale et la position du Forum mondial, cependant, la liste française des États et territoires non coopératifs ne repose aujourd'hui que sur le critère de la **transparence** et de l'échange d'informations sans qu'aucun critère de pression fiscale soit pris en compte (n° 71555).

A. Absence, ou faible niveau, d'imposition

70750 C'est évidemment le premier point qui vient à l'esprit : un paradis fiscal se caractérise d'abord par une très faible pression fiscale ou une absence complète d'imposition des revenus, des bénéfices, des distributions ou du capital. Il existe des différences de degré, car cette absence d'imposition peut être :
– totale, pour tout le territoire et concerner les résidents comme les non-résidents ;

– réservée aux non-résidents (sociétés n'ayant aucune activité financière ou commerciale sur le territoire, ou encore **sociétés « offshore »**) ;
– accordée seulement à certaines catégories de revenus, à certains types d'opérations ou à certaines formes de sociétés (holdings, par exemple).

L'administration française retient, quant à elle, le critère de la comparaison de la charge fiscale avec la France pour déterminer si le contribuable est soumis à un régime fiscal privilégié. La loi fixe, à cet égard, un **seuil de 60 %** (n° 72983). Le critère tenant à une comparaison objective des charges fiscales, il n'y a pas, en France, de « liste » de paradis fiscaux. Une énumération avait été proposée en 1975, mais elle n'avait qu'un caractère interne et indicatif et n'a jamais été actualisée ; il y a certes, aujourd'hui, une liste des **États ou territoires « non coopératifs »**, mais celle-ci repose sur des critères de transparence et non pas de charge fiscale (n° 71555). **70755**

Précisions Il y a aussi diverses listes (qui ne sont pas toutes d'une parfaite cohérence) qui énumèrent notamment les États ou territoires considérés comme liés à la France par une **convention d'assistance administrative** pour les besoins de certains articles du Code général des impôts, par exemple en ce qui concerne la taxe patrimoniale de 3 % (n° 68302).

B. Législation financière et commerciale attrayante

En général, les paradis fiscaux, notamment ceux qui sont « opaques », protègent de manière extensive la confidentialité des opérations qui se déroulent sur leur territoire, en vertu soit de la loi, soit de la jurisprudence, soit plus simplement de la « pratique » administrative. Les affaires bancaires et financières, en particulier, sont très protégées. C'est certainement l'une des caractéristiques de ces pays qui fait l'objet des critiques les plus vives des pays développés soucieux de lutter contre la corruption et le blanchiment des capitaux et c'est celle qui a été particulièrement stigmatisée en réaction à la crise financière et économique de l'automne 2008 (bien entendu, ce n'est pas le secret bancaire, en tant que tel, qui pose problème mais le fait qu'il ne soit pas levé au bénéfice des administrations fiscales). C'est essentiellement en fonction de leur attitude par rapport aux échanges d'informations et au secret bancaire à des fins fiscales que les pays se répartissent entre ceux qui sont « coopératifs » et ceux qui ne le sont pas (n° 70600). **70770**

En outre, dans ces pays, la production de **comptes annuels** par les sociétés n'est souvent pas obligatoire ; la législation sur les sociétés se caractérise en général par un grand libéralisme qui permet de créer, très rapidement et sans formalités coûteuses, des **sociétés** simplement **domiciliées**, c'est-à-dire enregistrées dans le pays, mais n'y ayant que leur siège et n'y exerçant aucune activité effective (elles peuvent avoir ou non un bureau sur place). On appelle ces sociétés par des noms variables tels que « **société boîte à lettres** » (« letter box company ») ou « sham corporation », ou encore « société fictive » (car elles n'ont ni biens, ni moyens de gestion, ni activité économique). Elles sont souvent éphémères et se bornent à disposer d'une « boîte aux lettres » dans une banque, un cabinet d'avocats, une société de domiciliation ou un cabinet d'expertise comptable. Elles permettent de fixer des bénéfices dans un pays refuge ou sont utilisées comme « écran » afin de rendre plus difficile le contrôle fiscal en augmentant le nombre de maillons de la chaîne et en interdisant les recoupements. Enfin, il est, en général, impossible de connaître le nom des **actionnaires réels** (titres au porteur, ou détenus par des trusts ou fiducies, etc.).

Précisions La souplesse excessive du droit des sociétés est parfois considérée comme un élément suffisant à caractériser un paradis « fiscal » ; c'est la raison pour laquelle certaines organisations non gouvernementales présentent l'État américain du **Delaware**, ou même la **City** de Londres, comme des « paradis fiscaux » (expression impropre puisqu'elle confond opacité et avantage fiscal). Le Delaware et le Nevada, notamment, sont également mis à l'index dans la mesure où les législations qui y sont en vigueur permettent largement aux **bénéficiaires effectifs** des sociétés de rester inconnus.

C. Sécurité politique et économique

Un paradis fiscal est un État ou territoire dont la structure politique est solide ou inversement inexistante. Il s'agit là d'un **critère très important** dans le choix d'un paradis fiscal ; **70780** si le devenir des capitaux transférés est incertain, et si le pays est politiquement, économiquement ou socialement troublé, les avantages fiscaux momentanés sont en effet très largement illusoires.

Dans le même ordre d'idées, il faut aussi que le pays soit **facilement accessible**, c'est-à-dire qu'il soit bien desservi par les transports aériens (ou maritimes), et que les communications soient aisées (postales, téléphoniques, par câble, télex, internet, etc.) ; ce point est particulièrement important dans le domaine bancaire.

Sur le plan économique, le pays doit avoir une monnaie stable et une **organisation financière et bancaire** bien structurée. L'absence de contrôle des changes et l'appartenance à une puissante zone monétaire sont très importantes. Un **réseau bancaire** développé et fiable qui offre les services de spécialistes financiers et de juristes est également de nature à confirmer l'attrait d'un paradis fiscal. À cet égard, on peut observer que le développement, depuis les années 1970 en particulier, du rôle joué par les îles anglo-normandes (Jersey, Guernesey) n'est pas étranger au fait que les plus grands établissements bancaires américains puis européens y soient installés (en particulier pour l'assistance au « tax planning » ou la mise en place de trusts).

En général, les paradis fiscaux ont pour caractéristique de ne pas soumettre les non-résidents au **contrôle des changes** ; certains pays connaissent un double régime de contrôle des changes selon qu'il s'agit de résidents ou de non-résidents, ou de monnaie locale ou étrangère. Si tel est le cas, les résidents sont soumis au contrôle des changes alors que les non-résidents n'y sont soumis que lorsqu'ils utilisent de la monnaie locale. En principe, une société constituée dans un paradis fiscal mais dont l'activité se déroule principalement en dehors du territoire est considérée comme non-résidente pour l'application du contrôle des changes. Les opérations de cette société échappent ainsi au contrôle des relations financières avec l'étranger.

D. Aperçu de quelques localisations usuelles

70790 Il n'est évidemment pas possible de détailler ici les avantages offerts par les différentes localisations envisageables ; on se contentera de présenter quelques éléments qui peuvent être intéressants pour les personnes physiques ou les personnes morales.

Personnes physiques

70795 Les personnes physiques recherchent naturellement des lieux de résidence fiscale qui soient à la fois d'utilisation facile, en termes de vie quotidienne, et qui procurent des avantages fiscaux en ce qui concerne la **gestion de leur patrimoine** ; on ne les voit donc guère chercher à établir leur résidence fiscale dans des paradis fiscaux de type « classique », tels que Jersey, Guernesey, Curaçao ou Saint-Martin (ex-Antilles néerlandaises), les Bermudes ou autres.

En revanche, elles peuvent penser à se domicilier dans des pays de l'**Union européenne**, qui sont agréables et proches de la France, avec laquelle elles gardent généralement certains liens personnels ou économiques (à condition, naturellement, que ces liens ne soient pas tels qu'ils remettent en cause leur résidence fiscale ; n°s 40000 s.).

70800 Pour les personnes physiques, en pratique, les lieux traditionnels d'installation sont :
– la **Belgique**, où il n'existe pas d'impôt sur la fortune et où les plus-values tirées de la gestion non professionnelle d'un patrimoine mobilier ne sont pas imposées ; en ce sens, ce pays est accueillant pour les « rentiers » et non pour les actifs qui doivent souvent acquitter un impôt sur le revenu proche de l'impôt qu'ils auraient à acquitter en France (ou plus élevé, parfois) ;
– le **Royaume-Uni**, qui ne connaît pas non plus d'impôt sur la fortune et qui permet aux résidents « non domiciliés » (c'est-à-dire, en simplifiant, ceux qui n'ont pas la nationalité britannique) de n'être imposés, sous certaines conditions, que sur leurs revenus de source britannique ou sur les revenus de source extérieure, mais seulement, pour ces derniers, s'ils sont « rapatriés » au Royaume-Uni (« remittance basis » ; n° 41155, Précisions) ;
– la **Suisse**, où il leur est possible de négocier un « forfait fiscal » dont le montant est fonction de leurs dépenses, sans rapport avec leurs revenus réels ; toutefois, compte tenu

de l'importance de ces forfaits, qui sont normalement d'au minimum 400 000 francs suisses, ce dispositif est réservé, en pratique, aux personnes qui ont des revenus réellement importants (n° 74755).

Personnes morales

Les personnes morales peuvent songer à utiliser les paradis fiscaux « classiques » ou encore les aspects de fiscalité privilégiée de pays dont la fiscalité est par ailleurs « normale » : **70810**
– **paradis fiscaux « classiques »** : Jersey, Guernesey, le Liechtenstein (régime des « Anstalt »), Curaçao ou Saint-Martin (ex-Antilles néerlandaises), les Bermudes, etc. ; l'utilisation de ces pays est cependant très généralement à **déconseiller**, dans la mesure où ils font l'objet de la plupart des dispositifs anti-abus mis en place par les pays développés, y compris la France ; ils sont en outre régulièrement critiqués dans le cadre des travaux internationaux relatifs à la lutte contre le blanchiment et la fraude fiscale (n° 70570) ; parmi ces pays, une catégorie est encore davantage à déconseiller, celle des États ou territoires « non coopératifs » (nos 71550 s.) ;
– **pays moins dangereux**, compte tenu de l'existence de conventions fiscales, mais qui présentent des avantages fiscaux importants, parmi lesquels l'**Irlande** (pays membre de l'Union européenne et où le taux de l'impôt est le plus souvent limité à 12,5 %), **Chypre** (pays membre de l'Union européenne et où le taux d'impôt est de seulement 12,5 %, les plus-values sur titres étant généralement exonérées et les distributions ne faisant pas l'objet de retenue à la source), **Malte** (pays membre de l'Union européenne où le taux d'impôt sur les sociétés, en principe de 35 %, peut généralement être compris entre 0 % et 10 % en application de mécanismes d'imputation et de remboursement), la **Suisse** (où les statuts fiscaux favorables ont finalement dû être abolis sous la pression de l'Union européenne mais qui a significativement réduit les taux d'impôt sur les sociétés et adopté diverses mesures incitatives, par exemple en ce qui concerne les sociétés de brevets), l'**île Maurice** (régime des GBL 1 et GBL 2), etc. ;
– pays qui présentent certaines caractéristiques avantageuses dans un environnement fiscal « normal », parmi lesquels la **Belgique** (holdings, déduction fiscale d'intérêts notionnels), les **Pays-Bas** (holdings, régime d'imposition des intérêts et redevances) ou le **Luxembourg** (holdings, sociétés de titrisation, sociétés captives de réassurance, etc.) ; certains pays continuent de mettre en place des législations spécifiques, comme la **Turquie** qui a créé en juin 2022 le Centre financier d'Istanbul qui propose notamment des avantages fiscaux significatifs aux institutions financières et à leurs salariés ;
– pour les activités industrielles, notamment : les pays qui sont devenus membres de l'Union européenne le 1er mai 2004, comme l'Estonie, la Hongrie, ou la République tchèque, qui connaissent de faibles taux d'impôt sur les sociétés.

L'utilisation de ces derniers pays est en général possible dans des conditions de sécurité fiscale nettement meilleures que celles des paradis fiscaux « classiques », dans la mesure où ils sont liés à la France par des **conventions fiscales** et souvent protégés par le **droit de l'Union européenne** ; la mise en place de structures interposées dans ces pays suppose toutefois que soient évités les reproches de fictivité ou d'abus de droit (ou de fraude à la loi), ce qui exige qu'elles répondent à des besoins économiques réels et soient dotées de la substance nécessaire afin de ne pas caractériser des « montages artificiels ».

SECTION 2

L'utilisation des paradis fiscaux et les montages internationaux

A. Généralités

Il est certain que le recours aux paradis fiscaux s'explique presque toujours par des considérations fiscales, mais il peut arriver qu'il réponde aussi, ou principalement, à des considérations économiques ou commerciales réelles. On sait également que les paradis fiscaux **71000** sont utilisés dans le cadre d'opérations frauduleuses et susceptibles de sanctions pénales (blanchiment des capitaux, économie du crime, fraude fiscale, etc.).

D'une manière générale, les principales utilisations des paradis fiscaux par les entreprises ou les personnes physiques peuvent être les suivantes, étant rappelé, naturellement, que les États les combattent par la mise en place de règles de contrôle plus ou moins sévères (nos 71800 s.).

Précisions **a.** L'administration a mis en en ligne, sur le portail impots.gouv.fr, un espace dédié au contrôle fiscal (http://www.economie.gouv.fr/dgfip/controle-fiscal-et-lutte-contre-fraude) ; y figurent notamment, à la rubrique « **Des procédés de fraude fiscale** », quelques exemples de fraudes qu'elle souhaite stigmatiser, tels que la « facturation fictive ou de complaisance », la « délocalisation fictive d'entreprises exploitées en France », la « délocalisation fictive du domicile des personnes physiques » et la « dissimulation d'avoirs détenus à l'étranger » (Droit fiscal 2014 n° 30, comm. n° 457).

b. Le site internet de l'administration fiscale publie une **carte des pratiques et montages abusifs** qui recense divers schémas fiscaux, régulièrement actualisés, que l'administration dit avoir découverts lors de contrôles fiscaux et qu'elle considère comme non conformes au droit (http://www.economie.gouv.fr/dgfip/carte-des-pratiques-et-montages-abusifs ; voir également le dossier de presse publié en avril 2015, intitulé « Améliorer les relations entre l'administration fiscale et les entreprises ») ; on relève, parmi les exemples cités, un schéma de fausse délocalisation de main-d'œuvre, un exemple de commissions versées à une société bénéficiant d'un régime fiscal privilégié, des exemples de double déduction d'intérêts d'emprunt, de charges financières déduites en France et non imposées chez le prêteur, d'utilisation du mécanisme belge des intérêts notionnels, de réorganisations d'entreprises à objet fiscal, et un montage passant par la souscription d'un contrat d'assurance-vie et d'un emprunt in fine pour rapatrier des avoirs étrangers non déclarés (les personnes ayant réalisé de telles opérations sont invitées à prendre contact avec l'administration pour **régulariser leur situation**). Pour autant, le fait que certains schémas se retrouvent ainsi stigmatisés ne signifie pas qu'ils soient systématiquement abusifs car ils ne présentent que le point de vue de l'administration et, pour certains, font l'objet de contentieux en cours. Les fiches insérées dans cette « carte » ne peuvent, en tout état de cause, faire l'objet de recours pour excès de pouvoir dès lors qu'elles ne contiennent pas de disposition impérative (CE 12 juillet 2017 n° 401997, 8e et 3e ch. : RJF 11/17 n° 1109).

c. La façon dont les paradis fiscaux peuvent être utilisés est régulièrement mise en lumière par des publications de journalistes d'investigation ; tel a été le cas, par exemple, dans l'affaire des « **Panama Papers** » résultant de la publication par le Consortium international des journalistes d'investigation, au début du mois d'avril 2016, d'informations tirées de onze millions de fichiers provenant des archives d'un cabinet d'avocats panaméen. Autres exemples dans le même sens, ceux des « **Pandora Papers** » en octobre 2021 (révélations appuyées sur environ douze millions de documents provenant de quatorze sociétés de services financiers et ayant mis au jour plus de 29 000 sociétés offshore ; communiqué de l'OCDE du 14 octobre 2021), des « **Paradise Papers** » en octobre 2017 et antérieurement, celui des « **LuxLeaks** » (accords fiscaux avantageux conclus par le Luxembourg avec de nombreuses entreprises multinationales, révélés en novembre 2014). À propos de l'affaire dite des « **LuxLetters** » (révélations de juillet 2021), le Parlement européen a fait savoir que sa sous-commission fiscale procéderait à une enquête (communiqué de presse du 28 octobre 2021 n° 20211026IPR15837).

Fraude au domicile fiscal

71060 Les **personnes physiques** peuvent tenter d'éviter les conséquences de la domiciliation fiscale dans un pays à fiscalité « normale » en transférant leur domicile dans un paradis fiscal, ou, tout au moins, un pays disposé à les imposer sur une assiette réduite (Suisse, par exemple). Si ce transfert est réel, le pays d'origine ne peut y trouver à redire, sauf lorsqu'il existe une législation contre l'expatriation « fiscale », qui prend la forme d'une sorte de « droit de suite » plus ou moins étendu. Mais, bien souvent, le contribuable veut éviter les conséquences fiscales de la domiciliation tout en gardant des attaches étroites avec son pays d'origine. Il cherche alors à jouer sur les failles des législations relatives à la résidence, ou encore à changer fréquemment de domicile (n° 71240).

Ces situations peuvent également concerner les **entreprises**, qui sont parfois tentées d'éparpiller leurs différents organes de contrôle et de direction afin que leur siège de direction effective ne puisse pas être déterminé (n° 41450).

Précisions Le **contrôle** de la réalité du **siège de direction effective** des sociétés est aujourd'hui beaucoup plus intensif que dans le passé ; on ne peut plus sérieusement envisager la création de sociétés simplement domiciliées dans un paradis fiscal alors que leur siège réel de direction est situé dans un autre État.

Utilisation de sociétés-écrans

Un mécanisme d'évasion fiscale répandu consiste à établir une société-écran (« base company ») ou une société relais dans un paradis fiscal ; la fonction de cette société est d'encaisser des revenus et de les mettre à l'abri de la fiscalité applicable dans l'État de la résidence du bénéficiaire. Il peut même y avoir des montages complexes mettant en relation plusieurs sociétés-écrans (« stepping stone strategies » ou « stratégies de tremplin »). 71080

Par exemple, un inventeur qui met au point une invention peut la faire breveter par une société-écran installée dans un paradis fiscal ; celle-ci **concède le brevet** à des tiers dans des pays développés et perçoit les redevances aux lieu et place de l'inventeur (nº 71440). Le revenu est ainsi soustrait à l'imposition dans le pays de résidence du bénéficiaire du simple fait de l'interposition d'une société-écran entre lui-même et le tiers qui verse les revenus. L'avantage fiscal, toutefois, n'existe qu'**aussi longtemps que le revenu n'est pas distribué**, ce qui permet éventuellement aux contribuables de prétendre qu'il ne s'agit que d'un différé d'imposition. Mais comme le contribuable peut ne pas se faire distribuer ce revenu, ou peut facilement mettre en place d'autres stratégies, il s'agit, en pratique, d'un avantage définitif.

On peut imaginer facilement, en effet, des mécanismes de **« dissimulation secondaire »** des revenus qui permettent d'éviter l'imposition des revenus distribués par la société-écran au bénéficiaire réel sous forme de dividendes :
- réinvestissement à l'étranger des sommes mises à l'abri ;
- utilisation de ces sommes sous forme de prêts à l'actionnaire (personne physique ou société) ;
- cession de la participation et réalisation d'une plus-value imposable à un taux réduit ;
- distribution sous forme de dividendes bénéficiant du régime des sociétés mères si l'actionnaire est une personne morale soumise à l'impôt sur les sociétés (nº 61400).

Précisions Les sociétés-écrans sont dans le viseur de la Commission européenne (nº 88139).

Treaty shopping

Dans le même ordre d'idées, il peut y avoir **création de sociétés relais** à l'étranger pour bénéficier d'un régime avantageux ou d'une convention fiscale favorable. On parle alors de « Treaty shopping » ou de « chalandage fiscal » (nº 74570), c'est-à-dire d'une stratégie dans laquelle les maillons d'une chaîne sont implantés dans les États qui offrent le maximum d'avantages conventionnels (dans ce cas, il ne s'agit pas de paradis fiscaux, en général). 71090

Précisions Les États cherchent à lutter contre ces stratégies dans le cadre des contrôles fiscaux et, sur le plan juridique, par l'insertion de mécanismes de « limitation des avantages conventionnels » dans les conventions fiscales (nº 74785), et par le recours à la notion de « bénéficiaire effectif » (nº 74630).

Sociétés d'assurance captives

Il s'agit de sociétés utilisées pour contourner les législations qui existent dans beaucoup de pays, interdisant les provisions de propre assureur (« auto-assurance »). Ces sociétés d'assurance « captives » (c'est-à-dire **contrôlées par la société mère**) se localisent donc dans les pays qui les autorisent et qui leur consentent en outre des avantages fiscaux : Bermudes, Bahamas, îles Caïmans, Guernesey, Irlande, Luxembourg, etc. 71100

Le schéma repose sur la déductibilité des primes versées dans les pays à fiscalité élevée et une exonération ou une taxation très réduite dans le pays dans lequel la société captive est installée. L'avantage fiscal peut même être accentué par la majoration abusive des primes d'assurance que les sociétés du groupe versent au bénéfice final de la société d'assurance captive. En pratique, un assureur « fronteur » (une compagnie d'assurance « réelle et sérieuse ») est interposé entre le débiteur des primes et la captive de réassurance ; les primes sont versées à l'assureur qui en conserve une quote-part et qui en rétrocède la quasi-totalité à la captive de réassurance qui réassure les risques pris par l'assureur (les primes reviennent ainsi, en définitive, dans le groupe). Sur cette question, voir également nº 26920.

Précisions Les États cherchent à éviter ces stratégies, qui peuvent toutefois répondre parfois à des besoins économiques réels et sérieux, notamment par le recours à des mécanismes d'imposition des revenus non distribués, comme l'article **209 B** du CGI (nos 73100 s.), lorsque la société captive de réassurance étrangère n'est pas dotée de la substance nécessaire.

Pavillons de complaisance

71120 Certains États ou territoires autorisent les entreprises de transport maritime à enregistrer un navire ou à arborer leur pavillon, même si le siège de l'entreprise est à l'étranger et ses activités exercées en dehors de leur territoire. Le recours à ces pavillons de complaisance peut obéir (c'est même souvent le cas) à des considérations non fiscales comme l'absence de contrôle administratif, la faiblesse des contrôles techniques exigés, la possibilité d'utiliser de la main-d'œuvre moins chère, etc.

Ces pays peuvent aussi être utilisés comme véhicules d'évasion fiscale, dès lors qu'en général, les entreprises sous pavillon de complaisance sont **exonérées d'impôt**. Par ailleurs, les bénéfices tirés de l'exploitation des navires peuvent être transférés dans un paradis fiscal, par des contrats de location, ou d'affrètement.

Les **sociétés de crédit-bail** peuvent aussi être utilisées à des fins d'évasion fiscale selon le schéma suivant : la propriété d'un actif immobilier ou industriel est transférée, par voie d'apport, à une société de crédit-bail installée dans un paradis fiscal. Celle-ci loue les biens aux différentes sociétés du groupe moyennant une rémunération déductible des résultats imposables des sociétés locataires utilisatrices et exonérée dans l'État de la société bailleur (paradis fiscal). Ce schéma, qui peut parfois s'expliquer également par des nécessités juridiques ou commerciales, est cependant perturbé par l'existence de retenues à la source dans les pays débiteurs.

Sociétés de services

71140 Des sociétés de services peuvent être constituées dans les paradis fiscaux afin de réduire les frais de fonctionnement, d'échapper à certains contrôles et, bien entendu, de minimiser la charge fiscale. Elles peuvent avoir pour objet des prestations de services d'études techniques ou de marchés, de publicité ou d'assistance technique.

La fraude ou l'évasion s'effectue classiquement par la **facturation de prestations purement fictives** ou bien par une rémunération exagérée des services rendus. Il peut s'agir de sociétés de gestion de brevets, de sociétés auxiliaires de services, de sociétés captives, de sociétés de facturation ou de sociétés d'artistes ou de sportifs (ou autres).

Les **sociétés de facturation** interviennent dans la vente ou l'achat de produits pour le compte de la société mère ; elles agissent parfois sous le couvert d'une activité d'intermédiaire de commerce plus ou moins fictive et pratiquent des manipulations de prix qui servent à transférer des bénéfices dans les paradis fiscaux.

Les **sociétés interposées** (« rent a star company » ; n° 45780) sont utilisées par les titulaires de revenus non commerciaux (artistes, sportifs, écrivains, dirigeants de sociétés, etc.). Elles ont pour objet l'encaissement des recettes provenant de l'activité du prestataire de services, ce qui permet à celui-ci de localiser ses bénéfices dans un pays à faible pression fiscale pour éviter l'impôt dans son pays de résidence (sauf éventuellement sur une petite rémunération versée sous forme de salaire par les sociétés d'artistes).

Précisions Ces stratégies font l'objet de dispositions spécifiques comme **l'article 155 A** du CGI (nos 45785 s.).

B. Exemples concernant les personnes physiques

71170 Les personnes physiques emploient, d'une manière générale, les procédés suivants (qui peuvent d'ailleurs être combinés entre eux) :
- fraude au **domicile fiscal**, qui consiste pour le contribuable à se prétendre domicilié à l'étranger pour réduire ou supprimer ses obligations fiscales ;
- constitution de **sociétés-écrans** à l'étranger pour dissimuler certains éléments du patrimoine (immeubles, bateaux, etc.) et échapper à la fois à l'impôt sur la fortune sur les

actifs immobiliers et à l'impôt sur le revenu en cas de location (ou de réalisation des plus-values), ainsi qu'à l'impôt sur les successions au décès ;
– minoration des revenus déclarés en France par la **division artificielle** d'un **revenu** de source française entre plusieurs États, ou par la dissimulation de revenus résultant d'activités exercées hors de France ou afférents à des biens immobiliers situés hors de France, ou encore par l'encaissement de rémunérations réelles par l'intermédiaire de sociétés-écrans dont elles se déclarent simples salariées (n° 45780).

On commentera quelques-unes de ces pratiques, qui sont, le plus souvent, illégales.

Précisions Ces pratiques non conformes à la loi peuvent, le cas échéant, justifier des **sanctions pénales** (n° 72665).

Fraude au domicile fiscal

Le droit interne français retient une conception très large du domicile fiscal des personnes physiques (n° 40600) ; dès lors, ne peuvent échapper à la domiciliation en France que les contribuables qui ont pratiquement **cessé d'avoir tout lien avec notre pays**. Tel ne serait pas le cas, par exemple, dans la situation suivante (imaginaire, mais envisageable...). **71240**

Au cours d'un contrôle sur pièces et d'une enquête effectués en France, il s'avère qu'une personne ne souscrit pas de déclarations de revenus, alors qu'il s'agit d'un écrivain bien connu, percevant d'importants droits d'auteur versés par un éditeur parisien. Le contribuable, invité à régulariser sa situation, se déclare résident d'Irlande (pays « accueillant » pour les droits d'auteur). Sa situation fiscale d'ensemble est donc vérifiée et celle-ci fait ressortir que l'intéressé :
– dispose d'un appartement luxueux à Paris où il vit avec une actrice célèbre ; cet appartement est la propriété d'une société installée dans un pays refuge, créée et contrôlée par lui ;
– a dépensé des sommes importantes en France au moyen de cartes de crédit ;
– a séjourné en France la grande majorité de l'année, le temps de présence en Irlande n'ayant pas dépassé quelques semaines.

Dans cette situation, le droit français conduit à la domiciliation en France, quoi que l'intéressé puisse prétendre.

Il est souvent plus astucieux pour un contribuable de se prétendre domicilié dans un pays « conventionné » (Belgique, Royaume-Uni, Suisse), et donc a priori plus « sérieux », plutôt que dans un pur paradis fiscal. Il pourra, en effet, fournir des attestations d'imposition sur place qui pourront éventuellement paraître convaincantes. **71245**

On rappelle cependant que les conventions fiscales ne peuvent normalement être invoquées, et notamment les dispositions relatives à l'élimination des cas de double résidence, que si le contribuable est **imposé** dans l'un des États **en tant que résident** (n° 41155). C'est seulement lorsqu'une personne est considérée comme résidente de chacun des États en droit interne qu'elle peut invoquer les critères conventionnels d'élimination des cas de double résidence.

Par ailleurs, certaines conventions fiscales, comme la convention franco-suisse, comportent des dispositifs anti-abus, relatifs notamment à l'exclusion de certains contribuables « à **forfait** » (n° 74755). Enfin, il existe des possibilités d'échange de renseignements entre États (nos 74200 s.), permettant de vérifier les allégations des contribuables.

Division artificielle du revenu

Pour échapper à l'impôt, certains contribuables peuvent être tentés de diviser artificiellement leurs revenus **entre différents États**. Il s'agit de schémas mis en place pour faciliter la fraude et rendre plus difficiles les contrôles fiscaux dès lors que, sur le plan juridique, les sommes perçues par le contribuable sont imposables de la même façon qu'elles aient été ou non transférées dans l'État de sa résidence, et quel que soit l'État dans lequel elles ont été perçues. Mais il est évident que le contrôle fiscal dans l'État de la résidence est rendu plus difficile par la multiplicité des sources. **71260**

Cela dit, lorsque les États sont liés par une convention fiscale, il existe des mécanismes d'**échange de renseignements** (nos 74200 s.) qui permettent à l'État de la résidence de connaître les revenus perçus dans l'autre État ; certes, ce n'est pas le cas avec les paradis fiscaux « non coopératifs », mais il existe beaucoup de situations où la division artificielle du revenu ne passe pas par ces pays (en outre, les conventions d'échange de renseignements, bilatérales ou multilatérales, se sont beaucoup développées avec les États ou territoires traditionnellement « non coopératifs » ; n° 1580).

Précisions En ce qui concerne l'utilisation, par des personnes physiques fiscalement résidentes de France, de sociétés étrangères de gestion de portefeuille, voir nos 73670 s.

Sociétés d'artistes

71280 Le principe consiste, pour un artiste ou un sportif, à créer une société interposée qui pourra être présentée comme le prestataire à qui la rémunération est due, afin d'éviter les conséquences fiscales qui résulteraient d'un versement direct à son profit. Soit, par exemple, un artiste de variétés de réputation mondiale et résident de France qui est gérant de fait d'une société française ; à la suite d'une vérification, on s'aperçoit qu'il se produit souvent aux États-Unis où il a fait ouvrir un compte bancaire. L'administration demande donc des renseignements aux services fiscaux américains ; il ressort de ces renseignements que les prestations effectuées aux États-Unis sont rémunérées au nom de l'artiste sur son compte bancaire local ou sur le compte de la société, puis virées sur un compte bancaire en Suisse. L'échange de renseignements permet de faire échec à ce procédé classique de division des revenus. Voir également nos 45785 s., en ce qui concerne l'article 155 A du CGI.

Précisions Les contentieux actuels concernant l'article 155 A du CGI montrent que les sociétés étrangères interposées sont également utilisées par certains **dirigeants d'entreprise** qui leur font encaisser les rémunérations correspondant à leur activité propre en les déguisant sous l'apparence de prestations de services rendues aux sociétés qu'ils dirigent.

Fractionnement du salaire des cadres (split-payroll)

71300 Il s'agit, pour les groupes, de répartir le salaire des cadres les plus importants entre les différentes entités (filiales ou succursales), dès lors que les cadres concernés exercent effectivement des fonctions, même minimes, pour le compte de ces entités et sont physiquement présents dans les pays en cause.

Soit, par exemple, un cadre français, résident de France, qui exerce des **fonctions de direction d'un groupe français** implanté en Europe, et supposons qu'il fasse prendre une partie de sa rémunération en charge par les entités étrangères du groupe (dans la mesure où il exerce effectivement une activité sur place pour leur compte) :
– si celles-ci sont installées dans un paradis fiscal, cela n'a pas d'incidence ; dès lors qu'il n'existe pas de convention fiscale, l'intégralité des sommes perçues est imposable en France (article 4 A du CGI, n° 1918) ; bien entendu, cependant, les possibilités de fraude sont facilitées et le contrôle est plus difficile ;
– si celles-ci sont situées dans des pays « conventionnés », le salaire perçu par le cadre est normalement imposable dans l'État d'exercice de l'activité, qui est également, par hypothèse, celui du domicile de la filiale (ou de l'établissement stable), car la clause de « mission temporaire » ne joue pas (n° 42760). Dans ce cas, cela peut être avantageux pour le contribuable dès lors que l'imposition sur place est normalement inférieure à ce qu'elle serait en France, puisqu'il **échappe à la progressivité** sur ces revenus (sans parler évidemment des cas de dissimulation et de non-déclaration sur place) ; mais cela n'a pas d'effet, en principe, sur l'imposition des revenus qu'il perçoit en France, dès lors que la règle du **taux effectif** s'applique, ou celle du crédit égal à l'impôt français (nos 7980 et 8160). Globalement, sa charge fiscale est inférieure à celle qu'il supporterait si l'intégralité était imposable en France.

Précisions Cette optimisation n'est possible que si le cadre exerce effectivement une partie de son **activité sur place**, pour le compte de la société qui la rémunère ; un résident de France rémunéré par une société étrangère et qui travaille en France reste imposable en France.

71305 Le principe du fractionnement du salaire des cadres peut également jouer dans l'autre sens, c'est-à-dire dans le cas d'un **salarié détaché à l'étranger** par un employeur établi en France et qui devient **non-résident** de France. Dans cette situation, il arrive souvent, en effet, que le cadre perçoive une partie de sa rémunération sur place, dans le pays d'expatriation et une autre partie, en pratique la plus importante, en France. À supposer qu'il ne soit pas résident de France et qu'il exerce effectivement son activité hors de

France, la France n'a aucun droit de l'imposer ; il est intégralement imposable dans le pays où l'activité est exercée, y compris sur la part française. Mais, en pratique, il peut espérer échapper à l'impôt dans son État de résidence sur la part non rapatriée de son salaire (celle qui est perçue en France). Il s'agit évidemment d'une situation de fraude contre laquelle cet État cherchera à lutter au moyen de l'échange de renseignements avec la France, s'il s'agit d'un pays lié à la France par une convention fiscale (nº 74200).

Précisions Dans ces circonstances, une autre question est à trancher, celle de la **déductibilité des charges de personnel** correspondantes pour le calcul de l'impôt sur les sociétés. Le Conseil d'État a cependant admis qu'une société française pouvait prendre en charge le salaire d'une personne mise à disposition d'une filiale étrangère, dès lors qu'il s'agissait d'un acte de gestion normale, dans le cadre d'une aide de nature commerciale (CE 30 mars 1987 nº 52754, Plén. : RJF 5/87 nº 489, aux conclusions Bruno Martin-Laprade à la même RJF p. 262 ; voir nº 26086). Dans ses conclusions, le commissaire du Gouvernement avait évoqué d'autres éléments qui, indépendamment de l'exercice d'un travail effectif au profit de la société française, pouvaient éventuellement justifier qu'une société mère conserve à sa charge la rémunération d'un salarié détaché dans une filiale étrangère. Selon lui, il peut en effet se trouver que la **politique du personnel** d'une société mère la conduise à organiser systématiquement le détachement des cadres à l'étranger, pour assurer la mobilité et la formation de ses cadres et pour maintenir l'homogénéité du groupe. Dans ce cas, le versement d'une prime d'expatriation et du différentiel entre la rémunération normale versée par la filiale (et laissée fiscalement à sa charge, donc non déductible en France) et celle qui doit être assurée à l'intéressé compte tenu de sa carrière dans le groupe pourrait être pris en charge par la mère française qui serait regardée ce faisant comme poursuivant son intérêt personnel. Cela dit, la question n'a pas été tranchée par le Conseil d'État ; on ne peut donc faire sur ce point que des hypothèses, même si le principe a été réaffirmé par une décision plus récente, ouvrant ainsi des perspectives favorables (CE 28 avril 2006 nº 278738, 3ᵉ et 8ᵉ s.-s., min. c/ Sté Atys France : RJF 7/06 nº 837 ; voir nº 76760 d).

C. Exemples concernant les entreprises

Les moyens utilisés par les entreprises pour transférer, frauduleusement ou non, des bénéfices à l'étranger sont très variés et évoluent rapidement, en fonction des textes de loi, de l'intensité des sanctions et des méthodes de contrôle utilisées par les différentes administrations. D'une manière générale, on peut regrouper les procédés sous les rubriques classiques suivantes : **71350**

– **manipulation de prix** : les cessions de marchandises, d'éléments incorporels ou même d'immeubles constituent un moyen classique de transférer des bénéfices ; elles sont d'autant plus difficiles à contrôler que les schémas reposent sur des sociétés-écrans établies dans des paradis fiscaux ;

– **déduction de charges** n'incombant pas à l'entreprise : afin de minimiser leur résultat imposable, les entreprises peuvent être tentées de prendre en charge des dépenses qui ne leur incombent pas, c'est-à-dire qui ne sont pas engagées dans leur intérêt (par exemple, versement d'honoraires de gestion à une société du groupe située dans un paradis fiscal) ;

– versement de **redevances** ou d'**intérêts**, **excessifs** ou même fictifs : par exemple, une société située dans un paradis fiscal acquiert les brevets et marques du groupe à un prix minoré et perçoit des redevances (royalties) en échange de leur concession aux sociétés utilisatrices membres du groupe. Les redevances peuvent d'ailleurs être excessives, ce qui est un moyen supplémentaire de transférer des bénéfices vers le paradis fiscal.

Ces possibilités et leurs limites peuvent être illustrées par les exemples suivants, qui ne mettent pas nécessairement en cause un paradis fiscal.

Précisions **a.** Les **comportements des entreprises multinationales** ont été analysés par l'OCDE à partir des renseignements contenus dans les déclarations pays par pays (les statistiques agrégées et anonymisées issues des déclarations pays par pays ont été fournies à l'OCDE par les membres du Cadre inclusif) ; un communiqué du 8 juillet 2020 signale la parution d'une synthèse statistique concernant l'impôt sur les sociétés dont il ressort notamment qu'il y a un décalage entre le lieu où sont déclarés les bénéfices et le lieu où sont exercées les activités économiques et que le chiffre d'affaires par salarié est généralement plus élevé dans les pays où le taux légal de l'impôt sur les sociétés est nul et dans les centres d'investissement (les données sont disponibles à l'adresse suivante : https://oe.cd/stats-impot-societes).

b. Sur **l'évasion fiscale internationale des entreprises**, voir rapport AN nº 4052, 7 avril 2021, Commission des finances, de l'économie générale et du contrôle budgétaire. Ce rapport est consacré au suivi des recommandations de la mission relative à l'évasion fiscale internationale des entreprises, présentées le 12 septembre 2018 ; il conclut que le bilan est positif, 28 recommandations sur 38 ayant été mises en œuvre totalement ou partiellement, notamment en ce qui concerne l'évaluation de l'évasion et de la fraude fiscales, les prix de transfert, le développement des mesures anti-abus, les actifs incorporels, la fiscalité du numérique, la lutte contre les paradis fiscaux, la transparence, la « diplomatie fiscale » et la modernisation de l'administration et ses relations avec les entreprises.

Manipulation de prix

71420 Une société française peut chercher à majorer le prix de ses **importations** pour réduire ses résultats imposables en France, en passant, par exemple, par une société de facturation.

Le schéma peut être le suivant : soit une société française qui importe des produits chimiques en provenance d'Allemagne. Les produits sont livrés d'Allemagne en France, mais la facturation est établie par une société suisse, membre du même groupe que les sociétés française et allemande. La société française verse donc des sommes en francs suisses à la société suisse, en rémunération des produits chimiques livrés par la société allemande. Les facturations de la société suisse permettent de majorer sensiblement les prix et de localiser les profits en Suisse.

Cette pratique révèle un **transfert irrégulier** de **bénéfices**, susceptible d'être redressé sur le fondement de l'article 57 (n°s 76340 s.), ou, le cas échéant, de l'article 209 B du CGI (n°s 73100 s.).

Déduction de charges fictives

71440 La déduction de charges fictives est un moyen ancien de localisation de revenus dans un pays étranger, qui peut d'ailleurs être ou non un « paradis fiscal ». Pour l'illustrer, on prendra l'exemple d'une société suisse qui concède à une société française un **brevet** moyennant une rémunération fonction du chiffre d'affaires pendant quelques années puis le lui vend. L'administration qui s'intéresse à cette situation peut effectuer des recherches auprès de l'Institut national de la propriété industrielle et obtenir les renseignements suivants :

– le brevet ne présente pas d'originalité, dès lors que l'**Inpi** indique que la première liste de revendications techniques fournies par la société suisse présentait de nombreuses antériorités ; la redevance est donc exagérée ;

– l'Inpi confirme les soupçons de l'administration et permet de rejeter la thèse selon laquelle le brevet aurait été mis au point par un inventeur suisse ayant traité directement avec la société suisse ; en réalité, il ressort des registres de publication des brevets que le même brevet a pour inventeur un parent proche du dirigeant de la société française qui a en fait servi de prête-nom. La propriété du brevet appartient en réalité à la société française qui l'a mis au point.

Cette situation est **frauduleuse** dès lors qu'elle se caractérise d'abord par le versement de redevances par la société française, alors que le brevet lui appartient en réalité, puis par une dépense de rachat de ce même brevet. Des rectifications sont donc susceptibles d'être effectuées, notamment sur le fondement de l'article 238 A du CGI (n°s 72850 s.), ou de l'article 57 (n°s 76340 s.) ou de la répression des actes anormaux de gestion (n°s 72520 s.).

Versement de commissions

71460 Le versement de commissions « abusives » est un moyen classique de transfert de résultats ; soit, par exemple, une société française qui conclut un contrat avec une société américaine qui se présente comme son agent exclusif pour l'importation des produits exportés depuis la France et distribués aux États-Unis.

L'examen de la comptabilité de la société française permet de constater que les ventes destinées à la société américaine sont assorties d'une commission au bénéfice apparent de la société américaine, égale à 10 % du montant des factures qui lui sont adressées. L'échange de renseignements entre autorités compétentes françaises et américaines permet de montrer que les commissions sont en fait **rétrocédées** à une société du Liechtenstein ; celle-ci est une société-écran créée par les dirigeants de l'entreprise française pour y percevoir des revenus indus en provenance de l'étranger.

Cette situation est susceptible de donner lieu à des rectifications sur le fondement de l'article 57 du CGI (n°s 76340 s.) ou de l'article 209 B du CGI si la société du Liechtenstein est contrôlée directement ou indirectement à plus de 50 % par la société française (n°s 73100 s.).

Schéma d'interposition de sociétés

Un **groupe français** qui opère beaucoup sur le marché américain peut envisager un montage classique du type suivant. 71480

Le groupe crée, par exemple à Curaçao ou Saint-Martin (ex-Antilles néerlandaises), une société commerciale chargée de distribuer ses produits sur le marché américain, qui est détenue en totalité par une autre société du groupe, installée à Chypre. Le montage présente les avantages suivants :
– la **société commerciale** est exonérée ou faiblement imposée et sert de refuge pour accumuler des bénéfices, par le jeu des prix de transfert. Les sociétés de fabrication, en France ou ailleurs en Europe, peuvent vendre à cette société à des prix minorés (par rapport à ce que serait le prix de pleine concurrence ; n° 76080). La société commerciale vend ensuite à des prix normaux sur le marché américain, ce qui fait que l'intégralité des bénéfices des opérations de fabrication et de vente est concentrée à Curaçao ou Saint-Martin, en quasi-franchise d'impôt ;
– la société commerciale dispose de profits importants qui peuvent intégralement remonter vers son actionnaire à 100 %, la **holding chypriote**, sous forme de dividendes. Ceux-ci sont exonérés d'impôt à Chypre. Il n'y a pas de retenue à la source lorsque les dividendes quittent Curaçao ou Saint-Martin ;
– la holding chypriote verse elle-même, ensuite, des dividendes à ses propres actionnaires (par exemple à la société mère française). Les **distributions** de la société holding ne subiront pas de retenue à la source à Chypre ;
– en France, les dividendes pourraient bénéficier du **régime des sociétés mères** (n° 61400), et seraient donc presque complètement exonérés d'impôt.

Ce type de montage n'est évidemment pas à l'abri du contrôle fiscal, dès lors que l'**article 57** du CGI permet de redresser les prix de transfert au stade initial (nos 76340 s.), et que l'article **209 B** du CGI est susceptible de s'appliquer en cas de détention indirecte (via Chypre), supérieure à 50 % (nos 73100 s.). De surcroît, le bénéfice du régime des sociétés mères peut être refusé en présence d'un montage non authentique (n° 61440).

Surcapitalisation de filiales étrangères

S'il est vrai que certaines filiales sous-capitalisées peuvent être utilisées à des fins de « tax planning » (nos 26735 s.), la situation inverse se rencontre également, les groupes pouvant chercher à utiliser des filiales (ou succursales) surcapitalisées et établies dans des pays où elles bénéficient d'un régime fiscal privilégié. 71500

Soit, par exemple, **une banque française** qui **surcapitalise** une **filiale installée** dans un **paradis fiscal**, c'est-à-dire qui la dote de fonds très importants par rapport à ceux dont elle aurait besoin pour exercer son activité. Cette filiale est ensuite utilisée au financement des propres activités de la banque française ; celle-ci emprunte des fonds à sa filiale et lui verse des intérêts déductibles dès lors qu'ils ne sont pas excessifs et correspondent à une opération réelle de prêt (CGI art. 238 A ; nos 72850 s.). Les intérêts qui sont versés hors de France ne sont généralement pas soumis à retenue à la source. La Banque française utilise ensuite ces fonds d'emprunt pour les reprêter, en prenant une marge bénéficiaire, par exemple à un résident d'Allemagne (il n'y a pas de retenue à la source en Allemagne).

Dans cette situation, l'impôt global se réduit à celui qui est dû en France sur la marge bénéficiaire prise par la banque française ; il n'y a pas de retenue à la source en Allemagne ni en France, et il n'y a pas d'impôt sur les sociétés dans le paradis fiscal (ou pratiquement pas). Les profits localisés dans le paradis fiscal peuvent ensuite « remonter » sous forme de dividendes bénéficiant du régime des sociétés mères (n° 61400).

Le **contrôle** peut se faire sous l'angle des articles 57 (nos 76340 s.) et 238 A du CGI (nos 72850 s.) ; mais ils ne donnent pas de résultat si la rémunération du prêt est normale et le contrat réel.

Cela dit, l'article 209 B (nos 73100 s.) et le mécanisme de répression des abus de droit (n° 72620) ou le dispositif anti-abus de l'article 205 A du CGI (n° 72655) seront difficiles à éviter (les difficultés sont accrues en présence d'États ou territoires non coopératifs ; nos 71550 s.).

D. Les États ou territoires « non coopératifs » (ETNC ; CGI art. 238-0 A)

Notion

71550 Pendant de nombreuses années, la loi ne prévoyait pas l'établissement d'une liste d'États ou territoires considérés comme « suspects » d'un point de vue fiscal.

La situation a changé depuis que les conséquences ont été tirées, en droit interne français, de l'offensive du G20 et des pays de l'OCDE contre les « paradis fiscaux » non coopératifs, c'est-à-dire de pays qui sont stigmatisés non pas en tant qu'ils attirent les capitaux par des avantages fiscaux mais en tant qu'ils **refusent de communiquer** les informations fiscales nécessaires au bon déroulement des contrôles fiscaux des autres pays.

Dans le cadre d'un plan général de lutte contre les « paradis fiscaux », l'article 22 de la loi n° 2009-1674 du 30 décembre 2009 de finances rectificative pour 2009 a introduit une définition des États ou territoires non coopératifs (ETNC), en même temps qu'elle a mis en place nombre de **dispositions législatives destinées à dissuader** les résidents de France de maintenir ou de développer leurs relations avec ces pays. Le Conseil constitutionnel a confirmé la constitutionnalité de ces mesures mais avec une importante réserve d'interprétation qui équivaut à une « **clause de sauvegarde** » ; de telles mesures ne sauraient, en effet, sans porter une atteinte disproportionnée au principe d'égalité devant les charges publiques, faire obstacle à ce que le contribuable puisse prouver que la prise de participation dans une société établie dans un ETNC « correspond à des opérations réelles qui n'ont ni pour objet ni pour effet de permettre, dans un but de fraude fiscale, la localisation de bénéfices dans un tel État ou territoire » (Cons. const. 20 janvier 2015 n° 2014-437 QPC, Association française des entreprises privées et autres : RJF 4/15 n° 346 ; la question prioritaire de constitutionnalité avait été renvoyée au Conseil constitutionnel par CE QPC 20 octobre 2014 n° 383259, 10ᵉ et 9ᵉ s.-s., Association française des entreprises privées (Afep) et autres : RJF 1/15 n° 48, à propos du régime des sociétés mères et des plus-values à long terme de cession de titres de sociétés).

La décision du Conseil constitutionnel, précitée, a mis opportunément l'accent sur le fait que les mesures répressives ne doivent être appliquées que lorsque les opérations en cause ont été réalisées « **dans un but de fraude fiscale** ». Il s'en déduit que la simple constatation de l'effet fiscal des opérations ne suffit pas à écarter la clause de sauvegarde si l'objet, l'intention ou le « but » de fraude fiscale ne sont pas démontrés. La prévalence du critère de l'intention avait d'ailleurs été relevée par un rapport du Sénat sur le projet de loi de finances rectificative pour 2009 (rapport n° 158 de la commission des finances, 14 décembre 2009, p. 131), qui avait indiqué, à propos de l'application de l'article 238 A du CGI en cas de paiement dans un ETNC, que « le contribuable doit prouver qu'il n'y a pas d'intention d'évasion, ni dans l'objet, ni dans les conséquences ». Cette interprétation est, au demeurant, conforme à la jurisprudence du Conseil d'État à propos de l'article 209 B du CGI (n° 73105).

Sur les conséquences qui ont été tirées de cette réserve d'interprétation, voir n° 71562.

Précisions **a.** L'article 57 de la loi n° 2016-1691 du 9 décembre 2016 relative à la transparence, à la lutte contre la corruption et à la modernisation de la vie économique a durci les conditions d'entrée en vigueur des modifications successives apportées à la liste des ETNC (n° 71565). Les dispositions de cet article ont été jugées conforme à la Constitution à l'exception de celles qui prévoyaient la consultation, pour l'établissement de la liste, des **commissions des finances** des assemblées parlementaires (Cons. const. 8 décembre 2016 n° 2016-741 DC, Loi relative à la transparence, à la lutte contre la corruption et à la modernisation de la vie économique : RJF 3/17 n° 255, considérant que cette consultation était contraire au principe de la séparation des pouvoirs).

b. A priori, la localisation des opérations dans un ETNC a toujours un **effet fiscal** puisqu'il s'agit en principe d'États ou territoires où la fiscalité est nettement plus faible qu'en France ; même dans ce cas, cependant, la mesure anti-abus doit être écartée si le contribuable démontre l'absence de « **but de fraude fiscale** » (Cons. const. 20 janvier 2015 n° 2014-437 QPC, Association française des entreprises privées et autres : RJF 4/15 n° 346 ; voir ci-avant).

c. Selon le communiqué de presse n° 578 du ministère des finances du 21 décembre 2015, le dispositif relatif aux ETNC est **conçu pour exercer une pression** sur les États dont la coopération fiscale avec la France est insatisfaisante ; ce communiqué indique que ce mécanisme a permis à la coopération avec les îles Vierges britanniques et Montserrat de progresser très significativement, ce qui a justifié le retrait de ces territoires de la liste au 1er janvier 2015. Dans le même sens, réponse Cariou, n° 3279 : JOAN 9 octobre

2018 p. 9086, indiquant notamment que la liste est établie « à partir de critères reposant sur **l'effectivité de la coopération administrative** des partenaires de la France » et que « son caractère dissuasif, du fait notamment des sanctions encourues, a démontré son efficacité pour garantir la transmission des renseignements nécessaires à l'application de la législation fiscale ».

d. La **doctrine administrative** relative aux dividendes et plus-values, alors applicable, a été annulée par la voie de l'excès de pouvoir dès lors qu'elle ne reprenait pas l'exception posée par le Conseil constitutionnel dans sa décision du 20 janvier 2015 (CE 8 juin 2016 n° 383259, 10e et 9e ch., Association française des entreprises privées (Afep) et autres : RJF 10/16 n° 870) ; la doctrine administrative était illégale car elle s'abstenait de faire mention d'un droit garanti par l'interprétation de la loi fiscale donnée par le Conseil constitutionnel.

Définition

Il résulte de l'article 238-0 A du CGI, tel que modifié en dernier lieu par l'article 31 de la loi n° 2018-898 du 23 octobre 2018 relative à la lutte contre la fraude, que sont considérés comme non coopératifs, au 1er janvier 2010, les États et territoires qui répondent aux caractéristiques cumulatives suivantes : **71555**
– avoir fait l'objet d'un **examen par l'OCDE** en ce qui concerne leur situation au regard de la transparence et de l'échange d'informations en matière fiscale ; depuis le 1er décembre 2018 (date d'entrée en vigueur sur ce point de la loi précitée), les États membres de l'Union européenne sont susceptibles de figurer sur la liste, alors qu'ils en étaient auparavant systématiquement exclus ;
– ne pas avoir conclu avec la France, au 1er janvier 2010, une **convention d'assistance administrative** permettant l'échange de tout renseignement nécessaire à l'application de la législation fiscale des parties ;
– ne pas avoir **signé** avec **au moins douze États** ou territoires une convention d'assistance administrative permettant l'échange de tout renseignement nécessaire à l'application de la législation fiscale des parties.

Sont également considérés comme des ETNC, depuis le 1er décembre 2018 et en application de la loi précitée de lutte contre la fraude, les États ou territoires figurant sur la **liste européenne** des États ou territoires non coopératifs (liste « noire » ; n° 71580), sauf, le cas échéant, ceux de la République française, si leur inscription sur cette liste répond à l'un des motifs suivants (BOI-INT-DG-20-50-10 nos 50 s.) :
– non-respect du critère relatif aux « **montages extraterritoriaux** » (CGI art. 238-0 A, 2 bis-1°) ; sont ici visés les États ou territoires qui facilitent la création de structures ou de dispositifs extraterritoriaux destinés à attirer des bénéfices qui n'y reflètent pas une activité économique réelle, au sens de l'Annexe V des conclusions adoptées par le Conseil de l'Union européenne le 5 décembre 2017 (n° 71580) ; la loi renvoie, en fait, au critère 2.2 de ces conclusions, selon lequel les États ou territoires concernés ne doivent pas faciliter « la création de structures et de dispositifs offshore destinés à attirer des bénéfices sans substance économique réelle » (cette expression est utilisée dans la version française des conclusions du Conseil qui sont périodiquement publiées au JOUE afin d'actualiser les listes européennes) ; seul le Vanuatu est actuellement considéré comme tel (au 17 mars 2022 ; n° 71580) ;
– non-respect d'au moins l'un des **autres critères** définis à l'annexe V des conclusions du Conseil, précitées (CGI art. 238-0 A, 2 bis-2°) ; ces critères tiennent notamment à la transparence fiscale, à l'absence de mesures fiscales dommageables et à l'adhésion aux standards anti-Beps (n° 71580).

La liste des États et territoires non coopératifs doit être fixée par un **arrêté** des ministres chargés de l'économie et du budget après avis du ministre des affaires étrangères (n° 71560). Cette liste doit être **mise à jour** au moins une fois par an (précision apportée par l'article 57 de la loi n° 2016-1691 du 9 décembre 2016 relative à la transparence, à la lutte contre la corruption et à la modernisation de la vie économique). Le **motif** qui justifie l'ajout ou le retrait d'un État ou territoire (n° 71565) doit être précisé.

Précisions **a.** Selon l'administration, un État est réputé avoir « **conclu** » une convention d'assistance avec la France lorsque cette convention est entrée en vigueur (BOI-INT-DG-20-50-10 n° 20). Voir toutefois n° 10120, Précisions.

b. L'article 57 de la loi n° 2013-1117 du 6 décembre 2013 relative à la lutte contre la fraude fiscale et la grande délinquance économique et financière avait prévu que soient considérés comme des ETNC, à compter du 1er janvier 2016, tous les pays qui refuseraient de s'engager dans **l'échange automatique**

d'informations. Mais cette mesure a été jugée non conforme à la Constitution car elle était de nature à entraîner une rupture caractérisée de l'égalité devant les charges publiques (Cons. const. 4 décembre 2013 nº 2013-679 DC : RJF 2/14 nº 173).

Liste des États et territoires non coopératifs

71560 La liste des douze États et territoires non coopératifs au 17 mars 2022 est la suivante (Arrêté du 2 mars 2022, au JO du 16 mars 2022, texte nº 6) : Anguilla, Fidji, Guam, îles Vierges américaines, îles Vierges britanniques, Palaos, Panama, Samoa, Samoa américaines, Seychelles, Trinité-et-Tobago, et Vanuatu. Les **motifs** de leur inscription sur la liste sont les suivants :
– en raison de l'insuffisance de l'assistance administrative avec la France (CGI art. 238-0 A, 2-b ; nº 71565) : Anguilla, îles Vierges britanniques et Seychelles ;
– en raison de l'insuffisance de l'assistance administrative et de l'inscription sur la liste européenne, mais sur un autre fondement que le critère relatif aux « montages extraterritoriaux » (CGI art. 238-0 A, 2 bis-2° ; nºs 71562 et 71580) : Panama ;
– en raison de l'inscription sur la liste européenne sur le fondement du critère relatif aux « montages extraterritoriaux » (CGI art. 238-0 A, 2 bis-1° ; nºs 71562 et 71580) : Vanuatu ;
– en raison de l'inscription sur la liste européenne, mais sur un autre fondement que le critère relatif aux « montages extraterritoriaux » (CGI art. 238-0 A, 2 bis-2° ; nºs 71562 et 71580) : Fidji, Guam, îles Vierges américaines, Palaos, Samoa, Samoa américaines et Trinité-et-Tobago.

Cette liste a **actualisé** la précédente, qui résultait d'un arrêté du 26 février 2021 (JO du 4 mars 2021, texte nº 11), en retirant la Dominique en application du 2° du 2 bis de l'article 238-0 A du CGI (inscription sur la liste européenne pour un motif ne tenant pas au critère relatif aux « montages extraterritoriaux ») et en corrigeant les motifs d'inscription sur la liste d'Anguilla et des Seychelles qui sont désormais maintenus au titre du b du 2 du même article (critère tenant à l'insuffisance de l'assistance administrative). Ces modifications, qui tiennent compte de la décision du Conseil de l'Union européenne du 5 octobre 2021 retirant Anguilla, la Dominique et les Seychelles de l'Annexe I (nº 71580), ont pris effet le 16 mars 2022 en ce qui concerne la Dominique (nº 71565 ; il n'y a pas de changement pour Anguilla et les Seychelles, qui étaient déjà inscrits sur la liste, mais pour une autre raison).

Précisions **a.** Un **arrêté initial** du 12 février 2010 (JO du 17 février 2010, p. 2923) avait énuméré limitativement les **dix-huit États et territoires non coopératifs** suivants au 1er janvier 2010 : Anguilla, Belize, Brunei, Costa Rica, Dominique, Grenade, Guatemala, îles Cook, îles Marshall, Liberia, Montserrat, Nauru, Niue, Panama, Philippines, Saint-Kitts-et-Nevis, Sainte-Lucie, Saint-Vincent et les Grenadines.

b. La liste initiale a été plusieurs fois corrigée par la suite ; par exemple, les **Bermudes** et **Jersey**, ajoutés à la liste par un arrêté du 21 août 2013 (JO du 28 août), ont été retirés en janvier 2014 et n'auront donc jamais fait l'objet des mesures de rétorsion associées à l'inscription sur la liste (selon un communiqué du ministère des finances du 19 janvier 2014, ces deux territoires avaient répondu à toutes les demandes d'informations adressées par la France et Jersey a modifié son interprétation de la convention pour lever certains obstacles techniques à l'obtention de renseignements par la France ; les **îles Vierges britanniques** avaient, en revanche, à l'époque, continué de ne pas répondre de manière satisfaisante). Sur les raisons du retrait des Bermudes et de Jersey, voir notamment réponse Popelin, nº 49387 : JOAN 29 juillet 2014 p. 6504. Les modifications sont largement dictées, aujourd'hui, par l'évolution de la liste européenne (nº 71580).

c. L'inclusion de **Panama** en 2016 (à effet du 1er janvier 2017, à la suite de l'affaire des « Panama Papers » ; nº 71000, Précisions c), tient à ce que cet État a été considéré comme faisant partie de ceux qui ont conclu avec la France une convention d'assistance administrative dont les stipulations ou la mise en œuvre n'ont pas permis à l'administration fiscale d'obtenir les renseignements nécessaires à l'application de la législation fiscale française. Avant l'inscription officielle de cet État sur la liste des ETNC, le ministre avait fait savoir que, pour l'année 2016, la France serait très attentive à l'évolution des échanges avec Panama car la coopération aux demandes d'information des autorités françaises n'était pas satisfaisante (communiqué de presse nº 578 du ministère des finances du 21 décembre 2015, réitéré par un communiqué de presse nº 705 du 4 avril 2016). Le communiqué de presse nº 124 du 18 janvier 2017 du ministère des finances avait certes pris acte « de la volonté affichée par Panama de progresser dans la coopération fiscale et la transparence », mais Panama figure toujours sur la liste française, ce qui signifie que la situation ne s'est pas suffisamment améliorée.

Conséquences de l'inscription sur la liste

71562 Les États ou territoires non coopératifs font l'objet de mesures de rétorsions qui se traduisent par le refus de nombreux avantages fiscaux (non-application du régime des sociétés mères, de l'exonération des plus-values de cession de titres de participation, taux majorés de retenue à la source, etc.) dont le bien-fondé de principe a été admis par la jurisprudence sous réserve toutefois que les contribuables ne soient pas privés de leurs garanties constitutionnelles (nº 71550). Les commentaires administratifs sur les mesures concernant les ETNC sont rassemblés dans la série BOI-INT-DG-20-50 ; un tableau récapitulatif des sanctions applicables en fonction du critère d'inscription sur la liste est fourni au BOI-ANNX-000480. **71562** (suite)

Pour tenir compte de la jurisprudence constitutionnelle, le législateur a parfois prévu des « **clauses de sauvegarde** » permettant aux contribuables d'échapper aux mesures de rétorsion sous certaines conditions ; tel a d'abord été le cas, par exemple, en ce qui concerne le régime des sociétés mères (Loi nº 2015-1786 du 29 décembre 2015 de finances rectificative pour 2015, art. 29 ; nº 61412), le régime des plus-values de cession de titres de participations (Loi nº 2016-1918 du 29 décembre 2016 de finances rectificative pour 2016, art. 91 ; nº 65790) et le taux de retenue à la source applicable aux distributions de dividendes (nº 60975).

Afin de poursuivre l'adaptation des dispositifs répressifs aux exigences constitutionnelles, la loi nº 2018-898 du 23 octobre 2018 relative à la lutte contre la fraude, applicable sur ce point depuis le 1er décembre 2018, a ensuite posé des exceptions de portée variable selon les cas :
– si l'inscription sur la liste résulte de l'application des **critères « français »** (CGI art. 238-0 A, 1) : toutes les mesures restrictives sont applicables, sous réserve de la clause de sauvegarde « constitutionnelle » qui doit nécessairement être prise en compte, qu'elle soit ou non reprise dans le texte législatif (il est sans importance que la loi contienne ou non, selon les péripéties législatives, une formule prévoyant d'écarter la mesure lorsque les opérations auxquelles correspondent les revenus ont principalement un objet et un effet autres que de permettre leur localisation dans un ETNC) ;
– si l'inscription sur la liste résulte de l'application des **critères « européens »** (CGI art. 238-0 A, 2 bis) : pour l'application de certaines dispositions législatives, les ETNC inscrits sur la liste française en application des critères « européens » sont traités de la même façon que les ETNC résultant de l'application des critères « français » ; il en va ainsi pour l'application des articles 57 (nº 76580), 123 bis (nº 73810), 209 B (nº 73405), 238 A (nº 73070), 244 bis-al. 5 (nº 67755), 244 bis A, V (nº 67690), 792-0 bis, II-2 avant-dernier alinéa du CGI (nº 50600) et L 13 AB du LPF (nº 76855) ; lorsque ces textes sont applicables, tous les ETNC sont visés, quel que soit le motif de leur inscription sur la liste, et la clause de sauvegarde constitutionnelle est systématiquement applicable, qu'elle soit ou non reprise par la loi ;
– si l'inscription sur la liste résulte seulement de l'application d'un **critère européen autre que celui du « montage extraterritorial »** (CGI art. 238-0 A, 2 bis-2º) : dans ce cas, les mesures répressives codifiées aux articles 39 terdecies, 39 duodecies, 2-c (nº 65720, Précisions b), 125 A, III (nº 62540), 125-0 A, II bis (nº 62530), 145, 6-d (nº 61412), 150 ter, 3 (nº 1978), 163 quinquies C, II-2 (nº 60975, Précisions b), 163 quinquies C bis (nº 60975, Précisions b), 182 A bis, VI (nº 45180), 182 A ter (nº 3365), 182 B (nº 3448), 187, 2 (nº 60975), 219, I-a sexies-0 ter (nº 65785), 244 bis-al. 1 (nº 67750), 244 bis B (nº 65867), 792-0 bis, II-2 dernier alinéa (nº 50620) du CGI et à l'article L 62 A du LPF (nº 76975) ne sont pas applicables. Le motif de l'inscription sur la liste européenne est mentionné lors de la publication des actualisations au JOUE, ce qui permet de déterminer quelles mesures répressives sont susceptibles de s'appliquer.

L'administration synthétise la situation de la façon suivante (BOI-INT-DG-20-50-10 nº 150, renvoyant au BOI-ANNX-000480) :
– les États et territoires inscrits sur la liste des ETNC au motif qu'ils ne respectent pas leurs engagements à l'égard de la France en matière d'échange de renseignements, en application des 1 et 2 de l'article 238-0 A du CGI, ou qu'ils facilitent la création de structures ou de dispositifs extraterritoriaux destinés à attirer des bénéfices qui n'y reflètent pas une activité économique réelle, en application du 1º du 2 bis de l'article 238-0 A du CGI (critère 2.2 de la liste européenne), se voient appliquer l'ensemble des mesures prévues par le CGI à leur encontre, sous réserve des conventions fiscales ;
– les États et territoires inscrits sur la liste des ETNC au motif qu'ils ne respectent pas un critère de la liste européenne autre que le critère 2.2, en application du 2º du 2 bis de l'article 238-0 A du CGI, se voient appliquer une série limitée de mesures, sous réserve des conventions fiscales.

Enfin, pour pouvoir bénéficier des reports d'échéances fiscales et sociales ou d'un prêt garanti par l'État au titre des mesures d'aide aux entreprises face à l'épidémie de **Covid-19**, les grandes entreprises ne devaient pas avoir leur « siège fiscal » ou une filiale « sans substance économique » dans un État ou territoire non coopératif en matière fiscale tant qu'elles bénéficient d'une mesure de soutien en trésorerie (« foire aux questions-covid » du ministère de l'économie et des finances, version au 5 mai 2020 de l'engagement de responsabilité pour les grandes entreprises bénéficiant de mesures de soutien en trésorerie ; cette exigence a été renouvelée en 2021 dans les mêmes conditions). Ce siège « fiscal » est une curiosité qui s'entend du siège statutaire de la société ou, s'il est différent, de son siège réel. Quant à la notion de « **filiale sans substance économique** », elle s'entend, selon cet engagement, d'une filiale au sens du I de l'article 209 B du CGI (nº 73220) dont la substance économique doit être appréciée par référence au III du même article (nº 73260). Le cas échéant, les entreprises concernées avaient trois mois pour initier toute mesure utile à l'effet de remédier à cette situation (seules les filiales directes ou indirectes d'entités françaises étaient concernées).

Précisions La Commission européenne a également recommandé aux États membres, le 14 juillet 2020, de ne pas accorder de soutien financier aux entreprises ayant des liens avec des pays figurant sur la liste de l'Union européenne mentionnée nº 71580 (« Commission recommendation on making State financial support to undertakings in the Union conditional on the absence of links to non-cooperative jurisdictions » ; C(2020) 4885 final).

Révision annuelle de la liste

71565 La liste des ETNC doit être mise à jour au moins une fois par an, dans les conditions suivantes :
– doivent être **retirés** les États ou territoires ayant conclu avec la France une **convention d'assistance administrative** permettant d'échanger tout renseignement nécessaire à l'application de la législation fiscale des parties ; sur la notion de « conclusion » d'une convention fiscale (selon l'administration), voir nº 71555, Précisions a ;
– doivent être **ajoutés** ceux des États ou territoires ayant conclu avec la France une convention d'assistance administrative dont les stipulations ou la mise en œuvre n'ont **pas permis** à l'administration des impôts d'obtenir les renseignements nécessaires à l'application de la législation fiscale française ;
– doivent également être **ajoutés** les États et territoires qui n'ont pas conclu avec la France de convention d'assistance administrative permettant l'échange de tout renseignement nécessaire à l'application de la législation fiscale des parties et auxquels **la France avait proposé**, avant le 1er janvier de l'année précédente, la conclusion d'une telle convention ;
– doivent être **retirés** ou être **ajoutés** les États ou territoires n'ayant pas conclu avec la France une convention d'assistance administrative, auxquels la France n'avait pas proposé la conclusion d'une telle convention avant le 1er janvier de l'année précédente, et dont le **Forum mondial** sur la transparence et l'échange d'informations en matière fiscale (nº 70575), considère, selon le cas, qu'ils procèdent, ou non, à l'échange de tout renseignement nécessaire à l'application des législations fiscales ;
– doivent être ajoutés, s'ils ne sont pas déjà inscrits, les États ou territoires figurant sur la **liste européenne** (nº 71580).

Depuis l'entrée en vigueur, le 11 décembre 2016, de la loi nº 2016-1691 du 9 décembre 2016 relative à la transparence, à la lutte contre la corruption et à la modernisation de la vie économique, les dispositions du Code général des impôts relatives aux États ou territoires non coopératifs **s'appliquent** à ceux qui sont ajoutés à la liste à compter du premier jour du troisième mois qui suit la publication de l'arrêté modificatif. Elles **cessent de s'appliquer** à la date de publication de l'arrêté qui les retire de cette liste.

Le Gouvernement doit, chaque année, informer de l'évolution de la liste des ETNC les commissions permanentes de l'Assemblée nationale et du Sénat compétentes en matière de finances et d'affaires étrangères ; cette information peut faire l'objet d'un débat (Loi nº 2018-898 du 23 octobre 2018 relative à la lutte contre la fraude, art. 31).

Précisions Avant l'intervention de la loi du 9 décembre 2016 relative à la transparence, à la lutte contre la corruption et à la modernisation de la vie économique, les dispositions du Code général des impôts relatives aux États ou territoires non coopératifs ne s'appliquaient à ceux qui étaient **ajoutés** à la liste qu'au 1er janvier de l'année suivante, afin de laisser le temps aux États ou territoires potentiellement concernés de s'organiser pour permettre un échange de renseignements sans restriction avec la France ou, le cas échéant, aux acteurs économiques de se retirer de ces États ou territoires. En revanche, les mesures fiscales de rétorsion cessaient de s'appliquer dès le 1er janvier de l'année du **retrait** d'un État ou territoire de la liste et, s'agissant des entreprises soumises à l'impôt sur les sociétés, aux exercices ouverts à compter du 1er janvier de cette même année.

États retirés de la liste L'administration indique, au BOI-INT-DG-20-50-10 n° 110, que des États ou territoires peuvent être retirés de la liste dans les quatre cas suivants, à la date de publication de l'arrêté mettant la liste à jour : **71570**
– ils ont « conclu » avec la France (sur cette notion, voir n° 71555, Précisions a) une convention d'assistance administrative permettant d'échanger tout renseignement nécessaire à l'application de la législation fiscale française ;
– ils ont modifié leur législation interne ou leurs pratiques administratives afin de permettre une mise en œuvre effective de leurs engagements conventionnels d'assistance administrative envers la France, dans des conditions conformes aux standards de l'OCDE et garantissant notamment un échange de renseignements non restreint ;
– pour ceux qui ne sont pas liés à la France par une convention d'assistance administrative et auxquels la France n'avait pas proposé la conclusion d'une telle convention avant le 1er janvier de l'année précédant l'année de publication de l'arrêté, ils sont considérés par le Forum mondial de l'OCDE sur la transparence et l'échange de renseignements en matière fiscale (n° 70575) comme procédant à l'échange de tout renseignement nécessaire à l'application de la législation fiscale des parties ;
– ils ne figurent plus sur la liste de l'Union européenne des pays et territoires non coopératifs à des fins fiscales et respectent par ailleurs les critères liés à l'existence d'une coopération effective avec la France.

États ajoutés à la liste Selon l'administration, des États ou territoires peuvent être ajoutés à la liste dans les quatre cas suivants, à la date de publication de l'arrêté mettant la liste à jour (BOI-INT-DG-20-50-10 n° 100) : **71575**
– les stipulations de la convention d'assistance administrative conclue avec la France ou les modalités de leur mise en œuvre n'ont pas permis à la France l'échange de tout renseignement nécessaire à l'application de sa législation ;
– ils n'ont pas conclu une convention d'assistance administrative avec la France (n° 71555, Précisions a), malgré une demande en ce sens formulée par la France avant le 1er janvier de l'année précédant l'année de publication de l'arrêté ;
– pour ceux qui ne sont pas liés à la France par une convention d'assistance administrative et auxquels la France n'avait pas proposé la conclusion d'une telle convention avant le 1er janvier de l'année précédant l'année de publication de l'arrêté, ils sont considérés par le Forum mondial de l'OCDE sur la transparence et l'échange de renseignements en matière fiscale (n° 70575) comme ne procédant pas à l'échange de tout renseignement nécessaire à l'application de la législation fiscale des parties ;
– ils figurent sur la liste de l'Union européenne des pays et territoires non coopératifs à des fins fiscales.

Liste européenne Le Conseil de l'Union européenne a décidé d'établir, et d'actualiser régulièrement, une liste européenne des États ou territoires non coopératifs, à partir des travaux du groupe Code de conduite (nos 88530 s.) et en fonction de **critères** tenant à la transparence fiscale, à l'équité fiscale, à l'absence de mesure fiscale dommageable et à la mise en œuvre des mesures anti-Beps minimales proposées par l'OCDE (communiqué de presse du Conseil n° 731/17 du 5 décembre 2017 et conclusions du Conseil 15429/17 du même jour ; les premières conclusions en ce sens avaient été publiées au JOUE du 10 décembre 2016, C 461/2). **71580**

Il s'agit, en fait, de deux listes, une **liste « noire »** d'États ou territoires non coopératifs (Annexe I des conclusions) et une **liste « grise »** d'États ou territoires « sous surveillance » (Annexe II énumérant les États ou territoires ayant pris des engagements dont la mise en œuvre effective doit être surveillée ; cette liste mentionne les États et territoires qui ont pris des engagements suffisants en vue de réformer leurs politiques fiscales, et dont les réformes font l'objet d'un suivi par le groupe Code de conduite du Conseil). Ces listes ont essentiellement un **caractère politique** ; elles ne s'accompagnent d'aucune mesure de coercition mais elles sont principalement destinées à faire pression sur les États ou territoires concernés pour qu'ils modifient leur législation dans le sens des recommandations du Code de conduite. Elles s'inscrivent officiellement dans le cadre de la stratégie extérieure de l'Union européenne en matière fiscale et sont destinées à contribuer aux

71580 (suite) efforts de prévention de la fraude fiscale et de promotion d'une « bonne gouvernance » à l'échelle mondiale.

Une liste « noire » initiale avait été approuvée et publiée le 5 décembre 2017 (JOUE C 438/5 du 19 décembre 2017) ; elle comprenait dix-sept États ou territoires. Dès le 23 janvier 2018, huit États ou territoires en ont été retirés après qu'ils se furent engagés, à un niveau politique élevé, à répondre aux préoccupations exprimées par l'Union européenne (JOUE C 29/2 du 26 janvier 2018). Puis, le Conseil a décidé, le 13 mars 2018, de procéder de même à l'égard de trois autres États ou territoires qui avaient pris les engagements nécessaires (transfert de Bahreïn, des îles Marshall et de Sainte-Lucie de l'annexe I à l'annexe II) et d'ajouter les Bahamas, Saint-Christophe-et-Niévès et les îles Vierges américaines à la liste « noire ».

La liste a ensuite été modifiée à de nombreuses reprises, en fonction des engagements pris par les États ou territoires concernés et des engagements pris mais considérés comme non respectés :
– lors de la réunion du Conseil Ecofin du 25 mai 2018, les Bahamas et Saint-Christophe-et-Niévès étant transférés de l'annexe I à l'annexe II en raison des engagements pris ;
– en octobre 2018, transfert à l'annexe II des îles Palaos (à cette occasion, le conseil Ecofin du 2 octobre 2018 a retiré le Liechtenstein et le Pérou de l'annexe II, estimant que ces États avaient accompli les réformes nécessaires) ;
– transfert de la Namibie de l'Annexe I à l'Annexe II en raison des engagements pris et retrait d'Andorre et Saint-Marin par décision du Conseil du 4 décembre 2018 ;
– ajout à la liste « noire » (Annexe I) de dix États ou territoires qui n'avaient pas mis en œuvre dans le délai convenu les engagements pris à l'égard de l'Union européenne, lors d'une réunion du Conseil du 12 mars 2019 ;
– retrait d'Aruba des Annexes I et II et transfert de la Barbade et des Bermudes de l'Annexe I à l'Annexe II le 17 mai 2019 ;
– retrait de la Dominique des deux listes, par décision du Conseil Ecofin du 14 juin 2019 ;
– retrait des Émirats arabes unis et des îles Marshall de la liste « noire » (Annexe I), par décision du Conseil Ecofin du 10 octobre 2019, et retrait concomitant de la liste « grise » (Annexe II) de l'Albanie, du Costa Rica, de l'île Maurice, de la Serbie et de la Suisse ;
– retrait du Belize de l'Annexe I par décision du Conseil du 8 novembre 2019 (et transfert à l'Annexe II) et retrait de la Macédoine du Nord de l'Annexe II ;
– ajout à l'Annexe I des îles Caïman, des îles Palaos, de Panama et des Seychelles par décision du Conseil du 18 février 2020, au motif que ces États et territoires n'ont pas mis en œuvre dans le délai convenu les réformes fiscales qu'ils s'étaient engagés à réaliser ; retrait concomitant de seize États ou territoires qui sont, en revanche, parvenus à mettre en œuvre toutes les réformes nécessaires ;
– décision du Conseil du 6 octobre 2020 modifiant l'Annexe I en ajoutant Anguilla et la Barbade et en retirant les îles Caïman et Oman, deux pays considérés comme ayant adopté les réformes nécessaires à l'amélioration du cadre de leur politique fiscale ; par la même occasion, la Mongolie et la Bosnie-Herzégovine ont été retirés de l'Annexe II, ces pays ayant déposé leurs instruments de ratification de la convention multilatérale d'assistance administrative en matière fiscale (n° 74220 ; les délais qui avaient été imposés aux autres États pour se mettre en conformité ont été prolongés dans le contexte de l'épidémie de Covid-19) ;
– décision du Conseil du 22 février 2021 modifiant l'Annexe I en ajoutant la Dominique et en retirant la Barbade ; l'Annexe II a également été modifiée (retrait du Maroc, de la Namibie et de Sainte-Lucie ; ajout de la Jamaïque ; délais supplémentaires accordés à l'Australie, à la Jordanie et aux Maldives ; surveillance de la Turquie, qui doit renforcer sa coopération en matière d'échange d'informations) ;
– décision du Conseil du 5 octobre 2021 retirant Anguilla, la Dominique et les Seychelles de l'Annexe I et mettant à jour l'Annexe II en retirant l'Australie, l'Eswatini et les Maldives, considérés comme ayant mis en œuvre toutes les réformes fiscales nécessaires (au contraire, la Turquie a été considérée comme n'ayant pas encore pris toutes les mesures nécessaires pour être retirée) ;
– décision du Conseil du 24 février 2022 de ne pas modifier l'Annexe I et d'ajouter à l'Annexe II les Bahamas, Belize, les Bermudes, Israël, Montserrat, la Russie, la Tunisie, les îles Turques et Caïques, les îles Vierges britanniques et le Vietnam.

Sans doute parce que ces révisions répétées sont difficiles à suivre et trop fréquentes pour que les contribuables puissent s'adapter, le Conseil, tout en insistant sur le caractère

« dynamique » du processus d'établissement de la liste, a demandé, lors de la réunion de mai 2019, que la mise à jour n'ait lieu que deux fois par an à partir de 2020 (la prochaine révision de la liste devrait donc intervenir en octobre 2022). **71580** (suite)

Dans son dernier état (au 3 mars 2022), la **liste « noire »** (Annexe I des conclusions du Conseil établissant la « Liste de l'UE des pays et territoires non coopératifs à des fins fiscales »), celle qui a des conséquences au regard du droit interne français (n° 71555), est la suivante : îles Vierges américaines, Fidji, Guam, Palaos, Panama, Samoa, Samoa américaines, Trinité-et-Tobago et Vanuatu (JOUE C 103 du 3 mars 2022 ; la liste devient officielle dès sa publication au Journal officiel). La **liste « grise »** (Annexe II des conclusions du Conseil intitulée « État des lieux de la coopération avec l'UE concernant les engagements pris par les pays et territoires coopératifs de mettre en œuvre les principes de bonne gouvernance fiscale ») comprend les États ou territoires suivants, à la date du 3 mars 2022 : Anguilla, Bahamas, Barbade, Belize, Bermudes, Botswana, Costa Rica, Dominique, Hong Kong (qui a annoncé des modifications législatives d'ici la fin 2022), Israël, Jamaïque, Jordanie, Macédoine du Nord, Malaisie, Montserrat, Qatar, Russie, Seychelles, Thaïlande, Tunisie, îles Turques et Caïques, Turquie, îles Vierges britanniques, Uruguay et Vietnam (JOUE préc.).

Tous ces États ou territoires sont invités à prendre les mesures nécessaires pour pouvoir être retirés des listes qui les stigmatisent ; les États membres sont, de leur côté, encouragés à adopter des **mesures défensives** en conformité avec leur droit interne. Des lignes directrices fixant le processus de suivi des engagements pris par les États ou territoires concernés ont été publiées par le Conseil le 15 février 2018 (DOC. 6213/18 FISC 67 ECOFIN 118).

Précisions **a.** La Commission européenne avait publié, le 17 juin 2015, une **première liste** de trente États et territoires non coopératifs à partir des listes « noires » d'au moins dix États membres de l'Union européenne (communiqué IP/15/5188) ; cette liste avait ensuite été modifiée le 12 octobre 2015 pour tenir compte des protestations qu'elle avait suscitées. Elle n'est plus aujourd'hui d'actualité.

b. Une **révision du champ et des critères** retenus pour l'établissement de la liste européenne a été recommandée par la Commission européenne dans le cadre de sa communication générale du 15 juillet 2020 (COM(2020) 313 final). Une résolution du **Parlement européen** du 21 janvier 2021 a également proposé des modifications au mécanisme d'établissement de la liste (considéré comme confus et inefficace) et critiqué le fait que les territoires identifiés ne représentent que moins de 2 % des pertes de recettes fiscales au niveau mondial.

c. La Commission européenne a précisé que l'établissement de la liste européenne vise à promouvoir la bonne gouvernance fiscale à l'échelle mondiale et que des **discussions techniques régulières** et une assistance technique ont aidé bon nombre des pays concernés à se conformer aux normes requises, mais qu'il n'est pas envisagé de réduire **l'aide au développement** qui leur est apportée, car cela ne laisserait aucune place au dialogue politique et stratégique et irait à l'encontre de l'objectif ultime qui est d'améliorer la bonne gouvernance fiscale et le respect des règles au niveau mondial (Parlement européen, réponse de la Commission européenne du 11 avril 2022, E-000571/2022).

CHAPITRE 25

Le contrôle des opérations internationales

Plan du chapitre §§

SECTION 1
Les dispositions générales 72400
A L'acte anormal de gestion 72520
B L'abus de droit 72620

SECTION 2
Les dispositions spécifiques aux affaires internationales 72845
A Versements à des personnes domiciliées à l'étranger et soumises à un régime fiscal privilégié (CGI art. 238 A) 72850
B Bénéfices réalisés par l'intermédiaire de sociétés ou établissements bénéficiant d'un régime fiscal privilégié (CGI art. 209 B) 73100
C Transfert d'actifs hors de France (CGI art. 238 bis-0I) 73600
D Gestion de portefeuille par l'intermédiaire de sociétés étrangères bénéficiant d'un régime fiscal privilégié (CGI art. 123 bis) 73670
E Dispositions anti-hybrides (CGI art. 205 B à 205 D) 74050

SECTION 3
Moyens donnés aux États par les conventions fiscales et autres traités internationaux 74080
A L'échange de renseignements 74190
B L'assistance au recouvrement 74450
C Les clauses visant à limiter l'usage abusif des conventions (« treaty shopping ») 74570

Éléments de contexte

71800 Presque tous les États contrôlent, à des degrés divers et avec des moyens variés, les opérations internationales réalisées par leurs résidents. Sauf lorsqu'il s'agit précisément de « paradis fiscaux », ils se préoccupent tous de l'**évasion** et de la **fraude** fiscales internationales, particulièrement lorsqu'il n'existe pas de contrôle des changes, car les opérations avec l'étranger se font alors librement (sans autorisation), et facilement.

Cela ne signifie pas, bien entendu, que **l'optimisation fiscale** ne soit pas permise ; en soi, elle n'est nullement critiquable si elle ne se traduit pas par des montages répréhensibles sur le fondement d'un texte précis et si elle ne caractérise pas un abus de droit.

En ce sens, le Conseil constitutionnel lui-même a souligné que « tout contribuable peut légitimement être amené à **chercher à minorer sa charge fiscale** et tout avocat fiscaliste cherche à minorer la charge fiscale de ses clients, sans que pour autant cette démarche soit constitutive d'une fraude » (commentaires publiés par le Conseil constitutionnel sur les décisions DC n° 2013-684 et DC n° 2013-685 du 29 décembre 2013 à propos de la loi de finances rectificative pour 2013 et de la loi de finances pour 2014). Dans le même sens, le rapporteur public Pierre Collin faisait état, à propos d'une filiale belge jouant un rôle de centralisation financière et de couverture de risques de change pour le compte d'un groupe français, d'un « **légitime souci d'optimisation fiscale** sans que soit franchie la ligne rouge de l'abus de droit » (conclusions au BDCF 7/11 n° 91, sous CE 15 avril 2011 n° 322610, 9e et 10e s.-s., min. c/ Sté Alcatel CIT : RJF 7/11 n° 862).

Quant à l'administration, elle a, elle-même, reconnu que « le choix par le contribuable de la **voie fiscale la moins onéreuse** est admis tant par les juges national et communautaire que par l'administration fiscale, qui en tire les conséquences de droit » (réponse Estrosi n° 42822 : JOAN 10 novembre 2015 p. 8219).

En la matière, tout n'est cependant pas autorisé et c'est l'office du contrôle fiscal que de vérifier, sous le contrôle ultime du juge de l'impôt, que la conduite des affaires et des opérations internationales se fait dans le respect de la loi.

Sur la distinction entre fraude, évasion et **optimisation fiscales**, voir également n° 70550.

Sur la possibilité qu'a l'administration de procéder à des **auditions de tiers** dans le cadre d'opérations de contrôle fiscal international, voir n° 2590. Sur les **lanceurs d'alerte** (« aviseurs »), voir n° 2595.

Précisions **a.** Sur la notion de « **paradis fiscal** » et sur certains schémas d'utilisation rencontrés en pratique, voir n°s 70550 s.

b. Les grandes entreprises, en particulier, doivent systématiquement porter attention à leur **taux effectif d'impôt**, qui est une information figurant dans les documents de référence ou dans les rapports annuels (ratio de la charge d'impôt inscrite dans le compte de résultat consolidé sur le résultat consolidé avant impôt).

c. L'article 20 de la loi n° 2018-898 du 23 octobre 2018 relative à la lutte contre la fraude a étendu le champ de la déclaration de **performance extra-financière** des sociétés cotées à la prise en considération des effets de l'activité de l'entreprise en matière de lutte contre l'évasion fiscale (Code de commerce art. L 225-102-1, III) ; cette déclaration s'ajoute à la norme **IFRIC 23** applicable depuis le 1er janvier 2019 sur les incertitudes concernant le traitement fiscal des faits et des transactions.

Il existe dans les pays développés de multiples dispositions législatives visant à décourager **71810** l'usage abusif des **paradis fiscaux** et à rendre plus difficiles les montages de « **tax planning** » international : dispositions relatives aux prix de transfert, dispositions relatives à l'abus de droit (ou encore à la fraude à la loi, ou encore visant à établir la « primauté du fond sur la forme »), renversement de la charge de la preuve, régime des sociétés étrangères « contrôlées » (soumission à l'impôt des revenus des filiales bénéficiant de régimes fiscaux privilégiés), dispositions dirigées contre l'expatriation des personnes, contre les sociétés de « location d'artistes » (« rent a star companies »), contre les transferts d'actifs à l'étranger, etc.

Déclaration des montages

Parmi les mesures longtemps envisagées pour renforcer la « transparence » en matière **71812** fiscale, l'institution d'une obligation déclarative des « montages » a fini par s'imposer au cours de ces dernières années.

Cette idée a notamment trouvé sa traduction juridique en droit de l'Union européenne par l'adoption en 2018 d'une **directive** modifiant une nouvelle fois la directive « de base » de 2011 sur l'échange d'informations au sein de l'Union européenne (« Directive (UE) 2018/822 du Conseil du 25 mai 2018 modifiant la directive 2011/16/UE en ce qui concerne l'échange automatique et obligatoire d'informations dans le domaine fiscal en rapport avec les dispositifs transfrontières devant faire l'objet d'une déclaration », dite « **DAC 6** » ; JOUE L 139/1 du 5 juin 2018 et rectificatif au JOUE L 31/108 du 1er février 2019) ; cette directive, qui a été rapidement adoptée à la suite de propositions présentées en 2017 par la Commission européenne (communiqué IP/17/1663 du 21 juin 2017 et Memo/17/1677 du même jour ; COM(2017) 335 final), a dû être transposée dans le droit interne des États membres au plus tard le 31 décembre 2019 (cette directive a fait l'objet de règlements d'exécution de la Commission européenne ; notamment, règlement d'exécution (UE) 2019/532 du 28 mars 2019 modifiant le règlement d'exécution (UE) 2015/2378 en ce qui concerne les formulaires types, y compris le régime linguistique applicable ; JOUE L 88 du 29 mars 2019). Sur la transposition de la directive DAC 6 en droit français, voir n°s 71815 s.

De nouvelles obligations déclaratives pèsent désormais au sein de l'Union européenne sur les intermédiaires qui proposent des dispositifs de « planification fiscale agressive » : **conseillers fiscaux**, **comptables, banques, avocats**, etc., qui conçoivent, commercialisent ou organisent un dispositif transfrontière concernant plusieurs États membres ou un État membre et un pays tiers, si ce dispositif comporte certains « **marqueurs** » ; un « marqueur » est « une caractéristique ou particularité d'un dispositif transfrontière qui indique un risque potentiel d'évasion fiscale » (article 1 de la directive). Parmi les principaux marqueurs identifiés figurent, sous certaines conditions, l'utilisation des pertes pour réduire la charge fiscale et le recours à des régimes fiscaux préférentiels ou à des dispositifs mis en œuvre par l'intermédiaire de pays qui ne répondent pas aux normes internationales de bonne gouvernance (la liste des marqueurs est fournie en annexe à la directive).

Des informations détaillées relatives à chaque dispositif fiscal comportant un ou plusieurs marqueurs doivent être **communiquées à l'autorité fiscale de résidence** de l'intermédiaire

71812 (suite) dans un délai de trente jours à compter du lendemain de sa mise à disposition aux fins de mise en œuvre ou du lendemain du jour où le dispositif transfrontière devant faire l'objet d'une déclaration est prêt à être mis en œuvre ou lors la première étape de sa mise en œuvre (la première de ces dates). Bien entendu, l'obligation de déclarer un dispositif ne signifie pas nécessairement qu'il s'agit d'un dispositif réellement « dommageable » ; la déclaration est simplement destinée à permettre aux autorités fiscales nationales d'être mieux informées des schémas mis en place pour être en mesure de réagir et de mieux protéger leurs assiettes imposables respectives.

Si l'intermédiaire est soumis au **secret professionnel** (cas, par exemple, des avocats en France) ou s'il n'est pas établi dans l'Union européenne, l'obligation de déclaration pèse normalement sur son client. La directive prévoit, en effet, que chaque État membre peut prendre les mesures nécessaires pour accorder aux intermédiaires le droit d'être dispensés de l'obligation de fournir des informations concernant un dispositif transfrontière devant faire l'objet d'une déclaration lorsque l'obligation de déclaration serait contraire au secret professionnel applicable en vertu du droit national de cet État ; ce dernier doit alors prendre les mesures nécessaires pour que les intermédiaires soient tenus, dans ce cas, de notifier sans retard à tout autre intermédiaire, ou, en l'absence d'un tel intermédiaire, au contribuable concerné, les obligations de déclaration qui leur incombent. La question de la conformité au **droit de l'Union européenne** de l'obligation de déclaration ainsi exigée des **avocats** a été posée à la Cour de justice à deux reprises :
– la cour constitutionnelle belge a posé, le 21 décembre 2020, une question préjudicielle à propos de l'éventuelle violation par la directive des principes posés par la Charte des droits fondamentaux de l'Union européenne au motif qu'un avocat qui agit en tant qu'intermédiaire est tenu de partager avec un autre intermédiaire qui n'est pas son client les informations qui lui sont connues à l'occasion de l'exercice des activités essentielles de sa profession, à savoir la défense ou la représentation en justice du client et le conseil juridique, même en dehors de toute procédure judiciaire (aff. 694/20) ;
– le Conseil d'État a renvoyé à la Cour de justice une question préjudicielle portant sur la conformité au droit primaire de l'Union européenne du paragraphe 5 de l'article 8 bis ter (article intercalé entre l'article 8 bis et l'article 8 ter, selon la pratique du législateur européen) de la directive (CE 25 juin 2021 n° 448486, 8e et 3e ch., Conseil national des barreaux et autres : RJF 10/21 n° 947 ; aff. 398/21) ; la question a été soulevée au regard du droit à un procès équitable et du droit au respect de la correspondance et de la vie privée garantis par la Charte des droits fondamentaux de l'Union européenne et la Convention européenne de sauvegarde des droits de l'homme et des libertés fondamentales (avocats intervenant au titre d'une mission juridictionnelle devant fournir des informations à l'administration fiscale et avocats intervenant au titre d'une mission d'évaluation de la situation juridique de leur client ; voir également n° 71830, Précisions h).

Les déclarations doivent faire l'objet d'un **échange automatique** entre les États membres, qui doivent se les communiquer tous les trois mois, dans un délai d'un mois à compter de la fin du trimestre durant lequel les informations sont transmises ; en pratique, la Commission européenne gère à cette fin un **répertoire central sécurisé** utilisable par les États membres.

La directive est applicable depuis le 1er juillet 2020, mais elle avait un caractère rétroactif, car elle impose la déclaration des dispositifs transfrontières dont la première étape a été mise en œuvre entre le 25 juin 2018 et le 30 juin 2020. Cependant, pour tenir compte des difficultés pratiques susceptibles d'être rencontrées par les contribuables lors de la crise sanitaire du Covid-19, les États membres ont eu l'autorisation, en application de la directive (UE) 2020/876 du Conseil du 24 juin 2020 (JOUE L 204 du 26 juin 2020), de décaler de six mois les premiers **délais de déclaration** ; pour les États qui, comme la France (n° 71845), avaient retenu cette option, le délai de déclaration des dispositifs dont la première étape a été mise en œuvre entre le 25 juin 2018 et le 30 juin 2020 a expiré le 28 février 2021 (alors qu'il devait expirer le 31 août 2020), et le délai de trente jours pour la déclaration des dispositifs transfrontières dont la première étape a été mise en œuvre entre le 1er juillet 2020 et le 31 décembre 2020, ou celle des intermédiaires au titre de la même période, n'a commencé à courir que depuis le 1er janvier 2021. Les premiers échanges automatiques d'informations entre États membres devaient intervenir au plus tard le 30 avril 2021, et c'est à cette date également que devaient être produits les premiers rapports périodiques que les intermédiaires doivent établir en ce qui concerne les dispositifs commercialisables.

La directive n'est pas explicite sur les **sanctions** en cas de non-respect ; elle se contente de prévoir qu'elles doivent être « efficaces, proportionnées et dissuasives » ; il revient à chaque État membre de les définir précisément.

Précisions **a.** À l'occasion de ses travaux sur l'évasion fiscale internationale, l'OCDE avait publié, en février 2011, un **rapport sur les initiatives prises** par certains États obligeant les contribuables à dévoiler les schémas fiscaux agressifs (« Tackling aggressive tax planning through improved transparency and disclosure »). Cette idée a été reprise dans le cadre de l'**Action 12** du plan de lutte contre le Beps (n° 72410) et l'OCDE a publié, le 9 mars 2018, un **modèle de législation** en la matière (Model Mandatory Disclosure Rules for CRS Avoidance Arrangements and Opaque Offshore Structures).

b. L'article 96 de la loi de finances pour 2014 avait institué une obligation de déclaration à l'administration des schémas d'optimisation fiscale par toute personne les commercialisant ou les élaborant et les mettant en œuvre. Mais cette mesure n'avait **pas été déclarée conforme à la Constitution** car elle était trop générale et trop imprécise alors qu'elle restreignait la liberté d'entreprendre et qu'elle était lourdement sanctionnée (Cons. const. 29 décembre 2013 n° 2013-685 DC : RJF 3/14 n°s 267 et 268).

c. Il avait été précisé qu'il n'était pas envisagé de prendre une mesure « qui consisterait à restreindre l'accès du public à des **sites commerciaux** offrant des montages destinés à diminuer ou éluder l'impôt » (réponse Louwagie, n° 43532 : JOAN 5 avril 2016 p. 2905).

Dispositifs transfrontières déclarables en France

L'article 22 de la loi n° 2018-898 du 23 octobre 2018 relative à la lutte contre la fraude a autorisé le Gouvernement à prendre par voie d'ordonnance les mesures relevant du domaine de la loi propres à transposer la directive DAC 6 (n° 71812). L'ordonnance de transposition a été prise le 21 octobre 2019 (Ordonnance n° 2019-1068 du 21 octobre 2019 relative à l'échange automatique et obligatoire d'informations dans le domaine fiscal en rapport avec les dispositifs transfrontières devant faire l'objet d'une déclaration ; JO du 22 octobre 2019, texte n° 18). Les règles applicables sont codifiées aux articles 1649 AD à 1649 AH du CGI, le contenu de la déclaration a été précisé par le décret n° 2020-270 du 17 mars 2020 (JO 19 mars 2020, texte n° 18 ; n° 71840) et les commentaires administratifs sont rassemblés au BOI-CF-CPF-30-40 (des modifications mineures ont été apportées aux textes par la loi n° 2020-935 du 30 juillet 2020 de finances rectificative pour 2020). 71815

D'une façon générale, l'**obligation déclarative** incombe à l'intermédiaire ou au contribuable s'il n'y a pas d'intermédiaire soumis à l'obligation déclarative (si aucun intermédiaire n'est intervenu, ou si l'intermédiaire est situé en dehors de l'Union européenne ou encore s'il est soumis au secret professionnel et n'a pas reçu l'accord du contribuable) ; seuls sont concernés, s'ils comprennent au moins l'un des « marqueurs » énoncés par la directive (n° 71820), les « dispositifs » faisant intervenir la France et un **autre État membre** de l'Union européenne ou un **État tiers**, et non pas les montages intérieurs au territoire français (la loi utilise improprement le terme « juridiction » ou « juridiction fiscale » pour désigner les États ou territoires étrangers dotés de l'autonomie fiscale).

L'obligation déclarative est **entrée en vigueur** le 1er juillet 2020 (en ce qui concerne les délais de déclaration, voir n° 71845) ; elle concerne non seulement les dispositifs transfrontières mis en place depuis cette date, mais aussi ceux dont la première étape (n° 71845) a été mise en œuvre entre le 25 juin 2018 et le 1er juillet 2020.

En ce qui concerne le champ d'application matériel de l'obligation déclarative, et quoique la loi ne contienne aucune précision en ce sens, l'administration indique que les articles 1649 AD à 1649 AH du CGI ne s'appliquent pas à la **TVA** ; ils ne s'appliquent pas non plus aux droits de douane et aux droits d'accises ni aux cotisations obligatoires et aux **prélèvements sociaux** (BOI-CF-CPF-30-40-10 n° 1). Ces précisions sont cohérentes avec la directive dont le **champ d'application matériel** englobe tous les impôts et taxes (principalement l'impôt sur le revenu et l'impôt sur les sociétés, mais aussi, par exemple, l'impôt sur la fortune et les droits de succession), sauf la TVA, les droits de douane, les droits d'accises et les cotisations sociales obligatoires, qui sont déjà couverts par d'autres dispositions législatives de l'Union européenne en matière de coopération administrative (le recouvrement des créances fiscales est également réglementé par une législation européenne spécifique).

Quant à son champ d'application personnel, la directive concerne tant les **personnes physiques** que les personnes **morales** et « constructions juridiques » (trusts ou fondations, par exemple) si elles sont résidentes ou établies dans un ou plusieurs États membres de l'Union européenne.

Il est à noter, enfin, qu'il n'y a pas de seuil de matérialité et que, sauf en ce qui concerne certains marqueurs, un dispositif entrant dans le champ du dispositif est déclarable même s'il n'apporte pas d'avantage fiscal.

Précisions Les informations transmises font l'objet d'un **échange automatique avec les autres États membres**, qui doit être effectué dans un délai d'un mois à compter de la fin du trimestre au cours duquel les informations ont été fournies.

Dispositifs transfrontières

71818 Est considéré comme transfrontière tout dispositif prenant la forme d'un accord, d'un montage ou d'un plan ayant ou non force exécutoire et concernant la France et un autre État, **membre ou non de l'Union européenne**, dès lors que l'une au moins des conditions suivantes est satisfaite (CGI art. 1649 AD, II) :
– au moins l'un des participants au dispositif n'est **pas fiscalement domicilié** ou résident en France ou n'y a pas son siège ;
– au moins l'un des participants au dispositif est fiscalement domicilié, résident ou a son siège dans plusieurs États ou territoires simultanément ;
– au moins l'un des participants au dispositif exerce une activité dans un autre État ou territoire par l'intermédiaire d'un **établissement stable** situé dans cet État ou territoire, si le dispositif constitue une partie ou la totalité de l'activité de cet établissement stable ;
– au moins l'un des participants au dispositif exerce une activité dans un autre État ou territoire sans y être fiscalement domicilié ou résident ni disposer d'établissement stable dans cet État ou territoire ;
– le dispositif peut avoir des conséquences sur l'**échange automatique d'informations** entre États ou territoires ou sur l'identification des bénéficiaires effectifs.

Si l'une ou l'autre des conditions précédentes est satisfaite, tout dispositif transfrontière comportant au moins un « marqueur » (n° 71820) doit faire l'objet d'une déclaration, s'il fait intervenir la France et un **autre État membre** de l'Union européenne ou un **État tiers** ; la déclaration doit être déposée sous forme dématérialisée auprès de l'administration fiscale par l'intermédiaire ayant participé à la mise en œuvre du dispositif ou, le cas échéant, par le contribuable concerné.

Précisions **a.** L'administration indique que le terme « **dispositif** » s'entend au sens large et qu'il recouvre notamment tout accord, entente, mécanisme, transaction ou série de transactions, qu'ils aient ou non force exécutoire ; il recouvre en particulier la création, l'attribution, l'acquisition ou le transfert du revenu lui-même ou de la propriété ou du droit au titre duquel le revenu est dû, ainsi que la constitution, l'acquisition ou la dissolution d'une personne morale, ou la souscription d'un instrument financier (BOI-CF-CPF-30-40-10-10 n° 10). Ne constitue pas un dispositif le fait pour un contribuable d'attendre simplement l'expiration d'un délai ou d'une période légale pour réaliser une transaction en exonération d'impôt (BOI préc. n° 30).

b. Un dispositif transfrontière peut être constitué par une **série** de dispositifs. Il peut comporter plusieurs étapes ou parties.

Marqueurs

71820 Un marqueur est une caractéristique ou particularité d'un dispositif transfrontière qui révèle un risque potentiel d'évasion fiscale (BOI-CF-CPF-30-40-10-10 n° 100). On distingue cinq catégories de marqueurs (CGI art. 1649 AH, II ; un tableau récapitulatif des marqueurs est donné au BOI-ANNX-000478) :
– Marqueurs de catégorie A : il s'agit de marqueurs généraux qui sont caractérisés si le contribuable concerné (ou un participant au dispositif) s'engage à respecter une clause de **confidentialité** (marqueur A 1 ; le BOI-CF-CPF-30-40-30-10 n° 40 exclut les clauses de confidentialité visant à protéger un secret commercial, industriel ou professionnel et les obligations légales et déontologiques trouvant à s'appliquer aux professions réglementées en matière de confidentialité), ou si l'intermédiaire est en droit de percevoir des **honoraires** liés à l'avantage fiscal découlant du dispositif (ou s'il doit les rembourser en tout ou partie en cas d'échec ; marqueur A 2), ou s'il s'agit d'un dispositif dont la documentation et/ou la structure sont en grande partie normalisées et ne nécessitent **pas d'adaptations** importantes (marqueur A 3) ; ces marqueurs ne sont cependant pris en

compte que lorsqu'ils satisfont au **critère de l'avantage principal**, c'est-à-dire si l'avantage principal ou l'un des avantages principaux qu'une personne peut raisonnablement s'attendre à retirer d'un dispositif, compte tenu de l'ensemble des faits et circonstances pertinents, est l'obtention d'un avantage fiscal (voir Précisions infra) ; **71820** (suite)

– Marqueurs de catégorie B : ce sont des marqueurs spécifiques qui sont caractérisés si un participant au dispositif prend artificiellement des mesures qui consistent (marqueur B 1) à acquérir une société réalisant des **pertes** et à les utiliser à des fins fiscales (à savoir, mettre fin à l'activité principale de cette société et utiliser les pertes de cette dernière pour réduire sa charge fiscale, y compris par le transfert de ces pertes à un autre État ou territoire ou par l'accélération de l'utilisation de ces pertes), ou si le dispositif a pour effet de **convertir des revenus en capital**, en dons ou en d'autres catégories de recettes qui sont taxées à un niveau inférieur ou ne sont pas taxées (marqueur B 2), ou s'il inclut des **transactions circulaires** ayant pour résultat un « carrousel » de fonds, au moyen d'entités interposées sans fonction commerciale primaire ou d'opérations qui se compensent ou s'annulent mutuellement ou qui ont d'autres caractéristiques similaires (marqueur B 3) ; comme pour les marqueurs de catégorie A, ces marqueurs ne sont pris en compte que s'ils satisfont au critère de l'avantage fiscal principal ;

– Marqueurs de catégorie C : il s'agit de marqueurs spécifiques qui sont caractérisés dans l'une ou l'autre des hypothèses suivantes :

• **déduction de paiements transfrontières** effectués entre deux ou plusieurs entreprises associées, si le bénéficiaire ne réside, à des fins fiscales, dans aucune juridiction fiscale, ou s'il réside à des fins fiscales dans une juridiction qui ne lève **pas d'impôt** sur les sociétés ou lève un impôt sur les sociétés à taux zéro ou presque nul ou qui figure sur une liste de juridictions de pays tiers qui ont été évaluées par les États membres de l'Union européenne collectivement ou dans le cadre de l'OCDE comme étant **non coopératives**, ou si le paiement bénéficie d'une exonération fiscale totale dans la juridiction où le bénéficiaire réside à des fins fiscales ou s'il bénéficie d'un régime fiscal préférentiel dans la juridiction où le bénéficiaire réside à des fins fiscales (marqueur C 1 ; voir Précisions e ci-dessous) ; les marqueurs tenant à l'absence d'impôt sur les sociétés du bénéficiaire ou d'un assujettissement à un taux zéro ou presque nul, ou d'une exonération du bénéficiaire au titre du paiement ou d'un régime fiscal préférentiel ne peuvent cependant être pris en compte que lorsqu'ils satisfont au critère de l'**avantage fiscal principal** au sens mentionné précédemment (CGI art. 1649 AH, I, précisant que l'existence des avantages fiscaux identifiés ne constitue pas à soi seule une raison de conclure qu'un dispositif remplit le critère de l'avantage principal) ;

• des **déductions pour le même amortissement** d'un actif sont demandées dans plus d'une juridiction (marqueur C 2) ;

• un **allègement au titre de la double imposition** est demandé pour le même élément de revenu ou de capital dans plusieurs juridictions (marqueur C 3) ; tous les dispositifs relevant de ce marqueur et ayant pour conséquence une double non-imposition ne résultant pas de la volonté du législateur français ou communautaire doivent être déclarés (BOI-CF-CPF-30-40-30-20 n° 90) ;

• le dispositif inclut des **transferts d'actifs** et il existe dans les juridictions concernées une différence importante dans le montant considéré comme étant payable en contrepartie des actifs (marqueur C 4) ; l'administration précise que ne sont pas visées par ce marqueur les opérations de fusions et assimilées conformément à la directive européenne (BOI préc. n° 120 ; cette précision n'est pas très claire car l'administration ne dit pas que ces opérations doivent être « réalisées » conformément à la directive).

– Marqueurs de catégorie D : ce sont des marqueurs spécifiques concernant **l'échange automatique d'informations** et les **bénéficiaires effectifs**, qui sont caractérisés si le dispositif transfrontière est susceptible d'avoir pour effet de porter atteinte à l'obligation de déclaration des comptes financiers ou s'il tire parti de l'absence d'échange (marqueur D 1) : utilisation d'un compte qui n'est pas un **compte financier** déclarable mais dont les caractéristiques sont substantiellement similaires, transfert d'actifs vers des juridictions non liées par l'échange automatique d'informations, requalification de revenus et de capitaux en produits non soumis à l'échange d'informations, transferts ou conversions en comptes non déclarables, recours à des entités, constructions ou structures juridiques qui suppriment ou visent à supprimer la déclaration d'un ou plusieurs titulaires de compte, dispositifs qui portent atteinte aux procédures de diligence raisonnable utilisées par les institutions financières pour se conformer à leurs obligations déclaratives ; il

71820 (suite) en va de même si le dispositif fait intervenir une **chaîne de propriété formelle ou effective non transparente** (marqueur D 2) par le recours à des personnes, des constructions juridiques ou des structures qui n'exercent pas une activité économique substantielle s'appuyant sur des effectifs, des équipements, des ressources et des locaux suffisants et qui sont constituées, gérées, contrôlées ou établies ou qui résident dans toute juridiction autre que la juridiction de résidence de l'un ou plusieurs des bénéficiaires effectifs des actifs détenus par ces personnes, constructions juridiques ou structures, si les bénéficiaires effectifs de ces derniers sont rendus impossibles à identifier ;

– Marqueurs de catégorie E : il s'agit de marqueurs spécifiques concernant les **prix de transfert**, qui sont caractérisés si le dispositif transfrontière concerné prévoit l'utilisation de régimes de protection unilatéraux (marqueur E 1), ou s'il prévoit le transfert d'**actifs incorporels** difficiles à évaluer (marqueur E 2 ; absence d'éléments de comparaison fiables, incertitudes élevées sur les futurs flux de trésorerie ou revenus attendus de l'actif incorporel transféré) ou s'il met en jeu un transfert transfrontière de fonctions et/ou de risques et/ou d'actifs au sein du groupe, si le bénéfice avant intérêts et impôts annuel prévu, dans les trois ans suivant le transfert, du ou des cédants, est inférieur à 50 % du bénéfice avant intérêts et impôts annuel prévu de ce cédant ou de ces cédants si le transfert n'avait pas été effectué (marqueur E 3). En ce qui concerne le marqueur E 3, l'administration précise que l'appréciation de la baisse du résultat doit être effectuée compte tenu des éléments d'informations disponibles au moment du transfert et qu'elle doit être inhérente aux fonctions et/ou risques et/ou actifs transférés ; elle ajoute que ne sont pas visées les opérations de fusions et assimilées conformément à la directive européenne (BOI-CF-CPF-30-40-30-20 n° 460).

Précisions **a.** Le **critère de l'avantage principal** doit être analysé de manière globale, en considérant les effets du dispositif dans les États de l'Union européenne et hors Union européenne (BOI-CF-CPF-30-40-10-10 n° 120). L'existence d'un avantage fiscal n'est pas limitée au territoire français (BOI préc. n° 140), mais le fait que le dispositif mis en place procure un avantage fiscal ne suffit pas à caractériser un avantage principal (BOI préc. n° 150).

b. Lorsque l'avantage principal obtenu en France au moyen du dispositif transfrontière résulte de l'utilisation d'un dispositif d'incitation fiscale **conforme à l'intention du législateur français**, cet avantage n'est a priori pas considéré comme un avantage fiscal principal, sous réserve du respect de l'intention du législateur (BOI-CF-CPF-30-40-10-10 n° 160). Cette atténuation est d'interprétation stricte, étant donné qu'elle ne ressort ni de la directive ni de la loi ; ainsi, elle ne s'étend pas aux avantages qui seraient conformes à l'intention d'une législation fiscale étrangère ou des auteurs d'une convention fiscale.

c. Les dispositifs qui comprennent des **produits, instruments et opérations bancaires et financiers proposés à un large public** sur le fondement d'une documentation normalisée ne doivent pas faire l'objet d'une déclaration s'il n'y a pas d'autre marqueur applicable, sous réserve que l'avantage fiscal retiré soit prévu par la loi française et que l'utilisation de ces produits soit conforme à l'intention du législateur (BOI-CF-CPF-30-40-30-10 n° 110, citant notamment l'acquisition d'instruments financiers négociés en bourse). L'administration donne des précisions du même ordre en ce qui concerne les produits d'épargne réglementée détenus par un non-résident (livret A, livret de développement durable et solidaire, plan épargne logement, compte épargne logement, etc.) et les investissements dans des organismes de placement collectif (BOI préc. n°s 120 et 130).

d. En ce qui concerne la notion de **mesure artificielle**, l'administration renvoie au BOI-IS-BASE-70 concernant l'article 205 A du CGI (n° 72655) et rappelle que des mesures présentent un caractère artificiel lorsqu'elles revêtent un caractère non authentique ; elle ajoute qu'elles sont non authentiques dans la mesure où elles ne sont pas mises en place pour des motifs commerciaux valables qui reflètent la réalité économique (BOI-CF-CPF-30-40-30-10 n° 160, à propos du marqueur B 1).

e. L'administration précise qu'est considéré comme un **impôt sur les sociétés « presque nul »** un taux effectif d'imposition inférieur à 2 %, que sont « **non coopératives** » les juridictions inscrites sur la liste européenne et celles qui sont évaluées comme « non conformes » ou « partiellement conformes » par l'OCDE dans le cadre du Forum mondial sur la transparence fiscale (n° 70575) et que la notion de **régime fiscal préférentiel** s'entend par référence à la notion définie par l'action 5 du rapport BEPS et non par rapport aux critères posés par l'article 238 A du CGI (BOI-CF-CPF-30-40-30-20 n° 20).

f. Une association ayant pour objet de contribuer à l'étude et à la réflexion dans le domaine du droit pénal fiscal et financier n'avait pas **intérêt à agir** par la voie de l'excès de pouvoir contre le BOI-CF-CPF-30-40-30-20 relatif aux marqueurs (CE 25 juin 2021 n° 449060, 8e et 3e ch., Institut de droit pénal fiscal et financier : RJF 10/21 n° 973).

Notion d'intermédiaire

La loi distingue deux catégories d'intermédiaires, les intermédiaires « concepteurs » et les intermédiaires « prestataires » (BOI-CF-CPF-30-40-10-20 nos 10 s.). **71830**

Est considérée comme « intermédiaire » toute personne qui **conçoit, commercialise ou organise** un dispositif transfrontière devant faire l'objet d'une déclaration, le met à disposition aux fins de sa mise en œuvre ou en gère la mise en œuvre (« intermédiaire concepteur » ; CGI art. 1649 AE, I-1°). Sur la notion de mise à disposition, voir n° 71845.

Est également considérée comme intermédiaire toute personne qui, compte tenu des faits et circonstances pertinents et sur la base des informations disponibles ainsi que de l'expertise en la matière et de la compréhension qui sont nécessaires pour fournir de tels services, sait ou pourrait raisonnablement être censée savoir qu'elle s'est engagée à fournir, directement ou par l'intermédiaire d'autres personnes, une **aide**, une **assistance** ou des **conseils** concernant la conception, la commercialisation ou l'organisation d'un dispositif transfrontière devant faire l'objet d'une déclaration, ou concernant sa mise à disposition aux fins de mise en œuvre ou la gestion de sa mise en œuvre (« intermédiaire prestataire »).

L'intermédiaire est assujetti à l'obligation déclarative s'il remplit l'une au moins des conditions suivantes (CGI art. 1649 AE, I-2°) :
– être fiscalement **domicilié**, résident ou avoir son siège en France ; les établissements stables situés hors de France d'un intermédiaire fiscalement domicilié ou résident en France, pour les dispositifs se rattachant à leur activité, ne sont pas concernés par l'obligation déclarative ;
– posséder en France un **établissement stable** par l'intermédiaire duquel sont fournis les services concernant le dispositif ;
– être constitué en France ou régi par le droit français ;
– être **enregistré** auprès d'un ordre ou d'une association professionnelle en rapport avec des services juridiques, fiscaux ou de conseil, ou bénéficier d'une autorisation d'exercer en France délivrée par un tel ordre ou association professionnelle.

Lorsque **plusieurs intermédiaires** participent à la mise en œuvre d'un même dispositif, l'obligation déclarative incombe à chacun d'entre eux. Un intermédiaire est cependant dispensé de l'obligation déclarative s'il peut prouver, par tout moyen, qu'une déclaration comportant l'ensemble des informations requises a déjà été souscrite par un autre intermédiaire, en France ou dans un autre État membre de l'Union européenne (CGI art. 1649 AE, I-3°).

La **notification** dont il s'agit concerne les cas où l'intermédiaire est astreint au secret professionnel et notifie à un autre intermédiaire qu'il n'a pas l'accord du contribuable pour souscrire la déclaration. En effet, l'intermédiaire soumis à une obligation de **secret professionnel** dont la violation est prévue et réprimée par l'article 226-13 du Code pénal est tenu à l'obligation déclarative s'il a l'accord de son client (tel est le cas des **avocats** ; CGI art. 1649 AE, I-4°). À défaut d'accord, l'intermédiaire doit notifier à tout autre intermédiaire l'obligation déclarative qui lui incombe ; en l'absence d'autre intermédiaire, la notification de l'obligation déclarative doit être adressée au contribuable concerné. L'intermédiaire doit également transmettre au contribuable concerné, le cas échéant, les informations nécessaires au respect de son obligation déclarative.

Précisions **a.** Un **ordre de priorité** est établi lorsqu'un intermédiaire (ou un contribuable) est soumis à une obligation déclarative similaire à celle prévue à l'article 1649 AD dans plusieurs États membres de l'Union européenne (CGI art. 1649 AF). S'il subsiste une obligation de déclaration multiple, l'intermédiaire (ou le contribuable) est dispensé de la souscription de la déclaration s'il peut prouver par tout moyen que le dispositif transfrontière a fait l'objet d'une déclaration dans un autre État membre de l'Union européenne.

b. Les intermédiaires ne sont pas seulement des prestataires extérieurs ; il peut s'agir, par exemple, d'une société qui conçoit un dispositif dont l'utilisateur est une autre société du groupe (BOI-CF-CPF-30-40-10-20 n° 290). Dans le cas d'un groupe d'entreprises, peut être considérée comme un intermédiaire concepteur la société mère ou toute autre société du groupe qui conçoit, commercialise ou organise un dispositif transfrontière soumis à l'obligation déclarative, le met à disposition aux fins de sa mise en œuvre ou en gère la mise en œuvre pour d'autres sociétés appartenant au même groupe (BOI préc. n° 50).

c. Peut être **intermédiaire** toute personne, professionnelle ou non, qu'elle ait ou non la personnalité juridique et qu'elle soit ou non rémunérée ; lorsqu'une personne physique est **salariée** d'une entreprise et agit au nom de cette entreprise, c'est l'entreprise qui est considérée comme intermédiaire (BOI-CF-CPF-30-40-10-20 n° 30). Lorsqu'une personne physique est associée ou liée par un contrat de collaboration ou de prestation de services à une structure dotée ou non de la personnalité juridique et fiscale, telle qu'un cabinet d'avocats, et agit au nom de cette dernière ou pour son compte, c'est la structure, représentée par une personne dûment habilitée, qui doit être considérée comme l'intermédiaire déclarant (BOI préc. ; tel est le cas d'un avocat associé d'un cabinet d'avocat identifié auprès de son ordre par son numéro de toque).

d. N'est pas considéré comme intermédiaire un prestataire de services qui intervient ou prend connaissance du dispositif transfrontière déclarable **postérieurement** à sa mise en œuvre, sous réserve que ce prestataire n'ait apporté aucune aide, assistance ou conseil se rapportant à la conception, la commercialisation ou l'organisation du dispositif transfrontière déclarable, ou à sa mise à disposition aux fins de mise en œuvre ou à la gestion de sa mise en œuvre (BOI-CF-CPF-30-40-10-20 n° 80).

e. Ne sont pas, en principe, considérés comme des intermédiaires prestataires les **établissements de paiement** et les **établissements de crédit** autorisés à exercer dans le secteur financier réglementé qui effectuent des opérations bancaires de routine (réception et conservation de fonds, transferts de fonds et opération de change, octroi de financements, fourniture de services bancaires de paiement) ; ils le sont, en revanche, lorsqu'ils ont connaissance du fait que leur intervention, quelle qu'en soit la nature, constitue une aide, une assistance ou des conseils qui se rapportent à la conception, la commercialisation ou l'organisation d'un dispositif transfrontière déclarable (BOI-CF-CPF-30-40-10-20 n° 90).

f. Si un **intermédiaire prestataire** est engagé par un intermédiaire concepteur pour fournir un conseil sur un dispositif transfrontière déclarable, la déclaration de l'intermédiaire prestataire soumis au secret professionnel n'est souscrite qu'avec l'accord de son client, qui est l'intermédiaire concepteur. En cas de refus de l'intermédiaire concepteur, c'est à ce dernier qu'incombe l'obligation déclarative (BOI-CF-CPF-30-40-10-20 n° 150).

g. Tout intermédiaire ou contribuable ayant reçu une notification d'obligation déclarative par un intermédiaire soumis au secret professionnel n'ayant pas obtenu l'accord de souscrire sa déclaration dispose de la **faculté de réviser l'appréciation initiale** faite par l'intermédiaire qui le notifie, sur les faits et circonstances permettant de qualifier le dispositif de déclarable, et d'estimer que le dispositif n'est pas déclarable (BOI-CF-CPF-30-40-10-20 n° 210).

h. Les anciens commentaires administratifs qui précisaient les délais de notification, puis de déclaration, applicables aux intermédiaires soumis au secret professionnel (**avocats**) ont été annulés, car ils ajoutaient à la loi ; le délai de trente jours doit donc être respecté même en présence d'une pluralité d'intermédiaires (CE 25 juin 2021 n° 448486, 8e et 3e ch., Conseil national des barreaux et autres : RJF 10/21 n° 947 ; l'administration en a tiré les conséquences par une mise à jour du 21 juillet 2021 des BOI-CF-CPF-30-40-10-20 et BOI-CF-CPF-30-40-20) ; cette décision a également renvoyé une question préjudicielle à la Cour de justice (n° 71812). Précédemment, un recours en référé-suspension contre les commentaires administratifs concernant les avocats avait, pour une raison tenant à l'absence de situation d'urgence, été rejeté par CE juge réf. 10 février 2021 n° 448485, Conseil national des barreaux et autres.

Contribuables concernés par l'obligation déclarative

71835 Le contribuable concerné par un dispositif transfrontière s'entend de toute personne à qui un dispositif transfrontière déclarable est mis à disposition aux fins de sa mise en œuvre, ou qui est disposée à mettre en œuvre un tel dispositif, ou qui a mis en œuvre la première étape d'un tel dispositif (CGI art. 1649 AE, II).

Si **plusieurs contribuables** sont concernés, l'obligation déclarative incombe au premier des contribuables suivants :
– celui qui a arrêté avec l'intermédiaire le dispositif transfrontière devant faire l'objet d'une déclaration ;
– celui qui gère la mise en œuvre du dispositif.

Un contribuable concerné n'est **dispensé** de l'obligation déclarative que dans la mesure où il peut prouver, par tout moyen, qu'un autre contribuable concerné a déjà souscrit une déclaration comportant l'ensemble des informations requises.

En pratique, les contribuables sont donc **astreints** à l'obligation déclarative dans les situations suivantes :
– montage conçu et mis en place par le contribuable lui-même, sans intermédiaire ;
– montage conseillé par un prestataire établi hors de l'Union européenne, sans l'intervention d'un intermédiaire « européen » ;
– montage faisant intervenir un avocat qui a invoqué le secret professionnel et sans intervention d'un autre intermédiaire.

Précisions **a.** La déclaration doit être effectuée **par voie électronique** sur l'espace particulier (contribuable ou intermédiaire non professionnel) ou sur l'espace professionnel du déclarant (BOI-CF-CPF-30-40-20 n° 330). Pour les déclarants professionnels **non établis en France**, les démarches doivent être effectuées auprès de la direction des impôts des non-résidents (service des impôts des entreprises étrangères) ou sur le site https://www.impots.gouv.fr/portail/international/professionnel. Pour les **particuliers**, les démarches à accomplir en vue d'une immatriculation en France sont détaillées sur le site https://www.impots.gouv.fr/portail/international/particulier (BOI préc. n° 360).

b. Des précisions sur les modalités déclaratives, la constitution et le dépôt des **fichiers** relatifs au dispositif déclaratif et le détail des informations à collecter selon un schéma XML spécifique, en vue de leur transmission en masse à l'administration fiscale, sont fournies sur le site de l'administration fiscale (cahier des charges DAC6 (V1.4), fichier modèle xsd, Iso Types ; https://www.impots.gouv.fr/portail/declaration-des-dispositifs-transfrontieres).

Contenu de la déclaration

L'article 344 G octies A de l'annexe III au CGI précise que la déclaration doit contenir les indications suivantes : **71840**
– identification des **intermédiaires** et des **contribuables** concernés : nom, date et lieu de naissance ou raison sociale, ainsi que résidence fiscale, numéro d'identification fiscale et, le cas échéant, identification des personnes qui sont des entreprises associées au contribuable concerné ;
– informations détaillées sur les **marqueurs** en vertu desquels le dispositif doit faire l'objet d'une déclaration ;
– résumé du **contenu** du dispositif, avec, le cas échéant, la référence à la dénomination sous laquelle il est communément connu, et description des activités commerciales ou dispositifs pertinents, présentée de manière abstraite, sans que cette description puisse donner lieu à la divulgation d'un **secret** commercial, industriel ou professionnel, d'un procédé commercial ou d'informations dont la divulgation serait contraire à l'ordre public ;
– **date** à laquelle la première étape de mise en œuvre a été accomplie ou sera accomplie ;
– informations détaillées sur les **dispositions nationales** sur lesquelles se fonde le dispositif ;
– **valeur du dispositif**, c'est-à-dire, selon l'administration, l'évaluation des montants en jeu (par exemple, montant de la transaction à l'origine du dispositif : vente, acquisition, prêt ou investissement en capital ; BOI-CF-CPF-30-40-20 n° 300) ;
– identification de l'**État membre** dont relèvent le ou les contribuables concernés ainsi que de tout autre État membre susceptible d'être concerné ;
– identification, dans les États membres, de toute autre personne susceptible d'être concernée et précisions sur les États membres auxquels cette personne est liée.

La déclaration doit être remplie par les personnes qui y sont tenues sur la base des informations dont elles ont connaissance, qu'elles possèdent ou qu'elles contrôlent. Les informations sur les marqueurs, le résumé du contenu du dispositif et les informations détaillées sur les dispositions juridiques applicables au dispositif doivent être rédigées en français, mais l'administration recommande qu'elles le soient également en anglais (BOI-CF-CPF-30-40-20 n°s 260 s.).

Précisions La souscription de la déclaration ne vaut pas reconnaissance par le déclarant d'une **pratique illégale**, délictueuse ou criminelle et l'administration demeure soumise aux règles de procédure en vigueur en matière de contrôle fiscal, et notamment à celles inhérentes à la charge de la preuve ; de la même manière, le fait que l'administration ne réagisse pas face à un dispositif ayant fait l'objet d'une déclaration **ne vaut pas approbation** de la validité ou du traitement fiscal de ce dispositif (BOI-CF-CPF-30-40-20 n° 150).

Délai de déclaration

L'intermédiaire (ou le contribuable concerné) doit souscrire la déclaration requise dans un délai de trente jours à compter de **la première des dates suivantes** (CGI art. 1649 AG) : **71845**
– le lendemain du jour de la **mise à disposition** du dispositif aux fins de mise en œuvre ; l'administration précise qu'un dispositif est mis à disposition aux fins de sa mise en œuvre lorsque les éléments qui les caractérisent ont été déterminés et que ce dispositif est porté à la connaissance du contribuable (BOI-CF-CPF-30-40-10-20 n° 250) ;
– le lendemain du jour où le dispositif est prêt à être mis en œuvre ;
– le jour de la réalisation de la **première étape** de la mise en œuvre du dispositif ; cette « première étape » s'entend de tout acte juridique ou opération économique, comptable ou d'option fiscale en vue de mettre en œuvre le dispositif, selon une appréciation au cas

par cas ; sont notamment considérés comme la réalisation de la première étape la signature d'un acte juridique, la décision prise en assemblée générale de mettre en œuvre un dispositif ou l'enregistrement comptable d'une opération (BOI préc. n° 270).

En ce qui concerne les **intermédiaires prestataires** (ceux qui ont fourni une assistance ou des conseils au sens indiqué n° 71830), la déclaration doit être déposée dans un délai de trente jours à compter du lendemain du jour où ils ont fourni, directement ou par l'intermédiaire d'autres personnes, une aide, une assistance ou des conseils.

Lorsque le contribuable concerné a reçu une **notification** de son obligation déclarative, il doit souscrire la déclaration dans un délai de trente jours à compter du jour de la réception de cette notification (BOI-CF-CPF-30-40-20 n° 80).

Chaque contribuable concerné doit déclarer chaque année l'utilisation qu'il a faite du dispositif transfrontière déclarable au titre de l'année précédente.

Précisions **a.** La loi n° 2020-935 du 30 juillet 2020 de finances rectificative pour 2020 a modifié les premiers **délais de déclaration** pour tenir compte des possibilités offertes par la directive (UE) 2020/876 du Conseil du 24 juin 2020 prise dans le cadre de la crise sanitaire du Covid-19 (n° 71812) ; ainsi, les dispositifs transfrontières dont la première étape a été mise en œuvre entre le 25 juin 2018 et le 30 juin 2020 devaient être déclarés au plus tard le 28 février 2021, et le délai de trente jours pour déclarer les informations requises a commencé à courir le 1er janvier 2021 en ce qui concerne les dispositifs pour lesquels la « première date » est intervenue entre le 1er juillet 2020 et le 31 décembre 2020 (BOI-CF-CPF-30-40-20 n° 105).

b. L'intermédiaire doit également communiquer tous les trois mois une **mise à jour** de certaines informations relatives à des dispositifs conçus, commercialisés, prêts à être mis en œuvre ou mis à disposition aux fins de mise en œuvre sans avoir besoin d'être adaptés de façon importante (« dispositifs **commercialisables** »). Ces mises à jour doivent être communiquées par voie dématérialisée au plus tard les 31 mars, 30 juin, 30 septembre et 31 décembre de chaque année (CGI Ann. III art. 344 G octies B ; le 30 avril, semble-t-il, pour l'année 2021).

c. L'obligation de déclaration des dispositifs **mis en œuvre depuis le 25 juin 2018** pèse non seulement sur les intermédiaires, mais aussi sur les contribuables concernés, le cas échéant (Loi n° 2019-1479 du 28 décembre 2019 de finances pour 2020, art. 178).

Sanctions

71850 Les manquements à l'obligation de déclaration ou de notification prévue aux articles 1649 AD, 1649 AE et 1649 AG du CGI entraînent l'application d'une **amende** qui ne peut excéder 10 000 € (CGI art. 1729 C ter). Le montant de l'amende ne peut excéder 5 000 € lorsqu'il s'agit de la première infraction de l'année civile en cours et des trois années précédentes. Le montant de l'amende appliquée à un même intermédiaire ou à un même contribuable ne peut excéder 100 000 € par année civile.

Précisions **a.** L'amende ne s'applique pas aux manquements à l'obligation déclarative prévue au dernier alinéa du II de l'article 1649 AG, qui prévoit une **déclaration annuelle** de l'utilisation du dispositif déclarable.

b. Aucune sanction n'est applicable si le déclarant ne déclare pas une information dont il n'a **pas connaissance**, qui ne se trouve pas en sa possession ou sous son contrôle (BOI-CF-CPF-30-40-20 n° 130).

Cellule de régularisation (entreprises)

71900 Une circulaire ministérielle du 28 janvier 2019, remplacée ensuite par une circulaire du 8 mars 2021 sur le traitement des demandes de mise en conformité des entreprises, publiée sur le site impots.gouv.fr, a ouvert une procédure de régularisation applicable, en particulier, dans les circonstances suivantes en ce qui concerne les opérations internationales :
– activité en France non déclarée, constitutive d'un **établissement stable** ;
– déduction de tout ou partie des **intérêts** d'un prêt consenti par une société étrangère sans que soient respectées les prescriptions de l'article 212 du CGI (n° 26802) ;
– **montages** illicites ou abusifs : ceux qui font l'objet d'une fiche publiée sur le site « economie.gouv.fr » (carte des pratiques et montages abusifs ; n° 71000, Précisions b), tels que les schémas de délocalisation de profits à la suite d'une restructuration, les abus de convention fiscale ou la double déduction d'intérêts d'emprunt, et, d'une manière générale, les montages impliquant des structures à l'étranger ;

– le régime fiscal des **impatriés** (CGI art. 155 B ; n° 2200) ;
– toute opération susceptible de relever de l'une des sanctions prévues au c de l'article 1728 du CGI (**activité occulte**) ou aux b et c de l'article 1729 du même Code (**abus de droit**, manœuvres frauduleuses).

Les contribuables qui souhaitent recourir à cette procédure doivent acquitter intégralement les impositions supplémentaires à leur charge, ou s'engager à les acquitter selon un échelonnement convenu avec l'administration ; ils peuvent cependant bénéficier, par voie de transaction, de **réductions des majorations** et de l'intérêt de retard : abaissement à 30 % de la majoration de 80 % et à 15 % de la majoration de 40 %, réduction de 40 % des intérêts de retard. En cas de manquement qui aurait appelé une pénalité de 10 % s'il avait été découvert à l'occasion d'un contrôle fiscal, la majoration de 10 % est supprimée, et les intérêts de retard sont réduits de 50 %.

Bien entendu, la démarche doit revêtir un caractère **spontané**, ce qui exclut les entreprises pour lesquelles un contrôle fiscal est en cours et celles qui ont reçu un avis de vérification ou qui font l'objet d'une procédure d'enquête administrative ou judiciaire. Les dossiers doivent être déposés auprès du **service de mise en conformité** (Smec) des entreprises au sein de la Direction des grandes entreprises (DGE) de la DGFiP, quelle que soit la taille de l'entreprise, sauf exception (8, rue Courtois, 93505 Pantin Cedex ; dge.smec@dgfip.finances.gouv.fr).

Précisions **a.** Le Smec n'a pas vocation à recueillir les **déclarations primitives** mais uniquement les déclarations rectificatives, sauf en cas d'activité exercée par une société étrangère dans le cadre d'un **établissement stable** non déclaré (circulaire du 8 mars 2021, précitée).

b. Une demande de mise en conformité fiscale, si elle est accompagnée de l'écrit exposant la problématique faisant l'objet de la régularisation et de l'attestation de sincérité du contribuable, est assimilée à une déclaration rectificative, ce qui permet d'écarter les règles de **dénonciation obligatoire au parquet** (circulaire du 8 mars 2021, précitée).

Autres mesures

Parallèlement à la mise en place de mesures de droit interne, les États ont cherché à **71950**
intensifier leur **coopération bilatérale**, dans le cadre des conventions fiscales et au sein de l'Union européenne ou dans un cadre multilatéral (échanges d'informations, vérifications simultanées d'entreprises membres du même groupe international, etc.). Les accords relatifs aux échanges de renseignements se sont considérablement multipliés au cours de ces dernières années, y compris avec des États ou territoires dont la fiscalité est privilégiée, en réaction à la crise financière et économique survenue à la fin de l'année 2008 (n° 1580).

Les États cherchent aussi à établir des normes dans le cadre de **« codes de conduite »**, afin d'éviter la multiplication des dispositions fiscales destinées à attirer les investissements internationaux les plus mobiles et qui créent les conditions d'une concurrence fiscale dommageable (nos 88530 s.). Tant l'Union européenne que l'OCDE s'intéressent de près aux moyens utilisés par les contribuables pour réduire leur imposition dans le cadre de schémas internationaux présentés comme « agressifs » (nos 71812 et 72405).

On détaillera ci-après les mesures de contrôle prévues par la législation française en distin- **72000**
guant :
– les mesures générales de contrôle, applicables tant dans l'ordre interne que dans l'ordre international ;
– les dispositions spécifiques aux affaires internationales ;
– les moyens donnés aux États par les conventions fiscales.

Précisions **a.** Il a été jugé que les dispositions de l'article L 51 du LPF qui interdisent une **nouvelle vérification** pour le même impôt et la même période lorsque la vérification de comptabilité est achevée ne concernent que les opérations de contrôle diligentées par l'administration fiscale française et ne peuvent être utilement invoquées à propos d'une **procédure diligentée dans un autre État** par une administration étrangère (TA Cergy-Pontoise 5 juin 2013 n° 1006602, 5e ch., Sté Inforad Limited : RJF 2/14 n° 163) ; ce jugement a fait l'objet d'un arrêt d'appel portant sur d'autres points (n° 18580).

b. En raison de son importance, le phénomène des prix de transfert et son contrôle font l'objet d'une étude séparée (nos 75750 s.).

SECTION 1

Les dispositions générales

72400 Les dispositions générales prévues en matière de contrôle fiscal par les législations internes des États visent au premier chef les opérations internes à ces États. Mais, d'une manière générale, elles ne sont pas limitées aux seules opérations internes. Rien n'empêche a priori un État de les utiliser pour le contrôle d'opérations internationales.

Recommandations internationales

72405 Tant le comité des affaires fiscales de l'OCDE que la Commission européenne se préoccupent activement de lutter contre la fraude et l'évasion fiscales internationales ou même la simple **optimisation fiscale internationale réputée « agressive »** (« aggressive tax planning »). Ces préoccupations, qui tiennent largement au souci de préserver les recettes budgétaires des États dans un contexte de crise, se traduisent non seulement par des codes de conduite (nos 88530 s.) mais aussi par différents rapports et recommandations destinés à mettre en garde les entreprises multinationales et à alimenter les réflexions des législateurs nationaux.

Précisions L'**ONU** a également créé, en octobre 2013, un sous-comité sur le Beps (no 72410).

72408 **Commission européenne** Afin de lutter contre les situations de double exonération, la Commission européenne avait lancé, dès le 29 février 2012, une consultation publique sur la « double non-imposition transfrontière des entreprises » ; la Commission estimait que la double non-imposition « prive les États membres de recettes considérables et engendre une concurrence déloyale entre les entreprises au sein du marché unique. Elle survient lorsque des entreprises transfrontières échappent à l'impôt en raison de **discordances entre les systèmes fiscaux** nationaux. La planification fiscale agressive exploite souvent les vides juridiques existant entre les systèmes fiscaux des États membres précisément pour contourner l'impôt. » La Commission européenne avait alors annoncé qu'elle s'attaquerait particulièrement aux **doubles non-impositions** internationales résultant de divergences entre les règles applicables, par exemple en cas de traitement différent d'une même entité aboutissant à l'absence d'imposition des revenus dans les deux États ou en présence de disparités de traitement d'un même instrument financier ou encore en cas de conflit de qualification dans le cadre des conventions fiscales.

À la suite de cette consultation, la Commission a publié, le 6 décembre 2012 (Recommandation 2012/772/UE au JOUE L 338/41 du 12 décembre 2012 et communication COM(2012) 722 final du même jour), une **recommandation relative à la planification fiscale agressive** dans le domaine de la fiscalité directe, entendue des pratiques cherchant à tirer parti des « subtilités d'un système fiscal ou des incohérences entre deux ou plusieurs systèmes fiscaux » afin de réduire l'impôt (doubles déductions et double non-imposition, notamment) ; cette recommandation invitait les États membres à introduire dans les conventions fiscales des clauses subordonnant les avantages conventionnels à l'assujettissement à l'impôt dans l'autre État, à n'exonérer de façon unilatérale que les revenus imposés dans l'autre État et à adopter une **règle anti-abus** générale commune rédigée de la manière suivante : « Les montages artificiels ou ensembles artificiels de montages mis en place essentiellement dans le but d'éviter l'imposition et conduisant à un avantage fiscal sont ignorés. Aux fins de la fiscalité, les autorités nationales traitent ces montages sur la base de leur réalité économique. »

Cette recommandation a ensuite été insérée dans un plan plus général d'action pour renforcer la **lutte contre la fraude et l'évasion fiscales** (no 88137), passant par l'adoption d'un code européen du contribuable, la création d'un numéro d'identification fiscale européen, un réexamen des dispositions anti-abus dans les principales directives de l'Union européenne et l'adoption de lignes directrices communes en matière de traçabilité des flux financiers. Les États membres étaient également invités à adopter une définition commune des paradis fiscaux, à les identifier et à les placer sur des listes noires nationales.

Depuis lors, les travaux se sont intensifiés et précisés, la Commission européenne ayant, à la suite des recommandations de l'OCDE (no 72410) proposé, en janvier puis en avril 2016, de nouvelles directives ou recommandations pour lutter contre l'érosion de l'assiette imposable et les transferts de bénéfices (n° 88137) ; ces initiatives ont rapidement abouti à l'adoption d'une nouvelle directive « anti-évasion fiscale » le 12 juillet 2016 et d'une seconde directive du 29 mai 2017 (n° 88138).

Précisions Comme la perspective doit être globale, les **pays tiers** sont également invités par l'Union européenne à appliquer des normes minimales de bonne gouvernance dans le domaine fiscal et notamment à respecter des normes de transparence, d'échange d'informations et d'absence de mesures fiscales dommageables. Les travaux de l'OCDE et de l'ONU vont également dans ce sens (n° 72410).

Comité des affaires fiscales de l'OCDE Afin de lutter contre l'érosion de l'assiette imposable et les transferts des bénéfices, l'OCDE avait publié, le 12 février 2013, un rapport intitulé « **Addressing Base Erosion and Profit Shifting (Beps)** ». Un « Plan d'action de l'OCDE pour lutter contre l'érosion de la base d'imposition et le transfert de bénéfices » a ensuite été préparé pour lutter contre des pratiques qui, tout en étant considérées comme « techniquement licites » permettraient à certaines multinationales de ne payer que 5 % d'impôts sur les bénéfices, alors que des entreprises plus petites en acquittent jusqu'à 30 %. En liaison avec le G20, les mesures proposées visaient à « créer un ensemble cohérent de règles fiscales internationales pour mettre fin à l'érosion des bases d'imposition nationales ainsi qu'au transfert de bénéfices vers certains États dans le seul but d'éviter le paiement de l'impôt » (communiqué de l'OCDE du 12 novembre 2014). L'OCDE a immédiatement souhaité donner à son plan d'action la vocation la plus large possible en y associant les pays en développement (le comité fiscal de l'ONU a également créé, en octobre 2013, un sous-comité dédié à cette question). **72410**

Ces travaux ont abouti à la présentation par le comité des affaires fiscales de l'OCDE, le 5 octobre 2015, d'un ensemble de mesures recommandant **une approche internationale et coordonnée de réforme du système fiscal mondial**, présenté comme « le plus important remaniement des règles fiscales internationales depuis près d'un siècle » (l'approche générale retenue par l'OCDE a été approuvée par la France ; n° 76340).

Les **quinze actions proposées par l'OCDE**, approuvées par le G20, ont cherché à combler les « brèches et irrégularités » contenues dans les règles actuelles, qui aboutissent à ce que des bénéfices « disparaissent » ou soient transférés vers des États ou territoires dont la fiscalité est faible ou nulle et où aucune valeur réelle n'est créée. La philosophie qui sous-tend ces mesures est bien résumée par un communiqué de l'OCDE du 19 février 2018 sur le **Cadre inclusif** (n° 1562) : « Bien que certains dispositifs soient illégaux, la plupart ne le sont pas. Cela nuit à l'équité et à l'intégrité des systèmes fiscaux dans la mesure où les entreprises qui opèrent dans plusieurs pays peuvent utiliser les stratégies d'érosion de la base d'imposition et de transfert de bénéfices pour obtenir un avantage concurrentiel par rapport aux entreprises qui opèrent à un niveau national. En outre, les différentes affaires liées aux pratiques d'optimisations peuvent créer un sentiment d'injustice chez les contribuables et affaiblir le principe du consentement à l'impôt. »

Afin de « mieux aligner le lieu où les bénéfices sont imposés et celui de l'exercice des activités économiques et de la création de valeur », l'OCDE a proposé, en substance, les mesures suivantes :
– **Action 1** : relever les défis fiscaux posés par **l'économie numérique** ; diverses approches ont été examinées, mais l'OCDE n'a pas fait, à ce stade, de recommandation précise concernant ce secteur particulier (sur les réflexions globales, englobant l'économie numérique, voir n°s 16650 s.), estimant que les risques les plus significatifs doivent être traités dans le cadre des autres actions proposées, notamment concernant l'établissement stable (par exemple, savoir si un entrepôt de stockage utilisé par un vendeur en ligne pourrait constituer un établissement stable) et la fiscalité des éléments incorporels ; notamment, le comité des affaires fiscales de l'OCDE n'a pas retenu la notion de « présence économique significative » pour fonder l'imposition ni proposé la création de retenues à la source ou d'autres taxes ; en ce qui concerne la TVA, il a été suggéré d'appliquer les principes de taxation dans le pays de destination, comme au sein de l'Union européenne ; sur cette question, voir également n° 17780 ;
– **Action 2** : neutraliser les effets des **dispositifs hybrides** ; l'OCDE a souhaité limiter les cas de double non-imposition en neutralisant les avantages fiscaux qui découlent des asymétries internationales, en mettant un terme aux déductions multiples au titre d'une même dépense, aux déductions opérées dans un pays sans imposition correspondante dans un autre et à la génération de plusieurs crédits d'impôt pour un seul impôt étranger

72410 (suite) acquitté ; il a été suggéré que les lois nationales soient modifiées de sorte qu'un lien soit établi entre le traitement national et le traitement étranger (pas de déduction s'il n'y a pas d'imposition dans un autre pays, pas d'exonération si la somme a été déduite, etc.) ; un rapport intitulé « Neutraliser les effets des dispositifs hybrides impliquant une succursale, Action 2 » a ensuite été publié par l'OCDE le 27 juillet 2017 ;

– **Action 3** : concevoir des règles efficaces concernant les **sociétés étrangères contrôlées** ; l'OCDE n'a pas requis de standard minimum mais a proposé des options aux pays qui souhaiteraient mettre en place des dispositifs du type de l'article 209 B du CGI (nos 73100 s.) ; ont notamment été examinés les critères liés à l'imposition à l'étranger, les règles de calcul des bénéfices, l'élimination des doubles impositions, etc. ;

– **Action 4** : limiter l'érosion de la base d'imposition faisant intervenir les **déductions d'intérêts** et autres frais financiers ; l'OCDE a décidé de promouvoir une approche commune permettant d'établir un lien direct entre les déductions nettes de charges d'intérêts et le revenu imposable issu des activités économiques de l'entité débitrice ; a ainsi été proposée la mise en place obligatoire de ratios de déductibilité (entre 10 % et 30 % de l'Ebitda) assortie, de façon facultative, de règles de minimis, de la fixation de seuils et de plafonds dépendants des ratios du groupe et de la possibilité de reporter en avant ou en arrière les intérêts non déduits (des règles spéciales ont été proposées concernant les banques et les compagnies d'assurance) ; des lignes directrices sur les transactions financières dans le cadre des Actions 4 et 8-10 ont été publiées dans cette perspective le 11 février 2020 ;

– **Action 5** : lutter plus efficacement contre les **pratiques fiscales dommageables**, en prenant en compte la transparence et la substance ; en ce qui concerne les régimes fiscaux préférentiels applicables à la propriété intellectuelle, l'OCDE a développé une « **théorie du lien** » (« Nexus Approach ») selon laquelle les avantages fiscaux en la matière ne sont acceptables qu'en présence d'une activité significative de recherche et développement dans le pays considéré ; l'échange automatique des éléments principaux des rulings délivrés a également été proposé, selon la même inspiration qu'au sein de l'Union européenne (no 74207) ; cette dernière recommandation est largement suivie d'effets puisque, selon un rapport de l'OCDE du 14 décembre 2021 concernant les participants au Cadre inclusif (« Harmful Tax Practices – 2020 Peer Review Reports on the Exchange of Information on Tax Rulings »), 41 000 échanges avaient eu lieu au 31 décembre 2020 et 95 États ou territoires étaient considérés comme respectant la norme ;

– **Action 6** : empêcher **l'octroi inapproprié des avantages des conventions fiscales** ; de nouvelles règles anti-abus ont été proposées dans le cadre d'un standard minimum destiné à lutter contre les stratégies de « chalandage fiscal » (« treaty shopping ») par lesquelles une personne qui n'est pas résidente d'un État tente d'obtenir les avantages d'une convention fiscale conclue par cet État (no 74570) ; selon un communiqué de l'OCDE du 21 mars 2022, à l'occasion de la publication du dernier rapport d'évaluation sur le sujet (examen par les pairs des conventions fiscales conclues par les membres du Cadre inclusif de l'OCDE et du G20 au 31 mai 2021), la mise en œuvre des mesures préconisées sur ce point continue de progresser ;

– **Action 7** : empêcher les mesures visant à éviter artificiellement le statut d'**établissement stable** ; l'OCDE a proposé, et ces propositions ont rapidement été adoptées et incorporées dans l'instrument multilatéral (nos 1650 s.), de modifier la définition de l'établissement stable pour mettre en échec les stratégies faisant appel à des commissionnaires plutôt qu'à des distributeurs (restructurations d'activités, no 76770) ou celles qui consistent à fragmenter artificiellement les activités ; sur les modifications apportées en ce sens par l'instrument multilatéral, voir nos 17708 et 17725 sur la notion d'agent et no 17540 sur les activités préparatoires ou auxiliaires ;

– **Actions 8 à 10** : **aligner les prix de transfert calculés sur la création de valeur** ; les recommandations visaient à une meilleure mise en correspondance des bénéfices opérationnels et des activités économiques dont ils sont issus et à ne prendre en compte l'allocation contractuelle des risques que si elle correspond aux pratiques réelles de prise de décision et de contrôle effectif de ces risques (no 75810) ; de nouveaux principes directeurs sur les actifs incorporels difficiles à évaluer (HTVI) et sur la méthode transactionnelle de répartition des bénéfices ont été publiés le 21 juin 2018 et le 11 février 2020 en ce qui concerne les transactions financières ;

– **Action 11** : mesurer et suivre les données relatives au Beps ; des **actions de suivi** ont été prévues par l'examen des mesures prises par les pays pour adopter les recommandations de l'OCDE ; un tableau de bord a été créé pour suivre différents indicateurs des pratiques de Beps ; **72410** (suite)

– **Action 12** : règles de **communication obligatoire** d'informations relatives aux **schémas fiscaux agressifs** ; l'OCDE n'a pas proposé de standard minimum mais discuté des options offertes aux États qui souhaiteraient mettre en place des règles de communication obligatoire d'informations pour lutter contre la « planification fiscale agressive » (n° 71812) ;

– **Action 13** : **documentation des prix de transfert** ; l'OCDE a préconisé la révision des règles applicables à la documentation relative aux prix de transfert ainsi que le développement d'un modèle commun de communication d'informations pays par pays. L'idée est d'obliger les groupes internationaux à fournir aux administrations concernées, sous une forme standardisée, des informations sur la répartition mondiale de leurs revenus, leur activité économique et les impôts payés dans les différents pays (n° 75813) ; un recueil des rapports d'examen par les pairs, incluant notamment la France, a été publié par l'OCDE le 3 septembre 2019 et une révision du standard minimum a été annoncée (l'OCDE a publié sur ce point un document de consultation publique en février 2020) ; un nouveau rapport de mise en œuvre a été publié par l'OCDE le 18 octobre 2021 (« Déclaration pays par pays – Recueil 2021 de rapports d'examen par les pairs ») ;

– **Action 14** : accroître l'efficacité des mécanismes de **règlement des différends** ; à cette fin ont été proposées la mise en place d'un standard minimal concernant le règlement des différends liés aux conventions fiscales et l'introduction d'une clause d'arbitrage dans l'instrument multilatéral prévu à l'Action 15 ; l'OCDE considère que les progrès en la matière sont continus et publie régulièrement des rapports sur la mise en œuvre effective des mécanismes proposés à ce titre (au 13 septembre 2022, par exemple, 82 « Stage 1 Peer Review Reports » et 82 « Stage 2 Peer Review Reports » avaient été publiés) ;

– **Action 15** : élaboration d'un **instrument multilatéral** pour modifier les conventions fiscales bilatérales ; cet instrument multilatéral a été effectivement préparé en 2016/2017, et il a été signé à Paris le 7 juin 2017 (nos 1650 s.).

Afin d'associer à ces réflexions le plus grand nombre d'administrations, l'OCDE a créé, le 23 février 2016, un **nouveau « forum »** permettant à l'ensemble des États et territoires intéressés de participer à ses travaux en qualité d'« Associés au projet Beps », agissant sur un pied d'égalité avec les membres de l'OCDE et du G20 pour finaliser l'élaboration des normes et pour l'examen et le suivi de la mise en œuvre de l'ensemble des mesures du projet ; la création de ce forum a été approuvée par les ministres des finances du G20 réunis à Shanghai les 26 et 27 février 2016. Ce forum est, en fait, le **Cadre inclusif**, qui sert aujourd'hui de vecteur des réformes proposées à l'échelle mondiale (ci-dessous, Précisions b).

De son côté, la **Commission européenne** a repris certaines des recommandations de l'OCDE en proposant une directive « anti-évasion fiscale », qui a été adoptée dès le 12 juillet 2016 et ensuite complétée le 29 mai 2017 (n° 88138).

Précisions **a.** La perspective de l'OCDE est clairement politique ; l'OCDE avait fait l'analyse que les recettes tirées de l'imposition des bénéfices des sociétés étaient en baisse dans la majorité des pays membres depuis les années 2008/2009 et qu'il en résultait un **accroissement de la pression sur les particuliers** pour permettre aux États de satisfaire leurs besoins de financement (communiqué de presse du 3 décembre 2015, estimant que « les sociétés parviennent encore à trouver des moyens de payer moins d'impôts et c'est en fin de compte aux particuliers de régler la facture [...] Cette situation montre bien qu'il est urgent d'agir pour faire en sorte que les entreprises supportent leur juste part du fardeau »). Selon un communiqué de l'OCDE du 23 février 2016, les pratiques de type « Beps » génèrent un « manque à gagner pour les recettes publiques qui représenterait, selon des hypothèses prudentes, de **100 à 240 Md$ par an**, soit entre 4 % et 10 % des recettes issues de l'impôt sur les sociétés dans le monde ».

b. L'OCDE a créé, en janvier 2016, un « **Cadre inclusif** » auquel adhèrent de très nombreux États ou territoires (141 au 4 novembre 2021) et qui est destiné à permettre l'implication dans les travaux de lutte contre le « Beps » des États et territoires non membres du G20, et notamment des pays en développement (voir également n° 1562). Ce Cadre inclusif vise à garantir la bonne application de quatre « standards minimums », concernant les pratiques fiscales dommageables, l'utilisation abusive des conventions fiscales, les déclarations pays par pays et les mécanismes de règlement des différends ; un processus d'examen par les pairs est mis en place (communiqué du 30 juin 2016, à l'occasion de la première réunion du « nouveau cadre inclusif établi pour lutter contre l'érosion de la base d'imposition et le transfert de bénéfices », présenté comme « marquant une nouvelle ère dans la coopération fiscale internationale »).

c. **L'OCDE**, le **FMI, l'ONU** et la **Banque mondiale** ont annoncé, le 19 avril 2016, la création d'une plateforme de collaboration dont l'objectif principal est d'élaborer des guides d'adaptation des principes anti-Beps à destination, notamment, des pays en développement ; un rapport a été publié par l'OCDE pour le G20 sur ce sujet en juillet 2016 (« Enhancing the Effectiveness of External Support in Building Tax Capacity in Developing Countries »). Cette « **Plateforme de collaboration** sur les questions fiscales » a publié, en juin 2017, une « boîte à outils » à l'intention des administrations fiscales des pays en développement (document intitulé « Boîte à outils pour faire face aux difficultés liées au manque de comparables dans les analyses de prix de transfert »). Elle a tenu sa première « conférence globale » en février 2018 aux Nations unies, à New York.

A. L'acte anormal de gestion

1. Notion

72520 En France, comme dans beaucoup de pays, la loi prévoit que, pour la détermination des bénéfices imposables, les frais et charges ne sont admis en déduction que dans la mesure où ils sont exposés dans l'intérêt de l'exploitation ou dans le cadre d'une **gestion commerciale normale**. Ainsi, même si l'exploitant est libre de sa gestion, dans laquelle l'administration ne doit pas s'immiscer, il est possible à l'administration de remettre en cause des dépenses qui ne se rattacheraient pas à une gestion normale ou n'auraient pas été exposées dans l'intérêt de l'entreprise (actes commis dans l'intérêt d'un tiers par rapport à l'entreprise).

D'une façon générale, constitue un acte anormal de gestion l'acte par lequel une entreprise **décide** de **s'appauvrir à des fins étrangères à son intérêt** (CE 21 décembre 2018 n° 402006, Plén., Sté Croë Suisse : RJF 3/19 n° 246) ; cette décision, rendue à propos de la cession par une société suisse de la totalité des actions d'une société à prépondérance immobilière en France (n° 67680), précise la jurisprudence antérieure en indiquant qu'un élément intentionnel (« décide de s'appauvrir ») s'ajoute à l'élément matériel constitué par l'appauvrissement à des fins étrangères à l'intérêt de l'entreprise. Elle précise également que, s'agissant de la **cession d'un élément d'actif immobilisé**, l'administration dispose d'une présomption simple d'anormalité. En effet, lorsque l'administration, qui n'a pas à se prononcer sur l'opportunité des choix de gestion opérés par une entreprise, soutient que la cession d'un élément d'actif immobilisé a été réalisée à un prix **significativement inférieur à la valeur vénale** qu'elle a retenue et que le contribuable n'apporte aucun élément de nature à remettre en cause cette évaluation, elle doit être regardée comme apportant la preuve du caractère anormal de l'acte de cession si le contribuable ne justifie pas que l'appauvrissement qui en est résulté a été décidé dans l'intérêt de l'entreprise, soit que celle-ci se soit trouvée dans la nécessité de procéder à la cession à un tel prix, soit qu'elle en ait tiré une contrepartie.

Il a, en outre, été précisé que, dans ce cas (cession d'un élément d'actif immobilisé), l'administration n'a pas à établir l'intention de la société cédante d'accorder une **libéralité** à la société cessionnaire et qu'une cession de parts à prix minoré, lorsqu'elle ne relève pas d'une gestion normale ou constitue un transfert indirect de bénéfices au sens de l'article 57 du CGI, si elle peut conduire à un rehaussement du bénéfice de la société cédante, constitue une libéralité qui ne peut **pas** être imposée selon le régime des **plus-values à long terme** sur titres de participation (CE 6 février 2019 n° 410248, 8e et 3e ch., SARL Alternance : RJF 5/19 n° 466 ; voir également n° 76340, Précisions d). Sur ce dernier point, voir également CE QPC 26 décembre 2018 n° 424570, 8e et 3e ch., Sté PJC-DS : RJF 3/19 n° 290, refusant la transmission d'une question prioritaire de constitutionnalité soulevée par une société française considérée comme ayant cédé à prix minoré des titres à des sociétés luxembourgeoises.

En ce qui concerne la cession d'un **élément de l'actif circulant**, en revanche, l'administration doit non seulement établir l'existence d'un écart significatif entre la valeur vénale du bien cédé et son prix de vente mais aussi le fait que la société s'est délibérément appauvrie à des fins étrangères à son intérêt, autrement dit son intention de consentir une libéralité au cessionnaire (CE 4 juin 2019 n° 418357, 8e et 3e ch., Société d'investissements maritimes et fonciers : RJF 8-9/19 n° 753).

La sanction des actes anormaux de gestion trouve naturellement sa limite dans le fait qu'un contribuable n'est jamais obligé de retirer de la gestion de son entreprise le maximum de profit et qu'il n'appartient pas à l'administration de se prononcer sur **l'opportunité des choix** arrêtés par une entreprise pour sa gestion (pour une illustration très pédagogique, CE 23 janvier 2015 n° 369214, 9e et 10e s.-s., SAS Rottapharm : RJF 4/15 n° 300, jugeant notamment que la circonstance qu'une société dépense, pour une campagne de lancement et de promotion d'un produit, **davantage que la moyenne de son secteur professionnel** ne suffit pas à caractériser une anomalie ; voir également n° 76755 k) ; dans cette affaire, le Conseil d'État souligne qu'il appartient en principe à l'administration d'apporter la preuve des faits sur lesquels elle se fonde pour estimer qu'une dépense engagée par une entreprise, établie par cette dernière dans sa nature et son montant, ne relève pas d'une gestion commerciale normale (comme le dit la rapporteure publique, « les choix stratégiques d'investissement ou de développement commercial sont en effet réputés être effectués dans l'intérêt de l'exploitation, boussole de l'entrepreneur [...] » ; conclusions Marie-Astrid Nicolazo de Barmon au BDCF 4/15 n° 42). **72520** (suite)

Dans la même veine, l'administration n'a pas été regardée comme apportant la preuve que la rémunération versée par une société française à sa société mère luxembourgeoise au titre de la **commercialisation de ses produits à l'international** était excessive en se bornant à soutenir, d'une part, que le chiffre d'affaires réalisé par la société française lorsqu'elle assurait elle-même la commercialisation de ses produits sur les marchés étrangers était supérieur au chiffre d'affaires qu'elle avait réalisé après l'externalisation de l'activité de prospection commerciale et, d'autre part, que les ratios rapportant le montant de la rémunération versée au chiffre d'affaires réalisé à l'export étaient significativement élevés (CE 22 février 2017 n° 387786, 9e et 10e ch., Sté Additek : RJF 5/17 n° 417 ; voir également n° 72525). Dans cette affaire, l'administration, qui n'avait pas invoqué l'article 57 du CGI, avait remis en cause non pas la réalité des services mais seulement le montant de la rémunération versée et avait rejeté la part des sommes versées qui dépassait 5 % du chiffre d'affaires export de la société.

L'administration dispose, en revanche, d'une présomption plus large lorsqu'elle invoque l'article 57 du CGI et qu'elle démontre l'existence d'un avantage anormal accordé à une société étrangère apparentée car c'est alors à la société française de combattre la présomption par la démonstration de l'existence d'une contrepartie au moins équivalente.

Précisions **a.** Par exception au principe qui veut qu'une entreprise soit réputée agir dans son propre intérêt, un **abandon de créances** ou une **avance sans intérêt** constitue en principe un acte anormal de gestion, en l'absence de justification probante de leur intérêt pour la société qui les consent (par exemple, CE 23 janvier 2015 n° 365525, 9e et 10e s.-s., Sté Ferrari et Cie : RJF 4/15 n° 299 jugeant que des avances sans intérêt consenties par une société française à sa filiale française constituent un acte anormal de gestion dès lors qu'au vu du montant respectif des avances et du chiffre d'affaires réalisé avec les clients communs, elles sont manifestement disproportionnées par rapport à l'avantage commercial que la société mère a pu en retirer) ; mais, comme le relève la rapporteure publique dans ses conclusions sous la décision Rottapharm, précitée, cette exception ne s'étend pas à toute **renonciation à une recette** ou à une **refacturation sans marge** (selon la rapporteure publique, « si l'on veut que la liberté de gestion de l'entreprise demeure le principe et l'acte anormal de gestion un correctif face à des situations abusives, la présomption d'anormalité liée à la nature de l'acte doit rester dérogatoire » ; conclusions Marie-Astrid Nicolazo de Barmon au BDCF 4/15 n° 42). S'agissant d'actes de gestion courants, comme la **facturation de frais administratifs**, il incombe à l'administration d'apporter la preuve de leur anomalie car une telle pratique ne saurait être regardée comme l'un des cas de renonciation à recettes relevant en principe d'une gestion commerciale anormale (CE 20 mai 2015 n° 369373, 9e et 10e s.-s., Sté Universal Aviation France (UAF) : RJF 8-9/15 n° 681, à propos, notamment, de refacturation par une société française de frais à des clients).

b. Un « **effet domino** » peut éventuellement être mis en évidence ; si, par exemple, une société **finance par l'emprunt** des dépenses qui caractérisent un acte anormal de gestion, les intérêts de l'emprunt sont également une charge anormale pour la société même si l'emprunt n'est pas par lui-même, en raison de ses caractéristiques propres, un acte anormal de gestion.

c. Le Conseil d'État ne permet pas à l'administration rectifier l'assiette imposable au motif que l'entreprise aurait pris un **risque manifestement excessif** (n° 26055).

d. Le fait qu'une opération caractérise éventuellement un **abus de droit** n'empêche pas l'administration d'appliquer en outre la théorie de l'acte anormal de gestion (CAA Versailles 9 juillet 2019 n° 17VE00372, 1e ch., SA BNP Paribas et SAS Parilease, confirmant TA Montreuil 1er décembre 2016 nos 1508188 et 1508201, Sté BNP Paribas et SAS Parilease : RJF 4/17 n° 362) ; dans cette affaire, qui fait l'objet d'un pourvoi enregistré sous le n° 434441, l'administration pouvait valablement soutenir à la fois qu'une opération prétendument immobilière était, en réalité, une opération financière (n° 72545 j) et qu'un acte anormal de gestion avait été commis au motif que les intérêts stipulés aux contrats étaient insuffisants. Sur le plan des principes, selon la Cour, aucune disposition du Code général des impôts n'interdit à l'administration, après qu'elle a constaté, sur le fondement de l'abus de droit, que des opérations litigieuses produisent des intérêts imposables en France, de considérer que ces intérêts sont anormalement bas et qu'ils doivent être regardés comme une libéralité et un acte anormal de gestion.

e. La Cour de cassation considère que la **donation indirecte** sous la forme d'une minoration du prix de vente consentie par une personne morale à son dirigeant est taxable aux droits de mutation à titre gratuit au taux applicable entre non-parents (Cass. com. 7 mai 2019 n° 17-15.621 F-D : RJF 4/20 n° 403). Dans une telle situation, la combinaison de la jurisprudence administrative et de la jurisprudence judiciaire n'est pas claire, sauf à considérer, le cas échéant, que l'administration aurait le choix entre invoquer un acte anormal de gestion constitutif d'un avantage occulte pour le bénéficiaire ou exiger les droits de mutation à titre gratuit.

72525 D'une manière générale, un acte anormal de gestion serait identifié en présence de dépenses effectuées par une entreprise :
- qui auraient bénéficié en fait à des **dirigeants** sans pouvoir être considérées comme la contrepartie de services rendus ;
- qui auraient consisté en l'achat de **biens non affectés** à l'exploitation ;
- qui auraient pris la forme de **libéralités** ou de dépenses d'agrément sans rapport avec l'objet de l'entreprise.

Par suite, de telles dépenses ne seraient pas déductibles.

L'administration doit naturellement faire application de ces principes aussi bien en ce qui concerne les opérations internes que les **opérations internationales** d'une entreprise résidente de France (ou d'un établissement stable en France d'une entreprise non résidente).

Cela étant, tant pour les opérations internationales que pour les opérations internes, le principe reste que l'administration ne saurait **s'immiscer dans la gestion** de l'entreprise ; ainsi que l'a rappelé la rapporteure publique Émilie Bokdam-Tognetti dans ses conclusions sous la décision Additek du 22 février 2017 (n° 72520 ; conclusions à la RJF 5/17, C 417), « la règle en la matière demeure la non-immixtion de l'administration fiscale et du juge de l'impôt dans la gestion de l'entreprise », ajoutant que la normalité d'une charge « s'apprécie, non a posteriori, mais **au moment où la dépense est engagée**, au regard de la contrepartie qui en est attendue par l'entreprise. La déductibilité fiscale d'une charge ne saurait être subordonnée au **succès de l'opération** ». On ne saurait mieux dire que le critère de l'efficacité est étranger au contrôle de la « gestion normale » d'une entreprise, lequel veut seulement que l'acte ait été commis dans l'intérêt de l'entreprise et non dans celui d'un tiers. Dans cette affaire, la rapporteure publique soulignait également, en ce qui concerne la charge de la preuve, que lorsque l'administration « ne remet pas en cause l'existence et la réalité de la prestation en contrepartie de laquelle une rémunération est versée à un prestataire, mais seulement le caractère excessif de cette rémunération au regard de cette contrepartie, il lui incombe d'**établir le caractère exagéré** des sommes ainsi payées ». Voir également n° 72520, Précisions a.

Précisions La théorie de l'acte anormal de gestion est **compatible** avec les **conventions fiscales** (CE 18 mars 1994 n° 68799-70814, 9e et 8e s.-s., SA Sovemarco-Europe : RJF 5/94 n° 532, à propos de la convention fiscale franco-suisse) ; par principe, rien, dans une convention fiscale, n'empêche l'administration d'invoquer un acte anormal de gestion dans les conditions habituelles.

2. Exemples

Actes anormaux confirmés par la jurisprudence

72540 Parmi les cas d'application de la notion d'acte anormal de gestion aux affaires internationales, on peut relever, outre certaines décisions citées nos 24140 s., à propos des commissions, et certaines autres à propos des prix de transfert (nos 75750 s.), les exemples suivants :

a. Une personne morale ayant son siège au Liechtenstein avait mis la maison qu'elle possédait en France **à la disposition d'un tiers**, à titre de résidence secondaire, **sans exiger de loyer** mais simplement la prise en charge par cette personne des frais d'entretien courant. Il a été jugé que la personne morale avait loué la maison à une condition avantageuse pour le locataire sans qu'elle puisse établir que l'avantage ainsi consenti l'avait été dans son intérêt propre. Dès lors, l'administration a pu regarder cet acte comme un acte anormal de gestion et soumettre la personne morale à l'impôt sur les sociétés sur les loyers qu'elle aurait dû recevoir (CE 24 février 1986 nos 54253 et 54256, 7e et 8e s.-s. : RJF 4/86 n° 353). Sur la problématique relative à l'imposition en droit interne des personnes morales étrangères au titre de revenus immobiliers de source française, voir nos 67260 s.

b. Une société française commet un acte anormal de gestion lorsqu'elle **achète un produit** à une société belge pour une somme de 58 dollars le kilo alors que la valeur courante à l'époque est de 26 dollars et que cette différence ne s'explique pas par l'existence d'une garantie de brevet (CE 25 mars 1983 n° 16649, 7e et 9e s.-s. : RJF 6/83 n° 763, jugeant notamment que c'est à bon droit que l'administration a regardé comme un acte de gestion anormal le supplément de prix payé à la société belge et en a refusé la déduction des bases d'imposition de la société requérante).

c. Le fait pour une société de racheter un contrat de prêt dont les stipulations prévoyaient qu'il était consenti sans intérêt n'est pas par lui-même constitutif d'un acte anormal de gestion ; en revanche, le fait pour cette société de renoncer à faire usage de la clause du contrat permettant de **renégocier pour l'avenir les conditions initiales de ce prêt** ne relève pas d'une gestion normale dès lors que cette renonciation ne comporte aucune contrepartie (CE 4 juin 2012 n° 350003, 8e et 3e s.-s., min. c/ Sté Old Town : RJF 8-9/12 n° 801).

d. La cession par une société française à une **société des îles Vierges britanniques** d'une créance sur une autre société française pour un prix symbolique a été considérée comme un acte anormal de gestion en l'absence de contrepartie (CAA Versailles 5 juillet 2016 n° 14VE00265, 1e ch., Sté Aedis Groupe ; cet arrêt a fait l'objet d'un pourvoi non admis par CE (na) 8 février 2017 n° 403214, 10e ch., Sté Aedis Groupe).

e. La renonciation à une **compensation entre des dettes réciproques** certaines, liquides et exigibles entre une société française et une société américaine constitue un acte anormal de gestion dès lors que le droit américain sur les faillites n'y fait pas obstacle et que la société française n'établit pas son intérêt à renoncer à sa créance (CAA Versailles 4 décembre 2014 n° 11VE03459, 7e ch., min. c/ Sté Altran Technologies : RJF 5/15 n° 302 ; le pourvoi de la société a été rejeté par CE 22 février 2017 n° 387661, 9e et 10e ch., Sté Altran Technologies : RJF 5/17 n° 418, jugeant tout de même que le fait pour un créancier de ne pas procéder à la compensation légale prévue par les articles 1289 et suivants du Code civil ne constitue pas, en soi, un acte ne relevant pas d'une gestion commerciale normale ni même la présomption d'un tel acte).

f. Commet un acte anormal de gestion une société française de négoce de bouchons de liège importés du Portugal, qui s'approvisionne auprès d'une société espagnole apparentée et permet à cette dernière de réaliser une marge brute de 15 % à la revente alors que son rôle et la réalité de ses prestations ne sont pas établis (CE 13 février 2020 n° 418365, 9e ch., Sté Socali) ; l'administration avait notamment fait valoir que la société espagnole était domiciliée dans un cabinet de conseil, qu'elle n'avait pas de salarié et que la marchandise était directement livrée du Portugal en France.

Exemples d'absence d'acte anormal de gestion

Les exemples suivants illustrent les situations où les prétentions de l'administration n'ont pas été admises par le juge de l'impôt : **72543**

a. N'a pas été considéré comme un acte anormal de gestion le fait pour une société française de prendre en charge des **dépenses de publicité** exposées pour assurer le lancement de nouveaux produits français commercialisés sur le marché allemand par une filiale dont elle contrôlait la quasi-totalité du capital ; le Conseil d'État a estimé que ces dépenses n'avaient représenté qu'une fraction minime des sommes consacrées par la société allemande à la diffusion des produits provenant de son fournisseur français, qu'elles étaient nécessaires à la société française pour les besoins de son négoce et que, eu égard à l'ensemble de circonstances, l'administration n'avait pas établi que l'avantage accordé à la société allemande ne l'avait pas été dans son intérêt propre (CE 18 novembre 1983 n° 32817, 8e et 9e s.-s. : RJF 1/84 n° 17).

b. L'administration n'apporte pas la preuve d'un acte anormal de gestion commis par une société française au titre d'une **minoration des prix de vente** de ses schistes à une société allemande à laquelle elle est liée, en choisissant une méthode globale ne permettant pas d'effectuer une pondération en fonction de la nature des produits vendus aux clients français et aux clients allemands et en n'établissant pas de comparaison sur des produits de même nature, alors même que la situation des **marchés à l'exportation** peut justifier que les prix pratiqués avec un client allemand soient inférieurs à ceux pratiqués avec les clients français (CE 21 février 1990 n° 84483, 7e et 8e s.-s., SARL Solodet : RJF 4/90 n° 376) ; cette décision montre qu'une entreprise ne s'écarte pas nécessairement d'une gestion normale en pratiquant des **prix de vente différents** en France et à l'étranger, dans la mesure où les circonstances le justifient (en l'espèce, les prix sur le marché allemand étaient inférieurs à ceux pratiqués sur le marché français).

c. N'a pas été considéré comme un acte anormal de gestion le fait pour une société française de **céder** pour un euro symbolique une **créance sur une filiale italienne** dans le cadre de la cession de cette filiale en grave difficulté économique, étant donné qu'il s'agissait d'un élément indispensable à l'aboutissement des négociations en vue de la reprise de la filiale et que la perte résultant de cette cession n'a pas été, pour la société cédante qui avait intérêt à se séparer de sa filiale, plus élevée que les coûts qui auraient été nécessairement induits par la liquidation de cette filiale (CAA Versailles 9 juillet 2013 n° 12VE00534, 3e ch., Sté EMR Holdings : RJF 12/13 n° 1118 ; arrêt définitif).

d. Une société française n'a pas commis d'acte anormal de gestion en abandonnant, en 2007, une créance sur une filiale établie aux Bermudes dès lors qu'elle a pu établir qu'elle avait bénéficié d'une contrepartie dans la défense de son propre **renom** et, notamment, de l'absence de dégradation de sa **notation** sur les marchés financiers compte tenu du retentissement qu'aurait eu un défaut sur les engagements de sa filiale en dépit de la taille relativement modeste de cette dernière (TA Montreuil 27 juin 2019 n° 1703820, 1e ch., Scor SE, jugement définitif sur ce point) ; la société avait commis, en revanche, un acte anormal de gestion en versant en 2008 une subvention à une filiale suisse pour lui permettre, pour des raisons d'**image**, d'indemniser des plaignants, la société mère française n'ayant pas établi que sa réputation aurait été sérieusement remise en cause par la poursuite des procédures dirigées contre sa filiale suisse et ni qu'elle aurait poursuivi son intérêt propre en prenant en charge l'indemnisation des plaignants, qui incombait à la filiale (CAA Versailles 5 octobre 2021 n° 19VE03051, 1e ch., Scor SE, rejetant sur ce point l'appel formé par la société contre le jugement précité ; pourvoi enregistré sous le n° 459047) ; pour la Cour, il s'agissait bien d'un avantage occulte passible de la retenue à la source, étant donné que la somme avait été enregistrée sous le libellé « contrib class action Switz » dans un compte de charges en nature, alors qu'elle aurait dû être enregistrée dans un compte de charges exceptionnelles, ce libellé et cet enregistrement comptable ne permettant pas d'identifier une subvention accordée à la filiale suisse et ne révélant pas la libéralité en cause.

e. Sont déductibles les **dommages et intérêts punitifs** (« punitive damages ») versés par une société française à une société américaine en application d'une condamnation par une juridiction américaine, car ces sommes doivent être regardées comme un complément d'indemnité accordé à une victime au regard des circonstances particulières dans lesquelles le dommage a été commis et non pas comme une **sanction pécuniaire** ou une pénalité dont la déduction serait interdite par l'article 39, 2 du CGI (CAA Versailles 5 octobre 2021 n° 20VE00034, 1e ch., min. c/ SAS Alder Paris Holdings : RJF 2/22 n° 122 ; pourvoi enregistré sous le n° 458968) ; la Cour relève que ces dommages et intérêts punitifs (ou exemplaires) sont prononcés dans le cadre de **litiges civils ou commerciaux** pour la satisfaction d'intérêts privés et qu'ils ne sont pas perçus au profit d'une autorité publique, mais versés à la victime qui exerce les poursuites dans son seul intérêt.

72545 D'une manière générale, la théorie de l'acte anormal de gestion peut être également utilisée dans le cas d'**abandon de créances** entre sociétés (nos 26060 s.), de **frais financiers** supportés par une société à raison d'avances consenties sans intérêt à une société étrangère, de fourniture de **prestations de services** sans exiger de contrepartie, d'avantages commerciaux anormaux, etc. Elle peut aussi être invoquée **parallèlement à l'article 57** du CGI (n° 76340), **ou à sa place**, même si elle offre un peu moins de facilités à l'administration (n° 76870). Voir en ce sens les décisions citées nos 76610 s.

Cette théorie a, en particulier, été évoquée à l'occasion des **contrôles des opérations de LBO** réalisées par des groupes étrangers. Dans ce cas, il est courant que l'acquéreur constitue une holding française de reprise et que celle-ci se voie facturer des frais correspondant à des études préalables portant notamment sur l'opportunité et la rentabilité de l'investissement projeté ; outre la problématique de l'abus de droit (n° 72645, f), ces situations sont parfois critiquées sous l'angle de l'acte anormal de gestion. Il a toutefois été jugé que la seule circonstance que la réalisation de ces prestations ait pu comporter un intérêt éventuel pour les associés de la holding française ne suffit pas à établir qu'elles auraient été étrangères à l'intérêt propre de cette dernière ; en l'espèce, alors même que certaines études auraient déjà été réalisées à la date de la conclusion du contrat de prestations de services, l'administration n'avait pas apporté la preuve que les prestations réalisées n'auraient présenté aucun intérêt pour la holding de reprise (TA Montreuil 3 février 2011 n° 0906114, 1e ch., Sté Bonhom SAS : RJF 10/11 n° 1031 ; jugement définitif).

Il faudra sans doute que le Conseil d'État précise le cadre juridique applicable dans ces circonstances, étant donné que la déduction de ce type de charges peut également se poser dans l'autre sens, **lorsqu'une société française constitue une filiale hors de France** et prétend déduire en France les honoraires d'assistance ou de conseil versés à cette occasion. Il a, en effet, été jugé que la circonstance qu'un accord de coentreprise (« joint-venture ») aboutisse à la création d'une filiale étrangère commune n'est pas de nature, par elle-même, à faire obstacle à ce que l'entreprise française partie à cet accord déduise de ses résultats imposables en France les dépenses qu'elle a exposées pour la réalisation de cette opération, dès lors qu'elle justifie de son intérêt propre à les engager (CAA Paris 26 avril 2012 n° 10PA02555, 5e ch., min. c/ Sté Aventis Agriculture : RJF 10/12 n° 899 ; arrêt définitif). Cette décision a été rendue à propos d'une société française qui avait pris en charge des frais d'environ 12 MF au titre de l'exercice 1997 à l'occasion de la constitution d'une filiale britannique détenue à parité avec une société américaine dans le cadre d'un accord destiné à permettre aux deux partenaires de devenir conjointement le leader mondial dans le domaine de la santé animale et de la génétique avicole (il n'était pas sérieusement contesté que la conclusion de cet accord permettait à la société française la mise en commun de compétences complémentaires, l'accès à un marché mondial, la disposition d'un pôle de recherche de premier plan et l'investissement dans de nouveaux marchés et de nouvelles technologies dans la perspective d'un accroissement de son chiffre d'affaires). Les frais déduits concernaient essentiellement des **honoraires d'avocats et de conseils** dont la mission consistait à évaluer la faisabilité du projet, son périmètre, ses termes et ses modalités, notamment au regard des différentes législations concernées et du droit de la concurrence, ainsi qu'à déterminer le cadre légal aboutissant à un accord de coopération à long terme entre les deux partenaires et à la création de la société commune (négociation et rédaction du contrat-cadre de coentreprise, démarches effectuées auprès des autorités de la concurrence américaine et européenne, négociation et rédaction des accords accessoires de recherche, de licence et d'approvisionnement, coordination entre les différents conseils juridiques et fiscaux, etc.) ; toutefois, certains paiements, d'un montant total de l'ordre de 4 MF, n'ont pas été admis en déduction et ont été considérés comme des avantages occultes passibles de la retenue à la source faute pour la société de justifier que les prestations, dont certaines avaient été effectuées postérieurement à la création de la filiale commune, avaient été réalisées dans l'intérêt de la société française.

Précisions **a.** Dans la pratique du contrôle fiscal, l'administration estime, en présence d'un **schéma de LBO**, que la société de tête, à savoir celle qui est à l'origine de l'acquisition, devrait déduire les frais liés aux études stratégiques réalisées en amont du processus d'acquisition ainsi que ceux qui sont afférents à l'élaboration des pactes d'actionnaires (« **sponsor fees** ») ; la société holding de reprise, en revanche, déduirait les dépenses d'acquisition stricto sensu, telles que la structuration de l'acquisition et la rédaction des actes d'acquisition (cas, par exemple, d'un fonds étranger qui procède à une acquisition en France par l'intermédiaire d'une holding française de reprise). Voir toutefois, dans l'ordre interne, CAA Marseille 17 janvier 2014 n° 11MA02067, 3e ch., SA Homair Vacances (RJF 6/14 n° 545), arrêt définitif admettant qu'une **holding créée pour acquérir les titres** d'une société puisse déduire la rémunération des prestations de conseil et d'assistance juridiques, comptables, fiscaux et financiers en vue de cette acquisition, alors même que ces frais ont été pour l'essentiel engagés avant sa constitution et dans le seul intérêt des actionnaires.

b. Il a été jugé qu'une société française avait pu prendre en charge des **honoraires relatifs à la prise de contrôle d'une société canadienne** par l'intermédiaire de sous-filiales également canadiennes dès lors que cette prise de contrôle lui avait permis d'accroître considérablement son chiffre d'affaires et au regard notamment du « caractère transparent » et de « l'absence de substance réelle des personnes morales en cause » (CAA Lyon 5 octobre 2006 n° 02LY02106, 5e ch., min. c/ Sté Sanofi Pasteur ; arrêt définitif).

Cas où la législation étrangère interdit le versement d'une rémunération

Il a été jugé qu'une société française ne commet pas d'acte anormal de gestion en ne **72548**
réclamant pas d'intérêts au titre de « **versements supplémentaires** » effectués au profit de sa filiale portugaise, dès lors que ces versements doivent être regardés comme des

éléments du capital propre de la société bénéficiaire et que la législation portugaise interdit dans ce cas tout versement d'intérêt (CE 7 septembre 2009 n° 303560, 8e et 3e s.-s., SNC Immobilière GSE : RJF 12/09 n° 1068 ; conclusions Laurent Olléon au BDCF 12/09 n° 136) ; à notre avis, la portée de cette décision est cependant limitée aux cas d'interdiction légale pure et simple de versement d'une rémunération et ne s'étend pas aux cas où les sommes ne seraient simplement non déductibles fiscalement (n° 5940). Dans une configuration voisine, mais à propos du versement de redevances, voir n° 76690 f.

L'argument, d'ailleurs, n'est pas toujours victorieux au contentieux ; ainsi, n'a pas été assimilé à du quasi-capital en droit luxembourgeois un prêt subordonné consenti à une société luxembourgeoise dès lors qu'il apparaissait que l'actionnaire, qui avait décidé de recapitaliser sa filiale, avait préféré lui consentir un prêt subordonné afin de ne pas être soumis au droit de 1 % applicable au Luxembourg sur les apports et que les contrats n'excluaient pas le versement d'intérêt, mentionnaient les modalités de leur paiement éventuel et ne se référaient à aucune réglementation de l'État de la société emprunteuse qui aurait prohibé le versement d'intérêt sur cette catégorie de prêt (CE 4 juin 2012 n° 350003, 8e et 3e s.-s., min. c/ Sté Old Town : RJF 8-9/12 n° 801).

Remboursement de pénalités étrangères

72560 Il a été jugé qu'une société française avait commis un acte anormal de gestion en remboursant des pénalités infligées par l'administration fiscale australienne à sa filiale australienne pour non-acquittement initial de la retenue à la source au titre des redevances qui lui avaient été versées (CAA Versailles 4 mai 2012 n° 10VE04141, 3e ch., Sté SAP France : RJF 12/12 n° 1153 ; arrêt définitif) ; la Cour relève que la société française n'avait pas d'intérêt commercial ou financier au versement de ces sommes dont le paiement ne lui incombait pas directement, que la filiale australienne n'était pas gravement déficitaire et qu'à défaut de précisions cette dépense ne pouvait, dans le contexte, être regardée que comme ayant la nature d'un acte de gestion anormale.

B. L'abus de droit

1. Notion

72620 En principe, l'administration doit respecter les situations de droit telles qu'elles se présentent ; les conventions sont en effet réputées sincères et normalement équilibrées lorsqu'elles prévoient des obligations réciproques.

Cela dit, en vertu de ses **pouvoirs généraux de contrôle**, l'administration a le droit de rétablir l'exacte appréciation des contreparties. En vertu des mêmes pouvoirs, elle peut également restituer leur véritable caractère à des opérations qui, sous couvert de contrats ou d'actes juridiques quelconques, ont pour conséquence de faire échec à la loi fiscale.

Le concept d'abus de droit est également présent dans le **droit de l'Union européenne**, ainsi que la Cour de justice l'a rappelé à propos du refus par les autorités danoises d'exonérer de retenue à la source des dividendes versés à des sociétés considérées comme artificiellement interposées (CJUE 26 février 2019 aff. jointes 116/16 et 117/16, Gr. ch., T Danmark et Y Denmark Aps : RJF 6/19 n° 611 ; voir n° 88210). La Cour relève l'existence d'un **principe général du droit** selon lequel les justiciables ne sauraient frauduleusement ou abusivement se prévaloir des normes du droit de l'Union européenne, quel que soit le domaine concerné (libre circulation des marchandises, libre prestation de services, liberté d'établissement, etc.) ; par suite, un État membre doit refuser le bénéfice des dispositions du droit de l'Union européenne lorsque celles-ci sont invoquées non pas en vue de réaliser les objectifs de ces dispositions, mais **dans le but de bénéficier d'un avantage** du droit de l'Union alors que les conditions pour bénéficier de cet avantage ne sont que formellement remplies (points 70 s. de l'arrêt précité). La Cour ajoute même que le principe d'interdiction des pratiques abusives s'applique, en matière fiscale, lorsque la recherche d'un avantage fiscal constitue le **but essentiel** des opérations en cause (point 79).

Les mêmes principes ont été affirmés par un autre arrêt du même jour à propos du **versement d'intérêts** par des sociétés danoises à des sociétés établies dans d'autres États membres considérées comme n'étant pas les bénéficiaires effectifs des intérêts et ne pouvant donc pas bénéficier de l'exonération prévue par la directive 2003/49 du 3 juin 2003 (CJUE 26 février 2019 aff. jointes 115/16, 118/16, 119/16 et 299/16, Gr. ch., respectivement N Luxembourg 1, X Denmark, C Danmark I et Z Denmark, points 96 s. et 124 s. : RJF 6/19 n° 613 ; voir n° 88650).

Précisions **a.** L'abus de droit n'est pas un concept propre seulement à la France ; on le retrouve dans beaucoup d'**autres pays** : « fraus legis » (Pays-Bas), « Misbrauch » (Allemagne), « primauté du fond sur la forme » (États-Unis), etc.

b. Pour d'autres exemples d'affirmation du principe selon lequel les justiciables ne sauraient frauduleusement ou **abusivement se prévaloir des normes du droit de l'Union européenne**, voir notamment CJCE 5 juillet 2007 aff. 321/05, 1e ch., Hans Markus Kofoed : RJF 10/07 n° 1185 (voir n° 88485) et l'arrêt Argenta Spaarbank NV du 26 octobre 2017 (point 60 ; n° 88225, Précisions).

c. Selon la jurisprudence de la Cour de justice, la **preuve d'une pratique abusive** nécessite, d'une part, un ensemble de circonstances objectives d'où il résulte que, malgré un respect formel des conditions prévues par la réglementation de l'Union européenne, l'objectif poursuivi par cette réglementation n'a pas été atteint et, d'autre part, un élément subjectif consistant en la volonté d'obtenir un avantage résultant de la réglementation de l'Union européenne en créant artificiellement les conditions requises pour son obtention (CJUE 26 février 2019 aff. jointes 116/16 et 117/16, Gr. ch., T Danmark et Y Denmark Aps, points nos 97 s. : RJF 6/19 n° 611)

Article L 64 du LPF

Selon la procédure de répression des abus de droit, codifiée à l'article L 64 du LPF, l'admi- **72623**
nistration est en droit, afin d'en restituer le véritable caractère, d'écarter, comme ne lui étant pas opposables, les actes constitutifs d'un abus de droit :
– soit que ces actes aient un caractère **fictif** ;
– soit que, recherchant le bénéfice d'une application littérale des textes ou de décisions à l'encontre des objectifs poursuivis par leurs auteurs, ils n'aient pu être inspirés par **aucun autre motif** que celui d'éluder ou d'atténuer les **charges fiscales** que l'intéressé, si ces actes n'avaient pas été passés ou réalisés, aurait normalement supportées eu égard à sa situation ou à ses activités réelles.

En cas de désaccord sur les rectifications notifiées sur le fondement du mécanisme de répression des abus de droit, le litige peut être soumis, à la demande du contribuable ou de l'administration, à l'avis du **comité de l'abus de droit fiscal**. Pour ce qui concerne les rectifications notifiées depuis le 1er janvier 2019, l'administration supporte toujours la charge de la preuve en cas de réclamation, quel que soit l'avis rendu par le comité (sauf en l'absence de comptabilité ou si la comptabilité comporte de graves irrégularités). Les avis rendus font l'objet de rapports publics périodiques accompagnés de l'indication de la position que l'administration a prise à la suite de l'avis donné (n° 72650).

L'abus de droit est sanctionné par une **majoration de 80 %** des droits éludés, à laquelle s'ajoute l'intérêt de retard ; la pénalité est ramenée à **40 %** lorsqu'il n'est pas établi que le contribuable a eu l'initiative principale du ou des actes constitutifs de l'abus de droit ou qu'il en a été le principal bénéficiaire. En cas d'abus de droit ou de dissimulation d'une partie du prix stipulé dans un contrat, **toutes les parties** à l'acte ou à la convention sont tenues **solidairement**, avec le redevable de la cotisation d'impôt ou de la restitution d'une créance indue, au paiement de l'intérêt de retard et de la majoration.

La seule circonstance qu'une opération ait seulement pour effet de **différer l'imposition** ne saurait faire regarder cette opération comme n'ayant pas de ce fait pour seul motif d'éluder ou d'atténuer les charges fiscales, dès lors qu'une opération dont l'intérêt fiscal est de différer une imposition a nécessairement pour effet de **minorer l'assiette** de l'année au titre de laquelle l'impôt est normalement dû à raison de la situation et des activités réelles du contribuable (en ce sens, sous l'empire du texte actuel, trois décisions du même jour dans l'ordre interne, notamment CE 8 octobre 2010 n° 301934, 8e et 3e s.-s., Bazire : RJF 12/10 n° 1204 ; précédemment, dans l'ordre international, CE 27 juillet 2009 n° 295358, 3e et 8e s.-s., Caisse interfédérale de Crédit Mutuel : RJF 12/09 n° 1140 aux conclusions Emmanuel Glaser au BDCF 12/09 n° 143, qui n'avait toutefois pas réellement tranché la question).

En tout état de cause, la procédure de répression des abus de droit ne doit pas être confondue avec celles qui permettent à l'administration de rectifier des opérations ayant un objet **principalement fiscal**, sous certaines conditions (CGI art. 205 A et LPF art. L 64 A ; voir nos 72655 et 72658).

72623 (suite) Précisions **a.** La formulation actuelle de la loi est directement issue de la jurisprudence du Conseil d'État relative à la **fraude à la loi** ; le Conseil d'État avait, en effet, jugé que si, dans son ancienne rédaction, l'article L 64 du LPF n'était applicable qu'aux actes qui ont une incidence sur l'assiette de l'impôt mais non sur sa liquidation, l'administration disposait, de toute façon, du mécanisme général de répression de la fraude à la loi (CE 27 septembre 2006 n° 260050, Sect., Sté Janfin : RJF 12/06 n° 1583) ; la définition de la fraude à la loi donnée par le Conseil d'État avait ensuite été reprise pour définir les contours de l'abus de droit, d'où il résultait que l'administration devait, lorsqu'elle invoquait un abus de droit pour écarter comme ne lui étant pas opposables certains actes passés par un contribuable, établir que « ces actes ont un caractère fictif, ou, que, recherchant le bénéfice d'une application littérale des textes à l'encontre des objectifs poursuivis par leurs auteurs, ils n'ont pu être inspirés par aucun autre motif que celui d'éluder ou d'atténuer les charges fiscales que l'intéressé, s'il n'avait pas passé ces actes, aurait normalement supportées, eu égard à sa situation ou à ses activités réelles » (formulation issue de deux décisions de février 2007, reprenant la jurisprudence Janfin, notamment CE 28 février 2007 n° 284565, 9e et 10e s.-s., min. c/ Persicot : RJF 5/07 n° 599). La loi s'écarte légèrement de ces décisions en utilisant une forme passive (les **actes « passés ou réalisés »**), ce qui implique que le contribuable n'a pas nécessairement été partie à l'acte, et en visant non seulement les « textes » mais aussi les « **décisions** », ce qui, pour l'administration mais cette interprétation a été censurée par le Conseil d'État (n° 72625), vise notamment les instructions qui outrepassent le commentaire et ajoutent à la norme.

b. Le concept de **fraude à la loi** n'a plus guère de portée pratique, dans la mesure où le champ d'application de l'abus de droit est très général ; il n'y a plus d'énumération des situations visées, ni de restriction à certains impôts ou aux seuls cas touchant l'assiette de l'impôt. Il a par ailleurs été précisé que la procédure de répression des abus de droit n'est applicable que dans le cadre d'une procédure de rectification engagée par l'administration fiscale et que le principe de la fraude à la loi ne peut être opposé par l'administration que dans le cas où le litige n'entre pas dans le champ d'application de l'article L 64 du LPF (CE QPC 4 février 2022 n° 455278, 3e et 8e ch., Sté Hays France : RJF 5/22 n° 485).

c. La loi continue d'utiliser le critère du **but exclusivement fiscal** pour caractériser l'abus de droit, mais la Cour de justice retient aujourd'hui le critère du but essentiellement fiscal (n° 72620) et les autres textes anti-abus de droit français retiennent celui du but principalement fiscal (nos 72655 et 72658).

d. Pour illustrer la différence, et sans qu'il y ait évidemment rien de précis, il nous semble qu'un but « **exclusivement fiscal** » serait un but « fiscal » à 95 %, alors qu'un but « **essentiellement fiscal** » serait plutôt un but fiscal à 60 %. Le Conseil d'État fait parfois la balance entre l'avantage économique et l'avantage fiscal résultant d'une opération (CE 17 juillet 2013 n° 352989, 9e et 10e s.-s., min. c/ SARL Garnier Choiseul Holding : RJF 11/13 n° 1064, relevant que si la société avait réalisé un **gain de trésorerie** ce gain était minime et négligeable, sans commune mesure avec l'avantage fiscal retiré des opérations en cause). Dans une espèce jugée le 23 juin 2014, le Conseil d'État a cependant paru revenir à la notion de but exclusivement fiscal (CE 23 juin 2014 n° 360708, 9e et 10e s.-s., Groupement Charbonnier Montdiderien : RJF 10/14 n° 925), relevant que si la société faisait état d'un **gain financier**, celui-ci ne pouvait résulter que d'un partage de l'avantage fiscal.

e. Pour un exemple de problématique d'**abus de droit implicite** concernant des conventions de partenariat en matière d'assurance dans un circuit faisant intervenir l'Irlande et le Luxembourg, voir TA Toulouse 6 octobre 2009 nos 04-4189 et 05-2246, 1e ch., Bobin : RJF 8-9/10 n° 825 concluant à l'abus de droit implicite ; en appel, il a cependant été jugé que l'administration n'avait pas regardé ces conventions comme fictives et ne s'était pas implicitement mais nécessairement placée sur le terrain de l'abus de droit en relevant que le fondement juridique des versements n'était pas certain et que l'existence de contreparties n'était pas démontrée (plusieurs arrêts de la CAA de Bordeaux du 7 juin 2011, notamment n° 09BX02966, 3e ch., Bobin : RJF 5/12 n° 501 ; cet arrêt a fait l'objet d'un pourvoi qui n'a pas été admis par CE (na) 29 octobre 2012 n° 351399, 9e s.-s., Bobin).

f. Le bénéfice du **sursis d'imposition** lors d'un apport-cession (ancienne législation) peut constituer un abus de droit étant donné que l'opération d'apport de titres à une société soumise à l'impôt sur les sociétés, dont l'intérêt fiscal est de différer l'imposition de la plus-value, a nécessairement pour effet de minorer l'assiette de l'année au titre de laquelle l'impôt est normalement dû à raison de la situation et des activités réelles du contribuable (CE 27 juillet 2012 n° 327295, 10e et 9e s.-s., Berjot : RJF 11/12 n° 1042).

g. La question de savoir si un abus de droit peut, le cas échéant, être commis par « **abstention de faire** » n'est pas clairement tranchée ; dans ses conclusions sous CE 19 mai 2021 n° 429476, 9e et 10e ch., Sté Comsa : RJF 8-9/21 n° 836, à propos d'une société qui, pour obtenir un avantage fiscal, n'avait pas modifié une date de clôture d'exercice, la rapporteure publique Céline Guibé avait notamment estimé qu'un contribuable qui avait optimisé les conséquences fiscales d'une opération fondée sur un motif économique légitime ne saurait être tenu, dans l'hypothèse où ce motif économique disparaîtrait a posteriori pour une raison indépendante de sa volonté, de remettre en cause tout ou partie des actes juridiques qu'il a déjà passés, à seule fin d'éviter de profiter d'un effet d'aubaine fiscale et que l'abus de droit suppose une dissimulation que l'on ne saurait trouver dans une simple abstention d'agir. Au cas particulier, l'abus de droit a été confirmé, mais la solution semble d'espèce.

Portée

La remise en cause de la sincérité des actes juridiques ne revêt qu'un caractère exceptionnel. **72625**

Hors fictivité, il faut traditionnellement que soient combinés **deux critères**, celui de la recherche du bénéfice d'une application littérale des textes (ou de décisions) à l'encontre des objectifs poursuivis par leurs auteurs (**critère « objectif »**) et celui du but exclusivement fiscal (**critère « subjectif »**). Au fond, il ne s'agit que de l'application d'un principe plus général, permettant à l'administration de critiquer le fait pour un administré de violer l'esprit de la loi en se plaçant dans une situation juridique donnée à seule fin de revendiquer les avantages qui y sont attachés sans accepter la ou les contreparties que le législateur avait en vue lorsqu'il a prévu les avantages correspondants.

Compte tenu de la jurisprudence traditionnelle du Conseil d'État, pour qu'il y ait abus de droit, il n'est pas seulement nécessaire que l'opération poursuive un but exclusivement fiscal ; il faut encore que ce mobile exclusivement fiscal soit contraire aux intentions du législateur ou qu'il se soit traduit par un **montage dépourvu de substance juridique ou économique** (un schéma qui produit des effets juridiques et économiques autonomes qui ne sont pas équivalents à ceux que procurerait une autre voie ne caractérise pas un abus de droit, de même qu'un schéma exclusivement fiscal qui n'est pas contraire à l'intention du législateur).

Le critère subjectif de la recherche du but exclusivement fiscal doit s'apprécier en fonction des **buts intentionnellement poursuivis** et non pas de tous les effets du montage, dont certains peuvent éventuellement être non fiscaux (marginalement). D'une certaine façon, les intentions sont appréciées par le juge de l'impôt à partir des effets réels des opérations en cause.

Le but fiscal doit être contraire à l'intention du législateur ; par exemple, les opérations qui, dans le passé, tournaient autour des coupons de dividendes pour éviter la perte de l'avoir fiscal et dont le but affiché était exclusivement fiscal, ne caractérisaient pas un abus de droit dans la mesure où il ne ressortait pas des travaux parlementaires que le législateur ait entendu subordonner l'avoir fiscal à une durée minimum de détention des titres (CE 7 septembre 2009 n° 305586, 8e et 3e s.-s., min. c/ SA Axa : RJF 12/09 n° 1138 ; CE 7 septembre 2009 n° 305596, 8e et 3e s.-s., Sté Henri Goldfarb : RJF 12/09 n° 1139 ; conclusions au BDCF 12/09 n° 142). Il y a, en principe, lieu de procéder à une interprétation stricte des **travaux parlementaires** pour apprécier les objectifs du législateur (conclusions sous CE 12 mars 2010 n° 306368, 3e et 8e s.-s., Sté Charcuterie du Pacifique : RJF 6/10 n° 620, BDCF 6/10 n° 68).

La jurisprudence du Conseil d'État a cependant évolué sur ce point et il ressort de décisions plus récentes qu'un abus de droit est caractérisé en présence d'un **montage artificiel** sans qu'il y ait lieu de s'interroger sur la recherche du bénéfice d'une application littérale des dispositions en cause à l'encontre des objectifs poursuivis par leurs auteurs (notamment, CE 8 février 2019 n° 407641, 9e et 10e ch. : RJF 5/19 n° 465) ; en pratique, l'administration, en présence d'un montage artificiel, est désormais dispensée de démontrer que le contribuable n'a pas respecté les intentions du législateur. Cette décision confirme les précédents mentionnés n° 72626, qui avaient déjà contracté les critères du « but essentiellement fiscal » et de la « contrariété aux objectifs poursuivis par les auteurs des textes » au motif que la situation analysée procédait d'un montage artificiel dépourvu de toute substance économique (pour un autre exemple de décision montrant qu'un montage artificiel destiné à obtenir un avantage méconnaît nécessairement la volonté du législateur, voir, dans l'ordre interne, CE 11 février 2020 nos 421441 et 421444, 10e et 9e ch. : RJF 4/20 n° 372).

En tout état de cause, pour qu'un acte ou une série d'actes caractérise un abus de droit, il faut que le contribuable **en retire un avantage** fiscal ; aucun abus de droit ne peut en principe être sanctionné si l'imposition du contribuable n'est pas, en réalité, atténuée par l'acte incriminé (CE 5 mars 2007 n° 284457, Selarl Pharmacie des Chalonges : RJF 5/07 n° 600).

En ce qui concerne, enfin, la nature des textes ou des décisions susceptibles d'entrer dans le champ de la procédure de répression des abus de droit, il résulte de la jurisprudence du Conseil d'État que le terme « décisions » ne peut être interprété comme faisant référence aux **instructions** ou **circulaires** émanant de l'administration fiscale et qu'un contribuable ne peut donc pas se voir reprocher d'avoir « abusé de la doctrine administrative ». En effet, l'administration n'est pas autorisée à rehausser l'imposition d'un contribuable en soutenant que ce dernier, tout en se conformant aux termes mêmes d'une instruction ou circulaire, aurait outrepassé la portée que l'administration entendait en réalité conférer à la dérogation aux dispositions de la loi fiscale que l'instruction ou la circulaire autorisait (CE 28 octobre 2020 n° 428048, Ass. : RJF 1/21 n° 59). Ce principe n'a cependant guère d'importance en pratique, car le Conseil d'État juge dans le même temps que l'administration peut mettre en œuvre la procédure de répression des abus de droit si elle démontre, par des éléments objectifs, que la situation à raison de laquelle le contribuable entre dans les prévisions de la loi, dans l'interprétation qu'en donne le ministre par voie d'instruction ou de circulaire, procède d'un **montage artificiel**, dénué de toute substance et élaboré sans autre finalité que d'éluder ou d'atténuer l'impôt ; que le contribuable cherche à contourner la loi ou la doctrine administrative, le caractère artificiel d'un montage est donc apprécié de la même façon si la doctrine invoquée est l'un des éléments du montage (en l'espèce, le montage artificiel était caractérisé, car le contribuable avait cédé temporairement des actions pour réduire le montant de sa participation dans le capital d'une société à moins de 1 % afin de bénéficier d'un abattement fiscal et de percevoir un gain de cession en franchise d'impôt, avant de retrouver la disposition des titres à l'expiration du délai nécessaire à l'obtention de l'avantage fiscal en les rachetant pour leur valeur d'acquisition).

Précisions La loi **n'interdit pas** au contribuable de choisir le **cadre juridique** qui lui paraît le **meilleur** du point de vue fiscal, ce qui n'est au fond de sa part que la manifestation d'une certaine habileté parfaitement admissible. Mais ce qui est **interdit**, c'est la **dissimulation juridique**, la création juridique purement artificielle qui camoufle une situation au titre de laquelle des impositions sont légalement dues et qui continue d'exister derrière les apparences juridiques créées.

Application aux conventions fiscales

72626 On aurait pu penser que la recherche des **intentions** des auteurs des textes serait difficile lorsque sont en cause des conventions fiscales, dans la mesure où elles sont négociées sans intention affichée et ne sont pas souvent éclairées par des travaux préparatoires.

Depuis une décision de plénière fiscale du 25 octobre 2017 concernant un cas d'application abusive de la convention franco-luxembourgeoise du 1er avril 1958 modifiée, on sait cependant que cette recherche n'a finalement pas lieu d'être (CE 25 octobre 2017 n° 396954, Plén. : RJF 1/18 n° 70 ; voir n° 72640 h). Cette décision a apporté, en effet, deux précisions importantes sur la combinaison de l'abus de droit et des conventions fiscales.

Le Conseil d'État y affirme, en premier lieu, que l'article L 64 du LPF est applicable lorsque la norme dont le contribuable recherche le bénéfice procède d'une convention fiscale ayant pour objet la répartition du pouvoir d'imposer en vue d'éliminer les doubles impositions, **même si cette convention ne prévoit pas** explicitement l'hypothèse de la fraude à la loi. Bien qu'une interprétation a contrario soit toujours délicate, cette formulation pourrait toutefois laisser entendre que le mécanisme de répression des abus de droit ne serait pas applicable, en tant que tel, si la convention fiscale contenait une stipulation explicite, comme, par exemple, celle de l'instrument multilatéral (n° 74575) ; en ce sens, le rapporteur public avait estimé, dans ses conclusions sur cette affaire, qu'un « outil conventionnel spécialement dédié » avait « probablement vocation à évincer les instruments nationaux ayant un objet analogue » (conclusions Édouard Crépey, à la RJF 1/18, C 70). En ce qui concerne les conventions fiscales qui sont modifiées par l'instrument multilatéral (n° 1650) et qui, par conséquent, contiennent une clause anti-abus spécifique, un motif « principalement » fiscal pourra donc suffire alors qu'un motif « exclusivement » fiscal est exigé pour que l'abus de droit s'applique ; le comité de l'abus de droit fiscal ne pourrait pas, dans ce cas, être saisi mais la pénalité de 80 % pour abus de droit ne serait pas applicable (l'administration pourrait néanmoins appliquer la pénalité de 80 % pour manœuvres frauduleuses, ce qui aurait un effet équivalent).

En second lieu, la décision précitée du Conseil d'État pose en principe que les États parties à une convention fiscale ne sauraient être regardés comme ayant entendu, pour répartir le pouvoir d'imposer, appliquer les stipulations conventionnelles à des situations procédant de **montages artificiels** dépourvus de toute **substance économique**. Cette formulation, jusque-là inédite, paraît contracter les deux critères pourtant normalement distincts que sont le but exclusivement fiscal et la contrariété aux objectifs poursuivis par les auteurs des textes ; elle repose en effet sur l'idée sous-jacente qu'un montage « révèle aussi par lui-même la méconnaissance de l'intention des auteurs du texte », lesquels « ont nécessairement voulu appréhender une substance et non pas un artifice » (conclusions Édouard Crépey, précitées).

Cette référence, nouvelle en jurisprudence, à la notion de « montage artificiel dépourvu de toute substance économique » fait écho à la décision Ingram Micro du 19 juillet 2017, reprise ensuite par la décision Manpower France Holding du 3 décembre 2018 (n° 72645 g) ; elle suggère que, pour le Conseil d'État, une opération artificielle et dépourvue de substance méconnaît nécessairement l'intention des auteurs des textes, contrairement à ce qu'avaient montré les décisions Axa et Goldfarb (n° 72625). Il n'est donc pas certain, par exemple, que ces décisions soient toujours valables aujourd'hui ni qu'elles seraient transposables aux **crédits d'impôts d'origine étrangère** et qu'un crédit d'impôt serait toujours accordé en présence d'opérations internationales « autour du coupon » (cas où, par exemple, un non-résident cède des titres à un résident avant détachement du coupon dans le seul but de retrouver indirectement le bénéfice du crédit d'impôt).

La manière dont le mécanisme de répression des abus de droit se combine avec les conventions fiscales a également été illustrée par une intéressante affaire qui montre que le bien-fondé de l'invocation d'un abus de droit peut, dans un cadre conventionnel déterminé, **dépendre de l'interprétation** qu'il y a lieu de faire **d'une autre convention fiscale** (CE 21 juillet 2017 n° 392908, 9e et 10e ch., Sté Thermo Electron Holdings : RJF 11/17 n° 1080 ; voir n° 72645 i). Dans ses conclusions sur cette affaire, le rapporteur public avait justement souligné qu'il est « acquis qu'il peut y avoir abus de droit par recherche, dans un but exclusivement fiscal, d'une **application littérale des stipulations d'une convention fiscale** bilatérale, à l'encontre des objectifs poursuivis par leurs auteurs, et qu'il est pertinent, pour le mettre en évidence, de rechercher l'effet que produirait la convention sous laquelle aurait dû être placée l'opération litigieuse, abstraction faite des apparences créées par le contrat frauduleux ».

Cette décision montre incidemment qu'en matière internationale, comme dans un cadre purement interne, il est nécessaire, pour qu'un abus de droit soit établi, qu'il y ait bien un avantage fiscal, c'est-à-dire que la situation incriminée soit porteuse d'un avantage qui n'aurait pas autrement été obtenu (n° 72625). Cette constatation avait, par exemple, conduit un tribunal administratif à dénier à l'administration le pouvoir de remettre en cause, sur le terrain de l'abus de droit, une exonération de **retenue à la source** en cas de versement de dividendes à une société luxembourgeoise sans substance en lieu et place de ses actionnaires domiciliés en France (TA Montreuil 18 juillet 2016 n° 1505424, 7e ch., Sté SMA Environnement : RJF 8-9/17 n° 841) ; si ce jugement a ensuite été annulé, ce n'est pas au motif que l'abus de droit était caractérisé mais simplement parce que l'administration s'était aperçue en appel qu'en l'absence de satisfaction de la condition d'assujettissement à l'impôt l'exonération de retenue à la source n'était pas applicable (CAA Versailles 30 août 2018 n° 16VE03054, 3e ch., min. c/ SAS SMA Environnement, ayant fait l'objet d'un pourvoi non admis par CE (na) 17 juillet 2019 n° 425132, 8e ch., Sté SMA Environnement ; voir n° 61032). Ainsi, une opération n'est pas constitutive d'un abus de droit sur le terrain de la fraude à la loi, alors même qu'elle ne répond à aucun motif économique, financier ou stratégique avéré, si elle n'a pas pour conséquence d'atténuer ou d'éluder la charge fiscale supportée par le contribuable.

Précisions **a.** Antérieurement à la décision de plénière fiscale du 25 octobre 2017 précitée, le Conseil d'État, saisi par le Gouvernement de la question du calcul du **plafond d'imputation** des crédits d'impôt relatifs aux revenus de capitaux mobiliers d'origine étrangère, avait déjà été d'avis que dès lors qu'une convention fiscale contient des stipulations qui reprennent l'article 1er du modèle de convention fiscale de l'OCDE (application de la convention aux seuls « résidents »), le bénéfice des avantages prévus par la convention peut être refusé, sauf si des stipulations de la convention ou des éléments relatifs au contexte ou au but dans lequel elle a été établie y font obstacle, dans les cas où il en est **fait usage de manière abusive** ; tel pourrait être le cas lorsqu'une **personne interposée** n'a pour rôle que de faire profiter un tiers des avantages prévus par cette convention, auxquels il n'aurait pas directement droit (Avis CE 31 mars 2009, section des finances, n° 382545 : Droit fiscal 2010 n° 22, comm. n° 339).

b. À propos de l'abus de droit dans le cadre des **conventions fiscales**, voir également les avis rendus par le comité de l'abus de droit fiscal dans plusieurs affaires concernant l'exonération de plus-values immobilières réalisées en France par des sociétés luxembourgeoises avant la révision de 2006 de l'ancienne convention fiscale franco-luxembourgeoise (n° 72650).

Requalification sans abus de droit

L'existence d'un principe de répression des abus de droit n'interdit pas à l'administration de requalifier des opérations sans nécessairement avoir recours à l'abus de droit ; une **erreur de qualification**, par exemple, n'est pas constitutive d'un abus de droit (le contribuable s'est **72628** trompé et l'administration requalifie les opérations sous le contrôle du juge) alors que tel n'est pas le cas d'un **« montage »** destiné seulement à éluder l'impôt. Le recours à l'abus de droit n'est pas nécessaire pour requalifier une situation de fait apparente.

Ainsi, le Conseil d'État n'est pas lié par la qualification donnée par les parties ; il peut requalifier des **clauses contractuelles** sans recourir à l'abus de droit. Par exemple, le juge fiscal n'est pas tenu par la qualification de « condition suspensive » donnée par les parties à une clause du contrat qu'elles ont conclu (CE 30 novembre 1990 nº 80567, 9e et 7e s.-s., Peyrot : RJF 1/91 nº 63, jugeant que, pour apprécier si la clause d'un contrat, en l'espèce une clause de garantie de bénéfices, constitue une condition suspensive ou une condition résolutoire, le juge se réfère à la commune intention des parties). Pour un autre exemple, voir nº 21280, Précisions, à propos de la distinction entre cession et concession de licence d'un brevet.

Rescrit

72630 En vertu de l'article L 64 B du Livre des procédures fiscales (issu d'une loi du 8 juillet 1987), la procédure de répression des abus de droit n'est pas applicable lorsque, préalablement à la conclusion d'un contrat ou d'une convention, le contribuable a **consulté par écrit l'administration centrale** en lui fournissant tous éléments utiles pour apprécier la portée véritable de cette opération et que l'administration n'a pas répondu dans un délai de six mois à compter de la demande (procédure du « rescrit fiscal », proche du « ruling » des pays anglo-saxons ; nº 1085).

Le contribuable doit exposer **sa propre analyse** et demander si elle recueille l'accord de l'administration. La demande doit être **préalable** à la conclusion du contrat ou de la convention ; elle doit être adressée par écrit à l'administration centrale (Direction générale des finances publiques ; BOI-SJ-RES-10-20-20-80). Un modèle de demande d'avis relative à la mise en œuvre de la garantie prévue par l'article L 64 B du LPF (rescrit abus de droit) est publié au BOI-LETTRE-000133.

Application dans le domaine international

72635 La procédure de répression des abus de droit s'applique aussi bien dans l'ordre international que dans l'ordre interne. En ce qui concerne les opérations internationales, l'administration fiscale française peut chercher, par exemple, à utiliser cette procédure :
– lorsque l'**implantation à l'étranger** est **fictive** (cas d'une société qui n'existe que sur le papier) ;
– ou lorsqu'elle a pour **objet exclusif d'atténuer la charge fiscale** normalement encourue ; tel serait le cas, par exemple :
• en présence d'une société holding étrangère interposée et sans substance réelle, s'il s'agit d'un « montage » destiné seulement à atténuer ou à éviter les retenues à la source en France ;
• ou en présence d'une filiale étrangère dépourvue de substance et dont le seul objet serait de transformer des revenus normalement imposables en dividendes exonérés en application, du côté français, du régime des sociétés mères (nos 61400 s.).

En tout état de cause, l'**interposition artificielle d'une société étrangère éventuellement substantielle** n'est pas nécessairement de nature à interdire à l'administration de recourir à l'abus de droit ; dans ses conclusions en appel sur l'affaire jugée ensuite par le Conseil d'État le 25 octobre 2017 (nº 72626), le rapporteur public indiquait en ce sens que « [...] le seul fait d'adjoindre sans justification un dispositif artificiel à une structure qui ne serait pas elle-même dépourvue de substance ne peut conduire le premier dispositif à bénéficier du parapluie de la seconde au regard de l'article L 64 du LPF » (conclusions sous CAA Versailles 17 décembre 2015 nº 13VE01281, Plén. : RJF 3/16 nº 268) ; l'arrêt de la Cour, concluant à l'abus de droit, a été confirmée par la décision précitée du Conseil d'État.

Enfin, comme les opérations contrôlées peuvent être complexes et mettre en cause plusieurs États, un groupe spécial a été constitué en 2004, puis étendu et refondu en 2014, le **Jitsic** (acronyme qui signifie aujourd'hui « Taskforce on Shared Intelligence and Collaboration ») ; ce réseau de représentants des administrations fiscales désireux de lutter contre l'évasion fiscale (trente-sept administrations nationales en étaient membres en 2017, y compris la France) permet aux États de mettre en commun leurs expériences, d'échanger des informations d'intérêt mutuel et de mieux identifier les schémas fiscaux abusifs et ceux qui en assurent la promotion. Le Jitsic s'est, par exemple, réuni en avril 2016 à la suite des révélations dites des « Panama Papers », et il s'est ensuite saisi des « Paradise Papers » (nº 71000, Précisions c).

Précisions **a.** L'abus de droit pourrait aussi être caractérisé en présence d'une holding étrangère dépourvue de substance et gérée dans le cadre d'un **mandat de gestion** ; d'une façon générale, l'existence d'un tel mandat est de nature à écarter toute justification à la constitution de la société holding, car un tel mandat aurait pu être consenti directement de France.

b. Pour un exemple de **société fictive** dans l'ordre international, voir Cass. com. 12 février 2013 nº 11-11.189 (nº 153 F-D), Bailleul c/ Sté Sea TPI : RJDA 6/13 nº 511.

c. L'absence d'imposition dans un autre État est sans incidence sur la caractérisation éventuelle d'un abus de droit en France (CE 3 décembre 2018 nº 406617, 9e et 10e ch., Sté Manpower France Holding : RJF 3/19 nº 283) ; cette décision confirme que, pour conclure à l'abus de droit, la cour administrative d'appel n'avait pas à rechercher si des intérêts versés par une société française dans le cadre d'un financement structuré avaient été imposés aux États-Unis (voir également nº 72645 g).

2. Exemples

Personnes physiques

En matière internationale, on trouve trace de l'abus de droit dans les cas suivants. 72640

a. Une **actrice** avait passé un **contrat avec une société suisse** aux termes duquel elle s'engageait, moyennant une rémunération modeste, à rendre des services hors de France. L'administration, suivie par le Conseil d'État, a estimé que ce contrat avait en réalité pour objet de **dissimuler** une partie des **cachets** versés par le producteur de spectacles (britannique) en exécution d'un contrat passé deux jours avant avec la société suisse pour des représentations de l'actrice en Angleterre et d'éluder ainsi une partie de l'imposition à raison de ces revenus. Pour le Conseil d'État, l'abus de droit était manifeste compte tenu du rapprochement des contrats, de leurs dates, des conditions de leur négociation et du fait que la société suisse était dépourvue de tout moyen lui permettant d'exercer une activité quelconque (cent soixante-quatre sociétés étaient domiciliées à la même adresse, dont quatre-vingt-sept administrées par les mêmes dirigeants, alors que cette société n'avait ni bureau ni téléphone à l'adresse indiquée et n'exerçait pas l'activité d'imprésario). Dès lors, le contrat avait bien pour objet de **dissimuler** une partie des sommes payées par le producteur britannique et c'est à bon droit que la différence entre ces sommes et les salaires déclarés par l'actrice a été réintégrée dans les revenus imposables de cette dernière (CE 19 janvier 1983 nº 33831, 8e et 9e s.-s. : RJF 3/83 nº 432).

b. Le Conseil d'État n'a pas retenu l'abus de droit dans une affaire voisine. Il s'agissait également d'un **acteur** qui avait accordé à une société étrangère l'exclusivité de ses services pendant trois ans et pour trois films, moyennant une certaine rémunération, la société percevant intégralement les sommes dues au titre de la participation de l'acteur dans les films. Or, la convention, moins de deux ans après avoir été passée, avait été résiliée, presque en même temps que le rétablissement en France du contrôle des changes. L'administration a voulu taxer l'acteur sur l'intégralité des cachets versés et non pas sur la rémunération forfaitaire qu'il avait effectivement perçue (soit une différence d'environ trois millions et demi de francs). Mais le Conseil d'État a estimé que ce contrat n'avait pas eu pour unique objet la dissimulation, qu'il avait un **objet propre**, et qu'il était par suite opposable à l'administration comme aux tiers. Il était en effet établi que la société rémunérant l'acteur avait une **véritable activité** et que son principal actionnaire ne pouvait être regardé comme un prête-nom se bornant à reverser à l'acteur les sommes qu'il avait personnellement acquises (CE 21 mars 1983 nº 29742, 7e et 8e s.-s. : RJF 5/83 nº 700).

c. Un contribuable avait tenté de faire échec à la **domiciliation** en France en donnant l'appartement qu'il louait en France en **sous-location**. Mais il continuait à recevoir son courrier à cette adresse et son nom figurait toujours à l'entrée de l'immeuble ; en outre, il n'avait indiqué aucune autre adresse aux banques de Nice où son compte était ouvert et son appartement était équipé d'un téléscripteur. Le Conseil d'État a considéré que le sous-locataire était installé dans les lieux sans titre juridique et que l'administration pouvait être considérée comme ayant apporté la preuve du caractère fictif du contrat de sous-location. Dès lors, celui-ci ne lui était pas opposable (CE 21 décembre 1983 nº 27685, 7e et 8e s.-s. : RJF 2/84 nº 107).

72640 (suite) **d.** Un **écrivain** avait conclu un contrat avec une Anstalt du Liechtenstein ; par ce contrat, l'Anstalt s'engageait à promouvoir l'écrivain en tant qu'auteur et à lui fournir des conseils et idées littéraires. En contrepartie, elle percevait, sur un compte en Suisse, 75 % des **droits d'auteur** sur une série d'ouvrages. L'administration a estimé que l'intégralité des droits d'auteur devait être rattachée aux revenus imposables de l'écrivain. Le Conseil d'État a confirmé la position de l'administration en remarquant que la promotion de l'écrivain avait été effectuée en fait par un éditeur parisien et par diverses agences françaises spécialisées, et que les conseils et idées littéraires censés être fournis par l'Anstalt n'avaient trouvé d'autre forme écrite que celle de deux synopsis de romans qui n'étaient d'ailleurs ni datés, ni signés. Dès lors, le contrat n'avait pas d'autre objet que de dissimuler un transfert de revenus à l'étranger dans des conditions permettant à l'écrivain d'éluder une partie des impositions auxquelles ses revenus auraient dû être soumis. Il n'était donc pas opposable à l'administration qui a pu regarder la totalité des droits d'auteur comme imposables au nom de l'écrivain (CE 6 mai 1985 n° 35572, 7e et 8e s.-s. : RJF 7/85 n° 1096).

e. Une **actrice** avait conclu un contrat avec une société suisse chargée de percevoir ses cachets pendant cinq ans, en contrepartie d'une rémunération annuelle, de la prise en charge de ses frais et du versement d'une pension de retraite. Il a été jugé que le contrat n'avait pas eu pour seul objet de dissimuler, en vue d'éluder l'impôt, une partie des revenus de l'actrice, l'administration n'ayant pas établi que cette société, qui assurait par ailleurs la **gestion de la carrière** d'acteurs de renommée internationale, n'avait pas d'activité réelle et ne contribuait pas à la promotion de l'artiste, alors même que la renommée de celle-ci était déjà largement assurée, dans la mesure où ce contrat comportait pour l'artiste des dispositions sécurisantes lui permettant de bénéficier d'une **garantie de rémunération** et de maintien de son train de vie, au cas où, comme cela se produisit effectivement, elle ne tournerait pas ou peu de films pendant une année (CE 21 avril 1989 n° 88983, 7e et 8e s.-s., Cinécustodia : RJF 6/89 n° 724).

f. Un abus de droit avait été considéré comme établi au cas de l'apport en report d'imposition, par une personne physique domiciliée en France, de titres à une **société holding luxembourgeoise**, suivi de leur cession un mois après à une société britannique dans le cadre d'un montage faisant intervenir différentes structures au Luxembourg et à Malte (CAA Nancy 7 février 2008 n° 06-327, 1e ch., Picoux : RJF 8-9/08 n° 999) ; cet arrêt a cependant été annulé par le Conseil d'État pour erreur de droit, compte tenu de la législation de l'époque, et renvoyé à la Cour au motif que le placement en **report d'imposition** d'une plus-value réalisée par un contribuable lors de l'apport de titres à une société qu'il contrôle et qui a été suivi de leur cession par cette société est constitutif d'un abus de droit s'il s'agit d'un montage ayant pour seule finalité de permettre au contribuable, en interposant une société, de disposer effectivement des liquidités obtenues lors de la cession de ces titres tout en restant détenteur des titres de la société reçus en échange lors de l'apport ; qu'il n'a en revanche pas ce caractère s'il ressort de l'ensemble de l'opération que cette société a, conformément à son objet, effectivement réinvesti le produit de ces cessions dans une activité économique (CE 11 février 2011 n° 314950, 3e et 8e s.-s., Picoux : RJF 5/11 n° 628) ; sur renvoi, les intéressés ont été déchargés car les redressements ne pouvaient être regardés comme étrangers à l'exploitation de deux consultations du cabinet Arthur Andersen dont la saisie sur le fondement de l'article L 16 B du LPF avait été **annulée par le juge judiciaire**, l'annulation de cette saisie interdisant à l'administration d'opposer au contribuable les informations recueillies irrégulièrement (CAA Nancy 21 mars 2013 n° 11NC00322, 2e ch., définitif à la suite de la non-admission du pourvoi du ministre par CE 26 mars 2014 n° 368562, 3e s.-s. ; il ressort de l'arrêt de renvoi que l'administration fiscale s'était manifestement fondée sur les consultations du cabinet de conseil pour appréhender le projet de restructuration envisagé à l'occasion de la vente, tant dans ses différentes étapes que dans ses finalités).

g. La fraude à la loi n'a pas été caractérisée au cas d'un **apport à une société belge**, l'administration ne contestant pas les éléments circonstanciés apportés par les requérants quant à l'intérêt économique et patrimonial qui s'attachait à la création de la société (CAA Nantes 23 mars 2009 n° 06-01192, 1e ch., Soulé : Droit fiscal 2009 n° 20, comm. n° 319 ; arrêt définitif).

h. Pour un exemple d'abus de droit par l'interposition d'une société luxembourgeoise permettant l'utilisation d'une convention fiscale destinée à éviter l'imposition en France d'une **plus-value immobilière** par un résident de Suisse, voir CE 25 octobre 2017 n° 396954, Plén. : RJF 1/18 n° 70. Dans cette affaire, un contribuable domicilié en France s'était substitué une société luxembourgeoise pour l'acquisition d'un bien immobilier situé en France, puis avait transféré son domicile fiscal en Suisse ; la société luxembourgeoise avait finalement cédé l'immeuble en réalisant une plus-value alors exonérée tant au Luxembourg qu'en France en application de la convention fiscale franco-luxembourgeoise du 1er avril 1958, dans sa rédaction de l'époque. Le Conseil d'État a confirmé l'abus de droit en considérant que **l'interposition de la société luxembourgeoise** n'était justifiée par aucun motif économique, organisationnel ou financier et en relevant que cette société n'avait jamais développé aucune autre activité immobilière en dépit du changement, d'ailleurs postérieur à l'acquisition litigieuse, de son objet social ; en jugeant que l'interposition de la société luxembourgeoise dans l'opération immobilière litigieuse était artificielle et qu'elle n'avait eu d'autre but que de faire échapper la plus-value de cession à toute imposition en France, la Cour n'avait entaché son arrêt ni de dénaturation ni d'inexacte qualification juridique des faits (voir également n° 72626). **72640** (suite)

i. Une personne physique domiciliée en France qui apporte des titres d'une société française à une **société holding luxembourgeoise** dont elle est associée unique et qui contracte un prêt auprès de cette dernière ne commet pas d'abus de droit étant donné que le prêt a été remboursé à la date initialement convenue (au-delà de la période vérifiée), intérêts compris, par compensation avec la créance de dividendes que détenait à cette date la personne physique sur la société luxembourgeoise et qui avait été imposée en France ; en outre, dans l'hypothèse où le prêt aurait été octroyé directement par la société française, les avances consenties à l'associée par cette dernière n'auraient pas été imposables sur le fondement de l'article 111, a du CGI, car la preuve contraire était apportée par l'existence d'une convention de prêt (CE 24 juillet 2019 n° 411382, 3e et 8e ch. : RJF 11/19 n° 1065). Dans cette affaire, l'administration avait soutenu à tort que la création de la société luxembourgeoise, combinée avec la conclusion de la convention de crédit entre cette société et la requérante présentait un caractère artificiel et avait eu pour unique but de permettre à cette dernière d'appréhender en franchise d'impôt les bénéfices de la société française apportée (autrement dit, elle n'avait pas démontré que la création de la société luxembourgeoise ait présenté par elle-même un avantage fiscal pour la requérante).

j. Dans une affaire qui avait donné lieu à un avis favorable du comité de l'abus de droit (affaire n° 2006-13, voir n° 72651), il a été jugé qu'avaient commis un abus de droit des contribuables domiciliés en France qui, en 1999, avaient **cédé l'usufruit temporaire** de titres d'une société française à une société de Jersey dont les titres avaient ensuite été placés dans un **trust** également constitué à Jersey ; la cession a été considérée comme fictive (elle a été regardée comme une « cession à soi-même ») au motif que le prix avait été payé par la société cessionnaire grâce à des fonds apportés par le cédant et qui avaient eux-mêmes été empruntés (CAA Douai 7 août 2013 n° 11DA00392, 3e ch. ; cet arrêt a fait l'objet d'un pourvoi non admis par CE (na) 19 juin 2014 n° 372482, 3e s.-s.) ; les **dividendes** distribués par la société française étaient donc imposables au nom des cédants qui devaient être regardés comme ayant conservé la pleine propriété des titres. L'**ISF** était également exigible, car l'administration avait établi l'absence de dépossession irrévocable en relevant que le contribuable pouvait emprunter 80 % des avoirs du trust avec l'accord du trustee et en l'absence d'obligation de remboursement du vivant des demandeurs (Cass. com. 9 juillet 2013 n° 12-14591). Cette affaire a enfin donné lieu à la condamnation à environ 5 M€ de **dommages-intérêts** de la société d'avocats qui avait conseillé le montage, au titre d'un manquement à son devoir de conseil (CA Versailles 10 décembre 2019 n° 18/03753, 1e ch., 1e sect., arrêt définitif relevant un défaut de prudence dans la formulation de l'avis du cabinet d'avocats, qui avait manifestement exclu tout risque de remise en cause).

k. Un contribuable qui avait apporté à une **société luxembourgeoise** les titres d'une société française qui avait procédé à des distributions après l'apport était imposable sur les sommes reçues à ce titre par la société luxembourgeoise sur le fondement de l'article L 64 du LPF dès lors que la société luxembourgeoise était dépourvue de substance (locaux, moyens techniques ou humains), qu'elle avait été créée le jour de l'apport des titres et qu'elle avait procédé, moins d'un an après, à une réduction de son capital permettant au contribuable de récupérer la quasi-totalité de son apport (CAA Versailles 17 décembre 2019 n° 17VE02164 : RJF 5/20 n° 468 ; arrêt définitif).

l. Avait commis un abus de droit un **cadre dirigeant** d'une société française, domicilié en France, qui, dans le cadre d'un mécanisme d'association à une opération d'acquisition suivie d'une cession, avait acheté en octobre 2004 des actions d'une société française pour 75 000 €, puis créé une société **holding belge** avec sa famille avant, en décembre 2005, de céder les actions à la holding pour leur prix d'acquisition, celle-ci les ayant revendues à un tiers en 2008 pour environ 1,2 M€ en bénéficiant du régime belge d'exonération des plus-values (CE 28 janvier 2022 n° 433965, 10e et 9e ch. : RJF 4/22 n° 353). L'abus de droit a été confirmé, car la holding belge était dénuée de substance économique (absence de locaux, de moyens, de personnel, etc.) et sa création ne répondait pas à un motif économique, financier ou patrimonial, son seul objectif étant de permettre au cadre dirigeant de ne pas supporter les impositions auxquelles il aurait été normalement assujetti s'il avait lui-même vendu les titres ; l'administration était donc fondée à l'imposer comme s'il avait lui-même perçu le gain et à imposer ce gain dans la catégorie des traitements et salaires, car il se rattachait aux fonctions exercées par le dirigeant.

m. L'administration ne met pas **implicitement en œuvre** les dispositions de l'article L 64 du LPF lorsque, sur le fondement de l'article 111, a du CGI, elle assujettit à la retenue à la source sur les revenus distribués une personne physique domiciliée en Suisse au titre de sommes avancées par une société française, qu'elle contrôle, à une SCI française qu'elle contrôle également et qui utilise les fonds reçus pour lui rembourser des avances en compte courant (CE 11 février 2022 n° 455794, 8e et 3e ch. : RJF 5/22 n° 480 ; l'affaire a été renvoyée à la cour administrative d'appel de Paris qui avait prononcé à tort la décharge au motif que l'administration avait implicitement mis en œuvre la procédure de répression des abus de droit sans accorder aux contribuables les garanties dont elle est assortie).

Sociétés

72645 En ce qui concerne les sociétés passibles de l'impôt sur les sociétés, la jurisprudence offre également des exemples intéressants, notamment en cas d'interposition de sociétés holdings bénéficiant de régimes fiscaux privilégiés :

a. Une situation d'abus de droit a été caractérisée au cas de sociétés françaises qui avaient participé à la constitution d'une société **holding** au **Luxembourg** régie par l'ancienne loi de 1929 (sociétés placées hors du champ de l'impôt luxembourgeois et qui n'existent plus aujourd'hui), dans le cadre d'un « montage » permettant de bénéficier abusivement du **régime des sociétés mères** (CE 18 février 2004 n° 247729, 8e et 3e s.-s., min. c/ Sté Pléiade : RJF 5/04 n° 510 aux conclusions Pierre Collin au BDCF 5/04 n° 65 ; et, à propos de la même société luxembourgeoise mais concernant une autre société française, CE 18 mai 2005 n° 267087, 8e et 3e s.-s., min. c/ Sté Sagal : RJF 8-9/05 n° 910 aux conclusions Pierre Collin au BDCF 8-9/05 n° 110). La société holding luxembourgeoise était, en l'espèce, totalement **dépourvue de substance** et elle était sous l'entière dépendance d'une société établie aux îles Caïmans ; sa création ne répondait à aucune justification économique et ne caractérisait aucune association réelle entre les associés, qui ne participaient même pas, en fait, à ses organes délibérants. Dans le même sens, voir CE 27 juillet 2009 n° 295358, 3e et 8e s.-s., Caisse interfédérale de Crédit Mutuel : RJF 12/09 n° 1140 et CE 27 juillet 2009 n° 295805, 3e et 8e s.-s., Sté Conforama Holding : RJF n° 1142, également à propos de prises de participation dans une société holding luxembourgeoise (conclusions Emmanuel Glaser au BDCF 12/09 n° 143).

b. Caractérise un abus de droit le fait pour une société française de souscrire une participation de 10,05 % dans le capital d'une société irlandaise, elle-même détentrice seulement d'une participation dans une autre société irlandaise qui s'était contentée d'utiliser les fonds reçus pour accorder un prêt à la société Airbus Industrie (CAA Bordeaux 6 juillet 2006 n° 04-01023, 4e ch., Banque populaire du Centre atlantique ; arrêt définitif après non-admission d'un pourvoi par CE (na) 8 août 2008 n° 297566, 10e s.-s.) ; le bien-fondé du régime des **sociétés mères** a pu ainsi être valablement remis en cause par l'administration.

c. Le Conseil d'État a été amené à faire application de la notion de « fraude à la loi » (aujourd'hui, il s'agirait d'un abus de droit), à propos du remboursement de l'ancien avoir fiscal français, dans le cadre d'un montage qui reposait sur la cession, par une société mère américaine à une banque britannique, d'un **usufruit temporaire sur des actions** à dividende prioritaire sans droit de vote spécialement émises à cet effet par sa filiale française (CE 29 décembre 2006 n° 283314, 3e et 8e s.-s., min. c/ Sté Bank of Scotland : RJF 3/07 n° 322 aux conclusions François Séners au BDCF 3/07 n° 33 ; voir aussi n° 74640 e.). Dans le même sens, à propos d'un schéma quasi identique, CE 24 avril 2012 n° 343709, 8e et 3e s.-s., Sté Abbey National Treasury Services : RJF 7/12 n° 735 (conclusions Laurent Olléon au BDCF 7/12 n° 89).

d. Dans la ligne des affaires Pléiade et Sagal (n° 72645 a.), un abus de droit a été caractérisé au cas d'une société française qui avait, dans le capital d'une société panaméenne, une participation de 22,99 % lui permettant de bénéficier du régime des sociétés mères tout en évitant l'application de l'article 209 B (nos 73100 s.), alors que cette filiale était **dépourvue de toute substance** et qu'elle dépendait pour sa gestion et ses résultats exclusivement des compétences et du savoir-faire financier de sa propre filiale luxembourgeoise (CE 10 décembre 2008 n° 295977, 10e et 9e s.-s., Sté Andros et Cie : RJF 3/09 n° 255) ; dans cette affaire, il n'était cependant pas contesté que la sous-filiale luxembourgeoise avait une activité réelle se traduisant par des prises de participations dans diverses sociétés. **72645** (suite)

e. Par différence avec les affaires précédentes, aucun abus de droit n'a été commis par une société française qui avait augmenté considérablement le capital d'une filiale belge soumise à l'ancien régime des **centres de coordination**, alors même que les produits perçus par cette dernière n'étaient pas effectivement imposés et pouvaient être redistribués en bénéficiant en France du régime des sociétés mères (CE 15 avril 2011 n° 322610, 9e et 10e s.-s., min. c/ Sté Alcatel CIT : RJF 7/11 n° 862 ; conclusions Pierre Collin au BDCF 7/11 n° 91) ; en effet, la filiale belge employait quarante-huit salariés, avait réalisé un chiffre d'affaires supérieur à 600 millions de francs belges, et exerçait effectivement une **fonction de centralisation financière** et de couverture de risques de change pour le compte du groupe. Était notamment sans incidence la circonstance que les activités exercées par la société belge auraient pu l'être dans les mêmes conditions de rentabilité par une société française. Comme le remarquait le rapporteur public, le choix de la localisation, au cas d'espèce, répondait « à un légitime souci d'**optimisation fiscale** sans que soit franchie la ligne rouge de l'abus de droit », la filiale belge n'étant pas dépourvue de substance au sens de la jurisprudence Sagal citée en a. ci-dessus.

f. Une société française créée par une société américaine dans le cadre d'un **LBO** (« leverage buy out », permettant à une société de financer l'acquisition d'une société cible au moyen d'un endettement remboursé par les dividendes versés ensuite par la cible) pour acquérir les titres d'une société cible française ne présente pas un caractère fictif dès lors qu'elle exerce régulièrement une activité de détention de titres de participation et que ses organes sociaux **fonctionnent régulièrement** ; en outre, la création de cette société et son option pour la constitution d'un groupe fiscal avec la société cible ne sont pas constitutives d'un abus de droit, étant donné les avantages économiques et financiers procurés par le schéma d'acquisition (TA Montreuil 16 juin 2011 n° 0905509 et 1007116, 1e ch., Sté Nordstrom European Capital Group : RJF 12/11 n° 1345, jugement définitif ; à rapprocher, dans l'ordre interne, de CE 27 janvier 2011 n° 320313 : RJF 4/11 n° 472 à propos d'une opération d'OBO, « owner's buy out »).

g. L'abus de droit a été considéré comme établi au cas d'une société française qui avait massivement distribué des dividendes à une société luxembourgeoise et émis simultanément au bénéfice de cette dernière des **obligations remboursables en actions** qui avaient ensuite été rétrocédées à la société américaine tête de groupe (CE 13 janvier 2017 n° 391196, 10e et 9e ch., SAS Ingram Micro : RJF 3/17 n° 250, confirmant CAA Versailles 14 avril 2015 nos 12VE01779 et 14VE01972, 3e ch., SAS Ingram Micro : RJF 8-9/15 n° 720) ; pour la Cour, l'abus de droit résultait de ce que ces opérations étaient contradictoires (la situation financière de la société n'aurait pas été réellement modifiée, les ORA faisant partie des « autres fonds propres »), qu'elles n'avaient pas donné lieu à des mouvements financiers, qu'elles s'inséraient dans une réorganisation passant par l'interposition artificielle de sociétés aux îles Caïmans et qu'elles n'avaient pu être motivées par d'éventuels avantages tenant à la participation des salariés et aux notations de crédit. La décision du Conseil d'État laisse penser que la requérante n'avait pas soulevé, devant le juge du fond, la question de la contrariété des opérations incriminées avec les **objectifs poursuivis par le législateur**, mais il semble que l'argument ait, en réalité, été soulevé puisque, fait très inhabituel, le Conseil d'État a ensuite confirmé sa décision précédente en argumentant sommairement sur ce point (CE 19 juillet 2017 n° 408227, 3e et 8e ch., Sté Ingram Micro : RJF 11/17 n° 1120, admettant le recours en rectification d'erreur matérielle présenté par la société) ; cette dernière décision a marqué l'origine d'un décalage par rapport à la jurisprudence traditionnelle du Conseil d'État car elle considère que le critère objectif de la contrariété aux intentions du législateur était nécessairement rempli étant donné les caractéristiques du montage (n° 72625). Il est toutefois à noter que le Conseil d'État a pris soin de préciser, dans sa décision du 13 janvier 2017, que la cour administrative d'appel n'avait pas entendu juger que le choix de financer une distribution de dividendes en recourant à l'emprunt était, en lui-même, constitutif d'un abus de droit. Dans une configuration très voisine, l'abus de droit a été confirmé pour les mêmes raisons de fond par CE 3 décembre 2018 n° 406617, 9e et 10e ch., Sté Manpower France Holding : RJF 3/19 n° 283, au motif notamment, en substance, qu'ayant explicité le **caractère artificiel des opérations litigieuses** (opérations concomitantes de distribution de dividendes et d'émission d'ORA pour un montant presque équivalent dans un contexte franco-américain), la

72645 (suite) Cour avait pu regarder comme satisfaite la condition de la contrariété de l'application littérale de l'article 39 du CGI à l'encontre des objectifs poursuivis par ses auteurs (voir également n° 72635, Précisions c).

h. Le régime des sociétés mères a été écarté au cas d'une société française actionnaire unique d'une **société néerlandaise dépourvue de substance** et dont les seuls revenus étaient constitués par des intérêts d'obligations américaines (CE 11 mai 2015 n° 365564, 9e et 10e s.-s., SA Natixis : RJF 8-9/15 n° 718) ; cette décision a été rendue sur le terrain de la fraude à la loi car la société n'avait pas fait l'objet de rectification : elle avait spontanément renoncé au régime des sociétés mères avant de former une réclamation au motif que le régime fiscal néerlandais avait été modifié et que les intérêts reçus par la société néerlandaise étaient devenus imposables alors qu'ils ne l'étaient pas auparavant.

Le Conseil d'État a confirmé l'arrêt d'appel, en relevant le caractère exclusivement patrimonial de l'activité de la société néerlandaise, son absence de substance et le fait que la banque française ne supportait pas de véritable risque d'actionnaire dès lors que la politique de placement avait été définie une fois pour toutes lors de la création de la filiale et que le dividende était seulement fonction des intérêts reçus. La circonstance que la société néerlandaise ait été **assujettie à l'impôt néerlandais** au taux de 21,5 % au titre de l'exercice en cause n'a pas été considérée comme de nature à écarter l'abus de droit ; pour le Conseil d'État, le changement de la législation fiscale néerlandaise, s'il avait réduit l'intérêt fiscal du montage litigieux, était sans incidence au regard de l'abus de droit, étant donné que les modalités de gestion et de fonctionnement de la société néerlandaise n'avaient pas été modifiées et que cette société n'avait pas davantage de substance.

Cette décision juge cependant simultanément que « le fait qu'une prise de participation dans le capital d'une société présente un faible risque économique, compte tenu du contexte ou des circonstances dans lesquelles cette opération intervient, n'a pas pour effet en lui-même de supprimer le **risque inhérent à la qualité d'actionnaire** ». Selon ce qu'indique le rapporteur public, la solution nuancée qui a été retenue s'explique par le fait que les **objectifs poursuivis par le législateur** à travers le régime des sociétés mères et l'ancien mécanisme de l'avoir fiscal n'étaient pas identiques, une même situation pouvant constituer un abus de droit au regard du premier et ne pas relever de la fraude à la loi au regard du second ; le régime des sociétés mères n'a pas été destiné aux montages faisant appel à des filiales ad hoc dépourvues de substance économique dont l'interposition ne présente aucun intérêt autre que fiscal alors que, pour l'application de l'ancien avoir fiscal, le fait qu'une prise de participation dans le capital d'une société présente un faible risque économique compte tenu du contexte ou des circonstances dans lesquelles cette opération intervient, n'a pas pour effet, en lui-même, de supprimer le risque inhérent à la qualité d'actionnaire, quel qu'il soit (conclusions Émilie Bokdam-Tognetti au BDCF 8-9/15 n° 109). La société a donc, après de nouvelles péripéties jurisprudentielles, été jugée fondée à obtenir le bénéfice d'un **avoir fiscal partiel**, de sorte que, pour rétablir une situation équivalente au regard de la double imposition économique des dividendes, elle soit traitée de la même manière que si elle avait reçu des dividendes de filiales françaises compte tenu de l'impôt sur les sociétés acquitté aux Pays-Bas (CE 28 janvier 2019 n° 401490, 9e et 10e ch., SA Natixis : RJF 4/19 n° 340, annulant CAA Versailles 12 mai 2016 n° 15VE01458, 7e ch., SA Natixis qui, sur renvoi après première cassation, avait jugé que le bénéfice de l'ancien avoir fiscal supposait que la distribution ait résulté d'une décision régulière des organes compétents de la société néerlandaise et que la requérante n'avait pas apporté la preuve nécessaire ; voir sur ce point n° 61410).

i. L'abus de droit a été combiné au mécanisme de **réintégration des intérêts excédentaires** résultant de l'article 212 du CGI, dans sa rédaction antérieure à 2007, au cas d'une société française qui avait emprunté des sommes auprès d'une société sœur néerlandaise alors que celle-ci les avait elle-même empruntées, le même jour, auprès de la société américaine tête de groupe (CE 21 juillet 2017 n° 392908, 9e et 10e ch., Sté Thermo Electron Holdings : RJF 11/17 n° 1080, aux conclusions Marie-Astrid Nicolazo de Barmon à la même RJF, C 1080) ; l'administration avait, sur le fondement de l'article L 64 du LPF, **substitué le véritable prêteur** à celui qui était formellement désigné dans le contrat de prêt, afin de pouvoir refuser la déductibilité des intérêts excédentaires sur le fondement de l'article 212 du CGI qui ne visait à l'époque que les prêts consentis par les actionnaires ; l'arrêt d'appel, qui avait conclu à l'abus de droit (CAA Nantes 25 juin 2015 n° 13NT02119, 1e ch., SAS Thermo Electron Holdings : RJF 11/15 n° 891), a cependant été annulé au motif que la Cour, en recherchant si l'article 212 du CGI aurait été applicable en cas de prêt direct avait mal interprété la convention fiscale franco-américaine (il y a lieu en effet, pour décider si un abus de droit a été commis, de rechercher quelle aurait été la situation si le contribuable n'avait pas passé les actes litigieux ; voir n° 72623) ; sur cette décision, voir également n°s 10590 et 26847. **72645** (suite)

j. Une banque française a été considérée comme ayant commis un abus de droit en ayant **donné à une opération financière l'apparence d'une opération immobilière** (CAA Versailles 9 juillet 2019 n° 17VE00372, 1e ch., SA BNP Paribas et SAS Parilease, confirmant TA Montreuil 1er décembre 2016 nos 1508188 et 1508201, Sté BNP Paribas et SAS Parilease : RJF 4/17 n° 362 ; pourvoi enregistré sous le n° 434441). En l'espèce, la société française avait acquis l'usufruit de terrains et d'immeubles de bureaux situés en Allemagne et avait simultanément donné les immeubles en crédit-bail aux sociétés allemandes cédantes, les loyers étant calculés comme les échéances d'un prêt amortissable ; cette transaction était structurée dans le cadre d'un **montage hybride** pour que les revenus soient considérés en Allemagne comme des intérêts imposables seulement en France alors qu'en France la société les avait présentés comme des revenus immobiliers imposables seulement en Allemagne ; l'administration a été regardée comme apportant la preuve que les opérations en cause, d'apparence immobilière, dissimulaient une activité de financement dépourvue de lien avec un immeuble, et que le montage, qui avait pour but de bénéficier de la double exonération prévue par les stipulations des articles 3 (revenus immobiliers) et 10 (intérêts) de la convention fiscale franco-allemande du 21 juillet 1959 modifiée, était constitutif d'un abus de droit. Dans cette affaire, un acte anormal de gestion a également été considéré comme établi (n° 72520, Précisions d).

k. Les dividendes versés de 2008 à 2011 à une société française par une société américaine ne pouvaient pas ouvrir droit au **régime des sociétés mères**, car ils avaient été reçus dans le cadre d'un montage artificiel, reposant sur l'émission d'actions de préférence, la signature d'un pacte d'actionnaires et d'un contrat de stabilité, qui caractérisait un abus de droit (CE 31 mai 2022 n° 453175, 8e et 3e ch., Sté Dassault Systèmes : RJF 8-9/22 n° 765, rejetant le pourvoi de la société contre CAA Versailles 1er avril 2021 nos 20VE02388 et 20VE02389, 7e ch., Sté Dassault Systèmes SE : RJF 7/21 n° 697 ; décision du même jour dans le même sens n° 453173 pour les années 2012 et 2013) ; il s'agissait de titres ouvrant droit à un dividende fixe, acquis moyennant un engagement de rachat à un prix fixe indépendant des résultats et assorti de différentes garanties, qui ne pouvaient être regardés comme des titres de participation dès lors que leur versement n'était soumis à aucun aléa et qu'ils avaient été reçus dans le cadre d'une opération qui avait, en réalité, la nature d'une prise de pension de titres. Cette décision fait suite à une première cassation qui avait censuré l'erreur du premier arrêt d'appel qui avait jugé à tort que les produits de titres pris en pension n'ouvrent pas droit au régime des sociétés mères, alors qu'ils ne sont pas imposables entre les mains du cessionnaire (CE 9 septembre 2020 n° 431283, 8e et 3e ch., Sté Dassault Systèmes : RJF 12/20 n° 988). Cette affaire avait donné lieu à une décision refusant la transmission d'une question prioritaire de constitutionnalité (CE QPC 8 novembre 2019 n° 431283, 8e et 3e ch., Sté Dassault Systèmes : RJF 2/20 n° 163 ; voir n° 61415, Précisions e).

l. L'administration n'a pas apporté la preuve qu'une société néerlandaise du groupe Ikea pouvait, sur le fondement de l'article L 64 du LPF et pour l'application de la convention fiscale franco-néerlandaise du 16 mars 1973 modifiée, se voir dénier la qualité de **bénéficiaire effectif** de redevances de franchise versées en 2010 et 2011 au taux de 3 % par une société française du groupe alors même qu'elle reversait 70 % des redevances reçues à une fondation du groupe établie au Liechtenstein (CAA Versailles 8 février 2022 n° 19VE03571, 3e ch., min. c/ SAS Meubles Ikea France : RJF 6/22 n° 575 ; arrêt définitif) ; pour la Cour, l'administration n'avait pas établi que le contrat de franchise correspondait à un montage artificiel dans le but exclusif d'éluder la retenue à la source, en recherchant le bénéfice de l'application littérale des stipulations de la convention fiscale franco-néerlandaise, étant donné que la société néerlandaise, créée en 1983, disposait de son propre personnel et de bureaux, qu'elle était propriétaire du concept de franchise Ikea, que son activité consistait à assurer le développement permanent de ce concept et de sa concession sous franchise à des franchisés établis dans plusieurs pays du monde (elle disposait aux Pays-Bas d'un magasin d'essai et d'un centre de formation) et que le forfait de 70 % payé à la fondation devait être regardé comme un prix acquitté correspondant au droit d'exploiter la marque concédée par la fondation (sur cette affaire, voir également n° 74640 h).

m. L'administration a été jugée fondée à remettre en cause, sur le fondement de l'abus de droit, le **régime des sociétés mères** au titre de dividendes reçus par une société française d'une filiale américaine dans le cadre d'un schéma financier de type « repurchase agreement »(repo) ; l'administration a été regardée comme ayant apporté la preuve de l'absence de substance économique de la filiale et l'opération a été assimilée à un **prêt garanti par des actions** (TA Montreuil 19 décembre 2019 n°s 1707095 et 1812350, 1e ch., Sté Lafarge ; appel enregistré sous le n° 20VE00572).

n. L'administration n'était pas fondée à soutenir que des filiales françaises d'un groupe américain avaient commis un abus de droit en empruntant à une succursale financière suisse faiblement imposée pour **augmenter le capital d'une société belge** du groupe qui prêtait, à son tour, à une filiale espagnole et qui était également faiblement imposée en raison du régime fiscal belge des intérêts notionnels (TA Montreuil 19 novembre 2020 n°s 1709196 et 1801203, 1e ch., Sté Howmet : RJF 4/21 n° 402 ; appel enregistré sous le n° 21PA01514) ; dans cette affaire, qui concernait les années 2009 à 2012, l'administration avait estimé que le groupe, sous le prétexte de répondre aux besoins en financement d'une filiale espagnole, avait **localisé artificiellement des charges financières déductibles en France** et des produits financiers quasiment exonérés en Belgique, et que l'interposition des sociétés françaises et belge ne répondait qu'à un but exclusivement fiscal (l'administration, comparant la situation avec celle qui aurait résulté de prêts directement accordés par la société française aux sociétés espagnoles, prétendait, en requalifiant en prêt l'augmentation de capital de la société belge, imposer les intérêts que les sociétés françaises auraient dû percevoir, qu'elle estimait égaux aux intérêts payés à la succursale financière suisse). L'abus de droit a été écarté au motif que la société française avait justifié de **l'existence d'intérêts économiques** à son investissement au capital de société belge (le jugement relève notamment l'intérêt commercial des sociétés françaises à soutenir l'activité économique de la filiale espagnole) et que l'administration ne démontrait pas l'absence de **substance** de la société belge, même si celle-ci n'avait pas beaucoup de personnel dédié à ces activités (quatre personnes, un directeur administratif et financier qui était aussi directeur des ressources humaines, un comptable senior et deux comptables assistants, ce qui représentait 10 % de son effectif total) et même si son activité financière semblait modeste au regard de son activité opérationnelle. Selon ce qu'indique le rapporteur public, « il est indéniable que des **considérations fiscales** ont été retenues également par les acteurs du montage, mais on trouve aussi des motifs économiques aux opérations, ce qui suffit à les faire échapper à la qualification d'abus de droit » (conclusions Cyril Noël à la RJF 4/21 C 402).

o. L'administration était fondée à considérer qu'un abus de droit avait été commis par une société française qui avait acquis **une concession temporaire de droits incorporels** appartenant à un artiste de variétés domicilié en Suisse, qui détenait la totalité de son capital (CAA Paris 24 juin 2021 n° 19PA01941, 5e ch., Sté Navajo, faisant l'objet d'un pourvoi enregistré sous le n° 455787 ; sur autre volet de cette affaire voir n° 61043, Précisions c) ; l'abus résultait, d'une part, de l'amortissement des droits, qui permettait à la société française d'éluder l'impôt sur les sociétés par la neutralisation artificielle des recettes, et, d'autre part, de la transformation de dividendes en remboursement de créance au bénéfice d'une société luxembourgeoise, permettant d'éluder le paiement de la retenue à la source, alors que la cession des droits incorporels et les contrats d'emprunt étaient artificiels (la Cour juge notamment qu'à supposer que les droits incorporels et les prestations de services soient juridiquement dissociables, les droits étaient limités à la réalisation d'une tournée de l'artiste et le prix de cession avait été établi en vue de coïncider avec les recettes escomptées de la tournée devant revenir à l'artiste, qui avait conservé la maîtrise de tous ses droits, directement ou indirectement).

Précisions **a.** Pour un exemple ancien de décision plutôt généreuse, voir CE 4 octobre 1978 n° 4020, 8e et 9e s.-s. : RJF 11/78 n° 458, concluant à l'absence d'abus de droit au cas d'une société française qui avait **versé des redevances de brevet à une société panaméenne** qui les reversait aussitôt à l'associé de la société française débitrice.

b. Pour un exemple d'application (discutable) de l'abus de droit à un schéma permettant d'éviter la **retenue à la source** sur les dividendes, voir CAA Marseille 22 novembre 2018 n° 16MA03842, 3e ch., Sté SMAD (cet arrêt a fait l'objet d'un pourvoi non admis par CE (na) 27 décembre 2019 n° 427265, 8e ch., Sté SMAD ; voir n° 61043).

Avis du comité de l'abus de droit fiscal

72650 En ce qui concerne les avis publiés par l'ancien comité consultatif pour la répression des abus de droit et l'actuel comité de l'abus de droit fiscal, on relèvera les exemples suivants (les avis du comité de l'abus de droit fiscal sont disponibles sur le site impots.gouv.fr dans la rubrique « Documentation fiscale »), en distinguant les personnes physiques et les sociétés.

Personnes physiques Sans prétendre à l'exhaustivité, les avis suivants présentent **72651**
un éclairage intéressant en matière internationale :
– personnes physiques résidentes de France qui avaient cherché à éviter l'application de l'article **123 bis** du CGI (nos 73670 s.) en modifiant la **date de clôture** d'une société holding luxembourgeoise (avis favorable à l'abus de droit ; rapport pour 2005, ancien BOI 13 L-3-06 : BF 6/06 n° 728, affaires nos 2004-51 et 2005-25) ;
– création d'une **société-écran** en Tunisie (avis favorable à l'abus de droit) et schéma de **cession temporaire d'usufruit** à une société de Jersey détenue dans le cadre d'un **trust** (avis favorable ; rapport pour 2006, ancien BOI 13 L-1-07 du 3 avril 2007 : BF 6/07 n° 737, affaires nos 2006-14, 2006-15 et 2006-13) ; cette dernière affaire a donné lieu aux développements jurisprudentiels mentionnés n° 72640 j.
– **cession de titres** par une personne physique dans le cadre d'un schéma d'interposition de sociétés **holdings** suisse, belge et luxembourgeoise (avis défavorable à l'abus de droit, l'administration n'apportant pas d'éléments suffisamment précis ; affaire n° 2008-01, rapport pour 2008, ancien BOI 13 L-7-09 du 24 juin 2009) ;
– schéma reposant sur un contrat de **prestation de services** avec une société située à Belize (avis défavorable à l'abus de droit car l'administration ne démontre pas le caractère fictif de cette société ; affaire n° 2008-07, même rapport que précédemment) ;
– personnes physiques ayant constitué des **holdings personnelles belges** dans le cadre d'opérations de **LBO** (plusieurs avis défavorables à l'abus de droit rendus lors de la séance du 14 mai 2013 ; par exemple, affaire n° 2013-04 : BF 11/13 n° 975) ; le comité note que la holding belge n'était pas fictive, que, disposant d'un patrimoine propre, elle avait effectivement une substance et que ses titres avaient fait l'objet d'un démembrement de propriété. Dès lors, si elle avait bien poursuivi un but fiscal, l'interposition de cette société ne pouvait être motivée par un but exclusivement fiscal ; même décision à propos d'une **holding luxembourgeoise** (affaire 2014-13, séance du 23 septembre 2014 : BF 1/15 n° 88) ;
– création par internet, pour 400 €, par une personne physique domiciliée en France, d'une **société coquille dans le Delaware** dans le seul but d'échapper à l'imposition en France (rapport pour 2013, affaire n° 2013-23 ; avis favorable à l'abus de droit dans un contexte de poursuites judiciaires) ;
– **interposition artificielle d'une société luxembourgeoise** sans substance par des personnes physiques domiciliées en Suisse afin d'échapper à la retenue à la source française sur les distributions de dividendes (avis favorable à l'abus de droit ; rapport pour 2013, affaire n° 2013-25) ;
– avis favorables au cas d'**apports** par des personnes physiques domiciliées en France à des holdings belges suivis de la **cession** des titres apportés (affaires 2014-11 et 2014-12, illustrant la problématique du réinvestissement, séances des 16 octobre 2014 et 14 novembre 2014 : BF 2/15 n° 191) ; avis défavorable à l'abus de droit, en revanche, en présence d'un réinvestissement significatif dans des activités minières en Indonésie (affaire n° 2014-02, séance du 16 octobre 2014 : BF 2/15 n° 191) ;
– avis défavorable à l'abus de droit au cas d'une personne physique qui avait constitué une société holding irlandaise pour y loger **des plus-values exonérées d'impôt** dès lors que le régime irlandais d'exonération des plus-values de cession de titres de participation n'avait été mis en place qu'après la création de la société et qu'au moment de sa création il n'existait pas de différence substantielle entre le régime fiscal irlandais et le régime fiscal d'une détention directe par la personne physique (affaire n° 2016-13, séance du 13 octobre 2016 : BF 3/17 n° 318) ; le comité a estimé qu'il n'était pas établi que le contribuable avait connaissance, au moment de la création de la société irlandaise, d'une modification du régime fiscal irlandais et que l'administration n'avait pas apporté la preuve que cette société avait été constituée dans un but exclusivement fiscal (l'administration s'est rangée à cet avis ; la solution s'explique probablement parce que l'administration n'avait manifestement critiqué que la création de la société irlandaise, et non son maintien) ;
– avis favorable à l'abus de droit à propos d'une personne physique de nationalité italienne et domiciliée à Monaco qui exerçait une **activité occulte de marchand de biens** en France par l'intermédiaire de sociétés établies au Luxembourg, au Danemark, au Royaume-Uni et au Liban (affaire n° 2016-53, séance du 19 janvier 2017 : BF 6/17 n° 668) ;
– avis favorable à **l'imposition directe entre les mains des actionnaires**, sur le fondement de l'abus de droit, des distributions faites par une société française à sa société mère luxembourgeoise, celle-ci étant dépourvue de substance et ne disposant d'aucun moyen

matériel ou humain lui permettant d'exercer une activité quelconque (affaires nos 2016-32, 2016-33 et 2016-34, séance du 10 mars 2017 : BF 1/18 n° 97) ; la société luxembourgeoise avait été créée par deux frères par apport de la totalité des titres d'une société française ;
– avis favorable à l'abus de droit au cas d'une personne physique qui avait transféré son domicile à l'île Maurice en 2009, y avait créé une société en 2010 et lui avait apporté des titres de sociétés françaises en 2011 sous le bénéfice du **sursis d'imposition** (CGI art. 150-0 B), la société mauricienne procédant ensuite à des cessions ou des dissolutions des sociétés transmises et ne réinvestissant pas les liquidités ainsi obtenues dans une activité économique (affaire n° 2016-56, séance du 11 mai 2017 : BF 1/18 n° 97) ;
– avis favorable à l'abus de droit dans une affaire où des personnes physiques domiciliées en France avaient apporté des titres de sociétés françaises à une société luxembourgeoise moyennant une **soulte** de 9,99 % sans justification économique (affaire n° 2017-42, séance du 28 septembre 2018 : Droit fiscal 2018 n° 50, comm. n° 497) ; pour d'autres affaires du même type, voir BF 3/19 n° 284 ;
– avis favorable à l'abus de droit au cas d'une personne physique domiciliée en Chine qui avait prétendu vendre des actions d'une société française à ses petits-enfants alors qu'il s'agissait d'une **donation** dès lors qu'aucun prix n'avait été payé (affaires 2018-18 et 2018-19, séance du 10 janvier 2019 : Droit fiscal 2019 n° 15, comm. n° 226).

72653 **Sociétés** Parmi les avis les plus intéressants, on relève les suivants :
– société française ayant ouvert un **« compte captif » au Luxembourg**, dans le cadre d'une opération de réassurance (avis favorable à l'abus de droit ; rapport pour 2000, ancien BOI 13 L-4-01 du 27 février 2001, affaire n° 2000-24) ;
– société néerlandaise ayant formé une société holding française dans le cadre de l'**acquisition d'un groupe**, afin de pouvoir déduire les intérêts de la dette française grâce à l'intégration fiscale (avis défavorable à l'abus de droit ; rapport pour 2005, précité, affaire n° 2005-3) ; dans cette affaire, le comité a été curieusement sensible seulement à la circonstance que le schéma mis en place en France s'inscrivait dans une logique européenne de structuration des investissements du groupe néerlandais et que le financement de l'acquisition avait été équitablement réparti entre les différentes sociétés holdings de reprise créées dans les pays concernés ;
– société française qui avait prêté des sommes à sa société mère néerlandaise dans le cadre d'un contrat de **prêt** que l'administration considérait comme **fictif** et dissimulant une distribution de revenus (avis défavorable à l'abus de droit eu égard aux précisions fournies par l'administration néerlandaise dans le cadre de l'assistance administrative ; affaire n° 2007-14, rapport pour 2007, ancien BOI 13 L-4-08 du 16 mai 2008 : BF 7/08 no 726) ;
– filiale française d'un groupe américain qui procède à une **distribution massive de dividendes** et émet des **ORA** intragroupe (ancien BOI 13 L-1-11 du 3 février 2011, affaire n° 2010-12 : BF 4/11 n° 479 ; avis favorable à l'abus de droit, repris, pour les exercices suivants, dans le rapport du comité pour 2013, affaire n° 2013-27) ; dans cette même affaire, refus de considérer l'interposition d'une **holding danoise** entre une société française et une société américaine comme un abus de droit destiné à éviter la retenue à la source ;
– filiale française d'un groupe américain qui procède à des **réductions de capital** et souscrit un **prêt participatif** auprès d'une société luxembourgeoise nouvellement créée (ancien BOI 13 L-1-11 du 3 février 2011, affaire n° 2010-13 BF 4/11 n° 479 ; avis défavorable à l'abus de droit) ;
– société italienne qui **transfère son siège** au Luxembourg avant de réaliser une plus-value immobilière exonérée en application de la convention fiscale franco-luxembourgeoise dans sa rédaction de l'époque (affaire n° 2012-42, séance du 25 octobre 2012 ; le comité a donné un avis favorable en relevant que, si la vente avait eu lieu dix mois après le transfert de siège, elle avait été engagée avant ; également, même jour, n° 2012-48, concernant une société suisse ayant transféré son siège au Luxembourg) ; dans le même esprit, avis favorable au cas d'une société française marchand de biens dont les plus-values immobilières étaient formellement réalisées par des **sociétés luxembourgeoises sans personnel** (affaire n° 2012-47, séance du 22 novembre 2012) ; également, avis favorable dans une affaire où une société luxembourgeoise avait interposé des **sociétés danoises** dépourvues de substance afin de profiter des avantages de la convention fiscale franco-danoise alors applicable tandis que la convention franco-luxembourgeoise avait déjà été modifiée (affaire n° 2013-53, séance du 13 mars 2014 : BF 7/14 n° 672) ; avis favorable au cas d'une cession de titres de sociétés françaises à prix minoré à une société luxembourgeoise suivie d'un **transfert de siège** depuis la France vers le Luxembourg (affaire n° 2013-26, séance du 25 octobre 2013 : BF 4/14 n° 394) ;

– toujours à propos de l'imposition de plus-values immobilières sous l'empire de l'ancienne convention fiscale franco-luxembourgeoise, avis favorables à l'abus de droit en cas de **changement de date de clôture** des exercices sociaux et/ou de **fusions aux valeurs réelles** pour profiter de l'ancien dispositif (notamment, affaires n°s 2013-29 et 2013-32, séance du 22 mai 2014 : BF 10/14 n° 832) ; **72653** (suite)
– requalification en intérêts taxables de dividendes placés sous le régime des sociétés mères et versés au titre d'**actions de préférence américaines** dans le cadre d'un schéma financier complexe (avis favorable à l'abus de droit ; affaire n° 2013-44, séance du 6 décembre 2013 : BF 4/14 n° 394) et, dans la même affaire, déduction abusive d'intérêts d'emprunt (avis défavorable à l'abus de droit, que l'administration a suivi) ; avis favorable à l'abus de droit également au cas d'une banque française ayant souscrit des actions de préférence émises par une société créée à Jersey mais résidente britannique et qui, pour le comité, ne se trouvait pas dans la situation d'un actionnaire supportant un risque (affaire 2014-30, séance du 5 décembre 2014 : BF 4/15 n° 381) ;
– cession par une société française de titres pour un montant nominal à une **société luxembourgeoise** qui réalise ensuite une forte **plus-value** (avis favorable à l'abus de droit, le comité admettant que la société française puisse être regardée comme toujours détentrice des titres lors de leur cession ultérieure ; affaire n° 2013-54, séance du 13 mars 2014 : BF 7/14 n° 672) ;
– avis défavorable à l'abus de droit au cas d'une banque française qui était associée d'une **SNC luxembourgeoise** constituée en partenariat avec une banque britannique, compte tenu de la réalité des flux financiers, de l'importance de l'aléa qui entourait l'opération et du fait que la SNC n'était pas dépourvue de substance (affaire n° 2015-17 : Droit fiscal 2016 n° 7-8, comm. n° 173) ;
– avis défavorable à l'abus de droit dans une situation où l'administration critiquait une situation d'**endettement artificiel en France** par un groupe américain (affaires n°s 2016-50 et 2016-51, séance du 10 novembre 2016 : BF 3/17 n° 318) ; dans son avis, qui n'a pas été suivi par l'administration, le comité a estimé que l'abus de droit n'était pas établi bien que les opérations en cause aient traduit « une habileté consistant pour le groupe à utiliser les différents régimes fiscaux applicables dans les pays où ses filiales sont établies » ; la société a d'ailleurs eu gain de cause au contentieux, pour l'instant (TA Montreuil 19 novembre 2020 n°s 1709196 et 1801203, 1e ch., Sté Howmet : RJF 4/21 n° 402, faisant l'objet d'un appel enregistré sous le n° 21PA01514 ; voir n° 72645 n) ;
– avis défavorable à l'abus de droit au cas d'une **fusion** de sociétés françaises sous contrôle suisse (affaire n° 2015-25, séance du 10 mars 2017 : BF 1/18 n° 97) ;
– avis favorable à l'abus de droit au cas d'une société française qui avait versé des intérêts à une banque allemande au titre d'**obligations convertibles inverses** dans le cadre d'un montage complexe faisant intervenir une société néerlandaise du groupe (affaire n° 2017-33, séance du 9 novembre 2017 : BF 4/18 n° 400) ; dans cette affaire, un taux d'intérêt élevé avait été retenu pour tenir compte de la faculté de conversion réservée à la société débitrice (et non au prêteur comme d'ordinaire) mais cette faculté a paru théorique au comité (une **asymétrie de taxation** internationale avait été également relevée mais le comité a considéré qu'une telle asymétrie était certes un élément permettant d'appréhender l'ingénierie financière complexe mise en œuvre et d'éclairer l'intention des parties mais qu'elle n'était pas de nature, à elle seule, à justifier le but exclusivement fiscal de l'opération) ;
– avis défavorable à l'abus de droit à propos d'une société française qui avait financé une acquisition intragroupe par un **prêt participatif** subordonné d'une durée de cinquante-cinq ans souscrit auprès d'une société néerlandaise du groupe (affaire n° 2017-36, séance du 9 mars 2018 : Droit fiscal 2018 n° 26, comm. n° 314) ; le comité avait notamment relevé, comme dans la précédente, que l'**asymétrie de taxation** entre la France et les Pays-Bas ne suffisait pas à justifier le but exclusivement fiscal de l'opération en l'absence de démonstration de l'artificialité du financement (l'administration s'est rangée à cet avis) ;
– avis défavorable à l'abus de droit à propos de la filiale française d'un groupe américain, qui avait financé par une **dette intragroupe** l'acquisition de la holding française d'un autre groupe dans le cadre d'un rapprochement mondial ; le comité a notamment souligné que le choix de financement d'une opération par un prêt entre sociétés liées au lieu d'un apport en capital ne caractérise pas en lui-même un abus de droit et que la structuration de l'investissement en France a été similaire à celle retenue dans les autres pays (affaire n° 2018-14, séance du 12 octobre 2018 : BF 3/19 n° 284 ; l'administration s'est rangée à l'avis du comité) ;
– avis favorable à l'abus de droit au cas d'une société holding française qui avait **transféré son siège** social au Luxembourg pour bénéficier d'une exonération d'impôt sur les plus-values sur le fondement de la convention fiscale alors applicable (affaire n° 2018-24, séance du

30 novembre 2018 : BF 3/19 n° 284 ; le comité a estimé que le transfert était artificiel et n'avait été effectué que dans un but exclusivement fiscal) ;
– avis défavorable à l'abus de droit à propos d'une série de transactions reposant notamment sur l'interposition d'une société belge qui bénéficiait du régime des **intérêts notionnels** et dont l'administration soutenait qu'elle n'était qu'un écran sans réelle autonomie qui avait simplement permis à la société française d'un groupe américain de **transformer en apport en capital un financement intragroupe** (affaire n° 2019-34, séance du 15 novembre 2019 : Droit fiscal 2020 n° 21, comm. n° 242) ; dans cette affaire, le comité a rappelé que le choix de financement d'une opération par un apport en capital au lieu d'un prêt ne caractérise pas en lui-même un abus de droit et souligné que l'existence d'une **économie d'impôt dans un pays étranger** ne constitue pas un critère permettant de caractériser en soi un abus de droit en ce qui concerne les opérations réalisées en France (l'administration s'est rangée à l'avis du comité) ;
– avis défavorable à l'abus de droit dans une affaire où l'administration avait refusé d'accorder un **crédit d'impôt recherche** à une société française sans substance (absence de salariés et de moyens d'exploitation) qui avait été créée par une société norvégienne afin de mener des travaux de recherche intégralement sous-traités au CEA ; dans cette affaire, le comité a été sensible au fait que la société était **en phase d'amorçage** et qu'elle envisageait un développement effectif lui permettant de réaliser un chiffre d'affaires en cas de succès des travaux de recherche (affaire n° 2020-26, séance du 15 octobre 2020 : Droit fiscal 2021 n° 9, comm. n° 153 ; l'administration s'est rangée à l'avis du comité).

Clause anti-abus générale en matière d'impôt sur les sociétés

72655 La loi n° 2018-1317 du 28 décembre 2018 de finances pour 2019 a introduit en droit interne, sous l'article 205 A du CGI, les prescriptions de l'article 6 de la directive (UE) 2016/1164 du Conseil du 12 juillet 2016 (directive Atad ; n° 88138). Un dispositif anti-abus distinct de l'abus de droit est ainsi applicable en matière d'impôt sur les sociétés pour les exercices ouverts depuis le 1er janvier 2019 (BOI-IS-BASE-70).

En application de ce texte, pour l'établissement de l'impôt sur les sociétés, il n'est pas tenu compte d'un montage ou d'une série de montages qui, ayant été mis en place pour obtenir, à titre d'**objectif principal** ou au titre d'un des objectifs principaux, un **avantage fiscal** allant à l'encontre de l'objet ou de la finalité du droit fiscal applicable, ne sont pas authentiques compte tenu de l'ensemble des faits et circonstances pertinents. La loi précise qu'un **montage** peut comprendre plusieurs étapes ou parties et qu'un montage, ou une série de montages, est considéré comme **non authentique** dans la mesure où ce montage ou cette série de montages n'est pas mis en place pour des motifs commerciaux valables qui reflètent la réalité économique.

Pour l'administration, un montage n'est pas « authentique » s'il n'a pas de justification économique (BOI préc. n° 10) ; quant à la notion de **motifs commerciaux**, elle s'entend au sens large de toute justification économique, même si elle n'est pas liée à l'exercice d'une activité commerciale au sens de l'article 34 du CGI (BOI préc. n° 40, précisant que sont susceptibles d'être considérées comme répondant à des motifs valables des structures de détention patrimoniale, ayant des activités financières ou encore des structures répondant à un objectif organisationnel).

Si ce texte n'est applicable que pour les exercices ouverts depuis le 1er janvier 2019, il concerne tous les « montages », **quelle que soit la date** à laquelle ils ont été mis en place. Il n'est pas assorti de **sanctions** spécifiques mais l'administration conserve la possibilité, le cas échéant, d'appliquer les pénalités prévues à l'article 1729, a et c du CGI (40 % en cas de manquement délibéré ou 80 % en cas de manœuvres frauduleuses). La procédure étant distincte de celle de l'abus de droit, le contribuable n'a pas la possibilité de saisir le comité de l'abus de droit fiscal.

Compte tenu de sa généralité, ce texte doit nécessairement être pris en compte dans la structuration des **opérations internationales**, y compris pour l'application des conventions fiscales sous réserve que l'impôt sur les sociétés soit en cause ; les retenues à la source ne sont pas concernées, étant distinctes de l'impôt sur les sociétés, mais les crédits d'impôt conventionnels peuvent entrer dans le champ du dispositif, étant imputables sur l'impôt sur les sociétés.

Précisions **a.** Dans le cadre d'une procédure de **rescrit**, les entreprises peuvent demander à l'administration, à partir d'une présentation écrite, précise et complète de l'opération, la confirmation que les dispositions de l'article 205 A du CGI ne leur sont pas applicables ; en l'absence de réponse dans un délai de six mois, l'administration est regardée comme ayant donné un accord tacite (LPF art. L 80 B, 9° bis).

b. Étant donné la généralisation de la clause anti-abus, l'existence d'une disposition spéciale concernant le régime des **sociétés mères** n'était plus nécessaire (n° 61440) ; en revanche, la procédure de l'article 119 ter, 3 du CGI (n° 61042) reste utile dès lors qu'elle concerne la **retenue à la source** sur les revenus de capitaux mobiliers et non pas l'impôt sur les sociétés.

c. L'article 205 A du CGI n'est pas applicable aux opérations de **fusion**, scission et apport partiel d'actif, qui font l'objet d'un dispositif anti-abus spécifique (CGI art. 210-0 A, III ; n° 27060).

Non-opposabilité des actes dont l'objet est principalement fiscal

Pour les actes passés ou réalisés depuis le 1er janvier 2020, il y a lieu de tenir compte de l'article L 64 A du LPF, qui permet à l'administration d'écarter, comme ne lui étant pas opposables, les actes qui, recherchant le bénéfice d'une application littérale des textes ou de décisions à l'encontre des objectifs poursuivis par leurs auteurs, ont pour **motif principal** d'éluder ou d'atténuer les charges fiscales que l'intéressé, si ces actes n'avaient pas été passés ou réalisés, aurait normalement supportées eu égard à sa situation ou à ses activités réelles ; par différence avec la procédure de répression des abus de droit, un motif principalement, et non exclusivement, fiscal est suffisant, sous réserve que le contribuable ait appliqué littéralement la loi contrairement à l'intention de ses auteurs (la branche « fictivité » de l'abus de droit n'est pas reprise par ce texte). **72658**

Ce dispositif est issu de l'article 109 de la loi n° 2018-1317 du 28 décembre 2018 de finances pour 2019, lui-même issu d'un amendement parlementaire ; il caractérise un **élargissement de la notion d'abus de droit** par fraude à la loi réservée par l'article L 64 du LPF aux montages ayant un but exclusivement fiscal. Une première tentative en ce sens avait été faite par la loi de finances pour 2014 mais elle avait été censurée par le Conseil constitutionnel pour des raisons tenant à l'imprécision du concept alors même que le législateur prévoyait, à l'époque, de sanctionner les contribuables par l'application de la majoration de 80 %, comme pour l'abus de droit actuel (Cons. const. 29 décembre 2013 n° 2013-685 DC : RJF 3/14 nos 267 et 268). Selon ce qu'indique l'administration, l'article L 64 A du LPF a pour objectif d'étendre à l'ensemble des autres impôts la clause anti-abus en matière d'impôt sur les sociétés codifiée à l'article 205 A du CGI (n° 72655 ; BOI-CF-IOR-30-20 n° 1).

Pour mettre en œuvre ce dispositif, l'administration doit démontrer que l'acte dont il s'agit, tout en respectant la lettre d'un texte ou d'une décision, est **contraire à l'objet ou à la finalité** poursuivie par le législateur ou l'auteur de la décision (BOI préc. n° 50) ; la doctrine administrative ajoute que seuls sont visés les actes ou montages dépourvus de substance économique (BOI préc. n° 110).

Les **conventions fiscales** internationales font partie des textes concernés, outre les lois, les textes réglementaires qui en précisent les conditions d'application et les décisions qui créent du droit en allant au-delà du simple commentaire de la norme (BOI préc. n° 60).

Cela étant, comme le rappelle à juste titre l'administration, lorsque c'est le législateur qui a souhaité encourager un schéma par une **incitation fiscale**, l'article L 64 A du LPF ne peut en principe s'appliquer, quand bien même ce schéma aurait un but principalement fiscal, à condition qu'il ne soit pas manifestement détourné de son objet (BOI préc. n° 120). En outre, l'article L 64 A du LPF, de même que la procédure de répression des abus de droit, n'a pas pour objet d'interdire au contribuable de choisir le **cadre juridique le plus favorable** du point de vue fiscal pourvu que ce choix ou les conditions le permettant ne soient empreints d'aucune artificialité (BOI préc. n° 1) ; comme le dit l'administration, il n'est pas applicable aux actes dont le but essentiel est l'obtention d'un avantage fiscal sans aller à l'encontre de l'objet ou de la finalité du droit fiscal applicable (BOI préc. n° 120).

Par différence avec la procédure de répression des abus de droit, la procédure de l'article L 64 A du LPF n'entraîne pas l'application de **sanctions** automatiques ; cela étant, l'administration peut toujours appliquer, le cas échéant, la majoration de 80 % pour manœuvres frauduleuses ou la majoration de 40 % en cas de manquement délibéré (CGI art. 1729 a et c ; BOI préc. n° 130).

Précisions a. L'avis du **comité de l'abus de droit fiscal** peut être sollicité dans les mêmes conditions qu'en application de la procédure de répression des abus de droit (nº 72623).

b. La procédure de **rescrit** est applicable dans les mêmes conditions qu'en matière d'abus de droit (nº 72630) ; cette procédure s'applique aux opérations réalisées depuis le 1er janvier 2020.

c. La procédure de l'article L 64 A du LPF est écartée si d'autres **dispositifs anti-abus voisins** sont applicables. Elle ne peut pas être engagée lorsqu'il est fait application de la clause anti-abus codifiée à l'article 205 A du CGI (nº 72655), et elle ne s'applique pas lorsque l'abus peut être caractérisé sur le fondement de l'article L 64 du LPF (abus de droit), c'est-à-dire lorsque les effets économiques (patrimoniaux, commerciaux...) sont nuls ou négligeables (BOI-CF-IOR-30-20 nº 110).

d. Il a été précisé que « l'intention du législateur n'est pas de restreindre le recours aux **démembrements de propriété** dans les opérations de transmissions anticipées de patrimoine, lesquelles sont, depuis de nombreuses années, encouragées par d'autres dispositions fiscales [...] [ni de remettre en cause] notamment celles pour lesquelles le donateur se réserve l'usufruit du bien transmis, sous réserve bien entendu que les transmissions concernées ne soient pas fictives » (réponse Procaccia nº 09965 : JO Sénat du 13 juin 2019 p. 3070, ajoutant que l'administration appliquera, à compter de 2021, de manière mesurée cette nouvelle faculté conférée par le législateur, sans chercher à déstabiliser les stratégies patrimoniales des contribuables). La doctrine administrative reprend cette réponse et précise que « les **transmissions anticipées de patrimoine**, y compris lorsque le donateur se réserve l'usufruit du bien transmis, ne sont pas en elles-mêmes concernées par la procédure d'abus de droit prévue à l'article L 64 A du LPF, sous réserve que les transmissions concernées ne soient pas fictives. En effet, le législateur a entendu favoriser ce type de transmissions » (BOI-CF-IOR-30-20 nº 70).

3. Manœuvres frauduleuses et fraude fiscale

Manœuvres frauduleuses

72660 L'utilisation artificielle de sociétés étrangères, ou, plus généralement, la mise en place de « montages » internationaux est parfois susceptible de tomber sous le coup des dispositifs réprimant les manœuvres frauduleuses, comme le montrent les exemples suivants.

a. Se rend coupable de manœuvres frauduleuses un contribuable qui déploie une activité personnelle sans la déclarer mais en **agissant sous couvert** d'une **société étrangère** n'ayant aucune activité en France (CE 24 novembre 1982 nº 17946, 8e et 9e s.-s. : RJF 1/83 nº 32).

b. A été jugé coupable de manœuvres frauduleuses un résident de France qui s'était fait rémunérer sur un **compte en Suisse** et n'avait rapatrié ces revenus non déclarés qu'après leur découverte par un contrôle douanier, le Conseil d'État ayant considéré que ces agissements étaient « destinés à égarer l'exercice du pouvoir de contrôle de l'administration » (CE 8 décembre 1986 nº 59233, 7e et 8e s.-s. : RJF 2/87 nº 130). Jugé dans le même sens au cas d'un contribuable dont l'activité consistait, par un **montage fictif**, à organiser pour le compte de clients français une **évasion fiscale** à destination de la **Suisse** et dont le comportement révélait une volonté de dissimulation et de fraude destinée notamment à induire en erreur l'administration fiscale (CE 2 février 1987 nº 62352, 7e et 9e s.-s. : RJF 3/87 nº 322).

c. À propos d'un **circuit artificiel de facturations** entre la Belgique, la France et le Liechtenstein, voir CAA Nancy 9 juillet 1992 nº 320, 1e ch., SA Wilvia International : RJF 12/92 nº 1625, arrêt définitif (voir aussi nº 76645 a).

Pour d'autres exemples, voir notamment : nº 1920, Précisions c ; nº 24160 h ; nº 46060 Précisions i et nº 73985.

Fraude fiscale (CGI art. 1741)

72665 Il résulte de l'article 1741 du CGI que quiconque s'est frauduleusement soustrait ou a tenté de se soustraire frauduleusement à l'établissement ou au paiement total ou partiel des impôts, soit qu'il ait volontairement omis de faire sa déclaration dans les délais prescrits, soit qu'il ait **volontairement dissimulé** une part des sommes sujettes à l'impôt, soit qu'il ait organisé son insolvabilité ou mis obstacle par d'autres manœuvres au recouvrement de l'impôt, soit en agissant de toute autre manière frauduleuse, est passible, indépendamment des sanctions fiscales, d'une **amende** de 500 000 € et d'un **emprisonnement** de cinq ans, dont le montant peut, depuis le 25 octobre 2018, être porté au double du produit tiré de l'infraction (Loi nº 2018-898 du 23 octobre 2018 relative à la lutte contre la fraude ; le « produit tiré de l'infraction » est le montant des impôts éludés grâce à la fraude).

Les peines sont portées à sept ans d'emprisonnement et à une amende de 3 M€, dont le montant peut être porté au double du produit tiré de l'infraction, en cas de **fraude aggravée**, c'est-à-dire lorsque les faits ont été commis en bande organisée ou réalisés ou facilités au moyen : **72665** (suite)

– soit de **comptes** ouverts ou de contrats souscrits auprès d'organismes établis à l'étranger ;
– soit de **l'interposition** de personnes physiques ou morales ou de tout organisme, fiducie ou institution comparable établis à l'étranger ;
– soit de l'usage d'une fausse identité ou de faux documents, au sens de l'article 441-1 du Code pénal, ou de toute autre falsification ;
– soit d'une **domiciliation** fiscale fictive ou artificielle à l'étranger ;
– soit d'un acte fictif ou artificiel ou de l'interposition d'une **entité fictive** ou artificielle.

S'y ajoute, pour les infractions commises depuis le 1er janvier 2018, le prononcé d'une peine complémentaire de privation de l'ensemble des **droits civiques**, civils et de famille. En outre, la condamnation doit être **affichée** et sa diffusion doit être assurée sauf décision spécialement motivée en considération des circonstances de l'infraction et de la personnalité de son auteur (Loi n° 2018-898 du 23 octobre 2018 relative à la lutte contre la fraude).

Ces sanctions sont naturellement applicables dans le domaine international (voir, par exemple, n° 17820 à propos des questions touchant à la notion d'**établissement stable** et à la direction de fait de sociétés étrangères).

En cas de dissimulation, ces peines ne sont applicables que si la dissimulation excède le dixième de la somme imposable ou 153 € (ce montant est bien modique mais, selon le Conseil d'État, l'article 1741 du CGI n'est pas cantonné aux omissions les plus graves ; CE QPC 12 juillet 2017 n° 410740, 8e ch. : RJF 11/17 n° 1097, refusant de saisir le Conseil constitutionnel d'une question prioritaire de constitutionnalité dans un cas d'omission de déclaration). Le juge pénal a cependant la faculté de moduler ces peines dans la limite maximale fixée par la loi.

Le Conseil constitutionnel a jugé **conforme à la Constitution** le cumul des sanctions fiscales et pénales, en précisant toutefois qu'un contribuable qui a été déchargé de l'impôt par une décision juridictionnelle devenue définitive pour un motif de fond ne peut pas être condamné pour fraude fiscale (Cons. const. 23 novembre 2018 n° 2018-745 QPC : RJF 2/19 n° 187).

À ce propos, il a été précisé, au cas d'un contribuable poursuivi pour fraude fiscale et qui avait réglé les montants réclamés dans le cadre de l'affaire HSBC (n° 2586, Précisions a), que « le **paiement tardif des impôts fraudés par un contribuable poursuivi pénalement** ne fait pas disparaître le délit de fraude fiscale et n'exonère pas le contribuable d'éventuelles poursuites, a fortiori lorsque ces poursuites concernent une autre fraude que celle pour laquelle l'impôt a été réglé » (réponse Morel-A-L'Huissier n° 64618 : JOAN 30 août 2016 p. 7754) ; le ministre indique que « les affaires d'évasion fiscale recèlent généralement au **moins deux niveaux de fraude**, à savoir la fraude d'amont qui correspond à la non-déclaration des flux et opérations qui ont permis la constitution d'un patrimoine à l'étranger (en général successions, donations, revenus occultes) et la fraude patrimoniale qui correspond aux sommes et avoirs indûment soustraits à l'impôt sur le revenu, aux cotisations sociales et à l'impôt de solidarité sur la fortune. Ainsi, un contribuable poursuivi pour fraude fiscale qui aurait acquitté les impositions dues suite à un contrôle fiscal relatif aux avoirs non déclarés à l'étranger (fraude patrimoniale) est également susceptible de faire l'objet de poursuites correctionnelles si les revenus ou les transmissions à l'origine des avoirs domiciliés à l'étranger n'avaient pas été également régulièrement déclarés par le contribuable dans les délais légaux. »

Enfin, les personnes physiques ou morales qui, dans l'exercice d'une **activité professionnelle de conseil** à caractère juridique, financier ou comptable ou de détention de biens ou de fonds pour le compte d'un tiers (avocats, experts-comptables, conseillers financiers, notaires, etc.), ont intentionnellement fourni à un contribuable une prestation permettant directement la commission par ce contribuable d'agissements, manquements ou manœuvres sanctionnés par une majoration de 80 % sont passibles d'une amende (CGI art. 1740 A bis, issu de la loi n° 2018-898 du 23 octobre 2018 relative à la lutte contre la fraude) ; cette amende est égale à 50 % des revenus tirés de la prestation fournie au contribuable, sans pouvoir être inférieure à 10 000 € (texte applicable aux prestations fournies depuis le 25 octobre 2018). Tel est le cas, par exemple, de prestations permettant au contribuable de dissimuler son identité par la fourniture d'une identité fictive ou d'un prête-nom ou par l'interposition d'une personne physique ou morale ou de tout organisme, fiducie ou institution comparable établis à l'étranger. Sur le cas d'un **avocat** poursuivi pénalement du chef de complicité de fraude fiscale, voir n° 2586, Précisions b.

Précisions **a.** La Cour de cassation juge régulièrement que **le seul fait de se placer sous un régime fiscal indu**, dans l'intention de se soustraire, ne serait-ce que partiellement à l'impôt, caractérise le délit de fraude fiscale (par exemple, Cass. crim. 17 janvier 2007 n° 06-83.330). Le juge pénal peut (sans y être obligé) tenir compte, dans son appréciation, de l'état de la jurisprudence fiscale. Quant à la **portée de la réserve d'interprétation** du Conseil constitutionnel jugeant qu'un contribuable qui a été déchargé de l'impôt pour un motif de fond par une décision juridictionnelle devenue définitive ne peut être condamné pour fraude fiscale, elle ne s'applique, pour la Cour de cassation, qu'à une poursuite pénale exercée pour des faits de dissimulation volontaire d'une partie des sommes sujettes à l'impôt, et non d'omission volontaire de faire une déclaration dans les délais prescrits, et elle suppose que la décision de décharge rendue par le juge administratif ou civil concerne **le même impôt** (Cass. crim. 31 mai 2017 n° 15-82.159) ; dans cette affaire, l'intéressé était poursuivi au pénal en qualité de gérant de fait pour défaut de déclaration et omission d'écritures comptables d'une **société britannique**, alors qu'au fiscal il lui avait été réclamé l'impôt sur le revenu en tant que bénéficiaire de revenus réputés distribués ; il avait été définitivement déchargé au fiscal par CAA Paris 2 octobre 2013 n° 12PA01844, 2e ch., Stassart : Droit fiscal 2014 n° 13 comm. n° 246 ; voir nos 5400 et 17820. Sur ces questions, voir également n° 72667, Précisions f.

b. Pour des exemples de **décisions contraires des juridictions** administratives et judiciaires, voir nos 17813 et 17820 ; sur les aspects pénaux d'une affaire de corruption ayant donné lieu à une décision fiscale, voir également l'affaire Alcatel-Lucent (n° 24210). Il a par ailleurs été jugé que le moyen tiré de la méconnaissance par une juridiction administrative de **l'autorité de la chose jugée au pénal**, qui présente un caractère absolu, est d'ordre public et peut être invoqué pour la première fois devant le Conseil d'État saisi en cassation. Il en va ainsi même si le jugement pénal est intervenu postérieurement à la décision de la juridiction administrative frappée de pourvoi devant le Conseil d'État (CE 16 février 2018 n° 395371, Sect. : RJF 5/18 n° 536).

c. Les **sanctions aggravées** sont applicables **quel que soit le pays étranger** en cause ; depuis la loi du 6 décembre 2013, il n'est plus exigé qu'il s'agisse d'un État ou territoire n'ayant pas conclu de convention d'assistance administrative avec la France.

d. La durée de la peine privative de liberté encourue par l'auteur ou le complice d'une fraude fiscale est réduite de moitié si, ayant averti l'autorité administrative ou judiciaire, il a permis d'identifier les autres auteurs ou complices (« **repenti fiscal** »).

e. Le délai de **prescription** de l'action publique en matière de fraude fiscale est en principe de six ans. L'article L 230 du LPF précise, en effet, que les plaintes peuvent être déposées jusqu'à la fin de la sixième année qui suit celle au cours de laquelle l'infraction a été commise.

f. Sur les **activités occultes**, voir n° 17815.

g. Les peines sont majorées pour les **personnes morales** (Code pénal, art. 131-38).

h. Le ministre de la justice a publié, le 4 octobre 2021, une circulaire relative à la lutte contre la fraude fiscale (NOR : JUSD2129778C), décrivant notamment les stratégies d'enquête, la comparution sur reconnaissance préalable de culpabilité (**CRPC**) et la convention judiciaire d'intérêt public (**CJIP** ; n° 72667, Précisions d et e).

i. L'infraction de blanchiment de fraude fiscale, qui consiste notamment à dissimuler l'économie d'impôt réalisée par le défaut de déclaration fiscale, implique souvent des transferts successifs de fonds au moyen de comptes ouverts auprès d'établissements bancaires établis **à l'étranger** ou par l'intermédiaire de tiers, sociétés ou personnes physiques. L'État peut être indemnisé du **coût des investigations** spécifiques généré par la recherche par l'administration fiscale des sommes sujettes à l'impôt, car cette recherche, si elle entre en principe dans les attributions ordinaires de cette administration, a été rendue plus complexe par le blanchiment (Cass. crim. 30 juin 2021 n° 20-83.355).

72667 **Éléments de procédure** Le dispositif de répression de la fraude fiscale a été substantiellement modifié par la loi n° 2018-898 du 23 octobre 2018 relative à la lutte contre la fraude, en ce qui concerne les contrôles pour lesquels une proposition de rectification a été adressée depuis le 24 octobre 2018 ; en particulier, **l'opportunité des poursuites** est désormais partagée entre l'administration et le parquet, dans certains cas, et le procureur peut poursuivre des fraudes fiscales connexes à celles dont il est déjà saisi (le dispositif issu de cette réforme a fait l'objet d'une circulaire du 7 mars 2019 de la Direction générale des finances publiques et de la direction des affaires criminelles et des grâces ; NOR : CPAE1832503C, Droit fiscal 2019 n° 13, act. 157).

D'une façon générale, des poursuites pénales pour fraude fiscale peuvent être diligentées par l'administration lorsqu'elle estime que les conditions sont réunies, sous réserve, en principe, de l'avis conforme de la **Commission des infractions fiscales** (CIF). Cette commission est chargée d'examiner les affaires qui lui sont soumises par le ministre chargé du budget (le ministre est lié par son avis) ; sous réserve des exceptions ci-après, le contribuable doit être avisé de la saisine de cette commission et il a la possibilité de lui communiquer, dans un délai de trente jours, les informations qu'il juge nécessaires. **72667** (suite)

Cela étant, il résulte de l'article L 228 du LPF, dans sa rédaction issue de la loi du 23 octobre 2018, précitée, que l'administration est tenue de **dénoncer au procureur de la République** les faits qu'elle a examinés dans le cadre de son pouvoir de contrôle, si ces faits l'ont conduit à rappeler des droits d'un montant supérieur à 100 000 € et à appliquer à ces droits l'une des **majorations** suivantes (BOI-CF-INF-40-10-10-15) :
– majoration de **100 %** prévue à l'article 1732 du CGI (opposition à contrôle fiscal dans le cadre d'une procédure d'évaluation d'office) ;
– majoration de **80 %** prévue au c du 1 de l'article 1728, aux b ou c de l'article 1729, au I de l'article 1729-0 A ou au dernier alinéa de l'article 1758 du CGI (par exemple, en présence d'une activité occulte, d'un abus de droit ou de comptes ouverts, détenus, utilisés ou clos à l'étranger non déclarés) ;
– majoration de **40 %** prévue au b du 1 de l'article 1728 ou aux a ou b de l'article 1729 du CGI, lorsqu'au cours des six années civiles précédant son application le contribuable a déjà fait l'objet lors d'un précédent contrôle de l'application des majorations visées par le dispositif ou d'une plainte de l'administration (la loi n° 2018-898 du 23 octobre 2018 relative à la lutte contre la fraude a ainsi mis fin au « verrou de Bercy » pour les infractions considérées comme les plus graves) ; en présence de groupes de sociétés, l'antécédent fiscal et/ou l'existence d'un dépôt de plainte s'apprécie au niveau de la société ayant fait l'objet d'une procédure de contrôle (BOI préc. n° 100 et infra, Précisions c).

L'article L 228 du LPF précise que l'application des majorations s'apprécie **au stade de la mise en recouvrement** ; toutefois, si une transaction est conclue avant la mise en recouvrement, l'application des majorations s'apprécie au stade des dernières conséquences financières portées à la connaissance du contribuable. La dénonciation s'effectue également au stade de la mise en recouvrement (BOI préc. n° 120).

Dans ces circonstances, l'action publique peut être exercée sans **plainte** préalable de l'administration, le parquet étant libre d'engager ou non des poursuites selon son analyse des faits portés à sa connaissance par l'administration fiscale (LPF art. L 76). Le fait pour un contribuable d'avoir spontanément déposé une déclaration rectificative fait toutefois obstacle à la transmission automatique de son dossier au parquet (LPF art. L 228).

En tout état de cause, pour les cas qui n'entraînent pas une transmission automatique du dossier au procureur de la République, l'**avis de la Commission des infractions fiscales** n'est pas requis lorsqu'il existe des présomptions caractérisées qu'une infraction fiscale a été commise pour laquelle existe un risque de dépérissement des preuves et qui résulte :
– soit de l'utilisation, aux fins de se soustraire à l'impôt, de **comptes** ouverts ou de contrats souscrits auprès d'organismes établis à l'étranger ;
– soit de l'interposition de personnes physiques ou morales ou de tout organisme, **fiducie** ou institution comparable établis à l'étranger ;
– soit de l'usage d'une fausse identité ou de faux documents au sens de l'article 441-1 du Code pénal, ou de toute autre falsification ;
– soit d'une **domiciliation fiscale fictive** ou artificielle à l'étranger ;
– soit de toute autre manœuvre destinée à égarer l'administration.

Précisions **a.** L'article L 228 du LPF, dans sa version de l'époque qui subordonnait la mise en mouvement de l'action publique pour fraude fiscale au dépôt d'une plainte par l'administration (« verrou de Bercy ») était **conforme à la Constitution** (Cons. const. 22 juillet 2016 n° 2016-555 QPC : RJF 11/16 n° 1000).

b. En matière de **blanchiment de fraude fiscale**, une plainte peut toujours être déposée sans saisine préalable de la Commission des infractions fiscales étant donné que la poursuite du délit de blanchiment, infraction générale, distincte et autonome, n'est pas soumise aux dispositions de l'article L 228 du LPF (Cass. crim. 20 février 2008 n° 07-82.977).

c. L'article L 228 du LPF dans sa rédaction issue de la loi précitée du 23 octobre 2018 a été déclaré **conforme à la Constitution** (Cons. const. 27 septembre 2019 n° 2019-804 QPC, Association française des entreprises privées (Afep) : RJF 12/19 n° 1176, sur renvoi par CE QPC 1er juillet 2019 n° 429742, 8e et 3e ch., Association française des entreprises privées (Afep) : RJF 10/19 n° 952) ; cette décision précise notamment que le caractère réitéré des manquements des contribuables faisant l'objet d'une majoration de 40 % ne peut être établi qu'à l'égard d'un même contribuable (la doctrine administrative mentionnée ci-avant, qui est dans le même sens mais qui n'est pas opposable s'agissant d'un texte de procédure, est ainsi légalisée).

d. Les **conventions judiciaires d'intérêt public** (CJIP) permettent de traiter par voie transactionnelle les procédures ouvertes contre des personnes morales mises en cause pour des faits de corruption et trafic d'influence, actifs et passifs, fraude fiscale, leur blanchiment et toute infraction connexe (Code pénal art. 41-1-2) ; ces conventions sont publiées sur le site de l'Agence française anti-corruption (AFA), ainsi que ceux des ministères de la justice et de l'économie. La première **convention judiciaire d'intérêt public pour fraude fiscale** a été conclue le 20 juin 2019 (communiqué de la cour d'appel de Paris du 28 juin 2019) ; l'administration fiscale avait porté plainte après avoir fait grief à la société française concernée d'avoir commis un abus de droit par utilisation frauduleuse de sociétés luxembourgeoises (abus du régime des sociétés mères).

e. Une convention judiciaire d'intérêt public (CJIP), adossée à un accord en matière fiscale conclu avec la DGFiP, a été signée entre le parquet national financier et **Google** afin de mettre un terme définitif à l'ensemble des contentieux en cours relatifs à l'imposition de Google en France (communiqué commun des ministres de la justice et de l'action et des comptes publics, n° 792 du 12 septembre 2019) ; le ministre s'est ensuite désisté de l'ensemble de ses pourvois contre les arrêts d'appel (qui lui avaient pourtant donné tort), car cette CJIP était adossée à une transaction fiscale (n° 17720, Précisions f).

f. Par six arrêts du 11 septembre 2019 (arrêts du n°s 18-81.980, 18-81.067, 18-82.430, 18-81.040, 18-83.484 et 18-84.144 : RJF 12/19 n° 1197), la chambre criminelle de la Cour de cassation a apporté diverses précisions sur l'articulation des procédures fiscales et pénales ; il a notamment été précisé que le juge pénal peut, en présence d'un risque sérieux de contradiction de décisions et de façon exceptionnelle, **surseoir à statuer** jusqu'à ce qu'une décision définitive du juge de l'impôt soit intervenue (sans y être obligé ; n° 46230) et que, lorsqu'un prévenu a fait l'objet d'une sanction fiscale pour les mêmes faits, le juge pénal doit vérifier que ceux-ci présentent un degré de gravité de nature à justifier une répression pénale complémentaire (application aux sanctions pécuniaires du principe dégagé par le Conseil constitutionnel selon lequel le total de l'amende et des pénalités fiscales définitives doit être plafonné au montant le plus élevé de l'une des sanctions encourues, pénale ou fiscale) ; il a en outre été précisé que l'assiette de l'amende proportionnelle prévue à l'article 324-3 du Code pénal doit être calculée en prenant pour base le montant des droits éludés, qui correspond au produit de la fraude fiscale, et non pas le montant des sommes imposables dissimulées.

g. Une convention judiciaire d'intérêt public (CJIP) a été conclue le 31 mai 2022 avec deux sociétés françaises et une société luxembourgeoise du groupe **Mc Donald's** ; le tribunal judiciaire de Paris a validé une amende d'intérêt public de plus de 500 M€, s'ajoutant aux rectifications fiscales qui avaient fait l'objet d'un règlement d'ensemble pour environ 470 M€ concernant la cession par les sociétés françaises d'éléments incorporels à la société luxembourgeoise et l'augmentation simultanée de 5 % à 10 % du taux des redevance versées (Trib. jud. Paris Ord. 16 juin 2022, RG n° 35-2022).

72668 **Procédure judiciaire d'enquête fiscale** L'article 23 de la loi n° 2009-1674 du 30 décembre 2009 de finances rectificative pour 2009 a créé une procédure judiciaire d'enquête fiscale menée par des agents des services fiscaux habilités et dirigés par le parquet (Code de procédure pénale art. 28-2 ; BOI-CF-INF-40-10-10-30). Dans cette mouvance, le décret n° 2010-1318 du 4 novembre 2010 a créé la **Brigade nationale de répression de la délinquance fiscale** (BNRDF).

Ce service est désormais rattaché au ministère de l'intérieur ; une nouvelle « police fiscale » a, en effet, été créée au sein du ministère chargé du budget, les officiers fiscaux judiciaires pouvant être placés au sein du ministère de l'intérieur ou du ministère chargé du budget (l'article 1er de la loi n° 2018-898 du 23 octobre 2018 relative à la lutte contre la fraude a supprimé, à l'article 28-2 du Code de procédure pénale, l'obligation pour les OFJ d'être placés « au sein du ministère de l'intérieur »). Les **officiers fiscaux judiciaires** (OFJ) placés au sein du ministère chargé du budget ont été affectés dans un service unique à compétence nationale, le **service d'enquêtes judiciaires des finances (SEJF)**, créé par le décret n° 2019-460 du 16 mai 2019 (JO du 17 mai 2019, texte n° 14) et regroupant les officiers de douane judiciaire (ODJ) du Service national de douane judiciaire et les OFJ.

Ce service, entré en fonction le 1er juillet 2019, est dirigé par un magistrat de l'ordre judiciaire et il est rattaché conjointement au directeur général des douanes et droits indirects et au directeur général des finances publiques ; il est constitué d'agents des douanes et d'agents des services fiscaux spécialement habilités à exercer des missions de police judiciaire et disposant des prérogatives mises à leur disposition par le Code de procédure pénale.

Le SEJF peut être saisi de dossiers relevant de la procédure d'enquête judiciaire fiscale, tout comme la BNRDF ou tout autre service de police judiciaire ; il est appelé à travailler sur saisine des parquets, notamment du parquet national financier, et il est notamment chargé de dossiers de présomption de fraude fiscale nécessitant une **expertise fiscale** importante et la mise en œuvre de **moyens judiciaires** d'enquête. Le procureur de la République et le juge d'instruction peuvent décider librement de confier une enquête judiciaire à un ou plusieurs services.

Précisions **a.** Lorsque l'administration a, dans le délai de reprise, déposé une plainte ayant abouti à l'ouverture d'une enquête judiciaire pour fraude fiscale dans les cas visés n° 72667, les omissions ou insuffisances d'imposition afférentes à la période couverte par le **délai de reprise** peuvent, même si celui-ci est écoulé, être réparées jusqu'à la fin de l'année qui suit la décision qui met fin à la procédure et, au plus tard, jusqu'à la fin de la dixième année qui suit celle au titre de laquelle l'imposition est due (LPF art. L 188 B).

b. La **confidentialité des procédures** conduites dans le cadre de la procédure judiciaire d'enquête fiscale permet d'assurer l'efficacité des investigations judiciaires (écoutes téléphoniques, perquisitions, gardes à vue...).

Parmi les exemples de fraude fiscale, on relèvera notamment les suivants. **72670**

a. Une personne domiciliée en France qui s'est révélée être le véritable animateur de trois sociétés de droit **suisse** ou liechtensteinois dont l'activité était en fait centralisée à son domicile et qui exerçait son activité à Paris « sous le couvert de ces **trois sociétés qui se confondaient avec lui** » (Cass. crim. 3 décembre 1990 n° 89-85.415 P, Grillet : RJF 5/91 n° 696415 P, Grillet : RJF 5/91 n° 696, jugeant notamment que l'abstention systématique d'un contribuable de souscrire une **déclaration de revenus** alors qu'il dispose de revenus importants, en dépit de mises en demeure, au motif infondé qu'il en était dispensé en application de la convention franco-suisse, traduit une volonté délibérée de se soustraire à l'établissement et au paiement de l'impôt).

b. Une personne résidente de France qui avait constitué à **Jersey**, avec deux **avocats** servant de **prête-noms**, une société dont le principal établissement était à Nîmes, et qui n'avait notamment souscrit aucune déclaration de revenus (Cass. crim. 14 décembre 1995 n° 95-80.278, Sabatier : Droit fiscal 1996, n° 27, comm. n° 880).

c. Un **ressortissant étranger** qui avait omis de souscrire ses déclarations de revenus pendant deux années consécutives en dépit de mises en demeure, alors qu'il résidait principalement en France et y exerçait une part importante de ses activités et n'avait souscrit aucune déclaration dans son pays (Cass. crim. 24 novembre 1999 n° 7455 D, Huyser : RJF 6/00 n° 854).

d. Une personne physique qui était **gérante de fait d'une société américaine** constituée pour acheter des aéronefs donnés ensuite en crédit-bail à des GIE outre-mer et qui n'était aux États-Unis qu'une société de façade, sans établissement américain et en réalité résidente de France (Cass. crim. 20 avril 2005 n° 04-80.283, B : Droit fiscal n° 36/2005, comm. n° 584).

e. Une personne physique résidente de France qui exerçait une activité de consultant en restructuration et financement d'entreprises et dont les honoraires, d'un montant de l'ordre de 2,5 M€, avaient été versés par une banque canadienne à une **société luxembourgeoise interposée** ; condamnation pour fraude fiscale à deux ans d'emprisonnement, dont un an avec sursis, et à 20 000 € d'amende (affaire Moreau, ayant donné lieu, sur le plan du contentieux fiscal, à la question prioritaire de constitutionnalité mentionnée n° 45792 sur renvoi du Conseil d'État). Dans cette affaire, la Cour de cassation a jugé qu'il n'y avait pas lieu à renvoi devant le Conseil constitutionnel dès lors notamment que les poursuites étaient fondées sur l'organisation d'un montage juridique frauduleux et non pas sur l'article 155 A du CGI.

f. Un couple de résidents de France qui avait dissimulé des gains provenant de la cession des actions qu'ils détenaient dans le capital d'une société française de distribution, réalisée sous le couvert d'une **société-écran luxembourgeoise** constituée pour les seuls besoins de l'opération et dans le cadre d'un montage juridique et financier élaboré pour se soustraire à l'établissement et au paiement total de l'impôt sur le revenu dont est passible une cession de valeurs mobilières (Cass. crim. 18 mai 2011 n° 2958, 10-87.011 ; confirmation de la condamnation à un an d'emprisonnement avec sursis et 15 000 € d'amende pour le mari et six mois avec sursis et 15 000 € d'amende pour son épouse).

g. Condamnation pour fraude fiscale à six mois d'emprisonnement avec sursis d'un contribuable domicilié en France qui avait prétendu exercer une activité commerciale au Royaume-Uni par l'intermédiaire d'une société britannique dont le siège social n'était qu'une **simple adresse de domiciliation**, qui ne possédait aucun local et aucun matériel de transport, avait un capital social dérisoire et n'avait pas de compte bancaire (Cass. crim. 10 avril 2013 n° 12-82.303).

h. Condamnation à un an d'emprisonnement pour fraude fiscale du dirigeant de fait d'une société chypriote qui exerçait, en réalité, son activité en France, étant **simplement domiciliée à Chypre** auprès d'un cabinet spécialisé dans l'immatriculation et l'administration de sociétés off-shore (Cass. crim. 5 juin 2013 n° 12-83.334) ; dans le même esprit, condamnation à dix-huit mois d'emprisonnement avec sursis et 30 000 € d'amende de l'administrateur délégué d'une société luxembourgeoise qui **exerçait son activité en France** sans l'avoir déclarée alors que les autorités luxembourgeoises avaient indiqué que le siège social était une adresse de domiciliation où la société n'avait pas de bureaux propres, qu'elle n'avait pas de salarié au Luxembourg et qu'elle était gérée à partir de la France à défaut de locaux professionnels au Luxembourg (Cass. crim. 22 janvier 2014 n° 12-87.279).

SECTION 2

Les dispositions spécifiques aux affaires internationales

72845 L'administration dispose d'un certain nombre de moyens de contrôle spécifiques des opérations internationales, notamment :
– les dispositions relatives au contrôle des **prix de transfert** (voir l'étude d'ensemble n°s 75750 s.) ;
– l'article **238 A** du CGI, qui vise à réintégrer certains paiements effectués à des personnes domiciliées à l'étranger et soumises à un régime fiscal privilégié (n°s 72850 s.) ;
– l'article **155 A** du CGI, qui permet de taxer un contribuable (généralement, mais pas seulement, un artiste ou un sportif) utilisant une société fictive établie à l'étranger pour encaisser ses propres revenus (n°s 45780 s.) ;
– l'article **209 B** du CGI, qui vise à réintégrer dans le bénéfice d'une société française les bénéfices de filiales ou succursales établies dans des « paradis fiscaux » (n°s 73100 s.) et l'article **123 bis** qui poursuit le même objectif à l'égard des personnes physiques (n°s 73670 s.) ;
– la **taxe patrimoniale de 3 %** sur les immeubles ou droits immobiliers possédés en France par des personnes morales résidentes ou non résidentes de France (n°s 68220 s.) ;
– l'article **238 bis-0 I** du CGI, relatif aux transferts d'actifs hors de France (n°s 73600 s.) ;
– et les articles 205 B à 205 D du CGI sous lesquels sont incorporées en droit interne les dispositions européennes **anti-hybrides** (n° 74050).

Précisions Il a été indiqué que la lutte contre la planification fiscale agressive est un objectif prioritaire de l'administration et qu'en matière d'impôts directs les **résultats** du bilan 2019 du **contrôle fiscal international** font apparaître des résultats globaux de 5,7 Md€ en base, résultant essentiellement du contrôle des prix de transfert (article 57 du CGI), qui a rapporté environ 4 Md€ en base (réponse Lazaar, n° 36621 : JOAN 3 août 2021 p. 6203).

A. Versements à des personnes domiciliées à l'étranger et soumises à un régime fiscal privilégié (CGI art. 238 A)

72850 L'article 238 A du CGI, issu d'une loi du 27 décembre 1973, concerne les personnes, physiques ou morales, qui transfèrent des bénéfices à l'étranger au moyen de versements, dont le montant est déduit des bases de l'impôt français, à des personnes domiciliées ou établies hors de France dans un État ou territoire qui ne les impose pas ou peu.

Un tel procédé n'est pas nécessairement répréhensible. En effet, les versements peuvent correspondre à des opérations réelles, c'est-à-dire être assortis d'une véritable contrepartie (fourniture de marchandises, réalisation d'une prestation de services, etc.). Mais, comme il s'agit de versements à destination de « paradis fiscaux », l'administration s'en méfie, craignant le **gonflement artificiel des charges** ou le transfert de sommes qui ne correspondent à aucune contrepartie. Dans un tel cas, ce dispositif lui permet de n'admettre les versements dans les charges déductibles du débiteur que si celui-ci prouve à la fois que les dépenses correspondent à des opérations réelles et qu'elles ne présentent pas un caractère anormal ou exagéré. Il s'agit d'une disposition en principe assez sévère puisque la charge de la preuve incombe au contribuable. C'est pourquoi la procédure est soumise à des conditions strictes, qui sont encore plus sévères lorsque les sommes sont payées ou dues à des bénéficiaires établis dans des États ou territoires non coopératifs (nº 73070).

Précisions Il a été jugé que les dispositions de l'article 238 A du CGI ne sont incompatibles ni avec le **traité FUE** ni avec la **convention européenne des droits de l'Homme** (CAA Lyon 7 mai 2008 nº 05-646, 2ᵉ ch., SARL Production métallurgique de Bourgogne : RJF 12/08 nº 1304 ; arrêt définitif).

1. Situations dans lesquelles l'article 238 A est applicable

L'article 238 A est applicable si les conditions suivantes sont réunies : le débiteur doit être soumis à l'impôt en France ; les charges considérées doivent être au nombre de celles que la loi énumère ; le bénéficiaire doit être soumis à un régime fiscal privilégié. **72920**

Précisions **a.** L'administration qui a refusé la déduction d'une charge sur le fondement de l'article 238 A du CGI est recevable, au cas où elle ne justifie pas que les conditions du recours à l'article 238 A sont remplies, à **substituer l'article 39, 1-1º** du CGI à l'article 238 A comme fondement légal de son refus (par exemple, CAA Paris 12 décembre 1991 nº 1453, 2ᵉ ch., SA Roland de Terrian : RJF 3/92 nº 297 ; arrêt définitif).

b. L'administration est recevable, en appel, à **substituer** l'article 57 du CGI à l'article 238 A comme fondement légal de l'imposition, dès lors que cette substitution ne prive le contribuable d'aucune des garanties de procédure prévues par la loi (CAA Paris 2 février 1995 nº 89-819, 3ᵉ ch., SA Adibu : RJF 12/95 nº 1363 ; arrêt définitif faisant suite à l'arrêt cité nº 72995, Précisions).

a. Le débiteur doit être soumis à l'impôt en France

L'article 238 A du CGI concerne les « charges déductibles pour l'établissement de l'impôt », sans restriction. Il peut donc s'agir aussi bien d'une **personne morale** soumise à l'impôt sur les sociétés que d'une **personne physique** soumise à l'impôt sur le revenu dans la catégorie des BIC. Il peut s'agir également de l'établissement stable en France d'une entreprise étrangère. **72940**

D'une manière générale, cette disposition s'applique à tout contribuable pour lequel l'assiette de l'impôt est déterminée sous déduction de l'une des charges énumérées par la loi, y compris si le débiteur est une **société de personnes**. Par exemple, il a été jugé, à propos du versement par une **SCI** de sommes correspondant à des prestations rendues par une société irlandaise dont le régime fiscal privilégié n'était pas contesté, que ce texte était applicable pour la détermination de la quote-part des résultats de la société qui revenait à son associé personne physique (CAA Lyon 6 mars 2018 nº 16LY03722 : RJF 7/18 nº 770 ; arrêt définitif) ; pour la Cour, il appartenait à l'associé d'apporter la preuve requise, qui ne l'avait pas été en l'espèce (à s'en tenir à la lettre de la loi, pourtant la charge de la preuve devrait incomber au débiteur, soit ici la SCI, et non pas à son associé).

Le dispositif peut s'appliquer aussi en matière de **droits de succession**.

b. Les charges doivent être au nombre de celles énumérées par la loi

On peut schématiquement distinguer quatre catégories de « charges » (qui peuvent être payées ou seulement exigibles) : **72960**
– les **intérêts**, au sens large : intérêts, arrérages et tous autres produits des obligations, créances, dépôts, cautionnements (cela inclut notamment les intérêts des dépôts bancaires), sous réserve des régimes spéciaux prévus à l'article 131 ter du CGI (BOI-BIC-CHG-80-10 nº 30) ;
– les **redevances** : redevances de cession ou de concession de licences d'exploitation, de brevets d'invention, marques de fabrique, procédés, formules de fabrication ou droits analogues ;
– les **rémunérations de services** de toute nature, quel que soit le lieu où la prestation en cause est réalisée ;
– **tout versement** correspondant aux charges précédentes (payé et pas seulement dû) quelle qu'en soit la nature, s'il est effectué sur un compte tenu dans un organisme financier établi dans un État ou territoire à fiscalité privilégiée (« paradis fiscal »). Il peut s'agir, en particulier, de commissions versées dans des établissements bancaires situés dans des paradis fiscaux (pour l'obtention de contrats internationaux, par exemple, voir nºs 24030 s.).

Si les conditions tenant au régime fiscal privilégié du bénéficiaire sont réunies (nos 72980 s.), il n'y a pas lieu de rechercher si les sommes entrant dans le champ d'application de l'article 238 A du CGI sont ensuite **reversées** à des tiers (CE 5 juin 2020 n° 425789, 9e et 10e ch., Sté Faraday et min. c/ Sté Faraday : RJF 8-9/20 n° 671 ; voir également n° 73040 g) ; comme le dit la rapporteure publique Émilie Bokdam-Tognetti (conclusions à la même RJF), la logique même du texte n'impose pas, en effet, de raisonner en termes de « bénéficiaire effectif », et il convient de s'en tenir à une approche formelle de l'identité du bénéficiaire (sauf, à notre avis, si le destinataire des sommes agit comme mandataire transparent du bénéficiaire réel). Dans le sillage de cette décision, il a été jugé que l'administration n'était pas fondée à invoquer l'article 238 A pour remettre en cause le versement de redevances par une société française à une société danoise et à une société britannique au motif que ces redevances étaient ensuite reversées à une société maltaise (TA Lyon 26 octobre 2021 n° 2005396, 6e ch., SAS Arrow Génériques, faisant l'objet d'un appel enregistré sous le n° 22LY00087 ; voir également n° 76690, Précisions e).

Précisions **a.** Le champ d'application de l'article 238 A est plus restreint que celui de l'article 57 (nos 76340 s.). En effet, il ne concerne pas les transferts de bénéfices opérés par voie de sous-facturation ou de surfacturation de **marchandises**, par exemple, alors que l'article 57 du CGI vise les bénéfices indirectement transférés, par tous moyens. Mais il est aussi plus large en ce qu'il n'exige pas la démonstration d'une situation de **dépendance** ou de **contrôle** (qui n'est d'ailleurs pas exigée non plus en ce qui concerne les prix de transfert mettant en cause un bénéficiaire soumis à un régime fiscal privilégié ou établi dans un ETNC).

b. L'article 238 A du CGI n'est applicable que si les sommes ont été passées en charges ; une société n'a donc pas lieu d'être redressée sur ce fondement (impôt sur les sociétés et retenue à la source) au titre de commissions qui n'ont pas été passées en charges mais payées **pour le compte de commettants** (CAA Paris 1er juillet 1999 n° 95PA03903, 3e ch., Sté Sollac venant aux droits des sociétés Daval et Usinor Export ; arrêt définitif).

c. Le bénéficiaire doit être domicilié ou établi dans un État ou territoire où il bénéficie d'un régime fiscal privilégié

72980 Les dispositions de l'article 238 A du CGI ont été mises en place pour lutter contre certains transferts à destination de « paradis fiscaux », à la différence, par exemple, de l'article 57 du CGI, qui vise tous les États ou territoires, même si leur régime fiscal n'est pas privilégié.

C'est à **l'administration**, lorsqu'elle invoque l'article 238 A, **d'apporter la preuve** que le bénéficiaire est bien domicilié ou établi dans un tel État ou territoire où il est soumis à un régime fiscal privilégié.

La jurisprudence sur ce point est ancienne (par exemple, CE 21 mars 1986 n° 53002, 7e et 9e s.-s., min. c/ Sté Auriège : RJF 5/86 n° 470, jugeant que « lorsqu'elle s'en prévaut pour contester la déduction de rémunérations, l'administration doit justifier que le bénéficiaire de ces rémunérations est soumis hors de France à un régime fiscal privilégié »). Mais elle avait été un peu oubliée et il est heureux qu'elle ait été rappelée par le Conseil d'État à l'occasion de nouvelles affaires ; il a ainsi été souligné que la charge de la preuve que le bénéficiaire des rémunérations est soumis à un régime fiscal privilégié incombe à l'administration et qu'il lui appartient d'apporter **tous éléments circonstanciés** non seulement sur le taux d'imposition, mais aussi sur l'ensemble des modalités selon lesquelles des activités du type de celles qu'exerce le bénéficiaire sont imposées dans le pays où il est domicilié (CE 24 avril 2019 n° 413129, 3e et 8e ch., SAS Control Union Inspections France : RJF 7/19 n° 631 ; voir également n° 73000 g) ; bien entendu, le contribuable peut, en réponse, faire valoir tous éléments propres à la situation du bénéficiaire.

Si l'administration a établi, au vu de l'ensemble des éléments produits par les parties, que le bénéficiaire n'est pas imposable ou est assujetti à des impôts sur les bénéfices ou les revenus dont le montant est inférieur de plus de la moitié (législation de l'époque) à celui de l'impôt sur les bénéfices ou sur les revenus dont il aurait été redevable dans les conditions de droit commun en France, il appartient au contribuable d'apporter la **preuve** que les dépenses entrant dans le champ de l'article 238 A correspondent à des opérations réelles et ne présentent pas un caractère anormal ou exagéré.

La décision précitée du 24 avril 2019 avait annulé un arrêt qui, pour déduire que l'administration avait établi que le bénéficiaire était soumis à un régime fiscal privilégié, avait seulement relevé que la société française débitrice ne contestait pas qu'aux Antilles néerlandaises, où était établie la société bénéficiaire, le taux d'imposition du bénéfice des sociétés variait de 2,4 % à 6 %, alors que le taux d'imposition à l'impôt sur les sociétés était fixé en France à 33,33 % ; en l'espèce, l'administration avait remis en cause la déductibilité de sommes versées par la société française à une société des Antilles néerlandaises au titre de la garantie des risques liés à l'exécution d'un contrat avec l'Office algérien interprofessionnel des céréales, par lequel celui-ci lui avait confié l'inspection et le contrôle des cargaisons de céréales qu'il importe par voie maritime (la comparaison devait donc tenir compte d'éventuelles particularités d'assiette, s'agissant en l'espèce d'une possible comparaison avec une société d'assurance française) ; dans cette affaire, l'administration n'a définitivement pas pu apporter la preuve qui lui incombait (n° 73000 g).

Dans le même sens a été annulé un arrêt qui avait jugé que l'administration avait apporté la preuve requise alors qu'elle se prévalait de la seule absence d'un impôt sur les sociétés en Andorre, sans prendre en compte les **autres impositions directes** sur les bénéfices et les revenus prévues, le cas échéant, par la législation andorrane (CE 29 juin 2020 n° 433937, 8e et 3e ch., SARL Bernys et min. c/ SARL Bernys : RJF 10/20 n° 767 ; l'affaire a été renvoyée à la cour administrative d'appel de Toulouse où elle est enregistrée sous le n° 20TL22038). Dans ses conclusions sur cette affaire, le rapporteur public Romain Victor avait souligné qu'il fallait ne tenir compte que des impôts susceptibles d'être regardés comme des impôts sur le revenu ou les bénéfices ou profits professionnels, à l'exclusion des impôts frappant les immeubles ou les facteurs de production, mais qu'il fallait aussi « faire porter son regard au-delà du seul impôt synthétique sur les bénéfices ou les revenus pour faire entrer dans la comparaison d'**autres variétés d'impôts** ayant pour objet ou pour effet de grever les bénéfices ou les revenus, tels qu'une taxe sur l'excédent brut d'exploitation ou un impôt frappant un revenu brut, par exemple une taxe due à raison des sommes encaissées par les entreprises, qui serait construite sur le modèle de la déjà fameuse **"taxe GAFA"** (…) » (conclusions à la RJF 10/20, C 767).

Cela étant, la condition tenant au caractère privilégié du régime fiscal n'est pas exigée en présence d'un bénéficiaire domicilié ou établi dans un État ou territoire non coopératif (n° 73070).

Précisions **a.** Si le contribuable ne conteste pas l'application de l'article 238 A, le juge **ne soulève pas d'office** la question du régime fiscal privilégié conformément à la règle contentieuse classique selon laquelle un moyen tiré du champ d'application de la loi ne peut être soulevé d'office que si le juge dispose des éléments nécessaires au dossier (CE 22 février 1989 n° 71593, 7e et 8e s.-s., CO Plan : RJF 4/89 n° 427 ; CAA Paris 28 février 1991 n° 89-1193 : Droit fiscal 1992, n° 44, comm. 2023, arrêt définitif à propos de la Suisse ; CE 22 janvier 1992 n° 82198, 9e et 7e s.-s., Électrification générale : RJF 3/92 n° 315, à propos de Panama).

b. Le moyen tiré de l'absence de régime fiscal privilégié ne peut être soulevé **pour la première fois en cassation** (CE 10 mai 1996 n° 128269, 9e et 8e s.-s., SA Confection Sèvre Vendée : RJF 7/96 n° 867, jugeant que le contribuable imposé en application de l'article 238 A du CGI qui n'a pas contesté devant la cour administrative d'appel qu'il bénéficiait en Suisse d'un régime fiscal privilégié, ni versé au dossier des éléments permettant à la Cour de se prononcer sur ce point, n'est pas recevable à invoquer pour la première fois en cassation un moyen tiré de ce que sa situation n'entrait pas dans le champ de l'article 238 A).

Notion de régime fiscal privilégié

La législation française ne fait pas référence à l'expression « paradis fiscal », mais utilise celle de « fiscalité privilégiée » (l'expression « paradis fiscal » est souvent employée par commodité mais elle ne recouvre pas une réalité juridique). **72983**

Dans sa rédaction actuelle (combinaison de la loi n° 2004-1484 du 30 décembre 2004 et de la loi n° 2018-898 du 23 octobre 2018 relative à la lutte contre la fraude), l'article 238 A du CGI vise les entreprises ou entités étrangères non imposables ou assujetties à des impôts sur les bénéfices ou les revenus dont le montant est inférieur de 40 % ou plus à celui de l'impôt sur les bénéfices ou sur les revenus dont elles auraient été redevables dans les conditions de droit commun en France, si elles y avaient été domiciliées ou établies. Le critère de 40 % est applicable depuis le 1er janvier 2020 alors qu'il était auparavant de 50 % (un impôt étranger inférieur à 60 % de l'impôt français permet désormais de caractériser un régime fiscal privilégié contre 50 % auparavant) ; il a été abaissé pour tenir compte de la baisse programmée du taux de l'impôt sur les sociétés (bien que le texte ait également des conséquences au regard de l'impôt sur le revenu) et pour éviter que, par exemple, le taux irlandais de 12,5 % ne permette plus de caractériser un régime privilégié lorsque le taux français sera, à terme, de 25 % (avec un taux normal d'impôt sur les sociétés de 25 % en 2022, le seuil est de 15 % et non pas de 12,5 %).

Les États ou territoires visés sont ceux qui ne font pas partie de la « France » au sens fiscal du terme ; les **collectivités d'outre-mer**, par exemple la Polynésie française (nº 1906), peuvent donc être concernées.

Précisions **a.** Avant 2006, la loi se contentait de faire référence à des impositions étrangères « **notablement moins élevées** » qu'en France ; la doctrine administrative avait considéré qu'étaient visées les entités qui supportaient une imposition inférieure aux 2/3 de la charge fiscale qu'elles auraient eue à supporter en France sur la même base d'imposition.

b. L'introduction d'un critère précis en 2004 a vraisemblablement rendu le dispositif compatible avec le **droit de l'Union européenne** en interdisant la transposition à la législation française de la décision rendue par la Cour de justice à propos de la législation belge (affaire SIAT ; nº 81935) ; cela étant, cet arrêt ne tranche pas la question de fond d'une éventuelle restriction résultant de règles de déductibilité différentes selon que les sommes sont payées au sein du même État ou dans un autre État membre, sachant que la Cour de justice n'admet généralement pas les dispositions de cette nature lorsque leur champ d'application est trop large, comme celui de l'article 238 A, et qu'il n'est pas restreint au cas spécifique des montages artificiels (la compatibilité a tout de même été admise par CAA Lyon 7 mai 2008 nº 05-646, 2e ch., SARL Production métallurgique de Bourgogne : RJF 12/08 nº 1304 ; arrêt définitif).

Appréciation à l'égard du bénéficiaire

72985 Ce n'est pas l'État ou territoire qui est à « fiscalité privilégiée », c'est le bénéficiaire dont on se demande s'il est ou non soumis à un « régime fiscal privilégié ». C'est à son niveau que doit s'apprécier la condition et **non pas** par référence à **la fiscalité de l'État, en général**.

L'administration n'apporte donc pas la preuve qui lui incombe en se bornant, par exemple, à faire état d'un « rapport annuel sur la charge fiscale en Suisse » pour affirmer que le bénéficiaire était soumis à un régime fiscal privilégié dans le canton de Genève (CE 21 mars 1986 nº 53002, 7e et 9e s.-s., min. c/ Sté Auriège : RJF 5/86 nº 470).

En ce qui concerne les **partnerships étrangères**, l'appréciation de la condition tenant au régime fiscal privilégié pose une difficulté spécifique ; en effet, ces entités ne sont pas imposables en tant que telles mais tel n'est pas le cas non plus des sociétés de personnes françaises régies par l'article 8 du CGI. Dans ces conditions, il y a lieu, à notre avis, de considérer qu'un régime fiscal privilégié est caractérisé si les revenus réalisés par une partnership ne sont pas imposables dans l'État où elle est constituée, soit à son nom soit à celui de ses associés. En ce sens, il a été jugé qu'une limited partnership américaine dont les résultats ne sont pas imposables aux États-Unis, que ce soit au nom de la société ou à celui de ses membres, bénéficie d'un régime fiscal privilégié étant donné qu'une telle entité est assimilable à une société en commandite simple de droit français passible de l'impôt sur les sociétés pour la part revenant aux commanditaires, les commandités étant imposables en France y compris s'ils sont non résidents (CAA Versailles 5 mars 2019 nº 16VE02168, 1e ch., Sté Rexel : RJF 8-9/19 nº 762 ; arrêt définitif) ; dans cette affaire, qui concernait des **intérêts versés** par une société française à une **limited partnership américaine** détenue directement et indirectement par une société luxembourgeoise, la société française débitrice a toutefois eu gain de cause car elle a pu apporter la preuve que les intérêts d'emprunt étaient réels et ne présentaient pas de caractère exagéré (la Cour a également relevé que le recours à l'endettement ne pouvait être regardé comme réalisé dans des conditions anormales révélant un **but exclusivement fiscal** de l'opération et revêtant les caractéristiques d'un abus de droit). Aux fins de la comparaison avec la fiscalité française, la Cour n'a retenu, à juste titre, que les règles fiscales américaines alors qu'en première instance le tribunal administratif avait, à tort, pris en considération une éventuelle imposition au Luxembourg (TA Montreuil 17 mars 2016 nº 1403640, 1e ch., Sté Rexel : RJF 7/16 nº 604) ; seule compte en effet l'imposition acquittée, le cas échéant, dans l'État ou le territoire où la partnership a été constituée, que ce soit en son nom ou à celui de ses associés.

Nécessité d'effectuer une comparaison

72988 La loi exige une comparaison de la charge fiscale effectivement supportée par l'entité étrangère avec celle qu'elle aurait à supporter en France sur la même base d'imposition ; une entité étrangère bénéficie d'un régime fiscal privilégié si l'écart est **supérieur à 40 %** (depuis le 1er janvier 2020, un impôt étranger inférieur à 60 % de l'impôt français permet de caractériser un régime fiscal privilégié ; nº 72983).

À ce propos, la doctrine administrative précise qu'il y a lieu de comparer, **au titre d'un exercice donné**, la charge fiscale effectivement supportée, au titre de ses bénéfices ou de ses revenus, par la structure établie hors de France à celle qu'elle supporterait dans les conditions de droit commun, à raison des mêmes bénéfices ou revenus, si elle était établie en France (BOI-IS-BASE-60-10-20-20 n° 120).

Cette précision reprend la jurisprudence antérieure relative à l'article 238 A ; le commissaire du Gouvernement Olivier Fouquet avait, par exemple, indiqué que « la comparaison doit être précise et ne peut se borner à une référence à des taux moyens… Il faut déterminer la **charge fiscale effectivement supportée** par… une société… établie à Genève présentant les mêmes caractéristiques en ce qui concerne l'importance du capital et des réserves, et le niveau des bénéfices. Il convient ensuite d'évaluer la charge fiscale que supporterait la même société si elle était établie en France et **comparer** les résultats obtenus » (conclusions sous CE 21 mars 1986 n° 53002, 7e et 9e s.-s., ministre c/ Sté Auriège : RJF 5/86 n° 470). Dans le même sens, CE 24 avril 2019 n° 413129, 3e et 8e ch., SAS Control Union Inspections France : RJF 7/19 n° 631 (nos 72980 et 73000 g).

Il en résulte qu'il y a notamment lieu, aux fins de la comparaison, de tenir compte de l'application éventuelle du **régime des sociétés mères** ; ainsi que l'a jugé le Conseil d'État, il convient de rechercher si l'entité étrangère aurait rempli les conditions pour en bénéficier si elle avait été établie en France et il n'y a pas lieu d'attacher d'importance au fait que ce régime soit optionnel et relève d'une décision de gestion (CE 14 février 2022 n° 442061, 3e et 8e ch. : RJF 5/22 n° 453 ; l'affaire a été renvoyée à la cour administrative d'appel de Versailles) ; cette décision, qui concerne l'application de l'article 123 bis du CGI au titre de la détention d'une société luxembourgeoise par des personnes physiques domiciliées en France, a annulé des arrêts d'appel qui, à tort, s'étaient bornés, pour juger que la société luxembourgeoise bénéficiait d'un régime fiscal privilégié, à estimer qu'elle ne pouvait se prévaloir du régime des sociétés mères au motif que ce régime optionnel relèverait d'une décision de gestion, sans rechercher si la société aurait rempli les conditions pour en bénéficier si elle avait été établie en France (cette décision réaffirme également que l'appréciation du caractère privilégié du régime fiscal doit se faire au regard de l'impôt sur les bénéfices ou les revenus dont la personne aurait été redevable dans les conditions de droit commun en France). Ce point n'est pas tranché, mais l'imposition d'une quote-part de frais et charges de 5 % devrait, à notre avis, être considérée comme négligeable, car il n'y aurait pas grand sens à estimer qu'une exonération totale caractérise un régime fiscal privilégié par rapport à une imposition de seulement 1,67 % (taux de l'époque).

La comparaison n'est évidemment facile à faire que lorsque le bénéficiaire est établi dans un État dans lequel il n'existe **pas d'impôt sur les bénéfices ou les revenus** ; dans ce cas, on pourrait estimer que l'article 238 A s'applique systématiquement puisque la loi précise que « les personnes sont regardées comme soumises à un régime fiscal privilégié dans l'État ou le territoire considéré si elles n'y sont pas imposables » ; ce point n'est cependant pas absolument clair car l'esprit du dispositif est plutôt de considérer qu'une personne bénéficie d'un régime fiscal privilégié seulement si, étant exonérée, elle aurait été imposable en France si elle y avait été établie et si l'écart est d'au moins 40 % (en ce sens, par exemple, des Sicav ou des FCP étrangers ne bénéficient pas nécessairement d'un régime fiscal privilégié ; n° 73802). **72990**

De son côté, l'administration estime que l'existence d'un régime fiscal privilégié est également établie lorsque, dans l'État étranger ou le territoire en cause, les revenus, profits ou rémunérations, de la nature de ceux énumérés par l'article 238 A du CGI et qui ont leur source à l'extérieur de cet État ou de ce territoire, n'y sont pas soumis à un impôt sur les bénéfices ou sur les revenus (BOI-BIC-CHG-80-10 n° 140) ; cette manière de voir nous paraît cependant exagérément extensive dès lors que la loi ne dit rien de tel (elle ne renvoie pas à l'imposition spécifique des revenus en cause mais à l'imposition des entités considérées, en général).

En principe, il convient de se livrer à une **comparaison précise**, au titre de chacun des exercices considérés (une entité étrangère peut être considérée comme bénéficiant d'un régime fiscal privilégié certaines années et non d'autres), en considérant les impôts payés à l'étranger **dans leur ensemble**, à condition qu'ils soient de **même nature** que l'impôt français, et en prenant en compte, du côté français, non seulement le taux de l'impôt sur les sociétés mais aussi les contributions additionnelles (BOI-IS-BASE-60-10-20-20 n° 90).

Le mode d'emploi dégagé par la décision Auriège (n° 72988), qui invite à effectuer une **comparaison concrète** et non abstraite de la situation du bénéficiaire étranger par rapport à celle qui serait la sienne s'il était établi en France, est toujours valable même si la loi a été modifiée (en ce sens, par exemple, CE 24 avril 2019 n° 413129, 3e et 8e ch., SAS Control Union Inspections France : RJF 7/19 n° 631 et CE 14 février 2022 n° 442061, 3e et 8e ch. : RJF 5/22 n° 453 ; voir nos 72980, 72988 et 73000 g). La comparaison peut donc exiger une analyse assez fine de l'activité propre du bénéficiaire ; le Conseil d'État envisage non pas les caractéristiques globales du système fiscal étranger, mais plus précisément le **« profil fiscal »** du bénéficiaire, eu égard à son statut juridique spécifique. On peut, par conséquent, concevoir des « paradis fiscaux partiels » (par exemple, le Portugal n'est pas, en tant que tel, un État dont le régime fiscal est privilégié, mais l'article 238 A peut s'appliquer à une société de Madère ; n° 72995 d.).

Précisions **a.** À propos des **plus-values**, la doctrine administrative indique qu'un régime étranger prévoyant une **exonération équivalente** au régime français applicable aux cessions de titres de participations (n° 65790) est réputé ne pas constituer à lui seul un régime fiscal privilégié (BOI-IS-BASE-60-10-20-20 n° 120). Une législation étrangère qui n'impose pas des plus-values de cession de participations qui n'auraient été soumises en France qu'à une imposition très réduite, limitée à la quote-part de frais et charges de 12 %, ne devrait pas, en effet, caractériser un régime fiscal privilégié. Il n'y a cependant pas de certitude sur ce point étant donné que l'on sait maintenant que les plus-values ne sont pas exonérées d'impôt en France, contrairement à ce que soutenait l'administration, mais imposées à un taux réduit (CE 15 novembre 2021 n° 454105, 8e et 3e ch., Sté L'Air Liquide : RJF 2/22 n° 183 ; voir n° 65797) et la doctrine administrative précitée n'est sans doute pas opposable, car elle ne traite littéralement que de la situation qui prévalait alors que la quote-part de frais et charges était de 5 % et que l'imposition réelle des plus-values de cession de titres de participation s'effectuait au taux de 1,67 % (5 % × 33 1/3 %).

b. Si, dans l'État étranger considéré, des impôts sur les bénéfices sont **prélevés à plusieurs niveaux** (État ou fédération, provinces ou cantons, communes), c'est l'ensemble des impôts ainsi prélevés qu'il convient de comparer à l'impôt français.

Prise en compte des règles de territorialité

72992 Comme la comparaison entre le régime fiscal étranger et le régime fiscal français doit être effectuée de façon exacte, une telle comparaison implique que soient prises en compte les règles de territorialité de l'impôt sur les sociétés ; une société étrangère qui n'est pas imposable dans son pays d'implantation bénéficie d'un régime fiscal privilégié si elle réalise des revenus qui auraient été imposables en France si elle y avait été établie. Mais tel n'est pas le cas si elle réalise uniquement des revenus qui n'auraient pas été imposables en France dès lors qu'ils se rattachent à une **entreprise exploitée hors de France**.

Cette solution a été confirmée par le Conseil d'État, pour l'application de l'article 209 B du CGI (nos 73100 s.), à propos d'une société du **Vanuatu** (anciennement Nouvelles-Hébrides), où elle était exonérée, et qui exerçait une activité d'exploitation de plantations de palmiers à huile et d'amandiers en Malaisie, où elle était imposée ; en appel, cette société avait été considérée comme soumise à un régime fiscal privilégié au motif que la comparaison devait se limiter à la situation en France et au Vanuatu sans égard aux bénéfices réalisés en Malaisie qui n'entrent pas dans le champ de l'impôt français en vertu de l'article 209, I du CGI (CAA Nantes 16 février 2009 n° 07-3143, 1e ch., SA Cie des Glénans : RJF 7/09 n° 622). Mais, à propos de la même société, une autre Cour avait retenu une interprétation opposée qui prenait en compte l'imposition cumulée au Vanuatu et en Malaisie en faisant abstraction des règles de territorialité (CAA Paris 18 décembre 2008 n° 06-3136, 9e ch., Société Industrielle et financière de l'Artois : RJF 8-9/09 n° 727 ; conclusions au BDCF 8-9/09 n° 96).

Ayant à trancher entre ces deux interprétations divergentes, le Conseil d'État a fait prévaloir la première, jugeant que la cour de Paris avait commis une erreur de droit en se fondant non sur la **comparaison entre la charge fiscale**, en matière d'imposition des bénéfices ou des revenus, qui aurait été supportée par la société du Vanuatu si elle avait été établie en France et celle qui lui incombait au Vanuatu, mais sur la comparaison entre la somme des impôts comparables à l'impôt sur les sociétés payés par la société à raison de ses établissements situés dans plusieurs pays étrangers et le montant de l'impôt sur les sociétés qu'elle aurait payé en France si ses résultats y avaient été entièrement imposables (CE 21 novembre 2011 n° 325214, 9e et 10e s.-s., min. c/ Société industrielle et financière de l'Artois (SIFA) : RJF 2/12 n° 102 ; conclusions Pierre Collin au BDCF 2/12 n° 16).

Comme la société du Vanuatu, si elle avait eu son siège en France, n'aurait pas été imposée sur les bénéfices qu'elle retirait de ses activités en Malaisie en raison du principe de territorialité de l'impôt sur les sociétés, l'imposition des bénéfices afférents à une telle activité était sans conséquence sur l'appréciation du caractère privilégié de son régime fiscal.

Il s'en déduit, au demeurant, qu'une société étrangère qui réalise des profits exonérés d'impôt dans un établissement étranger ne bénéficie pas, de ce seul fait, d'un régime fiscal privilégié dans l'hypothèse où ces profits ne seraient pas imposables non plus si la société était établie en France.

Incidences des retenues à la source d'amont

À la lettre, l'article 238 A du CGI ne renvoie qu'à la charge fiscale supportée dans l'État ou le territoire concerné ; la loi précise en effet que les personnes sont regardées comme soumises à un régime fiscal privilégié **dans l'État ou le territoire considéré** si elles n'« y » sont pas imposables ou si elles « y » sont assujetties à des impôts sur les bénéfices ou les revenus dont le montant est inférieur de 40 % ou plus à celui de l'impôt sur les bénéfices ou sur les revenus dont elles auraient été redevables dans les conditions de droit commun en France, si elles y avaient été domiciliées ou établies. C'est clairement de la fiscalité de l'État ou du territoire qu'il s'agit, et non pas de la fiscalité « en général » subie en France ou hors de France par la société étrangère. Il n'est donc pas possible, en principe, de tenir compte, pour l'appréciation du régime fiscal privilégié, des retenues à la source prélevées en amont, hors du pays d'implantation, sur des revenus réalisés par la société étrangère concernée. **72993**

Cependant, le Conseil d'État, s'écartant d'une interprétation littérale de la loi, a tout de même estimé qu'il y avait lieu de tenir compte des **retenues à la source** lorsque celles-ci sont **supportées en France** ; il en a ainsi jugé à propos de la société du Vanuatu dont il est question n° 72992, qui avait subi une retenue à la source en France lors de la distribution à son profit de dividendes versés par une filiale française (CE 21 novembre 2011 n° 327207, 9e et 10e s.-s., min. c/ Compagnie des Glénans : RJF 2/12 n° 102 ; conclusions Pierre Collin au BDCF 2/12 n° 16). En appel, il avait été relevé que la société n'eût pas été assujettie à cette charge fiscale si elle avait eu son siège en France et qu'il n'était donc pas établi que son régime fiscal était privilégié (les dividendes versés par une société française à une société étrangère sont assujettis à une retenue à la source en droit interne mais celle-ci n'est pas due si les dividendes sont versés à des sociétés françaises). Cette interprétation favorable a été validée par le Conseil d'État qui a estimé qu'en prenant en compte la retenue à la source que la filiale française avait acquittée en application de l'article 119 bis du CGI la Cour n'avait pas commis d'erreur de droit.

À notre avis, cependant, cette solution doit s'interpréter strictement car elle ne résout que la question posée ; elle ne vise littéralement que la retenue à la source française et ne s'étend pas aux retenues à la source prélevées dans des **États tiers** (par exemple, si la société du Vanuatu avait reçu des dividendes de source américaine ayant subi aux États-Unis une retenue à la source de 30 %) ; la notion de régime fiscal privilégié s'apprécie strictement, l'entorse admise par le Conseil d'État se justifiant sans doute parce que le prélèvement d'amont avait été effectué au profit du Trésor français (en ce sens, le Conseil d'État considère, en effet, que l'article 209 B du CGI cherche à lutter contre l'évasion fiscale au regard des impôts « français » ; n° 73285).

Sur la prise en compte des retenues à la source d'amont pour le calcul des résultats imposables au titre de l'article 209 B, sans incidence sur la notion même de régime fiscal privilégié, voir n° 73405.

Précisions Les décisions Sifa et Compagnie des Glénans ne sont pas absolument cohérentes en raison d'une absence d'identité des **considérants de principe** qui éclairent les solutions retenues (ces décisions ont été rendues sous l'empire d'une ancienne rédaction de l'article 209 B du CGI mais elles sont transposables pour l'application de la législation actuelle) :
– dans la décision Sifa, le Conseil d'État affirme que l'administration doit justifier que la société étrangère « est soumise, dans le pays étranger où elle est établie, à un impôt sur les sociétés ou à des impôts comparables notablement moins élevés que ceux auxquels elle serait soumise en France si elle y était établie » (ancienne rédaction de l'article 209 B du CGI) ; ce considérant de principe, destiné à résoudre une **question de territorialité**, aurait dû conduire le Conseil d'État à refuser de prendre en compte la retenue à la source française dans l'affaire Compagnie des Glénans, puisque cette retenue n'était pas une charge fiscale tenant au pays où la société était établie, le Vanuatu, mais une charge fiscale subie ailleurs, en France ;

– pourtant, la décision Compagnie des Glénans donne satisfaction à la requérante ; mais, dans cette décision, le considérant de principe est différent en ce qu'il expose « qu'eu égard à la finalité de l'article 209 B, l'administration doit justifier que la société, dont elle entend imposer les résultats sur le fondement de cet article entre les mains d'un associé, est **soumise hors de France** à une charge fiscale moindre, pour l'imposition de ses bénéfices ou de ses revenus, que celle à laquelle elle serait soumise en France si elle y était établie » (ancienne rédaction de l'article 209 B du CGI) ; on voit donc ici que devrait être prise en compte non pas la fiscalité propre du Vanuatu mais la fiscalité que subit globalement la société hors de France.

Pour rétablir la cohérence entre ces deux décisions, il nous semble qu'il faut comprendre ces considérants de principe comme destinés seulement à justifier chacune des solutions d'espèce.

Exemples de régimes privilégiés

72995 La jurisprudence, rendue à propos de l'article 238 A dans son ancienne rédaction, mais transposable au texte actuel, illustre ces principes par les exemples suivants.

a. Une **Anstalt** du **Liechtenstein** doit être regardée comme soumise à un régime fiscal privilégié dès lors « qu'eu égard à sa forme juridique [...] elle est exonérée au Liechtenstein de tout impôt sur les bénéfices et seulement redevable d'un impôt annuel sur le montant de son capital et de ses réserves au taux de 0,1 % et assorti d'un minimum d'imposition de 1 000 francs suisses » (CE 16 décembre 1987 n° 55790, 9e et 7e s.-s. : RJF 2/88 n° 153 et CE 26 mai 1993 n° 75800, SA Brenneisen, 8e et 9e s.-s. : RJF 7/93 n° 981, à propos de redevances de brevets).

b. L'administration justifie qu'une société établie au **Liechtenstein** y est soumise à un régime fiscal privilégié en faisant valoir, sans être contredite, qu'eu égard à sa forme juridique elle est redevable d'un impôt annuel sur les bénéfices d'au maximum 12 % (CAA Lyon 2 mai 2000 n° 96-2779, 2e ch., Sté touristique, thermale et hôtelière de Divonne-les-Bains : RJF 11/00 n° 1241 ; arrêt définitif).

c. Une **association** du **Liechtenstein** qui reçoit des **redevances** de source française bénéficie d'un régime fiscal privilégié en étant exonérée au Liechtenstein, alors que, compte tenu de son activité réelle, elle a un caractère lucratif et qu'elle serait donc passible de l'impôt sur les sociétés si elle exerçait son activité en France (CE 2 avril 2003 nos 237751 et 237753, 8e et 3e s.-s., Sté d'Édition des artistes peignant de la bouche et du pied (APBP) : RJF 6/03 n° 693 ; conclusions Pierre Collin au BDCF 6/03 n° 75). Le Conseil d'État n'a pas admis, à juste titre, que la recherche doive conduire à apprécier la situation de cette association par rapport à celle des autres personnes physiques ou morales du Liechtenstein, ni l'argument selon lequel il faudrait considérer que l'association serait nécessairement à but non lucratif si elle était établie en France, compte tenu de son statut en droit du Liechtenstein. L'approche de la jurisprudence est **essentiellement réaliste et concrète**, fondée sur la recherche du régime fiscal qui serait appliqué à une entreprise comparable, compte tenu de son activité et de sa nature juridique et économique.

d. Une société établie à **Madère** bénéficie d'un régime fiscal privilégié, dans la mesure où elle est notamment exonérée d'impôt sur les sociétés, ce point n'étant pas sérieusement contesté par le contribuable eu égard aux précisions fournies par l'administration (CAA Lyon 7 mai 2008 n° 05-646, 2e ch., SARL Production métallurgique de Bourgogne : RJF 12/08 n° 1304, arrêt définitif).

e. Une **société luxembourgeoise** qui, en qualité de holding pure régie par l'ancienne loi du 31 juillet 1929, n'est soumise qu'à un droit d'apport de 1 % lors de sa constitution et à une taxe d'abonnement de 0,2 % bénéficie d'un régime fiscal privilégié (CAA Paris 13 mars 2012 n° 10PA00958, 10e ch., Sté Sodefra Finances : RJF 12/12 n° 1105 ; arrêt définitif).

f. Une société établie à **Hong Kong** et qui avait reçu des commissions versées par une société française a été considérée comme bénéficiant d'un régime fiscal privilégié dès lors que la société française débitrice n'avait pu contredire les allégations en ce sens de l'administration (CAA Versailles 16 octobre 2012 n° 10VE01908, 3e ch., Sté Alcatel Lucent France : RJF 2/13 n° 132 aux conclusions Franck Locatelli au BDCF 2/13 n° 15, ayant fait l'objet d'un pourvoi non admis sur ce point par CE 19 novembre 2013 n° 364708, 9e s.-s., Sté Alcatel Lucent France : RJF 2/14 n° 128) ; la requérante n'avait pu démontrer que le prestataire de Hong Kong, qui avait, semble-t-il, un établissement en Thaïlande, aurait été exonéré en application des règles de territorialité de l'impôt français s'il avait eu son siège en France. Cette décision illustre bien la difficulté que peut rencontrer le débiteur français pour apporter la preuve qui lui incombe, s'agissant, comme en l'espèce, d'un

prestataire de services indépendant (hors groupe) dont le régime fiscal lui est nécessairement inconnu. Elle n'est cependant pas conforme à la jurisprudence du Conseil d'État (n° 72988).

g. L'article 238 A du CGI avait été considéré comme applicable aux sommes versées par une société française à une **société taïwanaise** au motif que ces sommes n'auraient fait l'objet d'aucune imposition entre les mains du bénéficiaire (CAA Nancy 27 septembre 2018 n° 17NC01926, 2e ch., Sté Gemar Lumitec) ; cet arrêt a cependant été annulé et l'affaire renvoyée à la Cour par CE 1er juillet 2019 n° 425871, 3e ch., Sté Gemar Lumitec, car la solution retenue ne respectait pas la jurisprudence (voir nos 73015 et 73045, Précisions i).

h. Des honoraires versés par une société française à la **succursale suisse** d'une société luxembourgeoise ont été considérés comme versés à une entreprise soumise à un régime fiscal privilégié dès lors que la société bénéficiaire avait supporté en Suisse un impôt représentant seulement 39,3 % de l'impôt qu'elle aurait supporté en France (CAA Paris 29 novembre 2018 n° 17PA00484, 9e ch., Sté Mat Brothers Company, arrêt définitif ; voir également n° 73045 j) ; la requérante n'avait pas démontré, en particulier, aux fins de la comparaison, que le **taux réduit d'impôt** sur les sociétés aurait été applicable en France, faute de justifier que les associés du cabinet suisse étaient des personnes physiques.

i. Il a été jugé qu'une société libanaise assujettie à un impôt sur les bénéfices au **taux unique de 15 %**, sans aucune autre imposition directe ou application d'un régime spécifique, bénéficiait, en 2013 et 2014, d'un régime fiscal privilégié eu égard au taux auquel les sociétés françaises étaient assujetties à l'impôt sur les sociétés (CAA Paris 28 juin 2022 n° 21PA01008, 9e ch., SARL Alfa Omnium Technic ; voir également n° 73045 l) ; cet arrêt ne paraît pas respecter la jurisprudence du Conseil d'État, car il ne prend pas en considération l'assiette imposable.

Précisions Lorsque le Conseil d'État ne s'estime pas suffisamment informé, il ordonne un **supplément d'instruction** car il exige une analyse précise et concrète de la situation fiscale de la société étrangère, pour la comparer à ce qu'elle serait en France : en ce sens, CE 21 mars 1986 n° 53002, 7e et 9e s.-s., min. c/ Sté Auriège : RJF 5/86 n° 470 ; CAA Paris 31 décembre 1991 n° 89-819, 3e ch., Adibu : RJF 4/92 n° 448, à propos d'une société des ex-Antilles néerlandaises (sur la décision finalement rendue dans cette affaire, voir n° 73000 f).

Exemples d'absence de régime privilégié

Assez souvent, le juge de l'impôt écarte les prétentions de l'administration, considérant qu'elle n'apporte pas la démonstration qui lui incombe du caractère privilégié du régime fiscal étranger ; la jurisprudence offre de nombreux exemples en ce sens : **73000**

a. Une société établie à **Genève** n'a pas été considérée comme soumise à un régime fiscal privilégié dès lors que la charge fiscale pouvait atteindre 49,85 % du bénéfice imposable (en 1975 et 1976) et que le ministre avait admis que le taux de 46 % qui aurait été appliqué à la société concernée est cohérent avec les taux d'imposition des sociétés genevoises analogues (CE 27 juillet 1988 n° 53 002, 7e et 9e s.-s. : RJF 11/88 n° 1204). On ne doit pas en déduire que la Suisse ne peut jamais entrer dans le champ de l'article 238 A, car la solution dépend en fait des cantons et des situations concrètes (notamment de l'assiette imposable).

b. Le fait que le taux de l'impôt sur les sociétés au **Danemark** ait été de 37 %, contre 50 % en France à l'époque, ne permettait pas l'application de l'article 238 A (CE 25 janvier 1989 n° 49847, 9e et 8e s.-s. : RJF 3/89 n° 274) ; dans cette affaire, le commissaire du Gouvernement soulignait que ce qui importe est bien le « profil fiscal » du bénéficiaire, eu égard à son statut juridique spécifique et non pas la fiscalité du pays, en général.

c. L'administration n'a pu démontrer qu'une **association religieuse californienne** bénéficiait d'un régime fiscal privilégié par rapport au droit français (CAA Paris 12 décembre 1991 n° 1453, 2e ch., SA Roland de Terrian : RJF 3/92 n° 297 ; arrêt définitif) ; dans cette affaire, la Cour a noté que le service des impôts s'était borné à faire valoir que, dans l'État de Californie, les organismes à caractère religieux étaient exonérés d'impôt sur les sociétés et qu'il n'avait, ce faisant, nullement apporté la preuve de l'existence au regard des critères français d'imposition des associations d'un régime fiscal privilégié, bénéficiant aux organismes à caractère religieux installés en Californie et exerçant en fait, comme l'association bénéficiaire des redevances litigieuses, une activité à caractère lucratif (solution discutable au regard de la jurisprudence du Conseil d'État).

73000 (suite) **d.** Jugé de même, à propos des demi-cantons de **Bâle-Ville** et **Bâle-Campagne** (Suisse), alors qu'il n'était pas contesté que l'impôt réel supporté par la société en cause avait varié entre 21,62 % et 28,05 %, dès lors que l'application de la législation suisse pouvait permettre d'atteindre le taux de 37 % (CAA Nancy 30 janvier 1992 n° 649, 2e ch., Brendle et Cie : RJF 7/92, n° 951 ; arrêt définitif) ; cette décision est contestable au regard de la jurisprudence du Conseil d'État car elle méconnaît la nécessité d'examiner la situation du bénéficiaire lui-même et non pas celle, théorique, du pays dans lequel il est installé (solution reprise par la même Cour dans une décision du 26 mars 1992 n° 433, 2e ch., Outirop-Fasteners : RJF 10/92 n° 1314 ; arrêt définitif). Elle n'est, de toute façon, plus en ligne avec la loi, dans sa rédaction actuelle.

e. L'administration n'apporte pas la preuve qui lui incombe en se bornant à faire valoir, à propos d'une **société établie à Zurich** (Suisse), que le taux maximal de l'ensemble des impôts serait d'environ 35 % contre 50 % en France, à l'époque (CE 30 septembre 1992 n° 75464, 8e et 9e s.-s., SARL Tool France : RJF 11/92 n° 1470).

f. À propos d'une société des ex-**Antilles néerlandaises**, l'administration a fini par admettre qu'en dépit des recherches effectuées et des démarches entreprises il lui a été impossible de démontrer que le bénéficiaire des versements litigieux était soumis à un régime fiscal privilégié (CAA Paris 2 février 1995 n° 89-819, 3e ch., SA Adibu : RJF 12/95 n° 1363 ; arrêt définitif faisant suite à la décision citée n° 72995, Précisions).

g. L'administration n'a pas apporté la preuve de l'existence d'un régime fiscal privilégié en faisant valoir qu'une société établie aux **Antilles néerlandaises** serait soumise en France, si elle y exerçait son activité, à une imposition, après déduction des charges exposées, au taux de 33,33 % sur les sommes versées par une société française au titre d'une prestation d'assurance, alors qu'elle ne serait passible aux Antilles néerlandaises que d'un taux d'imposition variant entre 2,4 % et 6 % à raison de cette même activité ; en effet, elle n'apportait aucun élément circonstancié de nature à déterminer les **modalités d'imposition**, et en particulier d'assiette, applicables aux Antilles néerlandaises à l'activité de la société prestataire et ne pouvait par suite être regardée comme rapportant la preuve, qui lui incombe, que cette société serait soumise à un régime fiscal privilégié au sens de l'article 238 A du CGI (CE 20 juillet 2022 n° 442362, 3e ch., Sté Control Union Inspection France, annulant mais confirmant sur ce point CAA Douai 4 juin 2020 n° 19DA01040, 4e ch., Sté Control Union Inspection France, arrêt qui avait lui-même été rendu sur renvoi par CE 24 avril 2019 n° 413129, 3e et 8e ch., SAS Control Union Inspections France : RJF 7/19 n° 631). En appel, la Cour avait notamment écarté l'argument du ministre selon lequel, en l'absence de convention d'assistance fiscale internationale, l'administration ne pouvait apporter d'éléments ayant trait à l'imposition supportée effectivement par cette société, contrairement à la société française débitrice, qui, appartenant au même groupe, serait susceptible de disposer de ces informations ; elle avait relevé en outre que la société française faisait valoir, sans être contredite, que les **activités d'assurance** en cause auraient pu donner lieu en France à la constitution de provisions spécifiques en franchise d'impôt (il s'agissait de sommes versées au titre de la garantie de risques liés à l'exécution d'un contrat passé avec l'Office algérien interprofessionnel des céréales pour l'inspection et le contrôle des cargaisons de céréales importés par voie maritime). L'administration avait tenté, avec succès en appel, de soutenir que les rectifications devaient être maintenues sur le fondement de l'article 39 du CGI (principe de non-déductibilité des charges excessives ou sans contrepartie), mais le Conseil d'État a annulé l'arrêt d'appel et, après avoir confirmé l'inapplicabilité de l'article 238 A, prononcé la décharge, car la société française débitrice avait produit des éléments suffisants quant à l'existence et la valeur de la contrepartie qu'elle avait retirée des prestations (même solution retenue pour les années suivantes par CE 20 juillet 2022 n° 442366, 3e ch.).

h. L'administration ne démontre pas qu'une société établie à **Hong Kong** y est soumise à un régime fiscal privilégié en se bornant à invoquer le taux d'imposition sur les sociétés de 16,5 % ressortant du site Internet du consulat de France à Hong Kong, comparé au taux de 33,33 % alors en vigueur en France (CAA Paris 22 juin 2021 n° 20PA01430, 7e ch., Sté Faraday ; arrêt définitif) ; l'administration n'est pas fondée à soutenir que l'article 238 A du CGI est applicable, car ces éléments, portant au demeurant sur le seul taux d'imposition, ne sont pas à eux seuls de nature à établir que la société aurait été assujettie au titre de l'exercice clos en 2012 à une imposition sur les bénéfices à Hong Kong inférieure de plus de la moitié à celle dont elle aurait été redevable en France (voir également nos 72960 et 73040 g).

Précisions Les tribunaux préfèrent parfois éviter de trancher la question du régime fiscal privilégié et résoudre l'affaire par d'autres moyens ; par exemple, la cour administrative d'appel de Paris n'a pas tranché la question de savoir s'il existait un régime privilégié à Monaco, estimant que **l'article 39, 1** du CGI suffisait à fonder la réintégration des commissions litigieuses (CAA Paris 27 juin 1989 n° 325, 2e ch., Jean-André : RJF 8-9/89 n° 929 ; arrêt définitif).

Versements sur des comptes tenus dans des États ou territoires dont la fiscalité est privilégiée

Le critère de l'établissement dans un pays à fiscalité privilégiée avait conduit certaines entreprises à dissocier le lieu du domicile du bénéficiaire, fixé dans un pays à fiscalité « normale », et le **lieu du paiement**, situé dans un pays à fiscalité privilégiée. C'est pourquoi, depuis 1982, les versements effectués sur un compte tenu par un organisme financier établi dans un tel État entrent dans le champ d'application de l'article 238 A, quel que soit le domicile du bénéficiaire (ce texte n'est applicable que lorsque la charge déduite pour l'établissement de l'impôt a fait l'objet d'un paiement et non pas lorsqu'elle est seulement due ; BOI-BIC-CHG-80-10 n° 280). La notion de régime fiscal privilégié doit alors s'apprécier au niveau de l'organisme financier (BOI préc. n° 340). **73015**

Selon l'interprétation donnée par le Conseil d'État, cependant, le **titulaire d'un compte** tenu par un organisme financier est regardé comme soumis à un régime fiscal privilégié lorsque, dans l'hypothèse où il serait domicilié ou établi dans l'État ou le territoire où l'organisme financier est lui-même établi et où il réaliserait depuis cet État ou ce territoire l'activité ayant donné lieu au versement, il n'y serait pas imposable ou y serait assujetti à des impôts sur les bénéfices ou les revenus dont le montant serait inférieur de plus de la moitié (aujourd'hui, 40 % ou plus) à celui de l'impôt sur les bénéfices ou sur les revenus dont il aurait été redevable dans les conditions de droit commun en France, s'il y avait été domicilié ou établi et s'il avait réalisé depuis la France l'activité en cause (CE 24 avril 2019 n° 412284, 3e et 8e ch., Sté Gemar Lumitec : RJF 7/19 n° 632). Dans cette affaire, l'administration avait, sur le fondement de l'article 238 A du CGI, remis en cause la déductibilité de sommes versées par une société française sur un compte bancaire ouvert à **Hong Kong** au nom du gérant d'une société taïwanaise en rémunération de services rendus par cette société en application d'un contrat de prestation de services conclu en 2008. Pour savoir si le compte était tenu dans un État dont la fiscalité est privilégiée, il fallait regarder quel aurait été l'impôt exigible à Hong Kong si le prestataire y avait été établi et s'il avait réalisé son activité depuis cet État. Sur renvoi, il a été jugé que l'administration avait apporté la preuve qui lui incombait en montrant que l'impôt que le bénéficiaire aurait payé en France aurait été supérieur au double de celui qu'il aurait payé à Hong Kong (CAA Versailles 28 mai 2020 n° 19VE01481, 3e ch., Sté Gemar Lumitec ; voir également nos 41158 o et 73045 i) ; la Cour juge que l'administration n'était pas tenue de recourir à l'assistance administrative internationale pour appuyer sa démonstration et qu'elle avait valablement pu faire l'hypothèse que l'intéressé était célibataire et qu'il avait exposé des charges déductibles de 10 %. Le pourvoi formé contre cet arrêt par le contribuable a été rejeté par CE 19 avril 2022 nos 442234 et 442236, 3e et 8e ch., Sté Gemar Lumitec : RJF 7/22 n° 626, au motif, d'une part, que la requérante ne fournissait pas d'indication précise et se bornait à revendiquer une **déduction de charges** de 50 % en se prévalant du taux pratiqué dans le cadre du régime des micro-BIC, alors même que ce régime n'aurait pas été applicable et, d'autre part, que l'administration pouvait retenir un pourcentage de 10 % au titre des charges et appliquer, pour calculer l'imposition dont l'intéressé aurait été redevable à Hong Kong s'il y avait exercé son activité, **le taux moyen d'imposition** résultant du barème prévu par le système d'imposition personnalisé en vigueur à Hong Kong (selon ce qu'indique le rapporteur public Laurent Cytermann, le choix par l'administration d'un taux de charges de 10 % n'était guère justifié, mais la société n'avait opposé aucune argumentation concrète et précise sur les charges supportées par le bénéficiaire, alors que c'est au contribuable qu'il incombe de produire des éléments sur la situation du bénéficiaire ; conclusions à la RJF 7/22 C 626).

Précédemment, le Conseil d'État avait également été amené à analyser la situation résultant d'un versement sur un compte situé aux ex-**Antilles néerlandaises** (aujourd'hui à Curaçao ou Saint-Martin) alors que le bénéficiaire était résident du Venezuela et que l'administration n'établissait pas qu'il ait bénéficié d'un régime privilégié ; la cour administrative d'appel de Paris avait, en l'espèce, écarté l'application de l'article 238 A du CGI mais son arrêt a été annulé par le Conseil d'État car le régime applicable au bénéficiaire au Venezuela était sans importance pour l'application du critère tenant au lieu de paiement (CE 18 mai 1998 n° 157974, 9e et 8e s.-s., min. c/ SA Arthur Loyd : RJF 7/98 n° 790) ; sur renvoi, la Cour a jugé que l'article 238 A était bien applicable, étant donné que l'administration avait indiqué, de façon précise et sans être contredite, que les **caractéristiques générales de la législation fiscale applicable** sur le territoire des Antilles néerlandaises conduisaient à ce que seules les entreprises de production orientées vers le marché local y soient imposables, l'ensemble des autres entreprises, notamment de services, échappant à toute imposition d'un niveau significatif. La société a néanmoins eu gain de cause sur le fond car elle a démontré, par la production au dossier de nombreuses pièces probantes, la **réalité des opérations** d'études de marché, de prospection, de démarchage et de publicité effectuées à son profit par l'entreprise vénézuélienne et justifié que le montant versé, fixé contractuellement après des négociations commerciales normales, n'était pas exagéré (CAA Paris 8 juin 2000 n° 98PA01657, 5e ch., Sté Arthur Loyd, arrêt définitif).

Précisions Le fait pour un organisme financier de posséder une **installation dans un pays à fiscalité privilégiée** ne saurait conduire l'administration à utiliser l'article 238 A du CGI à l'égard de l'ensemble des versements effectués à cet organisme. Seules les opérations effectuées à destination du pays à fiscalité privilégiée sont concernées (BOI-BIC-CHG-80-10 n° 340).

2. Effets de l'application de l'article 238 A

73030 L'article 238 A n'interdit pas de déduire des bases de l'impôt français les charges liées à des transactions avec des paradis fiscaux. Mais il ne permet cette déduction qu'à des conditions strictes et en renversant la charge de la preuve.

Normalement, c'est à l'administration de prouver ce qu'elle avance, dans le cadre d'un dialogue contradictoire avec le contribuable. Lorsque l'article 238 A est applicable, c'est-à-dire notamment lorsque l'administration a prouvé que le bénéficiaire était bien soumis à un régime fiscal privilégié, les charges ne sont déductibles que si le **débiteur apporte la preuve** :
– que les dépenses correspondent à des **opérations réelles** (il doit en quelque sorte faire tomber une présomption légale de déguisement) ;
– et qu'elles ne présentent **pas un caractère anormal ou exagéré** (eu égard au service rendu).

En ce qui concerne les bénéficiaires établis dans des États ou territoires non coopératifs, une condition supplémentaire est exigée (n° 73070).

a. La déduction n'est autorisée que si le contribuable prouve que l'opération est réelle et normale

Principes

73035 Le **double renversement de la charge de la preuve** traduit l'idée que les opérations réalisées au moyen de « paradis fiscaux » sont a priori fictives, mais qu'en pratique l'administration aurait vraisemblablement des difficultés à l'établir. Il lui faudrait, en effet, recourir à la notion d'abus de droit (nos 72620 s.) ou d'acte anormal de gestion (nos 72520 s.), avec les aléas que comportent ces procédures. En revanche, si l'opération est réelle, le contribuable devrait pouvoir l'établir sans trop de difficultés.

De ce point de vue, l'article 238 A du CGI crée un régime différent de l'article 57 du même Code. Pour l'application de ce dernier, l'administration doit apporter la preuve que des avantages particuliers ont été consentis par l'entreprise française à l'entreprise étrangère ; ce n'est que lorsque l'existence de tels avantages est démontrée que la présomption de transfert de bénéfice est appelée à jouer (n° 76870). L'application de l'article 238 A se révèle donc plus aisée pour l'administration, étant rappelé toutefois qu'il lui incombe d'apporter préalablement la preuve du régime fiscal privilégié du bénéficiaire.

Délivrance de la preuve

73038 Lorsque l'administration invoque l'article 238 A, c'est au contribuable qu'il incombe de procéder à la reconstitution de la situation de fait et de droit. Ce principe appelle trois remarques.
– La **reconstitution** doit être faite par le contribuable : ce dernier ne dispose d'aucun moyen pour échapper à cette obligation mais la reconstitution doit normalement se faire au cours d'un dialogue avec l'administration.

– Elle s'opère **sans formalisme** particulier : sont admis tous les modes de preuve compatibles avec la procédure écrite ; les justifications peuvent être annexées à la déclaration de résultat ou produites ultérieurement en réponse à une proposition de rectification ou encore devant le juge de l'impôt.
– Les **preuves** doivent être **complètes** : le contribuable ne doit pas se borner à produire les actes par lesquels il s'est engagé à verser les sommes incriminées, car de tels écrits, qu'ils soient sous seing privé ou authentiques, sont présumés non sincères. Il faut qu'il apporte la preuve de la **matérialité de l'opération** constatée par les actes, c'est-à-dire la preuve que le bénéficiaire a effectivement réalisé les services pour lesquels il est rémunéré ou, par exemple, qu'il a effectivement versé les fonds donnant lieu au paiement d'intérêts (l'emprunteur devant également justifier qu'il a reçu et conservé les fonds qu'il rémunère). En outre, il lui incombe de montrer que le **contrat** est **équilibré**, en apportant toutes justifications et précisions sur l'importance réelle des avantages qu'il en a retirés de manière à justifier que les charges qui en sont la contrepartie correspondent bien à celles qui sont habituellement exposées pour des services analogues. Mais, comme l'indiquait le commissaire du Gouvernement Philippe Martin, à propos d'une affaire mettant en cause une société du Liechtenstein, « il nous semble difficile, en matière de commerce international, d'exiger une preuve matérielle et complète de la réalité de l'opération d'entremise » (CE 16 décembre 1987 n° 55790, 9e et 7e s.-s. : RJF 2/88 n° 153). Apparemment, le juge pourrait donc se satisfaire d'un **faisceau d'indices concordants**, plutôt que d'une véritable preuve.

La preuve à apporter est toutefois **plus exigeante** qu'en droit commun ; hors application de l'article 238 A, la production d'une facture précise constitue une présomption suffisante, sauf éléments en sens inverse apportés par l'administration (CE 21 mai 2007 n° 284719, 3e et 8e s.-s., min. c/ Sté Sylvain Joyeux : RJF 8-9/07 n° 953). Lorsque l'article 238 A est applicable, le contribuable doit appuyer la facture d'autres d'indices concordants laissant présumer la réalité de la prestation. Compte tenu de la domiciliation du prestataire, le Conseil d'État est plus exigeant mais il admet tout de même de prendre en considération le contexte parfois difficile de l'apport de la preuve (par exemple, CE 24 juin 2009 n° 298582, 8e et 3e s.-s., Maréchal : RJF 10/09 n° 820 ; conclusions Laurent Olléon au BDCF 10/09 n° 111).

Précisions En cas de versement de redevances, il faut que le contribuable démontre l'**utilisation effective** ou l'**utilité réelle** des connaissances transférées, des brevets cédés ou concédés, ou même simplement la réalité de l'opération (voir par exemple, à propos de commissions, CE 22 février 1989 n° 71593, 7e et 8e s.-s., CO Plan : RJF 4/89 n° 427).

Exemples de preuves apportées

Les tribunaux font souvent preuve de souplesse et de réalisme quant à l'appréciation des éléments de preuve apportés, en raison de la difficulté de la justification. En témoignent notamment les affaires suivantes. **73040**

a. Des **commissions versées** à un agent italien ont été admises en déduction dans la mesure où elles n'étaient pas excessives et correspondaient à des opérations réelles, alors même qu'elles avaient été versées à une société suisse (à Zoug), car il ne s'agissait que d'une modalité de versement de la commission à l'agent qui contrôlait la société suisse (CE 7 mars 1990 n° 54533, 7e et 9e s.-s., SA Triumph France : RJF 5/90 n° 518 ; conclusions au Droit fiscal 1990, n° 43). Cette décision est intéressante, car ces situations sont assez fréquentes.

b. Une société a pu établir, par la production de pièces, que le versement contesté par l'administration n'a été qu'une modalité de paiement d'une **commission à un intermédiaire** qui lui a permis d'obtenir un marché relatif à la sous-traitance de travaux d'électricité en Algérie et lui a ensuite facilité le règlement de ces travaux dont elle a retiré un bénéfice substantiel (CE 22 janvier 1992 n° 82198, 9e et 7e s., Électrification Générale : RJF 3/92 n° 315) ; en l'espèce, la commission représentait **4,8 % du marché** (pourcentage apparemment modeste au regard de la pratique suivie dans le pays en cause), le bénéfice avait été de 2 MF et l'avantage concret obtenu avait été le déblocage des traites.

c. Une société française a eu gain de cause à propos de **commissions** versées à une société de l'île de Man et calculées au taux de **3 %**, en produisant un contrat conclu avec cette société en vue de développer ses ventes sur le marché italien ainsi qu'un état attestant du développement significatif de ses livraisons de matériel sur ce marché, dans un contexte où aucune confusion d'intérêts n'était alléguée entre les deux sociétés (CE 10 août 2005 n° 275983, 3e et 8e s.-s., min. c/ Société Électromécanique du Nivernais : RJF 12/05 n° 1398 ; voir aussi n° 76960).

d. Une personne physique a apporté la preuve de la réalité des **prestations de marketing téléphonique** que lui avait fournies une agence de publicité andorrane pour développer ses ventes, en produisant un contrat précis, les factures émises par cette agence et de nombreuses télécopies reçues de celle-ci en relation avec des prises de commandes (CE 24 juin 2009 n° 298582, 8e et 3e s.-s., Maréchal : RJF 10/09 n° 820 ; conclusions Laurent Olléon au BDCF 10/09 n° 111) ; en l'espèce, le taux des commissions, compris entre 20 % et 27 % du chiffre d'affaires, n'a pas été jugé excessif, eu égard au fait que, précédemment, le contribuable versait des commissions comprises entre 40 % et 50 % à des agents commerciaux ou à des grossistes et qu'il avait amélioré sa marge (l'arrêt juge également que la production tardive des factures devant le juge d'appel n'est pas, à elle seule, de nature à remettre en cause la réalité de la prestation).

e. La somme versée par une société française pour l'acquisition, auprès d'une Anstalt du Liechtenstein, d'une **licence d'exploitation de boissons** hyperprotéinées, qui ne représentait pas plus de **5,5 % du chiffre d'affaires** total généré par l'exploitation de la licence, n'avait pas un caractère anormal ou exagéré, la société ayant montré que, dès sa création, elle avait pu débuter, notamment en France, la fabrication et la commercialisation de ces boissons (CAA Paris 10 juin 2014 n° 13PA01872, 10e ch., Sté Beauté Nutrition et Succès : RJF 6/15 n° 473 ; arrêt définitif aux conclusions Patrick Ouardes au BDCF 6/15 n° 65) ; était sans incidence le fait que les droits concédés par l'Anstalt aient été acquis précédemment par cette dernière pour une somme dérisoire par rapport aux redevances versées par la société française.

f. L'administration n'était pas fondée à réduire à 3 % la **commission** de 6 % accordée par une société française à une société de Hong Kong au titre de la distribution de ses produits, étant donné que les services rendus excédaient la mission classique d'un intermédiaire (TA Montreuil 1er février 2018 nos 1709082 et 1711463, 1e ch., Sté Élan Polo International : Droit fiscal 2018 n° 47, comm. n° 481 ; jugement définitif).

g. Une société française qui exploitait une boutique d'articles destinés à une clientèle de touristes chinois à Paris et qui avait versé des sommes à une société établie à **Hong Kong** en vertu d'un contrat de prestations de services a pu faire échec à l'application de l'article 238 A du CGI, car elle a pu, notamment par la production de **factures détaillées**, établir la réalité des services rendus qui étaient rémunérés par la part fixe des commissions (CE 5 juin 2020 n° 425789, 9e et 10e ch., Sté Faraday et min. c/ Sté Faraday : RJF 8-9/20 n° 671) ; la question de la déductibilité de la part proportionnelle, qui était reversée à des tiers apporteurs d'affaires, avait été renvoyée à la cour administrative d'appel de Paris, mais cette dernière, après avoir jugé, cette fois, l'article 238 A inapplicable à la suite de l'annulation de son premier arrêt par le Conseil d'État (n° 73000 h), a annulé les rectifications dont l'administration demandait le maintien sur le fondement de l'article 39 du CGI (non-déductibilité des charges excessives ou sans contrepartie) ; la Cour relève que la société avait produit des factures régulières et que le taux de commission de 30 % pratiqué en l'espèce au bénéfice de la société de Hong Kong était justifié par les services rendus bien qu'il excédât la commission de 25 % du montant des achats effectués par les clients apportés, versée aux guides et agences de voyage et admise par ailleurs (CAA Paris 22 juin 2021 n° 20PA01430, 7e ch., Sté Faraday ; arrêt définitif).

Preuve non apportée

73045 Si le juge de l'impôt est souple, il n'est pas pour autant laxiste. Il faut encore qu'il soit convaincu de la réalité des services rendus comme le montrent les affaires suivantes.

a. N'ont pas été considérées comme déductibles des sommes payées par une société française à une société de Jersey dans la mesure où aucune pièce n'était de nature à établir que ces sommes aient été susceptibles d'entraîner pour la société des avantages déterminants en l'absence de justification sur l'**assistance technique** censée être fournie par la société de Jersey (CAA Nancy 19 juin 1990 n° 89-564 : Droit fiscal 1990, n° 48 ; arrêt définitif).

b. Des **commissions versées** par une entreprise française à une société suisse qui n'a fourni aucune contrepartie ne correspondent pas à des opérations réelles au sens de l'article 238 A, alors même que ce versement lui aurait été imposé par son client britannique comme condition à l'obtention du marché (CAA Nancy 19 mai 1994 n° 92-348, 1e ch., SA Pierre Woussen : RJF 11/94 n° 1186 ; arrêt définitif).

c. Une société n'a pas apporté la preuve qui lui incombe du caractère non exagéré d'une **commission de 3,5 % du montant des ventes** qu'elle verse à une filiale installée au Liechtenstein dès lors que la prestation ainsi rémunérée ne consiste qu'en la refacturation de ventes réalisées à l'étranger dont les éléments matériels étaient préparés par les services de la société mère (CAA Nancy 6 mars 1996 n° 93-868 et n° 93-1013, 2e ch., Société Industrielle et Financière des Chantiers de France-Dunkerque (SIFCFD) : RJF 12/96 n° 1395 ; en cassation sur un autre point CE 20 octobre 2000 n° 180798, 9e et 10e s.-s., min. c/ Société industrielle et financière des chantiers de France-Dunkerque : RJF 1/01 n° 9). **73045** (suite)

d. Une société française avait versé à une société du Liechtenstein une **commission censée équilibrer le prix de cession** de ses produits à un de ses clients autrichiens ; la requérante soutenait qu'elle avait dû vendre ses produits au prix légal, supérieur au prix réel, et que la commission versée au Liechtenstein revenait, en réalité, à son client autrichien pour rétablir l'équilibre de la transaction. Cependant, les documents qu'elle a pu produire ne l'établissaient pas et la déductibilité de la commission a été rejetée (CAA Nantes 24 juin 1997 n° 94-1202, 1e ch., SA Fléchard Laiterie du Pont-Morin : RJF 10/97 n° 901 ; arrêt définitif).

e. La contrepartie de commissions versées n'a pas été considérée comme établie par la production, par une société, de **lettres qui n'émanent que d'elle-même** et se bornent à faire référence à des conventions relatives à des possibilités de coopération ou à divers entretiens (CAA Paris 9 décembre 1997 n° 95-3136, 2e ch., SA Cie Fives-Lille : RJF 3/98 n° 233 ; cet arrêt a donné lieu à un pourvoi qui n'a pas été admis par CE (na) 10 novembre 1999 n° 194168, 8e s.-s., SA Cie Fives-Lille : RJF 1/00 n° 23).

f. Une société française a échoué à apporter la preuve qui lui incombe de la réalité de prestations d'**assistance commerciale** et **technique** prétendument fournie par sa société mère établie à Madère (CAA Lyon 7 mai 2008 n° 05-646, 2e ch., SARL Production métallurgique de Bourgogne : RJF 12/08 n° 1304 ; arrêt définitif) ; dans cette affaire, manifestement, les éléments apportés étaient sommaires, non datés et rédigés de manière très générale, alors que la rémunération était très importante, de l'ordre de 25 % à 50 % du chiffre d'affaires de la requérante.

g. Une société française n'a pu apporter la preuve du caractère normal de rémunérations de services versées à une société tierce implantée à **Hong Kong** et calculées au taux de 7 %, alors que l'administration avait fait valoir qu'une rémunération de 2 % avait été versée par la requérante à un autre prestataire pour un marché identique et dans le même pays (CAA Versailles 16 octobre 2012 n° 10VE01908, 3e ch., Sté Alcatel Lucent France : RJF 2/13 n° 132 aux conclusions Franck Locatelli au BDCF 2/13 n° 15 ; cette décision a fait l'objet d'un pourvoi qui n'a pas été admis sur ce point par CE 19 novembre 2013 n° 364708, 9e s.-s., Sté Alcatel Lucent France : RJF 2/14 n° 128).

h. L'article 238 A du CGI a été considéré comme applicable à une entreprise française qui n'avait pu apporter la preuve que la rémunération qu'elle avait versée à une **société de portage salarial** établie à Guernesey avait été exposée dans son intérêt (CAA Bordeaux 2 février 2016 n° 14BX00368, 3e ch. : RJF 5/16 n° 414 ; cet arrêt a été partiellement annulé sur un autre point par CE 29 mars 2017 n° 397658, 3e et 8e ch. : RJF 6/17 n° 537).

i. Une société française n'a pas été considérée comme apportant la preuve qui lui incombait de la réalité des services rendus par une société taïwanaise (prestations de confirmation des **commandes** auprès de fournisseurs en Chine, à Taïwan et à Hong Kong, de **contrôle qualité** de chaque expédition et des lignes de production, visites dans les **salons professionnels** en Asie et contacts réguliers avec les fournisseurs) en produisant un contrat et des factures peu détaillées, sans apporter de pièces justificatives à l'appui de ses allégations (CAA Versailles 28 mai 2020 n° 19VE01481, 3e ch., Sté Gemar Lumitec, sur renvoi après cassation par CE 24 avril 2019 n° 412284, 3e et 8e ch., Sté Gemar Lumitec : RJF 7/19 n° 632 ; voir nos 41158 o, 73015 et 72995, Précisions g) ; cet arrêt a fait l'objet d'un pourvoi qui a été rejeté par CE 19 avril 2022 nos 442234 et 442236, 3e et 8e ch., Sté Gemar Lumitec : RJF 7/22 n° 626, compte tenu notamment du manque de précision des factures produites et de l'absence de toute pièce attestant de la réalité des contrôles qualité qu'aurait mis en place la société taïwanaise ou des relations qu'elle aurait établies avec d'autres fournisseurs de la société française.

j. Une société n'a pu apporter la preuve que des **honoraires versés à un cabinet suisse**, succursale d'une société luxembourgeoise, correspondaient à des prestations justifiées dans leur principe et leur montant étant donné que les factures produites ne comportaient pas de détail sur les prestations réalisées, que le cabinet suisse n'avait pas de salarié et qu'il n'était pas même établi qu'il aurait lui-même sous-traité son activité à un autre cabinet suisse (CAA Paris 29 novembre 2018 n° 17PA00484, 9e ch., Sté Mat Brothers Company, arrêt définitif ; voir également n° 72995 h).

k. Il avait été jugé qu'une société française fabricant des aliments piscicoles n'était pas fondée, au titre des exercices 2007 à 2010, à déduire des commissions versées à une **société seychelloise** en contrepartie de la fourniture d'informations régulières sur le marché piscicole russe, au motif qu'elle n'intervenait pas directement sur le marché russe et que les prestations de la société seychelloise n'avaient prétendument aucune utilité pour elle (la société cédait la partie de sa production destinée au marché russe à une société néerlandaise qui la revendait à une société de distribution russe) ; ce raisonnement n'était pas correct dès lors que, comme l'a jugé le Conseil d'État qui a annulé les arrêts d'appel, le seul fait que la société française n'intervenait pas directement sur le marché russe n'était pas de nature à retirer aux prestations leur **caractère utile à l'exploitation** (CE 15 novembre 2021 nº 437812, 9e ch., Sté Nutreco France et, même jour, nº 437813, Sté Trouw France : RJF 2/22 nº 128 ; les affaires ont été renvoyées à la cour administrative d'appel de Douai).

l. Une société française ne justifie pas de la réalité des opérations facturées par une société libanaise en se bornant à produire des **factures succinctes au libellé imprécis**, un contrat d'études et des correspondances avec le gérant d'une société tierce, même si la société libanaise exerce par ailleurs une **activité économique réelle** au Liban (CAA Paris 28 juin 2022 nº 21PA01008, 9e ch., SARL Alfa Omnium Technic ; voir également nº 72995 i).

Indications sur le taux acceptable des commissions

73050 En ce qui concerne les taux applicables aux commissions, lorsqu'elles sont justifiées, la jurisprudence fournit les éclaircissements suivants :

a. Le Conseil d'État a admis un taux de **5 %** du chiffre d'affaires pour des commissions versées à une Anstalt du Liechtenstein, alors que l'administration n'avait pas contesté la matérialité de la convention au titre de laquelle les sommes avaient été versées et que la réalité de l'opération d'entremise de l'Anstalt était corroborée par la multiplication par près de cinq des ventes réalisées par la société française avec le nouveau client (CE 16 décembre 1987 nº 55790, 9e et 7e s.-s. : RJF 2/88 nº 153).

b. Ont été admises des commissions au taux de **10 %** du chiffre d'affaires versées à une Anstalt agissant en qualité d'intermédiaire, eu égard aux pratiques du négoce et compte tenu de ce que la réalité de l'opération d'entremise était justifiée par une lettre de l'Anstalt indiquant le nom d'un client danois avec lequel un très important courant d'affaires a été ensuite développé (CE 3 novembre 1989 nº 103023, 8e et 9e s.-s., Sté ERA : RJF 1/90 nº 65) ; cela dit, les conclusions du commissaire du Gouvernement laissent entendre que ce taux n'aurait pas été nécessairement retenu si les ordres de grandeur avaient été plus élevés (la société ERA ne faisait que 3,5 MF de chiffre d'affaires en 1976).

c. Dans l'affaire Électrification générale (nº 73040 b.), le taux de commissions était de **4,8 %** d'un marché dont l'entreprise avait retiré des profits substantiels.

d. L'application d'un taux de redevance de **15 %** a été **refusée** au motif que la comparaison avec les pratiques d'entreprises indépendantes donnait un taux de **4,5 % ou 6 %** (CAA Nancy 6 juillet 1993 nº 92-226, 1e ch., SARL des Artistes peignant de la bouche et du pied « APBP » : RJF 2/94 nº 134 ; un pourvoi avait été formé mais il n'a pas été admis par CE CAPC 22 février 1995 nº 156900, Sté d'édition des artistes peignant de la bouche et du pied (APBP) : RJF 5/95 nº 586) ; pour la période précédente, le Conseil d'État avait retenu un taux de **7 %** (CE 27 février 1991 nº 48780 : Droit fiscal 1992, nº 13, comm. 664).

e. Un taux compris **entre 20 % et 27 %** a été admis pour la rémunération d'un prestataire de services andorran compte tenu des particularités de l'espèce (nº 73040 d).

Précisions **a.** Voir également les autres décisions citées nº 24175.

b. La jurisprudence est souvent sensible aux **bénéfices retirés par le contribuable** des prestations rémunérées ; il est évidemment plus facile de déduire, notamment, des commissions, si l'affaire est conclue plutôt que si elle échappe à l'entreprise, malgré ses efforts.

c. La détermination du montant normal de sommes versées ressortit, en définitive, à une analyse du même ordre qu'en ce qui concerne les **prix de transfert** (nos 75750 s.). Le juge de l'impôt, comme l'administration, applique les mêmes méthodes, notamment celle des comparaisons.

Incidence sur les répartitions forfaitaires de frais

73055 Pour l'administration, les dispositions prévoyant la possibilité d'une répartition forfaitaire des frais communs d'un groupe d'entreprises dont certaines sont installées à l'étranger ne sont **pas applicables** lorsque la participation est versée à une société qui bénéficie d'un régime fiscal privilégié au sens de l'article 238 A du CGI.

Dans ce cas, l'entreprise débitrice doit d'abord établir la réalité des services ou travaux dont elle a bénéficié en contrepartie. Cette démonstration étant faite, elle ne saurait se borner à faire valoir que la **clé de répartition adoptée** constitue un système logique et vraisemblable. Il lui faut apporter la preuve que ce mode de calcul forfaitaire aboutit à lui faire payer le juste prix des services effectivement obtenus (BOI-BIC-CHG-80-20 n° 130).

Intervention de la commission des impôts directs et des taxes sur le chiffre d'affaires

La jurisprudence admet la compétence de cette commission sur la **matérialité** des **faits** et leur appréciation (sur la commission départementale et la commission nationale, voir n° 76900). **73060**

Cela étant, la circonstance que l'avis de cette commission soit éventuellement favorable au contribuable reste sans incidence sur la **charge de la preuve**, qui doit toujours incomber au contribuable. En ce sens :
– la cour administrative d'appel de Paris a jugé que les dispositions de l'article L 192 du LPF, dans sa rédaction issue de la loi n° 87-502 du 8 juillet 1987 (loi Aicardi), n'ont ni pour objet ni pour effet de modifier les principes qui gouvernent la charge de la preuve (CAA Paris 29 octobre 1998 n° 96-2210, SA Becap : Droit fiscal 1999 n° 19, comm. n° 718 ; arrêt définitif) ;
– le tribunal administratif de Rouen a mis, dans tous les cas, la charge de la preuve sur le contribuable (TA Rouen 14 mars 2002 n° 97-1741, 3e ch., Sourdeix : RJF 5/03 n° 606 ; jugement définitif) ;
– dans le même sens, CAA Nantes 30 mars 2005 n° 01-1898, 1e ch., SA Sté des Hôtels et Casino de Deauville : RJF 10/05 n° 1077, ayant fait l'objet d'un pourvoi non admis par CE (na) 26 juillet 2006 n° 282595, 8e s.-s. : RJF 5/07 n° 601.

Le Conseil d'État a confirmé qu'en vertu des dispositions de l'article 238 A, il appartient au contribuable, dans tous les cas, que la commission des impôts directs et des taxes sur les chiffres d'affaires ait été saisie ou non, de **justifier du principe de la déductibilité** des charges comme de la **réalité de la prestation** (CE 24 juin 2009 n° 298582, 8e et 3e s.-s., Maréchal : RJF 10/09 n° 820 ; conclusions Laurent Olléon au BDCF 10/09 n° 111).

Précisions Le **Conseil d'État** avait jugé, sous l'empire du dispositif qui prévalait avant la loi Aicardi (loi n° 87-502 du 8 juillet 1987) que lorsque l'avis de la commission est favorable au contribuable, l'article L 192 du LPF, auquel l'article 238 A ne déroge pas expressément, doit trouver à s'appliquer, ce qui oblige l'administration à démontrer devant le juge les éléments dont elle se prévaut (CE 3 novembre 1989 n° 103023, 8e et 9e s.-s., Société ERA : RJF 1/90 n° 65) ; cette solution, conforme à celle retenue en ce qui concerne l'article 57 par une décision de plénière du 27 juillet 1988 (CE 27 juillet 1988 n° 50020, Plén. : RJF 10/88 n° 1139), n'était nullement évidente, comme l'indiquait le commissaire du Gouvernement (Droit fiscal 1990, n° 30), car, d'une part, l'article 238 A est un texte spécial, alors que l'article L 192 est un texte général et, d'autre part, juger en ce sens revient à réduire la portée de cet article pour ce qui est de la preuve chaque fois que la commission départementale s'est prononcée en faveur du contribuable sans être suivie par l'administration. Le débat paraît avoir été tranché par la décision Maréchal du 24 juin 2009, précitée.

b. Cas où le bénéficiaire est domicilié ou établi dans un État ou territoire non coopératif

Les conditions d'application de l'article 238 A ont été **durcies** par la loi n° 2009-1674 du 30 décembre 2009 de finances rectificative pour 2009 en ce qui concerne les sommes payées ou dues à des bénéficiaires établis dans des États ou territoires non coopératifs (sur cette notion, voir nos 71555 s.). Tous les ETNC sont visés par cette mesure de durcissement, quel que soit le motif de leur inclusion sur la liste (n° 71562). **73070**

La loi pose, dans ce cas, un principe de non-déductibilité indépendamment du **régime fiscal** du bénéficiaire (CGI art. 238 A, troisième alinéa) ; pour les exercices ouverts depuis le 1er janvier 2011 (c'est-à-dire pour les charges exposées au cours de ces exercices), le débiteur doit non seulement apporter la preuve de la réalité de l'opération et du caractère non exagéré de la rémunération, comme dans le régime général de l'article 238 A, mais aussi démontrer que les opérations auxquelles correspondent les dépenses ont **principalement un objet et un effet** autres que de permettre la localisation de ces dépenses dans un État ou territoire non coopératif.

Cette exigence concerne limitativement les sommes suivantes :
– les **intérêts**, arrérages et autres produits des obligations, créances, dépôts et cautionnements, à l'exception de ceux dus au titre d'emprunts conclus avant le 1er mars 2010 ou conclus à compter de cette date mais assimilables à ces derniers qui restent déductibles dans les conditions prévues au premier alinéa de l'article 238 A ;

– les **redevances** de cession ou concession de licences d'exploitation, de brevets d'invention, de marques de fabrique, procédés ou formules de fabrication et autres droits analogues ;
– les rémunérations de **services**.

La même démonstration doit être apportée lorsque les sommes sont versées **sur un compte** tenu dans un organisme financier situé dans un État ou territoire non coopératif.

L'administration souligne que, si les conditions de mise en œuvre de cette clause de sauvegarde sont à apprécier au cas par cas, doivent être fournis tous éléments de nature à démontrer l'objet et l'effet principalement autre que fiscal des opérations effectuées. S'agissant du critère de **l'objet de l'opération**, il s'agit de démontrer l'absence d'intention du débiteur de localiser des sommes dans un État ou territoire non coopératif. S'agissant de la preuve de **l'effet autre que fiscal**, doivent être produits tous les éléments matériels et quantitatifs de nature à permettre une comparaison objective entre le montant du gain résultant des avantages fiscaux tirés de l'implantation et celui tenant aux avantages d'une autre nature (BOI-INT-DG-20-50-20 n°s 290 s.).

L'administration a enfin précisé que pour certaines catégories de titres, notamment ceux offerts dans le cadre d'une offre au public de titres financiers et ceux admis aux négociations sur un marché réglementé (titres mentionnés n° 62548), le débiteur n'a pas à apporter la preuve tenant à l'objet et à l'effet de l'opération d'endettement et que la déductibilité est acquise s'il prouve que les dépenses correspondent à des opérations réelles et qu'elles ne présentent pas un caractère anormal ou exagéré (BOI préc. n° 290) ; la production du relevé détaillé prévu à l'article 54 quater du CGI (n° 73072) n'est pas exigée dans ce cas.

Obligation déclarative spécifique

73072 La loi n° 2009-1674 du 30 décembre 2009 de finances rectificative pour 2009 a créé une nouvelle obligation déclarative concernant les versements visés n° 73070. L'article 54 quater du CGI prévoit que, pour les exercices ouverts depuis le 1er janvier 2011, les entreprises doivent fournir, à l'appui de la déclaration de leurs résultats de chaque exercice, le **relevé détaillé** des dépenses mentionnées n° 73070 et qui sont déduites pour l'établissement de leur impôt (imprimé 2067-BIS-SD).

c. Les conséquences d'une rectification fondée sur l'article 238 A

Rectification de l'assiette imposable

73080 Lorsque les conditions de son application sont réunies, l'article 238 A du CGI autorise l'administration à réintégrer dans l'assiette de l'impôt dû par le débiteur les charges qui ont été indûment déduites.

À cet égard, deux hypothèses doivent être distinguées :
– si la réalité de l'opération n'a pas été justifiée, c'est l'ensemble de la dépense qui doit être rapporté aux bases de l'impôt ;
– si seul le montant de la dépense est contesté, ce n'est que la partie excessive ou exagérée qui doit être réintégrée.

Précisions Lorsque des redevances versées constituent le prix d'achat d'une **immobilisation**, l'administration estime qu'elle peut mettre en œuvre l'article 238 A du CGI à l'encontre des charges futures déterminées à raison de ce prix c'est-à-dire à l'égard des amortissements, des provisions pour dépréciation ainsi que des moins-values de cession (BOI-BIC-CHG-80-20 n° 60).

Régime des revenus distribués

73085 Les sommes réintégrées suivent le régime suivant (BOI-BIC-CHG-80-20 n°s 210 s.) :
– si le débiteur n'est pas soumis à l'impôt sur les sociétés, elles conservent leur qualification (intérêts, redevances, etc.) et ne doivent donc pas être traitées comme des revenus distribués ;
– si le **débiteur** est **soumis** à l'**impôt sur les sociétés**, elles doivent être traitées comme des revenus distribués lorsque :
• les résultats fiscaux de l'exercice sur lesquels les charges ont été prélevées sont bénéficiaires, avant ou après réintégration ;
• ou, si ces résultats sont déficitaires en dépit de la réintégration, lorsque le bénéficiaire est actionnaire ou porteur de parts de la société française (s'il n'est pas associé, la qualification

des sommes n'a pas à être modifiée) ; il est à noter que l'administration ne fait pas mention de la possibilité éventuelle de qualifier les sommes versées d'avantages occultes (nº 76960).

Dans ces circonstances, les sommes réputées distribuées donnent lieu à application d'une retenue à la source à un taux variable, déterminé selon un calcul « en dedans » (nº 60975). Il a été jugé, par exemple, que les sommes versées par une société française à une société établie au Liechtenstein et qui ne correspondent pas à une opération réelle ont le caractère de revenus distribués au sens des articles 109 et 110 du CGI et sont à bon droit soumises à la retenue à la source prévue à l'article 119 bis du même Code (CE 26 mai 1993 nº 75800, 8e et 9e s.-s., SA Brenneisen : RJF 7/93 nº 981). Pour un autre exemple, à propos de rémunérations de prestations de services versées sur le compte à Hong Kong du dirigeant d'une société taïwanaise et non déductibles en application de l'article 238 A du CGI, voir CE 19 avril 2022 nos 442234 et 442236, 3e et 8e ch., Sté Gemar Lumitec : RJF 7/22 nº 626, confirmant que les sommes non déductibles devaient être regardées comme des revenus réputés distribués (nº 73045 i).

Cela étant, la retenue à la source peut être annulée en cas de **rapatriement des sommes** (nº 76975) et n'est applicable que si les **conventions fiscales** le permettent ; celles-ci peuvent interdire toute retenue ou en réduire le taux (nos 60680 s.), sous réserve de l'incidence des dispositifs anti-abus (nos 74715 s.).

Précisions L'administration considère que la retenue à la source est exigible même en l'absence de réintégration des charges déduites dans les bases de l'impôt sur les sociétés si les dépenses considérées ont été **immobilisées** et si la prise en charge de ces dépenses notamment sous forme d'amortissement ne peut être admise (BOI-BIC-CHG-80-20 nº 225).

3. Cas des redevances insuffisamment imposées hors de France

Principes

Pour la détermination des résultats des exercices ouverts depuis le 1er janvier 2019, la déductibilité des redevances de concession de licences d'exploitation de droits de la propriété intellectuelle fait l'objet d'une limitation spécifique si les conditions suivantes sont réunies (CGI art 39, 12 ter, issu de l'article 38 de la loi nº 2018-1317 du 28 décembre 2018 de finances pour 2019 ; BOI-BIC-CHG-40-20-10 nos 15 s.) : **73090**

– les redevances sont versées à une **entreprise liée** au sens de l'article 39, 12 du CGI (nº 26805) ;

– l'entreprise bénéficiaire n'est pas, au titre de l'exercice en cours, soumise à raison de ces mêmes redevances à un **impôt** sur le revenu ou sur les bénéfices dont le taux effectif est au moins égal à 25 % ;

– l'entreprise au niveau de laquelle est apprécié le taux d'imposition effectif des redevances est établie dans un État qui n'est ni membre de l'Union européenne, ni partie à l'accord sur l'Espace économique européen, et bénéficie, au titre des redevances reçues, d'un **régime fiscal** considéré comme **dommageable** par l'OCDE ; la loi ne fournit pas de précision sur ce point, mais il résulte des travaux parlementaires que sont visés les États ou territoires qui ne respectent pas la théorie du lien (« nexus approach », telle que développée par le rapport sur l'Action 5 du plan anti-Beps ; nº 72410). Il ne semble pas qu'il y en ait à l'heure actuelle (le seul régime qui était identifié lors des travaux parlementaires était le régime français, mais il n'est plus dommageable depuis les modifications apportées au dispositif à la fin de l'année 2018 ; nº 21250).

Dans ce cas, les redevances versées sont **exclues des charges déductibles** pour une fraction de leur montant ; la fraction non déductible est égale au produit du montant des redevances par le rapport entre, au numérateur, la différence entre 25 % et le taux effectif d'imposition auquel ont été soumises les redevances et, au dénominateur, 25 %.

Les mêmes règles sont applicables en cas d'**interposition de sociétés liées**, afin de prendre en considération le régime fiscal applicable au bénéficiaire réel ; lorsque les redevances sont versées à une entreprise qui a pris en concession (directement ou par l'intermédiaire d'entreprises liées au sens de l'article 39, 12 du CGI) les droits de propriété intellectuelle auprès d'une entreprise à laquelle elle est liée, les conditions de déductibilité des redevances sont appréciées au regard de leur taux effectif d'imposition constaté au niveau de cette dernière entreprise.

Précisions a. L'application de ce texte n'exclut pas, bien entendu, celle de l'article 238 A du CGI (nos 72850 s.).

b. L'administration précise que le **lien de dépendance** entre deux entreprises peut résulter des liens qui existent entre chacune d'elles et une tierce entreprise, même en l'absence de liens bilatéraux entre elles. Tel est le cas, par exemple, des liens existant entre des sociétés sœurs ou entre des sociétés cousines. Un lien de dépendance est également relevé lorsqu'un même groupe d'actionnaires majoritaires détient le pouvoir de décision dans deux entreprises distinctes l'une de l'autre, en raison de la communauté d'intérêts impliquée par cette situation qui crée un lien de dépendance entre les deux entreprises en cause (BOI-BIC-CHG-40-20-10 n° 40).

Exemple

73092 Soit une société française qui verse des redevances de propriété intellectuelle à une société mère étrangère ; par hypothèse :

– la société mère est établie hors de l'Union européenne et de l'Espace économique européen, dans un État dont le régime fiscal est considéré comme dommageable par l'OCDE ;

– la société mère est assujettie, sur les redevances reçues, à une imposition effective de 10 %.

Dans ce cas, si le montant des redevances versées est de 100, la déductibilité n'est pas admise à hauteur de 100 × [(25 - 10) / 25], soit 60.

B. Bénéfices réalisés par l'intermédiaire de sociétés ou établissements bénéficiant d'un régime fiscal privilégié (CGI art. 209 B)

Cadre juridique

73100 Divers pays développés ont mis en place des législations spéciales visant à dissuader les sociétés d'établir des filiales dans des pays à fiscalité privilégiée (États-Unis, Royaume-Uni, France, etc.).

Du côté français, ces dispositions, issues de l'article 70 de la loi n° 80-30 du 18 janvier 1980, et codifiées sous l'article 209 B du CGI, conduisent, sous certaines conditions, **à imposer en France** les bénéfices réalisés dans les filiales ou succursales établies dans ces pays par des sociétés françaises.

Ce texte a été **plusieurs fois modifié**, notamment par l'article 104 de la loi de finances pour 2005, afin de faire échec à la jurisprudence du Conseil d'État, qui l'avait jugé inapplicable, dans son ancienne rédaction, en présence d'une convention fiscale qui reprenait le modèle de convention fiscale de l'OCDE (décision Schneider Electric ; n° 73300). Il a été durci par la loi n° 2009-1674 du 30 décembre 2009 de finances rectificative pour 2009 en ce qui concerne les structures implantées dans les États ou territoires considérés comme « non coopératifs » (n° 73270 et n° 73405) et encore modifié par la loi n° 2012-958 du 16 août 2012 de finances rectificative pour 2012 (nos 73260 s.).

Dans sa version actuelle, l'article 209 B du CGI prévoit, en substance, que lorsqu'une société passible de l'impôt sur les sociétés exploite une entreprise hors de France ou détient, directement ou indirectement, plus de 50 % des actions, parts, droits financiers ou droits de vote dans une entité étrangère quelconque soumise à un régime fiscal privilégié, les bénéfices ou revenus positifs de cette entité sont, sous réserve des exceptions contenues dans la « clause de sauvegarde » (nos 73255 s.), imposables en France.

Lorsqu'ils sont réalisés par une entité juridique, ces bénéfices sont réputés constituer un revenu de capitaux mobiliers de la société française et sont, par conséquent, imposables entre ses mains au même titre que ses autres produits ; en ce sens, le texte poursuit un **objectif de dissuasion**, en retirant tout effet pratique à la localisation de bénéfices dans un État où ils sont faiblement imposés. Compte tenu de la jurisprudence du Conseil d'État, cependant, la loi ne vise que les comportements préjudiciables au Trésor français, l'article 209 B n'ayant pas, selon cette interprétation favorable, vocation à s'appliquer en présence d'une évasion fiscale au détriment d'un autre pays (nos 73105 et 73285).

Précisions a. L'article 209 B a fait l'objet d'un décret en Conseil d'État n° 2006-1309 du 25 octobre 2006 (JO du 27 octobre 2006, p. 15917) ; les commentaires administratifs sont, pour l'essentiel, rassemblés au BOI-IS-BASE-60-10.

b. Les prescriptions de la **directive européenne** anti-évasion fiscale (n° 88138) n'ont pas conduit le législateur à modifier le dispositif.

Constitutionnalité

Le Conseil d'État a refusé de transmettre au Conseil constitutionnel, en raison de son absence de caractère sérieux, la question de la conformité de l'article 209 B du CGI (dans sa rédaction antérieure au 1er janvier 2006) aux principes d'égalité devant les charges publiques, de présomption d'innocence et de liberté individuelle (CE QPC 2 février 2012 n° 351600, 9e et 10e s.-s. : Sté Sonepar : RJF 5/12 n° 505 ; conclusions Pierre Collin au BDCF 5/12 n° 63). **73105**

Le Conseil d'État relève notamment que cette disposition a pour objet de **dissuader** les entreprises passibles de l'impôt sur les sociétés de localiser une partie de leurs bénéfices dans des sociétés établies dans des États ou territoires où elles bénéficient d'un régime fiscal privilégié et que, si elles permettent d'imposer un contribuable à raison des bénéfices réalisés par un tiers, ce **contribuable peut échapper à l'imposition** s'il établit que les opérations du tiers en cause n'ont pas principalement pour objet d'échapper à l'impôt français (la référence à l'impôt « français » n'est cependant pas présente dans la loi).

L'application de ce texte repose ainsi sur des **critères objectifs et rationnels** qui sont **proportionnés** à l'objectif constitutionnel de lutte contre l'évasion fiscale poursuivi par le législateur. En outre, la présomption établie par la loi ne saurait être regardée comme une présomption de culpabilité en matière répressive relevant de l'article 9 de la Déclaration des droits de l'Homme et du citoyen et le principe de liberté individuelle au sens de l'article 66 de la Constitution n'est pas en cause.

1. Situations dans lesquelles l'article 209 B est applicable

L'article 209 B du CGI est applicable dans les conditions suivantes : **73160**
- l'entreprise française doit être passible de l'impôt sur les sociétés ;
- l'entité étrangère doit bénéficier d'un régime fiscal privilégié ;
- le seuil de détention doit être atteint ;
- la « clause de sauvegarde » ne doit pas être applicable ;
- en ce qui concerne les établissements étrangers, la convention fiscale éventuellement applicable ne doit pas y faire obstacle.

Précisions a. Les dispositions de l'article 209 B sont indépendantes de celles relatives aux prix de transfert (CGI art. 57) ou aux versements à des personnes domiciliées dans des pays à fiscalité privilégiée (CGI art. 238 A). Dès lors, elles sont susceptibles de s'appliquer même si les **relations commerciales ou financières** entre la société française et la société étrangère sont « **normales** », c'est-à-dire conformes au principe de « pleine concurrence » (n° 75755).

b. L'article 209 B avait été considéré comme applicable à l'installation par Air France d'une filiale aux ex-Antilles néerlandaises dans le cadre d'une opération de **leasing** (ancienne réponse Mandon : JOAN 21 mai 1990 p. 2424 et Droit fiscal 1990, n° 28, comm. n° 1360).

a. L'entreprise française doit être passible de l'impôt sur les sociétés

L'article 209 B du CGI vise les **personnes morales** établies en France et passibles de l'impôt sur les sociétés ; il ne s'applique pas aux personnes physiques passibles de l'impôt sur le revenu (mais celles-ci peuvent entrer dans le champ de l'article 123 bis du CGI ; nos 73670 s.). Il s'applique également à l'**établissement stable** en France d'une société étrangère, lorsque les actions, parts, droits financiers ou droits de vote dans l'entité étrangère sont inscrits à l'actif du bilan fiscal de cet établissement. **73180**

Sont concernées, selon l'administration, les entités passibles de l'impôt sur les sociétés au **taux normal** même si elles ne sont pas effectivement soumises à cet impôt (entreprises nouvelles, jeunes entreprises innovantes, entreprises implantées dans des zones franches urbaines ou en zones d'entreprises, sociétés membres d'un groupe fiscal, etc. ; BOI-IS-BASE-60-10-20-10 n° 10). La référence administrative au taux normal permet d'exclure certaines entités comme les **associations** qui bénéficient d'un taux réduit.

b. L'entité étrangère doit bénéficier d'un régime fiscal privilégié

73200 La notion de « régime fiscal privilégié » n'appelle pas de commentaires particuliers, dans la mesure où la loi renvoie, sur ce point, à l'article 238 A du CGI (n°s 72983 s.) ; l'article 209 B vise, en effet, le cas où une entreprise ou entité juridique est établie ou constituée hors de France et où « cette entreprise ou entité juridique est soumise à un régime fiscal privilégié au sens de l'article 238 A ». Le Conseil d'État a d'ailleurs unifié l'interprétation qu'il y a lieu de donner sur ce point aux articles 238 A et 209 B du CGI en jugeant que, eu égard à la finalité de l'article 209 B, l'administration doit justifier que la société étrangère est soumise hors de France à une **charge fiscale moindre**, pour l'imposition de ses bénéfices ou de ses revenus, que celle à laquelle elle serait soumise en France si elle y était établie (CE 21 novembre 2011 n° 327207, 9e et 10e s.-s., Cie des Glénans : RJF 2/12 n° 102 ; solution confirmée par la décision de non-renvoi au Conseil constitutionnel mentionnée n° 73105).

L'article 209 B ne peut donc s'appliquer que si l'administration est en mesure de démontrer que l'entité étrangère n'est pas imposable ou qu'elle est effectivement soumise dans l'État ou le territoire considéré à des impôts sur les bénéfices ou les revenus dont le montant est **inférieur à 60 %** de l'impôt sur les bénéfices ou sur les revenus dont elle aurait été redevable dans les conditions de droit commun en France, si elle y avait été domiciliée ou établie (avant le 1er janvier 2020, le critère était de la moitié ; n° 72983).

La **comparaison** doit être **précise**, effectuée **exercice par exercice** et ne dépend pas d'une appréciation globale du régime fiscal général appliqué dans l'État ou le territoire considéré ; le texte est, en particulier, susceptible de s'appliquer dans l'Union européenne, sous réserve de la clause de sauvegarde (n° 73255).

Sur l'incidence des règles de **territorialité** et la prise en compte des **retenues à la source** d'amont, voir n°s 72992 et 729937. Sur le cas des sociétés réalisant des plus-values de cession de titres de participation, voir n° 72990, Précisions a et sur l'incidence du régime des sociétés mères, voir n° 72988.

Précisions Dans le passé, la loi comportait une certaine ambiguïté car l'article 209 B du CGI visait littéralement le cas où la société est « établie dans un État étranger ou un territoire situé hors de France dont le régime fiscal est privilégié au sens mentionné à l'article 238 A », ce qui pouvait paraître renvoyer à une **analyse de l'État ou du territoire étranger** et non pas à celle de l'entité qui y est établie. Le Conseil d'État ne s'était cependant pas attardé sur cette différence qui résultait, en réalité, d'une maladresse de rédaction ; dans les décisions précitées, il a unifié l'interprétation qu'il y a lieu de donner sur ce point aux articles 238 A et 209 B du CGI.

73205 À l'égard des **exonérations temporaires**, mais de longue durée, l'administration, dans le passé, admettait qu'elles ne caractérisaient pas un régime privilégié lorsqu'elles étaient limitées à environ vingt ans.

Cette position avait été durcie par une ancienne instruction du 17 avril 1998 (ancien BOI 4 H-3-98 du 30 avril 1998), qui avait retenu un critère de dix ans, puis a été purement et simplement abandonnée ; depuis 2007, l'administration n'admet aucune dérogation au principe de la comparaison de la situation de l'entité étrangère avec les règles qui lui seraient applicables si elle était en France.

c. Conditions de détention de l'entité étrangère

Seuil de déclenchement

73220 Le seuil de déclenchement de l'article 209 B est actuellement fixé à **50 %**, par souci de cohérence avec le fait que les bénéfices de la filiale étrangère sont qualifiés de « **revenus de capitaux mobiliers** » ; en effet, dans la mesure où un tel niveau de contrôle confère un pouvoir de décision à l'actionnaire sur une résolution de distribution lors d'une assemblée générale, il peut être présumé que si l'entité étrangère ne distribue pas ses résultats, c'est en raison seulement d'une décision en ce sens de sa société mère française. Il n'est donc pas illégitime de réputer ces bénéfices distribués pour les imposer en France.

Une personne morale établie en France entre dans le champ du dispositif si elle détient, directement ou indirectement, **plus de 50 %** des actions, parts, droits de vote ou droits financiers dans une entité juridique établie ou constituée hors de France qui est soumise à un régime fiscal privilégié, sauf application de la clause de sauvegarde (n°s 73255 s.).

Comme dans le dispositif issu de la réforme opérée en 1993, les **succursales**, et plus généralement, les entreprises exploitées hors de France, sont également couvertes.

Précisions **a.** Dans le passé, le **seuil de déclenchement** de l'article 209 B a évolué, passant de 25 %, initialement, à 10 % (ou 22,8 M€), puis actuellement à 50 %.

b. La condition relative à la détention de l'entité étrangère est en principe d'application stricte. La manière dont le Conseil d'État a interprété la loi pour juger que la liberté de circulation des capitaux n'est pas applicable (CE 25 avril 2022 n° 439859, 9e et 10e ch., Sté Rubis : RJF 7/22 n° 625 ; voir n° 73255) crée cependant une incertitude dans la mesure où cette décision juge que l'article 209 B s'applique aux participations permettant d'exercer une **influence certaine** sur les décisions de la filiale établie hors de France et d'en déterminer les activités, quand bien même la société établie en France n'en détiendrait pas la majorité du capital ou des droits de vote (voir, dans le même sens, l'interprétation extensive retenue par le Conseil d'État à propos de l'article 123 bis du CGI ; n° 73810).

c. Lorsque des participations dans des sociétés bénéficiant d'un régime fiscal privilégié ont été recueillies **à l'occasion d'une fusion** placée sous le régime de l'article 210 A du CGI, ces participations doivent, en raison du principe de neutralité fiscale des fusions, être regardées comme figurant dans le patrimoine de la société absorbante depuis la date de leur acquisition ou de leur création par la société absorbée (CE 4 juillet 2014 nos 357264 et 359924, Plén., Sté Bolloré : RJF 10/14 n° 880 aux conclusions Marie-Astrid Nicolazo de Barmon au BDCF 10/14 n° 92, dans une configuration où, sous l'empire d'une ancienne rédaction de la loi, les seuils de déclenchement étaient applicables à des dates variables en fonction de la date d'acquisition des participations).

Clause anti-fractionnement Afin d'éviter les abus et les réorganisations artificielles des participations, le taux **de détention est ramené à 5 %** lorsque plus de 50 % des actions, parts, droits financiers ou droits de vote de l'entité juridique établie ou constituée hors de France sont détenus : **73223**

– soit par des entreprises établies en France, même si elles n'ont entre elles aucun lien de dépendance ou de contrôle ; si l'entité étrangère est cotée sur un marché réglementé, ne sont cependant visées que les entreprises françaises qui agissent de concert (c'est, dans ce cas, à l'administration de prouver que les sociétés françaises agissent de concert) ;

– soit par des entreprises qui sont placées directement ou indirectement dans une situation de contrôle ou de dépendance au sens de l'article 57 du CGI (nos 76645 s.) à l'égard de la personne morale établie en France.

La clause anti-fractionnement doit, à notre avis, faire l'objet d'une **interprétation stricte** ; elle ne devrait donc pas s'appliquer si le solde de la participation est indirectement, et non directement, détenu par des sociétés françaises (sauf éventuellement en cas d'interposition artificielle). Par exemple, elle ne devrait pas concerner le cas où une société française F1 détient 40 % du capital d'une société bénéficiant d'un régime fiscal privilégié alors que les 60 % restants sont détenus par une société néerlandaise elle-même détenue à 100 % par une société française F2 (si F1 et F2 ne font pas partie du même groupe). Mais elle s'appliquerait à F1 si F2 détenait directement les 60 % restants.

Appréciation directe et indirecte Pour apprécier le seuil de déclenchement de l'article 209 B, il convient de prendre en compte les participations directes et indirectes de la personne morale française. **73225**

La loi prévoit que les actions, parts, droits financiers ou droits de vote, détenus indirectement par cette dernière, s'entendent des actions, parts, droits financiers ou droits de vote détenus **par l'intermédiaire d'une chaîne d'actions**, de parts, de droits financiers ou de droits de vote ; l'appréciation du pourcentage des actions, parts, droits financiers ou droits de vote ainsi détenus s'opère en multipliant entre eux les taux de détention successifs. Les droits détenus directement et indirectement sont additionnés.

Précisions **a.** Les droits détenus directement s'entendent non seulement de ceux que la société détient en propre (y compris lorsqu'ils sont rattachés à un établissement stable hors de France), mais également de ceux pour lesquels elle a conclu une **convention de portage** avec des tiers ou ceux détenus par un **prête-nom** (BOI-IS-BASE-60-10-20-10 n° 80).

b. Si, **par exemple**, une personne morale française possède la totalité des actions ordinaires (droits de vote et droits financiers) d'une société étrangère qui détient elle-même 51 % des droits de vote et 40 % des droits financiers d'une société qui bénéficie d'un régime fiscal privilégié, la personne morale française entre dans le champ de l'article 209 B, puisqu'elle détient indirectement 100 % × 51 % = 51 % des droits de vote de cette dernière. Mais les conséquences financières seront limitées à 100 % × 40 % = 40 % des bénéfices de cette société, c'est-à-dire à la quote-part représentée par les seuls droits financiers (n° 73345).

73227 **Communauté d'intérêts** La loi précise que la détention indirecte s'entend également des actions, parts, droits financiers ou droits de vote détenus directement ou indirectement :

- par les **salariés** ou les **dirigeants** de droit ou de fait de la personne morale française ;
- par une **personne physique**, son **conjoint**, ou leurs **ascendants** ou **descendants**, lorsque l'une au moins de ces personnes est directement ou indirectement actionnaire, porteuse de parts, titulaire de droits financiers ou de droits de vote dans cette personne morale ;
- par une entreprise ou une entité juridique ayant **en commun** avec cette personne morale un actionnaire, un porteur de parts ou un titulaire de droits financiers ou de droits de vote qui dispose directement ou indirectement du nombre le plus élevé de droits de vote dans cette entreprise ou cette entité juridique et dans cette personne morale ;
- par un **partenaire commercial** de la personne morale dès lors que les relations entre cette personne morale et ce partenaire sont telles qu'il existe entre eux un lien de dépendance économique.

Précisions La notion de « **communauté d'intérêts** », qui est employée par la doctrine administrative (BOI-IS-BASE-60-10-20-10 n° 140), est commode pour désigner la définition extensive donnée par la loi à la notion de détention indirecte ; elle ne figure cependant pas dans la loi.

73230 **Dépendance économique** La doctrine administrative indique que le lien de dépendance peut être **contractuel** ou résulter des **circonstances** dans lesquelles s'établissent les relations entre deux entreprises (BOI-IS-BASE-60-10-20-10 n° 230) ; selon l'administration, ce lien est notamment avéré lorsqu'il peut être établi que la cessation des relations d'affaires entre deux entreprises menacerait l'exploitation de l'un ou l'autre des partenaires concernés ou lorsqu'une entreprise a la **capacité de dicter**, dans son intérêt (ou dans celui du groupe), des conditions économiques défavorables à une autre entreprise (en ce sens, l'administration ajoute qu'une entreprise peut, eu égard aux circonstances de fait, être considérée comme étant sous la dépendance de son banquier ou de son fournisseur).

Précisions La référence à la « capacité de dicter » des conditions économiques défavorables est directement reprise de la jurisprudence du Conseil d'État à propos de l'article 57 du CGI (n° 76500).

Forme de l'entité étrangère

73235 La loi vise, outre les **entreprises** exploitées hors de France, la détention d'actions, parts, droits financiers ou droits de vote dans une entité juridique qui peut être une **personne morale**, un **organisme**, ou même une **fiducie** ou une institution comparable, établie ou constituée hors de France.

Sont donc concernés, d'une façon générale, les **sociétés de capitaux**, sociétés de personnes, « **partnerships** », sociétés civiles, fondations et tout organisme ayant la personnalité morale dans l'État dans lequel il est enregistré ; il peut aussi s'agir, selon l'administration (BOI-IS-BASE-60-10-20-20 n° 70), d'entités, telles que les « **Anstalten** » et « Stiftungen » constituées en vertu de la législation du Liechtenstein, ainsi que de groupements. Un **groupement** s'entend (BOI préc.) d'une structure juridique, dotée ou non de la personnalité morale, dans laquelle plusieurs personnes morales et physiques s'associent en vue de poursuivre un objectif économique commun (**GIE**, GEIE et groupements assimilés, **associations en participation** ou encore simples contrats d'associations qui incluent des accords de diverses natures, tels que des syndicats, groupes, pools, etc.).

La loi s'applique également au titre de la simple détention d'une entreprise hors de France au sens des n°s 4910 s ; cependant, à notre avis, seule la **détention directe d'un établissement stable** par une société française est visée par l'article 209 B, et non la détention d'un établissement stable dans un État par une filiale située dans un autre État, même si cet établissement bénéficie localement d'un régime fiscal privilégié (en revanche, la filiale pourrait être concernée, si la comparaison de sa situation avec celle qui serait la sienne si elle était située en France faisait ressortir un régime fiscal privilégié, en tenant compte de ce que la filiale, si elle était située en France, serait imposable sur les résultats de son établissement stable étranger, dans le cadre de l'article 209 B ; voir aussi n°s 72992 et 73358).

Précisions La doctrine administrative reprend également les termes de la loi, en visant certaines structures ou arrangements inconnus du droit français tels que, notamment, les fondations de famille ou les **trusts** (BOI-IS-BASE-60-10-20-20 n° 80). On remarquera néanmoins que l'application de l'article 209 B n'est pas évidente en présence de fiducies ou de trusts, dans la mesure où ces entités sont dépourvues de capital et en l'absence de droits financiers et de droits de vote. Voir cependant n° 50380, à propos de l'application de l'article 123 bis du CGI (raisonnement vraisemblablement transposable).

Nature de la participation

Sont visés, compte tenu des précisions législatives : **73237**
- les actions ou parts dans des **sociétés de capitaux** ;
- les parts d'intérêt possédées dans des **sociétés de personnes** et organismes assimilés ;
- les **droits financiers** ou les droits de vote détenus dans de telles entités.

La dissociation des droits financiers et des droits de vote peut résulter du **démembrement** de la propriété des titres (usufruit, lorsqu'il n'est pas prévu que l'usufruit des titres donne un droit de vote complet, et nue-propriété) ou du **fractionnement** des droits attachés aux titres (certificats d'investissement, certificats de droits de vote ou titres assimilables) ou de la nature même des titres émis (actions à dividende prioritaire sans droit de vote, par exemple).

Les **droits financiers** s'entendent de ceux conférant un droit dans la distribution des bénéfices et réserves. Les **droits de vote** s'entendent du droit de tout associé de participer aux décisions collectives (Code civil art. 1834 et 1844 al. 1).

Date d'appréciation

Pour déterminer si le seuil de déclenchement est atteint, il y a lieu de calculer le pourcentage **73240**
de participation au jour de la **clôture de l'exercice de l'entité** juridique établie ou constituée hors de France ou, en l'absence d'exercice clos au cours d'une année, à la clôture de l'exercice de la personne morale établie en France et passible de l'impôt sur les sociétés (on notera la différence avec le décret pris pour l'application de l'article 123 bis du CGI, qui, en l'absence d'exercice clos, pose en principe que les revenus sont acquis au 31 décembre).

Toutefois, s'il est plus élevé, le pourcentage à retenir est celui de la participation détenue **pendant au moins cent quatre-vingt-trois jours** au cours de cet exercice ou, à défaut d'exercice clos par l'entité juridique établie ou constituée hors de France, à la clôture de l'exercice de la personne morale établie en France. La durée de cent quatre-vingt-trois jours correspond au nombre total de jours de détention durant l'exercice, y compris en cas de détention discontinue. La période de détention court de la date d'inscription en compte des titres ou droits concernés, ou de la date d'acquisition effective des titres si cette dernière est antérieure.

Précisions C'est le décret qui précise, contrairement à ce qui avait été prévu pour l'application de l'ancien dispositif, que la **période** de cent quatre-vingt-trois jours (qui ne résulte pas de la loi) **peut être discontinue** (l'administration avait pris position dans le même sens pour l'application de l'ancien texte, mais sans même une base réglementaire).

d. Clause de sauvegarde au sein de l'Union européenne

Les dispositions de l'article 209 B du CGI ne sont pas applicables si l'entreprise ou l'entité **73255**
juridique est établie ou constituée dans un État membre de l'Union européenne, à condition que l'exploitation de l'entreprise ou la détention des actions, parts, droits financiers ou droits de vote de l'entité juridique par la personne morale passible de l'impôt sur les sociétés ne puisse être regardée comme constitutive d'un **montage artificiel** dont le but serait de contourner la législation fiscale française (CGI art. 209 B, II).

À ce propos, la doctrine administrative (BOI-IS-BASE-60-10-40 n° 10) rappelle que la notion de montage artificiel dont le but serait de contourner la législation fiscale est issue de la **jurisprudence de la Cour de justice** (notamment de l'arrêt ICI du 16 juillet 1998). Elle souligne (BOI préc. n° 20) que, conformément à l'arrêt Cadbury Schweppes (CJCE 12 septembre 2006, aff. C 196/04, Gr. ch., Cadbury Schweppes : RJF 12/06 n° 1644 ; voir n° 81740), l'existence d'un montage artificiel dont le but est de contourner la législation fiscale s'apprécie au regard de critères objectifs ; elle ajoute que l'article 209 B ne s'appliquera pas lorsque la **réalité de l'implantation** (existence physique en termes de locaux, personnels et équipements) et **l'exercice effectif d'une activité économique** seront établis (l'administration renvoie au point 70 de l'arrêt Cadbury Schweppes, qui énonce que « la société résidente, qui est la mieux placée à cet effet, doit être mise en mesure de produire des éléments concernant la réalité de l'implantation de la société étrangère contrôlée et le caractère effectif des activités de celle-ci »).

73255 (suite) Dans l'affaire Cadbury Schweppes, à propos de la législation britannique relative aux « sociétés étrangères contrôlées » et à sa compatibilité avec la **liberté d'établissement** garantie par le droit de l'Union européenne, la Cour de justice a, en effet, jugé que, par principe, le droit de l'Union européenne s'oppose à l'imposition, entre les mains d'une société mère, des bénéfices réalisés par une filiale européenne faiblement imposée ; mais elle a ajouté qu'**une telle imposition** est néanmoins **possible** en présence de montages purement artificiels destinés à éluder l'impôt national normalement dû et elle n'a écarté les dispositions de ce type que s'il s'avère, sur la base d'éléments **objectifs** et **vérifiables par des tiers**, que la société contrôlée est réellement implantée dans l'État membre d'accueil et qu'elle y exerce des activités économiques effectives ; cette constatation doit, selon la Cour, reposer sur des éléments objectifs et vérifiables par des tiers, relatifs, notamment, au degré d'existence physique de la filiale en termes de **locaux**, de **personnel** et d'**équipements**.

L'administration n'est pas plus explicite, se contentant de donner comme exemple de montage artificiel une situation inspirée des décisions Pléiade et Sagal du Conseil d'État (n° 72645 a) à propos d'un cas d'abus de droit touchant au régime des sociétés mères (BOI préc.). Cependant, en ce qui concerne la façon dont le **degré d'existence d'une filiale** doit être apprécié dans le cadre de l'Union européenne, le Conseil de l'Union européenne, dans une recommandation du 8 juin 2010, avait estimé qu'un élément pouvant laisser penser que des bénéfices pourraient avoir été détournés artificiellement tiendrait à ce qu'il n'existe pas de **corrélation proportionnée** entre les activités apparemment exercées par l'entité étrangère et la mesure dans laquelle celle-ci existe physiquement, sous la forme de locaux, de personnel et d'équipements (Cons. UE, résolution n° 2010/C-156/01 du 8 juin 2010 : JOUE n° C 156 du 16 juin 2010 : Droit fiscal 2010 n° 25, act. n° 241) ; en effet, il n'y a pas lieu d'exiger d'une entité européenne davantage de moyens, notamment en personnel, que ceux dont elle a besoin pour exercer ses activités apparentes ni que ceux dont elle aurait besoin si elle était située en France. Une société holding étrangère dépourvue de personnel peut fort bien n'être pas artificielle si elle répond à un objectif réel et sérieux, étant donné qu'elle n'aurait pas nécessairement été dotée de personnel si elle avait été constituée en France.

De son côté, le Conseil d'État a confirmé, à propos d'une ancienne rédaction de la loi mais le principe est transposable, que l'article 209 B peut être appliqué, **sans méconnaître la liberté d'établissement**, à des sociétés ou groupements qui ont le caractère de montages purement artificiels destinés à éluder l'impôt normalement dû en France (CE 4 juillet 2014 n°s 357264 et 359924, Plén., Sté Bolloré : RJF 10/14 n° 880, adoptant une interprétation neutralisante de la loi dans son ancienne rédaction ; sur la technique de l'interprétation neutralisante, voir n° 940) ; en l'espèce, les redressements ont été confirmés, s'agissant de filiales luxembourgeoises régies par l'ancienne loi de 1929 (sociétés qui n'existent plus aujourd'hui et qui étaient entièrement exonérées d'impôt et ne pouvaient avoir une activité industrielle ou commerciale), étant donné que les **relevés sommaires de frais généraux** produits par la société française révélaient que les charges de ces sociétés étaient constituées, pour l'essentiel, de la **rémunération d'organismes de services et d'honoraires** d'administrateurs et de réviseurs, ainsi que de la taxe d'abonnement ; en l'absence de toute indication précise sur la consistance et la nature de l'activité économique alléguée, que n'attestait aucun document social, les éléments produits ne permettaient donc pas de caractériser l'exercice d'une activité économique effective. Au cas particulier, les filiales luxembourgeoises étaient **cotées** mais cela n'impliquait pas qu'elles aient une activité économique effective ; de même, le fait qu'elles aient perçu des revenus de participations ne constituait pas l'indice de l'exercice d'une telle activité.

En la matière, tout dépend naturellement des faits et circonstances ; dans ses conclusions sur cette affaire, le rapporteur public avait relevé, à juste titre, que « tout holding ne constitue pas un montage purement artificiel au sens de la jurisprudence de la Cour de justice » et que « l'on ne peut évidemment exiger d'un holding le même **degré de matérialité** que des sociétés commerciales. Il incombe cependant à la société résidente d'apporter des éléments tangibles sur l'activité concrète et le degré d'autonomie décisionnelle des sociétés holdings étrangères dans lesquelles elle détient des participations, pour justifier qu'il ne s'agit pas de sociétés écrans » (conclusions Marie-Astrid Nicolazo de Barmon au BDCF 10/14 n° 92).

Enfin, il a été jugé que les dispositions de l'article 209 B du CGI ne relèvent pas du champ de la **liberté de circulation des capitaux**, dès lors que, compte tenu de leur objet, elles ont vocation à s'appliquer aux seules participations permettant d'exercer une influence certaine sur les décisions de la filiale établie hors de France, notamment dans un pays tiers, et d'en déterminer les activités, quand bien même la société établie en France n'en détiendrait pas la majorité du capital ou des droits de vote (CE 25 avril 2022 nº 439859, 9e et 10e ch., Sté Rubis : RJF 7/22 nº 625 ; voir également nº 73290) ; dans cette affaire, la société française ne pouvait donc pas faire échec à l'application de l'article 209 B au titre des résultats réalisés par une filiale mauricienne. Selon ce qu'indiquait la rapporteure publique Émilie Bokdam-Tognetti dans ses conclusions sous cette décision (RJF 7/22 C 625), les cas exceptionnels où l'article 209 B s'appliquerait en raison de la détention de plus de la moitié des droits aux bénéfices dans une filiale dans laquelle la société mère n'aurait pas d'influence déterminante ne sont pas de nature à remettre en cause **la « vocation » du dispositif** et **« l'objet » de la loi**, qui est de viser les seules participations de contrôle. Elle ajoutait qu'une société qui, alors qu'elle détient plus de 50 % des droits financiers, ne serait pas en mesure d'exercer d'influence sur les décisions et les activités de l'entité pourrait efficacement se prévaloir de la clause de sauvegarde et apporter la preuve qu'elle n'a pas pu, par le biais de la société étrangère qu'elle ne contrôle pas, localiser ses bénéfices dans un État à fiscalité privilégiée. 73255 (suite)

Précisions **a.** Il a été jugé, sous l'empire d'une ancienne rédaction de la loi, mais la solution est transposable, que l'article 209 B est applicable dans le cadre de l'Union européenne en présence d'un **montage purement artificiel** dont le but est de contourner la loi fiscale ; il s'agissait d'une **filiale irlandaise** qui n'avait aucune activité en Irlande, n'y employait aucun personnel et qui n'y disposait que d'une boîte aux lettres et d'un numéro d'immatriculation (TA Cergy-Pontoise 25 octobre 2007 nº 03-2725, 5e ch., Sté Pinault Bois et Matériaux : RJF 4/08 nº 525 ; jugement définitif).

b. Une société n'a pu échapper à l'article 209 B (ancienne rédaction) au titre de la détention d'une **sous-filiale** au **Luxembourg** dans la mesure où elle n'établissait pas le caractère effectif de l'activité de cette société, échouant ainsi à démontrer qu'il ne s'agissait pas d'un **montage purement artificiel** (CAA Paris 18 décembre 2008 nº 06-3136, 9e ch., Société Industrielle et financière de l'Artois : RJF 8-9/09 nº 727 ; arrêt définitif sur ce point).

c. L'article 209 B du CGI a été jugé applicable, au titre de l'année 2010, à une société française qui avait **comptabilisé dans une filiale irlandaise des opérations d'assurance** alors que cette société n'avait exercé aucune activité et qu'elle était dépourvue de substance économique (TA Montreuil 11 octobre 2018 nº 1706840-1706843 : RJF 6/19 nº 517, admettant également l'application de la majoration de 40 % ; solution définitive, la société n'ayant pas fait appel de ce point et ayant présenté des conclusions incidentes irrecevables, comme le souligne l'arrêt, également définitif, mentionné en Précisions d ci-après). La filiale irlandaise n'avait pas de salariés, et les sinistres étaient gérés par des salariés de la société française avec délégation des opérations quotidiennes à un prestataire irlandais (le fait que les salariés français gérant les sinistres étaient également administrateurs de la filiale n'a pas suffi à établir que leurs tâches relevaient de cette seule fonction et étaient exercées pour le compte de la filiale). Il s'agissait donc d'un montage artificiel dans le seul but d'éluder l'impôt, justifiant l'application de l'article 209 B.

d. Dans une situation très particulière mettant en cause, pour les années 2011 et 2012, une société captive de **réassurance luxembourgeoise** du groupe EDF, qui réassurait des **risques nucléaires**, l'application de l'article 209 B du CGI a été écartée par CAA Versailles 25 mai 2021 nº 19VE00473, 1e ch., min. c/ Sté EDF : RJF 8-9/21 nº 856, arrêt définitif ; compte tenu de l'activité de la filiale luxembourgeoise, divers éléments permettaient d'écarter la caractérisation d'un montage artificiel, même si la société n'avait pas de salariés, ne louait qu'un bureau de 15 m² et avait délégué l'ensemble de ses missions : la filiale de réassurance avait repris les portefeuilles de réassurance de risques nucléaires gérés par une société tierce luxembourgeoise avec laquelle elle n'entretenait aucun lien de dépendance ; elle exploitait les portefeuilles transférés dans les mêmes conditions que le précédent réassureur en faisant appel à des sous-traitants luxembourgeois ; elle se plaçait dans une continuité d'exploitation dans un secteur particulièrement réglementé rendant complexes les transferts transnationaux ; un rapport de l'Assemblée nationale sur le coût de la filière nucléaire avait montré que le recours à des sociétés de réassurance constituait une alternative moins coûteuse que le recours au système de « pools de réassurance » ; enfin, la Cour relève que, eu égard à la spécificité de certains risques, l'externalisation des missions des entreprises de réassurance constitue une pratique courante qui les conduit à n'employer directement aucun salarié.

e. Une société française n'a pu échapper à l'application de l'article 209 B du CGI au titre des résultats réalisés en 2009, 2010 et 2011 par une **sous-filiale de réassurance luxembourgeoise** sans moyens humains et matériels et dont la gestion quotidienne était déléguée à une société luxembourgeoise spécialisée alors que la gestion opérationnelle était pilotée depuis la France (TA Montreuil 21 mai 2019 nº 1801760, 1e ch., Sté Danone ; ce jugement a fait l'objet d'un appel, mais la société s'est ensuite désistée selon ce qu'indique CAA Versailles 6 juillet 2021 nº 19VE02632, 1e ch., Sté Danone) ; pour le tribunal administratif, l'administration avait apporté, au regard du faisceau d'indices convergent qu'elle avait constaté, la preuve que l'implantation de la société luxembourgeoise relevait d'un **montage artificiel**

en vue d'éluder l'impôt, justifiant l'application des pénalités de 40 % (la possibilité prévue par le droit luxembourgeois de passer des provisions pour fluctuation de sinistralité caractérisait un régime fiscal privilégié et les revenus de capitaux mobiliers réputés distribués au sens des dispositions de l'article 209 B ont été regardés comme des revenus innomés imposables en France en application de l'article 18 de la convention fiscale franco-luxembourgeoise et non comme des revenus commerciaux qui auraient été imposables au Luxembourg).

e. Clause de sauvegarde hors Union européenne

Principes

73260 L'article 14 de la loi n° 2012-958 du 16 août 2012 de finances rectificative pour 2012 a modifié la clause de sauvegarde pour les implantations en dehors de l'Union européenne (elle n'a pas modifié la situation au sein de l'Union européenne ; n° 73255).

Pour les exercices clos depuis le 31 décembre 2012, l'application de la clause de sauvegarde suppose, hors Union européenne, que la personne morale établie en France démontre que les opérations de l'entreprise ou de l'entité juridique établie ou constituée hors de France ont **principalement un objet et un effet autres** que de permettre la localisation de bénéfices dans un État ou territoire où elle est soumise à un régime fiscal privilégié (CGI art. 209 B, III). La loi ajoute que cette condition est réputée remplie notamment lorsque l'entreprise ou l'entité juridique établie ou constituée hors de France a principalement une **activité industrielle ou commerciale effective** exercée sur le territoire de l'État de son établissement ou de son siège.

Le Gouvernement a cherché, par cette rédaction, à durcir le texte antérieur en renversant la charge de la preuve sur la société française ; corrélativement, comme les implantations dans tous les États ou territoires étrangers sont traitées de la même façon (hors Union européenne), il n'y a plus de législation spécifique concernant les États et territoires non coopératifs.

On peut cependant se demander si le principe même d'une clause de sauvegarde différenciée selon que les implantations étrangères sont situées ou non dans l'Union européenne est conforme à la **Constitution** ; en effet, le Conseil constitutionnel a jugé, à propos de l'article 123 bis du CGI, que la clause de sauvegarde alors prévue par la loi en ce qui concerne les seules entités juridiques établies ou constituées dans un État membre de l'Union européenne devait nécessairement être **étendue aux États tiers** (Cons. const. 1er mars 2017 n° 2016-614 QPC : RJF 5/17 n° 473 ; voir n° 74000). On pourrait éventuellement en déduire que les conditions spécifiques posées par l'article 209 B en cas d'implantation en dehors de l'Union européenne devraient être écartées au profit d'une extension pure et simple du dispositif applicable au sein de l'Union européenne (même problématique qu'à propos de l'article 123 bis du CGI ; n° 74000, Précisions). En tout état de cause, le principe de **liberté de circulation des capitaux** n'est pas applicable (CE 25 avril 2022 n° 439859, 9e et 10e ch., Sté Rubis : RJF 7/22 n° 625 ; n° 73255).

Activités industrielles et commerciales

73263 L'article 209 B du CGI n'est pas applicable si l'entreprise ou l'entité juridique établie ou constituée hors de France exerce principalement une activité industrielle ou commerciale **effective sur le territoire** de l'État de son établissement ou de son siège (CGI art. 209 B, III) ; dans ce cas, en effet, la loi répute que la condition tenant à l'absence d'effet et d'objet principalement fiscal est établie.

Sous l'empire d'une ancienne rédaction de la loi, mais la solution est transposable, il a été jugé que la condition tenant au **lieu de réalisation** de l'activité n'était pas remplie au cas d'une société française dont la filiale mauricienne exerçait une activité commerciale de prestation de services à destination de filiales africaines du groupe, car cette activité était exercée non pas à l'île Maurice, mais dans les pays d'implantation des filiales par l'intermédiaire de salariés résidents de ces pays (TA Montreuil 8 mars 2018 n° 1703793, 1e ch., Sté Rubis Énergie : Droit fiscal 2018 n° 47, comm. n° 481 ; en appel sur un autre point et pour un autre exercice, CAA Versailles 28 janvier 2020 n° 18VE01241, 1e ch., SCA Rubis : RJF 7/20 n° 585, ayant fait l'objet d'un pourvoi rejeté par CE 25 avril 2022 n° 439859, 9e et 10e ch., Sté Rubis : RJF 7/22 n° 625) ; la société a toutefois eu gain de cause sur un autre fondement (n° 73287).

Précisions Pour les exercices clos avant le 31 décembre 2012, l'exception des activités industrielles et commerciales ne jouait pas lorsque les bénéfices ou revenus provenaient pour une part importante de certaines opérations sur actifs financiers ou incorporels ou de prestations de services **intragroupe** (des seuils de 20 % et 50 % étaient posés par la loi). Ces conditions ont été supprimées au motif que « ces seuils, dont l'existence ne contribue pas à la lisibilité du dispositif et qui présentent un certain caractère arbitraire, sont difficilement appréciables par l'administration fiscale, et peuvent en tout état de cause être contournés par l'évocation de la disposition « balai » de la clause de sauvegarde (...) » (rapport Eckert, AN n° 79, 12 juillet 2012).

Nature des activités La formulation de la clause de sauvegarde hors Union européenne ne fait pas référence à une condition d'activité prépondérante sur le **marché local** ; par conséquent, l'exception est applicable si l'entité étrangère exerce une activité industrielle ou commerciale effective sur son territoire d'implantation, même si ses **clients** ne sont pas eux-mêmes domiciliés ou établis dans cet État ou territoire. Seule compte, à cet égard, la matérialité de la présence sur place de l'entité étrangère et la réalité de son activité. 73265

Les activités **industrielles** s'entendent essentiellement de celles consistant en la production ou la transformation de biens ; par « activités **commerciales** » il faut comprendre les achats en vue de la vente ou de la location de matières ou de marchandises ainsi que la fourniture de **services** (y compris dans les domaines de la banque ou de l'assurance) qui ne relèvent pas, par leur nature, d'une activité de caractère civil ou libéral. Sont exclues, en revanche, les activités civiles par nature (location d'immeubles non aménagés, par exemple) et les activités libérales par nature (activités de conseil ou d'expertise, par exemple).

À propos de l'ancien dispositif, mais la solution est transposable, il a été jugé que l'activité de **gestion de trésorerie** d'une filiale implantée à Hong Kong, consistant à placer dans des titres obligataires coréens des devises locales détenues par d'autres entités du groupe implantées en Asie du Sud-Est et à conserver une partie des bénéfices, est une activité de nature commerciale (CE 28 novembre 2012 n°s 338682 et 341128, 9e et 10e s.-s., Sté BNP Paribas et min. c/ BNP Paribas : RJF 2/13 n° 138, aux conclusions Frédéric Aladjidi au BDCF 2/13 n° 17 ; dans cette affaire, cependant, il ne s'agissait pas d'une activité libérale de conseil ou d'une activité de placement comme pourrait l'accomplir un particulier pour lui-même mais d'une véritable activité spéculative). Il en va de même de l'activité de **banque privée internationale** d'une filiale établie à Guernesey, consistant en la collecte de fonds de clients particuliers internationaux (CE 28 novembre 2012 n° 341127, 9e et 10e s.-s., min. c/ Sté BNP Paribas : RJF 2/13 n° 138).

Précisions La condition relative au marché local (ancienne rédaction de la loi) n'avait pas été considérée comme remplie dans une affaire mettant en cause une filiale d'un groupe français établie dans le canton de Zurich où elle jouait le rôle de **centrale de référencement** (TA Montreuil 18 novembre 2010 n° 09-8415, 1e ch., Sté ITM Entreprises : RJF 7/11 n° 791, jugement définitif ; conclusions au BDCF 7/11 n° 83). La société exerçait réellement une activité commerciale, disposant de locaux et de trente-deux salariés, mais ses clients n'étaient pas établis en Suisse et elle n'établissait pas que ces derniers constitueraient un marché qui ne serait effectivement accessible que par la voie d'une implantation en Suisse.

Réalité des activités L'exception n'est, bien entendu, applicable que si la réalité des activités est établie ; sont ainsi exclues les entreprises ou entités qui n'ont aucune **implantation réelle** (bureaux, personnel...) dans le pays où elles sont situées et qui n'y réalisent pas d'opérations formant un cycle commercial complet ; sont notamment visées les entreprises ou entités qui n'ont qu'une existence nominale (« boîte aux lettres », dans une société de domiciliation ou chez un prestataire de services dans l'État ou le territoire où elles ont été constituées) et dont les opérations retracées par leur comptabilité sont effectivement réalisées par la société mère (sociétés de gestion de brevets, sociétés auxiliaires de services, sociétés de facturation...). 73268

Exception législative générale

L'article 209 B du CGI n'est pas applicable, d'une façon générale, lorsque la personne morale établie en France démontre que les opérations de l'entreprise ou de l'entité juridique établie ou constituée hors de France ont **principalement un objet et un effet autres** que de permettre la localisation de bénéfices dans un État ou territoire où elle est soumise à un régime fiscal privilégié. 73270

Si cette exception est principalement applicable en présence d'une activité industrielle ou commerciale, l'emploi par la loi de l'adverbe « notamment » (n° 73260) laisse la possibilité à l'entreprise française de prouver que les bénéfices et revenus tirés de l'entité étrangère, alors même qu'ils ne proviennent pas d'une activité industrielle ou commerciale, « ne sont pas localisés à l'étranger à de seules fins **d'optimisation fiscale** » (en ce sens, rapport Eckert, AN n° 79, 12 juillet 2012).

C'est à l'entreprise française qu'il appartient d'apporter cette **preuve**. En principe, la preuve de l'effet autre que fiscal suppose la production de tous éléments matériels et quantitatifs de nature à permettre une comparaison objective entre le montant du gain résultant des avantages fiscaux tirés de l'implantation et celui tenant aux avantages d'autre nature. En ce qui concerne l'objet autre que fiscal, il faut démontrer l'absence d'intention de localiser des sommes dans l'État ou le territoire en cause.

À cette fin, la société française doit transmettre tous éléments nécessaires à la démonstration ; celle-ci est toujours possible, même, par exemple, en présence d'activités civiles.

Enfin, comme l'indiquait la rapporteure publique Émilie Bokdam-Tognetti dans ses conclusions sous CE 25 avril 2022 n° 439859, 9e et 10e ch., Sté Rubis : RJF 7/22 n° 625 (RJF 7/22 C 625), la loi invite à apprécier l'objet principal autre que fiscal au niveau des « opérations » de l'entité ; le dispositif peut donc être applicable en raison d'**opérations ponctuelles** au titre d'une année donnée, alors même que la création initiale et les activités antérieures de l'entité étrangère n'auraient pas eu principalement pour objet la localisation de bénéfices soumis à un régime fiscal privilégié.

Précisions **a.** La référence à « **l'objet** » a été ajoutée par voie d'amendement lors des débats à l'Assemblée nationale (le projet de loi ne visait que « l'effet »). Selon le rapporteur général Christian Eckert, cet amendement visait à durcir les conditions permettant de lutter contre les abus (« tout le monde aura compris que l'on peut avoir un objet sans pour autant obtenir l'effet ; aussi est-il plus prudent de mettre les deux sujets dans la loi », Déb. AN 19 juillet 2012).

b. Commentant l'ancien dispositif, la doctrine administrative prend l'exemple d'un établissement bancaire français exerçant une activité de **salle de marché** à travers une succursale bénéficiant d'un régime fiscal privilégié dans un État situé hors de l'Union européenne. Même si la succursale est visée par l'article 209 B, la banque peut démontrer que l'effet principal des opérations de l'entreprise constituée hors de France n'est pas fiscal, si cette succursale est établie sur une place financière reconnue au niveau international et dispose des moyens humains et matériels nécessaires à la conduite des opérations concernées (BOI-IS-BASE-60-10-40 n° 390, transposable à notre avis à la législation actuelle).

c. Sous l'empire de l'ancien dispositif (mais la solution est transposable dans le cadre du régime actuel), l'article 209 B a été écarté au cas d'une société française qui avait implanté une filiale à **Hong Kong** qui exerçait une **activité d'exportation** et qui réalisait l'essentiel de son chiffre d'affaires avec Hong Kong, la Chine et Taïwan (CAA Versailles 2 mai 2006 n° 04-526, 3e ch., Sté Tyco Electronics France : RJF 11/06 n° 1328 ; arrêt définitif) ; il a été jugé, compte tenu de l'ensemble des circonstances de l'espèce, que la société française avait établi que l'implantation de sa filiale à Hong Kong n'avait pas eu principalement pour effet de permettre la localisation de bénéfices dans un territoire à fiscalité privilégiée.

Exception jurisprudentielle tenant à l'absence d'intention d'échapper à l'impôt français

73285 Saisi de nombreux pourvois concernant une ancienne rédaction de la loi (les exercices en cause remontaient jusqu'aux années 1995 et suivantes), le Conseil d'État a fourni une interprétation de la clause de sauvegarde alors applicable centrée sur la seule finalité de l'implantation.

Selon le Conseil d'État, en effet, l'article 209 B du CGI (dans sa rédaction de l'époque) n'est pas applicable lorsque la société française démontre que l'implantation de l'entité étrangère n'a pas « **principalement pour objet d'échapper à l'impôt français** » (plusieurs décisions du même jour, notamment CE 28 novembre 2012 nos 338682 et 341128, 9e et 10e s.-s., Sté BNP Paribas et min. c/ BNP Paribas ; CE 28 novembre 2012 n° 341127, 9e et 10e s.-s., min. c/ Sté BNP Paribas ; CE 28 novembre 2012 nos 341928 et 342065, 9e et 10e s.-s., Sté BNP Paribas et min c/ Sté BNP Paribas : RJF 2/13 n° 138, aux conclusions Frédéric Aladjidi au BDCF 2/13 n° 17). Selon cette interprétation, **seule une évasion fiscale « française » peut être sanctionnée**, le dispositif étant, par nature, inapplicable en cas d'évasion fiscale « étrangère ». Selon ce qu'indique le rapporteur public Frédéric Aladjidi dans ses conclusions sous les arrêts précités, l'évasion fiscale « doit être au détriment de la France » et l'article 209 B ne vise pas à organiser « un boycott fiscal contre les implantations dans les pays à fiscalité faible, même quand il n'y a pas évasion fiscale depuis la France » (les conclusions reprennent, sur ce point, les propos de la requérante).

Cette **interprétation neutralisante** (n° 940) se situe dans la ligne de la décision Sonepar (n° 73105) qui avait déjà retenu que si les dispositions de l'article 209 B permettent d'imposer un contribuable à raison des bénéfices réalisés par un tiers (une filiale est bien une société distincte de sa société mère), ce contribuable peut échapper à l'imposition s'il établit que les opérations de ce tiers n'ont pas principalement pour objet d'échapper à l'impôt « français ». Il nous semble, bien que le raisonnement ne soit pas clairement posé en ce sens, que c'est cette interprétation qui a permis au Conseil d'État de conclure à la constitutionnalité du dispositif qui n'aurait pas autrement reposé sur des critères objectifs, rationnels et proportionnés à l'objectif constitutionnel de lutte contre l'évasion fiscale poursuivi par le législateur (la lutte contre une évasion fiscale « non française » ne serait sans doute pas admissible au regard de l'exigence de constitutionnalité). 73285 (suite)

Saisi une nouvelle fois en cassation, le Conseil d'État a réaffirmé ces principes mais en les présentant, cette fois, comme une conséquence de la rédaction de la loi alors qu'ils pouvaient auparavant paraître résulter d'un principe général ; le Conseil d'État juge, en effet, que l'article 209 B n'est écarté, « de manière dérogatoire, que si l'entreprise démontre, **ainsi que le prévoit le premier alinéa du II de l'article 209 B** [rédaction de l'époque], que l'implantation de la filiale, détenue directement ou indirectement, dans un pays à régime fiscal privilégié n'a pas, pour la société mère, principalement pour objet d'échapper à l'impôt français » (CE 30 décembre 2015 n° 372522, 9e et 10e s.-s., min. c/ Sté Paribas International : RJF 3/16 n° 225, à propos de bénéfices imposés au titre des exercices 1995 à 1997 à raison de la détention d'une sous-filiale à Guernesey ; CE 30 décembre 2015 n° 372733, 9e et 10e s.-s., min. c/ Sté BNP Paribas : RJF 3/16 n° 226, concernant des bénéfices imposés au titre des exercices 1995 et 1996 à raison de la détention d'une filiale à Hong Kong ; conclusions communes Émilie Bokdam-Tognetti à la même RJF, C 225 et 226). On ne peut que constater que cette dérogation ne résulte pourtant pas de la loi, qui visait clairement, à l'époque, le seul cas où l'entreprise établissait que les opérations de la société étrangère n'avaient pas **principalement pour « effet »** de permettre la localisation de bénéfices dans un État ou territoire où elle était soumise à un régime fiscal privilégié.

Dans la mesure où le Conseil d'État considère que, pour l'application de l'article 209 B dans son ancienne rédaction, le mot « effet » signifiait « objet », on peut se demander si la terminologie actuellement employée par la loi, qui vise à la fois **l'objet et l'effet** doit se comprendre comme voulant dire autre chose ou si la loi contient, purement et simplement, un pléonasme sans signification. À notre avis, comme les décisions précitées du Conseil d'État sont clairement fondées sur la clause de sauvegarde législative et qu'elles ne résultent manifestement pas d'un principe général, il n'est pas certain qu'elles seraient nécessairement transposées sous l'empire de la rédaction actuelle de la loi, puisque celle-ci a précisément été modifiée sur ce point.

Il nous semble tout de même qu'il conviendrait alors de transposer, à propos de l'article 209 B du CGI, la jurisprudence du Conseil constitutionnel et de considérer que la loi n'est conforme à la Constitution que si l'imposition des revenus accumulés dans certaines entités étrangères bénéficiant d'un régime fiscal privilégié peut être écartée si le contribuable prouve que ces dernières réalisent des opérations réelles qui n'ont **ni pour objet ni pour effet de permettre, dans un but de fraude fiscale, la localisation de bénéfices** dans un État ou territoire où ils bénéficient d'un régime fiscal privilégié (en ce sens, à propos des ETNC, Cons. const. 20 janvier 2015 n° 2014-437 QPC, Association française des entreprises privées et autres : RJF 4/15 n° 346 ; n° 71550). Au demeurant, dans ses conclusions sous les décisions précitées du 30 décembre 2015, le rapporteur public, qui avait cité la décision du Conseil constitutionnel, avait bien replacé le débat sous cet angle en indiquant que « la constitutionnalité du dispositif de l'article 209 B nous paraît étroitement liée à l'effectivité du mécanisme de la clause de sauvegarde » et en ajoutant que « l'article 209 B n'est pas fait pour pénaliser les bénéfices procurés par une activité commerciale effective qui n'auraient pu être générés en France » (la chronique de Nicolas Labrune à la RJF 3/16 est dans le même sens).

En définitive, la formulation retenue par la jurisprudence et par la loi, qui mentionnent les deux critères de « l'objet » et de « l'effet », n'a pas grand sens ; il n'y a, en réalité, qu'un critère, celui de « **l'objet** » puisque l'effet lui-même est nécessairement fiscal et que c'est bien de l'objet dont il s'agit lorsque le Conseil constitutionnel fait état du critère du « but » de fraude fiscale.

73287 **Cas où la démonstration a pu être faite** L'application de l'article 209 B du CGI a été écartée dans les circonstances suivantes :

– sous-filiale des **Bahamas** qui exerçait une activité de **banque privée internationale** consistant en la collecte de fonds de clients particuliers nord-américains intéressés par le placement de leurs avoirs aux Bahamas, dès lors que cette implantation avait permis à la banque française d'acquérir une clientèle spécifique qui n'aurait pas réalisé ses placements en France (CE 26 décembre 2012 n° 349070, 9e s.-s., min. c/ Sté BNP Paribas : RJF 3/13 n° 271) ; la requérante avait apporté la preuve qui lui incombait que l'implantation aux Bahamas n'avait pas, pour elle, principalement pour objet d'échapper à l'impôt français et qu'au fond l'optimisation fiscale recherchée était principalement au bénéfice de ses clients et non pas des sociétés du groupe (dans des circonstances quasi identiques, CE 26 décembre 2012 n° 349071, 9e s.-s., min. c/ Sté HSBC France : RJF 3/13 n° 271) ;

– **filiale de Hong Kong** qui, en 1994 et 1995, gérait des devises asiatiques (CE 30 décembre 2015 n° 372733, 9e et 10e s.-s., min. c/ Sté BNP Paribas : RJF 3/16 n° 226 ; voir également n° 73285) ; l'arrêt relève que la filiale exerçait effectivement une activité de gestion de devises, qu'elle intervenait à ce titre sur les marchés asiatiques et que la banque française soutenait que cette activité ne pouvait être réalisée depuis la France compte tenu des exigences liées au fonctionnement des marchés ; étaient sans incidence sur l'appréciation des **finalités poursuivies** par la banque le fait qu'il n'était pas prouvé que les clients de la filiale n'étaient pas des résidents de France ni que les fonds collectés ne provenaient pas de France, de même que l'absence d'éléments sur la nature et l'objet des placements (en appel, il avait été relevé que l'activité de la filiale ne pouvait pas être réalisée depuis la France en raison des contraintes tenant au décalage horaire et du recours à un personnel implanté localement et connaissant les marchés et les interlocuteurs de la zone asiatique) ;

– sous-filiale établie à **Guernesey** qui y exerçait une activité effective de banque privée à destination de clients particuliers internationaux attirés par la réglementation bancaire et fiscale locale (CE 30 décembre 2015 n° 372522, 9e et 10e s.-s., min. c/ Sté Paribas International : RJF 3/16 n° 225 ; voir également n° 73285) ; le Conseil d'État relève que la création de cette société avait **pour finalité le développement de l'activité de banque privée** auprès d'une clientèle internationale attirée par la réglementation bancaire et fiscale et le système juridique de Guernesey et souligne la réalité de l'activité locale, attestée par les pièces produites, ainsi que les **particularités du territoire d'implantation**, dont la réglementation bancaire et fiscale et le système juridique étaient susceptibles d'attirer les clients de la banque ; la présence de résidents fiscaux français dans la clientèle de la sous-filiale était sans incidence de même que la circonstance que des fonds aient été collectés en France, étant donné que la finalité de l'article 209 B est la lutte contre l'évasion fiscale de sociétés françaises désirant minorer leurs bénéfices imposables à l'impôt sur les sociétés en France et non contre celle des particuliers qui placent une partie de leur épargne dans un établissement de crédit établi dans un État ou territoire à régime fiscal privilégié ;

– filiale mauricienne d'une société française exerçant une activité de distribution de produits pétroliers, qui rendait des **prestations d'assistance administrative et technique** à des filiales africaines, établies notamment à Madagascar, au Sénégal et aux Comores, par l'intermédiaire de ses propres salariés résidant dans ces pays et non à l'île Maurice (TA Montreuil 8 mars 2018 n° 1703793, 1e ch., Sté Rubis Énergie : Droit fiscal 2018 n° 47, comm. n° 481) ; il est jugé que ces opérations n'avaient pas pour objet d'éluder des bases d'imposition en France et n'avaient pas vocation à y être imposées (en appel sur un autre point et pour un autre exercice, CAA Versailles 28 janvier 2020 n° 18VE01241, 1e ch., SCA Rubis : RJF 7/20 n° 585, ayant fait l'objet d'un pourvoi rejeté par CE 25 avril 2022 n° 439859, 9e et 10e ch., Sté Rubis : RJF 7/22 n° 625 ; voir n° 73290).

73290 **Cas où la démonstration n'a pu être faite** L'application de l'article 209 B a été confirmée au cas d'une sous-filiale des Bahamas, sans personnel ni activité, qui avait le statut local de « **banque non active** » et dont les revenus provenaient du **seul placement de ses fonds propres**, alors même que cette société aurait eu une activité de banque privée au titre d'années antérieures au litige (notamment, CE 26 décembre 2012 n° 338683, 9e s.-s., Sté BNP Paribas) ; cette décision montre que la seule circonstance que l'entité étrangère ait pu, antérieurement, avoir une réelle activité n'est pas exonératoire (elle est inopérante compte tenu de l'annualité de l'impôt).

Dans le même sens, on relève que le rapporteur public dans ses conclusions sous les arrêts du 28 novembre 2012 (n° 73285) laisse entendre qu'une activité de **holding** exercée par une société étrangère pourrait être considérée comme ayant principalement pour objet de faire échapper un bénéfice à une imposition française.

Autre exemple, avait bien pour objet d'éluder l'impôt français le comportement d'une société française qui avait localisé une **plus-value** dans une filiale mauricienne, en s'abstenant d'exercer l'option d'achat dont elle disposait et qui lui aurait permis de réaliser elle-même cette plus-value (CAA Versailles 28 janvier 2020 n° 18VE01241, 1e ch., SCA Rubis : RJF 7/20 n° 585, ayant fait l'objet d'un pourvoi rejeté par CE 25 avril 2022 n° 439859, 9e et 10e ch., Sté Rubis : RJF 7/22 n° 625, à propos d'une ancienne rédaction de la loi mais transposable à la législation actuelle ; sur cette affaire, voir également, sur un autre point, nos 73263, Précisions, et 73287). En l'espèce, la société française avait utilisé une fondation néerlandaise qui avait procédé à l'acquisition d'une société bulgare et elle avait conclu une option d'achat des titres de cette société auprès de la fondation, qui avait elle-même l'option de les vendre à la société mauricienne ; la fondation a exercé son option de vente et la société mauricienne a revendu les titres, la même année, en réalisant une plus-value. En s'abstenant d'exercer son **option d'achat**, la société française avait localisé la plus-value à l'île Maurice et elle n'a pas pu démontrer que l'activité de la société mauricienne aurait eu un autre enjeu que la délocalisation d'un bénéfice dans un pays à fiscalité privilégiée (si la société française avait réalisé elle-même la plus-value, celle-ci aurait été imposable au taux plein, étant à court terme). Dans cette affaire, la Cour juge également que la **clause de sauvegarde** n'était pas applicable, car la réalité des prestations rendues par la société mauricienne n'était pas établie, les neuf salariés de la holding étant en fonction non à l'île Maurice, mais dans ses filiales africaines, et les documents fournis sur la réalité des prestations étant dénués de valeur probante (le tribunal administratif en avait apparemment jugé différemment pour l'exercice précédent ; n° 73287). Il est enfin jugé que le principe de **libre circulation des capitaux** était sans incidence, ce qui a été confirmé par le Conseil d'État par la décision précitée, rejetant le pourvoi de la société (n° 73255).

f. Compatibilité de l'article 209 B avec les engagements internationaux de la France

La décision Schneider Electric

Sous l'empire de la rédaction de la loi avant la loi de finances pour 2005, la question de la compatibilité de l'article 209 B avec les conventions fiscales avait été tranchée par une décision d'assemblée du Conseil d'État (CE 28 juin 2002 n° 232276, Ass., min. c/ Sté Schneider Electric : RJF 10/02 n° 1080, avec chronique Laurent Olléon à la même RJF et conclusions partiellement contraires de Stéphane Austry au BDCF 10/02 n° 120). **73300**

Il s'agissait d'une situation mettant en cause une société suisse dont l'activité était de type « holding » et de nature financière, la société Paramer, filiale de la société française Schneider Electric ; à s'en tenir au seul droit interne français, l'article 209 B, dans sa rédaction de l'époque, était applicable, en l'absence de contestation du caractère privilégié du régime fiscal de la société Paramer ou d'invocation de la clause de sauvegarde. Mais le Conseil d'État a jugé, de façon solennelle (décision d'assemblée), qu'en l'espèce l'article 209 B était **inapplicable** compte tenu des stipulations de l'**ancienne convention fiscale franco-suisse** (dans sa rédaction antérieure à l'avenant du 22 juillet 1997), dans la mesure où :

– les revenus imposables sur le fondement de l'article 209 B, dans son ancienne rédaction, devaient être qualifiés de « **bénéfices** » et non de « revenus réputés distribués » ; autrement dit, pour le Conseil d'État, les dispositions de l'article 209 B avaient alors pour objet de permettre l'imposition des bénéfices résultant de l'exploitation d'une société étrangère et non des distributions de bénéfices réputées opérées par cette dernière à sa société mère française ;

– le terme « bénéfices », qui n'était **pas défini** par la convention fiscale franco-suisse, devait être entendu au sens du droit interne ;

– il y avait **identité de nature** entre les bénéfices de la société Paramer et ceux de la société Schneider Electric que l'administration voulait imposer en France au titre de l'article 209 B ;

– dès lors qu'il s'agissait de **bénéfices d'une société suisse**, il convenait de faire application du principe conventionnel selon lequel les revenus réalisés par une société suisse qui ne dispose pas d'un **établissement stable** en France sont exonérés d'impôt en France, compte tenu de la rédaction de l'article relatif à l'élimination des doubles impositions tel qu'il était applicable à l'époque des faits (alors que s'il s'était agi de revenus réputés distribués la France aurait effectivement eu le droit d'imposer).

La correction apportée par le législateur

73302 Dans la mesure où la décision Schneider Electric (nº 73300) avait pour effet de retirer l'essentiel de sa portée pratique au dispositif, le législateur a **corrigé le texte** en suivant l'indication que le Conseil d'État avait lui-même donnée par la logique du raisonnement qu'il a suivi ; désormais, en application du 1 du I de l'article 209 B, les bénéfices ou revenus positifs réalisés par une entité juridique détenue majoritairement par une personne morale établie en France sont « **réputés constituer un revenu de capitaux mobiliers** » imposable de cette dernière.

La loi leur donne donc la **qualification** qui manquait dans l'affaire Schneider Electric pour que l'administration puisse avoir gain de cause ; ainsi qualifiés de revenus de capitaux mobiliers en droit interne, les revenus de l'espèce le sont également pour l'application des conventions fiscales et sortent nécessairement du champ de l'article conventionnel relatif aux bénéfices d'entreprises (article 7 du modèle OCDE).

Conséquences concernant les filiales

73303 En présence d'une convention fiscale, et sauf cas particulier (nº 73315), tout dépend de la rédaction des stipulations relatives respectivement aux « dividendes » et aux « revenus non dénommés » :
– si les revenus réputés distribués, qui ne sont pas des dividendes en droit interne, suivent les règles conventionnelles relatives aux **dividendes** en raison d'une assimilation expresse de la convention, la France a le droit d'imposer, en tant qu'État du domicile du bénéficiaire ;
– dans la négative, les revenus imposables au titre de l'article 209 B sont des « **revenus non dénommés** » qui sont ou non imposables en France selon la rédaction des conventions fiscales.

En général, les conventions fiscales donnent à la France, en tant qu'État de résidence, le droit d'imposer les revenus non dénommés, conformément à ce que propose le modèle OCDE. Mais il arrive que tel ne soit pas le cas, comme dans le cadre de la convention fiscale **franco-libanaise**. En ce sens, il a été jugé dans l'affaire Hanna (nº 60710) que des revenus réputés distribués ne sont imposables que dans l'État de leur source en application de la « clause balai » de l'article 25 de la convention fiscale franco-libanaise ; ainsi, l'article 209 B n'est pas applicable en présence, par exemple, d'une filiale libanaise, à supposer qu'elle bénéficie d'un régime fiscal privilégié et indépendamment des incidences éventuelles de la clause de sauvegarde.

Conséquences concernant les établissements stables

73305 Lorsqu'il s'agit d'appliquer l'article 209 B au titre de la détention par une personne morale établie en France d'une **entreprise hors de France** (succursale ou établissement), la qualification des sommes en cause reste celle de **bénéfices**. En effet, seuls les bénéfices d'une entité juridique étrangère sont qualifiés par la loi de revenus de capitaux mobiliers ; les bénéfices réalisés par un établissement étranger ne peuvent recevoir cette qualification, par essence, et restent, par conséquent, des bénéfices d'entreprise en droit interne et en droit conventionnel. Il en résulte que ces bénéfices ne sont imposables que si une convention fiscale n'y fait pas obstacle, ce qui conduit à distinguer deux situations :
– soit les bénéfices de l'établissement stable sont uniquement imposables dans l'État de sa situation, auquel cas l'article 209 B n'est pas applicable ;
– soit les bénéfices de l'établissement stable sont imposables à la fois dans l'État de sa situation et en France, État du siège de la personne morale ; dans ce cas, les dispositions de l'article 209 B sont applicables.

Précisions **a.** La doctrine administrative fournit une liste des conventions fiscales conclues par la France qui (sous réserve des actualisations nécessaires) permettent l'imposition effective des bénéfices des établissements stables au titre de l'article 209 B (BOI-IS-BASE-60-10-10 nº 50 et BOI-ANNX-000157) ; parmi les conventions énumérées figure la **Suisse**, ce qui nous paraît résulter d'une interprétation exacte de la convention actuelle (nº 73315).

b. L'article 209 B ne s'applique pas à une société française au titre d'un établissement stable situé, par exemple, en **Irlande** ou aux **Pays-Bas** (le droit de l'Union européenne y ferait obstacle, de toute façon, sauf en cas de montage artificiel).

Droit de l'Union européenne

La question de la compatibilité ne se pose pas dès lors que la loi elle-même contient une exception en présence d'une filiale ou d'un établissement constitué dans un État membre de l'Union européenne ; il n'y a donc plus de débat au regard de la liberté d'établissement, la loi ayant convenablement anticipé la solution résultant de l'arrêt Cadbury Schweppes et la doctrine administrative ayant repris sans difficulté les solutions données par la Cour de justice dans cette affaire (n° 73255). Ainsi qu'il a été jugé, la liberté de circulation des capitaux est également sans incidence (CE 25 avril 2022 n° 439859, 9e et 10e ch., Sté Rubis : RJF 7/22 n° 625 ; voir aussi nos 73255 et 73290). 73310

Conventions fiscales modernes

Dans la mesure où elle s'attendait à une éventuelle décision défavorable du Conseil d'État, sous l'empire de l'ancienne rédaction de l'article 209 B, l'administration avait obtenu de ses partenaires conventionnels l'insertion de **stipulations spécifiques**, afin d'être en mesure d'appliquer le texte même en présence d'une filiale ou d'un établissement situé dans un pays « conventionné ». Compte tenu de la rédaction actuelle de la loi, l'existence de ces clauses n'a d'intérêt qu'à l'égard des établissements stables étrangers des sociétés françaises (les filiales sont désormais couvertes par la référence législative à la notion de revenus de capitaux mobiliers, selon le raisonnement exposé n° 73302). 73315

Au départ, il s'agissait d'une **stipulation explicite**, comme dans le cas des conventions fiscales conclues avec les États-Unis, le Japon, le Venezuela, le Mexique ou l'Espagne. À titre d'exemple, l'article 24 § 1 e) iii) de la convention entre la France et les **États-Unis** du 31 août 1994 modifiée prévoit que « les dispositions de la convention n'empêchent en rien la France d'appliquer les dispositions de l'article 209 B de son Code général des impôts ou d'autres dispositions analogues qui amenderaient ou remplaceraient celles de cet article. »

Puis, la réflexion des négociateurs a évolué et la compatibilité s'est affirmée de façon plus subtile, comme dans le cadre **franco-suisse** ; telle qu'elle est rédigée depuis l'avenant du 22 juillet 1997, la convention permet à la France d'appliquer l'article 209 B sur le fondement de l'article 25 A nouveau de la convention. Cet article prévoit, en effet, que **« nonobstant toute autre disposition » de la convention** (c'est-à-dire, en particulier, l'article 7 relatif aux bénéfices des entreprises), les revenus d'un résident de France, même s'ils sont imposables, ou exclusivement imposables, en Suisse, sont pris en compte pour le calcul de l'impôt français s'ils ne sont pas exonérés en droit interne français ; la double imposition est alors éliminée par un crédit d'impôt égal à l'impôt suisse. Il a en ce sens été jugé, à propos d'une société holding française détenant la totalité du capital d'une société domiciliée dans le **canton de Bâle** où elle bénéficiait d'un régime fiscal privilégié, que le 1 de l'article 25 A de la convention, bien qu'il ait pour objet d'éviter les doubles impositions, a pour effet de rendre compatible la mise en œuvre de l'article 209 B, 1 du CGI (ancienne rédaction) avec les stipulations de la convention, dès lors qu'il écarte expressément et clairement l'application du 1° de l'article 7 sur l'imposition en Suisse des bénéfices réalisés par une entreprise dans cet État (CAA Paris 23 décembre 2010 n° 09-497, 5e ch. SA Nord-Est : RJF 4/11 n° 493 ; arrêt définitif après non-admission d'un pourvoi en cassation). Également dans le même sens, TA Montreuil 18 novembre 2010 n° 09-8415, 1e ch., Sté ITM Entreprises : RJF 7/11 n° 791 (jugement définitif ; conclusions au BDCF 7/11 n° 83), à propos d'une filiale du groupe Intermarché établie dans le **canton de Zurich**, où elle jouait le rôle de centrale de référencement.

La modification apportée à la convention, cependant, n'avait d'intérêt réel que sous l'empire de l'ancienne rédaction de l'article 209 B ; désormais, elle n'a d'utilité qu'à l'égard des **succursales suisses** de sociétés françaises, puisque les filiales sont couvertes par la modification apportée par la loi de finances pour 2005.

2. Effet de l'application de l'article 209 B

Lorsque les conditions sont réunies, la loi prévoit que l'entreprise ou la personne morale française concernée est soumise à l'impôt sur les sociétés sur les résultats bénéficiaires de l'entité étrangère dans la proportion, soit des résultats de l'entreprise étrangère soit des actions, parts, droits financiers qu'elle détient directement ou indirectement dans une société ou un groupement étrangers. 73335

En application du 1 du I de l'article 209 B, les bénéfices ou revenus positifs réalisés par une entité juridique détenue majoritairement par une personne morale établie en France sont réputés constituer un **revenu de capitaux mobiliers** imposable de cette dernière. Cette qualification leur a été expressément donnée par la loi afin de faire échec à la jurisprudence du Conseil d'État (nº 73302).

a. L'imposition en France des bénéfices de l'entité étrangère

Date d'acquisition

73340 Les bénéfices réalisés par l'entité étrangère sont réputés acquis par l'entreprise ou la personne morale française le **premier jour du mois** qui suit la clôture de l'exercice de l'entité étrangère concernée.

Selon l'administration (BOI-IS-BASE-60-10-30-10 nº 1), **en l'absence d'exercice clos** au cours de l'année par l'entité juridique établie hors de France, ces revenus sont réputés acquis à la clôture de l'exercice de la personne morale établie en France (la solution est différente pour l'application de l'article 123 bis ; nº 73820). À notre avis, cette précision ajoute à la loi qui se borne à indiquer que le bénéfice de l'entreprise (ou le revenu de capitaux mobiliers) est réputé acquis le premier jour du mois qui suit la clôture de l'exercice de l'entreprise ou de l'entité juridique établie ou constituée hors de France ; la loi est muette sur la situation des entités étrangères qui ne clôturent pas d'exercice. En ce cas, il n'y aurait pas, à s'en tenir à la loi, de fait générateur d'imposition.

Précisions Il n'est pas absolument évident que la présomption de distribution puisse jouer au cas où la société française n'est **pas présente** à la **clôture de l'exercice** (cas, par exemple, d'une société française qui entrerait dans le champ au motif qu'elle aurait détenu une participation pendant au moins cent quatre-vingt-trois jours, mais qui ne serait plus actionnaire à la clôture de l'exercice de l'entité étrangère). En effet, la logique qui sous-tend la notion de revenu réputé distribué est celle que la société française, qui contrôle sa filiale puisque, par hypothèse, elle détient la majorité de son capital, décide de ne pas appréhender ses résultats alors qu'elle le pourrait ; cette logique perd un peu de son sens si la société française ne le peut pas, faute d'être encore actionnaire de sa filiale à la clôture de son exercice.

Proportion des bénéfices étrangers à retenir

73345 Si l'entité bénéficiant du régime fiscal privilégié est un **établissement** de l'entreprise française, c'est la totalité de son résultat qui doit être imposée en France.

En revanche, s'il s'agit d'une société ou une entité juridique, le résultat est retenu dans une **proportion** qui correspond aux **droits financiers** détenus **directement** ou **indirectement** par la personne morale française sur l'ensemble des droits financiers émis par la société ou par l'entité juridique à l'exclusion des droits détenus sous couvert d'une communauté d'intérêts (nº 73348). Les droits de vote ne sont pas pris en compte pour le calcul de cette proportion.

La proportion s'apprécie, selon les cas, à la clôture de l'exercice ou, si elle est plus élevée, par rapport à une période d'au moins cent quatre-vingt-trois jours.

73348 **Non-prise en compte des droits détenus dans le cadre d'une communauté d'intérêts** Les droits détenus par l'intermédiaire d'une « communauté d'intérêts » (nº 73227) ne sont pas pris en compte ; la notion de « communauté d'intérêts », qui figure dans la doctrine administrative, n'est pas employée directement par la loi, mais elle résulte de la définition législative extensive donnée à la notion de **détention indirecte**. La loi prévoit que les actions, parts, droits financiers ou droits de vote détenus dans ces conditions ne sont pas pris en compte pour le calcul du pourcentage du résultat de l'entité juridique établie hors de France, qui est réputé constituer un revenu de capitaux mobiliers.

Le recours à la notion de « communauté d'intérêts » n'a donc d'incidences que pour déterminer si l'article 209 B est éventuellement susceptible de s'appliquer.

73350 **Mode de détermination** Les résultats de l'entité étrangère doivent être retenus en prenant en compte les éléments suivants :
– la proportion qui sert à déterminer si l'entité étrangère entre ou non dans le champ d'application de l'article 209 B (seuil de 50 %) ;
– l'exclusion des droits financiers qui sont détenus sous couvert d'une communauté d'intérêts ;

– et l'exclusion des droits financiers qui sont indirectement détenus par l'intermédiaire d'autres personnes morales assujetties à l'impôt sur les sociétés en France au titre de l'article 209 B et à raison des mêmes résultats.

Si, par exemple, une société française détient une participation de 100 % dans une autre société française qui détient elle-même une participation de 60 % dans une société étrangère bénéficiant d'un régime fiscal privilégié, la filiale française entre dans le champ d'application de l'article 209 B en raison de la détention à plus de 50 % de la société étrangère. Mais la société mère française, qui détient elle-même indirectement une participation supérieure à 50 % ne doit aucun impôt au titre de l'article 209 B car celui-ci est exigible de sa filiale.

Précisions L'application de l'article 209 B peut conduire, dans certains cas, à des situations complexes, par exemple en cas de **détention indirecte** de filiales bénéficiant d'un régime fiscal privilégié. Soit par exemple une société française détenant 100 % d'une société de Jersey qui détient elle-même 60 % d'une Anstalt du Liechtenstein. L'article 209 B est applicable non seulement au titre des résultats réalisés par la société de Jersey, mais également au titre de ceux réalisés par l'Anstalt car celle-ci est détenue indirectement à 60 % par la société française.

Reconstitution des bénéfices étrangers

Les bénéfices de l'entité étrangère doivent être reconstitués **selon les règles applicables en France**, c'est-à-dire celles fixées par le Code général des impôts, à l'exception des dispositions relatives à l'intégration fiscale. **73355**

Au titre de la première période d'imposition pour laquelle l'article 209 B est applicable, l'entreprise, ou la personne morale, passible de l'impôt sur les sociétés, doit établir un **bilan de départ** pour chaque entreprise ou entité juridique établie hors de France et qui entre dans le champ d'application du dispositif. L'actif net de ce bilan sert de base à la détermination des résultats de cette entreprise ou entité juridique.

Les éléments figurant au bilan de départ doivent être retenus pour la **valeur comptable résiduelle** qu'ils comportaient au regard de la législation fiscale applicable dans le pays ou le territoire concerné à la date d'ouverture de la première période d'imposition.

Les **résultats** de chaque entreprise ou entité juridique établie hors de France sont ensuite déterminés à partir de ce bilan de départ, étant **convertis en euros** sur la base du taux de change en vigueur à la clôture de l'exercice (seuls les résultats sont convertis en euros).

Précisions Conformément à l'article 102 SA III de l'annexe II au CGI, les « **revenus positifs** » s'entendent du profit net ou de son équivalent réalisé par une entité et qui, à raison du droit qui lui est applicable, n'est pas qualifié de résultat.

Application des règles de territorialité La référence à l'application des règles du CGI permet de déduire que les règles françaises de territorialité sont applicables (n° 72992), ce qui conduit à ne pas soumettre à l'impôt les bénéfices réalisés par l'entité étrangère dans le cadre d'**établissements situés hors de France**, à moins, bien entendu, que l'article 209 B ne puisse lui-même s'appliquer à ces derniers résultats, ce qui serait par exemple la situation d'une filiale étrangère qui détiendrait elle-même une succursale dans un autre pays où elle bénéficierait d'un régime fiscal privilégié ; dans cette situation, on devrait, en bonne logique, appliquer l'article 209 B pour la reconstitution des résultats de la filiale étrangère soumise à l'impôt en France au titre de l'article 209 B (si les résultats de l'établissement ne sont pas imposés au nom de la filiale, compte tenu du droit qui lui est applicable). **73358**

Régime des sociétés mères Le régime des sociétés mères est en principe applicable aux dividendes perçus par une filiale étrangère entrant dans le champ de l'article 209 B (voir, par analogie, n° 72988). Ainsi, une société française qui contrôlerait une **société holding** située à Curaçao, par exemple, recevant elle-même des dividendes en provenance de filiales détenues à au moins 5 %, serait éventuellement soumise à l'impôt en France au titre de l'article 209 B, mais elle pourrait bénéficier de l'exonération prévue par le régime des sociétés mères, à supposer que les conditions mises à l'application de ce dispositif soient remplies. L'article 209 B serait donc neutre dans cette situation, ce qui ne serait bien entendu pas le cas s'il s'agissait d'une filiale interposée qui encaisse des redevances ou des intérêts. **73360**

Précisions Cela ne signifie pas que les revenus de l'entité étrangère qui sont imposables en tant que revenus de capitaux mobiliers puissent eux-mêmes bénéficier du régime des **sociétés mères**, sous réserve des contentieux qui pourraient naître sur ce point (cas où la société mère prétendrait que les revenus réputés distribués par sa filiale devraient être traités comme des revenus de capitaux mobiliers bénéficiant du régime des sociétés mères ; n° 73365).

73363 **Imposition des plus-values** À propos des plus-values, la doctrine administrative (BOI-IS-BASE-60-10-30-20 nos 190 s.) adopte une position nuancée. Elle précise que, d'une façon générale, si l'entité étrangère réalise des plus-values, celles-ci sont un **élément de son bénéfice** ou revenu positif ; par conséquent, les plus-values nettes réalisées localement sont comprises dans les bénéfices ou revenus positifs réputés constituer un revenu de capitaux mobiliers imposable au taux de droit commun au nom de la personne morale française.

En ce sens, il est vrai que la loi ne prévoit pas d'imposition « par transparence » et que les règles d'assiette prévues par le Code général des impôts sont applicables, mais non celles qui concernent les taux d'imposition, puisque tous les revenus d'une entité juridique étrangère sont **transformés en revenus de capitaux mobiliers** ; ainsi, si une filiale étrangère réalise une plus-value de cession de parts ou actions, celle-ci est imposable en France au taux normal de l'impôt sur les sociétés, même si elle eût bénéficié du taux zéro ou d'un taux réduit en cas de réalisation par une société française.

L'administration a néanmoins accepté d'atténuer la rigueur de ce principe par un **correctif d'assiette** comme pour l'article 123 bis (BOI-IS-BASE-60-10-30-20 n° 210) ; elle précise que la part imposable de la plus-value nette à long terme réalisée par l'entité étrangère est déterminée en appliquant à la fraction de la plus-value imposable le rapport existant entre le taux réduit des plus-values à long terme et le taux normal en vigueur de l'impôt sur les sociétés. Cette solution est applicable au régime actuel d'imposition des titres de participation, à supposer toutefois que les conditions soient remplies et en tenant compte de la quote-part de frais et charges au taux de 12 % (cas où l'entité étrangère entre dans le champ de l'article 209 B, compte tenu de sa faible charge fiscale globale sur ses autres revenus, tout en ayant notamment réalisé des plus-values qui auraient bénéficié d'une imposition réduite en France). Il n'y a bien entendu aucun correctif à appliquer dans le cas où la plus-value aurait été pleinement imposable en cas de réalisation par une société française.

S'agissant des plus-values à long terme sur les **titres de participation éligibles**, il y a donc lieu d'incorporer au revenu de capitaux mobiliers imposable au nom de la personne morale française une fraction de la plus-value égale à 3/25 (la quote-part de frais et charges est actuellement de 12 %, et elle est imposable au taux normal de 25 %, ce qui donne un impôt de 3 % ; n'appliquer le taux normal de 25 % que sur une fraction de la plus-value égale à 3/25 permet d'assujettir les revenus réputés distribués au même taux de 3 %). Concernant les produits imposables au taux réduit de 15 %, il convient d'incorporer au revenu de capitaux mobiliers imposable au nom de la personne morale française une fraction de la plus-value nette égale à 15/25 (soit 60 % de la plus-value nette).

Enfin, l'administration admet que **la plus-value nette à long terme** de l'entité étrangère puisse s'**imputer** sur des moins-values à long terme de la personne morale française réalisées au cours du même exercice ou sur des moins-values nettes en report. Mais les moins-values nettes à long terme subies par l'entreprise ou l'entité juridique établie hors de France ne sont pas imputables sur les plus-values nettes à long terme réalisées par la personne morale française (BOI préc. n° 250).

Absence d'imposition séparée

73365 Dès lors qu'ils sont qualifiés de revenus de capitaux mobiliers, les bénéfices d'une entité juridique étrangère sont des revenus propres de la personne morale française ; ils sont donc passibles de l'impôt sur les sociétés au taux de droit commun **au même titre que ses autres revenus**. Les bénéfices (d'un établissement hors de France) et revenus de capitaux mobiliers (réputés provenir d'une entité juridique) sont **réintégrés** dans les résultats de la société française dans le tableau de détermination du résultat n° 2058-A et sont compris dans son résultat global dans sa déclaration d'impôt sur les sociétés n° 2065.

Par suite, si la personne morale française est en perte, ses déficits viennent réduire les bénéfices imposables en application de l'article 209 B (il en va de même, naturellement, si l'entité étrangère est une succursale).

À propos du sort fiscal qui est réservé à ces revenus, l'administration (BOI-IS-BASE-60-10-30-20 n° 120) précise que les revenus qualifiés de revenus de capitaux mobiliers en application de l'article 209 B ne peuvent pas eux-mêmes bénéficier du régime des **sociétés mères**. Cette affirmation nous paraît conforme à l'objet même du texte et en harmonie avec la jurisprudence du Conseil d'État qui en a refusé le bénéfice aux avantages occultes alors même qu'ils seraient regardés comme des revenus distribués (CE 6 juin 1984 n°s 35415 et 36733, 8e et 9e s.-s. : RJF 8-9/84 n° 940). La question reste cependant ouverte.

Précisions **a.** Dans le passé, les bénéfices imposables au titre de l'article 209 B faisaient l'objet d'une **imposition séparée**, ce qui pouvait avoir pour conséquence qu'un impôt soit dû au titre de l'article 209 B alors que la société française était globalement en situation de déficit.

b. Les **contributions additionnelles** à l'impôt sur les sociétés s'appliquent, le cas échéant, aux revenus imposables en vertu de l'article 209 B (CE 26 décembre 2012 n° 338683, 9e s.-s., Sté BNP Paribas, à propos de l'imposition des résultats d'une banque « non active » aux Bahamas).

Cas des déficits étrangers

Le fait que les bénéfices étrangers soient imposables ne signifie pas que les pertes étrangères soient déductibles ; dans la mesure où la loi ne vise que les bénéfices et revenus positifs, les **déficits** subis par l'entité établie hors de France ne sont **pas imputables** sur les bénéfices de la personne morale établie en France. Dans le même sens, des déficits éventuellement subis par une entité étrangère visée par l'article 209 B ne peuvent se compenser avec des revenus positifs réalisés par une autre entité étrangère également visée. **73368**

La doctrine administrative (BOI-IS-BASE-60-10-30-20 n° 280) précise cependant que les déficits subis par l'entité établie hors de France au titre d'un exercice déterminé sont **reportables** sur ses bénéfices ultérieurs dans les conditions prévues par l'article 209, I, sous réserve que la personne morale française se soit trouvée dans le champ d'application de l'article 209 B à la clôture de chacun des exercices concernés. Elle ajoute que les déficits nés antérieurement à la première application de l'article 209 B à une entreprise française déterminée peuvent être pris en compte si la personne morale française considérée a détenu directement ou indirectement, à la clôture de chacun des exercices concernés, plus de 50 % des actions ou parts de l'entité soumise à un régime fiscal privilégié (BOI préc. n° 290). Les déficits reportables s'entendent des déficits reconstitués selon les règles fiscales françaises.

Précisions diverses

L'administration fournit les précisions supplémentaires suivantes : **73370**
– l'application de l'article 209 B est sans incidence sur les conséquences fiscales des opérations intervenant entre une société française et ses filiales hors de France dont le résultat est imposable (les plus-values de cession entre une société mère et sa filiale, par exemple, sont imposables normalement ; BOI-IS-BASE-60-10-30-20 n° 260) ;
– l'article **209-0 A** du CGI (n°s 65830 s.) est applicable pour la détermination du résultat imposable au titre de l'article 209 B (BOI préc. n° 130) ; l'administration précise qu'il y a lieu de mettre en œuvre dans un premier temps les dispositions de l'article 209-0 A ;
– l'article **238 bis-0I** du CGI (n° 73600) s'applique concurremment avec l'article 209 B (BOI préc. n° 140) ; il vient d'abord, la double imposition étant corrigée ensuite dans le cadre de l'article 209 B ;
– l'article 209 B s'appliquait selon des modalités spéciales lorsque la personne morale française bénéficiait d'un régime de **consolidation** fiscale aujourd'hui supprimé (BOI préc. n° 380).

b. L'élimination des doubles impositions

Au moment de l'imposition des bénéfices

Les doubles impositions sont évitées de la manière suivante. **73395**

Bénéfices non pris en compte La loi prévoit que ne sont pas imposés : **73398**
– les bénéfices correspondant aux droits détenus indirectement **par l'intermédiaire** d'autres sociétés elles-mêmes soumises à l'impôt au titre de l'article 209 B et à raison des mêmes bénéfices ;
– ainsi que les bénéfices correspondant aux droits détenus sous couvert d'une **communauté d'intérêts**.

73400 **Imputation des impôts étrangers** Sont imputables sur l'impôt français les impôts de même nature que l'impôt sur les sociétés et acquittés localement. Il peut arriver, en effet, que la filiale (ou l'établissement ou l'entité) ait eu à supporter un impôt dans le pays où elle est établie. Cet impôt est imputable sur l'impôt sur les sociétés français s'il est de **même nature**, ce qui exclut en particulier les impôts assis sur le capital, les impôts fonciers, ou les impôts comparables à l'ancienne taxe professionnelle ou à la contribution économique territoriale.

Peu importe, en revanche, que cet impôt soit acquitté au profit d'un État, d'une subdivision politique de cet État ou bien au profit de territoires non souverains mais dotés de l'autonomie financière (collectivités d'outre-mer, îles Anglo-Normandes, etc.).

Bien entendu, le montant de l'impôt imputable est déterminé **en proportion** des droits sociaux retenus pour l'imposition de l'entreprise française. L'imputation doit être faite **exercice par exercice** et **société par société** (ou établissement ou entité). L'excédent éventuel n'est pas reportable ni même imputable sur l'impôt éventuellement dû à raison des bénéfices d'autres filiales soumises aux mêmes dispositions. L'entreprise ou la personne morale qui demande l'imputation doit naturellement justifier du paiement effectif de cet impôt.

Précisions À propos de l'application de l'article 209 B au titre d'une filiale du groupe Intermarché établie en Suisse, l'imputation a été accordée sur le fondement de la **convention fiscale franco-suisse**, le tribunal administratif ayant préféré éviter de trancher la question de savoir si les impôts suisses étaient comparables à l'impôt français (TA Montreuil 18 novembre 2010 n° 09-8415, 1e ch., Sté ITM Entreprises : RJF 7/11 n° 791, jugement définitif ; conclusions au BDCF 7/11 n° 83). Le même tribunal a cependant jugé ensuite que des **impôts communaux acquittés en Suisse** étaient imputables pour l'application de l'ancien régime du bénéfice consolidé (TA Montreuil 1er juin 2011 n° 1006403, 1e ch., Total SA ; jugement définitif) ; voir également n° 25355, Précisions c.

73403 **Retenues à la source lors des distributions** Sont imputables sur l'impôt dû au titre de l'article 209 B les prélèvements et retenues à la source effectués sur les distributions faites à la personne morale ou l'entreprise française, lorsque ceux-ci sont effectués conformément à une convention fiscale. L'imputation des retenues à la source sur les dividendes distribués se fait **sur l'impôt sur les sociétés**, dans la limite de la fraction des prélèvements correspondant aux distributions qui auront été admises en déduction du résultat fiscal de l'entreprise française (n° 73400).

Précisions À titre de règle pratique, il est admis que l'imputation des prélèvements soit effectuée sur l'impôt afférent aux bénéfices taxés en vertu de l'article 209 B au cours de l'année d'encaissement des dividendes.

73405 **Retenues à la source d'amont** L'imputation de certaines retenues à la source supportées en amont par l'établissement ou l'entité juridique est permise dans certaines conditions ; la loi prévoit, en effet, que lorsque les produits ou revenus de l'entreprise ou de l'entité juridique comprennent des **dividendes**, **intérêts** ou **redevances** qui proviennent d'un État ou territoire autre que celui dans lequel l'entreprise ou l'entité juridique est établie ou constituée, les retenues à la source auxquelles ont donné lieu ces dividendes, intérêts ou redevances sont imputables sur l'impôt sur les sociétés dû au titre de l'article 209 B.

Cette imputation est subordonnée à la condition que ces dividendes, intérêts ou redevances **proviennent** soit de **France** soit d'un État ou territoire qui est lié à la France par une convention d'élimination des doubles impositions en matière d'impôt sur les revenus et qui n'est pas non coopératif au sens de l'article 238-0 A du CGI (nos 71555 s. ; une liste est donnée au BOI-ANNX-000309, sous réserve des actualisations nécessaires). Dans ce cas, l'imputation se fait au taux fixé dans la convention (et en proportion des droits financiers, le cas échéant). En ce qui concerne l'exclusion des ETNC, tous les États ou territoires non coopératifs sont visés, quel que soit le motif de leur inclusion sur la liste (n° 71562), sauf si la clause de sauvegarde « constitutionnelle » est applicable (le BOI-INT-DG-20-50-20 n° 50 précise que, compte tenu de la réserve d'interprétation du Conseil constitutionnel dans sa décision n° 2014-437 QPC du 20 janvier 2015, il est admis que le contribuable puisse obtenir l'imputation des retenues à la source supportées en amont conformément à la clause de sauvegarde).

Précisions La situation visée est, **par exemple**, celle d'une société française qui détiendrait une filiale aux îles Caïmans qui détiendrait elle-même une filiale aux États-Unis. Les dividendes de source américaine versés à la société des îles Caïmans feront généralement l'objet d'une retenue à la source de 30 % aux États-Unis ; cette retenue constitue un crédit d'impôt dans la limite du taux conventionnel franco-américain et dans la proportion du résultat de la filiale qui est imposable en France. Sur les conséquences de cette situation pour l'appréciation du caractère privilégié du régime fiscal, voir nº 72992.

Au moment de la distribution des bénéfices

Il y aurait double imposition si les bénéfices distribués étaient taxés entre les mains de l'entreprise française bénéficiaire (par exemple, si le régime des sociétés mères ne s'applique pas), dès lors que les distributions sont prélevées sur les bénéfices de la filiale qui ont déjà fait l'objet d'une imposition en France au titre de l'article 209 B. Pour éviter la double imposition, l'entreprise française **peut déduire** de son résultat fiscal le montant des **distributions reçues** de sa filiale, dans la limite de la quote-part des bénéfices ou revenus positifs de cette dernière qui est réputée constituer un revenu de capitaux mobiliers imposable en France (CGI Ann. II art. 102 Y). **73410**

Dans cette limite, la totalité des distributions effectivement reçues peut être extournée du résultat imposable de l'entreprise française, que celle-ci ait ou non la qualité de société mère ; dans l'hypothèse où le régime des sociétés mères serait applicable, la quote-part de frais et charges n'a donc pas à être réintégrée (BOI-IS-BASE-60-10-30-30 nº 220).

Bien entendu, la déduction des distributions est limitée au montant des bénéfices de la société établie hors de France qui sont réputés constituer un revenu de capitaux mobiliers de la personne morale française. Cette limite s'apprécie société par société.

Cas d'application concurrente de mécanismes étrangers du même type

Lorsqu'une personne morale française entre dans le champ de l'article 209 B par l'intermédiaire d'une filiale située dans un pays qui connaît une législation analogue à celle de l'article 209 B (Allemagne, États-Unis, Canada, Royaume-Uni, Italie, etc.), l'article 209 B s'applique tout de même, d'après l'administration. **73415**

Il est cependant indiqué au BOI-IS-BASE-60-10-30-30 nº 240 (remarque finale) que la double imposition peut être éliminée par le recours à la procédure amiable (nºs 84000 s.).

Précisions Dans certains cas, il pourrait néanmoins être envisageable d'invoquer la clause de sauvegarde en l'absence d'objet et d'effet principalement fiscal (nº 73270), ou la clause de sauvegarde « jurisprudentielle » (nº 73285).

3. Modalités d'application

Les entreprises ou personnes morales françaises qui entrent dans le champ d'application de l'article 209 B sont soumises à certaines **obligations déclaratives**, différentes selon que les entités étrangères concernées peuvent ou non bénéficier de la « clause de sauvegarde » (nºs 73255 s.). **73430**

Si la clause de sauvegarde ne joue pas

La société française doit produire, en même temps que la déclaration de ses propres résultats, une **liste** comportant le nom ou la raison sociale ainsi que l'adresse du siège social des sociétés établies hors de France et soumises à un régime fiscal privilégié dont elle détient directement ou indirectement plus de 50 % des actions, parts, droits financiers ou droits de vote. **73450**

La liste doit comporter, pour chaque société concernée, l'indication du nom ou de la raison sociale, l'objet et l'activité, l'adresse du siège, et le pourcentage de participation directement ou indirectement détenu.

Concernant ses succursales bénéficiant d'un régime fiscal privilégié, la personne morale française doit fournir un document mentionnant le lieu d'exercice et l'objet de l'activité de chacune des entreprises en cause.

73452 **Documents comptables et fiscaux** Pour chaque société, entreprise ou groupement concerné, la personne morale est tenue de produire l'ensemble des documents qui sont exigés des sociétés passibles de l'impôt sur les sociétés, y compris le **bilan** et **le compte de résultat** établis d'après les règles fixées par le Code général des impôts. Mais il faut également produire le bilan et le compte de résultat de chaque société, entreprise ou groupement tels qu'ils ont été fournis aux administrations fiscales des pays où sont situées les entités étrangères concernées, dans le cas bien entendu où les administrations de ces pays exigent le dépôt de tels documents.

La personne morale française doit également établir un document faisant apparaître, de façon détaillée, comment les résultats étrangers ont été **retraités pour les besoins de la fiscalité française**, sous réserve bien entendu des règles françaises inapplicables (intégration fiscale). Il faut également que la personne morale française dresse un état faisant apparaître le montant des **prélèvements fiscaux** et **crédits d'impôt imputables** sur l'impôt sur les sociétés dû par elle en application de l'article 209 B.

Enfin, pour que soit vérifiée l'application des règles relatives à l'élimination des doubles impositions, la personne morale doit fournir, pour chacune des sociétés établies hors de France, un état faisant apparaître le **montant cumulé des bénéfices** ayant fait l'objet d'une imposition au titre de l'article 209 B et le montant cumulé des distributions reçues de ces sociétés.

Si la clause de sauvegarde est applicable

73470 En application du II de l'article 102 Z de l'annexe II au CGI, les entreprises ou les personnes morales passibles de l'impôt sur les sociétés qui estiment pouvoir bénéficier du II ou du III de l'article 209 B (clause de sauvegarde) à raison d'entreprises ou d'entités juridiques établies hors de France et soumises à un régime fiscal privilégié peuvent **se limiter** à fournir des **renseignements généraux** (identité, adresse, activité, etc.) sans avoir à déposer de documents comptables et fiscaux (alors que ces documents étaient exigés sous l'empire de l'ancien dispositif, même dans ce cas).

L'administration précise que les sociétés concernées doivent indiquer par une **mention expresse** qu'elles entendent se prévaloir des dispositions du II ou du III de l'article 209 B et ajoute que la production de ces renseignements vaut indication expresse au sens du 2° du II de l'article 1727 du CGI (BOI-IS-BASE-60-10-50 n°s 130 et 140).

Précisions La **légalité** de cette exigence, certes posée par un décret en Conseil d'État, paraît **discutable** ; dans la mesure où l'article 209 B n'est pas applicable lorsque la clause de sauvegarde est amenée à jouer, il ne nous semble pas qu'il soit possible de demander à la société française de fournir préalablement les informations requises (une telle exigence nous paraît plutôt relever de la loi que du décret) ; au demeurant, on remarquera que le non-respect de cette exigence est dépourvu de sanctions réelles.

4. Contrôle

Principes

73490 Le contrôle fiscal s'exerce dans les conditions habituelles. Ainsi, sous réserve du défaut de dépôt, dans les délais, de la déclaration prévue à l'article 223, 1 du CGI (déclaration d'impôt sur les sociétés), la procédure de **rectification contradictoire** est applicable.

Le contrôle de la durée de détention de **cent quatre-vingt-trois jours** fait l'objet d'une précision réglementaire ; l'article 102 ZA de l'annexe II au CGI prévoit que lorsque la déclaration n'a pas été produite et que l'administration établit que la personne morale a détenu, dans une entité juridique établie ou constituée hors de France, une participation supérieure à 50 % à un moment quelconque de l'exercice de cette entité juridique, autre que la date de clôture, elle peut lui demander de lui indiquer la durée de détention de cette participation au cours de l'exercice ainsi que les conditions et les dates de son acquisition et de sa cession. Une mise en demeure est ensuite adressée en l'absence de réponse dans un délai de trente jours (la procédure reste contradictoire même en cas de mise en œuvre de cette procédure).

La loi n° 2013-1117 du 6 décembre 2013 relative à la lutte contre la fraude fiscale et la grande délinquance économique et financière (art. 61) a institué une **pénalité** spécifique en cas de manquement à cette obligation ; l'amende est de 1 500 €, pour chaque manquement constaté par entité au titre d'un exercice mais elle est portée au taux prévu au b du 1 de l'article 1728 ou à l'article 1729, soit 40 % des droits mis à la charge du contribuable (80 % en cas de manœuvres frauduleuses), si l'application de cette **majoration** aboutit à un montant supérieur (CGI art. 1763 A ; cette mesure a été déclarée conforme à la Constitution par Cons. const. 4 décembre 2013 n° 2013-679 DC : RJF 2/14 n° 173). L'amende s'applique aux déclarations qui doivent être déposées depuis le 8 décembre 2013.

Délai de reprise

L'article 51 de la loi de finances rectificative pour 2008 (Loi n° 2008-1443 du 30 décembre 2008), adopté dans le cadre de mesures de lutte contre la fraude fiscale, a étendu le délai de reprise de l'administration, dans certains cas (LPF art. L 169). Cette extension de délai ne concernait, à l'époque, que les seuls États ou territoires n'ayant pas conclu avec la France une convention d'assistance administrative en vue de lutter contre la fraude et l'évasion fiscales permettant l'accès aux renseignements bancaires, au sens indiqué n° 74085. Mais cette condition a été supprimée par l'article 58 de la loi n° 2011-1978 du 28 décembre 2011 de finances rectificative pour 2011. **73495**

Ainsi, le droit de reprise de l'administration s'exerce toujours jusqu'à la **fin de la dixième année** qui suit celle au titre de laquelle l'imposition est due lorsque les obligations déclaratives n'ont pas été respectées (obligation prévue au IV de l'article 209 B du CGI de déclarer, en même temps que la déclaration de résultats, les entreprises et entités juridiques établies ou constituées hors de France, bénéficiant d'un régime fiscal privilégié, dans lesquelles le contribuable détient une participation directe ou indirecte de plus de 50 % ou 5 % en cas de fractionnement des participations). Cette extension ne concerne, bien entendu, que les seuls revenus ou bénéfices afférents aux obligations déclaratives qui n'ont pas été respectées (pour les États et territoires « coopératifs », l'extension du délai s'applique aux délais venant à expiration postérieurement au 31 décembre 2011).

L'administration a précisé que l'obligation déclarative est considérée comme **non respectée** non seulement en cas de non-dépôt mais aussi en cas de déclaration incomplète (BOI-CF-PGR-10-50 n° 130) ; elle ajoute que lorsqu'une personne morale établie en France a indiqué par une mention expresse qu'elle entend se prévaloir de la clause de sauvegarde prévue au II ou III de l'article 209 B, et se limite à indiquer dans sa déclaration les renseignements mentionnés aux a et b du I de l'article 102 Z de l'annexe II, elle est considérée comme ayant rempli l'obligation déclarative prévue à l'article 209 B (BOI préc. n° 140). Le délai de reprise de dix ans ne s'applique donc pas.

C. Transfert d'actifs hors de France (CGI art. 238 bis-0I)

L'article 55 de la loi de finances rectificative pour 1992 a modifié la fiscalité applicable aux entreprises qui transfèrent des éléments d'actifs hors de France au profit de personnes ou organismes qui les gèrent dans leur propre intérêt ou qui assument pour leur compte un engagement existant ou futur. **73600**

Le mécanisme mis en place vise à tirer les conséquences de ce que l'entreprise ne s'est **pas véritablement dessaisie** des actifs en cause, en la soumettant à l'impôt sur les sociétés en France sur les résultats de la gestion des actifs ainsi transférés.

À cette fin, la loi prévoit qu'une entreprise qui a transféré ou transfère hors de France, directement ou indirectement, par elle-même ou par l'intermédiaire d'un tiers, des éléments de son actif à une personne, à un organisme, dans un trust ou dans une institution comparable, en vue de les gérer dans son intérêt ou d'assumer pour son compte un engagement existant ou futur, comprend dans son **résultat imposable** les résultats qui proviennent de la gestion ou de la disposition de ces actifs ou des biens acquis en remploi (CGI art. 238 bis-0I).

Précisions **a.** Cette mesure est entrée en vigueur pour la détermination des résultats des exercices ouverts depuis le 1er janvier 1992, **quelle que soit la date** à laquelle les actifs ont été transférés hors de France.

b. Les principales opérations visées sont les émissions restructurées de titres subordonnés à durée indéterminée (« **TSDI reconditionnés** ») et les opérations de « **defeasance** » de dettes. Il a été jugé qu'une émission de TSDI réalisée en 1989 pour une durée de huit ans n'entrait pas dans le champ d'application de ces dispositions (TA Montreuil 24 janvier 2013 n° 1104490, 1e ch., Peugeot SA : Droit fiscal 2013 n° 20, comm. n° 283 ; jugement confirmé, selon un raisonnement différent au cas d'espèce, par CAA Versailles 2 mars 2017 n° 13VE00953, 6e ch., SA Peugeot, arrêt définitif). À propos du sort des intérêts des TSDI reconditionnés émis **antérieurement** à l'entrée en vigueur de l'article 238 bis-0I, voir CE 24 juin 2015 n° 368671, 8e et 3e s.-s., SAS Holcim Investments France : RJF 10/15 n° 765, jugeant notamment que les intérêts versés par une société pour une somme dont elle s'était dessaisie au profit d'un trust ne sont pas déductibles).

c. Dispositif voisin, l'article 238 bis-0I bis du CGI, concernant les produits provenant du placement de la fraction des sommes reçues lors de l'émission de valeurs mobilières transférée hors de France, a été considéré comme inapplicable à une convention de **prêt subordonné à durée indéterminé** (PSDI) qui, bien qu'elle présentât des caractéristiques proches de celle d'une émission de TSDI, n'avait pas donné lieu à émission de valeurs mobilières (CE 6 juin 2018 n° 403303, 3e et 8e ch., min. c/ Sté Carrefour : RJF 10/18 n° 936).

d. Le dispositif n'a pas fait l'objet de commentaires administratifs.

e. Sur l'imposition des fiducies françaises, voir nos 50980 s.

1. Conditions d'application

Champ d'application

73602 Le champ d'application du texte est **particulièrement large**. Sont concernées d'une façon générale **toutes les entreprises** quel que soit leur statut juridique ou fiscal, c'est-à-dire les sociétés ou organismes passibles de l'impôt sur les sociétés.

La **notion** de transferts d'actifs n'est pas définie par la loi ; dès lors, tous les transferts sont a priori susceptibles d'entrer dans son champ d'application, quelle que soit la formule juridique retenue et qu'il y ait ou non mutation de propriété.

Les transferts peuvent être réalisés **directement** ou **indirectement**, par l'entreprise elle-même ou par l'intermédiaire d'un tiers, ce qui est une définition particulièrement large, et dont les contours restent flous, en l'absence de précisions administratives.

Aucune restriction n'est apportée quant à la **nature des éléments d'actifs transférés** qui peuvent être des liquidités, des valeurs mobilières, des créances et, d'une façon générale, tous les éléments de l'actif.

Le **bénéficiaire du transfert** peut lui-même être une personne quelconque, puisque toutes les structures juridiques sont visées : personne, organisme, trust ou institution comparable… Sont cependant exclus les transferts qui résultent de l'exécution de mandats ou de contrats d'assurance.

Condition de « droit au retour »

73605 Davantage que la manière dont le transfert est effectué, c'est le **motif** qui permet d'apprécier si le dispositif s'applique ou non : seuls sont visés les transferts d'actifs en vue d'être **gérés dans l'intérêt de l'entreprise** qui opère le transfert ou en vue d'assumer pour son compte un engagement existant ou futur. Il en résulte que les transferts qui trouvent leur contrepartie dans le paiement d'un prix (par exemple, lors d'une vente ou d'une réalisation d'une prestation de services) n'entrent pas, en principe, dans le champ d'application de l'article 238 bis-0I.

Il faut, en effet, que l'entreprise qui a transféré les biens dispose sur ceux-ci d'une sorte de **droit de retour** (ou sur les biens acquis en remploi) et sur les résultats de leur gestion ou sur leur contrepartie financière ou encore en conserve la maîtrise.

Quant aux transferts d'actifs réalisés en vue **d'assumer un engagement** pour le compte de l'entreprise, il peut s'agir de façon générale de tout transfert permettant d'assumer des charges qui incombent normalement à l'entreprise (remboursement d'une dette, paiement d'intérêts ou de loyers). Les opérations de « defeasance » de dettes sont particulièrement visées puisqu'il s'agit véritablement d'un transfert d'actif hors de France à charge pour le bénéficiaire du transfert de gérer cet actif en vue d'assumer le paiement des dettes de l'entreprise.

2. Régime fiscal

Principes

Lorsque les conditions d'application sont réunies, l'entreprise française **comprend dans son résultat imposable** les résultats qui proviennent de la gestion ou de la disposition de ces actifs ou des biens acquis en remploi. Il s'agit bien d'un principe de **rattachement aux résultats de l'entreprise**, et non pas d'une imposition séparée. **73620**

Au fond, la loi considère que les éléments d'actifs ne sont pas véritablement « sortis » des comptes, et que leurs produits restent imposables entre les mains de la société qui les a transférés. Par conséquent, le transfert hors de France ne devrait normalement pas conduire à la constatation de plus ou moins-values fiscales. Ce point n'est pas totalement clair en l'absence de commentaires administratifs (il l'est, en revanche, lorsque le transfert est organisé dans le cadre d'une fiducie régie par le droit français ; n°s 50980 s.).

Modalités d'application

Les résultats imposables sont arrêtés à la clôture de chacun des exercices de l'entreprise française ; ils doivent être déterminés selon les règles applicables aux bénéfices de cette dernière, indépendamment de ses autres opérations, à partir d'une **comptabilité distincte** tenue pour son compte par la personne, l'organisme, le trust ou l'institution comparable à qui les actifs ont été transférés. **73625**

Les résultats de la gestion des actifs transférés, déterminés par l'application des règles de l'impôt sur les sociétés si l'entreprise est soumise à l'impôt sur les sociétés, sont évalués de façon indépendante des autres opérations de l'entreprise. Les actifs transférés et les produits et charges qui en résultent sont donc considérés séparément de ceux de l'entreprise pour l'application de certaines règles fiscales, comme la méthode Peps par exemple.

La loi prévoit des obligations à la charge du bénéficiaire du transfert alors même que ce dernier est, par hypothèse, une entité non résidente de France (il doit tenir une comptabilité distincte pour le compte de l'entreprise).

Un décret du 9 juillet 1993 a précisé les modalités d'application du dispositif autorisant l'entreprise à **imputer** sur le montant de l'impôt sur les sociétés dont elle est redevable, au titre de chaque exercice à raison des résultats des actifs transférés hors de France, **l'impôt acquitté localement** sur ces mêmes résultats à condition qu'il soit comparable à l'impôt sur les sociétés. Le montant de l'impôt imputable doit être converti en euros sur la base du taux de change en vigueur à la date de clôture de l'exercice de l'entreprise française ; celle-ci doit bien entendu apporter la preuve du paiement effectif de l'impôt dont elle demande l'imputation.

3. Obligations déclaratives

Documents à produire

L'entreprise doit produire à l'appui de la déclaration de ses résultats deux séries de documents dont l'administration n'a toujours pas publié les modèles. **73640**

• Le premier consiste en un **état spécial** qui doit mentionner :
– la nature, la consistance et les caractéristiques des éléments d'actifs transférés ou des biens acquis en remploi ;
– la personne, l'organisme, le trust ou l'institution comparable à qui les actifs ont été transférés ;
– l'État ou le territoire où il est établi.

Cet état spécial doit être établi sur un document conforme à un modèle administratif.

• Le second document est une **déclaration des résultats** qui proviennent de la gestion des actifs transférés, qui doit être établie sur un document conforme à un modèle administratif.

La déclaration doit être accompagnée de l'ensemble des documents exigés des entreprises en application de l'article 32 de l'annexe III au CGI, c'est-à-dire, pour l'essentiel, de l'ensemble des documents composant la liasse fiscale ainsi que certaines informations détaillées.

Sanctions

73645 Diverses sanctions sont prévues, et notamment l'imposition d'après un **bénéfice déterminé forfaitairement** pour les entreprises qui ne respectent pas les prescriptions législatives. Le bénéfice forfaitaire est égal pour chaque exercice au produit du montant de la valeur réelle des actifs transférés à l'ouverture de l'exercice par le taux mentionné à l'article 39, 1-3° du CGI (n° 26780 ; le transfert d'actifs est réputé avoir généré un revenu forfaitairement déterminé par application d'un taux d'intérêt au montant de l'actif transféré). Ce mécanisme d'imposition forfaitaire n'encourt vraisemblablement pas de critique au regard des règles constitutionnelles dans la mesure où l'entreprise peut tout de même apporter la preuve que le résultat ainsi déterminé excède celui qui a effectivement été réalisé ; la solution retenue par le Conseil constitutionnel à propos de l'article 123 bis du CGI (Cons. const. 1er mars 2017 n° 2016-614 QPC : RJF 5/17 n° 473 ; voir n° 73870) n'est donc pas transposable.

L'intérêt de retard et la majoration de 40 % s'ajoutent aux droits dus.

D. Gestion de portefeuille par l'intermédiaire de sociétés étrangères bénéficiant d'un régime fiscal privilégié (CGI art. 123 bis)

Contexte

73670 Afin de dissuader les personnes physiques domiciliées en France d'utiliser des sociétés étrangères de gestion de portefeuille à des fins d'optimisation fiscale, l'article 101 de la loi de finances pour 1999 a posé le principe de l'imposition en France des revenus accumulés dans certaines entités étrangères bénéficiant d'un régime fiscal privilégié (ce texte s'est appliqué pour la première fois aux revenus imposables de l'année 1999).

Le législateur a ainsi poursuivi un **objectif de valeur constitutionnelle**, à savoir la lutte contre la fraude et l'évasion fiscales de personnes physiques qui détiennent des participations dans des entités principalement financières localisées hors de France et bénéficiant d'un régime fiscal privilégié (Cons. const. 6 octobre 2017 n° 2017-659 QPC : RJF 12/17 n° 1220, sur renvoi par CE QPC 7 juillet 2017 n° 410620, 8e et 3e ch. : RJF 11/17 n° 1090).

Le dispositif repose sur **l'assujettissement à l'impôt** des revenus réalisés par une entité étrangère dont l'actif est principalement financier ou monétaire, même si ces revenus ne sont pas distribués, à condition, notamment, que celle-ci bénéficie d'un régime fiscal privilégié et qu'elle soit détenue, directement ou indirectement, à hauteur d'au moins 10 % par une personne physique fiscalement résidente de France.

Précisions Le mécanisme retenu est très **directement issu de l'article 209 B du CGI** (nos 73100 s.) qui s'applique aux personnes morales passibles de l'impôt sur les sociétés (l'assimilation n'est cependant pas totale dans la mesure où, par exemple, l'article 123 bis fixe des règles de composition de l'actif qui n'existent pas pour l'article 209 B).

Textes applicables

73680 Créé par l'article 101 de la loi de finances pour 1999, l'article 123 bis du CGI a été corrigé par la loi n° 2009-1674 du 30 décembre 2009 de finances rectificative pour 2009 qui a réglé la situation des entités juridiques situées dans des **États ou territoires non coopératifs** (nos 71555 s.) et introduit une exception européenne de même nature que celle applicable à l'article 209 B du CGI ; cette **clause de sauvegarde** a elle-même été corrigée par l'article 25 de la loi n° 2017-1775 du 28 décembre 2017 de finances rectificative pour 2017 (nos 74000 s.).

Le dispositif a fait l'objet d'un décret d'application du 29 décembre 1999 (CGI Ann. II art. 50 bis à 50 septies) ; les commentaires administratifs sont rassemblés au BOI-RPPM-RCM-10-30-20.

1. Champ d'application

L'article 123 bis n'est applicable que si diverses conditions sont réunies, qui tiennent aux actionnaires domiciliés en France, aux entités étrangères dans lesquelles les participations sont prises et à la quotité détenue par les premiers dans les secondes. 73740

Il est sans incidence que d'**autres dispositions anti-abus** soient éventuellement applicables ; par exemple, un contribuable dont l'activité d'apporteur d'affaires est rémunérée par des commissions versées par ses clients à des sociétés établies aux Antilles néerlandaises et qui fait l'objet d'une rectification sur le fondement de l'article 123 bis ne peut obtenir la décharge au motif que l'**article 155 A** du CGI (nos 45780 s.) aurait éventuellement dû ou pu être appliqué (CAA Versailles 21 juin 2016 n° 15VE01546, 3e ch. : RJF 10/16 n° 838 ; cet arrêt a fait l'objet d'un pourvoi qui n'a pas été admis par CE (na) 20 décembre 2017 n° 402446, 9e ch. : RJF 4/18 n° 377) ; dans cette affaire, le fait que les revenus des sociétés provenaient principalement des **commissions** versées en rémunération de l'activité d'apporteur d'affaires de l'actionnaire était sans importance puisque seules comptent les caractéristiques de l'actif et non l'origine des fonds (la condition tenant à la composition de l'actif était remplie dès lors que les commissions avaient été placées et investies en valeurs mobilières par les sociétés étrangères qui les avaient reçues).

a. Personnes concernées

Seules sont concernées les personnes physiques fiscalement domiciliées en France au sens de l'article 4 B du CGI et des conventions fiscales (nos 40605 s.). Lorsqu'une personne fiscalement domiciliée en France a, au cours d'une année, transféré son domicile fiscal hors de France, ou bien lorsqu'un non-résident est devenu résident de France, la domiciliation doit être appréciée **à la date d'acquisition** des revenus, à savoir le premier jour du mois qui suit la clôture de l'exercice de l'entité étrangère, ou, en l'absence d'exercice clos au cours d'une année, le 31 décembre (n° 73910). 73760

b. Entités étrangères concernées

Forme

L'article 123 bis vise les **entités juridiques** établies ou constituées hors de France et précise, dans une incise, qu'il s'agit de personnes morales, organismes, fiducies ou institutions comparables ; il peut donc s'agir d'une personne morale quelconque (société de capitaux, société de personnes, société civile ou fondation), d'un **organisme** (tel qu'un organisme de placement collectif), d'une **Anstalt** ou d'un groupement doté ou non de la personnalité morale (par exemple, un **GIE**, GEIE ou groupement assimilé), d'une **association en participation**, ou encore d'un simple contrat d'association (syndicat, groupe, pool). Sur les exceptions applicables en fonction du lieu d'implantation des entités étrangères, voir nos 74000 s. 73785

Il peut également s'agir d'une **fiducie** ou d'une institution comparable, et notamment d'un **trust** ou d'une fondation de famille (BOI-RPPM-RCM-10-30-20-10 n° 30 et n° 230 ; voir n° 50380).

L'idée générale, d'après les travaux préparatoires, est de couvrir toutes les entités qui sont dotées d'une personnalité fiscale distincte de celle de leurs actionnaires ; à propos des **organismes de placements collectifs**, l'administration précise ainsi que l'article 123 bis n'est susceptible de s'appliquer qu'à raison de la détention de droits dans des OPCVM ayant une personnalité distincte de celle de leurs membres (par exemple, des Sicav) et qu'il ne saurait concerner les FCP qui n'ont pas une telle personnalité et dont les revenus, réputés directement acquis par leurs membres, sont en principe imposables conformément à l'article 120 du CGI lorsque ceux-ci sont des personnes physiques fiscalement domiciliées en France (BOI préc. n° 240).

Précisions **a.** Les entités juridiques en cause doivent être établies ou constituées dans un **État** ou **territoire étranger** (n° 1905), ce qui inclut, par exemple, Wallis-et-Futuna (en ce sens, ancienne réponse Brial : JOAN 7 février 2006 p. 1276, non reprise au BOFiP, rappelant qu'il n'existe pas, avec ce territoire, de convention fiscale assortie d'une clause d'assistance administrative et que par suite le régime décrit n° 73870 est applicable).

b. Un contribuable qui soutient que l'article 123 bis n'est pas applicable au titre de sommes figurant sur un compte bancaire ouvert au nom d'une société panaméenne dont il ne conteste pas détenir au moins 10 % des droits, au motif que la société était dissoute, doit justifier de la dissolution effective de cette société (TA Cergy-Pontoise 19 mars 2021 n° 1804528, 5e ch. ; jugement définitif).

Composition de l'actif

73790 L'actif de l'entité étrangère doit être principalement constitué de **valeurs mobilières**, **créances**, **dépôts** ou **comptes courants** ; l'administration a précisé qu'il en est ainsi lorsque les éléments de cette nature constituent **plus de 50 %** de l'actif ou des biens de l'entité étrangère concernée (BOI-RPPM-RCM-10-30-20-10 n° 320). Dans ce cas, c'est l'ensemble des revenus ou bénéfices de l'entité étrangère qui relève de l'article 123 bis, même si ceux-ci proviennent principalement de biens autres que ceux énumérés précédemment.

En sens inverse, comme cette énumération législative a un caractère **limitatif**, une entité étrangère qui détient principalement d'autres éléments d'actifs n'entre pas dans le champ d'application du texte. Il s'ensuit, par exemple, qu'une société étrangère qui détiendrait, à titre principal, un **fonds de commerce** ou des **immeubles** qui représenteraient plus de 50 % de son actif ne serait pas visée même si elle dispose, pour le reste, d'actifs financiers ou monétaires. L'administration estime, cependant, que les actions, parts ou autres droits dans des personnes morales dont l'actif est composé principalement d'immeubles, directement ou par l'intermédiaire d'une chaîne de participations, sont considérés comme des valeurs mobilières (BOI-RPPM-RCM-10-30-20-10 n° 330). Cette précision nous paraît discutable, non pas tant en ce qu'elle considère comme des valeurs mobilières les actions de sociétés qui sont elles-mêmes à prépondérance immobilière, ce qui va de soi, mais plutôt en tant qu'elle vise les « parts » ou « autres droits » qui ne sont pas des valeurs mobilières, au sens strict du terme.

La **localisation** des actifs est indifférente, ceux-ci pouvant être situés dans l'État ou territoire où la structure est établie ou dans un autre État, y compris en France.

En ce qui concerne la **méthode de valorisation**, c'est la **valeur nette comptable** des éléments d'actifs, et non leur valeur vénale, qui doit être retenue pour déterminer si le seuil de 50 % est atteint (CGI Ann. II art. 50 ter ; BOI-RPPM-RCM-10-30-20-10 n° 380). Le fait que la valeur comptable des actifs, et non leur valeur vénale, doive être prise en compte a, par exemple, pour conséquence qu'un **fonds de commerce** non inscrit au bilan n'a pas à être valorisé pour la détermination du caractère principalement financier ou monétaire de l'actif (CAA Versailles 21 juin 2016 n° 15VE01546, 3e ch. : RJF 10/16 n° 838) ; cet arrêt, qui concerne une personne physique domiciliée en France qui détenait deux sociétés des Antilles néerlandaises bénéficiaires des commissions d'apporteur d'affaires qui lui étaient dues, a fait l'objet d'un pourvoi qui n'a pas été admis par CE (na) 20 décembre 2017 n° 402446, 9e ch. : RJF 4/18 n° 377.

L'administration souligne que la procédure de répression des abus de droit (nos 72620 s.) peut être mise en œuvre, le cas échéant, s'il apparaît que la proportion d'actifs financiers d'une entité évolue de façon artificielle à seule fin d'éviter l'article 123 bis. L'appréciation du caractère principalement financier de l'actif doit être effectuée à la clôture de chaque exercice ou, en l'absence d'exercice clos au cours d'une année, le 31 décembre.

Notion de régime fiscal privilégié

73795 La loi précise que le caractère privilégié d'un régime fiscal est déterminé conformément aux dispositions de l'article 238 A du CGI, **par comparaison** avec le régime fiscal applicable à une société ou à une collectivité mentionnée au 1 de l'article 206 (n° 72983). Par suite, comme pour l'article 209 B (n° 73200), il y a lieu, pour déterminer si une structure établie ou constituée hors de France est ou non soumise à un régime fiscal privilégié, de comparer, au titre suivant le cas, d'un exercice ou d'une année donnés, la **charge fiscale effectivement supportée** par cette structure à celle que supporterait une société ou une collectivité passible de l'impôt sur les sociétés à raison des mêmes bénéfices ou revenus (BOI-RPPM-RCM-10-30-20-10 n° 290).

Si la comparaison montre que l'impôt effectivement acquitté à l'étranger est inférieur à **60 %** de l'impôt qui serait exigible en France sur la même base d'imposition (le seuil de 60 % est applicable depuis le 1er janvier 2020, auparavant il était de 50 %), le régime fiscal sera considéré comme privilégié. Il en sera ainsi, bien entendu, si la structure étrangère est totalement exonérée d'impôt alors qu'en France elle serait imposable ; mais il en ira de même en présence d'un écart de plus de 40 %, dont l'appréciation doit, selon l'administration, être faite chaque année en fonction de la structure des résultats de l'entité étrangère.

Sociétés holdings Appliqué au cas particulier des sociétés étrangères de gestion de portefeuille, par exemple, le critère des 60 % permet de considérer que des sociétés holdings belges, luxembourgeoises ou néerlandaises, si elles sont localement exonérées d'impôt sur les **plus-values** lors de la cession de leurs participations alors qu'elles auraient été imposées en France si elles y avaient été constituées, bénéficient d'un régime fiscal privilégié. Toutefois, ce régime ne sera pas nécessairement « privilégié » chaque année, puisque la holding ne devrait bénéficier d'aucun régime de faveur toutes les fois qu'elle se borne à encaisser des **dividendes** qui auraient presque complètement été exonérés si elle avait été constituée dans notre pays. 73800

En effet, sur le plan des principes, il y a lieu de prendre en compte le régime des sociétés mères pour l'appréciation du caractère privilégié du régime fiscal étranger, ainsi que l'a confirmé le Conseil d'État à propos de personnes physiques domiciliées en France qui s'étaient vu appliquer l'article 123 bis au titre de la détention en 2011 de la totalité des titres d'une société holding luxembourgeoise (CE 14 février 2022 n° 442061, 3e et 8e ch. : RJF 5/22 n° 453 ; voir nos 72988 et 73865, Précisions b) ; en l'espèce, les rectifications avaient été confirmées en appel au motif que les intéressés n'avaient pas apporté la preuve que la société luxembourgeoise n'avait pas pour objet et pour effet de permettre, dans un but d'évasion fiscale, la localisation de leurs revenus à l'étranger, mais l'affaire devra être rejugée, car la cour administrative d'appel de Versailles s'était trompée en jugeant que les intéressés n'étaient pas fondés à soutenir qu'il y avait lieu de comparer le régime d'imposition de la société luxembourgeoise avec le régime d'imposition propre aux sociétés françaises ayant opté pour le régime des sociétés mères.

Sous réserve de la solution qui sera finalement retenue dans cette affaire, notamment au regard de la question, non encore traitée, de l'incidence de l'imposition de la quote-part de frais et charges (n° 72990, Précisions a), l'exonération de certaines plus-values à long terme, introduite en France par la loi de finances rectificative pour 2004, a créé les conditions d'un alignement sur les régimes belge, luxembourgeois et néerlandais qui devrait aboutir à retirer à ces derniers tout caractère privilégié, dans de nombreux cas (pour la plupart des titres de participation, depuis le 1er janvier 2007 ; n° 65790).

Fonds d'investissement Dans la mesure où le caractère privilégié du régime fiscal est déterminé par comparaison, l'administration admet que les **OPCVM** qui ont leur siège dans l'Union européenne et qui fonctionnent conformément aux dispositions de la directive du 20 décembre 1985 (OPCVM « coordonnés ») n'entrent pas dans le champ de l'article 123 bis (BOI-RPPM-RCM-10-30-20-10 n° 250). En soi, en effet, la circonstance qu'une **Sicav** luxembourgeoise soit exonérée d'impôt sur les sociétés, alors qu'elle aurait également été exonérée si elle avait été créée en France ne met en évidence aucun régime fiscal privilégié. Cependant, la doctrine administrative paraît exagérément restrictive lorsqu'elle considère que cette exception ne peut bénéficier aux OPCVM non couverts par la directive du 20 décembre 1985, que leur siège soit situé dans l'Union européenne ou non (BOI-RPPM-RCM-10-30-20-10 n° 260). L'important n'est pas tant le régime juridique qui gouverne l'entité étrangère que l'appréciation de sa situation fiscale exacte par rapport à celle qui serait la sienne si elle était en France. 73802

c. Quotité détenue

Seuil de 10 %

La loi prévoit que le dispositif s'applique sous réserve que soit atteint, directement ou indirectement, le seuil de **10 % au moins** des actions, parts, droits financiers ou droits de vote. Compte tenu de la généralité des termes employés, il peut s'agir d'actions ou parts dans des sociétés de capitaux, d'actions, parts ou autres droits dans un OPCVM, de parts d'intérêts dans une société de personnes ou organismes assimilés, de droits dans des fiducies, trusts ou institutions comparables (n° 50380), ou de titres ou droits de toute nature détenus dans des organismes comparables aux entités précitées ou de droits résultant du démembrement de ces titres ou droits. 73810

73810 (suite) Ce texte fait l'objet d'une interprétation très large par le Conseil d'État ; il est en effet jugé, alors que la loi ne dit rien de tel, que le législateur a entendu imposer les résidents de France à raison des bénéfices réalisés à l'étranger par certaines entités établies dans des États ou territoires dans lesquels elles sont soumises à un régime fiscal privilégié, « sur lesquelles ces résidents **exercent un contrôle**, même partagé, quelle que soit sa forme juridique et, **dans le cas où il est quantifiable**, supérieur à 10 % » (CE 10 mars 2020 n° 427104, 8e et 3e ch. : RJF 6/20 n° 540). En l'espèce, une personne physique domiciliée en France, qui avait créé une société au Panama, avait déclaré, au cours d'une information judiciaire, être le bénéficiaire économique du compte ouvert au nom de cette société dans une banque luxembourgeoise et reconnu avoir librement disposé des sommes placées sur ce compte ; l'administration a pu, dans ces conditions, considérer que la condition de contrôle « prévue à l'article 123 bis du CGI » (le terme n'est pourtant pas employé par la loi) était remplie, au titre de l'année 2007. Dans ses conclusions, le rapporteur public avait estimé que « l'article 123 bis fixe certes un seuil de détention de 10 % – seuil au demeurant assez bas, d'autant que le contrôle peut être partagé – mais retient une formulation particulièrement attrape-tout, pour appréhender toute la diversité des entités de droit étranger, y compris celles qui se prêtent mal à un calcul d'un taux de détention exprimé en pourcentage (…) » (conclusions Romain Victor à la RJF C 540). En application des mêmes principes, l'article 123 bis a été jugé applicable, au titre des années 2006 à 2011, à un contribuable domicilié en France dont les revenus professionnels non déclarés alimentaient les comptes en Suisse et en Israël d'une société panaméenne dont il était présenté comme seul associé par les documents comptables, et qui avait précisé par écrit ses intentions quant aux modalités de legs à ses enfants des avoirs détenus sur ce compte et de l'appartement acquis grâce aux fonds détenus par la société (CE 12 mai 2022 n° 444994, 3e et 8e ch. : RJF 8-9/22 n° 775, rejetant le pourvoi du contribuable contre CAA Paris 31 juillet 2020 nos 19PA02127 et 19PA02687, 7e ch. ; voir également n° 73870) ; il est jugé que l'intéressé devait, compte tenu des circonstances, être regardé comme exerçant seul le contrôle de la société et comme son unique ayant-droit économique.

En tout état de cause, il résulte du 4 ter-b de l'article 123 bis, créé par l'article 22 de la loi n° 2009-1674 du 30 décembre 2009 de finances rectificative pour 2009, que la condition de détention de 10 % est **présumée satisfaite**, depuis le 1er janvier 2010, lorsque la personne physique a transféré des biens ou droits à une entité juridique située dans un **État ou territoire non coopératif** (ETNC) au sens de l'article 238-0 A du CGI (sur cette notion, voir nos 71555 s). Tous les ETNC sont visés par cette exclusion, quel que soit le motif de leur inscription sur la liste (n° 71562). La personne physique concernée conserve cependant la possibilité d'apporter la preuve contraire. La même présomption de détention de 10 % est applicable, depuis le 1er janvier 2022, au constituant (ou bénéficiaire réputé constituant) d'un **trust** ; la preuve contraire peut être apportée, mais elle ne peut résulter uniquement du caractère irrévocable du trust et du pouvoir discrétionnaire de gestion de son administrateur (CGI art. 123 bis, 4 ter-a, créé par l'article 133 de la loi n° 2021-1900 du 30 décembre 2021 de finances pour 2022 ; voir n° 73810).

Cela étant, la loi ne dit rien sur la proportion des résultats qui sont considérés comme étant imposables au nom de la personne physique résidente de France lorsque la condition de 10 % est présumée satisfaite ; l'administration estime, à propos des ETNC, que la mise en œuvre de cette présomption l'autorise à imposer **la totalité des bénéfices** ou revenus positifs de l'entité étrangère entre les mains du contribuable, sans que cette imposition puisse être inférieure à la base minimale d'imposition forfaitaire prévue au 3 de l'article 123 bis du CGI (n° 73870). Elle ajoute que l'intéressé a néanmoins la faculté d'établir, dans le cadre du débat oral et contradictoire, la proportion exacte des actions, parts ou droits qu'il détient dans l'entité, auquel cas il doit être imposé dans cette proportion ; elle admet également que la clause de sauvegarde « constitutionnelle » soit éventuellement applicable (BOI-INT-DG-20-50-20 nos 120 à 140).

Précisions Cette mesure est destinée à **remédier aux difficultés** auxquelles peut se heurter l'administration lorsqu'il s'agit de démontrer un lien de détention entre un résident de France et des entités juridiques situées dans des États ou territoires non coopératifs. Les services chargés du contrôle fiscal peuvent chercher à mettre en œuvre les dispositions de l'article 123 bis après avoir constaté un transfert de biens ou droits, sans avoir à démontrer que la personne physique détient une participation d'au moins 10 %. Il en va de même en présence d'un trust étranger, pour les mêmes raisons.

Droits pris en compte

La dissociation des droits financiers et des droits de vote peut résulter, notamment, du **démembrement** de la propriété des titres (usufruit et nue-propriété) ou du fractionnement des droits attachés aux titres (certificats d'investissement et certificats de droit de vote). Les **droits de vote** s'entendent du droit de participer aux décisions collectives et les **droits financiers** de ceux conférant un droit dans la distribution des bénéfices ou revenus et réserves. Lorsqu'il y a dissociation entre droits de vote et droits financiers, ces deux catégories de droits doivent être distinguées pour le calcul du pourcentage de 10 %, le dispositif étant applicable lorsque le seuil est atteint soit en droits de vote soit en droits financiers. Les titres étrangers doivent être traités par assimilation au droit français. **73813**

Détention directe et indirecte

Si la notion de détention directe paraît relativement facile à cerner, sauf en ce qui concerne les trusts ou fiducies dont on sait qu'ils entrent dans le champ d'application de la loi mais dans lesquels il n'y a pas, à proprement parler, de « droits » (nº 50380), la notion de droits détenus **indirectement** fait l'objet de précisions législatives. Elle vise les droits détenus par l'intermédiaire d'une chaîne d'actions, de parts, de droits financiers ou de droits de vote, l'appréciation du pourcentage des actions, parts, droits financiers ou droits de vote ainsi détenus s'opérant en multipliant les taux de détention successifs. **73815**

La détention indirecte s'entend également des titres ou droits détenus directement ou indirectement par le conjoint de la personne physique, ou leurs ascendants ou descendants **(communauté d'intérêts à caractère familial)**. Comme pour l'article 209 B (nº 73348), toutefois, les droits détenus par l'intermédiaire d'une communauté d'intérêts ne sont pris en compte que pour le calcul du seuil de détention et non pas du quantum du revenu imposable (nº 73890).

Date d'appréciation

Pour l'appréciation du seuil de déclenchement de 10 %, il convient de se placer soit à la **clôture** de l'exercice de l'entité étrangère concernée, soit, en l'absence d'exercice clos au cours d'une année, le **31 décembre**. Toutefois, comme pour l'article 209 B (nº 73240), il y a lieu de retenir le pourcentage détenu pendant au moins **cent quatre-vingt-trois jours** au cours de l'exercice ou de l'année civile suivant le cas s'il est plus élevé que le pourcentage constaté à la clôture de l'exercice ou de l'année civile. **73820**

Précisions La durée de cent quatre-vingt-trois jours correspond au nombre total de jours de détention, même si les périodes sont discontinues.

2. Effets de l'application de l'article 123 bis

Lorsque le dispositif est applicable, ses conséquences sont radicales, puisque le revenu accumulé, ou réputé accumulé, dans l'entité étrangère est **imposable en France**, même s'il n'a pas été distribué. Par comparaison, auparavant, les revenus n'étaient imposables que lorsqu'ils étaient effectivement distribués, ce qui, pour l'administration, créait une possibilité d'évasion fiscale dans la mesure où les intéressés pouvaient s'abstenir de demander le rapatriement des bénéfices dégagés par les entités concernées. C'est précisément pour y remédier que l'article 123 bis a été créé. **73840**

a. Détermination des revenus imposables

État « conventionné »

Si la structure étrangère est établie ou constituée dans un État lié à la France par une convention d'assistance administrative, les résultats étrangers sont déterminés selon les **règles fixées par le Code général des impôts**, comme si les entités en cause (personnes morales, organismes, fiducies ou institutions comparables) étaient passibles de l'impôt sur les sociétés en France. La loi impose donc une **reconstitution** des résultats imposables selon les règles du droit fiscal français, comme pour l'article 209 B du CGI. Quoiqu'il s'agisse d'un texte qui gouverne l'impôt sur le revenu, il est ainsi nécessaire de se livrer à un calcul du résultat imposable de l'entité étrangère en appliquant les règles françaises relatives à l'impôt sur les sociétés. **73860**

73863 **Bilan de départ** L'entité étrangère doit établir un bilan de départ, à l'ouverture du premier exercice concerné ou au 1er janvier, en reprenant la **valeur comptable résiduelle** des éléments d'actifs tels qu'ils résultent de la législation fiscale locale, sans pouvoir tenir compte des réévaluations ou survaleurs affectant les biens portés au bilan de départ, et appliquer ensuite les règles du Code général des impôts.

Les éléments sont portés au bilan de départ et aux bilans successifs en monnaie locale. Comme pour l'article 209 B, seuls les résultats font l'objet d'une conversion de change, à la clôture ou au 31 décembre.

73865 **Application des règles françaises** Les résultats de l'entité étrangère sont déterminés selon les règles qui s'appliquent en France à l'impôt sur les sociétés ; il en résulte que, par exemple, si une entité étrangère reçoit des **dividendes** qui, en France, auraient été éligibles au régime des sociétés mères (nº 61400), ce régime est applicable si les autres conditions sont par ailleurs remplies (BOI-RPPM-RCM-10-30-20-20 nº 320). Cette conséquence a été confirmée par le Conseil d'État qui a précisé que les règles applicables à la détermination des bénéfices de l'entité étrangère incluent le **régime des sociétés mères** dès lors que l'entité étrangère serait soumise totalement ou partiellement à l'impôt sur les sociétés au taux normal si elle était établie en France (CE 21 juin 2022 nº 449408, 9e et 10e ch., annulant CAA Paris 3 décembre 2020 nº 20PA00247, 2e ch. et renvoyant sur ce point l'affaire à la cour administrative d'appel de Paris ; voir également nº 74005) ; dans cette affaire, la Cour avait commis une erreur de droit en refusant l'application du régime des sociétés mères pour la détermination des bénéfices d'une société établie à Gibraltar au motif que ce régime ne s'applique qu'aux sociétés qui ont été effectivement soumises à l'impôt sur les sociétés au taux normal. Dans le même sens, à propos de l'appréciation même du caractère privilégié du régime fiscal, voir CE 14 février 2022 nº 442061, 3e et 8e ch. : RJF 5/22 nº 453 (nº 72988, et Précisions b ci-dessous).

En ce qui concerne les **plus-values** de cession de **titres de participation**, l'administration reprend les anciennes solutions selon lesquelles la plus-value nette à long terme réalisée par la structure établie hors de France après imputation, le cas échéant, des moins-values nettes à long terme enregistrées depuis le début de l'application du dispositif prévu à l'article 123 bis du CGI, est incorporée au revenu réputé constituer un revenu de capitaux mobiliers de la personne physique pour une part de son montant. Cette part est établie en appliquant à la fraction de la plus-value réputée constituer un revenu de capitaux mobiliers, le rapport existant entre le taux réduit des plus-values à long terme et le taux normal en vigueur de l'impôt sur les sociétés (BOI-RPPM-RCM-10-30-20-20 nº 340).

À notre avis, il y a lieu de transposer ces principes sous l'empire de la législation actuelle, ce qui devrait conduire à appliquer le même **correctif d'assiette** que pour l'article 209 B (nº 73363).

Précisions **a.** Dans la mesure où l'appréciation du régime fiscal privilégié de la structure étrangère doit résulter d'une comparaison, la seule circonstance qu'une **plus-value** soit **exonérée** à l'étranger ne devrait pas suffire à caractériser un régime fiscal privilégié (nº 72990, Précisions a).

b. Dans l'affaire nº 442061 jugée par le Conseil d'État le 14 février 2022, précitée, il avait été jugé en appel que la doctrine administrative précisant que pour la détermination des résultats de l'entité étrangère le **régime des sociétés mères** peut s'appliquer lorsque les conditions requises par l'article 145 du CGI sont remplies (BOI-RPPM-RCM-10-30-20-20 nº 320) ne comporte aucune interprétation formelle de la loi fiscale (CAA Versailles 11 février 2020 nºs 18VE02738 et 17VE02562, 1e ch. ; voir également nº 73800). Dans cette affaire, la Cour avait rejeté l'argument des requérants selon lequel le résultat de la société luxembourgeoise dont ils détenaient la totalité du capital et dont le seul actif était constitué de titres d'une société française était **déficitaire** compte tenu des règles françaises dès lors que ce résultat était déterminé en application du régime français des sociétés mères et que l'administration pouvait en refuser le bénéfice sur le fondement de l'abus de droit. Les rectifications avaient été confirmées au motif que l'administration avait apporté la preuve, à la fois, de l'existence d'un montage purement artificiel et d'un avantage fiscal, ce dernier devant s'apprécier en comparant l'imposition litigieuse à celle applicable en l'absence d'interposition d'une holding luxembourgeoise, qui conduirait à l'imposition des dividendes distribués par la filiale française au nom des actionnaires personnes physiques. La décision d'annulation du Conseil d'État se situe en amont, au stade de la détermination même du caractère privilégié du régime fiscal.

État « non conventionné »

73870 Si la structure étrangère n'a pas été constituée ou établie dans un État lié à la France par une convention d'assistance administrative, ou si elle est domiciliée ou établie dans un

État ou territoire non coopératif (nos 71555 s.), le revenu imposable en France est établi de façon **forfaitaire** ; il ne peut être inférieur au produit de la fraction de l'actif net, ou de la valeur nette des biens, par un taux égal à celui mentionné au 3° du 1 de l'article 39 du CGI. Il s'agit du taux admissible au titre des intérêts de comptes courants d'associés (n° 26780). **73870** (suite)

Le Conseil constitutionnel a jugé cette disposition conforme à la Constitution en considérant toutefois que le contribuable peut toujours **apporter la preuve** que le revenu réellement perçu par l'intermédiaire de l'entité juridique concernée est **inférieur** au revenu forfaitaire (Cons. const. 1er mars 2017 n° 2016-614 QPC : RJF 5/17 n° 473, sur renvoi par CE QPC 15 décembre 2016 n° 404270, 8e et 3e ch. : RJF 3/17 n° 256 à propos d'un recours pour excès de pouvoir dirigé contre la « foire aux questions » publiée sur le site internet du ministère des finances dans le cadre des procédures de régularisation de comptes étrangers). La même réserve était applicable au dispositif dans sa version antérieure, dans la mesure où il était similaire en substance à celui sur lequel le Conseil constitutionnel s'est prononcé (CE 28 janvier 2019 n° 407421, 9e et 10e ch. : RJF 4/19 n° 348, concernant les années 2003 et 2004 ; voir également n° 74005).

La formulation utilisée par le Conseil constitutionnel, qui fait état du « **revenu réellement perçu** par l'intermédiaire de l'entité juridique concernée » est maladroite, étant donné que l'article 123 bis du CGI ne taxe pas un revenu « réellement perçu » mais un revenu « présumé distribué » ; il faut comprendre qu'il s'agit plutôt du revenu réellement perçu « par » l'entité juridique étrangère. Quant aux modalités de la **preuve** que pourra apporter le contribuable dans de telles circonstances, le Conseil constitutionnel n'apporte pas de précisions mais on peut penser que des comptes sociaux, s'il en existe, ou même de simples relevés de comptes bancaires devraient être suffisants, s'ils sont eux-mêmes suffisamment probants.

Dans la mesure où l'actif qui sert de base au calcul du revenu imposable est un **actif net** (ou la valeur nette des biens), si l'entité étrangère s'est endettée, la valeur de l'endettement vient en diminution de l'actif à prendre en compte pour le calcul du revenu minimum. Le montant minimum forfaitaire d'imposition s'entend d'un montant net duquel aucun impôt étranger n'est susceptible d'être déduit. Il s'agit d'un **revenu minimum**, qui ne dispense donc pas la personne physique de **reconstituer** les **résultats** selon la méthode indiquée nos 73860 s. (comme il n'y a pas de possibilité d'échange d'informations, on ne voit cependant pas, en pratique, comment l'administration pourrait le vérifier, sauf éventuellement dans le cadre de régularisations spontanées).

Cette règle d'assiette a, par exemple, été appliquée à un contribuable domicilié en France et seul actionnaire d'une société établie aux îles Caïmans (CAA Paris 11 avril 2018 n° 17PA01706, 2e ch., arrêt définitif après non-admission du pourvoi du contribuable par CE (na) 21 novembre 2019 n° 421290, 8e ch. ; voir également n° 40895 h). L'administration avait, en l'espèce, estimé l'actif net à partir des avoirs recensés sur le **« compte client** » ouvert par la société dans une banque et avait procédé aux conversions monétaires nécessaires pour appliquer le taux forfaitaire à un actif net en euros (le compte client hébergeait lui-même plusieurs comptes courants et comptes de placements fiduciaires libellés en diverses devises) ; le contribuable avait tenté de soutenir que des **dettes** auraient dû être déduites mais il n'avait apporté aucun élément de nature à établir l'existence de dettes ou d'engagements de toute nature, alors qu'il était seul en mesure de le faire (étaient concernées les années 2007 et 2008, la France et les îles Caïmans n'étant pas, à l'époque, liées par une convention d'assistance administrative).

Autre exemple, une avocate domiciliée en France, imposée au titre de la détention d'une société domiciliée aux îles Vierges britanniques (années 2008 et 2009, alors que l'accord d'échange de renseignements avec la France n'était pas encore en vigueur) n'a pu faire échec à l'imposition forfaitaire en se bornant à soutenir que la société avait des dettes à son égard et que les sommes versées sur le compte de cette société correspondraient à un apport en **compte courant d'associé**, en l'absence de tout élément comptable et de justification de la réalité des mouvements financiers (CAA Paris 27 mai 2021 n° 19PA00903, 5e ch., faisant l'objet d'un pourvoi enregistré sous le n° 454985 ; voir également n° 74010).

En revanche, l'administration n'a pas retenu la méthode forfaitaire pour déterminer les revenus d'une société panaméenne imposables au titre des années 2006 à 2011 ; elle a pu se fonder sur les **relevés bancaires** et les situations en portefeuille produits par les banques et écarter les bilans et comptes de résultats de la société, qui n'avaient pas été visés par un expert-comptable et qui étaient dépourvus de toute valeur probante (CAA Paris 31 juillet 2020 nos 19PA02127 et 19PA02687, 7e ch., ayant fait l'objet d'un pourvoi rejeté par CE 12 mai 2022 no 444994, 3e et 8e ch. : RJF 8-9/22 no 775 ; voir également no 73810).

b. Proportion imposable des résultats étrangers

73890 Les revenus de l'entité étrangère, calculés dans les conditions indiquées précédemment, sont « réputés constituer » un **revenu de capitaux mobiliers** de la personne physique actionnaire, dans la **proportion** des actions, parts ou droits financiers qu'elle détient, directement ou indirectement à titre personnel. Les droits détenus dans le cadre d'une communauté familiale d'intérêts (no 73815) ne sont pas pris en considération pour l'assiette de l'impôt, même s'ils le sont pour l'appréciation du seuil de 10 %.

Par ailleurs, l'assiette de l'impôt ne tient pas compte des droits de vote ; si, par exemple, une personne physique détient plus de 10 % des droits de vote, alors qu'elle n'a aucun droit à dividende, le dispositif est, certes applicable, mais ses effets sont nuls, en l'absence de droits financiers. En cas de **démembrement** entre un nu-propriétaire et un usufruitier, ce dernier détient les droits financiers et entre donc dans le champ d'application du dispositif alors que le nu-propriétaire détient, de son côté, le capital, en tant qu'actionnaire. Il serait donc, lui-même, théoriquement imposable au titre des mêmes revenus, mais l'administration règle la question en prévoyant le seul assujettissement de l'usufruitier (BOI-RPPM-RCM-10-30-20-20 no 70 précisant que les droits de vote qui sont retenus pour l'appréciation du pourcentage de détention de 10 % ne sont pas pris en compte pour le calcul du revenu de capitaux mobiliers imposable, ce qui empêche tout cumul d'imposition du chef de deux personnes physiques distinctes de bénéfices ou de revenus positifs correspondant à des droits démembrés). Sur les trusts, voir no 50380.

Précisions En présence d'un transfert de biens ou droits à une entité juridique située dans un **État ou territoire non coopératif**, l'administration considère, sans que la loi ne précise rien en ce sens, que la proportion imposable correspond à la totalité des résultats de l'entité étrangère, sauf preuve contraire (no 73810).

c. Année d'imposition

73910 Comme pour l'article 209 B (no 73340), les bénéfices ou revenus positifs de la personne morale, de l'organisme, de la fiducie ou de l'institution comparable établis ou constitués hors de France sont, en principe, réputés acquis le **premier jour du mois qui suit** la clôture de leur exercice. Toutefois, afin de couvrir la situation des entités qui, comme les fiducies ou les trusts, n'ont pas nécessairement d'exercice social, la loi prévoit que, en l'absence de clôture d'un exercice au cours d'une année, les revenus sont réputés acquis le **31 décembre**.

Les bénéfices ou revenus positifs de la personne physique actionnaire sont passibles de l'impôt sur le revenu, au titre de l'année au cours de laquelle est réputée intervenir l'acquisition des revenus étrangers. Ils doivent, par suite, être déclarés, en même temps que les autres revenus réalisés ou dont le contribuable a disposé au cours de la même année.

d. Régime d'imposition

73930 Les revenus, réels ou théoriques de l'entité étrangère, sont « réputés constituer » un **revenu de capitaux mobiliers**, imposable au nom de l'actionnaire. Ils sont soumis, depuis le 1er janvier 2018, au **prélèvement forfaitaire unique** au taux de 30 %, sauf en cas d'option globale pour l'imposition au barème de l'impôt sur le revenu (nos 1950 s. ; dans ce cas, l'abattement de 40 % n'est pas applicable). Ils font l'objet d'une majoration de 25 % (multiplication par 1,25 applicable depuis l'imposition des revenus de l'année 2020 concernant les revenus 2019 de l'entité étrangère), qu'ils soient imposés selon le barème ordinaire ou soumis au prélèvement forfaitaire unique (CGI art. 200 A, dans sa rédaction issue de l'article 39 de la loi no 2020-1721 du 29 décembre 2020 de finances pour 2021). La majoration de 25 %, cependant, n'est pas applicable pour la détermination de l'assiette des **prélèvements sociaux** additionnels (Loi no 2017-1837 du 30 décembre 2017 de finances pour 2018, art. 28). Cette exclusion a été posée par le Conseil constitutionnel qui, par une décision no 2017-643/650 QPC du 7 juillet 2017 (RJF 10/17 no 971 ; décision rendue sur renvoi par CE QPC 24 mai 2017 no 408725, 8e et 3e ch. : RJF 8-9/17 no 847), a transposé à l'article 123 bis la solution antérieurement retenue à propos de l'assujettissement aux contributions sociales des rémunérations et avantages occultes mentionnés au c de l'article 111 du CGI (Cons. const. 10 février 2017 n° 2016-610 QPC : RJF 5/17 n° 472, jugeant que l'application du coefficient multiplicateur de 1,25 n'était pas, sur ce point, conforme à la Constitution). La doctrine administrative antérieure à la loi précitée du 30 décembre 2017, qui retenait une solution contraire à la jurisprudence constitutionnelle, a logiquement été annulée (CE 16 février 2018 n° 408725, 8e ch. : RJF 6/18 n° 622).

S'agissant seulement d'imposer des revenus positifs ou des bénéfices, les **pertes** étrangères ne sont **pas prises en compte**. Comme pour l'article 209 B, il n'est donc pas possible de déduire d'éventuelles pertes réalisées dans des entités étrangères entrant dans le champ d'application du dispositif, ni, en cas de détention de plusieurs entités soumises au dispositif, d'opérer une compensation entre les profits des unes et les pertes des autres (les déficits sont cependant reportables sur les profits étrangers futurs, selon le droit commun de l'impôt sur les sociétés, sous réserve que la personne physique se soit trouvée dans le champ de l'article 123 bis à la clôture de chaque exercice concerné ou au 31 décembre).

3. Élimination des doubles impositions

Non-application simultanée des articles 123 bis et 209 B du CGI

L'administration règle la situation dans laquelle se trouverait une personne physique qui détiendrait une participation dans une entité juridique étrangère visée par l'article 123 bis par l'intermédiaire d'une société française de capitaux. **73960**

Dans ce cas, il pourrait y avoir cumul d'imposition puisque l'article 123 bis pourrait s'appliquer en tant que l'entité étrangère serait indirectement détenue à hauteur d'au moins 10 % par une personne physique résidente de France, alors que l'article 209 B pourrait également s'appliquer si la société française interposée détenait une participation supérieure à 50 % dans le capital de l'entité étrangère bénéficiant d'un régime fiscal privilégié. La solution consiste, dans ce cas, à **faire prévaloir l'article 209 B** sur l'article 123 bis (BOI-RPPM-RCM-10-30-20-20 n° 140, précisant que les droits financiers détenus de cette manière ne doivent pas être retenus pour la détermination du revenu de capitaux mobiliers des personnes physiques concernées). Ainsi, la société française interposée doit acquitter l'impôt sur sa quote-part de résultat de l'entité étrangère mais la personne physique, actionnaire de la société française interposée, n'a pas à supporter les conséquences de l'article 123 bis (les droits ainsi détenus sont néanmoins pris en compte pour l'appréciation du seuil de 10 %). Naturellement, ces conséquences ne seront évitées qu'à hauteur du revenu de l'entité étrangère qui est considéré comme imposable en France au nom de la société française interposée compte tenu de l'article 209 B. Cette solution est néanmoins favorable puisque l'impôt sur les sociétés exigible au titre de l'article 209 B est généralement inférieur à l'impôt sur le revenu exigible au titre de l'article 123 bis.

Non-imposition des distributions

Pour éviter une double imposition, la loi a prévu que les dividendes éventuellement distribués par l'entité étrangère à son actionnaire français ne constituent pas des revenus imposables, sauf pour la partie qui, le cas échéant, excède le revenu imposable reconstitué selon les règles indiquées précédemment (nos 73860 s.). En effet, si une personne physique a été imposée sur le revenu accumulé par une entité étrangère, il est naturel qu'elle ne le soit pas une seconde fois en cas de distribution de ces mêmes revenus. Il convient, à cet égard, d'apprécier, **structure par structure**, si le plafond de l'exonération est atteint (BOI-RPPM-RCM-10-30-20-30 n° 140) ; à cet effet, il est nécessaire d'**établir un compte séparé** faisant apparaître d'une part le montant **cumulé** des bénéfices ou revenus positifs réputés constituer un revenu de capitaux mobiliers, et d'autre part le montant des revenus distribués ou payés par chaque structure concernée depuis la première application de l'article 123 bis. Tant que le montant des distributions reste, d'une façon cumulée, inférieur au montant cumulé des bénéfices réputés constituer des revenus de capitaux imposables en France, les distributions ne sont pas elles-mêmes imposables. **73962**

Imputation des impôts étrangers sur l'assiette imposable

73965 Lorsqu'une entité étrangère est passible de l'impôt sur les sociétés dans son pays de constitution, l'impôt étranger vient en déduction pour la détermination de l'assiette imposable en France (sauf en cas d'application du revenu minimum ; nº 73870) ; à cet égard, par transposition des solutions retenues pour l'article 209 B (nº 73400), seul est imputable l'impôt acquitté localement par la structure étrangère qui est **comparable à l'impôt** sur les sociétés **français** (BOI-RPPM-RCM-10-30-20-30 nº 20). Ainsi ne sont pas imputables les impôts assis sur le capital, les impôts forfaitaires annuels, les impôts assis sur le chiffre d'affaires, les taxes d'abonnement, etc. L'administration ajoute que la personne physique concernée doit apporter la **preuve** de l'acquittement effectif de l'impôt étranger, qui n'est naturellement imputable que dans la proportion du revenu imposable.

Imputation des retenues à la source sur l'impôt français

73968 Sont également imputables, mais cette fois-ci sur l'impôt sur le revenu et non sur le revenu lui-même, les **prélèvements effectués** à **l'étranger** conformément aux conventions fiscales lors des distributions effectivement réalisées au profit de l'actionnaire français.

Tel serait le cas, par exemple, d'une société holding luxembourgeoise qui verserait un dividende assujetti à une retenue à la source de 15 % conformément à la convention fiscale franco-luxembourgeoise du 20 mars 2018. Cette retenue à la source viendrait s'imputer sur l'impôt français.

Dans un but de **simplification**, l'administration admet l'imputation sur l'impôt sur le revenu exigible en application de l'article 123 bis au titre d'une année des prélèvements opérés au cours de la même année sur des distributions correspondant à des bénéfices antérieurement taxés au titre du même article (BOI-RPPM-RCM-10-30-20-30 nº 120). Ainsi, une retenue à la source au titre d'une distribution effectuée en 2022 pourra venir s'imputer sur l'impôt exigible en 2023 au titre des revenus réputés appréhendés en 2022.

4. Obligations déclaratives

Déclarations annuelles

73980 Le montant imposable des revenus de capitaux mobiliers, déterminé par application au résultat imposable retraité de l'entité étrangère du pourcentage des droits financiers détenus directement ou indirectement, doit être porté dans la rubrique « revenus des valeurs et capitaux mobiliers », ligne « revenus réputés distribués et revenus des structures soumises hors de France à un régime fiscal privilégié » de la **déclaration des revenus complémentaire** nº 2042 C (case 2GO), après déduction éventuelle de l'impôt acquitté localement par la structure étrangère.

En outre, la personne physique imposable doit produire, dans le même délai que sa déclaration de revenus, une **déclaration** établie sur papier libre comportant divers renseignements concernant chacune des entités étrangères visées par le dispositif : nom ou raison sociale, adresse du siège social, objet et activité, lieu de résidence fiscale, pourcentage détenu directement ou indirectement (CGI Ann. II art. 50 septies).

Enfin, pour chaque entité concernée, il lui faut produire l'ensemble des documents exigés des sociétés passibles de l'impôt sur les sociétés, y compris le **bilan** et le **compte de résultat** établi par application des règles françaises, ainsi que, le cas échéant, les bilans et comptes de résultat fournis aux administrations locales. Il convient également de fournir un état des impôts déductibles et des crédits d'impôt imputables, ainsi qu'un état des bénéfices ou revenus positifs imposés et des bénéfices ou revenus distribués.

Précisions Le même dispositif s'applique en présence d'une **fiducie** ou d'une institution comparable, l'administration ayant précisé (BOI-RPPM-RCM-10-30-20-40 nº 20) qu'il convient de mentionner le nom ou la raison sociale du fiduciaire ou de la personne exerçant des fonctions comparables (trustee ou administrateur du trust), ainsi que l'adresse de son domicile ou siège social et le lieu de sa résidence fiscale, de même que l'objet de la fiducie ou de l'institution comparable et le pourcentage des droits détenus (sans qu'il y ait de précision sur la manière de le calculer).

Contrôle

Le respect des obligations déclaratives est susceptible d'être vérifié dans le cadre du contrôle fiscal. À ce propos, l'administration a précisé que la **procédure contradictoire** doit être retenue, même si la déclaration spéciale mentionnée n° 73980 n'a pas été déposée, à condition que la déclaration d'ensemble des revenus ait été produite au plus tard dans les trente jours d'une première mise en demeure (BOI-RPPM-RCM-10-30-20-40 n° 90). 73985

Si les **obligations déclaratives** prévues par l'article 123 bis ont été **respectées**, le droit de reprise de l'administration est celui, habituel, qui expire à la fin de la troisième année qui suit celle au titre de laquelle l'imposition est due.

Si elles n'ont pas été respectées, qu'il s'agisse d'un défaut de déclaration ou d'une déclaration incomplète, le droit de reprise de l'administration s'exerce jusqu'à la **fin de la dixième année** qui suit celle au titre de laquelle l'imposition est due (l'article 58 de la loi n° 2011-1978 du 28 décembre 2011 de finances rectificative pour 2011 a supprimé la référence initialement posée par l'article 52 de la loi de finances rectificative pour 2008, qui limitait le champ de l'extension du délai de reprise aux États ou territoires n'ayant pas conclu avec la France une convention d'assistance administrative en vue de lutter contre la fraude et l'évasion fiscales permettant l'accès aux renseignements bancaires, au sens indiqué n° 74085). Bien entendu, l'extension du délai de reprise ne concerne **que les seuls revenus** ou bénéfices afférents aux obligations déclaratives qui n'ont pas été respectées (LPF art. 169 ; pour les États et territoires « coopératifs », l'extension du délai s'applique aux délais venant à expiration postérieurement au 31 décembre 2011).

En cas de contrôle fiscal, l'administration peut, bien entendu, appliquer des pénalités de 80 % pour **manœuvres frauduleuses** (CAA Versailles 21 juin 2016 n° 15VE01546, 3e ch. : RJF 10/16 n° 838, à propos d'une personne physique domiciliée en France qui faisait encaisser des commissions d'apporteur d'affaires par deux sociétés des Antilles néerlandaises qui n'avaient aucun autre rôle). Cet arrêt a fait l'objet d'un pourvoi qui n'a pas été admis par CE (na) 20 décembre 2017 n° 402446, 9e ch. : RJF 4/18 n° 377.

5. Exceptions (clause de sauvegarde)

Contexte constitutionnel

L'article 123 bis du CGI a d'emblée fait l'objet des mêmes critiques que l'article 209 B quant à sa compatibilité avec les engagements internationaux de la France, qu'il s'agisse des conventions fiscales ou du droit de l'Union européenne. Ces critiques ont d'autant plus prospéré que le texte ne contenait pas, lors de son adoption, de **clause de sauvegarde** permettant d'en éviter les conséquences dans certains cas, à l'instar de ce qui était prévu par l'article 209 B pour les entreprises passibles de l'impôt sur les sociétés. 74000

Sous l'empire de la législation antérieure à l'article 25 de la loi n° 2017-1775 du 28 décembre 2017 de finances rectificative pour 2017, le **Conseil constitutionnel** avait ainsi été amené à poser les deux exceptions suivantes :
– **l'exception européenne** résultant de la loi n° 2009-1674 du 30 décembre 2009 de finances rectificative pour 2009 (qui avait repris celle de l'article 209 B du CGI ; n° 73255) avait été généralisée par une décision jugeant que la restriction de l'exception aux seules entités établies ou constituées dans un État membre de l'Union européenne était contraire à la Constitution (Cons. const. 1er mars 2017 n° 2016-614 QPC : RJF 5/17 n° 473, sur renvoi par CE QPC 15 décembre 2016 n° 404270, 8e et 3e ch. : RJF 3/17 n° 256) ; il en résultait que l'article 123 bis n'était pas applicable, en tout état de cause et **quel que soit le pays d'implantation**, si l'exploitation de l'entreprise ou la détention des actions, parts, droits financiers ou droits de vote de l'entité juridique étrangère par la personne domiciliée en France ne pouvait être regardée comme constitutive d'un montage artificiel dont le but était de contourner la législation fiscale française ;
– le contribuable avait toujours la possibilité de prouver, afin d'éviter l'application de l'article 123 bis, que la participation qu'il détenait dans l'entité établie ou constituée hors de France n'avait **ni pour objet ni pour effet** de permettre, dans un **but de fraude ou d'évasion fiscales**, la localisation de revenus à l'étranger (Cons. const. 6 octobre 2017 n° 2017-659 QPC : RJF 12/17 n° 1220, sur renvoi par CE QPC 7 juillet 2017 n° 410620, 8e et 3e ch. : RJF 11/17 n° 1090).

À titre d'exemple, il a été fait application de la décision 2016-614 QPC, précitée, à propos d'une personne physique domiciliée en France, constituante de **trusts** situés aux

Bermudes (CAA Paris 24 juin 2020 nº 19PA00458, 2e ch. : RJF 10/20 nº 791, arrêt définitif ; voir nº 50380) ; relevant que les trusts avaient été constitués plusieurs années avant les années redressées, qui étaient les années 2010 et 2011, alors que le contribuable n'était pas domicilié en France, dans le cadre d'opérations de restructuration provoquées par un conflit avec ses partenaires économiques, et qu'ils avaient pour but principal de protéger la fortune de sa famille compte tenu de son âge, de sa situation matrimoniale et du jeune âge de ses enfants, la Cour juge que la détention de droits dans ces trusts, à supposer qu'elle puisse être établie, ne saurait être regardée comme constitutive d'un montage artificiel dont le but serait de contourner la législation fiscale française.

L'article 25 de la loi nº 2017-1775 du 28 décembre 2017 de finances rectificative pour 2017, applicable depuis le 30 décembre 2017, a ensuite modifié la clause de sauvegarde antérieure dans le sillage de ces décisions mais sans les reprendre exactement.

Précisions On peut éventuellement se demander, au vu de la décision nº 2016-614 QPC du Conseil constitutionnel, si le législateur peut effectivement, comme il le fait aujourd'hui (nos 74005 s.), prévoir une clause de sauvegarde différente selon le lieu d'implantation de l'entité étrangère.

Union européenne et États « conventionnés »

74005 L'article 123 bis du CGI n'est pas applicable lorsque l'entité étrangère est établie dans un État membre de l'Union européenne ou dans un État « conventionné », à condition que l'exploitation de l'entreprise ou la détention des actions, parts, droits financiers ou droits de vote de cette entité juridique par la personne domiciliée en France ne puisse être regardée comme constitutive d'un montage artificiel dont le but serait de contourner la législation fiscale française (CGI art. 123 bis, 4 bis-al. 1).

Les États « conventionnés » s'entendent de ceux qui ont conclu avec la France une **convention d'assistance administrative** en vue de lutter contre la fraude et l'évasion fiscales ainsi qu'une convention d'assistance mutuelle en matière de recouvrement ayant une portée similaire à celle prévue par la directive 2010/24/UE du Conseil du 16 mars 2010 concernant l'assistance mutuelle en matière de recouvrement des créances relatives aux taxes, impôts, droits et autres mesures. Sont exclus les ETNC au sens de l'article 238-0 A du CGI (nos 71550 s.).

La démonstration d'un **montage artificiel** incombe en principe à l'administration, la preuve requise pouvant probablement résulter, par transposition des principes généraux, de l'absence de réalité économique de l'entité concernée, par exemple en l'absence de locaux, personnel et équipements (au sens de la décision de la Cour de justice dans l'affaire Cadbury Schweppes ; nº 81740). La doctrine administrative précise que la notion de montage artificiel s'apprécie au regard de critères objectifs et que les dispositions de l'article 123 bis du CGI ne trouveront pas à s'appliquer lorsque la réalité de l'implantation (existence physique en termes de locaux, personnels et équipements) et l'exercice effectif d'une activité économique seront établis (BOI-INT-DG-20-50-20 nos 70 et 80).

Par exemple, l'application de l'article 123 bis avait été confirmée au titre de la détention par une personne physique domiciliée en France de 99,94 % du capital d'une **société luxembourgeoise** exonérée d'impôt en application de l'ancienne loi luxembourgeoise du 31 juillet 1929 ; en l'absence de tout élément relatif à l'exercice par la société luxembourgeoise, qui ne disposait ni de locaux ni de personnel, d'une activité économique distincte de la seule gestion de ses propres actifs, cette société a été regardée comme constitutive d'un montage artificiel dont le but était de contourner la législation fiscale française en permettant aux revenus des valeurs mobilières et autres actifs qu'elle détenait de bénéficier d'un régime fiscal privilégié (CAA Lyon 1er décembre 2016 nº 14LY02357, 5e ch.) ; cet arrêt a été rendu sous l'empire de la législation antérieure à la loi nº 2009-1674 du 30 décembre 2009 de finances rectificative pour 2009 (il s'agissait des années 2003 et 2004), mais il est transposable à la législation actuelle. Il a cependant été annulé sur un autre point : dès lors que l'administration avait déterminé l'assiette imposable de façon forfaitaire, en l'absence, à l'époque, de convention d'assistance administrative entre la France et le Luxembourg, la Cour aurait dû rechercher si, comme l'a jugé le Conseil constitutionnel (nº 73870), les contribuables étaient fondés à soutenir que la société luxembourgeoise était en situation **déficitaire** de sorte que l'imposition forfaitaire devait être écartée (CE 28 janvier 2019 nº 407421, 9e et 10e ch. : RJF 4/19 nº 348). Statuant sur renvoi, la cour administrative d'appel de

Lyon a jugé que les contribuables n'avaient pas établi **l'existence des déficits** dont ils se prévalaient, compte tenu du caractère incomplet des documents comptables présentés, des imprécisions constatées et des difficultés de reconstitution des comptes de produits (CAA Lyon 25 juillet 2019 n° 19LY00435, 5e ch. ; cet arrêt a fait l'objet d'un pourvoi non admis par CE (na) 16 mars 2020 n° 434806, 9e ch. : RJF 7/20 n° 606) ; dans cette affaire, la Cour juge également que l'application de l'article 123 bis ne méconnaît, en l'espèce, ni la liberté d'établissement ni la libre circulation des capitaux et refuse de poser une question préjudicielle à la Cour de justice.

Autre exemple, l'article 123 bis du CGI a été jugé applicable, au titre des années 2010 et 2012, à une personne physique domiciliée en France qui détenait la totalité des parts d'une société établie à **Gibraltar** exonérée d'impôt et supposée effectuer des prestations techniques, alors qu'elle ne disposait pas des moyens permettant leur exécution, les prestations étant en fait rendues par les salariés de sociétés bulgares (CAA Paris 3 décembre 2020 n° 20PA00247, 2e ch.) ; pour la Cour, il s'agissait d'un montage artificiel ayant pour seul effet de faire échapper aux impôts français et bulgare les revenus dégagés par l'activité professionnelle de la personne physique. Pour ces années, le pourvoi de la société n'a pas été admis par CE 2 février 2022 n° 449408, 9e ch. (sur les moyens admis, voir n° 73865), et, au titre de l'année 2011, le moyen tiré de l'absence de montage purement artificiel a été rejeté, car la société ne disposait pas des moyens permettant l'exécution des prestations qu'elle était censée exécuter et n'exerçait aucune activité autre que la détention de titres et le prêt de trésorerie (CE 21 juin 2022 n° 449408, 9e et 10e ch.).

Précisions **a.** Sous l'empire de la législation antérieure à la loi de finances rectificative pour 2009, il avait été jugé, à propos d'une société holding luxembourgeoise régie par l'ancienne loi du 31 juillet 1929, que l'article 123 bis n'était pas applicable, d'une façon générale, dans l'Union européenne dans la mesure où il ne concernait pas spécifiquement l'hypothèse d'un **montage purement artificiel** dont le but serait de contourner la législation fiscale française (CAA Nancy 22 août 2008 n° 07-783, 1e ch., Rifaut : RJF 2/09 n° 122 ; arrêt définitif). Cette solution est désormais caduque.

b. L'arrêt n° 14LY02357 de la cour administrative d'appel de Lyon du 1er décembre 2016, précité, juge également, en retenant une **interprétation neutralisante** (n° 940), que l'article 123 bis ne pouvait s'appliquer, au sein de l'Union européenne, que pour l'imposition des revenus tirés des actifs détenus par une société qui n'exerçait aucune activité autre que la détention et la gestion de ces actifs, dans le but d'éluder l'impôt dû en France (dans leur rédaction de l'époque, les dispositions de l'article 123 bis n'évoquaient pas spécifiquement l'hypothèse d'un montage purement artificiel dont le but serait d'éluder l'application de la législation fiscale française).

Autres États

Si l'entité étrangère est établie dans un État qui n'est pas membre de l'Union européenne et qui n'est pas « conventionné » au sens indiqué n° 74005, il reste possible au contribuable d'éviter l'article 123 bis du CGI mais les conditions sont un peu différentes (CGI art. 123 bis, 4 bis-al. 2). **74010**

Dans ce cas, le dispositif n'est pas applicable si la personne domiciliée en France démontre que l'exploitation de l'entreprise ou la détention des actions, parts, droits financiers ou droits de vote de cette entité juridique a **principalement un objet et un effet autres** que de permettre la localisation de bénéfices ou de revenus dans un État ou territoire où elle est soumise à un régime fiscal privilégié.

Dans cette circonstance, la **démonstration** incombe au contribuable, par différence avec la situation décrite n° 74005. Le contribuable doit, en principe, fournir tous éléments de nature à démontrer l'effet « principalement autre que fiscal » des opérations effectuées et produire en particulier des éléments matériels et quantitatifs de nature à permettre une comparaison objective entre le montant du gain résultant des avantages fiscaux tirés de l'implantation et celui tenant aux avantages d'autre nature (BOI-INT-DG-20-50-20 n° 90 et transposition des commentaires administratifs relatifs à l'article 209 B du CGI, au BOI-IS-BASE-60-10-40 nos 380 et 390).

Par exemple, une avocate domiciliée en France qui avait créé en 2006 une société aux **îles Vierges britanniques** exonérée d'impôt sur les sociétés, qu'elle dirigeait et dont elle détenait la totalité du capital, a pu valablement être imposée sur le fondement de l'article 123 bis, avec application de la majoration de 80 %, la société n'ayant eu aucune activité économique effective depuis sa création ; la requérante, qui avait par ailleurs été pénalement condamnée pour fraude fiscale aggravée et blanchiment, n'avait apporté aucun élément permettant de supposer que la création de la société aurait eu un intérêt autre que son intérêt fiscal personnel en tant que bénéficiaire économique (CAA Paris 27 mai 2021 n° 19PA00903, 5e ch., faisant l'objet d'un pourvoi enregistré sous le n° 454985 et écartant les griefs d'inconstitutionnalité et d'incompatibilité au droit de l'Union européenne ; voir également n° 73870).

Incidence des conventions fiscales

74020 Lorsque l'entité étrangère est constituée dans un pays ayant signé avec la France une convention fiscale, on pourrait se demander si l'application de l'article 123 bis du CGI ne devrait pas être écartée en raison de la décision Schneider Electric (n° 73300).

À notre avis, cette question appelle une réponse négative et l'application de l'article 123 bis devrait être considérée comme **compatible** avec les conventions fiscales ; il ne nous semble pas que la transposition de la décision Schneider Electric soit possible, dans la mesure où l'article 123 bis contient, à la différence de l'article 209 B (dans sa rédaction de l'époque), une référence explicite à la notion de **revenus de capitaux mobiliers** (n° 73930), ce qui devrait conduire à écarter la qualification de revenus d'entreprises pour l'application des conventions fiscales rédigées selon le modèle de convention fiscale de l'OCDE, et, par suite, les règles relatives à l'imposition des établissements stables.

On relèvera en ce sens que le commissaire du Gouvernement Stéphane Austry avait, dans ses conclusions sous la décision Schneider Electric (n° 73300), pris appui sur cette constatation pour interpréter par analogie l'article 209 B, ce qui avait été refusé par le Conseil d'État (voir également sur ce point la chronique de Laurent Olléon à la RJF 10/02 p. 758).

Il ne nous semble donc pas possible de contester sérieusement la compatibilité du dispositif avec les conventions fiscales, même si elles sont rédigées selon les modèles traditionnels et ne visent pas expressément l'article 123 bis du CGI.

E. Dispositions anti-hybrides (CGI art. 205 B à 205 D)

Contexte

74050 L'article 45 de la loi n° 2019-1479 du 28 décembre 2019 de finances pour 2020 a transposé en droit interne les prescriptions de la **directive Atad 2** (directive (UE) 2017/952 du conseil du 29 mai 2017 modifiant la directive (UE) 2016/1164 en ce qui concerne les dispositifs hybrides faisant intervenir des pays tiers ; n° 88138). Cette directive avait complété la directive Atad 1 afin d'élargir le champ de la lutte contre une forme d'optimisation fiscale désormais considérée comme « agressive » consistant pour les entreprises multinationales à utiliser des dispositifs fiscaux « hybrides » leur permettant de réduire l'imposition de leurs bénéfices.

D'une façon générale, un « dispositif » est considéré comme « **hybride** » lorsqu'il est fondé sur une différence de qualification juridique ou fiscale entre les États concernés, l'un considérant, par exemple, qu'un instrument financier est une dette et l'autre du capital, ou l'un considérant qu'une entité juridique est transparente alors que l'autre la considère comme opaque. Ces dispositifs peuvent être recherchés par les entreprises qui peuvent y voir l'avantage d'obtenir une déduction dans un État sans imposition corrélative dans l'autre État ou une déduction dans chacun des deux États, ou encore une absence d'imposition dans les deux États.

Pour lutter contre ces pratiques, les États peuvent, selon la nature des dispositifs mis en œuvre, soit refuser la déduction d'une charge, soit l'exonération d'un produit. En France, les règles sont les suivantes en ce qui concerne l'impôt sur les sociétés dû au titre des exercices ouverts depuis le 1er janvier 2020 (CGI art. 205 B, 205 C et 205 D et BOI-IS-BASE-80 ; les règles codifiées à l'article 205 C du CGI, relatif aux hybrides inversés, s'appliquent aux exercices ouverts depuis le 1er janvier 2022).

Précisions **a.** Le considérant 28 de la directive Atad 2 précise que, lors de la mise en œuvre de la directive, « les États membres devraient utiliser les explications et les exemples applicables figurant dans le rapport sur **l'action 2** du Beps de l'OCDE comme source d'illustration ou d'interprétation, dans la mesure où ils sont conformes aux dispositions de la présente directive et au droit de l'Union ». Le cas échéant, il convient donc de se reporter aux rapports de l'OCDE sur l'Action 2 (n° 72410).

b. Le dispositif s'applique aux sociétés soumises à l'**impôt sur les sociétés** et aux sociétés de personnes dont l'un des associés est soumis à cet impôt ; il ne concerne que les flux internationaux entre **entreprises associés**, sous réserve du cas particulier des dispositifs structurés (n° 74060).

Dispositifs concernés

Un dispositif hybride s'entend d'un mécanisme juridique ou d'une transaction qui comporte l'une des caractéristiques suivantes, **quels que soient les États** ou territoires concernés, y compris s'ils sont situés en dehors de l'Union européenne, s'ils interviennent entre **entreprises associées** au sens indiqué n° 74060 (sauf en présence d'un dispositif structuré) : 74055

– un paiement (il s'agit de tout droit à un transfert de valeur associé à un montant susceptible d'être payé) effectué au titre d'un **instrument financier** (défini comme un instrument qui génère un rendement financier soumis, soit dans l'État de résidence du débiteur, soit dans l'État de résidence du bénéficiaire, aux règles fiscales applicables aux titres de dette, titres de participation ou instruments dérivés, y compris tout transfert hybride) donne lieu à une charge déductible dans l'État de résidence du débiteur sans être inclus dans les revenus imposables dans l'État de résidence du bénéficiaire, lorsque cet effet d'asymétrie est imputable aux différences de qualification fiscale de l'instrument ou du paiement lui-même ; le terme « **effet d'asymétrie** » s'entend de la déduction d'un paiement sans inclusion correspondante dans les revenus du bénéficiaire ou d'une double déduction ; le terme « **transfert hybride** » s'entend d'un dispositif permettant de transférer un instrument financier lorsque le rendement sous-jacent de l'instrument financier transféré est considéré sur le plan fiscal comme obtenu simultanément par plusieurs des parties à ce dispositif ;

– un paiement en faveur d'une **entité hybride** donne lieu à une charge déductible dans l'État de résidence du débiteur sans être inclus dans les revenus imposables dans l'État de résidence de l'entité hybride, lorsque cet effet d'asymétrie est imputable aux différences dans l'attribution des paiements versés à l'entité hybride en application des règles de l'État de résidence de l'entité hybride et des règles de l'État de résidence de toute personne détentrice d'une participation dans cette entité hybride ; le terme « personne » s'entend, d'une façon générale, de toute personne physique ou entité et l'État de résidence est déterminé par référence au lieu où une personne est considérée comme ayant son siège ou son domicile fiscal ;

– un paiement en faveur d'une entité disposant d'un ou de plusieurs **établissements** donne lieu à une charge déductible dans l'État de résidence du débiteur sans être inclus dans les revenus imposables de cette entité, lorsque cet effet d'asymétrie est imputable aux différences dans l'attribution des paiements entre le siège et l'établissement ou entre deux ou plusieurs établissements de la même entité en application des règles des États dans lesquels l'entité exerce ses activités ; le terme « établissement » s'entend des entreprises exploitées en France ou de la législation applicable dans l'État dans lequel il est situé ou dans celui du siège de l'entité dont il dépend ou des établissements stables au sens des conventions fiscales ;

– un paiement en faveur d'un établissement donne lieu à une charge déductible dans l'État de résidence du débiteur sans être inclus dans les revenus imposables de cet établissement dans un autre État du fait de la non-prise en compte de cet établissement par cet autre État ;

– un paiement effectué par une **entité hybride** donne lieu à une charge déductible dans son État de résidence sans être inclus dans les revenus imposables du bénéficiaire, lorsque cet effet d'asymétrie est imputable à la non-prise en compte du paiement par l'État de résidence du bénéficiaire ; est traité comme une « entité hybride » toute entité ou tout dispositif qui est considéré comme une entité imposable par un État et dont les revenus ou les dépenses sont considérés comme les revenus ou les dépenses d'une ou de plusieurs autres personnes par un autre État ;

– un paiement réputé effectué entre un **établissement** et son siège ou entre deux ou plusieurs établissements donne lieu à une charge déductible dans l'État où est situé cet établissement sans être inclus dans les revenus imposables du bénéficiaire, lorsque cet effet d'asymétrie est imputable à la non-prise en compte du paiement par l'État de résidence du bénéficiaire ;

– ou, enfin, en cas de **double déduction**, c'est-à-dire de déduction du même paiement, des mêmes dépenses ou des mêmes pertes dans l'État de résidence du débiteur et dans un autre État (s'il s'agit d'un paiement par une entité hybride ou un établissement, l'État de résidence du débiteur est celui dans lequel l'entité hybride ou l'établissement est établi ou situé).

Pour l'application des articles 205 B à 205 D du CGI, le terme « **inclusion** » s'entend de la prise en compte d'un paiement dans le revenu imposable du bénéficiaire en application des règles de son État de résidence. Le critère est différent, toutefois, s'il s'agit d'analyser un paiement au titre d'un **instrument financier**, puisqu'un tel paiement est considéré comme inclus dans les revenus imposables du bénéficiaire :
– s'il n'a pas ouvert droit en application des règles de l'État de résidence du bénéficiaire à une exonération, une réduction du taux d'imposition ou un crédit ou remboursement d'impôt, autre qu'un crédit d'impôt au titre d'une retenue à la source, en raison de la nature de ce paiement ;
– et si cette inclusion a lieu au titre d'un exercice qui commence dans les vingt-quatre mois suivant la fin de l'exercice au titre duquel la charge a été déduite.

Précisions **a.** L'administration définit les principaux **termes utilisés** au BOI-IS-BASE-80-10, notamment ceux de déduction sans inclusion, double déduction, transfert hybride, dispositif hybride inversé et dispositif structuré. Il est notamment précisé que le fait que le résultat dans lequel le paiement a été inclus soit imposé à un taux plus faible que le taux normal de l'impôt sur les sociétés de l'État de résidence du bénéficiaire, ou même exonéré d'impôt sur les sociétés en application de la législation de cet État, ne conduit pas à remettre en cause l'existence d'une **inclusion** ; en revanche, un paiement effectué au titre d'un **instrument financier** est considéré comme inclus dans le résultat imposable du bénéficiaire s'il n'a pas ouvert droit, en application des règles de l'État de résidence du bénéficiaire, à une exonération (par exemple, au titre d'un régime mères/filles), une réduction du taux d'imposition, ou un crédit ou remboursement d'impôt autre qu'un crédit d'impôt résultant d'une retenue à la source, en raison de la nature même de ce paiement (BOI-IS-BASE-80-10 n°s 80 et 90).

b. À titre d'exemple, les opérations de type « **Repurchase Agreement** », qui peuvent permettre de traiter une émission d'instruments financiers comme de la dette dans un État et du capital dans un autre État sont susceptibles d'entrer dans le champ de l'article 205 B du CGI s'il y a déduction sans inclusion (cas où une émission d'actions assortie d'un engagement, ou quasi-engagement, de rachat est traitée comme de la dette par l'émetteur et du capital par le souscripteur).

c. Les éléments de preuve établissant **l'absence de dispositif hybride** doivent être apportés uniquement à la demande de l'administration ; les entreprises n'ont pas à joindre ces éléments à leur déclaration de résultat (BOI-IS-BASE-80-20-20 n° 190).

Dispositifs exclus

74060 Ne sont pas considérées comme des dispositifs hybrides, sauf exception, les situations mentionnées n° 74055 lorsqu'elles concernent des **entreprises indépendantes** (CGI art. 205 B, II).

Sont, en effet, exclues les situations dans lesquelles l'effet d'asymétrie ne survient pas entre un contribuable et une entreprise associée, entre entreprises associées d'un même contribuable, entre le siège et un établissement ou entre deux ou plusieurs établissements de la même entité. La notion d'« **entreprise associée** d'un contribuable » s'entend :
– d'une entité dans laquelle le contribuable détient directement ou indirectement une participation d'au moins 50 % des droits de vote ou du capital ou dont il est en droit de recevoir au moins 50 % des bénéfices ;
– d'une personne qui détient directement ou indirectement une participation d'au moins 50 % des droits de vote ou du capital du contribuable, ou qui est en droit de recevoir au moins 50 % des bénéfices du contribuable ;
– d'une entité dans laquelle une personne, qui détient directement ou indirectement une participation d'au moins 50 % des droits de vote ou du capital du contribuable, détient également une participation d'au moins 50 % des droits de vote ou du capital, étant observé que le seuil de 50 % ci-dessus est réduit à 25 % en cas de paiement au titre d'un instrument financier ou en cas de paiement réputé effectué par un établissement stable à son siège.

Est également considérée comme associée une entité qui fait partie du même **groupe consolidé** que le contribuable au sens du 2° du VI de l'article 212 bis du CGI, une entreprise sur la gestion de laquelle le contribuable exerce une influence notable ou une entreprise qui exerce une influence notable sur la gestion du contribuable. En outre, une personne qui **agit conjointement** avec une autre personne au titre des droits de vote ou de la propriété du capital d'une entité est considérée comme détenant une participation dans l'ensemble des droits de vote ou du capital de cette entité qui sont détenus par l'autre personne.

L'exception des situations concernant des entreprises non associées n'est toutefois pas applicable aux « **dispositifs structurés** » ; est considéré comme structuré un dispositif hybride dont les termes intègrent la valorisation de l'effet d'asymétrie, ou un dispositif qui a été conçu en vue de générer les mêmes conséquences qu'un dispositif hybride, lorsque le contribuable ne peut pas démontrer que lui-même ou une entreprise associée n'avaient pas connaissance du dispositif hybride et qu'ils n'ont pas bénéficié de l'avantage fiscal en découlant.

N'est pas non plus considéré comme un dispositif hybride en cas de paiement au titre d'un instrument financier le transfert hybride réalisé par une personne dont l'**activité professionnelle** consiste à acheter ou à vendre régulièrement des instruments financiers pour son propre compte afin de réaliser des bénéfices, lorsque ce transfert est effectué dans le cadre de ses activités habituelles et que les revenus perçus au titre de ce transfert sont inclus dans ses revenus imposables. Comme la précédente, cette exclusion ne s'applique pas en présence d'un dispositif structuré.

Conséquences

Afin de retirer tout avantage fiscal à la mise en œuvre d'un dispositif hybride, la loi pose **74065**
les règles suivantes (CGI art. 205 B, III) :

a. Lorsqu'un paiement effectué dans le cadre d'un dispositif hybride (sauf l'hypothèse balai de la double déduction) donne lieu à :
– une **charge déductible** de l'assiette de l'impôt sur les sociétés dans les conditions de droit commun, sans être inclus dans les résultats soumis à un impôt équivalent à l'impôt sur les sociétés dans l'État de résidence du bénéficiaire, cette charge n'est pas admise en déduction ;
– une **charge déduite** du résultat soumis à un impôt équivalent à l'impôt sur les sociétés dans l'État de résidence du débiteur, ce paiement est ajouté au résultat soumis à l'impôt sur les sociétés dans les conditions de droit commun.

b. Lorsque le dispositif hybride repose sur une **double déduction** :
– la charge n'est pas admise en déduction des revenus de l'investisseur établi en France (est un « investisseur » toute personne autre que le débiteur qui bénéficie d'une déduction afférente à un dispositif hybride) ;
– lorsque l'investisseur est établi dans un autre État qui admet la déduction de la charge, celle-ci n'est pas admise en déduction des revenus du débiteur établi en France.

Ces règles ne sont toutefois pas applicables lorsque la double déduction concerne un revenu soumis à double inclusion au titre du même exercice ou au titre d'un exercice qui commence dans les vingt-quatre mois suivant la fin de l'exercice au titre duquel la charge a été initialement déduite.

c. Lorsqu'un **paiement déductible** du résultat imposable à l'impôt sur les sociétés en France compense un autre paiement afférent à un dispositif hybride, directement ou indirectement, par l'intermédiaire d'une transaction ou d'une série de transactions conclues entre des entreprises associées d'un même contribuable ou par l'intermédiaire d'un dispositif structuré, la déduction de la charge correspondant à ce premier paiement n'est pas admise ; toutefois, la charge reste admise en déduction si l'État de résidence de l'une des entreprises concernées par la transaction ou la série de transactions a appliqué une disposition permettant de neutraliser les effets du dispositif hybride concerné. Lorsque cette neutralisation n'est que partielle, la déduction de la charge est admise à hauteur de la part du paiement qui a été neutralisée dans l'autre État.

d. Les **revenus attribués à l'établissement** d'une entité non pris en compte par l'État dans lequel il est situé du fait d'un dispositif hybride sont inclus dans le résultat soumis à l'impôt sur les sociétés de cette entité lorsqu'elle a son siège en France ; cette règle s'applique à moins que la France ne soit tenue d'exonérer les revenus en vertu d'une convention fiscale conclue avec un État tiers.

e. Lorsqu'un transfert hybride est conçu pour donner lieu à un allègement au titre des **retenues à la source** pour un paiement provenant d'un instrument financier transféré à plusieurs des parties concernées par ce transfert, le bénéfice de cet allègement est limité au prorata des revenus nets imposables liés à ce paiement.

Précisions a. Un intérêt payé par une société française à une société mère étrangère au titre de la souscription par cette dernière d'obligations remboursables en actions (**ORA**) n'est pas déductible en France s'il est regardé comme un dividende non imposable dans l'État de résidence de la société mère (l'administration n'a plus dans ce cas à invoquer l'abus de droit bien qu'elle ait pu le faire avec succès dans le passé ; n° 72645 g). L'exemple des ORA est notamment pris par l'administration au BOI-IS-BASE-80-20-10 n° 40.

b. Une société française ne peut pas, en toute hypothèse, bénéficier du **régime des sociétés mères** si la somme reçue a été traitée comme une charge déductible du résultat de la filiale étrangère débitrice (la loi le prévoyait déjà ; n° 61423).

c. Le **montant corrigé** selon la règle de neutralisation de la déduction/non-inclusion est limité au montant du paiement non inclus par les associés (BOI-IS-BASE-80-20-20 n° 20) et le caractère non déductible de la somme représentative de la quote-part de paiement n'implique pas qu'elle soit qualifiée de **revenu distribué** du point de vue de l'entreprise qui l'a perçue (BOI préc. n° 50).

d. L'administration indique que, lorsque l'entité qui opère une déduction au titre d'un paiement non inclus dans le résultat imposable d'un bénéficiaire situé en France est située dans un autre État membre de l'Union européenne, il appartient **prioritairement à l'entité située dans cet État** de neutraliser cette déduction ; la règle d'inclusion dans le résultat du bénéficiaire soumis à l'impôt sur les sociétés en France est cependant applicable si le paiement a donné lieu à une charge déductible dans l'État membre dans lequel est établi le débiteur sans que cette déduction ait été corrigée en application des directives européennes (BOI-IS-BASE-80-20-20 n° 60).

e. L'**exercice de réintégration** de la charge déduite dans le cadre de certains dispositifs hybrides a été précisé par l'article 14 de la loi n° 2021-1900 du 30 décembre 2021 de finances pour 2022 (CGI art. 205 B, III).

Hybrides inversés

74070 Un « dispositif hybride inversé » est un dispositif dans lequel une ou plusieurs entreprises associées détenant ensemble un intérêt direct ou indirect dans au moins 50 % du capital, des droits de vote ou des droits aux bénéfices d'une entité hybride constituée ou établie dans un État membre de l'Union européenne, sont établies dans un ou plusieurs États qui considèrent cette entité comme une personne imposable (CGI art. 205 B).

Lorsqu'une entité hybride d'un dispositif hybride inversé est constituée ou établie **en France**, ses revenus sont imposés, selon le cas, soit à l'impôt sur les sociétés, soit dans les conditions prévues à l'article 8 du CGI, dans la mesure où ils ne sont pas imposés dans un autre État (CGI art. 205 C).

Cette règle n'est toutefois pas applicable aux **organismes de placement collectif**, un tel organisme étant défini comme tout organisme ou fonds de placement à participation large, doté d'un portefeuille de titres diversifié et soumis aux règles de protection des porteurs dans le pays où il est établi. Les principes posés par l'article 205 C du CGI s'appliquent aux exercices ouverts depuis le 1er janvier 2022.

Cas des « doubles résidents »

74075 Lorsque des paiements, des dépenses ou des pertes déductibles du résultat imposable d'un contribuable qui a sa résidence en France et dans un autre État en application des règles de cet État sont pris en compte dans les deux États, leur déduction n'est pas admise en **France** (CGI art. 205 D).

Cette déduction est toutefois admise en France lorsque :
– le paiement, la dépense ou la perte susceptible de faire l'objet d'une double déduction est inclus dans le revenu imposable du bénéficiaire ou, s'agissant d'une perte, du contribuable en France et dans l'autre État ;
– l'autre État est un État membre de l'Union européenne qui refuse la déduction et la convention fiscale le liant à la France fixe la résidence de ce contribuable en France.

Précisions Ce texte est étrange du point de vue français, car, s'agissant de l'impôt sur les sociétés, la notion de « contribuable qui a sa **résidence en France** » n'existe pas ; le Code général des impôts ne connaît que la notion « d'entreprise exploitée en France ».

SECTION 3

Moyens donnés aux États par les conventions fiscales et autres traités internationaux

Multiplication des instruments internationaux de coopération

74080 Au cours de ces dernières années, les États ont cherché à renforcer encore davantage les instruments de coopération internationale jusqu'ici constitués essentiellement par les conventions fiscales. Celles-ci restent, bien entendu, un vecteur essentiel mais il y a désormais de nombreux instruments juridiques importants :
– la **convention d'assistance mutuelle**, qui est devenue un instrument mondial de coopération entre les administrations fiscales (n° 74220) et l'**Accord multilatéral** entre autorités compétentes relatif à l'échange automatique des déclarations « pays par pays » (n° 75813) ;
– les **directives européennes**, et notamment la directive « de base » du 15 février 2011 (n° 74205), modifiée à de multiples reprises, notamment par la directive 2014/107/UE mettant en œuvre le standard international concernant les revenus de l'épargne (n° 88020), la directive relative à l'échange des rulings transfrontaliers (n° 74207) et la directive relative à la communication obligatoire des « montages » (n° 71812) ;
– les accords bilatéraux ou multilatéraux de type « **Fatca** » (n° 74230), y compris l'accord multilatéral entre autorités compétentes concernant l'échange automatique de renseignements relatifs aux **comptes financiers** (n° 74347).

D'une façon générale, l'évolution de ces dernières années a été clairement marquée par la multiplication des textes prévoyant des **échanges automatiques** d'informations, qu'elles soient détenues par les banques et les établissements financiers ou par les administrations fiscales au titre de la mise en place des nouvelles obligations de déclarations « pays par pays » (CbCR ; n° 75813) ; la coopération internationale s'est intensifiée et le cadre traditionnel des échanges sur demande, s'il subsiste naturellement, tend à s'estomper au profit de demandes groupées et d'échanges automatiques.

Cette évolution est très largement due à l'effet d'entraînement du dispositif unilatéral américain Fatca (n° 74230), qui a séduit l'OCDE et le G20 et qui a servi de socle pour l'élaboration d'un modèle commun d'échange automatique de renseignements, incluant l'élaboration de normes en matière de déclaration et de devoir de diligence pour les institutions financières.

On abordera essentiellement les échanges d'informations résultant des **conventions fiscales**, sachant que les principes posés par ces conventions sont généralement applicables aux autres instruments juridiques de coopération internationale ; les textes en vigueur ne sont toutefois pas identiques, et certains peuvent contenir des restrictions aux échanges de renseignements que d'autres ne contiennent pas. La multiplication des traités servant de cadre aux échanges d'informations rend d'ailleurs la réglementation actuelle très confuse.

Précisions Une demande de renseignements adressée à l'administration fiscale allemande peut être fondée soit sur la convention fiscale, soit sur la **directive européenne** (CE 23 décembre 2010 n° 309331, 9e et 10e s.-s., min. c/ Sté Princesse de Provence GmbH & Co KG : RJF 4/11 n° 465).

Objet des conventions fiscales

74081 D'une manière générale, les conventions fiscales n'ont pas seulement pour objet d'éliminer les doubles impositions. Elles visent également, le plus souvent, à **lutter contre l'évasion et la fraude fiscales internationales**.

Ce second objet des conventions, parfois un peu perdu de vue, figure explicitement dans le titre de la plupart des conventions fiscales signées par la France ; la convention **franco-suisse** a longtemps fait figure d'exception notable, mais la situation s'est normalisée depuis que la Suisse a décidé de lever ses réserves au modèle de convention fiscale de l'OCDE (n° 70568) et qu'elle a accepté de modifier en ce sens la convention fiscale initiale, du 9 septembre 1966.

Notion de « convention d'assistance administrative »

74082 L'importance de la lutte contre l'évasion et la fraude fiscales internationales se traduit par la multiplication des références qui sont désormais faites par la loi et la doctrine administrative aux conventions dites « d'assistance administrative ».

Cette expression n'est pas définie par la loi ; l'administration regarde comme des conventions d'assistance administrative, sous réserve que les États se prêtent assistance sans restriction, non seulement les **conventions fiscales** d'élimination des doubles impositions comportant une clause d'échange de renseignements, mais également les **accords d'échange de renseignements**, la **directive** n° 2011/16/UE du 15 février 2011 relative à la coopération administrative dans le domaine fiscal et la convention multilatérale concernant l'assistance administrative mutuelle en matière fiscale élaborée par l'OCDE et le Conseil de l'Europe (BOI-INT-DG-20-50-10 n° 30).

Pour qu'une convention soit une convention d'assistance administrative, elle doit permettre l'échange de **tout renseignement nécessaire à la législation fiscale des parties** ; en pratique, elle doit pouvoir être mise en œuvre dans les conditions prévues à l'article 26 du modèle de convention fiscale de l'OCDE dans sa rédaction issue des amendements qui lui ont été apportés en 2005 (n° 73340). En particulier, l'échange ne doit être restreint ni par la législation interne ni par les pratiques administratives de l'État ou du territoire concerné ni, compte tenu du renvoi à l'article 26 du modèle de l'OCDE, par le secret bancaire à des fins fiscales. Une liste, à jour au 1er juin 2021, est fournie en annexe au rapport annuel du Gouvernement portant sur le réseau conventionnel de la France en matière d'échange de renseignements, annexé au projet de loi de finances pour 2022 (une liste est également donnée par le BOI-ANNX-000082, mais elle n'a pas été actualisée depuis le 15 février 2000).

Cette interprétation de la notion de convention d'assistance administrative a été confirmée à propos de l'application de **l'abattement de 40 %** à des dividendes de source suisse (n° 1958) ; il a été jugé que, dans sa rédaction applicable à l'année 2009, cette convention n'était pas une « convention fiscale contenant une clause d'assistance administrative en vue de lutter contre la fraude ou l'évasion fiscale », étant donné qu'elle ne prévoyait qu'une possibilité de procéder à des échanges de renseignements et ne visait que les informations nécessaires à l'application régulière de la convention dont l'objet était alors seulement d'éviter les doubles impositions et non de lutter contre la fraude et l'évasion fiscales (CAA Paris 6 avril 2017 n° 17PA00043, 2e ch., arrêt définitif).

Notion de « convention d'assistance administrative permettant l'accès aux renseignements bancaires »

74085 À l'occasion de l'extension à dix ans du délai de reprise dont dispose l'administration lorsque certaines obligations déclaratives n'ont pas été respectées (notamment en ce qui concerne les articles 123 bis et 209 B du CGI), un concept nouveau est apparu, celui de convention d'assistance administrative en vue de lutter contre la fraude et l'évasion fiscales permettant l'accès aux renseignements bancaires (Loi n° 2008-1443 du 30 décembre 2008 de finances rectificative pour 2008, art. 52). L'administration indique que n'ont pas conclu une telle convention les États ou territoires qui ne satisfont pas les **standards fixés par l'OCDE** en matière d'accès aux informations bancaires (BOI-CF-PGR-10-50 nos 150 s.). Tel est notamment le cas des pays qui ne peuvent pas échanger d'informations bancaires dans le cadre conventionnel du fait de l'existence d'un secret bancaire dans leur droit national ou qui opposent l'absence d'intérêt fiscal national pour refuser d'échanger de l'information. La doctrine administrative ajoute qu'il n'est pas nécessaire que le texte de la convention prévoie expressément un tel échange. Il faut et il suffit que celui-ci soit effectivement possible (BOI préc. n° 160). Sont concernés, en pratique, les États ou territoires qui ne figurent pas sur la liste des États ou territoires ayant conclu avec la France une convention d'assistance administrative en vue de lutter contre la fraude et l'évasion fiscales qui permet l'accès aux renseignements bancaires (cette liste, publiée au BOI-ANNX-000270, a été mise à jour au 1er juin 2021 ; voir également BOI-CF-PGR-10-50 n° 170).

Ce concept a disparu de l'article L 169 du LPF étant donné les modifications qui lui ont été apportées ensuite mais il reste présent à l'article 1736, IV du CGI et dans le Code monétaire et financier, à propos des déclarations de soupçon. En définitive, il ne nous paraît pas différent de celui de **convention d'assistance administrative** au sens indiqué n° 74082, étant donné qu'une convention d'assistance administrative doit également permettre l'accès aux renseignements bancaires et un échange d'informations non limité par une clause d'intérêt fiscal national.

Précisions L'utilisation de sociétés étrangères, et plus généralement, des circuits de financement internationaux est un critère déclenchant les obligations déclaratives au service **Tracfin** des personnes assujetties aux obligations de lutte contre le blanchiment des capitaux et le financement du terrorisme.

Bénéficiaires effectifs des sociétés

En application de l'article L 561-45-1 du Code monétaire et financier, les entités suivantes (lorsqu'elles sont établies sur le territoire français et à l'exception des sociétés « cotées ») sont tenues d'obtenir et de conserver des **informations exactes et actualisées** sur leurs bénéficiaires effectifs : sociétés commerciales, sociétés civiles, GIE, placements collectifs, associations, fondations, fonds de dotation, fonds de pérennité et fiduciaires. Ces entités doivent déclarer au **registre du commerce** et des sociétés, par l'intermédiaire du Centre de formalités des entreprises, les informations relatives aux bénéficiaires effectifs, ainsi qu'aux modalités de contrôle qu'ils exercent (Code monétaire et financier art. L 561-46). **74090**

Les greffiers des tribunaux de commerce doivent transmettre ces informations à l'Institut national de la propriété industrielle (**Inpi**), chargé de les centraliser. Ces informations sont disponibles gratuitement sur un site Internet dédié de l'Inpi (data.inpi.fr), en fonction de l'étendue du droit d'accès des intéressés, restreint pour le grand public mais intégral pour certaines personnes (autorités judiciaires, cellule de renseignement financier nationale [Tracfin], agents de l'administration des douanes et agents habilités de l'administration des finances publiques chargés du contrôle et du recouvrement en matière fiscale, etc.).

Il s'agit d'une obligation de **caractère non fiscal** ; les bénéficiaires effectifs dont il s'agit sont définis par référence à des critères de détention ou de contrôle qui n'ont aucun rapport avec la notion fiscale de « bénéficiaire effectif » (n° 74630).

Parmi les moyens proposés aux États par les conventions fiscales pour contrôler les opérations internationales de leurs résidents, les plus importants sont les suivants : **74100**
- l'échange de renseignements,
- l'assistance au recouvrement,
- les clauses visant à éviter l'usage « abusif » des conventions.

A. L'échange de renseignements

Au cours de ces dernières années, compte tenu de l'accent mis par les pouvoirs publics à la lutte contre la fraude fiscale internationale, les **textes internationaux** relatifs aux échanges d'informations se sont multipliés, sans toujours être parfaitement cohérents entre eux. L'objet des échanges, la forme et le contenu des échanges ainsi que les garanties des contribuables sont cependant largement communs. **74190**

Cela étant, l'administration n'a pas besoin de **textes spécifiques de droit interne** pour pouvoir obtenir et utiliser des renseignements des administrations étrangères ; les articles L 114 (échanges de renseignements avec les États ayant conclu avec la France une convention d'assistance administrative en vue de lutter contre la fraude et l'évasion fiscales) et L 114 A du LPF (communication aux administrations des autres États membres de l'Union européenne des renseignements pour l'application de la législation fiscale) ne sont, en réalité, nécessaires que pour délier l'administration française du **secret fiscal** qu'elle est tenue de respecter en présence d'une demande adressée par une administration étrangère. Ils sont inutiles lorsque l'administration utilise des renseignements communiqués par une administration étrangère. Les articles R* 114 A-1 et suivants du LPF se bornent, de leur côté, à encadrer les échanges.

Quant aux accords internationaux d'échanges de renseignements, ils ont pour objet, non pas de permettre aux autorités compétentes de formuler des demandes, mais de les obliger, dans les limites prévues, à **répondre aux demandes** de leurs homologues des autres pays.

1. Multiplicité des textes applicables

Conventions fiscales

74200 Les conventions fiscales signées par la France mettent normalement en place une assistance entre les administrations. La loi prévoit, en ce sens, que « l'administration des impôts peut échanger des renseignements avec les administrations financières de Saint-Pierre-et-Miquelon, de Nouvelle-Calédonie, de Polynésie française, des îles Wallis-et-Futuna et des Terres australes et antarctiques françaises et autres collectivités territoriales de la République française relevant d'un régime fiscal spécifique ainsi qu'avec les États ayant conclu avec la France une **convention d'assistance administrative** en vue de lutter contre la fraude et l'évasion fiscales » (LPF art. L 114, dans sa rédaction modifiée en dernier lieu par l'article 72 de la loi nº 2013-1279 du 29 décembre 2013 de finances rectificative pour 2013 ; antérieurement, il fallait que la convention soit une convention d'assistance réciproque).

Les conventions fiscales sont toutes inspirées des principes retenus par l'OCDE dans son modèle de convention fiscale (article 26). Même si la portée des dispositions est variable selon les conventions, elles autorisent, dans l'ensemble, les échanges de renseignements nécessaires à l'application de la convention et à celle de la législation interne des États signataires. L'échange de renseignements permet de contrôler l'assiette des impôts et donc de prévenir, ou de combattre, la fraude et l'évasion fiscales. Sous la pression internationale, les États et territoires partenaires de la France qui étaient les plus rétifs (notamment la Suisse, la Belgique, le Luxembourg et l'Autriche, qui ont fini par lever leurs réserves au modèle de convention fiscale de l'OCDE) ont d'ailleurs accepté de moderniser leurs conventions fiscales avec la France afin de tenir compte des recommandations de l'OCDE (nº 74265) et de ne pas être considérés comme « non coopératifs ».

74202 **Évolution des recommandations** Dès 2002, le comité des affaires fiscales de l'OCDE avait entrepris un examen d'ensemble de l'article 26 du modèle de convention fiscale relatif à l'échange de renseignements ; il y avait lieu, en effet, de tenir compte du « Modèle d'accord sur les échanges de renseignements en matière fiscale », mis au point en avril 2002 par le Groupe de travail du Forum mondial de l'OCDE pour un échange effectif de renseignements, et de la « norme idéale » d'accès aux **renseignements bancaires** décrite dans un rapport de 2000 intitulé « Améliorer l'accès aux renseignements bancaires à des fins fiscales » (ce modèle a fait l'objet d'une actualisation publiée le 7 août 2015, qui tient compte de l'évolution de la norme OCDE vers un échange automatique de renseignements financiers ; nº 74344).

Un communiqué de l'OCDE du 16 septembre 2021 a, par ailleurs, annoncé que, pour aider les administrations fiscales, le Forum mondial sur la transparence et l'échange de renseignements à des fins fiscales (Forum mondial), le Groupe de la Banque mondiale et la Banque africaine de développement ont publié conjointement une nouvelle version du **Manuel sur l'échange de renseignements**. Cette nouvelle édition traite notamment, au-delà des échanges d'informations sur demande et des échanges spontanés d'informations, des contrôles fiscaux simultanés et des contrôles fiscaux à l'étranger.

Les recommandations initiales de l'OCDE, incluses dans le modèle de convention fiscale, ont été complétées en 2005 (nº 74265) et **l'échange d'informations ciblées et complètes** est aujourd'hui considéré par l'OCDE comme un moyen essentiel de lutte contre la fraude et l'évasion fiscales et contre la « planification fiscale agressive ». En pratique, tous les États s'attachent à signer entre eux des accords d'échanges d'informations, spécifiques ou par avenants aux conventions fiscales. La France n'a pas fait exception, multipliant, au cours des années 2009 à 2011 les accords spécifiques d'échange d'informations avec de nombreux États ou territoires considérés comme des « paradis fiscaux » (« Tax Information Exchange Agreements » ; nº 1580).

Cela étant, actuellement, ce n'est pas dans le cadre des conventions fiscales mais au moyen d'accords spécifiques que se développent les instruments de coopération internationale : mise en place de mécanismes d'**échanges automatiques** de données financières concernant les personnes physiques (nº 74344) et échange de données générales en ce qui concerne les groupes multinationaux (nº 75813).

Au sein de l'Union européenne

Des échanges d'informations sont prévus depuis longtemps au sein de l'Union européenne sur le fondement, initialement, de la directive 77/799/CEE du Conseil du 19 décembre 1977. 74205

Cette directive, plusieurs fois complétée ensuite, a été abrogée et remplacée par la **directive 2011/16/EU du 15 février 2011** (JOUE L 64 du 11 mars 2011) qui a encore renforcé les mécanismes d'échange d'informations entre les États membres et qui s'applique depuis le 1er janvier 2013. Cette directive a fait l'objet d'un règlement d'exécution (UE) nº 1156/2012 de la Commission du 6 décembre 2012 (JOUE nº L 335 du 7 décembre 2012), qui a prévu la mise au point de formulaires types afin de garantir l'adéquation des données échangées et l'efficacité de l'échange et posé en principe que les informations devront être communiquées en utilisant, dans la mesure du possible, le réseau commun de communication (CCN).

Sur le fond, la directive 2011/16/EU initiale, qui a dû être transposée au plus tard le 1er janvier 2013 à l'exception des dispositions concernant l'échange automatique d'informations qui sont applicables depuis le 1er janvier 2015, met en œuvre la « **norme OCDE** » au sein de l'Union européenne (du moins, la « norme » telle qu'elle était conçue à l'époque). En particulier, elle interdit à un État membre de refuser de transmettre des informations pour des raisons tenant à l'absence d'intérêt fiscal national ou au **secret bancaire** (nº 74340).

Elle établit les règles et procédures selon lesquelles les États membres coopèrent entre eux aux fins d'échanger les **informations vraisemblablement pertinentes** pour l'administration et l'application de la législation interne des États membres (nº 74265). Tous les **impôts et taxes** sont couverts (y compris les impôts locaux) à l'exception de la TVA, des droits de douane et droits d'accises qui font l'objet d'autres actes législatifs de l'Union (la proposition initiale de la Commission européenne, qui consistait à inclure les cotisations sociales, n'a finalement pas été retenue).

Des règles sont posées sur les éléments qui doivent figurer dans les demandes d'informations, à savoir l'identité de la personne faisant l'objet d'une enquête et la finalité fiscale des informations demandées, afin d'éviter les « **fishing expeditions** » (nº 74300). La directive fixe des **délais** de réponse qui sont, en général, de six mois à compter de la réception de la demande (deux mois lorsque l'État requis est déjà en possession de l'information), prévoit que les échanges d'informations seront effectués au moyen de formulaires, de formats et de canaux de communication normalisés, organise les contrôles fiscaux simultanés (nº 74210) et pose le principe que les fonctionnaires d'un État membre peuvent **participer à des enquêtes** administratives sur le territoire d'un autre État membre (nº 74215).

Toujours dans la perspective de l'intensification des échanges d'informations entre les États membres, cette directive a ensuite été modifiée par la directive 2014/107/UE destinée à assurer un échange automatique d'informations en matière de **fiscalité de l'épargne** (nº 88020).

L'action de la Commission européenne s'est orientée également sur un autre plan, celui de la communication systématique des **« rulings » transfrontaliers** (une nouvelle directive a été adoptée sur ce point en 2015 ; nº 74207) et des **déclarations « pays par pays »** que doivent déposer les groupes multinationaux (« CbCR fiscal », régi par une directive du 25 mai 2016 ; nº 75815). Une directive sur la communication obligatoire des « **montages** » a également été adoptée le 25 mai 2018 (nº 71812). Toutes ces directives ont modifié, dans un sens extensif, la directive de base de 2011 qui continue de fixer le cadre général des échanges et qui a connu une extension considérable, couvrant même aujourd'hui les obligations déclaratives des opérateurs de plateformes numériques.

En pratique, pour identifier plus facilement les directives ayant successivement modifié la directive sur la coopération administrative en matière de fiscalité directe (« DAC », acronyme anglais pour « Directive on Administrative Cooperation »), on appelle généralement :
- « **DAC 1** » la directive 2011/16/UE initiale ;
- « **DAC 2** » la directive 2014/107/UE relative à l'échange automatique d'informations sur les comptes financiers (nº 88020) ;
- « **DAC 3** » la directive 2015/2376/UE relative à l'échange des rulings transfrontaliers et accords préalables de prix (nº 74207) ;

– « **DAC 4** » la directive 2016/881/UE sur l'échange automatique des documentations « pays par pays » (n° 75815) ;
– « **DAC 5** » la directive 2016/2258/UE permettant l'accès des autorités fiscales aux informations détenues par les autorités chargées de la prévention du blanchiment des capitaux (n° 87880, Précisions b) ;
– « **DAC 6** » la directive 2018/822/UE concernant l'échange automatique d'informations sur les transactions transfrontalières potentiellement agressives (déclaration des « montages » ; n° 71812) ;
– et « **DAC 7** » la directive (UE) 2021/514 du 22 mars 2021 modifiant la directive 2011/16/UE relative à la coopération administrative dans le domaine fiscal, et imposant notamment une obligation déclarative aux opérateurs de plateformes numériques (n°s 74208, 74210, 74342 et 88020).

Pour rendre le texte plus lisible, la Commission européenne a proposé, le 12 février 2020, un texte de **codification** destiné à remplacer la directive 2011/16/EU et les directives qui l'ont modifiée, sans changement sur le fond (COM(2020) 49 final, 2020/0022 (CNS), Proposition de directive du conseil relative à la coopération administrative dans le domaine fiscal (texte codifié)). Ce projet n'a pas abouti pour le moment.

Enfin, pour étendre encore le champ des échanges automatiques, une nouvelle extension a été proposée en ce qui concerne les cryptoactifs et la monnaie électronique (**DAC 8** ; n° 74208).

Précisions **a.** L'article L 114 A du LPF prévoit que « **l'administration des impôts communique** aux administrations des autres États membres de l'Union européenne les renseignements pour l'application de la législation fiscale », quels que soient les impôts concernés.

b. Il résulte de l'article L 289 du LPF que, pour l'application de la législation fiscale, l'administration, sur demande d'un autre État membre de l'Union européenne, **procède ou fait procéder à la notification** de tout acte ou décision émanant de cet État selon les règles en vigueur en France pour la notification d'actes ou de décisions. Elle peut également demander à un État membre de l'Union européenne de procéder ou de faire procéder à la notification d'actes ou de décisions afférents aux mêmes impositions (ces textes s'appliquent à l'ensemble des impôts et sans condition de réciprocité).

c. La Commission européenne a publié, le 17 décembre 2018, un rapport au Parlement européen et au Conseil intitulé « Aperçu et évaluation des statistiques et des informations relatives aux échanges automatiques dans le domaine de la fiscalité directe » (COM(2018) 844 final).

d. La **Cour des comptes européenne** a publié un rapport spécial sur l'échange d'informations au sein de l'Union européenne (rapport n° 03/2021 du 26 janvier 2021 intitulé « Échange d'informations fiscales dans l'UE : le système est solide, mais sa mise en œuvre laisse à désirer »). Le communiqué de la Cour publié à cette occasion fait état de **failles dans l'échange de données fiscales** au sein de l'Union européenne, qui risquent d'encourager la fraude et l'évasion fiscales. L'audit a porté sur cinq pays (Chypre, Espagne, Italie, Pays-Bas et Pologne), et il a révélé des lacunes dans la collecte des informations (notamment, les autorités nationales ne les contrôlent pas avant de les envoyer en réponse, et elles sont souvent d'une qualité insuffisante) et dans leur utilisation effective.

74206 **Programmes européens de coopération** Dans le cadre de l'Union européenne, un programme spécial a été mis en place pour renforcer encore davantage la coopération entre les États membres et améliorer la lutte contre la fraude fiscale, le **programme Fiscalis**. Ce programme, conçu en 2013 comme un programme de formation et d'échange pour les fonctionnaires des administrations fiscales, est issu des décisions du Parlement européen et du Conseil du 30 mars 1998 (Programme 2002), 3 décembre 2002 (Programme 2003-2007) et 11 décembre 2007 (Programme 2008-2013 ; communiqué IP/07/1748 du 22 novembre 2007 ; JOUE L 330/1 du 15 décembre 2007). Il vise à améliorer le fonctionnement des systèmes fiscaux sur le marché intérieur en ce qui concerne la TVA, les impôts directs, les droits d'accises et les taxes sur les conventions d'assurance.

Le programme Fiscalis est actuellement régi par un règlement européen du 20 mai 2021, qui s'applique depuis le 1er janvier 2021 (Règlement (UE) 2021/847 du Parlement européen et du Conseil du 20 mai 2021 établissant le programme « Fiscalis » aux fins de la coopération dans le domaine fiscal et abrogeant le règlement (UE) n° 1286/2013 : JOUE L 188, 28 mai 2021) ; un accord sur le financement de ce programme pour la période **2021 à 2027** a été trouvé en mai 2021 (communication de la Commission européenne du 11 mai 2021 ; COM(2021) 241 finale), et le Parlement européen a l'approuvé le 25 mai 2021. D'un montant total de 269 M€ pour la période 2021-2027, ce programme vise notamment à favoriser la mise en place de systèmes informatiques plus performants et mieux connectés entre les administrations fiscales, le partage de bonnes pratiques, l'intensification des actions de formation et le renforcement de la coopération et des échanges d'informations entre les autorités fiscales (notamment par la réalisation d'actions communes en matière de gestion des risques et d'audits).

Communication automatique des « rulings » transfrontaliers La Commission européenne avait présenté, le 18 mars 2015, un ensemble de mesures destinées à améliorer la transparence fiscale au sein de l'Union européenne (Communiqué IP/15/4610 ; nº 88137) ; parmi ces mesures figurait une proposition de directive visant à introduire l'échange automatique d'informations entre les États membres en ce qui concerne leurs **décisions fiscales** (rescrits, « rulings » ou « décisions fiscales anticipées transfrontières »), afin de lutter contre la « planification fiscale agressive » et les « pratiques fiscales abusives ». Après avoir été amendées, les propositions de la Commission ont fait l'objet, le 6 octobre 2015, d'un accord politique qui s'est traduit par l'adoption d'une directive modifiant la directive « de base », à savoir la directive 2011/16/UE (nº 74205), l'échange des rulings étant également devenu une recommandation internationale dans le cadre de l'Action 5 du plan anti-Beps (nº 72410). **74207**

La **directive (UE) 2015/2376 du Conseil du 8 décembre 2015** modifiant la directive 2011/16/UE en ce qui concerne l'échange automatique et obligatoire d'informations dans le domaine fiscal (DAC 3 ; JOUE L 332/1 du 18 décembre 2015) prévoit que les États membres doivent, depuis le 1er janvier 2017, procéder à l'échange automatique d'informations en ce qui concerne les décisions fiscales anticipées en matière transfrontière et les accords préalables en matière de prix de transfert émis, modifiés ou renouvelés après le 31 décembre 2016 :
– les **décisions fiscales anticipées transfrontières** sont les garanties que les administrations donnent aux contribuables en ce qui concerne l'interprétation ou l'application d'une disposition législative ou administrative en matière fiscale en leur donnant le droit de s'en prévaloir, y compris dans le contexte de contrôles fiscaux : accords ou décisions déterminant l'existence ou l'absence d'un établissement stable ou sur les faits susceptibles d'avoir une incidence sur sa base d'imposition ; statut fiscal, dans un État membre, d'une entité hybride qui est liée à un résident d'un autre État ou territoire ; mode de calcul, dans un État membre, de l'amortissement d'un actif acquis auprès d'une société du groupe établie dans un autre État ou territoire, etc. (que ces décisions soient effectivement utilisées ou non) ;
– les **accords préalables en matière de prix de transfert** sont les accords qui déterminent préalablement aux opérations transfrontières entre entreprises associées, un ensemble de critères appropriés afin de définir les méthodes de fixation des prix de transfert applicables à ces opérations ou déterminent l'imputation des bénéfices à un établissement stable (nos 77050 s.).

Les informations à communiquer concernant ces décisions ou accords comprennent, notamment, outre les éléments d'identification du contribuable, un **résumé du contenu de la décision** ou de l'accord y compris une description des activités commerciales, opérations ou série d'opérations concernées, présenté de manière abstraite, l'identification, dans les autres États membres, de toute personne, autre qu'une personne physique, susceptible d'être concernée et, pour les accords préalables en matière de prix de transfert, la description de l'ensemble des **critères utilisés pour déterminer la méthode** de fixation du prix de transfert ou le prix de transfert lui-même (la directive précise que ces informations ne doivent pas donner lieu à la divulgation d'un secret commercial, industriel ou professionnel, d'un procédé commercial ou d'informations dont la divulgation serait contraire à l'ordre public). Les États membres peuvent, bien entendu, demander des informations complémentaires, y compris le texte intégral d'une décision fiscale anticipée en matière transfrontière ou d'un accord préalable en matière de prix de transfert.

Ne sont concernés que les décisions ou accords qui se rapportent à des opérations transfrontières (ou à l'existence ou non d'un établissement stable), **y compris en dehors de l'Union européenne** ; une opération est dite « transfrontière » lorsque l'une des parties à l'opération ou à la série d'opérations n'est pas résidente de l'État membre qui a rendu la décision, qu'elle soit ou non résidente d'un État membre de l'Union européenne. L'échange automatique n'est pas applicable aux décisions qui concernent et impliquent exclusivement les affaires fiscales d'une ou de plusieurs personnes physiques.

Tous les accords émis, modifiés ou renouvelés **après le 31 décembre 2016** et qui entrent dans le champ d'application de la directive doivent être communiqués ; en ce qui

concerne les décisions prises **avant le 1er janvier 2017**, la directive fait la distinction suivante :
– décisions ou accords émis, modifiés ou renouvelés entre le 1er janvier 2012 et le 31 décembre 2013 : ces décisions ou accords doivent être communiqués à condition qu'ils aient été encore valables le 1er janvier 2014 ;
– décisions ou accords émis, modifiés ou renouvelés entre le 1er janvier 2014 et le 31 décembre 2016 : ces décisions ou accords doivent être communiqués, qu'ils soient toujours valables ou non.

En pratique, la Commission européenne a dû mettre au point un **répertoire central sécurisé** destiné aux États membres et leur fournir un soutien technique et logistique ; ce répertoire, dans lequel les informations échangées sont conservées, est accessible à tous les États membres et à la Commission européenne mais, dans ce dernier cas, seulement dans la mesure nécessaire au contrôle de la mise en œuvre de la directive (et non pas, par exemple, pour vérifier le respect de la réglementation relative aux aides d'État).

Les États membres ont dû, au plus tard le 31 décembre 2016, adopter et publier les dispositions législatives, réglementaires et administratives nécessaires au respect de cette directive ; ils doivent en appliquer les dispositions depuis le 1er janvier 2017. Aucune mesure spécifique n'a cependant été prise en France à ce titre ; il a, en effet, été précisé qu'aucune mesure juridique de **transposition** n'était nécessaire, compte tenu du principe déjà posé par l'article L 114 A du LPF (réponse Cariou n° 1016 : JOAN 22 mai 2018 p. 4235, ajoutant que la France avait, à cette date, transmis plus de cinquante décisions fiscales anticipées concernant des accords unilatéraux préalables sur les prix ou la confirmation de la présence d'un établissement stable en France d'une société étrangère, et que depuis 2016 plus de 1 400 décisions fiscales anticipées avaient été reçues à cette date de pays étrangers). Il avait précédemment été indiqué que, « dans le cadre de cet échange automatique d'informations, la France communiquera notamment les prises de position individuelles émises en matière d'**établissements stables** et les **accords préalables en matière de prix de transfert** prévus respectivement aux 6° et 7° de l'article L 80 B du LPF. Ces échanges ne comporteront pas d'évaluation économique et financière de ces décisions, mais seulement leur description » (réponse Berger, n° 92647 : JOAN 6 décembre 2016 p. 10103).

Précisions **a.** La **Commission européenne** considère que les rulings ne sont pas critiquables en tant que tels mais qu'accorder un traitement préférentiel peut être une incitation au transfert de bénéfices au détriment des autres États. Elle est donc amenée à les examiner sous l'angle des **aides d'État** (n° 87685). Les États membres ont souhaité que les informations communiquées sur les rulings ne puissent cependant pas être utilisées à cette fin et ils ont donc réduit le champ des informations mises à la disposition de la Commission (notamment, la Commission ne connaît pas l'identité des contribuables et n'a pas accès au résumé de la décision ou aux critères de détermination des prix de transfert). De même, les États membres ont réduit la période de communication par rapport aux propositions initiales de la Commission européenne qui avait proposé que soient communiquées les décisions délivrées au cours des dix années précédant l'entrée en vigueur de la directive. La Commission européenne devra se contenter d'informations limitées lui permettant simplement de surveiller que les échanges ont bien lieu et de mettre au point un mécanisme de centralisation.

b. Les rulings **purement internes** n'ont pas à être communiqués car ils n'ont pas d'incidence sur le fonctionnement du marché intérieur ou sur les autres États membres ; il en va de même de ceux qui concernent les **personnes physiques**.

c. Les États membres peuvent exclure de l'échange d'informations les décisions émises, modifiées ou renouvelées avant le 1er avril 2016 si elles concernent des **PME** (chiffre d'affaires annuel net inférieur à 40 M€ au niveau du groupe) sauf le cas des entreprises exerçant des activités essentiellement financières ou d'investissement.

74208 **Plateformes numériques et cryptoactifs** Une nouvelle extension du champ de la communication automatique a été décidée par la directive (UE) 2021/514 du 22 mars 2021, modifiant la directive 2011/16/UE relative à la coopération administrative dans le domaine fiscal, afin de préciser certaines règles de coopération (n° 74210) et de prévoir que les autorités fiscales des États membres s'échangent automatiquement, à partir du 1er janvier 2023, des informations sur les revenus générés par les vendeurs sur les **plateformes numériques** (DAC 7 ; JOUE L 104 du 25 mars 2021). Cette nouvelle obligation déclarative vise à faire en sorte que les revenus perçus par l'intermédiaire de plateformes numériques soient déclarés, alors qu'ils ne le sont pas souvent, notamment lorsque les plateformes numériques opèrent dans plusieurs pays et, par suite, à augmenter les recettes fiscales tout en contribuant à rétablir un certain équilibre entre les commerçants actifs sur les plateformes numériques et les entreprises traditionnelles. Les opérateurs de plateformes numériques devront déclarer les revenus perçus par les vendeurs, et cette règle concernera toutes les plateformes numériques, qu'elles soient établies à l'intérieur ou à l'extérieur de l'Union européenne. La déclaration se fera dans un seul État membre, conformément à un cadre commun de l'Union européenne, et elle s'appliquera tant aux activités transfrontières qu'aux activités réalisées au sein d'un même État membre.

En ce qui concerne les **cryptoactifs** et la **monnaie électronique**, une nouvelle proposition de directive est en cours d'élaboration, toujours dans la perspective du renforcement de la lutte contre la fraude et l'évasion fiscales (DAC 8) ; il s'agira de permettre aux États membres d'identifier les contribuables qui utilisent activement les cryptoactifs et la monnaie électronique afin de faciliter le contrôle fiscal (une consultation publique a été lancée sur ce thème le 10 mars 2021).

Précisions **a.** En France, la directive DAC 7 a été transposée par l'article 134 de la loi n° 2021-1900 du 30 décembre 2021 de finances pour 2022 qui a créé une nouvelle **obligation déclarative** à la charge des opérateurs de **plateforme** qui facilitent des transactions sur leur site et prévu la transmission des informations recueillies à l'État d'imposition des revenus (CGI art. 1649 ter A à 1649 ter E, applicables en 2024 au titre des opérations réalisées en 2023). Cette obligation déclarative remplacera celle codifiée à l'article 242 bis du CGI (n° 17795).

b. Le comité des affaires fiscales de l'OCDE a mis au point, en liaison avec les services de la Commission européenne, un **format informatique standardisé** destiné à faciliter l'échange des informations fiscales collectées par les plateformes numériques (communiqué du 29 mars 2022) ; ce dispositif pourra être relié au système mis au point pour l'application de la directive DAC 7.

Contrôles fiscaux simultanés et coopération entre administrations fiscales européennes

La pratique des contrôles fiscaux simultanés est relativement ancienne, en ce qui concerne **74210**
la France ; elle s'est développée sans base légale explicite, notamment dans le cadre **franco-américain**, lorsqu'il est apparu qu'il était plus efficace, et éventuellement favorable aux entreprises, de faire en sorte qu'une même opération, par exemple en matière de prix de transfert, soit vérifiée simultanément par les deux administrations fiscales concernées dans les deux États.

Elle est considérée comme utile par les commentaires de l'OCDE et elle a ensuite été consacrée, dans le cadre de l'**Union européenne**, par la directive sur la coopération administrative dans le domaine fiscal (n° 74205 ; la directive avait été modifiée en ce sens dès 2004). Cette directive prévoit notamment la possibilité pour les États membres de réaliser des contrôles simultanés de la situation d'une entreprise effectuant des opérations dans plusieurs pays. La mise en place de procédures de contrôles simultanés est considérée comme l'un des moyens les plus efficaces dont les administrations disposent pour échanger des informations, notamment dans le cadre de la répression des prix de transfert (nos 75750 s.).

En France, le dispositif a été corrigé et précisé par l'article 134 de la loi n° 2021-1900 du 30 décembre 2021 de finances pour 2022, destiné à transposer, à compter du 1er janvier 2023, les prescriptions de la directive DAC 7 relatives aux **modalités de la coopération administrative** (n° 74208). L'article L 45 du LPF a été complété pour énoncer désormais que, dans l'exercice de leur mission de contrôle, les agents de l'administration des finances publiques peuvent recourir aux instruments de coopération administrative prévus dans le domaine fiscal aux articles 28 et 29 du règlement (UE) n° 904/2010 du Conseil du 7 octobre 2010 concernant la coopération administrative et la lutte contre la fraude dans le domaine de la TVA et aux articles 11, 12 et 12 bis de la directive 2011/16/UE du Conseil du 15 février 2011 relative à la coopération administrative en matière fiscale : **présence d'agents** de l'administration fiscale sur le **territoire d'un autre État** membre, participation à des enquêtes administratives, **contrôles simultanés** et contrôles conjoints. Ils peuvent, sur autorisation des autorités nationales compétentes, assister ou participer à ces procédures administratives ayant lieu en France ou sur le territoire d'un ou de plusieurs autres États membres de l'Union européenne (les informations obtenues sont opposables aux contribuables, dans le respect des procédures de contrôle applicables en France).

Les conditions de réalisation des **contrôles conjoints** ont également été précisées et ajustées par la même loi, mais à compter du 1er janvier 2024 (le principe des contrôles fiscaux simultanés au sein de l'Union européenne avait déjà été repris en droit interne sous l'article L 45, 2 du LPF, tel que précédemment modifié par l'article 72 de la loi n° 2013-1279 du 29 décembre 2013 de finances rectificative pour 2013) ; l'article L 45, II-C du LPF dispose désormais que, pour l'application de la législation fiscale, lorsque l'examen d'une affaire liée à une ou plusieurs personnes présente un intérêt commun ou complémentaire avec un ou plusieurs États membres de l'Union européenne, l'administration des finances publiques peut convenir avec l'administration du ou des États membres concernés de mener un contrôle conjoint, de manière préétablie et coordonnée. Lorsque le contrôle conjoint se déroule sur le territoire français, les fonctionnaires des administrations des autres États membres qui y participent doivent être dûment habilités et mandatés à cette fin et leur participation ainsi que le déroulement des contrôles conjoints sont subordonnés au respect de la législation française. Ce texte met en œuvre les prescriptions de la directive DAC 7, dont l'article 12 bis fournit des **précisions procédurales**, notamment sur la demande de contrôle conjoint, la réponse (délais, motifs de refus), le régime linguistique, la désignation d'un représentant chargé de superviser et de coordonner le contrôle conjoint, les pouvoirs des fonctionnaires, les conditions d'examen des éléments de preuve recueillis et les conclusions du contrôle conjoint (l'article L 45, II-C du LPF précise que les conclusions du contrôle conjoint doivent faire l'objet d'un rapport final mentionnant les positions des administrations fiscales ayant participé au contrôle, notamment les points sur lesquels les autorités compétentes participant à l'opération sont d'accord ; ce rapport doit être communiqué au contribuable dans un délai de soixante jours après avoir été établi).

Bien entendu, ainsi qu'il a été jugé sous l'empire de la législation précédente, ces dispositions, même si les conditions sont réunies, ne prévoient qu'une **faculté** et n'imposent pas à l'administration de demander aux services d'un autre État d'engager un contrôle simultané (CE 26 septembre 2018 nos 406865 et 406866, 3e et 8e ch. : RJF 12/18 n° 1259).

Précisions **a.** Les États peuvent trouver avantage à cette procédure dans la mesure où la simultanéité des contrôles **facilite les échanges d'informations** ; mais les entreprises peuvent également y voir un moyen de réduire les cas de doubles impositions.

b. Rien ne s'oppose à ce que des contrôles simultanés soient convenus avec des administrations non membres de l'Union européenne ; les États n'ont pas besoin de base juridique spécifique pour cela, du moment que chaque procédure de contrôle respecte les règles nationales. La convention concernant l'**assistance administrative mutuelle** en matière fiscale (n° 74220) vise également ces vérifications fiscales simultanées dans son article 8.

Contrôles à l'étranger

74215 Dans la mesure où sa législation fiscale le permet, un État peut autoriser des représentants agréés d'un autre État à pénétrer sur son territoire pour interroger des personnes ou examiner des documents et registres, ou être présents à des entretiens ou vérifications fiscales.

Un exemple en est donné par la **convention fiscale franco-américaine**, qui précise que chaque État peut permettre aux fonctionnaires de l'autre État d'intervenir sur son territoire pour s'entretenir avec des contribuables et prendre connaissance et copie de leurs livres et registres, à condition d'avoir obtenu l'accord du contribuable et de l'autorité compétente du premier État (qui peut assister à ces interventions ou s'y faire représenter si elle le souhaite) ; l'entrée en vigueur de cette procédure était subordonnée à un accord par échange de notes diplomatiques qui a été publié par un décret n° 2009-842 du 8 juillet 2009 (JO n° 0158 du 10 juillet 2009 : BF 10/09 n° 987) et qui a pris effet au 1er février 2009.

Il résulte en outre de l'article 59 de la loi n° 2011-1978 du 28 décembre 2011 de finances rectificative pour 2011 que les fonctionnaires des administrations des autres États membres de l'Union européenne dûment habilités par l'autorité requérante par un mandat écrit peuvent, si l'administration française les y autorise, **participer** dans une certaine mesure **aux contrôles fiscaux** des contribuables ; ils peuvent notamment examiner les dossiers, assister aux procédures et interroger les contribuables (LPF art. L 45, 3). Les fonctionnaires des administrations des autres États membres peuvent également assister à l'exercice du droit de communication dans les conditions prévues à l'article L 45, 3 du LPF (LPF art. L 81 du LPF).

L'article L 45, 3 du LPF prévoit que tout **refus** opposé par le contribuable à la présence de fonctionnaires des administrations des autres États membres dans le cadre des enquêtes prévues au 1 de l'article L 45 du LPF (contrôle et assiette de l'ensemble des impôts ou taxes dus par le contribuable vérifié) est considéré comme un refus opposé aux agents de l'administration et entraîne l'application, le cas échéant, des articles 1732 et 1734 du CGI (sanctions applicables en cas d'opposition à contrôle fiscal).

Enfin, les fonctionnaires des administrations des autres États membres dûment habilités par l'autorité requérante par un mandat écrit et autorisés par l'administration française peuvent assister les agents de l'administration dans le cadre des **procédures judiciaires** engagées dans cet État membre (LPF art. L 283 F).

Précisions **a.** Le droit de communication peut être utilisé dans le cadre de l'**assistance internationale**, dans les limites et selon les modalités prévues par les conventions entre États.

b. Au sein de **l'Union européenne**, la directive DAC 7 (nº 74208) a apporté diverses précisions concernant les règles de procédure applicables lorsque des **fonctionnaires** d'un État membre sont présents sur le territoire d'un autre État membre (article 11 de la directive 2011/16/UE modifiée).

Convention multilatérale concernant l'assistance administrative mutuelle en matière fiscale

Une convention concernant l'assistance administrative mutuelle en matière fiscale a été signée à Strasbourg le 25 janvier 1988 entre les pays de l'**OCDE** et du **Conseil de l'Europe** ; cette convention est entrée en vigueur le 1er septembre 2005. Des travaux de modernisation ont ensuite été entrepris dans le cadre du consensus qui s'est dégagé au cours de l'année 2009 en faveur d'une coopération plus étroite et la levée du secret bancaire à des fins fiscales. La convention d'assistance mutuelle a ainsi été amendée en 2010 par un **protocole** qui a actualisé les normes sur l'échange d'informations et en a ouvert la signature à tous les pays alors que seuls les États membres de l'OCDE et du Conseil de l'Europe pouvaient auparavant y adhérer. Le texte amendé est entré en vigueur le 1er juin 2011. **74220**

Cette convention est devenue un **instrument mondial pour la coopération internationale** en matière fiscale ; au 11 juillet 2022, elle avait été signée par 146 États ou territoires (parmi lesquels des pays traditionnellement hostiles à l'échange d'informations, tels qu'Andorre, l'Autriche, le Liechtenstein, le Luxembourg, Nauru, Saint-Marin, Singapour et la Suisse ; la liste est donnée par l'OCDE à l'adresse suivante : www.oecd.org/ctp/exchange-of-tax-information/Status_of_convention.pdf).

La convention d'assistance mutuelle a une portée très large permettant toutes les formes d'assistance administrative pour **tous types d'impôts** (y compris les cotisations de sécurité sociale) et quelle qu'en soit la forme, notamment **échange d'informations** sur demande, échange automatique d'informations, échange spontané d'informations, contrôles fiscaux simultanés, contrôles fiscaux à l'étranger, **assistance au recouvrement** (alors que cette assistance n'est que rarement visée par les conventions fiscales ; nos 74450 s.) ; elle pose aussi des règles d'ordre pratique en ce qui concerne les documents accompagnant les demandes, les délais et la notification des documents. Elle peut également faciliter les contrôles conjoints et le partage d'informations pour lutter contre des délits non spécifiquement fiscaux comme le blanchiment et la corruption lorsque certaines conditions sont remplies.

Comme le modèle OCDE, cependant, la convention d'assistance mutuelle cherche à préserver les droits des contribuables en leur fournissant des garanties pour protéger la confidentialité des renseignements échangés, en particulier en ce qui concerne les données personnelles.

Précisions **a.** Le **texte officiel** de la convention d'assistance mutuelle telle qu'amendée par le protocole de 2010 a été publié par l'OCDE le 10 juin 2011 (« La Convention multilatérale concernant l'assistance administrative mutuelle en matière fiscale amendée par le Protocole de 2010 »).

b. Le fonctionnement de cette convention multilatérale autonome est supervisé par un **organe de coordination** composé de représentants des autorités compétentes des Parties et exerçant sous l'égide de l'OCDE.

c. La convention d'assistance mutuelle pose en principe que les possibilités d'assistance qu'elle prévoit ne limitent pas et ne sont pas limitées par celles découlant des **autres accords internationaux** traitant de la coopération en matière fiscale (notamment les conventions fiscales). Les États sont donc libres d'utiliser l'instrument juridique qui leur paraît le mieux adapté (a priori, cependant, les États membres de l'Union européenne doivent utiliser la directive européenne, sauf au cas où la convention d'assistance mutuelle permettrait une assistance plus large).

d. Pour signer la convention d'assistance mutuelle en 1988, la France avait dû supprimer l'interdiction autrefois faite aux **agents d'une administration fiscale étrangère** d'opérer des contrôles sur le territoire national (ancien article L 80 C du LPF).

e. La France a **ratifié la convention** le 1er mars 2005 (JO du 24 septembre 2005, page 15349) ; elle a signé le protocole d'amendement le 27 mai 2010 (Loi n° 2011-1370 du 27 octobre 2011, JO du 28 octobre 2011) ; ce protocole, publié par le décret n° 2012-930 du 1er août 2012 (JO n° 0179 du 3 août 2012), est entré en vigueur en ce qui concerne la France le 1er avril 2012.

f. Outre les États signataires, la convention d'assistance mutuelle s'applique également à divers **territoires dépendants** : îles Féroé et Groenland (par voie d'extension territoriale par le Danemark), Aruba, Curaçao et Saint-Martin (par voie d'extension territoriale par les Pays-Bas), île de Man, Jersey, Anguilla, Bermudes, îles Caïmans, Gibraltar, Montserrat, îles Turques-et-Caïques et îles Vierges britanniques (par voie d'extension territoriale par le Royaume-Uni). Les régions administratives spéciales de Hong Kong et de Macao sont également couvertes.

Convention d'entraide judiciaire internationale

74222 Il a été jugé que les autorités fiscales françaises, lorsqu'elles utilisent des informations qui leur ont été communiquées dans le cadre de la convention européenne d'entraide judiciaire internationale du 20 avril 1959, sont tenues de **respecter les règles fixées par cette convention** et, dans les rapports avec les États ayant formulé des réserves à cette convention, les règles et interprétations contenues dans ces réserves (CAA Versailles 25 mars 2008 n° 07-1277, 3e ch., Carayon : RJF 8-9/08 n° 992 ; arrêt définitif) ; par suite, dans le cas où l'administration fiscale française s'est fondée, pour établir les impositions, sur des informations fournies par les autorités suisses aux autorités belges, dans le cadre de l'entraide judiciaire internationale, et transmises par la Belgique aux autorités françaises, la **procédure d'imposition** est irrégulière dès lors que la Suisse avait exclu toute utilisation des informations à des fins fiscales.

Dans cette affaire, les autorités suisses n'avaient transmis les documents qu'à **condition** qu'ils ne soient **pas utilisés dans une procédure de nature fiscale** à caractère pénal ou administratif ; si tel n'est pas le cas, le contribuable ne peut utilement se prévaloir de la réserve suisse, qui n'est invocable qu'entre les États parties à cette convention (CE 13 juin 2016 n° 384789, 10e et 9e ch. : RJF 10/16 n° 856 ; voir également n° 1920, Précisions c et 45200, Précisions e).

Accords Fatca

74230 La loi américaine Fatca (« Foreign Account Tax Compliance Act »), du 18 mars 2010 mais qui ne s'applique en fait que depuis le 1er juillet 2014, vise à lutter contre la non-déclaration par les **contribuables américains** (personnes physiques) de leurs **comptes étrangers** ; cette obligation concerne les citoyens américains, où qu'ils résident, les résidents américains et certaines personnes physiques non résidentes (articles 1471 à 1474 de l'Internal Revenue Code américain).

Le dispositif repose sur un mécanisme très complet d'**obligations déclaratives imposées aux institutions financières étrangères** (banques, compagnies d'assurance, fonds d'investissement, certaines sociétés industrielles ou commerciales, etc.) ; sous réserve de certaines exceptions (institutions gouvernementales, petits établissements, caisses de retraite, etc.), celles-ci doivent s'enregistrer auprès de l'administration fiscale américaine (IRS) et s'engager à déclarer certaines informations concernant leurs comptes américains, y compris ceux de certaines entités étrangères dans lesquelles des Américains disposent d'une participation importante.

Les institutions financières qui ne s'enregistreraient pas et qui ne s'engageraient pas à déclarer les informations requises sont assujetties à un **prélèvement à la source de 30 %** sur certains revenus de source américaine qu'elles reçoivent (intérêts et dividendes depuis le 1er juillet 2014 et plus-values de cession de valeurs mobilières ou de titres financiers depuis le 1er janvier 2017). L'enregistrement doit être effectué en ligne sur le site « Fatca Registration Website » ; l'institution financière reçoit, après approbation, un « Global Intermediary Identification Number » (la liste des institutions financières concernées est publiée sur le site de l'IRS).

Pour mettre en place le dispositif, les États-Unis ont entrepris de signer des **accords avec le reste du monde** (« Intergovernmental Agreements ») de sorte que les institutions financières de chaque pays partenaire s'engagent à identifier les comptes américains et à fournir les informations requises ; ces accords allègent les formalités déclaratives américaines des institutions financières concernées et réduisent les coûts de conformité. Les États-Unis proposent **deux modèles** (dans les deux cas, les règles posées par l'accord prévalent en principe sur le droit interne américain) :
– selon le modèle 1, l'institution financière doit identifier les comptes américains et fournir les informations nécessaires à son administration nationale qui les transmet ensuite automatiquement à l'IRS selon un mécanisme qui peut, ou non, être réciproque (le modèle 1A, choisi par la France, le Royaume-Uni, l'Allemagne, etc., est réciproque ; le modèle 1B ne l'est pas) ;
– selon le modèle 2, l'État partenaire autorise les institutions financières concernées à fournir les informations nécessaires directement à l'IRS (modèle choisi par la Suisse et le Japon).

Précisions **a.** La loi Fatca est, pour l'essentiel, destinée à renforcer le **contrôle fiscal des Américains** domiciliés hors des États-Unis, qui sont passibles de l'impôt sur le revenu aux États-Unis en raison des règles de territorialité américaines qui exigent l'impôt des ressortissants américains où qu'ils résident. De façon unilatérale, la loi américaine exige donc la collaboration de l'ensemble des institutions financières étrangères aux fins du contrôle fiscal américain.

b. La mise en place de cette législation a suscité la conclusion d'accords spécifiques entre les États-Unis et de nombreux autres pays (qualifiés de « **juridictions partenaires** ») en vue de faciliter son application ; c'est très largement à cause de l'effet d'entraînement de cette législation que les standards de la transparence fiscale ont évolué vers la multiplication des échanges automatiques entre administrations.

c. Les **sociétés opérationnelles** étrangères peuvent éventuellement être affectées par le Fatca mais dans une moindre mesure que les institutions financières, à condition, parfois, de s'acquitter d'obligations déclaratives allégées leur permettant d'éviter la retenue à la source de 30 %.

Accord franco-américain La France et les États-Unis ont signé, le 14 novembre 2013, un accord « en vue d'améliorer le respect des obligations fiscales à l'échelle internationale et de mettre en œuvre la loi relative au respect des obligations fiscales concernant les comptes étrangers (dite « loi Fatca ») ». Cet accord, qui a été approuvé par la loi n° 2014-1098 du 29 septembre 2014, y compris ses deux annexes et la déclaration d'intention qui l'accompagne, est entré en vigueur le 14 octobre 2014 (Décret de publication n° 2015-1 du 2 janvier 2015, JO du 3 janvier 2015 texte n° 8 ; au BOI-INT-AEA-10 n° 50, l'administration donne le 29 septembre 2014 comme date d'entrée en vigueur). Les modalités déclaratives ont été précisées par le décret n° 2015-907 du 23 juillet 2015 relatif aux modalités de **collecte** et de **transmission** des **informations** par les institutions financières en application de l'accord Fatca et de l'article 1649 AC du CGI (JO du 25 juillet 2015, texte 17, légèrement modifié par le décret n° 2016-521 du 27 avril 2016, JO du 29 avril 2016, texte 17) ; les commentaires de l'administration sont rassemblés dans la série BOI-INT-AEA-10 (BF 10/15 n° 859). 74235

L'annexe I de l'accord mentionne l'ensemble des **démarches pratiques** que les établissements financiers français (banques, compagnies d'assurances, organismes de placement collectif, ...) doivent effectuer en vue d'identifier les contribuables américains pour lesquels des informations sont attendues. L'annexe II énumère les **institutions financières non déclarantes françaises** (notamment, entités gouvernementales, banque centrale, organisations internationales, caisses de retraite et de congés payés et organismes de placement collectif en valeurs mobilières) et les **produits dispensés** de déclaration eu égard à leur nature ou leur fonctionnement (contrats relevant de l'épargne réglementée ou certains produits d'épargne salariale).

Placé dans le cadre de l'article 27 de la convention fiscale franco-américaine (BOI-INT-AEA-10-10 n° 40), l'accord franco-américain prévaut, en principe, sur les règles internes américaines (la France peut cependant autoriser ses institutions financières à utiliser les définitions données par les commentaires administratifs américains qui seraient plus favorables que celles figurant dans l'accord) ; il prévoit, en substance, que chaque État doit obtenir divers renseignements relatifs aux **« comptes déclarables »** et échanger chaque année ces renseignements avec l'autre État de manière automatique.

Les renseignements devant être **communiqués par la France** tiennent, pour l'essentiel, à divers éléments d'identification des comptes et des personnes ainsi qu'au solde ou à la

74235 (suite) valeur portée sur les comptes ou la valeur de rachat en présence de contrats d'assurance-vie et au montant des produits perçus (intérêts, dividendes, autres revenus). Cette obligation étant réciproque (modèle 1A ; nº 74230), la France doit également recevoir diverses informations provenant des États-Unis au titre des « comptes déclarables » détenus dans les institutions financières déclarantes américaines. L'échange porte sur les **comptes ouverts au 30 juin 2014** et sur les flux financiers intervenant à compter de cette même date. Les institutions financières mentionnées à l'article 1649 AC du CGI doivent souscrire une déclaration faisant état des informations requises pour l'application de l'accord Fatca avant le 31 juillet de chaque année.

Une **institution financière française** déclarante est en conformité avec la législation américaine si la France respecte ses obligations au titre de l'accord concernant cette institution financière et si celle-ci respecte ses obligations, à savoir, notamment, recenser les comptes déclarables américains, fournir chaque année à l'autorité compétente française les renseignements nécessaires, dans les délais et selon les modalités prévus, et respecter les obligations d'enregistrement figurant sur le site internet d'enregistrement de l'administration fiscale américaine (IRS) consacré à la loi Fatca ; par cet accord, la France impose ainsi à toute institution financière déclarante française d'identifier les comptes déclarables américains, à savoir, pour l'essentiel, ceux des citoyens ou des résidents américains et ceux détenus par certaines personnes morales américaines.

De leur côté, les **États-Unis transmettent des informations** similaires concernant l'existence de comptes détenus par des contribuables français, à l'exception des soldes bancaires ou des valeurs de rachat des contrats d'assurance-vie ; l'administration américaine entend cependant, théoriquement, parvenir à rendre ces dernières informations disponibles, afin de pouvoir les échanger notamment avec la France (la réponse ministérielle Deromedi nº 00041 : JO Sénat, 28 septembre 2017 p. 3010, fait état de cette **absence de réciprocité complète** et rappelle que le Gouvernement américain s'est engagé à promouvoir des évolutions en droit interne afin de parvenir à un niveau équivalent d'échanges automatiques réciproques de renseignements). Cette absence de réciprocité a été critiquée sans succès au contentieux, de même que la prétendue insuffisance de protection de la **confidentialité** des données collectées (CE 19 juillet 2019 nºs 424216 et 424817, Ass., Association des Américains accidentels : RJF 11/19 nº 1079, refusant d'annuler le décret relatif aux modalités de collecte et de transmission des informations par les institutions financières et les arrêtés relatifs à la mise en place d'un traitement automatisé d'échange automatique des informations). Précédemment, dans le même sens, le rapport public 2015 du Conseil d'État indiquait que l'asymétrie identifiée ne soulevait pas de difficulté d'ordre juridique (Droit fiscal 2015 nº 26, comm. nº 423).

Les États doivent, en principe, échanger les informations d'une année donnée avant le 30 septembre de l'année suivante ; l'administration a indiqué que les premiers échanges d'informations ont porté sur des données collectées à partir du 1er juillet 2014 et ont eu lieu avant le 30 septembre 2015 (BOI-INT-AEA-10-10 nº 40). L'entrée en vigueur de l'obligation déclarative a été progressive selon la **nature des renseignements** à fournir :
– pour les déclarations déposées depuis 2016, doivent être mentionnés, pour chaque compte déclarable identifié, le solde ou la valeur du compte au 31 décembre de l'année de référence ou immédiatement avant la clôture si le compte a été clos en cours d'année, ainsi que le montant brut total des intérêts, dividendes et autres revenus produits par les actifs détenus sur le compte, versés ou portés au crédit du compte, y compris le montant total de toutes les sommes remboursées ou rachetées au titulaire au cours de l'année ; pour les contrats d'assurance, sont à mentionner la valeur de rachat ou la valeur de capitalisation ;
– pour les déclarations déposées depuis 2017, le produit brut total de la cession ou du rachat d'un bien (y compris immobilier) versé ou crédité sur un compte conservateur au cours de l'année civile devra également, s'il y a lieu, figurer dans la déclaration.

Il a été précisé que la France a effectivement reçu des fichiers chaque année de la part des États-Unis mais que des anomalies ont été constatées dans la fiabilité des données reçues, particulièrement s'agissant de l'identification des contribuables concernés par les échanges, et qu'une démarche multilatérale devait être entreprise pour promouvoir un niveau de qualité des données Fatca équivalent à celui des données de la norme mondiale d'échange automatique de renseignements (réponse de Courson, nº 7365 : JOAN 28 août 2018 p. 7587).

Précisions **a.** En conséquence des accords Fatca et des obligations déclaratives associées, les établissements de crédit français sont de plus en plus **rétifs à l'ouverture de comptes** par des Français établis aux États-Unis (réponse Lefebvre, n° 60380 : JOAN 30 décembre 2014 p. 10897). Il a été précisé que, s'agissant d'un compte bancaire en France, un établissement de crédit est libre d'accepter ou de refuser l'ouverture d'un compte de dépôt, les conditions légales à remplir étant identiques pour un résident et pour un non-résident ; en cas de difficulté, toute personne physique de nationalité française résidant hors de France, dépourvue d'un compte de dépôt, a le droit de bénéficier de la procédure du **droit au compte**, si elle s'est vu opposer un refus d'ouverture, conformément à l'article L 312-1 du Code monétaire et financier (réponse Accoyer n° 90449 : JOAN 21 février 2017 p. 1486). Dans le même sens, notamment, réponse Leconte (n° 00556 ; JO Sénat 10 août 2017 p. 2584) précisant que « dans l'hypothèse où l'expatrié rencontrerait des difficultés pour l'ouverture d'un compte de dépôt, il existe un droit au compte (article L 312-1 du Comofi) qui garantit à toute personne physique ou morale domiciliée en France ou encore à toute **personne physique de nationalité française résidant hors de France** l'attribution d'un tel compte dans l'établissement de crédit désigné par la Banque de France ». Parmi d'autres, voir également réponse Canevet (n° 11287, JO Sénat 3 octobre 2019 p. 5030), rappelant en outre que le refus de fournir un bien ou un service en raison de la nationalité constitue une **discrimination** au sens de l'article L 225-2 du Code pénal, et réponse Deromedi, n° 17142 : JO Sénat 28 janvier 2021 p. 574. Afin de mieux encadrer les délais afférents à chacune des phases de la procédure et de la simplifier, le dispositif a été modifié par le décret n° 2022-347 du 11 mars 2022 relatif à la procédure de droit au compte (JO du 13 mars 2022, texte n° 12).

b. Sur les difficultés rencontrées par les **binationaux français et américains**, voir n° 1915, Précisions.

c. En pratique, la personne qui souhaite exercer son **droit au compte** doit créer un espace personnel sur l'espace particulier du site Internet de la **Banque de France** (www.banque-france.fr), y déposer son formulaire et les pièces justificatives demandées (le demandeur doit produire au moins une lettre de refus d'ouverture de compte) ; la Banque de France détermine l'identité de l'établissement tenu d'ouvrir un compte en fonction des souhaits exprimés par le demandeur et des parts de marché de chaque groupe bancaire (pour les Français de l'étranger, il s'agit habituellement d'une banque en ligne).

Droit interne français L'article 1649 AC du CGI (voir également n° 88030), issu de la loi n° 2013-672 du 26 juillet 2013 de séparation et de régulation des activités bancaires (art. 7) et plusieurs fois modifié depuis lors, est le **fondement de droit interne** à l'obligation déclarative mise à la charge des institutions financières françaises afin qu'elles puissent fournir à l'administration, dans le cadre de l'échange automatique d'informations à des fins fiscales, les données sur les revenus et les actifs financiers des contribuables. **74245**

Initialement conçu pour la mise en œuvre de l'accord Fatca, il prévoit que les teneurs de compte, les organismes d'assurance et assimilés et toutes autres institutions financières doivent déclarer les informations requises pour l'application du 3 bis de l'article 8 de la **directive** 2011/16/UE (n° 88020) et des **conventions** permettant un échange automatique d'informations à des fins fiscales (notamment pour l'application de l'accord multilatéral signé à Berlin le 29 octobre 2014 ; n° 74347).

Ces informations peuvent notamment concerner tout **revenu de capitaux mobiliers** ainsi que les **soldes des comptes** et **la valeur de rachat** des bons ou contrats de capitalisation et placements de même nature.

Les institutions financières concernées doivent, à cette fin, mettre en œuvre, y compris au moyen de **traitements de données à caractère personnel** (soumis à la loi n° 78-17 du 6 janvier 1978 relative à l'informatique, aux fichiers et aux libertés), les diligences nécessaires à l'identification des paiements et des personnes ; elles doivent également collecter les éléments relatifs aux résidences fiscales et les numéros d'identification fiscale de l'ensemble des titulaires de comptes et des personnes les contrôlant. Afin de renforcer le dispositif et de permettre à l'administration d'envoyer aux autorités compétentes des États et territoires étrangers les informations requises sur les comptes financiers détenus directement ou indirectement par leurs résidents fiscaux, l'article 56 de la loi n° 2017-1775 du 28 décembre 2017 de finances rectificative pour 2017 exige des titulaires de comptes qu'ils remettent aux institutions financières (sauf exception) les informations nécessaires à **l'identification de leur résidence fiscale** et, le cas échéant, leur numéro d'identification fiscale (« **autocertification** » ; en vertu de l'article L 102 AG du LPF, les institutions financières doivent, en cas de relation contractuelle déjà établie, transmettre à l'administration la liste des titulaires de comptes n'ayant pas remis ces informations (les modalités d'application du dispositif sont codifiées à l'article R 102 AG-1 du LPF ; voir également BOI-INT-AEA-20-30 et réponse Férat n° 12147 : JO Sénat 2 janvier 2020 p. 46). Cette loi a, en outre, fait interdiction à une institution financière d'établir une relation contractuelle lorsqu'elle n'est pas en mesure d'identifier les résidences fiscales et, le cas échéant, les numéros d'identification fiscale du titulaire du compte et des personnes physiques le contrôlant (Code monétaire et financier art. L 564-1).

Les institutions financières ont également l'obligation de mettre en place des procédures de contrôle interne, sous la surveillance de l'ACPR et de l'AMF.

Précisions **a.** Sur la **Norme commune de déclaration**, voir n° 88030.

b. Des règles particulières sont prévues pour la mise en œuvre de l'accord **Fatca** (CGI art. 1740 C).

2. Objet des échanges conventionnels de renseignements

Principes initiaux

74260 Les stipulations conventionnelles relatives à l'échange de renseignements, qui figurent à la fin des conventions fiscales, sont un instrument traditionnel et essentiel de **lutte contre la fraude et l'évasion fiscales** internationales. Elles sont cependant d'inégale portée car elles dépendent de la date à laquelle la convention a été négociée, les modèles de convention fiscale ayant significativement évolué depuis l'origine.

Traditionnellement, les dispositions relatives à l'échange de renseignements avaient seulement pour objet, conformément au modèle de convention fiscale de l'OCDE, antérieur à la révision d'avril 2000, d'appliquer les dispositions de la convention ou celles de la législation interne des États contractants relatives aux impôts visés par la convention, dans la mesure où l'imposition qu'elle prévoit n'est pas contraire à la convention.

Cette disposition était déjà intéressante en ce qu'elle permettait aux États de demander des renseignements en vue de l'application des mesures prévues par la législation interne pour lutter contre l'évasion et la fraude fiscales. Par exemple, la France peut en général se fonder sur cette disposition pour appliquer les dispositions relatives aux biens immobiliers possédés en France par des personnes morales non résidentes (taxe patrimoniale de 3 % ; n°s 68220 s.).

Depuis la parution des premiers modèles de convention fiscale, cependant, le champ d'application des clauses d'échange de renseignements s'est considérablement accru et les instruments multilatéraux ont largement comblé les défaillances des anciennes conventions fiscales.

Extensions successives

74265 Lors de la **révision** d'avril 2000, le modèle OCDE a été modifié, afin de permettre l'échange d'informations concernant des **impôts non visés par la convention** (par exemple, la TVA), même s'il n'y a pas, dans ce cas, à appliquer un article particulier de la convention (Commentaires OCDE, C (26) n° 10.1).

La « norme OCDE » a ensuite été renforcée par l'interdiction faite aux États d'invoquer une **clause d'intérêt fiscal national**, par l'inopposabilité de principe du **secret bancaire** et par la possibilité de procéder à des demandes concernant des **groupes** (n°s 74340 s). Un mécanisme d'échange automatique a également été mis en place à l'échelle internationale en ce qui concerne les **comptes financiers** (n° 74344).

3. Personnes concernées

74280 En général, les conventions fiscales ne limitent pas la portée des dispositions relatives à l'échange de renseignements aux seuls **résidents** des États. Les échanges peuvent donc concerner des **non-résidents** (par exemple, un établissement stable d'un État tiers), quelle que soit leur nationalité. L'article 26 § 1 du modèle de convention fiscale de l'OCDE précise, en ce sens, que l'échange de renseignements n'est pas restreint par l'article 1, relatif aux personnes visées par la convention. Il en va de même, en principe, dans le cadre de **l'Union européenne** ; des renseignements peuvent aussi être fournis de manière multilatérale (par exemple transmission par la France au Royaume-Uni de renseignements demandés par les Pays-Bas).

4. Formes et contenu de l'échange de renseignements

Principes

D'une manière générale, l'échange de renseignements peut prendre trois formes (Commentaires OCDE, C (26) n° 9) : **74300**
– échange **sur demande**, lorsque, à l'occasion d'un contrôle, une administration a besoin d'un renseignement précis (par exemple pour vérifier l'existence du bénéficiaire désigné d'une commission ou d'un paiement quelconque, ou pour vérifier le montant d'une charge déduite dans les comptes d'une entreprise, ou encore pour savoir s'il existe des relations spéciales entre le débiteur et le bénéficiaire, etc.) ;
– échange **spontané**, lorsqu'une administration a connaissance d'une information qui pourrait être utile à l'autre État ;
– échange **d'office**, en cas de transmission automatique, sans demande préalable, d'informations relatives à certaines catégories de revenus (intérêts, dividendes, etc.). Cet échange se fait, en pratique, au moyen des formulaires d'application des conventions fiscales (nos 82830 s.).

Depuis la révision de juillet 2005, le modèle OCDE prévoit que les autorités compétentes des États contractants échangent les **renseignements vraisemblablement pertinents** pour appliquer les dispositions de la convention ou pour l'administration ou l'application de la législation interne relative aux impôts de toute nature ou dénomination. Les commentaires du comité des affaires fiscales de l'OCDE précisent que la norme de « pertinence vraisemblable » a pour but « d'assurer un échange de renseignements en matière fiscale qui soit le plus large possible tout en indiquant clairement qu'il n'est pas loisible aux États contractants « **d'aller à la pêche aux renseignements** » ou de demander des renseignements dont il est peu probable qu'ils soient pertinents pour élucider les affaires fiscales d'un contribuable déterminé » (Commentaires OCDE, C (26) n° 5). La doctrine administrative reprend ces principes au BOI-INT-DG-20-60 n° 30.

De son côté, la **directive** européenne 2011/16/UE relative à la coopération administrative dans le domaine fiscal (n° 74205) indique que les « informations demandées sont **vraisemblablement pertinentes** lorsque, au moment où la demande est formulée, l'autorité requérante estime que, conformément à son droit national, il existe une possibilité raisonnable que les informations demandées soient pertinentes pour les affaires fiscales d'un ou plusieurs contribuables, identifiés par leur nom ou autrement, et justifiées aux fins de l'enquête ».

À propos des conditions d'application de cette directive, la Cour de justice a souligné que le critère de la pertinence vraisemblable des informations demandées constitue une **condition à laquelle la demande d'informations doit satisfaire** pour déclencher l'obligation de l'État membre requis d'y donner suite (CJUE 16 mai 2017 aff. 682/15, Gr. ch., Berlioz Investment Fund SA : RJF 8-9/17 n° 891 ; voir également n° 74326, Précisions d). Dans cette affaire, la France avait demandé des informations au Luxembourg pour vérifier le bien-fondé de l'exonération de retenue à la source sur des dividendes versés par une société française à sa société mère luxembourgeoise et l'administration luxembourgeoise avait enjoint à cette dernière de fournir les informations requises ; la société luxembourgeoise n'avait pas répondu à toutes les questions posées au motif qu'elles n'étaient pas « vraisemblablement pertinentes » et s'était vu infliger une amende qu'elle avait contestée au contentieux. La Cour juge qu'il appartient à l'autorité requérante, maître de l'enquête à l'origine de la demande d'informations (soit ici la France), d'apprécier la pertinence vraisemblable des informations demandées, mais qu'elle ne saurait pour autant demander des informations sans aucune pertinence pour l'enquête en cause, et que l'administré auquel l'autorité requise demande des informations (soit ici le Luxembourg) doit se voir reconnaître le **droit d'invoquer devant un juge l'absence de conformité** de la demande d'informations avec l'article 5 de la directive 2011/16 et l'illégalité de la décision d'injonction qui en résulte (points 70 à 74). Au point 63 de cet arrêt, la Cour précise que « les termes « vraisemblablement pertinentes » désignent la qualité dont les informations demandées doivent être revêtues » et que « l'obligation qui incombe à l'autorité requise aux termes de l'article 5 de la directive 2011/16 de coopérer avec l'autorité requérante ne s'étend pas à la communication d'informations qui seraient dépourvues de cette qualité ».

74300 (suite) De son côté, si **l'autorité requise** doit, en principe, faire confiance à l'autorité requérante et présumer que la demande d'informations qui lui est soumise est à la fois conforme au droit national de l'autorité requérante et nécessaire aux besoins de son enquête (point 77), elle doit tout de même vérifier si les informations demandées ne sont pas dépourvues de toute pertinence vraisemblable pour l'enquête menée par l'autorité requérante (point 78). Cette vérification ne doit pas être sommaire (point 82).

La Cour de justice a également jugé qu'une demande d'informations sur le fondement de la directive européenne n'est pas manifestement dépourvue de **pertinence vraisemblable** si elle indique l'identité de la personne détentrice des informations en cause, celle du contribuable qui est visé par l'enquête à l'origine de la demande et la période couverte par cette dernière, et porte sur des contrats, des facturations et des paiements qui, tout en n'étant pas identifiés de façon précise, sont délimités au moyen de critères tenant au fait qu'ils ont été respectivement conclus ou effectués par la personne détentrice, ainsi qu'à la circonstance qu'ils sont intervenus pendant la période couverte par l'enquête et à leur lien avec le contribuable visé (CJUE 6 octobre 2020 aff. jointes 245/19 et 246/19, Gr. ch. : RJF 12/20 nº 1063, à propos d'une demande d'informations faite par l'Espagne au Luxembourg concernant des comptes bancaires détenus par un résident d'Espagne ; voir également nº 74320, Précisions). Dans cette affaire, la Cour rappelle que l'expression « vraisemblablement pertinentes » vise à permettre à l'autorité requérante de demander et d'obtenir toutes les informations dont elle peut raisonnablement considérer qu'elles se révéleront pertinentes aux fins de son enquête, sans toutefois l'autoriser à dépasser de manière manifeste le cadre de celle-ci ni imposer une **charge excessive** à l'autorité requise (point 110). La Cour ajoute qu'une « décision d'injonction de communication d'informations par laquelle l'autorité requise donnerait suite à une demande d'échange d'informations de l'autorité requérante visant à faire effectuer une recherche d'informations « **tous azimuts** » (...) s'apparenterait à une intervention arbitraire ou disproportionnée de la puissance publique » (point 113). Ces principes ont été repris par CJUE 25 novembre 2021 aff. 437/19, 3e ch. : RJF 2/22 nº 234, à propos d'une demande d'informations concernant un groupe de personnes identifiables, mais non désignées de manière nominative et individuelle ; dans cette affaire, la Cour a précisé qu'une demande d'informations doit être considérée comme portant sur des informations qui n'apparaissent pas, de manière manifeste, dépourvues de toute pertinence vraisemblable lorsque les personnes faisant l'objet d'un contrôle ou d'une enquête ne sont pas identifiées nominativement et individuellement par cette demande, si l'autorité requérante établit, sur la base d'explications claires et suffisantes, qu'elle mène une **enquête ciblée concernant un groupe limité de personnes**, justifiée par des soupçons fondés de non-respect d'une obligation légale précise (à propos d'une demande d'information adressée par la France au Luxembourg, qui visait une société immobilière française et sa société mère luxembourgeoise, alors que les personnes faisant l'objet de l'enquête étaient plutôt les bénéficiaires économiques de la société luxembourgeoise). La notion d'identité comprend ainsi l'ensemble des données permettant d'individualiser une personne et ne se résume pas à l'identification individuelle de celle-ci par son nom.

Ces principes sont transposables sur le fond pour l'application des conventions fiscales.

Précisions **a.** Certaines législations prévoient qu'un contribuable qui fait l'objet d'une demande de renseignements doit en être **informé** et doit pouvoir **présenter des observations** à l'État requis avant que ce dernier ne réponde à l'État requérant ; les commentaires OCDE admettent qu'une telle pratique peut contribuer à empêcher des **erreurs**, par exemple sur l'identité des personnes, et faciliter les échanges, mais recommandent qu'elle soit assortie d'exceptions en cas d'urgence ou lorsqu'une notification préalable serait susceptible de compromettre les chances de succès de l'enquête menée par l'État requérant (Commentaires OCDE C (26) nº 14.1).

b. En ce qui concerne la norme de pertinence vraisemblable, il suffit qu'il existe une **possibilité raisonnable que les renseignements soient pertinents** lorsqu'ils sont demandés même s'il s'avère ultérieurement qu'ils ne sont pas réellement pertinents. Depuis une modification doctrinale du 21 juin 2019, l'administration reprend ce principe en indiquant qu'une information est considérée comme étant vraisemblablement pertinente s'il existe, au moment où la demande est formulée, une possibilité raisonnable que les renseignements demandés se révéleront pertinents ; elle ajoute qu'il est indifférent que les renseignements, une fois fournis, se révèlent pertinents ou non (BOI-INT-DG-20-60 nº 30).

c. L'interdiction de principe des « **fishing expeditions** » n'est pas évidente à cerner étant donné qu'un État qui souhaite obtenir des informations peut toujours faire savoir à son partenaire qu'il serait intéressé par des listes de contribuables et ce dernier peut éventuellement les transmettre dans le cadre d'un échange prétendument spontané.

d. Le juge de l'impôt contrôle le respect par l'administration des **conditions de mise en œuvre** des échanges de renseignements (CAA Paris 9 février 2021 n° 18PA00038, SAS Naco : RJF 5/21 n° 504, à propos de l'article 5 de l'accord du 28 janvier 2010 entre la France et l'Uruguay, qui pose davantage de conditions que celles prévues par le modèle de l'OCDE ; cet arrêt a fait l'objet d'un pourvoi de la société qui n'a pas été admis par CE (na) 17 février 2022 n° 451629, 9e ch., Sté Naco : RJF 5/22 n° 472) ; dans cette affaire, l'administration avait demandé l'assistance des autorités uruguayennes à l'occasion du contrôle d'une société d'architecture d'intérieur qui avait versé en 2011 des rémunérations de **prestations de services** à une société établie en Uruguay. La Cour a confirmé le rejet de la déductibilité des sommes, mais après s'être livrée à un contrôle détaillé du respect par l'administration des conditions de l'échange de renseignements (ce contrôle s'étend à la **compétence** de l'auteur de la demande, en France, mais non à celle de l'auteur de la réponse dans le pays étranger).

Accords spéciaux

Les conventions fiscales comportent rarement des dispositions précises et détaillées sur les modalités de l'échange ; la France a cependant signé divers accords spéciaux détaillant les modalités et les formes de l'échange d'informations, comme avec les **Pays-Bas** (BOI-INT-CVB-NLD nos 510 s.), la **Suède** (accord du 17 avril 1998, BOI-INT-CVB-SWE nos 20 s.), **l'Allemagne** (accord du 18 octobre 2001, BOI-ANNX-000312), **l'Espagne** (accord du 28 janvier 2002, ancien BOI 13 K-3-02 du 26 mars 2002, non repris au BOFiP : BF 5/02 p. 416), la **Belgique** (accord du 10 juillet 2002, BOI-ANNX-000310) et la **Russie** (accord du 28 janvier 2004, ancien BOI 13 K-7-04 du 27 octobre 2004, non repris au BOFiP). 74305

Cette pratique paraît s'être interrompue ; des accords spécifiques avaient été conclus avec des pays qui ne sont pas liés à la France par des conventions fiscales et qui sont considérés comme des « **paradis fiscaux** » (Accords relatifs aux échanges de renseignements en matière fiscale ; n° 1580) mais cette pratique s'est également interrompue.

Précisions **a.** L'**OCDE** avait encouragé cette pratique en publiant un **modèle d'accord** d'échange d'informations en avril 2002 (n° 74202).

b. Les accords conclus avec l'Espagne et la Belgique prévoient également la mise en œuvre de **contrôles fiscaux simultanés**.

c. Les **administrations fiscales britannique et française** ont signé le 30 mai 2008 un accord prévoyant l'intensification de la coopération administrative entre les deux pays en matière de TVA et d'impôts directs (communiqué du ministère du budget du 2 juin 2008) ; il est précisé que les **échanges** de renseignements seront **systématisés**, que des analyses stratégiques seront conduites sur les nouveaux schémas de fraude apparus au plan international et que les deux administrations pourront, quand la situation l'exigera, procéder à des contrôles simultanés, chacune sur son territoire.

Attachés fiscaux

Avec certains pays, l'échange d'informations est facilité par la présence sur place d'attachés fiscaux, qui représentent la Direction générale des finances publiques (en pratique les services du contrôle fiscal et ceux de la législation fiscale) et qui sont chargés de transmettre des informations générales sur la fiscalité du pays dans lequel ils sont détachés ainsi que de faciliter les contacts avec les services locaux susceptibles de fournir des renseignements utiles aux vérifications conduites en France. 74310

Ces attachés fiscaux sont installés à **Berlin**, **Bruxelles** (pour la Belgique, le Luxembourg et les Pays-Bas), **Londres**, **Pékin** (pour l'Asie du Sud-Est) et **Washington** (pour les États-Unis, le Canada et le Mexique). Ils appartiennent administrativement à la Direction générale des finances publiques (CE 14 novembre 2005, n° 262358, 10e et 9e s.-s., Flamend : RJF 2/06 n° 171 ; CE 23 avril 2007 n° 281179, 10e s.-s., Flamend : RJF 7/07 n° 813).

Jurisprudence

Il a été jugé que les conventions fiscales n'imposent **aucune forme particulière** aux échanges d'informations et, par suite, que les modalités de l'échange n'affectent pas la régularité des procédures d'imposition (TA Dijon 14 mai 1996 n° 92-2210, 2e ch., Oldham : RJF 10/96, n° 1119 ; jugement définitif). 74315

Il a aussi été jugé que l'administration peut faire usage de la procédure d'échange d'informations **avant envoi** d'un **avis** de Vasfe (aujourd'hui, **ESFP** ; CE 15 février 2002 n° 217394, 10e et 9e s.-s., Schmitt : RJF 5/02 n° 463).

Enfin, à propos des conventions fiscales franco-thaïlandaise du 27 décembre 1974 et franco-néerlandaise du 16 mars 1973, il a été jugé que les stipulations relatives aux échanges de renseignements, si elles définissent l'autorité compétente pour procéder à des échanges de renseignements, n'organisent pas les modalités selon lesquelles les agents sont autorisés à mettre en œuvre la procédure administrative de renseignements et ne prévoient pas de procédure de **délégation** spécifique (CAA Bordeaux 9 juillet 2019 n° 17BX01039, 5e ch., arrêt définitif confirmant TA Poitiers 7 février 2017 nos 1402856 et 1402858 : Droit fiscal 2017 n° 17, comm. n° 286) ; en l'espèce, l'administratrice des finances publiques au sein de la direction de contrôle fiscal pour la région Sud-Ouest était bien compétente pour procéder aux demandes de renseignements auprès des administrations étrangères.

Sur l'assistance administrative internationale, voir aussi les décisions citées nos 3760 s.

5. Limites et garanties des contribuables

74320 En soi, l'échange de renseignements déroge aux principes habituels, car les pouvoirs et moyens des administrations sont normalement mis en œuvre pour établir une imposition nationale et non pas pour aider un autre État. Cette dérogation, qui trouve son fondement dans l'idée qu'il y a pour les États un intérêt mutuel à coopérer, doit donc être strictement limitée. Ces limites sont les suivantes.

Précisions La Charte des droits fondamentaux de l'Union européenne impose à un État membre de permettre à la personne à laquelle cet État adresse une demande d'informations afin de répondre à une demande d'assistance administrative émanant d'un autre État membre de former un **recours** contre la décision des autorités de son État l'obligeant à les fournir (et pas seulement contre les sanctions infligées en cas de non-respect) ; en revanche, il est possible d'interdire au contribuable visé par la demande, dans l'État membre requérant, et aux tiers concernés par les informations en cause de former un recours contre cette décision (CJUE 6 octobre 2020 aff. jointes 245/19 et 246/19, Gr. ch. : RJF 12/20 n° 1063, à propos d'une demande d'informations faite par l'Espagne au Luxembourg concernant des comptes bancaires détenus par un résident d'Espagne ; voir également n° 74300).

Référence à la pratique administrative normale

74322 Un État ne peut naturellement aller au-delà de sa législation et de sa **pratique administrative normale** pour satisfaire un autre État ; du côté français, cette limitation n'est pas très importante, compte tenu de l'étendue des droits de l'administration (droit général de communication prévu aux articles L 81 et suivants du LPF).

De même, un État n'est pas normalement obligé de fournir des renseignements que l'autre État ne pourrait obtenir lui-même en vertu de sa législation ou de sa pratique (voir cependant n° 74340, l'évolution de la norme OCDE).

Précisions La pratique actuelle de la France tend à l'ajout d'une précision selon laquelle les parties doivent prendre toutes les mesures nécessaires pour **garantir la disponibilité des informations** ainsi que la capacité de leurs administrations à y accéder et à les transmettre à leurs partenaires (rapport du Gouvernement sur le réseau conventionnel en matière d'échange de renseignements en annexe au projet de loi de finances pour 2014).

Confidentialité des informations

74324 Les renseignements communiqués doivent rester confidentiels ; lors de la révision du modèle de convention fiscale de l'OCDE de juillet 2005, les règles relatives à la communication des informations ont été transposées sous un nouveau § 2 de l'article 26, qui reprend, en les complétant légèrement, les prescriptions du modèle précédent.

Actuellement, le comité des affaires fiscales de l'OCDE prévoit que les renseignements reçus par un État sont **tenus secrets** de la même manière que les renseignements obtenus en application de la législation interne de cet État et ne sont communiqués qu'aux personnes ou autorités (y compris les tribunaux et organes administratifs) concernées par l'établissement ou le recouvrement des impôts, par les procédures ou poursuites concernant ces impôts, par les décisions sur les recours relatifs à ces impôts, ou par le contrôle de ce qui précède (ces derniers mots, relatifs au contrôle, ont été ajoutés lors de la révision de juillet 2005). Les personnes ou autorités concernées ne doivent utiliser ces renseignements qu'à ces fins ; elles peuvent les révéler au cours d'audiences publiques de tribunaux ou dans des jugements.

Sauf accord dérogatoire, les renseignements ne peuvent pas être transmis à d'autres administrations que les administrations fiscales même s'ils peuvent leur être utiles (cas des informations fiscales utilisées à des fins douanières ou de contrôle des changes).

Depuis une modification doctrinale du 21 juin 2019, l'administration précise, quant à elle, que la règle de confidentialité s'applique tant à la demande d'assistance elle-même qu'aux éléments transmis en réponse à une telle demande mais qu'il est toutefois possible de divulguer des informations contenues dans la demande, dès lors qu'elles sont nécessaires pour l'obtention des renseignements demandés ; il est également précisé que les informations reçues d'un autre État peuvent, avec l'accord écrit de cet État, être utilisées à des fins autres que fiscales si cela est autorisé par les dispositions d'échange de renseignements en vigueur entre la France et l'autre État (BOI-INT-DG-20-60 n° 40).

Précisions Dans le cadre **franco-monégasque**, l'administration estime qu'elle peut utiliser les renseignements échangés pour asseoir ou faciliter le recouvrement de « prélèvements fiscaux sur le revenu » comme la CSG (ancienne réponse Aubert, JOAN, 30 mai 1994, p. 2718, non reprise au BOFiP : BF 7/94, n° 817).

Information du contribuable

La question de la **communication** aux **contribuables** des informations recueillies a été plusieurs fois posée au contentieux, compte tenu de la règle relative au **secret** qui figure, en général, dans les conventions fiscales. La question s'est, en effet, posée de savoir comment combiner cette clause avec le principe résultant aujourd'hui de l'article L 76 B du LPF selon lequel l'administration est tenue d'informer le contribuable de la teneur et de l'origine des **renseignements et documents obtenus de tiers** sur lesquels elle s'est fondée pour établir l'imposition faisant l'objet d'une proposition de rectification (elle doit communiquer au contribuable qui en fait la demande, avant la mise en recouvrement, une copie de ces documents). **74325**

Il ressort de la jurisprudence que la clause de secret est généralement opposable au contribuable, sauf en présence d'une stipulation conventionnelle suffisamment large (n° 74326) mais qu'elle doit, en tout état de cause, être levée en cas de contentieux.

Précisions D'une manière générale, l'administration n'a pas, au cours d'une vérification de comptabilité (ou, d'ailleurs, d'une vérification quelconque), **l'obligation de prévenir le contribuable** qu'elle met en œuvre l'assistance administrative internationale ; elle n'a à respecter les procédures et les délais de notification applicables en la matière que lorsqu'elle souhaite mettre en œuvre les dispositions de l'article L 188 A du LPF lui permettant de bénéficier d'une extension du délai de reprise (CAA Paris 31 mars 2021 n° 19PA03666, 7e ch., Sté Orkenise Art, ayant fait l'objet d'un pourvoi non admis par CE (na) 21 décembre 2021 n° 454849, 10e ch., Sté Orkenise Art : RJF 3/22 n° 283). En l'espèce, la société exerçait une activité occulte, ce qui suffisait à prolonger le délai de reprise, et n'avait fourni aucune précision sur l'imposition dont elle aurait fait l'objet au Luxembourg et n'établissait pas qu'elle aurait commis une erreur (dans cette affaire, c'était, en réalité, de manière surabondante que l'administration s'était référée à l'article L 188 A du LPF pour bénéficier de l'extension du délai de reprise).

Jurisprudence stricte Il résulte de la jurisprudence du Conseil d'État que la question de savoir si les clauses de secret sont ou non opposables au contribuable dépend de la manière dont les stipulations conventionnelles relatives au secret sont rédigées. Lorsque les conventions fiscales ne reprennent pas le modèle de convention fiscale de l'OCDE, mais retiennent une formulation étroite n'autorisant la communication qu'aux **personnes « chargées »** de l'établissement ou du recouvrement des impôts, le secret est opposable au contribuable au cours de la procédure d'imposition. Il en va différemment, en revanche, lorsque la convention fiscale, reprenant le modèle de convention fiscale de l'OCDE, prévoit la communication des renseignements obtenus par un État aux **personnes « concernées »** par l'établissement ou le recouvrement des impôts visés, les procédures ou poursuites concernant ces impôts, les décisions sur les recours relatifs à ces impôts, ou le contrôle de ces procédures (n° 74327). **74326**

Les décisions suivantes illustrent les solutions retenues à l'égard des conventions fiscales qui ne reprennent pas les préconisations de l'OCDE :
– sous l'empire de l'ancienne convention **franco-américaine**, le Conseil d'État avait jugé que le secret prévu par la convention s'étendait au contribuable lui-même, qui n'avait donc pas le droit d'être informé des renseignements détenus par l'administration par l'exercice du droit de communication auprès de l'administration américaine (CE 5 mars 1993 n° 105069, 8e et 9e s.-s., Rohart : RJF 5/93 n° 674) ;
– le secret prévu par l'article 28 de la convention **franco-suisse** du 9 septembre 1966, relatif aux échanges de renseignements entre administrations fiscales française et suisse,

74326 (suite) s'oppose à la divulgation aux contribuables par l'administration française de renseignements tels que des rapports d'enquêtes émanant tant des autorités françaises que suisses, et que celles-ci se communiquent dans le cadre de la procédure amiable conventionnelle (CE 30 juin 1995 n° 140891, 9e s.-s., Fontana : RJF 8-9/95 n° 990) ; cette décision va même plus loin que la précédente car elle concerne aussi les documents émanant des autorités françaises ;
– pour l'application de l'ancienne convention fiscale **franco-danoise**, il a été jugé qu'une société est suffisamment informée de l'origine, de la nature et de la teneur des informations recueillies auprès de tiers et utilisées par l'administration pour fonder les redressements lorsque la notification de redressements contient un exposé détaillé des renseignements obtenus par l'administration fiscale française auprès de l'administration fiscale danoise, même s'il n'est pas précisé que ces éléments ont été obtenus dans le cadre des échanges de renseignements entre les deux administrations (CAA Paris 21 décembre 2007 n° 06-941, 7e ch., Sté Simexipa : RJF 6/08 n° 700 ; arrêt définitif) ; cet arrêt rappelle que le refus de l'administration de communiquer au contribuable les documents qu'elle a obtenus d'une administration étrangère en application d'une convention fiscale qui interdit toute communication des renseignements échangés ne rend pas la procédure d'imposition irrégulière ;
– l'administration était fondée à refuser de communiquer à un contribuable domicilié au **Liban** faisant l'objet d'une rectification au titre de l'article 155 A du CGI les informations reçues des autorités libanaises, dès lors que la convention fiscale franco-libanaise du 24 juillet 1962 prévoit que ces informations sont couvertes par le secret (TA Cergy-Pontoise 20 octobre 2020 n° 1801070, 2e ch., faisant l'objet d'un appel enregistré sous le n° 21VE00613 ; voir également n° 46060 j).

En revanche, lorsque la convention fiscale reprend le **modèle de convention fiscale** de l'OCDE, les solutions sont différentes.

Il a en effet été jugé que l'actuelle convention fiscale franco-américaine, du 31 août 1994, ne s'oppose pas à la **communication au contribuable, sur sa demande** (LPF art. L 76 B ; n° 74325), des informations obtenues par l'administration fiscale française de son homologue américaine et qui ont servi à l'établissement des redressements (CAA Nantes 20 décembre 2018 n° 17NT01564, 1e ch. : RJF 4/19 n° 367 ; arrêt définitif). Dans cette affaire, l'administration, qui avait regardé comme des BNC imposables les gains retirés par une personne physique domiciliée en France d'une activité habituelle de **joueur de poker**, avait demandé des informations aux autorités fiscales américaines et elle avait utilisé leur réponse pour fonder les rectifications ; le contribuable en avait demandé la communication avant la mise en recouvrement mais l'administration n'avait fourni la copie des documents demandés qu'après la mise en recouvrement : le contribuable a obtenu la **décharge** car il avait été privé d'une garantie substantielle attachée au débat contradictoire et la procédure était par suite irrégulière.

Cette solution a été reprise dans une situation particulière où l'administration avait indiqué, dans une proposition de rectification adressée à une personne physique domiciliée en France, qu'elle avait utilisé des informations obtenues en application de la **directive** européenne (n° 74205). Mais elle en avait ensuite refusé la communication en invoquant la clause de secret posée par l'article 22 de la convention fiscale franco-allemande du 21 juillet 1959 modifiée, qui reprend l'ancien modèle de convention fiscale de l'OCDE et précise que les renseignements échangés entre les autorités compétentes conservent un caractère secret et ne sont communiqués qu'aux personnes chargées de l'assiette et du recouvrement des impôts (CAA Lyon 18 juin 2020 n° 18LY02024, 5e ch. : RJF 11/20 n° 916 ; arrêt définitif) ; la Cour juge, en effet, qu'il ne résulte pas de la directive que le secret serait opposable aux **contribuables directement concernés** et qu'il y a lieu d'interpréter les stipulations conventionnelles à la lumière des objectifs et des dispositions de cette directive (la rédaction de l'arrêt est maladroite sur ce point, mais la solution est logique et cohérente ; voir également ci-dessous, Précisions b). Comme le contribuable avait demandé la communication des informations avant la mise en recouvrement et comme l'administration l'avait refusée, alors même qu'elle avait effectivement utilisé les informations reçues tant pour conduire la procédure d'imposition que pour déterminer le montant des rectifications résultant de la non-déclaration de commissions reçues d'une société allemande, la procédure d'imposition était irrégulière, et la décharge a été prononcée.

Précisions **a.** Étant donné la portée de la clause de secret, les **propositions de rectification** doivent respecter un certain équilibre entre l'obligation de motivation et l'interdiction faite à l'administration de révéler la teneur des informations qu'elle a obtenues dans le cadre de l'assistance administrative internationale, lorsqu'elle y est tenue par la convention fiscale applicable.

b. Les directives européennes ne font pas obstacle à la communication par l'administration au contribuable de renseignements recueillis dans le cadre de la procédure d'assistance mutuelle mais l'administration n'est, en tout état de cause, tenue de mettre à la disposition du contribuable qui le demande que les documents qui contiennent des **renseignements qu'elle a effectivement utilisés** pour procéder aux redressements (CE 24 juillet 2009 n° 309278, 8e et 3e s.-s., Sté Fis-Vopart : RJF 11/09 n° 931). Il a également été jugé que l'administration ne commet pas d'irrégularité et ne méconnaît pas le principe général des droits de la défense en ne communiquant pas au contribuable des renseignements obtenus auprès des autorités luxembourgeoises, dont elle ne se prévaut pas (TA Nantes 26 août 2022 n° 1911918, 5e ch., SARL Gelis France) ; dans cette affaire, la requérante avait soutenu que l'administration ne l'avait pas informée de la teneur de la réponse des autorités luxembourgeoise, ce qui laissait penser que cette réponse lui était favorable, mais cet argument était sans portée.

c. Le droit de l'Union européenne ne confère au contribuable d'un État membre **ni le droit d'être informé** de la demande d'assistance de cet État adressée à un autre État membre **ni le droit de participer** à la formulation de la demande adressée à l'État membre requis, ni le droit de participer aux auditions de témoins organisées par ce dernier État (CJUE 22 octobre 2013 aff. 276/12, Gr. ch., Jiri Sabou : RJF 1/14 n° 112 ; le principe général du respect des **droits de la défense** ne peut être utilement invoqué lors de la phase d'enquête alors qu'il peut l'être lors de la phase contradictoire qui débute par l'envoi d'une proposition de rectification). Dans cette affaire, la Cour juge également que la directive européenne ne régit pas la question de savoir dans quelles conditions le contribuable peut contester l'exactitude de l'information transmise par l'État membre requis et n'impose aucune exigence particulière quant au contenu de l'information transmise.

d. Pour l'application de la **directive 2011/16/UE**, si le juge dispose d'un **droit d'accès à la demande d'informations** adressée par l'État membre requérant à l'État membre requis, l'administré concerné ne dispose pas d'un droit d'accès à l'ensemble de cette demande d'informations qui demeure un document secret, conformément à l'article 16 de la directive ; afin de faire pleinement entendre sa cause au sujet de l'absence de **pertinence vraisemblable** des informations demandées, il suffit, en principe, qu'il dispose des informations visées à l'article 20, 2 de la directive, à savoir l'identité du contribuable concerné et la finalité fiscale des informations demandée (CJUE 16 mai 2017 aff. 682/15, Gr. ch., Berlioz Investment Fund SA : RJF 8-9/17 n° 891 ; voir également n° 74300). Cet arrêt confirme également qu'un administré qui s'est vu infliger une sanction pécuniaire pour non-respect d'une décision administrative lui enjoignant de fournir des informations dans le cadre d'un échange entre administrations fiscales nationales au titre de la directive 2011/16/UE est en **droit de contester** la légalité de cette décision (article 47 de la charte des droits fondamentaux de l'Union européenne).

e. Des **relevés bancaires** portant sur un compte luxembourgeois, dont il n'est pas établi qu'ils n'ont pas été obtenus de tiers et sur lesquels s'est fondée l'administration pour établir une imposition litigieuse, doivent être communiqués au contribuable à sa demande, avant la mise en recouvrement (CE 30 janvier 2017 n° 391844, 3e ch. : RJF 7/17 n° 717).

f. Il n'est pas exigé que les documents communiqués soient **traduits** (CAA Paris 9 février 2021 n° 18PA00038, SAS Naco : RJF 5/21 n° 504, arrêt définitif après non-admission du pourvoi de la société par CE (na) 17 février 2022 n° 451629, 9e ch., Sté Naco : RJF 5/22 n° 472 ; voir également n° 74300, Précisions d) ; la Cour juge que l'administration n'était pas tenue de faire traduire en français des pièces produites en espagnol par les autorités uruguayennes, mais remarque tout de même que le gérant de la société française contrôlée maîtrisait l'espagnol.

Position de l'OCDE Les commentaires du comité des affaires fiscales de l'OCDE précisent que « les renseignements peuvent aussi être **communiqués au contribuable**, à son représentant ou à des témoins » (commentaires OCDE, C (26) n° 12) ; ces commentaires ont été repris par l'administration à propos de la convention franco-algérienne (BOI-INT-CVB-DZA-70 n° 120 précisant que la formulation OCDE vise le contribuable ou son représentant ; cette remarque n'a pas, toutefois, de portée excédant le cas de la convention franco-algérienne). **74327**

Avec les conventions fiscales reprenant le modèle proposé par l'OCDE, il n'y a en effet guère de difficulté à lever le secret à l'égard des contribuables ; il suffit de leur reconnaître, ce qui n'est pas difficile, la qualité de « personne… concernée par l'établissement ou le recouvrement des impôts » (en ce sens, chronique Vincent Daumas à la RJF 4/11 indiquant qu'un « consensus existe, et il est douteux que le juge de l'impôt le remette en cause, pour considérer que cette rédaction autorise la communication des informations échangées au contribuable (…) »). C'est la raison pour laquelle les clauses de secret conformes au modèle de convention fiscale de l'OCDE ne peuvent être invoquées par l'administration pour refuser de communiquer au contribuable l'origine et la teneur des informations sur lesquelles elle s'est fondée pour établir l'imposition, dès avant la mise en recouvrement.

Précisions **a.** L'administration doit informer le contribuable lorsque celui-ci fait l'objet d'un **examen de situation fiscale personnelle** (ESFP) et que la durée de la vérification dépasse le délai d'un an en raison d'une demande de renseignements adressée à une administration étrangère, conformément à l'article L 12 du LPF (voir également nos 74360 s., en cas de mise en œuvre de l'article L 188 A du LPF).

b. L'administration ne s'estime pas tenue de communiquer les documents qu'elle a obtenus dans le cadre de l'assistance administrative internationale, lorsque la convention internationale fondant l'échange d'informations entre États contient des **clauses restrictives interdisant la communication** au contribuable. Les documents obtenus dans ce cadre ne peuvent pas être transmis au contribuable, alors même que les informations qu'ils contiennent ont été régulièrement exposées dans la proposition de rectification. L'absence de communication est sans incidence sur la régularité de la procédure d'imposition (BOI-CF-PGR-30-10 n° 380). Cette doctrine ne précise cependant pas ce qu'elle entend par « clauses restrictives interdisant la communication au contribuable ».

Communication en cas de contentieux

74328 Le Conseil d'État juge que, en tout état de cause, les clauses restrictives de secret ne sont pas opposables au juge de l'impôt et que le **principe du contradictoire** s'oppose à ce que le juge de l'impôt se fonde sur des éléments provenant de l'assistance administrative internationale si le contribuable n'en a pas eu la disposition (CE 4 juin 2008 n° 301776, 8e et 3e s.-s., Sté Sparflex : RJF 10/08 n° 1055 ; conclusions Nathalie Escaut au BDCF 10/08 n° 119).

Dans cette affaire, à propos de la convention fiscale franco-américaine, le Conseil d'État précise que les stipulations relatives au secret « n'ont pas par elles-mêmes pour objet de faire obstacle à la communication au juge administratif compétent en cette matière, par l'administration fiscale, de renseignements recueillis dans le cadre de cette convention ; que, toutefois, le juge administratif est tenu de ne statuer, conformément aux principes généraux de la procédure, **qu'au vu des seules pièces du dossier qui ont été communiquées aux parties** ; qu'il lui appartient dès lors, si l'administration choisit de transmettre au juge de l'impôt les renseignements, y compris les documents, échangés dans le cadre de la convention, de les communiquer à la partie adverse ; que, dans le cas inverse, il lui appartient, dans l'exercice de ses pouvoirs de direction de la procédure, de prendre toutes mesures propres à lui procurer, par les voies de droit, les éléments de nature à lui permettre de former sa conviction sur les points en litige ».

Ces principes ont été repris et précisés, dans le cadre des anciennes conventions fiscales franco-britannique et franco-danoise, à propos d'un résident de France qui avait perçu des commissions occultes sur un compte au Liechtenstein (CE 26 janvier 2011 n° 311808, 8e et 3e s.-s., Weissenburger : RJF 4/11 n° 489) ; l'administration avait refusé de communiquer les informations obtenues du Danemark et du Royaume-Uni au cours de la procédure d'imposition mais les avait produits au cours de la procédure contentieuse devant le tribunal administratif. Selon cette décision, les **stipulations conventionnelles relatives au secret** n'ont pas pour objet de faire obstacle à la communication par l'administration au juge de renseignements recueillis dans le cadre de l'assistance administrative internationale, « qu'elles mentionnent ou non expressément les tribunaux ».

Il en résulte que, si la convention contient une clause de secret étendue au contribuable, **l'administration est face à un choix** : soit elle décide de verser les pièces au dossier, auquel cas celles-ci doivent être communiquées au contribuable pour qu'il puisse présenter ses observations en réponse ; soit elles ne sont pas versées au dossier et le juge de l'impôt doit fonder son appréciation sur d'autres éléments. Les restrictions tenant au secret sont toujours levées en cas de procédure juridictionnelle.

Mais, même en cas de procédure contentieuse, l'administration n'est pas obligée de fournir les informations qu'elle a reçues et qu'elle n'utilise pas. Par exemple, même si elle annonce à des contribuables qui font l'objet d'un ESFP qu'elle saisit des autorités fiscales étrangères, elle n'a pas à leur communiquer les documents reçus dès lors qu'ils ne servent pas de fondement aux rectifications proposées (CAA Lyon 8 décembre 2009 n° 07LY02361, 2e ch. ; un pourvoi avait été formé contre cet arrêt, mais il n'a pas été admis par CE (na) 10 novembre 2010 n° 337126, 3e s.-s.) ; de même, l'administration peut, lorsqu'elle est saisie d'une demande tendant à la communication de documents obtenus dans le cadre d'une procédure d'assistance administrative internationale, ne transmettre qu'une partie du **formulaire d'échange d'informations** si le vérificateur s'est fondé, pour établir les impositions, sur les seuls éléments contenus dans les pièces communiquées au contribuable (CAA Versailles 2 décembre 2014 n° 14VE00325, 3e ch., SAS Atlease Finance : RJF 3/15 n° 233, notant tout de même que la société n'émettait en défense que de pures hypothèses et n'alléguait pas sérieusement que l'administration se serait fondée sur des éléments n'apparaissant pas sur les réponses dont elle avait reçu copie ;

cet arrêt a fait l'objet d'un pourvoi qui n'a pas été admis par CE (na) 1er octobre 2015 n° 387617, 10e s.-s., SAS Atlease Finance).

Précisions **a.** La cour administrative d'appel de Paris avait décidé, dans une affaire concernant les Pays-Bas, d'ordonner un supplément d'instruction afin que l'administration lui fournisse les indications nécessaires pour apprécier si la **convention fiscale franco-néerlandaise** devait effectivement être écartée comme le prétendait le ministre (CAA Paris 4 avril 1997 n° 95-2209, 2e ch., SA Diebold Courtage : Droit fiscal 1997, n° 44, comm. n° 1155). Ultérieurement, les informations fournies par l'administration néerlandaise ont été produites à la Cour puis au Conseil d'État et finalement au contribuable (CE 13 octobre 1999 n° 191191, 8e et 9e s.-s., min. c/ SA Diebold Courtage : RJF 12/99 n° 1492).

b. Le tribunal administratif de Besançon avait choisi une autre voie, invitant l'administration, dans un jugement avant dire droit, à **demander** à l'administration américaine **l'autorisation de communiquer** au contribuable les informations que celle-ci lui avait fournies (TA Besançon17 avril 1997 n° 94-1127, Sté Decoflock Clara Lander : RJF 1/98, n° 67 ; jugement définitif).

c. La Cour de cassation a considéré, sans ambiguïté, à propos de l'article L 16 B du LPF (droit de visite et de saisie des agents des impôts), que la stipulation de la convention franco-américaine du 28 juillet 1967, selon laquelle des documents peuvent être communiqués à un juge, **implique** qu'ils soient communiqués au **justiciable** (Cass. com. 20 octobre 1998, n° 1584 P, Lynch : RJF 1/99 n° 45). Voir aussi Cass. com. 6 avril 1999, n° 778 D (Conceptair BV) et 779 D (Privas ép. Denis) : BF 7/99 n° 799.

d. Il a été jugé qu'aucune disposition de la convention **franco-monégasque** du 18 mai 1963 ne s'oppose à la communication au contribuable de la copie de la demande d'assistance administrative transmise à Monaco et des renseignements communiqués par l'administration monégasque (CAA Marseille 22 novembre 2005 n° 01-2528, 4e ch., Barbero : RJF 1/07 n° 67, confirmé par CE 27 avril 2009 n° 289570, 10e et 9e s.-s., min. c/ Barbero : RJF 7/09 n° 616 en ce qui concerne l'irrégularité affectant la procédure relative aux redressements fondés sur les renseignements obtenus des autorités monégasques).

e. Il n'y a pas défaut de communication lorsqu'un contribuable a pu prendre connaissance de documents transmis par l'administration fiscale néo-zélandaise représentant un total de quarante pages mais **s'est abstenu d'accomplir les diligences nécessaires** pour obtenir la page manquante relative à la lettre de transmission des autorités néo-zélandaises accompagnant les pièces adressées dans le cadre de l'assistance administrative (CE 16 avril 2012 n° 323592, 10e et 9e s.-s., Paupardin : RJF 7/12 n° 674, conclusions Julien Boucher au BDCF 7/12 n° 80 ; voir aussi n° 41485). C'était au contribuable qui prétendait n'avoir pas reçu la page manquante annexée à la notification de redressements de faire diligence pour en obtenir communication dès lors qu'il était suffisamment averti du contenu du pli.

f. Une société à qui l'administration n'a **communiqué que de simples extraits** des réponses que les autorités espagnoles ont adressées à la France dans le cadre d'une demande d'assistance, sans fournir d'élément de nature à justifier que la communication n'ait été que partielle, a été privée d'une garantie au titre de l'article L 76 B du LPF justifiant la décharge des rappels de TVA notifiés (CAA Bordeaux 17 juillet 2017 n° 15BX01931, Sté LGDA ; arrêt définitif).

Protection du secret

Un État n'a **jamais l'obligation de fournir** à un autre État des informations qui révéleraient un **secret** commercial, industriel, professionnel ou un procédé commercial ou des renseignements dont la communication serait contraire à l'ordre public. Selon les commentaires de l'OCDE, cette clause ne doit pas être interprétée de manière trop large : « avant d'invoquer ces dispositions, un État contractant devra apprécier avec soin si les intérêts du contribuable en justifient réellement l'application » (Commentaires OCDE, C (26) n° 19) ; une interprétation trop large équivaudrait, en effet, à rendre inefficaces les dispositions de la convention fiscale. **74330**

Quoi qu'il en soit, la clause est rédigée de telle manière que les États ont, en définitive, le pouvoir d'apprécier la **notion de secret**, afin de protéger les intérêts des contribuables ; mais si un État fournit délibérément de tels renseignements, le contribuable ne peut normalement pas invoquer une infraction aux règles du secret. Il en va différemment s'il existe une disposition expresse en droit interne ; en France, l'article R* 114 A, 2 du LPF dispose que **l'administration ne peut fournir** des renseignements qui révéleraient un secret commercial, industriel ou professionnel ou dont la divulgation serait de nature à porter atteinte à la sécurité ou à l'ordre public (la notion de secret commercial ou industriel a toutefois été remplacée par celle de « **secret des affaires** », définie à l'article L 151-1 du Code de commerce et introduite par la loi n° 2018-670 du 30 juillet 2018 relative à la protection du secret des affaires ; JO du 31 juillet 2018, texte n° 1).

Responsabilité de l'État

74335 Il est possible au contribuable de mettre en cause la responsabilité de l'État en cas de faute. La jurisprudence est cependant assez exigeante sur ce terrain. Par exemple, il a été jugé que le dommage résultant pour un contribuable de poursuites et condamnations prononcées par la justice allemande n'était pas la conséquence directe du comportement de l'administration fiscale française, dans une affaire où la justice allemande ne s'était fondée que partiellement sur les informations fournies par l'administration française (CAA Nancy 13 février 1990 n° 89-231, Mochel : Droit fiscal 1991 n° 51, comm. n° 2419 ; arrêt définitif). L'État ne pouvait donc être condamné à réparer le préjudice que l'intéressé aurait subi. La Cour ne s'est pas prononcée sur l'existence d'une faute, alors même qu'il ressort de l'arrêt que le contribuable prétendait que les informations fournies étaient soit illégales soit erronées.

6. Renforcements successifs de l'efficacité des échanges

Réductions des possibilités de refus

74340 Lors de la révision du modèle de convention fiscale en juillet 2005, l'OCDE a manifesté le souci de réduire les possibilités pour les États de refuser de communiquer les informations demandées dans le cadre des mécanismes conventionnels d'échanges d'informations.

À cette fin, notamment, deux paragraphes nouveaux ont été ajoutés au modèle :
– l'un (§ 4) est destiné à prévoir que si des renseignements sont demandés par un État, l'autre État utilise les pouvoirs dont il dispose pour les obtenir, même s'il n'en a pas besoin à ses propres fins fiscales (absence de possibilité pour les États d'invoquer une **clause d'intérêt fiscal national**) ;
– l'autre (§ 5) est relatif à l'**inopposabilité** de principe du **secret bancaire** ; il précise que, en aucun cas, les dispositions du paragraphe 3 (protection du secret, etc.) ne peuvent être interprétées comme permettant à un État de refuser de communiquer des renseignements uniquement parce que ceux-ci sont détenus par une banque, un autre établissement financier, un mandataire ou une personne agissant en tant qu'agent ou fiduciaire ou parce que ces renseignements se rattachent aux droits de propriété d'une personne.

En outre, les commentaires ont été enrichis de nouveaux développements relatifs au comportement des États, prévoyant, par exemple, des échanges généraux sur les techniques fiscales et les procédés d'évasion fiscale, même sans qu'un contribuable précis soit concerné ; de même, si son droit interne le permet, un État peut autoriser la visite sur son territoire de représentants de l'autre État (contrôles simultanés et contrôles à l'étranger ; Commentaires OCDE, C (26) n° 9.1).

Précisions **a.** L'Autriche, la Suisse, la Belgique et le Luxembourg avaient réservé leur position sur ces propositions de l'OCDE (Commentaires OCDE, C (26) n°s 23 à 26) ; cependant, ces **réserves** ont été **levées** en 2009, lors d'une première offensive du G20 contre les « paradis fiscaux » (n°s 70558 s.).

b. Aucun pays de l'OCDE n'a déclaré appliquer la restriction « d'intérêt fiscal national ».

Demandes portant sur des groupes et utilisation des renseignements

74342 L'OCDE a indiqué, le 18 juillet 2012, avoir mis à jour l'article 26 du modèle de convention fiscale afin de prévoir que les États puissent demander des renseignements concernant des « groupes ». Les modifications annoncées concernent, en fait, les commentaires et non pas le modèle lui-même (ces modifications ont été incluses dans la version actualisée du modèle de convention fiscale publié le 15 juillet 2014) ; le comité des affaires fiscales de l'OCDE estime que les autorités fiscales peuvent demander des renseignements sur un groupe de contribuables, **sans les nommer de manière individuelle**, à condition toutefois qu'une telle demande ne constitue pas « de la pêche aux renseignements » au sens indiqué n° 74300 (aucun État n'a formulé de réserve sur ce point). Les **demandes groupées** visent un groupe de contribuables qui ne sont pas identifiés individuellement si des éléments factuels laissent penser que ces contribuables ont enfreint la législation fiscale de l'État requérant. Selon les indications données par le comité des affaires fiscales de l'OCDE (Commentaires OCDE, C (26) n°s 5.1 s.) :
– l'État requérant doit fournir « une description détaillée du groupe ainsi que les faits et circonstances qui ont mené à la demande, une explication de la loi applicable et pourquoi il

y a des raisons de penser que les contribuables du groupe faisant l'objet de la demande n'ont pas respecté cette loi, étayée par une base factuelle claire » (Commentaires OCDE C (26) n° 5.2) ;
– une demande qui porterait sur un groupe de contribuables et qui se contenterait « d'indiquer que des services financiers ont été fournis à des non-résidents et de mentionner la possibilité que ces derniers n'aient pas respecté leurs obligations fiscales » ne satisferait pas la norme de pertinence vraisemblable (Commentaires OCDE C (26) n° 5.2) ;
– un État n'est pas tenu de répondre à un autre État si ce dernier lui demande, sans précisions supplémentaires, la liste de ses résidents qui ont un compte dans une banque identifiée du premier État (Commentaires OCDE C (26) n° 8.1 a), visant le cas où la demande indique que cette banque est connue pour avoir de nombreux titulaires étrangers et n'apporte pas d'informations complémentaires).

En ce qui concerne le modèle lui-même, la modification introduite lors de la révision de juillet 2014 s'est limitée au paragraphe 2 de l'article 26, qui précise désormais que « nonobstant ce qui précède, les renseignements reçus par un État contractant peuvent être **utilisés à d'autres fins** si la législation des deux États l'autorise et si l'autorité compétente de l'État qui fournit ces renseignements autorise cette utilisation. » Ce principe a été repris dans la convention entre la France et Singapour du 15 janvier 2015 (article 26 § 2).

Dans le cadre européen, la **directive** (UE) 2021/514 du 22 mars 2021 (DAC 7 ; n° 74208) a réglé les modalités des échanges concernant les groupes de contribuables (article 5 bis de la directive modifiée) ; les informations que l'autorité requérante doit fournir lorsque la demande concerne un groupe de contribuables qui ne peuvent pas être identifiés individuellement font désormais l'objet de précisions supplémentaires (description détaillée du groupe, explication du droit applicable et des faits sur la base desquels il existe des raisons de penser que les contribuables du groupe n'ont pas respecté le droit applicable, etc.).

Précisions La France et la **Suisse** ont signé, le 25 juin 2014, un avenant à la convention fiscale du 9 septembre 1966 modifiée en matière de revenus et de fortune, afin de permettre aux États de procéder à des demandes groupées et de demander des informations bancaires sans connaître l'identité de l'établissement financier teneur de compte.

Échange automatique d'informations financières

Les chefs d'État et de gouvernement réunis au sommet de Saint-Pétersbourg des 5 et 6 septembre 2013 avaient clairement marqué leur volonté de mettre en œuvre un système d'échange automatique de données financières (cette perspective reprend explicitement l'exemple donné par les États-Unis dans le cadre du Fatca, n° 74230). **74344**

À cette fin, le comité des affaires fiscales de l'OCDE a proposé, le 13 février 2014, une **nouvelle norme mondiale unique** relative à l'échange automatique de renseignements (rapport de l'OCDE intitulé « Standard for Automatic Exchange of Financial Account Information - Common reporting standard », ou CRS) ; cette norme exige des États et territoires qu'ils se procurent divers renseignements auprès de leurs institutions financières et qu'ils les échangent automatiquement entre eux sur une base annuelle. Elle a été adoptée par les ministres des finances du G20 lors de la réunion de Sydney des 22 et 23 février 2014 avant d'être publiée par l'OCDE le 21 juillet 2014 et de faire l'objet d'un accord multilatéral entre autorités compétentes (n° 74347).

Précisions **a.** La mise en place effective de cette nouvelle norme a nécessité **l'harmonisation des règles** de reporting et de due diligence ainsi que la mise en place d'une plateforme opérationnelle et de systèmes informatiques harmonisés ou au moins compatibles entre eux et garantissant la confidentialité.

b. L'échange automatique ne doit pas être limité au G20 et à l'OCDE ; le Forum mondial sur la transparence et l'échange d'informations a, en particulier, été chargé d'organiser la mise en place de ce « standard » de sorte que soit assurée **l'égalité de traitement** entre tous les pays.

c. L'OCDE a publié, le 7 août 2015, une réédition du rapport de synthèse de 2010 sur les **programmes de régularisation des avoirs étrangers** non déclarés, à partir de l'expérience de quarante-sept pays (« Voluntary Disclosure Programmes: A Pathway to Tax Compliance »).

d. L'OCDE a publié, le 7 août 2015, un **guide pratique** à destination des États et des institutions financières sur l'échange automatique de renseignements financiers (« Standard for Automatic Exchange of Financial Account Information in Tax Matters : Implementation Handbook »)

Accord multilatéral entre autorités compétentes

74347 Afin de traduire dans un instrument juridique les engagements pris pour la mise en place d'une nouvelle norme mondiale unique relative à l'échange automatique de renseignements (nº 74344), l'OCDE a mis au point un « Accord multilatéral entre autorités compétentes concernant **l'échange automatique de renseignements relatifs aux comptes financiers** » (« Mutual Competent Authority Agreement » ou « CRS MCAA »), qui a été signé par la France à Berlin le 29 octobre 2014 et qui est entré en vigueur le 24 février 2016.

Cet accord s'inscrit dans le cadre fixé par l'article 6 de la convention multilatérale concernant l'assistance administrative mutuelle en matière fiscale (nº 74220) ; il met en œuvre une « **norme commune de déclaration** » (« Common Reporting Standard » ou **CRS**) qui organise l'échange automatique d'informations et ses modalités pratiques (renseignements à échanger, date et modalités des échanges, confidentialité et protection des données, rôle du secrétariat de l'organe de coordination, etc.). Une deuxième édition de la norme commune de déclaration a été publiée par l'OCDE le 6 avril 2017, incluant certaines corrections techniques (l'OCDE publie également sur son site Internet une « foire aux questions » relative à cette norme). Le secrétariat de l'organe de coordination est chargé d'établir la liste des États ou territoires concernés par les échanges d'informations en matière bancaire et financière.

En application de cet accord multilatéral, les autorités compétentes s'échangent les informations requises selon un schéma informatique et sécurisé prédéfini, sur une base annuelle, dans les neuf mois suivant la fin de l'année civile à laquelle les informations se rapportent.

Les obligations déclaratives sont relatives aux **revenus d'investissement**, tels que les intérêts, dividendes, produits de certains contrats d'assurance et revenus du même type et les soldes des comptes ; les informations identifiées devront être collectées par les **institutions financières** au sens large (banques, certaines compagnies d'assurance et certains types de structures d'investissement collectif, dépositaires, sociétés de gestion, etc.). Elles concernent toutes les personnes (personnes physiques, directement ou par l'intermédiaire d'un trust, d'une fiducie, d'une fondation ou de toute autre entité offshore) qui détiennent un **compte financier ou un contrat d'assurance-vie dans une institution financière établie dans un autre pays** que celui dans lequel elles ont leur résidence fiscale, sous réserve que les deux États soient liés par l'accord multilatéral (outre le cas particulier de l'Union européenne, nº 88020). Les informations collectées par les institutions financières (données d'identification du client, soldes des comptes et flux financiers) sont transmises, une fois par an, sous forme informatique, à leur autorité fiscale nationale, cette dernière transmettant à son tour les informations à l'autorité fiscale du pays de résidence.

Au 25 août 2022, l'accord multilatéral sur les comptes financiers avait été signé par **118 États** ou territoires (la France a fait partie des premiers signataires, de sorte que la mise en œuvre effective de cet accord dans notre pays est intervenue en septembre 2017) ; lors de la réunion des 26 et 27 novembre 2019 du Forum mondial sur la transparence et l'échange de renseignements à des fins fiscales, à l'occasion de son dixième anniversaire, il a été indiqué que le mécanisme d'échange automatique d'informations sur les comptes financiers s'était généralisé dans le cadre du « standard AEOI » (« Automatic Exchange Of Information ») et qu'en 2018 des données financières portant sur environ 47 millions de comptes financiers avaient été échangées, contre 11 millions en 2017 (ces échanges sont notamment facilités par l'utilisation du système de transmission commun géré par le Forum mondial) ; l'augmentation des échanges est désormais très perceptible, puisque l'OCDE a indiqué, le 30 juin 2020, que près de 100 États ou territoires avaient pratiqué l'échange d'informations en matière bancaire et financière en 2019 et que ces échanges avaient concerné 84 millions de comptes financiers détenus à l'étranger correspondant à un montant global d'actifs de 10 000 Md€ (la France aurait reçu 4 millions d'informations provenant de 86 pays). Dans un communiqué du 7 juin 2019, l'OCDE avait indiqué que « la divulgation volontaire de comptes, d'actifs financiers et de revenus à l'étranger intervenue en amont du déploiement à grande échelle de l'initiative d'échange automatique de renseignements a permis de mobiliser plus de 95 Md€ de recettes supplémentaires (impôts, intérêts et pénalités) pour les pays de l'OCDE et du G20 sur la période 2009-2019 ». Ce communiqué ajoutait que les dépôts dans les grands centres financiers internationaux avaient « chuté de 34 % au cours de la dernière décennie, soit une diminution de 551 Md$, à mesure que les pays adhéraient à des normes de transparence plus stricte ». La liste des relations bilatérales couvertes est disponible sur le site de l'OCDE et elle est régulièrement actualisée. L'OCDE a également publié, en avril 2018, la seconde édition d'un manuel sur la mise en œuvre du CRS (« Common Reporting Standard Implementation Handbook »).

L'accord multilatéral entre autorités compétentes concernant l'échange automatique de renseignements relatifs aux comptes financiers a été **ratifié en France** par la loi n° 2015-1778 du 28 décembre 2015 (JO du 29 décembre 2015 p. 24318 ; le texte de l'accord a été publié par le décret n° 2016-1779 du 19 décembre 2016, JO du 21 décembre 2016, texte n° 12) ; l'autorité compétente française transmet ainsi à ses partenaires les informations requises sur les contribuables des États et territoires participants (personnes physiques) en raison de leur résidence fiscale et sur certaines personnes morales. Sont transmis des éléments d'identification (nom, adresse, numéro d'identification fiscal le cas échéant, date et lieu de naissance pour une personne physique), les numéros des comptes bancaires et des contrats d'assurance-vie ou de rente, les soldes ou les valeurs de rachat, mais aussi des revenus financiers déterminés selon la nature du compte financier (intérêts, dividendes, autres revenus issus des actifs détenus sur le compte, etc.).

En pratique, l'autorité compétente française échange avec ses partenaires les informations relatives :
– aux **nouveaux comptes** (à savoir les comptes ouverts depuis le 1er janvier 2016) et aux comptes individuels **préexistants** (comptes ouverts jusqu'au 31 décembre 2015) de valeur importante (comptes dont la valeur ou le solde sont supérieurs à 1 MUSD) depuis le 30 septembre 2017 et à la même date les années suivantes ;
– aux comptes individuels préexistants de faible valeur (comptes dont la valeur ou le solde sont inférieurs ou égaux à 1 MUSD) et aux comptes d'entités depuis le 30 septembre 2017 ou 2018, selon que les institutions financières françaises les auront identifiés comme déclarables en 2016 ou en 2017, puis à la même date les années suivantes.

Sur les adaptations nécessitées par la mise en œuvre de cet engagement en droit interne, voir n° 88030.

Précisions **a.** La **liste des pays** qui ont signé l'accord multilatéral entre autorités compétentes est disponible sur le site de l'OCDE ; à la demande de certains pays, la France signe parfois des accords bilatéraux mettant en œuvre le même dispositif (par exemple, signature d'un accord en ce sens, le 27 mars 2017, entre la France et Singapour).

b. Le Forum mondial a mis en place un **processus de surveillance** en temps réel pour suivre la mise en œuvre des engagements pris et identifier les domaines où une assistance est nécessaire. Il a également commencé à évaluer les normes de confidentialité et de protection des données dans tous les pays concernés.

c. L'OCDE a publié, le 16 octobre 2018, les résultats d'une analyse des États ou territoires qui accordent des permis de résidence ou la citoyenneté à des personnes physiques sous condition d'investissement (« **golden visas** »), relevant que ces dispositions peuvent être des moyens de soustraire des actifs à l'échange automatique d'informations en déguisant la résidence fiscale réelle des intéressés (sont identifiés, par exemple, Chypre, l'île Maurice, Malte et Monaco). La Commission européenne a également publié un rapport sur ce sujet le 23 janvier 2019 (Rapport COM(2019) 12 final, Investor Citizenship and Residence Schemes in the European Union), identifiant notamment la Bulgarie, Chypre et Malte et soulignant les risques que présentent ces programmes en matière de sécurité, de blanchiment de capitaux et de fraude fiscale, étant donné que toute personne qui acquiert la nationalité d'un État membre acquiert simultanément la citoyenneté européenne ainsi que les droits qui y sont associés. Ces rapports ont eu certains effets, car le régime spécial de citoyenneté a été supprimé à Chypre au 1er novembre 2020. La Commission européenne a adressé sur cette question un **avis motivé** à Malte le 6 avril 2022.

d. Poursuivant ses efforts pour étendre encore les règles de transparence fiscale, l'OCDE a mis au point un nouveau format informatique standardisé destiné à faciliter l'échange des informations fiscales collectées par les **plateformes numériques** (communiqué du 29 mars 2022) ; un document de consultation publique a également été publié par l'OCDE sur la mise en place d'un nouveau cadre mondial de transparence fiscale des **cryptoactifs**, accompagné de propositions de modifications de la norme commune de déclaration (communiqué du 22 mars 2022).

Position de la France

D'une manière générale, l'administration française accorde une grande importance aux paragraphes 4 et 5 de l'article 26 et ne signe plus actuellement de conventions fiscales qui ne les contiendraient pas ; la France a également renégocié les anciennes conventions fiscales qui ne contenaient pas **l'intégralité de l'article 26** du modèle de convention (en ce sens, par exemple, avec l'Autriche, la Belgique, le Luxembourg, la Suisse, etc.). **74350**

Il s'agit également d'un critère que l'administration prend en compte pour décider si le pays partenaire est ou non lié avec la France par une **convention d'assistance administrative** (n° 74082) et d'une condition essentielle au respect de la « norme » internationale dégagée par l'OCDE dans le cadre de lutte contre les « paradis fiscaux ».

Par exemple, c'est en raison de l'ancienne opposition de **Hong Kong** à l'introduction d'une telle clause que les négociations entre les deux pays pour la mise au point d'une convention fiscale ont longtemps été bloquées. Autre exemple, l'avenant du 13 janvier 2009 à la convention entre la France et les **États-Unis** du 31 août 1994 a actualisé l'article 27, relatif aux échanges de renseignements, notamment pour tenir compte des recommandations de l'OCDE ; en particulier, il est désormais prévu qu'un État ne peut refuser de communiquer des renseignements uniquement parce que ceux-ci sont détenus par une banque, un autre établissement financier, un mandataire ou une personne agissant en tant qu'agent ou fiduciaire ou parce que ces renseignements se rattachent aux droits de propriété d'une personne.

Enfin, la France « œuvre activement à la promotion de l'échange automatique d'informations qui est un vecteur essentiel de lutte contre la fraude » (réponse Le Callennec, n° 23556, JOAN du 3 décembre 2013, p. 12664).

7. Prorogation du délai de reprise en cas de mise en œuvre de l'assistance administrative internationale

Principes

74360 Afin de permettre à l'administration, en cas de contrôle, de pouvoir effectivement utiliser les informations qu'elle peut obtenir des autres pays dans le cadre de l'assistance administrative, l'article 40 de la loi n° 96-314 du 12 avril 1996 (DDOEF) avait institué une prorogation du délai général de reprise d'une durée maximum de deux ans, sous certaines conditions. La loi n° 2013-1117 du 6 décembre 2013 relative à la lutte contre la fraude fiscale et la grande délinquance économique et financière (art. 59) a **étendu le délai de reprise** ainsi que le champ d'application du dispositif, afin de donner encore davantage de moyens à l'administration pour utiliser efficacement les informations obtenues de ses partenaires étrangers.

Ces dispositions, codifiées à l'article L 188 A du LPF, sont commentées au BOI-CF-PGR-10-60. Elles permettent à l'administration de bénéficier, sous réserve du respect de certaines conditions, d'une prorogation du délai général de reprise d'une durée maximum de trois ans lorsqu'elle demande des renseignements à une autorité étrangère dans le cadre de l'assistance administrative internationale en matière fiscale.

Champ d'application

74365 Depuis la loi précitée du 6 décembre 2013, le champ d'application de l'article L 188 A du LPF n'est pas limité ; il concerne **tout renseignement concernant un contribuable** et demandé à l'autorité compétente d'un autre État ou territoire. La loi a donc un champ d'application matériel absolument général.

En pratique, les renseignements demandés concernent, le plus souvent, sous l'angle international, les relations juridiques (liens de dépendance de droit ou de fait...), économiques (transactions, redevances...) et financières (prêts, avantages anormaux...) que les contribuables peuvent entretenir avec des non-résidents, ainsi que toutes les opérations internationales susceptibles d'avoir un effet sur l'assiette imposable ou sur le montant de l'impôt d'un contribuable, de même que les éléments patrimoniaux ou les ressources dont un contribuable a pu disposer hors de France et toutes les transactions commerciales, activités professionnelles ou prestations de services qu'il a pu réaliser hors de France.

Précisions **a.** La différence ressort avec le **régime antérieur** à la loi n° 2013-1117 du 6 décembre 2013, qui était cantonné à quelques hypothèses limitativement énumérées (relations d'un contribuable qui entrent dans les prévisions des articles 57 ou 209 B du CGI ; biens, avoirs ou revenus dont un contribuable a pu disposer hors de France ou activités qu'il a pu y exercer ; types d'activités qu'un contribuable a pu exercer dans ou avec le pays étranger).

b. La rédaction actuelle de l'article L 188 A du LPF est de nature à retirer toute portée à la décision par laquelle le Conseil d'État avait jugé, sous l'empire de l'ancienne législation, qu'une demande qui n'était pas adressée à **l'État vers lequel le transfert de bénéfices est supposé** ne pouvait légalement proroger le délai de reprise (CE 28 décembre 2012 n° 345111, 3e et 8e s.-s., min. c/ Sté Technipex : RJF 3/13 n° 329 aux conclusions Emmanuelle Cortot-Boucher au BDCF 3/13 n° 35) ; dans cette affaire, qui concernait une société qui avait acheté des paires de jumelles militaires pour un prix total de 46,2 MF à une société domiciliée à Jersey, une demande de renseignements adressée à l'administration allemande avait révélé que la société de Jersey avait acquis un lot identique de jumelles auprès d'une société allemande pour un montant de 19,17 MF. L'administration avait redressé la différence en tant que bénéfices transférés à Jersey. Mais la demande de renseignements adressée aux autorités allemandes n'entrait pas dans le champ de l'article L 188 A du LPF dans sa rédaction de l'époque car il n'y avait pas de transfert de bénéfices entre la France et l'Allemagne.

L'article L 188 A vise, d'une façon générale, les demandes de renseignements : **74368**
– faites **au cours de toutes les procédures de contrôle** conduites par les agents des services de la Direction générale des finances publiques : contrôle sur pièces ou contrôle externe (vérification de comptabilité, examen contradictoire de la situation fiscale personnelle, notamment) ;
– portant sur **toutes les catégories d'impôts** (notamment impôt sur le revenu, impôt sur les sociétés, taxe sur la valeur ajoutée, droits d'enregistrement et de timbre, impôt sur la fortune, impôts locaux...) dont l'assiette ou le montant peuvent être influencés par une relation internationale ;
– concernant **tous les contribuables**, personnes physiques ou personnes morales, groupements de fait ou de droit, résidents ou non-résidents, assujettis ou susceptibles d'être assujettis en France à l'impôt visé par la demande.
Il n'est pas applicable, en revanche, en cas de réception d'informations communiquées **spontanément** par un État ou territoire étranger ni en cas de réception d'informations communiquées par un État ou territoire étranger dans le cadre d'échanges **automatiques** à des fins fiscales ni en cas de communication d'informations par un État ou territoire étranger au cours de **contrôles simultanés** ou d'enquêtes à l'étranger effectués en application des 2 et 3 de l'article L 45 du LPF ; il peut toutefois s'appliquer au titre d'une demande d'assistance adressée par l'administration à un État ou territoire étranger afin d'obtenir des informations complémentaires à celles obtenues spontanément, automatiquement ou au cours de contrôles simultanés ou d'enquêtes à l'étranger (BOI-CF-PGR-10-60 n° 40).

Procédure

L'administration avait précisé, sous l'empire de la législation antérieure à la loi du **74370**
6 décembre 2013, que la mise en œuvre de la prorogation des délais de reprise impliquait que le service ait effectué des constatations préalables permettant d'asseoir la demande de renseignements ; cette indication a disparu lors de la mise à jour du 20 décembre 2017 du BOI-CF-PGR-10-60, qui se contente désormais de préciser que la **demande d'assistance** doit porter sur des situations clairement identifiées en vue d'appliquer la législation fiscale en France ou les stipulations d'une convention fiscale à laquelle la France est partie (BOI préc. n° 50). Le fait que l'administration n'ait pas à réunir des **indices** préalablement à la mise en œuvre de la demande d'assistance administrative a été confirmé par CAA Bordeaux 9 juillet 2019 n° 17BX01039, 5e ch. (arrêt définitif confirmant TA Poitiers 7 février 2017 nos 1402856 et 1402858 : Droit fiscal 2017 n° 17, comm. n° 286) ; il a été jugé que les dispositions de l'article L 188 A du LPF ne prévoient pas que l'administration fiscale réunisse des indices présumant de relations ou de biens à l'étranger avant de mettre en œuvre une demande de renseignement auprès des autorités étrangères.

La mise en œuvre de la prorogation des délais de reprise suppose que l'administration ait envoyé à un État ou territoire étranger une demande d'assistance **dans le délai initial de reprise** ; l'administration doit, en effet, être en droit de procéder à des rectifications au moment où elle demande des informations à une administration étrangère.

En outre, le délai de reprise ne peut être prorogé que si le contribuable est informé de la mise en œuvre de la procédure prévue à l'article L 188 A du LPF :
– il doit être **informé de l'existence de la demande** dans un délai de soixante jours suivant la date d'envoi de la demande à l'autorité étrangère (lorsque le dernier jour du délai est un samedi, dimanche ou un jour férié, le délai est prorogé jusqu'au premier jour ouvrable suivant) ; cette information doit lui être fournie par un courrier qui doit mentionner l'État ou le territoire concerné, les années concernées et la date d'envoi de la demande (à l'occasion d'une mise à jour doctrinale du 16 janvier 2019, l'administration a supprimé la référence aux impôts concernés au

BOI-CF-PGR-10-60) ; le contribuable n'a pas, en revanche, à recevoir d'information sur l'objet ou la teneur de la demande, ni, à plus forte raison, une copie de la demande ;
– il doit également être **informé de la réponse** de l'autorité étrangère dans un délai de soixante jours suivant la réception de cette réponse par l'administration fiscale française ; le point de départ du délai de soixante jours est la date de réception de la réponse et non pas la date d'envoi de la réponse par l'autorité étrangère (lorsque le dernier jour du délai est un samedi, dimanche ou un jour férié, le délai est prorogé jusqu'au premier jour ouvrable suivant) ; le contribuable doit être informé de la réception de la réponse de l'autorité étrangère par un courrier mentionnant la date d'envoi de la demande d'assistance, l'État ou le territoire concerné, les années concernées et la date de réception de la réponse (les impôts concernés n'ont plus à être indiqués, selon une mise à jour du 16 janvier 2019 du BOI-CF-PGR-10-60).

La doctrine administrative indique qu'il n'est pas nécessaire que l'administration communique au contribuable l'objet, la teneur ou la **copie de la réponse** mais que, sauf stipulations conventionnelles contraires, les réponses reçues dans le cadre de l'assistance administrative internationale sont **communicables** au contribuable en application de l'article L 76 B du LPF ; ce texte prévoit, en effet, que l'administration est tenue d'informer le contribuable de la teneur et de l'origine des renseignements et documents obtenus de tiers sur lesquels elle s'est fondée pour établir l'imposition et qu'elle doit communiquer, avant la mise en recouvrement, une copie de ces documents au contribuable qui en fait la demande (la communication est toutefois, en principe, interdite par les stipulations conventionnelles relatives au secret). À propos du dispositif dans sa rédaction antérieure à la loi du 6 décembre 2013, mais la solution est transposable, il a été jugé que la circonstance que l'administration n'ait pas porté à la connaissance du contribuable les démarches qu'elle a entreprises ainsi que la réponse qu'elle a obtenue est sans incidence sur la régularité de la procédure d'imposition **lorsqu'elle n'a pas fait usage** de la possibilité de **prolonger le délai** de reprise (CAA Lyon 17 novembre 2015 n° 14LY00851, 2e ch., EURL Automobiles car.com ; arrêt définitif). Dans le même sens, CAA Paris 9 février 2021 n° 18PA00038, SAS Naco : RJF 5/21 n° 504 (arrêt définitif après non-admission du pourvoi de la société par CE (na) 17 février 2022 n° 451629, 9e ch., Sté Naco : RJF 5/22 n° 472 ; voir également n° 74300, Précisions d).

Précisions **a.** Si l'administration étrangère adresse une **réponse d'attente** ou précise que sa réponse est partielle et appelle un complément, le contribuable n'a à être informé que de l'existence de la réponse définitive (BOI-CF-PGR-10-60 n° 130). C'est également la date de la réponse définitive qui doit être prise en compte pour le calcul du délai de prorogation.

b. Si l'administration étrangère **ne répond pas** ou n'apporte pas de complément à une réponse d'attente ou partielle, la proposition de rectification doit préciser que la demande d'assistance dont le contribuable a été averti n'a pas reçu de réponse ou a reçu une réponse incomplète (BOI préc.).

c. Sous l'empire de la législation antérieure à la loi du 6 décembre 2013, il avait été jugé que l'administration devait informer le contribuable dans un « **délai raisonnable** » (CE 5 juillet 2010 n° 305563, 10e et 9e s.-s., Sté Dariosecq : RJF 11/10 n° 1063) ; un délai maximum d'un mois paraissait acceptable (un délai de quarante-neuf jours avait été jugé inacceptable par CAA Marseille 2 décembre 2010 n° 08-1913, 3e ch., Berkani née Boubakri : RJF 5/11 n° 621, arrêt définitif).

Extension du délai de reprise

74372 Lorsque l'administration a, dans le délai initial de reprise, demandé à l'autorité compétente d'un autre État ou territoire des renseignements concernant un contribuable, elle peut réparer les omissions ou les insuffisances d'imposition afférentes à cette demande, même si le **délai initial de reprise est écoulé**, jusqu'à la fin de l'année qui suit celle de la réception de la réponse et, au plus tard, jusqu'au 31 décembre de la troisième année suivant celle au titre de laquelle le délai initial de reprise est écoulé.

L'administration dispose donc d'une période plus longue pour proposer d'éventuelles rectifications, ce qui s'explique par la relative lourdeur de la procédure d'échange d'informations. En pratique, le délai de reprise dépend de la date de la réponse ou de la non-réponse de l'administration étrangère :
– le délai expire à la **fin de l'année qui suit** celle de la réception de la réponse (comme sous l'empire de la législation antérieure à la loi du 6 décembre 2013) ;
– ou le 31 décembre de la **troisième année suivant celle au titre de laquelle le délai initial de reprise est écoulé** (alors qu'antérieurement à la loi du 6 décembre 2013 le délai expirait au plus tard le 31 décembre de la cinquième année suivant celle au titre de laquelle l'imposition est due).

Si, par exemple, l'administration adresse en 2022 une demande à un autre État concernant les revenus de l'année 2020 d'un contribuable (pour lesquels le délai normal de reprise expire le 31 décembre 2023), elle pourra proposer une rectification dans des délais qui expireront :
– le 31 décembre 2023 si la réponse intervient avant le 31 décembre 2022 ;
– le 31 décembre 2024 si la réponse intervient en 2023 ;
– le 31 décembre 2025 si la réponse intervient en 2024 ;
– le 31 décembre 2026 en l'absence de réponse ou en cas de réponse reçue en 2025 ou 2026.

Pour illustrer la portée de l'extension, l'administration prend l'exemple d'une demande d'assistance adressée en juillet N à un État étranger et portant sur le montant des revenus perçus sur un **compte bancaire détenu à l'étranger**, dont l'existence n'a pas été spontanément déclarée par le contribuable. Étant donné que le droit de reprise de l'administration peut s'exercer jusqu'à la fin de la dixième année qui suit celle au titre de laquelle l'imposition est due (LPF art. L 169), la demande d'assistance envoyée à l'autorité étrangère concernera les années N - 10 à N - 1 et l'administration pourra rectifier les omissions et insuffisances relatives aux revenus perçus sur le compte à l'étranger au titre de l'année fiscale N - 10 dans les délais suivants :
– jusqu'au 31 décembre N + 1 si la réponse intervient en N ;
– jusqu'au 31 décembre N + 2 si la réponse intervient en N + 1 ;
– jusqu'au 31 décembre N + 3 si la réponse intervient après le 31 décembre N + 1 ou si aucune réponse n'est fournie par l'État étranger (BOI-CF-PGR-10-60 n° 1).

Cela étant, ces dispositions ne peuvent avoir pour effet de réduire le délai normal de reprise en cas de demande suivie d'une réponse rapide de l'autorité compétente étrangère (BOI-CF-PGR-10-60 n° 160). Par exemple, la réponse en 2020 à une demande de renseignements faite la même année sur la période 2017 à 2019 ne peut avoir pour effet de limiter pour 2020 le droit général de reprise au 31 décembre 2021.

Précisions **a.** Sous l'empire de la législation antérieure à la loi du 6 décembre 2013 (mais la solution est transposable), il avait été jugé que lorsque l'administration adresse une demande portant sur plusieurs des renseignements visés à l'article L 188 A du LPF et que l'autorité étrangère a formulé ses réponses de façon échelonnée, le délai spécial de reprise ne commence à courir qu'à la date à laquelle l'administration française a reçu la **réponse complète** de l'autorité étrangère (CAA Paris 28 février 2013 n° 11PA02193, 5e ch., SA Sohaco : RJF 7/13 n° 738 ; arrêt définitif, conforme à la doctrine administrative exprimée au BOI-CF-PGR-10-60 n° 150).

b. En présence de **plusieurs demandes** concernant une même année, c'est la date à laquelle intervient chaque réponse des administrations étrangères sollicitées qui fixe les limites de prorogations des délais de reprise relatifs à l'exploitation de chaque demande (BOI préc. n° 170).

c. Le **cours du délai** spécial de reprise prévu par l'article L 188 A du LPF pouvait être modifié par les mesures de suspension prises dans le cadre de la crise sanitaire du **Covid-19** (pour interrompre valablement la prescription au titre de l'année 2017, une proposition de rectification devait parvenir au contribuable au plus tard le 14 juin 2021 et non pas le 31 décembre 2020 ; en ce sens, BOI-DJC-COVID 19-20 n° 20).

Seules les rectifications liées aux éléments contenus dans la demande de renseignements **74378**
peuvent être notifiées au-delà du délai normal de reprise ; les rectifications portant notamment sur des impôts ou des années qui ne sont pas mentionnés dans la demande d'assistance ne peuvent pas être effectuées après l'expiration du délai initial de reprise (BOI-CF-PGR-10-60 n° 190). Par exemple, l'administration n'a pas pu valablement proroger le délai de reprise concernant une rectification portant sur des sommes provenant d'un compte bancaire belge en demandant des informations aux autorités lettones dès lors que les omissions notifiées ne se rapportaient pas à l'objet de la demande adressée aux autorités lettones (CAA Marseille 15 décembre 2015 n° 4MA02165, 7e ch., arrêt définitif).

Pour un même contrôle, l'administration doit donc, en cas de mise en jeu de l'article L 188 A, adresser **deux propositions consécutives**, ou même davantage selon que les rectifications envisagées sont ou non concernées par une ou plusieurs demandes de renseignements. Ainsi, en cas de vérification de comptabilité, les rectifications qui ne concernent pas les questions internationales sont proposées dans le délai général de reprise et une nouvelle vérification est ensuite nécessaire lorsque intervient la réponse de l'autorité étrangère ; cette nouvelle vérification permet d'ouvrir un nouveau débat oral et contradictoire au cours duquel le contribuable peut faire valoir ses droits. De son côté, l'administration peut ainsi examiner la comptabilité à la lumière des informations reçues et en tirer les conséquences. Bien entendu, cette nouvelle vérification doit être strictement limitée à l'exploitation de la réponse reçue (BOI préc. n° 260).

Les intérêts de retard ne sont pas appliqués pour la période excédant la date de la première notification ou celle postérieure au dernier jour du délai initial de reprise (CGI art. 1727, IV-6) ; la prorogation des délais est, en effet, sans incidence sur le calcul de l'intérêt de retard lié aux rectifications résultant de la demande d'assistance (BOI préc. n° 340).

Précisions En application de l'article L 51, 6° du LPF, l'administration peut, lorsqu'elle reçoit la réponse de l'autorité étrangère, procéder à une **nouvelle vérification de comptabilité** strictement limitée à l'exploitation de cette réponse et dans le respect des garanties accordées au contribuable vérifié. Outre l'information du contribuable sur l'existence de la demande ainsi que la survenance de la réponse, un nouvel avis de vérification, précisant le champ limité de l'intervention, est alors adressé au contribuable (BOI-CF-PGR-10-60 n° 260). En revanche, lorsque l'autorité compétente étrangère n'a pas répondu, aucune nouvelle vérification sur place n'est autorisée ; une proposition de rectification peut toutefois être adressée au contribuable concernant les faits objet de la demande, dans le délai spécial prévu par l'article L 188 A du LPF et sur le fondement des constatations effectuées sur place par le service dans le délai initial de reprise (BOI préc. n° 280).

B. L'assistance au recouvrement

74450 L'assistance au recouvrement est prévue par diverses conventions fiscales et par la convention d'assistance mutuelle (n° 74220). Elle est toutefois **moins répandue** que l'échange de renseignements.

Le **modèle de convention fiscale de l'OCDE** a d'ailleurs longtemps ignoré cette possibilité ; ce n'est que depuis la révision de janvier 2003 qu'il contient un article spécial sur le sujet (article 27), invitant les États membres à y recourir si leur législation et leur pratique administrative le leur permettent.

Le droit de l'Union européenne a été, sur ce point, plus en avance en prévoyant depuis longtemps une assistance en matière de recouvrement des créances Feoga et TVA, puis en étendant progressivement le dispositif (n° 74540).

De son côté, l'administration souligne que l'assistance au recouvrement constitue un moyen efficace pour lutter contre l'évasion et la fraude fiscales internationales dans l'hypothèse où un contribuable a cherché à organiser son **insolvabilité**. En effet, les autorités fiscales d'un État ne sont en général pas habilitées à engager une action en recouvrement des impôts à l'extérieur de leurs frontières (BOI-INT-DG-20-60 n° 110).

Précisions **a.** Une **direction des créances spéciales du Trésor**, direction spécialisée des finances publiques, a été créée par arrêté du 5 mars 2010, afin notamment d'assurer le recouvrement des créances fiscales dont l'assistance au recouvrement est prévue par les conventions fiscales et le droit de l'Union européenne (BF 5/10 n° 478 ; également, arrêté du 24 décembre 2014, JO 17 janvier 2015 texte n° 18 : BF 4/15 n° 346).

b. Le **délai de prescription** de l'action en recouvrement est augmenté de deux années, soit au total six ans, pour les redevables établis dans un État **non membre de l'Union européenne** avec lequel la France ne dispose d'aucun instrument juridique relatif à l'assistance mutuelle en matière de recouvrement ayant une portée similaire à celle prévue par la directive 2010/24/UE du Conseil du 16 mars 2010 concernant l'assistance mutuelle en matière de recouvrement des créances relatives aux taxes, impôts, droits et autres mesures (LPF art. L 274 dans sa rédaction issue de la loi n° 2013-1117 du 6 décembre 2013 relative à la lutte contre la fraude fiscale et la grande délinquance économique et financière ; l'allongement du délai concerne les créances d'impôt dont le recouvrement n'était pas déjà prescrit le 8 décembre 2013). Dans les **autres cas**, le délai reste de quatre ans. Pour un exemple de jugement admettant l'application du **délai prolongé** au cas d'un contribuable établi aux États-Unis, voir TA Nice 29 octobre 2018 n° 1602796 : RJF 6/19 n° 585, à propos d'un rappel de TVA mis à la charge d'une société civile dont l'intéressé était associé (l'obligation de paiement avait été adressée à l'associé dès lors que la mise en demeure adressée à la société était restée infructueuse ; la circonstance que le contribuable aurait fait élection de domicile auprès de son expert-comptable en France a été jugée sans incidence) ; ce jugement a fait l'objet d'un appel qui a été rejeté par CAA Marseille Ord. 13 septembre 2019 n° 19MA01016, 4e ch., au motif qu'il n'était pas assorti de précisions suffisantes pour permettre à la Cour d'en apprécier le bien-fondé (arrêt définitif).

c. Curieusement, ce n'est qu'en 2018 que la France et **l'Australie** ont décidé de donner effet à l'article 26 de la convention du 20 juin 2006 en ce qui concerne l'assistance au recouvrement (décret n° 2018-352 du 14 mai 2018, JO 16 mai 2018, texte n° 4).

1. Objet

Principes

L'assistance au recouvrement constitue un élément fondamental dans la lutte contre l'évasion et la fraude fiscales internationales car, indépendamment de la dissimulation de revenus imposables, un contribuable peut chercher à organiser son insolvabilité dans l'État qui a établi les impositions. Dans un tel cas, par le biais de l'assistance, l'État auquel un impôt est dû peut, sous certaines conditions, **obtenir d'un autre État** le **recouvrement de créances fiscales** pour son propre compte. **74460**

Parmi les conventions fiscales qui prévoient une assistance au recouvrement, on relève celles signées par la France avec l'Algérie, l'Allemagne, la Belgique, les États-Unis, l'Italie, le Luxembourg et la Suède (l'accord administratif du 17 avril 1998 avec la Suède mentionné n° 74305 vise expressément l'assistance au recouvrement). L'exemple conventionnel le plus à jour est donné par la convention fiscale franco-allemande du 21 juillet 1959, dans sa rédaction issue de l'avenant du 31 mars 2015 (article 23 de la convention modifiée).

Précisions **a.** Il appartient au **juge judiciaire** de connaître d'un litige portant sur l'existence de l'obligation de payer une dette fiscale étrangère, sa quotité ou son exigibilité ; ce juge est aussi compétent pour examiner la régularité en la forme de l'acte de poursuite ainsi que les contestations portant sur les conditions dans lesquelles la demande d'assistance au recouvrement a été présentée par l'État étranger (T. confl. 4 juillet 2011 n° 3802, Keeser : RJF 11/11 n° 1236 sur renvoi par CE 30 juillet 2010 n° 317575, 9e et 10e s.-s. : RJF 10/10 n° 1057).

b. Les juridictions françaises ne sont pas compétentes pour statuer sur une demande de restitution par un contribuable de **sommes recouvrées par les autorités espagnoles** puis reversées au Trésor public français au titre d'une demande d'assistance au recouvrement effectuée par l'administration fiscale française auprès des autorités espagnoles concernant une dette fiscale française (CAA Lyon 27 mars 2012 n° 10LY00778, 2e ch., Casta : RJF 8-9/12 n° 872 ; arrêt définitif) ; seul l'État requis est compétent en ce cas.

Impôts visés

D'une façon générale, l'assistance au recouvrement concerne les impôts visés dans la convention fiscale ; elle n'est pas étendue à tous les impôts, même non visés par la convention, sauf avec les pays d'Afrique francophone (les conventions fiscales conclues avec ces pays concernent d'une façon générale toutes les créances d'un État, même si elles n'ont pas un caractère fiscal, comme les créances hospitalières). **74465**

La doctrine administrative indique que la notion de **créance fiscale** désigne en principe une somme due au titre d'impôts couverts par la convention ainsi que les intérêts, les pénalités administratives correspondantes et les coûts de recouvrement ou de conservation liés à ces sommes (BOI-INT-DG-20-60 n° 120).

Précisions **a.** L'existence d'une convention fiscale comportant une clause d'assistance au recouvrement n'interdit pas à l'administration de prendre les mesures nécessaires pour **protéger les intérêts du Trésor** (CE 19 juin 2006 n° 270472, 8e et 3e s.-s., Monsieur : RJF 10/06 n° 1273, en présence d'un contribuable qui n'était plus propriétaire de biens immobiliers en France et qui indiquait résider en Belgique).

b. Il a été jugé que le **sursis à l'exécution** d'un **jugement** peut être accordé au cas d'une banque britannique qui ne dispose pas en France d'une installation fixe d'affaires, étant donné que la convention franco-britannique ne contient pas de clause d'assistance administrative en matière de recouvrement, alors même que les actifs de cette société sont de nature à lui permettre de rembourser au Trésor la créance litigieuse et que l'administration fiscale française pourrait mettre en œuvre à son encontre une procédure amiable de recouvrement (CAA Paris 16 mai 2007 n° 07-234, 5e ch. A, Sté Abbey National Treasury Services ; pourvoi non admis par CE (na) 12 décembre 2007 n° 307970, 8e s.-s., Sté Abbey National Treasury Services : RJF 3/08 n° 365) ; le commissaire du Gouvernement Laurent Olléon avait noté, dans ses conclusions au BDCF 3/08 n° 43, que les directives européennes n'étaient pas applicables s'agissant d'une créance d'avoir fiscal (sur le fond, voir n° 74640 e).

c. L'administration était fondée à demander en appel le **sursis à exécution d'un jugement** de tribunal administratif déchargeant un contribuable d'importants rappels d'impôt sur le revenu au motif qu'il était domicilié en Suisse et non en France, dès lors que la valeur des biens qu'il détenait en France était estimée à moins de 10 % du montant des impositions en litige et que l'assistance au recouvrement prévue par la **convention fiscale franco-suisse** est limitée à la seule notification des actes et documents relatifs au recouvrement, mais ne permet pas la mise en œuvre de mesures de recouvrement forcé (CAA Paris Référé 17 octobre 2019 n° 19PA02888 : RJF 4/20 n° 388, arrêt définitif rendu à la suite de TA Paris 27 juin 2019 n° 1706560 : RJF 4/20 n° 295 ; voir n° 41305).

2. Personnes concernées

74480 En principe, la convention fiscale ne limite pas la portée des dispositions relatives à l'assistance au recouvrement en ce qui concerne les personnes auxquelles elles s'appliquent. Dans ce cas, l'assistance peut concerner même des résidents d'État tiers.

74485 Certaines conventions fiscales ne s'appliquent qu'aux seuls résidents et d'autres contiennent des limitations expresses, comme **les conventions fiscales franco-américaines** du 31 août 1994 (impôt sur le revenu) et du 26 novembre 1978 (impôt sur les successions) ; l'assistance ne peut, dans ce cas, être réclamée à l'encontre de nationaux de l'État requis. La France ne peut donc demander aux États-Unis de recouvrer pour son compte une créance fiscale due en France par un Américain (sous réserve de la convention d'assistance mutuelle, n° 74220).

3. Modalités de l'assistance

74500 L'assistance met en œuvre deux **États** : l'État **requérant**, c'est-à-dire celui qui demande l'assistance, et l'État requis, c'est-à-dire celui auquel la demande est adressée.

L'État requis procède au recouvrement des créances fiscales de l'État requérant, suivant sa réglementation propre. Il s'agit d'une procédure exorbitante du droit commun, car les pouvoirs d'un État ne doivent normalement être utilisés que pour le recouvrement de créances de cet État. C'est pourquoi un État ne peut recouvrer une créance fiscale d'un autre État qu'en vertu d'un accord international régulièrement ratifié et publié afin d'être opposable aux tiers.

Certaines conventions fiscales prévoient que les créances à recouvrer sont assorties dans l'État requis des mêmes privilèges et sûretés que les créances de même nature de cet État. D'autres conventions précisent, à l'inverse, que les créances en cause ne sont pas privilégiées.

Précisions Sur la question de la **prescription** de l'action en recouvrement, voir CE 28 mars 2007 n°s 289613 et 289614, 9e et 10e s.-s., Sté Hallumeca : RJF 6/07 n° 748.

4. Limites et garanties des contribuables

74520 En principe, les créances dont le recouvrement est sollicité doivent être **définitivement dues**, selon les lois applicables dans l'État requérant. Du côté français, seules peuvent donc faire l'objet d'assistance au recouvrement les créances au regard desquelles le contribuable a épuisé toutes les voies de recours interne pour en contester l'exigibilité.

Lorsque les créances ne sont pas définitivement dues, l'État requérant a cependant la possibilité de sauvegarder ses droits en demandant à l'État requis de prendre des **mesures conservatoires** (si le droit interne le permet).

Enfin, certaines conventions fiscales prévoient que les créances fiscales de l'État requérant ne sont pas recouvrées en deçà d'un certain seuil.

Précisions **a.** Pour un exemple de litige ayant donné lieu à **décision juridictionnelle** en matière d'assistance au recouvrement, voir CAA Lyon 16 avril 1992 n° 90599 : Droit fiscal 1993, n° 5, comm. n° 189.

b. En dépit des clauses d'assistance au recouvrement, certains États exigent des contribuables qui quittent leur territoire la production d'un **« quitus fiscal »**, attestant qu'ils sont en situation fiscale régulière. Les conventions fiscales n'ont, en général, aucune incidence sur cette formalité, qui relève du seul droit interne des États (il n'y en a pas en France).

5. Dans le cadre de l'Union européenne

Principes

74540 L'assistance au recouvrement a progressivement été étendue dans le cadre de l'Union européenne depuis l'adoption d'une directive du 15 mars 1976 concernant au départ le Feoga puis la TVA et les droits d'accises, modifiée et étendue ensuite notamment aux impôts sur les revenus et sur la fortune par une directive du 15 juin 2001 et une autre du 9 décembre 2002 ; la directive de base (directive 76/308/CEE du 15 mars 1976, modifiée notamment par la directive 2001/44/CEE) a été abrogée par la directive 2008/55/CE du 26 mai 2008, relative à l'assistance mutuelle en matière de recouvrement de certains impôts et taxes (JOUE L 150/28 du 10 juin 2008).

À la suite des propositions faites le 2 février 2009 par la Commission européenne, une nouvelle directive a été adoptée, la **directive n° 2010/24/UE du 16 mars 2010** concernant l'assistance mutuelle en matière de recouvrement des créances relatives aux taxes, impôts, droits et autres mesures, qui s'est substituée à la directive précitée de 2008 (JOUE L 84 du 31 mars 2010). Cette directive, qui devait être transposée au plus tard le 1er janvier 2012, a été transposée en France par l'article 59 de la loi n° 2011-1978 du 28 décembre 2011 de finances rectificative pour 2011. À cette occasion, les articles L 283 A et L 283 B du LPF, notamment, ont été entièrement réécrits. Les modalités pratiques d'application du dispositif ont été précisées par le décret n° 2012-417 du 28 mars 2012 (JO du 29 mars 2012, texte 27 : BF 6/12 n° 686). La directive européenne a fait l'objet d'un **règlement d'exécution** (UE) n° 1189/2011 modifié par un règlement (UE) 2017/1966 du 27 octobre 2017 (JOUE L 279/38 du 28 octobre 2017) destiné à faciliter le traitement des demandes, notamment par la modification du formulaire type accompagnant la demande de notification et de l'instrument uniformisé permettant l'adoption de mesures exécutoires dans l'État membre requis.

L'administration de l'État requis **doit donner suite** à une demande d'assistance au recouvrement émanant d'un État membre de l'Union européenne dès lors, en simplifiant, que les conditions suivantes sont réunies (dispositions applicables aux demandes d'assistance mutuelle en matière de recouvrement présentées par d'autres États membres de l'Union européenne depuis le 1er janvier 2012).

Précisions **a.** Un **recours pour excès de pouvoir** n'est pas recevable à l'encontre d'une demande d'assistance administrative internationale au recouvrement fondée sur la directive européenne (CAA Versailles 19 février 2013 n° 11VE01980, Regazzacci : Droit fiscal 2013 n° 25, comm. n° 351, dans le cadre franco-britannique ; arrêt définitif dans un cas où l'administration fiscale française avait mis en œuvre l'assistance fiscale internationale pour recouvrer des sommes auprès d'un résident britannique, l'intéressé pouvant contester les mesures de recouvrement susceptibles d'être prises à son encontre devant les juridictions britanniques, où l'autorité requise avait son siège).

b. Si les dispositions de l'article L 283 A, II du LPF permettent à l'administration française de requérir des autorités d'un autre État membre de l'Union européenne de prendre des **mesures conservatoires** sur les biens du débiteur qui sont situés dans cet autre État, elles ne confèrent pas au juge français le pouvoir d'autoriser des mesures conservatoires portant sur un compte bancaire détenu dans cet autre État (Cass. 2e civ. 21 janvier 2016 n° 15-10.193 (n° 149 F-PB) : RJF 5/16 n° 485, jugeant que l'administration fiscale française ne saurait utilement reprocher au juge de l'exécution d'avoir refusé de lui accorder l'autorisation de pratiquer une mesure conservatoire, telle que prévue par la législation espagnole, en vue de saisir les avoirs bancaires figurant au crédit d'un compte ouvert au nom du contribuable dans une banque espagnole).

Impôts visés

La procédure d'assistance au recouvrement concerne **tous les impôts**, ainsi que les **74545** **créances étrangères à l'impôt**, amendes et condamnations pécuniaires recouvrées par les comptables de la DGFiP (y compris les impôts locaux). Le dispositif ne concerne pas les cotisations sociales, les sanctions pénales et les droits de nature contractuelle (avant les modifications issues de la directive de 2010, seuls certains impôts étaient couverts, notamment la TVA, l'impôt sur le revenu, l'impôt sur les sociétés, les taxes foncières et la taxe professionnelle, aujourd'hui la contribution économique territoriale).

Nécessité d'un titre exécutoire

L'assistance au recouvrement doit concerner une créance ayant fait l'objet d'un titre de **74547** recouvrement. Le document valant titre exécutoire est constitué par **l'instrument uniformisé** permettant l'adoption de mesures exécutoires (auparavant le titre de recouvrement de l'État requérant valait titre exécutoire et devait être notifié au débiteur). Ce document, établi par l'État membre requérant, doit refléter la substance du titre exécutoire initial. Il constitue le fondement unique des mesures de recouvrement des impôts entre États membres et il est également utilisé pour les mesures conservatoires qui peuvent être prises pour le recouvrement.

Condition de non-contestation de la dette

74549 L'assistance au recouvrement ne joue pas lorsque la créance ou le titre de recouvrement est contesté dans l'État requérant (LPF art. L 283 C, VI). Il n'est cependant pas nécessaire que le respect de cette condition soit certifié par écrit.

L'État requis peut toutefois refuser l'assistance au recouvrement si le contribuable n'a pas été **mis en mesure de contester** la créance dans les conditions prévues par le droit de l'État créancier ; un État membre peut, en effet, refuser l'exécution d'une demande de recouvrement portant sur une créance afférente à une sanction pécuniaire infligée dans un autre État membre au motif que la décision infligeant cette sanction n'a pas été dûment notifiée à l'intéressé avant que la demande de recouvrement ne soit présentée à cette autorité en application de la directive (CJUE 26 avril 2018 aff. 34/17, 2e ch., Eamonn Donnellan, à propos d'une demande présentée à l'Irlande par la Grèce pour le recouvrement d'une sanction douanière).

Précisions **a.** Sous l'empire de la législation antérieure à la loi no 2011-1978 du 28 décembre 2011 de finances rectificative pour 2011, il avait été jugé que ne justifie pas du dépôt d'une **contestation** de nature à suspendre l'exigibilité de la créance le contribuable qui se borne à faire valoir que la créance dont le recouvrement est poursuivi en France **ferait l'objet de discussions** avec l'administration fiscale étrangère, en produisant des lettres de son avocat à cette administration ainsi que la réponse du service proposant de fixer une date de réunion pour répondre « aux questions qui restent ouvertes » (CAA Bordeaux 28 février 2008 no 06-1176, 4e ch., Keeser : RJF 7/08 no 895) ; cette affaire a cependant été renvoyée au Tribunal des conflits (no 74460, Précisions a) et le Conseil d'État a ensuite jugé que, compte tenu de la décision du Tribunal des conflits, l'arrêt de la cour administrative d'appel de Bordeaux devait être annulé en tant qu'il s'était prononcé sur le caractère exécutoire en France des documents fiscaux transmis par les autorités allemandes à l'appui de leur demande d'assistance et sur la justification du dépôt en Allemagne d'une contestation de nature à suspendre l'éligibilité de la créance (CE 12 octobre 2011 no 317575, 9e s.-s.). De son côté, la Cour de cassation a jugé que le **défaut de la déclaration** attestant que la créance n'est pas contestée et le fait que le pays demandeur n'ait pas réussi à en obtenir le recouvrement n'est pas sanctionné par la nullité de la demande d'assistance (Cass. com. 18 mai 2010 no 09-12.068 (no 547 F-PB), Keeser : RJF 8-9/10 no 859).

b. À propos d'une procédure relative à une demande tendant à la réintégration, dans la masse de la **faillite** d'une société établie dans l'État membre requis de créances de l'État membre requérant, voir CJUE 14 mars 2019 aff. 695/17, 1e ch., Metirato Oy, en liquidation ; la Cour rappelle qu'un **différend** relatif à une **mesure d'exécution** prise par les autorités fiscales de l'État requis doit être porté devant l'instance compétente de cet État (art. 14 § 2 de la directive) et juge que cet État est partie défenderesse à l'instance, même si la procédure de recouvrement forcé contestée est engagée aux fins du recouvrement de créances de l'État requérant.

Seuil de déclenchement

74551 Aux termes de l'article 18 § 3 de la directive, les États membres ne sont pas tenus de fournir l'assistance demandée si le montant total des créances entrant dans le champ d'application du dispositif, pour lesquelles l'assistance est demandée, est inférieur à **1 500 €**. En conséquence, le recouvrement des créances mentionnées à l'article L 283 A du LPF est confié aux comptables publics compétents lorsque leur montant dépasse 1 500 € (LPF art. L 283 C, I).

Mise en œuvre préalable de procédures dans l'État requérant

74553 L'assistance au recouvrement ne joue pas lorsque les procédures de recouvrement appropriées n'ont pas été mises en œuvre dans l'État requérant.

Cependant, l'État requérant est dispensé de cette obligation s'il n'a pas d'actif appartenant au redevable à recouvrer sur son propre territoire ou si, malgré ses diligences, il n'a pas pu obtenir le paiement intégral de sa créance, alors que le redevable dispose d'actifs sur son territoire. Il en va de même si la mise en œuvre des procédures de recouvrement dans l'État requérant présente des difficultés particulières ou un coût disproportionné.

Précisions Les **juridictions** de l'État membre requis, qui statuent sur une demande de **mesures conservatoires**, sont liées par l'appréciation relative au respect, en fait et en droit, des conditions posées pour l'application de ces mesures, effectuée par les autorités de l'État membre requérant (CJUE 20 janvier 2021 aff. 420/19, 1e ch. Heavyinstall OÜ : RJF 4/21 no 443) ; cet arrêt a été rendu à propos d'un litige concernant l'adoption en Estonie de mesures conservatoires demandées par l'administration finlandaise à l'encontre d'une société estonienne considérée comme ayant un établissement stable et son centre d'intérêt en Finlande, où elle n'avait pas rempli ses obligations fiscales.

Ancienneté de la dette

L'article L 283 B du LPF précise que l'administration n'est pas tenue d'accorder l'assistance lorsque la demande vise des créances exigibles depuis plus de **cinq ans** (en ce sens, article 8 § 2 de la directive). Ce délai n'est pas opposable en cas de formulation d'une première demande avant cette échéance. 74555

Lorsque la créance fait l'objet d'une contestation ou qu'un délai de paiement ou un paiement échelonné a été accordé au redevable, le délai de cinq ans ne court qu'à compter de la date d'expiration du délai de paiement accordé ou de la date à laquelle il est définitivement statué sur la créance ou le titre contesté.

Dans tous les cas, c'est-à-dire même si la créance est contestée et si le contentieux n'a pas encore abouti, l'État requis n'est pas tenu d'accorder l'assistance lorsque la créance est exigible depuis plus de dix ans.

Modalités d'application

Les créances visées à l'article L 283 A du LPF sont recouvrées par les comptables publics compétents selon les modalités applicables aux créances de même nature nées **sur le territoire national** (LPF art. L 283 C) ; les intérêts de retard courent à compter de la date de réception de la demande de recouvrement. 74557

Les créances sans équivalent dans le système fiscal de l'autorité requise doivent être recouvrées comme en matière d'impôt sur le revenu. Dans tous les cas, les créances ne bénéficient d'**aucun privilège**.

La **prescription** de l'action en recouvrement est celle prévue par la législation de l'État requérant (LPF art. L 283 C, IX-al. 1, reprenant l'article 19 de la directive). Cependant, lorsque la législation de l'État requis ne permet pas d'interrompre, de suspendre ou de proroger le délai de prescription, il est prévu que les actes effectués par l'administration de l'État requis sont réputés avoir les mêmes effets interruptifs et suspensifs que s'ils avaient été accomplis dans l'État requérant.

La procédure de recouvrement doit être suspendue dès que l'administration de l'État requis est informée par l'État membre requérant ou par le redevable du dépôt d'une **contestation** de la créance ou d'une contestation du titre, sauf demande expresse et spécialement justifiée par l'État requérant de la poursuite de la procédure de recouvrement.

Précisions **a.** L'article L 283 E du LPF prévoit que les mesures de recouvrement doivent être interrompues ou suspendues en cas d'ouverture d'une **procédure amiable** entre les administrations financières des deux États membres concernés (sauf en cas de fraude ou d'organisation d'insolvabilité). Comme ce texte a été créé par l'article 59 de la loi n° 2011-1978 du 28 décembre 2011 afin de transposer le dernier alinéa de l'article 14 de la directive 2010/24/UE (n° 74540), il n'a pas été supprimé bien que l'ouverture d'une procédure amiable ne suspende plus le cours du délai d'établissement des impositions (n° 85403). Si une procédure amiable a été lancée par les autorités compétentes de l'État membre requérant ou de l'État membre requis, et si le résultat de la procédure peut avoir une incidence sur la **créance pour laquelle l'assistance a été demandée**, les mesures de recouvrement sont suspendues ou arrêtées jusqu'à ce que cette procédure ait été menée à son terme, à moins qu'il ne s'agisse d'une situation de la plus haute urgence résultant d'une fraude ou d'une insolvabilité.

b. Sauf cas particuliers, les frais résultant de l'assistance mutuelle en matière de recouvrement ne sont pas remboursés aux États requis par les États requérants.

Mesures conservatoires

Le comptable public doit prendre toutes mesures conservatoires utiles pour garantir le recouvrement de la créance de l'État requérant si ce dernier lui en fait la demande ou s'il l'estime nécessaire. 74559

L'administration est tenue de prendre les mesures conservatoires qui lui sont demandées par l'État requérant si la créance ou le titre sont contestés ou encore si la créance n'a pas encore fait l'objet d'un titre de recouvrement dans la mesure où la législation de l'État requérant le permet (article 16 de la directive précitée).

Échanges d'informations

74561 À la suite des modifications introduites par l'article 59 de la loi n° 2011-1978 du 28 décembre 2011 de finances rectificative pour 2011, l'échange de renseignements entre États membres s'intitule désormais, dans le cadre de l'assistance au recouvrement, « communication d'informations vraisemblablement pertinentes » pour le recouvrement des créances visées à l'article L 283 A du LPF (LPF art. L 283 D).

L'administration ne peut toutefois fournir des renseignements qui révéleraient un **secret des affaires** ou un secret professionnel (la notion de « secret des affaires », définie à l'article L 151-1 du Code de commerce, a été introduite par la loi n° 2018-670 du 30 juillet 2018 relative à la protection du secret des affaires ; JO du 31 juillet 2018, texte n° 1) ou dont la communication serait de nature à porter atteinte à la sécurité ou à l'ordre publics.

La loi précise que l'administration bénéficiaire des informations est soumise au **secret professionnel**, que les informations échangées peuvent être utilisées comme moyen de preuve et que les administrations ne peuvent pas refuser de fournir ces informations pour la seule raison qu'elles sont détenues par certaines personnes, notamment par des banques.

Le **refus de communiquer** les informations demandées doit être motivé (règlement d'exécution UE du 18 novembre 2011 art. 26, pris en application de l'article 5 § 4 de la directive précitée, et directement applicable en France depuis le 1er janvier 2012).

C. Les clauses visant à limiter l'usage abusif des conventions (« treaty shopping »)

74570 Les conventions fiscales contiennent presque toujours des dispositions, plus ou moins élaborées, afin d'éviter qu'il en soit fait un usage « abusif », c'est-à-dire contraire aux « intentions » des États.

Les **États-Unis** ont sans doute été parmi les premiers à chercher à lutter contre l'abus des conventions fiscales ; ils considèrent depuis longtemps qu'une convention fiscale est un accord bilatéral destiné à bénéficier directement aux résidents des deux États concernés et qui ne doit pas donner d'avantages indirects à des résidents d'États tiers. C'est pourquoi les conventions fiscales américaines contiennent un dispositif anti-abus particulièrement élaboré, lorsque leur partenaire est également de cet avis (voir, par exemple, les conventions entre les États-Unis et l'Allemagne, les Pays-Bas ou la France ; voir, dans ce dernier cas, le substantiel article 30 de la convention du 31 août 1994 modifiée, intitulé « **Limitation des avantages de la convention** », n° 74785). La plupart des pays développés partagent aujourd'hui ce point de vue, même s'ils ne vont pas jusqu'à prévoir un dispositif aussi précis.

En dehors des clauses anti-abus proprement dites, un certain nombre d'articles des conventions fiscales contiennent des dispositifs spécifiques destinés à éviter les fraudes ou abus. Il faut s'attendre à les voir se multiplier et se préciser dans les années à venir.

En effet, la **lutte contre l'abus des conventions fiscales** fait l'objet de recommandations tant de la part de l'OCDE (l'Action 6 du plan de l'OCDE contre le « Beps » vise précisément à empêcher l'octroi inapproprié des avantages des conventions fiscales, à savoir le « chalandage fiscal » ou le « treaty shopping » ; n° 72410) que de la Commission européenne ; cette dernière a notamment recommandé aux États membres, dans le cadre du « paquet » anti-évasion fiscale du 28 janvier 2016 (n° 88138), d'insérer dans les conventions fiscales qu'ils concluent entre eux ou avec des pays tiers une **clause anti-abus générale** ainsi rédigée : « Nonobstant les autres dispositions de la présente Convention, un avantage au titre de celle-ci ne sera pas accordé au titre d'un élément de revenu ou de capital si l'on peut raisonnablement conclure, compte tenu de l'ensemble des faits et circonstances propres à la situation, que l'octroi de cet avantage était un des objets principaux d'un montage ou d'une transaction ayant permis, directement ou indirectement, de l'obtenir, à moins qu'il soit établi que ce montage ou cette transaction correspond à une activité économique authentique ou que l'octroi de cet avantage dans ces circonstances serait conforme à l'objet et au but des dispositions pertinentes de la présente Convention. » Depuis lors, de nouvelles recommandations du comité des affaires fiscales de l'OCDE ont été publiées et l'instrument multilatéral mettant en œuvre les mesures anti-Beps minimales est entré en vigueur (nº 74575) ; la lutte contre les abus, notamment dans le domaine des conventions fiscales, est une priorité désormais partagée par un très grand nombre d'États.

1. Le principe de la limitation du droit aux avantages de la convention

Clause générale de limitation des bénéfices de la convention

Depuis sa révision de 2017, le modèle de convention fiscale de l'OCDE contient un nouvel article 29 destiné à encadrer, d'une manière générale, le droit aux avantages prévus par la convention fiscale. Selon ce qu'indiquent les commentaires de l'OCDE, « l'article 29 reflète l'intention des États contractants, énoncée dans le préambule de la Convention, d'éliminer la double imposition sans créer de possibilités de **non-imposition ou d'imposition réduite** par l'évasion ou la fraude fiscale, en particulier par le recours à des mécanismes de chalandage fiscal » (Commentaires OCDE, C (29) nº 1). **74575**

Cet article propose différentes variantes permettant aux États de retenir la rédaction qu'ils préfèrent en fonction de considérations qui leur sont propres. Il reprend à l'identique, sous réserve des adaptations terminologiques nécessaires et d'une présentation différente, l'article 7 de **l'instrument multilatéral**, intitulé « Prévenir l'utilisation abusive des conventions », ainsi que l'article 10 intitulé « Règle anti-abus visant les établissements stables situés dans des juridictions tierces » (nº 1660).

En substance, le comité des affaires fiscales de l'OCDE souhaite limiter l'octroi des avantages prévus par les conventions fiscales aux seuls résidents qui peuvent être regardés comme des **personnes « admissibles »**, à savoir (paragraphes 1 à 7 de l'article 29, à compléter et à préciser en fonctions des négociations bilatérales) :
- les personnes physiques ;
- les deux États contractants, leurs subdivisions politiques, leurs organismes publics et leurs agences ;
- certaines sociétés et entités cotées en bourse ;
- certaines filiales de sociétés et entités cotées en bourse ;
- certains organismes de bienfaisance et fonds de pension ;
- certaines autres entités qui répondent à des critères de propriété et d'érosion de la base d'imposition ;
- certains organismes de placement collectif.

Bien entendu, une « personne admissible » n'en doit pas moins satisfaire aux autres conditions posées par la convention fiscale, qu'il s'agisse notamment de la qualité de « résident » d'un État ou de celle de « bénéficiaire effectif » du revenu (en ce sens, notamment, Commentaires OCDE, C (29) nº 8).

Des **exceptions** sont prévues afin de permettre à certaines personnes non admissibles de bénéficier tout de même des avantages de la convention fiscale ; ces exceptions concernent :
- les revenus tirés par une personne qui n'est pas une personne admissible si elle exerce activement une activité d'entreprise dans son État de résidence et si le revenu obtenu émane de, ou est accessoire à, cette activité d'entreprise ;
- les personnes non admissibles détenues, dans une proportion à déterminer, par certaines personnes éligibles à des avantages équivalents ;
- les personnes ayant la qualité de « société de siège » ;
- les personnes autorisées à cette fin par l'autorité compétente de l'un des deux États alors que les avantages conventionnels ne seraient pas normalement applicables.

Le cas particulier des revenus attribuables à des **établissements stables situés dans des États tiers** est traité par le paragraphe 8 de l'article 29 (article 10 de l'instrument multilatéral) ; en substance, il est prévu que les avantages conventionnels (ceux qui résultent de la convention fiscale conclue entre l'État de la source et celui de la résidence de l'entreprise) ne doivent pas s'appliquer, sous réserve de certaines exceptions, aux revenus insuffisamment imposés dans l'État de situation de l'établissement stable (cas où les revenus sont imposés à un taux inférieur à un taux déterminé dans la convention ou inférieur à 60 % du taux applicable dans l'État de résidence du bénéficiaire). Voir également n° 63626.

Une **clause de portée générale** est en outre proposée au paragraphe 9 de l'article 29, permettant aux États de refuser un avantage conventionnel au titre d'un élément de revenu ou de fortune s'il est raisonnable de conclure, compte tenu de l'ensemble des faits et circonstances propres à la situation, que l'octroi de cet avantage était l'un des objets principaux d'un montage ou d'une transaction ayant permis, directement ou indirectement, de l'obtenir, à moins qu'il soit établi que l'octroi de cet avantage dans ces circonstances serait conforme à l'objet et au but des dispositions pertinentes de la convention. La convention **franco-luxembourgeoise** du 20 mars 2018 reprend cette stipulation (article 28).

En ce qui concerne, enfin, la combinaison de ces différentes clauses, une note annexée au modèle de convention fiscale précise que la **formulation de l'article 29** dépendra de la manière dont les deux États parties à la convention décideront d'éliminer la double imposition sans créer de possibilité de non-imposition ou d'imposition réduite par l'évasion ou la fraude fiscale (y compris par des mécanismes de chalandage fiscal) ; il leur est proposé :
– soit de ne retenir que le paragraphe 9 ;
– soit d'adopter la version détaillée des paragraphes 1 à 7 décrite dans les commentaires sur l'article 29 ainsi qu'un mécanisme anti-financement-relais tel que décrit au paragraphe 187 de ces commentaires ;
– soit d'adopter le paragraphe 9 associé à une variante des paragraphes 1 à 7 décrits dans les commentaires sur l'article 29 (voir également Commentaires OCDE, C (29) n° 1).

Comme ces propositions ne sont que la reprise, adaptée au modèle de convention fiscale, des stipulations contenues dans l'instrument multilatéral, elles font désormais partie du droit positif à l'égard des conventions fiscales couvertes. Elles ne sont cependant applicables sur le fondement de l'instrument multilatéral que sous réserve des options qui ont, sur certains points, été laissées aux États signataires. En ce qui concerne la France, voir n°s 1680 et 74820.

Précisions **a.** Depuis la révision de 2017 (n° 1407), le modèle de convention de **l'ONU** concernant les doubles impositions entre pays développés et pays en développement contient une nouvelle clause anti-abus générale (clause de limitation des avantages conventionnels et non plus clause reposant sur le critère de l'objet principal des transactions considérées) ; corrélativement, des modifications de même nature que celles retenues par le comité des affaires fiscales de l'OCDE ont été apportées au titre et au préambule du modèle de convention fiscale.

b. Commentant sommairement le dispositif issu de l'instrument multilatéral, l'administration indique notamment que la **notion d'objet principal** est plus large que celle de « but exclusivement fiscal » prévue à l'article L 64 du LPF et qu'une analyse au cas par cas des circonstances de fait est toujours nécessaire ; elle ajoute que la **notion d'avantage** recouvre l'ensemble des bénéfices retirés de l'usage d'une convention fiscale, notamment la limitation de l'imposition (réduction, exonération, report, remboursement d'impôt, etc.), l'élimination de la double imposition et le bénéfice de la clause de non-discrimination (BOI-INT-DG-20-25 n° 170, reprenant également deux exemples inspirés des commentaires de l'OCDE). Dans ces commentaires, l'administration rappelle qu'une personne qui se verrait refuser un avantage conventionnel dispose de la possibilité de démontrer que l'octroi de cet avantage, dans les circonstances propres au cas d'espèce, est **conforme à l'objet et au but** des stipulations pertinentes de la convention.

74580 Les commentaires de l'OCDE sont particulièrement nourris sur la nouvelle disposition anti-abus proposée en 2017, dans le sillage des travaux sur la lutte contre l'érosion de l'assiette imposable et les transferts de bénéfices (« Beps », n° 72410). Les plus intéressants, d'un point de vue français, sont ceux qui ont trait au nouveau paragraphe 9, qui a pour objet de « permettre de refuser un avantage conféré par une convention fiscale **lorsqu'un des principaux objets d'un montage ou d'une transaction est l'octroi d'un avantage** prévu par la Convention. En pareil cas cependant, la dernière partie du paragraphe offre à la personne à laquelle le bénéfice de l'avantage serait par ailleurs refusé la possibilité d'établir que l'octroi de l'avantage, dans ces circonstances, serait conforme à l'objet et au but des dispositions pertinentes de la Convention » (Commentaires OCDE, C (29) n° 170).

Selon ce qu'indique l'OCDE, l'avantage sera refusé même si son obtention n'est pas le seul objet, ou l'objet essentiel, du montage ou de la transaction et « il suffit qu'au moins un des principaux objets ait été l'obtention de l'avantage » (Commentaires OCDE, C (29) n° 180, ajoutant qu'un **transfert de résidence** pourrait être visé par cette clause, ce qui est tout de même très excessif). Les commentaires sont cependant généralement assez confus, l'OCDE reconnaissant qu'un « objet ne sera pas un objet principal lorsqu'il est raisonnable de conclure, compte tenu de l'ensemble des faits et circonstances propres à la situation, que l'obtention de l'avantage n'était pas un élément essentiel et n'aurait pas justifié la conclusion d'un montage ou d'une transaction qui, seul ou conjugué à d'autres, a permis d'obtenir l'avantage » (Commentaires précités, n° 181, excluant en principe le cas d'un montage « **inextricablement lié à une activité commerciale essentielle** » et dont la « forme n'a pas été dictée par des considérations liées à l'obtention d'un avantage »).

Précisions **a.** L'expression « **avantage** » s'entend au sens large ; elle vise toutes les formes de limitation de l'imposition à la source (réduction, exonération, report ou remboursement d'impôt), l'élimination de la double imposition, la clause de non-discrimination et toute autre limitation similaire (Commentaires OCDE C (29) n° 175).

b. L'expression « **montage ou transaction** » doit être interprétée au sens large et recouvre tout accord, entente, mécanisme, transaction ou série de transactions, qu'ils aient ou non force exécutoire. Elle vise également la qualification d'une personne comme résident de l'un des États contractants, et recouvre les mesures que des personnes peuvent prendre pour établir leur **résidence**. Sont notamment considérées comme un « montage » les mesures prises pour s'assurer que les réunions du **conseil d'administration** d'une société aient lieu dans un pays différent afin de pouvoir faire valoir que la société a changé de résidence (Commentaires OCDE C (29) n° 177).

Illustrations proposées par l'OCDE

Les exemples donnés par l'OCDE pour illustrer la portée réelle de la clause sont, dans l'ensemble, rassurants et montrent qu'en définitive les solutions pratiques ne devraient pas être très différentes de celles qui sont actuellement retenues par la jurisprudence française relative à l'abus de droit, bien que le critère législatif tienne à l'exclusivité du but fiscal, ce qui n'est pas le cas du nouvel article 29 ou de l'instrument multilatéral. **74585**

Parmi les exemples donnés au n° 182 des commentaires sur l'article 29, on relève notamment que la clause serait probablement considérée comme applicable en présence d'un montage reposant sur le **transfert du droit à recevoir des dividendes** ou sur une **convention d'usufruit** afin d'obtenir le bénéfice d'exonérations de retenues à la source (exemples A et B) ; cela étant, étant donné les exemples choisis, il est assez clair que l'abus serait caractérisé, du point de vue français, même en l'absence d'une telle clause puisque la jurisprudence du Conseil d'État est déjà dans ce sens (voir notamment la décision Bank of Scotland, n° 72645 c). Une autre situation vraisemblablement abusive est celle d'une société qui remporte un contrat nécessitant un chantier de vingt-deux mois et qui **scinde le contrat** en deux contrats de onze mois dont l'un est signé par l'une de ses filiales, tout en demeurant responsable de l'ensemble (exemple J).

En sens inverse, la clause serait considérée comme probablement inapplicable dans les circonstances suivantes, ce qui est à la fois logique et rassurant :
- société qui décide de **construire une usine** dans un autre État en choisissant, parmi trois pays, celui qui a conclu une convention fiscale avec son État de résidence (exemple C) ;
- **organisme de placement collectif** qui gère un portefeuille diversifié de placements réalisés sur les marchés financiers internationaux et qui tient compte des conventions fiscales dans ses décisions d'investissement, l'objectif des conventions fiscales étant précisément d'offrir des avantages en vue d'encourager les investissements transnationaux (exemple D et, dans un contexte un peu différent, exemple K) ; même solution à propos d'une banque qui crée un **organisme de titrisation** dans un autre État et qui tient compte des conventions fiscales (exemple L) ;
- société qui détient 24 % du capital d'une société d'un autre État et qui **décide de porter sa participation à 25 %** pour bénéficier d'un taux réduit de retenue à la source, étant donné que l'octroi de cet avantage, dans ces circonstances, est bien conforme à l'objet et au but de la convention (exemple E) ;
- société d'un État qui crée une réelle **société de services** intragroupe dans un autre État et qui prend notamment en compte le réseau de conventions fiscales du pays d'implantation (exemple G) ;
- société d'un État créant une filiale qui exerce réellement une activité d'entreprise dans un autre État, laquelle **injecte des fonds propres** et accorde des **prêts** à une filiale qu'elle crée dans un troisième État, dans le cadre de son activité d'entreprise (exemple H) ;

– sociétés de **gestion collective de droits d'auteur** qui concluent entre elles des accords de reversement des redevances dues aux auteurs afin d'assurer une gestion efficace des licences accordées et de recouvrer les redevances plus facilement, étant donné le grand nombre de transactions de faible montant et la nécessité de promouvoir une application correcte et efficace des conventions fiscales (exemple I) ; à noter que, dans ce cas, le comité des affaires fiscales de l'OCDE considère que le taux de la retenue à la source due par le débiteur est déterminé par la convention fiscale conclue avec le pays de résidence des auteurs et non pas avec le pays dans lequel la société de gestion collective est constituée.

On voit, par ces exemples, que les contribuables peuvent naturellement prendre en considération les avantages prévus par les conventions fiscales et que cela n'est pas, à soi seul, suffisant pour déclencher l'application de la clause anti-abus puisque l'objet des conventions fiscales est bien d'encourager les investissements internationaux ; pour savoir si la clause s'applique ou non, il importera surtout d'**examiner le contexte** dans lequel la transaction ou l'investissement ont été réalisés, ainsi que le comportement commercial normal du groupe, par exemple dans la manière dont il structure habituellement ses activités de licence et de sous-licence.

2. Les dispositions classiques contenues dans certaines stipulations conventionnelles

a. La notion de résident

74610 La notion de résident est essentielle aux conventions fiscales puisqu'elle en détermine le **champ d'application personnel**. Le concept de résidence, utilisé à des fins fiscales, repose sur l'idée que, pour bénéficier d'une convention fiscale, il faut être **soumis à l'impôt** en raison de son domicile, de sa résidence, de son siège de direction ou d'un critère analogue. Comme la convention a pour objet d'éliminer les doubles impositions, il est convenu qu'elle ne doit s'appliquer qu'aux « vrais » résidents, c'est-à-dire à ceux qui sont « complètement assujettis » à l'impôt (« **assujettissement intégral** » ; Commentaires OCDE, C (4) n° 8).

Aussi, reprenant le modèle de convention fiscale de l'OCDE, les conventions fiscales contiennent souvent une stipulation au paragraphe 1 de l'article « résidence », selon laquelle l'expression « résident d'un État contractant » ne comprend pas « les personnes qui ne sont assujetties à l'impôt dans cet État que pour les **revenus de source situés dans cet État** ou pour la fortune qui y est située. »

Lorsque la convention reprend cette disposition, ce qui est fréquent, une personne, par exemple une personne physique qui, même considérée comme résidente d'un État en raison de liens personnels avec cet État, ne serait imposable que de façon limitée dans cet État (par exemple sur les seuls salaires perçus à l'occasion d'une activité dans cet État et non pas sur les revenus de source extérieure à cet État), ne devrait pas être considérée comme résidente au sens de la convention.

Il existe par ailleurs des clauses spéciales dans certaines conventions (nos 74750 s.). Sur la portée de cette condition en l'état de la jurisprudence du Conseil d'État, voir nos 41155 et 41400.

b. La notion de « bénéficiaire effectif »

Principes

74630 Dans les conventions fiscales modernes, on trouve fréquemment une disposition selon laquelle la réduction de retenue à la source, ou l'exonération, sur les dividendes, intérêts ou redevances, n'est accordée qu'au « bénéficiaire effectif » des sommes. En vertu de ces dispositions, la convention ne s'applique pas lorsque le **bénéficiaire apparent** n'est pas le bénéficiaire réel et n'agit que comme **agent**, **mandataire**, ou même, pour certains États, personne interposée. Dans ce dernier cas, on rejoint l'abus de droit ou la fraude à la loi (cas, par exemple, d'une société qui établit une filiale dans un pays seulement pour profiter de son réseau conventionnel). Pour autant, ainsi que le montre bien la décision du Conseil d'État relative à une société britannique de gestion collective de droits d'auteur (CE 5 février 2021 nos 430594 et 432845, 10e et 9e ch., min. c/ Sté Performing Rights Society Ltd : RJF 4/21 n° 407 ; voir n° 74640 g), la notion de bénéficiaire effectif est décorrélée de la notion d'abus de droit, une personne pouvant se voir refuser le bénéfice d'une convention fiscale au motif qu'elle n'est pas le bénéficiaire effectif des revenus alors même que son intervention ne répondrait à **aucune volonté d'évasion ou de fraude fiscales** (dans cette affaire, il n'y avait aucun abus, s'agissant d'une société poursuivant un but réel et sérieux évident et dont la réalité n'a nullement été remise en cause). **74630** (suite)

La référence au bénéficiaire effectif figure dans le modèle de convention fiscale proposé par l'OCDE aux articles 10, 11 et 12, relatifs aux **dividendes**, **intérêts** et **redevances** ; elle répond au souci de ne pas réduire l'impôt prélevé dans un État lorsqu'un intermédiaire, tel qu'un agent ou autre mandataire, s'interpose entre le créancier et le débiteur, à moins que le bénéficiaire effectif ne soit un résident de l'autre État contractant (Commentaires OCDE, C (10) nos 12 s. ; C (11), nos 9 s. ; C (12) nos 4 s.). Le comité des affaires fiscales de l'OCDE indique, à ce propos, que le terme « bénéficiaire effectif » n'est pas utilisé dans une acception étroite et technique, mais doit être entendu dans son contexte et à la lumière de l'objet et du but de la convention, notamment pour éviter la double imposition et prévenir l'évasion et la fraude fiscales (commentaires précités). Il est cependant indiqué que l'agent ou le mandataire peut être situé dans un **État tiers** ; par exemple, à propos des redevances, les commentaires considèrent que l'exonération de retenue à la source « reste disponible lorsqu'un intermédiaire tel qu'un agent ou autre mandataire situé dans un État contractant ou dans un État tiers est interposé entre le bénéficiaire et le payeur, mais que le bénéficiaire effectif est un résident de l'autre État contractant » (Commentaires OCDE C (12) n° 4.6) ; pour l'OCDE, la convention franco-suédoise, par exemple, pourrait donc être appliquée en France si le bénéficiaire effectif est un résident suédois, même si le revenu est versé à un agent ou mandataire britannique. Le Conseil d'État a retenu la même solution, en jugeant que les stipulations de la convention fiscale franco-néo-zélandaise du 30 novembre 1979 sont applicables aux redevances de source française dont le bénéficiaire effectif réside en Nouvelle-Zélande quand bien même elles auraient été versées à un **intermédiaire établi dans un État tiers** (CE 20 mai 2022 n° 444451, 9e et 10e ch. : Sté Planet : RJF 8-9/22 n° 771, annulant CAA Marseille 15 juillet 2020, n° 18MA04302, 3e ch., min. c/ SARL Planet et renvoyant l'affaire à la Cour ; voir également nos 10595 et 20410 h). La cour administrative d'appel de Marseille avait commis une erreur de droit, car elle s'était contentée, pour juger que les redevances, pourtant versées à des sociétés belge et maltaise, entraient dans le champ de la convention franco-néo-zélandaise, de relever que l'administration soutenait que la société néo-zélandaise devait, en application d'un contrat d'agence conclu avec la société française, être regardée comme la bénéficiaire effective des sommes, sans se prononcer elle-même sur ce point. Toutefois, selon ce qu'indique la rapporteure publique Céline Guibé dans ses conclusions sur cette affaire, l'administration n'est pas obligatoirement tenue « d'identifier systématiquement le bénéficiaire effectif de revenus passifs, lorsqu'il apparaît que le destinataire des fonds est un simple intermédiaire » et elle peut « se contenter d'écarter l'application de la convention conclue avec l'État de résidence de l'intermédiaire, à charge pour le contribuable, s'il souhaite se prévaloir de la convention conclue avec l'État de résidence du bénéficiaire effectif, d'apporter des éléments permettant d'identifier ce dernier ».

En tout état de cause, il n'y a pas lieu de donner une importance considérable à la présence ou non de la clause de « bénéficiaire effectif » dans une convention fiscale ; l'administration peut toujours rechercher si le bénéficiaire apparent est le bénéficiaire réel et n'appliquer la convention fiscale que si tel est le cas, **même sans texte** et même sans invoquer un abus de droit.

Par exemple, le Conseil d'État a confirmé que le bénéfice de la réduction du taux de retenue à la source prévue par la convention fiscale franco-luxembourgeoise du 1e avril 1958 modifiée avait à juste titre été refusé à une société française qui avait distribué des dividendes à une société luxembourgeoise entièrement contrôlée par une personne physique domiciliée en Uruguay, la chaîne de participations étant constitutive d'un montage artificiel visant à **masquer le véritable bénéficiaire** de la distribution (CE 23 novembre 2016 n° 383838, 8e et 3e ch., Sté Eurotrade Juice : RJF 2/17 n° 130, aux conclusions Benoît Bohnert ; voir également n° 61047 g) ; le Conseil d'État souligne que ni les stipulations conventionnelles, antérieures à l'introduction d'une clause de bénéficiaire effectif dans le modèle de convention fiscale de l'OCDE, ni aucun des éléments relatifs au contexte ou au but dans lequel la convention fiscale a été établie ne s'opposent à ce que le bénéfice de l'application du taux réduit soit subordonné à la condition que le résident en cause soit le **bénéficiaire effectif des dividendes**.

On déduit de cette décision, qui reprend un précédent avis du Conseil d'État (nº 74632), que la circonstance que la convention fiscale ne contienne pas de clause de « bénéficiaire effectif » est sans importance, l'administration pouvant toujours en réserver le bénéfice aux bénéficiaires réels (dans cette affaire, il avait été jugé en appel, ce qui n'a pas été infirmé, que l'administration ne pouvait être regardée ce faisant comme ayant recouru implicitement à la procédure de répression des abus de droit).

L'approche de la Cour de justice est dans le même sens, les précisions fournies à propos de la notion de « bénéficiaire » pour l'application des **directives** mères/filles et intérêts/redevances étant transposables aux conventions fiscales (nºs 88210 et 88650) ; la Cour a elle-même précisé, en sens inverse, que la notion de « bénéficiaire effectif », qui figure dans les conventions fiscales reprenant le modèle de convention fiscale de l'OCDE, ainsi que les modifications successives qui lui ont été apportées et les commentaires d'accompagnement sont pertinents pour l'interprétation des directives européennes (par exemple, à propos de la directive intérêts/redevances, CJUE 26 février 2019 aff. jointes 115/16, 118/16, 119/16 et 299/16, Gr. ch., respectivement N Luxembourg 1, X Denmark, C Danmark I et Z Denmark, point 90 : RJF 6/19 nº 613 ; voir également nº 88650).

Enfin, la notion de bénéficiaire effectif n'a d'incidence, selon la lettre même des conventions fiscales, que pour l'application de la convention par le pays de la source ; elle n'a pas de sens lorsqu'il s'agit d'appliquer la convention **dans le pays de la résidence**. C'est pourquoi, saisi pour avis par le Gouvernement, le Conseil d'État a estimé que la notion de bénéficiaire effectif ne pouvait pas être invoquée pour refuser le droit à l'imputation d'un **crédit d'impôt** correspondant à une retenue à la source étrangère (Avis CE 31 mars 2009, section des finances, nº 382545 : Droit fiscal 2010 nº 22, comm. nº 339 ; cet avis ne lie cependant pas le Conseil d'État au contentieux). Le Conseil d'État estime qu'il serait contraire à l'objet même des conventions fiscales établies d'après le modèle de convention fiscale de l'OCDE, qui est, à titre principal, d'éliminer les doubles impositions, d'interpréter de telles conventions, en l'absence de stipulation expresse en ce sens, comme autorisant l'État de la résidence à refuser le droit à l'imputation d'un crédit d'impôt étranger au motif que la personne à laquelle ont été versés les revenus en cause (dividendes ou intérêts) n'en est pas le bénéficiaire effectif, alors que cette personne aurait été imposée par l'État de la source sur les mêmes revenus. Ainsi, les conventions fiscales conclues par la France selon ce modèle ne peuvent, en l'absence de stipulation expresse en ce sens, être interprétées comme subordonnant le droit à l'imputation d'un crédit d'impôt étranger à la condition que la personne qui reçoit les dividendes ou les intérêts en soit le bénéficiaire effectif (cela va de soi, étant donné que, dans cette hypothèse, le résident est imposé sur les revenus considérés et qu'il est naturel qu'il ait droit à un crédit d'impôt ; mais ce crédit peut évidemment s'avérer nul si les sommes sont reversées, compte tenu de l'application de la règle du butoir).

Précisions **a.** Le modèle de convention fiscale de l'OCDE a été légèrement retouché en 1995, les mots « si le bénéficiaire effectif... est un résident de l'autre État contractant » ayant été substitués à « si la personne qui reçoit les [dividendes, intérêts, redevances] en est le bénéficiaire effectif ». Cela ne change pas vraiment le sens, mais renforce l'idée qu'il faut à la fois être « bénéficiaire effectif » et « résident ».

b. La convention franco-suisse du 9 septembre 1966 modifiée contient une exclusion plus générale, car elle s'applique à toute la convention, dans la mesure où elle ne considère pas comme des « résidents » les personnes physiques ou morales qui ne sont que les **bénéficiaires apparents** des revenus, ceux-ci bénéficiant en fait à une personne non résidente (solution reprise dans la convention fiscale du 30 juin 2011 avec Panama, nº 74755).

c. L'article 25 de la convention **franco-panaméenne** du 30 juin 2011 précise que le bénéfice des avantages de la convention peut être refusé sur un revenu lorsque le récipiendaire n'est pas le bénéficiaire effectif de ce revenu et que l'opération permet au bénéficiaire effectif de supporter une charge fiscale moindre sur ce revenu que celle qu'il aurait eu à supporter s'il l'avait perçu directement. Il est toutefois prévu que les autorités compétentes se consultent s'il ne paraît pas approprié de refuser d'accorder le bénéfice des avantages de la convention.

Pertinence de la date de signature de la convention

74632 Dans son avis du 31 mars 2009 (nº 74630), le Conseil d'État a estimé que, compte tenu des principes posés par la convention de Vienne sur le droit des traités (nº 10525), la notion de bénéficiaire effectif peut être invoquée même lorsque les conventions fiscales n'y font pas référence lorsqu'elles ont été signées **avant la date** à laquelle une telle clause a été introduite dans le modèle de convention fiscale de l'OCDE, sauf si des stipulations de la convention en cause ou des éléments relatifs au contexte ou au but dans lequel elle a été établie y font obstacle (solution conforme, notamment, aux décisions Dieblod Courtage, nº 74640 c, et Sté Eurotrade Juice, nº 74630).

Il a estimé, en revanche, que la circonstance que la convention ait été signée **après la date** à laquelle les clauses « de bénéficiaire effectif » ont été introduites dans ce modèle est un indice selon lequel une telle convention ne peut être interprétée, en l'absence de stipulation expresse en ce sens, comme subordonnant le bénéfice de l'application du taux réduit de retenue à la source prévu pour les dividendes ou intérêts payés à un résident de l'autre État partie à la convention à la condition que ce dernier soit le bénéficiaire effectif des revenus.

Position de l'administration

L'expression « bénéficiaire effectif » n'est **pas définie** par les conventions fiscales ; l'administration ne donne pas non plus de définition, se contentant de préciser qu'une personne qui n'agirait que comme un **intermédiaire**, tel qu'un agent ou autre **mandataire** interposé entre le débiteur et le véritable créancier des revenus, ne pourrait utilement invoquer la qualité de bénéficiaire effectif (BOI-INT-CVB-DZA-30 n° 60 à propos de la convention fiscale franco-algérienne). Pour l'administration, la référence au bénéficiaire effectif confirme que l'État de la source des revenus n'est pas tenu de réduire ses droits d'imposer en application de la convention du simple fait qu'un revenu serait matériellement reçu par un résident d'un État avec lequel l'État de la source a conclu cette convention, par exemple lorsque le revenu **transite par un établissement financier** intervenant dans le circuit de paiement. **74635**

L'administration a repris les principes posés par le comité des affaires fiscales de l'OCDE à propos de la convention du 22 avril 1996 avec l'Ouzbékistan (BOI-INT-CVB-UZB-20 n° 120), en ajoutant qu'une **société** « **relais** » n'est pas un « bénéficiaire effectif » si, tout en étant propriétaire du revenu en la forme, elle ne dispose en pratique que de pouvoirs très limités qui font d'elle un simple fiduciaire ou un simple administrateur agissant pour le compte des parties intéressées.

En ce sens, la notion de bénéficiaire effectif renvoie à la lutte contre le **« treaty shopping »**, c'est-à-dire le choix des conventions fiscales les plus avantageuses (choisir une convention comme on « fait ses courses », ou « chalandage fiscal »).

Cette limitation, introduite par exemple dans l'ancienne convention fiscale franco-américaine par un avenant du 16 juin 1988, avait été à cette occasion justifiée par le souci de prévenir l'utilisation de « relais » créés uniquement pour bénéficier des dispositions favorables des conventions (en ce sens, rapport de la Commission des Finances du Sénat à l'occasion des débats de ratification). Elle a été reprise dans la convention du 31 août 1994 modifiée.

Précisions L'administration avait fait savoir qu'elle était **vigilante** sur les schémas d'interposition de sociétés (ancienne réponse Legendre, JO Sénat 19 décembre 1996, p. 3403, non reprise au BOFiP : BF 2/97 n° 193) ; il s'agissait d'une question relative à une société française versant des **redevances de brevet** à une société **néerlandaise** interposée entre la France et les ex-**Antilles néerlandaises** (aujourd'hui à Curaçao ou Saint-Martin). La question fait état d'une remise en cause de l'exonération de la retenue à la source de l'article 182 B du CGI par l'administration, qui ferait à tort abstraction de la société néerlandaise interposée. Mais la réponse insiste sur l'objet des conventions fiscales qui est d'éviter les doubles impositions et non de favoriser les doubles ou triples exonérations et ajoute que la situation évoquée caractérise une évasion fiscale sur laquelle l'administration fiscale exerce la plus grande vigilance.

Jurisprudence

En ce qui concerne la façon dont le juge de l'impôt interprète cette notion, les décisions suivantes sont éclairantes : **74640**

a. La cour administrative d'appel de Nancy a confirmé l'exonération conventionnelle de retenue à la source en présence d'**intérêts** payés par une société française à une **société allemande** au titre d'un prêt que celle-ci lui avait consenti, alors même que la société allemande avait elle-même emprunté les sommes dont il s'agit à une société située aux ex-**Antilles néerlandaises** (aujourd'hui à Curaçao ou Saint-Martin) ; l'administration avait considéré que cette séquence d'opérations était abusive, et que l'interposition de la société allemande n'avait été organisée qu'afin de bénéficier de l'exonération de prélèvement qui n'aurait pas été obtenue en présence d'intérêts payés directement aux ex-Antilles néerlandaises ; la Cour a cependant estimé que l'administration n'avait **pas démontré l'abus de droit** (CAA Nancy 14 mars 1996 n° 93-729, 2e ch., SARL Inter Sélection : RJF 11/96 n° 1329 ; arrêt définitif).

74640 (suite) **b.** Le tribunal administratif de Lille a admis l'éligibilité à l'exonération de retenue à la source, sur le fondement de la convention fiscale franco-néerlandaise du 16 mars 1973, de **redevances** versées par une société française à une **société néerlandaise**, quoique celle-ci les eût reversées en quasi-totalité (entre 93 % et 98 %) à une société des ex-**Antilles néerlandaises** (TA Lille 18 mars 1999 nos 95-5403 et 96-738, 4e ch., SARL Fountain Industries France : RJF 8-9/99 no 961 ; jugement définitif) ; en l'espèce, le débat s'est concentré sur la notion de « mandataire », l'administration échouant à montrer que la société néerlandaise n'était que le mandataire du véritable bénéficiaire, non conventionné.

c. Le Conseil d'État, dans une décision concernant, à titre principal, la situation des sociétés de personnes (no 31590), a jugé qu'il y avait lieu de contrôler la qualité de « bénéficiaire » d'un non-résident, **même en l'absence de stipulation conventionnelle précise** (CE 13 octobre 1999 no 191191, 8e et 9e s.-s., min. c/ SA Diebold Courtage : RJF 12/99 no 1492) ; en l'espèce, quoique la convention fiscale franco-néerlandaise du 16 mars 1973 n'utilise ni le terme « bénéficiaire » ni, à plus forte raison, celui de « bénéficiaire effectif », il fallait contrôler si, compte tenu de l'importance des sommes reversées par une société néerlandaise à une société apparentée suisse, la première pouvait effectivement bénéficier en France de l'exonération de retenue à la source conventionnelle. Si, au cas particulier, il ressort de la décision que l'administration n'a pas pu démontrer que la société néerlandaise n'était pas le **bénéficiaire « réel »** des sommes en cause, il reste que le principe du contrôle a été affirmé, au nom d'un principe général, sans base conventionnelle explicite ; cette décision de principe, qui a une grande portée pratique, a été reprise par CE 23 novembre 2016 no 383838, 8e et 3e ch., Sté Eurotrade Juice : RJF 2/17 no 130 (voir nos 61047 g et 74630).

d. Le bénéfice de la convention franco-américaine a été refusé au cas du versement de dividendes par une société française à une société américaine qui agissait comme « **nominee** » d'une société panaméenne qui en était le véritable actionnaire (TA Versailles 11 juillet 2003 no 99-5645, 7e ch., Société SCDM : RJF 1/04 no 79 ; jugement définitif à la suite d'un désistement au cours de la procédure d'appel).

e. Le Conseil d'État a été amené à faire application de la notion de « bénéficiaire effectif », en la combinant, à l'époque, avec celle de « fraude à la loi », à propos du remboursement de l'ancien avoir fiscal, dans le cadre d'un montage qui reposait sur la cession, par une société mère américaine à une banque britannique, d'un **usufruit temporaire** sur des **actions** à dividende prioritaire sans droit de vote spécialement émises à cet effet par sa filiale française (CE 29 décembre 2006 no 283314, 3e et 8e s.-s., min. c/ Sté Bank of Scotland : RJF 3/07 no 322, aux conclusions François Séners, au BDCF 3/07 no 33 ; également, dans une situation quasi identique, CE 24 avril 2012 no 343709, 8e et 3e s.-s., Sté Abbey National Treasury Services : RJF 7/12 no 735 aux conclusions Laurent Olléon au BDCF 7/12 no 89). Dans cette affaire, le Conseil d'État a considéré que la cession de l'usufruit de ces actions, pour une durée de trois ans, constituait, eu égard aux termes du contrat de cession et notamment de l'importance des garanties accordées à l'usufruitier, un **montage** réalisé dans l'unique but d'obtenir le bénéfice du remboursement de l'avoir fiscal sur le fondement de la convention fiscale franco-britannique, alors que la convention fiscale franco-américaine ne l'aurait pas permis (la société mère américaine disposait, en effet, d'une participation supérieure au seuil prévu par la convention pour le transfert de l'avoir fiscal) ; pour le Conseil d'État, l'analyse de ce montage révélait que le **bénéficiaire effectif** des dividendes était la société américaine et non pas la banque britannique, dans la mesure où le contrat de cession d'usufruit devait, en réalité, s'analyser en un **prêt** consenti par la banque à la société américaine, cette dernière ayant seulement délégué sa filiale française pour rembourser cet emprunt à sa place ; dans ces conditions, la convention franco-britannique ne pouvait s'appliquer. Cette décision a annulé pour dénaturation l'arrêt de la cour administrative d'appel de Paris qui avait jugé, au contraire, que la banque, ayant acquis l'usufruit des actions, était le bénéficiaire effectif des dividendes et qu'à ce titre elle était éligible au bénéfice de la convention fiscale franco-britannique (CAA Paris 23 mai 2005 no 01-4068, 5e ch. B., Sté Bank of Scotland : RJF 5/06 no 569). À notre avis, la solution aurait sans doute été identique même si le Conseil d'État n'avait pas recouru au concept de **fraude à la loi**, dans la mesure où l'administration peut toujours constater que le bénéficiaire d'un avantage conventionnel n'est qu'apparent et en tirer les conséquences hors abus de droit ou fraude à la loi. Enfin, cette décision n'est pas contradictoire avec celle donnée par les décisions Axa et Goldfarb (no 72625), si l'on remarque que, dans ces deux affaires où l'abus de droit n'a pas été reconnu à propos d'opérations de « passage de coupons », le Conseil d'État a fondé la solution sur l'absence de garantie et le maintien du risque d'actionnaire (les contrats comportaient, selon le Conseil d'État, un risque pour la banque, ce qui n'était manifestement pas le cas dans l'affaire Bank of Scotland).

f. Une fraude à la loi a été caractérisée au cas d'une société française qui avait procédé à une **acquisition à un prix manifestement surévalué** et qui avait prétendu que le cédant était une société luxembourgeoise alors qu'en réalité il s'agissait d'une société seychelloise (CAA Paris 16 décembre 2011 n° 09PA05315, 7ᵉ ch., Sté Innovation et Gestion Financière, confirmant TA Paris 23 juin 2009 n° 05-8263, 2ᵉ sect., 1ᵉ ch., Sté Innovation et Gestion financière : RJF 5/10 n° 511 ; le pourvoi contre l'arrêt d'appel n'a pas été admis par CE (na) 5 mai 2014 n° 357015, 9ᵉ s.-s.) ; dans cette affaire, la cession était intervenue en mai et en novembre 1999 alors que la société luxembourgeoise prétendument cédante avait été dissoute en février au bénéfice de son actionnaire unique seychellois (en présentant le cédant comme une société luxembourgeoise, la requérante pouvait prétendre échapper à la retenue à la source sur les avantages occultes sur le fondement de la convention fiscale franco-luxembourgeoise ce qui n'était pas possible si le cédant était une société des Seychelles en l'absence de convention fiscale avec la France). **74640** (suite)

g. Pour l'application de la convention fiscale franco-britannique du 19 juin 2008, n'est pas considérée comme « bénéficiaire effectif » des redevances qui lui sont versées par la Sacem une **société britannique de gestion collective** qui collecte et gère les revenus perçus par ses membres au titre de l'utilisation, de la diffusion et de la distribution de leurs œuvres, notamment musicales (CE 5 février 2021 nᵒˢ 430594 et 432845, 10ᵉ et 9ᵉ ch., min. c/ Sté Performing Rights Society Ltd : RJF 4/21 n° 407, annulant CAA Versailles 12 mars 2019 n° 17VE01940, 3ᵉ ch., min. c/ Performing Rights Society Ltd : RJF 7/19 n° 617 pour inexacte qualification des faits et renvoyant l'affaire à la cour administrative d'appel de Versailles où elle est enregistrée sous le n° 21VE00439 ; voir également n° 3465) ; la Cour ne pouvait pas conclure que la société britannique était le bénéficiaire effectif des redevances étant donné que, même si les artistes lui cèdent les droits qu'ils détiennent sur leurs œuvres et même si le conseil d'administration de la société détermine l'affectation des revenus tirés de l'exploitation des œuvres, les revenus doivent, en principe, être **répartis entre les membres** de la société après déduction des frais, et les redevances redistribuées sont alors comptabilisées en **charges** déductibles et imposées entre les mains des membres et non de la société (en pratique, l'essentiel des redevances est reversé chaque année par la société à ses membres). Cette décision, rendue contrairement aux conclusions du rapporteur public Laurent Domingo (RJF 4/21 C 407), s'explique et se justifie par le fait que la société britannique ne faisait, en réalité, que gérer les droits transmis par ses sociétaires et encaisser les produits correspondant pour les leur reverser, sous déduction de ses frais et de sa rémunération (elle a été reprise pour d'autres années par CAA Versailles 8 février 2022 n° 20VE02613, 1ᵉ ch., min. c/ Sté Performing Rights Society Ltd ; arrêt définitif) ; elle montre clairement que la notion de bénéficiaire effectif est décorrélée de la notion d'abus (puisqu'il n'y avait nul abus en l'espèce) et elle est en ligne avec les commentaires du comité des affaires fiscales de l'OCDE, qui vont dans le sens de l'application de la convention conclue avec l'État de résidence des auteurs et non pas celui de la société de gestion collective (n° 74585).

h. La qualité de bénéficiaire effectif a été reconnue à une **société néerlandaise** du groupe Ikea alors même qu'au titre de contrats de franchise elle consacrait 70 % du montant des redevances qui lui étaient versées par la filiale française du groupe au paiement d'un prix acquitté auprès d'une fondation établie au Liechtenstein pour la mise à sa disposition de la marque, nécessaire au développement de son activité de franchiseur (CAA Versailles 8 février 2022 n° 19VE03571, 3ᵉ ch., min. c/ SAS Meubles Ikea France : RJF 6/22 n° 575, arrêt définitif ; voir n° 72645 I) ; la Cour écarte de façon lapidaire l'analyse de la notion conventionnelle de bénéficiaire effectif pour les mêmes motifs qui lui font écarter l'abus de droit (l'arrêt étant définitif, on ignore si le Conseil d'État aurait partagé ce point de vue, au regard, notamment, de la solution retenue dans l'affaire Performing Rights Society mentionnée en g ci-avant).

i. Une **société holding suisse** dont l'intégralité du capital était détenue par une personne physique domiciliée au Portugal n'a pas été regardée comme le bénéficiaire effectif des dividendes qu'elle avait reçus de sa filiale française en 2013 et 2014 (CAA Versailles 27 mai 2021 n° 19VE00090, 3ᵉ ch., Sté Alphatrad, arrêt définitif après non-admission du pourvoi du contribuable par CE (na) 11 mars 2022 n° 454980, 8ᵉ ch., Sté Alphatrad : RJF 6/22 n° 581). Bien que la société ait eu une importante antériorité (elle avait été créée en 1977), qu'elle ait détenu d'autres participations dans d'autres pays d'Europe, qu'elle ait eu une activité de financement intragroupe et que les dividendes reçus n'aient pas été redistribués à la personne physique, elle était dépourvue de moyens immatériels, matériels et humains et, pour la Cour, la réalité de son activité n'était pas démontrée ; les circonstances que les dividendes n'aient pas été reversés, que les bénéfices aient été **mis en réserve** et que l'actionnaire personne physique ne disposait que d'un mandat d'administrateur n'ont pas été jugées suffisantes dès lors qu'il n'était pas justifié, en l'absence de toute précision sur le processus de décision présidant à l'affectation des dividendes, de ce que la société suisse, tout en étant formellement propriétaire du revenu, disposait en pratique de pouvoirs lui permettant d'en disposer et ne se bornait pas à agir pour le compte de son actionnaire (selon ce qu'indiquait le rapporteur public devant le juge d'appel, toutefois, la société avait, dans sa réclamation et devant le tribunal administratif, clairement indiqué que la personne physique « n'avait jamais eu pour intention de dissimuler sa qualité de véritable bénéficiaire de ces distributions »). La Cour relève que la société suisse avait consenti des **avances** à son actionnaire et en déduit que ce dernier disposait des fonds sociaux, alors pourtant qu'en l'espèce il s'agissait d'un prêt et qu'il ressort du jugement de première instance (TA Montreuil 12 novembre 2018 n° 1702981, 7e ch., Sté Alphatrad) que les avances consenties ne représentaient qu'environ 25 % des dividendes reçus. Dans cette affaire, l'administration avait tout de même admis d'appliquer le taux conventionnel de 15 % et s'était contentée de refuser l'exonération.

j. Une société néerlandaise qui, en application d'un contrat de licence de marque, reversait à sa société mère domiciliée aux îles Vierges britanniques puis à Panama entre 88,7 % et 91,6 % des redevances qui lui étaient versées par une société française en contrepartie de la sous-licence de la **marque** n'était pas le bénéficiaire effectif des redevances (CAA Bordeaux 5 octobre 2021 nos 19BX00473 et 20BX03606, 4e ch., Sté Meltex, concernant respectivement les années 2008 à 2010 et 2011 à 2012 ; ces arrêts ont fait l'objet de pourvois non admis respectivement par CE (na) 24 juin 2022 n° 459154, 8e ch. et CE (na) 24 juin 2022 n° 459155, 8e ch.) ; la retenue à la source était donc due au taux de droit interne. Dans cette affaire, la société néerlandaise, qui n'avait pas d'autre activité, reversait les redevances entre quatre et trente-huit jours après les avoir reçues et son pouvoir d'utilisation et d'affection des fonds était particulièrement contraint sur le plan juridique. Il ressort de l'arrêt que le taux de la retenue à la source a été déterminé en fonction du siège du bénéficiaire ultime, avec application, pour certaines années, des règles concernant les ETNC, s'agissant de Panama.

c. Les entreprises associées

74680 Les conventions fiscales reprennent en général la clause figurant à l'article 9 du modèle de convention fiscale de l'OCDE sur les entreprises associées. Cette disposition permet à un État d'inclure dans les bénéfices imposables d'une entreprise les bénéfices qu'elle aurait dû réaliser si elle avait traité avec des entreprises indépendantes au lieu de traiter avec des entreprises « associées ». Deux entreprises sont considérées comme associées lorsque :

– l'une participe directement ou indirectement à la direction, au contrôle ou au capital de l'autre,

– ou que les mêmes personnes participent directement ou indirectement à la direction, au contrôle ou au capital d'une entreprise d'un État et d'une entreprise de l'autre État.

Ces dispositions, qui rejoignent en général les droits internes des États, permettent de lutter contre les **abus liés aux prix de transfert** entre entreprises liées (nos 75750 s.). Les commentaires du comité des affaires fiscales de l'OCDE précisent, en effet, que les États contractants peuvent, pour calculer les sommes imposables, rectifier la comptabilité des entreprises si, par suite de relations spéciales entre ces dernières, leurs comptes ne font pas apparaître les bénéfices réels (Commentaires OCDE, C (9) n° 2).

Le modèle de convention de l'OCDE recommande, en outre, d'inclure dans les conventions fiscales un principe d'élimination des doubles impositions (article 9 § 2).

Dans le passé, la France, de même que certains autres pays, avait considéré que ce paragraphe était rédigé en termes trop absolus ; la plupart des conventions fiscales signées par la France ne le contiennent d'ailleurs pas. Mais la position de la France a évolué et, à l'occasion de la révision de juillet 2005, la réserve française, qui figurait, avec celle de la Belgique, de la Hongrie, de la Pologne et du Portugal, au § 19 des commentaires relatifs à l'article 9, a été levée. Seuls certains pays ont encore maintenu quelques réserves, au demeurant très nuancées. Cette question rejoint celle des ajustements corrélatifs (n° 85720).

Précisions Le paragraphe 2 de l'article 9 du modèle de convention fiscale de l'OCDE a, par exemple, été inclus dans la convention du 7 mars 2007 avec la **Géorgie** et l'accord du 21 octobre 2010 avec la région administrative spéciale de **Hong Kong** de la République populaire de Chine. La convention franco-luxembourgeoise du 20 mars 2018 en fournit un exemple plus récent.

d. Artistes et sportifs

Les artistes et sportifs sont normalement imposables dans l'État où ils exercent leur activité. Les conventions fiscales modernes, suivant le modèle de convention fiscale de l'OCDE (article 17 § 2), prévoient également que lorsque les revenus d'activités qu'un artiste du spectacle ou un sportif exerce personnellement et en cette qualité sont attribués, non pas à l'artiste ou au sportif lui-même, mais à une autre personne, ces revenus sont imposables dans l'État où les activités sont exercées, même en l'absence d'établissement stable ou en cas de mission temporaire s'il s'agit d'un salarié. **74690**

Ces dispositions ont pour objet d'éviter les abus connus sous le nom de **« sociétés d'artistes »** (nos 45780 s.).

3. Les dispositions « anti-abus » spécifiques à certaines conventions fiscales

a. Les exclusions ponctuelles

Exigence d'une durée de détention

Pour éviter les manipulations destinées à obtenir le bénéfice de taux réduits de retenue à la source sur les dividendes distribués aux **sociétés mères**, avec, en général, un seuil de 10 %, diverses conventions fiscales prévoient que cette participation doit avoir été détenue pendant une certaine durée : **74715**

- convention **franco-belge** du 10 mars 1964 (article 15) : détention d'au minimum 10 % du capital depuis le début du dernier exercice social clos avant la distribution ;
- convention **franco-italienne** du 5 octobre 1989 (article 10 § 2 a) : détention directe ou indirecte d'au moins 10 % du capital de la société qui paye les dividendes pendant une période d'au moins douze mois précédant la date de la décision de distribution des dividendes ;
- convention **franco-américaine** du 31 août 1994 (article 10, dans sa version issue de l'avenant du 13 janvier 2009) : exonération des dividendes versés à des sociétés mères (seuil de 80 %) lorsque la participation a été détenue pendant une période de douze mois consécutifs précédant la date de détermination des droits à dividendes.

Précisions Un critère de durée de détention est désormais applicable aux conventions fiscales couvertes par **l'instrument multilatéral** (n° 61065).

Trafic international

Certaines conventions fiscales prévoient l'exclusion du régime des entreprises de trafic international du trafic effectué sur des navires qui ne battent pas **pavillon du pays du siège** de l'entreprise qui les exploite (voir par exemple, la convention franco-grecque du 29 août 1963, dont l'article 6 vise l'imposition dans l'État d'immatriculation du navire ou dans celui qui l'a muni d'un titre de nationalité). Une telle disposition a pour but d'éviter l'exonération des bénéfices d'une entreprise résidente de l'autre État mais dont les navires sont immatriculés dans un pays refuge. **74720**

En outre, certaines conventions fiscales excluent du régime spécial les bénéfices qui reviennent finalement à des **personnes non résidentes** ; ainsi, la convention franco-chypriote du 18 décembre 1981 stipule que les bénéfices provenant de l'exploitation de navires en trafic international par une société résidente de Chypre dont plus de 25 % du capital est possédé directement ou indirectement par des personnes qui ne sont pas résidentes de Chypre peuvent être imposés en France si la société y dispose d'un établissement stable (article 8).

Établissements stables

En ce qui concerne les **profits rattachés** aux établissements stables, si le concept de « force attractive » n'est généralement pas retenu par la France, un **dispositif anti-abus** est parfois mis en place (voir n° 18595 en ce qui concerne, par exemple, la convention avec le Nigeria). **74725**

b. Les exclusions plus générales

Contrôle de la qualité de résident

74750 Afin d'éviter les abus, les États subordonnent, en général, la réduction ou l'exonération de retenue à la source à l'accomplissement de **certaines formalités** (nos 82830 s.).

Le plus souvent, la convention fiscale se borne à donner une autorisation aux autorités compétentes de mettre en place des **modalités d'application** leur permettant de vérifier que le bénéficiaire des revenus a bien droit à son bénéfice ; des formulaires d'application doivent alors être présentés à l'administration de l'État de la source, après visa de l'administration fiscale de l'État de résidence.

Certaines conventions fiscales, comme l'ancienne convention franco-luxembourgeoise du 1er avril 1958 modifiée, vont plus loin ; cette convention subordonnait expressément la réduction des retenues à la source sur les dividendes et intérêts à la production d'une attestation visée par l'administration fiscale de l'État de résidence, précisant les revenus pour lesquels le bénéfice de la convention est demandé et certifiant que ces revenus **seront soumis à l'impôt** direct dans les conditions du droit commun dans cet État (article 10 bis ; voir no 82845, Précisions). La convention du 20 mars 2018 (article 29) n'exige plus l'assujettissement à l'impôt mais précise tout de même que pour obtenir, dans un État, les avantages prévus aux articles 10, 11 et 12 (dividendes, intérêts et redevances), les résidents de l'autre État doivent, à moins que les autorités compétentes n'en disposent autrement, présenter un formulaire d'attestation de résidence indiquant en particulier la nature ainsi que le montant ou la valeur des revenus concernés, et comportant la certification des services fiscaux de cet autre État.

Dans le même esprit, l'article 32 § 2 de la convention **franco-américaine** du 31 août 1994 modifiée précise que les conditions auxquelles peut être soumis un résident d'un État pour l'obtention, dans l'autre État, des exonérations ou réductions d'impôt et autres avantages prévus par la convention comprennent, **à moins que** les autorités compétentes, conjointement ou séparément, **n'en disposent autrement**, la présentation d'un **formulaire** indiquant la nature et le montant ou la valeur des éléments de revenu ou de fortune concernés, la résidence du contribuable et tout autre renseignement approprié (no 82845). Voir également nos 41305 et 82845, à propos de la convention fiscale **franco-suisse** du 9 septembre 1966 modifiée.

Exclusion de certains résidents

74755 La convention **franco-suisse** du 9 septembre 1966 modifiée retire la qualité de résidents aux personnes physiques qui bénéficient en Suisse de certains **forfaits** (no 41305). En outre, elle précise que ne peut être considéré comme un résident, bien qu'il réponde à la définition générale, un **bénéficiaire apparent** de revenus qui transfère ces revenus à des personnes n'ayant elles-mêmes pas droit aux avantages de la convention (article 6 § 4 a) de la convention). Selon l'administration, il faut entendre par bénéficiaire apparent, toute personne qui n'a pas la jouissance réelle des revenus qu'elle encaisse pour le compte d'une autre personne, quelle que soit la nature des rapports fiduciaires existant entre le premier détenteur des revenus et celui qui en a la jouissance définitive et quel que soit le mode de transfert, direct ou indirect, utilisé pour cette transmission (BOI-INT-CVB-CHE-10-10 no 60) ; il n'y a pas lieu de s'attacher à la forme juridique ou à la qualification des rapports fiduciaires existant entre les intéressés (mandataire exprès ou tacite, représentant, gérant d'affaires, broker, nominee, Treuhänder…).

Dans le même ordre d'idées, la convention signée le 30 juin 2011 entre la France et **Panama** (article 4 § 5) a repris une stipulation qui ne se trouvait guère que dans la convention franco-suisse (no 74630) selon laquelle n'est pas considérée comme un « résident » une personne qui « n'est que le bénéficiaire apparent des revenus, lesdits revenus bénéficiant en réalité, soit directement, soit indirectement par l'intermédiaire d'autres personnes physiques ou morales, à une personne qui ne peut être regardée elle-même comme un résident (…) ». La même stipulation se retrouve dans la convention du 2 avril 2013 entre la France et **Andorre** et dans la convention **franco-luxembourgeoise** du 20 mars 2018 qui précise que ce texte s'applique notamment à un trustee ou un fiduciaire.

Autre exemple, la convention franco-koweïtienne du 7 février 1982 ne considère pas comme des « non-résidents » les personnes qui ne sont considérées comme non résidentes que sur le fondement du critère subsidiaire conventionnel de la **nationalité** (n° 41320).

Exclusion de certaines sociétés

Les sociétés établies à **Malte** ne bénéficient pas, depuis l'avenant du 8 juillet 1994, de la convention fiscale du 25 juillet 1977, lorsqu'elles sont soumises dans cet État à un régime fiscal privilégié (la liste des personnes morales concernées est donnée dans un échange de lettres annexé). **74760**

Dans le même ordre d'idées, il est prévu dans l'accord du 21 octobre 2010 entre la France et **Hong Kong** qu'un résident d'une Partie contractante ne peut bénéficier des dispositions de cet accord lorsqu'il exerce ses activités dans une zone franche située dans cette Partie ou bénéficie dans cette Partie d'un régime fiscal extraterritorial (« offshore »). Il est toutefois précisé que cela n'interdit pas à un résident d'une Partie contractante de bénéficier des dispositions de l'accord en raison de l'adoption d'un principe de territorialité restreinte aux revenus qui y trouvent leur source dans le système fiscal de cette Partie (protocole, point 1).

Précisions En vertu d'un échange de lettres du 8 septembre 1970, il était convenu entre la France et le Luxembourg que l'ancienne convention fiscale (du 1er avril 1958 modifiée) ne s'appliquait pas aux sociétés **holdings luxembourgeoises** régies par une loi du 31 juillet 1929 aujourd'hui abrogée (ce dispositif a dû être supprimé car il a été considéré comme un élément de concurrence fiscale dommageable au sens du code de conduite (n° 88530) puis comme une aide d'État incompatible avec les règles de l'Union européenne). Cette exclusion n'était naturellement pas applicable aux sociétés holdings qui ne revêtaient pas cette forme (TA Montreuil 5 mai 2014 n° 1204602, 1e ch., Société Foncière Vega : Droit fiscal 2014 n° 40, comm. n° 561 ; jugement définitif). Dans le même sens, CAA Versailles 17 novembre 2015 n° 13VE03679, 1e ch., SARL Foncière PI : RJF 3/16 n° 245, arrêt définitif jugeant que l'exclusion n'était pas applicable à une société qui avait pour objet l'acquisition et la gestion de participations mais qui pouvait également s'engager dans toute transaction concernant des biens immobiliers et mobiliers et accomplir toute activité commerciale ou industrielle favorisant la réalisation de son objet.

Critère d'imposition du revenu

Les conventions fiscales excluent parfois de leur bénéfice les personnes qui perçoivent des revenus provenant d'un État alors qu'elles ne sont pas imposables sur ce revenu dans l'autre État ; par exemple, le point 15 du protocole annexé à la **convention franco-italienne** du 5 octobre 1989 stipule : « Dans les cas où, conformément aux dispositions de la présente Convention, un revenu doit être exempté de la part de l'un des deux États, l'exemption sera accordée si et dans la mesure où ce revenu est imposable dans l'autre État. » On voit, par cet exemple relativement ancien, que les recommandations actuelles de l'OCDE (n° 72410) et de la Commission européenne (n° 88137), ainsi que les règles posées par l'instrument multilatéral (nos 1650 s.), qui vont exactement dans ce sens, ne sont pas particulièrement originales. **74765**

Autre exemple, l'avenant du 14 janvier 2008 à la convention entre la France et le Qatar du 4 décembre 1990 précise qu'afin d'**éviter les doubles exonérations**, et nonobstant les autres dispositions de la convention, chaque État impose conformément à sa législation interne les revenus, autres que les dividendes et les pensions, dont l'imposition est attribuée à l'autre État par la convention, mais qui ne sont pas inclus dans la base de l'impôt dans cet autre État (exception faite des États, leurs collectivités territoriales et institutions publiques majoritairement détenues par ces États ou collectivités, des citoyens du Qatar et des sociétés dont plus de 50 % des actions, parts ou autres droits sont possédés directement ou indirectement par des citoyens du Qatar).

Dans le même ordre d'idées, les conventions fiscales traitent parfois du cas des personnes qui ne sont **imposées** dans l'État de leur résidence **qu'à hauteur du revenu transféré** dans cet État. Les conventions fiscales franco-maltaise du 25 juillet 1977 modifiée (protocole), franco-singapourienne du 15 janvier 2015 (article 22 ; cette clause figurait déjà en des termes très proches dans la convention antérieure, du 9 septembre 1974) et franco-chypriote du 18 décembre 1981 (article 25 § 2), prévoient que, dans un tel cas, l'exonération ou la réduction d'impôt dans l'autre État n'est accordée que pour le montant du revenu transféré.

Il en va de même de la convention **franco-japonaise** du 3 mars 1995, dans sa rédaction issue d'un avenant du 11 janvier 2007 et de la convention **franco-britannique** du 19 juin

2008, qui prévoit, en substance, que lorsqu'un revenu bénéficie d'un avantage fiscal dans un État, et que le bénéficiaire n'est imposé dans l'autre État que sur le montant qui y est rapatrié, l'avantage à la source ne s'applique **qu'à la part du revenu qui est imposée** dans l'autre État (article 29 § 1 ; le même dispositif s'applique aux plus-values ; n° 41308).

L'accord du 21 octobre 2010 entre la France et **Hong Kong** prévoit que lorsqu'en application des dispositions de cet accord, un revenu bénéficie d'un avantage fiscal dans une Partie contractante et qu'en application de la législation interne en vigueur dans l'autre Partie contractante une personne n'y est assujettie à l'impôt que sur le montant de ce revenu qui est transféré ou reçu dans cette autre Partie et non sur son montant total, l'avantage fiscal accordé dans la première Partie conformément aux dispositions de l'accord ne s'applique qu'à la part du revenu qui est imposée dans l'autre Partie (protocole, point 11).

Plus originale, la convention **franco-panaméenne** du 30 juin 2011 contient un dispositif d'élimination des cas de double exonération des pensions ; l'article 17 de la convention prévoit ainsi que les pensions, normalement imposables dans l'État de résidence, sont imposables dans l'État dont elles proviennent si elles ne sont pas soumises à l'impôt dans l'autre État en vertu de la législation fiscale qui y est applicable.

Enfin, l'article 25 § 1 c) de la convention **franco-andorrane** du 2 avril 2013 prévoit que, si un État a conventionnellement un droit exclusif d'imposer des redevances, revenus d'emploi, pensions ou « autres revenus », l'autre État peut néanmoins les imposer dans la limite de la fraction qui est exonérée ou non imposable dans le premier État en vertu de la législation fiscale qui y est applicable (clause spécifique qui s'ajoute à d'autres dispositions anti-abus plus classiques).

Qualifications divergentes

74770 La convention **franco-autrichienne** du 26 mars 1993 cherche à éviter les doubles exonérations tenant à des qualifications divergentes : « Chacun des États contractants conserve le droit d'imposer conformément à sa législation les revenus de ses résidents, dont l'imposition est attribuée à l'autre État contractant, mais qui ne sont pas pris en compte pour l'assiette de l'impôt dans cet État, dans les cas où cette **double exonération résulte** d'une **qualification divergente** des revenus concernés » (point 10 du protocole annexé à la convention).

Dans le même sens, voir le point 11 du protocole annexé à la convention avec le Kazakhstan du 3 février 1998 et le point 9 du protocole annexé à la convention avec l'Ouzbékistan du 22 avril 1996, ainsi que le point 10 du protocole annexé à la convention franco-slovène du 7 avril 2004.

Rédigé un peu différemment, l'accord du 21 octobre 2010 entre la France et **Hong Kong** stipule que chacune des Parties contractantes conserve le droit d'imposer conformément à sa législation interne les revenus de ses résidents dont le droit d'imposition exclusif est attribué à l'autre Partie contractante en vertu de l'accord, mais qui ne sont pas pris en compte dans l'assiette de l'impôt dans cette Partie, dans les cas où cette double exonération résulte d'une qualification divergente des revenus concernés (protocole, point 12). On retrouve ce principe dans la convention fiscale franco-kenyane du 4 décembre 2007 (article 22 § 3).

Condition tenant aux objectifs du bénéficiaire

74780 Les conventions fiscales peuvent exclure de certains avantages les personnes qui ne poursuivent pas un objectif légitime ; par exemple, l'article 11 § 6 de la convention **franco-britannique** du 19 juin 2008 précise que les avantages réservés aux dividendes « ne s'appliquent pas si le **principal objectif** ou l'un des principaux objectifs d'une personne concernée par la constitution ou l'affectation des actions ou autres droits générateurs des dividendes **a été de tirer avantage du présent article** grâce à cette constitution ou à cette affectation » (de même en ce qui concerne les intérêts et redevances) ; ce principe a été repris dans la convention entre la France et le Qatar du 4 décembre 1990, dans sa rédaction issue de l'avenant du 14 janvier 2008.

Une stipulation voisine figure également dans la convention du 27 février 1990 entre la France et le Nigeria en ce qui concerne les redevances (article 12 § 6), dans la convention entre la France et le Japon du 3 mars 1995, dans sa rédaction issue d'un avenant du

11 janvier 2007, en ce qui concerne les **dividendes, intérêts et redevances** et dans la convention entre la France et Malte du 25 juillet 1977, dans sa version issue de l'avenant du 8 août 2008.

L'inclusion dans les conventions fiscales d'un tel principe devient manifestement un élément du modèle français, étant donné qu'on retrouve des stipulations identiques ou très proches dans la convention entre la France et la Géorgie du 7 mars 2007, l'accord du 21 octobre 2010 entre la France et Hong Kong, la convention avec Panama du 30 juin 2011, la convention avec Andorre du 2 avril 2013, la convention avec la Chine du 26 novembre 2013 et la convention avec la Colombie du 25 juin 2015.

Pour faire bonne mesure, la convention franco-singapourienne du 15 janvier 2015 et la convention franco-chinoise du 26 novembre 2013 contiennent des exclusions de portée générale ; l'article 24 de la convention franco-chinoise stipule, en effet, que « les avantages résultant de toute réduction ou exonération d'impôt prévue par le présent Accord ne sont pas accordés lorsque le principal objectif de certaines transactions ou opérations ou d'accords est **d'obtenir une position fiscale plus avantageuse** et lorsque l'octroi de cet avantage dans de telles circonstances serait **contraire à l'objet et au but** des dispositions pertinentes du présent Accord » (principe repris à l'article 28 de la convention franco-singapourienne du 15 janvier 2015). L'article 25 de la convention avec Andorre du 2 avril 2013 est rédigé de façon extensive car il vise non seulement les objectifs du résident conventionnel en cause mais aussi ceux de personnes qui lui sont liées.

Enfin, la **convention fiscale franco-portugaise** du 14 janvier 1971 contient, depuis un avenant du 25 août 2016, une clause anti-abus qui combine différents principes (article 31 bis) ; le bénéfice de la convention peut être refusé au titre d'un élément du revenu lorsque :
– le récipiendaire n'est pas le bénéficiaire effectif de ce revenu,
– et l'opération permet au bénéficiaire effectif de supporter une **charge fiscale moindre** sur cet élément du revenu que celle qu'il aurait eu à supporter s'il avait perçu directement cet élément du revenu (on retrouve la même stipulation dans la convention fiscale du 25 juin 2015 entre la France et la Colombie).

Il est également précisé que les avantages résultant de toute réduction ou d'exonération d'impôt prévue par la convention ne sont pas accordés lorsque le **principal objectif** de certaines transactions ou opérations ou d'accords est d'obtenir une position fiscale plus avantageuse et lorsque l'octroi de cet avantage dans de telles circonstances serait contraire à l'objet et au but des dispositions pertinentes de la présente convention. La convention fiscale du 25 juin 2015 entre la France et la Colombie reprend le même principe, sous une forme un peu différente, précisant qu'un résident d'un État ne peut bénéficier des réductions ou exonérations d'impôt accordées par l'autre État en vertu de la convention si le principal objectif ou l'un des principaux objectifs de la **conduite des opérations** par ce résident ou par une personne liée à ce résident est de bénéficier des avantages prévus par la convention.

En tout état de cause, enfin, les conventions fiscales couvertes par **l'instrument multilatéral** (nos 1650 s. et 74820) contiennent une clause anti-abus générale qui poursuit les mêmes objectifs.

Clause générale de « limitation des avantages conventionnels »

Les conventions fiscales contiennent parfois une stipulation particulière destinée à exclure certains résidents ; l'exemple le plus achevé est certainement celui de la convention fiscale **franco-américaine**, dont l'article 30, intitulé « Limitation des avantages de la convention » (ou « LOB » pour « Limitation on benefits »), a été réécrit par l'avenant à la convention signé le 13 janvier 2009. La convention ne peut s'appliquer aux résidents de l'un ou l'autre des États (c'est-à-dire ceux qui satisfont déjà aux tests de résidence « classiques » prévus par la convention, conformément au modèle de l'OCDE) que s'ils remplissent en outre les conditions supplémentaires posées par cet article (BOI-INT-CVB-USA-10-30 n° 40) ; compte tenu de ces conditions, qui sont très détaillées, seules, en simplifiant, les personnes suivantes peuvent bénéficier de la convention : **74785**
– les **personnes physiques** ;
– les **États** eux-mêmes ou leurs subdivisions politiques, collectivités locales, personnes morales de droit public ;

74785 (suite) – les **sociétés cotées**, en présence de transactions régulières sur un marché réglementé européen ou de la zone couverte par l'accord de libre-échange nord-américain ;

– les sociétés détenues directement ou indirectement à **au moins 50 % par cinq sociétés cotées** au plus ou par des collectivités publiques françaises ou américaines ;

– les sociétés détenues à **au moins 50 %**, pendant au moins la moitié de l'année, directement ou indirectement, par des résidents qualifiés du même État, à condition que, en cas de participation indirecte, chaque porteur de parts intermédiaire soit un résident de cet État et que, pendant au moins la moitié de l'année, cette société utilise **moins de 50 % de ses revenus bruts** pour verser des sommes déductibles à des personnes qui ne sont pas des résidents qualifiés de l'un ou l'autre État (à l'exception des paiements effectués dans des conditions de pleine concurrence dans le cadre normal d'activités d'entreprise au titre de services ou biens corporels et des paiements effectués à raison d'obligations financières envers une banque qui n'est pas liée au débiteur) ;

– les **sociétés détenues** à **au moins 95 %** directement ou indirectement par au plus sept personnes qualifiées de « bénéficiaires équivalents », si elles ne versent pas plus de 50 % de leurs revenus bruts à des personnes qui ne sont pas des bénéficiaires équivalents ; cette dernière expression désigne un résident d'un État membre de l'Union européenne ou d'un État partie à l'Accord de libre-échange nord-américain, sous réserve du respect de certaines conditions et notamment qu'il puisse bénéficier d'une convention fiscale d'ensemble avec l'État de la source.

En toute hypothèse, un résident d'un État peut bénéficier des avantages prévus par la convention au titre d'un élément de revenu provenant de l'autre État s'il exerce une **activité industrielle ou commerciale** effective dans son État de résidence (autre qu'une activité consistant à réaliser ou gérer des investissements pour son propre compte, à moins qu'il ne s'agisse d'une activité bancaire, d'assurance ou boursière exercée par une banque, une société d'assurance ou un opérateur agréé), et si le revenu provenant de l'autre État contractant se rattache, ou est accessoire, à cette activité industrielle ou commerciale. Toutefois, l'activité industrielle ou commerciale dans l'État de résidence doit être importante par rapport à l'activité industrielle ou commerciale exercée dans l'autre État (le caractère « important » ou non d'une activité industrielle ou commerciale est déterminé en tenant compte de l'ensemble des faits et circonstances propres à chaque cas).

Enfin, un résident d'un État qui n'entrerait pas dans les catégories prévues peut néanmoins bénéficier des avantages de la convention **si** l'**autorité compétente de l'autre État décide** que l'établissement, l'acquisition ou le maintien de cette personne et la conduite de ses opérations n'ont pas eu comme un de leurs objets principaux l'obtention d'avantages prévus par la convention. L'autorité compétente de l'autre État doit consulter celle du premier État avant de refuser d'accorder le bénéfice des avantages prévus par la convention en application de ces dispositions.

Précisions **a.** Les **exemples** d'application de la clause « LOB » américaine sont rares ; voir cependant TA Montreuil 10 juillet 2017 n° 1601006, SAS NCH France : RJF 4/18 n° 428, jugement définitif selon lequel il résultait des attestations de l'administration fiscale américaine que les conditions étaient remplies pour que la convention soit applicable (à propos des conditions d'application de l'exonération de **retenue à la source** sur des sommes réputées distribuées par une société française à sa société mère américaine à la suite d'une rectification en matière de prix de transfert) ; le fait que, s'agissant d'une société enregistrée au Delaware, les attestations aient été établies par une division de l'IRS située à Philadelphie n'était pas de nature à remettre en cause leur authenticité.

b. Une clause du même type a été introduite dans la convention **franco-japonaise** du 3 mars 1995 par un avenant du 11 janvier 2007. Une clause anti-abus d'inspiration voisine figure également dans la convention **franco-suisse** du 9 septembre 1966 (article 14). Dans sa rédaction issue de l'avenant du 27 août 2009, la convention prévoit que lorsqu'un résident d'un État reçoit un revenu provenant de l'autre État (quel qu'il soit, et pas seulement s'il s'agit d'un dividende, d'un intérêt ou d'une redevance) et reverse, directement ou indirectement, à un moment et sous une forme quelconques, la moitié au moins de ce revenu à une personne ou une entité qui n'est pas un résident de cet autre État, ce revenu ne peut bénéficier des avantages de la convention. Cette exclusion n'est toutefois pas applicable si la personne qui demande le bénéfice des avantages conventionnels établit que les opérations en cause n'ont pas principalement pour objectif de tirer avantage de la convention, cette condition étant réputée satisfaite lorsque le revenu :

i) est reversé par le bénéficiaire à une personne ou une entité qui ne lui est pas liée, ou

ii) aurait bénéficié d'un traitement conventionnel équivalent ou plus favorable s'il avait été directement perçu par la personne à laquelle il est reversé.

c. La convention **franco-chypriote** du 18 décembre 1981 contient un article 13 intitulé « limitation des dégrèvements », selon lequel les exonérations ou réductions prévues pour les dividendes, intérêts ou redevances ne sont pas applicables lorsque le bénéficiaire est une société dans laquelle des non-résidents ont un « intérêt prépondérant direct ou indirect » et si ces sociétés sont soumises à un impôt « substantiellement moindre que celui qui frappe habituellement les bénéfices réalisés par les sociétés de cet État ».

d. L'article 25 de la convention **franco-panaméenne** du 30 juin 2011 contient un dispositif de limitation des avantages de la convention aux termes duquel un résident d'un État ne peut bénéficier des réductions ou exonérations d'impôt accordées par l'autre État en vertu de la convention si le principal objectif ou l'un des principaux objectifs de la conduite de ses opérations par ce résident ou par une personne liée à ce résident est de bénéficier des avantages prévus par la convention.

e. Ainsi que l'a souligné la Commission européenne, les clauses de limitation des avantages de la convention doivent respecter le **droit de l'Union européenne** (nº 81490, Précisions a, à propos de la convention conclue entre les Pays-Bas et le Japon).

Dispositif de lutte contre la délocalisation des profits

Parmi les dispositifs anti-abus d'un type particulier insérés dans certaines conventions fiscales atypiques, on relève la solution originale retenue par la France pour éviter la délocalisation de profits dans les **Émirats arabes unis**, selon laquelle les filiales à plus de 50 % de sociétés françaises aux Émirats sont imposables en France nonobstant toute autre disposition contraire de la convention (nº 41325). **74790**

Clause de préservation des dispositifs anti-abus français

Certaines conventions fiscales précisent expressément que la convention ne fait pas obstacle à l'application des dispositions anti-abus du droit français (par exemple, l'avenant du 14 janvier 2008 à la convention entre la France et le **Qatar** du 4 décembre 1990 précise que rien dans la convention n'empêche l'application des articles 123 bis, 209 B, 212 et 238 A du CGI). On retrouve une clause d'inspiration identique dans l'accord du 21 octobre 2010 entre la France et **Hong Kong**, dont l'article 27 précise que « les dispositions du présent Accord ne portent pas atteinte au droit de chaque Partie contractante d'appliquer ses lois et mesures internes relatives à l'évasion et la fraude fiscales, qu'elles soient décrites comme telles ou non. » **74795**

La convention fiscale franco-luxembourgeoise du 20 mars 2018 est encore plus précise et plus complète ; il est stipulé que « les dispositions de la présente convention n'empêchent en rien la France d'appliquer les dispositions des articles 115 quinquies, 123 bis, 155 A, 209 B, 212, 238 A et 238-0 A de son code général des impôts ou d'autres dispositions analogues qui amenderaient ou remplaceraient celles de ces articles » (protocole § 7).

Clause conventionnelle anti-abus résultant de l'instrument multilatéral

La France doit naturellement, à l'égard des conventions fiscales couvertes, appliquer l'article 7 de l'instrument multilatéral relatif à la prévention de l'utilisation abusive des conventions fiscales, qui fait partie des normes minimales. Dans la mesure où la France n'a pas notifié qu'elle appliquerait la règle « simplifiée » de limitation des avantages, énoncée aux paragraphes 8 à 13 de l'article 7 énumérant les résidents éligibles selon une inspiration typiquement américaine (nºs 74575 et 74785), elle s'en tient à l'application de la **clause générale anti-abus** de l'article 7 § 1 de l'instrument multilatéral, qui est finalement assez proche des dispositions du droit interne français (nºs 72655 et 72658). **74820**

En application de l'instrument multilatéral, les conventions fiscales françaises « couvertes » contiennent ainsi les précisions suivantes :
– reprise du principe posé par l'article 6 de l'instrument multilatéral selon lequel les États entendent « éliminer la double imposition **sans créer de possibilités de non-imposition** ou d'imposition réduite via des pratiques d'évasion ou de fraude fiscale/évitement fiscal (résultant notamment de la mise en place de stratégies de chalandage fiscal destinées à obtenir des allégements prévus dans la présente convention au bénéfice indirect de résidents de « juridictions tierces ») » ;
– affirmation du principe selon lequel les États sont « soucieux de **promouvoir leurs relations économiques** et d'améliorer leur coopération en matière fiscale » (formulation optionnelle retenue par la France) ;

74820 (suite) – reprise du principe général posé par le paragraphe 1 de l'article 7 de l'instrument multilatéral selon lequel « nonobstant toute disposition d'une convention fiscale couverte, un avantage au titre de la convention fiscale couverte ne sera pas accordé au titre d'un élément de revenu ou de fortune s'il est raisonnable de conclure, compte tenu de l'ensemble des faits et circonstances propres à la situation, que l'octroi de cet avantage était **l'un des objets principaux d'un montage** ou d'une transaction ayant permis, directement ou indirectement, de l'obtenir, à moins qu'il soit établi que l'octroi de cet avantage dans ces circonstances serait conforme à l'objet et au but des dispositions pertinentes de cette convention fiscale couverte ».

Ces principes se retrouvent, par exemple, dans la version consolidée de la **convention fiscale franco-polonaise** du 20 juin 1975 qui stipule désormais (texte publié sur le site impots.gouv.fr) :
– au début de la convention, que les deux États entendent « éliminer la double imposition à l'égard d'impôts visés par la présente Convention, et ce, sans créer de possibilités de **non-imposition ou d'imposition réduite** via des pratiques d'évasion ou de fraude fiscale (résultant notamment de la mise en place de stratégies de chalandage fiscal destinées à obtenir des allégements prévus dans la présente convention au bénéfice indirect de résidents d'États tiers » ;
– puis, dans un encadré qui suit intitulé « **Droit aux avantages de la convention** », que : « nonobstant les autres dispositions de la présente Convention, un avantage au titre de celle-ci ne sera pas accordé au titre d'un élément de revenu ou de fortune s'il est raisonnable de conclure, compte tenu de l'ensemble des faits et circonstances propres à la situation, que l'octroi de cet avantage était l'un des objets principaux d'un montage ou d'une transaction ayant permis, directement ou indirectement, de l'obtenir, à moins qu'il soit établi que l'octroi de cet avantage dans ces circonstances serait conforme à l'objet et au but des dispositions pertinentes de la présente Convention ».

Ces stipulations sont applicables mutatis mutandis aux autres conventions fiscales déjà modifiées par l'instrument multilatéral et elles s'appliqueront également aux nouvelles conventions, à mesure du développement des procédures de ratification dans les pays concernés. Certaines conventions fiscales, comme la convention **franco-colombienne** du 25 juin 2015 (au préambule), reprennent directement l'affirmation de principe énoncée par l'instrument multilatéral en précisant que les deux États ont entendu « conclure une convention pour l'élimination des doubles impositions en matière d'impôts sur le revenu et sur la fortune sans créer de possibilités de non imposition ou d'imposition réduite par l'évasion ou la fraude fiscale (y compris par le biais du chalandage fiscal permettant d'obtenir des allègements prévus dans la présente convention au bénéfice indirect de résidents d'États tiers) ».

Il est encore trop tôt pour en mesurer les **conséquences pratiques** ; il y a tout de même lieu de remarquer, en ce qui concerne le principe désormais affirmé selon lequel les conventions fiscales doivent permettre de lutter contre les phénomènes de **non-imposition** ou d'imposition réduite, que seuls devraient être en cause les cas d'évasion ou de fraude fiscale (voir n° 10530). Littéralement, en effet, l'objet des conventions fiscales n'est modifié que pour éviter que la convention soit interprétée comme permettant d'ouvrir des possibilités de non-imposition ou d'imposition réduite « **via des pratiques d'évasion ou de fraude fiscale** » ; par suite, des doubles exonérations « naturelles », c'est-à-dire qui ne résultent pas d'un montage artificiel mais qui découlent simplement de ce que, par exemple, les législations des deux États ne s'accordent pas ne devraient pas être visées. À notre avis, la jurisprudence traditionnelle du Conseil d'État, qui admet que des doubles exonérations soient parfois possibles et que, sauf stipulation conventionnelle explicite, un revenu peut être exonéré en France même s'il n'a pas été imposé dans l'autre État (nos 10695, 10725 et 83790), n'aurait donc pas lieu d'être remise en cause.

D'une façon générale, ces stipulations ne sont, de ce point de vue, que la reprise des perspectives tracées par les commentaires du comité des affaires fiscales de l'OCDE (nos 74580 s.), qui sont eux-mêmes la reprise sous une autre forme des travaux d'élaboration de l'instrument multilatéral et des travaux de lutte contre l'érosion de l'assiette imposable et les transferts de bénéfices.

CHAPITRE 26

Les prix de transfert

Plan du chapitre §§

SECTION 1
L'approche de l'OCDE 75800
A Les principes directeurs dégagés par l'OCDE 75950
B Application des principes au cas des transactions courantes 76075
C Le traitement des doubles impositions 76250

SECTION 2
L'approche française 76340
A Conditions d'application de l'article 57 du CGI 76450
B Procédure 76870
C Effets 76940
D La procédure d'accord préalable de prix (APP) 77050

L'un des phénomènes les plus tangibles de l'internationalisation des économies est la création de multinationales de taille parfois considérable, qui rassemblent des entreprises associées directement ou indirectement, et qui répondent à un souci de rationalité économique et d'approche cohérente des marchés. Les **groupes internationaux** ont ainsi tendance à constituer de réelles entités sur le plan économique ; mais ils sont rarement pris en compte en tant que tels sur le plan fiscal, même s'il peut exister, notamment en France, certains éléments d'une fiscalité internationale des groupes (n°s 24500 s.) et même si les réflexions en cours au sein du Cadre inclusif vont également dans ce sens pour les groupes les plus importants (Piliers 1 et 2 ; n°s 16650 s.). **75750**

Les **administrations fiscales** ont une inclination naturelle à ne voir que les entités situées sur leur territoire (filiale ou succursale) et à vouloir les traiter isolément, sans prendre en compte le fait qu'elles s'insèrent dans un groupe plus vaste qui peut avoir son intérêt propre. Cette approche est naturelle et légitime dès lors qu'il existe des **frontières** entre les États et qu'il n'est donc pas indifférent que l'impôt soit payé dans tel État ou dans tel autre. Mais elle complique bien entendu la vie des groupes car ceux-ci doivent se placer dans une situation qui n'est pas la leur sur le plan économique et se demander en permanence si les transactions effectuées en leur sein sont « normales » ou non. **75753**

Cette constatation est à la base du phénomène connu sous le nom de « **prix de transfert** », c'est-à-dire de l'idée que des prix peuvent être convenus entre des entreprises associées, membres d'un groupe, alors qu'ils ne l'auraient pas été si les entreprises n'avaient été liées et si elles avaient respecté les **prix de « pleine concurrence »** (« arm's length prices »). Tous les États considèrent (sauf, bien entendu, les « paradis fiscaux ») que les prix des transactions effectuées entre entreprises associées, qu'il s'agisse de transactions portant sur des marchandises, des prestations de services, des prêts ou des transferts de technologie, doivent être rectifiés lorsqu'ils ne correspondent pas à ceux qu'on aurait constatés entre des entreprises indépendantes. Toute la question est donc de savoir comment déterminer ces prix, qui peuvent être parfois complètement théoriques, et selon quelles règles les redressements peuvent être réalisés par les administrations fiscales. **75755**

Précisions **a.** La question des prix de transfert peut avoir des incidences en matière de **TVA** ; la Commission européenne a ainsi publié, le 28 février 2017, un document de travail n° 923 intitulé « Possible VAT implications of Transfer Pricing » (taxud.c.1(2016)1280928 - EN). Sur les aspects **douaniers**, voir n° 76080, Précisions.

b. En France, la lutte contre la fraude, et particulièrement la lutte contre la fraude fiscale internationale, est un enjeu majeur pour l'administration (réponse Lienemann, n° 04794 : JO Sénat 31 janvier 2019 p. 548, précisant que les moyens des services de contrôle ont été renforcés et que la **base de données** Orbis utilisée par les directions nationales (DVNI, Dnef) est également mise à la disposition des huit Dircofi pour leur permettre d'apprécier les liens économiques et internationaux des PME qu'elles vérifient). La question des prix de transfert a fait l'objet de nombreux **rapports d'études** en raison de son enjeu pour les finances publiques, comme par exemple, celui de l'Inspection générale des finances de mars 2013

(« Mission de comparaisons internationales sur la lutte contre l'évasion fiscale via les échanges économiques et financiers intragroupe » : Droit fiscal 2013 n° 25, act. 339), estimant la législation française inadaptée et proposant des mesures dont certaines ont ensuite été adoptées, comme l'accès aux comptabilités analytiques et la remise en cause de la suspension de la mise en recouvrement en cas de procédure amiable (n° 85400).

c. La crise économique résultant de la crise sanitaire liée à l'épidémie de **Covid-19** a pu avoir des conséquences sur la détermination des prix de transfert ; le groupe de travail n° 6 de l'OCDE y a réfléchi et des travaux ont également été conduits au sein du Cadre inclusif (n° 72410, Précisions b). Un **guide** sur le sujet, élaboré et approuvé par les membres du Cadre inclusif, a été publié par l'OCDE le 18 décembre 2020 (« Guide sur les conséquences de la pandémie de Covid-19 en matière de prix de transfert ») ; ce guide aborde notamment quatre questions prioritaires : l'analyse de la comparabilité, les pertes et l'attribution des coûts liés à l'épidémie de Covid-19, les programmes d'aide gouvernementale et les accords préalables en matière de prix de transfert. Il n'apporte toutefois rien de précis, sauf à souligner que des comparaisons sont possibles avec des **entreprises déficitaires**, que l'utilisation de données historiques peut s'avérer sans pertinence pour l'analyse de comparabilité, que si des fonctions simples ou à faible risque ne doivent pas générer des pertes sur une longue période, cela ne signifie pas qu'il ne puisse y avoir des pertes à court terme et qu'il est probable que l'évolution de la situation économique devrait constituer une modification d'une hypothèse de base pour l'application des accords préalables de prix.

d. Par principe, les données des entreprises **comparables** contemporaines aux transactions contrôlées doivent être prises en compte pour ajuster les prix de transfert, ce qui permet d'appliquer des correctifs immédiats dans le contexte de l'épidémie, sous réserve de la disponibilité des informations ; le § 3.68 des Principes directeurs de l'OCDE concernant les analyses de comparabilité rappelle à ce propos que « les informations concernant les conditions de transactions comparables sur le marché libre qui ont été entreprises ou effectuées au cours de la même période que la transaction contrôlée (**"**transactions contemporaines sur le marché libre**"**) sont censées être les informations les plus fiables à utiliser dans une analyse de comparabilité, parce qu'elles reflètent la manière dont des parties indépendantes se sont comportées dans un environnement économique analogue à celui de la transaction contrôlée du contribuable ».

SECTION 1

L'approche de l'OCDE

Contexte

75800 L'OCDE a, de longue date, réfléchi à la question des relations entre entreprises associées. Le modèle de convention fiscale établi en 1963 comportait déjà un **article 9** permettant aux États de rectifier la comptabilité des entreprises, pour le calcul des bénéfices imposables, si celle-ci ne fait pas apparaître les bénéfices réellement réalisés, compte tenu des relations spéciales existant entre les entreprises qui ont effectué les transactions examinées. Cet article a été repris dans le modèle de 1977, tout en étant complété par un second paragraphe invitant les États à supprimer les **doubles impositions** qui peuvent résulter de ces rectifications (double imposition économique, n° 7680). Mais les commentaires des modèles de convention ne s'étendent pas particulièrement sur la question de la rectification des prix de transfert ; c'est au moyen de rapports spéciaux que le comité des affaires fiscales de l'OCDE a fait connaître son point de vue.

Le comité des affaires fiscales de l'OCDE avait ainsi publié un rapport, en 1979, sur la question des « **prix de transfert et entreprises multinationales** » (OCDE, Paris, 1979), complété en 1984 par une étude sur la question des **ajustements corrélatifs** (Prix de transfert et entreprises multinationales, trois études fiscales, OCDE, Paris, 1984). Il est apparu, à cette occasion, que cette question, si elle est conceptuellement assez simple, pose de sérieuses difficultés pratiques, à la fois pour déterminer dans quel cas il y a réellement « prix de transfert » (c'est-à-dire prix non conforme au principe de pleine concurrence) et pour résoudre l'inévitable double imposition générée au sein du groupe par un redressement effectué dans un État.

Précisions **L'ONU** s'intéresse également à la question des prix de transfert (n° 1407). Un « Manuel pratique en matière de prix de transfert pour les économies en développement » a été publié en 2012, une seconde édition étant publiée en mai 2017 et une troisième édition en avril 2021 (« **Practical Manual on Transfer Pricing for Developing Countries** (2021) », publications des Nations unies, Département des affaires économiques et sociales). Ce manuel est composé de **quatre parties** : les prix de transfert dans l'environnement mondial (Partie A, donnant un aperçu des entreprises multinationales, de leur fonctionnement et de leur structure, ainsi que de la gestion de leur fonction de prix de transfert), des indications sur le principe de pleine concurrence (Partie B, fournissant des lignes directrices sur la notion de liens de dépendance, les analyses de comparabilité, les méthodes de prix de transfert et les considérations de politique générale concernant certains types d'arrangements et de transactions, notamment les opérations financières, les fonctions d'approvisionnement centralisées et les arrangements dénués de substance économique), des indications sur la conception de la législation et la mise en œuvre pratique d'un régime de prix de transfert (Partie C, concernant notamment la documentation, l'évaluation des risques, la réalisation de vérifications fiscales et le règlement des différends) et des développements sur les pratiques de certains pays (Partie D, commentant notamment les pratiques de l'Afrique du Sud, du Brésil, de la Chine, du Kenya, de l'Inde et du Mexique). Les orientations proposées tiennent notamment compte des recommandations de l'OCDE dans le cadre des travaux sur le Beps (nº 72410). Une note décrivant les sujets analysés par le sous-comité de l'ONU dédié aux prix de transfert a également été publiée le 4 octobre 2021 (note E/C.18/2021/CRP.24 publiée à l'occasion de la 23e session du comité d'experts et envisageant notamment les conséquences de l'épidémie de Covid-19, le suivi des travaux du Cadre inclusif, les activités de financement, les instruments de contrôle, l'opportunité de passer d'une analyse des fonctions et des risques à une analyse des **fonctions**, des **risques** et des **marchés** et la numérisation de l'économie). Il est à craindre que les coûts de conformité des entreprises soient accrus et que la résolution pratique des cas de double imposition soit plus difficile si un **double « standard » ONU/OCDE** émergeait en la matière (notamment sur les incorporels « marketing », les accords de recherche et développement, etc.). Mais il semble que les orientations des deux organisations internationales aient tendance à se rapprocher.

Les Principes directeurs de l'OCDE

Les observations du comité des affaires fiscales de l'OCDE ont été complètement refondues en 1995, date à laquelle a été publié un nouveau rapport intitulé « **Principes applicables en matière de prix de transfert à l'intention des entreprises multinationales et des administrations fiscales** » (Paris, OCDE, 1995) ; ce rapport (communément appelé « Principes directeurs de l'OCDE »), qui a été approuvé par le comité des affaires fiscales du 27 juin 1995 et par le Conseil de l'OCDE le 13 juillet 1995 pour publication, a rapidement fait l'objet de mises à jour, en 1997, 1998 et 1999 ; il a ensuite fait l'objet d'une nouvelle publication d'ensemble en août 2009 et il a été à nouveau révisé en 2010. Il a ensuite été mis à jour en juillet 2017 afin de refléter les modifications issues des travaux sur l'érosion de l'assiette imposable et les transferts de bénéfices (Actions 8-10 et 13 du plan de lutte contre le Beps ; nº 72410) et en janvier 2022, pour tenir compte de la publication de différents rapports intercalaires. **75803**

La **version actuelle**, du 20 janvier 2022, apporte à la version précédente les modifications résultant des publications suivantes :
– rapport sur les « Instructions révisées sur la mise en œuvre de la méthode transactionnelle du partage des bénéfices », qui a remplacé les lignes directrices exposées dans le chapitre II, section C (§ 2.114 à 2.151) figurant dans la version de 2017 ainsi que les annexes II et III au chapitre II ;
– rapport sur les « Instructions à l'intention des administrations fiscales sur l'application de l'approche relative aux actifs incorporels difficiles à valoriser », qui a été intégré en annexe II au chapitre VI ;
– rapport sur les « Instructions sur les prix de transfert relatives aux transactions financières », qui a été intégré au chapitre I, dans une nouvelle section D.1.2.2, et dans un nouveau chapitre X ;
– modifications de conformité approuvées par le Cadre inclusif OECD/G20 sur le Beps le 7 janvier 2022.

Outre ces éléments d'actualisation, les points suivants ressortent des modifications effectuées par le comité des affaires fiscales de l'OCDE au cours de ces dernières années :
– la pertinence réaffirmée du principe de **pleine concurrence** ;
– l'actualisation des développements sur l'analyse des **risques** (nº 75995) ;
– l'identification des **transactions à retenir** pour l'analyse des prix de transfert (nos 1.119 à 1.128 des Principes directeurs ; nº 75950) ;
– l'actualisation des développements sur les **actifs incorporels** et l'affirmation du principe selon lequel la rémunération dépend des fonctions exercées, des actifs utilisés et des risques assumés dans le cadre de la mise au point, de l'amélioration, de l'entretien, de la protection et de l'exploitation des actifs incorporels ; les actifs incorporels difficiles à valoriser font également l'objet de précisions particulières (nº 76125) ;

– l'approche à retenir pour valoriser les **services intragroupe** à faible valeur ajoutée (nº 76215) ;
– le contenu de la **documentation** que les entreprises doivent rassembler pour justifier les prix de transfert : fichier principal, fichier local et déclaration « pays par pays » (nº 76005).

Malgré leur volume, les Principes directeurs de l'OCDE ne donnent que des indications très générales et peuvent difficilement permettre de résoudre les questions particulières que se posent les groupes, car celles-ci s'insèrent dans le contexte spécial de leur situation propre, de la loi applicable et de la jurisprudence nationale. En outre, si l'OCDE établit un **corps de normes communes**, il ne s'agit pas d'un législateur supranational ; les principes qu'il dégage constituent des points de repère utiles en pratique, mais n'ont eux-mêmes aucune valeur juridique (l'OCDE ne crée pas de normes obligatoires, mais participe à l'élaboration de ce qu'il est convenu d'appeler du « droit mou (ou souple) » ou « **soft law** » ; nº 1405, Précisions d). Il y a toutefois lieu de noter que l'administration renvoie expressément aux travaux de l'OCDE sur le principe de pleine concurrence (par exemple, BOI-INT-DG-20-40 nº 50 et BOI-BIC-BASE-80-10-10 nº 30, indiquant que l'article 57 du CGI reprend les principes OCDE) et sur le contenu de la documentation que doivent rassembler les « grandes entreprises » (nº 76845).

Quant aux juridictions françaises, il leur arrive également de faire référence aux Principes directeurs de l'OCDE. Dans ses conclusions sous la décision Ferragamo (CE 23 novembre 2020 nº 425577, 9e et 10e ch., min. c/ Sté Ferragamo France : RJF 2/21 nº 116 ; voir nº 76665 g), la rapporteure publique Émilie Bokdam-Tognetti indiquait par exemple que « si les "Principes de l'OCDE applicables en matière de prix de transfert" ne constituent pas des normes et sont dépourvus d'effet juridique en droit interne, et s'ils ne sauraient notamment servir à interpréter les dispositions de l'article 57 du CGI, ils peuvent constituer une **utile source d'inspiration** » (voir également, notamment, l'arrêt Unilever cité au nº 76640 f).

Précisions **a.** Bien que les Principes directeurs n'aient pas de valeur contraignante, les États membres, en les adoptant, se sont **politiquement engagés** à les respecter ; le Conseil de l'OCDE a recommandé aux gouvernements des pays membres que leurs administrations fiscales suivent les principes posés par le rapport de 1995 lorsqu'elles examinent et, s'il y a lieu, ajustent, les prix de transfert (Recommandation OCDE C(95)126/Final).

b. Depuis 2009, le comité des affaires fiscales de l'OCDE publie sur son site internet des « **fiches pays** » sur les prix de transfert (« Profils de pays en matière de prix de transfert ») résumant la législation et les pratiques nationales (les informations sont fournies par les administrations fiscales des pays concernés en réponse à un questionnaire). 73 pays étaient couverts au 9 juin 2022, notamment la France, dont la fiche-pays a été mise à jour en décembre 2021 en ce qui concerne les transactions financières et la mise en œuvre de l'approche autorisée de l'OCDE pour la détermination des bénéfices des établissements stables (ces fiches sont consultables à l'adresse suivante : www.oecd.org/fr/fiscalite/prix-de-transfert/fiches-pays-en-matiere-de-prix-de-transfert.htm).

75808 **Orientations actuelles de l'OCDE** Les principes généraux actuellement posés par le comité des affaires fiscales de l'OCDE sont essentiellement les suivants :
– réaffirmation du consensus qui s'est dégagé quant à la supériorité du **principe de pleine concurrence** par rapport à toute autre méthode de répartition des profits au sein des groupes ; rejet corrélatif de l'alternative théorique que représente la répartition globale des profits selon une **formule préétablie** (Principes directeurs, nº 1.32) ;
– absence de hiérarchie entre les méthodes de détermination des prix de transfert et simple affirmation de ce que la méthode sélectionnée doit être **la plus appropriée au cas d'espèce**, en fonction de la nature de la transaction contrôlée, de la fiabilité des informations disponibles, du degré de comparabilité, de la fiabilité des ajustements, etc. ;
– absence de nécessité d'analyser en détails les résultats donnés par toutes les méthodes disponibles (ou d'utiliser plus d'une méthode par transaction) ; possibilité d'utiliser des méthodes non décrites si elles sont conformes au principe de pleine concurrence ;
– pertinence de principe des **méthodes fondées sur les bénéfices**, alors que, traditionnellement, les méthodes transactionnelles de bénéfices (méthode transactionnelle de la marge nette et méthode du partage des bénéfices) n'avaient qu'un statut de dernier ressort et ne devaient être utilisées que dans les cas exceptionnels où il n'y avait pas, ou pas assez, de données disponibles (cette approche, qui n'affirme plus que ces méthodes sont applicables « en dernier ressort », résulte sans doute du fait que les bases de données sont aujourd'hui mieux documentées et de ce que les modèles d'organisation des entreprises sont plus intégrés que dans le passé) ;

– lorsque deux méthodes peuvent être appliquées avec la même fiabilité (par exemple, méthode du prix de revente minoré et méthode transactionnelle de la marge nette), priorité de principe de la **méthode traditionnelle** (prix de revente minoré) ;
– affirmation de l'importance centrale des analyses de **comparabilité** auxquelles un chapitre III est consacré par les Principes directeurs. Les analyses de comparabilité servent à la fois à la sélection de la méthode la plus appropriée aux circonstances du cas d'espèce et à son application. Le comité des affaires fiscales de l'OCDE énonce, à ce propos, que le simple fait qu'aucun comparable indépendant ne soit trouvé pour une transaction donnée ne signifie pas nécessairement que cette transaction ne satisfasse pas au principe de pleine concurrence. En effet, les entreprises associées sont susceptibles de se livrer à des transactions dans lesquelles des entreprises indépendantes ne s'engageraient pas, car elles évoluent dans un contexte commercial différent de celui des entreprises indépendantes (Principes directeurs, n° 1.11). En pratique, l'absence de comparables complique toutefois l'analyse car il devient nécessaire de s'interroger, de façon hypothétique, sur ce que des entreprises indépendantes auraient fait ou non.

Évolution continue des réflexions de l'OCDE Un processus de suivi a été mis en place par le comité des affaires fiscales de l'OCDE pour tenir compte des expériences des administrations fiscales et des milieux d'affaires. Les réflexions sont conduites, notamment au sein du groupe de travail n° 6 qui traite de l'imposition des entreprises multinationales et des Principes directeurs en matière de prix de transfert, dans le cadre plus général des travaux de lutte contre l'érosion de l'assiette imposable et les transferts de bénéfices (« **Beps** » ; n° 72410). **75810**

Les travaux actuels se concentrent sur l'approfondissement des orientations déjà fournies par les travaux internationaux précédents, notamment en ce qui concerne la méthode transactionnelle du **partage des bénéfices** (Action 10 du plan anti-Beps), les « **actifs incorporels** difficiles à valoriser » (HTVI, pour « Hard to Value Intangibles » ; Action 8 du plan anti-Beps) et les **transactions financières**.

Par ailleurs, le groupe de travail n° 1 qui, au sein du comité des affaires fiscales de l'OCDE, est chargé des modifications à apporter au modèle de convention fiscale, a publié le 29 mars 2021, pour recueillir l'avis des intéressés, des propositions de modification des commentaires relatifs à l'article 9 du modèle, afin d'affirmer plus nettement le principe de l'application des lois nationales en matière de déduction d'intérêts entre entreprises associées (des modifications corrélatives seraient apportées par cohérence aux articles 7, sur les bénéfices des entreprises, et 24, relatif au principe de non-discrimination). Le commentaire de l'article 25, relatif à la procédure amiable, serait également modifié à la marge, pour préciser que les États membres devraient ouvrir la procédure amiable dans les cas de prix de transfert (ce qu'ils font presque tous déjà, en pratique).

Précisions **a.** En pratique, le comité des affaires fiscales de l'OCDE publie des notes de travail et des **appels à commentaire** à destination, en particulier de la communauté des affaires (les contributions reçues sont généralement disponibles sur le site Internet de l'OCDE). Après consultation, les rapports sont adoptés et deviennent des documents officiels. L'OCDE procède également à l'examen périodique des législations et des pratiques nationales.

b. La question des prix de transfert préoccupe aussi la Commission européenne qui a mis en place, en juillet 2002, un **Forum conjoint de l'Union européenne** sur les prix de transfert (FCPT) ; reconduit jusqu'en 2015, ce forum a été recréé par une décision du 26 janvier 2015 de la Commission européenne instituant un groupe d'experts sur les prix de transfert dénommé « Forum conjoint de l'UE sur les prix de transfert (FCPT) » (Doc. Comm. C (2015) 247 final du 26 janvier 2015). Le Forum, dont les membres sont nommés par décision du directeur général de la fiscalité et des douanes, a pour mission d'assister et de conseiller la Commission européenne dans sa recherche de « solutions communes et pratiques pour une application plus uniforme des règles de prix de transfert au sein de l'Union européenne ». Il est composé des administrations fiscales des États membres et de dix-huit « organisations » (sociétés, associations, organisations non gouvernementales, syndicats, universités, instituts de recherche, agences de l'Union européenne, organes de l'Union européenne et organisations internationales). Ses travaux sont régulièrement publiés par la Commission européenne (documentation commune aux États membres, questions relatives aux doubles impositions et aux procédures d'accords préalables de prix, accords de partages de coûts portant sur les services non créateurs de biens incorporels, ajustements secondaires, situation particulière des PME, statistiques concernant la convention européenne d'arbitrage et les accords préalables de prix, etc.). Par exemple, en octobre 2018, le Forum a approuvé un rapport sur une **approche coordonnée des contrôles** des prix de transfert au sein de l'Union européenne (« EU joint transfer pricing forum, a coordinated approach to transfer pricing controls within the EU » ; Taxud/D2 ; DOC : JTPF/013/2018/EN) et, en mars 2019, il a adopté un rapport sur l'application de la **méthode du partage des bénéfices** au sein de l'Union européenne (« EU joint transfer pricing forum - the application of the profit split method within the EU » ; Taxud/D2 ; DOC : JTPF/002/2019/EN).

c. L'OCDE et le Programme des Nations unies pour le développement (PNUD) ont lancé, le 13 juillet 2015, le projet **Inspecteurs des impôts sans frontières** (« IISF » ou « TIWB », pour Tax Inspectors Without Borders), programme d'assistance en matière de vérification fiscale à destination des pays en développement. Ce programme se traduit par l'envoi d'experts dans les pays ayant sollicité une assistance pour la conduite de vérifications d'entreprises multinationales, par exemple au Botswana, au Costa Rica, en Éthiopie, en Géorgie, au Ghana, en Jamaïque, au Lesotho, au Liberia, au Malawi, au Nigeria, en Ouganda, en Zambie et au Zimbabwe. Le rapport annuel 2021, qui couvre la période de juillet 2020 à juin 2021 et qui a été publié le 9 novembre 2021, précise que, après six années de fonctionnement, le programme IISF, qui est déployé dans 47 pays, a aidé à générer un total de 1,4 Md$ de recettes fiscales supplémentaires perçues pour un montant de 3,9 Mds$ de redressements fiscaux notifiés à la fin juin 2021 (par exemple, un communiqué de l'OCDE du 18 mars 2021 avait indiqué que les experts de l'IISF avaient aidé la Mongolie à effectuer une rectification en matière de prix de transfert pour un montant de l'ordre de 228 M$ à la fin de l'année 2020). Le centième programme a été lancé en janvier 2022 et un programme de dix-huit mois d'assistance en matière de vérification fiscale fondée sur l'apprentissage par la pratique, avec l'aide de la France, a été lancé au Togo le 17 mai 2022.

75813 **Déclaration « pays par pays » (OCDE)** Dans le cadre de son plan de lutte contre le « Beps », l'OCDE a proposé le renforcement des **obligations documentaires** des entreprises multinationales par la mise en place d'une nouvelle obligation de « déclaration pays par pays » (« Country by Country Reporting », ou « CbCR »). Ces orientations ont été reprises dans les Principes directeurs (nº 75803).

Le principe en a été posé par l'Action 13 du plan de l'OCDE (nº 72410) ; il prévoit l'ajout d'un troisième dossier au dossier « principal » et au dossier « national » que les groupes d'entreprises doivent établir aux fins du contrôle fiscal de leurs prix de transfert (nº 76005). La documentation « pays par pays » doit, pour l'OCDE, être obligatoire pour les entreprises multinationales dont le **chiffre d'affaires dépasse 750 M€** (ce qui exclurait environ 95 % des entreprises mondiales) ; ces sociétés devraient fournir des informations sur les chiffres d'affaires, profits, impôts payés ainsi que certains autres **indicateurs économiques**, en distinguant selon les pays. Les déclarations pays par pays devraient être déposées auprès de l'administration de la société mère tête de groupe, à charge pour celle-ci de les transmettre ensuite automatiquement aux administrations nationales concernées, par la voie de l'échange de renseignements entre États.

Cette recommandation, qui a rapidement été acceptée par de très nombreux pays, a fait l'objet d'un instrument juridique contraignant, l'**Accord multilatéral entre autorités compétentes** signé à Paris le 27 janvier 2016 et relatif à l'échange automatique des déclarations « pays par pays » (Multilateral Competent Authority Agreement on the Exchange of CbC Reports ou « CbC MCAA »). Au 31 janvier 2022, cet accord avait été signé par 92 États ou territoires. La **France** a signé cet accord et sa ratification a été autorisée par la loi nº 2017-117 du 1er février 2017 (JO du 2 février 2017, texte nº 4) ; le texte de l'accord a été publié par le décret nº 2017-672 du 28 avril 2017 (JO du 30 avril 2017, texte nº 2) et il est entré en vigueur en France le 14 avril 2017.

L'accord multilatéral définit les **principes** et les **modalités** des **échanges** ainsi que les règles et procédures nécessaires (calendrier, modalités, confidentialité, protection et usage approprié des données, organe de coordination, etc.) pour permettre aux autorités compétentes des États d'échanger automatiquement les déclarations remises chaque année aux autorités fiscales de l'État de résidence de la société mère déclarante. Des **instructions de mise en œuvre** ont été publiées par l'OCDE pour préciser différents points comme, par exemple, la définition du chiffre d'affaires consolidé, le périmètre à retenir, les normes comptables à utiliser, le cas des groupes ayant une période comptable de courte durée et le traitement des montants correspondant aux impôts sur les bénéfices dus et aux impôts sur les bénéfices acquittés (« Instructions relatives à la mise en œuvre de la déclaration pays par pays : Beps Action 13 », publiées en décembre 2016 et mises à jour à de nombreuses reprises ensuite, notamment, en dernier lieu, le 23 décembre 2019 par le Cadre inclusif).

Les administrations fiscales des États signataires se sont ainsi dotées d'un instrument leur permettant de disposer d'informations normées sur les plus grandes entités multinationales ; elles peuvent les utiliser pour mieux orienter les **contrôles fiscaux** en analysant plus facilement la répartition mondiale du chiffre d'affaires du groupe et en mettant en relation les États ou territoires où les impôts sont ou non payés avec la localisation des activités économiques. En l'état actuel du droit, ces informations doivent rester confidentielles et sont seulement destinées aux administrations fiscales qui ne peuvent se les échanger qu'entre elles (il ne s'agit que d'un CbCR « fiscal » ; sur le « CbCR public », voir n° 75815).

Le standard minimum en la matière devrait en principe être réexaminé à l'avenir, notamment sur la question des données à communiquer, le seuil de chiffre d'affaires à retenir, l'efficacité des dispositifs de soumission et de diffusion des informations et le déploiement du dispositif de mise en œuvre (sur ce point, voir notamment la publication de l'OCDE intitulée « Document de consultation publique : Réexamen de la déclaration pays par pays (Action 13 du BEPS) 6 février 2020 - 6 mars 2020 »).

Précisions **a.** La **liste complète des relations bilatérales** mises en place dans le cadre du « CbC MCAA » est publiée sur le site de l'OCDE, accompagnée d'un résumé des législations nationales applicables.

b. Sur l'obligation introduite en **droit français**, voir n° 76867.

c. La déclaration pays par pays, qui vise à fournir aux États des outils supplémentaires pour lutter contre les transferts de bénéfices, peut être de nature à favoriser les rehaussements fondés sur la méthode du **partage des profits**.

Déclaration « pays par pays » (Union européenne) La Commission européenne a largement repris les propositions de l'OCDE (n° 75813) dans le « paquet » anti-Beps qu'elle a présenté le 28 janvier 2016 (n° 88137). Dans ce cadre, elle a proposé, le même jour, une nouvelle directive qui a rapidement été adoptée, un accord politique ayant été trouvé dès le 8 mars 2016. **75815**

La directive (UE) 2016/881 du Conseil du 25 mai 2016, modifiant la directive 2011/16/UE en ce qui concerne **l'échange automatique et obligatoire d'informations** dans le domaine fiscal (JOUE L 146/8 du 3 juin 2016) a obligé les États membres à mettre en place un mécanisme de déclaration pays par pays au plus tard le 4 juin 2017, les dispositions de la directive étant applicables depuis le 5 juin 2017 (« **CbCR fiscal** »). Sur les règles applicables en France, voir n° 76867 (CGI art. 223 quinquies C).

L'article 8 bis bis de la directive 2011/16/UE ainsi modifiée prévoit que chaque État membre doit prendre les mesures nécessaires pour que « **l'Entité mère ultime** d'un Groupe d'entreprises multinationales résidente à des fins fiscales sur son territoire » (ou toute autre « Entité déclarante » lorsque la tête de groupe est située en dehors de l'Union européenne) dépose une déclaration pays par pays portant sur son « Exercice fiscal déclarable » **dans un délai de douze mois** après le dernier jour de « l'Exercice fiscal déclarable du Groupe d'entreprises multinationales » (la directive contient une annexe de définitions qui font ressortir que le dispositif est très proche de celui qui a été mis au point par l'OCDE ; notamment, le seuil tenant au chiffre d'affaires consolidé est le même, 750 M€).

Doivent être fournies à ce titre « des **informations agrégées** sur le chiffre d'affaires, le bénéfice (la perte) avant impôts, les impôts sur les bénéfices acquittés, les impôts sur les bénéfices dus, le capital social, les bénéfices non distribués, le nombre d'employés et les actifs corporels hors trésorerie ou équivalents de trésorerie pour chacune des juridictions dans lesquelles le Groupe d'entreprises multinationales exerce des activités » ainsi que des informations sur la nature de l'activité ou des activités commerciales principales de chaque « Entité constitutive du Groupe d'entreprises multinationales ».

L'autorité compétente d'un État membre dans lequel la déclaration a été reçue doit la **communiquer par voie d'échange automatique** à tout autre État membre dans lequel, sur la base des informations contenues dans la déclaration, une ou plusieurs « Entités constitutives du Groupe d'entreprises multinationales de l'Entité déclarante » sont fiscalement résidentes ou bien sont imposées au titre d'un établissement stable. La communication doit être faite dans un **délai de quinze mois** à compter du dernier jour de l'exercice fiscal du groupe sur lequel porte la déclaration, la première ayant été communiquée pour l'exercice fiscal du groupe commençant le 1er janvier 2016 ou après cette date (des formulaires types ont été mis au point pour faciliter les échanges).

La directive indique que les informations échangées permettront aux États membres d'évaluer, d'une façon générale, les **risques liés aux prix de transfert** ainsi que les autres risques d'érosion de la base d'imposition et de transfert de bénéfices, et de mener des

75815 (suite) enquêtes supplémentaires sur les accords de prix de transfert ; elle précise cependant que les rectifications des prix de transfert opérées par les autorités fiscales de l'État membre qui reçoit les informations ne sont pas fondées sur les informations échangées.

Allant plus loin dans le sens de la transparence fiscale, la Commission européenne a ensuite présenté, le 12 avril 2016, une nouvelle proposition de directive afin d'obliger les grandes entreprises à publier des informations clés, pays par pays, sur le lieu où elles réalisent leurs bénéfices et celui où elles paient leurs impôts, dans la perspective affichée de lutter contre la « planification fiscale agressive » des entreprises multinationales en obligeant les groupes à être encore plus transparents et en facilitant le contrôle du public (« **CbCR public** » alors que le « CbCR fiscal » est réservé aux seules administrations fiscales). Les travaux sur cette proposition ont abouti à l'adoption d'une nouvelle directive, la directive (UE) 2021/2101 du Parlement européen et du Conseil du 24 novembre 2021 modifiant la directive 2013/34/UE en ce qui concerne la communication, par certaines entreprises et succursales, d'informations relatives à l'impôt sur les revenus des sociétés (JOUE L 429 du 1er décembre 2021). Cette directive est entrée en vigueur le 21 décembre 2021 ; les États membres doivent la transposer dans leur droit interne au plus tard le 22 juin 2023 et faire en sorte que les dispositions législatives, réglementaires et administratives de transposition s'appliquent au plus tard à partir de la date d'ouverture du premier exercice financier commençant le 22 juin 2024 ou après cette date.

Cette directive pose, pour l'essentiel, les principes suivants :
– les États membres doivent exiger des « entreprises mères ultimes » et des « entreprises autonomes » (qui ne font pas partie d'un groupe) relevant de leur droit national, lorsque le **chiffre d'affaires consolidé** dépassait, à la date de clôture de leur bilan et pour chacun des deux derniers exercices financiers consécutifs, un montant total de 750 M€, tel qu'il figure dans leurs états financiers consolidés, qu'elles établissent, publient et rendent accessible une déclaration d'informations relatives à l'impôt sur les revenus des sociétés concernant le plus récent de ces deux exercices financiers consécutifs (de même, sous certaines conditions pour les filiales et succursales européennes d'entreprises d'États tiers) ; en sont toutefois **exclues** les entreprises qui sont établies ou ont leur installation fixe d'affaires ou leur activité économique permanente sur le territoire d'un seul État membre et dans aucun autre État ou territoire (Union européenne ou État tiers) ; sont également exclues les entreprises déjà astreintes à une déclaration du même ordre, à savoir celles du secteur bancaire, de l'industrie extractive et de l'exploitation des forêts ;
– les **informations** à déclarer sont essentiellement les suivantes : nom, exercice financier, devise utilisée, liste des filiales consolidées établies dans l'Union européenne ou dans un ETNC (liste « noire » ou liste « grise » ; n° 71580), brève description de la nature des activités, nombre de salariés, chiffre d'affaires, montant du bénéfice ou des pertes avant impôt, montant de l'impôt sur les revenus des sociétés dû au cours de l'exercice financier concerné, montant de l'impôt sur les revenus des sociétés acquitté sur la base des règlements effectifs, montant des bénéfices non distribués à la fin de l'exercice financier concerné ;
– ces informations doivent être présentées au moyen d'un **modèle commun** et de formats de déclaration électroniques lisibles par machine (la Commission européenne est chargée de les mettre au point) ;
– les informations doivent être **présentées séparément** pour chaque État membre et pour chaque ETNC sous réserve que cet ETNC soit inscrit sur la liste « noire » au 1er mars de l'exercice financier pour lequel la déclaration est établie ou inscrit sur la liste « grise » à la fois au 1er mars de l'exercice financier pour lequel la déclaration est établie et au 1er mars de l'exercice financier précédent ; pour ce qui concerne les **États tiers**, les informations doivent être présentées sous une forme agrégée ;
– les États membres peuvent autoriser **l'omission temporaire** d'informations spécifiques lorsque leur divulgation porterait gravement préjudice à la position commerciale des entreprises auxquelles la déclaration se rapporte (sauf en ce qui concerne les ETNC) ; toute omission doit être clairement indiquée dans la déclaration, elle doit être assortie d'une explication dûment motivée et l'information omise doit faire ultérieurement l'objet d'une publication dans un délai maximal de cinq ans suivant la date de son omission initiale ;
– les informations doivent être **publiées** dans un délai de douze mois à compter de la date de clôture du bilan de l'exercice financier pour lequel la déclaration est établie ; elles doivent être rendues accessibles au public dans au moins une des langues officielles de

l'Union, à titre gratuit, sur le site internet de l'entreprise déclarante et elles doivent rester accessibles pendant au moins cinq années consécutives ;
– la directive ne prévoit pas de **sanctions**, celles-ci étant du ressort des États membres ;
– une clause de **réexamen** est prévue sur la base d'un rapport que la Commission européenne doit présenter au plus tard le 22 juin 2027.

L'adoption de cette directive a été précédée de longs débats, étant donné qu'elle supposait un accord entre la Commission, le Parlement et le Conseil (trilogue) et que le service juridique du Conseil avait initialement estimé qu'elle relevait de l'unanimité alors que la Commission et le Parlement européen considéraient qu'elle relevait de la **majorité qualifiée**. Pour surmonter la difficulté, il a finalement été considéré que l'obligation déclarative pouvait être régie par une **directive comptable**, dont l'adoption n'exige pas l'unanimité, et non par une directive fiscale, qui n'aurait pu aboutir en raison de l'opposition de certains États membres. Lorsque le texte a été adopté par le Conseil à la majorité qualifiée le 28 septembre 2021, l'utilisation de la majorité qualifiée a officiellement été **critiquée** par Chypre, la Croatie, la Hongrie, l'Irlande, le Luxembourg, Malte, la République tchèque et la Suède (la Position (UE) n° 35/2021 du Conseil en première lecture ainsi que l'exposé des motifs ont été publiés au JOUE C 416 du 13 octobre 2021). Des contentieux sur la base juridique utilisée pour adopter la directive ne sont donc pas à exclure.

Précisions **a.** La proposition relative au « CbCR public » avait immédiatement été **soutenue par les autorités françaises** au motif qu'elle était « de nature à contribuer au renforcement de la transparence sur les pratiques fiscales des entreprises » ; il avait toutefois été indiqué qu'il y avait lieu de rechercher « des améliorations ponctuelles afin notamment d'assurer la comparabilité des informations diffusées dans l'Union européenne et de veiller au maintien de conditions de concurrence équitables vis-à-vis des entreprises issues de pays tiers non soumises à une obligation de reporting comparable, tout en limitant la charge administrative induite pour les entreprises » (réponse Karoutchi, n° 21423 : JO Sénat du 2 juin 2016 p. 2341). La France avait notamment insisté sur la nécessité d'une clause de sauvegarde permettant aux entreprises de différer la publication des données en cas de préjudice concurrentiel, ce qui a finalement été retenu.

b. La loi n° 2016-1691 du 9 décembre 2016 relative à la transparence, à la lutte contre la corruption et à la modernisation de la vie économique avait imposé à certaines sociétés dont le chiffre d'affaires consolidé excédait un seuil fixé à 750 M€ une obligation déclarative publique en matière d'impôt sur les bénéfices ; cette disposition avait cependant été déclarée **contraire à la Constitution**, car elle portait à la liberté d'entreprendre une atteinte manifestement disproportionnée, l'obligation ainsi faite à certaines sociétés de rendre publics des indicateurs économiques et fiscaux correspondant à leur activité pays par pays étant de nature à permettre à l'ensemble des opérateurs qui interviennent sur les marchés où s'exercent ces activités, et en particulier à leurs concurrents, d'identifier des éléments essentiels de leur stratégie industrielle et commerciale (Cons. const. 8 décembre 2016 n° 2016-741 DC, Loi relative à la transparence, à la lutte contre la corruption et à la modernisation de la vie économique : RJF 3/17 n° 255, annulant l'article 137 de la loi).

« Business restructuring » Le comité des affaires fiscales de l'OCDE avait publié, **75825**
sous forme de projet pour commentaires, le 19 septembre 2008, un rapport spécial intitulé « Transfer pricing aspects of business restructuring » ; ce rapport a été adopté en juillet 2010 et son contenu a ensuite été intégré aux Principes directeurs, dans un chapitre IX intitulé « Aspects des réorganisations d'entreprises touchant aux prix de transfert », qui tient compte notamment des travaux relatifs au Beps (n° 72410). Dans ce chapitre, sont discutées certaines conséquences des réorganisations d'entreprises qui passent par le transfert à l'intérieur d'un groupe, mais seulement dans le contexte d'un redéploiement international, de **fonctions**, de **risques** et d'**actifs** et qui modifient la répartition des profits et des pertes.

Sont notamment abordées la question des compensations à fournir en cas de transfert de droits ou d'actifs, notamment incorporels, générant une perte de revenus, celle de la transformation de « distributeurs de plein exercice » en « **commissionnaires** », celle de la transformation de fabricants de biens en simples « **façonniers** » et celle de la rémunération correcte, au regard du principe de pleine concurrence, des activités exercées après réorganisation. Les Principes directeurs discutent également la question des **actifs incorporels locaux** (« local intangibles », liés par exemple à des listes de clients ou des dépenses locales de marketing ; Principes directeurs, n° 9.64), celle de l'indemnisation de l'entité restructurée au titre de la rupture ou de la renégociation substantielle d'accords existants (Principes directeurs, n° 9.75) et les incidences des comparaisons des situations « avant et après » la réorganisation (Principes directeurs, nos 9.117 s.). La question de savoir dans quelles conditions un ancien distributeur peut, après réorganisation, constituer un **établissement stable** d'une entreprise étrangère qui se présente comme l'entrepreneur principal a, de son côté, fait l'objet de nouvelles modifications apportées au modèle de convention fiscale (n° 17708).

Parmi les prises de position intéressantes contenues dans le chapitre IX des Principes directeurs, on relève notamment :
– l'affirmation selon laquelle l'application du principe de pleine concurrence exige **une évaluation** des conditions convenues ou imposées entre entreprises associées, **au niveau de chacune d'elles** ; le fait que le redéploiement transnational de fonctions, d'actifs et/ou de risques puisse être motivé par des raisons commerciales rationnelles au niveau d'un groupe multinational, par exemple par la volonté d'accroître les synergies à l'échelle du groupe, ne permet pas de déterminer s'il est conforme au principe de pleine concurrence du point de vue de chacune des entités réorganisées (Principes directeurs, n° 9.12) ;
– l'idée selon laquelle, généralement, sur le marché libre, l'acceptation d'un **risque accru** est compensée par un accroissement du rendement escompté, étant toutefois entendu que le rendement effectif augmentera ou n'augmentera pas suivant le degré de réalisation effective des risques (Principes directeurs, n° 1.56) ;
– la reconnaissance de ce qu'une entreprise indépendante ne perçoit pas nécessairement une rémunération lorsqu'un changement dans ses transactions **réduit son potentiel de profits** ou ses bénéfices futurs escomptés ; le principe de pleine concurrence ne requiert pas de rémunération ou d'indemnisation systématique du simple fait de la dégradation des bénéfices futurs escomptés d'une entité. Lorsque le principe de pleine concurrence est appliqué aux réorganisations d'entreprises, la question est, pour le comité des affaires fiscales de l'OCDE, celle de savoir s'il y a **transfert d'un élément de valeur** (droits ou autres actifs), rupture ou renégociation substantielle d'accords existants, et si ce transfert, cette rupture ou cette renégociation donnerait lieu à rémunération ou indemnisation entre parties indépendantes dans des conditions comparables (Principes directeurs, n° 9.39) ;
– l'acceptation de ce que le fait qu'une réorganisation d'entreprise soit motivée par la **recherche d'avantages fiscaux** n'est pas un élément suffisant pour conclure qu'elle n'est pas conforme au principe de pleine concurrence ; la présence d'une motivation ou d'un objectif de nature fiscale ne justifie pas, en soi, la non-reconnaissance de la qualification ou de la structure de l'accord effectuée par les parties (Principes directeurs, n° 9.38).

Sur la façon dont la question est abordée **en France**, voir n° 76770.

Précisions **a.** Les Principes directeurs soulignent, ce qui est naturel, que la **documentation écrite** doit être respectée par les services du contrôle fiscal, mais seulement si elle est réellement suivie par le groupe et si elle repose sur une **substance économique** suffisante (en ce qui concerne, en particulier, les allocations contractuelles de risques) ; à propos des répartitions des **risques**, l'accent est mis sur la capacité financière du donneur d'ordres à assumer le risque, celle de l'entité qui contrôle le risque (c'est l'entité qui « contrôle » le risque qui est censée le supporter, ce qui suppose qu'elle dispose notamment des personnels suffisants) et sur le caractère économiquement significatif ou non du risque transféré.

b. Si l'OCDE admet qu'un groupe puisse se restructurer pour réaliser des **économies fiscales**, le principe de pleine concurrence doit être analysé **à l'égard** de **chaque entité** du groupe, compte tenu de ses droits, de ses actifs, des avantages qu'il peut en retirer et des options réalistes qui s'offrent à elle. En outre, mais en principe de façon exceptionnelle, les administrations peuvent être fondées à remettre en cause des réorganisations qui ne seraient pas « commercialement rationnelles ».

c. Le principe de pleine concurrence doit être appliqué de la même façon, qu'il y ait eu ou non réorganisation. La simple **comparaison** de la situation nouvelle **avec** la **situation antérieure** n'est pas suffisante à cet égard ; tout dépend, en définitive, de l'analyse fonctionnelle avant et après réorganisation, permettant d'apprécier l'importance des changements opérés.

A. Les principes directeurs dégagés par l'OCDE

Notion de « prix de transfert »

75950 Dans une entreprise multinationale, il existe normalement de nombreuses relations et de nombreuses transactions effectuées entre les différents membres du groupe : ventes ou achats de marchandises, fourniture de services, cession ou concession de brevets ou marques, prêts, etc. Il est évident que les prix pratiqués pour ces opérations ne reflètent pas nécessairement le libre jeu des forces du marché ; ces prix, pour des raisons de politique de groupe, peuvent s'écarter sensiblement de ceux qui seraient constatés entre entreprises indépendantes, pour des transactions identiques sur le **marché « libre »**, c'est-à-dire des prix de « pleine concurrence » (selon le principe « dealing at arm's length »).

En ce qui concerne les transactions à analyser, il y a lieu, en principe, de prendre en considération la **transaction effective** entre les parties, celle qui se déduit de leur comportement et des contrats écrits ; les Principes directeurs indiquent cependant que la « question essentielle consiste à déterminer si la transaction effective présente la **rationalité commerciale des accords** qui seraient conclus entre des parties non associées dans des circonstances économiquement comparables, et non pas si la même transaction peut être observée entre des parties indépendantes » (Principes directeurs, n° 1.143).

Méthodes de détermination

Pour la détermination du « prix de pleine concurrence », c'est-à-dire de la référence par rapport à laquelle on dira qu'il y a « prix de transfert », l'OCDE invite à considérer **différentes méthodes** qui peuvent s'appliquer aussi bien entre sociétés mères et filiales qu'entre entreprises placées sous le même contrôle (paragraphe 1, a) et b) de l'article 9 du modèle de convention fiscale de l'OCDE). **75953**

Le principe directeur consiste à imposer les membres d'un groupe « en partant de l'idée qu'ils opèrent en pleine concurrence dans leurs transactions internes au groupe » (Principes directeurs, Préface, n° 6). Ainsi, le principe de pleine concurrence veut qu'une entreprise associée puisse constituer un centre de profit distinct dégageant des bénéfices même si le reste du groupe est en perte (Principes directeurs, n° 1.29)

Autrement dit, il faut éliminer l'influence des « **conditions spéciales** » sur les niveaux de bénéfices, c'est-à-dire faire en sorte que les entreprises réalisent, au sein du groupe, les profits qu'elles auraient réalisés si, précisément, elles n'appartenaient pas au groupe.

Il y a pour cela trois méthodes principales, qui sont les méthodes **traditionnelles** fondées sur les **transactions**, méthode du prix comparable sur le marché libre, méthode du prix de revente et méthode du cost plus. Le comité des affaires fiscales de l'OCDE considère qu'elles sont le moyen le plus direct pour déterminer si les conditions des relations spéciales entre les entreprises associées sont des conditions de pleine concurrence ; ainsi, lorsqu'une méthode traditionnelle fondée sur les transactions et une méthode transactionnelle de bénéfices peuvent être appliquées avec un degré de fiabilité identique, la méthode traditionnelle fondée sur les transactions est préférable à la méthode transactionnelle de bénéfices (Principes directeurs, n° 2.3).

Mais, pour l'OCDE, il existe des situations dans lesquelles les **méthodes transactionnelles de bénéfices** s'avèrent plus appropriées. Les Principes directeurs donnent l'exemple des cas où chacune des parties apporte des contributions uniques et de valeur à la transaction contrôlée, ou lorsque les parties participent à des opérations très intégrées, ou encore lorsqu'on ne dispose pas d'informations publiques fiables sur les marges brutes de tiers (dans ce cas, il peut être difficile d'appliquer une méthode traditionnelle fondée sur les transactions à moins de disposer de comparables internes, et une méthode transactionnelle de bénéfices peut s'avérer appropriée compte tenu des informations disponibles ; Principes directeurs, n° 2.4). L'OCDE souligne qu'en toute hypothèse « la fixation des prix de transfert n'est **pas une science exacte** et nécessite une appréciation personnelle de la part de l'administration fiscale comme du contribuable » (Principes directeurs, n° 1.13).

Enfin, à propos des comparaisons, l'OCDE indique que « si la condition de la transaction entre entreprises associées (par exemple, le prix ou la marge) se situe **à l'intérieur de l'intervalle de pleine concurrence**, il n'y a pas lieu de procéder à un ajustement » (Principes directeurs, n° 3.60).

Précisions **a.** Comme les situations sont très variables et souvent complexes, il est courant que **différentes méthodes** soient combinées afin de déterminer un prix acceptable en pratique. Selon l'OCDE, dans des cas difficiles où aucune méthode n'est concluante, une approche souple permettra d'utiliser conjointement les données obtenues au moyen de méthodes différentes (Principes directeurs, n° 2.12).

b. Le principe de pleine concurrence ne nécessite pas le recours à **plusieurs méthodes** pour une transaction donnée (Principes directeurs, n° 2.12).

Méthode du prix comparable sur le marché libre

75955 En principe, pour déterminer si un prix est conforme au prix de pleine concurrence, il faut déterminer quel serait le prix pratiqué pour des transactions comparables entre **entreprises indépendantes** ou bien entre entreprises d'un groupe et une entreprise indépendante (« comparable uncontrolled price » ou CUP).

Pour l'OCDE, c'est normalement la méthode à retenir car elle est, en théorie, la plus facile à utiliser : « Lorsqu'il est possible d'identifier des transactions comparables sur le marché libre, la méthode du prix comparable sur le marché libre constitue le moyen le plus direct et le plus fiable pour mettre en œuvre le principe de pleine concurrence. En conséquence, cette méthode doit être dans ce cas préférée à toute autre » (Principes directeurs, n° 2.15).

En pratique, cependant, il arrive souvent que cette méthode ne puisse aboutir faute d'éléments de comparaison ; dans ce cas, il y a lieu de recourir à d'autres méthodes.

On ne doit pas, toutefois, l'écarter trop vite au motif qu'il n'y aurait pas, sur le marché, de comparables « exacts ». Il suffit que les caractéristiques économiques des situations prises en compte soient **suffisamment comparables** ou que des ajustements suffisamment fiables puissent être apportés pour supprimer les effets matériels des différences constatées (Principes directeurs, n° 2.15). Pour appliquer cette méthode, il faut identifier des situations comparables compte tenu des caractéristiques des biens et services en cause, des fonctions exercées et des risques assurés, des clauses contractuelles, de la situation du marché et de la stratégie des entreprises. Cette méthode est particulièrement utile, par exemple, lorsqu'une entreprise indépendante vend le même produit que celui vendu au sein du groupe, sous réserve des corrections qui peuvent être nécessaires pour tenir compte, notamment, des volumes vendus.

75957 **Absence de pertinence des « comparables dépendants »** Il n'y a normalement pas lieu d'utiliser des « comparables dépendants », c'est-à-dire des comparaisons qui concernent les **pratiques intragroupe** des **autres sociétés** multinationales du même secteur d'activité ; en effet, il n'est pas possible de considérer que la pratique d'un groupe n'est pas bonne au seul motif qu'elle est différente de celle retenue par un autre groupe exerçant des activités mêmes quasi identiques (on ne peut pas savoir, dans ce cas, laquelle des pratiques est « bonne », si elles sont différentes, car la seule référence incontestable est celle du marché).

L'OCDE estime cependant que des informations concernant des entreprises engagées dans des transactions contrôlées peuvent **aider à comprendre** la transaction considérée ou donner des indications pour de futures investigations (Principes directeurs, n° 2.11).

Sur la jurisprudence française, voir n° 76625.

Méthode du prix de revente

75960 Cette méthode consiste à retenir le prix de vente final et à défalquer de ce prix une marge bénéficiaire appropriée (« resale less »). Autrement dit, dans le cas simplifié d'une vente, il convient de partir du prix de vente final, c'est-à-dire celui auquel le revendeur vend les marchandises et de remonter la chaîne pour déterminer à quel prix le vendeur initial aurait dû vendre lui-même au revendeur pour que celui-ci ait une **marge jugée normale** (schéma dans lequel un vendeur initial vend à un distributeur qui lui-même revend la marchandise).

Cette méthode, qui est efficace dans un **circuit de commercialisation** lorsqu'un producteur vend à une filiale de distribution dans un autre pays, impose de déterminer un niveau correct de marge, par référence, en principe, à la marge que le même revendeur réalise sur le marché libre ; la marge sur prix de revente du revendeur dans le cadre de la transaction contrôlée peut être déterminée par référence à la marge que le même revendeur réalise sur les produits achetés et revendus dans le cadre de transactions sur le marché libre (« **comparable interne** »). La marge sur le prix de revente réalisée par une entreprise indépendante dans le cadre de transactions comparables sur le marché libre (« **comparable externe** ») peut également servir d'indicateur (Principes directeurs, n° 2.28). Tout dépend, là encore, des fonctions exercées et des correctifs qui peuvent être apportés à l'analyse des comparables, en fonction des valeurs ajoutées aux différents stades du processus économique.

Méthode du prix de revient majoré

Le principe de cette méthode consiste à partir du coût de fourniture des biens ou services et à ajouter à ces coûts une **marge bénéficiaire** appropriée pour déterminer le prix de pleine concurrence (cost plus). 75965

Cette méthode est souvent utilisée en cas de vente de produits semi-finis au sein du groupe, ou en présence de prestations de services ou d'accords de mise en commun d'équipements ou d'approvisionnements.

Là encore, la difficulté principale tient au niveau de la marge appropriée, qui impose une **analyse comparative** avec ses correctifs habituels pour tenir compte des différences dans les situations comparées. Selon le comité des affaires fiscales de l'OCDE, la solution idéale est de déterminer la marge sur coûts du fournisseur dans le cadre de la transaction contrôlée par référence à la marge sur coûts de ce même fournisseur dans le cadre de transactions comparables sur le marché libre (« **comparable interne** »). La marge sur coûts qui aurait été obtenue dans des transactions comparables par une entreprise indépendante (« **comparable externe** ») peut également servir d'indicateur (Principes directeurs, n° 2.46).

Une autre difficulté tient aux coûts pris en compte, ce qui conduit à une analyse en termes de « **marge brute** » (prise en compte seulement des coûts directs et indirects de production) ou de « **marge nette** » (prise en compte également des dépenses d'exploitation et des frais généraux).

Précisions **a.** L'application de la méthode du coût majoré suppose que **l'analyse fonctionnelle** en montre la pertinence. Par exemple, à propos de services rendus à une société apparentée à Macao par la succursale française d'une société belge, la méthode du prix de revient majoré a été considérée comme non pertinente dans la mesure où l'analyse fonctionnelle faisait ressortir que la succursale rendait des services qui révélaient une véritable activité de **commercialisation** dont l'exécution aboutissait à la distribution de produits (CAA Versailles 29 décembre 2016 n°s 14VE02126 et 15VE02541, 3e ch., Sté TCL Belgium : RJF 4/17 n° 306, arrêt définitif ; voir également n° 76623) ; dans ses conclusions, le rapporteur public remarquait que la méthode du cost plus était recommandée par l'OCDE et par l'administration en présence de **simples prestataires de services** mais qu'en l'espèce la méthode de rémunération adéquate devait reposer sur le **chiffre d'affaires généré** étant donné que la succursale participait directement à l'activité et à la croissance du chiffre d'affaires de la société de Macao (conclusions à la RJF 4/17, C 306).

b. La méthode du prix de revient majoré n'était pas pertinente pour la détermination des prix dans le cadre d'une relation commerciale **entre deux sociétés distributrices**, et non d'une relation entre une société productrice et une société commerciale (CAA Versailles 3 décembre 2015 n° 13VE00965, 7e ch., GE Healthcare Clinical Systems ; cet arrêt a fait l'objet d'un pourvoi qui n'a pas été admis par CE (na) 8 novembre 2017 n° 396736, 8e ch.) ; dans cette affaire, qui concernait une société française qui achetait des matériels à une filiale allemande à un prix calculé selon la méthode du cost plus 5 %, la Cour a considéré que l'administration avait eu raison de s'appuyer sur une méthode tirée de l'étude des **marges transactionnelles** nettes ; cette méthode, « admise par l'OCDE », précise l'arrêt, a paru pertinente à la Cour, s'agissant d'apprécier les prix de transfert entre deux sociétés exerçant une activité de distribution (la Cour a également validé les critères mis en œuvre par l'administration pour identifier un échantillon de sociétés réputées comparables).

c. L'administration a été jugée fondée à rejeter la méthode du **cost plus** 10 % retenue en 2011 et 2012 par une société française qui rendait des services de courtage à des filiales américaine et luxembourgeoise, pour lui substituer la méthode du **partage des bénéfices**, dès lors que l'étendue des pouvoirs et des moyens dont elle disposait faisait d'elle un **co-entrepreneur** et non un simple prestataire de services (TA Montreuil 14 janvier 2021 n° 1812789, Sté Engie ; appel enregistré sous le n° 21PA01277) ; en l'espèce, l'administration pouvait écarter la méthode du cost plus et retenir un partage de marge de 50/50, étant donné l'importance du rôle de la société française, qui, notamment, prenait de façon autonome les décisions nécessaires, assumait les principaux risques, seule ou conjointement avec les filiales, et disposait d'un droit d'accès unique à une base de clientèle qui caractérisait un actif incorporel unique (les filiales confiaient leur production à la société française qui était chargée de trouver des clients et de vendre la production).

Méthodes transactionnelles de bénéfices

Elles consistent à prendre en compte les bénéfices réalisés à la suite de transactions particulières entre entreprises associées. Ces méthodes peuvent, selon l'OCDE, être utilisées pour se rapprocher des conditions de pleine concurrence lorsqu'elles sont **les plus appropriées**. Mais les seules méthodes de bénéfices qui satisfont au principe de pleine concurrence sont celles qui sont conformes à l'article 9 du modèle de convention fiscale de 75970 l'OCDE et qui répondent à l'exigence d'une analyse correcte de **comparabilité**. En particulier, les méthodes dites « des bénéfices comparables » ou la « méthode modifiée du coût majoré/du prix de revente » ne sont acceptables que dans la mesure où elles sont conformes à ces principes (Principes directeurs, n° 2.62). Les Principes directeurs de l'OCDE distinguent deux méthodes transactionnelles de bénéfices (n°s 75972 et 75980).

Précisions **a.** Les méthodes transactionnelles de bénéfices sont rarement retenues spontanément par les entreprises ; elles peuvent, en revanche, être utiles pour la résolution des cas de doubles impositions dans le cadre de la **procédure amiable** ou de l'**arbitrage** (notamment la méthode du partage des bénéfices).

b. En pratique, les méthodes de partage des bénéfices peuvent être utilisées pour les **activités hautement intégrées** pour lesquelles l'application d'une méthode « unilatérale » serait moins appropriée (cas, par exemple, des transactions mondialisées sur instruments financiers), ou si les deux parties à la transaction détiennent ou utilisent des **incorporels uniques de valeur** qui contribuent de manière significative à la profitabilité de la transaction. En revanche, elles ne sont généralement pas appropriées si l'une des parties n'assume que des fonctions simples et n'apporte aucune contribution unique significative (cas des activités de sous-traitance, ou de prestations de services dans certains cas, etc.).

75972 **Méthode transactionnelle de partage des bénéfices** Cette méthode, autrefois appelée « profit split », consiste à déterminer la répartition des bénéfices à laquelle des entreprises indépendantes auraient normalement procédé, si elles avaient effectué la ou les transactions contrôlées. Elle consiste d'abord, pour les entreprises associées, à identifier le montant global des bénéfices provenant des transactions contrôlées qu'elles effectuent (les **« bénéfices combinés »**, cette expression désignant également les pertes). Ces bénéfices combinés sont ensuite partagés entre les entreprises associées en fonction de critères économiquement valables, de manière à se rapprocher de la répartition des bénéfices qui aurait été convenue entre des entreprises indépendantes (Principes directeurs, n° 2.114). Il s'agit, en quelque sorte, de considérer que les entreprises associées ont fictivement créé une entreprise commune et de déterminer, si tel était le cas, selon quelles modalités la répartition des profits serait opérée si les entreprises étaient indépendantes.

Cette méthode, qui reste une méthode transactionnelle, est parfois corrigée par la méthode du **« profit résiduel »**, qui consiste, après avoir identifié les rémunérations de certaines fonctions précises (notamment, des fonctions « de **routine** »), à déterminer un profit résiduel qui est ensuite réparti (par exemple, pour fixer la rémunération d'éléments incorporels).

L'analyse résiduelle consiste, selon le comité des affaires fiscales de l'OCDE, à répartir en deux catégories le montant des bénéfices combinés provenant des transactions contrôlées. D'abord, chaque participant se voit attribuer une rémunération de pleine concurrence au titre de ses contributions pouvant être évaluées de manière fiable, qui sont généralement des contributions moins complexes pour lesquelles il existe des données comparables fiables (application d'une méthode traditionnelle fondée sur les transactions ou de la méthode transactionnelle de marge nette, afin d'identifier la rémunération de transactions comparables entre entreprises indépendantes). Ensuite, une deuxième catégorie de contributions est identifiée, celles qui sont uniques et de valeur et/ou attribuables à un degré d'intégration élevé ou à une prise en charge conjointe de risques économiquement significatifs. En général, l'attribution du bénéfice résiduel entre les parties est fondée sur la valeur relative de la deuxième catégorie de contributions apportées par les parties (Principes directeurs, n° 2.152).

Précisions En principe, le profit « **résiduel** » va à l'entreprise qui possède les incorporels et qui est responsable de la stratégie dans le cadre de structures centralisées ; le profit « de **routine** » va au distributeur dont les risques sont limités ou à la filiale qui assure une fabrication dans le cadre d'un contrat de façonnage.

75975 Pour illustrer cette méthode, le guide publié par l'administration à l'intention des PME (n° 76355) prend, à propos du « profit split », l'**exemple** d'un groupe qui comprend une société de **production** et une filiale de **distribution**.

Si le prix de vente sur le marché est de 100, les coûts supportés par le producteur de 10 et ceux supportés par le distributeur de 30, le résultat consolidé pour le groupe est de 60 (100 - 10 - 30) ; ce résultat consolidé doit ensuite être réparti entre les deux entreprises selon une clé appropriée prenant en compte, par exemple, les charges d'exploitation

(charges d'exploitation de chaque entreprise liée / charges d'exploitation de toutes les entreprises liées) ; dans ce cas, on a :
- contribution du producteur aux charges d'exploitation : 10 / 40 = 25 % ;
- contribution du distributeur aux charges d'exploitation : 30 / 40 = 75 %.

Avec cette clé de répartition, le résultat revenant à chaque entreprise est le suivant :
- producteur : 60 € × 25 % = 15 € ;
- distributeur : 60 € × 75 % = 45 €.

Le producteur doit donc vendre le produit pour 25 € au distributeur.

Précisions Le guide précité ajoute que la méthode du partage des bénéfices suppose l'application préalable des méthodes traditionnelles pour rémunérer les fonctions élémentaires ou « de **routine** » de chacune des entreprises (dans l'exemple précédent, les fonctions de production et de distribution) afin de pouvoir ensuite répartir le bénéfice résiduel selon une clé de répartition appropriée. L'administration considère que cette méthode ne doit être utilisée qu'en **dernier recours**, ce qui suppose d'avoir démontré que les autres méthodes ne sont pas pertinentes ; elle la considère toutefois comme utile pour **valider a posteriori** la cohérence des résultats obtenus à l'aide de la méthode principale utilisée pour fixer les prix de transfert.

Méthode transactionnelle de la marge nette Elle consiste à déterminer, à partir d'une référence appropriée, comme les coûts, les ventes ou les actifs, le bénéfice net que réalise un contribuable au titre d'une transaction contrôlée, ou de transactions qu'il convient de combiner pour les besoins de l'analyse ; le bénéfice net doit être déterminé par référence à des **transactions comparables** sur le marché et compte tenu de l'analyse fonctionnelle. L'indicateur du bénéfice net obtenu par le contribuable au titre d'une transaction contrôlée devrait théoriquement être déterminé par référence à l'indicateur du bénéfice net que le même contribuable réalise au titre de transactions comparables sur le marché libre, c'est-à-dire par référence à des « **comparables internes** ». Lorsque ce n'est pas possible, la marge nette qui aurait été obtenue au titre de transactions comparables par une entreprise indépendante (« **comparables externes** ») peut donner des indications. Une analyse fonctionnelle des transactions contrôlées et des transactions sur le marché libre est nécessaire pour déterminer si elles sont comparables et quels sont les ajustements de comparabilité qui peuvent être nécessaires pour obtenir des résultats fiables (Principes directeurs, n° 2.64). **75980**

Cette méthode s'applique d'une façon voisine des méthodes du prix de revient majoré et du prix de revente, mais elle **détermine des marges** et non pas des prix (ou, plutôt, les prix se déduisent ensuite des marges et non l'inverse). Le Conseil d'État a validé le principe de l'application d'une telle méthode, mais il ressort toutefois de sa décision, éclairée par les conclusions de la rapporteure publique Karin Ciavaldini (RJF 12/21 C 1094), que l'analyse des **fonctions et des risques** doit être effectuée dans un second temps, au stade des justifications qui peuvent être avancées par le contribuable pour expliquer un écart éventuel par rapport aux entreprises similaires exploitées normalement (CE 4 octobre 2021 n° 443133, 8e et 3e ch., SKF Holding France, et, même jour n° 443130, Sté RKS : RJF 12/21 n° 1094 ; voir également nos 76615 et 76785).

Pour illustrer cette méthode, le guide publié par l'administration à l'intention des PME (n° 76355) prend l'**exemple** d'un **producteur** étranger qui vend un produit à une filiale française de **distribution** qui le revend elle-même sur le marché. **75985**

Si une entreprise de distribution comparable réalise une marge d'exploitation de 10 % (bénéfice d'exploitation / chiffre d'affaires), le prix de pleine concurrence du produit vendu par le producteur au distributeur (prix de transfert) peut être déterminé de la façon suivante :
- prix de vente par le distributeur au consommateur final (donnée de marché) : 20 € ;
- marge d'exploitation du distributeur issue de l'analyse de comparabilité : (20 × 10 %) = 2 € ;
- l'attribution au distributeur d'une marge d'exploitation de 2 € suppose que le total de ses charges d'exploitation (y compris le prix d'achat des produits revendus) soit de 18 € [(20 - 2) = 18 €] ;
- si le total des charges d'exploitation (hors prix d'achat des produits) est de 8 €, le prix de transfert devra être de (18 - 8) = 10 €.

Précisions Selon l'administration (guide précité), cette méthode, fondée sur une comparaison des marges nettes, s'applique à tous les biens corporels, incorporels ainsi qu'aux prestations de services. Elle nécessite, pour estimer avec fiabilité un résultat de pleine concurrence, un **niveau de comparabilité** similaire à celui qui est requis pour les méthodes du prix de revient majoré et du prix de revente, avec une étude approfondie des **différences fonctionnelles** et éventuellement l'application d'**ajustements** appropriés.

Réserves sur les méthodes globales

75990 Le comité des affaires fiscales de l'OCDE est aujourd'hui moins réservé que dans le passé à l'égard des méthodes globales ou directes de répartition des bénéfices ; il admet cependant que la méthode transactionnelle de la marge nette suscite des préoccupations, notamment parce qu'elle est parfois appliquée sans que soient **correctement prises en compte les différences** qui doivent l'être entre les transactions contrôlées et les transactions sur le marché libre qui font l'objet de la comparaison (Principes directeurs, n° 2.185). Ainsi, lorsque des différences quant aux caractéristiques des transactions faisant l'objet de la comparaison ont une incidence sensible sur les indicateurs du bénéfice net utilisés, la méthode transactionnelle de la marge nette ne doit pas être mise en œuvre sans que soient apportés des correctifs pour tenir compte de ces différences.

En outre, l'OCDE reconnaît que le fait que l'utilisation de méthodes transactionnelles de bénéfices puisse être nécessaire n'implique pas que des entreprises indépendantes les utiliseraient pour **fixer leurs prix** (Principes directeurs, n° 2.186).

Enfin, l'OCDE estime que la **prudence** doit être de rigueur pour déterminer si une méthode transactionnelle de bénéfices peut, lorsqu'elle est appliquée à un aspect particulier d'une affaire, permettre d'obtenir un résultat de pleine concurrence, seule ou en combinaison avec une méthode traditionnelle fondée sur les transactions. Selon l'OCDE, cette question ne saurait en définitive qu'être réglée au cas par cas, compte tenu des forces et des faiblesses identifiées par les Principes directeurs en ce qui concerne les diverses méthodes transactionnelles de bénéfices, de l'analyse de comparabilité (et notamment fonctionnelle) des parties à la transaction, ainsi que de la disponibilité et la fiabilité de données comparables (Principes directeurs, n° 2.187, reconnaissant aussi que le système fiscal des pays doit être suffisamment élaboré pour que ces méthodes puissent être appliquées).

La répartition des bénéfices résultant de l'application de **formules proportionnelles** (par exemple en fonction des coûts supportés, du chiffre d'affaires, de la main-d'œuvre) pourrait ainsi aboutir à un résultat sans rapport avec les données économiques réelles et le principe de l'entreprise indépendante (principe qui est appliqué pour les relations entre le siège et un établissement étranger ; n° 18350 et n°s 5800 s.).

Comme il n'existe pas de rapport constant entre le bénéfice et le prix de revient à tous les stades du processus de commercialisation ou de production, répartir les coûts peut être aussi difficile que d'appliquer la méthode du coût majoré pour déterminer les prix de pleine concurrence. Il en va de même pour les **charges de main-d'œuvre**, qui ne sont pas égales dans les différents pays. Ainsi l'utilisation de méthodes globales de répartition des bénéfices devrait s'accompagner d'une analyse complexe des différentes **fonctions** des entreprises associées et d'une appréciation nécessairement délicate des **risques** et des **facteurs de profit** relatifs aux différents stades du processus économique.

En tout état de cause, les Principes directeurs précisent que les pays membres de l'OCDE considèrent que la répartition globale selon une formule préétablie n'est pas une alternative réaliste au principe de pleine concurrence (Principes directeurs, n° 1.21).

Analyse fonctionnelle et analyse des risques

75995 Il est toujours indispensable, pour l'étude des prix pratiqués au sein d'une entreprise multinationale, de commencer par l'analyse des **différentes fonctions** des entités qui la composent : fabrication, montage, recherche et développement, prestations de services, distribution, transport, publicité, etc. Les Principes directeurs apportent des précisions sur l'analyse fonctionnelle et l'analyse des risques aux nos 1.51 s. : analyse des risques dans les relations commerciales et financières, identification des risques spécifiques économiquement significatifs, prise en charge contractuelle du risque, analyse fonctionnelle relative au risque, attribution du risque et calcul du prix de la transaction en tenant compte des conséquences de l'attribution du risque, etc. D'une façon générale, il faut se familiariser avec la **structure** et l'organisation du groupe, savoir quelle entité assume les **risques**, quels sont les véritables propriétaires des **marques**, si les entreprises qui ont des activités de vente agissent comme commettants (acceptant les risques et ayant droit aux bénéfices) ou comme mandataires (dont les risques et les profits sont nécessairement moindres).

Les Principes directeurs développent ce concept d'« analyse fonctionnelle » en précisant qu'elle a pour but d'identifier et de comparer les activités et responsabilités économiquement significatives, les actifs utilisés et les risques assumés par les parties aux transactions (Principes directeurs, n° 1.51). La rémunération doit, en effet, correspondre aux fonctions assumées par chaque entreprise, compte tenu des actifs mis en œuvre et des risques assumés. Il est donc nécessaire d'identifier, au sein du groupe, les activités, les responsabilités et les lieux de localisation des risques. Cette analyse permet d'effectuer les **ajustements** nécessaires à la mise en œuvre des méthodes de comparaison avec le comportement de tiers sur le marché libre. Ainsi, une entité qui **supporte des risques** (risques de marché, de pertes, financiers, de change, de taux d'intérêt, de crédit, etc.) doit être davantage rémunérée que si elle n'en supporte pas.

De son côté, le Conseil d'État a précisé, en relevant d'ailleurs qu'il s'agit d'une préconisation des Principes directeurs de l'OCDE, que, pour qu'il puisse être regardé comme établi qu'une société membre d'un groupe a effectivement vocation à assumer un risque économique que la politique de prix de transfert du groupe la conduit à supporter et pour qu'il puisse en être déduit que cette politique est conforme au principe de pleine concurrence, il faut que cette société dispose de **fonctions de contrôle et d'atténuation effectives** de ce risque, ainsi que de la **capacité financière** de l'assumer (CE 4 octobre 2021 n° 443133, 8e et 3e ch., SKF Holding France, et, même jour n° 443130, Sté RKS : RJF 12/21 n° 1094 ; voir également nos 76615 et 76785).

Précisions **a.** Sur l'approche de l'administration française, voir n° 76783.

b. L'analyse fonctionnelle permet aussi de déterminer les **fonctions clés de prise de risque**, que l'OCDE appelle les « Key Entrepreneurial Risk Taking Functions » (**KERT**) et qui sont un indicateur utile à l'analyse des prix de transfert et utilisé par les administrations chargées du contrôle fiscal (n° 76785) ; l'OCDE retient aujourd'hui ce concept pour les activités financières seulement.

c. L'analyse du groupe et du marché dans lequel il exerce son activité ressortit à une analyse parfois appelée **SWOT** (strengths, weaknesses, opportunities, threats).

Nécessité d'une approche prudente

L'ensemble des considérations qui précèdent conduit le comité des affaires fiscales de l'OCDE à recommander une appréciation relativement prudente du phénomène des prix de transfert. Par exemple, les Principes directeurs soulignent qu'avant d'affirmer qu'un avantage consenti à une entité membre du groupe constitue un transfert de bénéfices, il faut se demander si l'entité bénéficiaire n'a pas elle-même fourni un autre avantage en contrepartie, ce qui équilibrerait la transaction (« **compensations intentionnelles** »). Il y a compensation intentionnelle lorsque les entreprises associées intègrent sciemment cette compensation dans les conditions des transactions effectuées au sein du groupe. Tel est le cas lorsqu'une entreprise associée fournit à une autre une prestation qui est compensée par des prestations différentes reçues de cette entreprise en échange (Principes directeurs, n° 3.13). **76000**

Une entreprise peut par exemple concéder à une autre le droit d'utiliser un brevet en contrepartie de la fourniture de procédés techniques dans un autre domaine et démontrer qu'il ne résulte de cette opération ni bénéfice ni perte (ce qui est possible). Mais on ne conçoit pas que des transactions puissent être durablement déséquilibrées.

La prise en compte des **stratégies des entreprises** est aussi essentielle ; une idée couramment admise est qu'une entreprise indépendante ne peut, sur une longue période, poursuivre son activité en encourant des **pertes**, même s'il peut y avoir des pertes de démarrage ou des pertes temporaires liées à une conjoncture défavorable ou à d'impérieuses raisons d'ordre politique ou social. L'OCDE considère, à cet égard, que les administrations doivent prendre en compte les stratégies des entreprises, particulièrement quant aux modalités de **pénétration d'un marché**. Les Principes directeurs soulignent que certaines stratégies, comme celles de pénétration du marché ou d'accroissement d'une part de marché, se traduisent par une réduction des bénéfices courants en prévision d'une augmentation des bénéfices futurs (Principes directeurs, n° 1.135 s.).

Le comité des affaires fiscales de l'OCDE reconnaît d'ailleurs, ce que ne font pas toujours les administrations nationales, qu'une stratégie d'entreprise telle que la pénétration d'un marché **peut échouer** et que l'échec ne permet pas en lui-même de ne pas tenir compte de cette stratégie pour la détermination du prix de transfert. Il est toutefois précisé que si un tel résultat n'était pas plausible au moment de la transaction ou si la stratégie de l'entreprise est infructueuse, mais se poursuit néanmoins au-delà de ce qu'une entreprise indépendante accepterait, la conformité de la stratégie en question avec le principe de pleine concurrence peut être discutable (Principes directeurs, n° 1.138).

Précisions Il a été jugé qu'une **société française de distribution** qui vendait sur le territoire français des camions et des bus produits par sa société mère allemande et qui avait subi des **pertes pendant plusieurs années**, « si elle peut constituer un indice d'un transfert de bénéfices, n'est pas de nature, à elle seule, à démontrer l'existence et le montant de ce transfert, dès lors que cette situation déficitaire peut résulter d'autres facteurs économiques ou d'une stratégie d'implantation sur le marché français » (CAA Versailles 5 mai 2009 n° 08-02411, 3e ch., Man Camions et Bus : Droit fiscal 2009, n° 41, comm. 500 ; arrêt définitif).

Documentation

76005 Comme aujourd'hui un très grand nombre d'administrations nationales, le comité des affaires fiscales de l'OCDE insiste sur la documentation que doivent rassembler les contribuables pour **justifier** leurs prix de transfert. Même si la charge de la preuve incombe à l'administration, en effet, celle-ci peut raisonnablement obliger le contribuable à lui soumettre certaines informations et documents de nature à faciliter le contrôle dans un domaine où l'analyse des faits et des circonstances est particulièrement importante et complexe.

Les Principes directeurs incluent sur ce point un chapitre V intitulé « Documentation » qui considère notamment que les entreprises doivent structurer leur documentation en trois parties (Principes directeurs, nos 5.16 s.) :
– un **fichier principal** contenant des informations normalisées relatives à l'ensemble des membres du groupe : structure organisationnelle, description du domaine ou des domaines d'activité, actifs incorporels, activités financières interentreprises et situations financière et fiscale du groupe ;
– un **fichier local** faisant spécifiquement référence aux transactions importantes de la société concernée, qui doit être axé sur les informations utiles pour l'analyse des prix de transfert se rapportant aux transactions avec les entreprises associées situées dans d'autres pays et qui sont importantes dans le contexte du système d'imposition local ;
– une **déclaration « pays par pays »** (n° 75813) contenant des informations sur la répartition mondiale des bénéfices de l'entreprise multinationale et des impôts qu'elle acquitte, accompagnées de divers indicateurs concernant la localisation des activités du groupe.

B. Application des principes au cas des transactions courantes

76075 Il s'agit essentiellement des transactions portant sur les marchandises, les transferts de techniques et de marques, les prestations de services et les opérations financières.

1. Marchandises

Prise en compte du contexte

76080 D'une manière générale, il y a lieu d'aborder les prix pratiqués pour les transferts de marchandises à la lumière des principes généraux et en tenant particulièrement compte des éléments suivants :
– les opérations réalisées au sein d'un groupe peuvent ne pas être directement comparables à celles qui seraient effectuées entre entreprises indépendantes, car il peut y avoir un certain « **marchandage** » au sein d'un groupe et la réalisation, à l'occasion d'une vente, d'une gamme de services complémentaires ;
– une entreprise peut juger nécessaire de vendre certaines marchandises **en dessous du prix** du marché ou même de les fournir gratuitement, afin d'augmenter le bénéfice qu'elle

réalise sur l'ensemble des ventes au même client (une entreprise spécialisée dans l'habillement peut subir une perte sur des vêtements de petite et grande taille, tout en réalisant des bénéfices importants sur les vêtements de taille moyenne...) ;
– il faut admettre qu'une entreprise membre d'un groupe international puisse subir des **pertes** sans nécessairement que ces pertes soient artificielles : pertes issues d'une mauvaise gestion, de circonstances économiques difficiles, pertes de démarrage ou de pénétration des marchés. Si les pertes ont été constatées sur une **courte période**, elles ne sont pas apparemment critiquables en soi ; elles pourraient en revanche plus facilement être jugées artificielles, si elles étaient constatées pendant plusieurs années, car une entreprise indépendante, dans une telle situation, se retirerait normalement du marché. Une entreprise indépendante n'accepterait pas des pertes indéfiniment et finirait par cesser ses activités si elle subissait des pertes récurrentes, alors qu'une entreprise associée accusant des pertes peut continuer à fonctionner si ses activités sont profitables au groupe multinational dans son ensemble (le comité des affaires fiscales de l'OCDE indique notamment que « lorsqu'une entreprise associée accuse constamment des pertes alors que le groupe dans son ensemble est bénéficiaire, il faut examiner avec un soin particulier les questions de prix de transfert » ; Principes directeurs, nº 1.149).

Précisions **a.** La question des prix de transfert en cas de ventes de marchandises est éventuellement compliquée par les incidences de la **réglementation douanière** ; la dualité des principes applicables peut créer des conflits de valorisation tenant à l'existence d'approches et d'objectifs différents (l'administration douanière vérifie que le prix d'un bien importé n'est pas sous-évalué alors que l'administration fiscale vérifie qu'il n'est pas surévalué). L'OMD (Organisation mondiale des douanes) a publié, en juin 2015, un guide sur les liens entre prix de transfert et valeurs en douane. Voir également nº 76630, Précisions b.

b. Les **redevances** versées par une filiale à sa société mère en contrepartie de la fourniture du savoir-faire nécessaire à la fabrication de produits finis, qui ne sont pas incluses dans le prix de vente des marchandises et qui se rapportent aux marchandises importées, doivent être prises en compte pour déterminer la **valeur en douane** si leur paiement constitue une condition de la vente et s'il est possible de les répartir de façon appropriée sur la base de données objectives et quantifiables (CJUE 9 juillet 2020 aff. 76/19, 7e ch., Mitnitsi ; Code des douanes communautaire art. 32).

Méthode du prix comparable

Pour déterminer les **prix de pleine concurrence**, les États sont invités à utiliser d'abord la méthode du prix comparable sur le marché libre, dès lors qu'elle fait intervenir des éléments de preuve qui se rattachent étroitement au prix de libre concurrence et qu'elle est certainement la méthode la plus directe : le prix de transfert est fixé par référence aux opérations comparables réalisées entre un acheteur et un vendeur qui ne font pas partie du même groupe. Seules doivent évidemment être prises en considération les opérations « de bonne foi » et non pas celles qui ne sont pas représentatives de l'état du marché (par exemple les ventes en petite quantité). **76085**

Cette méthode exige aussi une analyse assez fine des **comparaisons** :
– les **marchés** doivent être comparables : conditions économiques et sociales, habitudes des consommateurs, situations géographiques, etc. ;
– les **marchandises** vendues doivent être comparées au même point du processus de production ou de commercialisation ;
– les marchandises doivent être **comparables**, ce qui est aisé à apprécier lorsqu'il s'agit de matières naturelles ou de produits courants, encore qu'il faille prendre garde aux différences de qualité, même pour des marchandises apparemment homogènes ; en revanche, il peut être très difficile ou impossible de trouver des points de comparaison pour des produits semi-finis ou très spécialisés ;
– les **conditions de vente** doivent également être homogènes : volumes comparables, comparaison avec des transactions effectuées à des époques suffisamment proches (car les prix peuvent avoir évolué), et réalisées dans des conditions semblables (y compris en ce qui concerne les prestations annexes de transport, emballage, publicité, commercialisation, garantie et conditions de paiement).

Lorsqu'il n'existe pas de comparables exacts, il convient d'utiliser des comparaisons approximatives, à condition de pouvoir introduire des **correctifs** suffisamment précis pour approcher la réalité, compte tenu de l'analyse fonctionnelle.

Autres méthodes

76090 Il est souvent difficile de trouver des éléments de comparaison satisfaisants. Dans ce cas, le comité des affaires fiscales de l'OCDE recommande, pour les transactions portant sur les marchandises, les méthodes du prix de revente ou du cost plus.

76092 **Méthode du prix de revente** Cette méthode est particulièrement efficace lorsqu'elle est appliquée à des **opérations commerciales** : on réduit le prix auquel la marchandise, qui a été achetée à un vendeur apparenté, est revendue à un acheteur indépendant d'une marge appropriée qui permettrait au vendeur de couvrir ses frais et de réaliser un bénéfice ; le reste est alors considéré comme le prix de pleine concurrence pour la vente initiale.

Bien entendu, l'évaluation de la « marge appropriée » est souvent délicate, car elle est fonction de la « valeur ajoutée » apportée à ce stade du processus de fabrication ou de distribution, et fait appel, en fait, à la notion de **« marges bénéficiaires comparables »** à celles qui seraient observées entre des entreprises indépendantes (ce qui appelle les mêmes commentaires de fond que pour la détermination des prix de vente comparables).

En particulier, la marge à retenir est évidemment fonction, à titre principal, de la **valeur** du bien considéré et du **risque** encouru par le revendeur. S'il ne fait que revendre, on peut soutenir que son bénéfice doit être relativement faible, sauf s'il possède une **compétence particulière** et s'il supporte des risques réels. L'éventail peut ainsi être assez large entre les cas où le revendeur effectue un service minimal et ceux où il assume la totalité des risques de la propriété du produit, la responsabilité de la **publicité**, de la commercialisation ou de la distribution et de la **garantie** des marchandises, du financement des stocks et autres services liés.

La marge bénéficiaire doit enfin être appréciée en fonction de l'étendue des **droits de revente** accordés, dès lors qu'entre entreprises indépendantes, il peut exister des accords d'exclusivité ayant des incidences sur le prix.

76095 **Méthode du cost plus** Cette méthode, qui repose sur l'application d'une marge bénéficiaire au prix de revient est particulièrement utile pour la détermination du prix de produits **semi-finis**, ou lorsque les différentes entités d'un groupe ont conclu des accords pour l'utilisation d'installations communes ou des arrangements à long terme d'achats ou de livraison, ou encore lorsqu'une filiale agit en qualité de sous-traitant.

Elle pose évidemment des problèmes de **calcul des coûts**, en l'absence de comptabilité analytique d'exploitation, ou lorsque celle-ci repose sur des principes qui ne sont pas les mêmes entre les pays comparés. Par ailleurs, les seuls coûts à prendre en considération sont ceux du vendeur, ce qui peut poser des problèmes de répartition de certaines charges, notamment pour les dépenses d'équipement, de recherche ou de publicité, ou encore les frais généraux communs.

Enfin, la détermination de la **marge** appelle les mêmes commentaires que précédemment et suppose en particulier la clarification des fonctions exercées par les différentes entités du groupe.

Précisions Les méthodes transactionnelles de bénéfices peuvent aussi être utilisées, mais de façon exceptionnelle.

2. Éléments incorporels

Notion

76125 Le comité des affaires fiscales de l'OCDE **définit très largement l'élément incorporel** comme « une chose qui n'est pas un actif corporel ni un actif financier, qui peut être possédée ou contrôlée aux fins d'utilisation dans le cadre d'activités commerciales, et dont l'utilisation ou le transfert serait rémunéré s'il avait lieu dans le cadre d'une transaction entre parties indépendantes dans des circonstances comparables » (Principes directeurs, n° 6.6) ; tel est notamment le cas des brevets, marques et savoir-faire.

D'une façon générale, les prix de transfert en la matière ne doivent pas, selon les Principes directeurs, dépendre seulement de la **propriété juridique**, celle-ci ne suffisant pas, pour l'OCDE, à justifier par elle-même une allocation importante des profits. Le propriétaire d'un actif incorporel ne devrait, selon l'OCDE, en recevoir tous les fruits que s'il réalise et contrôle les fonctions importantes concernant cet incorporel (Principes directeurs, nos 6.32 à 6.72). L'OCDE appelle ces **fonctions « DEMPE »**, acronyme de « Developement, Enhancement, Maintenance, Protection, Exploitation » (développement, amélioration, maintenance, protection et exploitation). Dans le sillage des Actions 8 à 10 du plan anti-Beps, dont l'objectif affiché est de permettre un meilleur alignement des prix de transfert sur la création de valeur, ne serait donc pas, en principe, regardée comme un véritable « propriétaire » une **entité passive** qui n'interviendrait pas dans la gestion des actifs, leur mise au point ou les améliorations qui y sont apportées.

En ce qui concerne les « actifs incorporels difficiles à valoriser » (par exemple, s'il n'y a pas de comparables fiables ou si les prévisions des flux de trésorerie ou de revenus futurs susceptibles d'être tirés de l'actif incorporel transféré sont très incertaines), l'OCDE estime que l'administration peut prendre en considération les **résultats ex-post** sous certaines conditions (par exemple, il faut généralement qu'ils conduisent à un écart de plus de 20 % par rapport à la rémunération définie au moment de la transaction ; Principes directeurs, n° 6.193).

Brevets et know-how

À l'intérieur d'un groupe, il arrive souvent que des contrats et accords de cession ou de **76130**
concession de brevets ou de savoir-faire (know-how ; nos 20210 s.) soient conclus entre une société qui a effectué les recherches et supporté les frais de mise au point et des sociétés apparentées (lorsqu'il existe, par exemple, **une unité de recherche** pour le groupe). Fiscalement, il y a lieu de tirer les conséquences des arrangements internes ainsi conclus, sous réserve qu'ils respectent le principe des prix de pleine concurrence et qu'en particulier il ne soit pas imputé à une société une dépense qui ne lui incombe pas (théorie de l'acte anormal de gestion ; nos 72520 s.). De même, les paiements effectués entre entreprises d'un groupe doivent revêtir une forme similaire à celle qui serait retenue entre entreprises indépendantes.

La comparaison avec les pratiques du marché exige **l'examen détaillé des contrats** et des **76135**
circonstances de la transaction. Elle est souvent difficile à effectuer car, par définition, les droits de propriété industrielle ont un caractère monopolistique ; en outre, les prix peuvent varier, d'un **marché** à l'autre, dans la mesure où les conditions d'exploitation peuvent être très différentes et les bénéfices escomptés très variables. Enfin, le caractère **exclusif ou non** d'une concession et des droits transférés, l'étendue de la **zone géographique** sur laquelle les droits peuvent être utilisés, les restrictions possibles à l'exportation des biens produits en vertu des droits transférés sont des éléments de nature à modifier l'appréciation à faire d'un prix (Principes directeurs, nos 6.19 s.).

Pour les **brevets**, l'originalité, la durée probable pendant laquelle le brevet conservera son caractère original, le degré de protection offert par la législation sont naturellement à prendre en compte.

Précisions Lorsque la comparaison est impossible ou très difficile à effectuer avec des opérations similaires effectuées entre entreprises non associées, on peut, avec les précautions d'usage, tenter de comparer les **bénéfices globaux** de l'entreprise sur une longue période avec ceux des autres entreprises similaires ou encore se déterminer par rapport au coût des charges encourues pour la mise au point du produit de la part de l'entreprise concédante.

Accords de partage des coûts

Les entreprises multinationales peuvent financer leurs dépenses de recherche et de dévé- **76150**
loppement par des systèmes de contribution aux coûts, plutôt que de vendre ou de concéder aux entreprises membres le droit d'utiliser le brevet ou le procédé technique mis au point par l'unité de recherche.

Il peut s'agir d'un accord de **partage** des **coûts** proprement dit, selon lequel les entreprises se partagent les coûts réels et les risques des activités de recherche et développement entreprises au profit de chacune d'elles ou d'un accord de **mise en commun des dépenses**, dans lequel la contribution de chaque membre du groupe est fixée de manière forfaitaire et n'est pas liée au coût effectif d'une activité déterminée. Le comité des affaires fiscales de l'OCDE en traite au chapitre VIII des Principes directeurs ; les « accords de répartition des coûts » (**ARC**) sont définis de la façon suivante : « Un ARC est un accord contractuel conclu entre des entreprises commerciales pour partager les contributions et les risques associés à la mise au point, à la production ou à l'obtention conjointes d'actifs corporels et incorporels ou de services, étant entendu que ces actifs corporels et incorporels ou ces services sont supposés générer des avantages pour les entreprises de chacun des participants » (Principes directeurs, Glossaire).

Ces accords présentent évidemment l'avantage de permettre un **financement rapide des coûts** de recherche et de développement par la mise en commun ou le partage immédiat. En contrepartie, chaque participant a normalement droit à une part équitable des résultats de la recherche. Les **clés de répartition** sont fonction de divers paramètres, tels que le chiffre d'affaires, les ventes, le nombre d'unités utilisées ou vendues, le nombre d'employés, le capital investi, le bénéfice d'exploitation, ou simplement au prorata de l'usage que les entreprises pensent faire du produit de la recherche. Dans tous les cas, la clé retenue doit être en rapport avec la nature de l'activité et avec les avantages escomptés. Seul le **coût net** est réparti, c'est-à-dire que les dépenses effectuées au profit exclusif d'une entreprise sont exclues du calcul, de même que les recettes provenant de la cession à des tiers, qui doivent être déduites. La répartition doit prendre en compte les **prévisions** des parts de chaque membre puisque, par hypothèse, des avantages sont attendus pour l'avenir. Afin que la part contributive soit adaptée à terme à l'avantage reçu, il convient de prévoir des **ajustements** pour tenir compte des circonstances nouvelles et, le cas échéant, de modifier la clé de répartition initiale.

Bien entendu, ces accords, qui sont fondés sur l'attente d'**avantages mutuels**, doivent reposer sur un équilibre entre les coûts que chaque membre du groupe incorpore à ses charges déductibles et l'avantage qu'il en retirera, selon le principe de pleine concurrence.

Ainsi, l'OCDE estime qu'une partie ne peut pas être considérée comme un participant si elle ne peut raisonnablement attendre un avantage de l'activité de l'ARC elle-même (et non seulement de l'exercice de tout ou partie de cette activité). Comme l'indiquent les Principes directeurs, une entreprise qui ne reçoit pas d'intérêt dans le résultat de l'ARC ne doit pas être considérée comme participant à l'ARC mais plutôt comme un **fournisseur de services** ; seules peuvent être regardées comme des « participants » les entreprises qui se voient attribuer un intérêt ou des droits dans les actifs incorporels, les actifs corporels ou les services faisant l'objet de l'ARC et qui peuvent raisonnablement s'attendre à être en mesure d'en bénéficier (Principes directeurs, n° 8.14).

Précisions **a.** Ces accords peuvent revêtir des **formes juridiques variées** ; la détermination de leurs conséquences fiscales dépend donc à chaque fois d'une analyse circonstanciée.

b. Il faut généralement veiller à ce que l'ARC ne crée pas une **société en participation** ; en effet, les conséquences fiscales qu'il faudrait en tirer seraient différentes des simples accords de partage de coûts et encore compliquées par l'existence de relations transfrontalières.

c. On constate une tendance de l'administration française à rejeter les accords de répartition de coûts lorsqu'un nombre réduit de participants réalise effectivement les prestations, les autres membres n'effectuant que des prestations en **numéraire** ; les flux sont alors considérés comme des « redevances ».

76153 **Déductibilité des coûts** Fiscalement, le problème essentiel concerne **l'appréciation des avantages** qu'une entité membre retire de l'opération de partage des coûts, ou des avantages qu'elle est susceptible d'en retirer. Entre autres, les recherches effectuées doivent être étroitement liées aux **besoins spécifiques** des participants, faute de quoi la dépense pourrait être rejetée comme n'étant pas liée à l'exploitation propre de l'entreprise.

Cela dit, on ne saurait évidemment exiger que les recherches menées soient systématiquement couronnées de succès. Même dans ce cas, les dépenses devraient pouvoir être déductibles, sauf si elles se prolongeaient sur une durée anormalement longue compte tenu de l'absence de résultats, par référence aux pratiques que l'on pourrait constater entre entreprises indépendantes.

Le **calcul des charges** admises en déduction des résultats fiscaux peut aussi poser des problèmes délicats, car il est évident que ces arrangements peuvent ouvrir la voie à des transferts de bénéfices sous couvert de déduction de charges. Les coûts à prendre en compte doivent être les coûts nets (directs et indirects), avec, peut-être, une **marge bénéficiaire** « normale », rémunérant l'activité d'organisation de l'entreprise chargée de la recherche et son activité de conduite du projet. Il nous semble cependant qu'il n'y aurait pas lieu d'exiger une marge au titre des coûts engagés directement par les participants car ils ne correspondent pas à une prestation de services (il en irait différemment des facturations effectuées par une société non participante puisque celle-ci rend un véritable service). Au demeurant, répartir les seuls coûts respecterait la logique selon laquelle tous les participants sont propriétaires des produits dans le cadre d'une sorte d'**indivision économique**, ce qui n'est pas le cas en présence d'une simple prestation de services intragroupe puisque le prestataire n'est pas copropriétaire du résultat et ne supporte pas de risque économique.

Précisions L'OCDE semble distinguer les **contributions** d'une valeur **préexistante**, pour lesquelles une rémunération égale au remboursement du coût augmenté d'une marge modeste ne correspondrait pas à la valeur escomptée ni au prix de pleine concurrence de la contribution de l'équipe de recherche, des **contributions actuelles** qui seraient payées d'après le coût (Principes directeurs, nos 8.26 s.)

Absence de retenue à la source L'un des avantages que les entreprises peuvent trouver aux accords de partage de coûts est qu'ils permettent en principe d'éviter la retenue à la source qui serait normalement due sur le versement de redevances. Les sommes versées représentent, en effet, **un remboursement de coûts** et non pas la rémunération d'une concession de droits, ce qui devrait les faire entrer dans les prévisions des articles conventionnels relatifs aux bénéfices industriels et commerciaux exonérés d'impôt dans l'État de la source en l'absence d'établissement stable. **76155**

Dans les cas où un participant détient un droit effectif de propriété sur tout bien développé dans le cadre de l'ARC et où les contributions sont proportionnelles, il n'y a pas lieu, en principe, à paiement d'une **redevance** ou d'une autre rémunération pour l'utilisation du bien développé en fonction du droit acquis par le participant. Mais il est possible que certaines administrations cherchent à qualifier différemment les paiements lorsqu'il peut être prouvé que les accords n'ont été conclus que pour éviter la retenue à la source qui aurait autrement été exigible sous réserve des conventions fiscales internationales.

Précisions **a.** Il est possible de faire en sorte d'éviter la difficulté résultant de ce que les accords de partage de coûts aboutissent à une **copropriété juridique** en faisant en sorte que l'un des participants soit juridiquement propriétaire à condition qu'il mette gratuitement l'actif dont il est propriétaire à la disposition des autres participants.

b. Les paiements peuvent être qualifiés de **redevances**, le cas échéant, s'ils permettent à un membre de disposer du droit d'utiliser les actifs immatériels d'un autre membre et si la part corrélative des actifs concernés ne revient pas à celui qui a contribué aux coûts (autrement dit, si l'un des membres peut être considéré comme ayant donné à un autre le droit d'utiliser sa quote-part).

Conditions à respecter Les principes directeurs de l'OCDE contiennent quelques recommandations supplémentaires sur les accords de partage des coûts, et notamment les suivantes (Principes directeurs, n° 8.50) : **76160**
– les participants doivent se composer exclusivement d'entreprises pouvant en retirer des **avantages mutuels** ;
– l'accord doit préciser la nature et l'importance de la **part** de chaque participant ;
– il ne doit pas y avoir de paiement par un participant autre que les **contributions** et, le cas échéant, les paiements d'entrée et les paiements compensatoires reflétant les modifications à apporter aux accords en fonction de l'évolution de la situation ;
– la répartition des contributions doit être conforme à la répartition des avantages escomptés de la transaction ;
– des ajustements doivent être prévus en cas d'adhésion d'un nouveau participant ou de retrait ; en principe, il doit y avoir un paiement d'entrée (« **buy-in payment** ») pour rétablir l'équilibre en présence d'un nouvel arrivant, qui retirera naturellement des avantages des droits en cours de développement, et un paiement de sortie (« **buy-out payment** ») lorsqu'un participant renonce à ses droits en cas de sortie.

Précisions En principe, ces ajustements doivent être traités comme des coûts supplémentaires pour celui qui les verse et comme des remboursements pour les bénéficiaires. Normalement, ils n'ont donc pas le caractère de **redevances**, sauf s'ils permettent à l'auteur seulement d'utiliser des actifs incorporels appartenant à un membre ou à un tiers et s'il ne reçoit pas une part de ces actifs incorporels.

Marques

Les problèmes posés par les prix payés pour l'utilisation des marques sont **voisins** de ceux que pose la concession de brevets, même si ces deux types de transfert sont juridiquement et économiquement différents (n° 76130). **76170**

Il existe, dans le commerce international, de nombreux **contrats de licence** de marques, qui doivent faire l'objet de rémunérations normales, conformes aux prix de pleine concurrence. Ceux-ci doivent être déterminés en prenant appui sur les principes généraux indiqués plus haut, en fonction de l'ensemble des « faits et circonstances » du transfert, et notamment de l'étendue des **obligations du licencié**, de l'importance de l'**assistance technique** fournie par le concédant, le cas échéant, et, plus généralement, de l'avantage consenti.

L'OCDE aborde également la question de savoir si, en présence d'une société chargée de la **commercialisation/distribution** des produits du groupe, la rémunération doit tenir compte seulement des services de promotion et de distribution ou si la société doit également être rémunérée pour avoir accru la valeur de la marque et d'autres **actifs incorporels de commercialisation** grâce aux fonctions qu'elle a exercées, aux actifs qu'elle a utilisés et aux risques qu'elle a assumés ; dans certains cas, en effet, un distributeur peut exercer des fonctions, utiliser des actifs ou assumer des risques qui vont au-delà de ce qu'un distributeur indépendant ayant des droits similaires pourrait supporter ou réaliser pour ses propres activités de distribution, et qui créent une valeur supérieure à celle créée par d'autres entités de commercialisation/distribution en situation similaire (Principes directeurs, n°s 6.76 s.).

3. Prestations de services

Notion

76200 La question des prestations de services au sein d'un groupe a déjà été abordée en partie sous l'angle des dépenses de recherche et de développement ; il peut cependant exister quantité d'autres services, ne serait-ce que les services d'ordre **administratif**, **technique** et **commercial**, rendus, par exemple, par une société mère à ses filiales. Certains services sont de même nature que ceux qui peuvent être rendus entre entreprises indépendantes (assistance technique, « dépannage », services juridiques, financiers, etc.) ; d'autres sont davantage liés à l'existence d'un groupe qui obéit à sa logique propre (contrôles internes, contrôles financiers, activités de la société « tête de groupe » qui « surveille » ses filiales, etc.).

Mode de détermination des prix

76205 Les services intragroupe doivent être normalement rémunérés, par référence aux pratiques des entreprises indépendantes. Lorsque les services sont isolés, il est possible de les rémunérer directement et séparément, en fonction des caractéristiques particulières de l'opération.

La rémunération des prestations de services doit être établie par référence aux prix qui seraient pratiqués entre entreprises indépendantes. Comme l'indique le comité des affaires fiscales de l'OCDE, il y a d'abord lieu de déterminer s'il y a effectivement prestation de services intragroupe, ce qui conduit à rechercher si l'activité présente pour la société concernée un **intérêt économique ou commercial** lui permettant de renforcer ou de conserver sa position commerciale, avant de décider de sa rémunération de pleine concurrence (Principes directeurs, n° 7.5) ; quant à la méthode à utiliser, il s'agira souvent de celle du prix comparable sur le marché libre ou d'une méthode reposant sur les coûts, soit la méthode du **coût majoré**, soit la méthode transactionnelle de la marge nette basée sur le coût (Principes directeurs, n° 7.31). Si l'OCDE admet qu'une entreprise indépendante s'efforcera normalement de facturer ses services de manière à réaliser un **bénéfice**, il est également reconnu qu'un prix de pleine concurrence ne se traduit pas toujours par un bénéfice pour une entreprise associée qui fournit un service intragroupe (Principes directeurs, n° 7.35). Sur la marge recommandée, en pratique, pour les services à faible valeur ajoutée, voir n° 76215.

En tout état de cause, le comité des affaires fiscales de l'OCDE reconnaît que la méthode de la facturation directe des services intragroupe peut parfois être difficile à appliquer et que les groupes peuvent estimer qu'ils n'ont guère d'autre choix que d'utiliser des méthodes de répartition des coûts qui les amènent souvent à procéder, dans une certaine mesure, à des **estimations** ou à des évaluations approximatives (Principes directeurs, n° 7.23) ; la répartition doit cependant être fondée sur une mesure appropriée et simple à vérifier, telle que le chiffre d'affaires, les effectifs employés ou les commandes passées (Principes directeurs, n° 7.25).

Précisions La rémunération du service rendu ne doit pas faire l'objet d'une **retenue à la source** si la convention suit le modèle de convention fiscale de l'OCDE (n° 20350).

Réalité des avantages reçus

D'une façon générale, les charges liées aux prestations de services ne peuvent être déduites du résultat imposable que si elles correspondent à un avantage réel ; cette question est, comme toujours, difficile à trancher, sachant que, comme l'indique l'OCDE, l'avantage conféré à une société par l'existence d'accords de prestation de **services sur demande** doit être mesuré sur une **période pluriannuelle** et non pas seulement au titre de l'année au cours de laquelle un paiement est effectué (Principes directeurs, n° 7.17). Par exemple, si une société de services dispose de personnel en permanence et du matériel nécessaire pour rendre des services déterminés sur simple demande, ces dépenses doivent normalement être réparties entre les entreprises associées. Si l'administration de l'État dans lequel une filiale est implantée conteste le volume de charges déduites (ou de rémunérations payées), au motif que la filiale n'a pas recouru aux services potentiels à sa disposition, il lui faut normalement tenir compte de la facilité accordée par la société de services et des avantages qu'elle peut procurer sur une période suffisamment longue. **76210**

Une autre difficulté tient, en pratique, aux dépenses supportées par une société mère **en qualité d'actionnaire** (« stewardship expenses »), qui ne doivent pas être facturées aux sociétés du groupe. Comme le remarque l'OCDE, dans certains cas, une activité intragroupe peut être exercée vis-à-vis de membres d'un groupe même si ceux-ci n'en ont pas besoin et ne seraient pas disposés à la payer s'il s'agissait d'entreprises indépendantes ; ces fonctions, exercées par la société mère à raison de ses participations au capital d'un ou plusieurs membres du groupe, c'est-à-dire en qualité d'actionnaire, ne sont pas considérées comme des services intragroupe et n'ont donc pas à être rémunérées par les membres du groupe (Principes directeurs, n° 7.9). Tel est le cas des coûts se rattachant à la **structure juridique** de la société mère, des coûts relatifs aux obligations de la société mère en matière de présentation des **comptes** et des **rapports d'activité**, des frais relatifs à la mobilisation des ressources nécessaires à la société mère pour l'acquisition de ses participations et des coûts relatifs à ses relations avec les **investisseurs** (stratégie de communication de la société mère auprès de ses actionnaires, analystes financiers, etc.), des coûts relatifs à la **mise en conformité** de la société mère avec les législations fiscales en vigueur et des coûts annexes liés à la gouvernance d'entreprise du groupe dans son ensemble (Principes directeurs, n° 7.10). Voir également n° 76750, sachant qu'il faut naturellement réserver les cas où ces prestations sont réellement utiles à la filiale, comme peut l'être, par exemple, une société mère qui lève des fonds pour le compte d'une filiale qui utilise ces fonds pour les besoins de son activité.

Précisions Il est quelquefois difficile de distinguer s'il y a véritablement service rendu ; tel n'est pas le cas, en principe, si une société bénéficie du **rating du groupe** et obtient ainsi de meilleures conditions de crédit. Mais il y a service si une meilleure notation est due à la **garantie** de la mère (Principes directeurs, n° 7.13). Sur ce sujet, voir également n° 76707.

Orientations pratiques

Dans un document publié en janvier 2011 (COM(2011) 16 final du 25 janvier 2011) afin de retracer les travaux du forum conjoint de l'Union européenne sur les prix de transfert (n° 75810, Précisions b), la **Commission européenne** a proposé des solutions pratiques sur la question des prix de transfert dans le domaine des services ; ces lignes directrices, qui ont été approuvées par le Conseil Ecofin lors de sa réunion du 17 mai 2011, sont intéressantes notamment sur les points suivants. **76215**

En ce qui concerne les **clés de répartition**, la Commission européenne indique que si l'application de telle ou telle clé de répartition doit naturellement dépendre des circonstances, les clés suivantes sont couramment utilisées :
- informatique : nombre d'ordinateurs ;
- logiciel de gestion d'entreprise (par exemple, SAP) : nombre de licences ;
- ressources humaines : effectifs ;

- santé et sécurité : effectifs ;
- formation des cadres : effectifs ;
- fiscalité, comptabilité, etc. : chiffre d'affaires ou importance du bilan ;
- services de marketing : chiffre d'affaires ;
- gestion de la flotte de véhicules : nombre de voitures.

En ce qui concerne la méthode de détermination des prix, la Commission européenne souligne que la méthode fondée sur les coûts constitue la méthode la plus fréquemment observée et, en ce qui concerne la **marge**, que l'expérience montre que les marges convenues sont généralement comprises dans une fourchette de 3 % à 10 %, tournant le plus souvent autour de 5 %.

De son côté, le comité des affaires fiscales de l'OCDE a fourni des indications du même ordre à propos de la rémunération qu'il convient d'allouer aux **services intragroupe à faible valeur ajoutée** (Principes directeurs, n°s 7.43 s.) ; il s'agit des services qui relèvent de fonctions de soutien, n'appartiennent pas au cœur de l'activité du groupe, ne supposent pas l'utilisation de biens incorporels uniques et de valeur et ne conduisent pas à la création de tels biens incorporels, n'impliquent pas la prise ou le contrôle de risques substantiels ou importants de la part du prestataire et ne créent pas de risques importants pour ce dernier ; il s'agit typiquement des services habituellement rémunérés par des « **management fees** ».

Les Principes directeurs indiquent que pour déterminer la tarification de pleine concurrence de ces services, l'entité du groupe qui les rend « doit appliquer une marge bénéficiaire à tous les coûts reportés dans le groupe de coûts, exception faite de tout coût répercuté (...) la même marge doit être utilisée pour tous les services à faible valeur ajoutée, quelles que soient les catégories concernées. La **marge bénéficiaire** doit équivaloir à 5 % du coût concerné (...). La marge bénéficiaire dans l'approche simplifiée n'a pas besoin d'être justifiée par une étude comparative (...) » (Principes directeurs, n° 7.61).

Cette approche simplifiée ne peut cependant pas être appliquée, en particulier, aux services de recherche-développement, aux transactions financières et aux fonctions de direction générale d'une entreprise, sauf en ce qui concerne la supervision de la gestion de services entrant dans le cadre de services intragroupe à faible valeur ajoutée (Principes directeurs, n° 7.47). Dans ces hypothèses, des analyses de comparables sont en principe nécessaires.

4. Activités de financement

Notion

76220 Les entreprises multinationales ont souvent une **politique d'ensemble de financement du groupe**, par exemple au moyen d'une société financière, membre du groupe, chargée d'assurer le financement de l'activité des autres entités associées. Ces sociétés de financement peuvent intervenir dans des schémas de sous-capitalisation (n°s 26735 s.) ou, à l'inverse, de surcapitalisation (n° 71500). La centralisation des opérations de financement peut répondre à des **considérations non fiscales**, liées au contrôle des changes, par exemple, à la gestion des risques et gains de change et à un souci de minimisation du coût des emprunts en choisissant les places financières les plus avantageuses.

Modalité de détermination des prix

76225 Les opérations de prêt entre sociétés apparentées peuvent être des occasions de transfert de bénéfices, lorsque, par exemple, le prêteur est rémunéré à un taux excessif ou lorsque l'emprunteur paye un intérêt à un taux inférieur à la normale (selon le point de vue duquel on se place). Comme à l'accoutumée, le principe de base est qu'un prêt doit porter intérêt s'il eût porté intérêt dans les mêmes circonstances entre un prêteur et un emprunteur **indépendants**.

Il existe d'ailleurs parfois des « normes » dans certains pays, par exemple en matière de crédits commerciaux. Lorsque tel est le cas, cette norme constitue évidemment un point de référence. En présence d'un intérêt, ou d'une absence d'intérêt, servi en cas de retard de solde non couvert, par exemple, il faudra faire référence aux « **pratiques commerciales**

normales » pour déterminer si un intérêt aurait dû ou non être perçu. Lorsqu'une entreprise consent à une autre une aide financière sous forme de prêt sans intérêt, les mêmes principes sont applicables, car ces situations peuvent se rencontrer entre entreprises indépendantes.

Le **taux d'intérêt** doit a priori être celui du marché pour des transactions identiques (taux du marché à l'époque où la dette a pris naissance). Il convient de tenir compte de **l'ensemble des facteurs** pour effectuer la comparaison : montant, durée du prêt, nature, objet (commercial, immobilier, etc.), devise utilisée, garantie offerte, surface financière de l'emprunteur, etc. Cette comparaison est évidemment délicate, particulièrement dans le cas d'entreprises multinationales qui ont souvent la possibilité d'emprunter sur le marché international à des taux privilégiés. Elle doit donc être effectuée avec prudence, tout en étant nécessaire à l'appréciation des prix de pleine concurrence.

Précisions La question peut être encore compliquée par le fait que certains États peuvent considérer qu'un prêt masque en réalité un **apport en capital** et ne doit donc pas être rémunéré par des intérêts, alors que l'autre État peut exiger de son côté l'imposition d'un intérêt (État du prêteur). Cette question ne peut guère être réglée que par recours à la procédure amiable (n°s 84000 s.) ; sur la législation française, n°s 26760 s.

C. Le traitement des doubles impositions

Ajustements corrélatifs

La question des ajustements corrélatifs se pose lorsqu'un État a rectifié un prix de transfert parce qu'il n'était pas conforme au prix de pleine concurrence établi selon les indications qui précèdent ; par exemple, si un État considère qu'une vente de marchandise a été effectuée à un prix trop bas, il va **augmenter les bénéfices** et imposer la différence entre le bénéfice normal et le bénéfice déclaré. La question qui se pose est alors de savoir si l'autre État, celui de la résidence de l'acheteur, par hypothèse une entreprise associée, va accepter ou non de **déduire corrélativement** un montant supplémentaire identique de charges, correspondant au prix d'achat normal, supérieur à celui qui a été effectivement pratiqué. **76250**

Autrement dit, cette question est essentiellement celle du traitement des **doubles impositions économiques** (n° 7680), même si un redressement effectué dans un État n'entraîne pas nécessairement de double imposition (cas d'un redressement effectué sur une transaction avec un « paradis fiscal », ou lorsque l'État dans lequel est située l'entreprise associée accorde un crédit d'impôt au titre de l'impôt sur les sociétés dans le cadre d'un mécanisme de type « bénéfice consolidé »).

Ajustement primaire

Le comité des affaires fiscales de l'OCDE invite à distinguer, sur un plan théorique, deux types d'ajustement, l'ajustement « primaire » et l'ajustement « secondaire ». Pour expliciter ces notions, on prendra l'exemple d'une **redevance versée** par une société d'un pays A à une société mère d'un pays B. Si les autorités du pays A considèrent que la redevance est trop élevée par rapport au principe de pleine concurrence, elles vont en réduire le montant déductible. Cette opération est baptisée « ajustement primaire ». Si, en dépit de ce redressement, le pays B considère que le montant global du paiement correspond à une redevance de pleine concurrence, le montant total sera imposé dans ce pays en tant que redevance perçue par la société mère ; il y aura donc **double imposition**, car une fraction de cette redevance aura, en fait, été imposée à la fois dans le pays A et dans le pays B. **76255**

Cette situation peut se compliquer si le pays B admet que le redressement effectué dans le pays A est fondé. Dans ce cas, conformément au paragraphe 2 de l'article 9 du modèle de convention fiscale de l'OCDE, le pays B procède à un « **ajustement approprié** » du montant de l'impôt qu'il a perçu sur les bénéfices réalisés par l'entreprise associée bénéficiaire de la redevance.

Précisions La rédaction du modèle de convention fiscale proposé par l'OCDE invite à un **ajustement automatique** dès lors que le prix n'est pas celui de pleine concurrence. Ce caractère automatique explique sans doute que certains États, dont la France, n'ont, dans le passé, que rarement repris le paragraphe 2 de l'article 9 du modèle de l'OCDE, même si les commentaires tempèrent le caractère automatique de l'ajustement, en indiquant que le pays B n'opère d'ajustement que s'il estime que les bénéfices rectifiés correspondent bien à ceux qui auraient été constatés si les transactions avaient été conclues en toute indépendance (Commentaires OCDE, C (9) n° 6 ; la **France** a levé sa réserve sur cet article lors de la révision de juillet 2005).

Ajustement secondaire

76260 Si, dans l'exemple du n° 76255, le pays B admet que le montant de la redevance est excessif, il doit être prêt à accorder un ajustement équivalent des bénéfices de l'entreprise associée (nouvel ajustement « primaire »). Mais dans ce cas, la situation ne sera toujours pas identique à celle qui aurait existé si les transactions avaient été conclues à des prix de pleine concurrence, dès lors que les fonds représentant les bénéfices ajustés se trouvent dans les caisses de l'entreprise B et non dans celles de l'entreprise A. Pour l'instant, en effet, l'ajustement opéré est **purement fiscal** ; il n'empêche pas que les fonds constitutifs de la redevance excédentaire ont effectivement été transférés du pays A vers le pays B. Il faudrait donc procéder à un ajustement « secondaire » afin de revenir à une **situation identique** à celle qui aurait existé en cas de transactions conclues en toute indépendance, en fonction des circonstances de fait propres à chaque cas.

On pourrait considérer, par exemple, que la fraction excédentaire du montant des redevances, au lieu d'être traitée comme une « redevance », doit être traitée comme un **« revenu distribué »**, c'est-à-dire normalement comme un dividende (selon la manière de voir du comité des affaires fiscales de l'OCDE, mais pas nécessairement pour le Conseil d'État, n°s 60685 s.). Le pays A serait alors en droit de prélever une retenue à la source au titre des dividendes sur la fraction excédentaire ; quant au pays B, il devrait également procéder à l'ajustement secondaire afin de traiter les sommes comme il l'aurait fait de dividendes en provenance de la filiale du pays A. On objectera que la situation redevient, pour le groupe, celle d'une double imposition économique, ce qui est juste. Mais il ne s'agit alors que de la double imposition classique des dividendes qui subsiste très souvent dans les affaires internationales (n° 7680).

Cela dit, les États peuvent aussi, dans le cadre de la procédure amiable, accepter de ne **pas traiter** les paiements excédentaires comme des **revenus distribués** ; mais cela suppose normalement que les fonds quittent effectivement la caisse sociale de l'entreprise B (société bénéficiaire du transfert) pour revenir dans celle de l'entreprise A (société ayant initialement transféré les bénéfices), ce qui peut s'opérer par la **constatation d'une dette** de l'entreprise B vis-à-vis de l'entreprise A ; dans ce cas, en général, les États exigent le remboursement rapide de la dette avec, le cas échéant, paiement d'intérêts au titre de la période au cours de laquelle ils acceptent de considérer qu'il y a eu « prêt » (n° 85750). La « transaction secondaire » peut ainsi prendre la forme, selon les circonstances et les États en cause, d'une reconstitution soit de dividendes, soit de prêts, soit encore d'apports en capital.

Modalités de résolution des conflits

76262 Le traitement de ces difficultés, qui peuvent naître de la rectification de tout prix de transfert et pas seulement, bien entendu, de celle d'un montant excessif de redevance, nécessite toujours, en pratique, le recours à la **procédure amiable**. Cependant, cette procédure comporte une limite importante en ce qu'elle ne fait obligation aux États que de négocier ; ceux-ci ne sont pas tenus d'arriver à un accord, et peuvent même être en situation de ne pas donner suite à un accord éventuel pour des raisons tenant à des divergences entre législations nationales au sujet par exemple des délais fixés pour l'ajustement des impositions ou pour le remboursement des impôts. En outre, la procédure amiable est longue et ses résultats sont incertains. C'est pourquoi une convention relative à la **procédure d'arbitrage** a été adoptée le 23 juillet 1990 dans le cadre de l'Union européenne (n°s 86080 s.) ; une directive européenne plus large a ensuite été adoptée le 10 octobre 2017 mais elle ne concerne que les difficultés liées à l'interprétation et à l'application des conventions fiscales, ce qui n'est pas nécessairement le cas des rectifications en matière de prix de transfert (n° 86085).

De son côté, après avoir été longtemps très réservée, l'OCDE a finalement recommandé le développement des procédures d'arbitrage ; dans un rapport publié le 30 janvier 2007 et intitulé « Améliorer la résolution des différends en matière de conventions fiscales », le comité des affaires fiscales a proposé l'insertion d'un nouveau paragraphe 5 sur l'arbitrage dans l'article 25 du modèle de convention fiscale, relatif à la procédure amiable (nos 85930 s.) ; cette proposition a été reprise dans le **modèle de convention fiscale de l'OCDE** tel qu'il résulte actuellement des modifications apportées en juillet 2008.

Le dispositif a, depuis lors, été généralisé dans le cadre de **l'instrument multilatéral** destiné à incorporer dans les conventions fiscales diverses mesures « anti-Beps », sachant tout de même que les États signataires ont la faculté de ne pas retenir le mécanisme d'arbitrage prévu par cette convention (nos 1650 et 86060).

Précisions La convention **franco-allemande** prévoit une procédure d'arbitrage, en sus de la procédure amiable (n° 86050), de même que la convention **franco-américaine** du 31 août 1994 modifiée (n° 86000) ainsi que la convention franco-britannique du 19 juin 2008 (n° 86055). Un mécanisme conforme aux recommandations de l'OCDE a également été introduit dans la convention franco-luxembourgeoise du 20 mars 2018 (article 24 § 5).

Contrôles fiscaux simultanés

Afin de faciliter le contrôle des prix du transfert et d'améliorer la protection des contribuables au regard du risque de double imposition, le comité des affaires fiscales de l'OCDE recommande la mise en place plus systématique de contrôles fiscaux simultanés (Principes directeurs, nos 4.79 s.). Ceux-ci, fondés sur l'article 26 du modèle de convention fiscale, relatif aux échanges de renseignements, conduisent deux ou plusieurs États à contrôler simultanément et de manière indépendante, **chacun sur son territoire**, la situation d'un (ou plusieurs) contribuable qui présente pour eux un intérêt commun, en vue d'échanger les renseignements ainsi obtenus. **76265**

L'OCDE estime que les contrôles simultanés constituent un **moyen utile** pour déterminer correctement les obligations fiscales d'entreprises associées et qu'ils permettent de mieux faire respecter la réglementation des prix de transfert. Les groupes peuvent aussi y trouver leur avantage car ils permettent de déceler plus tôt d'éventuels différends entre États et de réduire les délais entre les redressements effectués et la mise en œuvre des procédures amiables. La France pratique parfois des vérifications simultanées, notamment avec les États-Unis (voir aussi n° 74210 dans le cadre de l'Union européenne).

Accords préalables de prix

Les accords préalables en matière de prix de transfert (APP, ou APA, en anglais) visent à fixer, préalablement à la réalisation des transactions, **un ensemble de critères** pour la détermination des prix de transfert au cours d'une certaine période. En général, cependant, un APP ne fixe pas directement les prix, mais simplement la **méthode** selon laquelle ils vont être déterminés à l'avenir. Engagée à l'initiative des contribuables, la procédure d'APP suppose une **négociation** avec l'administration dont ils dépendent (APP unilatéral) ou, mieux, avec les autres administrations concernées (APP bilatéraux ou multilatéraux). L'objectif est de donner davantage de **sécurité** aux entreprises car un APP est contraignant pour les administrations qui l'ont accepté, à condition que les contribuables aient été de bonne foi. Il s'agit d'une pratique **en plein essor**, dans la mesure où elle correspond à l'intérêt bien compris à la fois des entreprises multinationales et des États (les accords préalables de prix sont commentés aux nos 4.134 s. des Principes directeurs ; sur la pratique française actuelle, voir nos 77050 s.). **76270**

Précisions **a.** Les Principes directeurs contiennent une annexe II au chapitre IV, fixant les « principes pour la conclusion d'accords préalables en matière de prix dans le cadre de la procédure amiable (« APP PA »).

b. L'OCDE a développé un « **Programme international d'assurance de la conformité** (International Compliance Assurance Programme, ou **ICAP**) », qui est un programme volontaire d'évaluation et d'assurance des risques visant à coordonner les discussions entre les entreprises multinationales et les administrations fiscales, notamment en ce qui concerne l'utilisation de la documentation sur les prix de transfert et des déclarations pays par pays (CbCR ; n° 75813), afin de réduire les coûts de conformité et les litiges entre administrations. Un manuel a été publié sur ce sujet le 18 février 2021 à l'intention des administrations fiscales et des entreprises multinationales, incluant les commentaires des administrations et des entreprises qui ont participé à deux projets pilotes à partir de 2018 et 2019.

SECTION 2

L'approche française

L'article 57 du CGI

76340 Depuis une loi du 31 mai 1933, codifiée à l'article 57 du CGI, l'administration française a la possibilité de redresser, sous le contrôle du juge, les résultats déclarés par les entreprises françaises relevant de l'impôt sur le revenu ou passibles de l'impôt sur les sociétés qui sont sous la dépendance ou qui possèdent le contrôle d'entreprises situées hors de France.

Le premier alinéa de l'article 57 est rédigé comme suit : « Pour l'établissement de l'impôt sur le revenu dû par les entreprises qui sont sous la dépendance ou qui possèdent le contrôle d'entreprises situées hors de France, les **bénéfices indirectement transférés** à ces dernières, soit par voie de majoration ou de diminution des prix d'achat ou de vente, soit par tout autre moyen, sont incorporés aux résultats accusés par les comptabilités. Il est procédé de même à l'égard des entreprises qui sont sous la dépendance d'une entreprise ou d'un groupe possédant également le contrôle d'entreprises situées hors de France. » Les dispositions de l'article 57 du CGI sont, pour l'essentiel, commentées au BOI-BIC-BASE-80-20.

La législation et la pratique françaises en la matière s'insèrent aujourd'hui pleinement dans le cadre général fixé par le comité des affaires fiscales de l'OCDE. Une réponse ministérielle a, par exemple, souligné que l'administration « fait de la **lutte contre l'évasion et la fraude fiscales** une priorité », qu'elle est déterminée « en particulier à lutter contre les pratiques d'optimisation et les montages internationaux dans le domaine des prix de transfert » et qu'elle « participe activement aux travaux conduits sur ce sujet par l'Organisation de coopération et de développement économiques (OCDE) » (réponse Louwagie nº 72648 : JOAN 7 mars 2017 p. 2022) ; cette réponse poursuit en indiquant que « les résultats du projet **Beps** permettent une répartition internationale des bénéfices imposables qui soit conforme à la réalité du rôle des actifs incorporels et des fonctions et des risques assumés par chaque entité dans la création de valeur (…) ». Sur la lutte contre le « Beps », voir nº 72410.

Précisions **a.** Bien que les dispositions de l'article 57 du CGI ne visent expressément que les entreprises relevant de l'impôt sur le revenu, elles concernent également, en vertu de l'article 209, I du CGI, les entreprises passibles de l'**impôt sur les sociétés**.

b. L'administration peut invoquer la notion d'**acte anormal de gestion** au lieu de l'article 57 du CGI ; elle peut aussi substituer l'article 57 à **l'article 238 A** (par exemple, CAA Paris 2 février 1995 nº 89-819, 3e ch., SA Adibu : RJF 12/95 nº 1363 ; arrêt définitif faisant suite à l'arrêt cité nº 72995, Précisions). Pour un exemple de cas où l'administration a échoué à invoquer l'article 57 du CGI mais obtenu gain de cause sur le terrain de **l'article 39 du CGI**, voir CAA Nantes 13 octobre 2016 nº 15NT02301, 1e ch., min. c/ EURL Med.Con ; définitif ; dans cette affaire, qui concernait des rémunérations versées par une société française à une société britannique apparentée pour une campagne de communication diffusée sur une chaîne de télévision turcophone, l'administration ne pouvait se prévaloir de la présomption de transfert de bénéfices prévue par l'article 57 du CGI, faute d'avoir procédé aux comparaisons nécessaires ; toutefois, elle a pu démontrer que les dépenses relatives aux spots publicitaires n'avaient pas été regardées comme **engagées dans l'intérêt** de la société (voir également nº 76615, Précisions c).

c. Sur la possibilité qu'a l'administration de procéder à des **auditions de tiers** dans le cadre d'opérations de contrôle fiscal international, voir nº 2590. Sur les **lanceurs d'alerte** (« aviseurs »), voir nº 2595.

d. Une proposition de rectification n'est pas irrégulière au motif que l'administration mentionne, comme **fondements juridiques** des impositions supplémentaires consécutives à la remise en cause du prix de cession de parts sociales par une société française à une société luxembourgeoise, à la fois la théorie de l'acte anormal de gestion et l'article 57 du CGI (CE 6 février 2019 nº 410248, 8e et 3e ch., SARL Alternance : RJF 5/19 nº 466 ; voir également nº 72520).

Combinaison avec les conventions fiscales

76350 Les dispositions de l'article 57 du CGI sont très voisines, dans leur esprit, de celles qui sont incluses dans les conventions fiscales conformément au modèle de convention fiscale de l'OCDE (article 9). Il n'y a donc **pas** entre elles **de conflits** de normes. La doctrine administrative indique d'ailleurs, à juste titre, que l'article 57 du CGI reprend les principes posés par l'OCDE (BOI-BIC-BASE-80-10-10 nº 30).

Le Conseil d'État a eu, à plusieurs reprises, l'occasion de juger que les stipulations conventionnelles qui reprennent le modèle de convention fiscale de l'OCDE permettent à l'administration de l'État auquel ressortit une entreprise qui, par sa situation et par ses opérations, entre dans leur champ d'application, d'**appliquer sa loi fiscale interne** (par exemple, CE 14 mars 1984 nos 34430 et 36880, 7e et 8e s.-s. : RJF 5/84 no 593, à propos des conventions fiscales avec la Belgique, l'Italie, la Suisse, et l'Allemagne ; CE 3 mars 1989 no 77581, 7e et 9e s.-s. : RJF 5/89 no 538 à propos de la convention franco-brésilienne ; CE 18 mars 1994 no 68799-70814, 9e et 8e s.-s., SA Sovemarco-Europe : RJF 5/94 no 532, à propos de la convention franco-suisse).

Il a également jugé que l'**acte anormal de gestion** pouvait être invoqué par l'administration de façon autonome par rapport à la convention fiscale et qu'en autorisant les redressements entre personnes associées, la convention fiscale n'interdit pas ceux qui concernent des personnes non associées (pas d'interprétation « a contrario » de l'article 9 du modèle OCDE ; en ce sens, décision Sovemarco précitée). L'article 9 du modèle de convention fiscale de l'OCDE n'a **aucun effet d'interdiction** ; c'est, pour le Conseil d'État, un texte un peu « croupion » qui n'a guère qu'une valeur de codification.

D'une façon générale, les dispositions des conventions fiscales ne sont pas, sur le fond, différentes de celles de l'article 57 du CGI et doivent donc recevoir la même interprétation.

Doctrine administrative

La doctrine administrative publiée sur la question des prix de transfert n'est pas très **76355**
développée bien qu'elle ait été étoffée à l'occasion de la publication de la base BOFiP ; on sait cependant que l'administration applique, d'une façon générale, le corps de **normes** dégagé par le comité des affaires fiscales de l'**OCDE** dans les Principes directeurs (no 75803).

Pour **aider les PME** qui souhaitent développer leur activité à l'étranger, l'administration a, en novembre 2006, publié à leur intention un guide présentant les prix de transfert « afin qu'elles puissent définir et mettre en place le plus simplement possible une politique de prix pour leurs opérations intragroupe » (BOI-INT-DG-20-40 no 140 ; BOI-SJ-RES-20-30 no 20). Il s'agit d'une présentation générale de la problématique, qui dépasse le cadre des seules PME et qui peut donner certaines indications utiles sur la manière de voir de l'administration. Les éléments d'information qui figurent dans ce guide ont été largement repris au BOI-BIC-BASE-80-10 qui commente l'approche de principe de l'administration en ce qui concerne les prix de transfert (principe de pleine concurrence, analyse fonctionnelle, méthodes de fixation des prix de transfert, particularités des services intragroupes et des mises à disposition d'actifs incorporels, recherche et sélection des comparables, justification d'une politique de prix de transfert, etc.).

Précisions **a.** Le **Guide des prix de transfert** à l'usage des PME est disponible sur le site www.impots.gouv.fr, rubrique Documentation>Documentation fiscale>Les guides et notices.

b. L'administration a **commenté** au BOI-BIC-BASE-80-20 le dispositif de l'article 57 du CGI et exposé au BOI-BIC-BASE-80-10 les règles de détermination des prix de transfert, en reprenant largement les principes directeurs de l'OCDE en ce qui concerne, notamment, le principe de pleine concurrence, l'analyse fonctionnelle et les méthodes de fixation des prix de transfert.

Constitutionnalité

Le Conseil d'État n'a pas renvoyé au Conseil constitutionnel la question de la constitution- **76360**
nalité de l'article 57 du CGI, qui pouvait se poser en raison de la présomption de transfert de bénéfices renversant la **charge de la preuve** ; le non-renvoi résulte des considérations suivantes :
– l'article 57 n'institue de présomption de l'existence d'un transfert indirect de bénéfices par une société que lorsque l'administration a établi, d'une part, l'existence de liens de contrôle ou de dépendance entre cette société et des entreprises situées hors de France (sauf si ces dernières bénéficient d'un régime fiscal privilégié), et, d'autre part, l'octroi d'avantages consentis par cette société à ces entreprises ;
– il s'agit d'une **présomption simple**, que la société peut combattre en apportant la preuve que ces avantages ont été justifiés par l'obtention de contreparties favorables à sa propre exploitation et ne constituent pas un transfert indirect de bénéfices ;

– les sociétés consentant des avantages à des entreprises situées hors de France avec lesquelles elles entretiennent des liens de contrôle ou de dépendance ou à des entreprises situées dans un État étranger ou dans un territoire situé hors de France dont le régime fiscal est privilégié se trouvent, pour l'établissement de l'impôt, dans une situation différente des autres sociétés au regard de l'**objectif constitutionnel de lutte contre l'évasion fiscale**, que le législateur a entendu poursuivre par ces dispositions ;
– la différence de traitement prévue par le législateur est fondée sur des **critères objectifs et rationnels** ;
– l'article 57 du CGI ne peut dès lors être regardé comme ayant méconnu le **principe d'égalité** devant la loi ni comme ayant instauré une rupture caractérisée devant les charges publiques et la question soulevée, qui n'est pas nouvelle, ne présente pas un caractère sérieux (CE 2 mars 2011 n° 342099, 3e et 8e s.-s., Sté Soutiran et Cie : RJF 6/11 n° 733 ; conclusions Édouard Geffray au BDCF 6/11 n° 73).

De son côté, à propos de la législation néo-calédonienne, le Conseil constitutionnel a jugé que la lutte contre les transferts indirects de bénéfices poursuit l'objectif de valeur constitutionnelle de lutte contre la fraude et l'évasion fiscales et que la loi de pays applicable en l'espèce pouvait établir une présomption selon laquelle la **part des frais généraux excédant 5 %** du montant des services extérieurs, payés par une entreprise établie en Nouvelle-Calédonie à des entreprises situées en dehors de Nouvelle-Calédonie et avec lesquelles elle est liée, constitue un transfert indirect de bénéfices ; l'entreprise doit toutefois être **autorisée à apporter la preuve** que la part de ses frais généraux qui excède le plafond de 5 % ne correspond pas à un transfert indirect de bénéfices (Cons. const. 7 janvier 2020 n° 2019-819 QPC, Sté Casden Banque Populaire : RJF 3/20 n° 255).

Droit de l'Union européenne

76365 L'article 57 du CGI, s'il constitue une restriction à la liberté d'établissement et à la liberté de circulation des capitaux est néanmoins conforme au droit de l'Union européenne car cette **restriction est justifiée** (CE 9 novembre 2015 n° 370974, 9e et 10e s.-s., Sté Sodirep Textiles SA-NV : RJF 2/16 n° 121, à propos d'une succursale française qui s'était abstenue de réclamer des intérêts au titre d'avances de fonds consenties à son siège belge ; voir également n° 15260).

Le Conseil d'État identifie certes une restriction, dès lors que la situation fiscale d'une société résidant en France et accordant des avantages anormaux à des sociétés entretenant un lien d'interdépendance avec elle et établies dans d'autres États membres est moins favorable que celle qui serait la sienne si elle accordait de tels avantages à des sociétés résidentes entretenant les mêmes liens. Toutefois, cette restriction est justifiée par la nécessité de sauvegarder la **répartition équilibrée du pouvoir d'imposition** entre les États membres et par celle de **prévenir l'évasion fiscale**, qui constituent des objectifs légitimes compatibles avec le traité FUE et relevant de raisons impérieuses d'intérêt général ; la différence de traitement fiscal entre les sociétés résidentes en fonction du lieu du siège des sociétés bénéficiant des avantages est proportionnée à ces objectifs, propre à garantir leur réalisation et ne porte donc atteinte ni à la liberté d'établissement ni à la liberté de circulation des capitaux.

Antérieurement à cette décision, on pouvait déjà considérer que la conformité au droit de l'Union européenne résultait nécessairement de l'arrêt SGI de la Cour de justice (n° 81740). Il est à noter que la Cour de justice, si elle estime que la législation relative aux prix de transfert est conforme à la liberté d'établissement car elle répond à la nécessité de garantir la répartition équilibrée des pouvoirs d'imposer, exige que les contribuables disposent de certaines **garanties** et tend à admettre que des comportements qui ne seraient pas constatés entre sociétés indépendantes puissent éventuellement être justifiés par un **intérêt de groupe** (CJUE 31 mai 2018 aff. 382/16, 2e ch., Hornbach-Baumarkt AG : RJF 8-9/18 n° 914 ; n° 81740).

Enfin, le principe de liberté d'établissement ne s'oppose pas à l'application aux relations entre une **succursale** et son siège étranger d'une législation nationale relative à la répression des prix de transfert, même si celle-ci n'aurait pas été applicable si les deux entités avaient été établies dans le même État membre (CJUE 8 octobre 2020 aff. 558/19, 6e ch., Impresa Pizzarotti & C SPA Italia Sucursala Cluj : RJF 12/20 n° 1056, à propos de la succursale roumaine d'une société italienne, qui avait prêté des sommes à son siège sans réclamer d'intérêt et que l'administration roumaine avait redressée en application de la législation roumaine sur les prix de transfert).

A. Conditions d'application de l'article 57 du CGI

Lorsqu'elle entend se prévaloir des dispositions de l'article 57 du CGI, l'administration doit établir l'existence de liens de dépendance entre l'entreprise française et l'entreprise étrangère, sauf lorsque le transfert s'effectue avec des entreprises établies dans des États dont la fiscalité est privilégiée au sens de l'article 238 A du CGI ou des États ou territoires non coopératifs (n° 76580). L'administration doit ensuite apporter la preuve de la réalité du transfert de bénéfices réalisé au profit de l'entreprise étrangère, à charge pour l'entreprise de prouver qu'il s'agit d'un acte de gestion normal, compte tenu de l'existence de contreparties suffisantes et justifiées. 76450

1. Existence de liens de dépendance

Champ d'application

Les dispositions de l'article 57 du CGI s'appliquent dans les situations suivantes (ces conditions ne sont pas exigées dans certains cas ; n° 76580) : 76455
- entreprise française placée sous la dépendance d'une entreprise étrangère ;
- entreprise française ayant sous sa dépendance une entreprise étrangère ;
- entreprise française placée, en même temps qu'une ou plusieurs entreprises étrangères, sous la commune dépendance d'une même entreprise, d'un groupe ou d'un consortium.

Ces dispositions sont notamment applicables à la **succursale française** d'une société étrangère, sans qu'y fasse obstacle l'absence de personnalité morale de cette succursale (CE 9 novembre 2015 n° 370974, 9e et 10e s.-s., Sté Sodirep Textiles SA-NV : RJF 2/16 n° 121 ; voir également n° 15260). Dans cette affaire, le Conseil d'État a admis le bien-fondé de l'application de l'article 57 du CGI à une succursale française qui avait consenti des avances de trésorerie non rémunérées à son siège belge et confirmé que les stipulations conventionnelles, qui reprennent l'article 9 du modèle de convention fiscale de l'OCDE (n° 74680), autorisaient la rectification. Une succursale en France d'une société étrangère est, en effet, dotée d'une personnalité fiscale bien qu'elle n'ait pas de personnalité juridique ; par suite, elle ne peut s'abstenir de facturer des intérêts au titre des avances de trésorerie qu'elle consent à son siège. Il en va de même, naturellement, si la succursale transfère des bénéfices à une entreprise apparentée étrangère quelconque, qu'il s'agisse d'une autre succursale étrangère de la même société ou d'une autre société ou d'une autre succursale du même groupe d'entreprises. Cette manière de voir est conforme à la jurisprudence postérieure de la Cour de justice (n° 76365).

Charge de la preuve

C'est à **l'administration** qui invoque l'article 57 qu'il incombe d'apporter la preuve des liens de dépendance comme le Conseil d'État a eu l'occasion de le rappeler à de nombreuses reprises : « Ces dispositions, sous réserve que l'administration ait établi l'existence d'un lien de dépendance entre l'entreprise située en France et l'entreprise située hors de France... instituent une présomption pesant sur l'entreprise... » (la quasi-totalité des décisions reprennent ce principe ; pour ne prendre qu'un exemple, voir CE 25 janvier 1989 n° 49847, 9e et 8e s.-s. : RJF 3/89 n° 274). 76460

a. Dépendance juridique

Principe

Selon l'administration (BOI-BIC-BASE-80-20 n° 40), une entreprise française est placée sous la dépendance d'une entreprise étrangère lorsque cette dernière possède une **part prépondérante** de son capital ou la majorité absolue des suffrages susceptibles de s'exprimer dans ses assemblées. Il en est de même lorsque l'entreprise étrangère exerce, au sein de l'entreprise française, directement ou par personne interposée, des fonctions comportant le **pouvoir de décision**. 76480

La notion de « **personnes interposées** » comprend :
- les gérants, administrateurs, directeurs de l'entreprise dirigeante (et les membres de leur famille) ;
- toute entreprise placée elle-même sous la dépendance de l'entreprise dirigeante ;
- toute personne qui possède un intérêt dans le commerce ou l'industrie de chacune des entreprises ou une part de leur capital.

La notion de dépendance est susceptible de s'appliquer dans le cas de **relations mères-filles**, mais sans que l'administration s'estime tenue par la définition donnée pour l'application du régime des dividendes perçus par une société mère (nº 61400), dès lors que la notion de dépendance est également une question de fait.

Exemples

76490 Une situation de dépendance a été reconnue par le Conseil d'État au cas d'une société française détenue à 98 % par un groupe danois, dont le principal dirigeant était d'ailleurs membre de son conseil d'administration (CE 25 janvier 1989 nº 49847, 9e et 8e s.-s. : RJF 3/89 nº 274). Une telle situation suffit à caractériser la dépendance même si la société française a conservé en fait une totale liberté commerciale et financière. Autrement dit, le lien financier constitué par le contrôle de la **majorité du capital** suffit à caractériser la dépendance, même s'il peut être établi par ailleurs que la société française a conservé en fait une totale liberté.

La dépendance a également été reconnue entre une société française et des sociétés étrangères dans une situation où les sociétés étrangères avaient été **créées** et **financées par** le **principal actionnaire** de la société française (CE 15 janvier 1992 nº 77015, 7e et 8e s.-s., SA Orore et Me Gourdain : RJF 3/92 nº 314) ; cette décision juge aussi que l'existence d'un tel lien de dépendance n'est pas établie lorsque l'administration se borne à alléguer, sans en apporter la preuve, que les sociétés étrangères étaient contrôlées par le directeur « exportation » de la société française.

Enfin, parmi d'autres exemples, il a été jugé que l'article 57 était éventuellement applicable en présence d'une société française contrôlant 98,5 % du capital d'une filiale suisse (CE 30 mars 1987 nº 52754, Plén. : RJF 5/87 nº 489).

Précisions Pour des exemples tirés d'arrêts de cours administratives d'appel, voir notamment :

a. CAA Paris 2 février 1995 nº 89-819, 3e ch., SA Adibu : RJF 12/95 nº 1363, arrêt définitif faisant suite à la décision citée au nº 72995, Précisions, à propos de deux sociétés dont l'une détenait environ les **trois quarts** du **capital** de l'autre ;

b. CAA Paris 11 février 1997 nº 94-511, 2e ch., SA Borsumij Whery France : RJF 3/98 nº 245, arrêt définitif concernant deux sociétés dont l'une détenait une **part prépondérante** du **capital** de l'autre ainsi que la **majorité absolue** dans l'assemblée générale de celle-ci.

b. Dépendance de fait

Notion

76500 Ainsi que l'a confirmé le Conseil d'État, l'existence d'un lien de dépendance n'est pas subordonnée, pour l'application de l'article 57 du CGI, à celle d'un lien capitalistique ou à la présence de dirigeants de droit communs mais peut résulter d'une situation de fait (CE 15 avril 2016 nº 372097, 9e et 10e s.-s., Sté LifeStand Vivre Debout (LSVD) : RJF 7/16 nº 603 ; voir également nos 76510 j et 76615). Cela étant, la notion de « dépendance de fait » n'est pas très précise, car sa reconnaissance dépend des circonstances sans qu'il soit possible de généraliser ; elle peut résulter de l'existence d'un **lien contractuel** ou simplement des conditions dans lesquelles s'établissent les relations entre les entreprises (BOI-BIC-BASE-80-20 nº 60). Le commissaire du Gouvernement Philippe Martin avait fort bien défini le lien de dépendance par la « **capacité de dicter** [...] des conditions économiques défavorables à l'entreprise dépendante mais correspondant à l'intérêt de l'entreprise dominante ou du groupe » (conclusions sous CE 18 mars 1994 nos 68799-70814, 9e et 8e s.-s., SA Sovemarco-Europe : RJF 5/94 nº 532).

Selon la jurisprudence, ne suffisent pas, en revanche, à caractériser un lien de dépendance une étroite communauté d'intérêts ni une interdépendance économique ni le seul fait de réaliser un **chiffre d'affaires important** avec une société étrangère ; par exemple, une société française n'était pas sous la dépendance d'une société étrangère du seul fait que la vente des produits portant sur les marques concédées représentait un tiers de son chiffre d'affaires (CE 29 mars 1978 nº 5125, 7e et 8e s.-s : RJF 5/78 nº 227 ; décision rendue pour l'application de la convention franco-monégasque du 18 mai 1963, probablement transposable à la généralité des conventions fiscales).

Illustrations jurisprudentielles

L'existence de liens de dépendance a notamment été reconnue dans les situations suivantes : 76510

a. Société française liée par contrat à une société étrangère qui **fixait ses prix** d'achat et de vente ; la société française devait en outre **rendre compte** de ses opérations et verser des redevances importantes pour l'usage de la marque dont l'entreprise étrangère était propriétaire (CE 23 mars 1953 n° 75326 : RO p. 226) ;

b. Société française et société étrangère ayant les **mêmes raisons sociales**, et dont l'objet était la fabrication de **produits de même nature**, qui utilisaient le concours des **mêmes représentants** et se partageaient, le cas échéant, entre elles les commandes recueillies par ces représentants (CE 29 janvier 1964 n° 47515 : RO p. 20) ;

c. Société française obtenant certains de ses marchés par l'intermédiaire d'une société marocaine à laquelle elle versait, sur la totalité de ses bénéfices, y compris ceux qui provenaient de marchés pour lesquels la société marocaine n'était pas intervenue, des **sommes hors de proportion** avec les services rendus par cette dernière société (CE 6 mai 1966 n° 62 129 : Dupont 1966, p. 340) ;

d. Société fabricant en France des produits sous une **marque** dont le propriétaire était résident de Suisse dès lors que ce dernier n'était lié par aucun contrat avec la société française, qu'il pouvait à tout moment lui interdire l'usage de la marque, qu'il était le principal acheteur étranger des produits fabriqués, qu'il intervenait dans la gestion et dans la commercialisation en France des produits vendus à d'autres clients, et que son fils était le directeur commercial de la société française et le propriétaire de 70 % du capital (CE 2 juin 1976 n° 94758, 8e et 9e s.-s. : RJF 9/76 n° 371) ;

e. Société française dont l'un des actionnaires était gérant d'un groupe néerlandais qui lui avait imposé, sous menace de cessation d'activité, **l'interposition d'une filiale** du groupe installée en Suisse et qui, sans intervenir dans le circuit de commercialisation, **refacturait** les marchandises commandées en Belgique auprès d'une autre société du groupe, en majorant substantiellement les prix (CAA Nancy 11 mars 1993 n° 92-227, 2e ch., Vanstahl France : RJF 6/93 n° 805 ; arrêt définitif) ;

f. Société française qui assurait la **distribution exclusive** d'ouvrages édités par une société suisse, dès lors qu'elle utilisait des locaux et du matériel d'exploitation mis à sa disposition par une filiale de la société suisse, que les deux sociétés avaient une activité identique, qu'elles avaient un personnel et un gérant communs et qu'aucune latitude n'était laissée à la société française dans le choix des ouvrages à diffuser (TA Paris 13 février 1997 nos 93-7089 et 93-7090, 1e section, 3e ch., SARL Les amis de l'histoire : RJF 11/97 n° 1014 ; jugement définitif sur ce point, l'appel qui avait été formé n'ayant concerné qu'une question de TVA) ; dans le même ordre d'idées, voir CAA Lyon 3 avril 1996 n° 93-1194, 4e ch., SICPA : RJF 6/96, n° 719, définitif (absence de **locaux propres**, et de **moyens** matériels et humains **distincts**) ;

g. Société française sous la dépendance de fait d'une société suisse appartenant au même groupe, dans la mesure où celle-ci **fixait sa marge** de distribution sur le marché français et lui consentait en outre des délais de paiement anormalement brefs ; les prix de revente en France étaient fixés par la société suisse et les prix d'achat par la société française auprès de la société suisse étaient déterminés par la méthode du prix de revente (CAA Paris 30 avril 2004 n° 99-2135, 2e ch. B, Sté Firmenich et Cie : RJF 8-9/04 n° 866 ; arrêt définitif) ;

h. Société française liée à une société chypriote qui était son **seul client** et qui avait réglé ses dépenses d'installation et lui fournissait l'intégralité des fonds nécessaires à son activité, même en l'absence de tout lien juridique entre les deux sociétés (CAA Bordeaux 8 décembre 2005 n° 02-1366, 4e ch., Sté Corail : RJF 4/06 n° 360 ; arrêt définitif) ;

i. Société britannique dépourvue de substance et qui exerçait prétendument une activité d'achat/revente de meubles, considérée comme étant sous la dépendance de fait de la société française qui était son seul client et qui **prenait en charge l'ensemble de son activité** (CAA Bordeaux 15 octobre 2013 n° 12BX00050, 3e ch., SARL Malmezat Prat ès qual. : RJF 4/14 n° 321 ; un pourvoi avait été formé mais un désistement a ensuite été constaté) ;

j. Société établie en Suisse à une adresse de **domiciliation** sans qu'aucun loyer afférent à des locaux commerciaux ne figure dans sa comptabilité et dont la direction et le contrôle étaient assurées, en fait, par le gérant d'une société française, cette dernière assumant l'essentiel des fonctions confiées à la société suisse (CE 15 avril 2016 n° 372097, 9e et 10e s.-s., Sté LifeStand Vivre Debout (LSVD) : RJF 7/16 n° 603 ; voir également n° 76615).

Précisions Pour un exemple de situation de dépendance de fait reconnue par le contribuable, voir CE 27 février 1991 n° 48780, 7e et 9e s.-s., SARL d'édition des artistes peignant de la bouche et du pied « APBP » : RJF 4/91, n° 401. Cet arrêt est également intéressant en ce qu'il précise la notion d'entreprise au cas d'une **association du Liechtenstein** en considérant que cette dernière avait une activité lucrative consistant à exploiter commercialement les œuvres artistiques de ses membres, artistes handicapés, dans leur intérêt, en dégageant des profits, mis en réserve et gérés selon des principes commerciaux.

Difficultés pratiques

76520 Il arrive que l'administration soit impuissante à démontrer une situation de dépendance, comme dans les deux affaires suivantes :

a. La première concerne une société française qui **commercialisait** en France un robot de cuisine dont elle avait confié la fabrication de la plupart des pièces et l'assemblage à une société suisse (CE 18 mars 1994 n° 68799-70814, 9e et 8e s.-s., SA Sovemarco-Europe : RJF 5/94 n° 532, aux conclusions Philippe Martin) ; estimant qu'il existait entre ces deux sociétés un lien de dépendance et que le prix d'achat de l'appareil payé à la société suisse par la société française était anormalement élevé, l'administration avait, sur le fondement de l'article 57, réintégré dans les résultats de la société française la fraction du prix tenue pour excessive et regardée comme un bénéfice transféré à l'étranger. Après avoir relevé que les stipulations de l'article 9 de la convention franco-suisse ne faisaient pas obstacle à l'application de l'article 57 (n° 76350), le Conseil d'État a jugé que cet article était inapplicable car le lien de dépendance entre la société française et la société suisse n'était pas suffisamment caractérisé :
– ni en raison de « l'étroite **communauté d'intérêts** » qui aurait existé, selon l'administration, entre ces sociétés et qui serait démontrée par l'absence de contrat régissant leurs relations commerciales ;
– ni sur le fondement des constatations faites par le juge pénal, dans le cadre de poursuites pour fraude fiscale, selon lesquelles il y avait une « **interdépendance économique** » entre les sociétés.

En réponse à la demande de substitution de base légale formulée par l'administration et tendant au maintien de l'imposition sur la base de l'article 39 du CGI, en tant qu'il sert de fondement à la théorie de l'acte anormal de gestion, le Conseil d'État a jugé cette demande compatible avec les dispositions de l'article 9 de la convention franco-suisse, mais non fondée en l'espèce.

b. La seconde concerne un **schéma d'approvisionnement** qui faisait intervenir un circuit complexe de sociétés interposées (CE 2 novembre 1987 n° 55543, 7e et 9e s.-s. : RJF 1/88 n° 21 avec conclusions Bruno Martin Laprade à la même RJF). Le circuit était le suivant : vente de produits par une société française à des sociétés suisses, revendus à des sociétés allemandes puis à des **laboratoires monégasques**, puis, enfin, à une autre société française (société Patrex, le client final) à laquelle l'administration voulait appliquer l'article 57... Bien entendu, le prix auquel cette dernière achetait les produits aux laboratoires monégasques était très supérieur à celui auquel le fabricant français le vendait aux sociétés suisses.

Le Conseil d'État a estimé que l'administration n'établissait pas que la société Patrex ou ses dirigeants participaient directement ou indirectement à la direction, au contrôle ou au capital des sociétés suisses en se bornant à alléguer que cette société ne pouvait ignorer l'origine des produits achetés et qu'elle avait accepté une **transaction avec l'administration des douanes** à la suite d'un jugement du TGI de Paris dont les motifs faisaient apparaître l'existence de relations commerciales entre la société Patrex et l'un de ses fournisseurs suisses dans le circuit d'importation en France d'autres produits chimiques que ceux qui faisaient l'objet du litige. Le redressement a été annulé par le Conseil d'État **en l'absence de preuves** de relation de groupe et de lien de parenté entre la société Patrex et les sociétés suisses.

Précisions Le commissaire du Gouvernement a notamment tenu, dans l'affaire Patrex, les propos suivants qui éclairent, d'une certaine manière, le comportement du juge de l'impôt : « Et la société Patrex, qui a constamment soutenu (...) fait valoir avec une certaine crédibilité qu'après tout (...). Bien sûr cela n'est nullement démontré, mais sur ce point, comme en droit pénal, le **doute** doit profiter au contribuable. »

c. Cas des « paradis fiscaux » et des États ou territoires non coopératifs

Avant l'intervention d'une loi du 30 décembre 1981 (loi de finances pour 1982), la mise en œuvre de l'article 57 exigeait toujours de la part de l'administration la preuve de l'existence d'un **lien de dépendance**. Il est évident que ce lien est très difficile, voire impossible à découvrir lorsque les relations concernent des entreprises françaises et des entreprises établies dans des paradis fiscaux, compte tenu des règles relatives au secret qui existent généralement dans ces pays et qui empêchent de découvrir les propriétaires réels des entreprises qui y sont domiciliées (c'est sans doute moins net aujourd'hui en raison de la multiplication des accords d'échange de renseignements). **76580**

L'article 57 du CGI a donc été modifié par l'introduction d'une disposition (alinéa 2 ajouté au texte de l'article) qui **dispense l'administration** d'avoir à prouver le lien de dépendance ou de contrôle pour les transferts de bénéfices effectués au profit d'entreprises établies dans un État étranger ou dans un territoire situé hors de France dont le régime fiscal est privilégié.

La notion de régime privilégié est la même que celle qui a été retenue par l'article 238 A du CGI (n°s 72983 s.). La forme de l'entreprise ou de l'établissement et la nature de son activité sont sans incidence (BOI-BIC-BASE-80-20 n° 90).

La possibilité d'appliquer l'article 57 du CGI en l'absence de liens de dépendance a été étendue aux transferts de bénéfices au profit d'entreprises établies dans des **États ou territoires non coopératifs** (n° 71555) par la loi n° 2014-891 du 8 août 2014 de finances rectificative pour 2014 (art. 19). Cette extension s'applique à tous les ETNC, quel que soit le motif de leur inclusion sur la liste (n° 71562). Pour tenir compte de la réserve d'interprétation du Conseil constitutionnel (décision n° 2014-437 QPC du 20 janvier 2015 ; n° 71550), l'administration admet toutefois que la clause de sauvegarde « constitutionnelle » s'applique à la condition de dépendance et de contrôle (BOI-INT-DG-20-50-20 n° 430).

Précisions **a.** La condition relative au **lien de dépendance** étant purement et simplement supprimée, l'entreprise n'est pas fondée à établir l'absence de lien de dépendance (BOI préc. n° 70).

b. Pour un exemple d'application de l'article 57 du CGI hors démonstration d'une situation de dépendance ou de contrôle mais en présence d'un **régime fiscal privilégié**, d'ailleurs non contesté par la requérante, voir TA Poitiers 5 février 2015 n° 1200893, 1e ch., SARL Indigo Yacht : RJF 5/15 n° 392 (jugement définitif ; voir aussi n°s 41402 et 76635 j).

c. L'administration n'avait pas à démontrer le lien de dépendance en présence de bénéfices transférés à une société libanaise bénéficiant d'un **régime offshore** se traduisant par une exonération d'impôt sur les bénéfices (CAA Versailles 2 mars 2021 n° 19VE01161, 1e ch., SARL SMAP ; arrêt définitif) ; les rectifications fondées sur l'article 57 du CGI ont été confirmées, faute pour la société de démontrer la réalité des prestations rémunérées.

2. Existence d'un transfert de bénéfices

Principes

Pour opérer les redressements prévus par l'article 57 du CGI, l'administration doit non seulement **prouver** l'existence de liens de dépendance (sous réserve du n° 76580), mais encore que les opérations incriminées sont constitutives d'un **transfert indirect de bénéfices à l'étranger**. Ce principe est traditionnellement réaffirmé par le Conseil d'État par un considérant du type : « Ces dispositions [de l'article 57 du CGI], sous réserve que l'administration ait établi l'existence d'un lien de dépendance entre l'entreprise située en France et l'entreprise située hors de France ainsi que des majorations ou minorations de prix ou de moyens analogues de transfert de bénéfices, constituent une **présomption** pesant sur l'entreprise passible de l'impôt sur les sociétés laquelle ne peut obtenir, par la voie contentieuse, la décharge ou la réduction de l'imposition établie en conséquence qu'en apportant la preuve des faits dont elle se prévaut pour démontrer qu'il n'y a pas eu transfert de bénéfices » (nombreuses décisions en ce sens, par exemple, CE 25 janvier 1989 n° 49847, 9e et 8e s.-s. : RJF 3/89 n° 274). La formulation actuelle des décisions du Conseil d'État est un peu différente, sans que cela traduise un changement sur le fond ; aujourd'hui, le Conseil d'État énonce plutôt que les dispositions de l'article 57 du CGI « instituent, dès lors que l'administration établit l'existence d'un lien de dépendance et d'une **pratique entrant** **76610**

76610 (suite) **dans les prévisions de l'article 57** du Code général des impôts, une présomption de transfert indirect de bénéfices qui ne peut utilement être combattue par l'entreprise imposable en France que si celle-ci apporte la preuve que les avantages qu'elle a consentis ont été justifiés par l'obtention de contreparties » (par exemple, CE 23 novembre 2020 n° 425577, 9e et 10e ch., min. c/ Sté Ferragamo France : RJF 2/21 n° 116 ; voir n° 76665 g).

Aux termes de l'article 57, les transferts de bénéfice peuvent être opérés soit par voie de majoration ou de minoration de prix d'achat ou de vente soit par tout autre moyen.

Comme le rappelle le rapporteur public Romain Victor dans ses conclusions sous CE 19 septembre 2018 n° 405779, 8e et 3e ch., min. c/ Sté Philips France : RJF 12/18 n° 1216 (conclusions à la même RJF, C 1216 ; voir n° 76650), il y a lieu, en la matière, de **distinguer les avantages** « par nature » et les avantages « par comparaison » ; la jurisprudence montre, en effet, que la preuve que l'administration doit apporter « ne requiert pas systématiquement une comparaison » et qu'« il est des cas d'avantages qui, par nature, déclenchent le jeu de la présomption de transfert indirect de bénéfices, sans qu'il soit besoin de procéder à une quelconque forme de comparaison avec des opérations réalisées par des entreprises comparables exploitées normalement » (conclusions précitées).

Parmi les **avantages « par nature »**, le Conseil d'État a déjà identifié, par exemple, la prise en charge par une société française, sans refacturation, du salaire d'un cadre détaché dans une filiale étrangère, la prise en charge des charges sociales et indemnités d'expatriation afférentes à des cadres détachés dans des sociétés sœurs étrangères, la prise en charge gratuite des frais d'assistance technique exposés en faveur d'une filiale étrangère, la renonciation à percevoir des intérêts sur des avances ou des prêts consentis à une société étrangère liée, l'engagement de caution souscrit gratuitement au titre d'emprunts contractés par une filiale étrangère, l'abandon d'une créance détenue sur une filiale étrangère et la renonciation à percevoir une redevance en contrepartie de la mise à disposition gratuite d'un nom de domaine. Hors ces situations (ou d'autres situations similaires qui pourraient ultérieurement être analysées par la jurisprudence), la preuve de l'existence d'un avantage doit être démontrée par une comparaison suffisamment précise.

Il nous semble toutefois que l'expression « avantages par nature » peut prêter à confusion car elle pourrait paraître viser les situations où l'anomalie ressortirait des circonstances elles-mêmes alors qu'il s'agit en fait de situations où l'anomalie ressort d'une **comparaison déjà faite** avec le comportement qu'aurait adopté des tiers entre eux et qu'il n'y a pas lieu de démontrer une nouvelle fois : un prêt sans intérêt n'est anormal que parce que la pratique est, au moins en France (ce n'est pas le cas dans les États gouvernés par la Charia, par exemple), de stipuler un intérêt et il n'est pas nécessaire de le démontrer une nouvelle fois, par une nouvelle comparaison avec le marché. En réalité, il n'y a pas d'avantages « par nature », il n'y a que des avantages déjà démontrés par des comparaisons antérieures suffisamment nombreuses et explicites pour qu'il n'y ait pas besoin d'en rechercher de nouvelles. En présence d'actes de cette nature, la jurisprudence n'exige pas de nouvelle comparaison de la part de l'administration et s'intéresse seulement aux éléments que l'entreprise peut produire pour établir l'existence de contreparties favorables à sa propre exploitation.

En tout état de cause, la notion n'est pas exagérément extensive ; par exemple, ne constitue pas un avantage par nature l'absence de refacturation d'un **surcroît de redevance** supporté par une société française à l'occasion de la restructuration d'un groupe international (CE (na) 28 septembre 2020 n° 436075, 9e ch., min. c/ Sté Dow France : RJF 12/20 n° 986, n'admettant pas le pourvoi du ministre contre CAA Versailles 1er octobre 2019 n° 17VE01936, 3e ch., SAS Dow France, anciennement dénommée SAS Rohm et Haas France) ; en l'espèce, la société française facturait, en tant que façonnier, des prestations de services à une société suisse sur la base d'un cost plus 10 % et n'avait pas inclus dans l'assiette des coûts une augmentation de redevances de location-gérance liée à la fermeture prochaine d'une usine. Selon la rapporteure publique (conclusions Marie-Astrid Nicolazo de Barmon : RJF 12/20 C 986), comme le débat portait sur l'inclusion ou non des frais de **restructuration du site** exploité par la société française dans les coûts qu'elle devait refacturer, l'avantage consenti ne pouvait être réputé tel par nature ; en appel, la société avait obtenu la décharge car l'administration, d'une part, n'avait pas établi, ni même allégué, que l'exclusion du surcroît de charges aurait nécessairement eu pour effet de conduire, en pratique, la société à effectuer des ventes à pertes, alors que celle-ci faisait valoir que le taux de marge de 10 % prévu dans le contrat se justifiait par les aléas supportés en contrepartie, et, d'autre part, n'avait pas présenté de termes de comparaison ni aucune méthode alternative pouvant s'y substituer.

Enfin, sur le plan des principes, il a été jugé qu'une **insuffisance de rémunération** perçue par une société française qui expose des charges contribuant au développement d'une marque appartenant à une société apparentée étrangère peut révéler l'existence d'un avantage entrant dans les prévisions de l'article 57 du CGI (décision du 23 novembre 2020 n° 425577 dans l'affaire Ferragamo, précitée ; voir également n° 76665 g). En l'espèce, c'était l'**insuffisance de marge brute** qui avait été critiquée par l'administration, qui n'avait pas précisément porté la critique sur la méthode de prix de transfert utilisée (prix de revente minoré de 25 %), mais le Conseil d'État a manifestement retenu une solution favorable à l'administration, en considérant qu'elle voulait en réalité, non pas critiquer l'importance des charges, mais l'insuffisance de la rémunération reçue. Cette décision ne remet donc pas en cause la décision Rottapharm (n° 72520) qui avait conclu à l'absence d'acte anormal de gestion lorsque des coûts supérieurs à ceux des entreprises comparables sont exposés dans le cadre d'une campagne de lancement et de promotion d'un produit.

Précisions **a.** Si l'administration échoue à invoquer l'article 57 du CGI, elle peut parfois réussir sur un autre fondement (n° 76340, Précisions b).

b. L'administration indique que l'article 57 du CGI reprend le **principe dégagé par l'OCDE** en exigeant que, aux fins de l'impôt, les conditions convenues dans le cadre de leurs relations financières ou commerciales par des parties ayant un lien de dépendance soient celles auxquelles on pourrait s'attendre si les parties n'avaient aucun lien de dépendance (BOI-BIC-BASE-80-10-10 n° 30). D'autres **références aux travaux de l'OCDE** peuvent être trouvées au BOI-INT-DG-20-40 n° 50, à propos du principe de pleine concurrence, et au BOI-BIC-BASE-80-10-40 n° 600, qui précise que la documentation relative aux prix de transfert doit permettre à l'administration d'apprécier si la politique de prix de transfert mise en œuvre par l'entreprise est conforme au principe de pleine concurrence « et aux standards de l'OCDE ».

c. À propos d'une **convention de garantie** conclue au bénéfice de filiales luxembourgeoises qui avaient acquis des titres à la demande de la société mère française à un prix manifestement surévalué, il a été jugé qu'il n'y avait pas lieu, compte tenu de la nature particulière de l'avantage consenti, de rechercher, en recourant à une méthode comparative, si son octroi différait de façon significative de la garantie qui aurait été mise en place par des entreprises indépendantes dans les conditions du marché (CE 12 juin 2019 n° 412979, 3e ch., Sté Compagnie Frey : RJF 11/19 n° 1018 ; voir également n° 76665 b).

d. L'administration n'apporte pas la preuve qui lui incombe lorsqu'elle se contredit, au fil de ses écritures, quant à l'emploi de la méthode qui aurait dû, selon elle, être retenue (CAA Versailles 9 février 2021 n° 16VE00352, 3e ch., Sté Bluestar Silicones France, arrêt définitif) ; l'arrêt relève que « compte tenu des **contradictions dans les positions soutenues successivement par le service** et des incertitudes qui existent sur la méthode qu'il entend revendiquer en dernier lieu, ce dernier ne peut être regardé comme apportant ainsi la preuve qui lui incombe et qu'il ne saurait reporter sur la société, de l'existence (...) d'un transfert indirect de bénéfices ».

Mode de raisonnement (avantages « par comparaison »)

S'il y a des avantages « par nature » (n° 76610), l'analyse des prix de transfert requiert le plus souvent des comparaisons circonstanciées avec les pratiques du marché. **76615**

La façon dont l'administration peut, dans ce cas, **établir l'existence d'un avantage** a été précisée par une décision du Conseil d'État dans une affaire qui mettait en cause une société française qui facturait des redevances de marque et de logo à ses filiales françaises alors qu'elle n'agissait pas de même à l'égard de certaines filiales étrangères (CE 7 novembre 2005 nos 266436 et 266438, 3e et 8e s.-s., min. c/ Sté Cap Gemini : RJF 1/06 n° 17 ; conclusions Emmanuel Glaser à la même RJF). Il est jugé que l'administration doit en priorité établir l'existence d'un avantage en se livrant à une **comparaison** avec les pratiques des entreprises similaires exploitées normalement, c'est-à-dire sans liens de dépendance ; à défaut, elle doit mettre en lumière un **écart injustifié** entre le prix convenu et la valeur réelle du service rendu (ce principe a une portée générale, quels que soient les biens ou services sur lesquels porte le transfert de bénéfices). Dans le même sens, CE 23 décembre 2016 n° 375746, 9e et 10e ch., Sté Cap Gemini : RJF 3/17 n° 214, à propos de la facturation par une société française à sa filiale néerlandaise d'une **redevance** de 2 % du chiffre d'affaires au titre de services rendus et d'une licence de marque ; sur renvoi dans cette affaire, la société a eu gain de cause, la Cour ayant jugé que l'administration s'était bornée à relever que le prix facturé par la société française à la société néerlandaise était inférieur à celui pratiqué avec les filiales françaises et étrangères du groupe et qu'elle n'avait pas fourni de comparaisons

76615 (suite) montrant un écart avec le prix de pleine concurrence ni établi un écart injustifié entre le prix convenu et la valeur vénale du bien cédé ou du service rendu (CAA Versailles 24 juillet 2018 n° 16VE03868, 1e ch., Sté Cap Gemini ; cet arrêt a fait l'objet d'un pourvoi du ministre qui n'a pas été admis par CE (na) 5 juin 2019 n° 424320, 9e ch.).

Les mêmes principes sont, bien entendu, applicables en présence de relations avec des **fournisseurs**, y compris lorsque l'administration entend réintégrer une fraction du **prix global** facturé à une entreprise française au titre de prestations dont certaines ne sont pas dépourvues d'intérêt pour son exploitation (CE 25 juin 2018 n° 407232, 8e et 3e ch., Sté Property Investment Holding France : RJF 10/18 n° 935, à propos d'honoraires rémunérant des prestations utiles et des prestations qui ne l'étaient pas ; n° 76650) ; dans cette affaire, l'administration n'avait **pas apporté la preuve** qui lui incombait d'un transfert indirect de bénéfices à raison des sommes versées par une société française à sa société mère néerlandaise en rémunération de prestations d'assistance à une vente d'immeuble (recherche et négociation en vue d'une vente) en se contentant de soutenir qu'il s'agissait de frais d'actionnaires (n° 76210), en s'abstenant de procéder à des comparaisons attestant que le prix payé était supérieur à ceux pratiqués par des entreprises similaires et en ne produisant aucun autre élément de nature à établir l'existence d'un écart injustifié entre le prix payé en contrepartie des prestations et la valeur vénale du service rendu (CE 21 septembre 2016 n° 382733, 9e et 10e ch., Sté Property Investment Holding France : RJF 12/16 n° 1066).

La comparaison doit être suffisamment précise et tenir compte de la situation réelle des clients comparés, notamment en termes de **volume de ventes** (par exemple, CE 28 septembre 1988 n° 60805, 8e et 7e s.-s. : RJF 11/88 n° 1254 ; voir n° 76640 a) ou de **fonctions** dans le processus économique (CE 16 mars 2016 n° 372372, 9e et 10e s.-s., Sté Amycel France : RJF 6/16 n° 514, jugeant que l'administration ne peut réintégrer un avantage que si elle établit l'existence d'un écart qui ne s'explique pas par la situation différente des clients). Dans cette dernière affaire, où l'administration avait démontré, sans être contredite sur ce point, que les prix pratiqués avec des **distributeurs** intragroupe étaient inférieurs à ceux pratiqués avec des clients externes, la cour administrative d'appel avait commis l'erreur de ne pas rechercher si les distributeurs étaient dans la même situation que les autres clients, qui étaient des consommateurs finaux (en revanche, à supposer qu'elle ait bien démontré que la société avait vendu ses produits à des prix inférieurs à ceux facturés à ses autres clients, dépourvus de lien de dépendance avec elle, l'administration n'avait pas à rechercher si ces prix étaient également plus avantageux que ceux pratiqués par des entreprises similaires et exploitées normalement avec des clients dépourvus de liens de dépendance avec elles). Sur renvoi, la décharge a été accordée, car la comparaison n'était pas pertinente étant donné que la société française n'assumait pas, au titre des ventes à ses sociétés sœurs, les **frais de transport, de stockage et de commercialisation** du produit vendu alors qu'elle le faisait avec ses clients externes ; quant à la circonstance que le prix moyen de vente intragroupe ait pu être inférieur au coût de revient calculé a posteriori par l'administration, elle n'était pas de nature à démontrer l'existence d'un prix de vente inférieur à la valeur vénale réelle dès lors, notamment, que les prix de marché auxquels le produit était vendu variaient selon les pays et les négociations commerciales entre sociétés (CAA Nantes 23 décembre 2016 n° 16NT00965, 3e ch., SARL Amycel France ; arrêt définitif).

Autre exemple, commet une erreur de droit une cour administrative d'appel qui ne recherche pas si une **commission versée** au taux de 25 % à une société suisse doit être regardée comme normale par comparaison avec les taux pratiqués par des entreprises similaires exploitées normalement dans leurs rapports avec des fournisseurs dépourvus de liens de dépendance pour des prestations de même nature et, alors même qu'elle ne regarde pas l'intervention de la société suisse comme entièrement dépourvue de contrepartie (la Cour n'avait pas conclu à l'absence de service fourni), ne recherche pas si la société française a payé un prix excessif pour les prestations en cause (CE 15 avril 2016 n° 372097, 9e et 10e s.-s., Sté LifeStand Vivre Debout (LSVD) : RJF 7/16 n° 603). Comme le soulignait à juste titre la rapporteure publique, une commission qui ne rémunère apparemment aucun service est présumée constituer un transfert de bénéfices, mais tel n'est pas le cas **s'il y a service rendu** et si la commission est regardée comme excessive ; dans ce dernier cas, l'administration doit en faire la démonstration (conclusions Émilie Bokdam-Tognetti à la RJF 7/16, C 603 ; dans le même sens, conclusions de la même rapporteure publique sous la décision n° 382733 du 21 septembre 2016, ci-après). Sur renvoi dans cette affaire, il a été jugé que certaines factures, qui **ne mentionnaient pas de nom**

de salarié, ne rémunéraient en réalité aucun service et qu'elles caractérisaient des transferts de bénéfices, ce qui n'était pas le cas des factures de vente où le salarié apparaissait en tant que représentant auprès des importateurs étrangers ; pour ces dernières factures, l'administration n'avait pas apporté la preuve que le taux de 25 % était excessif et n'avait fourni aucune indication justifiant le taux de 15 % qu'elle avait retenu (CAA Lyon 2 mars 2017 nº 16LY01381, Sté LSVD : RJF 11/17 nº 1029) ; cet arrêt a fait l'objet d'un pourvoi qui n'a pas été admis par CE (na) 14 novembre 2018 nº 410216, 9ᵉ ch. : RJF 2/19 nº 135 (il ressort de cette décision que la Cour avait apparemment commis une erreur en regardant la convention liant les deux sociétés comme une convention de prestation de services rémunérée par une commission, alors qu'il s'agissait d'un contrat de distribution exclusive laissant une marge au distributeur, mais le Conseil d'État n'en a pas tiré de conséquences). 76615 (suite)

La comparaison peut également reposer sur une approche plus globale, **comparant les taux de marge** à raison des opérations en cause. L'administration peut en effet, pour établir l'existence d'une majoration des prix d'achat ou d'une minoration des prix de vente facturés entre une entreprise établie en France et une entreprise étrangère qui lui est liée, se fonder sur la comparaison d'un **ratio financier pertinent** de l'une ou l'autre entreprise, tel que le taux de marge sur ces transactions, avec celui d'entreprises similaires exploitées normalement, c'est-à-dire dépourvues de lien de dépendance (CE 4 octobre 2021 nº 443133, 8ᵉ et 3ᵉ ch., SKF Holding France, et, même jour nº 443130, Sté RKS : RJF 12/21 nº 1094 ; le Conseil d'État relève qu'il s'agit d'ailleurs d'une préconisation des Principes directeurs de l'OCDE). Dans ce cas, l'entreprise française peut **justifier un éventuel écart** en démontrant que, du fait des fonctions qu'elle exerce au sein du groupe, elle a vocation à assumer des risques qui affectent sa rentabilité, et que l'écart entre les ratios financiers constatés et ceux d'entreprises similaires exploitées normalement s'explique par la réalisation de ces risques. Dans cette affaire, le principe de l'utilisation de la **méthode transactionnelle de la marge nette** a été validé (nº 75980) et l'administration a été jugée fondée à présumer un transfert de bénéfices à hauteur de la différence entre le montant constaté des recettes et celui qui aurait résulté de l'application du taux de marge nette moyen du panel d'entreprises comparables (l'administration avait comparé le ratio de marge nette sur le chiffre d'affaires de la société française à raison des opérations en cause avec celui de huit entreprises dépourvues de lien de dépendance et exerçant dans des domaines d'activité voisins et elle avait constaté que le ratio de marge nette de la société était de – 10,46 % en 2009 et de – 21,87 % en 2010, alors qu'il s'élevait à 2,33 % en 2009 et à 2,62 % en 2010 pour la moyenne des sociétés comparées). Toutefois, une telle constatation ne suffit pas à justifier une rectification, car le contribuable peut, comme en l'espèce, soutenir qu'il exerce un **rôle fonctionnel** plus important que celui d'une simple unité de production au sein du groupe, qu'il a donc vocation à assumer un **risque** de développement et un risque commercial et que ce risque a affecté son bénéfice d'exploitation (l'affaire a été renvoyée à la cour administrative d'appel de Versailles où elle est enregistrée sous le nº 21VE02780 ; voir également nº 76785).

Cela ne signifie pas, toutefois, que l'administration puisse établir la matérialité d'un avantage en se contentant de faire état d'une **marge bénéficiaire inférieure à la moyenne** des exercices suivants (CE 16 juin 1993 nº 70446, 8ᵉ et 9ᵉ s.-s., Laboratoires Wellcome : RJF 7/93 nº 983 ; voir nº 76945) ou de la circonstance qu'une **rémunération diminue** (CAA Versailles 16 février 2012 nº 10VE00752, 6ᵉ ch., Microsoft France ; arrêt définitif, voir Précisions a, ci-dessous). La jurisprudence montre d'ailleurs que l'administration peut avoir des difficultés à apporter la preuve qui lui incombe, car les comparables qu'elle utilise doivent parfois être écartés pour défaut de pertinence soit parce qu'ils ne sont pas suffisamment précis (nº 76630), soit parce qu'ils sont « dépendants » ou qu'ils ne concernent pas les années ou les marchés considérés (nombreuses décisions en ce sens ; voir notamment nºs 76630 et 76625, les affaires Carrefour, Nestlé, etc.).

Lorsque l'administration met en évidence un avantage, il appartient à l'entreprise, pour combattre la présomption de transfert, de justifier du caractère normal de l'avantage consenti et de l'existence de contreparties. Cette preuve doit être précise et ne peut pas, d'une façon générale, résulter de la **perception escomptée de dividendes futurs** et de la **valorisation potentielle des actifs** (CE 26 septembre 2011 nº 328762, 8ᵉ et 3ᵉ s.-s., SARL Holding Financière Séguy : RJF 12/11 nº 1275, à propos de concession de licences, dans l'ordre interne).

Précisions **a.** La nécessité où se trouve l'administration de proposer des **comparaisons pertinentes** ressort, par exemple, de la décision Microsoft France (CAA Versailles 16 février 2012 nº 10VE00752, 6ᵉ ch., Microsoft France ; arrêt définitif) ; cette société était passée, en 1994, du statut de distributeur à celui d'agent commercial et avait ensuite vu sa rémunération diminuer à l'occasion de la signature d'un nouveau contrat en 1999. La Cour juge qu'il ne résulte pas de l'instruction que le taux antérieur de rémunération de 25 % des ventes, appliqué entre 1994 et 1999, aurait seul correspondu à celui de pleine concurrence et que la seule circonstance que ce taux ait été remplacé, à partir de 1999, par un système de taux dégressif de 25 % à 18 % du chiffre d'affaires n'est pas de nature à démontrer l'existence d'un tel transfert vers une société irlandaise du groupe. Elle rejette ensuite les comparaisons proposées par l'administration non seulement parce que certaines concernaient des sociétés liées mais aussi parce que l'administration avait implicitement reconnu qu'aucune entreprise opérant en France ne pouvait être strictement comparée à Microsoft France, en raison de sa **position de monopole** (l'administration n'a pas pu, dans ces conditions, apporter la preuve d'un transfert de bénéfices au profit de la société irlandaise).

b. Pour un exemple intéressant où l'administration a échoué à remettre en cause la **répartition des marges** entre une société française et une société suisse, voir CAA Lyon 30 septembre 2010 n° 09LY00303, 5e ch., Sté ABB France (arrêt définitif) ; l'administration avait procédé à une nouvelle répartition des marges en retenant une **analyse fonctionnelle différente** de celle que la société avait effectuée, mais elle n'avait pas tiré ses calculs directement de la comptabilité de l'entreprise et ne les avait pas validés par un examen des conditions de marché (l'administration avait présenté la requérante comme assumant la majeure partie des fonctions, y compris commerciales, et des risques, alors que la société se considérait comme une simple société de fabrication).

c. Il a été jugé, à propos de rémunérations versées par une société française à une société britannique pour une campagne de communication diffusée sur une chaîne de télévision turcophone, que l'administration ne pouvait se prévaloir de la présomption de transfert de bénéfices prévue par l'article 57 du CGI en se bornant à **comparer le coût unitaire d'un spot de publicité** sur une chaîne de télévision turque à celui d'un spot publicitaire diffusé sur une chaîne française (CAA Nantes 13 octobre 2016 n° 15NT02301, 1e ch., min. c/ EURL Med.Con ; définitif) ; voir cependant n° 76340, Précisions b.

d. Bien entendu, si la société ne formule **aucune observation dans les trente jours** de la proposition de rectification, la charge de la preuve du caractère exagéré des impositions qui lui ont été notifiées sur le fondement de l'article 57 du CGI lui incombe (CAA Versailles 29 décembre 2016 nos 14VE02126 et 15VE02541, 3e ch., Sté TCL Belgium : RJF 4/17 n° 306 ; arrêt définitif).

e. Commet une erreur de droit une cour administrative d'appel qui admet l'existence d'un transfert de bénéfices d'une société française vers sa société mère panaméenne lors de la vente de lots d'antiquité en se bornant, **en l'absence de comparaisons** effectuées par l'administration avec les prix pratiqués par la société avec d'autres clients ou par des entreprises similaires exploitées normalement avec des clients dépourvus de liens de dépendance, à se référer au prix auquel la société panaméenne a revendu les lots lors d'une **vente aux enchères** unique et exceptionnelle (CE 29 mai 2017 n° 401491, 8e et 3e ch., Sté Galerie Ariane A. : RJF 8-9/17 n° 782) ; sur renvoi, la rectification fondée sur l'article 57 du CGI a été annulée car l'administration n'avait pas établi l'existence d'un écart injustifié, révélateur d'une libéralité, entre le prix auquel la société française avait cédé les lots litigieux et leur valeur vénale (CAA Paris 22 juin 2018 n° 17PA02010, 7e ch., Sté Galerie Ariane A. ; arrêt définitif).

f. A commis une erreur de droit une cour administrative d'appel qui, après avoir jugé établie l'existence d'un lien de dépendance entre une société britannique et une société française, a fait supporter à cette dernière **le soin de prouver que les commissions et honoraires** qu'elle avait versés à la société britannique **avaient eu des contreparties favorables** à sa propre exploitation, sans avoir recherché au préalable si l'administration établissait que les prix payés par la société française étaient supérieurs à ceux pratiqués, soit par cette entreprise avec d'autres clients dépourvus de liens de dépendance avec elle, soit par des entreprises similaires exploitées normalement avec des clients dépourvus de liens de dépendance, sans que cet écart ne s'explique par la situation différente de ces clients (CE 29 novembre 2017 n° 399349, 9e ch., Sté SFS Europe : RJF 2/18 n° 148). Sur renvoi, les rectifications fondées sur l'article 57 du CGI ont été confirmées, ainsi que la majoration de 40 % pour manquement délibéré, au motif que, même si l'administration n'avait pas soutenu, ni a fortiori justifié, que le prix des prestations facturées par la société britannique était majoré par rapport à ceux du marché, la société française avait versé une **rémunération sans contrepartie réelle**, caractérisant un transfert de bénéfice réalisé par un autre moyen qu'un prix excessif (CAA Bordeaux 23 janvier 2020 n° 17BX03839, 4e ch., Sté SFS Europe venant aux droits de la société SFS France ; arrêt définitif).

76618 D'une façon générale, et hors application de l'article 57 du CGI, si l'acte contesté, qui s'est traduit par une opération comptable, a porté sur la déduction d'une charge, l'administration est réputée apporter la preuve qui lui incombe si le contribuable n'est pas lui-même en mesure de **justifier, dans son principe comme dans son montant, de l'exactitude de l'écriture** dont il s'agit (CE 27 juillet 1988 n° 50020, Plén. : RJF 10/88 n° 1139, jugeant notamment que « si l'acte contesté par l'administration s'est traduit, en comptabilité, par une écriture portant, comme c'est le cas en l'espèce, s'agissant des frais de voyages, sur des charges de la nature de celles qui sont visées à l'article 39 du même Code et qui viennent en déduction du bénéfice net défini à l'article 38 du Code, l'administration doit être réputée apporter la preuve qui lui incombe si le contribuable n'est pas, lui-même, en mesure de justifier, dans son principe comme dans son montant, de l'exactitude de l'écriture dont s'agit, quand bien même, en raison de la procédure mise en œuvre, il n'eût pas été, à ce titre, tenu d'apporter pareille justification »). Lorsque les **factures émanent de tiers** (sauf en cas d'application de l'article 238 A du CGI), il y a néanmoins lieu de faire application de la jurisprudence qui fait découler de la production d'une facture une présomption favorable au contribuable (CE 21 mai 2007 n° 284719, min. c/ Sylvain Joyeux : RJF 8-9/07 n° 953 ; également CE 11 février 2011 n° 317170, 3e et 8e s.-s., Sté Dalkia France : RJF 5/11 n° 625). Des factures émanant de tiers et non détaillées ne sont pas nécessairement irrégulières et il appartient à l'administration de fournir des indices de l'absence de réalité des prestations effectuées.

Dans le cadre de relations intragroupe, en revanche, la simple production de factures ne constitue pas la preuve demandée puisque, bien entendu, des **factures de complaisance** ne peuvent être exclues (CE 16 mai 2008 n° 288101, 3e et 8e s.-s., Sté Selafa Géomat : RJF 8-9/08 n° 1002, dans un cadre interne, à propos d'une société mère qui facturait ses prestations selon la méthode du cost plus 30 % alors que l'administration estimait que la marge appliquée aux coûts aurait dû se limiter à 10 %).

Le Conseil d'État fait supporter au contribuable la preuve du caractère déductible de la charge et de sa réalité mais fait reposer sur l'administration la preuve du caractère excessif de la rémunération versée (CE 20 juin 2003 n° 232832, section, Sté Établissements Lebreton : RJF 10/03 n° 1140).

Enfin, la question de la contrepartie devrait sans doute être également appréciée à la lumière du principe de non-déductibilité des **aides à caractère financier** (n° 26122).

Précisions **a.** En cas de désaccord, celui-ci peut être soumis à la **commission départementale** des impôts directs et des taxes sur le chiffre d'affaires (ou à la commission nationale ; n° 76900).

b. En l'absence de **facture** et en l'absence de **service rendu** au cours de l'exercice, la succursale française d'une société allemande n'a pu déduire les sommes mises à sa charge par le siège en contrepartie de prestations de conseil et d'assistance qui n'avaient pas été effectivement rendues par une société libanaise (CE 2 juin 2010 n° 309575, 9e et 10e s.-s., min. c/ Sté Clarins BV : RJF 8-9/10 n° 827) ; dans cette affaire le contribuable se bornait à soutenir qu'il était tenu par un contrat qu'il ne pouvait pas rompre, mais aucun versement d'indemnité n'était prévu au cas où les services ne seraient pas utilisés au titre de l'une des années concernées.

Appréciation à la date de réalisation

En principe, l'**appréciation** d'un **transfert** de bénéfices et de ses éventuelles contreparties **76620**
doit être faite à la date de réalisation des opérations et non pas en fonction d'**événements ultérieurs** qui peuvent ne pas dépendre de l'entreprise ; par exemple, il a été jugé que la valeur d'un **brevet** doit être déterminée à la date de son acquisition, par référence aux perspectives qu'il offre à cette date et non pas de façon rétrospective par référence aux profits qu'il a, une fois acquis, procurés à l'entreprise cessionnaire (CE 16 mars 1990 n° 41059, Ford France : RJF 5/90 n° 513) ; voir également, à propos de la date d'appréciation des contreparties, l'arrêt de la cour administrative d'appel de Lyon cité au n° 76915, et, pour un exemple de commission versée au titre d'un **engagement de liquidité** qui n'a finalement pas été utilisé, CAA Versailles 28 mai 2015 n° 14VE01904, 3e ch., min. c/ Sté General Electric Capital : RJF 10/15 n° 763 (cet arrêt a, sur un autre point, fait l'objet d'un pourvoi qui a été rejeté par CE 19 juin 2017 nos 392543 à 392545, 9e et 10e ch., min. c/ Stés General Electric France et General Electric Capital : RJF 10/17 n° 908 ; voir également nos 76707 et 76715 f). La démonstration est toutefois plus facile si l'avenir a donné raison au contribuable (par exemple, n° 76660 e). Sur la date d'appréciation de la normalité d'une charge, voir également n° 72525.

Précisions **a.** Il a été jugé, dans un cadre interne, que, pour apprécier si une aide consentie par une société mère à sa filiale relève d'un acte normal de gestion, il convient de se placer à la **date à laquelle** cette aide a été accordée et non pas à la date de clôture de l'exercice (CE 11 avril 2008 n° 284274, 10e et 9e s.-s., Sté Guy Dauphin Environnement : RJF 7/08 n° 779).

b. Un avantage abandonné par une société française au profit d'une filiale américaine et consistant en **l'attribution d'options d'achat d'actions** sur des titres d'autres sociétés dans le cadre d'une transaction destinée à mettre fin à un litige survenu aux États-Unis ne peut donner lieu à imposition qu'au titre de l'exercice d'attribution des options et non pas au titre de l'exercice de cession des titres issus de la levée des options (CE 15 avril 2015 n° 369521, et même jour n° 373069, 10e et 9e s.-s., min. c/ Sté LPG Systems : Droit fiscal 2015 n° 47, comm. n° 694) ; l'avantage est alors égal à la différence entre la valeur réelle des titres à cette date et le prix d'exercice.

Cas des sociétés déficitaires

76622 Comme le soulignait la rapporteure publique Karin Ciavaldini dans ses conclusions sous CE 4 octobre 2021 n° 443133, 8e et 3e ch., SKF Holding France, et, même jour n° 443130, Sté RKS : RJF 12/21 n° 1094 (voir également nos 76615 et 76785), « un taux de marge nette durablement négatif constitue un **indice** qui doit inciter le vérificateur à investiguer ; il n'est bien sûr pas suffisant et ne démontre rien en lui-même et pris isolément » (conclusions à la RJF précitée, C 1094). Le fait qu'une société soit en situation déficitaire, s'il peut constituer un indice d'un transfert de bénéfices hors de France, n'est bien sûr pas suffisant pour l'établir ; il en a été jugé ainsi, par exemple, à propos d'une société française de distribution qui vendait sur le territoire français des camions et des bus produits par sa société mère allemande et qui avait subi des **pertes pendant plusieurs années** (CAA Versailles 5 mai 2009 n° 08-02411, 3e ch., Man Camions et Bus : Droit fiscal 2009, n° 41, comm. 500, arrêt définitif ; n° 76000, Précisions). Jugé de même à propos d'une société française qui achetait des robots à une société sœur néerlandaise et dont l'activité était structurellement déficitaire (TA Rennes 9 décembre 2010 n° 0801468, Lely France ; jugement définitif) ; ce jugement indique notamment que la seule existence d'une **marge nette négative structurelle** ne suffit pas à démontrer l'existence d'un avantage particulier consenti par la société française à la société néerlandaise. Pour un autre exemple, voir CAA Versailles 9 février 2021 n° 16VE00352, 3e ch., Sté Bluestar Silicones France, arrêt définitif jugeant notamment que la circonstance qu'une société soit en situation **structurellement déficitaire** n'est pas, à elle seule, suffisante pour caractériser un prix anormal appliqué à des relations intragroupe.

Voir également les décisions mentionnées nos 76615 et 76640, e, f, h et i.

Précisions Il a été jugé que la circonstance qu'une société française connaisse des **pertes récurrentes** est un **indice** d'un transfert indirect de bénéfices vers une filiale de commercialisation établie à Hong Kong, qui, elle, est profitable (CAA Paris 13 avril 2022 n° 19PA01644, 2e ch., Sté ST Dupont, faisant l'objet d'un pourvoi n° 464928 ; voir n° 76690 d).

Détermination du montant du transfert de bénéfices

76623 Pour déterminer le montant d'un transfert de bénéfices hors de France, l'administration doit procéder à des comparaisons et produire des éléments convaincants au soutien de ses allégations ; la fixation du niveau de pleine concurrence n'est cependant pas un exercice évident, chaque cas étant un cas particulier.

La jurisprudence n'est pas d'un grand secours, puisqu'il a été jugé que l'article 57 du CGI n'impose pas à l'administration de retenir la valeur la plus basse de **l'intervalle de pleine concurrence** qu'elle a identifié (CE 6 juin 2018 nos 409645 et 409647, 8e et 3e ch., General Electric Medical Systems : RJF 8-9/18 n° 833 ; voir également nos 76635 k et 76795) ; dans cette affaire, le Conseil d'État juge que, dans les circonstances de l'espèce qui lui étaient soumises, la cour administrative d'appel de Versailles avait pu valablement admettre que la **valeur médiane** du ratio constaté dans l'échantillon d'entreprises comparables ait pu être considérée comme le point de l'intervalle qui reflétait le mieux les faits et les circonstances des transactions concernées.

Cette décision approuve donc la solution retenue en appel à propos d'une société qui ne faisait apparemment état d'aucune circonstance spécifique permettant d'établir que l'administration aurait dû s'écarter de la marge médiane ; la Cour avait relevé que, de son côté, l'administration soutenait qu'elle aurait pu retenir une valeur bien supérieure, à savoir celle du **troisième interquartile**, tout en justifiant son choix, de manière argumentée et circonstanciée, par les caractéristiques propres de la société, tenant à son positionnement sur le marché et aux contraintes spécifiques qu'elle devait assumer (plusieurs arrêts dans le même sens, notamment CAA Versailles 21 mars 2017 n° 14VE02645, 1e ch., SCS General Electric Medical Systems). Cet arrêt a fait l'objet d'un pourvoi en cassation rejeté, selon la même logique, par CE 28 novembre 2018 n° 410779, 8e et 3e ch., SCS GE Medical Systems : RJF 2/19 n° 165, jugeant notamment que la société n'avait fait état d'aucune circonstance particulière justifiant qu'il convienne de faire un autre choix que la médiane et que l'administration avait justifié son choix au regard des caractéristiques propres de la société requérante tenant à son positionnement sur le marché en cause et aux contraintes spécifiques qu'elle devait assumer.

Pour autant, précédemment, la cour administrative de Versailles avait, dans une autre affaire, jugé que, lorsqu'elle retient, aux fins de la comparaison, un intervalle de pleine concurrence résultant des données issues d'autres sociétés exerçant des activités similaires, l'administration ne peut prendre systématiquement la **médiane** comme point de comparaison (CAA Versailles 29 décembre 2016 n°s 14VE02126 et 15VE02541, 3e ch., Sté TCL Belgium : RJF 4/17 n° 306, arrêt définitif ; voir également n° 75965, Précisions a) ; selon cet arrêt, l'administration n'est fondée à estimer qu'un bénéfice a été transféré à l'étranger que pour la période au titre de laquelle le taux de marge est inférieur à la **borne basse** de l'intervalle retenu. En l'espèce, l'administration avait estimé que la succursale française d'une société belge avait transféré des bénéfices à une société apparentée à Macao au motif qu'elle avait pratiqué un cost plus 3 % pour la facturation de services de support commercial et de marketing, qui aboutissait à ce que son **taux de marge d'exploitation** soit de 0,41 % pour 2008 et de 0,24 % pour 2009 ; en appliquant la méthode transactionnelle de la marge nette, l'administration avait retenu un panel de six sociétés réputées comparables issues de la base de données Diane du Bureau Van Dijk (n° 76790) qui faisait ressortir un taux de marge d'exploitation médian moyen de 2,20 % au titre des années 2006 à 2008 et de 2,42 % au titre des années 2007 à 2009. Relevant que **l'intervalle interquartile** susceptible d'être retenu pour délimiter l'intervalle de pleine concurrence s'étendait, pour l'année 2008, de 0,90 % à 3,74 % et, pour l'année 2009, de – 4,87 % à 2,80 %, la Cour n'a confirmé la rectification que dans la mesure où le taux de marge de la succursale était inférieur à la plus basse de ces deux données : les rectifications ont donc été annulées pour l'exercice 2009 (la borne la plus basse étant négative) et, pour l'exercice 2008, réduites de sorte que le taux de marge après rectification soit de 0,9 % (borne basse de l'intervalle de pleine concurrence) alors qu'il était initialement de 0,41 % et que l'administration avait prétendu le porter à 2,20 %.

On peut sans doute déduire de ces différentes décisions que la **médiane** ne saurait, à elle seule et par principe, constituer une référence pertinente reflétant le panel admissible des taux de marge pratiqués susceptibles d'être pris en compte, mais que rien n'interdit qu'elle le soit et qu'en tout cas l'article 57 du CGI ne l'interdit pas. Sur l'approche un peu différente retenue par l'OCDE, voir n° 75953.

Pertinence des comparables

L'administration ne peut rectifier les prix pratiqués par des entreprises associées que si ces prix s'écartent de ceux qui auraient été constatés **sur le marché** en l'absence de liens de dépendance ou de contrôle ; elle doit donc recourir à des comparaisons et ces comparaisons doivent être convaincantes : elles doivent porter sur des **situations suffisamment proches** pour que la comparaison ait du sens, qu'il s'agisse des pratiques des entreprises, des marchés géographiques, des conditions d'exercice de l'activité ou autre (voir n° 76795). **76625**

Un exemple particulièrement illustratif est donné par une société française qui fabriquait des cartes électroniques, notamment pour l'aéronautique, et qui recourait aux services d'une société implantée à Casablanca. Relevant que les actionnaires et les dirigeants des deux sociétés étaient communs, l'administration avait recherché si les rémunérations de **sous-traitance** étaient normales ; elle avait estimé que tel n'était pas le cas, car le **taux de marge** de la société marocaine était de 17,75 % alors que le taux de marge d'un sous-traitant français indépendant évoluant dans le domaine des composants électroniques était d'environ 4 %. Mais l'administration avait, ce faisant, comparé la société marocaine à des entreprises de taille très différente, qui ne sont pas présentes sur le même **secteur géographique** et sans que soient prises en compte les **différences d'exploitation** entre la France et le Maroc ainsi que les différences de qualité et d'environnement économique des donneurs d'ordre. Elle n'avait pas, en réalité, apporté la preuve de la pertinence des termes de comparaison qu'elle invoquait et il a donc été jugé que, faute d'avoir été correctement quantifié, l'avantage qui résulterait de la pratique de prix d'achat majorés n'était pas établi (CAA Nantes 20 décembre 2018 n° 18NT01366, SARL financière du Haut Anjou : RJF 4/19 n° 321, arrêt définitif ; voir également n° 76890).

En outre, la jurisprudence est assez rapidement encline à rejeter les comparaisons présentées par l'administration lorsque les sociétés comparées ne sont pas « indépendantes », c'est-à-dire lorsqu'elles appartiennent elles-mêmes à un groupe d'entreprises. Cette position est parfaitement justifiée, étant donné que les **pratiques constatées au sein d'un groupe** (entre une société mère et une filiale ou entre deux sociétés sœurs) ne peuvent, par définition, servir de comparaisons puisqu'elles ne sont pas nécessairement respectueuses du principe de pleine concurrence, qui repose sur une comparaison avec des tiers (nº 75957).

Par exemple, le recours à des **comparables dépendants** n'a pas été admis dans une affaire où l'administration avait rectifié les résultats d'une société française de **distribution** de camions et de bus produits par sa société mère allemande (CAA Versailles 5 mai 2009, nº 08-02411, 3e ch., Man Camions et Bus : Droit fiscal 2009, nº 41, comm. 500 ; arrêt définitif).

Dans le même sens, voir TA Cergy-Pontoise 24 juin 2010 nº 0710419, 5e ch., Sté Quinn Group France (jugement définitif), à propos d'une société française qui exerçait l'activité de **commissionnaire** pour le compte de sa société mère belge et qui recevait des commissions égales à 15 % du chiffre d'affaires des biens vendus en France ; l'administration n'avait pas établi le transfert de bénéfices en se bornant « à comparer le taux de marge moyen réalisé par la société requérante au taux de marge moyen réalisé au cours des mêmes exercices par des sociétés établies en France, dont une partie était **sous contrôle de sociétés étrangères** et ne pouvait par suite être regardée comme exploitée dans des conditions normales ».

Pour d'autres exemples, voir CAA Versailles 8 juillet 2014 nº 11VE01187, 3e ch., Sté Carrefour SA : RJF 4/15 nº 304 (nº 76682), CAA Versailles 11 octobre 2016 nº 14VE02651, 3e ch., Sté Philips France (nº 76650) et TA Paris 20 mars 2019 nos 1620873 et 1705086, 1e sect., 3e ch., Sté ST Dupont (nº 76690 d).

a. Achats à prix majorés ou ventes à prix minorés

Principes

76630 Un transfert de bénéfices peut être réalisé par des achats d'une filiale française auprès d'une entreprise étrangère à des prix majorés ou des ventes à une entreprise étrangère à des prix minorés.

Pour apprécier l'existence d'un transfert, l'administration indique qu'il faut de préférence se référer aux prix auxquels le vendeur vend généralement les mêmes produits à des sociétés indépendantes dans des conditions de marché similaires ; elle ajoute qu'en l'absence de telles informations, il y a lieu de recourir à une évaluation tirée de comparaisons avec les résultats des entreprises indépendantes exerçant la même activité ou les mêmes fonctions (BOI-BIC-BASE-80-20 nº 160). Elle fait donc application du principe du **prix de pleine concurrence**, comme la généralité des États membres de l'OCDE. Le Conseil d'État partage traditionnellement cette manière de voir ; il a ainsi jugé que constituait un transfert de bénéfices, au sens de l'article 57 du CGI, l'avantage qu'une société française procurait à sa filiale étrangère en lui vendant ses produits à des prix sensiblement inférieurs à ceux pratiqués sur le marché français et aux cours internationaux (CE 17 juin 1959 nº 38 476 : RO p. 446 ; CE 23 mai 1960 nº 42218 ; CE 29 janvier 1964 nº 47515 : RO p. 20 ; BOI préc.).

Cependant, pour qu'une méthode purement comparative soit admise, il faut que les **termes de la comparaison** soient très proches et qu'il s'agisse d'entreprises dans le même secteur, fonctionnant dans des conditions quasi identiques. Par exemple, des références à des contrats présentés anonymement par l'administration et qui ne correspondaient pas essentiellement à la situation examinée ont pu être écartés (TA Paris 13 février 1997 nos 93-7089 et 93-7090, 1e section, 3e ch., SARL Les amis de l'histoire : RJF 11/97 nº 1014 ; jugement définitif sur ce point, l'appel qui avait été formé n'ayant concerné qu'une question de TVA).

La jurisprudence exige une démonstration précise de la part de l'administration ; par exemple, à propos d'une société française qui achetait des camions et des bus à sa société mère allemande pour les distribuer sur le marché français, les **termes de comparaison** apportés par l'administration ont été écartés en raison, pour certains, de ce qu'ils concernaient des sociétés qui n'étaient pas dépourvues de **liens de dépendance** et, pour d'autres, de ce que l'administration n'avait pas démontré qu'ils concernaient des **entreprises similaires** (CAA Versailles 5 mai 2009 nº 08-02411, 3e ch., Man Camions et Bus : Droit fiscal 2009, nº 41, comm. 500, arrêt définitif ; les comparables retenus par l'administration concernaient des sociétés qui opéraient sur des marchés étrangers dont elle n'avait pas établi qu'ils étaient similaires au marché français).

Précisions **a.** Il est parfois admis qu'une société française **vende des marchandises à prix de revient** à une filiale étrangère lorsque des prix plus élevés ne permettraient pas à la filiale de survivre ; cette problématique ressortit à celle, plus générale, des aides entre sociétés apparentées (nº 76650, Précisions b).

b. Pour la détermination de la **valeur en douane** et l'application du tarif douanier commun, il n'est pas possible de convenir d'un prix de transfert se composant d'un montant initialement facturé et d'une correction forfaitaire opérée après la fin de la période de facturation (CJUE 20 décembre 2017 aff. 529/16, 1e ch., Hamamatsu Photonics Deutschland GmbH : RJF 3/18 n° 336). Dans cette affaire, une société allemande achetait des produits auprès de sa société mère japonaise à un prix fixé conformément à un **accord préalable de prix** conclu avec les autorités allemandes ; en application de cet accord, de nature fiscale, le prix d'achat avait ultérieurement été révisé à la baisse, ce qui avait conduit la société à demander la restitution du trop-perçu de droits de douane. La Cour a confirmé la décision de refus qui lui avait été opposée car il ne peut y avoir d'**ajustement a posteriori** de la valeur transactionnelle qu'en présence de situations spécifiques tenant, notamment, à un défaut de qualité du produit ou à des malfaçons détectées après sa mise en libre pratique (point 30). Cette affaire fournit un regrettable exemple de conflit entre les législations fiscale et douanière.

Exemples de transferts de bénéfices

Diverses décisions illustrent des situations où l'administration a apporté la preuve qui lui incombe. **76635**

a. Une société n'a pu contester un transfert de bénéfices constitué par des ventes à prix minorés à ses filiales étrangères en faisant état, d'une façon générale, de **frais de distribution** différents entre la France et l'étranger et en invoquant une situation de **règlement judiciaire** qui l'empêchait de fournir des données chiffrées (CE 15 janvier 1992 n° 77015, 7e et 8e s.-s., SA Orore et Me Gourdain : RJF 3/92 n° 314).

b. De même pour un laboratoire pharmaceutique qui vendait des produits à ses filiales britanniques et belges à des prix très nettement inférieurs à ceux pratiqués à l'égard de ses autres clients, alors que les redressements calculés par l'administration avaient tenu compte des spécificités des opérations en cause et que l'entreprise n'apportait pas d'éléments permettant d'apprécier la **réciprocité des avantages** (CAA Nantes 12 mars 1992 n° 89-1504, 2e ch., Sté Beecham : Droit fiscal 1993, n° 15, comm. 808 ; arrêt définitif) ; la Cour a validé les coefficients et abattements forfaitaires pratiqués par l'administration.

c. Une banque qui **cède des actions à sa société** mère étrangère à leur valeur comptable transfère des bénéfices hors de France (CAA Paris 8 juillet 1997 n° 93-572, 2e ch., Banque française de l'Orient : Droit fiscal n° 24/1998, n° 524 ; arrêt définitif sur ce point, le pourvoi n'ayant porté que sur l'incidence de la convention fiscale franco-néerlandaise, n° 60625). Dans le même sens, à propos d'une **cession** à une société du groupe **d'actions d'une société non cotée à un prix minoré**, voir CAA Nantes 30 janvier 2014 n° 12NT02436, 1e ch., Sté Maxam France : RJF 8-9/14 n° 775, arrêt définitif ; la Cour a admis qu'en l'absence d'éléments de comparaison, l'administration avait pu rectifier le prix de cession en combinant quatre méthodes, fondées sur la valeur mathématique, la valeur de productivité, la valeur de marge brute d'autofinancement et la valeur de rendement, et en pondérant le résultat de ces méthodes afin de tenir compte de la taille de la société dont les titres ont été cédés, de son activité et du fait que la cession n'avait pas eu d'incidence sur le pouvoir de décision au sein de la société ; en outre, l'écart entre le prix unitaire de cession et la valeur vénale la plus faible ainsi déterminée était significatif (entre 25 % et 41 %) et la société n'établissait pas l'existence de contreparties. La Cour a retenu, comme dans l'arrêt cité au n° 76640 g (mais qui conclut à l'absence d'anomalie), le critère de l'**écart significatif**, là où l'administration s'était fondée sur un prix de cession manifestement inférieur à la valeur vénale des titres cédés. Pour un autre exemple où l'administration a échoué à démontrer l'existence d'un écart significatif entre la valeur intrinsèque des titres et leur prix de cession, voir CAA Versailles 14 avril 2016 n° 14VE01083, 7e ch., admettant tout de même le rehaussement sur le fondement de l'article 38, 2 du CGI (arrêt ensuite annulé sur ce dernier point par CE 12 juillet 2017 n° 400644, 8e et 3e ch., Sté Havas : RJF 11/17 n° 1017).

d. Une société française transfère des bénéfices à une société chypriote, avec laquelle elle est en situation de dépendance de fait (n° 76500), en lui revendant de l'or à un prix minoré ; dans cette affaire, l'administration s'était livrée à une **analyse de la marge brute** et avait estimé approprié de la répartir pour moitié entre les deux sociétés et non pas dans la proportion 14/86, compte tenu de la répartition des fonctions et des risques (CAA Bordeaux 8 décembre 2005 n° 02-1366, 4e ch., Sté Corail : RJF 4/06 n° 360 ; arrêt définitif).

e. Une société française a transféré sans contrepartie des bénéfices à l'étranger en consentant des **ristournes à des sociétés sœurs** allemande et italienne qui commercialisaient ses produits, sans pouvoir justifier d'avantages particuliers qu'elle aurait eus à leur

76635 (suite) apporter cette aide (CE 8 juin 2005 n° 255918, 9e et 10e s.-s., SA Vetter : RJF 8-9/05 n° 893) ; la société se bornait à faire valoir que les ristournes étaient nécessaires à la survie de ces deux sociétés sœurs, sans avoir cherché à soutenir qu'elle avait un **intérêt commercial** à leur accorder une aide. Or seul un intérêt commercial aurait pu justifier cette pratique, dans la mesure où il ne s'agissait pas d'une aide à une filiale mais à deux sociétés sœurs (les conclusions du commissaire du Gouvernement Laurent Vallée soulignent que la situation n'est pas identique au cas d'une société mère, dans la mesure où cette dernière doit protéger son capital ou son renom ; voir conclusions au BDCF 8-9/05 n° 108).

f. Une société française qui agit en France essentiellement comme **acheteur-revendeur** et accessoirement comme commissionnaire transfère des bénéfices aux Pays-Bas en revendant pratiquement sans marge les produits chimiques qu'elle achète à sa société mère néerlandaise (TA Cergy-Pontoise 24 juin 2010 n° 0702382, 5e ch., Sté Bax Chemicals France) ; dans cette affaire, l'administration s'était fondée sur la méthode du prix de revente et avait calculé un **coefficient de marge brute** à partir d'un échantillon de comparables, en procédant à des ajustements à la baisse pour tenir compte des conditions de répartition des charges entre les deux sociétés (incidemment, le tribunal administratif note que la circonstance que les taux d'imposition soient très proches entre la France et les Pays-Bas et que la société n'aurait eu aucun intérêt à transférer des bénéfices est sans influence sur la solution du litige) ; cette affaire a cependant donné lieu à une ordonnance de non-lieu de la CAA de Versailles (n° 10VE02939 du 15 février 2012), à la suite d'une décision du ministre du budget du 22 avril 2011 prononçant le dégrèvement total des impositions en litige.

g. Une société transfère des bénéfices à une filiale thaïlandaise à laquelle elle achète des marchandises en utilisant un **taux de change** incorrect qui procure à cette dernière un avantage indu (CAA Lyon 29 octobre 2010 n° 09LY02084, 5e ch., Sté Établissements Georges Legros ; arrêt définitif).

h. Un transfert de bénéfices a été caractérisé au cas de la société Nestlé Waters France qui vendait de l'eau minérale à la société Nestlé Japan Limited en appliquant une politique de détermination des prix qui dérogeait à la politique générale de prix de transfert mise en place au sein du groupe et qui consistait à allouer à la société japonaise une **marge bénéficiaire plus élevée**, en l'occurrence 33 %, que celle appliquée aux autres filiales, qui était de seulement 6 % (CAA Versailles 27 mars 2012 n° 10VE01171, 1e ch., Sté Nestlé Entreprises : RJF 8-9/12 n° 804 ; arrêt définitif). La société n'avait produit aucune analyse précise justifiant cet écart alors que l'administration avait procédé à une **étude des transactions** de trois entreprises indépendantes, exerçant, comme la société japonaise, une activité de distribution à domicile de boissons non alcoolisées, et qui faisait ressortir une marge de pleine concurrence comprise entre 7,5 % et 9,5 % avec une médiane à 8 % ; l'administration avait tout de même admis que la marge de la société japonaise soit plus élevée et n'avait pratiqué de rectification qu'à hauteur de la différence entre le taux de 33 % et celui de 19 % qu'elle avait retenu. De son côté, la société ne justifiait pas d'une contrepartie supplémentaire équivalente à l'écart entre le taux de 33 % et celui de 19 % finalement admis par l'administration en se bornant à soutenir, sans le démontrer, que sa filiale japonaise exécutait, en plus de ses fonctions de distribution, des prestations spécifiques pour pénétrer le marché local et développer la marque.

i. Une société française transfère des bénéfices à une société britannique en lui achetant des meubles à un prix qui permet à cette dernière de réaliser une marge alors qu'elle est **dépourvue de toute substance** (ni personnel, ni bureaux), l'avantage consenti étant égal à la marge réalisée par la société britannique (CAA Bordeaux 15 octobre 2013 n° 12BX00050, 3e ch., SARL Malmezat Prat ès qual. : RJF 4/14 n° 321 ; un pourvoi avait été formé mais un désistement a ensuite été constaté).

j. Pour un exemple de transfert de bénéfices par **minoration des prix de vente** de matériels et fournitures de nautisme à une société tunisienne bénéficiant d'un régime fiscal privilégié au sens de l'article 238 A du CGI, dans le contexte de la délocalisation en Tunisie d'une activité de production, voir TA Poitiers 5 février 2015 n° 1200893, 1e ch., SARL Indigo Yacht : RJF 5/15 n° 392 (jugement définitif) ; la requérante, qui ne contestait pas la minoration des prix de vente, a échoué à démontrer qu'elle avait intérêt à ne pas augmenter le prix de revient des bateaux fabriqués en Tunisie dès lors notamment que son sous-traitant tunisien n'était pas exclusif et vendait directement des bateaux à ses clients (la retenue à la source de droit interne sur les revenus réputés distribués a été intégralement maintenue étant donné que la société tunisienne n'a pas été considérée comme un « résident » au sens de la convention fiscale franco-tunisienne du 28 mai 1973 ; n° 41402).

k. L'administration a pu valablement écarter la méthode du **cost plus 5 %** qui avait été utilisée par une société française pour déterminer le prix d'acquisition de matériels achetés auprès d'autres sociétés du groupe pour lui substituer une méthode fondée sur les prix pratiqués pour des transactions opérées entre entreprises indépendantes, à partir d'un échantillon de vingt-six sociétés regardées comme comparables et reconstituer ses résultats d'exploitation en appliquant à son chiffre d'affaires la **valeur médiane du ratio « résultat d'exploitation/chiffre d'affaires »** des sociétés de l'échantillon (CE 6 juin 2018 n°s 409645 et 409647, 8e et 3e ch., General Electric Medical Systems : RJF 8-9/18 n° 833 ; voir n° 76623) ; il s'agissait d'une société qui exerçait une activité de vente à titre exclusif sur le marché français d'appareils électroniques médicaux qu'elle achetait auprès d'autres filiales du groupe établies aux États-Unis, en Allemagne et en Finlande à un prix égal à l'ensemble des coûts de production directs et indirects supportés par ces fournisseurs, augmentés d'une marge de 5 % ; la Cour avait relevé, à juste titre selon le Conseil d'État, que cette méthode supposait que les coûts de production directs et indirects des fournisseurs soient eux-mêmes déterminés conformément à une situation de pleine concurrence, que la méthode d'allocation des coûts indirects soit pertinente et que la fixation du taux de marge garanti aux fournisseurs repose sur des justifications appropriées.

Exemples d'absence d'anomalie

Parmi les décisions illustrant les cas où l'administration n'a pas été considérée comme apportant la preuve qui lui incombe, on relèvera les suivantes. **76640**

a. Le Conseil d'État n'a pas retenu l'existence d'un transfert de bénéfices par voie de diminution des prix de vente au cas d'un exploitant individuel d'une **galerie de peintures** en France qui avait sous sa dépendance une société à New York exerçant la même activité et dont il assurait la direction (CE 28 septembre 1988 n° 60805, 8e et 7e s.-s. : RJF 11/88 n° 1254) ; il a estimé que la circonstance que les prix de vente consentis à la société américaine soient, en moyenne, très sensiblement inférieurs à ceux qui étaient généralement pratiqués par l'exploitant parisien pour les ventes de tableaux à ses autres clients ne suffisait pas à établir le transfert de bénéfices compte tenu du **volume d'affaires traitées** avec la seule société américaine qui était très supérieur au montant des opérations faites avec l'un quelconque des marchands de tableaux ou des particuliers qui formaient le reste de sa clientèle (la société américaine lui avait acheté, au cours des années concernées, entre la moitié et les deux tiers des toiles qu'il avait vendues). En fait, au-delà même de l'existence éventuelle de contreparties à l'avantage accordé (rôle de New York comme centre de l'art moderne, mention de la galerie française dans les catalogues américains, etc.), il semble que le **terme de comparaison** ait été mal choisi par l'administration qui s'est référée à des clients français dispersés et a comparé leur situation à celle d'un acheteur étranger et unique. Le principe de pleine concurrence suppose que les situations comparées soient sinon identiques, ce qui est impossible, du moins très voisines.

b. La question des transferts de bénéfices par majoration des prix d'achat de marchandises au sein des groupes a donné lieu à un intéressant jugement à propos d'un laboratoire pharmaceutique qui achetait des principes actifs à sa société mère britannique par l'intermédiaire d'une **filiale de facturation** aux **Bermudes** (TA Lyon 25 avril 1990 n°s 86-9508 et 86-10150 : RJF 11/91 n° 1347 ; jugement définitif) ; le laboratoire achetait 9 765 F/kg à la société des Bermudes les produits que celle-ci avait acquis 1 053 F/kg, c'est-à-dire environ neuf fois moins cher, auprès de la société mère britannique. L'affaire avait été soulevée par la **douane** et l'administration fiscale avait considéré qu'elle révélait un transfert de bénéfices à l'étranger susceptible d'être combattu sur le fondement de l'article 57 du CGI. Le tribunal administratif n'a pas partagé ce point de vue car il a reconnu valables les arguments de la société française qui proposait d'utiliser les méthodes préconisées par l'OCDE pour justifier sa position :
- le prix contesté n'était pas très différent de celui qui avait été appliqué au cours de la période à des **distributeurs indépendants** du groupe ;
- le prix de revient réel du produit fabriqué au Royaume-Uni était beaucoup plus élevé que celui porté sur le procès-verbal des douanes ;
- pendant la période concernée, la société française avait conservé un taux de marge brute comparable à celui des autres entreprises, ce qui montre qu'elle n'avait pas cherché à éluder l'impôt, étant observé au surplus qu'elle-même était **détenue à 50 % par un**

76640 (suite) **tiers** par rapport au groupe dont il paraît exclu qu'il ait accepté de payer un produit au-dessus de son coût normal pour le seul profit de l'autre actionnaire.

En réalité, le problème des prix de transfert se posait certainement, mais au Royaume-Uni et pas en France ; cette affaire illustre la difficulté particulière du sujet car, en présence de schémas de facturation anormaux et visiblement inspirés par l'évasion ou la fraude fiscales, il faut encore déterminer, ce qui n'est pas évident, si l'anomalie est à l'achat ou à la vente.

c. L'administration n'a pas établi que des ventes par une société française à une société allemande dont elle était dépendante étaient effectuées à des prix minorés en se prévalant des prix pratiqués par d'autres entreprises exerçant la même activité, mais dont aucune n'exportait dans les mêmes conditions ; la Cour a, par ailleurs, estimé que la preuve d'une minoration des prix ne saurait résulter de la comparaison avec les **prix consentis sur le marché intérieur** en raison des sujétions particulières susceptibles d'être imposées aux entreprises exportatrices (CAA Nancy 26 janvier 1995 n° 92-490, 2e ch., SARL Moulin de La Chée : RJF 6/95 n° 712 ; arrêt définitif).

d. La preuve d'une anomalie n'a pas été apportée dans une affaire qui concernait une société française qui achetait un principe actif à sa société mère suisse à un prix que l'administration considérait comme excessif (CAA Paris 25 juin 2008 n° 06-2841, 2e ch., Sté Novartis Groupe France : RJF 2/09 n° 114, aux conclusions Janine Evgenas au BDCF 2/09 n° 15 ; arrêt définitif) ; en l'espèce, l'administration avait pourtant constaté que la société suisse vendait le même produit à un prix plus de quatre fois moins élevé à sa filiale américaine qu'à sa filiale française. Mais elle n'avait pas produit de comparaison avec les pratiques du marché et s'était bornée à procéder à un calcul de type « **profit split** » (que l'OCDE appelle aujourd'hui « méthode transactionnelle de partage des bénéfices » ; n° 75972), considérant que les marges bénéficiaires française et suisse devaient être proportionnées aux coûts correspondants. La Cour juge que l'administration ne justifie pas que la proportionnalité devait être respectée ni que les coûts aient été correctement calculés (mais elle n'exclut pas le principe même de la méthode). À propos de l'écart entre les prix pratiqués avec la filiale française et la filiale américaine, voir les conclusions du commissaire du Gouvernement estimant que cette seule circonstance ne caractérise pas un acte anormal de gestion car un prix de vente est **fonction du marché** et des conditions d'exportation.

e. L'administration a échoué à démontrer un transfert de bénéfices au cas d'une société française qui achetait des robots à une société sœur néerlandaise pour les revendre en France en assurant une **prestation d'assistance et de maintenance** non rentable auprès de ses clients (TA Rennes 9 décembre 2010 n° 0801468, Lely France, jugement définitif) ; la société française était structurellement en pertes mais cette situation était éventuellement explicable par les circonstances du marché.

f. Il a été admis qu'une société française qui vend des produits (en l'espèce, de la margarine) à une société sœur belge puisse déterminer ses prix de vente selon une méthode de cost plus en appliquant une **marge de 10 %** non pas sur ses coûts réels mais sur le **coût de revient théorique** qui correspondrait au coût normal de fabrication dans son usine si celle-ci était modernisée et fonctionnait de manière pleinement efficace (CAA Versailles 5 décembre 2011 n° 10VE02491, 6e ch., Unilever France holdings et CAA Versailles 16 mai 2013, n° 11VE03123, 6e ch., min. c/ Sté Unilever France Holdings : Droit fiscal 2013 n° 38, comm. n° 429 ; arrêts définitifs) ; en l'espèce, la société avait retenu un **taux d'inefficience** consistant en une réfaction variable selon les années (entre 22,21 % et 31 %) au coût de revient effectivement constaté et qui a eu pour conséquence d'annuler sa marge bénéficiaire. La Cour juge notamment que l'administration n'a pas établi que les pertes supportées par la société constitueraient un avantage emportant présomption de transfert de bénéfices et relève que la société belge pouvait s'approvisionner auprès d'autres sociétés du groupe produisant à des coûts moins élevés ; en outre, la requérante avait mis en avant l'existence de contreparties, tenant notamment à l'absorption des coûts fixes et au maintien d'un débouché commercial. Dans l'affaire jugée en 2011, la requérante était également critiquée en ce que la marge qui avait été appliquée aux coûts des produits qu'elle achetait à une société sœur néerlandaise était de 13,5 % et non pas de 10 %. Mais la Cour juge que cette seule constatation ne suffit pas à démontrer l'existence d'un écart injustifié entre le prix convenu et la valeur vénale du produit cédé (la société faisait état de différences qui ont emporté la conviction de la Cour).

g. La **cession des titres** d'une société américaine non cotée par une société française à sa filiale luxembourgeoise n'a pas été regardée comme une libéralité dès lors que l'écart entre le prix de cession et la valeur des titres estimée par l'administration, qui ne s'élevait qu'à 17,5 % bien qu'il représentât plus de 46 M€, ne présentait pas un caractère significatif eu égard aux difficultés d'évaluation de la valeur vénale des titres des sociétés non cotées, en particulier en l'absence de transaction pouvant servir de référence (CAA Versailles 4 novembre 2014 n° 13VE00011, 3e ch., min. c/ Sté Rexel Développement : RJF 2/15 n° 112, arrêt définitif ; la Cour relève, en outre, que l'administration n'avait pas contredit l'affirmation de la société selon laquelle le prix de cession avait été déterminé par un cabinet indépendant et de réputation établie) ; en la matière, la preuve de l'existence d'un acte anormal de gestion doit être regardée comme apportée par l'administration lorsque est établie l'existence d'un **écart significatif** entre le prix convenu et la valeur vénale du bien cédé et une intention, pour la société, d'octroyer, et, pour le cocontractant, de recevoir, une libéralité du fait des conditions de la cession (la Cour transpose ici la décision CE 28 février 2001 n° 199295, Sect., min. c/ Thérond : RJF 5/01 n° 620, rendue à propos d'avantages occultes ; un écart supérieur à 20 % serait, semble-t-il, significatif).

h. L'administration n'a pas démontré l'existence d'un transfert de bénéfices au cas d'une société française de distribution qui importait des maillots de bains et autres articles de sport auprès d'une société sœur étrangère **en se bornant à comparer sa marge à la médiane** constatée dans un panel d'entreprises selon la méthode transactionnelle de la marge nette (TA Versailles 23 juillet 2013 n° 0905642 et n° 1102433, 7e ch., Sté Speedo France ; jugement définitif) ; en effet, la requérante avait fait valoir que les prix auxquels elle achetait les produits à sa société sœur étaient inférieurs à ceux que cette dernière pratiquait avec ses distributeurs indépendants européens et notamment son distributeur belge, alors que les termes et conditions des contrats étaient similaires (le jugement relève également que la circonstance que la société ait subi des pertes ne suffit pas à démontrer l'existence d'un transfert de bénéfices, dès lors qu'une situation déficitaire peut résulter d'autres facteurs économiques).

i. L'administration n'a pas apporté la preuve, qui lui incombait sur le fondement de l'article 57 du CGI, de l'existence d'avantages consentis par une société française de distribution qui achetait ses produits à quatre sociétés étrangères du groupe en retenant la **méthode transactionnelle de la marge nette** alors que la société avait appliqué la méthode du **prix de revente** (la Cour relève que l'administration n'indiquait pas en quoi la méthode transactionnelle de la marge nette, appliquée au même panel d'entreprises, était en l'espèce mieux appropriée que celle du prix de revente) ; de surcroît, les résultats déficitaires de la société n'étaient pas nécessairement liés à des approvisionnements réalisés à un prix trop élevé et pouvaient s'expliquer par des facteurs conjoncturels ou structurels, tels que la situation du marché, la position concurrentielle de l'entreprise, l'efficacité de sa gestion ou la structure variable de ses coûts (CAA Paris 26 janvier 2017 n° 15PA03283, 9e ch. Sté Rottapharm, arrêt définitif) ; en l'espèce, la marge brute était normale et la société avait pu expliquer pourquoi ses résultats nets étaient mauvais ;

j. L'administration n'était pas fondée à considérer que les prix auxquels une société française vendait ses produits à une filiale de distribution à Hong Kong étaient insuffisants au motif que la marge brute réalisée par cette dernière était très supérieure à celle qui résultait d'un panel de **comparables externes** (entreprises à qui des entreprises similaires et sans lien de dépendance vendent leurs produits) ; en effet, la société française avait produit un panel de **comparables internes** (entreprises extérieures et sans lien de dépendance auxquelles elle vendait également ses produits, les seuls commercialisés par ces entreprises) qui faisait apparaître une marge brute du même ordre (TA Montreuil 2 décembre 2021 n° 2007827, 1e ch., Sté CFEB Sisley, faisant l'objet d'un appel enregistré sous le n° 22PA01528).

Cas des circuits artificiels de facturation

En ce qui concerne les circuits artificiels de facturation de marchandises, les manipulations de prix ont donné lieu à diverses décisions juridictionnelles qui n'apportent pas de bouleversement mais qui constituent autant d'exemples éclairants. **76645**

a. L'administration a pu valablement effectuer un redressement dans le cas d'un circuit artificiel de facturation entre la Belgique, le Liechtenstein et la France (CAA Nancy 9 juillet 1992 n° 320, 1e ch., SA Wilvia International : RJF 12/92 n° 1625 ; arrêt définitif) ; le **transit par le Liechtenstein** était purement fictif, mais la décision de la Cour peut paraître sévère car, comme dans l'exemple du n° 76640 b., l'anomalie pouvait aussi bien venir d'une minoration des prix de vente de la Belgique vers le Liechtenstein que d'une majoration du Liechtenstein vers la France.

b. Un circuit anormal de facturation a été sanctionné entre la France, la Belgique et la Suisse ; il s'agissait d'une société française qui commercialisait des articles de cuisine fabriqués notamment par une société belge, laquelle livrait les clients français directement mais adressait ses **factures à une société suisse** qui refacturait la société française après majoration de 20 % à 39 % sans justification ni contrepartie (CAA Nancy 11 mars 1993 n° 92-227, 2e ch., Vanstahl France : RJF 6/93 n° 805 ; arrêt définitif).

c. Dans le même sens, l'administration a eu gain de cause au cas d'une société française qui achetait des prothèses à une société d'Aruba (« paradis fiscal ») à un prix deux à trois fois plus élevé que celui auquel cette dernière les achetait à des fournisseurs indépendants ; ces derniers recevaient directement les commandes de la société française et livraient les prothèses directement en France (CAA Paris 31 mars 2004 nos 99-2875 et 99-3544, 2e ch. A, Sté Almed et min. c/ Sté Almed : RJF 8-9/04 n° 911 ; un pourvoi avait été formé contre cet arrêt mais il n'a pas été admis par CE (na) 27 juillet 2005 n° 268462, 3e s.-s.). Dans cette affaire, la Cour a estimé qu'il n'y avait pas lieu de **comparer les prix de vente** pratiqués par les fournisseurs tiers avec ceux du marché, dans la mesure où la société d'Aruba était sous l'entière dépendance de la société française, les deux sociétés ayant le même dirigeant et la société d'Aruba étant gérée dans les locaux de la société française ; il est vrai que, dans un tel contexte, la marge anormale de la société interposée ne pouvait guère révéler une pratique de prix de transfert de la part des fournisseurs indépendants mais bien de la part de la société française (par différence avec l'exemple du n° 76640 b, qui mettait en cause des sociétés appartenant au même groupe).

b. Rémunération anormale des prestations de services

Principes

76650 Des transferts de bénéfices peuvent être opérés par la facturation anormale de prestations de services. D'une manière générale, le fait de fournir des prestations de services à un tiers **sans les lui facturer et sans contrepartie** constitue, de la part d'une société commerciale, un acte étranger à une gestion commerciale normale (BOI-BIC-CHG-10-10-20 n° 120) ; par suite, les sommes qui auraient dû être facturées et ne l'ont pas été doivent être réintégrées dans ses bénéfices imposables (CE 24 février 1978 n° 2372, Sect. : RJF 4/78 n° 161). Le Conseil d'État a ajouté, dans cette affaire, que cette règle doit recevoir application même si le bénéficiaire des services non facturés est une **filiale** de la société qui a rendu les services, hormis le cas où la situation des deux sociétés est telle que la société mère puisse être regardée comme ayant agi dans son propre intérêt en venant en aide à une filiale en difficulté (nos 26060 s. ; cette décision a été rendue dans le cadre purement interne français).

L'administration doit bien entendu, en application des principes habituels, apporter la **preuve** qui lui incombe ; par exemple, il avait été jugé qu'une société française transfère des bénéfices à sa société mère néerlandaise en lui facturant ses prestations de recherche selon une méthode de **cost plus 10 %**, mais en soustrayant des coûts refacturés les **subventions** versées par l'État à titre d'aide aux projets d'investissement des entreprises, sans que cette déduction puisse être justifiée par les stipulations contractuelles et alors que la méthode du prix de revient majoré devait normalement permettre d'assurer des transactions de pleine concurrence sur le marché mondial (TA Montreuil 1er juillet 2014 n° 1206254, 1e ch., SAS Philips France : RJF 11/14 n° 986). Ce jugement a cependant été annulé en appel, la Cour ayant considéré, sans trancher la question de fond, que l'administration n'avait pas apporté la preuve qui lui incombait en **comparant les pratiques** de la société à un panel de cinq entreprises dont l'une seulement exerçait son activité dans le même secteur économique et qui, surtout, n'étaient pas indépendantes et ne pouvaient donc pas valablement être retenues comme éléments de comparaison (CAA Versailles 11 octobre 2016 n° 14VE02651, 3e ch., Sté Philips France : RJF 1/17 n° 14). Cet arrêt a fait l'objet d'un pourvoi qui a été rejeté par le Conseil d'État au motif que la déduction qui avait été pratiquée ne saurait être considérée comme permettant, par elle-même et indépendamment du niveau du prix de cession auquel elle conduisait, de **présumer l'existence d'un transfert** de bénéfices à l'étranger ; la cour administrative d'appel n'avait donc pas commis d'erreur de droit en jugeant que, à défaut d'avoir présenté des termes permettant de comparer valablement les prix facturés par la société française et ceux pratiqués entre entreprises indépendantes, l'administration, qui ne proposait aucune méthode alternative pouvant se substituer à cette comparaison, n'apportait pas la preuve que les sommes réintégrées dans les résultats

76650 (suite)

de la société constituaient des bénéfices indûment transférés à l'étranger (CE 19 septembre 2018 n° 405779, 8e et 3e ch., min. c/ Sté Philips France : RJF 12/18 n° 1216). La solution a été ensuite été transposée au **crédit d'impôt recherche**, l'administration n'apportant pas la preuve qui lui incombe en se contentant d'affirmer que la déduction des crédits d'impôt recherche et des subventions publiques de la base des coûts refacturés caractérisait un transfert indirect de bénéfice au sens de l'article 57 du CGI (CAA Versailles 6 juillet 2021 n° 19VE02002, Sté Microelectronics Grand Ouest, ayant fait l'objet d'un pourvoi non admis par CE (na) 14 avril 2022 n° 455944, 9e ch., min. c/ Sté Microelectronics Grand Ouest : RJF 7/22 n° 624) ; dans le même sens, CAA Versailles 29 mars 2022 nos 20VE02081 et 20VE02082, 1e ch., min. c/ Sté STMicroelectronics et min. c/ STMicroelectronics Rousset, arrêt définitif jugeant que l'administration n'avait pas démontré qu'une société française avait transféré des bénéfices à sa société mère néerlandaise en se contentant de relever que le prix de vente des prestations de recherche et développement facturées à cette société avait été déterminé en fonction de leur prix de revient, net des **crédits d'impôt** et **subventions en matière de recherche** (les prix étaient déterminés selon la méthode du « cost plus 7 % » appliquée au prix de revient net calculé après déduction des subventions et crédit d'impôt recherche et la rectification portait sur la CVAE).

Pour un autre exemple dans le même sens, à propos de la **facturation sans marge** de prestations de services par une société française à des sous-filiales étrangères, voir CAA Versailles 20 octobre 2016 n° 14VE01604, 6e ch., Sté ALD International SA : RJF 1/17 n° 33, arrêt définitif jugeant que l'administration, faute d'avoir produit des comparatifs de transactions entre des entreprises similaires n'entretenant pas de liens de dépendance entre elles, n'avait pas établi l'insuffisance des prix et n'avait pas apporté la preuve qui lui incombait.

En outre, l'appréciation d'un éventuel transfert de bénéfices doit être effectuée par référence à l'ensemble des éléments et circonstances de l'affaire et non pas seulement à certains d'entre eux ; ainsi, la filiale française et importateur exclusif d'un fabricant d'automobiles allemand n'a pas transféré de bénéfices à l'étranger en prenant contractuellement à sa charge **l'obligation de garantie** incombant normalement au constructeur et incomplètement compensée par une réduction du prix d'achat des véhicules à l'importation, car cet avantage devait être replacé dans un contexte d'ensemble tenant compte notamment des **délais de règlement**, du financement des **frais de publicité** et du coût de certains équipements des véhicules (CAA Nancy 6 juillet 1995 n° 92-110 et n° 92-272, 2e ch., SA VAG France : RJF 12/95 n° 1362 ; un pourvoi avait été formé contre cet arrêt sur un autre point, mais il n'a pas été admis par CE CAPC 16 octobre 1996 n° 173158, min. c/ Sté VAG France : RJF 1996 n° 1397).

Enfin, les services ne peuvent donner lieu à rémunération que s'il ne s'agit pas de **services « d'actionnaires »** (n° 76210) ; la distinction n'est pas toujours évidente, ainsi que le montrent deux affaires concernant des honoraires versés par des sociétés françaises à une société néerlandaise au titre de prestations globales dont certaines étaient rendues dans leur intérêt (prestations d'assistance) et d'autres ne l'étaient pas, car elles étaient relatives au développement du groupe, à l'optimisation de la gestion de sa trésorerie, à la coordination de l'activité des filiales et au contrôle de la tenue de la comptabilité (CE 9 décembre 2015 n° 367897, 8e et 3e s.-s., Sté Property Investment Holding France, et, même jour et même affaire, n° 367898, 8e et 3e s.-s., Sté Foncière le Charlebourg : RJF 3/16 n° 224). Dans ces affaires, le Conseil d'État avait annulé les arrêts d'appel, mais sans juger au fond ; la cour administrative d'appel de Paris avait ensuite confirmé les rectifications au motif que les éléments produits par les requérantes n'étaient pas suffisamment précis et ne lui permettaient pas d'identifier le montant des honoraires correspondant à des prestations réalisées dans l'intérêt des sociétés françaises (CAA Paris 30 novembre 2016 n° 15PA04633, 2e ch., Sté Property Investment Holding France et, même jour, n° 15PA04634, Sté Foncière le Charlebourg). Mais, saisi une nouvelle fois en cassation, le Conseil d'État a finalement annulé au fond les rectifications au motif que l'administration n'avait pas apporté la preuve que le montant des honoraires litigieux était injustifié au regard des prix pratiqués entre sociétés indépendantes ou excessif au regard de leur valeur vénale, s'agissant d'**honoraires rémunérant globalement des prestations** réalisées dans l'intérêt de la société française et des prestations qui ne l'étaient pas (CE 25 juin 2018 n° 407232, 8e et 3e ch., Sté Property Investment Holding France : RJF 10/18 n° 935, annulant l'arrêt n° 15PA04633 ; voir n° 76615). Cette solution ne signifie pas, toutefois, qu'il serait toujours possible de procéder à des facturations globales et forfaitaires des services rendus, la solution favorable pouvant s'expliquer parce que la société n'avait pas, semble-t-il, été démentie lorsqu'elle soutenait que le montant total était de toute façon inférieur à la valeur de la prestation dont elle avait réellement bénéficié. En outre, il était clair que certaines prestations n'étaient pas dépourvues de contrepartie et que, par suite, il n'y avait pas lieu d'appliquer la jurisprudence admettant que l'administration ait suffisamment établi l'existence d'un avantage si elle a démontré l'absence d'intérêt de la prestation pour l'entreprise (sur ce dernier point, notamment, CE 13 décembre 2017 n° 387975, 9e et 10e ch., Sté Office Dépôt Participations France : RJF 3/18 n° 252 ; voir n° 76755 i). Sur ces affaires, voir également CE 21 septembre 2016 n° 382733, 9e et 10e ch., Sté Property Investment Holding France : RJF 12/16 n° 1066 (n° 76615).

Précisions **a.** La jurisprudence donne également des exemples de questions de cette nature à propos des **commissions** (nos 24140 s.).

b. Dans un cadre interne, il est parfois admis qu'une société puisse pratiquer à l'égard de ses filiales une **politique de prix préférentiels** au point de renoncer à réaliser des bénéfices sur une catégorie d'affaires (CE 24 février 1978 n° 2372, Section : RJF 4/78 n° 161) ; tout dépend cependant des circonstances et cette décision n'est pas, en tout état de cause, nécessairement transposable à l'international.

c. Une **facturation à prix coûtant** a été admise dans un cadre purement interne français, à propos d'une société conçue pour ne pas réaliser de profit dans ses relations avec ses associés (CE 25 novembre 2009 n° 307227, 3e et 8e s.-s., min. c/ Cie Rhénane de Raffinage : RJF 2/10 n° 106 ; conclusions Édouard Geffray au BDCF 2/10 n° 15) ; cette décision est manifestement justifiée par les circonstances très particulières de l'espèce qui concernait une société créée à des fins de coopération pour réaliser des économies d'échelle et dont les clients/associés avaient expressément prévu dans ses statuts que son objet serait la réalisation de prestations de services à leur profit et qui seraient facturées à prix coûtant, sans marge (décision non nécessairement transposable à l'international).

d. Lorsque des prestations de services sont convenablement facturées, encore faut-il, naturellement, que les sociétés débitrices **s'acquittent effectivement de leur dette**, sauf pour la société française à réclamer des intérêts au titre des sommes ainsi laissées à leur disposition (CAA Bordeaux 18 novembre 1997 n° 95-867, 3e ch., SA Maec : Droit fiscal 1998, n° 44, comm. n° 956, à propos de prestations d'assistance technique rendues à des filiales espagnole et marocaine) ; en cassation, le Conseil d'État a estimé que les conclusions de la société à propos des intérêts non réclamés sur des « avances de trésorerie » n'étaient pas recevables faute d'avoir été développées (CE 14 février 2001 n° 193309, 9e et 10e s.-s., SA Manufacture d'appareillage électrique de Cahors (MAEC) : RJF 5/01 n° 592, statuant à titre principal sur la non-déductibilité de détournements de fonds commis au détriment de la société).

e. Dans l'ordre interne, il a été jugé que la seule circonstance que le montant d'une redevance versée pour la rémunération de **prestations d'assistance** administrative, juridique, comptable, financière et commerciale soit supérieur au coût de revient de la prestation pour le prestataire ne suffit pas à le regarder comme excessif (CE 23 décembre 2010 n° 310946, 9e et 10e s.-s., min. c/ Société de produits pharmaceutiques et d'hygiène : RJF 4/11 n° 479). En l'espèce, l'administration n'avait pas contesté la réalité des prestations et la société a été considérée comme apportant la preuve du principe de la déductibilité des sommes en justifiant leur montant, égal à **4 % de son chiffre d'affaires**, par le fait que les missions d'assistance occupaient à plein temps une vingtaine de personnes, alors qu'elle-même n'employait que des personnels techniques affectés à une activité de fabrication ; en se bornant à faire valoir que **la rémunération des prestations était environ trois fois supérieure aux charges** supportées par les prestataires, l'administration n'a pas apporté la preuve de son caractère excessif par rapport aux contreparties obtenues par la société.

f. Il arrive que l'administration estime **à tort qu'un service est rendu** et rectifie à tort un transfert de bénéfices sur ce fondement ; par exemple, une société française qui n'a pas facturé à une société suisse dont elle est dépendante de fait les coûts liés à une activité de composition de concentrés de parfum n'a pas transféré de bénéfices hors de France dès lors notamment que la société suisse ne pouvait, de toute façon, commercialiser les concentrés dont la société française avait l'exclusivité (CAA Paris 30 avril 2004 n° 99-2135, 2e ch. B, Sté Firmenich et Cie : RJF 8-9/04 n° 866 ; arrêt définitif).

Éléments sur la position de l'administration

76655 Selon la doctrine administrative, les modalités de rémunération des services intragroupe dépendent de leur nature (BOI-BIC-BASE-80-10-10 n° 220) :

– la mise à disposition d'un actif **incorporel** (par exemple, un savoir-faire) est généralement rémunérée soit par une redevance fixée en pourcentage du chiffre d'affaires, soit par un accord de répartition de coûts (accord permettant aux entreprises liées de partager les coûts et les risques de la production ou de l'obtention de biens, de services ou de droits et de déterminer la nature et la portée des intérêts de chacun des participants dans ces biens, services ou droits ; nos 76150 s.) ;

– les services d'**assistance technique ou administrative**, fournis sans qu'il y ait transmission ou mise à disposition d'un savoir-faire, peuvent cependant être facturés lorsqu'ils sont affectables à telle ou telle entreprise du groupe sur la base d'un coût de revient majoré, et lorsqu'ils sont communs à plusieurs entreprises du groupe en appliquant une clé de répartition pertinente (par exemple, en fonction du chiffre d'affaires).

La méthode retenue doit être représentative de la valeur des services rendus, ce qui, selon l'administration, exclut toute méthode de répartition **forfaitaire**. L'utilisation d'une **clé de répartition**, qui peut varier selon les services fournis, est cependant recommandée à condition (BOI préc. n° 230) :
– qu'elle traduise le plus précisément possible la quote-part d'utilisation par chaque entreprise de ces services intragroupe ;
– qu'elle soit pertinente, c'est-à-dire qu'elle tienne compte des spécificités du secteur d'activité, des besoins effectifs de chaque entreprise, de la nature du service rendu (par exemple, pour le service commun des achats, la clé peut être la proportion des achats de l'entreprise par rapport au total des achats des entreprises du groupe bénéficiant du service) ;
– et qu'elle puisse être justifiée en cas de vérification de comptabilité.

Exemples d'absence d'anomalie

La rémunération des prestations de services n'a pas été reconnue constitutive d'un transfert de bénéfices dans les cas suivants. **76660**

a. Commissions de 5 % versées par une société française à une société italienne chargée du développement de ses exportations, dès lors que la société française justifie que cette allocation correspond en totalité, et non pas seulement pour 3 %, à des **services effectivement rendus** (CE 26 juin 1985 nos 39049 et 39805, 9e et 7e s.-s. : RJF 8-9/85 n° 1212).

b. Commissions versées à une société suédoise dès lors que la société française justifie que celle-ci la faisait bénéficier de son **soutien effectif pour développer les ventes** en France tout en lui facturant les marchandises sur la base de ses propres prix d'achat majorés des seuls frais de transport ; dès lors, eu égard aux conditions particulièrement avantageuses qu'elle s'était vu accorder dans l'intérêt de son activité propre, la société française a apporté la preuve que, contrairement à ce qu'a estimé la commission départementale, les versements effectués au profit de la société suédoise comportaient pour elle des **contreparties** commerciales de valeur au moins équivalente, ce qui faisait obstacle à leur réintégration (CE 27 juillet 1988 n° 50020, Plén. : RJF 10/88 n° 1139).

c. Commissions de seulement 2 % à 3 % perçues par une société française au titre de la **représentation commerciale** de sa mère allemande, étant observé que si l'administration faisait état d'un taux de 8 % pour des entreprises ayant une activité similaire, elle n'établissait pas que ce taux rémunérait des services de même nature (CAA Paris 20 novembre 1990 n° 1172, Reynolds Tobacco France : RJF 3/91 n° 255 ; arrêt définitif). En réalité, il semble que les sociétés bénéficiant du taux de 8 % devaient couvrir la totalité de leurs frais, alors que la société Reynolds Tobacco France se faisait rembourser une partie importante de ses frais, en sus de la commission perçue.

d. Une société française a pu déduire des commissions de 4 % versées à une société suisse, dès lors qu'elles avaient pour contrepartie des **opérations de courtage** qui ont permis d'obtenir des commandes d'une société belge et qu'elles n'ont pas eu pour effet de réduire la marge bénéficiaire réalisée habituellement par la société française (CAA Paris 28 mai 1991 n° 1199, 2e ch., SA Gipat : RJF 8-9/91 n° 1063 ; arrêt définitif).

e. Ne commet pas un transfert de bénéfices hors de France une société française qui ne réclame pas de loyers au titre de la **mise à disposition de matériel** au profit de sa filiale américaine, dès lors qu'il est de son propre intérêt de renoncer à ces recettes aux fins de préserver, en remédiant aux difficultés financières de sa filiale, la perspective d'une implantation sur ce marché et une augmentation des redevances de licence (CAA Paris 18 mars 1993 n° 92-34, 3e ch., min. c/ Sté Sofiltra-Poeumllmann : Droit fiscal 1994 n° 5, comm. n° 165 ; arrêt définitif) ; cette solution libérale, qui s'explique par la forte augmentation ultérieure du montant des redevances, relevée par la Cour, montre qu'une aide ponctuelle peut être justifiée **si l'avenir donne raison au contribuable** (en l'espèce, la Cour a comparé les redevances de l'année avec celles perçues six ans après les faits…).

f. La réduction de 6 % à 3,5 % des commissions reçues par une société française au titre de son **activité de distribution** n'a pas été jugée, dans le contexte, comme révélatrice d'un transfert de bénéfices vers l'Allemagne et les Pays-Bas (CAA Paris 29 juin 1993 n° 90-245, 2e ch., Enka France : RJF 10/93 n° 1369 ; arrêt définitif).

g. Des commissions versées dans le cadre de **conventions de ducroire** ne constituent pas un transfert de bénéfices à l'étranger dès lors qu'elles rémunèrent une garantie de paiement à échéance apportée par une société suisse et qu'il s'agit d'une prestation effective compte tenu de la différence de surface financière entre cette société et les sociétés du groupe gérant chaque magasin (TA Paris 4 octobre 1994 n° 90-1788, 2e s., SARL Métro Soge : RJF 10/95 n° 1097 ; jugement définitif).

h. Une société française était fondée à supporter une quote-part des dépenses facturées à sa société mère suisse, même si les sommes étaient payées au titre de la **promotion en France** de **marques commerciales** appartenant à la société suisse, dès lors que les dépenses en cause étaient de nature à contribuer à la progression du chiffre d'affaires de la filiale française concessionnaire des marques et qu'il n'était pas établi que les montants qui lui avaient été imputés étaient excessifs (CAA Paris 7 novembre 2003 n° 00-543, 2e ch. A, SA Société financière Menier : RJF 5/04 n° 465, arrêt définitif rendu à propos d'une convention passée entre la société suisse Nestlé et Euro-Disneyland SCA au titre de la promotion des produits Nestlé dans les parcs à thèmes).

i. En se bornant à soutenir que les opérations de contrôle ont mis en évidence des incohérences de facturation ainsi qu'une insuffisance de justificatifs dans la détermination des frais facturés par une société mère allemande à sa filiale française, **sans invoquer aucun élément précis** de la comptabilité de la société française, ni recourir à des comparaisons pertinentes avec d'autres entreprises pour déterminer en quoi et dans quelle mesure les coûts pratiqués par la société allemande seraient excessifs, l'administration n'a pas établi que les sommes réintégrées dans les bénéfices de la société française constituaient des bénéfices transférés à l'étranger (CAA Paris 29 mars 2012 n° 10PA04193, 9e ch., Eduard Kettner, arrêt définitif ; dans cette affaire, l'administration ne contestait pas l'existence de contreparties, mais simplement l'importance des montants facturés).

j. L'administration n'a pu démontrer que des sociétés françaises du groupe Ikea avaient transféré des bénéfices à des sociétés sœurs suédoise et suisse en leur versant des **commissions** pour la coordination des approvisionnements, le développement et la conception des produits du groupe, la gestion des fournisseurs et l'utilisation de la marque et du concept Ikea, car les **comparables** avancés n'étaient pas pertinents ; l'administration avait sélectionné neuf contrats de franchise dans la base de données « AC Franchise » mais elle n'avait donné aucune indication précise sur la teneur des services rendus aux **franchisés** de ces enseignes, dont la notoriété était bien moindre que celle d'Ikea et qui ne lui étaient pas comparables en termes de concept, de stratégie commerciale et d'étendue de la gamme des produits, alors même qu'il n'était pas contesté que la rentabilité des sociétés françaises était de beaucoup supérieure à celle de leurs concurrents et à celle des enseignes retenus par l'administration (CAA Versailles 9 mai 2017 n° 15VE00571, 1e ch., min. c/ Sté Ikea Holding France : RJF 10/17 n° 915 ; arrêt définitif). La Cour relève également que dans les quelques cas où les magasins Ikea n'étaient pas gérés par des sociétés du groupe mais par des tiers franchisés, ces derniers acquittaient les mêmes commissions et elle écarte le grief portant sur le fait que les comparaisons ne concernaient pas les exercices en cause, immédiatement antérieurs.

Exemples d'anomalies

76665 Les exemples suivants illustrent certaines pratiques qui ont été considérées comme caractérisant des transferts de bénéfices hors de France.

a. Une société française transfère des bénéfices à l'étranger lorsqu'elle facture des prestations en appliquant une **marge** de 1,328 alors qu'elle facture ses clients français avec une marge de 1,758, tout en étant dans l'incapacité de prouver que les prestations sont d'une nature différente et que l'évaluation faite par l'administration est excessive (CE 31 juillet 1992 n° 61286, 8e et 9e s.-s., SNAT : RJF 11/92 n° 1468).

b. Transfère des bénéfices à l'étranger une société française qui, en exécution d'une convention de garantie, **prend en charge financièrement le coût des moins-values** réalisées par deux filiales luxembourgeoises lors de la revente de titres acquis à sa demande (CAA Nancy 1er juin 2017 n° 15NC01995, 2e ch., Sté Compagnie Frey : Droit fiscal 2018 n° 5, comm. n° 153 pt 2, jugeant que la preuve de l'avantage était apportée et que la requérante ne faisait état que d'un intérêt de groupe ne caractérisant pas une contrepartie favorable à sa propre exploitation) ; cet arrêt a fait l'objet d'un pourvoi rejeté par CE 12 juin 2019 n° 412979, 3e ch., Sté Compagnie Frey : RJF 11/19 n° 1018, le Conseil d'État relevant notamment que la société française savait que le prix d'acquisition des titres par les filiales luxembourgeoises était surévalué (voir également n° 76610, Précisions c). 76665 (suite)

c. Transfère des bénéfices hors de France la filiale française d'un groupe suisse qui rembourse à sa société mère des bonifications versées par cette dernière à des prestataires en application de **contrats de collaboration commerciale** dès lors que l'intérêt de ces prestations n'est pas démontré et que la filiale a déjà conclu des contrats avec des distributeurs nationaux (CAA Paris 4 avril 2019 n° 17PA03822, 5e ch., Sté Geberit, arrêt définitif confirmant TA Melun 20 octobre 2017 n° 1407098, Sté Geberit : RJF 4/18 n° 359 qui avait notamment relevé que la société n'avait pas établi l'absence de double emploi entre les contrats nationaux et européens).

d. Une société française qui rendait à sa société mère allemande des services d'aide dans les domaines de la conception, du développement et du soutien des **produits informatiques** ainsi que des services de consultant en relation avec de nouveaux produits informatiques, qu'elle facturait sur la base d'un cost plus 6 %, devait **intégrer la CVAE** aux coûts à prendre en compte pour l'assiette du cost plus ; en l'espèce, cette solution est cependant fondée non pas sur une comparaison avec les pratiques du marché, que l'administration n'avait pas faite, mais sur le fait que, pour la Cour, la société française avait renoncé à percevoir un élément de prix auquel elle avait **contractuellement droit**, caractérisant ainsi une libéralité consentie à la société allemande (CAA Versailles 8 juin 2021 n° 19VE01280, 1e ch., SAS SAP Labs France, arrêt définitif rejetant, pour l'année 2012, l'appel formé contre TA Montreuil 14 février 2019 n° 1801945, 9e ch., SAP Labs France SAS : Droit fiscal 2019 n° 22, comm. n° 283) ; solution identique retenue par CAA Marseille 8 juillet 2021 n° 20MA00804, 4e ch., SAS SAP France Holding : RJF 1/22 n° 10, arrêt définitif, concernant l'année 2013, alors que la décharge avait, pour cette année, été prononcée en première instance par le tribunal administratif de Marseille.

e. Une société française ne peut déduire des dépenses assumées à l'occasion de la réorganisation industrielle de sa filiale hongroise (prestations de **management de transition**) dès lors qu'elle n'établit pas que les prestations concernées procéderaient d'une étude stratégique préalable à la réorganisation de la filiale, susceptible de lui procurer une contrepartie favorable dans le cadre des propres missions d'animation qui lui incombent à la tête du groupe, et non de prestations d'assistance à la mise en œuvre, au seul bénéfice de cette filiale, d'orientations de réorganisation d'ores et déjà fixées (CAA Douai 17 octobre 2019 n° 17DA02329, 4e ch., min. c/ SAS Zarges Tubesca Holding ; arrêt définitif).

f. N'étaient pas déductibles des rémunérations versées par une **holding pure française** au titre de prestations informatiques, de frais de marketing et de frais gestion de personnel rendues par la société mère américaine du groupe, dès lors que les pièces justificatives fournies (un tableau de « **management fees** ») ne permettaient pas d'identifier le type de service précis rendu, le prestataire ou le bénéficiaire du service, que celui-ci soit effectivement la société holding ou ses filiales françaises ; en l'espèce, les seules trois factures produites mentionnaient, sans plus de précision, des « US management fees » et n'indiquaient pas le bénéficiaire (TA Montreuil 19 novembre 2020 nos 1709196 et 1801203, 1e ch., Sté Howmet : RJF 4/21 n° 402, faisant l'objet d'un appel enregistré sous le n° 21PA01514) ; le rapporteur public avait conclu dans le même sens, mais au motif, non pas que les prestations n'étaient pas justifiées, mais qu'elles avaient été rendues au bénéfice des filiales.

g. Peut constituer une pratique entrant dans les prévisions de l'article 57 du CGI l'insuffisante rémunération perçue par une société française qui expose des **charges contribuant au développement de la valeur d'une marque** appartenant à une société étrangère apparentée (CE 23 novembre 2020 n° 425577, 9e et 10e ch., min. c/ Sté Ferragamo France : RJF 2/21 n° 116 ; voir également nos 75803 et 76610) ; cette décision annule, notamment pour erreur de droit, un arrêt d'appel qui avait jugé que l'administration n'établissait pas l'existence d'un avantage, alors pourtant que la société française, sous le contrôle ultime d'une société italienne, avait exposé des **charges supplémentaires de salaires et de loyers** par rapport à des entreprises indépendantes, visant à accroître, sur un marché stratégique dans le domaine du luxe, la valeur de la marque italienne qui n'avait pas encore la même notoriété que ses concurrents directs (le montant des salaires et des charges externes comptabilisés par la filiale française, qui était déficitaire, était sensiblement supérieur à ceux de dix-neuf comparables identifiés, ce qui, pour l'administration, révélait un transfert de bénéfices à hauteur de la fraction excédentaire, correspondant à un surcroît non rémunéré de prestations au bénéfice de la société italienne, résultant de l'utilisation d'un personnel de vente particulièrement qualifié et de locaux commerciaux prestigieux) ; la position du Conseil d'État s'explique par le fait que le surcroît de dépenses avait pour objet de **valoriser la marque** appartenant à la société italienne et qu'en outre la société avait subi des **pertes** pendant au moins quatorze exercices consécutifs (pour concilier cette solution avec la jurisprudence affirmant le principe de non-immixtion dans la gestion des entreprises, la rapporteure publique avait considéré que ce que l'administration visait en réalité n'était pas l'exposition de dépenses en tant que telles, mais l'absence de juste rémunération de la filiale à raison des fonctions exercées et l'insuffisance de marge brute qui lui était laissée dans le cadre de la fixation des prix de transfert). Sur renvoi, les rectifications ont été confirmées, car l'administration avait démontré que la société française avait exercé des **fonctions complémentaires** à celles d'un simple revendeur indépendant et qu'elle avait participé au développement et à la valorisation de la marque en engageant des dépenses externes et salariales qu'un revendeur indépendant ne supporterait pas, liées à la stratégie du groupe pour la valorisation de la marque ; or la rémunération qui lui était allouée était insuffisante pour couvrir le surcoût de ces charges liées à cette stratégie, surcoût qui n'était pas compensé par le surcroît de marge dont elle bénéficiait et qui résultait de l'application d'un rabais de 25 %, de la reprise des marchandises invendues et de l'absence de versement de redevance pour l'utilisation de la marque (CAA Paris 30 juin 2022 n° 20PA03601, 2e ch., min. c/ Sté Ferragamo France).

h. Dans le sillage de la décision Ferragamo, précitée, il a été jugé qu'une société française, filiale d'une société libanaise et largement déficitaire depuis son premier exercice, avait transféré des bénéfices hors de France au sens de l'article 57 du CGI, en prenant en charge sans contrepartie, au titre des exercices 2009 et 2010, des **dépenses liées à la promotion de la marque** appartenant à sa société mère (CE 17 juin 2021 n° 433985, 9e ch., Sté Elie Saab France : RJF 10/21 n° 907, rejetant le pourvoi formé par le contribuable contre CAA Paris 27 juin 2019 n° 17PA02523, 5e ch.) ; dans cette affaire, l'administration avait également réintégré une marge de 5 % sur la part des dépenses refacturées à prix coûtant et sur les dépenses de personnel du service de presse.

c. Versement de redevances excessives ou insuffisantes

Principes

76680 Au sens large, les redevances servent à rémunérer divers services spécifiques rendus au titre de la concession d'une licence d'exploitation, d'un **brevet** ou d'une **formule** de fabrication, ou encore au titre de l'**assistance** dans les domaines **technique**, **scientifique**, **commercial** ou **administratif** (voir toutefois les distinctions conventionnelles entre redevances et prestations de services, pour la détermination du régime fiscal du bénéficiaire ; nos 20350 s.). L'administration indique que, d'une manière générale, la société doit démontrer que de telles dépenses sont légitimes et qu'elles correspondent bien à la rémunération normale des services effectivement fournis par la société étrangère (BOI-BIC-BASE-80-20 n° 170).

Les sommes payées à ce titre peuvent, en effet, constituer des transferts de bénéfices si elles ne sont pas légitimes ou si leur montant est anormal, par référence aux principes directeurs de l'OCDE (nos 76125 s.). La doctrine administrative invoque sur ce point, comme sur les autres, le principe de pleine concurrence, avec toutefois une **orientation vers les méthodes globales** lorsqu'elle indique que la déduction des redevances versées aux sociétés mères étrangères ne saurait, d'une manière générale, être autorisée que dans la mesure où le **bénéfice net de la filiale** est au moins égal à celui réalisé par une entreprise française exerçant une activité similaire et intégrant les services qui font l'objet des redevances considérées (BOI-BIC-BASE-80-20 n° 210) ; mais cette circonstance ne suffirait pas à elle seule à justifier le versement de redevances par une société française car il s'agit essentiellement de questions de fait qui ne peuvent être réglées qu'après un examen attentif des avantages directs ou indirects que s'accordent les entreprises associées.

76682 L'appréciation de la normalité des sommes payées suppose une analyse comparative sur la base de données exactes ; dans un cadre interne, mais la solution est transposable, il a par exemple été admis que l'administration avait apporté la preuve du caractère exagéré de redevances pharmaceutiques en produisant des **éléments de comparaison nominatifs** tirés des pratiques de trois laboratoires dont le chiffre d'affaires était voisin, pour des spécialités de notoriété comparable (CAA Paris 12 juillet 1994 n° 92-1392, 2e ch., Sté Pharmaceutique Industrie : RJF 2/95 n° 227 ; arrêt définitif, le pourvoi n'ayant pas été admis par CE CAPC 13 novembre 1995 n° 162951, Sté Pharmaceutique

Industrie : RJF 1996 n° 543) ; dans cette affaire, la Cour juge que l'administration apporte la preuve du caractère exagéré de redevances de concession de marques pharmaceutiques dans la mesure où elles excèdent 2,5 % du chiffre d'affaires réalisé, en produisant des éléments de comparaison nominatifs concernant cinq concessions de marques et procédés de notoriété comparable, d'où ressort la pratique d'un taux moyen de redevance de 2,2 %. En présence d'une **communauté d'intérêts** entre le concédant et le concessionnaire, l'administration peut, en effet, déduire un acte anormal de gestion des comparaisons pratiquées sans avoir à démontrer une volonté délibérée de transfert.

Mais la démonstration d'un avantage ne peut ressortir d'une simple comparaison avec la pratique de la même société avec ses **filiales françaises**. En ce sens, une société française peut fort bien ne pas réclamer de redevances à ses filiales européennes et américaines alors qu'elle demande une redevance de 4 % à ses filiales françaises au titre de l'usage de sa marque et de son logo (CE 7 novembre 2005 n°s 266436 et 266438, 3e et 8e s.-s., min. c/ Sté Cap Gemini : RJF 1/06 n° 17 ; conclusions Emmanuel Glaser à la même RJF) ; en l'espèce, le Conseil d'État a approuvé le point de vue de la cour administrative d'appel selon lequel la **valeur d'usage d'une marque** dépendait du marché et variait avec le temps.

Bien entendu, la question des prix de transfert se pose non seulement à propos de redevances versées mais aussi à propos de redevances perçues, ou qui auraient dû être perçues pour respecter le principe de pleine concurrence. Par exemple, une société française peut transférer des bénéfices hors de France en ne réclamant pas de redevances pour **l'utilisation de sa marque et de son logo par ses filiales étrangères** (TA Montreuil 20 janvier 2011 n°s 0905908 et 0905909, 1e ch., Sté Carrefour SA) ; ce jugement a été annulé par CAA Versailles 8 juillet 2014 n° 11VE01187, 3e ch., Sté Carrefour SA (RJF 4/15 n° 304, conclusions Locatelli au Droit fiscal 2014 n° 40, comm. n° 562 ; cet arrêt avait fait l'objet d'un pourvoi mais le ministre s'est ensuite désisté), non pour une raison de principe mais parce que l'administration n'avait **pas correctement quantifié** un éventuel transfert de bénéfices. La Cour juge, en effet, que l'administration ne saurait être regardée comme ayant démontré l'existence d'un avantage qu'à la condition de l'avoir justifié tant dans son principe que dans son montant ; or, selon la Cour, aucun des comparables fournis par l'administration n'était pertinent, soit parce qu'ils n'étaient pas pris dans les pays d'implantation des filiales soit parce qu'il s'agissait de comparables dépendants (l'administration, qui avait tenté de procéder à une analyse comparative avec des contrats de franchise, avait effectué des rectifications au taux de 0,2 % du chiffre d'affaires pour les marchés arrivés à maturité et à des taux variables à partir de 0,006 % pour les autres, après exclusion des pays où la marque Carrefour était implantée depuis moins de trois ans).

Précisions **a.** Le Conseil d'État manque parfois d'éléments d'appréciation pour statuer, auquel cas il demande un **supplément d'instruction** et une **expertise**. En ce sens, voir par exemple CE 19 mars 1984 n° 44 402, 7e et 8e s.-s. : RJF 5/84 n° 586, à propos de la déductibilité d'une commission de 6 % consentie à un **commissionnaire à la vente** d'avions à l'étranger, l'administration n'ayant pas produit de termes de comparaison permettant d'apprécier avec certitude quelles sont les rémunérations généralement appliquées pour des activités comparables ; la décision rendue après expertise, admettant que le taux n'était pas exagéré, est intéressante en ce qu'elle montre comment la réalité des groupes peut être prise en compte par le Conseil d'État (cette solution n'est pas nécessairement transposable sous l'angle international) et comment, en matière aéronautique, les droits du concepteur sont liés au savoir-faire plus qu'à l'existence des brevets (CE 29 septembre 1989 n° 44402, 7e et 9e s.-s., Dassault-Breguet Aviation : RJF 11/89 n° 1200).

b. Dans l'ordre interne, mais les principes sont transposables, il a été jugé que le fait de **renoncer à obtenir une contrepartie financière** lors de la signature d'une concession de licence de marque et de savoir-faire ne relève pas, en général, d'une gestion commerciale normale, sauf s'il apparaît qu'en consentant de tels avantages, l'entreprise a agi dans son propre intérêt ; en particulier, la **perception escomptée de dividendes** et la **valorisation potentielle des actifs** ne constituent pas un mode de rémunération normal d'un contrat de concession de licences (CE 26 septembre 2011 n° 328762, 8e et 3e s.-s., SARL Holding Financière Séguy : RJF 12/11 n° 1275 ; dans cette affaire, la société a cependant eu gain de cause car le Conseil d'État n'a pas validé la méthode retenue par l'administration, qui n'avait pas comparé des situations identiques pour déterminer le montant de la renonciation à recettes).

Exemples de transferts de bénéfices

La jurisprudence fournit notamment les exemples suivants. **76685**

a. Redevances de **propriété industrielle** versées à une société mère américaine par une filiale française dans la mesure où elles excédaient la rémunération des services rendus,

76685 (suite) telle qu'elle avait été normalement prévue par le contrat conclu entre les deux sociétés ; dans cette affaire, le Conseil d'État a estimé que l'administration apportait la preuve qui lui incombait en se **référant au contrat** conclu entre les deux sociétés et en estimant « à juste titre » que les stipulations de ce contrat devaient être réputées exprimer le prix normal des services rendus par la société américaine ; il a ajouté que la société n'avait pas apporté la preuve que la commune intention des parties n'aurait pas été clairement exprimée dans le contrat initial, et que, comme l'administration disposait d'éléments précis, elle n'avait pas à procéder à une comparaison avec des entreprises similaires (CE 11 juin 1982 n° 16187 : RJF 8-9/82 n° 774).

b. Redevances versées par une société française à sa société mère danoise, égales à 3 % du chiffre d'affaires de son **secteur de peinture industrielle**, sans que la société française fournisse des précisions suffisantes à l'appui de ses allégations selon lesquelles elle n'aurait pu pénétrer le marché correspondant sans le préjugé favorable que lui assurait la marque de la société mère et qu'elle n'aurait pu obtenir les résultats qu'elle a obtenus dans son secteur sans l'appui technique de la société danoise (CE 25 janvier 1989 n° 49847, 9e et 8e s.-s. : RJF 3/89 n° 274) ; le Conseil d'État a considéré que la société n'apportait pas la preuve qui lui incombe que la partie des redevances dont l'administration a refusé la déduction a été versée dans son propre intérêt commercial (la déductibilité de l'autre partie des redevances n'était pas contestée par l'administration dès lors qu'elle n'était pas dépourvue de contrepartie).

c. Redevances d'édition calculées au taux de 7 % puis 12 % puis 15 % et versées à une association du Liechtenstein, alors que la comparaison avec les prix pratiqués habituellement par les éditeurs faisait ressortir un taux de 4,8 % à 5,9 % du chiffre d'affaires (CE 27 février 1991 n° 48780, APBP : RJF 4/91 n° 398 ; finalement, un taux de 7 % a été admis, étant observé que l'article 238 A était aussi en cause, nos 72850 s.).

d. Redevances payées pour l'utilisation d'un **brevet tombé dans le domaine public** (estimées à 2 % du chiffre d'affaires sur le total de 5,5 % payé en l'espèce pour ce brevet et divers autres éléments), qui sont non justifiées et dépourvues de contreparties (CAA Nancy 26 mars 1992 n° 433, 2e ch., Outirop-Fasteners : RJF 10/92 n° 1314 ; arrêt définitif).

e. Admission pour partie, en ce qui concerne le versement de redevances par une société française à une société suisse, aux motifs que la société française avait largement excédé ses **obligations contractuelles** en matière de frais de publicité, qu'un des brevets était tombé dans le **domaine public** et qu'aucun élément n'a pu être apporté en ce qui concerne l'importance réelle de l'assistance technique fournie par la société suisse (CAA Bordeaux 14 juin 2001 n° 97-1746, 1e ch., SA Lindt et Sprüngli : RJF 5/03 n° 553, ayant fait l'objet d'un pourvoi non admis par CE (na) 4 décembre 2002 n° 237167, 8e s.-s., SA Lindt et Sprüngli, publié à la même RJF) ; la circonstance qu'en l'espèce la marge bénéficiaire brute de la société française ait augmenté et que l'administration n'ait produit aucun élément de comparaison sur les relations commerciales normalement entretenues entre entreprises indépendantes a été considérée comme sans incidence.

f. Absence de facturation de redevances par une entreprise française titulaire du droit d'usage exclusif d'un **nom de domaine sur internet** qui a mis ce droit d'usage à la disposition de sa société mère suisse alors même que cette dernière lui aurait remboursé les frais d'enregistrement du nom de domaine (CE 7 décembre 2016 n° 369814, 9e et 10e ch., Sté eBay France : RJF 3/17 n° 212, confirmant CAA Paris 30 avril 2013 nos 12PA02246 et 12PA02678, 10e ch., Sté eBay France : RJF 4/14 n° 313) ; dans cette affaire, l'administration avait évalué le montant des bénéfices transférés à 2 % du chiffre d'affaires réalisé par l'intermédiaire du site « eBay.fr ».

g. Transfère des bénéfices hors de France une société française qui verse à la société américaine qui contrôle le groupe des redevances égales à 0,5 % du chiffre d'affaires issu des ventes de produits portant la **marque de distributeur** et non la marque du groupe, et qui n'apporte pas d'éléments au soutien de l'argument selon lequel la redevance devrait être entendue comme une redevance pour l'utilisation du savoir-faire en matière de marketing de la société américaine (TA Montreuil 22 mars 2018 n° 1704675, 1e ch., Sté 3 M : Droit fiscal 2018 n° 47, comm. n° 481 ; jugement définitif).

h. L'**absence de facturation** par une société française, en 2010, des redevances qui lui étaient contractuellement dues par sa filiale **brésilienne** caractérise une renonciation à recettes relevant par nature d'une gestion anormale dès lors qu'elle a pour effet la mise à disposition à titre gratuit des marques dont elle est propriétaire et dont elle supporte les frais de développement (CAA Versailles 21 juin 2022 n° 20VE02607, 1e ch., min. c/ Sté Accor ; voir également n° 60690, Précisions c) ; la circonstance que la société brésilienne aurait procédé à des versements de dividendes n'est pas de nature à établir qu'elle n'a pas réellement bénéficié de ces revenus, dès lors que, en décidant d'allouer des dividendes aux actionnaires, les organes compétents de la filiale ont disposé librement du produit de l'avantage qui lui a été consenti.

Exemples d'absence d'anomalie

Le Conseil d'État a estimé qu'il n'y avait pas transfert de bénéfices (ou, du moins, que l'administration n'avait pas apporté la preuve qui lui incombait), notamment dans les affaires suivantes : **76690**

a. En présence d'une filiale française d'une société américaine, qui versait à cette dernière une **commission de 5 %** de son chiffre d'affaires, que le matériel vendu ait été fabriqué par elle ou qu'elle se soit bornée à en assurer le montage (CE 25 octobre 1989 n° 65009, 9e et 8e s.-s., Caterpillar France : RJF 12/89 n° 1413) ; l'administration soutenait que le taux de 5 % était trop élevé au titre des matériels simplement montés par la société française, car le chiffre d'affaires français réalisé à cet égard ne devait rien à l'apport technologique de la société américaine. Le Conseil d'État n'a pas suivi cette position ; il a estimé que la distinction opérée par l'administration entre les opérations qui concourent successivement à l'élaboration des produits finis ne pouvait être retenue. Selon le commissaire du Gouvernement, elle était « extrêmement sujette à caution ». Cela dit, comme le soulignait ce dernier (Droit fiscal 1990, n° 44), le taux moyen effectif ressortait à environ 3,5 %, ce qui n'était guère plus élevé que les taux pratiqués par d'autres groupes multinationaux présentés par l'administration dans le cadre de la recherche de termes de comparaison (ceux-ci donnaient un taux de 2,33 % à l'époque des faits) ;

b. Compte tenu des circonstances, il a été admis qu'une société française ne facture pas de redevances à certaines sociétés étrangères au titre de **l'usage de sa marque** et de son **logo** alors qu'elle en facture à ses filiales françaises et à certaines autres filiales étrangères (CE 7 novembre 2005, nos 266436 et 266438, 3e et 8e s.-s., min. c/ Sté Cap Gemini : RJF 1/06 n° 17 ; voir nos 76615 et 76680) ;

c. Ont été admises des **redevances de marque** au taux de 2 % versées à sa société mère suisse par une société française ayant pour activité la production d'eau minérale embouteillée (CAA Versailles 18 février 2014 n° 11VE03460, 1e ch., Sté Nestlé Entreprises SAS : RJF 6/14 n° 552 ; arrêt définitif). En l'espèce, l'administration n'avait pas établi l'absence de valeur d'usage de l'association de la marque Nestlé à une marque d'eau minérale sur le marché européen des eaux embouteillées ; était notamment sans incidence la circonstance que le lancement de l'eau minérale n'aurait procuré aucun bénéfice à la société française en raison du coût des investissements nécessaires et de la faiblesse des ventes, car ces éléments ne suffisent pas à démontrer l'absence de valeur d'usage de la marque dès lors que le produit était en phase de lancement sur le marché (l'administration critiquait le principe même de la déductibilité et non spécifiquement le taux de la redevance).

d. L'administration ne démontre pas qu'une société française qui, au titre des exercices 2009 à 2011, facture à une filiale de distribution établie à Hong Kong une redevance de **licence de marque et de savoir-faire** au taux de 7 % et non de 10 %, lui transfère des bénéfices en invoquant, d'une part, le taux plus élevé que pratiquait la filiale hongkongaise au titre d'une sous-licence consentie à une société sœur hongkongaise (l'administration ne pouvait pas en déduire l'existence d'un avantage étant donné les liens de dépendance entre les sociétés concernées) et, d'autre part, les taux pratiqués par la société française avec des tiers (5 %, 7 % ou 10 %) en ne retenant que les taux les plus élevés et sans procéder aux ajustements nécessaires (TA Paris 20 mars 2019 nos 1620873 et 1705086, 1e sect., 3e ch., Sté ST Dupont) ; le ministre n'a pas fait appel de ce jugement, qui est définitif sur ce point, l'arrêt rendu ensuite sur appel de la société portant sur la rectification des prix de vente des produits (CAA Paris 13 avril 2022 n° 19PA01644, 2e ch., Sté ST Dupont, faisant l'objet d'un pourvoi n° 464928 ; voir n° 76890).

e. Une société française distribuant des médicaments génériques a été jugée fondée à déduire des redevances égales à 5 % de son chiffre d'affaires, versées en 2010 et 2011 à sa société mère danoise et à sa société sœur britannique, au titre de la concession d'éléments de propriété intellectuelle inhérents aux dossiers techniques permettant de déposer des **autorisations de mise sur le marché** (TA Lyon 26 octobre 2021 n° 2005396, 6e ch.,

SAS Arrow Génériques, faisant l'objet d'un appel enregistré sous le n° 22LY00087 ; voir également n° 72960) ; il s'agissait, en effet, d'éléments incorporels qui lui étaient indispensables, la circonstance que les comptes de la société britannique ne fassent pas ressortir d'**actifs incorporels** étant sans importance, dès lors que ces actifs ne sont pas toujours considérés comme tels sur le plan comptable (le jugement cite, à cet égard, le § 6.7 des Principes directeurs de l'OCDE). Il ne s'agissait pas d'un avantage par nature et l'administration devait donc procéder à des comparaisons, ce qu'elle n'avait pas fait.

f. Le fait, pour une société française, de pratiquer avec ses **filiales brésilienne et indienne**, en 2010 et 2011, des taux de redevance inférieurs à ceux retenus pour les autres sociétés du groupe sans justification résultant d'un panel spécifique de comparables, et alors même que ces filiales bénéficient des mêmes prestations, n'a pas été considéré comme un transfert de bénéfices hors de France compte tenu des **contraintes locales** d'ordre juridique, de contrôle des changes et pénal qui limitent les taux de redevances pouvant être pratiqués (CAA Versailles 18 novembre 2021 n° 19VE01727, 3e ch., min. c/ SA Bureau Veritas : RJF 4/22 n° 335 ; arrêt définitif). Dans cette affaire, la société avait produit des analyses d'avocats dont il résultait que le plafonnement des redevances de marque ou de savoir-faire dans ces pays ne procédait pas de leur législation fiscale, mais de mesures de portée générale large, principalement économique, visant protéger le marché intérieur ; en outre, pour la Cour, l'administration ne peut pas établir l'existence d'un avantage en se fondant sur la documentation en matière de prix de transfert de la société, fondée sur les prix pratiqués dans des **conditions de pleine concurrence**, alors que le Brésil et l'Inde n'offrent pas de telles conditions et placent donc les filiales brésilienne et indienne dans une situation différente à raison de contraintes réglementaires locales non fiscales (ces contraintes locales sont prises en compte par la Cour à titre d'élément de fait et de constatation matérielle et non comme une appréciation de droit qui dicterait le traitement fiscal applicable en France).

d. Relations financières entre sociétés liées

Principes

76700 Une société française peut accorder à sa société mère étrangère (ou à une quelconque société apparentée) d'importants avantages en lui consentant des **prêts sans intérêt** ou à des **taux d'intérêt réduits**.

D'une manière générale, il y a lieu de réintégrer dans le bénéfice imposable de la société française un intérêt correspondant au taux normal qui aurait dû être pratiqué compte tenu des circonstances de fait, dès lors qu'il n'existe pas de contrepartie au profit de la société française. Le taux peut être le taux moyen d'intérêt des avances sur titres pratiqué par la Banque de France ou parfois le taux payé par l'entreprise française à raison des sommes qu'elle a elle-même personnellement empruntées, ou encore un taux « raisonnable » déterminé par comparaison. Bien entendu, le caractère normal d'un prêt doit être analysé non seulement à la date à laquelle il a été consenti mais aussi ultérieurement lorsque des clauses prévoient une **possibilité de renégociation** à des conditions plus avantageuses pour le prêteur (en ce sens, notamment, CE 4 juin 2012 n° 350003, 8e et 3e s.-s., min. c/ Sté Old Town : RJF 8-9/12 n° 801 ; n° 72548).

Cela dit, un avantage financier accordé à une société liée peut être admissible si la société française en retire par ailleurs une **contrepartie**, conformément aux principes généraux et à la jurisprudence relative aux abandons de créance (nos 26060 s.), sous réserve du principe de non-déductibilité des aides à caractère financier (n° 26122).

Le Conseil d'État a en effet, depuis longtemps, admis que la présomption instituée par l'article 57 du CGI peut être combattue par une **preuve contraire** établissant que l'avantage (qu'il appartient à l'administration de démontrer) a pour contrepartie la sauvegarde ou la fructification de ses intérêts ; tel serait le cas, par exemple, si l'avantage était indispensable à la conclusion d'une affaire **compte tenu de l'état du marché** et des **conditions de la concurrence** (CE 13 avril 1964 n° 56173 : Droit fiscal 1965, n° 8) ou lorsque le prêt consenti sans intérêt a pour objet d'**éviter le dépôt du bilan** d'une filiale, lequel exposerait la société mère à des pertes beaucoup plus importantes que le montant des intérêts auxquels elle renonce (CE 13 janvier 1967 n° 68139 : Dupont 1967, p. 205).

Bien entendu, la contrepartie dont bénéficie la société mère doit être **proportionnée à l'avantage** qu'elle consent ; le Conseil d'État l'a précisé notamment à propos d'une société française qui avait consenti des avances sans intérêt à une filiale africaine (CE 12 novembre 1975 n° 94839, 8e et 9e s.-s. : RJF 1/76 n° 12). La société avait établi, et l'administration n'avait d'ailleurs pas contesté, qu'elle retirait des avantages indéniables de sa filiale dont l'activité outre-mer avait contribué à l'essor de la société mère en France par les ventes de matériel, les achats groupés et les travaux réalisés dans les ambassades en France des pays africains. Seule a donc été réintégrée la différence entre les sommes résultant de l'application d'un taux d'intérêt normal au total des avances consenties sans intérêt et le supplément de bénéfices (évalué par la société elle-même et contrôlé par l'administration) retiré par la société mère française de l'activité de sa filiale (autrement dit, les avantages dépourvus de contrepartie).

Enfin, il résulte de la jurisprudence du Conseil d'État qu'une société française ne commet pas d'acte anormal de gestion en ne réclamant pas d'intérêts si les sommes qu'elle a avancées ne peuvent porter intérêt en raison de la **réglementation étrangère** (nos 10690, 72548 et 76715 e).

Précisions **a.** Les principes jurisprudentiels anciens ne sont pas systématiquement transposables aujourd'hui dans la mesure où les **aides à caractère financier** ne sont plus déductibles par principe (n° 26122).

b. L'administration cherche parfois à soutenir qu'une **société déficitaire** commet un acte anormal de gestion en recourant à l'emprunt au motif que ses déficits successifs d'exploitation auraient pour cause l'insuffisance de la rémunération qui lui est allouée par le groupe ; la preuve d'un acte anormal de gestion implique, dans ce cas, que l'administration établisse que le recours à l'emprunt est la conséquence directe et exclusive de l'insuffisance de rémunération regardée comme un transfert de bénéfices (« **effet domino** » ; n° 72520, Précisions b), en sorte que les emprunts auraient eu pour seul objet de compenser ce transfert (CAA Paris 31 janvier 2013 n° 11PA00879, 5e ch., Giorgio Armani Retail SRL, arrêt définitif jugeant qu'en l'espèce la preuve n'était pas apportée).

Difficultés tenant aux comparables

La comparaison doit, en principe, être **précise** ; il est possible, lorsqu'il s'agit de mesurer un éventuel avantage du côté du prêteur, de transposer à l'international les décisions indiquant que le taux d'intérêt à retenir est celui que l'entreprise aurait pu obtenir d'un établissement financier pour un **placement analogue** (CE 7 octobre 1988 8e et 7e s.-s., n° 50-256 : RJF 12/88 n° 1296 ; CE 31 juillet 2009 n° 301935, 10e et 9e s.-s., SARL Jean-Marc Brocard : RJF 12/09 n° 1057) ou que le taux d'avances variables et remboursables ne peut être fixé au taux des placements à terme ni à celui des échanges interbancaires (CAA Lyon 5 février 1997 n° 94-427, Sté Montlaur Sakakini : Droit fiscal n° 10/1997, n° 255 ; arrêt définitif). En ce sens, voir CAA Versailles 17 décembre 2021 nos 20VE00043 et 20VE01009, 1e ch., Sté SAP France : RJF 5/22 n° 432 (n° 76710 g ; pourvoi enregistré sous le n° 461462), énonçant, dans le cadre franco-allemand, que le caractère normal ou anormal de la rémunération des avances de fonds consenties par une entreprise à une autre doit être apprécié, en ce qui concerne le prêteur, par rapport à la rémunération qu'il pourrait obtenir d'un établissement financier ou d'un organisme assimilé auprès duquel il placerait, dans des conditions analogues, des sommes d'un montant équivalent. 76705

Il s'en déduit notamment que la question de la normalité du taux d'intérêt est normalement **indépendante du coût de la ressource** ; en principe, afin d'apprécier le caractère normal ou anormal de la rémunération d'un prêt, ou d'une avance, consenti par une entreprise, la jurisprudence considère qu'il n'y a pas lieu de rechercher si les sommes prêtées proviennent des fonds propres de la société requérante ou des emprunts qu'elle a contractés (CE 7 février 1979 n° 8475, 7e et 8e s.-s. : RJF 3/79 n° 118 ; également, au BDCF 2/09 n° 15, conclusions sous CAA Paris 25 juin 2008 n° 06-2841, 2e ch., Sté Novartis Groupe France SA : RJF 2/09 n° 114, arrêt définitif concernant une société qui avait emprunté des sommes à un taux global supérieur à celui auquel elle les avait en partie reprêtées à une société sœur ; dans le même sens, CAA Paris 29 septembre 2009 n° 08-82, 2e ch., SA France Immobilier Group : RJF 12/10 n° 1143, arrêt définitif concernant une société qui empruntait à 7,35 % et qui prêtait à 4,85 %). Il en résulte qu'en principe une réintégration ne peut être fondée que sur le caractère anormal de la rémunération du prêt consenti et non sur le **différentiel d'intérêt négatif** éventuellement supporté (pour un exemple contraire, mais sans beaucoup d'autorité car il s'agit d'un arrêt rendu en formation de « jugeant seule », CE 28 novembre 2012 n° 340971, 10e s.-s., Sté Camefi, comparant le taux de l'avance au taux du refinancement, toujours dans l'ordre interne).

Dans le cas d'un **emprunt à l'étranger**, la comparaison porte en principe sur le taux que la société française aurait pu obtenir d'un tiers en France ; ainsi, il n'y a pas transfert de bénéfices si le taux est supérieur au taux moyen du marché du prêteur, du moment qu'il est inférieur au taux moyen français (CAA Nancy 26 mars 1992 n° 433, 2e ch., Outirop-Fasteners : RJF 10/92 n° 1314, à propos de l'article 238 A ; arrêt définitif).

Précisions **a.** L'administration a été reconnue fondée à considérer qu'avait commis un acte anormal de gestion une société qui exerçait une fonction de **centrale de trésorerie** de groupe et qui **pratiquait le même taux** (le taux Eonia) sur les fonds qu'elle empruntait et sur ceux qu'elle prêtait (CAA Paris 20 janvier 2016 n° 14PA03921, 2e ch., Sté Passire : RJF 12/16 n° 1061, arrêt définitif concernant une situation purement interne mais transposable à l'international) ; l'administration avait majoré de 0,1 % le taux des prêts et minoré de 0,1 % le taux des emprunts en estimant que la pratique de la société n'était pas admissible car elle générait nécessairement des résultats déficitaires compte tenu de ses charges. En l'espèce, la Cour n'a pas analysé séparément les taux des prêts et des emprunts mais a adopté une approche globale.

b. Dans un cadre interne, il a été jugé qu'une filiale pouvait calculer la **rémunération d'avances permanentes de trésorerie** assimilables à des placements monétaires en fonction du taux qu'elle aurait obtenu pour de tels placements sur le marché, sans égard au taux auquel la société mère aurait pu, compte tenu de la prime de risque qui la caractérisait à l'époque, emprunter sur le marché (CAA Versailles 9 février 2016 n° 15VE00394, 3e ch., SNC Rhodia Participations : RJF 6/16 n° 508 ; arrêt définitif).

Garantie implicite liée à l'appartenance au groupe

76707 La question des conséquences à tirer, au regard du taux d'intérêt acceptable, de l'appartenance d'une société emprunteuse à un groupe multinational est assez délicate ; le principe de pleine concurrence voudrait qu'il n'en soit pas tenu compte, puisque, précisément, ce principe cherche à gommer les effets possibles de l'existence de relations de dépendance ou de contrôle, mais, dans le même temps, l'appartenance d'une société à un groupe crée des conditions qui sont de nature à influer sur les éléments déterminants de la comparabilité.

La position du Conseil d'État, telle qu'elle ressort de la décision General Electric France (CE 19 juin 2017 nos 392543 à 392545, 9e et 10e ch., min. c/ Stés General Electric France et General Electric Capital : RJF 10/17 n° 908), peut être résumée de la façon suivante :
– l'appartenance d'une société emprunteuse à un groupe peut, sur le plan des principes, être prise en compte **pour l'appréciation de son risque de défaut** à condition qu'elle soit susceptible d'avoir une incidence sur sa solvabilité ;
– mais l'administration ne peut présumer que l'appartenance au groupe puisse avoir, à elle seule, une incidence sur sa solvabilité ; elle doit le **démontrer**, quand bien même les acteurs de marché se seraient renseignés sur le risque de solvabilité de la société tête de groupe ; la situation est différente en présence d'une **caution**, l'administration pouvant, dans ce cas, présumer que le cautionnement par une société mère des dettes de l'une de ses filiales a pour effet de modifier le risque de solvabilité de cette filiale.

Dans cette affaire, le Conseil d'État a confirmé l'arrêt d'appel jugeant que l'appartenance d'une société française à un groupe dont la société mère était notée AAA et le soutien financier que cette dernière était susceptible de lui apporter ne sauraient suffire, à eux seuls, à la faire regarder comme notée AA, alors que sa note intrinsèque n'était que BB et que l'administration n'avait pas établi les effets sur la solvabilité de la société française de la garantie implicite susceptible de résulter des relations financières au sein du groupe ; selon ce qu'indiquait la rapporteure publique, « la cour a eu raison d'entrouvrir la porte à la prise en compte de la **garantie implicite** en jugeant que l'appartenance à un groupe peut être une variable entrant dans l'appréciation de la situation propre de la filiale (...). À l'opposé, il ne nous paraît pas raisonnable de reconnaître une présomption de garantie implicite jouant au profit d'une entreprise du seul fait qu'elle est membre d'un groupe de sociétés, comme le ministre voudrait vous le faire juger. Selon lui, l'appartenance à un groupe a toujours une influence positive sur le risque de solvabilité intrinsèque, car le groupe ne laissera jamais sombrer sa filiale en cas de difficulté financière (...) Cette **vision idyllique de la solidarité** au sein d'un groupe n'est conforme ni à la pratique des agences de notation, ni à votre jurisprudence » (conclusions Marie-Astrid Nicolazo de Barmon : RJF 10/17 C 908) ; cette décision s'insère manifestement dans le courant jurisprudentiel qui refuse, pour apprécier le caractère normal ou non d'un acte de gestion, de retenir l'intérêt du groupe.

Dans le même sens, il avait précédemment été jugé que la **capacité à faire face au remboursement** des échéances des emprunts pendant toute leur durée, qui est un élément à prendre en compte pour apprécier la normalité du taux d'intérêt, doit être appréciée au regard de la situation propre de la société emprunteuse et doit tenir compte de l'appartenance de cette société au groupe mais seulement dans la mesure de son incidence sur les critères au regard desquels s'apprécie le **risque de défaut** de paiement (CAA Bordeaux 2 septembre 2014 n° 12BX01182, 3e ch., min. c/ Sté Stryker Spine SAS : RJF 12/14 n° 1083, arrêt définitif jugeant qu'en l'espèce la démonstration du caractère excessif du taux d'intérêt n'avait pas été faite et que le risque de défaut de paiement n'avait pas à être apprécié au regard de la situation financière de l'ensemble du groupe).

En définitive, si l'appartenance d'une société à un groupe lui fait théoriquement bénéficier d'une garantie implicite (« **effet de halo** »), il n'y a lieu d'en tenir compte que si sa réalité et ses effets sont bien établis et non pas seulement présumés. Une garantie implicite ne pourrait sans doute être mise en lumière que s'il était démontré, par une analyse circonstanciée et documentée, que la société mère étrangère avait véritablement la capacité et la volonté de soutenir sa filiale emprunteuse.

Précisions On conçoit qu'une société ne puisse pas justifier de la normalité d'un taux d'intérêt élevé au simple motif que sa situation financière personnelle est très dégradée, si elle bénéficie du **soutien explicite** du groupe ; en principe, en effet, le taux d'intérêt est déterminé par référence au taux sans risque augmenté d'un « spread » qui représente une **prime de risque** (plus le risque est faible et plus le taux d'intérêt doit être faible). Cela étant, dans ces circonstances, il y aurait lieu de considérer que la garantie implicite devrait elle-même faire l'objet d'une rémunération implicite de sorte que la société emprunteuse pourrait finalement être autorisée à déduire des sommes plus importantes que si elle était en bonne santé.

Exemples de transferts de bénéfices

Les exemples suivants illustrent des cas où la jurisprudence a considéré que l'administration avait été en mesure de prouver l'existence d'un transfert de bénéfices dans le cadre de relations financières au sens large. **76710**

a. Une société française qui **consent** un **prêt gratuitement** à sa filiale britannique pendant quatre années consécutives est soumise aux dispositions de l'article 57 du CGI dès lors qu'elle ne peut faire état d'aucune circonstance particulière tenant à sa propre exploitation et de nature à établir que l'abandon des intérêts normalement dus n'était pas sans **contrepartie** pour elle (CE 26 novembre 1982 n° 24 360 : RJF 1/83 n° 16) ; la société s'était bornée à faire état des difficultés financières de sa filiale, lesquelles auraient pu, selon le Conseil d'État, justifier qu'elle renonce au paiement immédiat de sa créance d'intérêts, mais pas qu'elle s'abstienne de stipuler des intérêts et de tenir pour acquise la créance correspondante. En l'espèce, le paiement d'intérêts n'aurait eu comme conséquence, selon le commissaire du Gouvernement Philippe Bissara, qu'un modeste déficit au Royaume-Uni qui n'aurait pu conduire au dépôt de bilan. Rien ne justifiait ainsi la non-perception d'intérêts.

b. La **renonciation à percevoir** des **sommes facturées** au titre de commissions constitue un transfert de bénéfices sur le fondement de l'article 57 dès lors que la société ne justifie pas du caractère irrécouvrable des créances en cause ni de l'existence d'une contrepartie directe conforme à son propre intérêt commercial en se bornant à faire état de difficultés financières des sociétés sœurs aidées (CAA Paris 26 mars 1991 n° 2624, 3e ch., Europ Continents : RJF 6/91 n° 746 ; arrêt définitif).

c. L'octroi par une société française de **délais de paiement sans intérêts** à une filiale hors de France est présumé constituer un transfert de bénéfices à l'étranger et l'administration est fondée à réintégrer le montant des intérêts dans le résultat imposable, en l'absence de contreparties (CAA Bordeaux 6 avril 1994 n° 92-1109, SA Baker International France : RJF 11/94 n° 1169, ayant fait l'objet d'un pourvoi non admis par CE CAPC 12 avril 1995 n° 158962, SA Baker International France : RJF 6/96 n° 711).

d. Une société française qui consent une **avance sans intérêt** à une filiale espagnole commet un acte anormal de gestion dès lors que cette filiale a été constituée sept ans auparavant et qu'elle n'est donc pas en phase de constitution, qu'en outre la gravité de sa situation financière n'est pas établie, et qu'enfin l'aide ainsi consentie est dépourvue de contrepartie directe pour la société française qui n'établit notamment pas qu'elle ait contribué à la diversification des débouchés de ses produits en Espagne (CE 21 décembre 2007 n° 288099, 10e et 9e s.-s., SA de production et d'approvisionnement du plateau central « Rouergue-Auvergne-Gévaudan-Tarnais » : RJF 3/08 n° 276).

e. Une société française n'a pu déduire des abandons de créance au profit de **deux succursales** en Australie et à Singapour **d'une filiale** située à Hong Kong, dans la mesure où, si les succursales étaient en difficulté, la filiale dont elles ne constituaient qu'un démembrement ne l'était pas (CE 11 avril 2008 n° 281033, SA Guerlain : RJF 7/08 n° 788, avec conclusions Célia Vérot au BDCF 7/08 n° 85 et chronique Julie Burguburu à la RJF 7/08 page 667 ; voir aussi n° 26115).

f. Il avait été jugé qu'une société française qui **garantit le risque de crédit** de certaines succursales étrangères du groupe dès le premier euro de sinistre, alors que ses contrats types retiennent un seuil de déclenchement de la garantie fixé à 2,4 % de l'encours couvert, sans exiger de primes supplémentaires en contrepartie, transfère des bénéfices à l'étranger (CAA Versailles 9 juillet 2019 n° 17VE00308, Sté Genefinance venant aux droits de la société Interga : RJF 12/19 n° 1129) ; cet arrêt a toutefois été annulé pour dénaturation et l'affaire a été renvoyée à la cour administrative d'appel de Versailles où elle est enregistrée sous le n° 21VE02294 (CE 19 juillet 2021 n° 434268, 9e ch., Sté Genefinance venant aux droits de la société Interga : RJF 11/21 n° 1003 ; voir également n° 76960, Précisions a).

g. Une société française transfère, en 2012 et 2013, des bénéfices à sa société mère allemande en lui avançant des fonds dans le cadre d'une convention de « **cash pooling** » sans lui réclamer d'intérêt au motif que le taux stipulé dans la convention de prêt (Eonia – 15 bp) aurait conduit à un taux négatif (CAA Versailles 17 décembre 2021 nos 20VE00043 et 20VE01009, 1e ch., Sté SAP France : RJF 5/22 n° 432 ; pourvoi enregistré sous le n° 461462) ; en effet, le taux retenu de 0 % était sans rapport avec la rémunération à laquelle la société française aurait pu prétendre si elle avait placé ses excédents de trésorerie auprès d'un établissement financier et la société ne pouvait faire état de contreparties, étant constamment créditrice envers la centrale de trésorerie (l'administration avait retenu un taux mensuel des dépôts à vue compris entre 0,15 % et 0,18 % et la société ne proposait pas de comparable plus pertinent).

Exemples d'absence d'anomalie

76715 Parmi les exemples tirés de la jurisprudence, on relèvera les suivants.

a. Un **prêt sans intérêt** peut être admissible si la société française peut montrer que la libéralité n'est qu'apparente et qu'elle entre dans le cadre d'une gestion commerciale normale (CE 2 juin 1982 n° 23342 : RJF 7/82 n° 637) ; en l'espèce, la société requérante avait pu montrer que l'action de sa filiale avait eu comme conséquences pour elle un accroissement important de ses **recettes à l'exportation** au Royaume-Uni et des profits qu'elle en retirait. Le Conseil d'État n'a donc pas critiqué l'opération réalisée par la société française qui, pour développer ses exportations sur un marché, s'est appuyée sur les services d'une filiale à laquelle elle a consenti, à titre **temporaire** et **remboursable**, une **aide financière** lui permettant de commencer à fonctionner. Comme l'indiquait le commissaire du Gouvernement Schricke, « l'administration, sous le contrôle du juge, est en droit de réintégrer un avantage qui n'a pas été consenti dans le cadre d'une gestion commerciale normale, c'est-à-dire dans l'intérêt propre de l'exploitation. Mais l'entreprise a **le droit à l'erreur** ; elle a le droit, et même le devoir, de prendre des risques raisonnables, dès lors que ceux-ci sont imposés par son propre intérêt ».

b. Une société ne commet pas d'acte anormal de gestion **en cédant une participation** dans une SCI à ses associés non résidents à un prix inférieur à sa valeur vénale, dès lors qu'elle peut établir que cet avantage a eu comme contrepartie un prêt sans intérêt consenti par les associés qui lui en ont ultérieurement fait abandon (CE 16 juin 1993 n° 78950, 9e et 8e s.-s., SARL Copag : RJF 8-9/93 n° 1195).

c. Un exemple original concerne une société française qui avait emprunté en 1978 à sa société mère au Panama, en francs français, puis converti sa dette en francs suisses en 1983 mais en appliquant le taux de change en vigueur au 31 décembre 1981 (CAA Bordeaux 4 juillet 1996 n° 94-1516, 3e ch., SCI Le Clos de Passy : RJF 10/96 n° 1146 ; arrêt définitif) ; la société avait, compte tenu de l'évolution des cours, constaté une **perte de change** déductible. L'administration a considéré qu'en opérant la conversion au cours du change constaté près de deux ans avant la société mère panaméenne, qui détenait 99 % des parts de la SCI, s'était octroyée un avantage égal à la dévalorisation du franc au cours de cette période. Quoique cette remarque paraisse logique et fondée, la Cour a cependant estimé qu'il n'y avait pas lieu d'appliquer l'article 57 car la société française avait justifié de son intérêt en démontrant qu'elle avait emprunté pour rembourser elle-même ses propres dettes. Il semble que la

Cour ait admis que la société n'avait pas d'autre choix, dans le contexte, que de se plier aux exigences de sa société mère. Cette solution nous paraît cependant douteuse et difficilement explicable, sauf peut-être par une mauvaise argumentation de l'administration (voir au BDCF 5/96 les conclusions du commissaire du Gouvernement, qui soulignent le manque de pertinence et de conviction du ministre à critiquer la motivation du jugement de première instance).

d. Une société française a pu consentir des **avances sans intérêt** et un **abandon de créances** à ses filiales italiennes, dans la mesure où la libéralité apparente trouvait, en réalité, sa contrepartie dans la nécessité de permettre le redressement de ces filiales et de développer le chiffre d'affaires et les exportations de la société française, même si le chiffre d'affaires réalisé entre la société française et ses filiales était peu important (TA Nantes 23 janvier 2004 n° 99-5190, 5e ch., SA Multimixing : RJF 10/04 n° 973 ; jugement définitif) ; en revanche, la société a commis un acte anormal en consentant des avances sans intérêt aux administrateurs et dirigeants de ces filiales afin de leur permettre d'acquérir une participation dans le capital de ces sociétés.

e. Une société française ne commet pas d'acte anormal de gestion en ne réclamant pas d'intérêts si les sommes qu'elle a avancées ne peuvent porter intérêt **au regard de la réglementation étrangère** (CE 7 septembre 2009 n° 303560, 8e et 3e s.-s., SNC Immobilière GSE : RJF 12/09 n° 1068 ; conclusions Laurent Olléon au BDCF 12/09 n° 136) ; en l'espèce, il s'agissait d'une société française qui avait consenti à une filiale portugaise des avances qui devaient être regardées comme des apports en capital et dont le droit portugais interdisait la rémunération (nos 10690 et 72548). Il a ensuite été jugé de même à propos d'une société française qui avait versé à une filiale allemande des sommes qui avaient été enregistrées en « **Kapitalrücklage** », c'est-à-dire en quasi-capital (CAA Paris 2 novembre 2010 n° 09PA01376, 9e ch., Sté Stallergènes, annulant TA Paris 31 décembre 2008 nos 03-9446 et 04-22396, 1e sect., 1e ch., Sté Stallergènes : RJF 7/09 n° 621 ; un pourvoi avait été formé contre l'arrêt d'appel mais il a fait l'objet d'une décision de non-admission du 20 février 2012). Voir cependant n° 72548 la décision négative du Conseil d'État à propos d'un prêt subordonné consenti à une société luxembourgeoise (CE 4 juin 2012 n° 350003, 8e et 3e s.-s., min. c/ Sté Old Town : RJF 8-9/12 n° 801).

f. Une commission versée à une société étrangère du groupe, en échange de l'engagement de cette dernière de satisfaire à tout instant aux **besoins de liquidités** de la société bénéficiaire, a bien une contrepartie et n'est donc pas étrangère à une gestion commerciale normale, alors même que la bénéficiaire n'a pas eu recours à la **ligne de crédit** qui était mise à sa disposition (CAA Versailles 28 mai 2015 n° 14VE01904, 3e ch., min. c/ Sté General Electric Capital : RJF 10/15 n° 763 ; cet arrêt a, sur un autre point, fait l'objet d'un pourvoi qui a été rejeté par CE 19 juin 2017 nos 392543 à 392545, 9e et 10e ch., min. c/ Stés General Electric France et General Electric Capital : RJF 10/17 n° 908 ; voir n° 76707) ; dans ses conclusions devant la cour administrative d'appel, le rapporteur public estimait qu'une telle ligne de crédit pouvait s'analyser comme une sorte d'assurance et que la circonstance qu'elle n'ait finalement pas été utilisée était sans incidence car elle n'avait pas vocation à être utilisée pour les opérations de financement courantes (conclusions Bruno Coudert au BDCF 10/15 n° 116).

g. Il a été jugé qu'une société française ne transfère pas de bénéfices hors de France lorsqu'elle souscrit à l'ensemble des **obligations convertibles en actions** émises par une filiale britannique dont elle détient la totalité du capital en étant rémunérée à un taux de 1,085 % au lieu du taux de 4,41 % qui aurait été pratiqué en cas d'émission d'obligations ordinaires (CAA Versailles 25 janvier 2022 n° 19VE03125, 3e ch., Sté EDF International et Sté EDF : RJF 5/22 n° 431 ; pourvoi enregistré sous le n° 462388) ; la Cour écarte le raisonnement de l'administration selon lequel la faiblesse de la rémunération reçue ne pouvait, en l'espèce, trouver de contrepartie dans l'option de conversion des obligations en actions au motif que cette option n'aurait aucune valeur et estime, au contraire, que l'émission permettait à la société française d'obtenir des actions à un prix avantageux grâce au mécanisme de conversion (la solution méritera d'être confirmée, car les obligations avaient été émises par une filiale à 100 %, de surcroît dans le cadre d'un schéma « hybride », deux éléments qui devraient vraisemblablement être pris en compte aux fins de la comparaison avec les pratiques du marché).

Cas des provisions

Lorsqu'une société française a consenti une avance à une société apparentée étrangère **76720**
et qu'elle est conduite à provisionner cette avance pour risque de non-recouvrement, la déduction de cette provision **ne peut être refusée** sur le fondement de l'article 57 du

CGI ; il n'y a pas, en effet, de transfert de bénéfices dans la mesure où la dette n'est pas éteinte (en ce sens, CAA Paris 31 mars 2004 n° 00-2880, 2e ch. A, Sté Ressifrance : RJF 10/04 n° 972, arrêt définitif ; conclusions au BDCF 10/04 n° 116). Cela ne signifie pas, pour autant, que la situation ne soit pas par ailleurs critiquable, si, par exemple, l'administration est en mesure d'établir que **l'octroi de l'avance** était, au départ, un acte anormal de gestion (le commissaire du Gouvernement remarquait, à juste titre, que le fait d'accorder, dès l'origine, une avance qui n'a aucune chance d'être remboursée caractérise un acte anormal de gestion).

Cas des engagements de caution

76725 Dans le domaine des relations financières, la question des cautions apportées par une société mère se pose assez souvent. Elle doit évidemment être abordée selon les mêmes principes, en tenant compte notamment des principes posés par la décision General Electric France du 19 juin 2017 (n° 76707). Ainsi, le Conseil d'État a jugé qu'une **dispense d'intérêts** n'avait pas le caractère d'un transfert de bénéfices dans le cas d'une filiale étrangère qui avait déjà bénéficié d'avances pour lesquelles la caution de la société mère avait été exigée et se trouvait placée dans une situation financière difficile (CE 13 janvier 1967 n° 68139 : Dupont 1967 p. 205, estimant que la société mère française avait cherché par ce moyen à éviter de subir elle-même, du fait de la caution qu'elle avait accordée, des pertes beaucoup plus importantes que le montant des intérêts auxquels elle avait renoncé, alors que le dépôt de bilan de la filiale étrangère aurait pu porter atteinte au crédit de la société mère).

Sauf contrepartie, cependant, le fait pour une société française d'avoir donné sa caution à des filiales étrangères **sans percevoir de rémunération** pour ce service constitue un transfert de bénéfices au sens de l'article 57 (CE 9 mars 1979 n° 10454, Plén. : RJF 4/79 n° 193) ; l'avantage ainsi procuré aux filiales devait donc être réintégré dans les résultats imposables de la société française. Il semble que l'explication de l'attitude stricte du Conseil d'État dans cette affaire puisse être trouvée dans l'absence de difficultés financières des filiales étrangères (point relevé par le commissaire du Gouvernement Bruno Martin Laprade) et plus généralement dans l'absence de contrepartie pour la société française (encore que ce point ne ressorte clairement ni du corps de l'arrêt, ni des conclusions du commissaire du Gouvernement).

Quoi qu'il en soit, le Conseil d'État a pris une position plus souple à propos d'une société française qui avait **cautionné sans rémunération** sa filiale brésilienne (CE 3 mars 1989 n° 77581, 7e et 9e s.-s., Lainière de Picardie : RJF 5/89 n° 538). Il a été jugé, en effet, conformément aux conclusions du commissaire du Gouvernement Bruno Martin Laprade, que la société française avait justifié que les emprunts souscrits par la société brésilienne auprès d'une banque française et qu'elle avait cautionnés ont permis un développement important de ses ventes à la société brésilienne et que, par suite, elle avait apporté la preuve que la libéralité apparente qu'elle avait consentie en renonçant à exiger le versement par sa filiale d'une commission en rémunération du service qu'elle lui avait rendu a eu une contrepartie directe conforme à la sauvegarde de son propre intérêt commercial ; il n'y avait donc pas de transfert de bénéfices au sens de l'article 57 du CGI. La solution retenue en l'espèce est éclairée par les conclusions du commissaire du Gouvernement, qui avait mis en avant, d'une part, le fait que les **autorités brésiliennes interdisaient la rémunération** des cautions données par des sociétés étrangères (les sociétés françaises dissimulaient donc couramment une rémunération de caution sous forme d'une contrepartie convenue à l'occasion d'autres affaires) et, d'autre part, que les commissions dont la société française s'était privée, d'un montant au demeurant modeste, étaient de très loin inférieures aux profits qu'elle réalisait au travers des relations commerciales entretenues avec la filiale. Dès lors, la preuve d'une contrepartie était apportée.

76727 Il ne faut pas tirer de la décision Lainière de Picardie (n° 76725) de principe général sur la possibilité de ne pas réclamer de rémunération des cautions apportées à des filiales étrangères, tout au contraire. Il a ainsi été jugé avec netteté que le fait pour une société mère de fournir gratuitement sa caution à une filiale constitue un acte étranger à une gestion commerciale normale, sauf si la société peut être regardée comme ayant agi dans son propre intérêt en venant en aide à sa filiale (CE 17 février 1992 n° 74272, 9e et 7e s.-s., Carrefour : RJF 4/92 n° 433) ; cela étant, la **rémunération** doit être **proportionnée** au **risque**, ce qui a permis au Conseil d'État, dans cette affaire, de ramener à 0,25 % le taux de rémunération que l'administration avait fixé à 1 % (l'avantage, d'après le commissaire du Gouvernement Philippe Martin, devait être déterminé par rapport au **prix normal du service rendu** et non pas par rapport au prix de revient de ce service).

La cour administrative d'appel de Paris, de son côté, a considéré que **l'absence de rémunération des cautions** accordées à deux filiales brésiliennes n'avait pas été justifiée par une société française qui n'avait pu montrer de lien entre cet avantage et le développement ou même le maintien du courant d'affaires entre elle-même et ses filiales (CAA Paris 6 avril 1993 n° 91-699, 2e ch., Metaleurop : RJF 7/93 n° 1042 ; arrêt définitif). Cette solution n'est pas contradictoire avec la décision du Conseil d'État, à propos du Brésil (n° 76725) ; elle montre simplement que l'absence de rémunération ne se justifie qu'en présence de **contreparties précises**. Dans le même sens, la même Cour a décidé que l'administration avait à bon droit réintégré une commission évaluée à 0,50 % dans les résultats imposables d'une société française qui avait accordé des cautions au profit de sa sous-filiale britannique, car elle n'avait pu justifier d'une contrepartie directe et effective à son profit conforme à la sauvegarde de son propre intérêt commercial (CAA Paris 20 octobre 1994 n° 93-715 ; arrêt définitif). Sur cette question, voir également n° 76710 f.

Précisions **a.** On notera, ce qui a la valeur d'un principe général, que le juge n'admet pas comme contrepartie la simple **valorisation d'une participation** ni **l'accroissement des dividendes**. L'intérêt du groupe est, en tant que tel, irrecevable au regard de la définition du redevable de l'impôt sur les sociétés et de l'article 57 du CGI (voir conclusions Philippe Martin sous l'arrêt Carrefour, précité). Voir aussi n° 76615.

b. Pour un exemple où la **souscription d'un engagement de caution** a été considérée comme un acte anormal de gestion, voir CAA Douai 27 septembre 2006 n° 05-1240, 3e ch., min. c/ Sté Villerdis : RJF 6/07 n° 661, arrêt définitif concernant une société membre du réseau Leclerc qui avait garanti un prêt immobilier souscrit par une sous-filiale américaine non adhérente à l'association des centres distributeurs (la somme versée en exécution de cet engagement n'a donc pas été considérée comme déductible).

c. L'octroi par une entreprise d'une **garantie de perte de change** accordée au profit d'une filiale luxembourgeoise qui contracte un emprunt en devises étrangères ne relève pas, en règle générale, d'une gestion commerciale normale et la charge qu'entraîne la mise en œuvre de cette garantie est par suite susceptible de constituer un transfert de bénéfices au sens de l'article 57 du CGI (CAA Paris 13 mars 2012 n° 10PA00958, 10e ch., Sté Sodefra Finances : RJF 12/12 n° 1105 ; arrêt définitif, aux conclusions Patrick Ouardes au BDCF 12/12 n° 138) ; en l'espèce, la garantie avait été accordée sans contrepartie et la requérante n'avait pas démontré qu'à supposer que l'octroi de la garantie eût été nécessaire, elle était seule à même de l'accorder ni les raisons pour lesquelles elle l'avait accordée à une filiale indirecte dont elle ne détenait qu'une très faible part du capital.

d. L'administration a été jugée fondée à rectifier la rémunération reçue par une banque française au titre de la garantie qu'elle avait consentie à sa filiale luxembourgeoise, en retenant une analyse fondée sur une **méthode d'écart obligataire** (TA Montreuil 10 juin 2021 n° 1901942, 1e ch., Sté CIC ; appel enregistré sous le n° 21PA04517).

Cas des sociétés sous-capitalisées

On s'est demandé si l'article 57 du CGI pouvait permettre à l'administration de redresser **76730**
des situations de **sous-capitalisation**, sous l'empire de la législation applicable avant le 1er janvier 2019 (ancien article 212, II du CGI abrogé par l'article 34 de la loi n° 2018-1317 du 28 décembre 2018 de finances pour 2019).

Cette question avait donné lieu à une importante décision de section du **Conseil d'État** dans une affaire qui concernait, à titre principal, la combinaison du principe de non-discrimination et de l'article 212 du CGI dans l'une de ses anciennes rédactions (CE 30 décembre 2003 n° 233894, Sect., Sté Andritz : RJF 3/04 n° 238 aux conclusions Gilles Bachelier au BDCF 3/04 n° 33 ; voir n° 81335). Sentant la possibilité d'échouer à écarter le principe de non-discrimination, le ministre avait, en effet, cherché, devant le Conseil d'État, à justifier **la non-déductibilité des intérêts excédentaires** sur le fondement de l'article 57 ; il soutenait qu'en l'espèce les avances consenties par la société mère autrichienne à sa filiale française avaient pour objet de compenser l'insuffisance du capital social dont la société mère avait doté sa filiale et pour effet de permettre à celle-ci de déduire de ses bénéfices imposables la rémunération du supplément de fonds ainsi mis à sa disposition, au titre des intérêts dus à raison de ces avances et de préférence aux dividendes non déductibles rémunérant l'apport des actionnaires, et qu'il en serait résulté un transfert de bénéfices vers la société mère au sens de l'article 57 du CGI.

Le Conseil d'État, cependant, n'a pas accueilli cet argument de dernière minute ; il a estimé que les dispositions de l'article 57 n'ont, pas davantage que les stipulations correspondantes de la convention fiscale franco-autrichienne (article sur les « entreprises associées », équivalent de l'article 9 du modèle de convention fiscale de l'OCDE), pour objet ou pour effet d'autoriser l'administration à apprécier le caractère normal du choix opéré par une entreprise étrangère de financer par l'**octroi d'un prêt, de préférence à un apport de fonds propres**, l'activité d'une entreprise française qu'elle détient ou contrôle et à en tirer, le cas échéant, de quelconques conséquences fiscales. De leur côté, les stipulations conventionnelles précitées ont été interprétées dans le même sens par le Conseil d'État, considérant qu'elles autorisent les États à apprécier, notamment, le caractère normal de la rémunération d'un prêt entre entreprises liées mais qu'elles ne sauraient avoir pour objet ou pour effet de permettre à ces États d'apprécier le caractère normal du choix arrêté par une entreprise de financer par l'octroi d'un prêt, de préférence à un apport de fonds propres, l'activité d'une autre entreprise qu'elle détient ou contrôle.

Il est donc clair qu'une éventuelle critique au titre de la sous-capitalisation d'une société ne peut prospérer sur le terrain contentieux sous l'angle de la répression des prix de transfert.

Tirant les conséquences de la jurisprudence, l'administration avait admis que, quand bien même l'endettement de la filiale pourrait apparaître disproportionné au regard des facultés contributives de remboursement, les dispositions de l'article 57 du CGI ne permettent de s'opposer qu'à la seule anormalité des modalités du prêt, soit **principalement** le **taux** servi (ancienne instruction du 12 janvier 2005, BOI 13 O-2-05, aujourd'hui abrogée).

Cas des succursales

76735 D'une façon générale, l'administration estime que la **répartition de l'endettement** entre le siège étranger et l'établissement français d'une même entreprise doit rester conforme au principe de territorialité tel qu'il est posé par l'article 209, I du CGI et l'article « bénéfices des entreprises » des conventions fiscales.

Le Conseil d'État a cependant jugé le contraire, en décidant que les succursales peuvent ou non être dotées de quasi-fonds propres, **au choix de l'entreprise** (CE 11 avril 2014 n° 346687, 10e et 9e s.-s., Sté Unicredit venant aux droits de Banca di Roma Spa ; CE 11 avril 2014 n° 344990, 10e et 9e s.-s., Bayerische Hypo und Vereinsbank AG (HVB-AG) ; CE 11 avril 2014 n° 359640, 10e et 9e s.-s., Caixa Geral de Depositos : RJF 7/14 n° 667 aux conclusions Delphine Hedary). Dans chacune de ces trois affaires, qui concernaient des **succursales françaises de banques étrangères**, l'administration n'était pas fondée à refuser que soient déduits les intérêts versés par les succursales sur la fraction des emprunts correspondant au complément théorique de fonds propres dont elles auraient dû disposer si elles avaient constitué des entreprises autonomes et indépendantes.

Le Conseil d'État rappelle, certes, que l'administration est autorisée à remettre en cause la déduction d'intérêts versés, selon les circonstances, au siège de la société, à d'autres établissements stables ou à des tiers en rémunération de prêts consentis à la succursale, pour des motifs tirés, le cas échéant, de la non-conformité de l'objet des prêts à l'activité en France de la succursale ou du caractère excessif de leur rémunération. Mais il précise que l'administration n'est pas autorisée à apprécier le **caractère normal du choix opéré par le siège** de financer l'activité de sa succursale en la laissant recourir à l'emprunt plutôt qu'en lui apportant des fonds propres, ni à en tirer, le cas échéant, de quelconques conséquences fiscales (transposition de la solution retenue à propos des filiales, n° 76730).

Quant aux **stipulations conventionnelles** relatives à l'imposition des établissements stables, le Conseil d'État juge qu'elles ne permettent pas non plus à l'administration d'imputer à une succursale les bénéfices qui auraient résulté de l'apport de fonds propres d'un montant différent de celui qui, inscrit dans les écritures comptables, retrace fidèlement les prélèvements et apports réalisés entre les différentes entités de l'entreprise ; l'administration ne saurait, en particulier, substituer à ce dernier montant les fonds propres dont la succursale aurait dû être dotée, en vertu de la réglementation applicable (réglementation relative aux ratios prudentiels) ou au regard, notamment, de l'encours des risques auxquels elle est exposée, si elle avait joui de la personnalité morale.

Ces décisions sont également susceptibles d'avoir des conséquences en sens inverse, lorsque l'administration reproche à une banque française d'avoir **excessivement capitalisé une succursale étrangère** ; ainsi, l'administration ne peut, sur le terrain tant des articles 209, I et 57 du CGI que de l'article 7, 2 de la convention fiscale franco-japonaise du 3 mars 1995, rectifier les résultats imposables d'une banque française au motif qu'elle aurait renoncé à percevoir les produits financiers correspondants à un excédent de dotation en capital d'une succursale japonaise (CE 17 juin 2015 n° 369722, 369724 et 369725, 10e et 9e s.-s., min. c/ Sté AIG Management France SA : RJF 10/15 n° 759). La solution est fondée sur le même raisonnement que dans les affaires précitées concernant des succursales françaises de banques étrangères (ni le droit interne ni la convention fiscale ne donnent à l'administration le pouvoir d'apprécier le choix opéré par le siège de financer l'activité d'une succursale étrangère en lui apportant des fonds propres plutôt qu'en la laissant recourir à l'emprunt) ; dans cette affaire, le Conseil d'État réserve le cas où l'excédent d'apport constituerait un **acte anormal de gestion**, mais il estime que la cour administrative d'appel n'a pas dénaturé les pièces du dossier en jugeant que l'administration n'avait pas entendu se prévaloir, au cours de la procédure d'imposition, de l'absence d'intérêt de la requérante à procéder aux dotations en capital litigieuses. Dès lors que la question ne se posait pas, le Conseil d'État n'a pas précisé en quoi l'attribution à une succursale d'une dotation excédentaire pourrait constituer un acte anormal de gestion (on ne voit tout de même pas très bien pourquoi l'acte anormal de gestion serait réservé alors que l'application de l'article 57 du CGI serait interdite par principe, à moins que le Conseil d'État n'ait voulu signifier que l'article 57 ne pouvait viser que le taux d'intérêt et non le principe même de l'octroi d'un financement).

Ces principes ont été repris à propos d'une banque française à laquelle l'administration reprochait d'avoir excessivement capitalisé une succursale italienne, sans justification par des contraintes locales spécifiques (TA Montreuil 28 octobre 2021 n° 1900130, Sté BNP Paribas : RJF 4/22 n° 332 ; appel enregistré sous le n° 21PA06650) ; il est jugé que l'administration n'avait pas établi que l'apport constituait un acte anormal de gestion en se bornant à constater que le ratio fonds propres/total du passif de la succursale était de 10,58 % en 2009 et de 8,99 % en 2010, alors que celui du siège français était de 3,76 % et 3,80 % au cours des mêmes années.

Accords de partage de résultats

Comme toutes les relations intragroupe, les partages de résultats conclus, par exemple, dans le cadre d'accords de « **global trading** » doivent respecter le principe de pleine concurrence et les règles applicables en matière de prix de transfert. 76740

Une illustration au contentieux est donnée par une banque qui avait mis en place une convention de répartition mondiale des profits d'une activité globale de gestion de **produits dérivés** ; ces produits étaient partagés avec les autres entités du groupe participant à cette activité et le profit mondial était ensuite redistribué selon une clé de répartition. L'administration avait contesté le fait que la société avait tenu compte des **crédits d'impôt** dans ses calculs ; sur le fondement de l'article 57 du CGI, elle avait recalculé les versements sans tenir compte des crédits d'impôt, ce qui la conduisait, selon les années, à minorer les sommes versées ou à majorer les sommes reçues.

Il a été jugé que cette seule constatation ne suffisait pas à démontrer l'existence d'un avantage matérialisant un transfert de bénéfices hors de France au sens de l'article 57 du CGI (deux arrêts du même jour, CAA Versailles 20 juillet 2017 n° 15VE02637, 1e ch., min. c/ BNP Paribas, ayant fait l'objet d'un pourvoi rejeté par CE 5 juillet 2021 n° 414463, 3e et 8e ch., Sté BNP Paribas : RJF 10/21 n° 909 – voir n° 83650 et CAA Versailles 20 juillet 2017 n° 15VE02636, 1e ch., min. c/ BNP Paribas arbitrage, arrêt définitif en matière de retenue à la source et de CMTP) ; curieusement, dans cette affaire, l'article 57 n'était pourtant pas nécessairement applicable, étant donné que l'accord incriminé avait été conclu entre deux sociétés françaises, la société BNP Paribas et la SNC BNP Paribas Arbitrage.

Sur l'application de la règle du butoir au cas d'espèce, voir n° 83650.

e. Participation aux frais d'exploitation de sociétés apparentées étrangères

Principes

Les groupes internationaux ont souvent à l'étranger des filiales dont l'objet est d'entreprendre des études, fabrications ou bien de réaliser des achats ou des ventes pour l'ensemble des membres du groupe. L'administration souligne, par exemple, que certaines entreprises créent parfois à l'étranger des filiales communes en vue d'entreprendre, soit 76750 des études, soit des fabrications, soit des achats ou ventes intéressant l'ensemble des membres fondateurs ; elle confirme qu'en matière de répartition des charges de ces filiales entre les associés, il n'existe pas de règles impératives (BOI-BIC-BASE-80-20 n° 280).

Selon l'administration, la méthode la moins contestable est la répartition des frais communs par application du **rapport existant entre les chiffres d'affaires** (BOI-BIC-BASE-80-20 n° 290 citant CE 25 avril 1960 n° 45089 : RO p. 60 et ajoutant qu'en cas d'application de l'article 238 A du CGI, une ventilation forfaitaire n'est pas possible). On peut cependant aussi appliquer, lorsque c'est possible et que les éléments sont comparables, le rapport des produits bruts ou celui des actifs.

Des questions de cette nature peuvent également se poser dans le cadre de relations isolées entre sociétés ; elles ne soulèvent pas alors en principe de difficulté de calcul, mais posent, comme précédemment, la question de savoir quels frais sont déductibles et quels autres ne le sont pas.

Ces principes sont applicables, le cas échéant, aux facturations de type « **management fees** » qui sont souvent pratiquées au sein des groupes, afin de rémunérer un certain nombre de services centraux ; là encore, notamment, des méthodes forfaitaires sont éventuellement envisageables, lorsqu'il n'est pas possible d'être plus précis et à condition que les services soient justifiés, réellement rendus et utiles à la société qui les rémunère.

Précisions **a.** Les décisions rendues dans l'ordre interne, éventuellement en matière de **TVA**, sont largement transposables ; par exemple, la facturation par une société mère d'une redevance annuelle de 3,5 % du chiffre d'affaires HT de sa filiale ne dispense pas cette dernière de **justifier de la réalité et de l'ampleur des services d'assistance** qui lui auraient été fournis en contrepartie (CE 6 juin 2008 n° 299279, 8e et 3e s.-s., min. c/ SA Solamat-Merex : RJF 10/08 n° 1107). Dans cette affaire, l'administration avait présenté des arguments tirés de ce que la société avait les moyens de réaliser elle-même les prestations supposées rendues en contrepartie des redevances versées, disposant notamment de son propre personnel en nombre suffisant et correctement rémunéré, et qu'elle avait eu recours, pour certaines de ces prestations, à des sociétés extérieures au groupe ; de son côté, la société ne produisait aucun document propre à établir la nature, la consistance et l'importance des prestations de services d'assistance en matière administrative, financière, technique et commerciale dont la redevance était censée être la contrepartie. La justification de la réalité des services n'a donc pas été admise tant en ce qui concerne l'impôt sur les sociétés que la TVA.

b. Dans l'ordre interne, l'administration a pu considérer comme excessive la rémunération, fixée à 5,5 % de son chiffre d'affaires, versée par une filiale à sa société mère pour des **services d'assistance** dans les domaines commercial, du marketing, de la stratégie, des finances, de la comptabilité, de la fiscalité, de la communication, de la gestion et de l'organisation du personnel (ces prestations de services étaient la seule activité de la société mère) ; l'administration avait procédé à une rectification en estimant que le prix devait être déterminé en application d'un taux de marge de 5 % aux **coûts encourus par la société mère** mais la Cour a retenu un taux de 7 % en admettant qu'il y avait lieu de retirer du panel de sociétés comparées celles qui avaient une marge négative (CAA Nantes 7 juillet 2016 n° 14NT01996, 1e ch., SAS Rocal : RJF 11/16 n° 938 ; arrêt définitif).

Frais divers

76755 La jurisprudence offre quelques exemples de rectifications pratiquées à l'égard de sociétés françaises qui avaient pris en charge des frais dont on pouvait se demander s'ils leur incombaient ou non.

a. Le Conseil d'État a posé le principe qu'une société française filiale d'une société étrangère peut déduire des **frais d'analyse et d'expertise comptable** de sa gestion, alors même que les rapports fournis seraient principalement destinés à éclairer la société mère (CE 29 mars 1978 n° 4062, 7e et 8e s.-s. : RJF 5/78 n° 231, jugeant notamment que « le seul fait que les rapports de révision comptable, établis par le cabinet Y en sus des rapports relevant de la mission légale des commissaires aux comptes, aient été conçus et rédigés de manière à être utilisés principalement par la société mère ne suffit pas à retirer aux rémunérations correspondantes, même partiellement, le caractère de frais généraux déductibles ») ; en réalité, si une filiale peut déduire de ses résultats les **frais d'un audit** qu'elle a elle-même commandé, alors même que cet audit a été conçu pour être utile « principalement » à la société mère, c'est simplement parce que la filiale peut, comme la mère, y trouver un avantage.

b. L'abandon à des sociétés sœurs étrangères des bénéfices qu'une société française réalise à l'étranger sur la vente de ses produits ne constitue pas un transfert indirect de bénéfices, dès lors que cet abandon représente la contrepartie de la prise en charge par les premières des dépenses de **prospection** et de **lancement des produits** ; l'opération doit être regardée en l'espèce comme correspondant au paiement d'un **service commercial** utile aux intérêts de la société française et donc à un acte normal de gestion (CE 14 mars 1984 nos 34430 et 36880, 7e et 8e s.-s. : RJF 5/84 no 593). **76755** (suite)

c. Une société française a été regardée comme ne transférant pas de bénéfices vers l'étranger lorsqu'elle a **reversé une partie de l'indemnité qu'elle a perçue** de la part d'un organisme interprofessionnel agricole à sa société mère sénégalaise qui était en même temps son principal fournisseur ; l'examen des relations commerciales entre les deux sociétés a, en effet, montré que cet avantage avait une contrepartie dès lors que la société sénégalaise avait facturé ses livraisons à des prix inférieurs aux prix garantis. Mais la différence entre le montant de l'indemnité rétrocédée et l'avantage retiré par la société française a été regardée comme un transfert de bénéfices (CE 25 novembre 1985 no 40288, 9e et 7e s.-s : RJF 2/86 no 160), en application du critère de proportionnalité (no 76700).

d. L'administration a pu à bon droit réintégrer des **frais d'assistance technique** exposés par une société mère française au profit de sa filiale en Israël (CE 19 octobre 1988 no 56 218, 7e et 8e s.-s. : RJF 12/88 no 1312). Il s'agissait de frais de voyage de longue durée et de salaires exposés au titre de prestation d'assistance technique par le gérant de la société française et qui n'avaient pas été facturés à la filiale. Le Conseil d'État a estimé que la société française n'avait pas apporté la preuve qui lui incombait pour démontrer qu'il n'y avait pas eu, malgré les apparences, transfert de bénéfices, en se bornant à faire valoir que l'assistance était accordée dans son propre intérêt pour aider cette filiale en difficulté sans établir l'existence de ces difficultés, en invoquant seulement la situation économique en Israël et en prétendant que la filiale était en période de démarrage alors qu'elle avait été créée sept ans avant.

En revanche, dans cette même affaire, le Conseil d'État a estimé déductibles les **frais de voyage** de courte durée, exposés par le gérant et son épouse, directeur administratif, afin de contrôler la bonne marche de la filiale israélienne, car ces dépenses étaient nécessitées par une **saine gestion du capital investi** dans la filiale ; il appartenait seulement au juge de contrôler que le nombre et l'ampleur des déplacements n'étaient pas excessifs par rapport au but du contrôle, à la situation et à l'importance de la filiale, ce qui n'était pas le cas en l'espèce. Cette décision présente une grande importance pratique en ce qui concerne les **frais exposés pour le contrôle des filiales ou établissements à l'étranger**. Comme l'indiquait le commissaire du Gouvernement Olivier Fouquet, « il est normal qu'une société française qui possède la majorité du capital d'une filiale implantée à l'étranger contrôle la gestion de cette filiale, ne serait-ce que dans le simple intérêt du maintien de la valeur de cette participation financière, si elle n'entretient pas en outre avec sa filiale, comme en l'espèce, des relations commerciales ».

e. La prise en charge par une société française des **frais de surveillance de sa gestion** par sa société mère néerlandaise constitue un transfert de bénéfices à l'étranger répréhensible sur le fondement de l'article 57 du CGI, faute pour la société française de pouvoir justifier de l'intérêt qu'elle a retiré du contrôle (CAA Paris 11 février 1997, no 94-511, 2e ch., SA Borsumij Whery France : RJF 3/98, no 245 ; arrêt définitif). Cette solution s'explique par l'absence de démonstration par la requérante de la réalité des services rendus, comme l'avait d'ailleurs relevé la commission départementale qui avait fait état « d'une facturation imprécise visant des prestations que la société pouvait assurer elle-même à l'aide de son personnel ».

f. La filiale française d'une société italienne n'a pas transféré, même en partie (40 %), des bénéfices à sa société mère en prenant à sa charge la totalité des dépenses afférentes à des **opérations de parrainage cycliste** en France (Tour de France et autres épreuves), même si la retransmission du Tour de France sur des chaînes de télévision étrangères a pu provoquer des retombées commerciales au bénéfice des sociétés étrangères du même groupe (TA Paris 9 décembre 1998 nos 96-2359 et 96-19194, 1e sect., 4e ch., Sté Fiat Auto France : RJF 7/99 no 828, jugement définitif sur ce point ; en appel sur d'autres points, CAA Paris 25 juin 2003 no 99PA01802, 2e ch., Sté Fiat Auto France, arrêt définitif).

g. La prise en charge par une société française des **frais de fonctionnement** de sa **filiale américaine** constituait pour partie un transfert de bénéfices, critiquable en l'espèce faute de contreparties suffisantes (CAA Nancy 12 juin 2003 no 98-1883, 2e ch., Sté Soprema : RJF 11/03 no 1227 ; arrêt définitif) ; dans cette affaire, l'administration avait tout de même admis l'aide apportée à la filiale à concurrence du chiffre d'affaires réalisé annuellement avec celle-ci, ce qui n'allait

76755 (suite) pourtant pas de soi. La Cour, de son côté, a refusé, ce qui est discutable, de prendre en considération les contreparties obtenues au cours des exercices suivants.

h. Les dépenses exposées par une société française à raison de son **appartenance à un réseau mondial**, notamment une quote-part des frais financiers et de fonctionnement courant et des dépenses d'investissement engagées pour le développement mondial du réseau ainsi que diverses aides et subventions versées aux sociétés membres de ce réseau, y compris à l'étranger, sont déductibles dès lors que l'entreprise retire de son adhésion des avantages en termes de renom et de développement commercial et bénéficie des actions de formation et d'assistance technique ou financière du réseau ; il en va même ainsi des frais concernant des activités auxquelles la société ne participe pas, dès lors que les avantages retirés de l'appartenance au réseau nécessitent le financement de telles dépenses, ainsi que des dépenses de développement géographique du réseau, y compris celles correspondant à des aides accordées à de nouvelles entreprises (CE 21 novembre 2012 n°s 3488644 et 348865, 3e et 8e s.-s., min. c/ PricewaterhouseCoopers : RJF 2/13 n° 131 aux conclusions Vincent Daumas au BDCF 2/13 n° 1 ; dans cette affaire, l'administration n'avait admis que la déduction des frais de réseau se rapportant à des services supports et à la seule activité exercée par la requérante). Cela n'empêche naturellement pas l'administration de remettre en cause la déduction si les dépenses en cause sont excessives au regard des avantages attendus en retour.

i. N'était pas déductible en France la refacturation par une société mère américaine à sa filiale française d'une prestation d'audit qui, même si elle avait pour objet l'analyse des procédures de contrôle interne comptable de la filiale, visait à remplir les obligations de la **législation américaine Sarbanes-Oxley** pesant sur la société mère en raison de sa cotation à la bourse de New York, l'audit n'ayant pas, en outre, été diligenté en vue d'être utilisé par la filiale (CE 13 décembre 2017 n° 387975, 9e et 10e ch., Sté Office Dépôt Participations France : RJF 3/18 n° 252) ; pour le Conseil d'État, l'administration avait établi l'existence d'une pratique entrant dans les prévisions de l'article 57 du CGI qui révélait un transfert indirect de bénéfices dès lors que la société française n'avait pas établi qu'elle en avait retiré une contrepartie. Pour la même raison, la **TVA** n'était pas déductible (CE 13 décembre 2017 n° 387969, 9e et 10e ch., Sté Office Dépôt BS : RJF 3/18 n° 252, jugeant que la prestation n'était pas nécessaire à l'exploitation et que par suite la TVA qui la grevait n'était pas déductible).

j. La prise en charge par une société française de **frais de fusion** et d'**honoraires acquittés par une filiale italienne** dans le cadre de l'acquisition d'une participation italienne du même secteur d'activité n'est pas admissible dès lors que ces charges ne se rattachent pas au développement des propres affaires de la société française mais à l'intérêt du groupe dont elle fait partie (CAA Versailles 3 juin 2014 n° 11VE03471, 1e ch., Sté PPR ; arrêt définitif) ; en l'espèce, la requérante n'apportait pas la preuve que sa filiale ne pouvait pas prendre en charge les frais liés à cette acquisition et ne démontrait pas que la prise en charge de ces frais aurait présenté pour elle une contrepartie.

k. Le simple fait, pour une société française, de **refacturer sans marge** à la société italienne mère du groupe des **frais de lancement et de promotion** dans la perspective de la distribution d'un produit sous une marque appartenant à la société mère ne suffit pas à établir une anomalie étant donné qu'il revient à l'administration d'apporter la preuve du caractère anormal de la facturation en litige et que l'absence de marge commerciale ne peut, à elle seule, faire présumer un tel caractère (CE 23 janvier 2015 n° 369214, 9e et 10e s.-s., SAS Rottapharm : RJF 4/15 n° 300, aux conclusions Marie-Astrid Nicolazo de Barmon au BDCF 4/15 n° 42 ; voir également n° 72520) ; à noter toutefois que, dans cette affaire, l'article 57 du CGI n'était pas invoqué par l'administration.

l. Caractérise un acte anormal de gestion le fait pour une société française de ne pas facturer aux sociétés du groupe établies en **Chine** et au **Brésil** des **frais de gestion** relatifs à divers services administratifs et commerciaux ainsi que des frais de mise à disposition de trois salariés en Chine (CAA Versailles 9 février 2021 n° 16VE00352, 3e ch., Sté Bluestar Silicones France ; arrêt définitif) ; la société n'avait pas produit de justification commerciale ni démontré, en l'absence, notamment, de refus formellement opposé par les autorités chinoises et brésiliennes, que la législation de chacun de ces pays interdirait le règlement de tels frais à des sociétés françaises.

m. Une société française n'a pas justifié de la déduction de « **frais de siège** » (comptabilité, service juridique, marketing, communication et support informatique, notamment) en se contentant de présenter des états en anglais tirés d'une documentation de prix de transfert et en fournissant des explications sur les modalités de refacturation des frais entre les différentes entités du groupe, sans produire de **document probant** relatif à la nature des services rendus et à la clé de répartition utilisée ni la facture globale des frais déduits (CAA Bordeaux 16 novembre 2021 n° 19BX02894, 5e ch., Sté Fédéral Express Antilles françaises ; pourvoi enregistré sous le n° 461078) ; la comptabilité de la société était tenue selon les normes américaines par la société mère américaine du groupe et la filiale française n'avait d'ailleurs pas été en mesure de présenter à l'administration les documents comptables obligatoires prévus à l'article 54 du CGI.

Frais de personnel

Là encore, la jurisprudence offre divers exemples éclairant les principes généraux. **76760**

a. La prise en charge par une société française de la **rémunération d'un cadre détaché** auprès d'une **filiale étrangère** pour en assurer la direction ne constitue pas un transfert de bénéfices, dès lors que la société française établit que l'avantage ainsi accordé comporte une contrepartie suffisante dans l'intérêt de son exploitation et qu'il est justifié par une gestion commerciale normale de ses intérêts propres (BOI-BIC-BASE-80-20 n° 370) ; cette solution tire les conséquences de la jurisprudence du Conseil d'État (CE 30 mars 1987 n° 52754 : RJF 5/87 n° 489 ; voir aussi n° 26086).

b. Il avait été jugé que le remboursement par une filiale française, en vertu d'un contrat, des coûts supportés par sa société mère américaine lors de la **levée d'options d'achat d'actions** consenties aux salariés de la filiale française était une charge déductible dès lors qu'il n'est pas étranger à une entreprise d'accorder une incitation financière à ses salariés (TA Versailles 30 mai 2003 n° 00-3661, 7e ch., SA EMC² France : RJF 4/04 n° 349) ; cependant, ce jugement a été annulé en appel au motif que la société mère américaine avait **refacturé la moins-value** qu'elle avait supportée à la suite de la levée des options de souscription d'actions ouvertes aux salariés de la filiale française et que, contrairement à la levée d'options d'achat d'actions, la levée d'options de souscription d'actions n'entraîne pour la société émettrice aucune moins-value au sens de l'article 217 quinquies du CGI (CAA Versailles 23 mai 2006 n° 03VE03874, 4e ch., min. c/ Sté EMC², arrêt définitif jugeant que le tribunal administratif avait admis à tort la déductibilité sur le fondement de l'article 39 du CGI alors que l'article 217 quinquies était applicable ; il est également jugé que la doctrine administrative n'était pas opposable car elle était ambiguë et contradictoire).

c. Une société française qui assume les **charges du personnel** détaché auprès de sa **filiale américaine** sans les lui refacturer transfère des bénéfices hors de France, dans la mesure où elle est incapable de démontrer soit qu'il s'agissait de personnels qui auraient eu sur place une mission de contrôle au bénéfice de la société mère, soit qu'il y ait eu des contreparties effectives à cette mise à disposition gratuite (CAA Paris 31 mars 2004 n° 00-2880, 2e ch. A, Sté Ressifrance : RJF 10/04 n° 972 ; arrêt définitif).

d. Une société française, filiale d'une société mère française intégrante, qui avait assumé des charges sociales et des indemnités d'expatriation concernant des **cadres détachés** dans des **sociétés sœurs mexicaine** et **américaine** sans en recevoir elle-même de contrepartie suffisante ne pouvait déduire des charges qui incombaient à sa société mère, même compte tenu du régime de l'intégration fiscale (CE 28 avril 2006 n° 278738, 3e et 8e s.-s., min. c/ Sté Atys France : RJF 7/06 n° 837 ; conclusions François Séners au BDCF 7/06 n° 84) ; le Conseil d'État a tout de même rappelé que la société mère aurait pu, de son côté, justifier d'un tel comportement, compte tenu de l'intérêt qui s'attache, pour le groupe, à assurer une **carrière internationale à ses cadres** et de la difficulté de faire prendre en charge les dépenses localement, dans la mesure où elle élaborait la politique d'encadrement du sous-groupe et percevait, en contrepartie, des redevances d'assistance générale. En toute logique, le Conseil d'État juge également que la retenue à la source n'est pas due car l'avantage a été consenti par la filiale française non pas aux sociétés sœurs étrangères mais à sa société mère française.

e. Une société qui rachète des **cotisations de retraite** afférentes aux périodes d'activité accomplies par ses salariés alors qu'ils étaient détachés auprès de ses succursales et filiales étrangères, afin de garantir le maintien de leurs droits à pension à la suite d'une réforme du régime de retraite des professions bancaires, ne transfère pas de bénéfices hors de France dès lors que les salariés concernés n'étaient plus, au moment du rachat des cotisations, employés par les succursales et filiales étrangères et que la société fait valoir son attachement au maintien des possibilités de détachement de ses salariés qui permet d'assurer une cohésion du réseau formé par les établissements à la tête duquel elle se trouve (TA Montreuil 19 mai 2011 n° 1003852, Sté Crédit Agricole : RJF 2/12 n° 103 ; jugement définitif).

f. Une société française a pu valablement prendre en charge la **rémunération d'un salarié** exerçant l'activité de « manager director » de la zone Amérique latine au titre des années où ce dernier était domicilié au Brésil et était devenu **dirigeant de la filiale brésilienne** à la création de laquelle il avait participé dès lors qu'il avait piloté l'implantation de la société française dans l'ensemble de l'Amérique latine et que ses missions n'étaient pas restreintes à la gestion de la filiale brésilienne (TA Montreuil 1er février 2018 n° 1705503, 1re ch., Sté Deezer : Droit fiscal 2018 n° 47, comm. n° 481 ; jugement définitif).

76765 **Actions gratuites** Lorsque des actions gratuites sont attribuées à des salariés qui exercent leurs fonctions au sein d'une **succursale étrangère**, les charges et moins-values y afférentes ne sont pas déductibles en France, en application du principe de territorialité (BOI-BIC-PTP-20-70-10 n° 1).

Lorsque la société attributrice d'actions gratuites dans le cadre d'un **plan mondial** est une société française, les charges et moins-values afférentes aux actions attribuées à des salariés de sociétés liées situées en France ou à l'étranger sont déductibles à la condition d'être refacturées aux sociétés liées concernées (BOI préc. n° 120). Lorsque la société attributrice des actions est une société étrangère, la déductibilité des sommes refacturées à une société française dont les salariés sont bénéficiaires des options ou des actions s'opère dans les mêmes conditions (BOI préc. n° 130).

La **refacturation** peut être effectuée en proportion des options ou actions gratuites définitivement acquises par les salariés des sociétés concernées par rapport au nombre total déterminé au niveau du groupe (BOI préc. n° 140 ; cette précision se trouve dans un paragraphe relatif aux sociétés cotées étrangères mais elle a sans doute une portée plus générale).

Enfin, lorsque dans le cadre d'un plan mondial (BOI-RSA-ES-20-20-10-20 nos 380 s.), il existe une convention de refacturation, les **provisions** comptabilisées par la société liée employant le personnel bénéficiaire (filiale, sœur ou mère), dans les conditions posées par le règlement du CRC n° 2008-15 du 4 décembre 2008, pour tenir compte de la charge ou moins-value refacturée, sont admises en déduction sous certaines conditions (BOI-BIC-PROV-30-20-30 n° 110). Une société française attributrice d'actions gratuites ou d'options d'achat peut ainsi déduire de son bénéfice imposable les provisions comptabilisées à raison du personnel salarié de sociétés ou groupements qui lui sont liés au sens de l'article L 225-197-2 du Code de commerce sous réserve que la **convention de refacturation** des charges et moins-values afférentes à l'attribution d'actions ou d'options d'achat au personnel de la société liée entraîne la comptabilisation de produits à recevoir de même montant que la provision correspondant aux attributions d'actions gratuites ou d'options d'achat attribuées aux bénéficiaires de sociétés liées.

Précisions **a.** La question des prix de transfert en matière **d'attribution d'options ou d'actions** a été abordée par un **rapport de l'OCDE** du 3 septembre 2004 intitulé « Options de souscription ou d'achat d'actions pour les salariés : incidences sur les prix de transfert » ; ce rapport estime qu'il doit y avoir refacturation selon le principe de pleine concurrence et discute les différentes méthodes pour y arriver (approche par les coûts ou par la valeur, etc.).

b. Une société française ne peut pas déduire une **facture** présentée par la société mère américaine du groupe au titre de coûts supportés dans le cadre d'un **plan mondial** d'attribution gratuite d'actions bénéficiant notamment à ses salariés, si elle n'apporte pas de précisions sur la consistance de ces coûts et leur individualisation (TA Paris 27 octobre 2021 n° 2002625, Sté S&P Global Ratings Europe Limited : RJF 4/22 n° 336 ; appel enregistré sous le n° 21PA06335) ; en l'espèce, le libellé de la facture était très imprécis et ne permettait pas d'apprécier le lien éventuel entre les rachats de ses propres actions opérés par la société mère, dont les titres rachetés n'étaient pas individualisés ou identifiés, et les titres ayant fait l'objet de l'exercice des options par les salariés en 2018 (les éléments versés au dossier n'étaient d'ailleurs pas présentés comme le prix effectif des actions, mais comme un coût forfaitairement et conventionnellement établi entre les parties en fonction du coût d'attribution relevé en 2015).

f. Restructurations d'activités

76770 Les réorganisations d'entreprises peuvent soulever des questions de prix de transfert (n° 75825), par exemple lorsqu'un distributeur est transformé en commissionnaire (ces réorganisations doivent également être analysées au regard de la notion d'établissement stable ; n° 17727). L'une des questions posées, en pratique, concerne l'éventuel acte anormal que commettrait une société qui connaît un tel changement de statut et qui ne serait pas indemnisée pour la **perte de sa clientèle** ; la même question se pose en présence d'une société française qui pourrait être considérée comme ayant **transféré un élément incorporel** résultant du fait que, en développant son propre marché, elle aurait contribué à la création d'un actif commercial dont elle ne devrait pas se séparer sans en être correctement indemnisée. **76770** (suite)

Cette problématique est éclairée par une affaire concernant une société française qui exerçait une activité de commerce de gros de boissons en qualité de distributeur d'une société britannique et qui était devenue **commissionnaire à la vente** ; l'administration avait estimé que la société avait, à cette occasion, commis un acte anormal de gestion en transférant sans contrepartie sa clientèle au commettant. La rectification a cependant été annulée au motif que, si la société distributrice avait bien, compte tenu des moyens qu'elle avait mis en œuvre, **sa propre clientèle distincte** de celle attachée exclusivement aux produits de la marque, cette clientèle locale n'avait pas été transférée étant donné « la nature du contrat de commissionnaire, lequel n'est pas un contrat autonome mais le préalable à la conclusion d'autres contrats qu'elle signe en son nom propre pour le compte de son commettant » (CAA Paris 31 décembre 2012 n° 10PA00748, 9e ch., Société de participation et d'études des boissons sans alcool (Sopebsa) : RJF 7/13 n° 705 ; arrêt définitif, le pourvoi du ministre n'ayant pas été admis comme indiqué ci-après). L'existence d'une clientèle propre résultait, en l'espèce, de ce que la société avait développé une stratégie propre d'implantation et de pénétration du marché français et engagé des dépenses promotionnelles afin de développer sa clientèle ; elle disposait, en outre, d'une direction marketing propre et d'une direction spécifique à sa clientèle. Mais cette **clientèle n'avait pas été transférée** dès lors que les contrats de vente ont continué d'être conclus par le commissionnaire avec ses clients, que ces derniers ont ignoré l'existence même du commettant et qu'ils ne pouvaient, en toute hypothèse, exercer de recours que contre le commissionnaire.

La question d'un éventuel transfert de clientèle est également éclairée par une affaire concernant une société française qui, filiale d'une société italienne, était passée en 2007 du statut de **distributeur** à celui d'**agent commercial** et à laquelle l'administration avait reproché un transfert de clientèle sans contrepartie ; la société avait obtenu la décharge en appel (CAA Versailles 30 janvier 2018 nos 15VE02906 et 16VE02158, 3e ch., Sté Piaggio France : RJF 7/18 n° 732), mais le Conseil d'État a annulé l'arrêt en considérant que la Cour avait inexactement qualifié les faits en jugeant que, compte tenu des circonstances de l'espèce, et notamment de la **notoriété de la marque** y compris en France, la clientèle constituée par le distributeur français pour l'exploitation de la marque ne pouvait qu'être regardée comme attachée exclusivement à cette marque. Pour le Conseil d'État, au contraire, la société française, qui disposait du droit exclusif d'utiliser et d'exploiter la marque, avait développé une stratégie autonome d'implantation des produits du groupe et de pénétration du marché français, en constituant et en animant un vaste réseau de concessionnaires et en ayant assumé seule les risques de gestion du stock dont elle était propriétaire ainsi que les risques commerciaux résultant d'éventuels impayés ou invendus ; elle devait donc être regardée comme ayant créé, d'une part, **sa propre clientèle** constituée, indépendamment de la forte notoriété dont jouit la marque en France, par le réseau des concessionnaires et, d'autre part, le **fonds de commerce** correspondant (CE 4 octobre 2019 n° 418817, 10e et 9e ch., min. c/ Sté Piaggio France : RJF 12/19 n° 1128).

Sur renvoi, la rectification a été confirmée au motif que les éléments produits par la requérante (poursuite de son activité sous une autre forme, absence de transfert de son savoir-faire, maintien de ses salariés et absence de détérioration de son résultat d'exploitation) n'étaient pas de nature à établir que la clientèle des concessionnaires de la marque sur le territoire national, dont elle était désormais dépourvue, n'aurait pas été transmise à la société italienne qui lui a succédé dans les missions de distribution des produits de la marque sur le territoire français et qui a repris à son compte l'ensemble des risques liés à cette exploitation et les actions de valorisation de la marque (CAA Versailles 6 juillet 2020 nos 19VE03376 et 19VE03377, 1e ch., SAS Piaggio France ; arrêt définitif après non-admission du pourvoi de la société par CE (na) 25 juin 2021 n° 443806, 10e ch., Sté Piaggio France : RJF 10/21 n° 906).

Si un transfert de clientèle peut parfois être identifié sur le plan des principes, il faut, en tout état de cause, que l'administration soit en mesure de le démontrer au moyen de comparaisons appropriées ; par exemple, il avait été jugé qu'une société française avait

76770 (suite) transféré des bénéfices en Suisse au sens de l'article 57 du CGI en transférant sans contrepartie une activité de **centrale de trésorerie** à une société suisse du groupe bien qu'il s'agisse d'une activité effectuée exclusivement au profit du groupe et déployée dans l'intérêt du groupe (TA Paris 11 mai 2011 n° 0902095, 1e sect., 1e ch., Sté Nestlé Finance International Ltd). Le tribunal administratif avait notamment jugé que la circonstance **que la clientèle soit captive** n'était pas de nature à priver de toute valeur vénale l'activité de centrale de trésorerie, dès lors que, précisément, cette activité avait été transférée non pas au profit d'une société tierce, mais au profit d'une autre société du groupe qui avait ainsi bénéficié de la même clientèle. Ce jugement a cependant été annulé en appel, non pour une raison de principe (la Cour n'a pas pris parti sur la question de savoir si le transfert d'activité entrait ou non dans le champ de l'article 57 du CGI), mais parce que l'administration, qui n'avait fourni **aucune précision sur les comparables** retenus (absence d'indication sur les sociétés comparées ni sur les termes des accords de centralisation de trésorerie comparés), n'avait pas démontré l'existence d'une libéralité (CAA Paris 5 février 2013 n° 11PA02914, Sté Nestlé Finance International Ltd venant aux droits de la société Nestlé Finance France, à propos de la retenue à la source et, même jour, n° 12PA00469 à propos de l'impôt sur les sociétés : Droit fiscal 2013 n° 23, comm. n° 307, pt 7 ; arrêts définitifs). En tout état de cause, à notre avis, à supposer même que l'administration ait fourni les précisions nécessaires, les comparables auraient dû être rejetés car il ne pouvait s'agir que de « comparables dépendants » (n° 76625) ; les taux pratiqués par d'autres centrales de trésorerie ne représentent pas nécessairement, en effet, le prix de pleine concurrence.

Pour un autre exemple de décision favorable, voir l'arrêt Microsoft France, n° 76615.

En sens contraire, à propos d'une société française qui a été considérée comme ayant commis un acte anormal de gestion en ne facturant pas, sans justification, à une filiale commerciale britannique nouvellement créée **l'indemnité de rachat du droit d'exploiter la clientèle** qu'elle avait dû verser à son ancien agent indépendant britannique qui assurait sur place la représentation commerciale de ses produits, voir CAA Douai 24 septembre 2013 n° 12DA01214, 2e ch., SARL Lounis Holding (arrêt définitif).

Une autre question, souvent posée en pratique, tient à la **normalité de la rémunération** que reçoit la société française à la suite de la restructuration ; dans l'affaire Sopebsa jugée par la cour administrative d'appel de Paris le 31 décembre 2012, précitée, la Cour a considéré qu'il était normal que la rémunération de la société française ait baissé puisque les fonctions remplies et les risques assumés n'étaient plus les mêmes après la restructuration. Elle juge, en effet, que si la rémunération de la société en qualité de commissionnaire était inférieure à celle qui lui était allouée en qualité d'acheteur-revendeur, elle était **proportionnée aux fonctions et aux risques supportés** par elle du fait de son nouveau statut (les résultats de la société étaient d'ailleurs devenus bénéficiaires après le changement de statut).

Le ministre avait tenté de critiquer ce point de vue dans un pourvoi contre cet arrêt, mais celui-ci n'a pas été admis (CE (na) 9 avril 2014 n° 366493, 9e s.-s., min. c/ SA Sopebsa : RJF 8-9/14 n° 776) ; dans son pourvoi, le ministre ne critiquait pas la partie de l'arrêt par laquelle la Cour avait jugé que la **clientèle** n'avait pas été transférée, mais il soutenait qu'elle avait inexactement qualifié et dénaturé les faits en jugeant que la **rémunération perçue** par la société était proportionnée aux fonctions et risques supportés par elle en sa qualité de commissionnaire. Le Conseil d'État juge que ce moyen n'est pas de nature à justifier l'admission du pourvoi ; la Cour avait, en effet, relevé que le contrat par lequel la société était devenue commissionnaire était **assorti de réelles contreparties**, le fournisseur assumant la responsabilité de la publicité et de la promotion des produits, détenant le stock jusqu'à la vente aux clients, étant responsable des dommages liés aux produits, supportant le risque de non-recouvrement et de financement des stocks et fixant et modifiant les prix de vente aux clients. Dans cette même affaire, voir également CAA Versailles 12 juin 2014 n° 11VE006431, 7e ch., SARL Fortune Brands International Holdings France (Droit fiscal 2014 n° 40, comm. n° 563), arrêt définitif jugeant que le ministre n'apportait aucun élément de nature à établir que la marge réalisée par la société au titre de son activité de commissionnaire était inférieure à celle réalisée par une entreprise similaire exploitée normalement, c'est-à-dire dépourvue de liens de dépendance.

Précisions **a.** Dans un cadre interne, il a été jugé, à propos d'une restructuration d'activité impliquant un transfert par une filiale à une autre de **contrats de travail** et de **stocks** de marchandises, qu'une clientèle et donc un fonds de commerce avait été transféré alors même que la filiale n'était pas propriétaire de la marque et que sa société mère lui rendait divers services d'assistance à la gestion dans le cadre d'un réseau commercial ; la clientèle résultait de ce que **la société exerçait une activité autonome et à ses risques**, par la mise en œuvre de moyens de production propres. En procédant à la cession de ce fonds de commerce sans contrepartie, la société avait commis un acte anormal de gestion de sorte que l'administration était fondée à réintégrer dans les résultats imposables de la société de l'exercice de cession la valeur estimée du fonds cédé (CE 17 février 2010 n° 311953, 3e et 8e s.-s., min. c/ EURL Bosc Développement Loire : RJF 4/10 n° 463).

b. En présence d'un transfert d'un élément incorporel hors de France, la question se pose naturellement de sa **valorisation** ; celle-ci peut reposer sur une approche de **marché** (rare, en pratique, compte tenu des circonstances), ou d'une approche par les **coûts** (mais qui n'est, en principe, pertinente que pour des actifs de support aisément reproductibles) ou, plutôt, d'une approche par les **revenus** (estimation du profit rattachable à l'actif valorisé).

c. La loi de finances pour 2014 avait mis en place un mécanisme de **renversement de la charge de la preuve** en cas de **transfert de fonctions et/ou de risques**, à caractère national ou international, entraînant une variation à la baisse de 20 % du résultat d'exploitation ; l'entreprise devait, pour combattre la présomption de transfert de bénéfices, démontrer qu'elle avait reçu à ce titre une contrepartie de pleine concurrence. Cette mesure a cependant été jugée contraire à la Constitution au motif que les notions de transfert de fonctions et de risques et la période correspondant aux bénéfices « qui auraient dû être réalisés » n'étaient pas définies et que le législateur avait méconnu tant l'étendue de sa compétence que l'objectif de valeur constitutionnelle d'accessibilité et d'intelligibilité de la loi (Cons. const. 29 décembre 2013 n° 2013-685 DC : RJF 3/14 nos 267 et 268). Sur la tentative avortée de créer, en décembre 2016, une « **taxe Google** », voir n° 4605, Précisions.

d. La Cour de cassation juge que le fait qu'une **convention de successeur** entre sociétés d'un groupe s'inscrive dans le cadre d'une réorganisation interne ne lui ôte pas son caractère onéreux et ne fait pas obstacle à l'application des droits de mutation à titre onéreux (Cass. com. 3 avril 2013 n° 12-10.042 (n° 353 FS-PB), Sté Valeo sécurité habitacle : RJF 7/13 n° 775) ; le caractère onéreux résulte du seul paiement par la société cessionnaire des biens lui permettant de succéder à l'activité du cédant.

Coûts de restructuration

Lorsque des réorganisations sont décidées par un groupe étranger, la question se pose fréquemment du bien-fondé de la prise en charge par la société française concernée des coûts induits par la restructuration. **76775**

La jurisprudence éclaire cette question de la façon suivante :
– dans les circonstances de l'espèce, il n'y avait pas lieu de considérer qu'une société française qui avait assumé le **coût du licenciement** de son personnel et des **indemnités versées à ses clients et fournisseurs** à la suite de la fermeture de son unique site de production sans être indemnisée par sa société mère suédoise lui avait transféré des bénéfices, même si c'est cette dernière qui avait décidé la fermeture du site dans le cadre de la restructuration du groupe (TA Montreuil 23 avril 2018 n° 1608382, 7e ch. SAS SKF Holding France ; jugement définitif) ; la fermeture s'expliquait en effet par un contexte fortement concurrentiel ayant entraîné une forte pression à la baisse sur les prix, une forte baisse des volumes de production et une forte dégradation du seuil de rentabilité ; pour le tribunal administratif, ces conséquences auraient conduit un entrepreneur indépendant à prendre la même décision et le fait que la **décision** ait, en l'espèce, été **prise par l'actionnaire** ne suffisait pas à établir qu'elle satisfaisait au seul intérêt des autres sociétés du groupe (dans cette affaire, l'administration avait également repris les moins-values constatées lors de la cession d'immobilisations à des sociétés sœurs étrangères à un prix inférieur à leur valeur nette comptable mais la décharge a également été prononcée sur ce point) ;
– des sociétés françaises appartenant à un groupe américain ont pu déduire les coûts de restructuration qui avaient été engagés en France et qui étaient restés à leur charge à la suite de la **réorganisation du groupe** autour d'une **société suisse** qui regroupait les fonctions stratégiques du groupe (CAA Versailles 5 mars 2019 nos 16VE02632, 16VE02633, 16VE02634 et 16VE02635, 1e ch., Sté PPG Holdco, PPG Industries France, PPG France Manufacturing et PPG France Business Support : RJF 8-9/19 n° 761 ; arrêt définitif) ; seuls étaient en litige, en l'espèce, les coûts qui n'avaient pu être refacturés à la société suisse en application des **accords contractuels** et d'une **transaction** conclus entre les sociétés concernées, les sociétés françaises ayant cherché, et partiellement réussi, à faire prévaloir leur intérêt en tentant d'obtenir la prise en charge de leurs coûts ; dans cette affaire, le rapporteur public avait notamment relevé que les frais étaient liés à la restructuration des sociétés françaises, qu'ils incombaient donc juridiquement à ces dernières en qualité d'employeurs, et non à la société suisse, et que les sociétés requérantes ne sauraient être regardées comme ayant consenti à la société suisse un **avantage par nature** en ayant pris en charge les frais litigieux (conclusions à la RJF précitée) ;

– une société française membre d'un groupe étranger pouvait déduire les frais de restructuration, essentiellement le **coût des transactions conclues avec les personnels** qui n'avaient pas été transférés, résultant de la cession en 2008, à deux sociétés irlandaises et à une société française, de l'essentiel de ses fonds de commerce de distribution des produits du groupe, qui ne lui avait laissé qu'une activité économique résiduelle (CAA Lyon 18 mai 2022 n° 19LY03100, 2e ch., Sté Luxottica France venant aux droits de la société Oakley Holding ; arrêt définitif) ; la Cour relève que l'administration n'avait pas soutenu que les prix de cession n'étaient pas conformes aux prix du marché et juge que, en estimant que la société aurait dû réclamer une contrepartie ou un dédommagement à la société mère italienne qui avait été à l'initiative de la réorganisation, elle ne démontrait pas qu'un avantage aurait été consenti aux sociétés sœurs, cessionnaires des fonds de commerce ;
– une société française filiale d'un groupe américain fabricant des circuits intégrés semi-conducteurs n'a pas transféré de bénéfices hors de France lorsqu'elle a **filialisé**, en 2010, l'une de ses trois activités et **cédé à un prix symbolique** en réalisant une importante moins-value les titres de la société française reçus en contrepartie de l'apport, dès lors que, si cette opération s'inscrivait dans la stratégie globale du groupe, elle avait pour objectif premier d'assurer la pérennité de la société française, dont la structure de coûts mettait en péril sa survie même ; en outre, les coûts de fermeture ou de restructuration de l'usine de fabrication auraient été supérieurs à la moins-value réalisée sur la cession des titres (CAA Marseille 30 décembre 2021 n° 19MA04336, 3e ch., min. c/ Sté Microchip Technology Rousset, arrêt définitif écartant l'argument du ministre qui soutenait que la cession résultait d'une décision de la société mère du groupe et ne répondait qu'au seul intérêt du groupe). Pour les mêmes raisons, la société française était également fondée à déduire les coûts du **plan social** de la société cédée et d'autres charges annexes, comme elle s'y était engagée auprès du repreneur (la Cour relève notamment que le fait que l'opération ait été **entièrement conduite** par le directeur des opérations de la **société mère** du groupe, en raison notamment de l'envergure internationale du projet, ne démontre pas que les intérêts de la société française n'ont pas été pris en compte).

3. Éléments d'ordre pratique

76780 Les questions de prix de transfert étant essentiellement d'ordre pratique, il n'est pas inutile de décrire brièvement quelques aspects sur lesquels la doctrine administrative met l'accent, conformément aux recommandations du comité des affaires fiscales de l'OCDE.

Analyse fonctionnelle

76783 L'administration souligne la nécessité de procéder à une analyse fonctionnelle, qui consiste pour l'entreprise à s'interroger sur sa place et son rôle économique au sein du groupe, et à recenser les fonctions exercées, les risques encourus et les actifs corporels et incorporels utilisés (BOI-BIC-BASE-80-10-10 nos 50 s. ; n° 75995).

Les **fonctions** exercées peuvent être de l'ordre de la conception, de la recherche et développement, de la fabrication ou de la production, de l'assemblage, des prestations de services, des achats ou ventes de biens corporels, de la distribution, de la sous-traitance, des prestations financières, ou des cessions ou concessions ou mises à disposition d'actifs incorporels (brevet, marque, procédé de fabrication…).

Les **risques encourus** concernent, par exemple, les risques de marché (variation des prix des matières premières et des prix des produits vendus…), la gestion des stocks, le service après-vente, les risques financiers (variation des taux de change et d'intérêt, risque de crédit…), les risques industriels (défauts de fabrication, fermeture d'usine, coûts de restructuration…).

L'analyse impose également le recensement des **actifs** et des **moyens** utilisés ; l'entreprise doit inventorier les actifs corporels et incorporels et les moyens d'exploitation qu'elle utilise pour réaliser les fonctions qui lui sont confiées en tenant compte :
– du type d'actif (usine, équipement, brevet, savoir-faire, marque…) ;
– des caractéristiques de ces actifs (importance économique ou stratégique, âge, valeur marchande, localisation…) ;
– des autres moyens mis en œuvre (personnel salarié, recours à des spécialistes ou à la sous-traitance…).

Si une entreprise exerce plusieurs activités (par exemple, producteur et distributeur), elle doit isoler au moyen d'une **comptabilité analytique** les actifs et les moyens utilisés, ainsi que les revenus, les coûts et les résultats de chacune d'elles. L'objectif est de distinguer, par activité, la méthode appliquée, la rémunération obtenue et le résultat dégagé.

Pour déterminer ses prix de transfert, l'entreprise doit également tenir compte de divers **facteurs externes** tels que :
– les caractéristiques des **marchés** où sont réalisées les transactions (localisation géographique, dimension, date d'implantation sur ce marché, état de développement, potentiel, situation de la concurrence, niveau de vie de la clientèle, existence de biens et de services de substitution, stade de commercialisation, réglementations locales...) ;
– la **stratégie** développée au sein du groupe (innovation, mise au point de nouveaux produits, diversification, pénétration de nouveaux marchés, accroissement de la part de marché...).

L'administration estime, par exemple, que la **conquête d'un nouveau marché** ou le lancement d'un nouveau produit peut justifier des dépenses supplémentaires sur une période limitée (dépenses publicitaires, frais de mise en place d'un réseau de distribution...) ou une diminution du chiffre d'affaires et des marges (remise promotionnelle...). Ces dépenses doivent être supportées par l'entreprise qui tirera l'essentiel du profit de cette stratégie (BOI préc. n° 110).

Précisions Pour une illustration de l'importance de l'analyse fonctionnelle, voir nos 76615, Précisions b, 76665 g et 76785.

Notion d'entrepreneur principal

L'administration reprend, au BOI-BIC-BASE-80-10-10 n° 100, le concept d'entrepreneur principal, que le comité des affaires fiscales de l'OCDE a utilisé un moment pour apparemment l'abandonner aujourd'hui et qui est au centre de nombreuses discussions lors du contrôle des prix de transfert ; l'administration indique que ce n'est qu'à l'issue d'une analyse fonctionnelle que l'entrepreneur principal peut être identifié. **76785**

Il s'agit de l'entreprise qui assume les **risques principaux** (qu'ils se concrétisent ou non) et qui prend les **décisions stratégiques**. Cette entreprise possède également, en général, les immobilisations incorporelles clés (marques, brevets, savoir-faire...) et supporte les dépenses y afférentes (recherche et développement, gestion des marques et de la publicité).

L'administration estime qu'au sein d'un groupe l'entrepreneur principal doit recevoir la **rémunération résiduelle**, c'est-à-dire le bénéfice restant (ou les pertes restantes) une fois que toutes les entités ont été justement rétribuées.

Il résulte toutefois de la jurisprudence du Conseil d'État que, contrairement à ce que soutient l'administration, la notion d'entrepreneur principal n'est **pas pertinente** dans l'analyse des prix de transfert (CE 4 octobre 2021 n° 443133, 8e et 3e ch., SKF Holding France, concernant l'impôt sur les sociétés, et, même jour, n° 443130, Sté RKS, concernant la retenue à la source sur les revenus réputés distribués : RJF 12/21 n° 1094 ; voir également n° 76615) ; dans cette affaire, il avait été jugé en appel que l'administration avait pu rectifier les résultats d'une société française, filiale d'un groupe suédois, au motif qu'elle n'était pas l'entrepreneur principal du groupe, car elle ne détenait pas d'actif immatériel et n'avait pas de fonction commerciale ni de rôle directeur au sein du groupe, et qu'elle ne pouvait donc pas justifier la réalisation de **pertes** par les **risques** attachés à cette qualité (CAA Versailles 22 juin 2020 nos 18VE02848 et 18VE02849, 1e ch., min. c/ SAS RKS et min. c/ SAS Holding SKF France). Le débat portait sur les prix pratiqués par la société française avec les sociétés distributrices du groupe, la société ayant presque toujours été déficitaire depuis 2005 alors que les comparaisons effectuées par l'administration conduisaient à lui attribuer une marge nette de 2,33 % en 2009 et 2,62 % en 2010. Cet arrêt a été annulé, et l'affaire a été renvoyée à la cour administrative d'appel de Versailles, car cette dernière avait commis une erreur de droit en se fondant, pour juger que la requérante n'avait pas vocation à assumer des pertes économiques liées à l'exploitation de son activité, sur le seul motif que cette société n'avait pas le statut d'entrepreneur principal au sein du groupe, sans rechercher si sa **position fonctionnelle** au sein du groupe lui donnait vocation à porter les risques spécifiques qu'elle invoquait (risques stratégiques liés au choix de développer de nouveaux produits et risques opérationnels liés à l'efficacité des processus de production). Dans ses conclusions (RJF 12/21, C 1094), la rapporteure publique Karin Ciavaldini avait souligné que la notion d'entrepreneur principal n'est pas pertinente, car elle est source d'ambiguïtés et de simplifications excessives, ajoutant que « l'utilisation de la notion d'entrepreneur principal, opposée à celle d'**entité routinière**, a empêché la cour d'entrer dans une analyse fine des données du litige, en cherchant à déterminer si les fonctions et les risques assumés par la société RKS justifiaient que ce soit elle, plutôt que les distributeurs, qui appréhende les profits en cas de circonstances économiques favorables et, dans le cas contraire, subisse les pertes ».

Pour un autre exemple de contentieux lié à la notion d'entrepreneur principal, voir CAA Bordeaux 29 octobre 2020 n° 18BX03395, 7e ch., Sté Biomar, ayant fait l'objet d'un pourvoi non admis par CE (na) 13 juillet 2021 n° 448139, 3e ch., SAS Biomar : RJF 11/21 n° 1002. Dans cette affaire, une société française exerçant une activité de fabrication et de vente d'aliments pour poissons, filiale d'une société danoise, avait fait l'objet d'une rectification au titre des exercices 2009 et 2010 au motif qu'elle était presque constamment déficitaire sur la période 2002-2010 et qu'elle réalisait une part importante de son chiffre d'affaires intragroupe, alors que la quasi-totalité des sociétés du groupe étaient bénéficiaires et qu'elles réalisaient en quasi-totalité leur chiffre d'affaires hors groupe ; la société déterminait ses prix de transfert en fonction du **coût marginal majoré**, en prenant en compte la totalité des coûts variables, mais seulement 25 % des coûts fixes. L'administration avait estimé cette méthode inadaptée, car la société devait être regardée comme un « **producteur de routine** » et devait être rémunérée en fonction des coûts complets augmentés d'une marge de pleine concurrence. Les rectifications ont été confirmées au motif que la société ne pouvait être regardée comme un entrepreneur principal dans le cadre de ses relations commerciales avec ses filiales et qu'elle vendait ses productions à ses sociétés sœurs à un prix inférieur au prix de revient.

Détermination de la méthode appropriée

76787 Après avoir réalisé une analyse fonctionnelle et identifié l'entrepreneur principal, l'entreprise doit être en mesure de déterminer :
– la méthode la plus appropriée pour rémunérer l'activité considérée ;
– les revenus et les coûts des actifs et des moyens utilisés pour justifier la base de calcul et fixer le niveau de rémunération, qui sera d'autant plus élevé que les risques pris seront importants et que les fonctions exercées seront à forte valeur ajoutée.

L'entreprise doit s'assurer que ce prix est conforme au prix de pleine concurrence ; elle doit le comparer à celui qui est constaté pour une transaction identique réalisée entre des entreprises indépendantes (« les **comparables** »).

L'administration précise, à juste titre, que toute méthode peut être considérée comme recevable à condition qu'elle soit justifiée, cohérente avec les fonctions exercées et les risques assumés, et que la rémunération soit conforme au principe de pleine concurrence (BOI-BIC-BASE-80-10-10 n° 130). La doctrine administrative reprend à ce propos, en les simplifiant, les développements de l'OCDE sur les différentes méthodes possibles et souligne que la méthode du prix comparable sur le marché libre est la plus satisfaisante, étant la plus directe et la plus fiable (BOI préc. n° 150).

De son côté, le juge de l'impôt confirme également que le bien-fondé de la méthode retenue dépend de l'analyse fonctionnelle ; voir notamment les exemples mentionnés nos 75965, Précisions (cost plus ou non) et 76640 i (méthode du prix de revente ou méthode transactionnelle de la marge nette).

Analyse de comparabilité

76790 Conformément aux Principes directeurs de l'OCDE, la doctrine administrative souligne que, quelle que soit la méthode retenue, sa validation suppose une **comparaison** avec une transaction ou un résultat réalisé par une entreprise **indépendante** (BOI-BIC-BASE-80-10-10 n° 240). Elle ajoute que la comparabilité est une notion délicate dans la mesure où elle implique de comparer des biens, des services ou des fonctions similaires (par exemple, on ne peut pas comparer la fonction de vente dans le secteur pharmaceutique à la fonction de vente dans le secteur automobile car les deux activités économiques sont trop différentes).

Il existe deux catégories de comparables :
– **comparables internes** (cas où l'entreprise concernée ou une autre entreprise du même groupe réalise une transaction identique avec une entreprise indépendante) : le comparable interne est, selon l'administration, souvent le plus adéquat (BOI préc. n° 250 ; à notre avis, il s'agit même du comparable parfait) ;
– **comparables externes** (cas où une entreprise indépendante réalise une transaction identique avec une autre entreprise indépendante) : en général, ce comparable externe est issu de la consultation de bases de données.

Ces **bases de données** recensent les entreprises sur un territoire géographique national (base de données Diane), européen (base de données Amadeus) ou mondial (base de données Orbis). Elles permettent d'effectuer des recherches par code d'activité et en fonction de différents indicateurs économiques (chiffre d'affaires, marge brute, résultat d'exploitation, résultat financier, résultat courant avant impôt, résultat net...).

Précisions Les **bases de données** sont établies et mises à jour par la société Bureau Van Dijk, Éditions électroniques, 7 rue Drouot 75009 Paris ; la base Diane offre l'accès à un fonds de plus d'un million d'entreprises françaises, à savoir celles qui publient leurs comptes annuels auprès des greffes des tribunaux de commerce (ces données publiques peuvent être enrichies d'informations annexes, également publiques). La base Amadeus rassemble des données paneuropéennes sur plus de neuf millions d'entreprises.

Principes d'utilisation des comparables Dans certains cas, il est possible d'appliquer le principe de pleine concurrence en se fondant sur un seul chiffre (par exemple, un prix ou une marge). Mais en général, l'échantillon des entreprises comparables est constitué d'entreprises ayant des ratios de rentabilité différents. **76795**

L'administration indique que l'entreprise doit se positionner au regard des entreprises issues du panel retenu (BOI-BIC-BASE-80-10-10 n° 270). Il convient alors d'opérer une distribution statistique des entreprises de l'échantillon sélectionné en utilisant la **médiane** (chiffre en dessous et au-dessus duquel seront réparties 50 % des entreprises de l'échantillon sélectionné) et les **quartiles** (répartition de la totalité des entreprises de l'échantillon en quatre parties égales, les quatre « quartiles », avec deux groupes en dessous et deux groupes au-dessus de la médiane).

La doctrine administrative rappelle qu'il est d'usage de considérer la médiane comme étant la rémunération de pleine concurrence vers laquelle doit tendre l'entreprise pour ses transactions intragroupes. Elle ajoute cependant qu'un assouplissement est apporté avec la notion d'« **intervalle de pleine concurrence** » qui constitue la fourchette de prix acceptable pour définir si les conditions d'une transaction entre entreprises liées sont de pleine concurrence (BOI préc. n° 280). Elle précise en outre qu'il est courant de retenir comme intervalle de pleine concurrence l'intervalle **interquartile** (entreprises comprises entre les quartiles 2 et 3), de sorte que soient éliminées les valeurs extrêmes. En sont donc exclues les entreprises les moins rentables (quartile 1 : 25 % des entreprises de l'échantillon qui réalisent les moins bons résultats) et les entreprises les plus profitables (quartile 4 : 25 % des entreprises de l'échantillon qui réalisent les meilleurs résultats). Le taux pratiqué peut généralement être considéré comme « normal » s'il se trouve à l'intérieur de la fourchette (intervalle de pleine concurrence). Mais l'administration ajoute que le recours à l'intervalle interquartile ne doit pas être systématique.

L'intervalle retenu doit avoir un sens, ce qui suppose, selon la doctrine administrative précitée :
– avant de faire la distribution statistique, de bien analyser les entreprises de l'échantillon et de veiller à l'analyse précise de l'activité et des produits de chaque entreprise ; en effet, même si deux entreprises exercent exactement la même activité, leur rentabilité peut varier en fonction de la localisation géographique, de la taille des marchés, de leur part de marché, de leur position concurrentielle, de la qualité des produits vendus, du pouvoir d'achat des consommateurs ;
– de ne pas retenir un intervalle trop large, qui serait inopérant et qui conduirait à des difficultés d'explications avec l'administration ;
– de veiller à la cohérence de la rémunération allouée à chacune des fonctions exercées par l'entreprise.

En ce qui concerne, enfin, les solutions jurisprudentielles, on relèvera notamment :
– que le principe des **comparaisons** et la nécessité où se trouve l'administration de retenir des comparables pertinents sont régulièrement soulignés (n° 76615) ;

– que, toutefois, si l'administration retient la **méthode transactionnelle de la marge** nette, et non pas une méthode traditionnelle directement fondée sur la comparabilité de produits, « la condition de similitude des entreprises dont les prix sont comparés n'est sans doute pas une condition d'identité parfaite des produits fabriqués ou commercialisés mais bien davantage une condition de similitude de l'activité exercée ainsi qu'y invitent au demeurant les principes de l'OCDE de 2010 qui mettent en avant la **comparabilité fonctionnelle** par rapport à la comparabilité des produits » (conclusions Romain Victor sous CE 6 juin 2018 nos 409645 et 409647, 8e et 3e ch., General Electric Medical Systems : RJF 8-9/18 no 833 ; voir également nos 76623 et 76635 k) ;
– que les **comparables dépendants** sont normalement rejetés (no 76625) ;
– et que l'article 57 du CGI n'impose pas à l'administration de retenir la valeur la plus basse de l'intervalle de pleine concurrence (ou la plus élevée, selon les cas) mais qu'elle peut retenir la **médiane** (no 76623).

Précisions **a.** En statistique, un **quartile** est chacune des trois valeurs qui divisent les données analysées en quatre, afin que chaque partie représente le quart de l'échantillon ; le premier quartile sépare les 25 % inférieurs des données, le second est la médiane, le troisième sépare les 75 % inférieurs des données. La différence entre le troisième et le premier quartile est appelée « intervalle interquartile » ; cet intervalle permet de mesurer la dispersion des données.

b. Il est souvent possible, notamment pour mettre au point une méthode de **cost plus**, d'utiliser le **ratio de Berry**, selon la méthode mise au point par Charles H. Berry, professeur à l'université de Princeton, afin d'évaluer la valeur du service rendu par une société de distribution. Elle consiste à déterminer la marge sur les coûts opérationnels réalisée par un distributeur indépendant (par une analyse des comparables) et d'en déduire un cost plus ; la marge retenue est égale à la marge brute, ajustée pour tenir compte des différences dans les fonctions assurées par l'entreprise et divisée par les dépenses d'exploitation. Le ratio de Berry est un ratio de marge brute d'exploitation sur les charges d'exploitation, après exclusion des intérêts, des dépréciations et des amortissements. Ce rapport peut être converti en marge sur les coûts : si le ratio de Berry est de 1,15, la marge est de 15 %.

4. Documentation (LPF art. L 13 AA et L 13 AB)

Principe de la documentation obligatoire

76840 Dans le cadre d'un plan général de lutte contre les « États ou territoires non coopératifs », l'article 22 de la loi no 2009-1674 du 30 décembre 2009 de finances rectificative pour 2009 a posé le principe du caractère obligatoire de la documentation à tenir afin de justifier des prix de transfert pratiqués par les « grandes entreprises ».

L'article L 13 AA du LPF ainsi créé avait initialement repris, pour l'essentiel, le modèle proposé par le code de conduite adopté le 27 juin 2006 dans le cadre de l'Union européenne afin d'harmoniser la documentation que les entreprises doivent présenter aux administrations nationales (« EUTPD », pour « European Union transfer pricing documentation »). Les **« grandes » entreprises** doivent obligatoirement établir une **documentation normalisée** et être en mesure de la présenter à l'administration dès le début d'une procédure de vérification ; cette obligation concerne les exercices ouverts depuis le 1er janvier 2010. Le contenu de la documentation à établir sur le fondement de l'article L 13 AA du LPF a ensuite été précisé par l'article 107 de la loi no 2017-1837 du 30 décembre 2017 de finances pour 2018 pour les exercices ouverts depuis le 1er janvier 2018, dans le sillage des travaux de l'OCDE sur la lutte contre le Beps (no 72410).

Les obligations documentaires pesant sur les entreprises ont ensuite été renforcées par de nouvelles exigences introduites en 2013 concernant la remise des comptabilités analytique et consolidée (no 76883), la communication à l'administration des « rulings » délivrés par les administrations étrangères (no 76854) et la mise en place d'une obligation déclarative annuelle (no 76865). Pour faire bonne mesure, et toujours en application des recommandations de l'OCDE, une obligation déclarative supplémentaire a été introduite, pour les exercices ouverts depuis le 1er janvier 2016, par l'article 121 de la loi no 2015-1785 du 29 décembre 2015 de finances pour 2016 (déclaration « pays par pays » ; no 76867).

Pour les **« petites » entreprises**, l'obligation documentaire reste régie essentiellement par l'article L 10 du LPF, qui permet à l'administration de demander des informations sur une base non contraignante, et par l'article L 13 B du LPF (nos 76885 s.).

Précisions a. Le **Code de conduite européen** traduit un engagement politique qui n'affecte pas les droits et obligations des États membres et des entreprises (JOUE 28 juillet 2006, C 176/1) ; il propose l'établissement d'une **documentation commune** qui devrait être reconnue par l'ensemble des pays européens. En principe, cette documentation est constituée en **deux parties**, l'une concerne le groupe en général et elle est commune à toutes les sociétés du groupe, et l'autre est spécifique à chaque pays. Les recommandations actuelles de l'OCDE vont dans le même sens mais il s'y ajoute une documentation « pays par pays ».

b. L'administration souligne, au BOI-BIC-BASE-80-10-20 n° 1, que les prix de transfert constituent un sujet important lors d'une vérification de comptabilité et que l'administration doit s'assurer que le résultat déclaré en France par l'entreprise contrôlée correspond aux activités déployées sur le territoire national conformément au **principe de pleine concurrence**. Elle ajoute que les entreprises doivent être en mesure de justifier auprès de l'administration les politiques de prix de transfert mises en œuvre au sein du groupe auquel elles appartiennent (BOI préc. n° 20).

c. Il a été jugé que l'administration n'apportait pas la preuve qu'une société avait transféré des bénéfices au sens de l'article 57 du CGI au motif qu'elle n'aurait **pas respecté** la méthode de partage de marges prévue par sa **documentation** de prix de transfert (TA Montreuil 1er avril 2021 n° 1907866, 1e ch., Sté Itron France, faisant l'objet d'un appel enregistré sous le n° 21PA04452) ; en l'espèce, l'administration avait prétendu que la société n'avait pas correctement appliqué sa politique de prix de transfert en ne vérifiant pas, transaction par transaction, le respect du partage de marge prévue par sa documentation de prix de transfert et en ne corrigeant pas les transactions au regard des marges réelles constatées (l'administration avait également soutenu que la répartition des marges entre producteur et distributeur n'était pas correcte, mais sans plus de succès).

Entreprises concernées

Il s'agit des « grandes entreprises » ; il résulte en effet de l'article L 13 AA du LPF que **76842**
sont seules astreintes à l'obligation documentaire les personnes morales établies en France (les conditions suivantes sont alternatives) :
a) dont le **chiffre d'affaires** annuel hors taxes ou l'**actif brut** figurant au bilan est supérieur ou égal à **400 M€** ;
b) ou **qui détiennent** à la clôture de l'exercice, directement ou indirectement, plus de la moitié du capital ou des droits de vote d'une entité juridique (personne morale, organisme, fiducie ou institution comparable établie ou constituée en France ou hors de France) satisfaisant à l'une des conditions mentionnées au a) ;
c) ou **dont plus de la moitié du capital** ou des droits de vote est détenue, à la clôture de l'exercice, directement ou indirectement, par une entité juridique (au sens du b) ci-dessus) satisfaisant à l'une des conditions mentionnées au a) ;
d) ou qui (dans le passé) bénéficiaient de l'**agrément** pour le bénéfice mondial ou consolidé (ce dispositif a été supprimé ; n° 25350) ;
e) ou qui appartiennent à un **groupe d'intégration fiscale** lorsque ce groupe comprend au moins une personne morale satisfaisant l'une des conditions mentionnées aux a), b), c) ou d).

Ces critères doivent être appréciés pour chacun des exercices visés par l'avis de vérification de comptabilité (BOI-BIC-BASE-80-10-40 n° 30). Quant à l'expression « personnes morales établies en France », elle inclut les personnes morales étrangères disposant en France d'un **établissement stable**, étant précisé, dans ce cas, que (BOI préc. n° 10) :
– les conditions mentionnées au a) sont considérées comme satisfaites si elles sont remplies au niveau de l'établissement stable en France ou au niveau de la personne morale à l'étranger ;
– les conditions mentionnées au b) sont considérées comme satisfaites si elles sont remplies au niveau de l'établissement stable en France ;
– les conditions mentionnées au c) sont considérées comme satisfaites si elles sont remplies au niveau de la personne morale à l'étranger.

L'expression « entité juridique » s'entend de toute personne morale, de tout organisme, de toute fiducie ou de toute institution comparable, qui est établi ou constitué en France ou à l'étranger.

Précisions a. Bien que ce périmètre soit proche de celui des entreprises qui relèvent de la **Direction des grandes entreprises** (CGI Ann. III art. 344-0 A), il n'est pas identique ; en particulier, les « petites » entreprises françaises filiales de « grands » groupes étrangers sont incluses.

b. Les **autres entreprises** restent soumises aux dispositions de l'article L 13 B du LPF (nos 76885 s.).

c. La production de la documentation exigée ne déplace pas la **charge de la preuve** qui s'applique dans les conditions habituelles.

Obligation documentaire

76845 Pour les exercices ouverts depuis le 1er janvier 2010, les entreprises astreintes à l'obligation documentaire (no 76842) doivent tenir à disposition de l'administration une documentation permettant de justifier la politique de prix de transfert pratiquée dans le cadre de **transactions de toute nature** réalisées avec des « **entreprises associées** ». L'administration indique que la notion de « transaction » s'entend de toute opération pouvant avoir un impact sur le bénéfice net au sens du 1 ou du 2 de l'article 38 du CGI et que les opérations réalisées entre un siège et ses succursales constituent des transactions au sens de l'article L 13 AA du LPF (BOI-BIC-BASE-80-10-40 no 60). Il n'y a pas de condition de seuil de matérialité.

Sont considérées comme des entreprises associées les entités juridiques établies ou constituées hors de France qui sont liées à l'entreprise française au sens du 12 de l'article 39 du CGI ; ce dernier texte prévoit que des liens de dépendance sont réputés exister entre deux entreprises lorsque l'une détient directement ou par personne interposée la majorité du capital social de l'autre ou y exerce en fait le pouvoir de décision, ou lorsqu'elles sont placées l'une et l'autre sous le contrôle d'une même tierce entreprise.

La documentation prévue par l'article L 13 AA du LPF doit être tenue à la disposition de l'administration à la date d'engagement d'une vérification de comptabilité ; la loi précise qu'elle ne se substitue pas aux justificatifs afférents à chaque transaction.

Pour les exercices ouverts depuis le 1er janvier 2018, le contenu de la documentation exigée des « grandes entreprises » a été détaillé dans le sens des recommandations du comité des affaires fiscales de l'OCDE ; elle se compose obligatoirement d'un **fichier principal** fournissant des informations sur le groupe d'entreprises associées et d'un **fichier local** fournissant des informations sur l'entreprise vérifiée (Loi no 2017-1837 du 30 décembre 2017 de finances pour 2018, art. 107) ; les modalités pratiques d'établissement de cette documentation ont été précisées par le décret no 2018-554 du 29 juin 2018 créant l'article R 13 AA-1 du LPF (JO du 30 juin 2018, texte no 65) et par la doctrine administrative publiée au BOI-BIC-BASE-80-10-40.

En pratique, l'administration indique que la documentation à produire conserve un caractère général mais qu'elle doit tout de même être suffisamment précise pour permettre à l'administration d'apprécier si la politique de prix de transfert mise en œuvre par l'entreprise vérifiée est conforme au **principe de pleine concurrence** et aux standards de l'OCDE (BOI-BIC-BASE-80-10-40 no 600) ; avant la révision doctrinale du 18 juillet 2018, elle ajoutait que la documentation n'avait pas vocation à excéder une cinquantaine de pages (ancien BOI-BIC-BASE-80-10-20 no 260, aujourd'hui rapporté) mais cette indication a disparu, signe que l'administration attend certainement aujourd'hui davantage des entreprises que dans le passé.

L'administration indique également que la documentation demandée correspond au **standard international issu des travaux de l'OCDE** en renvoyant expressément à l'Action 13 du plan « anti-Beps » tel qu'il est décrit dans les Principes directeurs de l'OCDE applicables en matière de prix de transfert (nos 75803 s.) ; elle ajoute que les recommandations prévues pour cette documentation dans le standard de l'OCDE s'appliquent à la documentation prévue à l'article L 13 AA du LPF (BOI préc. no 50).

Précisions **a.** Le caractère **confidentiel** de l'information ne peut être opposé à l'administration pour faire obstacle à la communication d'un document (BOI-BIC-BASE-80-10-40 no 650).

b. Les règles relatives au **secret fiscal** sont applicables aux informations transmises (BOI préc. no 660).

76850 **Fichier principal** Il résulte des dispositions législatives et réglementaires (no 76845) que les informations suivantes doivent être fournies en ce qui concerne le groupe d'entreprises associées :

a) Un schéma illustrant la **structure** juridique et capitalistique du groupe ainsi que la situation géographique des entités opérationnelles ; ces dernières comprennent toutes les formes de structures juridiques, y compris celles qui n'ont pas de personnalité morale ;

b) Les **sources importantes de bénéfices** du groupe, à savoir celles qui correspondent aux activités réalisées par des entités du groupe et qui exercent une influence déterminante dans la réalisation des bénéfices ; les fonctions supports (comptabilité, gestion des ressources humaines, etc.) des activités principales peuvent être exclues de cette description (BOI-BIC-BASE-80-10-40 no 100) ;

c) Une description de la **chaîne d'approvisionnement** des cinq principaux biens et services offerts par des entreprises du groupe ainsi que de tout autre bien et service représentant plus de 5 % du chiffre d'affaires consolidé du groupe ; **76850** (suite)

d) Une liste et une description des accords importants de **prestations de services** entre entreprises associées, à l'exclusion des accords afférents à des services de recherche et développement ; ces informations incluent une description des capacités des principaux sites fournissant les services importants et des politiques appliquées en matière de prix de transfert pour répartir les coûts des services et déterminer les prix facturés pour les services intragroupe ; la description des politiques appliquées en matière de prix de transfert doit comprendre l'énumération des critères pris en compte pour répartir les coûts des services ainsi que la description des modalités retenues pour la détermination des prix facturés (la doctrine administrative se contente toutefois de préciser qu'il y a lieu de fournir des indications sur les moyens humains et matériels pour la réalisation des prestations de services ; BOI préc. n° 120) ;

e) Une description des principaux **marchés géographiques** sur lesquels les biens et services du groupe sont vendus ;

f) Une **analyse fonctionnelle** décrivant les principales contributions des différentes entités du groupe à la création de valeur, c'est-à-dire les fonctions-clés exercées, les risques importants assumés et les actifs importants utilisés ; l'administration précise que l'analyse fonctionnelle peut être brève et se limiter à des descriptions générales sur les risques assumés et les fonctions exercées par les différentes entités, la production d'une analyse fonctionnelle détaillée concernant chaque entité du groupe n'étant pas exigée (BOI préc. n° 140) ;

g) Une description des opérations importantes de **réorganisation** d'entreprises ainsi que d'acquisition et de cession d'éléments d'actif intervenues au cours de l'exercice ; l'administration indique que doivent être décrites les opérations réalisées par des entreprises du groupe, qu'elles soient ou non en lien avec l'entreprise, et qui se sont traduites par des disparitions, des transferts ou des créations d'activité, ainsi que par des changements de statut juridique ou de fonction (BOI préc. n° 150) ;

h) Une description générale de la **stratégie** du groupe en matière de mise au point, de propriété et d'exploitation des actifs incorporels ; cette description doit notamment préciser la localisation des principales installations de recherche et développement et celle de la direction des activités de recherche et développement ;

i) Une liste des **actifs incorporels** ou des catégories d'actifs incorporels qui sont importants pour l'établissement des prix de transfert ainsi que des entités qui en sont légalement propriétaires ; cette liste doit être complétée par une rubrique relative aux politiques du groupe en matière de prix de transfert relatives à la recherche et développement et aux actifs incorporels ; l'administration indique que les actifs incorporels importants sont tous ceux qui exercent une influence substantielle dans la détermination des prix de transfert, qu'ils soient ou non utilisés par l'entreprise qui fournit la documentation, et qu'il n'est pas nécessaire que ces actifs incorporels fassent l'objet d'une valorisation individualisée (BOI préc. n° 190) ;

j) Une liste des accords importants entre entreprises associées relatifs aux actifs incorporels, y compris les **accords de répartition de coûts**, les principaux accords de services de recherche et les accords de licence ;

k) Une description générale des éventuels **transferts importants d'actifs incorporels** entre entreprises associées, mentionnant les pays et les rémunérations correspondantes ;

l) Une description générale de la façon dont le groupe est financé, y compris une description des **accords de financement** importants conclus avec des prêteurs indépendants du groupe ;

m) L'identification de tous les membres du groupe multinational exerçant une fonction de **centrale de financement** pour le groupe, mentionnant le pays de constitution et le lieu du siège de direction effective ;

n) Une description générale des politiques du groupe en matière de prix de transfert relatives aux accords de financement entre entreprises associées ;

o) Les **états financiers consolidés annuels** du groupe pour l'exercice fiscal s'ils sont préparés par ailleurs à des fins d'information financière, réglementaires, de gestion interne, fiscales ou autres ;

p) Une liste et une description des **accords préalables en matière de prix de transfert** unilatéraux conclus par le groupe et des autres décisions des autorités fiscales concernant la répartition des bénéfices entre pays ; toutes les décisions des autorités fiscales sont concernées, sauf les accords préalables bilatéraux et multilatéraux (BOI préc. n° 290 ; voir également n° 76854).

Ces informations doivent, d'une façon générale, permettre à l'administration d'**appréhender l'environnement** économique, juridique, financier et fiscal du groupe.

Précisions **a.** L'article R 13 AA-1 du LPF précise que le fichier principal doit être présenté sous la forme de **cinq rubriques** dans l'ordre suivant : structure organisationnelle, description du ou des domaines du groupe multinational, actifs incorporels du groupe multinational, activités financières interentreprises du groupe multinational et situation financière et fiscale du groupe multinational.

b. En principe, il y a lieu de présenter les informations figurant dans le fichier principal pour le groupe multinational dans son ensemble ; il est cependant possible de structurer les informations présentées par **secteur d'activité**, lorsque les circonstances le justifient (BOI-BIC-BASE-80-10-40 n° 75).

76853 **Fichier local** Les informations spécifiques que la documentation doit inclure en ce qui concerne l'entreprise vérifiée sont les suivantes :

a) Une description de la **structure** de gestion et un organigramme de l'entreprise ;

b) Une description des **activités** effectuées et de la **stratégie** d'entreprise mise en œuvre, précisant notamment si l'entreprise a été impliquée dans, ou affectée par, des **réorganisations** d'entreprises ou des transferts d'actifs incorporels pendant l'exercice ou l'exercice précédent et expliquant les aspects de ces transactions qui affectent l'entreprise ; l'administration ajoute qu'il y a lieu d'indiquer également les principaux **concurrents** de l'entreprise sur les différents marchés sur lesquels elle exerce une activité (BOI-BIC-BASE-80-10-40 n° 340) ;

c) Une description des **transactions** importantes avec des **entreprises associées** et des conditions dans lesquelles elles sont réalisées ; cette description doit notamment porter sur les achats de services de fabrication, les acquisitions de biens, la fourniture de services, les prêts, les garanties financières et garanties de bonne exécution, la concession de licences portant des actifs incorporels ; seules sont cependant concernées les transactions réalisées entre l'entreprise et une ou plusieurs entreprises associées et dont le montant, tel qu'il ressort de la comptabilité sociale, agrégé par catégorie **excède 100 000 €** au titre de l'exercice ; ce montant doit être apprécié sans compensation ni entre les produits et les charges, ni entre les acquisitions et les cessions d'actifs ; doivent être fournies les informations pertinentes relatives aux types de biens ou de produits concernés et à leur montant, notamment sur les conditions de paiement, garanties et, le cas échéant, rémunérations d'intermédiaires (cette description peut être réalisée par catégorie de transactions dès lors que les transactions au sein de chaque catégorie portent sur les mêmes biens et services et sont effectuées dans les mêmes conditions) ;

d) Les montants des **paiements et recettes** intragroupe pour chaque catégorie de transactions impliquant l'entreprise vérifiée, ventilés en fonction de la « juridiction fiscale » du payeur ou du bénéficiaire étranger ; un seul montant doit être mentionné pour chaque nature de transaction et il n'y a pas lieu d'indiquer, pour chaque nature de flux, le détail complet de toutes les transactions qui permettent d'atteindre le montant de 100 000 € (BOI préc. n° 400) ;

e) Une identification des **entreprises associées** impliquées dans chaque catégorie de transactions contrôlées et des relations qu'elles entretiennent avec l'entreprise vérifiée ;

f) Une copie de tous les **accords intragroupe** importants conclus par l'entreprise vérifiée ; l'administration indique qu'il s'agit des accords dont l'exécution se traduit par des transactions entre entreprises associées dont le montant agrégé par catégorie excède 100 000 € au titre de l'exercice ; il est possible de n'établir qu'une liste s'il y a un nombre important d'accords (BOI préc. n° 420) ;

g) Une **analyse de comparabilité** et une **analyse fonctionnelle** détaillées de l'entreprise vérifiée et des entreprises associées pour chaque catégorie de transactions, y compris les éventuels changements par rapport aux exercices précédents ; l'analyse de comparabilité doit décrire, pour chaque catégorie de transactions, les conditions de rémunération de l'entreprise et celles qui trouveraient à s'appliquer entre des entreprises indépendantes, les éventuels écarts devant être justifiés ; l'administration précise que les études de comparables doivent privilégier les informations les plus récentes disponibles à la date de facturation des transactions mais que, lorsque les conditions d'exercice de l'activité demeurent inchangées, les études de comparables peuvent être **actualisées** par **période triennale** (BOI préc. n° 580) ; les données financières résultant de ces comparables doivent toutefois être mises à jour chaque année ;

h) Une indication de la **méthode de détermination des prix** de transfert la plus adaptée pour chaque catégorie de transactions et des raisons pour lesquelles cette méthode a été choisie ; la présentation de la méthode de prix de transfert la plus adaptée doit être effectuée sous la forme d'un tableau avec, en lignes, les catégories de transactions et, en colonnes, l'indication, d'une part, de la ou des méthodes de prix de transfert appliquées, d'autre part, d'une explication des raisons qui ont conduit au choix de ces méthodes ;
i) Une indication de l'entreprise associée qui a été choisie comme **partie testée**, le cas échéant, et une explication des raisons de cette sélection ; la partie testée est l'entreprise qui a été retenue afin d'apprécier les conditions de rémunération, en application de la méthode de prix de transfert (BOI préc. n° 450) ;
j) Une synthèse des **hypothèses importantes** qui ont été posées pour appliquer les méthodes de fixation des prix de transfert ;
k) Le cas échéant, une explication des raisons pour lesquelles une **analyse pluriannuelle** des méthodes de prix de transfert a été appliquée ; l'administration indique que l'entreprise doit obligatoirement expliquer la façon dont les analyses ont été réalisées sur une période pluriannuelle afin de déterminer le prix des transactions contrôlées (BOI préc. n° 470) ;
l) Une liste et une description des **transactions comparables** sur le marché libre et des indicateurs financiers relatifs aux entreprises indépendantes utilisés dans le cadre de l'analyse des prix de transfert, incluant la description de la méthode de recherche de données comparables avec l'indication de la source des informations ; l'administration rappelle (BOI préc. n° 480) que les comparables peuvent être externes (transactions entre entreprises indépendantes) ou internes (transactions entre l'entreprise ou une autre entreprise du groupe, d'une part, et une entreprise indépendante, d'autre part) ;
m) Une description des éventuels **ajustements** effectués, indiquant si ces ajustements ont été apportés aux résultats de la partie testée, aux transactions comparables sur le marché libre ou aux deux ;
n) Une description des raisons pour lesquelles il a été conclu que les prix des transactions ont été établis conformément au **principe de pleine concurrence** en application de la méthode de prix de transfert retenue ;
o) Une synthèse des **informations financières** utilisées pour appliquer la méthode de détermination des prix de transfert ; le format de présentation de ces informations et tableaux est libre (BOI préc. n° 520) ;
p) Une **copie des accords de fixation préalable des prix** de transfert unilatéraux, bilatéraux et multilatéraux existants ainsi que des décisions d'autres autorités fiscales si elles sont liées à des transactions contrôlées avec l'entreprise vérifiée (n° 76854) ;
q) Les **comptes financiers** annuels de l'entreprise vérifiée ;
r) Des informations et des **tableaux de répartition** indiquant comment les données financières utilisées pour appliquer la méthode de détermination des prix de transfert peuvent être reliées aux états financiers annuels ;
s) Des **tableaux synthétiques** des données financières se rapportant aux transactions comparables utilisées avec l'indication des sources dont ces données sont tirées.

Toutes ces informations doivent permettre à l'administration d'apprécier la conformité au **principe de pleine concurrence**, tel que défini par les Principes directeurs de l'OCDE applicables en matière de prix de transfert (n°s 75803 s.), de la politique de prix de transfert mise en œuvre par l'entreprise vérifiée. Il reste que, bien entendu, conformément au droit de contrôle prévu par l'article L 10 du LPF, l'administration a toujours la possibilité de **demander à l'entreprise** vérifiée des éléments complémentaires et que la documentation à transmettre ne se substitue pas, en tout état de cause, aux justifications à apporter à chaque transaction (BOI préc. n° 570).

Précisions L'article R 13 AA-1 du LPF précise que le fichier local doit être présenté sous la forme de **trois rubriques** dans l'ordre suivant : entité en France, transactions contrôlées et informations financières.

Rulings étrangers Dans sa rédaction issue de la loi n° 2013-1278 du 29 décembre 2013 de finances pour 2014 (art. 98), l'article L 13 AA du LPF exige, outre les informations mentionnées aux n°s 76850 et 76853, la communication des décisions de même nature que les **interprétations, instructions et circulaires** mentionnées à l'article L 80 A du LPF, prises par les administrations fiscales étrangères à l'égard des entreprises associées. Selon le rapport de la commission des finances de l'Assemblée nationale, il s'agit de permettre à l'administration d'accéder, dans le cadre d'un contrôle sur les prix de transfert, à des décisions des administrations étrangères susceptibles de lui apporter un éclairage sur la **76854**

stratégie fiscale d'ensemble de l'entreprise, indispensable à la bonne compréhension des flux interentreprises (Rapport AN nº 1619, 11 décembre 2013).

Cette obligation, qui s'applique depuis le 1er janvier 2014, doit cependant se comprendre à la lumière de l'interprétation qui en a été faite par le Conseil constitutionnel qui a jugé la mesure conforme à la Constitution au motif que cet article n'avait « ni pour objet ni pour effet d'imposer aux entreprises intéressées de tenir à la disposition de l'Administration des documents émanant d'administrations étrangères que ces entreprises n'auraient **pas en leur possession** » (Cons. const. 29 décembre 2013 nº 2013-685 DC : RJF 3/14 nos 267 et 268, rejetant, pour cette raison, le grief tiré de ce que ces dispositions imposeraient une formalité impossible). Cette interprétation devrait permettre aux entreprises de refuser de communiquer les rulings étrangers concernant des sociétés qu'elles ne contrôlent pas ou en cas d'interdiction posée par la législation étrangère.

Compte tenu des termes de la loi, l'obligation vise les décisions qui caractérisent une **prise de position formelle** et qui sont opposables à l'administration fiscale étrangère (elles doivent, en effet, avoir la même nature que celles mentionnées à l'article L 80 A du LPF) ; en outre, il ne peut s'agir que de décisions prises à l'égard des **entreprises associées**, à savoir des décisions qui les visent précisément, à l'exception des circulaires ou instructions de portée générale.

Enfin, cette obligation s'insère dans un ensemble qui concerne, selon le I de l'article L 13 AA, la documentation que les entreprises doivent tenir à disposition de l'administration pour justifier leur politique de **prix de transfert** avec des entreprises associées ; par suite, seules les décisions des administrations étrangères ayant une influence sur la détermination des prix de transfert peuvent, à notre avis, être exigées (l'administration paraît retenir une approche exagérément extensive lorsqu'elle vise les décisions des administrations fiscales étrangères « pouvant avoir un impact sur le résultat imposable du groupe auquel elle appartient » ; BOI-BIC-BASE-80-10-40 nº 540).

Précisions **a.** Il n'est pas prévu que les entreprises doivent fournir une traduction **en français** des décisions en cause.

b. Les rulings étrangers n'entrent pas dans le champ de l'obligation de **transmission annuelle** visée au nº 76865.

États ou territoires « non coopératifs »

76855 L'obligation documentaire est **plus étendue** en ce qui concerne ces pays ; l'**article L 13 AB du LPF** prévoit, en effet, que lorsque des transactions de toute nature sont réalisées avec une ou plusieurs entreprises associées établies ou constituées dans un État ou territoire non coopératif au sens de l'article 238-0 A du CGI (nos 71555 s.), la documentation standard (nos 76850 et 76853) doit également comprendre, pour chaque entreprise bénéficiaire des transferts, une documentation complémentaire comprenant l'ensemble des documents qui sont exigés des sociétés passibles de l'impôt sur les sociétés, y compris le **bilan** et le **compte de résultat** établis dans les conditions prévues par le IV de l'article 209 B du CGI (articles 102 U et 102 V de l'annexe II au CGI). Selon l'administration, il y a lieu, en pratique, de fournir l'ensemble des documents comptables exigés d'une personne morale située en France (BOI-INT-DG-20-50 nº 700 ; BOI-BIC-BASE-80-10-40 nº 550).

Tous les ETNC sont visés par cette mesure, quel que soit le motif de leur inclusion sur la liste (nº 71562).

Mise en œuvre

76857 L'administration précise que la documentation relative aux prix de transfert doit être établie sous un **format électronique** de nature à permettre l'échange et la lecture des documents, indépendamment de l'environnement dans lequel ils ont été créés, et qu'en pratique elle peut être présentée sous la forme de **fichiers** de type « PDF » (BOI-BIC-BASE-80-10-40 nº 560, ajoutant que le format « PDF image » résultant d'une numérisation par scanner est proscrit) ; de même, les **tables de données** contenues dans la documentation doivent être présentées dans un format électronique de nature à permettre à l'administration d'effectuer des vérifications des calculs réalisés par l'entreprise, tris, classements ainsi que tout type de calcul (BOI préc.).

La documentation doit en principe être rédigée en **français**, l'administration ayant la possibilité de demander que des documents rédigés dans une langue étrangère fassent l'objet d'une traduction en français (BOI préc.) ; elle doit être tenue à la disposition de l'administration à la date d'engagement d'une **vérification de comptabilité**, qu'elle soit générale, ponctuelle ou simple ; cette date est celle de la première intervention du vérificateur sur place.

Lorsque l'entreprise vérifiée **ne produit pas** la documentation requise, ou lorsqu'elle produit une documentation partielle, l'administration doit lui adresser, par lettre recommandée avec accusé de réception, une **mise en demeure** de la produire ou de la compléter dans un délai de trente jours. La mise en demeure doit mentionner les documents ou les compléments attendus ainsi que les sanctions applicables en cas de défaut de réponse ou de réponse partielle.

L'administration précise que la documentation est considérée comme **complète** lorsqu'elle permet à l'administration d'évaluer la politique de prix de transfert de l'entreprise dans son ensemble, sans préjuger des justificatifs qu'elle peut exiger dans le cadre de la vérification de transactions spécifiques (BOI préc. n° 600). En revanche, cette documentation pourra être considérée comme **partielle** si l'entreprise vérifiée ne fournit pas l'ensemble des documents requis (n°s 76850 à 76855) ou si elle fait référence à des principes très généraux (comme le simple respect du principe de pleine concurrence, le recours aux méthodes reconnues par le comité des affaires fiscales de l'OCDE, etc.) sans justifier de l'application de ces principes à l'entreprise vérifiée.

Cette dernière peut, par une demande écrite et motivée, solliciter, en en précisant la durée, une prorogation du **délai** de réponse qui, dans tous les cas, ne peut excéder au total une durée de deux mois. Dans ce cas, l'administration doit informer l'entreprise vérifiée de la décision retenue, en lui indiquant, dans l'affirmative, la date d'expiration du délai complémentaire accordé.

Sanctions

Si l'entreprise vérifiée ne produit pas la documentation requise ou produit une documen- **76860**
tation partielle dans le délai de trente jours suivant la réception d'une mise en demeure adressée par le service vérificateur, ou dans le délai régulièrement prorogé, elle est passible, pour chacun des exercices couverts par la vérification de comptabilité, d'une **amende** minimale de **10 000 €**, qui peut être portée au plus élevé des deux montants suivants, selon la gravité des manquements (CGI art. 1735 ter dans sa rédaction issue de l'article 78 de la loi n° 2014-1654 du 29 décembre 2014 de finances pour 2015, applicable aux contrôles pour lesquels un avis de vérification a été adressé à compter du 1er janvier 2015 ; BOI-CF-INF-20-10-40 n° 10) :

– soit **0,5 % du montant des transactions** concernées par les documents ou compléments qui n'ont pas été mis à disposition de l'administration après mise en demeure, y compris en l'absence de rectifications (BOI préc. n° 70 ; cette amende résulte d'un amendement parlementaire, déposé à l'Assemblée nationale en novembre 2014, cherchant à sanctionner les cas où « le défaut de documentation interdit à l'administration d'établir la manipulation des prix de transfert ») ; l'administration indique que la notion de « transaction » utilisée pour le calcul de la pénalité correspond aux opérations intragroupe, à savoir **toute opération entre entreprises associées** pouvant avoir un impact sur le bénéfice net au sens du 1 ou du 2 de l'article 38 du CGI, y compris les opérations réalisées entre un siège et ses succursales (BOI préc. n° 20, précisant curieusement que « sauf abus de droit », le versement de dividendes ne constitue pas une transaction) ; la doctrine administrative ajoute que l'assiette de l'amende correspond au montant de la ou des transaction(s) concernée(s) par les documents ou compléments qui n'ont pas été mis à disposition de l'administration après mise en demeure, ce montant étant apprécié à l'issue du contrôle en tenant compte de l'ensemble des éléments relevés y compris lorsqu'une transaction non comptabilisée est découverte ;

– soit **5 % des rectifications** du résultat fondées sur l'article 57 du CGI, appréciées à l'issue du contrôle et afférentes aux transactions concernées par les documents ou compléments qui n'ont pas été mis à disposition de l'administration après mise en demeure (antérieurement, l'assiette de l'amende était sur ce point plus large car elle incluait la totalité des bénéfices transférés, y compris ceux qui concernaient des transactions documentées) ; cette amende s'applique au montant des bénéfices transférés hors de France et non pas à l'impôt sur les sociétés correspondant, ce qui la rend exigible également des sociétés déficitaires.

Par « documents ou compléments qui n'ont **pas été mis à disposition** de l'administration », il faut entendre notamment les documents ou compléments qui bien que formellement mis à disposition de l'administration ne lui permettent pas d'apprécier si la politique de prix de transfert mise en œuvre par l'entreprise vérifiée est conforme au principe de pleine concurrence et aux standards de l'OCDE (BOI préc. n° 40).

Compte tenu des termes de la loi, l'administration a la faculté de **moduler l'amende** en fonction de la gravité des manquements constatés (sans autre précision) ; la doctrine administrative indique, à ce propos, que pour déterminer le taux de l'amende applicable, il sera tenu compte de la gravité des manquements en termes d'exhaustivité des informations transmises, de l'exactitude de ces dernières et de leurs effets sur la capacité de l'administration à apprécier si la politique de prix de transfert mise en œuvre par l'entreprise vérifiée est conforme au principe de pleine concurrence et aux standards de l'OCDE (BOI préc. n° 50). Elle précise que la **pénalité maximale** est notamment appliquée en l'absence de toute documentation ou en cas de lacune grave privant la documentation de pertinence (BOI préc. n° 60, ajoutant qu'une documentation est considérée comme présentant des **lacunes graves** lorsque les informations qu'elle contient ont un caractère trompeur et que le caractère répété de l'infraction au cours de plusieurs vérifications de comptabilité successives peut conduire l'administration à appliquer la pénalité maximale). Un **simple désaccord** sur la méthode de fixation des prix de transfert la plus appropriée ne saurait motiver l'application de la pénalité (BOI préc. n° 80, indiquant que l'amende ne s'applique pas lorsque le service de contrôle conteste uniquement la politique de prix de transfert utilisée par la société).

La décision d'appliquer l'amende doit être prise par un agent ayant au moins le grade d'inspecteur divisionnaire (anciennement inspecteur départemental ; LPF art. L 80 E et art. R 80 E-1 ; BOI préc. n° 110). Le visa d'un agent de ce grade est requis non seulement sur le document initial de **motivation des pénalités** mais également sur tout document qui, avant la mise en recouvrement et pour quelque motif que ce soit, modifie la base légale, la qualification ou les motifs des pénalités.

Cette amende ne constitue pas une **pénalité grave** au sens de l'article 8 § 1 de la convention européenne d'arbitrage (BOI préc. n° 130 ; n° 86285). Elle ne prive donc pas l'entreprise de la possibilité de recourir aux procédures prévues par cette convention ou par les conventions fiscales.

Enfin, en cas d'absence de production, ou de production partielle, de la documentation prévue aux articles L 13 AA et L 13 AB du LPF, les bases d'imposition restent évaluées par l'administration à partir des éléments dont elle dispose et **suivant la procédure contradictoire** (comme pour ce qui concerne l'article L 13 B du LPF ; n° 76893).

Précisions **a.** L'amende doit être, le cas échéant, **recalculée** sur la base des rectifications confirmées à l'issue des procédures amiable ou d'arbitrage. S'il y a lieu, la différence entre l'amende recouvrée et l'amende confirmée à l'issue de ces procédures doit faire l'objet d'un remboursement ne donnant pas lieu au versement d'intérêts moratoires (BOI-CF-INF-20-10-40 n° 140).

b. La loi de finances pour 2014 avait prévu de porter la sanction à **0,5 % du chiffre d'affaires** mais cette mesure a été jugée contraire à la Constitution car la sanction était manifestement hors de proportion avec la gravité des faits (Cons. const. 29 décembre 2013 n° 2013-685 DC : RJF 3/14 n°s 267 et 268). Tel n'a pas été le cas de la modification opérée par la loi de finances pour 2015, qui a été déclarée conforme à la Constitution au motif que l'amende égale à 0,5 % des transactions n'est appliquée qu'au **montant des seules transactions** pour lesquelles les documents ou compléments spécialement désignés et réclamés par mise en demeure de l'administration n'ont pas été mis à sa disposition ou ne l'ont été que partiellement (Cons. const. 29 décembre 2014 n° 2014-707 DC, Loi de finances pour 2015 : RJF 3/15 n° 242 ; le contrôle de constitutionnalité porte à la fois sur le caractère proportionné de la sanction et sur l'existence d'un lien entre la nature de l'infraction et l'assiette de calcul).

Obligation de transmission annuelle d'une documentation simplifiée

76865 La loi n° 2013-1117 du 6 décembre 2013 relative à la lutte contre la fraude fiscale et la grande délinquance économique et financière (art. 45) a institué une obligation spécifique à la charge des entreprises, dont le **champ d'application** a été significativement étendu par l'article 138 de la loi n° 2016-1691 du 9 décembre 2016 relative à la transparence, à la lutte contre la corruption et à la modernisation de la vie économique (CGI art. 223 quinquies B).

Initialement, cette obligation déclarative ne concernait que les personnes morales établies en France mentionnées à l'article L 13 AA du LPF (n° 76842) ; pour les déclarations à déposer au titre des exercices clos depuis le 31 décembre 2016, le seuil de déclenchement du dispositif a été abaissé à 50 M€, incluant par conséquent des sociétés qui, du fait de leur taille, ne sont pas tenues, en vertu de l'article L 13 AA du LPF, de préparer une documentation relative à leurs prix de transfert pour la présenter à l'administration en cas de contrôle (pour les déclarations qui devaient être déposées au titre des exercices clos avant le 31 décembre 2016, le seuil était de 400 M€). **76865** (suite)

L'obligation déclarative simplifiée concerne les personnes morales établies en France :

1° dont le **chiffre d'affaires** annuel hors taxe **ou l'actif brut** figurant au bilan est supérieur ou égal à **50 M€** ;

2° ou détenant à la clôture de l'exercice, directement ou indirectement, plus de la moitié du capital ou des droits de vote d'une entité juridique (personne morale, organisme, fiducie ou institution comparable établie ou constituée en France ou hors de France) satisfaisant à l'une des conditions mentionnées au 1° ci-dessus ;

3° ou dont plus de la moitié du capital ou des droits de vote est détenue à la clôture de l'exercice, directement ou indirectement, par une entité juridique satisfaisant à l'une des conditions mentionnées au 1° ci-dessus ;

4° ou appartenant à un groupe relevant du régime fiscal prévu à l'article 223 A ou à l'article 223 A bis du CGI lorsque ce groupe comprend au moins une personne morale satisfaisant à l'une des conditions mentionnées aux 1° à 3° ci-dessus.

Comme pour la documentation à établir par les « grandes entreprises » (n° 76842) et dans les mêmes conditions, les personnes morales étrangères disposant en France d'un **établissement stable** sont « établies en France » pour l'application de ce dispositif (BOI-BIC-BASE-80-10-30 n° 20).

Les informations à fournir sont les suivantes (BOI préc. n°s 50 s.) :
– des **informations générales** sur le groupe d'entreprises associées : description générale de l'activité déployée, incluant les changements intervenus au cours de l'exercice ; liste des principaux actifs incorporels détenus, notamment brevets, marques, noms commerciaux et savoir-faire, en relation avec l'entreprise déclarante ainsi que l'État ou le territoire d'implantation de l'entreprise propriétaire de ces actifs ; description générale de la politique de prix de transfert du groupe et des changements intervenus au cours de l'exercice ;
– des **informations spécifiques** concernant l'entreprise : description de l'activité déployée, incluant les changements intervenus au cours de l'exercice ; état récapitulatif des opérations réalisées avec d'autres entreprises associées lorsque le montant agrégé par nature de transactions excède 100 000 € (cet état doit indiquer la nature et le montant des transactions, ainsi que les États et territoires d'implantation des entreprises associées) ; présentation de la ou des méthodes de détermination des prix de transfert dans le respect du principe de pleine concurrence en indiquant la principale méthode utilisée et les changements intervenus au cours de l'exercice. Les montants à porter dans la déclaration sont ceux qui ressortent de la comptabilité sociale de l'entreprise (BOI préc. n° 100).

Ces informations reprennent sous une forme allégée, celles que les entreprises de taille plus importante doivent tenir à la disposition de l'administration à la date d'engagement d'une vérification de comptabilité (n°s 76850 s.). Les entreprises qui ne réalisent **aucune transaction avec des entités liées établies à l'étranger** et celles qui réalisent des transactions avec des entités liées établies à l'étranger dont le montant est **inférieur à 100 000 €** par nature de transaction sont dispensées de déclaration (BOI préc. n° 10).

En ce qui concerne les **éléments incorporels**, l'administration indique que doivent être mentionnés dans la partie générale ceux qui ont un caractère principal pour le groupe et qui sont en relation avec l'entreprise déclarante, à savoir les principaux actifs incorporels dont l'entreprise déclarante est propriétaire, qu'ils soient utilisés ou non, et les principaux actifs incorporels dont l'entreprise déclarante n'est pas propriétaire mais qu'elle utilise dans le cadre de son activité ; les actifs utilisés par l'entreprise déclarante, ou dont elle a la disposition, et qui sont détenus par une entité non liée ne doivent pas être déclarés (BOI préc. n° 70).

L'entreprise déclarante doit, en outre, indiquer le **montant agrégé des produits, charges, acquisitions et cessions d'actifs supérieurs à 100 000 €** par nature, qu'elle a comptabilisés dans ses comptes sociaux au titre de l'exercice objet de la déclaration (pour déterminer ce seuil, aucune compensation entre produits et charges ne peut être opérée). Ces éléments doivent être détaillés par nature de flux mais un seul montant doit être mentionné pour chaque nature de transaction sans qu'il y ait à détailler, pour chaque nature de flux, toutes les transactions qui permettent d'atteindre le seuil de 100 000 € (BOI préc. n° 110).

En ce qui concerne la **méthode utilisée**, l'entreprise doit préciser quelle est la principale méthode de fixation des prix de transfert appliquée à chaque nature de transactions ; si plusieurs types de flux sont déclarés dans une même nature de transactions et si des méthodes différentes sont utilisées, une seule méthode doit être cochée dans la déclaration (la notion de « principale méthode appliquée » est appréciée au regard du montant des transactions réalisées par l'entreprise déclarante ; BOI préc. n° 160).

La déclaration requise doit être souscrite chaque année, au moyen d'un **formulaire n° 2257-SD** (Précisions a ci-dessous), au plus tard six mois après la date limite de dépôt de la déclaration de résultat. Pour les entreprises dont l'exercice coïncide avec l'année civile et qui doivent déposer leur déclaration de résultat au plus tard le deuxième jour ouvré suivant le 1er mai, soit par exemple le 3 mai, la déclaration allégée doit être déposée au plus tard le 3 novembre.

La souscription doit obligatoirement être effectuée par voie **électronique**. C'est la société mère qui doit la souscrire pour le compte des personnes morales appartenant à un **groupe d'intégration fiscale** (Loi n° 2015-1785 du 29 décembre 2015 de finances pour 2016, art. 86) ; la société mère doit donc déposer autant de déclarations que le groupe intégré comporte de sociétés effectivement soumises à l'obligation déclarative. Le dépôt des déclarations des sociétés du groupe par la société mère est sans influence sur le contenu des déclarations et le seuil de matérialité de 100 000 € doit toujours être apprécié par société et non de manière consolidée (BOI préc. n° 170).

Précisions **a.** L'administration a mis en ligne, le 16 septembre 2014, un **formulaire n° 2257-SD**, ainsi que sa notice 2257-NOT-SD, que les entreprises doivent utiliser pour satisfaire à leur obligation déclarative (BOI-BIC-BASE-80-10-30 n° 170) ; ces formulaires sont disponibles sur le site impots.gouv.fr.

b. Comme aucune **sanction** spécifique n'est prévue, le défaut de déclaration entraîne l'application de l'amende générale de 150 € résultant de l'article 1729 B du CGI ; sauf cas de force majeure, les inexactitudes ou omissions entraînent l'application d'une amende de 15 € par omission ou inexactitude sans que le total des amendes applicables puisse être inférieur à 60 € ni supérieur à 10 000 €. Ces amendes ne sont pas applicables en cas de première infraction commise au cours de l'année civile en cours et des trois années précédentes lorsque la société a réparé l'infraction, soit spontanément, soit dans les trente jours suivant une demande de l'administration (CGI art. 1729 B, 3 ; BOI-CF-INF-20-10-40 n° 160).

Déclaration « pays par pays »

76867 Une autre obligation déclarative a été introduite par l'article 121 de la loi n° 2015-1785 du 29 décembre 2015 de finances pour 2016 (CGI art. 223 quinquies C) ; pour les exercices ouverts depuis le 1er janvier 2016, les sociétés à la tête des grands groupes internationaux doivent, en effet, souscrire une **déclaration indiquant la répartition pays par pays** des bénéfices du groupe et de certains agrégats économiques, comptables et fiscaux, et fournissant diverses informations sur la localisation et l'activité des entités du groupe (déclaration à établir sur le formulaire n° 2258-SD).

Cette déclaration doit être souscrite sous forme dématérialisée pour chaque exercice fiscal, dans les douze mois qui suivent sa clôture, par les personnes morales **établies en France** (y compris, le cas échéant, les établissements stables en France de sociétés étrangères) qui répondent aux critères suivants :

– établir des **comptes consolidés** (l'article 46 quater-0 YE de l'annexe III au CGI précise qu'il doit s'agir de comptes établis conformément à une obligation légale) ;

– **détenir ou contrôler**, directement ou indirectement, une ou plusieurs entités juridiques établies hors de France ou y disposer de succursales ; l'article 46 quater-0 YE de l'annexe III au CGI précise que le terme « groupe » inclut les filiales intégrées dans les états financiers consolidés ainsi que leurs succursales et n'exclut pas les entités incluses dans les états

financiers consolidés selon les règles de mise en équivalence, contrairement à ce qu'indiquent les commentaires de l'OCDE relatifs à la déclaration pays par pays (n° 75813) ; 76867 (suite)
– réaliser un **chiffre d'affaires** annuel, hors taxes, consolidé supérieur ou égal à 750 M€ ;
– **ne pas être détenues** par une ou des entités juridiques situées en France et tenues au dépôt de cette déclaration, ou établies hors de France et tenues au dépôt d'une déclaration similaire en application d'une réglementation étrangère.

Les **informations à fournir** sont énumérées à l'article 46 quater-0 YE de l'annexe III au CGI ; elles comprennent, pour chaque État ou territoire d'implantation du groupe, les **données agrégées** suivantes relatives à l'exercice considéré (en euros ou dans la monnaie utilisée pour établir les comptes consolidés) :
– le chiffre d'affaires résultant des transactions intragroupe ;
– le chiffre d'affaires résultant des transactions avec des parties indépendantes ;
– le chiffre d'affaires total ;
– le bénéfice ou la perte avant impôts sur les bénéfices ;
– les impôts sur les bénéfices acquittés ;
– les impôts sur les bénéfices dus ;
– le capital social ;
– les bénéfices non distribués à la fin de l'exercice ;
– le nombre d'employés en équivalent temps plein ;
– les actifs corporels hors trésorerie et équivalents de trésorerie.

La déclaration doit faire apparaître, **pour chaque État** ou territoire d'implantation, **l'identité** de toutes les entités qui y sont établies, y compris les succursales rattachées à une personne morale située dans un autre État ou territoire. La nature des principales **activités** de chaque entité est également à déclarer (la liste est fournie par l'article 46 quater-0 YE de l'annexe III au CGI). Le formulaire déclaratif n° 2258-SD indique que les informations et explications doivent être **rédigées en anglais**.

À la différence des obligations déclaratives prévues en matière de prix de transfert, cette obligation déclarative est indépendante de l'existence de flux financiers ou de relations commerciales ou financières quelconques entre l'entreprise déclarante et les pays concernés ; elle est tout de même naturellement destinée à faciliter le contrôle fiscal des prix de transfert en permettant à l'administration d'avoir une meilleure vision du groupe, de procéder à des traitements de données et à des rapprochements et de se constituer des bases de données. Dans cette mesure, et compte tenu de l'intérêt commun qu'elle présente pour tous les pays concernés, cette déclaration doit faire l'objet, sous condition de réciprocité, d'un **échange automatique** avec les États ou les territoires ayant conclu avec la France un accord de réciprocité. Un Accord multilatéral entre autorités compétentes relatif à l'échange automatique des déclarations « pays par pays » a d'ailleurs été mis au point à cette fin sous l'impulsion de l'OCDE et du G20 (n° 75813).

Pour assurer une application très large du dispositif, il est prévu qu'une société française filiale d'un groupe étranger puisse avoir à déposer elle-même la déclaration « pays par pays » **pour l'ensemble du groupe**, y compris pour ce qui concerne des implantations qu'elle ne contrôle pas, si sa société mère est établie dans un État ou territoire qui n'a pas adopté une réglementation similaire à la réglementation française. À cette fin, la loi prévoit l'établissement par arrêté d'une **liste mentionnant les États** ou territoires qui ont adopté une réglementation rendant obligatoire la souscription d'une **déclaration pays par pays similaire** à celle prévue par l'article 223 quinquies C du CGI, qui ont conclu avec la France un accord permettant d'échanger de façon automatique les déclarations pays par pays et qui respectent les obligations résultant de cet accord. Cette liste comprend les États membres de l'Union européenne ainsi que de très nombreux autres États ou territoires : Afrique du Sud, Andorre, Anguilla, Arabie saoudite, Argentine, Australie, Azerbaïdjan, Belize, Bermudes, Brésil, Canada, Chili, Chine, Colombie, Corée du Sud, Costa Rica, Curaçao, Émirats arabes unis, Gibraltar, Guernesey, Hong Kong, îles Caïmans, île de Man, île Maurice, îles Turques et Caïques, îles Vierges britanniques, Inde, Indonésie, Islande, Japon, Jersey, Kazakhstan, Liechtenstein, Macao, Malaisie, Mexique, Monaco, Nigeria, Nouvelle-Zélande, Norvège, Oman, Pakistan, Panama, Pérou, Qatar, Royaume-Uni, Russie, Saint-Marin, Seychelles, Singapour, Suisse, Turquie et Uruguay (cette liste est périodiquement actualisée en fonction de l'évolution de la législation des pays partenaires et de la prise d'effet des instruments internationaux utiles à l'échange de renseignements ; arrêté initial du 6 juillet 2017, JO du 8 juillet 2017 texte n° 28, tel que modifié ensuite par de nombreux

76867 (suite) arrêtés, en dernier lieu du 14 février 2022 au JO du 16 février 2022, texte n° 13). Les entités françaises détenues ou contrôlées par une personne morale établie dans l'un de ces États ou territoires sont donc dispensées de l'obligation déclarative.

En revanche, une personne morale établie en France qui est détenue ou contrôlée, directement ou indirectement, par une personne morale établie dans un État ou territoire qui ne figure **pas sur cette liste** et qui serait tenue au dépôt de la déclaration si elle était établie en France, doit déposer la déclaration requise :
– si elle a été désignée par le groupe à cette fin et en a informé l'administration fiscale ; ou
– si elle ne peut pas démontrer qu'une autre entité du groupe, située en France ou dans un pays ou territoire inscrit sur cette liste, a été désignée à cette fin.

Une actualité du 4 décembre 2017 publiée sur le site impots.gouv.fr indique cependant que si une société mère située dans un État ou territoire ne figurant pas sur la liste ci-dessus **souscrit à titre volontaire** une déclaration pays par pays pour un exercice ouvert à compter du 1er janvier 2016, conforme à la norme internationale, et que cette dernière est transmise par l'administration fiscale étrangère à l'autorité compétente française, les filiales ou succursales situées en France ne sont pas soumises à l'obligation déclarative. Cette exception est notamment applicable en ce qui concerne les **États-Unis**, qui ne figurent pas sur la liste précédente mais qui, depuis 2017, signent régulièrement avec la France une déclaration commune relative à l'échange spontané des déclarations pays par pays (en dernier lieu, « Joint Statement from the Competent Authority of the United States of America and the Competent Authority of the French Republic on the Implementation of the Spontaneous Exchange of Country-by-Country Reports for Fiscal Years Beginning in 2020 and 2021 », publié par l'administration américaine le 25 août 2021). Un accord similaire aurait également été signé avec **Hong Kong**.

Les dispositions de l'article 223 quinquies C du CGI ont été déclarées **conformes à la Constitution**, le Conseil constitutionnel ayant notamment relevé que les éléments d'information à transmettre, s'ils peuvent être échangés avec les États ou territoires ayant conclu un accord en ce sens avec la France, **ne peuvent être rendus publics** et que, par suite, les dispositions contestées ne portent aucune atteinte à la liberté d'entreprendre (Cons. const. 29 décembre 2015 n° 2015-725 DC, Loi de finances pour 2016 : RJF 3/16 n° 273) ; la question pourra éventuellement se poser à nouveau, mais dans un autre cadre juridique, lorsqu'il y aura lieu d'introduire en droit interne les prescriptions de la directive (UE) 2021/2101 du Parlement européen et du Conseil du 24 novembre 2021 sur le CbCR public (n° 75815). Le Conseil constitutionnel n'a pas, pour l'application de l'article 223 quinquies C, formulé la même réserve d'interprétation que celle qui concerne la communication des rulings étrangers (n° 76854) ; cependant, il n'est pas sûr qu'il soit possible d'exiger de la société française la **communication d'informations dont elle ne dispose pas**, étant donné que, selon le Conseil constitutionnel, la loi se borne à imposer à certaines sociétés de transmettre à l'administration des informations relatives à « leur » implantation et des indicateurs économiques, comptables et fiscaux de « leur » activité, ce qui laisse entendre qu'elles n'ont pas à fournir d'informations sur des sociétés ou établissements qui ne sont pas sous leur contrôle propre (point 33 de la décision précitée du Conseil constitutionnel).

Le défaut de production de la déclaration requise dans le délai prescrit entraîne l'application d'une **amende** qui ne peut excéder 100 000 € (CGI art. 1729 F). Les omissions ou inexactitudes sont sanctionnées par l'amende de droit commun de l'article 1729 B, 2 du CGI (15 € par omission ou inexactitude sans que le total des amendes puisse être inférieur à 60 € ni supérieur à 10 000 €).

Précisions **a.** L'obligation de déclaration « pays par pays », issue d'un amendement parlementaire (n° II-1095 déposé à l'Assemblée nationale le 7 novembre 2015), est destinée à introduire en droit français les préconisations formulées par l'OCDE dans le cadre de **l'Action 13 du plan Beps** portant sur la documentation des prix de transfert (« Country by Country Reporting », CbCR ; n° 75813).

b. Sur les textes applicables au sein de **l'Union européenne**, voir n° 75815.

c. L'obligation de déclaration « pays par pays » peut éventuellement avoir des conséquences négatives en **mettant en lumière les marges et les prix** pratiqués par les entreprises multinationales dans les pays d'implantation ; en outre, la révélation de ces données peut inciter les pays de consommation à imposer des profits supplémentaires et à recourir plus facilement aux méthodes de partage des profits.

d. L'article L 511-45 du Code monétaire et financier oblige les **établissements de crédit** à **publier** annuellement des informations pour chacun de leurs pays d'implantation (nom des entités, nature de leurs activités, produit net bancaire, nombre de leurs employés, bénéfice ou perte avant impôt, montant total des impôts dont elles sont redevables et subventions publiques reçues à compter de l'exercice 2014). Cette mesure a été présentée comme visant à mettre en évidence les États ou territoires dans lesquels une banque présente une activité anormalement élevée eu égard à ses effectifs et d'identifier si une banque, par son activité, est susceptible de participer d'une activité de fraude ou de blanchiment ou encore si elle développe une activité offshore sans lien avec l'activité économique dans ce pays (réponse Louwagie n° 43509, JOAN 20 mai 2014 p 4073, précisant qu'afin d'éviter le caractère stigmatisant des listes, l'obligation de transparence a été étendue à l'ensemble des pays du monde).

e. Les entreprises du **secteur minier, pétrolier, gazier ou forestier** ont une obligation spécifique de déclaration « pays par pays » (Code de commerce art. L 225-102-3). L'article 7 de la loi de séparation et de régulation des activités bancaires du 26 juillet 2013 n° 2013-672, qui avait créé une obligation de déclaration « pays par pays » pour les établissements financiers, a introduit également cette obligation pour les **autres secteurs d'activité** mais l'entrée en vigueur du texte est subordonnée à l'entrée en vigueur d'un mécanisme européen similaire. Le Conseil constitutionnel a annulé la disposition de la loi n° 2013-672 de séparation et de régulation des activités bancaires (article 7 paragraphes III à V) qui prévoyait pour les entreprises, **autres que les établissements financiers**, une déclaration d'informations pays par pays dont l'entrée en vigueur était subordonnée à celle d'une disposition adoptée par l'Union européenne et poursuivant le même objectif (Cons. const. 8 décembre 2016 n° 2016-741 DC, Loi relative à la transparence, à la lutte contre la corruption et à la modernisation de la vie économique : RJF 3/17 n° 255).

B. Procédure

L'article 57 du CGI ne peut être appliqué que s'il est établi que des avantages particuliers **76870**
ont été consentis à une société apparentée étrangère. C'est à l'**administration** de prouver l'existence de ces **avantages** (n° 76615) et d'en déterminer le montant, étant rappelé qu'elle doit aussi établir l'existence des liens de **dépendance** qui unissent la société française à la société étrangère (nos 76455 s.).

Théoriquement, l'article 57 offre une **facilité supplémentaire** à l'administration par rapport à l'invocation d'un acte anormal de gestion (n° 72520) ; en effet, dans le cas de ventes à prix minorés, par exemple, l'administration doit, si elle se fonde sur la notion d'**acte anormal de gestion**, établir non seulement la minoration, mais encore qu'il ne s'agit pas d'une erreur mais d'une véritable intention consciente de la part de l'entreprise, alors que dans le cadre de l'article 57, la preuve de la minoration suffit (le contribuable doit ensuite renverser la présomption qui pèse sur lui).

Cela dit, en cas de transferts entre sociétés liées, la jurisprudence considère que l'acte anormal de gestion est présumé si la **minoration de prix** est établie, rapprochant ainsi nettement les deux dispositifs (CE 22 février 1989 n° 71181, 7e et 8e s.-s., Sté Permaphone : RJF 4/89 n° 412). La proximité entre les deux régimes ressort avec une clarté particulière de la décision Solodet (CE 21 février 1990 n° 84483, 7e et 8e s.-s., SARL Solodet : RJF 4/90 n° 376), où l'administration avait d'abord invoqué l'article 57 du CGI puis l'acte anormal de gestion, et de la décision Sovemarco (CE 18 mars 1994 n° 68799-70814, 9e et 8e s.-s., SA Sovemarco-Europe : RJF 5/94 n° 532), soulignant que la théorie de l'acte anormal de gestion n'est pas limitée par l'article conventionnel relatif aux entreprises associées (la théorie française de l'acte anormal de gestion permet des rectifications même entre entreprises non associées).

1. Établissement de la preuve

Modes d'établissement

La loi ne fixe pas de procédures particulières quant à l'établissement de la preuve qui **76880**
permet de présumer le transfert de bénéfices. C'est donc selon les procédures de droit commun qu'il appartient à l'administration de prouver le caractère anormal de l'opération qu'elle entend redresser.

Par exemple, le Conseil d'État a estimé que l'administration n'avait pas apporté la preuve qui lui incombait à propos de l'achat par une filiale française de matériel électronique destiné à la vente au moyen d'avances consenties par sa société mère suisse (CE 4 novembre 1983 n° 34 516, 8e et 9e s.-s. : RJF 1/84 n° 19). L'administration n'a pas pu établir que les avances avaient été recherchées par la filiale française dans un intérêt autre que celui de l'entreprise dans la mesure où la société française ne pouvait financer ses achats sans recourir au crédit, ni que les intérêts versés en rémunération des avances présentaient un caractère excessif dès lors que les taux étaient inférieurs à ceux qu'auraient exigés les banques et établissements financiers pour l'octroi de crédits de même durée.

Cela dit, certains actes, comme l'octroi d'un prêt sans intérêt ou un abandon de créances, sont **présumés étrangers à une gestion normale**, ce qui signifie que le contribuable doit prouver qu'ils sont justifiés en démontrant l'existence de contreparties en sens inverse.

En toute hypothèse, ce n'est pas parce qu'une partie n'a pas la charge de la preuve qu'elle a gain de cause ; si l'autre partie apporte un début de preuve, il revient à la première de combattre efficacement ces éléments dans le cadre de la **dialectique de la charge de la preuve**.

Mais l'administration ne saurait être regardée comme ayant démontré l'existence d'un avantage susceptible de conduire à une rectification sur le terrain de l'article 57 du CGI qu'à la condition de l'avoir **justifié tant dans son principe que dans son montant** ; la question des comparaisons avec les pratiques des entreprises indépendantes est donc essentielle, comme en témoigne, par exemple, la décision Carrefour de la Cour administrative d'appel de Versailles annulant une rectification non pour une raison de principe mais parce que l'administration n'avait pas correctement quantifié un éventuel transfert de bénéfices (n° 76682). Dans le même sens, voir également la décision rendue dans l'affaire Nestlé Finance, annulant une rectification au motif que l'administration n'avait fourni aucune précision sur les comparables retenus (n° 76770). Sur le mode de raisonnement que doit suivre l'administration pour **prouver l'existence d'avantages** constitutifs de transferts de bénéfices à l'étranger, voir n° 76615.

Enfin, il y a lieu, le cas échéant, de tirer les conséquences du principe de non-déductibilité des **aides à caractère financier** (n° 26122).

Analyse des comptabilités analytiques et consolidées

76883 C'est notamment pour contrôler plus efficacement les prix de transfert que l'administration a obtenu de pouvoir exiger des entreprises, lors d'une vérification de comptabilité, qu'elles lui présentent leur comptabilité analytique sous réserve qu'elles en tiennent une (la tenue d'une comptabilité analytique est optionnelle), qu'elles ne relèvent pas du régime des microentreprises et qu'elles réalisent un **chiffre d'affaires** qui excède un seuil variable selon l'activité exercée (152,4 M€ s'il s'agit d'entreprises dont le commerce principal est de vendre des marchandises, objets, fournitures et denrées à emporter ou à consommer sur place ou de fournir le logement ; 76,2 M€ s'il s'agit d'autres entreprises) ou que le total de leur **actif brut** soit supérieur ou égal à 400 M€ à la clôture de l'exercice (ces critères s'apprécient à la clôture des exercices vérifiés).

Il en va de même si elles détiennent plus de la moitié du capital ou des droits de vote d'une entreprise soumise à l'obligation de présentation de la comptabilité analytique ou si elles sont détenues pour moitié par une telle entreprise, ou si elles appartiennent à un groupe d'intégration fiscale qui comprend une entreprise soumise à cette obligation (LPF art. L 13-II, issu de la loi n° 2013-1278 du 29 décembre 2013 de finances pour 2014).

En outre, les sociétés commerciales qui établissent, en application de l'article L 233-16 du Code de commerce, des **comptes consolidés** sont tenues de les présenter (LPF art. L 13-III ; cette obligation ne s'étend pas aux sociétés qui tiennent des comptes consolidés sans y être obligées).

Ces nouvelles exigences concernent les entreprises qui ont fait l'objet d'avis de vérification adressés depuis le 1er janvier 2014, y compris au titre de périodes antérieures à cette date. Les informations ainsi obtenues par l'administration lui permettront, par exemple, de décomposer par secteurs d'activité les résultats d'une entreprise pour analyser les taux de marge et les comparer à ceux d'autres entreprises.

Précisions **a.** Selon l'exposé des motifs du projet de loi, ce dispositif vise à améliorer la connaissance générale et la **compréhension par l'administration de l'activité des groupes** et des grandes entreprises, notamment dans le cadre du contrôle des prix de transfert. La comptabilité analytique et les comptes consolidés sont très utiles pour apprécier les fonctions assumées par l'entreprise et les modalités d'évaluation de certains éléments d'actifs (stocks, production en cours…) qui interviennent dans la détermination du résultat.

b. À défaut de **définition** législative, les entreprises qui tiennent une comptabilité analytique sont libres de présenter à l'administration ce qu'elles considèrent constituer leur comptabilité analytique.

Obligation de coopération du contribuable (LPF art. L 13 B)

L'administration éprouve souvent des difficultés à apporter la **preuve** qui lui incombe compte tenu de la jurisprudence (n° 76615), c'est la raison pour laquelle ont été mises en place diverses obligations de coopération de la part des entreprises, la plus ancienne résultant des articles 39 et 40 du DDOEF du 12 avril 1996 (depuis lors, le dispositif a été substantiellement renforcé, notamment en ce qui concerne les « grandes entreprises » ; n°s 76840 s.). **76885**

Pour donner davantage de moyens à l'administration, l'article L 13 B du LPF prévoit que lorsque, **au cours d'une vérification de comptabilité**, l'administration a **réuni des éléments** faisant **présumer** qu'une entreprise a opéré un transfert indirect de bénéfices au sens de l'article 57 du CGI, elle **peut demander** à cette entreprise diverses informations et documents de nature à faciliter le contrôle fiscal (BOI-CF-IOR-60-50).

Compte tenu de l'introduction d'une obligation documentaire pour les grandes entreprises, la procédure de l'article L 13 B du LPF n'est cependant plus applicable qu'aux entreprises qui n'entrent pas dans le champ d'application de l'article L 13 AA du LPF (n°s 76840 s.).

Précisions **a.** L'apport essentiel de l'article L 13 B du LPF a été d'introduire une **obligation de « coopération »** de l'entreprise, afin que la question des prix de transfert soit examinée convenablement dès le début de la vérification, sans attendre les développements contentieux. Il ne s'agit pas d'une obligation de déclaration systématique mais simplement de permettre un vrai dialogue contradictoire et de donner à l'administration les moyens du contrôle qui lui incombe en vertu de la loi. Par différence, l'article L 13 AA du LPF prévoit la tenue obligatoire d'une documentation pour les grandes entreprises (n°s 76840 s.).

b. L'article L 13 B du LPF est applicable **à l'examen à distance** des comptabilités informatisées (les agents de l'administration peuvent examiner la comptabilité sans se rendre sur place lorsque les contribuables astreints à tenir et à présenter des documents comptables tiennent leur comptabilité au moyen de systèmes informatisés ; LPF art. L 13 G).

Informations et documents concernés Les informations et documents que l'administration peut demander en mettant en œuvre l'article L 13 B du LPF sont les suivants (BOI-CF-IOR-60-50 n°s 280 s.) : **76888**

1. La nature des relations entrant dans les prévisions de l'article 57 du CGI entre cette entreprise et une ou plusieurs entreprises exploitées hors de France ou sociétés ou groupements établis hors de France ;

2. La méthode de détermination des prix des opérations de nature industrielle, commerciale ou financière qu'elle effectue avec des entreprises, sociétés ou groupements visés au 1, et les éléments qui la justifient ainsi que, le cas échéant, les contreparties consenties ;

3. Les activités exercées par les entreprises, sociétés ou groupements visés au 1, liées aux opérations visées au 2 ;

4. Le traitement fiscal réservé aux opérations visées au 2 et réalisées par les entreprises qu'elle exploite hors de France ou par les sociétés ou groupements visés au 1, dont elle détient, directement ou indirectement, la majorité du capital ou des droits de vote.

En pratique, cet article est relativement **peu utilisé**, en raison sans doute des difficultés de mise en œuvre (n° 76890). Lorsqu'il est mis en œuvre, l'objet essentiel de la demande est la **méthode de détermination des prix** ; cette méthode doit être expliquée par le contribuable qui n'a pas, cependant, à justifier qu'il s'agit de la « meilleure » méthode applicable dans le contexte. Toute méthode est recevable, à condition qu'elle soit accompagnée de justifications suffisantes (documents internes, extraits comptables, données économiques, etc.). En pratique, compte tenu de la brièveté des délais impartis, les entreprises devraient disposer d'une documentation générale préalable (elle est obligatoire pour les grandes entreprises ; n°s 76840 s.).

Précisions L'administration se contente, le plus souvent, de demander des informations sur la base, non contraignante, de l'article **L 10 du LPF** ; le recours à l'article L 13 B n'est qu'une simple faculté et non pas une obligation imposée à l'administration pour le contrôle des prix de transfert.

Conditions de mise en œuvre L'article L 13 B ne peut être invoqué préalablement à une vérification. Il faut que le contrôle ait commencé, que l'entreprise n'entre pas dans **76890**

76890 (suite) le champ de l'obligation documentaire concernant les grandes entreprises (n° 76842) et que l'administration ait réuni des « **présomptions** » d'un transfert de bénéfices.

Celles-ci n'ont pas à être dévoilées aux contribuables (la demande n'a pas à être motivée), mais elles doivent exister et être **préalables** à la demande. Le juge, en particulier, devra pouvoir contrôler leur existence préalable, car s'il s'avère que l'article L 13 B a été invoqué sans raison, l'ensemble de la procédure pourrait être vicié et d'éventuels redressements fondés sur l'article 57 du CGI devraient donc être annulés (en application de la jurisprudence générale sur les textes de procédure assortis de garanties au profit des contribuables).

Il s'agit donc d'une **procédure délicate à manier** par l'administration, car elle ne peut s'appliquer que s'il y a des indices de transfert sans, par définition, qu'il y ait déjà de véritables preuves (un indice de transfert pourra être, notamment, le fait de vendre à l'étranger à un prix inférieur à celui pratiqué sur le marché français, un abandon de créances, ou encore un prêt sans intérêt). La jurisprudence est cependant favorable à l'administration, comme le montrent les affaires suivantes :

– l'administration a pu invoquer à juste titre l'article L 13 B du LPF au cas d'une société française qui, détenue par une société luxembourgeoise, pratiquait des **taux de marge** bruts inférieurs à ceux de son secteur d'activité alors qu'elle travaillait avec des fournisseurs bénéficiant de régimes fiscaux privilégiés (TA Nantes 12 février 2016 n° 1404510, 5e ch., Sté Fleming Pelletey : JurisData n° 2016-014410, jugeant également que compte tenu du caractère insuffisant, voire erroné, des informations fournies par la requérante, l'amende était bien exigible ; jugement définitif) ;

– une forte augmentation de la **sous-traitance de prestations** à une société marocaine dont l'un des dirigeants est commun avec la société française vérifiée, alors que le chiffre d'affaires de cette dernière stagne et en l'absence d'autonomie de la société marocaine, a été considérée comme un indice de transfert indirect de bénéfices justifiant le recours à la procédure de l'article L 13 B du LPF (CAA Nantes 20 décembre 2018 n° 18NT01366, SARL financière du Haut Anjou : RJF 4/19 n° 321, arrêt définitif ; voir également n° 76625) ; dans cette affaire, le rapporteur public avait conclu en sens contraire, estimant que les indices dont disposait l'administration étaient « bien trop légers, pour ne pas dire inexistants » (conclusions à la même RJF, C 321) ; en première instance, il avait été jugé que l'administration n'avait aucun élément permettant de supposer que le prix d'achat payé par la société française à la société marocaine était excessif et qu'elle avait commis une irrégularité privant la société d'une garantie et justifiant la décharge (TA Nantes 14 décembre 2017 n° 1507889, 5e ch., Sté Financière du Haut Anjou : JurisData n° 2017-029001) ;

– l'administration avait réuni des éléments suffisants lui permettant de demander à une société française les informations et documents mentionnés à l'article L 13 B du LPF en relevant que cette société, qui n'avait pas répondu à une question sur l'existence d'une politique de prix de transfert, réalisait des pertes importantes et persistantes alors que sa filiale de commercialisation située à Hong Kong dégageait des bénéfices (CAA Paris 13 avril 2022 n° 19PA01644, 2e ch., Sté ST Dupont, faisant l'objet d'un pourvoi n° 464928 ; voir n° 76690 d) ; la méthode du prix de revente dont se prévalait la société étant **insuffisamment documentée**, l'administration pouvait l'écarter comme dépourvue de pertinence et, compte tenu de l'insuffisance des justifications apportées, elle pouvait évaluer les bases d'imposition à partir des éléments dont elle disposait.

Le Conseil d'État a par ailleurs précisé que, dans le cadre de cette procédure, l'administration, lorsqu'elle a réuni des éléments faisant présumer l'existence d'un transfert indirect de bénéfices au sens de l'article 57 du CGI, est notamment fondée à demander à l'entreprise vérifiée de **procéder à une ventilation des produits et coûts par activité ou par produit**. L'administration, qui supporte la charge de la preuve de l'existence d'un avantage, doit alors établir, dans l'exercice de son pouvoir de contrôle, le cas échéant en retraitant les éléments produits par l'entreprise vérifiée dont elle peut remettre en cause l'exactitude, que les prix pratiqués entre celle-ci et les entreprises qui lui sont liées diffèrent des prix de pleine concurrence (CE 28 novembre 2018 n° 410779, 8e et 3e ch., SCS GE Medical Systems : RJF 2/19 n° 165, confirmant que l'insuffisance ou l'inexactitude éventuelle des éléments apportés par le contribuable demeure sans incidence sur le caractère contradictoire de la procédure).

En tout état de cause, les demandes de l'administration doivent être précises et explicites ; l'entreprise dispose d'un **délai de réponse** qui ne peut être inférieur à deux mois mais qui peut être prorogé, sur demande motivée, sans pouvoir excéder un total de trois mois.

Précisions Le moyen selon lequel l'administration aurait irrégulièrement mis en œuvre les dispositions de l'article L 13 B du LPF faute d'avoir préalablement réuni des indices permettant de présumer l'existence d'un transfert indirect de bénéfices ne peut être soulevé **pour la première fois en cassation** (CE 28 novembre 2018 n° 410779, 8e et 3e ch., SCS GE Medical Systems : RJF 2/19 n° 165).

Sanctions L'article L 13 B ne modifie pas les règles relatives à la **charge de la preuve** ; c'est toujours à l'administration, selon la procédure contradictoire, qu'il incombe de prouver l'existence d'un transfert de bénéfices ou de revenus, ainsi que le lien de dépendance au sens de l'article 57 du CGI. En particulier, un défaut de réponse ou une réponse insuffisante, ne peut suffire à motiver une rectification. **76893**

Simplement, en cas de **défaut de réponse** à une demande faite en application de l'article L 13 B du LPF, les bases d'imposition concernées par la demande sont évaluées par l'administration à partir des éléments dont elle dispose et suivant la procédure contradictoire. La portée pratique de cette règle laisse relativement perplexe ; à notre avis, elle n'apporte guère de modifications dès lors que la procédure est toujours contradictoire (c'est assez largement un truisme de dire que l'administration effectue une rectification à partir des éléments dont elle dispose, s'il ne s'agit pas d'une taxation d'office). En particulier, la loi ne facilite pas le recours aux méthodes globales puisque celles-ci ne peuvent être utilisées, même dans ce cas, qu'en dernier ressort, c'est-à-dire « à défaut d'éléments précis ». Même en cas de défaut de réponse, l'administration doit recourir d'abord aux **méthodes traditionnelles** fondées sur les transactions et n'est donc pas en meilleure position que si la demande n'avait pas été faite. Tout au plus peut-on penser que le juge sera plus exigeant si l'entreprise n'a pas respecté son obligation de coopération avec l'administration ; mais il devrait accorder la décharge si l'entreprise qui a refusé de fournir des informations en cours de contrôle présente des éléments convaincants en cas de contentieux.

En réalité, la seule sanction véritable est une **pénalité** fiscale de 10 000 € pour chaque exercice visé par la demande (la pénalité est limitée à 10 000 €, même s'il y a plusieurs défauts de réponse à plusieurs demandes (CGI art. 1735, II). Cette amende n'est pas une « pénalité grave » au sens de la convention européenne relative à l'arbitrage (n° 86285) ; l'entreprise peut donc toujours demander à bénéficier de cette convention.

Précisions L'administration estime que ce dispositif atténue, en cas de **défaut de réponse**, l'obligation mise à la charge de l'administration de réunir, au moment de la proposition de rectifications, les éléments permettant d'établir la présomption de transfert de bénéfices à l'étranger. Elle ajoute que si l'entreprise peut toujours contester cette évaluation, en produisant ses propres éléments, notamment en réponse à la proposition de rectifications, cette situation sera toutefois défavorable pour elle, dans la mesure où il s'agira d'une **production tardive** de documents et d'informations, non fournis durant la procédure et que le service vérificateur n'aura pas été en mesure d'examiner lors des interventions sur place dans l'entreprise (BOI-CF-IOR-60-50 n° 550).

Utilisation des échanges d'informations

L'un des moyens dont dispose l'administration pour contrôler les prix de transfert est celui de l'échange d'informations avec les administrations fiscales des pays partenaires (nos 74200 s.). Cette procédure est aujourd'hui couramment utilisée par les services de contrôle. **76895**

Afin d'en renforcer l'efficacité pratique, la loi portant DDOEF du 12 avril 1996 a créé, dans le LPF, un article L 188 A qui permet à l'administration d'utiliser les informations qu'elle reçoit de ses partenaires en bénéficiant d'un **délai de reprise allongé** ; afin de donner encore davantage de possibilités à l'administration en la matière, la loi n° 2013-1117 du 6 décembre 2013 relative à la lutte contre la fraude fiscale et la grande délinquance économique et financière (art. 59) a étendu le délai de reprise ainsi que le champ d'application du dispositif (nos 74360 s.). L'administration a ainsi les moyens de donner une suite effective aux informations qu'elle peut obtenir de la part des autres administrations dans le cadre de la procédure d'échange d'informations entre États.

En tout état de cause, les échanges d'informations sont actuellement de plus en plus nombreux, à mesure du développement des accords multilatéraux et des échanges des déclarations « pays par pays » entre administrations fiscales (n° 75813).

Rôle de la commission des impôts directs et des taxes sur le chiffre d'affaires

76900 Lorsque le contribuable n'accepte pas les rectifications proposées par l'administration, le désaccord peut être soumis à l'appréciation de la commission **départementale** des impôts directs et des taxes sur le chiffre d'affaires (CGI art. 1651 à 1651 G et LPF art. R* 59-1 à R* 61 A-1), ou à la commission **nationale** (CGI art. 1651 H à 1651 L et LPF art. L 59 C). Cette commission, nationale ou départementale, connaît notamment de toutes les questions de fait qui se rattachent à l'existence et au montant de transferts de bénéfices à l'étranger (jurisprudence nombreuse, et notamment CE 27 juillet 1988 n° 50020, Plén. : RJF 10/88 n° 1139 ; BOI-BIC-BASE-80-20 n° 340).

La commission est compétente pour constater la **matérialité des faits** et l'appréciation qu'il convient de porter à leur égard, compte tenu notamment de la situation de l'entreprise et des pratiques de la branche à laquelle elle appartient. Elle peut être saisie à l'initiative du contribuable ou de l'administration.

Son **avis ne s'impose pas** aux parties en cause. Depuis la loi du 8 juillet 1987, il n'a pas, sauf exceptions, de conséquences sur les conditions de **preuve** en cas de procédure contentieuse ultérieure ; l'administration supporte, en effet, la charge de la preuve quel que soit l'avis rendu par la commission (sauf lorsque le contribuable a présenté une comptabilité comportant de graves irrégularités). La commission peut être amenée à donner un avis sur l'existence de liens de dépendance, ou d'un transfert de bénéfices et, enfin, sur celle d'une contrepartie pour l'entreprise française.

Précisions **a.** Pour un **exemple** instructif, voir l'affaire Caterpillar où le Conseil d'État a donné raison au contribuable contre l'administration qui avait elle-même été soutenue par la commission départementale (CE 25 octobre 1989 n° 65009, 9e et 8e s.-s., Caterpillar France : RJF 12/89 n° 1413).

b. La loi n° 2007-1824 du 25 décembre 2007 a institué une **commission nationale** des impôts directs et des taxes sur le chiffre d'affaires, chargée d'émettre des avis sur les litiges fiscaux des **grandes entreprises** en lieu et place des commissions départementales ; en application de l'article 1651 H, 2 du CGI, cette commission est compétente pour les litiges relatifs à la détermination du bénéfice et du chiffre d'affaires des entreprises qui exercent une activité industrielle ou commerciale dont le chiffre d'affaires hors taxes excède :
- 50 M€ s'il s'agit d'entreprises dont le commerce principal est la vente de marchandises, objets, fournitures et denrées à emporter ou à consommer sur place ou la fourniture de logement ;
- ou 25 M€ s'il s'agit d'autres entreprises.

2. Possibilités d'apporter la preuve contraire

Principes

76910 L'article 57 du CGI établit une présomption de transfert de bénéfices lorsque l'existence d'avantages accordés par l'entreprise française à l'entreprise étrangère est établie. Mais le contribuable peut **combattre** cette **présomption** en démontrant que les avantages constatés ne se sont pas traduits par un transfert de bénéfices à l'étranger dès lors que l'entreprise en retirait une contrepartie dans le cadre d'une gestion normale.

Ce dispositif, en ce qu'il repose sur une présomption simple, est conforme à la Constitution ainsi que l'a jugé le Conseil d'État dans la décision Soutiran (n° 76360) ; dans le même sens, n'a pas été admis un pourvoi qui soutenait notamment qu'une décision d'appel était entachée d'erreur de droit quant à la dévolution de la charge de la preuve au motif que la **commission départementale** des impôts avait estimé que les avantages consentis à une filiale étrangère l'avaient été dans l'intérêt de la requérante (CE (na) 21 mai 2012 n° 350546, 9e s.-s., SA Lorans : RJF 11/12 n° 1049).

Précisions Dans le passé, l'administration admettait la nécessité de ne **pas interpréter trop strictement** les dispositions de l'article 57 du CGI à l'égard d'entreprises françaises possédant des filiales ou contrôlant des entreprises situées à l'étranger pour éviter de nuire au développement des exportations à partir de la France (ancienne D. adm. 4 A 1212, n° 8 non reprise au BOFiP sur ce point). La doctrine administrative actuelle se contente de souligner que l'administration reconnaît à l'entreprise française la possibilité d'apporter la preuve que les avantages découlant des opérations réalisées avec une entreprise étrangère répondent à des **nécessités commerciales réelles** et non au souci d'effectuer des transferts de bénéfices au préjudice de l'État français (BOI-BIC-BASE-80-20 n° 370).

Notion de « contrepartie »

76915 L'entreprise française peut invoquer des contreparties pour faire tomber la présomption de transfert de bénéfices qui pèse sur elle : avantages reconnus indispensables à la conclusion de l'affaire compte tenu de l'**état du marché** et des **conditions de la concurrence**, intérêt économique et financier qui s'attache à la prospérité de filiales étrangères, etc.

S'il est évidemment plus facile de montrer l'existence de contreparties lorsque l'avenir a donné raison à l'entreprise, on relèvera avec intérêt un arrêt de la cour administrative d'appel de Lyon qui affirme que l'appréciation de la contrepartie (en l'espèce, d'abandons de créances au bénéfice d'une filiale espagnole) doit être faite « **en raison des aléas** inhérents à toute activité commerciale, **au regard des résultats espérés** à la date à laquelle ils ont été consentis, et non en fonction de ceux qui ont pu être effectivement retirés » (CAA Lyon 14 mars 2002 n° 00-2403, SA Sidac-Diffusion : Droit fiscal 2002, n° 50, comm. n° 984 ; arrêt définitif).

En toute hypothèse, la **perception escomptée de dividendes** et la **valorisation potentielle des actifs** ne sont pas des contreparties acceptables (CE 26 septembre 2011 n° 328762, 8e et 3e s.-s., SARL Holding Financière Séguy : RJF 12/11 n° 1275, à propos de la rémunération d'un contrat de concession de licences, dans l'ordre interne).

Enfin, la question des contreparties doit être appréciée à la lumière du principe de non-déductibilité des **aides à caractère financier** (n° 26122).

Précisions Au contentieux, l'appréciation des avantages consentis et des contreparties obtenues peut, le cas échéant, faire l'objet d'une **expertise** ; si un tribunal administratif ne s'estime pas suffisamment informé, il peut ordonner une expertise afin d'établir que la société française n'a pas consenti d'avantages particuliers au profit de sa filiale étrangère et qu'en tout état de cause ces avantages ne se sont pas traduits par un transfert de bénéfices au profit de la filiale (CE 13 avril 1964 n° 56173, 7e s.-s. : Dupont 1964 p. 470, RO p. 69).

C. Effets

Rectification des résultats imposables

76940 Lorsque l'article 57 du CGI est applicable et que le contribuable ne fait pas tomber la présomption de transfert de bénéfices, les résultats de l'entreprise française doivent être rectifiés.

La **rectification** peut se faire (CGI art. 57, al. 1, 3 et 4) :
– directement, **par incorporation des bénéfices transférés** hors de France aux résultats accusés par les comptabilités ; dans ce cas, la rectification est opérée d'après les éléments précis de l'opération redressée. L'article 57 retient cette méthode comme celle qui doit en principe être appliquée (par exemple en cas de non-perception d'intérêts, de minoration ou de majoration de prix, de rémunération sans contrepartie, etc.) ;
– en cas de défaut de réponse à une demande faite en application de l'article L 13 B du LPF (n° 76893), par évaluation par l'administration des bases d'imposition concernées par la demande à partir des éléments dont elle dispose et en suivant la procédure contradictoire (BOI-CF-IOR-60-50 n° 40) ; il en va de même si l'obligation documentaire incombant aux grandes entreprises n'est pas satisfaite (nos 76840 s.) ;
– à défaut d'éléments précis pour opérer les rectifications, **par comparaison** avec les produits imposables des entreprises similaires exploitées normalement (CGI art. 57, al. 4 ; BOI-BIC-BASE-80-20 n° 380). Dans ce cas, il est possible de faire application de **méthodes forfaitaires**, par exemple de l'application au chiffre d'affaires d'un coefficient de bénéfices fixé par comparaison avec ceux des entreprises similaires exploitées normalement (CE 23 mars 1953 n° 75326 : RO p. 266).

Bien entendu, les rectifications en principal peuvent être assorties de majorations pour manquement délibéré (40 %), outre l'intérêt de retard.

Enfin, l'administration peut valablement compléter une rectification en matière de prix de transfert en majorant, à concurrence des rehaussements de bénéfices, la valeur ajoutée de la société servant de base à la détermination de sa **cotisation minimale de taxe professionnelle** (CE 6 juin 2018 n° 409645, 8e et 3e ch., General Electric Medical Systems : RJF 8-9/18 n° 833 et CE 28 novembre 2018 n° 410779, 8e et 3e ch., SCS GE Medical Systems : RJF 2/19 n° 165 ; voir également n° 76635 k) ; cette solution est transposable au calcul de la valeur ajoutée servant de base à la **CVAE**.

Précisions L'**évaluation par comparaison** avec les produits imposables des entreprises similaires exploitées normalement n'est admise qu'à titre subsidiaire et à défaut d'éléments précis (CE 23 novembre 1960 n° 48570) ; lorsqu'elle peut trouver dans la comptabilité de l'entreprise des éléments précis qui lui permettent d'opérer les redressements, l'administration n'a pas à recourir à des comparaisons avec d'autres entreprises pour déterminer le montant des sommes à réintégrer dans les bénéfices imposables (CE 2 juin 1976 n° 94758, 8e et 9e s.-s. : RJF 9/76 n° 371).

Utilisation éventuelle de méthodes forfaitaires

76945 Le recours à des méthodes forfaitaires est heureusement assez **peu utilisé** en France, mais il n'est **pas inconcevable** qu'il le soit compte tenu des termes de la loi, à condition toutefois que les comparaisons puissent être précises. Par exemple, dans ses conclusions sur l'affaire Laboratoires Wellcome, le commissaire du Gouvernement critiquait les comparaisons portant sur des exercices différents mais réservait les comparaisons avec des sociétés du même secteur au titre des mêmes exercices ; il estimait que « les comparaisons dans le temps sont moins significatives que celles qui auraient pu être faites à partir du cours pratiqué par d'autres entreprises du secteur pour déterminer une marge de référence au titre de l'exercice en cause », ce qui souligne la légitimité de cette dernière comparaison (CE 16 juin 1993 n° 70446, 8e et 9e s.-s., Laboratoires Wellcome : RJF 7/93 n° 983).

Précisions Une vieille décision du Conseil d'État juge que les bénéfices imposables peuvent valablement être déterminés par application au chiffre d'affaires d'un **coefficient de bénéfice** fixé par comparaison avec ceux des entreprises similaires exploitées normalement (CE 23 mars 1953 n° 75326 : RO p. 266, RI p. 7934).

Régime des revenus réputés distribués

76960 Les sommes réintégrées dans les bases de l'impôt sur les sociétés doivent être considérées comme des revenus distribués par référence :
– à l'article 109, 1-1° du CGI si l'exercice de rattachement est **bénéficiaire** ;
– ou à l'article 109, 1-2° du CGI ou à l'article 111 a du même Code si les résultats de l'exercice sont déficitaires et si la société étrangère bénéficiaire des produits indirectement transférés est associée, **actionnaire** ou porteur de parts de la société française ;
– ou à l'article 111, c du CGI, relatif aux **avantages occultes** si l'une ou l'autre des dispositions qui précèdent ne peut être appliquée.

Il a été jugé que l'article 111, c du CGI constitue une base légale autonome et que la retenue à la source est susceptible d'être appliquée alors même que les résultats de la société distributrice sont déficitaires (CAA Paris 6 avril 1993 n° 91-699 : RJF 7/93 n° 1042 ; arrêt définitif).

Quant à la notion d'**avantages occultes**, elle est très large, des avantages consentis à des sociétés étrangères revêtant un caractère occulte du simple fait qu'ils n'ont pas été expressément inscrits comme tels en comptabilité. L'application de l'article 111 c est autorisée par la jurisprudence en cas de transaction sur un service ou une marchandise à un prix majoré ou minoré, selon les cas, alors même que l'opération est **portée en comptabilité** et qu'elle y est assortie de toutes les justifications concernant son objet apparent et l'identité du cocontractant, dès lors que cette comptabilisation ne révèle pas, par elle-même, la libéralité en cause (CE 10 août 2005 n° 275983, 3e et 8e s.-s., min. c/ Société Électromécanique du Nivernais : RJF 12/05 n° 1398, à propos d'une situation mettant en cause l'article 238 A du CGI).

Tel n'est pas le cas, en revanche, si la libéralité résulte des mentions mêmes de l'inscription comptable (CE 5 décembre 2001 n° 224350, 10e et 9e s.-s., min. c/ Cie européenne de distribution et de pesage : RJF 3/02 n° 276, dans une situation où une société française avait mentionné en comptabilité qu'elle prenait en charge une commission au lieu et place de sa filiale allemande). Sur la portée de cette exception, voir également Précisions b, ci-dessous, et n° 72543, Précisions d.

En présence d'un **groupe intégré**, il a été jugé, à propos d'une société française qui avait versé des rémunérations à un prestataire de l'île de Man pour le compte de l'une des filiales françaises du groupe, que c'est la société qui a procédé à la distribution de revenus réputés distribués (la filiale) qui est redevable de la retenue à la source sauf si elle peut établir que la société qui a procédé pour son compte au paiement des sommes avait connaissance de leur caractère de revenu distribué (n° 60985).

En tout état de cause, pour que le régime des revenus réputés distribués soit applicable et qu'une retenue à la source soit exigible en France, il faut encore que l'administration

identifie correctement le bénéficiaire. Une société française qui avait rémunéré un résident allemand pour des prestations que celui-ci avait rendues à la société mère britannique du groupe a ainsi obtenu la décharge de la retenue à la source qui lui avait été réclamée au motif qu'elle aurait transféré des bénéfices au résident allemand alors que le bénéficiaire réel était la société britannique (CAA Versailles 23 mars 2010 n° 08-1370, 3e ch., SARL Science Applications International Europe : RJF 12/10 n° 1169 ; arrêt définitif) ; la Cour a ajouté que si l'administration peut, devant le juge, demander le maintien des impositions par voie de substitution de base légale ou de motif, elle ne peut, sauf dans l'hypothèse d'une manœuvre ayant visé, de façon délibérée, à dissimuler le véritable bénéficiaire de la distribution, désigner un nouveau contribuable pour le compte duquel la retenue à la source est prélevée. Pour un autre exemple, voir CAA Versailles 20 octobre 2016 n° 14VE01604, 6e ch., Sté ALD International SA : RJF 1/17 n° 33, arrêt définitif jugeant que l'avantage consenti par une société française à des sociétés apparentées étrangères en mettant des personnels à leur disposition gratuite n'était pas passible de la retenue à la source, étant donné que cet avantage avait, en réalité, bénéficié à une société française, la société mère de la requérante (voir aussi infra, Précisions b). **76960** (suite)

Enfin, l'administration a oralement fait part d'une « tolérance » concernant les sociétés françaises qui ne facturent pas les sommes qu'elles devraient facturer à leurs filiales étrangère (par exemple, lorsque ces dernières sont dans l'impossibilité de les régler), mais qui **réintègrent spontanément les sommes non facturées** sur leurs liasses fiscales pour éviter une rectification en impôt sur les sociétés : si l'entreprise indique précisément sur sa liasse fiscale le montant et la nature des sommes qui ne sont pas facturées avec le nom de chaque bénéficiaire, l'administration s'est dite disposée, en principe, à ne pas pratiquer de rappel de retenue à la source. Cette « tolérance » est limitée aux non-refacturations au profit de sociétés établies dans des États liés à la France par des conventions fiscales et n'est pas applicable aux États et territoires non coopératifs (nos 71550 s) ; elle est subordonnée à la condition que la société s'inscrive dans une démarche de transparence vis-à-vis de l'administration dès le dépôt de ses déclarations et qu'elle déclare très précisément les sommes qu'elle n'a pas facturées (FR 6/17 inf. 1, faisant état de la position oralement exposée par un représentant autorisé de l'administration lors d'une conférence publique, inopposable, cependant, sur le terrain de l'article L 80 A du LPF). Cette tolérance est apparemment limitée aux cas d'application de l'article 111, c du CGI et ne s'étend pas aux sommes qui peuvent être considérées comme des revenus distribués sur d'autres fondements, tels que l'article 109, 1 du même Code.

Précisions **a.** Il a été jugé que la **retenue à la source** était applicable à des revenus réputés distribués dans le cadre d'un redressement fondé sur l'article 57 du CGI résultant d'une minoration non contestée des prix de vente d'une société française à la **succursale britannique** d'une de ses sociétés sœurs françaises (CAA Versailles 12 juin 2007 n° 06-799, 3e ch., Sté Dormeuil : RJF 11/07 n° 1252) ; le raisonnement de la Cour est cependant assez confus et repose sur une idée discutable, à savoir que la succursale serait un « résident » du Royaume-Uni (cet arrêt est définitif, mais la solution aurait mérité, à notre avis, d'être confirmée). La même solution avait été retenue à propos d'un cas d'insuffisance de primes facturées en contrepartie de prestations fournies par une société française à des **succursales étrangères de sociétés liées** (CAA Versailles 9 juillet 2019 n° 17VE00308, Sté Genefinance venant aux droits de la société Interga : RJF 12/19 n° 1129 ; cet arrêt a toutefois été annulé pour dénaturation et l'affaire a été renvoyée à la Cour, où elle est enregistrée sous le n° 21VE02294, par CE 19 juillet 2021 n° 434268, 9e ch., Sté Genefinance venant aux droits de la société Interga : RJF 11/21 n° 1003 ; voir également n° 76710 f). Sur le cas particulier des **établissements stables**, voir n° 60730.

b. Un avantage occulte peut être assujetti à la retenue à la source même si la somme en cause a **échappé à l'impôt sur les sociétés** (CE 26 janvier 2011 n° 331342, 8e et 3e s.-s., Sté Seyfert SAS : RJF 4/11 n° 421, aux conclusions Nathalie Escaut au BDCF 4/11 n° 43, dans un cas où un avantage consenti au dirigeant non résident d'un quartier général en France d'un groupe étranger avait fait l'objet d'une rectification en impôt sur les sociétés qui a ensuite été annulée ; voir aussi n° 28720). De même, la circonstance qu'une société **réintègre extra-comptablement** des dépenses qu'elle aurait dû refacturer à des filiales étrangères ne fait pas obstacle à ce que l'administration impose ces sommes par voie de retenue à la source sur le fondement de l'article 111, c du CGI, étant donné qu'il s'agit de l'imposition des bénéficiaires et que ceux-ci sont des contribuables distincts de la société qui a consenti l'avantage (CAA Versailles 20 octobre 2016 n° 14VE01604, 6e ch., Sté ALD International SA : RJF 1/17 n° 33, arrêt définitif) ; la société, en s'étant bornée à **inscrire globalement** en comptabilité les recettes correspondant aux prestations non facturées, ne pouvait être regardée comme ayant révélé à l'administration l'objet et les bénéficiaires de ces prestations, les mentions du tableau 2058-A étant insuffisamment précises à cet égard ; la circonstance que la société qui a commis un acte anormal de gestion ne soit pas susceptible d'être redressée en impôt sur les sociétés ne saurait empêcher que le bénéficiaire puisse être imposé puisqu'il a reçu un avantage (en l'espèce, la société n'avait pas fait l'objet d'un rehaussement en impôt sur les sociétés car elle avait spontanément réintégré les sommes en cause sous la rubrique « charges diverses non déductibles »). Dans le même sens, CAA Versailles 9 février 2021 n°s 18VE04115 et 19VE00405, Société Générale et min. c/ Société Générale (pourvoi enregistré sous le n° 451466), à propos de la réintégration spontanée, au titre des exercices 2008 à 2011, de dépenses mentionnées dans les tableaux annexés à la déclaration 2058 A sous les intitulés « **frais supportés par le siège pour les filiales étrangères** », « personnel détaché dans des filiales étrangères », « prix de transfert ITEC » et « rémunération des dirigeants de DeltaCrédit », correspondant à des charges non déductibles en faveur de filiales étrangères : les trois premières avaient fait l'objet de mentions qui n'indiquaient ni la nature précise des avantages consentis, ni les sociétés bénéficiaires, et qui ne révélaient pas par elles-mêmes l'existence des libéralités octroyées ; la dernière, cependant, ne caractérisait pas un avantage occulte car il était précisé qu'il s'agissait d'un avantage consenti à une filiale russe par la prise en charge de la rémunération de ses dirigeants, ce qui révélait tant l'objet de la dépense que son bénéficiaire (la société ayant spontanément réintégré les charges correspondantes, l'administration n'avait pas pratiqué de rectification en impôt sur les sociétés mais seulement au titre de la retenue à la source).

c. Dans l'ordre interne, il a été jugé, pour l'application de l'article 111 c, que la preuve d'une distribution occulte suppose l'existence d'une **intention libérale** partagée par les deux parties à la transaction et que l'absence de contrepartie ne suffit pas à révéler une libéralité (CE 19 juillet 2011 n° 327762, 10e et 9e s.-s., Girardot : RJF 11/11 n° 1153).

d. En application de 109, 1-1° du CGI, la retenue à la source était exigible d'une société française qui avait pratiqué un **abandon de créance non déductible** au profit d'une société apparentée turque, car le résultat de la société française était bénéficiaire si l'on tenait compte des produits de participation exonérés d'impôt dans le cadre du régime des sociétés mères, qui, sur le fondement de l'article 110 du CGI, doivent s'ajouter au résultat retenu pour déterminer si l'exercice de rattachement est bénéficiaire (CAA Versailles 22 juin 2021 n° 19VE03151, 1e ch., min. c/ SA Compagnie Gervais Danone : RJF 10/21 n° 926 ; pourvoi enregistré sous le n° 455810) ; en première instance, la société avait obtenu gain de cause sur le fondement de la solution exposée par l'administration au BOI-RPPM-RCM-10-20-20-50 n° 170 mais cette doctrine a été écartée en appel (la Cour juge que l'instruction administrative invoquée ne peut être isolée de ses autres éléments indissociables et qu'elle ne comporte pas une interprétation formelle de la loi fiscale dont la société serait fondée à se prévaloir sur le fondement de l'article L 80 A du LPF) ; la Cour rejette également les critiques tenant à l'existence de discriminations au regard de la convention européenne de sauvegarde des droits de l'homme et des libertés fondamentales et de la convention fiscale franco-turque du 18 février 1987 (voir également n° 26087, Précisions).

Taux de la retenue à la source

76965 Les sommes **réputées distribuées** font, sous réserve des conventions fiscales, l'objet d'une retenue à la source au taux applicable aux dividendes, variable selon le bénéficiaire (n° 60975) ; ce taux est calculé « en dedans » (retenue à la source considérée comme incluse dans le montant net versé) ainsi qu'il résulte de la jurisprudence et également d'un avis du Conseil d'État du 27 avril 2004 n° 370005, Sect. (RJF 12/04 n° 1246). Le bénéficiaire a toutefois la faculté de demander le bénéfice de la « cascade » prévue à l'article L 77 du LPF. Dans le même sens, TA Montreuil 25 avril 2013 n° 1206290, Sté Alternance : RJF 12/13 n° 1140 (jugement définitif).

Précisions **a.** Le principe de l'application d'un taux « en dedans » part de l'idée logique selon laquelle la **prise en charge** de la retenue constitue un **supplément de revenu** lui-même imposable ; si un revenu distribué de 100 subit, par exemple, une retenue de 25, de sorte que le bénéficiaire ne reçoit que 75, il est logique qu'il donne lieu à une imposition de 25/75, soit 33,33 %, lorsque le net versé (et reçu par le bénéficiaire) est de 100. Le bénéficiaire est en effet dans la même situation finale que celui qui perçoit un brut de 133,33 amputé d'une retenue de 25 %, soit 33,33, et dont le revenu net final est bien égal à 100.

b. Un **calcul « en dedans »** a été retenu par le Conseil d'État à propos de l'article 182 B du CGI, conformément aux conclusions du commissaire du Gouvernement Jacques Arrighi de Casanova qui estimait d'ailleurs que cette analyse devait valoir aussi pour l'article 119 bis du CGI (CE 13 mars 1996 n° 148038, 8e et 9e s.-s., min. c/ Clappier : RJF 5/96 n° 586, conclusions au BDCF 3/96 ; voir aussi n° 3497).

Incidences des conventions fiscales

76970 La question de l'applicabilité des stipulations conventionnelles relatives aux dividendes a été abordée à de nombreuses reprises par le Conseil d'État (n°s 60680 s.). L'état actuel du droit est le suivant :

– si la définition des dividendes est celle de l'article 10 § 3 du modèle de convention fiscale de l'OCDE, l'assimilation n'est pas possible, même si le bénéficiaire a la qualité d'associé ;

– si la définition est plus précise, par exemple sur le modèle de la convention franco-britannique, l'assimilation est possible ;
– si les dispositions relatives aux dividendes sont inapplicables, le revenu entre en principe dans le champ de l'article balai relatif aux « revenus non dénommés » (article 21 dans le modèle de convention fiscale de l'OCDE). Dans ce cas, la France perd le plus souvent le droit d'imposer, car ces revenus ne sont normalement imposables que dans l'État de résidence du bénéficiaire. Mais s'il n'existe pas d'« article balai », la France conserve intégralement son droit d'imposer, et peut donc appliquer la retenue à taux plein prévue par le CGI (voir, par exemple, les conclusions du commissaire du Gouvernement Olivier Fouquet sous CE 19 octobre 1988 n° 56 218, 7e et 8e s.-s. : RJF 12/88 n° 1312).

Absence de retenue à la source en cas de rapatriement des sommes

Afin de légaliser une pratique antérieure qui avait été abandonnée à la fin de l'année 2013, l'article 79 de la loi n° 2014-1655 du 29 décembre 2014 de finances rectificative pour 2014 dispose que les bénéfices transférés, au sens de l'article 57 du CGI ou les produits mentionnés à l'article 238 A du même Code et qualifiés de revenus distribués sur le fondement des 1° et 2° du 1 de l'article 109 et du c de l'article 111 du CGI au profit d'entreprises liées (au sens indiqué n° 26805) peuvent, **sur demande écrite** du redevable, ne pas être soumis à la retenue à la source sous réserve du respect des conditions cumulatives suivantes (LPF art. L 62 A) : **76975**
– la demande du redevable de la retenue à la source peut intervenir à un stade quelconque de la procédure de vérification à condition que ce soit postérieurement à la proposition de rectification et **antérieurement à la mise en recouvrement** des rappels de retenue à la source (BOI-CF-IOR-20-20 n° 60) ; un modèle de lettre en ce sens est proposé au BOI-LETTRE-000236 ;
– le **redevable doit accepter**, dans sa demande, les rehaussements (et pénalités afférentes) qui ont fait l'objet de la qualification de revenus distribués ; l'administration précise que cette acceptation doit être « expresse et sans réserve » (BOI-CF-IOR-20-20 n° 20) ; dans la mesure où les rectifications et pénalités peuvent avoir été modifiées au cours de la procédure, notamment à l'occasion du recours hiérarchique et de l'interlocution, en fonction des informations fournies par l'entreprise, la demande de régularisation peut concerner les rectifications mentionnées dans la proposition de rectification ou seulement celles maintenues à l'issue de ces procédures (BOI préc. n° 70) ;
– les sommes qualifiées de revenus distribués doivent être **rapatriées au profit du redevable** ; ce rapatriement doit intervenir dans un délai de soixante jours à compter de la date d'accusé de réception de la demande de l'entreprise (BOI préc. n° 100) ; pour en apporter la preuve, l'entreprise doit fournir un extrait de relevé de compte bancaire faisant état du crédit du compte de l'entreprise et un extrait de la comptabilité de l'entreprise qui enregistre l'opération permettant d'identifier clairement la nature et le montant du versement effectué ou/et de la dette faisant l'objet d'une minoration ;
– le bénéficiaire des sommes qualifiées de revenus distribués ne doit pas être situé dans un État ou territoire non coopératif (**ETNC** ; n° 71555), sauf si l'ETNC concerné figure sur la liste en application des critères posés par l'article 238-0 A, 2 bis-2° du CGI (si l'ETNC est porté sur la liste en raison seulement des critères européens, le dispositif n'est donc écarté que si l'inscription sur la liste est la conséquence de l'application du critère tenant aux « montages extraterritoriaux ») ou lorsque le redevable apporte la preuve que les opérations auxquelles correspondent les sommes ont principalement un objet et un effet autres que de permettre leur localisation dans un État ou territoire non coopératif (ces exceptions, issues de la loi n° 2018-898 du 23 octobre 2018 relative à la lutte contre la fraude, sont applicables depuis le 1er décembre 2018).

Cette mesure est applicable depuis le 31 décembre 2014 si les conditions sont remplies, même lorsque des pénalités pour manquement délibéré, pour abus de droit ou manœuvres frauduleuses ont été notifiées. En outre, elle n'est pas subordonnée à l'existence d'une **convention fiscale**.

La suppression de la retenue à la source doit sans doute être considérée comme **automatique** dès lors que les conditions sont réunies ; certes, à s'en tenir à la lettre de la loi, le bénéfice de la mesure n'est pas « de droit » puisque la loi dispose que les revenus distribués « peuvent » ne pas être soumis à la retenue à la source. Cela étant, les commentaires administratifs ne font nullement état d'une faculté de refus de la part de l'administration ni du fait que la procédure nécessiterait la signature d'une transaction avec le contribuable. Il est donc probable que l'administration considère que le contribuable qui remplit les conditions a effectivement droit au dégrèvement.

Une incertitude subsiste, tout de même, quant à la portée de la **condition d'acceptation** des rectifications, telle qu'elle résulte de la loi et des commentaires administratifs ; l'administration ne précise pas si le contribuable, qui devra avoir accepté les rectifications « sans réserve », serait privé du droit de les **contester ensuite** par voie contentieuse ou dans le cadre d'une procédure amiable. À notre avis, il est devrait tout de même être recevable à contester ensuite les rectifications, à condition de supporter la charge de la preuve (l'article R* 194-1 du LPF précise en ce sens que, lorsque, ayant donné son accord à la rectification ou s'étant abstenu de répondre dans le délai légal à la proposition de rectification, le contribuable présente cependant une réclamation faisant suite à une procédure contradictoire de rectification, il peut obtenir la décharge ou la réduction de l'imposition en démontrant son caractère exagéré). Mais on voit assez mal, en pratique, comment l'administration pourrait accepter d'ouvrir ensuite une **procédure amiable** ou une procédure d'arbitrage.

Le rapatriement des sommes doit provenir du bénéficiaire de la distribution et correspondre soit à un **reversement effectif** des sommes dans les caisses sociales de l'entreprise soit à l'extinction d'une dette envers la société bénéficiaire de la distribution (BOI préc. nos 110 et 120) ; l'administration exclut que le rapatriement prenne la forme de l'enregistrement dans les comptes de l'entreprise vérifiée d'une créance d'un montant qui serait égal en tout ou partie à celui de la distribution ou d'un apport en capital ou en compte courant au profit de la société vérifiée (BOI préc. n° 130, précisant que la constatation d'une forme de prêt au profit de la société bénéficiaire de la distribution n'est pas de nature à permettre de considérer qu'il y a eu rapatriement).

Enfin, dès lors que le transfert de bénéfices ou la déduction de charges a déjà été imposé en France, le rapatriement des fonds n'est pas considéré comme un produit passible de l'impôt sur les bénéfices (BOI préc. n° 160) ; il y aura donc lieu de procéder à une déduction extra-comptable des sommes reçues.

Précisions **a.** Ce mécanisme résulte d'un amendement parlementaire n° 490 déposé à l'Assemblée nationale le 27 novembre 2014 et présenté comme une procédure de « **régularisation** » conduisant à un règlement plus rapide des contrôles en matière de prix de transfert afin de permettre un « encaissement immédiat » des droits et pénalités.

b. La mise en œuvre du dispositif doit faire l'objet d'une **information au Parlement** au moyen d'un complément à l'annexe à la loi de finances prévue à l'article 136 de la loi n° 2010-1657 du 29 décembre 2010 de finances pour 2011 (rapport annexé chaque année à la loi de finances portant sur la pratique et les résultats du contrôle fiscal).

c. En présence de **plusieurs rectifications**, l'entreprise peut accepter seulement les rectifications effectuées sur le fondement des articles 57 et 238 A du CGI faisant l'objet de la qualification de revenus distribués et contester les autres et, en présence de plusieurs rectifications sur le fondement de ces articles, elle peut n'accepter que certains d'entre eux (BOI-CF-IOR-20-20 nos 80 et 90).

D. La procédure d'accord préalable de prix (APP)

Contexte

77050 Suivant la pratique initiée par certains pays développés, et dans la ligne des commentaires OCDE (n° 76270), la France a mis en place, en 1999, une procédure d'accord préalable en matière de prix de transfert (LPF art. L 80 B 7° et BOI-SJ-RES-20).

L'administration est partie du constat que la pratique traditionnelle des contrôles fiscaux peut être source d'incertitude juridique pour les entreprises, qu'elle nécessite des investigations souvent longues, difficiles et coûteuses, aussi bien pour les entreprises que pour l'administration et que la circonstance que les vérifications interviennent a posteriori rend difficile la production d'informations suffisantes pour étayer les prix pratiqués par l'entreprise ; c'est pour tenter d'y remédier qu'elle a proposé un **dispositif d'accord préalable** qui a, notamment, vocation à s'appliquer lorsque l'application des principes de pleine concurrence pose d'importants problèmes de fiabilité et d'exactitude ou que les conditions spécifiques dans lesquelles sont réalisées les transactions sont d'une complexité inhabituelle (BOI-SJ-RES-20-10 n° 1).

Cette procédure permet ainsi aux entreprises françaises ou étrangères qui le souhaitent d'obtenir de l'administration un accord sur la méthode de détermination des prix de transfert qui s'appliquera aux transactions intragroupe futures.

Précisions Des **statistiques** concernant les APP conclus au sein de l'Union européenne sont régulièrement publiées sur le site de la Commission européenne.

Base juridique

La **procédure** d'accord préalable de prix, résultant initialement d'une simple instruction administrative du 17 septembre 1999, a été **légalisée** par l'article 20 de la loi de finances rectificative pour 2004, codifié à l'article L 80 B, 7° du LPF, qui précise que la garantie donnée par l'administration en vertu de l'article L 80 A du LPF est également applicable lorsque l'administration a conclu un accord préalable portant sur la méthode de détermination des prix mentionnée au 2° de l'article L 13 B du LPF, soit avec l'autorité compétente désignée par une convention fiscale bilatérale destinée à éliminer les doubles impositions (procédure **bilatérale**), soit avec le contribuable (procédure **unilatérale**). **77055**

Ces dispositions, qui visent à rendre plus sûre l'imposition des entreprises qui réalisent des opérations dans un cadre international, s'appliquent depuis le 1er janvier 2005.

Précisions La **Commission européenne** a adopté, le 26 février 2007, une communication recommandant le développement des accords préalables de prix en tant que moyen de renforcer la sécurité juridique et de réduire les charges liées aux prix de transfert ; elle suggère des lignes directrices qui précisent la manière dont les États membres doivent mener la procédure d'APP, formule des conseils à l'intention des contribuables, et propose des solutions à certains problèmes ainsi que des exemples.

1. Champ d'application

Objet

Sauf lorsqu'il est unilatéral (n° 77140), l'accord préalable de prix (APP) est **défini** comme un **accord entre autorités compétentes** destiné à permettre à une entreprise multinationale, par la détermination concertée d'une méthode de prix de transfert, de s'assurer auprès de l'administration fiscale française que les prix pratiqués dans ses relations industrielles, commerciales et financières intragroupe n'entrent pas dans les prévisions de transfert de bénéfices au sens de l'article 57 du Code général des impôts (BOI-SJ-RES-20-10 n° 10 ; sur l'article 57 du CGI, voir nos 76340 s.). **77060**

Il s'agit, conformément aux commentaires OCDE, de **déterminer** une **méthode** applicable pendant une période donnée en retenant un ensemble de **critères** considérés comme les plus appropriés par les autorités compétentes et par l'entreprise, afin de permettre à cette dernière de calculer les prix de transfert qui devront, ensuite, être pratiqués lors de ses transactions avec des sociétés apparentées.

Parties

La procédure d'APP présente en général un caractère **bilatéral** ; il s'agit d'un accord conclu entre deux administrations fiscales, dont les effets sont subordonnés à l'adhésion des entreprises concernées, et qui trouve son fondement juridique dans la stipulation conventionnelle relative à la **procédure amiable** (équivalent de l'article 25 § 3 du modèle de convention fiscale de l'OCDE ; n° 84005). Par suite, un APP ne peut être conclu qu'entre la France et un État avec lequel elle a signé une convention fiscale comportant une disposition de cette nature (il n'est sans doute pas nécessaire que la convention reprenne littéralement l'article 25 § 3 ; mais il faut qu'elle énonce le même principe). **77065**

Cela dit, si la doctrine administrative ne prévoit pas expressément la possibilité de conclure des APP de caractère **multilatéral** (la loi non plus), l'administration l'admet en pratique (elle a même signalé, à ce propos, un accord signé en avril 2004 concernant la société Airbus, entre la France, le Royaume-Uni, l'Allemagne et l'Espagne), à condition que des procédures bilatérales soient simultanément menées par la France avec les différents pays concernés.

Contenu

77070 Conformément aux orientations du comité des affaires fiscales de l'OCDE, un APP ne peut porter que **sur la méthode** à retenir pour la détermination des prix de transfert et non sur la fixation, en tant que telle, des prix qui doivent être pratiqués au sein du groupe.

L'accord peut concerner **l'ensemble des transactions** (biens corporels, incorporels ou prestations de services) entre entreprises liées au sens de l'article 57 du CGI (nos 76455 s.) ou, au sein d'une même entreprise, les opérations entre le siège et un ou plusieurs de ses établissements stables étrangers. Sur demande, l'accord peut concerner un **segment d'activité**, une fonction, un seul produit, ou même un seul type de transactions. Il est à noter, toutefois, que l'administration se réserve la faculté d'étendre ou de restreindre le champ d'application de l'accord en fonction des éléments présentés par l'entreprise et de son incidence sur l'assiette taxable d'un autre État (BOI-SJ-RES-20-10 n° 30).

2. Procédure

Réunion informelle préalable

77080 L'ouverture de la procédure est naturellement à l'initiative du contribuable, puisqu'il ne saurait y avoir d'accord préalable de prix si l'entreprise n'en fait pas la demande. Dans la mesure où il peut s'agir d'une procédure lourde et incertaine, l'administration admet (et même recommande, en pratique) que, préalablement à la formulation même de la demande, les entreprises puissent se rapprocher des services compétents pour **examiner les conditions dans lesquelles un accord pourrait être sollicité et instruit**.

Une réunion préliminaire peut ainsi être organisée pour évoquer l'opportunité d'un accord, le type et la portée des informations nécessaires à l'analyse administrative, le calendrier prévisionnel des travaux ainsi que les questions liées aux modalités d'instruction de la demande. Quoique cette précision ne figure pas dans la doctrine administrative, cet entretien préliminaire peut être « anonyme », c'est-à-dire conduit par l'intermédiaire d'un conseil ou d'un mandataire qui se borne à indiquer le secteur d'activité en cause et les principales caractéristiques de l'entreprise.

Ouverture de la procédure

77085 Formellement, la procédure débute par une demande officielle de l'entreprise qui doit être présentée six mois au moins avant l'ouverture du premier exercice visé par la demande.

L'**autorité administrative compétente** est actuellement le bureau de prévention et résolution des différends internationaux (SJCF-4B) de la Direction générale des finances publiques, dont l'adresse est la suivante : Service de la sécurité juridique et du contrôle fiscal, Bureau SJCF 4B - Prévention et résolution des différends internationaux, Bâtiment Sully, Télédoc 849, 64-70 Allée de Bercy, 75574 Paris Cedex 12 (courriel : bureau.sjcf4b@dgfip.finances.gouv.fr).

L'instruction des accords peut faire appel, en tant que de besoin, à des spécialistes ou des experts du ministère chargé du budget (en pratique, des vérificateurs de la DVNI ou des services locaux). Parallèlement à la présentation de la demande en France, les entreprises doivent formuler leur demande d'accord **dans l'autre État concerné**, et en adresser une copie à l'administration française dans un délai de deux mois.

Précisions **a.** La circonstance que l'entreprise fasse l'objet d'une procédure de **contrôle fiscal** n'interdit pas la présentation d'une demande ; toutefois, une telle demande ne peut avoir pour effet de suspendre un contrôle.

b. L'ouverture d'une procédure d'APP reste sans incidence sur les **délais de prescription** de l'action administrative et son instruction ne fait pas obstacle à l'engagement d'une procédure de contrôle fiscal.

Discussions

77090 Si elle est bilatérale, la procédure se déroule dans le cadre d'un **double dialogue** entre l'administration française et l'entreprise, d'une part, et entre les États concernés, d'autre part :
• entre l'**administration** française et l'**entreprise**, afin de discuter les éléments transmis et la pertinence de la méthode proposée, dans un esprit de coopération (avec l'accord de

l'entreprise, les agents de l'administration fiscale française chargés de l'instruction peuvent d'ailleurs se rendre sur place) ;
• entre l'**administration française** et son homologue **étrangère**, pour rechercher une solution conjointe qui évite toute double imposition, chaque État cherchant cependant à préserver au mieux ses intérêts budgétaires.

L'entreprise doit tenir l'administration **informée** des discussions qu'elle a dans l'autre État et lui fournir les mêmes documents que ceux qu'elle fournit à cette administration.

En pratique (mais la doctrine administrative ne précise plus ce point depuis la refonte des commentaires administratifs effectuée lors de la publication de la base BOFiP), pendant la durée des discussions entre les deux États, l'administration française tient le contribuable informé des progrès réalisés (rien n'est prévu sur la communication au contribuable des éléments produits par l'administration étrangère).

Lorsque les autorités compétentes sont parvenues à un accord, l'administration doit en faire connaître les termes par un courrier adressé à l'entreprise qui devra alors, en retour, faire part de son acceptation et s'engager à respecter les conditions d'application de l'accord (n° 77120). Aucun délai n'est prévu pour l'instruction de la demande.

3. Documents à fournir à l'appui de la demande

Lors de la présentation de la demande, le contribuable doit **proposer une méthode** de détermination de ses prix de transfert et démontrer que, selon lui, cette méthode conduit à fixer des prix conformes au **principe de pleine concurrence** ; il doit fournir l'ensemble des données commerciales, industrielles, financières ou juridiques permettant d'étayer la méthode qu'il a retenue. **77100**

Justifications

Pour justifier cette méthode, le contribuable doit, dans toute la mesure du possible : **77105**
• rassembler les **données pertinentes** sur les prix pratiqués lors de transactions comparables sur le marché libre,
• à défaut, identifier toutes les **transactions** susceptibles d'être comparables mais pour lesquelles des données fiables ne sont pas disponibles,
• dans l'impossibilité d'identifier de telles transactions, rassembler des données pertinentes sur les prix retenus lors de transactions similaires effectuées sur le marché libre, même si celles-ci ne sont pas étroitement **comparables**, et proposer les **ajustements** nécessaires à leur application à ses propres opérations.

S'il n'y a pas de données comparables, le contribuable doit démontrer que la méthode retenue permet d'approcher un prix de pleine concurrence.

Documentation

Parmi les documents à présenter à l'appui de la demande, l'administration cite notamment (BOI-SJ-RES-20-10 n°s 260 s.) : **77110**
• divers documents **factuels** sur le groupe : organigramme, liste des entités couvertes par la demande, description des opérations industrielles ou commerciales du groupe, de son organisation, de la structure de son capital, des principaux flux entre les parties, données financières et fiscales représentatives couvrant les trois dernières années fiscales, identification des accords préalables conclus par d'autres entreprises du groupe, etc. ;
• des documents **de fond** justifiant la méthode retenue : éléments d'ordre méthodologique et documentaire, comptable, économique, analyse fonctionnelle, analyse ou étude économique des pratiques suivies dans la branche, étude détaillée des recherches entreprises et des critères utilisés pour identifier et sélectionner les éléments indépendants susceptibles d'être comparés, explication des ajustements retenus, etc.

En outre, dans la mesure où la méthode retenue peut être affectée par l'évolution des conditions économiques ou opérationnelles, l'entreprise doit proposer des **« hypothèses de base »**, c'est-à-dire des seuils ou des paramètres qui, selon elle, sont de nature à remettre en cause la validité de la méthode et peuvent conduire à sa révision ou à sa suspension (BOI préc. n° 130). Ces hypothèses de base doivent faire l'objet d'une étude circonstanciée dans le cadre des discussions avec l'administration et être soumises à son accord (le plus souvent, toutefois, elles se limitent à ce que les circonstances de fait ne soient pas modifiées par rapport à la description qui en a été faite dans la lettre de saisine).

L'administration a précisé que le caractère **confidentiel** des informations demandées ne peut lui être opposé pour faire obstacle à la communication d'un document mais que, de son côté, elle s'engage à ne pas les divulguer à des tiers en dehors, bien entendu, de l'administration compétente de l'autre État (BOI préc. n° 150).

Précisions **a.** En pratique, il est admis que de nombreux documents puissent être présentés **en anglais** (l'administration peut cependant demander que certains documents soient traduits en français).

b. La **permanence des conditions** de la transaction qui fait l'objet d'un APP est assurée si les actifs utilisés, les fonctions exercées et les risques assumés restent les mêmes que ceux qui ont été exposés lors du dépôt de la demande ; une modification des conditions économiques n'est pas, en tant que telle, de nature à remettre en cause les termes d'un accord (cas, par exemple, de l'épidémie de **Covid-19**) bien qu'elle affecte nécessairement les résultats de la méthode retenue, puisque les indicateurs utilisés reflètent la réalité économique.

4. Conclusion de la procédure bilatérale

Formalisation

77120 Lorsque la procédure est close par accord entre les États concernés, l'APP fait l'objet d'un **courrier** adressé au contribuable par l'administration, qui contient notamment les informations suivantes : entreprises et transactions couvertes par l'accord, description de la méthode de détermination des prix de transfert retenue, description des hypothèses de base et modalités de révision ou d'annulation de l'accord, date d'entrée en vigueur, durée, ou exercices couverts par l'accord, renseignements à porter dans le rapport annuel et dispositif de suivi, et conditions de renouvellement de l'accord. Comme pour la procédure amiable conventionnelle (n° 85640), cet accord doit être **approuvé par l'entreprise** et revêt un caractère confidentiel (aucune publication n'est prévue, même simplifiée et anonyme).

L'accord entre en vigueur à la date convenue entre les parties pour une **durée** comprise entre trois ans et cinq ans (BOI-SJ-RES-20-10 n° 190). Il ne peut avoir de portée rétroactive (à l'occasion d'une mise à jour doctrinale du 18 février 2014, l'administration a rapporté la tolérance antérieure selon laquelle l'accord pouvait éventuellement s'appliquer à compter de l'exercice au cours duquel la demande d'accord a été déposée). L'accord s'applique donc à compter du premier exercice visé par la demande, qui doit elle-même être antérieure d'au moins six mois à l'ouverture de cet exercice (n° 77085).

Précisions **a.** La conclusion d'un APP bilatéral, si elle vaut en principe seulement pour l'avenir, peut naturellement être prise en compte par les autorités compétentes dans le cadre de la **procédure amiable** conventionnelle, pour le règlement de situations passées, à condition que les circonstances de fait soient similaires (en ce sens, échange de lettres des 22 décembre 2003 et 1er mars 2005 entre la France et l'Espagne ; BOI-ANNX-000321).

b. La procédure d'accord préalable sur les prix de transfert n'entre pas dans le champ du **second examen** prévu par l'article L 80 CB du LPF (BOI-SJ-RES-10-30 n° 50).

Garantie

77125 Lorsque l'accord est conclu, la garantie accordée est, en principe, **totale** ; les entreprises disposent d'une sécurité juridique de nature législative qui leur permet d'éviter toute remise en cause de la méthode de détermination de leur prix de transfert sauf s'il y a eu **présentation erronée** des faits, **dissimulation** d'informations, erreurs ou omissions imputables au contribuable, ou en cas de **non-respect** des obligations contenues dans l'accord ou de manœuvres frauduleuses (BOI-SJ-RES-20-10 n° 200).

L'administration souligne qu'en cas de contrôle fiscal externe portant sur les exercices couverts par l'accord, les investigations du service ne pourront pas conduire à remettre en cause les termes de l'accord ; en revanche, le vérificateur sera conduit à vérifier la sincérité des faits présentés par le contribuable lors de la procédure d'instruction de l'accord ainsi que le respect des obligations mises à sa charge dans le cadre de cet accord, de même que l'état des hypothèses fondant l'accord ou déclenchant son éventuelle révision (BOI préc. n° 210).

Dispositif de suivi

Un dispositif de suivi est prévu afin de vérifier les effets de l'accord dans le temps. Le contribuable doit ainsi produire, dans les conditions déterminées par l'accord, un **rapport annuel** permettant de vérifier la conformité des méthodes pratiquées aux termes de l'accord. À défaut de régularisation dans les trente jours d'une mise en demeure, le défaut de production du rapport annuel entraîne l'annulation de l'accord à compter de l'exercice au titre duquel il n'a pas été présenté (BOI-SJ-RES-20-10 n° 230). **77128**

En outre, l'entreprise doit conserver et tenir à la disposition de l'administration l'ensemble de la documentation relative à la détermination de ses prix de transfert.

Révision et renouvellement

Si l'application de la méthode conduit à des résultats différents de ceux prévus par l'accord, celui-ci pourra être révisé conformément au mécanisme d'ajustement prévu à l'accord lui-même (BOI-SJ-RES-20-10 n° 230). **77130**

L'accord peut être renouvelé, sur demande de l'entreprise, **six mois** au moins avant son expiration.

Dans ce cas, la procédure de renégociation est, en principe, allégée, sauf en cas de modification substantielle de la situation.

Appréciation

Dans l'ensemble, cette procédure offre de bonnes garanties aux entreprises qui l'utiliseront ; diverses incertitudes subsistent toutefois, notamment sur les points suivants : **77135**
• comme il n'y a **pas d'obligation de résultat**, la procédure peut être close sur un constat d'échec si les deux États ne s'entendent pas ou si l'entreprise n'accepte pas les termes de l'accord qu'ils ont conclu ; il ne faut donc l'entamer que si les chances de succès sont bonnes, compte tenu notamment du volume d'informations à fournir pour l'instruction de la demande et des risques induits en termes de contrôle fiscal ; en pratique, cependant, l'administration française s'interdit de communiquer les informations transmises aux services vérificateurs en cas d'échec de la procédure ;
• le **champ d'application** matériel d'un accord n'est pas nécessairement celui qui peut être envisagé au départ puisque l'administration dispose d'un certain pouvoir discrétionnaire au cours de la procédure ; l'entreprise doit donc être assez flexible ;
• le contribuable n'est pas toujours bien **informé** de l'état des discussions entre les autorités compétentes françaises et étrangères et n'a pas de copie du dossier de négociation ; des erreurs ou des malentendus ne sont donc pas à exclure ;
• la nature exacte des **hypothèses de base** sur lesquelles repose l'accord et leur incidence sur la méthode de détermination des prix de transfert peut parfois être relativement incertaine.

Il reste que cette procédure s'inscrit dans la ligne des évolutions constatées dans de nombreux pays développés et qu'elle est de nature à faciliter une meilleure administration de l'impôt. En permettant de résoudre les conflits de façon préventive, elle élimine aussi, par son caractère bilatéral, tout risque de double imposition.

Éléments statistiques sur les APP conclus

L'administration publie chaque année un rapport sur les conditions de mise en œuvre des procédures de rescrit fiscal (le dernier en date est celui qui concerne l'année 2020, disponible sur le site internet de l'administration fiscale www.impots.gouv.fr). Il en ressort qu'au cours de l'année 2020 11 accords préalables (APP) ont été signés, tous bilatéraux, et que 25 nouvelles demandes ont été formalisées. Sur les 397 dossiers suivis (33 % de renouvellement et 67 % de dossiers nouveaux), 57 % ont été signés, 25 % sont en cours d'instruction et 16 % ont été radiés. **77137**

Les **secteurs d'activité** concernés sont principalement le secteur pharmaceutique, l'aéronautique, l'électronique/informatique, le luxe, le secteur agroalimentaire, les produits de grande consommation non alimentaires et la chimie.

La **nature des transactions** visées dans les demandes est variée, mais il s'agit principalement de la rémunération du distributeur (environ 55 % des demandes), de la rémunération du producteur, de la fourniture de services, de produits financiers et de l'utilisation d'incorporels (environ 28 % des demandes, en second après la rémunération des distributeurs).

Parmi les APP déposés en 2020, 68 % concernaient des accords bilatéraux ou multilatéraux, généralement pour une période de cinq ans. Parmi les demandes, 60 % portaient sur des transactions au sein de l'Union européenne. Les dossiers PME ne représentaient que 4 % des accords signés depuis 2006.

En termes de **délai de traitement**, l'administration indique que les objectifs retenus sont, sauf cas particulier et lorsque l'entreprise est en mesure de répondre rapidement aux demandes d'informations présentées au cours de l'instruction, la conclusion de tout APP unilatéral dans le délai d'un an et l'instruction de tout dossier d'APP dans un délai de dix à douze mois, à compter de la date d'ouverture de la procédure (ce délai ne tient pas compte de la phase de négociation avec les autorités étrangères pour les APP bilatéraux et multilatéraux).

Les durées de négociation avec les autorités fiscales étrangères sont très variables. Pour les accords signés en 2020, la conclusion d'un accord bilatéral ou multilatéral avait demandé un **délai moyen de 51 mois** (entre la date d'ouverture officielle et la finalisation). L'administration indique que cette durée tient à la signature d'accords complexes et à la difficulté à évoquer plusieurs dossiers avec certains des partenaires de la France.

5. Possibilité d'obtenir un accord unilatéral

Objet

77140 Depuis le 1er janvier 2005, les entreprises peuvent obtenir un accord unilatéral, c'est-à-dire conclu **seulement avec** l'**administration française** ; cette procédure est commentée au BOI-SJ-RES-20-20.

Un tel accord est défini comme une **prise de position formelle** de l'administration fiscale française qui garantit l'entreprise que les prix pratiqués dans ses relations industrielles, commerciales ou financières intragroupe n'entrent pas dans les prévisions d'un transfert de bénéfices au sens de l'article 57 du CGI.

Par définition, un accord unilatéral n'est pas négocié avec l'autorité administrative de l'autre État concerné ; il ne garantit pas l'entreprise contre une remise en cause des prix de transfert par l'administration de cet autre État. L'administration continue donc de **privilégier** la procédure **bilatérale**.

Cas d'ouverture

77145 La procédure unilatérale peut être **ouverte** dans les **cas suivants** (BOI-SJ-RES-20-20 nº 20) :
– **aucune procédure** d'accord préalable de prix n'existe **dans l'autre État** ; l'administration indique, à ce propos, que la procédure bilatérale est privilégiée dans le cadre des relations avec des pays membres de l'OCDE comme les États-Unis, le Royaume-Uni, les Pays-Bas, le Japon, la Suisse, l'Allemagne, l'Espagne, le Canada, et le Danemark, ou hors OCDE comme l'Argentine, le Brésil et la Russie ; cela dit, on peut espérer qu'il soit également possible d'ouvrir une telle procédure lorsqu'il n'existe pas de clause de procédure amiable dans la convention fiscale conclue avec l'autre pays ou lorsque ce dernier refuse d'ouvrir une procédure bilatérale ;
– les transactions concernent un **grand nombre de pays** (si, par exemple, une entreprise de production située en France dispose de nombreuses filiales de distribution dans différents pays étrangers). Toutefois, dans ces situations, dans l'hypothèse où les transactions seraient principalement réalisées avec des entreprises situées dans un petit nombre d'États disposant de la procédure bilatérale, cette procédure serait privilégiée avec ces États ;
– les transactions portent sur des **sujets particuliers** ou d'une **complexité limitée** mais source récurrente de divergence d'appréciation (par exemple, les refacturations de frais communs à l'ensemble des sociétés du groupe ou de frais de direction générale) ; dans un tel cas, une sécurité en France est utile mais sans que cela justifie la lourdeur d'une procédure bilatérale ;
– l'entreprise est une **petite** ou **moyenne entreprise** (nº 77160).

L'administration ajoute (BOI préc. nº 30) que la procédure ne peut pas être engagée à raison de transactions réalisées avec des entreprises situées dans des pays avec lesquels aucune convention fiscale n'a été conclue si ceux-ci disposent d'un régime fiscal privilégié au sens de l'article 238 A du CGI (nº 72983).

Précisions Selon le rapport 2020 sur la mise en œuvre des procédures de rescrit fiscal (nº 77137), les demandes d'APP unilatéraux (32 % des APP déposés en 2020) sont en général motivées par le nombre trop important de pays concernés par les transactions ou parce qu'il s'agit de cas simples ou de PME.

Formalisation

La **procédure** est **identique** à celle qui doit être suivie en cas de demande bilatérale, sous réserve, naturellement, des adaptations nécessitées par le caractère unilatéral de la procédure (nºs 77060 s.). 77150

Comme en présence d'un accord bilatéral, un accord unilatéral offre une **garantie** aux entreprises, en leur permettant d'éviter toute remise en cause de la méthode de détermination de leur prix de transfert sauf en cas de présentation erronée des faits, de dissimulation d'informations, d'erreurs ou omissions imputables au contribuable lors de l'établissement de sa demande, de non-respect des obligations contenues dans l'accord, ou de manœuvres frauduleuses.

6. Spécificités concernant les petites et moyennes entreprises (PME)

Champ d'application

La procédure d'accord préalable de prix est **simplifiée pour les PME** (BOI-SJ-RES-20-30). 77160

La **notion** de PME s'entend d'une société :
– qui emploie moins de 250 salariés et dont le chiffre d'affaires annuel hors taxes n'excède pas 50 M€ ou dont le total du bilan n'excède pas 43 M€ ;
– et dont le capital ou les droits de vote ne sont pas détenus à hauteur de 25 % ou plus par une entreprise ou par plusieurs entreprises ne répondant pas aux conditions précédentes. L'appréciation de ces seuils s'effectue au titre de l'exercice qui précède celui au cours duquel est effectuée la demande.

Simplifications

La procédure est simplifiée sur les points suivants : 77165
– la **documentation** exigée pour le dépôt et l'instruction de la demande est limitée à l'organigramme juridique du groupe, la liste des transactions et des prix pratiqués entre les entreprises liées, l'analyse fonctionnelle, la description et la justification de la méthode de prix choisie, et la liasse fiscale des sociétés étrangères concernées ;
– les PME sont en principe **aidées** dans l'analyse fonctionnelle et le choix de la méthode de prix à retenir, l'administration pouvant, à titre expérimental et à la demande de l'entreprise, réaliser l'analyse de comparabilité externe dans les bases de données usuelles ;
– le contenu du **rapport annuel** de conformité exigé pour le suivi de l'accord est limité au détail du calcul des rémunérations prévues par l'accord et au dépôt d'un état répertoriant les modifications substantielles apportées aux conditions d'activité décrites dans la demande d'accord concernant les transactions visées (les activités, les fonctions exercées, les risques assumés, les détentions de droit ou de fait, les actifs employés, les méthodes comptables...).

Enfin, dans la mesure où la détermination du prix de pleine concurrence peut s'avérer complexe pour les petites et moyennes entreprises (PME), l'administration a mis à leur disposition un **guide pratique** (nº 76355).

7. Sécurisation des prix de transfert dans le domaine de la recherche

Dans le passé, l'administration avait, à l'occasion de la publication d'une instruction relative aux activités de **coordination de recherche et de développement** (nº 29740), fourni quelques indications très générales sur la façon dont il fallait déterminer les prix de transfert dans le domaine de la recherche (ancien BOI 4 C-2-05 du 24 février 2005 nºs 46 s.). Il était notamment indiqué qu'en règle générale, la méthode du prix de revient total majoré était 77180

77180 (suite) appliquée dans les cas les plus simples, notamment pour valoriser les prestations de services en matière de recherche sans création d'actifs incorporels (tels que brevets, marques et savoir-faire) ; il était également précisé que, dans d'autres cas, un taux de redevance pouvait être appliqué pour déterminer le prix du transfert d'actifs incorporels et que la méthode du partage du profit résiduel pouvait s'avérer pertinente en présence de dossiers complexes.

Cette instruction n'a cependant pas été reprise sur ce point au BOFiP ; la doctrine administrative actuelle se contente d'indiquer (outre les précisions reprises à l'égard des activités de coordination de recherche et de développement ; n° 29740) que la procédure d'accord préalable de prix de transfert peut concerner les **activités opérationnelles de recherche** (BOI-SJ-RES-20-10 n° 50).

L'instruction de la demande et la conclusion d'un accord préalable dans ce domaine relèvent des mêmes procédures que celles précédemment décrites.

SIXIÈME PARTIE

Questions communes

CHAPITRE 27

Le principe de non-discrimination

Plan du chapitre §§

SECTION 1 Le contenu du principe conventionnel de non-discrimination 80600
A Application aux nationaux 80750
B Impôts concernés 80770
C Notion de similitude des situations 80790
D Différence avec une clause d'égalité de traitement 80820

SECTION 2 La portée du principe à l'égard des personnes physiques 81000
A Français et étrangers résidents de France 81050
B Français et étrangers non résidents de France 81070

SECTION 3 La portée du principe à l'égard des entreprises 81240
A Application du critère de nationalité aux personnes morales 81250
B Application du principe de non-discrimination aux établissements stables 81270
C Cas des entreprises qui ont des relations avec l'étranger ou qui sont sous contrôle étranger 81330

SECTION 4 La portée du principe de non-discrimination dans le cadre de l'Union européenne 81400
A Principes directeurs 81450
B La liberté d'établissement 81550
C La libre circulation des travailleurs 81780
D La libre prestation de services 81890
E La liberté de circulation des capitaux 81980
F La question de la cohérence fiscale 82200
G L'interdiction des discriminations liées à la nationalité 82250
H La liberté de circuler et de résider dans l'Union européenne 82270
I La question de la clause de la nation la plus favorisée 82280

D'une manière générale, les clauses de non-discrimination incluses dans les conventions fiscales ont pour objectif d'interdire les discriminations fiscales fondées sur la **nationalité**. **80540**

Elles reposent sur l'idée selon laquelle les nationaux d'un État ne doivent pas, à situation égale, être traités moins favorablement dans l'autre État que les propres nationaux de ce dernier État. Un Américain résident de France ne peut pas, par exemple, être traité plus lourdement, sur le plan fiscal, qu'un Français résident de France (article 25 de la convention franco-américaine du 31 août 1994 modifiée).

Le principe de non-discrimination est, en général, repris dans un article terminal des **conventions fiscales signées par la France** ; il est normalement calqué sur les modèles établis par l'OCDE et l'ONU (article 24 des modèles de convention établis par ces organisations en matière d'impôts sur les revenus ; article 10 du modèle de convention de l'OCDE en matière de droits de successions et de donations). Font cependant exception, notamment : **80545**
– la convention avec la **Nouvelle-Calédonie**, ce qui s'explique par le statut spécifique de cette collectivité territoriale ;
– les conventions avec l'**Australie** et la **Nouvelle-Zélande** ; ces deux États (de même que le Canada) ont formulé sur ce point une réserve au modèle de convention fiscale de l'OCDE (Commentaires OCDE, C (24), n°s 85 et 86) ;
– les conventions avec certains États du Golfe, comme l'**Arabie saoudite**, le **Koweït** ou les **Émirats arabes unis**, en raison d'une opposition de principe de ces États dont le régime fiscal est par essence discriminatoire envers les étrangers.

Précisions Le cas échéant, la **clause de la nation la plus favorisée** (n° 1594) peut avoir une incidence en matière de non-discrimination (en ce sens, par exemple, BOI-INT-CVB-VNM n° 70 à propos des modifications à la convention franco-vietnamienne du 10 février 1993 résultant de la conclusion par le Vietnam de conventions fiscales avec l'Allemagne, le Danemark, les Pays-Bas et le Royaume-Uni).

80550 Lorsqu'une convention fiscale contient une clause de non-discrimination, elle ne reprend pas toujours exactement celle des modèles. Il convient donc de la **lire attentivement** pour en mesurer la portée (voir par exemple n° 81285 à propos de la convention franco-indienne). Il existe en outre des règles relatives à la non-discrimination au sein de l'**Union européenne** (nos 81400 s.), qui ont pris une importance considérable à mesure de l'évolution de la jurisprudence de plus en plus fournie de la Cour de justice. Cette jurisprudence, qui est aujourd'hui beaucoup plus développée, sur ce point, que la jurisprudence nationale, tend à donner son plein effet aux grandes libertés affirmées par le droit de l'Union européenne.

SECTION 1

Le contenu du principe conventionnel de non-discrimination

80600 Le principe de non-discrimination est posé par le paragraphe 1 de l'article 24 du **modèle** établi par l'**OCDE** : « Les nationaux d'un État contractant ne sont soumis dans l'autre État contractant à aucune imposition ou obligation y relative, qui est autre ou plus lourde que celles auxquelles sont ou pourront être assujettis les nationaux de cet autre État qui se trouvent dans la même situation, notamment au regard de la résidence » (version actuelle ; celle de 1977 ne contenait pas la référence à la résidence, n° 80790). Le modèle de l'ONU est identique (la précision relative à la résidence a été reprise dans la version issue d'une révision de mars 2012).

Ce principe est repris tel quel dans la quasi-totalité des conventions fiscales ; il appelle les commentaires suivants.

Précisions Les commentaires de l'OCDE ont été substantiellement enrichis lors de la publication de la version 2008 du modèle de convention fiscale.

A. Application aux nationaux

Interdiction des discriminations tenant à la nationalité

80750 Traditionnellement, seules sont proscrites les différences de traitement fiscal fondées sur la nationalité.

Les conventions fiscales ne contiennent pas de développements relatifs au concept de nationalité. En général, elles se bornent à indiquer que le terme « nationaux » désigne (article 3 § 1 g) du modèle de convention fiscale de l'OCDE) :
– les **personnes physiques** qui possèdent la nationalité ou la citoyenneté d'un État. Il faut alors se référer aux règles qui régissent dans cet État l'acquisition et la perte de la nationalité ;
– les **personnes morales**, sociétés de personnes et associations constituées conformément à la législation en vigueur dans un État. Il faut alors se reporter à la loi qui régit la société sans s'attacher à l'origine des capitaux qui la constituent ou à la nationalité des personnes qui la dirigent ou la contrôlent.

Lorsque les conventions fiscales ne comportent pas de définition du terme « nationaux », ces règles sont en principe applicables.

Précisions **a.** En ce qui concerne les personnes physiques, il faudrait distinguer **citoyenneté** et nationalité, un national pouvant être privé de ses droits civiques ; l'OCDE, cependant, mélange un peu ces deux notions (Commentaires OCDE, C (3) n° 8).

b. Le Conseil d'État a implicitement jugé qu'un contribuable **ressortissant d'un État non membre de l'Union européenne domicilié en France** peut se fonder sur la clause de non-discrimination de la convention fiscale conclue entre la France et cet État pour invoquer une restriction au droit de l'Union européenne (CE 4 décembre 2013 n° 348136, 3e et 8e s.-s., Edmilson Gomes de Moares : RJF 3/14 n° 210, aux conclusions Vincent Daumas au BDCF 3/14 n° 26 ; voir aussi nos 46062, 46380 et 80815).

Application aux résidents d'États tiers

L'interdiction des discriminations fondées sur la nationalité est en général applicable même si les personnes concernées ne sont pas résidentes des États parties à la convention fiscale ; la deuxième phrase du paragraphe 1 de l'article 24 du modèle de l'OCDE précise en effet que : « La présente disposition s'applique aussi, nonobstant les dispositions de l'article 1, aux personnes qui ne sont pas des résidents d'un État contractant ou des deux États contractants. » **80755**

Il faut cependant se garder de généraliser car les solutions dépendent étroitement de la **rédaction des conventions fiscales** ; il a ainsi été jugé que la clause de non-discrimination ne vise que les résidents si la convention fiscale ne s'applique elle-même qu'aux résidents et si elle ne fait pas exception pour la clause de non-discrimination (CE 11 juin 2003 n° 221075, 9e et 10e s.-s., min. c/ Biso : RJF 8-9/03 n° 1018) ; tel était le cas, par exemple, de l'ancienne convention entre la France et l'Italie, du 29 octobre 1958 (à propos de cette convention, voir aussi CE 27 juillet 2005 n° 244671, 9e et 10e s.-s., min. c/ Cohen : RJF 11/05 n° 1241).

En revanche, la clause de non-discrimination s'applique indépendamment de la résidence si elle le prévoit expressément (cas de la convention franco-italienne du 5 octobre 1989), ou si son champ d'application général n'est **pas restreint aux seuls résidents** (cas de l'ancienne convention, du 22 mai 1968, entre la France et le Royaume-Uni ; voir sur ce point, notamment, les conclusions de Laurent Vallée sous la décision Biso au BDCF 8-9/03 n° 115).

Si la convention reprend le modèle de convention fiscale de l'OCDE, il n'y a pas de difficulté. Ainsi, un Canadien résident d'un État tiers peut invoquer, pour son imposition en France, la clause de non-discrimination incluse dans la convention franco-canadienne (article 24 § 1 de la convention franco-canadienne du 2 mai 1975 modifiée, qui ne vise que les personnes physiques).

Mais ce principe n'interdit pas normalement de traiter différemment résidents et non-résidents ; le même Canadien, non résident de France, ne peut exiger, pour son imposition en France, d'être traité comme un résident de France.

B. Impôts concernés

Principes

L'impôt appliqué aux étrangers doit être le même que celui qui est appliqué aux nationaux se trouvant dans la même situation. Il doit revêtir la même forme ; les modalités d'assiette et de liquidation doivent être les mêmes ; les taux doivent être égaux ; les formalités relatives à l'imposition, par exemple les conditions de déclaration et les délais de paiement, ne peuvent être plus onéreuses ou plus contraignantes pour les étrangers que pour les nationaux. **80770**

Champ d'application

En général, les conventions fiscales reprennent, conformément aux modèles de l'OCDE (article 24 § 6) et de l'ONU, une stipulation selon laquelle la clause de non-discrimination s'applique aux **impôts de toute nature** ou dénomination, même s'ils ne sont **pas visés** par la convention (par exemple, l'impôt sur la fortune, s'il n'est pas visé, ou les droits de succession, ou encore les impôts locaux). Font cependant exception les conventions fiscales conclues, par exemple, avec le Canada, l'Indonésie et Singapour (la convention du 15 janvier 2015 entre la France et Singapour a repris cette exception en prévoyant que le terme « imposition » désigne seulement, pour l'application de la clause de non-discrimination, « les impôts **qui font l'objet de la présente Convention** »). De ce point de vue, la portée de ces conventions est donc réduite. **80775**

La Cour de cassation a fait application de la clause de non-discrimination en matière de **droits d'enregistrement** dans le cadre de la convention franco-suisse du 9 septembre 1966 modifiée (Cass. com. 9 novembre 1993 n° 1718 P, Sté CI 92 : RJF 1/94 n° 107). Cette décision, logique dès lors que la convention reprend le modèle de convention fiscale de l'OCDE à propos des impôts visés par la clause de non-discrimination, est dans la ligne de la jurisprudence relative à la taxe patrimoniale de 3 % (n° 81255), en ce qu'elle considère la similitude des situations au regard seulement du fait générateur de l'impôt. À propos de la succession d'un Marocain domicilié à Monaco, la Cour de cassation a également fait application du principe de non-discrimination posé par une convention fiscale applicable à l'impôt sur le revenu mais de portée plus générale (n° 81080).

C. Notion de similitude des situations

Critère de la résidence

80790 Les discriminations fiscales ne sont interdites entre nationaux et non-nationaux qu'à situation égale, c'est-à-dire si les personnes se trouvent **« dans la même situation »**. En règle générale, cette notion n'est pas précisée par les conventions fiscales.

Lors de la révision du modèle de convention fiscale en 1992, le comité des affaires fiscales de l'OCDE a modifié le texte de l'article 24 § 1 en précisant expressément que l'appréciation de la similitude des situations devait être faite **notamment au regard de la résidence** (le modèle de 1977 se bornait à indiquer que la comparaison devait être effectuée entre « nationaux dans la même situation » alors que le modèle actuel ajoute « au regard de la résidence »). Les commentaires indiquent que l'expression « se trouvant dans la même situation » doit s'entendre de contribuables (personnes physiques, personnes morales, sociétés de personnes, associations) placés au regard de l'application de la législation et de la réglementation fiscales de droit commun dans des circonstances de droit et de fait analogues (Commentaires OCDE, C (24) n° 7). Ces commentaires sont classiques et n'ont pas été modifiés depuis 1977.

L'expression ajoutée en 1992, « notamment au regard de la résidence » vise, selon l'OCDE, à préciser que **la résidence est l'un des éléments à prendre en considération** lorsqu'il s'agit de déterminer si des contribuables se trouvent dans la même situation. Le comité des affaires fiscales considère que l'expression « se trouvant dans la même situation » permettait déjà de conclure qu'un contribuable résident et un contribuable non résident ne se trouvent pas dans la même situation et il en veut pour preuve que les pays membres, dans leur application et leur interprétation de cette expression, ont systématiquement estimé que la résidence du contribuable devait être prise en compte. Cependant, lors de la révision du modèle en 1992, l'OCDE a considéré qu'une référence explicite à la résidence des contribuables constituerait une **clarification utile** au motif qu'une telle référence permettrait « d'éviter toute incertitude éventuelle » quant à l'interprétation à donner à l'expression se « trouvant dans la même situation » (Commentaires OCDE, C (24) n° 7).

Un principe similaire a été introduit dans la **convention fiscale franco-allemande** du 21 juillet 1959 par un avenant du 31 mars 2015 précisant qu'une personne physique ou morale, une société de personnes ou une association qui est un résident d'un État ne se trouve pas dans la même situation qu'une personne physique ou morale, une société de personnes ou une association qui n'est pas un résident de cet État (article 21 (1) de la convention modifiée) ; il est spécifié en outre, sans doute pour tenter de contrecarrer la jurisprudence, que « cela est vrai **quelle que soit la définition de la nationalité**, même si les personnes morales, les sociétés de personnes et les associations sont considérées comme des nationaux de l'État contractant dont elles sont des résidents ». Voir également n° 81265, Précisions, à propos de la convention franco-chinoise.

Précisions **a.** La nouveauté apportée par la révision de septembre 1992 du comité des affaires fiscales de l'OCDE a consisté non pas dans la survenance d'une idée nouvelle, mais dans le passage de celle-ci des commentaires au texte du modèle lui-même. La **dualité des régimes fiscaux** applicables respectivement aux résidents et aux non-résidents existe dans la plupart des pays et les conventions fiscales n'entendent pas la remettre en cause par le biais d'un article qui fait uniquement référence à la nationalité.

b. Les commentaires de l'OCDE, s'ils n'ont qu'une **valeur indicative**, sont utiles car ils éclairent l'intention des négociateurs et fournissent un guide d'interprétation, au moins pour les conventions fiscales qui leur sont postérieures. Ils sont régulièrement évoqués devant les juridictions administratives ; par exemple, dans l'affaire Association Secrétariat International de la Laine (n° 81262), les observations du comité des affaires fiscales de l'OCDE, même si elles n'ont pas été suivies, ont été citées par le rapporteur public (conclusions Claire Legras au BDCF 4/14 n° 44).

Conséquences

Pour l'OCDE, deux contribuables, l'un résident, l'autre non résident, peuvent se voir traités différemment, le premier mieux que le second, cette discrimination n'étant pas prohibée par les conventions fiscales (la Cour de justice adopte, sur ce point, une position nettement plus nuancée, en pratique ; n° 81790). **80795**

Cela n'aurait aucun sens, en effet, d'interdire à des États de traiter différemment des personnes en situations différentes. Or, deux personnes dont l'une est résidente et l'autre non résidente ne sont **pas** placées **dans la même situation**, la première ayant avec l'État concerné des liens personnels de toute nature beaucoup plus étroits que la seconde. S'il s'agit de personnes physiques, elles ne sont pas normalement soumises à l'impôt sur les mêmes bases, la première étant soumise à l'impôt sur son revenu mondial et la seconde sur une assiette limitée aux revenus nationaux. En outre, les possibilités de contrôle fiscal sont beaucoup plus fortes pour les premières que pour les secondes.

C'est pourquoi les commentaires du comité des affaires fiscales de l'OCDE indiquent qu'un État « ne peut être tenu d'accorder aux nationaux de l'autre État qui ne résident pas sur son territoire le traitement qu'il réserve à ses résidents nationaux » (Commentaires OCDE, C (24) n° 8). Cette précision ne figure cependant pas dans les conventions fiscales sauf exception (sur la portée des commentaires de l'OCDE, voir n°s 10580 s.).

En présence d'une disposition fiscale donnée, on doit donc rechercher uniquement si elle prévoit des **discriminations** fondées sur la **nationalité**, mais **pas** sur la **résidence**. Les commentaires OCDE ajoutent qu'un État s'oblige à faire bénéficier les nationaux résidents d'un État du traitement qu'il réserve à ses propres nationaux résidents du même État (Commentaires OCDE, C (24) n° 8) ; mais ces commentaires ont été modifiés en 1994 pour prévoir la possibilité de discriminer entre un national résident d'un État et un national de l'autre État résident d'un État tiers (un Japonais, résident du Japon, doit être traité en France comme un Français résident du Japon, mais pas nécessairement comme un Français résident d'un État tiers).

Doctrine administrative

À l'occasion de divers commentaires de conventions fiscales, comme la convention du 17 octobre 1999 entre la France et l'Algérie (BOI-INT-CVB-DZA-70 nos 1 s.), l'administration a repris à son compte les observations du comité des affaires fiscales de l'OCDE ; elle précise notamment que les ressortissants algériens qui sont résidents de France bénéficient, au même titre que les Français qui résident en France, des **réductions d'impôt** sur le revenu prévues par le Code général des impôts. En revanche, les ressortissants algériens qui ne résident pas en France ne peuvent bénéficier de ces réductions d'impôt dès lors que les nationaux français placés dans la même situation, c'est-à-dire résidents d'Algérie, ne peuvent pas en bénéficier (à l'exception du cas particulier des salaires et bourses de source française perçus par les étudiants et stagiaires algériens, compte tenu des stipulations de l'article 20 de la convention). Ce principe a été réaffirmé à propos de la convention fiscale franco-britannique du 19 juin 2008 (BOI-INT-CVB-GBR-10-30 n° 20). **80800**

Cette manière de voir n'est pas nouvelle ; par exemple, l'administration avait autrefois indiqué que la Belgique pouvait fort bien distinguer entre résidents et non-résidents dès lors qu'il s'agit de contribuables placés dans des situations différentes (anciennes réponses Dewees : JOAN 4 juillet 1994 p. 3415 et Bataille : JOAN 1er août 1994 p. 3913 et Droit fiscal 1994, n° 49, comm. n° 1116 ; il est spécifié que le critère de la résidence fiscale des personnes constitue le fondement même des règles de territorialité des impôts directs, communément admises en droit fiscal international).

Précisions Bien entendu, le principe de non-discrimination n'exige pas, par exemple, qu'un **retraité résident de Belgique** soit traité en Belgique de la même façon que s'il était résident de France (ancienne réponse Lecerf : JO Sénat 11 octobre 2007 p. 1824).

Jurisprudence du Conseil d'État

80805 Le Conseil d'État n'accorde guère d'importance au **critère de la résidence** en ce qui concerne les personnes morales ; il continue d'estimer qu'à leur égard ce critère n'a pas de sens même s'il se pose régulièrement la question de la pertinence de l'analyse qui veut qu'à la différence des personnes physiques, résidence et nationalité se confondent pour les personnes morales (n° 81262). D'une certaine façon, la jurisprudence du Conseil d'État rejoint celle de la Cour de justice, estimant qu'il convient d'apprécier la pertinence de la distinction entre résidents et non-résidents au regard seulement de l'objet de la mesure fiscale incriminée.

L'affaire de la compatibilité avec les clauses de non-discrimination du prélèvement sur les **profits immobiliers** réalisés en France à titre habituel par les non-résidents est assez révélatrice (nos 67750 s.) ; le Conseil d'État juge que le prélèvement n'est pas incompatible dans la mesure où il repose sur un **critère d'établissement** et non pas de nationalité (CE 15 décembre 2004 n° 257337, 8e et 3e s.-s., min. c/ Société de promotion écologique : RJF 3/05 n° 261, aux conclusions Laurent Olléon à la même RJF page 147, à propos de la convention fiscale franco-suisse). En ce sens, on peut relever qu'il n'y a pas discrimination puisque la loi exige le prélèvement des sociétés qui n'ont pas d'établissement en France, sans référence à leur siège ou à leur nationalité (une société suisse n'est pas discriminée puisqu'elle est traitée de la même façon qu'une société française qui aurait un établissement en Suisse à l'actif duquel se trouverait un immeuble situé en France). On remarquera toutefois, que, à la différence de la Cour de justice, le Conseil d'État ne recherche pas si, derrière un **critère d'apparence non discriminatoire**, comme celui de l'établissement, se trouverait caché un autre critère lié à la nationalité, caractérisant ainsi une discrimination occulte ou insidieuse.

Dans le même sens, il a été jugé que l'application de l'article 182 B du CGI à des redevances versées à une société de Saint-Marin n'est pas contraire à la **convention d'établissement** entre les deux pays dès lors que le facteur déclenchant la retenue n'est pas la localisation du siège, et donc la nationalité, mais le lieu d'implantation des installations professionnelles du bénéficiaire (CE 28 mars 2008 n° 281405, 10e et 9e s.-s., SARL TBF : RJF 6/08 n° 714) ; en effet, la retenue s'applique lorsque le bénéficiaire ne dispose pas d'une **installation professionnelle permanente** en France et non pas lorsqu'il n'a pas son siège en France. Comme l'indique à juste titre le commissaire du Gouvernement Claire Landais (conclusions au BDCF 6/08 n° 79), une société française peut fort bien avoir son siège en France sans y avoir nécessairement une installation professionnelle permanente, dans la mesure où un siège ne revêt un tel caractère que lorsqu'il concourt effectivement à l'activité professionnelle ; une entreprise française peut donc n'exploiter que des établissements hors de France, auquel cas la retenue à la source serait due indépendamment de la localisation du siège en France.

80806 La portée du principe de non-discrimination a également été précisée par une décision du Conseil d'État censurant l'interprétation d'un contribuable qui, de nationalité allemande et résident de France, estimait qu'il devait se trouver, au regard de la déductibilité d'une **pension alimentaire**, dans la situation d'un Français résident d'Allemagne (CE 28 mai 1986 n° 49307, 9e et 8e s.-s. : RJF 7/86 n° 669) ; tel n'est évidemment pas le sens de la clause de non-discrimination qui n'aboutit qu'à le traiter comme un Français résident de France (la clause de non-discrimination n'a pas pour effet de permettre à un Allemand fiscalement domicilié en France d'invoquer la procédure de fixation des pensions alimentaires applicable en Allemagne en cas de divorce, pour obtenir une solution plus favorable que celle à laquelle pourraient prétendre les nationaux français).

Autre exemple, procédant d'une affirmation assez inhabituelle, c'est la nécessité d'éviter une différence de traitement entre les **salariés transfrontaliers** français travaillant dans un État de l'Union européenne et les salariés français travaillant en France qui a conduit le Conseil d'État à juger que l'indemnité perçue par un salarié en application d'un accord conclu avec son employeur allemand devait être assimilée à une **indemnité de départ volontaire** versée dans le cadre d'un **plan social** qui aurait fait l'objet en France d'un plan de sauvegarde de l'emploi et qu'elle devait par suite être exonérée d'impôt sur le fondement de l'article 80 duodecies du CGI (CE 6 juin 2018 nos 399990, 399991, 399992 et 399994, 3e et 8e ch. : RJF 10/18 n° 960) ; dans cette affaire, l'administration avait inexactement qualifié l'indemnité de « prime de départ à la retraite ou en préretraite » alors que l'intéressé avait fait l'objet d'un plan de départ volontaire assimilable à un plan social exigeant en France un plan de sauvegarde de l'emploi (voir également n° 10690, Précisions b). La décision n'est pas explicite sur ce point mais le rapporteur public avait placé le débat sur le terrain du respect du **droit de l'Union européenne**, en soulignant qu'étaient en cause des situations entrant dans le champ du droit de l'Union européenne et qu'il appartenait donc au Conseil d'État « d'interpréter la loi fiscale nationale conformément aux libertés de circulation qu'il protège - notamment la liberté de circulation des travailleurs » (conclusions Vincent Daumas : RJF 10/18 C 960). Pour éviter une entrave à la libre circulation des travailleurs, il fallait nécessairement interpréter la loi comme conduisant à l'exonération dès lors que l'employeur allemand, à le supposer établi en France, aurait, dans les mêmes circonstances, été contraint d'établir un plan de sauvegarde de l'emploi et il n'y avait pas à rechercher si une procédure équivalente existait en droit allemand.

Enfin, à propos de la notion de **similitude des situations**, il a été jugé, pour l'application de la convention fiscale franco-coréenne du 19 juin 1979, qu'une **caisse de retraite** gérant un régime obligatoire d'assurance vieillesse établie en Corée ne peut invoquer le principe conventionnel de non-discrimination, car elle ne se trouve pas dans la même situation qu'une caisse de retraite gérant un régime obligatoire d'assurance vieillesse établie en France, eu égard notamment aux bénéfices que les assurés français peuvent en retirer (CE 6 décembre 2021 n° 433301, 9e et 10e ch., Établissement public coréen National Pension Service : RJF 2/22 n° 126 ; voir également nos 61075, 81980 et 82070). Cette décision vide largement de portée celle que le Conseil d'État avait rendue, favorablement cette fois, à propos de la Pinacothèque d'Athènes, qui reste toutefois applicable aux musées (n° 81262) ; elle annonce peut-être un infléchissement de la jurisprudence du Conseil d'État sur la portée de la clause de non-discrimination (n° 81260) et elle est en ligne avec les commentaires de l'OCDE (n° 81285, Précisions).

Précisions **a.** D'une façon générale, le Conseil d'État juge que « le principe d'égalité ne s'oppose pas à ce que l'autorité investie du pouvoir réglementaire règle de façon différente des situations différentes ni à ce qu'elle déroge à l'égalité pour des **raisons d'intérêt général**, pourvu que la différence de traitement qui en résulte soit, dans l'un comme l'autre cas, en rapport avec **l'objet de la norme** qui l'établit et ne soit pas manifestement disproportionnée au regard des différences de situation susceptibles de la justifier » (CE 25 juillet 2007 n° 288720, Sect., Syndicat des avocats de France : RFD adm. 2007, p. 1183).

b. En matière fiscale, le Conseil d'État étend, peut-être exagérément, la portée de la clause de non-discrimination **en s'en tenant étroitement au texte appliqué** sans chercher à examiner l'ensemble de la situation (voir l'affaire Biso, n° 80815 ; dans l'affaire Coréal Gestion, n° 81655, il considère « l'objet de l'impôt en cause »). Également, CE 11 avril 2014 n° 332885, Plén., min. c/ Lappe : RJF 7/14 n° 740 (n° 68140).

c. La Cour de cassation n'a, à propos de la taxe patrimoniale de 3 % (n° 81255), pris en considération que le **fait générateur de l'impôt**.

Jurisprudence de la Cour de justice

Dans le cadre de l'Union européenne, la Cour de justice affirme régulièrement le principe de la distinction entre résidents et non-résidents en ce qui concerne les personnes physiques (mais rarement en ce qui concerne les personnes morales) sans en tirer toutefois beaucoup de conséquences pratiques ; elle tend, en effet, à assimiler facilement certains non-résidents à des résidents, pour en faire de « **quasi-résidents** » (n° 81790). **80810**

Pour l'application du principe de libre circulation des **mouvements de capitaux**, les États membres ont le droit, strictement encadré, d'appliquer les dispositions pertinentes de leur législation fiscale qui établissent une distinction entre les contribuables qui ne se trouvent pas dans la même situation en ce qui concerne leur résidence (nos 81980 s.). La jurisprudence montre cependant que la Cour de justice ne fait pas grand cas de cette possibilité et qu'elle s'en tient à sa manière de voir habituelle, même à propos de la libre circulation des capitaux.

Prise en compte d'autres conventions fiscales

L'existence d'une discrimination interdite peut découler non seulement des règles fiscales de droit interne mais aussi de celles posées par d'autres conventions fiscales. Il avait, par exemple, été jugé qu'un étranger résident de **Monaco** ne pouvait, sur le fondement de la clause de non-discrimination, être assujetti à l'ancienne imposition forfaitaire prévue à l'article 164 C du CGI (nos 68110 s.) dans la mesure où un Français dans la même situation ne l'était pas, puisqu'il était imposable en France sur une base réelle et non forfaitaire **80815** compte tenu de la convention du 18 mai 1963 entre la France et Monaco (CE 11 juin 2003 n° 221075, 9e et 10e s.-s., min. c/ Biso : RJF 8-9/03 n° 1018).

Cette solution montre que le Conseil d'État s'en tient à des éléments matériels et objectifs au regard du texte effectivement appliqué, sans prendre en considération l'ensemble de la situation des contribuables qui sont comparés et **sans chercher à faire un bilan fiscal global** ; en l'espèce, la conclusion est paradoxale, car, finalement, les étrangers résidents de Monaco étaient mieux traités en France que les Français résidents de Monaco puisqu'ils ne devaient ni l'impôt forfaitaire ni l'impôt sur le revenu assis sur une base réelle… Mais il est vrai que la clause de non-discrimination interdit un traitement différent et pas seulement un traitement plus lourd (n° 80820).

Une discrimination interdite peut aussi résulter de la **combinaison d'une convention fiscale avec le droit de l'Union européenne**. Par exemple, un sportif brésilien domicilié en France est recevable à soutenir que la convention fiscale entre la France et le Brésil, soit hors Union européenne, interdirait à la France d'appliquer l'article 155 A du CGI dès lors qu'un Français domicilié en France pourrait prétendre que le dispositif ne serait pas compatible avec la libre prestation de services (conclusions Vincent Daumas au BDCF 3/14 n° 26, sous CE 4 décembre 2013 n° 348136, 3e et 8e s.-s., Edmilson Gomes de Moares : RJF 3/14 n° 210 ; voir aussi nos 46062 et 46380) ; comme le dit le rapporteur public, « le droit de l'Union constitue un **ordre juridique intégré** à celui de chaque État membre et dès lors que la France a décidé, par une clause de non-discrimination introduite dans une convention fiscale bilatérale, de ne pas imposer les ressortissants d'un État tiers plus lourdement que ses propres ressortissants, nous ne voyons pas comment leur refuser la possibilité d'invoquer l'incompatibilité de la loi nationale fondant une imposition avec le droit de l'Union - à condition, bien sûr, qu'un ressortissant français dans la même situation puisse lui-même s'en prévaloir, donc qu'il entre dans son champ d'application » (en l'espèce, cependant, l'argument est resté sans portée étant donné l'absence d'incompatibilité avec le droit de l'Union européenne).

Voir également n° 81297 à propos des **crédits d'impôt** conventionnels.

D. Différence avec une clause d'égalité de traitement

80820 Une **clause d'égalité de traitement** a pour objet d'exiger des États qu'ils traitent de la même manière leurs nationaux respectifs. La portée d'une telle clause va donc au-delà de la simple interdiction d'un traitement moins favorable ; elle va normalement jusqu'à interdire également un traitement plus favorable des étrangers par rapport aux nationaux.

Sur ce point, les **commentaires** du comité des affaires fiscales de l'**OCDE** ne sont pas exempts d'ambiguïté. En effet, selon ces commentaires, la clause de non-discrimination, bien que rédigée de manière négative (« les nationaux d'un État ne sont soumis… à aucune imposition… qui est autre ou plus lourde que… ») comporte la même force obligatoire que si elle était rédigée de manière positive, c'est-à-dire si elle enjoignait aux États « d'accorder à leurs nationaux respectifs un même traitement ». Ce serait donc une clause d'égalité de traitement… Mais les Commentaires ajoutent que rien ne s'oppose à ce qu'un État, « pour des considérations qui lui sont propres », accorde « certains aménagements et facilités à des personnes ayant une nationalité étrangère et dont ne profitent pas ses propres nationaux » (Commentaires OCDE, C (24) n° 14).

Sur la question de la **discrimination à rebours**, voir également n° 81415.

80825 Le comité des affaires fiscales de l'OCDE a apparemment souhaité éviter un effet non voulu du principe de non-discrimination, qui conduirait à remettre en cause les législations de certains pays (notamment des pays en développement) qui accordent un **régime favorable** aux **investissements étrangers** (voir par exemple les dispositions de l'article 6 de la convention franco-tunisienne du 28 mai 1973 selon lequel : « les dispositions de la présente convention ne doivent pas faire obstacle à l'application de dispositions fiscales plus favorables prévues par la législation de l'un des États contractants en faveur des investissements »).

Pour une illustration de ce que le principe de non-discrimination n'a ni pour objet ni pour effet d'interdire que les nationaux d'un État soient soumis dans l'autre État à une **imposition éventuellement plus favorable** que celle des nationaux de cet autre État, voir

CAA Versailles 16 juillet 2012 n° 11VE01804, 3e ch., Sté Italcementi SpA, arrêt définitif à propos du remboursement d'une fraction de l'ancien avoir fiscal à une société mère italienne (n° 61600, Précisions b) ; en l'espèce, la requérante a pu obtenir le remboursement de l'avoir fiscal alors qu'une société française n'aurait pu utiliser le crédit d'impôt correspondant.

La **portée réelle** des principes posés par la convention modèle OCDE est finalement assez **incertaine** ; d'une certaine façon, le commentaire de l'OCDE (n° 80820) paraît ajouter au texte car la convention prévoit expressément l'interdiction de soumettre un étranger à un traitement « autre » que celui qui est réservé à un national. Cette mention paraît faire de la clause de non-discrimination une véritable clause d'égalité de traitement. Mais si l'on considère qu'il s'agit d'une clause d'égalité de traitement, la référence à une imposition « plus lourde » n'aurait plus de sens, puisque seule la référence à une imposition « autre » permettrait d'aboutir au résultat recherché. En tout état de cause, cette question ne se pose pas pour certaines conventions fiscales qui ne reprennent pas le texte OCDE et se bornent à interdire la soumission des étrangers à des impôts « plus lourds ». **80830**

SECTION 2

La portée du principe à l'égard des personnes physiques

L'application du principe de non-discrimination aux personnes physiques soulève, pour l'essentiel, la question de la pertinence de la distinction entre **résidents** et **non-résidents**. **81000**

En effet, à la différence des personnes morales, la référence à la nationalité ne pose pas de problèmes, puisque cette notion a un sens précis et clair pour les individus.

Certaines conventions fiscales, reprenant les dispositions des conventions modèles, prévoient également l'interdiction des discriminations entre **apatrides** et nationaux. En pratique, cette clause n'a guère de portée pour les États parties à la convention de New York du 28 septembre 1954, relative aux apatrides. L'article 29 de cette convention prescrit en effet aux États signataires d'appliquer aux apatrides le même traitement qu'aux nationaux.

Pertinence du critère de la résidence

D'une manière générale, le principe de non-discrimination n'interdit pas les discriminations fondées sur la résidence, résidents et non-résidents constituant des catégories distinctes et homogènes en situation différente (n° 80790). Telle est la manière de voir traditionnelle de l'administration qui considère que la clause de non-discrimination s'applique, par principe, à identité de situation, notamment en ce qui concerne le domicile fiscal. L'OCDE, lors de la révision du modèle de convention fiscale en 1992, a confirmé clairement ce point de vue. **81005**

Ainsi, il est en principe permis d'imposer les personnes physiques non résidentes d'une manière différente, par exemple par le biais de **retenues à la source** dont certaines peuvent être libératoires, ou de leur appliquer, comme c'est le cas en France, un **taux minimum** d'imposition (n° 3135), sous réserve du droit de l'Union européenne (n° 81010).

En revanche, doivent être traités en France de la même manière, par exemple, un Français et un Japonais qui sont ou bien tous deux résidents de France, ou bien tous deux résidents du Japon, et ayant des revenus de source française. Plus exactement, le Japonais ne peut être moins favorablement traité que le Français (article 24 de la convention franco-japonaise du 3 mars 1995).

De son côté, le Conseil d'État confirme, sur le plan des principes, l'intérêt de la distinction entre résidents et non-résidents, en ce qui concerne les personnes physiques, mais, le plus souvent, pour lui retirer toute pertinence au cas qui lui est soumis ; par exemple, à propos de l'imposition de **dividendes de source française** versés à une personne physique domiciliée en Belgique, il est jugé « qu'en matière d'impôts directs, la situation des résidents et celle des non-résidents ne sont, en règle générale, pas comparables dans la mesure où le revenu perçu sur le territoire d'un État par un non-résident ne constitue, le plus souvent, qu'une partie de son revenu global, centralisé au lieu de sa résidence, et que la capacité contributive personnelle du non-résident, résultant de la prise en compte de l'ensemble de ses revenus et de sa situation personnelle et familiale, peut s'apprécier le plus aisément à l'endroit où il a le centre de ses intérêts personnels et patrimoniaux, ce qui correspond en général à sa résidence habituelle » (CE 7 mai 2014 n° 356760, 3e et 8e s.-s., Reynaerts : RJF 8-9/14 n° 856 ; n° 82065).

Le Conseil d'État en déduit que le fait pour un État membre de l'Union européenne de ne pas faire bénéficier un non-résident de certains **avantages fiscaux** qu'il accorde à un résident n'est, en règle générale, pas discriminatoire, compte tenu des différences objectives entre la situation des résidents et celle des non-résidents tant du point de vue de la source des revenus que de la capacité contributive personnelle ou de la situation personnelle et familiale ; mais il ajoute, à propos au moins des conséquences du droit de l'Union européenne, que la différence de traitement fiscal entre résidents et non-résidents peut être regardée comme discriminatoire si, **au regard de l'objet et du contenu de la disposition nationale en cause**, les deux catégories de contribuables se trouvent dans une situation comparable. Cette analyse, qui reprend en substance celle de la Cour de justice, aboutit, dans les faits, à vider de sens la distinction, la plupart du temps (voir également, à propos de l'ancien article 164 C, la décision Lappe, n° 68140).

81010 **Atténuation de la portée du critère** La portée de la distinction entre résidents et non-résidents n'est pas aussi absolue que le souhaiteraient les États, compte tenu, notamment, de l'impact du droit de l'Union européenne (n° 81790). Ainsi, l'administration a fini par proposer un dispositif spécial pour les personnes physiques résidentes des autres États membres de l'Union européenne **qui retirent de France l'essentiel de leurs revenus** et qui ne bénéficient pas, dans leur État de résidence, de mécanismes suffisants de nature à minorer leur imposition en fonction de leur situation personnelle et familiale (non-résidents « Schumacker » ; n° 3097) ; voir également sur cette question l'arrêt de la Cour de justice dans l'affaire Gerritse (n° 81930).

Dans leurs relations bilatérales, les États eux-mêmes prennent d'ailleurs conscience de ce que les conséquences de cette distinction sont parfois excessives. La France et la **Belgique** ont, en ce sens, modifié la convention fiscale du 10 mars 1964 par un avenant du 8 février 1999, certes pour souligner que le principe de similitude des situations s'apprécie notamment au regard de la résidence, mais surtout pour faire en sorte que certaines personnes physiques non résidentes soient traitées comme des **« quasi-résidents »** en posant en principe que : « Les personnes physiques qui sont des résidents d'un État contractant et qui exercent un emploi salarié dans l'autre État contractant ne sont soumises dans cet autre État, au titre des revenus de cette activité, à aucune imposition ou obligation y relative, qui est plus lourde que celles auxquelles sont ou pourront être assujetties les personnes physiques qui sont des résidents de cet autre État et qui y exercent un emploi salarié. Les déductions personnelles, abattements et réductions d'impôt en fonction de la situation ou des charges de famille que cet autre État accorde à ses propres résidents sont accordés aux personnes visées à la phrase précédente mais ils sont réduits au prorata des rémunérations provenant de cet autre État par rapport au total des revenus professionnels, d'où qu'ils proviennent, dont ces personnes sont les bénéficiaires. »

Cette règle a essentiellement pour effet de permettre aux résidents de France qui exercent leur activité en Belgique hors de la zone frontalière, et qui sont donc imposables en Belgique, de bénéficier des avantages fiscaux réservés par la Belgique à ses propres résidents.

Les exemples suivants éclairent la portée du principe de non-discrimination, tel qu'il est appliqué dans sa conception traditionnelle compte tenu de la distinction résident/non-résident.

A. Français et étrangers résidents de France

Principe de l'absence de discrimination

81050 En présence d'une clause de non-discrimination reprenant le modèle proposé par le comité des affaires fiscales de l'OCDE, des Français et des étrangers résidents de France doivent être soumis au même régime fiscal ; ils bénéficient des mêmes avantages mais ils sont également soumis aux mêmes obligations, notamment déclaratives.

Pour l'établissement de l'impôt sur le revenu, le mécanisme du **quotient familial**, qui permet de prendre en compte les charges de famille, est donc applicable aux étrangers ; ce principe est consacré par l'article 199 du CGI, qui réserve, certes, aux seuls Français (et personnes originaires de certaines collectivités territoriales), mais « sous réserve des traités de réciprocité », le bénéfice du quotient familial. Les charges de famille sont prises en compte même si la famille est restée dans le pays d'origine.

Parmi les exemples du souci du législateur de respecter le principe de non-discrimination et de mettre le droit français en conformité avec le droit de l'Union européenne, celui des avantages accordés aux **salariés expatriés** (nos 42440 s.) est assez illustratif ; dans le passé, ce régime était réservé aux seuls Français mais il avait été étendu aux salariés protégés par des clauses de non-discrimination. Désormais, depuis la loi de finances rectificative pour 2005, le texte ne fait plus référence à une condition de nationalité et s'applique à l'ensemble des employeurs établis en France ou dans un autre État membre de l'Union européenne, ou dans un État partie à l'accord sur l'Espace économique européen ayant conclu avec la France une convention d'assistance administrative en vue de lutter contre la fraude ou l'évasion fiscale, à savoir l'Islande, le Liechtenstein et la Norvège.

Limites

Le principe de non-discrimination ne va évidemment pas jusqu'à signifier qu'un résident 81060
de France de nationalité britannique devrait bénéficier des avantages fiscaux liés à sa qualité d'**ancien combattant britannique**, alors que ces avantages sont réservés, indépendamment de leur nationalité, aux seuls titulaires de la carte d'ancien combattant prévue par le Code français et que l'intéressé ne l'avait pas (CE 15 mai 2006 n° 275609, 10e et 9e s.-s., min. c/ Heaton et a. : RJF 8-9/06 n° 1079 ; voir cependant la jurisprudence partiellement discutable citée au n° 83463).

En outre, il a été jugé, à propos de l'imposition en France d'une pension de source italienne reçue par un Italien résident de France, que le principe de non-discrimination n'interdit pas l'application de la méthode du **crédit d'impôt** égal à l'impôt français (nos 83760 s.), dans la mesure où la surcharge fiscale qui était critiquée en l'espèce résultait uniquement de la législation italienne (CE 24 mai 2006 n° 280942, 3e et 8e s.-s., min. c/ Martinelli : RJF 8-9/06 n° 1080 ; conclusions Emmanuel Glaser au BDCF 8-9/06 n° 108).

B. Français et étrangers non résidents de France

Principe de l'absence de discrimination

Des Français et des étrangers non résidents de France doivent se voir appliquer un **traitement semblable** dans tous ses aspects (assiette, taux, modalités d'imposition, etc.), à condition, sauf si la convention fiscale ne reprend pas le modèle de convention fiscale de l'OCDE, de résider dans le même État. 81070

Exemple des plus-values immobilières

L'application du principe de non-discrimination avait conduit, par exemple, à accorder à 81075
des personnes qui n'ont pas la nationalité française le bénéfice de l'ancien article 150 C du CGI, qui permettait aux Français non domiciliés en France d'être **exonérés d'impôt** sur la plus-value réalisée lors de la cession d'un immeuble ou d'une partie d'immeuble constituant leur **résidence en France**, dans la limite d'une résidence par contribuable (nos 67610 s.). Le Conseil d'État a eu l'occasion de confirmer qu'un ressortissant algérien résident de Suisse était fondé à invoquer le bénéfice de la convention franco-algérienne du 2 octobre 1968 pour obtenir l'exonération d'une plus-value réalisée en France dans les mêmes conditions qu'un Français domicilié hors de France (CE 30 décembre 1996 n° 128611, 8e et 9e s.-s., min. c/ Benmiloud : RJF 2/97 n° 158). La clause de non-discrimination a été jugée applicable quoique l'intéressé n'ait pas été résident d'Algérie (n° 10145 et n° 80755).

Certes, certaines conventions fiscales contiennent une **réserve**, figurant le plus souvent dans un protocole annexé, selon laquelle « rien n'empêche la France » de n'appliquer l'(ancien) article 150 C du CGI qu'aux seuls Français. La France avait d'ailleurs fait sur ce point une réserve au modèle de convention fiscale de l'OCDE qui a été supprimée lors d'une révision du modèle en 1995. Mais si une réserve ne figurait pas expressément dans la convention, l'article 150 C du CGI était applicable aux étrangers ressortissants d'un État ayant conclu avec la France une convention fiscale prévoyant la non-discrimination (ou un traité de réciprocité contenant une clause analogue). Il en va de même dans le cadre de l'Union européenne.

Quant au **dispositif** actuel (CGI art. 150 U, II-2° ; n° 67610), qui se substitue à l'ancien article 150 C, il concerne les Français et les ressortissants de l'Union européenne non résidents de France (ainsi que les ressortissants d'Islande, du Liechtenstein et de Norvège) ; l'administration indique cependant que l'exonération est également applicable aux ressortissants d'un **État tiers** à l'Union européenne (autre que l'Islande, le Liechtenstein et la Norvège) qui peuvent invoquer le bénéfice d'une **clause de non-discrimination** et qui sont placés dans une situation identique à celle où un Français pourrait prétendre à une exonération (n° 67615) ; un élément de discrimination pourrait cependant subsister sur ce point dans la mesure où la condition tenant à la résidence en France pendant une période d'au moins deux ans sera nécessairement plus difficile à satisfaire pour les étrangers que pour les Français (n° 67620). La situation est plus claire en ce qui concerne l'exonération de la plus-value de cession de l'ancienne résidence principale en France d'un contribuable devenu non-résident, car elle n'est pas subordonnée à une condition de nationalité (cessions réalisées depuis le 1er janvier 2019 ; n° 67605).

Autre exemple, il a été jugé qu'une personne physique domiciliée en Suisse et associée d'une SNC française qui exerçait une activité de **loueur en meublé professionnel** ne pouvait être assujettie au prélèvement au titre de la plus-value réalisée par la SNC lors de la cession, en 2008, de la villa qu'elle possédait à Saint-Tropez, car cette plus-value aurait été exonérée, sur le fondement de l'article 151 septies du CGI dans sa rédaction alors applicable si la personne physique associée avait été domiciliée en France (CAA Marseille 21 avril 2015 n° 13MA00737, 7e ch. : RJF 12/15 n° 1019 ; cet arrêt a été annulé, mais seulement pour une raison de procédure, par CE 2 mars 2017 n° 391156, 3e ch. : RJF 5/17 n° 488). La solution est non seulement fondée sur le principe d'égalité posé par l'article 15 § 4 de la **convention franco-suisse** du 9 septembre 1966 modifiée (n° 67660, Précisions c) mais aussi, ce qui lui donne davantage de portée, sur la stipulation conventionnelle générale relative à la non-discrimination, que l'on retrouve dans la quasi-totalité des conventions fiscales. Selon la Cour, le contribuable, qui entrait dans le champ du régime des loueurs en meublé professionnels, ne pouvait être imposé sur la plus-value réalisée par la SNC car une telle imposition n'était pas conforme à l'article 26 § 5 de la convention qui interdit de soumettre à une imposition plus lourde les entreprises françaises dont le capital est détenu ou contrôlé par des résidents de Suisse par rapport aux autres entreprises françaises de même nature (en l'espèce, la SNC était inscrite au registre du commerce et des sociétés de Saint-Tropez en qualité de loueur en meublé professionnel et toutes les conditions d'application du régime étaient remplies).

Articulation des conventions fiscales entre elles

81080 Le principe de non-discrimination peut éventuellement rendre applicable une convention fiscale conclue avec un État tiers ; un exemple intéressant en est donné par un arrêt de la Cour de cassation à propos des conditions d'imposition en France d'un **défunt de nationalité marocaine domicilié à Monaco** (Cass. Ass. Plén. 2 octobre 2015 n° 14-14.256 (n° 622 PB-RI) : RJF 12/15 n° 1066 ; voir également n° 48125). Dans cette affaire, comme le défunt n'était ni ressortissant de France ni de Monaco, la convention fiscale franco-monégasque du 1er avril 1950, qui concerne les **ressortissants** et non pas les résidents de l'un des deux États, n'était pas immédiatement applicable ; elle l'était néanmoins en raison du principe de **non-discrimination** posé par la convention fiscale franco-marocaine du 29 mai 1970 relative aux impôts sur le revenu, qui s'applique aux impôts de toute nature ou dénomination (article 5 de la convention). En application de ce principe, la succession d'un Marocain domicilié à Monaco ne pouvait être traitée, pour ce qui concerne les héritiers, différemment de celle d'un Français domicilié à Monaco, ce qui rendait applicable la convention franco-monégasque relative aux droits de succession.

Dans le cadre de l'Union européenne, voir également n° 82280 à propos de la portée de la clause de la nation la plus favorisée.

SECTION 3

La portée du principe à l'égard des entreprises

L'application du principe de non-discrimination aux personnes morales soulève en pratique davantage de difficultés. Reprenant les conventions modèles, les conventions fiscales consacrent souvent plusieurs paragraphes à cette question. **81240**

A. Application du critère de nationalité aux personnes morales

Position du problème

Si la notion de nationalité a un sens clair pour les personnes physiques, il n'en va pas de même pour les personnes morales. La notion d'allégeance politique et de protection des droits civiques manque, alors qu'elle est un élément essentiel de la nationalité des personnes physiques. **81250**

Pour autant, la nationalité des personnes morales existe en droit conventionnel et ne devrait pas, à notre avis, être confondue avec leur résidence, même si une société a, en droit français, **la nationalité de son siège**, entendu du siège réel et sérieux, c'est-à-dire en pratique de sa résidence.

Selon les conventions fiscales, la nationalité des personnes morales est fonction de la législation sous laquelle elles ont été constituées (n° 80750). Elle dépend donc du lieu où elles ont été enregistrées et où elles ont leur **siège statutaire** (critère d'origine anglo-saxonne, différent de celui retenu en droit des sociétés français).

En revanche, la résidence d'une personne morale s'apprécie, au regard des conventions fiscales classiques et en cas de situation de double résidence, en fonction du lieu du **siège de sa direction effective**, entendu comme le lieu d'où elle est effectivement dirigée (lieu de réunion des organes sociaux par exemple ; n° 41450). Dans leur version antérieure aux révisions de 2017, les modèles de conventions fiscales proposés par l'OCDE et l'ONU, repris par la plupart des conventions fiscales, précisaient en effet que lorsque « une personne autre qu'une personne physique est un résident des deux États contractants, elle est considérée comme un résident seulement de l'État où son siège de direction effective est situé » (n° 41405).

Certes, le siège de direction effective est, le plus souvent, situé au lieu du siège statutaire, alors qu'il est fréquent qu'une personne physique d'une nationalité donnée soit résidente d'un autre État. Mais cette constatation n'a pas de portée absolue. Il existe, en effet, des personnes morales ayant leur siège statutaire dans un État et constituées conformément aux lois de cet État qui sont cependant dirigées dans un autre État, lequel se trouvera alors être celui du siège de leur direction effective et donc de leur résidence.

Les **conventions fiscales** distinguent ainsi clairement les notions de résidence et de nationalité pour les personnes morales, sauf dans certaines conventions, notamment avec des pays d'Afrique, qui définissent le domicile des personnes morales comme le lieu de siège social statutaire. Comme pour les personnes physiques, la clause de non-discrimination qu'elles contiennent s'applique uniquement en cas de différence de traitement fondée sur la nationalité et pas sur la résidence.

Il est cependant à noter que, sans doute sous l'influence de la Cour de justice, dans le cadre de l'Union européenne, les commentaires du comité des affaires fiscales de l'OCDE, dans leur version issue de la révision de juillet 2008, tendent à nuancer la portée de la référence à la résidence ; l'OCDE indique, en effet, que « bien que les sociétés résidentes et les sociétés non résidentes ne se trouvent généralement pas dans la même situation aux fins du paragraphe 1, il est clair, cependant, que ce n'est pas le cas **lorsque la résidence n'a absolument aucune pertinence** eu égard à la différence de traitement en question » (Commentaires OCDE, C (24) n° 18).

Cour de cassation

81255 L'application de la clause de non-discrimination à des personnes morales a donné lieu à diverses décisions qui n'ont pas fait la distinction entre nationalité et résidence ou, plus exactement, qui ont implicitement considéré que **la résidence n'était pas un critère pertinent** pour l'appréciation de la similitude des situations.

La Cour de cassation a donné le signal à propos de la **taxe patrimoniale de 3 %** qui, au départ, s'appliquait exclusivement à des personnes morales dont le siège était situé hors de France et qui détenaient directement ou par personne interposée un ou plusieurs immeubles situés en France ou étaient titulaires de droits réels portant sur ces biens. La question s'était posée de savoir si cette disposition contrevenait aux clauses de non-discrimination incluses dans les conventions fiscales, dès lors qu'à l'époque la taxe était due si les personnes morales avaient leur siège hors de France et qu'elle ne l'était pas lorsqu'elles avaient leur siège en France (dispositif aujourd'hui modifié, précisément pour éviter toute critique au regard de la discrimination ; n°s 68300 s.).

Selon l'administration, la question comportait une réponse négative car le critère de la situation du siège en France était un critère de **résidence** et non **pas** de **nationalité** ; l'administration soutenait que si une société constituée selon le droit français avait son siège de direction effective dans un autre État que la France, elle aurait été soumise à la taxe patrimoniale de 3 % comme la généralité des personnes non résidentes de France. En revanche, si, étant constituée selon un droit étranger, elle était gérée, dirigée et contrôlée depuis notre pays, et par suite « résidente » de France, la taxe de 3 % ne s'appliquait pas (dans l'ancien dispositif, bien entendu). Elle tentait donc de faire prévaloir un critère de résidence, fondé sur le lieu de la direction effective de la société, sur un critère de nationalité, fondé sur le lieu de son incorporation, et sur la loi sous laquelle elle est constituée.

Mais la Cour de cassation n'a pas approuvé cette distinction ; elle a considéré que la clause de non-discrimination devait s'apprécier **exclusivement au regard du fait générateur de la taxe** et que, par suite, une société étrangère était « discriminée » puisqu'elle devait un impôt en France du seul fait de la détention d'un immeuble dans notre pays alors qu'une société française ne le devait pas (Cass. com. 28 février 1989 n° 328 P, Anglo Swiss Land and Building : RJF 4/89 n° 524).

L'administration avait réagi en obtenant du législateur une modification « interprétative » du texte pour tenter de faire prévaloir un critère de résidence et non pas de nationalité ; mais cela n'a pas convaincu la Cour de cassation qui, en formation plénière, a confirmé sa position antérieure (Cass. Ass. Plén. 21 décembre 1990 n° 322 P, SA Roval : RJF 1/91 n° 106) ; cet arrêt confirme que le rattachement à un État auquel se réfère l'article 26 de la convention franco-suisse du 9 septembre 1966 pour interdire la discrimination **n'est autre que la nationalité**, laquelle, pour une société, résulte, en principe, de la localisation de son siège réel, défini comme le siège de direction effective et présumé par le siège statutaire. La Cour de cassation estime ainsi que la résidence d'une société et sa nationalité ne peuvent pas être distinguées, et que deux sociétés, l'une française et l'autre suisse, sont bien dans la même situation pour l'application de la clause de non-discrimination.

Conseil d'État

81260 La décision rendue dans l'affaire de la Pinacothèque d'Athènes (n° 81262) a paru clore le débat contentieux devant le Conseil d'État ; ce n'est pas certain, toutefois, étant donné qu'il a été rouvert (mais vite refermé) par la décision Association Secrétariat International de la Laine (n° 81262) et qu'il a été plus nettement rouvert et, cette fois, avec une conclusion différente dans l'affaire National Pension Service (n°s 61018, 80806 et 81980). Si cette dernière décision annonce peut-être un infléchissement à venir, il ne semble pas qu'en l'état de la jurisprudence il y ait lieu, pour le Conseil d'État, de distinguer, pour l'application du principe de non-discrimination, la nationalité d'une société de sa résidence. Cette solution a des racines relativement anciennes.

Déjà le commissaire du Gouvernement Fabre avait, en 1975, estimé que la **nationalité** et le **domicile** sont **indissociables** en ce qui concerne les sociétés (conclusions sous CE 19 décembre 1975 n°s 84 774 et 91 895, Plén. : RJF 2/76 n° 77). Dans cette affaire, l'interprétation qui avait été donnée par le ministre des affaires étrangères, en qualité de jurisconsulte (n° 10600), était que les clauses de non-discrimination « ne s'opposent pas à la perception d'une imposition discriminatoire à raison du domicile ». Il y avait d'ailleurs, observait le commissaire du Gouvernement, un consensus sur ce point entre la France et la Suisse. Mais il ajoutait que cette solution n'allait pas de soi et qu'il est fort malaisé de l'appliquer lorsqu'il s'agit de sociétés dès lors que, selon lui, il n'était pas possible de dissocier domicile et nationalité.

Le Conseil d'État a ensuite repris la manière de voir de la Cour de cassation, à l'occasion d'une affaire concernant notamment l'assujettissement de sociétés suisses à la **taxe patrimoniale de 3 %** (CE 17 janvier 1996 n° 120646, 8e et 9e s.-s., SA Nike : RJF 3/96 n° 322 ; également, CE 18 décembre 1996 n° 168876, Sté Alo : Droit fiscal 1997 n° 19, comm. n° 546).

La même solution a été reprise à propos de **l'ancien article 209 A du CGI**, qui, avant la taxe de 3 %, prévoyait une imposition forfaitaire annuelle sur une base égale à trois fois la valeur locative des immeubles situés en France et détenus par des personnes morales non résidentes ; il a été jugé que ce texte n'était pas applicable à une société suisse, compte tenu de la clause de non-discrimination incluse dans la convention fiscale franco-suisse (CAA Lyon 17 octobre 1990 n° 271, 3e ch., Corniche immobilière : RJF 12/90 n° 1453 ; arrêt définitif). Dans cette affaire, la Cour n'a pas paru chercher à savoir si deux sociétés, l'une française et l'autre étrangère, étaient placées dans les mêmes circonstances, notamment en ce qui concerne leur résidence. Ce faisant, elle a adopté un point de vue proche de celui retenu par la Cour de cassation, qui a depuis été confirmé par le Conseil d'État dans le contexte un peu différent de l'ancienne **convention d'établissement** entre la France et Panama (CE 16 décembre 1991 n° 54611, 7e et 8e s.-s., Ressources Management Corporation : RJF 2/92 n° 245). Cette convention, cependant, ne prévoyait pas d'examen de la similitude des situations puisqu'elle se bornait à indiquer que les ressortissants de chacune des parties ne devaient pas être assujettis sur le territoire de l'autre partie à des droits, taxes, impôts ou contributions, sous quelque dénomination que ce soit, autres ou plus élevés que ceux qui seront perçus sur les nationaux. Toutefois, même si le texte ne précisait pas expressément que, pour apprécier s'il y a une discrimination interdite, il fallait que les sociétés nationales et étrangères se trouvent dans la même situation, cette condition paraissait implicite car le **principe d'égalité** n'interdit pas de traiter distinctement des situations différentes et impose seulement que des contribuables placés dans la même situation supportent les mêmes impôts (l'accord franco-panaméen des 6 avril et 17 juillet 1995 a supprimé les effets fiscaux des clauses d'égalité de traitement et de la nation la plus favorisée contenues dans la convention d'établissement de 1953 et dans la convention de protection des investissements de 1982).

La **fusion des concepts de résidence et nationalité** des sociétés, pour l'application des clauses de non-discrimination, s'est confirmée au cours de ces dernières années ; ainsi, il a été jugé, à propos de la convention franco-suisse, que, dès lors que les dispositions de l'article 244 bis A du CGI se fondent sur le critère de la localisation du siège social (n° 67550), elles instaurent une différence de traitement fondée, s'agissant des personnes morales, sur leur **nationalité** (CAA Paris 16 octobre 2008 n° 07-1366, 9e ch., min. c/ Sté Adida : RJF 5/09 n° 482, arrêt définitif ; n° 67700). **81262**

Dans le même sens, le principe de non-discrimination posé par l'article 25 de la convention franco-néerlandaise du 16 mars 1973 interdit qu'une plus-value immobilière réalisée en France par une **fondation de droit néerlandais** à but non lucratif soit imposée en France dans la mesure où une institution française gérant un régime de retraite et de prévoyance qui aurait réalisé la même opération n'aurait pas été imposable (CAA Paris 6 décembre 2007 n° 06-3370, 5e ch. A, min. c/ Fondation Stichting Unilever Pensioenfonds Progress : RJF 4/08 n° 409, ayant fait l'objet d'un pourvoi non admis par CE (na) 27 octobre 2008 n° 313135, 3e s.-s., min. c/ Fondation Stichting Unilever Pensioenfonds Progress : RJF 2/09 n° 113 ; n° 67700).

Cette solution a été confirmée avec netteté à propos d'une plus-value réalisée en France par la **Pinacothèque d'Athènes** (CE 5 juillet 2010 n° 309693, 3e et 8e s.-s., Pinacothèque d'Athènes : RJF 11/10 n° 1092 ; conclusions Emmanuelle Cortot-Boucher au BDCF 11/10 n° 122) ; le Conseil d'État juge que l'application de l'article 244 bis A du CGI à la Pinacothèque d'Athènes a pour effet de soumettre celle-ci, en raison de sa nationalité, à une imposition plus lourde que celle à laquelle est assujetti un établissement public français sans but lucratif et à vocation culturelle qui aurait réalisé la même opération, et méconnaît ainsi la clause de non-discrimination prévue par l'article 22 de la convention fiscale franco-grecque. Dans cette affaire, l'administration a échoué à faire prévaloir devant le Conseil d'État la distinction entre la résidence des sociétés, fondée sur la localisation de leur siège de direction effective, et leur nationalité, qui, selon les conventions fiscales, dépend de la loi sous laquelle elles sont constituées. En fait, pour le Conseil d'État, la distinction est inopérante étant donné que, en droit interne, la nationalité dépend du lieu du siège de direction effective (lorsque le lieu du siège social est distinct du lieu du siège de direction effective, c'est en principe ce dernier qui détermine la nationalité).

Le même principe a été repris par CE 24 janvier 2014 n° 331071, 9e et 10e s.-s., Association Secrétariat International de la Laine (RJF 4/14 n° 341), à propos d'une association britannique qui avait cédé un immeuble situé en France (n° 67700). Dans cette affaire, le rapporteur public Claire Legras avait fait état de ses doutes sur le bien-fondé de la ligne jurisprudentielle qui mélange nationalité et résidence mais sans toutefois proposer de revirement de jurisprudence car la question de la nature de la discrimination opérée par l'article 244 bis A n'était pas posée et il ne lui paraissait pas souhaitable de créer un conflit avec la Cour de cassation (conclusions au BDCF 4/14 n° 44).

Dans le même sens, voir aussi CAA Paris 23 décembre 2010 n° 08-5504, 5e ch., min. c/ The Church of Scotland Trust : RJF 5/11 n° 638, à propos du **trust de l'Église d'Écosse** (arrêt définitif ; n° 67700) ; à propos d'une **fondation d'intérêt général allemande** à caractère artistique qui n'avait pas établi que l'activité qu'elle exerçait habituellement satisferait aux conditions auxquelles l'article 206 du CGI subordonne le caractère non imposable à l'impôt sur les sociétés des fondations reconnues d'utilité publique, voir CAA Versailles 18 avril 2013 n° 11VE03345, 7e ch., Fondation Stiftung Frieder Burda (arrêt définitif ; n° 67700).

À diverses occasions, le Conseil d'État a cependant cherché à tourner la difficulté en donnant toute son importance au critère de l'établissement (n° 80805), ou, comme dans l'affaire National Pension Service, en considérant que le critère tenant à la similitude des situations n'était pas rempli (nos 61018, 80806 et 81980).

Conséquences sur la rédaction des conventions fiscales

81265 Certaines des décisions précédentes qui n'accordent pas suffisamment d'importance à la distinction, opérée par les conventions fiscales à défaut de l'être par le droit interne français, entre résidence et nationalité pour les sociétés, ont conduit la France à introduire dans le modèle OCDE une réserve tendant à exclure les personnes morales du paragraphe 1 de l'article 24.

Notre pays a en effet indiqué souhaiter « **se réserver la possibilité de n'appliquer qu'aux personnes physiques** les dispositions du paragraphe 1, compte tenu de la jurisprudence de ses tribunaux, et compte tenu de ce que les paragraphes 3, 4 et 5 donnent par ailleurs les plus larges garanties aux sociétés en matière de non-discrimination » (Commentaires OCDE, C (24) n° 88). En fait, la solution préconisée par la France consiste à s'écarter radicalement du modèle et à n'appliquer le principe de non-discrimination qu'aux seules personnes physiques, au moins en ce qu'il est formulé d'une façon générale.

Il est probable, en effet, que cela permettrait de donner son plein effet à la distinction entre résidence et nationalité, puisque, par ailleurs, les personnes morales sont couvertes par les autres paragraphes de l'article 24, qui leur donnent toutes garanties (sauf en ce qui concerne les revenus immobiliers). Cette solution se retrouve, par exemple, dans la convention franco-américaine du 31 août 1994 modifiée, dans la convention franco-espagnole du 10 octobre 1995 et dans la convention franco-canadienne du 2 mai 1975, telle que modifiée par l'avenant du 30 novembre 1995. Elle a également été reprise par la convention fiscale franco-luxembourgeoise du 20 mars 2018.

Cette rédaction a, par exemple, produit ses effets à propos d'un **organisme sans but lucratif américain** qui n'a pu échapper à l'article 244 bis A du CGI au titre de la réalisation d'une plus-value immobilière, contrairement aux exemples cités n° 67700, car la clause de non-discrimination franco-américaine ne concerne que les personnes physiques et les établissements stables (TA Cergy-Pontoise 9 décembre 2010 n° 0700580, 10e ch., Colombus Extension Company ; sur l'arrêt d'appel, voir n° 67690, Précisions c).

Précisions La **convention franco-chinoise** du 26 novembre 2013 cherche, selon une rédaction inhabituelle, à contrecarrer la jurisprudence en précisant que la distinction entre résidents et non-résidents vaut « quelle que soit la définition de la nationalité, même si les personnes morales, les sociétés de personnes et les associations sont considérées comme des nationaux de l'État contractant dont elles sont des résidents » (article 25 § 1 b)). Voir également n° 80790 en ce qui concerne la convention **franco-allemande**.

B. Application du principe de non-discrimination aux établissements stables

Principes

Dans l'esprit des négociateurs des conventions fiscales, les discriminations entre résidents et non-résidents ne sont pas proscrites. Dès lors, si aucun correctif n'était prévu, la portée du principe de non-discrimination serait réduite à l'égard des entreprises. **81270**

En effet, dans la quasi-totalité des cas, les entreprises qui réalisent des affaires internationales sont résidentes d'un État alors qu'elles font des affaires dans un autre État, dans lequel elles ne sont pas résidentes en y ayant, par exemple, un établissement stable. Si cet État pouvait les traiter différemment des entreprises locales, le principe de non-discrimination n'aurait plus beaucoup de sens.

C'est pourquoi, reprenant les modèles proposés par l'OCDE et l'ONU, les conventions fiscales prévoient en général les dispositions suivantes : « L'imposition d'un établissement stable qu'une entreprise d'un État contractant a dans l'autre État contractant n'est pas établie dans cet autre État d'une façon moins favorable que l'imposition des entreprises de cet autre État qui exercent la même activité » (article 24 § 3 des modèles de convention fiscale de l'OCDE et de l'ONU).

L'objet de ces dispositions est de remédier à des discriminations qui ne sont pas fondées sur la nationalité mais sur le **lieu d'établissement** d'une entreprise. Elles s'appliquent à toutes les personnes résidentes d'un État qui ont des établissements stables dans l'autre État, quelle que soit leur nationalité (même si elles ont celle d'un État tiers). Elles ne concernent pas seulement les personnes morales, mais plus généralement les **entreprises**. Elles couvrent donc les entreprises individuelles.

Notion d'activité identique

Les conventions fiscales font référence aux entreprises de l'autre État qui exercent la « même activité ». Or dans certains pays, il n'existe pas suffisamment d'activités « exercées » pour couvrir toutes les situations. Une entreprise très spécialisée d'un pays développé (**recherche géologique**, etc.) qui crée un établissement stable dans un pays en développement peut fort bien ne pas avoir d'équivalent dans cet État. Dans ce cas, l'interprétation littérale du texte permettrait à cet État de prendre des mesures « discriminatoires ». Plus exactement, il n'y aurait pas discrimination puisque l'entreprise étrangère ne pourrait pas être comparée à une entreprise nationale. Les commentaires du comité des affaires fiscales de l'OCDE sont muets sur cette question quoiqu'elle puisse pourtant se poser en pratique, notamment dans les pays en développement. **81275**

Assiette de l'impôt

L'assiette de l'impôt dû par l'établissement stable doit être **identique** à celle des entreprises résidentes, **dans tous ses aspects** (déduction des charges, amortissements, provisions, reports des déficits), à la condition, naturellement, qu'il remplisse les conditions prévues pour les entreprises résidentes. **81285**

Un problème se pose souvent, à cet égard, pour la déduction d'une part des **frais de siège** et de direction qui doit être imputée à l'activité de l'établissement.

Par exemple, dans certains pays en développement, il existe des règles applicables aux entreprises non résidentes réduisant, dans certains cas, la déduction autorisée à la moyenne des montants dont l'imputation a été accordée au titre des années précédentes, ou à des pourcentages de chiffre d'affaires. Dès lors qu'aucune limitation ne serait prévue pour les entreprises résidentes, cette règle serait normalement contraire à la clause de non-discrimination conventionnelle.

Cela dit, certaines conventions fiscales importantes ne reprennent pas exactement le modèle de convention proposé par l'OCDE, ce qui peut conduire à des discriminations autorisées ; tel est le cas, par exemple, de l'article 26 de la convention franco-indienne du 29 septembre 1992, qui permet à l'**Inde** de limiter la déduction des dépenses de direction et des frais généraux d'administration pour l'imposition des établissements stables indiens de sociétés françaises.

Précisions Les commentaires du comité des affaires fiscales de l'OCDE dans leur version actuelle, issue de la révision de juillet 2008, indiquent que « les dispositions du paragraphe 3 ne sauraient être interprétées comme contraignant un État accordant des avantages fiscaux spécifiques à des **organismes à but non lucratif** dont les activités s'exercent à des fins d'utilité publique qui lui sont propres, à faire bénéficier des mêmes avantages les établissements stables d'organismes similaires de l'autre État dont les activités ne sont pas exercées exclusivement à des fins d'utilité publique propres au premier État mentionné » (Commentaires OCDE, C (24) n° 47).

Régime des sociétés mères

81287 En ce qui concerne l'assiette imposable, la question se pose des conséquences du principe de non-discrimination au regard de l'éligibilité des établissements stables aux régimes destinés à éviter la double imposition des dividendes dans le cadre de régimes des sociétés mères ; à ce propos, le comité des affaires fiscales de l'OCDE ne tire pas toutes les conséquences de l'assimilation de l'établissement stable à une entreprise résidente compte tenu de la clause de non-discrimination (Commentaires OCDE, C (24) nos 48 s.).

Le comité des affaires fiscales de l'OCDE constate que, dans la plupart des États membres, il existe des règles particulières d'imposition par lesquelles les dividendes versés par une filiale sont exonérés (comme en France) ; mais il ajoute que les États membres ne sont **pas tous d'accord** pour accorder aux établissements stables le **même régime** qu'aux entreprises résidentes et que certains estiment que c'est à l'État de résidence de la société bénéficiaire et non pas à l'État de situation de l'établissement stable de supporter la charge de ces régimes, étant « le plus intéressé à l'objectif poursuivi » ; d'autres arguments sont également mis en avant, notamment des considérations budgétaires, car les pertes de recettes fiscales entraînées pour un État par l'application de ces régimes spéciaux ne seraient pas compensées, s'ils étaient appliqués aux établissements stables, par l'imposition des dividendes lors de la redistribution.

En France, la doctrine administrative admet l'application du régime des sociétés mères aux établissements stables, d'une façon générale (n° 18900).

Taux d'imposition

81290 Les taux d'imposition doivent être les mêmes. Lorsque le taux de l'impôt sur les sociétés est progressif, le **barème** doit en principe s'appliquer aux établissements stables, même si, pour le calcul du taux, il est tenu compte des résultats de l'ensemble de la société. Mais, naturellement, ce taux doit s'appliquer aux seuls résultats de l'établissement stable (Commentaires OCDE, C (24) nos 56 s.).

Une illustration des difficultés qui peuvent se rencontrer en la matière peut être trouvée, en France, à propos de la façon dont il y avait lieu de comptabiliser le chiffre d'affaires pour l'application de l'ancienne **contribution exceptionnelle de 10,7 %**, qui conduisait à ce que la succursale française d'une société étrangère doive acquitter une imposition plus lourde que s'il s'était agi d'une filiale, dans la mesure où le seuil de déclenchement dépendait du chiffre d'affaires mondial (n° 5592) ; dans le sillage de la décision du Conseil d'État qui avait refusé d'y voir une restriction à la liberté d'établissement (CE 9 décembre 2016 n° 396160, 8e et 3e ch., Office de coordination bancaire et financière : RJF 3/17 n° 266 ; voir n° 81600), il a été jugé que la prise en compte du chiffre d'affaires mondial était compatible avec la clause de non-discrimination prévue par la convention fiscale franco-allemande du 21 juillet 1959 modifiée (CAA Versailles 28 mars 2017 n° 15VE01732, 3e ch., Sté RREEF Investment GmbH, à propos de l'établissement stable en France d'une société allemande ; cet arrêt a fait l'objet d'un pourvoi non admis par CE (na) 30 mars 2018 n° 410638, 9e ch. : RJF 6/18 n° 614).

Dans cette affaire, la Cour a estimé qu'il n'y avait pas de discrimination au motif qu'il fallait **comparer** une société établie en Allemagne ayant une filiale ou un établissement stable en France et une société établie en France ayant une filiale ou un établissement stable en France. À notre avis, toutefois, ce raisonnement est erroné car la comparaison doit être faite, pour respecter la portée du principe de non-discrimination, entre la situation en France de la succursale en France d'une société allemande et celle d'une filiale en France de la même société allemande : si cette comparaison était faite, la discrimination ressortirait immédiatement puisque la contribution n'était pas exigible d'une filiale réalisant le même chiffre d'affaires que la succursale, d'où il résultait nécessairement que la succursale était victime d'une discrimination interdite. Il est regrettable que le juge refuse systématiquement la transmission sur ce point d'une question préjudicielle à la Cour de justice, ainsi qu'en témoigne, par exemple, un nouvel arrêt négatif concernant l'établissement stable en France d'une société britannique (CAA Paris 26 septembre 2018 n° 18PA00101, 2e ch., Sté PMDE XL Insurance Company SE ; arrêt définitif, le pourvoi de la société n'ayant pas été admis par CE (na) 3 juillet 2019 n° 425711, 9e ch., Sté PMDE XL Insurance Company SE). Même solution, toujours négative, affirmée par CAA Lyon 3 avril 2020 n° 18LY03053, 2e ch., Tokyo Electron Europe Ltd, arrêt définitif concernant une société britannique qui disposait d'un établissement stable en France ; retenant notamment un nouvel argument, plus fin que les précédents, la Cour juge en particulier que l'existence d'une différence entre les chiffres d'affaires à prendre en compte **pour l'appréciation du seuil d'assujettissement** à la contribution, et non pour la détermination de son assiette, selon que les sociétés étrangères exercent des activités en France dans le cadre d'une succursale ou dans le cadre d'une filiale, ne constitue pas, par elle-même, une entrave, mais qu'elle est la conséquence nécessaire de l'absence de personnalité propre de la succursale.

Autre exemple, la question s'est posée de savoir si une clause de non-discrimination « classique » pouvait, dans le silence de la convention fiscale, s'opposer à l'application de l'article **115 quinquies** du CGI. À propos d'une affaire concernant la succursale en France d'une banque polonaise, la cour administrative d'appel de Paris a répondu par la négative (CAA Paris 9 juillet 1998 n° 96-1294, 2e ch., SA BPKO : Droit fiscal 1999 n° 19, comm. n° 397). Selon la Cour, la requérante était dans une situation différente d'une société française, puisqu'elle était non résidente et que la retenue à la source ne pouvait, en outre, être regardée comme constituant l'imposition d'un établissement stable au sens de la convention ; cette solution qui ne nous convainc pas et qui était contraire aux conclusions du commissaire du Gouvernement, a été infirmée par le Conseil d'État pour une autre raison (CE 31 janvier 2001 n° 199543, 8e et 3e s.-s., SA Bank Polska Kasa Opieki : RJF 4/01 n° 489 ; n° 19120).

Précisions À propos de la convention fiscale franco-espagnole, un tribunal administratif avait jugé discriminatoire l'ancien **supplément d'impôt** sur les sociétés (TA Grenoble 7 février 1997 n° 94-3948, SA Abengoa : RJF 6/97 n° 605). Le ministre avait fait appel mais il s'est ensuite désisté (Ordonnance CAA Lyon 19 septembre 2000 n° 97LY02078 et n° 97LY02079, 2e ch., min. c/ SA Abengoa, actant les désistements du ministre).

Crédits d'impôts « internes »

Les crédits d'impôt tels que le **crédit d'impôt recherche** ou l'ancien avoir fiscal doivent être **81295**
accordés dans les mêmes conditions aux établissements stables de sociétés non résidentes et aux entreprises résidentes. Le Conseil d'État et, dans le cadre de l'Union européenne, la Cour de justice l'ont précisé notamment à l'occasion de deux affaires en 1985 et 1986 (CE 18 novembre 1985 n° 50643, 7e et 9e s.-s. : RJF 1/86, n° 100 et CJCE 28 janvier 1986, aff. 270-83 : RJF 11/86, n° 1020). La Cour de justice considère que le principe de la liberté d'établissement laisse aux entreprises le choix de la forme juridique appropriée et que ce choix ne doit pas être limité par des dispositions fiscales discriminatoires (n° 81590). L'administration avait tiré les conséquences de ces décisions par une ancienne instruction du 31 juillet 1986 (BODGI 4-J-1-86 reprise au BOI-IS-RICI-30-10-20-10 n° 100) indiquant que les établissements stables bénéficient non seulement du régime des sociétés mères (n° 18900) mais aussi (pour le passé) de l'avoir fiscal.

Précisions Il en va de même pour les États qui connaissent un crédit pour impôt étranger en droit interne (Commentaires OCDE, C (24) n° 67).

Crédits d'impôt conventionnels

Le principe de non-discrimination conduit à accorder à un établissement stable à l'actif duquel **81297**
sont inscrits des titres de sociétés résidentes d'un pays lié à celui dans lequel il est situé par une convention fiscale **les mêmes crédits d'impôt** qu'aux entreprises résidentes. Mais certains pays n'admettent pas cette solution et considèrent que ces relations, qui mettent en jeu trois États (source des revenus, situation de l'établissement et siège de l'entreprise), ne sont pas réglées par les conventions fiscales qui ne sont que bilatérales. En pratique, la question se pose **essentiellement pour les banques** qui travaillent en général à l'aide d'établissements et non pas de filiales dans les pays étrangers (voir n° 63690).

À notre avis, le comité des affaires fiscales de l'OCDE prend insuffisamment parti sur l'extension aux établissements stables des conventions fiscales conclues avec les États tiers (Commentaires OCDE, C (24) nos 69 s.). En particulier, les commentaires n'indiquent pas expressément qu'un crédit d'impôt doit être accordé à l'établissement stable qui reçoit des revenus de source étrangère, sur le fondement de la clause de non-discrimination contenue dans la convention signée entre l'État de résidence de l'entreprise et celui de l'établissement stable. L'OCDE paraît considérer que la majorité des pays sont en mesure d'**octroyer un crédit d'impôt** dans ces situations mais laisse cependant le champ libre à ceux qui ne veulent pas adopter cette solution.

L'OCDE se borne à proposer l'ajout optionnel d'une **phrase supplémentaire** après la première phrase du paragraphe 3 de l'article 24 prévoyant expressément l'imputation d'un crédit d'impôt. À notre avis, cependant, cet ajout serait redondant puisque les dispositions de l'article 24 § 3 du modèle sont déjà pleinement suffisantes pour que cette solution soit adoptée en dépit de la prudence des commentaires sur ce point. La jurisprudence de la Cour de justice est, à cet égard, largement transposable (affaire Saint-Gobain, nº 81610). Voir également la décision Biso du Conseil d'État (nº 80815), qui autorise la combinaison entre elles de conventions fiscales.

De son côté, la doctrine administrative indique que si les **dividendes** proviennent d'un État ou territoire lié à la France par une convention fiscale, ils sont soumis à l'impôt sur les sociétés en appliquant les dispositions conventionnelles relatives aux dividendes perçus par les sociétés résidentes de France ; ces dispositions conduisent à liquider l'impôt sur les sociétés en tenant compte notamment du **crédit d'impôt de source étrangère** attaché à ces dividendes (BOI-IS-RICI-30-10-20-10 nº 120). Ces dispositions sont applicables aux établissements stables en France de sociétés ayant leur siège dans les collectivités d'outre-mer et dans les États avec lesquels la France est liée par une clause de non-discrimination relative aux établissements stables (BOI préc.). Bien que cette solution ne soit expressément prévue que pour les dividendes, elle devrait être généralement transposable aux autres revenus du type intérêts ou redevances.

Précisions L'administration n'est pas cohérente car elle indique aussi, au BOI-RPPM-RCM-20-10-20-60 nº 40, que les conventions n'accordent **qu'aux contribuables résidents de France**, au sens conventionnel du terme, la possibilité d'imputer les impôts étrangers. Selon cette doctrine, il en résulte que les contribuables non résidents de France dont les revenus de source étrangère sont imposables en France parce qu'ils sont rattachés à un établissement stable situé en France, n'ont pas droit au crédit de l'impôt étranger perçu sur ces revenus, pour le calcul de l'impôt dû en France à raison de ces revenus.

Modalités d'imposition

81300 Les modalités d'imposition ne doivent pas conduire à taxer les entreprises non résidentes plus lourdement que les entreprises résidentes. À cet égard, le comité des affaires fiscales de l'OCDE s'exprime comme suit : « Ne constitue pas une discrimination le fait, pour des raisons d'ordre pratique, de taxer les personnes non résidentes [c'est-à-dire l'établissement stable de personnes non résidentes] autrement que les personnes résidentes, à condition qu'il n'en résulte pas pour les premières d'**imposition plus lourde** que pour les secondes… c'est le résultat seul qui compte, les modalités de l'imposition pouvant être adaptées aux circonstances particulières dans lesquelles elle est établie » (Commentaires OCDE, C (24) nº 34).

On constate malheureusement que, dans certains pays, sous couvert de modalités d'imposition différentes, c'est en réalité une taxation plus lourde qui est établie. Ou alors les modalités d'impositions spécifiques aux non-résidents constituent pour l'entreprise un surcoût difficilement compatible avec la clause de non-discrimination.

Assez souvent, en effet, les pays en développement, pour se prémunir contre les risques de non-recouvrement des impôts, instituent des systèmes de **retenue à la source** prélevés sur les sommes dues par le client (les pays développés réservent ce système, en principe, aux revenus « passifs », tels que les dividendes, intérêts et redevances ; mais les pays en développement l'appliquent parfois à tous les revenus). D'autres pratiquent également ce système mais autorisent la production de **garanties bancaires** au lieu et place de la retenue à la source (dans ce cas, le coût de la garantie bancaire s'ajoute à celui de l'impôt sur les sociétés, ce qui place les entreprises non résidentes en situation défavorable).

Les États concernés s'expliquent en faisant valoir que l'imposition elle-même n'est pas plus lourde et que le paragraphe sur les établissements stables ne vise pas, en principe, les « obligations » relatives à l'imposition. Si cette interprétation n'est pas unanimement admise, il est certain qu'avant d'apprécier une clause de non-discrimination, il convient de la lire attentivement et de vérifier, en particulier, si elle reprend ou non la formulation proposée par le modèle de convention fiscale de l'OCDE.

Précisions La question ne se pose pas que dans les pays en développement ; elle s'était posée, par exemple, à propos du **système allemand** de **retenue à la source** de 25 % sur les sommes payées à raison de la réalisation d'ouvrages ou de prestations de services exécutées sur le territoire allemand par des entreprises étrangères, considéré par la France comme contraire à la convention fiscale (ancienne réponse Ueberschlag : JOAN 18 octobre 1999, p. 6037).

Intérêts de retard

Les intérêts de retard doivent être accordés à des établissements stables, dans les mêmes conditions qu'à des entreprises résidentes. Cette solution, qui a été affirmée par un arrêt de la Cour de justice dans le cadre de l'Union européenne, est transposable, à notre avis, pour l'application des conventions fiscales internationales (CJCE 13 juillet 1993 aff. 330/91, Plén., Commerzbank AG : RJF 10/93 n° 1402 ; n° 81590). **81305**

Incidences sur les autres impôts

Il n'est pas contraire au principe de non-discrimination inclus dans les conventions fiscales (en l'espèce, l'ancienne convention franco-italienne), ni au droit de l'Union européenne, qu'une société étrangère qui dispose d'une succursale en France y soit assujettie à la **taxe d'apprentissage**, ainsi qu'à la participation des employeurs au développement de la **formation professionnelle continue**, à l'**effort de construction** et à l'ancienne **taxe professionnelle** (par exemple, CE 15 juillet 2004 n° 249801, 9e et 10e s.-s., min. c/ Sté Alitalia : RJF 11/04 n° 1089). **81310**

C. Cas des entreprises qui ont des relations avec l'étranger ou qui sont sous contrôle étranger

Principes

Les conventions fiscales contiennent souvent une clause issue du modèle de convention fiscale de l'OCDE selon laquelle, en dehors des cas de correction de prix de transfert (nos 21020 et 62880), les **intérêts**, **redevances et autres dépenses payées** par une entreprise d'un État à un résident de l'autre État sont déductibles, pour la détermination des bénéfices imposables de cette entreprise, dans les mêmes conditions que s'ils avaient été payés à un résident du premier État. Cette stipulation a pour but de faire échec aux dispositions de certains États qui admettent les dépenses de ce type quand le bénéficiaire est résident mais pas quand il est non résident. Elle ne concerne, toutefois, que les entreprises et pas les personnes physiques. **81330**

Par ailleurs, les conventions fiscales reprennent souvent une autre disposition du modèle proposé par l'OCDE interdisant à un État de soumettre celles de ses entreprises dont le **capital** est en totalité ou en partie, directement ou indirectement, détenu ou contrôlé par un ou plusieurs résidents de l'autre État à une imposition (ou obligation y relative) qui est autre ou plus lourde que celles auxquelles sont ou pourront être assujetties les autres entreprises similaires de cet État. L'objectif de cette clause est d'interdire un traitement plus lourd pour les sociétés qui sont **contrôlées** par des étrangers. À propos de la convention fiscale franco-britannique du 19 juin 2008, l'administration souligne, à juste titre, que ce principe concerne seulement l'imposition des entreprises et non celle des **personnes qui détiennent ou contrôlent** le capital des entreprises ; elle a donc pour objet d'assurer à des résidents d'un même État un même traitement et non de soumettre les capitaux étrangers, entre les mains des associés ou actionnaires, à un régime identique à celui qui est appliqué aux capitaux nationaux (BOI-INT-CVB-GBR-10-30 n° 60). Pour un exemple jurisprudentiel, voir n° 81075 à propos d'une activité de location en meublé.

Précisions **a.** Les commentaires du comité des affaires fiscales de l'OCDE dans leur version actuelle, issue de la révision de juillet 2008, précisent que ce principe « n'interdit pas les **demandes** additionnelles de renseignements concernant les paiements aux non-résidents, celles-ci visant à s'assurer que les mêmes obligations fiscales et contrôles s'appliquent aux paiements aux résidents et aux non-résidents » (Commentaires OCDE, C (24) n° 75).

b. L'OCDE estime que le dispositif vise à garantir que toutes les sociétés résidentes soient traitées en toute égalité quelles que soient les personnes qui détiennent ou contrôlent leur capital, et non à ce que les **distributions** aux résidents et aux non-résidents soient soumises au même régime ; par suite, le fait de soumettre une société résidente à une obligation de retenue à la source sur les dividendes qu'elle verse à ses actionnaires non résidents, mais non sur les dividendes qu'elle verse aux actionnaires résidents, ne saurait être considéré comme une violation du principe de non-discrimination (Commentaires OCDE, C (24) n° 78).

c. Une société française à la tête d'un **groupe d'intégration fiscale** constitué avec sa filiale française n'était pas fondée à invoquer l'article 26 § 5 de la convention fiscale franco-suisse du 9 septembre 1966 modifiée (interdiction de discriminer les entreprises françaises au motif qu'elles sont contrôlées par des résidents suisses) pour imputer sur son résultat d'ensemble les déficits d'une filiale française de sa société mère suisse au titre des exercices 2014 à 2016 (TA Montreuil 28 octobre 2021 n° 2008410, 1e ch., Sté Liebherr-Aerospace & Transportation : RJF 3/22 n° 245 ; appel enregistré sous le n° 22PA00055). Selon le tribunal administratif, en effet, même si la société suisse avait été résidente de France, la société française requérante n'aurait pu intégrer la filiale déficitaire de la société suisse, car cette dernière doit, pour l'application des stipulations conventionnelles précitées, être considérée en sa seule qualité de détenteur du capital de la société requérante, d'où il résulte que la filiale française déficitaire devait toujours être considérée comme détenue par une société n'appartenant pas à l'Union européenne ou à l'Espace économique européen (en l'espèce, l'intégration horizontale n'était pas possible sur le terrain de la loi, car la société mère est suisse).

Incidences en matière de sous-capitalisation

81335 La portée du principe de non-discrimination a, en France, été notamment illustrée par une importante décision du Conseil d'État, à propos de **l'article 212 du CGI**, dans sa version antérieure à la loi de finances pour 2006 (il s'agissait d'un ancien dispositif de lutte contre la sous-capitalisation des sociétés, aujourd'hui remplacé par un mécanisme de limitation générale de la déductibilité des charges financières ; nos 26760 s.) ; dans la mesure où l'ancien dispositif conduisait à refuser une déduction lorsque les intérêts étaient versés à une société mère étrangère alors qu'ils auraient été déductibles en cas de versement à une société mère française, le Conseil d'État avait estimé qu'il n'était **pas compatible** avec la clause de non-discrimination incluse dans l'ancienne convention fiscale franco-autrichienne (CE 30 décembre 2003 n° 233894, Sect., Sté Andritz : RJF 3/04 n° 238, aux conclusions Gilles Bachelier au BDCF 3/04 n° 33). Il est à noter, à ce propos, que le Conseil d'État a considéré que la filiale française d'une société mère autrichienne devait, pour l'application de l'article 212 du CGI, dans son ancienne rédaction, être regardée comme étant **de même nature**, au sens de la clause de non-discrimination alors applicable, que la filiale française d'une société mère française, non seulement dans le cas où la société mère autrichienne disposerait en France d'un établissement stable qui détiendrait ou contrôlerait lui-même tout ou partie du capital de la filiale et serait assujetti en France à l'impôt sur les sociétés au taux normal, mais encore, en l'absence d'un tel établissement, dans le cas où cette société mère aurait elle-même été passible en France de cet impôt au même taux, si elle y avait exercé son activité (le raisonnement a été repris dans le cadre franco-américain par TA Paris 26 mars 2007 n° 01-695 et 02-10977, 1e sect., 2e ch., Sté Timberland : RJF 12/07 n° 1388 ; jugement définitif).

L'administration avait tiré les conséquences de cette décision par une ancienne instruction du 12 janvier 2005 (BOI 13 O-2-05, qui n'avait pas été reprise au BOFiP sur ce point), en tentant tout de même de considérer que l'ancien dispositif était compatible avec certaines conventions fiscales, notamment celles qui sont issues d'une négociation ou **renégociation postérieure** au 23 juillet 1992, date d'introduction dans le modèle de convention fiscale de l'OCDE de nouveaux commentaires précisant que les conventions fiscales ne s'opposent pas à l'application des règles nationales sur la sous-capitalisation (la justesse de cette réserve ne nous paraît pas établie, compte tenu de la façon dont le Conseil d'État a raisonné en l'espèce).

81337 **Dispositif actuel** En l'état actuel, la législation française relative à la déductibilité des charges financières (CGI art. 212 bis) ne contient pas d'élément de discrimination, puisque les intérêts sont **traités de la même façon** quelle que soit la résidence des prêteurs, en France ou hors de France, et indépendamment de la nationalité ou de la résidence des actionnaires de contrôle de la société française débitrice (nos 26830 s.).

La France a cependant maintenu sa **réserve au modèle de l'OCDE**, qui se lit actuellement comme suit : « La France accepte la disposition du paragraphe 4, mais souhaite se réserver la possibilité d'appliquer les dispositions de sa législation concernant la limitation de la déduction des intérêts payés par une société française à une société associée ou liée » (Commentaires OCDE, C (24) n° 91, dans leur version de juillet 2008) ; dans le passé, cette réserve s'était traduite par l'insertion d'une clause spécifique dans certaines conventions fiscales, selon laquelle rien n'empêche « la France d'appliquer les dispositions de l'(ancien) article 212 du Code général des impôts en ce qui concerne les intérêts payés par une société française à une société mère étrangère » (par exemple, point 6 du protocole annexé à la convention entre la France et Chypre du 18 décembre 1981).

Absence de consensus

Les États ne sont pas prêts à tirer toutes les conséquences du principe de non-discrimination selon l'origine des capitaux. Comme l'indiquent les commentaires du modèle de convention fiscale de l'ONU, certains pays proposent que les mesures spéciales applicables aux sociétés étrangères ne soient pas considérées comme relevant d'une discrimination interdite, dès lors que **toutes les entreprises étrangères** sont traitées de la même façon. Selon ces États, cette position est justifiée par les problèmes liés au respect des lois fiscales par les entreprises sous contrôle étranger et la position « politiquement sensible » dans les pays en développement des entreprises contrôlées par des étrangers. Ils proposent donc de modifier la clause de non-discrimination en interdisant seulement un traitement plus défavorable par rapport aux entreprises des pays tiers (Commentaires ONU, C (24) paragraphe 5, point 5). **81340**

Une telle clause ne paraît pas avoir été introduite dans les conventions signées par la France. Mais il existe aussi des conventions fiscales qui ne reprennent pas le principe lui-même de non-discrimination selon l'origine des capitaux (par exemple, diverses conventions avec des pays d'Afrique, comme la convention du 11 août 1965 avec le Burkina Faso).

SECTION 4

La portée du principe de non-discrimination dans le cadre de l'Union européenne

Éléments de contexte

Le principe de non-discrimination a connu une évolution considérable dans le cadre de l'Union européenne sous l'effet de la jurisprudence de la Cour de justice (anciennement CJCE, Cour de justice des Communautés européennes), qui, aujourd'hui, est très souvent saisie des restrictions mises par les États membres aux grandes libertés affirmées par le traité FUE (ex-traité CE) : liberté d'établissement, liberté de circulation des travailleurs, libre prestation de services et liberté de circulation des capitaux. La Cour a, en effet, le souci de **donner leur plein effet à ces libertés** et de n'admettre de restrictions que dans des conditions très strictes. Le juge national, de son côté, n'hésite plus à censurer directement les restrictions interdites ou à renvoyer pour interprétation à la Cour par la technique de **renvoi préjudiciel** (article 267 du traité FUE, ex-article 234 du traité CE). **81400**

Les décisions de la Cour de justice sont d'autant plus importantes que lorsque la Cour prononce un « **dire pour droit** », celui-ci s'impose non seulement à la juridiction de renvoi mais aussi à **tous les États membres** (un arrêt préjudiciel a des effets « erga omnes » et aussi des effets rétroactifs, sauf exception).

Précisions **a.** Le **traité de Lisbonne**, entré en vigueur le 1er décembre 2009 (n° 87355), a renommé « Traité sur le fonctionnement de l'Union européenne » (traité FUE) le traité instituant la Communauté européenne (traité CE) ; la numérotation de certains articles importants a été modifiée (la double référence est maintenue ci-après pour faciliter le repérage).

b. À la suite de l'entrée en vigueur du traité de Lisbonne, la Cour de justice des Communautés européennes (CJCE) est devenue la **Cour de justice** ; la Cour de justice de l'Union européenne (CJUE) englobe la Cour de justice, le Tribunal et des tribunaux spécialisés. L'habitude a cependant été prise d'appeler « CJUE » la Cour de justice (alors que le terme « CJUE » devrait désigner l'ensemble des juridictions).

c. Les libertés de circulation prévues par le droit de l'Union européenne sont normalement **sans effet** à l'égard de situations **purement internes**. Les éventuelles censures de discriminations à rebours (nº 81415) concernent les conséquences des directives européennes et non les libertés de circulation.

d. Un État membre manque aux obligations qui lui incombent en adoptant une disposition législative qui restreint, avec effet rétroactif et sans préavis ni régime transitoire, le droit des contribuables de **recouvrer les impôts prélevés en violation** du droit de l'Union européenne (CJUE 18 décembre 2014 aff. 640/13, 1e ch., Commission c/ Royaume-Uni : RJF 3/15 nº 280).

e. La Charte des droits fondamentaux de l'Union européenne est susceptible d'avoir des conséquences en matière fiscale, par exemple sur les conditions que doivent respecter les **traitements de données à caractère personnel** aux fins de la perception de l'impôt et de la lutte contre la fraude fiscale (CJUE 27 septembre 2017 aff. 73/16, 2e ch. : RJF 12/17 nº 1273). Voir également nº 74326, Précisions d, à propos de l'échange de renseignements entre États.

Prise en compte du droit de l'Union européenne

81410 Le législateur a pris la mesure de la dimension européenne et cherche aujourd'hui, bien davantage que dans le passé, à éviter les discriminations qui ne seraient pas justifiées dans le cadre de l'Union européenne ou dans celui de l'Espace économique européen ; en témoignent, par exemple, la mise en place d'un dispositif spécial pour les **non-résidents « Schumacker »** (nº 3097), les modifications relatives au **PEA** dans le sens de l'admission de valeurs européennes, la suppression du dispositif des provisions pour implantation à l'étranger (nº 16000) et de celui des centrales de trésorerie (nº 26780, Précisions a), la prise en compte des frais de garde d'enfants dans un autre État de l'Union européenne, la suppression de l'**avoir fiscal**, qui, en 2004, avait été justifiée en partie par son incompatibilité avec le droit de l'Union européenne (non-attribution de l'avoir fiscal à des résidents de France pour l'imposition des dividendes distribués par des sociétés européennes), la possibilité de bénéficier d'un abattement au titre de **dividendes** européens comme pour les dividendes français (nos 1958), etc. De même, les modifications touchant à l'imposition des **plus-values immobilières** ont notamment eu pour objectif d'éviter d'imposer plus lourdement une plus-value réalisée par un non-résident européen que par un résident (nos 67660 et 67690) ; la création d'une imposition au taux de 15 % des dividendes reçus par les **organismes sans but lucratif** a fait cesser la discrimination des organismes similaires étrangers (nº 61018) ; la suppression de la retenue à la source sur les dividendes versés aux **OPC étrangers** a supprimé une restriction pour respecter la jurisprudence de la Cour de justice (nº 60860) ; enfin, les modifications apportées au régime de l'intégration fiscale et à l'imposition des **dividendes intragroupe** pour les exercices ouverts depuis le 1er janvier 2019 (nº 61425), ainsi que la prise en compte des charges pour la détermination de l'assiette de certaines **retenues à la source** depuis le 1er janvier 2022 (CGI art. 235 quinquies ; nos 3440, 45175 et 60980), ont clairement été motivées par la volonté du législateur de mieux respecter le droit de l'Union européenne.

Précisions **a.** La prise en compte de la dimension européenne se traduit généralement par l'utilisation de **formules** du type « avoir son siège social dans un État membre de l'Union européenne ou dans un autre État partie à l'accord sur l'Espace économique européen ayant conclu avec la France une convention d'assistance administrative en vue de lutter contre la fraude ou l'évasion fiscale ».

b. L'**Espace économique européen** (EEE) est un accord d'association signé en 1992 entre les pays de l'Union européenne et l'Islande, le Liechtenstein et la Norvège. Les textes qui renvoient non seulement à l'EEE mais aussi à l'existence d'une convention fiscale conduisent à exclure, sans le nommer, le **Liechtenstein**, qui n'a pas conclu de convention fiscale avec la France et dont le régime fiscal est privilégié. Cela dit, l'article 59 de la loi nº 2011-1978 du 28 décembre 2011 de finances rectificative pour 2011 a supprimé, dans un grand nombre de dispositions législatives, la condition tenant à l'existence d'une convention fiscale, ce qui a permis d'inclure le Liechtenstein en raison de l'accord du 22 septembre 2009 conclu avec la France et relatif à l'échange de renseignements en matière fiscale.

c. Les règles de l'accord EEE sont **identiques en substance** à celles du traité FUE et doivent être interprétées de la même façon ; la Cour de justice vérifie que les règles de l'EEE sont interprétées de manière uniforme à l'intérieur des États membres (par exemple, Commission c/ Belgique, 5 juillet 2007, aff. 522/04, point 44, et CJCE aff. 521/07, cité nº 82060, jugeant la législation néerlandaise incompatible avec la libre circulation des capitaux).

Conséquence sur les discriminations à rebours

81415 En ce qui concerne les directives européennes (mais non les grandes libertés de circulation prévues par le traité FUE), les solutions retenues par la Cour de justice sont susceptibles, par le jeu des règles constitutionnelles, d'avoir des conséquences décisives sur des situations purement internes ou qui dépassent le cadre de l'Union européenne et concernent des pays tiers. Le Conseil constitutionnel, en effet, donne toute sa portée aux **principes d'égalité devant la loi** et devant les **charges publiques** d'où il résulte que si une imposition n'est pas conforme à une directive européenne, et n'est donc pas exigible dans une situation transfrontalière au sein de l'Union européenne, elle est éventuellement susceptible de ne pas l'être non plus dans les autres situations.

Un bon exemple en est donné par la décision relative à la **contribution de 3 % sur les montants distribués**, après que la Cour de justice eut jugé que cette contribution n'était pas exigible en cas de redistribution par une société mère française de dividendes versés par une filiale européenne sur le fondement de la directive mères/filles, ce dont le Conseil d'État avait rapidement tiré les conséquences (n° 60995).

Saisi d'une question prioritaire de constitutionnalité, le Conseil constitutionnel a ensuite constaté une **différence de traitement** puisque la contribution ne pouvait pas être appliquée aux bénéfices redistribués par une société mère française en provenance d'une filiale établie dans l'Union européenne relevant du régime européen des sociétés mères alors que demeuraient soumises à la contribution les redistributions de dividendes provenant de filiales établies en France ou dans les États tiers ainsi que la distribution de dividendes prélevés sur les résultats d'exploitation.

Comme les sociétés françaises se trouvaient dans la même situation au regard de l'objet de la contribution, qui consistait à imposer tous les montants distribués, indépendamment de leur localisation d'origine, seul un **motif d'intérêt général** aurait pu justifier une telle différence de traitement. Mais aucun motif de cette nature ne pouvait être identifié puisqu'en instituant cette contribution, le législateur avait poursuivi un objectif de rendement budgétaire et qu'un tel objectif ne constitue pas, en lui-même, une raison d'intérêt général de nature à justifier une différence de traitement. Méconnaissant les principes d'égalité devant la loi et devant les charges publiques, la contribution était donc **contraire à la Constitution** (Cons. const. 6 octobre 2017 n° 2017-660 QPC, Sté de participations financières : RJF 12/17 n° 1219).

Pour d'autres exemples, voir n° 61415 à propos du régime des sociétés mères ; n° 65777, Précisions, à propos de l'imposition des plus-values en report ; et n° 65780, Précisions, à propos du dispositif anti-abus relatif aux cessions de titres à des sociétés liées.

Cela étant, comme la différence de situation est appréciée par le Conseil constitutionnel **au regard de l'objet** de la disposition contestée, il n'y a pas contrariété à la Constitution si la différence de traitement est en rapport direct avec l'objet de la loi et fondée sur des critères rationnels. Pour un exemple de situation où l'argument de la discrimination à rebours n'a pas fonctionné alors qu'il y avait bien une différence entre les situations internes ou européennes et celles mettant en cause des États tiers, voir Cons. const. 15 novembre 2019 n° 2019-813 QPC : RJF 2/20 n° 159 (n° 27153, Précisions d). Dans le même sens, à propos des conditions d'imposition des **plus-values d'échange** de titres selon qu'elles entrent ou non dans le champ de la directive fusions, il a été jugé que, au regard de l'objet de la loi telle qu'elle doit être interprétée pour être conforme à la directive européenne, il existe une **différence de situation**, tenant au cadre, européen ou non, d'une opération d'échange de titres, justifiant une différence de traitement (Cons. const. 3 avril 2020 n° 2019-832/833 QPC : RJF 6/20 n° 551, refusant d'y voir une discrimination à rebours qui aurait été inconstitutionnelle ; voir n°s 65775, Précisions a et 88390).

L'argument de la discrimination à rebours n'est pas pertinent, en tout état de cause, en cas de méconnaissance des grandes libertés prévues par le droit de l'Union européenne (Cons. const. 13 avril 2018 n° 2018-699 QPC, Sté Life Sciences Holdings France : RJF 7/18 n° 783).

A. Principes directeurs

Identification préalable de la liberté applicable

La question de savoir si une législation nationale relève de l'une ou l'autre des libertés de circulation dépend de l'**objet de la législation** en cause (jurisprudence nombreuse, reprise notamment par CJUE 7 avril 2022 aff. 342/20, 2e ch., A SCPI, point 35 ; voir également n° 82035). 81450

La distinction est particulièrement importante en ce qui concerne la liberté d'établissement et la liberté de circulation des capitaux puisque, si un État tiers est en cause, la liberté de circulation des capitaux peut s'appliquer alors que la liberté d'établissement ne s'applique que dans le cadre de l'Union européenne (nº 81985) ; si une législation nationale s'applique sans égard à **l'importance de la participation détenue** par un non-résident, elle peut relever aussi bien de la liberté d'établissement que de la liberté de circulation des capitaux, même si le cas d'espèce concerne une participation importante qui ressortirait normalement à la liberté d'établissement (arrêt Hölbock, points 22 à 24 ; nº 81985). La liberté d'établissement s'applique, et non la liberté de circulation des capitaux, uniquement lorsque la législation contestée cible les participations permettant d'exercer une influence sur la société émettrice.
Lorsque son objet ne permet pas de déterminer à lui seul si la législation nationale relève de manière prépondérante de la liberté d'établissement ou de la liberté de circulation des capitaux, la Cour tient compte des **éléments factuels** du cas d'espèce afin de déterminer si la situation visée par le litige relève de l'une ou de l'autre de ces libertés (par exemple, notamment, CJUE 10 juin 2015 aff. 686/13, 2e ch., X AB, point 23 : RJF 10/15 nº 868, et CJUE 7 avril 2022 aff. 342/20, 2e ch., A SCPI, point 36). Ainsi, face à une décision de renvoi faisant état d'une législation applicable en présence d'une détention d'au moins 15 %, mais sans précision sur l'objet de cette législation, la Cour a tenu compte des éléments factuels du cas d'espèce pour décider que la situation visée relevait de la liberté d'établissement (CJUE 20 décembre 2017 aff. jointes 504/16 et 613/16, 6e ch., Deister Holding AG, anciennement Traxx Investments NV, et Juhler Holding A/S : RJF 11/18 nº 1195 ; nº 88210).

Enfin, lorsqu'une mesure nationale se rapporte à la fois à la liberté d'établissement et à la libre circulation des capitaux, la Cour de justice examine la mesure en cause, en principe, au regard de l'une seulement de ces deux libertés s'il s'avère que, dans les circonstances de l'affaire au principal, l'une d'elles est tout à fait **secondaire par rapport à l'autre** et peut lui être rattachée (jurisprudence nombreuse, notamment CJUE 7 avril 2022 aff. 342/20, 2e ch., A SCPI, point 37 ; voir également nº 82035). Dans cette affaire, la liberté de circulation des capitaux était en cause, car la législation finlandaise, sans exclure de son champ d'application les situations relevant de la liberté d'établissement, visait les investissements effectués en vue de réaliser un placement financier, sans intention d'influer sur la gestion et le contrôle de l'entreprise ; elle était donc susceptible d'affecter de manière prépondérante la libre circulation des capitaux, les éventuelles restrictions à la liberté d'établissement constituant une conséquence inévitable de la restriction à la libre circulation des capitaux et ne justifiant pas, dès lors, un examen autonome au regard de la liberté d'établissement. En ce qui concerne les relations entre libre circulation des capitaux et libre prestation de services, il a été jugé qu'une entrave à la première qui n'est que la **conséquence d'une entrave** à la seconde n'est pas critiquable lorsque la victime est domiciliée dans un pays tiers (CJCE 3 octobre 2006 aff. 452/04, Fidium Finanz, à propos d'une société suisse qui accordait des crédits en Allemagne). Voir également nº 81995.

Précisions À propos de **l'article 209 B** du CGI, le Conseil d'État a synthétisé de la façon suivante la jurisprudence de la Cour de justice sur la distinction entre liberté d'établissement et libre circulation des capitaux (CE 25 avril 2022 nº 439859, 9e et 10e ch., Sté Rubis : RJF 7/22 nº 625) : lorsqu'est en cause la participation d'une société résidente d'un État membre dans une société établie dans un pays tiers, **l'examen de l'objet** de la législation nationale suffit pour apprécier si cette participation relève de la libre circulation des capitaux. Ainsi, une législation nationale qui ne s'applique pas exclusivement aux situations dans lesquelles la société mère exerce une influence décisive sur la société établie dans le pays tiers doit être appréciée au regard de ces stipulations. Une société résidente d'un État membre peut alors, **indépendamment de l'ampleur de la participation** qu'elle détient dans la société distributrice de dividendes établie dans un pays tiers, se prévaloir de la liberté de circulation des capitaux afin de mettre en cause la légalité d'une telle réglementation. En revanche, lorsqu'il ressort de l'objet d'une législation nationale que celle-ci a seulement vocation à s'appliquer aux participations permettant d'exercer une influence certaine sur les décisions de la société établie dans le pays tiers et d'en déterminer les activités, la libre circulation des capitaux n'est pas invocable.

Principe de l'interdiction des restrictions

81460 La jurisprudence affirme régulièrement que, si la fiscalité directe relève de la compétence des États membres, ceux-ci ne doivent l'exercer que dans le respect du droit de l'Union européenne et qu'ils doivent s'abstenir de toute discrimination fondée sur la nationalité. La Cour de justice, qui veille au respect de l'objectif poursuivi par le traité FUE (ex-traité CE) d'assurer la fluidité du marché intérieur, s'attache à faire respecter les grandes libertés de circulation, liberté d'établissement, liberté de circulation des travailleurs, libre prestation de services et liberté de circulation des capitaux. **81460** (suite)

Par principe, les différences de traitement résultant de la législation fiscale d'un État membre sont interdites si elles concernent des **situations objectivement « comparables »** (on devrait plutôt dire « similaires ») et si elles ne sont pas justifiées par une raison impérieuse d'intérêt général. La détermination des critères de comparabilité est souvent délicate, d'autant que la Cour de justice a précisé que la comparabilité d'une situation transfrontalière avec une situation interne doit être examinée en tenant compte de **l'objectif poursuivi** par les dispositions nationales en cause (en ce sens, notamment, point 32 de l'arrêt 650/16 dans l'affaire Bevola et Jens W. Trock, n° 81720 ; points 39 s. de l'arrêt 405/18 dans l'affaire Aures, n° 81695). En pratique, il faut donc se livrer à une analyse assez fine et souvent incertaine. Comme le dit l'avocate générale Kokott dans ses conclusions sur l'affaire Aures, précitée, « le critère de la comparabilité n'est de toute façon pas nettement défini. Dans la mesure où toutes les situations sont comparables à au moins un égard lorsqu'elles ne sont pas identiques, il conviendrait par conséquent d'abandonner l'examen de ce critère » (point 30 des conclusions) ; dans cette affaire, l'avocate générale avait d'ailleurs estimé que, contrairement à ce qu'a jugé ensuite la Cour, le critère de comparabilité était rempli, mais que la restriction était justifiée par la sauvegarde de la répartition équilibrée du pouvoir d'imposition entre les États membres.

Quoi qu'il en soit, sont visées non seulement les discriminations ostensibles fondées sur la nationalité, mais encore **toute forme dissimulée de discrimination** qui, par application d'autres critères de distinction, aboutit en fait au même résultat (nombreux arrêts en ce sens, notamment affaire Biehl citée au n° 81800). Ainsi, ce n'est pas parce qu'une législation nationale est indistinctement applicable aux résidents et aux non-résidents qu'elle n'est pas constitutive d'une restriction ; une restriction peut, par exemple, être identifiée si une législation nationale indistinctement applicable aux résidents et aux non-résidents réserve le bénéfice d'un avantage fiscal aux situations dans lesquelles un opérateur remplit des conditions qui sont, **de par leur nature ou en fait**, propres au marché national, de telle sorte que seuls les opérateurs présents sur le marché national sont susceptibles de les remplir et que les opérateurs non résidents qui présentent des caractéristiques comparables ne les remplissent généralement pas (en ce sens, notamment, affaires Hervis, n°s 81580 et 81675 ; Köln-Aktienfonds Deka, n° 82072 ; Van Caster, n° 82003 ; Van der Weegen, n° 81890).

Cela ne signifie pas que toutes les restrictions soient interdites ; par exemple, la **résidence** des **personnes physiques** peut constituer un facteur pouvant parfois, mais pas toujours, justifier des règles différentes. Dans chaque situation, il convient d'examiner si la limitation de l'application d'un avantage fiscal aux contribuables résidents est motivée par des éléments objectifs pertinents susceptibles de justifier la différence de traitement (voir, par exemple, les arrêts Gerritse, n° 81930, et Conijn, n° 81660, qui n'admettent pas la pertinence de la distinction compte tenu des circonstances).

Sur le plan des principes, en outre, une discrimination ne peut être considérée comme autorisée au motif que le contribuable discriminé pourrait **éviter la discrimination en optant** pour le même régime d'imposition que les résidents (affaire Gielen, n° 81580 ; voir également n° 82090 l'arrêt du 8 juin 2016 aff. 479/14). La Cour juge en effet que cela aurait autrement pour conséquence de valider un régime fiscal qui demeure, en soi, une violation du droit de l'Union européenne en raison de son caractère discriminatoire. Dans le même sens, il a été confirmé, à propos de l'imposition de plus-values immobilières, que la possibilité donnée à des non-résidents de choisir entre un régime fiscal discriminatoire et un autre qui ne le serait pas n'est pas susceptible d'exclure les effets discriminatoires du premier (CJUE 18 mars 2021 aff. 388/19, 1e ch., MK : RJF 6/21 n° 669 ; voir n° 82050) ; un régime national restrictif d'une liberté fondamentale garantie par le traité FUE demeure incompatible avec le droit de l'Union européenne, **quand bien même son application serait facultative**.

Le Conseil d'État, cependant, a estimé qu'une différence de traitement entre nationaux français résidents du Royaume-Uni et nationaux britanniques résidents du Royaume-Uni n'est pas incompatible avec le droit de l'Union européenne dès lors que la différence de traitement fiscal n'est que la conséquence de l'exercice d'une **option fiscale** ouverte par la législation britannique (trois décisions du même jour, notamment CE 27 juillet 2012 n°s 337656 et 337810, 9e et 10e s.-s., min. c/ Regazzacci : RJF 11/12 n° 1012 ; voir aussi n° 41155).

Une restriction peut être interdite même si elle est minime et même en présence d'une législation qui établit une **simple présomption** (affaire Vestergaard ; nº 81920). Même une restriction de faible portée ou d'importance mineure est interdite ; par exemple, un **désavantage en matière de trésorerie** dans une situation transfrontalière peut constituer une restriction lorsque pareil désavantage ne se produit pas dans une situation purement nationale (par exemple, CJUE 17 septembre 2015 aff. 589/13, 5ᵉ ch., F. E. Familienprivatstiftung Eisenstadt, points 50 et 51 : RJF 12/15 nº 1078 ; voir également nº 82062). Un régime de **sanctions**, s'il aboutit à exiger de sociétés non résidentes le paiement d'amendes d'un montant significativement plus élevé que celui applicable aux sociétés résidentes, peut également caractériser une restriction interdite (CJUE 3 mars 2020 aff. 482/18, Gr. ch., Google Ireland Limited : RJF 5/20 nº 508, à propos de la libre prestation de services ; nº 81925).

Enfin, comme le Conseil d'État, la Cour de justice juge généralement que la **résidence** n'est pas un critère pertinent en ce qui concerne la situation des **sociétés** ; pour la Cour, le critère du siège social joue, pour les sociétés, le rôle de la nationalité pour les personnes physiques (en ce sens, conclusions Léger sous l'arrêt CLT-UFA, nº 81600 ; voir toutefois l'arrêt Truck Center, nº 81630).

Précisions Pour qu'elle soit censurée, il est, bien entendu, nécessaire **que la restriction soit établie** ; notamment, la Commission européenne a échoué à démontrer, par un exemple qui a été considéré comme une **simple hypothèse d'école**, que le Portugal imposait les intérêts payés à des institutions financières non résidentes plus lourdement que ceux payés à des institutions financières résidant sur le territoire portugais (CJUE 17 juin 2010 aff. 105/08, 1ᵉ ch., Commission européenne c/ République portugaise). Pour un autre exemple, voir CJUE 22 novembre 2012 aff. 600/10, 4ᵉ ch., Commission c/ Allemagne : Droit fiscal 2012 nº 48, act. 477, à propos d'un recours formé contre les règles allemandes interdisant aux fonds de pension non résidents de déduire les frais d'exploitation des dividendes et des intérêts perçus en Allemagne (la Cour relève que la Commission n'a donné aucun exemple plausible et qu'elle n'a **pas suffisamment prouvé** le manquement).

Justifications possibles

81470 Une restriction caractérisée peut être justifiée si elle est proportionnée et motivée par une raison impérieuse d'intérêt général. Par exemple, la perception d'une **retenue à la source** sur les rémunérations versées à des prestataires de services non résidents a été considérée comme une restriction mais cette restriction a été admise au stade des justifications, au nom de l'efficacité du recouvrement de l'impôt (CJUE 18 octobre 2012 aff. 498/10, 1ᵉ ch., X NV ; nº 81930).

Parmi les motifs pouvant justifier une restriction, la Cour de justice peut retenir la **cohérence** d'un système fiscal (nº 82200), la préservation de la **répartition du pouvoir d'imposition** entre les États membres (un grand nombre d'arrêts, désormais, à la suite des affaires Marks & Spencer, nº 81701 ; N, nº 81690 ; et Cadbury Schweppes, nº 81740), l'efficacité des **contrôles fiscaux** (Futura Participations et Singer, nº 81580) et l'exclusion des **montages purement artificiels** dont le but serait de contourner la législation fiscale nationale (par exemple, affaires ICI, nº 81680, et Cadbury Schweppes, nº 81740). L'objectif de la préservation de la répartition du pouvoir d'imposition entre les États membres, considéré comme légitime par la Cour et de plus en plus invoqué par les États membres, a notamment pour objet de **sauvegarder la symétrie** entre le droit d'imposition des bénéfices et la faculté de déduction des pertes (par exemple, CJUE 6 septembre 2012 aff. 18/11, 4ᵉ ch., Philips Electronics UK Ltd : RJF 1/13 nº 114, point 24 ; voir aussi nº 81760).

Cependant, le risque de **perte de recettes** fiscales, le simple risque d'**évasion fiscale** ou la **compensation** d'une restriction par un avantage accordé par ailleurs ne sont pas de nature à justifier une restriction.

Une restriction ne peut pas non plus être justifiée par une **présomption d'évasion fiscale** (affaire Lasteyrie du Saillant ; nº 81690) ; les États membres peuvent simplement exiger des **justificatifs** (affaire du prélèvement libératoire français ; nº 82080), l'exigence d'une **formalité déclarative** au moment du départ d'un contribuable dans un autre État membre n'étant pas disproportionnée au regard d'un objectif légitime de répartition du pouvoir d'imposer (affaire N ; nº 81690). Dans l'affaire Établissements Rimbaud (nºˢ 68350 et 81998), la Cour de justice a rappelé qu'une justification tirée de la lutte contre la fraude fiscale n'est admissible que si elle vise des **montages purement artificiels** dont le but est de contourner la loi fiscale, ce qui exclut toute présomption générale de fraude ; en effet, un État membre peut appliquer des mesures qui permettent la vérification, de façon claire et précise, du montant dû par les contribuables (voir également l'affaire Laboratoires Fournier, n° 81920, point 24). Et pour vérifier si une opération poursuit un objectif de fraude ou d'abus, les autorités nationales ne peuvent se contenter d'appliquer des critères généraux prédéterminés mais doivent procéder à un **examen individuel** de l'ensemble de l'opération (CJUE 7 septembre 2017 aff. 6/16, 6e ch., Eqiom SAS et Enka SA : RJF 11/17 n° 1145) ; la Cour rappelle, dans cette affaire, qu'une mesure fiscale revêtant une portée générale excluant automatiquement certaines catégories de contribuables d'un avantage fiscal, sans que l'administration fiscale soit tenue de fournir ne serait-ce qu'un commencement de preuve ou d'indice de fraude et d'abus, irait au-delà de ce qui est nécessaire pour éviter les fraudes et les abus (dans le même sens, point 62 de CJUE 20 décembre 2017 aff. jointes 504/16 et 613/16, 6e ch., Deister Holding AG, anciennement Traxx Investments NV, et Juhler Holding A/S : RJF 11/18 n° 1195 ; n° 88210).

On relèvera incidemment qu'une nouvelle justification a été évoquée un temps par la Cour, celle de la **lutte contre les « paradis fiscaux »** qui pourrait éventuellement devenir une justification autonome sans lien avec la notion de montage artificiel ; la Cour indique ainsi, au point 32 de la décision Felixstowe Dock and Railway Company Ltd et a. (CJUE 1er avril 2014 aff. 80/12, Gr. ch. : RJF 10/14 n° 961), que la mesure incriminée « pourrait être justifiée par l'objectif consistant à lutter contre les paradis fiscaux » (au cas d'espèce, la Cour n'en tire cependant pas de conséquences). Une telle justification pourrait être de nature à réduire, dans certains cas, la portée de la libre circulation des capitaux en ce qui concerne les États tiers.

Quant à la circonstance que, dans une situation particulière, un non-résident soit défavorisé, elle n'est pas compensée par le fait qu'il peut être **favorisé dans d'autres circonstances** (par exemple, affaire Lakebrink, n° 81860).

Cela étant, les avantages prévus par le droit de l'Union européenne peuvent, par principe, être valablement refusés en cas d'**abus de droit** ; la Cour juge, en effet, que nul ne peut se prévaloir frauduleusement ou abusivement des normes du droit de l'Union européenne et que l'application de ces normes ne peut couvrir des pratiques abusives, « c'est-à-dire des opérations réalisées non dans le cadre de transactions commerciales normales, mais seulement dans le but de bénéficier abusivement des avantages prévus par le droit communautaire » (CJCE 5 juillet 2007 aff. 321/05, 1e ch., Hans Markus Kofoed : RJF 10/07 n° 1185) ; dans cette affaire, la Cour a fait état d'un « **principe général du droit communautaire** selon lequel l'abus de droit est prohibé ». Ce principe, rappelé notamment par l'arrêt Argenta Spaarbank NV (CJUE 26 octobre 2017 aff. 39/16, 5e ch. : RJF 1/18 n° 130, point 60, à propos de la directive mères/filles), doit tout de même faire l'objet d'une interprétation stricte (en ce sens, par exemple, point 26 de CJUE 7 septembre 2017 aff. 6/16, 6e ch., Eqiom SAS et Enka SA : RJF 11/17 n° 1145). Une nouvelle confirmation de la portée du principe de prohibition des abus de droit a été apportée à propos des exonérations prévues par les directives européennes en ce qui concerne la distribution de dividendes et le versement d'intérêts (CJUE 26 février 2019 aff. jointes 116/16 et 117/16, Gr. ch., T Danmark et Y Denmark Aps : RJF 6/19 n° 611 et CJUE 26 février 2019 aff. jointes 115/16, 118/16, 119/16 et 299/16, Gr. ch., respectivement N Luxembourg 1, X Denmark, C Danmark I et Z Denmark : RJF 6/19 n° 613 ; voir n° 72620).

Enfin, à supposer qu'une législation soit propre à atteindre des objectifs admissibles, tels que la prévention de la fraude et de l'évasion fiscales, la sauvegarde de l'efficacité des contrôles fiscaux et la répartition équilibrée du pouvoir d'imposition entre les États membres, il faut encore qu'elle **n'aille pas au-delà de ce qui est nécessaire** pour atteindre ces objectifs. Il a par exemple été jugé qu'une règle ne satisfaisant pas aux exigences du **principe de sécurité juridique** ne saurait être considérée comme proportionnée aux objectifs poursuivis (affaire SIAT, point 59 ; n° 81935).

Dans nombre de circonstances, la Cour de justice n'admet pas la restriction car elle relève que les États membres peuvent utiliser **l'assistance administrative** et l'assistance au recouvrement prévues par les directives européennes ; elle juge à ce propos que les États membres ne sauraient tirer des difficultés éventuelles rencontrées pour réunir les informations requises ou des carences susceptibles de se produire dans la coopération entre leurs administrations fiscales une justification à la restriction des libertés fondamentales garanties par le traité FUE.

Absence d'obligation d'éliminer les doubles impositions

Si Les États membres doivent généralement traiter les situations transfrontalières de la même façon que les situations nationales, ils n'ont pas d'obligation de principe d'éliminer la double imposition qui ressortit au domaine des conventions fiscales. **81480**

La Cour de justice a ainsi jugé, à diverses reprises, que le droit de l'Union européenne, en l'état actuel de son développement, ne prescrit pas de critères généraux pour la **répartition des compétences** entre les États membres s'agissant de l'élimination des doubles impositions à l'intérieur de l'Union européenne ; si l'on écarte les directives applicables aux dividendes, intérêts et redevances et la convention européenne d'arbitrage, **aucune mesure d'unification** ou d'harmonisation visant à éliminer les situations de double imposition n'a été adoptée dans le cadre du droit de l'Union européenne (en ce sens, notamment, arrêts Kerckhaert et Morres, point 22, n° 82010 ; Columbus Container Services, point 45, n° 81740 ; Margarete Block, point 30, n° 82100). Davantage, la Cour juge qu'une double imposition alléguée par un contribuable, à supposer qu'elle existe, ne constitue pas à elle seule une restriction interdite par le traité (CJUE 15 avril 2010 aff. 96/08, 3e ch., CIBA ; point 29).

Il en résulte que, en l'état actuel de la jurisprudence, les États membres bénéficient d'une certaine **autonomie** en la matière et qu'ils n'ont pas l'obligation d'adapter leur propre système fiscal aux différents systèmes d'imposition des autres États membres, en vue, notamment, d'éliminer la double imposition découlant de l'exercice parallèle par les États de leurs compétences fiscales.

Précisions Sur la position du **Conseil constitutionnel**, voir n° 7555, Précisions a.

Prise en compte des conventions fiscales

81490 La Cour de justice a eu, à diverses reprises, l'occasion d'examiner la façon dont les stipulations des conventions fiscales devaient être combinées avec le droit de l'Union européenne.

En principe, les droits découlant des libertés de circulation sont inconditionnels et un État ne peut faire dépendre leur respect du contenu d'une convention fiscale ni soumettre ces droits à une convention de réciprocité passée avec un autre État dans le but d'obtenir des avantages réciproques (par exemple, CJCE 28 janvier 1986 Commission c/ France ; n° 81590). Cela étant, en l'absence de mesures d'unification ou d'harmonisation adoptées par l'Union européenne, les États membres demeurent compétents pour définir, par voie conventionnelle ou unilatérale, les critères de **répartition de leur pouvoir d'imposition**, en vue, notamment, d'éliminer les doubles impositions, la préservation de cette répartition étant un objectif légitime reconnu par la Cour (par exemple, point 27 de l'arrêt Nordea Bank Danmark ; n° 81705).

Les États membres sont donc libres, dans le cadre des conventions fiscales, de fixer les **facteurs de rattachement** aux fins de la répartition de leur compétence fiscale : voir en ce sens, notamment, les affaires Gilly (n° 81830), Saint-Gobain (n° 81610), D (n° 82280) ainsi que, plus récemment, CJUE 19 novembre 2015 aff. 241/14, 3e ch. : RJF 2/16 n° 213 (n° 87357, Précisions b) et CJUE 30 avril 2020 aff. jointes 168/19 et C 169/19, 8e ch., HB et IC, point 16 : RJF 8-9/20 n° 746 (n° 82250). Dans le même sens, CJUE 24 octobre 2018 aff. 602/17, 6e ch., point 23 : RJF 2/19 n° 226, rappelant notamment qu'à cette fin il n'est pas déraisonnable pour les États membres d'utiliser les critères suivis dans la pratique fiscale internationale (n° 81780, Précisions). Cette affirmation a été reprise par l'arrêt HB et IC, précité, qui ajoute qu'une convention fiscale a pour objet d'éviter que le même revenu soit imposé dans chacun des deux États et non pas de garantir que l'imposition à laquelle le contribuable est assujetti dans un État ne soit pas supérieure à celle à laquelle il serait assujetti dans l'autre État.

Pour autant, les États membres n'ont pas toute latitude dans le cadre des **conventions fiscales** bilatérales car celles-ci doivent **respecter le traité FUE** qui est considéré comme ayant une valeur supérieure (affaires Gilly, n° 81830 ; de Groot, n° 81811) ; par suite, si les États membres sont libres, dans le cadre des conventions fiscales, de fixer les facteurs de rattachement aux fins de la répartition de la compétence fiscale, ils ne peuvent appliquer des mesures contraires aux libertés de circulation garanties par le traité FUE et ils doivent notamment respecter le principe d'égalité de traitement (en ce sens, notamment, CJUE 28 février 2013 aff. 168/11, 2e ch., Manfred Beker, Christa Beker : RJF 6/13 n° 679, points 32 et 33 ; voir également n° 82015).

Un État membre peut toutefois parvenir à **garantir le respect de ses obligations résultant du traité en concluant une convention fiscale** avec un autre État membre (point 71 de l'arrêt Test Claimants in Class IV of the ACT Group Litigation, n° 81750 ; point 79 de l'arrêt Amurta, n° 82060 ; point 58 de l'arrêt Commission/Espagne, n° 82060) ; cela suppose que l'application d'une telle convention permette de compenser les effets de la différence de traitement issue de la législation nationale (en ce sens, notamment, arrêt Miljoen, X et Société Générale ; n° 82065). **81490** (suite)

Une convention fiscale peut ainsi être prise en compte lorsqu'elle **neutralise une restriction** (arrêt Denkavit, point 45 ; n° 81620) ; selon les cas, la Cour de justice examine alors si l'application combinée de la législation en cause et de la convention fiscale laisse subsister une restriction (même arrêt, point 47) ou renvoie cette appréciation au juge national (arrêt Test Claimants ACT, point 71 ; n° 81750).

En revanche, un État membre ne peut invoquer l'existence d'un **avantage concédé de manière unilatérale** par un autre État membre afin d'échapper aux obligations qui lui incombent en vertu du traité ; en ce sens, point 78 de l'arrêt Amurta (n° 82060), point 82 des arrêts Miljoen, X et Société Générale (n° 82065), montrant bien que ce n'est pas parce que la Belgique accorde un crédit d'impôt en droit interne que les Pays-Bas peuvent prétendre avoir neutralisé une restriction constatée en ce qui concerne l'imposition des dividendes.

La jurisprudence a eu, en outre, l'occasion d'affirmer les principes suivants :
– il n'appartient pas à la Cour de justice d'**interpréter les conventions fiscales** ni d'examiner les rapports entre le droit interne et les conventions fiscales car cela relève du juge national (arrêt Damseaux, n° 82010) ; mais, dès lors que le régime fiscal qui résulte d'une convention fiscale, interprétée à la lumière des commentaires du modèle de convention fiscale de l'OCDE, fait partie du cadre juridique applicable à l'affaire en cause et qu'il a été présenté comme tel par la juridiction de renvoi, la Cour doit le prendre en compte afin de donner une interprétation du droit de l'Union européenne qui soit utile au juge national (affaire Bouanich, n° 82050 ; CJUE 24 octobre 2018 aff. 602/17, 6e ch., point 18 : RJF 2/19 n° 226) ;
– la Cour de justice peut estimer pertinent de raisonner en prenant appui sur le **modèle de convention fiscale** de l'OCDE ; voir, par exemple, CJUE 26 février 2019 aff. jointes 115/16, 118/16, 119/16 et 299/16, Gr. ch., respectivement N Luxembourg 1, X Denmark, C Danmark I et Z Denmark, point 90 : RJF 6/19 n° 613 (n° 88650), à propos de la notion de bénéficiaire effectif pour l'application de la directive 2003/49 du 3 juin 2003 relative aux intérêts et redevances ;
– lorsqu'un contribuable non résident se trouve dans la même situation qu'un contribuable résident, il doit, en vertu du principe du traitement national, bénéficier, dans les mêmes conditions que les contribuables résidents, des avantages découlant d'une **convention fiscale conclue entre l'État membre de résidence et un pays tiers** (affaire Saint-Gobain ; n° 81610) ; mais le traité FUE n'impose pas, pour autant, à un État membre d'étendre à un contribuable non résident, qui ne se trouve pas dans une situation comparable à celle d'un contribuable résident, le bénéfice d'une convention fiscale conclue avec un pays autre que celui de ce contribuable non résident (arrêt D ; n° 82280).

Précisions **a.** La Commission européenne avait demandé aux Pays-Bas, le 19 novembre 2015, de modifier la disposition « anti-abus » (**limitation des avantages conventionnels**) incluse dans la convention fiscale conclue par ce pays avec le Japon au motif qu'un État membre qui conclut une convention fiscale avec un pays tiers ne peut convenir d'un traitement plus favorable pour des entreprises détenues par des actionnaires résidant sur son propre territoire que pour des entreprises comparables détenues par des actionnaires qui résident ailleurs dans l'Union européenne ou l'Espace économique européen. La Commission avait estimé également qu'un État membre ne peut convenir, dans le cadre de conventions fiscales, de conditions plus favorables pour les entreprises cotées sur sa propre place boursière que pour celles cotées sur d'autres places boursières de l'Union européenne ou de l'Espace économique européen (MEMO/15/6006 ; infraction n° 20144233). Cette procédure a cependant été close le 30 octobre 2020, au motif allégué que les stipulations de cette nature résultent de négociations bilatérales et sont un moyen de lutte contre le « treaty shopping », les États membres pouvant être mis en difficulté vis-à-vis de leurs partenaires si la position de la Commission était confirmée par la Cour de justice (des raisons d'opportunité ont sans doute prévalu davantage qu'une analyse purement juridique).

b. Il arrive (mais rarement) que la Cour de justice soit amenée à **trancher un différend** tenant à l'interprétation d'une **convention fiscale** ; pour un exemple intéressant, voir CJUE 12 septembre 2017 aff. 648/15, Gr. ch., Autriche c/ Allemagne : RJF 2/18 n° 233, à propos de la notion de créance pour l'application de la convention fiscale germano-autrichienne. La compétence de la Cour résultait cependant, en l'espèce, de la convention fiscale elle-même dont l'article 25 § 5 avait explicitement donné compétence à la Cour de justice sur le fondement de l'article 273 du traité FUE permettant à la Cour de « statuer sur tout différend entre États membres en connexité avec l'objet des traités, si ce différend lui est soumis en vertu d'un compromis ».

Légitimité d'une implantation non artificielle à des fins fiscales

81500 La Cour de justice rappelle, chaque fois qu'elle en a l'occasion, que le fait qu'un ressortissant de l'Union européenne, personne physique ou morale, ait entendu profiter de la **fiscalité avantageuse** en vigueur dans un autre État membre ne permet pas, à lui seul, de le priver de la possibilité d'invoquer les dispositions du traité FUE (par exemple, affaire Cadbury Schweppes, nº 81740) ; il est constant, en effet, que les motifs pour lesquels une société mère a décidé d'implanter une filiale dans un État dont la fiscalité est avantageuse ne sauraient remettre en cause les droits que cette société tire du traité. Il ressort nettement de la jurisprudence de la Cour que le **niveau d'imposition** constitue un élément qu'une société peut légitimement prendre en compte dans le choix de l'État d'accueil dans lequel elle envisage de créer une filiale. Ainsi, comme le souligne l'avocat général Juliane Kokott dans ses conclusions du 1er mars 2018 sur l'affaire T Danmark et Y Denmark Aps (affaire 116/16 ; nº 88210), « n'est pas constitutif en soi d'abus le fait d'établir le siège, statutaire ou réel, d'une société en conformité avec la législation d'un État membre dans le **but de bénéficier d'une législation plus avantageuse**. Le seul fait que des sociétés luxembourgeoises aient également été interposées dans la chaîne de participations ne permet dès lors pas de conclure à l'existence d'un abus » (point 61 des conclusions). Et elle ajoute qu'on « ne peut pas reprocher à un contribuable de tirer effectivement profit, y compris dans la réalité (c'est-à-dire pas uniquement sur le papier), des avantages liés à la localisation qu'offrent les différents États membres » (point 71).

Ne sont cependant protégées par le droit de l'Union européenne que les installations non artificielles ou « substantielles » ; à propos de la notion de « **substance** » des sociétés, notamment celles qui peuvent paraître artificiellement interposées, les conclusions de l'avocat général Juliane Kokott dans l'affaire Eqiom (CJUE 7 septembre 2017 aff. 6/16, 6e ch. : RJF 11/17 nº 1145 ; voir nº 61045) indiquent qu'il « faudrait ainsi par exemple considérer que la structure a le caractère d'un montage artificiel si la société constituait une simple implantation fictive sous la forme d'une « **boîte aux lettres** » (arrêt du 12 septembre 2006, Cadbury Schweppes et Cadbury Schweppes Overseas, C-196/04, points 67 et 68) » ; elle ajoute que, « même dans le cas d'une présence physique, il se pourrait qu'il faille conclure au caractère artificiel de la structure tant au vu de la situation financière qu'en termes de personnes. Des éléments qui apparaissent déterminants à cet égard sont par exemple le **pouvoir de décision effectif** des organes de la société ou les **moyens financiers propres** dont elle est dotée, ou encore le **risque d'entreprise** auquel elle est exposée » (point 57 des conclusions). Cela étant, le degré de « substance » est tout de même relatif ; ainsi, comme le dit également le même avocat général dans ses conclusions précitées sur l'affaire T Danmark et Y Denmark Aps « la circonstance que l'activité consiste dans la **gestion d'actifs** et que les revenus ne proviennent que de cette gestion ne saurait impliquer l'existence d'un montage purement artificiel, dépourvu de toute réalité économique. Étant donné que les sociétés de gestion d'actifs en particulier exercent (peuvent exercer), en soi, peu d'activités, on ne peut guère assortir ce critère que d'**exigences minimales**. Si, en effet, la société a été valablement créée, qu'elle est effectivement joignable à son siège et qu'elle dispose, sur place, des moyens matériels et humains appropriés pour atteindre son objectif, on ne saurait, dans ce cas, parler de montage dépourvu de toute réalité économique » (point 55 des conclusions précitées).

Incidences de la théorie de l'enrichissement sans cause

81510 La protection des droits garantis par l'ordre juridique de l'Union européenne n'impose pas le remboursement des impôts, droits et taxes perçus en violation du droit de l'Union européenne lorsqu'il est établi que la personne astreinte au paiement de ces droits les a effectivement répercutés sur d'autres sujets. Le droit de l'Union européenne ne fait donc pas obstacle à ce qu'un État refuse la restitution de taxes indûment perçues dans des conditions qui entraîneraient un enrichissement sans cause des ayants droit à condition, cependant, que la taxe indue ait été **directement répercutée par l'assujetti sur l'acheteur** ; en ce sens, par exemple, CJUE 6 septembre 2011 aff. 398/09, Gr. ch., Lady & Kid A/S : RJF 12/11 nº 1399 interdisant tout refus de remboursement d'une taxe illicite au motif qu'il y a eu compensation par ailleurs. Également CJUE 15 septembre 2011 aff. 310/09, 1e ch., Accor, point 72 : RJF 12/11 nº 1402 (voir aussi nº 81750).

Dans cette dernière affaire, qui concernait la question du remboursement de **l'ancien précompte français**, la Cour a écarté la théorie de l'enrichissement sans cause au motif que le dispositif incriminé concernait un précompte payé par une société mère lors de la distribution de dividendes et non pas une taxe perçue lors de la vente de produits et qu'il n'y avait pas eu répercussion du précompte sur les tiers comme le serait une taxe répercutée à un acheteur ; la Cour n'a pas admis l'argument de la France qui estimait que rembourser le précompte à une société au motif que l'imposition serait contraire au droit de l'Union européenne revenait bien, sur le fond, à enrichir la société sans cause puisque seuls les actionnaires ont été désavantagés par la perception du précompte et non pas la société distributrice (le précompte était imputable sur la distribution faite aux actionnaires et ne représentait, pour la société, ni une charge comptable ni une charge fiscale).

Possibilité d'exiger des justificatifs

Le fait qu'une restriction ne puisse pas être justifiée par une présomption fiscale n'empêche pas les États de mettre en place des formalités déclaratives et d'exiger des justificatifs (n° 81470) ; de même, ils sont en droit d'exiger du contribuable les preuves qu'ils jugent nécessaires **pour apprécier** si les **conditions** d'un avantage fiscal sont réunies et, en conséquence, s'il y a lieu ou non d'accorder un tel avantage (notamment, CJUE 15 septembre 2011 aff. 310/09, 1e ch., Accor, point 82 : RJF 12/11 n° 1402). Dans cette affaire, qui concernait l'ancien précompte français (n° 81750), la Cour juge que les charges administratives, et notamment le fait que l'administration française réclame des informations relatives à l'impôt ayant effectivement frappé les bénéfices de la société distributrice étrangère, ne sauraient ni être considérées comme excessives ni enfreindre les principes d'équivalence et d'effectivité. **81515**

La Cour ajoute cependant qu'il appartient au Conseil d'État (juridiction de renvoi) de vérifier si les éléments relatifs au taux d'imposition effectivement appliqué et au montant de l'impôt effectivement acquitté sur les bénéfices sous-jacents à la distribution des dividendes ne s'avèrent pas en pratique **impossibles ou excessivement difficiles à obtenir**, compte tenu notamment de la législation de l'État de la société distributrice et des règles de conservation des documents administratifs et comptables. Toujours dans cette affaire, la Cour a, par une seconde décision, écarté divers griefs de la Commission européenne à propos du mode de preuve exigé ensuite par le Conseil d'État en rappelant notamment que les autorités fiscales d'un État membre sont en droit d'exiger du contribuable les **preuves** qu'elles jugent nécessaires pour apprécier si les conditions d'un avantage fiscal prévu par la législation nationale sont réunies et, en conséquence, s'il y a lieu ou non d'accorder un tel avantage (CJUE 4 octobre 2018 aff. 416/17, 5e ch., Commission c/ France, point 58 : RJF 12/18 n° 1299 ; voir également n° 87443 et n° 81750).

Il reste que, d'une façon générale, les contribuables non résidents ne sauraient être soumis à des **charges administratives** excessives qui les mettraient dans l'impossibilité effective de bénéficier d'un avantage fiscal ; selon la Cour de justice, il ne doit pas être impossible ou excessivement difficile pour un contribuable non résident d'obtenir un avantage fiscal et il ne saurait donc être exigé qu'il produise des pièces qui soient conformes à tous égards à la forme et au degré de précision des **pièces justificatives** prévus par la législation nationale de l'État membre conférant cet avantage, si, par ailleurs, les pièces fournies par ce contribuable permettent à cet État membre de vérifier, de façon claire et précise, que les conditions d'obtention de l'avantage fiscal en cause sont réunies (par exemple, CJUE 30 janvier 2020 aff. 156/17, 7e ch., Köln-Aktienfonds Deka : RJF 4/20 n° 418 ; voir n° 82072).

Précisions Dans l'affaire du remboursement de l'ancien précompte français, précitée, il a été jugé que ne constituaient pas une violation des principes d'équivalence et d'effectivité le fait d'**opposer** à une société mère **les choix** qu'elle avait faits dans les déclarations de précompte ni l'obligation de présenter des éléments de nature à justifier le bien-fondé d'une demande de restitution dans le cadre d'une procédure de réclamation, pour autant que cette obligation ne couvre pas une période excédant de manière conséquente la **durée légale de conservation** des documents administratifs et comptables (CJUE 4 octobre 2018 aff. 416/17, 5e ch., Commission c/ France, points 71 et 80 : RJF 12/18 n° 1299).

Retenues à la source

La Cour de justice a confirmé que l'assujettissement de non-résidents à un mécanisme de retenue à la source, s'il constitue une restriction, est une **technique d'imposition justifiée** par des raisons impérieuses d'intérêt général, telles que la nécessité de garantir l'efficacité du recouvrement de l'impôt (notamment, point 35 de l'arrêt 290/04 Scorpio, et point 39 de la décision 498/10 ; point 21 l'arrêt 18/15, Brisal - Auto Estradas do Litoral SA et KBC Finance Ireland ; voir n° 81930). Il arrive toutefois qu'il ne soit pas conforme au droit de l'Union européenne de prélever une retenue à la **81520** source sur des sommes versées à des non-résidents, par exemple en cas de versement de dividendes à des sociétés déficitaires (CJUE 22 novembre 2018 aff. 575/17, 5e ch., Stés Sofina, Rebelco et Sidro : RJF 2/19 n° 230 ; n° 60900).

En tout état de cause, il est interdit de ne pas admettre que les **frais professionnels** soient déduits pour l'imposition des non-résidents s'ils sont admis pour l'imposition des résidents, sans qu'il y ait lieu, à cet égard, de distinguer selon les prestations de services dont il s'agit (points 24 et 26 de l'arrêt Brisal - Auto Estradas do Litoral SA et KBC Finance Ireland ; n° 81930). Les non-résidents doivent, en principe, être traités de la même manière que les résidents et doivent pouvoir déduire les frais de même nature que ceux que ces derniers sont autorisés à déduire (point 45 de l'arrêt précité).

Cela ne signifie pas, apparemment, que la retenue à la source ne puisse être calculée sur un revenu brut ; après avoir jugé le contraire dans l'arrêt Scorpio, précité, la Cour a paru admettre en effet, dans l'arrêt Brisal/KBC (points 42 et 43 ; n° 81930), l'idée que le prestataire puisse **faire ensuite valoir son droit à déduction** directement auprès de l'administration, ajoutant qu'il incombe au prestataire de services de décider s'il estime opportun d'investir des ressources dans l'établissement et la traduction de documents destinés à démontrer la réalité et le montant effectif des frais professionnels dont il demande la déduction : selon la Cour, il ne peut être exclu a priori qu'un non-résident soit en mesure de fournir les **pièces justificatives pertinentes** permettant aux autorités fiscales de l'État membre d'imposition de vérifier, de façon claire et précise, la réalité et la nature des frais professionnels dont la déduction est sollicitée (point 49 de l'arrêt précité).

B. La liberté d'établissement

Principes

81550 L'**article 49** du traité FUE (ex-article 43 du traité CE, et, encore précédemment, article 52) prévoit que les restrictions à la liberté d'établissement des ressortissants d'un État membre dans le territoire d'un autre État membre sont interdites et que cette interdiction s'étend aux restrictions à la création d'agences, de succursales ou de filiales.

Cet article doit se lire en liaison avec l'**article 54** du traité FUE (ex-article 48 du traité CE) qui ajoute que les sociétés constituées conformément à la législation d'un État membre et ayant leur siège statutaire, leur administration centrale ou leur principal établissement à l'intérieur de l'Union sont assimilées, pour l'application de ces dispositions, aux personnes physiques ressortissantes des États membres (le terme « **sociétés** » s'entend également des autres personnes morales de droit public ou privé, sauf si elles ne poursuivent pas de but lucratif). De façon un peu extensive car les trusts ne sont pas normalement dotés de la personnalité juridique, mais sans doute au regard de sa très large portée, la Cour de justice a accepté d'appliquer la liberté d'établissement à un **trust** britannique (CJUE 14 septembre 2017 aff. 646/15, 1e ch., Trustees of the P Panayi Accumulation & Maintenance Settlements : RJF 12/17 n° 1260 ; voir n° 49420, Précisions c) ; cette solution s'explique par le fait que la législation britannique, applicable en l'espèce, appréhende les trustees comme un ensemble de personnes unique et continu, distinct des personnes qui peuvent être les trustees au fil du temps (voir également n° 50380, Précisions b).

Le principe de la liberté d'établissement est une disposition fondamentale de l'Union européenne, directement applicable dans tout État membre depuis la fin de la période de transition.

Précisions Les règles interdisant les restrictions à la liberté d'établissement énoncées à l'article 31 de l'accord sur **l'Espace économique européen** du 2 mai 1992 sont identiques à celles qu'impose l'article 49 du traité FUE (par exemple, aff. 471/04 du 23 février 2006, Keller Holding ; aff. 157/07 du 23 octobre 2008 Krankenheim Ruhesitz am Wannsee-Seniorenheimstatt). Dans le même sens, à propos de la législation finlandaise relative aux échanges d'actions, CJUE 19 juillet 2012 aff. 48/11, 3e ch., Veronsaajien oikeudenvalvontayksikkö c/ A Oy : RJF 11/12 n° 1085.

Champ d'application

81560 La jurisprudence a progressivement dégagé les contours de la liberté d'établissement.

S'agissant des **sociétés**, pour lesquelles l'application du principe pose davantage de difficultés que pour les personnes physiques, la Cour de justice estime que leur **siège** au sens de l'article 54 du traité FUE (ex-article 48 du traité CE) sert à déterminer, à l'instar de la nationalité pour les personnes physiques, leur rattachement à l'ordre juridique d'un État membre ; pour la Cour, admettre que l'État membre de résidence puisse librement appliquer un traitement différent en raison du seul fait que le siège d'une société est situé dans un autre État membre viderait le principe de son contenu. La liberté d'établissement vise, en effet, à garantir le bénéfice du traitement national dans l'État membre d'accueil, en interdisant toute discrimination fondée sur le lieu du siège des sociétés. Encore faut-il, naturellement, que la société qui réclame le bénéfice de la liberté d'établissement soit constituée sous la législation d'un État membre (CJUE 11 septembre 2014 aff. 47/12, 1e ch., Kronos International Inc. : RJF 12/14 n° 1159, refusant à une société du Delaware dont le siège de direction était situé en Allemagne, et qui était apparemment « résidente » d'Allemagne, le droit d'invoquer la liberté d'établissement et ne lui accordant que celui d'invoquer la liberté de circulation des capitaux). La liberté d'établissement peut cependant être invoquée par une société établie dans un État membre même si elle est directement ou indirectement **contrôlée par des sociétés d'États tiers** (en ce sens, à propos du régime de groupe britannique, CJUE 1er avril 2014 aff. 80/12, Gr. ch., Felixstowe Dock and Railway Company Ltd et a. : RJF 10/14 n° 961 ; également, points 47 et 48 de CJUE 7 septembre 2017 aff. 6/16, 6e ch., Eqiom SAS et Enka SA : RJF 11/17 n° 1145). **81560** (suite)

D'une façon générale, le principe de la liberté d'établissement est pertinent non seulement lorsqu'une société d'un État membre crée une succursale dans un autre État membre, mais aussi lorsqu'elle crée une filiale, à condition qu'elle dispose d'une participation qui lui confère une **influence certaine** sur les décisions de cette filiale et qui lui permette d'en **déterminer les activités** ; dans un tel cas, ce sont les dispositions du traité relatives à la liberté d'établissement qui trouvent à s'appliquer (par exemple, arrêts Cadbury Schweppes, point 31, n° 81740 ; Test Claimants in Class IV of the ACT Group Litigation, n° 81750 ; Oy AA, point 20, n° 81702 ; Columbus Container Services, point 29, n° 81740).

La question des **critères** permettant d'identifier une situation entrant dans le champ d'application de la liberté d'établissement a fait l'objet de diverses décisions de la Cour de justice et du Conseil d'État, qui ont apporté les précisions suivantes (voir également n° 81995) :
– il n'est pas nécessaire que la participation caractérise une situation de **contrôle** (par exemple, une participation de 48 % suffit : arrêt Truck Center, n° 81630 ; dans l'affaire Burda, n° 81750, il s'agissait d'une détention partagée 50/50) ;
– pour déterminer si un ressortissant d'un État membre détient une participation dans le capital d'une société lui conférant une influence certaine sur les décisions de cette dernière, il y a lieu de se fonder non seulement sur le **pourcentage** de cette participation et des droits de vote qu'elle confère, mais également sur tout autre élément pertinent, tel que la répartition du **solde du capital social** et des **droits de vote** attachés, la représentation au sein des **organes de gouvernance** et les liens entretenus entre eux par les différents actionnaires (CE 22 février 2017 n° 392226, 9e et 10e ch., min. c/ Sté Findim Group : RJF 5/17 n° 430) ; dans ses conclusions dans cette affaire, la rapporteure publique Émilie Bokdam-Tognetti indiquait notamment que, « **en-dessous de 50 %** des droits de vote, aucun seuil de participation ne peut être regardé comme conférant avec certitude à l'actionnaire la faculté non seulement d'exercer une influence certaine sur la société mais aussi d'en déterminer les activités (...) » ;
– le critère de l'influence ne s'apprécie pas en agrégeant les participations détenues par les actionnaires de sociétés d'un même groupe mais « **actionnaire par actionnaire** », sous réserve, le cas échéant, des membres d'une même famille, comme dans l'affaire Columbus Container (n° 81740) ; pour un exemple de refus d'agrégation des participations, voir CE 21 janvier 2016 n° 373559, 8e et 3e s.-s., Sté Axa : RJF 4/16 n° 380, jugeant qu'il n'y a pas lieu de présumer que les filiales d'un groupe agiraient de concert (n° 81620, Précisions) ;
– dans la mesure où une réglementation nationale ne vise que des relations au sein d'un **groupe de sociétés**, elle affecte de manière prépondérante la liberté d'établissement (notamment arrêts Test Claimants in the FII Group Litigation, point 118, n° 82005 ; Test Claimants in Class IV of the ACT Group Litigation, point 33, n° 81750 ; Oy AA, point 23, n° 81702).

Les décisions suivantes apportent également des précisions d'ordre pratique :
– une participation d'au moins **10 %** du capital ou des droits de vote n'implique pas nécessairement que le titulaire de cette participation exerce une influence certaine sur les décisions de la société dont il est actionnaire mais une participation de **45 %** a été jugée suffisante (CJUE 10 juin 2015 aff. 686/13, 2e ch., X AB : RJF 10/15 n° 868 ; points 21 à 24) ;

– une société luxembourgeoise qui détient directement et indirectement, par l'intermédiaire de sa filiale suisse, **entre 18,92 % et 19,03 %** du capital d'une société française et occupe, directement et indirectement, deux des neuf sièges de son conseil d'administration ne peut pas être considérée comme exerçant une influence certaine sur les décisions de la société française dès lors que celle-ci est détenue à **plus de 76 % par une autre société** et qu'il n'est pas démontré que cette dernière aurait choisi de se lier ou de s'adosser à la stratégie définie par les représentants de la société luxembourgeoise (CAA Versailles 12 décembre 2017 nº 17VE00816, Sté Findim Group : RJF 5/18 nº 560 ; cet arrêt, rendu sur renvoi du Conseil d'État dans l'affaire citée plus haut, a fait l'objet d'un pourvoi qui n'a pas été admis par CE (na) 14 novembre 2018 nº 417938, Sté Findim Group : RJF 2/19 nº 227 ; voir également nº 82873, Précisions b).

Sur la distinction entre liberté d'établissement et liberté de circulation des capitaux, voir également nº 81450.

Précisions **a.** Si l'application de la législation nationale en cause ne dépend pas de l'ampleur de la participation, elle est susceptible de relever aussi bien de l'article 49 du traité FUE relatif à la **liberté d'établissement** que d'une autre liberté, par exemple de l'article 63 relatif à la **libre circulation des capitaux** (en ce sens, Test Claimants in the FII Group Litigation, point 36, nº 82005 ; Burda, point 71, nº 81750). Mais si l'application de la législation nationale a des effets restrictifs sur la libre circulation des capitaux, et si de tels effets sont la conséquence inéluctable d'une éventuelle entrave à la liberté d'établissement, ils ne justifient pas un examen autonome de cette législation au regard de la libre circulation des capitaux (arrêt Oy AA, point 24, nº 81702 ; Burda, point 74, nº 81750).

b. Un Français résident du Royaume-Uni **qui n'invoque que sa seule situation d'actionnaire** ne peut se prévaloir que de l'atteinte qui aurait été portée à la liberté de circulation des capitaux et non de celle qui aurait été portée à la liberté d'établissement (trois décisions du même jour, notamment CE 27 juillet 2012 nºs 337656 et 337810, 9e et 10e s.-s., min. c/ Regazzacci : RJF 11/12 nº 1012 ; voir aussi nº 41155).

Finalité de la liberté d'établissement

81570 La Cour de justice affirme régulièrement que la portée du principe de la liberté d'établissement doit s'apprécier **par rapport** à sa **finalité** réelle ; elle souligne que cette liberté a pour objectif de permettre à un ressortissant de l'Union européenne de participer, de façon stable et continue, à la vie économique d'un État membre autre que son État d'origine et d'en tirer profit, la notion d'établissement impliquant l'**exercice effectif** d'une **activité économique** au moyen d'une installation stable pour une durée indéterminée et supposant une implantation réelle. Cette constatation doit, selon l'arrêt Cadbury Schweppes (nº 81740), reposer sur des éléments objectifs et vérifiables par des tiers, relatifs, notamment, au degré d'existence physique de la filiale en termes de **locaux**, de **personnel** et d'**équipements**.

La Cour a également précisé que l'application des dispositions relatives au droit d'établissement suppose une présence permanente dans l'État membre d'accueil, et, en cas d'acquisition et de possession de biens **immobiliers**, que la gestion de ces biens soit **active** (CJCE 14 septembre 2006 aff. 386/04, 3e ch., Centro di musicologia Walter Stauffer : RJF 12/06 nº 1645, à propos d'un organisme sans but lucratif italien qui ne possédait pas de bureaux en Allemagne et qui utilisait les services d'un syndic pour la location de locaux commerciaux qu'il possédait à Munich).

Dans le même sens, la Cour de cassation a rappelé, à propos de la taxe patrimoniale de 3 %, que le principe de la liberté d'établissement n'a pas vocation à s'appliquer aux sociétés qui ne poursuivent **pas de but lucratif** (Cass. com. 15 décembre 2009, nº 08-20.840, F-D, Sté Erice : Droit fiscal nº 2010 nº 23, comm. nº 364).

Conséquences sur certains mécanismes d'imposition

81580 L'article 49 du traité FUE s'oppose à ce que le **report de pertes** dans un État soit subordonné à la condition que, pendant l'exercice au cours duquel les pertes ont été subies, le contribuable ait tenu et conservé dans cet État une **comptabilité** relative aux activités qu'il y a exercées qui soit conforme aux règles nationales en la matière (CJCE 15 mai 1997 aff. 250/95, Plén., Futura Participations SA et Singer : RJF 7/97 nº 757) ; l'État membre concerné peut cependant exiger que le contribuable non résident démontre, de façon claire et précise, que le montant des pertes qu'il prétend avoir subies a été correctement déterminé.

Il a également été jugé qu'une **cession d'actions** par des résidents ne peut pas être traitée plus mal lorsque le cessionnaire est une société non résidente, ou une société résidente partiellement détenue par des non-résidents, si le cédant exerce une influence certaine sur le cessionnaire (CJCE 21 novembre 2002 aff. 436/00, 5e ch., X et Y : RJF 2/03 no 250) ; lorsque la liberté d'établissement ne peut jouer, la question doit être tranchée de la même façon mais par référence à la liberté de circulation des capitaux. Le principe vaut aussi au regard de l'article 31 de l'accord sur l'Espace économique européen du 2 mai 1992 s'il existe entre l'État membre et le pays tiers partie à cet accord une convention d'assistance administrative mutuelle en matière fiscale qui prévoit un échange d'informations entre autorités nationales aussi efficace que celui prévu par les dispositions de la directive européenne, ce qu'il appartient à la juridiction de renvoi de vérifier (CJUE 19 juillet 2012 aff. 48/11, 3e ch., A Oy : RJF 11/12 no 1085). **81580** (suite)

À propos de **l'imposition des plus-values**, il a été jugé que la liberté d'établissement ne s'oppose pas à une législation qui, en principe, exonère d'impôt sur les sociétés les plus-values réalisées sur des titres de participation et exclut corrélativement la déduction des moins-values réalisées sur de tels titres, même lorsque ces moins-values résultent d'une **perte de change** (CJUE 10 juin 2015 aff. 686/13, 2e ch., X AB : RJF 10/15 no 868) ; en effet, un État membre n'est pas tenu d'exercer sa compétence fiscale (d'ailleurs de façon **asymétrique**) afin de permettre la déductibilité des pertes occasionnées par des opérations dont les résultats, s'ils étaient positifs, ne seraient, en tout état de cause, pas imposés (point 40). Si cette solution est logique, elle n'est toutefois pas absolument cohérente avec celle de l'arrêt Deutsche Shell (no 81710) puisqu'il est ici jugé sans importance que de telles pertes de change ne surviennent le plus souvent que dans un contexte international.

En ce qui concerne les personnes physiques bénéficiant de **reports d'imposition**, il a été jugé que lorsqu'un contribuable domicilié dans un État membre réalise une plus-value placée en report d'imposition, cet État peut toujours imposer la plus-value même si le contribuable est devenu non-résident à la date de la cession mettant fin au report ; il ne peut cependant refuser de tenir compte des moins-values alors qu'il en tiendrait compte si le contribuable était toujours résident à la date de la cession (CJUE 22 mars 2018 aff. jointes 327/16 et 421/16, 1e ch. : RJF 6/18 no 713, ajoutant que les États membres sont libres de prévoir les modalités de calcul et d'imputation des moins-values, dans le respect du droit de l'Union européenne ; voir également no 88390).

Autre exemple, à propos de personnes physiques, il n'est pas permis de prévoir des **bases minimales d'imposition** à l'égard des seuls non-résidents alors que les résidents peuvent être imposés par comparaison (CJCE 22 mars 2007 aff. 383/05, 1e ch., Raffaele Talotta : RJF 6/07 no 774). La liberté d'établissement s'oppose également à une réglementation nationale qui, s'agissant de l'octroi d'un avantage fiscal tel que la déduction en faveur des **travailleurs indépendants**, a des effets discriminatoires à l'égard des contribuables non résidents, même si ces derniers peuvent, s'agissant de cet avantage, **opter** pour le régime applicable aux contribuables résidents (CJUE 18 mars 2010 aff. 440/08, 1e ch., Gielen : RJF 6/10 no 651, à propos d'une législation qui prévoyait un avantage fiscal en fonction du nombre d'heures travaillées, qui jouait au détriment des ressortissants des autres États membres). Également, à propos d'une **discrimination indirecte**, CJUE 5 février 2014 aff. 385/12, Gr. ch., Hervis Sport-és Divatkereskedelmi Kft (RJF 5/14 no 521), à propos d'un impôt sur le chiffre d'affaires du commerce de détail en magasin qui s'applique en pratique (sous réserve que ce point soit vérifié par le juge national) à des sociétés hongroises majoritairement liées à des sociétés établies dans d'autres États membres (no 81675).

Dans le même ordre d'idées, concernant un couple de résidents belges qui n'avaient pu bénéficier en Belgique d'un avantage fiscal pour **enfants à charge** dans la mesure où l'un des conjoints disposait de revenus de source allemande exonérés en Belgique, voir CJUE 12 décembre 2013 aff. 303/12, 5e ch., Guido Imfeld, Nathalie Garcet : RJF 3/14 no 304.

Enfin, un ressortissant néerlandais, qui dirige et contrôle une société néerlandaise mais qui est domicilié en Espagne où il ne perçoit aucun revenu alors qu'il réalise des revenus aux Pays-Bas, doit, pour son imposition aux Pays-Bas en tant que non-résident, bénéficier de la possibilité de **déduire des « revenus négatifs »** (charges et intérêts d'emprunt) afférents à son logement espagnol dès lors qu'il aurait cette possibilité s'il était imposé aux Pays-Bas comme un résident (CJUE 9 février 2017 aff. 283/15, 1e ch. : RJF 4/17 no 395) ; en l'espèce, il y avait lieu de retenir un prorata car le contribuable réalisait 60 % de ses revenus aux Pays-Bas et 40 % en Suisse (no 81810, Précisions).

Imposition des établissements stables

81590 Le principe de la liberté d'établissement exige que les établissements stables ne soient pas plus lourdement imposés que les filiales.

L'un des premiers arrêts importants de la Cour de justice l'avait affirmé, à propos de **l'ancien avoir fiscal français** ; il avait été jugé qu'en n'accordant pas, à l'époque, aux succursales de sociétés d'assurances ayant leur siège dans un autre État membre le bénéfice de l'avoir fiscal pour les dividendes versés par des sociétés françaises perçus par ces succursales, la France avait manqué à ses obligations (CJCE 28 janvier 1986 aff. 270/83 : RJF 11/86 n° 1020).

Dans le même sens, le droit de l'Union européenne fait obstacle à ce qu'un État membre accorde une **majoration** au titre du **remboursement d'un impôt** indu à une société ayant son siège dans cet État et la refuse à une société d'un autre État membre, sans égard au fait que cette dernière n'aurait pas été exonérée d'impôt si elle avait été résidente du premier État (CJCE 13 juillet 1993 aff. 330/91, Plén., Commerzbank AG : RJF 10/93 n° 1402, à propos de la succursale au Royaume-Uni d'une banque allemande, qui avait perçu des revenus de source américaine).

La liberté d'établissement ne s'oppose cependant pas à une **imposition additionnelle** à l'impôt sur les sociétés au titre de la distribution de dividendes, sous réserve que le mode de détermination de l'assiette imposable ne conduise pas, de fait, à traiter une société non-résidente disposant d'un établissement stable dans un État membre d'une manière moins avantageuse qu'une société résidente de cet État (CJUE 17 mai 2017 aff. 68/15, 1re ch. : RJF 8-9/17 n° 892, à propos de la « fairness tax » belge) ; la Cour semble ici viser le cas où l'imposition additionnelle serait appliquée, dans l'État de situation de l'établissement stable, à des distributions de dividendes qui ne seraient pas prélevées sur les bénéfices de l'établissement.

81600 **Taux d'imposition** Il résulte du principe de la liberté d'établissement qu'un État membre ne peut refuser à l'établissement stable d'une société d'un autre État membre la possibilité de bénéficier d'un **taux d'imposition réduit** sur ses bénéfices alors qu'il l'accorde aux sociétés qui ont leur siège sur son territoire (CJCE 29 avril 1999 aff. 317/97, 5e ch., Royal Bank of Scotland : RJF 7/99 n° 948, à propos de la législation grecque qui, à l'époque, imposait les établissements stables, en toute circonstance, au taux de 40 %, alors que les sociétés grecques pouvaient, sous certaines conditions, bénéficier d'un taux de 35 %). En l'espèce, la Cour a relevé que, selon la convention fiscale entre le Royaume-Uni et la Grèce, un établissement stable grec d'une société britannique était **assimilé à une société** grecque, pour en tirer confirmation que la succursale était dans une situation objectivement comparable à celle d'une société nationale (la Cour a réaffirmé que, pour décider si une différence de traitement avait un caractère discriminatoire, il fallait vérifier la similitude des situations, soit ici à comparer un établissement stable et une société).

Cette solution a, depuis lors, été confirmée à propos de la législation allemande qui appliquait à une **succursale** d'une société étrangère un taux d'impôt sur les sociétés de 42 % alors que les sociétés allemandes ne supportaient qu'un prélèvement de 33,5 % ou 30 % si leurs résultats étaient distribués (CJCE 23 février 2006 aff. 253/03, 3e ch., CLT-UFA SA : RJF 5/06 n° 644, jugeant que le taux d'imposition applicable à la succursale allemande d'une société luxembourgeoise devait être le même que celui qui s'appliquait à une filiale allemande qui distribuait l'intégralité de ses bénéfices à sa société mère).

En dépit de la clarté de ces principes, le Conseil d'État a considéré, à tort à notre avis, que l'ancienne contribution exceptionnelle de 10,7 % (n° 8150, Précisions b) pouvait être exigible de la succursale française d'une société d'un État membre en considération de **l'ensemble du chiffre d'affaires** cette société, qu'il soit réalisé en France ou hors de France, alors qu'en présence d'une filiale qui réaliserait le même chiffre d'affaires que la succursale, seul ce chiffre d'affaires serait pris en compte (CE 9 décembre 2016 n° 396160, 8e et 3e ch., Office de coordination bancaire et financière : RJF 3/17 n° 266 ; voir également n° 5592). Pour le Conseil d'État, ce constat ne conduisait pas à identifier une restriction à la **liberté d'établissement** car une société établie dans un autre État membre ayant une filiale ou une succursale en France était traitée de manière identique à une société établie en France ayant une filiale ou une succursale en France ou dans un autre État membre, d'où il résultait que le moyen tiré de ce qu'il existerait une différence de traitement selon le lieu d'établissement de la société ou selon la structure juridique de son établissement secondaire n'était pas fondé. À notre avis, pourtant, une restriction contraire au droit de l'Union européenne aurait dû être caractérisée en l'espèce puisqu'une succursale n'exerçant son activité qu'en France était traitée de façon moins favorable qu'une filiale n'exerçant la même activité qu'en France (il est regrettable que le Conseil d'État n'ait pas au moins renvoyé la question à la Cour de justice). Dans le même mouvement, le Conseil d'État a également refusé de transmettre à ce propos une question prioritaire de constitutionnalité au motif que s'il existe une différence entre les chiffres d'affaires à prendre en compte selon qu'une société étrangère exerce des activités en France dans le cadre d'une succursale ou dans le cadre d'une filiale, cette différence est la conséquence nécessaire de **l'absence de personnalité propre de la succursale** et ne peut être regardée comme portant elle-même atteinte à l'égalité devant la loi ou devant les charges publiques (CE QPC 29 mars 2017 n° 402162, 10e et 9e ch., min. c/ Sté IKB Deutsche Industriebank : RJF 6/17 n° 607). Et il a repris ce raisonnement pour juger que l'existence d'une différence entre les chiffres d'affaires à prendre en compte pour l'appréciation du seuil d'assujettissement (et non pour la détermination de l'assiette), selon que les sociétés étrangères exercent des activités en France dans le cadre d'une succursale ou dans le cadre d'une filiale, qui est la conséquence nécessaire de l'absence de personnalité propre de la succursale, ne constitue pas, par elle-même, une entrave à la liberté d'établissement (CE 4 mai 2018 n° 402162, 10e ch., min. c/ Sté IKB Deutsche Industriebank : RJF 8-9/18 n° 848). Ces principes ont été repris par CAA Versailles 25 juillet 2019 n° 18VE04174, 3e ch., Sté Commerzbank AG, arrêt définitif statuant sur renvoi du Conseil d'État (n° 5592).

Précisions Le tribunal administratif de Besançon avait jugé contraire à la liberté d'établissement l'application de l'**article 115 quinquies** du CGI (nos 19000 s.) à une société belge disposant d'un établissement stable en France, au motif qu'il constituait une **incitation** à créer des **filiales** plutôt que des succursales et que le mécanisme de révision de la retenue en fonction du domicile des actionnaires caractérisait une discrimination interdite (TA Besançon 20 janvier 2000, n° 97-1117, 1e ch., SA Solvay : RJF 4/00 n° 488, jugement définitif ; les sociétés européennes sont aujourd'hui légalement hors du champ de la retenue, sauf exception).

Imposition des dividendes reçus Le principe de la liberté d'établissement implique que les dividendes reçus par un établissement stable soient imposés comme ceux reçus par une filiale ; ainsi, l'établissement stable en Allemagne d'une société française doit bénéficier, comme les sociétés allemandes, de l'**exonération** des dividendes versés par les sociétés allemandes, de l'exonération des dividendes versés par des sociétés de pays tiers (en l'espèce, États-Unis et Suisse), de l'**imputation** sur l'impôt allemand de l'impôt prélevé sur les bénéfices d'une filiale étrangère, en l'absence d'exonération conventionnelle, et de l'exonération d'**impôt sur la fortune** au titre de participations détenues dans des pays tiers (CJCE 21 septembre 1999 aff. 307/97, Plén., Cie de Saint-Gobain ZN : RJF 12/99 n° 1629). **81610**

Cette décision est particulièrement intéressante en ce qu'elle exige qu'un établissement stable d'une société d'un État membre sur le territoire d'un autre État membre bénéficie des **conventions fiscales** signées par ce dernier même avec des pays qui n'appartiennent pas à l'Union européenne de la même façon que les sociétés nationales. La solution de la Cour paraît transposable pour l'application des clauses de non-discrimination des conventions fiscales, par exemple en présence de flux d'intérêts dans des situations triangulaires (n° 63690).

Prise en compte des établissements étrangers dans l'État du siège Les principes généralement applicables en cas de création de filiales dans d'autres États membres (n° 81680) sont transposables s'il s'agit de simples établissements. La liberté d'établissement comprend en effet, pour les sociétés constituées en conformité avec la législation d'un État membre et ayant leur siège statutaire, leur administration centrale ou leur principal établissement au sein de l'Union européenne, le **droit d'exercer leur activité dans d'autres États membres** par l'intermédiaire d'une filiale, d'une succursale ou d'une agence (voir notamment n° 81720, arrêt Bevola, point 15). **81612**

N'est donc pas admissible une mesure qui, dans l'État d'origine, constitue une restriction à la création d'établissements étrangers ; par exemple, à propos du **mécanisme de déduction** de l'intérêt notionnel en Belgique, le principe de la liberté d'établissement s'opposait à ce que, pour le calcul de la déduction, la valeur nette des actifs d'un établissement stable situé dans un autre État membre ne soit pas prise en compte lorsque les bénéfices de cet établissement ne sont pas imposables en Belgique en vertu d'une convention fiscale, alors que les actifs attribués à un établissement stable situé en Belgique sont pris en compte (CJUE 4 juillet 2013 aff. 350/11, 1e ch., Argenta Spaarbank NV : RJF 11/13 n° 1098, à propos d'une société belge ayant exercé une partie de ses activités dans un établissement stable néerlandais).

Une analyse assez fine est souvent nécessaire pour déterminer si une mesure nationale est ou non admissible ; ainsi, à propos de la même société, la Cour a ensuite jugé que la législation belge ne créait pas de restriction interdite en prévoyant dans ce cas un mécanisme de **réduction du montant de la déduction** (CJUE 17 octobre 2019 aff. 459/18, 7e ch., Argenta Spaarbank NV : RJF 1/20 n° 75). En effet, la diminution de la déduction pour capital à risque globale d'une société résidente, dont la base imposable n'inclut pas les bénéfices réalisés par un établissement stable situé dans un autre État membre, ne conduit pas à ce que cette société soit traitée de manière moins avantageuse, en ce qui concerne les revenus imposables en Belgique, qu'une société résidente dont la base imposable inclut les bénéfices d'un établissement stable résident et dont la déduction pour capital à risque n'est pas diminuée (point 57 de l'arrêt).

Retenues à la source

81620 Le principe de la liberté d'établissement exige que des **dividendes** versés à un non-résident européen ne soient pas plus lourdement imposés que lorsqu'ils sont versés à des résidents du même État ; selon la formulation habituelle des arrêts de la Cour de justice, dès lors qu'un État membre a choisi d'éviter que les sociétés mères résidentes soient imposées « en chaîne » sur les bénéfices distribués par une filiale résidente, il doit étendre cette mesure aux sociétés mères non résidentes se trouvant dans une situation comparable, en raison du fait qu'une imposition analogue frappant ces sociétés non résidentes résulte de l'exercice de sa compétence fiscale sur ces dernières.

La Cour en a ainsi jugé, par exemple, à propos de la retenue à la source **française** sur les **dividendes versés** à des non-résidents (CJCE 14 décembre 2006 aff. 170/05, 1e ch., Sté Denkavit International BV et SARL Denkavit France : RJF 3/07 n° 374). Dans cette affaire, la Cour juge qu'il est interdit de faire supporter une imposition en France à une société mère européenne sur des dividendes versés par une filiale française alors que les sociétés mères françaises sont presque totalement exonérées d'impôt dans le cadre du régime des sociétés mères (n° 61400) ; il en va ainsi même en présence d'une **convention fiscale**, dans la mesure où la société mère est dans l'impossibilité d'imputer un crédit d'impôt dans son pays de résidence (dividendes versés avant l'adoption de la directive mères/filles du 23 juillet 1990).

Quoique cette décision ait été rendue au regard de la liberté d'établissement, elle est transposable, sur le fond, à la **liberté de circulation des capitaux** (n° 82060), ce qui est de nature à lui donner une portée nettement plus importante puisqu'elle s'applique même si la participation de la société étrangère est relativement modeste (le Conseil d'État a tiré les conséquences de l'arrêt de la Cour de justice par CE 6 avril 2007 n° 235069, 10e et 9e s.-s., Sté Denkavit international BV et Sté Denkavit France : RJF 7/07 n° 807 et l'administration, puis le législateur, en ont fait de même, de façon cependant incomplète ; n° 61000).

Dans le même sens, le principe de la liberté d'établissement s'oppose à ce qu'une retenue à la source soit prélevée lors d'une distribution de dividendes à une **Sicav luxembourgeoise** détenant 100 % d'une société distributrice finlandaise dans une situation où les dividendes auraient été exonérés si la Sicav avait été une société ordinaire finlandaise (CJCE 18 juin 2009 aff. 303/07, 1e ch., Aberdeen Property Fininvest Alpha Oy : RJF 10/09 n° 898) ; à ce propos, la Cour note que la circonstance qu'il n'existe pas, en droit finlandais, un type de sociétés ayant une forme juridique identique à celle d'une Sicav de droit luxembourgeois ne saurait, en elle-même, justifier un traitement différencié, dans la mesure où cela priverait la liberté d'établissement de tout effet utile dès lors que le droit des sociétés des États membres n'est pas entièrement harmonisé dans l'Union européenne (l'exonération est donc possible en dépit du fait que la Sicav ne soit pas éligible au bénéfice de la directive mères/filles).

Pour un autre exemple, voir CJCE 19 novembre 2009 aff. 540/07, 2e ch., Commission c/ Italie, jugeant que l'Italie ne peut prélever une retenue à la source de 27 % sur des dividendes versés à des sociétés établies dans d'autres États membres alors qu'elle n'impose les sociétés italiennes au taux de 33 % que sur 5 % des dividendes ; cet arrêt indique aussi que si un État membre peut respecter ses obligations en **concluant une convention fiscale**, ce n'est qu'à la condition que celle-ci conduise effectivement à accorder un crédit d'impôt intégral (points 36 à 40).

Enfin, par transposition à la liberté d'établissement de l'arrêt Sofina de la Cour de justice (n° 82062), le droit de l'Union européenne fait obstacle à ce qu'une retenue à la source soit prélevée sur des dividendes perçus par une société non résidente qui se trouve, au regard de la législation de son État de résidence, en **situation déficitaire** (CE 27 novembre 2019 n° 405496, 10e et 9e ch., Sté Vorwerk Elektrowerke GmbH & Co. KG : RJF 2/20 n° 100) ; dans cette affaire, qui concernait des dividendes versés par une société française à une **société en commandite simple allemande** qui détenait la totalité de son capital, la cour administrative d'appel avait commis une double erreur de droit, car elle avait jugé à tort qu'une société en commandite simple française ne pouvait pas bénéficier du régime des sociétés mères et elle n'avait pas vérifié l'existence d'une situation déficitaire au regard de la législation allemande (CAA Versailles 29 septembre 2016 n° 15VE00991, 7e ch., Sté Vorwerk Elektrowerke GmbH & Co. KG : Droit fiscal 2016 n° 51-52, comm. n° 674 ; cet arrêt a été annulé, car il avait conclu à tort que la retenue à la source ne pouvait être regardée comme constituant une différence de traitement caractérisant une restriction à la liberté d'établissement). L'administration a ensuite accordé un dégrèvement à la société, selon ce qu'indique CAA Versailles Ord. 12 mars 2020 n° 19VE04024, 3e ch., statuant sur renvoi par le Conseil d'État.

Précisions **a.** La décision précitée de la CJCE dans l'affaire Denkavit n'a pas été considérée, sous l'empire de la législation de l'époque, comme rouvrant un **délai de réclamation** au bénéfice de sociétés susceptibles d'invoquer seulement la liberté de circulation des capitaux (CE 21 janvier 2016 n° 373559, 8e et 3e s.-s., Sté Axa : RJF 4/16 n° 380) ; en l'espèce, les participations détenues par une société allemande et par une société britannique, respectivement de 16 % et de 6,5 %, ne relevaient pas, pour le Conseil d'État, de la liberté d'établissement mais de la liberté de circulation des capitaux, alors que la décision Denkavit ne portait pas sur la liberté de circulation des capitaux (cette solution restrictive n'est pas évidente étant donné que ce n'est pas parce qu'un arrêt préjudiciel est rendu sur le terrain de la liberté d'établissement que la réponse ne vaut pas également sur le terrain de la liberté de circulation des capitaux). Sur cette question, voir également CE 22 février 2017 n° 392226, 9e et 10e ch., min. c/ Sté Findim Group : RJF 5/17 n° 430 (nos 81560 et 82873, Précisions b).

b. Le principe de la liberté d'établissement est applicable en cas de versement de dividendes à une société d'un État membre **contrôlée par des résidents d'États tiers** ; en ce sens, CJUE 7 septembre 2017 aff. 6/16, 6e ch., Eqiom SAS et Enka SA : RJF 11/17 n° 1145, jugeant que l'article 119 ter du CGI n'était pas, à l'époque, conforme à la liberté d'établissement, car une présomption d'abus s'appliquait dans cette situation alors que tel n'était pas le cas en l'absence de contrôle non européen (voir également n° 61045).

Validité de principe Le principe même des retenues à la source a été validé par la Cour de justice, en présence d'un revenu versé à un non-résident qui ne serait pas exonéré s'il était versé à un résident ; la Cour a, en effet, jugé que l'article 43 du traité CE (aujourd'hui article 49 du traité FUE) ne s'oppose pas à une réglementation fiscale d'un État membre qui prévoit une retenue à la source sur des **intérêts** versés à une société résidente d'un autre État membre, tout en exonérant de cette retenue les intérêts versés à une société résidente du premier État membre dont les revenus sont imposés dans ce dernier État au titre de l'impôt sur les sociétés (CJCE 22 décembre 2008 aff. 282/07, 4e ch., Belgique c/ Truck Center SA : RJF 3/09 n° 302, à propos d'une société belge qui avait versé des intérêts au titre d'un prêt qui lui avait été consenti par une société luxembourgeoise qui détenait 48 % de son capital). **81630**

Les **modalités de perception de l'impôt**, dans les circonstances de l'espèce, variaient en fonction du lieu du siège de la société bénéficiaire : imposition par voie de retenue à la source si celle-ci était non résidente et assujettissement à l'impôt sur les sociétés si elle était résidente ; il y avait donc lieu, comme le fait la Cour, de constater une différence de traitement. Mais une **différence de traitement** ne constitue pas nécessairement une restriction. Il n'en va ainsi que si, à l'égard de la mesure nationale en cause, les sociétés concernées, résidentes et non résidentes, se trouvent dans une situation objectivement comparable.

Le Conseil d'État a tiré les conséquences de ces principes à diverses occasions, admettant le principe de la retenue à la source notamment à propos de l'ancien prélèvement français sur les intérêts versés aux non-résidents (n° 62522). À propos de la liberté de circulation des capitaux, il a, dans le même sens, été jugé que le mécanisme de la retenue à la source n'est pas susceptible de constituer, par lui-même, une entrave à cette liberté (CE 29 octobre 2012 n° 352209, 8e et 3e s.-s., min. c/ SA Kermadec : RJF 1/13 n° 45).

Toutefois, ces décisions, qui admettent la validité de principe du mécanisme de la retenue à la source, ne se comprennent, à la lumière de ce que la Cour de justice a jugé ensuite, que sous réserve que les sociétés étrangères ne soient pas en **situation déficitaire** ; une somme reçue par une société étrangère déficitaire, qui n'aurait pas été redevable de l'impôt au titre de l'exercice de sa perception si elle avait été établie en France, ne peut en principe être assujettie à une retenue à la source en France (CJUE 22 novembre 2018 aff. 575/17, 5e ch., Stés Sofina, Rebelco et Sidro : RJF 2/19 no 230).

Il est sans doute possible de comprendre la jurisprudence comme signifiant, en définitive, que des différences portant sur les techniques d'imposition sont admissibles (affaire Truck Center) mais non des différences portant sur le fondement même de l'imposition. Sur ces questions, voir également nos 82060 et 82062.

81631 L'acceptabilité du principe même des retenues à la source, sous réserve que le fondement même de l'imposition ne soit pas en cause (no 81630), résulte de ce qu'il s'agit d'une simple technique d'imposition et qu'il y a effectivement lieu de constater que les situations ne sont **pas objectivement comparables** (pour reprendre la formulation de la Cour ; on devrait plutôt dire « semblables ») ; ainsi, dans l'affaire Truck Center (no 81630), pour la Cour :
- lorsqu'il impose ses résidents, l'État belge agit en tant qu'État « de la résidence » alors qu'il agit en tant qu'État « de la source » lorsqu'il impose des non-résidents ;
- s'il est vrai qu'aucune retenue à la source n'est perçue en cas de versement d'intérêts à un résident, ces intérêts ne sont pas pour autant exonérés en Belgique puisqu'ils y sont assujettis à l'impôt sur les sociétés ;
- l'imposition des intérêts par voie de retenue à la source est conforme à la faculté que la Belgique et le Luxembourg se sont mutuellement donnée dans la répartition de leurs **pouvoirs d'imposition** dans le cadre de leur convention fiscale ;
- résidents et non-résidents ne sont pas dans la même situation en ce qui concerne le **recouvrement** de l'impôt ; les résidents sont directement soumis au contrôle de l'administration fiscale belge, qui peut assurer le recouvrement forcé de l'impôt, alors que, pour les non-résidents, le recouvrement de l'impôt requiert l'assistance de l'administration fiscale de leur État de résidence ;
- enfin, la différence de traitement résultant de la réglementation fiscale belge ne procure pas nécessairement un avantage aux sociétés résidentes dès lors que celles-ci sont tenues de verser des **acomptes d'impôt sur les sociétés** et que le taux de la retenue à la source est nettement inférieur à celui de l'impôt sur les sociétés (au cas particulier, le taux de l'impôt sur les sociétés était compris entre 28 % et 39 %, alors que la retenue à la source ne pouvait dépasser 15 %) ; comme le remarquait l'avocate générale Juliane Kokott, dans ses conclusions au BDCF 3/09 no 40, réclamer directement l'impôt aux non-résidents occasionnerait des frais élevés non seulement aux administrations fiscales, mais aussi aux contribuables, qui devraient **déposer des déclarations** fiscales, se faire enregistrer comme contribuables et être soumis au contrôle fiscal de l'État de la source (alors même, pourrait-on ajouter, qu'il ne s'agit, en l'espèce, que de revenus « passifs » et non pas de revenus d'une entreprise). La Cour a ainsi écarté comme inopérantes les observations de la société Truck Center et de la Commission européenne sur la charge administrative supplémentaire que créerait la technique de l'imposition à la source, et sur le prétendu handicap financier qu'elle représenterait en termes de trésorerie.

De son côté, la rapporteure publique Delphine Hedary dans ses conclusions sous les décisions Aggreko et Aqualon France BV (no 62522 ; conclusions au BDCF 10/12 no 114) avait justifié la compatibilité de l'ancien prélèvement sur les intérêts versés aux non-résidents en remarquant notamment que :
- lorsque la différence de traitement ne porte que sur la **technique d'imposition** (retenue à la source ou bien imposition ultérieure), il n'y a pas de « discrimination illégale » puisqu'il existe des différences objectives entre sociétés résidentes et non résidentes ;
- le système n'est pas discriminatoire du seul fait que le prélèvement n'est pas assis sur un **revenu net** de frais professionnels (en effet, la société créancière est également imposable dans son État de résidence où elle a la possibilité de déduire les frais) ;
- le **taux** du prélèvement est nettement inférieur au taux de l'impôt sur les sociétés, ce qui est une façon de tenir compte de la non-déduction des frais professionnels ;
- le seul désavantage de **trésorerie** que comporte la retenue à la source, pour une société non résidente, ne peut être regardé comme constituant une différence de traitement caractérisant une restriction à la liberté de circulation des capitaux ; l'appréciation du Conseil d'État sur ce point a cependant évolué ensuite, compte tenu des nouvelles précisions apportées par la Cour de justice à propos de dividendes versés à des sociétés belges **déficitaires** (CJUE 22 novembre 2018 aff. 575/17, 5e ch., Stés Sofina, Rebelco et Sidro : RJF 2/19 no 230 ; voir nos 82060 et 82062).

L'arrêt Truck Center n'a pas remis en cause la jurisprudence antérieure sur le **calcul de l'impôt** qui peut être réclamé aux non-résidents en comparaison de celui qui est exigé des résidents. La Cour a, en effet, pris soin de souligner que les résidents qui reçoivent des intérêts sont assujettis à l'impôt sur les sociétés et que, par suite, les non-résidents ne subissent pas, compte tenu des différentiels de taux, d'imposition plus lourde que les résidents. Elle n'a donc pas remis en cause la solution donnée notamment par l'arrêt Denkavit (n° 81620). En ce sens, voir également n° 82060 et, à propos de l'ancien prélèvement français sur les intérêts versés aux non-résidents, la décision du Conseil d'État dans les affaires Aggreko et Aqualon France BV (n° 62522). **81632**

Impôt sur la fortune

La Cour de justice a jugé incompatible avec le traité la législation néerlandaise relative à l'impôt sur la fortune, qui refusait une exonération totale ou partielle lorsqu'une personne physique détenait une **participation dans une société** établie dans un autre État membre alors qu'elle l'accordait lorsqu'il s'agissait d'une participation dans une société néerlandaise (CJCE 13 avril 2000 aff. 251/98, 5e ch., Baars : RJF 7-8/00 n° 1036) ; en l'espèce la liberté d'établissement était en cause car le contribuable détenait la totalité du capital d'une société irlandaise. La Cour a notamment écarté l'argument tenant à la cohérence du système fiscal, en l'absence de lien direct entre l'exonération d'impôt sur la fortune et l'imposition des bénéfices de la société, s'agissant de deux impositions distinctes frappant des contribuables différents. **81640**

Autre exemple, la liberté d'établissement s'oppose à ce qu'un État membre attribue, pour **l'évaluation des parts non cotées** d'une société de capitaux, une valeur plus élevée à une participation dans une société d'un autre État membre qu'à une société nationale (CJCE 2 octobre 2008 aff. 360/06, 2e ch., Heinrich Bauer Verlag Beteiligungs GmbH : RJF 12/08 n° 1404, à propos de l'imposition sur la fortune des sociétés).

À propos de l'impôt sur la fortune auquel sont assujetties les **sociétés** luxembourgeoises, il a, enfin, été jugé contraire au principe de la liberté d'établissement qu'une réduction d'impôt soit subordonnée à la condition que la société reste assujettie à cet impôt pendant les cinq années suivantes, étant alors dissuadée de **transférer son siège** dans un autre État membre (CJUE 6 septembre 2012 aff. 380/11, 4e ch., Finanziaria di Diego della Valle & C. SapA : RJF 1/13 n° 116).

Déduction d'intérêts d'emprunt intragroupe

La jurisprudence en ce domaine est assez nourrie. La Cour de justice a, par exemple, jugé incompatible avec le droit de l'Union européenne la législation allemande qui prévoyait que les **intérêts versés à une société mère non résidente** sont des dividendes occultes passibles d'une retenue à la source alors que tel n'est pas le cas si les mêmes intérêts sont versés à une société allemande ; une telle différence entre filiales résidentes en fonction du siège de leur société mère constitue, en effet, une entrave à la liberté d'établissement garantie par le traité (CJCE 12 décembre 2002 aff. 324/00, 5e ch., Lankhorst-Hohorst GmbH : RJF 3/03 n° 391, aux conclusions Mischo au BDCF 3/03 n° 43). **81650**

Les solutions ont été précisées par l'affaire Test Claimants in the Thin Cap Group Litigation (CJCE 13 mars 2007 aff. 524/04, Gr. ch. : RJF 6/07 n° 775), jugeant que les intérêts versés à une société apparentée d'un autre État membre sont déductibles s'ils le sont en cas de versement à une société apparentée du même État, sauf si l'interdiction est fondée sur des éléments objectifs et vérifiables permettant d'identifier l'existence d'un **montage purement artificiel** à des seules fins fiscales, en prévoyant la possibilité pour le contribuable de produire des éléments prouvant les raisons commerciales pour lesquelles la transaction a été conclue (sans contraintes administratives excessives) et si, à supposer que tel soit le cas, cette législation ne qualifie les intérêts en cause de bénéfices distribués que dans la mesure où ils excèdent ce qui aurait été convenu dans des **conditions de pleine concurrence**.

Dans le même sens, il n'est pas permis à un État membre de refuser la déduction d'intérêts d'emprunt en cas de versement à une société étrangère associée au motif que le prêt serait principalement motivé par la **recherche d'un avantage fiscal**, alors que cette exclusion ne serait pas applicable si la société créancière était établie dans l'État membre du débiteur (CJUE 20 janvier 2021 aff. 484/19, 1e ch., Lexel AB : RJF 4/21 n° 439) ; dans cette affaire, il est jugé que la Suède ne pouvait pas refuser la déduction des intérêts payés à une société française apparentée en soutenant que le **motif principal** du prêt était la recherche d'un avantage fiscal, étant donné que, si la société française avait été suédoise, la société débitrice et la société créancière auraient pu réaliser des transferts financiers intragroupe, déductibles chez la débitrice et taxables chez la bénéficiaire, sans qu'une telle opération fasse naître un soupçon de recherche d'un avantage fiscal substantiel. En l'espèce, la différence de traitement ne pouvait pas être justifiée par la nécessité de lutter contre la fraude et l'évasion fiscales car l'exclusion concernant les prêteurs non résidents associés pouvait s'appliquer à des transactions conclues dans des conditions de pleine concurrence et qui ne constituaient pas des montages purement artificiels ou fictifs (la loi suédoise qualifiait une transaction de « **principalement fiscale** » si l'objectif fiscal excédait 75 %). La justification fondée sur la préservation de la répartition équilibrée du pouvoir d'imposition entre les États membres n'a pas non plus été retenue.

Autre exemple, les règles belges prévoyant que les intérêts versés par une société résidente à un **administrateur** qui est une société non résidente sont requalifiés en dividendes lorsque certaines limites sont dépassées ont été jugées incompatibles avec le droit de l'Union européenne (CJCE 17 janvier 2008 aff. 105/07, 4e ch., N.V. Lammers & Van Cleef : RJF 4/08 n° 526) ; en effet, ce système conduit à ce que les intérêts ne soient pas déductibles et subissent une retenue à la source, alors que, dans les mêmes circonstances, ils ne font pas l'objet d'une requalification ni d'une retenue à la source lorsque l'administrateur est une société résidente de Belgique.

La liberté d'établissement a également des conséquences en sens inverse, lorsque, par exemple, une législation nationale **exonère des intérêts excédentaires** non déduits des résultats d'une filiale nationale mais refuse l'exonération lorsque les intérêts non déduits ont été versés par une filiale d'un autre État membre ; ainsi, le Danemark devait, dès lors qu'il exonère les intérêts reçus par une société danoise lorsqu'ils sont versés par une filiale danoise dans la mesure où cette dernière n'a pas pu les déduire en application des règles danoises relatives à la sous-capitalisation, exonérer également les intérêts non déduits par une filiale allemande, dans la limite cependant de l'exonération qui résulterait de l'application de la législation danoise si la filiale était danoise (CJUE 21 décembre 2016 aff. 593/14, 4e ch., Masco Denmark ApS et Damixa ApS : RJF 3/17 n° 287) ; mais le Danemark n'avait pas, en l'espèce, à accorder une exonération plus importante au motif que les intérêts non déductibles étaient plus importants en application de la législation allemande que de la législation danoise. La liberté d'établissement n'obligeait pas le Danemark à exonérer la totalité des intérêts non déduits car un État n'est **pas obligé d'aménager ses règles fiscales** en fonction de celles des autres États membres afin de garantir, dans toutes les situations, une imposition effaçant toutes les disparités résultant de l'exercice concurrent, par les États membres, de leur compétence fiscale.

81655 **Concernant la France** Il avait été jugé que l'**article 212** du CGI (dans sa rédaction antérieure à la loi de finances pour 2006) était incompatible avec le principe de la liberté d'établissement (CE 30 décembre 2003 n° 249047, Sect., min. c/ SARL Coréal Gestion : RJF 3/04 n° 233 ; conclusions Guillaume Goulard à la même RJF, p. 175).

Le Conseil d'État avait relevé « qu'il résulte de l'interprétation donnée [de ces stipulations] par la Cour de justice des Communautés européennes qu'est de nature à constituer une [telle] **restriction** l'application par un État membre d'un traitement fiscal inégal aux sociétés filiales constituées sur son territoire en conformité de sa législation selon que leur société mère s'y trouve ou non, elle-même, établie, dès lors qu'au regard de l'objet de l'impôt en cause, les unes et les autres de ces sociétés filiales sont dans une situation objectivement comparable ».

Avaient, à cet égard, été jugés inopérants les arguments du ministre tenant à ce qu'il s'agirait d'une situation purement interne qui n'aurait d'effet que sur le résultat imposable d'une société française et qu'il n'y aurait pas discrimination parce qu'une société étrangère sans établissement stable en France ne serait pas dans la même situation qu'une société mère française (cette décision est dans le sens de l'arrêt Lankhorst-Hohorst ; n° 81650).

Déduction des dépenses

81660 Le principe de la liberté d'établissement joue en ce qui concerne les règles nationales relatives à la déduction des dépenses ; par exemple, les Pays-Bas ne pouvaient pas subordonner la déduction par une société mère néerlandaise des **intérêts liés à l'acquisition de participations** à la condition que la filiale réalise des bénéfices imposables aux Pays-Bas

(CJCE 18 septembre 2003 aff. 168/01, 5e ch., Bosal Holding BV : RJF 12/03 n° 1466 ; conclusions au BDCF 12/03 n° 150) ; cette législation a été vue comme une entrave à la constitution de filiales dans d'autres États membres dans la mesure où, normalement, de telles filiales ne réaliseront pas de bénéfices imposables aux Pays-Bas (la loi néerlandaise était compatible avec la directive mères/filles de 1990, mais la liberté d'établissement reconnue par le traité a une force supérieure à cette directive) ; dans le même sens, voir CJCE 23 février 2006 aff. 471/04, 1re ch., Keller Holding GmbH : RJF 6/06 n° 804, étendant la solution à l'article 31 de l'accord sur l'Espace économique européen.

Autre exemple, un résident néerlandais imposé en Allemagne en tant qu'entrepreneur au titre de sa participation à une société en commandite allemande doit être traité en Allemagne comme un résident au regard de la **déductibilité de frais de consultation fiscale**, même si ses revenus allemands ne représentent pas au moins 90 % de ses revenus totaux, dans la mesure où ces frais étaient directement rattachés à ses revenus de source allemande (CJCE 6 juillet 2006 aff. 346/04, 3e ch., Robert Hans Conijn : RJF 10/06 n° 1296, dans la ligne de l'arrêt Gerritse, n° 81930) ; des résidents et des non-résidents sont, en effet, dans une situation comparable au regard de la **complexité du droit fiscal** et ne doivent donc pas être traités différemment sur ce point.

De même, a été jugée discriminatoire une législation qui permet aux personnes résidant dans un État de déduire de leur revenu imposable les bénéfices d'une entreprise qu'elles affectent à une **réserve-vieillesse**, mais le refuse aux non-résidents qui, pourtant, tirent de cet État la totalité ou la quasi-totalité de leurs revenus (CJCE 11 août 1995 aff. 80/94, Plén., Wielockx : RJF 10/95 n° 1224) ; pareille discrimination ne peut être justifiée par le fait que les rentes retirées postérieurement de la réserve-vieillesse ne sont pas imposées dans cet État mais dans celui de la résidence du bénéficiaire (transposition du raisonnement Schumacker, n° 81810).

En sens inverse, le principe de la liberté d'établissement ne fait pas obstacle à ce que la France refuse d'accorder à un ressortissant français résident de Belgique le bénéfice de la **déduction des charges** du revenu global et de la réduction d'impôt au titre de **primes d'assurance-vie** au motif qu'il n'est pas imposable en France sur l'ensemble de ses revenus (CE 8 juillet 2002 n° 225159, 10e et 9e s.-s., min. c/ Lecat : RJF 11/02 n° 1202).

La liberté d'établissement ne s'oppose pas non plus à la législation d'un État membre qui réserve, au nom de la protection du patrimoine culturel et historique national, la déductibilité de **dépenses afférentes aux monuments classés** aux seuls propriétaires de monuments situés sur son territoire, pour autant que cette possibilité soit ouverte aux propriétaires de monuments susceptibles de se rattacher au patrimoine culturel et historique de cet État en dépit de leur localisation sur le territoire d'un autre État membre (CJUE 18 décembre 2014 aff. 87/13, 2e ch. : RJF 3/15 n° 282).

Enfin, à propos de la **déductibilité de cotisations** versées par un avocat allemand domicilié en Belgique, qui recevait plus de la moitié de ses revenus de source allemande en tant qu'associé d'un cabinet international organisé sous forme de partnership de droit britannique, la Cour a nuancé le raisonnement en fonction du lien entre les cotisations et l'activité professionnelle (CJUE 6 décembre 2018 aff. 480/17, 10e ch. : RJF 3/19 n° 309) ; la liberté d'établissement n'oblige pas l'État de la source (en l'espèce, l'Allemagne) à admettre la déduction de cotisations volontaires ou complémentaires mais exige que la déduction soit admise en présence de cotisations obligatoires qui présentent un **lien direct** avec l'activité ayant généré le revenu dès lors qu'elles seraient déductibles si l'intéressé était résident.

Avantages fiscaux dépendant du lieu des dépenses

Avait été considérée comme discriminatoire la législation française relative à une contribution exceptionnelle applicable aux sociétés pharmaceutiques, qui n'autorisait la déduction des **dépenses de recherche** que si elles étaient afférentes à des opérations réalisées en France (CJCE 8 juillet 1999 aff. 254/97, Plén., Sté Baxter : RJF 10/99 n° 1313) ; en l'espèce, la Cour a relevé que l'avantage fiscal en cause était susceptible de jouer plus particulièrement au détriment des entreprises ayant leur siège principal dans un autre État membre et opérant en France par le biais d'établissements secondaires et que, si l'efficacité des contrôles fiscaux constitue une raison impérieuse d'intérêt général susceptible de justifier une restriction à l'exercice des libertés fondamentales reconnues par le traité, tel n'était pas le cas en l'espèce (il ne pouvait être exclu a priori que le contribuable soit en mesure de fournir les pièces justificatives nécessaires). **81670**

Dans le même ordre d'idées, l'ancien article 52 du traité CE (aujourd'hui article 49 du traité FUE) s'opposait à une législation qui prévoyait une déduction fiscale applicable aux sociétés allemandes qui prenaient des **participations** dans des sociétés dont le siège était fixé dans certains Länder et qui la refusait aux sociétés établies dans un autre État membre qui s'établissaient dans ces mêmes territoires par le biais de succursales (CJCE 19 septembre 2000 aff. 156/98, Plén., Allemagne c/ Commission : RJF 2/01 n° 273) ; il est à noter que la Cour a également jugé que la déduction fiscale constituait une aide d'État qui pouvait fausser la concurrence et que la législation allemande a été considérée comme contraire au principe de liberté d'établissement quoique l'avantage fiscal n'ait été qu'indirect.

A également été considérée comme contraire à la liberté d'établissement, une législation nationale qui accordait un **report d'imposition** à des plus-values de cession de biens d'investissement en cas de réinvestissement des biens cédés en biens situés sur le territoire national alors que le report était exclu en cas de réinvestissement sur le territoire d'un autre État membre ou de l'Espace économique européen (CJUE 16 avril 2015 aff. 591/13, 3e ch., Commission c/ Allemagne : RJF 7/15 n° 661) ; la Cour a rappelé à cette occasion (point 69) que l'État où la plus-value a été réalisée et mise en report peut, de toute façon, conserver son droit d'imposer en application des principes posés par la décision National Grid Indus (n° 81695).

Sociétés sous contrôle étranger

81675 Une législation qui s'applique à des entreprises nationales en fonction de critères qui peuvent aboutir à discriminer celles qui sont sous contrôle étranger peut éventuellement caractériser une restriction interdite.

Ainsi, un prélèvement obligatoire qui prévoit un **critère de différenciation apparemment objectif**, mais qui défavorise dans la plupart des cas, compte tenu de ses caractéristiques, les sociétés ayant leur siège dans un autre État membre et qui sont dans une situation comparable à celles ayant leur siège dans l'État membre d'imposition, constitue une discrimination indirecte fondée sur le lieu du siège des sociétés interdite par les articles 49 et 54 du traité FUE (CJUE 26 avril 2018 aff. jointes 236/16 et 237/16, 1e ch., Asociación Nacional de Grandes Empresas de Distribución (Anged), point 18, à propos de la Tascom espagnole ; voir n° 87690). Une restriction à la liberté d'établissement d'une société mère qui exerce son activité sur le marché d'un autre État par l'intermédiaire d'une filiale peut, en effet, être constatée à l'égard de **toute restriction** qui frappe cette filiale (CJUE 3 mars 2020 aff. 75/18, Gr. ch., Vodafone Magyarország Mobil Távközlési Zrt, point 41 : RJF 5/20 n° 507) ; cette affaire concernait les conditions d'application à la filiale hongroise de la société néerlandaise Vodafone Europe BV d'une taxe hongroise sur le chiffre d'affaires des opérateurs de télécommunications calculée selon un barème progressif qui avait pour effet que les entreprises contrôlées directement ou indirectement par des non-résidents en supportaient principalement la charge effective.

En l'espèce, toutefois, il est jugé que la législation hongroise n'était pas critiquable, car le montant du chiffre d'affaires constitue un **critère de distinction** neutre et un indicateur pertinent de la capacité contributive des assujettis ; le fait que la taxe soit principalement supportée par des entreprises sous contrôle étranger tenait simplement à ce que ces dernières réalisaient les **chiffres d'affaires les plus importants** sur le marché hongrois (la filiale hongroise était, avec plus de 20 % de parts de marché, le troisième plus important opérateur du marché hongrois des télécommunications). Dans le même sens, CJUE 3 mars 2020 aff. 323/18, Gr. ch., Tesco-Global Áruházak Zrt. : RJF 6/20 n° 572, à propos d'un impôt hongrois sur le chiffre d'affaires dans le secteur du commerce de détail en magasin, dont le taux fortement progressif affectait davantage les entreprises détenues par des personnes physiques ou morales d'autres États membres que les entreprises nationales (la société hongroise faisait partie d'un groupe ayant son siège au Royaume-Uni, mais elle constituait la chaîne de commerce de détail ayant réalisé le chiffre d'affaires le plus important sur le marché hongrois).

Par différence, dans l'affaire Hervis (CJUE 5 février 2014 aff. 385/12, Gr. ch., Hervis Sport-és Divatkereskedelmi Kft : RJF 5/14 n° 521), une restriction interdite a pu être constatée dans la mesure où la législation hongroise combinait des taux très progressifs et une règle de **consolidation des chiffres d'affaires** d'entreprises liées, qui avait pour conséquence que les assujettis appartenant à un groupe de sociétés étaient taxés sur la base d'un chiffre d'affaires « fictif » (toujours à propos d'un impôt hongrois sur le chiffre d'affaires du commerce de détail en magasin qui, sous réserve de vérification par le juge national, s'appliquait en pratique à des sociétés hongroises majoritairement liées à des sociétés établies dans d'autres États membres).

Restrictions à la création de filiales étrangères

Le principe de la liberté d'établissement peut être invoqué par un contribuable pénalisé par son propre État lorsqu'il fait usage de sa liberté de s'établir dans un autre État membre (en ce qui concerne les établissements stables, voir n° 81612). 81680

Tel était le cas, par exemple, d'une loi britannique qui refusait le bénéfice d'un **avantage fiscal** aux sociétés britanniques qui détenaient majoritairement des filiales en dehors du Royaume-Uni (CJCE 16 juillet 1998 aff. 294/96, Plén., Impérial Chemical Industries Plc : RJF 11/98 n° 1382) ; cette législation a été considérée comme contraire au droit de l'Union européenne sans égard aux arguments avancés par le Royaume-Uni, notamment au regard du risque d'évasion fiscale, de perte de recettes budgétaires ou de cohérence du régime fiscal, en l'absence de lien direct entre la déduction de pertes subies par une société britannique et l'imposition de ses filiales hors du Royaume-Uni. Ainsi, une législation nationale qui incite les sociétés à investir, à titre principal, dans leur État de résidence est discriminatoire en ce qu'elle les dissuade d'investir dans des sociétés des autres États membres.

Cette décision réserve toutefois le cas où la législation en cause aurait pour « objet spécifique d'exclure d'un avantage fiscal les **montages purement artificiels** dont le but serait de contourner la législation » nationale, ce qui n'était pas le cas en l'espèce (point 26). Cette remarque précise la solution « Daily Mail », qui avait donné à la Cour l'occasion d'apprécier une situation où la décision d'établissement dans un autre État membre poursuivait manifestement un but fiscal, ce qui, à soi seul, n'avait pourtant pas suffi à écarter la protection de l'ex-article 52 du traité CE, aujourd'hui article 49 du traité FUE (CJCE 27 septembre 1988 aff. 81/87, Rec. CJCE, p. 5483).

De même, la circonstance que, avant la loi n° 2009-1674 du 30 décembre 2009 de finances rectificative pour 2009, le régime français de l'**intégration fiscale** ait interdit la prise en compte d'une société française détenue à au moins 95 % par l'intermédiaire d'une société néerlandaise constituait une restriction prohibée ; saisie sur renvoi préjudiciel du Conseil d'État, la Cour a, en effet, jugé que le principe de la liberté d'établissement s'oppose à la législation d'un État membre en vertu de laquelle un régime d'imposition de groupe est accordé à une société mère résidente de cet État membre qui détient des filiales et des sous-filiales également résidentes dudit État, mais est exclu pour une telle société mère si ses sous-filiales résidentes sont **détenues par l'intermédiaire d'une filiale résidente d'un autre État membre** (CJCE 27 novembre 2008 aff. 418/07, 4e ch., Sté Papillon : RJF 2/09 n° 180 ; conclusions Kokott au BDCF 2/09 n° 16) ; la Cour a considéré que la législation en cause pouvait être justifiée par la nécessité de garantir la cohérence du régime de l'intégration fiscale (risque de double prise en compte des pertes, une première fois directement et une seconde fois sous forme de provision pour dépréciation de la participation de la société mère dans la filiale néerlandaise), mais qu'elle ne constituait pas une mesure proportionnée et que d'autres mesures moins restrictives pouvaient permettre d'atteindre cet objectif (en effet, la France a la possibilité d'utiliser l'échange de renseignements prévu par les directives européennes pour vérifier l'absence de double emploi des pertes). En l'espèce, la législation française aurait pu être admise au nom du principe de cohérence fiscale, mais elle allait au-delà du nécessaire en refusant systématiquement la prise en compte des pertes d'une sous-filiale française détenue par une filiale européenne sans laisser à la société mère la possibilité de démontrer l'absence de double emploi des pertes. Pour un autre exemple d'entrave « à la sortie » dans le cadre de l'intégration fiscale, voir l'affaire Steria, n° 81767.

À propos de personnes physiques, il a été jugé, dans le sens des solutions précédentes, que le Portugal ne pouvait pas réserver le bénéfice d'un **report d'imposition** en cas de transfert par une personne physique de la totalité d'un patrimoine affecté à une activité entrepreneuriale et professionnelle exercée à titre individuel à une société qui a son siège statutaire et sa direction effective sur le territoire portugais (CJUE 21 décembre 2016 aff. 503/14, 4e ch., Commission c/ Portugal : RJF 3/17 n° 290 ; voir également n° 81690).

Précisions L'article 33 de la loi n° 2009-1674 du 30 décembre 2009 de finances rectificative pour 2009 a aménagé le **régime fiscal des groupes de sociétés** afin de tenir compte de la décision Papillon.

« Exit tax » (personnes physiques)

Le principe de la liberté d'établissement a été appliqué à propos des restrictions « à la sortie » qui peuvent notamment se traduire par des impositions spécifiques lors du transfert du domicile des personnes physiques ou du siège des personnes morales. 81690

81690 (suite) Un premier exemple en est donné par l'ancien régime applicable en France aux **plus-values constatées** en cas de transfert du domicile hors de France (CJCE 11 mars 2004 aff. 9/02, 5e ch., Lasteyrie du Saillant : RJF 5/04 no 558) ; la Cour a censuré ce que l'avocat général Mischo (conclusions au BDCF 5/04 no 69) avait appelé une restriction typique à la sortie, en rappelant que la liberté d'établissement concerne l'État « **de sortie** » aussi bien que l'État « **d'accueil** » et que, même si l'article 43 du traité CE (article 49 du traité FUE) vise notamment, selon sa rédaction même, à assurer le bénéfice du traitement national dans l'État membre d'accueil, il s'oppose à ce que l'État membre d'origine entrave l'établissement dans un autre État membre de l'un de ses ressortissants (en l'espèce, la restriction était matérialisée par l'imposition de plus-values qui ne l'auraient pas été si le contribuable avait maintenu sa résidence en France ; les conditions du sursis comportaient également un effet restrictif, dans la mesure où le contribuable se trouvait privé de la jouissance du patrimoine donné en garantie). La restriction identifiée n'a pas été regardée comme justifiée par la Cour, qui a notamment écarté le principal argument du gouvernement français, relatif à la **prévention de l'évasion fiscale**, en notant que l'ancien article 167 bis du CGI, dans sa rédaction de l'époque, n'avait pas pour objet spécifique d'exclure d'un avantage fiscal des montages purement artificiels dont le but serait de contourner la législation fiscale française (formulation que l'on trouve, par exemple, dans l'arrêt ICI, no 81680), mais qu'il visait, de manière générale, toute situation dans laquelle un contribuable détenant des participations substantielles dans une société soumise à l'impôt sur les sociétés transfère, pour quelque raison que ce soit, son domicile hors de France. Le législateur français a tiré les conséquences de cette décision, d'abord en supprimant la taxe puis en la rétablissant sous une autre forme, qui tient compte des exigences posées par la Cour de justice (nos 3675 s.).

Le mécanisme lui-même, en effet, n'a pas été condamné dans son principe ; la Cour a ainsi jugé ensuite que les États membres peuvent prendre des mesures destinées à assurer la **répartition du pouvoir d'imposer** des plus-values compte tenu du principe de territorialité, à condition que les mesures en cause n'aillent pas au-delà du nécessaire (CJCE 7 septembre 2006 aff. 470/04, 2e ch., N : RJF 11/06 no 1481). En l'espèce, l'exigence du **dépôt d'une déclaration** au moment du départ vers le Royaume-Uni d'un ressortissant néerlandais qui détenait la totalité des actions de trois sociétés néerlandaises a été admise mais non celle de **constituer des garanties** propres à garantir l'imposition des plus-values latentes, ni l'impossibilité de tenir entièrement compte des moins-values ultérieures ; dans cette affaire, la Cour a pris appui sur l'article 13 § 5 du modèle de convention fiscale de l'OCDE, en l'associant à un élément temporel.

Les mêmes principes ont conduit la Cour de justice à juger que le Portugal ne pouvait pas considérer qu'une plus-value placée en **report d'imposition** devenait automatiquement imposable en cas de transfert de résidence dans un autre État membre alors que le report n'expirait qu'en cas de cession si le contribuable restait résident du Portugal (CJUE 21 décembre 2016 aff. 503/14, 4e ch., Commission c/ Portugal : RJF 3/17 no 290).

Dans le même esprit, le Conseil d'État a jugé que la liberté d'établissement s'oppose à l'assujettissement aux contributions sociales du **gain de clôture d'un PEA** en cas de transfert de domicile dans un autre État de l'Union européenne par un contribuable qui exerce la liberté d'établissement (CE 2 juin 2006 no 275416, 3e et 8e s.-s., Chauderlot : RJF 8-9/06 no 1035 aux conclusions Emmanuel Glaser au BDCF 8-9/06 no 102 ; voir aussi CAA Paris 28 mars 2007 no 05-4507, 2e ch. A, Chauderlot : RJF 8-9/07 no 977, arrêt définitif) ; l'administration en a finalement tiré les conséquences (no 3729).

Dans le contexte des relations entre l'Union européenne et la **Suisse**, voir no 87357, Précisions d. Voir également, sur la jurisprudence française relative à l'« exit tax » concernant les personnes physiques, les décisions citées no 3725.

Précisions **a.** La législation espagnole qui obligeait les personnes physiques à **payer l'impôt sur le revenu au moment du transfert** de leur domicile hors d'Espagne sans avoir la possibilité d'en reporter le paiement contrairement aux contribuables qui restaient résidents d'Espagne, a été considérée comme contraire au droit de l'Union européenne (CJUE 12 juillet 2012 aff. 269/09, 1e ch., Commission c/ Espagne : RJF 12/12 no 1172) ; dans cette affaire, la Cour juge que le **désavantage de trésorerie** suffit à caractériser une restriction et rappelle que l'Espagne ne perd pas, à l'occasion du transfert de la résidence d'un contribuable dans un autre État membre, le pouvoir d'exercer sa compétence fiscale en relation avec des activités déjà réalisées sur son territoire.

b. En France, le dispositif de l'« exit tax » avait donné lieu à la constatation d'une restriction interdite à propos de l'expiration du sursis de paiement **en cas de donation** (CE 12 juillet 2013 no 359994, 8e et 3e s.-s., Aube Martin : RJF 11/13 no 1029, aux conclusions Benoît Bohnert au BDCF 11/13 no 113) ; la loi a ensuite été corrigée sur ce point (no 3703).

« Exit tax » (personnes morales)

81695 La question de la compatibilité des mécanismes d'« exit tax » avec le droit de l'Union européenne a été posée à la Cour de justice à propos des **personnes morales** dans une affaire qui concernait l'imposition aux Pays-Bas de plus-values latentes afférentes aux actifs d'une société néerlandaise à l'occasion du transfert de son siège de direction effective au Royaume-Uni alors que la société ne conservait pas d'établissement stable aux Pays-Bas (CJUE 29 novembre 2011 aff. 371/10, Gr. ch., National Grid Indus BV : RJF 2/12 n° 192). La Cour a confirmé que le principe de l'imposition est acceptable dès lors que la préservation de la **répartition du pouvoir d'imposition** entre les États membres est un objectif légitime et que, en l'absence de mesures d'unification ou d'harmonisation adoptées par l'Union européenne, les États membres demeurent compétents pour définir, par voie conventionnelle ou unilatérale, les critères de répartition de leur pouvoir d'imposer, en vue, notamment, d'éliminer les doubles impositions. Le respect de la liberté d'établissement ne s'oppose donc pas à une réglementation d'un État membre, en vertu de laquelle le montant de l'imposition sur les plus-values latentes afférentes à des éléments du patrimoine d'une société est **fixé définitivement** (sans prise en considération des moins-values ni des plus-values susceptibles d'être réalisées ultérieurement) au moment où la société, en raison du transfert de son siège de direction effective dans un autre État membre, cesse de percevoir des bénéfices taxables dans son État d'origine.

En revanche, il n'est pas permis à l'État membre « de sortie » d'exiger de la société le **recouvrement immédiat** de l'imposition au moment où la société transfère son siège ; selon la Cour (point 73 de l'arrêt), il y aurait lieu d'**offrir le choix** à la société entre le paiement immédiat de l'impôt, ce qui crée un coût de trésorerie mais évite des charges administratives ultérieures, et le paiement différé de l'impôt, éventuellement assorti d'intérêts et sous condition de constitution d'une garantie, ce qui crée une charge administrative liée au suivi des actifs transférés (dans ce cas, une société qui estimerait que les charges administratives liées au recouvrement différé sont excessives pourrait opter pour le paiement immédiat de l'impôt). Il est à noter que, dans cette affaire, la Cour juge, contrairement à la position qu'elle avait adoptée dans l'affaire N, précitée (n° 81690), à propos des personnes physiques, que l'État de départ n'est pas obligé de prendre en compte les moins-values futures même si celles-ci ne sont pas prises en compte par l'État d'accueil (autrement dit, la dette fiscale peut être déterminée définitivement au moment du départ de la société, rien ne garantissant à une société que le transfert de siège soit fiscalement neutre).

Ces principes ont ensuite été repris à l'occasion d'une autre affaire, concernant la législation portugaise, qui a notamment permis à la Cour d'étendre le raisonnement au transfert dans un autre État membre par une société non résidente de tout ou partie des actifs qui forment un **établissement stable** (CJUE 6 septembre 2012 aff. 38/10, 4e ch., Commission c/ Portugal : RJF 1/13 n° 115) ; dans cette affaire, l'avocat général Paolo Mengozzi avait justifié la remarque de la Cour sur la possibilité d'exiger des **intérêts de retard** (le point 32 de l'arrêt reprend le point 73 de l'arrêt National Grid Indus BV) en relevant que si, dans une situation interne de transfert de siège, de tels intérêts ne sont pas exigés, c'est simplement parce que le montant de la dette fiscale ne sera constaté, et donc exigible, qu'au moment de la réalisation effective des plus-values alors que, dans une situation transfrontalière, les États membres sont autorisés à fixer le montant de la dette fiscale au moment du transfert, les intérêts s'assimilant ainsi à des intérêts à acquitter sur un crédit accordé à la société (conclusions, point 76). L'avocat général a également cherché à nuancer l'autorisation donnée par la Cour d'exiger la constitution d'une **garantie bancaire** en soulignant que l'application systématique d'une telle exigence constituerait une restriction puisqu'elle serait susceptible de priver le contribuable de la jouissance du patrimoine donné en garantie (point 78 des conclusions) ; selon lui, une telle garantie ne pourrait être exigée que s'il existe un risque réel et sérieux de non-recouvrement de la créance fiscale (solution reprise par l'arrêt DMC ; n° 82050).

Dans le sens des décisions précédentes, les arrêts suivants retiennent également l'attention :
– CJUE 31 janvier 2013 aff. 301/11, 7e ch., Commission c/ Pays-Bas (décision qui concerne aussi l'impôt sur le revenu ; RJF 4/13 n° 448) et CJUE 25 avril 2013 aff. 64/11, 2e ch., Commission c/ Espagne (RJF 8-9/13 n° 886) : ces arrêts reprennent les principes précédents en précisant en outre que l'imposition des plus-values latentes sur des actifs affectés à un **établissement stable qui cesse ses activités** ne crée pas de restriction à la liberté d'établissement, car il s'agit d'une situation purement interne, l'imposition n'étant pas, en ce cas, la conséquence d'un transfert de résidence ou des actifs vers un autre État membre (point 30, renvoyant également à l'arrêt précité Commission c/ Portugal du 6 septembre 2012) ;

81695 (suite) – CJUE 18 juillet 2013 aff. 261/11, 3e ch., Commission c/ Danemark : RJF 11/13 no 1097, jugeant notamment que les mêmes principes s'appliquent en cas de transfert vers un État tiers partie à l'accord sur l'**Espace économique européen** et même si les actifs transférés ne sont pas susceptibles d'être cédés ;

– CJUE 21 mai 2015 aff. 657/13, 3e ch., Verder LabTec GmbH & Co. KG : RJF 8-9/15 no 743, validant le principe de l'étalement de l'imposition des plus-values à propos du transfert par une société allemande vers un établissement stable néerlandais d'actifs professionnels constitués de divers **droits de propriété intellectuelle** ; la Cour juge que le principe de la liberté d'établissement ne s'oppose pas à l'imposition en Allemagne des plus-values latentes et au **recouvrement échelonné** de l'impôt sur une période de dix ans ; elle ajoute (aux points 51 et 52 de l'arrêt) qu'un recouvrement échelonné sur une telle période peut constituer une mesure proportionnée pour réaliser l'objectif de la préservation de la répartition du pouvoir d'imposition entre les États membres (un recouvrement échelonné sur cinq ans avait d'ailleurs déjà été admis par l'arrêt DMC ; no 82050) ; dans ses conclusions, l'avocat général avait estimé particulièrement important que la **cession effective des actifs transférés** « ne soit pas présentée comme le seul fait générateur possible, voire comme une alternative obligatoire, lorsque les actifs de l'entreprise transférés sont constitués de droit de propriété intellectuelle » ; il soutenait notamment que considérer la « réalisation » (cession) comme l'événement déclenchant le recouvrement de la taxe « de sortie » rendrait en pratique le paiement de cette taxe optionnel dans de nombreux cas et qu'un paiement échelonné de l'imposition reflétait mieux la contribution de ces droits à la capacité contributive (point 69 des conclusions).

Enfin, le principe de la nécessité de préserver la répartition des droits d'imposer a conduit la Cour de justice à juger qu'une société d'un État membre qui transfère son siège de direction effective et, ce faisant, sa résidence fiscale, sur le territoire d'un autre État membre peut se voir refuser dans ce dernier État le droit d'utiliser une **perte fiscale** subie préalablement à ce transfert dans son État d'origine, où elle a conservé son siège statutaire (CJUE 27 février 2020 aff. 405/18, 4e ch., Aures Holdings a.s. : RJF 5/20 no 506). Dans cette affaire, la Cour admet qu'en cas de transfert de siège la liberté d'établissement ne s'applique pas seulement, par principe, dans l'État d'origine, comme dans l'arrêt National Grid Indus, précité, mais aussi dans l'État membre dans lequel elle transfère son siège. Il s'agissait d'une société néerlandaise qui avait transféré son siège de direction effective en République tchèque en 2009 mais qui avait conservé son siège statutaire et son inscription au registre du commerce d'Amsterdam ; le refus opposé par l'administration tchèque à la demande de la société de déduire au titre de l'exercice 2012 une perte réalisée aux Pays-Bas en 2007, alors que la perte aurait été déductible si la société avait déjà été installée en République tchèque, caractérisait certes une différence de traitement mais celle-ci était admissible, car les situations n'étaient pas **comparables** au regard de l'objectif poursuivi par la loi tchèque (préserver la répartition du pouvoir d'imposition entre les États membres et prévenir les risques de double déduction des pertes).

Précisions **a.** Sur les modifications apportées à la **législation** française afin de tirer les conséquences de la jurisprudence, voir nos 27210 s.

b. Un mécanisme de recouvrement différé de l'imposition des plus-values résultant de l'**apport par une société d'un État membre d'un établissement stable étranger** à une société étrangère doit être prévu si, dans une situation nationale équivalente, de telles plus-values ne sont imposées que lors de la cession des actifs apportés (CJUE 23 novembre 2017 aff. 292/16, 1e ch., A Oy : RJF 3/18 no 330, à propos de l'apport par une société finlandaise d'un établissement stable autrichien à une filiale autrichienne) ; en l'espèce, le principe même de l'imposition n'a pas été critiqué par la Cour, au nom de la préservation de la répartition de la compétence fiscale entre les États membres (point 33), mais ses modalités n'étaient pas conformes à la liberté d'établissement.

c. La jurisprudence de la Cour de justice ne signifie pas qu'une société qui transfère son siège social dans un autre État membre ne soit pas imposable sur les **bénéfices de l'exercice en cours** à la date du transfert, dès lors que la société cesse d'être assujettie à l'impôt sur les sociétés (CAA Lyon 11 janvier 2018 no 16LY01375 : RJF 6/18 no 591, ayant fait l'objet d'un pourvoi rejeté par CE 9 juin 2020 no 418913, 3e et 8e ch., Sté Gervais A Industries : RJF 8-9/20 no 679) ; il s'agissait d'une opération réalisée antérieurement au 14 novembre 2012 (no 27215). Même solution retenue par CAA Lyon 28 janvier 2021 no 18LY04713, 5e ch., Sté Agate Invest, ayant fait l'objet d'un pourvoi non admis par CE (na) 6 décembre 2021 no 451096, 8e ch., Sté Agate Invest : RJF 3/22 no 244 (voir no 27215, Précisions f).

Prise en compte des pertes étrangères

Les conséquences du droit de l'Union européenne en ce qui concerne la possibilité pour une société d'imputer dans son État de résidence des pertes réalisées dans des filiales ou des établissements stables européens ne sont pas certaines. Le droit de l'Union européenne n'oblige pas un État membre à prévoir la déduction des pertes, mais s'il le prévoit, il doit le permettre **sans discrimination**. Cependant, la jurisprudence n'est pas absolument claire en ce qui concerne la portée effective de ce principe en cas d'opérations transfrontalières. 81700

Comme l'indiquait, en effet, Émilie Bokdam-Tognetti dans ses conclusions sous la décision Agapes (CE 15 avril 2015 n° 368135, 9e et 10e s.-s., Sté Agapes : RJF 7/15 n° 660, conclusions au BDCF 7/15 n° 97 ; voir aussi n° 81765), il est possible de dégager deux courants dans la jurisprudence de la Cour de justice ; ces courants ne sont pas contradictoires car ils concernent des législations différentes qui n'ont pas lieu de faire l'objet des mêmes analyses au regard du droit de l'Union européenne :
- le courant « Marks & Spencer » (n° 81701), relatif aux législations qui permettent la **cession intragroupe des pertes** alors que les bénéfices restent imposables séparément ;
- le courant « X Holding BV » (n° 81760), qui autorise les États membres à refuser que des filiales étrangères entrent dans un périmètre d'**intégration fiscale**.

La possibilité de prendre en compte, le cas échéant, des pertes de filiales ou d'établissements européens ne concerne, en réalité, que les États membres dont la législation autorise la cession interne des pertes, à l'instar de la législation britannique dans l'affaire Marks & Spencer, et encore à des conditions très strictes.

Cas des législations qui admettent les cessions internes des pertes 81701

Pour les États qui autorisent les transferts internes de pertes (ce qui n'est pas le cas en France ; n° 81765), l'arrêt fondateur concerne la société britannique Marks & Spencer, qui demandait, au Royaume-Uni, la déduction des pertes subies par ses filiales établies en Belgique, en Allemagne et en France, déduction qui lui avait été refusée dans la mesure où le droit britannique ne le prévoyait que pour des pertes britanniques (CJCE 13 décembre 2005 aff. 446/03, Gr. ch., Marks & Spencer Plc : RJF 2/06 n° 227). La Cour juge qu'un État membre peut exclure la possibilité pour une société de déduire des pertes subies par une filiale établie sur le territoire d'un autre État membre, alors qu'elle le permet pour des pertes subies par une filiale résidente ; mais elle ajoute que la déduction ne peut toutefois être refusée si la filiale a **épuisé toute possibilité** d'utiliser ses pertes par imputation sur ses profits actuels, passés ou futurs, et si ces pertes ne peuvent pas non plus être utilisées par un tiers qui, par exemple, aurait acquis la filiale.

Toujours à propos de la législation britannique, la Cour de justice a ensuite précisé que le **caractère définitif des pertes** subies par une filiale non résidente peut être apprécié par référence à la situation telle qu'elle se présente immédiatement après la fin de l'exercice fiscal au cours duquel elles ont été subies (CJUE 22 janvier 2015 aff. 172/13, Gr. ch., Commission c/ Royaume-Uni : RJF 4/15 n° 373, interprétant strictement le critère de l'épuisement des possibilités de prise en compte des pertes de la filiale dans l'État où elle réside) ; l'arrêt rappelle, au point 36, que le caractère définitif des pertes subies par une filiale non résidente ne peut être constaté que si celle-ci **ne perçoit plus de recettes** dans l'État membre de sa résidence. Dans cette affaire, la Cour a, par ailleurs, confirmé que le caractère définitif des pertes ne peut résulter du fait que l'État de résidence de la filiale exclue toute possibilité de report des pertes (point 33 ; dans un tel cas, l'État de la société mère peut ne pas admettre le dégrèvement de groupe transfrontalier).

Ces principes ont notamment été appliqués à propos d'une affaire mettant en cause une société finlandaise qui avait absorbé sa filiale suédoise et qui souhaitait pouvoir déduire en Finlande les pertes suédoises, de la même façon que s'il s'était agi d'une opération purement nationale (CJUE 21 février 2013 aff. 123/11, 4e ch., A Oy : RJF 5/13 n° 568) ; dans cette affaire, la Cour a estimé que la liberté d'établissement était applicable car les **fusions transfrontalières** sont considérées comme constituant des modalités particulières d'exercice de la liberté d'établissement, importantes pour le bon fonctionnement du marché intérieur (point 24). Sur le fond, elle juge que le principe de la liberté d'établissement ne s'oppose pas, par principe, au refus de la prise en compte des pertes (préservation de la répartition du pouvoir d'imposer, risque de double emploi des pertes, etc.) mais qu'il y aurait incompatibilité si la société mère n'avait pas la possibilité de démontrer que sa filiale a **épuisé les possibilités de prise en compte des pertes** et qu'il n'existe pas de possibilités qu'elles puissent être prises en compte localement au titre d'exercices futurs soit par elle-même, soit par un tiers ; il incombe à la juridiction nationale de déterminer si la société absorbante a effectivement apporté la preuve que sa filiale a épuisé toutes les possibilités de prise en compte des pertes qui existent dans son État de résidence. On en déduit qu'en principe, si cette preuve est apportée, la législation en cause méconnaît la liberté d'établissement (la Cour précise également que les **règles de calcul** des pertes ne doivent pas constituer une inégalité de traitement par rapport aux règles qui auraient été applicables si la filiale avait été résidente). Cela étant, l'arrêt admet que la déduction fiscale des pertes peut être refusée lorsqu'un tel refus aurait aussi été opposé dans les mêmes circonstances si la fusion avait eu lieu avec une filiale résidente au motif que l'opération serait motivée uniquement par la **recherche d'un avantage fiscal** (points 36 et 37 de l'arrêt ; il incombe également à la juridiction nationale de vérifier si tel est le cas).

Plus récemment, la portée de la solution Marks & Spencer et la **notion de « pertes définitives »** ont été précisées de la façon suivante (CJUE 19 juin 2019 aff. 607/17, 1e ch., Memira Holding AB : RJF 10/19 no 992, à propos d'une société suédoise qui envisageait d'absorber une filiale allemande qui avait réalisé des pertes puis cessé son activité ; et, même jour et même chambre, aff. 608/17 Holmen AB : RJF 10/19 no 993, à propos d'une autre société suédoise qui détenait la totalité du capital d'une filiale espagnole détenant elle-même la totalité du capital de deux sociétés espagnoles et qui, compte tenu des déficits espagnols, avait décidé de liquider les activités espagnoles et de cesser toute activité en Espagne) :

– des pertes ne sauraient être qualifiées de « définitives » s'il reste possible de les **faire valoir économiquement en les transférant à un tiers** (arrêt Memira, point 25 ; arrêt Holmen, point 37) ;

– la circonstance que l'État membre dont relève la filiale (Allemagne) ne permette pas de transférer des pertes d'une société à un autre assujetti **en cas de fusion**, alors qu'un tel transfert est prévu par l'État membre dont relève la société mère (Suède) en cas de fusion entre sociétés résidentes, n'est pas déterminante, à moins que la société mère ne démontre qu'il lui est impossible de valoriser ces pertes en faisant en sorte, notamment au moyen d'une cession, qu'elles soient fiscalement prises en compte par un tiers au titre d'exercices futurs (arrêt Memira, point 28) ;

– il est indifférent qu'il n'existe, dans l'État de résidence de la filiale (Allemagne), **aucune autre entité qui aurait pu déduire ces pertes en cas de fusion** si une telle déduction avait été autorisée (en l'espèce, le droit allemand ne permettait pas le transfert de pertes entre les entreprises assujetties à l'impôt en Allemagne en cas de fusion ; arrêt Memira, point 33) ;

– en présence d'une **holding interposée**, si la sous-filiale est établie dans un autre État membre que celui de la holding, il est possible de refuser le transfert des pertes pour éviter des **stratégies d'optimisation** (c'est l'État membre où est située la holding qui doit, en principe, appliquer le dégrèvement transfrontalier), alors que si la holding est située dans le même État membre, aucune condition de détention directe ne peut être posée (en l'espèce, la législation suédoise permettait la compensation des pertes par des transferts financiers intragroupe y compris au bénéfice de sociétés établies au sein de l'Union européenne ou de l'Espace économique européen, mais la compensation n'était alors possible qu'en présence d'une filiale directe et non pas d'une sous-filiale, alors que tel n'était pas le cas en présence d'une sous-filiale suédoise ; arrêt Holmen, points 25 s.) ;

– aux fins d'apprécier le caractère définitif de pertes, les **limitations au report des pertes** prévues par la législation applicable à la filiale déficitaire sont sans incidence (arrêt Holmen, point 44).

Enfin, la Cour a précisé le cadre général de la déduction de pertes étrangères à l'occasion d'autres affaires ; elle a notamment jugé que la liberté d'établissement s'oppose à une restriction à la déductibilité d'une **provision** pour dépréciation de titres de filiales établies dans d'autres États membres alors que la déduction est possible pour des filiales domestiques (CJCE 29 mars 2007 aff. 347/04, 2e ch., Rewe Zentralfinanz eG : RJF 6/07 no 776).

Sur l'absence d'incidences en France de la jurisprudence Marks & Spencer, voir no 81765.

81702 D'une façon générale, les solutions résultant de la décision Marks & Spencer (no 81701) sont inapplicables en présence de législations qui ne prennent en compte les pertes de filiales que dans le cadre de mécanismes du type « **intégration fiscale** » (no 81760) ; elles ne valent en outre que sous réserve des situations où serait en cause la nécessité de sauvegarder la **répartition équilibrée du pouvoir d'imposer** ; ce dernier principe a, par exemple, conduit la Cour de justice à autoriser la Finlande à refuser la déductibilité d'une **subvention intragroupe** par une filiale finlandaise à sa société mère britannique, alors que la déduction aurait été autorisée en cas de versement à une société mère finlandaise (CJCE 18 juillet 2007 aff. 231/05 Gr. ch., Oy AA : RJF 11/07 n° 1359) ; il s'agissait d'une société finlandaise profitable qui avait effectué en faveur de sa société mère britannique en pertes un transfert financier dont la législation finlandaise avait refusé la déductibilité.

Il y avait bien une **restriction** étant donné que le transfert aurait été déductible s'il avait bénéficié à une société finlandaise et qu'il en résultait un désavantage pour les filiales finlandaises de sociétés mères étrangères par rapport aux filiales de sociétés mères finlandaises. Mais cette restriction était **justifiée** car admettre la déductibilité aurait pour conséquence de permettre aux groupes de choisir librement l'État membre dans lequel les bénéfices sont imposés et compromettrait une répartition équilibrée du pouvoir d'imposition entre les États membres. De surcroît, une autre solution comporterait le risque que soient mis en place des montages purement artificiels en direction des États membres appliquant les taux d'imposition les plus bas (sachant qu'en l'espèce, la possibilité d'effectuer un transfert n'était pas subordonnée à ce que la société bénéficiaire soit en pertes) ; la Cour a donc jugé la restriction compatible et **proportionnée**.

Précisions À propos de la législation suédoise interdisant certains **transferts financiers intragroupes** en se fondant sur un critère tenant au siège des filiales, voir CJCE 18 novembre 1999 aff. 200/98, Plén., X AB et Y AB : RJF 2/00 n° 313.

Conséquences du principe de territorialité La jurisprudence de la Cour de justice tire les conséquences de la validité de principe des **régimes de territorialité** et considère, d'une façon générale, qu'un État membre n'est pas tenu d'exercer, de façon asymétrique, sa compétence fiscale pour permettre la déductibilité des pertes occasionnées par des opérations dont les résultats, s'ils étaient positifs, ne seraient, en tout état de cause, pas imposés (CJUE 10 juin 2015 aff. 686/13, 2e ch., X AB, point 40 : RJF 10/15 n° 868). 81705

Ainsi, un État qui n'exerce pas sa compétence fiscale sur les résultats d'un établissement étranger n'a pas à **déduire les pertes subies** par un tel établissement, la situation de cet établissement n'étant pas comparable à celle d'un établissement stable situé dans le pays du siège (CJUE 17 décembre 2015 aff. 388/14, 3e ch., Timac Agro Deutschland GmbH, point 65 : RJF 3/16 n° 305) ; dans cette affaire, la Cour confirme qu'un État membre peut prévoir la réintégration, dans les résultats du siège d'une société résidente, des pertes subies dans un établissement stable situé dans un autre État membre précédemment déduites pour la détermination des résultats du siège, **s'il perd, après cession de l'établissement stable, le droit d'imposer** en application d'une convention fiscale ; la réintégration permet de sauvegarder la symétrie entre le droit d'imposition des revenus et la faculté de déduction des pertes et d'assurer une répartition équilibrée du pouvoir d'imposition entre les États membres concernés (point 38).

De façon cohérente, à propos du droit danois qui permet à une société résidente de prendre en compte les profits et les pertes réalisés dans un établissement stable étranger, il avait précédemment été jugé qu'un État membre ne peut prévoir qu'en cas de cession par une société résidente d'un établissement stable situé dans un autre État membre (ou partie à l'accord sur l'Espace économique européen) à une société non résidente du même groupe, **les pertes précédemment déduites au titre de l'établissement cédé** sont réintégrées dans le bénéfice imposable de la société cédante, pour autant que l'État de résidence de la société cédante impose tant les bénéfices réalisés par l'établissement cédé avant sa cession que ceux résultant de la plus-value réalisée lors de la cession (CJUE 17 juillet 2014 aff. 48/13, Gr. Ch., Nordea Bank Danmark A/S : RJF 11/14 n° 1057) ; la Cour précise notamment (point 32) que l'objectif de la répartition équilibrée du pouvoir d'imposition vise à **sauvegarder la symétrie** entre le droit d'imposition des bénéfices et la faculté de déduction des pertes (le respect de cette symétrie s'apprécie sur les périodes où l'État membre exerce sa compétence fiscale sur les bénéfices en cause).

Précisions **a.** À propos d'un ancien système belge d'imposition des sociétés belges disposant d'**un établissement stable hors de Belgique**, qui ne permettait à une société belge de reporter un déficit antérieur que si ce dernier n'avait pas été imputé antérieurement sur un bénéfice réalisé dans un établissement stable situé hors de Belgique, alors que le report aurait été permis si cette société n'avait que des établissements en Belgique, voir CJCE 14 décembre 2000 aff. 141/99, 6e ch., AMID : RJF 4/01 no 572 ; la Cour a considéré qu'à supposer même que le système belge soit le plus souvent favorable, il créait une entrave à la liberté d'établissement, lorsqu'il s'avérait désavantageux. Cette décision a été transposée à la liberté de circulation des travailleurs par une ordonnance de la CJCE du 12 septembre 2002 (aff. 431/01, 1e ch., Mertens : RJF 12/02 no 1425).

b. Il a été jugé, à propos d'une personne physique domiciliée en Finlande, que la Finlande pouvait ne pas prendre en compte une **perte résultant de la cession d'un immeuble** situé en France, alors même qu'il était établi que cette perte ne pouvait pas être prise en compte en France (CJUE 7 novembre 2013 aff. 322/11, 1e ch., K : RJF 1/14 no 105 ; voir aussi nos 82050 et 82220).

81710 **Pertes de change** La Cour de justice a eu l'occasion de se prononcer sur la déductibilité d'une perte de change touchant la **dotation en quasi-capital d'un établissement stable** dans un autre État membre (CJCE 28 février 2008 aff. 293/06, 4e ch., Deutsche Shell GmbH : RJF 5/08 no 623) ; cet arrêt juge, à propos d'une société allemande qui avait une succursale en Italie, que la perte de change est déductible dans la mesure où, par nature, elle ne peut pas être déduite en Italie (la perte de change lire/deutsche mark ne pouvait, par définition, être déduite en Italie, dans la mesure où les résultats de la succursale étaient établis en lires italiennes).

À cette occasion, la Cour a incidemment conforté le **principe de territorialité** (no 81705) en prenant soin de préciser, au point 42 de l'arrêt, qu'un État membre ne saurait être tenu de prendre en considération, aux fins de l'application de sa législation fiscale, les résultats négatifs d'un établissement stable situé dans un autre État membre pour la seule raison que de tels résultats ne sont pas susceptibles d'être pris en compte, sur le plan fiscal, dans l'État membre où l'établissement stable est situé (ce principe n'a pas été appliqué en l'espèce car le litige en cause portait sur une circonstance opérationnelle particulière qui ne pouvait être prise en considération que par les autorités allemandes).

81720 **Incidence de la prise en compte locale des pertes** Le cas des sociétés d'un État membre qui disposent dans un autre État membre d'**établissements stables** qui réalisent des pertes, a été traité à propos d'une société allemande qui disposait d'un établissement stable au Luxembourg ; la Cour juge que le principe de la liberté d'établissement ne s'oppose pas à ce que les pertes de l'établissement ne soient pas déduites dans l'État du siège dans la mesure où elles peuvent être prises en compte dans le cadre de l'imposition du revenu de l'établissement au titre d'exercices futurs (CJCE 15 mai 2008 aff. 414/06, 4e ch., Lidl Belgium GmbH : RJF 8-9/08 no 1030).

Dans cette affaire, la Cour commence par constater une restriction, dans la mesure où une société allemande peut déduire en Allemagne les pertes réalisées par un établissement stable allemand alors qu'elle ne le peut pas si cet établissement est luxembourgeois ; toutefois, l'objectif de la préservation de la répartition du pouvoir d'imposer justifie la non-prise en compte des pertes dans la mesure où le mécanisme retenu **sauvegarde la symétrie** avec le droit d'imposer les bénéfices (comme les bénéfices d'un établissement stable luxembourgeois ne sont pas imposables en Allemagne en raison de la convention fiscale franco-allemande, les pertes ne sont symétriquement pas déductibles) ; en outre, les États membres peuvent mettre en place des mécanismes de nature à faire obstacle au **double emploi des pertes**. Enfin, une telle mesure ne va pas au-delà du nécessaire dès lors que la réglementation applicable dans l'État de l'établissement stable permet l'imputation des pertes sur les bénéfices futurs, comme cela avait d'ailleurs été fait en l'espèce (l'arrêt passe sous silence le désavantage lié au **coût de trésorerie**, contrairement à ce que recommandait l'avocat général).

La possibilité de déduire des pertes réalisées dans des établissements étrangers a cependant été ensuite reconnue par la Cour, dans certaines circonstances probablement résiduelles en pratique ; une société d'un État membre qui pourrait déduire les pertes encourues dans un établissement national peut, en effet, les déduire si elles sont encourues par un établissement stable situé dans un autre État membre à condition qu'elle ait **épuisé toutes les possibilités de déduire** ces pertes dans l'État de situation de l'établissement et qu'elle ait cessé de réaliser une quelconque recette dans cet État de sorte qu'il n'existe plus aucune possibilité pour que les pertes puissent être prises en compte dans cet État (CJUE 12 juin 2018 aff. 650/16, Gr. ch., A/S Bevola, Jens W. Trock ApS : RJF 11/18 no 1186, à propos d'une société danoise qui avait réalisé des pertes dans une succursale finlandaise qui avait été fermée et dont les pertes n'avaient pu être déduites en Finlande et ne pouvaient l'être à l'avenir) ; cet arrêt étend aux établissements stables la jurisprudence Marks & Spencer (n° 81701) dans le cas particulier où les pertes de l'établissement stable sont définitives et où, par conséquent, il n'y a pas de risque de double déduction. La preuve du caractère définitif des pertes doit, bien entendu, être apportée de la même façon que s'il s'agissait d'une filiale (voir également n° 82210). Il a été jugé que cet arrêt conduisait à reconnaître à une société française la possibilité de déduire les pertes consécutives à la **liquidation d'une succursale luxembourgeoise** en 2015, dès lors que la société française avait épuisé toutes les possibilités de déduction des pertes de sa succursale que lui offrait le droit luxembourgeois et qu'elle avait cessé de percevoir de celle-ci une quelconque recette, la succursale ayant cessé toute activité et ayant été radiée du registre du commerce luxembourgeois en 2015 (CAA Versailles 9 juin 2022 n° 19VE03130, 3e ch., min. c/ Sté Financière Spie Batignolles).

Cas où les pertes sont ensuite réintégrées À propos d'une société allemande qui avait un établissement stable en Autriche avant que l'Autriche n'entre dans l'Union européenne, la Cour de justice a jugé que l'article 31 de l'accord sur l'Espace économique européen (équivalent de l'article 49 du traité FUE) n'interdit pas à l'Allemagne de procéder à la réintégration des pertes subies par l'établissement autrichien précédemment déduites en Allemagne lorsque l'établissement réalise des bénéfices, **même si les pertes ne sont plus utilisables en Autriche** dans la mesure où le délai de 7 ans prévu par la législation autrichienne est expiré (CJCE 23 octobre 2008 aff. 157/07, 4e ch., Krankenheim Ruhesitz am Wannsee-Seniorenheimstatt GmbH : RJF 1/09 n° 98 ; la RJF l'identifie sous le nom Finanzamt für Körperschaften III in Berlin). **81730**

Pour la Cour, il s'agit d'une restriction, mais elle est justifiée par la nécessité de garantir la **cohérence du système fiscal allemand** qui établit un lien direct, personnel et matériel entre la déduction des pertes et leur réintégration. Cette restriction est proportionnée, car seules les pertes antérieurement déduites sont réintégrées et les pertes ne sont réintégrées qu'à hauteur des bénéfices réalisés (mais, dans ce cas, il y a tout de même lieu de remarquer que les pertes ne sont finalement prises en compte dans aucun État).

Mesures anti-abus nationales

Le principe de la liberté d'établissement autorise l'application des mesures anti-abus nationales à condition qu'elles concernent des **montages purement artificiels** ; par exemple, la Cour a posé le principe que les législations relatives aux sociétés étrangères contrôlées, du type de l'article 209 B du CGI (nos 73100 s.), ne sont normalement pas applicables dans le cadre de l'Union européenne sauf en présence de montages purement artificiels destinés à éluder l'impôt national normalement dû (CJCE 12 septembre 2006 aff. C 196/04, Gr. ch., Cadbury Schweppes : RJF 12/06 n° 1644 ; n° 73255). **81740**

Dans le même sens, il a été jugé, à propos d'une famille de résidents d'Allemagne qui, dans le cadre du groupe qu'ils contrôlaient, avaient constitué un centre de coordination en Belgique, que l'Allemagne peut, en application de ses propres mesures anti-abus, éliminer la double imposition au moyen d'un **crédit d'impôt** et non pas d'une exonération avec taux effectif contrairement à ce que prévoit la convention fiscale, dans la mesure où il n'en résulte aucun alourdissement par rapport à l'impôt qui serait dû s'il s'agissait d'une filiale allemande (CJCE 6 décembre 2007 aff. 298/05, 1e ch., Columbus Container Services BVBA & Co : RJF 2/08 n° 246).

Il en résulte notamment que les États membres peuvent établir des distinctions :
– **selon les États d'implantation** : ils peuvent traiter différemment une société établie dans un État ou dans un autre, pourvu qu'ils n'établissent pas de différence par rapport à un établissement national (dans l'affaire Columbus Container, il n'y aurait pas eu imposition en Allemagne si le taux d'imposition belge avait été plus élevé) ;
– **selon la forme de l'implantation locale** : les États membres peuvent traiter différemment une société établie dans un autre État en fonction de la forme juridique sous laquelle elle est établie, sous réserve de ne pas créer de discriminations par rapport aux établissements nationaux comparables (dans l'affaire Columbus, il n'y aurait pas eu d'imposition en Allemagne si la filiale belge avait été une société de capitaux).

Ces principes sont également applicables en ce qui concerne la **libre circulation des capitaux**.

La jurisprudence administrative française considère, de même, que des mesures anti-abus proportionnées sont compatibles avec le droit de l'Union européenne ; par exemple, il a

81740 (suite) été jugé que les dispositions relatives à **l'abus de droit** (article L 64 du LPF ; n° 72623) étaient compatibles avec la liberté d'établissement, dans la mesure où elles visent à exclure du bénéfice de dispositions fiscales favorables les montages purement artificiels dont le seul objet est de contourner la loi fiscale française (décision Sagal ; n° 72645 a).

Enfin, le principe de la liberté d'établissement ne s'oppose pas à l'application des législations nationales relatives aux **prix de transfert**, quand bien même celles-ci ne s'appliqueraient que dans un cadre international et non pas dans un cadre national (CJUE 21 janvier 2010 aff. 311/08, 3e ch., Société de Gestion Industrielle SA (SGI) : RJF 4/10 n° 446) ; il s'agissait d'une société belge qui avait été redressée au titre d'un prêt sans intérêt consenti à sa filiale française alors qu'elle ne l'aurait pas été si le prêt avait été consenti à une filiale belge, dans la mesure où l'avantage ainsi accordé aurait été imposable entre les mains de la société bénéficiaire. La Cour juge qu'il y a bien restriction, mais que compte tenu à la fois de la nécessité de sauvegarder la répartition équilibrée du pouvoir d'imposition entre les États membres et de prévenir l'évasion fiscale, une telle réglementation poursuit des objectifs légitimes compatibles avec le traité et relevant de raisons impérieuses d'intérêt général et qu'elle est propre à garantir la réalisation de ces objectifs. Toutefois, une telle législation n'est acceptable que si elle est proportionnée, ce qui suppose que le contribuable puisse **produire des justifications** sans contrainte administrative excessive et que la rectification soit conforme au principe de pleine concurrence (à cet égard, la Cour considère que la convention d'arbitrage élimine la double imposition et que les coûts administratifs qu'entraîne son application sont acceptables). Pour les mêmes raisons, il est également permis à un État membre d'appliquer sa législation contrôlant les prix de transfert dans les relations siège/succursales (n° 76365).

Il a, de même, été confirmé, au nom de la nécessité de garantir la préservation de la répartition de la compétence fiscale entre les États membres, que les règles relatives aux prix de transfert sont compatibles avec la liberté d'établissement même si elles ne sont pas applicables dans un cadre purement interne (CJUE 31 mai 2018 aff. 382/16, 2e ch., Hornbach-Baumarkt AG, point 47 : RJF 8-9/18 n° 914). Dans cet arrêt, la Cour souligne en outre que le contribuable doit être mis en mesure, sans être soumis à des contraintes administratives excessives, de produire des éléments relatifs aux éventuelles **raisons commerciales** pour lesquelles la transaction incriminée a été conclue et que la rectification doit se limiter à la fraction qui excède ce qui aurait été convenu dans les conditions du marché (point 49). S'agissant, en l'espèce, d'une **garantie** accordée gratuitement par une société allemande à ses filiales néerlandaises, la Cour ajoute que le contribuable (la société allemande) doit avoir la possibilité de prouver que les conditions convenues l'ont été pour des raisons commerciales **résultant de sa position d'associé** de la société étrangère (les sociétés néerlandaises).

Ce faisant, la Cour paraît s'orienter vers l'admission de justifications tirées de **l'intérêt du groupe**, admettant que dès lors que la poursuite ou l'expansion des activités des sociétés néerlandaises dépendait, en l'absence de fonds propres suffisants, d'un apport de capitaux, l'octroi à titre gratuit par la société mère allemande de lettres d'intention portant déclaration de garantie, alors même que des sociétés indépendantes auraient convenu d'une rémunération, pourrait s'expliquer par son intérêt économique propre au succès commercial de ses filiales étrangères (succès « auquel elle prend part par la distribution des bénéfices ») ainsi que « par une certaine responsabilité » de sa part dans le financement de ces sociétés « en tant qu'associée » (point 56 de l'arrêt précité).

Précisions **a.** La liberté d'établissement ne s'oppose pas à une réglementation exigeant des établissements de crédit la **déclaration des actifs déposés ou gérés auprès d'une succursale établie dans un autre État membre** en cas de décès du titulaire lorsque la succursale n'est pas soumise à une obligation de déclaration comparable et doit respecter le secret bancaire sous peine de sanctions pénales (CJUE 14 avril 2016 aff. 522/14, 3e ch., Sparkasse Allgaumlu : RJF 7/16 n° 673, à propos d'un établissement de crédit allemand disposant d'une succursale en Autriche, où le secret bancaire était à l'époque opposable à l'administration fiscale) ; la Cour juge que la distorsion de concurrence qui pouvait ainsi être créée résultait simplement de l'exercice parallèle par les deux États membres de leur compétence fiscale et n'était donc pas critiquable.

b. Le **mécanisme d'agrément** autrefois prévu par la législation française (n° 27055, Précisions a) en cas de fusions transfrontalières, qui visait essentiellement à éviter les abus, n'a pas été jugé conforme au principe de la liberté d'établissement (CJUE 8 mars 2017 aff. 14/16, 1e ch., Euro Park Service : RJF 5/17 n° 520 ; voir n° 88485).

Mécanismes d'imposition correctrice (notamment, ancien précompte et ancien avoir fiscal français)

La Cour de justice a été amenée à analyser diverses législations prévoyant des mécanismes correcteurs inégalement applicables en fonction de la résidence des actionnaires. **81750**

Le principe de la liberté d'établissement a, par exemple, été considéré comme s'opposant à ce que la législation d'un État, pour permettre à une société de distribuer des dividendes à sa société mère sans être assujettie au paiement d'un **impôt anticipé sur les sociétés**, impose comme condition que la société mère réside dans le même État (CJCE 8 mars 2001 aff. 397/98 et 410/98, 5e ch. Metallgesellchaft et Hoechst : RJF 5/01 n° 734, à propos de l'ancien système d'« advance corporation tax » (ACT) au Royaume-Uni) ; sur une question voisine, voir aussi CJCE 12 décembre 2006 aff. 374/04, Gr. Ch., Test Claimants in class IV of the ACT Group Litigation (RJF 3/07 n° 376), jugeant qu'un État membre qui accorde un **crédit d'impôt** en cas de distribution à un résident n'est pas tenu de l'accorder aussi à un non-résident dans la mesure où ce dernier n'est pas imposable dans l'État de la source.

La Cour a également jugé qu'une **imposition correctrice** applicable à une filiale allemande, que ses actionnaires soient résidents ou non résidents, est compatible avec le droit de l'Union européenne (CJCE 26 juin 2008 aff. 284/06, 4e ch., Burda GmbH : RJF 10/08 n° 1146) ; au cas d'espèce, la Cour juge que le fait que le même mécanisme correcteur s'applique alors que les situations sont différentes n'est pas une discrimination. Quant à la circonstance qu'un crédit d'impôt soit accordé par l'Allemagne à l'actionnaire allemand et non pas à l'actionnaire néerlandais, elle n'est pas critiquable dès lors qu'en ce qui concerne une **distribution transfrontalière de bénéfices**, c'est en principe non pas à l'État membre de résidence de la filiale qu'il incombe de prévenir cette double imposition économique, mais à l'État membre sur le territoire duquel réside la société mère (point 89 de cet arrêt). Le défaut d'octroi d'un crédit d'impôt par l'État membre de la filiale en faveur d'une société mère non résidente ne saurait donc différencier la situation de la filiale résidente d'une société mère résidente de celle de la filiale résidente d'une société mère non résidente. La Cour en conclut que la situation d'une filiale résidente d'une société mère résidente n'est pas différente de celle d'une filiale résidente d'une société mère non résidente aux fins de l'application de la législation en cause, de sorte qu'aucun traitement discriminatoire dans le chef de la filiale résidente ne saurait être établi à cet égard.

En ce qui concerne la France, le Conseil d'État avait renvoyé à la Cour de justice la question de savoir si l'**ancien précompte** applicable en France en cas de redistribution de dividendes qui avaient bénéficié du régime des sociétés mères (n° 61620) pouvait, pour certains de ses aspects, être considéré comme contraire au droit de l'Union européenne (CE 3 juillet 2009 n° 317075, 8e et 3e s.-s., min. c/ Sté Accor : RJF 10/09 n° 834 ; conclusions Laurent Olléon au BDCF 10/09 n° 114) ; en l'espèce, la difficulté venait de ce qu'une société mère pouvait, lorsqu'elle redistribuait des dividendes de source française, acquitter le précompte au moyen de l'avoir fiscal attaché aux dividendes qu'elle avait reçus, ce qui en annulait le coût, alors que cette possibilité ne lui était pas permise en cas de redistribution de dividendes étrangers. Le Conseil d'État avait jugé que le précompte n'était pas en lui-même contraire au droit de l'Union européenne, mais il avait posé à la Cour de justice la question de savoir s'il n'y avait pas tout de même une restriction prohibée en étendant la question du précompte à celle de l'avoir fiscal lui-même. En réponse, la Cour a jugé que les articles 49 et 63 du traité FUE s'opposent à une législation d'un État membre ayant pour objet d'éliminer la **double imposition économique des dividendes** (telle que celle en cause, selon la Cour), qui permet à une société mère d'imputer sur le précompte dont elle est redevable lors de la redistribution à ses actionnaires des dividendes versés par ses filiales l'avoir fiscal attaché à la distribution de ces dividendes s'ils proviennent d'une filiale établie dans cet État membre, mais n'offre pas cette faculté si ces dividendes proviennent d'une filiale établie dans un autre État membre, dès lors que cette législation n'ouvre pas droit, dans cette dernière hypothèse, à l'octroi d'un **avoir fiscal** attaché à la distribution de ces dividendes par cette filiale (CJUE 15 septembre 2011 aff. 310/09, 1e ch., Accor : RJF 12/11 n° 1402 ; voir aussi n° 81510 et 81515). Ainsi, la législation française aurait sans doute pu être compatible avec le droit de l'Union européenne s'il avait été possible aux sociétés mères d'imputer sur le précompte dû au titre des redistributions des dividendes en provenance de leurs filiales un montant d'avoir fiscal permettant d'éliminer l'impôt sous-jacent acquitté par ces dernières.

81750 (suite) La Cour ajoute, au point 102, que les **principes d'équivalence et d'effectivité** (n° 87650) ne font pas obstacle à ce que la restitution à une société mère des sommes de nature à garantir l'application d'un même régime fiscal aux dividendes distribués par des filiales établies en France et à ceux distribués par des filiales établies dans d'autres États membres, donnant lieu à redistribution par la société mère, soit subordonnée à la condition que le redevable apporte les éléments, qu'il est le seul à détenir, relatifs, pour chaque dividende en litige, notamment au taux d'imposition effectivement appliqué et au **montant de l'impôt effectivement acquitté** à raison des bénéfices réalisés par les filiales installées dans les autres États membres ; il en va ainsi alors même que, à l'égard des filiales installées en France, ces éléments, connus de l'administration, ne sont pas exigés (sauf s'il s'avère pratiquement impossible ou excessivement difficile d'apporter cette preuve ; n° 81515).

Le Conseil d'État avait cependant tiré les conséquences de la position de la Cour de justice d'une façon qui avait été critiquée par la Commission européenne (voir Précisions c, infra) ; saisie une nouvelle fois, la Cour de justice a effectivement considéré que la France aurait dû, pour le calcul du remboursement de l'ancien précompte acquitté par une société mère française au titre de la distribution de dividendes versés par une **sous-filiale** non résidente par l'intermédiaire d'une filiale également non résidente, tenir compte de l'imposition sur les bénéfices sous-jacents à ces dividendes, subie par la sous-filiale non résidente dans l'État membre où elle était établie (CJUE 4 octobre 2018 aff. 416/17, 5e ch., Commission c/ France, point 46 : RJF 12/18 n° 1299) ; la solution qui avait été retenue par le Conseil d'État a été jugée discriminatoire dès lors que, dans une chaîne de participation purement interne, la neutralisation de l'imposition des dividendes distribués était assurée à chaque échelon. Le contentieux dans cette affaire n'est pas encore terminé, puisque, sur renvoi par le Conseil d'État (CE 23 octobre 2020 nos 442224 et 442248, 8e et 3e ch., Stés Schneider Electric et autres : RJF 1/21 n° 77), la Cour a jugé que l'article 4 § 1 de la directive mères/filles (élimination de la double imposition des dividendes reçus de filiales ; n° 88220) s'oppose à une réglementation nationale qui prévoit qu'une société mère est redevable d'un précompte en cas de redistribution à ses actionnaires de bénéfices versés par ses filiales, donnant lieu à l'attribution d'un avoir fiscal, lorsque ces bénéfices n'ont pas supporté l'impôt sur les sociétés au taux de droit commun, dès lors que les sommes dues au titre de ce précompte dépassent le plafond de 5 % (n° 88225) et qu'une telle réglementation ne relève pas de l'exclusion mentionnée n° 88255 (CJUE 12 mai 2022 aff. 556/20, 2e ch., Schneider Electric, Axa, BNP Paribas, Engie, Orange et L'Air Liquide : RJF 8-9/22 n° 812) ; cette réponse a conduit le Conseil d'État à poser au Conseil constitutionnel une question prioritaire de constitutionnalité, au motif qu'il en résulte que, sous l'empire de la législation de l'époque, la redistribution de dividendes versés par des filiales établies en France ou hors de l'Union européenne entraînait le paiement du précompte alors que tel n'était pas le cas si les filiales étaient établies au sein de l'Union européenne (CE 25 juillet 2022 n° 442224, 8e et 3e ch., Stés Schneider Electric, Axa, Engie et Orange).

Saisi d'une question voisine, concernant, cette fois, des demandes de sociétés qui avaient réclamé le bénéfice de l'ancien **avoir fiscal** pour l'imposition de dividendes versés par des sociétés européennes dans le cadre de simples placements n'ouvrant pas droit au régime des sociétés mères, le Conseil d'État a transposé les principes que la Cour de justice avait dégagés à propos du remboursement de l'ancien précompte ; il s'agissait en effet, dans la même perspective, de faire en sorte que des dividendes provenant de sociétés établies dans un autre État membre de l'Union européenne soient traités de la même façon que des dividendes de sociétés françaises.

En ce qui concerne les **modalités de délivrance de la preuve** que les conditions étaient remplies, le Conseil d'État a, par conséquent, jugé que si le contribuable produit des éléments ou se prévaut de l'impossibilité matérielle de les produire, il appartient à l'administration d'apporter des éléments en sens contraire et il revient alors au juge de l'impôt de se déterminer au vu de l'instruction et d'apprécier, compte tenu de l'argumentation des parties, si, pour le dividende en litige, le redevable justifie de sa demande en restitution (CE 28 janvier 2019 n° 403356, 9e et 10e ch., Sté BNP Paribas : RJF 4/19 n° 337, à propos de l'avoir fiscal qui aurait dû être attaché à des dividendes reçus de sociétés distributrices européennes au titre des exercices 1999 à 2003). En l'espèce, la banque, qui, étant actionnaire minoritaire de sociétés étrangères cotées, n'avait pas pu avoir accès à des informations précises, bien qu'elle ait tenté de les obtenir, avait produit un grand nombre de données provenant de bases d'informations financières ainsi qu'un

rapport d'expertise, alors que, de son côté, l'administration n'avait pas apporté d'éléments en sens contraire ; l'arrêt de la cour administrative d'appel de Paris qui avait rejeté sa demande (CAA Paris 8 juillet 2016 n° 13PA04417, 7e ch., Sté BNP Paribas) a donc été annulé pour dénaturation et l'affaire a été renvoyée à la Cour (sur renvoi, la banque a obtenu l'essentiel des remboursements demandés : CAA Paris 21 novembre 2019 n° 19PA00737, 5e ch. ; cet arrêt a fait l'objet d'un pourvoi du ministre et d'un pourvoi incident de la société qui ont été rejetés par CE 7 octobre 2021 n° 437867, 9e ch., min. c/ Sté BNP Paribas : RJF 12/21 n° 1106). La même solution a été retenue dans des circonstances similaires à propos d'une autre banque (CE 28 janvier 2019 n° 403332, 9e et 10e ch., Sté CIC : RJF 4/19 n° 337, annulant CAA Paris 8 juillet 2016 nos 13PA04428 et 13PA04443, 7e ch., Crédit industriel et commercial (CIC)) ; sur renvoi dans cette affaire, la Cour a accordé à la banque une restitution partielle selon une analyse au cas par cas, en reconnaissant que cette dernière avait apporté les premiers éléments de vraisemblance quant au **caractère pratiquement impossible ou excessivement difficile de la preuve** de l'impôt effectivement payé par les sociétés distributrices établies dans les autres États membres de l'Union européenne (CAA Paris 8 juillet 2021 n° 19PA00774-19PA00775, 5e ch., Sté Crédit industriel et commercial (CIC) ; arrêt définitif). **81750** (suite)

En revanche, dans une troisième affaire, les éléments de preuve requis n'ont pas été considérés comme apportés, les requérantes s'étant contentées d'**affirmations générales** sur les taux d'impôt sur les sociétés applicables aux sociétés distributrices et s'étant bornées à se prévaloir du caractère minoritaire de leurs participations dans ces sociétés, de l'insuffisante précision de leurs comptes consolidés et du caractère disproportionné de la recherche documentaire exigée au regard de l'enjeu de leur demande, en n'apportant aucun élément probant quant à la nature et l'importance des diligences accomplies pour obtenir des informations concernant le montant de l'impôt effectivement acquitté à raison des bénéfices réalisés par les sociétés distributrices (CE 28 janvier 2019 n° 398727, 9e et 10e ch., Stés HSBC Bank Plc Paris Branch et HSBC Financial Products (France) : RJF 4/19 n° 338) ; dans cette affaire, le Conseil d'État a précisé, incidemment, qu'il y avait lieu, le cas échéant, de tenir compte des **stipulations conventionnelles** prévoyant la restitution de tout ou partie de l'avoir fiscal éventuellement prévu par la législation de l'État de la société distributrice (dans ce cas, le montant du crédit d'impôt auquel la société pourrait prétendre doit être arrêté après déduction du montant de l'avoir fiscal attaché aux dividendes dont elle a obtenu ou aurait pu obtenir la restitution auprès des autorités fiscales de cet État).

La position du Conseil d'État confirme la solution qui avait antérieurement été retenue par la cour administrative d'appel de Versailles à propos d'une société française qui avait reçu, en 1999, 2000 et 2001, des dividendes versés par des sociétés distributrices établies dans d'autres États membres de l'Union européenne (CAA Versailles 14 mars 2017 n° 15VE02167, 1e ch., Sté Oddo : RJF 7/17 n° 687 ; cet arrêt a fait l'objet d'un pourvoi qui n'a pas été admis par CE (na) 11 juillet 2018 n° 410284, 8e ch., min. c/ SCA Oddo et Cie : RJF 12/18 n° 1231). Affirmant que la requérante pouvait, en l'espèce, bénéficier d'un avoir fiscal selon des modalités permettant de rétablir une situation équivalente au regard de la double imposition économique des dividendes, que ceux-ci aient pour origine une société établie en France ou une société établie dans un autre État membre de l'Union européenne, la Cour avait, à juste titre, considéré que la production d'éléments de preuve ne pouvait être exigée que sous réserve qu'il ne se révèle pas **pratiquement impossible ou excessivement difficile** pour la société d'apporter la preuve requise et qu'il y avait notamment lieu de tenir compte de ce que la participation détenue dans les sociétés distributrices était très minoritaire ; la Cour avait admis que soient pris en compte le taux d'imposition qui ressortait des rapports annuels des sociétés distributrices, ou, le cas échéant, le taux légal, et le rapporteur public avait souligné que si l'administration avait souhaité contester les éléments produits, c'était à elle, et non à la requérante, qu'il appartenait de demander des informations aux administrations étrangères étant donné que l'on ne pouvait exiger d'une société mère à 100 % et d'un actionnaire très minoritaire la production des mêmes éléments (conclusions Sandrine Rudeaux au Droit fiscal 2017 n° 36, comm. n° 428).

Enfin, sur l'octroi d'un avoir fiscal à des distributions faites par une filiale néerlandaise à une banque française, voir CE 28 janvier 2019 n° 401490, 9e et 10e ch., SA Natixis : RJF 4/19 n° 340 (n° 72645 h).

Précisions **a.** Le Conseil d'État avait tiré les conséquences de la décision de la Cour de justice dans l'affaire Accor en accordant finalement un **droit à restitution** très réduit aux sociétés concernées, essentiellement en raison du caractère opposable de leurs propres **déclarations de précompte** (CE 10 décembre 2012 n° 317074, 8e et 3e s.-s., min. c/ Sté Rhodia et CE 10 décembre 2012 n° 317075, 8e et 3e s.-s., min.

c/ Sté Accor : RJF 2/13 n° 161 aux conclusions Nathalie Escaut au BDCF 2/13 n° 19) ; dans ces affaires, les sociétés ont vainement soutenu, notamment, que ces déclarations ne pouvaient leur être opposées dès lors qu'elles avaient été établies sur le fondement d'un régime qui s'est révélé incompatible avec le droit de l'Union européenne. Refusant d'écarter les imputations fiscales effectuées dans les déclarations de précompte, le Conseil d'État n'a pas admis que les requérantes puissent utiliser tous les crédits d'impôt attachés aux dividendes reçus des filiales établies dans un autre État de l'Union européenne et redistribués au cours des cinq derniers exercices. En outre, il n'a pas jugé possible de prendre en compte l'impôt acquitté par les sous-filiales pour la détermination du précompte à restituer. Sur ce dernier point, la Cour de justice lui a toutefois donné tort dans l'arrêt Commission c/ France, précité (CJUE 4 octobre 2018 aff. 416/17, 5e ch. : RJF 12/18 n° 1299), les autres griefs de la Commission européenne ayant été rejetés (voir infra, Précisions c).

b. N'ont pas été admis des pourvois dirigés contre des arrêts annulant des jugements ayant accordé des **restitutions de précompte** (CE (na) 1er février 2016 n° 388089, 8e s.-s., Sté GDF Suez et CE (na) 1er février 2016 n° 388092, 8e s.-s., Société Générale : RJF 6/16 n° 524 ; CE (na) 16 mars 2016 n° 383206, 8e s.-s., Valeo : RJF 8-9/16 n° 709) ; ces pourvois n'apportaient aucun élément qui n'aurait pas déjà été pris en compte par les décisions citées en a. supra du 10 décembre 2012.

c. La Commission européenne avait estimé que les **conséquences que le Conseil d'État avait tirées** de l'arrêt Accor de la Cour de justice ne respectaient pas le droit de l'Union européenne ; elle soutenait que le Conseil d'État aurait dû tenir compte de l'imposition déjà acquittée par les sous-filiales non françaises, ne pas être aussi exigeant quant aux preuves à apporter et ne pas limiter de façon absolue le crédit d'impôt à un tiers du dividende redistribué par une filiale non française. La Cour de justice a écarté ces griefs, sauf le premier (CJUE 4 octobre 2018 aff. 416/17, 5e ch., Commission c/ France : RJF 12/18 n° 1299 ; voir ci-avant). Il appartenait à la France d'en tirer les conséquences sauf à courir le risque d'une sanction financière sur la base d'une nouvelle poursuite par la Commission pour **« manquement sur manquement »**.

d. L'action de la Commission européenne dans l'affaire du précompte, précitée, à l'encontre d'un État qui ne fait qu'appliquer les décisions de sa cour suprême, en l'espèce le Conseil d'État, est extrêmement rare bien qu'un manquement puisse être constaté **quel que soit l'organe de l'État** dont l'action ou l'inaction est à l'origine du manquement, même s'il s'agit d'une institution constitutionnellement indépendante (CJCE 12 novembre 2009 aff. 154/08, 3e ch., Commission c/ Espagne, point 125).

e. L'action en recouvrement menée contre un établissement bancaire qui a été bénéficiaire, en tant que **cessionnaire d'une créance de précompte mobilier**, de la somme dont la restitution lui est demandée, porte sur une imposition et a, dès lors, trait au paiement d'une créance de nature fiscale ; l'action en paiement poursuivie contre cet établissement ressortit donc à la compétence des juridictions administratives (Cass. com. 16 mai 2018 n° 16-28.275 F-D : RJF 2/19 n° 215). Même solution retenue par le Conseil d'État (CE (na) 15 mars 2019 n° 415741, 8e ch., Société Générale : RJF 7/19 n° 713).

Régimes de groupe

81760 La Cour de justice a eu, à de nombreuses reprises, l'occasion de s'intéresser aux régimes de groupe sous l'angle de la liberté d'établissement, notamment à propos :
- de restrictions à la création de filiales étrangères (par exemple dans l'affaire Papillon, n° 81680) ;
- de la prise en compte de pertes étrangères (par exemple dans l'affaire Oy AA, n° 81702).

En outre, et cet arrêt a eu beaucoup d'importance en France (n° 81765), il a été jugé, à propos de la question de **l'intégration de filiales étrangères** dans un groupe fiscal, que le principe de la liberté d'établissement ne s'oppose pas, compte tenu de la nécessité de préserver la répartition du pouvoir d'imposition entre les États membres, à ce que les Pays-Bas permettent à une société néerlandaise de constituer un groupe fiscal avec une société néerlandaise mais refusent d'y faire entrer une filiale belge (CJUE 25 février 2010 aff. 337/08, 2e ch., X Holding BV : RJF 5/10 n° 552). Cet arrêt confirme, en outre, que l'État membre d'origine n'est pas obligé de traiter une filiale étrangère comme un établissement stable étranger (points 38 et 40).

Cela ne signifie pas, cependant, que toutes les différences de traitement concernant des sociétés nationales intégrées et des sociétés étrangères non intégrées soient autorisées ; notamment, la législation néerlandaise ne pouvait pas refuser la **déduction des intérêts** d'un emprunt contracté par une société mère néerlandaise auprès d'une société apparentée pour financer un apport en capital dans une société italienne alors que si la société bénéficiaire de l'apport avait été néerlandaise la société mère aurait pu, selon le régime fiscal néerlandais, déduire les intérêts dans le cadre du régime d'intégration fiscale (CJUE 22 février 2018 aff. jointes 398/16 et 399/16, 1e ch. : RJF 5/18 n° 561). Dans l'affaire 398/16, par différence avec celle jugée le 25 février 2010 (aff. 337/08, X Holding BV, précitée), la répartition équilibrée du droit d'imposer n'était pas en cause car il s'agissait de la possibilité de déduire une charge d'intérêts et non pas de compenser, d'une façon générale, des charges et des produits au sein d'un groupe fiscal. Dans l'autre affaire jointe à la précédente dans le même arrêt (aff. 399/16), en revanche, la Cour a admis qu'une société néerlandaise qui détenait indirectement une filiale britannique puisse se voir refuser la déduction d'une **perte de change** sur ses titres de participation ; la Cour a relevé, en effet, que si la filiale avait été néerlandaise, la perte n'aurait pas été déductible (cas d'une filiale néerlandaise intégrée dont le capital n'est pas fixé en euros, ce qui est possible aux Pays-Bas) et qu'un État membre n'est pas tenu, en tout état de cause, d'exercer **de façon asymétrique** sa compétence fiscale afin de permettre la déduction de pertes résultant d'opérations dont les résultats, s'ils étaient positifs, ne seraient pas imposés (l'arrêt renvoie ici à l'affaire 686/13 jugée le 10 juin 2015 points 40 et 41 ; voir n° 81580).

D'autres restrictions ont été identifiées, par exemple à propos de la législation britannique en ce qu'elle subordonnait la prise en compte par une société britannique, **dans le cadre d'un consortium**, des pertes réalisées dans un établissement stable britannique d'une autre société du groupe à une condition tenant à l'impossibilité de les utiliser pour les besoins d'un impôt étranger, alors que le transfert des pertes subies au Royaume-Uni par une société britannique n'était soumis à aucune condition équivalente (CJUE 6 septembre 2012 aff. 18/11, 4e ch., Philips Electronics UK Ltd : RJF 1/13 n° 114, dans une situation où une société britannique du groupe Philips demandait la prise en compte de pertes d'un établissement stable au Royaume-Uni d'une société néerlandaise du groupe).

Dans le même sens, en prévoyant que, dans le cas où des sociétés peuvent bénéficier d'un **dégrèvement de groupe** dans le cadre d'un consortium, la société de liaison doit être établie au Royaume-Uni, la réglementation fiscale britannique viole la liberté d'établissement (CJUE 1er avril 2014 aff. 80/12, Gr. ch., Felixstowe Dock and Railway Company Ltd et a. : RJF 10/14 n° 961 ; la circonstance que la société tête de groupe et des sociétés intermédiaires aient été domiciliées dans des États tiers est sans incidence).

Enfin, la liberté d'établissement s'oppose à une législation qui, à propos de l'imposition d'un groupe de sociétés, permet à une société mère, en cas d'acquisition d'une participation dans une société résidente qui devient membre du groupe, de procéder à un **amortissement du goodwill** alors qu'elle l'interdit en cas d'acquisition d'une participation dans une société non résidente (CJUE 6 octobre 2015 aff. 66/14, 4e ch., Finanzamt Linz : RJF 1/16 n° 100) ; il s'agissait d'une entrave « à la sortie » autrichienne dans le cadre d'une législation qui permet à des sociétés étrangères d'être membres d'un groupe fiscal.

Intégration fiscale et pertes étrangères Tirant les conséquences de la jurisprudence de la Cour de justice, le Conseil d'État a jugé qu'il n'est pas contraire au principe **81765**
de la liberté d'établissement de refuser à une société française tête de groupe le droit d'imputer sur le résultat d'ensemble des **pertes subies par des filiales étrangères**, en l'espèce une filiale polonaise et une sous-filiale italienne (CE 15 avril 2015 n° 368135, 9e et 10e s.-s., Sté Agapes : RJF 7/15 n° 660).

En effet, **aucune restriction** ne peut être constatée dès lors que seul le mécanisme de l'intégration fiscale permet la prise en compte des pertes des filiales et que la Cour de justice a jugé, dans l'affaire X Holding BV (n° 81760), qu'un État membre peut ne pas autoriser les filiales étrangères à entrer dans un périmètre d'intégration fiscale ; comme l'intégration fiscale peut être limitée aux filiales françaises et comme, hors intégration fiscale, les pertes d'une filiale française ne sont pas imputables sur le résultat d'une société mère française, refuser l'imputation des pertes étrangères ne crée pas une restriction interdite. Ainsi que le relève la rapporteure publique dans ses conclusions sous cette décision, il n'y a « aucune discrimination entre sociétés mères de filiales résidentes et non résidentes lorsqu'on se place hors du régime de l'intégration fiscale, lequel est quant à lui conforme à la liberté d'établissement » (conclusions Émilie Bokdam-Tognetti au BDCF 7/15 n° 97).

Cette décision confirme, en outre, qu'il n'incombe pas à l'État de résidence de la société mère d'assurer la neutralisation de la charge fiscale que la filiale supporte, ou supportera, du fait de la décision de l'État membre où elle réside de limiter, au titre de l'exercice de sa compétence fiscale, le droit d'imputer les pertes subies ; l'arrêt rendu en appel (CAA Versailles 26 février 2013 n° 10VE04169, 3e ch., Sté Agapes : RJF 6/13 n° 677) avait réservé le cas où l'impossibilité d'imputer les pertes ne résulterait pas de l'application de la législation fiscale de l'État membre de résidence de la filiale, notamment en cas de **liquidation** de la filiale, mais cette exception a été écartée par le Conseil d'État (en l'espèce, les pertes des filiales ne pouvaient plus être reportées localement en raison des règles nationales alors que les sociétés poursuivaient leur activité).

En définitive, l'arrêt **Marks & Spencer** (nº 81701) est, en pratique, sans effet en France puisqu'il ne peut concerner qu'une législation qui, comme la législation britannique, permet la cession intragroupe des pertes, les bénéfices restant imposables séparément ; il est sans conséquence à l'égard des législations qui, comme la législation française, reposent sur la constitution d'une entité fiscale unique (en ce sens, conclusions Émilie Bokdam-Tognetti, précitées).

Précisions **a.** Une restriction pourrait éventuellement être constatée à l'égard des **établissements stables étrangers déficitaires** d'une société française, puisqu'en ce cas les pertes seraient déductibles des autres résultats de la société si les établissements étaient situés en France ; la restriction serait cependant justifiée par la nécessité de sauvegarder la répartition équilibrée du pouvoir d'imposer (nº 81705), sous réserve, éventuellement, des conséquences à tirer de l'arrêt Bevola de la Cour de justice (nº 81720).

b. La liberté d'établissement ne s'oppose pas à ce que la loi danoise n'accepte la déduction au Danemark de pertes subies par la **succursale danoise de la filiale suédoise d'un groupe danois** que si ces pertes ne sont pas déductibles en Suède, sauf si la société est définitivement privée de la possibilité d'imputer les pertes (CJUE 4 juillet 2018 aff. 28/17, 1e ch., NN A/S : RJF 10/18 nº 1046).

c. Une société française n'a pas été jugée fondée à imputer sur son résultat fiscal de l'exercice 2012 le déficit d'une société belge qui avait été liquidée le 31 janvier 2012 et dont les déficits cumulés n'étaient pas déductibles en Belgique, faute de pouvoir démontrer le **caractère définitif des pertes** (CAA Versailles 23 juin 2020 nº 19VE01012, 3e ch., min. c/ Sté Groupe Lucien Barrière : RJF 10/20 nº 768). Cet arrêt a fait l'objet d'un pourvoi qui n'a pas été admis par CE (na) 7 octobre 2021 nº 443126, 9e ch., Sté Groupe Lucien Barrière : RJF 12/21 nº 1096 (décision rendue contrairement aux conclusions de la rapporteure publique qui estimait notamment qu'au regard du « caractère difficilement lisible de la jurisprudence de la CJUE dans son dernier état », il pourrait être opportun de poser une question préjudicielle à la Cour de justice).

d. Il a été jugé qu'une société française à la tête d'un groupe d'intégration fiscale pouvait imputer le déficit d'une sous-filiale belge l'année de sa liquidation en 2015, dans un contexte de graves difficultés économiques, dès lors qu'il était établi que les pertes de cette société ne pouvaient être cédées et qu'elles étaient **définitives** (TA Montreuil 11 février 2021 nº 1808706, 1e ch., Sté Compagnie Plastic Omnium : RJF 6/21 nº 562 ; appel enregistré sous le nº 21PA03001) ; pour le tribunal administratif, la société belge répondait aux conditions nécessaires pour faire partie du groupe intégré, hormis la condition de résidence en France, et la **cession des pertes** n'était pas possible, que ce soit par cession de la filiale à un tiers, rendue impossible du fait de la disparition des débouchés industriels et de la spécialisation de l'usine, ou par une cession des pertes seules de la filiale à un tiers, avant ou après la vente de son actif, dès lors qu'une telle cession n'aurait pas pu donner lieu à une **déduction des pertes par le repreneur** compte tenu des dispositions du droit belge, qui font obstacle à un « marchandage » des pertes (la société avait également établi qu'un changement de son activité n'était pas possible au regard de la spécificité des équipements nécessaires à la production).

e. Une banque française n'a pas été jugée fondée à imputer en France, au titre de l'exercice clos en 2013, le déficit constaté en 2013 lors de la **liquidation d'une filiale lettone** dont les pertes n'étaient **pas définitives** au sens de la jurisprudence de la Cour de justice (TA Montreuil 11 février 2021 nº 1804038, 1e ch., Société Générale : RJF 6/21 nº 562 ; appel enregistré sous le nº 21PA01850) ; la perte des déficits reportables de la filiale a, en effet, été regardée comme relevant d'un choix de gestion de désengagement et non de l'impossibilité de les valoriser localement.

81767 **Imposition des dividendes au sein des groupes d'intégration fiscale**

En ce qui concerne le traitement des dividendes intragroupe, il a été jugé que la loi française, avant les modifications introduites par la loi nº 2015-1786 du 29 décembre 2015 de finances rectificative pour 2015, ne pouvait refuser de neutraliser la **quote-part de frais et charges** de 5 % pour l'imposition des dividendes versés par des filiales européennes qui, si elles avaient été françaises, auraient été objectivement éligibles, sur option, au bénéfice du régime de l'intégration fiscale alors que la neutralisation était applicable aux dividendes reçus de filiales françaises intégrées (CJUE 2 septembre 2015 aff. 386/14, 2e ch., Groupe Steria SCA : RJF 11/15 nº 972, sur renvoi de CAA Versailles 29 juillet 2014, nº 12VE03691, 3e ch., Sté Groupe Steria : RJF 11/14 nº 990 ; cet arrêt avait fait l'objet d'un pourvoi mais le ministre s'est ensuite désisté selon ce qu'indique CE Ord. 8 octobre 2015 nº 384310, 9e s.-s.).

La différence de traitement identifiée n'était, en l'espèce, justifiée : 81767 (suite)
– ni par la nécessité de sauvegarder la **répartition équilibrée** du pouvoir d'imposition entre les États membres (points 27 à 29 de l'arrêt de la Cour de justice) ; en l'espèce, ce principe n'était pas en cause puisque la différence de traitement ne portait que sur des dividendes entrants perçus par des sociétés mères résidentes imposables dans un seul État ;
– ni par la nécessité de sauvegarder la **cohérence** de la législation française (point 36 de l'arrêt précité) ; pour la Cour de justice, aucun lien direct n'était démontré entre l'avantage résultant de la neutralisation de la quote-part de frais et charges et un désavantage particulier résultant de l'application du régime de l'intégration fiscale.

À la suite de cet arrêt, l'article 40 de la loi n° 2015-1786 du 29 décembre 2015 de finances rectificative pour 2015 a **unifié à 1 % la quote-part de frais et charges**, qu'il s'agisse de dividendes versés par des sociétés françaises intégrées ou par des sociétés européennes qui auraient pu faire partie d'un groupe d'intégration fiscale si elles avaient été françaises (n° 61425). Quant aux sociétés concernées, elles ont pu introduire des **demandes de remboursement** pour le passé en ce qui concerne les dividendes versés par leurs seules filiales européennes, pourvu que les conditions d'éligibilité au régime de l'intégration fiscale aient objectivement été remplies, notamment en ce qui concerne le seuil de détention, la condition d'assujettissement à l'impôt sur les sociétés, la coïncidence des exercices et la continuité de la détention. Ainsi qu'il a ensuite été jugé, il incombe, en effet, aux sociétés concernées d'apporter les **justifications nécessaires**, sous réserve que la production des éléments de preuve ne s'avère pas pratiquement impossible ou excessivement difficile (CAA Versailles 21 juin 2016 n° 12VE03691, 3e ch., Sté Sopra Steria Group : RJF 10/16 n° 814, arrêt définitif ; l'arrêt précise à ce propos que la circonstance que certaines filiales européennes aient été cédées ne dispense pas la société mère de conserver les pièces lui permettant d'apporter les justifications requises).

Bien entendu, le fait que les filiales n'aient pu, par définition, exercer **l'option** est sans incidence ; on ne saurait relever l'absence d'option des sociétés étrangères pour le régime de groupe alors que si l'option avait été exercée la demande aurait nécessairement été refusée (en ce sens, notamment, arrêt Metallgesellchaft et Hoechst, point 103 ; n° 81750).

Enfin, il est conforme à la Constitution de prévoir, dans le cadre de l'intégration fiscale, un traitement différent en ce qui concerne les dividendes provenant de **filiales établies dans des États tiers** (Cons. const. 13 avril 2018 n° 2018-699 QPC, Sté Life Sciences Holdings France : RJF 7/18 n° 783, sur renvoi par CE QPC 24 janvier 2018 n° 415726, 9e et 10e ch., Sté Life Sciences Holdings France : RJF 4/18 n° 420) ; cette confirmation a été apportée à propos de la législation applicable avant le 1er janvier 2016, en tant qu'elle excluait du bénéfice de la neutralisation de la quote-part de frais et charges des distributions opérées par une société établie dans un État non membre de l'Union européenne qui, si elle avait été résidente, aurait été éligible au régime d'intégration fiscale. Il a également été confirmé que la quote-part de frais et charges de 5 % applicable au titre des exercices 2011 à 2014 n'avait pas à être neutralisée sur le fondement de l'article 1er du premier protocole additionnel à la convention européenne de sauvegarde des droits de l'Homme ou de la charte des droits fondamentaux de l'Union européenne, en ce qui concerne des dividendes provenant de filiales détenues à au moins 95 % et situées dans des États tiers (CAA Versailles 14 avril 2022 n° 19VE03912, 3e ch., Sté Laboratoires de Biologie Végétale Yves Rocher, faisant l'objet d'un pourvoi enregistré sous le n° 465996 ; CAA Versailles 14 avril 2022 n° 19VE03926, 3e ch., Société Générale : RJF 8-9/22 n° 814, faisant l'objet d'un pourvoi enregistré sous le n° 464994).

Sur ces questions, voir également n° 61425.

Précisions **a.** Dans l'arrêt Steria, la Cour de justice a souligné que les conséquences de l'arrêt X Holding BV (n° 81760) ne s'étendent pas aux **avantages fiscaux autres que le transfert des pertes** à l'intérieur d'un groupe fiscal ; chacun des avantages d'un régime de groupe doit être analysé de manière isolée et peut éventuellement révéler une restriction interdite.

b. Ne caractérise pas une restriction interdite par le droit de l'Union européenne le refus de déduire du résultat d'ensemble d'un groupe intégré la quote-part de frais et charges relative aux dividendes versés en 2015 par une sous-filiale néerlandaise qui ne répondait plus aux **critères de l'intégration fiscale** du fait de sa cession en cours d'année (CAA Versailles 29 mars 2022 n° 20VE00862, 1e ch., Sté Henkel Holding France ; pourvoi enregistré sous le n° 464553).

c. Alors même qu'une société tête de groupe française possédait indirectement 100 % du capital de deux filiales allemandes, ces sociétés n'auraient pas été éligibles au régime de l'intégration fiscale compte tenu de l'existence de **participations croisées** ; l'imposition de la quote-part de frais et charges de 5 % a donc été confirmée pour l'imposition des dividendes reçus au cours des exercices 2011 à 2015 (CAA Versailles 29 mars 2022 n° 20VE00047, 1e ch., Sté Axa : RJF 7/22 n° 628 ; pourvoi enregistré sous le n° 464552).

d. Il a été jugé que l'absence de neutralisation de dividendes **non éligibles au régime des sociétés mères** reçus de filiales **intégrables** établies dans un **autre État membre** de l'Union européenne, neutralisation réservée aux seuls dividendes reçus d'une filiale intégrée française en 2013 et 2014, n'est pas contraire à la liberté d'établissement, au nom de l'objectif de la préservation de la cohérence du régime fiscal français (CAA Versailles 14 avril 2022 n° 19VE03926, 3e ch., Société Générale : RJF 8-9/22 n° 814, faisant l'objet d'un pourvoi enregistré sous le n° 464994).

81769 **Intégration horizontale** En ce qui concerne l'intégration horizontale de sociétés sœurs, la législation française a dû évoluer pour tenir compte de la jurisprudence de la Cour de justice (la législation avait déjà dû être modifiée pour tenir compte de l'arrêt « Papillon », n° 81680) ; il a en effet été jugé, à propos de la législation néerlandaise, que la liberté d'établissement s'oppose à ce qu'un régime « d'entité fiscale unique » (intégration fiscale) soit accordé à une société mère résidente qui détient des filiales résidentes alors qu'il est exclu pour des **sociétés sœurs résidentes d'un État membre** dont la société mère commune n'a pas son siège dans cet État et n'y dispose pas d'un établissement stable (CJUE 12 juin 2014 aff. jointes 39/13, 40/13 et 41/13, 2e ch., SCA Group Holding BV, X AG et a., MSA International Holdings BV, MSA Nederland BV : RJF 10/14 n° 962).

Dans ces affaires, la Cour conclut également à l'incompatibilité d'une législation d'un État membre en vertu de laquelle une société mère résidente peut former une entité fiscale unique avec une sous-filiale résidente lorsqu'elle la détient par l'intermédiaire d'une ou de plusieurs sociétés résidentes, mais ne le peut pas lorsqu'elle la détient **par l'intermédiaire de sociétés non résidentes** ne disposant pas d'un établissement stable dans cet État membre (la question de savoir quelle doit être la société intégrante est, pour la Cour, une question purement technique dépourvue de pertinence au regard de l'objectif à atteindre). Ces principes ont été repris par CJUE 14 mai 2020 aff. 749/18, 2e ch. : RJF 8-9/20 n° 747, jugeant, à propos du Luxembourg, qu'un État membre qui a mis en place un système d'intégration fiscale verticale doit permettre une **intégration horizontale** entre les filiales résidentes d'une société mère non résidente ; cet arrêt conclut en outre à la non-conformité d'une législation qui exige qu'un groupe d'intégration fiscale vertical soit dissout, avec les conséquences fiscales associées, pour permettre la constitution d'un groupe horizontal alors même que la société intégrante reste la même (en revanche, un État membre peut exiger que le bénéfice de l'intégration fiscale soit demandé avant la fin du premier exercice d'imposition pour lequel son application est demandée).

Ces principes ont été **transposés à la législation française** à propos de sociétés sœurs françaises filiales d'une société italienne par l'intermédiaire de deux holdings italiennes, l'une des deux ayant demandé la restitution d'une fraction des cotisations d'impôt sur les sociétés et de contribution sociale acquittées au titre des années 2008 et 2009 correspondant à l'excédent d'impôt résultant de l'absence d'imputation des déficits fiscaux de sa société sœur sur ses propres bénéfices imposables réalisés au cours de la même période (CE 30 mars 2016 n° 387164, 9e s.-s., Sté Zambon France, rejetant le pourvoi du ministre contre CAA Versailles 2 décembre 2014 n° 12VE03684, 3° ch., Sté Zambon France : RJF 3/15 n° 194 ; le moyen du ministre, qui défendait l'erreur de droit au motif du défaut d'accord de la seconde société, n'était pas recevable pour des raisons de procédure). La confirmation définitive de la solution de fond, dans cette affaire, a été apportée par CAA Versailles 19 septembre 2017 n° 16VE01163, 3e ch., min. c/ Sté Zambon France : Droit fiscal 2018 n° 11, comm. n° 220 (arrêt définitif confirmant que le bénéfice de l'intégration horizontale devait bien être accordé au titre des exercices concernés). Dans le même sens, CAA Versailles 19 février 2015 n° 13VE01698, Sté Schenker, 6e ch., à propos de filiales d'une société allemande (arrêt définitif).

La loi française a ensuite été amendée dans le sens de ces décisions (Loi n° 2014-1655 du 29 décembre 2014 de finances rectificative pour 2014, art. 63 ; n° 26235).

Précisions Sous l'empire de la législation applicable aux exercices clos avant le 31 décembre 2014, l'impossibilité de constituer un groupe fiscalement intégré entre des sociétés françaises détenues indirectement par une même société mère située dans un autre État membre constituait une entrave à la **liberté d'établissement** ; cela étant, la société qui sollicitait rétrospectivement le bénéfice de la formation d'un groupe d'intégration fiscale « horizontale » devait produire, à la demande de l'administration et au plus tard devant le juge de l'impôt, dans le respect des conditions de fond auxquelles est subordonné le bénéfice de l'intégration fiscale, rappelées par les articles 46 quater-0 ZD et 46 quater-0 ZE de l'annexe III au CGI, **l'accord des sociétés** membres du groupe d'intégration fiscale ainsi formé, sans que les conditions de délai prévues par ces articles trouvent à s'appliquer et sans qu'il soit exigé de faire usage à cette fin de documents conformes aux modèles établis par l'administration (CE 27 mars 2019 n° 415817, 8e et 3e ch., Sté BPD France : RJF 6/19 n° 520, confirmant l'arrêt qui avait jugé que l'absence de production des **accords des filiales** françaises faisait obstacle à ce que soit admise la demande de constitution d'un groupe horizontal fiscal intégré, dès lors que la requérante ne faisait état d'aucun obstacle qui aurait rendu la communication des accords impossible ou excessivement difficile). Dans le même sens, CE 29 décembre 2020 n° 427259, 9e et 10e ch., Sté BPD France et min. c/ Sté BPD France : RJF 3/21 n° 251, écartant le moyen tiré de ce que la production de l'accord des filiales était impossible ou excessivement difficile (sur renvoi, CAA Versailles 6 juillet 2021 n° 21VE00152, 1e ch., arrêt définitif accordant à la requérante satisfaction partielle en conséquence de la réduction du périmètre d'intégration). Précédemment, il avait également été jugé que l'administration n'était pas fondée à refuser l'intégration horizontale en opposant l'absence d'exercice formel d'une **option**, mais pouvait exiger que la société qui aurait été intégrée ait donné son **accord** pour que ses propres résultats soient pris en compte pour la détermination du résultat d'ensemble en renonçant, par conséquent, au report des déficits qu'elle n'aurait pas encore imputés (CE 25 octobre 2017 n° 394413, 9e et 10e ch., Sté Sodisac : RJF 1/18 n° 12 ; en l'espèce, l'accord avait été donné).

C. La libre circulation des travailleurs

Principes

Cette liberté, fondamentale au sein de l'Union européenne, est affirmée par l'article 45 du traité FUE (ex-article 39 du traité CE) qui énonce que la libre circulation des travailleurs est assurée à l'intérieur de l'Union européenne, avec comme corollaire l'**abolition de toute discrimination fondée sur la nationalité** entre les travailleurs des États membres en ce qui concerne l'emploi, la rémunération et les autres conditions de travail. Cette liberté s'applique, notamment, au domaine fiscal. **81780**

Tout **ressortissant de l'Union européenne**, indépendamment de son lieu de résidence et de sa nationalité, qui a fait usage du droit à la libre circulation des travailleurs et qui a exercé une activité professionnelle dans un État membre autre que celui de résidence, relève du champ d'application de cette liberté (CJUE 28 février 2013 aff. 544/11, 1e ch., Helga Petersen, Peter Petersen : RJF 6/13 n° 676, point 34 ; voir aussi n° 81795).

En outre, des dispositions qui empêchent ou dissuadent un ressortissant d'un État membre de quitter son État d'origine pour exercer son droit à la libre circulation constituent des entraves à la liberté de circulation des personnes même si elles s'appliquent indépendamment de la nationalité des travailleurs concernés (par exemple, CJUE 13 juillet 2012, aff. 269/09, 1e ch., Commission c/ Espagne : RJF 12/12 n° 1172, point 53).

Enfin, la liberté de circulation des travailleurs s'applique aussi bien **entre résidents et non-résidents qu'entre les non-résidents eux-mêmes**. Elle interdit non seulement à un État membre de favoriser les travailleurs résidant sur son territoire en avantageant les ressortissants nationaux mais aussi de discriminer entre travailleurs non résidents en avantageant de manière injustifiée les ressortissants de certains États membres par rapport à d'autres (CJUE 24 février 2015 aff. 512/13, Gr. ch. : RJF 5/15 n° 449, points 24 et 25 ; n° 81830).

Précisions Le principe de libre circulation des travailleurs ne s'oppose pas à ce que, en application des **conventions fiscales**, l'exonération accordée à un résident au titre de revenus provenant d'un autre État membre et afférents à un emploi salarié occupé dans ce dernier État soit subordonnée à la condition que l'activité en raison de laquelle les revenus sont payés soit effectivement exercée dans cet État (CJUE 24 octobre 2018 aff. 602/17, 6e ch. : RJF 2/19 n° 226, à propos d'un salarié résident de Belgique et qui se plaignait à tort d'être imposé en Belgique à raison des rémunérations versées par son employeur luxembourgeois et correspondant à des jours de travail hors du Luxembourg).

Application aux « travailleurs » et à certains retraités

Il résulte de la jurisprudence de la Cour de justice que la liberté de circulation des travailleurs est applicable aux seuls travailleurs et à certains retraités ; par exemple, elle n'est pas applicable à une personne ayant exercé l'ensemble de son activité professionnelle dans l'État membre dont elle est ressortissante et n'ayant fait usage du droit de séjourner dans un autre État membre **qu'après avoir pris sa retraite**, sans aucune intention d'exercer dans cet autre État une activité salariée (CJCE 9 novembre 2006 aff. 520/04, 1e ch., Turpeinen : RJF 3/07 n° 373 ; CJCE 23 avril 2009 aff. 544/07, 3e ch., Uwe Ruumlffler : RJF 7/09 n° 709). Mais un retraité luxembourgeois résident du Luxembourg a pu en bénéficier, car il avait exercé antérieurement un emploi **81785** salarié dans un autre État membre (Pays-Bas) dont il recevait des pensions (CJUE 26 mai 2016 aff. 300/15, 10e ch. : RJF 8-9/16 n° 770 ; voir également n° 81811).

Cette liberté est également applicable en cas d'emploi dans l'administration publique d'un autre État membre (CJUE 22 juin 2017 aff. 20/16, 10e ch., Wolfram Bechtel et Marie-Laure Bechtel, à propos d'un **fonctionnaire** résident d'Allemagne et travaillant en France).

En tout état de cause, les intéressés peuvent toujours se prévaloir des droits de libre circulation et de libre séjour prévus à l'article 21 § 1 du traité FUE (n° 82270).

Application aux « quasi-résidents »

81790 C'est largement à propos des conditions d'application de la liberté de circulation des travailleurs que s'est développée la notion de **discrimination « insidieuse »**, c'est-à-dire d'une discrimination apparemment non fondée sur un critère de nationalité mais qui joue, en réalité, principalement à l'égard des étrangers. Lorsqu'un non-résident, qui exerce une des libertés prévues par le droit de l'Union européenne, ne perçoit aucun revenu, ou ne touche que des revenus insignifiants dans son pays de résidence, le pays d'activité ne peut le priver des avantages qu'il réserve à ses résidents et doit, au fond, le traiter comme un « quasi-résident ».

En effet, si un résident d'un État retire la totalité ou la quasi-totalité de ses revenus d'une activité professionnelle exercée dans l'autre État, et si ce dernier refuse la prise en compte des abattements ou des divers mécanismes d'atténuations de l'impôt, compte tenu, par exemple, des charges de famille, la situation personnelle du contribuable ne sera prise en compte dans aucun des deux États :

– ni dans celui dans lequel l'activité est exercée, puisque, par hypothèse, il est un non-résident de cet État,

– ni dans celui de la résidence puisque, dans la quasi-totalité des situations, par le jeu des conventions fiscales, les salaires retirés au titre de l'exercice d'une activité exercée dans l'autre État ne sont pas imposables dans l'État de résidence (ou bien, s'il y a crédit d'impôt, l'excédent n'est pas restituable).

Il est de fait que, si un résident néerlandais, par exemple, perçoit la quasi-totalité de son revenu d'une activité exercée en Allemagne, il est très proche d'un résident allemand. Inversement, s'il touche la majeure partie de ses revenus aux Pays-Bas, il n'est pas dans la même situation et ce serait alors à son État de résidence (Pays-Bas) de tenir compte de sa situation personnelle pour l'imposer.

En France, l'administration a tiré certaines conséquences de ces principes à propos des non-résidents qu'elle appelle « **Schumacker** » (en référence à la jurisprudence de la Cour de justice ; n° 81810), à savoir des non-résidents européens qui retirent de France l'essentiel de leurs revenus et qui ne bénéficient pas, dans leur État de résidence, de mécanismes suffisants de nature à minorer leur imposition en fonction de leur situation personnelle et familiale (n° 3097).

Précisions La Commission européenne avait publié une **recommandation** n° 94/79 du 21 décembre 1993 relative à l'imposition de certains revenus obtenus par des non-résidents dans un État membre autre que celui de leur résidence (JOCE 10 février 1994, n° L 39, et Droit fiscal 1994 n° 11). Cette recommandation visait à assurer aux personnes physiques qui sont résidentes d'un État et qui exercent une activité dans l'autre État un traitement équitable et non discriminatoire dans ce dernier État. Elle partait de l'idée que les **non-résidents** sont dans une **situation voisine de celle des résidents** lorsque le revenu qu'ils obtiennent dans l'État d'exercice de l'activité constitue **au moins 75 %** de leur revenu total imposable. La Commission considère que, dans cette situation, le principe de l'égalité de traitement impose de ne pas priver les personnes obtenant les revenus en question (revenus d'une activité dépendante ainsi que les pensions et autres activités économiques) des avantages et déductions fiscales dont bénéficient les résidents. Autrement dit, cette recommandation conduit à l'égalité de traitement des non-résidents par rapport aux résidents dans ce cas particulier. Il ne s'agit, toutefois, que d'une recommandation qui paraît oubliée, étant observé que la jurisprudence de la Cour est aujourd'hui fixée autour d'un **critère de 90 %** et non pas de 75 % (la Cour de justice n'en a d'ailleurs pas tenu compte à propos de la législation estonienne qui avait pourtant été inspirée par cette recommandation ; n° 81811).

Champ d'application géographique

81795 La Cour de justice avait paru écarter l'application du principe à des ressortissants d'un État qui, tout en étant non résidents de cet État, y exerçaient leur activité ; en ce sens, il avait été jugé qu'un ressortissant allemand qui avait toujours exercé son activité de dentiste en Allemagne, mais qui était résident des Pays-Bas, pouvait subir en Allemagne le régime d'imposition des non-résidents, plus lourd en ceci qu'ils ne peuvent bénéficier de certains abattements ou déductions pour le calcul de l'impôt sur le revenu. S'agissant d'un ressortissant allemand exerçant son activité en Allemagne, la Cour avait considéré que la liberté de circulation n'avait pas été violée et que la discrimination était permise (CJCE 26 janvier 1993 aff. 112/91, Plén., Hans Werner : RJF 5/93 n° 755).

Mais cette manière de voir restrictive a ensuite été abandonnée, la Cour de justice jugeant qu'un ressortissant d'un État membre peut se prévaloir à **l'égard de son État d'origine** de la liberté d'établissement dès lors que, exerçant une activité économique dans un autre État membre que son État d'origine, il se trouve, à l'égard de ce dernier, dans une situation assimilable à celle de tout autre sujet invoquant à l'égard de l'État d'accueil le bénéfice des droits et libertés garantis par le traité (CJCE 27 juin 1996 aff. 107/94, 5e ch., Asscher : RJF 11/96 n° 1369). Dans le même sens, à propos de l'imposition aux Pays-Bas d'un ressortissant néerlandais résident de Belgique, voir CJCE 16 octobre 2008 aff. 527/06, 3e ch., R. H. H Renneberg : RJF 2/09 n° 177.

On doit donc considérer que **tout ressortissant de l'Union européenne**, indépendamment de son lieu de résidence et de sa nationalité, qui exerce une activité salariée dans un État membre autre que celui de sa résidence, peut invoquer cette liberté de circulation.

Peu importe, également, le **lieu d'établissement de l'employeur** ; ainsi, un contribuable résident d'un État et imposable sur une assiette mondiale, qui perçoit des revenus au titre d'une activité salariée, est victime d'une restriction interdite si ces rémunérations sont exonérées d'impôt sur le revenu lorsque l'employeur est établi dans cet État mais ne le sont pas lorsqu'il est établi dans un autre État membre (CJUE 28 février 2013 aff. 544/11, 1e ch., Helga Petersen, Peter Petersen : RJF 6/13 n° 676). Il s'agissait d'un Danois, résident d'Allemagne, qui avait exercé son activité au Bénin alors qu'il était salarié d'une société danoise ; l'administration allemande avait refusé de lui accorder une exonération d'impôt au motif que son employeur n'était pas allemand (la Cour relève en particulier que des dispositions du droit de l'Union européenne peuvent s'appliquer à des **activités professionnelles exercées en dehors du territoire de l'Union européenne** si la relation de travail garde un rattachement suffisamment étroit avec ce territoire ; point 41 de la décision).

Ces principes avaient d'ailleurs été antérieurement appliqués par le Conseil d'État à propos d'un salarié domicilié en France et envoyé **en dehors du territoire de l'Union européenne** (en Arabie saoudite) par un employeur allemand, pour juger que la législation française relative à l'article 81 A du CGI, dans sa rédaction antérieure à la réforme de 2005, était incompatible avec le droit de l'Union européenne (CE 17 juin 2011 n° 314392, 9e et 10e s.-s., Baumann : RJF 10/11 n° 1047).

Exonérations et remboursements d'impôt

Un État membre ne peut prévoir qu'une exonération fiscale en faveur d'**indemnités pour personnes handicapées** soit subordonnée à la condition que ces indemnités soient payées par un organisme de cet État et exclure les indemnités de même nature payées à un de ses résidents par un autre État membre (CJUE 24 octobre 2019 aff. 35/19, 8e ch., BU : RJF 2/20 n° 185, à propos de la législation belge ; la question des justifications éventuelles est toutefois réservée, car ni la juridiction de renvoi ni la Belgique n'en avaient fait état). **81800**

Dans le même sens, la liberté de circulation des travailleurs interdit à un État membre de subordonner le remboursement d'un **trop-perçu d'impôt** sur le revenu, par voie de retenue à la source, à la condition que le contribuable en cause réside en permanence sur le territoire de l'État concerné, dès lors qu'une telle mesure risque de jouer plus particulièrement à l'égard des ressortissants des autres États membres (CJCE 8 mai 1990 aff. 175/88, 5e ch., Biehl : RJF 8-9/90 n° 1144). La Cour a considéré que les règles d'égalité de traitement prohibent non seulement les discriminations ostensibles fondées sur la nationalité, mais encore **toute forme dissimulée de discrimination** qui, par application d'autres critères de distinction, aboutit en fait au même résultat. Ainsi, l'application d'un critère de résidence est considérée par la Cour de justice, au moins dans certains cas, comme étant en réalité une forme dissimulée de discrimination relative à la nationalité, dans la mesure où les « non-résidents » sont aussi le plus souvent des « non-nationaux ».

Prise en compte de la situation personnelle

81810 La situation personnelle et familiale d'un non-résident imposable au titre d'une activité dans un autre État et qui en retire la quasi-totalité de ses revenus, doit être prise en compte dans l'État d'exercice de l'activité ; cette solution a été donnée par la Cour de justice à propos d'un ressortissant belge qui retirait la quasi-totalité de ses revenus d'une activité professionnelle exercée en Allemagne et qui y était imposé sans que soit prise en compte, notamment, sa **situation familiale** (CJCE 14 février 1995 aff. 279/93, Plén., Schumacker : RJF 3/95 n° 425) ; l'arrêt juge que si, par principe, il est possible d'opérer une distinction entre résidents et non-résidents au motif que leurs situations sont en général différentes, « l'article 48 du traité CE [ancienne numérotation] doit être interprété en ce sens qu'il s'oppose à l'application d'une réglementation d'un État membre imposant un travailleur ressortissant d'un autre État membre qui réside dans ce dernier État et exerce une **activité salariée** sur le territoire du premier État, plus lourdement qu'un travailleur résidant sur le territoire du premier État et y occupant le même emploi, lorsque, comme en l'espèce, le ressortissant du second État tire son revenu totalement ou presque exclusivement de l'activité exercée dans le premier État et ne perçoit pas dans le second État des revenus suffisants pour y être soumis à une imposition permettant de prendre en compte sa situation personnelle et familiale. »

Dès lors que l'intéressé tirait la **quasi-totalité de ses revenus** de son activité allemande, il ne pouvait être imposé en Allemagne plus lourdement qu'un résident d'Allemagne même s'il était lui-même non résident de cet État. La Cour n'avait pas alors indiqué de pourcentage précis pour déterminer si le non-résident était dans la même situation qu'un résident (elle s'était contentée de se référer aux revenus « totalement ou presque exclusivement » tirés de l'activité exercée dans l'État où le salarié ne réside pas).

Le **critère des 90 %** a été posé ensuite, notamment dans une situation où il était de seulement 58 % (CJCE 14 septembre 1999 aff. 391/97, Plén., Frans Gschwind : RJF 11/99 n° 1485) ; dans cette affaire, la Cour juge que le principe de la libre circulation des travailleurs ne s'oppose pas à l'application d'une réglementation d'un État membre qui à la fois reconnaît aux couples mariés résidents le bénéfice d'un avantage fiscal et subordonne l'octroi du même avantage fiscal aux couples mariés non résidents à la condition que **90 % au moins de leur revenu mondial** soient soumis à l'impôt dans ledit État membre ou, si ce pourcentage n'est pas atteint, que leurs revenus de source étrangère non soumis à l'impôt dans cet État ne dépassent pas un certain plafond, en préservant ainsi la possibilité de prise en compte de leur situation personnelle et familiale dans leur État de résidence.

Ces principes sont également applicables dans les relations entre l'Union européenne et la **Suisse** (CJUE 28 février 2013 aff. 425/11, 3e ch., Katja Ettwein : RJF 6/13 n° 687, à propos de l'imposition en Allemagne de personnes physiques de nationalité allemande mais domiciliées en Suisse et qui tiraient la quasi-totalité de leurs revenus de source allemande). En ce qui concerne les conséquences que l'administration française a fini par tirer de la décision Schumacker pour le calcul de l'impôt sur le revenu, voir n° 3097.

Précisions **a.** Il a été jugé, à propos de la liberté d'établissement, que le **critère des 90 %** devait s'entendre comme visant le cas où la situation personnelle et familiale ne peut être prise en compte dans l'État de résidence, **en l'absence (ou quasi-absence) de revenus** (CJUE 9 février 2017 aff. 283/15, 1e ch. : RJF 4/17 n° 395 ; voir également n° 81580) ; il s'agissait d'un résident d'Espagne qui réalisait 60 % de ses revenus aux Pays-Bas et 40 % en Suisse et qui, ne disposant d'aucun revenu de source espagnole, ne pouvait faire valoir son droit à déduction dans cet État.

b. Le critère tenant à la proportion des revenus n'est pas systématiquement applicable ; ainsi, la Belgique ne pouvait pas refuser la déduction de rentes alimentaires et assimilées du revenu imposable des non-résidents de Belgique qui perçoivent **moins de 75 %** de leurs revenus professionnels en Belgique et qui ne peuvent pas bénéficier de la même déduction dans leur État membre de résidence en raison du faible montant de leurs revenus imposables (CJUE 10 mars 2022 aff. 60/21, 6e ch., Commission c/ Belgique) ; en effet, dans un tel cas, le contribuable ne peut bénéficier de la déduction des rentes alimentaires ni dans son État de résidence, faute de revenus suffisants, ni en Belgique, État d'emploi. À revenus égaux, ce contribuable est alors dans une situation moins favorable qu'un résident belge ou qu'un résident d'un autre État membre qui tire de Belgique au moins 75 % de ses revenus professionnels (la déduction était permise en droit belge si le seuil de 75 % était atteint) ou qui perçoit l'essentiel de ses revenus dans son État de résidence et peut de ce fait y bénéficier de la déduction.

Les conséquences du principe de la libre circulation des travailleurs peuvent également être éclairées par les affaires suivantes : 81811
– l'affaire Zurstrassen (CJCE 16 mai 2000 aff. 87/99, Plén., Zurstrassen : RJF 7-8/00 n° 1035), où la Cour a considéré qu'un État membre ne peut réserver le bénéfice du régime fiscal des **couples mariés** aux seuls conjoints qui résident tous deux sur son territoire (à propos d'un Belge résident du Luxembourg où il exerçait son activité alors que son épouse résidait en Belgique et que 98 % des revenus du couple provenaient du Luxembourg) ;
– l'affaire de Groot (CJCE 12 décembre 2002 aff. 385/00, 5e ch., de Groot : RJF 3/03 n° 390), à propos d'un ressortissant et résident néerlandais qui exerçait son activité en partie dans d'autres États membres et qui se trouvait désavantagé aux Pays-Bas par la méthode d'application des **abattements personnels** retenue par ce pays ; cet arrêt confirme également que les États membres doivent respecter les obligations issues du droit de l'Union européenne lorsqu'ils appliquent les conventions fiscales ;
– l'affaire Wallentin (CJCE 1er juillet 2004 aff. 169/03, 1e ch., Florian W. Wallentin : RJF 10/04 n° 1062), jugeant que le principe de la libre circulation des travailleurs s'oppose à ce que la législation d'un État membre prévoie que les personnes physiques non résidentes d'un État mais qui y perçoivent un revenu au titre d'un travail, subissent un **prélèvement à la source** sans prise en compte de l'abattement de base ou tous autres abattements ou déductions liés à la situation personnelle du contribuable, alors que les résidents ont le droit d'imputer de tels abattements ou déductions lors de l'imposition générale de leurs revenus perçus dans cet État et à l'étranger, lorsque les personnes non résidentes dans l'État d'imposition n'ont disposé dans leur propre État de résidence que de ressources qui, par nature, ne sont pas soumises à l'impôt sur le revenu (il s'agissait d'un étudiant qui effectuait un court travail salarié dans un autre État). Sur une question voisine, voir également l'arrêt Hilkka Hirvonen (n° 82270).

Les mêmes principes ont été retenus à propos de l'imposition de **pensions de retraite** (CJUE 10 mai 2012 aff. 39/10, 4e ch., Commission c/ Estonie : RJF 10/12 n° 966, la législation estonienne excluant les retraités non résidents du bénéfice d'abattements alors même que, eu égard au faible montant de leurs pensions, ils ne sont pas imposables dans leur État de résidence). Autre exemple, il n'est pas permis de refuser un **crédit d'impôt** à des personnes qui reçoivent des pensions d'origine étrangère imposables dans le pays de résidence mais non soumises à une retenue à la source car le débiteur est établi dans un autre État membre, et qui ne peuvent donc produire une « fiche de retenue d'impôt » (CJUE 26 mai 2016 aff. 300/15, 10e ch. : RJF 8-9/16 n° 770 ; voir également n° 81785).

Plus généralement, il n'est pas permis à un État membre de priver un couple de résidents dont l'un des membres perçoit dans un autre État membre une **pension** exonérée dans son État de résidence en application d'une convention fiscale d'une partie du bénéfice des **avantages fiscaux** auxquels il a normalement droit dans son État de résidence (CJUE 14 mars 2019 aff. 174/18, 9e ch. : RJF 6/19 n° 604) ; il s'agissait d'un résident belge qui percevait une pension de source luxembourgeoise non imposable en Belgique, mais prise en compte pour l'octroi de certains avantages fiscaux en Belgique, ce qui lui avait fait perdre une partie des avantages auxquels il aurait eu droit en l'absence d'une telle prise en compte. Dans le même sens, la Belgique ne pouvait calculer l'impôt sur le revenu d'un résident belge qui avait exercé au cours des années 2006 à 2011 une activité professionnelle **salariée** au Luxembourg d'une façon désavantageuse au motif qu'il était imposable au Luxembourg et exonéré en Belgique en application de la convention fiscale, en réduisant de fait, compte tenu de la **méthode d'imputation** retenue, l'importance des avantages fiscaux auxquels il avait droit en Belgique (en l'espèce, des réductions d'impôt au titre des quotités du revenu exemptées, de l'épargne à long terme et des dépenses faites en vue d'économiser l'énergie) ; sur le terrain de la libre circulation des capitaux, la Belgique ne pouvait pas non plus le priver d'une partie du bénéfice des avantages fiscaux auxquels il aurait eu droit si tous ses **revenus immobiliers** étaient de source belge au lieu d'être partiellement de source luxembourgeoise (CJUE 15 juillet 2021 aff. 241/20, 1e ch. : RJF 11/21 n° 1079).

Barème de l'impôt

Le principe de libre circulation des travailleurs interdit de discriminer en matière de **taux d'imposition** ; la Cour de justice en a ainsi jugé à propos d'un ressortissant néerlandais, fiscalement résident de Belgique, qui exerçait une **activité non salariée** à la fois en Belgique et aux Pays-Bas (CJCE 27 juin 1996 aff. 107/94, 5e ch., Asscher : RJF 11/96 n° 1369). L'intéressé 81820 s'était plaint aux Pays-Bas d'une discrimination en matière de taux, la première tranche du barème d'imposition applicable aux contribuables non résidents étant de 25 %, alors qu'elle se limitait à 13 % pour les contribuables résidents, ou ceux qui retirent des Pays-Bas 90 % de leurs revenus. En prolongeant et en étendant encore sa jurisprudence antérieure, la Cour a considéré qu'il n'existait aucune différence de situation objective permettant de justifier une pareille discrimination.

En revanche, l'application du **taux effectif** n'est pas, en soi, critiquable, comme le montre le cas d'une institutrice française affectée en Allemagne dans une école primaire franco-allemande et qui percevait, à raison de son affectation à l'étranger, des indemnités exonérées d'impôt en France et en Allemagne mais prises en compte pour le taux effectif en Allemagne (CJUE 15 septembre 2011 aff. 240/10, 4e ch., Cathy Schulz-Delzers : RJF 12/11 no 1401).

De nombreux impôts peuvent être concernés par cette liberté de circulation ; caractérise, par exemple, une restriction interdite à la libre circulation des travailleurs (ainsi qu'à la liberté d'établissement et à la liberté de résider dans l'Union européenne) le fait pour la Grèce de réserver le bénéfice d'une **exonération de taxe perçue sur l'achat d'un premier logement** aux personnes qui résident en Grèce à titre permanent, cette condition étant susceptible de jouer plus particulièrement au détriment de personnes qui ne sont pas ressortissants grecs (CJUE 20 janvier 2011 aff. 155/09, 1e ch., Commission européenne c/ République hellénique ; cet arrêt condamne sans difficulté, dans le même mouvement, une exonération réservée aux ressortissants grecs à propos de la même taxe sous d'autres conditions).

Cas des frontaliers

81830 L'application du principe de libre circulation des travailleurs a été posée à propos de la situation fiscale des travailleurs frontaliers ; la Cour a, en effet, eu l'occasion de le prendre en considération à propos des stipulations de la convention fiscale franco-allemande prévoyant un régime différent pour les frontaliers qui travaillent dans le **secteur public** et dans le **secteur privé**, en fonction d'un critère de nationalité (CJCE 12 mai 1998 aff. 336/96, Plén., Gilly : RJF 7/98 no 890) ; elle a considéré que l'ancien article 48 du traité CE (devenu article 45 du traité FUE) ne s'y opposait pas, non plus qu'au mécanisme de crédit d'impôt prévu par la convention fiscale. Cette solution montre, d'une part, que la Cour **contrôle les stipulations d'une convention fiscale** au regard du traité FUE et, d'autre part, qu'il n'y a pas discrimination interdite si le caractère favorable ou non du traitement fiscal en cause découle en réalité du niveau d'imposition de l'État compétent.

À propos d'un avantage fiscal consistant en l'exonération d'indemnités versées par l'employeur et lié à une condition de résidence à une certaine distance de la frontière de l'État membre du lieu de travail, la Cour a posé un principe d'**égalité de traitement entre travailleurs non résidents** en jugeant qu'il est interdit d'avantager de manière injustifiée certains non-résidents par rapport à d'autres (CJUE 24 février 2015 aff. 512/13, Gr. ch. : RJF 5/15 no 449) ; ainsi, les Pays-Bas peuvent subordonner l'exonération d'une indemnité forfaitaire de 30 % pour frais extraterritoriaux (par exemple, ceux qui tiennent à la nécessité d'avoir une seconde résidence sur le territoire néerlandais) à la condition que les intéressés résident à une distance supérieure à 150 km de sa frontière seulement si cette exonération ne donne pas systématiquement lieu à une nette surcompensation des « frais extraterritoriaux » réellement exposés (la juridiction de renvoi a été invitée à vérifier si tel était le cas).

Précisions Le principe de la liberté d'établissement ne s'oppose pas à ce que la créance dont dispose en Allemagne un **travailleur frontalier domicilié en France**, au titre d'une **procédure d'insolvabilité** ouverte en Allemagne contre son employeur allemand, soit calculée en Allemagne après déduction d'un montant correspondant à l'impôt allemand, même si l'intéressé n'est pas imposable en Allemagne (CJUE 2 mars 2017 aff. 496/15, 2e ch., Eschenbrenner).

Cotisations sociales

81840 Un État membre ne peut percevoir d'une personne ayant transféré sa résidence d'un État membre dans un autre pour y exercer une activité salariée des cotisations sociales **plus lourdes** que celles qui seraient dues dans des circonstances analogues par une personne qui aurait conservé toute l'année sa résidence dans l'État membre en question (CJCE 26 janvier 1999 aff. 18/95, Plén., Terhoeve : RJF 10/99 no 1312) ; la Cour a rappelé, à cette occasion, que toute disposition qui empêche ou dissuade un ressortissant de quitter son État d'origine constitue une **entrave** à la libre circulation, même si elle s'applique indépendamment de la nationalité des travailleurs concernés.

De même, l'État de résidence d'un contribuable travaillant pour l'administration publique d'un autre État membre ne peut refuser la **déduction des cotisations** d'assurance vieillesse et d'assurance maladie payées dans l'État d'emploi, alors que la déduction est admise pour les cotisations comparables versées à la sécurité sociale de l'État de résidence, lorsque, en application de la convention fiscale conclue entre les deux États, le salaire ne doit pas être imposé dans l'État de résidence mais simplement pris en compte pour le calcul du **taux effectif** (CJUE 22 juin 2017 aff. 20/16, 10e ch., Wolfram Bechtel et Marie-Laure Bechtel, à propos d'un fonctionnaire résident d'Allemagne et travaillant en France) ; une restriction était caractérisée en l'espèce car l'Allemagne soumettait la déduction des dépenses de prévoyance à la condition que celles-ci n'aient pas un lien économique direct avec des recettes exonérées.

De son côté, la cour administrative d'appel de Paris, après avoir jugé qu'un résident de Belgique recevant des **salaires de source française** est passible de la retenue de l'article 182 A du CGI sans pouvoir légalement déduire de l'assiette imposable des cotisations sociales obligatoires versées en Belgique, avait ordonné un supplément d'instruction pour vérifier s'il n'y avait pas là une discrimination interdite, dans l'hypothèse où l'intéressé aurait retiré la totalité ou la quasi-totalité de ses revenus de son activité française ; comme tel n'était pas le cas, cependant, le refus opposé par l'administration française à la demande de déduction n'a pas constitué une atteinte au principe de la libre circulation des travailleurs ni une discrimination prohibée par la convention fiscale franco-belge du 10 mars 1964 (CAA Paris 31 mai 2000 n° 96PA01138, 2e ch., arrêt définitif ; n° 3220). Dans le même sens, TA Paris 3 juillet 2002 n° 96-5437, 1e sect. 2e ch., Moukhaiber : RJF 8-9/03 n° 941 (jugement définitif ; n° 3095).

Précisions N'est pas conforme au droit de l'Union européenne, et constitue une entrave à la libre circulation des travailleurs, une réglementation nationale qui a pour effet que le travailleur migrant contribue non seulement au **financement du régime de sécurité sociale** auquel il est affilié, mais aussi au financement d'un régime de sécurité sociale auquel il n'est pas affilié et qui ne peut donc lui procurer aucun bénéfice, et verse ainsi des contributions à fonds perdus au financement d'un régime national de sécurité sociale dont il ne relève pas (CE 9 septembre 2020 n° 432985, 8e et 3e ch. : RJF 12/20 n° 1049 ; voir n° 43260, Précisions f).

Prise en compte des dépenses

Le principe de libre circulation des travailleurs, en liaison avec l'article 14 du protocole sur les privilèges et immunités des Communautés européennes du 8 avril 1965, s'oppose à ce que des fonctionnaires de l'Union européenne originaires d'Allemagne, qui résident au Luxembourg, où ils exercent leurs activités en tant que fonctionnaires, et qui ont engagé des dépenses pour une **employée de maison** au Luxembourg, ne puissent pas déduire ces dépenses de leurs revenus imposables en Allemagne en raison du fait que les cotisations versées pour l'employée de maison n'ont pas été payées au régime légal d'assurance pension allemand mais au régime luxembourgeois (CJCE 11 novembre 2003 aff. 209/01, 5e ch., Schilling : RJF 2/04 n° 203). **81850**

Prise en compte de « revenus négatifs » étrangers

La Cour de justice a eu à connaître de la situation de personnes qui auraient été en situation de pouvoir déduire des « revenus négatifs » étrangers (charges ou pertes) si elles avaient été résidentes alors que cet avantage leur était refusé au motif qu'elles étaient non résidentes ; elle a ainsi jugé que l'Allemagne doit autoriser la prise en compte du « revenu négatif » correspondant à une **maison en France** où vivait un couple de professeurs travaillant en Allemagne, dans la mesure où cette « perte » aurait été prise en compte si les intéressés avaient été résidents d'Allemagne (CJCE 21 février 2006 aff. 152/03, Gr. ch., Ritter-Coulais : RJF 5/06 n° 643) ; dans le même sens, voir CJCE 18 juillet 2007 aff. 182/06, 1e ch., Hans Ulrich Lakebrink : RJF 11/07 n° 1358, jugeant que le Luxembourg doit prendre en compte le **déficit foncier allemand** d'un résident allemand imposable au Luxembourg et qui n'a pas de revenu imposable en Allemagne, dans la mesure où ce déficit serait imputable s'il s'agissait d'un résident du Luxembourg et en dépit du fait qu'un éventuel bénéfice foncier allemand n'aurait pas été pris en compte (un désavantage n'est pas compensé par un avantage éventuel dans d'autres circonstances). **81860**

Il a aussi été jugé qu'un ressortissant néerlandais résident de Belgique qui était assujetti à l'impôt aux Pays-Bas où il percevait la totalité de ses revenus pouvait déduire dans cet État le « revenu négatif » résultant de la différence entre la **valeur locative** de sa résidence belge et les intérêts payés, dans la mesure où cette différence serait déductible s'il était résident des Pays-Bas même si l'immeuble est situé en Belgique (CJCE 16 octobre 2008 aff. 527/06, 3e ch., R. H. H Renneberg : RJF 2/09 no 177) ; dans cette affaire, l'intéressé était un agent de la **fonction publique communale**, mais, en l'absence d'éléments au dossier, la Cour de justice a supposé que le principe de la libre circulation des travailleurs était bien applicable.

Mais il est possible de refuser à un salarié qui exerce son activité professionnelle dans un État membre **une partie de l'année** la déduction de frais financiers liés à un logement dans un autre État membre (CJUE 18 juin 2015 aff. 9/14, 2e ch. : RJF 10/15 no 867, à propos d'un Allemand résident d'Allemagne qui était imposable aux Pays-Bas où il avait travaillé trois mois mais dont la rémunération perçue à ce titre ne représentait pas l'essentiel de ses revenus imposables au titre de l'année d'imposition) ; il y a lieu, pour refuser ou accorder le bénéfice d'avantages fiscaux à un non-résident, d'apprécier la part des revenus que l'intéressé a perçus dans l'État d'emploi par rapport à l'ensemble des revenus qu'il a perçus au cours de l'année fiscale considérée et non pas par rapport aux seuls revenus afférents à la période d'emploi dans l'État membre.

D. La libre prestation de services

Principes

81890 Il résulte de l'article 56 du traité FUE (ex-article 49 du traité CE) que les restrictions à la libre prestation de services à l'intérieur de l'Union européenne sont interdites à l'égard des ressortissants des États membres établis dans un État membre autre que celui du destinataire de la prestation. La libre prestation de services couvre toutes les prestations qui ne sont pas offertes de manière stable et continue à partir d'un domicile professionnel dans l'État membre de destination (par exemple, CJUE 23 février 2016 aff. 179/14, Gr. ch., Commission c/ Hongrie, point 150).

La libre prestation de services et la liberté d'établissement ont un champ d'application différent. Si un opérateur économique est **établi** dans l'État membre dans lequel il offre un service, il entre dans le champ d'application de la liberté d'établissement alors que s'il n'est pas établi dans l'État membre de destination, il est un prestataire transfrontalier relevant du principe de la libre prestation des services ; c'est pourquoi, par exemple, il est permis à un État membre de prélever une **taxe de stabilité** sur la base d'un bilan incluant l'ensemble des opérations réalisées hors du territoire national par un établissement financier, qu'elles l'aient été ou non au moyen de succursales établies dans d'autres États membres, alors que les mêmes opérations réalisées par des filiales établies dans des États membres ne sont pas prises en compte pour l'assiette de la taxe (CJUE 22 novembre 2018 aff. 625/17, 1e ch., Vorarlberger Landes - und Hypothekenbank AG : RJF 2/19 no 228, à propos d'un établissement de crédit autrichien qui travaillait notamment avec des clients domiciliés hors d'Autriche) ; une telle législation n'est pas susceptible de gêner ou de rendre moins attrayant l'exercice de la libre prestation des services, les États membres pouvant traiter différemment les activités des personnes et des entreprises qui relèvent respectivement de la liberté d'établissement ou de la libre prestation des services et impliquent, en règle générale, des conséquences juridiques et économiques différentes (en l'espèce, la taxe en cause n'établissait aucune distinction en fonction de l'origine des clients ni en fonction du lieu de la prestation ; cette affaire a été jugée au regard de la libre prestation de services, considérée en l'espèce comme prévalant sur la libre circulation des capitaux).

Il a été précisé que même une législation nationale qui est indistinctement applicable à tous les services, indépendamment du lieu d'établissement du prestataire, est susceptible de constituer une restriction à la libre prestation de services dès lors qu'elle réserve le bénéfice d'un avantage aux seuls utilisateurs de services qui remplissent **certaines conditions qui sont, de fait, propres au marché national** et prive ainsi les utilisateurs d'autres services essentiellement similaires, mais qui ne remplissent pas les conditions particulières posées par cette législation, du bénéfice de cet avantage (point 29 de l'arrêt de la Cour de justice du 8 juin 2017 aff. 580/15, 5e ch., Maria Eugenia Van der Weegen, Miguel Juan Van der Weegen, Anna Pot : RJF 11/17 no 1140 ; voir également no 81923).

La libre prestation de services vise les prestations fournies normalement contre rémunération ; elle inclut aussi bien la **prestation de services active** (cas où le prestataire se déplace vers le bénéficiaire) que la **liberté des destinataires** des services de se rendre dans un autre État membre dans lequel se trouve le prestataire (en ce sens, notamment, CJCE 11 septembre 2007 aff. 76/05, Gr. ch., Herbert Schwarz : RJF 12/07 n° 1509).

Elle ne concerne pas, en principe, les activités participant à l'exercice de **l'autorité publique**, mais elle interdit une réglementation nationale qui crée un monopole au profit d'organismes publics dans le domaine de l'émission de titres pouvant être octroyés par les employeurs à leurs salariés en tant qu'avantages en nature pour l'acquisition de repas froids dans des conditions fiscalement avantageuses (CJUE 23 février 2016 aff. 179/14, Gr. ch., Commission c/ Hongrie ; la législation hongroise violait aussi la liberté d'établissement) ; la liberté de prestation de services peut également s'appliquer à une **activité d'enseignement** dans une université, même à titre accessoire et quasi bénévole (CJCE 18 décembre 2007 aff. 281/06, 3e ch., Jundt : RJF 3/08 n° 376, à propos d'une exonération refusée en Allemagne à des enseignants résidents d'Allemagne et exerçant une activité accessoire à Strasbourg). Elle concerne aussi les redevances de **droits d'inventeur** (CAA Versailles 15 novembre 2016 n° 15VE01251, 3e ch., Sté Vetoquinol SA : RJF 2/17 n° 102, arrêt définitif ; voir n° 3450).

Le Conseil d'État l'a également appliquée aux **transports ferroviaires**, pour juger que l'imposition forfaitaire des entreprises de réseaux (Ifer), telle qu'elle était conçue à l'époque, apportait à l'exercice de leur activité par les entreprises de transport ferroviaire établies hors de France une atteinte à la libre prestation de services non proportionnée aux objectifs de l'imposition en cause (CE 26 décembre 2013 n° 368540, 8e et 3e s.-s., Sté Deutsche Bahn AG : RJF 4/14 n° 349). Cette imposition a ensuite fait l'objet de correctifs qui ont amené le Conseil d'État à admettre sa conformité au droit de l'Union européenne (CE 26 février 2016 n° 388221 et 390367, 8e et 3e s.-s., Sté Deutsche Bahn AG : RJF 5/16 n° 437). Autre exemple, le Conseil d'État juge que l'article 302 bis KH du CGI, relatif à la **taxe sur les services fournis par les opérateurs de communications électroniques**, n'a pas pour effet d'apporter à l'exercice de l'activité des opérateurs étrangers de réseau mobile virtuel disposant de leur propre réseau dans un autre État membre, qui demeurent libres d'investir en France et de bénéficier, dans cette hypothèse, de la déduction prévue à cet article, une restriction portant atteinte à la libre prestation de services (CE 19 juillet 2016 n° 392574, 8e et 3e ch., Sté Française du Radiotéléphone (SFR) : RJF 11/16 n° 1035)

Précisions **a.** Voir également CJCE 17 novembre 2009 aff. 169/08, Gr. ch., Presidente del Consiglio dei Ministri : RJF 2/10 n° 189, jugeant que le principe de la libre prestation de services s'oppose à une législation fiscale d'une autorité régionale qui institue une **taxe régionale sur l'escale touristique** des aéronefs destinés au transport privé de personnes ainsi que des unités de plaisance frappant uniquement les personnes physiques et morales ayant leur domicile fiscal en dehors du territoire régional.

b. Sur les conditions dans lesquelles peut être admise une législation nationale qui, sans prévoir de période transitoire, quintuple le montant d'une taxe forfaitaire grevant l'exploitation des **machines à sous** dans les salles de jeux et institue une taxe proportionnelle grevant cette même activité, voir CJUE 11 juin 2015 aff. 98/14, 1e ch., Berlington Hungary Tanácsadó és Szolgáltató kft et a. : RJF 10/15 n° 870.

Contrats d'assurance-vie dans un autre État

L'article 56 du traité FUE (libre prestation de services) s'oppose à une réglementation d'un **81895**
État membre qui assujettit au paiement d'un impôt les **primes versées** par un assuré résidant dans cet État en exécution d'un contrat d'assurance-vie conclu avec un assureur établi dans un autre État membre même si cet impôt peut être supprimé ou réduit de moitié au cas où la compagnie d'assurance ayant son siège à l'étranger est soumise, dans l'État où elle est établie, à un impôt sur le revenu analogue à celui perçu sur le capital d'épargne déposé auprès de compagnies d'assurance nationales (CJCE 28 avril 1998 aff. 118/96, Plén., Jessica Safir : RJF 8-9/98 n° 1060) ; cette affaire concernait la législation suédoise en matière d'assurance-vie qui instaurait des **régimes d'imposition différents** selon qu'un assuré résident de Suède avait souscrit un contrat auprès d'une société suédoise ou d'une société étrangère (en l'espèce, britannique). La Cour, après avoir rappelé l'interdiction de principe, pour une réglementation nationale, de rendre la prestation de services entre États membres plus difficile que la prestation de services purement interne, a relevé une série de griefs à l'encontre de la législation suédoise de l'époque, de nature à dissuader les compagnies européennes d'offrir leurs services sur le marché suédois, caractérisant une entrave condamnable.

Déduction des cotisations sociales

81900 La déductibilité des **cotisations de retraite** versées à des organismes établis dans d'autres États membres doit être accordée comme si elles avaient été versées à des organismes du même État, sauf si la législation nationale en cause exclut l'imposition des pensions ultérieurement versées par ces organismes étrangers (CJCE 3 octobre 2002 aff. 136/00, 5e ch., Danner : RJF 12/02 no 1427) ; la justification éventuelle tirée de la cohérence du système fiscal (no 82200) reste, en effet, présente dans la jurisprudence, même si elle joue relativement rarement.

Dans le même sens, CJCE 30 janvier 2007 aff. 150/04, Gr. ch., Commission c/ Danemark (RJF 5/07 no 643), jugeant qu'un État membre ne peut refuser la déduction de **cotisations** versées à des **institutions de retraite** établies dans d'autres États membres alors qu'elles sont déductibles en cas de versement à des institutions du même État, et CJUE 23 janvier 2014 aff. 296/12, 10e ch., Commission c/ Belgique (RJF 4/14 no 416), à propos d'une réduction d'impôt pour épargne-pension réservée aux versements à des institutions ou des fonds établis sur le territoire national.

Enfin, le principe de libre prestation de services et celui de la liberté d'établissement s'opposent à une réglementation nationale en vertu de laquelle un contribuable peut obtenir que le montant des **cotisations d'assurance sociale** soit déduit de la base d'imposition et que le montant des cotisations d'assurance maladie vienne en réduction de l'impôt sur le revenu, uniquement lorsque ces cotisations sont versées dans l'État membre d'imposition, de tels avantages étant refusés lorsque ces cotisations sont versées dans un autre État membre, alors même que ces cotisations n'ont pas été déduites dans ce dernier État membre (CJCE 19 novembre 2009 aff. 314/08, 3e ch., Krzysztof Filipiak : RJF 2/10 no 188).

Location de biens dans d'autres États

81910 La Cour de justice a été saisie de la législation allemande en matière de taxe professionnelle, qui réintégrait dans l'assiette imposable certains éléments afférents à des biens pris en location sauf si ceux-ci étaient imposés au nom du bailleur (CJCE 26 octobre 1999 aff. 294/97, Plén., Eurowings Luftverkhers AG : RJF 2/00 no 314) ; elle juge cette mesure incompatible avec la libre prestation de services dès lors qu'un avantage fiscal est réservé aux entreprises qui louent des biens auprès de bailleurs allemands, sauf exception, alors qu'en sont toujours privées celles qui louent des biens auprès des bailleurs établis dans un autre État membre (la circonstance qu'en l'espèce le bailleur, établi en Irlande, bénéficiait d'une fiscalité très avantageuse n'a pas été de nature à justifier une discrimination par compensation).

En France, il a été fait application de ces principes à propos de la législation relative à **l'ancienne taxe professionnelle** qui exigeait, pour les locations de biens supérieures à six mois, que soit incluse dans la base imposable la valeur locative des biens au nom du propriétaire, prestataire de services, lorsque le locataire est établi hors de France, n'étant pas passible de la taxe professionnelle, alors que ces mêmes biens n'étaient pas imposables au nom du propriétaire lorsque le locataire est établi en France et assujetti à la taxe professionnelle ; il a été jugé qu'une telle différence de traitement, qui a pour seul objet de modifier, pour tenir compte des règles de territorialité de la taxe professionnelle, le redevable légal de la cotisation due à raison de l'utilisation de ces biens pour les besoins d'une activité économique, ne constitue pas, à l'égard du prestataire qui loue un bien à un preneur établi à l'étranger qui ne supporte pas la taxe, une différence de traitement incompatible avec la libre prestation de services au sein de l'Union européenne (plusieurs décisions du même jour, notamment CE 28 décembre 2012 no 345215, 9e et 10e s.-s., Sté Willi Betz France : RJF 3/13 no 370 aux conclusions contraires de Frédéric Aladjidi au BDCF 3/13 no 38). Le Conseil d'État se place, en effet, **du côté du preneur et non de celui du prestataire** (les dispositions en cause ne placent pas le preneur établi dans un autre État dans une situation moins favorable que celle du preneur établi dans l'État du prestataire en sorte qu'il se verrait dissuadé de recourir aux prestations offertes par un loueur français).

Il a aussi été jugé que les dispositions relatives à la libre prestation de services s'opposent à la législation d'un État membre qui oblige une entreprise établie dans cet État, qui prend en **leasing** un **véhicule** immatriculé dans un autre État membre, à l'immatriculer dans le premier État en acquittant, dans l'État membre d'utilisation, une **taxe à la consommation** dont le montant n'est pas proportionnel à la durée de l'immatriculation du véhicule dans cet État (CJCE 21 mars 2002 aff. 451/99, 5e ch., Cura Anlagen GmbH et Auto Service Leasing GmbH : RJF 6/02 no 731).

De même, un État membre ne peut entraver la fourniture et la réception de services de **crédit-bail** et de location en prélevant, en cas de location ou de crédit-bail, pour une durée limitée, d'un véhicule auprès d'un fournisseur établi dans un autre État membre, une **taxe d'immatriculation** identique à celle applicable en cas d'importation définitive et en remboursant ensuite les redevables sans leur verser d'intérêts et après déduction de frais administratifs (CJUE 19 septembre 2017 aff. 552/15, Gd. Ch., Commission c/ Irlande). Une restriction interdite a également été constatée à propos d'un mécanisme d'**autorisation** préalable et de taxes d'immatriculation (CJUE 18 janvier 2018 aff. 249/15, 9e ch., Wind 1014 GmbH, Kurt Daell).

Lieux de réalisation de prestations diverses

A été jugée incompatible avec le principe de la libre prestation de services la législation danoise qui établissait une présomption que des cours de **formation professionnelle** qui se déroulent dans des endroits touristiques ordinaires situés dans d'autres États membres ne sont pas des dépenses professionnelles alors qu'une telle présomption n'existe pas lorsque les cours ont lieu dans des endroits touristiques ordinaires situés au Danemark (CJCE 28 octobre 1999 aff. 55/98, 6e ch., Vestergaard : RJF 2/00 n° 315) ; cette législation constituait une entrave en tant qu'elle subordonnait la déduction au renversement par le contribuable d'une **présomption de non-déductibilité** qui n'était pas exigée si les cours avaient lieu dans un endroit similaire au Danemark. L'argument tenant à la prétendue efficacité des contrôles fiscaux a été écarté, dès lors que rien n'empêche un État membre d'exiger des justifications et d'utiliser l'échange d'informations entre États prévu par la directive du 19 décembre 1977 (n° 74205). **81920**

Autre exemple, un État membre ne peut pas imposer les gains provenant de **jeux de hasard** organisés par d'autres États membres s'ils ne le sont pas lorsqu'ils sont organisés au sein du même État (CJCE 13 novembre 2003 aff. 42/02, 5e ch., Lindman : RJF 2/04 n° 204). Dans le même sens, CJUE 22 octobre 2014 aff. jointes 344/13 et 367/13, 3e ch., Cristiano Blanco, Pier Paolo Fabretti (RJF 2/15 n° 164), jugeant que la libre prestation de services s'oppose à la législation d'un État membre qui soumet à l'impôt sur le revenu les gains issus de jeux de hasard réalisés dans des établissements de jeux situés dans d'autres États membres (casinos) alors qu'elle exonère des revenus similaires lorsqu'ils proviennent d'établissements situés sur le territoire national, sans que puisse y faire obstacle le fait que les établissements de jeux situés sur ce territoire soient soumis à une imposition particulière.

Dans le même ordre d'idées, est interdit un traitement fiscal différent d'une **assurance** selon qu'elle a été souscrite auprès d'un assureur établi sur le territoire national ou directement auprès d'une compagnie d'un autre État membre (CJCE 26 juin 2003 aff. 422/01, 5e ch. Foumlrsaumlkringsaktiebolaget Skandia (publ) et Ola Ramstedt : RJF 10/03 n° 1190).

La Cour a également jugé, à propos de l'ancienne législation française, qu'un État membre ne peut réserver le bénéfice d'un **crédit d'impôt recherche** aux seules opérations de recherche réalisées sur son territoire (CJCE 10 mars 2005 aff. 39/04, 3e ch., Laboratoires Fournier SA : RJF 5/05 n° 513). Également, un avantage fiscal sous forme de **crédit d'impôt** accordé au titre d'intérêts de financement pour l'acquisition de biens ne peut être refusé au motif que le droit d'usage des biens a été cédé à une entreprise établie hors du territoire (CJUE 13 octobre 2011 aff. 9/11, 8e ch., Waypoint Aviation SA : RJF 1/12 n° 83).

En ce qui concerne les **avocats**, il a été jugé que la circonstance qu'un avocat qui réside au Royaume-Uni et qui dispose d'un bureau en France, y soit imposable dans la mesure où ce bureau constitue une base fixe au sens de la convention fiscale franco-britannique ne caractérise pas une discrimination contraire au droit de l'Union européenne, dès lors que cela ne conduit pas à instituer une différence de traitement entre les prestataires de services fournis en France (CE 30 mars 2005 n° 230053, 10e et 9e s.-s., min. c/ Villatte : RJF 7/05 n° 751, aux conclusions Marie-Hélène Mitjavile au BDCF 7/05 n° 96 ; sur la question d'un éventuel conflit entre le droit de l'Union européenne et une convention fiscale, voir n° 10135).

Un État membre ne peut pas non plus refuser de manière générale une réduction d'impôt au titre de **frais de scolarité** au motif que l'école est établie dans un autre État membre (CJCE 11 septembre 2007 aff. 76/05, Gr. ch., Herbert Schwarz : RJF 12/07 n° 1509). Ce principe a été repris à propos de la déduction de **frais d'enseignement universitaire** (CJUE 20 mai 2010 aff. 56/09, 2e ch., Emiliano Zanotti : RJF 8-9/10 n° 866) ; dans cette affaire, la Cour a également précisé qu'une réglementation nationale pouvait prévoir la possibilité pour les contribuables de déduire les frais de cours d'enseignement universitaire encourus dans un établissement privé ou public établi dans un autre État membre dans la limite du plafond fixé pour les frais correspondants prévus pour la fréquentation de cours similaires dispensés par l'université publique nationale la plus proche du domicile fiscal du contribuable.

Enfin, une discrimination interdite a été constatée à propos de la législation belge qui réservait une exonération fiscale aux **intérêts** de dépôts d'épargne seulement lorsqu'ils sont payés par des banques résidentes de Belgique (CJUE 6 juin 2013 aff. 383/10, 5e ch., Commission c/ Belgique : RJF 12/13 no 1185).

Lieu de dépôt de titres ou d'épargne, opérations de bourse

81923 Le principe de la libre prestation de services s'oppose à l'application de toute réglementation nationale ayant pour effet de rendre une prestation de services entre les États membres plus difficile qu'une prestation de services purement interne ; il exige, par conséquent, la suppression de toute restriction résultant de ce que le prestataire est établi dans un État membre différent de celui dans lequel la prestation est fournie.

En ce sens, à propos du lieu de dépôt des titres, il a été jugé que la Belgique avait manqué aux obligations qui lui incombent en vertu du principe de la libre prestation de services en prévoyant que des intérêts de créances soient soumis à un précompte mobilier lorsque les titres sont **déposés ou inscrits en compte** auprès d'une institution financière établie dans un autre État membre ou dans un État tiers partie à l'accord sur l'Espace économique européen, alors que ce précompte n'est pas dû lorsque les titres sont déposés ou inscrits en compte auprès d'une institution financière établie en Belgique (CJUE 29 octobre 2015 aff. 589/14, 6e ch., Commission c/ Belgique : RJF 1/16 no 101).

De même, à propos de résidents belges qui s'étaient vu refuser une exonération au titre de **produits de dépôt d'épargne auprès d'établissements non établis en Belgique**, il a été jugé que la mise en place de conditions telles que l'exonération ne s'applique, en pratique, qu'aux dépôts effectués en Belgique crée une restriction qui n'est admissible que si elle répond à une raison impérieuse d'intérêt général, ce que le juge national devra vérifier (CJUE 8 juin 2017 aff. 580/15, 5e ch., Maria Eugenia Van der Weegen, Miguel Juan Van der Weegen, Anna Pot : RJF 11/17 no 1140) ; il s'agissait d'un régime qui n'était, en réalité, que théoriquement applicable indistinctement aux revenus des dépôts d'épargne auprès des fournisseurs de services bancaires établis en Belgique ou dans un autre État membre de l'Espace économique européen (voir également no 81890).

Enfin, à propos d'une société belge assujettie à une **taxe sur les opérations de bourse** en cas d'ordre d'achat ou de vente donné à un intermédiaire professionnel non résident, il a été jugé qu'une législation qui rend, dans ce cas, le donneur d'ordre redevable et l'assujettit à des **obligations déclaratives**, alors que ces obligations incomberaient à l'intermédiaire s'il était résident, ne caractérise pas une discrimination interdite dès lors que la réglementation en cause offre au donneur d'ordre et aux intermédiaires professionnels des facilités qui limitent la restriction à ce qui est nécessaire pour atteindre l'objectif qu'elle poursuit (CJUE 30 janvier 2020 aff. 725/18, 7e ch., Anton Van Zantbeek VOF : RJF 4/20 no 416 ; dans cette affaire, l'aspect « libre prestation des services » a été considéré comme prévalant sur la libre circulation des capitaux).

Représentant fiscal et autres formalités

81925 Les législations nationales relatives aux représentants fiscaux ont été examinées par la Cour non seulement sous l'angle de la libre circulation des capitaux (no 82130) mais aussi de la libre prestation de services. Il a ainsi été jugé qu'en ayant adopté et maintenu en vigueur des dispositions en vertu desquelles seuls les établissements de crédit nationaux et les fiduciaires économiques nationaux peuvent être désignés en tant que représentants fiscaux de fonds d'investissement ou de fonds d'investissement immobilier, la République d'Autriche a manqué aux obligations qui lui incombent en vertu des articles 49 CE et 36 de l'accord EEE (CJUE 29 septembre 2011 aff. 387/10, 7e ch., Commission c/ Autriche).

Autre exemple, un manquement a été constaté à propos de la législation espagnole qui exigeait que les **fonds de pension** établis dans d'autres États membres, qui proposaient des plans de retraite professionnelle en Espagne, ainsi que les **compagnies d'assurances** qui opéraient en Espagne en régime de libre prestation des services nomment un représentant fiscal résidant en Espagne (CJUE 11 décembre 2014 aff. 678/11, 5e ch., Commission c/ Espagne soutenue par la France). Pour autant, il n'est pas interdit de soumettre les prestataires de services établis dans un autre État membre à une **obligation de déclaration**, aux fins de leur assujettissement à une taxe sur la publicité, alors que les prestataires établis dans l'État membre d'imposition en sont dispensés au motif qu'ils sont soumis à des obligations de déclaration ou d'enregistrement au titre de leur assujettissement à toute autre taxe applicable sur ce territoire (CJUE 3 mars 2020 aff. 482/18, Gr. ch., Google Ireland Limited : RJF 5/20 n° 508) ; la Cour juge toutefois, dans cette affaire, que les **amendes** en cas de non-respect doivent être proportionnées, car un régime de sanctions peut caractériser une restriction interdite (en l'espèce, la Cour a constaté que, si les prestataires de services publicitaires établis en Hongrie étaient susceptibles d'être sanctionnés en cas de méconnaissance de leurs obligations déclaratives, les sociétés non résidentes pouvaient se voir infliger des amendes d'un montant significativement plus élevé que celui applicable aux sociétés résidentes et elle en a déduit qu'il s'agissait d'une différence de traitement disproportionnée et injustifiée, caractérisant une restriction à la libre prestation de services).

Le principe de libre prestation de services s'oppose également à ce qu'une réglementation d'un État membre, qui définit les conditions d'accès à l'activité d'**assistance professionnelle en matière fiscale**, restreigne la libre prestation des services d'une société de conseil fiscal (CJUE 17 décembre 2015 aff. 342/14, 4e ch., X-Steuerberatungsgesellschaft).

De son côté, le Conseil d'État a jugé que constituaient une restriction à la libre prestation de services les dispositions françaises instituant une différence de traitement défavorable aux **navires sous pavillon étranger** dans la mesure où ces dispositions subordonnaient le bénéfice d'un régime de faveur à la condition que le navire ait été **préalablement immatriculé** en France (CE 4 février 2015 n° 362468, 9e et 10e s.-s., SA Sormar : RJF 5/15 n° 409).

Cela étant, les États membres peuvent réserver aux **notaires** l'authentification des signatures apposées sur les documents nécessaires à la création ou au transfert de **droits réels immobiliers** et exclure la possibilité de reconnaître une telle authentification effectuée par un avocat établi dans un autre État membre (CJUE 9 mars 2017 aff. 342/15, 5e ch., Leopoldine Gertraud Piringer).

Précisions **a.** Le principe de libre prestation de services ne s'oppose pas à ce qu'un État soumette à un **impôt sur les paris** les centres de transmission des données établis sur son territoire et, à titre solidaire et subsidiaire, leurs mandants (les opérateurs de paris) établis dans un autre État membre (CJUE 26 février 2020 aff. 788/18, 1e ch., Stanleyparma Sas di Cantarelli Pietro & C., Stanleybet Malta Ltd : RJF 5/20 n° 509).

b. N'est pas contraire à la liberté de prestation de services une réglementation qui oblige les prestataires de **services d'intermédiation immobilière** à communiquer à l'administration fiscale des données sur les établissements d'hébergement touristique (CJUE 27 avril 2022 aff. 674/20, 2e ch., Airbnb Ireland UC).

c. Un État membre ne peut exiger d'une société établie sur son territoire la transmission à l'administration fiscale, sous peine d'une majoration d'impôt sur les sociétés, des **relevés relatifs aux paiements** rémunérant des services rendus par des prestataires établis dans un autre État membre et qui y sont soumis à la réglementation comptable des entreprises ainsi qu'à l'obligation d'émission de factures, alors que, selon sa pratique administrative, il n'impose aucune obligation équivalente lorsque les services sont fournis par des prestataires établis sur son territoire (CJUE 24 février 2022 aff. jointes 52/21 et 53/21, Pharmacie populaire – La Sauvegarde SCRL et Pharma Santé – Réseau Solidaris SCRL : RJF 5/22 n° 513).

Retenues à la source

Le principe même de l'application d'une retenue à la source aux rémunérations versées à **81930**
des prestataires non résidents, alors qu'elle n'est pas applicable si les prestataires sont résidents, a été considéré comme une restriction, mais cette restriction a été admise par la Cour de justice qui y a vu un moyen propre à assurer un **recouvrement efficace de l'impôt** dû (CJUE 18 octobre 2012 aff. 498/10, 1e ch., X NV, relevant notamment que la perception directe de l'impôt auprès du prestataire de services non résident ne constituerait pas nécessairement une mesure moins contraignante que la retenue à la source).

À propos de l'application de la retenue à la source de 25 % pratiquée en Allemagne sur les revenus bruts des artistes et sportifs non résidents, en l'espèce un musicien néerlandais, il a cependant été jugé que l'imposition des non-résidents doit **tenir compte des frais professionnels**, lorsque tel est le cas pour les résidents, et que s'ils peuvent subir une retenue à la source, ce n'est qu'à la condition que la charge qui en résulte ne soit **pas supérieure** à celle qui résulterait de l'application du barème progressif aux revenus

81930 (suite) nets majorés du montant correspondant à la tranche de base non imposable (CJCE 12 juin 2003 aff. 234/01, 5e ch., Arnoud Gerritse : RJF 10/03 n° 1189).

Un mécanisme de **retenue à la source** sur les rémunérations de services est donc **compatible** avec la libre prestation de services, afin de garantir l'efficacité du recouvrement de l'impôt (en l'absence de mécanisme d'assistance au recouvrement au titre des années en cause), mais sous réserve de la déduction des **frais professionnels directement liés à la prestation** de services (CJCE 3 octobre 2006 aff. 290/04, Gr. ch., FKP Scorpio Konzertproduktionen GmbH : RJF 1/07 n° 115). La prise en compte des frais professionnels doit, selon la Cour, être effectuée dès le stade de la retenue à la source, car « le fait de devoir engager, même lorsque le prestataire de services non résident a informé le débiteur de sa rémunération du montant de ses frais professionnels directement liés à ses activités, une **procédure de remboursement** a posteriori desdits frais est susceptible de gêner la fourniture de prestations de services. En effet, dans la mesure où l'engagement d'une telle procédure entraîne des charges administratives et économiques supplémentaires et qu'elle s'impose inévitablement au prestataire de services, la législation fiscale en cause constitue une entrave à la libre prestation des services » (point 47). Cet arrêt juge aussi qu'il est permis d'exiger un **formulaire d'application** des conventions fiscales, dans la mesure où, même s'il s'agit d'une entrave, elle est justifiée par le souci de garantir le bon fonctionnement de la procédure d'imposition à la source.

Ces principes ont été appliqués à l'imposition par voie de retenue à la source d'**intérêts** de source portugaise versés à une banque irlandaise, la législation portugaise prévoyant une retenue à la source de 20 % sur le montant brut des intérêts, alors que les résidents étaient imposés au taux de 20 % sur un montant net de frais professionnels (CJUE 13 juillet 2016 aff. 18/15, 5e ch., Brisal - Auto Estradas do Litoral SA et KBC Finance Ireland : RJF 11/16 n° 1032) ; la Cour juge que les frais professionnels doivent pouvoir être déduits, s'ils sont justifiés, selon les mêmes exigences que pour les résidents, notamment au regard de la charge de la preuve (frais directement liés à l'activité financière en cause, au sens de la législation nationale et quote-part des frais généraux qui peut être considérée comme directement liée à cette activité, à l'exclusion des frais financiers calculés par référence à des taux moyens pratiqués dans le cadre de financements interbancaires, qui ne correspondent pas aux coûts de financement effectivement supportés ; points 52 à 54 de l'arrêt).

En France, le Conseil d'État a tiré les conséquences de la jurisprudence de la Cour de justice à propos de l'assiette de la retenue à la source de **l'article 182 B du CGI** (CE 22 novembre 2019 n° 423698, 8e et 3e ch., société anonyme d'économie mixte (SAEM) de gestion du Port Vauban : RJF 2/20 n° 90 ; voir n° 3440).

Cela étant, si le principe même de l'imposition par voie de retenue à la source est acceptable, il n'est pas permis à un État membre d'exiger le paiement d'**intérêts de retard** entre la date à laquelle la retenue aurait dû être prélevée et celle à laquelle les pièces justifiant de la satisfaction des conditions d'exonération sur le fondement des conventions fiscales ont été produites (CJUE 25 juillet 2018 aff. 553/16, 7e ch., « TTL » EOOD, à propos d'une société bulgare qui avait versé des loyers à des sociétés autrichienne, néerlandaise et polonaise au titre de la location de wagons-citernes et qui n'avait obtenu qu'entre un et quatre ans après les pièces justifiant l'exonération conventionnelle de retenue à la source).

Enfin, le principe de libre prestation de services s'oppose à une réglementation en vertu de laquelle les sociétés établies dans un premier État membre recourant à des **travailleurs** employés et détachés par des agences de travail intérimaire établies dans un second État membre, mais opérant dans le premier État par l'intermédiaire d'une succursale, sont obligées de **retenir à la source** et de verser au premier État un acompte sur l'impôt sur le revenu dû par ces travailleurs, alors que la même obligation n'est pas prévue pour les sociétés établies dans le premier État qui utilisent les services d'agences de travail intérimaire établies dans ce même État (CJUE 19 juin 2014 aff. jointes 53/13 et 80/13, 1e ch., Strojiacuterny Prostecaronjov, a.s. et ACO Industries Taacutebor s.r.o.).

Précisions En ce qui concerne la jurisprudence française, voir notamment CAA Versailles 15 novembre 2016 n° 15VE01251, 3e ch., Sté Vetoquinol SA : RJF 2/17 n° 102 (arrêt définitif ; voir n° 3450).

Déduction sous condition d'imposition minimale du prestataire étranger

À propos de la déductibilité de commissions versées par une société belge à une société luxembourgeoise exonérée d'impôt sur le fondement de l'ancienne loi de 1929, la Cour de justice a été saisie de la compatibilité avec le principe de la libre prestation de services d'une **législation proche de l'article 238 A du CGI** (CJUE 5 juillet 2012 aff. 318/10, 1e ch., Société d'investissement pour l'agriculture tropicale SA (SIAT) : RJF 11/12 n° 1084). **81935**

La Cour juge que le principe de la libre prestation de services s'oppose à une législation, qui, telle la législation belge de l'époque, admet en droit commun la déductibilité des frais professionnels dès lors qu'ils sont nécessaires pour acquérir ou conserver les revenus imposables et que le contribuable justifie de leur réalité et de leur montant, mais prévoit des règles plus dures lorsque les rémunérations de prestations ou de services sont versées à une société non résidente qui n'est pas soumise, dans l'État membre où elle est établie, à un impôt sur les revenus ou qui y est soumise, pour les revenus concernés, à un régime d'imposition notablement plus avantageux que celui dont relèvent ces revenus en Belgique, en posant un principe de non-déductibilité sauf si le débiteur prouve qu'elles correspondent à des opérations réelles et sincères et qu'elles ne dépassent pas les limites normales.

Certes, selon la Cour, une telle présomption de non-déductibilité de frais professionnels, qui caractérise une restriction, pourrait être justifiée car la mesure est propre à atteindre les objectifs de la prévention de la fraude et de l'évasion fiscales, de la sauvegarde de l'efficacité des contrôles fiscaux et de la répartition équilibrée du pouvoir d'imposition entre les États membres ; mais la règle belge ne satisfait pas aux exigences du **principe de sécurité juridique** et ne saurait par suite être considérée comme **proportionnée** aux objectifs poursuivis (point 59). En l'espèce, la Cour a relevé des incertitudes sur les conditions d'application du texte étant donné la difficulté à déterminer si le régime fiscal du prestataire doit ou non être considéré comme un « régime notablement plus avantageux » et si, dès lors, la règle spéciale trouve à s'appliquer. Comme les exigences de la sécurité juridique veulent que les règles de droit soient claires, précises et prévisibles dans leurs effets (point 58), une telle législation n'a pas été admise par la Cour (l'arrêt ne dit cependant pas si l'entrave serait justifiée par ailleurs si ce grief n'avait pas été retenu).

Précisions Dans cette affaire, la Cour relève que l'existence d'un éventuel avantage fiscal résultant, dans le chef des prestataires de services, de la **fiscalité peu élevée** à laquelle ces prestataires seraient soumis dans l'État membre dans lequel ils sont établis ne saurait, par elle-même, permettre à un autre État membre de justifier un traitement fiscal moins favorable des destinataires des services établis dans ce dernier État (point 39).

E. La liberté de circulation des capitaux

Principes

Le principe de la libre circulation des capitaux et des paiements est, pour l'essentiel, affirmé par le traité FUE dans les termes suivants : **81980**

– toutes les **restrictions** aux mouvements de capitaux entre les États membres, et entre les États membres et les pays tiers, sont interdites (article 63 du traité FUE, ex-article 56 du traité CE) ; il en va de même des restrictions aux paiements ;

– l'article 63 ne porte cependant pas atteinte au droit qu'ont les États membres d'appliquer les dispositions pertinentes de leur législation fiscale qui établissent une distinction entre les contribuables qui ne se trouvent pas dans la même situation en ce qui concerne leur **résidence** ou le **lieu où leurs capitaux sont investis**, ni de prendre toutes les mesures indispensables pour faire échec aux infractions à leurs lois et règlements, notamment en matière fiscale ou en matière de contrôle prudentiel des établissements financiers, de prévoir des procédures de déclaration des mouvements de capitaux à des fins d'organisation administrative ou statistique ou de prendre des mesures justifiées par des motifs liés à l'ordre public ou à la sécurité publique (article 65 § 1 du traité FUE, ex-article 58 § 1 du traité CE) ;

– la possibilité offerte aux États membres de prendre une mesure restrictive, à titre dérogatoire, ne doit constituer ni un moyen de **discrimination arbitraire** ni une **restriction déguisée** à la libre circulation des capitaux et des paiements (article 65 § 3 du traité FUE, ex-article 58

§ 3 du traité CE). Ainsi, pour qu'une différence de traitement soit admise, il faut qu'elle concerne des situations qui ne sont pas objectivement comparables ou qu'elle soit justifiée par une raison impérieuse d'intérêt général.

Le dispositif prévu par le traité fonctionne donc en trois temps : constat d'une restriction aux mouvements de capitaux, justification de cette restriction, le cas échéant, et interdiction des discriminations arbitraires ou déguisées. Sa portée de principe a été précisée en ces termes par le Conseil d'État :
– d'une part, les mesures interdites en tant que restrictions aux mouvements de capitaux comprennent celles qui sont de nature à dissuader les non-résidents de procéder à des investissements dans un État membre, qu'elles introduisent une différence de traitement entre résidents et non-résidents (« **restrictions directes** »), ou que, bien qu'indistinctement applicables aux résidents et aux non-résidents, elles défavorisent, de fait, les situations transfrontalières par rapport aux situations purement internes (« **restrictions indirectes** » ; CE 13 juillet 2022 n° 451533, 8e et 3e ch., SASU Thaï Union France Holding 2 ; voir également n° 26870, Précisions b) ;
– d'autre part, lorsqu'un contribuable non résident conteste l'imposition à laquelle il a été assujetti sur ses revenus de source française en invoquant la libre circulation des capitaux, il y a lieu de **comparer la charge fiscale** qu'il a supportée avec celle d'un contribuable résident de France placé dans une situation comparable ; si le non-résident a été effectivement traité de manière défavorable, il doit bénéficier d'un dégrèvement dans la mesure nécessaire au rétablissement d'une **équivalence de traitement** (CE 6 décembre 2021 n° 433301, 9e et 10e ch., Établissement public coréen National Pension Service : RJF 2/22 n° 126 ; voir également Précisions c ci-dessous, et n°s 61075, 81980 et 82070) ; pour un exemple postérieur d'application du même principe, voir n° 67660, Précisions g.

Précisions **a.** Le Conseil d'État contrôle la compatibilité des stipulations des **conventions fiscales** avec la liberté de circulation des capitaux (trois décisions du même jour, notamment CE 27 juillet 2012 n°s 337656 et 337810, 9e et 10e s.-s., min. c/ Regazzacci : RJF 11/12 n° 1012 ; voir aussi n° 41155). En l'espèce, il juge que l'application de deux régimes fiscaux distincts soumettait les dividendes perçus par des résidents de France et du Royaume-Uni à des niveaux d'imposition du même ordre et qu'il n'y avait donc pas de différence de traitement fiscal incompatible avec la liberté de circulation des capitaux.

b. Pour que des situations soient « **objectivement comparables** », il n'est pas nécessaire qu'elles soient exactement identiques ; en ce sens, le Conseil d'État a admis qu'une fondation britannique puisse être regardée comme étant dans la même situation qu'un organisme sans but lucratif français sans exiger que tous les critères de non-lucrativité prévus par le droit français soient applicables à l'identique (CE 22 mai 2015 n°s 369819 et 369820, 9e et 10e s.-s., min. c/ Wellcome Trust : RJF 8-9/15 no 684 ; n° 61020).

c. Sur le fond, dans l'affaire National Pension Service mentionnée ci-avant, aucune discrimination ne pouvait être constatée, car l'établissement coréen avait été imposé au taux de 15 % sur les dividendes de source française qu'il avait reçus, à l'instar des organismes de retraite français comparables ; sur le plan contentieux et par différence avec la solution retenue par la décision AVM (n° 940), la **neutralisation de la discrimination** ne résultait pas, en l'espèce, de l'application d'une doctrine administrative illégale, ce qui aurait conduit à la restitution intégrale puisque l'administration ne peut corriger la loi par le biais de la doctrine administrative, mais d'une décision particulière qui n'avait pas lieu d'être critiquée puisque l'équivalence de traitement était respectée en tout état de cause. Cette décision a ainsi rectifié la solution qui paraissait résulter de la décision Denkavit (n° 81620), puisque, dans cette dernière affaire, la retenue à la source avait été intégralement restituée alors qu'il aurait normalement fallu ne pas accorder de dégrèvement à hauteur de l'imposition sur la quote-part de frais et charges (la restitution intégrale décidée à l'époque s'expliquait par une question de procédure, selon ce qu'indique la rapporteure publique Céline Guibé dans ses conclusions sur l'affaire National Pension Service : RJF 2/22 C 126).

Application aux pays tiers

81985 Le principe de la libre circulation des capitaux vaut aussi bien en ce qui concerne les relations entre États membres qu'entre les États membres et les pays tiers, à la différence des autres libertés, comme la liberté d'établissement, qui ne valent que dans le cadre de l'Union européenne ; compte tenu des principes généraux, toutefois, la liberté de circulation des capitaux n'est pas invocable au cas d'un État tiers si l'affaire met en cause la liberté d'établissement ou la libre prestation de services (dans ce cas, la restriction à la libre circulation des capitaux n'est qu'une conséquence qui n'a pas lieu d'être examinée de façon autonome).

Une **clause de gel** est toutefois posée par l'article 64 § 1 du traité FUE (ex-article 57 § 1 du traité CE) ; reste, en effet, autorisée l'application aux pays tiers des restrictions existant le 31 décembre 1993 en vertu du droit national ou du droit de l'Union européenne en ce qui concerne les mouvements de capitaux à destination ou en provenance de pays tiers lorsqu'ils impliquent des investissements directs, y compris les investissements immobiliers, l'établissement, la prestation de services financiers ou l'admission de titres sur les marchés des capitaux. **81985** (suite)

Cela signifie qu'un État membre peut continuer d'appliquer, dans ses relations avec les États tiers, des restrictions contraires au principe de la libre circulation des capitaux si ces restrictions existaient déjà le 31 décembre 1993 et si elles concernent un investissement direct.

La notion d'« **investissement direct** » est, en pratique, un critère proche de celui qui permet de distinguer les champs d'application respectifs de la liberté de circulation des capitaux et de la liberté d'établissement (n° 81995) quoique les deux notions ne se recouvrent pas exactement ; elle s'entend des investissements permettant de participer effectivement à la **gestion de la société** ou à son **contrôle** (CJCE 24 mai 2007 aff. 157/05, 4e ch., Winfried L. Hölbock : RJF 8-9/07 n° 999, jugeant qu'en l'espèce il était possible à l'Autriche de traiter plus mal des dividendes provenant d'une participation représentant les deux tiers du capital d'une société suisse que des dividendes autrichiens) ; une restriction relève de la clause de gel en tant que restriction aux mouvements de capitaux impliquant des investissements directs si elle se rapporte aux investissements de toute nature auxquels procèdent les personnes physiques ou morales et qui **servent à créer ou à maintenir des relations durables et directes** entre le bailleur de fonds et l'entreprise à qui ces fonds sont destinés en vue de l'exercice d'une activité économique (CJCE 20 mai 2008 aff. 194/06, Gr. ch., Orange European Smallcap Fund NV : RJF 10/08 n° 1148).

La Cour de justice n'a pas explicitement posé de **seuil de détention**, mais il est clair que, d'une façon générale, les investissements de portefeuille ne sont pas couverts par la clause de gel (acquisition de titres sur le marché des capitaux effectuée dans la seule intention de réaliser un placement financier sans intention d'influer sur la gestion et le contrôle de l'entreprise). Ainsi, il a été jugé que des participations inférieures à 10 % du capital ne confèrent pas la possibilité d'exercer une influence certaine sur les décisions des sociétés concernées et d'en déterminer les activités et n'entrent pas dans le champ de la clause de gel (CJUE 10 février 2011 aff. 436/08 et 437/08, 3e ch., Haribo Lakritzen Hans Riegel BetriebsgmbH et Osterreichische Salinen AG : RJF 5/11 n° 666 ; point 137).

Dans le même sens, selon le Conseil d'État, la restriction identifiée pour le passé en ce qui concerne la retenue à la source sur les dividendes versés à des **OPCVM** de pays tiers (n° 82072) ne pouvait être maintenue sur le fondement de la clause de gel que dans les cas exceptionnels où les investissements en France des OPCVM pouvaient être qualifiés d'investissements directs, entendus comme ceux qui créent ou maintiennent des relations durables et directes entre le bailleur de fonds et l'entreprise, c'est-à-dire qui permettent à l'actionnaire de participer effectivement à la gestion et au contrôle de la société (Avis CE 23 mai 2011 nos 344678 à 344687, 9e et 10e s.-s., Sté Santander Asset Management SGIIC SA : RJF 8-9/11 n° 1009 ; conclusions Pierre Collin au BDCF 8-9/11 n° 104). Le critère du seuil de détention n'est cependant pas seul en cause, le Conseil d'État ayant, par exemple, admis qu'une participation de **seulement 8 %** puisse être qualifiée d'investissement direct (CE 30 septembre 2019 n° 418080, 9e et 10e ch., min. c/ Sté Findim Investments : RJF 12/19 n° 1144) ; les circonstances de l'espèce étaient toutefois un peu particulières, comme le montre l'arrêt rendu sur renvoi par CAA Versailles 18 décembre 2020 n° 19VE03334, 1e ch., min. c/ Sté Findim Investments (arrêt définitif après non-admission du pourvoi par CE (na) 2 février 2022 n° 449714, 9e ch., Sté Findim Investissements : RJF 4/22 n° 387 ; sur cette affaire, voir n° 61000).

En ce qui concerne les **investissements immobiliers**, la clause de gel ne s'applique qu'aux investissements immobiliers qui constituent des investissements directs relevant de la rubrique I de l'annexe I de la directive 88/361 à l'exclusion des investissements immobiliers de type « patrimonial » effectués à des fins privées sans lien avec l'exercice d'une activité économique (CJUE 17 octobre 2013 aff. 181/12, 3e ch., Yvon Welte : RJF 1/14 n° 106, points 34 et 35). Le Conseil d'État en a notamment tiré les conséquences à propos de l'ancien article 164 C du CGI (n° 68140).

Quant à la condition tenant à **l'existence de la restriction au 31 décembre 1993**, elle a également fait l'objet d'importantes précisions jurisprudentielles. Il a notamment été jugé que toute mesure nationale adoptée postérieurement au 31 décembre 1993 n'est pas,

81985 (suite) de ce seul fait, automatiquement exclue du régime dérogatoire et que peuvent être assimilées à des restrictions « existantes » au 31 décembre 1993 celles prévues par des dispositions adoptées **après cette date** qui, dans leur substance, sont identiques à la législation antérieure ou qui se bornent à réduire ou à supprimer un obstacle à l'exercice des droits et des libertés de circulation figurant dans la législation antérieure. En revanche, une législation qui repose sur une logique différente de celle du droit antérieur et met en place des procédures nouvelles ne peut être assimilée à la législation existante à cette date (CJUE 13 novembre 2019 aff. 641/17, 2e ch., College Pension Plan of British Columbia, point 94 : RJF 2/20 n° 189).

Dans l'affaire Winfried L. Hölbock (CJCE 24 mai 2007 aff. 157/05, 4e ch. : RJF 8-9/07 n° 999), il a précédemment été jugé, dans le même sens, qu'une législation postérieure au 31 décembre 1993 peut bénéficier de la clause de gel si elle est **en substance identique** à une législation antérieure (à condition qu'elle ait fait partie du cadre juridique national de façon ininterrompue depuis cette date, comme l'a précisé l'arrêt A ; n° 81987). Est, en revanche, exclue une disposition qui repose sur une **logique différente** de celle du droit antérieur au 31 décembre 1993 et qui met en place des procédures nouvelles (tel n'est pas le cas si, par exemple, des montants d'abattements ont simplement été modifiés sans qu'il soit porté atteinte à la logique même du dispositif). Mais la circonstance qu'une mesure restrictive existant au 31 décembre 1993 ait fait l'objet d'**extensions postérieures** est sans incidence (CJUE 26 février 2019 aff. 135/17, Gr. ch., X GmbH : RJF 5/19 n° 503) ; dans cette affaire, la Cour de justice rappelle que l'application de la clause de gel suppose non seulement le maintien du contenu matériel essentiel de la restriction en cause, mais également sa continuité temporelle, afin d'éviter qu'un État membre puisse à tout moment réintroduire des restrictions aux mouvements de capitaux à destination ou en provenance de pays tiers, qui existaient dans l'ordre juridique national au 31 décembre 1993 mais qui n'ont pas été maintenues (point 41).

Il a également été précisé qu'un État membre ne peut continuer à appliquer une restriction interdite s'il abroge les dispositions à l'origine de cette restriction ou s'il adopte des dispositions qui modifient la logique sur laquelle reposait la législation antérieure ou encore si, sans abroger ou modifier formellement la réglementation existante, il conclut un **accord international** qui prévoit, dans une disposition ayant un effet direct, une libéralisation d'une catégorie des capitaux (CJUE 24 novembre 2016 aff. 464/14, 5e ch., Secil, point 89, à propos des conséquences de la signature des accords d'association entre l'Union européenne et, respectivement, le Liban et la Tunisie).

En tout état de cause, la clause de gel ne peut autoriser une restriction si celle-ci **résulte d'un avantage accordé aux seuls résidents postérieurement** au 31 décembre 1993 (CJUE 10 avril 2014 aff. 190/12, 1e ch., Emerging Markets Series of DFA Investment Trust Company : RJF 10/14 n° 964 ; voir également n° 82072) ; au cas d'espèce, une loi polonaise du 28 août 1997 avait exonéré les seuls fonds résidents sans pour autant aggraver la situation des fonds non résidents, car tous les fonds étaient antérieurement imposés. La législation polonaise n'a pas été considérée comme une restriction existant à la date du 31 décembre 1993, puisque l'élément constitutif de la restriction à la libre circulation des capitaux, à savoir l'exonération fiscale prévue pour les seuls fonds résidents, a été introduit ultérieurement, en se départant de la logique de la législation antérieure (point 52).

Enfin, la clause de gel a une portée matérielle très générale et elle est applicable, par exemple, à une réglementation nationale qui impose une restriction aux mouvements de capitaux telle que la **prolongation d'un délai de redressement** en cas d'avoirs détenus en dehors de l'État membre de résidence (CJUE 15 février 2017 aff. 317/15, 9e ch. : RJF 5/17 n° 515).

Précisions **a.** Pour un exemple de dispositions adoptées postérieurement au 31 décembre 1993 et qui reposent sur une logique différente de celle du droit antérieur et mettent en place des procédures nouvelles, voir CJUE 11 février 2011 aff. 541/08, Fokus Invest AG, point 42, à propos des conditions régissant l'acquisition, par une société de droit autrichien dont les parts sont détenues par une société de droit suisse, d'un bien immobilier situé sur le territoire autrichien.

b. La Cour de justice a fait application de la clause de gel en ce qui concerne l'assujettissement de sociétés des îles Vierges britanniques à la **taxe patrimoniale de 3 %** (CJUE 5 mai 2011 aff. 384/09, 3e ch., Prunus SARL : RJF 7/11 n° 910, à propos d'une société française détenue par une société luxembourgeoise elle-même détenue par deux sociétés des îles Vierges britanniques ; n° 68347) ; la restriction a été admise dès lors que la législation applicable existait avant le 31 décembre 1993 et qu'elle n'avait ensuite fait l'objet que de différences rédactionnelles (en l'espèce, les îles Vierges britanniques, qui sont un PTOM - pays ou territoire d'outre-mer - ont été assimilées par la Cour à un État tiers).

c. La clause de gel n'est pas applicable à l'Islande, à la Norvège et au Liechtenstein, parties contractantes à l'accord sur **l'Espace économique européen** (EEE) car, dans leurs relations respectives et dans celles que ces États entretiennent avec les États membres de l'Union européenne, la circulation des capitaux est régie par l'article 40 de cet accord, identique, en substance, à l'article 64 § 1 du traité FUE (en ce sens, conclusions Mengozzi sous l'arrêt Yvon Welte, cité plus haut, point 42).

d. Sur l'incidence d'une modification législative résultant d'une loi du **30 décembre 1993**, voir CAA Versailles 20 octobre 2020 n° 18VE03012, 7e ch., Sté Runa Capital Fund I LP : RJF 2/21 n° 220 (n° 65897) ; cet arrêt, concernant la compatibilité de l'article 244 bis B du CGI (ancienne rédaction) avec le principe de libre circulation des capitaux, fait l'objet d'un pourvoi enregistré sous le n° 447568.

Incomplète transposition des principes applicables au sein de l'Union européenne 81987 D'une façon générale, selon la Cour de justice, il ne saurait être exclu qu'un État membre puisse démontrer qu'une restriction aux mouvements de capitaux à destination ou en provenance de pays tiers est justifiée par un motif donné, dans des circonstances où ce motif ne serait pas de nature à constituer une justification valide pour une restriction aux mouvements de capitaux entre États membres (arrêt Orange Smallcap point 90 ; n° 81985 et n° 82010). Saisie de questions touchant aux conséquences de la liberté de circulation des capitaux avec les États tiers, la Cour a ainsi plusieurs fois jugé que sa jurisprudence relative aux restrictions à l'exercice des libertés de circulation au sein de l'Union européenne ne saurait être intégralement transposée aux mouvements de capitaux entre les États membres et les États tiers car ces mouvements s'inscrivent dans un **contexte juridique différent** (par exemple, point 60 de l'arrêt A ; n° 81985).

Notamment, la Cour rappelle que le cadre de coopération entre les autorités compétentes des États membres établi par les directives sur l'échange de renseignements n'existe pas entre celles-ci et les autorités compétentes d'un État tiers lorsque ce dernier n'a pris aucun engagement d'assistance mutuelle (par exemple, point 41 de l'arrêt Établissements Rimbaud ; n° 68350).

Dans cette perspective, la Cour juge que lorsque la réglementation d'un État membre fait dépendre le bénéfice d'un avantage fiscal de la satisfaction de **conditions dont le respect ne peut être vérifié qu'en obtenant des renseignements** des autorités compétentes d'un État tiers partie à l'accord EEE, il est, en principe, légitime pour cet État membre de refuser l'octroi de cet avantage si, notamment en raison de l'absence d'une obligation conventionnelle de cet État tiers de fournir des informations, il s'avère impossible d'obtenir ces renseignements de ce dernier. Ce principe a été affirmé à propos de l'imposition en Suède de dividendes provenant de **Suisse** (CJCE 18 décembre 2007 aff. 101/05, Gr. ch., A : RJF 3/08 n° 378) ; cet arrêt précise, ce qui a une grande importance pratique, que la liberté de circulation ne vaut que si l'État membre en cause peut obtenir des renseignements de la part du pays tiers, lorsque l'avantage dont l'extension est refusée est soumis à des conditions dont le respect ne peut être vérifié qu'au moyen d'un tel échange (justification tirée de la nécessité de garantir l'efficacité des contrôles fiscaux ; voir aussi arrêt Établissements Rimbaud, point 44 ; n° 68350).

De même, une restriction concernant un État tiers peut éventuellement être justifiée si l'État membre concerné ne peut vérifier la véracité d'éléments éventuellement apportés par un contribuable pour démontrer **l'absence de montage artificiel** (CJUE 26 février 2019 aff. 135/17, Gr. ch., X GmbH : RJF 5/19 n° 503). Dans cette affaire, la Cour juge que la circonstance qu'une société allemande soit imposée au titre de revenus réalisés par une société suisse dont elle détient 30 %, en application de la législation allemande relative aux sociétés étrangères passives imposées à un taux inférieur à 25 %, caractérise une restriction injustifiée dans la mesure où le contribuable n'a pas la possibilité de fournir des éléments démontrant que sa participation ne procède pas d'un dispositif artificiel ; elle ajoute cependant que l'obligation incombant aux États membres de mettre un assujetti en mesure de produire des éléments démontrant les éventuelles raisons commerciales de sa participation dans une société établie dans un pays tiers doit s'apprécier en fonction de la disponibilité des mesures administratives et réglementaires permettant, le cas échéant, un **contrôle de la véracité** de tels éléments. La restriction est donc admise sauf s'il existe un cadre juridique prévoyant, notamment, des obligations conventionnelles de nature à habiliter les autorités fiscales allemandes à contrôler, le cas échéant, la véracité des informations fournies aux fins de démontrer l'absence de dispositif artificiel.

Le Conseil d'État a repris ces principes pour juger que l'exclusion des sociétés suisses du champ des dispositions relatives à l'ancien abattement pour durée de détention **en matière de plus-values** (n° 65726, Précisions b) constituait une restriction justifiée au principe de libre circulation des capitaux (CE 21 novembre 2011 n° 329439, 8e et 3e s.-s., Beaumont : RJF 2/12 n° 128 ; conclusions Laurent Olléon au BDCF 2/12 n° 21) ; il a été jugé que l'administration devait pouvoir vérifier que le contribuable satisfaisait à toutes les conditions auxquelles l'octroi de l'abattement était subordonné et que, par suite, l'existence d'un accord d'assistance mutuelle en matière administrative était nécessaire.

Cette justification, cependant, est soumise au contrôle de **proportionnalité** ; ainsi, il a été jugé à propos de l'imposition en Autriche de dividendes provenant de pays tiers que seule l'existence d'un accord d'assistance mutuelle en matière administrative pouvait être considérée comme nécessaire, s'agissant seulement de permettre à l'Autriche de vérifier **le niveau d'imposition effectif** de la société non résidente distributrice de dividendes ; l'exigence supplémentaire qu'une assistance au recouvrement soit possible n'a donc pas été admise (CJUE 10 février 2011 aff. 436/08 et 437/08, 3e ch., Haribo Lakritzen Hans Riegel BetriebsgmbH et Osterreichische Salinen AG : RJF 5/11 n° 666 ; point 73).

Notion de mouvements de capitaux

81990 Cette notion n'est **pas définie** par le traité FUE ; par référence aux conclusions de l'avocat général dans l'affaire Bouanich (n° 82050), on peut sans doute comprendre par « mouvement de capitaux » **tout transfert** au-delà des frontières d'un État membre de capitaux monétaires ou en nature qui ne sont pas liés à une livraison de marchandises ou à une prestation de services et ne sont donc pas soumis à la liberté des paiements (par opposition, la liberté des paiements vise à permettre au débiteur d'une somme d'argent dans le cadre d'une fourniture de biens ou de services ou en rapport avec un placement de capitaux de s'acquitter volontairement de cette obligation contractuelle sans restriction indue et au créancier de recevoir librement un tel paiement).

La Cour de justice a, à plusieurs reprises, indiqué qu'elle reconnaissait une valeur indicative à la nomenclature annexée à la **directive 88/361**, sans que celle-ci ait un caractère exhaustif ; sont ainsi visés non seulement les mouvements de capitaux proprement dits, mais aussi les **successions** (n° 82090) et les donations, y compris les dons en nature (n° 82110) ainsi que l'acquisition de parts de sociétés résidentes auprès de non-résidents (affaire Glaxo Wellcome GmbH & Co. KG, n° 82040). L'ouverture d'un **compte-titres** par un résident d'un État membre auprès d'une institution bancaire située en dehors de l'Union européenne relève également de la notion de mouvements de capitaux qui impliquent la prestation de services financiers (CJUE 15 février 2017 aff. 317/15, 9e ch. : RJF 5/17 n° 515).

La liberté de circulation des capitaux peut notamment s'appliquer à une **activité immobilière** (par exemple, CJUE 28 octobre 2010 aff. 72/09, 3e ch., Établissements Rimbaud SA : RJF 1/11 n° 128, à propos d'une entité du Liechtenstein assujettie à la taxe patrimoniale de 3 % au titre de la détention d'un immeuble en France) et à des **organismes sans but lucratif** (en ce sens, notamment, CJCE 14 septembre 2006 aff. 386/04, 3e ch., Centro di musicologia Walter Stauffer : RJF 12/06 n° 1645, qui juge que la seule circonstance qu'une fondation soit étrangère ne peut suffire à lui refuser le bénéfice d'une exonération qui aurait été applicable si elle avait été nationale).

Champ d'application

81995 Selon la jurisprudence, la liberté de circulation des capitaux est en cause lorsqu'il s'agit de prises de **participations de nature financière** alors que la liberté d'établissement est plutôt réservée au cas où il s'agit d'exercer effectivement une activité à l'étranger ou de la diriger par l'intermédiaire d'une structure étrangère (voir l'affaire X et Y, du 21 novembre 2002, n° 81580).

La distinction entre les deux libertés n'est pas toujours évidente, en pratique. Par exemple, des déductions fiscales qui ne bénéficient qu'à des établissements de crédit dont le siège social ou les agences sont situés dans un État membre visent le **lieu d'établissement** et doivent donc être examinées uniquement au regard de la liberté d'établissement ; en revanche, des déductions spécifiques sans lien avec le lieu où les établissements de crédit sont établis et qui visent à **orienter des flux** de capitaux relèvent de la libre circulation des capitaux et non de la liberté d'établissement, ni d'ailleurs de la libre circulation des services, car leur effet sur cette dernière liberté n'est que secondaire (CJUE 25 février 2021 aff. 712/19, 7e ch., Novo Banco SA : RJF 5/21 n° 542, à propos d'une banque portugaise qui avait une succursale en Andalousie ; voir également n° 82030).

Les champs d'application respectifs de la liberté d'établissement et de la libre circulation des capitaux peuvent naturellement se recouper dans la mesure où un investissement en capital peut servir à créer un établissement dans un autre État membre. Toutefois, une prise de participation dans une société n'entre dans le champ de la liberté d'établissement que lorsqu'elle confère à l'actionnaire « une participation lui conférant une **influence certaine** sur les décisions de la société et lui permettant d'en **déterminer les activités** » (n° 81560).

Les conditions d'identification de la liberté applicable, liberté d'établissement ou libre circulation des capitaux, sont variables selon que la situation concerne un État membre ou un pays tiers ; dans le dernier état de sa jurisprudence, la Cour fait la distinction suivante (en ce sens, notamment, CJUE 13 novembre 2012 aff. 35/11, Gr. ch., Test Claimants in the FII Group Litigation : RJF 3/13 n° 369 et CJUE 28 février 2013 aff. 168/11, 2e ch., Manfred Beker, Christa Beker : RJF 6/13 n° 679) :
– **à l'intérieur de l'Union européenne**, il y a lieu de regarder non seulement l'objet de la législation en cause mais aussi la situation concrète : la détention d'actions représentant moins de 10 % relève de la liberté de circulation des capitaux alors qu'une participation de plus de 25 % relève probablement de la liberté d'établissement si la législation en cause ne fait pas elle-même de distinction selon l'importance de la participation ;
– **à l'égard des pays tiers**, il y a lieu de regarder seulement la portée abstraite de la loi examinée, indépendamment de la situation concrète. Ainsi, si la législation s'applique seulement aux participations permettant d'exercer une influence certaine sur les décisions des sociétés concernées et d'en déterminer les activités, la mesure tombe dans le champ de la liberté d'établissement et non dans celui de la liberté de circulation des capitaux, d'où il résulte qu'aucune des deux libertés n'est applicable ; si, en revanche, la mesure s'applique même en l'absence de situation d'influence, la liberté de circulation des capitaux est applicable indépendamment de l'importance réelle de la participation dans les circonstances de l'espèce (la liberté de circulation des capitaux s'applique lorsque la législation applicable vise indistinctement les participations faibles ou importantes, indépendamment, dans ce cas, de la situation concrète soumise à l'appréciation de la Cour ; point 99 de l'arrêt Test Claimants in the FII Group Litigation, précité).

On ne sait pas très bien où se situent les seuils de participation permettant de faire la distinction ; on sait tout de même que des participations inférieures à **10 %** du capital ne confèrent pas la possibilité d'exercer une influence certaine sur les décisions des sociétés concernées et d'en déterminer les activités (CJUE 10 février 2011 aff. 436/08 et 437/08, 3e ch., Haribo Lakritzen Hans Riegel BetriebsgmbH et Osterreichische Salinen AG : RJF 5/11 n° 666 ; point 36). Autre indice, à propos de la retenue à la source portugaise sur des dividendes versés à une société néerlandaise, la Cour a répondu sur le terrain de la libre circulation des capitaux face à une participation de **13,312 %** et de la liberté d'établissement face à une participation de **31,612 %** (CJUE 18 juin 2012 aff. 38/11, 5e ch., Amorim Energia BV, étant donné que la législation portugaise refusait l'exonération aussi bien pour les participations inférieures à 20 % que pour celles qui excédaient ce seuil, mais qui avaient été détenues pendant moins de deux ans). De son côté, le Conseil d'État a retenu que des participations de **16 %** et de **6,5 %** ne relevaient pas de la liberté d'établissement, mais de la liberté de circulation des capitaux (CE 21 janvier 2016 n° 373559, 8e et 3e s.-s., Sté Axa : RJF 4/16 n° 380). Voir également n° 81560.

Enfin, la liberté de circulation des capitaux n'est pas applicable en présence d'une législation qui subordonne l'application d'abattements en matière de droits de succession en cas de transfert de titres de sociétés à la condition qu'il s'agisse d'une participation directe de **plus de 25 %** dès lors qu'une telle participation permet à son détenteur d'exercer une influence certaine sur les décisions de ladite société et d'en déterminer les activités (CJUE 19 juillet 2012 aff. 31/11, 2e ch., Marianne Scheunemann : RJF 12/12 n° 1173).

Portée des clauses d'échanges de renseignements

Dans le cadre de l'Union européenne, une restriction à la libre circulation des capitaux ne peut être justifiée par l'absence de possibilité effective d'échanger des renseignements ; **81998**
à la différence de ce qu'elle a jugé à propos des pays tiers dans l'affaire A (n° 81985), la Cour de justice estime en effet que, à l'intérieur de l'Union, le contribuable peut être mis en mesure de fournir des **pièces justificatives pertinentes** si elles sont nécessaires pour l'application de la législation nationale. Ce principe ressort de la décision rendue par la Cour à propos de la **taxe patrimoniale de 3 %** dans son ancienne rédaction (CJCE 11 octobre 2007 aff. 451/05, 4e ch., Européenne et Luxembourgeoise d'investissement SA (Elisa) : RJF 1/08 n° 97, jugeant que la

France ne pouvait exclure les **holdings luxembourgeoises** soumises à l'ancienne loi de 1929 du bénéfice des exonérations conditionnelles de la taxe patrimoniale de 3 %).

La raison tient sans doute à ce que l'absence de toute possibilité d'échange de renseignements entre, en ce cas, dans les limites admises par les directives européennes, l'exclusion d'un avantage pour ce motif étant disproportionnée (dans l'affaire Elisa, le Luxembourg était autorisé à ne pas communiquer d'informations à la France dans la mesure où il ne pouvait les obtenir lui-même, s'agissant de holdings « 1929 ») ; en outre, le droit de l'Union européenne contient des mesures minimales d'harmonisation comptables qui offrent au contribuable la possibilité de produire des informations fiables et vérifiables, ce qui n'est pas nécessairement le cas avec les pays tiers.

En revanche, à propos de l'application de la taxe patrimoniale de 3 % à une entité du **Liechtenstein**, la restriction a été justifiée au motif que les autorités fiscales françaises se trouvaient dans l'impossibilité d'obtenir de celles du Liechtenstein les renseignements nécessaires à l'exercice d'un **contrôle effectif des éléments fournis** par les sociétés assujetties (CJUE 28 octobre 2010 aff. 72/09, 3e ch., Établissements Rimbaud SA : RJF 1/11 n° 128, à propos d'une entité du Liechtenstein assujettie à la taxe au titre d'un immeuble situé en France ; voir aussi n° 68350). En effet, le contexte juridique était différent de celui de l'affaire Elisa qui concernait le Luxembourg (n° 81987). On peut tout de même se demander en quoi le fait que le contexte juridique soit différent importerait au cas particulier, puisque, dans l'affaire Elisa comme dans l'affaire Rimbaud, la France ne pouvait vérifier les informations éventuellement produites par les contribuables. De ce point de vue, la cohérence entre les deux décisions n'apparaît pas avec évidence.

Extension des avantages réservés aux revenus nationaux équivalents

82000 La Cour de justice a fait application du principe de libre circulation des capitaux en ce qui concerne les modalités d'imposition des dividendes reçus par les résidents d'un État membre en provenance d'un autre État membre.

Elle a ainsi jugé, à propos de la législation néerlandaise de l'époque, qu'un État membre ne peut subordonner l'octroi d'une **exonération d'impôt sur le revenu** au titre de dividendes reçus par des actionnaires personnes physiques à la condition que les sociétés distributrices aient leur siège dans le même État (CJCE 6 juin 2000 aff. 35/98, Plén., Verkooijen : RJF 9-10/00 n° 1185) ; la CJCE a relevé un effet de dissuasion à l'égard des ressortissants néerlandais et une restriction à la collecte des capitaux aux Pays-Bas par les sociétés des autres États membres, sans admettre les justifications avancées par les Pays-Bas (cohérence fiscale, objectif économique, perte de recettes fiscales, etc.).

Ce principe a été réaffirmé à propos d'une personne physique résidente de Finlande, qui devait bénéficier pour son imposition en Finlande d'un **avoir fiscal** au titre de dividendes versés par une société suédoise, dans la mesure où elle en aurait bénéficié si les dividendes avaient été versés par une société finlandaise (CJCE 7 septembre 2004 aff. 319/02, Gr. ch., Petri Manninen : RJF 11/04 n° 1211) ; l'absence d'avoir fiscal constituait, en effet, un désavantage pour elle à recevoir des dividendes suédois et une restriction à la collecte de capitaux en Finlande par des sociétés suédoises, alors même que les situations étaient objectivement comparables et sans que puisse être invoquée une raison impérieuse d'intérêt général. Cet arrêt a bien sûr condamné, pour le passé, l'ancien avoir fiscal français qui avait déjà été supprimé en raison de son incompatibilité avec le droit de l'Union européenne (la solution de principe a été confirmée par CJCE 6 mars 2007 aff. 292/04, Meilicke : RJF 5/07 n° 644, à propos du refus par l'Allemagne d'accorder un avoir fiscal au titre de dividendes danois et néerlandais).

Saisie de la question des modalités pratiques de calcul des « avoirs fiscaux » relatifs à des dividendes étrangers, la Cour a cependant précisé que le calcul doit être effectué **en fonction du taux d'imposition des bénéfices distribués** au titre de l'impôt sur les sociétés applicable à la société distributrice selon le droit de son État membre d'établissement, sans que le montant à imputer puisse dépasser le montant de l'impôt sur le revenu à acquitter sur les dividendes perçus par l'actionnaire bénéficiaire dans l'État membre où il est assujetti à titre principal (CJUE 30 juin 2011 aff. 262/09, 1e ch., Wienand Meilicke : RJF 11/11 n° 1250) ; l'arrêt ajoute notamment que les autorités fiscales de l'État membre du bénéficiaire sont en droit d'exiger de lui qu'il fournisse des **pièces justificatives** leur permettant de vérifier, de façon claire et précise, si les conditions d'obtention d'un avoir fiscal prévu par la législation nationale sont réunies, sans pouvoir procéder à une estimation de cet avoir fiscal. En ce sens, un État membre (en l'espèce, le Portugal) peut refuser d'exonérer totalement ou partiellement les dividendes reçus par une société mère en provenance de pays tiers (en l'espèce, le Liban et la Tunisie), alors que l'exonération serait accordée en présence de dividendes de source nationale, lorsqu'il n'est pas possible de vérifier la **condition d'assujettissement à l'impôt** de la société distributrice s'il s'agit d'une condition générale de l'octroi de l'avantage en cause (CJUE 24 novembre 2016 aff. 464/14, 5e ch., Secil ; voir également n° 81985).

En revanche, constitue une restriction interdite aux mouvements de capitaux entre les États membres et les États tiers une législation qui soumet l'exonération de dividendes versés par des filiales établies dans des **États tiers** à des conditions plus strictes que celles auxquelles sont soumis les dividendes versés par les filiales résidentes (CJUE 20 septembre 2018 aff. 685/16, 5e ch., EV : RJF 12/18 n° 1300, à propos d'une société allemande qui avait reçu des dividendes de source australienne dont la déductibilité, pour l'imposition sur le bénéfice d'exploitation, supposait notamment la satisfaction d'un critère d'activité non exigé des filiales nationales) ; l'argument selon lequel la restriction serait justifiée par la nécessité d'éviter le recours à des sociétés-écrans a été écarté car la législation allemande instaurait une présomption irréfragable d'abus (la liberté de circulation des capitaux était applicable dès lors que l'exonération supposait une détention d'au moins 15 %, bien qu'en l'espèce la détention fût de 100 %, et la clause de gel n'était pas applicable dès lors qu'elle doit faire l'objet d'une interprétation stricte et qu'en l'espèce la législation en cause avait été substantiellement modifiée depuis le 31 décembre 1993).

Les différences de **taux d'imposition** ne sont pas compatibles avec le principe de la libre circulation des capitaux. Par exemple, la Cour a jugé que l'Autriche ne pouvait refuser à des dividendes allemands reçus par une personne physique résidente d'Autriche le bénéfice d'un taux réduit d'imposition qui serait accordé à des dividendes autrichiens (CJCE 15 juillet 2004 aff. 315/02, 1re ch., Anneliese Lenz : RJF 11/04 n° 1210). **82003**

De même, le principe de la libre circulation des capitaux s'oppose à une disposition législative d'un État membre qui exclut **l'octroi d'un abattement** du revenu imposable à des personnes physiques pour l'acquisition d'actions ou de parts sociales représentatives d'apports en numéraire dans des sociétés de capitaux établies dans d'autres États membres (CJCE 15 juillet 2004 aff. 242/03, 1e ch., Jean-Claude Weidert et Elisabeth Paulus : RJF 11/04 n° 1209) ; dans cette affaire, qui concernait une incitation à l'investissement en valeurs mobilières, la Cour a refusé d'admettre l'argument tiré de la cohérence du système fiscal. Un État membre viole également le principe de la libre circulation des capitaux en accordant un abattement de 50 % pour l'imposition de dividendes d'actions cotées sur son marché boursier alors que les dividendes d'actions cotées sur les marchés boursiers des autres États membres sont pris en compte en totalité (CJUE 9 septembre 2021 aff. 449/20, 7e ch., Real Vida Seguros SA : RJF 11/21 n° 1081 ; en effet, même si la distinction n'est pas formellement fondée sur la résidence des sociétés, les sociétés non résidentes cotées sur un marché boursier national sont évidemment nettement moins nombreuses que les sociétés résidentes).

Dans le même ordre d'idées, le **revenu immobilier** d'un contribuable domicilié en Belgique ne doit pas, lorsque le bien est situé dans un autre État membre, être déterminé de manière moins favorable que si le bien est situé en Belgique (CJUE 12 avril 2018 aff. 110/17, 6e ch., Commission c/ Belgique : RJF 8-9/18 n° 916 ; la Belgique prenait en compte la valeur cadastrale pour les biens situés en Belgique et la valeur locative réelle s'agissant d'immeubles situés à l'étranger). Dans cette affaire, la Belgique a été ensuite condamnée pour n'avoir pas tenu compte de l'arrêt de la Cour (CJUE 12 novembre 2020 aff. 842/19, 6e ch., Commission c/ Belgique, condamnant la Belgique à payer à la Commission européenne 2 M€ et une astreinte de 7 500 € par jour jusqu'à la date de l'exécution de l'arrêt précité, du 12 avril 2018).

Autre exemple, un État membre ne peut soumettre des contribuables résidents qui perçoivent des intérêts ou des dividendes provenant de placements ou d'investissements effectués dans un autre État membre à une **taxe communale additionnelle** alors qu'ils peuvent l'éviter en ce qui concerne des revenus de même nature provenant de placements ou d'investissements effectués dans leur État membre de résidence (CJUE 1er juillet 2010 aff. 233/09, 1e ch., Gerard Dijkman : RJF 11/10 n° 1123). Dans cette affaire, qui concernait la législation belge, les produits étrangers pouvaient échapper à la taxe mais seulement à condition qu'ils soient **versés par un intermédiaire établi** en Belgique ; la liberté de prestation de services était donc aussi en cause mais elle a été considérée comme secondaire par rapport à la libre circulation des capitaux.

Enfin, le fait qu'un fonds d'investissement non résident ne respecte pas certaines **obligations déclaratives**, applicables également aux fonds résidents, ne permet pas pour autant à un État membre (l'Allemagne) de soumettre à une imposition forfaitaire les revenus qu'en tire un contribuable résident sans lui permettre de fournir des éléments ou des informations de nature à établir le montant effectif de ces revenus (CJUE 9 octobre 2014 aff. 326/12, 1e ch., Rita van Caster, Patrick van Caster : RJF 1/15 no 83) ; en effet, bien que la réglementation en cause soit également applicable aux investissements réalisés dans des fonds résidents, les contribuables allemands sont dissuadés d'investir dans des fonds d'investissement non résidents car les obligations de communication et de publication ne seront vraisemblablement pas observées par un fonds d'investissement qui n'opère pas sur le marché allemand et qui ne vise pas activement ce marché. De la même manière, un État membre ne peut refuser un avantage à l'un de ses résidents pour l'imposition d'un revenu versé par un OPCVM revêtant la forme statutaire établi dans un autre État membre au motif que les OPCVM établis sur son territoire ne revêtent pas la même forme juridique que ceux de l'autre État membre (CJUE 29 avril 2021 aff. 480/19, 2e ch. : RJF 7/21 no 770, à propos de la pratique de l'administration finlandaise assimilant les Sicav luxembourgeoises à des sociétés de capitaux ordinaires et refusant de les assimiler à des OPCVM contractuels finlandais en raison de leur forme statutaire).

Précisions La législation allemande, prévoyant **l'imposition forfaitaire** de revenus de participations dans des fonds d'investissement étrangers (établis, en l'espèce, aux îles Caïmans) n'ayant pas respecté les obligations déclaratives allemandes, entrait dans le champ de la dérogation posée par l'article 64 du traité FUE (restrictions existant au 31 décembre 1993), s'agissant d'une mesure qui porte sur des mouvements de capitaux impliquant la prestation de services financiers au sens de cet article (CJUE 21 mai 2015 aff. 560/13, 1e ch., Wagner-Raith : RJF 8-9/15 no 745).

82005 À propos de sociétés de capitaux, il a été jugé qu'un État membre doit accorder un traitement équivalent à des dividendes européens et à des dividendes domestiques en ce qui concerne l'élimination de la **double imposition économique** (CJCE 12 décembre 2006 aff. 446/04, Gr. ch., Test Claimants in the FII Group Litigation : RJF 3/07 no 375) ; mais il peut y avoir panachage des méthodes d'exonération et d'imputation (cet arrêt a été rendu également au regard de la liberté d'établissement). Ce principe s'applique notamment à un **fonds de pension** exonéré d'impôt qui doit pouvoir disposer d'une voie de recours lorsque lui est refusé le bénéfice d'un crédit d'impôt au titre de dividendes distribués par une société du même État mais issus de revenus étrangers (CJUE 14 septembre 2017 aff. 628/15, 2e ch., The Trustees of the BT Pension Scheme : RJF 12/17 no 1261) ; en l'espèce, le Royaume-Uni ne pouvait dissuader des actionnaires d'investir dans le capital de sociétés britanniques percevant des dividendes de sociétés non britanniques au profit d'investissements dans des sociétés britanniques percevant des dividendes d'autres sociétés britanniques.

La vérification des conditions de l'équivalence doit être faite par le juge national car, en particulier, la méthode de l'imputation ne permet pas la transmission à la société actionnaire du bénéfice d'avantages fiscaux qui peuvent avoir été accordés à la société distributrice dans son État membre (CJUE 13 novembre 2012 aff. 35/11, Gr. ch., Test Claimants in the FII Group Litigation : RJF 3/13 no 369 ; dans cette affaire, la Cour admet en outre la prise en compte de l'impôt sur les sociétés acquitté non pas dans l'État membre de la filiale mais dans celui de l'une de ses filiales directes ou indirectes).

Dans le même sens, la possibilité d'appliquer une **méthode d'imputation pour des dividendes étrangers** alors que la méthode de l'exonération est retenue pour des dividendes nationaux a été confirmée à propos de la législation autrichienne, à condition que leurs effets soient globalement équivalents, ce qui suppose notamment que le crédit d'impôt soit **reportable en période déficitaire** en cas d'application de la méthode de l'imputation (CJUE 10 février 2011 aff. 436/08 et 437/08, 3e ch., Haribo Lakritzen Hans Riegel BetriebsgmbH et Osterreichische Salinen AG : RJF 5/11 no 666). La **charge administrative** qui résulte de la méthode de l'imputation par rapport à celle de l'exonération n'est pas considérée comme une différence de traitement contraire à la libre circulation des capitaux (par exemple, premier arrêt Test Claimants in the FII Group Litigation, précité, point 53), à condition qu'elle ne soit pas excessive (arrêt Haribo précité, point 104 ; le fait de demander des informations sur l'impôt ayant effectivement frappé les bénéfices de la société étrangère distributrice n'est pas excessif).

Le panachage peut fonctionner dans l'autre sens ; ainsi, un État membre peut appliquer la méthode de l'exonération aux dividendes distribués par des sociétés résidentes d'autres États membres et d'États tiers, alors que la méthode d'imputation est appliquée aux dividendes distribués par les sociétés résidentes du même État membre que la société bénéficiaire et que, dans l'hypothèse où cette société bénéficiaire enregistre des pertes, la méthode d'imputation conduit à ce que l'impôt versé par la société distributrice résidente soit totalement ou partiellement remboursé (CJUE 11 septembre 2014 aff. 47/12, 1e ch., Kronos International Inc. : RJF 12/14 n° 1159).

La Cour a également précisé que, lorsqu'un État membre, afin d'éviter la double imposition de dividendes perçus, exonère d'impôt tant les dividendes qu'une société résidente perçoit d'une autre société résidente dans laquelle elle détient des parts en pleine propriété que ceux qu'une société résidente perçoit d'une autre société dans laquelle elle détient des parts en **usufruit**, il doit appliquer le même traitement aux dividendes perçus d'une société établie dans un autre État membre par une société résidente détenant des parts en pleine propriété et à de tels dividendes perçus par une société résidente qui détient des parts en usufruit (CJCE 22 décembre 2008 aff. 48/07, 4e ch., Belgique c/ Les Vergers du Vieux Tauves SA : RJF 3/09 n° 305).

Précisions **a.** En ce qui concerne l'**ancien avoir fiscal français**, la cour administrative d'appel de Nantes n'a écarté le bénéfice de l'avoir fiscal pour l'imposition de dividendes de source luxembourgeoise que dans la mesure où ceux-ci étaient versés par une société régie par l'ancienne loi de 1929 et n'avaient pas été prélevés sur des résultats ayant supporté l'impôt sur les sociétés (CAA Nantes 2 mai 2006 n° 03-00072, 1e ch. B, Caisse interfédérale de Crédit Mutuel : Droit fiscal 2007 n° 12, comm. n° 318 ; cette question a cependant été renvoyée à la cour administrative d'appel par CE 27 juillet 2009 n° 295358, 3e et 8e s.-s., Caisse interfédérale de Crédit Mutuel : RJF 12/09 n° 1140). Sur renvoi, la Cour a jugé que les bénéfices et les distributions des sociétés luxembourgeoises étaient exonérés de toute imposition au Luxembourg et que cette exonération, qui éliminait tout risque de double imposition, faisait obstacle à l'octroi de l'ancien avoir fiscal (CAA Nantes 4 mars 2010 n° 09NT02147, 3e ch., Caisse interfédérale de Crédit Mutuel ; un pourvoi avait ensuite été formé mais la société s'est désistée selon ce qu'indique CE Ord. 12 octobre 2010 n° 339241, 3e s.-s.).

b. Sur la question de l'ancien **précompte** français, voir n° 81750.

Absence d'obligation d'éliminer la double imposition juridique

La jurisprudence confirme que les États membres n'ont pas l'obligation d'éliminer la **82010**
double imposition juridique (en ce sens, conclusions sous CJCE 20 mai 2008 aff. 194/06, Gr. ch., Orange European Smallcap Fund NV : RJF 10/08 n° 1148, indiquant qu'une « double imposition n'est pas, d'une manière générale, contraire au droit communautaire »). Il en résulte que, si les États membres doivent imposer des revenus en provenance d'un autre État membre, ou, le cas échéant, d'un État tiers, de la même façon que des revenus nationaux, il ne leur incombe pas de tenir nécessairement compte de ce que le revenu en cause aurait fait l'objet d'une **retenue à la source** dans l'État d'origine. Ils sont libres de définir en droit interne ou par le biais des conventions fiscales les critères de **répartition du pouvoir d'imposer** en vue notamment d'éliminer la double imposition ; le droit de l'Union européenne ne prescrit pas de critères généraux sur ce point.

Toute autre solution aurait nécessairement des effets pervers ; comme le juge la Cour, dans une situation où tant l'État de la source des dividendes que l'État de résidence de l'actionnaire sont susceptibles d'imposer, par exemple, des dividendes, « considérer qu'il appartient nécessairement à l'État membre de résidence de prévenir la double imposition reviendrait à conférer une priorité dans l'imposition de ce type de revenus à l'État membre de la source » (arrêt Damseaux, ci-dessous, point 32).

Ainsi, la Cour a jugé conforme au droit de l'Union européenne le système belge consistant à imposer les dividendes versés par une société française au taux de 25 % **sans accorder de crédit d'impôt** pour tenir compte de la retenue à la source française (anciennement, un tel crédit était appliqué grâce au mécanisme de la quotité forfaitaire d'impôt étranger), dans la mesure où les dividendes français n'étaient pas plus lourdement imposés en Belgique que les dividendes belges (CJCE 14 novembre 2006 aff. 513/04, Gr. ch., Kerckhaert et Morres : RJF 2/07 n° 244) ; la Cour considère que les conséquences défavorables du système belge découlent simplement de **l'exercice parallèle** par la France et la Belgique **de leurs compétences fiscales respectives**, en l'absence d'harmonisation européenne sur ce point.

Ce raisonnement a été repris dans l'affaire Damseaux (CJCE 16 juillet 2009 aff. 128/08, 1e ch., Jacques Damseaux : RJF 11/09 n° 1031, également dans le cadre franco-belge) ; la Cour juge que, comme le droit de l'Union européenne ne prescrit pas de critères généraux pour la répartition des compétences entre les États membres s'agissant de **l'élimination des doubles impositions** à l'intérieur de l'Union européenne, l'ex-article 56 du traité CE (aujourd'hui article 63 du traité FUE) ne s'oppose pas à une **convention fiscale** en vertu de laquelle les dividendes distribués par une société établie dans un État membre à un actionnaire résidant dans un autre État membre sont susceptibles d'être imposés dans les deux États sans prévoir qu'il soit posé, à la charge de l'État membre de résidence de l'actionnaire, une obligation inconditionnelle de prévenir la double imposition juridique qui en résulte. Voir également CJUE 10 février 2011 aff. 436/08 et 437/08, 3e ch., Haribo Lakritzen Hans Riegel BetriebsgmbH et Osterreichische Salinen AG (RJF 5/11 n° 666), jugeant notamment qu'un État membre n'est pas obligé de prévoir **l'imputation d'une retenue à la source** sur des dividendes provenant d'un autre État membre ou d'un État tiers.

Dans le même sens, le droit de l'Union européenne, et notamment le principe de coopération loyale, ne s'oppose pas à une situation dans laquelle un État membre, qui s'est engagé, dans le cadre d'une **convention fiscale**, à éliminer la double imposition des dividendes supprime ensuite ce mécanisme par une modification législative ayant pour effet de **réintroduire une double imposition** (CJUE Ord. 19 septembre 2012 aff. 540/11, 6e ch., Daniel Levy et Carine Sebbag, à propos de résidents de Belgique qui avaient perçu des dividendes de source française soumis à une source de 15 % en France et qui n'ont pu bénéficier d'un crédit d'impôt supprimé en Belgique par une loi du 7 décembre 1988).

Si les États membres ne sont pas tenus d'adapter leur propre système fiscal aux différents systèmes de taxation des autres États membres, en vue notamment d'éliminer des doubles impositions, ils ne sont, a fortiori, **pas tenus d'adapter leur réglementation fiscale** afin de permettre à un contribuable de bénéficier d'un avantage fiscal accordé par un autre État membre dans le cadre de l'exercice de ses compétences fiscales, pour autant que leur réglementation ne soit pas discriminatoire (CJUE 8 décembre 2011 aff. 157/10, 1e ch., Banco Bilbao Vizcaya Argentaria SA : RJF 3/12 n° 329, à propos d'une législation espagnole qui revenait à priver d'effet un avantage fiscal accordé en Belgique).

Dans le même sens, des résidents de Belgique percevant des dividendes versés par une société d'un autre État membre ne peuvent demander à bénéficier en Belgique du **crédit d'impôt** qui leur serait accordé si les dividendes avaient leur source dans certains État tiers, étant donné que les intéressés ne se trouvent pas dans une situation comparable et que la clause de la nation la plus favorisée ne s'applique pas (CJUE 30 juin 2016 aff. 176/15, 6e ch. : RJF 10/16 n° 909, à propos d'une personne physique résidente de Belgique qui n'avait pu bénéficier d'un crédit d'impôt au titre d'une retenue à la source prélevée en Pologne alors qu'elle y aurait eu droit si les dividendes avaient eu leur source dans certains États tiers ; voir également n° 82280).

Précisions Une taxe annuelle belge sur les **organismes de placement collectif** qui s'applique sans distinction à tous les OPC, de droit belge comme de droit étranger, ne caractérise pas une restriction à la libre circulation de capitaux ; le fait que les OPC de droit étranger soient soumis en outre à une imposition dans l'État membre dans lequel ils sont établis est sans incidence, étant donné que les désavantages pouvant découler de l'exercice parallèle des compétences fiscales des différents États membres, pour autant qu'un tel exercice ne soit pas discriminatoire, ne constituent pas des restrictions aux libertés de circulation (CJUE 26 mai 2016 aff. 48/15, 2e ch., NN (L) International SA : RJF 8-9/16 n° 782). Dans cette affaire, une restriction à la libre prestation de services a cependant été constatée et considérée comme interdite car la sanction prévue en cas de manquement imputable à un OPCVM étranger était plus sévère que celle prévue pour un OPCVM belge.

82015 Si la Cour de justice considère que l'élimination des doubles impositions juridiques n'est pas obligatoire, elle examine tout de même les solutions pratiques adoptées par les États membres dans le cadre des **conventions fiscales** ; elle a ainsi estimé que le dispositif allemand de calcul du **plafond d'imputation** des crédits d'impôts étrangers était contraire au principe de libre circulation des capitaux en raison de ce qu'il ne prenait pas pleinement en compte les dépenses relatives au train de vie et à la situation personnelle et familiale du contribuable (CJUE 28 février 2013 aff. 168/11, 2e ch., Manfred Beker, Christa Beker : RJF 6/13 n° 679).

En l'espèce, le plafond d'imputation résultait de la formule « impôt sur le revenu mondial (après déduction des dépenses) x revenus de source étrangère/total des revenus (sans que les dépenses soient prises en compte) ». Le fait que les **dépenses** n'aient pas été prises en compte au dénominateur avait pour effet de diminuer le plafond d'imputation et donc d'accroître la charge fiscale au regard de ce qu'elle aurait été si le contribuable n'avait perçu que des dividendes de source allemande ; pour la Cour, il s'agit d'une restriction interdite par le droit de l'Union européenne étant donné que les contribuables résidents qui ont perçu une partie de leurs revenus à l'étranger sont désavantagés par rapport aux mêmes contribuables qui ont perçu l'intégralité de leurs revenus dans leur État de résidence et qui bénéficient de l'intégralité des déductions correspondant aux dépenses spéciales et aux charges extraordinaires en tant que dépenses relatives au train de vie ou à la situation personnelle ou familiale. **82015** (suite)

Cela ne signifie pas que le **principe du plafonnement** soit, en lui-même, critiquable, s'il n'y a pas de discrimination en ce qui concerne les charges prises en compte. Ainsi, il est permis à un État membre, lorsqu'il élimine la double imposition de dividendes reçus par une société assujettie à l'impôt sur les sociétés ayant fait l'objet d'une retenue à la source dans un autre État membre, de **limiter le crédit d'impôt** au montant qu'il recevrait si ces seuls dividendes étaient soumis à l'impôt sur les sociétés, sans compenser en totalité le prélèvement acquitté dans l'État membre de la source (CJUE 25 février 2021 aff. 403/19, 2e ch., Société Générale : RJF 5/21 n° 543, sur renvoi par CE 24 avril 2019 n° 399952, Plén., Société Générale : RJF 7/19 n° 636). Il est donc permis, en France, de laisser subsister, par le jeu de la règle du **butoir** (n° 83650), une double imposition économique partielle des dividendes de source étrangère, la retenue à la source étrangère n'étant qu'incomplètement imputable en application des règles de plafonnement. La conformité de ce mécanisme au droit de l'Union européenne résulte, d'une part, de ce que les désavantages pouvant découler de **l'exercice parallèle des compétences fiscales** des différents États membres ne constituent pas des restrictions interdites s'il n'y a pas discrimination et, d'autre part, de ce que l'État de résidence n'est pas tenu de prévenir les désavantages découlant de l'exercice de sa compétence fiscale par l'État membre de la source. Pour vérifier l'absence de discrimination, la Cour prend toutefois soin de relever, dans cette affaire, que les **charges déductibles** paraissent être les mêmes pour le calcul du plafonnement que celles qui sont déductibles pour l'imposition des dividendes de source nationale et que les dividendes étrangers ne subissent pas en France une imposition plus lourde que celle à laquelle sont soumis les dividendes de source nationale ; elle en déduit que, sous réserve de vérification par le Conseil d'État (juridiction de renvoi), il n'apparaît pas que les dividendes distribués par des sociétés établies, en l'espèce, en Italie, au Royaume-Uni et aux Pays-Bas subissent en France une imposition à l'impôt sur les sociétés plus lourde que celle à laquelle sont soumis les dividendes de source nationale (il s'agissait de l'imposition en France de dividendes italiens, britanniques et néerlandais reçus par une banque française dans le cadre d'opérations de prêt de titres et de structuration de fonds).

Le principe de libre circulation des capitaux exige tout de même qu'un État, s'il décide d'éliminer la double imposition juridique, ne le fasse pas d'une façon plus favorable en ce qui concerne des revenus nationaux que des revenus similaires étrangers. Une question de cette nature s'était posée en France à propos des modalités d'imputation de **crédits d'impôt** d'origine étrangère ; avant le revirement de jurisprudence opéré par deux décisions du 26 juin 2017 (n° 83670), le Conseil d'État avait refusé d'étendre aux revenus de source étrangère la solution administrative qui cantonnait aux seuls revenus de source française la possibilité d'imputer sur l'impôt sur les sociétés dû au taux réduit un excès de crédit d'impôt relatif à des revenus passibles de l'impôt sur les sociétés au taux normal (CE 29 octobre 2012 n° 337253, 9e et 10e s.-s., Sté Crédit Agricole SA : RJF 1/13 n° 84, à propos de l'ancienne D. adm. 4 H-5411 du 30 octobre 1993, reprise au BOI-IS-RICI-30-10-20-20 n° 70). Cette solution était pourtant manifestement contraire au principe de libre circulation des capitaux (CAA Versailles 7 décembre 2010 n° 09-1118, 3e ch., Sté BNP Paribas : RJF 6/11 n° 688 ; arrêt définitif, voir n° 83670).

Toujours à propos des conditions d'imputation des crédits d'impôt, il a été jugé, concernant l'imposition en Italie de dividendes de source française perçus par des personnes physiques domiciliées en Italie, que l'administration italienne pouvait **limiter le crédit d'impôt** correspondant à la retenue à la source française à la part de la retenue à la source acquittée en France relative au montant des dividendes pris en compte par la réglementation fiscale italienne, à savoir 40 % de leur montant brut (CJUE Ord. 4 février 2016 aff. 194/15, 6e ch. : RJF 5/16 n° 496) ; en effet, la réglementation italienne ne faisait aucune distinction entre les dividendes distribués par une société établie en Italie et ceux distribués par une société établie en France et il est de principe que l'État membre de résidence de l'actionnaire n'est pas tenu de compenser un désavantage fiscal résultant de l'exercice parallèle de sa compétence fiscale avec celle de l'État membre de la source des dividendes.

Enfin, en ce qui concerne la méthode d'**exonération avec taux effectif**, il a été jugé que la législation belge ne pouvait pas retenir, pour la détermination des revenus théoriques des immeubles, une valeur plus élevée lorsque l'immeuble était situé hors de Belgique que lorsqu'il était situé en Belgique, la pression fiscale pesant sur les revenus imposables en Belgique étant plus élevée dans le premier cas que dans le second (CJUE 11 septembre 2014 aff. 489/13, 7e ch., Ronny Verest et Gaby Gerards : RJF 12/14 no 1160) ; en l'espèce, le Code des impôts belge disposait que les revenus des biens immobiliers étaient, pour les biens immobiliers non donnés en location, le revenu cadastral pour les biens situés en Belgique et la valeur locative pour les biens situés à l'étranger.

Refus d'un avantage compensant une retenue à la source étrangère

82020 La Cour de justice s'est prononcée sur un système national refusant d'accorder une compensation au titre d'une retenue à la source étrangère alors qu'un tel avantage était accordé au titre d'une retenue interne (CJCE 20 mai 2008 aff. 194/06, Gr. ch., Orange European Smallcap Fund NV : RJF 10/08 no 1148) ; il s'agissait d'une **Sicav néerlandaise** qui recevait notamment des dividendes allemands et portugais qui avaient fait l'objet d'une retenue à la source. Ces dividendes étaient exonérés de la même façon que des dividendes néerlandais mais la retenue à la source étrangère n'était pas remboursée alors qu'elle l'aurait été s'il s'était agi de dividendes néerlandais. La Cour constate que ce dispositif ne crée pas de restriction car il découle simplement de **l'exercice parallèle par les États de leur compétence fiscale**, étant donné que l'imposition plus lourde des dividendes étrangers résulte de la législation des États de la source et non pas des Pays-Bas.

L'affaire se compliquait car, en raison de l'existence de **conventions fiscales**, d'autres dividendes, notamment italiens, ouvraient droit à la compensation ; mais la Cour juge, conformément à sa jurisprudence antérieure, qu'il n'y a pas de difficulté à accorder une compensation au titre d'une retenue à la source italienne et à la refuser à des dividendes allemands et portugais car le droit de l'Union européenne ne s'oppose pas à ce que soient retenues des solutions différentes en fonction des conventions fiscales.

La Cour trouve tout de même une restriction injustifiée sur un point du système néerlandais qui réduit l'avantage en fonction de la **quote-part du capital** de la Sicav qui est **détenu par des non-résidents** (d'États membres ou de pays tiers) ; une telle réduction crée en effet « une restriction à la libre circulation des capitaux, prohibée en principe par l'article 56 CE [ancienne numérotation], dans la mesure où elle est susceptible de faire obstacle à la collecte, par un organisme de placement collectif à caractère fiscal, de capitaux dans d'autres États membres que celui où il est établi et est également de nature à dissuader les investisseurs de ces autres États membres d'acquérir des parts dans le capital de celui-ci » (point 74). Dès lors que les Pays-Bas ont décidé d'accorder à ces organismes une **compensation** au titre des retenues à la source étrangères et d'exercer leur compétence fiscale sur l'ensemble des dividendes distribués par ces organismes à leurs actionnaires, que ceux-ci résident ou soient établis aux Pays-Bas ou dans d'autres États membres, ils doivent étendre le bénéfice de cette compensation aux organismes de placement collectif à caractère fiscal comprenant des actionnaires qui ne résident pas ou ne sont pas établis aux Pays-Bas. Ce principe vaut également en ce qui concerne les **actionnaires des pays tiers** sans que les Pays-Bas puissent invoquer l'excuse offerte par l'arrêt A (no 81985), étant donné que le traitement fiscal de ces actionnaires dans leur pays de résidence n'est pas pertinent.

Sur les OPCVM, voir aussi no 82072.

Opérations et activités financières

82030 Il est possible à un État membre de mettre en place une **taxe sur les transactions financières** portant sur des instruments financiers dérivés qui ont pour sous-jacent un titre émis par une société établie dans cet État indépendamment du lieu où la transaction est conclue ou de l'État de résidence des parties et de l'éventuel intermédiaire intervenant dans son exécution (CJUE 30 avril 2020 aff. 565/18, 2e ch., Société Générale SA : RJF 8-9/20 no 748) ; l'article 63 du traité FUE ne l'interdit pas mais exige seulement que les obligations administratives et déclaratives incombant aux entités non résidentes n'aillent pas au-delà de ce qui est nécessaire pour le recouvrement de la taxe (la question a été jugée à l'aune de la libre circulation des capitaux, la libre prestation de services ayant été jugée secondaire en l'espèce).

En revanche, il a précédemment été jugé qu'une disposition qui étend un **droit de timbre** sur les contrats de prêt aux prêts transfrontaliers souscrits hors du territoire national constitue une restriction aux mouvements de capitaux dès lors qu'elle prive les résidents d'un État membre de la possibilité de bénéficier d'une absence d'imposition qui pourrait être attachée aux prêts souscrits hors du territoire national (CJCE 14 octobre 1999 aff. 439/97, 6e ch., Sandoz GmbH : RJF 2/00 n° 316) ; il s'agissait d'une disposition autrichienne prévoyant une **taxe sur le montant des prêts souscrits** par un emprunteur résident auprès d'un non-résident, qui a donné à la Cour l'occasion d'adopter une approche fine et nuancée autorisant certaines impositions et non d'autres.

Autre exemple, la Cour a considéré que la Belgique a manqué à ses obligations en interdisant l'acquisition par des résidents de Belgique de titres d'un **emprunt euro-obligataire spécial** émis à l'étranger et exonéré de précompte mobilier (CJCE 26 septembre 2000 aff. 478/98, Plén., Commission c/ Belgique : RJF 1/01 n° 122). Il s'agissait d'une interdiction pure et simple pour les résidents belges de souscrire à cet emprunt, motivée par un risque d'évasion fiscale ; la Cour a estimé cette interdiction non justifiée, en écartant l'argument de la cohérence fiscale.

À propos d'avantages fiscaux consentis à des établissements de crédit, il a été jugé qu'une **déduction fiscale** de 200 000 € appliquée sur un impôt en faveur des seuls établissements de crédit dont le siège social est situé sur le territoire d'une région d'un État membre n'est pas compatible avec la liberté d'établissement et que des déductions spécifiques au titre de projets réalisés dans une région d'un État membre ne sont pas admissibles au regard, cette fois, de la libre circulation des capitaux, si elles relèvent bien d'une législation qui poursuit un objectif purement économique, car un tel objectif ne peut, en tant que tel, justifier une restriction à une liberté fondamentale garantie par le traité FUE (CJUE 25 février 2021 aff. 712/19, 7e ch., Novo Banco SA : RJF 5/21 n° 542, à propos d'une banque portugaise qui avait une succursale en Andalousie ; voir également n° 81995).

Opérations immobilières

Les investissements immobiliers sont susceptibles de relever de la libre circulation des capitaux, comme l'ont illustré divers arrêts de la Cour de justice : **82035**

– caractérise une restriction interdite le fait de refuser à un non-résident la possibilité de **déduire** de ses revenus fonciers **des rentes** versées à un parent qui lui a transmis les immeubles, alors que cette déduction est autorisée pour les résidents, dans la mesure où ces dépenses sont indissociables de l'activité produisant les revenus (CJUE 31 mars 2011 aff. 450/09, 2e ch., Ulrich Schröder : RJF 6/11 n° 764) ;

– l'application en France des **prélèvements sociaux** sur les revenus du capital au titre de revenus immobiliers et plus-values immobilières réalisés par une personne physique domiciliée en Chine, alors que ces prélèvements n'auraient pas été exigibles (à l'époque) en cas de domiciliation dans un État membre de l'Union européenne ou en Suisse, caractérisait une restriction, mais cette restriction était justifiée par une différence de situation objective (CJUE 18 janvier 2018 aff. 45/17, 10e ch. : RJF 4/18 n° 456 ; voir n° 3782) ; sur la question de l'application des prélèvements sociaux au regard du principe de libre circulation des capitaux, voir également CE 31 mars 2021 n° 436412, 8e et 3e ch. : RJF 6/21 n° 660 (n° 3787) ;

– concernant une **taxe de transcription et d'inscription au livre foncier** lors de la réalisation d'investissements dans des biens immobiliers, il a été jugé que, sous réserve de l'analyse que fera la juridiction de renvoi de l'objectif poursuivi par la législation en cause (une différence de traitement pourrait, en effet, être justifiée par un objectif de lutte contre des risques systémiques sur le marché immobilier), un État membre (en l'espèce, l'Italie) ne peut accorder une réduction de moitié d'une telle taxe aux seuls fonds immobiliers de type fermé et non pas aux fonds de type ouvert, alors que des fonds immobiliers ne peuvent être créés dans cet État que sous forme de fonds de type fermé (CJUE 16 décembre 2021 aff. jointes 478/19 et 479/19, 2e ch., UBS Real Estate Kapitalanlagegesellschaft mbH : RJF 3/22 n° 325) ;

– le principe de libre circulation des capitaux s'oppose à une législation nationale qui, en réservant le bénéfice de l'exonération des revenus locatifs et des bénéfices tirés de la cession d'immeubles ou d'actions de sociétés propriétaires d'immeubles aux seuls **fonds d'investissement** revêtant la forme contractuelle, exclut du bénéfice de cette exonération un fonds d'investissement alternatif non-résident revêtant la forme statutaire, alors que ce dernier, bénéficiant, dans l'État membre dans lequel il est établi, d'un régime de transparence fiscale, n'est pas assujetti à l'impôt sur le revenu dans cet État (CJUE 7 avril 2022 aff. 342/20, 2e ch., A SCPI, à propos de la situation en Finlande d'une SCPI française ; voir également n° 81450).

Précisions a. À propos de la nécessité d'accorder certains avantages fiscaux au titre de revenus fonciers indépendamment de la **localisation d'un immeuble**, voir CJCE 15 octobre 2009 aff. 35/08, 3e ch., Grundstücksgemeinschaft Busley et Cibrian Fernandez c/ Finanzamt Stuttgart-Körperschaften : RJF 2/10 n° 190.
b. Le principe de libre circulation des capitaux fait obstacle à la condition de domiciliation en France posée par la loi en ce qui concerne la **réduction d'impôt « Scellier »** en faveur de l'investissement locatif (CAA Versailles 31 mai 2018 n° 17VE00744, 7e ch. : RJF 1/19 n° 7, arrêt définitif ; voir n° 3091).

Avantages fiscaux divers

82040 Diverses affaires traitées par la Cour de justice ont fourni des solutions variables au gré de l'évolution des contentieux, notamment les suivantes :
– le fait qu'un non-résident ne puisse bénéficier d'une réduction d'impôt au titre d'**assurances sociales**, à la différence d'un résident, caractérise une entrave, mais cette entrave peut être justifiée si elle est liée à la qualité d'affilié à la sécurité sociale (CJCE 8 septembre 2005 aff. 512/03, 1e ch., Blankaert : RJF 12/05 n° 1494) ;
– il y a lieu de constater une restriction si la possibilité de déduire une **provision pour dépréciation** consécutive au versement de dividendes est refusée lorsque l'acquisition des parts d'une société résidente a été réalisée auprès d'un non-résident alors qu'elle est autorisée en cas d'acquisition auprès d'un résident ; cette restriction peut cependant être justifiée par le principe de la répartition équilibrée du pouvoir d'imposer si la mesure ne va pas au-delà du nécessaire (CJCE 17 septembre 2009 aff. 182/08, 1e ch., Glaxo Wellcome GmbH & Co. KG : RJF 12/09 n° 1184, à propos d'une réorganisation assez complexe du groupe Glaxo en 1995) ;
– un contribuable non résident d'Allemagne qui reçoit par voie de donation des parts d'une société allemande moyennant le versement d'une **rente alimentaire** est en droit de déduire ces rentes des revenus qu'il retire des parts dès lors qu'il pourrait le faire s'il était résident d'Allemagne, même si les rentes ne sont pas imposables en Allemagne entre les mains du bénéficiaire (CJUE 24 février 2015 aff. 559/13, Gr. ch., Josef Gruumlnewald : RJF 5/15 n° 451) ; dans cette affaire, la Cour relève incidemment que si les revenus des parts constituaient l'essentiel de ses revenus, le débiteur pourrait déduire les rentes pour une autre raison, celle qui tient à ce que sa situation devrait être considérée comme objectivement comparable à celle d'un résident allemand en application de la jurisprudence Schumacker (n° 81810) ;
– le principe de la libre circulation des capitaux s'oppose à ce qu'un traitement fiscal restrictif soit appliqué à la **déductibilité des intérêts** dans l'hypothèse où une société résidente a contracté un emprunt considéré comme excessif auprès d'une société d'un État tiers (CJUE 3 octobre 2013 aff. 282/12, 4e ch., Itelcar – Automóveis de Aluguer Lda : RJF 12/13 n° 1186) ; s'agissant d'un emprunt contracté auprès d'une société établie dans un État tiers, la non-déductibilité ne supposait pas, en l'espèce, l'existence d'une participation entre le prêteur et l'emprunteur (dans le cadre d'un groupe), contrairement au cas d'un emprunt contracté auprès d'une société portugaise ou d'une société établie dans l'Union européenne ;
– l'ancien **bouclier fiscal** français (n° 2490) était contraire à la libre circulation des capitaux (et à la liberté d'établissement) en ce qu'il ne prenait pas en compte, ou ne prenait que partiellement en compte, les retenues à la source prélevées sur des dividendes étrangers (CJUE 13 mars 2014 aff. 375/12, 5e ch., Bouanich : RJF 6/14 n° 644, à propos d'un résident de France qui avait reçu des dividendes d'une société suédoise) ;
– le principe de libre circulation des capitaux ne s'opposait pas à ce que soit seul pris en compte, pour le calcul de l'ancien **bouclier fiscal**, l'impôt étranger assis sur les revenus réalisés au cours de l'année au titre de laquelle le plafonnement était sollicité, dès lors que cette restriction s'appliquait dans les mêmes conditions à l'ensemble des contribuables, quel que soit l'État de souscription du contrat (CE 10 février 2017 n° 387100, 9e et 10e ch. : RJF 5/17 n° 408 ; voir également n° 2490, Précisions).

Imposition des plus-values réalisées par les non-résidents

82050 Le principe de libre circulation des capitaux n'autorise pas l'imposition d'une plus-value réalisée dans un État membre par un résident d'un autre État membre dans des conditions moins favorables que la même plus-value réalisée par un résident du premier État. Par exemple, une réglementation nationale qui traite différemment les plus-values selon qu'elles sont réalisées par des résidents ou des non-résidents méconnaît l'article 56 du traité CE (aujourd'hui, article 63 du traité FUE) et l'article 40 du traité EEE (CJCE 6 octobre 2009 aff. 562/07, 1e ch., Commission c/ Espagne : RJF 1/10 n° 88).

Autre exemple, la Cour a jugé, à propos du régime d'imposition en Suède d'un gain réalisé par une Française résidente de France lors du **rachat par une société suédoise de ses propres actions**, qu'une telle opération relève de la libre circulation des capitaux et que le fait d'imposer un revenu brut pour un non-résident alors qu'un résident est imposé sur un revenu net caractérise une discrimination arbitraire et non justifiée (CJCE 19 janvier 2006 aff. 265/04, 3e ch., Margaretha Bouanich : RJF 4/06, n° 484) ; la Cour a également précisé que la comparaison entre les deux situations doit prendre en compte les solutions issues de la **convention fiscale** franco-suédoise (interprétée à la lumière des commentaires de l'OCDE par l'administration suédoise) et qu'il appartient au juge national de vérifier si le traitement réservé aux non-résidents n'est pas moins favorable que celui réservé aux résidents (en l'espèce, l'assiette imposable du non-résident était plus importante mais le taux applicable plus faible, ce qui n'autorise pas une conclusion immédiate). **82050** (suite)

La Cour a également jugé que la liberté de circulation des capitaux s'applique aux **plus-values immobilières** et que l'imposition d'un non-résident ne peut être supérieure à celle que supporterait un résident (CJCE 11 octobre 2007 aff. 443/06, 4e ch., Hollmann : RJF 1/08 n° 98). Cette affaire concernait une Allemande qui avait réalisé une plus-value immobilière au Portugal et qui avait été imposée par voie de prélèvement forfaitaire de 25 % alors qu'un résident du Portugal aurait été imposé au barème progressif sur la moitié de la plus-value, ce qui aurait conduit à un prélèvement maximum de 21 % ; la Cour estime que cette différence de traitement ne concerne pas des situations objectivement différentes et qu'il n'y a pas de raison impérieuse d'intérêt général qui puisse justifier qu'un non-résident soit plus lourdement imposé qu'un résident (en l'espèce, la Cour s'intéresse au résultat du mécanisme, indépendamment des modalités de perception de l'impôt, qui étaient différentes entre les deux catégories de contribuables). Ces principes ont été repris, à propos de la cession par un résident de France en 2017 d'un immeuble situé au Portugal, par CJUE 18 mars 2021 aff. 388/19, 1e ch., MK : RJF 6/21 n° 669, jugeant qu'il y a restriction interdite **même si le non-résident peut opter** pour le même régime que le résident (n° 81460) ; en l'espèce, les non-résidents, assujettis à un taux spécifique de 28 % sur le montant brut de la plus-value, pouvaient opter pour le même régime que les résidents soumis au barème ordinaire et bénéficiant d'un abattement de 50 %, mais à condition de déclarer au Portugal l'ensemble de leurs revenus mondiaux (le Portugal avait manifestement tenté de tirer les conséquences de l'arrêt Hollmann, mais d'une façon incorrecte).
Il en va de même, au demeurant, si la cession est réalisée par un résident d'un **État tiers** (CJUE Ord. 6 septembre 2018 aff. 184/18, 7e ch., Patrício Teixeira : RJF 12/18 n° 1301, à propos d'une plus-value immobilière réalisée au Portugal par un résident d'Angola) ; au cas particulier, sous réserve de vérification par la juridiction de renvoi, la disposition portugaise n'a pas été considérée comme « existante » au 31 décembre 1993, au sens de la clause de gel (n° 81985), étant donné qu'elle reposait sur une logique différente de celle qui sous-tendait la disposition correspondante à cette date. Les mêmes principes ont été repris par la Cour par voie d'ordonnances dans les affaires suivantes :
- CJUE Ord. 13 décembre 2021 aff. 224/21, 8e ch. : RJF 3/22 n° 322 : incompatibilité d'une législation nationale qui soumet les non-résidents qui réalisent une plus-value immobilière dans un État membre (en l'espèce, le Portugal) à une charge fiscale supérieure à celle qui serait appliquée aux résidents du même État, sans qu'importe le fait que les résidents d'un autre État membre de l'Union européenne ou de l'Espace économique européen puissent, sous réserve de l'existence d'un mécanisme d'échange d'informations en matière fiscale, opter pour le régime applicable aux résidents ;
- CJUE Ord. 13 décembre 2021 aff. 647/20, 8e ch. : RJF 3/22 n° 323 : même solution que précédemment, également à propos du Portugal, mais concernant des résidents d'un État tiers qui, cette fois, ne pouvaient bénéficier d'un régime d'option et qui étaient nécessairement soumis à une charge fiscale supérieure à celle des résidents, sans que la discrimination qui en résultait puisse être justifiée par la nécessité de garantir la cohérence du système fiscal.

Dans le même sens, le principe de la libre circulation des capitaux a été appliqué à une **fondation de droit néerlandais** sans but lucratif qui avait réalisé une plus-value immobilière en France ; dès lors que cette fondation n'était pas dans une situation différente des institutions françaises gérant un régime de retraite et de prévoyance, elle ne pouvait être imposée alors qu'elle aurait été exonérée si elle avait été française (CAA Paris 6 décembre 2007 n° 06-3370, 5e ch. A, min. c/ Fondation Stichting Unilever Pensioenfonds Progress : RJF 4/08 n° 409 ; cet arrêt a fait l'objet d'un pourvoi non admis par CE (na) 27 octobre 2008 n° 313135, 3e s.-s., min. c/ Fondation Stichting Unilever Pensioenfonds Progress : RJF 2/09 n° 113 ; n° 67700).

Cela étant, le principe de la libre circulation des capitaux ne s'oppose pas à ce que soit refusée à un contribuable résident de Finlande la possibilité de prendre en compte, pour la détermination de l'impôt finlandais, une **moins-value immobilière réalisée en France**, alors que cela aurait été possible, sous certaines conditions, si l'immeuble avait été situé en Finlande (CJUE 7 novembre 2013 aff. 322/11, 1e ch., K : RJF 1/14 n° 105) ; cette solution s'explique par l'application d'un principe de symétrie garantissant la **cohérence** du régime fiscal finlandais, la Finlande ayant perdu le droit d'imposer les plus-values relatives à des immeubles situés en France en application de la convention fiscale franco-finlandaise (n° 82220 ; dans cette affaire, la perte n'a, en définitive, été prise en compte nulle part).

À propos de sociétés autrichiennes qui avaient réalisé une **plus-value d'apport** en Allemagne lors de l'apport de parts de commanditaires d'une société en commandite simple allemande à une société de capitaux allemande et qui n'avaient pu bénéficier d'un sursis alors qu'elles l'auraient obtenu si elles avaient été allemandes, la Cour a jugé que la différence de traitement pouvait être justifiée par le principe de la répartition du droit d'imposer, pour autant que l'Allemagne soit véritablement privée, en raison du transfert, de tout **droit ultérieur d'imposer le gain** au moment de sa réalisation effective (CJUE 23 janvier 2014 aff. 164/12, 1e ch., DMC Beteiligungsgesellschaft mbH : RJF 4/14 n° 418) ; dans cette affaire, la juridiction nationale a été priée de vérifier que tel était bien le cas, car il ne semblait pas exclu que l'Allemagne puisse imposer les plus-values ultérieures entre les mains de la société allemande bénéficiaire de l'apport (point 57 de l'arrêt). La Cour a également confirmé qu'il fallait, dans ces circonstances, laisser à l'assujetti le choix entre un paiement immédiat et un paiement différé et elle a admis, revenant apparemment sur le principe posé par sa décision National Grid Indus BV (n° 81695), qu'un **étalement sur cinq ans** constitue une mesure adéquate et proportionnée ; elle a ajouté que des **garanties bancaires** ne peuvent être exigées, compte tenu de leur effet restrictif, qu'en présence d'un risque réel de non-recouvrement, dont il convient qu'il soit évalué au préalable. Sur les conséquences de cet arrêt en France, voir n° 27110 et n° 27228.

Précisions **a.** En ce qui concerne les **plus-values immobilières réalisées en France** par les non-résidents, il avait été jugé, à propos d'un contribuable domicilié en Israël qui avait cédé en 2007 et 2008 plusieurs biens immobiliers situés en France, que le fait que la plus-value fût imposée à un taux plus élevé que pour les personnes physiques domiciliées en France, si elle constituait une restriction aux mouvements de capitaux, était autorisée par la « clause de gel » (CAA Versailles 7 juin 2012 n° 11VE03607, 6e ch., min. c/ Redler : RJF 10/12 n° 969). Le contribuable a cependant été dégrevé ensuite de l'imposition litigieuse, la solution retenue en appel n'étant pas conforme à la jurisprudence postérieure du Conseil d'État (CE 18 juillet 2014 n° 362975, 3e s.-s. constatant qu'il n'y avait plus lieu à statuer ; voir n° 67705).

b. Le prélèvement du tiers sur les plus-values immobilières a été considéré comme non applicable à un **organisme sans but lucratif monégasque** qui aurait été exonéré s'il avait eu son siège en France (CAA Paris 7 octobre 2011 n° 09PA04989, 7e ch., Caisse autonome des retraites des travailleurs salariés de Monaco : RJF 1/12 n° 84 ; conclusions au BDCF 1/12 n° 13 ; cet arrêt a été annulé pour une raison de procédure par CE 26 décembre 2013 n° 354662, 9e et 10e s.-s., min. c/ Caisse autonome des retraites des travailleurs salariés de Monaco (CARTSM) : RJF 4/14 n° 340 aux conclusions Frédéric Aladjidi au BDCF 4/14 n° 49).

c. Il avait été jugé qu'une personne physique résidente du **Canada** qui avait cédé un bien immobilier situé à Nice en avril 2008 ne pouvait subir en France un prélèvement d'un tiers et qu'elle devait se voir appliquer le taux de 16 % (à l'époque) comme pour les personnes physiques domiciliées en France ou dans un autre État membre de l'Union européenne (TA Montreuil 25 février 2011 n° 0904837, 10e ch., Thériault : RJF 8-9/11 n° 1010 ; conclusions au BDCF 8-9/11 n° 105 ; ce jugement a été confirmé en appel par CAA Versailles 12 mars 2015 n° 11VE01369, 6e ch., arrêt définitif). Ce même tribunal avait jugé dans le même sens à propos d'une plus-value réalisée par une **SCI** détenue par une personne physique domiciliée en **Suisse** (TA Montreuil 8 décembre 2011 n° 1104045, 10e ch., Beaufour : Droit fiscal 2012 n° 25, comm. n° 341 ; le ministre avait fait appel de ce jugement, mais il s'est ensuite désisté selon ce qu'indique CAA Versailles Ord. 16 décembre 2014 n° 12VE00800, 6e ch.).

Conséquences en matière de retenue à la source

82060 Si le principe même des retenues à la source a été logiquement validé par la Cour de justice, en présence d'un revenu versé à un non-résident qui ne serait pas exonéré s'il était versé à un résident (n° 81630, à propos de la décision Truck Center), il n'en reste pas moins que les États doivent, ce faisant, s'abstenir de toute discrimination.

La Cour a ainsi jugé que les Pays-Bas ne peuvent prélever de retenue à la source sur des distributions de **dividendes versés** par une société néerlandaise à une société portugaise détenant 14 % de son capital, dans la mesure où aucune retenue ne serait exigible si les dividendes étaient versés à une société néerlandaise ou à un établissement stable aux Pays-Bas d'une société étrangère (CJCE 8 novembre 2007 aff. C 379/05, 1e ch., Amurta SGPS : RJF 2/08 n° 247) ; cette décision, qui transpose la solution retenue dans le domaine de la liberté d'établissement par l'arrêt Denkavit (n° 81620) est importante en pratique, car elle aboutit à **exonérer les dividendes sortants** même si le seuil prévu par la directive mères/filles n'est pas atteint, du moment que le dividende serait exonéré dans un cadre interne (sous réserve, le cas échéant, de la clause de gel). La seule limite qui paraît posée par la Cour proviendrait d'une convention fiscale prévoyant un crédit d'impôt, mais non pas une mesure unilatérale de crédit d'impôt qui serait accordé en droit interne par l'État de résidence du bénéficiaire. Ainsi que l'a confirmé le Conseil d'État à propos de la retenue à la source française due en cas de versement de dividendes à des OPCVM étrangers, en effet, une retenue à la source n'est pas dissuasive lorsque l'actionnaire non résident peut bénéficier de la possibilité ouverte par les conventions fiscales de **l'imputer effectivement, complètement et sans désavantage de trésorerie** sur les impôts déjà dus ou lorsqu'il peut bénéficier d'un crédit d'impôt équivalent (Avis CE 23 mai 2011 n° 344678 à 344687, 9e et 10e s.-s., Sté Santander Asset Management SGIIC SA : RJF 8-9/11 n° 1009 aux conclusions Pierre Collin au BDCF 8-9/11 n° 104 ; n° 82072). La solution retenue par la Cour de justice dans l'affaire Amurta a, au demeurant, été transposée à la retenue à la source française dans le cadre franco-suisse (CE 30 septembre 2019 n° 418080, 9e et 10e ch., min. c/ Sté Findim Investments : RJF 12/19 n° 1144 ; voir n° 61000). 82060 (suite)

Dans le même sens, il a été jugé que l'Espagne ne pouvait subordonner une exonération de retenue à la source sur des dividendes distribués à une société d'un autre État membre au respect d'un **seuil de détention** supérieur à celui qui est exigé en cas de versement à une société espagnole (CJUE 3 juin 2010 aff. 487/08, 1e ch., Commission c/ Espagne : RJF 10/10 n° 973). Dans cette affaire, la Cour a notamment précisé que l'arrêt Truck Center (n° 81630) n'était pas transposable, car il ne s'agissait pas d'examiner une **technique d'imposition**, mais une situation dans laquelle des dividendes sortants étaient imposés alors qu'ils étaient exonérés dans un cadre interne (point 54) ; en outre, l'argument tenant aux conventions fiscales a été écarté, car elles ne permettent pas dans tous les cas de neutraliser la différence de traitement résultant de l'application de la législation espagnole (point 64). Voir également, à propos de la législation allemande, CJUE 20 octobre 2011 aff. 284/09, 1e ch., Commission c/ Allemagne : RJF 1/12 n° 85 (dividendes versés à des sociétés européennes ne satisfaisant pas le critère de détention posé par la directive mère/fille et de dividendes versés à des sociétés islandaises et norvégiennes) et, à propos de la législation adoptée par l'Allemagne pour tenir compte de cet arrêt, CJUE 16 juin 2022 aff. 572/20, 4e ch., ACC Silicones Ltd, jugeant qu'un État membre ne peut soumettre le remboursement à une société actionnaire non résidente de la retenue à la source sur les dividendes à la **condition** que la retenue ne puisse être **imputée**, ou donner lieu à un crédit d'impôt reportable, ou être passée en charge par la société actionnaire ou ses actionnaires directs ou indirects, alors que cette condition n'est pas prévue pour une société résidente (à propos d'un dividende versé par une société allemande à une société britannique qui détenait seulement 5,26 % de son capital et qui était elle-même détenue par une société britannique cotée). Dans le même ordre d'idées, à propos de la législation belge différenciant les conditions d'imposition des revenus de capitaux et de biens mobiliers perçus par des sociétés d'investissement belges ou étrangères non établies en Belgique, voir CJUE 25 octobre 2012 aff. 387/11, 1e ch., Commission c/ Belgique : RJF 2/13 n° 238.

De même, le Portugal ne pouvait assujettir à une **retenue à la source au taux conventionnel** de 15 % les dividendes versés à une société espagnole alors que la réglementation portugaise exonère de retenue les dividendes versés à une société portugaise (CJUE 22 novembre 2010 aff. 199/10, Ordonnance de la Cour, 5e ch.) ; la Cour ajoute qu'il n'en irait autrement que si l'impôt retenu à la source pouvait être imputé sur l'impôt dû en Espagne à concurrence de la différence de traitement, ce qu'il appartient à la juridiction de renvoi de vérifier (dans cet arrêt, il ne semble pas que le principe même de la retenue ait été écarté ; la loi portugaise prévoyait en effet, semble-t-il, que, dans l'ordre interne, si l'exonération de retenue ne pouvait être obtenue immédiatement, l'excédent pouvait être restitué).

À propos du versement d'intérêts à des sociétés d'autres États membres, la jurisprudence a affiné la notion de **décalage de trésorerie** ; il a, en effet, été jugé que le principe de la libre circulation des capitaux ne s'oppose pas au prélèvement d'une retenue à la source lorsque le bénéficiaire est une société non résidente alors que tel n'est pas le cas s'il s'agit d'une société résidente, sauf si une société résidente n'est tenue au paiement de l'impôt

82060 (suite) sur les sociétés au titre des intérêts reçus qu'à une **échéance sensiblement plus lointaine** que celle de la retenue à la source (CJUE 26 février 2019 aff. jointes 115/16, 118/16, 119/16 et 299/16, Gr. ch., respectivement N Luxembourg 1, X Denmark, C Danmark I et Z Denmark : RJF 6/19 n° 613 ; voir également n° 88650) ; en l'espèce, la restriction était avérée étant donné que la législation danoise ne se bornait pas à prévoir des modalités de perception de l'impôt différentes mais dispensait une société résidente d'acquitter l'impôt sur les intérêts pendant les deux premières années d'imposition. La Cour rappelle à cette occasion que l'exclusion d'un **avantage de trésorerie** dans une situation transfrontalière alors qu'il est octroyé dans une situation équivalente sur le territoire national constitue une restriction à la libre circulation des capitaux (en ce sens, affaire Sofina ; n° 81630).

Enfin, cet arrêt apporte une précision importante, susceptible d'avoir des prolongements dans d'autres situations ; il est, en effet, jugé que, sauf fraude ou abus, le principe de libre circulation des capitaux s'oppose à une réglementation nationale qui assujettit à une retenue à la source les intérêts versés par une société résidente à une société non résidente sans **tenir compte des dépenses** supportées par cette dernière sous forme d'intérêts, directement liées à l'activité de prêt en cause, alors que les mêmes dépenses peuvent être déduites par une société résidente qui perçoit des intérêts d'une autre société résidente aux fins de l'établissement de son revenu imposable. En d'autres termes, une retenue à la source ne peut être prélevée sur un montant brut, mais doit l'être sur un **montant net**. Dans le même sens, précédemment, CJCE 12 juin 2003 aff. 234/01, 5e ch., Arnoud Gerritse : RJF 10/03 n° 1189 et CJUE 13 juillet 2016 aff. 18/15, 5e ch., Brisal - Auto Estradas do Litoral SA et KBC Finance Ireland : RJF 11/16 n° 1032 (n° 81930) ; pour une approche nuancée, voir toutefois CJUE 19 novembre 2015 aff. 632/13, 6e ch. : RJF 2/16 n° 210 (n° 82270). Cela ne signifie pas, en tout état de cause, que la retenue ne puisse, au stade du versement, être appliquée sur un montant brut, à condition qu'elle soit ensuite recalculée sur une base nette sur présentation d'une **réclamation** dans le cadre d'une procédure dont la durée n'est pas excessive et qui prévoit le versement d'intérêts sur les montants remboursés (CJUE 24 février 2022 aff. 257/20, 5e ch., « Viva Telecom Bulgaria » EOOD : RJF 5/22 n° 514).

Dans le sillage de la jurisprudence de la Cour de justice, le Conseil d'État a posé en principe qu'une **société d'assurance-vie britannique** qui aurait pu déduire des **provisions techniques** déductibles d'un montant quasi identique aux dividendes qu'elle avait reçus de sociétés françaises en 2007 et 2008, si elle avait été établie en France, était fondée à demander la restitution de la retenue acquittée en France sur un montant brut (CE 11 mai 2021 n° 438135, 8e et 3e ch., Sté UBS Asset Management Life Ltd : RJF 8-9/21 n° 809). Cette décision, qui prend appui sur CJUE 13 novembre 2019 aff. 641/17, 2e ch., College Pension Plan of British Columbia : RJF 2/20 n° 189 (n° 82070), annule pour erreur de droit un arrêt d'appel qui avait rejeté la demande de la société sans avoir recherché si, alors que la requérante le soutenait, les dividendes provenaient d'actifs admis en représentation de ses engagements réglementés et avaient pour effet, en exécution des engagements souscrits à l'égard de ses assurés, titulaires de contrats d'assurance-vie en unités de compte, d'accroître à due concurrence ces engagements (l'affaire a été renvoyée à la cour administrative d'appel de Versailles où elle est enregistrée sous le n° 21VE01337 ; la Cour devra juger si la preuve est apportée, ce qui supposera en principe que les dividendes aient été réinvestis dans le contrat et qu'ils aient eu pour effet d'augmenter les provisions techniques).

Précisions **a.** Étant donné le cadre juridique applicable aux **PTOM** (qui, notamment, n'incorpore pas la libre circulation des capitaux), le droit de l'Union européenne ne s'oppose pas à une mesure fiscale d'un État membre qui restreint, en poursuivant de manière effective et proportionnée l'objectif de lutte contre l'évasion fiscale, les mouvements de capitaux entre cet État membre et **son propre PTOM** (CJUE 5 juin 2014 aff. jointes 24/12 et 27/12, 3e ch. X BV et TBG Limited : RJF 10/14 n° 965, à propos de dividendes versés par une société néerlandaise à une société des Antilles néerlandaises).

b. Un État membre ne peut pas prélever, en cas de distribution à un résident d'un **État tiers**, un impôt plus élevé qu'en cas de distribution à un résident, sauf si les effets de la différence de traitement sont neutralisés par la **convention fiscale** applicable (CJUE Ord. 21 janvier 2020 aff. 613/18, 6e ch., État du Canada : RJF 4/20 n° 419) ; en l'espèce, des dividendes de source portugaise versés à l'Office d'investissement du régime de pensions du Canada avaient été imposés au Portugal à un taux deux fois plus élevé que s'ils avaient été versés à un résident portugais de même nature n'exerçant pas d'activité commerciale, industrielle ou agricole.

c. Il a été jugé que les dispositions de l'article 119 bis, 2 du CGI, qui soumettent à une retenue à la source les **rémunérations et avantages occultes**, ne peuvent, par elles-mêmes, caractériser une mesure restrictive à la libre circulation des capitaux, car ces rémunérations et avantages ne sont pas des dividendes dès lors qu'ils n'ont pas pour objet de rémunérer le capital et ne résultent d'aucun choix d'investissement (TA Montreuil 30 septembre 2021 n° 2001053, Sté Blue Solutions : RJF 3/22 n° 320 ; appel enregistré sous le n° 21PA06144).

Dividendes versés à des sociétés étrangères déficitaires Le principe de libre circulation des capitaux s'oppose à ce qu'une retenue à la source soit prélevée sur des dividendes versés à une société non résidente déficitaire, dans la mesure où une société résidente également déficitaire n'est pas, de fait, imposée sur les dividendes reçus et peut même, en définitive, n'être jamais imposable si elle cesse d'exercer ses activités sans avoir été bénéficiaire. **82062**

Ce principe a été affirmé par la Cour de justice à propos de trois sociétés belges déficitaires qui n'avaient pu obtenir du Trésor français le remboursement de la retenue à la source prélevée au taux conventionnel de 15 % sur des **dividendes de source française** qu'elles avaient reçus de 2008 à 2011 (CJUE 22 novembre 2018 aff. 575/17, 5e ch., Stés Sofina, Rebelco et Sidro : RJF 2/19 n° 230, sur renvoi par CE 20 septembre 2017 nos 398662, 398663, 398666, 398672, 398674 et 398675, 9e et 10e ch., Stés Sofina, Rebelco et Sidro : RJF 12/17 n° 1262) ; la Cour juge que la loi française, dans sa rédaction applicable à l'époque, ne respectait pas le principe de libre circulation des capitaux dans la mesure où la retenue à la source était exigible en cas de versement de dividendes à une société non résidente alors que, si l'actionnaire était une société résidente, les dividendes n'étaient passibles de l'impôt sur les sociétés dans les conditions de droit commun, à la fin de l'exercice au cours duquel ils avaient été perçus, que si son résultat était bénéficiaire durant cet exercice, une telle imposition pouvant, le cas échéant, ne jamais intervenir si la société cessait ses activités sans avoir atteint un résultat bénéficiaire depuis la perception des dividendes.

Le dispositif français de l'époque a été considéré comme procurant un avantage aux sociétés résidentes en situation déficitaire, dès lors qu'il en résultait à tout le moins un **avantage de trésorerie**, voire une exonération en cas de cessation d'activités, alors que les sociétés non résidentes subissaient une imposition immédiate et définitive indépendamment de leur résultat (point 34) ; l'exclusion d'un avantage de trésorerie dans une situation transfrontalière alors qu'il est accordé dans une situation équivalente sur le territoire national constitue, en effet, une restriction à la libre circulation des capitaux (arrêt précité, point 29).

Par différence avec la situation jugée dans l'affaire Truck Center (n° 81630), la Cour a relevé en l'espèce que le régime français ne se limitait pas à prévoir des **modalités de perception** de l'impôt qui différaient en fonction du lieu de résidence du bénéficiaire, mais qu'il était susceptible d'entraîner un report de l'imposition des dividendes sur un exercice ultérieur en cas de résultat déficitaire d'une société résidente, voire une exonération si elle cessait ses activités sans avoir retrouvé un résultat bénéficiaire (point 52). L'arrêt précise, à cet égard, que l'appréciation d'un éventuel traitement désavantageux des dividendes versés aux sociétés non résidentes doit être effectuée **pour chaque exercice fiscal**, pris individuellement (point 30). Pour la Cour, cela ne signifie pas, toutefois, que la France aurait dû renoncer définitivement à son droit d'imposer car elle peut prévoir que les dividendes fassent l'objet d'une imposition future si la société non résidente dégage un résultat bénéficiaire lors d'un exercice ultérieur, comme pour une société française (point 59). La Cour analyse la situation comme étant, au fond, celle d'un report d'imposition en cas de résultat déficitaire et précise qu'il appartient aux sociétés étrangères d'apporter les **justifications** nécessaires (point 72).

Le Conseil d'État en a tiré les conséquences en estimant que l'appréciation de la situation déficitaire de la société étrangère doit être faite **au regard de la législation de son État de résidence**, et non au regard de la législation française (CE 27 février 2019 nos 398662 et autres, 9e et 10e ch., Stés Sofina, Rebelco et Sidro : RJF 5/19 n° 441 ; voir n° 60900 et voir également CE 13 mars 2019 n° 403444, 9e ch., Stés Sofina, Rebelco et Sidro). Cette solution a été reprise par CE 13 mars 2019 n° 415120, 9e ch., Stés GBL Energy et Kermadec (décision rendue après le sursis à statuer décidé par CE 26 juillet 2018 n° 415120, 9e ch., Stés GBL Energy et Kermadec, qui avait incidemment refusé d'assimiler des sociétés d'investissement luxembourgeoises à des OPC français ; la société a finalement obtenu, pour certaines années, la restitution de la retenue à la source, accompagnée des intérêts moratoires, selon ce qu'indique sur renvoi CAA Versailles Ord. 25 octobre 2019 n° 19VE00988).

82062 (suite) Comme le précisent les conclusions d'Émilie Bokdam-Tognetti sous la décision précitée du 27 février 2019 (RJF C 441), l'approche retenue par le Conseil d'État, qui n'exige pas que la société étrangère démontre qu'elle aurait été en situation déficitaire au regard des règles françaises, se justifie par des **raisons d'ordre pratique**. Le Conseil d'État n'a pas voulu exiger des sociétés étrangères le retraitement de leurs résultats, qu'il aurait fallu qu'elles fassent non seulement au titre de l'exercice de perception des dividendes, mais également au titre des exercices suivants, afin de suivre les reports déficitaires, alors même qu'elles n'exercent pas d'activité en France ; sur le plan des principes, la solution retenue par le Conseil d'État est toutefois discutable étant donné que la comparaison n'a de sens que si la société étrangère est comparée à une société nationale placée dans la même situation et qu'un État membre n'a pas à adapter sa législation fiscale à celles des autres États membres. Au demeurant, elle a été subrepticement rectifiée ensuite par CE 5 novembre 2021 n° 433212, 9e et 10e ch., min. c/ Sté Filux : RJF 1/22 n° 28 (n° 60900), qui vide largement de portée la décision Sofina en précisant qu'il y a lieu d'ajouter les dividendes pour déterminer si la société est déficitaire dans son État de résidence ; en définitive, la législation fiscale étrangère n'est donc pas respectée puisque les dividendes reçus doivent être considérés comme des produits imposables alors même qu'ils ne le sont pas localement.

Dans la mesure où ces décisions sont fondées sur la nécessité de respecter le principe de libre circulation des capitaux, elles sont également applicables aux **États tiers** sous réserve de l'application éventuelle de la clause de gel (n° 81985) ; en outre, compte tenu de leur motivation, elles sont vraisemblablement transposables aux autres retenues à la source de même nature prévues par le droit interne français, sous réserve qu'elles concernent des situations entrant dans le champ de la libre circulation des capitaux.

La solution retenue par la Cour de justice, conforme à la position que la Commission européenne avait défendue lorsqu'elle avait adressé un avis motivé à la France sur ce point (MEMO/17/1280, 17 mai 2017 ; la procédure d'infraction a été close après que la France eut modifié sa législation comme indiqué au n° 60900), rend nécessairement caduques les **décisions antérieures** qui avaient été rendues par le Conseil d'État dans des circonstances similaires, quelquefois pour les mêmes contribuables dont les arguments, pourtant identiques, n'avaient pas, à l'époque, été considérés comme convaincants :
– CE 9 mai 2012 n° 342221, Plén., Sté GBL Energy : RJF 7/12 n° 774, qui avait confirmé à tort l'exigibilité de la retenue à la source au titre du versement par la société française Total de dividendes à une société luxembourgeoise qui n'avait pas la qualité de société mère et qui était en situation déficitaire dans son État de résidence (voir également n° 61005, Précisions a) ;
– CE 29 octobre 2012 n° 352209, 8e et 3e s.-s., min. c/ Sté Kermadec : RJF 1/13 n° 45, toujours à propos de dividendes versés à une société luxembourgeoise déficitaire, rejetant en outre l'argument de la société luxembourgeoise qui demandait à être assimilée à une **Sicav** française, en notant que son capital n'était pas variable et qu'elle n'avait pas l'obligation de procéder, à la demande des investisseurs, au rachat de leurs actions (sur cette affaire, voir également n° 87655, Précisions b) ;
– CAA Versailles 21 juillet 2015 n° 13VE03086, 7e ch., Sté Frères Bourgeois, jugeant également que la société belge requérante ne justifiait pas avoir pour objet exclusif le **placement collectif** en valeurs mobilières de capitaux recueillis auprès du public ni fonctionner selon un principe de la répartition des risques et qu'elle n'avait pas l'obligation de procéder, à la demande des investisseurs, au rachat de leurs actions ; par conséquent, cette société ne pouvait soutenir qu'en tant que **société de portefeuille** de droit belge elle avait un objet social similaire à celui d'une Sicav de droit français (un pourvoi avait été formé mais il n'a pas été admis par CE (na) 21 novembre 2016 n° 394705, 9e ch., Sté Frères Bourgeois) ;
– CE 25 novembre 2015 n° 373128, 3e et 8e s.-s., Sté Kermadec : RJF 2/16 n° 139, à propos d'une société luxembourgeoise qui avait perçu des dividendes de la société Total, dont elle détenait moins de 5 % du capital (la solution retenue par CJUE 17 septembre 2015 aff. jointes 10/14, 14/14 et 17/14, 3e ch., Miljoen, X et Société Générale, que la requérante avait invoquée au soutien de l'argument selon lequel les frais n'étaient pas, à tort, déduits de l'assiette de la retenue à la source, n'avait pas été jugée transposable ; n° 82065) ; dans cette affaire, le Conseil d'État avait, en outre, précisé qu'il n'y avait pas de discrimination entre sociétés non résidentes et sociétés résidentes au regard de l'obligation de **mention des voies et délais de recours** prévue par l'article R 421-5 du Code de justice administrative, dès lors que l'impôt sur les dividendes est acquitté spontanément

par ces deux catégories de sociétés, sans émission préalable d'un titre d'imposition, qu'il s'agisse de l'impôt sur les sociétés pour les sociétés résidentes ou de la retenue à la source pour les sociétés non résidentes (solution reprise par CE 10 février 2016 n° 361179, 8e s.-s., Sté Groupe Bruxelles Lambert : RJF 6/16 n° 525) ; à propos de sociétés déficitaires et toujours pour le même contribuable, les mêmes principes ont été appliqués par CE 21 novembre 2016 n° 390506, 3e ch., Sté Groupe Bruxelles Lambert (dividendes versés par la société Total en 2005 et 2006).

Enfin, dans le passé, le Conseil d'État avait, à propos des mêmes sociétés étrangères déficitaires, refusé de renvoyer au **Conseil constitutionnel** une question prioritaire de constitutionnalité qui soutenait que la retenue à la source sur les dividendes versés aux non-résidents méconnaitrait les principes d'égalité devant la loi et devant les charges publiques (CE QPC 23 décembre 2016 n° 398662, 398663, 398666, 398672, 398674 et 398675, 3e ch., Stés Sofina, Rebelco et Sidro : RJF 3/17 n° 261) ; a été jugé sans pertinence à cet égard le fait que lorsque le régime des sociétés mères n'est pas applicable, l'imposition des dividendes perçus par les sociétés non résidentes déficitaires est immédiatement prélevée alors que les sociétés résidentes déficitaires ne sont soumises à l'impôt sur les sociétés sur ces dividendes que lorsqu'elles redeviennent bénéficiaires lors d'exercices ultérieurs, de manière différée par le biais de la minoration des déficits reportables imputés sur ces bénéfices.

Précisions Il a été jugé, à propos du remboursement de l'ancien avoir fiscal à une société mère italienne que, pour vérifier que l'application de la loi fiscale ne crée pas de discrimination contraire au traité FUE, il y a lieu de comparer le traitement respectif, par l'administration fiscale française, d'une société résidente d'Italie et d'une société résidente de France, relevant toutes deux du régime des sociétés mères, à raison de l'imposition des dividendes perçus par elles d'une filiale établie en France, sans prendre en compte le **traitement ultérieurement réservé, à raison des mêmes sommes, à la société mère italienne** par l'administration fiscale de son État de résidence (CE 26 décembre 2013 n° 343347, 9e et 10e s.-s., Sté Italcementi SpA : RJF 4/14 n° 415, aux conclusions Frédéric Aladjidi au BDCF 4/14 n° 48 ; également, n° 61600, Précisions a). Également, dans le sillage de cette décision, CAA Paris 19 octobre 2016 n° 15PA01095, min. c/ Sté Teksid : RJF 2/17 n° 197 (arrêt définitif). Au demeurant, si les sociétés mères françaises pouvaient, à la différence des sociétés mères italiennes, bénéficier d'un avoir fiscal « plein », celui-ci était d'une utilisation très restreinte puisqu'il ne pouvait qu'annuler le précompte dû en cas de redistribution.

Cas où l'actionnaire étranger ne peut imputer la retenue à la source 82064

La jurisprudence sur ce point, antérieurement hésitante, a été stabilisée par la décision du Conseil d'État dans l'affaire GBL Energy (n° 82062), dans une situation où le régime des sociétés mères n'aurait pas été applicable et où une société française n'aurait donc pas été exonérée.

Le Conseil d'État souligne que, si une société non résidente est exonérée d'impôt dans son État de résidence en raison de la législation applicable dans cet État et si, par suite, la retenue à la source prélevée en France à raison des dividendes que lui a versés une société établie en France constitue une **charge définitive**, le respect de la liberté de circulation des capitaux n'implique pas que la France doive, de manière unilatérale ou par voie conventionnelle, assurer la neutralisation de la charge fiscale que cette société supporte **du fait de la décision de l'État membre où elle réside d'exercer sa compétence fiscale** et de ne pas la soumettre à l'impôt. En effet, d'une manière générale, le désavantage pouvant résulter pour la société non résidente de l'exercice parallèle des compétences fiscales de la France et de son État de résidence ne constitue pas, dès lors que cet exercice ne revêt pas un caractère discriminatoire, une restriction à la liberté de circulation de capitaux. Cette solution a été reprise par CE 5 mars 2014 nos 361779 et 364256, 10e s.-s., SNC Lidl (RJF 7/14 n° 741), à propos d'une société française qui avait versé des dividendes à une société allemande qui détenait **moins de 5 % de son capital** (cette décision, sans beaucoup d'autorité car il s'agit d'un « jugeant seule », confirme CAA Paris 29 mai 2012 n° 11PA04013, elle-même confirmant TA Paris 4 juillet 2011 n° 0916990, 3e ch., 2e sect., Sté Lidl : RJF 5/12 n° 541 ; conclusions au BDCF 5/12 n° 65). Le Conseil d'État juge que la société française distributrice n'est pas fondée à soutenir que l'impossibilité d'imputer la retenue à la source sur l'imposition des dividendes en Allemagne, en raison de la législation allemande qui n'impose les dividendes qu'à hauteur de 0,75 %, serait discriminatoire au regard du principe de la liberté de circulation des capitaux.

En effet, d'une part, une société établie en France, qui reçoit des dividendes versés par une société résidente et ne **relève pas du régime fiscal des sociétés mères**, n'est pas exonérée d'impôt en France à raison de ces dividendes et, d'autre part, si une société non résidente est exonérée d'impôt dans son État de résidence en raison de la législation applicable dans cet État et si, par suite, la retenue à la source prélevée en France à raison des dividendes que lui a versés une société établie en France constitue, pour la société non résidente, une charge définitive, le respect de la liberté de circulation des capitaux n'implique pas que la France doive, de manière unilatérale ou par voie conventionnelle, assurer la neutralisation de la charge fiscale que la société non résidente supporte du fait de la décision de l'État membre où elle réside d'exercer sa compétence fiscale et de ne pas la soumettre à l'impôt.

Enfin, selon l'analyse de l'époque du Conseil d'État (il peut aujourd'hui y avoir des exceptions ; nº 82060), le **mécanisme de retenue à la source** ne constitue pas, en lui-même, une entrave à la liberté de circulation des capitaux mais procède d'une technique différente d'imposition des dividendes perçus par une société, selon qu'elle est non résidente ou résidente.

82065 **Taux de la retenue à la source** La question du taux de la retenue à la source applicable aux non-résidents a été posée au contentieux sous l'angle de la libre circulation des capitaux ; elle a donné lieu à une décision du Conseil d'État à propos d'une personne physique domiciliée en Belgique, qui avait perçu des **dividendes de source française** ayant fait l'objet d'une retenue à la source de 15 % (CE 7 mai 2014 nº 356760, 3ᵉ et 8ᵉ s.-s., Reynaerts : RJF 8-9/14 nº 856 ; voir également nº 81005) ; il est jugé que la différence de traitement fiscal entre résidents et non-résidents, théoriquement admissible, peut être regardée comme **discriminatoire** s'il est établi que, au regard de l'objet et du contenu de la disposition nationale en cause, les deux catégories de contribuables se trouvent dans une situation comparable. Or un actionnaire personne physique résidant en Belgique se trouve dans une situation objectivement comparable à celle d'un actionnaire domicilié en France, dès lors que la France assujettit à l'impôt tant les personnes résidant sur son territoire que celles résidant hors de France à raison des dividendes de source française qu'elles perçoivent.

En l'espèce, le Conseil d'État relève que la Cour (CAA Paris 13 décembre 2011 nº 10PA03193, 10ᵉ ch., Reynaerts : RJF 5/12 nº 542), qui n'avait pas connaissance de la situation personnelle de l'actionnaire, a procédé à une **analyse des charges fiscales théoriques** en comparant la retenue à la source qu'il avait acquittée à la charge fiscale supportée respectivement par un contribuable célibataire domicilié en France et par un couple de contribuables soumis à une imposition commune domiciliés en France percevant le même montant de dividendes ; elle a constaté, d'une part, que l'imposition supportée par un célibataire domicilié en France relevant de la tranche marginale supérieure du barème de l'impôt sur le revenu, était, en tout état de cause, inférieure à la retenue à la source acquittée et, d'autre part, que dans l'hypothèse d'un couple de contribuables soumis à une imposition commune relevant également de la tranche marginale supérieure du barème de l'impôt sur le revenu, aucune imposition n'aurait été due (la Cour avait pris en compte, aux fins de la comparaison avec un résident, l'abattement proportionnel de 40 % ainsi que les autres avantages alors applicables aux résidents, à savoir l'abattement fixe annuel et le crédit d'impôt plafonné). Il a donc été jugé que la retenue à la source française appliquée à ces dividendes était bien constitutive d'une restriction discriminatoire à la liberté de circulation de capitaux.

Cette décision a une grande portée théorique, étant donné qu'elle se place sur le terrain de la libre circulation des capitaux et qu'elle vaut, par conséquent, également à l'égard des résidents des États tiers. Cela étant, sa portée a été significativement réduite par une décision ultérieure explicitant comment la **comparaison** devait être faite (CE 11 octobre 2017 nºˢ 398510 à 398512, 3ᵉ et 8ᵉ ch. : RJF 1/18 nº 31). Il s'agissait de contribuables qui étaient domiciliés en Belgique et qui avaient reçu des dividendes de source française en 2008 et 2010 ; **aucune restriction** interdite n'a été constatée en l'espèce étant donné que, pour un même montant de dividendes de source française, l'imposition supportée par un couple de contribuables domiciliés en France aurait été supérieure au montant de la retenue à la source en litige, appliquée au taux conventionnel de 15 % (la circonstance que l'abattement de 40 % ne s'appliquait pas aux dividendes soumis à la retenue à la source ne traduisait pas, par elle-même, un traitement fiscal discriminatoire contraire au principe de libre circulation des capitaux). Le Conseil d'État s'en est tenu à cette simple constatation, jugeant qu'il n'y avait pas lieu de comparer la situation des requérants avec celle d'une pluralité de contribuables ; comme l'indique la rapporteure publique Emmanuelle Cortot-Boucher dans ses conclusions dans cette affaire (RJF 1/18, C 31), la Cour n'avait, dans l'affaire

Reynaerts, précitée, « élargi le spectre » que parce qu'elle ne disposait pas d'informations sur la situation familiale du non-résident (le rapporteur public estimait, au demeurant, que le **point de comparaison** à retenir devait être celui d'un célibataire domicilié en France, étant donné qu'un État membre n'a pas à prendre en compte la situation familiale des non-résidents à l'égard desquels il exerce sa compétence fiscale). En appel, la Cour avait par ailleurs jugé qu'il n'y avait pas lieu de tenir compte des **impositions supportées en Belgique** pour effectuer les comparaisons, la France n'étant pas tenue de corriger la double imposition juridique résultant de l'exercice parallèle par les deux États de leur souveraineté fiscale, dès lors qu'elle n'avait pas traité les contribuables de façon discriminatoire (CAA Versailles 1er décembre 2015 n° 13VE03182, 1e ch. ; cette solution est logique mais le Conseil d'État ne s'est pas expressément prononcé sur son bien-fondé, bien que le raisonnement suivi montre qu'il l'a nécessairement approuvée).

Une confirmation du raisonnement a ensuite été apportée, toujours à propos de personnes physiques domiciliées en Belgique, par CE 11 décembre 2020 nos 434038 et 434889, 8e et 3e ch. : RJF 3/21 n° 275, jugeant que la comparaison entre la charge fiscale, résultant de la combinaison d'une assiette et d'un taux d'imposition, supportée par les intéressés et la charge supportée par un couple de contribuables domiciliés en France percevant le même montant de dividendes tournait à l'avantage des requérants et qu'ils n'étaient donc pas fondés à réclamer l'abattement de 40 % (voir également n° 60975, Précisions d et n° 60980, Précisions a).

À propos de la **constitutionnalité** du dispositif et de la prise en compte du droit de l'Union européenne, voir également CE QPC 26 juillet 2018 n° 413983, 9e ch. : RJF 11/18 n° 1158, à propos de l'ancien abattement de 40 % (n° 60975, Précisions e).

De son côté, la Cour de justice a confirmé, à propos de la législation néerlandaise, qu'une retenue à la source sur des dividendes versés à des résidents comme à des non-résidents, mais qui n'est éventuellement **restituable** qu'aux seuls résidents, n'est admissible que si elle ne conduit pas à imposer plus lourdement les non-résidents que les résidents (CJUE 17 septembre 2015 aff. jointes 10/14, 14/14 et 17/14, 3e ch., Miljoen, X et Société Générale : RJF 12/15 n° 1077) ; pour la Cour, dès lors qu'un État choisit d'exercer sa compétence fiscale en prélevant une imposition à la source dans tous les cas, la situation des non-résidents est comparable à celle des résidents. L'arrêt précise que la comparaison des charges fiscales doit être complète, mais que seuls les **frais directement liés à la perception des dividendes** doivent être pris en compte à cette fin, à l'exclusion, par exemple, des frais de couverture et des frais financiers (au point 60, l'arrêt indique que « les coûts de financement (...) se rapportent à la détention des actions en tant que telle et ne sont donc pas non plus directement liés à la perception, en elle-même, des dividendes provenant de celles-ci »). Enfin, selon la Cour, si l'existence d'une restriction aux mouvements de capitaux est établie, cette restriction peut éventuellement être **justifiée par les effets d'une convention fiscale** à condition que la différence de traitement disparaisse ; tel n'était pas le cas, par exemple, en ce qui concerne la Société Générale au titre de l'un des exercices concernés, la banque étant déficitaire en France et n'ayant pas pu imputer de crédit d'impôt (la Cour précise qu'il est possible que la totalité de l'impôt sur les dividendes payé aux Pays-Bas n'ait pas été neutralisée et que, si tel était le cas, la restriction ne serait pas justifiée). Comme l'indique Emmanuelle Cortot-Boucher dans ses conclusions dans l'affaire Kermadec du 25 novembre 2015 (n° 82062), il ne semble pas que cette solution remette en cause la portée de l'arrêt Truck Center (n° 81630) étant donné que, dans cette affaire, la législation en cause soumettait à la même imposition les résidents et les non-résidents, ce qui n'était pas le cas dans l'affaire Truck Center ni d'ailleurs dans celle jugée par la décision GBL Energy du Conseil d'État (n° 82062).

Cas de l'Espace économique européen Le principe de la libre circulation des capitaux s'oppose à ce qu'une retenue à la source soit prélevée sur des dividendes versés à des sociétés norvégiennes et islandaises, alors que ces dividendes auraient été exonérés s'ils avaient été versés à des sociétés néerlandaises (CJCE 11 juin 2009 aff. 521/07, 2e ch., Commission c/ Pays-Bas) ; cette décision est intéressante en ce qu'elle se fonde sur l'article 40 de l'accord sur l'Espace économique européen et précise que, si les Pays-Bas ne peuvent poser des conditions de seuil de détention différents (en l'espèce l'exonération était acquise à partir d'un seuil de 10 % ou 25 % alors que le seuil est de 5 % dans une situation purement interne), ils peuvent subordonner l'exonération au respect des conditions prévues pour l'exonération des sociétés néerlandaises (point 47). **82066**

Précisions a. La **Cour de l'AELE**, créée dans le cadre de l'Espace économique européen, a fait application du principe de libre circulation des capitaux dans une affaire concernant des dividendes versés par une société norvégienne à des sociétés britannique et allemande (Cour AELE 23 novembre 2004 aff. E-1/04, Fokus Bank ASA : RJF 2/05 n° 207) ; la Cour juge que le principe de libre circulation des capitaux exige que ces actionnaires bénéficient en Norvège du même **crédit d'impôt** que celui dont bénéficierait un actionnaire norvégien, par imputation sur la retenue à la source norvégienne de 15 %. La Cour s'est bornée à analyser la situation en Norvège d'un actionnaire non résident, afin de le comparer à un actionnaire résident, sans prendre en considération le fait que la retenue à la source puisse constituer un crédit d'impôt dans son État de résidence. Au regard des **règles de procédure**, la solution est également intéressante en ce qu'elle fait obligation à un État qui pratique un redressement sur un débiteur résident **d'informer** le **bénéficiaire** non résident, ce qui n'est généralement pas fait, y compris en France (cette décision a été considérée comme non transposable en France par CAA Versailles 15 novembre 2016 n° 15VE01251, 3e ch., Sté Vetoquinol : RJF 2/17 n° 102, arrêt définitif ; la cour administrative d'appel de Marseille en a jugé de même, comme indiqué n° 3499).

b. Sur la position de la Cour de l'AELE à propos des **trusts**, voir nos 49420 et 50380, Précisions b.

82070 **Fonds de pension** Des fonds de pension européens ne peuvent subir une **retenue à la source**, par exemple au titre des dividendes qui leur sont versés, lorsque ces fonds seraient exonérés d'impôt s'ils étaient établis sur le territoire national (CJUE 6 octobre 2011 aff. 493/09, 1e ch., Commission c/ Portugal : RJF 1/12 n° 86). Dans le même sens, voir CJUE 8 novembre 2012 aff. 342/10, 4e ch., Commission c/ Finlande : RJF 2/13 n° 240, à propos de la législation finlandaise qui, en apparence, imposait les fonds de pension finlandais mais qui leur permettait de déduire des dépenses et des provisions techniques qui aboutissaient à une quasi-exonération, alors que les fonds de pension étrangers n'en bénéficiaient pas. Également, CJUE 13 novembre 2019 aff. 641/17, 2e ch., College Pension Plan of British Columbia : RJF 2/20 n° 189, jugeant que l'Allemagne ne pouvait soumettre à une retenue à la source de 15 % des dividendes versés à un **fonds de pension canadien** alors que ce dernier aurait été quasiment exonéré s'il avait été établi en Allemagne, car il aurait pu passer une provision pour engagements de retraite déductible, correspondant presque en totalité aux dividendes reçus, et il aurait pu obtenir le remboursement de l'excédent de retenue à la source par rapport à l'impôt sur les sociétés (en l'espèce, la clause de gel n'était pas applicable, notamment parce que l'investissement était inférieur à 1 % dans le capital de sociétés allemandes ; n° 81985).

En revanche, la Suède peut **imposer différemment des fonds de pension non résidents** et des fonds de pension résidents dès lors que, au regard de l'objectif poursuivi par la législation suédoise ainsi que de son objet et de son contenu, un fonds de pension non résident ne se trouve pas dans une situation comparable à celle d'un fonds de pension résident ; mais si l'imposition des fonds de pension résidents prend en compte les éventuels frais professionnels directement liés à la perception des dividendes, il doit en aller de même pour les fonds de pension non résidents (CJUE 2 juin 2016 aff. 252/14, 1e ch., Pensioenfonds Metaal en Techniek : RJF 8-9/16 n° 774).

De son côté, le Conseil d'État a également tiré les conséquences du principe de libre circulation des capitaux en considérant qu'il interdit à la France de prélever une retenue à la source lors du **versement de dividendes à des fonds de pension néerlandais**, si ces fonds peuvent apporter la preuve qu'ils pourraient bénéficier, s'ils étaient établis en France, de l'exonération d'impôt sur les sociétés prévue à l'article 206, 5-c du CGI (CE 13 février 2009, n° 298108, 3e et 8e s.-s., Sté Stichting Unilever Pensioenfonds Progress et a. : RJF 5/09 n° 525 ; voir aussi n° 61075).

Sous l'empire de la législation de l'époque (qui a ensuite été modifiée ; n° 61018), le Conseil d'État juge que l'imposition par voie de retenue à la source crée une **restriction** dans la mesure où les caisses de retraite françaises sont exonérées sur les dividendes de source française qu'elles reçoivent, en l'absence de différence objective de situation, car l'exonération des caisses de retraite françaises n'est pas liée à une charge d'intérêt général qui pèserait sur elles ; en outre, une telle restriction n'est **pas justifiée**, en l'absence de raison impérieuse d'intérêt général, qu'il s'agisse notamment de la cohérence fiscale ou de l'efficacité des contrôles fiscaux. Le Conseil d'État a donc conclu à l'annulation de l'ancienne instruction administrative du 28 avril 2005 (n° 61075), en tant qu'elle ne neutralisait pas la retenue à la source pour les fonds néerlandais qui apportaient la preuve qu'ils seraient exonérés s'ils étaient constitués en France.

Cette décision n'exclut pas que, au cas par cas, l'exonération puisse être **refusée** si l'organisme étranger n'est **pas comparable** à un organisme sans but lucratif français, mais elle refuse d'admettre une exclusion de caractère général ; elle vaut également, à notre avis, pour les pays tiers si l'administration peut vérifier la situation exacte de l'organisme étranger au moyen de l'échange d'informations (en application de l'arrêt A, n° 81985). Par exemple, l'établissement public coréen National Pension Service ne peut bénéficier de l'exonération prévue en faveur des **fondations reconnues d'utilité publique** établies en France, car il n'affecte pas de façon irrévocable ses ressources à son activité puisqu'il exerce une activité d'assurance pour laquelle il perçoit des cotisations et reverse des pensions à ses assurés (CE 6 décembre 2021 n° 433301, 9e et 10e ch., Établissement public coréen National Pension Service : RJF 2/22 n° 126 ; voir nos 61018, 61075 et 81980).

Dans la ligne des décisions précédentes :
- CE 22 mai 2015 nos 369819 et 369820, 9e et 10e s.-s., min. c/ Wellcome Trust : RJF 8-9/15 n° 684, jugeant contraire au principe de la libre circulation des capitaux l'application d'une retenue à la source sur des dividendes versés à une **fondation britannique** considérée comme objectivement comparable aux organismes sans but lucratif français (n° 61020) ;
- CE 30 décembre 2014 n° 361842, 9e et 10e s.-s., min. c/ Versorgungswerk der Zahnärztekammer aus Berlin (VZB) : RJF 3/15 n° 284 (n° 61020), soulignant, à propos de la **caisse de retraite** des dentistes du Land de Berlin, qu'il y a lieu de contrôler le caractère désintéressé de la gestion pour pouvoir procéder à l'assimilation ;
- CAA Versailles 2 avril 2013 n° 11VE02421, 3e ch., Sté Apothekerversorgung Niedersachsen (RJF 11/13 n° 1099 ; arrêt définitif), également à propos de caisses de retraite allemandes.

Ces litiges portent toutefois sur des années antérieures à l'entrée en vigueur de la loi de finances pour 2009 qui a créé, pour les organismes sans but lucratif français, un taux d'imposition identique à celui du taux de la retenue à la source sur les dividendes versés à des organismes sans but lucratif établis dans un autre État membre de l'Union européenne (n° 61018) ; les principes posés restent cependant pertinents pour ce qui concerne les fonds de pension des **États tiers** lorsqu'ils peuvent invoquer la liberté de circulation des capitaux.

OPCVM La question de la conformité au principe de la liberté de circulation des capitaux de la **retenue à la source** de l'article 119 bis du CGI appliquée aux revenus distribués par des sociétés françaises aux organismes de placement collectif en valeurs mobilières (OPCVM) non résidents de France, alors que ces revenus ne sont pas imposés lorsqu'ils sont versés à des OPCVM résidents de France, avait été posée au Conseil d'État par dix jugements du 1er décembre 2010 du tribunal administratif de Montreuil (Droit fiscal 2010 n° 49, comm. n° 589). **82072**

En réponse, le Conseil d'État avait estimé que la question devait être soumise à la Cour de justice en raison de l'incertitude tenant à la nécessité ou non de prendre en compte la **situation des porteurs de parts** pour apprécier si, **au sein de l'Union européenne**, la restriction constatée pouvait être justifiée au motif que les situations ne seraient pas objectivement comparables (Avis CE 23 mai 2011 n° 344678 à 344687, 9e et 10e s.-s., Sté Santander Asset Management SGIIC SA : RJF 8-9/11 n° 1009 ; conclusions Pierre Collin au BDCF 8-9/11 n° 104). Selon le Conseil d'État, en effet, la restriction ne serait pas justifiable si l'on ne prenait en compte que les OPCVM mais elle pourrait éventuellement l'être si l'on prenait en compte l'objet exclusif des OPCVM, qui est d'assurer, comme de simples intermédiaires non nécessairement dotés de la personnalité morale, des placements pour le compte d'investisseurs ainsi que l'imposition effective des dividendes pesant, soit directement, du fait du régime fiscal des OPCVM établis en France, soit indirectement, du fait de la retenue à la source appliquée aux OPCVM non résidents, sur les porteurs de parts, qu'ils soient résidents ou non-résidents.

Hors de l'Union européenne, le Conseil d'État avait rappelé que, sur le fondement de la clause de gel (n° 81985) la restriction, qui existait avant le 31 décembre 1993, pourrait être maintenue dans les cas exceptionnels où les investissements en France des OPCVM pourraient être qualifiés d'investissements directs. Dans les autres cas, le Conseil d'État avait estimé qu'il ne saurait être exclu, dès lors que les mouvements de capitaux à destination ou en provenance de pays tiers se déroulent dans un contexte juridique différent de ceux qui ont lieu au sein de l'Union européenne (n° 81987), que l'administration puisse

82072 (suite) démontrer que la retenue à la source litigieuse était justifiée par un motif tiré de **l'efficacité des contrôles fiscaux**. Il ajoutait toutefois qu'un tel motif ne saurait, en principe, être opposé aux contribuables d'un État tiers qui, comme les États-Unis, est lié à la France par une **convention fiscale** prévoyant une **assistance administrative** mutuelle visant à prévenir l'évasion et la fraude fiscales (en effet, en principe, le motif tiré de l'efficacité des contrôles fiscaux ne peut pas être opposé en présence d'une convention prévoyant l'échange de renseignements en vertu de la décision A de la CJCE ; n° 81987).

Dans sa réponse, rendue sans conclusions d'avocat général, la Cour de justice a sèchement confirmé sa jurisprudence antérieure en **refusant de prendre en considération la situation des porteurs de parts** (CJUE 10 mai 2012, aff. jointes 338/11 à 347/11, 3e ch., Santander Asset Management SGIIC SA et autres : RJF 7/12 n° 775) ; selon la Cour, lorsqu'un État membre choisit d'exercer sa compétence d'imposition sur les dividendes versés par des sociétés résidentes en fonction du seul lieu de résidence des OPCVM bénéficiaires, la situation fiscale des porteurs de parts de ces derniers est dépourvue de pertinence aux fins d'apprécier le caractère discriminatoire ou non de ladite réglementation (point 28 ; au point 41, la Cour souligne que la situation est différente de celle jugée dans l'affaire Orange European Smallcap Fund (n° 82020) car la réglementation française ne prend pas en compte la situation fiscale du porteur de parts mais le seul statut de l'OPCVM). La Cour répond donc que le principe de la **libre circulation des capitaux s'oppose** à une réglementation d'un État membre qui prévoit l'imposition, au moyen d'une retenue à la source, des dividendes d'origine nationale lorsqu'ils sont perçus par des OPCVM résidents dans un autre État, alors que de tels dividendes sont exonérés d'impôts dans le chef des OPCVM résidents dans le premier État.

La position stricte de la Cour de justice sur cette question a depuis lors été confirmée, la Cour jugeant que l'article 63 du traité FUE s'oppose à une législation qui assujettit à une retenue à la source les dividendes distribués à des OPCVM non résidents alors qu'en sont exonérés les dividendes distribués aux OPCVM résidents lorsqu'ils procèdent à une **distribution minimale** à leurs porteurs de parts ou lorsqu'ils déterminent techniquement une distribution minimale et prélèvent une imposition sur cette distribution minimale, réelle ou fictive, à la charge des porteurs de parts (CJUE 21 juin 2018 aff. 480/16, 5e ch., Fidelity Funds, Fidelity Investment Funds et Fidelity Institutional Funds : RJF 10/18 n° 1048, à propos de dividendes versés par des sociétés danoises à des OPCVM britanniques et luxembourgeois dans le cadre d'investissements de portefeuille). Également, à propos de dividendes de source portugaise versés à un organisme de placement collectif allemand, CJUE 17 mars 2022 aff. 545/19, 2e ch., AllianzGI-Fonds AEVN : RJF 6/22 n° 609, jugeant qu'un État membre ne peut prélever une retenue à la source sur des dividendes versés à un OPC non-résident tandis que les dividendes distribués à un OPC résident en sont exonérés.

La France, pour tenir compte de l'arrêt Santander, a choisi de **supprimer la retenue à la source pour les OPC étrangers** sous certaines conditions (n° 60860) ; le législateur aurait cependant pu prévoir, alternativement, une imposition équivalente pour les OPC résidents, selon le principe qui avait été retenu à propos des organismes sans but lucratif (n° 61018). Selon le rapporteur général de la commission des finances de l'Assemblée nationale lors des travaux relatifs à la seconde loi de finances rectificative pour 2012 (rapport Eckert, AN n° 79, 12 juillet 2012), cette dernière solution n'a pas été retenue, car les OPCVM français auraient pu devenir « moins compétitifs du point de vue des investisseurs, tant nationaux qu'étrangers, et auraient eu intérêt à réorienter leurs investissements vers des sociétés étrangères. » Cela étant, la suppression de la retenue à la source crée désormais une forte incitation pour les non-résidents à détenir un portefeuille d'actions françaises par l'intermédiaire d'OPCVM étrangers, ce qui n'est pas non plus satisfaisant.

Quant à la position du Conseil d'État en ce qui concerne les **États tiers**, elle a été confirmée par la Cour de justice dans une affaire qui concernait un fonds d'investissement américain qui avait subi une retenue à la source sur des dividendes de source polonaise alors qu'un fonds polonais aurait été exonéré (CJUE 10 avril 2014 aff. 190/12, 1e ch., Emerging Markets Series of DFA Investment Trust Company : RJF 10/14 n° 964 ; voir également n° 81985) ; la Cour juge que le principe de la libre circulation des capitaux s'oppose à ce que l'exonération soit refusée dans ces circonstances, pour autant que puisse être vérifié, sur le fondement d'une obligation conventionnelle d'assistance administrative mutuelle, si les informations fournies par un tel fonds sur les conditions de sa création et de l'exercice de ses activités établissent qu'il opère dans un cadre réglementaire équivalent à celui de l'Union européenne (les conséquences de cette décision ont été tirées en droit français ; n° 60860).

En ce qui concerne, enfin, les conditions à respecter, il a été précisé que, si un État membre ne peut prévoir des **conditions d'exonération** des dividendes versés à des fonds d'investissement non résidents qui soient plus défavorables, de fait, que celles applicables aux fonds d'investissement résidents, il convient de tenir compte du cadre réglementaire en vigueur dans l'État d'établissement du fonds pour apprécier l'existence éventuelle d'une restriction interdite en fonction de l'objet de la condition posée par l'État de la source (CJUE 30 janvier 2020 aff. 156/17, 7e ch., Köln-Aktienfonds Deka : RJF 4/20 n° 418). Cette affaire concernait un fonds d'investissement allemand de type « ouvert », coté en Bourse, qui ne pouvait pas fournir d'informations précises sur ses porteurs de parts, ce qui lui aurait permis d'obtenir la restitution de la retenue à la source néerlandaise sur les dividendes reçus, mais cette impossibilité résultait d'un choix de modèle de négociation de ses parts et ne constituait donc pas, en principe, un traitement défavorable ; en outre, la restitution aux Pays-Bas supposait, pour les fonds non résidents comme pour les fonds résidents, le respect d'une condition de distribution, mais cette condition n'était pas nécessairement discriminatoire puisque tout dépendait de son **objectif** : pas de discrimination si l'objectif de la législation néerlandaise était d'inciter à la redistribution effective, discrimination s'il était d'imposer les revenus au niveau des porteurs puisqu'en l'espèce les revenus étaient de toute façon imposables en tant que revenus réputés distribués (la législation allemande prévoyait que les porteurs étaient censés avoir reçu un dividende théorique assujetti à l'impôt).

Précisions Avant l'avis précité du Conseil d'État, il avait été jugé, à propos d'un OPCVM de droit irlandais, que la retenue à la source était contraire à la liberté de circulation des capitaux (TA Paris 22 avril 2010 n° 06-10333/2, 2e sect., 3e ch., Sté Axa Rosenberg Alpha Trust : RJF 1/11 n° 122 ; jugement confirmé sur le fond par CAA Paris 11 octobre 2012 n° 10PA03927, 9e ch., définitif).

Conséquences en ce qui concerne les prélèvements obligatoires sur les intérêts

Il a été jugé que la France ne pouvait exclure de manière absolue l'application du taux réduit aux revenus de **bons** ou **contrats de capitalisation** dont le débiteur est domicilié ou établi hors de France (CJCE 4 mars 2004 aff. 334/02, 5e ch., Commission c/ France : RJF 5/04 n° 559 ; cette restriction a également été condamnée au titre de la libre prestation de services ; voir aussi n° 62535). Dans cette affaire, l'invocation des lacunes de l'assistance administrative entre les États membres, notamment liées au secret bancaire, a été écartée, car elle ne peut fonder une interdiction absolue mais permet seulement aux États d'exiger des justificatifs appropriés ; la situation a, depuis, été corrigée (n° 1983). **82080**

De la même manière, il a été jugé que le prélèvement obligatoire qui, dans l'ancien système était pratiqué sur les intérêts de **bons à moyen terme négociables** (aujourd'hui, « titres négociables à moyen terme ») encaissés par une banque française mais versés sur un compte ouvert dans un établissement financier situé dans un État de l'Union européenne était contraire à l'ex-article 56 du traité CE (CAA Paris 29 janvier 2007 n° 05-1982, 5e ch. B, Banque de gestion privée Indosuez : RJF 12/07 n° 1435 ; arrêt définitif).

En revanche, les dispositions de **l'article 125 A, III du CGI** (dans leur rédaction antérieure à la loi n° 2009-1674 du 30 décembre 2009 de finances rectificative pour 2009 ; n° 62514), combinées avec les stipulations de l'article 16 de la convention franco-belge du 10 mars 1964, étaient conformes au droit de l'Union européenne dès lors que les intérêts perçus par les sociétés résidentes, s'ils sont exemptés de retenue à la source, sont imposés, au moins pour le même montant, à l'impôt sur les sociétés (CE 4 juin 2012 n° 330075, 10e et 9e s.-s., Sté Aggreko France et, même jour, n° 330088, 10e et 9e s.-s., Sté Aqualon France BV : RJF 10/12 nos 916 et 917, aux conclusions Delphine Hedary au BDCF 10/12 n° 114 ; voir également n° 62522). Cette manière de voir est dans la ligne de l'arrêt Truck Center (n° 81630).

Droits de succession et de donation

Le principe de libre circulation des capitaux est applicable dans le domaine des droits de succession ; il résulte, en effet, de la jurisprudence de la Cour de justice que les successions constituent des **mouvements de capitaux** au sens de l'article 63 du traité FUE, à l'exception des cas où leurs éléments constitutifs se cantonnent à l'intérieur d'un seul État membre (CJCE 11 décembre 2003 aff. 364/01, 5e ch., Héritiers de M. H. Barbier : RJF 3/04 n° 337) ; dans cette affaire, la Cour juge que le droit de l'Union européenne s'oppose à une réglementation **82090**

82090 (suite) nationale qui, **pour estimer la valeur** d'un bien immobilier situé dans l'État membre concerné pour le calcul de l'impôt exigible dans le cadre d'une succession, exclut la prise en compte de l'obligation inconditionnelle qui incombait au détenteur du droit réel de délivrer celui-ci à une autre personne qui a la propriété économique du bien si, à la date de son décès, il résidait dans un autre État membre, alors qu'elle ne l'exclut pas s'il résidait dans cet État.

Autre exemple, il a été jugé qu'un État membre ne peut soumettre à l'impôt un bien situé sur le territoire d'un autre État membre pour sa valeur vénale, alors qu'un bien identique situé sur le territoire national se voit appliquer une **procédure particulière d'évaluation** dont les résultats ne correspondent en moyenne qu'à 10 % de la valeur vénale ni réserver aux biens agricoles et forestiers situés sur son territoire l'application d'un abattement et prendre en compte leur valeur résiduelle à concurrence de 60 % seulement (CJCE 17 janvier 2008 aff. 256/06, 2e ch., Theodor Jaumlger : RJF 4/08 n° 528).

De même, ce principe s'oppose à ce qu'un État membre, pour le calcul des droits de mutation portant sur des immeubles, n'admette pas la **déduction des charges hypothécaires** afférentes à cet immeuble au motif que, au moment de son décès, la personne dont la succession est ouverte était résidente d'un autre État membre (CJCE 11 septembre 2008 aff. 11/07, 3e ch., Hans Eckelkamp et a. : RJF 12/08 n° 1406). Ce principe a été repris dans une autre affaire du même jour, à propos de la question de la **déductibilité des dettes** pour le calcul des droits de succession (CJCE 11 septembre 2008 aff. 43/07, 3e ch., D.M.M.A. Arens-Sikken : RJF 12/08 n° 1407).

Dans le même sens, il a été jugé, à propos du mode de calcul des droits de donation, qu'un État membre ne peut prévoir que **l'abattement sur la base imposable** en cas de donation d'un immeuble situé sur son territoire est inférieur, lorsque le donateur et le donataire résidaient, à la date à laquelle la donation a été effectuée, dans un autre État membre, à l'abattement qui aurait été appliqué si au moins l'un d'entre eux avait résidé, à la même date, sur son territoire (CJUE 22 avril 2010 aff. 510/08, 2e ch., Vera Mattner : RJF 7/10 n° 755 ; CJUE 4 septembre 2014 aff. 211/13, 3e ch., Commission c/ Allemagne soutenue par l'Espagne : RJF 2/15 n° 165). Également, CJUE 17 octobre 2013 aff. 181/12, 3e ch., Yvon Welte (RJF 1/14 n° 106), décidant qu'un abattement en faveur du conjoint survivant ne peut être réservé au cas où la succession implique au moins un résident (à propos de la succession d'une résidente de Suisse qui laissait un terrain situé en Allemagne et dont le mari était également résident de Suisse ; voir aussi n° 81985). Dans le même sens, à propos de la donation d'un terrain situé en Allemagne par une résidente britannique à des résidents britanniques, voir CJUE 8 juin 2016 aff. 479/14, 1e ch. : RJF 10/16 n° 907, jugeant qu'une réglementation nationale ne peut prévoir, pour les donations entre non-résidents, en l'absence de demande spécifique du bénéficiaire, le recours à un mode de calcul des droits par application d'un **abattement fiscal minoré** (au point 42 de l'arrêt, la Cour rappelle qu'un régime national restrictif des libertés de circulation peut demeurer incompatible avec le droit de l'Union quand bien même son application serait facultative).

Adoptant une formulation particulièrement synthétique, la Cour a plus généralement jugé qu'en permettant d'introduire des **différences dans le traitement fiscal** des donations et des successions entre les ayants cause et les donataires résidant en Espagne et ceux qui n'y résident pas, entre les défunts résidant en Espagne et ceux qui n'y résident pas et entre les donations et les aliénations similaires de biens immeubles situés sur le territoire espagnol et de ceux situés à l'étranger, le Royaume d'Espagne a manqué aux obligations qui lui incombent en vertu des articles 63 du traité FUE et 40 de l'accord sur l'Espace économique européen (CJUE 3 septembre 2014 aff. 127/12, 2e ch., Commission c/ Espagne : RJF 11/14 n° 1058).

Tout n'est cependant pas nécessairement discriminatoire, et il a, par exemple, été jugé que la législation néerlandaise ne comporte aucune restriction lorsque, pour l'application des droits de succession, elle **répute résident** des Pays-Bas un Néerlandais qui décède dans les dix ans qui suivent le transfert à l'étranger de son domicile fiscal (CJCE 23 février 2006 aff. 513/03, 3e ch., Héritiers de M. E. A. van Hilten-van der Heijden : RJF 5/06 n° 646). Autre exemple, un État membre peut, au nom de la **cohérence fiscale**, refuser une réduction de droits de succession au motif qu'une succession antérieure était intervenue dans un autre État membre alors qu'elle aurait été accordée si elle était intervenue dans le même État membre, étant donné que, dans ce régime, il existe un lien direct entre l'avantage fiscal et le prélèvement antérieur (CJUE 30 juin 2016 aff. 123/15, 2e ch. : RJF 10/16 n° 908)

La portée des principes peut, enfin, être illustrée par les affaires suivantes :
– il n'est pas permis d'exonérer uniquement les ressortissants des États membres de l'Union européenne résidant en Grèce des droits de succession afférents à la **résidence principale** (CJUE 26 mai 2016 aff. 244/15, 7e ch., Commission c/ Grèce : RJF 8-9/16 no 773) ;
– un État membre ne peut exonérer de droits de succession la transmission de **forêts** si certains **critères environnementaux** sont remplis en restreignant cet avantage aux forêts situées sur son territoire (CJUE 22 novembre 2018 aff. 679/17, 1e ch. : RJF 2/19 no 231) ; dans cette affaire, la Cour a tenu compte de l'objet et du contenu des dispositions nationales pour apprécier si la différence de traitement concernait des situations objectivement comparables (tel était le cas en l'espèce puisque l'exonération fiscale poursuivait un objectif de nature environnementale non limité au territoire national) ;
– un État membre peut réduire un **abattement** d'assiette pour tenir compte du patrimoine non imposé dans cet État lorsque ni le défunt ni les héritiers n'y sont domiciliés (la Cour admet qu'il y a lieu, en l'espèce, de garantir la cohérence du régime fiscal ; no 82220), mais il doit admettre en tant que passif successoral les obligations liées aux parts **réservataires** dès lors qu'elles seraient déductibles si le défunt ou un héritier y était domicilié (CJUE 21 décembre 2021 aff. 394/20, 5e ch. : RJF 3/22 no 324, à propos de la succession d'un résident d'Autriche qui possédait des immeubles en Allemagne).

Précisions **a.** La libre circulation des capitaux n'est pas applicable à une législation qui exclut, aux fins du calcul des droits de succession, l'application de certains avantages fiscaux à un **héritage sous forme de participation dans une société de capitaux établie dans un État tiers**, alors qu'elle confère les mêmes avantages en cas d'héritage d'une telle participation lorsque le siège de la société est situé dans un État membre ; une telle législation affecte, en effet, de manière prépondérante l'exercice de la liberté d'établissement dès lors que cette participation permet à son détenteur d'exercer une influence certaine sur les décisions de la société et d'en déterminer les activités. Or cette liberté n'est pas applicable dans une situation concernant la participation détenue dans une société dont le siège se trouve dans un État tiers (CJUE 19 juillet 2012 aff. 31/11, 2e ch., Marianne Scheunemann : RJF 12/12 no 1173).

b. Pour un exemple de restriction interdite concernant des **fondations privées** autrichiennes qui subissaient un impôt provisoire en cas de donation à des bénéficiaires non résidents alors que tel n'était pas le cas si les bénéficiaires étaient résidents, voir CJUE 17 septembre 2015 aff. 589/13, 5e ch., F. E. Familienprivatstiftung Eisenstadt : RJF 12/15 no 1078.

Comme le principe de libre circulation des capitaux n'exige pas que soit éliminée la **double imposition juridique** (no 82010), il est permis à la législation allemande **de refuser un crédit d'impôt** au titre d'un impôt perçu en Espagne en raison de la présence dans l'actif successoral d'une personne physique domiciliée en Allemagne de créances sur des sociétés espagnoles (CJCE 12 février 2009 aff. 67/08, 3e ch., Margarete Block : RJF 5/09 no 526) ; en l'espèce, la double imposition naît de ce que l'Allemagne impose en tant qu'État du domicile du défunt alors que l'Espagne impose en tant qu'État de situation des biens, considérant que des créances sur un débiteur espagnol sont des biens situés en Espagne. Le refus d'accorder un crédit d'impôt n'est pas ici discriminatoire, dans la mesure où l'Allemagne impose de la même façon des créances allemandes et des créances espagnoles. Le désavantage, qui vient de ce que l'Allemagne et l'Espagne exercent leurs compétences fiscales respectives, ne ressortit pas au droit de l'Union européenne et ne peut être réglé qu'au moyen des conventions fiscales (même solution que dans l'affaire Kerckhaert et Morres ; no 82010). Par opposition, dans les affaires précédentes (no 82090), la différence de traitement résultait de la seule législation nationale et non pas de l'exercice par deux États de leur propre souveraineté fiscale. **82100**

Traitement fiscal des dons à des organismes d'intérêt général

Le principe de la libre circulation des capitaux peut concerner la déductibilité fiscale des dons faits à des organismes établis et reconnus d'intérêt général dans un autre État membre, même si ces dons sont effectués **en nature** sous forme de biens de consommation courants (CJCE 27 janvier 2009, aff. 318/07, gr. ch., Hein Persche : RJF 4/09 no 416) ; dans cette affaire, la Cour juge que ce principe ne permet pas à un État membre de refuser la déductibilité au seul motif que l'organisme en cause n'est pas établi sur son territoire (la restriction vient de ce que la possibilité d'obtenir une déduction fiscale est susceptible d'influer de façon significative sur l'attitude du donateur qui serait autrement dissuadé d'effectuer des dons à des organismes étrangers). **82110**

82110 (suite) Un État membre peut certes réserver des avantages fiscaux aux organismes poursuivant **certains buts d'intérêt général** mais il ne peut les limiter aux seuls organismes établis sur son territoire (l'argument selon lequel la limitation territoriale serait justifiée par le fait que ces avantages sont consentis par les États en contrepartie de la décharge de certaines missions d'intérêt général n'est pas retenu par la Cour). Par exemple, la liberté de circulation des capitaux ne s'oppose pas à la législation d'un État membre qui exonère de droits de donation certaines propriétés protégées en raison de leur appartenance au **patrimoine culturel et historique national** seulement lorsque ces propriétés sont situées sur son territoire, pour autant que cette exonération ne soit pas exclue s'agissant des propriétés susceptibles de se rattacher au patrimoine culturel et historique de cet État en dépit de leur localisation sur le territoire d'un autre État (CJUE 18 décembre 2014 aff. 133/13, 2e ch. : RJF 3/15 no 283) ; la discrimination est, en effet, inhérente à l'objectif poursuivi par le législateur qui visait à préserver l'intégrité de certains domaines qui relèvent du patrimoine culturel et historique néerlandais.

Pour un autre exemple, voir, à propos de la législation autrichienne qui autorisait la déduction fiscale de certains dons seulement lorsque les institutions bénéficiaires étaient établies sur le territoire national, CJUE 16 juin 2011 aff. 10/10, 4e ch., Commission c/ Autriche : RJF 10/11 no 1108.

Dans le même sens, il a été jugé, à propos de l'application en Belgique de taux réduits à raison d'une succession bénéficiant à une **association religieuse allemande**, qu'un État membre ne peut réserver la possibilité de bénéficier du taux réduit des droits de succession aux organismes sans but lucratif ayant leur siège d'opération dans cet État ou dans l'État membre dans lequel le défunt résidait effectivement ou avait son lieu de travail au moment de son décès, ou dans lequel il a antérieurement effectivement résidé ou eu son lieu de travail (CJUE 10 février 2011 aff. 25/10, 2e ch., Missionswerk Werner Heukelbach eV : RJF 5/11 no 665). Également, à propos de l'ancienne législation française, CJUE 16 juillet 2015 aff. 485/14, 6e ch., Commission c/ France : RJF 11/15 no 973, jugeant que la France ne pouvait pas, avant l'intervention de la loi no 2014-1655 du 29 décembre 2014 de finances rectificative pour 2014, limiter l'exonération de droits de mutation à titre gratuit prévue pour les dons et legs à des organismes publics ou d'utilité publique aux organismes situés en France ou dans un État de l'Union européenne ou de l'Espace économique européen lié à la France par une convention fiscale (no 49020). À propos de la législation grecque, qui exonérait les legs effectués en faveur d'organismes sans but lucratif établis en Grèce, la Cour a constaté une restriction interdite dans la mesure où l'exonération n'était accordée aux organismes établis dans d'autres États membres de l'Union européenne ou de l'Espace économique européen que sous condition de **réciprocité** (CJUE 4 mai 2017 aff. 98/16, 7e ch., Commission c/ Grèce : RJF 7/17 no 759).

Un État membre peut toutefois traiter **différemment** les organismes reconnus d'intérêt général nationaux et ceux établis dans d'autres États membres lorsque ces derniers poursuivent des **objectifs autres** que ceux préconisés par sa propre législation ; dans l'arrêt Persche, précité, la Cour juge qu'un État membre ne doit accorder à un organisme étranger un traitement fiscal identique à celui appliqué aux dons faits aux organismes nationaux que si cet organisme remplit les conditions fixées par sa législation pour l'octroi d'avantages fiscaux, parmi lesquels figure la poursuite d'objectifs identiques à ceux promus par sa législation fiscale.

Cette solution pose naturellement la question du mode de preuve. À ce propos, la décision Persche indique que rien n'empêche les autorités fiscales concernées d'exiger du contribuable les **preuves** et justificatifs qu'elles jugent **nécessaires** pour apprécier si les conditions de déductibilité sont réunies ; un État membre est ainsi autorisé à mettre en place des mesures lui permettant de vérifier, de façon claire et précise, si un organisme étranger remplit les conditions exigées par sa législation nationale pour que le don soit déductible, ainsi qu'à contrôler sa gestion effective sur la base, par exemple, de la présentation des comptes annuels et d'un rapport d'activité. Si la vérification des informations fournies par le contribuable s'avère difficile, notamment en raison des limites de l'**échange d'informations** posées par les directives européennes, rien n'empêche les autorités fiscales concernées de refuser la déduction demandée si les preuves qu'elles jugent nécessaires pour l'établissement correct de l'impôt ne sont pas fournies.

Précisions **a.** La Commission européenne avait adressé à la **France** un « avis motivé » sur le fondement de la jurisprudence Persche, lui demandant d'éliminer les discriminations fiscales à l'égard des organismes d'intérêt général et sans but lucratif de l'Union européenne et de l'Espace économique européen (communiqué de la Commission IP/09/1764 du 20 novembre 2009). Afin de mettre en conformité le droit français avec le droit de l'Union européenne, le champ d'application des différents dispositifs de **réductions d'impôts pour dons** (Loi n° 2009-1674 du 30 décembre 2009, art. 35 ; CGI, art. 200, 238 bis et 885-0 V bis A, I) a été étendu, sous condition d'agrément, aux dons consentis au profit d'**organismes étrangers** dont le siège est situé dans un État membre de **l'Union européenne** ainsi qu'en Islande, en Norvège ou au Liechtenstein, lorsque ces organismes présentent des objectifs et des caractéristiques similaires à ceux des organismes français. Sur les conditions d'agrément, voir notamment BOI-SJ-AGR-60-10 nos 130 s.

b. La Commission européenne était revenue à la charge contre la France à propos du régime applicable aux **donations réalisées en faveur d'organismes poursuivant des objectifs d'intérêt général** ayant leur siège dans un autre État membre ou dans l'Espace économique européen (Communiqué IP/14/808 du 10 juillet 2014) ; cette procédure a été close le 24 septembre 2015, compte tenu des modifications apportées à la législation française par article 61 de la loi n° 2014-1655 du 29 décembre 2014 (n° 49020).

c. Il a été jugé que des versements à une **association suisse** n'ouvrent pas droit à la réduction d'impôt prévue à l'article 200, 1° -b du CGI dès lors que cette association exerce des actions en faveur de personnes ne résidant pas sur le territoire national et qu'il n'est pas établi que la présence en France d'un représentant de cette association lui permette d'assurer la définition et la maîtrise de ses missions depuis la France ; l'arrêt refuse au contribuable le droit de se prévaloir du principe de libre circulation des capitaux s'agissant d'une association suisse (CAA Lyon 27 avril 2010 n° 08-1749, 5e ch., Blum : RJF 5/11 n° 542 ; arrêt définitif).

Extension des délais de reprise

Le principe de libre circulation des capitaux (ainsi que le principe de la libre prestation de services) ne s'oppose pas, sous certaines conditions, à une législation nationale qui étend la prescription fiscale en cas de **dissimulation de revenus dans un autre État** (CJCE 11 juin 2009 aff. 155/08 et 157/08, 4e ch., X et Passenheim-van Schoot : RJF 10/09 n° 899). Dans cette affaire, qui concernait la législation néerlandaise qui porte à douze ans, en présence de revenus étrangers, le délai général de reprise de cinq ans, il y a bien restriction, selon la Cour ; en effet, la **sécurité juridique** que la loi néerlandaise voulait accorder aux contribuables néerlandais est plus longue à obtenir en ce qui concerne des revenus étrangers qu'en ce qui concerne des revenus nationaux, ce qui rend moins attrayant le transfert de capitaux dans un autre État membre afin de bénéficier des services financiers qui y sont offerts (au cas particulier, la Cour aurait sans doute pu exclure l'invocabilité du droit de l'Union européenne sur le terrain de la fraude, mais elle ne l'a pas fait, car ce n'est pas l'exercice d'une liberté de circulation qui est frauduleux mais l'absence de déclaration lorsqu'elle est requise). 82120

Cette restriction est cependant justifiée par la nécessité de garantir l'**efficacité des contrôles fiscaux**, sans aller au-delà du nécessaire pour atteindre cet objectif si les autorités nationales ne disposent d'**aucun indice sur l'existence de revenus dissimulés à l'étranger** leur permettant de déclencher une enquête (en l'absence d'indices, l'État membre ne peut faire jouer l'échange de renseignements prévu par les directives européennes, ce qui justifie la proportionnalité). Dans un tel cas, l'amende corrélative peut être calculée proportionnellement au montant redressé et, par conséquent, sur une période plus longue.

En revanche, si les autorités fiscales d'un État membre disposent d'**indices sur des éléments imposables situés dans un autre État membre** qui permettent de déclencher une enquête (par exemple, si elles disposent de renseignements sur le fondement de la directive sur la fiscalité de l'épargne), n'est pas justifiée l'application d'un délai de redressement prolongé qui ne viserait pas spécifiquement à permettre aux autorités fiscales de recourir utilement à des mécanismes d'assistance mutuelle entre États membres et qui se déclencherait dès que les éléments imposables concernés se situent dans un autre État membre.

La Cour n'admet pas, en tout état de cause, un dispositif de sanction qui crée une **imprescriptibilité** de fait ; ainsi, la législation espagnole relative à l'obligation de déclaration des comptes étrangers n'était pas conforme au principe de libre circulation des capitaux, car, si elle caractérisait une restriction justifiée, elle permettait à l'administration fiscale de procéder sans limitation dans le temps au redressement de l'impôt dû en cas d'infraction (CJUE 27 janvier 2022 aff. 788/19, 1e ch., Commission c/ Espagne : RJF 4/22 n° 413) ; en substance, la législation espagnole était critiquable, car elle créait un « effet d'imprescriptibilité » résultant de ce que l'Espagne pouvait imposer les gains non déclarés au titre du plus ancien des exercices non prescrits (cet arrêt est susceptible d'avoir des conséquences sur la législation française ; voir n° 2582 Précisions a).

Il a enfin été jugé, en matière de **droits de succession**, qu'un État membre ne peut prévoir un délai de prescription de dix ans pour l'évaluation d'actions nominatives d'une société dont le défunt était actionnaire et dont le siège de direction effective est établi dans un autre État membre alors que ce même délai est de deux ans lorsque le siège de direction effective est situé dans le premier État membre (CJUE 15 septembre 2011 aff. 132/10, 2e ch., Olivier Halley : RJF 12/11 n° 1403).

Précisions La **législation française**, qui porte à dix ans le délai de reprise dans certains cas (par exemple, en cas de non-déclaration de comptes étrangers, n° 2445), n'est pas nécessairement compatible avec le droit de l'Union européenne, car l'extension du délai de reprise est générale et ne dépend pas de l'existence « d'indices ». Voir n° 2482, à propos d'un contrat d'assurance-vie luxembourgeois détenu par une résidente de France.

Obligations déclaratives

82125 Le principe de la libre circulation des capitaux n'interdit pas nécessairement aux États membres de prendre des mesures déclaratives spécifiques ; ainsi l'obligation de **déclaration des comptes étrangers** (n° 2430 s.), qui ne vise pas les comptes situés en France et caractérise dans cette mesure une restriction, est compatible avec le principe de la libre circulation des capitaux (CE 17 décembre 2010 n° 330666, 3e et 8e s.-s., Throude : RJF 3/11 n° 270 ; conclusions Emmanuelle Cortot-Boucher au BDCF 3/11 n° 26) :

– il s'agit d'un dispositif de nature purement déclarative qui ne subordonne pas les transferts de fonds vers un compte ouvert à l'étranger ou en provenance de ce compte à une autorisation administrative préalable (qui, en principe, n'aurait pas été admise) ;

– s'il est présumé que les sommes transitant sur un compte étranger non déclaré constituent des revenus imposables, cette présomption peut être renversée par le contribuable ; la majoration de 40 % ne présente donc pas le caractère d'une sanction automatique ;

– étant destiné à assurer l'efficacité de la lutte contre la fraude fiscale, ce dispositif est au nombre des mesures indispensables, visées par le b du 1 de l'article 58 du traité (ancienne numérotation ; n° 81980), que les États membres sont susceptibles de prendre pour faire échec aux infractions à leurs lois et règlements en matière fiscale et n'institue pas une discrimination arbitraire ;

– alors même qu'il ne peut comporter, eu égard à son économie, de procédure de mise en demeure préalable, il est propre à garantir la réalisation de l'objectif qu'il poursuit et ne va pas au-delà de ce qui est nécessaire pour l'atteindre, de sorte qu'il doit être regardé comme respectant le principe de proportionnalité (l'absence de mise en demeure préalable est justifiée par la plus grande difficulté de contrôler les comptes ouverts à l'étranger).

En revanche, le principe de libre circulation des capitaux ne s'oppose pas à une législation qui abroge de manière définitive l'infraction consistant à ne pas déclarer les transferts de fonds vers l'étranger (CJUE Ord. 22 février 2018 aff. 125/17, 9e ch.).

En ce qui concerne le **montant des amendes** sanctionnant le non-respect de l'obligation déclarative, voir n° 2465, Précisions b (en particulier, CJUE 31 mai 2018 aff. 190/17, 1e ch.). Il a également été jugé, à propos de la législation espagnole, que l'application d'une amende de 150 % du montant total de l'impôt dû sur les sommes correspondant à la valeur des biens ou des droits détenus à l'étranger et non déclarés caractérise une atteinte disproportionnée à la liberté de circulation des capitaux. Une telle amende a, en effet, un caractère extrêmement répressif et peut aboutir, dans de nombreux cas, en tenant compte du cumul avec les autres amendes exigibles, à plus de 100 % de la valeur de ces biens ou de ces droits ; ces amendes forfaitaires très élevées et non plafonnées ont également été jugées disproportionnées (CJUE 27 janvier 2022 aff. 788/19, 1e ch., Commission c/ Espagne : RJF 4/22 n° 413).

Représentant fiscal

82130 Divers États ont mis en place des législations imposants aux non-résidents la désignation obligatoire de représentants fiscaux par les non-résidents dans des circonstances variables. Au sein de l'Union européenne, cette exigence a été considérée par la Cour de justice comme **contraire au principe de la libre circulation des capitaux** (CJUE 5 mai 2011 aff. 267/09, 4e ch., Commission c/ Portugal : RJF 7/11 n° 909 ; affaire jugée sans conclusions d'avocat général). La Cour juge qu'une telle obligation crée une restriction car elle impose aux non-résidents d'effectuer des démarches et leur fait supporter le coût supplémentaire de la rémunération du représentant alors même qu'il n'est pas établi que les mécanismes d'assistance mutuelle entre les autorités fiscales des États membres dans le domaine des impôts directs, posés par les directives européennes, seraient insuffisants pour atteindre l'objectif de lutte contre la fraude fiscale.

La situation est cependant différente en ce qui concerne les **États tiers** ; en effet, le cadre de coopération entre les autorités compétentes des États membres établi par les directives européennes n'existe pas entre celles-ci et les autorités compétentes d'un État tiers, lorsque ce dernier n'a pris aucun engagement d'assistance mutuelle. Ainsi, l'obligation de désignation d'un représentant fiscal, en ce qu'elle vise les contribuables résidant dans les États parties à l'accord EEE et non membres de l'Union européenne, ne va pas au-delà de ce qui est nécessaire pour atteindre l'objectif visant à garantir l'efficacité des contrôles fiscaux et de la lutte contre l'évasion fiscale (arrêt précité, point 57).

Sur l'approche de la Cour au regard de la **libre prestation de services**, voir n° 81925. Sur la législation française, voir n°s 83080 s.

Cas des sociétés étrangères contrôlées

La question des conséquences de la libre circulation des capitaux sur les législations du type « **article 123 bis** » (n°s 73670 s.) a été examinée par la Cour de justice à propos de la législation britannique, qui assujettit à l'impôt sur le revenu ou à l'impôt sur les sociétés les associés résidents britanniques au titre de plus-values réalisées par des sociétés étrangères, y compris si elles sont constituées dans un État membre de l'Union européenne ou de l'Espace économique européen, dès lors qu'ils détiennent plus de 10 % de leur capital ; par différence, lorsqu'une « société à actionnariat concentré » britannique réalise des plus-values, un impôt n'est prélevé au nom des actionnaires qu'en cas de distribution ou en cas de cession des parts dans la société, l'imposition étant alors établie en fonction du montant réellement perçu et non pas des plus-values réalisées par la société. **82135**

La Cour juge ce dispositif non conforme étant donné qu'il ne « se limite pas à viser spécifiquement les montages purement artificiels, dépourvus de réalité économique et réalisés à des seules fins fiscales, mais affecte également des comportements dont la **réalité économique** ne saurait être contestée » (CJUE 13 novembre 2014 aff. 112/14, 8e ch., Commission c/ Royaume-Uni : RJF 2/15 n° 166). La Cour relève notamment que l'application du dispositif n'est exclue que dans quelques circonstances seulement, telles que la cession d'un actif utilisé exclusivement aux fins d'une activité menée par la société hors du Royaume-Uni, et qu'il n'est pas permis au contribuable d'apporter des éléments visant à établir la réalité économique de sa participation dans la société.

Précisions **a. L'article 123 bis** du CGI ne méconnaît ni la liberté d'établissement ni la libre circulation des capitaux (CAA Lyon 25 juillet 2019 n° 19LY00435, 5e ch.) ; cet arrêt a fait l'objet d'un pourvoi non admis par CE (na) 16 mars 2020 n° 434806, 9e ch. : RJF 7/20 n° 606 (voir n° 74005).

b. Les dispositions de **l'article 209 B du CGI** ne relèvent pas du champ de la liberté de circulation des capitaux (CE 25 avril 2022 n° 439859, 9e et 10e ch., Sté Rubis : RJF 7/22 n° 625) et respectent le principe de la liberté d'établissement (CE 4 juillet 2014 n°s 357264 et 359924, Plén., Sté Bolloré : RJF 10/14 n° 880, à propos d'une version de la loi antérieure à 2006) ; sur ces affaires, voir n° 73255.

F. La question de la cohérence fiscale

Justification possible d'une restriction

Il résulte de la jurisprudence de la Cour de justice qu'une restriction peut éventuellement être admise si elle est nécessaire pour assurer la cohérence d'un système fiscal. **82200**

C'est à propos de la déductibilité de **cotisations d'assurances** payées par un résident à une compagnie d'assurances non résidente que le principe a été affirmé. Par un arrêt du 28 janvier 1992 (Affaire C 300/90, Commission c/ Belgique) et un autre du même jour (CJCE 28 janvier 1992 aff. 204/90, Bachmann : RJF 11/92 n° 1589), la Cour a considéré que les articles 48 et 52 du traité CE (numérotation de l'époque) s'opposaient à ce que la législation d'un État membre subordonne la déductibilité de cotisations d'assurances contre la maladie et l'invalidité, ou contre la vieillesse et le décès, à la condition que ces cotisations soient versées dans cet État. Cependant, elle a estimé que cette condition pouvait être justifiée par la nécessité de garantir la cohérence du régime fiscal applicable et que les articles 67 et 106 du traité CE (numérotation de l'époque) ne s'opposent pas à une telle législation.

Conditions

82210 Après avoir affirmé l'existence d'un principe de cohérence fiscale, la Cour de justice en a rapidement restreint la portée en refusant de le considérer comme établi dans la plupart des affaires qui lui étaient soumises.

La Cour a d'abord nuancé sa position dans l'affaire Wielockx (nº 81660), à propos de sommes versées à une **réserve vieillesse** par un non-résident. Selon le gouvernement néerlandais, il n'était pas « cohérent » de permettre à un résident de Belgique de constituer une réserve vieillesse aux Pays-Bas pour acquérir ensuite un droit à pension qui échapperait à l'impôt néerlandais en vertu des conventions fiscales (la pension n'est, dans ce cas, imposable que dans l'État de la résidence, c'est-à-dire la Belgique). Cet argument n'a pas été accueilli par la Cour qui a considéré que la cohérence fiscale doit être examinée au niveau de la **réciprocité des règles** applicables dans les États contractants. Autrement dit, il n'y a pas atteinte à la cohérence dans la mesure où, par le jeu d'une convention fiscale, chaque État impose toutes les pensions perçues par les résidents, quel que soit l'État où les cotisations ont été payées, mais renonce, à l'inverse, à soumettre à l'impôt les pensions perçues à l'étranger même si elles ont été constituées à partir de cotisations versées sur son territoire et considérées comme déductibles. En tout état de cause, la Cour a souligné, pour répondre aux objections liées aux difficultés du contrôle fiscal, que les autorités fiscales peuvent toujours recueillir les informations nécessaires conformément à la directive concernant l'assistance mutuelle des autorités compétentes des États membres (nº 74205).

En l'état actuel de la jurisprudence, pour que l'argument de la cohérence fiscale puisse être admis, il faut qu'un **lien direct** existe entre l'octroi d'un avantage fiscal et la compensation de cet avantage par un prélèvement fiscal déterminé ; à un moment, la Cour avait paru exiger que la compensation concerne un même contribuable, mais il ne semble pas que ce soit toujours le cas. En tout état de cause, une législation qui caractérise une restriction ne peut être justifiée au nom de la nécessité de préserver la cohérence fiscale que si elle respecte le principe de **proportionnalité** et ne va pas au-delà du nécessaire pour atteindre l'objectif (notamment, CJUE 12 juin 2018 aff. 650/16, Gr. ch., A/S Bevola, Jens W. Trock ApS, points 53 et 59 : RJF 11/18 nº 1186) ; il en va de même, au demeurant, de l'argument tenant à la répartition équilibrée du pouvoir d'imposition entre les États membres et à la nécessité de prévenir le risque de double déduction des pertes (voir également nº 81720).

Exemples

82220 Parmi d'autres, on relève que l'argument de la cohérence fiscale n'a pas été accueilli en l'absence de lien direct entre une exonération d'impôt sur le revenu au titre des **dividendes versés** par une société et **l'imposition des profits réalisés par la société distributrice** à partir desquels les dividendes sont payés (arrêt Verkooijen, nº 82000). Le refus d'une exonération d'impôt pour des dividendes étrangers ne peut être justifié par le fait que les bénéfices sociaux ne sont pas imposables puisqu'il n'y a nulle incohérence s'agissant de contribuables distincts et d'impositions distinctes. Par différence, dans l'affaire Bachmann (nº 82200), la cohérence était en cause puisque le contribuable avait le choix entre déduire les primes et être ensuite imposé ou ne pas déduire les primes en souscrivant un contrat étranger et ne pas être ensuite imposé à l'issue du contrat (comparer avec l'affaire Danner ; nº 81900).

Dans l'affaire Manninen (nº 82000), la Cour a néanmoins pris en compte le **lien** entre l'octroi de l'avoir fiscal et l'**impôt sur les sociétés** payé par la société distributrice (en ce sens, le système finlandais aurait pu être considéré comme cohérent si l'avoir fiscal avait été calculé en fonction du taux de l'impôt sur les sociétés payé par la société suédoise).

L'argument de la cohérence a été écarté dans une affaire où la Cour a jugé qu'il n'était pas permis de refuser la déduction de **cotisations** versées à des **institutions de retraite** établies dans d'autres États membres alors qu'elles sont déductibles en cas de versement à des institutions du même État (CJCE 30 janvier 2007 aff. 150/04, Gr. ch., Commission c/ Royaume du Danemark : RJF 5/07 nº 643).

L'absence de lien direct a aussi conduit la Cour à ne pas accueillir l'argument selon lequel un État pourrait limiter une **exonération accordée à des enseignants** au seul cas de ceux qui exercent leur activité dans cet État, au motif que ce dernier y trouverait un moyen d'assurer des missions d'enseignement à prix réduit (affaire Jundt ; n° 81890).

Autre exemple, la Cour de justice a refusé de considérer que le mécanisme français de **l'intégration fiscale**, en ce qui concerne l'imposition de dividendes de filiales étrangères, répondait à la nécessité de sauvegarder la cohérence du système fiscal en l'absence de lien direct entre l'avantage résultant de la neutralisation de la quote-part de frais et charges dans le cadre du régime de l'intégration fiscale et un désavantage fiscal particulier résultant également de l'application de ce régime (arrêt Steria ; n° 81767).

En revanche, la nécessité de garantir la cohérence fiscale a été considérée comme suffisante pour justifier une restriction dans une affaire qui concernait une société allemande qui avait un établissement stable en Autriche (CJCE 23 octobre 2008 aff. 157/07, 4e ch., Krankenheim Ruhesitz am Wannsee-Seniorenheimstatt GmbH : RJF 1/09 n° 98, sous le nom Finanzamt fuumlr Koumlrperschaften III in Berlin). Dans cette affaire, la Cour a admis que l'Allemagne pouvait procéder à la **réintégration de pertes** réalisées par l'établissement autrichien et antérieurement déduites en Allemagne **afin de garantir la cohérence du système fiscal allemand** qui établit un lien direct, personnel et matériel entre la déduction des pertes et leur réintégration ; la réintégration des pertes répond à une logique de symétrie du système allemand, étant donné que l'Allemagne n'a pas le droit d'imposer les profits de l'établissement autrichien en raison de la convention fiscale conclue avec l'Autriche (n° 81730). Dans le même sens, toujours à propos de la législation allemande, la nécessité de garantir la cohérence fiscale a été admise à propos de la réintégration de pertes avant cession (CJUE 17 décembre 2015 aff. 388/14, 3e ch., Timac Agro Deutschland GmbH (point 41) : RJF 3/16 n° 305 ; voir également n° 81705).

L'argument tiré de la cohérence fiscale a aussi été retenu, par exemple, dans les affaires suivantes :
– pour justifier un avantage fiscal en matière de **droits d'enregistrement** en Belgique et en Hongrie alors que l'avantage dépendait du lieu de situation de l'immeuble acheté (CJUE 1er décembre 2011 aff. 250/08, 1e ch., Commission c/ Belgique et même jour aff. 253/09, 1e ch., Commission c/ Hongrie : RJF 3/12 n° 327) ; il y avait en effet un lien direct entre l'avantage fiscal litigieux et le prélèvement initial, qui concernaient le même contribuable dans le cadre d'une même imposition ;
– pour admettre que la Finlande puisse refuser la déductibilité d'une perte subie par un contribuable domicilié en Finlande lors de la **cession d'un immeuble** situé en France, étant donné qu'une éventuelle plus-value n'aurait pas été imposable en application de la convention fiscale franco-finlandaise (CJUE 7 novembre 2013 aff. 322/11, 1e ch. : RJF 1/14 n° 105) ; un lien direct a été considéré comme établi entre la prise en compte des pertes de cession et sa compensation résultant de l'imposition des bénéfices générés dans les mêmes conditions (voir également n° 82050) ;
– pour admettre une réduction de l'abattement appliqué pour le calcul en Allemagne des **droits de succession** relatifs à la transmission d'immeubles situés en Allemagne et détenus par un résident autrichien, dès lors que la réglementation en cause établissait un lien direct entre l'abattement dont pouvait se prévaloir l'héritier et la compétence fiscale allemande, qui ne s'étendait pas à l'ensemble du patrimoine (CJUE 21 décembre 2021 aff. 394/20, 5e ch. : RJF 3/22 n° 324 ; voir également n° 82090).

G. L'interdiction des discriminations liées à la nationalité

L'article 18 du traité FUE (ex-article 12 du traité CE) précise que « dans le domaine d'application des traités, et sans préjudice des dispositions particulières qu'ils prévoient, est interdite toute discrimination exercée en raison de la nationalité ». Ce texte pose un **principe général** de non-discrimination en fonction de la nationalité qui n'a vocation à s'appliquer dans les situations régies par le droit de l'Union européenne que si le traité ne prévoit pas de règle spécifique de non-discrimination. Par exemple, lorsque les dispositions relatives à la libre circulation des capitaux sont applicables, l'article 18 ne trouve pas à s'appliquer (point 19 de la décision Missionswerk Werner Heukelbach eV ; n° 82110) ; voir aussi, parmi d'autres, l'arrêt Zanotti à propos de la déduction de frais d'enseignement universitaire (n° 81920). **82250**

Cette liberté a, par exemple, été prise en compte à propos de la législation allemande qui refusait d'admettre la **déduction** d'une **pension alimentaire** versée par un résident d'Allemagne à son ex-épouse résidant elle-même en Autriche au motif que cette pension n'était pas imposable en Autriche, alors qu'elle aurait été déductible si la bénéficiaire avait été résidente d'Allemagne car la pension aurait été imposable en Allemagne ; mais la Cour a considéré qu'il n'y avait pas de restriction dans la mesure où les deux situations n'étaient pas comparables (CJCE 12 juillet 2005 aff. 403/03, Gr. ch., Egon Schempp : RJF 12/05 n° 1492).

Il a également été jugé que ni le principe de l'interdiction des discriminations liées à la nationalité ni celui de la liberté de circuler et de résider dans l'Union européenne (n° 82270) ne s'opposent à ce qu'un État membre traite différemment, en application d'une convention fiscale, des **pensions de retraite** en fonction du caractère privé ou public de l'emploi exercé, et, dans ce dernier cas, selon que les intéressés ont ou non la nationalité de l'État membre de résidence (CJUE 30 avril 2020 aff. jointes 168/19 et C-169/19, 8e ch., HB et IC : RJF 8-9/20 n° 746). Cette affaire concernait d'anciens agents du secteur public italien qui, de nationalité italienne et résidents du Portugal, recevaient des pensions de source italienne ; la différence de traitement résultant de l'application de la **convention fiscale** conclue entre l'Italie et le Portugal, qui reprenait sur ce point le modèle de l'OCDE (n° 43850), ne caractérisait pas une restriction interdite (n° 81490), la Cour jugeant notamment :
– que, lorsque, dans une convention fiscale, le critère de la nationalité apparaît dans une disposition qui a pour objet de répartir la compétence fiscale, il n'est pas justifié de considérer cette différenciation fondée sur la **nationalité** comme étant constitutive d'une discrimination interdite (arrêt précité, point 19) ;
– et que la désignation de l'État débiteur de la pension de retraite comme étant compétent pour imposer les pensions perçues du secteur public ne saurait, en soi, avoir de répercussions négatives pour les contribuables concernés, dans la mesure où le caractère favorable ou défavorable du traitement fiscal réservé à ces contribuables ne découle pas du choix du facteur de rattachement, mais du **niveau d'imposition** de l'État compétent, en l'absence d'harmonisation européenne des barèmes d'impôts directs (arrêt précité, point 20).

H. La liberté de circuler et de résider dans l'Union européenne

82270 **L'article 21 du traité FUE** (ex-article 18 du traité CE) prévoit que « tout citoyen de l'Union a le droit de circuler et de séjourner librement sur le territoire des États membres, sous réserve des limitations et conditions prévues par les traités et par les dispositions prises pour leur application ». Comme le rappelle l'arrêt Egon Schempp (n° 82250), ce principe ne garantit cependant pas à un citoyen de l'Union que le transfert de ses activités d'un État membre dans un autre soit fiscalement neutre.

La jurisprudence de la Cour de justice tend à donner à ce texte une **portée résiduelle** ; elle a, par exemple, considéré qu'il ne s'applique que dans la mesure où la liberté d'établissement n'est pas en cause (en ce sens, arrêt N, n° 81690).

Ce principe a été invoqué dans l'affaire Egon Schempp (n° 82250), sans succès pour le contribuable, et, cette fois avec succès, au cas de l'imposition en Finlande d'une Finlandaise **retraitée** et résidente d'Espagne ; il a été jugé que cette retraitée, dans la mesure où elle retirait la quasi-totalité de ses revenus de cette **pension**, ne pouvait pas être plus lourdement imposée en Finlande qu'un résident finlandais (CJCE 9 novembre 2006 aff. 520/04, 1e ch., Turpeinen : RJF 3/07 n° 373) ; en effet, dans ce cas, aucune autre liberté n'était applicable, notamment pas la liberté de circulation des travailleurs, puisqu'il s'agissait d'une retraitée (mais cela n'empêchait pas de transposer le raisonnement Schumacker, n° 81810 ; à noter incidemment que cette liberté a été invoquée à l'encontre de l'État d'origine de l'intéressée).

Dans le même esprit, la liberté de résider dans l'Union européenne est applicable à une **retraitée** qui quitte l'État membre dans lequel elle a passé l'ensemble de sa vie professionnelle pour s'installer dans un autre État membre et qui ne relève pas de la libre circulation des travailleurs (CJUE 19 novembre 2015 aff. 632/13, 6e ch. : RJF 2/16 n° 210) ; dans cette affaire, la Cour juge que le refus d'accorder aux non-résidents qui tirent la plus grande partie de leurs revenus d'un État et qui ont opté pour un **régime d'imposition à la source** dans cet État les mêmes **déductions personnelles** que celles qui sont accordées aux résidents dans le cadre du régime d'imposition ordinaire ne constitue pas une discrimination prohibée lorsque les non-résidents ne sont pas soumis à une charge fiscale globalement supérieure à celle qui pèse sur les résidents et sur les personnes qui leur sont assimilées, dont la situation est comparable à la leur (au point 46 de l'arrêt, la Cour indique que « le refus de reconnaître la déduction personnelle en cause au principal doit, comme le relève l'administration fiscale dans ses observations, dans les circonstances telles que celles de l'affaire au principal, plutôt être accepté comme un élément inhérent au régime d'imposition à la source, puisque celui-ci vise tant à simplifier la tâche de cette administration qu'à soulager le contribuable non-résident »). À propos de l'imposition des **pensions de retraite**, voir également CJUE 30 avril 2020 aff. jointes 168/19 et C-169/19, 8e ch., HB et IC : RJF 8-9/20 n° 746 (n° 82250).

Il a également été jugé que la liberté de résider dans l'Union européenne s'oppose à une réglementation nationale qui lie le droit à une réduction de l'impôt sur le revenu en fonction des **cotisations d'assurance maladie** acquittées à la condition que ces cotisations aient été versées dans cet État sur la base des dispositions du droit national et refuse cette réduction lorsque les cotisations sont versées dans le cadre d'un régime d'assurance maladie obligatoire d'un autre État membre (CJCE 23 avril 2009 aff. 544/07, 3e ch., Uwe Rüffler : RJF 7/09 n° 709). La liberté de circuler indépendamment de l'exercice d'une activité économique a aussi été appliquée dans l'affaire de l'« exit tax » espagnole concernant les personnes physiques (CJUE 12 juillet 2012 aff. 269/09, 1e ch., Commission c/ Espagne : RJF 12/12 n° 1172 ; voir aussi n° 81690).

Enfin, la Cour de justice n'exclut pas absolument qu'une mesure d'interdiction de sortie du territoire soit prise à l'encontre d'un contribuable qui ne s'est **pas acquitté de sa dette fiscale** mais elle l'encadre dans des conditions très strictes de nature à limiter son recours à des cas exceptionnels (CJUE 17 novembre 2011 aff. 434/10, 4e ch., Petar Aladzhov : RJF 3/12 n° 326).

Précisions Une restriction à cette liberté est parfois condamnée concomitamment à d'autres (par exemple, à propos du refus d'exonérer de **taxe perçue sur l'achat d'un premier logement** les personnes qui ne résident pas en Grèce à titre permanent, CJUE 20 janvier 2011 aff. 155/09, 1e ch., Commission c/ Grèce).

I. La question de la clause de la nation la plus favorisée

L'existence éventuelle d'un principe de la nation la plus favorisée a été examinée par la Cour de justice dans l'affaire D (CJCE 5 juillet 2005 aff. 376/03, Plén., D. : RJF 10/05 n° 1143). **82280**

Il s'agissait d'un ressortissant allemand et résident d'Allemagne, qui demandait, aux Pays-Bas, le bénéfice du même **abattement** pour la détermination de l'**impôt sur la fortune** exigible dans ce pays au titre de la détention d'un bien immobilier que s'il était résident de Belgique (cet abattement lui avait été refusé dans la mesure où sa fortune n'était pas située pour au moins 90 % aux Pays-Bas).

La Cour a considéré que les dispositions relatives à la libre circulation des capitaux ne s'opposent pas à ce qu'une règle prévue par une **convention fiscale**, telle que celle qui était en cause, ne soit pas étendue au ressortissant d'un État membre non partie à cette convention. Elle a, en effet, estimé que le fait que les droits et obligations réciproques prévus par la convention ne s'appliquent qu'à des personnes résidentes de l'un des deux États membres contractants est une conséquence inhérente aux conventions fiscales. Il en découle qu'un assujetti résident de Belgique ne se trouve pas dans la même situation qu'un assujetti résidant en dehors de la Belgique en ce qui concerne l'impôt sur la fortune établi à raison de biens immobiliers situés aux Pays-Bas. Une règle telle que celle prévue à l'article 25 § 3 de la convention entre la Belgique et les Pays-Bas ne saurait être analysée comme un avantage détachable du reste de la convention, mais en fait partie intégrante et contribue à son équilibre général (point 62).

Toutefois, il existe des situations où les avantages d'une convention fiscale peuvent être étendus à un résident d'un État membre n'ayant pas la qualité de partie à la convention. Ainsi, la Cour a jugé que, s'agissant d'une convention fiscale conclue entre un État membre et un pays tiers, le principe du traitement national impose à l'État membre partie à cette convention d'accorder aux **établissements stables** de sociétés non résidentes les avantages prévus par la convention aux mêmes conditions que celles qui s'appliquent aux sociétés résidentes (arrêt Saint-Gobain, n° 81610). Dans un tel cas, l'assujetti non résident disposant d'un établissement stable dans un État membre est considéré comme étant dans une situation équivalente à celle d'un assujetti résident de cet État.

En pratique, le principe de la nation la plus favorisée n'a que rarement d'incidence, comme le montrent les décisions suivantes.

82280 (suite) Ce principe a été considéré comme sans effet par CJCE 12 décembre 2006 aff. 374/04, Gr. ch., Test Claimants in Class IV of the ACT Group Litigation (RJF 3/07 nº 376), à propos de l'ancien système d'ACT au Royaume-Uni, jugeant que l'octroi d'un **« avoir fiscal »** (en l'espèce, un crédit d'impôt accordé aux actionnaires de sociétés britanniques) à une société non résidente percevant des dividendes d'une société résidente ne saurait être considéré comme un avantage détachable de la convention fiscale mais en fait partie intégrante et contribue à son équilibre général (point 88).

Autre exemple, il a été jugé qu'un État membre n'avait pas l'obligation d'étendre à des dividendes provenant d'un autre État membre les règles relatives au **crédit d'impôt** prévues par des conventions fiscales conclues avec des États tiers (CJUE 30 juin 2016 aff. 176/15, 6e ch. : RJF 10/16 nº 909, à propos d'une personne physique résidente de Belgique qui s'était vu refuser un crédit d'impôt au titre d'une retenue à la source prélevée en Pologne alors qu'elle y aurait eu droit si les dividendes avaient eu leur source dans certains États tiers).

Dans le même sens, le Conseil d'État a jugé, à propos de sociétés néerlandaises qui revendiquaient le remboursement de la moitié de **l'ancien avoir fiscal français** dans les mêmes conditions que si elles avaient été italiennes (nº 61600), qu'un avantage consenti sur le fondement d'une convention fiscale à un résident d'un État membre de l'Union européenne peut théoriquement être revendiqué par un résident d'un État membre n'ayant pas la qualité d'État partie à cette convention, en application du principe de non-discrimination, mais seulement **si cet avantage est détachable** du reste de la convention (six décisions du même jour, notamment CE 12 mai 2015 nº 366398, 3e et 8e s.-s., Sté Gist Brocades International BV : RJF 8-9/15 nº 744) ; en l'espèce, le remboursement a été refusé car l'octroi de l'ancien avoir fiscal à une société mère italienne sur le fondement de la convention fiscale franco-italienne faisait partie intégrante de cette convention, contribuait à son équilibre et ne saurait donc être analysé comme un avantage détachable du reste de cette convention. Comme le relève, en effet, le rapporteur public, **l'équilibre des conventions** fiscales franco-néerlandaise et franco-italienne est différent car, contrairement à la convention franco-italienne qui accorde un avantage quasi identique dans les deux sens, la convention franco-néerlandaise ne prévoit aucun paiement par le Trésor néerlandais en faveur des sociétés françaises recevant des dividendes de leurs filiales néerlandaises ; par suite, les sociétés mères néerlandaises n'étaient pas dans la même situation, au regard de l'attribution de l'avoir fiscal à raison des dividendes distribués par leurs filiales françaises, que les sociétés mères italiennes et l'avantage revendiqué par les sociétés requérantes n'était pas détachable de la convention franco-italienne : « en prévoyant cet avantage, la France et l'Italie ne sont pas sorties de l'exercice consistant à se répartir la compétence fiscale en vue d'éliminer les doubles impositions » (conclusions Vincent Daumas au BDCF 8-9/15 nº 111).

Un autre exemple négatif est donné par une société française qui contestait la **non-déductibilité en France des impôts acquittés dans certains États membres** de l'Union européenne en application de conventions fiscales « explicites » conclues par la France avec ces États alors que ces impôts auraient été déductibles s'ils avaient été prélevés par d'autres États liés à la France par des conventions fiscales rédigées différemment (voir nº 83660, à propos de la législation antérieure à la loi nº 2017-1775 du 28 décembre 2017 de finances rectificative pour 2017) ; le Conseil d'État a refusé de faire jouer la clause de la nation la plus favorisée au motif que la société n'avait invoqué aucun traitement différent qui serait appliqué à des situations objectivement comparables (CE 7 juin 2017 nº 386579, 9e et 10e ch., min. c/ Sté LVMH Moët Hennessy Louis Vuitton et Sté LVMH Moët Hennessy Louis Vuitton : RJF 10/17 nº 941). La décision n'est pas très explicite mais le rapporteur public l'était davantage, affirmant « qu'une clause stipulant expressément que l'impôt acquitté dans un État sur des revenus y trouvant leur source et pour lesquels le pouvoir d'imposer est partagé n'est **pas détachable** du reste de la convention », et que le « pur et simple **silence d'une convention** sur la déductibilité en France de l'impôt étranger, ayant pour effet - mais seulement pour effet, et non pour objet - de laisser sur ce point s'appliquer le droit interne, c'est-à-dire le droit commun, il ne saurait selon nous être considéré comme un « avantage », et moins encore comme un « avantage détachable » de la convention » (conclusions Émilie Bokdam-Tognetti à la même RJF, C 941).

L'avenir dira, dans ces conditions, ce que pourrait être un « **avantage détachable** » ; la jurisprudence de la Cour de justice paraît, sur ce point, plus stricte que celle du Conseil d'État, puisque, selon la Cour de justice, les avantages conventionnels ne sont pas détachables, presque par nature, alors que le Conseil d'État pose le principe inverse et laisse entendre que certains avantages pourraient être détachables, peut-être ceux qui ne

82280 (suite)

seraient pas liés à la répartition de la compétence fiscale entre les États. Dans cette hypothèse, pourraient éventuellement être regardés comme détachables les avantages prévus par certaines conventions fiscales qui visent certains impôts ou taxes particuliers qui ne sont pas systématiquement couverts par les conventions fiscales (par exemple, les solutions données par la convention fiscale franco-allemande concernant la **taxe d'apprentissage** pourraient, selon cette manière de voir, devoir être transposées à d'autres situations conventionnelles).

CHAPITRE 28

Modalités d'application de la fiscalité internationale

Plan du chapitre §§

SECTION 1
Dans l'État de la source des revenus 82810

A En ce qui concerne les revenus « passifs » 82815

B En ce qui concerne les autres revenus 83030

SECTION 2
Dans l'État de la résidence du bénéficiaire 83400

A L'exonération des revenus imposables dans l'État de la source : le taux effectif 83410

B L'imposition des revenus dans les deux États : l'imputation d'un crédit d'impôt 83560

82800 Les règles d'imposition des activités et opérations internationales, telles qu'elles ont été exposées dans les chapitres qui précèdent, sont souvent complexes. Cette complexité tient notamment au fait que les États veulent en général appréhender de manière correcte et équitable les très nombreuses situations possibles, ce qui les oblige à élaborer des réglementations assez fines pour pouvoir s'adapter aux différents cas particuliers.

La complexité des règles se retrouve dans les modalités d'application des conventions fiscales ou des dispositions internationales contenues dans les législations internes des États.

Dans l'État de la **résidence du bénéficiaire** des revenus, un souci de justice ou d'équité fiscales conduit normalement à asseoir l'imposition sur le **revenu mondial** du contribuable ou bien, en cas d'exonération de certains revenus sur le fondement d'une convention fiscale, à prendre en compte ces revenus pour le calcul du taux d'imposition des autres revenus (taux effectif). Les États cherchent en outre à lutter contre la fraude et l'évasion fiscales internationales et sont amenés à mettre en place des mécanismes d'échanges d'informations et des modalités d'application des avantages conventionnels de nature à faciliter le contrôle fiscal (formulaires d'application des conventions, notamment).

Dans l'État de la **source des revenus**, la recherche de l'équité fiscale est moins présente. En général, ces États considèrent qu'il est normal de faire bénéficier les non-résidents de **dispositions fiscales favorables**, c'est-à-dire moins sévères que pour les résidents. Mais ces États ont, en principe, le souci de ne faire bénéficier de mesures favorables, ou même d'exonération d'impôt, que les « vrais » non-résidents. Ils ne se contentent pas de savoir que les revenus sont payés à l'étranger ; il leur faut encore être certains que le bénéficiaire est bien résident de l'État dont il se dit résident. Les travaux continus sur la lutte contre l'érosion de l'assiette imposable et les transferts de bénéfices ont bien mis en lumière la volonté des États de faire en sorte qu'il ne soit pas fait un **usage abusif des conventions fiscales** (l'Action 6 du plan anti-Beps vise précisément à empêcher « l'octroi inapproprié des avantages des conventions fiscales » et à lutter contre les stratégies de « chalandage fiscal » ; n° 72410). Les formulaires d'application des conventions fiscales sont l'un des moyens utilisés par les États pour atteindre cet objectif.

Pour ces raisons, les modalités d'application du droit fiscal international sont souvent assez lourdes.

SECTION 1

Dans l'État de la source des revenus

L'État de la source du revenu est celui dans lequel le revenu considéré prend naissance : **82810**
– soit parce que l'**activité** génératrice du revenu y est exercée ;
– soit parce que le **débiteur** du revenu y est domicilié.

En général, les États cherchent à imposer ces revenus, car ils considèrent que le rattachement à leur territoire est suffisant pour qu'il soit légitime que le bénéficiaire contribue effectivement aux charges publiques. Mais, le plus souvent, ils se contentent d'une **imposition atténuée** par rapport à celle qu'ils appliquent aux résidents. L'imposition est encore plus limitée lorsqu'il existe une **convention fiscale** qui peut :
– soit retirer tout droit d'imposer à l'État de la source ;
– soit plafonner l'imposition permise dans cet État.

Par ailleurs, pour tenir compte de ce que le bénéficiaire n'a normalement pas de liens très étroits avec l'État de la source, et aussi pour éviter trop de difficultés de recouvrement, l'imposition se fait fréquemment par voie de **retenue à la source**. Les modalités d'application des mécanismes de retenues à la source sont les suivantes.

A. En ce qui concerne les revenus « passifs »

Par revenus « passifs », on entend ceux qui ne résultent pas de l'exercice d'une activité professionnelle mais qui proviennent de placements effectués par le contribuable ou de certains droits composant son patrimoine : **dividendes**, **intérêts**, **redevances**. **82815**

La fiscalité internationale applicable à ce type de revenus est normalement celle d'une imposition à la source (à un taux plafonné par la convention fiscale, le cas échéant), qui constitue un crédit d'impôt dans l'État de résidence du bénéficiaire. Elle repose en général sur la justification de la résidence du bénéficiaire en dehors de l'État de la source des revenus, c'est-à-dire normalement de celui du domicile du débiteur. L'administration estime que le fait que cette obligation soit **annuelle** est cohérent « avec l'objectif de confirmer la résidence fiscale du contribuable » et que sa « remise en cause pourrait conduire à l'octroi d'avantages indus, ce qui serait tout à fait indésirable en matière tant de finances publiques que de justice fiscale et irait à l'encontre de l'objectif de valeur constitutionnelle de lutte contre l'évasion fiscale » (réponse Lefebvre, n° 76816 : JOAN 5 juillet 2016 p. 6366, ajoutant que « le dispositif actuel permet ainsi d'assurer un équilibre satisfaisant entre ces impératifs et la simplicité des formalités demandées au contribuable »).

Précisions **a.** Le comité des affaires fiscales de l'OCDE travaille depuis 2010 à un **projet de documentation** pour l'application d'une procédure rationalisée permettant aux **investisseurs de portefeuille** de demander la réduction du taux des prélèvements à la source sur le fondement des conventions fiscales ou de la législation interne du pays de la source ; ce projet vise à normaliser les documents nécessaires aux pays souhaitant adopter les « pratiques exemplaires » décrites dans un rapport diffusé par l'OCDE le 12 janvier 2009. L'OCDE constate qu'il est souvent fastidieux et coûteux, en temps et en ressources, de solliciter une réduction des prélèvements à la source en application d'une convention fiscale ou d'une législation nationale et que, par suite, la majorité des investisseurs étrangers ne le font pas. Pour faciliter l'obtention des réductions de retenues à la source en cas d'investissements transfrontaliers, un système normalisé a été mis au point par l'OCDE en collaboration avec l'Union européenne (système « **TRACE** », pour Treaty Relief and Compliance Enhancement ; communiqué du 11 février 2013). Le 25 février 2020, l'OCDE a publié des lignes directrices et des modèles informatiques de mise en œuvre de ce dispositif et de celui du CTS (Common Transmission System) concernant les échanges d'informations entre administrations ; la Finlande semble être le seul État qui expérimente actuellement ce système mais d'autres États pourraient suivre cet exemple.

b. Dans le contexte de l'épidémie de **Covid-19**, l'OCDE a publié, le 6 septembre 2021, quelques recommandations d'ordre pratique pour faciliter les demandes d'allégement de la retenue à la source, pouvant passer par l'octroi de délais pour la présentation de certificats de résidence fiscale, l'utilisation de certificats de l'année précédente et la mise en place de procédures de certification et de signature numériques (Publication du Forum sur l'administration fiscale, intitulée « Réponses de l'administration fiscale au COVID-19, mesures administratives propres à faciliter les demandes d'allégement de la retenue à la source »).

c. En 2021 et 2022, la **Commission européenne** a manifesté un nouvel intérêt pour l'élimination des entraves résultant des prélèvements à la source sur les dividendes et intérêts au sein de l'Union européenne (nº 88158).

1. Le principe de la justification de la qualité de non-résident

82820 Par principe, une personne qui souhaite bénéficier du régime d'imposition atténuée réservé aux non-résidents doit justifier de sa qualité. Il faut éviter, en effet, que des résidents cherchent à **éluder l'impôt** en se prétendant non-résidents. En outre, en présence d'une convention fiscale, il faut éviter qu'il en soit fait un usage abusif et qu'elle bénéficie, par des **montages artificiels**, à des personnes qui ne devraient pas normalement y être éligibles.

D'une façon générale, les contribuables non domiciliés en France peuvent justifier de leur qualité de non-résident en produisant un formulaire nº 5000 (nº 82895) ou une attestation émanant des autorités fiscales étrangères.

Le contrôle, en la matière, peut être assez sévère. Par exemple, faute de **pièces justificatives** concernant la résidence de prestataires de services informatiques apparemment établis au Canada, aux États-Unis et en Tunisie, un GIE établi en France a pu se voir refuser le bénéfice des conventions fiscales liant la France à ces pays ; il avait certes produit divers documents, mais aucun ne se rapportait aux années en litige et il n'avait fait état d'aucune démarche infructueuse pour obtenir des pièces justificatives relatives à la situation fiscale des prestataires pour les années en cause, susceptibles d'établir qu'ils auraient leur résidence fiscale dans les pays concernés, qu'ils y seraient assujettis à l'impôt sur les sociétés ou à un impôt équivalent ou qu'ils y disposeraient d'un établissement stable ; par suite, alors qu'il était seul en mesure de produire les éléments relatifs aux prestataires de services, le débiteur n'apportait aucun élément probant de nature à établir leur résidence fiscale et il n'était pas fondé à revendiquer le bénéfice des conventions fiscales (TA Paris 11 juillet 2022 nº 2015428, 1ᵉ sect., GIE Agrica Gestion).

En revanche, dans une configuration particulière, une société française qui était redevable de la retenue à la source prévue par l'article 182 B du CGI au motif qu'elle avait versé en 2013 des rémunérations de prestations de services à deux sociétés, l'une apparemment établie aux îles Vierges britanniques et l'autre apparemment établie à Hong Kong, a invoqué avec succès la convention fiscale franco-israélienne du 31 juillet 1995 en produisant, pour la première fois en appel, deux **attestations** datées de juillet 2017 par lesquelles les autorités fiscales israéliennes avaient certifié que ces sociétés étaient résidentes d'Israël au sens de la convention et qu'elles y avaient respecté leurs obligations déclaratives au titre des années 2012 à 2017 (CAA Paris 14 octobre 2021 nº 20PA03678, 5ᵉ ch., SAS Cap Retraite, arrêt définitif ; voir également nº 2960) ; dans ses conclusions, la rapporteure publique avait estimé que dès lors que l'administration fiscale israélienne avait admis que les sociétés étaient résidentes fiscales israéliennes et qu'elles y avaient respecté leurs obligations déclaratives de 2012 à 2017, il était difficile de juger l'inverse (sauf s'il s'agissait d'un abus de droit par fraude, mais la question ne se posait pas).

Précisions Les **banques** ont, dans ce domaine, une **obligation de conseil** (en ce sens, CA Caen 20 juin 2002 nº 00-220, 1ᵉ ch., section civile et commerciale, Crédit Lyonnais c/ Minshull : RJF 2/03 nº 192, RJDA 4/03 nº 392 ; arrêt définitif) ; elles doivent attirer l'attention de leurs clients sur l'existence des conventions fiscales.

a. En l'absence de convention fiscale

Principes

82825 Lorsqu'il n'y a pas de convention fiscale, la question de la justification de la qualité de non-résident est réglée par le seul droit interne des États.

Du côté français, elle dépend donc des textes applicables lorsque la loi crée des exonérations sous certaines conditions ; on doit cependant constater qu'en l'espèce la loi est généralement muette et que la doctrine administrative n'est pas souvent explicite.

Absence de nécessité de produire les formulaires conventionnels

82828 Lorsque l'exonération ou le taux réduit résultent du droit interne et non pas de l'application d'une convention fiscale, l'administration française n'exige pas, en principe, la présentation des formulaires mis au point pour l'application des conventions fiscales (voir cependant nº 82907

la procédure mise en place pour l'application de la retenue à la source au taux de 12,8 % pour les personnes physiques non domiciliées en France). D'ailleurs, les formulaires mentionnés nº 82835 sont expressément destinés à l'application des conventions fiscales et non pas à l'application, le cas échéant, du droit interne.

Lorsque l'exonération n'est pas liée à une convention fiscale mais au **droit de l'Union européenne**, des modalités spécifiques d'application ont été mises en place (nº 82970 en ce qui concerne les dividendes, et nº 82980 en ce qui concerne les intérêts et redevances).

Précisions Lorsque la loi prévoyait l'application obligatoire du prélèvement forfaitaire aux intérêts versés aux non-résidents, l'exception prévue par l'article 125 A III du CGI (ancienne rédaction ; nº 62516) relative aux intérêts d'obligations supposait seulement que le bénéficiaire présente « tout document établissant que le bénéficiaire effectif des revenus a son domicile fiscal ou son siège hors de France ; par exemple : **attestation des services fiscaux** du lieu du domicile fiscal ou du siège ; **avis d'imposition** s'il est suffisamment explicite ». Dans une lettre à l'Association française des banques, le ministre de l'économie, des finances et du budget avait en outre indiqué, le 17 mars 1988, que pour les obligations d'État détenues par des personnes morales résidentes de pays liés à la France par une convention fiscale, la justification de la qualité de non-résident pouvait être apportée par une **simple déclaration**, dès lors qu'elle comportait des indications suffisantes pour attester l'inscription au **registre du commerce** des pays de résidence ou la formalité en tenant lieu.

b. En présence d'une convention fiscale

Principes

Il arrive souvent que les États aient mis au point des formulaires d'application des conven- **82830**
tions fiscales ; tel est le cas entre les principaux pays développés, notamment européens, car ces États considèrent que les conventions fiscales n'ont pas seulement pour objet l'élimination des doubles impositions, mais aussi la lutte contre l'évasion fiscale. Or l'échange d'informations, au moyen de formulaires d'application des conventions fiscales, est un moyen d'atteindre ce but.

D'une manière générale, le bénéfice des conventions fiscales est réservé aux personnes qui peuvent présenter **tout document** établissant leur résidence fiscale, tel qu'une attestation des services fiscaux. Le bénéficiaire non résident doit, en outre, avoir la qualité de « **bénéficiaire effectif** » ou de « bénéficiaire réel » pour se prévaloir des conventions fiscales (nºs 74630 s.).

Précisions Lorsque le « bénéficiaire » est une **partnership américaine**, l'administration admet que les avantages conventionnels concernant les dividendes, intérêts et redevances soient accordés sur présentation d'une formule globale souscrite au nom de la partnership, accompagnée de diverses attestations (BOI-INT-CVB-USA-10-20-40 nº 50).

Publication de formulaires normalisés

Un arrêté du 20 décembre 2006, publié au JO du 11 janvier 2007, fixe le modèle des **82835**
formulaires de demandes tendant à obtenir les taux réduits de retenue à la source prévus par les conventions fiscales ; cet arrêté précise que les demandes en ce sens doivent être présentées conformément aux **six séries d'imprimés bilatéraux** qui sont rédigés en français, allemand, anglais, espagnol, italien et néerlandais et qui visent les dividendes, les intérêts et les redevances (nº 82895 ; il y a actuellement, en outre, des formulaires en chinois). Dans la mesure où, ce qui n'était pas le cas antérieurement, ces formulaires ont été **publiés au Journal officiel**, ils se sont naturellement substitués aux anciens formulaires qui avaient pu être mis en place à l'occasion de discussions bilatérales avec certains pays (formulaires qui n'étaient, de toute façon, pas opposables, faute de publication au Journal officiel ; nº 82840).

Il a été précisé que, d'une façon générale, « les personnes vivant à l'étranger qui souhaitent bénéficier des avantages de la convention fiscale qui lie la France à l'État dans lequel elles sont domiciliées ou établies doivent produire une **attestation de résidence fiscale** dans cet État (imprimé nº 5000 ; nº 82895). Ce document doit être validé par l'administration étrangère qui est, en principe, seule compétente pour attester de la résidence fiscale du bénéficiaire des revenus dans cet État. (...) Dans l'hypothèse où l'intéressé peut démontrer qu'il se trouve dans l'impossibilité, malgré ses diligences, de faire remplir cette attestation de résidence par l'administration fiscale de l'État où il réside, il lui reste possible d'apporter la preuve de sa résidence fiscale par tous moyens. Afin d'apprécier si la qualité de résident fiscal au sens des critères rappelés ci-dessus peut lui être reconnue, les éléments produits, le cas échéant traduits en français, feront alors l'objet d'un examen, portant à la fois sur leur valeur probatoire (authenticité des renseignements, source des informations) et sur leur contenu » (réponse Deromedi, n° 14775 : JO Sénat 8 octobre 2020 p. 4600 ; BF 12/20 n° 907).

Précisions Il n'existe pas « de **procédures de certification dématérialisées** entre États en matière fiscale. C'est la raison pour laquelle il reste nécessaire, pour pouvoir bénéficier des dispositions conventionnelles applicables en matière de fiscalité des revenus de capitaux mobiliers, de recourir à des formulaires au format papier. Les échanges automatiques d'informations, mis en œuvre par près de 100 pays en 2020, et destinés à lutter activement contre l'évasion et la fraude fiscale, ne permettent pas l'application automatisée des dispositions conventionnelles qui seraient plus favorables pour l'usager en question » (réponse Deromedi, n° 13935 : JO Sénat 12 novembre 2020 p. 5284 ; BF 1/21 n° 75).

Légalité des formulaires d'application

82840 Dans le passé, la question s'était posée de savoir si les formulaires conventionnels qui avaient été mis en place avec certains pays pouvaient être légalement exigés pour l'application des conventions fiscales. Le Conseil d'État avait jugé qu'aucune disposition de la convention franco-américaine du 28 juillet 1967 ne permettait de subordonner l'exonération de retenue à la source sur les droits d'auteur de source française versés aux résidents des États-Unis à la souscription d'une demande visée par l'établissement financier américain ou par l'administration fiscale américaine (CE 17 juin 1987 n° 64549, 7e et 8e s.-s. : RJF 8-9/87 n° 935). Comme l'indiquait le commissaire du Gouvernement Bruno Martin-Laprade, la convention franco-américaine, dans sa rédaction de l'époque, n'habilitait pas les autorités de chaque pays « à compléter ses stipulations par l'instauration de formalités. »

Assez souvent, cependant, la convention fiscale délègue aux États le pouvoir de **définir des modalités d'application** (voir par exemple l'article 26 § 1 de la convention franco-allemande du 21 juillet 1959 modifiée, rédigé comme suit : « Les autorités compétentes des États contractants arrêteront les mesures administratives nécessaires pour l'application de la présente Convention »). La convention franco-américaine de 1967 avait d'ailleurs fait l'objet d'un avenant le 16 juin 1988 permettant aux États de mettre en place des modalités d'application ; la convention du 31 août 1994 modifiée prévoit, quant à elle, un dispositif en ce sens plus précis qu'à l'ordinaire (article 32). Voir aussi n° 82845.

Lorsqu'elles habilitent les autorités compétentes à prendre des mesures d'application, les conventions fiscales ne fixent pas, sauf exception (n° 82845), des **conditions** impératives. Ainsi, ce n'est pas parce que des formulaires conventionnels franco-belges n'ont été produits qu'en 2016 alors qu'ils concernaient les années 2013 à 2015 que l'administration était fondée à refuser l'exonération du prélèvement de l'article 182 B du CGI au titre de redevances versées par une société française à une société belge (TA Lille 23 septembre 2021 n° 1811852, 4e ch., EURL Création : RJF 5/22 n° 487 ; jugement définitif) ; la convention fiscale du 10 mars 1964 modifiée autorise certes les autorités compétentes à se concerter sur les mesures d'application des exemptions ou réductions d'impôt qu'elle prévoit (article 24), mais elle ne fixe pas de délai de forclusion pour leur application et la circonstance que la doctrine administrative prévoie que les formulaires doivent être transmis avant la première échéance de l'année sous peine de forclusion est sans incidence.

82841 La question des formulaires conventionnels avait été soulevée au contentieux à propos de prêts consentis à une société française par sa société mère suédoise (CE 16 février 1990 n° 68627-68628, 9e et 8e s.-s., SAS France : RJF 4/90 n° 393). Le Conseil d'État a rejeté les prétentions de l'administration qui entendait soumettre à la retenue à la source les intérêts et les revenus distribués par la société française, contrairement au texte de la convention qui réserve l'imposition de ces revenus à la Suède, dans la mesure où la société suédoise n'avait pas fourni la **demande de dégrèvement** visée par l'administration suédoise, prévue par un échange de lettres entre la France et la Suède des 14 mars et 4 juin 1973.

Les prétentions de l'administration ont été écartées au motif que « l'échange de lettres n'a pas été régulièrement ratifié ou approuvé et que l'instruction du 25 avril 1975, qui en reproduit et commente les termes, n'a, en tout état de cause, pas été publiée au Journal officiel ; qu'ainsi, ni l'échange de lettres, ni l'instruction ne sont opposables aux contribuables ; que le moyen tiré par le ministre du défaut de souscription par la société… de la demande de dégrèvement… doit donc être écarté. »

Cette motivation est plus importante en ce qu'elle se fonde sur l'absence de **publication au Journal officiel** qu'en ce qu'elle fait référence à l'absence de ratification ou d'approbation de l'échange de lettres lui-même. Cela ne signifie pas, en effet, que tous les échanges de lettres doivent être soumis au Parlement ; tout dépend de l'existence ou non d'une clause conventionnelle expresse habilitant les autorités compétentes des États à mettre en place des formulaires. Comme l'ancienne convention franco-suédoise ne la contenait pas, seul un texte approuvé par le Parlement aurait pu créer semblable obligation.

Précisions **a.** Dans le même sens, le Conseil d'État a rappelé qu'en l'absence de publication au Journal officiel, un **accord amiable** conclu entre les administrations fiscales française et allemande n'est pas opposable en France (CE 10 juin 1992 n° 72704, 7e et 9e s.-s., Helmer Frères : RJF 8-9/92 n° 1232).

b. Voir, également, CE 16 décembre 1998 n° 127404, 9e et 8e s.-s., Société Immobilière de Font de Veyre : RJF 2/99 n° 207, aux conclusions Guillaume Goulard au BDCF 2/99, à propos de l'ancienne instruction du 4 août 1972 d'application de l'ancienne convention franco-américaine, en matière de **retenue à la source** (instruction non publiée au JO et donc inopposable au contribuable mais non à l'administration).

Conditions

Il ressort de la jurisprudence qu'il faut résoudre deux questions avant de décider si les formulaires bilatéraux sont légalement exigibles : **82842**
– vérifier si la convention fiscale **habilitait** les administrations à les mettre en place, ce qui est fréquent pour les conventions modernes, mais assez rare pour les anciennes ;
– vérifier si la mesure a fait l'objet d'une publicité suffisante, ce qui est maintenant le cas, depuis que l'administration a publié au **Journal officiel** les modèles des formulaires d'application des avantages conventionnels relatifs aux dividendes, intérêts et redevances, ainsi qu'un modèle d'attestation de résidence (n° 82835) ; par suite, la question de l'absence de publication suffisante des formulaires bilatéraux d'application des conventions fiscales ne devrait plus avoir aujourd'hui qu'un intérêt résiduel et historique.

Cas particuliers

Il arrive que les conventions fiscales contiennent des dispositions de procédure très **82845**
précises qui doivent alors naturellement être appliquées ; le Conseil d'État a ainsi jugé, dans le cadre de la **convention franco-suisse** du 9 septembre 1966 modifiée, que le bénéfice du taux réduit de retenue à la source est subordonné non seulement à des conditions de fond, mais aussi à la production par la personne morale suisse d'une « **demande de dégrèvement** attestée par les autorités compétentes » de Suisse (CE 18 juin 1980 n° 20094, 8e et 9e s.-s. : RJF 10/80 n° 791). En l'espèce, les stipulations conventionnelles étaient suffisamment claires et précises pour ne pas nécessiter de mesure d'application (à défaut, la procédure n'aurait pas été applicable en l'absence de publication au Journal officiel).

Aujourd'hui, l'article 31 de la convention franco-suisse, tel que modifié par l'avenant du 22 juillet 1997, précise que, d'une façon générale, le bénéfice de la convention suppose la présentation d'une attestation de résidence, **sauf si les États en disposent autrement** (solution reprise, par exemple, dans les trois conventions de 1997 avec les pays baltes pour les intérêts, dividendes et redevances ainsi que dans la convention franco-slovène du 7 avril 2004). À propos de la convention fiscale franco-suisse, il a été jugé qu'**un contribuable qui ne produit pas les attestations** prévues par l'article 31 § 2 de la convention ne peut se prévaloir des stipulations de cette convention relatives aux redevances (CAA Versailles 23 octobre 2012 n° 10VE02223, 1e ch., arrêt définitif confirmant TA Cergy-Pontoise 12 mai 2010 n° 07-835, 5e ch., Conus-Rachmaninoff : RJF 1/11 n° 9 ; voir aussi n° 3465). Dans cette affaire, le contribuable avait produit des attestations communales suisses indiquant qu'il était assujetti de manière illimitée à l'impôt mais ces attestations ne comportaient pas les mentions prescrites par l'article 31 § 2 de la convention.

Ainsi que l'a jugé le Conseil d'État, toutefois, la présentation du formulaire d'attestation de résidence prévue par l'article 31 de cette convention n'est requise que pour l'obtention des avantages prévus par la convention, à l'exclusion de la détermination du pays de **résidence** du contribuable, qui ne constitue pas un « avantage » prévu par la convention et n'est régie que par les stipulations conventionnelles relatives à la détermination de la résidence fiscale (CE 23 novembre 2020 n° 427182, 9e et 10e ch. : RJF 2/21 n° 197 et CE 19 avril 2021 n° 439606, 8e ch. : RJF 7/21 n° 747 ; voir n° 41305).

Dans le cadre **franco-britannique**, l'administration souligne que, pour l'application de la convention, l'autorité compétente d'un État peut exiger des personnes qui demandent à bénéficier d'un avantage prévu par la convention qu'elles remplissent une **déclaration précisant la nature et le montant** des revenus ou gains en capital perçus, ainsi qu'une attestation de l'administration fiscale de l'autre État, certifiant que ces personnes sont des résidents de cet autre État, ou toute autre pièce justificative prévue par sa législation interne (BOI-INT-CVB-GBR-10-30 n° 300). On remarque pourtant que la convention ne crée pas une faculté car elle emploie la forme impérative (« toute personne demandant les avantages prévus par la présente Convention dans un État contractant **doit présenter** à l'administration fiscale de cet État ... »). Une telle formulation, théoriquement impérative, se retrouve dans d'autres conventions fiscales, telles que la convention franco-andorrane du 2 avril 2013 (article 27).

Précisions L'article 10 bis de l'ancienne **convention franco-luxembourgeoise** (du 1er avril 1958) prévoyait que, pour bénéficier de la réduction de l'impôt à raison des dividendes et des intérêts, la personne qui a son domicile fiscal dans l'un des États devait produire aux autorités fiscales de l'autre État une **attestation** visée par les autorités fiscales du premier État précisant les revenus pour lesquels le bénéfice des dispositions est demandé et certifiant que ces revenus seront soumis à l'impôt direct dans les conditions du droit commun dans l'État où elle a son domicile fiscal. À défaut de présentation de ce justificatif, le débiteur devait prélever la retenue au taux de droit commun. Le bénéfice de la convention avait, sur ce fondement, été refusé à une société française qui avait versé des dividendes à une société luxembourgeoise détenue par une société chypriote elle-même entièrement contrôlée par une société suisse, l'attestation produite ne comportant pas les mentions requises (CAA Versailles 8 juillet 2015 n° 13VE01079, 7e ch., Holcim ; sur la solution finalement retenue en cassation, voir n° 61047 b). La convention franco-luxembourgeoise actuelle, du 20 mars 2018, prévoit un formalisme plus conforme à la pratique habituelle de la France (n° 74750).

Attestations françaises destinées aux autres pays

82850 Pour bénéficier des avantages prévus par les conventions fiscales, les bénéficiaires de revenus de source étrangère fiscalement domiciliés en France doivent utiliser, en principe, les formulaires conventionnels mis à disposition par l'État étranger cosignataire de la convention (BOI-INT-DG-20-20-30 n° 260, à propos des intérêts et redevances, mais généralisable). Seul, en effet, l'État étranger peut décider du formalisme requis pour justifier de la résidence en France.

Toutefois, comme le rappelle l'administration (BOI préc.), beaucoup d'autorités étrangères acceptent les documents produits et signés par l'administration française. Dans ce cas, le bénéficiaire des revenus peut, s'il s'agit d'un professionnel, faire **certifier de sa qualité de résident de France** au moyen d'un certificat de résidence disponible sur le site internet www.impots.gouv.fr en version franco-anglaise (formulaire n° 730-FR-ANG) et en version franco-espagnole (formulaire n° 730-FR-ESP). Les particuliers peuvent utiliser le formulaire 731-FR-GB-ES-DE, qui n'existe que dans une seule version franco-anglaise-espagnole-allemande.

Précisions L'administration publie parfois des modèles de demandes permettant aux résidents de France d'obtenir des **remboursements de retenue à la source dans un État étranger** ; en ce sens, par exemple, BOI-FORM-000013 à présenter à l'administration grecque par les résidents de France qui perçoivent des redevances de source grecque et BOI-FORM-000023 concernant la réduction de l'impôt néerlandais sur les dividendes en vertu de l'article 10 § 2 b de la convention.

82852 **Attestations de résidence dématérialisées** Depuis le 13 juin 2012, les **entreprises** disposant d'un établissement principal situé en France peuvent obtenir, sans intervention des agents de la DGFiP, une attestation de résidence fiscale sur le site www.impot.gouv.fr. Pour accéder à ce service, l'entreprise doit disposer d'un espace abonné accessible depuis le site www.impots.gouv.fr et adhérer au service « consulter mon compte fiscal ». Elle a alors accès à un sous-menu dédié « **Attestation de Résidence Fiscale** ». L'entreprise doit obligatoirement indiquer l'année de perception des revenus de source étrangère et l'État cosignataire de la convention fiscale correspondante. L'attestation est délivrée en temps réel en format « PDF » et peut être sauvegardée et éditée par la société elle-même.

La délivrance automatisée de l'attestation de résidence fiscale n'est pas possible notamment si l'entreprise est soumise à **l'impôt sur le revenu** ou si elle ne dispose pas d'un **établissement principal stable** en France. Elle n'est pas non plus possible si l'année de perception des revenus de source étrangère sélectionnée est antérieure à l'année de création du dossier de l'entreprise dans le Compte Fiscal des Professionnels, ou si l'année de perception des revenus de source étrangère sélectionnée est postérieure à l'année de cessation du dossier de l'entreprise dans le Compte Fiscal des Professionnels ou si l'année de perception des revenus de source étrangère sélectionnée, aucune convention fiscale en vigueur n'a été signée entre la France et l'État cosignataire sélectionné.

Dans ces cas, les attestations de résidence fiscale relatives à ces entreprises continuent à être délivrées par leur service gestionnaire en utilisant le **formulaire n° 730** ou une lettre d'information avec application des règles relatives à la délivrance de ces attestations.

L'attestation de résidence fiscale délivrée en ligne est en version français/anglais. Elle mentionne l'année au titre de laquelle elle est délivrée et comporte le cachet du service gestionnaire (elle n'est pas signée de manière manuscrite par le service mais elle est authentifiée par la présence d'un numéro de délivrance unique). En cas de doute sur l'authenticité d'une attestation de résidence fiscale, l'administration fiscale étrangère a la possibilité de demander au service gestionnaire la confirmation de la validité de l'attestation fournie par l'entreprise.

2. Les mécanismes d'application

Intervention de l'établissement payeur

En ce qui concerne les revenus de valeurs mobilières, le circuit est en principe organisé autour de l'établissement payeur, c'est-à-dire soit le débiteur des revenus, soit la personne qui en assure le paiement au bénéficiaire ; il s'agit généralement du **teneur du compte** du bénéficiaire et, pour les paiements hors de France, de l'établissement qui effectue ce paiement. Il appartient, d'une façon générale, aux établissements payeurs de s'assurer de la qualité de non-résident du bénéficiaire. Pour les autres revenus, c'est au débiteur de s'en assurer. **82860**

Hors le cas particulier des établissements payeurs européens pour ce qui concerne les dividendes d'actions cotées (n° 82865), l'établissement payeur est, en pratique, **le dernier établissement français** intervenant dans la chaîne des paiements et c'est donc lui qui est redevable de la retenue à la source, par exemple en ce qui concerne le versement de dividendes à des non-résidents. En ce sens, par exemple, le BOI-LETTRE-000076 proposant un modèle de convention pour les établissements payeurs européens indique que le redevable légal de la retenue à la source est la dernière personne établie en France intervenant dans la chaîne de paiement des revenus distribués et qu'il s'agit de la société distributrice, de son centralisateur ou du dernier établissement payeur des revenus établi en France.

Il a été jugé que, dans le cas où, à l'issue d'un contrôle, l'administration considère que le taux de la retenue à la source que l'établissement payeur a prélevée selon la procédure simplifiée au vu des formulaires 5000 et 5001 a été minoré du fait d'un **abus de droit**, l'établissement payeur ne peut être regardé comme le redevable du surplus de retenue à la source, sauf à ce que l'administration établisse qu'il est à l'origine du montage ou qu'il avait connaissance de l'abus de droit (TA Montreuil 1er mars 2022 n° 2007592, 7e ch., BNP Paribas Securities Services SCA ; jugement définitif) ; en l'espèce, l'administration ne pouvait donc pas réclamer à la requérante, teneur des comptes d'une société française détenue par une société luxembourgeoise elle-même détenue par une société néerlandaise, un supplément de retenue à la source au titre des années 2014 et 2015 sur le fondement de l'abus de droit au motif que la société luxembourgeoise était dénuée de substance économique.

Précisions **a.** Les opérations sur **valeurs mobilières** et les revenus de capitaux mobiliers font l'objet d'une « déclaration récapitulative des opérations sur valeurs mobilières et revenus de capitaux mobiliers » (formulaire n° 2561, ex-IFU ; CGI art. 242 ter). N'étant pas, en principe, imposables en France, les **revenus de créances** et notamment les intérêts des comptes de dépôt bénéficiant à des personnes physiques non résidentes n'ont pas à être déclarés par l'établissement payeur sur le formulaire n° 2561 ; les établissements payeurs doivent toutefois conserver un fichier des comptes en cause pour permettre la vérification ultérieure par l'administration fiscale de la qualité de non-résident des titulaires (BOI-RPPM-PVBMI-40-30-30-10 n° 175) ; les intérêts payés hors de France dans un ETNC sont soumis au prélèvement prévu au III de l'article 125 A du CGI et doivent être déclarés.

b. Par **établissement payeur**, on entend, selon le cas, le débiteur des revenus ou toute personne ou organisme qui assure le paiement ou qui tient le compte de personnes réalisant des opérations à déclarer portant sur des produits, gains ou valeurs visés des articles 108 à 125-0 A du CGI et au III bis de l'article 125 A du même Code ainsi que sur les profits réalisés sur les instruments financiers à terme, en application de l'article 150 ter du CGI (BOI-RPPM-PVBMI-40-30-10 n° 1). Il s'agit le plus souvent d'établissements de crédit, de comptables publics, de sociétés d'assurances sur la vie ou de capitalisation, d'organismes auprès desquels sont ouverts des plans d'épargne populaire ou des PEA ou encore des sociétés pour leurs propres distributions et des sociétés de personnes ou assimilées pour les revenus mobiliers qu'elles encaissent et qui sont imposés directement au nom de leurs membres.

Établissements financiers européens

82865 En ce qui concerne les **dividendes d'actions de sociétés « cotées »** (ou, plus exactement, admises aux négociations sur un marché réglementé), l'intervention des établissements financiers européens a été facilitée par l'article 63 de la loi de finances pour 2007 qui a ouvert la possibilité aux personnes morales établies dans un pays européen autre que la France, qui assurent le paiement des produits de titres de sociétés françaises cotées sur un marché réglementé ou organisé français ou étranger, de payer elles-mêmes, dans certaines conditions, la **retenue à la source**, sans avoir à passer par un intermédiaire établi en France (CGI art. 1672, 3) ; ce texte a été adopté dans le cadre du projet « Euroclear Settlement for Euronext-zone securities », qui prévoit l'intégration des systèmes informatiques de compensation et la mise en place d'une plateforme de règlement-livraison des marchés belge, français et néerlandais.

Cette mesure s'applique, depuis le 1er janvier 2007, aux établissements financiers établis dans l'**Union européenne**, ainsi qu'en Islande, au Liechtenstein et en Norvège, qui reçoivent les dividendes par l'intermédiaire d'un établissement payeur français (qui demeure le redevable légal de la retenue à la source), qui sont **mandatés** à cet effet par l'établissement payeur français et qui ont conclu une **convention** en ce sens avec l'administration française, précisant les modalités déclaratives et de paiement (les établissements payeurs étrangers concernés n'ont pas l'obligation d'acquitter la retenue par virement). Dans l'hypothèse où il y aurait plusieurs établissements financiers étrangers dans la chaîne des paiements aux non-résidents, **seul le premier établissement européen** pourrait être redevable de la retenue à la source aux lieu et place du dernier établissement français. La retenue à la source est acquittée au moyen d'un formulaire n° 2779-SD.

Précisions **a.** La **demande de convention** avec l'administration doit être formulée auprès de la recette des non-résidents de la Direction des impôts des non-résidents (n° 2840, Précisions b), en charge du traitement des contentieux afférents à la retenue à la source ou au prélèvement considérés (BOI-RPPM-RCM-30-30-10-70 n° 170).

b. Un **modèle** de convention relative au paiement par une personne morale établie dans un État de l'Espace économique européen (EEE) de la retenue à la source sur les revenus distribués par les sociétés françaises est publié au BOI-LETTRE-000076.

a. Règles communes aux différents revenus

Prélèvement de la retenue à la source

82870 La retenue à la source est prélevée automatiquement sur le montant brut des revenus par le débiteur (redevances) ou par l'établissement payeur (dividendes, intérêts). Elle donne lieu à la production d'une déclaration, faisant apparaître l'identité et l'adresse du bénéficiaire, ainsi que le montant brut des sommes soumises à la retenue, le taux et le montant de cette retenue (nos 3490 et 60985).

Si le débiteur est en possession des **justificatifs nécessaires avant le paiement**, rien ne s'oppose à ce qu'il applique le taux réduit (ou l'exonération à la source) prévu par le droit interne ou par une convention fiscale (telle est notamment la pratique française).

Si le débiteur ne dispose pas de justificatifs suffisants, il doit normalement appliquer la retenue prévue en droit interne. L'**excédent** éventuel doit ensuite être remboursé sur présentation des justificatifs exigés. L'établissement payeur se dédommage de son côté soit en procédant par compensation avec d'autres retenues à la source à payer au Trésor, soit en demandant un remboursement effectif à l'administration fiscale.

Précisions **a.** L'obligation de prélever la retenue à la source est assortie de diverses **sanctions** (nos 3327, 3495 et 60990).

b. En principe, rien n'empêche un débiteur de garantir à son cocontractant un revenu « net » de retenue à la source (**clause de « gross-up »**) ; les interdictions des articles 1672 bis et 1678 quater du CGI sont généralement comprises comme n'ayant d'incidence que sur le taux applicable et non pas sur le principe lui-même. Il en va différemment si le montant de la rémunération est en lui-même excessif et constitue à lui seul un **acte anormal de gestion** (CE 27 février 1991 n° 48780, 7e et 9e s.-s., SARL d'édition des artistes peignant de la bouche et du pied « APBP » : RJF 4/91 n° 401). Il faut naturellement en tirer les conséquences et considérer que l'avantage ainsi consenti est lui-même passible de la retenue à la source (selon le mécanisme décrit n° 76965).

c. Les prélèvements forfaitaires, les prélèvements sociaux et les retenues à la source sur les revenus mobiliers doivent être effectués **par voie électronique** lorsque l'établissement payeur est établi en France (Loi n° 2016-1918 du 29 décembre 2016 de finances rectificative pour 2016, art. 15 ; CGI art. 1649 quater B quater, VIII à X et CGI art. 1681 septies, 7, en ce qui concerne l'obligation de télépaiement).

Demandes de remboursement

D'une manière générale, les demandes de remboursement peuvent être présentées à l'administration française **jusqu'au 31 décembre de la deuxième année** qui suit celle du versement de l'impôt à rembourser (le b) de la première partie de l'article R* 196-1 du LPF fixe la limite au 31 décembre de la deuxième année suivant le versement de l'impôt contesté lorsque cet impôt n'a pas donné lieu à l'établissement d'un rôle ou à la notification d'un avis de mise en recouvrement). Mais un délai expirant au **31 décembre de l'année suivant** celle au cours de laquelle la retenue a été opérée est prévu par la loi s'il s'agit d'une contestation relative à l'application de la retenue (le b) de la seconde partie de l'article R* 196-1 du LPF fixe la limite au 31 décembre de l'année suivant celle au cours de laquelle la retenue à la source a été (opérée). **82873**

L'administration considère que le premier délai s'applique lorsque la réclamation émane de la partie versante alors que le second, plus court, s'applique en cas de réclamation par le contribuable (BOI-CTX-PREA-10-40 nos 260 et 270). Cette manière de voir est paradoxale dans la mesure où les « véritables » contribuables sont pénalisés alors qu'ils sont moins bien informés que les sociétés versantes. Elle a cependant été confirmée par le Conseil d'État, sous le bénéfice d'un tempérament tiré du **principe d'équivalence** garanti par le droit de l'Union européenne (CE 2 février 2022 n° 441511, 9e et 10e ch., Sté Sofina : RJF 4/22 n° 394) ; dans cette affaire, après avoir précisé que les réclamations contestant l'application de retenues à la source doivent être déposées dans le délai plus court prévu au b) de la seconde partie de l'article R* 196-1 du LPF, le Conseil d'État a jugé que, en application du principe d'équivalence posé par le droit de l'Union européenne (n° 87650), il y avait lieu de retenir pour les sociétés non-résidentes le **même délai** que celui applicable aux réclamations d'une société résidente, soit le délai plus long prévu au b) de la première partie du même article. Cette décision a été rendue à propos d'une société luxembourgeoise qui avait demandé, le 22 décembre 2011, la restitution de la retenue à la source prélevée sur des dividendes de source française au titre de l'année 2008 ; la réclamation pouvait, à juste titre, être rejetée pour tardiveté, car le délai de réclamation expirait le 31 décembre 2010 (sur la question des délais dans des situations voisines, voir nos 67725 et 83040). Il ressort incidemment des conclusions de la rapporteure publique Émilie Bokdam-Tognetti (RJF 4/22, C 394) que l'application du délai plus court (de droit commun, hors incidence du principe d'équivalence) s'appliquerait « aussi bien aux contribuables de ces retenues qu'aux redevables qui les prélèvent », ce qui pourrait autoriser l'administration à revenir sur la doctrine qui admet l'application du délai plus long lorsque la réclamation émane du débiteur (ces conclusions indiquent, en revanche, que le délai plus long continue de s'appliquer, en tout état de cause, en présence d'un événement qui motive une réclamation sur le fondement de l'article R* 196-1, c) du LPF).

Dans la mesure où le Conseil d'État ne retient l'application du délai plus long que sur le terrain du principe d'équivalence, qui vise seulement les situations entrant dans le champ des libertés garanties par le droit de l'Union européenne, celles qui n'y entrent pas ne sont pas couvertes, notamment si elles concernent des **États tiers** (hors liberté de circulation des capitaux) ; le délai plus court est donc seul applicable, par exemple, en cas de demande de remboursement de la retenue à la source de l'article 182 B du CGI prélevée sur des rémunérations versées à des personnes non établies dans l'Union européenne, si, en l'état de la doctrine administrative, la demande émane du bénéficiaire et non de la partie versante.

Les délais posés par l'article R* 196-1 du LPF s'appliquent même **si la société étrangère est déficitaire**. Ainsi, une société belge n'a pas été jugée recevable à réclamer en 2005

82873 (suite) un remboursement de retenue à la source acquittée au titre des années 1999 à 2001 au motif qu'elle était en situation déficitaire en Belgique alors même qu'une société française en déficit aurait pu contester sans délai le montant du déficit par voie de réclamation contentieuse tant qu'elle demeurait déficitaire ; il a été jugé (mais il est probable que cette solution n'est plus en ligne avec l'arrêt rendu ultérieurement par la Cour de justice dans l'affaire Sofina et autres, nº 60900) que cette différence ne crée pas de **discrimination** interdite au regard de la libre circulation des capitaux, car les sociétés étrangères passibles de l'impôt par voie de retenue à la source ne sont pas dans la même situation que les sociétés françaises passibles de l'impôt sur les sociétés au regard de la possibilité et des modalités de contestation d'une imposition donnée (CAA Paris 21 mars 2012 nº 10PA04218, 2e ch., Sté Groupe Bruxelles Lambert : RJF 8-9/12 nº 864, arrêt définitif ; le pourvoi de la requérante a été rejeté par CE 10 février 2016 nº 361179, 8e s.-s., Sté Groupe Bruxelles Lambert : RJF 6/16 nº 525, refusant également de saisir la Cour de justice de l'Union européenne).

Enfin, une **demande de restitution** de retenue à la source présentée par un contribuable non résident **auprès de l'établissement payeur** des revenus est considérée comme une réclamation contentieuse au sens de l'article L 190 du LPF, dès lors que c'est l'établissement payeur qui, selon la procédure prévue par l'administration, est chargé de prélever la retenue à la source et de procéder au remboursement d'un éventuel trop-perçu (CE 27 juillet 2015 nº 376369, 9e et 10e s.-s., Sté Aubépar : RJF 11/15 nº 951) ; il s'agissait d'une société belge qui demandait la restitution de retenues à la source sur des dividendes de source française, dont l'administration avait rejeté à tort la réclamation comme tardive au motif que le dépôt des formulaires auprès des banques dépositaires ne pouvait être regardé comme une demande de remboursement auprès des services fiscaux, interruptive de délai (la société a ensuite obtenu le remboursement des sommes contestées, selon ce qu'indique la juridiction de renvoi ; CAA Versailles Ord. 28 janvier 2016 nº 15VE02551, 3e ch., Sté Aubépar, prenant acte du désistement de la société).

Corrélativement, une décision de rejet de la part de l'établissement payeur, ou une absence de réponse de sa part, permet au contribuable de **saisir le tribunal administratif** ; dans ses conclusions sous la décision précitée du Conseil d'État, du 27 juillet 2015, la rapporteure publique avait indiqué que « le dépôt du formulaire fera toujours naître une décision implicite de rejet de l'Administration qui, n'étant pas assortie de la mention des voies et délais de recours, ne fera jamais courir les délais de recours contentieux » (conclusions Émilie Bokdam-Tognetti : RJF 11/15, C 951). En pratique, le dépôt des formulaires auprès de l'établissement payeur a donc pour effet de préserver les délais de contestation auprès de l'administration.

Précisions **a.** Un contribuable demandant la restitution d'un excédent de retenue à la source en application du plafond fixé par une convention fiscale ne peut pas demander que la restitution soit assortie d'**intérêts moratoires** (CAA Paris 16 septembre 1999 nº 96-2565, 2e ch. B, min. c/ SA Bearbull Rogier : RJF 3/00 nº 420 ; arrêt définitif). Toutefois, il en va différemment en présence d'une **condamnation** à un dégrèvement d'impôt par un tribunal ou d'un dégrèvement prononcé par l'administration à la suite d'une réclamation tendant à la **réparation d'une erreur** commise dans l'assiette ou le calcul des impositions (LPF art. L 208) ; dans ce cas, le contribuable qui obtient la restitution d'une retenue à la source versée à tort a droit à des intérêts moratoires qui commencent à courir à partir de la date à laquelle il a perçu de l'établissement payeur les dividendes nets des retenues à la source prélevées par ce dernier (CE 5 juin 2015 nº 373858, 9e et 10e s.-s., min. c/ Sté Groupe Bruxelles Lambert : RJF 10/15 nº 853, précisant que la date de paiement, au sens de l'article L 208 du LPF, doit s'entendre de la **date** à laquelle le contribuable s'est acquitté de la retenue à la source, à savoir la date de paiement par l'établissement payeur au contribuable des dividendes nets de retenue à la source, et non de celle du paiement par l'établissement payeur à l'État des sommes correspondant à la retenue à la source). Dans le cadre de l'Union européenne, voir nº 82980, Précisions.

b. En ce qui concerne les conséquences de la jurisprudence de la Cour de justice sur le **délai de réclamation** (sous l'empire de la législation applicable à l'époque), seules les décisions de cette cour retenant une interprétation du droit de l'Union européenne qui révélait directement une incompatibilité avec ce droit d'une règle applicable en France étaient de nature à constituer le point de départ du délai dans lequel étaient recevables les réclamations motivées par la réalisation d'un tel **événement** (par exemple, CE 22 février 2017 nº 392226, 9e et 10e ch., min. c/ Sté Findim Group : RJF 5/17 nº 430 ; CE 2 février 2022 nº 441511, 9e et 10e ch., Sté Sofina : RJF 4/22 nº 394 à propos de demandes de restitution de retenues à la source sur des dividendes). Pour un exemple favorable, CE 24 janvier 2018 nº 402167, 9e et 10e ch., California Public Employees' Retirement System (Calpers) : RJF 4/18 nº 439, à propos d'un fonds de pension américain (nº 61075, Précisions e). Depuis le 1er janvier 2013, en tout état de cause, les décisions ou avis rendus au contentieux par le Conseil d'État, la Cour de cassation, le Tribunal des conflits ou la

Cour de justice de l'Union européenne révélant la non-conformité d'une règle de droit interne à une règle de droit supérieure ne constituent plus des événements de nature à ouvrir un nouveau délai de réclamation (LPF art. R* 196-1, c).

c. La **Commission européenne** avait adressé à la France un avis motivé relatif aux délais accordés aux contribuables pour demander le remboursement de prélèvements à la source indus sur les dividendes (MEMO/15/5657 du 24 septembre 2015). La Commission considérait notamment qu'il n'était pas conforme au droit de l'Union européenne d'accorder aux non-résidents un **délai plus court qu'aux résidents** pour déposer une réclamation (pour les non-résidents, le point de départ du délai est la distribution des dividendes alors que pour les résidents il s'agit de la réception de l'avis d'imposition) ; elle estimait en outre que les procédures françaises étaient disproportionnées et contraires aux principes d'équivalence et d'effectivité qui doivent prévaloir au sein de l'Union européenne. Cette procédure a été classée le 6 juin 2019 au motif que les exigences tenant à la preuve avaient été assouplies par le Conseil d'État (décision n° 408561 du 26 janvier 2018 ; n° 82880).

d. Est irrecevable un recours pour excès de pouvoir contre une décision de **refus d'accorder un dégrèvement** de retenue à la source sur le fondement de l'article R 211-1 du LPF, qui prévoit que l'administration peut prononcer d'office le dégrèvement ou la restitution d'impositions indues, dans la mesure où la décision de l'administration de faire usage de ces dispositions revêt un caractère purement **gracieux** (CE 19 juin 2017 n° 403096, 10e et 9e ch., Sté GBL Energy : RJF 10/17 n° 984, à propos d'une demande de restitution de retenue à la source perçue sur des dividendes de source française ; cette décision refuse également de transmettre une question préjudicielle à la Cour de justice).

Qualité pour demander le remboursement

L'**établissement payeur** est recevable à contester, le cas échéant, le supplément d'impôt mis à sa charge (CE 18 juin 1980 n° 20094, 8e et 9e s.-s. : RJF 10/80 n° 791, à propos de l'article 125 A, III du CGI dans son ancienne rédaction). Mais le **bénéficiaire** des revenus est lui-même recevable à contester le prélèvement effectué par le débiteur (CE 19 décembre 1975 nos 84774 et 91895, Plén : RJF 2/76 n° 77). Voir aussi n° 3499. **82875**

Les recours formés par l'établissement payeur redevable des retenues à la source ou par le contribuable bénéficiaire des dividendes constituent cependant deux voies de droit différentes qui ne se confondent pas. Il a ainsi été jugé qu'une société suisse bénéficiaire de dividendes perçus pour le compte d'investisseurs italiens n'était pas recevable à former un recours devant le tribunal administratif en vue d'obtenir la restitution des retenues à la source payées en France, faute d'avoir présenté elle-même une **réclamation préalable** à l'administration et faute d'avoir formellement mandaté l'établissement payeur à présenter une réclamation préalable en son nom (CAA Versailles 29 novembre 2011 nos 10VE00435-10VE00436, 3e ch., Sté Aequitax ; arrêt définitif) ; dans cette affaire, l'établissement payeur avait présenté une réclamation, mais en son nom et non à celui de la requérante.

En revanche, des formulaires présentés par l'établissement payeur mais remplis et **signés tant par cet établissement payeur que par le bénéficiaire** doivent être regardés comme présentés pour le compte du bénéficiaire du revenu au sens de l'article R 197-4 du LPF relatif au mandat pour introduire une réclamation fiscale (CE 30 décembre 2015 n° 378237, 9e et 10e s.-s., Caisse de retraite Bayerische Versorgungskammer : RJF 3/16 n° 286, à propos d'une caisse de retraite allemande ayant perçu des dividendes de source française) ; la circonstance qu'aux termes de l'article R 197-1, al. 1 du LPF, les réclamations doivent être individuelles a été jugée sans importance car la double signature valait mandat et permettait de regarder les formulaires comme des réclamations présentées par l'établissement payeur pour le compte du bénéficiaire (l'affaire a été renvoyée à la Cour mais la requérante s'est ensuite désistée selon ce qu'indique CAA Versailles Ord. 15 avril 2016 n° 16VE00016, 3e ch.).

Précisions Une société qui s'acquitte du prélèvement forfaitaire libératoire a qualité pour contester le montant de l'imposition, même en l'absence de mandat conventionnel de la part de ses associés, et a également qualité pour contester l'accessoire de l'obligation principale que constituent les **intérêts moratoires** (CAA Versailles 6 juillet 2020 n° 18VE02609, 1e ch., Sté Stags : RJF 12/20 n° 1047, arrêt définitif annulant TA Cergy-Pontoise 4 juillet 2018 n° 1605031, SAS Stags : RJF 2/19 n° 216, qui avait jugé que seuls les associés pouvaient se prévaloir d'un préjudice). Dans cette affaire, la société avait racheté ses propres actions en 2012 et acquitté le prélèvement prévu par l'article 117 quater du CGI ; ce prélèvement lui avait ensuite été remboursé par l'administration en application de Cons. const. 20 juin 2014 n° 2014-404 QPC : RJF 10/14 n° 927 (n° 65910), mais l'administration avait corrélativement mis à la charge des associés une imposition au titre des plus-values. C'est à bon droit, pour la Cour, que l'administration n'avait accordé des intérêts moratoires qu'à hauteur de la seule différence, car elle ne pouvait rembourser la totalité des intérêts moratoires et assortir l'imposition des plus-values d'intérêts de retard comme le soutenait la société.

82880 **Justificatifs à présenter** La question des justificatifs à présenter à l'appui d'une demande de remboursement a fait l'objet d'un avis du Conseil d'État, saisi par dix jugements du 1er décembre 2010 du tribunal administratif de Montreuil, à propos de la retenue à la source applicable aux dividendes versés à des OPCVM étrangers (Avis CE 23 mai 2011 nos 344678 à 344687, 9e et 10e s.-s., Sté Santander Asset Management SGIIC SA : RJF 8-9/11 no 1009 ; conclusions Pierre Collin au BDCF 8-9/11 no 104). Le Conseil d'État a indiqué que le contribuable pouvait produire toutes pièces établissant le versement de la retenue litigieuse pour peu qu'elles en précisent la date et l'établissement payeur (dans ces affaires, l'administration avait cherché à soutenir que les demandes présentées par les OPCVM étrangers devaient être accompagnées des **formulaires no 2777** souscrits par les établissements payeurs et dont les OPCVM ne disposaient pas). Lorsque l'omission de pièces a motivé le rejet de la réclamation, ce vice de forme peut être régularisé devant le tribunal administratif jusqu'à la clôture de l'instruction.

Dans la ligne de cet avis, il a été jugé qu'un contribuable non résident qui conteste la retenue à la source perçue, en application de l'article 119 bis, 2 du CGI, sur les distributions effectuées par une société française peut produire **toutes pièces établissant le versement** de cette retenue pour peu qu'elles en précisent la date et l'établissement payeur au sens des dispositions combinées de l'article 381 A de l'annexe III au CGI et de l'article 188-0H de l'annexe IV au même Code (CAA Versailles 13 février 2014 no 12VE02169, 7e ch., min. c/ Sté Frère Bourgeois : RJF 7/14 no 727) ; dans sa décision de rejet du pourvoi qui avait été formé dans cette affaire (CE 15 juin 2016 no 381196, 8e ch. : Sté Frères Bourgeois : RJF 11/16 no 961), le Conseil d'État a confirmé la justesse de ce principe en relevant que c'est par une appréciation souveraine que la Cour avait retenu qu'aucun document du dossier ne permettait d'établir la date du versement dont la restitution était demandée. En l'espèce, la société belge n'avait produit aucun document établissant la date de versement de la retenue à la source litigieuse et l'identité de l'établissement payeur ; elle n'avait pu fournir qu'une attestation revêtue du cachet de l'administration fiscale belge qui ne mentionnait pas la qualité du signataire et ne comportait aucune indication sur la date des versements litigieux et sur l'établissement payeur.

De même, des **attestations bancaires** où ne figurent ni la mention ni le montant de l'impôt acquitté ne sont pas suffisantes (CAA Paris 21 mars 2012 no 10PA04218, 2e ch., Sté Groupe Bruxelles Lambert : RJF 8-9/12 no 864, arrêt définitif ; le pourvoi de la requérante a été rejeté par CE 10 février 2016 no 361179, 8e s.-s., Sté Groupe Bruxelles Lambert : RJF 6/16 no 525, refusant également de saisir la Cour de justice de l'Union européenne). Pour un autre exemple de justifications non apportées, voir CAA Versailles 14 janvier 2020 no 18VE01865, 1e ch., Sté Blackrock, agissant pour le compte du fonds d'investissement Blackrock Global Funds, arrêt définitif concernant un fonds luxembourgeois qui avait produit des attestations qui comportaient des discordances et n'indiquaient ni l'identité de l'établissement payeur ni la date de versement des retenues à la source dont le remboursement était réclamé.

Systématisant la jurisprudence, le Conseil d'État a précisé qu'un non-résident formant une réclamation tendant à la restitution de la retenue à la source sur des revenus visés aux articles 108 à 117 du CGI satisfait aux conditions de recevabilité en produisant **toutes pièces** établissant l'application de cette retenue, pour peu qu'elles précisent la date à laquelle elle a été opérée et l'identité de l'établissement payeur ; **s'il justifie qu'il ne peut produire** cette information en dépit des démarches qu'il a accomplies, sa réclamation est tout de même recevable si elle est assortie d'un **extrait de compte** ou de tout document équivalent émanant de l'établissement teneur du compte sur lequel sont inscrits les titres dont procèdent les revenus soumis à la retenue en litige, désignant ces titres avec une précision suffisante pour permettre leur identification, notamment au moyen de leur numéro international d'identification, indiquant la date de leur inscription en compte et mentionnant la date de versement ainsi que les montants nets et bruts des revenus (CE 26 janvier 2018 nos 408561, 408563, 408571, 408610, 408613 et 408617, 8e et 3e ch. : RJF 4/18 no 440) ; cette position de principe a été exposée à propos d'une personne physique domiciliée en Belgique qui avait déposé des titres français auprès de la succursale belge d'une banque néerlandaise et qui avait demandé le remboursement d'un excédent de retenue à la source par rapport au plafond conventionnel ; sa réclamation a été rejetée car il n'avait pas justifié de l'application de la retenue et n'avait pas non plus justifié avoir accompli les diligences nécessaires en ce sens.

Dans cette affaire, le Conseil d'État a légèrement corrigé la solution qui paraissait résulter de l'avis précité du 23 mai 2011, car si le contribuable doit apporter la preuve de l'application de la retenue à la source, il n'a pas à prouver que cette retenue a été **effectivement versée** au Trésor (en ce sens, conclusions du rapporteur public Romain Victor à la RJF 4/18 C 440) ; en outre, comme l'administration doit pouvoir procéder aux vérifications nécessaires, la tolérance permettant au contribuable de produire un extrait de compte ou un document équivalent n'est applicable que si l'établissement qui l'a produit est établi dans un État ou un territoire ayant conclu avec la France une convention fiscale incluant une **clause d'assistance administrative** en vue de lutter contre la fraude ou l'évasion fiscale.

Dans le sillage de la décision précitée du Conseil d'État, il a été jugé que si le contribuable doit établir l'application de la retenue à la source dont il demande le remboursement, il n'a pas à apporter la preuve qu'il n'a pas **déjà bénéficié d'une restitution** en application du **taux conventionnel** (CAA Versailles 25 juillet 2019 n° 18VE00877, 1e ch., Sté Oppenheim KAG mbH, et même jour, n° 18VE00878, pour le compte d'un autre fonds d'investissement : RJF 12/19 n° 1194 ; ces deux arrêts sont définitifs) ; dans cette affaire, l'administration avait admis qu'un fonds allemand était fondé à demander la restitution de la retenue à la source perçue à tort sur des dividendes de source française mais elle avait tenté de limiter le remboursement à la retenue conventionnelle de 15 % en estimant que le fonds n'avait pas démontré qu'il n'avait pas déjà été remboursé de l'écart entre le taux conventionnel et le taux de droit interne qui était à l'époque de 25 %.

Précisions L'administration peut **remettre en cause une décision de remboursement** qu'elle a prise en faisant usage de son pouvoir de contrôle dans les délais de reprise prévus par le Livre des procédures fiscales, étant donné que les règles relatives au retrait des actes individuels créateurs de droit ne sont pas applicables aux décisions d'admission d'une demande d'octroi d'un avantage conventionnel (CE 3 octobre 2012 n° 337557, 8e s.-s., Sté Nationsbank Europe Limited : RJF 12/12 n° 1144, à propos du remboursement de l'ancien avoir fiscal) ; dans cette affaire, l'administration avait remis en cause la décision du centre des impôts des non-résidents (n° 3600) certifiant le droit du créancier à l'avoir fiscal. Une contestation sur ce terrain se rattache au **contentieux fiscal** et non au contentieux de l'excès de pouvoir (le délai de retrait des décisions administratives susceptibles d'un recours pour excès de pouvoir est de quatre mois seulement au lieu de trois ans dans le cadre du contentieux fiscal).

b. Le circuit des justificatifs

Délivrance

En principe, les formulaires d'application des conventions fiscales sont délivrés aux bénéficiaires des revenus ou à leurs représentants par l'administration fiscale de l'État ou territoire de leur résidence. **82890**

Les formulaires aujourd'hui applicables en France, tels que publiés au Journal officiel (n° 82835), sont disponibles sur le site Internet de la DGFiP (www.impots.gouv.fr).

Formulaires français (série 5000)

Les formulaires publiés au Journal officiel (n° 82835) se composent de liasses comportant des imprimés identiques en **six langues** (sept, aujourd'hui, avec le chinois) et applicables aux **dividendes** (liasse n° 5001-SD), **intérêts** (liasse n° 5002-SD) et **redevances** (liasse n° 5003-SD), ainsi qu'un **modèle d'attestation de résidence** (liasse n° 5000-SD) ; une notice explicative les accompagne, qui en précise le mode d'emploi (imprimé 5000NOT-FR). **82895**

Ces formulaires sont destinés à permettre le contrôle de la bonne application des conventions fiscales (un formulaire doit être déposé par type de revenus et par établissement payeur). Ils doivent être certifiés par l'administration fiscale du pays de résidence du bénéficiaire (doivent être remplis à la fois un formulaire n° 5000 et, selon les cas, un formulaire n° 5001, 5002 ou 5003) ; l'administration du pays de résidence en conserve un exemplaire aux fins de son propre contrôle fiscal et remet les autres exemplaires au non-résident, qui les transmet ensuite à l'établissement payeur français. Celui-ci les joint à sa déclaration n° 2777 ou n° 2460 de versement de la retenue à la source au Trésor.

Si les formulaires sont à la disposition de l'établissement payeur **avant paiement**, les dividendes, intérêts et redevances peuvent immédiatement bénéficier des avantages conventionnels. Dans le cas contraire, l'établissement payeur français doit effectuer la retenue à la source conformément au taux de droit interne français ; les avantages conventionnels sont alors accordés ensuite, **par voie de remboursement** par l'établissement payeur, pour les dividendes et les intérêts, ou par l'administration directement, en ce qui concerne les redevances (ou les dividendes et intérêts si l'établissement payeur n'est pas en mesure de procéder lui-même au remboursement).

En ce qui concerne les **dividendes et intérêts**, les demandes de remboursement (demande sur papier libre accompagnée des formulaires correspondants et des coordonnées bancaires du bénéficiaire) doivent être déposées auprès de la recette des non-résidents (n° 2840, Précisions b).

En ce qui concerne les **redevances**, quel que soit le service des impôts des entreprises auprès duquel la retenue à la source a été initialement versée, les demandes de remboursement (demande sur papier libre accompagnée des formulaires correspondants et des coordonnées bancaires du bénéficiaire) doivent être déposées auprès du service des impôts des particuliers non-résidents (n° 2840, Précisions a).

Enfin, à propos des Français établis hors de France qui ont conclu un **contrat d'assurance-vie** avant d'avoir quitté la France, il a été précisé que le formulaire n° 5000 « doit être rempli par l'administration fiscale étrangère qui est seule compétente pour certifier la résidence fiscale du bénéficiaire des revenus ou, par exception, par certains établissements financiers. Les postes diplomatiques et consulaires ne sont pas chargés d'une telle mission. Ils ne sauraient ni délivrer, ni vérifier le contenu du formulaire 5000-FR-SD » (réponse Deromedi, n° 00095 : JO Sénat 28 septembre 2017 p. 3011).

Précisions **a.** Les **établissements payeurs** sont autorisés à récupérer les sommes remboursées aux non-résidents par voie d'imputation sur les versements dont ils sont redevables.

b. Il n'est pas envisagé de traduire le formulaire n° 5000 **dans toutes les langues** ; il a été précisé que lorsque les contribuables résidant à l'étranger se voient refuser par les employés de l'administration locale le tamponnage d'un document rédigé en français, l'utilisation du formulaire en langue anglaise est un compromis pragmatique et efficace (réponse Mariani, n° 85231 : JOAN 21 juin 2016 p. 5828).

Dividendes

82900 Les modalités d'**application immédiate** des taux de retenue à la source prévus par les conventions fiscales pour les dividendes sont décrites par l'administration de la façon suivante (BOI-INT-DG-20-20-20-20 nos 100 s.).

Une distinction est faite entre une procédure « **normale** » et une procédure « **simplifiée** » (aucune procédure simplifiée n'a été mise en place pour les intérêts et redevances) ; cette dernière devra être préférée lorsque le bénéficiaire pourra faire état de sa qualité lors de la mise en paiement des dividendes. En effet, pour bénéficier du taux réduit de retenue à la source, la souscription d'un imprimé intégralement rempli (« procédure normale ») ne trouve plus à s'appliquer que lorsque le bénéficiaire n'a pas été en mesure de produire, avant la date de mise en paiement des dividendes, un certificat de résidence émanant de l'administration de son État de résidence.

Précisions L'administration peut autoriser les établissements payeurs, sur agrément impliquant la signature d'un protocole d'accord, à produire sous forme **dématérialisée** les documents justifiant de l'application du taux réduit conventionnel de retenue à la source (BOI préc. n° 500).

82905 **Procédure simplifiée** Cette procédure autorise l'application du taux conventionnel au moment de la mise en paiement des dividendes ; elle s'applique à la généralité des actionnaires non résidents, à l'exception des résidents de Singapour (BOI-INT-DG-20-20-20-20 n° 180) ; la doctrine administrative excepte les résidents de Singapour mais il n'est pas certain que cette exception soit toujours justifiée sous l'empire de la convention du 15 janvier 2015 même si le texte qui paraissait fonder l'exclusion antérieure, à savoir la clause établissant un lien entre le taux réduit et le rapatriement des revenus, a été repris dans la convention actuelle.

Peuvent en bénéficier **tous les dividendes** payés par des sociétés qui sont, au sens des conventions fiscales, des résidents de France. La procédure ne s'applique pas, en revanche, aux dividendes payés par les fonds communs de placement et les sociétés d'investissement exonérées telles que les Sicav (BOI préc. n° 30). L'administration précise que, parmi les conditions à remplir pour bénéficier des conventions fiscales, figure celle de l'**imposition** « à un impôt sur les revenus, dans l'État de résidence, **du bénéficiaire** à raison des revenus distribués payés par la société résidente de France » (BOI préc. n° 50) ; cette affirmation n'est pas exacte, à notre avis, car les conventions fiscales, si elles exigent qu'une personne soit assujettie à l'impôt pour pouvoir être considérée comme un « résident », n'exigent nullement, sauf exception, que les dividendes soient eux-mêmes imposables pour que les avantages conventionnels leur soient octroyés dans l'État de leur source (n° 10725).

Dans le cadre de la procédure simplifiée, l'actionnaire non résident est autorisé à faire sa demande de réduction du taux de retenue à la source sur présentation d'une attestation de résidence grâce au **formulaire 5000-FR** qui est une attestation de résidence normalisée que l'actionnaire doit faire viser par l'administration fiscale de l'État de sa résidence (BOI préc. n° 190).

L'attestation doit être établie en trois exemplaires, un pour l'administration de l'État de résidence, un autre pour l'actionnaire et le troisième pour l'administration française. Elle a une durée de validité d'un an correspondant à l'année civile au cours de laquelle elle a été délivrée par l'administration étrangère. Néanmoins, les établissements payeurs sont autorisés à produire les attestations déposées au cours de l'année N jusqu'au 31 mars de l'année N + 1. Dans ce cas, ils doivent être en mesure de fournir au cours de l'année N + 1 une attestation de résidence dûment complétée en N + 1 par l'administration de l'État de résidence de chacun des associés non résidents ayant bénéficié de cette mesure d'assouplissement (BOI préc. n° 200).

L'actionnaire doit adresser au plus tôt et, en tout état de cause **avant la mise en paiement** des dividendes, le troisième exemplaire de cette attestation à l'établissement, en France ou à l'étranger, qui gère son compte. En cas de pluralité d'établissements et de comptes, une attestation pour chaque établissement est nécessaire. Il peut s'agir, le cas échéant, d'une copie certifiée conforme à l'original de l'attestation de résidence délivrée par les autorités de l'État de résidence du bénéficiaire.

Si l'attestation de résidence n'a pas été reçue par le gestionnaire de compte en France ou à l'étranger ou l'établissement payeur à la date de mise en paiement des dividendes, ceux-ci sont liquidés sous déduction de la retenue à la source de droit interne. Le surplus de retenue à la source (différence entre le taux interne et le taux conventionnel) est remboursé selon la procédure normale.

Précisions **a.** La doctrine administrative (BOI-INT-DG-20-20-20-20 n°s 230 s.) donne des indications sur divers **cas particuliers** : OPCVM, fonds et sociétés d'investissement ; résidents des États-Unis ; fonds de pension, OPCVM et organismes à but non lucratif des États-Unis.

b. En ce qui concerne les **organismes à but non lucratif des États membres de l'Union européenne** (autres que la France) et des autres États de l'Espace économique européen ayant conclu avec la France une convention d'assistance administrative en vue de lutter contre la fraude et l'évasion fiscales, voir n°s 61018 et 61020 ; sur les conditions dans lesquelles l'organisme considéré doit justifier qu'il satisferait aux conditions requises pour bénéficier des dispositions de l'article 206, 5 du CGI si son siège était situé en France, voir aussi BOI-INT-DG-20-20-20-20 n°s 290 s. (également BOI-LETTRE-000137 donnant le modèle du questionnaire à remplir par les organismes à but non lucratif des États de l'Union européenne autres que la France et des autres États de l'Espace économique européen ayant conclu avec la France une convention d'assistance administrative en vue de lutter contre la fraude et l'évasion fiscales).

Application du taux de 12,8 % aux dividendes versés aux personnes physiques non résidentes 82907 L'administration a précisé que, pour l'application du taux de droit interne de retenue à la source de 12,8 %, il convient de prendre en compte le **bénéficiaire effectif** du revenu, y compris si le dividende est versé à une personne physique non résidente au terme d'une chaîne d'intermédiaires financiers (BOI-RPPM-RCM-30-30-10-20 n° 15).

Elle ajoute que, lorsque l'établissement payeur n'est **pas en mesure d'identifier** le bénéficiaire effectif et que le taux de la retenue à la source n'est pas réduit en application d'une convention fiscale (taux conventionnel supérieur au taux de droit interne, absence de convention fiscale ou procédures conventionnelles non applicables), il est fait application, par défaut, du taux de retenue à la source applicable aux **personnes morales** (25 % en 2022 ou 15 % s'il s'agit d'un organisme sans but lucratif « européen » au sens indiqué n° 61018).

L'administration admet toutefois que, dès la mise en paiement des dividendes, les établissements payeurs et les établissements qui gèrent à l'étranger les comptes-titres des bénéficiaires non résidents puissent mettre en œuvre la **procédure simplifiée** (n° 82905 ; BOI préc.). Ainsi, bien qu'il s'agisse de l'application d'un prélèvement qui résulte du droit interne français et non pas d'une convention fiscale, l'administration demande que soient produites les mêmes informations relatives aux bénéficiaires que dans le cadre de la procédure simplifiée et que ces informations lui soient transmises selon les mêmes modalités.

Il avait été précisé, dans une lettre du 30 avril 2018 de la DGFiP à la Fédération bancaire française, que les pièces justifiant la résidence fiscale de l'actionnaire (attestation de l'administration fiscale étrangère, avis d'imposition à l'étranger, formulaire n° 5000, notamment) conserveraient leur validité durant trois ans, sauf en cas de changement de circonstances durant cette période (notamment en cas de changement de résidence fiscale). Mais cette précision n'a pas été reprise au BOFiP.

En cas d'**application erronée** du taux de 12,8 %, l'établissement payeur est tenu d'effectuer, dans un délai de trois mois à compter de la fin du mois de la distribution, le paiement complémentaire correspondant (BOI préc.). Par ailleurs, dans l'hypothèse où les personnes physiques non résidentes n'ont pu se voir appliquer le taux de retenue à la source au taux de droit interne de 12,8 % au moment de la distribution, elles peuvent l'obtenir, le cas échéant, par voie d'imputation, via l'établissement payeur, ou de remboursement par le Trésor, selon les modalités prévues pour la **procédure normale** (BOI préc. ; voir n° 82910).

Précisions **a.** Les établissements payeurs peuvent recourir à la **procédure dématérialisée** prévue par la doctrine administrative relative à la procédure simplifiée (BOI-INT-DG-20-20-20-20 n° 500).

b. En cas d'**application erronée du taux de 12,8 %** au lieu du taux de 25 % (en 2022), l'établissement payeur est tenu d'effectuer, dans un délai de trois mois à compter de la fin du mois de la distribution, le paiement complémentaire correspondant à la différence entre les deux taux.

c. Lorsque les dividendes versés aux personnes physiques domiciliées en Europe étaient assujettis à une retenue à la source de 21 %, au lieu du taux général de 30 % (à l'époque), l'administration avait indiqué que l'application du taux réduit était subordonnée à la fourniture à l'établissement payeur par le bénéficiaire effectif, au plus tard à la date de mise en paiement des revenus, de **tout document probant** justifiant de sa résidence fiscale hors de France dans un État membre de l'Union européenne ou dans un autre État partie à l'Espace économique européen (ancien BOI-RPPM-RCM-30-30-10-20 n° 10). Il pouvait s'agir d'une attestation visée par l'administration de l'État de résidence du bénéficiaire effectif des revenus concernés ou d'un avis d'imposition délivré par cet État.

d. Un établissement payeur établi en France peut, en application de l'article 76 de l'annexe II au CGI, se dispenser, sous sa responsabilité, d'exiger la production de justificatifs **si le domicile fiscal du bénéficiaire lui est connu** (n° 82915).

82910 **Procédure normale** La procédure « normale » conduit à demander l'application de la convention fiscale dans un second temps, par voie de restitution du trop-perçu de retenue à la source par rapport au taux de droit interne qui a été pratiqué lors de la mise en paiement ; elle suppose la production des **formulaires** précédemment mentionnés (soit les formulaires n° 5000 et 5001 ; n° 82895). En principe, la demande doit être présentée auprès de l'administration, sauf délai spécifique prévu par la convention fiscale, **avant le 31 décembre de la deuxième année** qui suit celle de l'encaissement effectif des dividendes par le bénéficiaire (BOI-INT-DG-20-20-20-20 n° 120). À la différence de la procédure simplifiée, la procédure normale exige le dépôt à la fois de l'attestation de résidence n° 5000 et du formulaire n° 5001 (la procédure simplifiée n'exige que le formulaire n° 5000).

Précisions Le formulaire n° 5001 est applicable non seulement pour l'obtention des avantages conventionnels mais aussi pour l'exonération prévue par la **directive européenne**, codifiée à l'article 119 ter du CGI (conclusions sous CE 27 juillet 2015 n° 376369, 9e et 10e s.-s., Sté Aubépar : RJF 11/15 n° 951, à propos d'une société belge qui demandait la restitution de retenues à la source sur des dividendes de source française ; n° 82873).

82915 **Bénéficiaires connus** L'administration rappelle, au BOI-INT-DG-20-20-20-20 nos 590 s., qu'il n'y a pas besoin de présenter un formulaire conventionnel (aujourd'hui, sans doute, le formulaire prévu par l'arrêté du 20 décembre 2006 ; n° 82895) si le bénéficiaire est connu de l'établissement payeur. L'établissement payeur assume alors personnellement la responsabilité de l'application immédiate du taux réduit conventionnel. Un établissement payeur n'est cependant fondé à considérer le bénéficiaire comme connu que lorsqu'il est en possession d'**éléments probants** concernant son identité et sa résidence fiscale (BOI préc. n° 600). Il devra d'ailleurs fournir, à la demande de l'administration, les éléments établissant que les conditions de résidence fiscale étaient réunies à la date de liquidation de la retenue à la source conventionnelle. En revanche, des bénéficiaires qui ne sont connus que par l'attestation d'un intermédiaire, par exemple une banque étrangère interposée, ne peuvent pas, selon l'administration, être considérés comme « connus » (BOI préc.).

Contrôle La Direction des impôts des non-résidents (DINR) est chargée de vérifier la **régularité** des demandes et de contrôler le bien-fondé de l'application immédiate du taux conventionnel. Lorsque, à l'occasion de ce contrôle, ce service détecte une anomalie, il peut notifier un rappel de retenue dans le délai prévu par les articles L 169 et L 169 A du LPF ; ce rappel est assorti de l'intérêt de retard et, le cas échéant, de pénalités. **82940**

La doctrine administrative ajoute, toutefois, que la **responsabilité** de l'**établissement payeur** français ne peut pas être engagée sur le fondement de l'article 76 de l'annexe II au CGI si celui-ci s'est assuré, au moment de la mise en paiement des sommes, de l'identité et du domicile réel ou du siège social de l'actionnaire non résident et s'il était en possession d'un **certificat** de résidence établi par l'État du domicile du bénéficiaire (BOI-INT-DG-20-20-20-20 n° 550).

Sa responsabilité pourra cependant être **engagée** :
– s'il a d'ores et déjà été préalablement et clairement informé, notamment dans le cadre de décisions de remise en cause du taux réduit de retenue à la source dûment motivées, qu'une catégorie d'entité de l'autre État ne pouvait, du point de vue français, bénéficier des avantages conventionnels alors même que ces entités produisaient des certificats de résidence dûment établis par leur administration fiscale (situation de certains fonds ou organismes étrangers) ;
– et s'il présente de nouvelles demandes au nom des entités qui ont déjà fait l'objet d'une telle décision de refus ou d'entités similaires qui laissent apparaître ou présumer qu'il s'agit d'organismes entrant dans le champ d'une ou plusieurs décisions de refus précédemment prises par l'administration dans le cadre de l'application du même texte conventionnel (BOI préc. n° 560).

Incidence des libertés de circulation européennes En ce qui concerne certaines exonérations de retenue à la source sur le fondement des libertés de circulation résultant du droit de l'Union européenne (versement de dividendes à une société européenne qui détient entre 5 % et 10 % du capital de sa filiale française et ne peut pas imputer la retenue à la source ; n°s 61000 s.), les modalités déclaratives sont très simples. L'administration indique, au BOI-RPPM-RCM-30-30-20-40 n° 120, que les sociétés ou autres organismes établis en France qui effectuent des distributions en dispense de retenue à la source doivent, **sur demande**, produire une **attestation** de l'entité bénéficiaire des revenus en cause. Par ce document, établi sur papier libre, la société mère européenne doit attester qu'elle respecte l'ensemble des conditions requises pour l'application du dispositif (cette procédure avait été mise en place alors que l'exonération n'était pas prévue par la loi mais résultait de la seule doctrine administrative). **82960**

Cette attestation doit pouvoir être étayée, sur demande de l'administration, par la fourniture de **pièces justificatives** par l'entité distributrice. À titre d'exemple, si l'impossibilité pour la société mère d'imputer la retenue à la source résulte d'un régime d'exonération temporaire, l'entité distributrice doit produire les éléments attestant de la période durant laquelle la société mère bénéficie de l'exonération temporaire. De même, dans l'hypothèse où seule une fraction de la retenue à la source a pu donner lieu à imputation par la société mère, le quantum dont la restitution est demandée par la société distributrice doit être justifié.

Enfin, les sociétés concernées doivent être en mesure de montrer qu'elles n'ont pas mis en œuvre un **montage artificiel**.

En cas de non-respect de l'une des conditions, l'exonération dont a bénéficié la distribution, ou la restitution qui a été opérée, est rétroactivement remise en cause. La société distributrice est tenue de déposer une déclaration rectificative et de verser une somme égale au montant de retenue à la source dont elle a été indûment dispensée, majorée de l'intérêt de retard. Les droits rétroactivement mis en recouvrement sont, le cas échéant, assortis de pénalités.

Précisions La légalisation de la doctrine administrative opérée par l'article 29 de la loi n° 2015-1786 du 29 décembre 2015 de finances rectificative pour 2015 (n° 61000) a été présentée comme ayant notamment pour conséquence de permettre à une société mère à même de justifier dès la distribution des dividendes de source française qu'elle ne pourra pas imputer la retenue à la source sur son propre impôt d'être exonérée de retenue à la source sans avoir besoin de déposer une **réclamation contentieuse** (Rapport Sénat n° 229, 9 décembre 2015, p. 239) ; ce n'était pourtant pas exigé auparavant.

82970 **Incidences des directives européennes** En ce qui concerne les dividendes exonérés sur le fondement des directives européennes (n° 61025), l'exonération de retenue à la source suppose que les bénéficiaires justifient, auprès de l'établissement payeur ou, le cas échéant, de la société distributrice française, si celle-ci assure directement le paiement des dividendes, qu'ils satisfont aux conditions requises (BOI-RPPM-RCM-30-30-20-30 n° 1 ; cette procédure est également applicable aux États parties à l'accord sur l'Espace économique européen ayant conclu avec la France une convention d'assistance administrative en vue de lutter contre la fraude et l'évasion fiscales).

La justification doit revêtir la forme d'une **attestation sur l'honneur** signée par un représentant autorisé de la société (BOI préc. n° 10). Cette attestation reprend les conditions prévues pour l'application du dispositif, mais sans que l'administration ait tiré toutes les conséquences des modifications apportées par la loi n° 2015-1786 du 29 décembre 2015 de finances rectificative pour 2015 (n° 61025) ; notamment, la doctrine administrative fait toujours état, au BOI-LETTRE-000077 qui propose un modèle d'attestation sur l'honneur, de la condition selon laquelle la société n'est pas contrôlée directement ou indirectement par un ou plusieurs résidents hors de l'Union européenne ou bien, dans l'affirmative, que la chaîne de participation n'a pas comme objet principal ou comme un de ses objets principaux de tirer avantage de la suppression de la retenue à la source (la clause anti-abus a pourtant été modifiée ; n° 61042). La société non résidente doit par ailleurs s'engager, en cas de transfert du siège de direction effective dans un autre État de l'Union européenne ou dans un autre État partie à l'accord sur l'Espace économique européen ou de modification de sa situation juridique ou fiscale, à transmettre à l'établissement payeur un nouveau document établi sur le même modèle. On remarquera qu'il s'agit d'une attestation sur l'honneur qui, par conséquent, n'a pas besoin d'être visée par l'administration fiscale du pays de résidence.

L'attestation sur l'honneur doit être accompagnée d'une **attestation de résidence** délivrée par l'administration fiscale de l'État où la société mère a son siège de direction effective. Il s'agit, en effet, de vérifier la bonne application du dispositif, qui ne vaut que dans le cadre de l'Union européenne ou de l'Espace économique européen sous réserve qu'une convention d'assistance administrative en vue de lutter contre la fraude et l'évasion fiscales ait été conclue avec la France (BOI préc. n° 20).

L'attestation sur l'honneur et l'attestation de résidence doivent être adressées chaque année à l'établissement payeur (ou, le cas échéant, à la société distributrice) au plus tard lors de la première mise en paiement des dividendes distribués au cours d'une même année civile.

Si elle n'a pas détenu la participation **depuis au moins deux ans**, la société mère doit prendre, sur papier libre, l'engagement de la conserver pendant ce délai et désigner un **représentant** responsable du paiement de la retenue en cas de non-respect (n° 61034).

Précisions **a.** Sur l'application de l'exonération aux sociétés **suisses**, voir n° 61055.

b. Il a été jugé que les justifications nécessaires n'ont pas à être produites avant la **date** de première mise en paiement des dividendes distribués et qu'elles peuvent l'être en cours de contrôle (CAA Nantes 3 juin 2022 n° 20NT01848, 1e ch., min. c/ SARL Morl 2).

Intérêts et redevances

82980 L'application immédiate du taux conventionnel suppose la présentation des formulaires n° 5000 et respectivement 5002 ou 5003 avant la date du paiement (alors que pour les dividendes bénéficiant de la procédure simplifiée, seul le formulaire n° 5000 est exigé).

En ce qui concerne les intérêts et redevances versés à des entreprises associées dans le cadre de l'**Union européenne**, les solutions sont très voisines de celles qui sont retenues à propos des dividendes (n° 82970). Les modalités d'application des **exonérations** de retenue à la source (sur le fond, voir n° 20845 en ce qui concerne les redevances et n° 62640 en ce qui concerne les intérêts) ont été précisées par un décret du 22 septembre 2004 (JO du 29 septembre 2004), qui étend les règles applicables aux dividendes au cas des intérêts et redevances.

Lorsqu'il souhaite bénéficier des dispositions des articles 119 quater et 182 B bis du CGI, codifiant les exonérations prévues par la directive européenne en matière d'intérêts et de redevances, le créancier n'a pas à remplir un formulaire aussi complet que pour les dividendes ; il doit simplement indiquer dans le formulaire n° 5002 ou 5003 (n° 82895), qu'il **satisfait aux conditions de participation** prévues par la directive n° 2003/49/CE du 3 juin 2003 et qu'il demande en conséquence l'exonération de retenue à la source.

En outre, la notice explicative précise que, en application de l'accord conclu le 26 octobre 2004 entre l'Union européenne et la **Suisse**, les résidents de Suisse qui en remplissent les conditions ont droit aux mêmes avantages en matière d'intérêts et de redevances que les résidents d'États membres de l'Union européenne.

Précisions **a.** En ce qui concerne le droit à des **intérêts moratoires** prévu par l'article L 208 A du LPF, en cas de remboursement sur réclamation au-delà d'un délai d'un an, voir l'article R* 208 A-1 du LPF créé par un décret du 13 janvier 2005 (JO du 15 janvier 2005, page 661).

b. En ce qui concerne les exonérations relatives aux **intérêts**, la loi n° 2009-1674 du 30 décembre 2009 de finances rectificative pour 2009 est interprétée par l'administration comme prévoyant une exonération de portée générale, sous réserve des États et territoires non coopératifs (n° 62525).

c. Sur le cas particulier des **non-résidents européens** qui retirent de France l'essentiel de leurs revenus et qui ne bénéficient pas, dans leur État de résidence, de mécanismes suffisants de nature à minorer leur imposition en fonction de leur situation personnelle et familiale (non-résidents « Schumacker »), voir n° 3097.

B. En ce qui concerne les autres revenus

En dehors du cas des dividendes, intérêts et redevances, qui font presque toujours l'objet **83030**
de retenues à la source (lorsqu'ils ne sont pas exonérés), les revenus sont imposables selon des modalités souvent très variables selon les États ; il peut s'agir d'imposition par voie de déclaration du contribuable (c'est-à-dire par voie de rôle) ou bien de retenues ou prélèvements à la source.

Les règles suivies en France sont les suivantes.

Précisions Sur le cas particulier des **non-résidents européens** qui retirent de France l'essentiel de leurs revenus et qui ne bénéficient pas, dans leur État de résidence, de mécanismes suffisants de nature à minorer leur imposition en fonction de leur situation personnelle et familiale (non-résidents « Schumacker »), voir n° 3097.

1. Revenus soumis à une retenue à la source

Traitements, salaires, pensions et rentes viagères

L'assiette de la retenue prévue par l'article 182 A du CGI (nos 3200 s.) est constituée par le **83040**
montant net des sommes versées, déterminé conformément aux règles de droit commun, à l'exclusion de celles qui prévoient la déduction des frais professionnels réels. La retenue s'impute sur l'impôt sur le revenu établi dans les conditions de droit commun, sauf pour la fraction libératoire (n° 3272).

Le bénéficiaire non résident n'a donc pas de **déclaration** à faire sauf :
– pour la fraction des revenus non soumise à une retenue libératoire (c'est-à-dire celle qui a fait l'objet de la retenue au taux de 20 % ; CGI art. 197 B, al. 1) ;
– en cas de pluralité de débiteurs, afin de préserver la progressivité de la retenue à la source (CGI art. 197 B, al. 2).

En ce qui concerne les **artistes**, voir n° 45160 ; sur les gains retirés de l'attribution de titres à des conditions préférentielles à des salariés ou dirigeants (notamment, **stock-options**), voir n° 3340.

Enfin, en ce qui concerne les **délais de réclamation**, un contribuable domicilié en Belgique a été jugé recevable à contester en mars de l'année N les retenues à la source opérées sur ses salaires de source française au cours des années N - 3 et N - 4 dès lors que, seulement informé en N - 1, par un avis de l'administration belge, des impositions supplémentaires auxquelles il était assujetti en Belgique au titre de ces deux années et de ce qu'elles entraînaient une **double imposition**, il disposait en application des dispositions du c de la seconde partie de l'article R* 196-1 du LPF d'un nouveau délai de réclamation expirant le 31 décembre de l'année N (TA Cergy-Pontoise 18 avril 2018 n° 1511367 : RJF 12/18 n° 1278 ; jugement définitif) ; le tribunal administratif a estimé que, dans le cas où un contribuable se trouve en situation d'être doublement imposé du fait de retenues à la source prélevées en France, il dispose d'un délai de réclamation expirant le 31 décembre de l'année suivant celle au cours de laquelle il a eu connaissance de cette situation (sur les délais de réclamation, voir également n° 82873). Ce jugement se situe dans le prolongement d'un précédent jugé par le tribunal administratif de Nîmes à propos d'une pension de retraite (n° 43895) et d'une décision du Conseil d'État en matière de retenue à la source (n° 82873).

Revenus visés à l'article 182 B du CGI

83045 Ces revenus comprennent les redevances, les revenus de prestations de toute nature fournies ou utilisées en France et les revenus des prestations sportives fournies ou utilisées en France. La retenue (nos 3410 s.) est égale à 25 % du montant brut des revenus (en 2022 ; n° 3442) sauf pour les sportifs (15 % ; les artistes subissent une retenue à la source au même taux en vertu de l'article 182 A bis du CGI) ; comme elle n'est pas libératoire de l'impôt sur le revenu, le contribuable doit adresser une **déclaration** à l'administration (n° 3510). Sur la possibilité de demander, dans certains cas, une restitution pour tenir compte des charges d'acquisition et de conservation directement rattachées aux produits et sommes, voir n° 3440.

Incidences des conventions fiscales

83050 Les retenues à la source prévues en droit interne ne sont applicables que sous réserve des conventions fiscales. Celles-ci peuvent :
– soit **supprimer** toute imposition à la source ; par exemple en cas de salariés en mission simplement temporaire en France, travailleurs frontaliers imposables dans l'État de leur résidence, activité indépendante exercée en France en l'absence de base fixe ou établissement stable, etc. ;
– soit **réduire** le taux du prélèvement, pour les revenus visés à l'article 182 B du CGI. Dans ce cas, les indications données ci-dessus pour les revenus « passifs » sont transposables.

2. Revenus non soumis à une retenue à la source

Revenus concernés

83060 Il s'agit, pour l'essentiel, des revenus suivants :
– **revenus immobiliers** provenant d'immeubles situés en France (imposition par voie de rôle ou déclaration d'impôt sur les sociétés) ;
– plus-values réalisées lors de la **cession occasionnelle d'immeubles** situés en France, droits immobiliers, actions et parts de sociétés non cotées dont l'actif est principalement constitué de biens immobiliers (CGI art. 244 bis A ; nos 67540 s.) ; ces plus-values font l'objet d'un prélèvement qui est libératoire pour les personnes physiques mais ne l'est pas pour les personnes morales passibles de l'impôt sur les sociétés ; sur les modalités d'application, voir nos 83100 s. ;
– plus-values de **cession de droits sociaux** lorsque les droits détenus, directement ou indirectement, dans les bénéfices sociaux par le cédant ou son conjoint, leurs ascendants et descendants, ont dépassé ensemble 25 % de ces bénéfices à un moment quelconque au cours des cinq dernières années (CGI art. 150-0 A, 164 B, I-f et 244 bis B ; n° 65880) ; dans ce cas, le contribuable doit souscrire une déclaration n° 2074 accompagnée du paiement des droits dus, selon les modalités suivantes (en ce sens, notice n° 2041-E, relative à l'imposition des revenus des non-résidents) :
 – cession constatée par un **acte notarié** : dépôt d'un formulaire n° 2074 concomitamment au dépôt de l'acte de vente, lors de l'enregistrement de l'acte de cession auprès du service des impôts des entreprises dans le ressort duquel réside le notaire rédacteur de l'acte ;

– cession constatée par un **acte sous seing privé** : dépôt d'un formulaire n° 2074 concomitamment au dépôt de l'acte de vente, lors de l'enregistrement de l'acte de cession auprès du service des impôts dans le ressort duquel réside l'une des parties contractantes ;
– cession **non constatée par un acte** (déclaration n° 2759) : dépôt d'un formulaire n° 2074 au service des impôts des entreprises dont relève le domicile du représentant fiscal, ou, à défaut de représentant, au service des impôts des entreprises dont relève le domicile du vendeur, dans le délai d'un mois à compter de la cession l'acte de vente (qui doit être déposé au service des impôts dans le ressort duquel réside l'une des parties contractantes).

Principe de la déclaration

Lorsque le bénéficiaire (personne physique), par hypothèse non-résident de France, **83065**
dispose de revenus de source française, il lui appartient, d'une manière générale, de faire une déclaration, conformément à l'article 170 du CGI (n° 83415). Il n'est dispensé de déclaration que lorsque son revenu fait l'objet d'un prélèvement ou d'une retenue à caractère libératoire.

Cette déclaration est **annuelle** ; elle doit mentionner les **renseignements** nécessaires à l'établissement de l'imposition, c'est-à-dire :
– le nom du contribuable, sa situation et ses charges de famille ;
– ses différents revenus de source française, éventuellement détaillés sur les déclarations spéciales annexées (par exemple, déclaration n° 2044 des revenus fonciers).

Précisions Sur ces questions, voir également n°s 3080 s. (personnes physiques) et n°s 5590 s. (personnes morales).

3. La désignation d'un représentant en France

Principes

Sauf si elles sont domiciliées dans un État membre de l'Union européenne (ou en Islande **83080**
ou en Norvège), les **personnes physiques** qui exercent en France des activités ou qui y possèdent des biens sans y avoir leur domicile fiscal peuvent être invitées par le service des impôts à désigner dans un délai de quatre-vingt-dix jours à compter de la réception de cette demande un représentant en France autorisé à **recevoir les communications** relatives à l'assiette, au recouvrement et au contentieux de l'impôt (CGI art. 164 D). Il en va de même des fonctionnaires et agents de l'État en service à l'étranger (personnes mentionnées à l'article 4 B, 2 du CGI ; n° 40930). En cas de refus, ou à défaut de réponse dans le délai fixé, les personnes concernées sont en situation de **taxation d'office** (LPF art. L 72).

Il a été jugé que, lorsque, de sa propre initiative ou à la suite d'une demande que lui adresse l'administration en application de l'article 164 D du CGI, un contribuable imposable à l'impôt sur le revenu en France sans y avoir son domicile fiscal désigne une personne établie ou domiciliée en France pour la représenter auprès de l'administration fiscale, cette désignation **emporte élection de domicile** auprès de ce représentant pour l'ensemble des procédures d'établissement et de recouvrement de l'impôt sur le revenu ; ainsi, lorsque l'administration, dûment informée de cette désignation, conduit à l'égard de ce contribuable une procédure de rectification, elle doit, en principe, adresser à ce représentant la proposition de rectification (CE 30 novembre 2020 n° 438496, 8e et 3e ch. : RJF 2/21 n° 163 ; dans une configuration voisine, voir n° 5598). Cette décision concerne un contribuable non résident qui a obtenu la décharge car il n'avait pas reçu une proposition de rectification qui lui avait été irrégulièrement notifiée, étant donné qu'elle aurait dû l'être à l'avocat qu'il avait spontanément désigné comme son représentant fiscal lors de son transfert de domicile de France au Royaume-Uni. Le Conseil d'État rappelle toutefois que la notification d'une proposition de rectification au domicile du contribuable est réputée régulière s'il est établi que le pli de notification a été effectivement retiré par le contribuable ou par l'un de ses préposés (ce qui n'était pas le cas en l'espèce).

Les **personnes morales** peuvent également être invitées à désigner, dans les mêmes conditions et sous les mêmes sanctions, un représentant en France (CGI art. 223 quinquies A). Tel est notamment le cas des sociétés redevables de la taxe patrimoniale de 3 % (n° 68875).

Cette obligation ne concerne pas les personnes physiques ou morales qui ont leur domicile fiscal dans un autre État membre de l'**Union européenne** ou dans un autre État partie à l'accord sur l'Espace économique européen ayant conclu avec la France une convention d'assistance administrative en vue de lutter contre la fraude et l'évasion fiscales ainsi qu'une convention d'assistance mutuelle en matière de recouvrement de l'impôt (Islande et Norvège ; en ce qui concerne le Liechtenstein, voir n° 3699, Précisions b) ; ne sont pas non plus concernés les fonctionnaires et agents de l'État qui exercent leurs fonctions ou sont chargés de mission dans l'un de ces États (Loi n° 2014-1655 du 29 décembre 2014 de finances rectificative pour 2014, art. 62, supprimant l'obligation de représentation fiscale pour les résidents européens).

En ce qui concerne les **pays tiers**, enfin, l'obligation de désignation d'un représentant n'est pas applicable aux contribuables qui perçoivent seulement des pensions ou des revenus mobiliers de source française (BOI-IR-DOMIC-10-20-30 n° 100) ; la désignation d'un représentant est en revanche obligatoire en cas de réalisation de plus-values imposables en France (plus-values immobilières, sauf exception, ou plus-values de cession de droits sociaux), conformément aux articles 244 bis A et B du CGI.

Précisions **a.** La restriction géographique de l'obligation de désignation d'un représentant fiscal est entrée en vigueur pour l'impôt sur le **revenu** dû à compter des revenus de l'année 2014, pour l'ancien **ISF** dû depuis 2015, pour l'imposition des **plus-values** mobilières et immobilières au titre de cessions intervenues depuis le 1er janvier 2015 et pour l'**impôt sur les sociétés** dû au titre des exercices clos depuis le 31 décembre 2014. En ce qui concerne l'**IFI**, voir n° 52255.

b. L'exclusion des résidents européens par la loi n° 2014-1655 du 29 décembre 2014 de finances rectificative pour 2014 a tiré, avec retard, les conséquences du **droit de l'Union européenne** tel qu'interprété par la Cour de justice (notamment, CJUE 5 mai 2011 aff. 267/09, Commission c/ Portugal ; n° 82130).

c. Les **pays et territoires d'outre-mer (PTOM)** ne sont pas intégrés à l'Union européenne mais seulement associés ; les personnes, physiques ou morales, domiciliées, établies ou constituées en Nouvelle-Calédonie, à Saint-Pierre-et-Miquelon, en Polynésie française, aux îles Wallis-et-Futuna, dans les Terres australes et antarctiques françaises ou à Saint-Barthélemy demeurent donc soumises à l'obligation de désigner un représentant (en ce sens, notamment, BOI-RFPI-PVINR-30-20 n° 30).

Rôle du représentant

83085 Le représentant est appelé à jouer un rôle d'**intermédiaire** entre l'administration et le contribuable. Il ne peut donc, en cette seule qualité, être mis en cause pour le paiement des impôts dus par son mandant (BOI-IR-DOMIC-10-20-30 n° 110 ; CE 11 juillet 1984 n° 35416, 8e et 7e s.-s. : RJF 10/84 n° 1190). Il en va différemment en ce qui concerne les dividendes distribués à des sociétés mères européennes (n° 82970) et les plus-values mobilières ou immobilières (nos 83100 s.).

La procédure relative à l'assiette, au recouvrement et au contentieux de l'impôt dû par le contribuable domicilié hors de France est régulière dès lors qu'elle est conduite avec ce représentant ès qualités (BOI préc.).

Précisions Le **mandataire** qui a reçu un mandat de représentation en application de l'article 223 quinquies A du CGI, mandat qui emporte élection de domicile, doit, en principe, être destinataire des **propositions de rectifications** (CE 16 mars 2016 n° 376141, 8e et 3e s.-s., Sté Autophon Funk AG : RJF 6/16 n° 547) ; cette décision concernait un avocat qui avait souscrit des déclarations relatives à la taxe patrimoniale de 3 % en se présentant comme le représentant fiscal d'une société suisse, cette dernière n'ayant pas contesté l'existence du mandat ni établi qu'elle l'aurait limité à la taxe de 3 %.

En l'absence de demande

83090 Il a été jugé que, lorsque l'administration ne demande pas la désignation d'un représentant, elle doit adresser les pièces de procédure liées à la vérification fiscale d'une société non résidente (proposition de rectification, réponse aux observations du contribuable…) au **siège étranger** et non pas au domicile en France de l'un de ses associés, qui n'a pas le pouvoir de la représenter (CAA Versailles 11 juillet 2006 n° 03-4818, 3e ch., Sonko ès qual. de liquidateur de la SARL Société d'exploitation Les Manguiers de Passy : RJF 12/06 n° 1575 ; arrêt définitif).

En toute hypothèse, la demande de désignation d'un représentant n'est qu'une simple faculté ; dès lors qu'une société étrangère imposable en France a déclaré à l'administration fiscale que la **personne responsable** de son **principal établissement** ou toute autre personne était son représentant en France, la notification de redressements (proposition de rectification) prévue à l'article L 57 du LPF peut être régulièrement adressée à cette personne (CE 3 juillet 2009 n° 294227, 3e et 8e s.-s., min. c/ Sté Uluslararasi Haliclik Gelkistirme Ve Instaat Yatirmi Sanayi Ve Tic : RJF 11/09 n° 968 ; voir aussi n° 5598).

Représentant fiscal unique

Depuis le 1er janvier 2019, et sous réserve de certaines exceptions, les entreprises étrangères doivent désigner un représentant unique pour un ensemble d'obligations fiscales leur incombant (CGI art. 302 decies, issu de l'article 11 de la loi n° 2017-1775 du 28 décembre 2017 de finances rectificative pour 2017). Tel est notamment le cas : **83095**

– en ce qui concerne la **TVA** (CGI art. 289 A, I) et la contribution sur les activités privées de sécurité (CGI art. 1609 quintricies), s'agissant des entreprises établies dans un État tiers n'ayant pas conclu avec la France de convention d'assistance au recouvrement des créances fiscales ;

– en ce qui concerne le **prélèvement à la source de l'impôt sur le revenu**, pour la retenue à la source sur les salaires, pensions et rentes viagères à titre gratuit, s'agissant des entreprises établies dans certains États conventionnés (n° 83180).

Précisions Cette mesure ne concerne pas les représentants fiscaux dont la désignation résulte de dispositions non visées à l'article 302 decies du CGI, comme les représentants qui doivent être désignés en application de l'article 223 quinquies A du CGI (n° 83080).

4. Cas particulier des plus-values immobilières

Principes

Conformément à l'article 244 bis A du CGI, les personnes physiques ou morales non domiciliées en France sont redevables d'un prélèvement sur les plus-values immobilières ou assimilées réalisées occasionnellement en France (nos 67540 s.). **83100**

L'administration indique qu'en cas de cession d'un immeuble, de droits relatifs à un **immeuble** ou de parts de sociétés qui relèvent de l'article 1655 ter du CGI, il convient de déposer une déclaration établie sur l'imprimé n° 2048-IMM-SD et qu'en cas de cession de **titres de sociétés à prépondérance immobilière**, il convient de déposer une déclaration établie sur l'imprimé n° 2048-M-SD (BOI-RFPI-PVINR-30-30 n° 1). Ces déclarations sont disponibles sur le site www.impots.gouv.fr.

Sauf, pour les plus-values réalisées depuis le 1er janvier 2015, si le cédant est domicilié au sein de l'Union européenne, ou en Islande ou en Norvège (CGI art. 244 bis A, IV ; n° 83080), le prélèvement est, en principe, acquitté sous la responsabilité d'un **représentant** accrédité. Pour les cessions constatées par un **acte**, il est recouvré dans les conditions applicables aux droits d'enregistrement dans le délai prévu pour la formalité de l'enregistrement (n° 68025) ou de la publicité foncière et préalablement à l'exécution de celle-ci ; pour les cessions non constatées par un acte, il est acquitté dans le délai d'**un mois** à compter de la date de la cession (CGI Ann. II art. 171 quater).

Précisions **a.** Il existe des règles particulières pour les cessions réalisées par les **FPI** (fonds de placements immobiliers) et par les porteurs de parts de FPI (CGI art. 244 bis A, IV bis). L'impôt dû au titre des cessions que réalise un fonds de placement immobilier est acquitté pour le compte des porteurs au service des impôts des entreprises du lieu du siège social du dépositaire du FPI et par celui-ci, dans un délai de dix jours à compter de la date de mise en paiement des plus-values distribuées aux porteurs afférentes à ces cessions ; l'impôt dû au titre des cessions de parts que réalise un porteur de parts de FPI est acquitté pour le compte de ce porteur au service des impôts des entreprises du lieu du siège social de l'établissement payeur et par celui-ci, dans un délai d'un mois à compter de la cession.

b. Lorsque le cédant est une **société ou un groupement de personnes**, français ou dont le siège social est situé dans un État membre de l'Union européenne (ou Islande ou Norvège), l'obligation de désigner un représentant fiscal s'apprécie au regard de la situation de chacun des associés (n° 67710).

Personnes physiques

En ce qui concerne les personnes physiques (ou associés personnes physiques non résidents d'une société de personnes française) domiciliées dans des États ou territoires non exclus de l'obligation de désignation d'un représentant (n° 83080), deux procédures sont alternativement applicables. **83120**

Droit commun En principe, les personnes physiques concernées doivent se faire représenter auprès de l'administration par un **représentant** établi en France et **accrédité** par l'administration fiscale. Pour être accréditée, une personne doit simultanément remplir les **83125**

conditions suivantes (CGI art. 244 bis A, IV, dans sa rédaction résultant de l'article 30 de la loi n° 2021-1900 du 30 décembre 2021 de finances pour 2022) :
– ni elle, ni aucun de ses dirigeants, lorsqu'il s'agit d'une personne morale, n'a commis d'infractions graves ou répétées aux dispositions fiscales, n'a fait l'objet des **sanctions** prévues aux articles L 651-2, L 653-2 et L 653-8 du Code de commerce au cours des trois années qui précèdent (comblement de passif, faillite, etc.), ni ne fait l'objet d'une mesure d'interdiction en cours d'exécution prévue à l'article L 653-8 précité ;
– elle respecte les **obligations fiscales** déclaratives et de paiement qui lui incombent pour le compte des personnes qu'elle représente ou pour son propre compte ;
– elle dispose de **garanties** permettant d'assurer le respect des obligations résultant de sa qualité de représentant.

La procédure d'accréditation permet à l'administration de vérifier que le représentant fiscal proposé par le non-résident pour une opération donnée pourra remplir les obligations fiscales déclaratives et de paiement qu'il s'engage à accomplir (BOI-RFPI-PVINR-30-20 n° 110) ; elle concerne toutes les cessions entrant dans le champ de l'article 244 bis A du CGI, sauf, pour les plus-values réalisées depuis le 1er janvier 2015, en cas de domiciliation au sein de l'Union européenne, ou en Islande ou en Norvège (n° 83080). Le représentant accrédité est responsable des conséquences du contrôle ultérieur exercé, le cas échéant, par l'administration.

S'il remplit les conditions précédentes, le représentant accrédité peut être l'acquéreur, s'il est domicilié fiscalement en France, une banque exerçant son activité en France ou une personne agréée par le directeur des services fiscaux, qui peut être un simple particulier (BOI-RFPI-PVINR-30-20 n° 120). Le non-respect de l'une de ces conditions entraîne le retrait de l'accréditation.

83127 La **compétence du service** chargé de l'instruction de la demande de désignation du représentant accrédité est définie en fonction du lieu de situation de l'immeuble, ou des droits immobiliers s'y rapportant, ou du siège de la société concernée en cas de cession d'actions ou de parts de sociétés non cotées à prépondérance immobilière (BOI-RFPI-PVINR-30-20 n° 140).

Lorsque le lieu de situation des biens (immeuble ou droits immobiliers) ou du siège de la société à prépondérance immobilière (cession d'actions et de parts) est situé à Paris, seule la Direction régionale des finances publiques d'Île-de-France est compétente. Lorsque le siège de la société à prépondérance immobilière (cession de parts, actions ou droits) est situé à l'étranger, le service de la recette des non-résidents de la Direction des impôts des non-résidents (n° 2840, Précisions b) est seule compétente.

Dans les autres cas, la demande doit être adressée au directeur départemental ou régional des finances publiques territorialement compétent.

Un **notaire** ou un **avocat** ne peuvent pas être représentants fiscaux pour l'application de l'article 244 bis A (BOI préc. n° 120).

83130 Dans un souci de simplification, l'administration a délivré un **agrément permanent** de représentation fiscale aux sociétés suivantes (BOI-RFPI-PVINR-30-20 n° 150) : Accréditéco, Financière accréditée, Sarf (Société Accréditée de Représentation Fiscale), Sarf Azur, La Représentation Fiscale, Tevea International, Authorized Tax Representative (ATR), GPB Accrédité et Honoré Patrimoine.

La souscription par ces différentes sociétés d'un engagement général de représentation fiscale les dispense d'un nouvel agrément pour chaque opération.

Précisions En pratique, l'intervention d'un représentant fiscal génère un **coût** compris entre 0,4 % et 1 % du prix de vente.

83135 Lorsque la désignation d'un représentant fiscal est obligatoire, le représentant accrédité du contribuable ayant réalisé la plus-value est tenu au paiement de l'amende et des intérêts de retard dus en cas d'infraction. Dans les autres cas, le contribuable ayant réalisé la plus-value est seul tenu au paiement de l'amende et de l'intérêt de retard (BOI-RFPI-PVINR-30-10 n° 40).

La désignation d'un représentant ne retire pas au **contribuable** la qualité de **débiteur légal** de l'impôt ; l'administration peut donc poursuivre l'un ou l'autre en recouvrement pour la totalité des sommes dues (y compris les prélèvements sociaux). La doctrine administrative (BOI-RFPI-PVINR-30-20 n° 270) indique toutefois qu'il est dans l'esprit des textes, qui tiennent compte des difficultés que le service rencontrerait pour contraindre le contribuable non domicilié en France sur ses biens situés à l'étranger, d'obtenir le paiement auprès du représentant.

L'administration ajoute qu'en s'engageant à acquitter les sommes dues au lieu et place du non-résident, le représentant s'assimile au contribuable lui-même et qu'il répond de l'obligation sur ses biens personnels qui peuvent être poursuivis selon la même procédure et avec les mêmes garanties que s'il s'agissait de ceux du contribuable (BOI préc. n° 280).

Compte tenu des termes de son engagement, le représentant n'est normalement déchargé qu'à l'expiration du **délai de reprise** dont bénéficie l'administration (à savoir à la fin de la troisième année qui suit celle au titre de laquelle l'imposition est due, c'est-à-dire l'année de la vente, en règle générale celle de la signature de l'acte authentique, ou de l'événement générateur de la plus-value, sauf acte interruptif de prescription ; BOI préc. n° 300).

Régime dérogatoire Une **dispense**, sans demande préalable, est acquise aux personnes physiques non résidentes dans l'un des cas suivants (BOI-RFPI-PVINR-30-20 n° 170 s.) : **83140**
- cessions dont le prix est **inférieur ou égal à 150 000 €** ; ce seuil s'apprécie par cédant, par rapport au prix de cession stipulé dans l'acte, et uniquement par rapport au prix correspondant à l'immeuble ou aux droits immobiliers, à l'exclusion des meubles en cas d'acte mixte ; en cas de cession de parts ou actions de sociétés à prépondérance immobilière (hors FPI), ce seuil s'apprécie par rapport à la quote-part de la valeur vénale totale des actifs immobiliers détenus par la société, correspondant aux droits détenus par le cédant (BOI préc. n° 210) ;
- cessions bénéficiant d'une **exonération totale de plus-value**, tant de l'impôt sur le revenu que des prélèvements sociaux, compte tenu de la durée de détention du bien (n° 67655) ;
- cession de l'ancienne résidence principale en France d'un contribuable devenu non-résident (n° 67605).

Dans l'un ou l'autre cas, le notaire n'a pas à soumettre aux services fiscaux le projet d'acte de cession ni le projet de déclaration de plus-value pour obtenir la dispense. Le rédacteur de l'acte apprécie lui-même si les critères ouvrant droit au bénéfice de la dispense automatique sont remplis.

En cas de cession par une **société de personnes française**, le seuil de 150 000 € s'apprécie en faisant la somme de la quote-part du prix de cession correspondant aux droits des associés personnes physiques résidant hors de l'Union européenne ou de l'Espace économique européen (hors Liechtenstein) et personnes morales ou organismes ayant leur siège hors de l'un de ces États, quel que soit le régime d'imposition ou d'exonération des plus-values applicables (BOI préc. n° 200).

La dispense automatique s'applique également en cas de cession par une **société de personnes européenne** (société ou groupement dont le régime fiscal est équivalent à celui des articles 8, 8 bis et 8 ter du CGI et dont le siège social est situé dans l'Union européenne ou dans l'Espace économique européen, hors Liechtenstein). Dans ce cas, le seuil de 150 000 € s'apprécie en faisant la somme de la quote-part du prix de cession correspondant aux droits des associés personnes physiques résidant hors de l'Union européenne ou de l'Espace économique européen et des personnes morales ou organismes ayant leur siège hors de l'un de ces États, quel que soit le régime d'imposition ou d'exonération des plus-values applicables (BOI-RFPI-PVINR-30-20 n° 200).

Précisions La dispense automatique s'applique aux cessions bénéficiant à raison de la plus-value réalisée d'une exonération totale d'imposition, au regard tant de l'impôt sur le revenu que des **prélèvements sociaux**, compte tenu de la durée de détention du bien, en application des dispositions du I de l'article 150 VC du CGI et du 2 du VI de l'article 136-7 du Code de la sécurité sociale (BOI-RFPI-PVI-20-20), quel que soit le prix de cession (BOI préc. n° 220).

Déclarations En principe, une déclaration **n° 2048-IMM-SD** (immeubles ou droits relatifs à un immeuble) ou **2048-M-SD** (titres de sociétés à prépondérance immobilière) doit être déposée dans un délai d'un mois auprès du service compétent, accompagnée, s'il y a lieu, du paiement du prélèvement. **83145**

L'administration précise que toute déclaration déposée doit comprendre les **éléments de liquidation** même si celle-ci conduit à un résultat égal à zéro, voire négatif, et que doivent au moins être mentionnés le prix de vente, le prix d'acquisition et le résultat (BOI-RFPI-PVINR-30-30 n° 10). À défaut (mention « Néant », par exemple), la déclaration n° 2048-IMM-SD ou 2048 M-SD est considérée comme non déposée.

Toutefois, le contribuable personne physique est **dispensé** de produire une déclaration de plus-value n° 2048-IMM-SD ou 2048-M-SD auprès du service de la publicité foncière, à l'appui de l'acte soumis à la formalité, si (BOI préc. n° 20) :
– la cession porte sur l'immeuble qui constituait sa résidence principale en France à la date du transfert de son domicile fiscal hors de France (n° 67605) ;
– la plus-value est exonérée par l'effet de l'abattement pour durée de détention (n° 67655) ;
– la cession d'immeuble ou de droits relatifs à un immeuble est effectuée pour un prix **inférieur ou égal à 15 000 €** (dispense de dépôt de la déclaration n° 2048-IMM-SD uniquement) ; cette dispense ne s'applique pas en cas de cession de titres de sociétés à prépondérance immobilière qui ne peuvent bénéficier de l'exonération tenant au montant de la cession (CGI art. 150 UB).

Dans ce cas de dispense de dépôt de déclaration n° 2048-IMM-SD ou 2048-M-SD, le notaire ou le déposant doit indiquer, dans la rubrique « Déclarations fiscales » de l'acte de vente, la mention attestant du bénéfice de cette dispense ainsi que son motif (nature et fondement de l'exonération ou de l'absence de taxation). Ces mentions doivent être également portées sur les extraits d'acte que les notaires établissent et remettent au service conformément à l'article 860 du CGI.

En outre, l'administration admet, en ce qui concerne les **fonctionnaires** et agents de l'État en poste à l'étranger qui peuvent bénéficier d'une exonération spécifique (n° 67610), qu'aucune déclaration ne soit déposée, à condition que l'acte de cession soumis à la formalité fusionnée ou présenté à l'enregistrement précise, sous peine de refus de dépôt ou de la formalité d'enregistrement, la nature et le fondement de cette exonération (BOI préc. n° 40).

Lors de l'accomplissement de la formalité fusionnée au service de la publicité foncière ou de la formalité de l'enregistrement au service des impôts des entreprises, l'**administration** doit **vérifier** que le notaire ou le déposant a effectivement porté dans l'acte de vente et l'extrait d'acte les mentions autorisant le non-dépôt de la déclaration n° 2048-IMM-SD ou 2048-M-SD ainsi que son motif. En l'absence de ces mentions, elle doit refuser la formalité au motif du défaut de dépôt de la déclaration (BOI préc. n° 50).

Précisions Lorsque le cédant est tenu de désigner un représentant accrédité en France, la déclaration de plus-value doit, sous peine de refus de dépôt, être **signée par le représentant** (BOI-RFPI-PVINR-30-30 n° 50).

Personnes morales

83150 Pour les personnes morales ou organismes dont le siège est situé hors de France ainsi que pour les sociétés de personnes ayant leur siège en France dont un ou plusieurs associés sont des personnes morales dont le siège est hors de France, le régime de la **représentation fiscale** est le seul applicable sauf, pour les plus-values réalisées depuis le 1er janvier 2015, si le cédant est domicilié au sein de l'Union européenne ou en Islande ou en Norvège (CGI art. 244 bis A, IV ; n° 83080).

La désignation d'un représentant accrédité, lorsqu'elle est obligatoire, concerne toutes les cessions d'immeubles ou de droits immobiliers, réalisées par les personnes morales ou organismes soumis au prélèvement, quels que soient la nature, le prix ou l'origine de propriété du bien cédé ainsi que la qualité du cédant.

La désignation du représentant accrédité obéit aux règles habituelles ; la demande du contribuable, formulée en pratique par le notaire, doit être effectuée à partir des projets d'acte de cession et de déclaration de plus-value concernés.

Sur le service chargé de l'instruction de la demande de désignation d'un représentant accrédité, voir n° 83127. Un formulaire doit systématiquement être déposé (n° 83145).

L'administration souligne que lors de la réquisition de la formalité fusionnée ou de la formalité de l'enregistrement, à défaut de dépôt de déclaration de plus-value comportant la désignation d'un représentant accrédité, le service de la publicité foncière ou le service des impôts des entreprises doit refuser l'accomplissement de la formalité au déposant (BOI-RFPI-PVINR-30-30 n° 60).

5. Cas particulier du prélèvement à la source de l'impôt sur le revenu

Principes

83180 Lorsque le débiteur du prélèvement à la source de l'impôt sur le revenu n'est **pas établi en France**, il est néanmoins tenu d'effectuer le prélèvement lorsqu'il verse des revenus qui entrent dans son champ d'application (BOI-IR-PAS-30-10-10 nos 90 s.). Tel est le cas, par exemple, d'une entreprise étrangère qui n'a pas d'établissement en France et qui verse à un salarié domicilié en France des salaires au titre d'une activité exercée en France (n° 1932).

Deux hypothèses sont à distinguer selon le lieu d'établissement du débiteur (situation applicable depuis le 1er janvier 2020, compte tenu des modifications apportées par la loi n° 2019-1479 du 28 décembre 2019 de finances pour 2020) :
– **États « conventionnés »** : s'il est établi dans un État membre de l'Union européenne ou dans un État tiers avec lequel la France dispose d'un instrument juridique relatif à l'assistance mutuelle ayant une portée similaire à celle prévue par la directive 2010/24/UE du Conseil du 16 mars 2010 concernant l'assistance mutuelle en matière de recouvrement des créances relatives aux taxes, impôts, droits et autres mesures et par le règlement UE 904/2010 du Conseil du 7 octobre 2010 concernant la coopération administrative et la lutte contre la fraude dans le domaine de la TVA, le débiteur doit effectuer le prélèvement à la source dans les conditions ordinaires, sans avoir à désigner un représentant (s'il le souhaite, il peut cependant désigner volontairement un représentant ; n° 83185) ; cette dispense a, depuis le 1er janvier 2020, le même champ d'application géographique qu'en matière de TVA (n° 34335) ;
– **autres États** : s'il n'est pas établi dans l'un des États précités, le débiteur est tenu de faire accréditer auprès de l'administration fiscale un représentant établi en France (n° 83185) ; ce représentant doit s'engager à remplir les formalités incombant au débiteur et verser le prélèvement à la source à sa place au service des impôts (CGI art. 1671, 1).

Représentant fiscal

83185 Le débiteur peut choisir un représentant quelconque à condition que ce dernier soit **établi en France** et que sa **moralité fiscale** soit irréprochable (BOI-IR-PAS-30-10-10 n° 190). En pratique, il s'agira, le plus souvent, d'une société française, filiale, sœur ou mère de la société étrangère débitrice, ou de la succursale française d'une entreprise étrangère du groupe.

Le représentant fiscal doit faire l'objet d'une **accréditation** par le service des impôts des entreprises étrangères (SIEE) de la Direction des impôts des non-résidents (DINR), 10 rue du Centre, TSA 50014, 93465 Noisy-Le-Grand Cedex, courriel : siee.dinr@dgfip.finances.gouv.fr (CCI Ann. III art. 357 H bis) ; les décisions d'accréditation ou de refus doivent être notifiées par écrit.

Sauf exception, la désignation ne peut pas avoir d'effet rétroactif, le représentant devant être désigné **préalablement** à la réalisation des opérations situées en France (BOI préc. n° 130). La désignation peut être limitée à une période déterminée.

Le représentant est **responsable** du respect des obligations du débiteur au titre de la retenue à la source afférente à l'ensemble des opérations réalisées en France par le débiteur non établi en France qui l'a désigné, y compris celles dont il n'a pas eu connaissance (BOI préc. n° 220). Il est tenu de remplir les formalités incombant au débiteur et de reverser les retenues à sa place au service des impôts des entreprises étrangères (SIEE) ; l'article 111 quinquies de l'annexe III au CGI précise en effet que dès lors qu'il est tenu d'accomplir les obligations incombant à une personne représentée, le représentant unique prévu à l'article 302 decies du CGI doit s'acquitter de l'ensemble des obligations incombant à cette même personne auprès du service des impôts des entreprises étrangères de la direction des impôts des non-résidents.

Précisions Aux termes de l'article 302 decies du CGI, les redevables soumis à l'obligation de désigner un représentant fiscal pour l'application du prélèvement à la source doivent désigner **le même représentant** au titre de leurs obligations en matière de TVA, de contribution de solidarité territoriale, de contribution sur les activités privées de sécurité et de prélèvements sur les jeux et paris (nº 83095).

SECTION 2

Dans l'État de la résidence du bénéficiaire

Incidences des conventions fiscales

83400 La situation dans l'État de résidence du bénéficiaire est variable selon qu'il existe ou non une convention fiscale et, dans l'affirmative, selon la méthode retenue pour éliminer les doubles impositions.

S'il n'existe pas de convention fiscale, aucune règle ne limite le droit d'imposer de l'État de résidence ; celui-ci assoit donc normalement l'impôt sur le revenu mondial. Mais il tient compte, le plus souvent, de ce que ce revenu a déjà supporté un impôt à l'étranger, en admettant que cet impôt soit considéré comme une charge déductible ; telle est au moins la pratique française : l'assiette de l'impôt français est, en l'absence de convention, déterminée sous déduction des impôts étrangers qui ont grevé ce revenu (application du principe général figurant à l'article 13 du CGI). Certains États vont plus loin et admettent que l'impôt étranger constitue un crédit d'impôt même en l'absence de convention (États-Unis).

S'il existe une convention fiscale, celle-ci s'impose à l'État de résidence et peut le conduire :
– soit à ne pas imposer le revenu, si la convention lui retire ce droit, quitte à prendre en compte le revenu exonéré pour le calcul du taux effectif ;
– soit à imposer le revenu déjà imposé à l'étranger, mais à accorder sur son propre impôt un crédit d'impôt égal, en principe, à l'impôt effectivement payé à l'étranger.

Précisions Le fait que l'impôt étranger constitue une **charge déductible en l'absence de convention fiscale** n'est pas expressément affirmé par la doctrine administrative, sauf à l'égard des **revenus de capitaux mobiliers** ; à ce propos, l'administration indique que les revenus provenant d'États avec lesquels la France n'a pas conclu de convention fiscale ne donnent lieu à aucune imputation sur l'impôt français, mais que, dans ce cas, ces revenus sont soumis à l'impôt français pour leur montant net d'impôt étranger sur le fondement de l'article 122 du CGI (BOI-RPPM-RCM-20-10-20-60 nº 20).

Obligation déclarative

83405 Les contribuables doivent normalement déclarer tous leurs revenus à l'administration de l'État de leur résidence. Cette obligation déclarative n'implique pas nécessairement que les revenus étrangers soient effectivement soumis à l'impôt. Ainsi, du côté français, il convient de distinguer la situation des entreprises soumises à l'impôt sur les sociétés de celle des contribuables personnes physiques :
– les **entreprises soumises à l'impôt sur les sociétés** doivent remplir un formulaire nº 2058 A-SD, qui permet de passer du résultat comptable au résultat fiscal, afin de tenir compte notamment de l'incidence de la territorialité de l'impôt français, ainsi qu'un formulaire nº 2066-SD relatif à l'imputation sur l'impôt sur les sociétés de crédits d'impôt d'origine étrangère. Ces déclarations doivent être annexées à la déclaration d'ensemble nº 2065 ;
– les **personnes physiques** doivent déclarer sur un formulaire nº 2047 leurs revenus encaissés hors de la France métropolitaine et des DOM (nº 83415). Ce formulaire doit être joint à la déclaration d'ensemble de leurs revenus nº 2042 et nº 2042 C, afin de mettre en œuvre les prescriptions de l'article 173, 2 du CGI selon lequel « les déclarations prévues à l'article 170 mentionnent séparément le montant des revenus, de quelque nature qu'ils soient, encaissés directement ou indirectement, d'une part, à Saint-Pierre-et-Miquelon, en Nouvelle-Calédonie, en Polynésie française, dans les îles Wallis-et-Futuna et dans les

Terres australes et antarctiques françaises et, d'autre part, à l'étranger. À défaut, le contribuable est **réputé les avoir omis** et il est tenu de verser le supplément d'impôt correspondant. »

Précisions **a.** L'article 98 de la loi n° 2016-1918 du 29 décembre 2016 de finances rectificative pour 2016 avait permis aux personnes fiscalement domiciliées en France de demander jusqu'au 30 juin 2017, à titre dérogatoire et bien que les délais de réclamation aient été expirés, le bénéfice d'un **crédit d'impôt** sur le fondement de la convention fiscale **franco-allemande** du 21 juillet 1959 modifiée, à raison des revenus perçus au cours des années 2005 à 2015 (n° 43980, Précisions f).

b. En ce qui concerne l'application du **prélèvement à la source** de l'impôt sur le revenu, voir n° 1932.

A. L'exonération des revenus imposables dans l'État de la source : le taux effectif

Les conventions fiscales conclues par la France retiennent, lorsqu'elles n'ont pas été modernisées, la méthode du taux effectif pour l'imposition des revenus des **personnes physiques** sauf les dividendes, intérêts, redevances, revenus des artistes et sportifs et des administrateurs de sociétés (les personnes morales ne sont pas concernées car le taux de l'impôt sur les sociétés est proportionnel et non pas progressif). La pratique des autres pays peut être différente, notamment en cas d'application d'un système mondial généralisé (c'est souvent le cas des pays anglo-saxons). Il convient donc impérativement de se reporter aux stipulations pertinentes de la convention fiscale (article relatif à l'élimination des doubles impositions et combinaison de cet article avec l'article pertinent de la convention ; nos 10370 s.). **83410**

En revanche, depuis la fin des années 1980, les conventions fiscales françaises n'utilisent plus le taux effectif mais la méthode originale du **crédit égal à l'impôt français**, qui conduit à un résultat voisin selon une technique différente (n° 8160 et nos 83750 s.).

1. Principes généraux

Formulaires déclaratifs

Les personnes physiques résidentes de France doivent remplir un **formulaire n° 2047**, qui est une annexe à la déclaration d'ensemble des revenus n° 2042, permettant la récapitulation de leurs revenus encaissés hors de la France métropolitaine et des DOM et qui sont imposables en France, à savoir : **83415**
- traitements, **salaires**, pensions, retraites et rentes (cadre 1) ;
- revenus de valeurs et **capitaux mobiliers** (cadre 2) ; la notice de la déclaration n° 2047 précise, selon les pays d'origine, les taux applicables aux revenus nets pour le calcul du crédit d'impôt ; si l'impôt étranger est inférieur, c'est le montant de l'impôt étranger qui doit être retenu et non pas le montant résultant du calcul forfaitaire (n'ont pas à être mentionnés dans cette rubrique les revenus de valeurs mobilières étrangères encaissés en France par l'intermédiaire d'établissements financiers dépositaires des titres en France) ;
- **plus-values** (cadre 3) ; doivent être déclarées les plus-values de cession de valeurs mobilières et les plus-values immobilières ; les plus-values de cession d'immeubles ou de biens meubles à l'étranger, si elles ne sont pas exonérées d'impôt en France en application des conventions fiscales, doivent également être déclarées auprès du service des impôts du contribuable dans le mois qui suit la cession (déclaration n° 2048-IMM en cas de cession d'un immeuble et déclaration n° 2048-M en cas de cession de parts de sociétés à prépondérance immobilière ; ci-dessous, Précisions b) ;
- **revenus fonciers** (cadre 4) ; les contribuables doivent en outre souscrire une déclaration n° 2044 dans les mêmes conditions que pour les revenus fonciers de source française ;
- revenus des professions **non salariées** (cadre 5), à savoir bénéfices des exploitations agricoles, bénéfices des professions industrielles, commerciales ou artisanales, bénéfices des professions non commerciales et plus-values professionnelles à long terme.

La déclaration n° 2047 contient également divers cadres relatifs à l'élimination des doubles impositions :
- revenus imposables ouvrant droit à un **crédit d'impôt égal au montant de l'impôt français** (cadre 6) ; est ici mentionné le montant du revenu étranger après imputation des

charges (salaires et pensions sans déduction de 10 % ou des frais réels) et sans déduction de l'impôt étranger (montant à reporter en ligne 8TK de la déclaration d'ensemble des revenus n° 2042 C) ;
– revenus imposables ouvrant droit à un **crédit d'impôt égal au montant de l'impôt étranger** (cadre 7) ; le montant de l'impôt étranger est à reporter sur la déclaration d'ensemble des revenus n° 2042 C en ligne 8VL s'il s'agit de revenus de capitaux mobiliers, plus-values ou gains d'actionnariat salarié et en lignes 8VM, 8WM ou 8UM pour les autres revenus ;
– revenus exonérés retenus pour le calcul du **taux effectif**, autres que les salaires et les pensions (cadre 8) ; le montant des revenus après déduction des charges et de l'impôt payé à l'étranger doit être reporté en ligne 8TI de la déclaration d'ensemble des revenus n° 2042 C (les salaires et pensions doivent être directement portés dans la déclaration n° 2042 C) ;
– revenus de source étrangère imposables aux **contributions sociales** (cadre 9).

Précisions **a.** Les revenus déclarés sur le formulaire n° 2047 doivent être reportés sur la **déclaration d'ensemble des revenus** dans les rubriques correspondant à leur nature. Ils doivent être ajoutés aux revenus de même nature perçus en France métropolitaine ou dans les départements d'outre-mer.

b. En ce qui concerne les **plus-values immobilières**, l'article 150 VG, 4° du CGI précise que la plus-value qui n'est pas constatée par un acte notarié doit faire l'objet d'une déclaration au service des impôts dont relève le domicile du vendeur dans un délai d'un mois à compter de la cession du bien immobilier. En présence d'une convention fiscale, lorsque la plus-value a été imposée à l'étranger, le contribuable peut déduire de l'impôt français, calculé sur les formulaires n° 2048-IMM-SD ou 2048-M-SD, un **crédit d'impôt** égal au montant de l'impôt français calculé sur cette plus-value ou au montant de l'impôt étranger dans la limite de l'impôt français (le mécanisme d'élimination des doubles impositions dépend des stipulations conventionnelles). Le montant du crédit d'impôt doit être porté sur les formulaires n° 2048-IMM-SD et 2048-M-SD. Les plus-values immobilières réalisées hors de France doivent également être mentionnées en ligne 3VZ de la déclaration n° 2042 C. Ces plus-values sont placées hors du champ du prélèvement à la source de l'impôt sur le revenu applicable depuis le 1er janvier 2019 (BOI-ANNX-000473). La notice de la déclaration n° 2048-IMM-SD indique que si la plus-value réalisée à l'étranger est exonérée d'impôt en France, il n'y a pas lieu de souscrire une déclaration n° 2048-IMM-SD.

c. Le **défaut de déclaration** séparée des revenus encaissés hors de France est assimilé à une insuffisance de déclaration (CGI art. 173, 2). Le bénéficiaire est donc tenu de verser le supplément d'impôt correspondant. Par ailleurs, en vertu de l'article 1772 du CGI, sont passibles, indépendamment des sanctions fiscales qu'elles peuvent supporter au titre des majorations de droits ou des amendes fiscales, d'une amende de 4 500 € et d'un emprisonnement de cinq ans les personnes qui, encaissant directement ou indirectement des revenus à l'étranger, ne les ont pas mentionnés séparément sur la déclaration de leurs revenus (BOI-IR-DECLA-20-10-20 n° 210).

Déclaration des revenus exonérés

83420 Si une convention fiscale retire à la France le droit d'imposer certains revenus, on pourrait s'attendre à ce que ceux-ci n'aient pas à être portés sur la déclaration n° 2047. Mais, même dans cette situation, le contribuable doit déclarer ces revenus car l'exonération se combine, le plus souvent, avec **la règle du taux effectif**. Cette règle a pour objet de **préserver la progressivité** de l'impôt lorsque la convention fiscale retire à la France le droit d'imposer. Comme le souligne l'administration, en effet, lorsqu'une convention fiscale retire à la France le droit d'imposer certains revenus d'un contribuable résident de France, il serait inéquitable que cette exonération se traduise également par une atténuation du poids relatif de l'impôt dû sur les autres revenus (BOI-IR-LIQ-20-30-30 n° 1). Le revenu étranger n'est pas réimposé en France ; il est simplement pris en compte pour la détermination du **taux d'imposition** applicable aux seuls revenus qui y sont imposables (nos 7980 s.).

Les revenus exonérés doivent donc faire l'objet de la déclaration prévue par l'article 170, 4 du CGI : « Le contribuable est tenu de déclarer les éléments du revenu global qui, en vertu d'une disposition du présent code ou d'une convention internationale relative aux doubles impositions ou d'un autre accord international, sont exonérés mais qui doivent être pris en compte pour le calcul de l'impôt applicable aux autres éléments du revenu global. » La déclaration des revenus à prendre en compte pour le calcul du taux effectif est formellement prévue dans la déclaration d'ensemble des revenus du contribuable (déclaration n° 2042 C, cadre 8, ligne TI). Le détail doit en être fourni dans la déclaration n° 2047 (n° 83415).

Fondement juridique

L'application du taux effectif n'est pas automatique ; elle doit être prévue par un texte : 83425
– **convention fiscale** ; en général, le texte conventionnel est rédigé comme suit : « (...) l'impôt français est calculé sur les revenus imposables en France en vertu de la présente convention au taux correspondant au total des revenus imposables selon la législation française » ;
– **accords internationaux** relatifs aux organisations internationales (accords de siège) : lorsque les rémunérations perçues par les fonctionnaires de l'organisation sont exonérées, certains accords prévoient l'application du taux effectif (Agence spatiale européenne, Inmarsat, etc.) ;
– **dispositions de droit interne** :
• article 197 C du CGI : salaires exonérés d'impôt en vertu des articles 81 A I et II du CGI (salariés détachés à l'étranger ; n° 42670) ;
• article 193 bis du CGI : application du taux effectif aux fonctionnaires internationaux. Mais l'application de cet article a, en principe, été suspendue à la suite d'un arrêt de la CJCE (16 décembre 1960, aff. 6/60, Humblet) ; la Cour de justice a, en effet, estimé qu'une simple disposition de droit interne ne peut aggraver la situation fiscale des fonctionnaires internationaux telle qu'elle est prévue par les accords internationaux.

Précisions La doctrine administrative est assez vague lorsqu'elle indique que les accords de siège conclus entre la France et les organisations internationales installées en France peuvent comporter des dispositions concernant le régime fiscal applicable aux rémunérations perçues par les **fonctionnaires de l'organisation** et que lorsque ces rémunérations sont exonérées de l'impôt français normalement exigible, « certains accords » (sans précision) permettent l'application de la règle du taux effectif (BOI-IR-LIQ-20-30-30 n° 90). À propos du **CERN**, elle est cependant plus nette car elle précise que le taux effectif est applicable si l'accord spécifique régissant le statut de l'organisation internationale et de ses personnels le prévoit expressément, ou, en application d'une convention fiscale, si l'exonération résulte des seules dispositions de cette convention (BOI préc. n° 460).

Formules utilisées par les conventions fiscales

Il n'y a pas lieu d'attacher d'importance à la formulation retenue pour fonder le mécanisme du taux effectif. Le Conseil d'État juge, en effet, que ce mécanisme est applicable même lorsque la convention n'est pas très explicite et se borne à **« ne pas limiter »** le droit d'un État à calculer l'impôt au taux correspondant à l'ensemble des revenus (CE 25 novembre 1968 n° 71 227 : Droit fiscal 1969, n° 4, comm. 106) ou lorsqu'elle indique que chaque État **« conserve » le droit** de calculer l'impôt au taux correspondant à l'ensemble des revenus imposables selon sa législation (CE 15 avril 1983 n° 29001, 7e et 9e s.-s. : RJF 6/83 n° 817 et CE 9 janvier 1985 n° 37905 : RJF 3/85 n° 485). 83430

Le Conseil d'État considère que l'effet d'une convention fiscale est de soustraire certains revenus à l'assiette de l'impôt français mais non à sa **progressivité**, qui est l'essence de l'impôt sur le revenu français (voir conclusions sous CE 9 janvier 1985 précité ; c'est ainsi, d'une certaine façon, le barème général de l'impôt sur le revenu qui est la justification, en droit interne, du taux effectif). Les termes employés par les conventions fiscales recouvrent donc tous la même réalité, ce qui n'autorise pas à tirer de conséquences des diverses formulations utilisées.

2. Modalités d'application pratique (système français)

Le mécanisme du taux effectif ne concerne en principe, pour l'impôt sur le revenu, que les **contribuables domiciliés (ou résidents) de France** (BOI-IR-LIQ-20-30-30 n° 30 ; sur les couples mixtes, voir nos 40950 s.). 83440

En pratique, le calcul du taux effectif nécessite les **opérations suivantes** (BOI-IR-LIQ-20-30-30 n° 490) :
– détermination de la cotisation de base correspondant à l'ensemble des revenus du contribuable, y compris ses revenus étrangers exonérés ;
– liquidation de l'impôt exigible par application à la cotisation de base du rapport existant entre le revenu imposable en France et le montant total du revenu d'après lequel la cotisation de base a été calculée ;
– enfin, calcul de l'impôt effectivement dû après imputation sur l'impôt exigible des crédits d'impôt, le cas échéant.

Précisions Pour un exemple de cas où le taux effectif a été considéré comme applicable à un **non-résident**, voir réponse Cointat n° 5460 : JO Sén. 31 juillet 2014 p. 1827 (BF 10/14 n° 814) indiquant que si le bénéficiaire de pensions de retraite de source française est effectivement domicilié au **Togo**, les pensions de source française qui lui sont versées ne sont pas passibles de l'impôt sur le revenu en France mais peuvent être prises en compte pour le calcul du taux effectif ; cette solution s'explique sans doute par la rédaction particulière de la convention fiscale du 24 novembre 1971.

a. Calcul de la cotisation de base

Nature des revenus à prendre en compte

83460 Il s'agit de tous ceux qui auraient été imposables en France si une convention fiscale ou un texte particulier n'avait retiré à la France le droit d'imposer. Ne doivent donc pas être pris en considération les revenus qui, en toute hypothèse, auraient été **exonérés d'impôt** en France (sauf les salaires visés à l'article 81 A I et II du CGI ; nos 42670 s.), les revenus exonérés par un accord particulier (accord de coopération, convention de Vienne…) autre que celui qui autorise expressément le calcul de l'impôt français au taux effectif, et les revenus qui sont soumis en France à un prélèvement libératoire (BOI-IR-LIQ-20-30-30 nos 510 s.).

83463 **Distinction entre les revenus** Il résulte de la jurisprudence du Conseil d'État qu'il y a lieu de procéder à une distinction entre les revenus qui sont réellement « **exonérés** » et les revenus qui sont « **dans le champ** de l'impôt » mais « **non imposables** », en fonction de l'objet de la législation en cause.

En ce sens, des **pensions de source américaine** versées à une personne physique résidente de France à la suite du décès de son père en service commandé et au titre d'une prestation familiale d'orphelin n'étaient pas à prendre en compte pour le calcul du taux effectif, dans la mesure où ces revenus étaient « de même nature » que les revenus explicitement exonérés d'impôt par l'article 81 du CGI (CE 30 mars 2005 n° 244173, 10e et 9e s.-s., min. c/ Pouffary : RJF 7/05 n° 656) ; dans cette affaire, le Conseil d'État a estimé que, pour l'application du taux effectif, « sont en revanche exclus les revenus exonérés d'impôt en vertu d'une stipulation expresse de la convention ou d'une disposition de droit interne français, ainsi que les revenus de même nature que ceux qui font l'objet d'une telle disposition ». Cette formulation nous paraît cependant un peu maladroite et la solution, qui consiste à **raisonner par analogie**, nous paraît discutable dans la mesure où elle ne répond pas à la logique même du taux effectif et ne repose sur aucun texte ; à notre avis, les pensions ne pouvaient être écartées que si le droit français conduisait à les exonérer, ce qui n'était théoriquement pas le cas en l'espèce, au moins pour celles qui ne sont exonérées que si elles sont servies en vertu du code français des pensions militaires (à noter qu'un raisonnement par analogie n'a pas été retenu dans une affaire Heaton (n° 81050), à propos de la non-attribution d'une demi-part de quotient familial à un Britannique résident de France qui n'était pas titulaire de la carte du combattant). Dans le sens de la décision Pouffary, précitée, voir cependant TA Lyon 23 novembre 2010 nos 08-3049, 08-5863 et 10-1623, 6e ch., Ogaard (RJF 7/11 n° 873 ; jugement définitif) à propos d'une **pension publique de guerre versée par l'État norvégien** à la veuve, résidente de France, d'un militaire décédé pendant la Seconde Guerre mondiale, pension qui a été regardée comme étant de même nature que les revenus mentionnés à l'article 81, 4° du CGI et comme devant être exclue de la base de l'impôt français sur le revenu.

En revanche, le Conseil d'État a considéré que le principe de l'exonération des salaires versés à des **salariés envoyés à l'étranger** par un employeur établi en France, posé par l'article 81 A I du CGI, a pour seul objet d'éviter, lorsque aucune convention fiscale n'y pourvoit, que les traitements et salaires en cause ne fassent l'objet, après avoir été imposés à l'étranger, d'une seconde imposition en France, et non d'exclure de tels revenus du champ de l'impôt sur le revenu ; par suite, des rémunérations perçues par des salariés détachés à l'étranger qui rempliraient, en l'absence de convention fiscale, les conditions de l'exonération d'impôt sur le revenu français prévues par le I de l'article 81 A du CGI sont « des **rémunérations imposables conformément à la législation française** » au sens du d du 2 de l'article 25 de la convention franco-espagnole du 27 juin 1973 et doivent être prises en compte pour la détermination du taux effectif (CE 17 octobre 2007 n° 284153, 3e et 8e s.-s., Chasteigner : RJF 1/08 n° 5 ; n° 42675) ; ces revenus sont considérés comme des « revenus imposables » bien qu'ils soient non imposés, l'article 81 A du CGI ne fixant pas une règle d'assiette, à la différence des pensions de l'affaire Pouffary qui ont été regardées comme

« hors champ » au sens de l'article 81 du CGI (selon le commissaire du Gouvernement François Séners, le régime de l'article 81 A crée un régime de « non-imposition » et non pas un régime « d'exonération d'imposition » ; voir conclusions au BDCF 1/08 n° 1).

Détermination

La qualification des revenus, ainsi que les règles d'assiette, sont celles qui résultent du droit interne français. Les revenus de source étrangère doivent donc être évalués selon les règles applicables aux **revenus de source française de même nature** (sauf pour les BIC, BA, BNC, qui sont obligatoirement évalués à leur montant réel ; BOI-IR-LIQ-20-30-30 n° 560). Le tribunal administratif de Versailles en a cependant jugé différemment, à propos de la convention franco-allemande dans sa rédaction antérieure à l'avenant de 1989 ; il a considéré que l'administration ne peut prendre en compte que le revenu allemand tel qu'il résulte de la législation allemande ; cette solution, qui nous paraît discutable, aurait mérité d'être confirmée (TA Versailles 30 juin 1998 n° 90.3282, 2e ch., Larsen : RJF 10/99 n° 1127 ; jugement définitif). **83465**

Les revenus étrangers doivent être retenus pour leur **montant net**, c'est-à-dire déduction faite des charges exposées en vue de leur conservation ou de leur acquisition. Les charges peuvent être déterminées forfaitairement dans les cas prévus par la loi française (10 % au titre des frais professionnels des salariés, déduction forfaitaire en matière de revenus fonciers, etc. ; BOI préc. n° 570).

Le principe de l'imposition des revenus « nets » de source étrangère conduit, dans le cas des salaires, à retenir les frais professionnels exposés par un VRP, lorsque ceux-ci sont justifiés (CE 12 novembre 1990 n° 49708, 9e et 7e s.-s., Marcuson : RJF 1/91 n° 5).

Il est également admis que l'**impôt** sur le revenu **acquitté** à l'**étranger** à raison d'un revenu de source étrangère vienne en déduction de l'assiette retenue pour le calcul du taux effectif (BOI préc. n° 580). La déduction est opérée sur le revenu brut, avant imputation des déductions forfaitaires éventuelles. Bien entendu, le montant de l'impôt étranger doit être justifié. S'il n'a pas été acquitté par voie de retenue à la source et n'a pas été payé au moment du dépôt de la déclaration de revenus en France, une régularisation de l'imposition établie en France peut être obtenue ultérieurement à ce titre, par voie de réclamation. Pour une illustration jurisprudentielle, voir CAA Paris 27 avril 2007 n° 06-78, 2e ch. B, Baillot : RJF 8-9/07 n° 883 (arrêt définitif).

Les revenus de source étrangère doivent être évalués au **cours du change** de la monnaie étrangère à Paris au jour de l'inscription en compte à l'étranger.

Les **charges déductibles du revenu global** (par exemple, les pensions alimentaires) doivent être prises en compte pour déterminer le montant du revenu global imposable utilisé pour le calcul de la cotisation de base. De même, doivent être déduits les abattements spécifiques prévus par le droit interne français (personnes âgées, enfants mariés...) et les déficits déductibles, y compris les déficits de source étrangère (BOI préc. n° 680).

Précisions Le droit à déduction résultant de la prise en compte d'une charge déductible du revenu global dans la limite d'un **pourcentage du revenu** (par exemple, régime des Sofica) ou de l'abattement pour les personnes âgées ou invalides, prévu à l'article 157 bis du CGI, doit être apprécié une première fois pour la détermination du revenu imposable mondial, puis une seconde fois pour celle du revenu effectivement imposable en France (BOI préc. n° 680).

Prise en compte des déficits

La règle du taux effectif joue dans les deux sens ; elle peut donc être à l'avantage du contribuable en cas de déficit. Les déficits provenant d'activités dont les résultats sont **exclus des bases d'imposition** de l'impôt français et qui auraient été déductibles des autres revenus imposables en l'absence de convention fiscale doivent être pris en compte, s'ils sont **justifiés** (CAA Paris 23 décembre 1994 n° 91-901, 2e ch., Genet : Droit fiscal 1995, n° 45-46, comm. n° 2122, arrêt définitif relatif à des déficits d'une société de personnes allemande, confirmant le principe mais demandant une expertise en l'absence d'éléments de preuve suffisants). Bien entendu, ce déficit ne doit pas être déduit deux fois, une fois au titre de l'année de sa réalisation et une seconde fois au titre des années suivantes, si, par exemple, la législation locale permet le report en avant des déficits (ce qui est assez fréquent ; BOI-IR-LIQ-20-30-30 n° 620). **83470**

Incidences des réductions d'impôt

83475 Les réductions d'impôt ne sont pas prises en compte pour le calcul de la cotisation de base, mais **pour le calcul de l'impôt exigible** (BOI-IR-LIQ-20-30-30 nº 710). Il a, en effet, été jugé que les réductions d'impôt auxquelles le contribuable peut prétendre s'imputent **sur l'imposition effectivement due** en France après application du taux effectif et n'interviennent pas dans le calcul de ce taux (CE 25 avril 1990 nº 94304, 8e et 9e s.-s., Second : RJF 6/90 nº 640). Afin de faire échec à cette décision, la loi de finances rectificative pour 1990 avait prévu la validation de la doctrine administrative ; mais le texte n'a finalement pas été adopté (alors qu'il avait été approuvé en première lecture à l'Assemblée nationale). L'administration a ensuite formellement rapporté sa doctrine antérieure et s'est ralliée à la jurisprudence du Conseil d'État, plus favorable aux contribuables.

Précisions Les remarques précédentes ne concernent que les réductions d'impôt et non pas les **incitations fiscales** se traduisant par un abattement ou une réduction de la base imposable, dont la prise en compte doit toujours être effectuée au niveau de la cotisation théorique de base.

b. Calcul de l'impôt

83480 L'impôt est calculé de la manière suivante :
– détermination du montant des revenus effectivement imposables, dans les conditions de droit commun, après déduction des déficits imputables, abattements spécifiques, charges du revenu global telles qu'elles ont été prises en compte pour le calcul de la cotisation de base ;
– calcul de l'impôt exigible : produit de la cotisation de base par le rapport existant entre le montant des revenus effectivement imposables et le montant global des revenus d'après lesquels la cotisation de base a été calculée ;
– imputation des éventuelles réductions d'impôt ;
– décote et minoration, le cas échéant ;
– imputation des crédits d'impôt.

Précisions Les revenus exonérés pris en compte pour le calcul du taux effectif doivent figurer dans la **déclaration nº 2047** (cadre 8) et dans la **déclaration nº 2042 C** (8TI).

c. Exemple

83500 Soit un contribuable marié, sans enfant, domicilié en France et ayant disposé des revenus suivants :
– salaires rémunérant une activité exercée en France (montant net imposable) : 56 000 € ;
– revenus fonciers provenant d'un immeuble situé hors de France (revenus nets de charges) : 14 000 €.

En outre, ce contribuable a droit à une réduction d'impôt de 3 000 €. Il sera imposé dans les conditions suivantes (en simplifiant et en prenant un barème théorique, pour l'exemple) :

• Calcul de la cotisation de base :
– revenu total : 70 000 €,
– dont salaires : 56 000 €,
– revenus fonciers : 14 000 € ;

• Cotisation de base (2 parts) : 16 472 € (par exemple) ;

• Impôt (avant réduction d'impôt) : 13 177 € (16 472 × 56 000/70 000) ;

• Réduction d'impôt : 3 000 € ;

• Impôt exigible : 10 177 €.

3. Le cas particulier du taux effectif en matière de succession

Principes

83530 Diverses conventions fiscales signées par la France (mais pas toutes ; tel n'est pas le cas, par exemple, de celles conclues avec Monaco, le Congo ou le Royaume-Uni) prévoient la possibilité de calculer l'impôt exigible en France à raison des biens héréditaires imposables en France en vertu de ces conventions d'après le **taux moyen** qui serait applicable s'il était tenu compte de l'ensemble des biens imposables en vertu de la législation interne française (nº 48680). Cette clause est parfois applicable aux droits de donation.

Ce dispositif a pour objet, comme en ce qui concerne l'impôt sur le revenu, de maintenir la progressivité de l'impôt. Mais il existe une différence importante avec l'impôt sur le revenu, car l'application du taux effectif en matière de successions est possible **même à l'égard de non-résidents** (BOI-ENR-DMTG-10-50-70 nº 30).

Calcul

La **cotisation de base** est déterminée à partir de l'ensemble des biens successoraux qui auraient été imposables en France en droit interne, hors convention fiscale (BOI-ENR-DMTG-10-50-70 nº 60). Sur l'évaluation des biens étrangers, voir nº 48380. **83535**

Les droits de succession acquittés à l'étranger au titre de biens retenus pour l'application de la règle du taux effectif ne sont pas déductibles pour la détermination de la valeur de l'actif net théorique taxable en France (BOI-ENR-DMTG-10-50-70 nº 100).

La cotisation de base est calculée dans les conditions du droit interne sur la part nette recueillie par chaque ayant droit ; l'impôt est liquidé au tarif ordinaire sur l'actif taxable après application, sur la part nette recueillie, de l'abattement personnel auquel peut prétendre le successible concerné (BOI préc. nº 110). Il y a naturellement lieu de faire application, le cas échéant, des dispositions de l'article 784 du CGI relatives au rapport fiscal des donations antérieures.

Le **taux moyen de l'impôt** est obtenu en divisant le montant de la cotisation de base par le montant de la part successorale nette qui aurait été imposable en France en l'absence de convention, mais avant déduction des abattements personnels, qui sont considérés comme un élément du tarif (BOI préc. nº 120).

L'impôt exigible est calculé en appliquant le taux moyen obtenu à la valeur nette des seuls biens imposables en France conformément à la convention fiscale. Ces biens sont évalués selon les règles de droit commun, mais sans déduction des abattements personnels, déjà pris en compte pour le calcul de la cotisation de base et donc pour la détermination du taux moyen de l'impôt (BOI préc. nº 130).

Obligations déclaratives

La déclaration de succession doit indiquer la totalité des biens laissés par le défunt même si ces biens ne sont pas soumis à l'impôt en France, en raison de la portée générale des articles 800 (obligation de déclaration) et 802 (affirmation de sincérité) du CGI (BOI-ENR-DMTG-10-50-70 nº 140). Voir nºs 47735 s. **83540**

B. L'imposition des revenus dans les deux États : l'imputation d'un crédit d'impôt

En application des conventions fiscales, certains revenus sont imposables à la fois dans l'État où ils prennent leur source et dans l'État de résidence du bénéficiaire. La double imposition est alors éliminée par un crédit d'impôt dans l'État de résidence (hors convention fiscale, aucun crédit d'impôt n'est imputable en France, sauf en ce qui concerne l'IFI ou les droits de mutation à titre gratuit dans certains cas ; nº 8142). **83560**

Il n'y a pas lieu d'accorder d'importance à l'utilisation de certains termes éventuellement inappropriés utilisés par les conventions fiscales ; lorsque la convention prévoit que la France accorde au bénéficiaire, résident de France, une « **réduction** » ou une « **déduction** » de l'impôt dû en France, égale au montant des impôts payés dans l'autre État, ces stipulations ont bien pour effet d'ouvrir droit à un crédit d'impôt (CE 27 juin 2016 nºs 388984 et 392534, 10e et 9e ch., Sté Faurecia : RJF 10/16 nº 871, à propos des conventions fiscales franco-marocaine du 29 mai 1970 (article 25), franco-tunisienne du 28 mai 1973 (article 29) et franco-turque du 18 février 1987 (article 23) ; voir également nº 83673).

Cela étant, bien entendu, un crédit d'impôt ne peut être accordé en France, en toute hypothèse, que si l'imposition a été établie à l'étranger conformément à la convention fiscale ; une **imposition établie à tort** dans un État lié à la France par une convention fiscale ne peut donner lieu à un crédit d'impôt en France puisque la convention ne prévoit de crédit d'impôt que pour les revenus imposables dans les deux États et non pas pour ceux qui sont imposables seulement en France (en ce sens, par exemple, CE 19 décembre 2018 n° 413033, 3e et 8e ch. : RJF 3/19 n° 265, à propos d'un sportif imposé à tort en Allemagne ; voir également nos 42760 et 45220). Pour d'autres exemples, voir n° 20410 à propos de l'imposition de rémunérations de prestations de services de source étrangère.

En cas de litige, la **commission départementale** des impôts directs et des taxes sur le chiffre d'affaires n'est pas compétente dès lors que le litige porte sur l'imputation d'un crédit d'impôt et non sur la détermination du résultat imposable (CAA Versailles 8 février 2022 n° 20VE01019, 1e ch., Sté Sopra Banking Software et n° 20VE01020, Sté Sopra Steria Group, arrêts définitifs ; voir également n° 20410 g) ; au surplus, dans cette affaire, la question de la qualification des rémunérations, redevances ou rémunérations de prestations de services a été considérée comme une question de droit qui échappe à la compétence de la commission.

« Vrai » crédit

83565 Sont considérés comme des « vrais crédits » les **crédits d'impôt égaux à l'impôt étranger** ; du côté français, cette méthode est réservée à certains revenus qui sont imposables dans l'État de la source de façon limitée (dividendes, intérêts, redevances), et à certains revenus imposables à la source de façon illimitée (revenus des administrateurs et, dans les conventions fiscales récentes signées par la France, revenus des artistes et sportifs). Mais d'autres États retiennent une approche différente, par exemple en éliminant systématiquement les doubles impositions par imputation d'un crédit d'impôt.

« Faux » crédit

83570 Il ne s'agit pas, à proprement parler, d'un système de crédit d'impôt mais d'une variante de la méthode de l'exonération puisque le crédit est **égal** non pas à l'impôt étranger mais **à l'impôt français** ; cette méthode est utilisée systématiquement dans les conventions fiscales françaises depuis la fin des années 1980, en remplacement de la méthode du taux effectif (nos 83750 s.). Ce dispositif n'a cependant d'incidence qu'à l'égard des personnes physiques et non des personnes morales passibles de l'impôt sur les sociétés, puisqu'il n'a de sens qu'en présence d'un taux progressif et non pas d'un taux proportionnel. Par suite, il y a lieu de considérer que, compte tenu du principe de territorialité, il équivaut, pour les sociétés, à une exemption (n° 83850).

1. Cas des « vrais crédits » pour impôts étrangers

a. Principes

Champ d'application

83620 La méthode d'élimination des doubles impositions grâce à un vrai crédit d'impôt n'est applicable, en ce qui concerne l'impôt sur le revenu et l'impôt sur les sociétés, que si elle est prévue par une **convention fiscale**. Les revenus provenant d'États avec lesquels la France n'est pas liée par une convention ne donnent lieu à aucune imputation sur l'impôt français. Dans cette situation, les revenus considérés sont soumis à l'impôt français pour leur montant net d'impôt étranger (CGI art. 122, en ce qui concerne les revenus des valeurs mobilières émises hors de France et revenus assimilés). Il existe cependant une exception pour certains revenus de source danoise (n° 8142).

En principe, seuls les contribuables **résidents de France** au sens de la convention fiscale ont la possibilité d'imputer les impôts étrangers. Toutefois, l'imputation est généralement possible pour les établissements stables en France de sociétés étrangères (n° 81297).

Précisions Il existe un mécanisme de crédit d'impôt de droit interne pour l'**impôt sur la fortune immobilière** (n° 52540) et les **droits de mutation à titre gratuit** (n° 48655).

Modalités de détermination

83625 Par principe, l'imputation doit être faite sur l'impôt français dans la base duquel les **revenus** correspondants sont compris. Il en résulte qu'aucune imputation ne peut être faite sur l'impôt dû au titre d'une année ou d'un exercice déterminé si le revenu auquel est attaché le crédit d'impôt n'est pas compris dans la base d'imposition établie au titre de la même année ou du même exercice (BOI-IS-RICI-30-10-20-10 n° 130, ajoutant qu'il en est ainsi des revenus exonérés de l'impôt sur les sociétés en vertu du droit interne ou des conventions fiscales). C'est pour cette raison que l'administration refuse le versement sur un **PEA** du crédit d'impôt conventionnel représentatif des retenues à la source prélevées lors des distributions de dividendes provenant des actions des sociétés de l'Union européenne (BOI-RPPM-RCM-40-50-30 n° 10, indiquant que les crédits d'impôts conventionnels attachés aux produits des titres de sociétés européennes ou de sociétés de l'Espace économique européen inscrits dans un PEA et dont les émetteurs n'ont pas leur siège en France n'ouvrent pas droit à restitution).

Le crédit d'impôt est en principe égal au montant de l'impôt étranger **effectivement acquitté, dans la limite du taux plafond** fixé par la convention fiscale. Il en résulte que, si la convention fixe un taux plafond de 10 % du montant brut des revenus, le crédit d'impôt ne peut excéder ce montant, même si l'impôt effectivement acquitté s'est élevé, par exemple, à 20 % (l'État étranger ne respectant pas, dans ce cas, la convention fiscale). De même, aucune imputation n'est possible si les revenus en cause ne sont imposables qu'en France et ont fait l'objet d'une imposition à tort à l'étranger (par exemple, en cas de rémunérations de prestations de services imposables exclusivement en France et qualifiées à tort de redevances dans l'autre État ; n°s 11100 s. et 20410).

Le crédit d'impôt ne peut en outre être accordé, d'une façon générale, que si la **justification** est apportée de ce que les sommes ont effectivement supporté l'impôt étranger conformément à la convention ; ainsi, en présence d'attestations insuffisantes, l'administration pouvait exiger la production, par une société française qui demandait l'imputation de crédits d'impôt correspondant à des retenues à la source prélevées au Maroc lors du versement de redevances de concession d'usage de logiciels, d'une attestation des services fiscaux marocains certifiant de l'acquittement des retenues à la source marocaines, alors même que ni la convention fiscale franco-marocaine du 29 mai 1970 ni la loi n'imposent expressément de fournir un tel justificatif (CE 18 juin 2021 n° 433323, 9e et 10e ch., Sté Sopra Steria Group : RJF 10/21 n° 965 ; sur cette affaire, voir également n° 20410 d). Pour un autre exemple, voir CAA Versailles 31 mai 2022 n° 19VE02920, 3e ch., Sté Savencia, arrêt définitif rejetant, en tout état de cause, la demande de report d'imputation de crédits d'impôt étrangers présentée par la société en relevant qu'elle n'apportait pas de documents permettant de justifier de la réalité et du montant des retenues à la source qui auraient été prélevées à l'étranger.

Dans certains cas, toutefois, le crédit d'impôt est différent de l'impôt payé à l'étranger, par exemple, s'il est calculé au moyen de méthodes forfaitaires (crédit pour impôt fictif, crédit forfaitaire, formule spéciale dans les conventions conclues avec certains États africains). Sur cette question, voir n°s 8120 s.

Sur le cas où la retenue à la source n'a pas été prélevée à l'étranger et où une **pénalité** a ensuite été infligée à la société débitrice par les autorités fiscales étrangères, voir n° 8145, Précisions.

Précisions L'administration indique que lorsque les produits perçus dans un **PEA** ou **PEA-PME** proviennent de titres étrangers, ils sont déclarés pour leur montant net, en ce qui concerne les produits des titres cotés, et pour leur montant brut, impôt acquitté à l'étranger compris, en ce qui concerne les titres non cotés émis dans un État ayant conclu avec la France une convention fiscale ; les crédits d'impôts conventionnels correspondant à l'impôt étranger afférents aux seuls produits des titres non cotés sont portés en zone BT du feuillet n° 2561 pour le PEA ou en zone GT du feuillet n° 2561 bis pour le PEA-PME (BOI-RPPM-PVBMI-40-30-30-20 n° 10).

Principe du plafonnement Le crédit d'impôt doit, sauf rares exceptions, être limité **83630**
à la fraction de l'impôt français correspondant aux revenus donnant lieu à imputation. Autrement dit, la France ne peut accorder une déduction de l'impôt étranger supérieure au **montant de l'impôt français afférent aux revenus considérés**. Aucune globalisation n'est permise entre les revenus provenant de différents pays ou entre différents revenus provenant du même pays.

Par exception, les **banques** et établissements financiers ont été autorisés à calculer leur plafond de crédit d'impôt par application d'une balance des intérêts de créances débiteurs et créditeurs en distinguant seulement deux secteurs, un secteur « France » et un secteur « hors France » (n° 63240). La convention **franco-allemande** offrait une autre exception car elle prévoyait que l'impôt allemand sur les dividendes pouvait être remboursé s'il excédait l'impôt français (cet avantage a été supprimé par l'avenant du 31 mars 2015 à la convention fiscale du 21 juillet 1959).

83635 **Mode de comptabilisation** Le crédit d'impôt **constitue**, sur le fondement des conventions fiscales, **un revenu** pour le bénéficiaire au même titre que le produit y ouvrant droit. Ce revenu est conventionnellement imposable en France et doit donc être ajouté à ce produit, ainsi que l'a confirmé le Conseil d'État à propos des crédits d'impôt forfaitaires prévus par l'ancienne convention fiscale franco-chinoise (CE 31 mai 2022 nº 461519, 8ᵉ et 3ᵉ ch., min. c/ Sté HSBC Bank PLC Paris Branch : RJF 8-9/22 nº 772 ; voir nºˢ 8120 et 10645). Toutefois, les entreprises comptabilisent, en général, le **revenu net perçu**. Dans ce cas, le crédit d'impôt est limité à 75 % de son montant (avec un taux d'impôt sur les sociétés de 25 %) ou à 85 %, en cas d'application du taux réduit de 15 %.

En ce sens, l'administration admet que, conformément aux dispositions de l'article 136 de l'annexe II au CGI, les **revenus mobiliers** encaissés par les personnes morales passibles de l'impôt sur les sociétés en vertu de l'article 206 du CGI (sauf l'exception de celles désignées au 5 de l'article 206 du même Code) soient pris en compte pour leur montant net, compte non tenu des crédits d'impôt. La somme à imputer est dès lors égale, dans la limite du plafonnement, à la différence entre le montant des crédits d'impôt afférents aux revenus mobiliers compris dans les bénéfices soumis à l'impôt sur les sociétés et le produit obtenu en multipliant ce montant par le taux de l'impôt sur les sociétés (BOI-IS-RICI-30-10-20-10 nº 10). À notre connaissance, la même solution n'a pas été expressément admise en ce qui concerne les redevances quoique la pratique soit dans le même sens.

Lorsque des intérêts de titres de créances non négociables ou des redevances doivent être imposés avant que la retenue à la source ait été effectuée à l'étranger, il est possible de pratiquer un **crédit d'impôt par anticipation**, sous réserve de régularisation ultérieure, le cas échéant (nº 63315).

b. Modalités d'application pour les sociétés

Formulaire nº 2066

83640 La détermination du crédit d'impôt imputable s'effectue au moyen du formulaire nº 2066-SD, qui est une annexe à la déclaration de résultat nº 2065. Ce formulaire doit être utilisé par les entreprises soumises à l'impôt sur les sociétés. Il sert au calcul de tous les crédits d'impôt, non seulement pour les **revenus de capitaux mobiliers**, mais aussi pour les **revenus de créances, jetons de présence** (ancienne appellation des rémunérations des administrateurs et des membres du conseil de surveillance), tantièmes, ou encore pour les **redevances** (le formulaire nº 2066 contient même un cadre pour les « autres revenus »). Mais les sociétés qui perçoivent des revenus soumis à différents taux d'imposition doivent utiliser des formulaires distincts étant donné que « l'impôt français afférent aux revenus », qui sert au calcul du plafond (nº 83645), n'est pas le même en fonction des taux d'imposition applicables.

Les sociétés membres d'un **groupe intégré** n'ont pas à déposer une déclaration nº 2066 auprès du service des impôts dont elles relèvent ; elles transmettent cette déclaration à leur société mère qui joint l'ensemble de ces déclarations à son relevé de solde d'impôt sur les sociétés.

Précisions Il a été confirmé qu'une **procédure de vérification** de comptabilité et de rectification concernant des crédits d'impôt correspondant à des retenues à la source étrangères prélevées sur des distributions de dividendes à la société tête d'un **groupe intégré**, en sa qualité de société membre de ce groupe, doit être menée à l'égard de cette société en cette qualité, sans égard au fait qu'une éventuelle remise en cause des crédits d'impôt affecte le résultat d'ensemble (CAA Versailles 7 juillet 2021 nº 18VE00222, ayant fait l'objet d'un pourvoi non admis par CE (na) 3 mars 2022 nº 456476, 9ᵉ ch., Sté Crédit Industriel et Commercial (CIC) : RJF 5/22 nº 434).

83643 **Exceptions** Le formulaire nº 2066 n'a pas à être rempli en ce qui concerne les revenus suivants :
– les revenus exonérés de l'impôt sur les sociétés, soit en vertu de la législation interne, soit en application des conventions fiscales ;

– les revenus de source étrangère qui ont été encaissés en France par l'intermédiaire d'un établissement payeur français (CGI Ann. II art. 75) ; dans ce cas, en effet, leur paiement a donné lieu à la délivrance par l'établissement payeur d'un certificat faisant apparaître le crédit d'impôt qui leur est attaché et qui est porté directement dans la déclaration n° 2065 ;
– les revenus qui ne donnent droit à aucune imputation sur l'impôt sur les sociétés ;
– les produits de participations ouvrant droit au régime des sociétés mères (n° 61400).

Contenu du formulaire n° 2066

Formellement, le formulaire n° 2066-SD, accompagné d'une notice n° 2066-NOT-SD, se présente de la façon suivante : **83645**
– cadres permettant aux entreprises de faire apparaître par pays et par catégorie de revenus les crédits dont le total est reporté dans la déclaration n° 2065 (partiellement, en cas de comptabilisation du net perçu) ;
– exposé sommaire des modalités de détermination des crédits d'impôt, en fonction de la nature des revenus et des pays concernés.

Les entreprises doivent y porter les **informations suivantes** en euros :
– pays d'origine (colonne 1) ;
– montant brut des revenus (colonne 2) ;
– impôt étranger effectivement prélevé (colonne 3) ;
– montant « net » des revenus, c'est-à-dire montant brut diminué de la retenue à la source étrangère (colonne 4) ; il s'agit en réalité d'un montant semi-net, car les charges ne sont pas déduites ;
– crédit d'impôt attaché aux revenus (colonne 5) ; il s'agit du crédit d'impôt imputable avant plafonnement, déterminé conformément aux dispositions de la convention, telles qu'elles sont résumées dans le formulaire ;
– impôt français afférent aux revenus (colonne 6) ; ce calcul permet de déterminer le plafond de crédit d'impôt (n° 83650) ;
– crédit d'impôt imputable (colonne 7) ; ce montant est le moins élevé des montants portés aux colonnes 5 et 6.

Calcul du plafond du crédit d'impôt

Le montant maximum du crédit d'impôt imputable est égal à l'impôt sur les sociétés dans la base duquel les revenus sont compris (règle du **butoir**). Il est calculé par application du taux d'imposition relatif aux revenus concernés (contribution sociale sur les bénéfices en sus) au montant net réel des revenus, c'est-à-dire à la différence entre : **83650**
– le **montant brut « reconstitué »** des revenus, égal au revenu semi-net figurant dans la colonne 4 augmenté du crédit d'impôt figurant colonne 5. Ce montant brut « reconstitué » peut être supérieur au montant brut des revenus figurant colonne 2 en cas d'application d'un crédit forfaitaire (n° 8120). Tel serait le cas si un revenu n'ayant supporté aucune retenue à la source donnait néanmoins droit à un crédit d'impôt en vertu d'une clause spéciale de la convention fiscale. Dans ce cas, le revenu « brut » figurant colonne 2 serait égal au revenu « semi-net » de la colonne 4 ; mais le revenu brut « reconstitué » serait supérieur puisqu'il serait égal au revenu « semi-net » augmenté du crédit d'impôt figurant colonne 5 ;
– le **montant des charges déductibles** du revenu déterminé conformément aux règles du droit français. Si les charges ne sont pas directement affectées à un revenu, il y a lieu, à notre avis, de déterminer un **pourcentage d'affectation**, par exemple en fonction du rapport entre le revenu considéré et le total du revenu imposable. Cette solution avait été énoncée, dans le passé, à propos des **redevances** ; une ancienne instruction du 1er avril 1976 (BODGI 14 B-1-76 du 6 avril 1976, non reprise au BOFiP) indiquait qu'afin d'éviter les difficultés que soulèverait inévitablement une ventilation exacte des frais d'exploitation entre les redevances de source étrangère et les autres recettes d'exploitation, il était admis, à titre de règle pratique, que l'expression nette des redevances puisse être obtenue en répartissant le bénéfice net d'exploitation dans la proportion du montant brut des redevances par rapport au total des recettes de l'entreprise. Ce calcul devait être effectué dans une feuille annexe, car le formulaire ne prévoit aucune colonne où seraient indiquées les charges nécessaires à la détermination de l'assiette imposable.

83650 (suite) Le **principe du plafonnement** a été confirmé par deux décisions de plénière du Conseil d'État, à propos de l'imposition de dividendes dans le contexte particulier de financements structurés :
– CE 7 décembre 2015 n° 357189, Plén., min. c/ Sté Crédit Industriel et Commercial : RJF 2/16 n° 123 (conclusions Benoît Bohnert à la même RJF, C 123 ; voir également n° 9450), à propos d'une société française qui avait reçu des dividendes de source italienne dans le cadre d'une opération d'**emprunt temporaire de titres** à une banque britannique ;
– CE 24 avril 2019 n° 399952, Plén., Société Générale : RJF 7/19 n° 636, à propos d'opérations de **prêts de titres** et de structuration de fonds par lesquelles, en substance, une société française encaissait des dividendes de source étrangère pendant une courte période et en reversait l'équivalent dans le cadre de transactions structurées.

Dans son dernier état, la jurisprudence du Conseil d'État précise que lorsqu'une convention fiscale prévoit que le crédit d'impôt imputable sur l'impôt sur les sociétés ne peut excéder le montant de l'impôt français correspondant aux revenus étrangers, ce **montant maximal** doit, en l'absence de stipulation conventionnelle contraire, être déterminé en appliquant l'ensemble des dispositions du CGI relatives à l'impôt sur les sociétés, y compris celles de l'article 39 du même Code selon lequel « le **bénéfice net** est établi sous la déduction de toutes charges (...) ». Il y avait donc lieu, dans l'affaire Société Générale, précitée, de déduire du montant des dividendes distribués, avant toute retenue à la source, et sauf exclusion par des dispositions spécifiques, les **charges justifiées**, qui ne sont exposées que du fait de l'acquisition, de la détention ou de la cession des titres ayant donné lieu à la perception des dividendes, qui sont **directement liées** à cette **perception** et qui n'ont pas pour contrepartie un accroissement de l'actif ; il est à noter que la décision Société Générale diffère légèrement sur ce point de la décision CIC, qui mentionnait « l'ensemble des charges justifiées directement liées à l'acquisition, à la conservation ou à la cession des titres ayant donné lieu à la perception des dividendes, et n'ayant pas pour contrepartie un accroissement de l'actif », afin, selon le rapporteur public, de cantonner les charges à prendre en compte à « celles exposées pour ou en conséquence de la perception des dividendes » (conclusions Emmanuelle Cortot-Boucher à la RJF 7/19, C 636) ; en l'espèce, le Conseil d'État a considéré que le reversement des dividendes était une condition de la conservation des titres en raison des engagements contractuels entre les parties (il en résulte que, pour le calcul du butoir concernant des revenus de capitaux mobiliers, il y a lieu de déduire davantage, le cas échéant, que de simples frais administratifs).

La décision Crédit Industriel et Commercial, précitée, avait notamment précisé sur ce point qu'il fallait, aux fins du calcul du plafond, déduire la rémunération conventionnellement versée au prêteur. Comme l'avait, en effet, souligné le rapporteur public dans ses conclusions sur cette affaire, il convient, « pour définir la notion d'impôt français servant de base au butoir, de s'en tenir à un **calcul d'impôt théorique** consistant à multiplier le revenu net des charges qui peuvent lui être rattachées par le taux d'impôt sur les sociétés applicable à l'entreprise ».

De son côté, sur renvoi par la décision Société Générale, précitée, la Cour de justice a confirmé que la solution qui résulte des conventions fiscales et de la jurisprudence du Conseil d'État est compatible avec le principe de la **libre circulation des capitaux** (CJUE 25 février 2021 aff. 403/19, 2e ch., Société Générale : RJF 5/21 n° 543 ; voir n° 82015).

Étant donné la position ainsi prise par la Cour de justice, le Conseil d'État a ensuite approuvé le rejet de l'imputation des crédits d'impôt dans des affaires de **prêts/emprunts de titres** ou de financements structurés, au motif que le reversement des dividendes devait bien être pris en compte pour la détermination du plafond d'imputation. A ainsi été confirmé un arrêt d'appel qui avait jugé, à propos de dividendes reçus en 2005 et 2006 dans le cadre de conventions de prêts/emprunts de titres portant sur des sociétés établies en Allemagne, en Belgique, en Espagne, aux États-Unis, en Italie, au Japon, au Luxembourg, aux Pays-Bas et en Suisse, que les reversements de dividendes constituaient bien des **dépenses directement liées** à l'acquisition des titres ayant donné lieu à la perception des dividendes, qu'il fallait donc les prendre en compte pour le calcul du plafond d'imputation et qu'en prenant en compte le montant des dividendes net des reversements corrélatifs, le plafond d'imputation était nul, de sorte que l'administration avait eu raison de rejeter l'imputation des crédits d'impôts conventionnels (CE 11 mai 2021 n° 403692, 8e et 3e ch., Sté HSBC Bank PLC Paris Branch : RJF 8-9/21 n° 795, rejetant le pourvoi formé contre CAA Versailles 19 juillet 2016 n° 13VE01210,

6e ch., min. c/ Sté HSBC Bank PLC Paris Branch) ; le Conseil d'État juge que la Cour n'avait pas commis d'erreur d'analyse, qu'elle a notamment eu raison de relever que la banque était **contractuellement tenue de reverser** immédiatement aux sociétés prêteuses des titres le montant brut des dividendes reçus et que ce reversement était bien au nombre des charges à prendre en compte pour le calcul du montant maximal du crédit d'impôt. La même solution a été retenue dans l'affaire CIC, précitée, pour les mêmes raisons (CE 5 juillet 2021 n° 409716, 3e et 8e ch., Sté Crédit industriel et commercial (CIC) : RJF 10/21 n° 909, rejetant le pourvoi qui avait été formé contre CAA Versailles 28 février 2017 n° 15VE03818, 1e ch., min. c/ Sté Crédit Industriel et Commercial (CIC) rendu sur renvoi après cassation par CE 7 décembre 2015 n° 357189, précité), et, bien entendu, dans l'affaire Société Générale (CE 5 juillet 2021 n° 399952, 3e et 8e ch., Société Générale : RJF 10/21 n° 909, rejetant définitivement le pourvoi du contribuable et confirmant que les reversements aux cocontractants devaient être déduits pour la détermination du plafond de crédit d'impôt). **83650** (suite)

L'application de ces principes, conforme au droit de l'Union européenne, ne soulève pas non plus de question de constitutionnalité, ainsi que l'a jugé le Conseil d'État dans une autre affaire du même type concernant une autre banque (CE QPC 18 juillet 2018 n° 414463, 3e et 8e ch., Sté BNP Paribas : RJF 11/18 n° 1160, refusant de renvoyer au Conseil constitutionnel une question prioritaire de constitutionnalité portant sur la règle du butoir) :
– les modalités de détermination du plafond du crédit d'impôt n'ont en elles-mêmes ni pour objet ni pour effet de porter atteinte à la liberté d'entreprendre et ne conduisent pas à traiter de manière défavorable les dividendes lorsqu'ils sont de source étrangère et non de source française, ce qui aurait pour effet de décourager l'acquisition par les résidents de France de titres émis par des sociétés étrangères ainsi que l'établissement en France de non-résidents pour l'exercice d'une activité de prêts ou d'emprunts de titres ;
– elles ne méconnaissent pas le principe d'égalité devant la loi à raison d'une différence de traitement qu'elles introduiraient entre les dividendes de source française et étrangère, soumis à retenues à la source, car les mêmes règles s'appliquent dans les deux cas ;
– il n'y a pas lieu de considérer qu'un mécanisme d'**élimination imparfaite** (voire nulle) **de la double imposition** serait contraire au principe d'égalité devant les charges publiques car ce principe ne fait pas obstacle à ce qu'un même contribuable soit soumis à plusieurs impositions sur une même assiette et n'impose pas au législateur, pour l'établissement de l'impôt perçu en France, de tenir compte d'autres impôts acquittés à l'étranger sur les produits que le contribuable reçoit (en ce sens, également, Cons. const. 28 septembre 2017 n° 2017-654 QPC, Sté BPCE : RJF 12/17 n° 1216 ; voir n° 7555, Précisions b).

Dans cette affaire, le Conseil d'État a, en rejetant ensuite le pourvoi du contribuable, apporté également une importante précision, en jugeant sans importance, pour l'application de la règle du butoir, **que la convention fiscale mentionne ou non** que l'impôt français correspondant aux dividendes de source étrangère, qui constitue le plafond d'imputation, s'entende d'un impôt assis sur des « **revenus nets** » (CE 5 juillet 2021 n° 414463, 3e et 8e ch., Sté BNP Paribas : RJF 10/21 n° 909, rejetant le pourvoi formé contre CAA Versailles 20 juillet 2017 n° 15VE02637, 1e ch., min. c/ Sté BNP Paribas). Cette décision explicite la solution qui ressortait implicitement de la décision n° 403692 du Conseil d'État du 11 mai 2021 (affaire HSBC Bank PLC Paris Branch, précitée), qui avait jugé que la règle du butoir est applicable indépendamment de la rédaction particulière des conventions fiscales ; dans ses conclusions sur l'affaire HSBC, la rapporteure publique Karin Ciavaldini avait, à ce propos, estimé que la règle du butoir « est implicite dès lors que l'objet d'une telle convention est seulement d'éliminer la double imposition et que ses stipulations ne peuvent par suite être interprétées comme permettant d'aller au-delà ». Comme l'a jugé le Conseil d'État dans ces deux affaires, la règle du butoir est ainsi applicable, notamment, dans le cadre de la convention fiscale franco-belge du 10 mars 1964 alors même que cette convention ne le prévoit pas.

Ce principe est également applicable aux autres revenus, comme les **redevances** et les **intérêts**, ainsi que le Conseil d'État l'a confirmé à propos de l'imposition d'intérêts de source chinoise dans le cadre de l'ancienne convention fiscale franco-chinoise du 30 mai 1984 (CE 10 décembre 2021 n° 449637, 8e et 3e ch., min. c/ SA BNP Paribas : RJF 3/22 n° 296 ; voir également n° 83680). Dans cette affaire, il avait été jugé en appel (CAA Versailles 16 décembre 2020 n° 19VE02589, 7e ch., SA BNP Paribas : RJF 6/21 n° 640) que la règle du butoir n'était pas applicable, car la convention ne reprenait pas exactement la formulation habituelle, mais le Conseil d'État a rétabli la solution en jugeant que, en l'absence de stipulation conventionnelle contraire, le montant de l'impôt français doit être déterminé en appliquant au montant brut des intérêts, incluant le montant de l'impôt chinois, l'ensemble des dispositions du Code général des

83650 (suite) impôts relatives à l'impôt sur les sociétés ; il fallait donc, pour déterminer le plafond d'imputation égal à l'impôt français dû à raison des intérêts, **déduire du montant brut l'ensemble des charges**, exception faite de l'impôt chinois, qui étaient directement liées à l'acquisition des intérêts et n'avaient pas pour contrepartie un accroissement de l'actif, sauf exclusion par des dispositions spécifiques (la Cour s'était trompée, car elle avait interprété la stipulation selon laquelle le crédit d'impôt ne peut « excéder le montant de l'impôt français afférent à ces revenus » comme visant des revenus bruts, alors que ce renvoi vise seulement la nature des revenus et non leur montant, l'impôt français dont il s'agit ne pouvant être, par définition, qu'un impôt sur un revenu net). Ces principes s'appliquent indépendamment de la **rédaction des conventions fiscales**, le Conseil d'État ayant confirmé, par la décision précitée, qu'ils étaient également applicables aux conventions fiscales conclues par la France avec l'Inde, les Philippines, Singapour et la Thaïlande, rédigées différemment, sous réserve de l'inclusion, le cas échéant, dans l'assiette retenue pour déterminer l'impôt français dû à raison des revenus en cause, de l'impôt acquitté ou réputé acquitté dans ces pays. S'agissant, au cas d'espèce, d'intérêts reçus par une banque, le Conseil d'État a également confirmé qu'une fraction des **charges de financement** devait bien être regardée comme directement liée à l'acquisition des intérêts.

Dans cette affaire, le Conseil d'État avait toutefois ordonné un supplément d'instruction afin que la banque puisse procéder au calcul du butoir, ce qu'elle a fait avec succès, car elle a pu démontrer que les charges liées à l'acquisition des intérêts qu'elle avait reçus de sa succursale chinoise lui laissaient une **marge suffisante** pour qu'elle puisse imputer la totalité des crédits d'impôt (CE 11 février 2022 n° 449637, 8e et 3e ch., min. c/ SA BNP Paribas : RJF 5/22 n° 489 ; voir également n° 8120) ; en ce qui concerne l'apport de la preuve, le Conseil d'État a admis qu'en l'espèce, eu égard à la nature et aux conditions d'exercice de l'activité bancaire, à l'absence d'individualisation systématique, pour chaque opération de prêt, des charges devant s'y rattacher et à l'ancienneté des exercices en cause, l'évaluation pouvait être fondée sur un **taux moyen de charges** observé sur un périmètre plus large que celui des seules opérations de prêt concernées, dès lors qu'il était tenu compte de manière cohérente de toutes les charges découlant de ce choix. Sur l'exception propre aux banques, voir n° 63250.

L'application des mêmes principes devrait également conduire à remettre en cause un jugement qui, pour l'imposition de **redevances** de brevet de source tunisienne perçues par une société française, avait écarté la règle du butoir au motif qu'elle n'est pas prévue par la convention fiscale franco-tunisienne du 28 mai 1973 (TA Montreuil 7 juillet 2020 n° 1813566, 1e ch., Sté Somfy : RJF 6/21 n° 558 ; appel enregistré sous le n° 20VE02187). La transposition aux redevances des solutions données par le Conseil d'État à propos des dividendes a d'ailleurs été faite à l'occasion d'un litige concernant l'application de la règle du butoir à des redevances de sous-concession de **marques, brevets et savoir-faire** versées par une filiale brésilienne (CAA Lyon 17 mars 2022 n° 20LY00700, 2e ch., SCS A. Raymond & Cie et SASU Raygroup ; arrêt définitif). Il est jugé que le plafond d'imputation devait être déterminé en appliquant aux redevances l'ensemble des dispositions du Code général des impôts relatives à l'impôt sur les sociétés, à savoir, dès lors qu'il ne résultait pas de l'instruction que le régime de faveur de l'article 39 terdecies du CGI était applicable, celles de l'article 39 du même Code ; il fallait donc déduire du montant des redevances, avant toute retenue à la source, et sauf exclusion par des dispositions spécifiques, les **charges justifiées** exposées du fait de l'acquisition, de la détention ou de la cession des marques, brevets et savoir-faire utilisés par la filiale brésilienne et qui n'avaient pas pour contrepartie un accroissement de l'actif. Dans cette affaire, l'administration avait, à défaut de comptabilité analytique lui permettant de déterminer le montant des charges en cause, appliqué au montant des redevances le **ratio** constaté entre le résultat d'exploitation et le chiffres d'affaires hors taxe de la société française. Mais cette dernière avait elle-même versé des redevances de concession à une autre société du groupe et la Cour a admis que le plafond d'imputation soit déterminé par différence entre les redevances reçues et les redevances versées, dès lors qu'il ne résultait pas de l'instruction que les charges réellement exposées auraient excédé le montant des redevances reversées (l'administration ne soutenait d'ailleurs pas le contraire).

Cette solution fait écho à un précédent arrêt qui avait approuvé, à propos d'une société qui avait reçu des redevances de sources australienne et chinoise, l'application d'un plafond d'imputation calculé par **répartition des charges en proportion des recettes**

(CAA Douai 25 juin 2008 nº 07DA00905, 3e ch., Sté Yara France ; arrêt définitif) ; la Cour avait confirmé les rectifications qui en résultaient, d'une part, en raison de l'absence de comptabilité analytique permettant une ventilation des charges entre les recettes ayant fait l'objet de la retenue à la source et les autres et, d'autre part, au motif que le tableau de détermination des résultats produit par la société ne constituait pas une justification du caractère plus proche de la réalité de la ventilation des frais, à défaut de corrélation avec les éléments comptables.

Précisions **a.** La décision Crédit Industriel et Commercial du 7 décembre 2015 avait infirmé la solution retenue en appel (CAA Versailles 13 décembre 2011 nº 10VE03240, 3e ch., min. c/ Sté Crédit Industriel et Commercial (CIC) : RJF 5/12 nº 456), qui avait repris un avis de la section des finances du Conseil d'État du 31 mars 2009 (nº 8150) qui n'est donc pas confirmé sur ce point au contentieux ; dans cet avis, rendu à propos des revenus de capitaux mobiliers, la section des finances du Conseil d'État avait estimé que les **intérêts d'emprunt** et les **moins-values** de revente n'avaient pas à être pris en compte dans le calcul du plafond.

b. La décision du Conseil d'État du 7 décembre 2015, dans l'affaire Crédit Industriel et Commercial, précise également, en substance, que l'**article 122 du CGI**, s'il prévoit que le revenu de valeurs mobilières émises hors de France est déterminé par la valeur brute des produits encaissés sans autre déduction que la retenue à la source étrangère, est sans incidence sur les charges à prendre en compte au sens de l'article 39 du même Code pour le calcul du montant maximum de crédit d'impôt imputable (en ce sens, conclusions Benoît Bohnert, précitées).

c. À l'occasion d'une mise à jour doctrinale du 1er février 2017, l'administration a repris la jurisprudence du Conseil d'État en indiquant que pour déterminer le montant de l'impôt français correspondant aux dividendes de source étrangère et par suite le montant maximal du crédit d'impôt imputable, il convient de **déduire du montant brut des dividendes l'ensemble des charges** justifiées directement liées à l'acquisition, à la conservation ou à la cession des titres ayant donné lieu à la perception des dividendes, conformément aux dispositions de l'article 39 du CGI et du I de l'article 209 du CGI (BOI-IS-RICI-30-10-20-20 nº 80 ; formulation antérieure à la décision du Conseil d'État du 24 avril 2019 nº 399952 dans l'affaire Société Générale, précitée).

d. Il semble résulter de la combinaison des décisions rendues par le Conseil d'État dans les affaires CIC et BPCE/Crédit agricole (CE 7 décembre 2015 nº 357189, Plén., min. c/ Sté Crédit Industriel et Commercial : RJF 2/16 nº 123 ; CE 26 juin 2017 nº 406437, 9e et 10e ch., Sté BPCE et CE 26 juin 2017 nº 386269, 9e et 10e ch., Sté Crédit agricole RJF 10/17 nº 942) que le 1, a) de **l'article 220** du CGI fixe une **règle d'imputation** applicable tant aux revenus de source française qu'aux revenus de source étrangère alors que le 1, b) fixe une **règle de butoir** applicable aux seuls revenus de source étrangère.

Crédit d'impôt effectivement imputable

Le crédit d'impôt n'est pas toujours égal à la retenue à la source étrangère, en raison du mécanisme du plafonnement ; le crédit d'impôt est égal à la plus petite des deux sommes suivantes : **83655**
- crédit d'impôt attaché aux revenus (colonne 5) ;
- **impôt français afférent aux revenus** (colonne 6), en application du taux normal ou du taux réduit augmenté de la contribution sociale sur les bénéfices (nº 83675).

Si le crédit d'impôt est supérieur au montant de l'impôt français, l'imputation est limitée à ce dernier montant (imputation partielle). Mais si le crédit d'impôt est inférieur, il est retenu pour sa totalité.

Le total des crédits d'impôt effectivement imputables doit être porté par l'entreprise sur le formulaire nº 2066, avant d'être reporté dans la déclaration nº 2065-SD (où il n'est pris en compte que pour une fraction de son montant si l'entreprise impose le revenu net de retenue à la source ; nº 83635).

Non-inclusion de l'excédent dans les charges déductibles

Lorsqu'une entreprise se trouve en situation d'excès de crédit d'impôt non imputable (si elle est déficitaire ou si elle acquitte un impôt sur les sociétés insuffisant pour pouvoir imputer la totalité du crédit d'impôt), l'excédent est perdu (nº 83673). En outre, pour la détermination des résultats des exercices clos depuis le 31 décembre 2017 et quelle que soit la rédaction des conventions fiscales, un excès de crédit d'impôt non imputable n'est **pas une charge déductible** ; l'impôt étranger n'est une charge déductible qu'en l'absence de convention fiscale ou, en présence d'une convention fiscale, si celle-ci n'a pas été correctement appliquée dans l'autre État (nº 5815). **83660**

83660 (suite) Ce principe résulte de l'article 14 de la loi n° 2017-1775 du 28 décembre 2017 de finances rectificative pour 2017, qui a mis fin à la distinction suivante qui avait antérieurement été faite par le Conseil d'État et qui reste applicable pour le passé :
– en présence d'une **stipulation conventionnelle explicite** (telle que, par exemple, « l'impôt étranger n'est pas déductible pour le calcul de l'impôt français »), le Conseil d'État avait jugé que l'impôt étranger n'était effectivement pas déductible, bien qu'il le soit en l'absence de convention fiscale (CE 12 mars 2014 n° 362528, 9e et 10e s.-s., Sté Céline : RJF 6/14 n° 602, aux conclusions Frédéric Aladjidi au BDCF 6/14 n° 59, à propos d'une société française déficitaire qui n'avait pu déduire de son résultat imposable des crédits d'impôts afférents à des redevances de marques de source italienne et japonaise) ; dans le même sens, précédemment, CAA Paris 21 décembre 2012 n° 11PA02852, 2e ch., Sté Globe Traders : RJF 5/13 n° 470, arrêt définitif à propos des conventions franco-américaine et franco-japonaise ;
– dans les autres cas (par exemple, lorsque la convention fiscale stipule que le revenu étranger est imposable « pour son **montant brut** »), la convention n'était pas considérée comme suffisamment explicite pour que la déductibilité soit refusée (CE 7 juin 2017 n° 386579, 9e et 10e ch., min. c/ Sté LVMH Moët Hennessy Louis Vuitton et Sté LVMH Moët Hennessy Louis Vuitton : RJF 10/17 n° 941 ; voir également n° 82280) ; il en allait de même des conventions fiscales qui étaient muettes sur ce point et qui devaient s'interpréter comme permettant la déduction en charge d'un excès de crédit d'impôt non imputable ainsi qu'il avait été jugé en appel à propos d'une société française déficitaire qui avait reçu des redevances de source grecque (CAA Versailles 18 juillet 2013 n° 12VE00572, 3e ch., min. c/ Sté Egis SA : RJF 12/13 n° 1120 ; arrêt définitif).

Désormais, cette distinction n'a plus lieu d'être, la déductibilité étant refusée dans tous les cas, sous réserve de l'exception des conventions fiscales qui n'auraient pas été correctement appliquées dans l'autre État ; l'exposé des motifs du projet de loi de finances rectificative pour 2017 (qui cite à tort la décision Céline au lieu de citer la décision LVMH) est explicite sur ce point lorsqu'il indique que c'est afin de **restaurer une uniformité dans le traitement des retenues à la source** prélevées à l'étranger conformément aux conventions fiscales qu'il est précisé désormais par la loi que ces retenues ne peuvent être déduites, quelle que soit la rédaction des conventions fiscales (le mécanisme du crédit d'impôt est présenté comme excluant par principe la déduction en charge de la retenue à la source quoique cette interdiction ne soit pas explicitement rappelée dans une partie des conventions fiscales conclues par la France).

Par conséquent, si les sociétés peuvent, en principe, comptabiliser le net perçu (n° 83635) et n'imputer qu'une fraction du crédit d'impôt, c'est sous réserve que cette solution ne leur procure pas un avantage indu. Lorsque les retenues à la source ne peuvent pas être passées en charges déductibles, une **réintégration extra-comptable** doit être effectuée afin de concilier le principe de la comptabilisation du net perçu avec celui de l'imposition du revenu brut.

Précisions **a.** Dans la décision Céline, précitée, le Conseil d'État avait relevé qu'en **droit interne**, lorsqu'une entreprise industrielle ou commerciale réalise, dans un État étranger, des opérations dont le résultat entre dans ses bénéfices imposables en France, ce résultat doit être déterminé sous déduction de toutes charges ayant grevé la réalisation de ces opérations et que doivent, en principe, être regardées comme telles les impositions que l'entreprise a supportées dans cet État du fait de ces opérations ; il avait cependant ajouté qu'il y avait lieu de faire application, pour la détermination de l'assiette de l'impôt dû par cette entreprise, des **stipulations claires d'une convention fiscale** excluant la possibilité de déduire l'impôt acquitté dans cet autre État d'un bénéfice imposable en France.

b. Dans ses conclusions sous la décision LVMH, précitée (RJF 10/17, C 941), le rapporteur public avait relevé que « la formulation « **imposables pour leur montant brut** » n'est certainement, dans l'esprit et le sens, guère différente de celle stipulant la non-déductibilité de l'impôt étranger ». Mais le Conseil d'État avait manifestement voulu cantonner strictement la portée de la décision Céline en la restreignant aux conventions fiscales particulièrement explicites. Le rapporteur public avait justifié ce cantonnement par le caractère « paradoxal » de la solution retenue, qui revient à **traiter plus défavorablement** les contribuables réalisant des opérations avec des États liés à la France par une convention fiscale qu'avec des États non conventionnés ; ce point a été repris par le rapport de la commission des finances de l'Assemblée nationale (rapport n° 432, 29 novembre 2017, p. 247) qui souligne que les entreprises déficitaires, lorsqu'elles percevront des revenus, telles des redevances, dans un État avec lequel la France a conclu une convention fiscale, seront traitées plus défavorablement que les entreprises déficitaires percevant des revenus dans un État n'ayant pas conclu une telle convention, qui pourront déduire de leur bénéfice imposable l'impôt acquitté dans cet État.

c. La décision LVMH avait également souligné que la non-déductibilité des impôts étrangers résultant de l'application des conventions fiscales « explicites » ne méconnaît ni la liberté d'établissement ni la **liberté de circulation des capitaux** ; apparemment, la requérante avait cherché à invoquer la décision Gist Brocades (n° 82280), mais le moyen n'a pas prospéré.

d. Antérieurement à la décision Céline du 12 mars 2014, précitée, il avait été jugé que lorsque aucune cotisation d'impôt sur les sociétés n'est exigible au titre d'un exercice et qu'il n'est pas possible d'opérer d'imputation sur cet impôt, les retenues à la source supportées à l'étranger ne peuvent pas être regardées comme des charges déductibles des résultats et ne peuvent donc pas augmenter les **déficits reportables** (CE 11 juillet 1991 n° 57391, 7e et 9e s.-s., Sté française des techniques Lummus : RJF 10/91 n° 1208).

Absence de condition de durée de détention

La rigueur dont le Conseil d'État fait preuve en matière d'imputation des crédits d'impôt, qui est fondée sur une lecture littérale des conventions fiscales et qui est conforme à l'intention de leurs auteurs, est parfois à l'avantage des contribuables, comme en témoigne une affaire relative à l'imputation de **crédits d'impôts italiens** et **belges** ; en substance, il s'agissait de sociétés françaises ayant acquis des obligations italiennes ou belges peu de temps avant le détachement du coupon, pour un montant égal au nominal de l'obligation augmenté du coupon couru net de retenue à la source. Les sociétés encaissaient ensuite le coupon amputé de la retenue italienne ou belge, et revendaient l'obligation en réalisant une moins-value sur titres, puisque le prix de cession était alors égal au nominal, après détachement du coupon (sous réserve, le cas échéant, de petites variations de cours). L'administration prétendait, dans ces circonstances, que le crédit d'impôt devait être limité à la **durée de portage**, c'est-à-dire aux quelques jours séparant l'achat de la vente des obligations. Le Conseil d'État en a jugé différemment, à propos de l'ancienne convention fiscale franco-italienne, du 29 octobre 1958, en considérant que le crédit d'impôt était imputable en totalité, en l'absence de stipulation conventionnelle contraire (CE 24 mai 2000 nos 209699-209891, 3e et 8e s.-s., min. c/ CRCAM Normand : RJF 7-8/00 n° 974). 83665

L'argument de l'administration, qui considérait que, lorsque la convention prévoit l'imputation de l'impôt « **effectivement perçu** » à l'étranger, il faut lire « **effectivement supporté** », a été écarté par le Conseil d'État car la convention n'autorise pas une telle interprétation (solution transposable pour l'application de la convention franco-belge du 10 mars 1964).

Précisions **a.** Cette solution est tirée d'une **lecture stricte** de la convention applicable à l'époque des faits qui, notamment, ne contenait aucun principe de plafonnement du crédit d'impôt par rapport à l'impôt français sur le revenu étranger (n° 10700) ; elle n'est donc pas transposable à la convention actuelle, du 5 octobre 1989, qui, comme les conventions modernes, prend soin de préciser que le crédit d'impôt ne peut excéder le montant de l'impôt français afférent aux revenus considérés (article 24 § 1 a) de la convention).

b. Sous l'empire de la convention franco-italienne actuelle, il y aurait lieu de considérer que le revenu de l'opération est égal à l'intérêt perçu diminué de la moins-value réalisée et, par suite, de limiter le crédit d'impôt à l'impôt français exigible sur cette différence (ce qui reviendrait, au fond, au prorata que l'administration souhaitait appliquer) ; voir n° 83650.

Impôt sur lequel le crédit peut être imputé

Revenant sur sa jurisprudence antérieure, le Conseil d'État a admis, par deux décisions du 26 juin 2017, que l'imputation du crédit d'impôt correspondant à la retenue à la source prélevée sur des revenus de capitaux mobiliers de source étrangère perçus au cours d'un exercice puisse s'opérer sur l'impôt sur les sociétés à la charge du bénéficiaire de ces revenus au titre de cet exercice sans qu'il y ait lieu de distinguer selon que cet impôt est dû **au taux normal ou au taux réduit** (CE 26 juin 2017 n° 406437, 9e et 10e ch., Sté BPCE, et CE 26 juin 2017 n° 386269, 9e et 10e ch., Sté Crédit Agricole : RJF 10/17 n° 942). Comme cette solution est fondée sur l'interprétation que le Conseil d'État fait désormais de l'article 220 du CGI, elle est indépendante des conventions fiscales ; elle n'est littéralement donnée que pour l'imposition des revenus de capitaux mobiliers, seuls visés par l'article 220 du CGI, mais elle a vraisemblablement une portée plus générale et devrait s'appliquer, par exemple, à des redevances passibles d'une imposition au taux réduit des plus-values à long terme (voir également n° 8156). 83670

Le Conseil d'État a ainsi opportunément mis fin au principe de « **tunnelisation** » des crédits d'impôt qui voulait que les crédits d'impôt ne puissent être imputés que sur l'impôt

83670 (suite) sur les sociétés au taux, normal ou réduit, dont relevaient les revenus en cause (les crédits d'impôt correspondant à des revenus imposables au taux normal n'étaient imputables que sur l'impôt sur les sociétés dû au taux normal, et réciproquement pour les revenus imposables au taux réduit). Un autre exemple en est donné par CAA Versailles 31 octobre 2019 n° 16VE01527, Sté L'Air Liquide, 6e ch., arrêt définitif admettant l'imputation sur l'impôt dû au taux réduit, au titre de redevances de brevet, de crédits d'impôt correspondant à des retenues à la source perçues sur des redevances de marque et de licence de technologie, qui n'avaient pas été imposées en raison de résultats déficitaires (cet arrêt regarde étonnamment les redevances comme des « revenus de capitaux mobiliers » pour l'application de l'article 220 du CGI).

Le principe de la tunnelisation des crédits d'impôt, aujourd'hui caduc, avait été affirmé **antérieurement** par de nombreuses décisions :
– CE 19 mars 1980 n° 10708, 7e et 9e s.-s. (RJF 5/80 n° 401), jugeant, à propos de **redevances de source étrangère** pouvant bénéficier du taux réduit des plus-values à long terme, que le crédit d'impôt n'était imputable que sur l'impôt sur les sociétés au taux réduit et non pas sur l'impôt sur les sociétés dû au taux normal sur les autres revenus ;
– CE 29 octobre 2012 n° 337253, 9e et 10e s.-s., Sté Crédit Agricole SA (RJF 1/13 n° 84 ; sur cette décision, voir également n° 1068, Précisions), appliquant, à propos de **revenus de capitaux mobiliers de source étrangère**, le principe précédent, mais dans l'autre sens, en refusant l'imputation sur le montant de l'impôt sur les sociétés au taux réduit de l'excédent de crédit d'impôt non imputable sur le montant de l'impôt sur les sociétés au taux normal ;
– CAA Versailles 7 décembre 2010 n° 09-1118, 3e ch., Sté BNP Paribas (RJF 6/11 n° 688, définitif), jugeant que des crédits d'impôts relatifs à des intérêts d'emprunt, non imputables sur l'impôt sur les sociétés au taux normal en l'absence de bénéfices imposables, n'étaient pas imputables sur l'impôt sur les sociétés dû au taux réduit ;
– CAA Versailles 12 avril 2012 n° 10VE03140, 6e ch., Sté Prédica (RJF 10/12 n° 904), retenant la solution précédente à propos de l'imputation sur l'impôt sur les sociétés au taux réduit de crédits d'impôts d'origine étrangère relatifs à des revenus passibles de l'impôt au taux normal ; cet arrêt avait, à l'époque, fait l'objet d'un pourvoi non admis par CE (na) 2 octobre 2013 n° 360914, 8e s.-s., Sté Prédica (RJF 1/14 n° 35) ;
– CAA Versailles 4 décembre 2013 n° 11VE01035, 6e ch., Sté Peugeot SA, refusant l'imputation de crédits d'impôts étrangers correspondant à des revenus passibles de l'impôt sur les sociétés au taux normal sur les contributions additionnelles à l'impôt sur les sociétés relatives à des revenus passibles de l'impôt au taux réduit ; cet arrêt avait fait l'objet d'un pourvoi non admis par CE (na) 19 mars 2015 n° 375651, 9e s.-s. ;
– TA Paris 25 février 1999, n° 95-18987, 1e sect., SA Abeille Vie (RJF 10/99 n° 1255), refusant l'imputation d'un crédit d'impôt au titre d'obligations italiennes et belges sur l'impôt au taux réduit et précisant que la dérogation apportée par la doctrine administrative ne visait que les crédits d'impôt d'origine française (dans cette affaire, l'administration avait cependant accordé ensuite à la société la décharge de l'imposition contestée, selon ce qu'indique CAA Paris Ordonnance du 30 septembre 2003, n° 99 PA01768, 2e ch. B).

Toutes ces décisions confondaient à tort le nécessaire respect du **plafond d'imputation** des crédits d'impôt et les modalités pratiques de leur imputation ; le taux normal et le taux réduit doivent, bien entendu, être alternativement retenus selon la nature des revenus afin de déterminer le plafond d'imputation. Mais une fois le plafond déterminé et, par suite, une fois le crédit d'impôt lui-même déterminé (impôt perçu à l'étranger dans la limite du plafond résultant de l'application théorique de l'impôt français au revenu net), il y a lieu d'en permettre l'imputation sur l'impôt sur les sociétés « en général », qu'il soit perçu au taux normal ou au taux réduit. À juste titre, le rapporteur public, dans ses conclusions sous les décisions BPCE et Crédit Agricole du 26 juin 2017, précitées, avait indiqué en ce sens que les stipulations fixant une règle de limitation du crédit d'impôt imputable à la fraction de l'impôt français correspondant à ces revenus ou au montant de cet impôt ne posent « qu'une règle de **butoir** en termes de montant - et non de cible - d'imputation » (conclusions à la RJF précitée, C 942).

En ce qui concerne, enfin, les groupes d'intégration fiscale, il a été jugé qu'il n'y a pas lieu de distinguer selon que le **résultat d'ensemble** est bénéficiaire ou déficitaire ; dès lors que les revenus étrangers ont été intégrés dans le résultat d'ensemble pour l'établissement de l'impôt sur les sociétés au titre de l'exercice de leur perception et qu'ils doivent ainsi être regardés comme ayant été inclus dans l'assiette de cet impôt, la fraction de crédit d'impôt non imputée peut être déduite du montant de l'impôt sur les sociétés calculé au taux réduit (CAA Versailles 27 mai 2021 n° 17VE02205, 3e ch., SA Crédit Agricole : RJF 11/21 n° 1019 ; arrêt définitif rendu sur renvoi par la décision précitée du Conseil d'État n° 386269 du 26 juin 2017).

Précisions **a.** Dans l'affaire **BPCE**, jugée par le Conseil d'État le 26 juin 2017, l'administration avait refusé l'imputation de crédits d'impôt afférents à des **revenus de capitaux mobiliers italiens** sur l'impôt sur les sociétés au taux de 16,5 % acquitté, en application de l'ancien article 210 E du CGI, à raison de plus-values de cession d'un immeuble ; elle a eu gain de cause en appel (CAA Versailles 2 novembre 2016 n° 15VE03739, SA Banque Populaire Caisse d'Épargne : RJF 2/17 n° 113), mais non en cassation. Il a été finalement jugé que l'imputation de la retenue à la source italienne pouvait s'opérer sur l'impôt sur les sociétés calculé au taux normal et que la fraction non imputée à ce titre pouvait elle-même être imputée sur le montant de l'impôt sur les sociétés calculé au taux réduit sans qu'y fassent obstacle les termes du a du 1 de l'article 24 de la convention franco-italienne, qui stipule que le crédit d'impôt est imputable sur l'impôt français « dans la base duquel ces revenus sont compris » (CE 27 juin 2018 n° 406437, 9e ch., Sté BPCE : RJF 10/18 n° 963).

b. À l'occasion d'une mise à jour doctrinale du 1er février 2017, l'administration a indiqué que l'imputation du crédit d'impôt s'effectue **sur l'impôt français** dû au titre des revenus dans lesquels ont été compris les revenus de capitaux mobiliers de source étrangère correspondants (BOI-IS-RICI-30-10-20-20 n° 70) ; la tolérance admise à l'égard des revenus de capitaux mobiliers de source française (report de l'excédent sur l'impôt sur les sociétés dû au taux réduit frappant les plus-values à long terme) n'est pas applicable, selon elle, aux revenus de capitaux mobiliers de source étrangère. Cette solution n'est cependant pas conforme à la position retenue ensuite par le Conseil d'État dans les décisions BPCE et Crédit Agricole du 26 juin 2017, précitées.

Absence de droit au remboursement ou au report

La doctrine administrative indique qu'en matière d'impôt sur les sociétés, le crédit d'impôt non utilisé n'est jamais restituable et qu'en particulier, lorsqu'un exercice est déficitaire et qu'aucune imposition n'est établie pour cette période, le crédit d'impôt afférent aux revenus mobiliers compris dans les résultats de l'exercice ne peut être ni imputé, ni reporté, ni restitué et tombe donc en **non-valeur** (BOI-IS-RICI-30-10-20-20 n° 20, à propos des crédits d'impôt d'origine française mais la solution est transposable aux crédits d'impôt d'origine étrangère). **83673**

La perte des crédits d'impôt non imputables faute pour la société d'acquitter une imposition suffisante a cependant amené les sociétés à poser deux questions au contentieux, tenant l'une à la possibilité d'en obtenir le remboursement et l'autre au report des crédits d'impôt dans le temps.

En ce qui concerne la première question, le Conseil d'État, saisi par une société tête de groupe de la question du **droit au remboursement** d'un crédit d'impôt non effectivement imputable en raison de la situation globalement déficitaire du groupe intégré, a refusé de considérer que la requérante disposait d'une **créance** sur l'État dont le remboursement devait lui être accordé faute pour elle de pouvoir l'utiliser par voie d'imputation (CE 27 juin 2016 nos 388984 et 392534, 10e et 9e ch., Sté Faurecia : RJF 10/16 n° 871) ; dans cette affaire, la société mère avait demandé la restitution de crédits d'impôt d'origine étrangère correspondant essentiellement à des redevances de source étrangère perçues par ses filiales en expliquant que ces crédits n'étaient pas, par eux-mêmes, contestés (l'administration ne contestait ni leur existence ni leur montant) et que la seule façon pour elle de les utiliser, faute de pouvoir les imputer sur un résultat groupe globalement déficitaire, était d'en obtenir la restitution en numéraire.

Pour le Conseil d'État, il ne résulte ni des conventions fiscales ni d'aucune disposition ou d'aucun principe de droit national que le crédit d'impôt n'ayant pu faire l'objet d'une imputation soit restitué au bénéficiaire des revenus ; la requérante n'a pas été considérée comme titulaire d'une créance restituable pouvant être regardée comme un bien au sens de l'article 1er du Premier protocole additionnel à la Convention européenne de sauvegarde des droits de l'Homme et des libertés fondamentales.

À notre avis, cette analyse n'est cependant pas fondée toutes les fois que le crédit d'impôt n'est pas lui-même contestable, qu'il a été correctement déterminé et qu'il a éventuellement été plafonné à l'impôt français théorique sur le revenu net d'origine étrangère, à savoir le revenu net des opérations considérées (n° 83650) et non pas le revenu net d'ensemble de la société ou du groupe intégré (que le groupe soit ou non déficitaire est sans incidence sur le calcul du plafond). Dans un tel cas, il nous paraîtrait approprié de regarder le crédit d'impôt comme un « bien » et d'en accorder le remboursement sur le terrain de

83673 (suite) la **convention européenne des droits de l'Homme**. En tout état de cause, aucun texte de portée normative, que ce soient les conventions fiscales ou le droit interne, ne s'y oppose, d'autant moins que, dans l'affaire Faurecia, il s'agissait de revenus pour lesquels le crédit d'impôt n'était prévu par aucun texte de droit interne (à l'exception des revenus de capitaux mobiliers, aucune disposition législative n'envisage, pour les sociétés, de crédit pour impôt étranger, son seul fondement étant conventionnel). Le Conseil d'État ne l'entend cependant pas ainsi, en l'état de sa jurisprudence, et il a même refusé de voir une difficulté **constitutionnelle** dans le fait qu'un crédit d'impôt bénéficiant à une société bénéficiaire disparaisse purement et simplement lorsque cette société fait partie d'une intégration fiscale déficitaire en application des règles posées par l'article 223 O du CGI par lequel la société mère d'un groupe intégré est substituée aux sociétés du groupe pour l'utilisation des crédits d'impôt (CE QPC 13 décembre 2019 n° 430523, 8e ch., Sté Faurecia : RJF 4/20 n° 377, refusant d'admettre un pourvoi contre CAA Versailles 5 mars 2019 n° 16VE03453, 1e ch., Sté Faurecia, et refusant de transmettre une question prioritaire de constitutionnalité). La voie paraît également fermée sur le terrain du **droit de l'Union européenne**, la cour administrative d'appel de Versailles ayant jugé que le refus de remboursement ou de report indéfini d'un excès de crédit d'impôt conventionnel non imputable en cas d'exercice déficitaire n'est pas susceptible de porter atteinte aux principes de libre prestation de service et de libre circulation des capitaux (CAA Versailles 11 mai 2021 n° 19VE02681, 1e ch., Sté Faurecia, arrêt définitif refusant de saisir la Cour de justice d'une question préjudicielle) ; pour la Cour, notamment, le fait que les crédits d'impôts de droit interne, prévus par le Code général des impôts, soient quasiment tous remboursables s'ils ne peuvent être imputés est sans incidence.

En ce qui concerne la seconde question, celle du **report des crédits d'impôt dans le temps**, la voie a également été définitivement fermée sur le terrain constitutionnel ; saisi par le Conseil d'État (CE 26 juin 2017 n° 406437, 9e et 10e ch., Sté BPCE : RJF 10/17 n° 942) d'une question prioritaire de constitutionnalité portant sur l'impossibilité de reporter les crédits d'impôt dans le temps, le Conseil constitutionnel a jugé cette interdiction conforme à la **Constitution** en considérant que devaient être écartés les griefs tirés de la méconnaissance des principes d'égalité devant les charges publiques et d'égalité devant la loi ainsi que du droit de propriété (Cons. const. 28 septembre 2017 n° 2017-654 QPC, Sté BPCE : RJF 12/17 n° 1216 ; voir également n° 7555) ; il est notamment jugé que ni la retenue à la source de l'impôt sur le revenu prélevée sur les produits reçus en France, ni le crédit d'impôt dont la retenue à la source à l'étranger peut être assortie ne constituent un acompte sur le paiement au Trésor de l'impôt sur les sociétés et que, par conséquent, ni l'un ni l'autre n'ont le caractère d'une créance restituable.

Sur le fond, **l'absence de droit au report** a également été confirmée dans une affaire concernant la succursale française d'une banque britannique, qui avait demandé l'imputation sur l'impôt sur les sociétés qu'elle avait acquitté en 2012 de crédits d'impôt correspondant à des retenues à la source prélevées sur des dividendes de source étrangère perçus en 2011 et qu'elle n'avait pu imputer au titre de cette année car son résultat était déficitaire (TA Montreuil 25 février 2021 n° 1909494, 1e ch., Sté HSBC Bank PLC Paris Branch : RJF 6/21 n° 559 ; appel enregistré sous le n° 21PA02179) ; l'administration a été jugée fondée à rejeter la réclamation de la banque, au motif que ni la loi ni les conventions fiscales ne prévoient de report d'imputation des crédits d'impôts lorsqu'aucune imposition n'a été constatée en France du fait d'un résultat déficitaire, **l'absence de report** ne méconnaissant pas la convention européenne de sauvegarde des droits de l'Homme et des libertés fondamentales (absence de méconnaissance du droit de propriété, en l'absence de créance) et ne caractérisant pas une restriction à la **liberté de circulation des capitaux**. En ce qui concerne ce dernier point, le tribunal administratif juge que l'interdiction de report s'applique de la même manière à toutes les sociétés, quels que soient leurs résultats, et qu'il n'y a pas de différence selon l'État d'origine des revenus ; en outre, la circonstance que les revenus étrangers puissent être assujettis à une charge fiscale plus lourde que les revenus de source française n'est pas imputable à la législation française, mais n'est qu'une conséquence de l'exercice parallèle des compétences fiscales des États membres et ne crée pas de restriction interdite pour autant qu'il n'y ait pas discrimination. Le jugement relève, enfin, que les débiteurs étrangers peuvent, s'ils s'y croient fondés, contester le bien-fondé des retenues à la source prélevées sur les revenus versés aux sociétés françaises du groupe, au motif qu'il est déficitaire (voir n° 82062 l'arrêt 575/17 de la Cour de justice, cité par le jugement).

En l'état actuel de la jurisprudence, l'impossibilité de reporter sur un exercice ultérieur un crédit d'impôt inutilisé est donc confirmée (ces décisions ont été rendues à propos de revenus de capitaux mobiliers, mais elles sont transposables sur ce point à l'ensemble des revenus susceptibles d'être concernés).

Précisions Avant la décision Faurecia, il avait été jugé qu'une société qui n'est pas redevable de l'impôt sur les sociétés au taux normal, et ne peut donc imputer de crédits d'impôts d'origine étrangère, ne dispose d'aucun crédit d'impôt dont elle serait fondée à demander le remboursement, car elle ne **dispose d'aucune créance** (CAA Versailles 4 décembre 2013 n° 11VE01035, 6e ch., Sté Peugeot SA ; cette décision a fait l'objet d'un pourvoi non admis par CE (na) 19 mars 2015 n° 375651, 9e s.-s.) ; dans le même sens, CAA Versailles 5 juin 2014 n° 12VE02924, 6e ch., Sté AXA, qui a ensuite été annulé par CE 28 mars 2018 n° 383773, 9e ch., Sté AXA, en application de la jurisprudence permettant désormais l'imputation sans qu'il y ait lieu de distinguer selon que l'impôt est dû au taux normal ou au taux réduit, sous réserve que la déduction n'excède pas le montant de l'impôt français correspondant aux revenus (n° 83670).

Incidences sur les autres impôts

La contribution sociale sur les bénéfices de 3,3 % (n° 5592) est assise sur l'impôt sur les sociétés avant imputation des crédits d'impôt. Cela étant, l'administration a admis que lorsqu'une **convention fiscale** prévoit que les **crédits d'impôt** attachés à des revenus qui ont leur source dans l'autre État sont imputables sur l'impôt sur les sociétés et les impôts de même nature calculés en France sur ces revenus, le montant des crédits d'impôt qui n'a pu être imputé sur l'impôt sur les sociétés soit imputable sur cette contribution dans les conditions et limites fixées par la convention (BOI-IS-AUT-30 n° 240). **83675**

Il en allait de même des anciennes **contribution exceptionnelle** et contribution additionnelle à la contribution exceptionnelle (n° 5592, Précisions d).

Cas des allers et retours sur titres étrangers

Afin de mettre fin à ce qui apparaissait comme un abus, l'article 14 de la loi n° 2010-1657 du 29 décembre 2010 de finances pour 2011 a modifié les conditions d'imputation des crédits d'impôts relatifs aux revenus de capitaux mobiliers en cas d'opérations d'allers et retours sur titres étrangers. **83678**

En simplifiant, les schémas visés sont ceux qui mettent en relation une société qui acquiert des titres avant détachement du coupon, encaisse le coupon et réalise une moins-value de cession lors de la revente des titres. Dans ce cas, le coupon étranger est éventuellement inférieur au total des frais exposés, du coût du financement et de la moins-value de cession, ce qui peut **rendre l'opération globalement négative**.

L'administration ne voulait pas que, sur le fondement de l'avis de la section des finances du Conseil d'État du 31 mars 2009, qui l'inquiétait à l'époque mais qui a ensuite été infirmé au contentieux (n° 83650), les entreprises puissent néanmoins disposer d'un crédit d'impôt quasi intégral faute de **plafonnement effectif** en fonction de l'impôt sur le revenu réel de l'opération. À cette fin, un mécanisme spécial a été mis en place pour la détermination des résultats des exercices clos depuis le 31 décembre 2010 (CGI art. 220, 1-a).

Ce dispositif s'applique aux revenus perçus à raison de biens ou droits préalablement détenus par la personne, ou une autre personne qui lui est liée au sens du 12 de l'article 39 du CGI, qui, dans le contrat ayant conféré au contribuable la détention de ces biens ou droits ou dans un contrat y afférent, s'est engagée à en retrouver, ou s'est réservé la possibilité d'en retrouver ultérieurement, la détention (notamment en cas de vente des titres à **réméré**, de cessions avec option de rachat ou de **prêts de titres**). L'engagement ou la possibilité de retrouver la détention des titres doit résulter d'une clause juridique liant les parties mais cette clause peut indifféremment figurer dans le contrat de cession des titres ou faire partie d'un contrat distinct (BOI-IS-RICI-30-10-20-20 n° 120).

Le dispositif a, en principe, vocation à s'appliquer quel que soit le **délai** entre la date de détention des titres et la date de retour chez la personne cédante ou liée à celle-ci ; cela étant, l'administration admet que les opérations conclues plus de soixante jours avant la date du détachement du dividende ou de l'acompte sont présumées ne pas relever de ce mécanisme, à moins que le service établisse, par tout moyen, que ces opérations avaient principalement pour objet ou pour effet de faire bénéficier le contribuable du crédit d'impôt correspondant (BOI préc. n° 140) ; cette tolérance ne s'applique pas aux opérations pour lesquelles la société acquéreuse des titres ou la personne cédante ou liée à celle-ci a bénéficié d'informations privilégiées au sens de l'article L 465-1 du Code monétaire et financier.

Dans ce cas, l'assiette qui permet de calculer le plafond est déterminée en prenant en compte les **charges engagées** pour l'acquisition de ces revenus par le contribuable et les personnes qui lui sont liées, y compris les **moins-values de cession** de ces biens ou droits et les sommes (par exemple les rémunérations versées selon une convention de partage de l'économie d'impôt), autres que le prix d'acquisition de ces biens ou droits, versées à la contrepartie ou aux personnes qui lui sont liées, au sens du 12 de l'article 39 du CGI. Ces charges comprennent le reversement des dividendes à la personne qui a conféré la détention des titres ; le fait que le reversement soit postérieur à l'acquisition des titres ne fait pas obstacle à sa prise en compte dans la base d'imputation du crédit d'impôt étranger (BOI préc. n° 230).

Doivent également être retenues les charges d'acquisition telles que les **frais financiers** attachés aux emprunts ayant financé l'acquisition des titres. Si les emprunts sont souscrits de façon générale, sans affectation exclusive à l'acquisition des titres, mais s'ils ont été utilisés, en tout ou partie, dans ce but, les charges financières sont déterminées en appliquant un taux de capitalisation à la dépense d'acquisition des titres (BOI préc. n° 240). Les charges d'acquisition qui viennent minorer les revenus à prendre en compte sont celles engagées non seulement par le contribuable titulaire du crédit d'impôt mais aussi par les personnes qui lui sont liées.

Pour la détermination de la base d'imputation du crédit d'impôt, il doit être tenu compte des **moins-values** de cession des biens ou droits concernés et plus généralement, de toutes les charges engagées pour l'acquisition du revenu, y compris lorsque ces moins-values ou charges sont subies ou engagées au titre d'un exercice postérieur à celui au titre duquel le crédit d'impôt est calculé. Dans cette situation, il appartient à la personne titulaire du crédit d'impôt de rectifier a posteriori le montant du crédit d'impôt (BOI préc. n° 260).

Une exception est toutefois prévue si le contribuable apporte, par tout moyen, la preuve que la conclusion du contrat n'avait pas principalement pour **objet** ou pour **effet** de lui faire bénéficier du crédit d'impôt. Les justifications apportées peuvent être de toute nature, notamment d'ordre économique :
– la preuve peut être apportée soit du point de vue de **l'intention** des parties (objet du contrat), soit du point de vue des **conséquences** de l'opération (effet du contrat) ;
– la comparaison doit être faite entre l'intérêt que représente la possibilité d'utiliser le crédit d'impôt et l'intérêt que représente par ailleurs le contrat afin de déterminer son objet ou son effet principal ; l'intérêt financier que représente pour les parties l'économie d'impôt résultant de l'imputation du crédit d'impôt ne peut naturellement pas constituer une justification admissible (BOI préc. n° 280).

Bien entendu, dans le cas où les titres ne reviendraient pas à la personne cédante ou liée à celle-ci, cette absence de retour constituerait un élément concourant à la démonstration que le contrat de cession n'avait pas principalement pour objet ou pour effet de faire bénéficier le contribuable du crédit d'impôt (BOI préc. n° 130).

En pratique, les situations visées concernent le plus souvent des contrats de vente avec retour des titres au cédant ou des contrats de prêt de titres ou tout autre contrat équivalent, par exemple des opérations de pension. Cela étant, ce dispositif n'a plus guère de sens compte tenu de la jurisprudence actuelle (n° 83650) ; la précision législative est en réalité **surabondante** à moins qu'elle ne soit éventuellement regardée aujourd'hui comme plus favorable que la jurisprudence en ce qu'elle permet au contribuable d'apporter dans certains cas la preuve contraire. De son côté, l'administration indique, sans autres précisions, que ce dispositif spécifique est complémentaire au principe énoncé au n° 83650, Précisions c (BOI préc. n° 100).

Précisions La question se pose de savoir comment doit être déterminé ce butoir dans la situation où la rétrocession des titres interviendrait **après la clôture de l'exercice**. On peut penser que seules les pertes subies et les charges engagées avant la date de clôture devraient être imputées mais il y aurait alors lieu de procéder ensuite à une régularisation sauf à vider le texte de sa portée pratique dans ce cas.

Relations siège/succursales

83680 Il est fréquent que les banques reçoivent des intérêts au titre de « prêts ou avances » consentis à leurs **succursales étrangères**. Dans ces circonstances, puisqu'il est, en principe, admis que les intérêts versés soient fiscalement déductibles pour l'établissement des résultats imposables des succursales et corrélativement imposables au nom du siège, il serait cohérent que, sur le fondement des conventions fiscales, un **crédit d'impôt** soit imputable en France si une retenue à la source a été acquittée à l'étranger. Un tel crédit ne ferait, en effet, que tirer les conséquences de ce qu'en la matière, siège et succursales sont des êtres fiscaux distincts bien qu'il s'agisse de la même entité juridique ; au demeurant, si tel n'était pas le cas, on ne voit pas sur quel fondement les intérêts reçus par le siège seraient imposables en France (et déductibles à l'étranger) puisque nul ne peut évidemment se prêter à soi-même. La jurisprudence du Conseil d'État est d'ailleurs clairement orientée dans ce sens, particulièrement depuis la décision Sodirep (nº 15260).

Cette question est illustrée par une affaire concernant une banque française qui avait été rémunérée au titre de capitaux qu'elle avait mis à la disposition de ses succursales chinoise, indienne, philippine, singapourienne et thaïlandaise (CE 10 juillet 2019 nº 418108, 8e et 3e ch., Sté BNP Paribas : RJF 11/19 nº 1073, annulant CAA Versailles 13 décembre 2017 nº 15VE01061, Plén., Sté BNP Paribas : RJF 4/18 nº 430). En appel, la Cour avait d'abord admis que les sommes reçues puissent être **qualifiées d'intérêts** au sens des stipulations conventionnelles, l'existence d'une relation juridique de prêteur à emprunteur génératrice d'intérêts n'étant pas exclue entre le siège d'une banque et ses succursales étrangères (subsidiairement, comme les sommes reçues étaient bien des « intérêts », la Cour avait jugé que la banque n'était pas fondée à demander que ces intérêts ne soient pas intégrés dans ses bases taxables à l'impôt sur les sociétés) ; le Conseil d'État a nécessairement approuvé cette qualification puisqu'il a admis le principe même de l'application des stipulations conventionnelles relatives aux intérêts (le Conseil d'État n'aurait pas analysé les stipulations conventionnelles relatives aux règles de source s'il avait retenu la solution inverse).

Mais la Cour avait ensuite refusé le bénéfice des **crédits d'impôt** en considérant que les intérêts ne « provenaient » pas d'un État contractant au sens des conventions fiscales au motif que les succursales étrangères débitrices n'étaient pas des résidents des États d'implantation (nº 15015) et qu'elles n'avaient pas non plus dans ces États un établissement stable ou une base fixe pour lequel la dette donnant lieu au paiement des intérêts aurait été contractée et qui supporterait la charge des intérêts (nº 62480). Le Conseil d'État juge que, ce faisant, la Cour avait commis une erreur de droit, car elle avait méconnu le fait que le **débiteur** des intérêts versés par les succursales était bien la banque elle-même ; le terme « débiteur » employé par la convention fiscale ne renvoie pas, en effet, à une notion de débiteur « économique », mais bien au débiteur « juridique » (en l'espèce, le prêteur et l'emprunteur étaient simplement la même personne morale). Le Conseil d'État avait tout de même renvoyé l'affaire à la cour administrative d'appel de Versailles, car celle-ci aurait dû rechercher si la banque avait bien dans les pays concernés, par l'intermédiaire des succursales, des établissements stables pour lesquels les dettes donnant lieu au paiement des intérêts avaient été contractées et qui supportaient la charge de ces intérêts. Sur renvoi, il a été jugé que la banque disposait effectivement d'établissements stables dans les pays concernés, que les intérêts y prenaient leur source et que l'octroi de crédits d'impôt était par conséquent justifié sur le plan des principes (CAA Versailles 16 décembre 2020 nº 19VE02589, 7e ch., SA BNP Paribas : RJF 6/21 nº 640) ; le ministre avait cependant invoqué un nouvel argument, tenant au plafonnement des crédits d'impôt, qui a donné lieu aux décisions nº 449637 du Conseil d'État des 10 décembre 2021 et 11 février 2022 (nº 83650).

c. Modalités d'application pour les personnes physiques

Déclaration nº 2047

Les personnes physiques doivent remplir un formulaire nº 2047, récapitulant leurs **revenus encaissés hors de la France** métropolitaine et des DOM (nº 83415). Elles doivent déclarer les revenus et bénéfices de toute nature dont elles ont bénéficié, qu'un crédit d'impôt leur soit ou non attaché (y compris les revenus de source étrangère ouvrant droit à un crédit d'impôt égal à l'impôt français, « faux crédit » ; nº 83760). **83690**

La déclaration nº 2047 permet, en particulier, de **déterminer le crédit d'impôt** attaché aux revenus qui ouvrent droit à imputation sur l'impôt sur le revenu (« vrai » crédit). Il s'agit le plus souvent des revenus relatifs aux valeurs mobilières étrangères et revenus assimilés (dividendes, intérêts des obligations, rémunérations des administrateurs et des membres du conseil de surveillance).

Contrairement au formulaire n° 2066, et pour en faciliter l'usage étant donné qu'il s'agit de personnes physiques, la déclaration n° 2047 retient, pour calculer le crédit d'impôt, la méthode forfaitaire d'un **pourcentage à appliquer au montant net** d'impôt des revenus considérés.

83692 La déclaration n° 2047 contient un cadre 2 relatif aux **revenus des valeurs et capitaux mobiliers** et revenus assimilés, imposables en France. En pratique, le contribuable doit fournir les informations nécessaires par catégorie de revenus (dividendes, intérêts, etc.) et par pays ; doivent être indiqués le pays d'origine ou d'encaissement, le montant net encaissé, le taux du crédit d'impôt applicable, le montant de l'impôt supporté à l'étranger et le crédit d'impôt retenu.

Le **crédit d'impôt** est normalement égal à l'impôt prélevé à l'étranger sur le montant brut perçu dans la limite des plafonds fixés par les conventions fiscales. Mais la notice explicative (2047-NOT) convertit ce taux en pourcentage appliqué au revenu net perçu ; par exemple, une personne physique qui perçoit des dividendes de source allemande qui ont supporté en Allemagne une retenue de 15 % prélevée sur leur montant brut des revenus a droit à un crédit de 17,7 % du produit net perçu (15/85). Le taux du crédit d'impôt est appliqué au montant net des revenus, ce qui donne le montant du crédit d'impôt imputable (si l'impôt étranger effectivement prélevé est inférieur, c'est l'impôt étranger qui doit naturellement être retenu).

Le contribuable doit ensuite reporter le crédit d'impôt dans sa déclaration de revenus n° 2042 C (par exemple, ligne 8VL pour les revenus de capitaux mobiliers et plus-values).

Précisions **a.** La **conversion en euros** du montant de l'impôt perçu à l'étranger doit être faite en retenant le cours du change au jour où cet impôt a été payé (il s'agit en principe du jour du paiement effectif du revenu lorsque l'impôt a été retenu à la source).

b. En cas d'application incorrecte de la convention fiscale (ou si son bénéfice n'est pas demandé), si, par exemple, une personne physique résidente de France reçoit un dividende amputé d'une retenue à la source calculée au taux de droit interne et non au taux conventionnel, le montant brut est imposable et le crédit d'impôt est limité au taux conventionnel (par exemple, si un dividende de source américaine a subi une retenue à la source de 30 %, soit un net perçu de 70, le montant imposable est bien de 100 et le crédit d'impôt doit être limité à 15 conformément à la convention ; une double imposition partielle subsiste donc en ce cas).

Principe du plafonnement

83695 La règle de la limitation du crédit d'impôt à la fraction de l'impôt français afférent aux revenus considérés est, en principe, applicable à l'impôt sur le revenu. Soit, par exemple, un contribuable ayant disposé d'un revenu global net de 90 000 € et supposons que l'impôt soit en ce cas de 23 568 €. Mais ce revenu de 90 000 € comprend des dividendes de source allemande dont le montant net imposable est déterminé comme suit :
- dividende net d'impôt allemand : 850 € ;
- impôt allemand à la source : 150 € ;
- revenu brut : 1 000 € ;
- dépenses déductibles en vertu de la législation française (100 €) ;
- revenu net imposable : 900 €.

Le crédit d'impôt est normalement de 150 €.

Si l'on suppose que le contribuable a opté pour l'application du barème progressif, il y a théoriquement lieu de procéder à un calcul de plafond (cette difficulté disparaît dans le cas général en présence de dividendes ou plus-values de source étrangère soumis au **prélèvement forfaitaire unique**, qui est un impôt proportionnel). Dans ce cas, il convient en principe de vérifier que le crédit d'impôt peut être imputé en totalité. Pour cela, il faut calculer le plafond de crédit, égal à l'impôt français sur les revenus en cause, soit [23 568/90 000] $\times$ 900 = 235,68 € (application du taux moyen d'imposition aux revenus considérés). Au cas particulier, le plafond n'est pas atteint et le crédit d'impôt (150 €) peut être imputé en totalité.

On remarque cependant que, curieusement, le formulaire n° 2047 n'a jamais prévu aucun calcul de ce type, à la différence de ce qui est prévu pour l'impôt sur les sociétés (formulaire n° 2066-SD).

Précisions Le fait que les **formulaires déclaratifs** ne prévoient pas de calcul de plafonnement, contrairement à ce qui est prévu pour les sociétés, ne signifie pas que ce calcul ne doive pas être fait ; les formulaires administratifs ne peuvent, d'une manière générale, être regardés comme étant au nombre des instructions et circulaires administratives dont les contribuables peuvent se prévaloir (en particulier, CE 12 janvier 1987 n° 40686, 8e et 9e s.-s. : RJF 3/87 n° 292 ; voir cependant conclusions Olivier Fouquet sous CE 26 juin 1992 nos 71165-71185, 8e et 7e s.-s., Dieudonné : RJF 10/92 n° 1337, aux Petites Affiches 6 novembre 1992). Ainsi, ce n'est pas parce qu'un formulaire d'application est incomplet que les contribuables ne doivent pas, tout de même, respecter la loi.

Absence de restitution

L'administration estime qu'un contribuable qui n'acquitte pas une cotisation d'impôt suffisante pour permettre l'imputation totale d'un crédit d'impôt étranger n'est pas fondé à demander une restitution au Trésor public (TA Strasbourg 9 mars 1999 n° 95-555, Caisse de Crédit mutuel du canton de Rosheim : RJF 6/99 n° 761 ; jugement définitif). Voir également n° 83673. **83700**

La doctrine administrative relative à la convention fiscale franco-algérienne considère néanmoins que si les crédits d'impôt étrangers s'imputent, en premier lieu, sur l'impôt sur le revenu, l'excédent éventuel s'impute ensuite indifféremment sur le **prélèvement social** sur les revenus du patrimoine, sur la **CSG**, ou sur la **CRDS** (en ce sens, BOI-INT-CVB-DZA-60 n° 20 à propos de la convention du 17 octobre 1999 entre la France et l'Algérie précisant que, pour l'application de la convention, « l'impôt français » s'entend de l'impôt sur le revenu, mais également de la contribution sociale généralisée (CSG) et de la contribution pour le remboursement de la dette sociale (CRDS) ainsi que de toute autre contribution telle que le prélèvement social sur les revenus du capital).

Cette doctrine ne s'applique, certes, que dans le cadre franco-algérien, mais il n'y a aucune raison de ne pas généraliser la solution. Ainsi, il a été jugé qu'une personne physique domiciliée en France qui avait reçu des dividendes de source américaine était fondée à imputer sur les prélèvements sociaux l'excédent de la retenue à la source américaine non imputable sur son impôt sur le revenu (TA Cergy-Pontoise 19 mars 2021 n° 1803586, 5e ch. ; appel enregistré sous le n° 21VE01404) ; contrairement à ce que soutenait l'administration, les contributions sociales françaises doivent être regardées comme faisant partie de « l'impôt français » au sens de la convention et aucune stipulation conventionnelle ne subordonne l'octroi d'un crédit d'impôt à ce que les revenus soumis à ces contributions aient été compris dans la base d'un impôt équivalent ou similaire aux États-Unis.

2. Cas des « faux crédits » équivalents à une exonération

Depuis la fin des années 1980, une nouvelle méthode d'élimination des doubles impositions a été introduite, qui consiste à réimposer en France le revenu étranger en déduisant de l'impôt sur le revenu un crédit d'impôt égal non pas à l'impôt étranger mais à **l'impôt français sur le revenu étranger** (n° 8160). **83750**

Cette technique, qui est, au fond, celle d'un « faux » crédit pour impôt étranger, se retrouve dans toutes les conventions fiscales françaises actuelles, selon des formulations qui évoluent cependant à mesure que la réflexion s'affine.

Cette méthode conduit, en pratique, à l'exemption des revenus de source étrangère (BOI-INT-DG-20-20-100 n° 43, « méthode 2 »).

Précisions La méthode de calcul que l'administration avait initialement retenue a fait l'objet d'un premier correctif par une actualité doctrinale du 26 décembre 2014, destinée à « tenir compte du **droit de l'Union européenne** » (BF 2/15 n° 181 ; voir n° 83805) ; un nouveau correctif a ensuite été apporté au mode de calcul par une actualisation du 3 juin 2016 (sur le mode de calcul, voir n° 83820).

a. Modalités d'application pour les personnes physiques

Principes

Les revenus dont la double imposition est éliminée par cette technique sont, d'une façon générale, ceux qui, dans les conventions fiscales traditionnelles, sont régis par la règle du **taux effectif** (nos 83460 s.). Le résultat recherché est d'ailleurs quasiment le même, l'objectif étant seulement de rendre le dispositif plus lisible pour les contribuables. **83760**

Précisions **a.** Le principe selon lequel ce dispositif équivaut à une exonération avec taux effectif avait été affirmé à propos de l'imposition de **pensions** de source canadienne ; il avait été indiqué qu'en prévoyant la réimposition en France de ces revenus de source canadienne, assortie d'un crédit d'impôt égal au montant de l'impôt français correspondant à ces revenus, l'article 23 § 2-a) de la convention permet d'exonérer de fait ces pensions en France tout en préservant la progressivité de l'impôt sur le revenu français (ancienne réponse Cointat, n° 3892 : Sén. 21 août 2008 p. 1655 et BF 10/08 n° 933, non reprise au BOFiP).

b. La méthode du crédit d'impôt égal à l'impôt français est applicable à des **pensions** imposables en Italie et bénéficiant à un résident de France (CE 24 mai 2006 n° 280942, 3e et 8e s.-s., min. c/ Martinelli : RJF 8-9/06 n° 1080 ; conclusions Emmanuel Glaser au BDCF 8-9/06 n° 108).

c. Bien entendu, ce mécanisme n'est pas applicable à des **intérêts** de source suédoise perçus par une personne physique domiciliée en France dans la mesure où la convention fiscale réserve le droit d'imposer à la France (CE 26 mai 2010 n° 296808, 10e et 9e s.-s., Beckman : RJF 8-9/10 n° 767 ; conclusions Julien Boucher au BDCF 8-9/10 n° 83, contraires sur un point de procédure).

Exemple

83765 En reprenant les données de l'exemple très simplifié du n° 83500, le calcul donne, avec la méthode du crédit égal à l'impôt français, le résultat suivant (sur la formule de calcul, voir n° 83820) :
– impôt français sur le revenu global : 16 472 € ;
– crédit d'impôt au titre de l'impôt français sur le revenu étranger : 3 295 € (soit 16 472 × 14 000/70 000) ;
– impôt exigible : 13 177 € (16 472 - 3 295).

On vérifie qu'en principe le résultat est le même qu'avec l'application du taux effectif, à deux réserves près :
– **l'impôt étranger** n'est pas déductible du revenu étranger alors qu'il l'est dans le système du taux effectif ; cette précision figure en général dans le texte même de la convention ;
– certaines rédactions des conventions fiscales ne visent littéralement que les « bénéfices » et les « revenus positifs », excluant par là même la prise en compte des **déficits étrangers** alors qu'ils le sont systématiquement en cas d'application du taux effectif (n° 83470) ; d'autres, comme la convention franco-algérienne, visent les « revenus » en général, autorisant la prise en compte des déficits étrangers.

Précisions Il y a lieu de se référer, à chaque fois, au texte de la convention fiscale applicable, car celle-ci peut fournir ses **propres définitions**, différentes d'une convention à l'autre (voir par exemple le point 14 du protocole annexé à la convention franco-espagnole du 10 octobre 1995 ou les définitions incluses à l'article 24 § 1 d) ii) de la convention franco-américaine du 31 août 1994 modifiée).

Notion d'« impôt français correspondant à ces revenus »

83780 Le crédit d'impôt imputable en France est égal au montant de l'impôt français correspondant aux revenus étrangers, afin de les exonérer d'impôt en France conformément à la pratique française habituelle.

À titre d'exemple, **dans le cadre franco-algérien** (BOI-INT-CVB-DZA-60n° 50), comme, en principe, avec les conventions fiscales qui reprennent le même dispositif, ce montant désigne (protocole annexé à la convention) :
– lorsque l'impôt dû à raison de ces revenus est calculé en application d'un **taux proportionnel**, le produit du montant des revenus nets considérés par le taux qui leur est effectivement appliqué ; tel est le cas, par exemple, pour les plus-values à long terme des entreprises industrielles ou commerciales relevant de l'impôt sur le revenu (CGI art. 39 quindecies) ;
– lorsque l'impôt dû à raison de ces revenus est calculé en application d'un **barème progressif**, le produit du montant des revenus nets considérés par le taux résultant du rapport entre l'impôt effectivement dû à raison du revenu net global imposable selon la législation française et le montant de ce revenu net global.

À propos de la convention fiscale franco-américaine du 31 août 1994, qui contient sur ce point une définition identique à celle donnée par la convention franco-algérienne, il avait été jugé que, pour la détermination de l'impôt français correspondant aux revenus d'origine américaine, les « revenus nets considérés » devaient être regardés comme les revenus nets après soustraction d'une part des **charges déductibles** du revenu global, en application des dispositions de l'article 13 du CGI, au prorata de la part de ces revenus bruts de source américaine dans le revenu brut global (CE 26 juillet 2011 n° 308968, 8e et 3e s.-s., min. c/ Saucé : RJF 11/11 n° 1207 ; voir également n° 83785). Cette solution est cependant caduque, la doctrine administrative ayant ensuite été modifiée pour des raisons tenant au droit de l'Union européenne (n° 83805). **83780** (suite)

La notion d'« impôt français » a également donné lieu à des difficultés d'interprétation en ce qui concerne les **prélèvements sociaux**. Comme l'a précisé le Conseil d'État à propos de la convention fiscale franco-britannique du 19 juin 2008, la formulation utilisée par la convention (« nonobstant toute autre disposition de la présente Convention ») ne saurait permettre à la France, s'agissant des personnes physiques résidentes de France, de ne pas appliquer le crédit d'impôt conventionnel aux contributions sociales françaises au motif qu'il n'existe pas d'impôt équivalent au Royaume-Uni (CE Avis 12 février 2020 n° 435907, 9e et 10e ch. : RJF 5/20 n° 481 ; voir également nos 8160, 8170 et 83790). Cet avis a été fourni en réponse aux questions posées par le tribunal administratif de Cergy-Pontoise (jugement n° 1703279 du 12 novembre 2019), à propos de contribuables qui, en 2013, avaient perçu des **revenus fonciers** de source britannique ; ils avaient bénéficié d'un crédit d'impôt au titre de l'impôt sur le revenu, mais l'administration avait refusé l'imputation de la fraction excédentaire sur les prélèvements sociaux auxquels les revenus fonciers avaient été assujettis. C'était à tort, dès lors que les prélèvements sociaux font partie de « l'impôt français » au sens de la convention et qu'aucune stipulation conventionnelle ne subordonne l'octroi d'un crédit d'impôt égal à leur montant, à ce que les revenus soumis à ces contributions aient été compris dans la base d'un impôt équivalent ou similaire au Royaume-Uni (n° 83790).

Cet avis rend caduques les solutions qui avaient été rendues antérieurement par le juge du fond dans des affaires similaires, notamment par CAA Nantes 19 janvier 2017 n° 15NT02397 (RJF 4/17 n° 363), arrêt définitif qui avait jugé à tort, dans le cadre de la même convention fiscale franco-britannique, qu'une personne physique domiciliée en France ne pouvait pas bénéficier, pour l'imposition en France de **salaires de source britannique**, d'un crédit d'impôt égal au montant de la CSG assise sur ces revenus dès lors qu'elle n'avait pas été imposée au Royaume-Uni au titre d'un impôt similaire ou équivalent, assis sur la même base. Dans le sens de l'avis précité du Conseil d'État, il avait, au contraire, été jugé, à juste titre, qu'une ressortissante britannique retraitée et domiciliée en France qui bénéficiait de **pensions publiques britanniques** avait droit à un crédit d'impôt égal au montant de « l'impôt français » correspondant à cette pension et que cet impôt comprenait non seulement l'impôt sur le revenu, mais également les contributions sociales généralisées et les contributions pour le remboursement de la dette sociale assises sur les pensions (TA Bordeaux 5 octobre 2017 n° 1604458, 3e ch. ; jugement définitif).

La **contribution exceptionnelle sur les hauts revenus** a donné lieu à des difficultés du même ordre ; comme pour les prélèvements sociaux, la cour administrative d'appel de Nantes a jugé, toujours à tort, à notre avis, qu'une personne physique domiciliée en France ne peut pas bénéficier d'un crédit d'impôt égal au montant de la contribution exceptionnelle sur les hauts revenus assise sur ses **revenus salariaux d'origine britannique** dès lors qu'elle n'a pas été imposée au Royaume-Uni au titre d'un impôt similaire ou équivalent, assis sur la même base (CAA Nantes 14 décembre 2017 n° 16NT00621 : RJF 4/18 n° 429, arrêt définitif). Cet arrêt a été rendu contrairement aux conclusions du rapporteur public qui estimait, à juste titre, que le crédit d'impôt devait jouer à l'égard de cette contribution mais qui recommandait un supplément d'instruction pour que soit vérifiée, comme il convenait effectivement de le faire, que la condition d'imposition à l'impôt britannique de la totalité des revenus britanniques était bien satisfaite (sur la contribution exceptionnelle sur les hauts revenus, voir nos 1918, Précisions d et 10168). À notre avis, toutefois, la solution retenue par le Conseil d'État dans l'avis précité concernant les prélèvements sociaux est transposable sur le fond à cette contribution.

Précisions **a.** Il avait été jugé, mais la doctrine administrative et la jurisprudence ont ensuite évolué, que le calcul devait prendre en compte au numérateur les **revenus nets étrangers** déterminés dans les conditions prévues par la législation fiscale française et que les différents plafonds (à l'époque ceux applicables à la déduction de 10 % et à l'abattement de 20 %) devaient être pris en compte au prorata du revenu de source étrangère sur le revenu total (CAA Lyon 2 mars 2009 n° 05-01881, 5e ch., Vicard : Droit fiscal 2009 n° 51, comm. n° 592 ; arrêt définitif).

b. À propos d'un résident de France qui recevait des revenus de source étrangère en tant qu'associé d'un **cabinet d'avocats britannique**, il avait été jugé que la méthode alors retenue par l'administration, qui consistait à multiplier l'impôt dû sur l'ensemble des revenus par le rapport entre les revenus d'origine étrangère (non diminués d'une part des charges déductibles du revenu brut global) et le revenu brut global (et non le revenu net global), aboutissait à un montant de crédit d'impôt qui, arrondi à l'unité la plus proche, était identique à celui qui résultait du calcul résultant de la jurisprudence du Conseil d'État (CAA Paris 9 mai 2014 n° 11PA03316, 7e ch. : RJF 11/14 n° 1041 ; arrêt définitif).

83785 **Cas des conventions fiscales ne comportant pas de définitions** La façon dont le crédit d'impôt doit être calculé, lorsque la convention fiscale se borne à poser le principe sans l'expliciter, a été précisée par le Conseil d'État à propos de la convention fiscale franco-allemande du 21 juillet 1959 modifiée, qui prévoit pour certains revenus un crédit égal au montant de l'impôt français correspondant aux revenus allemands, mais sans indiquer, même sommairement, comment le calcul doit être effectué (CE 26 juillet 2011 nos 308679 et 308754, 8e et 3e s.-s., min. c/ Turckheim : RJF 11/11 n° 1206).

À cette occasion, le Conseil d'État a précisé que le **montant de l'impôt français correspondant aux revenus** étrangers doit s'entendre comme le produit du montant de l'impôt calculé sur l'ensemble des revenus français et étrangers, dans les conditions prévues au Code général des impôts, par le rapport entre les revenus étrangers nets et l'ensemble des revenus nets imposables ; bien entendu, seuls doivent être pris en compte les revenus français et étrangers relevant de la catégorie des revenus bénéficiant d'un crédit d'impôt égal à l'impôt français (des revenus étrangers qui ouvrent droit à un crédit d'impôt égal à l'impôt étranger, ou des revenus français imposables par voie de prélèvement libératoire, par exemple, ne sont pas à prendre en considération). Cette solution a été reprise dans une autre décision du même jour à propos de la convention fiscale franco-américaine (CE 26 juillet 2011 n° 308968, 8e et 3e s.-s., min. c/ Saucé : RJF 11/11 n° 1207 ; n° 83780). Sur la façon dont les **charges du revenu global** doivent être prises en compte pour tenir compte du droit de l'Union européenne, voir cependant n° 83805.

Précisions Le mécanisme du crédit d'impôt égal à l'impôt français a fait l'objet de **décisions juridictionnelles contradictoires** avant d'être un peu stabilisé par la jurisprudence du Conseil d'État et les corrections apportées ensuite à la doctrine administrative pour tenir compte du droit de l'Union européenne : à propos de la convention fiscale franco-allemande, le tribunal administratif de Strasbourg avait jugé que le rapport devait être effectué en prenant en compte au dénominateur le revenu net global et non le revenu brut global (TA Strasbourg 2 juillet 1996, nos 93-642, 94-1591 et 95-1492, 2e ch., Brevard : RJF 5/98 n° 597, jugement définitif ; voir aussi, dans le même sens, TA Nice 24 octobre 2002, n° 00-682, 3e ch., Lions : RJF 4/03 n° 480, jugement définitif, et TA Nice 14 mai 2002, n° 98-5611, 6e ch., Laurent : RJF 1/03 n° 84, jugement définitif) ; cette solution avait été confirmée par CAA Nancy 18 mai 2006, n° 03-802, 2e ch., min. c/ Rabe, RJF 11/06 n° 1419 (arrêt définitif). En outre, il avait curieusement été jugé que le taux applicable était celui résultant du rapport entre un impôt fictif sur le revenu brut global et ce revenu brut global (TA Versailles 19 novembre 2002, nos 99-4216, 99-7538 et 02-996, 5e ch., Peigney : RJF 4/03 n° 478 ; jugement définitif).

83790 **Absence de condition d'imposition étrangère** L'administration indique, dans un commentaire de portée générale, que la méthode du crédit d'impôt égal à l'impôt français, présentée comme une « méthode 2 », suppose que « le revenu ait été effectivement **imposé dans l'autre État**, quel que soit toutefois le montant de l'impôt effectivement perçu dans l'État étranger concerné » (BOI-INT-DG-20-20-100 n° 43). Cette affirmation, qui ne peut s'autoriser d'aucun principe ni d'aucun texte, n'est pas exacte, à notre avis.

Dans la mesure où la méthode du « faux crédit » est, en réalité, l'équivalent d'une méthode d'exonération mais sous une autre forme, son application n'est pas subordonnée, sauf stipulation conventionnelle contraire, à une condition d'imposition du revenu à l'étranger ; elle s'applique normalement même en cas d'exonération dans le pays de la source.

Cette solution a, par exemple, été retenue par le Conseil d'État à propos d'un salarié fiscalement domicilié en France et qui avait reçu des **salaires de source américaine** au titre d'une activité exercée aux États-Unis sur une plateforme pétrolière située dans les eaux territoriales américaines (CE 29 juin 2011 n° 320263, 3e et 8e s.-s., min. c/ Chauvin : RJF 10/11 n° 1084 ; conclusions Emmanuelle Cortot-Boucher au BDCF 10/11 n° 118) ; ces salaires étaient conventionnellement imposables aux États-Unis, dans la mesure où la clause de mission temporaire ne jouait pas, mais ils n'y avaient pas été effectivement imposés (apparemment, l'intéressé ne s'était pas fait connaître des services fiscaux américains). Il a été jugé qu'aucune stipulation de la convention fiscale franco-américaine du 31 août 1994 ne subordonne le droit au crédit d'impôt à l'imposition effective des salaires aux États-Unis. **83790** (suite)

Avant cette confirmation par le Conseil d'État, d'autres décisions étaient allées dans le même sens ; il avait ainsi été jugé qu'un salarié résident de France percevant des salaires aux Émirats arabes unis pouvait bénéficier, pour son imposition en France, d'un crédit d'impôt égal à l'impôt français même si ces **salaires n'ont pas été imposés aux Émirats**, dans la mesure où aucune disposition de la convention ne subordonne l'octroi de ce crédit d'impôt à l'imposition effective des revenus aux Émirats (TA Versailles 23 janvier 2001 n°s 94-5442, 97-3388, 5e ch. A, Jurcik : RJF 10/01 n° 1290 ; jugement définitif). Autre exemple, des **pensions publiques** de retraite de source allemande entraient dans le champ du crédit d'impôt égal à l'impôt français bien que ces pensions, qui étaient imposables en Allemagne, n'y eussent pas été effectivement imposées compte tenu de leur faible montant (CAA Lyon 26 janvier 2006 n° 01-243, 5e ch., Laurent : RJF 6/06 n° 757, arrêt définitif ; conclusions au BDCF 6/06 n° 78).

Il faut bien entendu réserver le cas de **conventions fiscales rédigées différemment**, telles que la convention franco-suisse du 9 septembre 1966 dans sa rédaction issue de l'avenant de 1997, qui précisent que la méthode du crédit égal à l'impôt français ne s'applique que si le revenu a été soumis à l'impôt étranger (article 25 A § 1 a) de la convention) ; dans le même sens, voir, à propos de la convention avec le Botswana du 15 avril 1999, BOI-INT-CVB-BWA-30 n°s 1 s. Plus récemment, l'avenant du 31 mars 2015 à la convention fiscale franco-allemande du 21 juillet 1959 a apporté la même précision (article 20 (2) a) bb) de la convention). À propos de la convention fiscale franco-suisse précitée, la **condition d'assujettissement à l'impôt** a été jugée satisfaite dès lors que le contribuable avait effectivement été soumis à l'impôt en Suisse à raison de salaires versés par une société suisse de 2013 à 2015, même si les autorités fiscales suisses ne l'avaient imposé que sur une base réduite à vingt jours par an alors que son contrat de travail faisait état d'une présence maximale de cent-vingt jours par an (CAA Versailles 7 décembre 2021 n° 19VE04154, 1e ch., arrêt définitif ; voir également n° 42760) ; en l'espèce, l'administration n'avait, à tort, admis le crédit qu'au prorata du nombre de jours pris en compte pour la retenue à la source appliquée en Suisse, soit vingt jours par an (cela étant, si l'intéressé n'exerçait effectivement son activité en Suisse que vingt jours par an pour le compte de la filiale suisse, il était en principe imposable en France s'il était en outre payé par la société suisse au titre de l'exercice d'une activité salariée en France, mais cela ne ressort pas de l'arrêt).

Les stipulations conventionnelles relatives à la condition d'assujettissement à l'impôt doivent s'interpréter conformément à l'avis rendu par le Conseil d'État à propos de la convention fiscale franco-britannique du 19 juin 2008 qui stipule également que le crédit d'impôt égal à l'impôt français est accordé à condition que le contribuable soit « soumis à l'impôt du Royaume-Uni à raison de ces revenus » (CE Avis 12 février 2020 n° 435907, 9e et 10e ch. : RJF 5/20 n° 481 ; voir également n°s 8160, 8170 et 83780). Selon cet avis, cette condition signifie que les revenus de source britannique doivent être **compris dans l'assiette** de l'impôt britannique sans que le résident de France en soit exonéré à raison de son statut ou de son activité, mais non pas que ces revenus doivent avoir été soumis à une **imposition effective** au Royaume-Uni ; la condition est ainsi satisfaite si le contribuable établit qu'il a déclaré les revenus au Royaume-Uni parce que ces revenus étaient compris dans la base de l'un des impôts britanniques visés par la convention alors même qu'il n'y aurait acquitté aucun impôt à ce titre. Comme l'indique la rapporteure publique Marie-Astrid de Barmon (conclusions à la RJF 5/20, C 481), « la condition de soumission à l'impôt suppose que le contribuable n'en soit pas exonéré de manière générale et durable (...) » et « pour générer un droit à crédit d'impôt à raison du montant d'impôt auxquels ils auraient été soumis en France, il suffit que les revenus considérés entrent dans le champ de l'impôt britannique et ne bénéficient pas d'une mesure d'exonération générale au Royaume-Uni » (en l'espèce, les contribuables n'avaient pas acquitté d'impôt sur le revenu au Royaume-Uni à raison des revenus concernés, car leur montant était inférieur au seuil de recouvrement de l'impôt britannique).

Précisions **a.** À propos de la convention fiscale franco-suisse, il a été jugé que dès lors que les revenus perçus en Suisse par un **fonctionnaire** de l'Union interparlementaire, résident de France, n'ont pas été soumis à l'impôt suisse mais à une **imposition interne** à cette organisation, aucun crédit d'impôt n'était imputable en France (TA Lyon 23 juin 2009 n° 07-1173, 4e ch., Jennings : RJF 4/10 n° 403 ; jugement définitif).

b. À propos de la **convention fiscale franco-italienne**, il a été jugé que des salaires de source italienne bénéficiant à une résidente de France n'ouvraient pas droit au crédit d'impôt égal à l'impôt français car l'intéressée n'avait pas établi qu'ils avaient effectivement été assujettis à l'impôt en Italie (TA Paris 4 novembre 2009 n°s 05-13465, 05-15966 et 05-15968, 1e sect., 1e ch., Parisse : RJF 7/10 n° 724) ; ce jugement, définitif, n'est cependant pas conforme à la jurisprudence du Conseil d'État, à moins, mais le point n'a pas été vu, que soit invoqué le point 15 du protocole annexé à la convention, tendant à éviter les doubles exonérations (et à supposer encore que ce texte soit compris comme exigeant une imposition effective dans l'autre État).

c. Un résident de France qui réalise un gain résultant de la **levée d'options de souscription** de titres octroyées par son employeur suisse bénéficie d'un crédit d'impôt égal à l'impôt français dès lors que le gain doit être considéré comme soumis à l'impôt suisse bien que cet impôt ait été prélevé à la date d'acquisition des droits d'option sur la base de la valeur du titre au jour de l'option alors qu'en France l'imposition est appliquée l'année de la levée d'option sur le gain effectif procuré par la levée d'option (TA Paris 29 mai 2017 n° 1609773 et 1610906 : RJF 12/17 n° 1239 ; jugement définitif).

Revenus imposables à prendre en compte

83800 Le « revenu net global imposable selon la législation française » correspond à l'ensemble des revenus nets imposables de source française et étrangère. Il doit donc prendre en compte **tous les revenus qui ont leur source hors de France**, pour autant que ces revenus eussent été passibles de l'impôt français en application de la législation interne française. L'administration rappelle, à propos de la convention franco-algérienne du 17 octobre 1999, que le revenu net global comprend également les revenus dont l'imposition est attribuée à la France par la convention, en renvoyant aux articles 4 bis, 2°, 165 bis et 209, I du CGI (BOI-INT-CVB-DZA-60 n° 70). Sur les charges du revenu global, voir n° 83805.

Lorsque la convention fiscale ne vise que les bénéfices et autres revenus positifs, les **déficits étrangers** ne peuvent pas être pris en compte. Tel est le cas, par exemple, de la convention fiscale franco-italienne du 5 octobre 1989 ou de la convention fiscale franco-allemande du 21 juillet 1959 dans sa rédaction antérieure à l'avenant du 31 mars 2015 (le BOI-INT-CVB-DEU-10-70 n° 70 refuse la prise en compte de déficits éventuellement constatés en Allemagne mais il ne tient pas compte des modifications apportées à la convention fiscale par l'avenant précité, l'article 20 de la convention éliminant désormais la double imposition des « revenus » et non des seuls « revenus positifs »).

Cette solution a été confirmée par le Conseil d'État à propos de contribuables domiciliés en France qui étaient propriétaires d'immeubles situés en Allemagne dont la location avait dégagé un déficit foncier en 2010, déficit qu'ils avaient imputé en France sur leur revenu global au titre de 2010 et pour le solde sur leurs revenus fonciers des années 2011 et 2012. Il a été jugé que les auteurs de la convention fiscale avaient entendu, pour la mise en œuvre des règles d'élimination des doubles impositions, **limiter aux seuls revenus positifs** la prise en compte des revenus de source allemande dans les revenus imposables en France des contribuables résidents de France, à l'exclusion des déficits (CE 19 décembre 2019 n° 428443, 8e et 3e ch. : RJF 3/20 n° 263). Devant la cour de renvoi, les contribuables avaient, dans cette affaire, soutenu que la solution était contraire au principe de **libre circulation des capitaux** mais cet argument n'a pas prospéré ; pour la Cour, en effet, l'exclusion de la prise en compte de déficits fonciers de source allemande, si elle caractérise une restriction, est justifiée par la nécessité de respecter le principe de la répartition équilibrée du pouvoir d'imposition, d'assurer la cohérence du régime fiscal français et de prévenir la double prise en compte des pertes, et elle est en outre strictement proportionnée aux objectifs poursuivis (CAA Lyon 7 septembre 2020 n° 19LY04667, 2e ch., arrêt définitif confirmant que le déficit foncier allemand n'était pas imputable, bien qu'il le soit en droit interne comme indiqué n° 2419). Antérieurement, il avait dans le même sens été jugé que des déficits subis en Allemagne par un avocat qui exerçait son activité dans une partnership allemande ne pouvaient pas être pris en compte en France (CAA Versailles 8 juillet 2015 n° 13VE02067, 7e ch. : RJF 12/15 n° 1049 ; arrêt définitif jugeant également que l'impossibilité d'imputer les déficits sur le revenu global ne méconnaît pas la liberté d'établissement).

Il a par ailleurs été confirmé que les conventions fiscales doivent **s'appliquer État par État** ; des bénéfices nets non commerciaux de sources allemande, espagnole, italienne, japonaise, tchèque et émiratie pris en compte pour le calcul du crédit d'impôt, étant les seuls revenus nets considérés par chaque convention, ne peuvent être réduits par **imputation de déficits constatés dans d'autres États** (CAA Paris 19 mars 2015 n° 13PA00317, 9e ch., arrêt définitif) ; dans cette affaire, le contribuable, un avocat fiscalement domicilié en France, qui exerçait son activité dans le cadre d'une partnership britannique et recevait, à ce titre, une quote-part des bénéfices non commerciaux réalisés par la partnership tant en France qu'en Allemagne, en Espagne, en Italie, au Japon, en République tchèque et aux Émirats arabes unis, a eu gain de cause en soutenant que ses revenus étrangers ne pouvaient être réduits, selon l'année considérée, en raison de déficits de source américaine, espagnole ou hongroise, relevant de conventions fiscales distinctes.

Il avait été jugé, en sens contraire, que chaque revenu de source étrangère devait être réduit de la **fraction des déficits** d'origine étrangère correspondant à la part qu'il occupe dans les revenus non commerciaux de source étrangère (TA Paris 20 mai 2015 n°s 1303556, 1404217 et 1408607, 1e sect., 1e ch. : RJF 12/15 n° 1048). Ce jugement est cependant resté sans effet ; le contribuable, qui l'avait attaqué en tant qu'il retenait l'imputation partielle de déficits de source japonaise, saoudienne, qatarie et américaine sur les bénéfices de source allemande, britannique, tchèque et émiratie ouvrant droit à crédit d'impôt au numérateur retenu pour le calcul du crédit d'impôt afférent aux revenus bénéficiaires, a finalement bénéficié d'un dégrèvement et la Cour a constaté que l'appel qu'il avait formé était devenu sans objet (trois ordonnances de la cour administrative d'appel de Paris des 6 septembre et 6 octobre 2016 n°s 15PA02842, 15PA02858 et 15PA02582).

Précisions **a.** Le texte des conventions fiscales précise, en général, que les revenus qui proviennent de l'autre État, et qui sont imposables ou ne sont imposables que dans cet État conformément aux dispositions de la convention, sont pris en compte pour le calcul de l'impôt français lorsque leur bénéficiaire est un résident de France « **et qu'ils ne sont pas exemptés de l'impôt sur les sociétés** en application de la législation interne française » ; l'exclusion des revenus exonérés d'impôt sur les sociétés ne peut évidemment viser que les revenus qui entrent dans le champ de cet impôt (et qui bénéficient d'une mesure d'exonération) et non pas ceux qui sont passibles de l'impôt sur le revenu. Ainsi, cette stipulation ne peut faire échec à l'application de la méthode du crédit égal à l'impôt français à des **pensions de source américaine** imposables aux États-Unis et perçues par un résident de France, même si ces pensions sont exonérées de l'impôt sur les sociétés (TA Versailles 9 mars 2010 n° 07-291, 5e ch., Reinecke : RJF 1/11 n° 92 ; jugement définitif).

b. Avant les modifications doctrinales du 26 décembre 2014 (n° 83805), l'administration indiquait, à propos de la convention fiscale franco-algérienne, que les **déficits de source étrangère** qui auraient été déductibles des autres revenus imposables en l'absence de convention fiscale devaient être pris en compte pour la détermination de la cotisation de base (n° 110 du BOI-INT-CVB-DZA-60 dans sa rédaction antérieure à l'actualité doctrinale précitée) ; il est regrettable que cette précision ait été rapportée, car elle était exacte, la convention franco-algérienne visant, à la différence de certaines autres conventions fiscales, les « revenus » (positifs ou négatifs) et non les seuls bénéfices ou revenus positifs.

Déduction des charges Deux types de charges sont susceptibles d'être prises en compte, les charges catégorielles et les charges du revenu global. **83805**

À propos des **charges du revenu global** (par exemple, des pensions alimentaires), le Conseil d'État avait jugé que, pour calculer le montant des revenus nets de source étrangère, une part des charges déductibles du revenu global devait être imputée sur les revenus étrangers, à proportion de leur part dans le revenu global avant déduction des charges (CE 26 juillet 2011 n°s 308679 et 308754, 8e et 3e s.-s., min. c/ Turckheim : RJF 11/11 n° 1206 ; CE 26 juillet 2011 n° 308968, 8e et 3e s.-s., min. c/ Saucé : RJF 11/11 n° 1207 aux conclusions communes de Laurent Olléon au BDCF 11/11 n° 131 ; voir aussi n° 83780).

La façon dont l'administration considère que le calcul doit être fait a cependant évolué, notamment sous la pression de la Commission européenne qui avait critiqué le fait que la méthode retenue par le Conseil d'État pouvait aboutir, en particulier, à ce qu'un contribuable domicilié en France perde une partie des avantages liés à sa situation personnelle ou familiale du seul fait qu'une partie de ses revenus provenait d'un autre État membre de l'Union européenne ou de l'Espace économique européen (Droit fiscal 2014 n° 46, act. n° 581). Afin d'en tirer les conséquences et de « tenir compte du **droit de l'Union européenne** », l'administration avait publié, le 26 décembre 2014, une actualité doctrinale qui avait fait état d'un nouveau mode de calcul qui a encore été modifié par une actualisation du 3 juin 2016.

Selon le **mode de calcul** désormais retenu par l'administration, le crédit d'impôt est égal au produit de l'impôt sur les revenus de source française et étrangère par un ratio comportant au numérateur le revenu de source étrangère considéré et au dénominateur le revenu net imposable (n° 83820). La doctrine administrative ajoute que le **revenu net imposable** se calcule par imputation sur le revenu brut global des charges déductibles liées à la situation personnelle et familiale et des abattements spéciaux pour personnes âgées, invalides ou enfants à charge ayant fondé un foyer distinct (BOI-INT-DG-20-20-100 nº 45 ; dans la version du 26 décembre 2014, il était précisé que le revenu de source étrangère, au numérateur, devait être pris en compte « **sans déduction de charges** », ce qui était probablement maladroit car l'administration ne voulait sans doute viser que les seules charges du revenu global et non pas les charges catégorielles).

Corrélativement, les commentaires particuliers relatifs aux conventions fiscales franco-algérienne et franco-allemande, qui prévoyaient antérieurement des solutions différentes, ont été modifiés (BOI-INT-CVB-DZA-60 et BOI-INT-CVB-DEU-10-70).

Précisions La solution retenue par le Conseil d'État avait été contestée en appel à l'occasion d'une affaire mettant en cause un avocat domicilié en France et associé d'un cabinet américain ; la contestation avait été portée sur le terrain du droit de l'Union européenne au motif que la méthode appliquée aboutissait, en pratique, à une imposition plus lourde que celle que l'intéressé aurait supportée si ses revenus professionnels avaient été uniquement de source française. Il a été jugé que c'était à tort que l'administration avait, pour le calcul du crédit d'impôt dû au titre de ses revenus de source étrangère, diminué ces revenus d'une quote-part des charges déductibles du revenu global supportées au cours de ces années (en l'espèce, le versement d'une pension alimentaire) et imputé sur l'impôt le crédit d'impôt ainsi calculé après la réduction d'impôt dont il bénéficiait au titre d'un investissement outre-mer, en application de l'article 199 undecies B du CGI (CAA Paris 7 avril 2016 nº 12PA04303, 5e ch. : RJF 7/16 nº 646 ; arrêt définitif). Cette solution est conforme à la doctrine administrative issue des actualisations des 26 décembre 2014 (voir ci-avant) et 29 juillet 2015 (nº 83825).

Modalités de calcul

83820 L'impôt est déterminé en application de la **législation interne**, dans les conditions de droit commun. La cotisation calculée résulte donc de l'application du barème progressif à l'ensemble des revenus imposables, selon le droit français, après déduction, le cas échéant, des charges du revenu global, des abattements spécifiques et des déficits déductibles et après prise en compte de toute réduction d'impôt (BOI-INT-CVB-DZA-60 nº 80 en ce qui concerne le cas franco-algérien).

Le crédit d'impôt est ensuite déterminé selon la **formule** suivante (BOI-INT-DG-20-20-100 nº 45, dans sa version issue des modifications apportées le 3 juin 2016) : crédit d'impôt = impôt sur les revenus mondiaux × (revenu net catégoriel de source étrangère / revenu net imposable).

Antérieurement à la modification doctrinale du 26 décembre 2014 (nº 83805), l'administration avait indiqué que, la **déduction de 10 %** applicable aux salaires étant plafonnée, il convenait de calculer le plafonnement en prenant en compte les salaires mondiaux puis de les affecter proportionnellement aux salaires de source française et de source étrangère pour déterminer le montant net imposable de ces sommes notamment pour calculer, par la suite, le montant du crédit d'impôt égal à l'impôt français afférent aux salaires de source étrangère ; cette précision a été supprimée par la mise à jour précitée.

Précisions Sur la façon dont certains jugements avaient abordé la question du plafond de déduction de 10 % avant la modification doctrinale du 26 décembre 2014, voir TA Nice 24 octobre 2002 nº 00-682, 3e ch., Lions : RJF 4/03 nº 480 (jugement définitif) et TA Nice 14 mai 2002 nº 98-5611, 6e ch., Laurent : RJF 1/03 nº 84 (jugement définitif).

83825 **Incidences des réductions d'impôt** L'administration précise, depuis une actualité doctrinale du 29 juillet 2015 (BOI-IR-RICI nº 35 : BF 10/15 nº 732), que le crédit d'impôt égal au montant de l'impôt français correspondant aux revenus et gains de source étrangère **s'impute avant** les réductions d'impôt dont l'imputation est répartie sur plusieurs années ou qui font l'objet d'un report (cas où les versements ouvrant droit à l'avantage fiscal excèdent le plafond annuel prévu par la loi ou encore lorsque le montant de l'avantage fiscal excède celui de l'impôt dû au titre de l'année d'imposition). Elle rappelle, en outre, que ce crédit d'impôt ne peut pas donner lieu à restitution et ne peut pas être reporté.

Cette nouvelle règle, qui a modifié l'ordre d'imputation antérieur, a été présentée comme destinée à renforcer l'efficacité des mécanismes conventionnels de neutralisation de la double imposition. En réalité, elle cherche surtout à tenir compte du droit de l'Union européenne, de la même façon qu'à propos de la prise en compte des charges du revenu global (nº 83805).

Précisions En ce qui concerne **l'ordre d'imputation des crédits d'impôt**, la doctrine administrative relative à la convention fiscale franco-allemande indique qu'il convient d'imputer dans un premier temps les crédits d'impôt non restituables et d'imputer ensuite les crédits d'impôt restituables (BOI-INT-CVB-DEU-10-70 n° 100).

Formulaires déclaratifs

Le formulaire **n° 2042** C (déclaration annuelle de revenus) comporte une case dans la rubrique 8, ligne TK, intitulée « Revenus de source étrangère imposables en France, ouvrant droit à un crédit d'impôt égal au montant de l'impôt français ». **83830**

La déclaration **n° 2047**, relative aux revenus encaissés hors de France métropolitaine et des DOM (n° 83415), contient également un cadre 6 intitulé « Revenus imposables ouvrant droit à un crédit d'impôt égal au montant de l'impôt français ». Le détail des revenus doit être porté dans le formulaire n° 2047 et la récapitulation dans la déclaration n° 2042 C.

b. Modalités d'application pour les sociétés

Absence de portée utile

Le dispositif d'élimination des doubles impositions précédemment décrit n'est pas, en principe, limité aux seules personnes physiques ; les conventions fiscales visent en effet tant les personnes physiques que les personnes morales. **83850**

D'une façon générale, cependant, ce dispositif est sans portée utile à l'égard des sociétés passibles de l'impôt sur les sociétés compte tenu du **principe de territorialité** de l'impôt sur les sociétés qui conduit à exonérer les revenus attribuables à une entreprise exploitée hors de France ; dans ses commentaires de la convention franco-algérienne (BOI-INT-CVB-DZA-60 n° 170), l'administration souligne que si les revenus dont il s'agit sont exemptés de l'impôt sur les sociétés en application du droit interne français, la double imposition est éliminée par référence au droit interne et non d'après les dispositions prévues par la convention fiscale (au cas particulier, cette solution s'autorise non seulement des principes généraux mais aussi de la lettre de la convention ; à noter que les rédactions des conventions fiscales peuvent être légèrement différentes).

L'administration ajoute qu'en l'absence de progressivité de l'impôt, cette méthode d'élimination des doubles impositions **équivaut à une exemption** (BOI préc. n° 190). Elle confirme donc que les revenus concernés qui sont imposables en Algérie conformément à la convention ne sont pas à retenir pour la détermination du résultat fiscal français. La même solution a été reprise notamment dans le cadre franco-allemand (BOI-INT-CVB-DEU-10-70 n° 130) et dans le cadre franco-luxembourgeois (BOI-INT-CVB-LUX-30 n° 30) ; elle a, à notre avis, une portée générale, sous réserve de certaines exceptions (n° 83860).

Exceptions

Il faut réserver le cas des conventions fiscales rédigées sur le modèle de la convention franco-suisse compte tenu de l'avenant du 22 juillet 1997 ; ces conventions permettent à la France d'imposer les bénéfices des entreprises en accordant un crédit d'impôt égal à l'impôt étranger (et non à l'impôt français), à condition que les revenus de l'espèce ne soient pas exonérés en droit interne français. Cette rédaction permet notamment l'application de l'article 209 B du CGI (n° 73315). **83860**

CHAPITRE 29

Le règlement des difficultés d'application des conventions fiscales

Plan du chapitre §§

	SECTION 1 Les conditions du recours à la procédure amiable	84600
A	Champ d'application	84750
B	Événements susceptibles de permettre l'ouverture de la procédure	84960
C	Situations excluant le recours à la procédure amiable	85070
	SECTION 2 La mise en œuvre de la procédure amiable	85140
A	Le rôle du contribuable	85250
B	Le rôle de l'autorité compétente	85280
C	Mise en recouvrement des impositions	85400
	SECTION 3 Les résultats de la procédure amiable	85600
A	La conclusion de la procédure	85600
B	La question des ajustements corrélatifs	85720
	SECTION 4 L'arbitrage	85920
A	Dans le cadre des conventions fiscales	85925
B	Dans le cadre de l'Union européenne	86080
C	Fonctionnement de la convention européenne d'arbitrage	86140
D	Fonctionnement en France du mécanisme européen de règlement des différends fiscaux	86600

Nature des difficultés

84000 Les conventions fiscales posent assez souvent des problèmes d'application :
– soit lorsqu'on est en présence d'une stipulation peu claire ou lorsqu'on peut s'interroger sur la combinaison de plusieurs dispositions entre elles ;
– soit lorsqu'une situation particulière n'a pas été prévue ;
– soit lorsque, à la suite de mesures prises par les États, il subsiste des doubles impositions que la convention a précisément pour objet d'éviter ;
– soit, enfin, lorsqu'une mesure prise par un État n'est pas conforme à la convention.

Précisions La DGFiP a ouvert, en mars 2019, un **« guichet international »** afin d'aider les entreprises confrontées à l'application irrégulière des conventions fiscales et des principes fiscaux internationaux par certains États ou à des difficultés dans leurs relations avec les administrations fiscales étrangères. Ce service fonctionne au sein du bureau SJCF 4B (nº 85253).

Résolution par la procédure amiable

84005 Pour résoudre ces difficultés, les conventions fiscales prévoient une procédure particulière, baptisée « procédure amiable ». Il s'agit d'une voie de recours spécifique, **non juridictionnelle**, qui permet au contribuable concerné de saisir l'État de sa résidence pour lui demander d'examiner son cas en « dialoguant » avec l'autre État.

Cette procédure a un caractère **bilatéral**, puisqu'elle implique deux administrations. Elle est dite « amiable » car elle tend au règlement du litige **par entente entre les États**. Elle trouve son fondement dans certaines dispositions spécifiques des conventions fiscales, qui figurent généralement dans les articles terminaux et qui reprennent le plus souvent les dispositions correspondantes des modèles de conventions fiscales établis par l'OCDE et l'ONU (article 25). Toutefois, la rédaction de l'article concerné peut varier selon les conventions ; il convient donc de s'y reporter dans chaque situation particulière. En ce qui concerne les conventions fiscales « couvertes », la situation sera progressivement uniformisée par l'effet de **l'instrument multilatéral** (nos 1650 s.), étant donné que la partie V de cette convention (« Améliorer le règlement des différends ») contient un article 16 sur la procédure amiable, qui fait partie des normes minimales obligatoires.

Dans le cadre de l'Union européenne, une directive a en outre été adoptée en 2017 pour régler les différends relatifs à l'interprétation et à l'application des conventions fiscales (directive (UE) 2017/1852 du Conseil du 10 octobre 2017 ; n° 86085).

La procédure amiable a fait l'objet de commentaires administratifs aux BOI-INT-DG-20-30-10 (procédure amiable conventionnelle), BOI-INT-DG-20-30-20 (procédure amiable dans le cadre de la convention européenne d'arbitrage) et BOI-INT-DG-20-30-30 (procédure d'arbitrage dans le cadre de la convention européenne d'arbitrage). Selon le Cahier statistiques annuel 2021 de la DGFiP publié en juin 2022, il y a eu 220 cas d'ouverture de la procédure amiable en 2021, 179 clôtures et le stock à la fin de l'année 2021 était de 924 (le stock augmente, car il était de 794 en 2016).

Précisions **a.** Des **fiches par pays** fournissant des informations utiles sur les autorités compétentes des différents pays membres et sur les principales règles applicables dans ces pays sont régulièrement publiées sur le site de l'OCDE.

b. Le comité des affaires fiscales de l'OCDE publie régulièrement des **statistiques** concernant les affaires faisant l'objet de procédures amiables, selon un cadre de suivi destiné, depuis 2019, à introduire davantage de cohérence, dans le sillage de l'Action 14 du plan anti-Beps sur l'amélioration de l'efficacité des mécanismes de règlement des différends (le cadre statistique distingue les cas dits « d'attribution/affectation », globalement appelés « prix de transfert » et portant sur l'attribution de bénéfices à un établissement stable ou la détermination des bénéfices entre entreprises associées, et les « autres cas »). Les dernières données, concernant 118 États ou territoires, ont été publiées le 22 novembre 2021 ; il en ressort que le nombre de nouveaux cas augmente régulièrement (2 500 nouveaux dossiers en 2020 ; augmentation de 15 % en ce qui concerne les questions de prix de transfert) et que 95 % des affaires concernent 25 pays. Selon l'OCDE, en 2020, 75 % des accords conclus ont entièrement résolu les difficultés (prix de transfert et autres questions), 3 % des affaires seulement ayant été closes sans accord amiable. Le délai de traitement moyen des dossiers était de 35 mois en ce qui concerne les prix de transfert et de 18 mois pour le reste. Environ 15 % du stock à la fin de l'année 2020 était en attente depuis au moins 5 ans.

c. Sur l'interaction entre la procédure amiable et le mécanisme de règlement des différends prévu par l'Accord général sur le commerce des services (**AGCS**), voir Commentaires OCDE, C (25) nos 88 s.

d. L'OCDE a publié, le 15 décembre 2017, un **rapport sur la procédure amiable en France** (Making Dispute Resolution More Effective - MAP Peer Review Report, France, Stage 1, Inclusive Framework on Beps : Action 14).

Résolution par voie d'arbitrage

Après avoir longtemps hésité, le comité des affaires fiscales de l'OCDE a fini par estimer que les **difficultés non résolues** par la voie de la procédure amiable devraient être soumises à un arbitrage ; à cette fin, un nouveau paragraphe 5 a été introduit à l'article 25 du modèle de convention fiscale, lors de la révision de juillet 2008. L'instrument multilatéral a repris la même idée en prévoyant un mécanisme d'arbitrage (partie VI de cette convention), que les États signataires peuvent cependant retenir ou non (nos 1650 s.). **84010**

Une telle procédure était déjà en place dans le cadre de l'Union européenne, mais en ce qui concerne seulement la question des **prix de transfert** (nos 86080 s.). Depuis lors, une directive a été adoptée afin de contraindre les autorités compétentes à éliminer la double imposition résultant d'interprétations ou d'applications divergentes des conventions fiscales en recourant à une commission consultative ou à une commission de règlement alternatif des différends (directive (UE) 2017/1852 du Conseil du 10 octobre 2017 ; n° 86085).

Le principe de ces procédures d'arbitrage (ou assimilées) est d'ouvrir aux contribuables un véritable droit à l'élimination des doubles impositions, alors que la procédure amiable conventionnelle n'exige des États qu'une obligation de moyens.

Précisions **a.** Les conditions d'application de la convention européenne d'arbitrage ont fait l'objet d'un **code de conduite** adopté par le Conseil de l'Union européenne le 7 décembre 2004, dont les principes directeurs ont normalement vocation à s'appliquer également aux procédures amiables conventionnelles. Ce code de conduite, qui a été complété en décembre 2009 (n° 86082, Précision c), est généralement suivi par la pratique administrative française.

b. Des **statistiques** concernant les procédures amiables et d'arbitrage européennes sont régulièrement publiées sur le site de la Commission européenne (Taxud/D2 EU joint transfer pricing forum).

SECTION 1

Les conditions du recours à la procédure amiable

84600 Les développements qui suivent concernent la procédure amiable conventionnelle. Ils sont cependant généralement transposables à la première phase de la procédure européenne d'arbitrage, sous réserve de certaines exceptions, essentiellement formelles.

A. Champ d'application

Territorialité

84750 Le champ d'application territorial de la procédure amiable est régi par les dispositions pertinentes de la convention fiscale, sans difficulté particulière (nº 10200). Les questions sont plus compliquées quant aux personnes concernées et aux situations visées.

1. Personnes concernées

Critère de résidence

84825 La procédure amiable peut être ouverte par toute personne physique ou morale résidente de l'un ou l'autre État partie à la convention fiscale (voir cependant ci-dessous, Précisions c). Cette personne peut se faire représenter par un mandataire dûment habilité.

La procédure amiable n'est, en principe, ouverte qu'aux résidents de l'un ou l'autre État, quelle que soit leur **nationalité**. De nombreuses conventions fiscales prévoient toutefois que, pour l'application des dispositions relatives à la non-discrimination, la procédure est ouverte aux nationaux des deux États, quelle que soit leur **résidence** fiscale.

La résidence des personnes s'apprécie par rapport aux principes habituels (nos 41400 s. en ce qui concerne les personnes morales, et nos 40600 s. en ce qui concerne les personnes physiques). En cas de transfert de résidence dans un autre État, le contribuable doit, en principe, s'adresser à l'État dont il était résident au cours de l'année au titre de laquelle l'imposition en cause a été établie, ou doit être établie. En cas de **conflit de résidence**, le contribuable doit en principe s'adresser à l'État dont il s'estime résident.

Précisions **a.** Comme le remarquait le commissaire du Gouvernement Olivier Fouquet, « le **changement ultérieur de résidence** est sans influence sur la détermination des autorités compétentes. La solution inverse qui ferait prévaloir le critère de l'État de résidence à la date de la demande aboutirait à un résultat absurde dans le cas où l'intéressé a ultérieurement transféré sa résidence dans un pays tiers » (conclusions à la RJF 8-9/86 p. 472 sous CE 2 juin 1986 nº 44571, 7e et 9e s.-s. : RJF 8-9/86 nº 818).

b. Certaines conventions fiscales, atypiques, donnent en toute hypothèse au contribuable la faculté de s'adresser à l'un ou à l'autre des États. De son côté, la **convention franco-américaine** du 31 août 1994 modifiée prévoit la saisine de l'État de la résidence ou de celui de la nationalité du contribuable (article 26 § 1).

c. Dans sa version issue de la révision de 2017, le modèle de convention fiscale de l'OCDE est rédigé de façon large et ne fait plus référence à la nécessité pour le contribuable de saisir **l'État dont il est résident** (ou dont il a la nationalité en cas d'application du principe de non-discrimination) ; selon l'OCDE, « l'option proposée au contribuable de s'adresser à l'autorité compétente de l'un ou l'autre État contractant vise à renforcer le principe général selon lequel l'accès à la procédure amiable doit être aussi large que possible et à apporter de la souplesse » (Commentaires OCDE C (25) nº 17). Voir également nº 85250.

Établissements stables

84830 Dans la mesure où la convention fiscale peut prévoir que les États contractants peuvent se concerter en vue d'éliminer la double imposition dans les cas non prévus par la convention, un établissement stable en France d'une société résidente de l'autre État, peut demander l'ouverture d'une procédure amiable, s'il existe une double imposition effective entre cette société et son établissement français (BOI-INT-DG-20-30-10 nº 70).

Sociétés de personnes

Pour la France, une **personne morale** considérée comme telle aux fins d'imposition peut demander l'ouverture de la procédure amiable même si l'imposition effective est établie au niveau de ses membres ou associés (BOI-INT-DG-20-30-10 nº 50 ; tel est le cas des sociétés de personnes françaises). 84833

Les **membres ou associés** de ces personnes ou groupements peuvent également ouvrir la procédure, dans la mesure où ils sont concernés au titre de leur participation dans la société ou le groupement. Certains États, qui ne reconnaissent pas aux sociétés de personnes la qualité de « résident », peuvent systématiquement exiger une demande émanant directement des associés.

Groupes intégrés

La procédure amiable peut être ouverte par l'entreprise concernée, membre du groupe, ou par la société tête de groupe, pour le compte de sa filiale (BOI-INT-DG-20-30-10 nº 60). 84835

Double imposition économique

En présence d'une double imposition économique (nº 7680), notamment en ce qui concerne les **prix de transfert**, c'est en principe, au moins dans la pratique traditionnelle française, la société qui réclame l'ajustement corrélatif (nº 85723) qui doit demander l'ouverture de la procédure ; si, par exemple, une société française est redressée en France pour avoir transféré des bénéfices vers une société associée allemande, c'est normalement à cette dernière de demander l'ajustement corrélatif en Allemagne et d'ouvrir la procédure amiable. L'administration ne paraît recommander de saisir l'autorité compétente qui a opéré le redressement que dans le cadre de la procédure européenne, qui est considérée comme prévoyant des modalités de saisine des autorités compétentes « plus larges » que dans le cadre des conventions fiscales (nº 86290). Cela étant, la doctrine administrative n'est pas très claire, et, en pratique, il convient de saisir simultanément les deux États dans ce genre de circonstances (nº 85250). 84840

Précisions Bien entendu, la procédure amiable trouve également à s'appliquer lorsque l'une des entreprises concernées a subi des **pertes** (BOI-INT-DG-20-30-10 nº 70).

2. Situations visées

La procédure amiable ne peut être engagée que s'il y a imposition, ou risque d'imposition, non conforme à la convention. 84850

Impôts visés

Seuls peuvent être concernés les impôts visés par la convention fiscale (impôt sur le revenu, impôt sur les sociétés, contributions sur l'impôt sur les sociétés, CSG, CRDS, droits de mutation de succession ou de donation, selon les cas ; impôt sur la fortune immobilière s'il est considéré comme couvert par la convention). En présence d'une clause de non-discrimination, la procédure amiable peut être étendue aux **impôts de toute nature** ou dénomination. Les intérêts de retard, les pénalités et les majorations ne sont pas susceptibles de donner lieu à l'ouverture d'une procédure amiable (BOI-INT-DG-20-30-10 nº 90 ; voir cependant nº 85655). 84855

En pratique, il convient de se reporter à l'article de la convention fiscale énumérant les impôts visés (article 2 du modèle de convention fiscale de l'OCDE).

Précisions Pour un exemple de refus d'ouverture de la procédure amiable en matière de **TVA**, voir TA Paris 3 juillet 2002 nº 00-17112, 1e sect., 2e ch., Cleret : RJF 8-9/03 nº 1022 (jugement définitif) ; voir aussi nº 85403.

Typologie des litiges

La plupart des conventions fiscales ne donnent pas d'indications sur les types de litiges pouvant faire l'objet d'une procédure amiable. La vocation de cette procédure est, en effet, très large. 84860

En pratique, les sujets les plus souvent discutés concernent l'appréciation de la **résidence** d'un contribuable, la **qualification** d'un revenu, **l'interprétation** des termes ou principes conventionnels, la détermination des résultats d'un établissement stable et les problèmes d'allocations des produits et des charges, ainsi que les relations entre les entreprises associées, notamment au regard des **prix de transfert**.

En pratique, il peut donc s'agir d'un cas de double imposition juridique ou économique, d'une imposition non conforme à la convention ou d'une difficulté ou d'un doute de toute nature.

a. Double imposition, juridique ou économique

84880 La double imposition **juridique** est celle qui est subie par un même contribuable imposé dans deux États à raison d'un même revenu (par exemple en cas de double domicile, ou de qualifications différentes données à un même revenu et aboutissant à une imposition dans les deux États). En revanche, la double imposition est dite **économique** lorsqu'un contribuable est imposé dans un État et que cette imposition fait double emploi avec une imposition d'un contribuable lié au premier dans l'autre État, par exemple en cas de **transfert de bénéfices** entre deux sociétés d'un même groupe (sur la notion de double imposition, voir n°s 7565 s.).

Précisions **a.** Pour un exemple de procédure amiable entre la France et la Belgique à propos de **travailleurs frontaliers** exerçant leur activité sur des chantiers, voir l'ancienne réponse Jacquat : JOAN 11 novembre 1996 p. 5898 et Droit fiscal 1997 n° 6, comm. 131 ; sur les frontaliers franco-belges, voir aussi l'ancienne réponse Foy : JO Sénat 29 août 1996 p. 2216 et BF 10/96, n° 1091.

b. Sur la situation d'un **résident luxembourgeois** également considéré comme résident de France, voir la réponse Pasty, JOCE C 289/1 du 11 octobre 1999, qui souligne que le contribuable n'a pas le droit d'exiger l'ouverture de la procédure amiable ni le règlement effectif de sa situation.

c. Il incombe au contribuable qui demande l'ouverture de la procédure de **prouver l'existence d'une double imposition** ; en ce sens, CE 12 mars 2010 n° 307235, 8e et 3e s.-s., Sté Imagin'action Luxembourg (n° 17355) ainsi que TA Paris 3 juillet 2002 n° 00-17112, 1re sect., 2e ch., Cleret : RJF 8-9/03 n° 1022 (jugement définitif).

b. Imposition non conforme à la convention

84900 La procédure peut être ouverte en cas de détermination incorrecte des bénéfices d'un établissement stable (par exemple, face à un refus de déduction des frais de siège) ou encore de taxation indue dans l'État de la source de prestations de services qualifiées à tort de redevances, d'application d'un taux de retenue à la source supérieur à la limite prescrite par la convention, etc.

Quelques conventions fiscales comportent des stipulations plus précises. Par exemple, la convention **franco-canadienne** du 2 mai 1975 modifiée prévoit, dans son article 25, que les autorités compétentes peuvent se consulter en vue de parvenir à un accord :
– « pour que les bénéfices revenant à un résident d'un État contractant et à son établissement stable situé dans l'autre État contractant soient imputés d'une manière identique ;
– pour que les revenus revenant à un résident d'un État contractant et à toute personne associée… soient attribués d'une manière identique. »

La convention **franco-américaine** du 31 août 1994 modifiée reprend également ces principes, en ajoutant notamment que les autorités compétentes peuvent s'entendre pour déterminer de manière identique la source d'éléments de revenus (article 26).

Mais ces précisions ne figurent éventuellement dans les conventions fiscales qu'à titre illustratif. Autrement dit, on ne peut déduire de l'absence de précisions de ce type dans une convention fiscale que ces cas ne sont pas couverts. Le champ d'application de l'article est, en effet, absolument général.

c. Difficulté ou doute de toute nature

84920 D'une manière générale, les conventions fiscales prévoient que « les autorités compétentes des États contractants s'efforcent, par voie d'accord amiable, de **résoudre les difficultés** ou de **dissiper les doutes** auxquels peuvent donner lieu l'interprétation ou l'application de la Convention. Elles peuvent aussi se concerter pour éliminer la double imposition dans les cas non prévus par la Convention » (article 25 § 3 du modèle de convention fiscale de l'OCDE ; voir n° 77065 à propos des accords préalables de prix).

Il peut s'agir de difficultés générales concernant certains contribuables ou de difficultés pratiques liées à la mise en place des mécanismes conventionnels (application de taux réduits ou nuls de retenue à la source, etc.).

Exemples

Ce mécanisme est appelé à jouer, en pratique : 84925
- lorsqu'un **terme n'est pas défini** par la convention, ou qu'il l'est de manière incomplète (voir par exemple la question de la définition des dividendes, nos 60680 s.) ;
- lorsque certains revenus se prêtent mal aux **classifications conventionnelles** (par exemple, les allocations chômage sont-elles des salaires, des pensions ou des revenus non dénommés ?) ;
- ou lorsqu'une **situation n'a pas été prévue** par les conventions fiscales (cas, par exemple, des situations triangulaires, essentiellement en matière de redevances ou d'intérêts).

En présence de difficultés de cette nature, les contribuables peuvent demander aux autorités compétentes de rechercher une entente à l'amiable. Toutefois, cette entente peut également être déclenchée par les administrations directement sans qu'il soit besoin de mettre en avant un cas précis concernant un contribuable déterminé.

Par la latitude qu'elle donne aux autorités compétentes, cette procédure permet une certaine **souplesse**, car l'interprétation de la convention devrait normalement relever de la compétence des ministères des affaires étrangères, s'agissant de traités internationaux.

B. Événements susceptibles de permettre l'ouverture de la procédure

La procédure amiable peut être ouverte à la demande d'un contribuable lorsque celui-ci estime que les mesures prises par un État, ou par les deux États, entraînent, ou entraîneront, pour lui une imposition non conforme à la convention (article 25 § 1 du modèle de convention fiscale de l'OCDE). 84960

1. Notion de « mesure prise par un État »

Principes

L'ouverture de la procédure amiable est subordonnée à l'**intervention préalable d'une mesure** administrative qui peut entraîner soit une **imposition immédiate**, soit une **imposition future** à condition qu'elle soit suffisamment précise dans son principe (en ce qui concerne le contribuable et les impôts concernés, les années en cause et les motivations de l'imposition), pour permettre aux autorités compétentes d'apprécier le risque d'imposition non conforme à la convention fiscale. Selon les commentaires de l'OCDE (C (25) n° 14), le contribuable n'a pas besoin d'attendre que l'imposition ait été établie ou lui ait été notifiée, par différence avec les procédures contentieuses. 85020

Précisions Dans leur version issue de la révision de juillet 2008, les commentaires du comité des affaires fiscales de l'OCDE indiquent notamment que la question de savoir si les mesures prises par un État ou les deux États entraîneront une imposition non conforme à la convention « doit être résolue du point de vue du contribuable. Si l'estimation que fait le contribuable de l'existence d'une telle imposition doit être raisonnable et s'appuyer sur des faits prouvables, les autorités fiscales **ne devraient pas refuser une demande** simplement parce qu'elles estiment qu'il n'a pas été prouvé (par exemple, en application des normes juridiques nationales exigeant une « prépondérance de la preuve »), qu'une telle imposition aura lieu » (Commentaires OCDE, C (25) n° 14).

Définition

La notion de mesure prise par un État s'entend, selon le comité des affaires fiscales de l'OCDE, de « tous actes ou décisions, de nature législative ou réglementaire, et de portée générale ou individuelle, ayant pour conséquence directe et nécessaire l'établissement contrairement aux dispositions de la Convention d'une imposition à la charge du requérant » (Commentaires OCDE, C (25) n° 14). 85025

L'administration précise, au BOI-INT-DG-20-30-10 n° 110, que, s'agissant de la **France**, la mesure administrative concernée s'entend de :
- la **proposition de rectification** en cas de procédure de redressement contradictoire ;
- la notification des bases ou éléments d'imposition en cas de procédure d'office ;
- le prélèvement d'une retenue à la source.

Il est recommandé aux entreprises de saisir l'autorité compétente dès la survenance de ces événements et de ne pas attendre la mise en recouvrement des impositions concernées.

En ce qui concerne les États étrangers, la **liste indicative établie dans le cadre du code de conduite** relatif à la procédure européenne d'arbitrage (n° 84010, Précisions) est également applicable à la procédure amiable conventionnelle.

L'**acceptation expresse ou tacite** d'un redressement par un contribuable, même à la suite d'une transaction, ne le prive pas du droit de demander l'ouverture de la procédure amiable, qu'il s'agisse d'une mesure prise en France ou dans un autre État (BOI préc. n° 130).

2. Indépendance des procédures

Possibilité de recours parallèles

85040 Les conventions fiscales reprennent presque toujours la formulation du modèle de convention fiscale de l'OCDE, selon laquelle la demande d'ouverture de la procédure amiable est indépendante des recours prévus par le **droit interne des États** (article 25 § 1).

Un contribuable a normalement le droit de soumettre son cas à l'autorité compétente de l'État dont il est résident, qu'il ait ou non formulé par ailleurs une demande ou un recours contentieux selon le droit interne de cet État.

Les deux procédures étant indépendantes, la demande est recevable même si un recours contentieux a été formé. L'État concerné ne doit pas attendre qu'une décision de justice soit intervenue pour entamer la procédure.

Un contribuable peut donc exercer en même temps des **recours administratifs et juridictionnels** de droit interne et solliciter l'ouverture de la procédure amiable. Cette solution est à recommander en toute hypothèse, dans la mesure où seul l'exercice des recours administratifs et juridictionnels peut permettre au contribuable d'éviter la forclusion de ses droits, sachant que la procédure amiable n'oblige pas les autorités compétentes à aboutir à un résultat satisfaisant.

Précisions Bien entendu, la procédure amiable est indépendante des procédures internes de **contrôle fiscal** ; lorsqu'une procédure amiable est ouverte, ces procédures suivent leur cours normal.

Désistement en cas de succès de la procédure

85045 Si la procédure amiable permet de trouver une solution éliminant la double imposition avant qu'une juridiction se soit prononcée sur le recours, l'exécution de l'accord est subordonnée au désistement de toute instance contentieuse interne, de façon à éviter tout conflit.

Si une juridiction se prononce sur un recours après qu'une solution amiable a été trouvée entre les États, l'exécution de l'accord amiable n'est possible que si le contribuable **renonce au bénéfice** de la chose jugée.

Lorsque l'affaire a donné lieu à une **décision juridictionnelle** définitive, l'ouverture de la procédure amiable reste possible. Dans ce cas, la doctrine administrative confirme que la procédure amiable ne saurait évidemment avoir pour résultat d'aggraver la situation du contribuable par rapport à la décision intervenue (BOI-INT-DG-20-30-10 n° 690).

C. Situations excluant le recours à la procédure amiable

85070 Plusieurs situations sont envisagées par la doctrine administrative (BOI-INT-DG-20-30-10 n°s 140 s.).

L'administration peut rejeter la demande d'un contribuable qui n'apporte **pas** la **preuve** de la **double imposition** (n° 84880), afin « d'éviter de créer des cas de double exonération » (BOI préc. n° 140).

Elle estime en outre que, l'objectif d'une convention fiscale étant d'éviter les situations de double imposition mais aussi de prévenir l'évasion et la fraude fiscales, elle n'est pas tenue de donner suite aux demandes d'ouverture de procédures amiables lorsque les mesures générant la double imposition ont été assorties de **« pénalités graves »** devenues définitives (BOI préc. n° 150 ; voir n° 86280). L'approche du comité des affaires fiscales de l'OCDE, telle qu'elle ressort de la version de juillet 2008 des commentaires du modèle de convention fiscale, est plus nuancée ; il est, en effet, indiqué qu'en « l'absence d'une disposition spécifique, toutefois, aucune règle générale ne rend la procédure amiable non applicable à des situations perçues comme étant abusives. Le simple fait qu'une charge fiscale soit appliquée en vertu d'une clause de droit national visant à contrecarrer l'évasion fiscale ne pourra justifier le rejet de la demande de procédure amiable. Cependant, lorsque sont en cause des infractions graves pouvant entraîner de lourdes peines, certains États pourront souhaiter refuser tout recours à la procédure amiable. Les circonstances dans lesquelles un État refusera le recours à la procédure amiable devraient être précisées dans la Convention » (Commentaires OCDE, C (25) n° 26). Conformément à sa pratique, la France a signalé qu'elle n'adhérait pas à l'interprétation selon laquelle les circonstances conduisant les États à refuser le recours à la procédure amiable, notamment s'agissant des cas de double imposition assortis de pénalités graves devenues définitives, doivent nécessairement figurer dans la convention (Commentaires OCDE C (25) n° 95.3).

Enfin, l'administration considère qu'elle n'est pas tenue de donner suite à une demande s'il y a eu de la part du contribuable une « volonté manifeste » de s'affranchir des principes posés par la convention fiscale ; est ici visée la situation d'un contribuable qui aura **procédé lui-même à une correction** de ses revenus ou bénéfices déclarés dans un État au prétexte que l'autre État aura procédé à un rehaussement touchant les mêmes revenus ou bénéfices (BOI préc. n° 150).

Précisions **a.** La doctrine administrative prend l'exemple d'une société A qui fait l'objet, dans un autre État, d'un redressement sur ses bénéfices au titre des prix de transfert pratiqués avec une société associée B située en France. Afin d'éliminer la double imposition économique, la société A **facture le montant du redressement** à la société B, qui l'ajoute à ses charges. À la suite d'une vérification de comptabilité, les services fiscaux français rejettent cette facturation en effectuant un redressement d'égal montant en raison de l'absence de justification de la charge. Dans ce cas, l'administration estime qu'elle n'est pas tenue d'ouvrir la procédure amiable (BOI-INT-DG-20-30-10 n° 150) ; cela étant, à notre avis, cette remarque n'interdit pas nécessairement ce genre de pratiques, dans la mesure où la facture rectificative peut éventuellement être admise, si le prix initial n'était effectivement pas justifié.

b. Dans l'affaire Imagin'action (n° 17355), les autorités fiscales luxembourgeoises avaient apparemment refusé d'ouvrir la procédure amiable en considérant que la situation était **abusive** (en ce sens, conclusions du rapporteur public). L'administration considère d'ailleurs que cette décision du Conseil d'État a validé sa position de principe (BOI préc. n° 150).

SECTION 2

La mise en œuvre de la procédure amiable

La procédure amiable est mise à la disposition des contribuables pour qu'une solution puisse être trouvée, en cas de difficultés ou de doubles impositions, par entente entre les États. Elle met donc en jeu à la fois les contribuables et les autorités compétentes des États. **85140**

Sur la procédure européenne, voir nos 86250 s.

A. Le rôle du contribuable

Ouverture de la procédure

C'est le contribuable ou son mandataire qui initie la procédure en s'adressant à l'**État dont il est résident**. Il doit saisir « l'autorité compétente » de cet État, au sens de la **85250** convention fiscale. S'il souhaite la mise en jeu des clauses de non-discrimination, il doit, en principe, s'adresser à l'État de sa **nationalité**.

Néanmoins, certaines conventions fiscales ne renvoient pas à l'État de la résidence, auquel cas le contribuable peut saisir l'une ou l'autre des autorités compétentes. En cas de conflit de résidence, le contribuable doit normalement saisir l'État dont il s'estime résident.

À mesure que les conventions fiscales seront modifiées par l'effet de l'instrument multilatéral (nos 1650 s.), la norme sera cependant de permettre au contribuable de saisir **l'une ou l'autre des autorités compétentes**. En effet, l'article 16 de l'instrument multilatéral, de même que l'article 25 § 1 du modèle de convention fiscale de l'OCDE depuis la révision de 2017, pose en principe que le contribuable peut soumettre son cas à l'autorité compétente de l'un ou l'autre État. Les commentaires de l'OCDE ajoutent que « la personne qui soumet son cas aux autorités compétentes des deux États contractants doit en aviser ces deux autorités afin de permettre un traitement coordonné du cas » (Commentaires OCDE C (25) n° 17).

85253 La procédure amiable est formellement ouverte par une **demande du contribuable** adressée à l'autorité compétente concernée (les conventions fiscales donnent toujours une définition des autorités compétentes).

En France, **l'autorité compétente** est le ministre chargé du budget ou son représentant autorisé, à savoir, en pratique, le bureau de prévention et résolution des différends internationaux (SJCF-4B) de la Direction générale des finances publiques, dont l'adresse est la suivante : Service de la sécurité juridique et du contrôle fiscal, Bureau SJCF 4B - Prévention et résolution des différends internationaux, Bâtiment Sully, Télédoc 849, 64-70 Allée de Bercy 75574 Paris Cedex 12 (courriel : bureau.sjcf4b@dgfip.finances.gouv.fr).

Le contribuable doit simultanément adresser une copie de cette demande soit au **service en charge des opérations de vérification**, en cas de double imposition générée par un rehaussement effectué par l'administration fiscale française, soit au service gestionnaire de son dossier fiscal, dans les autres cas. Il doit demander expressément, dans sa lettre de saisine, l'ouverture de la procédure amiable sur le fondement de la convention fiscale (BOI-INT-DG-20-30-10 n° 180). L'autorité compétente française doit lui adresser une lettre accusant réception de sa demande (n° 85340).

Absence de formalisme

85255 La demande du contribuable n'est soumise à aucun formalisme ; dans la généralité des cas, pour être recevable, elle doit comporter les **éléments suivants** :
– identification (notamment, nom, prénom, raison sociale et adresse) du contribuable et des autres parties aux transactions concernées ;
– informations détaillées concernant les faits et circonstances à prendre en compte générant ou pouvant générer une double imposition ;
– identification des impôts et des années d'imposition ou exercices fiscaux concernés ;
– copie des avis d'imposition et des notifications de redressements ou propositions de rectification, ou documents équivalents, conduisant à la double imposition alléguée ;
– informations détaillées concernant les recours administratifs ou contentieux engagés par le contribuable et toute décision juridictionnelle concernant le cas ;
– déclaration par laquelle le contribuable s'engage à répondre de manière aussi complète et rapide que possible à toutes les demandes raisonnables et appropriées (l'administration ne détaille pas ce point) formulées par l'autorité compétente.

Pour être recevable, le dossier de saisine doit, le cas échéant, être **complété** par toute information spécifique réclamée par l'administration dans un délai de **deux mois** suivant la réception de la demande du contribuable.

Délais de saisine

85260 Les conventions fiscales prévoient parfois des délais de saisine des autorités compétentes, afin d'éviter les réclamations tardives. Celles qui reprennent les dispositions du modèle de convention fiscale de l'OCDE fixent un délai égal à **trois ans** à compter de la première notification de la mesure qui entraîne une imposition non conforme à la convention.

Selon les commentaires du comité des affaires fiscales de l'OCDE (C (25) n° 20), ce délai doit être considéré comme un minimum. On remarque cependant que certaines conventions fiscales prévoient un délai beaucoup plus court. Par exemple, les délais de saisine sont fixés à deux ans dans la convention franco-canadienne du 2 mai 1975 modifiée et à six mois dans la convention franco-belge du 10 mars 1964. La convention franco-britannique du 19 juin 2008 présente une particularité car la demande doit être présentée dans les trois ans qui suivent la première notification de la mesure qui entraîne une imposition non conforme aux stipulations de la convention ou dans les six ans qui suivent la fin de l'année fiscale ou de la période d'imposition au titre desquelles cette imposition est établie ou proposée, selon le délai le plus favorable au contribuable (BOI-INT-CVB-GBR-10-30 n° 170).

Certaines conventions fiscales, assez rares, ne prévoient pas de délai de saisine. Cette situation est normalement celle où les États considèrent que leur droit interne s'applique de plein droit et qu'il est plus favorable, soit qu'il prévoie des délais plus étendus, soit qu'il ne fixe aucun délai pour le dépôt des réclamations.

Le **point de départ du délai** est fixé à la date de la première notification de la mesure qui entraîne une imposition non conforme à la convention. En principe, la date retenue devrait être celle qui est la plus favorable au contribuable (Commentaires OCDE, C (25) n° 21). En France, cette date est celle de la réception de l'un des documents mentionnés n° 85025 ou la date de prélèvement d'une retenue à la source. **85263**

Le **point d'arrivée du délai** est la date de réception de la demande d'ouverture de la procédure amiable, accompagnée de l'ensemble des pièces nécessaires, reconnue recevable.

Tant en ce qui concerne la procédure amiable conventionnelle que dans le cadre européen, lorsque la demande est présentée auprès de l'autorité compétente française, la procédure amiable est **considérée comme ouverte** à la date à laquelle celle-ci **accuse réception** au contribuable de sa demande (BOI-INT-DG-20-30-10 n° 240 ; voir n° 85340). Il a cependant été jugé que la date d'ouverture était celle de l'accusé de réception de la demande du contribuable et non pas de celle de la réponse formelle de l'administration accusant réception de la demande (TA Montreuil 6 décembre 2018 n° 1706907, Sté Thyssenkrupp France : RJF 4/19 n° 388, jugement définitif ; voir également n° 85403, Précisions e).

Lorsque la demande d'ouverture de la procédure amiable est présentée auprès d'une autorité compétente étrangère, la procédure amiable est considérée comme ouverte lorsque l'autorité compétente française a reçu la demande de l'autorité compétente étrangère et l'a acceptée (BOI préc. n° 250).

Années concernées

L'administration indique que, en règle générale, une demande concernant une imposition relative à une année antérieure de plus de **six ans** à la date de la saisine n'est pas prise en considération (BOI-INT-DG-20-30-10 n° 220). **85265**

B. Le rôle de l'autorité compétente

Les deux phases de la procédure

D'une manière générale, on distingue deux phases dans le déroulement de la procédure amiable : une phase **interne** et une phase **internationale**. Le texte des conventions fiscales est, en effet, normalement le suivant : « l'autorité compétente s'efforce, si la réclamation lui paraît fondée et si elle n'est pas elle-même en mesure d'y apporter une solution satisfaisante, de résoudre le cas par voie d'accord amiable avec l'autorité compétente de l'autre État contractant, en vue d'éviter une imposition non conforme à la Convention » (article 25 § 2 du modèle de convention fiscale de l'OCDE). **85280**

Accords particuliers

La procédure entre les autorités compétentes se déroule dans les mêmes conditions, qu'elle soit ouverte dans le cadre d'une convention fiscale ou dans le cadre européen (n°s 86080 s.). Dans certains cas, toutefois, la France a conclu avec ses partenaires conventionnels des **« codes de conduite » bilatéraux** destinés à faciliter le règlement des litiges **85285** et qui peuvent éventuellement prévoir des conditions de traitement plus favorables que d'ordinaire. Un exemple en est donné par le code de conduite franco-néerlandais (BOI-INT-CVB-NLD nos 420 s. ; BF 10/06 no 1146).

1. Phase interne

Accusé de réception

85340 Dans l'état de la doctrine administrative précédant la publication de la base BOFiP (ancien BOI 14 F-1-06 du 23 février 2006 ; BF 5/06 no 587), l'administration précisait que dès lors que la demande d'ouverture de la procédure amiable est considérée comme recevable, une lettre accusant réception de la demande doit être adressée au contribuable dans le mois qui suit la réception de la demande, si elle a été formulée auprès de l'autorité compétente française (si cette dernière n'est pas compétente, la demande doit être transmise à l'autorité étrangère compétente pour la recevoir sans autre démarche du contribuable).

Actuellement, la doctrine administrative ne prévoit **pas de délai** de réponse et se contente d'indiquer que l'administration accuse réception de la demande du contribuable « en retour » (no 85253). L'absence de délai est susceptible de soulever une difficulté car la date de l'accusé de réception est considérée par l'administration comme celle qui fixe le point d'arrivée du délai de saisine (no 85263). Il y a, en la matière, une incertitude de procédure éventuellement gênante étant donné ses conséquences potentielles sur les droits des contribuables.

Si, postérieurement à l'accusé de réception et pour une raison quelconque, la procédure amiable n'est finalement pas ouverte avec l'autorité compétente étrangère, l'autorité compétente française doit en informer le contribuable (BOI-INT-DG-20-30-10 no 240 ; cette précision renforce la confusion sur la notion même « d'ouverture de la procédure amiable » et sur sa datation).

Demande d'informations complémentaires

85342 Lorsque l'autorité compétente française (no 85253) estime que le contribuable n'a pas transmis les informations minimales nécessaires au lancement de la procédure amiable (no 85255), elle doit l'inviter, dans un délai de **deux mois** suivant la réception de sa demande, à lui fournir les informations complémentaires spécifiques dont elle a besoin (BOI-INT-DG-20-30-10 no 400).

À titre pratique, l'autorité compétente peut demander son avis au **service territorialement compétent**, gestionnaire du dossier du contribuable.

Possibilité de solution unilatérale

85344 Lorsque l'autorité compétente française (no 85253) estime que les revenus ou les bénéfices du contribuable ne sont pas inclus, ou ne sont pas susceptibles d'être inclus, dans les revenus ou les bénéfices du contribuable ou d'une entreprise associée dans l'autre État, elle doit informer le contribuable de ses **doutes** et l'inviter à présenter des observations complémentaires.

Si la demande lui paraît fondée et si elle doit se traduire par un ajustement corrélatif ou une réduction des bases imposables en France, l'autorité compétente française peut prendre à ce stade une décision unilatérale d'admission. La procédure est alors close (par exemple, si l'administration reconnaît qu'une erreur a été commise à propos du domicile fiscal d'un contribuable ou de la qualification à donner à un revenu).

Absence d'obligation de mise en œuvre de la procédure

85345 Si la demande est totalement ou partiellement **irrecevable**, le contribuable doit en être informé dans les meilleurs délais. Les conventions fiscales n'obligent pas, en effet, l'administration à mettre en œuvre la procédure amiable ; l'expression utilisée (l'autorité compétente « s'efforce, si la réclamation lui paraît fondée… ») indique qu'il n'y a pas de droit à la mise en œuvre de la procédure.

Le « droit » du contribuable ne réside que dans la faculté de demander que son cas soit examiné. Cette position est celle du comité des affaires fiscales de l'OCDE (qui estime, tout de même, que les demandes ne doivent pas être rejetées « sans motif valable » ;

Commentaires OCDE, C (25) n° 34) et du Conseil d'État, qui a considéré que les dispositions relatives à cette procédure « n'ont pas pour effet de permettre au contribuable, dans le cas où **l'administration**, saisie d'une demande de révision, **n'y donne pas les suites prévues** par la convention, d'obtenir du juge de l'impôt la décharge de l'imposition » (CE 2 juin 1986 n° 44571, 7e et 9e s.-s. : RJF 8-9/86 n° 818). Dans cette affaire, l'administration n'avait pas répondu à la demande d'ouverture ni engagé la procédure amiable ; mais le commissaire du Gouvernement Olivier Fouquet avait souligné que « ce refus... fait perdre au contribuable une chance de solution. Il ne le prive pas d'une solution à laquelle les États auraient eu l'obligation de parvenir » (conclusions à la RJF 8-9/86 p. 472).

Dans le même sens, voir CE 12 mars 2010 n° 307235, 8e et 3e s.-s., Sté Imagin'action Luxembourg (n° 17355), jugeant notamment que la demande peut être rejetée par les autorités fiscales de l'un ou l'autre État si son bien-fondé n'est pas reconnu. Cette solution a été reprise par CAA Douai 14 avril 2015 n° 13DA00866, 2e ch. : RJF 10/15 n° 829, à propos de la double imposition résultant de l'imposition à la fois en France et en Belgique de **sommes détournées** par une personne physique domiciliée en France et dirigeante d'une société belge (arrêt définitif reprenant le considérant de principe de la décision précitée du 2 juin 1986 du Conseil d'État ; voir également nos 10235, 10665 et 10680). L'administration française est en droit, par exemple, de refuser l'ouverture de la procédure amiable en présence de poursuites pénales pour fraude fiscale.

La décision de rejet de la demande d'ouverture de la procédure amiable est néanmoins susceptible de faire l'objet d'un **recours pour excès de pouvoir** (TA Paris 3 juillet 2002 n° 00-17112, 1e sect., 2e ch., Cleret : RJF 8-9/03 n° 1022 ; jugement définitif).

Précisions **a.** Le principe selon lequel le contribuable n'a **pas de droit à l'ouverture de la procédure** a été repris par CAA Nancy 10 octobre 1991 nos 529 et 531, 2e ch., Hoverlloyd Limited : RJF 1/92 n° 124 (arrêt définitif), rappelant que le refus des autorités françaises de mettre en œuvre cette procédure est sans influence sur la régularité et le bien-fondé des impositions auxquelles le contribuable, résident d'un État étranger, a été assujetti en France.

b. L'administration ne commet pas de faute lourde de nature à engager la responsabilité de l'État, en imposant des revenus de source allemande qui avaient déjà fait l'objet d'une imposition en Allemagne et **en ne donnant pas suite à une demande de mise en œuvre** de la procédure amiable (CE (na) 6 avril 2007 n° 289514, 8e s.-s., Consorts Chartron : RJF 12/07 n° 1478) ; dans cette affaire, la cour administrative d'appel avait rappelé que la procédure n'est mise en œuvre que si le bien-fondé de la demande est reconnu par l'administration et que celle-ci dispose d'un pouvoir d'appréciation (CAA Lyon 24 novembre 2005 n° 00-1835, 5e ch., Héritiers de M.C. : RJF 4/06 n° 443).

c. Une société belge qui demande l'ouverture d'une procédure amiable à l'administration fiscale belge, demande à laquelle cette dernière ne donne pas suite en **ne saisissant pas l'autorité compétente française**, ne peut soutenir que les stipulations conventionnelles relatives à la procédure amiable auraient été méconnues dès lors que ces dernières n'ont pas pour effet de permettre au contribuable, dans le cas où l'administration ne donne pas suite à sa demande, d'obtenir du juge de l'impôt la décharge des impositions (CAA Douai 13 juillet 2017 n° 15DA01938, 1e ch., Sté Comifer, arrêt définitif ; voir également n° 41485).

Ouverture d'une procédure bilatérale

Si l'administration estime que la demande est fondée mais si elle n'est pas elle-même en mesure d'y apporter une solution satisfaisante, elle doit informer le contribuable qu'elle s'efforcera de résoudre le cas par voie d'accord amiable avec l'autre État. Cette hypothèse est en pratique la plus fréquente ; la procédure devient alors bilatérale et internationale. **85350**

2. Phase internationale

Intervention de l'autre État

La phase internationale s'ouvre avec l'intervention de l'administration saisie par le contribuable auprès de l'autre administration ; la procédure se situe alors au niveau des rapports entre les États. L'administration indique que les cas seront résolus aussi rapidement que possible compte tenu de la complexité des problèmes posés par chaque situation particulière (BOI-INT-DG-20-30-10 n° 470). **85370**

Discussion entre États

85373 Une discussion s'instaure entre les autorités compétentes des deux États ; l'administration indique que tous les moyens appropriés permettant de parvenir à un accord amiable aussi rapidement que possible seront mis en œuvre, tels que des **échanges écrits et verbaux** entre les autorités compétentes. Elle ajoute que la France privilégiera des rencontres régulières et rapprochées entre autorités compétentes au sein de **commissions mixtes**, telles qu'elles sont définies par les conventions fiscales (article 25 § 4 du modèle de convention fiscale de l'OCDE) ou la convention européenne d'arbitrage (BOI-INT-DG-20-30-10 nº 450).

À titre pratique, l'autorité compétente française (nº 85253) propose à ses principaux partenaires d'organiser régulièrement, au minimum une fois par an, des réunions afin de discuter de tous les dossiers de procédures amiables en cours ; ces réunions sont organisées dans le cadre d'une commission mixte regroupant des représentants des autorités compétentes des deux États. À défaut de stipulation conventionnelle prévoyant la constitution d'une commission mixte, la France s'est déclarée prête à proposer à ses partenaires l'organisation d'une rencontre afin d'évoquer les procédures en cours.

Précisions Certaines conventions fiscales comportent des **dispositions plus précises** ; par exemple, la convention franco-sénégalaise du 29 mars 1974 modifiée prévoit que l'affaire est déférée (en théorie) :
– s'il s'agit d'une question de principe, au comité ministériel inter-États franco-sénégalais prévu par le traité d'amitié et de coopération franco-sénégalais ;
– s'il s'agit d'un cas particulier, à une commission mixte composée de représentants, en nombre égal, des États contractants, désignés par les ministres des finances, la présidence étant assurée alternativement par un membre de chaque délégation.

Échanges de prises de position

85375 L'administration, au BOI-INT-DG-20-30-10 nºˢ 470 s., s'est inspirée du code de conduite européen (nº 84010, Précisions) ; elle indique que, lorsqu'une procédure amiable a été engagée et que la France est à l'origine de l'événement qui a généré la situation de double imposition (par exemple, lorsque le rehaussement a été notifié par les services fiscaux français), la France s'efforcera de transmettre le plus rapidement possible une **« première prise de position »**, justifiée et documentée, aux autorités compétentes des autres États concernés (antérieurement à la publication de la base BOFiP, l'administration fixait un délai de quatre mois au maximum à compter de la réception de la demande d'ouverture de la procédure ; ce délai a disparu).

S'il s'agit de répondre à un autre État, la réponse de la France doit normalement intervenir dans un délai maximum :
– de **six mois** suivant la réception de la première prise de position de l'autorité compétente étrangère, si la procédure amiable concerne des questions de prix de transfert ou de détermination des profits attribuables à un établissement stable, couvertes par la convention européenne d'arbitrage ou par l'article de la convention relatif aux entreprises associées (nºˢ 75750 s.) ;
– et de **quatre mois** dans la généralité des autres cas, notamment en cas de conflits de domiciliation ou de double imposition de revenus afférents à des personnes physiques.

Délais de règlement des dossiers

85378 En cas d'accord de la France sur la première prise de position de l'autorité compétente étrangère, il est en principe procédé rapidement aux ajustements ou allégements nécessaires. Dans la négative, les raisons du désaccord doivent normalement être expliquées.

Selon la doctrine administrative, la procédure amiable doit, en général, faire l'objet d'un règlement dans un délai ne dépassant pas **vingt-quatre mois** (BOI-INT-DG-20-30-10 nº 510) ; en pratique, ce délai est un minimum qui n'est respecté que dans les cas les plus simples.

Précisions **a.** Quand un contribuable a demandé l'ouverture d'une procédure amiable sur une **période postérieure** à une période faisant déjà l'objet d'une telle procédure entre les mêmes autorités compétentes, l'autorité compétente française cherche en principe à résoudre en même temps le cas de double imposition sur la totalité des périodes concernées, à condition que les éléments de fait et de droit soient similaires (BOI-INT-DG-20-30-10 nº 520).

b. Il avait été indiqué au Parlement en 2004, lors des travaux d'adoption de l'ancienne mesure de suspension du délai d'établissement des impositions (n° 85400), que **le délai moyen de traitement** d'une procédure amiable était à l'époque d'environ trois ans et sept mois ; il ne semble pas que de grands progrès aient été réalisés depuis lors.

Rôle du contribuable

Dans sa phase internationale, la procédure amiable est une procédure semi-diplomatique ; à ce titre, un contribuable n'a pas le droit d'obtenir **communication des échanges écrits entre les autorités compétentes** et il ne participe pas aux négociations proprement dites. Le comité des affaires fiscales de l'OCDE estime, à ce propos, que « la communication au contribuable ou à son représentant du dossier de l'affaire ne paraît pas justifiée, étant donné la nature particulière de la procédure » (Commentaires OCDE, C (25) n° 61) ; mais il est précisé que les États doivent accorder aux contribuables certaines garanties essentielles, comme le **droit de présenter leurs observations**, soit par écrit, soit oralement en personne ou par l'intermédiaire d'un représentant, et le droit de se faire assister par un conseil (Commentaires OCDE, C (25) n° 60). **85380**

Du côté français, l'administration reconnaît (BOI-INT-DG-20-30-10 n° 530) que le contribuable a un rôle central dans le processus de traitement et de résolution des procédures amiables et qu'il doit être **associé à son déroulement**. Ainsi, une réunion peut être organisée entre l'autorité compétente française (et/ou étrangère) et le contribuable ; ce dernier peut être invité à fournir des observations ou des informations complémentaires et il doit être tenu informé des développements importants de la procédure. De son côté, le contribuable doit s'engager à communiquer tout élément nécessaire à la bonne compréhension et à l'évolution du dossier.

Obligation de moyens

Quelles que soient les procédures prévues par les conventions fiscales et la bonne volonté affichée de l'autorité compétente française, les autorités compétentes n'ont qu'une obligation de moyen, et en aucun cas une obligation de résultat. Autrement dit, rien ne les oblige à s'entendre si elles ne le veulent pas, ou si leurs points de vue sont trop éloignés. **85385**

Cette interprétation résulte clairement des termes mêmes des conventions fiscales qui n'obligent les États qu'à **« s'efforcer » de résoudre** le cas par voie d'accord amiable. Les commentaires du comité des affaires fiscales de l'OCDE sont dans ce sens lorsqu'ils soulignent qu'il n'existe qu'une « obligation de négocier », les autorités compétentes étant « simplement tenues d'une obligation de « diligence » et non pas de « résultat » pour ce qui est de la réalisation d'un accord amiable (Commentaires OCDE, C (25) n° 37) ; c'est pour pallier cet inconvénient, précisément, que le paragraphe 5 de l'article 25 prévoit un mécanisme permettant d'obtenir un accord même si les autorités compétentes n'ont pu s'entendre sur certains points lors des négociations (n° 85930). Cette manière de voir est conforme à la jurisprudence du Conseil d'État (n° 85345).

Dans ces négociations, les autorités compétentes doivent se déterminer d'abord en fonction des règles de leurs **législations fiscales** respectives et des dispositions de la **convention fiscale**. Mais, selon les commentaires de l'OCDE, « on peut raisonnablement admettre que les autorités compétentes ont comme en matière d'arbitrage international la possibilité, à titre subsidiaire, de se fonder sur des considérations d'équité pour donner satisfaction au contribuable » (Commentaires OCDE, C (25) n° 38). Le recours à des **considérations d'équité** permet parfois de trouver une solution à des cas d'imposition non conforme à la convention ou à des cas de double imposition par la recherche d'un compromis « extra-juridique ». À cet égard, les conclusions du commissaire du Gouvernement Philippe Bissara, dans une affaire qui concernait la détermination de la résidence d'un contribuable et qui avait donné lieu à une procédure amiable, sont éclairantes : « les administrations à la recherche d'un éventuel compromis peuvent prendre en considération non seulement les données juridiques de la question, mais des **éléments d'opportunité** et d'équité » (conclusions sous CE 13 mai 1983 n° 28831, Sect. : RJF 7/83 n° 848).

L'absence d'obligation de résultat met en relief l'intérêt qui s'attache au développement des procédures d'arbitrage, notamment dans le cadre de l'Union européenne (nos 86080 s.) et dans le cadre de certaines conventions fiscales (nos 85925 s.).

Précisions En matière de **prix de transfert**, l'administration indique qu'elle fondera sa position sur les lignes directrices de l'OCDE et sur l'application du principe de pleine concurrence (BOI-INT-DG-20-30-10 n° 460 ; nos 75950 s.).

C. Mise en recouvrement des impositions

Principes

85400 L'article 21 de la loi de finances rectificative pour 2004 avait amélioré significativement la situation des contribuables qui demandaient l'ouverture d'une procédure amiable, en organisant un mécanisme de suspension du délai d'établissement de l'imposition résultant d'une proposition de rectification (LPF art. L 189 A ancien). Ce mécanisme a été **supprimé** par l'article 101 de la loi n° 2013-1278 du 29 décembre 2013 de finances pour 2014 pour les procédures amiables ouvertes depuis le 1er janvier 2014 (il a continué de s'appliquer aux procédures amiables ouvertes avant cette date ; BOI-INT-DG-20-30-10 n° 260). La suppression de ce dispositif avait été préconisée par un rapport de l'Inspection générale des finances de mars 2013 (Droit fiscal 2013 n° 25, act. 339), au motif qu'il conduisait à engorger les services, le recours à la procédure amiable pouvant être un moyen de surseoir au paiement de l'impôt, de ralentir les procédures de vérifications et d'éloigner le juge de l'impôt du règlement des litiges.

Désormais, l'administration est en droit de mettre les impositions en recouvrement sans attendre l'issue de la procédure amiable, dans le délai de reprise ouvert par la proposition de rectification. Le contribuable qui conteste l'imposition par voie contentieuse peut seulement demander à bénéficier du **sursis de paiement** dans les conditions visées à l'article L 277 du LPF, sous réserve, en principe, de constituer des garanties (BOI-INT-DG-20-30-10 n° 270).

Précisions **a.** En cas d'**assistance au recouvrement** dans le cadre de l'Union européenne (nos 74540 s.), l'article L 283 E du LPF continue de prévoir que les mesures de recouvrement doivent être interrompues ou suspendues en cas d'ouverture d'une procédure amiable entre les administrations financières des deux États membres concernés (sauf en cas de fraude ou d'organisation d'insolvabilité ; n° 74557, Précisions).

b. Il avait été annoncé, le 3 février 2016, que, dans le cadre d'un train de mesures destinées à faciliter la vie des entreprises, un **sursis de paiement** spécifique serait mis en place à la fin de l'année 2016 pour les procédures amiables conventionnelles mais cette promesse n'a pas été tenue.

c. Il a été jugé que la **lettre par laquelle l'administration prend acte de la renonciation** du contribuable à contester une partie des rehaussements sur lesquels sont assis des rappels de retenue à la source, à la suite de l'accord auquel elle est parvenue avec une administration étrangère dans le cadre de la procédure amiable, ne constitue pas une décision définitive prise sur une réclamation au sens de l'article L 277 du LPF, de nature à mettre un terme à la suspension tant de l'exigibilité de la créance que du délai de prescription de l'action en recouvrement (TA Montreuil 3 mars 2014 n° 1209421, 1e ch., SA MHCS : RJF 12/14 n° 1150 ; jugement définitif).

d. Un dispositif spécifique de suspension du recouvrement des impôts, intérêts de retard et pénalités a été mis en place dans le cadre **franco-néerlandais** ; toutefois, l'administration a indiqué qu'en raison de l'abrogation de l'article L 189 A du LPF, la France ne suspend plus la mise en recouvrement des créances fiscales relatives aux procédures ouvertes après le 1er janvier 2014. L'intérêt de retard de recouvrement est donc applicable le cas échéant (BOI-INT-CVB-NLD n° 500 dans sa rédaction résultant d'une actualité du 2 juin 2016).

Ancien mécanisme de suspension

85403 Avant la suppression du dispositif opérée par la loi de finances pour 2014 (n° 85400), la loi prévoyait que lorsque, à la suite d'une proposition de rectification, une procédure amiable en vue d'éliminer la double imposition était ouverte sur le fondement d'une convention fiscale ou de la convention européenne d'arbitrage (nos 86080 s.), le **cours du délai d'établissement de l'imposition** correspondante était suspendu de la date d'ouverture de la procédure amiable au terme du troisième mois suivant la date de la notification au contribuable de l'accord, ou du constat de désaccord, intervenu entre les autorités compétentes.

Ce mécanisme était d'application systématique et son bénéfice n'était refusé que pour les rectifications de bénéfices ou de revenus qui avaient bénéficié d'un régime fiscal privilégié au sens de l'article 238 A du CGI (Loi n° 2010-1658 du 29 décembre 2010 de finances rectificative pour 2010, art. 69). Le Conseil d'État avait, en effet, jugé que la loi imposait la suspension de la mise en recouvrement, sauf si l'administration faisait état d'éléments justifiant une mise en recouvrement immédiate (CE 15 juin 2007 n° 299966, 9e et 10e s.-s., Sté Printing Pack BV : RJF 10/07 n° 1150).

Précisions **a.** Une société avait pu obtenir la suspension de la mise en recouvrement sur le fondement de l'ancien article L 189 A du CGI alors même qu'elle avait demandé l'ouverture de la procédure amiable **après la mise en recouvrement** des impositions contestées, l'administration en ayant accusé réception avant les actes de poursuite (TA Montreuil 29 avril 2010 n° 0710839, Sté Kimberly Clark, jugement définitif) ; dans cette affaire, la mise en recouvrement était datée du 15 décembre 2006 (signifiée par exploit d'huissier le 29 décembre 2006), la demande d'ouverture de la procédure amiable avait été reçue le 26 décembre 2006, l'administration en avait accusé réception par lettre du 25 janvier 2007 et la mise en demeure valant commandement de payer était datée du 30 mars 2007.

b. En ce qui concerne les rectifications de **prix de transfert**, la suspension de la mise en recouvrement ne s'appliquait pas à l'amende pour non-respect de l'obligation documentaire exigée des grandes entreprises (n°s 76840 s.) ni aux conséquences tirées des rectifications proposées pour le calcul de l'ancienne cotisation minimale sur la valeur ajoutée et de l'actuelle cotisation sur la valeur ajoutée des entreprises (**CVAE**) qui n'entrent pas dans le champ d'application des conventions fiscales ni de la convention européenne d'arbitrage.

c. Le calcul des **intérêts de retard** et des pénalités d'assiette était indépendant de la suspension du cours du délai d'établissement de l'imposition. La période comprise entre la proposition de rectification et la mise en recouvrement des impositions correspondantes n'avait aucune incidence sur leur décompte, quelle que soit la nature de l'impôt concerné (en ce sens, TA Montreuil 26 février 2018 n° 1608379, 7e ch., SA Werfen : RJF 8-9/18 n° 905, dans le cadre d'une procédure amiable franco-italienne ; jugement définitif).

d. Les dispositions de l'ancien article L 189 A du LPF ne faisaient pas obstacle à la poursuite de la procédure de recouvrement lorsque les impôts contestés avaient été mis en recouvrement avant l'engagement d'une **procédure amiable** (CAA Paris 21 novembre 2018 n° 18PA00143, ayant fait l'objet d'un pourvoi non admis par CE (na) 21 novembre 2019 n° 427226, 8e ch., C. et Sté Reiki Forum International SL : RJF 4/20 n° 393). Dans le même sens, il a été jugé qu'une société qui, postérieurement à l'avis de mise en recouvrement, avait engagé une procédure amiable n'était **pas fondée à se prévaloir de ces dispositions** à l'encontre de la demande par laquelle le comptable public, à la suite de la demande de sursis de paiement dont il avait été saisi par la société, lui avait demandé la constitution de garanties (TA Pau 13 mars 2014, n° 1201831, 1e ch., Sté Aselek SL : JurisData n° 2014-016217 ; jugement définitif). En sens contraire, précédemment, TA Montreuil 26 avril 2013 n° 1207347, 10e ch., Sté Carrefour : RJF 12/13 n° 1179 (jugement définitif).

e. Le mécanisme de suspension a été jugé applicable à une société qui avait produit **l'accusé de réception de sa demande** d'ouverture de la procédure amiable, daté du 31 décembre 2013, sans égard au fait que l'administration ait formellement accusé réception de la demande par lettre du 27 janvier 2014, soit postérieurement au 1er janvier 2014 (TA Montreuil 6 décembre 2018 n° 1706907, Sté Thyssenkrupp France : RJF 4/19 n° 388 ; jugement définitif).

SECTION 3

Les résultats de la procédure amiable

A. La conclusion de la procédure

La procédure est par nature très longue et plusieurs années sont souvent nécessaires pour aboutir à une conclusion, même si l'administration fait état d'un délai de vingt-quatre mois (n° 85380). **85600**

La doctrine administrative précise qu'à l'issue de la phase amiable, l'autorité compétente française (n° 85253), si elle a été initialement saisie de la demande, **notifie** au contribuable le **résultat** de la procédure et la solution proposée d'un commun accord par les autorités des deux États. Elle lui précise les éventuelles conditions et modalités spécifiques d'application du dispositif proposé, en lui fixant un délai pour faire connaître sa position (BOI-INT-DG-20-30-10 n° 560 ; n° 85640).

Deux hypothèses doivent être distinguées selon que les autorités compétentes parviennent ou non à un accord.

Si les autorités compétentes ne parviennent pas à un accord

Dans ce cas, la procédure amiable est close sur un constat de désaccord, les autorités compétentes n'étant pas obligées de parvenir à une entente amiable (n° 85385). **85620**

La situation du contribuable est donc laissée en l'état ; la double imposition ou l'imposition non conforme à la convention n'est pas éliminée.

Le contribuable en est informé par l'autorité compétente qu'il a saisie.

Précisions En principe, si les États reprennent les suggestions faites en juillet 2008 par le comité des affaires fiscales de l'OCDE d'introduire dans les conventions fiscales un mécanisme d'**arbitrage** (n° 85930), on ne devrait plus rencontrer ce genre de situations. L'instrument multilatéral (n°s 1650 s.), pour les conventions fiscales couvertes, et la directive (UE) 2017/1852 du Conseil du 10 octobre 2017 (n°s 86085 s.) sont en outre de nature à renforcer la protection des contribuables contre la double imposition.

Si les autorités compétentes parviennent à un accord

85640 Dans ce cas, l'autorité compétente saisie **indique au contribuable le résultat** auquel la procédure a permis d'aboutir, en lui exposant les conditions et les modalités éventuelles de l'application du dispositif proposé.

La doctrine administrative précise que l'autorité compétente fixe au contribuable un délai pour faire connaître sa position, mais sans préciser la durée de ce délai (BOI-INT-DG-20-30-10 n° 560). L'ancienne instruction relative à la procédure amiable (ancien BOI 14 F-1-06 du 23 février 2006 : BF 5/06 n° 587) prévoyait que ce délai était d'un mois mais cette précision n'a pas été reprise au BOFiP.

85642 **Si le contribuable refuse** L'accord devient caduc et la situation du contribuable est réglée par chaque État en fonction de l'interprétation qu'il fait de la convention fiscale et de la situation du contribuable, compte tenu de son droit interne. Dans ce cas, les impositions éventuelles peuvent naturellement toujours être contestées devant le juge de l'impôt si le droit interne le permet (en particulier si les délais de recours ne sont pas expirés). La procédure amiable étant **indépendante des recours juridictionnels**, elle ne dispense pas le contribuable de prendre ses précautions pour éviter la forclusion de ses droits (n° 85040).

De ce point de vue, la circonstance que les autorités compétentes soient arrivées à un accord est indifférente ; un accord amiable n'est pas, en tant que tel, un accord international qui s'impose au juge de l'impôt, mais un **simple accord administratif** non incorporé dans le droit interne des États. Ainsi, le Conseil d'État ne s'est pas estimé lié par un accord amiable franco-américain sur la détermination du lieu de résidence d'un contribuable (CE 13 mai 1983 n° 28831, Sect. : RJF 7/83 n° 848) ; dans cette affaire, il a été jugé que la conclusion de l'accord amiable ne pouvait être regardée comme une exacte application de l'article conventionnel sur la résidence et ne pouvait donc **pas s'imposer** au contribuable comme au juge de l'impôt (il a estimé que le critère du centre des intérêts vitaux permettait de domicilier le contribuable aux États-Unis, contrairement à l'accord amiable franco-américain qui concluait à la domiciliation en France). Pour autant, le Conseil d'État ne s'est pas reconnu compétent pour annuler l'accord. Comme le soulignait le commissaire du Gouvernement Philippe Bissara, il n'appartenait pas au Conseil d'État « d'apprécier la régularité d'un acte d'application d'une convention internationale qui n'émane pas des seules autorités administratives françaises. » Le juge de l'impôt n'annule donc pas l'accord. Mais il **statue indépendamment de l'accord**, ce qui, au fond, revient au même (dès lors que la qualité de résident des États-Unis pouvait être déterminée au regard de l'un des critères prévus par la convention fiscale, il n'y avait pas lieu à conclusion d'un accord amiable entre les deux États pour déterminer celui qui imposera l'intéressé et l'accord qui a pu être passé à tort est inopposable au contribuable et au juge de l'impôt).

85645 **Si le contribuable accepte** Dans ce cas, l'accord amiable doit être appliqué dans les deux États. Le modèle de convention fiscale de l'OCDE, repris d'une manière générale par les conventions fiscales françaises, prévoit que « l'accord est appliqué quels que soient les délais prévus par le droit interne des États contractants » (article 25 § 2).

Selon les commentaires de l'OCDE, cette précision a pour objet de permettre aux États d'appliquer l'accord **malgré l'existence de délais de droit interne** en matière de rectification des impositions et de remboursements d'impôts (Commentaires OCDE, C (25) n° 39). Dans le cadre franco-américain, le texte est plus précis puisque l'accord doit être appliqué « quels que soient les délais ou les limitations de procédure prévus par le droit interne des États contractants » (article 26 § 2 de la convention du 31 août 1994 modifiée).

Mais cela dépend naturellement de la **bonne volonté** des États, car s'ils ne veulent pas outrepasser les délais de droit interne, ils peuvent ne pas conclure d'accord... Au demeurant, de nombreuses conventions fiscales ne reprennent pas cette précision et divers États ont émis des **réserves** au modèle de l'OCDE (Commentaires OCDE, C (25) n°s 96 s.).

Lorsque l'affaire a été portée devant le juge de l'impôt, le risque existe que celui-ci n'aboutisse pas aux mêmes conclusions que les autorités compétentes. On l'a vu dans l'espèce jugée par le Conseil d'État le 13 mai 1983 (n° 85642). Dès lors, l'une des conditions généralement mises à l'application de l'accord amiable est le **désistement** par le contribuable de son **instance contentieuse** éventuelle en ce qui concerne les questions réglées par l'accord.

Précisions **a.** Pour un exemple de désistement, voir CAA Versailles 16 octobre 2018 n° 16VE01134, min. c/ SCS General Electric Medical Systems : RJF 3/19 n° 302 (cet arrêt a fait l'objet d'un pourvoi suivi d'un désistement partiel et d'une décision de non-admission pour le surplus par CE 2 décembre 2019 n° 426191, 8e ch., Sté General Electric Medical Systems) ; dans cette affaire, le juge d'appel avait prononcé un **non-lieu à statuer** sur l'appel du ministre contre un jugement du tribunal administratif favorable au contribuable, dès lors que la société avait déclaré renoncer purement et simplement au bénéfice de la chose jugée par le tribunal administratif en conséquence d'un **protocole transactionnel** conclu avec l'administration à l'issue d'une procédure amiable menée en parallèle de l'instance juridictionnelle.

b. Il a été jugé qu'un contribuable qui n'avait pas expressément accepté la proposition d'accord amiable qui lui avait été présentée par l'autorité compétente française après accord amiable avec les autorités luxembourgeoises, et qui comportait la **renonciation de sa part à tout recours contentieux**, n'était pas fondé à demander l'indemnisation des préjudices qu'il estimait avoir subis (TA Paris 12 juillet 2022 n° 2014554, 2e sect.) ; l'accord était devenu caduc et le contribuable n'avait aucun droit à faire valoir au motif que les sommes imposées en France avaient également été imposées au Luxembourg. En effet, la condition relative au désistement de toute instance contentieuse n'est pas exigée par les seules autorités françaises, mais fait partie intégrante de l'accord amiable, et les conventions fiscales ne s'y opposent pas.

Pratique française

La doctrine administrative reprend les principes précédents en soulignant que, si le contribuable accepte la proposition, celle-ci est appliquée par la France **quels que soient les délais** prévus par le droit interne (BOI-INT-DG-20-30-10 n° 570 ; l'administration n'y est cependant pas littéralement obligée, par différence avec la convention européenne). **85650**

En cas d'acceptation, l'autorité compétente française (n° 85253) demande au contribuable de se **désister** de tout **recours** administratif ou juridictionnel tendant à contester les impositions concernées et de renoncer à toute procédure tendant à contester la décision amiable intervenue. Dans tous les cas, les décharges ne sont prononcées que si le contribuable apporte la preuve de son désistement.

Précisions Dans la mesure où le contribuable donne son accord exprès à la solution assurant une élimination de la double imposition, la mise en œuvre de l'accord incombe à l'autorité compétente qui informe le **service gestionnaire** du dossier du contribuable du contenu et des conséquences à tirer de cet accord.

Si l'accord se traduit par un abandon total ou partiel des impositions mises à la charge du contribuable, à la suite du redressement effectué, le service est invité à prononcer **sans délai** la **décharge** des impositions concernées, ainsi que, le cas échéant, des intérêts de retard, majorations et pénalités y afférents. Quels que soient les années ou exercices d'imposition visés, les décharges sont prononcées au titre de ces périodes sans qu'il puisse être opposé des délais de prescription de droit interne (BOI-INT-DG-20-30-10 n° 600). **85655**

Les décharges totales ou partielles prononcées dans le cadre de la procédure amiable bilatérale ou de la convention européenne d'arbitrage ne sont pas, selon l'administration, assorties des **intérêts moratoires**, quel que soit le stade auquel les dégrèvements sont prononcés (BOI préc. n° 650).

Enfin, à l'issue d'une procédure amiable, lorsque le contribuable a accepté les modalités proposées de règlement de la double imposition, les **intérêts de retard**, les **majorations** et les **pénalités** issus des actes des services fiscaux français et restant à sa charge, peuvent faire l'objet d'un examen dans le cadre d'un recours gracieux.

B. La question des ajustements corrélatifs

1. Problématique

Double imposition économique

85720 La question des ajustements corrélatifs se pose essentiellement en matière de **prix de transfert** (nº 76250).

Sont ici visées les situations résultant de ce que les États peuvent rectifier les bénéfices d'une entreprise liée à une entreprise de l'autre État lorsque ces bénéfices ne reflètent pas la réalité du fait de l'existence de relations « spéciales » entre elles. Tel est le cas lorsque l'administration établit que les **prix de pleine concurrence** (« arm's length prices ») n'ont pas été respectés (par exemple, achats ou ventes entre ces entreprises à des prix minorés ou majorés, ne reflétant pas la situation existant sur le marché, et sans contrepartie).

Cette situation peut conduire à des doubles impositions « économiques » (nº 7680) dès lors qu'à la suite d'un redressement effectué dans un État des bénéfices ont été réintégrés alors qu'ils avaient été inclus dans les bénéfices de l'entreprise de l'autre État.

Précisions En janvier 2014, le **Forum conjoint sur les prix de transfert** (nº 75810, Précisions b) avait publié un rapport sur cette question, proposant des solutions pour éviter la double imposition ou la double non-imposition au regard des pratiques différentes des États membres (ce rapport est disponible sur la page internet spéciale du Forum).

Ajustement prévu par les conventions fiscales

85723 La résolution des doubles impositions économiques est normalement assurée par la procédure amiable : le contribuable qui subit effectivement la double imposition (celui-ci est parfois difficile à déterminer ; c'est en principe la société qui n'a pas été redressée) demande l'ouverture de la procédure en s'adressant à l'État de sa résidence et réclame un « **ajustement corrélatif** » de ses résultats dans cet État.

Les conventions fiscales, reprenant l'article 9 § 2 du modèle de convention fiscale de l'OCDE, précisent en général que, dans cette situation, l'autre État « procède à un ajustement approprié du montant de l'impôt qui y a été perçu sur ces bénéfices... et, si c'est nécessaire, les autorités compétentes des États contractants se consultent. » Une telle consultation est presque toujours nécessaire ; un État ne saurait, en effet, admettre un ajustement systématique des résultats de ses entreprises sous prétexte qu'une administration étrangère a effectué un redressement. Une telle pratique équivaudrait à un abandon unilatéral de souveraineté.

En tout état de cause, le principe même de l'ajustement corrélatif est désormais systématiquement posé par les « conventions fiscales couvertes » en raison des modifications apportées par l'instrument multilatéral (nos 1650 s.), puisque cette convention reprend, à l'article 17 (ajustements corrélatifs), le mécanisme proposé par le modèle de convention fiscale de l'OCDE (article 9 § 2).

Précisions L'article 9 § 2 du modèle de convention fiscale de l'OCDE est généralement repris par les **conventions fiscales françaises** depuis la levée, lors de la révision de juillet 2005, de la réserve qui avait autrefois été faite par la France (anciens Commentaires OCDE, C (9) nº 17 ; la France n'admettait pas, à l'époque, le caractère trop automatique du principe de l'ajustement) ; on le retrouve, par exemple, dans la convention avec la Slovénie du 7 avril 2004, la convention franco-andorrane du 2 avril 2013, la convention franco-chinoise du 26 novembre 2013, la convention franco-singapourienne du 15 janvier 2015 et la convention franco-luxembourgeoise du 20 mars 2018.

Attitude de l'État saisi

85725 L'État saisi doit examiner, au moyen de la procédure conventionnelle de dialogue et d'entente entre autorités compétentes, **si le redressement effectué dans l'autre État est justifié ou non**.

S'il considère que le redressement n'est pas justifié, par exemple si, selon lui, les prix de pleine concurrence ont été respectés, la procédure est close sur un constat de désaccord, sauf s'il arrive à convaincre l'autre État du bien-fondé de sa position (celui-ci abandonne alors le redressement).

Si l'État saisi est persuadé du bien-fondé de la position de l'autre État, il doit normalement en tirer les conséquences par un ajustement corrélatif.

Le plus souvent, après un dialogue assez long (parfois de nombreuses années), les autorités compétentes se mettent d'accord pour un **montant équitable d'ajustements** à effectuer. En général, l'État qui a effectué le redressement accepte d'en réduire le montant et l'autre État se dit prêt à un ajustement corrélatif pour un montant équivalent.

Dès lors, deux situations, schématiquement, peuvent se présenter, selon que les États considèrent qu'il y a eu ou non distribution de bénéfices.

Premier cas : en l'absence de distribution

Lorsque les États acceptent de considérer qu'il n'y a pas eu distribution de bénéfices, c'est **85740**
qu'ils estiment qu'il y a eu des erreurs dans la détermination des prix, mais sans aller jusqu'à considérer que ces erreurs étaient, en quelque sorte, volontaires et visaient à transférer des bénéfices de manière occulte. Cet accord a les conséquences suivantes.

Dans l'État de la source Il s'agit de l'État qui est à l'origine de l'affaire (État de **85745**
résidence de l'entreprise redressée pour n'avoir pas pratiqué un prix normal) :
– le redressement, limité au montant fixé par accord entre autorités compétentes, est en quelque sorte traité comme si la société redressée avait, à due concurrence, une **créance** sur la société bénéficiaire du transfert. Le remboursement de cette « créance » par l'entreprise de l'autre État dans un délai déterminé régularise la situation. Le redressement est donc égal à l'insuffisance d'imposition découlant de l'ajustement, augmenté des intérêts de retard ;
– il n'y a **pas de retenue** à la source dès lors qu'il n'y a pas distribution de bénéfices et donc pas de « dividendes » versés au sens de la convention fiscale (le cas échéant, voir n° 60680).

Dans l'autre État Il s'agit de celui de la résidence de l'entreprise qui subit la double **85750**
imposition économique ; l'ajustement est traité comme si la société avait, en quelque sorte, une « **dette** » vis-à-vis de l'entreprise de l'autre État (correction symétrique), d'un montant égal au redressement effectué dans l'État de la source.

Cette dette, comme, bien entendu, la créance corrélative de la contrepartie, est soit constatée exercice par exercice pour les années vérifiées, soit constatée au titre de l'exercice au cours duquel l'entreprise a formulé son acceptation de l'accord amiable. Cette dernière solution est, en général, préférable, compte tenu de l'ancienneté fréquente des années en cause (la France ne la retient pas ; n° 85815). Cette entreprise **transfère** alors une **somme égale** au redressement, afin de régler sa dette. En principe, le transfert devrait se calculer au **cours du change moyen historique** constaté pour les exercices vérifiés (solution retenue en France ; n° 85820). Déterminer le montant du règlement au cours du change constaté lors de l'exercice au cours duquel l'accord amiable est entré en vigueur pourrait avoir des conséquences en termes de gain ou de perte de change, alors que l'évolution du change devrait rester fiscalement neutre.

Cette solution d'ensemble a pour avantage de **replacer** pratiquement **l'entreprise dans** **85755**
la situation qui aurait été la sienne **en l'absence de transfert de bénéfices**, sous réserve des problèmes de change et de la détermination de l'exercice au cours duquel aura lieu l'ajustement. Mais elle est subordonnée à l'accord des autorités compétentes et en particulier à celui de l'État de la source, car elle suppose que celui-ci ne prélève pas de retenue à la source au titre des distributions de bénéfices. Elle est également subordonnée à l'accord des entreprises ; mais celles-ci le donnent généralement car elles y ont avantage.

Au total, il s'agit là, probablement, de la solution souhaitable étant observé toutefois que des zones d'ombre subsistent notamment sur les points suivants :
– **exercice au cours duquel** la créance et la dette doivent rétroactivement être constatées (à supposer qu'elles le soient : le plus souvent, l'ajustement est seulement fiscal) ;
– incidence des variations de **change** ;
– éventuelle **facturation d'intérêts** au titre de la « créance », puisque ce serait un acte anormal de gestion supplémentaire de n'en pas réclamer…

Précisions Voir sur ces questions les Principes directeurs de l'OCDE (n° 75803), et notamment le chapitre IV sur les méthodes administratives destinées à éviter et à régler les différends en matière de prix de transfert, qui contient un paragraphe C. 5 sur les « ajustements secondaires » (nos 4.68 à 4.78).

Deuxième cas : en présence d'une distribution

85770 Lorsque les États considèrent qu'il y a eu distribution de bénéfices, cela revient à estimer que les entreprises ont volontairement pratiqué des prix anormaux, afin de se distribuer des bénéfices de manière occulte ou déguisée. Les conséquences de cette situation sont normalement les suivantes.

85775 **Dans l'État de la source des distributions** Le traitement en termes de revenus distribués conduit à une rectification identique des bases de l'impôt sur les sociétés et à exiger en outre une **retenue à la source**, sous réserve des conventions fiscales, au titre de distributions déguisées ou occultes.

En France, il résulte de la jurisprudence du Conseil d'État qu'il n'est pas possible de prélever une retenue à la source dans cette situation si la convention fiscale n'est pas plus précise que le modèle de l'OCDE (n° 60690). Ainsi, si l'État qui a effectué un redressement est la France, aucune retenue n'est normalement exigible sauf avec les conventions fiscales qui ne reprennent pas le modèle. Mais ce point de vue n'est pas, d'une manière générale, partagé par les autres États (États-Unis, Allemagne, etc.). Lorsqu'une retenue est prélevée, elle doit naturellement être limitée au taux conventionnel. Si ce taux est, par exemple, de 15 %, la retenue est donc, en principe, égale à 15/85 des sommes réputées distribuées (calcul « en dedans » ; n° 76965).

85780 **Dans l'État de résidence du bénéficiaire** Le traitement des « distributions » reçues par le bénéficiaire dans l'autre État, celui de l'entreprise qui n'est pas redressée, est assez délicat et n'a pas vraiment donné lieu, semble-t-il, à une étude approfondie. Il faut, en effet, normalement combiner un ajustement « primaire » (en base) et un ajustement « secondaire » (pour tenir compte de l'incidence des distributions de bénéfices) :
– **ajustement primaire** : le montant du redressement effectué dans l'autre État est déduit des bases de l'impôt sur les sociétés (reconnaissance par cet État de ce qu'une charge d'égal montant devait être supportée par l'entreprise) ;
– **ajustement secondaire** : imposition des revenus distribués, dès lors que les États estiment qu'il y a eu distribution. Dans une telle situation, si l'on n'imposait pas les distributions, l'entreprise bénéficierait d'un avantage anormal, puisque des charges, par exemple, seraient prises en compte sans débours effectif de sa part (ce qui n'est pas le cas avec le système décrit n° 85745, car la dette est alors effectivement remboursée par l'entreprise).

La combinaison de l'ajustement primaire et de l'ajustement secondaire aboutit donc à laisser la situation de l'entreprise en l'état en ce qui concerne l'impôt sur les sociétés, sauf application éventuelle d'un régime mères/filles (cas où le bénéfice transféré est exonéré en raison de l'application d'un mécanisme de participation-exemption, comme s'il s'agissait d'un dividende régulier).

Mais, du côté français, le **régime des sociétés mères** (nos 61400 s.) n'est normalement pas applicable. Le Conseil d'État a, en effet, jugé que « les produits nets de participation mentionnés à l'article 216 du Code [régime des sociétés mères] doivent trouver leur origine dans les résultats que dégagent les filiales et dont le versement à la société mère procède des droits attachés aux participations de celle-ci dans lesdites filiales », excluant ainsi du champ du régime des sociétés mères les avantages occultes (CE 6 juin 1984 nos 35415 et 36733, 8e et 9e s.-s. : RJF 8-9/84 n° 940) ; en outre, la solution favorable retenue par CAA Nantes 14 juin 2010 n° 09-946 : RJF 12/10 n° 1170 (arrêt définitif) n'est sans doute pas transposable, car elle suppose le respect de certaines conditions et notamment l'absence de distribution volontairement dissimulée. Autrement dit, les avantages occultes acquis par une société mère de sa filiale ne sont pas considérés comme des dividendes pour l'application du régime des sociétés mères. Ils sont imposables au taux normal de l'impôt sur les sociétés.

Bien entendu, la retenue à la source perçue sur les distributions doit donner lieu, en application de la convention fiscale, à un **crédit d'impôt** imputable sur l'impôt sur les sociétés.

L'ajustement dans l'État de résidence du bénéficiaire de la distribution devrait donc se limiter à l'octroi d'un crédit d'impôt au titre de la retenue à la source étrangère. Celui-ci peut être imputé soit exercice par exercice, sur l'impôt dû au titre des distributions effectuées au cours de ces exercices, soit sur l'impôt sur les sociétés dû au titre de l'exercice au cours duquel l'entreprise aura accepté l'accord amiable. Cette dernière solution a l'avantage de la simplicité, même si elle ne rétablit pas tout à fait la situation qui aurait dû être celle des entreprises (il faudrait pour cela revenir sur les exercices effectivement concernés, ce qui peut s'avérer fort délicat voire impossible en pratique, s'ils sont anciens).

2. La position de l'administration française

La position de l'autorité compétente française sur la question des ajustements corrélatifs est exposée au BOI-INT-DG-20-40 n°s 170 s. L'administration indique que, en pratique, les ajustements corrélatifs doivent être traités de façon à **replacer l'entreprise dans la situation qui aurait été la sienne** si les prix de transfert avaient été déterminés dès l'origine conformément au principe de pleine concurrence et que, dans ce contexte, la France appliquera les principes suivants. 85810

Années concernées

Les ajustements corrélatifs seront pratiqués **au titre des exercices redressés** dans l'autre État, sans qu'il puisse être opposé un quelconque délai de prescription de droit interne ; à titre tout à fait exceptionnel, l'autorité compétente française pourra toutefois décider de pratiquer l'ajustement corrélatif sur le **dernier exercice clos** de l'entreprise française, si cet ajustement devait se traduire par l'octroi d'un supplément de déficits fiscaux reportables en avant et si ce dernier tombe en non-valeur compte tenu de l'ancienneté des exercices concernés et des règles de reports déficitaires existant pour les exercices ouverts avant le 1er janvier 2004. Il est indiqué que cet « assouplissement » sera mis en œuvre dans l'hypothèse où le traitement de la procédure amiable aura été particulièrement long (BOI-INT-DG-20-40 n° 180). 85815

Cours du change

Les montants des redressements effectués par les services fiscaux étrangers seront convertis en euros par application des taux de change moyens **en vigueur au cours des années en cause**, celles au titre desquelles les redressements ont été opérés ; par simplification, les taux de change à la clôture des exercices concernés pourront être utilisés si l'entreprise française et l'entreprise étrangère ont les mêmes dates de clôture (BOI-INT-DG-20-40 n° 190). 85820

Reversement des sommes transférées

L'ajustement corrélatif doit normalement se traduire par un reversement par l'entreprise associée à l'entreprise redressée des sommes correspondantes soit par voie d'inscription d'une **dette** en compte courant, soit par un **rapatriement effectif** (la France applique le principe mentionné n° 85750) ; ce rapatriement doit normalement être effectué dans un **délai de quatre-vingt-dix jours** à compter de la réception de la proposition d'accord par le contribuable (BOI-INT-DG-20-40 n° 200 ; par différence, la procédure décrite n° 76975 prévoit un rapatriement dans un délai de soixante jours). 85825

Dans ces conditions, au moment de l'acceptation des modalités de règlement, l'entreprise bénéficiaire du transfert de bénéfice doit constater soit, dans le cadre d'un compte courant, une dette vis-à-vis de l'entreprise de l'autre État (la doctrine administrative précitée indique que celle-ci constatera une créance), soit un paiement effectif d'un montant égal au redressement effectué dans l'autre État ; cette opération doit être réalisée selon le **cours de change** du jour de cette opération.

Si les redressements pratiqués en matière de prix de transfert portent sur des biens et services, le reversement, quelles qu'en soient les modalités, doit être opéré dans la monnaie prévue dans le contrat initial entre les parties ou, à défaut de spécification, de manière générale dans la monnaie de l'État de résidence du vendeur ou du prestataire de service.

Dans les cas d'une remise en cause d'un taux de redevances, la référence à la monnaie prévue par le contrat doit être pratiquée en priorité. En l'absence de spécification au contrat de licence, ou si aucune redevance n'est initialement facturée, la monnaie de l'État de résidence du licencié doit être retenue.

En ce qui concerne les gains ou pertes de change, l'administration ajoutait que, s'agissant de la France, les **gains de change** sont imposables dès lors que les pertes de change sont déductibles dans l'autre État. Corrélativement, les **pertes de change** ne sont déductibles en France que si les gains de change sont imposables dans l'autre État. Cependant, cette précision, qui figurait dans une ancienne instruction administrative (BOI 14 F-1-06 du 23 février 2006 : BF 5/06 n° 587), n'a pas été reprise au BOFiP, qui se contente de préciser que la différence entre les montants du rapatriement et de l'ajustement corrélatif (et donc du rehaussement), en prenant en compte la monnaie de rapatriement, peut être à l'origine de gains ou de pertes de change dans l'un des deux États (BOI préc.).

Exemples

85827 L'administration donne, à propos des incidences du cours du change, les exemples suivants (BOI-INT-DG-20-40 n° 200) :

– Un **contrat de vente** de biens est conclu entre une entreprise américaine et une entreprise française prévoyant le paiement du prix en dollars. Les services fiscaux américains effectuent un redressement de 100 000 dollars au titre de l'exercice 2003, générant en France un ajustement corrélatif de 83 333 euros (1 euro = 1,20 dollar). Dans tous les cas, l'entreprise française devra reverser soit en compte courant, soit par paiement effectif 100 000 dollars, quelle que soit la parité des deux monnaies à ce moment. La perte ou le gain de change éventuel sera constaté en France.
Si ce sont les services fiscaux français qui effectuent un redressement de 100 000 euros au titre de l'exercice 2003, générant aux États-Unis un ajustement corrélatif de 120 000 dollars (1 euro = 1,20 dollar), l'entreprise américaine devra, en tout état de cause, reverser 120 000 dollars quel que soit le taux de change à la date du rapatriement. La perte ou le gain de change éventuel sera constaté en France.

– Un **contrat de prestation de services** est conclu entre une entreprise française et une entreprise américaine, prévoyant un paiement en euros ; les pertes ou gains de change seront constatés aux États-Unis dans la mesure où la facturation est en euros.

Absence d'intérêt

85830 La créance ou la dette afférente à la constatation du reversement ne peut pas faire l'objet d'une facturation d'intérêt entre les deux entreprises (BOI-INT-DG-20-40 n° 200).

Absence de retenue à la source

85835 Dès lors que la société accepte de procéder au **rapatriement** des sommes considérées comme constitutives d'un transfert de bénéfices, la retenue à la source initialement notifiée n'est pas maintenue (en principe, les rectifications s'accompagnent d'une retenue à la source au titre des revenus réputés distribués ; n° 76960) ; en effet, le **désinvestissement** est, en ce cas, **annulé** par le biais du reversement effectué soit sous forme d'une inscription en compte courant, soit sous la forme d'un paiement (BOI-INT-DG-20-30-10 n° 630). Une procédure similaire a d'ailleurs été mise en place aux mêmes fins, indépendamment de la procédure amiable (voir n° 76975 les conditions mises à la suppression de la retenue à la source en cas de rapatriement des sommes).

SECTION 4

L'arbitrage

85920 La procédure amiable a, dans l'ensemble, permis de résoudre bon nombre de litiges liés à l'interprétation ou à l'application des conventions fiscales.

Mais, comme le note le comité des affaires fiscales de l'OCDE, cette procédure n'est pas, du point de vue du contribuable, entièrement satisfaisante. En effet, les autorités compétentes des États ne sont tenues que de rechercher une solution ; elles ne sont pas tenues de s'entendre. Si les États ne peuvent parvenir à un accord amiable, la double imposition subsiste alors que l'objet même des conventions fiscales est de l'éliminer.

C'est la raison pour laquelle des procédures d'arbitrage ont été mises en place, dans le cadre de certaines conventions fiscales et, surtout, dans le cadre de l'Union européenne. C'est aussi la raison pour laquelle le comité des affaires fiscales de l'OCDE recommande, depuis la révision du modèle de convention fiscale de juillet 2008, la mise en place d'une telle procédure. C'est enfin ce qui explique que deux nouvelles procédures d'arbitrage (ou proches de l'arbitrage) aient été mises en place en 2017 :

– celle de **l'instrument multilatéral** du 7 juin 2017 (nos 1650 s.) ;

– et celle de la **directive** (UE) 2017/1852 du Conseil du 10 octobre 2017 (no 86085).

La situation des contribuables victimes de doubles impositions internationales devrait donc s'améliorer à l'avenir.

A. Dans le cadre des conventions fiscales

Le modèle de convention fiscale de l'OCDE, dans sa version issue de la révision de juillet 2008, contient une proposition d'ajout à l'article 25, relatif à la procédure amiable, afin de prévoir un mécanisme d'arbitrage, dans certaines conditions. Comme la France n'a pas exprimé de réserves sur ce point, et comme un mécanisme de ce type a été introduit dans la **convention fiscale franco-américaine** par un avenant du 13 janvier 2009 (de même dans la convention **franco-britannique** du 19 juin 2008), il faut s'attendre à ce que les conventions fiscales signées par la France adoptent désormais ce genre de dispositions, sous réserve naturellement de l'accord du pays partenaire. Les recommandations de l'OCDE ont, par exemple, été reprises : **85925**

– par l'article XVI de l'avenant du 31 mars 2015 à la convention fiscale franco-allemande du 21 juillet 1959 ;

– par l'article 24 § 5 de la convention franco-luxembourgeoise du 20 mars 2018, concernant la procédure amiable.

L'accord de principe de la France sur ce point a notamment été illustré par l'option retenue pour le mécanisme d'arbitrage proposé par **l'instrument multilatéral** (nos 1650 s. et 86060), alors même que les États signataires n'ont pas l'obligation d'accepter un tel mécanisme, qui reste entièrement optionnel.

Précisions Les conventions franco-singapourienne du 15 janvier 2015, franco-andorrane du 2 avril 2013 et franco-chinoise du 26 novembre 2013, pourtant récentes, ne contiennent pas de clause d'arbitrage.

1. Les recommandations du comité des affaires fiscales de l'OCDE

Depuis la version de juillet 2008 du modèle de convention fiscale, l'OCDE propose l'introduction d'un mécanisme d'arbitrage (article 25 § 5). Les États sont invités à admettre que, après une phase initiale de procédure amiable qui ne peut excéder deux ans, les **questions non résolues** par accord amiable soient soumises à un arbitrage **si le contribuable en fait la demande**. Il est en outre proposé que, sauf si le contribuable n'accepte pas l'accord qui met en œuvre la décision d'arbitrage, cette décision produise des effets obligatoires à l'encontre des États et qu'elle doive être mise en œuvre quels que soient les délais prévus par les droits internes des États. **85930**

Conditions d'ouverture

La procédure d'arbitrage est déclenchée lorsqu'une personne a soumis son cas à l'autorité compétente d'un État dans le cadre de la procédure amiable et que les autorités compétentes des deux États ne sont pas parvenues à un accord permettant de résoudre le cas dans un délai de **deux ans** à compter de la date à laquelle toutes les informations demandées par les autorités compétentes pour pouvoir traiter le cas ont été communiquées aux deux autorités compétentes (le point de départ est fixé à cette date depuis la révision de 2017 du modèle de convention fiscale ; précédemment, il s'agissait de la date de présentation du cas à l'autorité compétente de l'autre État). **85935**

Les commentaires du comité des affaires fiscales de l'OCDE précisent que ce processus ne dépend pas de l'autorisation préalable des **autorités compétentes** et qu'une fois satisfaites les exigences procédurales, les questions non résolues empêchant de parvenir à un accord amiable doivent être soumises à arbitrage (Commentaires OCDE, C (25) no 63).

La **demande émanant du contribuable** doit être écrite (précision apportée par la révision de 2017 du modèle de convention fiscale) et elle peut être formulée à tout moment une fois écoulée la période de deux ans précitée. Le recours à l'arbitrage n'est donc pas automatique ; le contribuable peut préférer attendre plus de deux ans, afin par exemple de laisser davantage de temps aux autorités compétentes pour résoudre son cas, ou décider de ne pas poursuivre la procédure. Les États peuvent aussi stipuler un délai plus long dans certains cas (Commentaires OCDE, C (25) n°s 70 s.).

Les questions non résolues ne doivent pas être soumises à arbitrage si une décision sur ces questions a déjà été rendue par un **tribunal judiciaire ou administratif** de l'un des États.

Questions susceptibles d'être soumises à l'arbitrage

85940 La procédure d'arbitrage est applicable à l'**ensemble des différends** non résolus par la procédure amiable à l'issue d'une période de deux ans. Cependant, seules les **questions non résolues** par voie d'accord amiable doivent être soumises à arbitrage si le contribuable en fait la demande. C'est seulement en l'absence d'accord entre les autorités compétentes qu'un arbitrage peut être ouvert ; s'il y a accord, le contribuable ne peut pas soumettre ensuite les points en litige à la procédure d'arbitrage.

Procédure

85945 L'article 25 § 5 du modèle de convention fiscale de l'OCDE est muet sur la composition de la commission d'arbitrage et, plus généralement, sur les questions de procédure ; il est simplement prévu que les autorités compétentes en règlent les modalités d'application par voie d'accord amiable.

Les commentaires du comité des affaires fiscales de l'OCDE proposent, en annexe, un **modèle d'accord amiable** sur l'arbitrage, et fournissent des précisions sur les règles procédurales qu'il contient. Ces propositions concernent les modalités de la demande d'arbitrage, les délais, la sélection des arbitres, le processus d'arbitrage, les questions liées à la transmission des informations et à la confidentialité, les règles de procédure et de preuves, l'organisation logistique, la prise en charge des coûts, les principes juridiques applicables, la portée et l'application de la décision d'arbitrage.

Précisions De nouvelles précisions sur la procédure applicable ont été apportées lors de la révision de 2017 du modèle de convention fiscale et le modèle d'accord proposé a également été revu à cette occasion.

Conséquences de la décision d'arbitrage

85950 La procédure d'arbitrage n'est pas une voie de recours indépendante de la procédure amiable ; la commission d'arbitrage, en effet, ne décide pas du cas mais agit **au bénéfice des autorités compétentes** (elle ne peut rouvrir les points déjà tranchés par les autorités compétentes et seules peuvent être soumises à l'arbitrage les questions non résolues préalablement). À l'issue de la procédure, ce sont les autorités compétentes qui décident du cas, sur le fondement de la résolution la commission d'arbitrage sur les sujets restant en discussion ; ce sont elles qui mettent fin à la procédure amiable (en ce sens, cette procédure n'est pas de même nature qu'un arbitrage commercial classique).

À moins qu'une personne directement concernée par le cas n'accepte pas l'accord amiable par lequel la décision d'arbitrage est appliquée, cette décision **lie les deux États** et doit être appliquée **quels que soient** les **délais** prévus par le droit interne de ces États. À ce propos, les commentaires de l'OCDE indiquent que l'imposition de toute personne directement concernée par le cas doit être conforme à la décision prise quant aux questions soumises à l'arbitrage et l'accord amiable qui est présenté à cette personne doit être fondé sur les décisions auxquelles le processus d'arbitrage a donné lieu (Commentaires OCDE, C (25) n° 81).

En d'autres termes, la procédure d'arbitrage n'est **pas un recours supplémentaire** à la disposition du contribuable ; il s'agit plutôt d'un processus permettant aux États de trouver un accord. C'est pourquoi le comité des affaires fiscales de l'OCDE indique que lorsque les autorités compétentes auront convenu que l'imposition par les deux États a été conforme à la convention, « il n'y a pas de question non résolue et le cas peut être considéré comme résolu, même dans le cas où il pourrait y avoir une **double imposition non éliminée** par les dispositions de la Convention » (Commentaires OCDE, C (25) n° 71).

De même, si la commission d'arbitrage n'a pas rendu son avis, les États sont toujours libres de reconsidérer les points soumis à l'arbitrage et de trouver un accord.

La décision d'arbitrage ne lie les États que quant aux **questions spécifiques** soumises à l'arbitrage. Rien n'empêche les autorités compétentes de régler des cas similaires (y compris des dossiers impliquant les mêmes personnes mais couvrant des périodes d'imposition différentes) en se fondant sur cette décision, mais elles n'y sont pas obligées ; chaque État peut adopter une approche différente pour régler ces autres cas (Commentaires OCDE, C (25) n° 83).

Précisions **a.** Lorsque les autorités compétentes sont parvenues à un accord ne laissant subsister **aucune question non résolue**, il ne peut y avoir d'arbitrage, même si la personne ayant demandé la procédure amiable estime que l'accord dont ont convenu les autorités compétentes ne constitue pas une solution correcte dans son cas.

b. L'arbitrage n'est qu'un **prolongement de la procédure amiable** qui permet d'en améliorer l'efficacité en garantissant que, lorsque les autorités compétentes ne parviennent pas à s'accorder sur une ou plusieurs questions empêchant la résolution du cas présenté, une solution sera tout de même trouvée.

c. La **résolution** de la situation de double imposition qui a motivé le recours à la procédure amiable reste le fruit de la procédure amiable ; en ce sens, la procédure diffère des autres formes de procédures d'arbitrage dans lesquelles la commission d'arbitrage a compétence pour résoudre l'ensemble de l'affaire (Commentaires OCDE, C (25) n° 64).

2. La convention franco-américaine

La convention du 31 août 1994 entre la France et les États-Unis comportait, dès sa signature, un mécanisme d'arbitrage mais il était resté sans portée pratique, car il supposait un échange de notes diplomatiques qui n'a pas eu lieu ; la convention a été modifiée par un **avenant du 13 janvier 2009**, qui met en œuvre un mécanisme inspiré des recommandations du comité des affaires fiscales de l'OCDE (n° 85930). Pour éliminer la double imposition, les États ont désormais, sous certaines conditions, une **obligation de résultat** et non plus une obligation de moyens. **86000**

Les dispositions relatives à l'arbitrage figurent aux paragraphes 5 et 6 de l'article 26 de la convention, relatif à la procédure amiable, complétés par un Protocole d'accord annexé à la convention. Elles sont notamment applicables aux **cas soumis** aux autorités compétentes **à la date d'entrée en vigueur** de l'avenant (la date d'ouverture du cas est alors considérée comme étant celle à laquelle l'avenant est entré en vigueur, soit le 23 décembre 2009).

Conditions d'ouverture

La convention franco-américaine prévoit que, si aucun accord n'a pu être trouvé au moyen de la procédure amiable par discussion entre les autorités compétentes, il est fait appel à un arbitrage, si certaines conditions sont remplies. **86005**

En substance, ces conditions sont les suivantes :
– il faut que des **déclarations fiscales** aient été produites dans au moins l'un des deux États pour les années d'imposition concernées ;
– le cas soumis à l'arbitrage ne doit pas être un **cas particulier** dont les autorités compétentes française et américaine auraient considéré d'un commun accord, avant la date à laquelle les procédures d'arbitrage auraient dû commencer, qu'il ne se prête pas à un règlement par voie d'arbitrage ;
– toutes les personnes concernées doivent souscrire un **engagement de confidentialité** ; elles doivent s'engager avant le début de la procédure d'arbitrage à ne communiquer à aucune autre personne une quelconque information reçue au cours de la procédure d'arbitrage et provenant de l'un des États ou de la commission d'arbitrage, à l'exception de la décision de cette commission ;
– le cas soumis à l'arbitrage ne doit pas avoir fait l'objet d'une **décision** d'une **juridiction** ou d'un tribunal administratif de l'un des deux États.

Date d'ouverture

La procédure d'arbitrage doit commencer **au plus tard deux ans** à compter de la date d'ouverture du cas, à moins que les autorités compétentes n'aient auparavant convenu **86010** d'une date différente, et à la première date à laquelle l'engagement de confidentialité visé ci-dessus a été reçu par les deux autorités compétentes.

La « date d'ouverture », pour un cas donné, est la première date à laquelle les renseignements nécessaires pour entreprendre un examen sur le fond en vue d'un accord amiable ont été reçus par les autorités compétentes (il y a donc une phase préalable de procédure amiable pendant deux ans, ainsi qu'il est recommandé par le comité des affaires fiscales de l'OCDE).

Questions susceptibles d'être soumises à l'arbitrage

86015 L'arbitrage ne peut concerner que la détermination du **montant des revenus**, des **dépenses** ou des **impôts** attribuables aux États ; les autres aspects, notamment les taux d'imposition, ne sont pas concernés, de même que les pénalités et intérêts de retard.

Mais **tous les sujets** peuvent être abordés et non pas seulement la question des **prix de transfert**.

Composition de la commission d'arbitrage

86020 La commission est constituée par **deux membres** désignés chacun par un État au plus tard quatre-vingt-dix jours à compter de la date d'ouverture de la procédure d'arbitrage ; ces deux membres en désignent eux-mêmes, dans un délai de soixante jours, **un troisième** qui sera **président** de la commission et qui ne doit pas être un citoyen de l'un des États. Les membres désignés ne doivent pas être des agents de l'administration fiscale de l'État qui les désigne et ils sont tenus à une obligation de confidentialité stricte.

Précisions **a.** Les autorités compétentes doivent **établir des listes**, non exhaustives, de personnes familières des questions fiscales internationales qui seraient en mesure de présider la commission.

b. Les **honoraires** et **frais** sont pris en charge **à parts égales** par les deux États ; les honoraires des membres de la commission d'arbitrage sont fixés forfaitairement à 2 000 dollars par jour, ou au montant équivalent en euros, sous réserve de modification par les autorités compétentes ; certains coûts sont toutefois pris en charge seulement par un État.

Mécanisme d'arbitrage

86025 Le mode d'arbitrage retenu est celui dit du « **baseball arbitration** », conforme à la pratique américaine ; dans un mécanisme de ce type, la commission d'arbitrage est enfermée dans les propositions des États et ne peut pas choisir d'autre solution que l'une ou l'autre de ces propositions.

À cette fin, chacun des États soumet à la commission, dans un délai de soixante jours à compter de la désignation du président, une **proposition de résolution** et une **note de position** (« Position paper ») ; chaque État peut adresser une **réponse** à la commission dans un délai de cent vingt jours à compter de la désignation de son président.

De son côté, le **contribuable** peut transmettre, dans un délai de quatre-vingt-dix jours à compter de la désignation du président, une note de position (« Position paper ») pour examen par la commission d'arbitrage.

La commission d'arbitrage fait connaître sa **décision** aux États par écrit dans un délai de **six mois** à compter de la désignation de son président. Elle doit adopter l'une des propositions de résolution transmises par les États ; elle ne peut donc pas s'écarter de l'une et de l'autre à la fois pour proposer sa propre solution. La décision de la commission d'arbitrage constitue une « résolution prise par accord amiable » en vertu de l'article 26 de la convention fiscale.

Précisions Cette technique a notamment pour effet de contraindre les autorités compétentes à proposer des **solutions raisonnables** (« last best offer ») ; la commission d'arbitrage aura en effet naturellement tendance à rejeter une proposition trop agressive si celle de l'autre État est plus raisonnable.

Portée de la décision d'arbitrage

86030 La décision de la commission d'arbitrage ne concerne que le cas particulier qui lui a été soumis ; elle n'a **pas** à être **motivée** et elle ne constitue **pas un précédent** ; elle lie les États, qui doivent l'appliquer sous réserve de l'**accord du contribuable**.

Chaque personne concernée (le contribuable qui soumet le cas et toute personne affectée par sa résolution) doit en effet, dans un délai de trente jours à compter de la réception de la décision de la commission adressée par l'autorité compétente à laquelle le cas a été soumis en premier, faire savoir à cette dernière si elle accepte la décision de la commission ; dans un tel cas, elle doit se désister d'une éventuelle procédure juridictionnelle.

Elle est considérée comme ayant refusé la décision si elle n'informe pas la commission et, le cas échéant, le tribunal.

3. La convention franco-allemande

Un avenant du 28 septembre 1989 à la convention franco-allemande avait prévu un mécanisme d'arbitrage reposant sur l'intervention facultative d'une commission d'arbitrage si les deux États ne parvenaient pas à un accord amiable dans un délai de vingt-quatre mois (ancien article 25 A de la convention) ; ce mécanisme ne semble pas avoir jamais été mis en œuvre et il a finalement été abrogé et remplacé par un dispositif qui reprend celui actuellement proposé par le comité des affaires fiscales de l'OCDE (n°s 85930 s.). **86050**

Dans sa rédaction issue de l'avenant du 31 mars 2015, l'article 25 de la convention fiscale franco-allemande du 21 juillet 1959 prévoit que lorsqu'une personne a soumis un cas à l'autorité compétente de l'un des deux États en raison d'une imposition non conforme à la convention et que les autorités compétentes ne sont pas parvenues à un accord dans un délai de trois ans, **les questions non résolues** sont, sur **demande du contribuable**, soumises à un arbitrage sauf si une décision juridictionnelle a déjà été rendue.

Cette rédaction est conforme aux prescriptions du modèle de convention fiscale de l'OCDE, à la réserve près que l'arbitrage ne peut être déclenché qu'après une période de procédure amiable de **trois ans** et non pas de deux ans comme proposé par l'OCDE.

Pour le reste, comme dans la proposition de l'OCDE, il est prévu qu'à moins qu'une personne directement concernée par le cas n'accepte pas l'accord amiable par lequel la décision d'arbitrage est appliquée, cette décision **lie les deux États** et doit être appliquée quels que soient les délais prévus par leur droit interne.

Il est également prévu que les autorités compétentes française et allemande règlent par accord amiable les **modalités d'application** du mécanisme d'arbitrage (sans précision).

4. La convention franco-britannique

L'article 26 § 5 de la convention fiscale franco-britannique du 19 juin 2008 prévoit que, lorsque les autorités compétentes des deux États ne sont pas parvenues à un accord à l'issue des deux ans qui suivent la soumission d'un cas d'imposition non conforme à la convention dans le cadre de la procédure amiable, le contribuable peut demander que sa situation soit soumise à une procédure d'arbitrage (BOI-INT-CVB-GBR-10-30 n° 190). **86055**

Une exclusion est cependant prévue lorsqu'une décision a déjà été rendue sur la situation de la personne concernée par une juridiction de l'un des États ou lorsque son cas a déjà été soumis à l'autorité compétente de l'un des deux États sur le fondement de la convention européenne d'arbitrage.

En revanche, le recours à l'arbitrage prévu par la convention européenne d'arbitrage reste ouvert en cas de recours antérieur à l'arbitrage prévu par la convention franco-britannique.

Sous réserve de l'accord de la personne ayant sollicité la procédure d'arbitrage, la décision rendue à l'issue de cette dernière s'impose aux deux États.

Précisions Une procédure d'arbitrage a également été introduite dans la convention **franco-canadienne** par un avenant du 30 novembre 1995 ; mais cette procédure n'est pas en vigueur car elle suppose sa mise au point par échange de notes diplomatiques (article 25 § 5).

5. L'instrument multilatéral

Principes

La convention multilatérale destinée à incorporer dans les conventions fiscales diverses mesures « anti-Beps » (n°s 1650 s.) contient une partie VI (articles 18 à 26) qui propose un **mécanisme d'arbitrage** et en règle les modalités : **86060**
– article 19 : principe de l'arbitrage obligatoire et contraignant ;

– article 20 : désignation des arbitres ;
– article 21 : confidentialité de la procédure ;
– article 22 : règlement d'un cas avant la conclusion de l'arbitrage ;
– article 23 : méthode d'arbitrage ;
– article 24 : possibilité de trouver un accord sur une solution différente ;
– article 25 : coût de la procédure ;
– article 26 : clause de compatibilité avec les conventions fiscales.

Les États signataires n'ont cependant pas l'obligation d'accepter le recours à l'arbitrage, qui reste une option entièrement libre.

Précisions L'OCDE a publié, le 25 mars 2021, les profils portant sur les positions des 30 États ou territoires appliquant la Partie VI sur l'arbitrage ; ces profils ont été actualisés pour 19 d'entre eux par un rapport publié le 28 juin 2022. Le profil actualisé concernant la France a été publié le 16 septembre 2022.

Position de la France

86065 Lors de la signature de l'instrument multilatéral, le 7 juin 2017, la France a **accepté le mécanisme d'arbitrage** proposé, sans formuler de réserve sur la méthode d'arbitrage et en choisissant d'appliquer l'article 23 § 5 relatif à l'engagement de **confidentialité**. La France retient la méthode de la meilleure offre, plus efficace, mais acceptera celle de l'opinion indépendante avec les pays qui la choisissent (en ce sens, étude d'impact accompagnant le projet de loi de ratification de l'instrument multilatéral, déposé au Sénat le 17 janvier 2018).

La France a opté pour la solution contenue à l'article 24 § 2 de l'instrument multilatéral, selon laquelle une décision d'arbitrage n'est pas contraignante et ne doit pas être appliquée si les autorités compétentes conviennent d'une **autre solution** portant sur l'ensemble des questions non résolues dans un délai de trois mois calendaires suivant la date à laquelle la décision leur a été communiquée.

En ce qui concerne les **cas pouvant être soumis à l'arbitrage**, la France a formulé différentes réserves, se réservant le droit :
– d'exclure les cas concernant des éléments de revenu ou de fortune **non imposés** par une « juridiction contractante », si ces éléments de revenu ou de fortune ne sont pas inclus dans une assiette imposable dans cette « juridiction contractante » ou s'ils bénéficient d'une exemption ou d'un taux d'imposition nul en vertu du droit interne de ce pays ;
– d'exclure les cas pour lesquels un contribuable fait l'objet d'une **sanction** administrative ou pénale pour fraude fiscale, omission volontaire ou manquement grave à une obligation déclarative ;
– d'exclure les cas qui portent en moyenne et par exercice ou par année d'imposition sur une base imposable **inférieure à 150 000 €** ;
– d'exclure les cas entrant dans le champ d'application d'une procédure d'arbitrage régie par un **instrument juridique européen** (Précisions a, ci-dessous) ;
– d'exclure des cas **d'un commun accord** avec l'autorité compétente de l'autre État (cet accord devra être formulé avant le début de la procédure d'arbitrage et notifié à la personne qui a soumis le cas).

Lors du dépôt de l'instrument de ratification auprès de l'OCDE, le 26 septembre 2018, la France a ajouté une réserve lui permettant, en substance, d'exclure les cas qui ne peuvent être soumis à l'arbitrage selon l'autre État sur le fondement de dispositions de droit interne de cet autre État similaires à celles du droit français.

La France a, en outre, formulé les réserves suivantes, se réservant le droit :
– de remplacer le délai de deux ans de procédure amiable préalable par un délai de **trois ans**, afin de donner place suffisante aux discussions préalables entre autorités compétentes ;
– d'appliquer les règles suivantes à ses conventions fiscales couvertes sans égard aux autres dispositions de l'article 19 :
  – toute question non résolue et soulevée par un cas examiné en procédure amiable qui entre dans le champ d'application de la procédure d'arbitrage ne doit pas être soumise à l'arbitrage si un **tribunal judiciaire ou administratif** de l'une ou l'autre des « juridictions contractantes » a déjà rendu une décision sur cette question ;
  – si, à tout moment après qu'une demande d'arbitrage a été formulée et avant que la commission d'arbitrage ait communiqué sa décision aux autorités compétentes, un tribunal judiciaire ou administratif de l'une ou l'autre des « juridictions contractantes » rend une décision concernant cette question soumise à l'arbitrage, la procédure d'arbitrage prend fin.

Enfin, la France s'est réservé le droit de n'appliquer la procédure d'arbitrage à l'égard d'un cas soumis à l'autorité compétente d'une « juridiction contractante » avant la dernière des dates à laquelle l'instrument multilatéral entre en vigueur pour chacune des « juridictions contractantes » ayant conclu la convention fiscale couverte que dans la mesure où les autorités compétentes de toutes les « juridictions contractantes » conviennent de l'appliquer à ce cas.

Précisions **a.** Afin d'éviter un éventuel conflit entre les stipulations sur l'arbitrage figurant dans la partie VI de l'instrument multilatéral et le **droit de l'Union européenne**, la France a émis une réserve lui permettant d'exclure l'application de l'instrument multilatéral dans les cas qui relèvent d'un texte européen (convention européenne 90/436/CEE et/ou directive (UE) 2017/1852 du 10 octobre 2017).

b. La France a également indiqué que les **conventions fiscales** conclues avec l'Allemagne, les États-Unis, le Royaume-Uni et la Suisse, qui contiennent une disposition qui prévoit une procédure d'arbitrage obligatoire et contraignant, seront modifiées par l'instrument multilatéral (ces conventions ne font pas l'objet d'une réserve).

c. Les **commentaires** de l'administration concernant la procédure proposée par l'instrument multilatéral figurent au BOI-INT-DG-20-25 n° 400 s.

B. Dans le cadre de l'Union européenne

Contexte

La question de l'arbitrage en matière de fiscalité internationale a de longue date été posée au niveau européen. **86080**

Dès novembre 1976 (JOCE du 21-12-1976, n° C 301/4), la Commission européenne avait proposé au Conseil d'adopter une « **proposition de directive** concernant l'élimination des doubles impositions dans le cas de correction des bénéfices entre entreprises associées (procédure arbitrale) ». La Commission fondait son intervention sur le fait que les doubles impositions résultant de corrections de bénéfices sont susceptibles de provoquer des distorsions dans les conditions de la concurrence et les mouvements de capitaux et ont dès lors une incidence directe sur le fonctionnement du marché commun.

Les États membres, cependant, ont longtemps été réservés sur le fond et sur la forme :
– **sur le fond** : le fait de recourir à une décision d'arbitrage obligatoire pose le problème de la souveraineté fiscale ; en outre, la question de la nature juridique d'une décision insusceptible de recours est délicate, de même que sa compatibilité avec d'éventuelles décisions juridictionnelles contraires ;
– **sur la forme** : à l'époque, c'est-à-dire avant sa suppression par le traité de Lisbonne (n° 87355), l'article 293 du traité CE prévoyait que l'élimination des cas de doubles impositions à l'intérieur de la Communauté européenne devait être réalisée, le cas échéant, au moyen de conventions. On s'interrogeait donc sur la validité d'une proposition de directive fondée sur l'article 94 du traité CE (aujourd'hui article 115 du traité FUE) qui ne visait que le rapprochement des dispositions législatives ayant une incidence directe sur l'établissement et le fonctionnement du marché commun.

Convention européenne

Après une longue période de stagnation, les discussions ont repris sur la base d'une convention (et non plus d'une directive) qui a finalement été adoptée le 23 juillet 1990, et publiée au Journal officiel des Communautés européennes le 20 août 1990 (JOCE 20-8-1990, n° L 225/10). **86082**

Il s'agit de la **convention 90/436/CEE** « relative à l'élimination des doubles impositions en cas de corrections des bénéfices d'entreprises associées », fondée sur l'ex-article 220 du traité CE (aujourd'hui supprimé par le traité de Lisbonne), signée par les États membres réunis au sein du Conseil et qui est entrée en vigueur le 1er janvier 1995. Elle a été publiée en France par le décret n° 95-144 du 6 février 1995 (Droit fiscal 1995 n° 11, comm. n° 521), après avoir été approuvée par la loi n° 91-1391 du 31 décembre 1991.

Sur la convention européenne d'arbitrage, voir nos 86140 s.

Précisions **a.** Initialement conclue pour cinq ans (1er janvier 1995 - 31 décembre 1999), la convention européenne d'arbitrage a été modifiée par un Protocole du 25 mai 1999 (JOCE C 202/1 du 16 juillet

1999) qui a eu pour effet de la reconduire pour une nouvelle période de cinq ans et de prévoir sa **reconduction automatique** par **périodes successives de cinq ans** sauf objection écrite d'un État membre au plus tard six mois avant l'expiration de la période considérée. La ratification de ce protocole a été autorisée en France par une loi du 6 août 2002 (JO du 7 août) et décret du 26 avril 2007 (JO du 27 avril 2007, p. 7610).

b. La procédure européenne d'arbitrage est **commentée** au BOI-INT-DG-20-30-20 et au BOI-INT-DG-20-30-30.

c. La convention européenne, qui a fait l'objet d'un **code de conduite** du 7 décembre 2004 révisé en 2009 (n° 84010, Précisions), a donné lieu à différents rapports et recommandations de la Commission européenne et du **Forum conjoint** de l'Union européenne sur les prix de transfert (n° 75810, Précisions b). Le code de conduite actuel, qui a été publié au JOUE du 30 décembre 2009, représente un engagement politique non contraignant des États membres notamment sur l'application de la convention aux cas triangulaires, la notion de pénalités graves et divers aspects de procédure.

Directive européenne

86085 La Commission européenne avait présenté, le 25 octobre 2016, une proposition de directive destinée à améliorer le règlement des cas de double imposition dans l'Union européenne (COM(2016) 686 final). Cette directive a été rapidement adoptée, le Conseil Ecofin étant parvenu à un accord dès le 23 mai 2017.

La **directive (UE) 2017/1852 du Conseil du 10 octobre 2017** concernant les mécanismes de règlement des différends fiscaux dans l'Union européenne (JOUE L 265 du 14 octobre 2017) s'appuie sur la convention européenne (n° 86082) mais son champ d'application n'est pas le même : la directive est destinée à régler, d'une façon générale, les différends entre États membres lorsque ces différends découlent de **l'interprétation et de l'application des conventions fiscales** (la directive vise les accords et conventions qui prévoient l'élimination de la double imposition du revenu et, le cas échéant, de la fortune). En outre, elle s'applique à **tous les contribuables** relevant des conventions fiscales et de la convention européenne d'arbitrage, qu'ils soient soumis à l'impôt sur le revenu ou à l'impôt sur les sociétés ou, le cas échéant, à l'impôt sur la fortune.

En ce qui concerne ses modalités d'application pratique, cette directive a fait l'objet du **règlement d'exécution** (UE) 2019/652 de la Commission du 24 avril 2019 établissant les règles types de fonctionnement de la commission consultative ou de la commission de règlement alternatif des différends et comportant un formulaire-type pour la communication des informations relatives à la publicité des décisions définitives (JOUE L 110 du 25 avril 2019).

La directive a dû être transposée dans le droit interne des États membres au plus tard le 30 juin 2019 ; elle est applicable aux réclamations introduites après cette date concernant tout exercice fiscal ouvert à compter du 1er janvier 2018 (les États membres peuvent toutefois décider d'appliquer la directive à des réclamations concernant des exercices antérieurs). En **France**, la directive a été introduite en droit interne par l'article 130 de la loi n° 2018-1317 du 28 décembre 2018 de finances pour 2019 (nos 86600 s.).

En application de cette directive, les contribuables concernés par des différends découlant de l'interprétation et de l'application des conventions fiscales peuvent adresser, **dans les trois ans** à compter de la réception de la première notification de la mesure qui entraîne ou entraînera un différend au sens de la directive, une **réclamation** auprès de chaque autorité compétente (sous réserve de la précision c ci-dessous, une réclamation doit être introduite simultanément auprès de chaque autorité compétente) ; la réclamation doit être accompagnée de diverses informations et **pièces justificatives** énumérées par la directive, afin que soit bien précisée la nature du différend.

Chaque autorité compétente doit ensuite accuser réception de la réclamation dans un délai de deux mois à compter de sa réception ; les autorités compétentes de chacun des États membres concernés doivent prendre une décision sur l'acceptation ou le rejet de la réclamation dans un délai de six mois.

Une autorité compétente peut décider de régler le différend sur une base unilatérale ; dans la négative, lorsque les autorités compétentes acceptent une réclamation, elles doivent s'efforcer de **régler le différend à l'amiable** dans un délai de deux ans à compter de la dernière notification d'une décision de l'un des États membres d'accepter la réclamation (une prorogation d'un an est possible à la demande d'une autorité compétente, sur justification).

Si les autorités compétentes parviennent à un accord, l'autorité compétente de chacun des États membres concernés doit notifier sans tarder cet accord à la personne concernée sous la forme d'une décision contraignante pour l'autorité compétente et exécutoire pour la personne concernée, sous réserve que cette dernière accepte la décision et renonce au droit à toute autre voie de recours, le cas échéant.

En cas de rejet de la réclamation par une autorité compétente ou en l'absence d'accord amiable, le contribuable peut demander la constitution d'une **commission consultative**, composée, en principe, d'un président, d'un représentant de chaque autorité compétente et d'une personnalité indépendante. Des règles assez détaillées sont prévues pour régler les différents cas possibles et la procédure applicable, étant observé que les autorités compétentes peuvent aussi convenir de constituer une **commission de règlement alternatif** des différends au lieu d'une commission consultative (le recours à une telle commission, qui peut prendre la forme d'un comité permanent, donnerait en pratique davantage de flexibilité aux États).

La commission consultative ou la commission de règlement alternatif des différends doit **rendre son avis** aux autorités compétentes dans un **délai de six mois** à compter de la date à laquelle elle a été constituée (ce délai peut éventuellement être prolongé de trois mois). L'avis, qui doit être écrit, doit être fondé sur les dispositions de l'accord ou de la convention applicable ainsi que sur toute règle nationale applicable.

Dans un délai de six mois à compter de la notification de l'avis de la commission consultative ou de la commission de règlement alternatif des différends, les autorités compétentes concernées doivent convenir de la manière de **régler le différend** ; elles pourront prendre une décision qui s'écartera de l'avis donné mais, si elles ne parviennent pas à un accord, elles seront liées par cet avis (la commission de règlement alternatif des différends pourra retenir la méthode de la « dernière offre » ; en ce cas, elle retiendra l'une ou l'autre des positions présentées par les États concernés). La décision définitive est contraignante pour les États membres concernés mais elle ne constitue pas un précédent. Elle devra alors être mise en œuvre, sous réserve que la ou les personnes concernées l'acceptent et renoncent à toute voie de recours interne. Si la décision définitive n'est pas mise en œuvre, la personne concernée peut saisir la juridiction compétente de l'État membre qui ne l'a pas mise en œuvre, afin de la faire exécuter.

Un État membre peut toutefois refuser l'accès à la procédure prévue par la directive dans les cas où il aura été infligé, dans cet État, des sanctions en rapport avec les revenus ou capitaux corrigés pour une **fraude fiscale**, faute intentionnelle ou négligence grave.

Enfin, les autorités compétentes peuvent convenir de publier dans leur intégralité les décisions définitives, sous réserve du consentement de chacune des personnes concernées ; dans la négative, elles doivent en publier un résumé.

Précisions **a.** Le fait qu'une mesure à l'origine d'un différend, prise par un État membre, devienne **définitive** en vertu du droit national n'empêche pas les personnes concernées de bénéficier de la directive.

b. Le fait que le différend soit traité selon les procédures prévues par la directive n'empêche pas un État membre d'engager ou de poursuivre, pour les mêmes affaires, des **procédures judiciaires** ou des procédures visant à appliquer des sanctions administratives et pénales.

c. Des dispositions dérogatoires sont prévues pour les particuliers et les plus petites entreprises, qui n'ont à adresser leurs réclamations qu'à l'autorité compétente de l'État membre dont elles sont résidentes.

d. La Commission européenne est chargée de gérer un **répertoire central** et, notamment, de mettre à jour la liste des autorités compétentes et la liste des personnalités indépendantes.

e. Selon la Commission européenne, il y avait, au 10 octobre 2017, 900 différends environ dans l'Union européenne pour un montant estimé de 10,5 Md€ (communiqué IP/17/3727 du 10 octobre 2017).

C. Fonctionnement de la convention européenne d'arbitrage

Le fonctionnement de la convention européenne d'arbitrage repose sur les règles suivantes, étant observé d'emblée que cette convention a une portée plus réduite que la procédure amiable conventionnelle et que la procédure d'arbitrage proposée par l'OCDE, dans la mesure où elle ne s'applique qu'aux questions de **prix de transfert** entre entreprises associées. **86140**

1. Champ d'application

a. Territorialité

86160 Le champ d'application territorial de la convention européenne d'arbitrage s'étend à **l'ensemble des États membres**, depuis la ratification par tous les États membres de la convention d'extension signée à Bruxelles le 8 décembre 2004 (cette convention d'adhésion est entrée en vigueur le 1er juillet 2008). La Roumanie et la Bulgarie, entrées dans l'Union européenne le 1er janvier 2007, sont également incluses, à effet du 1er juillet 2008. Enfin, la Croatie a été incluse à effet du 1er janvier 2015 (décision du Conseil du 9 décembre 2014).

Précisions Ne sont incluses ni les collectivités d'outre-mer françaises, ni les îles Féroé, ni le Groenland.

b. Entreprises concernées

Notion d'entreprises associées

86180 La convention européenne d'arbitrage s'applique aux « entreprises associées », qui sont définies par l'article 4 § 1 de la convention comme étant :
– soit deux entreprises de deux États différents dont l'une participe, directement ou indirectement, à la direction, au contrôle ou au capital de l'autre ;
– soit deux entreprises de deux États différents dont les mêmes personnes participent, directement ou indirectement, à la direction, au contrôle ou au capital.
Cette définition, qui reprend celle de l'article 9 du modèle de convention fiscale de l'OCDE (no 75800), vise notamment les sociétés mères et leurs filiales d'États membres de l'Union européenne, ainsi que les sociétés membres de l'Union européenne placées sous un contrôle commun, même hors de l'Union européenne.

Établissements stables

86185 La convention s'applique aux établissements stables (au sens des conventions fiscales ; no 17350) dans les **cas suivants** :
– transactions entre le siège d'une entreprise d'un État membre de l'Union européenne et un établissement stable de cette entreprise situé dans un autre État membre, ou entre deux établissements stables situés dans deux États membres différents d'une même entreprise d'un État membre de l'Union européenne dont le siège est situé dans un troisième État membre ;
– transactions entre une entreprise d'un État de l'Union européenne et l'établissement stable d'une autre entreprise associée d'un État membre de l'Union européenne située dans un troisième État membre.

Exclusions

86190 En revanche, la convention ne couvre pas, notamment :
– les transactions entre deux établissements stables situés respectivement dans deux États membres différents d'une même entreprise d'un État non membre de l'Union européenne ;
– les transactions entre une entreprise située dans un État membre de l'Union européenne et l'établissement stable situé dans un autre État membre de l'Union européenne d'une entreprise associée située dans un État non membre de l'Union européenne ;
– les transactions réalisées avec l'établissement stable situé dans un État non membre de l'Union européenne d'une entreprise située dans un État membre de l'Union européenne.

Précisions En ce qui concerne les **sociétés de personnes**, les sociétés membres d'un **groupe intégré** et la **combinaison** de la procédure avec les **recours** administratifs ou juridictionnels de droit interne, les solutions données à propos de la procédure amiable conventionnelle sont transposables (no 84833, no 84835 et no 85040).

c. Impôts visés

86200 La convention européenne s'applique à l'impôt sur le revenu et à l'impôt sur les sociétés s'agissant de la France, et aux impôts équivalents dans les autres États européens. Elle s'applique également aux impôts de nature identique ou analogue qui seraient établis après la date de signature de la convention et qui s'ajouteraient à ces impôts ou qui les remplaceraient ; elle s'applique notamment à la CSG et à la CRDS ainsi qu'à la contribution sociale sur l'impôt sur les sociétés (BOI-INT-DG-20-30-20 nº 85).

Précisions Comme la procédure amiable conventionnelle, la procédure européenne trouve également à s'appliquer lorsque l'une quelconque des entreprises concernées a subi des **pertes** (article 1 § 3).

d. Principe directeur

Le mécanisme de la convention européenne d'arbitrage repose sur la mise en place d'une phase préalable de **procédure amiable** entre les autorités compétentes des États concernés, qui obéit généralement aux mêmes principes que les procédures conventionnelles. **86220**

Cette première phase, obligatoire, est suivie d'une phase d'**arbitrage**, en cas d'insuccès, par différence avec les solutions données, sauf exception, par les conventions fiscales. C'est cette procédure d'arbitrage qui constitue le véritable apport de la convention, outre le fait qu'elle encadre les discussions entre les autorités compétentes dans des délais tels que le règlement du litige ne doit normalement pas dépasser trois ans.

2. Procédure amiable préalable

La convention européenne fait expressément référence aux **principes** établis par le comité des affaires fiscales de l'**OCDE** en matière de procédure amiable et de prix de transfert. Elle reprend ainsi, dans son article 4, l'article 9 du modèle de convention fiscale de l'OCDE (entreprises associées), et le principe des **relations de pleine concurrence** (« arm's length principle »). Elle prévoit, dans le même esprit que, si aucun État n'est en mesure de régler unilatéralement une situation de double imposition, les deux États s'efforcent d'aboutir à un accord amiable. **86250**

a. Conditions d'ouverture

Application aux seuls prix de transfert

La convention européenne d'arbitrage concerne exclusivement les questions de prix de transfert entre entreprises associées, à la différence des procédures amiables conventionnelles qui peuvent concerner toutes sortes de questions (nºs 84860 s.) ; elle ne peut être ouverte que pour les litiges portant sur l'application du **principe de pleine concurrence** (article 4 de la convention). **86270**

Mesure administrative préalable

L'ouverture de la procédure suppose la notification d'une mesure administrative (nº 86330) permettant aux autorités compétentes d'apprécier si le principe de pleine concurrence est susceptible de ne pas avoir été respecté. **86275**

Comme pour les procédures conventionnelles, l'acceptation d'un redressement n'interdit pas de demander l'ouverture de la procédure (nº 85025).

Rejet possible en cas de pénalités graves

En application de l'article 8 § 1 de la convention, l'autorité compétente d'un État n'est **pas obligée d'entamer la procédure** lorsqu'il est décidé définitivement, par une procédure judiciaire ou administrative, que l'une des entreprises concernées est passible d'une pénalité grave à l'occasion d'une correction de bénéfices. Une entreprise est considérée comme définitivement passible d'une pénalité grave soit lorsqu'elle n'a pas contesté l'application d'une telle pénalité et que le délai de réclamation est expiré, soit, dans le cas où elle l'a contestée, lorsqu'une décision confirmant l'application de la pénalité a été rendue et n'est plus susceptible de faire l'objet d'un recours. **86280**

Lorsqu'une **procédure judiciaire ou administrative** visant à décider si l'une des entreprises concernées est passible d'une pénalité grave est en cours en même temps que la procédure amiable ou la procédure d'arbitrage, les autorités compétentes peuvent suspendre le déroulement de ces dernières procédures jusqu'à l'aboutissement de la procédure judiciaire ou administrative.

86285 En cas de **rectifications opérées en France**, les pénalités graves s'entendent des **sanctions pénales**, ainsi que des **sanctions fiscales** telles que les sanctions pour défaut de déclaration après mise en demeure, pour manquement délibéré, pour manœuvres frauduleuses, pour opposition à contrôle fiscal, pour rémunérations ou distributions occultes, ou pour abus de droit, selon une déclaration unilatérale de la France publiée au Journal officiel de l'Union européenne en même temps que la convention.

La pénalité prévue par l'article 1735, II du CGI en cas de défaut de réponse à une demande faite en application de l'article L 13 B du LPF (n° 76893) n'est pas une pénalité grave au sens de ce texte (BOI-INT-DG-20-30-20 n° 130 ; n° 84005). Il en va de même pour les sanctions aux manquements aux obligations déclaratives des « grandes entreprises » (n° 76860).

Lorsque des pénalités graves ont été appliquées et font l'objet d'un recours contentieux, la procédure peut être ouverte, mais elle est aussitôt suspendue jusqu'à l'aboutissement de la procédure contentieuse. Si les pénalités sont définitivement maintenues, la procédure est close.

b. Autorités compétentes

86290 La procédure amiable prévue par la convention européenne d'arbitrage est très proche de celle prévue par les conventions fiscales bilatérales (nos 85140 s.).

L'entreprise soumet son cas à l'autorité compétente soit de l'État dont elle est un résident, soit de l'État dans lequel est situé son établissement stable. La procédure amiable est ouverte par **une demande du contribuable** adressée à l'autorité compétente (n° 85250), en suivant la même procédure que pour la procédure amiable conventionnelle, mais en indiquant formellement que la demande est faite sur le fondement de la convention européenne d'arbitrage.

La convention européenne prévoit des modalités de saisine plus larges que la plupart des conventions fiscales puisque l'entreprise peut saisir l'autorité compétente de l'État qui a opéré le redressement ou celle de l'entreprise qui subit la double imposition.

À ce propos, l'administration estime que seul le premier État, dès lors qu'il a effectué le redressement, est en mesure d'apprécier si les conditions posées par la convention européenne d'arbitrage, tant de forme (saisine dans le délai de trois ans, non-application de pénalités graves) que de fond (redressements portant sur les prix de transfert) sont satisfaites pour ouvrir la procédure. C'est également cet État qui dispose des moyens pour expliquer le bien-fondé de ces redressements. L'administration recommande, par conséquent, de saisir l'autorité compétente de **l'État qui a opéré le redressement** (BOI-INT-DG-20-30-20 n° 260).

86295 Une fois saisie, l'autorité compétente doit aviser sans délai les **autorités compétentes des autres États** concernés. Dans le cas de la France, une ancienne instruction administrative (ancien BOI 14 F-1-06 du 23 février 2006 : BF 5/06 n° 587) avait précisé que la saisine de l'autre autorité compétente devait s'effectuer, dans la généralité des cas, dans un délai maximum d'un mois à compter de la date de réception de la demande d'ouverture de la procédure amiable reconnue complète et recevable. Cette précision n'a pas été reprise au BOFiP, de même que l'indication de ce que l'entreprise qui a demandé l'ouverture de la procédure amiable doit être informée de la date effective de cette saisine dans la réponse qui lui est adressée.

c. Documents à fournir du côté français

86310 Pour être recevable, la demande doit être accompagnée des **éléments d'information** suivants :
– identification (raison sociale et adresse, notamment) de l'entreprise de l'État contractant soumettant le cas et des autres parties aux transactions concernées ;
– informations détaillées concernant les faits et circonstances à prendre en compte (y compris concernant les relations entre l'entreprise et les autres parties aux transactions concernées) ;
– identification des impôts et des années d'imposition ou exercices fiscaux concernés ;

– copie des avis d'imposition et des notifications de redressements ou propositions de rectification ou documents équivalents conduisant à la double imposition alléguée ;
– informations détaillées concernant les recours administratifs ou contentieux engagés par l'entreprise ou les autres parties aux transactions concernées et toute décision juridictionnelle concernant le cas ;
– exposé par l'entreprise des motifs qui l'amènent à penser que les principes visés par l'article 4 de la convention européenne n'ont pas été respectés ;
– informations complémentaires spécifiques réclamées par l'autorité compétente dans un délai de deux mois suivant la réception de la demande du contribuable ;
– déclaration par laquelle l'entreprise s'engage à répondre de manière aussi complète et rapide que possible à toutes les demandes raisonnables et appropriées formulées par une autorité compétente et à tenir à la disposition des autorités compétentes les documents nécessaires.

Précisions Le **délai de deux ans** (nº 86390) ne commence à courir qu'à compter de la date de réception par l'autorité compétente de la demande d'ouverture de la procédure amiable accompagnée des informations précédentes (BOI-INT-DG-20-30-20 nº 190).

d. Délais d'ouverture

La convention européenne d'arbitrage prévoit que le cas doit être soumis à l'autorité compétente concernée **dans les trois ans** qui suivent la première notification de la mesure qui entraîne, ou est susceptible d'entraîner, une imposition non conforme à la convention. **86330**

Chaque État membre de l'Union européenne a donné une définition de l'acte qu'il convient de retenir comme point de départ du délai de trois ans, à savoir, pour la France :
– la date de **réception de la proposition de rectification** en cas de procédure de redressement contradictoire ;
– la date de réception de la notification des bases ou éléments d'imposition en cas de procédure d'office.

Il est recommandé aux entreprises de saisir l'autorité compétente dès la survenance de ces événements, sans attendre la mise en recouvrement des impositions concernées.

e. Déroulement

La procédure européenne se déroule, d'une façon générale, de la même façon que dans le cadre des conventions fiscales (nºs 85280 s.). **86350**

3. Procédure arbitrale

a. Principes

Si les autorités compétentes ne parviennent pas à un accord éliminant la double imposition dans un délai de deux ans à compter de la première date à laquelle le cas a été régulièrement soumis à l'une des autorités compétentes, elles constituent une **commission consultative chargée d'émettre un avis** sur la façon d'éliminer la double imposition. **86390**

Si le contribuable refuse la solution proposée par les autorités compétentes dans le cadre de la procédure amiable, l'administration estime qu'il n'y a pas lieu de constituer la commission consultative, dès lors que celle-ci n'est prévue par la convention européenne que si les autorités compétentes ne parviennent pas à un accord (BOI-INT-DG-20-30-20 nº 350).

b. Constitution de la commission consultative

Délai de deux ans

Une commission consultative est constituée par les autorités compétentes **si celles-ci ne parviennent pas** à **un accord amiable** dans le délai de deux ans à compter de la date à laquelle le cas a été soumis valablement à l'une d'elles, accompagné des informations nécessaires et, le cas échéant, du désistement de tout recours en cas de procédure contentieuse. À l'expiration de ce délai, l'administration indique que l'autorité compétente française demandera aux entreprises concernées si elles entendent demander la mise en œuvre de la procédure d'arbitrage (BOI-INT-DG-20-30-30 nº 20). **86410**

Précisions Avec l'accord des entreprises associées intéressées, les autorités compétentes peuvent convenir de **déroger à ce délai de deux ans**, notamment si les autorités compétentes sont sur le point de parvenir à un accord et s'il paraît préférable de mener la procédure amiable à son terme en prolongeant le délai plutôt que de l'interrompre pour engager une procédure d'arbitrage dont l'issue serait plus lointaine (BOI préc. n° 30).

Composition de la commission consultative

86413 C'est, sauf si les États concernés en décident autrement, l'État dont émane l'événement entraînant, ou susceptible d'entraîner, la double imposition qui doit prendre l'initiative de constituer la commission consultative et organiser ses réunions, en accord avec l'autre État. Une commission consultative est constituée **pour chaque affaire**. Elle comprend un président, des personnalités indépendantes et des représentants de chaque autorité compétente. Elle est constituée de deux représentants de chaque autorité compétente concernée, qui désignent sur une liste commune, d'un commun accord ou éventuellement par tirage au sort, quatre personnalités indépendantes ainsi que leurs suppléants. Le nombre de représentants de chaque État peut être réduit à un par voie d'accord entre autorités compétentes, auquel cas deux personnalités indépendantes seulement sont désignées.

En cas de tirage au sort, les personnes sélectionnées peuvent être **récusées** soit dans des situations convenues à l'avance par les autorités compétentes concernées, soit dans l'une des situations suivantes :
- la personnalité désignée par le sort appartient désormais à l'une des administrations fiscales ou exerce des fonctions pour le compte de l'une de ces administrations ;
- la personnalité a, ou a eu, des liens professionnels ou patrimoniaux avec l'une ou l'autre des entreprises associées en cause ;
- elle ne présente pas suffisamment de garanties d'objectivité pour le règlement du, ou des, cas à trancher.

86415 **Choix des personnalités indépendantes** Les personnalités indépendantes sont choisies par les autorités compétentes sur une **liste déposée par chaque État** auprès du Secrétariat général du Conseil de l'Union européenne. À cette fin, chaque État contractant est tenu de communiquer au Secrétaire général du Conseil de l'Union européenne une liste de cinq personnalités compétentes et indépendantes ressortissantes et résidentes d'un État parti à la convention européenne. Les États contractants s'engagent dans les mêmes conditions à faire part au Secrétaire Général de toute modification apportée à la liste.

Lorsqu'ils communiquent le nom de leurs personnalités indépendantes au Secrétaire général, les États contractants doivent joindre un curriculum vitae de ces personnalités, décrivant notamment leur niveau d'expérience dans le domaine juridique, fiscal et des prix de transfert. Ils peuvent aussi indiquer sur leur liste les personnalités qui satisfont aux exigences pour être élues en qualité de président.

Chaque année, le Secrétaire général du Conseil demande aux États contractants de préciser le nom des personnalités indépendantes qu'ils entendent désigner. La liste globale de toutes les personnalités indépendantes est publiée sur le site Internet du Conseil de l'Union européenne.

86420 **Choix du président** Les membres de la commission consultative, représentants des autorités compétentes et personnalités indépendantes, choisissent un président sur la liste tenue par le Secrétariat général du Conseil, sans préjudice du droit de chaque autorité compétente de récuser celui-ci dans les mêmes conditions que les personnalités indépendantes en cas de tirage au sort.

Le président de chaque commission consultative doit réunir les conditions requises pour l'exercice dans son pays, des plus hautes fonctions juridictionnelles ou être un jurisconsulte possédant des qualités notoires.

c. Déroulement de la procédure

Demandes de renseignements

86430 Les États concernés doivent fournir à la commission consultative, avant sa première réunion, tous les **documents et informations pertinents**, et notamment tous les documents, rapports, correspondances et conclusions utilisés lors de la procédure amiable. La commission consultative est considérée comme ayant été saisie dès que son président confirme que ses membres ont reçu tous les documents nécessaires.

En outre, les contribuables et les autorités compétentes concernées sont tenus de donner suite à toute demande de la commission visant à obtenir des **renseignements**, moyens de preuves ou documents.

Toutefois, les administrations fiscales n'ont pas l'obligation :
– de prendre des mesures administratives dérogeant à leur législation nationale ou à leur pratique administrative normalement suivie ;
– de fournir des renseignements qui ne pourraient être obtenus en vertu de leur législation nationale ou dans le cadre de leur pratique administrative normalement suivie ;
– de fournir des renseignements qui révéleraient un secret commercial, industriel ou professionnel, un procédé commercial ou des renseignements dont la communication serait contraire à l'ordre public.

Précisions Ces conditions sont similaires à celles qui concernent les **échanges de renseignements**, d'une façon générale (n°s 74200 s.).

Rôle des parties

Les **contribuables** peuvent fournir à la commission consultative tous renseignements, moyens de preuve ou documents qui leur semblent utiles. À leur demande, ils **peuvent se faire entendre** ou se faire représenter devant la commission. Si celle-ci le requiert, chacune des entreprises associées doit se présenter devant elle ou s'y faire représenter. **86433**

La commission consultative peut également demander que les **États**, et notamment celui qui est à l'origine du rehaussement ayant entraîné, ou étant susceptible d'entraîner, une double imposition, se présentent devant elle.

Logistique

La commission consultative est assistée par un **secrétariat** dont les locaux sont mis à disposition par l'État ayant pris l'initiative de sa constitution, sauf si les États concernés en décident autrement. Pour des raisons d'indépendance, ce secrétariat est placé sous le contrôle du président de la commission consultative. Les membres du secrétariat sont soumis à une obligation de secret. **86435**

Le lieu où la commission consultative se réunit et le lieu où son avis doit être émis peuvent être fixés à l'avance par les autorités compétentes des États contractants concernés.

Les travaux de la commission consultative sont menés dans la langue ou les langues officielles des États concernés, à moins que les autorités compétentes n'en décident autrement d'un commun accord, compte tenu des souhaits de la commission consultative. La commission consultative peut ordonner que la partie dont émane une déclaration ou un document assure une traduction dans la langue, ou les langues, de travail.

Les **frais** de **procédure** de la commission consultative (frais de fonctionnement administratifs, rémunération et frais des personnalités indépendantes, y compris le président) sont répartis de façon égale entre les États concernés. **86440**

À moins que les autorités compétentes des États concernés n'en décident autrement :
– le remboursement des frais exposés par les personnalités indépendantes est limité à celui qui est normalement prévu pour les hauts fonctionnaires de l'État qui a pris l'initiative de constituer la commission consultative ;
– la rémunération des personnalités indépendantes est fixée à 1 000 € par personne et par jour de réunion de la commission consultative, et le président perçoit une rémunération supérieure de 10 % à celle des autres personnalités indépendantes.

Le paiement effectif des frais de procédure de la commission consultative est effectué par l'État qui a pris l'initiative de la constituer, à moins que les autorités compétentes des États contractants concernés n'en décident autrement.

Enfin, les frais exposés par les entreprises associées dans le cadre de la procédure d'arbitrage auprès de la commission consultative demeurent à leur charge.

d. Avis de la commission

86450 La commission consultative doit rendre son avis dans un **délai de six mois** à compter de la date à laquelle elle a été saisie, en se prononçant à la majorité simple de ses membres. L'avis doit être fondé sur l'article 4 de la convention européenne d'arbitrage, qui pose le principe du prix de pleine de concurrence.

Cet avis doit contenir les **éléments suivants** :
– les noms des membres de la commission consultative ;
– la demande d'élimination de la double imposition faite à la commission, intégrant les noms et adresses des entreprises concernées, les autorités compétentes concernées, une description des faits et circonstances du différend et une déclaration claire concernant ce qui est demandé ;
– un résumé succinct de la procédure ;
– les arguments et méthodes sur lesquels est fondée la décision figurant dans l'avis ;
– l'avis ;
– le lieu où l'avis est émis ;
– la date à laquelle l'avis est émis ;
– les signatures des membres de la commission consultative.

L'avis de la commission est rédigé en **trois originaux**, dont deux sont transmis aux autorités compétentes des États concernés et un transmis pour archivage au Secrétariat général du Conseil de l'Union européenne.

e. Décision des autorités compétentes

Principes

86470 Une fois l'avis de la commission rendu, les autorités compétentes prennent, d'un commun accord, une décision assurant l'élimination de la double imposition dans un **délai de six mois** à compter de la date à laquelle la commission a rendu son avis.

Au total, la procédure d'arbitrage ne doit donc **pas excéder un an** (six mois pour que la commission rende son avis et six mois pour que les États prennent une décision éliminant la double imposition).

Les autorités compétentes ne sont **pas liées par l'avis** de la commission consultative. Elles peuvent prendre une décision qui s'en écarte, dès lors que leur décision assure, en tout état de cause, l'élimination de la double imposition. En revanche, les autorités compétentes doivent se conformer à l'avis de la commission si elles ne parviennent pas à s'accorder sur une autre décision permettant d'éliminer la double imposition.

Élimination de la double imposition

86475 La double imposition est considérée comme éliminée dans les deux situations suivantes (concernant indifféremment des profits ou des pertes) :
– les bénéfices en cause ne sont soumis **qu'une fois à l'impôt** dans un seul État ; cette situation peut résulter d'une renonciation au redressement par l'administration qui l'envisageait, ou bien, en cas de maintien, de l'acceptation par l'autre État de la rectification, à due concurrence, de l'assiette imposable spontanément déclarée par l'entreprise associée ;
– le montant de l'impôt correspondant aux résultats redressés et maintenus en totalité ou en partie dans un État fait l'objet, pour l'entreprise associée, d'un **ajustement corrélatif** dans l'autre État (par exemple sous la forme d'un crédit d'impôt).

Lorsque les modalités d'élimination de la double imposition ont été arrêtées, l'autorité qui a été saisie du cas transmet une copie de la décision des autorités compétentes et de l'avis de la commission consultative à chacune des entreprises concernées.

f. Publicité des décisions

86490 Les autorités compétentes peuvent convenir de la publication de la décision qu'elles ont prise, ainsi que de l'avis de la commission consultative, avec l'accord des entreprises concernées.

Le Secrétariat général du Conseil de l'Union européenne peut demander, le cas échéant, une publication au Journal officiel de l'Union européenne.

4. Articulation avec les autres recours disponibles

Une entreprise peut demander simultanément l'ouverture d'une procédure amiable sur le fondement d'une **convention fiscale** et sur celui de la **convention européenne** d'arbitrage. Dans cette hypothèse, chaque procédure est menée selon les règles qui lui sont propres. En pratique, lorsqu'une demande d'ouverture de procédure amiable est formulée et recevable dans le cadre des deux conventions, la phase d'instruction et de discussion avec l'autre autorité compétente est menée de façon globale avec celle-ci. **86510**

Recours juridictionnels engagés par les contribuables

Comme en ce qui concerne les procédures amiables conventionnelles, les contribuables peuvent utiliser les recours prévus par le droit interne des États concernés. L'article 7 § 3 de la convention européenne d'arbitrage précise toutefois que, dans les cas où la législation interne d'un État ne permet pas aux autorités compétentes de déroger aux décisions de leurs instances judiciaires (décisions juridictionnelles), la procédure d'arbitrage n'est possible que si l'entreprise a laissé s'écouler le délai de présentation du recours auprès des juridictions nationales, ou **s'est désistée de ce recours** avant qu'une décision ait été rendue. **86520**

Dans une déclaration unilatérale adoptée le jour de la signature de la convention et publiée conjointement avec celle-ci au Journal officiel de l'Union européenne, la **France** a indiqué qu'elle ferait application de cette disposition. L'administration précise que le principe de l'autorité de la chose jugée ne permettrait pas aux autorités compétentes de se conformer à l'avis de la commission consultative si elles devaient, ce faisant, remettre en cause une décision de justice passée en force de chose jugée (BOI-INT-DG-20-30-30 n° 250). Par conséquent, **les contribuables doivent choisir** entre poursuivre une procédure juridictionnelle jusqu'à son terme ou y renoncer afin que la procédure d'arbitrage puisse être conduite.

En outre, en cas de recours contentieux exercé par l'entreprise, le délai de deux ans (n° 86390) ne commence à courir qu'à partir du moment où l'entreprise s'est **désistée** de son recours. Ce report du point de départ du délai de deux ans s'applique dès lors qu'un recours de droit interne est exercé contre une décision, que ce soit devant l'administration ou devant un tribunal.

Procédures engagées par l'administration

Le fait que la commission consultative ait été saisie du cas n'empêche pas un État d'engager ou de continuer, pour ce même cas, des poursuites judiciaires ou des procédures visant à appliquer des sanctions administratives. **86525**

5. Garanties apportées aux contribuables

La convention européenne d'arbitrage prévoit que les membres de la commission consultative sont tenus de garder le **secret** sur tout élément dont ils ont connaissance dans le cadre de la procédure ; elle ajoute que les États doivent adopter les dispositions appropriées pour réprimer toute infraction à cette obligation. **86540**

La convention ne porte pas atteinte aux obligations plus larges en matière d'élimination des doubles impositions en cas de correction des bénéfices d'entreprises associées qui peuvent découler d'autres conventions auxquelles les États contractants sont, ou seront, parties ou du droit interne de ces États. Elle crée un **droit supplémentaire** au profit des contribuables concernés mais ne les prive pas d'actionner de manière concomitante toute autre voie de recours légale. **86545**

Ainsi, un contribuable peut en principe engager à la fois une procédure administrative, de recours hiérarchique par exemple, une procédure juridictionnelle, une procédure amiable prévue par une convention fiscale bilatérale et une procédure amiable en vertu de la convention européenne d'arbitrage, si sa situation est conforme aux conditions posées par ces différentes voies de recours (mais il peut ensuite être amené à faire un choix, n° 86520).

86550 L'ouverture d'une nouvelle procédure amiable et le cas échéant d'une nouvelle procédure d'arbitrage demeure possible tant que la double imposition n'a pas été éliminée à l'issue de procédures initiales ayant fait l'objet de décisions de la part des autorités compétentes.

6. Portée et limites

86560 La convention européenne d'arbitrage a représenté une très grande avancée de principe, dans la mesure où elle a reconnu, pour la première fois, un véritable **droit des entreprises à l'élimination de la double imposition**. Sur le fondement de ce texte, les États n'ont plus seulement une obligation de moyens ; ils ont une **obligation de résultat** dans un délai qui ne peut, en principe, excéder trois ans (deux ans de procédure amiable préalable, et un an de procédure d'arbitrage).

Ce principe a été repris, sous une autre forme et selon d'autres modalités, par le comité des affaires fiscales de l'OCDE dans le cadre de ses travaux sur le modèle de convention fiscale (n°s 85930 s.) ainsi que par l'instrument multilatéral (n° 86060) et par la directive européenne du 10 octobre 2017 (n° 86085).

86565 Sa portée est cependant **à nuancer**, pour les raisons suivantes :

– d'abord, la notion même d'élimination des doubles impositions n'est **pas suffisamment précise** ; la convention est muette sur les ajustements corrélatifs et n'en précise pas les modalités : exercices concernés, incidences des variations de change, notion de revenus distribués, possibilité de prélever ou non une retenue à la source, etc. Il ne s'agit que d'un cadre général ;

– ensuite, la commission se borne à donner un **avis** qui peut n'être pas suivi par les États membres ; ce n'est pas une véritable commission d'arbitrage mais une simple commission consultative, ce qui réduit la portée de ses avis ;

– enfin, l'autorité compétente d'un État n'est **pas obligée** d'entamer la procédure amiable ou de constituer la commission consultative, lorsqu'il est décidé définitivement par une procédure judiciaire ou administrative qu'une des entreprises concernées est passible d'une **pénalité grave** (n° 86280). Outre l'imprécision de la notion de pénalité « grave », il serait regrettable que le bénéfice de la convention ne soit pas accordé au simple motif qu'une administration a définitivement considéré qu'une telle pénalité pouvait s'appliquer. Cette clause donne, en réalité, beaucoup de latitude aux administrations, par exemple à l'administration française qui n'a qu'à appliquer la pénalité de 40 % pour manquement délibéré pour obtenir que la procédure européenne soit suspendue jusqu'à l'aboutissement d'une procédure contentieuse.

D. Fonctionnement en France du mécanisme européen de règlement des différends fiscaux

86600 Les prescriptions de la **directive (UE) 2017/1852** du Conseil du 10 octobre 2017 concernant les mécanismes de règlement des différends fiscaux dans l'Union européenne (n° 86085) ont été introduites en droit interne par l'article 130 de la loi n° 2018-1317 du 28 décembre 2018 de finances pour 2019. Les dispositions législatives ont été codifiées sous le chapitre IV du titre III du LPF, intitulé « Le règlement des différends fiscaux dans l'Union européenne » (LPF art. L 251 B à L 251 ZH) ; elles ont été complétées par le décret n° 2019-616 du 21 juin 2019 relatif au règlement des différends fiscaux dans l'Union européenne (JO du 22 juin 2019 texte n° 8).

Cette procédure s'applique aux demandes d'ouverture introduites auprès de l'administration fiscale française **depuis le 1er juillet 2019** portant sur des différends relatifs à des revenus ou capitaux perçus depuis le 1er janvier 2018, pour les particuliers, et à des exercices fiscaux ouverts depuis le 1er janvier 2018 pour les entreprises. Elle est d'inspiration très voisine de la convention européenne d'**arbitrage** (n°s 86140 s.), mais son champ d'application est différent :

– il est plus large car il n'est pas limité aux questions de prix de transfert mais s'étend à tous les contribuables et vise notamment l'impôt sur le revenu et l'impôt sur la fortune (les droits de mutation à titre gratuit ne sont pas concernés) ;

– il est plus étroit car il ne concerne que l'interprétation et l'application des conventions fiscales.

Précisions La loi avait prévu que le Gouvernement remette au Parlement un **rapport** sur la mise en œuvre de cette procédure ; cette disposition a cependant été déclarée contraire à la Constitution (Cons. const. 28 décembre 2018 n° 2018-777 DC, Loi de finances pour 2019).

Champ d'application

La procédure européenne de règlement des différends fiscaux concerne **tout contribuable**, qu'il s'agisse d'une personne physique ou d'une personne morale, sous réserve qu'il soit résident de France ou d'un autre État membre de l'Union européenne, au sens de la convention fiscale applicable. 86605

Tous les différends fiscaux ne sont cependant pas concernés mais seulement certains d'entre eux ; il faut, en effet, qu'il s'agisse (conditions cumulatives) :
– d'un différend entre l'administration française et les administrations d'**autres États membres** de l'Union européenne ;
– qui découle de l'interprétation et de l'application de **conventions fiscales**, conclues entre la France et un ou plusieurs États membres de l'Union européenne, qui prévoient l'élimination de la double imposition du revenu et, le cas échéant, de la fortune ;
– et qui aboutit à une imposition non conforme aux conventions fiscales applicables (LPF art. L 251 B).

Pour l'application de ces dispositions, est considérée comme une **double imposition** l'imposition par la France et au moins un autre État membre, d'un même revenu ou d'une même fortune imposable relevant d'une convention fiscale, lorsque cette imposition donne lieu à l'une ou plusieurs des situations suivantes :
– une charge fiscale supplémentaire ;
– une augmentation de la charge fiscale ;
– une annulation ou une réduction des pertes qui pourraient être utilisées pour compenser des bénéfices imposables (LPF art. L 251 C).

Ouverture de la procédure

En principe, une demande d'ouverture de la procédure doit être introduite simultanément auprès de l'administration fiscale française et de celles des autres États membres concernés ; le contribuable dispose d'un **délai** de trois ans à compter de la réception de la première mesure administrative qui peut entraîner une imposition immédiate ou future déterminée dans son principe et dans son montant (LPF art. L 251 D). 86610

Une exception est toutefois prévue pour les **particuliers** et les **petites entreprises** ; dans ce cas, les résidents de France peuvent s'adresser, durant toute la procédure, à l'administration fiscale française, qui devra se charger de toutes les communications à effectuer aux administrations des autres États membres concernés.

Saisie d'une demande, l'administration peut prendre une **décision d'acceptation ou de rejet** ; elle doit notifier sa décision au contribuable dans un délai de six mois à compter de la réception de la demande ou, lorsque des informations complémentaires ont été demandées, dans un délai de six mois à compter de la réception de ces informations. Si l'administration ne prend pas position dans le délai requis, la demande est réputée acceptée. Les décisions de rejet, le cas échéant, doivent être **motivées** ; elles peuvent faire l'objet d'un recours juridictionnel lorsque la même décision a été prise par l'administration fiscale française et par toutes les autres administrations des États membres concernés.

Cela étant, parallèlement à une demande d'ouverture d'une procédure de règlement des différends, le contribuable peut toujours présenter une **réclamation contentieuse** dans les conditions prévues à l'article L 190 du LPF ; le délai de trois ans est alors suspendu jusqu'à l'issue de la procédure contentieuse ou sa clôture pour tout autre motif.

Précisions **a.** Les « **petites entreprises** » s'entendent au sens de la directive 2013/34/UE du Parlement européen et du Conseil du 26 juin 2013.

b. L'administration peut décider de **régler le différend unilatéralement**, sans faire intervenir l'administration des autres États membres concernés, ce qui entraîne la clôture de la procédure (LPF art. L 251 E, II).

c. Les règles applicables à la **demande d'ouverture** sont précisées par les articles R 251 D-1 à R 251 D-6 du LPF (notion de mesure administrative, éléments d'information à fournir, accusé de réception, etc.).

Procédure amiable préalable

86615 Si la demande a été acceptée par l'administration fiscale française et par celles des autres États membres concernés, l'administration française doit traiter le différend à l'amiable dans un **délai de deux ans** à compter de la dernière notification d'une décision d'acceptation de la demande d'ouverture par l'une des administrations des États membres concernés. Ce délai peut être **prorogé** d'un an au plus sur décision motivée de l'administration française, communiquée au contribuable et à toutes les autres administrations des États membres concernés.

Comme il est habituel (nos 85280 s.), deux situations sont envisageables :
– si l'administration fiscale française et celles des autres États membres concernés sont **parvenues à un accord**, cet accord est contraignant à l'égard de la France et exécutoire pour le contribuable, sous réserve qu'il accepte la décision et renonce à tout recours ; lorsque d'autres recours ont été engagés, cet accord ne prend effet qu'à partir du moment où le contribuable a transmis à l'administration fiscale française et aux administrations des autres États membres concernés les éléments attestant que des dispositions ont été prises pour mettre fin à ces recours ; en cas de refus par le contribuable, d'absence de réponse ou d'absence de transmission à l'administration fiscale des éléments d'attestation, la procédure de règlement des différends est close ;
– si l'administration fiscale française et celles des autres États membres concernés ne sont **pas parvenues à un accord** dans le délai requis, l'administration française le notifie au contribuable en lui en donnant les raisons et en lui précisant les voies et délais de saisine de la commission consultative (n° 86620).

Précisions **a.** En cas de dépôt d'une **réclamation**, le délai est suspendu jusqu'à l'issue de la procédure contentieuse.
b. En cas d'engagement d'une procédure administrative ou juridictionnelle pouvant aboutir à l'application d'une **majoration** de 40 %, 80 % ou 100 % (CGI art. 1728, 1-b et c, 1729, 1732, a et 1758, al. 1 et 4), la procédure amiable est suspendue jusqu'à l'issue définitive de la procédure administrative ou juridictionnelle.

Intervention de la commission consultative

86620 Une commission consultative doit être constituée si le contribuable le demande à l'administration fiscale française et à celles des autres États membres concernés dans les deux cas suivants (LPF art. L 251 K) :
– si la **demande** d'ouverture de la procédure a été **rejetée** par l'administration fiscale française ou par une ou plusieurs des administrations des autres États membres concernés mais non par l'ensemble de ces administrations ; la demande doit comprendre une déclaration du contribuable certifiant qu'aucun autre recours ne peut être introduit ou n'est en instance et qu'il a renoncé à son droit à d'autres recours contre les décisions de rejet prononcées par les administrations concernées ; dans ce cas, la décision d'acceptation ou de rejet de la demande d'ouverture de la procédure de règlement des différends intervient dans un délai de six mois à compter de la date de la constitution de la commission consultative ;
– si l'administration fiscale française et celles des autres États membres concernés ont accepté la demande d'ouverture mais ne sont **pas parvenues à un accord** amiable sur la manière de régler le différend dans le délai requis (n° 86615).

Dans ces cas, la commission consultative est constituée dans un délai de **cent vingt jours** à compter de la date de réception de la demande du contribuable ; elle est composée d'un président (en principe, un magistrat), de représentants de l'administration française et de celles des autres États membres concernés et de deux personnalités indépendantes nommées par chacune des administrations à partir d'une liste établie par la Commission européenne (l'administration fiscale française a un droit de récusation dans certains cas).

Les contribuables peuvent, sous réserve de l'accord de l'administration fiscale française, demander à se présenter ou se faire représenter devant la commission consultative ; si la commission le requiert, les personnes concernées doivent se présenter ou se faire représenter.

Précisions a. Les **règles de fonctionnement** de la commission consultative sont déterminées conjointement par l'administration fiscale française et celles des autres États membres concernés ; elles sont notifiées au contribuable par l'administration fiscale française. Elles sont encadrées par les articles R 251 K-1 à R 251 Y-1 du LPF (saisine, composition, fonctionnement, avis).

b. Le contribuable peut **fournir à la commission** consultative, sous réserve de l'accord de l'administration fiscale française, tous renseignements, éléments de preuve ou documents susceptibles d'être utiles pour la décision. Le contribuable et l'administration fiscale française doivent fournir tous renseignements, éléments de preuve ou documents à la demande de la commission consultative (l'administration fiscale française peut s'y opposer dans certains cas, par exemple si les éléments concernent des secrets commerciaux, industriels ou professionnels ou des procédés commerciaux).

c. Les personnalités indépendantes et tout autre membre de la commission consultative sont soumis à l'obligation de **secret**.

d. L'administration fiscale française et celles des autres États membres concernés peuvent convenir de constituer une **commission de règlement alternatif des différends** en lieu et place de la commission consultative (LPF art. 251 ZD).

Situations excluant le recours à la commission consultative

La procédure de règlement des différends en commission consultative ne peut pas être engagée (LPF art. L 251 M) : **86625**
– s'il a été fait application d'une des **majorations** prévues aux b et c du 1 de l'article 1728, à l'article 1729, au a de l'article 1732 et aux premier et dernier alinéas de l'article 1758 du CGI (majorations de 40 % ou de 80 %) et que l'une de ces majorations est devenue définitive ;
– ou si la demande d'ouverture n'a pas trait à une double imposition au sens indiqué nº 86605 ;
– ou si une **décision de justice** définitive a confirmé l'imposition ou la décision de rejet de la demande d'ouverture prononcée par l'administration.

Règlement final du différend

La **commission consultative** doit rendre son avis dans un **délai** de six mois à compter de la date à laquelle elle a été constituée ; lorsqu'elle estime que la complexité de la demande rend nécessaire un délai supplémentaire, elle peut décider de prolonger ce délai de trois mois au plus et elle doit en informer l'administration fiscale française et le contribuable. (LPF art. L 251 Y). **86630**

La commission doit fonder son **avis** sur les dispositions des accords ou conventions applicables, ainsi que sur toute règle nationale applicable ; elle se prononce à la majorité simple de ses membres, sachant qu'en l'absence de majorité, la voix du président est prépondérante. Par l'intermédiaire de son président, la commission doit communiquer son avis à l'administration fiscale française et le contribuable doit être informé de ce que la commission a rendu son avis (LPF art. L 251 Z). Si une commission de règlement alternatif des différends a été constituée, celle-ci peut appliquer une autre procédure de décision que celle prévue qui s'applique à la commission consultative (en particulier, une telle commission peut appliquer la méthode d'arbitrage de la « meilleur offre », ou « baseball arbitration »).

C'est ensuite à l'administration fiscale française et à celles des autres États membres concernés de décider de la manière de **régler le différend** dans un délai de six mois à compter de la notification de l'avis de la commission consultative ; les administrations ne peuvent s'écarter de l'avis de la commission consultative que si elles parviennent à un accord sur la manière de régler le différend dans ce délai.

L'administration doit alors notifier au contribuable la **décision définitive** au plus tard dans le délai de trente jours à compter de cette décision ; la décision prend effet à condition que le contribuable l'accepte et renonce à tout recours dans un délai de soixante jours à compter de la date à laquelle la décision définitive lui a été notifiée. En cas de refus du contribuable, d'absence de réponse ou d'absence de transmission des éléments attestant le renoncement à toute autre voie de recours dans le délai de soixante jours, la procédure de règlement des différends est close.

Pour assurer l'effectivité de la décision, la loi prévoit que nonobstant toute règle de délai prévue au LPF, **l'imposition du contribuable est modifiée** conformément à la décision définitive notifiée et acceptée, sauf si le critère d'indépendance des personnalités composant la commission consultative n'a pas été respecté (LPF art. L 251 ZC).

86630 (suite) Une mesure de **publicité** est enfin prévue, la décision définitive devant être transmise sous forme de résumé à la Commission européenne à fin de publication. L'article R 251 ZF-1 du LPF précise, à cet égard, que le **résumé à publier** comprend la description des faits, la date de la décision définitive, les périodes imposables concernées, la base juridique, le secteur d'activité et une brève description de la décision définitive, ainsi qu'une description de la méthode d'arbitrage utilisée. Avant la transmission du résumé à la Commission européenne pour publication, l'administration doit le transmettre au contribuable ; dans un délai de soixante jours, ce dernier peut demander à l'administration de ne pas publier une information relative à un secret commercial, industriel ou professionnel ou à un procédé commercial ou qui est contraire à l'ordre public.

Précisions **a.** Il est mis fin à la procédure de règlement des différends si le **juge** saisi d'un recours contre l'imposition rend une décision devenue définitive après qu'une demande a été présentée par le contribuable mais avant que la commission consultative ou la commission de règlement alternatif des différends ait rendu son avis à l'administration fiscale.

b. La procédure de règlement des différends met fin, dans le cadre du différend en question, à toute **autre procédure** amiable ou de règlement des différends en cours prévue par une convention ou un accord conclu par la France.

CHAPITRE 30

L'harmonisation fiscale européenne

Plan du chapitre §§

	SECTION 1 **Appréciation globale**	87350
A	Éléments de contexte	87350
B	Bilan global de l'harmonisation fiscale européenne	87460
	SECTION 2 **Précisions et perspectives concernant certains impôts**	87880
A	Taxe sur la valeur ajoutée	87900
B	Fiscalité de l'épargne	88000
C	Impôts directs	88130
D	Taxation du secteur financier	88780

Le rapprochement des fiscalités des pays membres de l'Union européenne est une question qui a acquis une grande importance dans les débats publics et la vie des affaires, particulièrement avec la mise en place de l'euro, l'achèvement du marché intérieur, et les derniers élargissements de l'Union. Depuis la crise des années 2008/2009, cependant, les préoccupations des administrations se sont principalement concentrées sur la **lutte contre l'évasion et la fraude fiscales** par l'intensification des échanges de renseignements dans tous les domaines de la fiscalité, qu'il s'agisse de la TVA, des revenus de l'épargne ou de la fiscalité des entreprises. L'objectif clairement affiché consiste à protéger les recettes des États et l'efficacité des systèmes fiscaux. C'est également dans ce sens, ainsi que dans la perspective du renforcement de la coordination des politiques économiques en vue de favoriser l'assainissement budgétaire et la croissance économique, que les États membres discutent périodiquement d'une meilleure **coordination pragmatique des politiques fiscales** au sein de la zone euro. **87300**

Traditionnellement, les instances européennes ont privilégié le rapprochement des législations fiscales dans le domaine des **taxes sur le chiffre d'affaires**, des **droits d'accises** et des autres **impôts indirects**. L'acquis, dans ce domaine, est considérable. Compte tenu des limites posées par le traité CE puis par le traité FUE, une place restreinte a été faite à l'harmonisation des impôts directs, les instances européennes choisissant de se consacrer en priorité à l'élimination de certaines **doubles impositions** et à la réduction des obstacles fiscaux au **rapprochement des entreprises**. **87305**

Cette approche s'est traduite, en matière d'impôts directs, par l'adoption de directives fort importantes en 1990, puis leur approfondissement en 2003 et 2005 ; après une période de stagnation, une relance a pu ensuite être constatée en 2011 avec le dépôt par la Commission européenne d'une proposition de directive sur l'assiette commune consolidée pour l'impôt sur les sociétés (ACCIS, mais le projet n'a pas dépassé le stade des discussions techniques et va sans doute être retiré ; n° 88145), la remise à l'ordre du jour des propositions de modifications de la directive en matière d'intérêt et de redevance (mais aucun accord sur ce point n'a encore été trouvé) et de la directive sur la fiscalité de l'épargne, ainsi que le développement d'un programme de lutte à la fois contre la double imposition et contre la « double non-imposition » au sein de l'Union européenne.

Au cours de ces dernières années, l'accent a plus particulièrement été mis sur les points suivants :
– la **lutte contre la fraude** en matière de fiscalité directe : adoption d'une directive « anti-évasion fiscale » (n° 88138), renforcement des mécanismes d'échange d'informations (n° 74205), échange automatique et obligatoire d'informations en matière bancaire et financière (n° 88020), projets de mise en place d'une assiette commune, puis consolidée, pour l'impôt sur les sociétés (n° 88145) ;

87305 (suite) – propositions de mise en place d'un système définitif en matière de **TVA** (nos 87930 s.) ;
– la lutte contre la **planification fiscale agressive** de sorte que « les entreprises soient imposées à l'endroit où elles réalisent leurs bénéfices et ne puissent pas éluder le paiement de leur "juste contribution" en recourant à une planification fiscale agressive » (communiqué de la Commission IP/15/5044 du 27 mai 2015) : notamment, mise en place en 2020/2021 d'une obligation spécifique de déclaration des « montages » transfrontières (no 71812) ;
– l'accès des autorités fiscales aux informations relatives à la lutte contre le blanchiment de capitaux : adoption de la directive (UE) 2016/2258 du Conseil du 6 décembre 2016 qui prévoit l'accès aux **bénéficiaires effectifs** d'entreprises depuis le 1er janvier 2018 (no 87880, Précisions b) ;
– l'établissement d'une **liste européenne d'États ou territoires non coopératifs** (no 71580) ;
– l'amélioration des mécanismes de **règlement des différends** fiscaux dans l'Union européenne par la mise en place d'un mécanisme contraignant dans le cadre de la directive (UE) 2017/1852 du Conseil du 10 octobre 2017 (no 86085) ;
– la volonté de taxer d'une façon plus équitable les activités des **entreprises numériques** : projet de création d'une nouvelle taxe numérique à l'échelle européenne (« Digital Levy ») et d'extension de la notion d'établissement stable en cas de présence numérique significative (no 17783) ; ces projets ont cependant été mis en sommeil compte tenu des perspectives de réforme plus large de l'imposition des grandes entreprises dans le monde (nos 16650 s.).

Dans le contexte de la crise sanitaire résultant de l'épidémie de Covid-19, la Commission européenne a également proposé, le 15 juillet 2020 (communiqué de presse IP/20/1334 du même jour), une **nouvelle série de mesures** visant à « contribuer à la relance et à la croissance de l'Europe » : plan d'action de 25 mesures à mettre en œuvre d'ici 2024 afin de rendre la fiscalité plus simple, plus équitable et mieux adaptée à l'économie moderne (réduction des obstacles fiscaux et des charges administratives pesant sur les entreprises) ; nouvelle proposition de modification de la directive relative à l'échange d'informations afin d'inclure les cryptoactifs et la monnaie électronique (DAC 8 ; no 74208) ; et communication sur la bonne gouvernance en matière fiscale, proposant une modification du Code de conduite (no 88530) et de la liste européenne des États et territoires non coopératifs (no 71580).

Enfin, la Commission européenne, qui a précisé qu'elle envisageait à nouveau l'abandon de la règle de l'unanimité en matière fiscale (no 87413, Précisions b), a présenté, à la fin de l'année 2021 et au premier semestre 2022, de nouvelles propositions de directives sur le **taux d'imposition** minimum des grands groupes (no 88150), la lutte contre les **sociétés sans substance minimale** (no 88139) et l'introduction de nouvelles règles pour désinciter les entreprises à recourir à **l'emprunt** (no 88148). En ce qui concerne la fiscalité environnementale, un accord a été trouvé le 15 mars 2022 sur un **mécanisme d'ajustement carbone** aux frontières (MACF), mesure environnementale visant les importations de produits à haute intensité de carbone et destinée à éviter que les efforts de réduction des émissions de gaz à effet de serre consentis par l'Union européenne soient neutralisés par l'importation de produits fabriqués dans des pays tiers.

On se gardera, bien entendu, d'omettre l'importance de la jurisprudence de la **Cour de justice** (ex-Cour de justice des communautés européennes, CJCE) qui donne aux grandes libertés prévues par le traité FUE (nos 81400 s.) leur plein effet en matière fiscale ; c'est d'ailleurs l'un des points mis en avant par la Commission européenne pour justifier son souhait persistant d'une harmonisation plus poussée de la fiscalité directe applicable aux sociétés des États membres, la recherche d'une solution politique étant naturellement préférable à une harmonisation fiscale désordonnée en fonction des péripéties jurisprudentielles.

SECTION 1

Appréciation globale

A. Éléments de contexte

États membres

La Communauté économique européenne a été créée en 1957 par l'Allemagne fédérale, la France, la Belgique, l'Italie, le Luxembourg et les Pays-Bas (traité signé à Rome le 25 mars 1957). Depuis lors, d'autres États européens s'y sont adjoints, pour former une Communauté de quinze États (le Danemark, l'Espagne, la Grèce, l'Irlande, le Portugal et le Royaume-Uni y ont adhéré, puis l'Autriche, la Suède et la Finlande). **87350**

L'Union européenne compte actuellement **vingt-sept États**, à la suite de l'entrée, le 1er mai 2004, de la République tchèque, de l'Estonie, de la Lettonie, de la Lituanie, de la Hongrie, de Malte, de Chypre, de la Pologne, de la Slovénie, et de la Slovaquie, et, le 1er janvier 2007, de celle de la Bulgarie et de la Roumanie. La Croatie est devenue le vingt-huitième État membre le 1er juillet 2013 mais l'Union s'est ensuite réduite à vingt-sept à la suite du retrait du Royaume-Uni le 31 janvier 2020 (n° 87352).

Précisions Le Royaume-Uni et **Gibraltar** formaient un seul État membre aux fins de la libre prestation de services (CJUE 13 juin 2017 aff. 591/15, Gr. ch., The Gibraltar Betting and Gaming Association Limited). L'exercice de la liberté d'établissement ou de la libre circulation des capitaux par des ressortissants britanniques entre le Royaume-Uni et Gibraltar constituait de même, au regard du droit de l'Union européenne, une situation dont tous les éléments se cantonnaient à l'intérieur d'un seul État membre (CJUE Ord. 12 octobre 2017 aff. 192/16, 2e ch.). Sur la situation de Gibraltar, voir également n° 88180, Précisions d.

Brexit

À la suite du vote du 23 juin 2016 par lequel les électeurs britanniques se sont prononcés en faveur de la sortie du **Royaume-Uni** de l'Union européenne (« Brexit »), le Royaume-Uni a formellement notifié, le 29 mars 2017, son intention de quitter l'Union européenne, conformément à l'article 50 du traité sur l'Union européenne, aux termes duquel l'État membre qui décide de se retirer doit notifier son intention au Conseil européen. **87352**

Le 22 mai 2017, le Conseil a adopté, à vingt-sept, une décision autorisant l'ouverture de négociations avec le Royaume-Uni, désignant formellement la Commission européenne comme négociateur pour le compte de l'Union européenne et fixant des directives pour la négociation d'un accord sur les modalités du retrait.

La **négociation** sur les conditions du retrait s'est avérée difficile mais un projet a fini par être publié le 14 novembre 2018 (communiqué IP/18/6424) et approuvé par le Conseil européen le 25 novembre 2018 ; le 11 janvier 2019, le Conseil a adopté la décision (UE) 2019/274 relative à la signature de l'accord de retrait mais, au Royaume-Uni, la Chambre des communes n'a pas approuvé l'accord. Il a donc fallu continuer les négociations et étendre le délai imparti au Royaume-Uni pour quitter l'Union européenne, qui devait expirer le 29 mars 2019 (date d'expiration du délai de deux ans prévu par l'article 50 du traité sur l'Union européenne).

Après de nouvelles négociations, un **accord sur le retrait** du Royaume-Uni de l'Union européenne et de la Communauté européenne de l'énergie atomique a finalement été signé à Bruxelles et à Londres le 24 janvier 2020 ; cet accord est entré en vigueur le 1er février 2020 (en ce sens, avis publié au JOUE L 29 du 31 janvier 2020), après avoir été approuvé par le Parlement européen le 29 janvier 2020. La décision (UE) 2020/135 du Conseil du 30 janvier 2020 relative à la conclusion de l'accord ainsi que le texte de l'accord ont été publiés au JOUE L 29 du 31 janvier 2020. Le Royaume-Uni a ainsi **quitté l'Union européenne** le 31 janvier 2020 à minuit et il s'agit depuis cette date d'un État tiers. Une période de **transition** a cependant été organisée entre le 1er février 2020 et le 31 décembre 2020, au cours de laquelle le droit de l'Union européenne a continué de s'appliquer au Royaume-Uni, sous réserve de certaines dispositions institutionnelles ; le Royaume-Uni devait donc, pendant cette période, continuer d'être traité comme un État membre (combinaison des articles 7, 126 et 127 de l'accord de retrait) et devait lui-même

87352 (suite) appliquer le droit de l'Union européenne, notamment les grandes libertés prévues par le traité FUE (en vertu de l'article 127 de l'accord de retrait, pendant la période de transition, le droit de l'Union européenne était, sauf disposition contraire, applicable au Royaume-Uni et sur son territoire, toute référence aux États membres devant s'entendre comme incluant le Royaume-Uni).

Les négociations sur le **futur partenariat** entre l'Union européenne et le Royaume-Uni ont été entamées le 2 mars 2020. Les négociateurs se sont entendus sur un accord de commerce et de coopération et sur un accord sur la sécurité des informations le 24 décembre 2020.

Le 29 décembre 2020, le Conseil a adopté une décision relative à la signature de **l'accord de commerce et de coopération** et de l'accord sur la sécurité des informations ainsi qu'à l'application provisoire de ces accords à compter du 1er janvier 2021. Les accords ont été signés par les deux parties le 30 décembre 2020 et ils se sont appliqués à titre provisoire à compter du 1er janvier 2021 (les premiers textes ont été publiés au JOUE L 444 du 31 décembre 2020, sous réserve d'un toilettage ultérieur).

Après approbation par le Parlement européen le 27 avril 2021, le Conseil a ensuite adopté, le 29 avril 2021, une décision relative à la conclusion de l'accord de commerce et de coopération entre l'Union européenne et le Royaume-Uni, dernière étape de la ratification des accords pour ce qui concerne l'Union européenne. Les accords et les textes qui les accompagnent sont entrés en vigueur le 1er mai 2021 (publication au JOUE L 149 du 30 avril 2021 de la décision (UE) 2021/689 du Conseil du 29 avril 2021 relative à la conclusion de l'accord de commerce et de coopération entre l'Union européenne et la Communauté européenne de l'énergie atomique, d'une part, et le Royaume-Uni, d'autre part, et de l'accord entre l'Union européenne et le Royaume-Uni relatif aux procédures de sécurité pour l'échange d'informations classifiées et leur protection, et publication des deux accords eux-mêmes).

En ce qui concerne les **questions fiscales**, le titre XI de la deuxième partie de l'accord de commerce et de coopération contient un chapitre 5 intitulé « Fiscalité » qui précise, notamment, que :
– les deux parties reconnaissent et s'engagent à mettre en œuvre les principes de **bonne gouvernance** dans le domaine fiscal, en particulier les normes internationales en vigueur concernant la transparence fiscale, l'échange d'informations et une concurrence loyale dans le domaine fiscal ; elles réaffirment leur soutien au plan d'action de l'OCDE sur l'érosion de la base d'imposition et le transfert de bénéfices (**Beps**) et affirment leur volonté de mettre en œuvre les normes minimales de l'OCDE visant à lutter contre le Beps ; elles s'engagent à promouvoir la bonne gouvernance en matière fiscale, à améliorer la coopération internationale dans le domaine fiscal et à faciliter la perception de recettes fiscales (article 5.1, intitulé « bonne gouvernance ») ;
– une partie n'affaiblira ni ne réduira le niveau de protection assuré par sa législation à la fin de la période de transition au-dessous du niveau défini dans les normes et règles qui ont été convenues au sein de l'OCDE à la fin de la période de transition, en ce qui concerne **l'échange d'informations** (au sens large) et les règles relatives à la limitation des **intérêts**, aux **sociétés étrangères contrôlées** et aux dispositifs **hybrides** (article 5.2, intitulé « normes fiscales », faisant implicitement référence aux directives Atad).

Au cours des négociations, l'Union européenne a particulièrement insisté pour que le Royaume-Uni ne bénéficie pas d'avantages compétitifs indus du fait, notamment, de mesures et de pratiques fiscales. Pour cette raison, une déclaration politique commune sur la lutte contre les **régimes fiscaux dommageables** a également été signée par l'Union européenne et le Royaume-Uni, affirmant l'engagement des deux parties à lutter contre les régimes fiscaux dommageables, en particulier les régimes qui peuvent faciliter l'érosion de la base d'imposition et le transfert de bénéfices, conformément à l'action 5 du plan anti-Beps de l'OCDE (JOUE L 444 du 31 décembre 2020 ; voir n° 70573).

Précisions **a.** Un État membre qui a notifié au Conseil européen son intention de se retirer de l'Union européenne peut **révoquer** cette notification unilatéralement tant qu'un accord de retrait n'est pas entré en vigueur ou, à défaut d'un tel accord, tant que le délai de deux ans prévu par l'article 50 du traité sur l'Union européenne n'a pas expiré (CJUE 10 décembre 2018 aff. 621/18, Plén.).

b. Des procédures d'**aides d'État** peuvent être engagées par la Commission européenne à l'encontre du Royaume-Uni, pendant une période de quatre ans, au titre de situations nées avant la fin de la période de transition.

c. La **Cour de justice** peut être saisie au titre de manquements constitués par le Royaume-Uni avant la fin de la période de transition.

d. L'accord du 30 décembre 2020 ne s'applique pas aux territoires ayant des relations particulières avec le Royaume-Uni tels que les **Bermudes** ou les îles Caïmans, ni à **Gibraltar**, territoire britannique situé sur la péninsule ibérique.

Conséquences fiscales du Brexit en France

Afin d'atténuer les conséquences du Brexit en matière fiscale, diverses **mesures de tempérament** ont été adoptées. **87353**

En ce qui concerne les personnes physiques, les principaux aménagements sont les suivants (BOI-INT-DG-15-10) :
– l'éligibilité au **PEA** et au PEA-PME a été maintenue, pour une période de neuf mois à compter du 1er janvier 2021, pour les titres britanniques acquis avant le 31 décembre 2020, les titres britanniques (acquis avant ou après la date de fin de la période de transition) détenus par des **OPC** eux-mêmes éligibles au PEA ou au PEA-PME au 17 décembre 2020 et les parts ou actions d'OPC britanniques acquis avant cette date (Ordonnance n° 2020-1595 du 16 décembre 2020 tirant les conséquences du retrait du Royaume-Uni de l'Union européenne en matière d'assurances, de placements collectifs et de plans d'épargne en actions, JO du 17 décembre 2020, texte n° 14 ; Arrêté du 22 décembre 2020 au JO du 27 décembre 2020, texte n° 29 ; BOI préc. n° 70) ; les personnes physiques qui détenaient des titres britanniques dans leur PEA pouvaient donc les conserver jusqu'au 30 septembre 2021 et devaient ensuite soit les céder dans le plan, soit les retirer du plan (des règles transitoires avaient également été prévues pour les fonds de capital investissement, FCPR, FCPI et FIP) ;
– l'éligibilité des titres de sociétés britanniques a été maintenue à titre transitoire pour l'application de certains avantages fiscaux associés aux placements en **bons ou contrats de capitalisation** et contrats d'assurance-vie (contrats « DSK » ou « NSK », bons ou contrats souscrits auprès d'un assureur britannique, notamment ; BOI préc. n° 180) ;
– il a été admis que ne soit pas remise en cause la **réduction d'impôt « Madelin »** (souscription au capital de PME) en cas de conservation pendant cinq ans des titres de sociétés ayant leur siège au Royaume-Uni souscrits directement par le contribuable avant le 1er janvier 2021 (BOI préc. n° 300) ;
– les titres de sociétés britanniques souscrits avant le 1er janvier 2021 demeurent éligibles, parfois sans limitation dans le temps, au quota de titres de sociétés non cotées européennes pour l'application de l'exonération des distributions et gains afférents aux parts ou actions de certaines structures de **capital-risque** (BOI préc. nos 380 s.) ;
– les parts de **carried interest** acquises ou souscrites jusqu'au 31 décembre 2020 et émises par des structures de capital-risque constituées au Royaume-Uni bénéficient du régime fiscal de faveur, sans limitation dans le temps (BOI préc. n° 440).

En ce qui concerne plus particulièrement les sociétés, les principales mesures sont les suivantes :
– les **produits de participations** dans les sociétés britanniques étaient, jusqu'à la clôture par la société bénéficiaire de la distribution de l'exercice clos le 31 décembre 2020 ou en cours à cette date, réputés provenir de sociétés établies dans l'Union européenne (n° 61425, Précisions c) ;
– la sortie du Royaume-Uni de l'Union européenne n'a pas mis fin aux **groupes intégrés** existants, dans leur configuration antérieure, jusqu'à la clôture de l'exercice au cours duquel le retrait est survenu (CGI art. 223 L, 6-k ; BOI-IS-GPE-50-60-40) ;
– les **distributions de dividendes** mises en paiement par une société française au profit de sa société mère britannique durant un exercice ouvert avant le 31 décembre 2020 pouvaient être exonérées de retenue à la source en application de l'article 119 ter du CGI (BOI-INT-DG-15-20 n° 70) ;
– l'étalement de l'imposition est maintenu en cas de **transfert de siège** ou d'établissement vers le Royaume-Uni intervenus au plus tard le 31 décembre 2020 pour lesquels la société a opté pour le paiement fractionné de l'impôt sur les sociétés sur cinq ans ; en

revanche, en cas de transfert du siège ou d'un établissement vers le Royaume-Uni postérieurement à cette date, les conséquences d'une cessation d'entreprise s'appliquent (BOI préc. n° 140) ;
– pour l'imposition des **écarts de valeur liquidative** (CGI art. 209-0 A), la condition relative à la localisation dans l'Union européenne d'un OPC ou des sociétés dont les titres sont détenus par l'OPC était réputée satisfaite jusqu'à la clôture du dernier exercice ouvert avant le 31 décembre 2020 (BOI préc. nos 160 s.).

Enfin, l'accord de retrait a préservé l'application du droit de l'Union européenne à l'égard des flux initiés avant la fin de la période de transition en matière douanière (art. 47 à 49), de **TVA** (art. 51) et d'accises (art. 52).

Pour le reste, depuis le 1er janvier 2021, le droit de l'Union européenne a cessé de s'appliquer en matière fiscale, les règles applicables, notamment en matière de TVA et de **retenues à la source** étant celles qui concernent les États tiers (non-application des directives mères/filles et intérêts/redevances, par exemple). Le Royaume-Uni ne bénéficie plus de la **libre circulation** des services ni de la liberté d'établissement ni de la libre circulation des personnes. Par conséquent :
– les résidents britanniques ne bénéficient plus du règlement européen (CE) n° 883/2004 du 29 avril 2004 portant sur la coordination des systèmes de sécurité sociale et n'entrent pas dans le champ d'application des exonérations de **CSG** et de **CRDS** sur les revenus du patrimoine ; il a toutefois été précisé que, eu égard aux accords de sortie du Royaume-Uni de l'Union européenne signés les 12 novembre 2019 et 30 décembre 2020, l'exonération est maintenue pour les revenus du patrimoine perçus depuis le 1er janvier 2021 par les contribuables qui sont affiliés à la sécurité sociale britannique, qui sont ressortissants ou résidents légaux de France, du Royaume-Uni ou d'un autre État membre de l'Union européenne et qui ne sont pas à la charge d'un régime obligatoire de sécurité sociale français ; dans ce cas, leurs revenus du patrimoine ne sont pas soumis à la CSG et à la CRDS, mais sont passibles du prélèvement de solidarité de 7,5 % prévu à l'article 235 ter du CGI (BOI-RFPI-PVINR-20-20 n° 80) ;
– le dispositif de l'article 81 A du CGI (**primes d'expatriation** ; n° 42460) n'est plus applicable si l'employeur est établi au Royaume-Uni et il n'est pas envisagé d'introduire une dérogation sur ce point (réponse Renaud-Garabedian n° 25103 : JO Sénat 21 avril 2022 p. 2121) ;
– la désignation d'un **représentant fiscal** en cas de cession d'un bien immobilier est obligatoire (n° 83100) ;
– pour la détermination du régime d'imposition des plus-values immobilières réalisées par les sociétés britanniques, ce sont les règles concernant les États tiers qui s'appliquent (n° 67685) ;
– les **clauses anti-abus** des conventions fiscales qui exceptent les sociétés implantées dans les États membres de l'Union européenne ne sont plus applicables ;
– les dépenses de sous-traitance effectuées au Royaume-Uni sont considérées comme réalisées hors de l'Union européenne et de l'Espace économique européen pour les besoins du **crédit d'impôt recherche** ;
– la directive (UE) 2017/1852 du Conseil du 10 octobre 2017 concernant les mécanismes de règlement des **différends fiscaux** dans l'Union européenne n'est pas applicable (n° 86085) ;
– les **dons consentis aux organismes britanniques** ne bénéficient pas de régimes de faveur, notamment en ce qui concerne l'IFI (n° 52528) ou le régime du mécénat (n° 49020, Précisions d).

Précisions Des **informations pratiques** concernant le Brexit sont diffusées sur le site https://brexit.gouv.fr (portail du Gouvernement sur la préparation au Brexit), ainsi que sur les sites brexit.impots@dgfip.finances.gouv.fr (DGFiP), brexit@douane.finances.gouv.fr (douanes) et entreprises@finances.gouv.fr (Direction générale des entreprises).

Le traité de Lisbonne

87355 Dernier en date des nombreux traités européens, ce traité, signé le 13 décembre 2007 et entré en vigueur le 1er décembre 2009, a modifié les deux traités fondamentaux de l'Union européenne, à savoir le traité sur l'Union européenne et le traité instituant la Communauté européenne, mais sans les remplacer. L'intitulé de ce dernier traité a été modifié ; il s'agit désormais du « **Traité sur le fonctionnement de l'Union européenne** » (traité FUE). Le 1er décembre 2009, la Communauté européenne a été remplacée par l'Union européenne qui lui a succédé et qui a repris tous ses droits et obligations. Le traité de Lisbonne a modifié le fonctionnement institutionnel de l'Union européenne sur de nombreux points, mais il n'a pas eu de conséquences en matière fiscale.

Cas particulier de la Suisse

La Suisse a conclu divers accords avec l'Union européenne, le 21 juin 1999 (accords bilatéraux I) et le 26 octobre 2004 (accords bilatéraux II, entrés en vigueur le 1er juillet 2005), qui transposent certaines règles de **libre circulation** et d'égalité de traitement, ainsi que les **exonérations intra-européennes** de retenues à la source en ce qui concerne les dividendes (avec application de l'ancien seuil de 25 % ; n° 61055), les intérêts et les redevances (sous réserve, bien entendu, des dispositions plus favorables éventuellement incluses dans les conventions fiscales). **87357**

Les accords entre l'Union européenne et la Suisse visent notamment à garantir le droit d'accès à une activité économique sous certaines conditions ; s'ils portent sur la **libre circulation des personnes**, ils n'instituent pas, pour autant, la liberté de circulation des travailleurs ni la liberté d'établissement, deux libertés prévues par le droit de l'Union européenne qui ne sont pas applicables dans le contexte franco-suisse (voir infra, Précisions d).

L'Union européenne a cherché, en outre, à faire **pression sur la Suisse** pour qu'elle aligne sa fiscalité sur les recommandations formulées dans le cadre du Code de conduite (n° 88540) ; par exemple, la Commission européenne avait décidé, le 13 février 2007, de déclarer certains régimes fiscaux suisses incompatibles avec l'accord conclu entre la CEE (à l'époque) et la Suisse le 22 juillet 1972 (COM (2007) 411 final). Un accord a été conclu entre l'Union européenne et la Suisse le 14 octobre 2014, la Suisse ayant décidé d'abolir certaines mesures fiscales particulièrement critiquées (sociétés mixtes, holdings, succursales financières, etc.) pour adopter de nouveaux dispositifs incitatifs plus conformes aux standards internationaux. À la suite de l'adoption d'une réforme en ce sens en Suisse, en septembre 2018, le Conseil s'est félicité des mesures prises pour remplacer diverses pratiques et régimes fiscaux préférentiels qui constituent une concurrence fiscale dommageable par un nouvel ensemble de mesures internationalement admises et il a salué les premiers échanges automatiques relatifs aux comptes financiers intervenus en septembre 2018 (Conclusions du Conseil sur les relations de l'Union européenne avec la Confédération suisse, JOUE C 147 du 29 avril 2019).

Précisions **a.** Par un vote du 9 février 2014 sur la libre circulation des personnes, une courte majorité de citoyens suisses s'était prononcée en faveur d'une **limitation de l'immigration** (sur la position de la France, attachée au plein respect de la libre circulation des personnes, voir réponses Schillinger, n° 10528 : JO Sén. 27 mars 2014 p. 816, et Repentin, n° 12511 : JO Sén. 18 septembre 2014 p. 2110). Ce vote a cependant été largement privé de portée en raison de la décision du Parlement suisse, en décembre 2016, de ne pas mettre en place des quotas migratoires qui auraient été contraires aux accords de circulation avec l'Union européenne.

b. Les accords conclus entre l'Union européenne et la Suisse ne s'opposent pas à ce que, sur le fondement de la **convention fiscale** entre l'Allemagne et la Suisse, un résident de Suisse qui travaille en Allemagne et qui a la nationalité allemande sans avoir la nationalité suisse soit imposable en Allemagne alors qu'il serait imposable en Suisse s'il était de nationalité suisse (CJUE 19 novembre 2015 aff. 241/14, 3e ch. : RJF 2/16 n° 213). Pour un exemple de restriction interdite en Allemagne à propos d'un résident allemand exerçant une **activité accessoire d'enseignement** en Suisse, voir CJUE 21 septembre 2016 aff. 478/15, 6e ch. : RJF 12/16 n° 1140.

c. La Suisse, liée par l'accord de libre circulation des personnes du 21 juin 1999, est tenue d'appliquer les **principes dégagés par l'arrêt Schumacker** (n° 81810), comme l'a rappelé une décision rendue le 26 janvier 2010 par son tribunal fédéral (réponse Saddier, n° 86645 : JOAN 8 mars 2016 p. 2033).

d. Les accords de Luxembourg du 21 juin 1999 entre l'Union européenne et la Suisse visent notamment à garantir un droit d'entrée, de séjour, d'accès à une **activité économique** salariée, d'établissement en tant qu'indépendant et de demeurer sur le territoire des parties contractantes. S'ils n'instituent pas la liberté de circulation des travailleurs ou la liberté d'établissement au sens du traité FUE (CJUE 15 mars 2018 aff. 355/16, 1e ch. : RJF 8-9/18 n° 917, à propos de l'exit tax française ; voir n° 3725), ils conduisent à traiter, au regard de l'**exit tax** allemande, un ressortissant allemand qui transfère son domicile d'Allemagne en Suisse pour y exercer une activité économique de la même façon que s'il transférait son domicile dans un État membre de l'Union européenne (CJUE 26 février 2019 aff. 581/17, Gr. ch. : RJF 5/19 n° 505) ; la législation allemande devait donc accorder à l'intéressé le report de l'imposition sans intérêt ni constitution de garantie, comme s'il s'installait dans un autre État membre (la situation était différente de celle jugée dans l'affaire 355/16 précitée dans la mesure où il ne s'agissait pas d'un investisseur passif mais d'un entrepreneur indépendant). Concernant les arrêts rendus par la Cour de justice dans le contexte des relations entre l'Union européenne et la Suisse, voir n° 87357, Précisions d.

1. Les principes

Missions de l'Union

87360 L'Union a notamment pour but de promouvoir la paix, ses valeurs et le bien-être de ses peuples ; elle offre à ses citoyens un espace de liberté, de sécurité et de justice sans frontières intérieures, au sein duquel est assurée la **libre circulation** des personnes, en liaison avec des mesures appropriées en matière de contrôle des frontières extérieures, d'asile, d'immigration ainsi que de prévention et de lutte contre la criminalité.

En particulier, le traité sur l'Union européenne prévoit que l'Union établit un **marché intérieur** et qu'elle doit œuvrer pour le développement durable de l'Europe fondé sur une croissance économique équilibrée et sur la stabilité des prix, une économie sociale de marché hautement compétitive, qui tend au plein emploi et au progrès social, et un niveau élevé de protection et d'amélioration de la qualité de l'environnement. Il est également prévu que l'Union établisse une union économique et monétaire dont la monnaie est l'**euro**.

L'Union doit poursuivre ses objectifs par des moyens appropriés, en fonction des compétences qui lui sont attribuées par les traités.

Réalisation progressive du marché intérieur

87365 Initialement, l'Union européenne avait essentiellement pour ambition la création d'un marché commun. Depuis l'Acte unique européen (signé à Luxembourg le 17 février 1986 et à La Haye le 28 février 1986, JOCE n° L 169 du 29 juin 1987), il s'y est ajouté la volonté de créer un marché intérieur, c'est-à-dire un **espace sans frontières intérieures** et dans lequel est assurée la libre circulation des marchandises, des personnes et des capitaux (la date d'achèvement du marché intérieur avait été fixée au 31 décembre 1992).

2. Les fondements

87380 L'Union européenne repose notamment sur les fondements suivants, dans le domaine économique et financier.

Libre circulation des marchandises

87382 L'Union européenne repose traditionnellement sur l'union douanière et l'élimination des restrictions quantitatives entre les États membres. Il en résulte à la fois l'interdiction entre les États membres des droits de douane à l'importation et à l'exportation ou de toutes taxes d'effet équivalent, et l'adoption d'un tarif douanier commun dans leurs relations avec les pays tiers.

Précisions **a.** Sont interdits non seulement les droits de douane mais aussi les **taxes d'effet équivalent** ; par exemple, la question de la compatibilité avec le droit de l'Union européenne de l'inclusion des transferts de stocks intracommunautaires dans l'assiette de la **contribution sociale de solidarité des sociétés** avait été posée à la Cour de justice au motif qu'il aurait pu s'agir d'une charge pécuniaire frappant unilatéralement les mouvements de marchandises en raison du seul franchissement de la frontière entre la France et les autres États membres et, par suite, d'une taxe d'effet équivalent à un droit de douane prohibé par les articles 28 et 30 du Traité FUE (Cass. 2e civ. 19 janvier 2017 n° 15-26.723, Sté Lubrizol France : RJF 4/17 n° 325 ; et, même jour, n° 15-21.434, Sté Renault trucks) ; en réponse, la Cour de justice a toutefois retenu la compatibilité du dispositif français sous réserve du respect de certaines conditions (CJUE 14 juin 2018 aff. 39/17, 4e ch., Lubrizol France SAS : RJF 10/18 n° 1044). La Cour de cassation a, en conséquence, annulé l'arrêt d'appel et renvoyé l'affaire à la cour d'appel (notamment, Cass. 2e civ. 20 décembre 2018 n° 15-21.434 F-D, Sté Renault Trucks : RJF 6/19 n° 603). Sur renvoi, il a été confirmé que les transferts intracommunautaires de biens ne sont pas à prendre en compte dans l'assiette de la contribution (CA Paris 29 janvier 2021 n° 19/09480, SAS Lubrizol France et, même jour et même cour, n° 19/10162, SAS Renault Trucks : RJF 5/21 n° 476).

b. En ne respectant pas le principe selon lequel les **véhicules d'occasion importés** doivent être soumis à une taxe d'un montant égal à celui de la taxe frappant les véhicules similaires déjà présents sur le marché portugais, le Portugal a manqué aux obligations qui lui incombent en vertu de l'article 110 du traité FUE, dont l'objectif est d'assurer la libre circulation des marchandises entre les États membres dans des conditions normales de concurrence par l'élimination de toute forme de protection pouvant résulter de l'application d'impositions intérieures discriminatoires à l'égard des produits originaires d'autres États membres (CJUE 2 septembre 2021 aff. 169/20, 9e ch., Commission c/ Portugal).

Politique agricole commune

Le fonctionnement et le développement d'un marché commun pour les produits agricoles ainsi que l'établissement d'une politique agricole commune entre les États membres sont l'un des acquis européens les plus importants. **87384**

Libre circulation des personnes, des services et des capitaux

Les personnes, les services et les capitaux doivent circuler librement à l'intérieur du marché intérieur. Ce principe est essentiel et il a d'importantes conséquences en matière fiscale. Il implique notamment l'abolition des **discriminations** fondées sur la nationalité des travailleurs, l'interdiction des restrictions à la liberté d'établissement (y compris pour les sociétés) et à la libre prestation de services à l'intérieur de l'Union, ainsi que la suppression des restrictions aux mouvements de capitaux dans la mesure nécessaire au bon fonctionnement du marché intérieur (nos 81400 s.). **87386**

Principe de subsidiarité

En vertu du principe de subsidiarité, dans les domaines qui ne relèvent pas de sa compétence exclusive, l'Union ne peut intervenir que si, et dans la mesure où les objectifs de l'action envisagée ne peuvent pas être atteints de manière suffisante par les États membres, tant au niveau central qu'au niveau régional et local, mais peuvent l'être mieux, en raison des dimensions ou des effets de l'action envisagée, au niveau de l'Union (article 5 du traité sur l'Union européenne). Ce principe a notamment des conséquences en ce qui concerne les politiques fiscales européennes. **87390**

Précisions **a.** En vertu du **principe de proportionnalité**, le contenu et la forme de l'action de l'Union ne doivent pas excéder ce qui est nécessaire pour atteindre les objectifs des traités.

b. En vertu du **principe d'attribution**, l'Union ne peut agir que dans les limites des compétences que les États membres lui ont attribuées dans les traités pour atteindre les objectifs que ces traités établissent. Toute compétence non attribuée à l'Union dans les traités appartient aux États membres.

3. La politique de l'Union

La politique de l'Union européenne se manifeste dans divers domaines qu'il n'est évidemment pas question d'aborder ici : politique économique et monétaire, politique sociale, Banque européenne d'investissement, recherche et développement technologique, environnement, etc. **87400**

On rappellera cependant les règles communes qui ont une incidence pour l'harmonisation fiscale européenne et ses perspectives.

Respect des conditions de la concurrence

Une interdiction générale est posée en ce qui concerne les accords entre entreprises qui ont pour objet d'empêcher, de restreindre ou de fausser le jeu de la concurrence à l'intérieur de l'Union européenne (interdiction de toutes les pratiques abusives en matière de concurrence). De même sont incompatibles avec le marché intérieur, dans la mesure où elles affectent les échanges entre États membres, les **aides accordées par les États** qui faussent ou menacent de fausser la concurrence en favorisant certaines entreprises ou certaines productions (article 107 du traité FUE, ex-article 87 du traité CE). Bien entendu, cette règle s'accompagne de certaines exceptions, sous le contrôle des autorités européennes (aides à caractère social ou destinées à favoriser le développement économique d'une région, par exemple). La Commission européenne procède à **l'examen permanent** des régimes d'aides, notamment fiscales, et peut décider, sous le contrôle éventuel du juge européen, qu'un État membre doit supprimer une aide incompatible avec le marché intérieur (article 108 du traité FUE, ex-article 88 du traité CE ; n° 87685). **87402**

Égalité de traitement fiscal entre les produits

87405 Le traité FUE interdit les différences de traitement fiscal entre les produits nationaux et les autres produits similaires des autres États membres. L'article 110 du traité FUE (ex-article 90 du traité CE) précise ainsi :

« Aucun État membre ne frappe directement ou indirectement les produits des autres États membres d'impositions intérieures, de quelque nature qu'elles soient, supérieures à celles qui frappent directement ou indirectement les produits nationaux similaires.

En outre, aucun État membre ne frappe les produits des autres États membres d'impositions intérieures de nature à protéger indirectement d'autres productions. »

Cet article est fort important car il limite clairement les pouvoirs des États et permet d'assurer les conditions d'une concurrence loyale.

Précisions **a.** Sur ce fondement, la Commission européenne avait, par exemple, demandé à la France de modifier un aspect discriminatoire de la législation sur la **taxe « malus »** en ce qui concerne les véhicules d'occasion en provenance d'un autre État membre (Communiqué IP/09/1765 du 20 novembre 2009).

b. L'article 110 du traité FUE s'oppose à une **taxe sur les voitures de tourisme** et les motos si et dans la mesure où le montant de cette taxe imposée aux véhicules d'occasion importés lors de leur immatriculation dans un État membre dépasse le montant résiduel le plus faible de celle-ci, incorporé dans la valeur des véhicules d'occasion similaires déjà immatriculés dans ce même État membre (CJUE 19 décembre 2013 aff. 437/12, 8e ch., X : RJF 3/14 n° 306).

c. Une **taxe roumaine prélevée sur les véhicules automobiles** lors de la première immatriculation ou de la première transcription du droit de propriété n'est pas interdite car elle respecte la neutralité entre les véhicules automobiles d'occasion en provenance d'autres États membres et les véhicules automobiles similaires disponibles sur le marché national (CJUE 14 avril 2015 aff. 76/14, Gr. ch., Institutcedilia Prefectului judeţul Braşov - Serviciul Public Comunitar Regim de Permise de Conducere şi Înmatriculare a Vehiculelor). Pour un autre exemple de solution nuancée en ce qui concerne une taxe roumaine sur les **émissions polluantes** des véhicules automobiles lors de la première immatriculation ou de la première transcription du droit de propriété, CJUE Ord. 3 septembre 2015 aff. jointes C-585/14, C-587/14 et C-588/14, 9e ch.

d. La **taxe sur les services fournis par les opérateurs de communications électroniques** (CGI art. 302 bis KH) n'entre pas dans le champ d'application de l'article 110 du traité FUE car elle est perçue à raison de prestations de services de communications électroniques fournies par les opérateurs et non à raison d'opérations portant sur la livraison de produits (CE 23 juin 2016 n° 392723, 8e et 3e ch., Sté Omea Télécom SAS : RJF 10/16 n° 903).

Respect des grandes libertés de circulation au sein de l'Union européenne

87408 Les grandes libertés prévues par le traité FUE sont applicables en matière fiscale, à savoir la liberté d'établissement, la libre circulation des personnes, la liberté de prestation de services et la liberté de circulation des capitaux, notamment (nos 81400 s.) ; la jurisprudence particulièrement nourrie sur ces questions a conduit les États membres à adapter leur législation fiscale en ce qui concerne les opérations transfrontalières à l'intérieur du territoire européen (et, parfois à l'extérieur, lorsque est en cause la libre circulation des capitaux).

Harmonisation des impôts indirects

87410 Le traité FUE contient un article essentiel concernant l'harmonisation des impôts indirects, l'article 113 (ex-article 93 du traité CE) qui prévoit que : « Le Conseil, statuant à l'unanimité conformément à une procédure législative spéciale, et après consultation du Parlement européen et du Comité économique et social, arrête les dispositions touchant à l'harmonisation des législations relatives aux taxes sur le chiffre d'affaires, aux droits d'accises et autres impôts indirects dans la mesure où cette harmonisation est nécessaire pour assurer l'établissement et le fonctionnement du marché intérieur et éviter les distorsions de concurrence. »

Cet article est le fondement de l'harmonisation européenne en matière de **TVA**. Il n'a pas son pendant en matière d'impôts directs, l'harmonisation des impôts directs n'étant pas expressément prévue par le traité FUE et ne paraissant pas systématiquement nécessaire, compte tenu du principe de subsidiarité (n° 87390).

Rapprochement des législations

Le traité FUE contient un important chapitre 3, relatif au rapprochement des législations en général ; l'article 114 (ex-article 95 du traité CE) prévoit ainsi que « le Parlement européen et le Conseil, statuant conformément à la procédure législative ordinaire et après consultation du Comité économique et social, arrêtent les mesures relatives au rapprochement des dispositions législatives, réglementaires et administratives des États membres qui ont pour objet l'établissement et le fonctionnement du marché intérieur. » Cependant, il est expressément prévu que ce principe ne s'applique pas aux dispositions fiscales, ni aux dispositions relatives à la libre circulation des personnes ni à celles relatives aux droits et intérêts des travailleurs salariés. 87413

La **fiscalité**, exclue du champ de l'article 114 du traité FUE, entre en revanche dans celui de l'article 115 (ex-article 94 du traité CE), qui stipule que « sans préjudice de l'article 114, le Conseil, statuant à l'unanimité conformément à une procédure législative spéciale, et après consultation du Parlement européen et du Comité économique et social, arrête des directives pour le rapprochement des dispositions législatives, réglementaires et administratives des États membres qui ont une **incidence directe sur l'établissement ou le fonctionnement du marché intérieur** ». Cette disposition sert de base à une certaine harmonisation en matière d'impôts directs, étant observé qu'il n'y a pas, pour la fiscalité directe, l'équivalent de l'article 113 pour la fiscalité indirecte (n° 87410). Au demeurant, si, d'une façon générale, le Conseil statue à la majorité qualifiée, l'unanimité reste la règle en matière fiscale, malgré les débats qui ont périodiquement lieu sur cette question.

Enfin, au cas où la Commission européenne constate qu'une disparité existant entre les dispositions législatives, réglementaires ou administratives des États membres fausse les conditions de **concurrence** sur le marché intérieur et provoque, de ce fait, une distorsion qui doit être éliminée, elle doit entrer en consultation avec les États membres intéressés. Si cette consultation n'aboutit pas à un accord éliminant la distorsion en cause, le Parlement européen et le Conseil, statuant conformément à la procédure législative ordinaire, arrêtent les directives nécessaires à cette fin (article 116 du traité FUE, ex-article 96 du traité CE).

On le voit, les articles 114, 115 et 116 du traité FUE permettent une **harmonisation de la fiscalité** en général lorsque celle-ci est directement nécessaire au marché intérieur. Selon la Commission européenne, en tout cas, ces articles suffisent à fonder la compétence de l'Union européenne dans le domaine des impôts directs, même si celle-ci n'est expressément prévue qu'en matière d'impôts indirects (position contestée par certains États membres).

Précisions **a.** L'article 293 du traité CE, qui prévoyait notamment que les États membres engageront entre eux, en tant que de besoin, des négociations en vue d'assurer en faveur de leurs ressortissants l'élimination de la **double imposition** à l'intérieur de la Communauté, a été **supprimé par le traité de Lisbonne** ; le traité FUE (n° 87355) n'en a pas repris le principe, sans que l'on en connaisse les raisons. Si cet article n'a pas eu grande importance dans la jurisprudence de la Cour de justice, on remarque tout de même qu'il est cité par la convention européenne d'arbitrage et qu'il est étonnant qu'il ait été supprimé alors que cette convention subsiste.

b. La Commission européenne a ouvert en 2019 un débat sur une possible réforme du processus de décision au sein de l'Union européenne visant à mettre fin à la règle de **l'unanimité en matière fiscale** pour la remplacer par une règle de majorité qualifiée, comme il est habituel dans les autres domaines d'action de l'Union européenne (communiqué de presse IP/19/225 du 15 janvier 2019). Un très grand nombre d'États membres ont alors immédiatement demandé le maintien de l'équilibre actuel des règles de vote en matière de fiscalité. La question a été relancée par la Commission européenne dans le cadre des mesures proposées le 15 juillet 2020 (n° 87305) puis à la suite du veto opposé par la Hongrie en juin 2022, qui a empêché l'adoption du projet de directive sur le taux d'imposition minimum des grands groupes (n° 88150). La Commission envisage de prendre appui sur **l'article 116 du traité FUE** qui, comme il est indiqué ci-avant, prévoit sous certaines conditions l'adoption de directives conformément à la **procédure législative ordinaire**.

4. Les institutions

En simplifiant, l'Union européenne fonctionne à l'aide des institutions suivantes (article 13 du traité sur l'Union européenne). 87430

Le Parlement européen

87432 Conjointement avec le Conseil, le Parlement européen exerce les fonctions législative et budgétaire ; il assume également des fonctions de contrôle politique et consultatives et il approuve la désignation du président de la Commission européenne par le Conseil européen. Le Parlement européen est composé de représentants des citoyens de l'Union ; ses membres sont élus au suffrage universel direct, libre et secret, pour un mandat de cinq ans.

Le Conseil européen

87433 Selon le traité sur l'Union européenne, le Conseil européen, nouveauté issue du traité de Lisbonne (nº 87355), est chargé de donner à l'Union les impulsions nécessaires à son développement et d'en définir les orientations et les priorités politiques générales. Il n'exerce pas de fonction législative, à la différence du Conseil (nº 87434).

Il est composé des chefs d'État ou de gouvernement des États membres, ainsi que de son président et du président de la Commission européenne. Il se réunit deux fois par semestre sur convocation de son président et il se prononce par consensus, sauf dans les cas où les traités en disposent autrement. Le Conseil européen élit son **président** à la majorité qualifiée pour une durée de deux ans et demie, renouvelable une fois.

Le Conseil

87434 Conjointement avec le Parlement européen, le Conseil assume les fonctions législative et budgétaire ; il exerce également des fonctions de définition des politiques et de coordination conformément aux conditions prévues par les traités.

Le Conseil est composé d'un représentant de chaque État membre au niveau ministériel, habilité à engager le gouvernement de l'État qu'il représente et à exercer le droit de vote. Il statue à la majorité qualifiée, sauf dans les cas où les traités en disposent autrement.

Le Conseil est présidé à tour de rôle par chaque État pour six mois. Il dispose du pouvoir de décision, selon les cas à l'unanimité, à la majorité qualifiée ou à la majorité simple. Il est assisté d'un Comité des représentants permanents (Coreper). Lorsqu'il réunit les ministres de l'économie et des finances, il est appelé « **Ecofin** ».

La Commission européenne

87436 Dans l'intérêt général de l'Union, la Commission européenne veille à l'application des traités européens, formule recommandations et avis et participe à la formation des actes du Conseil et du Parlement. Elle a pour mission de défendre les intérêts de l'Union dans son ensemble et dispose, dans le cadre du traité, d'un pouvoir de décision propre.

Elle est composée de vingt-huit membres (y compris le président), qui sont choisis en raison de leur compétence générale, qui offrent toutes garanties d'indépendance et qui ne doivent ni solliciter, ni accepter d'instructions d'aucun gouvernement, ni d'aucun organisme.

La Commission européenne peut notamment engager une **procédure d'infraction** contre un État membre ; cette procédure comporte trois stades : la mise en demeure (demande formalisée d'informations dans le cadre de l'instruction d'un cas particulier, en principe confidentielle), l'avis motivé puis la saisine de la Cour (pour ces deux derniers stades, la Commission diffuse, en général, un communiqué de presse de manière à informer le public de l'existence de la procédure).

Précisions **a.** La Commission européenne est composée du **collège des commissaires** ; ces derniers, un pour chacun des États membres de l'Union européenne, dirigent la politique de la Commission pendant leur mandat de cinq ans. Chaque commissaire se voit attribuer la responsabilité de domaines politiques spécifiques par le président.

b. Le **président de la Commission** est désigné par le Conseil européen, statuant à la majorité qualifiée et en tenant compte du résultat des élections européennes ; le président doit ensuite être approuvé par le Parlement européen.

c. Les **commissaires** sont nommés par le Conseil européen en accord avec le président et compte tenu des recommandations des États membres. Le Parlement européen a un droit de veto sur l'investiture de la Commission.

La Cour de justice de l'Union européenne

Depuis l'entrée en vigueur du traité de Lisbonne (n° 87355), le traité sur l'Union européenne stipule (article 19) que la Cour de justice de l'Union européenne comprend la Cour de justice (ex-Cour de justice des Communautés européennes), le Tribunal et le Tribunal de la fonction publique (des tribunaux spécialisés peuvent aussi être créés). On observera que la Cour de justice de l'Union européenne comprend trois juridictions et que c'est par abus de langage que l'on désigne souvent la seule « Cour de justice » par la « Cour de justice de l'Union européenne ». **87440**

La Cour de justice siège à Luxembourg ; elle est composée de **vingt-sept juges** (un juge par État membre, afin que tous les systèmes juridiques nationaux soient représentés) et de **onze avocats généraux** qui assistent la Cour et qui sont chargés de présenter, en toute impartialité et en toute indépendance, un avis juridique dans les affaires dont ils sont saisis (cet avis prend la forme de « conclusions », de la même façon que pour les rapporteurs publics français devant les juridictions administratives). Les membres de la Cour sont désignés pour un mandat de six ans (renouvelable) d'un commun accord par les gouvernements des États membres. Ils sont choisis parmi des personnalités offrant toutes les garanties d'indépendance et qui réunissent les conditions requises pour l'exercice, dans leur pays respectif, des plus hautes fonctions juridictionnelles ou qui possèdent des compétences notoires.

La Cour peut siéger en assemblée plénière, en grande chambre (quinze juges) ou en chambre à cinq ou à trois juges. Lorsque la réponse à une question posée à titre préjudiciel peut être clairement déduite de la jurisprudence ou lorsqu'elle ne laisse place à aucun doute raisonnable, la Cour peut, à tout moment, sur proposition du juge rapporteur, l'avocat général entendu, décider de statuer par voie d'ordonnance motivée. Elle peut également statuer par voie d'ordonnance motivée lorsqu'une demande est manifestement irrecevable.

Précisions Le **Brexit** a eu pour effet de mettre un terme le 31 janvier 2020 à minuit aux mandats des membres britanniques de la Cour de justice de l'Union européenne. Le nombre de **juges** de la Cour de justice et du Tribunal, fixé à un par État membre pour la Cour de justice et à deux par État membre pour le Tribunal, a donc été réduit en conséquence (en revanche, le nombre d'**avocats généraux** de la Cour de justice n'a pas été affecté par ce retrait). La Cour de justice de l'Union européenne demeure compétente pour connaître de toute procédure introduite par ou contre le Royaume-Uni avant la fin de la période de transition (31 décembre 2020) ; elle demeure également compétente pour statuer à titre préjudiciel sur les demandes des juridictions britanniques présentées avant la fin de la période de transition (communiqué de presse de la Cour de justice n° 10/20 du 31 janvier 2020).

Missions D'une façon générale, la Cour de justice de l'Union européenne assure le **respect du droit dans l'interprétation et l'application des traités**. Dans le cadre de cette mission, la Cour de justice de l'Union européenne contrôle la légalité des actes des institutions de l'Union européenne, veille au respect par les États membres, des obligations qui découlent des traités, et interprète le droit de l'Union à la demande des juges nationaux. Elle constitue ainsi l'autorité judiciaire de l'Union européenne et veille, en collaboration avec les juridictions des États membres, à l'application et à l'interprétation uniforme du droit de l'Union européenne. **87443**

La Cour de justice de l'Union européenne statue, conformément aux traités, notamment sur les **recours** formés par un État membre, une institution ou des personnes physiques ou morales et, à titre préjudiciel, à la demande des juridictions nationales, sur l'interprétation du droit de l'Union européenne ou sur la validité d'actes adoptés par les institutions.

La Cour de justice de l'Union européenne **contrôle la légalité** des actes législatifs, des actes du Conseil, de la Commission européenne et de la Banque centrale européenne, autres que les recommandations et les avis, et des actes du Parlement européen et du Conseil européen destinés à produire des effets juridiques à l'égard des tiers. Elle contrôle aussi la légalité des actes des organes ou organismes de l'Union destinés à produire des effets juridiques à l'égard des tiers.

La Cour de justice de l'Union européenne est également compétente pour statuer, **à titre préjudiciel**, sur l'interprétation des traités et sur la validité et l'interprétation des actes pris par les institutions, organes ou organismes de l'Union (article 267 du traité FUE, ex-article 234 du traité CE). Lorsqu'une telle question est soulevée devant une juridiction d'un des États membres, cette juridiction peut, si elle estime qu'une décision sur ce point est nécessaire pour rendre son jugement, demander à la Cour de statuer sur cette question. Lorsqu'une telle question est soulevée dans une affaire pendante devant une juridiction nationale dont les décisions ne sont pas susceptibles d'un recours juridictionnel de droit interne, cette juridiction est en principe tenue de saisir la Cour.

La France, par exemple, avait manqué à ses obligations lorsque, devant juger la question du remboursement de l'ancien précompte (nº 81750), le Conseil d'État n'avait pas saisi la Cour de justice alors même que l'interprétation qu'il avait retenue des dispositions du droit de l'Union européenne ne s'imposait pas avec une telle évidence qu'elle ne laissait place à aucun **doute raisonnable** (CJUE 4 octobre 2018 aff. 416/17, 5e ch., Commission c/ France : RJF 12/18 nº 1299). La Cour a néanmoins souligné qu'une juridiction n'a pas d'obligation de renvoi lorsqu'elle constate que la question soulevée n'est pas pertinente ou que la disposition en cause du droit de l'Union européenne a déjà fait l'objet d'une interprétation de la part de la Cour ou encore lorsque l'application correcte du droit de l'Union européenne s'impose avec une telle évidence qu'elle ne laisse place à aucun doute raisonnable ; l'existence d'une telle éventualité doit être évaluée en fonction des caractéristiques propres au droit de l'Union européenne, des difficultés particulières que présente son interprétation et du risque de divergences de jurisprudence à l'intérieur de l'Union européenne (point 110 de l'arrêt précité). La Cour a ultérieurement corrigé la troisième exception en précisant qu'elle vise le cas où **l'interprétation**, et non plus l'application, correcte du droit de l'Union européenne s'impose avec une telle évidence qu'elle ne laisse place à aucun doute raisonnable (CJUE 6 octobre 2021 aff. 561/19, Gr. ch., Consorzio Italian Management, Catania Multiservizi SpA c/ Rete Ferroviaria Italiana SpA). Sur la position des juridictions françaises, voir nº 87655, Précisions.

En tout état de cause, pour être **recevables**, les questions posées doivent être claires (par exemple, CJUE Ord. 29 novembre 2016 aff. 345/16, 10e ch., jugeant que les lacunes de la décision de renvoi ne permettaient pas à la Cour de fournir une réponse utile et que la demande de décision préjudicielle était manifestement irrecevable).

Précisions **a.** Si la Commission européenne estime qu'un État membre a manqué à l'une des obligations qui lui incombent en vertu des traités, elle émet un **avis motivé** à ce sujet, après avoir mis cet État en mesure de présenter ses observations ; si ce dernier ne se conforme pas à cet avis dans le délai déterminé par la Commission européenne, celle-ci peut saisir la Cour de justice de l'Union européenne (nº 87436).

b. Lorsque le sort d'une **question prioritaire de constitutionnalité** (QPC) dépend de l'interprétation d'une directive européenne, le Conseil d'État ne saisit pas le Conseil constitutionnel mais soumet une question préjudicielle à la Cour de justice (CE 31 mai 2016 nº 393881, Ass. : RJF 8-9/16 nº 761 ; voir également nº 65777, Précisions) ; le requérant peut, le cas échéant, présenter une nouvelle QPC après la réponse de la Cour de justice.

c. Une recommandation de la Cour de justice précise les caractéristiques de la **procédure** et les conditions de saisine (JOUE du 20 juillet 2018, C 257, publiant des « Recommandations à l'attention des juridictions nationales, relatives à l'introduction de procédures préjudicielles »).

d. La Cour de justice n'est pas compétente pour répondre aux questions préjudicielles qui visent des pratiques de l'administration fiscale d'un État membre relatives au **contrôle** et à la **sanction** des infractions fiscales en matière d'impôt sur les sociétés (CJUE 13 janvier 2022 aff. 363/20, Marcas MC Szolgáltató Zrt : RJF 4/22 nº 412).

87444 **Conséquences des décisions de la CJUE** D'une façon générale, les contribuables peuvent demander la décharge ou la réduction d'une imposition en se fondant sur le fait que les textes appliqués (lois, textes réglementaires ou administratifs) ne sont pas conformes à des règles de droit supérieures, et notamment au droit de l'Union européenne. En France, lorsque **l'incompatibilité** d'un texte avec une norme supérieure a été révélée par une **décision juridictionnelle**, le contribuable peut demander la restitution des impositions indues selon les règles fixées à l'article L 190 du LPF (les arrêts de la Cour de justice se prononçant sur un recours en annulation, sur une action en manquement ou sur une question préjudicielle sont considérés comme des décisions juridictionnelles).

Aux termes de l'article L 190 du LPF, dans sa rédaction issue de la loi nº 2013-1117 du 6 décembre 2013 relative à la lutte contre la fraude fiscale et la grande délinquance économique et financière, ces actions **se prescrivent par deux ans** (décomptés de date à date), selon le cas, à compter de la mise en recouvrement du rôle ou de la notification de l'avis de mise en recouvrement ou, en l'absence de mise en recouvrement, du versement de l'impôt contesté ou de la naissance du droit à déduction. Une action fondée sur la non-conformité d'une règle de droit à une norme supérieure, non encore révélée par une décision de justice, relève, en revanche, du droit commun, légèrement plus favorable (31 décembre de la deuxième année qui suit, et non délai de deux ans).

En outre, il résulte de l'article L 190 A du LPF que l'action en **réparation du préjudice subi** fondée sur la non-conformité de la règle de droit dont il a été fait application à une règle de droit supérieure ou la demande de dommages et intérêts résultant de la faute commise dans la détermination de l'assiette, le contrôle et le recouvrement de l'impôt ne peuvent porter que sur une période postérieure au 1er janvier de la deuxième année précédant celle au cours de laquelle l'existence de la créance a été révélée au demandeur.

Enfin, une décision juridictionnelle ne constitue pas un événement de nature à ouvrir un délai de réclamation. Par suite, seules les impositions dont le **délai de réclamation** est **encore ouvert** à la date de la décision juridictionnelle (ou de l'avis au contentieux) peuvent faire l'objet d'une demande de restitution.

Précisions **a.** Pour éviter la prescription, les contribuables ont intérêt à **contester systématiquement** les impositions dont la compatibilité avec le droit de l'Union européenne leur paraît douteuse plutôt que d'attendre la reconnaissance de la non-conformité par une décision de justice.

b. Sur la manière dont le délai « répétible » devait être décompté sous l'empire de l'**ancienne législation**, voir CE 6 mars 2015 n° 373038, 3e et 8e s.-s., Sté Teksid : RJF 6/15 n° 523, à propos de dividendes versés à une société italienne qui invoquait la jurisprudence de la Cour de justice (c'est la date du paiement de l'impôt qui importait et non celle de son fait générateur). Sur la décision rendue ensuite sur le fond, voir n° 61600, Précisions a.

c. Lorsqu'un État membre ne prend pas les **mesures d'exécution des arrêts** de la Cour de justice, il est susceptible d'être condamné au paiement d'amendes ; voir, par exemple, CJUE 12 novembre 2020 aff. 842/19, 6e ch., Commission c/ Belgique, condamnant la Belgique pour non-exécution de l'arrêt n° 110/17 du 12 avril 2018 concernant l'imposition des revenus immobiliers situés dans d'autres États membres (n° 82003).

Autres institutions

Parmi les autres institutions, sont à signaler la **Cour des comptes** qui assure le contrôle des comptes, ainsi que le **Comité économique et social** et la **Banque centrale européenne** qui agit dans le cadre du Système européen des banques centrales. **87445**

Instruments juridiques européens

Le traité FUE (article 288, ex-article 249 du traité CE) prévoit que, pour exercer les compétences de l'Union, les institutions européennes adoptent des règlements, des directives, des décisions, des recommandations et des avis : **87450**
– le **règlement** a une portée générale ; il est obligatoire dans tous ses éléments et il est directement applicable dans tout État membre ;
– la **directive** lie tout État membre destinataire quant au résultat à atteindre, tout en laissant aux instances nationales la compétence quant à la forme et aux moyens ;
– la **décision** est obligatoire dans tous ses éléments ; lorsqu'elle désigne des destinataires, elle n'est obligatoire que pour ceux-ci ;
– les **recommandations** et les **avis** ne lient pas.

En ce qui concerne les directives, la Cour de justice considère qu'elles ont un **« effet direct »**, c'est-à-dire qu'elles peuvent être invoquées en tant que telles par les justiciables, lorsque :
– la règle est claire et précise,
– son exécution n'est subordonnée à aucune condition de fond,
– elle est parfaite et se suffit à soi-même, c'est-à-dire ne dépend pas de la mise en œuvre de mesures ultérieures.

Les directives doivent être **transposées** en droit interne, en général par la voie législative. Des sanctions pécuniaires peuvent être infligées aux États qui ne transposent pas ou ne communiquent pas les mesures de transposition d'une directive européenne dès le premier arrêt rendu en manquement, sans qu'il faille attendre un second arrêt rendu en manquement sur manquement (CJUE 8 juillet 2019 aff. 543/17, Gr. ch., Commission c/ Belgique). Pour un autre exemple, voir CJUE 25 février 2021 aff. 658/19, 8e ch., Commission c/ Espagne, condamnant l'Espagne à verser une somme forfaitaire de 15 M€ et à une astreinte journalière de 89 000 € pour absence de transposition et de communication des mesures de transposition de la directive (UE) 2016/680 du 27 avril 2016 relative à la protection des données à caractère personnel dans le cadre de la prévention et de la détection des infractions pénales.

Précisions **a.** Les directives concernant la **fiscalité directe** ne s'imposent pas au législateur pour le règlement de **situations purement internes** car elles ne sont pas adoptées sur le fondement de l'article 113 du traité FUE (harmonisation de certaines législations ; n° 87410) mais sur celui de l'article 115 (rapprochement des législations qui ont une incidence directe sur le marché intérieur ; n° 87413) ; elles peuvent cependant servir de guide d'interprétation si le législateur a entendu clairement traiter les situations internes comme les situations transfrontalières. Si le **législateur a entendu clairement** traiter les situations internes différemment des situations transfrontalières à l'intérieur de l'Union européenne, la loi s'applique dans l'ordre interne même si elle est incompatible avec la directive (voir, sur cette question, les décisions rendues à propos des directives mères/filles, n° 88180, Précisions, et fusions, n° 88300, Précisions). Selon la jurisprudence, un texte est « clair » lorsqu'il ne peut recevoir qu'une seule interprétation et il est « obscur » dans le cas contraire.

b. Le moyen tiré de la méconnaissance par le droit interne des dispositions d'une directive européenne ne constitue **pas un moyen d'ordre public** qu'il appartiendrait au juge de relever d'office (CE 3 décembre 2014 n° 367822, 8e et 3e s.-s., min. c/ Joulin : RJF 2/15 n° 168) ; il en va de même des stipulations du traité FUE sur la liberté d'établissement et des principes généraux du droit de l'Union européenne.

c. Ainsi que l'a notamment rappelé CE 28 décembre 2016 n° 404625, 3e et 8e ch., Sté éditrice de Mediapart : RJF 3/17 n° 262, le Conseil constitutionnel juge qu'en l'absence de mise en cause d'une règle ou d'un principe inhérent à **l'identité constitutionnelle de la France**, il n'est pas compétent pour contrôler la conformité aux droits et libertés que la Constitution garantit de dispositions législatives qui se bornent à **tirer les conséquences nécessaires de dispositions inconditionnelles et précises d'une directive** et qu'en ce cas, il n'appartient qu'au juge de l'Union européenne, saisi le cas échéant à titre préjudiciel, de contrôler le respect par cette directive des droits fondamentaux garantis par l'article 6 du traité sur l'Union européenne. Dans le même sens, CE 26 janvier 2018 n° 415512, 8e et 3e ch., Sté Consus France, refusant, à propos de règles inconditionnelles et précises inhérentes au système de TVA, de renvoyer une question prioritaire de constitutionnalité qui ne mettait en cause aucune règle ou principe inhérent à l'identité constitutionnelle de la France. Également, toujours en matière de TVA, CE QPC 16 juillet 2020 n° 435464, 8e et 3e ch. : RJF 11/20 n° 877.

d. La Cour de justice est compétente pour vérifier la **validité d'une directive** ; on n'en trouve pas d'exemple en matière fiscale, à notre connaissance, mais, à propos d'un litige non fiscal entre la Fédération européenne de la santé animale et les autorités britanniques, la Cour a eu l'occasion d'analyser la validité d'une directive au regard des principes de sécurité juridique, de proportionnalité et d'égalité, ainsi que sa compatibilité avec les objectifs de la politique agricole commune et sa motivation (CJCE 13 novembre 1990 aff. 331/88, 5e ch., jugeant que l'examen des questions posées n'avait pas révélé d'éléments de nature à affecter la validité de la directive).

B. Bilan global de l'harmonisation fiscale européenne

87460 Le traité FUE contient diverses dispositions permettant de rechercher, dans une mesure plus ou moins étendue, une harmonisation de la fiscalité des États membres. Celle-ci s'est développée jusqu'ici essentiellement dans le domaine des impôts indirects, en liaison avec l'apparition progressive d'une sorte de fiscalité européenne destinée à assurer, en partie, un **financement autonome de l'Union** (prélèvement sur l'assiette uniformisée de la TVA).

L'action de l'Union européenne s'est ensuite manifestée en matière de **fiscalité directe** par l'adoption de trois textes importants en 1990, concernant les dividendes mères/filles, les fusions et opérations assimilées et la résolution des difficultés en matière de prix de transfert (arbitrage). D'autres textes ont complété le dispositif en ce qui concerne la fiscalité de l'épargne et les intérêts et redevances intragroupe, la circulation des dividendes et les réorganisations d'entreprises. La perspective retenue, toutefois, était moins celle d'une harmonisation que celle d'une **élimination** des **obstacles fiscaux** susceptibles de freiner le développement économique de l'Union. Parallèlement, depuis le Conseil Ecofin du 1er décembre 1997, se manifeste une volonté de lutte contre « la concurrence fiscale dommageable » au sein de l'Union européenne (« Code de conduite », n° 88530) ; la lutte contre la **fraude et l'évasion fiscales**, ou même parfois la simple **optimisation fiscale**, est aujourd'hui devenue la priorité essentielle de l'action de la Commission européenne et du Conseil (sur ces notions, voir n° 70550).

87465 On examinera successivement comment le concept d'harmonisation fiscale européenne s'est progressivement développé, les principales réalisations en matière de fiscalité directe et indirecte et l'importance croissante du droit de l'Union européenne limitant corrélativement les pouvoirs des États en matière fiscale, en particulier par le jeu du principe de non-discrimination et le respect des grandes libertés proposées par le traité FUE (n°s 81400 s.).

1. L'évolution progressive du concept d'harmonisation fiscale

Émergence du concept

Initialement, la Communauté européenne, devenue l'Union européenne, était surtout **87520**
conçue comme une **union douanière**. Depuis 1957, l'union douanière s'est progressivement réalisée et l'idée européenne s'est davantage développée autour de la notion d'**union économique et monétaire** et de zone de développement économique homogène et équilibré. De ce fait, l'harmonisation fiscale a pris une place croissante.

Dès 1962, cependant, la Commission européenne avait mis en place un **Comité fiscal et financier** chargé de définir les principes directeurs d'une politique économique et financière européenne. Ce comité avait rendu un rapport, connu sous le nom de **rapport Neumark**, qui mentionnait déjà la perspective de la réalisation d'un marché intérieur ; il indiquait, en effet, que l'objectif principal dans ce domaine devait consister à établir des conditions de fiscalité et de dépenses publiques semblables à celles qui existeraient dans un espace économique unifié.

Ce rapport ne méconnaissait pas les difficultés de cette politique, liées notamment à la grande diversité des législations nationales. Mais il soulignait qu'il n'est pas besoin de créer un système fiscal proprement européen et qu'il fallait plutôt rechercher à **éliminer les disparités** dans la mesure nécessaire à la réalisation des objectifs définis au préalable. On ne devrait donc pas rechercher l'unification et la centralisation des impôts dans l'Union européenne mais simplement les harmoniser, en laissant subsister les particularités nationales dans toute la mesure où celles-ci ne menacent pas les objectifs européens.

Affinement de la réflexion

D'autres travaux ont été publiés à la suite du rapport Neumark, parmi lesquels le **rapport** **87525**
Werner (1970), qui avait essentiellement pour objet d'exposer la nécessité de renforcer l'harmonisation des fiscalités afin de permettre l'union économique et monétaire. En ce qui concerne les impôts indirects, ce rapport soulignait la nécessité de rapprocher les législations et de supprimer le contrôle des personnes physiques aux frontières. Pour les impôts directs, il recommandait d'**harmoniser les impôts** qui ont une influence sur les **mouvements de capitaux**, et plus particulièrement les impôts sur les valeurs mobilières, ainsi que, d'une manière générale, la structure des impôts sur les sociétés. Ces propositions ont été reprises dans une Résolution du Conseil du 22 mars 1971.

Affermissement avec le marché intérieur

L'idée de l'harmonisation des fiscalités européennes a essentiellement avancé dans la **87530**
perspective de la réalisation du marché intérieur. Si les États restent divisés sur le contenu de cette harmonisation, il semble que la plupart considèrent que les fiscalités nationales doivent progressivement s'adapter les unes aux autres, sauf à entraîner des distorsions de concurrence difficilement acceptables.

En ce qui concerne la **fiscalité directe**, et sous réserve des débats incertains relatifs à l'assiette commune et/ou consolidée en matière d'impôt sur les sociétés (n° 88145), il n'est cependant pas question d'une véritable harmonisation ; il s'agit plutôt de la mise en place de mesures qui tendent à permettre des rapprochements d'entreprises ou la constitution de groupes européens, ou qui cherchent à éviter que la création d'un grand marché européen doté d'une monnaie unique ne facilite la fraude ou l'évasion fiscales alors que chaque État membre reste souverain dans la fixation de ses propres règles fiscales.

2. Les réussites en matière d'impôts indirects

L'harmonisation est très avancée en ce qui concerne les règles d'assiette de la TVA et **87540**
achevée en matière de droit d'apport (assiette et taux).

a. L'harmonisation des taxes sur le chiffre d'affaires

87560 L'harmonisation en matière de taxes sur le chiffre d'affaires est sans doute l'œuvre la plus importante de l'Union européenne dans le domaine fiscal.

En 1957, il existait entre les États membres une grande diversité dans la structure et les taux des impôts sur la consommation. Certains États, comme la France, appliquaient un système de TVA, alors que d'autres connaissaient un système de taxes « en cascade » ou de taxe unique. Cette situation était incompatible avec l'objectif de la Communauté européenne (à l'époque) et les nécessités du fonctionnement du marché commun.

Diverses réflexions ont donc été conduites pour y remédier ; elles ont abouti à l'adoption de deux directives, le 11 avril 1967, dont l'objet était d'harmoniser la structure des régimes de taxes sur le chiffre d'affaires en imposant aux États membres d'adopter un **système commun de TVA**. Il s'agissait de créer un système assurant la neutralité économique des taxes sur le chiffre d'affaires et d'établir une compensation aux frontières sur des bases exactes et non pas à partir de calculs forfaitaires. Il était prévu que, dans un régime définitif à mettre en place ultérieurement, les structures et les taux seraient harmonisés et les compensations aux frontières supprimées.

Le marché commun deviendrait alors effectivement un espace fiscal unifié en matière d'impôts indirects.

Directives TVA

87565 Pour l'instant, l'objectif final n'est pas atteint et il est même désormais abandonné (nos 87900 s.). Mais des progrès importants ont été réalisés par la directive du 16 décembre 1991 qui a supprimé les formalités douanières pour les transactions à l'intérieur de l'Union européenne et institué un système dit « transitoire » (mais qui est aujourd'hui définitif) à compter du 1er janvier 1993 (retranscrit en droit français par une loi du 17 juillet 1992 ; nos 33100 s.).

C'est dans le domaine de la TVA que les efforts d'harmonisation ont été les plus anciens et les plus approfondis. La 6e directive TVA (aujourd'hui remplacée par la directive 2006/112/CE du 28 novembre 2006) constitue d'ailleurs un remarquable exemple d'harmonisation car elle contient un exposé complet des règles d'assiette de la TVA faisant effectivement de celle-ci un impôt européen (sauf, dans une certaine mesure, en ce qui concerne les taux ; n° 87980) ; les principes qu'elle a posés constituent toujours la pierre angulaire du dispositif, même depuis la réalisation du marché intérieur.

Précisions Cette harmonisation réussie est sans doute largement due à la nécessité de créer une base unique à l'application d'une TVA européenne destinée à fournir une part des **ressources propres** de l'Union européenne en vertu de la décision du 21 avril 1970.

b. L'harmonisation des impôts sur les rassemblements de capitaux

Textes initiaux

87580 Les travaux européens avaient abouti à l'adoption d'une directive relative aux impôts indirects frappant les rassemblements de capitaux (directive n° 69/335/CEE du 17 juillet 1969, aujourd'hui abrogée ; n° 87585). Cette directive avait été successivement modifiée en 1973 (directive du 9 avril 1973), en 1974 (directive du 7 novembre 1974) et en 1985 (directive du 10 juin 1985). Elle concerne pour l'essentiel les **droits d'apport** aux sociétés de capitaux et les **droits de timbre** sur les titres représentatifs des capitaux, actions et obligations. Les instances européennes avaient estimé que ces impôts, s'ils n'étaient pas harmonisés, risquaient de créer des discriminations, des doubles impositions et d'être autant d'obstacles à la circulation des capitaux à l'intérieur du marché commun. La directive harmonise donc les droits d'apport et supprime les droits de timbre. Elle a été incorporée en droit français par diverses lois codifiées notamment aux articles 638 A, 808 A, 816 A et 817 A du CGI.

En 2006, la Commission européenne avait proposé d'aller encore plus loin et de supprimer purement et simplement le droit d'apport de 1 % à partir de 2010, après une première étape de réduction à 0,5 % à partir de 2008 (proposition du 4 décembre 2006, COM (2006) 760 final) ; depuis lors, cette proposition a été refondue, modifiée et adoptée par le Conseil Ecofin (communiqué de la Commission du 12 février 2008, IP/08/212 ; n° 87585).

Directive 2008/7/CE du 12 février 2008

La directive 2008/7/CE du 12 février 2008 a refondu, en la modifiant, la structure de la directive précédente, de façon à faire apparaître les modifications antérieures, dans le but ultime de supprimer le **droit d'apport** mais avec des concessions en raison des pertes de revenus que cela impliquerait pour certains États membres. La directive souligne que la meilleure solution consisterait à supprimer le droit d'apport, considéré comme préjudiciable au développement économique de l'Union, mais elle admet que certains États membres ne pourraient accepter les pertes de recettes qui en résulteraient. C'est pourquoi ceux qui percevaient le droit d'apport au 1er janvier 2006 peuvent continuer à le prélever, s'ils respectent certaines conditions. **87585**

La directive s'applique aux **sociétés anonymes** qui y sont énumérées. Elle s'applique aussi à toute société, association ou personne morale dont les parts peuvent être négociées en bourse ainsi qu'aux sociétés dont les membres sont libres de céder leurs **parts sociales** et ne sont responsables des dettes sociales qu'à concurrence de leur participation et à toute autre société, association ou personne morale poursuivant des buts lucratifs. **87588**

Pour l'essentiel, il est **interdit** aux États membres de percevoir des **impôts indirects** sur les rassemblements de capitaux effectués en faveur de sociétés de capitaux.

Les **opérations concernées** sont les suivantes : les apports de capital ; les prêts ou prestations effectués dans le cadre d'apports de capital ; l'immatriculation ou toute autre formalité préalable à l'exercice d'une activité, à laquelle la société est soumise en raison de sa forme juridique ; la modification de l'acte constitutif de la société, notamment en cas de transformation en une société de type différent ; le transfert, d'un État membre vers un autre, du siège de direction effective ou du siège statutaire ; le changement de l'objet social de la société, ou la prorogation de la durée de la société ; les opérations de restructuration. Il est également interdit de prélever des impôts indirects sur l'émission de certains titres et obligations.

Les États membres sont néanmoins autorisés à percevoir certains droits de mutation, les droits ayant un caractère rémunératoire et la taxe sur la valeur ajoutée (TVA).

Précisions **a.** Une forme sociale non mentionnée à l'annexe I de la directive 2008/7/CE peut néanmoins être regardée comme une « société de capitaux » au sens de ce texte (CJUE 22 avril 2015 aff. 357/13, 2e ch., Drukarnia Multipress sp. z.o.o. : RJF 8-9/15 n° 749, à propos d'une **société en commandite par actions** de droit polonais, considérée comme une société de capitaux même si seule une partie de son capital et de ses membres est susceptible de remplir les conditions).

b. Comme l'harmonisation prévue par la directive ne porte pas sur les impôts directs, la question de l'exigibilité d'une retenue à la source sur des **intérêts « fictifs »** rectifiés au titre d'un prêt sans intérêt consenti par une société mère non résidente n'entre pas dans son champ d'application (CJUE 24 février 2022 aff. 257/20, 5e ch., « Viva Telecom Bulgaria » EOOD : RJF 5/22 n° 514).

Des dispositions spécifiques s'appliquent aux États membres qui percevaient le droit d'apport au 1er janvier 2006. Ils peuvent continuer à prélever ce droit s'ils appliquent un taux unique, qui ne doit **pas dépasser 1 %**. De plus, seuls les apports de capital peuvent être taxés. Il est interdit de prélever un droit d'apport sur les autres opérations, telles que les opérations de restructuration (apports d'actifs et échanges d'actions). **87590**

Le droit d'apport ne peut être prélevé que par l'État membre où se trouve le siège de direction effective de la société de capitaux au moment où l'apport de capital est effectué. L'assiette du droit d'apport doit correspondre à la valeur réelle de l'apport après déduction des obligations et des charges. Les augmentations de capital sur lesquelles un droit d'apport a déjà été prélevé sont exclues. L'État membre peut décider d'exclure également les apports effectués par des associés indéfiniment responsables.

Les sociétés de capitaux qui fournissent des services d'utilité publique ou qui poursuivent uniquement des objectifs culturels ou sociaux peuvent bénéficier d'**exonérations**. Des **dérogations** prenant la forme d'exonérations ou de réductions du taux du droit d'apport peuvent aussi être accordées conformément à la procédure de dérogation, pour des motifs d'équité fiscale ou d'ordre social, ou pour permettre à un État membre de faire face à des situations exceptionnelles.

Précisions **a.** La directive 69/335/CEE (ancienne directive) s'opposait à la perception d'une taxe lors de l'**émission d'actions** dans un service de compensation (CJCE 1er octobre 2009 aff. 569/07, 2e ch., HSBC Holdings Plc et Vidacos Nominees Ltd : RJF 12/09 n° 1187). Également, CJUE 19 octobre 2017 aff. 573/16, 7e ch., Air Berlin Plc : RJF 2/18 n° 241, jugeant non conforme un droit sur le transfert d'actions nouvellement émises en bourse vers un service de compensation de transactions.

b. L'article 5, 1 c) de la directive 2008/7/CE du 12 février 2008 ne s'oppose pas à un droit dû annuellement par toute entreprise en raison de son **inscription au registre des entreprises**, même si une telle inscription présente un effet constitutif pour les sociétés de capitaux et si ce droit est également dû par ces sociétés pour la période pendant laquelle elles n'exercent que des activités préparatoires à l'exploitation d'une entreprise (CJUE 19 avril 2012 aff. 443/09, 3e ch., Camera di Commercio, Industria, Artigianato e Agricoltura (CCIAA) di Cosenza c/ Grillo Star Srl : RJF 7/12 n° 781). Il en va de même d'un **droit annuel, versé aux chambres de commerce**, d'industrie, d'artisanat et d'agriculture (CJUE 20 juin 2013 aff. 468/12, 10e ch., Camera di Commercio, Industria, Artigianato e Agricoltura (CCIAA) di Cosenza c/ Ciesse Srl : RJF 11/13 n° 1107).

c. L'article 10, c) de la directive 69/335/CEE (ancienne directive) s'opposait à ce qu'un État membre perçoive une quote-part des droits perçus par un notaire fonctionnaire à l'occasion de l'authentification d'un acte juridique ayant pour objet la **transformation** d'une société de capitaux en une société de capitaux d'un type différent, qui n'entraîne pas une augmentation du capital de la société repreneuse ou ayant changé de forme juridique (CJUE 3 juillet 2014 aff. 524/13, 2e ch., Eycke Braun).

d. L'article 5, 2 de la directive 2008/7/CE s'oppose à la perception d'une taxe sur la **conversion de titres au porteur** en titres nominatifs ou en titres dématérialisés (CJUE 9 octobre 2014 aff. 299/13, 5e ch., Gielen : RJF 1/15 n° 86).

e. Une taxe annuelle belge sur les **organismes de placement collectif** n'entre pas dans le champ d'application de la directive 69/335 (CJUE 26 mai 2016 aff. 48/15, 2e ch., NN (L) International SA : RJF 8-9/16 n° 782).

3. Les avancées en matière d'impôt direct

Les textes de 1990

87610 Contrairement à ce qu'il s'était passé en matière de TVA, aucun progrès n'avait été effectué dans la construction européenne en ce qui concerne la fiscalité directe pendant plus de vingt ans. Mais des progrès décisifs ont été accomplis au cours de l'année 1990, qui a vu l'adoption d'une directive relative aux **dividendes** intra-européens (n° 88160), d'une autre directive relative aux **fusions** et opérations assimilées (n° 88290), ainsi que d'une convention destinée à régler les questions de **prix de transfert** entre entreprises associées au moyen d'une procédure arbitrale (n° 88510).

L'adoption de ces trois textes avait suivi la publication, par la Commission européenne, d'un rapport du 12 avril 1990 faisant le point de ses projets en matière de fiscalité directe. Dans ce rapport, la Commission européenne faisait une application concrète du principe de **subsidiarité** (n° 87390), estimant qu'il n'était pas souhaitable d'harmoniser les systèmes d'impôt sur les sociétés dans les États membres à tout prix, mais seulement dans la mesure nécessaire pour éliminer les distorsions de concurrence qui pouvaient freiner la réalisation du marché intérieur.

La Commission européenne a aussi annoncé le retrait de la proposition de directive qu'elle avait présentée en 1975 (n° 88140), dans laquelle elle estimait que le système d'imputation devait être un modèle pour l'harmonisation européenne. De même, une directive, dont un avant-projet avait été discuté en 1988, relative à l'harmonisation de l'assiette de l'impôt sur les sociétés n'a pas été proposée (un nouveau projet, entièrement différent, a été présenté depuis ; n° 88145).

Rapport Ruding

87612 La question de l'harmonisation a ensuite été posée dans le cadre des travaux du comité Ruding, du nom de l'ancien ministre des finances néerlandais qui le présidait. Le comité a rendu son rapport à la Commission le 18 mars 1992 (rapport Ruding). Les conclusions du rapport Ruding insistaient sur la nécessité d'une action européenne afin d'assurer le fonctionnement correct du marché intérieur ; mais cette action, nécessaire, devait cependant, selon le comité, être limitée au **minimum d'harmonisation** justifiée par l'élimination des discriminations et des distorsions de concurrence.

Le 24 juin 1992, la **Commission européenne** a réagi à la publication du rapport Ruding, remarquant d'abord que ce rapport confirmait son approche en ce qui concerne les priorités en matière de fiscalité directe des entreprises. Mais elle a estimé que toutes les recommandations du comité concernant les taux d'impôt, l'assiette ou les systèmes d'impôt sur les sociétés allaient au-delà du strict nécessaire. Elle a donc soit rejeté, soit renvoyé ces propositions à des consultations ultérieures avec les États membres. Ce point de vue a été partagé par le Conseil (communiqué du 23 novembre 1992).

Approfondissement

La Commission européenne s'est ensuite concentrée sur les questions liées à l'approfondissement des directives de 1990 et à l'adoption du « paquet fiscal » de 1997, qui a finalement été approuvé le 3 juin 2003 ; de nouvelles directives ont ainsi vu le jour en ce qui concerne la **fiscalité de l'épargne** et les flux d'**intérêts et de redevances** entre entreprises européennes associées. La Commission n'a pas perdu de vue son idée de promouvoir un système d'imposition des sociétés sur une base consolidée (n° 88145), mais elle insiste clairement aujourd'hui, sous la pression des États membres, sur les mesures destinées à lutter contre la fraude ou l'évasion fiscale internationale, l'élimination des mesures créatrices de concurrence fiscale entre les États membres et le respect du Code de conduite et de la réglementation relative aux aides d'État (nos 88530 et 87685). Dans le sillage des travaux du Cadre inclusif, elle tente également de faire adopter une directive sur l'imposition minimale des grands groupes (n° 88150). **87615**

4. L'importance du droit de l'Union européenne et la limitation des pouvoirs des États en matière fiscale

Les règles et les principes européens, tels qu'ils sont interprétés et appliqués par la Commission européenne, la Cour de justice et les juges nationaux, sont très contraignants pour les États membres et très protecteurs pour les contribuables. **87630**

a. Principes

Respect du droit de l'Union européenne

Les États membres doivent respecter les principes et les règles du droit de l'Union européenne, c'est-à-dire non seulement ceux qui sont inclus dans les traités mais également ceux du droit dérivé (règlements, directives, etc.). **87650**

Ce principe tend de plus en plus à prévaloir à mesure que se construit l'Union européenne et qu'il devient chaque jour plus légitime de censurer l'absence de **« loyauté européenne »** comme y invite le traité FUE.

En outre, il est constant que les États membres doivent assurer l'application du droit de l'Union européenne dans des conditions qui ne doivent pas être moins favorables que celles qui régissent des situations internes similaires (**principe d'équivalence**) et qui ne doivent pas rendre impossible en pratique l'exercice des droits conférés par l'ordre juridique européen (**principe d'effectivité**). Sur les principes de coopération loyale, d'équivalence et d'effectivité, voir notamment CJUE 30 juin 2016 aff. 200/14 et aff. 288/14, 2e ch. : RJF 10/16 n° 906, à propos des conditions de remboursement d'une imposition déclarée contraire au droit de l'Union européenne. Voir également n° 81515 ainsi que CJUE 14 octobre 2020 aff. 677/19, SC Valoris SRL : RJF 1/21 n° 99, à propos des **délais de dépôt de demandes de remboursement** de taxes jugées incompatibles avec le droit de l'Union européenne (un délai d'un an n'est pas nécessairement trop court, mais il ne doit pas être moins favorable que celui qui s'applique aux recours similaires fondés sur la violation du droit interne). Notamment, le principe d'équivalence exige que les **modalités procédurales** de traitement de situations trouvant leur origine dans l'exercice d'une liberté garantie par le droit de l'Union européenne ne soient pas moins favorables que pour les situations purement internes. Lorsqu'il apparaît que le contribuable non résident a été effectivement traité de manière défavorable, il appartient à l'administration fiscale et, le cas échéant, au juge de l'impôt, de lui appliquer des règles procédurales de nature à rétablir une équivalence de traitement (CE 2 février 2022 n° 441511, 9e et 10e ch., Sté Sofina : RJF 4/22 n° 394 ; voir n° 82873) ; pour cette raison, il y avait lieu, dans cette affaire, d'accorder à une société luxembourgeoise qui réclamait le remboursement de la retenue à la source relative à des dividendes de source française le bénéfice du même délai de réclamation que celui applicable aux sociétés françaises.

Longtemps rétif à contrôler la compatibilité de la loi à une norme juridique supérieure, le Conseil d'État a évolué depuis la décision Nicolo du 20 octobre 1989 (nº 10945) et tend à donner son plein effet au droit issu du traité de Rome et des traités successifs. L'état actuel de la question peut se résumer comme suit.

Précisions **a.** Le droit de l'Union européenne, notamment les principes d'équivalence et d'effectivité, ne s'oppose pas à ce qu'un juge national n'ait pas la possibilité de **réviser une décision juridictionnelle définitive** rendue dans le cadre d'un recours de nature civile, lorsque cette décision s'avère incompatible avec une interprétation du droit de l'Union retenue par la Cour de justice postérieurement à la date à laquelle cette décision est devenue définitive, alors même qu'une telle possibilité existe en ce qui concerne les décisions juridictionnelles définitives incompatibles avec le droit de l'Union rendues dans le cadre des recours de nature administrative (CJUE 6 octobre 2015 aff. 69/14, Gr. ch., Dragos Constantin Târsia : RJF 1/17 nº 94).

b. La procédure **Solvit**, coordonnée par la Commission européenne et reposant sur des centres nationaux, peut éventuellement être utilisée dans le cadre de l'Union européenne ; issue d'une recommandation de la Commission du 7 décembre 2011 (JOCE L 331/79 du 15 décembre 2001), elle permet de faciliter de manière informelle la résolution de difficultés transfrontalières par les administrations des États membres ainsi que de l'Islande, du Liechtenstein et de Norvège. La Commission européenne a proposé, le 2 mai 2017, de renforcer cette procédure pour mieux faire profiter les citoyens et les entreprises des avantages du marché unique (COM(2017) 255 final).

Autorité du droit de l'Union européenne

87655 Il résulte de l'article 55 de la Constitution et d'une jurisprudence constante de la Cour de justice que le droit de l'Union européenne a une autorité **supérieure aux lois nationales** et qu'il ne peut voir son application entravée par une réglementation d'un État membre sans que soient mis en cause les fondements mêmes de l'Union européenne. La décision Nicolo (nº 10945) a ainsi énoncé le principe de l'inapplicabilité de la loi postérieure au traité en cas d'incompatibilité avec ce dernier.

En cas de litige, les juges nationaux doivent écarter toute loi ou tout règlement interne qui serait contraire à une règle européenne. En cas de doute, ils ont la possibilité de **saisir la Cour de justice** de l'Union européenne **à titre préjudiciel**, celle-ci étant chargée d'interpréter les traités européens (nº 87440).

Le **Conseil d'État** utilise aujourd'hui cette procédure dès qu'il a un **doute** (il y en a aujourd'hui de très nombreux exemples, notamment : nº 81750 en ce qui concerne la compatibilité de l'ancien précompte avec le droit de l'Union européenne ; nº 82072 en ce qui concerne la retenue à la source sur les dividendes versés aux OPCVM étrangers ; nº 61045 en ce qui concerne l'exonération de retenue à la source dans le cadre de la directive mères/filles ; nº 82062 en ce qui concerne les dividendes distribués à des sociétés déficitaires), ou lorsqu'il lui apparaît que la solution peut être intéressante pour d'autres États membres et qu'il est opportun de lui donner une **publicité européenne**. Par exemple, le Conseil d'État avait renvoyé pour interprétation à la Cour de justice la question de la compatibilité de l'ancien article 167 bis du CGI avec le traité FUE (affaire Lasteyrie du Saillant, relative à l'ancien système d'« exit tax » ; nº 81690), dans le souci de permettre à la juridiction européenne de prononcer un arrêt de principe transposable aux législations du même type qui peuvent exister dans les autres États membres (la question préjudicielle avait, dans cette perspective, été posée de manière assez large par le Conseil d'État).

La procédure du renvoi préjudiciel permet d'assurer la cohérence des jurisprudences des juridictions françaises et de la Cour de justice, compte tenu également du principe du respect par les juridictions nationales de l'autorité de la chose jugée par la Cour de justice.

Précisions **a.** En dépit de la lettre de l'article 267 du traité FUE, ex-article 234 du traité CE, qui crée une obligation de renvoi lorsque la décision n'est pas susceptible de recours en droit interne, le **renvoi préjudiciel** reste largement une **faculté** et non une obligation (nº 87443) ; par exemple, dans l'affaire de **l'ancien précompte français**, le Conseil d'État n'a pas renvoyé la question de sa compatibilité avec la directive mères/filles, car la réponse lui paraissait clairement positive (CE 3 juillet 2009 nº 317075, 8e et 3e s.-s., min. c/ Sté Accor : RJF 10/09 nº 834 ; le renvoi préjudiciel a porté sur d'autres points, nº 81750). Cette manière de voir a toutefois été censurée par la Cour de justice (nº 87443). Autre exemple, en ce qui concerne le dispositif français de **lutte contre la sous-capitalisation** (ancienne rédaction), le Conseil d'État n'avait pas saisi la Cour de justice, car une réponse négative lui paraissait découler nécessairement de la jurisprudence antérieure de la Cour (CE 30 décembre 2003 n° 249047, section, min. c/ SARL Coréal Gestion : RJF 3/04 n° 233 aux conclusions Guillaume Goulard à la même RJF, p. 175 ; n° 81655).

b. La responsabilité de l'État peut être engagée lorsque le contenu d'une décision juridictionnelle est entaché d'une **violation manifeste du droit de l'Union européenne** ayant pour objet de conférer des droits aux particuliers et la méconnaissance par une juridiction nationale statuant en dernier ressort de l'obligation de renvoi préjudiciel est l'un des éléments que le juge national doit prendre en considération, mais elle ne constitue pas une cause autonome d'engagement de la responsabilité de l'État (CE 1er avril 2022 n° 443882, 9e et 10e ch., Sté Kermadec : RJF 6/22 n° 589) ; en l'espèce, la violation du droit de l'Union européenne par la décision du Conseil d'État n° 352209 du 29 octobre 2012, concernant la retenue à la source applicable en cas de versement de dividendes à des sociétés étrangères déficitaires (n° 82062), n'a pas présenté un caractère manifeste et n'était donc pas susceptible d'engager la **responsabilité de l'État**.

b. Conséquences en matière fiscale

Respect des libertés de circulation

Le droit fiscal national doit respecter les règles et les principes fixés par le droit de l'Union européenne, dans ses dispositions fiscales comme dans ses dispositions générales, extra-fiscales. Les règles fiscales nationales ne peuvent créer d'obstacle à la libre circulation à l'intérieur de l'Union européenne ; il en va ainsi non seulement en ce qui concerne la liberté de circulation des **marchandises** (par exemple, un État ne peut prélever une taxe qui s'applique exclusivement à des véhicules importés ; CJCE 9 mai 1985, aff. 112/84 : RJF 6/85 n° 986), mais aussi de la **liberté d'établissement**, de la **libre circulation des personnes**, de la liberté de **prestation de services**, et de la libre circulation des **capitaux** (nos 81400 s.). **87670**

En particulier, l'un des principes fondamentaux sur lesquels repose la construction européenne est l'**absence de discrimination** ; l'article 18 du traité FUE (ex-article 12 du traité CE) prévoit, d'une manière générale, que : « Dans le domaine d'application des traités et sans préjudice des dispositions particulières qu'ils prévoient, est interdite toute discrimination exercée en raison de la nationalité » (n° 82250).

D'autres dispositions édictent également des interdictions du même ordre, en particulier l'article 49 du traité FUE (ex-article 43 du traité CE) relatif à la **liberté d'établissement** qui prévoit la suppression des restrictions à la liberté d'établissement des ressortissants d'un État membre dans le territoire d'un autre État membre et précise que cette suppression s'étend aux restrictions à la création d'agences, de succursales ou de filiales par les ressortissants d'un État membre établis sur le territoire d'un autre État membre. Cet article a une grande importance en matière fiscale (nos 81550 s.).

Ces libertés fondamentales font partie du « **droit primaire** » de l'Union européenne ; elles peuvent ainsi être invoquées au soutien de la contestation d'une mesure nationale prise en application d'une directive européenne, sauf, compte tenu de la jurisprudence de la Cour de justice, en présence d'une **harmonisation exhaustive** à l'échelle de l'Union européenne ; si une directive européenne procède à une harmonisation exhaustive, en effet, la mesure nationale doit être appréciée au regard de la règle harmonisée et non pas du droit primaire (en ce sens, notamment, affaires Euro Park Service, n° 88485, et Eqiom/Enka, n° 88210) ; il a, par exemple, été jugé que l'article 1 § 2 de la directive mères/filles dans sa rédaction alors applicable (« la présente directive ne fait pas obstacle à l'application de dispositions nationales ou conventionnelles nécessaires afin d'éviter les fraudes et abus ») n'opérait pas une harmonisation exhaustive, d'où il résultait que les mesures françaises pouvaient effectivement être appréciées au regard du droit primaire de l'Union européenne (affaire Eqiom/Enka, précitée, point 15). Par différence, la clause anti-abus résultant de la directive du 27 janvier 2015 (n° 88210) procède à une harmonisation exhaustive qui devrait empêcher toute critique de l'actuel article 119 ter du CGI au regard du droit de l'Union européenne, qu'il s'agisse de la directive, puisque la loi n'a fait que reprendre le texte même de la directive, ou du droit primaire puisque la matière fait l'objet d'une harmonisation exhaustive.

Il reste que, par principe, la Cour contrôle la conformité du droit dérivé au droit primaire, comme le soulignait l'avocate générale dans ses conclusions sur l'affaire 556/20 (voir n° 81750), relative à l'ancien précompte français (les points 36 à 38 de ces conclusions indiquent notamment que « la hiérarchie des normes est claire. La directive mères-filiales doit être examinée au regard des libertés fondamentales et non l'inverse »).

Précisions **a.** Sur le concept d'**harmonisation exhaustive**, voir notamment CJUE 12 novembre 2015 aff. 198/14, 5e ch., Valev Visnapuu (point 40) rappelant que « selon une jurisprudence constante, toute mesure nationale dans un domaine qui a fait l'objet d'une harmonisation exhaustive à l'échelle de l'Union doit être appréciée au regard des dispositions de cette mesure d'harmonisation, et non pas de celles du droit primaire (...) » et précisant qu'afin de déterminer si l'harmonisation opérée par une directive revêt un caractère exhaustif, il y a lieu de tenir compte du **contexte** et des **objectifs** poursuivis par la réglementation dont elle fait partie (point 42).

b. En présence d'une harmonisation exhaustive, la directive est considérée comme un **écran** ; la compatibilité des mesures nationales doit alors être examinée uniquement au regard du droit dérivé et non pas du droit primaire.

c. Pour un exemple de renvoi préjudiciel concernant la **conformité d'une directive au droit primaire** de l'Union européenne, voir CE 25 juin 2021 n° 448486, 8e et 3e ch., Conseil national des barreaux et autres : RJF 10/21 n° 947 (voir n° 71812).

Respect des règles relatives aux aides d'État

87685 Sauf dérogations, sont incompatibles avec le marché intérieur, dans la mesure où elles affectent les échanges entre États membres, les aides accordées par les États ou au moyen de ressources d'État sous quelque forme que ce soit qui faussent ou qui menacent de **fausser la concurrence** en favorisant certaines entreprises ou certaines productions (article 107 du traité FUE, ex-article 87 du traité CE ; n° 87402) ; la Cour de justice juge que la qualification d'aide d'État suppose une intervention de l'État ou au moyen de ressources de l'État, qui soit susceptible d'affecter les échanges entre les États membres, qui accorde un avantage sélectif à son bénéficiaire et qui fausse ou menace de fausser la concurrence (ces critères sont cumulatifs ; en ce sens, notamment, CJUE 2 septembre 2010 aff. 399/08, 1e ch., Commission c/ Deutsche Post, point 39 ; CJUE 21 décembre 2016 aff. jointes C-20/15 P et C-21/15 P, Gr. ch., World Duty Free Group SA, anciennement Autogrill España SA, Banco Santander SA, Santusa Holding SL, point 53 : Droit fiscal 2017 n° 26, comm. n° 373).

Dans le domaine fiscal, il en va ainsi notamment des mesures de réduction de l'assiette imposable ou de réduction ou d'exonération du montant de l'impôt ou encore d'annulation de dettes fiscales (l'incompatibilité des aides d'État vaut pour les mesures nationales « sous quelque forme que ce soit »). Une mesure nationale, par exemple en matière fiscale, ne peut cependant être considérée comme une aide d'État que si elle est « **sélective** », l'article 107 du traité FUE précisant qu'une aide est critiquable si elle favorise certaines entreprises ou certaines productions (des avantages résultant d'une mesure fiscale générale appliquée sans distinction à tous les agents économiques ne constituent donc pas des aides d'État). Il a, en ce sens, été jugé qu'une mesure par laquelle les autorités publiques accordent à certaines entreprises une **exonération fiscale** qui, bien que ne comportant pas un transfert de ressources d'État, place les bénéficiaires dans une situation financière plus favorable que les autres contribuables constitue une aide d'État (CJUE 15 mars 1994 aff. 387/92, Banco de Crédito Industrial SA, devenue Banco Exterior de España SA : RJF 6/94 n° 761, point 14).

Cela étant, le critère de sélectivité fait l'objet d'une interprétation large ; ce qui importe, pour la Cour de justice, c'est le fait qu'une mesure « **déroge au régime fiscal commun** ou "normal" applicable dans l'État membre concerné, introduisant ainsi, par ses effets concrets, un traitement différencié entre opérateurs, alors que les opérateurs qui bénéficient de l'avantage fiscal et ceux qui en sont exclus se trouvent, au regard de l'objectif poursuivi par ledit régime fiscal de cet État membre, dans une situation factuelle et juridique comparable » (CJUE 21 décembre 2016 aff. jointes C-20/15 P et C-21/15 P, Gr. ch., World Duty Free Group SA, anciennement Autogrill España SA, Banco Santander SA, Santusa Holding SL, point 67 : Droit fiscal 2017 n° 26, comm. n° 373). Dans cette affaire, la possibilité donnée aux entreprises espagnoles de déduire de leur résultat, sous forme d'amortissement, le **goodwill** (survaleur) sur les titres de participation représentant au moins 5 % du capital de sociétés étrangères a été considérée comme une mesure sélective constitutive d'une aide d'État dès lors que la même déduction n'était pas autorisée en cas de prise de participation dans une société espagnole ; en l'espèce, le fait qu'un grand nombre d'entreprises ait pu bénéficier de cet avantage ne remettait pas en cause le caractère sélectif de la mesure mais seulement son **degré de sélectivité** (alors qu'en première instance, il avait été jugé que la mesure ne constituait pas une aide d'État étant donné qu'elle ne visait aucune catégorie particulière d'entreprises ou de productions, que son application était indépendante de la nature de l'activité des entreprises et qu'elle était accessible, a priori ou potentiellement, à toutes les entreprises). Sur renvoi, le Tribunal de l'Union européenne a rejeté le recours formé contre la décision de la Commission européenne et les pourvois des sociétés concernées ont ensuite été rejetés par la Cour de justice (six arrêts de grande chambre du même jour, notamment CJUE 6 octobre 2021 aff. jointes 51/19 P et 64/19 P, Gr. ch., World Duty Free Group SA et Royaume d'Espagne c/ Commission : RJF 3/22 n° 326 ; les autres arrêts traitent d'affaires similaires concernant notamment Banco Santander et Axa Mediterranean). La Cour rappelle dans ces affaires que, pour pouvoir qualifier une mesure fiscale nationale de sélective, la Commission européenne doit d'abord identifier le régime fiscal commun ou normal applicable dans l'État membre, puis démontrer que la mesure fiscale en cause (en l'espèce, un mécanisme d'amortissement) déroge à ce **système de référence** en introduisant des différenciations entre des entreprises qui se trouvent, au regard de l'objectif poursuivi par le régime fiscal commun ou normal, dans une situation factuelle et juridique comparable et, enfin, vérifier si la différenciation introduite est justifiée dès lors qu'elle résulte de la nature ou de l'économie du système dans lequel elle s'inscrit. **87685** (suite)

Autre exemple de la manière dont la sélectivité doit être appréciée, la possibilité prévue par le droit fiscal allemand de **reporter les déficits antérieurs** même en présence d'une modification importante du capital social en cas de redressement d'une entreprise en difficulté n'est pas une aide d'État car c'est la règle générale prévoyant le report des déficits qui doit servir de **cadre de référence**, d'où il se déduit que la mesure concernant les entreprises en difficulté n'est pas une exception (CJUE 28 juin 2018 aff. 203/16, Dirk Andres, agissant en qualité de curateur à la faillite de Heitkamp BauHolding GmbH c/ Commission) ; cet arrêt souligne que « la sélectivité d'une mesure fiscale ne saurait être justement appréciée à l'aune d'un cadre de référence constitué de quelques dispositions qui ont été artificiellement sorties d'un cadre législatif plus large » (point 103).

Les projets qui instituent ou modifient des aides doivent, en principe, être **notifiés** à la Commission européenne afin que cette dernière puisse examiner la compatibilité de l'aide avec le marché intérieur (article 108 du traité FUE, ex-article 88 du traité CE).

Toutefois, le Conseil peut prendre des règlements afin, notamment, de fixer des catégories d'aides qui sont dispensées de cette procédure de notification préalable (article 109 du traité FUE, ex-article 89 du traité CE). Cette procédure est encadrée par le **règlement de minimis** UE/1407/2013 du 18 décembre 2013 (JOUE L 352 du 24 décembre 2013), qui s'applique jusqu'au 31 décembre 2023 (Règlement (UE) 2020/972 de la Commission du 2 juillet 2020 ; JOUE L 215 du 7 juillet 2020).

Les **aides de minimis** sont des aides de faible montant, sous quelque forme que ce soit (subventions, avantages fiscaux, garantie de prêts, etc.), qui sont considérées comme n'étant pas de nature à fausser la concurrence entre les entreprises et les échanges entre les États membres et qui sont donc compatibles avec les articles 107 et 108 du traité FUE sans avoir besoin d'être préalablement autorisées par la Commission européenne. Les aides destinées à favoriser les exportations n'entrent pas dans le champ des aides de minimis (notamment, CJUE 28 février 2018 aff. 518/16, 1e ch., « ZTP » AD).

En matière fiscale, le **montant de l'aide** à prendre en compte est égal à l'avantage brut en impôt (avant impôts ou autres prélèvements) dont bénéficie l'entreprise (le montant de l'aide est nul si elle ne procure aucun avantage, comme en cas de réduction d'un déficit). Le **plafond** des aides de minimis est fixé à 200 000 € sur une période de trois exercices fiscaux (le respect du plafond s'apprécie de manière glissante sur une période de trois exercices fiscaux, quelle que soit la durée des exercices) ; pour chaque nouvelle aide, il faut tenir compte du montant total des aides de minimis accordées au cours des deux exercices précédents et de celles accordées depuis l'ouverture de l'exercice en cours. Une entreprise à laquelle un État envisage d'apporter une aide de minimis qui, en raison de l'existence d'aides antérieures, porterait le montant total au-delà du plafond de 200 000 € peut opter pour la réduction du financement requis ou pour la renonciation, intégrale ou partielle, à des subventions antérieures déjà perçues afin de ne pas dépasser le plafond ; mais les États membres ne sont pas tenus de permettre aux entreprises qui ne veulent pas dépasser le plafond de modifier leur demande d'aide avant son octroi (CJUE 28 octobre 2020 aff. 608/19, 8e ch. : RJF 2/21 n° 221).

Ce seuil s'apprécie par « entreprise unique », c'est-à-dire **au niveau du groupe** et non par entité juridique ; des règles spécifiques d'appréciation des seuils en cas de restructuration sont fixées.

Précisions a. Après avoir publié, le 25 février 2009, une communication relative à **l'application de la législation sur les aides d'État**, la Commission européenne clarifié la situation par une nouvelle communication de juillet 2016 (JOUE C 262/1 du 19 juillet 2016), précisée par une communication du 16 juillet 2018 (Communication C(2018)4412 final) et un code de bonnes pratiques pour la conduite des procédures de contrôle des aides d'État (JOUE C 253/14 du 19 juillet 2018). Un communiqué de la Commission européenne du 23 juillet 2021 indique que la Commission a décidé d'étendre le champ d'application du **règlement général d'exemption par catégorie** (RGEC) afin de permettre aux États membres la mise en œuvre de certaines mesures d'aide sans examen préalable par la Commission et de nouvelles lignes directrices en matière d'aides d'État s'appliquent depuis le 1er janvier 2022 concernant les règles que les États membres doivent respecter pour soutenir et faciliter l'accès au financement des jeunes entreprises et des **PME** (JOUE C 508 du 16 décembre 2021).

b. Le Parlement européen avait proposé que la **récupération des aides d'État illégales** profite non pas au budget de l'État qui a enfreint la règle mais à ceux des États qui ont été lésés (communiqué de presse, affaires économiques et monétaires, 19 janvier 2016).

c. La **notion d'« entreprise »** s'entend, pour l'application des règles relatives aux aides d'État, de toute entité exerçant une activité économique, indépendamment du statut juridique de cette entité et de son mode de financement (notamment, CJUE 27 juin 2017 aff. 74/16, Gr. ch., Congregación de Escuelas Pías Provincia Betania : RJF 10/17 n° 1006, à propos d'une exonération fiscale espagnole bénéficiant à une congrégation appartenant à l'Église catholique pour des ouvrages réalisés dans un immeuble destiné à l'exercice d'activités dépourvues de finalité strictement religieuse).

d. Le **concurrent** d'une entité ayant bénéficié d'une aide octroyée par un État membre dans le cadre d'un régime national est recevable à former un recours contre la décision de la Commission européenne déclarant, d'une part, que certaines des aides accordées dans le cadre de ce régime national ne constituent pas des aides d'État illégales, et, d'autre part, que les aides octroyées dans le cadre de ce régime national en violation de l'article 107 du Traité FUE ne peuvent pas être récupérées (CJUE 6 novembre 2018 aff. 622/16 P à 624/16 P, Gr. ch., Scuola Elementare Maria Montessori SRL : RJF 1/19 n° 114).

e. Le **crédit d'impôt intéressement** (CGI art. 244 quater T, ancien) ne pouvait être regardé comme un régime d'aides d'État et n'entrait pas dans le champ des aides de minimis ; une société pouvait se prévaloir d'une **espérance légitime**, devant être **regardée comme un bien** au sens de l'article 1er du premier protocole additionnel à la Convention européenne des droits de l'Homme, de bénéficier d'un crédit d'impôt non plafonné durant la durée triennale de son accord d'intéressement (CE 13 mars 2019 n° 417536, Sté Ferropem : RJF 6/19 n° 615).

f. Une juridiction nationale ne saurait apprécier la conformité à la libre circulation des capitaux d'une **condition de résidence** dans le cas où le régime de remboursement de l'impôt sur les dividendes concerné est constitutif d'un régime d'aides (CJUE 2 mai 2019 aff. 598/17, A-Fonds : RJF 7/19 n° 722).

g. La Commission européenne a adopté, le 19 mars 2020, des règles dérogatoires d'encadrement temporaire pour permettre aux États membres de soutenir l'économie face à l'épidémie de **Covid-19** (JOUE C 091I du 20 mars 2020) ; ces règles ont ensuite été modifiées, étendues et prolongées jusqu'au 30 juin 2022 (communiqués de la Commission européenne des 18 novembre 2021 et 12 mai 2022). Un cadre temporaire de crise a également été adopté par la Commission européenne le 23 mars 2022 afin de soutenir l'économie de l'Union européenne dans le contexte de **l'invasion de l'Ukraine** par la Russie (dispositif modifié le 20 juillet 2022 ; JOUE C 280 du 21 juillet 2022).

h. L'indemnisation accordée par une **sentence arbitrale** en réparation du préjudice prétendument subi par des investisseurs en raison de l'abrogation d'un régime d'incitation fiscale en violation d'un traité bilatéral d'investissement est susceptible de caractériser une aide d'État, qui doit être regardée comme ayant été accordée à la date de la sentence arbitrale (CJUE 25 janvier 2022 aff. 638/19 P, Commission c/ European Food SA e.a. : RJF 4/22 n° 414) ; le droit des aides d'État s'appliquait en l'espèce, car la sentence étant intervenue postérieurement à l'adhésion de la Roumanie à l'Union européenne.

87687 **Action de la Commission européenne** C'est surtout depuis 1998 que la Commission européenne veille au respect des règles relatives aux aides d'État, afin de donner son plein effet, notamment, aux travaux relatifs au Code de conduite (n° 88530) ; parmi les affaires les plus intéressantes, qui ont notamment fait suite à sa décision de lancer, le 11 juillet 2001, une vaste enquête sur les régimes fiscaux des États membres, on relèvera celles qui concernent (outre celles relatives à la France, n° 87750) :

– le régime des « exempt companies » de **Gibraltar**, qui a dû être aboli pour la fin de l'année 2010, ce que le Royaume-Uni avait accepté (communiqué de la Commission des 21 janvier et 18 février 2005) ;

– les régimes fiscaux préférentiels accordés par **Malte** aux sociétés de commerce offshore et aux sociétés percevant des revenus d'origine étrangère, que Malte a accepté d'abolir (communiqué de la Commission du 12 mai 2006) ;

– l'ancien régime luxembourgeois des « **holdings 1929** », que la Commission européenne a considéré, par une décision du 19 juillet 2006, comme une aide d'État incompatible avec le marché commun et que le Luxembourg a immédiatement supprimé. **87687** (suite)

L'action de la Commission européenne s'est ensuite intensifiée au nom de la nécessité de lutter contre la **concurrence fiscale dommageable** au sein de l'Union européenne ; les décisions les plus intéressantes, en ce qui concerne les incitations ou aides fiscales, sont les suivantes :
– analyse par la Commission d'un **accord transactionnel** entre un contribuable et l'administration fiscale belge, dans la mesure où un tel accord est susceptible d'être regardé comme une aide d'État (communiqué de la Commission IP/10/616 du 26 mai 2010, concluant que l'accord transactionnel conclu en décembre 2000 entre l'inspection spéciale belge des impôts et la société Umicore ne caractérisait pas une aide d'État) ;
– déclaration d'incompatibilité de **l'annulation d'une dette fiscale** par les autorités slovaques, pour un montant d'environ 11 M€, au motif que le non-paiement de taxes que les concurrents de la société bénéficiaire avaient dû acquitter lui avait conféré un avantage économique indu ; afin de remédier à la distorsion de concurrence provoquée par cette mesure, l'entreprise a dû verser les montants exigibles majorés des intérêts (communiqué de la Commission IP/13/959 du 16 octobre 2013) ;
– acceptation du régime britannique d'allégement fiscal en faveur des **jeux vidéo** (communiqué de la Commission IP/14/331 du 27 mars 2014) ;
– acceptation des exonérations de la taxe danoise sur la **publicité** au profit des ménages (communiqué de la Commission IP/14/791 du 9 juillet 2014) ;
– contrôle des **rescrits fiscaux** délivrés par les États membres, en matière de **propriété intellectuelle** (communiqué de la Commission IP/14/2742 du 17 décembre 2014 ; communiqué de la Commission IP/15/5140 du 8 juin 2015) ;
– déclaration d'illégalité du régime fiscal belge qui permet aux entreprises de bénéficier, sur décision fiscale anticipée (ruling), d'une déduction de l'assiette imposable de 50 % à 90 % au titre des **bénéfices réputés « excédentaires »**, au motif qu'ils tiendraient à l'avantage consistant à faire partie d'un groupe multinational (communiqué de la Commission IP/16/42 du 11 janvier 2016 indiquant que la Commission européenne a ordonné la récupération d'environ 700 M€ auprès de trente-cinq multinationales ; aff. SA.37667) ; cette décision a été annulée en première instance (Trib. UE 14 février 2019 aff. jointes T 131/16 et T 263/16, 7e ch., Royaume de Belgique et Magnetrol c/ Commission : Droit fiscal 2019 n° 8, comm. n° 169), mais ce jugement a lui-même été annulé par CJUE 16 septembre 2021 aff. 337/19, 4e ch., Commission c/ Royaume de Belgique, Magnetrol et a., au motif, notamment, que, contrairement à ce qu'avait jugé le tribunal, un régime d'aide peut résulter d'une « **ligne de conduite systématique** » des autorités fiscales, mise en évidence au moyen d'un échantillon représentatif (en l'espèce, l'administration belge considérait que la législation relative aux prix de transfert conduisait à extourner des résultats imposables des entreprises multinationales les bénéfices comptables excédant les bénéfices de pleine concurrence, un tel avantage étant systématiquement accordé lorsque les conditions étaient réunies) ; l'affaire a été renvoyée au tribunal, dans la mesure où tous les moyens avancés en première instance n'avaient pas été examinés, alors que leur appréciation soulève des questions factuelles complexes (notion d'avantage, de sélectivité, etc.) ;
– décision de non-conformité partielle du **régime britannique applicable aux « sociétés étrangères contrôlées »**, qui n'était pas applicable, entre 2013 et 2018, à certains intérêts au titre d'activités financières intragroupe (Décision (UE) 2019/1352 de la Commission ; JOUE L 216 du 20 août 2019 concernant l'aide d'État SA.44896) ; cette décision a fait l'objet d'un recours rejeté par Trib. UE 8 juin 2022 aff. jointes T 363/19 et T 456/19, Royaume-Uni et ITV Plc c/ Commission (n° 87695) ;
– validation du régime belge de **taxation au tonnage** prévoyant une imposition en fonction de la taille de la flotte et non des bénéfices réels, au motif que ce régime encourage les compagnies maritimes à enregistrer leurs navires en Europe et à garantir ainsi l'application de normes sociales, environnementales et de sécurité plus élevées (communiqué de la Commission IP/17/4382 du 6 novembre 2017, aff. SA.41330) ; le système **maltais** a également été validé sous conditions, après avoir été corrigé par les autorités maltaises (aff. SA.33829, 19 décembre 2017) ;
– ouverture d'une enquête approfondie sur les exonérations fiscales accordées aux entreprises dans la zone franche de **Madère** (communiqué IP/18/4384 du 6 juillet 2018) et conclusion selon laquelle le régime d'aides « Zone franche de Madère » n'a pas été mis en œuvre conformément aux conditions approuvées en 2007 et 2013 et, plus généralement, aux règles en matière d'aides d'État (communiqué IP/20/2314 du 4 décembre 2020 ; aide d'État SA.21259) ; le Portugal a contesté cette décision (aff. T 95/21, Portugal c/ Commission ; également aff. T 131/21) ;

– ouverture, le 15 novembre 2019, d'une enquête approfondie concernant les avantages fiscaux accordés aux **ports italiens**, qui a conduit la Commission européenne à demander à l'Italie de supprimer les exonérations d'impôt sur les sociétés accordées à ses ports au motif qu'elles leur confèrent un avantage sélectif en violation des règles européennes en matière d'aides d'État (aide d'État SA.38399 ; décision (UE) 2021/1757 de la Commission du 4 décembre 2020, JOUE L 354 du 6 octobre 2021) ; clôture, en revanche, en novembre 2019, de l'enquête concernant les ports **espagnols** à la suite des engagements pris par l'Espagne (en ce qui concerne les ports français, voir nº 87750) ; à propos des mesures d'exonération fiscales accordées aux ports espagnols, un contentieux a été initié par l'autorité portuaire de Bilbao (aff. T 126/20) ;
– validation le 22 janvier 2020, après une longue enquête, des règles allemandes en matière de **report fiscal de pertes** pour les entreprises en difficulté (aide d'État SA.29150, JOUE L 94 du 27 mars 2020).

Voir également nº 87700 en ce qui concerne l'action de la Commission européenne à l'encontre des pratiques de certaines entreprises multinationales.

87690 **Décisions de la Cour de justice de l'Union européenne** Les jugements et arrêts suivants illustrent la problématique à l'occasion d'affaires particulières :
– reconnaissance de l'existence d'avantages sélectifs résultant du régime fiscal alors en vigueur à **Gibraltar** (CJUE 15 novembre 2011 aff. 106/09 P et 107/09 P, Gr. ch., Commission européenne et Royaume d'Espagne : RJF 2/12 nº 198) ;
– condamnation de l'Espagne à payer à la Commission européenne, sur le compte « Ressources propres de l'Union européenne », une somme forfaitaire de 30 M€ pour non-respect de ses obligations relatives à la **récupération** d'aides illégales (CJUE 13 mai 2014 aff. 184/11, Gr. ch., Commission c/ Espagne) ;
– qualification d'aide d'État d'une exonération de **taxe foncière** d'une parcelle de terrain appartenant à l'État espagnol (CJUE 9 octobre 2014 aff. 522/13, 7e ch., Navantia SA : RJF 1/15 nº 85) ;
– affaire du **goodwill espagnol** (CJUE 21 décembre 2016 aff. jointes C-20/15 P et C-21/15 P, Gr. ch., World Duty Free Group SA : Droit fiscal 2017 nº 26, comm. nº 373 ; voir nº 87685) ;
– qualification d'aide d'État d'une exonération fiscale dont bénéficie une **congrégation** appartenant à l'Église catholique pour des ouvrages réalisés dans un immeuble destiné à l'exercice d'activités dépourvues de finalité strictement religieuse, si ces activités sont économiques (CJUE 27 juin 2017 aff. 74/16, Gr. ch., Congregación de Escuelas Pías Provincia Betania : RJF 10/17 nº 1006) ;
– conformité de la **Tascom espagnole** à la réglementation des aides d'État et à la liberté d'établissement (CJUE 26 avril 2018 aff. jointes 236/16 et 237/16, 1e ch., Asociación Nacional de Grandes Empresas de Distribución (Anged)) ; la Cour juge que ne constitue pas une aide d'État un impôt qui frappe les grands établissements de distribution et exonère les autres ou qui exonère les établissements qui exercent leur activité dans certains secteurs qui ne causent pas des atteintes à l'environnement et à l'aménagement du territoire aussi importantes que les autres ; cet arrêt précise que l'appréciation de la condition de **sélectivité** impose de déterminer si, dans le cadre d'un régime juridique donné, la mesure nationale en cause est de nature à favoriser « certaines entreprises ou certaines productions » par rapport à d'autres, qui se trouvent, au regard de l'objectif poursuivi par ce régime, dans une situation factuelle et juridique comparable et qui subissent ainsi un traitement différencié pouvant en substance être qualifié de « discriminatoire » (point 26) ;
– affirmation du principe selon lequel des **groupements d'intérêt économique** peuvent être considérés comme bénéficiaires d'une aide d'État, la qualification d'une mesure d'aide d'État ne dépendant pas du statut juridique des entreprises concernées ni des techniques utilisées (CJUE 25 juillet 2018 aff. 128/16 P, 2e ch., Commission c/ Espagne et autres : Droit fiscal 2018 nº 47, comm. nº 480, à propos du régime espagnol de **leasing fiscal**) ; sur renvoi dans cette affaire, le tribunal a confirmé la décision par laquelle la Commission européenne avait estimé que certains aspects du régime fiscal applicable en Espagne aux accords de location-financement étaient partiellement incompatibles avec le marché intérieur (Trib. UE 23 septembre 2020 aff. T 515/13 RENV et T 719/13 RENV, 8e ch. élargie) ; ces jugements ont fait l'objet de pourvois enregistrés sous les nºs 649/20 P, 658/20 P et 662/20 P (JOUE C 110 du 29 mars 2021) ;
– conformité de la législation fiscale allemande qui exonère de l'impôt sur les **acquisitions immobilières**, sous certaines conditions, le transfert de propriété d'un immeuble intervenu en raison d'une opération de transformation impliquant exclusivement des sociétés d'un même groupe liées par un rapport de participation d'au moins 95 % (CJUE 19 décembre 2018 aff. 374/17, Gr. ch., A-Brauerei : RJF 4/19 nº 403, jugeant que la condition relative à la sélectivité de l'avantage, constitutive de la notion d'aide d'État, n'était pas remplie).

D'une façon générale, il résulte de la jurisprudence qu'une mesure accordant à certaines entreprises un **traitement fiscal avantageux** constitue une aide d'État si la mesure est « sélective », c'est-à-dire dérogatoire par rapport au régime fiscal commun normalement applicable et si elle établit des différenciations entre opérateurs qui se trouvent pourtant, au regard de l'objectif assigné au régime fiscal commun ou « normal » applicable, dans une situation factuelle et juridique comparable.

La question est d'appréciation délicate comme le montre l'analyse de la taxe hongroise sur le chiffre d'affaires de la diffusion de publicité. La Commission européenne avait critiqué le fait que cette taxe soit calculée selon un **barème progressif** allant de 0 % à 50 % au motif que la distinction entre les entreprises ayant des recettes publicitaires élevées, c'est-à-dire les entreprises de grande taille, et celles ayant des recettes publicitaires faibles, c'est-à-dire les entreprises de petite taille, accordait un avantage sélectif à ces dernières sur la base de leur taille ; elle avait également identifié un autre avantage sélectif résultant de ce que les entreprises n'ayant pas généré de bénéfices en 2013 pouvaient déduire de la taxe, en 2014, la moitié des pertes reportées. Cependant, la Commission n'a été convaincante ni en première instance (Trib. UE 27 juin 2019 aff. T 20/17, 9e ch., Hongrie c/ Commission : RJF 3/20 n° 289, jugeant que des erreurs d'analyse avaient été commises et concluant à l'absence d'aide d'État) ni, ensuite, devant la Cour de justice (CJUE 16 mars 2021 aff. 596/19 P, Gr. ch., Commission c/ Hongrie ; dans le même sens, à propos d'un impôt polonais assis sur le chiffre d'affaires et perçu à un taux progressif selon le chiffre d'affaires dans le secteur de la vente au détail, CJUE 16 mars 2021 aff. 562/19 P, Gr. Ch., Commission c/ Pologne). Dans ces arrêts, la Cour confirme que la progressivité des taux, prévue par les mesures fiscales en cause, faisait partie intégrante du **système de référence** au regard duquel il convenait d'apprécier si l'existence d'un avantage sélectif pouvait être établie (communiqué de presse de la CJUE n° 38/21 du 16 mars 2021) ; elle réaffirme également que les États membres sont libres d'établir le système de taxation qu'ils jugent le plus approprié et que l'application d'une **taxation progressive assise sur le chiffre d'affaires** relève du pouvoir d'appréciation de chaque État membre, à condition toutefois que ses caractéristiques ne révèlent aucun élément manifestement discriminatoire (en l'espèce, la Cour a jugé qu'il n'y avait pas d'élément discriminatoire et, à propos de la taxe hongroise sur la publicité, que le mécanisme transitoire de déductibilité partielle de pertes reportées n'induisait pas d'avantage sélectif).

La problématique contentieuse des aides d'État est également illustrée par les affaires suivantes : **87695**

– rejet du recours formé contre la décision de la Commission européenne relative à la législation britannique sur les **« sociétés étrangères contrôlées »**, qui permettait à une société britannique d'être exonérée à hauteur de 75 % ou 100 % des bénéfices financiers non commerciaux d'une société étrangère contrôlée découlant de prêts éligibles (aide d'État SA.44896 ; voir n° 87687) ; notamment, il y avait bien un avantage sélectif dans la mesure où ces exonérations dérogeaient aux règles britanniques relatives aux sociétés étrangères contrôlées et elles étaient accordées indépendamment du fait que des fonctions humaines significatives aient été exercées au Royaume-Uni (Trib. UE 8 juin 2022 aff. jointes T 363/19 et T 456/19, 2e ch. élargie, Royaume-Uni et ITV Plc c/ Commission) ;

– annulation partielle, pour des raisons formelles, de la décision (UE) 2019/700 (JOUE L 119 du 7 mai 2019 ; aide d'État SA.34914) qui avait déclaré illégaux cinq « rulings fiscaux » et le régime d'exonération d'impôt sur les sociétés appliqué à **Gibraltar** sur les intérêts et redevances (Trib. UE 6 avril 2022 aff. T 508/19, 2e ch. élargie, Mead Johnson Nutrition (Asia Pacific) Pte Ltd et a. c/ Commission) ; le communiqué IP/18/6889 du 19 décembre 2018 avait indiqué que les bénéficiaires devaient rembourser les impôts non acquittés à Gibraltar pour un montant d'environ 100 M€ ; il a été jugé, à ce propos, que la détermination du montant à récupérer peut tenir compte d'impositions étrangères (CJUE 15 septembre 2022 aff. 705/20, 2e ch., Fossil (Gibraltar) Ltd, à propos d'une société de Gibraltar, filiale d'une société américaine, qui avait reçu des redevances de propriété intellectuelle exonérées d'impôt à Gibraltar, mais qui avaient été imposées aux États-Unis) ;

– annulation d'une décision de la Commission européenne qui avait considéré que la société **Amazon** avait bénéficié d'avantages fiscaux illégaux au Luxembourg en matière de prix de transfert pour un montant d'environ 250 M€ entre mai 2006 et juin 2014 (Trib. UE 12 mai 2021 aff. jointes T 816/17 et T 318/18, 7e ch. élargie, Luxembourg, Amazon EU SARL et Amazon.com, Inc. c/ Commission : RJF 8-9/21 n° 885 ; la Commission a formé contre ce jugement un recours enregistré sous le n° 457/21 P) ; la Commission n'avait pas établi, selon le Tribunal, l'existence d'un avantage sélectif, car son analyse fonctionnelle était partiellement incorrecte et la méthode de calcul retenue ne

87695 (suite) permettait pas de conclure que la charge fiscale luxembourgeoise avait été artificiellement réduite en raison d'une surévaluation de la **redevance versée** (la Commission européenne avait considéré que les autorités fiscales luxembourgeoises avaient accepté le versement d'une redevance excessive à une société en commandite simple luxembourgeoise détenue par des sociétés américaines et non imposable) ;

– confirmation de la décision de la Commission européenne considérant que le traitement fiscal préférentiel accordé par les autorités luxembourgeoises au groupe **Engie** (transfert d'activités et **financement intragroupe**) caractérisait un avantage fiscal sélectif, car il résultait principalement de la non-application d'une mesure nationale relative à l'**abus de droit** (Trib. UE 12 mai 2021 aff. jointes T 516/18 et T 525/18, 2e ch. élargie, Luxembourg c/ Commission et Engie Global LNG Holding et autres c/ Commission : RJF 8-9/21 n° 886 ; pourvois enregistrés sous les nos 451/21 P et 454/21 P) ; il s'agissait, selon le Tribunal, d'une décision qui dérogeait à l'application de la disposition luxembourgeoise relative à l'abus de droit alors que les conditions d'application de cette disposition étaient pourtant remplies (les « décisions fiscales anticipatives » en cause conduisaient à une réduction du montant de l'impôt qui aurait été normalement dû en application du régime fiscal ordinaire) ;

– rejet du recours introduit par le club de football de Barcelone contre la décision (UE) 2016/2391 de la Commission, du 4 juillet 2016, relative à l'aide d'État SA.29769 octroyée par l'Espagne à certains clubs de football (CJUE 4 mars 2021 aff. 362/19 P, 5e ch., Commission européenne c/ Fútbol Club Barcelona et Royaume d'Espagne ; communiqué de presse de la CJUE n° 32/21 du même jour) ; la Commission avait considéré que l'octroi d'un **taux préférentiel d'imposition** sur les revenus de certains clubs sportifs professionnels espagnols autorisés à recourir au statut d'entité à but non lucratif était une aide d'État incompatible avec le marché intérieur ; il avait été jugé, en première instance, qu'elle n'avait pas apporté la preuve qui lui incombait car elle s'était livrée à des comparaisons formelles sans tenir compte de l'ensemble des règles applicables (Trib. UE 26 février 2019 aff. T 865/16, 4e ch., Fútbol Club Barcelona, soutenu par l'Espagne c/ Commission) ; la Cour de justice a estimé, au contraire, que l'avantage était caractérisé et que le régime d'aides en cause était, dès le moment de son adoption, susceptible de favoriser les clubs opérant en tant qu'entités sans but lucratif par rapport aux clubs opérant en tant que SAS, leur procurant ainsi un avantage susceptible de relever de l'article 107 § 1 du traité FUE ;

– annulation d'une décision de la Commission européenne qui n'avait pas soulevé d'objections à l'égard des aides fiscales relatives à la **dépréciation des actifs** et au **report en avant des pertes** octroyées par le Danemark et la Suède à un consortium dans le cadre d'un projet liaison fixe railroute (Trib. UE 19 septembre 2018 aff. T 68/15, 6e ch., HH Ferries I/S et a.) ;

– jugement considérant que l'exonération d'impôt sur les sociétés accordée aux **ports belges** était bien une aide d'État incompatible avec le marché intérieur dans la mesure où ces ports avaient des activités économiques, comme le soutenait la Commission européenne (Trib. UE 20 septembre 2019 aff. T 673/17, 6e ch. élargie, Port autonome du Centre et de l'Ouest SCRL et autres, soutenus par la Belgique, rejetant le recours formé contre la décision SA.38393 de la Commission) ; dans le même sens et sur le même sujet, Trib. UE 20 septembre 2019 aff. T 696/17, 6e ch. élargie, Havenbedrijf Antwerpen NV, Maatschappij Van de Brugse Zeehaven NV, établie à Zeebruges, soutenus par la Belgique c/ Commission ;

– confirmation de la décision de la Commission européenne concernant **Fiat** (n° 87700), par laquelle la Commission avait estimé qu'un rescrit concernant une activité de financement intragroupe caractérisait un avantage sélectif, dès lors que les erreurs méthodologiques entachant le rescrit avaient abouti à un résultat qui ne pouvait pas être tenu pour une approximation fiable du prix de pleine concurrence et qui avait anormalement réduit la charge fiscale de la société (Trib. UE 24 septembre 2019 aff. T 755/15 et T 759/15, 7e ch. élargie, Luxembourg et Fiat Chrysler Finance Europe c/ Commission : RJF 12/19 n° 1205 ; ce jugement fait l'objet d'un pourvoi de Fiat Chrysler Finance Europe enregistré sous le n° 885/19 P et de l'Irlande sous le n° 898/19 P) ;

– annulation de la décision de la Commission européenne concernant **Starbucks** (n° 87700), à propos d'un accord préalable de prix portant sur l'assiette imposable d'une filiale néerlandaise de production et de distribution, car la Commission, si elle avait identifié des erreurs méthodologiques dans la fixation du rescrit, n'avait pas démontré qu'il avait conféré un avantage à la société néerlandaise ou qu'il ne respectait pas le principe de pleine concurrence (Trib. UE 24 septembre 2019 aff. T 760/15 et T 636/16, 7e ch. élargie, Pays-Bas, Starbucks Corp. et Starbucks Manufacturing Emea BV c/ Commission : RJF 12/19 n° 1206) ; la Commission européenne a annoncé, le 2 décembre 2019, qu'elle ne se saisirait pas la Cour de justice de ce jugement ;

– arrêt jugeant qu'une **redevance espagnole** sur l'utilisation des eaux intérieures pour la production d'énergie électrique ne constituait pas une aide d'État (CJUE 7 novembre 2019 aff. jointes C 105/18 à C 113/18, 5e ch., UNESA et autres) ;
– annulation de la décision prise par la Commission européenne dans l'affaire **Apple** (aide d'État SA.38373 ; n° 87700) au motif, pour l'essentiel, que la Commission n'avait démontré ni que l'Irlande avait accordé un avantage à Apple en admettant que certains éléments incorporels ne soient pas attribués aux succursales irlandaises ni que la méthode de détermination des prix de transfert retenue (choix des coûts d'exploitation comme indicateur du niveau des bénéfices) était inappropriée ; le fait que les rulings accordés par l'Irlande aient été lacunaires et parfois incohérents n'a pas suffi à démontrer l'existence d'un avantage (Trib. UE 15 juillet 2020 aff. T 778/16 et T 892/16, 7e ch. : RJF 11/20 n° 970 ; la Commission européenne a formé le 25 septembre 2020 un pourvoi devant la Cour de justice, enregistré sous le n° 465/20 P et publié au JOUE C 35/22 du 1er février 2021).

Actions concernant certaines entreprises multinationales Au cours de ces dernières années, la Commission européenne a développé une offensive plus nouvelle en ciblant également des entreprises multinationales soupçonnées de bénéficier d'**avantages fiscaux indus** ; en effet, pour la Commission européenne, si le principe même des rescrits fiscaux n'est pas en soi critiquable, il peut l'être s'il s'agit d'un moyen d'accorder des aides sélectives : **87700**
– à la suite d'enquêtes approfondies en matière de **prix de transfert**, décision de considérer que les « avantages fiscaux sélectifs » accordés à Fiat au Luxembourg et à Starbucks aux Pays-Bas étaient illégaux au regard des règles relatives aux aides d'État (communiqué de la Commission IP/15/5880 du 21 octobre 2015), les critiques portant non pas sur le taux de l'impôt sur les sociétés mais sur l'assiette imposable considérée comme insuffisante ; sur les jugements rendus dans ces affaires, voir n° 87695 ;
– enquête de même nature en ce qui concerne **McDonald's**, mais à l'issue de laquelle la Commission européenne a finalement estimé que le Luxembourg n'avait pas accordé à cette société un traitement fiscal sélectif (communiqué IP/18/5831 du 19 septembre 2018) ; la « double non-imposition » qui avait motivé l'enquête résultait d'une incompatibilité entre les législations fiscales luxembourgeoise et américaine et des conséquences de la convention fiscale franco-luxembourgeoise, et non pas d'un traitement particulier accordé par le Luxembourg (aff. n° SA.38945 ; la décision détaillée de la Commission européenne, Décision (UE) 2019/1252 du 19 septembre 2018, est publiée au JOUE L 195 du 23 juillet 2019) ;
– en ce qui concerne **Apple**, décision du 30 août 2016 considérant que l'Irlande avait accordé à cette société pour 13 Md€ d'avantages fiscaux illégaux entre 2003 et 2014 en acceptant que la quasi-totalité de ses bénéfices soient affectés en interne à un **« siège » fictif** dont les bénéfices n'étaient soumis à l'impôt dans aucun pays (communiqué IP/16/2923 du 30 août 2016 ; aff. n° SA.38373, ayant fait l'objet d'une publication non confidentielle le 19 décembre 2016, C(2016) 5605 final et d'une publication au JOUE L 187/1 du 19 juillet 2017) ; l'Irlande a été enjointe de récupérer cette somme augmentée des intérêts. La Commission avait, toutefois, indiqué que si d'autres pays venaient à exiger d'Apple qu'elle acquitte davantage d'impôts sur les bénéfices sur la même période en vertu de leurs règles fiscales nationales, le montant à récupérer par l'Irlande serait réduit d'autant (par exemple, si d'autres États considéraient, à la lumière des informations révélées par la Commission, que les risques commerciaux, les ventes et les autres activités d'Apple auraient dû être enregistrés sur leur territoire ou si les autorités américaines exigeaient d'Apple qu'elle paie des montants plus importants à sa société mère américaine pour cette période afin de financer ses efforts de recherche et développement) ; cette décision a été annulée en première instance (n° 87695). La Commission européenne avait également saisi la Cour de justice de l'Union européenne d'un recours en manquement à l'encontre de l'Irlande pour défaut de récupération de l'aide d'État illégale mais elle s'est désistée à la suite de l'annonce du versement par Apple d'une somme de 14,3 Md€ placée sous séquestre dans l'attente de la résolution des contentieux en cours (communiqué MEX/18/6148 du 18 octobre 2018). En France, le ministre avait indiqué soutenir l'action de la Commission européenne, en soulignant que cette action n'avait pas de conséquence mécanique sur le calcul de l'impôt sur les sociétés dû en France par Apple (réponse Lienemann, n° 00626 : JO Sénat 5 avril 2018 p. 1610 ; la France ne s'est donc pas associée à l'Espagne et à l'Autriche qui avaient déclaré leur intention de réclamer une quote-part de l'amende infligée) ;
– la société **Amazon** a été soupçonnée d'avoir bénéficié d'avantages fiscaux illégaux entre mai 2006 et juin 2014, mais cette décision a été annulée par Trib. UE 12 mai 2021 aff. T 816/17 et T 318/18, 7e ch. élargie, Amazon EU SARL et Amazon.com, Inc. (n° 87695) ;

– ouverture d'une enquête approfondie, le 18 décembre 2017, sur les conditions d'imposition aux Pays-Bas d'une société du groupe **Ikea**, dont le modèle commercial repose sur un système de **franchise** géré par une société pivot néerlandaise rémunérée par des redevances versées par les magasins établis dans le monde entier et calculées au taux de 3 % de leur chiffre d'affaires ; la Commission cherche à vérifier si les conditions d'imposition de cette société, qui a bénéficié de « rulings » en 2006 et 2011 réduisant significativement ses résultats imposables (notamment par des versements au Liechtenstein), ne caractérisent pas un avantage indu incompatible avec la réglementation sur les aides d'État (décision SA.46470) ; la Commission européenne a étendu le champ de ses investigations (décision publiée au JOUE C 228/9 du 10 juillet 2020) ;
– décision de considérer que le Luxembourg avait accordé des avantages fiscaux illégaux à **Engie** et décision corrélative de réclamer le remboursement d'environ 120 M€ (cette décision a été confirmée par Trib. UE 12 mai 2021 aff. jointes T 516/18 et T 525/18, Luxembourg c/ Commission et Engie Global LNG Holding et autres c/ Commission ; n° 87695) ;
– ouverture d'une enquête approfondie sur le traitement fiscal accordé à **Nike** aux Pays-Bas (communiqué IP/19/322 du 10 janvier 2019 ; aide d'État SA.51284) ; le recours formé contre la décision de la Commission d'ouvrir la procédure formelle d'examen a été rejeté par Trib. UE 14 juillet 2021 aff. T 648/19, 2e ch., Nike European Operations Netherlands BV et Converse Netherlands BV c/ Commission ;
– ouverture d'une enquête approfondie concernant le traitement fiscal accordé par le Luxembourg à la société finlandaise d'emballages alimentaires **Huhtamäki**, à propos de rulings luxembourgeois permettant à sa filiale luxembourgeoise de déduire des **intérêts fictifs** au titre des prêts sans intérêts dont elle bénéficie, au motif que des intérêts auraient été exigés par un tiers indépendant (aide d'État SA.50400 ; communiqué IP/19/1591 du 7 mars 2019, indiquant que l'existence de l'un des rulings examinés a été révélée par l'enquête « Luxleaks » menée en 2014 par le Consortium international des journalistes d'investigation) ; dans cette affaire, la société a ensuite demandé l'accès aux documents d'enquête de la Commission européenne et s'est vu opposer un refus, mais ce refus a été annulé par Trib. UE 2 mars 2022, aff. T 134/20, 1e ch., Huhtamaki c/ Commission.

87750 **Décisions concernant la France** En ce qui concerne la France, les affaires ou décisions suivantes illustrent la problématique :
– les régimes des **quartiers généraux** et des **centres de logistique** (communiqué de la Commission du 16 mai 2003 : BF 7/03 n° 691 ; n° 27620) ainsi que le régime des **centrales de trésorerie** (n° 26780, Précisions a) ont dû être modifiés à la suite des observations de la Commission européenne ;
– le régime des **zones franches urbaines** (communiqué de la Commission du 22 juin 2006) et l'exonération d'impôt sur les bénéfices alors prévue en faveur des entreprises créées pour reprendre une **entreprise** industrielle **en difficulté** (communiqué de la Commission du 1er juin 2005) n'ont pas appelé d'objections de la part de la Commission européenne ; le précédent dispositif avait, en revanche, été critiqué par la décision 2004/343/CE de la Commission européenne du 16 décembre 2003, déclarant que les exonérations octroyées en application de cet article, autres que celles qui remplissaient les conditions d'octroi des aides de minimis et des aides à finalité régionale, constituaient des aides d'État illégales, et ordonnant la **récupération sans délai des aides versées** ; sur certaines questions de procédure et de prescription en ce qui concerne la récupération des aides, voir CE 22 juillet 2015 n° 367567, 3e et 8e s.-s., Sté Halliburton Manufactoring and Services France : RJF 11/15 n° 976 ; sur la confirmation de l'obligation de récupération de l'avantage fiscal, CJUE Ord. 4 décembre 2014 aff. 202/14, 9e ch., Adiamix SAS : Droit fiscal 2015 n° 30, comm. n° 500 ; également, CE 24 février 2017 n° 395844, 3e et 8e ch., Sté Luchard Industrie (RJF 5/17 n° 517) jugeant notamment que les autorités françaises étaient **tenues de récupérer** auprès des contribuables les aides dont ils avaient irrégulièrement bénéficié et que le régime de récupération des aides d'État est entièrement régi par le règlement du 22 mars 1999, notamment quant au délai de prescription de dix ans ;
– le régime des « **GIE fiscaux** » avait été considéré par la Commission européenne comme une aide d'État incompatible avec la réglementation européenne (communiqué de la Commission du 20 décembre 2006, qui n'a cependant pas exigé la restitution des aides obtenues) ; le dispositif a été supprimé par la loi de finances rectificative pour 2006 instituant un nouveau régime de droit commun des amortissements des biens donnés en location par les sociétés de personnes ;

– ouverture puis clôture d'une enquête approfondie sur le régime optionnel de **taxation au tonnage** (communiqué de la Commission IP/13/1043 du 6 novembre 2013) ; la procédure a été close le 4 février 2015 après que la France eut modifié le dispositif (en ce sens, deuxième, troisième et dixième à treizième alinéas du I de l'article 209-0 B du CGI dans leur rédaction applicable aux options formulées au titre d'exercices clos depuis le 27 novembre 2014 et BOI-IS-BASE-60-40-20-20) ; **87750** (suite)
– ouverture d'une enquête sur certaines réductions fiscales accordées aux **grands consommateurs d'énergie** en France (communiqué de la Commission IP/14/327 du 27 mars 2014) ;
– la Commission européenne a estimé que le **dispositif ISF-PME** et le **mécanisme d'amortissement exceptionnel** des investissements des entreprises dans les PME étaient conformes aux règles relatives aux aides d'État car ils palliaient une carence du marché sans affecter de manière indue la concurrence dans le marché unique (communiqué de la Commission IP/15/6001 du 5 novembre 2015, indiquant que la compatibilité de ces régimes a été examinée au regard des « Lignes directrices relatives aux aides d'État visant à promouvoir les investissements en faveur du financement des risques » ; MEMO/14/14) ;
– la Commission européenne a formellement demandé à la France (et à la Belgique) d'abolir les exemptions de l'impôt sur les sociétés accordées à leurs **ports** (communiqué IP/17/2181 du 27 juillet 2017 ; sur la France, décision (UE) 2017/2116 de la Commission du 27 juillet 2017 concernant le régime d'aides SA.38398, JOUE L 332/24 du 14 décembre 2017). L'administration française en a tiré les conséquences par une modification doctrinale du 6 décembre 2017 rapportant les commentaires antérieurs à compter du 1er janvier 2018 (BOI-IS-CHAMP-30-60 n° 225). Étant donné que l'exonération d'impôt sur les sociétés accordée aux ports existait déjà avant l'adhésion de la France (et de la Belgique) à l'Union européenne, la mesure critiquée a été considérée comme une « **aide existante** » et la Commission n'a pas demandé la récupération de l'aide déjà accordée. Une action en justice a été intentée le 15 novembre 2017 par l'Union des ports français (action T 747/17) et par le port de Brest (aff. 754/17) ;
– jugement du tribunal de l'Union européenne du 16 janvier 2018 confirmant la décision de la Commission européenne ordonnant à la France de récupérer 1,37 Md € au titre d'une aide d'État accordée à **EDF** (aff. T 747/15, 3e ch., EDF, soutenue par la France c/ Commission, concernant la renonciation par l'État à une créance fiscale sur EDF) ;
– conformité aux règles relatives aux aides d'État de l'abattement fiscal accordé par la France à **La Poste** pour sa mission de présence territoriale (Décision SA.49469 de la Commission européenne du 6 avril 2018) ;
– conformité des modifications apportées au crédit d'impôt pour les dépenses de production en France d'**œuvres cinématographiques** ou audiovisuelles étrangères (aide d'État SA.56276 ; JOUE C 144 du 30 avril 2020) ;
– décision du 26 juin 2020 de la Commission européenne validant le **dispositif IR-PME** de réduction d'impôt sur le revenu pour la souscription au capital de PME, de parts de FPCI et de FIP (aide d'État SA.55869 ; JOUE C 269 du 14 août 2020) ; décision de ne pas soulever d'objections confirmée par lettre du 31 mars 2021 (SA.59985, modification de la décision SA. 55869) ; également sur ce point, compte tenu des modifications apportées au dispositif, décision de non-objection du 11 février 2022 (SA.100943 ; JOUE C 135 du 25 mars 2022) ;
– en mars 2022, décision de la Commission européenne d'autoriser un régime d'aide fiscale destiné à stimuler les investissements productifs et les investissements dans le secteur du logement à **Saint-Martin** (SA.100457).

Précisions **a.** Les **taxes** n'entrent pas dans le champ d'application de l'article 107 du traité FUE à moins qu'elles constituent le mode de **financement d'une mesure d'aide** de sorte qu'elles font partie intégrante de cette mesure ; pour qu'une taxe fasse partie intégrante d'une mesure d'aide, il doit exister un lien d'affectation contraignant entre la taxe et l'aide en vertu de la réglementation nationale pertinente, en ce sens que le produit de la taxe est nécessairement affecté au financement de l'aide (jurisprudence de la Cour de justice rappelée notamment par CAA Versailles 11 juin 2015 n° 14VE00309, 7e ch., Société Française du Radiotéléphone (SFR SA), arrêt définitif ; par exemple, la taxe sur les services fournis par les **opérateurs de communications électroniques** (CGI art. 302 bis HK) n'est pas constitutive d'une aide d'État (CE 19 juillet 2016 n° 392574, 8e et 3e ch., Société Française du Radiotéléphone (SFR) : RJF 11/16 n° 1035). De même, la **taxe sur les surfaces commerciales** (Tascom) ne constitue pas une aide d'État (Cass. com. 7 juin 2016 n° 14-12.521 (n° 544 FS-PB), Sté Courir France : RJF 11/16 n° 1028 ; CE 15 avril 2016 n° 371910, 9e et 10e s.-s., Sté Courir France : RJF 7/16 n° 669).

b. Le dispositif d'exonération temporaire d'impôt sur les sociétés alors prévu par l'ancien article 44 septies du CGI ayant été constitutif d'une aide illégalement octroyée, les autorités nationales étaient **tenues de remettre à la charge des contribuables** les exonérations d'impôt dont ils avaient irrégulièrement bénéficié et ces derniers ne pouvaient utilement se prévaloir du principe de confiance légitime (CE 16 mars 2016 n° 377874, 8e et 3e s.-s.,

SAS Rapa : RJF 6/16 n° 584). Sur la problématique de la **récupération d'une aide** concernant l'achat de l'électricité produite par les installations utilisant l'énergie mécanique du vent, voir CE 15 avril 2016 n° 393721, 9e et 10e s.-s., Association Vent de colère ! - Fédération nationale : RJF 7/16 n° 675.

c. L'illégalité résultant de la mise en recouvrement d'une taxe incompatible avec le droit de l'Union européenne ou du paiement spontané de cette taxe par le contribuable engage la **responsabilité de l'État** (CE 3 août 2011 n° 307164, 307325 et 307432, 8e et 3e s.-s., min. c/ Sté Dirland et Dirler : RJF 11/11 n° 1216) et la récupération d'une aide incompatible et des intérêts communautaires n'est pas un **préjudice** indemnisable par l'État (CE 11 octobre 2017 n° 393179, 9e ch., SAS SN Apageo : RJF 1/18 n° 119). Dans le même sens, le fait pour l'administration de laisser une société bénéficier d'une exonération d'impôt sur les sociétés sur le fondement de l'ancien article 44 septies du CGI et de **ne pas mettre en recouvrement les impositions** que cette société aurait dû acquitter en l'absence de ce régime de faveur incompatible est constitutif d'une illégalité de nature à engager la responsabilité de l'État, mais la société n'a pas droit à indemnisation en l'absence de démonstration suffisante d'un préjudice (CAA Lyon 1er octobre 2015 n° 14LY00340, 5e ch., SAS EDAP TMS France : Droit fiscal 2016 n° 10, comm. n° 214 ; pourvoi non admis par CE (na) 10 mars 2017 n° 395156, 8e ch. : RJF 7/17 n° 735).

d. Pour l'application des règles de minimis, c'est à la **date du fait générateur** du crédit d'impôt que le droit légal de recevoir l'aide correspondante doit être regardé comme conféré à son bénéficiaire (CE 10 octobre 2014 n° 355995, 9e et 10e s.-s., SA Otor Velin : RJF 1/15 n° 29, à propos de crédits de taxe professionnelle). Dans le même sens, à propos du crédit d'impôt recherche textile-habillement, voir TA Strasbourg 16 juin 2015 n° 1105742, 5e ch. SARL Philea Textiles : RJF 5/16 n° 497, jugement définitif (appréciation au 31 décembre de l'année). Également, CAA Paris 15 juin 2016 n° 15PA00034, 2e ch., min. c/ SAS Adacore : RJF 11/16 n° 1037 (arrêt définitif relatif à l'exonération d'impôt sur les bénéfices prévue par l'article 44 undecies du CGI) et TA Paris 25 mars 2016 n° 1507586, SAS Mazarine You to You : RJF 1/17 n° 95 (jugement définitif relatif à l'exonération d'impôt en faveur des jeunes entreprises prévue par l'article 44 sexies A du CGI ; appréciation à la clôture de l'exercice).

e. Les **conditions posées par la Commission** européenne pour admettre la compatibilité d'une aide d'État sont d'application directe en France (CE 13 avril 2016 n° 368336 et 368330, 8e et 3e s.-s. : RJF 7/16 n° 592).

f. La **récupération**, même tardive, de sommes déclarées constitutives d'une aide d'État contraire au droit de l'Union européenne ne saurait engager la responsabilité de l'État (CE 7 juin 2017 n° 386627, 9e et 10e ch., Sté Le Muselet Valentin : RJF 10/17 n° 1007).

g. Il résulte de l'article 21 de la loi n° 2020-1508 du 3 décembre 2020 portant diverses dispositions d'adaptation au droit de l'Union européenne en matière économique et financière (DDADUE) que l'administration fiscale peut **rendre publiques** des informations relatives aux bénéficiaires d'aides d'État (LPF art. L 112 B relatif à la publicité des bénéficiaires d'aides d'État **à caractère fiscal**, lorsque certains seuils sont atteints ; arrêté du 31 mai 2021 : JO du 1er juin. 2021, texte n° 32 : BF 7/21 n° 697).

SECTION 2

Précisions et perspectives concernant certains impôts

87880 La réalisation d'un grand marché intérieur au 1er janvier 1993 et la poursuite du développement de l'Union européenne ont exigé, de la part des États membres et de la Commission européenne, un effort de réflexion sur les évolutions nécessaires et les politiques fiscales d'accompagnement.

Les réflexions et les avancées se sont concentrées, au cours de ces dernières années, essentiellement dans trois directions : la TVA (poursuite d'ajustements techniques), la fiscalité de l'épargne (aujourd'hui largement réglée) et l'imposition directe des entreprises (sujet relancé par les travaux du Cadre inclusif sur l'imposition des entreprises multinationales). Sur tous ces points, c'est manifestement la préoccupation de lutte contre la fraude et l'évasion fiscales internationales qui prédomine, bien davantage que le souci d'alléger les charges fiscales des contribuables ou d'éliminer les doubles impositions et de supprimer les obstacles à la libre circulation.

Précisions **a.** La préoccupation de lutte contre la **fraude fiscale** est désormais présente dans de nombreux textes qu'il s'agisse de textes généraux comme les directives relatives à **l'assistance mutuelle** (n° 74205) et à **l'assistance au recouvrement** (n° 74540) ou de textes plus spécifiques concernant la TVA, la fiscalité de l'épargne (n° 88020) et la fiscalité des distributions de dividendes au sein des groupes (n° 88170). Sur les programmes européens de coopération, voir également n° 74206.

b. Pour renforcer les moyens de lutte contre la fraude, une directive permet aux administrations fiscales d'avoir accès aux informations détenues par les autorités chargées de la prévention du **blanchiment des capitaux** (directive (UE) 2016/2258 du Conseil du 6 décembre 2016 modifiant la directive 2011/16/UE en ce qui concerne l'accès des autorités fiscales aux informations relatives à la lutte contre le blanchiment de capitaux ; JOUE L 342/1 du 16 décembre 2016) ; cette directive, qui a dû être transposée dans le droit interne des États membres au plus tard le 31 décembre 2017 pour s'appliquer depuis le 1er janvier 2018, permet notamment **l'accès aux bénéficiaires effectifs** des entreprises, trusts ou fonds (cette mesure est l'une de celles qui ont été prises en réaction à l'affaire des Panama Papers ; n° 71000, Précisions c). Sur les obligations existant en France, voir n° 2580, Précisions.

c. La directive (UE) 2018/1673 du Parlement européen et du Conseil du 23 octobre 2018 visant à lutter contre le blanchiment de capitaux au moyen du droit pénal (JOUE L 284 du 12 novembre 2018) précise que les infractions fiscales liées aux impôts directs et indirects, telles qu'elles sont définies en droit national, sont considérées comme une **activité criminelle**.

A. Taxe sur la valeur ajoutée

C'est dans le domaine de la TVA que les progrès de l'harmonisation européenne ont jusqu'ici été les plus importants. **87900**

Historiquement, c'est sur l'assiette de la TVA qu'ont porté les premiers efforts d'harmonisation. Des réflexions ont ensuite été entamées en matière de taux, et, surtout, le système commun de taxe sur la valeur ajoutée a été complété par deux directives des 16 décembre 1991 et 14 décembre 1992 instaurant un régime supposé être « transitoire ».

La Commission européenne a, ensuite, multiplié les études sur les difficultés d'application du dispositif, s'efforçant d'être à l'écoute des entreprises et des administrations. Elle a tenté, également, de promouvoir la mise en place d'un système définitif différent mais sans succès, avant d'y renoncer officiellement à la fin de l'année 2011.

1. Évolution des propositions et des réflexions

Entre 1985 et 1989, la Commission européenne avait présenté diverses propositions autour de l'idée que la TVA devait, dans un marché intérieur, être payée dans l'État d'origine. Cependant, devant les vives réactions que soulevait ce projet, au moins sur certains de ses aspects, elle a admis de revenir partiellement sur ses positions. Elle a adopté, depuis lors, la perspective exactement inverse (n° 87932). **87910**

L'orientation de principe de la Commission européenne a longtemps été la **suppression des frontières fiscales**, qui figurait dans une proposition de directive du Conseil complétant le système commun de TVA et modifiant la 6e directive (JOCE n° C 252 du 22 septembre 1988). **87915**

Pour la Commission, l'abolition pure et simple des frontières fiscales était le seul moyen d'atteindre l'objectif de libre circulation des personnes et des biens. Elle préconisait donc de modifier le système selon lequel lorsqu'un bien est « exporté » depuis un État membre vers un autre État membre, cette opération a pour conséquence le remboursement de la TVA supportée dans le pays d'origine à l'exportateur et la taxation du produit concerné au taux de TVA applicable dans le pays d'importation (livraisons et acquisitions intracommunautaires). Le principe de l'imposition dans le pays de destination, qui a sa logique s'agissant d'un impôt sur la consommation, devait, selon les réflexions de l'époque de la Commission européenne, être remis en cause et remplacé par un système d'**imposition dans le pays d'origine**, c'est-à-dire dans celui où l'exportateur est établi.

De ce point de vue, les échanges à l'intérieur de l'Union européenne auraient été traités de la même manière que les échanges portant sur des produits similaires à l'intérieur d'un même pays.

La réalisation d'un tel objectif aurait supposé l'application d'un **mécanisme de compensation** entre États, pour éviter l'inconvénient résultant de la suppression de la taxation des importations (acquisitions) par un État alors même que la TVA à laquelle la transaction en cause a donné lieu demeure déductible pour ses propres redevables. **87920**

Elle n'était pas non plus compatible avec le maintien de particularités nationales trop importantes car il en aurait résulté des distorsions de concurrence. La TVA supportée par un bien ou un service étant celle du pays d'origine, les acheteurs seraient en effet naturellement tentés de s'approvisionner là où la charge fiscale est la plus faible.

C'est pourquoi la Commission européenne avait proposé d'**unifier le régime de TVA**, c'est-à-dire d'achever l'harmonisation de l'assiette et d'harmoniser la structure des taux. Ses efforts sur ce point n'ont abouti que partiellement (n° 87980, en ce qui concerne la fourchette des taux).

87921 Les propositions initiales de la Commission européenne, qui ont longtemps été ses objectifs à terme, ont été loin de recueillir l'unanimité. Elles ont donc été successivement amendées. Le **système initial** s'est progressivement **pérennisé**, bien que la Commission européenne ait périodiquement rappelé que son objectif final restait l'introduction d'un régime de TVA fondé sur l'État d'origine et qu'il ne devait exister qu'un seul territoire européen et non autant de « territoires fiscaux » qu'il y a d'États membres.

Dans sa communication au Parlement européen, au Conseil et au Comité économique et social européen du 6 décembre 2011 (COM(2011) 851 final ; communiqué IP/11/1508), la Commission européenne a finalement pris acte du fait que l'objectif affiché d'un régime définitif fondé sur l'imposition des échanges transfrontaliers dans le pays d'origine n'était plus d'actualité.

Le régime transitoire de taxation des échanges entre les États membres continue donc de s'appliquer, en vertu de l'article 402 de la directive 2006/112/CE du 28 novembre 2006, qui a remplacé la sixième directive TVA.

87922 La Commission européenne a ensuite réorienté ses réflexions autour de la question de l'économie numérique, de la lutte contre la fraude fiscale et de la situation particulière des PME.

L'un des axes majeurs des évolutions récentes est certainement la volonté de **lutter contre la fraude** en matière de TVA, notamment par le renforcement de la coopération entre les administrations fiscales ; selon la Commission européenne, en effet, l'« **écart de TVA** » entre les recettes attendues et les recettes effectivement perçues serait, pour l'Union européenne, d'environ 134 Md€ en 2019.

La Commission a également cherché à proposer des initiatives en matière de **simplification**, mais sans beaucoup de succès, comme en témoigne l'échec des propositions de mise en place d'une déclaration de TVA normalisée destinée à remplacer les déclarations de TVA nationales (proposition présentée en 2013 et retirée en 2015).

La Commission européenne a également présenté, le 7 avril 2016, un **nouveau plan d'action sur la TVA** afin de moderniser le dispositif, de lutter contre la fraude et d'adapter le système de TVA à **l'économie numérique** et aux **besoins des PME**, dont les prolongements se font sentir aujourd'hui (n°s 87930 s. ; Communication de la Commission au Parlement européen, au Conseil et au Comité économique et social européen, COM(2016) 148 final, « Vers un espace TVA unique dans l'Union - L'heure des choix »).

Précisions **a.** Afin d'améliorer les relations entre les entreprises et les administrations fiscales, la Commission européenne a mis en place des **groupes de travail** spécialisés qui rassemblent les représentants des États et des entreprises, des praticiens de la fiscalité et des professeurs ; à la suite de la dissolution en octobre 2022 du Forum de l'UE sur la TVA, qui avait été créé en 2012 (JOUE C 198/4 du 6 juillet 2012), deux groupes de travail assistent et conseillent actuellement la Commission européenne sur les questions liées à la TVA, le Groupe sur l'avenir de la TVA (Group on the Future of VAT ; GFV) et le Groupe d'experts sur la TVA (VAT Expert Group ; VEG).

b. Un règlement du 7 octobre 2010 a créé le réseau « **Eurofisc** », réseau de fonctionnaires nationaux chargé de déceler et de combattre les cas de fraude transfrontalière à la TVA. Des fonctionnaires experts en matière de fraude fiscale sont chargés de lutter ensemble contre la fraude et d'élaborer un dispositif d'alerte rapide multilatéral sur les fraudes à la TVA pour que les États puissent réagir rapidement ainsi que de coordonner les échanges d'informations et les travaux des États membres participants résultant de l'exploitation des alertes.

c. Il incombe aux autorités et aux juridictions nationales d'opposer à un assujetti, dans le cadre d'une livraison intracommunautaire, un **refus du bénéfice des droits à déduction**, à exonération ou à remboursement de TVA, même en l'absence de dispositions du droit national prévoyant un tel refus, s'il est établi, au vu d'éléments objectifs, que cet assujetti savait ou aurait dû savoir que, par l'opération invoquée pour fonder le droit concerné, il participait à une **fraude à la TVA** commise dans le cadre d'une chaîne de livraisons (en ce sens, par exemple, CJUE 18 décembre 2014 aff. 131/13, 163/13 et 164/13, 1e ch., Schoenimport « Italmoda » Mariano Previti vof et Turbu.com BV, Turbu.com Mobile Phone's BV : RJF 3/15 n° 286).

2. Perspectives actuelles

Aménagements et orientations

87930 Dans le sillage de son plan d'action sur la TVA du 7 avril 2016 (nº 87922), la Commission européenne avait publié, en 2017/2018, de nouvelles propositions de mise en œuvre ; certaines ont été adoptées, essentiellement dans une perspective de lutte contre la **fraude** : renforcement des règles de coopération administrative ; possibilité accordée aux États membres, temporairement et sous certaines conditions, de prévoir que le redevable de la TVA est l'assujetti destinataire pour certaines livraisons et prestations ; ajustement des règles applicables aux transactions transfrontières en ce qui concerne le rôle du numéro d'identification TVA dans le cadre de l'exonération des livraisons intracommunautaires de biens, le régime des stocks sous contrat de dépôt, les opérations en chaîne et la preuve de transport aux fins de l'exonération des opérations intracommunautaires ; modification des dispositions relatives aux ventes à distance et mise en place de règles destinées à faciliter la détection de la fraude fiscale dans le cadre des transactions transfrontières de commerce électronique.

S'ajoutent aujourd'hui à ces questions, qui continuent de faire l'objet de travaux au sein de la Commission, de nouvelles réflexions sur les règles de TVA applicables aux **services financiers** et d'assurance, l'adaptation éventuelle à **l'ère numérique** des règles applicables en matière de TVA et la manière dont la technologie numérique peut être utilisée pour aider les États membres à lutter contre la fraude à la TVA.

Éventuelle orientation vers un système « définitif »

87932 La Commission européenne a proposé, le 4 octobre 2017, de modifier en profondeur le système de TVA actuel en taxant les ventes de biens à partir d'un pays de l'Union vers un autre de la même manière que si les biens étaient vendus au sein d'un seul et même État membre. Cette réforme mettrait en place un nouveau système de TVA définitif pour l'Union européenne qui reposerait sur quatre principes (communiqué de presse IP/17/3443 du 4 octobre 2017 ; projet de directive du Conseil du 29 mai 2018, COM(2018) 329 final) :

– la TVA serait prélevée sur les échanges transfrontières entre entreprises, pour réduire les risques de fraude ;

– un mécanisme de « **guichet unique** » serait mis en place : les opérateurs pourraient déposer leurs déclarations et effectuer leurs paiements au moyen d'un portail unique en ligne dans leur propre langue et selon les mêmes règles et modèles administratifs que dans leur pays d'origine ; il appartiendrait ensuite à chaque État membre de verser directement la TVA aux autres États membres (de la même façon que pour les ventes de services électroniques) ;

– le passage au **principe de « destination »** serait consacré : le montant final de la TVA serait toujours versé à l'État membre du consommateur final, selon le taux en vigueur dans cet État, comme pour les ventes de services électroniques ;

– les règles de **facturation** seraient simplifiées : les vendeurs pourraient établir des factures conformément aux règles de leur propre pays même lorsqu'ils réalisent des opérations transfrontières.

Si cette proposition était acceptée, les livraisons intracommunautaires seraient imposées au lieu de leur destination et le système actuel de livraison exonérée dans l'État membre de départ et d'acquisition intracommunautaire taxable dans l'État membre d'arrivée serait supprimé ; la TVA serait due par le vendeur **dans l'État membre de destination** et, pour faciliter ses obligations, la déclaration et le paiement en seraient effectués par l'intermédiaire du guichet unique si le vendeur n'est pas établi dans l'État de destination.

La Commission européenne a également proposé l'introduction de la notion d'« **assujettis certifiés** », à savoir une catégorie d'entreprises « fiables » qui pourraient bénéficier de règles plus simples.

Les discussions se poursuivent sur ces projets, mais, manifestement, sans beaucoup d'enthousiasme, quoique leur abandon formel n'ait pas été annoncé.

Précisions Cette proposition a été complétée, le 25 mai 2018, par des propositions de mesures techniques détaillées relatives au fonctionnement du système de TVA définitif pour la taxation des échanges entre les États membres.

Commerce électronique

87940 De nouvelles règles s'appliquent, depuis le 1er juillet 2021, au commerce en ligne au sein de l'Union européenne en conséquence d'une directive (directive (UE) 2017/2455 du Conseil du 5 décembre 2017 modifiant la directive 2006/112/CE et la directive 2009/132/CE en ce qui concerne certaines obligations en matière de taxe sur la valeur ajoutée applicables aux prestations de services et aux ventes à distance de biens ; JOUE L 348/7 du 29 décembre 2017) et de deux règlements adoptés lors du Conseil européen du 5 décembre 2017. Sur cette question, également, directive (UE) 2019/1995 du Conseil du 21 novembre 2019 modifiant la directive 2006/112/CE en ce qui concerne les dispositions relatives aux ventes à distance de biens et à certaines livraisons intérieures de biens (JOUE L 310 du 2 décembre 2019) et règlement d'exécution (UE) 2019/2026 du Conseil du 21 novembre 2019 modifiant le règlement d'exécution (UE) n° 282/2011 en ce qui concerne les livraisons de biens ou les prestations de services facilitées par des interfaces électroniques et les régimes particuliers applicables aux assujettis qui fournissent des services à des personnes non assujetties et effectuent des ventes à distance de biens et certaines livraisons intérieures de biens (JOUE L 313 du 4 décembre 2019). La date de première application de ces textes avait été repoussée au 1er juillet 2021 dans le contexte de l'épidémie de Covid-19 (Décision (UE) 2020/1109 du Conseil du 20 juillet 2020 au JOUE L 244/3 du 29 juillet 2020 ; Règlement d'exécution (UE) 2020/1112 du Conseil du 20 juillet 2020 au JOUE L 244/9 du 29 juillet 2020).

Les nouvelles règles, qui sont entrées en vigueur, pour les plus récentes, le 1er juillet 2021, visent à :
– garantir que la TVA soit payée dans **l'État membre du consommateur** ;
– améliorer la collecte de la TVA et éviter la **fraude** (la Commission estime à environ 5 Md€ la TVA non perçue chaque année sur les ventes en ligne) ;
– **simplifier** les règles en matière de TVA pour les jeunes entreprises, les microentreprises et les PME qui vendent des biens en ligne aux consommateurs dans d'autres États membres ; la TVA sur les ventes transfrontières de moins de 10 000 € par an doit être traitée selon les règles du pays d'origine des plus petites entreprises et les PME doivent bénéficier de procédures plus simples pour les ventes transfrontières à concurrence de 100 000 € par an ;
– permettre à toutes les entreprises qui vendent des biens en ligne de s'acquitter de toutes leurs obligations en matière de TVA dans l'Union européenne par l'intermédiaire d'un **portail unique** en ligne utilisable dans leur propre langue (sans ce portail, les entreprises devraient s'enregistrer aux fins de la TVA dans chaque État membre dans lequel elles veulent vendre des biens, ce qui constituerait un frein au développement de ces activités) ; le guichet unique pour les ventes de biens en ligne est entré en vigueur seulement en 2021 pour donner aux États membres le temps d'adapter leurs systèmes informatiques ;
– faire assumer par les grands marchés électroniques la **responsabilité de la perception** de la TVA sur les ventes réalisées sur leurs plateformes par des sociétés de pays tiers auprès des consommateurs de l'Union européenne ; cela inclut les ventes de biens déjà stockés par des entreprises de pays tiers dans des entrepôts (les « centres de traitement des commandes ») au sein de l'Union européenne qui peuvent souvent être utilisés pour vendre des biens en franchise de TVA à des consommateurs dans l'Union européenne ;
– s'attaquer au problème de la **fraude** résultant de l'usage abusif qui a été fait dans le passé de l'exonération de la TVA pour les biens d'une valeur inférieure à 22 € en provenance de pays tiers.

Harmonisation des taux de TVA

87980 La question de l'harmonisation des taux de la TVA s'est posée pendant de nombreuses années. Notamment, dans une communication du 6 décembre 2011, la Commission européenne avait déjà proposé de limiter l'utilisation des taux réduits afin d'améliorer les rentrées budgétaires des États membres. Les réflexions ont fini par aboutir, la situation actuelle étant la suivante :
– en ce qui concerne le **taux normal**, une directive a été adoptée le 22 juin 2018 afin de prévoir le maintien du taux normal minimal à 15 % et de conférer à ce taux un caractère permanent (directive UE 2018/912 du Conseil du 22 juin 2018 modifiant la directive 2006/112/CE relative au système commun de taxe sur la valeur ajoutée en ce qui concerne l'obligation de respecter un taux normal minimal ; JOUE L 162 du 27 juin 2018) ;

– en ce qui concerne les **taux réduits**, une nouvelle directive a été adoptée en 2022 (Directive (UE) 2022/542 du Conseil du 5 avril 2022 modifiant les directives 2006/112/CE et (UE) 2020/285 en ce qui concerne les taux de taxe sur la valeur ajoutée ; JOUE L 107 du 6 avril 2022). Les taux réduits sont fixés à un pourcentage de la base d'imposition qui n'est pas inférieur à 5 % et ils s'appliquent uniquement à certaines livraisons de biens et prestations de services. Les États membres peuvent également appliquer un taux réduit inférieur au seuil minimal de 5 % et une exonération avec droit à déduction de la TVA payée au stade antérieur (« taux 0 ») à certaines livraisons de biens et prestations de services (produits de première nécessité tels que les denrées alimentaires, l'eau, les médicaments et produits d'hygiène ou de santé, le transport ainsi que les livres, journaux et périodiques...). Les dispositions nationales nécessaires doivent être adoptées et publiées au plus tard le 31 décembre 2024, pour être applicables à partir du 1er janvier 2025. La liste des catégories de biens ou de services pouvant bénéficier d'un taux réduit a également été étendue (santé, certains services rendus par voie électronique, produits ayant un impact positif sur les changements climatiques, notamment).

Précisions La directive (UE) 2018/1713 du Conseil du 6 novembre 2018 modifiant la directive 2006/112/CE en ce qui concerne les taux de taxe sur la valeur ajoutée appliqués aux livres, journaux et périodiques (JOUE L 286 du 14 novembre 2018) a ouvert aux États membres la possibilité d'appliquer les mêmes taux de TVA aux **publications fournies par voie électronique** que ceux qu'ils appliquent aux publications sur tout type de support physique (notamment le taux réduit).

B. Fiscalité de l'épargne

Problématique

L'harmonisation de la fiscalité de l'épargne dans le cadre européen est un deuxième grand chantier lié à la réalisation d'un grand marché intérieur et au développement de l'Union européenne. **88000**

La réflexion est partie du constat de ce que la **libre circulation des capitaux**, garantie par les articles 63 à 66 du traité FUE (ex-articles 56 à 59 du traité CE ; nos 81980 s.), est de nature à permettre aux résidents des États membres d'échapper (en fait mais non en droit) à toute forme d'imposition sur les intérêts perçus dans un autre État membre, en l'absence de coordination des régimes fiscaux nationaux.

Une telle situation a été considérée par les États membres comme susceptible de créer des **distorsions** dans les mouvements de capitaux, incompatibles avec le marché intérieur, d'encourager l'évasion fiscale des revenus de l'épargne et d'accentuer corrélativement la pression fiscale sur les revenus de source moins mobile, comme ceux produits par le travail, avec un effet dommageable indirect sur la création d'emploi.

En effet, dès lors que chaque État membre cherche à attirer les capitaux sur son territoire, un épargnant a, toutes choses égales par ailleurs, intérêt à placer ses capitaux dans un autre État afin de profiter des régimes généralement favorables réservés aux non-résidents. Bien entendu, un tel comportement suppose qu'il ait l'intention de cacher à son administration de résidence qu'il a disposé de revenus en provenance de l'étranger (en droit, les revenus perçus à l'étranger par un résident de France, par exemple, doivent être **soumis à l'impôt** en France qu'ils soient rapatriés ou non, sous réserve, le cas échéant, des conventions fiscales). Autrement dit, le risque de délocalisation ne vient pas seulement de ce que certains États ont une fiscalité peu sévère ou attrayante, mais surtout de ce que la probabilité de se voir infliger un redressement en cas de non-déclaration est moindre.

Cadre juridique

Pour réaliser un véritable espace financier européen, le Conseil avait adopté en 1988 une importante directive prévoyant la **libération totale des mouvements de capitaux** à l'intérieur de la Communauté européenne (directive no 88/361/CEE du 24 juin 1988, JOCE no L 78 du 8 juillet 1988) ; cette directive prévoit que les États membres suppriment les restrictions aux mouvements de capitaux intervenant entre les personnes résidant dans les États membres. Ainsi, chaque établissement autorisé à pratiquer son activité dans l'un des États membres peut étendre son champ d'intervention à l'ensemble des autres États de l'Union européenne, sous le contrôle des autorités monétaires de son pays d'origine, avec ses méthodes, ses **88005** règles de fonctionnement et ses moyens propres, sans passer obligatoirement par un établissement sur place.

Actuellement, le traité FUE prévoit que toutes les **restrictions** aux mouvements de capitaux entre les États membres et entre les États membres et les pays tiers sont **interdites** (article 63, ex-article 56 du traité CE) ; les États membres doivent supprimer progressivement entre eux les restrictions aux mouvements de capitaux appartenant à des personnes résidant dans les États membres, ainsi que les discriminations de traitement fondées sur la nationalité ou la résidence des parties ou sur la localisation du placement (nos 81980 s.).

Enfin, les résidents de l'Union européenne peuvent **librement transférer** leurs fonds sur des comptes bancaires dans tout État membre et peuvent également **percevoir** des fonds dans les mêmes conditions. Il est donc possible, naturellement, que les investisseurs abusent de cette liberté pour se soustraire illégalement au paiement d'impôts sur les revenus de leurs placements et, en particulier, sur les intérêts (il peut y avoir également une fraude aux impôts généraux sur le patrimoine, impôt sur la fortune et droits de succession). C'est cette perspective qui a motivé la réaction des États membres.

Évolution des propositions

88010 La Commission européenne a été chargée par la directive de 1988 (n° 88005) de réfléchir à la question de la fiscalité de l'épargne et de proposer des solutions. Celles qui avaient été exposées le 8 février 1989 reposaient sur le renforcement de la coopération entre administrations fiscales et la création d'une retenue à la source européenne au taux minimum de 15 % pour les résidents et les non-résidents. Ce projet a cependant été abandonné, en particulier lorsque l'Allemagne a supprimé la retenue à la source de 10 % qu'elle avait mise en place sur les intérêts à partir de janvier 1989, et sous la pression également du Royaume-Uni et du Luxembourg.

La question a été ensuite relancée dans le cadre des travaux du groupe de politique fiscale, au cours de l'année 1997, le Conseil Ecofin du 1er décembre 1997 invitant la Commission européenne à lui présenter une proposition de directive en matière de fiscalité de l'épargne (résolution du Conseil Ecofin sur la fiscalité de l'épargne, JOCE C 2 du 6 janvier 1998).

L'objectif n'était pas celui d'une harmonisation générale mais seulement d'assurer un **minimum de taxation effective** à l'intérieur de l'Union européenne. La Commission européenne a donc présenté au Conseil, le 20 mai 1998, une proposition de directive « en vue de garantir un minimum d'imposition effective des revenus de l'épargne sous forme d'intérêts à l'intérieur de la Communauté » (COM (1998) 295). Cette proposition s'est substituée à celle de février 1989, qui a été retirée. Le mécanisme reposait alors sur ce que la Commission européenne appelait le « **modèle de coexistence** », dans le cadre duquel chaque État membre soit applique une retenue à la source, soit fournit aux autres États membres des informations sur les revenus de l'épargne, afin de permettre le contrôle fiscal.

Ce dispositif n'a pas recueilli l'accord des États membres mais un consensus a tout de même fini par se dégager lors du Conseil européen de Feira des 19 et 20 juin 2000 et des sessions ultérieures du Conseil Ecofin des 26 et 27 novembre 2000, 13 décembre 2001 et 21 janvier 2003. Les États membres se sont accordés sur la nécessité de mettre en place un **échange automatique d'informations** entre eux, à l'exception, alors, de la Belgique, du Luxembourg et de l'Autriche qui bénéficiaient d'une période de transition au cours de laquelle, au lieu de fournir les informations requises aux autres États membres, ils devaient appliquer une retenue à la source.

Directive 2003/48/CE du 3 juin 2003, modifiée en 2014

88015 Après de nombreuses discussions, une directive a finalement été adoptée le 3 juin 2003 sur la fiscalité des revenus de l'épargne sous forme de paiements d'intérêts (JOUE L 157/38 du 26 juin 2003). Cette directive donnait aux États membres les moyens de vérifier que les revenus de l'épargne étaient effectivement imposés dans l'État de résidence du bénéficiaire ; il s'agissait donc d'un texte destiné à faciliter le **contrôle fiscal** et à éviter que les contribuables ne soient incités à délocaliser leur épargne afin de pouvoir, en pratique, éviter l'impôt dans leur État de résidence. L'objectif poursuivi était que les revenus de l'épargne sous forme de paiements d'intérêts effectués dans un État membre en faveur de bénéficiaires effectifs, personnes physiques ayant leur résidence dans un autre État membre, soient effectivement imposés conformément aux dispositions législatives de ce dernier État et d'éliminer ainsi les distorsions dans le domaine de la libre circulation des capitaux entre États membres, incompatibles avec le marché intérieur.

Dès le 13 novembre 2008, la Commission européenne avait adopté une proposition de modification de cette directive afin de **mieux garantir l'imposition des paiements d'intérêts** transitant par des structures intermédiaires non imposées et d'en étendre le champ d'application aux revenus équivalents à des intérêts et provenant d'investissements effectués dans divers produits financiers innovants ainsi que dans certains produits d'assurance-vie (COM (2008) 727 final). Les travaux sur cette proposition se sont cependant poursuivis avec lenteur, étant donné les **réserves de certains pays**, notamment du Luxembourg et de l'Autriche, alors attachés au secret bancaire à des fins fiscales et refusant l'automaticité de l'échange de renseignements.

Après la levée de leurs réserves par ces pays, une nouvelle directive a été adoptée par le Conseil, la directive 2014/48/UE du Conseil du 24 mars 2014 modifiant la directive 2003/48/CE en matière de fiscalité des revenus de l'épargne sous forme de paiements d'intérêts (JOUE L 111/50 du 15 avril 2014). Les États membres devaient adopter et publier au plus tard le 1er janvier 2016, les dispositions législatives, réglementaires et administratives nécessaires pour s'y conformer mais cette obligation est devenue caduque en raison de l'abrogation de la directive 2003/48/CE, qui était, dans l'intervalle, devenue inutile (n° 88016).

Abrogation de la directive du 3 juin 2003 modifiée

Comme l'indiquait la Commission européenne dans une communication du 18 mars 2015 **88016**
sur les mesures destinées à améliorer la transparence fiscale au sein de l'Union européenne (communiqué de la Commission IP/15/4610 ; n° 88137), la directive spécifique sur la fiscalité de l'épargne n'avait **plus d'utilité** depuis l'adoption d'une directive d'ensemble plus contraignante et couvrant notamment les revenus de l'épargne (n° 88020).

Tirant les conséquences de la situation juridique ainsi créée, la directive 2015/2060 du 10 novembre 2015 (JOUE n° L 301 du 18 novembre 2015) a **abrogé la directive 2003/48/CE** en matière de fiscalité des revenus de l'épargne sous forme de paiements d'intérêts, avec effet au 1er janvier 2016.

Précisions **a.** La directive 2003/48/CE était restée applicable à **l'Autriche** pendant une période supplémentaire d'un an qui a expiré le 1er janvier 2017.

b. Certaines dispositions de la directive 2003/48/CE ont continué de s'appliquer pendant une **période transitoire** (jusqu'en juin ou décembre 2016, ou juin 2017 pour l'Autriche), pour éviter des distorsions en matière de communication d'informations ou au regard des crédits d'impôts éventuels.

Directive 2014/107/UE du 9 décembre 2014

Cette directive (dite « DAC 2 ») met en œuvre le standard international développé par **88020**
l'OCDE et le G20 (nos 74344 s.) ; elle vise à faire en sorte que les revenus de l'épargne soient effectivement imposés conformément aux lois de l'État de résidence du bénéficiaire. Ce résultat est atteint par un échange automatique d'informations entre États membres.

La directive 2014/107/UE du Conseil du 9 décembre 2014 a modifié la directive 2011/16/UE du Conseil du 15 février 2011 (n° 74205) en ce qui concerne **l'échange automatique et obligatoire d'informations dans le domaine fiscal** (JOUE n° L 359 du 16 décembre 2014), afin de mettre en place un mécanisme d'échange automatique et obligatoire d'informations, conformément à la norme mondiale publiée par le Conseil de l'OCDE en juillet 2014, et de garantir, à l'échelle de l'Union européenne, une approche cohérente, systématique et globale de l'échange automatique d'informations relatives aux comptes financiers dans le marché intérieur. Cette directive, qui a dû être incorporée dans les droits internes des différents États membres au plus tard le 31 décembre 2015, est applicable depuis le 1er janvier 2016 ; les États membres ont dû commencer à collecter les informations nécessaires dès 2016 pour se les échanger, pour la première fois, en **septembre 2017**.

En pratique, les informations échangées concernent la plupart des **revenus financiers** payés, attribués ou détenus par un établissement financier au bénéfice direct ou indirect d'une personne physique résidente d'un autre État membre : **dividendes**, plus-values, tout autre revenu provenant d'actifs détenus sur un compte financier, tout montant pour lequel l'établissement financier est l'obligé ou le débiteur (y compris les rachats) et les **soldes des comptes**. On retrouve en substance, au sein de l'Union européenne, les mêmes règles que celles qui résultent de la **Norme Commune de Déclaration** (n° 74347). Cependant, la liste des informations à fournir est actuellement plus large, car elle a été étendue aux **redevances** par la directive DAC 7 (Directive (UE) 2021/514 du 22 mars 2021 modifiant la directive 2011/16/UE relative à la coopération administrative dans le domaine fiscal). Le champ d'application de l'échange automatique prévu par la directive modifiée s'étend ainsi aux **revenus d'emploi**, tantièmes et jetons de présence, produits d'assurance sur la vie non couverts par d'autres actes juridiques de l'Union européenne concernant l'échange d'informations et d'autres mesures similaires, **pensions**, propriété et revenus de biens **immobiliers** et redevances (application modulée effective à compter du 1er janvier 2025).

Précisions La directive ne fait pas obstacle à ce que les États membres prélèvent des **retenues à la source** dans le cadre de leurs dispositions nationales ou des conventions fiscales.

Relations avec les États tiers voisins

88025 Dès l'adoption de la directive du 3 juin 2003, la question s'était posée des États tiers voisins, à savoir **Andorre**, le **Liechtenstein, Monaco, Saint-Marin** et la **Suisse**. Des accords avaient initialement été conclus entre l'Union européenne et ces différents États ou territoires de sorte que leurs obligations soient les mêmes que celles des États membres entre eux.

Tous ces accords ont fait l'objet d'amendements les rendant **conformes aux nouvelles normes** de l'OCDE relatives à la transparence et l'échange de renseignements dans le domaine fiscal (en ce sens, par exemple, protocole de modification de l'accord entre la Communauté européenne et la république de Saint-Marin prévoyant des mesures équivalentes à celles prévues dans la directive 2003/48/CE du Conseil en matière de fiscalité des revenus de l'épargne sous forme de paiements d'intérêts, publié au JOUE L 346/3 du 31 décembre 2015). Dernier en date, un accord du même type a été signé avec Monaco le 12 juillet 2016 (communiqué de la Commission IP/16/2456 du même jour). Les accords signés avec Andorre, le Liechtenstein, Monaco, Saint-Marin et la Suisse, qui sont entrés en vigueur en 2016 ou 2017, sont publiés au BOI-ANNX-000469.

Les amendements apportés aux accords initiaux visent à mettre en œuvre la **Norme Commune de Déclaration** (n° 74347) ; il est d'ailleurs précisé que les commentaires de l'OCDE sur ce point, comme sur l'échange de renseignements en général, doivent en principe servir de référence pour assurer une application cohérente des textes.

Un **échange automatique** a ainsi été mis en place entre ces États ou territoires et les États membres de l'Union européenne, à partir de 2017 ou 2018, selon les cas, en ce qui concerne les **comptes financiers** de leurs résidents respectifs. Les États membres reçoivent automatiquement le nom, l'adresse, le numéro d'identification fiscale et la date de naissance de ceux de leurs résidents qui y détiennent des comptes, ainsi que d'autres renseignements sur les actifs financiers et le solde des comptes.

Précisions **a.** En ce qui concerne la **Suisse**, les négociations avec l'Union européenne ont abouti, le 27 mai 2015, à la signature d'un protocole de modification de l'accord du 26 octobre 2004 sur la fiscalité de l'épargne, qui maintient les dispositions antérieures relatives aux exonérations de retenues à la source en matière de dividendes, intérêts et redevances.

b. Des accords avaient également été conclus avec différents **territoires dépendants et associés** britanniques et néerlandais : Anguilla, Aruba, les îles Vierges britanniques, les îles Cayman, Guernesey, l'île de Man, Jersey, Montserrat, les ex-Antilles néerlandaises (Curaçao et Saint-Martin) ainsi que les îles Turques et Caïques. Ces accords n'ont apparemment pas fait l'objet d'actualisation.

c. L'Union européenne et la France ont signé, le 17 février 2014, un accord visant à garantir l'application à **Saint-Barthélemy** de la directive européenne sur la fiscalité de l'épargne et de la directive sur la coopération administrative (n° 74205), à la suite du changement de statut de cette île, qui était une région ultrapériphérique et qui est devenue un PTOM, « pays et territoire d'outre-mer » (depuis ce changement, intervenu le 1er janvier 2012, Saint-Barthélemy ne fait plus partie intégrante du territoire de l'Union européenne ; n° 1906). La ratification de l'accord entre la France et l'Union européenne a été approuvée par la loi n° 2015-1236 du 7 octobre 2015 (JO du 8 octobre 2015 p. 18265 : BF 12/15 n° 846 ; texte entré en vigueur le 1er décembre 2015 et publié par le décret n° 2016-105 du 3 février 2016, JO du 5, texte n° 3).

Transposition en droit français de la directive 2014/107/UE

L'article 44 de la loi n° 2015-1786 du 29 décembre 2015 de finances rectificative pour 2015 a modifié **l'article 1649 AC du CGI** (n° 74245) pour y inclure une référence explicite à la directive 2014/107/UE du Conseil du 9 décembre 2014 afin d'assurer sa transposition en droit interne. 88030

Selon l'exposé des motifs du projet de loi, il s'agit d'« assurer la mise en œuvre du standard international d'échange automatique de renseignements dans les meilleures conditions par les institutions financières françaises », ce nouveau dispositif constituant « un progrès majeur en termes de transparence et de lutte contre la fraude ». Les échanges internationaux d'informations en ce domaine sont donc fondés non seulement sur la **directive** du 9 décembre 2014 mais aussi sur **l'accord multilatéral** ouvert à la signature à Berlin le 29 octobre 2014 (n° 74347) ainsi que sur l'accord FATCA conclu avec les États-Unis (n° 74235) ; ces textes ont conduit aux premiers échanges d'informations à partir du 30 septembre 2017.

À cette fin, les **institutions financières déclarantes** doivent mettre en œuvre, y compris au moyen de traitements de données à caractère personnel, les diligences nécessaires en matière de détermination de la résidence fiscale de leurs clients et, en conséquence, d'identification et de déclaration des comptes, des paiements et des personnes. Les institutions financières doivent opérer des traitements automatisés afin d'identifier les contribuables visés et les comptes concernés, pour l'ensemble des clients, quelle que soit leur résidence fiscale ; les institutions financières doivent collecter les éléments relatifs à la résidence fiscale et les numéros d'identification fiscale (NIF) de l'ensemble des titulaires de comptes et des personnes les contrôlant. Ces informations sont transmises à l'administration et font ensuite l'objet d'échanges internationaux automatiques.

La « **norme commune de déclaration** » de l'OCDE a été mise en œuvre par le décret n° 2016-1683 du 5 décembre 2016 (JO du 7 décembre 2016, texte n° 15), complété par un arrêté du 9 décembre 2016 (JO du 23 décembre 2016, texte n° 23) qui transpose les annexes I et II de la directive 2014/107/UE du Conseil du 9 décembre 2014 ; ces textes déterminent les personnes tenues au respect de l'obligation déclarative, précisent la nature des éléments à déclarer et fixent les conditions et les délais dans lesquels la déclaration prévue par l'article 1649 AC du CGI doit être déposée ainsi que les règles relatives aux diligences et au recueil d'informations auxquelles sont soumises les institutions financières afin de respecter l'obligation déclarative (Droit fiscal 2017 n° 16, comm. n° 266). La liste des États et territoires partenaires et la liste des États et territoires donnant lieu à transmission d'informations sont fixées, pour les déclarations à déposer au titre de l'année 2021 et des années suivantes, par un arrêté du 25 avril 2022 modifiant l'arrêté du 9 décembre 2016 précité (JO du 29 avril 2022, texte n° 17) ; cet arrêté fixe également les seuils, montants et plafonds applicables aux déclarations à déposer au titre de l'année 2022 et des années suivantes.

Les précisions apportées par l'administration sur les institutions financières soumises au respect de l'obligation déclarative, sur les comptes à déclarer ainsi que sur le régime applicable dans le cadre des diligences à effectuer figurent aux BOI-INT-AEA-20 et s. (l'administration y définit notamment les concepts d'entité non financière (ENF) active/-passive et d'entité d'investissement, et précise les notions de contrôle d'une ENF et de résidence).

Précisions **a.** En simplifiant, les échanges automatiques d'informations concernent toutes les **personnes physiques** qui, directement ou par l'intermédiaire d'un trust, d'une fiducie, d'une fondation ou de toute autre entité offshore, détiennent un **compte financier** ou un **contrat d'assurance-vie** dans une institution financière établie dans un autre pays que celui dans lequel elles ont leur résidence fiscale, sous réserve que les deux États soient liés par un traité en ce sens. L'institution financière transmet une fois par an, sous forme informatique, les informations ainsi collectées (données d'identification du client, soldes des comptes et flux financiers) à sa propre administration fiscale, à charge pour cette dernière de la transmettre à son tour à l'autorité fiscale du pays de résidence.

b. Les institutions financières doivent mettre en place les diligences nécessaires pour identifier la résidence fiscale et le numéro d'identification fiscale de **tous leurs clients**, résidents et non-résidents, mais ne doivent déclarer à l'administration que les informations relatives aux clients fiscalement domiciliés dans un État de l'Union européenne ou dans un État avec lequel un accord d'échange automatique d'informations est applicable.

c. Un **traitement automatisé de données à caractère personnel** permettant la transmission des éléments déclaratifs par voie électronique dénommé « EAI » a été créé au sein de la DGFiP (arrêtés des 11 août 2015, 5 octobre 2015 et 25 juillet 2017, au JO du 3 août 2017, texte n° 104) ; ce traitement permet de collecter et stocker les informations nécessaires aux échanges d'informations au sein de l'Union européenne ou avec les États-Unis, en application de l'accord Fatca, ou en application de la norme commune de déclaration. Pour les informations reçues par la France et concernant des revenus perçus ou des actifs détenus dans les autres États et territoires par des personnes résidant en France, les contribuables exercent leur **droit d'accès** et leur **droit de rectification** soit auprès de l'autorité compétente française (bureau CF1C « Bureau programmation et échanges internationaux » de la DGFiP), soit auprès du centre des finances publiques dont ils dépendent. Sur le même sujet, voir également l'arrêté du 18 avril 2017 (JO du 20 avril 2017, texte n° 12) modifiant l'arrêté du 19 février 2010 portant création d'un traitement automatisé de données à caractère personnel permettant la transmission, par voie électronique, des éléments déclaratifs prévus notamment à l'article 1649 AC du CGI.

Conséquences en France de l'ancienne directive 2003/48/CE du 3 juin 2003

88055 La France avait introduit l'ancienne directive du 3 juin 2003 en droit interne sous les articles 242 ter, 1768 bis et 199 ter du CGI (le BOI-RPPM-PVBMI-40-30-60 fournit des indications sur les obligations des intermédiaires financiers français au titre de la directive « épargne » et sur l'ancien état « directive », modèle n° 2561 quater, aujourd'hui supprimé).

La mise en place de ce dispositif avait nécessité la création de nouvelles obligations déclaratives et de nouvelles sanctions pour les établissements payeurs et les OPCVM ; l'article 242 ter du CGI, qui définit en droit interne la notion d'établissement payeur de revenus de capitaux mobiliers, avait ainsi été modifié pour prévoir l'**individualisation** des **intérêts** payés, au sens de la directive, par les agents payeurs à des **bénéficiaires effectifs** résidents d'un autre État membre de l'Union européenne.

L'administration a notamment précisé, à ce propos, que l'**agent payeur**, qui est le plus souvent un établissement financier (un gestionnaire de compte financier ou un établissement qui effectue des opérations de paiement au guichet) ou un établissement de crédit, se situe « immédiatement avant » le bénéficiaire effectif dans la chaîne de paiements (BOI-RPPM-PVBMI-40-30-60-30 n° 1).

Précisions En vertu de l'article 242 ter, 1 du CGI, les établissements payeurs doivent, sur la déclaration récapitulative des opérations sur valeurs mobilières et revenus de capitaux mobiliers (ex-IFU), **individualiser les intérêts** et produits assimilés versés directement ou indirectement à des bénéficiaires domiciliés hors de France dans un autre État de l'Union européenne. Il en est de même des revenus réalisés lors de la cession, du remboursement ou du rachat de parts ou d'actions d'**OPCVM** ou d'entités assimilées investis en produits de créances au-delà d'un certain seuil.

88060 **Ancien « État directive »** Avant l'abrogation de la directive du 3 juin 2003, une obligation déclarative spécifique avait été mise en place pour individualiser les intérêts visés par cette directive ; les établissements payeurs devaient, en leur qualité d'agents payeurs, joindre à la déclaration récapitulative des opérations sur valeurs mobilières et revenus de capitaux mobiliers (ex-IFU ; n° 82860), un état « directive » des intérêts de créances de toute nature et produits assimilés (ancien formulaire n° 2561 quater, aujourd'hui supprimé ; BOI-RPPM-PVBMI-40-30-60-50) :

– payés au cours de l'année précédente à un bénéficiaire effectif au sens de la directive précitée (CGI Ann. III art. 49, I-ter-I-al. 1) ;

– ou, s'agissant d'une entité qui recevait des intérêts et qui n'avait pas formulé l'option pour la déclaration lors du reversement au bénéficiaire effectif, reçus au cours de l'année précédente pour la quote-part revenant à un bénéficiaire effectif au sens de cette directive (CGI Ann. III art. 49, I-ter-I-al. 2).

Étant donné que la directive de 2003 a été abrogée pour être remplacée par un échange automatique de renseignements, cette obligation déclarative a été supprimée par l'article 104 de la loi n° 2016-1917 du 29 décembre 2016 de finances pour 2017 pour les intérêts payés en 2017, soit, en pratique pour les déclarations à déposer en 2018.

C. Impôts directs

Contexte

Conformément à l'article 115 du traité FUE (ex-article 94 du traité CE ; n° 87413), la Commission européenne peut proposer au Conseil des directives pour le rapprochement des dispositions législatives, réglementaires et administratives des États membres qui ont une incidence directe sur l'établissement ou le fonctionnement du marché intérieur. Ce texte est naturellement applicable en ce qui concerne la fiscalité directe des entreprises. 88130

Depuis quelques années, il est surtout utilisé pour donner une base légale (plus ou moins solide) aux propositions législatives de la Commission en matière de lutte contre la fraude ou l'évasion fiscales, ou même la simple optimisation fiscale (projet d'imposition sur une assiette unique et consolidée, lutte contre les situations de double exonération, etc.).

Coordination des systèmes fiscaux européens

L'approche traditionnelle de la Commission européenne, conformément d'ailleurs au traité FUE, n'est pas celle d'une harmonisation, visant à créer un corps unifié (sauf, dans une certaine mesure, en ce qui concerne l'ACCIS ou l'ACIS, n° 88145), mais plutôt celle de la coordination, permettant de mieux rendre compatibles les différents systèmes nationaux, en supprimant les cas de double imposition et les discriminations, en évitant corrélativement les situations de double exonération et d'abus, et en réduisant les coûts supportés par les contribuables pour se conformer aux différents systèmes nationaux dans le cadre desquels ils exercent leur activité. 88135

La Commission européenne souligne notamment, ce qui est assez juste, qu'en l'absence de coordination politique, les obstacles fiscaux sont portés devant la Cour de justice dont la jurisprudence insiste de plus en plus sur le respect des quatre libertés fondamentales (n° 81400 s.) et qu'il serait meilleur que les États membres agissent de façon positive plutôt que de subir les effets de la jurisprudence. Elle propose donc essentiellement des mesures précises destinées à remédier à des **problèmes spécifiques** et ne recherche plus immédiatement de solution globale à tous les problèmes transfrontaliers existants.

Ces mesures ciblées se sont traduites par l'approfondissement des directives de 1990, l'adoption d'une directive d'exonération de retenue à la source sur les intérêts et redevances intragroupe, la mise en place d'un forum conjoint sur les prix de transfert, la prise en compte de la société européenne dans les directives européennes et les éventuelles perspectives d'élaboration d'un modèle de convention fiscale de l'Union européenne (ou des recommandations à venir sur la conclusion d'une convention fiscale multilatérale concernant les États membres).

À la suite d'un rapport publié en 2010 sur la citoyenneté de l'Union, et constatant que la Cour de justice admet l'existence de doubles impositions qui ne sont pas discriminatoires dans la mesure où elles résultent de l'exercice parallèle de la souveraineté fiscale des États membres (nos 81480 et 82010), la Commission européenne avait annoncé, à la fin de l'année 2011, qu'elle souhaitait proposer des mesures permettant de **lutter contre la double imposition** et la « **double non-imposition** » au sein de l'Union européenne ; depuis lors, cette perspective s'est traduite dans un plan de lutte contre le Beps, dans le sillage de l'OCDE (n° 88137).

Dans une communication du 11 novembre 2011 (COM(2011) 712 final), la Commission européenne avait également précisé son intention de proposer, outre la mise en place d'une assiette commune consolidée pour l'impôt sur les sociétés (n° 88145) et l'amélioration de la directive relative aux intérêts et redevances (n° 88680), des remèdes à la double imposition en ce qui concerne les droits de succession transfrontaliers (n° 46700, Précisions) et les dividendes payés aux investisseurs en portefeuille. Elle avait envisagé la création d'un forum de l'Union européenne chargé d'élaborer un Code de conduite sur la double imposition ainsi que la mise au point d'une procédure contraignante de règlement des litiges en suspens pour les cas de double imposition (n° 86085).

Ces propositions n'ont cependant guère été suivies d'effets, sauf la dernière ; actuellement, la Commission européenne tente parallèlement de lancer des initiatives sur les **droits des contribuables**, afin de les sensibiliser aux droits qu'ils peuvent tenir du droit de l'Union européenne et d'inciter les États membres à simplifier leurs obligations fiscales pour améliorer les relations entre l'administration et les contribuables et renforcer la **conformité fiscale** (« Communication on Taxpayers' Rights in the Single Market », novembre 2020). Une consultation publique a en ce sens été lancée le 10 mars 2021, sur les droits des contribuables de l'Union européenne et la simplification de leurs obligations fiscales, principalement en ce qui concerne l'impôt sur le revenu et la TVA. La Commission a également signalé, en juin 2021, le lancement d'une enquête sur la résolution transfrontalière des litiges fiscaux pour les PME, afin de rechercher des pistes d'amélioration en facilitant un règlement préventif par les administrations concernées.

Précisions La Commission européenne est également active dans le domaine des **prix de transfert** ; voir notamment n° 75810, Précisions b, et n° 77055, Précisions.

Lutte contre les fraudes et les abus

88137 La Commission européenne est actuellement très attentive à la question des **aides d'État**, dans la perspective tracée par le Code de conduite européen, afin de tenter de mettre fin à la concurrence fiscale déloyale au sein de l'Union européenne (nos 87685 s.).

Dans le même esprit, elle avait adopté, le 10 décembre 2007, une communication invitant les États membres à effectuer une révision générale de leurs règles anti-abus dans le domaine de la fiscalité directe en tenant compte des principes dégagés par la Cour de justice (Droit fiscal 4/08, comm. 72) ; elle estimait, comme la Cour, que ces mesures ne doivent pas être trop générales mais viser les **montages purement artificiels**, c'est-à-dire les situations caractérisées par l'absence d'implantation véritable ou de justification commerciale. Une recommandation du Conseil du 8 juin 2010 à propos des législations sur les sociétés étrangères contrôlées et la sous-capitalisation a repris cette idée, en soulignant la nécessité de trouver un juste équilibre entre l'intérêt public de lutter contre les abus et de protéger les assiettes fiscales des États membres et le souci d'éviter toute restriction disproportionnée des activités transfrontières au sein de l'Union européenne (Cons. UE, résolution n° 2010/C-156/01, 8 juin 2010 : JOUE n° C 156/1, 16 juin 2010 : Droit fiscal 2010 n° 25, comm. n° 241).

Depuis la crise de 2008/2009, et pour accompagner les États membres dans leur volonté d'accroître leurs recettes fiscales, la Commission européenne s'est orientée, sur ces questions, dans un sens nettement plus incisif en allant au-delà de la lutte contre la fraude et l'évasion fiscales pour stigmatiser la **planification fiscale internationale dite « agressive »** (n° 72408) :
– adoption, le 28 avril 2009, d'une communication intitulée « Encourager la **bonne gouvernance dans le domaine fiscal** », qui cherche à déterminer les moyens qui permettraient de développer et d'améliorer la transparence, l'échange d'informations, et la concurrence loyale dans le domaine fiscal, au sein de l'Union européenne et au niveau international (COM (2009) 201 final) ; ces travaux se poursuivent dans le cadre du Code de conduite (nos 88530 s.) ;
– lancement, le 25 février 2013, de deux consultations publiques sur des mesures spécifiques qui pourraient améliorer la perception de l'impôt et garantir un meilleur respect des obligations fiscales dans l'ensemble de l'Union ; la première porte sur l'élaboration d'un **code européen du contribuable** qui clarifierait les droits et obligations des contribuables comme des administrations fiscales et la seconde est relative à la création d'un **numéro d'identification fiscal** (TIN) européen, qui faciliterait l'identification des contribuables dans l'Union (communiqué IP/13/154 du 25 février 2013) ; les lignes directrices du modèle de **code européen du contribuable** qui rassemble les principaux droits et obligations régissant les relations entre les contribuables et les administrations fiscales ont été publiées en novembre 2016 ; ces propositions paraissent bien oubliées ;
– création d'un nouveau groupe d'experts, dénommé « **Plateforme concernant la bonne gouvernance** dans le domaine fiscal, la planification fiscale agressive et la double imposition » (décision n° C(2015) 206 du 17 juin 2015, JOUE du 23 juin 2015 et décision de renouvellement du 16 décembre 2019, au JOUE C 428 du 20 décembre 2019, remplaçant la précédente ; ce groupe de travail a pris la suite de celui qui avait été créé sur le même sujet en 2013) ; cette plateforme est chargée d'assister la Commission européenne dans le développement d'initiatives destinées à promouvoir la bonne gouvernance en matière fiscale dans les pays tiers, à lutter contre la planification fiscale agressive, à identifier les situations de double imposition et à y remédier. Elle réunit des experts représentant différentes organisations des milieux professionnels, civils et fiscaux afin de promouvoir un dialogue structuré et un échange d'expertise susceptibles de permettre une approche

plus coordonnée et plus efficace de l'Union européenne en matière de lutte contre la fraude et l'évasion fiscales. **88137** (suite)

Sur un plan plus général, la Commission européenne avait présenté, le 18 mars 2015, un ensemble de mesures destinées à **améliorer la transparence fiscale au sein de l'Union européenne** (Communiqué IP/15/4610), parmi lesquelles la communication automatique des « rulings » transfrontaliers (nº 74207), de nouvelles exigences en matière de transparence pour les multinationales et la révision du Code de conduite dans le domaine de la fiscalité des entreprises. Dans le sillage de ces propositions, la Commission européenne a ensuite présenté, le 28 janvier 2016 (communiqué de la Commission IP/16/159 et « communication chapeau »), un ensemble de mesures destinées à **lutter contre l'érosion de l'assiette imposable des entreprises**, en reprenant de nombreuses propositions du comité des affaires fiscales de l'OCDE (nº 72410). La mesure législative proposée la plus importante était une proposition de directive anti-évasion fiscale, qui a été très rapidement adoptée (nº 88138) ; ont également été présentées une nouvelle proposition de directive relative aux **déclarations pays par pays**, qui a également été rapidement été adoptée (nº 75815), et diverses communications et recommandations :
– une communication de la Commission au Parlement européen et au Conseil intitulée « Paquet de mesures contre l'évasion fiscale : prochaines étapes pour **assurer une imposition effective et davantage de transparence fiscale** dans l'Union européenne » (COM(2016) 23 final) ; la Commission estime que les États membres « conviennent et comprennent » que, s'ils souhaitent un marché unique plus fort, ils ne peuvent négliger la question de la fiscalité ;
– une recommandation relative aux mesures à prendre contre **l'utilisation abusive des conventions fiscales** (COM(2016) 271 final), qui invite les États membres à inclure, dans les conventions fiscales qu'ils concluent entre eux ou avec des États tiers, une clause anti-abus générale fondée sur le critère de l'objet principal (nº 74570) et à reprendre les propositions de l'OCDE pour remédier au problème de l'évitement artificiel du statut d'établissement stable (Action 7 du plan de l'OCDE, nº 72410) ;
– une communication sur une **stratégie extérieure pour une imposition effective** (COM(2016) 24 final), qui propose notamment de rendre plus cohérents les critères de bonne gouvernance fiscale au sein de l'Union européenne, de renforcer la coopération en matière de bonne gouvernance fiscale par la conclusion d'accords avec les États tiers et de mettre au point des instruments plus efficaces pour prendre des mesures à l'égard des États tiers qui refusent de respecter les normes de bonne gouvernance fiscale (établissement d'une liste « paneuropéenne » des « paradis fiscaux » ; nº 71580) ;
– un document de travail sur la **planification fiscale agressive**.

Ces préoccupations sont toujours actuelles comme en témoigne le fait que les mesures envisagées par la Commission européenne dans le contexte de la crise économique résultant de l'épidémie de Covid-19 (communiqué de presse IP/20/1334 du 15 juillet 2020) ont à nouveau ciblé le renforcement des échanges d'informations entre États (nº 74205) et la nécessité de promouvoir une bonne gouvernance en matière fiscale passant par la modification du Code de conduite (nº 88530) et de la liste européenne des États et territoires non coopératifs (nº 71580).

Enfin, la Commission européenne cherche actuellement à mieux encadrer l'activité des **conseils fiscaux** ; elle a ainsi annoncé, le 25 avril 2022, la préparation d'une nouvelle proposition législative visant à réglementer leur activité par la fixation de standards minimaux de comportement et de règles de procédure et de contrôle ; une consultation publique a été organisée sur ce sujet du 6 juillet 2022 au 12 octobre 2022 et une proposition formelle est attendue pour la fin de l'année 2023 (ce serait une proposition de directive visant à intensifier la lutte contre l'évasion fiscale et la planification fiscale agressive en s'attaquant au rôle des facilitateurs qui créent ces structures complexes et opaques). L'orientation qui se dessine consiste à cibler les conseils centrés sur la planification agressive recourant à des pays tiers, l'idée étant que ce sont les facilitateurs et non les contribuables qui créent les structures agressives. Cette initiative fait notamment suite à une précédente communication du 5 juillet 2016 (communiqué de la Commission, IP/16/2354), affirmant « qu'il est à présent manifeste que certains conseillers fiscaux et intermédiaires financiers ont joué un rôle central dans la facilitation de la fraude fiscale ». Sur la **directive** qui a été adoptée dans cette perspective en 2018, voir nº 71812. Sur les obligations d'identification des bénéficiaires effectifs, voir nº 87880, Précisions b.

Précisions a. Même si les impôts directs restent une compétence nationale, les États membres se préoccupent des questions de **coordination des politiques fiscales**, notamment au sein de la zone euro. Dans ce contexte, ils se sont engagés à entamer des discussions structurées sur les questions de politique fiscale, en vue notamment d'assurer l'échange des bonnes pratiques, sur la prévention des **pratiques nuisibles** et sur des propositions de lutte contre la fraude et l'évasion fiscales.

b. Un communiqué conjoint des **ministres des finances français et allemand** du 9 février 2016 avait apporté un soutien appuyé aux propositions de la Commission européenne.

c. Selon la Commission européenne, l'évasion fiscale des entreprises en Europe coûterait chaque année aux États membres entre **50 et 70 Md€ de recettes fiscales** (communiqué IP/16/1349 du 12 avril 2016).

d. La Commission européenne avait publié, en mars 2017, un ouvrage dans la série « Taxation Papers » sur les « **Aggressive tax planning indicators** » (Working Paper N° 71 - 2017), analysant les schémas de planification fiscale agressive (déduction d'intérêts, de redevances, manipulations « stratégiques » des prix de transfert, etc.).

e. La Commission européenne a mis en place un « **Observatoire européen de la fiscalité** », laboratoire de recherche indépendant, composé d'universitaires, financé par l'Union européenne et chargé de l'aider dans sa lutte contre les pratiques fiscales abusives (communiqué IP/21/2714 du 1er juin 2021) ; dans son premier rapport, intitulé « Combler le déficit fiscal des entreprises multinationales : Simulations pour l'Union européenne » (https://www.taxobservatory.eu/fr/), cet observatoire avait estimé qu'un accord international sur un taux minimum de 25 % (n° 16652) permettrait à l'Union européenne d'augmenter ses recettes fiscales de 170 Md€ en 2021 et de 50 Md€ avec un taux minimum de 15 %. Un troisième rapport a été publié en novembre 2021 intitulé « New Forms of Tax Competition in the European Union: an Empirical Investigation », analysant les régimes fiscaux « agressifs » et proposant des mesures aux États membres.

Directive anti-évasion fiscale

88138 Parmi les mesures présentées par la Commission européenne le 28 janvier 2016, la proposition de directive anti-évasion fiscale est sans doute la plus importante ; cette proposition, qui s'insérait clairement dans le sillage des travaux du comité des affaires fiscales de l'OCDE (n° 72410), a rapidement été adoptée, après avoir tout de même été substantiellement amendée sur certains points.

En substance, la **directive (UE) 2016/1164 du Conseil du 12 juillet 2016** établissant des règles pour lutter contre les pratiques d'évasion fiscale qui ont une incidence directe sur le fonctionnement du marché intérieur (« Anti-Tax Avoidance Directive » ou « Atad 1 » ; JOUE L 193/1 du 19 juillet 2016), fondée sur l'article 115 du traité FUE, cherche à « renforcer le niveau moyen de protection contre la planification fiscale agressive au sein du marché intérieur » et à instaurer « dans toute l'Union un niveau minimal de protection des systèmes nationaux d'imposition des sociétés contre les pratiques d'évasion fiscale » (considérant n° 3) ; elle s'applique à tous les **contribuables soumis à l'impôt sur les sociétés** dans un ou plusieurs États membres, y compris les établissements stables, lorsqu'ils sont situés dans un ou plusieurs États membres, d'entités ayant leur résidence fiscale dans un pays tiers.

La directive pose les cinq règles suivantes, applicables, sauf exception, depuis le 1er janvier 2019 :
– **limitation générale de la déductibilité des intérêts** (article 4) : la directive prévoit que, si les intérêts versés sont admis en déduction à hauteur des intérêts perçus ou des autres revenus imposables provenant d'actifs financiers du contribuable, les « surcoûts d'emprunt » (en d'autres termes, les charges financières nettes) ne sont déductibles, au titre de l'exercice fiscal au cours duquel ils ont été supportés, qu'à hauteur de 30 % du bénéfice avant intérêts, impôts, dépréciations et amortissements (Ebitda) ; le contribuable peut cependant être autorisé à déduire les surcoûts d'emprunt à hauteur de 3 M€ et à déduire l'intégralité des surcoûts d'emprunt s'il s'agit d'une « entité autonome » qui ne fait pas partie d'un groupe consolidé et qui n'a pas d'entreprise associée ou d'établissement stable ; certaines dérogations sont en outre prévues, comme l'application du ratio du groupe et l'exclusion des entreprises financières, ainsi que des possibilités de report sur des exercices futurs ou antérieurs ;
– création d'un **mécanisme d'imposition des plus-values latentes « à la sortie »** (article 5) : la directive pose le principe de l'imposition des plus-values latentes en cas de transfert d'actifs ou de résidence fiscale dans un autre État membre ou dans un État tiers sous réserve, au sein de l'Union européenne ou de l'Espace économique européen, de la possibilité d'étaler l'impôt sur cinq ans (le versement d'intérêts et la constitution de garanties

sont envisageables dans certains cas) ; afin d'éviter la double imposition, il est prévu que l'État membre d'accueil doive corrélativement accepter la valeur de marché établie par l'État membre de départ du contribuable (ou de l'établissement stable) pour déterminer le prix de revient fiscal des actifs transférés (il peut cependant discuter la valeur retenue par l'État membre de départ) ; seuls sont naturellement visés les transferts conduisant à ce que l'État de départ perde le droit d'imposer, en l'absence de maintien des actifs au sein d'un établissement stable, et ceux qui sont effectués au sein de la même entité juridique (et non pas les cessions à des tiers) ; cette disposition a dû être introduite en droit interne au plus tard le 31 décembre 2019 ; 88138 (suite)

– instauration d'une **clause générale anti-abus** (article 6) : les États membres doivent refuser la prise en compte, aux fins du calcul de la charge fiscale des sociétés, d'un montage ou d'une série de montages qui, ayant été mis en place pour obtenir, à titre d'objectif principal ou au titre d'un des objectifs principaux, un avantage fiscal allant à l'encontre de l'objet ou de la finalité du droit fiscal applicable, ne sont pas authentiques compte tenu de l'ensemble des faits et circonstances pertinents ; un montage peut comprendre plusieurs étapes ou parties et un montage ou une série de montages est considéré comme non authentique dans la mesure où ce montage ou cette série de montages n'est pas mis en place pour des motifs commerciaux valables qui reflètent la réalité économique ; hors montage non authentique, le contribuable peut choisir la structure la plus avantageuse sur le plan fiscal pour ses affaires commerciales (considérant n° 11 de la directive) ; cette clause s'applique seulement « aux fins du calcul de la charge fiscale des sociétés » et n'interfère donc pas avec d'autres dispositifs anti-abus comme celui de la directive mères/filles ; on peut en outre se demander si elle ne soulève pas une difficulté spécifique au regard de la jurisprudence de la Cour de justice qui repose sur un concept plus restrictif, celui de montage « purement » artificiel ;

– création de règles spécifiques concernant les **sociétés étrangères contrôlées** (article 7), du type de l'article 209 B du CGI (n°s 73100 s.) : un dispositif de réimposition des profits étrangers doit être mis en place dans chaque État membre lorsque l'impôt réel supporté à l'étranger par une filiale ou un établissement stable est inférieur à la différence entre l'impôt sur les sociétés qui aurait été supporté dans l'État membre de la société mère et l'impôt réel sur les sociétés effectivement payé à l'étranger (soit un écart d'au moins 50 %) ; sous réserve de certaines exceptions, l'assiette imposable de la société mère (ou du siège) doit comprendre les revenus non distribués de l'entité étrangère (si elle est contrôlée directement ou indirectement à plus de 50 %) qui consistent en intérêts, redevances, dividendes, plus-values de cessions d'actions, revenus provenant de crédits-bails, revenus provenant d'activités d'assurance, d'activités bancaires ou d'autres activités financières et revenus provenant de sociétés de facturation qui tirent des revenus de biens et services achetés et vendus à des entreprises associées et dont la valeur ajoutée économique est nulle ou faible (cette règle ne s'applique pas lorsque la société étrangère contrôlée exerce une activité économique substantielle au moyen de personnel, d'équipements, de biens et de locaux, corroborée par des faits et des circonstances pertinents, sachant que cette exception peut ne pas être appliquée si l'entité étrangère est située en dehors de l'Espace économique européen) ; alternativement, les États membres peuvent imposer les revenus non distribués de l'entité étrangère provenant de montages non authentiques mis en place essentiellement dans le but d'obtenir un avantage fiscal (les États membres ont le choix entre la réimposition de certains revenus passifs de l'entité étrangère ou la prise en compte des revenus provenant de montages non authentiques) ;

– mise en place de règles destinées à éviter les doubles exonérations ou déductions en présence de **dispositifs hybrides** (article 9) : la directive prévoit que, dans la mesure où un dispositif hybride entraîne une double déduction, la déduction est accordée uniquement dans l'État membre d'origine du paiement et que si un dispositif hybride entraîne une déduction sans prise en compte, l'État membre du contribuable refuse la déduction de ce paiement. Des mesures du même ordre ont ensuite été rapidement adoptées en ce qui concerne les dispositifs hybrides faisant intervenir des **pays tiers** (directive (UE) 2017/952 du Conseil du 29 mai 2017 modifiant la directive (UE) 2016/1164 du 12 juillet 2016 ; JOUE L 144/1 du 7 juin 2017) ; cette dernière directive (dite aussi « **Atad 2** », qui a également modifié la définition des dispositifs hybrides contenue dans la précédente directive) a dû être incorporée en droit interne au plus tard le 31 décembre 2019 et elle est applicable, dans le cas général, depuis le 1er janvier 2020 (sur son introduction en droit français, voir n°s 74050 s.).

Enfin, il est précisé que la directive n'empêche pas l'application de dispositions nationales ou conventionnelles visant à préserver un niveau plus élevé de protection des bases d'imposition nationales pour l'impôt sur les sociétés (article 3).

Précisions **a.** La proposition initiale de la Commission européenne contenait une clause dite de « **switch-over** » par laquelle les États membres n'auraient pas accordé d'exonération pour les revenus (dividendes, plus-values, revenus d'établissements stables) en provenance d'États tiers lorsque l'entité étrangère était soumise à un impôt sur les bénéfices à un taux légal d'imposition sur les sociétés inférieur à 40 % du taux légal d'imposition qui aurait été appliqué dans le cadre du système d'imposition des sociétés en vigueur dans l'État membre du contribuable (dans ce cas, l'élimination de la double imposition devait nécessairement reposer sur un mécanisme de crédit d'impôt, de sorte que l'avantage fiscal étranger soit annulé) ; cette clause n'a pas été maintenue lors des discussions au Conseil.

b. En ce qui concerne la **déduction des intérêts**, les États membres qui, au 8 août 2016, disposaient de règles nationales ciblées pour prévenir les risques d'érosion de la base d'imposition et de transfert de bénéfices aussi efficaces que la limitation des intérêts prévue par la directive peuvent appliquer ces règles jusqu'à la fin du premier exercice fiscal complet suivant la date de publication, sur le site internet officiel, de l'accord conclu entre les membres de l'OCDE sur une norme minimale relative à l'Action 4 en matière d'érosion de la base d'imposition et de transfert de bénéfices (nº 72410), la date butoir étant toutefois fixée au 1er janvier 2024. La liste des mesures considérées comme étant aussi efficaces que l'article 4 de la directive en ce qui concerne la limitation des intérêts a été publiée par la Commission européenne au JOUE C 441/1 du 7 décembre 2018 (l'ancienne règle française du « rabot », applicable aux exercices arrêtés entre le 31 décembre 2012 et le 31 décembre 2018 et codifiée à l'ancien article 212 bis du CGI, était incluse dans la liste et aurait donc pu être conservée).

Projet de directive contre les sociétés-écrans (« Unshell directive »)

88139 Après avoir lancé une « feuille de route » le 25 mai 2021 et une consultation publique du 4 juin au 27 août 2021, la Commission européenne a proposé, le 22 décembre 2021, un projet de directive « Atad 3 » tendant à lutter contre l'utilisation abusive d'entités écrans à des fins fiscales au sein de l'Union européenne (Proposition de directive du Conseil établissant des règles pour empêcher l'utilisation abusive d'entités-écrans à des fins fiscales et modifiant la directive 2011/16/UE ; COM/2021/565 final).

La Commission admet certes que des « entités-écrans » ou « boîtes aux lettres », qui sont des entités juridiques et « arrangements » dépourvus, ou presque totalement dépourvus, de présence commerciale ou d'activité économique, puissent remplir des fonctions commerciales ou opérationnelles utiles, mais elle estime que certains groupes internationaux ou certaines personnes physiques en font une **utilisation abusive** à des fins de planification fiscale agressive ou de fraude fiscale (pour les entreprises, orientation de flux financiers vers des entités-écrans exonérées ou peu imposées ; pour les personnes physiques, utilisation aux fins d'éviter l'imposition de leurs actifs et biens immobiliers dans leur pays de résidence ou dans celui de situation du bien).

Pour renforcer la lutte contre ces entités, la Commission européenne propose, en substance, d'imposer aux entreprises des États membres susceptibles de recevoir un certificat de résidence fiscale dans un État membre une **nouvelle obligation déclarative** en fonction d'indicateurs de substance minimale. En simplifiant, le dispositif serait le suivant :
– **champ d'application** : seraient concernées toutes les entreprises susceptibles d'être considérées comme des « résidents » d'un État membre, quelle que soit leur forme juridique, si elles satisfont **simultanément trois critères**, à savoir (i) plus de 75 % de leurs revenus des deux dernières années est « passif » (intérêts, dividendes, redevances ou autres **produits passifs**, tels que des loyers, primes d'assurance et revenus financiers) ou plus de 75 % de leurs actifs est constitué de biens immobiliers ou d'autres actifs patrimoniaux dont la valeur comptable dépasse 1 M€ (ii) au cours des deux dernières années, au moins 60 % de leur revenu de référence résulte de **transactions internationales**, ou au moins 60 % de la valeur comptable de leurs actifs immobiliers ou actifs patrimoniaux dont la valeur comptable dépasse 1 M€ correspond à des actifs situés en dehors de leur État membre (iii) la gestion quotidienne de leurs opérations et le processus de décision concernant leurs fonctions significatives ont été **sous-traités** au cours des deux dernières années ;
– **exceptions** : seraient exclues les sociétés cotées, les entités financières réglementées telles que les OPCVM, fonds d'investissement alternatifs et autres entités du même ordre

(mais pas les sociétés d'assurance ou de réassurance captives des groupes internationaux), ainsi que les entreprises qui emploient en propre au moins cinq personnes en équivalent temps plein afin exclusivement d'exercer les fonctions générant le revenu de référence ; en outre, une dispense serait prévue pour les entreprises qui démontrent que leur existence ne réduit pas la charge fiscale de leurs bénéficiaires effectifs ou du groupe ;

– **obligation déclarative** : les entreprises concernées devraient déclarer, dans leur déclaration fiscale annuelle et pour chaque exercice fiscal, des informations permettant de déterminer si elles remplissent ou non les critères de **substance minimale**, à savoir (i) si elles disposent dans l'État membre concerné de leurs propres bureaux ou de bureaux à leur usage exclusif (ii) si elles disposent d'au moins un compte bancaire actif en propre dans l'Union européenne (iii) si au moins un de leurs administrateurs est résident de l'État membre concerné et s'il est qualifié et autorisé, s'il utilise effectivement cette autorisation de façon régulière et n'est pas un employé ou un administrateur d'une autre entreprise non associée, ou si ses employés sont en majorité fiscalement domiciliés dans l'État membre concerné (ces déclarations devraient être assorties de justificatifs) ; si l'un de ces indicateurs n'est pas rempli, l'entreprise serait présumée ne pas disposer de la substance minimale au titre de l'année concernée, mais elle pourrait toutefois apporter la preuve contraire (justification économique, processus de décision, etc.) ;

– **conséquences** : les sociétés non pourvues de la substance minimale requise se verraient refuser le bénéfice des conventions fiscales et des directives européennes mères/filles et intérêts/redevances (l'État membre d'implantation de l'entité devrait refuser de lui délivrer un certificat de résidence fiscale ou délivrer un certificat précisant qu'elle n'est pas éligible au bénéfice des conventions fiscales) ; en outre, leurs actionnaires seraient réputés détenir des actifs directement et seraient imposés sur les revenus de l'entreprise comme s'ils les avaient réalisés directement, sous déduction de l'impôt payé localement ;

– **échange d'informations** : un mécanisme d'échange d'informations entre États membres serait mis en place ;

– **sanctions** : les États membres devront prévoir des sanctions proportionnées et dissuasives, qui devront au minimum s'élever à 5 % du chiffre d'affaires de l'entreprise concernée au cours de l'année considérée.

Cette proposition cherche manifestement à renforcer la pression sur les sociétés-écrans en établissant des normes de transparence et vise à aider les autorités fiscales nationales à identifier les entreprises qui n'existent que « sur papier ». La Commission souhaite qu'elle soit rapidement adoptée et qu'elle entre en vigueur le 1er janvier 2024 ; les travaux sur cette proposition n'ont cependant guère avancé (une nouvelle consultation publique a été ouverte du 23 décembre 2021 au 27 mars 2022). La Commission a annoncé qu'elle ferait ensuite une nouvelle proposition concernant les entreprises sans substance établies hors de l'Union européenne.

Précisions Selon une étude de la Commission européenne, les sociétés « boîtes aux lettres » ont pour caractéristiques de n'avoir **aucune activité économique** et d'être utilisées dans le cadre d'**opérations transfrontalières** ; elles ne sont pas nécessairement illicites, car elles peuvent être utilisées notamment pour lever des capitaux ou partager des risques, mais elles peuvent aussi être utilisées à des fins de fraude fiscale, blanchiment d'argent ou fraude au droit du travail (Commission européenne, Letterbox companies: overview of the phenomenon and existing measures Final Report, juillet 2021).

1. Les projets généraux

Assiette de l'impôt sur les sociétés

La Commission européenne envisage depuis longtemps d'harmoniser l'impôt sur les sociétés ; en témoigne notamment la mise au point d'un projet partiel datant de 1975, sous forme de proposition de directive visant à l'harmonisation des systèmes d'impôts sur les sociétés et des régimes de retenues à la source sur les dividendes (COM (75) 392 du 23 juillet 1975, JOCE n° C 253 du 5 novembre 1975). Mais cette proposition, qui suggérait d'harmoniser les taux d'impôts sur les sociétés entre 45 % et 55 %, ainsi que la retenue à la source sur les dividendes et de généraliser la technique du crédit d'impôt, ne contenait aucune règle d'assiette, et elle a été retirée le 2 avril 1990. 88140

Après bien des hésitations, partagée entre le souci de respecter le principe de subsidiarité (n° 87390) et celui d'éviter la concurrence fiscale déloyale entre les États membres, et aussi afin de réduire les charges administratives pesant sur les entreprises, la Commission européenne a fini par proposer un ambitieux projet destiné à mettre en place une assiette commune consolidée pour l'impôt sur les sociétés.

Précisions **a.** La Commission européenne n'a apparemment pas complètement renoncé à proposer la mise en place éventuelle d'un système pilote pour les **PME**, qui consisterait à leur appliquer les règles applicables dans leur État de résidence ; mais ce projet paraît aujourd'hui oublié.

b. La Commission européenne avait adopté, le 22 novembre 2006, une communication sur une meilleure utilisation des régimes d'incitation fiscale en matière de **recherche et développement**, mais cette question ne paraît plus d'actualité.

c. Dans sa communication de 2011 intitulée « Un plan d'action pour faciliter **l'accès des PME au financement** » (communiqué de la Commission IP/11/1513), la Commission européenne avait indiqué qu'elle examinerait les entraves fiscales qui limitent les investissements transfrontaliers de **capital-risque** et qui pourraient priver les petites et moyennes entreprises de l'octroi de financements ; dans cette perspective, elle avait lancé, en août 2012, une consultation sur les entraves fiscales aux investissements transfrontaliers de capital-risque (communiqué de la Commission IP/12/881 du 3 août 2012).

88145 **Le projet d'ACIS ou d'ACCIS** Les instances européennes travaillent (mais actuellement sans beaucoup d'intensité) à la mise en place d'une **assiette commune** (ACIS ou CCTB en anglais) et/ou **consolidée pour l'impôt sur les sociétés** (ACCIS, ou CCCTB en anglais).

L'idée en avait été lancée en 2001, avant d'être reprise en 2003 et de se traduire par la mise en place d'un groupe d'experts en septembre 2004 (« groupe de travail ACCIS », composé de représentants de la Commission européenne et des États membres, avec l'appui ponctuel d'experts représentant les entreprises). Ces travaux avaient abouti à la présentation d'une proposition de directive le 16 mars 2011 (COM(2011) 121/4), sur la base de l'article 115 du traité FUE. L'assiette commune consolidée avait été décrite comme un ensemble unique de règles de détermination du résultat imposable susceptibles d'être utilisées par les sociétés exerçant leur activité au sein de l'Union européenne ; avec un mécanisme de ce type, une société éligible n'aurait à respecter qu'**un seul régime fiscal** au sein de l'Union européenne et non plus ceux des différents États membres dans lesquels l'activité est exercée.

Les discussions s'étaient ensuite rapidement enlisées et aucun accord n'avait pu être trouvé au sein du Conseil. La Commission européenne, qui ne l'avait pas perdu de vue, l'a toutefois relancé le 27 mai 2015 et a organisé une consultation publique sur ce projet le 8 octobre 2015 (communiqué de la Commission IP/15/5796 du 8 octobre 2015). **Deux propositions de directive** ont alors été présentées le 25 octobre 2016 (communiqué IP/16/3471) et, corrélativement, la proposition de 2011 a été retirée (JOUE C 64/5 du 28 février 2017) :
– proposition de directive sur la mise en place d'une **assiette commune** pour l'impôt sur les sociétés (COM (2016) 685 final), proposant d'uniformiser les règles d'assiette pour le calcul de l'impôt sur les bénéfices pour les entreprises établies sur l'ensemble du territoire l'Union européenne (assiette commune pour l'impôt sur les sociétés ou « ACIS ») ;
– proposition de directive pour une **assiette consolidée** de l'impôt sur les sociétés (COM(2016) 683), proposant un mécanisme de consolidation qui s'appliquerait dans un second temps, une fois l'assiette imposable elle-même harmonisée (assiette commune consolidée pour l'impôt sur les sociétés ou « ACCIS ») ; l'approche actuellement privilégiée est, en effet, de promouvoir d'abord une assiette commune, dans la mesure du possible, avant de mettre en œuvre un mécanisme de consolidation (par différence avec les propositions initiales de la Commission, qui allaient directement à la consolidation sans passer par l'étape de l'harmonisation).

Les principaux aspects des propositions relatives à l'assiette commune sont les suivants :
– **champ d'application** : les règles proposées seraient obligatoires pour les groupes réalisant un chiffre d'affaires consolidé d'au moins 750 M€ (une option serait possible pour les autres groupes) ;
– règles de **territorialité** : exonération dans l'État du siège des bénéfices réalisés dans des établissements stables situés dans l'Union européenne et, corrélativement, non-prise en compte des pertes ; cela étant, tant que le mécanisme de consolidation ne serait pas mis en place, il serait possible d'imputer temporairement les pertes de filiales ou établissements stables européens sous réserve de réintégration ultérieure ;

– régime des **sociétés mères** : exonération des dividendes et des plus-values sous réserve de la détention d'une participation de plus de 10 % pendant plus de douze mois ; mise en place d'un système de crédit d'impôt en cas d'imposition à l'étranger inférieure à la moitié de l'imposition nationale ; **88145** (suite)
– instauration d'un mécanisme de déduction renforcée pour les **dépenses de recherche** et développement (les dépenses seraient déductibles à hauteur de 125 % ou 150 % de leur montant) ;
– mise en place d'une limitation de la déduction des **intérêts** à hauteur de 30 % de l'Ebitda et déduction d'un intérêt notionnel en cas d'augmentation de capital.

La **France** a approuvé le principe des propositions de la Commission européenne et soutenu « l'esprit de ce paquet législatif » (communiqué du ministère de l'économie et des finances du 8 novembre 2016) ; la résolution n° 55 du Sénat du 27 décembre 2016 est plus critique (voir également le rapport d'information n° 4513, Assemblée nationale, 16 février 2017).

Ces projets ont aussi été abordés dans le cadre de discussions bilatérales **franco-allemandes** ; une déclaration commune de la France et de l'Allemagne a approuvé le projet sous certaines réserves (communiqué n° 551 du 20 juin 2018 du ministère de l'économie et des finances, faisant état d'une position commune de la France et de l'Allemagne sur la directive ACIS) ; les deux pays estiment notamment que l'assiette commune devrait s'appliquer à toutes les entreprises, qu'elle ne devrait pas comporter d'incitation fiscale (notamment en matière de recherche et développement et de financement sur fonds propres), qu'elle ne devrait pas mettre en place de mécanisme de compensation transfrontalière des pertes (cette question devrait être abordée dans le cadre de la directive sur l'assiette consolidée et non pas sur l'assiette harmonisée) et qu'une période de transition d'au moins quatre ans devrait être prévue.

De son côté, le Parlement **luxembourgeois** a adopté le 22 décembre 2016 une résolution rejetant le projet d'assiette consolidée de l'impôt sur les sociétés considéré comme incompatible avec les principes de subsidiarité et de proportionnalité. Les **Pays-Bas** ont également fait part de leur rejet de principe en mai 2017. D'autres États sont hostiles ou réservés comme l'Irlande, la Pologne, le Royaume-Uni et la Suède, notamment pour des raisons tenant au principe de **subsidiarité**.

Les **désaccords** restent donc importants entre les États, notamment sur certains sujets structurants concernant l'assiette imposable :
– mécanisme d'imputation des pertes (mécanisme transitoire avant l'adoption de la directive spécifique à la consolidation) : divers pays y sont opposés, notamment la France ;
– déduction supplémentaire des dépenses de recherche et développement : ce mécanisme est vivement critiqué, notamment par la France et l'Allemagne qui souhaitent garder leur indépendance en la matière ;
– mécanisme des intérêts notionnels : la plupart des États membres s'inquiètent des effets difficilement mesurables de cette mesure.

Les discussions se sont ensuite poursuivies sur le plan technique, mais manifestement sans beaucoup d'intensité, et il a finalement été annoncé que la proposition serait en principe retirée (n° 88146).

Quant au projet de directive relative à la **consolidation** de l'assiette, sa concrétisation est encore plus lointaine ; si ce projet était mené à bien, les groupes ne rempliraient plus, en principe, qu'une seule déclaration fiscale consolidée pour l'ensemble de leurs activités au sein de l'Union européenne. Ils ne traiteraient plus qu'avec une seule administration nationale qui serait celle du siège de la société considérée, ou de la société mère du groupe en présence d'un groupe de sociétés. Les groupes déposeraient une déclaration consolidée permettant la compensation transfrontalière des déficits. Serait ainsi mis en place une sorte de « **guichet unique** » permettant aux sociétés de consolider tous les bénéfices et toutes les pertes enregistrés dans l'ensemble de l'Union européenne.

Les résultats imposables consolidés du groupe seraient ensuite répartis entre chacune des sociétés qui le constituent selon une **clé de répartition** permettant à chaque État membre d'imposer les bénéfices des sociétés résidentes de cet État ; cette formule prendrait trois facteurs en considération : les immobilisations, la main-d'œuvre et le chiffre d'affaires. Mais il n'est pas prévu d'harmoniser les **taux** d'impôt sur les sociétés (les États membres continueraient de fixer leur taux d'imposition des sociétés au niveau qu'ils souhaitent).

L'avantage de cette proposition tiendrait, pour les entreprises, à la réduction de leurs charges administratives et à la neutralisation des questions de prix de transfert (cette problématique disparaîtrait dans un tel système puisque les transactions intragroupe seraient éliminées et ne supporteraient aucune retenue à la source). De leur côté, les États membres et la Commission européenne estiment que ces propositions permettraient de prévenir la planification fiscale agressive dans l'Union européenne.

Précisions **a.** La Commission européenne avait indiqué en 2011 que la mise en place du système proposé à l'époque permettrait une **économie** annuelle de l'ordre de 700 M€ de charges administratives pour les entreprises européennes (Communiqué IP/11/319 du 16 mars 2011) ; en outre, la compensation des bénéfices et des déficits leur ferait économiser chaque année 1,3 Md €. Autre avantage, les systèmes fiscaux seraient plus simples et plus transparents, ce qui rendrait la concurrence fiscale plus loyale et plus ouverte en ce qui concerne les taux d'impôt sur les sociétés, qui ne seraient pas harmonisés.

b. Sous-produit du projet d'ACCIS, d'une certaine façon, **la France et l'Allemagne** ont théoriquement un projet de rapprochement de leur impôt sur les sociétés ; la contribution franco-allemande « Ensemble pour renforcer l'Europe de la stabilité et de la croissance » du 30 mai 2013 souligne la nécessité de progresser en matière de convergence fiscale en Europe, citant en particulier les travaux sur l'ACCIS (par exemple, réponse Percheron, nº 6380 : JO Sén. 28 novembre 2013 p. 3437). Le communiqué commun du 20 juin 2018 sur l'ACIS, précité, montre que le projet n'est pas complètement abandonné au moins au stade du discours politique (il l'est apparemment en pratique).

88146 **Nouvelles propositions de 2021/2022** Dans une communication du 18 mai 2021, la Commission européenne a annoncé un nouveau projet de réforme de l'imposition des entreprises au sein de l'Union européenne (Doc. COM(2021) 251 final, intitulé « Communication from the Commission to the European Parliament and the Council, Business Taxation for the 21st Century »). Des propositions plus concrètes ont ensuite été présentées sur certains points en 2022 :

– élaboration par la Commission européenne, d'ici 2023, d'un nouveau cadre pour la fiscalité des entreprises dans l'Union européenne (initiative dénommée « **Befit** », pour « Business in Europe: Framework for Income Taxation ») ; un corpus réglementaire unique en matière d'impôt sur les sociétés, reposant sur une **assiette commune** et une méthode de répartition forfaitaire des résultats, serait proposé et la proposition d'assiette commune consolidée pour l'impôt sur les sociétés (nº 88145) serait corrélativement retirée (la Commission a également annoncé une réflexion plus large sur l'avenir de la fiscalité dans l'Union européenne, avec notamment, en 2022, un symposium fiscal sur le « bouquet fiscal de l'UE à l'horizon 2050 », mais ces projets prennent manifestement du retard) ;

– obligation faite à certaines grandes entreprises opérant dans l'Union européenne de publier leurs **taux d'imposition effectifs** ;

– mise en place de règles destinées à lutter contre les **sociétés coquilles** (un projet a été présenté en 2022 ; nº 88139) ;

– nouvelles mesures destinées à désinciter les entreprises à recourir à **l'emprunt** pour financer leurs activités (un projet a été présenté en 2022 ; nº 88148).

Ces propositions s'insèrent dans la réflexion plus générale conduite par l'OCDE et le G20 sur un projet de réforme fiscale mondiale (Piliers 1 et 2 ; nºs 16650 s.) et font notamment suite aux analyses que la Commission européenne avait initiées en 2017 à propos de l'économie numérique ; la Commission avait, en effet, lancé, le 21 septembre 2017, une initiative pour modifier les règles applicables à l'économie numérique (communiqué de presse IP/17/3305 et Q&A, MEMO/17/3341 ; également communication du 21 septembre 2017, COM(2017) 547 final, intitulée « A Fair and Efficient Tax System in the European Union for the Digital Single Market »).

Dans cette communication, la Commission estime que le cadre actuel n'est pas adapté car il a été conçu pour l'économie traditionnelle et ne permet pas de prendre en compte des activités qui reposent de plus en plus sur des actifs incorporels et des données immatérielles.

Pour la Commission, il y a lieu de se concentrer en premier lieu sur une réforme en profondeur des règles fiscales internationales, qui établirait un lien plus étroit entre la manière dont la valeur est créée et le lieu où elle est imposée. La taxation de l'économie numérique pourrait ainsi être intégrée dans le champ d'application des règles relatives à l'ACCIS. Des « remèdes à court terme », tels qu'une taxe ciblée sur le chiffre d'affaires et une taxe sur les messages publicitaires au niveau de l'Union européenne sont cependant également à l'étude.

Sur ces propositions, voir nº 17783.

Proposition de directive contre la distorsion fiscale en faveur de l'endettement

La Commission européenne a proposé, le 11 mai 2022, une nouvelle directive concernant l'assiette de l'impôt sur les sociétés (Proposition de directive du Conseil établissant des règles relatives à un abattement pour la réduction de la distorsion fiscale en faveur de l'endettement et à la limitation de la déductibilité des intérêts aux fins de l'impôt sur les sociétés ; COM(2022) 216 final). Cette proposition, qui vise à désinciter les entreprises à recourir à l'emprunt grâce à un dispositif baptisé « **Debra** » (« Debt Equity Bias Reduction Allowance »), fait suite à la publication d'une « feuille de route » le 14 juin 2021 et à l'ouverture d'une consultation publique le 2 juillet 2021. Pour réduire le ratio global d'endettement des entreprises et atténuer la distorsion dette/capitaux propres induite par l'impôt, la Commission européenne propose les mesures suivantes, qui seraient applicables à compter du 1er janvier 2024 : 88148
– déduction d'un **intérêt notionnel sur capitaux propres** ; la déduction serait égale à la variation positive des capitaux propres nets entre la fin de l'exercice et la fin de l'exercice précédent, multipliée par un taux d'intérêt notionnel qui serait le taux d'intérêt sans risque à 10 ans augmenté d'une prime de risque de 1 % ou 1,5 % pour les PME ; ce montant serait déductible de l'assiette imposable pendant dix années consécutives, à concurrence de 30 % de l'Ebitda ; en cas d'excédent par rapport au revenu net imposable, l'excédent serait reportable sans limitation de temps ; il serait également possible de reporter l'abattement inutilisé sur les capitaux propres excédant 30 % du revenu imposable pour une période maximale de cinq ans ; l'intérêt notionnel serait reversé en cas de baisse des capitaux propres ;
– nouvelle **limitation de la déductibilité des intérêts** d'emprunt, pour réduire la distorsion dette/capitaux propres (plafonnement à 85 % des « surcoûts d'emprunt », à savoir les intérêts payés moins les intérêts reçus).

En ce qui concerne la déduction de l'intérêt notionnel, une mesure **anti-abus** prévoirait d'exclure de l'assiette les augmentations de capitaux propres résultant de l'octroi de prêts entre entreprises associées, ou d'un transfert entre entreprises associées de participations ou d'une activité commerciale ou encore d'un apport en numéraire effectué par un résident d'un État ou territoire non lié à l'État de la société concernée par un accord d'échange de renseignements (sauf si la société prouve que l'opération en cause a été effectuée pour des raisons commerciales valables et n'entraîne pas une double déduction de l'abattement sur capitaux propres).

Une consultation du public sur cette proposition a été ouverte du 13 mai au 8 juillet 2022.

Proposition de directive sur le taux d'imposition minimum des grands groupes

Dans le sillage des travaux de l'OCDE et du G20 (no 16680), la Commission européenne a présenté, le 22 décembre 2021, une nouvelle proposition de directive garantissant un taux d'imposition effectif minimal pour les grands groupes (Proposition de directive du conseil relative à la mise en place d'un niveau minimum d'imposition mondial pour les groupes multinationaux dans l'Union ; COM(2021) 823 final). Cette proposition prévoit l'application aux grandes entreprises d'un taux d'imposition effectif minimum de 15 % et présente un ensemble de règles communes sur la méthode de calcul de ce taux. En simplifiant, les principales règles seraient les suivantes : 88150
– **champ d'application** : seraient concernés les groupes multinationaux, y compris dans le secteur financier, dont le chiffre d'affaires annuel consolidé est supérieur ou égal à 750 M€ pendant au moins deux des quatre dernières années fiscales consécutives et qui disposent d'une société mère ou d'une filiale située dans un État membre de l'Union européenne ; afin de respecter les principes de liberté d'établissement seraient également concernés les groupes purement nationaux, à la différence de ce que prévoit le Pilier 2 proposé par l'OCDE, qui ne vise que les filiales étrangères (en France, l'application d'une telle directive pourrait donc avoir des conséquences sur le taux d'imposition de 10 % applicable aux redevances de brevet) ; en seraient toutefois exclus les entités publiques, les organisations internationales ou sans but lucratif, les fonds de pension ou les entités d'investissement et véhicules d'investissement immobilier, ainsi que le résultat provenant de l'exploitation de navires en trafic international ;

88150 (suite) – **taux d'imposition effectif** : le calcul serait fait chaque année par État ou territoire (appelé « juridiction ») en divisant par les revenus nets qualifiés (bénéfice ou perte admissible ajusté) les impôts payés par les entités établies dans chaque juridiction concernée (« montant ajusté des impôts concernés ») ; si ce taux est inférieur à 15 %, l'État membre concerné pourrait choisir de prélever un impôt complémentaire à son niveau auprès des entités constitutives situées sur son territoire (impôt complémentaire national) ;

– **règle d'inclusion du revenu** (RDIR ou « Income Inclusion Rule (IIR) » ou encore « top-up tax ») : cette règle conduirait à assujettir une entité mère européenne (ou une entité mère européenne intermédiaire ou une entité mère européenne partiellement détenue, c'est-à-dire détenue à plus de 20 % par des tiers) à un impôt complémentaire portant sur le revenu faiblement imposé d'entités d'un groupe (appelées « entités constitutives », y compris les établissements stables) ; si le taux d'imposition effectif applicable aux entités dans une juridiction donnée est inférieur au minimum de 15 %, la société mère du groupe devrait verser un impôt supplémentaire afin de porter la charge fiscale au taux minimum de 15 % ; cette règle s'appliquerait si l'entité mère ultime est établie dans l'Union européenne et elle concernerait ses filiales qu'elles soient ou non établies dans l'Union européenne et qu'elles soient ou non établies dans un pays qui a adhéré à l'accord international de l'OCDE et du G20 (nº 16652) ; si l'entité mère ultime n'applique pas cette règle (groupes non européens), elle s'appliquerait aux entités mères intermédiaires à l'égard des entités constitutives faiblement imposées ;

– **règle relative aux paiements insuffisamment imposés** (RPII ou « Undertaxed Payments Rule (UTPR) » ; l'utilisation du terme « paiements » est inappropriée et ce terme sera remplacé par « revenus ») : il s'agit d'un filet de sécurité (« backstop rule ») qui s'applique lorsque la règle d'inclusion du revenu n'est pas applicable et s'il y a une entité constitutive dans un État membre, c'est-à-dire, en pratique, si la règle d'inclusion du revenu n'est pas appliquée par un pays tiers dans lequel l'entité mère ultime d'un groupe est établie (ou si une entité mère européenne ultime bénéficie d'un taux d'imposition inférieur à 15 %) ; dans ce cas, les États membres devraient appliquer une imposition complémentaire aux entités constitutives du groupe établies sur leur territoire ; l'imposition complémentaire serait répartie entre les juridictions concernées au moyen d'une clé de répartition dépendant du nombre de salariés et des actifs corporels (chaque État membre concerné devrait ainsi prélever sa part de l'impôt complémentaire) ;

– **exclusion des revenus de minimis** : lorsque les recettes et les bénéfices dans une juridiction donnée sont inférieurs à 1 M€ et que le chiffre d'affaires est inférieur à 10 M€, l'impôt complémentaire ne serait pas dû sur les bénéfices du groupe générés dans cette juridiction, même si le taux d'imposition effectif est inférieur à 15 % ;

– **exclusion liée à la substance** : pourrait être exclu de l'impôt complémentaire un montant de revenus correspondant au moins à 5 % de la valeur nette comptable des actifs corporels éligibles et à 5 % de la masse salariale, ces revenus étant considérés comme en rapport avec des activités substantielles ; à titre transitoire, pendant les dix premières années d'application du dispositif proposé, cette exclusion s'appliquerait de façon décroissante à partir de 8 % de la valeur comptable des actifs corporels (ce taux diminuerait chaque année de 0,2 point pendant les cinq premières années et de 0,4 point durant la période restante afin d'être de 5 % en 2033) et à partir de 10 % de la masse salariale (ce taux diminuerait chaque année de 0,2 point pendant les cinq premières années et de 0,8 point durant la période restante pour aboutir à 5 % en 2033).

Au total, compte tenu des exclusions possibles, **l'impôt complémentaire** (« top-up tax ») serait donné par la formule suivante : [(15 % – taux d'imposition effectif) × (revenu qualifié – exclusions des bénéfices liés à la substance)] – impôt complémentaire national].

Il était initialement prévu que les États membres transposent dans leur droit interne au plus tard le 31 décembre 2022 la directive une fois adoptée, pour une application à compter du 1er janvier 2023. Afin de rechercher un consensus, l'unanimité étant de règle au sein du Conseil en matière fiscale, des **modifications** ont cependant dû être apportées aux projets initiaux de la Commission et, notamment, le délai de transposition a été repoussé au 31 décembre 2023. Les aménagements apportés au dispositif ont permis la levée de certaines réserves, notamment celle de la Pologne, qui avait bloqué son adoption lors du conseil Ecofin du 5 avril 2022, mais le texte n'a toutefois pas pu être adopté lors du conseil Ecofin du 17 juin 2022 en raison de l'opposition de la Hongrie. Face à cette opposition, la France, l'Allemagne, l'Espagne, l'Italie et les Pays Bas ont publié, le

9 septembre 2022, une déclaration faisant état de leur volonté de mettre en œuvre rapidement le dispositif proposé, par tous les moyens possibles.

Précisions a. Les groupes internationaux devraient procéder à un **double calcul** d'impôt sur les sociétés, en application des règles nationales et en application des règles européennes et/ou internationales.

b. La Commission européenne a annoncé une initiative ultérieure afin de mettre en œuvre le **Pilier 1** relatif à la réattribution des droits d'imposition lorsque la convention multilatérale correspondante aura été signée (n° 16660). Une proposition relative à la mise en œuvre de l'accord mondial de l'OCDE sur la réattribution des droits d'imposition (premier pilier) devrait être proposée par la Commission européenne fin 2022.

c. Dans une communication du 22 décembre 2021 (COM(2021) 566 final), la Commission européenne a proposé que 15 % des bénéfices résiduels des entreprises visées par le Pilier 1 qui seraient réalloués aux États membres constituent une nouvelle **ressource propre** pour le budget de l'Union européenne (la Commission estime que cette part du Pilier 1 pourrait rapporter de 2,5 à 4 Md€/an au budget européen).

Les impositions « à la sortie »

La Commission européenne avait publié une communication le 19 décembre 2006, relative aux « taxes de sortie », analogues à l'« exit tax » française (nos 3675 s en ce qui concerne les personnes physiques et nos 27210 s en ce qui concerne les sociétés de capitaux) mais qui sont entendues au sens large comme visant toutes les situations où un actif est transféré d'un État membre dans un autre, qu'il s'agisse de sociétés ou de personnes physiques. **88153**

Le Conseil a ensuite adopté, le 2 décembre 2008, une **résolution** qui fixe les principes directeurs que les États membres s'engagent à respecter dans ce domaine, à savoir :
– que lorsque l'État de sortie applique une imposition à la sortie et lorsque l'État d'accueil impose les plus-values, ces deux États se réfèrent, pour le calcul de ces impositions, à une valeur commune qui est la valeur de marché à la date du transfert ;
– et qu'en cas de désaccord sur la valeur retenue, ils mettent en place une procédure de règlement des différends, dans le cadre de la directive relative à l'assistance administrative.

Cette résolution a été présentée comme une première traduction concrète, sous la forme d'une résolution du Conseil, de l'initiative de la Commission européenne en faveur de la coordination des systèmes de fiscalité directe des États membres. Elle n'a cependant guère été discutée, les précisions apportées depuis lors par la jurisprudence de la Cour de justice (n° 81690) ayant d'ailleurs réorienté le débat au sein des États membres, y compris en France. L'idée a toutefois été reprise en janvier 2016, et, en ce qui concerne les entreprises, elle a trouvé une traduction concrète dans la **directive** anti-évasion fiscale du 12 juillet 2016 (n° 88138).

Précisions En ce qui concerne le **droit des sociétés**, la Commission avait, dans son plan d'action de 2012 sur le droit européen des sociétés et le gouvernement d'entreprise, annoncé qu'elle lancerait une étude sur la nécessité et la faisabilité d'une directive relative aux transferts transfrontaliers des sièges des sociétés ; de son côté, le Parlement européen a adressé à la Commission européenne des recommandations en ce sens (JOUE du 20 août 2013). Sur les textes applicables, voir n° 88292, Précisions a.

La « compensation transfrontalière des pertes »

La Commission européenne avait publié une communication sur la « compensation transfrontalière » des pertes le 19 décembre 2006, en tenant compte de la jurisprudence de l'époque de la Cour de justice (nos 81700 s.). **88155**

Elle avait déjà présenté, en 1991, un projet en ce sens (JOCE n° C 53-30 du 28 février 1991), mais ce projet, qui visait à permettre l'imputation des pertes des **établissements stables** dans les autres États membres de l'Union européenne et des filiales détenues à au moins 75 %, avait été retiré. La Commission européenne semble continuer de considérer qu'il y aurait lieu d'agir sur ce point dans la perspective du bon fonctionnement du marché intérieur ; aucune réflexion spécifique n'est cependant en cours à l'heure actuelle, mais l'idée a été reprise dans le sillage des travaux sur l'ACCIS (n° 88145).

Dans le même esprit, la Commission européenne s'était également proposé d'harmoniser les régimes de **reports des pertes** ; elle avait même présenté une proposition de directive sur ce sujet en 1984 (COM (84) 404, JOCE C 253, 20 septembre 1984). Mais, là encore, devant les difficultés qu'elle suscitait, cette proposition a été retirée le 20 novembre 1996 (JOCE C 2, 4 janvier 1997). Depuis lors, la jurisprudence de la Cour de justice a précisé le cadre juridique de la compensation transfrontalière des pertes (nos 81700 s.).

Les procédures d'obtention des avantages conventionnels

88158 Depuis 2009, la Commission européenne a examiné épisodiquement les améliorations pratiques à apporter aux procédures de **réductions des retenues à la source** sur les revenus des valeurs mobilières (recommandation du 19 octobre 2009, COM(2009) 7924 final, dite aussi « recommandation FISCO »). Dans cette recommandation, elle avait encouragé les États membres à appliquer immédiatement les avantages conventionnels plutôt que par voie de remboursement ultérieur ; selon ses études de l'époque, le coût généré par les procédures de remboursement pouvait être de l'ordre de 1,9 Md€ par an et le montant des sommes abandonnées était d'environ 5,47 Md€ par an.

Cette recommandation avait aussi invité les États membres à mettre en place des **procédures de remboursement** rapides et normalisées lorsque l'application immédiate des avantages conventionnels n'est pas possible (par exemple, si l'investisseur n'a pas fourni toutes les informations nécessaires) ; elle les encourageait à accepter, outre les certificats de résidence, d'autres preuves attestant le droit des investisseurs aux réductions ou exonérations de retenues à la source. Enfin, la Commission européenne suggérait que les États membres fassent appel aux intermédiaires financiers qui introduiraient les demandes pour le compte des investisseurs et les encourageait à privilégier les informations sous forme électronique plutôt que sous forme papier.

Ces propositions n'ayant pas avancé, la Commission les avait rappelées en lançant, entre janvier et avril 2011, une consultation publique, sur les difficultés posées au sein de l'Union européenne lors de la **distribution transfrontalière de dividendes** aux investisseurs en portefeuille et aux investisseurs particuliers. Cette initiative avait donné lieu à une étude de faisabilité publiée en décembre 2012 et complétée en juin 2013. Après avoir été ensuite oubliée, la question a été relancée en septembre 2021, par la publication d'une nouvelle « feuille de route » de la Commission européenne et l'ouverture d'une **consultation publique** sur le sujet, du 28 septembre au 26 octobre 2021. La Commission avait alors annoncé la préparation d'un projet de directive mettant en place un système commun de retenue à la source sur les dividendes et intérêts au sein de l'Union européenne, afin d'éliminer les obstacles fiscaux aux investissements transfrontières et de faciliter les échanges d'information entre les États membres.

Cette question a suscité l'intérêt du Parlement européen, au début de l'année 2022, et la Commission européenne a alors ouvert une nouvelle consultation publique, du 1er avril au 26 juin 2022, sur un « **nouveau système** de l'Union européenne visant à éviter la double imposition » ; la Commission envisage de prendre une nouvelle initiative sur ce point, en partant d'un double constat :
– le droit des investisseurs non résidents à bénéficier d'un taux réduit ou d'une exonération de la retenue à la source n'est pas toujours pleinement garanti, car les procédures sont longues et coûteuses à la fois pour les investisseurs et les administrations fiscales en raison des difficultés rencontrées par ces dernières pour évaluer correctement le droit à bénéficier de taux réduit de retenue à la source et de la numérisation insuffisante des procédures ;
– les dispositifs d'exonération ou de réduction des retenues à la source peuvent être utilisés de manière abusive comme l'ont révélé les montages « Cum/Ex » et « Cum/Cum » (no 60992).

La Commission européenne souhaite que soit mis en place un traitement rapide et efficace des demandes de remboursement et/ou de dégrèvement à la source, tout en faisant en sorte que les États membres disposent des informations nécessaires pour prévenir les pratiques fiscales abusives. Une proposition concrète pourrait être formulée par la Commission à la fin de l'année 2022.

2. Le régime fiscal commun applicable aux sociétés mères et filiales d'États membres différents

Contexte

88160 Dès le 16 janvier 1969, la Commission européenne avait proposé au Conseil une directive concernant le régime fiscal commun applicable aux sociétés mères et filiales d'États membres différents (JOCE no C-9 du 22 mars 1969). Cette proposition visait à favoriser la formation des groupes de sociétés à l'échelle européenne. Elle partait de l'idée que si leur constitution est relativement aisée sur le plan juridique, il existe des obstacles fiscaux tenant au fait que les bénéfices distribués par une filiale à sa société mère sont imposés deux fois, une première fois entre les mains de la filiale et une deuxième fois entre les mains de la société actionnaire.

Ces questions avaient été abordées à diverses reprises, et notamment dans le programme d'harmonisation des impôts directs transmis au Conseil le 26 juin 1967. Après être restées longtemps en sommeil, elles avaient émergé de nouveau au cours des années 1984/1985, les réflexions et études s'intensifiant après l'année 1988, pour aboutir finalement à l'adoption d'une directive en 1990.

Les propositions de la Commission européenne ont abouti à **l'adoption d'une directive**, le 23 juillet 1990 (directive 90/435/CEE, JOCE L 225 du 20 août 1990). Cette directive est clairement placée dans la perspective de favoriser les regroupements de sociétés d'États membres de l'Union européenne, afin de créer des conditions analogues à celles d'un marché intérieur. Les États membres ont dû mettre en vigueur les dispositions législatives, réglementaires et administratives nécessaires pour se conformer à la directive avant le 1er janvier 1992. **88165**

Depuis cette date, les avantages prévus par la directive de 1990 ont été étendus par une seconde directive qui a été adoptée par le Conseil le 22 décembre 2003 (directive 2003/123/CE, JOUE L 7/41 du 13 janvier 2004), et dont les prescriptions ont dû être incorporées en droit interne pour le 1er janvier 2005 au plus tard.

La directive « mères/filles » a ensuite été **refondue dans un souci de clarté** afin de tenir compte des modifications apportées au texte initial et de la jurisprudence de la Cour de justice ; les directives antérieures ont été abrogées et le texte applicable depuis le 18 janvier 2012 est la **directive 2011/96/UE du Conseil du 30 novembre 2011** concernant le régime fiscal commun applicable aux sociétés mères et filiales d'États membres différents (JOUE L 345/8 du 29 décembre 2011).

Pour l'essentiel, la directive prévoit une **exonération** de retenue à la source sur les dividendes distribués et l'élimination de la double imposition économique des dividendes reçus, dans le cadre de l'Union européenne et dans le respect de certaines conditions.

Précisions La seule modification notable apportée par la directive de 2011 tient à la mention introduite au nouvel article 4 § 5 de la directive, précisant que c'est au terme d'une procédure législative spéciale, et après consultation du Parlement européen et du Comité économique et social, que le Conseil, statuant à l'unanimité, adopte en temps utile les dispositions applicables à compter de la date de l'entrée en vigueur effective du **système commun d'imposition des sociétés** (référence implicite à la proposition de l'époque relative à l'ACCIS, n° 88145).

Durcissements intervenus en 2014 et 2015

La Commission européenne avait présenté, le 25 novembre 2013, une proposition de modification de la directive mères/filles afin de corriger la clause anti-abus contenue dans la directive initiale et d'introduire un dispositif de lutte contre les financements hybrides (Com(2013) 814 final). Cette proposition s'inscrivait dans le cadre des travaux européens et internationaux de lutte contre la « planification fiscale agressive » et la « double non-imposition » (n° 72410). **88170**

Comme les États membres n'étaient pas unanimes sur la portée de la clause anti-abus, en raison, notamment, des hésitations de la Belgique, de l'Irlande, du Luxembourg, de Malte et des Pays-Bas, la proposition de la Commission européenne avait été scindée, de sorte que ne soit retenue, dans un premier temps, que la partie concernant les **financements hybrides**. Cette proposition s'est concrétisée par l'adoption de la directive 2014/86/UE du Conseil du 8 juillet 2014 (n° 88235).

Quant aux travaux sur la **clause anti-abus**, ils ont, depuis lors, abouti à l'adoption de la directive 2015/121/UE du 27 janvier 2015 (n° 88210).

a. Champ d'application

Principes généraux

88180 La directive s'applique aux dividendes versés et aux dividendes reçus, à savoir :
– distributions de bénéfices **reçus** par des sociétés d'un État membre et provenant de filiales d'autres États membres ;
– distributions de bénéfices **effectuées** par des sociétés d'un État membre à des sociétés d'autres États membres dont elles sont les filiales ;
– distributions de bénéfices effectuées par des sociétés d'un État à des établissements stables, situés dans un autre État membre, de sociétés du même État membre dont elles sont des filiales.

D'une façon générale, les prescriptions de la directive doivent être appliquées **dans le respect des dispositions fondamentales du traité** ; par exemple, le fait que l'imposition d'une quote-part de frais et charges de 5 % soit permise par la directive mères/filles n'empêche pas qu'elle puisse être interdite au nom de la liberté d'établissement (CJUE 2 septembre 2015 aff. 386/14, 2e ch., Groupe Steria SCA, point 39 : RJF 11/15 n° 972 ; n° 81767).

Précisions **a.** La directive ne crée d'obligations à l'égard des États membres qu'au regard des opérations qui concernent des **sociétés d'États membres différents** (CE 17 janvier 2007 n° 262967, 10e et 9e s.-s., Banque fédérative du Crédit Mutuel : RJF 4/07 n° 406). Également, CE 27 juin 2008 n° 276848, 8e et 3e s.-s., Société d'exploitation des Sources Roxane : RJF 11/08 n° 1241 (conclusions Laurent Olléon au BDCF 11/08 n° 139), jugeant en outre que la « petite rétroactivité fiscale » (application d'une disposition fiscale à une opération intervenue avant le fait générateur de l'impôt, c'est-à-dire avant la publication de la loi de finances) n'est pas susceptible de porter atteinte aux principes de sécurité juridique et de confiance légitime.

b. Le droit interne peut éventuellement être **interprété à la lumière de la directive** sauf si la situation de droit interne est régie par un texte clairement contraire à celui de la directive ; en ce sens, à propos de la question de l'exigence de **droits de vote** pour l'application du régime des sociétés mères (n° 61415), le Conseil d'État, après avoir estimé que le législateur n'avait pas entendu traiter différemment les situations concernant uniquement des sociétés françaises, qui sont hors du champ de la directive, et celles qui, concernant des sociétés d'États membres différents, sont seules dans son champ, n'a pas retenu une interprétation neutralisante sans doute en raison de la lettre même de la loi (CE QPC 12 novembre 2015 n° 367256, 8e et 3e s.-s., Sté Metro Holding France : RJF 2/16 n° 175, aux conclusions Benoît Bohnert). Pour un exemple contraire, voir la décision mentionnée n° 88205 Précisions, à propos du délai de détention de deux ans.

c. L'inclusion dans l'assiette de la **quote-part de frais et charges** de l'ancien avoir fiscal ne méconnaissait pas la directive mères/filles dès lors qu'il s'agissait d'une situation purement interne et que, comme l'avoir fiscal ne concernait que les dividendes de source française, le législateur ne pouvait avoir entendu traiter de la même façon des dividendes distribués par des sociétés françaises et des dividendes distribués par des sociétés européennes (CE 30 décembre 2014 n° 360916, 9e et 10e s.-s., Banque fédérative du Crédit Mutuel : RJF 3/15 n° 193).

d. Il a été jugé, alors que le Royaume-Uni était un État membre, que les sociétés constituées à **Gibraltar** et qui y sont assujetties à l'impôt sur les sociétés ne sont pas des sociétés « constituées conformément au droit du Royaume-Uni » assujetties à la « corporation tax au Royaume-Uni » au sens de la directive mères/-filles (CJUE 2 avril 2020 aff. 458/18, 5e ch., « GVC Services (Bulgaria) » EOOD : Droit fiscal 2020 n° 22, comm. n° 253).

e. Des **intérêts « fictifs »** rectifiés au titre d'un prêt sans intérêt consenti par une société mère non résidente ne sont pas des bénéfices distribués au sens de la directive (CJUE 24 février 2022 aff. 257/20, 5e ch., « Viva Telecom Bulgaria » EOOD : RJF 5/22 n° 514).

Sociétés éligibles

88190 Seules sont éligibles les sociétés d'un État membre qui revêtent l'une des **formes** énumérées en annexe I, Partie A, à la directive et qui, selon la législation fiscale de cet État, sont considérées comme ayant dans cet État leur **domicile fiscal** sans pouvoir être regardées, aux termes d'une convention fiscale conclue avec un État tiers, comme ayant leur domicile fiscal hors de l'Union européenne. En outre, ces sociétés doivent être assujetties à l'**impôt sur les sociétés**, sans possibilité d'option et sans en être exonérées (la directive fournit une liste des impôts visés en annexe I, Partie B).

Le critère de l'assujettissement à l'impôt sur les sociétés a pour conséquence qu'une société **soumise à l'impôt sur les sociétés à un taux nul** n'est pas une « société d'un État membre », au sens de la directive (CJUE 8 mars 2017 aff. 448/15, 5e ch., Wereldhave Belgium Comm. VA,

Wereldhave International NV et Wereldhave NV : RJF 6/17 n° 651). Ce principe a été posé à propos de dividendes versés par une société belge à des **organismes néerlandais de placement collectifs** à caractère fiscal, sociétés anonymes qui sont assujetties aux Pays-Bas à l'impôt sur les sociétés à un taux nul si elles versent la totalité de leurs bénéfices à leurs actionnaires ; en effet, même si formellement une telle société n'est pas exonérée, elle se trouve en pratique dans la même situation que celle que vise la directive qui exclut les sociétés qui ne sont pas redevables du paiement de l'impôt (la directive exige non seulement la satisfaction d'un critère positif, à savoir « être assujetti à l'impôt » mais aussi celle d'un critère négatif, à savoir « ne pas être exonéré de cet impôt et ne pas avoir de possibilité d'option » ; points 31 et 33 de l'arrêt précité). Dans ses conclusions, l'avocat général avait indiqué que la thèse des requérantes, qui soutenaient qu'il leur suffisait d'être assujetties à l'impôt pourrait être valable si la directive parlait uniquement d'assujettissement mais qu'elle ne l'était pas car la directive posait également comme condition celle de ne bénéficier d'aucune exonération (point 42 des conclusions).

L'énumération des sociétés visées par la directive est **d'interprétation stricte**. Ainsi, du côté français, les sociétés par actions simplifiées (SAS) n'entraient pas dans le champ de la directive avant l'extension opérée par la directive de 2003 (CJCE 1er octobre 2009 aff. 247/08, 1e ch., Gaz de France - Berliner Investissement SA : RJF 12/09 n° 1186) ; pour un exemple tiré de la jurisprudence française, voir CAA Versailles 30 décembre 2010, n° 09VE00523, 6e ch., Sté Renault Trucks, jugeant qu'une SAS ne pouvait, en 2001 et 2002, se prévaloir de la directive pour contester le calcul de la quote-part de frais et charges (cet arrêt a fait l'objet d'un pourvoi rejeté par CE 30 décembre 2013 n° 347113, 10e s.-s.).

Précisions **a.** Lors de l'adoption de la directive de refonte (n° 88165), le Conseil Ecofin n'a pas repris la proposition qui avait été faite par le Parlement européen d'introduire une **condition d'imposition minimum** égale à 70 % de la moyenne des impôts sur les sociétés des pays de l'Union européenne. Voir cependant n° 88235 sur la question des financements hybrides.

b. La directive était applicable à compter du 1er mai 2004 en **Slovaquie**, à savoir à la date de l'adhésion de ce pays à l'Union européenne, et n'était donc pas applicable à une distribution réalisée antérieurement même si elle a fait l'objet d'un redressement postérieur (CJUE Ord. 1er octobre 2020 aff. 113/20, 6e ch., Slovenský plynárenský priemysel a.s.).

Sociétés françaises visées Pour la France, la directive vise, outre les sociétés euro- **88193**
péennes et les sociétés coopératives européennes (n° 88560), les sociétés anonymes, sociétés en commandite par actions, sociétés à responsabilité limitée, sociétés par actions simplifiées (compte tenu des modifications apportées en 2003), sociétés d'assurance mutuelle, caisses d'épargne et de prévoyance, sociétés civiles assujetties de plein droit à l'impôt sur les sociétés, coopératives et unions de coopératives, établissements et entreprises publics à caractère industriel et commercial, ainsi que les autres sociétés constituées conformément au droit français et assujetties à l'impôt sur les sociétés en France.

Établissements stables La directive traite spécifiquement du cas où un établisse- **88195**
ment stable reçoit des dividendes de source européenne ; la définition de l'établissement stable donnée par la directive reprend en substance celle donnée par le modèle de convention fiscale de l'OCDE (nos 17350 s.). Ainsi, pour l'application de la directive, un établissement stable s'entend de toute **installation fixe d'affaires** située dans un État membre dans laquelle l'activité d'une société d'un autre État membre est exercée en tout ou en partie, dans la mesure où les bénéfices de cette installation d'affaires sont assujettis à l'impôt dans l'État membre dans lequel elle se situe en vertu d'une convention fiscale ou des dispositions de droit interne.

Seuil de détention

À supposer que les conditions formelles soient satisfaites (n° 88190 s.), il faut en outre, pour **88200**
que la directive s'applique, qu'un seuil minimal de détention soit atteint.

Seule a la qualité de **société mère**, en effet, une société qui détient, dans le capital d'une société d'un autre État membre remplissant les conditions, une participation minimale de **10 %** (depuis le 1er janvier 2009 ; le seuil de détention était initialement de 25 %, mais il avait été abaissé à 20 % à partir du 1er janvier 2005 et à 15 % à partir du 1er janvier 2007). Cela dit, les États sont évidemment libres de prévoir des conditions plus favorables et peuvent même parfois être obligés de le faire, hors directive, compte tenu de la jurisprudence de la Cour de justice (n° 81620). Les États membres ont aussi la faculté de remplacer, par voie d'accord bilatéral, le critère de participation dans le capital par celui de détention des droits de vote.

La qualité de société mère est également reconnue, dans les mêmes conditions, à une société d'un État membre qui détient une participation d'au moins 10 % dans le capital d'une société du même État membre, lorsque cette participation est détenue en tout ou en partie par un **établissement stable** de la première société situé dans un autre État membre.

La notion de « participation » a été précisée par la Cour de justice, jugeant qu'elle ne comprend pas la détention de parts en **usufruit** (CJCE 22 décembre 2008 aff. 48/07, 4e ch., Belgique c/ Les Vergers du Vieux Tauves SA : RJF 3/09 n° 305) ; pour la Cour, l'usufruitier n'est pas un associé de la filiale car son droit aux dividendes résulte d'un accord contractuel avec le nu-propriétaire.

Précisions La question de l'exigence éventuelle de **droits de vote** a été tranchée par le Conseil d'État ; il a été jugé que l'exigence de droits de vote n'était pas conforme aux prescriptions de la directive et que les dispositions législatives qui excluent la possibilité de déduire du bénéfice net total de la société mère les produits des titres de participation auxquels aucun droit de vote n'est attaché ne pouvaient donc être légalement appliquées qu'aux situations concernant uniquement des sociétés françaises, hors du champ de la directive (CE QPC 12 novembre 2015 n° 367256, 8e et 3e s.-s., Sté Metro Holding France : RJF 2/16 n° 175, aux conclusions Benoît Bohnert). Voir n° 61415.

Délai de détention

88205 Les États membres peuvent ne pas appliquer la directive à celles de leurs sociétés qui ne conservent pas, pendant une période ininterrompue d'au moins **deux ans**, une participation donnant droit à la qualité de société mère, ni aux sociétés dans lesquelles une société d'un autre État membre ne conserve pas, pendant une période ininterrompue d'au moins deux ans, une telle participation.

La France, par exemple, a fait usage de cette faculté (n° 61034) ; après l'avoir interprétée comme permettant un délai « de carence », elle a modifié sa législation pour se conformer à la jurisprudence de la Cour de justice dans le cadre germano-danois (CJCE 17 octobre 1996 aff. 283/94, 291/94 et 292/94, 5e ch., Denkavit, VITIC et Voormer : RJF 12/96 n° 1500). Les États membres peuvent exiger un délai de détention mais doivent exonérer de retenue à la source, si les conditions sont remplies, **dès le premier jour de détention** (ils peuvent procéder par la voie du remboursement ou par celle de l'exonération immédiate sous réserve d'un engagement de conservation et de reversement en cas de non-respect).

Précisions La question a été posée, dans l'ordre interne, de **l'appréciation du délai de détention de deux ans** pour l'obtention du bénéfice du régime des sociétés mères ; le Conseil d'État l'a résolue en interprétant les dispositions législatives à la lumière des objectifs de la directive dès lorsqu'une telle interprétation n'était pas contraire à leur lettre (CE 15 décembre 2014 n° 380942, 10e et 9e s.-s., SA Technicolor : RJF 3/15 n° 190 aux conclusions Edouard Crépey au BDCF 3/15 n° 28). Pour le Conseil d'État, le régime des sociétés mères, issu de textes législatifs antérieurs à la directive mères/filles et non modifiés à la suite de l'adoption de cette directive, doit être regardé comme assurant la **transposition des objectifs de cette directive** (solution réaffirmée ensuite par CE QPC 8 novembre 2019 n° 431283, 8e et 3e ch., Sté Dassault Systèmes : RJF 2/20 n° 163 ; n° 61415, Précisions e) ; en outre, comme le législateur n'a pas entendu traiter différemment les situations impliquant uniquement des sociétés françaises et celles qui, concernant des sociétés d'États membres différents, sont seules dans le champ de la directive, les dispositions de l'article 145, 1-c du CGI, relatives au délai de conservation, doivent être interprétées à la lumière des objectifs de la directive. Par suite, la condition de conservation des titres pendant deux ans doit être regardée, en raison de son objet, comme s'appliquant aux titres de participation donnant droit à la qualité de société mère et ces dispositions ne créent **aucune différence de traitement** entre les sociétés mères françaises, selon qu'elles perçoivent des distributions de filiales établies en France ou dans d'autres États membres de l'Union européenne.

Clause anti-abus

88210 Les travaux initiés par la Commission européenne en 2013 (n° 88170) ont abouti à l'adoption de la directive (UE) 2015/121 du 27 janvier 2015 (JOUE n° L 21/1 du 28 janvier 2015) qui a modifié la directive mères/filles par l'insertion d'une clause d'exclusion des montages « non authentiques » (cette directive anti-abus a dû être introduite en droit interne au plus tard le 31 décembre 2015) ; il est désormais précisé que les États membres n'accordent pas les avantages de la directive « à un **montage ou à une série de montages** qui, ayant été mis en place pour obtenir, à titre d'objectif principal ou au titre d'un des objectifs principaux, un avantage fiscal allant à l'encontre de l'objet ou de la finalité de la présente directive, n'est **pas authentique** compte tenu de l'ensemble des faits et circonstances pertinents » (nouvelle rédaction du paragraphe 2 de l'article 1 de la directive). **88210** (suite)

La directive ajoute qu'un montage peut comprendre plusieurs étapes ou parties et qu'un « montage ou une série de montages est considéré comme non authentique dans la mesure où ce montage ou cette série de montages n'est pas mis en place pour des **motifs commerciaux valables** qui reflètent la réalité économique » (par ailleurs, comme précédemment, la directive continue de ne pas faire obstacle à l'application de dispositions nationales ou conventionnelles nécessaires pour prévenir la fraude fiscale ou les abus).

La notion de montage « non authentique » reste très imprécise ; le sixième considérant de la directive montre que l'intention est de lutter contre un montage (ou une série de montages) qui **ne reflète pas la réalité économique** et le huitième considérant souligne qu'il peut arriver que seules certaines étapes ou parties d'un montage ne soient pas authentiques. Les États membres peuvent ainsi « recourir à la disposition anti-abus pour s'attaquer à ces étapes ou parties spécifiques, **sans préjudice des autres étapes ou parties authentiques du montage** » ; pour illustrer cette approche « partielle » la directive prend d'ailleurs l'exemple d'une situation où « des parts à l'origine de la distribution des bénéfices ne sont pas attribuées de manière authentique à un contribuable établi dans un État membre, c'est-à-dire si le montage, de par sa forme juridique, transfère la propriété des parts mais que ses caractéristiques ne correspondent pas à la réalité économique »).

Il est à noter, en outre, que la directive utilise, avec le mot « authentique », un terme inhabituel en fiscalité dans cette acception et qui est différent de celui qui est utilisé par la jurisprudence de la Cour de justice qui emploie l'adjectif « **artificiel** » ; la directive pourrait donc avoir une portée plus large, ne visant pas seulement les sociétés dépourvues de substance mais aussi, plus généralement, les cas où la forme juridique ne correspond pas à la réalité économique. L'imprécision des termes employés résulte sans doute de la nécessité de trouver un compromis au sein du Conseil ; mais la sécurité juridique n'y trouve pas son compte d'autant qu'il n'y a guère de commentaires ou d'explications qui éclaireraient la portée pratique du dispositif.

On sait simplement qu'en application de la jurisprudence générale, il y a lieu pour les États membres de **procéder à un examen « in concreto »** de l'ensemble des circonstances et qu'ils ne peuvent pas se contenter de critères impératifs prédéterminés, aucun élément ne pouvant être considéré comme décisif à lui seul. À titre d'élément de contexte, il avait été jugé, pour l'application de la directive « fusions », qu'est susceptible de constituer un motif économique valable une opération de fusion fondée sur plusieurs objectifs, parmi lesquels **peuvent également figurer des considérations de nature fiscale**, à condition que ces dernières ne soient pas prépondérantes dans le cadre de l'opération envisagée (CJUE 10 novembre 2011 aff. 126/10, 5e ch., Foggia-Sociedade Gestora de Participações Sociais SA : RJF 2/12 n° 201 ; dans cette affaire, le gain résultant des économies de coûts structurels avait été considéré comme négligeable par rapport à l'avantage fiscal).

Plus récemment, la Cour de justice a précisé qu'un État membre doit, en tout état de cause, refuser le bénéfice de l'exonération de retenue à la source en cas de **pratique frauduleuse ou abusive**, même en l'absence de dispositions du droit national ou conventionnel prévoyant un tel refus (CJUE 26 février 2019 aff. jointes 116/16 et 117/16, Gr. Ch., T Danmark et Y Denmark Aps : RJF 6/19 n° 611, à propos de dividendes versés par des sociétés danoises à des sociétés holdings étrangères interposées qui n'avaient pas été considérées par l'administration danoise comme des « bénéficiaires effectifs » ; voir n° 72620). Tel peut être le cas, par exemple, en présence d'une **entité relais** permettant d'éviter la retenue à la source : le fait que des dividendes soient reversés, en totalité ou quasi-totalité et dans un délai très bref suivant leur perception, par la société qui les a perçus à des entités qui ne répondent pas aux conditions d'application de la directive peut être un **indice** d'abus (en ce sens, point 101 de l'arrêt précité), de même que la circonstance que la société apparemment bénéficiaire, sans être tenue par une obligation contractuelle ou légale, ne dispose pas du droit d'utiliser les dividendes et d'en jouir (point 105). En ce qui concerne la **charge de la preuve**, la Cour précise qu'en vue de refuser de reconnaître à une société la qualité de **bénéficiaire effectif** des dividendes ou d'établir l'existence d'un abus de droit, une autorité nationale n'est pas tenue d'identifier la ou les entités qu'elle considère comme étant les bénéficiaires effectifs (point 120).

Sur l'introduction en droit interne français de la directive (UE) 2015/121 du 27 janvier 2015, voir nº 61042. À propos de la rédaction antérieure de la clause anti-abus française, il a été jugé qu'une législation nationale ne peut instaurer une **présomption générale de fraude et d'abus** en subordonnant l'exonération à la condition que la société mère établisse que la chaîne de participations n'a pas comme objet principal ou comme l'un de ses objets principaux de tirer avantage de l'exonération, sans que l'administration soit tenue de fournir ne serait-ce qu'un commencement de preuve de fraude et d'abus (CJUE 7 septembre 2017 aff. 6/16, 6e ch., Eqiom SAS et Enka SA : RJF 11/17 nº 1145 ; voir également nº 61045). Dans le même sens, CJUE 20 décembre 2017 aff. jointes 504/16 et 613/16, 6e ch., Deister Holding AG, anciennement Traxx Investments NV, et Juhler Holding A/S : RJF 11/18 nº 1195, à propos de la législation allemande qui a été jugée incompatible en tant qu'elle excluait le cas où l'actionnaire de la société mère n'aurait pas pu bénéficier de la directive en cas de détention directe et exigeait la satisfaction de diverses conditions non prévues par la directive (même constatation au regard de la liberté d'établissement). Et toujours dans le même sens, censurant le refus des autorités allemandes d'exonérer des dividendes distribués par une société allemande à une société néerlandaise, CJUE Ord. 14 juin 2018 aff. 440/17, 6e ch., GS.

Précisions **a.** En 2013, la Commission européenne avait proposé une nouvelle clause anti-abus au motif que la clause initiale manquait de clarté et qu'il fallait faire en sorte que l'imposition soit établie sur la base de la « **substance économique réelle** ».

b. Avant la modification apportée au texte en 2015, la clause anti-abus n'était qu'une simple permission donnée aux États membres ; désormais, il s'agit pour eux d'une **obligation d'exclure** certains montages qui ne reflètent pas la réalité économique, qu'il s'agisse de l'exonération des dividendes entrants ou de la suppression de la retenue à la source de sortie.

c. La règle anti-abus posée par la directive est une **règle commune minimum** ; le considérant nº 5 précise en ce sens que l'insertion d'une règle anti-abus commune minimale vise à éviter tout usage abusif de la directive et à faire en sorte qu'elle soit appliquée de façon cohérente dans les États membres. L'objectif est manifestement d'éviter que des sociétés intermédiaires soient établies dans certains États membres en raison de dispositions anti-abus moins strictes ou inexistantes. Mais les États membres peuvent prévoir des règles plus strictes que la directive.

d. Étant donné que la formulation retenue par la directive est le résultat d'un compromis entre les États membres, il ne convient pas, à notre avis, de donner à la **référence aux motivations « commerciales »** la portée qu'il faudrait lui donner en droit interne français ; c'est davantage à la réalité « économique » qu'à la réalité « commerciale » que la directive fait en réalité référence en dépit de sa lettre (des objectifs de nature civile devraient en ce sens être acceptables, ainsi que l'a d'ailleurs admis l'administration française ; nº 61042).

b. Élimination de la double imposition des dividendes reçus par une société mère

Choix entre l'exonération et l'imputation

88220 Lorsqu'une société mère ou son établissement stable perçoit, au titre de l'association entre la société mère et sa filiale, des bénéfices distribués autrement qu'à l'occasion de la liquidation de cette dernière, l'État de la société mère ou l'État de son établissement stable doivent éliminer la **double imposition économique** :
– soit par la méthode de l'exonération, en **s'abstenant** de les imposer ;
– soit par la méthode de l'imputation, en les imposant, mais sous condition d'autoriser la société mère ou l'établissement stable à **déduire** du montant de leur impôt la fraction de l'impôt sur les sociétés afférente à ces bénéfices acquittée par la filiale et toute sous-filiale, si, à chaque niveau, la société et sa sous-filiale respectent les exigences prévues par la directive, dans la limite du montant dû de l'impôt correspondant (la possibilité d'imputer l'impôt d'une sous-filiale résulte des modifications apportées en 2003).

Les États membres ont toute latitude pour **choisir** entre l'exonération et l'imputation ; mais, lorsqu'ils choisissent la méthode de l'imputation, ils doivent lui donner son **plein effet**. Par exemple, un État membre ne peut, lorsqu'il choisit la méthode de l'imputation, retenir un mécanisme par lequel les dividendes sont d'abord inclus dans le résultat imposable pour être ensuite déduits **à hauteur de 95 %** s'il reste un solde positif, dans la mesure où ce dispositif aboutit, en réalité, à défavoriser la société mère qui perd, à due concurrence, son report déficitaire (CJCE 12 février 2009 aff. 138/07, 1e ch., Belgische Staat c/ Cobelfret NV : RJF 5/09 no 531). À la suite de cet arrêt, la législation belge a été modifiée, mais les modifications apportées, qui consistaient à permettre le report indéfini de la déduction des dividendes en présence de profits insuffisants, ne respectaient pas les prescriptions de la directive ; en effet, **l'ordre des déductions fiscales**, imposé par la loi, pouvait entraîner la perte d'un avantage, car la déduction de l'excédent sur les exercices suivants était prioritaire par rapport à une autre déduction fiscale, la déduction pour capital à risque, dont le report était limité dans le temps (CJUE 19 décembre 2019 aff. 389/18, 7e ch., Brussels Securities SA c/ Belgique : RJF 3/20 no 292). **88220** (suite)

En France, le Conseil d'État avait jugé que les dispositions relatives à l'ancien **précompte** étaient compatibles avec l'élimination de la double imposition des dividendes prévue par la directive, dans la mesure où le précompte ne frappait pas les distributions de dividendes reçus mais les dividendes redistribués (CE 3 juillet 2009 no 317075, 8e et 3e s.-s., min. c/ Sté Accor : RJF 10/09 no 834). Mais il a depuis lors été jugé que l'article 4 § 1 de la directive (élimination de la double imposition des dividendes reçus de filiales) s'oppose à une réglementation nationale qui prévoit qu'une société mère est redevable d'un précompte en cas de redistribution à ses actionnaires de bénéfices versés par ses filiales, donnant lieu à l'attribution d'un avoir fiscal, lorsque ces bénéfices n'ont pas supporté l'impôt sur les sociétés au taux de droit commun, dès lors que les sommes dues au titre de ce précompte dépassent le **plafond de 5 %** (no 88225) et qu'une telle réglementation ne relève pas de l'exclusion mentionnée no 88255 (CJUE 12 mai 2022 aff. 556/20, 2e ch., Schneider Electric, Axa, BNP Paribas, Engie, Orange et L'Air Liquide : RJF 8-9/22 no 812). Dans le même sens, la Cour de justice avait précédemment jugé que la « fairness tax » belge et l'ancienne **contribution additionnelle de 3 %** sur les montants distribués (no 60995) étaient contraires à l'article 4 § 1-a) de la directive (exonération des dividendes reçus par une société mère) en tant qu'elles s'appliquaient aux redistributions de bénéfices provenant de filiales établies dans d'autres États membres de l'Union européenne et aboutissaient à ce que les dividendes ainsi reçus soient finalement imposés au-delà de l'imposition maximum autorisée par la directive sur une assiette forfaitaire d'au plus 5 % (CJUE 17 mai 2017 aff. 68/15, 1e ch. : RJF 8-9/17 no 892, à propos de la « fairness tax » belge ; CJUE 17 mai 2017 aff. 365/16, 1e ch., Afep et autres : RJF 8-9/17 no 898, à propos de l'ancienne contribution française de 3 % sur les montants distribués, jugée sans conclusions d'avocat général sur renvoi par CE QPC 27 juin 2016 no 399024, 8e et 3e ch., Association française des entreprises privées (Afep) : RJF 10/16 no 866).

À propos de l'ancienne contribution additionnelle française, la Cour de justice a jugé que les dividendes provenant des filiales éligibles devaient bénéficier du mécanisme d'exonération retenu par la France tant au stade de la réception des dividendes qu'à celui de leur **redistribution** et quel que soit l'impôt en cause, impôt sur les sociétés ou autre ; bien entendu, comme le dit le rapporteur public dans ses conclusions sous CE QPC 7 juillet 2017 no 399757, 8e et 3e ch., Sté Soparfi : RJF 11/17 no 1086, et même si la formulation de l'arrêt peut prêter à confusion, la réponse donnée par la Cour ne concernait que les dividendes de filiales européennes éligibles et non pas toutes les filiales étrangères, même établies dans des **pays tiers**. Il reste que les conséquences pratiques de la solution retenue sont difficiles à discerner car les distributions effectuées par les sociétés sont prélevées sur des **résultats fongibles** sans qu'il soit possible de déterminer la part dans les sommes distribuées qui provient des résultats d'exploitation ou des distributions reçues par les filiales françaises, européennes ou établies dans les pays tiers.

Enfin, si les États membres doivent s'abstenir d'imposer les bénéfices dans la mesure où ceux-ci ne sont pas déductibles pour l'établissement des résultats de la filiale, ils doivent au contraire les imposer dans la mesure où ils ont été déduits pour l'établissement des résultats de la filiale (no 88235).

Précisions **a.** À propos d'une affaire de droit interne belge, la Cour de justice a jugé que la notion de « **liquidation** » figurant dans la directive mères/filles doit être interprétée en ce sens que la dissolution d'une société dans le cadre d'une fusion par absorption ne saurait être considérée comme une telle liquidation (CJUE 18 octobre 2012 aff. 371/11, 7e ch., Punch Graphix Prepress Belgium NV, prenant appui sur la directive fusions).

b. Le fait qu'en France le bénéfice du régime des sociétés mères soit **optionnel** ne méconnaît pas les objectifs de la directive dès lors que celle-ci ne prescrit pas la manière dont les États membres ayant choisi le système de l'exonération doivent le mettre en œuvre (CE 20 décembre 2017 n° 414974, 8e et 3e ch., Sté Worms & Cie : RJF 3/18 n° 254 ; voir également n° 61405, Précisions b).

c. La jurisprudence de la Cour de justice a confirmé diverses solutions rendues en France par le juge d'appel : CAA Versailles 7 juillet 2020 n° 14VE02786, 3e ch., Sté L'Air Liquide : RJF 12/20 n° 1062 (pourvois enregistrés sous les nos 443800 et 443678), jugeant par ailleurs que le précompte n'est pas restituable s'agissant des distributions provenant de filiales établies **hors de l'Union européenne** au motif que la liberté de circulation des capitaux est paralysée par la clause de gel (n° 81985) ; CAA Versailles 28 mai 2020 n° 14VE02213, 3e ch., Sté Schneider Electric (Précisions d, ci-après) ; CAA Versailles 3 décembre 2019 n° 14VE02212, 3e ch., Sté Mersen : RJF 4/20 n° 420 (pourvoi enregistré sous le n° 438187). L'arrêt L'Air Liquide, précité, juge également que les **déclarations de précompte** qui avaient été déposées restent opposables aux sociétés et que celles-ci ne peuvent donc pas affecter rétroactivement les bénéfices tirés de filiales européennes aux distributions auxquelles elles avaient procédé, au motif que ces redistributions auraient pu être effectuées en franchise de précompte.

d. Il a été jugé qu'une société avait droit à une restitution partielle de l'ancien précompte français dans la mesure où elle pouvait établir que, pour chacune des années au cours desquelles elle avait procédé à des distributions de dividendes ayant supporté le précompte, elle avait redistribué à ses actionnaires un montant de revenus tirés de ses filiales établies dans d'autres États de l'Union européenne, à l'exclusion des revenus d'une autre nature, au moins égal au double des sommes dont elle demandait la restitution au titre du précompte, ce dernier étant égal à la moitié des sommes effectivement distribuées (CAA Versailles 28 mai 2020 n° 14VE02213, 3e ch., Sté Schneider Electric, faisant l'objet d'un pourvoi enregistré sous le n° 441657) ; la preuve requise peut être apportée par les déclarations de précompte.

Non-déduction plafonnée des charges

88225 La directive précise que les États membres gardent la faculté de prévoir que des **charges** se rapportant à la participation et des moins-values résultant de la distribution des bénéfices de la société filiale ne sont pas déductibles du bénéfice imposable de la société mère.

Si, dans ce cas, les frais de gestion se rapportant à la participation sont fixés forfaitairement, le montant forfaitaire ne peut toutefois pas excéder **5 %** des bénéfices distribués par la filiale (la proposition initiale de la Commission européenne de permettre le plafonnement de cette quote-part aux frais réellement exposés pour la gestion de la participation n'a finalement pas été retenue).

La directive n'interdit pas à un État membre, en l'espèce la France, d'inclure dans les bénéfices distribués servant d'assiette à la quote-part de 5 % des **crédits d'impôt** au titre de retenues à la source prélevées dans les États membres des sociétés distributrices (CJCE 3 avril 2008 aff. 27/07, 4e ch., Banque fédérative du Crédit Mutuel : RJF 6/09 n° 766 ; le Conseil d'État en a tiré les conséquences par CE 6 octobre 2008 n° 262967, 10e et 9e s.-s., Banque fédérative du Crédit Mutuel : RJF 12/08 n° 306) ; en effet, comme le juge la Cour, ce n'est pas tant l'inclusion des crédits d'impôt dans le montant forfaitaire des frais de gestion se rapportant à la participation qui affecte la neutralité fiscale des distributions que la possibilité, laissée à certains États par la directive, de procéder, dans l'État membre de la filiale, à des retenues à la source frappant la société mère (arrêt précité, point 48).

Précisions Des règles restreignant la **déduction de charges financières** peuvent être contraires à la directive mères/filles. Ainsi, la directive n'autorise pas un État membre à refuser la déduction d'intérêts **sans lien avec les participations** acquises à hauteur des dividendes reçus au titre de participations détenues depuis moins d'un an et bénéficiant d'une exonération (CJUE 26 octobre 2017 aff. 39/16, 5e ch., Argenta Spaarbank NV : RJF 1/18 n° 130, à propos de la législation belge refusant à une société mère le droit de déduire des intérêts d'emprunt de son bénéfice imposable à hauteur du montant des dividendes exonérés provenant de filiales détenues depuis moins d'un an, quand bien même ces intérêts ne se rapporteraient pas au financement de ces participations) ; selon la Cour, la directive « permet uniquement à un État membre d'exclure la déductibilité du bénéfice imposable d'une société mère uniquement les « charges se rapportant à la participation » de celle-ci dans le capital d'une société filiale » (point 44 de l'arrêt précité).

Cas des entités transparentes

88230 La directive s'efforce de résoudre les cas d'**appréciation divergente** de la nature d'une filiale ; si l'État membre de la société mère considère une filiale comme transparente, il peut imposer les bénéfices de cette dernière lors de leur réalisation mais il doit alors éliminer la double imposition par la voie de l'exonération ou du crédit d'impôt et ne pas réimposer les mêmes bénéfices lorsqu'ils sont distribués (la directive vise les sociétés considérées comme transparentes en vertu de critères juridiques et non fiscaux).

Lorsqu'il détermine la part des bénéfices de la filiale qui revient à la société mère au moment où naissent ces bénéfices, l'État de la société mère exonère ces bénéfices ou autorise la société mère à déduire du montant de l'impôt dû la fraction de l'impôt sur les sociétés afférente à la part des bénéfices de la société mère que sa filiale et toute sous-filiale ont acquittée, à condition qu'à chaque niveau la société et sa sous-filiale soient éligibles au bénéfice de la directive, dans la limite du montant dû de l'impôt correspondant.

Financements hybrides

Dans la ligne des propositions de l'OCDE destinées à lutter contre le « Beps » (nº 72410), la directive 2014/86/UE du Conseil du 8 juillet 2014 (JOUE L 219/40 du 25 juillet 2014), qui a dû être introduite en droit interne au plus tard le 31 décembre 2015, a modifié la directive mères/filles pour **obliger les États membres à imposer** la part des paiements effectués au titre de dispositifs hybrides qui est déductible dans l'État membre de la source. La directive prévoit désormais que les États membres s'abstiennent d'imposer les bénéfices dans la mesure où ceux-ci ne sont pas déductibles pour l'établissement des résultats de la filiale et qu'ils les imposent, au contraire, dans la mesure où ils sont déductibles (le mécanisme alternatif du crédit d'impôt est naturellement maintenu sans changement). **88235**

Sur l'incorporation de cette directive en droit interne français, voir nº 61423.

Précisions **a.** La proposition initiale de la Commission européenne ne prévoyait pas explicitement **l'obligation d'imposer** les bénéfices déductibles ; cette obligation a été introduite ultérieurement lors des discussions au Conseil.

b. Dans sa proposition, la Commission européenne avait indiqué qu'aucune **retenue à la source** ne serait imposée sur les bénéfices distribués par la filiale et qui seraient déductibles pour l'établissement de ses résultats car ces sommes doivent être regardées comme des paiements d'intérêt au sens de la directive sur les intérêts et redevances.

c. Suppression de la retenue à la source sur les dividendes versés à une société mère

Principes

Les bénéfices distribués par une filiale à sa société mère, sont exonérés de retenue à la source si les deux sociétés sont éligibles au bénéfice de la directive (nº 88190 s.). **88240**

L'exonération de retenue à la source est également applicable aux dividendes versés par des sociétés d'un État membre à des **établissements stables** européens de sociétés d'un État membre.

Bien entendu, le fait que la directive ne s'applique que sous réserve que les conditions qu'elle pose soient respectées ne permet pas, pour autant, à un État membre de prélever systématiquement une retenue à la source si ces conditions ne sont pas remplies ; en effet, la directive n'autorise pas un État membre à traiter de manière moins favorable les bénéfices distribués aux sociétés des autres États membres qui n'entrent pas dans son champ d'application par rapport aux bénéfices distribués aux sociétés comparables établies sur son territoire (CJCE 1er octobre 2009 aff. 247/08, 1e ch., Gaz de France - Berliner Investissement SA : RJF 12/09 nº 1186 ; point 59). En ce sens, la Cour a jugé que l'exonération doit être accordée en ce qui concerne des entités non couvertes par la directive lorsque ces entités seraient exonérées si elles étaient établies dans l'État de la source (nº 81620).

Notion de retenue à la source

Le terme « retenue à la source » doit, pour l'application de la directive être interprété dans un sens large ; il résulte, en effet, de la jurisprudence de la Cour de justice que constitue une retenue à la source toute imposition sur les revenus perçus dans l'État dans lequel les dividendes sont distribués si **trois conditions** sont réunies : **88245**
- le fait générateur de l'impôt est le versement de dividendes ou de tout autre rendement des titres ;
- l'assiette de l'impôt est le rendement de ces titres ;
- l'assujetti est le détenteur des mêmes titres.

En ce sens, par exemple, voir CJCE 12 décembre 2006 aff. 446/04, Gr. ch., Test Claimants in the FII Group Litigation : RJF 3/07 nº 375 (points 108 et 109).

88250 **Jurisprudence** La notion de retenue à la source a été illustrée par les arrêts suivants.

a. Il a été jugé, à propos d'une retenue portugaise réputée prélevée au titre de l'impôt sur les successions et donations, qu'est une « retenue à la source » toute imposition, de **quelque nature** ou **dénomination** que ce soit, ayant la forme d'une retenue à la source sur les dividendes distribués, comme une retenue à la source sur les dividendes pratiquée au titre de l'impôt sur les **successions** et **donations** relatif à la transmission à titre gratuit d'actions de sociétés (CJCE 8 juin 2000 aff. 375/98, 5e ch., Epson Europe BV : RJF 7-8/00 no 1186).

b. À propos d'un dispositif grec rendant imposables, en cas de distribution, des bénéfices qui auraient été exonérés ou imposés à un taux réduit en l'absence de distribution, il a été jugé que la qualification d'une imposition au regard de la directive doit être effectuée en fonction de ses **caractéristiques objectives** et indépendamment de la qualification qui lui est donnée en droit national (CJCE 4 octobre 2001 aff. 294/99, 5e ch., Athineïki Zythopoiia AE : RJF 1/02 no 127).

c. La retenue à la source de 5 % prévue par la **convention fiscale** entre le Royaume-Uni et les Pays-Bas n'était pas interdite en tant qu'elle frappait un avoir fiscal auquel la distribution de dividendes donnait droit au Royaume-Uni (CJCE 25 septembre 2003 aff. 58/01, 5e ch., Océ van der Grinten NV : RJF 12/03 no 1469) ; en effet, la directive n'interdit pas l'application d'une retenue à la source conventionnelle au titre de **remboursements complémentaires distincts** du dividende lui-même. La Cour juge que la retenue à la source prélevée au Royaume-Uni sur le remboursement de l'ancienne « advance corporation tax », qui était un crédit d'impôt du type « avoir fiscal », n'était pas une retenue interdite par la directive car ce crédit n'était pas lui-même un bénéfice distribué, et que l'article 7, 2 de la directive autorisait, en pareil cas, la perception d'une retenue à la source également sur le dividende lui-même. À propos d'une situation voisine, il a été jugé que le prélèvement de 5 % prévu par la convention fiscale conclue entre l'Italie et les Pays-Bas, en tant qu'il frappe le **remboursement de la majoration d'imposition**, effectué par des sociétés italiennes à leurs sociétés mères néerlandaises, ne constitue pas une retenue à la source prohibée (CJUE 24 juin 2010 aff. 338/08 et 339/08, 4e ch., P. Ferrero e C. SpA et autres : RJF 11/10 no 1127). En effet, l'assiette du prélèvement n'est pas le rendement des titres.

d. Dans le même sens, à propos de **l'ancien avoir fiscal français**, le Conseil d'État a jugé qu'il résulte de la combinaison de l'article 119 ter du CGI et de l'article 10 de la convention fiscale franco-italienne que, sous réserve des autres conditions prévues par ces textes, une retenue à la source ne peut être pratiquée sur les bénéfices distribués par une filiale française à sa société mère italienne que si son montant est inférieur à celui de l'avantage que constitue, pour cette dernière, l'attribution d'une fraction de l'avoir fiscal attaché à ces distributions, en application de la législation fiscale nationale (CE 25 mai 2007 no 282049, 8e et 3e s.-s., Sté Fiat Partecipazioni SPA : RJF 8-9/07 no 922 ; conclusions Laurent Olléon au BDCF 8-9/07 no 98) ; la retenue à la source pouvait donc être pratiquée lorsque son montant était inférieur au demi-avoir fiscal, net de retenue à la source, prévu par la convention fiscale franco-italienne. Ce mécanisme ne créait pas non plus de discrimination interdite (voir également les autres décisions citées au no 61600).

e. L'Allemagne était en droit de prélever une **imposition complémentaire** en cas de distribution de bénéfices alors même que cette imposition n'aurait pas été due si la filiale ne les avait pas distribués (CJCE 26 juin 2008 aff. 284/06, 4e ch., Burda GmbH : RJF 10/08 no 1146) ; au cas particulier, la Cour constate que c'est la filiale qui est assujettie à l'imposition en cause et non pas les détenteurs des titres, de sorte que la troisième condition mentionnée no 88245 n'est pas remplie.

f. La « **fairness tax** » belge n'était pas une retenue à la source interdite par la directive mères/filles ; en effet, même si son fait générateur était la distribution de dividendes et si, aux fins du calcul de son assiette, il était tenu compte du montant distribué, l'assujetti était non pas le détenteur des titres mais la société distributrice (CJUE 17 mai 2017 aff. 68/15, 1e ch. : RJF 8-9/17 no 892).

Exclusions spécifiques

88255 La directive précise que le terme « retenue à la source » ne comprend pas le paiement anticipé ou préalable (**précompte**) de l'impôt sur les sociétés à l'État membre où est située la filiale, effectué en liaison avec la distribution des bénéfices à la société mère. Cette exclusion n'a toutefois pas été jugée applicable à l'ancien précompte français (CJUE 12 mai 2022 aff. 556/20, 2e ch., Schneider Electric, Axa, BNP Paribas, Engie, Orange et L'Air Liquide : RJF 8-9/22 n° 812 ; voir n° 81750).

La directive n'affecte pas non plus l'application de dispositions nationales ou conventionnelles visant à supprimer ou à atténuer la double imposition économique des dividendes, en particulier les dispositions relatives au paiement de **crédits d'impôt** aux bénéficiaires de dividendes (cas par exemple de l'ancien avoir fiscal français ; n° 88250 d.).

3. Le régime fiscal commun applicable aux fusions, scissions et apports d'actifs

Contexte

L'obstacle traditionnel aux fusions, scissions et apports d'actifs entre sociétés d'États diffé- **88290**
rents tient à leur **coût fiscal**. Le plus souvent, en effet, les mesures de faveur retenues par les législations nationales ne concernent que les opérations internes, les opérations internationales entraînant les conséquences fiscales des cessions ou dissolutions d'entreprises.

Pour résoudre cette difficulté, la Commission européenne avait présenté au Conseil, en janvier 1969, une proposition de directive relative au régime fiscal commun applicable aux fusions, scissions et apports d'actifs intervenant entre sociétés d'États membres différents (proposition du 16 janvier 1969, JOCE n° C 39 du 22 mars 1969). Ce projet a été discuté essentiellement entre 1976 et 1980 puis il est resté en sommeil jusqu'en 1984, date à laquelle les discussions ont repris pour aboutir à l'adoption d'une directive, le 23 juillet 1990, dont l'objet est de permettre aux entreprises, dans l'optique du bon fonctionnement de l'Union européenne, d'atteindre une dimension adaptée aux exigences d'un marché élargi.

Les directives applicables

La **directive du 23 juillet 1990** (directive 90/434/CEE, JOCE L 225 du 20 août 1990) a défini un véritable **88292**
régime commun applicable aux États membres, fondé sur les principes directeurs suivants :
- éviter que le coût fiscal constitue un obstacle à la réalisation de fusions, scissions et apports d'actifs entre sociétés d'États différents ;
- ne pas léser les intérêts de l'État de la société apporteuse en sauvegardant ses droits pour l'avenir.

Dès l'adoption de la directive de 1990, la Commission européenne avait réfléchi à son approfondissement et à son extension, afin de faciliter la constitution de groupes européens dans le cadre de la réalisation du marché intérieur ; après une première proposition, du 20 août 1993, qui a finalement été retirée sans avoir vraiment été discutée, elle a présenté, le 17 octobre 2003, une nouvelle proposition qui a pu être assez rapidement adoptée après quelques modifications (**directive 2005/19/CE** du Conseil du **17 février 2005**, JOUE L 58/19 du 4 mars 2005, entrée en vigueur pour l'ensemble de ses dispositions le 1er janvier 2007).

Cette directive a, enfin, fait l'objet d'une mesure de **codification** qui s'est traduite par l'adoption de la **directive 2009/133/CE du 19 octobre 2009** (JOUE L 310/34 du 23 novembre 2009 : BF 2/10 n° 102), qui est la directive actuellement applicable et qui a abrogé le texte précédent ; pour l'essentiel, la directive « fusions » prévoit un régime de neutralité fiscale de nature à permettre la réalisation de ces opérations dans un cadre transfrontalier.

Précisions **a.** En ce qui concerne les **aspects juridiques**, une **directive** « de base » avait été adoptée afin de faciliter les fusions transfrontalières des sociétés de capitaux (directive 2005/56/CE du 26 octobre 2005, JOUE L 310/1 du 25 novembre 2005) ; cette directive a été abrogée et remplacée par la directive (UE) 2017/1132 du Parlement européen et du Conseil du 14 juin 2017 relative à certains aspects du droit des sociétés (JOUE L 169 du 30 juin 2017). Cette dernière directive a été ensuite modifiée afin de faciliter les transformations, fusions et scissions transfrontalières des entreprises de l'Union européenne (directive (UE) 2019/2121 du Parlement européen et du Conseil du 27 novembre 2019 modifiant la directive (UE) 2017/1132 en ce qui concerne les transformations, fusions et scissions transfrontalières ; JOUE L 321 du 12 décembre 2019). Cette directive met en place de **nouvelles procédures** pour les transformations et scissions transfrontalières, permet d'accélérer les procédures dans certains cas, facilite le recours aux outils numériques tout au long de l'opération transfrontalière et apporte de nouvelles **garanties aux salariés**, aux **actionnaires minoritaires** et aux **créanciers** ; elle fixe des règles destinées à vérifier la légalité des opérations transfrontalières en vertu de toutes les législations nationales concernées et introduit une procédure obligatoire de **contrôle « anti-abus »** permettant aux autorités nationales de bloquer une opération transfrontalière lorsqu'elle est réalisée à des fins abusives ou frauduleuses, c'est-à-dire qu'elle vise à se soustraire au droit de l'Union ou au droit national ou à le contourner, ou à des fins criminelles.

b. Indépendamment de la directive du 26 octobre 2005, précitée, la jurisprudence de la Cour de justice est de nature à permettre, en principe, les **fusions entre sociétés de différents États membres** (CJCE 13 décembre 2005, aff. 411/03, Gr. ch., Sevic Systems AG : RJDA 1/07 n° 52, jugeant contraire à la liberté d'établissement de refuser en Allemagne l'inscription d'une fusion entre une société allemande et une société luxembourgeoise).

a. Champ d'application

88300 La directive du 19 octobre 2009 s'applique aux fusions, scissions, scissions partielles, apports d'actifs et échanges d'actions qui concernent des sociétés de **deux ou plusieurs États membres** ; elle s'applique aussi au transfert du siège statutaire à l'intérieur de l'Union européenne des sociétés européennes et des sociétés coopératives européennes (n° 88560).

Précisions **a.** La directive n'est pas applicable dans le cadre d'**opérations purement internes** ; dès lors qu'un litige est de pur droit interne, le juge n'est pas tenu de respecter la directive (CE 30 janvier 2013 n° 346683, 9e et 10e s.-s., Sté Ambulances de France : RJF 4/13 n° 392, à propos d'une scission impliquant uniquement des sociétés françaises). Également, à propos d'un report d'imposition en cas d'apport par un résident de France de titres d'une société française à une autre société française, CE 3 décembre 2014 n° 367822, 8e et 3e s.-s, min. c/ Joulin : RJF 2/15 n° 168.

b. Dans l'affaire Leur-Bloem (n° 88485), la Cour de justice s'est reconnue compétente pour **interpréter la directive** fusions même si celle-ci ne régit pas directement la situation en cause lorsque l'État membre a décidé d'appliquer le même traitement aux situations **purement internes** et à celles couvertes par la directive. Cette position a été confirmée en 2002 dans l'affaire Andersen og Jensen ApS (n° 88335) ; pour un autre exemple, voir CJCE 7 janvier 2003 aff. 306/99, Plén., BIAO, RJF 4/03 n° 522, à propos d'un litige concernant l'ancienne taxe professionnelle exigible d'une succursale allemande d'une banque française. Également, CJUE 10 novembre 2011 aff. 126/10, 5e ch., Foggia-Sociedade Gestora de Participações Sociais SA : RJF 2/12 n° 201 ; CJUE 20 mai 2010 aff. 352/08, 1e ch., Modehuis A. Zwijnenburg BV : RJF 8-9/10 n° 869 (n° 88485).

c. Le Conseil d'État a tiré les conséquences de l'arrêt Leur-Bloem (Précisions b ci-dessus) **pour l'interprétation du régime français des fusions** (CE 17 juin 2011 n° 314667, 9e et 10e s.-s., Sté Finaparco et CE 17 juin 2011 n° 324392, 9e et 10e s.-s., SARL Méditerranée Automobiles : RJF 10/11 n° 1035) ; il a en effet jugé qu'il ressort des travaux préparatoires de l'article 25 de la loi du 30 décembre 1991 portant loi de finances rectificative pour 1991, dont sont issues les dispositions relatives aux fusions, que « celles-ci avaient pour objet de transposer la directive 90/434/CEE du 23 juillet 1990 et que le législateur n'a pas entendu, à cette occasion, traiter moins favorablement les fusions opérées uniquement entre sociétés françaises, qui sont hors du champ de cette directive, par rapport à celles qui mettent en cause les sociétés d'un autre État membre, qui sont dans le champ de cette directive ». Au cas particulier, le Conseil d'État en a conclu que la notion de fusion devait être interprétée à la lumière de la définition qu'en donne la directive et que les opérations de **confusion de patrimoine** entraient dans le champ d'application de l'exonération prévue par l'article 210 A du CGI, sans qu'y fasse obstacle la circonstance qu'elles pourraient ne concerner que des sociétés françaises. Dans le même sens, CE 20 janvier 2016 n° 376980, 9e et 10e s.-s., SARL EBS : RJF 4/16 n° 321.

d. Lorsque la **rédaction de la loi est suffisamment claire**, il n'y a pas lieu, dans une situation purement interne, de l'interpréter à la lumière de la directive (CE 30 janvier 2013 n° 346683, 9e et 10e s.-s., Sté Ambulances de France : RJF 4/13 n° 392 aux conclusions Claire Legras au BDCF 4/13 n° 42) ; le Conseil d'État juge que dès lors que la lettre de l'article 210 B du CGI, qui pose une condition de branche autonome ne figurant pas dans la directive, est claire, cette condition s'applique à une opération de scission purement française. Le juge n'a pas, dans ce cas, à adopter une interprétation neutralisante (n° 940) pour rendre la loi compatible avec la directive.

Sociétés éligibles

88305 La directive ne s'applique qu'aux sociétés qui revêtent l'une des **formes** qu'elle énumère dans une liste annexée, et qui, selon la législation fiscale d'un État membre, sont considérées comme ayant, dans cet État, leur **domicile fiscal** (et qui ne sont pas considérées comme ayant leur domicile fiscal hors de l'Union européenne aux termes d'une convention fiscale conclue avec un État tiers) ; il faut aussi que ces sociétés soient assujetties, sans possibilité d'option et sans en être exonérées, à l'**impôt sur les sociétés** dans l'État membre considéré.

Sociétés françaises éligibles La directive vise, outre les sociétés européennes et les sociétés coopératives européennes, les sociétés anonymes, sociétés en commandite par actions, sociétés à responsabilité limitée, sociétés par actions simplifiées, sociétés d'assurance mutuelle, caisses d'épargne et de prévoyance, sociétés civiles assujetties de plein droit à l'impôt sur les sociétés, coopératives et unions de coopératives, établissements et entreprises publics à caractère industriel et commercial, ainsi que les autres sociétés constituées conformément au droit français et assujetties à l'impôt sur les sociétés. 88310

Notion de fusion

Selon la directive, une fusion s'entend de l'opération par laquelle une ou plusieurs sociétés transfèrent, par suite et au moment de leur **dissolution sans liquidation**, l'ensemble de leur patrimoine, actif et passif, à une autre société préexistante, moyennant l'attribution à leurs associés de titres représentatifs du capital social de l'autre société et, éventuellement, d'une **soulte en espèces** ne dépassant pas 10 % de la valeur nominale ou, à défaut de valeur nominale, du pair comptable de ces titres. 88320

Il s'agit également de l'opération par laquelle deux ou plusieurs sociétés transfèrent, par suite et au moment de leur dissolution sans liquidation, l'ensemble de leur patrimoine, activement et passivement, à une société qu'elles constituent, moyennant l'attribution à leurs associés de titres représentatifs du capital social de la société nouvelle et, éventuellement, d'une soulte en espèces ne dépassant pas 10 % de la valeur nominale ou, à défaut de valeur nominale, du pair comptable de ces titres.

Il peut enfin s'agir de l'opération par laquelle une société transfère, par suite et au moment de sa dissolution sans liquidation, l'ensemble de son patrimoine, activement et passivement, à la société qui détient la totalité des titres représentatifs de son capital social.

Notion de scission

Elle est définie comme l'opération par laquelle une société transfère, par suite et au moment de sa **dissolution sans liquidation**, l'ensemble de son patrimoine, actif et passif, à deux ou plusieurs sociétés préexistantes ou nouvelles, moyennant l'attribution à ses associés, selon une règle proportionnelle, de titres représentatifs du capital social des sociétés bénéficiaires de l'apport et, éventuellement, d'une **soulte en espèces** ne dépassant pas 10 % de la valeur nominale ou, à défaut de valeur nominale, du pair comptable de ces titres. 88325

Notion de scission partielle

Il s'agit de l'opération par laquelle une société transfère, sans être dissoute, une ou plusieurs **branches d'activité** à une ou plusieurs sociétés préexistantes ou nouvelles, en laissant au moins une branche d'activité dans la société apporteuse, en échange de l'attribution à ses associés, au prorata, de titres représentatifs du capital social des sociétés qui bénéficient des éléments d'actif et de passif et, éventuellement, d'une **soulte en espèces** ne dépassant pas 10 % de la valeur nominale ou, à défaut de valeur nominale, du pair comptable de ces titres. 88330

Ce concept, introduit par la directive de 2005, est proche de celui sur lequel reposent les articles 115, 2 du CGI, s'agissant des apports réalisés par des sociétés françaises, et 121, 1-al. 3 du même Code, s'agissant des apports réalisés par des sociétés étrangères.

Notion d'apports d'actifs

L'apport d'actifs s'entend de l'opération par laquelle une société apporte, sans être dissoute, l'ensemble ou une ou plusieurs **branches** de son **activité** à une autre société, moyennant la remise de titres représentatifs du capital social de la société bénéficiaire de l'apport. 88335

Il a été jugé qu'il n'y a pas apport d'actifs au sens de la directive lorsqu'une transaction prévoit le maintien, dans le chef de la société apporteuse, du produit d'un emprunt important contracté par cette dernière et le transfert à la société bénéficiaire de l'apport des obligations y afférentes (CJCE 15 janvier 2002 aff. 43/00, 5e ch., Andersen og Jensen ApS : RJF 4/02 n° 458 ; conclusions au BDCF 4/02 n° 55) ; l'arrêt juge aussi, notamment, que la circonstance que la société apporteuse conserve un petit nombre d'actions d'une société tierce n'exclut pas le transfert d'une branche d'activité sans rapport avec cette participation.

Notion d'échange d'actions

88340 Il y a échange d'actions lorsqu'une société acquiert, dans le capital social d'une autre société, une participation ayant pour effet de lui conférer la **majorité** des **droits de vote** de cette société ou, si elle détient déjà une telle majorité, lorsqu'elle acquiert une nouvelle participation moyennant l'attribution aux associés de l'autre société, en échange de leurs titres, de titres représentatifs du capital social de la première société et, éventuellement, d'une **soulte en espèces** ne dépassant pas 10 % de la valeur nominale ou, à défaut de valeur nominale, du pair comptable des titres qui sont remis en échange.

La notion de soulte en espèces fait l'objet d'une interprétation stricte (CJCE 5 juillet 2007 aff. 321/05, 1e ch., Hans Markus Kofoed : RJF 10/07 n° 1185, jugeant que, dans les circonstances de l'espèce, un dividende ne devait pas être inclus dans le calcul de la « soulte en espèces »).

Notion de branche d'activité

88345 Une branche d'activité est définie comme l'ensemble des éléments d'actif et de passif d'une division d'une société qui constituent, du point de vue de l'organisation, une exploitation autonome, c'est-à-dire un **ensemble** capable de **fonctionner** par ses **propres moyens**. La définition européenne de l'apport d'une branche d'activité implique le transfert de l'ensemble des éléments d'actif comme du passif ; la dissociation de l'actif et du passif afférents à un même emprunt n'est donc pas possible (n° 88335).

b. Règles applicables aux fusions, scissions, scissions partielles et échanges d'actions

Absence d'imposition des plus-values

88360 La directive pose en principe qu'une fusion, scission ou scission partielle n'entraîne aucune imposition des plus-values qui sont déterminées par différence entre la valeur réelle des éléments d'actif et de passif transférés et leur valeur fiscale (principe de neutralité fiscale).

Par « éléments d'actif et de passif transférés », la directive vise les éléments d'actif et de passif de la société apporteuse qui, par suite de la fusion, de la scission ou de la scission partielle, sont effectivement rattachés à un **établissement stable** de la société bénéficiaire situé dans l'État membre de la société apporteuse et qui concourent à la formation des profits ou des pertes pris en compte pour l'assiette des impôts. La notion d'établissement stable entre nécessairement en jeu dans ces opérations, dans la mesure où, après l'absorption, par exemple, d'une société A par une société B située dans un autre État, les actifs et les passifs de la société A continuent de former une entreprise exploitée dans l'État A, soit, par conséquent, un établissement stable en A de la société fusionnée.

Lorsque la société bénéficiaire détient une participation dans le capital de la société apporteuse, la plus-value obtenue par la société bénéficiaire à l'occasion de l'annulation de sa participation ne donne lieu à aucune imposition. Les États membres ont cependant la faculté de déroger à ce principe lorsque la participation détenue par la société bénéficiaire dans le capital de la société apporteuse est, depuis le 1er janvier 2009, inférieure à 10 % (par analogie avec la directive mères/filles).

Précisions Des règles particulières sont prévues pour viser le cas des sociétés considérées comme **transparentes** par un État et non par un autre.

88370 **Conditions** Le principe de neutralité n'est applicable que si la **société bénéficiaire** calcule les nouveaux **amortissements** et les **plus-values** ou moins-values afférentes aux éléments d'actif et de passif transférés dans les mêmes conditions que l'aurait fait la société apporteuse (ou les sociétés apporteuses) si la fusion, la scission ou la scission partielle n'avait pas eu lieu.

Dans le cas où, selon la législation de l'État membre de la société apporteuse, la société bénéficiaire est admise à calculer les nouveaux amortissements ou les plus-values ou moins-values afférentes aux éléments d'actif et de passif transférés dans des conditions différentes, le principe de neutralité ne s'applique pas aux éléments d'actif et de passif pour lesquels la société bénéficiaire a usé de cette faculté.

En outre, les **provisions** ou **réserves** régulièrement constituées en franchise partielle ou totale d'impôt par la société apporteuse, sauf celles qui proviennent d'établissements stables situés à l'étranger, doivent être reprises, dans les mêmes conditions de franchise d'impôt, par les établissements stables de la société bénéficiaire situés dans l'État de la société apporteuse, la société bénéficiaire se substituant alors aux droits et obligations de la société apporteuse.

En cas d'**échange de titres**, l'exonération n'est pas subordonnée à ce que la société bénéficiaire inscrive en comptabilité les titres reçus pour leur valeur comptable (CJCE 11 décembre 2008 aff. 285/07, 1e ch., A.T. c/ Finanzamt Stuttgart-Körperschaften : RJF 4/09 n° 421) ; la directive ne contient pas de condition de cette nature et les États membres ne peuvent donc pas en exiger le respect (à propos d'une société allemande qui avait apporté des titres d'une filiale allemande à une société française et à qui l'administration allemande réclamait l'impôt sur les plus-values au motif que la société française bénéficiaire avait porté les titres reçus pour leur valeur réelle et non pas pour leur valeur comptable).

Il a été jugé que la directive n'oblige pas un État à accorder, après fusion, la déductibilité des **frais financiers** supportés par une société mère pour l'acquisition des titres d'une filiale qui avait absorbé sa société mère, alors même que ces frais auraient été déductibles pour l'établissement des résultats de la société mère en l'absence de fusion (CJUE Ord. 15 juillet 2019, aff. 438/18, 8e ch., Galeria Parque Nascente - Exploração de Espaços Comerciais SA, à propos d'une opération interne au Portugal) ; en l'espèce, la Cour s'est estimée compétente pour répondre à la question posée, bien que l'opération n'ait pas été transnationale, compte tenu de l'intérêt qu'il y avait à éviter des divergences d'interprétation futures.

Sur l'incidence de la **libre circulation des capitaux**, voir également, à propos d'un apport de titres, l'arrêt DMC de la Cour de justice (CJUE 23 janvier 2014 aff. 164/12, 1e ch., DMC Beteiligungsgesellschaft mbH : RJF 4/14 n° 418 ; voir n° 82050).

Sort des pertes Depuis le 1er janvier 2007, la directive prévoit que, dans la mesure où les États membres appliquent, lorsque ces opérations interviennent entre sociétés de l'État de la société apporteuse, des dispositions permettant la **reprise**, par la société bénéficiaire, des pertes de la société apporteuse non encore amorties du point de vue fiscal, ils étendent le bénéfice de ces dispositions à la reprise, par les établissements stables de la société bénéficiaire situés sur leur territoire, des pertes de la société apporteuse non encore amorties du point de vue fiscal. **88380**

Situation des associés

La neutralité s'étend, bien entendu, aux associés. La directive prévoit que l'attribution, à l'occasion d'une **fusion**, d'une **scission** ou d'un **échange d'actions**, de titres représentatifs du capital social de la société bénéficiaire ou acquérante à un associé de la société apporteuse ou acquise, en échange de titres représentatifs du capital social de cette dernière société, ne doit, par elle-même, entraîner aucune imposition sur le revenu, les bénéfices ou les plus-values de cet associé. **88390**

De même, l'attribution, à l'occasion d'une **scission partielle**, de titres représentatifs du capital social de la société bénéficiaire à un associé de la société apporteuse ne doit, par elle-même, entraîner aucune imposition sur le revenu, les bénéfices ou les plus-values de cet associé.

Le dispositif de neutralité fiscale pour les associés suppose cependant que ceux-ci n'attribuent pas aux titres reçus en échange une **valeur fiscale** supérieure à la valeur que les titres échangés avaient immédiatement avant la fusion, la scission ou l'échange d'actions. Cela dit, bien entendu, les États pourront imposer le profit résultant de la cession ultérieure des titres reçus de la même manière que le profit qui résulte de la cession des titres existant avant l'acquisition. La Cour a notamment confirmé, à cet égard, que l'État membre dont le contribuable était résident lors de l'échange peut imposer la plus-value placée en report même s'il est **devenu non-résident** à la date de la cession, sous réserve qu'il soit tenu compte, à ce moment, des **moins-values** s'il en est tenu compte dans un cadre purement interne (CJUE 22 mars 2018 aff. jointes 327/16 et 421/16, 1e ch. : RJF 6/18 n° 713 ; voir n° 81580 en ce qui concerne la nécessité de tenir compte des moins-values éventuelles) ; cet arrêt concernait la législation française, dans sa rédaction de l'époque, à propos d'une personne physique domiciliée en France qui avait réalisé une opération d'apport et était devenue ensuite non-résidente et d'une autre personne physique qui, non-résidente, avait apporté des titres d'une société française à une société luxembourgeoise. Le mécanisme français alors applicable a été validé, les États membres ayant la possibilité de mettre en place des mécanismes de

report d'imposition qui aboutissent à la constatation d'une plus-value lors d'une opération d'échange de titres et au report de son imposition au titre de l'année de cession des titres reçus lors de l'échange (les États membres ont, en effet, une certaine marge de manœuvre pour la mise en œuvre de la directive).

Comme le soulignait l'avocat général Melchior Wathelet dans ses conclusions sur ces affaires, « la compétence fiscale des États membres au moment de la cession des titres qui ont fait l'objet d'un échange n'affecte pas le droit d'un autre État membre **d'imposer une plus-value née dans le cadre de sa compétence fiscale** au moment de l'échange des titres, et ce même s'ils ne sont qu'ultérieurement cédés. Une telle possibilité n'affecte en rien la neutralité fiscale de l'échange des titres, tout en respectant les intérêts de l'État membre où a été réalisée la plus-value d'échange » (point 71 des conclusions ; également points 50 et 58 de l'arrêt). Il s'agit là d'une nouvelle illustration de la portée du principe « de **territorialité fiscale associé à un élément temporel**, reconnu par la Cour, en vertu duquel un État membre a le droit d'imposer la plus-value née dans le cadre de sa compétence fiscale, visant à préserver la répartition de la compétence fiscale entre les États membres » (point 65 de l'arrêt précité). Sur les conséquences qui en ont été tirées par le Conseil d'État, voir n° 65777.

À propos des règles d'imposition d'anciennes **plus-values en report**, il a enfin été jugé, en ce qui concerne la France :

– que, s'agissant d'une situation purement interne et compte tenu de la lettre claire de la loi, des contribuables qui avaient été imposés à l'occasion de la cession, postérieurement au 1er janvier 2013, de titres de capital reçus en échange à l'occasion de fusions de sociétés et opérations assimilées ayant eu lieu avant le 1er janvier 2000 et ayant donné lieu à un report d'imposition, n'étaient pas fondés à soutenir qu'une **interprétation neutralisante** (n° 940) devrait être retenue en vue d'assurer la compatibilité de la loi avec les objectifs de la directive (CE 18 juillet 2018 n° 411796, 8e et 3e ch. : RJF 11/18 n° 1109) ; les requérants n'ont pu utilement critiquer le fait que, concernant des plus-values d'échange placées en report d'imposition avant 2013, les règles d'assiette aient été cristallisées lors de l'échange et que les règles de liquidation soient celles en vigueur lors de la fin du report (le litige concernait le refus de l'administration d'appliquer les abattements pour durée de détention) ; dans le même sens, CE 31 mars 2021 nos 441912 et 441918, 8e et 3e ch. : RJF 6/21 n° 596, jugeant que la différence de traitement identifiée entre des opérations purement internes et des opérations régies par la directive fusions n'est pas critiquable (n° 65775, Précisions a) ;

– et que l'article 8 de la directive exige que, dans le cadre d'une opération d'échange de titres, le traitement fiscal de la plus-value afférente aux titres échangés et placée en report d'imposition et de la plus-value issue de la cession des titres reçus en échange soit le même, tant en ce qui concerne le **taux d'imposition** que l'application d'un **abattement lié à la durée de détention des titres**, que celui que se serait vu appliquer la plus-value qui aurait été réalisée lors de la cession des titres existant avant l'opération d'échange, si cette dernière n'avait pas eu lieu (CJUE 18 septembre 2019 aff. jointes 662/18 et 672/18, AQ et DN, 8e ch. : RJF 12/19 n° 1210) ; cet arrêt a été rendu sur renvoi du Conseil d'État qui, saisi dans le cadre d'une question prioritaire de constitutionnalité, avait demandé à la Cour de justice si la directive s'oppose à ce que les abattements d'assiette destinés à tenir compte de la durée de détention des titres ne s'appliquent pas à la plus-value en report, compte tenu de ce que cette règle d'assiette ne s'appliquait pas à la date à laquelle cette plus-value a été réalisée, et s'appliquent à la plus-value de cession des titres reçus à l'échange en tenant compte de la date de l'échange et non de la date d'acquisition des titres remis à l'échange (CE 12 octobre 2018 nos 423044 et 423118, 8e et 3e ch. : RJF 1/19 n° 38 ; cette affaire concerne la non-application de l'abattement pour durée de détention aux plus-values d'échange réalisées avant 2013 et placées en report d'imposition). Il résulte de la réponse de la Cour que la plus-value afférente à des titres échangés et placée en report d'imposition et la plus-value issue de la cession des titres reçus en échange doivent être traitées de la même façon que la plus-value qui aurait été réalisée en l'absence d'échange. Voir également nos 65775, Précisions a et 81415.

c. Apports d'actifs

Principes

88420 Les règles précédentes (nos 88360 s.) s'appliquent aux apports d'actifs (sauf, par définition, celles qui concernent les associés, qui ne sont pas touchés).

La directive prévoit également que lorsque, **parmi les biens apportés** à l'occasion d'une fusion, d'une scission, d'une scission partielle ou d'un apport d'actifs figure un **établissement stable** de la société apporteuse situé dans un État membre autre que celui de cette société, l'État membre dans lequel se trouve la société apporteuse renonce à tout droit d'imposer ce dernier. L'État membre de la société apporteuse peut réintégrer dans les bénéfices imposables de celle-ci les pertes antérieures de l'établissement stable qui ont éventuellement été déduites du bénéfice imposable de la société dans cet État et qui n'ont pas été compensées.

L'État membre dans lequel est situé l'établissement stable et l'État membre de la société bénéficiaire appliquent à cet apport les dispositions de la directive comme si l'État membre dans lequel se trouve l'établissement stable était celui de la société apporteuse.

Ces dispositions s'appliquent aussi dans le cas où l'établissement stable est situé dans le même État membre que celui dont la société bénéficiaire est résidente.

Précisions Une législation qui exige qu'une société **comptabilise une réserve** égale à la plus-value réalisée lors d'un apport d'actifs n'est pas contraire à la directive (CJUE 19 décembre 2012 aff. 207/11, 1e ch., 3D I Srl : RJF 3/13 nº 376) ; il s'agissait d'un apport réalisé par une société italienne à une société luxembourgeoise et qui avait été comptabilisé à la valeur réelle, la plus-value étant portée à un compte de réserve. Les États membres ont la faculté de subordonner ou non la neutralité fiscale, **pour la société apporteuse**, à des conditions d'évaluation des titres reçus en échange (en revanche, la directive impose des conditions en ce qui concerne la société bénéficiaire de l'apport ; nº 88370).

Filialisation des succursales

Le considérant nº 14 de la directive de 2005 prévoyait que l'objet de la directive est notamment de permettre la **filialisation des succursales**, alors que la directive ne vise formellement que le cas où un établissement stable figure parmi les biens apportés. **88425**

Comme l'avait souligné la Commission européenne dans sa proposition de l'époque, l'incertitude vient de ce que, dans un tel cas, les éléments d'actif et de passif transférés ne sont pas rattachés à un établissement stable de la société apporteuse mais de la société bénéficiaire ; la Commission européenne avait estimé souhaitable de lever cet obstacle et considère d'ailleurs qu'il est levé avec la rédaction actuelle de la directive (un communiqué du 7 décembre 2004 faisant suite à l'accord politique des États membres sur le texte de la directive mentionne spécifiquement ce point). On relèvera toutefois que le considérant nº 14 précité n'a pas été repris dans la directive de codification du 19 octobre 2009.

d. Transfert du siège statutaire d'une SE ou d'une SCE

Neutralité fiscale

Lorsqu'une société européenne ou une société coopérative européenne (SE ou SCE ; nº 88560) transfère son siège statutaire d'un État membre dans un autre ou lorsque, à la suite du transfert de son siège statutaire d'un État membre dans un autre, une SE ou une SCE qui est résidente d'un État membre cesse d'être résidente dans cet État et devient résidente dans un autre État membre, cette opération n'entraîne pas d'imposition des plus-values dans l'État de départ, résultant des éléments d'actif et de passif de la SE ou de la SCE qui, à la suite de ce transfert ou de cette cessation, restent effectivement rattachés à un **établissement stable** de la SE ou de la SCE dans cet État et qui concourent à la formation des profits ou des pertes pris en compte pour les besoins de la fiscalité. **88440**

Le principe de neutralité fiscale suppose que la SE ou la SCE calcule les nouveaux **amortissements** et les **plus-values** ou moins-values afférentes aux éléments d'actif et de passif qui restent effectivement rattachés à cet établissement stable dans les mêmes conditions que si le transfert du siège statutaire n'avait pas eu lieu ou que si la SE ou que si la SCE n'avait pas cessé d'être résidente fiscale. **88445**

Lorsque, en vertu de la législation de l'État du nouvel **établissement stable**, la SE ou la SCE est autorisée à calculer les nouveaux amortissements et les plus-values ou moins-values afférentes aux éléments d'actif et de passif restant dans cet État dans des conditions différentes, la neutralité fiscale ne s'applique pas aux éléments d'actif et de passif pour lesquels la SE ou la SCE a usé de cette faculté.

La directive prévoit également que, en cas de transfert de siège, les États membres prennent les mesures nécessaires pour que, lorsque des **provisions** ou **réserves** dûment constituées par la SE ou la SCE avant le transfert du siège statutaire sont partiellement ou totalement exonérées d'impôt et ne proviennent pas d'établissements stables à l'étranger, ces provisions ou réserves puissent être reportées, en bénéficiant de la même exonération, par un établissement stable d'une SE ou d'une SCE qui est situé sur le territoire de l'État membre de départ.

Sort des pertes

88450 Comme pour les fusions et opérations assimilées, il est prévu que, dans la mesure où une société qui transfère son siège statutaire sur le territoire d'un État membre serait autorisée à reporter les pertes non amorties du point de vue fiscal ou à les imputer sur un exercice antérieur, cet État membre autorise l'établissement stable, situé sur son territoire, de la SE ou de la SCE qui transfère son siège statutaire à reprendre les pertes non amorties du point de vue fiscal de la SE ou de la SCE, pour autant que le report des pertes ou l'imputation de celles-ci sur un exercice antérieur aurait été possible dans des circonstances comparables pour une société qui continue d'avoir son siège statutaire ou qui continue d'avoir sa résidence fiscale dans cet État membre.

Situation des associés

88455 Le transfert du siège statutaire d'une SE ou d'une SCE n'entraîne **pas** en soi d'**imposition** des **revenus**, bénéfices ou plus-values des associés. L'application de cette règle n'empêche pas les États membres d'imposer le profit résultant de la cession ultérieure des titres représentatifs du capital social de la SE ou de la SCE qui transfère son siège statutaire.

Cas des autres sociétés

88460 La directive ne vise littéralement que les SE et les SCE et ne prévoit donc **pas de neutralité fiscale** pour les transferts de sièges d'autres formes sociales des États membres ; la directive doit, en effet, faire l'objet d'une interprétation littérale, malgré un considérant de principe très net sur la nécessaire neutralité fiscale en cas de transfert de siège des sociétés, en général, au regard de la liberté d'établissement.

En **droit des sociétés**, il a été jugé que les articles 43 et 48 du traité CE (aujourd'hui articles 49 et 54 du traité FUE) ne s'opposent pas à une réglementation d'un État membre qui empêche une société constituée en vertu du droit national de cet État de transférer son siège dans un autre État membre tout en gardant sa qualité de société relevant du droit national de l'État membre selon la législation duquel elle a été constituée (CJCE 16 décembre 2008 aff. 210/06, Gr. ch., Hongrie c/ Cartesio : RJDA 3/09 n° 218, à propos d'une société en commandite simple hongroise dont le siège avait été transféré en Italie et qui demandait à conserver sa qualité de société de droit hongrois).

D'un point de vue juridique, les États membres sont libres de définir tant le **lien de rattachement** qui est exigé d'une société pour que celle-ci puisse être considérée comme constituée selon leur droit national (siège d'incorporation ou siège réel) et susceptible, à ce titre, de bénéficier du droit d'établissement que celui requis pour maintenir cette qualité ultérieurement ; ils peuvent donc refuser à une société relevant de leur droit national de conserver cette qualité lorsque celle-ci déplace son siège dans un autre État membre. Mais la liberté d'établissement permet à une société de se déplacer vers un autre État membre en se transformant en une société relevant du droit de cet État, sans que sa dissolution et sa liquidation soient nécessaires pendant la transformation, si le droit de l'État membre d'accueil le permet. Sur les solutions données par la Cour de justice en matière fiscale, voir n° 81695 à propos, notamment, de l'affaire National Grid Indus BV. Voir également n° 88153. Sur les solutions retenues en France, voir n°s 27210 s.

e. Possibilité de refuser le bénéfice de la directive

Interprétation stricte des conditions posées par la directive

88470 Les **modalités pratiques d'application** de la directive fusions relèvent de l'ordre juridique de chaque État membre en vertu du principe général de l'autonomie procédurale des États membres en l'absence de réglementation de l'Union européenne. Il faut toutefois que ces modalités ne soient pas moins favorables que celles qui régissent des **situations**

similaires de nature interne (principe d'équivalence) et qu'elles ne rendent pas impossible en pratique, ou excessivement difficile, l'exercice des droits conférés par la directive (principe d'effectivité) ; en ce sens, par exemple, la Cour de justice a précisé que s'il est possible de soumettre l'octroi des avantages prévus par la directive à une scission à la condition que la demande afférente à cette opération soit introduite dans un délai déterminé, les États membres ont l'obligation de mettre en place un **régime de délais** suffisamment précis, clair et prévisible pour permettre aux assujettis de connaître leurs droits de sorte qu'ils soient en mesure de bénéficier de la directive (CJUE 18 octobre 2012 aff. 603/10, 5e ch., Pelati d.o.o., point 23 : RJF 1/13 n° 125).

En tout état de cause, la directive doit, sur le fond, faire l'objet d'une interprétation stricte ; la Cour a, par exemple, jugé que le libellé impératif et clair de l'article 8, paragraphes 1 et 2, de la directive « ne fait aucunement apparaître la volonté du législateur communautaire de laisser aux États membres une marge de transposition permettant à ceux-ci de subordonner la neutralité fiscale prévue en faveur des associés de la société acquise à des conditions supplémentaires » (CJCE 11 décembre 2008 aff. 285/07, 1e ch., A.T. c/ Finanzamt Stuttgart-Körperschaften : RJF 4/09 n° 421).

Il est donc de principe que les États membres ne peuvent pas édicter des **conditions supplémentaires** à celles prévues par la directive, sous réserve du cas des opérations abusives.

Précisions Les États membres peuvent choisir les formes qu'ils jugent les plus appropriées afin d'assurer un effet utile aux directives, sous réserve que les **modalités procédurales** retenues ne rendent pas en pratique impossible ou excessivement difficile l'exercice des droits conférés par le droit de l'Union européenne (principe d'effectivité) ; le Conseil d'État a jugé, alors qu'il n'était pas tenu de le préciser s'agissant d'une situation purement interne à laquelle la directive fusions ne s'appliquait pas, que l'obligation de mentionner dans l'acte de fusion **l'engagement prévu par le 3 de l'article 210 A** du CGI, alors exigé par la loi, n'avait pas pour effet de rendre pratiquement impossible l'application du régime de faveur (CE 20 janvier 2016 n° 376980, 9e et 10e s.-s., SARL EBS : RJF 4/16 n° 321).

Cas des opérations abusives

L'article 15 § 1 a) de la directive du 19 octobre 2009 (anciennement article 11) prévoit **88480**
qu'un État membre peut refuser d'appliquer la directive ou en retirer le bénéfice lorsque l'opération de fusion, de scission, de scission partielle, d'apport d'actifs, d'échange d'actions ou de transfert du siège statutaire d'une SE ou d'une SCE, a comme **objectif principal** ou comme **un de ses objectifs principaux** la **fraude** ou l'**évasion fiscale**.

La directive ajoute que le fait qu'une des opérations en cause n'est pas effectuée pour des **motifs économiques valables**, tels que la restructuration ou la rationalisation des activités des sociétés participant à l'opération, peut constituer une présomption que cette opération a comme objectif principal, ou comme un de ses objectifs principaux, la fraude ou l'évasion fiscales.

Le bénéfice de la directive peut également être retiré si l'opération a pour effet qu'une société, que celle-ci participe ou non à l'opération, ne remplit plus les conditions requises pour la **représentation des travailleurs** dans les organes de la société selon les modalités applicables avant l'opération considérée (article 15 § 1 b) de la directive du 19 octobre 2009).

Si cette dernière possibilité n'a vraisemblablement qu'une importance limitée, puisqu'elle vise clairement le système de représentation des travailleurs en Allemagne, la première est plus lourde de conséquences, dans la mesure où, étant définie de manière imprécise, elle est susceptible d'avoir un champ d'application assez large. La jurisprudence de la Cour de justice en a cependant réduit significativement la portée.

Jurisprudence Il résulte de la jurisprudence de la Cour de justice que ce n'est qu'à **88485**
titre **exceptionnel** et dans des **cas particuliers** que les États membres peuvent, en vertu de l'article 15 § 1 a), refuser d'appliquer tout ou partie des dispositions de la directive ou en retirer le bénéfice ; la Cour estime en outre que, pour vérifier si l'opération envisagée a un tel objectif, les autorités nationales compétentes ne peuvent se contenter d'appliquer des critères généraux prédéterminés, mais ils doivent procéder, **au cas par cas**, à un examen global de l'opération.

88485 (suite) Ainsi, il n'est pas possible aux États membres d'établir des règles de portée générale excluant automatiquement certaines opérations (CJCE 17 juillet 1997 aff. 28/95, Plén., A. Leur-Bloem : RJF 10/97 n° 1002 ; CJCE 5 juillet 2007 aff. 321/05, 1e ch., Hans Markus Kofoed : RJF 10/07 n° 1185 ; CJCE 11 décembre 2008 aff. 285/07, 1e ch., A.T. c/ Finanzamt Stuttgart-Körperschaften : RJF 4/09 n° 421).

La Cour reconnaît certes que, conformément à l'article 15 § 1 a) de la directive, les États membres peuvent prévoir que le fait que l'opération envisagée n'est pas effectuée pour des **motifs économiques valables** constitue une présomption de fraude ou d'évasion fiscales. Mais il leur appartient alors de déterminer les procédures internes nécessaires à cette fin dans le respect du principe de **proportionnalité** et sans pouvoir instituer une règle de portée générale (une présomption de fraude ou d'évasion fiscales peut être établie si l'opération n'est pas effectuée pour des motifs économiques valables, par exemple en cas de recherche d'un avantage purement fiscal).

La Cour a aussi jugé que l'article 15 § 1 a) de la directive reflète le « principe général du droit communautaire selon lequel l'abus de droit est prohibé. » Il résulte de ce principe que nul ne peut se prévaloir frauduleusement ou abusivement des normes du droit de l'Union européenne et que l'application de ces normes ne peut couvrir des pratiques abusives, « c'est-à-dire des opérations réalisées non dans le cadre de transactions commerciales normales, mais seulement dans le but de bénéficier abusivement des avantages prévus par le droit communautaire » (CJCE 5 juillet 2007 aff. 321/05, 1e ch., Hans Markus Kofoed : RJF 10/07 n° 1185). Dans cette affaire, la Cour admet en outre que la **prohibition de l'abus de droit** prévue par l'article 15 (ex-article 11) de la directive puisse être garantie aussi bien par un principe général de droit interne que par une disposition expresse de transposition de la directive, à condition que ce principe ou cette disposition soient conformes à l'interdiction posée par le droit de l'Union européenne.

La portée de la restriction posée par la directive fusions a également été précisée à propos d'une affaire de droit interne portugais (CJUE 10 novembre 2011 aff. 126/10, 5e ch., Foggia-Sociedade Gestora de Participações Sociais SA : RJF 2/12 n° 201) ; la Cour indique (au point 35) qu'est susceptible de constituer un **motif économique valable** une opération de fusion qui est fondée sur plusieurs objectifs, parmi lesquels peuvent également figurer des **considérations de nature fiscale**, à condition toutefois que ces dernières ne soient pas prépondérantes dans le cadre de l'opération envisagée. Peut ainsi constituer une présomption qu'une fusion entre deux sociétés d'un même groupe n'est pas effectuée pour des « motifs économiques valables » le fait que, à la date de la fusion, la société absorbée n'exerce aucune activité, ne détient aucune participation financière et ne fait que transférer à la société absorbante des pertes fiscales dont le montant est élevé et l'origine indéterminée, alors même que cette opération a un effet positif en termes d'économie de coûts structurels pour ce groupe.

Autre précision apportée par la jurisprudence, l'article 15 § 1 a) de la directive doit être interprété en ce sens que les régimes de faveur qu'elle instaure ne sauraient être refusés à un assujetti qui a cherché, par un montage juridique comprenant une fusion d'entreprises, à prévenir le prélèvement des **droits de mutation**, dès lors que cet impôt ne relève pas du champ d'application de la directive (CJUE 20 mai 2010 aff. 352/08, 1e ch., Modehuis A. Zwijnenburg BV : RJF 8-9/10 n° 869). Dans ses conclusions, l'avocat général avait notamment indiqué que « la simple circonstance qu'un assujetti réalise un projet légitime d'entreprise en choisissant, parmi plusieurs montages parfaitement légaux, celui qui lui est **fiscalement le plus avantageux** ne justifie pas encore, en elle-même, le grief d'évasion fiscale au sens de l'article 11, paragraphe 1, sous a), de la directive 90/434 ».

Enfin, en ce qui concerne plus spécifiquement la **France**, l'ancien agrément prévu par l'article 210 C du CGI dans sa rédaction antérieure à la loi n° 2017-1775 du 28 décembre 2017 de finances rectificative pour 2017 (n° 27055) avait été jugé contraire au droit de l'Union européenne (liberté d'établissement) et à la directive fusions, dans la mesure où, dans le cadre d'une fusion transfrontalière, le bénéfice des avantages prévus par la directive était subordonné à une procédure d'**agrément préalable**, dans le cadre de laquelle la société devait démontrer que l'opération était justifiée par un motif économique, qu'elle n'avait pas comme objectif principal ou comme l'un de ses objectifs principaux la fraude ou l'évasion fiscales et que ses modalités permettaient d'assurer l'imposition future des plus-values mises en sursis d'imposition, alors que, dans le cas d'une opération de fusion interne, un tel report était accordé sans que le contribuable soit soumis à une telle procédure (CJUE 8 mars 2017 aff. 14/16, 1e ch., Euro Park Service : RJF 5/17 n° 520 ; le Conseil d'État avait renvoyé la question à la Cour par trois décisions du 30 décembre 2015 n° 369316, 369317 et 369311, 9e et 10e s.-s., Sté Euro Park Service : RJF 3/16 n° 227). Cet arrêt ne signifie pas qu'un mécanisme d'agrément serait, par nature, interdit puisqu'une procédure d'agrément a été admise, sur le plan des principes, par l'arrêt Pelati (n° 88470), sous réserve que ses **modalités** soient suffisamment précises, claires et prévisibles. Mais, comme le soulignait l'avocat général Melchior Wathelet dans ses conclusions sur cette affaire, « une réglementation ne peut imposer au contribuable de **justifier systématiquement** la réalité et la sincérité d'une opération, sans que l'administration soit tenue de fournir ne serait-ce qu'un commencement de preuve de fraude ou d'évasion fiscales » (point 45) ; au cas particulier, la législation française était surtout critiquée en ce qu'elle ne respectait pas le principe de sécurité juridique car elle ne prévoyait pas de modalités d'application précises, claires et prévisibles (point 55 des conclusions et points 42 et 46 de l'arrêt).

Précisions Le Conseil d'État a jugé qu'exclure du bénéfice de la directive un **apport-cession** sans réinvestissement n'est contraire ni à la directive fusions ni à la jurisprudence de la Cour de justice (CE QPC 22 septembre 2017 n° 412408, 10e et 9e ch. : RJF 12/17 n° 1226 ; voir également n° 65755, Précisions b).

4. La procédure arbitrale

En 1976, la Commission européenne avait présenté au Conseil une proposition de directive concernant l'élimination des doubles impositions dans le cas de **correction de bénéfices entre entreprises associées**, baptisée procédure arbitrale (JOCE n° C 301 du 21 décembre 1976). **88510**

Cette proposition, qui n'avait guère été discutée sérieusement sur le fond jusqu'en 1988, visait à remédier aux situations de double imposition dans lesquelles se trouvent les entreprises qui sont redressées sur les prix des transactions qu'elles ont effectuées avec des entreprises d'autres États membres (prix « de transfert » ; nos 75750 s.).

Cette proposition a été transformée en **convention multilatérale** (établie sur la base de l'article 220, devenu article 293, du traité CE puis supprimé par le traité de Lisbonne ; n° 87413), adoptée le **23 juillet 1990** (nos 86080 s.). Le principe directeur de cette convention consiste à reconnaître aux entreprises un véritable droit à l'élimination des **doubles impositions** en matière de prix de transfert soit au moyen d'une procédure amiable entre les États, soit, en cas d'échec, au moyen d'une procédure d'arbitrage. L'idée même de l'arbitrage pour résoudre les doubles impositions a depuis lors fait son chemin pour être finalement adoptée par le comité des affaires fiscales de l'OCDE (n° 84010).

Les conditions de mise en œuvre de la convention multilatérale font l'objet de réflexions continues dans le cadre européen qui se sont notamment traduites par l'adoption d'un **Code de conduite**, le 7 décembre 2004, et par diverses recommandations issues des travaux du Forum européen sur les prix de transfert (**Joint Transfer Pricing Forum** ; n° 75810, Précision b et n° 86082, Précision c). Pour éviter que les entreprises soient confrontées à des demandes multiples et contradictoires de la part des États membres en ce qui concerne les prix de transfert, la Commission européenne a également adopté, le 27 juin 2006, un Code de conduite relatif à la documentation en matière de prix de transfert (EUTPD ; nos 76840 s.).

Enfin, élargissant le dispositif à la plupart des cas doubles impositions, une directive a été adoptée le 10 octobre 2017 (**directive (UE) 2017/1852 du Conseil du 10 octobre 2017** concernant les mécanismes de règlement des différends fiscaux dans l'Union européenne) ; sur cette directive, voir n° 86085.

5. Le Code de conduite en matière d'impôt sur les sociétés

Notion de concurrence fiscale dommageable

Depuis le début des années 1990, les États membres, et notamment la France, se sont préoccupés de la question de la concurrence « déloyale », ou « dommageable », dans le domaine fiscal. Exprimée au Conseil Ecofin de Vérone en avril 1996, cette préoccupation s'est trouvée relayée par le Conseil Ecofin du 1er décembre 1997, à la suite de la communication de la Commission européenne au Conseil et au Parlement européen du 5 novembre 1997 (COM (97) 564, intitulée « Un ensemble de mesures pour lutter contre la concurrence fiscale dommageable dans l'Union européenne »). **88530**

La résolution du Conseil Ecofin « sur le Code de conduite en matière de fiscalité des entreprises » a été publiée au JOCE C-2 du 6 janvier 1998 ; elle prévoit un gel des mesures existantes et un démantèlement à terme :
– les mesures visées sont celles qui, en matière seulement de fiscalité des entreprises, peuvent avoir une incidence sensible sur la **localisation des activités économiques** au sein de l'Union européenne ; par principe, il s'agit de celles qui, d'origine législative, réglementaire, ou simplement administrative, établissent un niveau d'imposition effective nettement inférieur à celui qui s'applique normalement dans l'État concerné, compte tenu du taux nominal ou de la base de l'impôt. Mais ces mesures ne sont visées que si elles sont « **dommageables** », en fonction de différents critères comme, par exemple, le fait qu'elles ne s'appliquent qu'aux non-résidents (cas des facilités fiscales réservées aux non-résidents), ou aux transactions conclues avec des non-résidents, ou bien qu'elles sont déconnectées de toute activité économique réelle (octroi d'avantages fiscaux même en l'absence de toute activité économique réelle) et de présence économique substantielle à l'intérieur de l'État considéré (incitations fiscales en faveur d'activités qui n'ont pas trait à l'économie locale, de sorte qu'elles n'ont pas d'impact sur l'assiette fiscale nationale), ou encore qu'elles s'écartent des principes internationaux (règles de détermination des bénéfices des entreprises faisant partie d'un groupe multinational qui s'écartent des normes généralement admises au niveau international, notamment de celles approuvées par l'OCDE) ou qu'elles manquent de transparence ;
– les États membres s'engagent à « **geler** » les mesures dommageables existantes, c'est-à-dire à ne pas en introduire de nouvelles à l'avenir ;
– ils s'engagent également à « **démanteler** », le cas échéant, leur propre système, c'est-à-dire à réexaminer leurs dispositions et pratiques en vigueur et à les modifier si elles sont dommageables.
Le Conseil a formellement adopté le Code de conduite au conseil Ecofin du 3 juin 2003. Même si ce code n'est pas un instrument juridiquement contraignant, il a la force d'un **engagement politique** des États membres. En l'adoptant, ces derniers se sont engagés à éliminer les mesures fiscales existantes qui engendrent une concurrence fiscale dommageable et à s'abstenir d'introduire toute nouvelle mesure ayant cet effet (« gel »). Le Conseil a cependant admis qu'une concurrence « loyale » pouvait avoir des effets bénéfiques ; c'est la raison pour laquelle le code est conçu pour ne s'attaquer qu'aux mesures qui faussent la localisation des activités économiques dans l'Union européenne en ce qu'elles visent uniquement les non-résidents pour leur accorder un traitement fiscal plus favorable que celui qui est normalement applicable dans l'État membre concerné.

Précisions La déclaration politique commune sur la lutte contre les régimes fiscaux dommageables signée par l'Union européenne et le Royaume-Uni à l'occasion du **Brexit** fournit des indications actualisées sur la notion de régime fiscal dommageable (n° 70573).

Identification des mesures dommageables

88535 Afin de déterminer quelles mesures prises par les États membres devaient être considérées comme « dommageables » au sens du Code de conduite, la résolution de 1997 (n° 88530) avait prévu la constitution d'un **groupe de travail** composé de représentants des États membres et de la Commission européenne. Mis en place en mars 1998, ce groupe, alors présidé par la Britannique Dawn **Primarolo**, avait passé en revue plus de trois cents régimes fiscaux susceptibles d'être concernés. Le rapport du groupe de travail a été présenté au Conseil Ecofin du 29 novembre 1999, avant d'être rendu public le 28 février 2000.

La commission Primarolo avait, à l'époque, identifié soixante-six mesures considérées comme dommageables ; la plupart des mesures identifiées ont été **révisées** ou **remplacées** sous l'effet de l'action de la Commission européenne qui a saisi cette occasion pour lancer une enquête d'ensemble sur le terrain des aides d'État, en juillet 2001 (n° 87687).

Suivi du Code de conduite

88540 Dans sa communication du 28 avril 2009 intitulée « Encourager la **bonne gouvernance** dans le domaine fiscal », la Commission européenne a demandé aux États membres de poursuivre leurs travaux dans ce domaine en abrogeant les mesures dommageables concernant la fiscalité des entreprises (COM (2009) 201 final) ; cette communication indique que plus de quatre cents mesures ont été évaluées à cette date et que plus de cent d'entre elles, jugées dommageables, ont été abrogées ou modifiées (le Code de conduite s'applique non seulement aux États membres mais aussi à leurs territoires dépendants ou associés).

Depuis lors, **le groupe « Code de conduite »** assure le suivi du gel et de la mise en œuvre du démantèlement, et en fait régulièrement rapport au Conseil. Le groupe cherche à identifier et à analyser les mesures prises par les États qui pourraient être considérées comme dommageables alors que les États membres se sont engagés à ne pas en introduire de nouvelles.

Le groupe « Code de conduite » continue d'élargir ses travaux et s'est notamment intéressé, ces dernières années, aux questions soulevées par les différences de traitement des instruments et entités **hybrides** y compris en ce qui concerne les États tiers (nº 72410) et à celles qui concernent les régimes fiscaux préférentiels applicables aux redevances de **brevets** (« patent boxes », qui existent dans certains États comme la Belgique, Chypre, la France, le Luxembourg ou le Royaume-Uni), dans un contexte général d'intensification de la lutte contre la « planification fiscale agressive ».

Un groupe de travail a examiné, en particulier, les différents régimes européens en matière de **propriété intellectuelle** sous l'angle de la « **théorie du lien** » (« nexus approach ») visant à lier le bénéfice des régimes de faveur à la réalisation des dépenses de recherche et développement ; cette approche peut s'autoriser des recommandations de l'OCDE visant à lutter contre l'érosion de l'assiette imposable et les transferts de bénéfices (nº 72410 ; selon l'Action 8 du plan anti-Beps, les revenus de la propriété intellectuelle devraient être attribués à l'État dans lequel se déroule l'activité économique sous-jacente et selon l'Action 5, les avantages fiscaux relatifs à la recherche et au développement devraient être réservés aux activités conduites par le contribuable dans l'État considéré). L'ancien **régime français**, en particulier, avait été considéré comme dommageable et, selon le groupe Code de conduite, il aurait dû être démantelé depuis longtemps ; le régime applicable depuis le 1er janvier 2019 (nº 21250) a, en revanche, été considéré comme « non dommageable » (rapport du groupe Code de conduite du 27 mai 2019, 9652/19 FISC 274 ECOFIN 515). Il en va de même, notamment, du dispositif luxembourgeois (décision 10931/18 du 6 juillet 2018).

Le groupe est enfin chargé de travailler à l'établissement de la liste européenne des États ou territoires **non coopératifs** et à ses révisions périodiques (nº 71580), aux mesures de gel et de démantèlement à prendre et à la situation des États tiers.

Le conseil Ecofin suit très régulièrement les travaux du groupe Code de conduite et en approuve les rapports et conclusions (le dernier rapport du groupe a été publié le 2 juin 2022 et approuvé par le Conseil le 17 juin 2022 : Doc. nº 9295/22, FISC 114, ECOFIN 452). Le programme 2022 du groupe Code de conduite en poursuit les orientations traditionnelles, notamment en ce qui concerne la revue des mesures fiscales notifiées par les États membres, la révision de la liste européenne des ETNC (nº 71580), la coordination des mesures défensives à l'égard des ETNC et la surveillance des privilèges fiscaux liés aux zones économiques spéciales ; s'y ajoutent un projet d'élaboration d'un futur critère sur l'échange d'informations sur les bénéficiaires effectifs, des actions de suivi des « Pandora Papers » (nº 71000, Précisions c) et l'analyse des conséquences possibles sur ses travaux de l'accord international sur le Pilier 2 proposé par l'OCDE (Doc. Conseil, 25 janvier 2022, 5625/22, FISC 20, ECOFIN 60).

Précisions **a.** Les États membres ont souhaité donner davantage de transparence aux travaux du groupe « Code de conduite » ; des **rapports de synthèse** sont périodiquement publiés à ce titre dans le cadre des travaux de l'Ecofin. Un rapport mis à jour sur les régimes fiscaux préférentiels examinés depuis 1998 a notamment été publié le 11 juin 2020 (Doc. Conseil 8602/20, FISC 125, ECOFIN 478).

b. Pour un exemple intéressant d'analyse du Conseil concluant qu'en définitive, le régime des « Foreign Owned Call Centers » de **Panama** (PA005) n'était **pas dommageable** au regard des critères posés par le Code de conduite, voir Doc. 15117/18 du 4 décembre 2018, FISC 520, ECOFIN 1164.

6. Autres textes ayant des incidences fiscales

Groupement européen d'intérêt économique

Les règles relatives aux groupements européens d'intérêt économique (GEIE) ont fait l'objet d'un règlement européen qui est applicable depuis le 1er juillet 1989 (règlement CEE 2137/85, au JOCE nº L 199 du 31 juillet 1985) ; sur le plan fiscal, un GEIE est imposé comme le sont les GIE français, c'est-à-dire au niveau des participants. L'article 40 du règlement prévoit, en 88550 effet, que « le résultat provenant de l'activité du groupement n'est **imposable** qu'au niveau de ses **membres** ».

En dehors de cette disposition, c'est le **droit fiscal national** qui s'applique notamment en ce qui concerne la répartition des bénéfices (sous réserve de l'article 21 qui prévoit que les bénéfices provenant des activités du groupement sont considérés comme des bénéfices des membres et répartis entre eux dans la proportion prévue par le contrat de groupement ou, à défaut, par parts égales), les procédures fiscales et toutes les obligations que les législations fiscales nationales imposent.

Précisions L'immatriculation en France de **GEIE** a été autorisée par une loi du 13 juin 1989 ; cette loi dispose notamment que la transformation d'une personne morale française en GEIE ne donne lieu ni à transformation ni à création d'un être moral nouveau.

Société européenne

88560 La société européenne (Societas Europaea ou SE) est devenue une réalité juridique après quelques trente années de discussions ; elle est régie par un règlement et une directive de 2001 (Règlement (CE) nº 2157/2001 du Conseil, du 8 octobre 2001, relatif au statut de la société européenne (SE) et directive 2001/86/CE du Conseil, du 8 octobre 2001, complétant le statut de la Société européenne pour ce qui concerne l'implication des travailleurs, JO L 294 du 10 novembre 2001).

La société européenne est une **société anonyme de droit européen** permettant aux entreprises opérant dans plusieurs États membres d'évoluer dans l'Union européenne selon des **règles uniques**, ce qui facilite notamment les fusions transfrontalières ainsi que les transferts de sièges sociaux d'un État membre dans un autre (une majorité des deux tiers des actionnaires suffit pour transférer le siège social alors que l'unanimité est requise pour les sociétés ordinaires). Au 25 juillet 2021, 3 381 sociétés européennes étaient immatriculées, dont une quarantaine en France (European trade union SE database : http://ecdb.worker-participation.eu).

Les textes concernant la société européenne ont été transposés **en droit français** par la loi du 26 juillet 2005 pour la confiance et la modernisation de l'économie et les décrets des 14 avril et 9 novembre 2006. Des sociétés européennes peuvent donc être constituées en France, même s'il n'y en a que peu dans notre pays.

Précisions **a.** De façon analogue, le statut de la **société coopérative européenne** (SCE) a été adopté en **2003** (Règlement (CE) nº 1435/2003 du Conseil, du 22 juillet 2003, relatif au statut de la société coopérative européenne (SCE) et directive 2003/72/CE du Conseil, du 22 juillet 2003, complétant le statut de la société coopérative européenne pour ce qui concerne l'implication des travailleurs, JO L 207 du 18 août 2003).

b. La Commission européenne avait présenté le 25 juin 2008 une proposition de règlement portant statut de la **société privée européenne** (SPE), forme européenne de société de capitaux non cotée qui aurait coexisté avec les différentes formes sociales connues dans les États membres et qui aurait été soumise aux règles fiscales ordinaires sans dérogation particulière ; cette proposition, qui a été un échec, a été retirée en mai 2014 (JOUE C 153 du 21 mai 2014). Le 9 avril 2014, la Commission a présenté une proposition de directive relative à la **société unipersonnelle à responsabilité limitée** (Societas Unius Personae), destinée notamment aux PME (COM(2014) 212 final) ; il ne s'agirait pas de créer une nouvelle forme sociale mais simplement d'obliger les États membres à permettre la constitution de sociétés ayant certaines caractéristiques, notamment un capital minimum de un euro et la possibilité d'être créées en ligne (le texte se heurte à l'opposition de certains syndicats qui y voient un instrument de fraude aux droits des travailleurs et de fraude fiscale ; la France y est favorable selon ce qu'indique la réponse Cresta nº 57451 : JOAN 7 mars 2017 p. 2009). Un projet de statut de **fondation européenne** avait également été présenté en février 2012 (COM(2012) 35).

c. Le **nombre de sociétés européennes** est en augmentation constante, principalement en Allemagne et en République tchèque, même s'il reste très faible, notamment en raison de la longueur, de la complexité, et du coût des procédures qu'impliquent la création et le fonctionnement d'une telle société (frais de conseils juridiques et fiscaux, de traduction et d'immatriculation, notamment). Les atouts de la SE sont essentiellement, outre l'image européenne, la possibilité de **transférer leur siège** dans des conditions fiscales sécurisées (nº 88440).

88565 **Absence de règles fiscales spécifiques** Le projet initial de société européenne, présenté dès 1970 par la Commission européenne (JOCE nº C 124 du 10 octobre 1970), avait, pendant un moment, comporté une esquisse de volet fiscal ; il avait, en effet, été envisagé de donner à la société européenne la possibilité d'imputer, dans son État de résidence, les pertes subies dans un établissement étranger. Tel qu'il a été adopté, toutefois, le texte ne contient aucune disposition fiscale et n'ambitionne que de permettre la constitution d'une forme sociale uniforme au sein de l'Union européenne.

Ainsi, les sociétés européennes constituées en France ne bénéficient d'aucune disposition fiscale dérogatoire ; elles sont régies par l'ensemble des règles applicables à la généralité des sociétés françaises de capitaux.

7. Exonérations relatives aux intérêts et redevances intragroupe

Dès après l'adoption des directives de juillet 1990 relatives au régime des dividendes au sein de la Communauté européenne (aujourd'hui Union européenne) et à celui des fusions et opérations assimilées (n°s 88160 s.), la Commission européenne avait réfléchi à l'approfondissement du dispositif et à son extension au versement d'intérêts et redevances au sein des groupes de sociétés européennes. **88570**

Selon la Commission, en effet, les conventions fiscales n'atteignent pas bien leur objectif car les crédits d'impôts ne sont pas toujours imputables et les entreprises doivent faire face à des difficultés administratives, liées aux formulaires d'application des conventions fiscales, et à des coûts de trésorerie. Pour éliminer ces inconvénients, elle a estimé nécessaire de supprimer les retenues à la source, mais, afin d'en limiter l'impact budgétaire, elle ne l'a proposé dans une première étape, qu'entre entreprises associées, en réservant les cas de fraude ou d'abus.

La directive 2003/49/CE du 3 juin 2003

Une proposition de directive avait été préparée dès 1991 ; bien qu'elle ait été inscrite en 1992 parmi les mesures prioritaires à prendre dans le cadre de l'achèvement du marché unique, le Conseil n'a pu parvenir à un consensus et la Commission a dû la retirer à la fin de l'année 1994, avant de la relancer en 1998. **88575**

Les propositions de la Commission européenne ont, sur le fond, été assez vite considérées comme acceptables par les États membres et, s'il n'y avait eu les péripéties relatives à la fiscalité de l'épargne, elles auraient sans doute été adoptées plus rapidement ; c'est finalement dans le cadre de l'accord politique du 21 janvier 2003 sur le « paquet fiscal » de l'époque qu'une directive a été adoptée par le conseil le 3 juin 2003 (JOUE L 157/49 du 26 juin 2003).

Conformément aux propositions de la Commission européenne, cette directive vise à établir un **régime fiscal commun** applicable aux paiements d'intérêts et de redevances effectués entre des sociétés associées d'États membres différents, afin d'éliminer toute imposition à la source et de supprimer tout risque de double imposition. L'idée sous-jacente est que, dans un marché unique ayant les caractéristiques d'un marché intérieur, les opérations entre sociétés d'États membres différents ne devraient pas être soumises à des conditions fiscales moins favorables que celles qui sont applicables aux mêmes opérations effectuées entre des sociétés du même État membre.

Très fortement inspirée de la proposition de la Commission de 1998, la directive de 2003 vise à **supprimer les retenues à la source**, ou les impôts perçus par voie de rôle, sur les paiements d'intérêts et de redevances effectués entre des entreprises associées d'États membres différents.

Champ d'application

La directive « intérêts et redevances » s'applique aux **« sociétés des États membres »** définies par référence à trois critères : **88580**
– la société doit avoir été constituée conformément à la législation d'un État membre et revêtir l'une des **formes** qu'elle énumère et qui sont celles figurant dans les directives « mères/filles » et « fusions » de 1990 (cette liste n'a pas été actualisée à la suite de l'adoption en décembre 2003 de la proposition de directive modifiant la directive mères/filles ; n° 88165) ;
– elle doit avoir sa **résidence** fiscale dans cet État ;
– elle doit être assujettie à **l'impôt sur les sociétés** dans cet État sans en être exonérée.

À propos d'une **Sicar** luxembourgeoise, considérée par principe comme assujettie à l'impôt, la Cour de justice a interprété cette dernière condition comme exigeant que les sommes ne bénéficient pas d'une **exonération** dans l'État membre de la société bénéficiaire (CJUE 26 février 2019 aff. jointes 115/16, 118/16, 119/16 et 299/16, Gr. ch., respectivement N Luxembourg 1, X Denmark, C Danmark I et Z Denmark, point 151 : RJF 6/19 n° 613, à propos de l'affaire 118/16) ; dans cette affaire, la Cour juge qu'une Sicar ne peut être regardée comme étant une « société d'un État membre » au sens de la directive si les intérêts qu'elle reçoit sont effectivement exonérés de l'impôt sur les revenus des collectivités au Luxembourg (cette appréciation est du ressort du juge national).

88590 **Application aux seules sociétés associées** Les exonérations ne visent que les paiements entre sociétés associées définies de la manière suivante :
- lorsque l'une détient une participation directe d'au moins **25 %** dans le capital de l'autre (versements s'opérant entre une **société mère** et sa filiale, dans un sens ou dans l'autre), ou
- lorsqu'une troisième société détient une participation directe d'au moins **25 %** dans le capital de chacune des deux sociétés (versements entre deux **sociétés sœurs** contrôlées directement par la même société mère européenne).

Ces participations doivent être **directes** ; elles ne peuvent concerner que des sociétés établies dans l'Union européenne. Les États membres ont toutefois la faculté de remplacer le critère de la participation minimale dans le capital par un critère de détention minimale de droits de vote.

La directive s'applique aussi à l'**établissement stable** situé dans un autre État membre d'une société d'un État membre, ce qui permet de résoudre certaines situations triangulaires ; le terme « établissement stable » est défini, par référence au modèle de convention fiscale de l'OCDE, comme toute installation fixe d'affaires située dans un État membre dans laquelle l'activité d'une société d'un autre État membre est exercée en tout ou partie (n°s 17350 s.).

88600 **Délai de détention** L'État de la source des paiements a la faculté de ne pas appliquer l'exonération si les conditions de détention n'ont pas été remplies pendant une période interrompue d'au moins **deux ans**.

88610 **Intérêts et redevances visés** La directive définit les **intérêts** comme les revenus des créances de toute nature, assorties ou non de garanties hypothécaires ou d'une clause de participation aux bénéfices du débiteur, et notamment les revenus d'obligations ou d'emprunts, y compris les primes et lots attachés à ces obligations ou emprunts. Les pénalités pour paiement tardif n'en font pas partie.

Elle entend par **redevances** les paiements de toute nature reçus à titre de rémunération pour l'usage ou la concession de l'usage d'un droit d'auteur sur une œuvre littéraire, artistique ou scientifique, y compris les films cinématographiques et les logiciels informatiques, d'un brevet, d'une marque de fabrique ou de commerce, d'un dessin ou d'un modèle, d'un plan, d'une formule ou d'un procédé secret, ainsi que pour des informations ayant trait à une expérience acquise dans le domaine industriel, commercial ou scientifique. Les paiements reçus pour l'usage ou la concession de l'usage d'un droit concernant des équipements industriels, commerciaux ou scientifiques sont considérés comme des redevances.

Précisions Des **intérêts « fictifs »** rectifiés au titre d'un prêt sans intérêt consenti par une société mère non résidente ne sont pas des paiements d'intérêts au sens de la directive (CJUE 24 février 2022 aff. 257/20, 5e ch., « Viva Telecom Bulgaria » EOOD : RJF 5/22 n° 514).

Absence d'imposition à la source

88620 Les paiements d'intérêts et de redevances « échus » dans un État membre (c'est-à-dire effectués par une société ou par un établissement stable d'un État membre dit « État d'origine ») sont **exonérés** de toute imposition, qu'elle soit retenue à la source ou recouvrée par voie de rôle, lorsque le bénéficiaire est une « société d'un État membre » située dans un autre État membre ou un établissement stable situé dans un autre État membre d'une société d'un État membre.

S'il n'exonère pas d'emblée, l'État d'origine doit **rembourser** l'excédent d'impôt retenu à la source dans un **délai d'un an** à compter de la réception de la demande et des pièces justificatives qu'il peut raisonnablement demander (attestation). Le délai de production de la demande de remboursement ne peut être inférieur à deux ans. Si l'impôt retenu à la source n'a pas été remboursé dans ce délai, le bénéficiaire a droit à des **intérêts moratoires** calculés à un taux correspondant au taux d'intérêt national applicable dans des cas semblables en vertu de la législation nationale de l'État d'origine.

Précisions **a.** La directive ne s'oppose pas à une disposition du droit fiscal national selon laquelle les intérêts afférents à un prêt, versés par une société établie dans un État membre à une société associée située dans un autre État membre, sont intégrés à l'assiette de la **taxe professionnelle** à laquelle est assujettie la première société (CJUE 21 juillet 2011 aff. 397/09, 3e ch., Scheuten Solar Technology GmbH : RJF 11/11 no 1257).

b. Une société française était fondée à imputer un **crédit d'impôt** correspondant à une retenue à la source prélevée en Roumanie conformément à la convention fiscale franco-roumaine du 27 septembre 1974, même si la Roumanie n'avait pas le droit d'imposer en application de la directive européenne ; en effet, une directive (no 87450) ne peut pas, par elle-même, créer d'obligations dans le chef d'un particulier et ne peut donc pas être invoquée en tant que telle à son encontre (TA Montreuil 24 juin 2020 no 1807992, 1e ch., Sté Accor ; jugement définitif).

Cas d'exclusions

L'État d'origine peut refuser l'exonération de **certains paiements** tels que : **88650**
- les paiements assimilés à des distributions de bénéfices ou à un remboursement de capital en vertu de sa législation ;
- les paiements résultant de créances assorties d'une participation aux bénéfices du débiteur ;
- les paiements résultant de créances habilitant le créancier à échanger son droit aux intérêts contre un droit de participation aux bénéfices du débiteur ;
- les paiements résultant de créances ne prévoyant pas le remboursement du principal ou pour lesquelles le remboursement est dû plus de cinquante ans après la date d'émission.

En outre, la directive ne s'applique que si le bénéficiaire des sommes les reçoit pour son propre compte (clause de **« bénéficiaire effectif »**). La Cour de justice a précisé, à propos du versement d'intérêts par des sociétés danoises à des sociétés établies dans d'autres États membres, que la notion de « bénéficiaire des intérêts » doit être interprétée comme désignant l'entité qui **bénéficie réellement des intérêts** qui lui sont versés (CJUE 26 février 2019 aff. jointes 115/16, 118/16, 119/16 et 299/16, Gr. ch., respectivement N Luxembourg 1, X Denmark, C Danmark I et Z Denmark, point 88 : RJF 6/19 no 613) ; il s'agit de l'entité qui bénéficie économiquement des intérêts perçus et dispose dès lors de la faculté d'en déterminer librement l'affectation (point 89). En application du principe général selon lequel les justiciables ne sauraient **frauduleusement ou abusivement** se prévaloir des normes du droit de l'Union européenne (no 72620), l'exonération doit, en présence d'une pratique frauduleuse ou abusive, être refusée à un contribuable, même en l'absence de dispositions du droit national ou conventionnel prévoyant un tel refus (les précisions apportées par la Cour dans un arrêt du même jour concernant des versements de dividendes sont transposables ; voir no 88210).

La Cour a toutefois précisé que la seule circonstance que la société qui perçoit les intérêts dans un État membre n'en est pas le « bénéficiaire effectif » ne signifie pas nécessairement que l'exonération n'est pas applicable ; pour la Cour, il est « concevable » que les intérêts soient exonérés si la société qui les perçoit en **transfère le montant à un bénéficiaire effectif** établi dans l'Union européenne et répondant par ailleurs à l'ensemble des conditions posées par la directive (point 94) ; il est conceptuellement sans importance, en revanche, que le bénéficiaire effectif soit résident d'un État ayant conclu une convention fiscale avec l'État de la source prévoyant une exonération (point no 135 ; le point 137 de l'arrêt montre toutefois que la Cour admet que la structure puisse alors échapper à la critique de l'abus de droit).

Autre condition, la directive ne s'applique qu'aux seuls montants **« non excessifs »** au sens de la législation relative aux prix de transfert ; en effet, si, en raison de relations spéciales existant entre le débiteur et le bénéficiaire effectif des intérêts ou des redevances, ou de celles que l'un et l'autre entretiennent avec un tiers, le montant des intérêts ou des redevances excède le montant dont seraient convenus le débiteur et le bénéficiaire effectif en l'absence de telles relations, les dispositions de la directive ne s'appliquent qu'à ce dernier montant.

Enfin, la directive ne fait pas obstacle à l'application des dispositions nationales ou des dispositions fondées sur les conventions fiscales, qui sont nécessaires pour prévenir les **fraudes** ou les **abus**. Les États membres peuvent, dans le cas d'opérations dont l'objectif principal ou l'un des objectifs principaux est la fraude, l'évasion fiscale ou les abus, retirer le bénéfice de la directive ou refuser de l'appliquer. Cette clause est assez large en ce qu'elle n'exige pas que le but fiscal soit exclusif ; elle n'a cependant plus guère d'importance, étant donné la position que la Cour de justice a retenue dans l'arrêt précité du 26 février 2019 confirmant l'existence d'un principe général selon lequel les contribuables ne sauraient frauduleusement ou abusivement se prévaloir des normes du droit de l'Union européenne.

Entrée en vigueur

88670 La directive est entrée en vigueur le 1er janvier 2004. La **Grèce** et le **Portugal** avaient été autorisés à ne pas appliquer les dispositions de la directive jusqu'à l'entrée en vigueur de la directive sur la fiscalité de l'épargne alors applicable (n° 88015). En outre, pendant une période transitoire prenant fin huit ans à partir de cette date, ils pouvaient appliquer une retenue à la source maximum de 10 % pendant les quatre premières années et de 5 % les quatre dernières années.

De son côté, **l'Espagne** avait été autorisée, uniquement pour ce qui concerne les redevances, à ne pas appliquer les dispositions de la directive jusqu'au 1er janvier 2005. Pendant une période transitoire qui a pris fin en 2011, elle a pu appliquer une retenue à la source maximum de 10 % sur les redevances.

Précisions Sur l'incorporation de la directive en droit interne français, voir n° 20845 et n° 62640.

Perspectives de modernisation

88680 La Commission européenne avait rapidement souhaité modifier la directive en proposant, le 30 décembre 2003, une directive modificative (communiqué du 27 janvier 2004). Mais cette proposition n'avait guère été discutée. Après une longue période de stagnation, la Commission européenne a finalement présenté, le 11 novembre 2011, une **nouvelle proposition de directive** concernant un régime fiscal commun applicable aux paiements d'intérêts et de redevances effectués entre des sociétés associées d'États membres différents (COM (2011) 714 final ; une consultation du public avait, au préalable, été organisée entre juillet et octobre 2010) ; outre des propositions destinées à regrouper, à simplifier et à clarifier les règles applicables dans un seul texte consolidé, la Commission a proposé, pour l'essentiel, les correctifs suivants :

– indiquer clairement que les États membres sont tenus de n'accorder les avantages de la directive que lorsque les intérêts et redevances ne sont **pas exonérés** de l'impôt sur les sociétés entre les mains du bénéficiaire dans l'État membre où il est établi ; sont ici notamment visées les situations où une société, ou un établissement stable, acquitte l'impôt mais bénéficie d'un régime fiscal particulier exonérant les intérêts ou redevances étrangers reçus ; dans ce cas, l'État d'origine ne serait pas tenu d'accorder l'exonération de retenue à la source ; cette précision serait cependant superfétatoire compte tenu de la manière dont la Cour de justice a interprété la directive actuelle (n° 88580), la France ayant, de son côté anticipé la solution qui résulte désormais de la jurisprudence (n° 62650) ;

– préciser que, lorsque le paiement est effectué par un **établissement stable**, la directive s'applique lorsque le paiement est lié aux activités exercées par l'établissement stable (passage du critère de la charge « fiscalement déductible » à celui de la charge « supportée » aux fins des activités de l'établissement stable) ;

– aligner le champ d'application personnel de la directive sur celui de la directive mères/-filles, en incluant notamment les **sociétés européennes** et sociétés coopératives européennes ;

– abaisser le seuil de participation à **10 %** par analogie avec la directive mères/filles et viser les participations **directes ou indirectes** (alors que le texte actuel ne vise que les participations directes d'au moins 25 %) ;

– en ce qui concerne la **France**, compléter la liste des **sociétés éligibles** pour y inclure les sociétés par actions simplifiées, sociétés d'assurances mutuelles, caisses d'épargne et de prévoyance, sociétés civiles assujetties de plein droit à l'impôt sur les sociétés, coopératives, unions de coopératives ainsi que les autres sociétés constituées conformément au droit français et assujetties à l'impôt sur les sociétés en France.

Les discussions sur ce texte se sont poursuivies sans avoir encore pu aboutir, faute d'accord sur le contenu de la **clause d'assujettissement à l'impôt**, les États membres se partageant entre ceux qui sont un faveur d'une clause générale (non application de la directive si les revenus ne sont pas assujettis à l'impôt dans l'État de résidence du bénéficiaire) et ceux qui souhaitent aller au-delà et exiger en outre un niveau minimum d'imposition dans l'État membre du bénéficiaire (de son côté, le Parlement européen s'était prononcé, le 11 septembre 2012, en faveur d'une condition d'imposition minimum). Bien que les discussions ne soient pas formellement abandonnées, les États restent divisés et il ne semble pas prévisible qu'une nouvelle directive soit adoptée dans un avenir proche.

8. En ce qui concerne l'impôt sur le revenu

Principes d'imposition des non-résidents

Peu de propositions ont été faites dans ce domaine car l'impôt sur le revenu est régi par les dispositions nationales et ne fait pas l'objet, en tant que tel, d'une harmonisation européenne. 88700

La Commission européenne s'est toutefois intéressée aux conséquences que la fiscalité pouvait avoir sur la **libre circulation** au sein de l'Union européenne. C'est ainsi que, constatant que la libre circulation des personnes est l'un des objectifs majeurs de l'Union européenne, et que cet objectif risque d'être entravé par l'existence de dispositions **discriminatoires** en matière d'impôt sur le revenu, dont l'effet est d'imposer une charge fiscale plus lourde aux non-résidents qu'aux résidents qui se trouvent dans des situations comparables, elle avait présenté aux États membres, le 21 décembre 1993 (JOCE L 39 du 10-2-1994, p. 22), une **recommandation** relative à l'**égalité de traitement** entre **résidents** et **non-résidents**, dans certaines situations, en ce qui concerne l'impôt sur le revenu (n° 81790). Cette idée a aujourd'hui été abandonnée, sans doute en raison de l'évolution de la jurisprudence de la Cour de justice (nos 81780 s. ; la recommandation du 21 décembre 1993 est toutefois citée par l'administration dans sa définition des non-résidents « Schumacker », nos 3097 s.).

Obstacles fiscaux à la circulation des citoyens au sein de l'Union européenne

La Commission européenne avait attiré l'attention sur la situation des contribuables personnes physiques dans une communication du 20 décembre 2010 intitulée « **Lever les obstacles fiscaux transfrontaliers** pour les citoyens de l'Union européenne » ; elle estimait que les différences existant entre les systèmes fiscaux nationaux ne devaient pas aboutir à restreindre la liberté de circulation des citoyens européens et elle envisageait diverses solutions afin de supprimer les discriminations et d'introduire, éventuellement, des règles communes à l'échelle de l'Union européenne. La Commission avait également annoncé, le 2 avril 2012 (communiqué de la Commission IP/12/340), qu'elle allait procéder à une **évaluation approfondie des systèmes nationaux de fiscalité directe** afin de déterminer si ceux-ci ne pénalisent pas injustement les travailleurs qui résident dans un État membre et travaillent dans un autre. En cas de discrimination ou de violation des libertés fondamentales de l'Union européenne, elle a indiqué qu'elle signalerait ces manquements aux autorités nationales et insisterait pour que les modifications nécessaires soient effectuées, quitte à engager éventuellement des procédures d'infraction à l'encontre des États membres en cause. 88705

La question a ensuite été abordée après l'annonce faite par la Commission européenne, le 20 janvier 2014 (communiqué de la Commission IP/14/31), qu'elle procéderait à l'analyse des dispositions fiscales des États membres afin de vérifier qu'elles ne constituent pas une **discrimination** à l'encontre des citoyens mobiles de l'Union (personnes économiquement actives, comme les travailleurs et les indépendants, et retraités). La Commission a indiqué qu'elle regarderait si les citoyens de l'Union résidant dans un État membre autre que le leur sont pénalisés et imposés plus lourdement en raison de leur mobilité, par exemple :
– en raison de la localisation de leurs **investissements** ou de leurs avoirs, de la localisation du contribuable lui-même ou en raison du simple changement de résidence du contribuable ;

– pour ce qui est de leurs **cotisations** à des régimes de retraite, la perception de retraites ou les transferts de capitaux provenant d'un régime de retraite et d'une assurance-vie ;
– en ce qui concerne leurs **activités indépendantes** menées dans un autre État ou en raison de la simple délocalisation de ces activités ;
– en raison du refus de certaines **déductions fiscales** ou avantages fiscaux ;
– ou en ce qui concerne leur **richesse accumulée**.

Dans cette perspective, la Commission européenne avait lancé deux consultations publiques et mis en place un **groupe d'experts** afin de recueillir des idées sur la manière d'éliminer tout obstacle fiscal qui entrave l'activité transfrontière des particuliers au sein du marché unique (communiqué de la Commission IP/14/416 du 10 avril 2014) ; la première consultation portait sur les problèmes fiscaux rencontrés par les citoyens qui exercent des activités transfrontières et la seconde sur les droits de succession.

Tous ces travaux sont, pour l'instant, restés sans suite concrète.

Imposition des flux transfrontaliers

88720 À propos des personnes physiques, la Commission européenne s'est préoccupée des conséquences à tirer de la jurisprudence de la Cour de justice en matière de dividendes (nº 82000). Elle a adopté sur ce point une **communication**, le 19 décembre 2003, afin de fournir des indications aux États membres sur les solutions qui lui paraissent souhaitables, en se déclarant prête à saisir la Cour de justice si les mesures appropriées ne sont pas prises (la France a, sur ce point, réagi de façon positive ; nºs 1950 s.). Un rapport sur l'imposition des dividendes dans un cadre transfrontalier a ensuite été publié en septembre 2012, identifiant diverses situations de surcharge fiscale ; cela étant, l'imposition des revenus de valeurs mobilières n'est pas harmonisée au sein de l'Union européenne et la Commission européenne n'a manifestement pas l'intention de proposer une quelconque harmonisation.

La Commission européenne a en outre publié, le 11 décembre 2017, un **Code de conduite** concernant la retenue à la source applicable aux dividendes, intérêts et redevances afin d'améliorer l'efficacité des procédures d'exonération de retenue à la source et de remboursement des retenues excédentaires, particulièrement pour les « **petits investisseurs** » (« Code of Conduct on Withholding Tax », Ref. Ares (2017)5654449 - 20/11/2017). Ces recommandations pratiques, qui n'ont aucun caractère contraignant pour les États membres, se placent dans le contexte du plan d'action européen relatif aux marchés de capitaux.

Sur la question des procédures d'obtention des avantages conventionnels, voir nº 88158.

D. Taxation du secteur financier

88780 Dans une communication du 7 octobre 2010 (COM/2010/549), la Commission européenne a présenté ses idées sur la taxation future du secteur financier, en partant du principe que ce secteur, qui est considéré comme une cause essentielle de la crise survenue à la fin de l'année 2008 et qui a reçu ensuite des aides substantielles, doit **contribuer davantage aux finances publiques**. La Commission proposait, à l'époque, une double approche :
– soutenir, au niveau mondial, l'idée d'une taxe sur les transactions financières (TTF), qui permettrait de lever des fonds en vue de répondre aux défis que sont notamment le développement et la lutte contre le changement climatique ;
– préférer, au sein de l'Union européenne, une taxe sur les activités financières (TAF) qui permettrait de générer des recettes substantielles et contribuerait à accroître la stabilité des marchés financiers, sans faire peser de risques excessifs sur la compétitivité de l'Union européenne.

Dans cette perspective, la Commission européenne a lancé, le 22 février 2011, une consultation publique sur la taxation du secteur financier, afin de recueillir les réactions des parties intéressées. Puis elle a proposé, le 28 septembre 2011, une **proposition de directive** du Conseil établissant un système commun de **taxe sur les transactions financières** et modifiant la directive 2008/7 CE (COM(2011) 594 final). Le Conseil de l'Union européenne ayant ensuite, par une décision du 22 janvier 2013 et après approbation du Parlement européen, autorisé onze États membres, dont la France, à instaurer une telle taxe au moyen d'une **coopération renforcée**, la Commission a présenté, le 14 février 2013 (COM(2013) 71 final), une proposition de directive mettant en œuvre une coopération renforcée dans le domaine de la taxe sur les transactions financières (COM(2013) 71 final) ; cette taxe s'appliquerait aux États suivants : Allemagne, Autriche, Belgique, Espagne, Estonie, France, Grèce, Italie, Portugal, Slovaquie et Slovénie. Corrélativement, la proposition de directive relative à la mise en place d'un système commun de taxe sur les transactions financières a finalement été retirée (JOUE C 155 du 30 avril 2016). **88780** (suite)

Cette proposition a été examinée par les États membres au conseil Ecofin du 6 mai 2014 mais elle n'a pas été adoptée (lorsqu'il s'agit de mettre en œuvre une coopération renforcée, tous les États membres peuvent participer aux débats mais seuls ceux qui participent à la coopération renforcée peuvent voter, le texte devant être approuvé à l'unanimité). Des questions techniques importantes doivent encore être résolues, la perspective actuelle étant celle d'une **mise en œuvre progressive** en commençant par la taxation des actions et de certains produits dérivés (il faut cependant au moins neuf États membres pour établir une coopération renforcée ; les dix États membres qui seraient actuellement prêts à y participer sont l'Allemagne, l'Autriche, la Belgique, l'Espagne, la France, la Grèce, l'Italie, le Portugal, la Slovaquie et la Slovénie).

En simplifiant, la taxe qui avait été proposée s'appliquerait **à toute transaction financière** dont l'une des parties est établie dans un ou plusieurs des États participants. Le taux minimum serait de 0,01 % pour les produits dérivés et de **0,1 %** pour toute autre transaction, y compris l'achat d'actions et d'obligations (les pays participants pourraient cependant appliquer des taux plus élevés). La taxe ne serait pas perçue sur les opérations financières courantes effectuées par les citoyens et les entreprises, comme la conclusion d'un contrat d'assurance ou d'un emprunt hypothécaire, les achats payés avec une carte de crédit et les prêts aux entreprises.

Les recettes générées par la taxe pourraient être partiellement affectées au budget de l'Union européenne. La contribution de chaque pays participant serait réduite du même montant. Le solde des recettes serait versé aux budgets nationaux.

Les travaux sur cette question se poursuivent sur la base d'une proposition soutenue par la France et l'Allemagne, qui consisterait à calquer la taxe européenne sur celle qui est en vigueur en France et à affecter en partie son produit au budget de l'Union européenne (proposition reprise lors de la réunion du conseil Ecofin du 14 juin 2019) ; la **France** s'était dite favorable à une « assiette la plus large possible, incluant l'ensemble des dérivés, avec des taux faibles » (réponse Blazy, n° 72655 : JOAN 8 mars 2016 p. 2026, ajoutant que cette position risquait de devoir évoluer pour permettre la formation d'un compromis européen, notamment sur le champ des dérivés à taxer, « nos partenaires de la coopération renforcée adoptant une position généralement un peu moins ambitieuse que celle de la France »).

Faisant un point sur la taxe sur les transactions financières, le ministre avait souligné que « s'agissant d'une éventuelle taxe européenne, (…) les discussions au sein de la coopération renforcée, débutées en 2013, progressent lentement entre les dix États membres participants. L'évaluation des conséquences du **Brexit** sur le projet d'une taxe sur les transactions financières européenne constitue par ailleurs un préalable à la poursuite des travaux au sein de la coopération renforcée (réponse Raison, n° 00610 : JO Sénat 11 janvier 2018 p. 89), ce qui n'empêche pas la France de continuer à chercher à faire avancer ses propositions (réponse Delatte n° 16945 : JOAN 21 mai 2019 p. 4716). À la fin de l'année 2019, l'Allemagne a pris une initiative pour relancer le projet sur la base d'une imposition à 0,2 % des achats d'actions d'entreprises dont la capitalisation boursière dépasse 1 Md €. Mais cette proposition n'a pas abouti pour le moment et la question ne semble pas vraiment à l'ordre du jour. Il a simplement été précisé que la base de compromis proposée à la fin de l'année 2019 reste d'actualité, mais que des discussions sont encore nécessaires pour rallier au moins neuf États membres, la France restant mobilisée pour parvenir à un accord rapidement (réponse Brun, n° 35416 : JOAN 28 septembre 2021 p. 7176).

Précisions **a.** Le projet de la Commission a donné lieu à un avis du **Parlement européen** en mai 2012 (communiqué de presse du 23 mai 2012). Le Parlement européen estime que la taxe devrait être mieux conçue en vue d'y soumettre davantage d'opérateurs et de faire en sorte que « l'évasion fiscale ne soit pas rentable » ; selon cet avis, la taxe devrait être introduite même si seuls quelques États membres venaient à l'adopter. De son côté, la Commission européenne avait publié le 4 mai 2012 sept **notes explicatives** comportant des résultats d'analyses (estimation de recettes, risque de délocalisation, effets

88780 (suite) macroéconomiques et impact sur les fonds de pension) et des clarifications sur le fonctionnement de la taxe envisagée et sa territorialité.

b. La Cour de justice a rejeté un **recours en annulation** formé par le Royaume-Uni contre la décision autorisant la coopération renforcée sur la taxe sur les transactions financières (CJUE 30 avril 2014 aff. 209/13, 2e ch., Royaume-Uni c/ Conseil) ; le Royaume-Uni contestait les effets extraterritoriaux de la taxe et les coûts induits pour les États non participants mais la Cour juge que les arguments invoqués par le Royaume-Uni visent les éléments d'une future taxe et non l'autorisation d'établir une coopération renforcée. La requête du Royaume-Uni n'est donc pas rejetée au fond ; elle était simplement prématurée.

c. La taxe italienne n'est pas contraire au principe de **libre circulation des capitaux** (CJUE 30 avril 2020 aff. 565/18, 2e ch., Société Générale SA : RJF 8-9/20 no 748 ; no 82030).

SEPTIÈME PARTIE

Annexes

Annexes

A. Convention modèle OCDE concernant le revenu et la fortune (dernière version, actualisée au 21 novembre 2017)

90000 [TITRE DE LA CONVENTION]

Convention entre (l'État A) et (l'État B) pour l'élimination de la double imposition en matière d'impôts sur le revenu et sur la fortune et pour la prévention de l'évasion et de la fraude fiscales

PRÉAMBULE DE LA CONVENTION

(L'État A) et (l'État B),
Soucieux de promouvoir leurs relations économiques et d'améliorer leur coopération en matière fiscale,
Entendant conclure une Convention pour l'élimination de la double imposition en matière d'impôts sur le revenu et sur la fortune sans créer de possibilités de non-imposition ou d'imposition réduite par l'évasion ou la fraude fiscale (y compris par des mécanismes de chalandage fiscal destinés à obtenir les allégements prévus dans la présente Convention au bénéfice indirect de résidents d'États tiers),
Sont convenus de ce qui suit :

Chapitre I
Champ d'application de la Convention

Personnes visées

Art. 1. 1. La présente Convention s'applique aux personnes qui sont des résidents d'un État contractant ou des deux États contractants.
2. Aux fins de la présente Convention, le revenu perçu par ou via une entité ou un dispositif considéré comme totalement ou partiellement transparent sur le plan fiscal selon la législation fiscale de l'un des États contractants est considéré comme étant le revenu d'un résident d'un État contractant, mais uniquement dans la mesure où ce revenu est traité, aux fins de l'imposition par cet État, comme le revenu d'un résident de cet État.
3. Cette Convention n'affecte pas l'imposition par un État contractant de ses résidents, sauf en ce qui concerne les avantages accordés en vertu du paragraphe 3 de l'article 7, du paragraphe 2 de l'article 9 et des articles 19, 20, 23 [A] [B], 24, 25 et 28.

Impôts visés

Art. 2. 1. La présente Convention s'applique aux impôts sur le revenu et sur la fortune perçus pour le compte d'un État contractant, de ses subdivisions politiques ou de ses collectivités locales, quel que soit le système de perception.
2. Sont considérés comme impôts sur le revenu et sur la fortune les impôts perçus sur le revenu total, sur la fortune totale, ou sur des éléments du revenu ou de la fortune, y compris les impôts sur les gains provenant de l'aliénation de biens mobiliers ou immobiliers, les impôts sur le montant global des salaires payés par les entreprises, ainsi que les impôts sur les plus-values.
3. Les impôts actuels auxquels s'applique la Convention sont notamment :
a) (dans l'État A) : ....
b) (dans l'État B) : ....
4. La Convention s'applique aussi aux impôts de nature identique ou analogue qui seraient établis après la date de signature de la Convention et qui s'ajouteraient aux impôts actuels ou qui les remplaceraient. Les autorités compétentes des États contractants se communiquent les modifications significatives apportées à leurs législations fiscales.

Chapitre II
Définitions

Définitions générales

Art. 3. 1. Au sens de la présente Convention, à moins que le contexte n'exige une interprétation différente :
a) le terme « personne » comprend les personnes physiques, les sociétés et tous autres groupements de personnes ;
b) le terme « société » désigne toute personne morale ou toute entité qui est considérée comme une personne morale aux fins d'imposition ;
c) le terme « entreprise » s'applique à l'exercice de toute activité ou affaire ;

90000 (suite)

d) les expressions « entreprise d'un État contractant » et « entreprise de l'autre État contractant » désignent respectivement une entreprise exploitée par un résident d'un État contractant et une entreprise exploitée par un résident de l'autre État contractant ;
e) l'expression « trafic international » désigne tout transport effectué par un navire ou un aéronef, sauf lorsque le navire ou l'aéronef n'est exploité qu'entre des points situés dans un État contractant et que l'entreprise qui exploite le navire ou l'aéronef n'est pas une entreprise de cet État ;
f) l'expression « autorité compétente » désigne :
(i) (dans l'État A) : ....
(ii) (dans l'État B) : .... ;
g) le terme « national », en ce qui concerne un État contractant, désigne :
(i) toute personne physique qui possède la nationalité ou la citoyenneté de cet État contractant ; et
(ii) toute personne morale, société de personnes ou association constituée conformément à la législation en vigueur dans cet État contractant ;
h) les termes « activité », par rapport à une entreprise, et « affaires » comprennent l'exercice de professions libérales ainsi que l'exercice d'autres activités de caractère indépendant ;
i) l'expression « fonds de pension reconnu » d'un État désigne une entité ou un dispositif établi dans cet État qui est considéré comme une personne distincte au regard de la législation fiscale de cet État et :
(i) qui est établi et géré exclusivement ou presque exclusivement dans le but d'administrer ou de verser des prestations de retraite et des prestations annexes ou accessoires à des personnes physiques et qui est réglementé en tant que tel par cet État ou une de ses subdivisions politiques ou collectivités locales ; ou
(ii) qui est établi et géré exclusivement ou presque exclusivement dans le but de placer des fonds pour le compte d'entités ou de dispositifs désignés au sous-alinéa *(i)*.
2. Pour l'application de la Convention à un moment donné par un État contractant, tout terme ou expression qui n'y est pas défini a, sauf si le contexte exige une interprétation différente ou que les autorités compétentes conviennent d'un sens différent conformément aux dispositions de l'article 25, le sens que lui attribue, à ce moment, le droit de cet État concernant les impôts auxquels s'applique la Convention, le sens attribué à ce terme ou expression par le droit fiscal de cet État prévalant sur le sens que lui attribuent les autres branches du droit de cet État.

Résident

Art. 4. 1. Au sens de la présente Convention, l'expression « résident d'un État contractant » désigne toute personne qui, en vertu de la législation de cet État, est assujettie à l'impôt dans cet État en raison de son domicile, de sa résidence, de son siège de direction ou de tout autre critère de nature analogue et s'applique aussi à cet État et à toute subdivision politique ou collectivité locale de celui-ci ainsi qu'à un fonds de pension reconnu de cet État. Toutefois, cette expression ne comprend pas les personnes qui ne sont assujetties à l'impôt dans cet État que pour les revenus de sources situées dans cet État ou pour la fortune qui y est située.
2. Lorsque, selon les dispositions du paragraphe 1, une personne physique est un résident des deux États contractants, sa situation est réglée de la manière suivante :
a) cette personne est considérée comme un résident seulement de l'État où elle dispose d'un foyer d'habitation permanent ; si elle dispose d'un foyer d'habitation permanent dans les deux États, elle est considérée comme un résident seulement de l'État avec lequel ses liens personnels et économiques sont les plus étroits (centre des intérêts vitaux) ;
b) si l'État où cette personne a le centre de ses intérêts vitaux ne peut pas être déterminé, ou si elle ne dispose d'un foyer d'habitation permanent dans aucun des États, elle est considérée comme un résident seulement de l'État où elle séjourne de façon habituelle ;
c) si cette personne séjourne de façon habituelle dans les deux États ou si elle ne séjourne de façon habituelle dans aucun d'eux, elle est considérée comme un résident seulement de l'État dont elle possède la nationalité ;
d) si cette personne possède la nationalité des deux États ou si elle ne possède la nationalité d'aucun d'eux, les autorités compétentes des États contractants tranchent la question d'un commun accord.
3. Lorsque, selon les dispositions du paragraphe 1 une personne autre qu'une personne physique est un résident des deux États contractants, les autorités compétentes des États contractants s'efforcent de déterminer d'un commun accord l'État contractant duquel cette personne est réputée être un résident aux fins de la Convention, eu égard au lieu où se situe son siège de direction effective, au lieu où elle a été constituée en société ou en toute autre forme juridique et à tout autre facteur pertinent. En l'absence d'un tel accord entre les États contractants, la personne ne pourra prétendre à aucun des allègements ou exonérations prévus par la Convention sauf dans la mesure et selon les conditions convenues par les autorités compétentes des États contractants.

Établissement stable

Art. 5. 1. Au sens de la présente Convention, l'expression « établissement stable » désigne une installation fixe d'affaires par l'intermédiaire de laquelle une entreprise exerce tout ou partie de son activité.
2. L'expression « établissement stable » comprend notamment :
a) un siège de direction,
b) une succursale,
c) un bureau,
d) une usine,
e) un atelier et
f) une mine, un puits de pétrole ou de gaz, une carrière ou tout autre lieu d'extraction de ressources naturelles.
3. Un chantier de construction ou de montage ne constitue un établissement stable que si sa durée dépasse douze mois.

90000 (suite) 4. Nonobstant les dispositions précédentes du présent article, on considère qu'il n'y a pas « établissement stable » si :

a) il est fait usage d'installations aux seules fins de stockage, d'exposition ou de livraison de marchandises appartenant à l'entreprise ;

b) des marchandises appartenant à l'entreprise sont entreposées aux seules fins de stockage, d'exposition ou de livraison ;

c) des marchandises appartenant à l'entreprise sont entreposées aux seules fins de transformation par une autre entreprise ;

d) une installation fixe d'affaires est utilisée aux seules fins d'acheter des marchandises ou de réunir des informations, pour l'entreprise ;

e) une installation fixe d'affaires est utilisée aux seules fins d'exercer, pour l'entreprise, toute autre activité ;

f) une installation fixe d'affaires est utilisée aux seules fins de l'exercice cumulé d'activités mentionnées aux alinéas *a)* à *e)*.

à condition que cette activité ou, dans le cas visé à l'alinéa *f)*, l'activité d'ensemble de l'installation fixe d'affaires, revête un caractère préparatoire ou auxiliaire.

4.1 Le paragraphe 4 ne s'applique pas à une installation fixe d'affaires utilisée ou détenue par une entreprise si la même entreprise ou une entreprise étroitement liée exerce des activités d'entreprise dans la même installation ou dans une autre installation dans le même État contractant et

a) cette installation ou cette autre installation constitue un établissement stable pour l'entreprise ou pour l'entreprise étroitement liée en vertu des dispositions du présent article, ou

b) l'activité d'ensemble résultant du cumul des activités exercées par les deux entreprises dans la même installation, ou par la même entreprise ou des entreprises étroitement liées dans les deux installations, ne revêt pas un caractère préparatoire ou auxiliaire,

si les activités d'entreprise exercées par les deux entreprises dans la même installation, ou par la même entreprise ou des entreprises étroitement liées dans les deux installations, constituent des fonctions complémentaires qui s'inscrivent dans un ensemble cohérent d'activités d'entreprise.

5. Nonobstant les dispositions des paragraphes 1 et 2, mais sous réserve des dispositions du paragraphe 6, lorsqu'une personne agit dans un État contractant pour le compte d'une entreprise, et, ce faisant, conclut habituellement des contrats ou joue habituellement le rôle principal menant à la conclusion de contrats qui, de façon routinière, sont conclus sans modification importante par l'entreprise, et que ces contrats sont

a) au nom de l'entreprise, ou

b) pour le transfert de la propriété de biens, ou pour la concession du droit d'utiliser des biens, appartenant à cette entreprise ou que l'entreprise a le droit d'utiliser, ou

c) pour la prestation de services par cette entreprise,

cette entreprise est considérée comme ayant un établissement stable dans cet État pour toutes les activités que cette personne exerce pour l'entreprise, à moins que les activités de cette personne ne soient limitées à celles qui sont mentionnées au paragraphe 4 et qui, si elles étaient exercées par l'intermédiaire d'une installation fixe d'affaires (autre qu'une installation fixe d'affaires à laquelle le paragraphe 4.1 s'appliquerait), ne permettraient pas de considérer cette installation comme un établissement stable selon les dispositions de ce paragraphe.

6. Le paragraphe 5 ne s'applique pas lorsque la personne qui agit dans un État contractant pour le compte d'une entreprise de l'autre État contractant exerce dans le premier État une activité d'entreprise comme agent indépendant et agit pour l'entreprise dans le cadre ordinaire de cette activité. Toutefois, lorsqu'une personne agit exclusivement ou presque exclusivement pour le compte d'une ou de plusieurs entreprises auxquelles elle est étroitement liée, cette personne n'est pas considérée comme un agent indépendant au sens du présent paragraphe en ce qui concerne chacune de ces entreprises.

7. Le fait qu'une société qui est un résident d'un État contractant contrôle ou est contrôlée par une société qui est un résident de l'autre État contractant ou qui y exerce son activité (que ce soit par l'intermédiaire d'un établissement stable ou non) ne suffit pas, en lui-même, à faire de l'une quelconque de ces sociétés un établissement stable de l'autre.

8. Aux fins du présent article, une personne ou une entreprise est étroitement liée à une entreprise si, compte tenu de l'ensemble des faits et circonstances pertinents, l'une contrôle l'autre ou toutes deux sont sous le contrôle des mêmes personnes ou entreprises. Dans tous les cas, une personne ou une entreprise sera considérée comme étroitement liée à une entreprise si l'une détient directement ou indirectement plus de 50 pour cent des droits ou participations effectifs dans l'autre (ou, dans le cas d'une société, plus de 50 pour cent du total des droits de vote et de la valeur des actions de la société ou des droits ou participations effectifs dans les capitaux propres de la société), ou si une autre personne ou entreprise détient directement ou indirectement plus de 50 pour cent des droits ou participations effectifs (ou, dans le cas d'une société, plus de 50 pour cent du total des droits de vote et de la valeur des actions de la société ou des droits ou participations effectifs dans les capitaux propres de la société) dans la personne et l'entreprise ou dans les deux entreprises.

Chapitre III
Imposition des revenus

Revenus immobiliers

Art. 6. 1. Les revenus qu'un résident d'un État contractant tire de biens immobiliers (y compris les revenus des exploitations agricoles ou forestières) situés dans l'autre État contractant, sont imposables dans cet autre État.

2. L'expression « biens immobiliers » a le sens que lui attribue le droit de l'État contractant où les biens considérés sont situés. L'expression comprend en tous cas les accessoires, le cheptel mort ou vif des exploitations agricoles et forestières, les droits auxquels s'appliquent les dispositions du droit privé concernant la propriété foncière, l'usufruit des biens immobiliers et les droits à des paiements variables

90000 (suite)

ou fixes pour l'exploitation ou la concession de l'exploitation de gisements minéraux, sources et autres ressources naturelles ; les navires et aéronefs ne sont pas considérés comme des biens immobiliers.
3. Les dispositions du paragraphe 1 s'appliquent aux revenus provenant de l'exploitation directe, de la location ou de l'affermage, ainsi que de toute autre forme d'exploitation des biens immobiliers.
4. Les dispositions des paragraphes 1 et 3 s'appliquent également aux revenus provenant des biens immobiliers d'une entreprise.

Bénéfices des entreprises

Art. 7. 1. Les bénéfices d'une entreprise d'un État contractant ne sont imposables que dans cet État, à moins que l'entreprise n'exerce son activité dans l'autre État contractant par l'intermédiaire d'un établissement stable qui y est situé. Si l'entreprise exerce son activité d'une telle façon, les bénéfices qui sont attribuables à l'établissement stable conformément aux dispositions du paragraphe 2 sont imposables dans l'autre État.
2. Aux fins de cet article et de l'article [23 A] [23 B], les bénéfices qui sont attribuables dans chaque État contractant à l'établissement stable mentionné au paragraphe 1 sont ceux qu'il aurait pu réaliser, en particulier dans ses opérations internes avec d'autres parties de l'entreprise, s'il avait constitué une entreprise distincte et indépendante exerçant des activités identiques ou analogues dans des conditions identiques ou analogues, compte tenu des fonctions exercées, des actifs utilisés et des risques assumés par l'entreprise par l'intermédiaire de l'établissement stable et des autres parties de l'entreprise.
3. Lorsque, conformément au paragraphe 2, un État contractant ajuste les bénéfices qui sont attribuables à un établissement stable d'une entreprise d'un des États contractants et impose en conséquence des bénéfices de l'entreprise qui ont été imposés dans l'autre État, cet autre État procède à un ajustement approprié du montant de l'impôt qui a été perçu sur ces bénéfices dans la mesure nécessaire pour éliminer la double imposition de ces bénéfices. Pour déterminer cet ajustement, les autorités compétentes des États contractants se consultent si nécessaire.
4. Lorsque les bénéfices comprennent des éléments de revenu traités séparément dans d'autres articles de la présente Convention, les dispositions de ces articles ne sont pas affectées par les dispositions du présent article.

Navigation maritime et aérienne internationale

Art. 8. 1. Les bénéfices d'une entreprise d'un État contractant provenant de l'exploitation, en trafic international, de navires ou d'aéronefs ne sont imposables que dans cet État.
2. Les dispositions du paragraphe 1 s'appliquent aussi aux bénéfices provenant de la participation à un pool, une exploitation en commun ou un organisme international d'exploitation.

Entreprises associées

Art. 9. 1. Lorsque
a) une entreprise d'un État contractant participe directement ou indirectement à la direction, au contrôle ou au capital d'une entreprise de l'autre État contractant, ou que
b) les mêmes personnes participent directement ou indirectement à la direction, au contrôle ou au capital d'une entreprise d'un État contractant et d'une entreprise de l'autre État contractant,
et que, dans l'un et l'autre cas, les deux entreprises sont, dans leurs relations commerciales ou financières, liées par des conditions convenues ou imposées, qui diffèrent de celles qui seraient convenues entre des entreprises indépendantes, les bénéfices qui, sans ces conditions, auraient été réalisés par l'une des entreprises mais n'ont pu l'être en fait à cause de ces conditions, peuvent être inclus dans les bénéfices de cette entreprise et imposés en conséquence.
2. Lorsqu'un État contractant inclut dans les bénéfices d'une entreprise de cet État - et impose en conséquence - des bénéfices sur lesquels une entreprise de l'autre État contractant a été imposée dans cet autre État, et que les bénéfices ainsi inclus sont des bénéfices qui auraient été réalisés par l'entreprise du premier État si les conditions convenues entre les deux entreprises avaient été celles qui auraient été convenues entre des entreprises indépendantes, l'autre État procède à un ajustement approprié du montant de l'impôt qui y a été perçu sur ces bénéfices. Pour déterminer cet ajustement, il est tenu compte des autres dispositions de la présente Convention et, si c'est nécessaire, les autorités compétentes des États contractants se consultent.

Dividendes

Art. 10. 1. Les dividendes payés par une société qui est un résident d'un État contractant à un résident de l'autre État contractant sont imposables dans cet autre État.
2. Toutefois, les dividendes payés par une société qui est un résident d'un État contractant sont aussi imposables dans cet État selon la législation de cet État, mais si le bénéficiaire effectif des dividendes est un résident de l'autre État contractant, l'impôt ainsi établi ne peut excéder :
a) 5 pour cent du montant brut des dividendes si le bénéficiaire effectif est une société qui détient directement au moins 25 pour cent du capital de la société qui paie les dividendes tout au long d'une période de 365 jours incluant le jour du paiement des dividendes (il n'est pas tenu compte, aux fins du calcul de cette période, des changements de détention qui résulteraient directement d'une réorganisation, telle qu'une fusion ou une scission de société, de la société qui détient les actions ou qui paie les dividendes) ;
b) 15 pour cent du montant brut des dividendes, dans tous les autres cas.
Les autorités compétentes des États contractants règlent d'un commun accord les modalités d'application de ces limitations. Le présent paragraphe

90000 (suite) n'affecte pas l'imposition de la société au titre des bénéfices qui servent au paiement des dividendes.

3. Le terme « dividendes » employé dans le présent article désigne les revenus provenant d'actions, actions ou bons de jouissance, parts de mine, parts de fondateur ou autres parts bénéficiaires à l'exception des créances, ainsi que les revenus d'autres parts sociales soumis au même régime fiscal que les revenus d'actions par la législation de l'État dont la société distributrice est un résident.

4. Les dispositions des paragraphes 1 et 2 ne s'appliquent pas lorsque le bénéficiaire effectif des dividendes, résident d'un État contractant, exerce dans l'autre État contractant dont la société qui paie les dividendes est un résident, une activité d'entreprise par l'intermédiaire d'un établissement stable qui y est situé, et que la participation génératrice des dividendes s'y rattache effectivement. Dans ce cas, les dispositions de l'article 7 sont applicables.

5. Lorsqu'une société qui est un résident d'un État contractant tire des bénéfices ou des revenus de l'autre État contractant, cet autre État ne peut percevoir aucun impôt sur les dividendes payés par la société, sauf dans la mesure où ces dividendes sont payés à un résident de cet autre État ou dans la mesure où la participation génératrice des dividendes se rattache effectivement à un établissement stable situé dans cet autre État, ni prélever aucun impôt, au titre de l'imposition des bénéfices non distribués, sur les bénéfices non distribués de la société, même si les dividendes payés ou les bénéfices non distribués consistent en tout ou en partie en bénéfices ou revenus provenant de cet autre État.

Intérêts

Art. 11. 1. Les intérêts provenant d'un État contractant et payés à un résident de l'autre État contractant sont imposables dans cet autre État.

2. Toutefois, les intérêts provenant d'un État contractant sont aussi imposables dans cet État selon la législation de cet État, mais si le bénéficiaire effectif des intérêts est un résident de l'autre État contractant, l'impôt ainsi établi ne peut excéder 10 pour cent du montant brut des intérêts. Les autorités compétentes des États contractants règlent d'un commun accord les modalités d'application de cette limitation.

3. Le terme « intérêts » employé dans le présent article désigne les revenus des créances de toute nature, assorties ou non de garanties hypothécaires ou d'une clause de participation aux bénéfices du débiteur, et notamment les revenus des fonds publics et des obligations d'emprunts, y compris les primes et lots attachés à ces titres. Les pénalisations pour paiement tardif ne sont pas considérées comme des intérêts au sens du présent article.

4. Les dispositions des paragraphes 1 et 2 ne s'appliquent pas lorsque le bénéficiaire effectif des intérêts, résident d'un État contractant, exerce dans l'autre État contractant d'où proviennent les intérêts, une activité d'entreprise par l'intermédiaire d'un établissement stable qui y est situé, et que la créance génératrice des intérêts s'y rattache effectivement. Dans ce cas, les dispositions de l'article 7 sont applicables.

5. Les intérêts sont considérés comme provenant d'un État contractant lorsque le débiteur est un résident de cet État. Toutefois, lorsque le débiteur des intérêts, qu'il soit ou non un résident d'un État contractant, a dans un État contractant un établissement stable pour lequel la dette donnant lieu au paiement des intérêts a été contractée et qui supporte la charge de ces intérêts, ceux-ci sont considérés comme provenant de l'État où l'établissement stable est situé.

6. Lorsque, en raison de relations spéciales existant entre le débiteur et le bénéficiaire effectif ou que l'un et l'autre entretiennent avec de tierces personnes, le montant des intérêts, compte tenu de la créance pour laquelle ils sont payés, excède celui dont seraient convenus le débiteur et le bénéficiaire effectif en l'absence de pareilles relations, les dispositions du présent article ne s'appliquent qu'à ce dernier montant. Dans ce cas, la partie excédentaire des paiements reste imposable selon la législation de chaque État contractant et compte tenu des autres dispositions de la présente Convention.

Redevances

Art. 12. 1. Les redevances provenant d'un État contractant et dont le bénéficiaire effectif est un résident de l'autre État contractant ne sont imposables que dans cet autre État.

2. Le terme « redevances » employé dans le présent article désigne les rémunérations de toute nature payées pour l'usage ou la concession de l'usage d'un droit d'auteur sur une œuvre littéraire, artistique ou scientifique, y compris les films cinématographiques, d'un brevet, d'une marque de fabrique ou de commerce, d'un dessin ou d'un modèle, d'un plan, d'une formule ou d'un procédé secrets et pour des informations ayant trait à une expérience acquise dans le domaine industriel, commercial ou scientifique.

3. Les dispositions du paragraphe 1 ne s'appliquent pas lorsque le bénéficiaire effectif des redevances, résident d'un État contractant, exerce dans l'autre État contractant d'où proviennent les redevances une activité d'entreprise par l'intermédiaire d'un établissement stable qui y est situé et que le droit ou le bien générateur des redevances s'y rattache effectivement. Dans ce cas, les dispositions de l'article 7 sont applicables.

4. Lorsque, en raison de relations spéciales existant entre le débiteur et le bénéficiaire effectif ou que l'un et l'autre entretiennent avec de tierces personnes, le montant des redevances, compte tenu de la prestation pour laquelle elles sont payées, excède celui dont seraient convenus le débiteur et le bénéficiaire effectif en l'absence de pareilles relations, les dispositions du présent article ne s'appliquent qu'à ce dernier montant. Dans ce cas, la partie excédentaire des paiements reste imposable selon la législation de chaque État contractant et compte tenu des autres dispositions de la présente Convention.

90000 (suite)

Gains en capital

Art. 13. 1. Les gains qu'un résident d'un État contractant tire de l'aliénation de biens immobiliers visés à l'article 6, et situés dans l'autre État contractant, sont imposables dans cet autre État.
2. Les gains provenant de l'aliénation de biens mobiliers qui font partie de l'actif d'un établissement stable qu'une entreprise d'un État contractant a dans l'autre État contractant, y compris de tels gains provenant de l'aliénation de cet établissement stable (seul ou avec l'ensemble de l'entreprise), sont imposables dans cet autre État.
3. Les gains qu'une entreprise d'un État contractant qui exploite des navires ou aéronefs en trafic international tire de l'aliénation de ces navires ou aéronefs, ou de biens mobiliers affectés à l'exploitation de ces navires ou aéronefs, ne sont imposables que dans cet État.
4. Les gains qu'un résident d'un État contractant tire de l'aliénation d'actions ou de droits ou participations similaires, tels que des droits ou participations dans une société de personnes ou une fiducie (ou un trust), sont imposables dans l'autre État contractant si, à tout moment au cours des 365 jours qui précèdent l'aliénation, ces actions, droits ou participations similaires tirent directement ou indirectement plus de 50 pour cent de leur valeur de biens immobiliers, tels que définis à l'article 6, situés dans cet autre État.
5. Les gains provenant de l'aliénation de tous biens autres que ceux visés aux paragraphes 1, 2, 3 et 4 ne sont imposables que dans l'État contractant dont le cédant est un résident.

[Professions indépendantes]

Art. 14. [SUPPRIMÉ]

Revenus d'emploi

Art. 15. 1. Sous réserve des dispositions des articles 16, 18 et 19, les salaires, traitements et autres rémunérations similaires qu'un résident d'un État contractant reçoit au titre d'un emploi salarié ne sont imposables que dans cet État, à moins que l'emploi ne soit exercé dans l'autre État contractant. Si l'emploi y est exercé, les rémunérations reçues à ce titre sont imposables dans cet autre État.
2. Nonobstant les dispositions du paragraphe 1, les rémunérations qu'un résident d'un État contractant reçoit au titre d'un emploi salarié exercé dans l'autre État contractant ne sont imposables que dans le premier État si :
a) le bénéficiaire séjourne dans l'autre État pendant une période ou des périodes n'excédant pas au total 183 jours durant toute période de douze mois commençant ou se terminant durant l'année fiscale considérée, et
b) les rémunérations sont payées par un employeur, ou pour le compte d'un employeur, qui n'est pas un résident de l'autre État, et
c) la charge des rémunérations n'est pas supportée par un établissement stable que l'employeur a dans l'autre État.
3. Nonobstant les dispositions précédentes du présent article, les rémunérations reçues par un résident d'un État contractant au titre d'un emploi salarié, en tant que membre de l'équipage régulier d'un navire ou aéronef, exercé à bord d'un navire ou d'un aéronef exploité en trafic international, à l'exception d'un emploi exercé à bord d'un navire ou d'un aéronef exploité uniquement dans l'autre État contractant, ne sont imposables que dans le premier État.

Tantièmes

Art. 16. Les tantièmes, jetons de présence et autres rétributions similaires qu'un résident d'un État contractant reçoit en sa qualité de membre du conseil d'administration ou de surveillance d'une société qui est un résident de l'autre État contractant sont imposables dans cet autre État.

Artistes et sportifs

Art. 17. 1. Nonobstant les dispositions de l'article 15, les revenus qu'un résident d'un État contractant tire de ses activités personnelles exercées dans l'autre État contractant en tant qu'artiste du spectacle, tel qu'un artiste de théâtre, de cinéma, de la radio ou de la télévision, ou qu'un musicien, ou en tant que sportif, sont imposables dans cet autre État.
2. Lorsque les revenus d'activités qu'un artiste du spectacle ou un sportif exerce personnellement et en cette qualité sont attribués non pas à l'artiste ou au sportif mais à une autre personne, ces revenus sont imposables, nonobstant les dispositions de l'article 15, dans l'État contractant où les activités de l'artiste ou du sportif sont exercées.

Pensions

Art. 18. Sous réserve des dispositions du paragraphe 2 de l'article 19, les pensions et autres rémunérations similaires, payées à un résident d'un État contractant au titre d'un emploi antérieur, ne sont imposables que dans cet État.

Fonctions publiques

Art. 19. 1. *a)* Les salaires, traitements et autres rémunérations similaires payés par un État contractant ou l'une de ses subdivisions politiques ou collectivités locales à une personne physique au titre de services rendus à cet État ou à cette subdivision ou collectivité ne sont imposables que dans cet État.
b) Toutefois, ces salaires, traitements et autres rémunérations similaires ne sont imposables que dans l'autre État contractant si les services sont rendus dans cet État et si la personne physique est un résident de cet État qui :
(i) possède la nationalité de cet État ; ou
(ii) n'est pas devenu un résident de cet État à seule fin de rendre les services.
2. *a)* Nonobstant les dispositions du paragraphe 1, les pensions et autres rémunérations similaires payées par un État contractant, ou l'une de ses subdivisions politiques ou collectivités locales, soit directement soit par prélèvement sur des fonds qu'ils ont constitués, à une personne physique au titre de services rendus à cet État ou à cette subdivision ou collectivité, ne sont imposables que dans cet État.

90000 (suite) *b)* Toutefois, ces pensions et autres rémunérations similaires ne sont imposables que dans l'autre État contractant si la personne physique est un résident de cet État et en possède la nationalité.

3. Les dispositions des articles 15, 16, 17 et 18 s'appliquent aux salaires, traitements, pensions, et autres rémunérations similaires payés au titre de services rendus dans le cadre d'une activité d'entreprise exercée par un État contractant ou l'une de ses subdivisions politiques ou collectivités locales.

Étudiants

Art. 20. Les sommes qu'un étudiant ou un stagiaire qui est, ou qui était immédiatement avant de se rendre dans un État contractant, un résident de l'autre État contractant et qui séjourne dans le premier État à seule fin d'y poursuivre ses études ou sa formation, reçoit pour couvrir ses frais d'entretien, d'études ou de formation ne sont pas imposables dans cet État, à condition qu'elles proviennent de sources situées en dehors de cet État.

Autres revenus

Art. 21. 1. Les éléments du revenu d'un résident d'un État contractant, d'où qu'ils proviennent, qui ne sont pas traités dans les articles précédents de la présente Convention ne sont imposables que dans cet État.

2. Les dispositions du paragraphe 1 ne s'appliquent pas aux revenus autres que les revenus provenant de biens immobiliers tels qu'ils sont définis au paragraphe 2 de l'article 6, lorsque le bénéficiaire de tels revenus, résident d'un État contractant, exerce dans l'autre État contractant une activité d'entreprise par l'intermédiaire d'un établissement stable qui y est situé et que le droit ou le bien générateur des revenus s'y rattache effectivement. Dans ce cas, les dispositions de l'article 7 sont applicables.

Chapitre IV
Imposition de la fortune

Fortune

Art. 22. 1. La fortune constituée par des biens immobiliers visés à l'article 6, que possède un résident d'un État contractant et qui sont situés dans l'autre État contractant, est imposable dans cet autre État.

2. La fortune constituée par des biens mobiliers qui font partie de l'actif d'un établissement stable qu'une entreprise d'un État contractant a dans l'autre État contractant est imposable dans cet autre État.

3. La fortune d'une entreprise d'un État contractant qui exploite des navires ou aéronefs en trafic international constituée par ces navires ou aéronefs ainsi que par des biens mobiliers affectés à l'exploitation de ces navires ou aéronefs, n'est imposable que dans cet État.

4. Tous les autres éléments de la fortune d'un résident d'un État contractant ne sont imposables que dans cet État.

Chapitre V
Méthodes pour éliminer les doubles impositions

Méthode d'exemption

Art. 23 A. 1. Lorsqu'un résident d'un État contractant reçoit des revenus ou possède de la fortune qui sont imposables dans l'autre État contractant conformément aux dispositions de la présente Convention (sauf dans la mesure où ces dispositions autorisent l'imposition par cet autre État uniquement parce que le revenu est également un revenu reçu par un résident de cet autre État ou parce que la fortune est également une fortune possédée par un résident de cet autre État), le premier État exempte de l'impôt ces revenus ou cette fortune, sous réserve des dispositions des paragraphes 2 et 3.

2. Lorsqu'un résident d'un État contractant reçoit des éléments de revenu qui sont imposables dans l'autre État contractant conformément aux dispositions des articles 10 et 11 (sauf dans la mesure où ces dispositions autorisent l'imposition par cet autre État uniquement parce que le revenu est également un revenu reçu par un résident de cet autre État), le premier État accorde, sur l'impôt qu'il perçoit sur les revenus de ce résident, une déduction d'un montant égal à l'impôt payé dans cet autre État. Cette déduction ne peut toutefois excéder la fraction de l'impôt, calculé avant déduction, correspondant à ces éléments de revenus reçus de cet autre État.

3. Lorsque, conformément à une disposition quelconque de la Convention, les revenus qu'un résident d'un État contractant reçoit ou la fortune qu'il possède sont exempts d'impôt dans cet État, celui-ci peut néanmoins, pour calculer le montant de l'impôt sur le reste des revenus ou de la fortune de ce résident, tenir compte des revenus ou de la fortune exemptés.

4. Les dispositions du paragraphe 1 ne s'appliquent pas au revenu reçu ou à la fortune possédée par un résident d'un État contractant lorsque l'autre État contractant applique les dispositions de la Convention pour exempter d'impôt ce revenu ou cette fortune ou applique les dispositions du paragraphe 2 de l'article 10 ou 11 à ce revenu.

Méthode d'imputation

Art. 23 B. 1. Lorsqu'un résident d'un État contractant reçoit des revenus ou possède de la fortune qui sont imposables dans l'autre État contractant conformément aux dispositions de la présente Convention (sauf dans la mesure où ces dispositions autorisent l'imposition par cet autre État uniquement parce que le revenu est également un revenu reçu par un résident de cet autre État ou parce que la fortune est également une fortune possédée par un résident de cet autre État), le premier État accorde :

a) sur l'impôt qu'il perçoit sur les revenus de ce résident, une déduction d'un montant égal à l'impôt sur le revenu payé dans cet autre État ;

b) sur l'impôt qu'il perçoit sur la fortune de ce résident, une déduction d'un montant égal à l'impôt sur la fortune payé dans cet autre État.

Dans l'un ou l'autre cas, cette déduction ne peut toutefois excéder la fraction de l'impôt sur le revenu

90000 (suite)

ou de l'impôt sur la fortune, calculé avant déduction, correspondant selon le cas aux revenus ou à la fortune imposables dans cet autre État.

2. Lorsque, conformément à une disposition quelconque de la Convention, les revenus qu'un résident d'un État contractant reçoit ou la fortune qu'il possède sont exempts d'impôt dans cet État, celui-ci peut néanmoins, pour calculer le montant de l'impôt sur le reste des revenus ou de la fortune de ce résident, tenir compte des revenus ou de la fortune exemptés.

Chapitre VI
Dispositions spéciales
Non-discrimination

Art. 24. 1. Les nationaux d'un État contractant ne sont soumis dans l'autre État contractant à aucune imposition ou obligation y relative, qui est autre ou plus lourde que celles auxquelles sont ou pourront être assujettis les nationaux de cet autre État qui se trouvent dans la même situation, notamment au regard de la résidence. La présente disposition s'applique aussi, nonobstant les dispositions de l'article 1, aux personnes qui ne sont pas des résidents d'un État contractant ou des deux États contractants.

2. Les apatrides qui sont des résidents d'un État contractant ne sont soumis dans l'un ou l'autre État contractant à aucune imposition ou obligation y relative, qui est autre ou plus lourde que celles auxquelles sont ou pourront être assujettis les nationaux de l'État concerné qui se trouvent dans la même situation, notamment au regard de la résidence.

3. L'imposition d'un établissement stable qu'une entreprise d'un État contractant a dans l'autre État contractant n'est pas établie dans cet autre État d'une façon moins favorable que l'imposition des entreprises de cet autre État qui exercent la même activité. La présente disposition ne peut être interprétée comme obligeant un État contractant à accorder aux résidents de l'autre État contractant les déductions personnelles, abattements et réductions d'impôt en fonction de la situation ou des charges de famille qu'il accorde à ses propres résidents.

4. À moins que les dispositions du paragraphe 1 de l'article 9, du paragraphe 6 de l'article 11 ou du paragraphe 4 de l'article 12 ne soient applicables, les intérêts, redevances et autres dépenses payés par une entreprise d'un État contractant à un résident de l'autre État contractant sont déductibles, pour la détermination des bénéfices imposables de cette entreprise, dans les mêmes conditions que s'ils avaient été payés à un résident du premier État. De même, les dettes d'une entreprise d'un État contractant envers un résident de l'autre État contractant sont déductibles, pour la détermination de la fortune imposable de cette entreprise, dans les mêmes conditions que si elles avaient été contractées envers un résident du premier État.

5. Les entreprises d'un État contractant, dont le capital est en totalité ou en partie, directement ou indirectement, détenu ou contrôlé par un ou plusieurs résidents de l'autre État contractant, ne sont soumises dans le premier État à aucune imposition ou obligation y relative, qui est autre ou plus lourde que celles auxquelles sont ou pourront être assujetties les autres entreprises similaires du premier État.

6. Les dispositions du présent article s'appliquent, nonobstant les dispositions de l'article 2, aux impôts de toute nature ou dénomination.

Procédure amiable

Art. 25. 1. Lorsqu'une personne estime que les mesures prises par un État contractant ou par les deux États contractants entraînent ou entraîneront pour elle une imposition non conforme aux dispositions de la présente Convention, elle peut, indépendamment des recours prévus par le droit interne de ces États, soumettre son cas à l'autorité compétente de l'un ou l'autre État contractant. Le cas doit être soumis dans les trois ans qui suivent la première notification de la mesure qui entraîne une imposition non conforme aux dispositions de la Convention.

2. L'autorité compétente s'efforce, si la réclamation lui paraît fondée et si elle n'est pas elle-même en mesure d'y apporter une solution satisfaisante, de résoudre le cas par voie d'accord amiable avec l'autorité compétente de l'autre État contractant, en vue d'éviter une imposition non conforme à la Convention. L'accord est appliqué quels que soient les délais prévus par le droit interne des États contractants.

3. Les autorités compétentes des États contractants s'efforcent, par voie d'accord amiable, de résoudre les difficultés ou de dissiper les doutes auxquels peuvent donner lieu l'interprétation ou l'application de la Convention. Elles peuvent aussi se concerter en vue d'éliminer la double imposition dans les cas non prévus par la Convention.

4. Les autorités compétentes des États contractants peuvent communiquer directement entre elles, y compris au sein d'une commission mixte composée de ces autorités ou de leurs représentants, en vue de parvenir à un accord comme il est indiqué aux paragraphes précédents.

5. Lorsque,

a) en vertu du paragraphe 1, une personne a soumis un cas à l'autorité compétente d'un État contractant en se fondant sur le fait que les mesures prises par un État contractant ou par les deux États contractants ont entraîné pour cette personne une imposition non conforme aux dispositions de cette Convention, et que

b) les autorités compétentes ne parviennent pas à un accord permettant de résoudre ce cas en vertu du paragraphe 2 dans un délai de deux ans à compter de la date à laquelle toutes les informations demandées par les autorités compétentes pour pouvoir traiter le cas ont été communiquées aux deux autorités compétentes,

les questions non résolues soulevées par ce cas doivent être soumises à arbitrage si la personne en fait la demande par écrit. Ces questions non résolues ne doivent toutefois pas être soumises à arbitrage si une décision sur ces questions a déjà été rendue par un tribunal judiciaire ou administratif de

90000 (suite) l'un des États. À moins qu'une personne directement concernée par le cas n'accepte pas l'accord amiable par lequel la décision d'arbitrage est appliquée, cette décision lie les deux États contractants et doit être appliquée quels que soient les délais prévus par le droit interne de ces États. Les autorités compétentes des États contractants règlent par accord amiable les modalités d'application de ce paragraphe.

Échange de renseignements

Art. 26. 1. Les autorités compétentes des États contractants échangent les renseignements vraisemblablement pertinents pour appliquer les dispositions de la présente Convention ou pour l'administration ou l'application de la législation interne relative aux impôts de toute nature ou dénomination perçus pour le compte des États contractants, de leurs subdivisions politiques ou de leurs collectivités locales dans la mesure où l'imposition qu'elle prévoit n'est pas contraire à la Convention. L'échange de renseignements n'est pas restreint par les articles 1 et 2.

2. Les renseignements reçus en vertu du paragraphe 1 par un État contractant sont tenus secrets de la même manière que les renseignements obtenus en application de la législation interne de cet État et ne sont communiqués qu'aux personnes ou autorités (y compris les tribunaux et organes administratifs) concernées par l'établissement ou le recouvrement des impôts mentionnés au paragraphe 1, par les procédures ou poursuites concernant ces impôts, par les décisions sur les recours relatifs à ces impôts, ou par le contrôle de ce qui précède. Ces personnes ou autorités n'utilisent ces renseignements qu'à ces fins. Elles peuvent révéler ces renseignements au cours d'audiences publiques de tribunaux ou dans des jugements. Nonobstant ce qui précède, les renseignements reçus par un État contractant peuvent être utilisés à d'autres fins si la législation des deux États l'autorise et si l'autorité compétente de l'État qui fournit ces renseignements autorise cette utilisation.

3. Les dispositions des paragraphes 1 et 2 ne peuvent en aucun cas être interprétées comme imposant à un État contractant l'obligation :

a) de prendre des mesures administratives dérogeant à sa législation et à sa pratique administrative ou à celles de l'autre État contractant ;

b) de fournir des renseignements qui ne pourraient être obtenus sur la base de sa législation ou dans le cadre de sa pratique administrative normale ou de celles de l'autre État contractant ;

c) de fournir des renseignements qui révéleraient un secret commercial, industriel, professionnel ou un procédé commercial ou des renseignements dont la communication serait contraire à l'ordre public.

4. Si des renseignements sont demandés par un État contractant conformément à cet article, l'autre État contractant utilise les pouvoirs dont il dispose pour obtenir les renseignements demandés, même s'il n'en a pas besoin à ses propres fins fiscales. L'obligation qui figure dans la phrase précédente est soumise aux limitations prévues au paragraphe 3 sauf si ces limitations sont susceptibles d'empêcher un État contractant de communiquer des renseignements uniquement parce que ceux-ci ne présentent pas d'intérêt pour lui dans le cadre national.

5. En aucun cas les dispositions du paragraphe 3 ne peuvent être interprétées comme permettant à un État contractant de refuser de communiquer des renseignements uniquement parce que ceux-ci sont détenus par une banque, un autre établissement financier, un mandataire ou une personne agissant en tant qu'agent ou fiduciaire ou parce que ces renseignements se rattachent aux droits de propriété d'une personne.

Assistance en matière de recouvrement des impôts [1]

Art. 27. 1. Les États contractants se prêtent mutuellement assistance pour le recouvrement de leurs créances fiscales. Cette assistance n'est pas limitée par les articles 1 et 2. Les autorités compétentes des États peuvent régler d'un commun accord les modalités d'application du présent Article.

2. Le terme « créance fiscale » tel qu'il est utilisé dans cet article désigne une somme due au titre d'impôts de toute nature ou dénomination perçus pour le compte des États contractants, de leurs subdivisions politiques ou collectivités locales, dans la mesure où l'imposition correspondante n'est pas contraire à cette Convention ou à tout autre instrument auquel ces États contractants sont parties, ainsi que les intérêts, pénalités administratives et coûts de recouvrement ou de conservation afférents à ces impôts.

3. Lorsqu'une créance fiscale d'un État contractant est recouvrable en vertu des lois de cet État et est due par une personne qui, à cette date, ne peut, en vertu de ces lois, empêcher son recouvrement, cette créance fiscale est, à la demande des autorités compétentes de cet État, acceptée en vue de son recouvrement par les autorités compétentes de l'autre État contractant. Cette créance fiscale est recouvrée par cet autre État conformément aux dispositions de sa législation applicable en matière de recouvrement de ses propres impôts comme si la créance en question était une créance fiscale de cet autre État.

4. Lorsqu'une créance fiscale d'un État contractant est une créance à l'égard de laquelle cet État peut, en vertu de sa législation, prendre des mesures conservatoires pour assurer son recouvrement, cette créance doit, à la demande des autorités compétentes de cet État, être acceptée aux fins de l'adoption de mesures conservatoires par les autorités

1. Dans certains pays, la législation nationale ou des considérations de politique ou d'administration fiscales peuvent ne pas permettre ou ne pas justifier le type d'assistance envisagé dans le cadre de cet article ou peuvent rendre nécessaire une limitation de ce type d'assistance, par exemple aux pays qui ont des systèmes fiscaux ou des administrations fiscales similaires ou à certains types d'impôts seulement. Pour cette raison, cet article ne devrait être inclus dans la Convention que lorsque chaque État contractant considère que, compte tenu des facteurs indiqués au paragraphe 1 des Commentaires sur cet article, il peut accepter d'apporter son assistance dans le recouvrement des impôts prélevés par l'autre État.

90000 (suite)

compétentes de l'autre État contractant. Cet autre État doit prendre des mesures conservatoires à l'égard de cette créance fiscale conformément aux dispositions de sa législation comme s'il s'agissait d'une créance fiscale de cet autre État même si, au moment où ces mesures sont appliquées, la créance fiscale n'est pas recouvrable dans le premier État ou est due par une personne qui a le droit d'empêcher son recouvrement.

5. Nonobstant les dispositions des paragraphes 3 et 4, les délais de prescription et la priorité applicables, en vertu de la législation d'un État contractant, à une créance fiscale en raison de sa nature en tant que telle ne s'appliquent pas à une créance fiscale acceptée par cet État aux fins du paragraphe 3 ou 4. En outre, une créance fiscale acceptée par un État contractant aux fins du paragraphe 3 ou 4 ne peut se voir appliquer aucune priorité dans cet État en vertu de la législation de l'autre État contractant.

6. Les procédures concernant l'existence, la validité ou le montant d'une créance fiscale d'un État contractant ne sont pas soumises aux tribunaux ou organes administratifs de l'autre État contractant.

7. Lorsqu'à tout moment après qu'une demande a été formulée par un État contractant en vertu du paragraphe 3 ou 4 et avant que l'autre État ait recouvré et transmis le montant de la créance fiscale en question au premier État, cette créance fiscale cesse d'être :

a) dans le cas d'une demande présentée en vertu du paragraphe 3, une créance fiscale du premier État qui est recouvrable en vertu des lois de cet État et est due par une personne qui, à ce moment, ne peut, en vertu des lois de cet État, empêcher son recouvrement, ou

b) dans le cas d'une demande présentée en vertu du paragraphe 4, une créance fiscale du premier État à l'égard de laquelle cet État peut, en vertu de sa législation, prendre des mesures conservatoires pour assurer son recouvrement,

les autorités compétentes du premier État notifient promptement ce fait aux autorités compétentes de l'autre État et le premier État, au choix de l'autre État, suspend ou retire sa demande.

8. Les dispositions du présent article ne peuvent en aucun cas être interprétées comme imposant à un État contractant l'obligation :

a) de prendre des mesures administratives dérogeant à sa législation et à sa pratique administrative ou à celles de l'autre État contractant ;

b) de prendre des mesures qui seraient contraires à l'ordre public ;

c) de prêter assistance si l'autre État contractant n'a pas pris toutes les mesures raisonnables de recouvrement ou de conservation, selon le cas, qui sont disponibles en vertu de sa législation ou de sa pratique administrative ;

d) de prêter assistance dans les cas où la charge administrative qui en résulte pour cet État est nettement disproportionnée par rapport aux avantages qui peuvent en être tirés par l'autre État contractant.

Membres des missions diplomatiques et postes consulaires

Art. 28. Les dispositions de la présente Convention ne portent pas atteinte aux privilèges fiscaux dont bénéficient les membres des missions diplomatiques ou postes consulaires en vertu soit des règles générales du droit international, soit des dispositions d'accords particuliers.

Droit aux avantages [2]

Art. 29. 1. [Disposition qui, sous réserve des paragraphes 3 à 5, limite l'octroi des avantages prévus par la Convention à un résident d'un État contractant qui est une « personne admissible » telle que définie au paragraphe 2].

2. [Définition des situations dans lesquelles un résident est une personne admissible, concept qui couvre

- une personne physique ;
- un État contractant, ses subdivisions politiques et leurs organismes publics et agences ;
- certaines sociétés et entités cotées en bourse ;
- certaines filiales de sociétés et entités cotées en bourse ;
- certains organismes à but non lucratif et fonds de pension ;
- certaines autres entités qui répondent à certains critères de propriété et de non-érosion de la base d'imposition ;
- certains organismes de placement collectif].

3. [Disposition qui octroie les avantages prévus par la Convention au titre d'un élément de revenu tiré par une personne qui n'est pas une personne admissible si elle est engagée dans l'exercice actif d'une activité d'entreprise dans son État de résidence et si le revenu obtenu émane de, ou est accessoire à, cette activité d'entreprise].

4. [Disposition qui octroie les avantages prévus par la Convention à une personne qui n'est pas une personne admissible si un pourcentage supérieur à une fraction convenue de cette entité est détenu par certaines personnes éligibles à des avantages équivalents].

5. [Disposition qui octroie les avantages prévus par la Convention à une personne ayant la qualité de « société de siège »].

6. [Disposition qui autorise l'autorité compétente d'un État contractant à octroyer certains avantages conventionnels à une personne lorsque ces avantages seraient normalement refusés en vertu du paragraphe 1].

7. [Définitions applicables aux fins des paragraphes 1 à 7].

---

2. La formulation de cet article dépendra de la manière dont les États contractants décident de donner effet à leur intention commune, énoncée dans le préambule de la Convention et inscrite dans le standard minimum défini au titre du projet sur l'érosion de la base d'imposition et transfert de bénéfices (BEPS) qui a été réalisé sous l'égide de l'OCDE et du G20, d'éliminer la double imposition sans créer de possibilités de non-imposition ou d'imposition réduite par l'évasion ou la fraude fiscale, y compris par des mécanismes de chalandage fiscal. Cela pourrait se faire soit par l'adoption du paragraphe 9 uniquement, par l'adoption de la version détaillée des paragraphes 1 à 7 décrite dans les commentaires sur l'article 29 conjuguée à l'adoption d'un mécanisme anti montage-relais tel que décrit au paragraphe 187 de ces Commentaires, soit par l'adoption du paragraphe 9 associé à une variante des paragraphes 1 à 7 décrits dans les Commentaires sur l'article 29.

90000 (suite)

8. *a)* Lorsque
(i) une entreprise d'un État contractant tire un revenu de l'autre État contractant et que le premier État considère ce revenu comme attribuable à un établissement stable de cette entreprise situé dans une juridiction tierce, et
(ii) les bénéfices attribuables à cet établissement stable sont exemptés d'impôt dans le premier État les avantages de la présente Convention ne s'appliquent pas à tout élément de ce revenu au titre duquel l'impôt dans la juridiction tierce est inférieur au plus faible des deux éléments suivants : [taux à déterminer de manière bilatérale] du montant de cet élément de revenu et 60 pour cent de l'impôt qui serait dû dans le premier État à l'égard de cet élément de revenu si cet établissement stable était situé dans cet État. Dans ce cas, tout revenu auquel s'appliquent les dispositions du présent paragraphe reste imposable selon la législation de l'autre État, nonobstant toute autre disposition de la Convention.
b) Les dispositions précédentes de ce paragraphe ne s'appliquent pas si les revenus tirés de l'autre État émanent de, ou sont accessoires à, l'exercice actif d'une activité d'entreprise exercée par l'intermédiaire de l'établissement stable (autre que l'activité consistant à réaliser, gérer ou simplement détenir des placements pour le propre compte de l'entreprise, à moins qu'il ne s'agisse d'activités bancaires, d'assurance ou d'activités portant sur des valeurs mobilières exercées respectivement par une banque, une compagnie d'assurance ou un opérateur sur titres agréé).
c) Si les avantages prévus par cette Convention sont refusés, en vertu des dispositions précédentes de ce paragraphe, à l'égard d'un élément de revenu tiré par un résident d'un État contractant, l'autorité compétente de l'autre État contractant peut néanmoins accorder ces avantages à l'égard de cet élément de revenu si, en réponse à une demande de ce résident, cette autorité compétente considère que l'octroi de ces avantages est justifié au regard des motifs pour lesquels ce résident n'a pas satisfait les conditions de ce paragraphe (telle l'existence de pertes). L'autorité compétente de l'État contractant à laquelle une demande a été faite en vertu de la phrase précédente consulte l'autorité compétente de l'autre État contractant avant d'accepter ou de rejeter la demande.
9. Nonobstant les autres dispositions de la présente Convention, un avantage au titre de celle-ci ne sera pas accordé au titre d'un élément de revenu ou de fortune s'il est raisonnable de conclure, compte tenu de l'ensemble des faits et circonstances propres à la situation, que l'octroi de cet avantage était l'un des objets principaux d'un montage ou d'une transaction ayant permis, directement ou indirectement, de l'obtenir, à moins qu'il ne soit établi que l'octroi de cet avantage dans ces circonstances serait conforme à l'objet et au but des dispositions pertinentes de la présente Convention.

Extension territoriale [3]

Art. 30. 1. La présente Convention peut être étendue, telle quelle ou avec les modifications nécessaires [à toute partie du territoire de (l'État A) ou de (l'État B) qui est spécifiquement exclue du champ d'application de la Convention ou] à tout État ou territoire dont (l'État A) ou (l'État B) assume les relations internationales, qui perçoit des impôts de nature analogue à ceux auxquels s'applique la Convention. Une telle extension prend effet à partir de la date, avec les modifications et dans les conditions, y compris les conditions relatives à la cessation d'application, qui sont fixées d'un commun accord entre les États contractants par échange de notes diplomatiques ou selon toute autre procédure conforme à leurs dispositions constitutionnelles.
2. À moins que les deux États contractants n'en soient convenus autrement, la dénonciation de la Convention par l'un d'eux en vertu de l'article 32 mettra aussi fin, dans les conditions prévues à cet article, à l'application de la Convention [à toute partie du territoire de (l'État A) ou de (l'État B) ou] à tout État ou territoire auquel elle a été étendue conformément au présent article.

Chapitre VII
Dispositions finales

Entrée en vigueur

Art. 31. 1. La présente Convention sera ratifiée et les instruments de ratification seront échangés à.................. aussitôt que possible.
2. La Convention entrera en vigueur dès l'échange des instruments de ratification et ses dispositions seront applicables :
a) (dans l'État A) : ....
b) (dans l'État B) : ....

Dénonciation

Art. 32. La présente Convention demeurera en vigueur tant qu'elle n'aura pas été dénoncée par un État contractant. Chaque État contractant peut dénoncer la Convention par voie diplomatique avec un préavis minimum de six mois avant la fin de chaque année civile postérieure à l'année............
Dans ce cas, la Convention cessera d'être applicable :
a) (dans l'État A) : ....
b) (dans l'État B) : ....

Clause terminale [4]

3. Les mots entre crochets visent le cas où, en vertu d'une disposition spéciale, la Convention ne s'applique pas à une partie du territoire d'un État contractant.
4. La clause terminale concernant la signature sera rédigée conformément aux procédures constitutionnelles des deux États contractants.

B. Convention modèle OCDE concernant les successions et donations (1982)

90010

TITRE DE LA CONVENTION

Convention entre (l'État A) et (l'État B) en vue d'éviter les doubles impositions en matière d'impôts sur les successions et sur les donations

PRÉAMBULE DE LA CONVENTION [5]

Chapitre I
Champ d'application de la Convention

Successions et donations visées

Art. 1. La présente Convention s'applique :
a) aux successions des personnes domiciliées au moment de leur décès, dans un État contractant ou dans les deux États contractants ; et
b) aux donations faites par des personnes domiciliées au moment de la donation dans un État contractant ou dans les deux États contractants.

Impôts visés

Art. 2. 1. La présente Convention s'applique aux impôts sur les successions et sur les donations perçus pour le compte d'un État contractant, de ses subdivisions politiques ou de ses collectivités locales, quel que soit le système de perception.
2. Sont considérés comme impôts sur les successions, les impôts perçus par suite de décès sous forme d'impôts sur la masse successorale, d'impôts sur les parts héréditaires, de droits de mutations ou d'impôts sur les donations pour cause de décès. Sont considérés comme impôts sur les donations, les impôts perçus sur les mutations entre vifs du seul fait de la gratuité totale ou partielle de la mutation.
3. Les impôts actuels auxquels s'applique la Convention sont :
a) (dans l'État A) : ...
b) (dans l'État B) : ...
4. La Convention s'applique aussi aux impôts de nature identique ou analogue qui seraient établis après la date de signature de la Convention et qui s'ajouteraient aux impôts actuels ou qui les remplaceraient. Les autorités compétentes des États contractants se communiquent à la fin de chaque année les modifications apportées à leurs législations fiscales respectives.

5. Le préambule de la Convention sera rédigé conformément aux procédures constitutionnelles des États contractants.

Chapitre II
Définitions

Définitions générales

Art. 3. 1. Au sens de la présente Convention, et à moins que le contexte n'exige une interprétation différente :
a) l'expression « biens qui font partie de la succession ou d'une donation d'une personne domiciliée dans un État contractant » comprend tout bien dont la dévolution ou la mutation est en vertu de la législation d'un État contractant, soumise à un impôt visé par la Convention ;
b) l'expression « autorité compétente » désigne :
i) (dans l'État A) : ...
ii) (dans l'État B) : ...
2. Pour l'application de la Convention par un État contractant, toute expression qui n'y est pas définie a le sens que lui attribue le droit de cet État concernant les impôts auxquels s'applique la Convention, à moins que le contexte n'exige une interprétation différente.

Domicile fiscal

Art. 4. 1. Au sens de la présente Convention, l'expression « personne domiciliée dans un État contractant » désigne toute personne dont la succession ou la donation est, en vertu de la législation de cet État, soumise à l'impôt dans cet État en raison de son domicile, de sa résidence, de son siège de direction ou de tout autre critère de nature analogue. Toutefois, cette expression ne comprend pas les personnes dont la succession ou la donation n'est soumise à l'impôt dans cet État que pour les biens qui y sont situés.
2. Lorsque, selon les dispositions du paragraphe 1, une personne physique est domiciliée dans les deux États contractants, sa situation est réglée de la manière suivante :
a) cette personne est considérée comme domiciliée dans l'État où elle dispose d'un foyer permanent ; si elle dispose d'un foyer d'habitation permanent dans les deux États, elle est considérée comme domiciliée dans l'État avec lequel ses liens personnels et économiques sont les plus étroits (centre des intérêts vitaux) ;
b) si l'État où cette personne a le centre de ses intérêts vitaux ne peut pas être déterminé, ou si elle ne dispose d'un foyer d'habitation permanent dans aucun des États, elle est considérée comme domiciliée dans l'État où elle séjourne de façon habituelle ;
c) Si cette personne séjourne de façon habituelle dans les deux États ou si elle ne séjourne de façon habituelle dans aucun d'eux, elle est considérée comme domiciliée dans l'État dont elle possède la nationalité ;
d) si cette personne possède la nationalité des deux États ou si elle ne possède la nationalité d'aucun d'eux, les autorités compétentes des États contractants tranchent la question d'un commun accord.

90010 (suite) 3. Lorsque, selon les dispositions du paragraphe 1, une personne autre qu'une personne physique est domiciliée dans les deux États contractants, elle est considérée comme domiciliée dans l'État où son siège de direction effective est situé.

Chapitre III
Règles d'imposition
Biens immobiliers

Art. 5. 1. Les biens immobiliers qui font partie de la succession ou d'une donation d'une personne domiciliée dans un État contractant et sont situés dans l'autre État contractant sont imposables dans cet autre État.
2. L'expression « biens immobiliers » a le sens que lui attribue le droit de l'État contractant où les biens considérés sont situés. L'expression comprend en tous cas les accessoires, le cheptel mort ou vif des exploitations agricoles et forestières, les droits auxquels s'appliquent les dispositions du droit privé concernant la propriété foncière, l'usufruit des biens immobiliers et les droits à des paiements variables ou fixes pour l'exploitation ou la concession de l'exploitation de gisements minéraux, sources et autres ressources naturelles ; les navires, bateaux et aéronefs ne sont pas considérés comme des biens immobiliers.
3. Les dispositions du paragraphe 1 s'appliquent également aux biens immobiliers d'une entreprise et aux biens immobiliers servant à l'exercice d'une profession libérale ou d'autres activités de caractère indépendant.

Biens mobiliers appartenant à un établissement stable ou à une base fixe

Art. 6. 1. Les biens mobiliers d'une entreprise qui fait partie de la succession ou d'une donation d'une personne domiciliée dans un État contractant, qui appartiennent à un établissement stable situé dans l'autre État contractant, sont imposables dans cet autre État.
2. Au sens de la présente Convention, l'expression « établissement stable » désigne une installation fixe d'affaires par l'intermédiaire de laquelle une entreprise exerce tout ou partie de son activité.
3. L'expression « établissement stable » comprend notamment :
a) un siège de direction,
b) une succursale,
c) un bureau,
d) une usine,
e) un atelier et
f) une mine, un puits de pétrole ou de gaz, une carrière ou tout autre lieu d'extraction de ressources naturelles.
4. Un chantier de construction ou de montage ne constitue un établissement stable que si sa durée dépasse douze mois.
5. Nonobstant les dispositions précédentes du présent article, on considère qu'il n'y a pas « établissement stable » si :
a) il est fait usage d'installations aux seules fins de stockage, d'exposition ou de livraison de marchandises appartenant à l'entreprise ;
b) des marchandises appartenant à l'entreprise sont entreposées aux seules fins de stockage, d'exposition ou de livraison ;
c) des marchandises appartenant à l'entreprise sont entreposées aux seules fins de transformation par une autre entreprise ;
d) une installation fixe d'affaires est utilisée aux seules fins d'acheter des marchandises ou de réunir des informations, pour l'entreprise) une installation fixe d'affaires est utilisée aux seules fins d'exercer, pour l'entreprise, toute autre activité de caractère préparatoire ou auxiliaire ;
e) une installation fixe d'affaires est utilisée aux seules fins de l'exercice cumulé d'activités mentionnées aux alinéas a) à e), à condition que l'activité d'ensemble de l'installation fixe d'affaires résultant de ce cumul garde un caractère préparatoire ou auxiliaire.
6. Les biens mobiliers, qui font partie de la succession ou d'une donation d'une personne domiciliée dans un État contractant et servent à l'exercice d'une profession libérale ou d'autres activités de caractère indépendant, qui appartiennent à une base fixe située dans l'autre État contractant sont imposables dans cet autre État.

Autres biens

Art. 7. Les biens, quelle qu'en soit la situation, qui font partie de la succession ou d'une donation d'une personne domiciliée dans un État contractant et qui ne sont pas visés aux articles 5 et 6 ne sont imposables que dans cet État.

Déduction des dettes

Art. 8. 1. Les dettes garanties spécialement par des biens visés à l'article 5 sont déduites de la valeur de ces biens. Les dettes qui ne sont pas garanties spécialement par des biens visés à l'article 5 et ont leur contrepartie dans l'acquisition, la transformation, la réparation ou l'entretien de tels biens, sont déduites de la valeur de ces derniers.
2. Sous réserve des dispositions du paragraphe 1, les dettes afférentes à un établissement stable visé au paragraphe 1 de l'article 6 ou à une base fixe visée au paragraphe 6 de l'article 6, sont déduites, suivant le cas, de la valeur de l'établissement stable ou de la base fixe.
3. Les autres dettes viennent en déduction de la valeur des biens auxquels s'appliquent les dispositions de l'article 7.
4. Si une dette dépasse la valeur des biens dont elle est déductible dans un État contractant conformément aux dispositions des paragraphes 1 ou 2, le solde est déduit de la valeur des autres biens imposables dans cet État.
5. Si les déductions visées aux paragraphes 3 ou 4 laissent un solde non couvert dans un État contractant, ce solde est déduit de la valeur des biens soumis à l'impôt dans l'autre État contractant.
6. Dans le cas où les dispositions des paragraphes 1 à 5 obligeraient un État contractant à opérer une déduction de dettes plus importante que celle qui est prévue par sa législation, ces dispositions ne s'appliquent que dans la mesure où l'autre État contractant n'est pas tenu de déduire les mêmes dettes en vertu de sa propre législation.

Chapitre IV
Méthodes pour éliminer les doubles impositions

Méthode d'exemption

Art. 9 A. 1. L'État contractant dans lequel était domicilié le défunt au moment du décès ou le donateur au moment de la donation exempte de l'impôt les biens qui, à l'occasion du même événement et conformément aux dispositions de la présente Convention, sont imposables dans l'autre État contractant.

2. Le premier État contractant exempte également de l'impôt les biens qui, à l'occasion d'une donation antérieure et conformément aux dispositions de la Convention, étaient imposables dans l'autre État contractant. Cependant, le premier État n'exempte pas les biens qui étaient imposables dans cet État conformément aux dispositions des articles 5 ou 6 de la Convention.

3. Dans chaque cas, le premier État contractant peut tenir compte des biens exemptés pour calculer le montant de l'impôt applicable aux autres biens.

Méthode d'imputation

Art. 9 B. 1. L'État contractant dans lequel était domicilié le défunt au moment du décès ou le donateur au moment de la donation accorde, sur l'impôt calculé selon sa législation, une déduction d'un montant égal à l'impôt payé dans l'autre État contractant pour les biens qui, à l'occasion du même événement et conformément aux dispositions de la présente Convention, sont imposables dans cet autre État.

2. Le premier État contractant accorde également sur cet impôt une déduction d'un montant égal à l'impôt qui, conformément aux dispositions de la Convention, a été payé dans l'autre État contractant à l'occasion d'une donation antérieure, dans la mesure où cette déduction n'a pas été accordée, au moment de cette donation, en application des dispositions du paragraphe 1. Cependant, le premier État n'accorde aucune déduction au titre de l'impôt payé pour les biens qui étaient imposables dans cet État conformément aux dispositions des articles 5 ou 6 de la Convention.

3. Les déductions visées aux paragraphes 1 et 2 ne peuvent toutefois excéder la fraction de l'impôt du premier État contractant, calculé avant ces déductions, correspondant aux biens à raison desquels les déductions doivent être accordées.

Chapitre V
Dispositions spéciales

Non-discrimination

Art. 10. 1. Les nationaux d'un État contractant, quel que soit leur domicile, ne sont soumis dans l'autre État contractant à aucune imposition ou obligation y relative, qui est autre ou plus lourde que celles auxquelles sont ou pourront être assujettis les nationaux de cet autre État qui se trouvent dans la même situation.

2. Le terme « nationaux » désigne :

a) toutes les personnes physiques qui possèdent la nationalité d'un État contractant ;

90010 (suite)

b) toutes les personnes morales, sociétés de personnes et associations constituées conformément à la législation en vigueur dans un État contractant.

3. Les apatrides qui sont domiciliés dans un État contractant ne sont soumis dans l'un ou l'autre État contractant à aucune disposition ou obligation y relative, qui est autre ou plus lourde que celles auxquelles sont ou pourront être assujettis les nationaux de l'État concerné qui se trouvent dans la même situation.

4. Les dispositions du présent article s'appliquent, nonobstant les dispositions de l'article 2, aux impôts de toute nature ou dénomination.

Procédure amiable

Art. 11. 1. Lorsqu'une personne estime que les mesures prises par un État contractant ou par les deux États contractants entraînent ou entraîneront pour elle une imposition non conforme aux dispositions de la présente Convention, elle peut, indépendamment des recours prévus par le droit interne de ces États, soumettre son cas à l'autorité compétente de l'un ou l'autre État contractant. Le cas doit être soumis dans les trois ans qui suivent la première notification de la mesure qui entraîne une imposition non conforme aux dispositions de la Convention.

2. L'autorité compétente s'efforce, si la réclamation lui paraît fondée et si elle n'est pas elle-même en mesure d'y apporter une solution satisfaisante, de résoudre le cas par voie d'accord amiable avec l'autorité compétente de l'autre État contractant, en vue d'éviter une imposition non conforme aux dispositions de la Convention. L'accord est appliqué quels que soient les délais prévus par le droit interne des États contractants.

3. Les autorités compétentes des États contractants s'efforcent, par voie d'accord amiable, de résoudre les difficultés ou de dissiper les doutes auxquels peuvent donner lieu l'interprétation ou l'application de la Convention. Elles peuvent aussi se concerter en vue d'éliminer la double imposition dans les cas non prévus par la Convention.

4. Les autorités compétentes des États contractants peuvent communiquer directement entre elles en vue de parvenir à un accord comme il est indiqué aux paragraphes précédents. Si des échanges de vue oraux semblent devoir faciliter cet accord, ces échanges de vues peuvent avoir lieu au sein d'une Commission composée de représentants des autorités compétentes des États contractants.

Échange de renseignements

Art. 12. 1. Les autorités compétentes des États contractants échangent les renseignements nécessaires pour appliquer les dispositions de la présente Convention ou celles de la législation interne des États contractants relative aux impôts visés par la Convention dans la mesure où l'imposition qu'elle prévoit n'est pas contraire à la Convention. L'échange de renseignements n'est pas restreint par l'article 1. Les renseignements reçus par un État contractant sont tenus secrets de la même manière que les renseignements obtenus en application de

90010 (suite) la législation interne de cet État et ne sont communiqués qu'aux personnes ou autorités (y compris les tribunaux et organes administratifs) concernées par l'établissement ou le recouvrement des impôts visés par la Convention, par les procédures ou poursuites concernant ces impôts, ou par les décisions sur les recours relatifs à ces impôts. Ces personnes ou autorités n'utilisent ces renseignements qu'à ces fins. Elles peuvent faire état de ces renseignements au cours d'audiences publiques de tribunaux ou dans des jugements.

2. Les dispositions du paragraphe 1 ne peuvent en aucun cas être interprétées comme imposant à un État contractant l'obligation :

a) de prendre des mesures administratives dérogeant à sa législation et à sa pratique administrative ou à celles de l'autre État ;

b) de fournir des renseignements qui ne pourraient être obtenus sur la base de sa législation ou dans le cadre de sa pratique administrative normale ou de celles de l'autre État ;

c) de fournir des renseignements qui ne pourraient être obtenus sur la base de sa législation ou dans le cadre de sa pratique administrative normale ou de celles de l'autre État ;

d) de fournir des renseignements qui révéleraient un secret commercial, industriel, professionnel ou un procédé commercial ou des renseignements dont la communication serait contraire à l'ordre public.

Agents diplomatiques et fonctionnaires consulaires

Art. 13. Les dispositions de la présente Convention ne portent pas atteinte aux privilèges fiscaux dont bénéficient les agents diplomatiques ou les fonctionnaires consulaires en vertu soit des règles générales du droit international, soit des dispositions d'accords particuliers.

Extension territoriale

Art. 14. 1. La présente Convention peut être étendue, telle quelle ou avec les modifications nécessaires [à toute partie du territoire de (l'État A) ou de (l'État B) qui est spécifiquement exclue du champ d'application de la Convention ou], à tout État ou territoire dont (l'État A) ou (l'État B) assume les relations internationales, qui perçoit des impôts de nature analogue à ceux auxquels s'applique la Convention. Une telle extension prend effet à partir de la date, avec les modifications et dans les conditions, y compris les conditions relatives à la cessation d'application, qui sont fixées d'un commun accord entre les États contractants par échanges de notes diplomatiques ou selon toute autre procédure conforme à leurs dispositions constitutionnelles.

2. À moins que les deux États contractants n'en soient convenus autrement, la dénonciation de la Convention par l'un d'eux en vertu de l'article 16 mettra aussi fin, dans les conditions prévues à cet article, à l'application de la Convention [à toute partie du territoire de (l'État A) ou de (l'État B) ou] à tout État ou territoire auquel elle a été étendue conformément au présent article.

Chapitre VI
Dispositions finales

Entrée en vigueur

Art. 15. 1. La présente Convention sera ratifiée et les instruments de ratification seront échangés ______ aussitôt que possible.

2. La Convention entrera en vigueur dès l'échange des instruments de ratification et ses dispositions seront applicables :

a) (dans l'État A) : ______

b) (dans l'État B) : ______

Dénonciation

Art. 16. La présente Convention demeurera en vigueur tant qu'elle n'aura pas été dénoncée par un État contractant. Chaque État contractant peut dénoncer la Convention par voie diplomatique avec un préavis minimum de six mois avant la fin de chaque année civile postérieure à l'année ______. Dans ce cas, la Convention cessera d'être applicable :

a) (dans l'État A) : ______

b) (dans l'État B) : ______

Clause terminale [6]

6. La clause terminale sera rédigée conformément aux procédures constitutionnelles des deux États contractants.

C. Conventions fiscales liant la France (au 1er septembre 2022)

On trouvera dans le tableau ci-après la liste des pays qui ont conclu avec la France une convention fiscale destinée à éviter les doubles impositions, la date de la signature de cette convention (et éventuellement de l'avenant qui la modifie) et la référence du Journal officiel dans lequel elle a été publiée. **90020**
Cette liste est complétée par l'indication des impôts auxquels s'applique chaque convention. La dernière colonne signale les conventions qui comportent une clause d'assistance administrative (échange de renseignements et assistance au recouvrement).

Signification des abréviations A : Avenant ; Arr. : Arrangement ; DE : Droits d'enregistrement ; DO : Droits sur les donations ; IF : Impôt sur la fortune ; IR : Impôts sur les revenus, y compris les revenus mobiliers ; RCM : Revenus des capitaux mobiliers uniquement ; S : Droits sur les successions.
Pour la dernière colonne : ER : Échange de renseignements : limité à l'application de la convention (ER1) ; étendu à l'application du droit interne (ER2) ; incluant la levée du secret bancaire (ER3) ; AR : assistance au recouvrement.

Pays	Date de la convention (et le cas échéant de l'avenant)	Impôts visés	Assistance administrative
Afrique du Sud	8 novembre 1993 (JO du 23-11-95)	IR - IF	ER3
Albanie	24 décembre 2002 (JO du 21-10-05)	IR - IF	ER3 - AR
Algérie	17 octobre 1999 (JO du 26-12-02)	IR - IF - S	ER3 - AR
Allemagne (1)	21 juillet 1959 (JO du 8-11-61)	IR - IF	ER3 - AR
	A du 9 juin 1969 (JO du 22-11-70)		
	A du 28 septembre 1989 (JO du 7-11-90)		
	A du 20 décembre 2001 (JO du 20-9-03)		
	A du 31 mars 2015 (JO du 24-1-16)		
	12 octobre 2006 (JO du 2-5-09)	S - DO	
Andorre	2 avril 2013 (JO du 19-7-15) (11)	IR	
Arabie saoudite	18 février 1982 (JO du 6-7-83)	IR - IF - S	
	A du 18 février 2011 (JO du 10-7-12)		ER3
	A du 2 octobre 1991 (JO du 3-9-95)	IF	
Argentine	4 avril 1979 (JO du 10-3-81)	IR - IF	ER3
	A du 15 août 2001 (JO du 12-10-07)		
	A du 6 décembre 2019 (3)		
Arménie	9 décembre 1997 (JO du 31-5-01)	IR - IF	ER3 - AR
Australie	20 juin 2006 (JO du 21-6-09)	IR	ER3 - AR
Autriche (1)	26 mars 1993 (JO du 14-12-94)	IR - IF	ER2 - AR
	A du 23 mai 2011 (JO du 27-6-12)		ER3
	26 mars 1993 (JO du 20-12-94)	S - DO	
Azerbaïdjan	20 décembre 2001 (JO du 21-10-05)	IR - IF	ER3 - AR
Bahreïn (Royaume de)	10 mai 1993 (JO du 6-8-94)	IR - IF - S	ER2
	A du 7 mai 2009 (JO du 28-12-10)		
Bangladesh	9 mars 1987 (JO du 30-8-88)	IR	ER3
Belgique (1) (12)	10 mars 1964 (JO du 15-8-65)	IR	AR
	A du 15 février 1971 (JO du 6-12-73)		
	A du 8 février 1999 (JO du 24-6-00)		
	A du 12 décembre 2008 (JO du 13-01-10)		
	A du 7 juillet 2009 (JO du 3-10-13)		ER3
	9 novembre 2021 (3)	IR - IF	ER3 - AR
	20 janvier 1959 (JO du 19-8-60)	S - DE	
Bénin	27 février 1975 (JO du 10-1-78)	IR - S - DE	ER3 - AR
Biélorussie	4 octobre 1985 (JO du 28-5-1987) (6)	IR	ER1
Bolivie	15 décembre 1994 (JO du 30-11-96)	IR - IF	ER1

90020 (suite)

Pays	Date de la convention (et le cas échéant de l'avenant)	Impôts visés	Assistance administrative
Bosnie-Herzégovine	28 mars 1975 (JO du 13-9-1975) (8)	IR	ER2
Botswana	15 avril 1999 (JO du 12-6-03)	IR	ER1
	A du 27 juillet 2017 (JO du 29-9-2021)		ER3
Brésil	10 septembre 1971 (JO du 28-11-72)	IR	ER3
Bulgarie (1)	14 mars 1987 (JO du 19-4-88)	IR	ER3 - AR
Burkina Faso	11 août 1965 (JO du 1-6-67)	IR - S - DE	ER3 - AR
	A du 3 juin 1971 (JO du 17-5-75)		
Cameroun	21 octobre 1976 (JO du 11-9-79)	IR - S - DE	ER3 - AR
	A du 31 mars 1994 (JO du 26-1-97)		
	A du 28 octobre 1999 (JO du 11-1-03)		
Canada	2 mai 1975 (JO du 10-10-76)	IR - IF	ER3
	A du 16 janvier 1987 (JO du 13-10-88)		
	A du 30 novembre 1995 (JO du 16-9-98)		
	A du 2 février 2010 (JO du 15-1-14)		ER3
Centrafricaine (République)	13 décembre 1969 (JO du 25-5-71)	IR - S - DE	ER3 - AR
Chili	7 juin 2004 (JO du 3-9-06)	IR - IF	ER3
Chine	26 novembre 2013 (JO des 3 et 17-1-15 et 28-2-2015)	IR	ER3
Chypre (1)	18 décembre 1981 (JO du 30-3-83)	IR - IF	ER3 - AR
Colombie	25 juin 2015 (JO du 23-1-2022)	IR - IF	ER3 - AR
Congo	27 novembre 1987 (JO du 15-9-89)	IR - S - DE	ER3 - AR
Corée du Sud	19 juin 1979 (JO du 6-2-81)	IR	ER3
	A du 9 avril 1991 (JO du 3-6-92)		
Côte d'Ivoire	6 avril 1966 (JO du 22-1-69)	IR - S - DE	ER3 - AR
	A du 25 février 1985 (JO du 25-2-89)		
	A du 19 octobre 1993 (JO du 6-5-95)	IF	
Croatie (1)	13 juin 2003 (JO du 21-10-05)	IR	ER3
Danemark (1) (13)	Convention dénoncée depuis le 1-1-2009		
Égypte	19 juin 1980 (JO du 25-1-83)	IR - IF	ER3
	A du 1er mai 1999 (JO du 22-5-04)		
Émirats arabes unis	19 juillet 1989 (JO du 19-7-90)	IR - IF - S	ER3
	A du 6 décembre 1993 (JO du 21-6-95)		
Équateur	16 mars 1989 (JO du 8-5-92)	IR	ER3
Espagne (1)	10 octobre 1995 (JO du 11-7-97)	IR - IF	ER3 - AR
	8 janvier 1963 (JO des 6 et 7-1-64)	S	
Estonie (1)	28 octobre 1997 (JO du 31-5-01)	IR - IF	ER3 - AR
États-Unis	31 août 1994 (JO du 22-3-96)	IR - IF	ER3 - AR
	A du 8 décembre 2004 (JO du 24-1-07)		
	A du 13 janvier 2009 (JO du 10-1-10)		
	24 novembre 1978 (JO du 1-10-80)	S - DO	
	A du 8 décembre 2004 (JO du 24-1-07)		
Éthiopie	15 juin 2006 (JO du 31-7-08)	IR	ER3
Finlande (1)	11 septembre 1970 (JO du 22-4-72)	IR - IF	ER3 - AR
	25 août 1958 (JO du 27-8-59)	S	
Gabon	20 septembre 1995 (JO du 23-3-08)	IF - IR - S - DE	ER3 - AR
Géorgie	7 mars 2007 (JO du 3-6-10)	IR - IF	ER2
Ghana	5 avril 1993 (JO du 14-5-97)	IR	ER3
Grèce (1) (14)	21 août 1963 (JO du 2-2-65)	IR	ER3 - AR
Guinée	15 février 1999 (JO du 26-9-04)	IR - IF - S - DO	ER3 - AR

90020 (suite)

Pays	Date de la convention (et le cas échéant de l'avenant)	Impôts visés	Assistance administrative
Hong Kong	21 octobre 2010 (JO du 7-12-11)	IR - IF	ER3
Hongrie (1)	28 avril 1980 (JO du 6-1-82)	IR - IF	ER3 - AR
Inde	29 septembre 1992 (JO du 6-8-94)	IR - IF	ER3
Indonésie	14 septembre 1979 (JO du 14-4-81)	IR - IF	ER3
Iran	7 novembre 1973 (JO du 30-4-75)	IR	ER3
Irlande (1)	21 mars 1968 (JO du 10-9-71)	IR	ER3 - AR
Islande	29 août 1990 (JO du 23-6-92)	IR	ER3
Israël	31 juillet 1995 (JO du 18-9-96)	IR - IF	ER3
Italie (1)	5 octobre 1989 (JO du 8-5-92)	IR - IF	ER3 - AR
	20 décembre 1990 (JO du 4-4-95)	S - DO	
Jamaïque	9 août 1995 (JO du 9-10-98)	IR	ER3
Japon	3 mars 1995 (JO du 16-5-96)	IR	ER3 - AR
	A du 11 janvier 2007 (JO du 29-11-07)		
Jordanie	28 mai 1984 (JO du 10-4-85)	IR	ER3
Kazakhstan	3 février 1998 (JO du 12-10-00)	IR - IF	ER3
Kenya	4 décembre 2007 (JO du 14-11-10)	IR	ER2
Kirghizistan	4 octobre 1985 (JO du 28-5-1987) (6)	IR	ER1
Kosovo	28 mars 1974 (JO du 13-9-1975) (8)	IR	ER2
Koweït	7 février 1982 (JO du 15-9-83)	IR - S	ER3
	A du 27 septembre 1989 (JO du 26-9-91)		
	A du 27 janvier 1994 (JO du 10-3-95)	IF	
Lettonie (1)	14 avril 1997 (JO du 30-5-01)	IR - IF	ER3 - AR
Liban	24 juillet 1962 (JO du 8-1-64)	IR - S	ER3 - AR
Libye	22 décembre 2005 (JO du 19-9-08)	IR	ER3
Lituanie (1)	7 juillet 1997 (JO du 11-5-01)	IR - IF	ER3 - AR
Luxembourg (1)	Convention du 20 mars 2018 (JO du 4-12-2019)	IR - IF	ER3 - AR
	A du 10 octobre 2019 (JO du 27-3-2021)		
Macédoine	10 février 1999 (JO du 3-7-04)	IR - IF	ER3
Madagascar	22 juillet 1983 (JO du 11-12-84)	IR	ER1 - AR
Malaisie	24 avril 1975 (JO du 24-4-77)	IR	ER2
	A du 12 novembre 2009 (JO du 11-1-11)		
	A du 31 janvier 1991 (JO du 23-6-92)		
Malawi	14 décembre 1950 (JO des 20 et 21-8-51) (2)	IR	ER3
Mali	22 septembre 1972 (JO du 17-5-75)	IR - S - DE	ER3 - AR
Malte (1)	25 juillet 1977 (JO du 16-11-79)	IR - IF	ER3 - AR
	A du 8 juillet 1994 (JO du 25-9-97)		
	A du 29 août 2008 (JO du 4-6-10)		
Maroc	29 mai 1970 (JO du 24-12-71)	IR - S - DE	ER3 - AR
	A du 18 août 1989 (JO du 22-12-90)		
Maurice	11 décembre 1980 (JO du 27-10-82)	IR - IF	ER2
	A du 23 juin 2011 (JO du 27-6-12)		ER3
Mauritanie	15 novembre 1967 (JO du 27-4-69)	IR - S - DE	ER3 - AR
Mexique	7 novembre 1991 (JO du 6-3-93)	IR	ER3
Monaco (4)	18 mai 1963 (JO du 27-9-63)		ER3 - AR
	A du 25 juin 1969 (JO du 25-12-69)		
	A du 26 mai 2003 (JO du 1-9-05)		
	1er avril 1950 (JO du 10-6-53)	S	
Mongolie	18 avril 1996 (JO du 1-1-99)	IR - IF	ER3
Monténégro	28 mars 1974 (JO du 13-9-1975) (8)	IR	ER2
Namibie	29 mai 1996 (JO du 29-5-99)	IR - IF	ER3

90020 (suite)

Pays	Date de la convention (et le cas échéant de l'avenant)	Impôts visés	Assistance administrative
Niger	1er juin 1965 (JO du 1-12-66)	IR - S - DE	ER3 - AR
	A du 16 février 1973 (JO du 13-3-77)		
Nigeria	27 février 1990 (JO du 19-7-91)	IR	ER3
Norvège	19 décembre 1980 (JO du 25-10-81)	IR	ER3 - AR
	A du 14 novembre 1984 (JO du 27-10-85)	IR - IF	
	A du 7 avril 1995 (JO du 17-10-96)		
	A du 16 septembre 1999 (JO du 20-2-03)		
Nouvelle Calédonie	31 mars et 5 mai 1983 (JO des 27-7 et 6-10-83)	IR - S - DE - DO	ER3
Nouvelle-Zélande	30 novembre 1979 (JO du 16-5-81)	IR	ER3
Oman	1er juin 1989 (JO du 1-8-90)	IR - S	
	A du 22 octobre 1996 (JO du 30-4-04)	IF	
	A du 8 avril 2012 (JO du 20-3-2013)		ER3
Ouzbékistan	22 avril 1996 (JO du 16-10-03)	IR - IF	ER3 - AR
Pakistan	15 juin 1994 (JO du 18-10-96)	IR	ER3
Panama	30 juin 2011 (JO du 4-2-12)	IR	ER3
Pays-Bas (1)	16 mars 1973 (JO du 21-4-74)	IR - IF	ER3 - AR
	A du 7 avril 2004 (JO du 1-9-05)		
Philippines	9 janvier 1976 (JO du 4-10-78)	IR	
	A du 26 juin 1995 (JO du 26-6-98)		
	A du 25 novembre 2011 (JO 10-2-13)		ER3
Pologne (1)	20 juin 1975 (JO du 1-12-76)	IR - IF	ER3 - AR
Polynésie française	28 mars et 28 mai 1957 (JO du 15-8-57)	RCM	ER2 - AR
Portugal (1)	14 janvier 1971 (JO du 4-1-73)	IR	ER3 - AR
	A du 25 août 2016 (JO du 6-1-18)		
Qatar	4 décembre 1990 (JO du 22-12-94)	IR - IF - S	
	A du 14 janvier 2008 (JO du 31-7-09)		ER3
Québec (5)	1er septembre 1987 (JO du 29-10-88)	IR - IF	
	A du 3 septembre 2002 (JO du 1-9-05)		ER3
Roumanie (1)	27 septembre 1974 (JO du 21-10-75)	IR - IF	ER3 - AR
Royaume-Uni	19 juin 2008 (JO du 9-1-10)	IR	ER3 - AR
	21 juin 1963 (JO du 1-8-64)	S	
Russie	26 novembre 1996 (JO du 29-5-99)	IR - IF	ER3
Saint-Martin	21 décembre 2010 (JO du 19-4-11)	IR	
Saint-Pierre-et Miquelon	30 mai 1988 (JO du 14-1-89)	IR - S - DE - DO	ER3
Sénégal	29 mars 1974 (JO des 29 et 30-11-76 et 11-5-78)	IR - S - DE	ER3 - AR
	A du 16 juillet 1984 (JO du 25-2-86)		
	A du 10 janvier 1991 (JO du 27-2-93)		
Serbie	28 mars 1974 (JO du 13-9-1975) (8)	IR	ER2
Singapour	15 janvier 2015 (JO du 2-7-16)	IR	ER3
Slovaquie (1)	1er juin 1973 (JO du 2-10-75) (7)	IR - IF	ER3 - AR
Slovénie (1)	7 avril 2004 (JO du 22-3-07)	IR - IF	ER3 - AR
Sri Lanka	17 septembre 1981 (JO du 30-1-83)	IR	ER3
Suède (1)	27 novembre 1990 (JO du 8-4-92)	IR - IF	ER3 - AR
	8 juin 1994 (JO du 16-3-96)	S - DO	
Suisse	9 septembre 1966 (JO du 10-10-67)	IR - IF	
	A du 3 décembre 1969 (JO du 2-11-70)		
	Accord « frontaliers » du 11 avril 1983 (JO du 25-2-87)	IR	

90020 (suite)

Pays	Date de la convention (et le cas échéant de l'avenant)	Impôts visés	Assistance administrative
	A du 22 juillet 1997 (JO du 27-8-98)		
	A du 27 août 2009 (JO du 12-12-10)	IR - IF	ER3
	A du 25 juin 2014 (JO du 3-5-2016)		
	Convention du 31 décembre 1953 (JO du 29-3-55) dénoncée depuis le 1-1-2015 (10)	S	ER1
Syrie	17 juillet 1998 (JO du 3-7-09)	IR	ER2
Taïwan (9)		IR	ER3 - AR
Tchèque (République) (1)	28 avril 2003 (JO du 3-8-05)	IR - IF	ER3 - AR
Thaïlande	27 décembre 1974 (JO du 21-11-75)	IR	ER3
Togo	24 novembre 1971 (JO du 6-8-75)	IR - S - DE	ER3 - AR
Trinité-et-Tobago	5 août 1987 (JO du 18-4-89)	IR	ER3
Tunisie	28 mai 1973 (JO du 13-11-75)	IR - S - DE	ER3
Turkménistan	4 octobre 1985 (JO du 28-5-87) (6)	IR	ER1
Turquie	18 février 1987 (JO du 6-7-89)	IR	ER3
Ukraine	31 janvier 1997 (JO du 9-12-99)	IR - IF	ER3 - AR
Venezuela	7 mai 1992 (JO du 12-1-94)	IR	ER3
Vietnam	10 février 1993 (JO du 20-12-94)	IR - IF	ER3
Zambie	14 décembre 1950 (JO des 20 et 21-8-51) (2)	IR	ER3
Zimbabwe	15 décembre 1993 (JO du 16-3-97)	IR - IF	ER3

Notes
(1) Les directives européennes sont applicables dans le cadre des relations de la France avec ce pays.
(2) Il s'agit de l'ancienne convention franco-britannique, qui continue à produire ses effets dans les relations de la France avec le Malawi et la Zambie.
(3) Convention ou avenant non entré en vigueur.
(4) Convention fiscale de nature particulière.
(5) Entente fiscale entre la France et la province du Québec.
(6) La convention signée avec l'ex-URSS demeure provisoirement applicable à la Biélorussie (République Bélarus), au Kirghizistan et au Turkménistan. En ce qui concerne la Moldavie, voir n° 1572.
(7) La convention du 1er juin 1973 signée avec l'ex-Tchécoslovaquie demeure applicable à la Slovaquie.
(8) La convention signée avec l'ex-Yougoslavie demeure applicable à la Bosnie-Herzégovine, à la Serbie, au Monténégro et au Kosovo.
(9) Les relations fiscales avec Taïwan sont régies par les dispositions de droit interne issues de l'article 77 de la loi 2010-1658 du 29 décembre 2010, assimilables à une « quasi-convention ».
(10) La convention a été dénoncée par la France le 17 juin 2014. Elle a cessé d'être applicable pour les successions des personnes décédées depuis le 1er janvier 2015.
(11) L'accord du 22 septembre 2009 relatif à l'échange de renseignements entre la France et Andorre est applicable à l'échange d'informations pour l'application de la législation fiscale des deux États. Il s'applique également à l'échange d'informations conventionnel.
(12) Une nouvelle convention a été signée le 9 novembre 2021, qui n'est pas entrée en vigueur.
(13) Une nouvelle convention a été signée le 4 février 2022, qui n'est pas entrée en vigueur.
(14) Une nouvelle convention a été signée le 11 mai 2022, qui n'est pas entrée en vigueur.

Table alphabétique

Utilisation de la table

Les chiffres renvoient aux paragraphes. La mention « s. » signifie que l'étude de la question se prolonge sur le ou les numéros suivants.

Pour diriger les recherches, les références sont accompagnées, lorsque c'est utile, d'une mention explicite ou d'une abréviation. On trouvera ci-dessous le sens de certaines abréviations.

ENR	Enregistrement	**ISF**	Impôt de solidarité sur la fortune
IFI	Impôt sur la fortune immobilière	**PV**	Plus-values
IR	Impôt sur le revenu	**RAS**	Retenue à la source
IS	Impôt sur les sociétés	**UE**	Union européenne

A

Abandon de créance : 26060 s. (aides entre sociétés apparentées : étude d'ensemble) ; 5950 s. (IS : avance consentie à une succursale étrangère) ; 76700 s. (transfert indirect de bénéfices à l'étranger).

Abattement : 1958, 61205 (IR : abattement sur dividendes) ; 1983 (IR : abattement sur les produits de l'assurance-vie et des bons ou contrats de capitalisation) ; 52190, 52575 (IFI : abattement sur la résidence principale) ; 65726 (IR : abattement sur PV de cession de titres) ; 67655 (IR : abattement sur PV immobilières).

Abus de droit : 72620 s. (étude d'ensemble) ; 26640 (sociétés holdings) ; 52650 (ISF).

ACCIS : 88145 (projet européen d'assiette commune consolidée pour l'IS).

Accord
- **préalable de prix (APP) :** 77050 s. (prix de transfert).
- **de répartition des coûts (ARC) :** 26940, 76150 s. (groupes internationaux).

Accueil (des non-résidents) : 2552 (nouveaux résidents) ; 4000 (investisseurs) ; 17830 s. (rescrit établissement stable).

Acquisition (intra-communautaire) : 33840 s. (TVA).

Acte anormal de gestion : 26060 s. (aide à une filiale ou une succursale) ; 67270 s. (non-perception de loyers) ; 72520 s. (contrôle des opérations internationales) ; 76350, 76870 (transfert de bénéfices à l'étranger).

Actif :
- **immobilier :** 52170 s., 52524 (IFI).
- **numérique :** 2422 (IR) ; 74208 (lutte contre la fraude et l'évasion fiscales).

Transfert d'actif à l'étranger : 73600 s. (IS).

Action : voir Titre de société.

Action gratuite : 2020 s. (plans étrangers) ; 3340 s. (RAS sur les gains des non-résidents) ; 42928 (salariés migrants) ; 76765 (prix de transfert).

Activité
- **économique :** 33160 (TVA : notion) ; 33610 s. (TVA : siège de l'activité économique).
- **indépendante :** 23400 s. (imposition des prestations de services) ; 31685 (partnership américaine).
- **occulte :** 17815 s. (contrôle fiscal) ; 34410 (TVA : établissement stable d'une entreprise étrangère).

Activité *(suite)*
- **préparatoire et auxiliaire :** 17540 s. (définition) ; 17730 (activité exercée par un agent dépendant) ; 22200 s. (imposition des prestations de services techniques) ; 26940 (mise en place d'un accord de partage des coûts) ; 29645 s. (centre de logistique : étude d'ensemble).
- **professionnelle :** 2887 (IR : revenus de source française) ; 40890 s. (IR : incidence sur la détermination du domicile fiscal).
- **de supervision ou de surveillance de chantiers :** 22300 s. (modalités d'imposition).

Administrateur (de société) : 2200 s. (détachement en France) ; 42445 s. (détachement à l'étranger) ; 42907, 43540 s. (imposition des rémunérations) ; 44020 (cotisations sociales à des régimes étrangers).

AELE (Cour) : 82066 (application du principe de circulation des capitaux).

Aéronef : voir Navigation maritime ou aérienne.

Agent, agence

Agent d'assurance : 5078 (IS : territorialité) ; 17750 (qualité d'établissement stable).

Agent dépendant : 17670 s. (qualité d'établissement stable).

Agent de l'État : voir Fonctionnaire.

Agent public : 24200 s. (versement de commissions).

Agrément : 25355 (régime du bénéfice mondial ou consolidé) ; 27055 (régime IS de faveur des fusions et scissions) ; 27151 (apport partiel d'actif) ; 27190 (fusion transfrontalière : transfert des déficits) ; 28710 s., 28730 (fixation du taux de marge des quartiers généraux) ; 29885 (régime IS des centres de coordination de recherche et développement).

Aide : 26060 s. (aides entre sociétés apparentées : étude d'ensemble) ; 5950 s. (IS : avance consentie à une succursale étrangère) ; 15260 (IS : avance consentie par une succursale à son siège) ; 76700 s. (transfert indirect de bénéfices à l'étranger) ; 87685 s. (UE : aides d'État).

Ajustement corrélatif : 85720 s. (étude d'ensemble) ; 76250 s. (prix de transfert).

Aliénation (d'un bien) : 65620 (définition).

Américains accidentels : 1915 (IR : double nationalité), 74235 (Fatca).

American depositary receipts (ADR) : 2024 (plan étranger d'attribution gratuite d'actions) ; 41403 (application des conventions) ; 60975 (RAS) ; 65635 (taxe sur les transactions financières).

Amortissement : 23225 s. (crédit-bail transfrontalier : titulaire du droit d'amortir) ; 67685 (IS : PV immobilières).

Analyse fonctionnelle : 75995, 76783 (prix de transfert).

Anneaux d'amarrage : 68250 (taxe de 3 % sur les immeubles).

Anti-abus (clause) : 74570 s. (étude d'ensemble) ; 6400, 45780 s. (prestations artistiques ou sportives) ; 26630 s. (localisation des sociétés holdings) ; 27060 (régime de faveur des fusions) ; 41300 s. (fraude au domicile) ; 48990 s. (droits de succession) ; 61042 s., 61440 (dividendes) ; 65950 (PV mobilière) ; 72655 (IS) ; 81740 (incidence du droit de l'UE) ; 88170, 88210 (régime mères et filiales : règles européennes).

APP (accord préalable de prix) : 77050 s. (prix de transfert).

Apport : 15070 (quasi-capital des succursales) ; 27035 s. (apport partiel d'actif : régime de faveur IS) ; 65750 s. (IR : sursis d'imposition des PV sur valeurs mobilières) ; 65775 (IR : report d'imposition des PV sur valeurs mobilières en cas d'apport cession) ; 87580 s. (droits d'apport : droit de l'UE) ; 88290 s. (régime IS de faveur des apports partiels d'actif : règles européennes).

Arbitrage : 85920 s. (étude d'ensemble) ; 48970 (succession).

ARC (accord de répartition des coûts) : 26940, 76150 s. (groupes internationaux).

Architecte : 23400 s. (imposition des professions indépendantes).

Arm's length principle : 75755, 75950 s. (prix de transfert).

Artiste : 44300 s. (étude d'ensemble) ; 81930 (RAS : droit de l'UE).

Assedic (allocations) : 2887 (IR : non-résident) ; 43855, 43980 (IR : salarié expatrié).

Assistance
- **administrative internationale** : 74080 s. (étude d'ensemble).
- **au recouvrement** : 74450 s. (étude d'ensemble).

Associé
Associé de société de personnes : 31045 s. (principes généraux d'imposition) ; 32075 s. (imposition des résidents français associés d'une société étrangère) ; 67065, 67150 (imposition des associés de société immobilière de copropriété) ; 67085, 67170 (imposition des associés de société civile immobilière) ; 67100, 67190 s. (imposition des associés de société de multipropriété) ; 67710 s. (imposition des associés de sociétés de personnes réalisant des PV immobilières) ;
Sommes versées aux associés : 26780 s. (limitation de déductibilité des intérêts) ; 60000 s. (dividendes : étude d'ensemble).

Assujetti (TVA) : 33165, 33610 (définition).

Assurance
Agent d'assurance : 5078 (IS : territorialité) ; 17750 (qualité d'établissement stable).
Assurance-vie : 1983 (produits des contrats souscrits hors de France) ; 2480 s. (déclaration des contrats souscrits hors de France) ; 2580 s. (contrôle des avoirs détenus à l'étranger) ; 3084 (non-résident : bénéfice des abattements) ; 3086 (non-résident : réduction d'impôt) ; 3680 (exit tax) ; 48180 s. (ENR : prélèvement de 20 %) ; 52172 (IFI) ; 52640 (ISF : contribuable domicilié à l'étranger) ; 62530 s. (produits à un non-résident) ; 81895 (droit de l'UE : principe de non-discrimination).
Quartier général : 28372 s. (missions).
Retenue à la source : 61000 (dividendes).
TVA : 33655 (territorialité).
Autre rubrique : Captive de réassurance.

Atad (« Anti-Tax Avoidance Directive ») : 88138 s. (lutte contre l'évasion fiscale : règles européennes).

Atelier : 17450 s. (qualité d'établissement stable).

Attaché fiscal : 3762, 74310 (échanges de renseignements).

Attestation de résidence : 82850 s. (attestation française).

Auto-entrepreneur : 2887, 3082 (IR : revenus de source française).

Autoliquidation (TVA) : 33705 s., 33955, 34340 s.

Autorité compétente (procédure amiable) : 85253, 85280 s. (conventions internationales) ; 86290 s. (convention européenne d'arbitrage).

Avance : 26060 s. (aides entre sociétés apparentées : étude d'ensemble) ; 5950 s. (IS : avance consentie à une succursale étrangère) ; 15260 (IS : avance consentie par une succursale à son siège) ; 76700 s. (transfert indirect de bénéfices à l'étranger).
Autre rubrique : Prêt.

Avion : voir Navigation maritime ou aérienne.

Avis motivé : 87436, 87443 (UE : procédure d'infraction contre un État membre).

Avoirs étrangers non déclarés : 1922 (régularisation) ; 2580 s. (contrôle fiscal).

B

Balance des intérêts : 63250 s. (plafonnement du crédit d'impôt).

Banque
Opérations bancaires et financières : 15350 s., 83680 (versement d'intérêts par un établissement bancaire à son siège) ; 28372 s. (missions d'un quartier général) ; 33655 (territorialité de la TVA) ; 34450 s. (TVA : relations entre le siège et son établissement) ; 63250 s. (intérêts : plafonnement du crédit d'impôt) ; 63350 s. (prêt consenti par un pool bancaire) ; 74230 s., 74344 s. (échange de renseignements).
Opérations des banques centrales ou des institutions financières publiques : 65884 (PV sur cessions de titres) ; 67555 (PV immobilières).
Autres rubriques : Compte, Intérêts, Prêt.

Base fixe : voir Établissement (établissement stable).

Bénéfice : 5800 s. (IS : bénéfice imposable en France) ; 25200 s. (bénéfice mondial ou consolidé) ; 73100 s. (IS : bénéfices provenant de sociétés ou établissements établis dans un paradis fiscal) ; 73670 s. (revenus mobiliers : bénéfices provenant de structures financières établies

Bénéfice *(suite)*
dans un paradis fiscal) ; 76340 s. (transfert de bénéfices à l'étranger).
Autres rubriques : Établissement (établissement stable), Filiale, Pertes, Plus-value.

Bénéficiaire effectif : 74090 (bénéficiaires effectifs des sociétés) ; 74630 s. (clause anti-abus).

Beps (base erosion and profit shifting) : 1650 s. (instrument multilatéral) ; 17780 (économie numérique) ; 72410 s. (plan d'action de l'OCDE) ; 74050 (financement hybride) ; 75810 s. (prix de transfert).

Blockchain : 2422 (PV) ; 60974 (RAS) ; 74208 (lutte contre la fraude et l'évasion fiscales).

BOFiP (bulletin officiel des finances publiques) : 1072 (base documentaire).

Bon de caisse : 1980 s. (produits de source étrangère) ; 62525 (RAS).

Boni de liquidation : 60727 (qualification de distribution) ; 61005, 61040 (RAS).

Bouclier fiscal : 2490 (étude d'ensemble).

Branche complète d'activité : 27080, 27110 (régime IS de faveur des apports : règles françaises) ; 88290 s. (régime IS de faveur des apports : droit de l'UE).

Branch tax (impôt de distribution) : 18930 s. (étude d'ensemble).

Brevet : voir Propriété industrielle ou intellectuelle.

Brexit : 26820 (frais financiers) ; 61425 (dividendes) ; 65742 (parts de « carried interest » dans des fonds étrangers : PV) ; 87352 (modalités du retrait) ; 87353 (conséquences en France).

Brigade nationale de répression de la délinquance fiscale : 72668.

BSPCE (bon de souscription de parts de créateur d'entreprise) : 2030 (attribution par une société étrangère) ; 3340 s. (RAS sur les gains des non-résidents) ; 3680 (exit tax) ; 42930 (salariés migrants).

Bureau
Contribution économique territoriale : 19400 s. (bureau de liaison).

Bureau *(suite)*
Impôt sur les sociétés : 5355 s., 10925, 17565, 18485 (bureau d'achat) ; 5365 (bureau d'étude) ; 17430 s. (critères de qualification d'un établissement stable) ; 17540 s. (bureau de liaison) ; 17550 (bureau de groupe) ; 17575 (bureau de vente) ; 27600 s. (quartier général).
TVA : 33605 (bureau de représentation) ; 34450 s. (relations avec le siège).

C

Câble : 17587 (qualité d'établissement stable).

Cadre inclusif : 1562, 16650 s., 72410 (plan d'action de l'OCDE : lutte contre l'évasion fiscale).

Capitalisation (bon ou contrat de) : 1983 (IR : produits des bons ou contrats souscrits hors de France) ; 2480 s. (déclaration des contrats souscrits hors de France) ; 3680 (exit tax) ; 52172 (IFI) ; 52640 (ISF : contribuable domicilié à l'étranger).

Captive de réassurance : 26920 (notion) ; 70810, 71100 (évasion fiscale).

Carried interest : 65742 (PV de cessions de parts dans des fonds de capital-risque par des salariés ou dirigeants).

Carrière : 17470 (qualité d'établissement stable).

Caution : 76725 s. (transfert de bénéfices à l'étranger).

Célibataire : 40821 (IR : détermination du foyer fiscal).

Cellule de régularisation : 1922 (avoirs détenus à l'étranger non déclarés par les personnes physiques) ; 71900 (opérations internationales des entreprises).

Centrale de trésorerie : 26780 (déductibilité des charges financières) ; 26900 (définition).

Centre
- **de coordination :** 27600 s. (quartiers généraux) ; 29740 s. (recherche et développement).
- **de décision :** 17444 (critère de reconnaissance d'un établissement stable).
- **des impôts des non-résidents :** 3600 s.

Centre *(suite)*
- **des intérêts économiques :** 40910 s. (domicile fiscal : droit interne).
- **des intérêts vitaux :** 41195 s. (domicile fiscal : conventions fiscales).
- **de logistique :** 29645 s.

CFE (Caisse des Français de l'étranger) : 3088 (déduction des cotisations par un non-résident) ; 3781, 3787 (prélèvements sociaux).

Chambre de commerce internationale : 2202 (IR : salariés étrangers détachés en France).

Change

Cours du change : 2415 (IR : revenus encaissés hors de France) ; 48440 (droits de succession) ; 65725 (IR : PV sur valeurs mobilières) ; 85750 s., 85820 s. (prix de transfert : ajustements corrélatifs).

Gains de change : 65725 (PV mobilière) ; 65795 (IS : cession de titres de participation) ; 67410 (prêt lié à l'acquisition d'un immeuble à l'étranger) ; 67900 s. (PV immobilière) ; 76220 (prêts intragroupe) ; 85825 (prix de transfert : ajustements corrélatifs).

Chantier : 17590 s. (qualité d'établissement stable) ; 22300 s. (activités de supervision et de surveillance) ; 33605 (qualification au regard de la TVA) ; 42570 s. (IR : chantier à l'étranger).

Charges : voir Frais et charges.

Chercheur : 43590 s. (IR : activité à l'étranger).

Chômage (allocations) : voir Indemnité.

Clause
- **anti-abus :** voir Anti-abus (clause).
- **d'égalité de traitement :** 80820 s. (différence avec la clause de non-discrimination).
- **de gel :** 81985 (libre circulation des capitaux).
- **de gross up** (ou de paiement net) : 3442, 62510, 82870 (RAS).
- **de la nation la plus favorisée :** 1594 (conventions fiscales) ; 62800 (RAS sur intérêts) ; 82280 (droit de l'UE).
- **de non-discrimination :** 80540 s. (étude d'ensemble) ; 18902 (établissement stable : principe de l'entreprise indépendante) ; 48950 s. (droits de succession).
- **de sauvegarde :** voir Sauvegarde (clause de).

Clientèle (transfert de) : 76770 (prix de transfert).

Code de conduite : 76840 (UE : documentation prix de transfert) ; 84010, 86082 (convention européenne d'arbitrage) ; 88530 s. (UE : concurrence fiscale dommageable en matière d'IS).

Collectivité d'outre-mer : voir PTOM (pays et territoires d'outre-mer).

Comité de l'abus de droit fiscal : 72650 s. (avis).

Commentaires OCDE : 1405, 10580 s. (portée).

Commerce électronique : 17780 s. (IS : territorialité) ; 33650 s. (TVA : territorialité des services fournis par voie électronique) ; 87940 (TVA : harmonisation européenne).

Commission (organisme) :
- **européenne :** 87436.
- **des infractions fiscales :** 72667.

Commission (rémunération) : 3410 s. (IR : RAS) ; 5930, 24030 s. (régime fiscal des commissions versées pour l'obtention de marchés) ; 63330 (modalités d'imposition des revenus liés à des prêts) ; 71460 (IS : commission abusive) ; 72850 s. (IR/IS : commissions au profit de résidents de paradis fiscaux).

Commissionnaire : 17722 s. (établissement stable) ; 76770 (prix de transfert).

Common Reporting Standard (CRS) : voir Norme commune de déclaration.

Communauté européenne : voir Union européenne.

Comparable (prix de transfert) : 75955 s., 76085 (principes directeurs de l'OCDE) ; 76790 s. (pratique française).

Compte : 2430 s. (déclaration des comptes détenus à l'étranger) ; 2580 s. (contrôle des avoirs détenus dans des comptes à l'étranger) ; 88000 s. (fiscalité de l'épargne : harmonisation européenne).

Compte courant d'associé : 1921 (IR : solde débiteur dans une société étrangère) ; 1977, 1980 s. (IR : revenus de source étrangère) ; 46090 (lutte contre la fraude fiscale : article 155 A) ; 52195 (IFI : évaluation des titres de sociétés) ; 52669 (ISF) ; 62560 (intérêts versés aux non-résidents) ; 62628 (emprunt contracté à l'étranger : article 131 quater, ancien).

Concession : voir Propriété industrielle ou intellectuelle.

Concubinage : 40823 s. (IR : détermination du foyer fiscal) ; 52150 (IFI).

Concurrence (fiscale) : 88530 s. (Code de conduite européen).

Conseil (institutions européennes) : 87433 (Conseil européen) ; 87434 (Conseil).

Consolidation : 25200 s. (régime fiscal du bénéfice mondial ou consolidé).

Consul : 43220 s. (étude d'ensemble).

Contrat clés en main : 5160 s. (territorialité de l'IS) ; 18590 (détermination des résultats de l'établissement stable).

Contrat de capitalisation : 62530 s. (prélèvement sur les produits).

Contribution
- **additionnelle à l'impôt sur les sociétés** : 5592 (territorialité) ; 8150 (prise en compte pour le plafonnement du crédit d'impôt) ; 10162, 10168 (application des conventions fiscales) ; 72990 (régime fiscal privilégié) ; 83675 (imputation des crédits d'impôt conventionnels) ; 84855 (procédure amiable).
- **additionnelle à l'impôt sur les sociétés au titre des montants distribués** (ancienne contribution) : 60995 (étude d'ensemble) ; 18910 (établissement stable).
- **économique territoriale** : 19400 s. (étude d'ensemble) ; 10130, 10162, 10168 s. (application des conventions).
- **exceptionnelle sur les hauts revenus** : 1918 (résident) ; 3132 (non-résident) ; 10168 (application des conventions fiscales).
- **sociale sur les bénéfices** : 5592 (territorialité) ; 8150 (prise en compte pour le plafonnement du crédit d'impôt) ; 10168 (application des conventions fiscales) ; 28690, 28720, 29446 (bénéfices d'un quartier général) ; 61182, 63260 (imputation des crédits d'impôt conventionnels) ; 67690 (imputation du prélèvement sur profits immobiliers des non-résidents) ; 83675 (imputation des crédits d'impôt conventionnels).
- **sociale de solidarité** : 10162 (application des conventions fiscales) ; 19380 (règles générales).
- **sur les revenus locatifs** : 67270 (société étrangère).

Contrôle fiscal
- **d'un établissement stable** : 15090 s. (généralités) ; 17702 (filiale qualifiée d'établissement stable) ; 17810 s. (visites domiciliaires).
- **des opérations internationales** : 71800 s. (étude d'ensemble).
- **des personnes physiques** : 2580 s. (avoirs détenus à l'étranger) ; 3734 s. (personnes non résidentes) ; 40970 s. (IR : domiciliation en France).
- **des prix de transfert** : 76340 s.
- **d'une société étrangère** : 5620 (absence de locaux en France).
- **de la taxe de 3 % sur les immeubles** : 68870 s.

Convention
- **d'assistance administrative** : 74080 s. (étude d'ensemble).
- **d'établissement** : 1300 (portée fiscale) ; 10135 (conflit avec une convention fiscale).
- **européenne d'arbitrage** : 86140 s. (étude d'ensemble).
- **fiscale internationale** : 8500 s. (étude d'ensemble) ; 1405, 1410, 1560, 10580 s., 90000, 90010 (modèle OCDE) ; 1407, 1410, 10580 s. (modèle ONU) ; 1565 s. (politique conventionnelle française) ; 90020 (liste des pays liés à la France par une convention).
- **judiciaire d'intérêt public** : 72667 (fraude fiscale).
- **multilatérale** : 1650 s. (mesures contre l'évasion fiscale) ; 17725 s. (commissionnaire).

Copropriété

Organisme de placements financiers : 64920 s. (FCP) ; 65400 (FCC).

Société immobilière de copropriété : 67060 s., 67150 (régime fiscal) ; 68238, 68825 (taxe de 3 % sur les immeubles).

Corruption : 24200 s. (versement de commissions à un agent public).

Cost plus : 28672 s. (bénéfices d'un quartier général) ; 29670 s. (centre de logistique) ; 29870 s. (centre de coordination de recherche et développement) ; 75965 (prix de transfert : prix de revient majoré).

Cost sharing agreement (accord de partage des coûts) : 26940, 76150 s. (groupes internationaux).

Cotisations sociales (déduction) : 2350 (impatriés) ; 2554 (nouveaux résidents) ; 3088,

Cotisations sociales *(suite)*
3220 (non-résidents) ; 44000 s. (cotisations à des régimes de retraite étrangers) ; 81660, 81840, 81900, 82200 s. (cotisations versées dans un autre État membre : droit de l'UE).

Couple mixte (résident et non résident) : 40950 s. (IR : domicile fiscal) ; 52150, 52522 (IFI).

Cour de justice de l'Union européenne : 87440 s.

Coutume internationale : 10675 (portée).

Covid-19 : 1562, 82815 (actions de l'OCDE) ; 17200, 17645 (établissement stable) ; 40860, 41170, 41225, 41408 (résidence fiscale) ; 42740, 42575 (imposition des salaires des expatriés) ; 43480 s. (régime des frontaliers) ; 71562 (localisation du siège ou d'une filiale dans un État ou territoire non coopératif) ; 71812, 71845 (déclaration des dispositifs transfrontières) ; 74372 (délai de reprise de l'administration) ; 75755, 77110 (prix de transfert) ; 87305 (propositions de la Commission européenne) ; 87685 (aides d'État : règles européennes).

CRDS (contribution au remboursement de la dette sociale) : 3770 s. (règles de territorialité) ; 10168 (application des conventions fiscales) ; 83700 (imputation des crédits d'impôt conventionnels).

Créance bloquée à l'étranger : 2418 (déclaration d'IR) ; 5205 (IS : provision pour dépréciation).

Crédit d'impôt
- **en faveur des entreprises :** 81295 s. (établissement stable : clause de non-discrimination).
- **en faveur des particuliers :** 3090 s. (IR : non-résident) ; 3099 (IR : non-résident dit « Schumacker »).
- **modernisation du recouvrement** (CIMR) : 1932 (IR : résidents) ; 3630 (IR : non-résidents).
- **pour dépenses de prospection commerciale :** 16200 s.
- **recherche** (CIR) : 5802 (territorialité) ; 72653 (abus de droit) ; 81920 (règles de l'UE : principe de non-discrimination) ; 87750 (aides de minimis).

Élimination des doubles impositions : 8020 s (règles générales) ; 19330 s. (bénéfices des entreprises), 21230, 21420 s. (redevances) ; 31990 s. (associés non-résidents de sociétés de personnes) ; 48655, 48760 s. (succession) ; 52540 s. (IFI) ; 53140 (ISF) ; 61180 s., 61640 s.

Crédit d'impôt *(suite)*
(dividendes) ; 63170 s. (intérêts : principes) ; 63380 s. (intérêts : crédit d'impôt forfaitaire ou fictif) ; 65045 (FCP) ; 65320 s. (Sicav) ; 65635 (ENR : valeurs mobilières) ; 82015 (restriction aux mouvements de capitaux : droit de l'UE) ; 83560 s. (modalités d'imputation).

Crédit-bail : 20090 (loyers qualifiés de redevances) ; 23200 s. (crédit-bail transfrontalier) ; (IFI : crédit-bail immobilier).

Crypto-monnaies : 2422 (PV) ; 74208 (lutte contre la fraude et l'évasion fiscales).

CSG (contribution sociale généralisée) : 3770 s. (règles de territorialité) ; 10165, 10168 (application des conventions fiscales) ; 83700 (imputation des crédits d'impôt conventionnels).

CUP : 75955 s., 76085 (prix de transfert : prix comparable sur le marché).

Cycle commercial complet : 4795 (IS : définition) ; 5100 s. (IS : activités d'une entreprise française à l'étranger) ; 5400 s. (IS : activités d'une entreprise étrangère en France) ; 17795 (commerce électronique).

D

Danemark : 1565 (dénonciation de la convention) ; 3410 (RAS sur certains revenus non salariaux) ; 8142 (crédit d'impôt) ; 43420 (agents publics) ; 43880 (pensions de retraite).

DAU (document administratif unique) : 33975 (justificatif de l'exportation).

DEB (ancienne déclaration des échanges de biens dans l'UE) : 33900.

Déclaration
- **d'un compte à l'étranger :** 2430 s. (IR).
- **d'un contrat d'assurance-vie ou de capitalisation souscrit hors de France :** 2480 s. (IR).
- **des dispositifs transfrontières :** 71812, 71815 s.
- **d'IFI :** 52242.
- **de résultats :** 18905 s. (établissement stable) ; 31040 (sociétés de personnes) ; 83640 s. (revenus encaissés hors de France).
- **de revenus** (personnes physiques) : 1918 (déclaration tacite) ; 2410 s., 83415 s., 83690 s., 83830 (revenus encaissés hors de France) ; 2545

Déclaration *(suite)*
(année de transfert du domicile en France) ; 3620 s. (contribuables domiciliés à l'étranger) ; 3668 (année de transfert du domicile à l'étranger).
- **de salaires :** 4000 (entreprises étrangères).
- **par les sociétés détenant des immeubles en France :** 68355 s. (taxe de 3 % sur les immeubles).
- **de succession :** 47735 s.
- **de transfert de capitaux de/vers l'étranger :** 2450 s.
- **d'un trust :** 50850 s.
- **en matière de TVA et de douane :** 33250, 33725 (obligations des redevables) ; 33740 (déclaration européenne de services) ; 33900 (échanges de biens dans l'UE).

Décote africaine : 8130.

Déduction (TVA) : 33230 s. (règles générales) ; 34100 s. (exportation).

Déficit : voir Pertes.

Délai
- **de réclamation :** 67725 (prélèvement sur les PV immobilières des non-résidents) ; 82873 (remboursement d'une RAS) ; 87444 (incidence des décisions de la CJUE).
- **de recours :** 1185 (non-résident).
- **de mise en recouvrement des impôts :** 85400 s. (procédure amiable).
- **de reprise de l'administration (prescription) :** 2445, 2585 (non-déclaration d'un compte ouvert à l'étranger) ; 2482, 2585 (non-déclaration d'un contrat d'assurance-vie souscrit à l'étranger) ; 17815 (activité occulte) ; 50875 (non-déclaration d'un trust) ; 52248 (IFI) ; 67725 (PV immobilières) ; 68885 (taxe de 3 % sur les immeubles) ; 72668 (fraude fiscale) ; 73495 (bénéfices provenant de structures établies dans un paradis fiscal) ; 73985 (revenus de structures financières établies dans un paradis fiscal) ; 74360 s. (mise en œuvre de l'assistance administrative internationale) ; 82120 (dissimulation de revenus à l'étranger : droit de l'UE).

Denormandie (réduction d'impôt) : 3091 (IR : non-résident).

Département d'outre-mer : 1905 (territorialité de l'IR).

Dépendance : 76455 s. (transfert de bénéfices au profit d'une entreprise étrangère : existence de liens de dépendance).

DES (déclaration européenne de services) : 33740.

Détachement (d'un salarié)
- **à l'étranger :** 42350 s. (étude d'ensemble) ; 71305 (évasion fiscale : fractionnement des salaires).
- **en France :** 2200 s. (étude d'ensemble) ; 44020 (cotisations sociales à des régimes étrangers).

DINR (Direction des impôts des non-résidents, ex-DRESG) : 2840 (organisation administrative).

Diplomate : 43220 s. (étude d'ensemble).

Direction
Frais de direction : 18640 s. (déduction des dépenses de l'établissement stable) ; 23300 s. (imposition des prestations administratives).
Quartier général : 27600 s. (étude d'ensemble).
Siège de direction effective : voir Siège (d'une entreprise).

Dirigeant : 2200 s. (détachement en France) ; 40892 (IR : domiciliation) ; 42445 s. (détachement à l'étranger) ; 42907, 43520 s. (imposition des rémunérations) ; 44020 (cotisations sociales à des régimes étrangers).

Discrimination à rebours : 81415 (droit de l'UE).

Distribution
Impôt de distribution : 18930 s. (bénéfices des établissements stables : branch tax) ; 27150 s. (apport partiel d'actif) ; 67305 (revenus immobiliers).
Revenus distribués : voir Dividende.

Dividende : 60000 s. (étude d'ensemble) ; 1950 s. (IR : dividendes de source étrangère) ; 2300 s. (IR : régime des impatriés) ; 26455 s. (groupes internationaux : utilisation des sociétés holdings) ; 31315 (revenus des sociétés de personnes) ; 31950 s. (dividendes perçus par une société de personnes dont les associés sont non résidents) ; 64950 s. (produits des FCP) ; 65250 s. (produits des Sicav) ; 67955 s. (dividendes reçus ou versés par les SIIC) ; 74630 s. (notion de bénéficiaire effectif : clause anti-abus) ; 76960 s. (prix de transfert : revenus réputés distribués) ; 81620, 82000 s. (libre circulation des capitaux : droit de l'UE) ; 82815 s. (modalités d'imposition dans l'État de la source) ; 88160 s. (régime mères et filiales : règles européennes).

Doctrine administrative (opposabilité) : 1060 s. (étude d'ensemble).

Documentation : 76840 s., 76885 s. (prix de transfert).

Domicile
- **fiscal :** voir Résidence fiscale.

Élection de domicile : 1187, 3758 (recours contentieux) ; 3758 (procédure d'imposition) ; 5405 (IS : incidence sur l'imposition en France d'une société étrangère).

Don, donation : 49010 s. (étude d'ensemble) ; 50140 s. (comparaison avec un trust) ; 50480 s. (biens mis en trust) ; 82110 (déductibilité des dons à un organisme étranger) ; 83530 s. (taux effectif).

Douane : 33270 s. (échanges de biens dans l'UE) ; 33740 (déclaration européenne de services ou DES) ; 33900 (échanges de biens dans l'UE) ; 33975 (document administratif unique ou DAU) ; 76630 (prix de transfert).

Double exonération : 8170, 10695 (application des conventions fiscales) ; 31575 (associé d'une société de personnes) ; 42570 (salarié expatrié) ; 43560 (rémunération de gérant) ; 43595 (activité d'enseignement ou de recherche) ; 43990 (prestations de retraite en capital) ; 74050 s. (dispositifs hybrides) ; 74765 s. (conventions : clause anti-abus) ; 85070 (procédure amiable) ; 88130 s. (élimination : harmonisation européenne).

Double imposition (internationale) : 7550 s. (étude d'ensemble).
Autre rubrique : Élimination des doubles impositions.

Droit
- **d'auteur :** 2300, 2310 (IR : régime des impatriés) ; 3410 s., 20835 s. (RAS) ; 20040 s. (définition des redevances) ; 20430 s. (transfert de logiciels) ; 21250 s. (imposition en France des redevances) ; 33655 (territorialité de la TVA) ; 45680 (artistes et sportifs) ; 88148, 88570 s. (intérêts et redevances intragroupe : règles européennes).
  Autre rubrique : Propriété industrielle ou intellectuelle.
- **au compte :** 74235
- **d'enregistrement :** 27085 (fusions transfrontalières et opérations assimilées) ; 65635 (cession d'actions et titres assimilés : règles générales) ; 68020 s. (cession de titres de société à prépondérance immobilière) ; 87580 s. (harmonisation européenne des droits d'apport).

Droit *(suite)*
- **à l'image :** 45700, 45710, 46062 (artistes et sportifs).
- **immobilier :** 2881 (non-résident : revenus fonciers) ; 2889 (non-résident : PV).
- **de suite :** 48990 s. (droits de succession).
- **souple** (soft law) : 1405 (définition).

Duflot (réduction d'impôt) : 3091 (IR : non-résident).

Dutreil (pacte) : 48480 (droits de succession : portée territoriale des exonérations) ; 52185 (IFI).

DVD : 20910 (RAS sur redevances).

E

Échange de renseignements : 74190 s. (étude d'ensemble) ; 1580 (accords conclus par la France) ; 71812, 71815 s. (dispositifs transfrontières) ; 75813 s. (prix de transfert) ; 88020 s. (revenus de l'épargne : droit de l'UE).

Ecofin : 87434.

EEE (Espace économique européen) : 81410, 82066 (principe de non-discrimination).

Élimination des doubles impositions : 7780 s. (étude d'ensemble) ; 10960 s. (portée des conventions) ; 19200 s. (bénéfices des entreprises) ; 48630 s. (succession) ; 52540 s., 53130 s. (IFI) ; 53130 s. (ISF) ; 73395 s. (bénéfices provenant de structures établies dans un paradis fiscal) ; 73960 s. (participations dans une structure financière établie dans un paradis fiscal) ; 76250 s. (prix de transfert) ; 81480, 82010 s., 82100 (droit de l'UE) ; 84000 s. (procédure amiable).

Emprunt : voir Prêt.

Enrichissement sans cause : 81510 (droit de l'UE : restitution d'impôt indu).

Enseignant : 43590 s. (IR : activité à l'étranger).

Entrepôt : 17560, 17570 s. (qualité d'établissement stable) ; 29650 s. (centre de logistique) ; 33625 (territorialité de la TVA) ; 34020 s. (TVA : biens sous régime suspensif).

Entrepreneur principal : 76785 (prix de transfert).

Entreprise : 2885 (IR : revenus de source française) ; 4600 s. (IS : entreprise exploitée en France) ; 4900 s. (IS : exercice d'une activité à l'étranger) ; 5300 s. (entreprise étrangère ayant une activité en France) ; 15210 s., 18440 s., 18640 s. (imposition des établissements stables : principe de l'entreprise indépendante) ; 74680 (entreprises associées : clause anti-abus) ; 81250 s. (nationalité : principe de non-discrimination).
Autre rubrique : Navigation maritime ou aérienne.

ESFP (examen contradictoire de la situation fiscale personnelle) : 3745 s. (non-résident).

Établissement
- **de crédit :** voir Banque.
- **payeur :** 1967, 1970 (prélèvement forfaitaire non libératoire sur les dividendes de source étrangère) ; 1982 (prélèvement forfaitaire non libératoire sur les intérêts) ; 31950 s., 31990 (société de personnes) ; 60973, 60985 s., 61020, 82860, 82865, 82870, 82875, 82895, 82915, 82940, 82970, (RAS sur dividendes) ; 62544, 82860, 82870, 82875, 82895 (RAS sur intérêts) ; 82860, 82870, 82875, 82895 (RAS sur redevances) ; 88055 s. (obligations déclaratives).
- **stable**
  Étude d'ensemble : 16600 s.
  Critères de qualification et statut : 15015 (résidence fiscale) ; 15070 (quasi-capital) ; 15080 (responsabilité du siège) ; 15250 s. (relations avec le siège : généralités) ; 15600 (liquidation) ; 22300 s. (activités de supervision et surveillance des chantiers) ; 23650 s. (professions indépendantes) ; 27110 (apport d'un établissement stable) ; 28655 (quartier général) ; 33605 s. (TVA) ; 81270 s. (conventions : application du principe de non-discrimination).
  Modalités d'imposition : 15500 s. (prise en compte des pertes) ; 20745 s., 21000 s. (redevances supportées par un établissement stable) ; 22100 s. (prestations de services techniques) ; 23010 s. (prestations de services commerciaux) ; 23300 s. (prestations administratives) ; 25920 s. (remontée des bénéfices des établissements étrangers) ; 34410 (TVA : activité occulte) ; 34450 s. (TVA : relations avec le siège) ; 61120 s. (dividendes rattachables à l'établissement) ; 61405, 61412 (dividendes : régime mères et filiales français) ; 62480 s., 62850 s. (intérêts rattachables à l'établissement) ; 66945 (revenus immobiliers) ; 73100 s. (établissement établi dans un paradis fiscal : répression de l'évasion fiscale

Établissement *(suite)*
internationale) ; 81590 s. (droit de l'UE) ; 88195 s. (régime mères et filiales : règles européennes).

Étalement (des bénéfices) : 3082 (IR : non-résidents).

État « directive » : 88060.

État ou territoire non coopératif (ETNC) : 71550 s. (étude d'ensemble) ; 1978 (profits sur instruments financiers à terme) ; 3365, 3380 (RAS sur les gains de stock-options et assimilés) ; 3448 (RAS sur les revenus non salariaux) ; 45180 (RAS sur les sommes versées aux artistes) ; 45210 (RAS sur les sommes versées aux sportifs) ; 60845, 60973, 60975 (RAS sur les dividendes) ; 61412 (dividendes : régime mères et filiales) ; 62540 s. (prélèvement sur intérêts) ; 65720, 65785, 65867 (PV de cession de valeurs mobilières) ; 67660, 67690, 67705 (PV immobilières) ; 67750 s. (profits immobiliers des marchands de biens) ; 70572 (liste de l'OCDE) ; 73070 s. (paiements à un bénéficiaire établi dans un ETNC) ; 73810, 73870 (participations détenues dans des structures établies dans un ETNC) ; 76580, 76855 (prix de transfert).

Étude, étudiant : 5365 (IS : bureau d'études) ; 10280 (étude de marché : qualification conventionnelle des rémunérations) ; 20180 s. (RAS sur les redevances) ; 20355 s. (distinction entre redevances et prestations de services) ; 22100 s. (modalités d'imposition des prestations de services techniques) ; 43610 (IR : études à l'étranger).

Euroclear : 60973 (RAS sur dividendes).

Eurofisc : 87922 (lutte contre la fraude à la TVA).

Evafisc : 2430 (fichier des comptes détenus à l'étranger).

Évaluation des biens : 48350 s. (droits de succession : biens étrangers) ; 52190 s. (IFI : règles générales) ; 52530 (IFI : actifs étrangers).

Évasion fiscale : 70550 s. (étude d'ensemble) ; 2580 s. (avoirs détenus à l'étranger) ; 71800 s. (lutte contre l'évasion fiscale).

Exit tax : 3675 s. (étude d'ensemble) ; 81690 s. (droit de l'UE).

Expatrié, expatriation : 42100 s. (étude d'ensemble).

Exportation : 16200 s. (crédit d'impôt pour dépenses de prospection commerciale) ; 25200 s. (régime du bénéfice mondial ou consolidé) ; 33970 s. (TVA).

Exposition **(internationale)** : 4810 (IS : territorialité).

F

Fatca **(Foreign Account Tax Compliance Act)** : 74230 s. (étude d'ensemble).

FCC **(fonds commun de créances)** : 62542, 65400 s. (généralités).

FCP **(fonds commun de placement)** : 64920 s. (étude d'ensemble) ; 1960 (IR : distributions par un FCP étranger) ; 60860 (RAS : dividendes de source française versés à des FCP étrangers).

Fiducie : 50980 s. (étude d'ensemble) ; 68905 s. (taxe de 3 % sur les immeubles).

Filiale : 24500 s. (groupes internationaux de sociétés : étude d'ensemble) ; 15010 s. (critères de choix entre filiale et succursale) ; 15080 (responsabilité de la société mère) ; 15610 (imposition du boni de liquidation) ; 17695 s. (filiale qualifiée d'établissement stable) ; 61400 s. (dividendes : régime mères et filiales français) ; 62640 s. (groupe de sociétés : RAS sur intérêts) ; 88160 s. (régime mères et filiales : règles européennes) ; 88570 s. (intérêts et redevances : règles européennes).

Finance islamique : 50982 (recours à la fiducie).

Fiscalis **(programme européen)** : 74206 (échange de renseignements).

Fonctionnaire

- **diplomatique, consulaire ou membre d'une organisation internationale** : 43220 s. (étude d'ensemble).
- **en service à l'étranger** : 2400 (généralités) ; 40930 s. (domicile fiscal) ; 42490 (IR : exonération) ; 43420 s. (imposition des rémunérations) ; 43860 (imposition des pensions).

Fondation **(d'utilité publique)** : 61018, 61075, 82070 (perception de dividendes) ; 67270 s., 67557, 67700 (opérations immobilières).

Fonds d'investissement : 68915 (taxe de 3 % sur les immeubles).

Fonds de pension : 41400 (résidence fiscale) ; 61068, 61075 (RAS sur dividendes) ; 67700 (PV immobilières : imposition d'un fonds non résident) ; 82070 (droit de l'UE).

Fonds souverain : 41403 (résidence fiscale).

Forage : 17475 (qualité d'établissement stable).

Force attractive : 18610 s. (détermination des résultats d'un établissement stable) ; 62850 s. (intérêts rattachés à un établissement stable).

Forfait mobilier **(évaluation de meubles)** : 48460 s. (droits de succession).

Formulaire **(conventionnel)** : 49050 s. (droits de mutation à titre gratuit) ; 81930 (droit de l'UE : principe de non-discrimination) ; 82830 s., 82890 s. (dividendes, intérêts et redevances).

Forum mondial **(lutte contre l'évasion et la fraude fiscales)** : 70575 s.

Foyer : 40820 s., 40860 s. (domicile fiscal : droit interne) ; 41175 s. (domicile fiscal : conventions fiscales) ; 42720 s. (salarié détaché à l'étranger).

FPI **(fonds de placement immobilier)** : 67550 s. (PV) ; 68325 (taxe de 3 % sur les immeubles).

Frais et charges

Charges déductibles du revenu global : 1925, 81410 (frais de garde des enfants à l'étranger) ; 3086 s., 3141 (non-résident) ; 3099 (non-résident dit « Schumacker »).

Charges déductibles du bénéfice imposable : 5900 s. (étude d'ensemble) ; 5815 (impôts étrangers) ; 18640 s. (détermination du bénéfice d'un établissement stable) ; 26735 s. (déduction des charges financières) ; 72850 s. (versements à des résidents de paradis fiscaux) ; 76750 s. (répartition des charges intragroupe).

Remboursements de frais : 29420 s. (salariés des quartiers généraux)

Quote-part de frais et charges : 61425 s. (régime mères et filiales français) ; 65790 (IS :

Frais et charges *(suite)*
PV de cession de titres de participation) ; 88225 (régime mères et filiales : règles européennes).

France (territorialité de l'impôt) : 1905 (IR) ; 4000 s. (IS) ; 10200 s. (conventions) ; 33460 (TVA).

Franchise : 20223 (RAS sur les redevances) ; 20400 (contrat mixte know-how / prestation de services) ; 23010 s. (prestations de services commerciaux) ; 34080 s. (TVA : achats en franchise) ; 88570 s. (redevances intragroupe : règles européennes).

Fraude fiscale : 2580 s. (avoirs détenus à l'étranger) ; 17820 (activité exercée via un établissement stable) ; 41300 s. (fraude à la résidence fiscale) ; 46065, 46230 (artistes et sportifs : article 155 A) ; 70550 s. (recours à des paradis fiscaux) ; 71800 s. (lutte contre la fraude fiscale) ; 72665 (sanctions) ; 88470 s. (fusions transfrontalières : refus du bénéfice des directives européennes).

Frontalier : 43480 s. (étude d'ensemble) ; 42495 (IR : exonération) ; 81830 (droit de l'UE).

Fusion : 27035 s. (réorganisations internationales : étude d'ensemble) ; 65750 s. (IR : sursis d'imposition des PV sur valeurs mobilières) ; 87580 s. (droits d'apport : droit de l'UE) ; 88290 s. (régime IS de faveur : règles européennes).

G

Gafa (taxe) : 17783, 17795, 17800 (taxe sur les services numériques).

Gains
- **de change** : voir Change (gains de change).
- **de jeux** : 10237 (qualification conventionnelle) ; 33670 (TVA : territorialité) ; 81920 (droit de l'UE : principe de libre prestation de services).

Gaz à effet de serre (droits d'émission) : 18423, 66920 (application des conventions fiscales).

GEIE : 88550 (droit de l'UE).

Genussscheine (Allemagne) : 10525, 61180, 62000 (qualification des revenus).

Gérant de SARL : 2200 s. (détachement en France) ; 40892 (IR : domiciliation) ; 42445 s. (détachement à l'étranger) ; 42907, 43560 s. (imposition des rémunérations) ; 44020 (cotisations sociales à des régimes étrangers).

GIE : 31020 s. (régime fiscal).

Gisement : 66920 (imposition des revenus).

Global trading : 76740 (prix de transfert).

Golden visas : 74347 (échange automatique de renseignements).

Google : 4605 (taxe « Google ») ; 17720 (établissement stable) ; 19402 (CVAE) ; 33605 (TVA).

Grantor trust : 49973 (définition) ; 50365, 50405 (imposition des revenus) ; 50710 (IFI).

Gross up (clause de paiement net) : 3442, 62510, 82870 (RAS).

Groupe
- **de sociétés** : 24500 s. (étude d'ensemble) ; 28350 s. (activités de quartier général) ; 29645 s. (activités de centre de logistique) ; 29740 s. (activités de centre de coordination de recherche et développement) ; 61400 (dividendes : régime mères et filiales français) ; 62640 (RAS sur intérêts) ; 81769 (droit de l'UE : configuration « Papillon » et intégration horizontale) ; 88160 s. (régime mères et filiales : règles européennes) ; 88148, 88570 s. (intérêts et redevances : règles européennes).
- **familial** : 65726 (IR : PV sur cessions de titres à l'intérieur du groupe familial).

Guichet : 33670, 33882, 87940 (TVA : services fournis par voie électronique) ; 87932 (TVA : harmonisation européenne) ; 84000 (guichet international) ; 88145 (IS : projet européen d'assiette commune consolidée).

H

Habitation (en France d'un non-résident) : 2855 (impôts locaux) ; 3091 (IR : crédits d'impôt) ; 67605 s. (PV) ; 68110 s. (IR : imposition sur la valeur locative).

Harmonisation exhaustive : 87670 (droit de l'UE).

Haute courtoisie internationale : 43390.

Holding : voir Société (holding).

Honoraires : 23400 s. (imposition des professions indépendantes).

HSBC (liste) : 2586.

I

Ifer (imposition forfaitaire sur les entreprises de réseau) : 10168 (application des conventions fiscales).

IFI (impôt sur la fortune immobilière) : 52000 s. (étude d'ensemble) ; 50700 s. (trusts) ; 50980 (fiducie) ; 52760 s. (application des conventions fiscales).

Immatriculation (au registre du commerce et des sociétés) : 5300 (société étrangère ayant une activité en France) ; 27210 (transfert de siège).

Immeuble : 66900 s. (opérations immobilières : étude d'ensemble) ; 2889 (IR : PV immobilières) ; 3091 (IR : crédits d'impôt) ; 5520 s. (territorialité de l'IS) ; 33645 (TVA : lieu des prestations de services) ; 48100 s. (succession : détention indirecte par un non-résident) ; 52170 s. (IFI : biens imposables) ; 52524 (IFI : immeuble professionnel étranger) ; 52530 (IFI : évaluation des biens étrangers) ; 52680, 53095 (ISF : détention indirecte par un non-résident) ; 53082 s. (ISF : immeuble détenu à l'étranger) ; 68110 s. (IR : valeur locative de la résidence française détenue par un non-résident).

Impatrié : 2200 s. (IR : salariés) ; 2370 (IR : non-salariés) ; 44020 (cotisations sociales à des régimes étrangers).

Implantation : 15010 s. (critères de choix de la structure juridique) ; 15600 s. (liquidation de la structure) ; 16000 s. (incitations fiscales à l'implantation à l'étranger : étude d'ensemble).

Importation (TVA) : 33950 s.

Impôt
- **sur la fortune :** 51300 s. (étude d'ensemble) ; 50700 s. (trust).
- **sur le revenu :** 1900 s. (territorialité).
- **sur les sociétés :** 4000 s. (territorialité) ; 72655 (clause anti-abus).
- **visé par les conventions :** 10160 s., 11080 s.

Impôt *(suite)*

Déduction des impôts étrangers : 1930, 83400, 83465 (IR) ; 5180, 5815 (IS) ; 52542 (IFI).

Autres rubriques : IFI, Ifer.

Indemnité
- **de chômage :** 2887 (IR : non-résident) ; 43855, 43980 (IR : salarié expatrié).
- **de licenciement :** 2205 (IR : salarié impatrié) ; 42755 (IR : salarié expatrié).
- **maladie :** 42755, 43980 (IR : salarié expatrié).
- **représentative de frais :** 2360 (impatrié) ; 29420 s. (salarié d'un quartier général).
- **transactionnelle :** 2887 (IR : revenus de source française) ; 42755 (IR : salarié expatrié).

Indisponibilité (des biens étrangers) : 48420 s. (succession) ; 52535 (ISF).

Influenceur : 45710.

Ingénieur : 23400 s. (imposition des professions indépendantes).

Installation fixe d'affaires : 17350 s. (définition) ; 17540 s. (activité préparatoire et auxiliaire) ; 17790 (serveur web) ; 22100 s. (fourniture de prestations de services techniques) ; 23100 s. (location d'équipements).

Instrument financier à terme : 1978 (IR : gains de source étrangère) ; 2887 (IR : gains réalisés par un non-résident) ; 62580 (prélèvement forfaitaire) ; 64920, 65410 (placement par l'intermédiaire d'un organisme collectif).

Instrument multilatéral : 1650 s. (mesures contre l'évasion fiscale) ; 17725 s. (commissionnaire).

Intégration fiscale : 18912 (établissement stable) ; 26060 (acte anormal de gestion) ; 26235, 81769 (intégration horizontale) ; 27097 (incidence d'une réorganisation internationale) ; 27230 (transfert de siège transfrontalier) ; 28728 (quartier général) ; 61425 (régime mères et filiales) ; 72653 (abus de droit) ; 73355 (article 209 B) ; 81680, 81760 s. (droit de l'UE) ; 83640 (déclaration des revenus encaissés hors de France) ; 84835 (ouverture d'une procédure amiable).

Intérêts

Étude d'ensemble : 62000 s.
- **intragroupe :** 18725 s. (intérêts versés par un établissement stable à son siège) ; 26082, 26170 (prêt sans intérêt) ; 26760 s. (limitation à la

Intérêts *(suite)*
déduction des intérêts) ; 76220 s. (prix de pleine concurrence) ; 76700 s. (transfert indirect de bénéfices à l'étranger) ; 81335 s. (intérêts versés à une mère étrangère : clause de non-discrimination) ; 88148, 88570 s. (intérêts intra-groupe : règles européennes).
- **liés à l'acquisition d'un immeuble en France :** 67298 s.
- **de source étrangère :** 1980 s. (règles d'imposition à l'IR) ; 2300 s. (IR : régime des impatriés) ; 74630 s. (treaty shopping : notion de bénéficiaire effectif) ; 88000 s. (fiscalité de l'épargne : harmonisation européenne).
- **versés à un non-résident :** 31950 s. (intérêts perçus par une société de personnes dont les associés sont non-résidents) ; 72850 s. (résidents de paradis fiscaux) ; 74630 s. (treaty shopping : notion de bénéficiaire effectif) ; 81630 s. (non-résident européen : RAS) ; 82815 s. (modalités d'imposition dans l'État de la source) ; 88000 s. (fiscalité de l'épargne : harmonisation européenne).

Intérimaire : 42790 (mission temporaire à l'étranger).

Internet : 17780 s. (IS : territorialité) ; 20040 (services numériques automatisés) ; 33650 s. (TVA : territorialité des services fournis par voie électronique).

ISF (impôt de solidarité sur la fortune) : 52639 s. (situation des non-résidents) ; 52760 s. (application des conventions fiscales).

J

Jeton de présence : 1958 (IR : abattement sur dividendes) ; 43540 s. (IR : règles d'imposition).

Jeunes entreprises innovantes (JEI) : 3680 (exit tax) ; 5802 (bénéfice imposable en France) ; 73180 (délocalisation de bénéfices à l'étranger).

Jeux (gains provenant de jeux) : 10237 (qualification conventionnelle) ; 33670 (TVA : territorialité) ; 81920 (droit de l'UE : principe de libre prestation de services).

JITSIC (Joint International Tax Shelter Information and Collaboration Network) : 72635 (échange d'informations).

Joint-venture : 20230 (imposition des redevances) ; 31070 (application du régime fiscal des sociétés de personnes).

Justificatif : 81470, 81515, 81930, 81998, 82000, 82080, 82110 (principe de non-discrimination : droit de l'UE) ; 82870, 82880, 82890 s. (RAS : dividendes, intérêts et redevances).

K

Know-how : voir Savoir-faire (transfert de).

KommanditGesellschaft (Allemagne) : 31740, 32100, 32110 (imposition des revenus perçus en France).

L

Lanceur d'alerte : 2595 (lutte contre la fraude internationale).

Langue étrangère : 1185 (contentieux) ; 17810 (visites domiciliaires) ; 76857, 76867 (documentation en matière de prix de transfert).

LBO : 72545 (acte anormal de gestion) ; 72645, 72651 (abus de droit).

Legs : 49010 s. (étude d'ensemble).

Libre circulation : 81400 s., 87382 s. (UE).

Licence : voir Propriété industrielle ou intellectuelle.

Licenciement (indemnités) : 42755 (IR : salarié expatrié).

Liquidation : 15600 (liquidation d'un établissement stable) ; 15610 (liquidation d'une filiale) ; 60920, 61005, 65884 (RAS).

Livraison (intra-communautaire) : 33870 s. (TVA).

Livret de développement durable (LDD) : 3660 (transfert du domicile à l'étranger).

LLC (limited liability company) : 31105, 31660 (société de personnes américaine) ; 67275 (revenus immobiliers).

Location
- **de bien meuble :** 2955, 2960 (IR : revenus de source française) ; 20080 (qualification de redevances) ; 23100 s. (location d'équipement industriel ou commercial) ; 23200 s. (crédit-bail transfrontalier) ; 33625, 33645 (TVA : moyens de transport) ; 33655 (TVA : biens meubles corporels).
- **meublée non professionnelle :** 3091 (non-résident : réduction d'impôt).
- **meublée professionnelle :** 67085, 67245, (revenus des locations) ; 81075 (PV).
- **d'immeuble :** 23240 (crédit-bail transfrontalier) ; 66915 s. (imposition des revenus immobiliers : étude d'ensemble).

Logement : voir Habitation, Immeuble, Location.

Logiciel : voir Commerce électronique, Propriété industrielle ou intellectuelle.

M

Maladie (indemnités) : 42755, 43980 (IR : salarié expatrié).

Mali technique : 5803 (transfert d'un actif vers une succursale étrangère).

Management fees : 18640 s. (déduction des dépenses de l'établissement stable) ; 23300 s. (imposition des prestations administratives) ; 76750 s. (prix de transfert).

Mandat, Mandataire : 1187, 3758 (recours contentieux) ; 3420 (RAS sur revenus non salariaux) ; 3758 (procédure d'imposition) ; 17670 s. (représentant de l'entreprise : qualité d'établissement stable) ; 31615 (sociétés de personnes : désignation d'un mandataire pour l'exonération de RAS) ; 33625, 33650 (TVA : prestations des intermédiaires) ; 34330 s. (TVA : mandataire fiscal des entreprises étrangères) ; 40892 (IR : domiciliation) ; 42445 s. (IR : mandataires sociaux détachés à l'étranger).

Mannequin : 3420 (RAS) ; 45220, 45225, 45680, 45710 (IR : État de l'activité) ; 46340, 46385 (dispositifs anti-abus : article 155 A).

Manœuvres frauduleuses : 72660.

Marchand de biens : 67750 s. (PV immobilières) ; 68800 (taxe de 3 % sur les immeubles).

Marchandise : 76080 s. (détermination des prix de transfert) ; 76630 s. (transfert indirect de bénéfices à l'étranger).

Marché intérieur : 87360 s. (UE).

Marin pêcheur : 42585, 42640 (IR : exonération).

Marque : voir Propriété industrielle ou intellectuelle.

Mayotte : 1905.

Mécénat : 49015 s., 52528 (dons à des organismes étrangers).

Médiane : 76623, 76795 (prix de transfert : intervalle de pleine concurrence).

Mer (activités en mer) : 17475 (qualité d'établissement stable d'un forage).
Autre rubrique : Navigation maritime ou aérienne.

Meublé : 67085, 67245 s. (revenus de location).

Mine : 17470 (qualité d'établissement stable).

Minibon : 62525 (RAS).

Minimis (aides de minimis) : 87685.

Mission temporaire (à l'étranger) : 42760 s. (imposition des salaires).

Modèle OCDE : 1405, 1410 (élaboration) ; 1560 (révision) ; 10580 s. (rôle) ; 90000 (convention modèle en matière d'impôt sur le revenu et sur la fortune) ; 90010 (convention modèle concernant les successions et les donations).

Modèle ONU : 1407 s. (élaboration) ; 10580 s. (portée).

Moins-value : voir Plus-value.

Monaco : 3091 (IR : crédit d'impôt) ; 3600 (IR : lieu d'imposition) ; 3610, 10932 (IR : imposition en France des Français domiciliés à Monaco) ; 3668 (IR : transfert du domicile fiscal à Monaco) ; 3786 (prélèvements sociaux : Français domiciliés à Monaco) ; 4010 (IS : territorialité) ; 48962, 49025 (droits de mutation à titre gratuit) ; 52242 (IFI) ; 52962 (ISF) ; 88025 (échange de renseignements : droit de l'UE).

Montage abusif : 45782 (artistes et sportifs : article 155 A) ; 48060 (droits de mutation à titre

Montage abusif *(suite)*
gratuit) ; 61042, 61047, 61440 (dividendes) ; 70550, 71000 s. (utilisation de paradis fiscaux) ; 71812, 71815 s. (obligation déclarative) ; 72408, 72623 s. (abus de droit) ; 72660 (manœuvres frauduleuses) ; 73255 (article 209 B) ; 74005 (article 123 bis) ; 81470, 81740 (principe de non-discrimination : droit de l'UE) ; 88137 (plan de l'UE en matière de lutte contre la fraude fiscale) ; 88138 (directive anti-évasion fiscale) ; 88210 (directive mères et filiales) ; 88485 (directive fusions).

Multipropriété : 67100, 67190 s. (régime fiscal).

N

Nationalité : 1915, 40600, 41250 s. (résidence fiscale) ; 9420 (application des conventions) ; 42430, 42440 (IR : salarié expatrié) ; 80750 s., 81250 s., 82250 (principe de non-discrimination).

Navigation maritime ou aérienne : 2970 (location d'un navire ou d'un aéronef à un non-résident : territorialité de l'IR) ; 4830 s., 17415 (territorialité de l'IS) ; 10928, 43630 s. (imposition des salariés) ; 17475 (établissement stable) ; 19305 (élimination des doubles impositions) ; 19402, 19415 (contribution économique territoriale) ; 34060 (TVA) ; 65620 (PV) ; 71120 (navigation maritime : pavillon de complaisance) ; 74720 (navigation maritime : clause anti-abus).

Navire : voir Navigation maritime ou aérienne.

Non-discrimination : 80540 s. (étude d'ensemble) ; 18902 (établissement stable : principe de l'entreprise indépendante) ; 48950 s. (droits de succession) ; 87670 s. (UE).

Non-résident : 1183 s. (recours devant un tribunal français) ; 2830 s. (IR : imposition des revenus de source française) ; 52242, 52570 s. (IFI) ; 81780 s. (application des avantages réservés aux résidents : droit de l'UE) ; 82820 s. (justification de la qualité de non-résident).

Norme commune de déclaration : 74347, 88030 (échange automatique de renseignements relatifs aux comptes financiers).

Nue-propriété : voir Usufruit.

Numéro d'identification (TVA) **:** 33280, 33720.

O

Objet d'art : 2910 (IR : vente par un non-résident).

Objet précieux : 2910 (IR : vente par un non-résident).

Obligation : 65250, 65345 (obligations détenues par des Sicav) ; 65810 (conversion d'obligations en actions : PV IS).
Autre rubrique : Intérêts.

Offre publique : 65750 s. (IR : sursis d'imposition des PV) ; 65800 s. (IS : sursis d'imposition des PV).

Offshore : voir Société (offshore).

OPC (organisme de placement collectif) **:** 64800 s. (étude d'ensemble) ; 60860 (RAS : dividendes de source française versés à des OPC étrangers) ; 65830 s. (IS : imposition des écarts de valeurs liquidatives).

OPCVM (organisme de placement collectif en valeurs mobilières) **:** 64800 s. (étude d'ensemble) ; 1960 (IR : distributions par un OPCVM étranger) ; 52185 (IFI) ; 60860 (RAS : dividendes de source française versés à des OPC étrangers) ; 65832 (IS : imposition des écarts de valeurs liquidatives) ; 82072 (droit de l'UE).

Organisation internationale : 43220 s. (membre d'une organisation internationale : règles générales) ; 60975 (RAS sur dividendes) ; 62516 s. (intérêts) ; 65884 (cessions de titres) ; 67555 (PV immobilières) ; 68265 (taxe de 3 % sur les immeubles).

Organisme sans but lucratif (OSBL) **:** 61018 s., 61068 s. (RAS sur dividendes de source française) ; 65885 (PV sur valeurs mobilières) ; 67557, 67700 (PV immobilières) ; 82110 (régime du mécénat : dons effectués à un organisme situé dans un autre État membre).

P

Pacs (pacte civil de solidarité) **:** 1918 (IR : partenariat conclu à l'étranger) ; 40820, 40950, 40955 (IR : domicile fiscal) ; 52150 (IFI) ; 67610 (IR : PV immobilière).

Pacte Dutreil : 48480 (droits de succession : portée territoriale des exonérations) ; 52185 (IFI).

Paradis fiscaux :

Étude d'ensemble : 70550 s.

Mesures anti-évasion : 26610 s. (holding établie dans un pays à fiscalité privilégiée) ; 68220 s. (taxe de 3 % sur les immeubles possédés par certaines personnes morales) ; 72850 s. (paiements à des résidents de paradis fiscaux) ; 73100 s. (bénéfices réalisés dans une structure établie dans un paradis fiscal) ; 73670 s. (participations dans une structure financière établie dans un paradis fiscal) ; 74050 s. (dispositifs anti-hybrides) ; 76580 (transfert de bénéfices).

Autre rubrique : État ou territoire non coopératif (ETNC).

Paraphe (d'une convention) : 10120 (valeur juridique).

Parlement européen : 43265 (IR : agents) ; 87432 (rôle).

Participation

- **détenue dans des entités établies dans un pays à régime fiscal privilégié :** 73670 s. (étude d'ensemble) ; 50380 (droits détenus dans un trust).
- **des salariés aux résultats de l'entreprise :** 6000 (entreprise étrangère disposant d'un établissement stable en France) ; 29446 (quartier général).
- **substantielle :** 53115 (IFI) ; 65880 s., 65940 s. (PV).

Partnership : 31090 s., 31660 s. (sociétés américaines) ; 31764 s. (sociétés japonaises) ; 31770 s. (sociétés britanniques).

Passif : 48510 s. (droits de succession) ; 52195 (IFI : évaluation des titres de sociétés) ; 52200 s. (IFI : règles générales).

Pavillon de complaisance : 71120 (évasion fiscale).

PEA (plan d'épargne en actions) : 3680 (exit tax) ; 3729 s. (transfert du domicile à l'étranger) ; 83625 (crédit d'impôt conventionnel).

PEE (plan d'épargne entreprise) : 3346 (RAS sur les gains des non-résidents).

Pénalité grave : 86280 s. (convention européenne d'arbitrage) ; 86625 (procédure européenne de règlement des différends fiscaux).

Pension :

Pension et rente viagère : 1918 (IR : déduction d'une pension alimentaire versée à un non-résident) ; 2942 (revenus de source française) ; 3088, 3141 (IR : déduction d'une pension alimentaire versée par un non-résident) ; 3200 s. (IR : RAS sur les pensions versées à des non-résidents) ; 43270, 43273 (IR : personnels des organisations internationales) ; 43840 s. (IR : règles d'imposition) ; 48585 (passif successoral).

Pension de titres : 61415 (régime mères et filiales).

Permis d'émission : 18423, 66920 (application des conventions fiscales).

Personnalité

- **fiscale :** 15015 s. (statut des établissements stables) ; 15095 s. (contrôle des transactions siège/établissement) ; 15200 s. (modalités d'appréhension des résultats fiscaux de l'établissement) ; 18440 s. (calcul des bénéfices de l'établissement stable) ; 24500 s. (groupes de sociétés) ; 31340 s. (société de personnes française) ; 67065, 67150 (société immobilière de copropriété) ; 67085, 67170 (société civile immobilière).
- **morale :** 15010 s. (distinction filiale/succursale) ; 15120, 15250 s., 18720 s. (relations entre le siège et l'établissement) ; 64920 (FCP) ; 65200 (Sicav) ; 65400 (FCC).

Pertes

- **réalisées par une entreprise :** 5950 s. (prise en compte des pertes d'une succursale étrangère) ; 6225 s. (pertes réalisées par des filiales étrangères) ; 16000 (prise en compte des pertes étrangères des PME) ; 18442 s. (calcul du résultat des établissements stables : principe d'entreprise fonctionnellement distincte) ; 26060 s. (aides à une filiale ou une succursale) ; 27190, 88380 (transfert des déficits en cas de réorganisation internationale) ; 31050 (pertes réalisées par une société de personnes) ; 60900, 60920 (société étrangère déficitaire : RAS) ; 76622 (prix de transfert) ; 81680 (pertes d'une sous-filiale française détenue par une filiale non résidente : droit de l'UE) ; 81695 (perte subie avant le transfert du siège : droit de l'UE) ; 81700 s. (imputation par la mère des pertes réalisées dans des filiales ou établissement européens : droit de l'UE) ; 88155 (projet européen de compensation transfrontalière des pertes) ; 88450 (sort des pertes en cas de transfert du siège d'une société européenne).
- **réalisées par une personne physique :** 2419 (IR : déficits étrangers) ; 8000 (taux effectif) ; 67410 (IR : déficit foncier de source étrangère) ; 81860 (pertes étrangères réalisées par un non-résident : droit de l'UE) ; 83470 (pertes réalisées à l'étranger : taux effectif) ; 83800 (pertes réalisées à l'étranger : crédit d'impôt).

Piliers 1 et 2 (OCDE/Cadre inclusif) : 16650 s.

Pinel (réduction d'impôt) : 3091 (IR : non-résident).

Plafond, plafonnement
- **des aides d'État** : 16200 (crédit d'impôt pour dépenses de prospection commerciale) ; 87685 s. (UE).
- **du crédit d'impôt** : 8100 s. (règles générales) ; 8150, 83630 (pratique française) ; 61182 s. (dividendes) ; 63240 s. (intérêts) ; 83650 (sociétés : modalités d'application) ; 83695 (personnes physiques : modalités d'application).
- **des impôts directs** : 2490 (bouclier fiscal) ; 52221 s. (IFI).
- **des intérêts versés** : 26810, 26815 (IS).

Plan social : 42755 (qualification des rémunérations).

Plateau continental : 4010 (IS : territorialité).

Plateformes numériques : 17780 s. (établissement stable) ; 20040 (services numériques automatisés) ; 74208 (UE : échange de renseignements).

Plus-value
- **immobilière** : 67500 s. (étude d'ensemble) ; 2889 (IR : revenus de source française) ; 3787 (non-résident : prélèvements sociaux) ; 81075 (IR : clause de non-discrimination) ; 82050 (PV réalisée par un non-résident : droit de l'UE) ; 83100 s. (PV occasionnelle des non-résidents : modalités d'imposition).
- **mobilière** : 2300, 2315 (IR : régime des impatriés) ; 2895 (revenus de source française) ; 3675 s., 81690 (transfert du domicile à l'étranger) ; 21250 s. (produits de la propriété industrielle) ; 25960 s. (cessions de titres de participations dans un groupe international) ; 26190 s. (provision pour dépréciation de titres de participation) ; 26455 s. (groupes internationaux : utilisation des sociétés holdings) ; 31690 (cession de parts de partnership américaine) ; 31970 s. (PV réalisée par une société de personnes dont les associés sont non-résidents) ; 64980 s. (produits de FCP) ; 65270 s. (produits de Sicav) ; 65595 s. (PV sur valeurs mobilières : étude d'ensemble) ; 82050 (PV réalisée par un non-résident : droit de l'UE).
- **latente** : voir Exit tax.

PME : 16000 (prise en compte des pertes étrangères) ; 52185 (IFI : souscription au capital d'une PME) ; 77160 s. (accord préalable de prix).

Pôle emploi (allocations) : 2887 (IR : non-résident) ; 43855, 43980 (IR : salarié expatrié).

Police fiscale : 72668.

Polygamie : 3132 (IR : règles d'imposition) ; 40825, 41205 (détermination du domicile fiscal).

Pool bancaire : 63350 s.

Précompte : 9455 (incidence de la qualification conventionnelle) ; 61446 (définition) ; 61620 (remboursement) ; 81510, 81515, 81750, 87655, 88220, 88255 (droit de l'UE).

Prélèvement
- **à la source de l'impôt sur le revenu** : 1932 (résidents) ; 2275 (prime d'impatriation) ; 3630 (non-résidents) ; 42500 (salarié détaché à l'étranger) ; 83095 (représentant fiscal unique) ; 83180 s. (débiteur établi à l'étranger : modalités d'imposition).
- **sur les distributions effectuées par les SIIC** : 67965.
- **forfaitaire sur les sommes perçues en exécution d'un contrat d'assurance-vie** : 48180 s. (ENR).
- **forfaitaire libératoire** : 62530 (IR : produits d'assurance-vie et de contrats ou bons de capitalisation à un non-résident) ; 62540 s. (intérêts versés dans un ETNC).
- **forfaitaire non libératoire** : 1965 s. (IR : dividendes de source étrangère) ; 1982 (IR : intérêts de source étrangère) ; 1983 (IR : produits d'assurance-vie et de contrats ou bons de capitalisation étrangers).
- **forfaitaire unique** (PFU) : 1950 s. (dividendes de source étrangères) ; 1980 (intérêts de source étrangère) ; 1983 (produits d'assurance-vie et de bons ou contrats de capitalisation étrangers) ; 3696 (plus-values de cession de titres en cas de transfert du domicile) ; 65720 s. (plus-values de cession de titres de sociétés étrangères).
- **sur les plus-values immobilières** : 67540 s. (PV occasionnelles : étude d'ensemble) ; 67750 s. (PV des marchands de biens) ; 83100 s. (PV occasionnelles : modalités d'imposition).
- **sur les plus-values mobilières** : 65885 s.
- **spécifique sur les trusts** : 50800 s.

Prélèvements sociaux : 3770 s. (règles de territorialité) ; 10168 (application des conventions fiscales).

Prépondérance immobilière : voir Société (Société à prépondérance immobilière).

Prestation
- de services
Règles générales : 21900 s. (étude d'ensemble) ; 20350 s. (distinction avec les redevances) ; 33600 s. (territorialité de la TVA) ; 81890 s. (restrictions à la libre prestation de services au sein de l'UE).
Prestations au sein d'un groupe : 28370 s. (activités des quartiers généraux) ; 76200 s. (détermination du prix de pleine concurrence) ; 76650 s. (transfert indirect de bénéfices à l'étranger).
Prestations fournies ou utilisées en France : 2950 s. (revenus de source française) ; 3410 s. (IR : RAS).
Rémunérations des prestations de services versées à l'étranger : 6400, 45780 s. (artistes et sportifs) ; 72850 s. (IR, IS : résidents de paradis fiscaux).
- en capital : 43990 (IR : prestations de retraite).

Prêt : 62000 s. (intérêts : étude d'ensemble) ; 26082, 26170 (prêt sans intérêt : acte anormal de gestion) ; 26735 s. (IS : déduction des charges financières) ; 52205 (prêt in fine : IFI) ; 67298 s. (emprunt lié à l'acquisition d'un immeuble) ; 76220 s. (prêt intragroupe : prix de pleine concurrence) ; 76700 s. (prêt intragroupe : transfert indirect de bénéfices à l'étranger) ; 88000 s. (fiscalité de l'épargne : harmonisation européenne) ; 88148, 88570 s. (prêt intragroupe : règles européennes).

Prime pour l'emploi : 3084 (IR : non-résident).

Prix
- comparable sur le marché : 75955 s., 76085 (prix de transfert).
- de pleine concurrence : 75755, 75950 s. (prix de transfert).
- de revente : 75960, 76092 (prix de transfert).
- de revient majoré : 75965, 76095 (prix de transfert).
- de transfert : 75750 s. (étude d'ensemble) ; 21020 s. (redevances excessives) ; 62880 s. (intérêts excessifs) ; 71420 (évasion fiscale) ; 74680 (conventions : clause anti-abus) ; 86140 s. (convention européenne d'arbitrage).
Base d'imposition à la TVA : 33170.

Procédure amiable : 84000 s. (étude d'ensemble) ; 48970 (succession).

Profession libérale : 23400 s. (modalités d'imposition).

Profit split : 75972 s. (prix de transfert : partage des bénéfices).

Propriété industrielle ou intellectuelle : 2300, 2310 (IR : régime des impatriés) ; 3410 s., 20835 s. (RAS) ; 15260, 18725 s. (relations entre un établissement stable et son siège) ; 20040 s. (définition des redevances) ; 20360 s. (distinction entre redevances et prestations de services) ; 20430 s. (transfert de logiciels) ; 21250 s. (imposition en France des redevances) ; 33655 (territorialité de la TVA) ; 46065 (marques, logos et brevets : rémunération versée à une société à l'étranger) ; 72850 s., 73090 s. (redevances versées à des résidents de paradis fiscaux) ; 76130 s., 76680 s. (transfert indirect de bénéfices à l'étranger) ; 88570 s. (redevances intragroupe : règles européennes).

Prospection (à l'étranger) : 16200 s. (IS : crédit d'impôt) ; 23420 (IR : exonération des suppléments d'honoraires des collaborateurs libéraux) ; 42620 s. (IR : régime des expatriés).

Protocole (d'une convention) : 9850 s.

Provision
- pour créance bloquée à l'étranger : 5205 (IS).
- pour dépréciation de titres de participation : 26190 s. (IS : étude d'ensemble) ; 81701 (titres d'une filiale étrangère : principe de non-discrimination).
- pour implantation à l'étranger : 16000 (IS).

PTOM (pays et territoires d'outre-mer) : 1905, 1906 (territorialité de l'IR) ; 3782 (prélèvements sociaux) ; 10200 s. (application des conventions) ; 52255 (IFI : représentant fiscal) ; 74200 (échange de renseignements) ; 81985, 82060 (droit de l'UE : libre circulation des capitaux) ; 83080 (représentant fiscal en France).

Q

Quartier général : 27600 s. (étude d'ensemble).

Quasi-capital (succursales) : 15070 (définition) ; 15350 s. (établissements de crédit).

Quotient familial : 1918, 81050 (étranger résident de France) ; 3132 (non-résident) ; 40950 s. (couple mixte).

R

Rachat

- **par une société de ses propres actions :** 61005 (RAS) ; 65735 (PV) ; 65910 s. (actionnaires non résidents).
- **de parts d'OPCVM :** 64985 s. (PV : FCP) ; 65270 (PV : Sicav).

Réassurance (opérations de) : 5405, 5802 (IS : imposition en France d'une entreprise étrangère) ; 26920 (captive de réassurance) ; 28372 (activités d'un quartier général) ; 33655 (TVA) ; 65410 (organismes de titrisation) ; 70810, 71100 (évasion fiscale) ; 72653 (abus de droit).

Recherche et développement : 17585 (installation de recherche : qualité d'établissement stable) ; 28372, 29740 s. (centre de coordination) ; 76150 s. (accord de partage des coûts) ; 77180 (accord préalable de prix).

Recours (contentieux) : 1183 s. (non-résident) ; 85040 s., 85640 s. (articulation avec la procédure amiable) ; 86520 (articulation avec la convention européenne d'arbitrage) ; 86610, 86630 (articulation avec la procédure européenne de règlement des différends fiscaux).

Recouvrement (des impôts) : 3755 (non-résident : formalisme) ; 74450 s. (assistance administrative) ; 85400 s. (procédure amiable).

Redevance : 20000 s. (étude d'ensemble) ; 2300, 2310 (IR : régime spécial des impatriés) ; 3410 s. (RAS) ; 18725 s. (redevances versées par un établissement stable à son siège) ; 31315 (revenus perçus par les sociétés de personnes) ; 33655 (territorialité de la TVA) ; 72850 s., 73090 s. (redevances versées à des résidents de paradis fiscaux) ; 74630 s. (treaty shopping : notion de bénéficiaire effectif) ; 76130 s., 76680 s. (prix de transfert) ; 82815 s. (modalités d'imposition dans l'État de la source) ; 88570 s. (redevances intragroupe : règles européennes).

Réduction de capital : 61005 (RAS).

Réduction d'impôt : 3090 s. (IR : non-résident) ; 3099 (IR : non-résident dit « Schumacker ») ; 52528, 52575 (IFI : dons à des organismes étrangers) ; 83475 (IR : incidence sur le taux effectif) ; 83825 (IR : incidence sur le crédit d'impôt).

Régime fiscal privilégié : 72980 s., 73200 s., 73795 s. (qualification).

Règlement européen des différends fiscaux (procédure) : 86600 s. (étude d'ensemble).

Régularisation : 1922 (avoirs étrangers non déclarés par les personnes physiques) ; 71900 (opérations internationales des entreprises).

REIT (Real estate investment trust) : 67950 s.

Remboursement

- **de frais :** 2360 (impatrié) ; 29420 s. (salarié d'un quartier général).
- **de retenue à la source :** 60900 (restitution aux sociétés étrangères déficitaires) ; 82873 s. (dividendes, intérêts et redevances).
- **de la TVA :** 34420 s. (entreprise étrangère).

Remittance basis : 41155, 41308 (résidence fiscale) ; 65950 (PV mobilière).

Rémunérations différées : 42750 (IR : lieu d'imposition).

Rente viagère : 2942 (revenus de source française) ; 3200 s. (IR : RAS sur les rentes versées à des non-résidents) ; 43855 (IR : application des conventions fiscales).

Réorganisation (d'entreprises) : 75825, 76770 s. (prix de transfert).

Répondant (TVA) : 34365.

Report ou sursis (d'imposition) : 65750 s., 65890 (IR : sursis ou report d'imposition des PV sur valeurs mobilières) ; 65775 (IR : report d'imposition des PV mobilières en cas d'apport cession) ; 65800 s. (IS : sursis d'imposition des PV réalisées lors de l'échange de droits sociaux).

Représentant :

- **d'une société :** 5070 s., 17670 s. (qualité d'établissement stable) ; 5380 s. (IS : représentant en France d'une entreprise étrangère) ; 17434 (distinction bureau/représentant).
- **fiscal :** 5598 (IS : désignation en France par une entreprise étrangère) ; 34330 s. (TVA : entreprise étrangère) ; 52255 (IFI) ; 61034 s. (dividendes : exonération de RAS) ; 65887 (PV mobilières des non-résidents) ; 68875 (taxe de 3 % sur les immeubles) ; 81925, 82130 (droit de l'UE) ; 83080 s. (règles générales) ; 83095, 83180 s. (prélèvement à la source de l'impôt sur le revenu) ; 83100 s. (PV immobilière occasionnelle des non-résidents).

Resale less : 75960, 76092 (prix de transfert : prix de revente).

Rescrit : 1080 s. (étude d'ensemble) ; 2552 (rescrit domiciliation) ; 17830 s. (existence d'un établissement stable) ; 27060 (régime de faveur des fusions) ; 66945 (activité de location immobilière) ; 72630, 72655, 72658 (rescrit abus de droit) ; 74207 (rescrit transfrontalier) ; 76854, 77050 s. (prix de transfert) ; 87687, 87700 (aides d'État : règles européennes).

Réserves : 60725, 61040 (RAS : distribution exceptionnelle).

Résidence fiscale : 40000 s. (étude d'ensemble) ; 2530 s., 2550 s. (IR : transfert de la résidence en France) ; 3660 s. (IR : transfert de la résidence à l'étranger) ; 17200 s. (application des conventions aux établissements stables) ; 31320, 31550 s. (sociétés de personnes) ; 42420, 42720 s. (salarié détaché à l'étranger) ; 47550 s. (succession) ; 52150 s., 52960 s. (IFI) ; 52960 s. (ISF) ; 65012 (FCP) ; 65305 (Sicav) ; 74610, 74750 s. (conventions : clause anti-abus) ; 82820 s. (justification de la résidence).

Retenue à la source
- **sur les bénéfices des établissements stables :** 18930 s. (impôt de distribution ou « branch tax »).
- **sur certains revenus non salariaux :** 3410 s. (étude d'ensemble).
- **sur les commissions :** 24185 s.
- **sur les dividendes :** 60845 s. (étude d'ensemble) ; 65010 s. (FCP) ; 65320 s. (Sicav) ; 76960 s. (transfert indirect de bénéfices à l'étranger) ; 81620 s., 82060 s. (droit de l'UE) ; 82815 s. (modalités d'imposition) ; 88160 s. (régime mères et filiales : règles européennes).
- **sur les gains retirés d'options sur actions, d'actions gratuites et de BSPCE par des non-résidents :** 3340 s. (étude d'ensemble).
- **sur les intérêts :** 62510 s. (étude d'ensemble) ; 65010 s. (FCP) ; 65320 s. (Sicav) ; 82815 s. (modalités d'imposition) ; 88570 s. (intérêts intragroupe : règles européennes).
- **sur les opérations de crédit-bail transfrontalier :** 23220.
- **sur les redevances :** 20180 s., 20835 s. (étude d'ensemble) ; 82815 s. (modalités d'imposition) ; 88570 s. (redevances intragroupe : règles européennes).
- **sur les revenus des artistes :** 45160 s. (étude d'ensemble) ; 81930 (droit de l'UE).
- **sur les revenus des sportifs :** 45200 s. (étude d'ensemble).
- **sur les salaires, traitements, pensions et rentes viagères :** 3200 s. (étude d'ensemble).

Retraite : 3200 s. (RAS sur les retraites versées à des non-résidents) ; 43270 (IR : personnels des organisations internationales) ; 43840 s. (IR : règles d'imposition).

Revenus
- **bloqués à l'étranger :** 2418 (déclaration d'IR).
- **de capitaux mobiliers :** 60000 s. (dividendes : étude d'ensemble) ; 62000 s. (intérêts : étude d'ensemble) ; 64100 s. (opérations sur valeurs mobilières : étude d'ensemble) ; 67955 s. (SIIC) ; 88000 s. (harmonisation européenne de la fiscalité de l'épargne) ; 88160 s. (régime mères et filiales : règles européennes) ; 88720 (IR sur dividendes : règles européennes).
- **différés :** 42750 (IR : lieu d'imposition).
- **fonciers :** 3787 (non-résident : prélèvements sociaux) ; 67240 s. (modalités d'imposition).
- **non-dénommés :** 2887 (IR : revenus de source française) ; 10235 s., 10470 (application des conventions fiscales) ; 19120 (bénéfices d'un établissement stable) ; 20050 (redevance) ; 31346, 31354 (associé non résident d'une société de personnes) ; 41045 (conflit de résidence) ; 42755 (indemnité de licenciement) ; 43320 (traitements publics) ; 43980 (pensions) ; 46310 (rémunération de prestations de services versées à l'étranger) ; 50410 (revenus de trust) ; 60690, 60710, 60725, 73303, 76970 (revenus réputés distribués) ; 60845 (distributions par une association) ; 65935 (valeurs mobilières : gains en capital) ; 67285 (revenus immobiliers) ; 84925 (procédure amiable).
- **rapatriés :** 1920 (IR).
- **de source étrangère :** 1925 s. (IR : règles générales) ; 2410 s. (IR : déclaration) ; 83400 s. (modalités d'imposition).
- **de source française :** 2830 s. (IR : règles générales) ; 82810 s. (modalités d'imposition).

Robien (réduction d'impôt) : 3091 (IR : non-résident).

Royalties : voir Redevance.

Ruling : voir Rescrit.

S

Salaire, salarié

Salaire versé à un non-résident : 3200 s. (RAS).

Salarié détaché à l'étranger : 42350 s. (étude d'ensemble) ; 71305 (évasion fiscale : fractionnement des salaires).

Salaire, salarié *(suite)*

Salarié détaché en France : 2200 s. (étude d'ensemble) ; 4000 (déclaration à faire par les entreprises étrangères) ; 44020 (cotisations sociales à des régimes étrangers).

Salarié d'une entreprise de navigation internationale : 10928 (lieu d'imposition).

Salarié expatrié : 42100 s. (étude d'ensemble).

Salarié d'un quartier général : 29260 s.

Satellite : 4845 (droit interne) ; 17589 (qualité d'établissement stable) ; 20115 (qualification des rémunérations).

Sauvegarde (clause de) : 26820, 26840 (déductibilité des charges financières) ; 60992 (dispositif anti-arbitrage des dividendes) ; 62548 s. (intérêts versés dans un paradis fiscal) ; 71550, 71562 (opérations dans un État ou territoire non coopératif) ; 73255 s. (bénéfices provenant de structures établies dans un paradis fiscal) ; 74000 s. (revenus provenant de structures financières établies dans un paradis fiscal).

Savoir-faire (transfert de) : 20040 s., 20220 (définition des redevances) ; 20180 s., 20835 s. (RAS) ; 20360 s. (distinction entre redevances et prestations de services) ; 20460 s. (transfert de logiciels) ; 21250 s. (imposition en France des redevances) ; 23010 s. (prestations de services commerciaux) ; 33655 (territorialité de la TVA) ; 76130 s. (prix de transfert) ; 88570 s. (redevances intragroupe : règles européennes).

Scellier (investissement locatif) : 3091 (IR : non-résident).

Schumacker (non-résident dit « Schumacker ») : 3097 s. (IR) ; 52221 (IFI) ; 81810 s. (droit de l'UE).

Scission : 27035 s. (réorganisations internationales : étude d'ensemble) ; 65750 s. (IR : sursis d'imposition des PV sur valeurs mobilières) ; 87580 s. (droits d'apport : droit de l'UE) ; 88290 s. (régime IS de faveur : règles européennes).

SCR (société de capital-risque) : 60975 (RAS sur dividendes).

Secret

- **bancaire :** 70770 (paradis fiscaux) ; 74085 s., 74340 s. (échange de renseignements).
- **professionnel :** 74320 s. (renseignements obtenus dans le cadre de l'assistance administrative internationale).

Sécurité sociale : 2350 (impatrié : déduction des cotisations) ; 3088, 3220 (non-résident : déduction des cotisations) ; 3772, 3775 (résident exerçant une activité hors de France) ; 10165 (application des conventions fiscales) ; 29425, 29444 (salarié d'un quartier général) ; 42433 (salarié expatrié) ; 43855, 43885, 43980 (imposition des pensions) ; 44010, 44020 (cotisations à des régimes étrangers) ; 68320 (institution de gestion des régimes : taxe de 3 % sur les immeubles) ; 74220 (assistance administrative) ; 82035 (droit de l'UE : libre circulation des capitaux).

Séjour (lieu du) : 40840 s. (domicile fiscal : droit interne) ; 41220 s. (domicile fiscal : conventions fiscales).

Serveur web : 17780 s. (IS : territorialité) ; 33650 s. (TVA : territorialité des services fournis par voie électronique).

Service après-vente : 23010 s. (imposition des prestations commerciales).

Sicar (société d'investissement en capital à risque - Luxembourg) : 61080 (imposition des dividendes de source française).

Sicav (société d'investissement à capital variable) : 65195 s. (étude d'ensemble) ; 1960 (IR : distribution par une Sicav étrangère) ; 60860 (RAS : dividendes de source française versés à des Sicav étrangères) ; 61029 (RAS sur les dividendes distribués).

Sicomi : 67570 (PV).

Siège (d'une entreprise)

Frais de siège : 18708 s. (IS : déduction au niveau de l'établissement stable) ; 23300 s. (imposition des prestations administratives) ; 76755 (prix de transfert).

Relations siège/établissement : 15080 (responsabilité du siège) ; 15250 s., 18730 s. (relations commerciales et financières) ; 17363 (indépendance de l'établissement par rapport au siège) ; 19360 (taxe sur les salaires) ; 28950 (TVA : services rendus par un quartier général) ; 34450 s. (TVA : services rendus par un établissement).

Siège de direction : 17390, 41400 s. (siège de direction effective : définition) ; 26590 (domicile fiscal des holdings) ; 31320 (domicile fiscal des sociétés de personnes) ; 68305 (taxe de 3 % sur les immeubles) ; 71060 (fraude au domicile fiscal) ; 81250 s. (nationalité d'une entreprise : définition conventionnelle) ; 81560 (droit de l'UE).

Siège *(suite)*
Transfert de siège : 27210 s. (transfert transfrontalier) ; 81695 (PV : droit de l'UE) ; 87580 s. (droits d'apport : droit de l'UE) ; 88440 s. (régime IS de faveur : règles européennes).

Signes extérieurs de richesse : 1935 s. (IR).

SIIC (société d'investissements immobiliers cotée) : 1958 (abattement sur dividendes) ; 52185 (IFI) ; 67570, 67950 s. (PV immobilières).

Société
- **d'artistes :** 6400, 45780 s., 71280 (lutte contre la fraude fiscale).
- **d'assurance captive :** 26920 (notion) ; 71100 (évasion fiscale).
- **coopérative européenne :** 88440 s. (transfert de siège) ; 88560 s. (définition).
- **écran ou relai :** 71080 (évasion fiscale) ; 74630 s. (bénéficiaire effectif : clause anti-abus) ; 88139 (UE : « unshell directive »).
- **établie dans un paradis fiscal :** 73100 s. (répression de l'évasion fiscale internationale).
- **européenne :** 88440 s. (transfert de siège) ; 88560 s. (définition).
- **holding :** 26455 s. (utilisation des holdings dans les groupes internationaux) ; 61400 s. (dividendes : régime mères et filiales français) ; 62640 s. (groupe de sociétés : RAS sur intérêts) ; 88160 s. (régime mères et filiales : règles européennes) ; 88148, 88570 s. (intérêts et redevances : règles européennes).
- **immobilière de copropriété (ou transparente) :** 48125 (successions : immeuble en France) ; 53085 (ISF) ; 67060 s., 67150 (régime fiscal).
- **de libre partenariat :** 65420.
- **de multipropriété :** 67100, 67190 s.
- **offshore :** 8133 (imputation d'un crédit d'impôt forfaitaire) ; 26630, 74760 (conventions : clause anti-abus) ; 87687 (règles européennes).
- **de personnes :** 30200 s. (étude d'ensemble) ; 5570 (règles de territorialité) ; 10497 (application des conventions) ; 60610 s. (répartition des bénéfices : qualification de dividendes) ; 67710 s. (PV immobilières : imposition des associés) ; 68238 s. (taxe de 3 % sur les immeubles) ; 84833 (ouverture d'une procédure amiable).
- **à prépondérance immobilière :** 3680 (exit tax) ; 48080 s., 48120 s. (successions) ; 52660 s. (ISF) ; 53090 s. (IFI) ; 67500 s. (PV) ; 68020 s. (ENR : cession de titres) ; 68238 s. (taxe de 3 % sur les immeubles).

Société *(suite)*
Groupe de sociétés : 24500 s. (étude d'ensemble) ; 23300 s. (management fees) ; 61400 s. (régime mères et filiales français) ; 62640 s. (RAS sur intérêts) ; 81287 (éligibilité des établissements stables au régime mères et filiales : clause de non-discrimination) ; 88160 s. (régime mères et filiales : règles européennes) ; 88148, 88570 s. (intérêts et redevances intragroupe : règles européennes).
Nationalité : 81250 s. (principe de non-discrimination).
Résidence fiscale : 41400 s. (application des conventions fiscales).

Solvit (procédure) : 33600 ; 87650 (droit de l'UE : règlement de difficulté transfrontalière).

Sous-capitalisation : 26830 s. (limitation de déductibilité des charges financières) ; 76730 s. (transfert indirect de bénéfices à l'étranger) ; 81335 s. (incidences des clauses conventionnelles de non-discrimination) ; 81650 s. (incidence du droit de l'UE).

Split payroll : 1920 (incidence en matière d'IR) ; 71300 s. (évasion fiscale).

Sportif : 44300 s. (étude d'ensemble) ; 2900 (revenus de source française) ; 3410 s. (RAS).

Sppicav (société de placement à prépondérance immobilière à capital variable) : 67570 (PV immobilières) ; 68325 (taxe de 3 % sur les immeubles).

Stagiaire : 43610 (IR : stage à l'étranger).

STDR (service de traitement des déclarations rectificatives) : 1922 (régularisation des avoirs étrangers non déclarés).

Stille gesellschaft (Allemagne) : 31735 (imposition des revenus perçus en France) ; 61410 (régime mères et filiales).

Stock : 17560, 17570 s. (qualité d'établissement stable) ; 29650 s. (centre de logistique) ; 33625 (territorialité de la TVA).

Stock-option : (option de souscription ou d'achat d'actions) : 2000 s. (plan étranger) ; 3340 s. (RAS sur les gains des non-résidents) ; 42755, 42900 s. (salarié migrant) ; 76765 (prix de transfert).

Subvention : 26060 s. (aides entre sociétés apparentées : étude d'ensemble) ; 81702 (déduction de subvention intragroupe : droit de l'UE).

Succession : 46700 s. (étude d'ensemble) ; 50480 s. (biens mis en trust) ; 82090 s. (actif successoral : droit de l'UE) ; 83530 s. (taux effectif).

Succursale : 16600 s. (établissement stable : étude d'ensemble) ; 15010 s. (critères de choix entre filiale et succursale) ; 15070 (quasi-capital) ; 15080 (responsabilité du siège) ; 15090 s. (contrôle fiscal) ; 15200 s. (principe de l'entreprise indépendante) ; 15250 s. (relations avec le siège) ; 15420, 25920 s. (remontée des bénéfices) ; 15500 s. (prise en compte des pertes) ; 15600 (liquidation) ; 76735 (sous-capitalisation).
Autre rubrique : Établissement (établissement stable).

Suisse : 61055, 87357, 88025 (relations avec l'UE).

Surcapitalisation (d'une filiale étrangère) : 71500 (évasion fiscale).

Sursis : voir Report ou sursis (d'imposition).

Swap : 1978 (IR : règles d'imposition) ; 62580 (prélèvement forfaitaire).

T

Tantième : 43540 s. (IR : règles d'imposition).

Taux
- **d'intérêt :** 26780, 26808 (limitation de la déductibilité des intérêts versés) ; 62630 (prélèvement sur intérêts).
- **minimal d'imposition à l'IR :** 3135 s. (revenus de source française des non-résidents).
- **minimal d'imposition des grands groupes :** 88150 (UE : proposition de directive).

Méthode du taux effectif (élimination des doubles impositions) : 7980 s. (règles générales) ; 2543 (année de l'acquisition d'un domicile en France) ; 19285 (bénéfice des entreprises) ; 42670 s. (salariés détachés à l'étranger) ; 48675 s. (droits de succession) ; 83410 s. (modalités d'application).

Taxe sur la valeur ajoutée (TVA) : 33210 (généralités) ; 87980 s. (harmonisation européenne).

Tax planning : 70550 s. (étude d'ensemble) ; 71800 s. (dispositifs anti-évasion).

Taxe
- **d'apprentissage :** 19370 s. (étude d'ensemble) ; 10162 (application des conventions) ; 29040 (quartier général).
- **foncière :** 2855 (non-résident disposant d'une habitation en France).
- **d'habitation :** 2855, 10165 (non-résident disposant d'une habitation en France) ; 43290 s. (diplomates, consuls et agents des organisations internationales).
- **sur les objets et les métaux précieux :** 2910 (vente par un non-résident).
- **sur les plus-values immobilières supérieures à 50 000 € :** 67675 (étude d'ensemble).
- **professionnelle :** voir Contribution (économique territoriale).
- **sur les salaires :** 19351 s. (étude d'ensemble) ; 2200 (salariés impatriés) ; 9420, 10165 (application des conventions) ; 29150 s., 29446 (quartier général).
- **sur les services numériques :** 17783, 17795, 17800 (taxe Gafa).
- **sur les transactions financières :** 65635 (règles françaises) ; 82030 (droit de l'UE : libre circulation des capitaux) ; 88780 (projet européen).
- **sur la valeur ajoutée :** 33100 s. (étude d'ensemble) ; 28945 s. (services rendus par un quartier général) ; 87560 s., 87900 s. (harmonisation européenne).
- **de 3 % sur la valeur vénale des immeubles :** 68220 s. (étude d'ensemble).

Télécommunications : 17589 (qualité d'établissement stable) ; 20115 (qualification des paiements) ; 33655 s. (TVA : territorialité).

Télétravail : 17200 (établissement stable) ; 42745 (IR : lieu d'imposition) ; 43480 (travailleurs frontaliers).

Télévision : 2945, 20910 (redevances) ; 33670 (TVA : territorialité) ; 45215 (rémunération des artistes) ; 76340, 76755 (prix de transfert).

Territoire d'outre-mer : voir PTOM (pays et territoires d'outre-mer).

Territorialité
- **de la contribution économique territoriale :** 19400 s.
- **des conventions :** 10200 s.
- **des droits de succession :** 47410, 48000 s.
- **de l'impôt sur le revenu :** 1900 s. (étude d'ensemble).

Territorialité *(suite)*
- **de l'impôt sur les sociétés :** 4000 s. (étude d'ensemble) ; 15500 s., 26180 s. (pertes d'un établissement stable étranger) ; 16000 (pertes étrangères des PME) ; 17780 s. (commerce électronique) ; 25200 s. (régime du bénéfice mondial ou consolidé) ; 25920 s. (remontée des bénéfices des établissements étrangers) ; 26060 s. (aides à une filiale ou à une succursale) ; 31300 s. (société de capitaux associée d'une société de personnes) ; 67263 (revenus immobiliers) ; 67693 (PV immobilières).
- **de l'impôt sur la fortune immobilière :** 52150 (règles générales) ; 52560 s., 53160 s. (cas des nouveaux résidents).
- **des prélèvements sociaux :** 3770 s. (étude d'ensemble).
- **de la taxe d'apprentissage et des taxes assises sur les salaires :** 19370 s.
- **de la taxe sur la valeur ajoutée :** 33340 s. (étude d'ensemble) ; 87900 s. (harmonisation européenne).

Titre de société
Cession de titres : 27040 s. (IS : régime de faveur des fusions, scissions et apports de titres) ; 27085 (ENR : fusions et opérations assimilées) ; 60992 (RAS : cession temporaire de titres) ; 65635, 68020 s. (ENR) ; 65720 s. (IR : imposition des PV) ; 65780 s. (IS : imposition des PV) ; 65858 (PV des non-résidents) ; 76635 s. (prix de transfert) ; 87580 s. (droits d'apport : harmonisation européenne).

IFI : 52180 s. (patrimoine imposable) ; 52524 (bien professionnel étranger) ; 52530 (évaluation de titres étrangers).

Pension de titres : 61415 (régime mères et filiales) ; 72645 (abus de droit).

Provision sur titres : 26190 s. (provision pour dépréciation des titres de participation).

Rachat par une société de ses propres titres : 61005 (RAS) ; 65735 (PV) ; 65910 s. (actionnaires non résidents).

Revenus des titres : 60000 s. (dividendes : étude d'ensemble) ; 88160 s. (régime mères et filiales : règles européennes).

Autres rubriques : Action gratuite, Stock-option.

Titrisation : 65400 s.

TNMM : 75980 s. (prix de transfert : méthode transactionnelle de la marge nette).

Tokumei Kumiai : 9610 (convention franco-japonaise).

Tracfin : 74085.

Transfert
- **d'actif à l'étranger :** 73600 s. (imposition des produits).
- **de bénéfices à l'étranger :** 76340 s. (étude d'ensemble).
- **de capitaux de/vers l'étranger :** 2450 s. (déclaration) ; 81980 s. (restriction aux mouvements de capitaux : droit de l'UE) ; 88000 s. (harmonisation européenne).
- **des déficits :** 27190 (fusion transfrontalière).
- **du domicile à l'étranger :** 3660 s. (IR) ; 3675 s., 81690 (IR : PV sur droits sociaux) ; 3729 s. (sort du PEA) ; 40830 (IR : date du transfert) ; 52155 (IFI).
- **du domicile en France :** 2530 s., 2550 s. (IR) ; 52155, 52560 s., 53160 s. (IFI).
- **de logiciels :** 20430 s. (étude d'ensemble) ; 21250 s. (imposition en France des redevances) ; 33670 (territorialité de la TVA) ; 88570 s. (redevances intragroupe : règles européennes).
- **de savoir-faire :** voir Savoir-faire (transfert de).
- **de siège :** 27210 s. (transfert transfrontalier) ; 81695 (PV : droit de l'UE) ; 87580 s. (droits d'apport : harmonisation européenne) ; 88440 s. (régime de faveur : règles européennes).
- **de technologie :** 20210 s., 20835 s. (redevances) ; 21250 s. (imposition en France des redevances) ; 88570 s. (redevances intragroupe : règles européennes).

Prix de transfert : 75750 s. (étude d'ensemble) ; 71420 (évasion fiscale) ; 74680 (conventions : clause anti-abus) ; 86080 s. (convention européenne d'arbitrage).

Translucidité fiscale : voir Transparence fiscale.

Transparence fiscale : 30200 s. (sociétés de personnes : étude d'ensemble) ; 65015 s. (FCP) ; 65320 s. (Sicav) ; 67065, 67150 (société immobilière de copropriété) ; 67085, 67170 (société civile immobilière).

Transport
Centre de logistique : 29645 s.

Entreprise de trafic international maritime ou aérien : voir Navigation maritime ou aérienne.

TVA : 33625 s. (lieu des prestations de services) ; 33645 (transport de passagers) ; 33650 (transport de biens) ; 33885 (échanges intracommunautaires de moyens de transport neufs) ; 34040 (trafic international des biens) ; 34060 (navires et aéronefs).

Travail à façon : 2960 (IR : revenus de source française).

Treaty shopping : 74570 s. (étude d'ensemble) ; 26630 s. (localisation des sociétés holdings).
Autre rubrique : Anti-abus (clause).

Trust : 49400 s. (étude d'ensemble) ; 48100 s. (succession : détention indirecte d'un immeuble en France) ; 68910 s. (taxe de 3 % sur les immeubles) ; 73600 s. (transfert d'actifs dans un trust étranger) ; 73670 s. (trust établi dans un paradis fiscal).

U

Union européenne : 87300 s. (étude d'ensemble) ; 33480 (TVA : territoire) ; 43265 (IR : agents) ; 74205 s. (échange de renseignements) ; 74540 s. (assistance au recouvrement) ; 81400 s. (principe de non-discrimination) ; 86080 s. (règlement des cas de double imposition).

Usine : 5160 s. (usine clés en main : territorialité de l'IS) ; 17450 s. (qualité d'établissement stable).

Usufruit : 50120 (comparaison avec un trust) ; 52172 (IFI) ; 66920 s. (revenus immobiliers) ; 67565 (PV immobilières) ; 68250 (taxe de 3 % sur les immeubles).

Usufruit temporaire (cession d') **:** 60845, 65860, 65930 (de valeurs mobilières par un non-résident) ; 67540 (d'un immeuble) ; 72640, 72645, 72651, 74640 (abus de droit).

V

Valeur liquidative : 64960 (capitalisation des produits de FCP) ; 65830 s. (imposition des écarts de valeurs liquidatives d'OPC).

Valeur locative : 68110 s. (IR : résidence française des non-résidents).

Valeur mobilière : voir FCP, Obligation, OPC, OPCVM, Sicav, Titre (titre de société).

Vente à distance : 33880 s., 34320 s. (TVA).

Visite domiciliaire : 17810 s. (contrôle fiscal).

Volontaire international en entreprise (VIE) : 2208 (impatriation) ; 5900 (IS : indemnités déductibles) ; 16200 (crédit d'impôt pour dépenses de prospection) ; 40930 (IR : domicile fiscal).

Z

Zakat : 41155 (résidence fiscale).

Zone franche urbaine : 16000 (dispositifs d'incitation à la localisation en France) ; 73180 (délocalisation de bénéfices à l'étranger) ; 87750 (aides d'État : règles européennes).

Sommaire analytique

Les chiffres renvoient aux paragraphes.

1e partie **Les fondements**

Chapitre 1 **Les sources de la fiscalité internationale**

Section 1
Le droit interne des États **800**
A. Les sources externes à l'administration **920**
B. Les sources internes à l'administration **1040**
C. Le rôle de la jurisprudence **1120**

Section 2
Le droit conventionnel **1280**
A. Le développement historique des conventions fiscales **1400**
B. Remarques générales sur les conventions fiscales **1480**
C. Les tendances récentes de la politique conventionnelle **1560**

Chapitre 2 **La territorialité de l'impôt sur le revenu**

Section 1
Règles concernant les personnes fiscalement domiciliées en France **1915**
A. Personnes concernées **1915**
B. Modalités d'imposition **1918**

Section 2
Règles applicables aux personnes non domiciliées en France **2830**
A. Le principe de l'obligation fiscale restreinte **2845**
B. La notion de revenus de source française **2875**
C. Détermination de l'assiette de l'impôt sur le revenu **3075**
D. Calcul de l'impôt **3130**
E. Mécanisme de la retenue à la source sur les salaires, traitements, pensions et rentes viagères (CGI art. 182 A) **3200**
F. Gains de stock-options et assimilés (CGI art. 182 A ter) **3340**
G. Mécanisme de la retenue à la source sur certains revenus non salariaux (CGI art. 182 B) **3410**
H. Établissement de l'impôt sur le revenu **3600**
I. Contrôle fiscal des personnes physiques non résidentes **3734**
J. Remarques sur la territorialité des prélèvements sociaux **3770**

Chapitre 3 **La territorialité de l'impôt sur les sociétés**

Section 1
Principe de l'imposition des entreprises exploitées en France **4600**
A. Notion d'« établissement » **4750**
B. Notion de « représentant » **4780**
C. Notion de « cycle commercial complet » **4795**
D. Cas des expositions internationales. **4810**
E. Cas des entreprises de navigation maritime ou aérienne **4830**
F. Cas des entreprises exploitant certains satellites **4845**

Section 2
Situation des entreprises ayant leur siège en France et une activité à l'étranger **4900**
A. Établissement hors de France **5050**
B. Représentant hors de France **5070**
C. Cycle commercial complet et détachable hors de France **5100**
D. Cas des livraisons d'usines « clés en main » **5160**

E. Rattachement à la France de produits d'origine étrangère 5200
F. Cas particulier des entreprises n'ayant en France que leur siège social 5220

Section 3
Situation des entreprises dont le siège est à l'étranger et qui ont une activité en France 5300
A. Établissement en France 5350
B. Représentant en France 5380
C. « Cycle commercial complet » en France 5400
D. Autres cas d'imposition en France.. 5510
E. Modalités pratiques et contrôle 5590

Section 4
Modalités de détermination du bénéfice imposable en France 5800
A. Principes généraux 5802
B. Ventilation des revenus 5825
C. Ventilation des charges 5900
D. La prise en compte éventuelle des pertes et déficits subis hors de France 5950
E. Obligations déclaratives 6000

Section 5
Dérogations ou atténuations au principe de territorialité ... 6040
A. Dérogations ou atténuations motivées par la volonté d'améliorer la situation fiscale de l'entreprise .. 6150
B. Dérogations motivées par le souci de limiter la fraude fiscale internationale 6340

Chapitre 4 Le traitement des doubles impositions

Section 1
La notion de double imposition internationale 7565
A. Les doubles impositions juridiques .. 7570
B. La double imposition économique .. 7680

Section 2
Les remèdes susceptibles d'être apportés à la double imposition internationale 7780
A. Méthode de l'exonération 7900
B. Méthode de l'imputation (crédit d'impôt) 8020
C. Comparaison des méthodes possibles 8190

Chapitre 5 Comment lire une convention fiscale ?

Section 1
Présentation formelle d'une convention fiscale 9200
A. Articles introductifs 9350
B. La répartition des droits d'imposer . 9470
C. L'élimination des doubles impositions 9610
D. Les dispositions terminales 9730
E. Le protocole éventuel 9850

Section 2
Méthodologie de lecture 9920
A. La convention fiscale s'applique-t-elle ? 10050
B. Comment la convention fiscale qualifie-t-elle le revenu ? 10230
C. Quelles sont les règles d'imposition prévues par la convention fiscale ? .. 10370
D. Comment interpréter la convention fiscale ? 10520

Section 3
Portée et limites des conventions fiscales 10920
A. Portée des conventions fiscales 10922
B. Limites des conventions fiscales ... 11060

2e partie Les affaires

Chapitre 6 L'implantation à l'étranger

Section 1
Le choix entre succursale et filiale : considérations générales 15010
A. Les contraintes de la réglementation locale 15050
B. Le choix d'une stratégie de développement 15055
C. Les considérations financières 15070
D. Les considérations purement juridiques 15080
E. Les considérations liées au contrôle fiscal 15090

Section 2
Modalités d'appréhension du résultat fiscal selon la stratégie d'implantation 15200
A. Le principe de l'entreprise indépendante 15210
B. La question des relations entre l'entreprise française et l'entité étrangère............. 15250
C. La remontée des bénéfices 15400
D. La prise en compte des pertes..... 15500
E. La liquidation de l'implantation 15600

Section 3
Mécanismes d'incitation fiscale à l'implantation à l'étranger 16000

Chapitre 7 **L'établissement stable**

Section 1
La notion d'établissement stable 17200
A. Principes 17350
B. Exemples 17370
C. Exceptions 17520
D. Les chantiers 17590
E. Les agents 17670
F. La question de l'économie numérique 17780
G. Contrôle et sanctions 17810
H. Le rescrit « établissement stable » 17830
Section 2
L'imposition des établissements stables 17900
I. La détermination des bénéfices imposables 18200
A. Détermination du revenu d'exploitation 18350
B. La prise en compte des revenus rattachables à l'établissement stable 18520
C. Déduction des dépenses 18640
II. Les modalités d'imposition 18780
A. Règles d'imposition 18900
B. La retenue à la source sur les bénéfices des établissements stables 18930
C. Élimination des doubles impositions 19200
III. Autres impôts 19350
A. Taxe sur les salaires 19351
B. Taxe d'apprentissage et taxes assises sur les salaires 19370
C. Contribution sociale de solidarité des sociétés 19380
D. Ancienne taxe professionnelle et actuelle contribution économique territoriale 19400

Chapitre 8 **Les redevances**

Section 1
La notion de redevance 20020
A. Principes généraux 20030
B. La distinction entre redevances et rémunérations des prestations de services 20350
C. Un exemple d'application : le cas des transferts de logiciels 20430
Section 2
L'imposition dans l'État de la source 20700
A. La détermination de l'État de la source 20705
B. Le principe de l'imposition par voie de retenue à la source 20835
C. Les exceptions au principe 21000
Section 3
L'imposition dans l'État de la résidence 21230
A. Le système français (CGI art. 238) 21250
B. Les crédits d'impôt conventionnels 21420

Chapitre 9 **Les prestations de services**

Section 1
Prestations de services techniques (« technical fees ») 22000
A. Détermination de la qualification fiscale des revenus 22050
B. Cas où les revenus sont des revenus d'entreprise au sens de la convention fiscale 22100
C. Cas où les revenus ne sont pas des revenus d'entreprise au sens de la convention fiscale 22500
Section 2
Autres prestations de services effectuées dans le cadre d'activités industrielles et commerciales 23000
A. Les prestations commerciales 23010
B. Les prestations administratives (« management fees ») 23300
Section 3
Prestations de services effectuées dans le cadre d'activités indépendantes 23400
A. En l'absence de convention fiscale 23410
B. En présence d'une convention fiscale 23600
C. Les commissions 24030

Chapitre 10 **Les groupes internationaux**

Section 1
L'ancien régime du bénéfice consolidé 25200
Section 2
La circulation des profits et des pertes au sein des groupes 25900
A. La circulation des profits 25910
B. La circulation des pertes 26055
Section 3
L'optimisation fiscale au sein des groupes internationaux 26450
A. L'utilisation de sociétés holdings 26455
B. La déduction de frais financiers et la pratique de la sous-capitalisation des filiales 26735

C. La centralisation des services communs 26890
D. Éléments sur les réorganisations internationales 27035

Chapitre 11 **Les quartiers généraux**

Section 1
Présentation 28200
A. Définition 28350
B. Activités éligibles 28370
C. Compétence géographique 28390

Section 2
Situation au regard de l'impôt sur les sociétés 28600
A. Le quartier général est-il imposable ? 28620
B. Comment calculer les bénéfices du quartier général ? 28670

Section 3
Le quartier général et la TVA 28945
A. Si le quartier général ne fait que rendre des services à son siège étranger 28950
B. Si le quartier général rend des services à des entreprises juridiquement distinctes 28970

Section 4
Autres impôts ou taxes 29040
A. Taxe sur les salaires 29150
B. Droits d'enregistrement 29170
C. Impôts locaux 29190

Section 5
Les avantages fiscaux accordés au personnel des quartiers généraux 29260
A. Conditions d'application 29400
B. Indemnités et remboursements de frais totalement exonérés 29420
C. Indemnités et remboursements de frais qui peuvent être soumis soit à l'impôt sur le revenu, soit à l'impôt sur les sociétés 29440
D. Indemnités et remboursements de frais relevant du droit commun 29460

Section 6
Les centres de logistique 29645
A. Définition 29650
B. Modalités d'imposition 29670

Section 7
Les centres de coordination de recherche et de développement 29740
A. Définition 29850
B. Modalités d'imposition 29870

Chapitre 12 **Les sociétés de personnes**

Section 1
Présentation 30800
A. En droit français 30950
B. En droit américain 31090

Section 2
Les questions à peu près résolues en droit interne 31300
A. Les règles de territorialité applicables aux sociétés de personnes françaises 31300
B. Situation en France d'une société de personnes ayant son siège à l'étranger 31320
C. Situation des associés non résidents d'une société de personnes française 31340

Section 3
L'incidence éventuelle des conventions fiscales 31420
A. Une société de personnes est-elle une « personne résidente » au sens conventionnel ? 31550
B. Les conséquences qui s'attachent à la reconnaissance ou non de la qualité de résident aux sociétés de personnes 31570
C. Conventions fiscales explicitant la situation des sociétés de personnes 31655

Section 4
De quelques questions encore mal résolues 31940
A. Dividendes et intérêts de source française perçus par une société de personnes française dont les associés sont non résidents 31950
B. Plus-values mobilières réalisées par une société de personnes française dont les associés sont non résidents 31970
C. La question des crédits d'impôt d'origine étrangère 31990
D. Situation fiscale en France des résidents de France associés de sociétés de personnes étrangères 32075

Chapitre 13 **Les opérations internationales et la TVA**

Section 1
Les principes de base 33110
A. Champ d'application 33150
B. Base d'imposition 33170
C. Fait générateur et exigibilité 33190

D. Taux 33210
E. Régime des déductions 33230
F. Obligations des redevables 33250
G. Principes généraux du régime applicable au sein de l'Union européenne 33270

Section 2
Règles de territorialité 33340
A. Définition des territoires 33460
B. Principes directeurs 33510
C. Règles applicables aux échanges de biens 33800

Section 3
Règles applicables aux entreprises étrangères 34200
A. Situation des entreprises étrangères réalisant des opérations imposables en France 34320
B. Remboursement de la TVA aux entreprises étrangères non établies en France 34420
C. Le cas particulier des relations entre un siège et son établissement 34450

3e partie Les personnes

Chapitre 14 La notion de résidence

Section 1
Les critères du droit français (personnes physiques) 40600
A. Les critères d'ordre personnel 40810
B. Les critères d'ordre professionnel 40890
C. Les critères d'ordre économique 40910
D. Le cas des agents de l'État 40930
E. La question des « couples mixtes » 40950
F. Le contrôle du domicile fiscal 40970

Section 2
L'élimination conventionnelle des cas de double résidence des personnes physiques 41040
A. La référence au droit interne des États concernés 41150
B. L'application de critères successifs pour éliminer les cas de double résidence (modèle OCDE) 41170
C. Cas particuliers 41278

Section 3
La résidence fiscale des personnes morales 41400
A. Position de l'OCDE 41405
B. Position de la France 41450
C. Jurisprudence 41480

Chapitre 15 Les salariés expatriés

Section 1
Le cas général des salariés du secteur privé 42200
A. Salariés résidents de France qui perçoivent des salaires au titre d'une activité exercée hors de France 42350
B. Salariés non résidents de France qui perçoivent des salaires de source française 42855
C. Stock-options et mobilité internationale 42900

Section 2
La situation de certaines catégories particulières de salariés 43200
A. Fonctions publiques 43210
B. Travailleurs frontaliers 43480
C. Dirigeants de sociétés 43520
D. Enseignants et chercheurs 43590
E. Étudiants et stagiaires 43610
F. Personnels navigants des entreprises de navigation maritime ou aérienne internationale 43630

Section 3
L'imposition des pensions 43840
A. Principes 43850
B. Pratique française 43880
C. Le traitement fiscal des cotisations à des régimes de retraite étrangers 44000

Chapitre 16 Les artistes et les sportifs

Section 1
Le principe de l'imposition dans l'État de l'activité 45000
A. En droit interne français 45150
B. En présence d'une convention fiscale 45215

Section 2
L'application du principe en l'absence de mise en jeu de dispositifs anti-abus 45345
A. Cas où l'artiste ou le sportif (non résident de France) a signé personnellement le contrat 45350
B. Cas où le contrat a été conclu entre l'organisateur français et un groupe d'artistes ou de sportifs non résidents de France 45370
C. Cas où l'artiste ou le sportif non résident de France organise lui-même une manifestation en France 45500
D. Autres revenus des artistes ou sportifs 45610

Section 3
L'intervention éventuelle de dispositifs anti-abus (CGI art. 155 A) 45780
A. Personnes concernées 45900
B. Prestations de services concernées 46060
C. Modalités d'imposition 46080
D. Incidence éventuelle des conventions fiscales 46300
E. Incidence du droit de l'Union européenne 46380

Chapitre 17 Les successions internationales

Section 1
Les personnes 47400
A. Détermination du domicile fiscal 47550
B. Obligations déclaratives 47735

Section 2
Les biens 47860
A. Règles applicables en droit interne français 48000
B. Conflits potentiels de qualification de biens 48120
C. Conflits potentiels de rattachement des biens 48140

Section 3
Les prélèvements 48220
A. L'évaluation des biens 48350
B. La détermination du passif successoral 48510
C. L'élimination des doubles impositions 48630

Section 4
Questions diverses 48950
A. Non-discrimination 48950
B. Procédure amiable 48970
C. Clauses anti-abus et « droit de suite » 48990
D. Cas des dons et legs 49010
E. Assistance fiscale entre les États 49040
F. Modalités d'application des conventions fiscales 49050

Chapitre 18 Les trusts

Section 1
Le cadre juridique 49800
A. Description 49800
B. Validité du trust en droit français 50020

Section 2
Le trust et la fiscalité internationale 50300
A. Définitions « fiscales » françaises 50320
B. Fiscalité des revenus 50350
C. Droits de mutation à titre gratuit 50480
D. Impôt sur la fortune 50700
E. Prélèvement spécifique sur les trusts 50800
F. Obligations déclaratives 50850

Section 3
Les aspects internationaux de la fiducie française 50980
A. Généralités 50980
B. Lors de la constitution de la fiducie 51000
C. Lors du déroulement de la fiducie 51020
D. À la fin de la fiducie 51050

Chapitre 19 L'imposition de la fortune

Section 1
Les principales caractéristiques de l'impôt sur la fortune immobilière (IFI) 52000
A. Personnes concernées 52150
B. Actifs immobiliers imposables 52170
C. Déduction du passif 52200
D. Calcul de l'impôt 52220
E. Dispositions diverses 52240

Section 2
Aspects internationaux de la législation interne française 52320
A. Situation d'un résident de France ayant des actifs immobiliers hors de France 52450
B. Situation d'un non-résident au regard de l'impôt sur la fortune immobilière 52570
C. Remarques sur la situation des non-résidents au regard de l'ancien ISF 52639

Section 3
L'incidence éventuelle des conventions fiscales 52760
A. Principe de l'application des conventions fiscales à l'ex-impôt de solidarité sur la fortune 52900
B. Solutions données par les conventions fiscales 53010

4e partie Les placements

Chapitre 20 Les dividendes

Section 1
La notion de dividende 60600
A. Les dividendes régulièrement distribués par les sociétés 60605
B. Les distributions occultes ou déguisées 60680

Section 2
Le principe du partage d'imposition 60840
A. Dans l'État de la source 60842
B. Dans l'État de la résidence 61175

Section 3
L'incidence du régime des sociétés mères ... 61400
A. Quasi-exonération des dividendes ... 61400
B. Redistribution par la société mère ... 61445

Section 4
Particularités concernant le versement de dividendes de source française à des actionnaires non résidents de France ... 61600
A. Le transfert de l'ancien avoir fiscal et de l'ancien crédit d'impôt ... 61600
B. Le remboursement de l'ancien précompte ... 61620
C. L'imputation des crédits d'impôt sur la retenue à la source ... 61640

Chapitre 21 **Les intérêts**

Section 1
L'imposition dans l'État de la source ... 62400
A. Détermination de l'État de la source ... 62400
B. Le principe de l'imposition par voie de retenue à la source ... 62510
C. Les exceptions au principe de l'imposition à la source ... 62840

Section 2
L'imposition dans l'État de la résidence ... 63145
A. En droit interne ... 63150
B. Les crédits d'impôts conventionnels classiques ... 63170
C. Les crédits d'impôts forfaitaires (ou « fictifs ») ... 63380

Section 3
Les situations triangulaires ... 63500
A. Dans l'État de la source ... 63620
B. Dans l'État de la situation de l'établissement stable ... 63690
C. Dans l'État du siège de l'entreprise ... 63710

Chapitre 22 **La gestion internationale des placements en valeurs mobilières**

Section 1
Les placements réalisés par l'intermédiaire d'organismes collectifs ... 64800
A. Les FCP ... 64920
B. Les Sicav ... 65195
C. Remarques sur d'autres structures voisines ... 65400

Section 2
L'imposition internationale des plus-values ... 65595
A. Généralités ... 65600
B. Plus-values réalisées hors de France par des résidents de France (droit interne français) ... 65650
C. Plus-values réalisées en France par des non-résidents (droit interne français) ... 65858
D. Incidence des conventions fiscales ... 65930

Chapitre 23 **Les opérations immobilières**

Section 1
Les revenus des immeubles ... 66915
A. Les principes conventionnels ... 66920
B. L'imposition dans l'État du « situs » ... 66970
C. L'imposition dans l'État de la résidence ... 67360

Section 2
Les plus-values immobilières ... 67500
A. Les principes conventionnels ... 67510
B. L'imposition dans l'État de la source ... 67530
C. L'imposition dans l'État de la résidence ... 67900
D. Cas particulier des sociétés d'investissements immobiliers cotées (SIIC) ... 67950
E. Droits d'enregistrement en cas de cession de parts ou actions de sociétés étrangères à prépondérance immobilière ... 68020

Section 3
Les autres impôts dus à raison de la possession d'un immeuble en France ... 68100
I. Ancienne imposition forfaitaire des personnes physiques non résidentes disposant d'une résidence en France (CGI art. 164 C, ancien) ... 68110
II. Taxe de 3 % sur la valeur vénale des immeubles possédés par certaines personnes morales (CGI art. 990 D à G) ... 68220
A. Champ d'application ... 68235
B. Modalités d'imposition et contrôle ... 68800

5e partie **L'évasion et la fraude**

Chapitre 24 **Les paradis fiscaux**

Section 1
Présentation sommaire des paradis fiscaux ... 70600
A. Absence, ou faible niveau, d'imposition ... 70750
B. Législation financière et commerciale attrayante ... 70770
C. Sécurité politique et économique ... 70780

D. Aperçu de quelques localisations usuelles 70790

Section 2
L'utilisation des paradis fiscaux et les montages internationaux 71000

A. Généralités 71000
B. Exemples concernant les personnes physiques 71170
C. Exemples concernant les entreprises 71350
D. Les États ou territoires « non coopératifs » (ETNC ; CGI art. 238-0 A) 71550

Chapitre 25 Le contrôle des opérations internationales

Section 1
Les dispositions générales 72400

A. L'acte anormal de gestion 72520
B. L'abus de droit 72620

Section 2
Les dispositions spécifiques aux affaires internationales 72845

A. Versements à des personnes domiciliées à l'étranger et soumises à un régime fiscal privilégié (CGI art. 238 A) 72850
B. Bénéfices réalisés par l'intermédiaire de sociétés ou établissements bénéficiant d'un régime fiscal privilégié (CGI art. 209 B) 73100
C. Transfert d'actifs hors de France (CGI art. 238 bis-0I) 73600
D. Gestion de portefeuille par l'intermédiaire de sociétés étrangères bénéficiant d'un régime fiscal privilégié (CGI art. 123 bis) 73670
E. Dispositions anti-hybrides (CGI art. 205 B à 205 D) 74050

Section 3
Moyens donnés aux États par les conventions fiscales et autres traités internationaux 74080

A. L'échange de renseignements 74190
B. L'assistance au recouvrement 74450
C. Les clauses visant à limiter l'usage abusif des conventions (« treaty shopping ») 74570

Chapitre 26 Les prix de transfert

Section 1
L'approche de l'OCDE 75800

A. Les principes directeurs dégagés par l'OCDE 75950
B. Application des principes au cas des transactions courantes 76075
C. Le traitement des doubles impositions 76250

Section 2
L'approche française 76340

A. Conditions d'application de l'article 57 du CGI 76450
B. Procédure 76870
C. Effets 76940
D. La procédure d'accord préalable de prix (APP) 77050

6e partie Questions communes

Chapitre 27 Le principe de non-discrimination

Section 1
Le contenu du principe conventionnel de non-discrimination 80600

A. Application aux nationaux 80750
B. Impôts concernés 80770
C. Notion de similitude des situations 80790
D. Différence avec une clause d'égalité de traitement 80820

Section 2
La portée du principe à l'égard des personnes physiques 81000

A. Français et étrangers résidents de France 81050
B. Français et étrangers non résidents de France 81070

Section 3
La portée du principe à l'égard des entreprises 81240

A. Application du critère de nationalité aux personnes morales 81250
B. Application du principe de non-discrimination aux établissements stables 81270
C. Cas des entreprises qui ont des relations avec l'étranger ou qui sont sous contrôle étranger 81330

Section 4
La portée du principe de non-discrimination dans le cadre de l'Union européenne 81400

A. Principes directeurs 81450
B. La liberté d'établissement 81550
C. La libre circulation des travailleurs 81780
D. La libre prestation de services 81890
E. La liberté de circulation des capitaux 81980

F. La question de la cohérence fiscale . 82200
G. L'interdiction des discriminations liées à la nationalité 82250
H. La liberté de circuler et de résider dans l'Union européenne 82270
I. La question de la clause de la nation la plus favorisée 82280

Chapitre 28 **Modalités d'application de la fiscalité internationale**

Section 1
Dans l'État de la source des revenus 82810
A. En ce qui concerne les revenus « passifs » 82815
B. En ce qui concerne les autres revenus 83030

Section 2
Dans l'État de la résidence du bénéficiaire 83400
A. L'exonération des revenus imposables dans l'État de la source : le taux effectif 83410
B. L'imposition des revenus dans les deux États : l'imputation d'un crédit d'impôt 83560

Chapitre 29 **Le règlement des difficultés d'application des conventions fiscales**

Section 1
Les conditions du recours à la procédure amiable 84600
A. Champ d'application 84750
B. Événements susceptibles de permettre l'ouverture de la procédure 84960
C. Situations excluant le recours à la procédure amiable 85070

Section 2
La mise en œuvre de la procédure amiable 85140
A. Le rôle du contribuable 85250
B. Le rôle de l'autorité compétente ... 85280
C. Mise en recouvrement des impositions 85400

Section 3
Les résultats de la procédure amiable 85600
A. La conclusion de la procédure 85600
B. La question des ajustements corrélatifs 85720

Section 4
L'arbitrage 85920
A. Dans le cadre des conventions fiscales 85925
B. Dans le cadre de l'Union européenne 86080
C. Fonctionnement de la convention européenne d'arbitrage 86140
D. Fonctionnement en France du mécanisme européen de règlement des différends fiscaux 86600

Chapitre 30 **L'harmonisation fiscale européenne**

Section 1
Appréciation globale 87350
A. Éléments de contexte 87350
B. Bilan global de l'harmonisation fiscale européenne 87460

Section 2
Précisions et perspectives concernant certains impôts ... 87880
A. Taxe sur la valeur ajoutée 87900
B. Fiscalité de l'épargne 88000
C. Impôts directs 88130
D. Taxation du secteur financier 88780

7e partie **Annexes**

A. Convention modèle OCDE concernant le revenu et la fortune (dernière version, actualisée au 21 novembre 2017) 90000
B. Convention modèle OCDE concernant les successions et donations (1982) 90010
C. Conventions fiscales liant la France (au 1er septembre 2022) 90020

Composition réalisée par NORD COMPO

36893-626 (I) – PrL 39 g – NC (LCO)
Achevé d'imprimer en novembre 2022 sur les presses de C.H.BECK
Dépôt légal : novembre 2022
Imprimé en Allemagne